Hentschel/König/Dauer
Straßenverkehrsrecht

Band 5

Straßenverkehrsrecht

Straßenverkehrsgesetz, Straßenverkehrs-Ordnung,
Fahrerlaubnis-Verordnung, Fahrzeug-Zulassungsverordnung,
Straßenverkehrs-Zulassungs-Ordnung, Bußgeldkatalog,
Gesetzesmaterialien, Verwaltungsvorschriften und
einschlägige Bestimmungen des StGB und der StPO

Kommentiert von

Peter Hentschel†

Rechtsanwalt
Lehrbeauftragter an der Universität zu Köln

Fortgeführt von

Dr. Peter König

Richter am Bundesgerichtshof
Honorarprofessor an der Juristischen Fakultät
der Universität München

Dr. Peter Dauer LL.M.

Leitender Regierungsdirektor
in der Behörde für Inneres,
Hamburg

40., neu bearbeitete Auflage
des von Johannes Floegel begründeten, in 8.–16. Auflage
von Fritz Hartung, in 17.–26. Auflage von Heinrich Jagusch und
in 27.–39. Auflage von Peter Hentschel bearbeiteten Werkes

Verlag C. H. Beck München 2009

Verlag C. H. Beck im Internet:
beck.de

ISBN 978 3 406 58082 6

© 2009 Verlag C. H. Beck oHG
Wilhelmstraße 9, 80801 München
Satz und Druck: Druckerei C. H. Beck, Nördlingen
(Adresse wie Verlag)

Gedruckt auf säurefreiem, alterungsbeständigem Papier
(hergestellt aus chlorfrei gebleichtem Zellstoff)

Vorwort zur 40. Auflage

I.

Mit der 40. Auflage wird der Kommentar wieder in den Erscheinungsrhythmus gebracht, den die Leserschaft gewöhnt ist. Der rasanten Entwicklung des Straßenverkehrsrechts entspricht es dabei, dass trotz der verkürzten Laufzeit der Vorauflage eine ganze Reihe von Rechtsänderungen einzuarbeiten war. Zu nennen sind namentlich:

1. Gesetz zur Einführung eines Alkoholverbots für Fahranfänger und Fahranfängerinnen vom 19. 7. 2007 (BGBl I S. 1460).
2. Gesetz zur Änderung des Pflichtversicherungsgesetzes und anderer versicherungsrechtlicher Vorschriften vom 10. 12. 2007 (BGBl I S. 2833) mit neuen Haftungshöchstbeträgen in den §§ 12, 12a StVG.
3. Gesetz zur Reform des Versicherungsvertragsrechts vom 23. 11. 2007 (BGBl I S. 2631) mit zahlreichen Änderungen auch im PflVG.
4. 17. StVO-Änderungsverordnung vom 28. 11. 2007 (BGBl I S. 2774) u. a. mit Regelungen zu den Höchstgeschwindigkeiten von Kraftomnibussen, zur elektronischen Parkraumbewirtschaftung und zur Nutzung von Radwegen durch Mofas.
5. Zweite Verordnung zur Änderung fahrpersonalrechtlicher Vorschriften vom 22. 1. 2008 (BGBl I S. 54) mit Änderungen zu Fahrtschreibern und EG-Kontrollgeräten.
6. Einunddreißigste Verordnung zur Änderung der Straßenverkehrs-Zulassungs-Ordnung vom 26. 5. 2008 (BGBl I S. 916) mit Änderungen zu Frontschutzsystemen, zur Nachrüstung schwerer Lkw mit Spiegeln und zur Beförderung von Rollstuhlfahrern in sog. Stadt-Linienbussen.
7. Vierte Verordnung zur Änderung der Fahrerlaubnis-Verordnung und anderer straßenverkehrsrechtlicher Vorschriften vom 18. 7. 2008 (BGBl I S. 1338) mit zahlreichen Änderungen der FeV, u. a. der Abschaffung der Zweijahresfrist, nach deren Ablauf eine erneute Prüfung erfolgen musste, und der Übernahme der fahrerlaubnisrechtlichen Regelungen aus der IntVO in die FeV.

Das Gesetzgebungsverfahren zum Vierten Gesetz zur Änderung des Straßenverkehrsgesetzes (vgl BTDrucks 16/10175) war bei Redaktionsschluss noch nicht zu Ende gebracht. Geplant ist ein In-Kraft-Treten Anfang des Jahres 2009. Das Vorhaben will eine schärfere Ahndung solcher Verkehrsordnungswidrigkeiten ermöglichen, die nach den Erfahrungen Hauptunfallursachen sind. Auf die voraussichtlichen Gesetzesänderungen im StVG wird beim Regelungstext bzw. in der Kommentierung jeweils verwiesen. Mit dem Gesetzgebungsverfahren in untrennbarem Zusammenhang steht eine Novellierung der BKatV, die zeitnah nach dem Änderungsgesetz in Kraft treten wird (BRDrucks 645/08; BRDrucks 645/08 [Beschluss]). Der neue Text ist in der Fassung des Regierungsentwurfs unter Übernahme der Maßgaben des Bundesrats in Buchteil 8 abgedruckt (s auch die dortige Vorbemerkung).

Vorbereitet wird außerdem eine Änderung der Fahrerlaubnis-Verordnung, mit der die Vorgaben der 3. EG-Führerscheinrichtlinie zur besseren Bekämpfung des Führerscheintourismus in deutsches Recht umgesetzt werden sollen. Ein Regierungsentwurf liegt noch nicht vor. Dessen Inhalt wird gegenwärtig zwischen Bund und Ländern abgestimmt.

II.

Neben den Rechtsänderungen wurden umfangreiche Rechtsprechung und Literatur eingearbeitet. Im zivilrechtlichen Haftungsrecht war wiederum eine Reihe von Grundsatzentscheidungen des BGH und der Obergerichte zu verzeichnen, wobei Schwerpunkte abermals bei den mit der Ersatzfähigkeit des Unfallersatztarifs zusammenhängenden Fragen nach dem Urteil des BGH vom 12. 10. 2004 (BGHZ 160, 377 = NJW 2005, 51) lagen sowie bei der Abrechnung des Fahrzeugschadens insbesondere bei einem Reparaturaufwand zwischen Wiederbeschaffungswert und der „130%-Grenze". Mit den schon in der Vorauflage behandelten Auswüchsen des „Führerscheintourismus" vermögen sich die Verwaltungspraxis und die verwaltungsgerichtliche Rechtsprechung nicht abzufinden. Es bereitet verständlicherweise beträchtliches Unbehagen,

Vorwort

ausländische EG-Führerscheine anerkennen zu sollen, obwohl lückenlos nachgewiesen werden kann, dass deren Inhaber das Wohnsitzerfordernis im Ausstellerstaat nicht erfüllt haben können, und obwohl bekannt ist, unter welch dubiosen Umständen solche EG-Führerscheine erteilt werden. Die zahlreichen Vorabentscheidungsersuchen stehen vor diesem Hintergrund. Einige davon sind durch den EuGH verbeschieden, bei allerdings nur kleinen Fortschritten in der Bewältigung des Problems. Ein weiteres Vorlageverfahren ist noch offen. Die Details sind in den Kommentierungen zu § 21 StVG und § 28 FeV enthalten. Die Vorlage des VGH Mannheim vom 23. 9. 2008 (10 S 1037/07), mit der u. a. angefragt wird, ob die Anerkennungspflicht auch dann besteht, wenn sich das fehlende Wohnsitzerfordernis aus den eigenen Angaben des Betroffenen ergibt, konnte noch knapp gewürdigt werden. Grundsatzentscheidungen des BVerwG und auch des EuGH hat es zum „Mautausweichverkehr" und zur Feinstaubproblematik gegeben, wobei eine zufriedenstellende Lösung gerade der Feinstaubproblematik per (noch so gut gemeintem) Rechtssatz illusionär erscheint. Viele Judikate sind zu (anderen) Einzelfragen der StVO mit ihren haftungs- und bußgeldrechtlichen sowie verfahrensmäßigen Implikationen ergangen. Ebenso reichhaltig ist die verwaltungsgerichtliche Rechtsprechung zur Eignung von Kraftfahrern, insbesondere im Zusammenhang mit Alkohol und illegalen Drogen. Die Entscheidungen des BVerwG zum Punktsystem vom 25. 9. 2008 (3 C 3.07, 3 C 21.07 und 3 C 34.07) konnten nicht mehr in der Kommentierung von § 4 StVG berücksichtigt werden, da die Entscheidungsgründe auch bei Abschluss der Korrekturarbeiten noch nicht vorlagen. Nach der Pressemitteilung des BVerwG vom 25. 9. 2008 ist davon auszugehen, dass das Gericht jedenfalls für die Punkteberechnung wegen Teilnahme an einem Aufbauseminar das Tattagprinzip anwendet und dass nach seiner Auffassung Punktereduzierungen während des Widerspruchsverfahrens ohne Bedeutung für die Rechtmäßigkeit der Entziehung der Fahrerlaubnis wegen Erreichens oder Überschreitens von 18 Punkten (§ 4 III 1 Nr. 3 StVG) sind. Im Strafrecht betrafen vieldiskutierte Kammerbeschlüsse des BVerfG die „Unfallflucht" sowie die Nötigung im Straßenverkehr. Ein (nicht zum Straßenverkehrsrecht ergangener) weiterer Kammerbeschluss hat Streitfragen im Zusammenhang mit der Anordnungskompetenz bei Blutentnahmen (§ 81 a StPO) produziert. Mittlerweile ist durch das BVerfG immerhin klargestellt, dass die etwaige Verletzung der Anordnungskompetenz von Verfassungs wegen nicht zu einem strafprozessualen Verwertungsverbot führen muss (BVerfG vom 28. 7. 2008, 2 BvR 784/08). Aufgrund von Beschlüssen der Innen- und der Justizministerkonferenz hat schließlich die Diskussion um die Verankerung der Atemalkoholanalyse im Strafverfahren neues Leben erhalten. Die Themen sind in der Kommentierung beleuchtet und werden auch den Verkehrsgerichtstag 2009 beschäftigen.

III.

Auch aus Anlass der Rechtsänderungen sowie der Verwertung von Rechtsprechung und Schrifttum sind einige Kommentierungen grundlegend überarbeitet oder neu gefasst worden. Änderungen der Randnummernfolge, teilweise auch Neupositionierungen oder veränderte Akzentuierungen bei Rechtsfragen ließen sich dabei teilweise nicht vermeiden. Betroffen sind vor allem:

Aus dem StVG:
– Punktsystem (§§ 4, 28 StVG),
– Fahreignung und Alkohol sowie illegale Drogen (§ 2 StVG),
– Neukommentierung bzw. Überarbeitung der §§ 22, 22a, 24a, 25a StVG,
– Polizeiliche Mitteilungspflichten an die Fahrerlaubnisbehörde und Speicherung der übermittelten Daten bei der Fahrerlaubnisbehörde (§ 2 StVG).

Aus der StVO:
– Neukommentierung bzw. Überarbeitung der §§ 1, 7, 10, 15, 18, 21, 21a, 23, 24, 31 und 33 StVO.

Aus der FeV:
– Eignung zum Führen fahrerlaubnisfreier Fahrzeuge (§ 3 FeV),
– Kurse zur Wiederherstellung der Kraftfahreignung (§§ 11, 70 FeV),
– Vorbesitz einer Fahrerlaubnis anderer Klassen (§ 9 FeV),
– Klärung von Eignungszweifeln bei Alkoholproblematik und im Hinblick auf Betäubungs- und Arzneimittel (§§ 13, 14 FeV),
– Die abgedruckten Anl. zur FeV finden sich jetzt im Anschluss an die FeV. Neu aufgenommen wurden Anl. 4 (Eignung zum Führen von Kfz) und 15 (ärztliche und medizinisch-psychologische Untersuchungen, Erstellung der Gutachten).

Vorwort

Aus FZV und StVZO:
- Vorübergehende Teilnahme im Ausland zugelassener Kfz am Straßenverkehr im Inland (§ 20 FZV),
- Konsequenzen des Erlöschens der Betriebserlaubnis (§ 3 FZV, § 19 StVZO),
- Erste-Hilfe-Material (§ 35h StVZO),
- Fahrtschreiber und Kontrollgeräte (§§ 57a, 57b StVZO).

Aus StGB und StPO:
- Neukommentierung der §§ 315b, 315c und 316 StGB,
- Überarbeitung der Erläuterungen zu §§ 81a, 111a StPO.

Neu aufgenommen wurden eigenständige Kommentierungen zu fahrlässiger Körperverletzung und Tötung sowie zur Nötigung, jeweils im Straßenverkehr. Die Erläuterungen dazu lagen bislang verstreut über den Kommentar. Nicht mehr enthalten sind Anmerkungen zu § 111 StPO.

IV.

Das Werk befindet sich, was Gesetzgebung, Rechtsprechung und Literatur angeht, durchgehend auf dem Stand vom 1. 9. 2008. Ein großer Teil der nach diesem Zeitpunkt erschienenen Judikatur und des Schrifttums konnte aber im Rahmen des nach dem Fortschritt der Drucklegung Möglichen noch berücksichtigt werden. Hinsichtlich der Gesetzgebung ist die am 30. 10. 2008 in Kraft getretene 4. Verordnung zur Änderung der Fahrerlaubnis-Verordnung und anderer straßenverkehrsrechtlicher Vorschriften bereits eingearbeitet.

V.

Wir danken dem Verlag für die tatkräftige Unterstützung, wobei wiederum unser Lektor, Herr *Andreas Harm*, und die IT-Spezialisten Frau *Birgit Gnad* sowie die Herren *Erich Keinath* und *Rudi Spielvogel* hervorzuheben sind.

Schließlich haben wir den Lesern für die freundliche Aufnahme des Werks zu danken sowie für Hinweise und Anregungen. Wir meinen, sämtliche Schreiben persönlich beantwortet zu haben. Wo dies nicht geschehen sein sollte, ist es auf Vergesslichkeit, nicht auf bösen Willen zurückzuführen. Wir bitten ggf. um Nachsicht und hoffen darauf, dass der Gedankenaustausch auch in der Laufzeit der 40. Auflage nicht abreißen möge.

Hamburg,
im Oktober 2008

Peter Dauer

München

Peter König

Inhaltsübersicht

Abkürzungen	XI
Einleitung	1
1. Straßenverkehrsgesetz (StVG)	39
I. Verkehrsvorschriften	39
II. Haftpflicht	130
III. Straf- und Bußgeldvorschriften	254
IV. Verkehrszentralregister	340
V. Fahrzeugregister	358
VI. Fahrerlaubnisregister	372
VII. Gemeinsame Vorschriften, Übergangsbestimmungen	378
Begründung des Bundesverkehrsministers zur Straßenverkehrsordnung	383
2. Straßenverkehrsordnung (StVO)	385
I. Allgemeine Verkehrsregeln	385
II. Zeichen und Verkehrseinrichtungen	737
III. Durchführungs-, Bußgeld- und Schlussvorschriften	893
3. Fahrerlaubnis-Verordnung (FeV)	965
I. Allgemeine Regelungen für die Teilnahme am Straßenverkehr	968
II. Führen von Kraftfahrzeugen	973
III. Register	1095
IV. Anerkennung und Akkreditierung für bestimmte Aufgaben	1108
V. Durchführungs-, Bußgeld-, Übergangs- und Schlussvorschriften	1117
3.1 Fahranfängerfortbildungsverordnung (FreiwFortbV)	1141
4. Fahrzeug-Zulassungsverordnung (FZV)	1145
1. Allgemeine Regelungen	1146
2. Zulassungsverfahren	1166
3. Zeitweilige Teilnahme am Straßenverkehr	1199
4. Teilnahme ausländischer Fahrzeuge am Straßenverkehr	1212
5. Überwachung des Versicherungsschutzes der Fahrzeuge	1217
6. Fahrzeugregister	1233
7. Durchführungs- und Schlussvorschriften	1248
5. Straßenverkehrs-Zulassungs-Ordnung (StVZO)	1257
A. Personen *(aufgehoben)*	
B. Fahrzeuge	1260
I. Zulassung von Fahrzeugen im Allgemeinen	1260
II. Betriebserlaubnis und Bauartgenehmigung	1263
II a. Pflichtversicherung *(aufgehoben)*	
III. Bau- und Betriebsvorschriften	1312
C. Durchführungs-, Bußgeld- und Schlussvorschriften	1463
6. Strafgesetzbuch (StGB) (Auszug)	1511
§ 44 Fahrverbot	1511
§ 69 Entziehung der Fahrerlaubnis	1517
§ 69 a Sperre für die Erteilung einer Fahrerlaubnis	1528
§ 69 b Ausländische Fahrerlaubnisse	1537

Inhaltsübersicht

§ 142   Unerlaubtes Entfernen vom Unfallort 1539
§§ 222, 229 Fahrlässige Tötung, fahrlässige Körperverletzung 1560
§ 240   Nötigung 1572
§ 248b   Unbefugter Gebrauch eines Fahrzeugs 1581
§ 315b   Gefährliche Eingriffe im Straßenverkehr 1585
§ 315c   Gefährdung des Straßenverkehrs 1593
§ 315d   Schienenbahnen im Straßenverkehr 1610
§ 316   Trunkenheit im Verkehr 1610
§ 316a   Räuberischer Angriff auf Kraftfahrer 1645

7. Strafprozessordnung (StPO) (Auszug) 1651
    § 81a   Körperliche Untersuchung des Beschuldigten 1651
    § 111a   Vorläufige Entziehung der Fahrerlaubnis 1653

8. Bußgeldkatalog-Verordnung – BKatV 1661

9. Leichtmofa-Ausnahmeverordnung 1707

10. Bundes-Immissionsschutzgesetz 1709

11. Verordnung zur Kennzeichnung der Kraftfahrzeuge mit geringem Beitrag zur Schadstoffbelastung – 35. BImSchV 1713

Sachverzeichnis 1725

Abkürzungen

AA (aA)	anderer Ansicht
AAK	Atemalkoholkonzentration
AB	Autobahn
ABE	Allgemeine Betriebserlaubnis
ABl	Amtsblatt
aaSoP	amtlich anerkannter Sachverständiger oder Prüfer für den Kraftfahrzeugverkehr
abl	ablehnend
ABV	Automatischer Blockierverhinderer
abw	abweichend
AcP	Archiv für civilistische Praxis
ADR	Europäisches Übereinkommen über die internationale Beförderung gefährlicher Güter auf der Straße
aF	alte(r) Fassung
AG	Amtsgericht
AG-VerkRecht-F	Festschrift der Arbeitsgemeinschaft Verkehrsrecht des Deutschen Anwaltvereins, 2004
AKB	Allgemeine Bedingungen für die Kfz-Versicherung, Musterbedingung (Beck-Texte Nr 4 b)
ÄndVO	Änderungsverordnung
ÄndVStVR	Verordnung zur Änderung straßenverkehrsrechtlicher Vorschriften
ÄndVStVZO	Verordnung zur Änderung der StVZO
Anl	Anlage
Anm	Anmerkung
AnwBl	Anwaltsblatt (Jahr und Seite)
AO	Abgabenordnung
ArbG	Arbeitsgericht
Art	Artikel
arzt + auto	arzt + auto, Organ des Kraftfahrzeugverbandes Deutscher Ärzte (Jahrgang, Heft und Seite)
ÄrzteBl	Deutsches Ärzteblatt (Jahr und Seite)
AU	Abgasuntersuchung
Aufl.	Auflage
AUK	Abgasuntersuchung an Krafträdern
AusfVO	Ausführungsverordnung
AV	Ausführungsvorschrift, Allgemeine Verwaltungsvorschrift
B	Behörde
Ba	Bamberg, OLG Bamberg
BA	Blutalkohol, Zeitschrift des Bundes gegen Alkohol im StrV, Jahrgang u. Seite
BA-Festschrift	Festschrift zum 25 jährigen Bestehen des Bundes gegen Alkohol im Straßenverkehr e. V. – Landessektion Berlin, 1982
BAG	Bundesarbeitsgericht
BAK	Blutalkoholkonzentration (in ‰)
BAnz	Bundesanzeiger
BÄO	Bundesärzteordnung
BASt	Bundesanstalt für Straßenwesen; auch: Unfall- und Sicherheitsforschung Straßenverkehr, Schriftenreihe der Bundesanstalt für Straßenwesen (Heft und Seite)
Bay	Bayerisches Oberstes Landesgericht
BaySt	Entscheidungen des Bayerischen Obersten Landesgerichts in Strafsachen (alte Folge: Band und Seite; ab 1951, neue Folge: Jahr und Seite)

Abkürzungen

BayStrWG	Bayerisches Straßen- und Wegegesetz
BayVBl	Bayerische Verwaltungsblätter (Jahr und Seite)
BayVerfGH	Bayerischer Verfassungsgerichtshof
BB	Der Betriebs-Berater (Jahr und Seite)
BE	Betriebserlaubnis
Beck	Kinder, Jugendliche und Straßenverkehr, 1982
Beck/Berr	OWi-Sachen im Straßenverkehrsrecht, 5. Aufl., 2006
Beck/Löhle	Fehlerquellen bei polizeilichen Messverfahren, 9. Aufl., 2008
Beck-Texte	Loseblatt-Textsammlung „Straßenverkehrsrecht", Verlag C. H. Beck München
Begr	Begründung
Begutachtgs-Leitl	Begutachtungs-Leitlinien zur Kraftfahrereignung des Gemeinsamen Beirats für Verkehrsmedizin beim BMV und beim Bundesministerium für Gesundheit, 6. Aufl., Berichte der BASt Heft M 115, 2000
Beitr gerichtl Med	Beiträge zur gerichtlichen Medizin (Band und Seite)
Berr	Wohnmobil und Wohnanhänger, 1985
Berr/H/Schäpe	Das Recht des ruhenden Verkehrs, 2. Aufl. 2005
Berr/Krause/Sachs	Drogen im Straßenverkehrsrecht, 2007
Betr	Der Betrieb, Wochenschrift für Betriebswirtschaft, Steuerrecht, Wirtschaftsrecht, Arbeitsrecht
BFernStrG	Bundesfernstraßengesetz
BFH	Bundesfinanzhof
BG	Betriebsgefahr
BGA	Bundesgesundheitsamt
BGA-G	Gutachten des BGA (erstes 1966, zweites 1977), Seite
BGA-G „Atemalkohol"	Schoknecht und Mitarbeiter, Gutachten zur Prüfung der Beweissicherheit der Atemalkoholanalyse, 1991, hrsg. vom Bundesgesundheitsamt („SozEp-Hefte")
BGB	Bürgerliches Gesetzbuch
BGBl	Bundesgesetzblatt
BGH	Bundesgerichtshof
BGH-F	Festschrift aus Anlass des 50jährigen Bestehens von BGH, Bundesanwaltschaft und Rechtsanwaltschaft beim BGH, 2000
BGHSt	Entscheidungen des Bundesgerichtshofs in Strafsachen
BGHZ	Entscheidungen des Bundesgerichtshofs in Zivilsachen
BImSchG	Bundes-Immissionsschutzgesetz
BImSchV	VO zur Durchführung des BImSchG
BKrFQG	Berufskraftfahrer-Qualifikations-Gesetz
BKrFQV	Berufskraftfahrer-Qualifikations-Verordnung
Bl	Blatt
BMV	Bundesministerium für Verkehr, Bau und Stadtentwicklung, Bundesminister für Verkehr
Bockelmann/Volk AT	Strafrecht, Allgemeiner Teil, 4. Aufl., 1987
Bode	Der neue EU-Führerschein, 1998
Bode/Winkler	Fahrerlaubnis, 5. Aufl., 2006
BOKraft	VO über den Betrieb von Kraftunternehmen im Personenverkehr
Booß	Straßenverkehrs-Ordnung 1971
BOStrab	VO über den Bau und Betrieb der Straßenbahnen
Bouska/Laeverenz	Fahrerlaubnisrecht, 3. Aufl, 2004
BR	Bundesrat
Br	Bremen, OLG Bremen
Bra	Braunschweig, OLG Braunschweig
BReg	Bundesregierung
BRep	Bundesrepublik Deutschland
Brn	Brandenburg, OLG Brandenburg
BSG	Bundessozialgericht
BT	Bundestag

Abkürzungen

BtMG	Betäubungsmittelgesetz
Buchholz	Sammel- und Nachschlagwerk der Rechtsprechung des Bundesverwaltungsgerichts
BundesPol	Bundespolizei
Buschbell	Münchener Anwaltshandbuch Straßenverkehrsrecht, 2. Aufl. 2006
BVerfG(E)	Bundesverfassungsgericht (Entscheidungen des)
BVerwG(E)	Bundesverwaltungsgericht (Entscheidungen des)
BW	Bundeswehr
B/W	Baden-Württemberg
BZR	Bundeszentralregister
BZRG	Bundeszentralregistergesetz
bzw	beziehungsweise
Ce	Celle, OLG Celle
CEMT	Europäische Konferenz der Verkehrsminister
CNG	komprimiertes Erdgas (Compressed Natural Gas)
Cramer	Straßenverkehrsrecht (StVO, StGB), 2. Aufl., 1977
DA	Dienstanweisung
DAR	Deutsches Autorecht (s auch RdK)
DDR	Deutsche Demokratische Republik
Denkschrift „Atemalkoholprobe"	Denkschrift der Deutschen Gesellschaft für Rechtsmedizin zur Frage der Einführung einer „Beweissicheren Atemalkoholprobe", BA 1992 S. 108
DJ	Deutsche Justiz
DMW	Deutsche Medizinische Wochenschrift
DNP	Die Neue Polizei (Jahr und Seite)
DÖV	Die Öffentliche Verwaltung (Jahr und Seite)
Dr	Dresden, OLG Dresden
DRiZ	Deutsche Richter-Zeitung
Drucks	Drucksache
DtZ	Deutsch-Deutsche Rechts-Zeitschrift (Jahr und Seite)
Dü	Düsseldorf, OLG Düsseldorf
DVBl	Deutsches Verwaltungsblatt
DVFahrlG	Durchführungsverordnung zum Fahrlehrergesetz
DVW	Deutsche Verkehrswacht, Die Landesverkehrswacht (Jahr und Seite)
E	Einleitung (mit Randziffer)
EBE	Eildienst: Bundesgerichtliche Entscheidungen (Jahr und Seite)
EBO	Eisenbahnbau- und Betriebsordnung
ECE	UN-Wirtschaftskommission für Europa
EdF	Entziehung der Fahrerlaubnis
EFZG	Entgeltfortzahlungsgesetz
EG	Einführungsgesetz, Europäische Gemeinschaften
2. EG-FSRichtlinie	Zweite EG-Führerscheinrichtlinie (Richtlinie des Rates vom 29. 7. 1991, 91/439/EWG)
3. EG-FSRichtlinie	Dritte EG-Führerscheinrichtlinie (Richtlinie 2006/126/EG des Europäischen Parlaments und des Rates v 20. 12. 2006 über den Führerschein [Neufassung])
EGStGB	Einführungsgesetz zum Strafgesetzbuch
EG-TypV	VO über die EG-Typgenehmigung für Fahrzeuge und Fahrzeugteile
EGV	EG-Vertrag
Einigungsvertrag	Vertrag zwischen der Bundesrepublik Deutschland und der Deutschen Demokratischen Republik über die Herstellung der Einheit Deutschlands vom 31. 8. 1990 (BGBl II S 889)
EKrG	Gesetz über Kreuzungen von Eisenbahnen und Straßen
Engelstädter	Der Begriff des Unfallbeteiligten in § 142 Abs. 4 StGB, Diss., Frankfurt/Main, 1997
EU	Europäische Union

Abkürzungen

EuGH	Gerichtshof der Europäischen Gemeinschaften
EuGHE	Entscheidungen des Gerichtshofes der Europäischen Gemeinschaften
eVB	elektronische Versicherungsbestätigung
EWG	Europäische Wirtschaftsgemeinschaft
EWGV	Vertrag über die Europäische Wirtschaftsgemeinschaft
EWR	Europäischer Wirtschaftsraum
Eyermann	Verwaltungsgerichtsordnung, 12. Aufl. 2006
F	Festschrift
-F	-Fahrer, -Führer
f, ff	folgende
-f	-fahrer, -führer
FAG	Gesetz über Fernmeldeanlagen
Fahrl	Der Fahrlehrer, Braunschweig (ab 1. 1. 71: Der Verkehrslehrer)
FahrlAusbO	Fahrlehrer-Ausbildungsordnung
FahrlG	Fahrlehrergesetz
FahrlPrüfO	Prüfungsordnung für Fahrlehrer
FahrschAusbO	Fahrschüler-Ausbildungsordnung
FE	Fahrerlaubnis
FEB	Fahrerlaubnisbehörde
FEKl	Fahrerlaubnisklasse
Fischer	Strafgesetzbuch, 55. Aufl., 2008
FmH	Fahrrad mit Hilfsmotor (Mofa 25, Kleinkraftrad = Moped, Mokick)
Fn	Fußnote
Forensia	Interdisziplinäre Zeitschrift für Psychiatrie, Psychologie, Kriminologie und Recht (Jahr und Seite)
FPersG	Fahrpersonalgesetz
FPersV	Fahrpersonalverordnung
Fra	Frankfurt(Main), OLG Frankfurt
Fra/O	Frankfurt (Oder)
FreistellungsVO	Verordnung über die Freistellung bestimmter Beförderungsfälle von den Vorschriften des Personenbeförderungsgesetzes (BGBl I 1962 S 601, 1967 S 602)
FRV	Fahrzeugregisterverordnung
FRZ	Zeitschrift für Familienrecht
FS(e)	Führerschein(e)
FV	Fahrverbot
Fz(e)	Fahrzeug(e)
FzF	Fahrzeugführer
FzTV	Fahrzeugteileverordnung
FZV	Fahrzeug-Zulassungsverordnung
G	Gesetz
GA	Goltdammer's Archiv für Strafrecht (Jahr und Seite)
GebO	Gebührenordnung
GebOStr	Gebührenordnung für Maßnahmen im Straßenverkehr
Gehrmann/ Undeutsch	Ludwig Gehrmann und Udo Undeutsch, Das Gutachten der MPU und Kraftfahreignung, München 1995
Geigel	Der Haftpflichtprozess, 25. Aufl., 2008 (Kapitel und Rz)
gem	gemäß
GewA	Gewerbearchiv, Alfeld, Jahrg. u Seite
GG	Grundgesetz für die Bundesrepublik Deutschland
GGBefG	Gefahrgutbeförderungsgesetz
ggf	gegebenenfalls
GGVSE	Gefahrgutverordnung Straße und Eisenbahn
GKG	Gerichtskostengesetz
GoA	Geschäftsführung (Geschäftsführer) ohne Auftrag
Göhler	Ordnungswidrigkeitengesetz, 14. Aufl., 2006

Abkürzungen

Greger	StVG, Haftungsrecht des Straßenverkehrs, 4. Aufl., 2007
GrZS	Großer Senat für Zivilsachen
GrS	Großer Senat in Strafsachen
GVBl, GVOBl	Gesetz- und Verordnungsblatt
GVG	Gerichtsverfassungsgesetz
GWP	wiederkehrende Gasanlagenprüfungen
H	Heft
Ha	Hamm, OLG Hamm
HAK	Harnalkoholkonzentration
Hb	Hamburg, OLG Hamburg
Heidelberg-F	Richterliche Rechtsfortbildung, Festschrift der Juristischen Fakultät zur 600-Jahr-Feier der Ruprecht-Karls-Universität Heidelberg, 1986
Hentschel, Trunkenheit	Trunkenheit, Fahrerlaubnisentziehung, Fahrverbot, 10. Aufl., 2006
HGB	Handelsgesetzbuch
Himmelreich-F	Karbach (Hrsg.), Festschrift für Klaus Himmelreich zum 70. Geburtstag, 2007
Himmelreich/Bücken	Verkehrsunfallflucht, 4. Aufl., 2005
Himmelreich/Halm	Kfz-Schadensregulierung, Loseblattkommentar
Himmelreich/Halm/Bearbeiter	Handbuch des Fachanwalts Verkehrsrecht, 2. Aufl. 2008
Himmelreich/Janker/Karbach	Fahrverbot, Fahrerlaubnisentzug und MPU-Begutachtung im Verwaltungsrecht, 8. Aufl. 2007
hM	herrschende Meinung
hrsg	herausgegeben
HU	Hauptuntersuchung
Huber	Das neue Schadensersatzrecht, 2003
idF	in der Fassung
idR	in der Regel
iE	im Ergebnis
IntAbk	Internationales Abkommen über Kraftfahrzeugverkehr (1926)
IntVO	VO über internationalen Kraftfahrzeugverkehr = VOInt, IntKfzVO
IPR	Internationales Privatrecht
iS	im Sinne
Jagow	Zulassungsvorschriften für den Straßenverkehr, Loseblattkommentar
Jagow/Burmann/Heß	Straßenverkehrsrecht, 20. Aufl., 2008
Janiszewski	Verkehrsstrafrecht, 5. Aufl., 2004
Janiszewski/Buddendiek	Verwarnungs- und Bußgeldkatalog, 9. Aufl. 2004
JbVerkR	Himmelreich (Hrsg.), Jahrbuch Verkehrsrecht (Jahr und Seite)
Jescheck/Weigend	Lehrbuch des Strafrechts, AT, 5. Aufl., 1996
JGG	Jugendgerichtsgesetz
JMBlNRW	Justizministerblatt für Nordrhein-Westfalen
Jn	Jena, OLG Jena, Thüringer OLG
JR	Juristische Rundschau
JurA	Juristische Analysen, hgg. Von Cramer u. a., Jahrg. und Seite
Jura	Juristische Ausbildung (Jahr und Seite)
JurBüro	Das Juristische Büro (Jahr und Spalte)
Jurist	Der Jurist (Jahr und Seite)
JuS	Juristische Schulung
Justiz	Die Justiz, Amtsblatt des Justizministeriums Baden-Württemberg, Jahr und Seite
JW	Juristische Wochenschrift (Jahr und Seite)
JZ	Juristenzeitung

Abkürzungen

Ka	Kassel
Kap	Kapitel
Kar	Karlsruhe, OLG Karlsruhe
KBA	Kraftfahrt-Bundesamt
KBAGesetz	Gesetz über die Errichtung eines Kraftfahrt-Bundesamtes (Beck-Texte Nr 14)
KennzVO	Verordnung zur Kennzeichnung der Kraftfahrzeuge mit geringem Beitrag zur Schadstoffbelastung – 35. BImSchV
Kf	Kraftfahrer
KFG	Gesetz über Kraftfahrzeuge
KfSachvG	Gesetz über amtlich anerkannte Sachverständige und amtlich anerkannte Prüfer für den Kraftfahrzeugverkehr
Kfz(e)	Kraftfahrzeug(e)
KfzF	Kraftfahrzeugführer
KfzPflVV	Kraftfahrzeug-Pflichtversicherungsverordnung (Beck-Texte 4f)
KG	Kammergericht
km/h	Kilometer in der Stunde
Ko	Koblenz, OLG Koblenz
Kö	Köln, OLG Köln
Kodal/Krämer	Straßenrecht, 6. Aufl., 1999
Kom	Kraftomnibus
Kopp/Ramsauer	Verwaltungsverfahrensgesetz, 10. Aufl. 2008
Kopp/Schenke	Verwaltungsgerichtsordnung, 15. Aufl. 2007
Krad	Kraftrad
Krad-EG-TypV	Verordnung über die EG-Typgenehmigung für zweirädrige oder dreirädrige Kraftfahrzeuge
KraftStDV	Kraftfahrzeugsteuer-Durchführungsverordnung
KraftStG	Kraftfahrzeugsteuergesetz
KreisG	Kreisgericht
Krim	Kriminalistik (Jahr und Seite)
krit	kritisch
Kulemeier	Fahrverbot (§ 44 StGB) und Entzug der Fahrerlaubnis (§§ 69ff. StGB), Lübeck 1991
Küppersbusch	Ersatzansprüche bei Personenschaden, 8. Aufl., 2004
k + v	Kraftfahrt und Verkehrsrecht, Zeitschrift der Akademie für Verkehrwissenschaft, Hamburg (Jahr und Seite)
Lackner/Kühl	Strafgesetzbuch, 26. Aufl., 2007
LAG	Landesarbeitsgericht
Leibholz/Rinck/Hesselberger	Grundgesetz, Loseblattkommentar
LG	Landgericht
LichtZ	Lichtzeichen
Lit	Literatur
LK	Leipziger Kommentar, 11. Aufl. 1992ff., 12. Aufl. 2006ff.
LoF-EG-TypV	Verordnung über die EG-Typgenehmigung für land- oder forstwirtschaftliche Zugmaschinen, ihre Anhänger und die von ihnen gezogenen auswechselbaren Maschinen sowie für Systeme, Bauteile und selbstständige technische Einheiten dieser Fahrzeuge
Lkw	Lastkraftwagen
LPartG	Lebenspartnerschaftsgesetz
LPG	verflüssigtes Gas, Autogas (Liquefied Petroleum Gas)
LR	Strafprozessordnung, 25. Aufl., 1997ff., 26. Aufl. 2006ff.
Ls	Leitsatz
LSG	Landessozialgericht
Lütkes/Ferner/Kramer	Straßenverkehr, Loseblatt-Kommentar
LZA	Lichtzeichenanlage

Abkürzungen

Ma	Mannheim
Mgd	Magdeburg, OLG Magdeburg
Magdowski	Die Verkehrunfallflucht in der Strafrechtsreform, 1979
MaßnG	Gesetz über Maßnahmen auf dem Gebiete des Verkehrsrechts und Verkehrshaftpflichtrechts
MaßnVO	Verordnung über Maßnahmen im Straßenverkehr
Maunz/Dürig/Herzog	Grundgesetz, Loseblatt-Kommentar
MDR	Monatsschrift für deutsches Recht
Meyer-Gedächtnisschrift	Gedächtnisschrift für Karlheinz Meyer, 1990
Meyer-Goßner	Strafprozessordnung, 51. Aufl., 2008
MinBl	Ministerialblatt
Mofa	s FmH
Moped	Fahrrad mit Hilfsmotor
MPU	Medizinisch-psychologische Untersuchung (Untersuchungsstelle)
MRK	Konvention zum Schutz der Menschenrechte u. Grundfreiheiten
Mü	München, OLG München
Nau	Naumburg, OLG Naumburg
Nds, nds	Niedersachsen, niedersächsisch
Nehm-F	Festschrift für Kay Nehm zum 65. Geburtstag, 2006
Neust	Neustadt, OLG Neustadt
nF	neue(r) Fassung
NJ	Neue Justiz (Jahr und Seite)
NJW	Neue Juristische Wochenschrift
NJWE-VHR	NJW-Entscheidungsdienst, Versicherungs-/Haftungsrecht (Jahr und Seite)
NJW-RR	NJW-Rechtsprechungs-Report Zivilrecht (Jahr und Seite)
NJW-Spezial	NJW-Spezial, Beilage zur NJW (Jahr und Seite)
NordÖR	Zeitschrift für öffentliches Recht in Norddeutschland (Jahr und Seite)
Nr	Nummer
NRpfl	Niedersächsische Rechtspflege
NRW	Nordrhein-Westfalen
NStZ	Neue Zeitschrift für Strafrecht (Jahr und Seite)
NTS-AG	Gesetz zum NATO-Truppenstatut und zu den Zusatzvereinbarungen
Nü	Nürnberg, OLG Nürnberg
nv	nicht veröffentlicht
NVersZ	Neue Zeitschrift für Versicherung und Recht (Jahr und Seite)
NVwZ	Neue Zeitschrift für Verwaltungsrecht (Jahr und Seite)
NVwZ-RR	Rechtssprechungsreport Verwaltungsrecht (Jahr und Seite)
NZV	Neue Zeitschrift für Verkehrsrecht (Jahr und Seite)
OBD	On-Board-Diagnosesystem (System zur Emissionsüberwachung)
Ol	Oldenburg, OLG Oldenburg
OLGSt	Entscheidungen der Oberlandesgerichte zum Straf- und Strafverfahrensrecht (Paragraph und Seite)
OVG	Oberverwaltungsgericht
ow	ordnungswidrig
OW	Ordnungswidrigkeit(en)
OWiG	Gesetz über Ordnungswidrigkeiten
Palandt	Bürgerliches Gesetzbuch, 67. Aufl., 2008
PBefG	Personenbeförderungsgesetz
PflVersAusl	Gesetz über die Haftpflichtversicherung für ausländische Kraftfahrzeuge und Kraftfahrzeuganhänger
PflVG	Pflichtversicherungsgesetz
PI	Prüfingenieur
Pkw	Personenkraftwagen

Abkürzungen

Pol	Polizei
PolB	Polizeibeamter, Polizeibehörde
Polizei	Die Polizei (Zeitschrift, Jahr und Seite)
PostG	Gesetz über das Postwesen
ProdHaftG	Produkthaftungsgesetz
Prölss/Martin	Versicherungsvertragsgesetz, 27. Aufl., 2004
PTV	Polizei, Technik, Verkehr, Mainz, Jahrgang und Seite
PVT	Polizei, Verkehr + Technik (Jahr und Seite)
RdK	Recht des Kraftfahrers (Jahrg. 1951/52 vereinigt mit DAR, 1953–1955 wieder selbstständig)
Rediger	Rechtliche Probleme der sogenannten Halterhaftung nach § 25 a StVG, Diss., Bochum 1993
RG	Reichsgericht
RGBl	Reichsgesetzblatt
RGSt	Entscheidungen des Reichsgerichts in Strafsachen
RGZ	Entscheidungen des Reichsgerichts in Zivilsachen
Richtlinien	Straßenverkehrs-Richtlinien, Beck-Loseblatt-Textsammlung
RichtZ	Richtzeichen
Riemenschneider	Fahrunsicherheit oder Blutalkoholgehalt als Merkmal der Trunkenheitsdelikte, Berlin 2000
Rn	Randnummer (der VwV-StVO)
Ro	Rostock, OLG Rostock
Rpfleger	Der deutsche Rechtspfleger (Jahr und Seite)
r + s	recht und schaden (Jahr und Seite)
Rspr	Rechtssprechung
Rüth/Berr/Berz	Straßenverkehrsrecht, 2. Aufl., 1987
RVO	Rechtsverordnung
Rz	Randziffer
S, s	Seite, siehe, Sekunde
Sa	Saarbrücken, OLG Saarbrücken
Sa-Anh	Sachsen-Anhalt
SächsVBl	Sächsische Verwaltungsblätter (Jahr und Seite)
Sanden/Völtz	Sachschadensrecht des Kraftverkehrs, 8. Aufl., 2006
Schl	Schleswig, OLG Schleswig
SchlHA	Schleswig-Holsteinische Anzeigen
Schlüchter-Gedächtnisschrift	Gedächtnisschrift für Ellen Schlüchter, 2002
Schmidt-Bleibtreu/ Sch/Sch	Schönke/Schröder, Strafgesetzbuch, 27. Aufl., 2006
SG	Soldatengesetz
SGB	Sozialgesetzbuch
SkAufG	Streitkräfteaufenthaltsgesetz
SOG	Gesetz über die öffentliche Sicherheit und Ordnung
sog	sogenannt
SP	Sicherheitsprüfung
StA	Staatsanwalt (schaft)
StÄG	Strafrechtsänderungsgesetz
Staudinger	Kommentar zum BGB
StGB	Strafgesetzbuch
Stiefel/Hofmann	Kraftfahrtversicherung, 17. Aufl., 2000
StPO	Strafprozessordnung
Str	Straße(n)
str	strittig
Straba	Straßenbahn
StrBauB	Straßenbaubehörde
StrEG	Gesetz über die Entschädigung für Strafverfolgungsmaßnahmen
StrRG	Gesetz zur Reform des Strafrechts

Abkürzungen

StrReinG	Straßenreinigungsgesetz
StrSen	Strafsenat
StrV	Straßenverkehr
StrVB	Straßenverkehrsbehörde
StrVerkSiV	Verordnung zur Sicherstellung des Straßenverkehrs
StV	Strafverteidiger, Zeitschrift, Jahr und Seite
StVollstrO	Strafvollstreckungsordnung
StVRL	Straßenverkehrsrichtlinien, Textsammlung (Beck)
StrWG	Straßen- und Wegegesetz
Stu	Stuttgart, OLG Stuttgart
StUnfStatG	Gesetz zur Durchführung einer Straßenverkehrsunfallstatistik
StVE	Cramer/Berz/Gontard, Straßenverkehrs-Entscheidungen (Nummern ohne Paragraphenangabe beziehen sich auf die erläuterte Vorschrift)
StVG	Straßenverkehrsgesetz
StVO	Straßenverkehrs-Ordnung
StVOAusnV	Verordnung über Ausnahmen von den Vorschriften der Straßenverkehrs-Ordnung
StVZAusnV	Verordnung über Ausnahmen von der Straßenverkehrs-Zulassungs-Ordnung
StVZO	Straßenverkehrs-Zulassungs-Ordnung
SVR	Straßenverkehrsrecht (Zeitschrift, Jahr und Seite)
SVTr	Sozialversicherungsträger
Tacho	Fahrgeschwindigkeitsmesser
TE	Tateinheit
TechKontrollV	Verordnung über technische Kontrollen von Nutzfahrzeugen auf der Straße
Thür/thür	Thüringen, thüringisch
ThürVBl	Thüringer Verwaltungsblätter (Jahr und Seite)
TKG	Telekommunikationsgesetz
TM	Tatmehrheit
TÜ	Technische Überwachung der Fahrzeuge
Tüb	Tübingen, OLG Tübingen
ua	und andere, unter anderem
ÜbStrV	Übereinkommen über den Straßenverkehr, Wien 1968
UStG	Umsatzsteuergesetz
uU	unter Umständen
UVtr	Unfallversicherungsträger
UZwGBw	Gesetz über die Anwendung unmittelbaren Zwanges und die Ausübung besonderer Befugnisse durch Soldaten der Bundeswehr und zivile Wachpersonen vom 12. 8. 1965
V	Verkehr(s)
VAE	Verkehrsrechtliche Abhandlungen und Entscheidungen
VB	Verwaltungsbehörde
VD	Verkehrsdienst, München (Jahr und Seite)
Verkehrsmedizin	Wagner ua, Verkehrsmedizin, 1984
VerkSichG	Gesetz zur Sicherung des Straßenverkehrs
Verkehrsunfall	Der Verkehrsunfall, ab 1983; Verkehrsunfall und Fahrzeugtechnik (Zeitschrift, Jahr und Seite)
VersR	Versicherungsrecht (Jahr und Seite)
VersW	Versicherungswirtschaft (Jahr und Seite)
VerwA	Verwaltungsarchiv (Jahr und Seite)
VG	Verwaltungsgericht
VGH	Verwaltungsgerichtshof
vgl	vergleiche
VGS	Vereinigte Große Senate
VGT	Verkehrsgerichtstag (Jahr und Seite)

Abkürzungen

VkBl	Verkehrsblatt, Amtsblatt des Bundesministeriums für Verkehr (Jahr und Seite)
VM	Verkehrsrechtliche Mitteilungen (Jahr und Seite)
VMBl	Ministerialblatt des Bundesministers der Verteidigung
VN	Versicherungsnehmer
VO	Verordnung
VOInt	VO über internationalen Kraftfahrzeugverkehr = IntVO, IntKfzVO
VOR	Zeitschrift für Verkehrs- und Ordnungswidrigkeitenrecht
VorschrZ	Vorschriftzeichen
VOW	Verkehrsordnungswidrigkeit
VP	Versicherungspraxis (Jahr und Seite)
VRS	Verkehrsrechtssammlung (Band und Seite)
VT	Verkehrsteilnehmer
VU	Versicherungsunternehmen, Versicherer
VW	Versicherungswirtschaft (Jahr und Seite)
VwGO	Verwaltungsgerichtsordnung
VwRspr	Verwaltungsrechtsprechung in Deutschland (Band und Seite)
Vwv	Verwaltungsvorschrift (allgemeine)
VwV VZR	Allgemeine Verwaltungsvorschrift zur Datenübermittlung mit dem Verkehrszentralregister
VwVfG	Verwaltungsverfahrensgesetz
VwVG	Verwaltungsvollstreckungsgesetz
VZ, Z	Verkehrszeichen
VzKat	Katalog der Verkehrszeichen (BAnz 1992 Nr. 66a)
VZR	Verkehrszentralregister
Z, VZ	Verkehrszeichen
ZA	Zusatzabkommen
ZAP	Zeitschrift für die Anwaltspraxis (zitiert nach Fach und Seite)
ZblVerkMed	Zentralblatt für Verkehrs-Medizin, Verkehrs-Psychologie, Luft- und Raumfahrt-Medizin (Jahr und Seite)
ZB I	Zulassungsbescheinigung Teil I (Fahrzeugschein)
ZB II	Zulassungsbescheinigung Teil II (Fahrzeugbrief)
zB	zum Beispiel
ZBlVM	Zentralblatt für Verkehrsmedizin
ZfS	Zeitschrift für Schadensrecht (Jahr und Seite)
ZfV	Zeitschrift für Versicherungswesen
ZfVR	Zeitschrift für Verkehrsrecht, Wien
ZFZR	Zentrales Fahrzeugregister
Zgm	Zugmaschine
ZPO	Zivilprozessordnung
ZRP	Zeitschrift für Rechtspolitik
ZS	Zivilsenat
ZStW	Zeitschrift für die gesamte Strafrechtswissenschaft (Jahr und Seite)
ZulB	Zulassungsbehörde
zusf	zusammenfassend
zutr	zutreffend
zust	zustimmend
ZVM	Zentralblatt für Verkehrsmedizin (Jahr und Seite)
ZVS	Zeitschrift für Verkehrssicherheit, Frankfurt
zw	zweifelnd, zweifelhaft
Zw	Zweibrücken, OLG Zweibrücken

Einleitung (E)

Übersicht

I. Rechtsquellen. 1. Bundesrecht. 2. Grundrechte. Verhältnismäßigkeitsgrundsatz. 3. StraßenverkehrsG. 4. Ermächtigungen. 5. Verkündung der RVO. 6. Straßenverkehrsordnung. 7. Ihre Verbindlichkeit. 8. Literatur. 9. Straßenverkehrs-Zulassungs-Ordnung. 10. Ergänzende Vorschriften. 11. Weitere VO gemäß § 6 StVG. 12. OWiG 1968. 13. Straftatbestände des StGB und StVG. 14. Weitere Rechtsquellen. 15. Überstaatliches Recht. 16. Zwischenstaatliche Abkommen. 17. Rechtsvereinheitlichung. 18./19. Truppenstatut. 20./21.Gewohnheitsrecht. 22. Verkehrsübung.

II. Örtliche Geltung. 23. Inlandsverkehr. 24. Schutzbereich. 25. Zivilrecht. 26. Verwaltungsrecht. EWGV. 27. Ausländische FE. 28. Exterritoriale. 29. Natotruppen. 30. Strafrecht. Gebietsgrundsatz. 31. Ehemalige DDR. 32. VerkehrsOW. 33./34. Ausländer. Verfahrenssicherung.

III. Zeitliche Geltung. 35. In-Kraft-Treten. 36. Rückwirkung im Zivilrecht. 37./38. Rückwirkungsverbot im Straf- und OWiRecht. 39. Einfluss der Tatzeit. 40.–42. Rechtsänderung während Tatbegehung oder vor Ahndung. 43. Zeitgesetze. 44. Nebenfolgen. 45. Maßregeln der Besserung und Sicherung.

IV. 46./47. **Bundesrecht und Landesrecht.** 48. Innerbetriebliche Vorschriften.

V. 49. **Straßenverkehrs- und Straßenrecht.** 50. Gemeingebrauch. 51. Sondernutzung.

VI. 52. **Sonderrechte.** Grundsatz. Einzelregelungen.

VII. 53. **Sachliche Zuständigkeit.** Straßenverkehrs- und Baubehörden. Übergeordnete Landesbehörden. Polizei. Bahnunternehmen. Baulastträger. Erlaubnisse und Ausnahmegenehmigungen. Ministerielle Sonderzuständigkeiten.

VIII. 54. **Örtliche Zuständigkeit.** 55./56. Verwaltungshandeln.

IX. Auslegung. 57./58. Gegenstand. 59. Methoden. 60.–62. Analogie. 63. Freie Rechtsfindung. 64. „Verkehrsregeln".

X. 65. **Sanktionen.** 66. Halter-Gefährdungshaftung. 67. Deliktische Haftung. 68. Ordnungswidrigkeiten. 69. Abgrenzung zur Straftat. 70./71. Begriff. 72. Opportunitätsgrundsatz. 73. Verwarnung. 74. Geldbuße. 75. Subsidiarität. 76. Strafrecht.

XI. Tatbestand. 77. Schutzgegenstand. Begriff. 78. Garantiefunktion. 79. Blankettgesetz. 80. Indiz für Rechtswidrigkeit. 81. Sozialadäquanz. 82. Tatbestandstypen.

XII. Handlung. 83. Begriff. 84./85. Erkennungs- und Verhaltensautomatismen. 86. Zwang. Bewusstlosigkeit. Reflex. Schreckreaktion. Kurzschlusshandlung.

XIII. Unterlassung. 87. Grundzüge. 88. Rechtspflicht zum Handeln. 89. Garant. 90. Gefährdendes Vorverhalten.

XIV. Täterschaft und Teilnahme. 91. Grundzüge. 92. Handeln für einen anderen. 93. Einheitstäter. 94. Beteiligung. 95. Besondere persönliche Merkmale. 96. Erfolglose Beteiligung. 96 a. „Kennzeichenanzeige".

XV. Ursächlichkeit. 97. Die juristischen Kausallehren. 98. Bedingungslehre. 99. Unterlassen. 100. Fahrlässigkeit. 101. Zeitpunkt der Ursächlichkeitsprüfung. Mehrere Ursachen. 102. Fälle von Nichtursächlichkeit. 103. Abgebrochene Kausalität. 104. Adäquanzlehre. 105. Haftungsbegründende, haftungsausfüllende Kausalität. 106./107. Rechtswidrigkeitszusammenhang als Korrektiv. 108. Unterlassen. 109. Mehrere Ursachen. 110. Abgebrochener Kausalverlauf. 111. „Überholende" Kausalität.

XVI. Rechtswidrigkeit. Rechtfertigungsgründe. 112. Rechtswidrigkeit. 113./114. Notwehr. 115. Sachwehr. 116. Angriffsnotstand. 117./118. Rechtfertigender Notstand. 119. Rechtfertigende Pflichtenkollision. 120. Sozialadäquanz. 121. Erlaubtes Risiko. 122. Verkehrsrichtiges, formal normwidriges Verhalten. 123. § 11 StVO. Besondere Verkehrslagen. 124. Praktische Verkehrsstille. 125. Einwilligung. 126. Mutmaßliche Einwilligung. 127. Sonderrechte. 127 a. Befehl. 128. Erlaubnis.

XVII. Verantwortlichkeit. Entschuldigungsgründe. 129. Verantwortlichkeit. 130. Sinnesleistung als Grenze. 131. Reflexbewegungen und -vorgänge. 132. Plötzlicher Leistungsabfall oder -abbruch. 133. Vorsatz. Bedingter Vorsatz. 134. Gesamtvorsatz. 135. Fahrlässigkeit. 136. Sozialadäquate Gefährdung. Vertrauensgrundsatz. 137. Voraussehbarkeit. 138./139. Fahrlässigkeitsmaßstäbe. 140. Einzelheiten hierzu. 141. Fahrfähigkeit. 141 a. Bedeutung der Fahrerlaubnis. Neuling. 142. Regelkenntnis. 143. Bedienungsfehler. 144. Fehl-

Einleitung

reaktion. 145. Eigene Regelverstöße. 146. Einweiser, Helfer. Zurückstehen aus Rücksicht. 147. Reichweite der Verantwortlichkeit als Kausalitätsproblem. 148. Fremde Mitschuld. Objektive Gefahren. 149. Grobe Fahrlässigkeit. Leichtfertigkeit. 150. Äußerste Sorgfalt. 150 a. Natürliche Handlungseinheit. 151. Entschuldigungsgründe. 151 a. Schuldunfähigkeit. 151 b. Vorverlegte Verantwortlichkeit. 152. Entschuldigender Notstand. 153. Schuldausschließende Pflichtenkollision. 154. Handeln auf Befehl. 155. Irrtum. 156./157. Irrtum und Vorschriftenwechsel.

XVIII. 157 a. **Anscheinsbeweis.**

XIX. Verkehrsunfälle. Unfallstatistik. 158. Unfallverhütung. 159. Verkehrsunfallstatistik. Mängel. 160. Zur Erforschung der Unfallursachen.

1   I. **Rechtsquellen.** Das **Straßenverkehrsrecht** ist Ordnungsrecht (BVerwG NZV **98** 427, BGH NJW **02** 1280, **05** 2923, *Manssen* DÖV **01** 158). Es will den Gefahren, Behinderungen und Belästigungen von VT und Dritten durch den V entgegenwirken und optimalen Ablauf gewährleisten (BVerfG NJW **76** 559, BVerwG DAR **99** 471, BGH NJW **04** 356, **05** 2923, NZV **02** 193, BGH NJW **02** 1280, *Dannecker* DVBl **99** 144). Es hat sich jedoch über die ordnungsrechtliche Funktion hinaus, insbesondere durch die in den letzten Jahren wiederholt erfolgte Erweiterung der Befugnisse der StrVB in § 45 StVO, mehr und mehr auch zu einer Rechtsgrundlage für VPlanung entwickelt (krit *Manssen* DÖV **01** 151). Es ist Bundesrecht. Nach Art 74 I Nr 22 GG erstreckt sich die konkurrierende Bundesgesetzgebung auf den StrV (= Benutzung der öffentlichen Str zu VZwecken; BVerfG NJW **76** 559) und das Kraftfahrwesen (= die von der Herstellung bis zur Fz-Benutzung entstehenden Rechts- und Wirtschaftsfragen; *Maunz/Dürig/Herzog* Art 74 GG Rz 240), einschließlich der Normen zur Abwehr äußerer Gefahren für den StrV und die VWege (BVerfG NJW **76** 559). Sachlich besteht das StrVR aus Verwaltungs-, Zivil-, Polizei-, Ordnungswidrigkeiten-, Straf- und übernationalem Recht. Das StrVR setzt das **Straßenrecht** voraus; bei beiden handelt es sich um selbstständige Rechtsmaterien mit unterschiedlichen Regelungszwecken (BGH NJW **02** 1280; näher **E** 49). Zur Einführung eines „Straßenverkehrsplanungsrechts" de lege ferenda neben dem StrVR (als Ordnungsrecht) *Ph. Boos* NZV **01** 497.

2   Die **Grundrechte** (Art 2, 3, 12, 14 GG) und der aus dem Rechtsstaatsprinzip entwickelte, strikt zu wahrende (BVerfG NJW **76** 559), verfassungskräftige **Grundsatz der Verhältnismäßigkeit** (Übermaßverbot) setzen allem Bundesrecht Schranken (BVerfGE **10** 117, OVG Münster VM **75** 11, *Maunz/Dürig/Herzog* Art 20 Kap VII Rz 51), s zB § 3 StVG. Der Rechtsstaatsgedanke umfasst auch das grundlegende Prinzip der Verhältnismäßigkeit des Mittels (BVerfGE **10** 117, NJW **02** 2378, OVG Münster VRS **75** 384). Das Übermaßverbot greift ein, wenn der Normgeber oder die VB ein anderes, gleich wirksames, aber weniger einschneidendes Mittel (Regelung) hätte wählen können (BGH VRS **59** 401), wenn die Sicherheit oder Leichtigkeit des V durch weniger weitgehende Anordnungen erreicht werden kann (BVerwG NZV **93** 284, DAR **99** 184, OVG Lüneburg VRS **55** 311). Im Strafrecht muss die Strafe im angemessenen Verhältnis zur Tat stehen (BVerfGE **6** 439), im Strafverfahren die Maßnahme im angemessenen Verhältnis zum Tatvorwurf (BVerfGE **17** 117). Auch verwaltungsrechtliche Eingriffe und Beschränkungen müssen im rechten Verhältnis zum geschützten öffentlichen Interesse stehen und dürfen nicht übermäßig oder vermeidbar belasten (BVerfGE **18** 361, **15** 234, **13** 104, **11** 42, NJW **02** 2378), zB bei bedingter Fahreignung (OVG Berlin VM **91** 64, OVG Br VRS **58** 296). Das Übermaßverbot untersagt zB, durch FEBeschränkung zu regeln, was durch bloße Auflage geregelt werden kann (BGH VRS **55** 298, s § 23 FeV). Je empfindlicher zB die Berufstätigkeit beeinträchtigt wird, desto stärker müssen die Interessen des Gemeinwohls sein, denen die Regelung dient (BVerfGE **26** 264). Das Prinzip bindet auch den Gesetz- bzw VOGeber bei Ausübung gesetzlicher Ermächtigungen (BVerfGE **8** 310, **7** 407). Ihm unterliegen alle gesetzlichen Inhaltsbestimmungen (BVerfGE **14** 277, **18** 312, NJW **67** 619).

3   Das **Straßenverkehrsgesetz** (StVG) vom 19. 12. 52 (Vorläufer: KfzGesetz idF v. 19. 12. 52; s BVerfG 2 BvL 19/62) regelt grundgesetzgemäß (BVerfG NJW **69** 1619) namentlich die Zulassung der Personen und Kfz zum öffentlichen StrV, die Verwendung fälschungssicherer Kennzeichen, die Fahrerlaubnis (Arten, Erteilung, Nachweis, Entziehung, FV), die Rechtsfolgen des Fahrens ohne FE, die Gebühren für Maßnahmen im StrV, die Grundlagen der VerkehrsOW und deren Rechtsfolgen, Einrichtung und Funktion des VZR, die Haftpflicht des Halters und Fahrers bei Tötung, Körperverletzung und Sachschäden neben der allgemeinen zivilrechtlichen.

4   Es **ermächtigt** das BMV, unter hinreichend bestimmten Voraussetzungen (BVerfGE **7** 302, **8** 312, **10** 258, **14** 258, **15** 160, **18** 61, **22** 25) nach Maßgabe des Ermächtigungskatalogs in § 6 StVG mit Zustimmung des Bundesrats RVO und allgemeine Verwaltungsvorschriften (Vwv) zu

Einleitung

erlassen, vor allem zur Erhaltung der Ordnung und Sicherheit auf den öffentlichen VFlächen, um den V gegen nachteilige äußere Einwirkungen zu schützen (zB Verbot ablenkender Werbung außerorts, § 6 I Nr 3 g StVG) und zum Umweltschutz gegen VEinwirkungen (zB durch § 6 I Nr 3, 5 a StVG). Zum Zitiergebot (Art 80 I S 3 GG, Angabe der Ermächtigungsnorm): *Schwarz* DÖV **02** 852. Änderungen von RVO durch Gesetz; Rückkehr zum einheitlichen Verordnungsrang *Külpmann* NJW **02** 3436.

Allgemeine Verwaltungsvorschriften (Vwv) sind verwaltungsinterne Anweisungen, keine Rechtsnormen (Dü NZV **91** 204, VG Hb NZV **02** 288). Sie ändern oder ergänzen keine Rechtsnorm, sie geben nur Handhabungshinweise (BVerwG MDR **70** 533, Mü VM **77** 38, Bay VM **77** 50, Dü VM **77** 20, *Kreutzer* MDR **70** 564) und binden nicht die Gerichte (Jn DAR **05** 43), sondern das behördliche Ermessen (OVG Lüneburg VkBl **04** 181 [VwV-StVO], VG Berlin NZV **01** 317 m Anm *Bitter* und *Bouska*, VG Hb NZV **02** 288, 533, VG Hannover NZV **05** 223; s Begr zur StVO II 3 und BGHSt **16** 160, **23** 108). Trotz ihrer grundsätzlich nur internen Bindung können Vwv jedoch über Art 3 I GG (Gleichheitsgrundsatz) und Art 20, 28 GG (Rechtsstaatsprinzip, Vertrauensschutz) auch rechtliche Außenwirkung zwischen Verwaltung und Bürger begründen (BVerwGE **104** 222 f, VG Berlin NZV **03** 53). Da das BVerfG (DAR **99** 498) nicht mehr an seiner früheren Auffassung festhält, statt der BReg als Kollegium könne auch ein Ressortminister iS von Art 84 II, 85 II GG zum Erlass von Vwv für den Vollzug von Bundesgesetzen ermächtigt werden, wurde § 27 StVG aF (Ermächtigung zum Erlass der VerwarnVwV) durch ÄndG v 19. 3. 01 (BGBl I 386) aufgehoben; die bisherige, bis zum 31. 12. 01 gültig gewesene VerwarnVwV idF v 28. 2. 00 (BAnz **00** 3048) wurde daher auf der Grundlage des Art 84 II GG von der BReg neu erlassen (inzwischen aufgehoben durch AV v 26. 11. 01, BAnz **01** 24505). Ihr Inhalt ist nunmehr Bestandteil der BKatV (näher § 26 a StVG Rz 5). Da die VwV-StVO ebenso wie die StVO vom BMV mit Zustimmung des BR erlassen ist, lässt sie deren rechtliche Vorstellungen erkennen (Bay DAR **79** 25, Kö NZV **90** 483) und kann bei der Auslegung von StVO-Bestimmungen hilfreich sein (Jn DAR **05** 43, Stu DAR **02** 366). Vwv binden die nachgeordneten Bundes- und LandesB (OVG Lüneburg VkBl **04** 181 [VwV-StVO], GewA **78** 69, VG Berlin NZV **01** 317 [VwV-StVO] m Anm *Bitter*), Richtlinien (zB die Führerhausrichtlinien, Bay VRS **46** 313) nur nach Transformation in Landesrecht. Innerbetriebliche Vorschriften, zB Dienstanweisungen: **E** 48.

Verkündung (BVerfGE **32** 362) der gemäß § 6 StVG ergehenden RVO: Art 82 GG mit G über die Verkündung von RVO vom 30. 1. 50 (Verkündung im BGBl oder im BAnz mit Hinweis im BGBl). Vwv, die das BMV für den StrV gegenüber den VB erlässt, sind zustimmungsbedürftig (Art 85 II GG). Üblicherweise werden sie im VkBl verkündet. Ausnahmen von der Zustimmungsbedürftigkeit von RVO: § 6 III, IV StVG. In Sonderfällen, besonders bei Katastrophen, ist Verkündung durch beliebige Medien oder in anderer Weise zulässig, sofern keine VZ aufgestellt werden können (§ 45 IV StVO). Zur Bekanntmachung gesetzlicher Neufassungen *Schroeder* NJW **75** 1870, *Nadler* NJW **76** 281. Die Ausübung der gesetzlichen Befugnis, ein Gesetz in Neufassung bekanntzumachen, ist nur deklaratorische Klarstellung und auf das geltende Recht ohne Einfluss (BVerfG 2 BvL 19/62, Bay VM **71** 47). Die statische Verweisung (zB in § 35 h StVZO) auf nichtnormative private Regelungen (zB DIN-Normen) dürfte gültig sein, sofern a) die verweisende Norm die Regelung nach Gegenstand und Datum genau bezeichnet, b) Fundstelle oder Bezugsquelle genau nennt und c) wenn die inkorporierte Regelung durch amtliche Niederlegungen gegen nachträgliche Inhaltsänderung geschützt ist (näher BVerfGE **22** 346 *Hömig* DÖV **79** 307, *Backherms* ZRP **78** 261, *Baden* NJW **79** 623, *Staats* ZRP **78** 59).

Die **Straßenverkehrsordnung** 1970 (StVO), beruhend auf der Ermächtigung in § 6 I StVG, gilt unmittelbar nur im öffentlichen VRaum (Kö VRS **50** 236, Dü DAR **83** 90, VRS **64** 300), nicht für das Verhalten auf Privatgrund (Bay VM **76** 51). Auf nichtöffentlichem Betriebsgelände gelten die VRegeln als allgemein gültige Sorgfaltsregeln zwar entsprechend (Kar VRS **56** 345, Sa VM **82** 56, Ol VersR **90** 398, Kö VersR **93** 589, Ha VersR **96** 645). Jedoch kann die allgemeine Sorgfaltspflicht je nach den Umständen Abweichung und Verständigung von Fall zu Fall erfordern (Sa VM **82** 56, Ol VersR **90** 398). Auch kann eine vom Eigentümer getroffene Regelung beachtlich sein (Kö VersR **93** 589). Die StVO enthält die VRegeln als sachlich begrenztes Ordnungsrecht und dient der Abwehr der typischen vom StrV ausgehenden Gefahren (BGH NJW **04** 356, s Rz 1). Sie regelt abschließend (= Ausschließlichkeitsgrundsatz, BGHSt **26** 348 = NJW **76** 2138) die VZ und -einrichtungen zur VLenkung und die Zeichen und Weisungen der VPolizei. Die ergänzenden Allgemeinen Verwaltungsvorschriften (Vwv) richten sich ausschließlich an die VB (**E** 4a). Vor diesem Hintergrund ist das Verbot „unnützen Hin- und Herfahrens" (§ 30) nicht unproblematisch; denn der VOGeber darf die VTeilnahme über § 1 StVO

Einleitung

hinaus weder nach Nützlichkeit beurteilen noch einschränken (vgl § 6 StVG). Obwohl einzelne Bestimmungen (zumindest auch) Individualinteressen schützen, ist die **StVO im Ganzen kein Gesetz zum Schutz des Vermögens** (BGH NJW 04 356, 05 2923).

7   Die Verbindlichkeit der StVO richtet sich ausschließlich nach deutschem Recht, nicht nach ihrer Übereinstimmung mit ratifizierten internationalen Verträgen, denn das Vertragsvölkerrecht ist nicht Bestandteil des Bundesrechts (Art 25 GG, *Booß* DAR **73** 30). StVO-Änderung gemäß Opportunität ist deshalb an sich auch entgegen zwischenstaatlichen Abkommen ohne Ratifizierungsvorbehalt zulässig, ohne solchen Vorbehalt jedoch vertragsuntreu (*Booß* DAR **73** 29). Solche Vorbehalte sind erwünscht, um notwendige Reformen nicht unnütz zu erschweren (**E** 17).

8   **Lit:** *Baumann,* Die Versäumnisse der neuen StVO, DAR **71** 152. *Booß,* Motive der neuen StVO, k + v **71** 95. *Derselbe,* Zur Frage der Vereinbarkeit der StVO mit den Wiener und Genfer Übereinkommen, DAR **73** 29. *Cramer,* Die neue StVO, JurA **71** 243, 353. *Harthun,* Einzelfragen zur neuen StVO, DAR **71** 177, 253. *Jagusch,* Flexibilität und Starrheit in der neuen StVO …, NJW **71** 1. *Derselbe,* Erneuerte StVO, NJW **76** 135. *Kullik,* Mehr Vorschriften – mehr Sicherheit?, PVT **83** 217. *Möhl,* Die neue StVO, DAR **71** 29, JR **71** 45. *Trüstedt,* Zur Vorgeschichte der neuen StVO, ZVS **71** 3.

9   Die **Straßenverkehrs-Zulassungs-Ordnung** (StVZO; zuletzt bekanntgemacht: 28. 9. 1988) ist Ausführungsvorschrift zu § 6 StVG und beruht auf ihm. Sie regelt die Zulassung der nicht in den Anwendungsbereich der FZV fallenden Kfz, Anhänger und anderen Fz zum öffentlichen StrV, Betriebserlaubnis und Bauartgenehmigung, die periodische technische Untersuchung der Kfz und Anhänger und enthält die Bau- und Betriebsvorschriften für die StrFz und Anhänger. Die am 1. 3. 07 in Kraft getretene **Fahrzeug-Zulassungsverordnung (FZV)** fasst den zuvor in der StVZO, der IntVO, der FahrzeugregisterVO (FRV) und der 49. AusnahmeVO zur StVZO normierten Bereich der Zulassung von Kfz mit einer bauartbedingten Höchstgeschwindigkeit von mehr als 6 km/h und die Zulassung von Kfz-Anhängern zum öffentlichen StrV zusammen.

10 Die StVZO wird ergänzt durch AusnahmeVO, Allgemeine Verwaltungsvorschriften (VwV), Dienstanweisungen und Richtlinien des BMV und durch EG-Recht (**E** 15, 16).

11 Die **Fahrerlaubnis-Verordnung (FeV)** enthält die bis zum 31. 12. 1998 im Abschnitt A (Personen) Bestandteil der StVZO gewesene Regelung der Zulassung von Personen zum StrV (Verkehrsschwache, Recht der Fahrerlaubnis) und die bis 30. 10. 08 in der früheren VO über internationale KfzV (IntVO) enthalten gewesenen fahrerlaubnisrechtlichen Vorschriften, die mit ÄndVO v 18. 7. 08 (BGBl I 1338) in die FeV übertragen worden sind. **Weitere Verordnungen gemäß § 6 StVG** enthalten Verhaltens- oder zeitlich begrenzte Beschaffenheitsvorschriften, zB die AB-RichtgeschwindigkeitsVO 1978, die Leichtmofa-AusnahmeVO 1993 (Buchteil **9**). Die IntVO wurde durch Art 2 der ÄndVO v 18. 7. 08 (BGBl I 1338, 1373, Begr BR-Drs 302/08 S 73) aufgehoben.

12 Das **OWiG** regelt zusammen mit den §§ 23, 24 StVG, § 49 StVO, § 48 FZV, § 69a StVZO die Ahndung der VerkehrsOW. Eine OW liegt vor, wenn jemand vorsätzlich oder fahrlässig einer Vorschrift einer auf Grund des § 6 I StVG erlassenen VO oder einer auf Grund einer solchen VO erlassenen Anordnung zuwiderhandelt, soweit die VO für einen bestimmten Tatbestand auf § 24 StVG verweist. Bei vor dem 1. 1. 69 erlassenen VO ist Verweisung nicht erforderlich (§ 24 StVG, **E** 68 ff).

13 **Strafrechtlich** kommen vor allem in Betracht die §§ 44, 69–69b, 142, 145, 222, 223, 224, 226–229, 240, 248b, 303, 304, 315b–316a, 323a, 323c StGB, 21–22b StVG.

14 **Weitere Rechtsquellen** des StrVR, jedoch nicht Gegenstand des Kommentars, sind zB: das PflichtversicherungsG, die Gebührenordnung für Maßnahmen im StrV (GebOStr), das PersonenbeförderungsG, die BO Kraft bzw Strab, das KraftfahrsachverständigenG, das FahrlehrerG, das FahrpersonalG, die FahrpersonalVO und das GüterkraftverkG. Zum Verhältnis der StVO zur BOStrab OVG Münster VRS **97** 149; soweit die BOStrab den gleichen Gegenstand regelt, geht sie als lex specialis vor (OVG Münster aaO).

15 **Überstaatliches Recht** gilt im Inland teilweise unmittelbar. So gelten **EG-Verordnungen** nach Art 249 II EGV unmittelbar in jedem Mitgliedstaat, bedürfen also keiner Umsetzung in nationales Recht. Beispiele sind die auf Art 75 EGV gestützten VO (EWG) Nr 3820/85 über Lenkzeiten und persönliche Kontrollbücher und die VO Nr 3821/85 über Kontrollgeräte. Unmittelbar gültig, da in deutsches Recht übernommen (**E** 16), sind ferner verschiedene EG-Richtlinien, soweit die StVZO ausdrücklich auf sie verweist (Anh zur StVZO) sowie gewisse EWG-Bauartgenehmigungen (§ 22a VI StVZO). Ansonsten wenden sich die **EG-Richtlinien** an die Mitgliedstaaten, indem sie diese verbindlich zur fristgemäßen Umsetzung „des zu erreichenden Zieles" in nationales Recht verpflichten (Art 249 III EGV). Unmittelbare Wirkung in

Bezug auf den Einzelnen (*Durchgriffswirkung*) entfalten jedoch unbedingt und hinreichend bestimmt formulierte, den Bürger begünstigende EG-Richtlinien, soweit nationale Rechtsvorschriften wegen nicht fristgerechter oder nicht vollständiger Umsetzung mit den Bestimmungen der Richtlinie nicht in Einklang stehen (*Geiger* EUV/EGV Art 249 Rz 15, zB EuGH NJW **07** 2029). Die Thematik ist derzeit besonders relevant im Zusammenhang mit der 2. EG-FSRichtlinie im Verhältnis zu § 28 FeV und dem dadurch beförderten „FS-Tourismus" (im Einzelnen § 28 FeV Rz 6 ff, § 21 StVG Rz 2 a). Die Reichweite von Richtlinien ist im Einzelfall maßgebend nach Zweck und Regelungsbereich zu interpretieren. So verfolgt die Richtlinie 70/156/EWG betreffend die Angleichung der Rechtsvorschriften über die Betriebserlaubnis für Kfz und Kfz-Anhänger das Ziel, Hemmnisse für den freien Warenverkehr zu beseitigen; sie widerstreitet deshalb nicht einer nationalen Regelung, nach der ein Fz den nationalen Geschwindigkeitsvorschriften für Lkw unterliegt, obwohl es in Einklang mit der Richtlinie als Pkw zugelassen wurde (EuGH NJW **06** 2539 [Fz der „Sprinter-Klasse", s § 18 StVO Rz 19, § 20 StVZO Rz 5]). Wie Richtlinien nicht an den Einzelnen, sondern an die Mitgliedstaaten richten sich **EU-Rahmenbeschlüsse** (Art 34 II b EUV, zum Rahmenbeschluss über die Vollstreckung von Geldstrafen und Geldbußen § 24 StVG Rz 14). Sowohl Richtlinien als auch Rahmenbeschlüsse entfalten ferner insoweit Wirkung auf den Einzelnen, als sie für die nationalen Gerichte und Behörden die Pflicht **zur gemeinschaftskonformen Auslegung** auslösen (näher E 57). Informelle Lösung von Problemen bei fehlerhafter Anwendung von europäischem Recht durch Behörden bietet SOLVIT (www.europa.eu.int/solvit), ein Online-Netzwerk der EU-Mitgliedstaaten sowie Island, Liechtenstein und Norwegen. Einen Ersatz für die normalen Rechtsverfahren bietet es nicht.

Soweit in eigenes Recht übernommen, gelten zB Bestimmungen des Wiener Übereinkommens (auch „Weltabkommen") über den StrV und über StrVZ vom 8. 11. 68 samt den Genfer Europäischen Zusatzabkommen vom 1. 5. 71, ferner laut RatifikationsG (VertragsG) vom 21. 9. 77 (BGBl I 809) die in dessen Art 1 II bezeichneten Teile des Übereinkommens über den StrV vom 8. 11. 68, das Genfer Protokoll über StrMarkierungen vom 1. 3. 73 (BGBl II **77** 809, 1026), ferner EG-Empfehlungen, ECE-Regelungen (§ 21 a StVZO Rz 2, näher *Sündermann* SVR **06** 48) und EG-Richtlinien, zB die im Anhang der StVZO genannten EG-Richtlinien und ECE-Regelungen (**E** 15). **16**

Die an sich erwünschte **übernationale Rechtsvereinheitlichung**, besonders der VRegeln, setzt angemessene Gleichzeitigkeit zusammengehöriger Maßnahmen und deren Überwachung in allen Mitgliedstaaten voraus, um benachteiligende Verzerrungen zu vermeiden. Dies zeigen zB massenhafte Verstöße und Unfälle von Lastfahrzeugen bestimmter Nachbarländer bei nahezu planmäßiger Nichtbeachtung des § 3 III Nr 2 StVO, der Bestimmungen über Lenk- und Ruhezeiten sowie dem § 29 StVZO entsprechender heimischer technischer Kontrollen zum Nachteil der VSicherheit und des Transportgewerbes (s auch *Janitzek* VGT **08** 137). Rechtliche Grundlagen, mit dieser Problematik entgegenzuwirken, hält mit dessen vollständiger Umsetzung der EU-Rahmenbeschluss zur Vollstreckung von Geldstrafen und Geldbußen bereit (§ 24 StVG Rz 14). Zur Problematik der Verhaltens- und Ausrüstungsvorschriften im grenzüberschreitenden gewerblichen Kraftverkehr *Trinkaus* und *Vogt* VGT **76** 276, 283 sowie *Booß* DAR **88** 374. **17**

Das **Truppenstatut** gilt für die in Deutschland stationierten fremden Truppen (s § 16 StVG). Zu Natotruppenstatut und Zusatzabkommen **E** 29. **18/19**

Gewohnheitsrecht, im StrVR wichtig (*Greger* NZV **90** 196), ist allgemeine, ständig gehandhabte Rechtsübung kraft Rechtsüberzeugung (BVerfGE **22** 121, OGHSt **2** 259), die sich durch Gerichtsbrauch mehr oder weniger (Auslegung: **E** 57 ff) zur ungeschriebenen, selbst wieder änderbaren Norm verfestigen kann (Richterrecht). Ständige Praxis einzelner Obergerichte schafft idR noch kein Gewohnheitsrecht. Das Gewohnheitsrecht kann keinen Straf- oder OWTatbestand schaffen und Sanktionsdrohungen nicht verschärfen (Art 103 II GG, BVerfG NJW **95** 1141), zB die gesetzliche Vorfahrt nicht ändern. Nachteiliges Gewohnheitsrecht ist straf- und OWrechtlich ausgeschlossen (*Fischer* § 1 Rz 9, *Sch/Sch/Eser* § 1 Rz 9; zu Analogie und Rückwirkungsverbot **E** 37). Über die Rechtskraft hinaus „gilt" Richterrecht nur kraft des Strebens nach Gleichbehandlung gleicher Sachverhalte (*Larenz* Henkel-F 32). Auf bloße behördliche Duldung von Verstößen anderer kann sich der ow Handelnde nicht mit Erfolg berufen (Ce MDR **78** 954, Ha NJW **77** 687), jedoch uU Einstellung nach § 47 OWiG (Ha ZfS **93** 285). **20**

Andererseits kann Gewohnheitsrecht überholte Zeitgesetze (**E** 43) einengen oder beseitigen (OGHSt **1** 63, BGHSt **8** 381), strafmildernd oder -befreiend wirken (OGHSt **1** 63, 321, 343, 353, **2** 120, RGSt **56** 168), außerdem neue, allgemein wirkende Rechtsbegriffe bilden (zB Ursächlichkeit, bedingter Vorsatz, Garantenstellung), die alle auch das StrVR beeinflussen. **21**

Einleitung

22　Zwar nicht an Gewohnheitsrecht, aber an allgemein geübte VBräuche hat auch der VOGeber angeknüpft, zB durch die Vorrangbestätigung des durchgehenden Verkehrs vor Linksabbiegern (§ 9 StVO), die Vorschrift über das „tangentiale" Linksabbiegen (§ 9 StVO) und das Abweichen vom Rechtsfahrgebot bei erlaubtem gestaffelten Fahren (§ 7 StVO). Gelegentlich meint er sogar (StVO-Begr Rz 13), VRegeln, ausgenommen international vereinbarte, erst nach so beständiger VÜbung festlegen zu dürfen, dass Verstöße bereits als störend empfunden werden.

Lit: *Krebs*, Gewohnheitsrecht und Neubildung von Recht im StrV, außerhalb der Gesetze, RdK 54 1.

23　**II. Örtliche Geltung.** InlandsV ist der fließende und ruhende V innerhalb der Grenzen Deutschlands auf den öffentlichen Wegen (Fahrbahnen, Seitenstreifen, Parkflächen und -streifen, Geh- und anderen Sonderwegen). Öffentliche Wege sind Einrichtungen für den Landverkehr ohne Rücksicht auf den erforderlichen technischen Aufwand (**E** 49, 50).

24　**Geschützt** gegen Belästigung, Gefährdung oder Schädigung durch VT ist jedermann (§ 1 StVO Rz 32), umgekehrt jedoch auch der V gegen Eingriffe von außen her (§ 33 StVO, § 315 b StGB; BVerwG NJW **74** 1781).

25　**Zivilrechtlich** gilt bei unerlaubten Handlungen in erster Linie **Tatortrecht** (Art 40 I EGBGB), ebenso bei Gefährdungshaftung (BGHZ **23** 65, BGH NJW **83** 1972, *Mansel* VersR **84** 97, *Wandt* VersR **90** 1301). Neben dem Tatort knüpft die durch G v 21. 5. 99 getroffene Neuregelung des Internationalen Privatrechts nach Maßgabe von Art. 40 bis 42 EGBGB an den **gemeinsamen gewöhnlichen Aufenthalt** (Art 41 II EGBGB) und an das Recht der **wesentlich engeren Verbindung** (Art 41 EGBGB) an. Die Neuregelung differenziert hinsichtlich des *Ubiquitätsgrundsatzes* (Tatort ist sowohl Handlungs- als auch Erfolgsort) in Art 40 I EGBGB in der Weise, dass bei Auseinanderfallen von Handlungs- und Erfolgsort grundsätzlich der Handlungsort zählt; auf den Erfolgsort kommt es nur an, wenn der Verletzte dies ausdrücklich verlangt (Art 40 I 2 EGBGB; *Greger* § 2 Rz 24ff; krit *Looschelders* VersR **99** 1317). Bei Verkehrsunfällen fallen Handlungs- und Erfolgsort regelmäßig zusammen; Tatort ist idR *der Unfallort* (*Looschelders* VersR **99** 1319, *Rehm* DAR **01** 534). Das Tatortprinzip wird gem Art 40 II EGBGB durchbrochen, wenn sowohl Schädiger als auch Geschädigter ihren **gewöhnlichen Aufenthalt in demselben Staat** haben; dann ist das Recht jenes Staates anzuwenden, ohne dass weitere Anknüpfungstatsachen vorliegen müssten, die ebenfalls auf jenen Staat verweisen (vgl *Stu* VersR **08** 934). Haben Schädiger und Geschädigter beide ihren gewöhnlichen Aufenthalt im Inland, so gilt nicht Tatortrecht, sondern deutsches Recht, zB bei Unfall in Österreich, wenn Schädiger und Geschädigter als Jugoslawen ihren ständigen Aufenthalt in Deutschland haben (BGHZ **90** 294 = NJW **84** 2032 [zum früheren Recht] m Anm *Hohloch* JR **84** 23), dies selbst dann, wenn beide Beteiligten die Staatsangehörigkeit des Tatortlands besitzen (BGH NJW **92** 3091 [zum alten Recht; deutsches Recht für in Deutschland ansässige Türken in der Türkei]; zust *Wandt* VersR **93** 414, *Rothoeft/Rohe* NJW **93** 974, *Zimmer* JZ **93** 396, *Wezel* DAR **93** 19; BGH NJW **93** 1007, zust *Rothoeft/Rohe* NJW **93** 975). Dabei kommt es (abw von der früheren Rspr) nicht mehr darauf an, dass beide beteiligten Fz (oder das gemeinsam benutzte Fz) in Deutschland zugelassen und versichert sind. Das Tatortprinzip und die Anknüpfung nach Art 40 II EGBGB an den gewöhnlichen Aufenthalt werden ferner durchbrochen durch das Recht der **wesentlich engeren Verbindung zu einem anderen Staat** (§ 41 EGBGB), insbesondere (Art 41 II Nr 1) auf Grund eines zwischen den Beteiligten bestehenden, auf den anderen Staat verweisenden Schuldverhältnisses, etwa Beförderungsvertrags (*Looschelders* VersR **99** 1321). Allein durch Zulassung und Versicherung der Fz in demselben Staat dürfte eine solche Verbindung grundsätzlich nicht geschaffen werden (BTDrucks 14/343 S 11, *Looschelders* VersR **99** 1322, *Junker* JZ **00** 485). Anders soll es bei Zulassung von mehr als zwei an einem Unfall beteiligten Fz in demselben Staat liegen (Massenunfall; LG Berlin NJW-RR **02** 1107, BTDrucks 14/343 S 12; krit *Greger* § 2 Rz 16) und auch dann, wenn außer der FzZulassung auch Tatort und gemeinsame Staatsangehörigkeit (abw vom gemeinsamen Aufenthalt) auf diesen Staat verweisen (*Vogelsang* NZV **99** 500). Verweisen Zulassungs- und Versicherungsort des SchädigerFz und der gewöhnliche Aufenthalt des Geschädigten auf denselben Staat, so wird (mangels engerer Verbindung zu einem anderen Staat) gem § 41 EGBGB das Recht jenes Staats anzuwenden sein (LG Berlin NJW-RR **02** 1107, *Sieghörtner* NZV **03** 115). Ist nach diesen Grundsätzen das Recht eines anderen Staates als dem des Handlungsorts anzuwenden, so gilt dies nicht auch hinsichtlich der **örtlichen VRegeln** (BTDrucks 14/243 S 11; BGHZ **57** 265, **119** 137 = NJW **92** 3091, NZV **96** 272, Ha VersR **02** 1250, KG VM **79** 80, *Junker* JZ **00** 486). Insoweit bleiben also abweichende ausländische Verhaltensnormen (Verkehrsregeln) maßgeblich (BGH NJW **92** 3091) und kommen zB als SchutzG iS von

Einleitung

§ 823 II BGB in Betracht (*Dörner* JR **94** 9 f [RechtsanwendungsVO, wonach bei Auslandsunfällen von Deutschen, wenn auch der Schädiger Deutscher ist, deutsches Recht galt (§ 1), durch Art 4 G v 21. 5. 99 aufgehoben]). Zur internationalen Zuständigkeit der deutschen Gerichte nach Art 11 II, Art. 9 I lit. b EuGVVO, wenn der Geschädigte in einer Verkehrsunfallsache, der seinen Wohnsitz im Inland hat, Direktklage gegen den ausländischen Haftpflichtversicherer erhebt, EuGH NZV **08** 133, BGH NJW **07** 19 [Vorlage zum EuGH], Kö DAR **06** 212, OLG Wien DAR **07** 215, AG Bre NZV **07** 476. **Rechtswahl** durch die Beteiligten *nach Eintritt des Ereignisses* sieht Art 42 EGBGB ausdrücklich vor. Durch übereinstimmende Zugrundelegung deutschen Rechts im Prozess können die Parteien dessen Anwendung auch stillschweigend vereinbaren (BGH NJW-RR **88** 534, *Vogelsang* NZV **99** 502, *Junker* JZ **00** 478). Vereinbarungen in Bezug auf das im Fall eines Schadensereignisses anzuwendende Recht *vor dem Ereignis* sind durch Art 42 ausgeschlossen (*Looschelders* VersR **99** 1322). Für die Haftung bei Beteiligung von Angehörigen der **Stationierungsstreitkräfte** an einem VUnfall im Inland bei nichtdienstlicher VTeilnahme gilt nicht das Nato-Truppenstatut; anzuwenden ist deutsches Recht (Hb VersR **01** 996, zust *Karczewski* VersR **01** 1204). S iÜ § 16 StVG Rz 22. Ansprüche Dritter aus Handlungen oder Unterlassungen des Militär- oder Zivilpersonals iS des **EU-Truppenstatuts** v 17. 3. 03 (BGBl II **05** 19), ratifiziert durch G v 18. 1. 03 (BGBl II S 18): Art 18 EU-Truppenstatut. Zur (weitgehend überholten) Problematik von KfzUnfällen in den neuen Ländern Bay NZV **91** 116, *Sabaß* ZfS **90** 334, *Heßler* NZV **91** 96.

Lit: *Junker,* Das Internationale Unfallrecht nach der IPR-Reform, JZ **00** 477. *Karczewski,* Die kollisionsrechtliche Behandlung von VUnfällen unter Beteiligung von im Inland stationierten ausländischen Streitkräften, VersR **01** 1204. *Koch,* Zur Neuregelung des Internationalen Deliktsrechts, VersR **99** 1453. *Looschelders,* Die Beurteilung von StrVUnfällen mit Auslandsberührung …, VersR **99** 1316. *Rehm,* Grundfragen der internationalprivatrechtlichen Abwicklung von StrVUnfällen, DAR **01** 531. *Sieghörtner,* Internationaler Mietwagenunfall – Zulassungsort als relevantes Anknüpfungskriterium?, NZV **03** 105. *Timme,* Zur kollisionsrechtlichen Behandlung von StrVUnfällen, NJW **00** 3528. *Vogelsang,* Die Neuregelung des Internationalen Deliktsrechts, NZV **99** 497.

Verwaltungsrecht. Das **EWG-Recht** gilt nach Maßgabe des EWGV als sekundäres Gemeinschaftsrecht unmittelbar für und in den Hoheitsgebieten der Mitgliedstaaten, die ihm vertraglich (Art 189 EWGV) solche Geltung im Verhältnis zu ihren nationalen Rechtsordnungen eingeräumt haben (BVerfGE **37** 279). **26**

Ausländische Fahrerlaubnisse berechtigen zum vorübergehenden Kfz-Führen im Inland nach Maßgabe des § 29 FeV, außerdem zum erleichterten Erwerb einer deutschen FE nach Maßgabe von §§ 30, 31 FeV. FE aus EU- und EWR-Staaten berechtigen nach Begr eines ordentlichen Wohnsitzes im Inland nach Maßgabe des § 28 FeV über den zeitlichen Umfang des § 29 FeV hinaus zum Kfz-Führen im Inland (s § 28 FeV). FS ausländischer Streitkräfte: § 29 FeV Rz 8. Zur Möglichkeit einer Vollstreckung von im Inland verhängten FV oder einer EdF nach VZuwiderhandlungen durch Verurteilte mit ausländischer FE in deren ausländischem Wohnsitzstaat § 25 StVG Rz 32, § 69 b StGB Rz 5. **27**

Exterritoriale und bevorrechtigte Personen sind nach Maßgabe der Wiener Übereinkommen von 1961/63 über diplomatische und konsularische Beziehungen (WÜD, WÜK) von der deutschen Gerichtsbarkeit befreit (§§ 18–20 GVG, 46 I OWiG), Konsuln und ihnen gleichgestellte Personen nur, soweit ihre VTeilnahme mit der Wahrnehmung konsularischer Aufgaben eng zusammenhängt (Kar NZV **04** 539), wozu der Weg von und zu den Dienstgeschäften nicht schlechthin gehört (Bay VRS **46** 289, Dü DAR **96** 413, LG Stu NZV **95** 411). Die Ahndung von VOW bei der Teilnahme am allgemeinen StrV unterliegt keinen Beschränkungen (Kar NZV **04** 539). Lässt sich die Wahrnehmung konsularischer Amtsgeschäfte bei der Teilnahme am StrV nicht ausschließen, so ist ein Verfahren wegen VVerstoßes einzustellen (Verfahrenshindernis; Schl VRS **62** 277). Bei Konsularbeamten wird Blutprobenentnahme hiernach nur bei Straftatverdacht zulässig sein, nicht schon nach § 24 a StVG (*Göhler-Seitz* Rz 40 vor § 59 OWiG). **28**

Natotruppen. Die Mitglieder der in Deutschland stationierten nichtdeutschen Natotruppen unterliegen der deutschen Gerichtsbarkeit nur nach Maßgabe von Art VII des Nato-Truppenstatuts und Art 19 des Zusatzabkommens. Im rechtlichen Ergebnis geht die Gerichtsbefugnis des Entsendestaats vor, bei Strafbarkeit auch in Deutschland und wenn diese wesentliche Belange der deutschen Rechtspflege geltend macht, steht sie jedoch der BRep zu. Das wird in aller Regel nur bei gewichtigeren Straftaten in Betracht kommen (zum Ganzen *Göhler-Seitz* Rz 41 vor § 59). Polnische Streitkräfte in Deutschland: deutsch-polnisches Abkommen über den vorübergehenden Aufenthalt der Streitkräfte der BRep Deutschland und der Republik Polen …, BGBl II **01** 179, **29**

Einleitung

02 1660 mit ähnlicher Regelung der Strafgerichtsbarkeit in Art 6. Immunität des Militär- und Zivilpersonals iS des **EU-Truppenstatuts**: Art 8 EU-Truppenstatut (BGBl II **05** 19), Strafverfolgung von Taten, die nach dem Recht des Entsendestaats nicht strafbar sind: Art 17 IV.

30 **Strafrechtlich** gilt der Gebietsgrundsatz (§ 3 StGB), ergänzt durch die §§ 5, 7 StGB, die die deutsche Strafgewalt auf Auslandstaten erstrecken. Das Weltrechtsprinzip (§ 6 StGB) spielt im StrVR keine Rolle. Nach § 3 StGB gilt bei allen Inlandstaten ohne Rücksicht auf die Staatsangehörigkeit des Täters deutsches Recht. Ein konkretes Gefährdungsdelikt (zB § 315 c StGB) ist im Inland begangen, wenn die konkrete Gefahr im Inland eingetreten ist (§ 9 I StGB, BGH NJW **91** 2498, KG NJW **91** 2501, Kö NJW **68** 954, *Fischer* § 9 Rz 4). Ein Vollrausch (§ 323 a StGB) ist auch dann Inlandstat, wenn nur die Rauschtat im Inland begangen wurde, der Täter sich aber im Ausland in den Rausch versetzt hatte (BGHSt **42** 235, abw *Satzger* NStZ **98** 116 f). Auslandstaten von Deutschen und Ausländern sind nach den §§ 5, 7 StGB zu prüfen. Dabei kommen je nach Sachgestaltung in Betracht: beim Fahren ohne Fahrerlaubnis (§ 21 StVG) § 5 Nr 12, 13 und § 7 I StGB (Sa NZV **89** 474), bei Unfallflucht (§ 142 StGB) ebenso bei der Verkehrsgefährdung (§ 315 c StGB) § 5 Nr 12–14 und § 7 I, II, bei § 316 StGB § 5 Nr 12, 13 und § 7 II Nr 1 StGB (BVerfG DAR **08** 586, Kar VRS **69** 280), bei § 316 a StGB § 5 Nr 12–14 und § 7 I, II StGB, wobei lediglich die Tatortstrafbarkeit entscheidet, ohne Rücksicht auf den dafür maßgebenden rechtlichen Gesichtspunkt und etwaige verfahrensrechtliche Hinderungsgründe, ausgenommen lediglich Sanktionen, die sachlich denjenigen für deutsche OW gleichen, weil man bei ihnen nicht von Strafbarkeit sprechen kann (BGH NJW **76** 2354, BGHSt **28** 95, *Oehler* JZ **68** 191, *Schröder* JZ **68** 242, *Vogler* DAR **82** 74). Soweit es auf VRegeln ankommt, sind stets die des Tatorts zugrunde zu legen (Bay VRS **59** 292, NJW **72** 1722 [fahrlässige Körperverletzung], BGHZ **57** 267). Absehen von der Strafverfolgung wegen ausländischer Tatortbesonderheiten: § 153 c StPO.

Lit: *Satzger,* Die Anwendung des deutschen Strafrechts auf grenzüberschreitende Gefährdungsdelikte, NStZ **98** 112. *Vogler,* Die Ahndung im Ausland begangener VDelikte ..., DAR **82** 73.

31 Zum Kollisionsrecht im Verhältnis zu Strafbestimmungen der **früheren DDR** s 39. Aufl.

32 Für **Verkehrsordnungswidrigkeiten** gilt ausschließlich der Gebietsgrundsatz (§ 5 OWiG). Die Verbotsnormen richten sich nach Zweckmäßigkeit und beanspruchen ihrem Gegenstand nach nur Inlandsgeltung. Ihre Verletzung kann deshalb, anderweitige gesetzliche Regelung ausgenommen (zB RatifikationsG hinsichtlich zwischenstaatlicher Abkommen), ohne Rücksicht auf die Staatsangehörigkeit des Betroffenen nur bei Inlandsbegehung geahndet werden (BGH NJW **76** 2354), bei Auslandsbegehung auch nicht, wenn sie in Deutschland Straftat wäre (BGH NJW **76** 2354, aM insoweit *Tröndle* JR **77** 1). Anderweitige gesetzliche Bestimmungen fehlen überwiegend noch (Ausnahmen: Jugoslawien, Schweiz, Israel, s *Göhler-König* § 5 Rz 8). Dieser Rechtszustand fördert die Unzuträglichkeit ausländischer Verfahren gegen Inländer. Zwischenstaatliche Abkommen über die gegenseitige Verfolgbarkeit von Auslands-VOW nach Inlandsrecht unter Berücksichtigung der TatortVRegeln sind deshalb wünschenswert (*Grützner* NJW **61** 2186, *Oehler* JZ **68** 193, *Göhler-König* § 5). Zum Rahmenbeschluss über die Vollstreckung von Geldstrafen und Geldbußen § 24 StVG Rz 14. Einem schweizerischen Vernehmungsersuchen gegen einen Inländer darf auch entsprochen werden, wenn das Verhalten nach Inlandsrecht nur ow ist (BGHSt **24** 297). Zum Richtlinienvorschlag der Europäischen Kommission betreffend einen europaweiten Halterdatenaustausch s. BRDrucks 230/08 und 230/08 (Beschluss).

33/34 Gegen **Ausländer** kann zur Sicherung der Verfolgung und Vollstreckung Sicherheitsleistung und Bestellung eines Zustellungsbevollmächtigten angeordnet werden (§§ 132 StPO, 46 I OWiG; *Göhler-Seitz* Rz 127 ff vor § 59; landesrechtliche Richtlinien: *Göhler-Seitz* Rz 138 vor § 59). Zum Rahmenbeschluss über die Vollstreckung von Geldstrafen und Geldbußen § 24 StVG Rz 14.

35 **III. Zeitliche Geltung.** Gesetze (VO) treten zu dem im Gesetz (VO) bezeichneten Zeitpunkt in Kraft, uU gemäß einer Übergangsvorschrift, sonst zwei Wochen nach Verkündung im BGBl (Art 82 II GG).

36 **Rückwirkung zivilrechtlicher Gesetze** (echte wie unechte) ist erlaubt, soweit sie die Grundsätze des Vertrauensschutzes beachtet, außerdem aus zwingenden Gründen des allgemeinen Wohls. Das Nähere ergibt sich aus dem Rechtsstaatsprinzip (BVerfGE **13** 270), vorab aus dem Bedürfnis nach Rechtssicherheit. Der Vertrauensschutz besagt, dass rechtmäßiges Handeln von der Rechtsordnung mit allen ursprünglich damit verbundenen Rechtsfolgen anerkannt bleibt (BVerfGE **24** 98), so dass disponiert werden kann (BVerfGE **13** 271, **15** 324), es sei denn, das Vertrauen auf eine bestimmte Rechtslage war von vornherein ungerechtfertigt, zB, weil mit

Einleitung

der neuen Regelung gerechnet werden musste (BVerfGE **13** 272, **18** 439) oder bei unklarer, verworrener Rechtslage, bei auf nichtiger Norm beruhendem Rechtsschein (BVerfGE **18** 439), endlich aus zwingenden Gründen des Gemeinwohls.

Rückwirkungsverbot (Art 103 II GG, § 1 StGB) besteht **im Straf- und OWRecht** hinsichtlich benachteiligender Sanktionen (§ 2 I StGB, §§ 3, 4 OWiG). Rückwirkung strafbegründender oder -schärfender Gesetze (u RVO, BVerfGE **14** 185, 251, 257) ist ausgeschlossen, entsprechend im OWRecht (BVerfGE **25** 285). Vor dem In-Kraft-Treten der Norm beendete Verhaltensweisen sind straflos, nach In-Kraft-Treten liegende Teilakte ahndbar (RGSt **62** 3). Ahndung verstößt nicht gegen das Rückwirkungsverbot, wenn die Tat zwischen der Begehung und der Ahndung vorübergehend nicht mit Strafe oder Buße bedroht war (BVerfG NJW **90** 1103). Rückwirkung von Änderungen der Rspr in Strafsachen: § 316 StGB Rz 16. Im Verfahrensrecht kann Rückwirkung zulässig sein, wenn das Allgemeininteresse an der Regelung dasjenige des Betroffenen am Fortbestand der bisherigen Regelung übersteigt, wie zB bei der Einschränkung des Verwertungsverbots des § 51 BZRG durch den späteren § 52 II BZRG in FE-Angelegenheiten (BVerwG VRS **52** 396). Zum Ganzen *Göhler-König* § 4 Rz 3 ff. **37/38**

Für die **Tatzeit** maßgebend ist zivil-, straf- und ordnungsrechtlich der Rechtszustand zum Zeitpunkt des Handelns oder pflichtwidrigen Unterlassens (§ 2 I, § 8 StGB, § 4 OWiG) ohne Rücksicht auf den Eintritt des Erfolgs. Bei Dauerdelikten (und Fortsetzungstaten, dazu E 134) ist nur der Tatteil ahndbar, der nach In-Kraft-Treten des Gesetzes liegt (*Fischer* § 1 Rz 7, *Göhler-König* § 4 Rz 3). Zum Gesetzeswechsel während der Begehung: E 40 ff. Bei Teilnahme entscheidet der Zeitpunkt der Teilnahmehandlung. **39**

Rechtsänderungen während der Tatbegehung oder zwischen beendeter Tat und Aburteilung sind in unterschiedlicher Weise zu berücksichtigen: **40**

Ändert sich die Strafdrohung während der Tatbegehung, so ist das bei Beendigung der Tat geltende Gesetz anzuwenden (§ 2 II StGB, § 4 II OWiG), und zwar auch bei Strafschärfung, ohne Verstoß gegen Art 103 II GG. Bei Dauerdelikten darf dann jedoch den vor der Verschärfung begangenen Teilakten nur das Gewicht beigemessen werden, das ihnen vor der Änderung tatsächlich zukam (Bay NJW **96** 1422; NStZ-RR **00** 115). **41**

Bei Rechtsänderung zwischen Tatbeendigung und Entscheidung (ausgenommen Zeitgesetze, E 43) ist das mildeste Gesetz anzuwenden (§ 2 III StGB, § 4 III OWiG), auch noch im Revisionsverfahren (BGHSt **20** 117, 181). Maßgebend hierfür ist der gesamte sanktionsbegründende Rechtszustand, auch bei Blankettgesetzen (BGHSt **20** 177, BGHSt **21** 279), jedoch nur in Bezug auf *materielles* Recht. Bestand zwischenzeitlich eine Ahndungslücke, so ist das Verhalten nicht ahndbar (Ba DAR **08** 99, Dü NZV **08** 161, Ha NZV **07** 372, Ko NJW **07** 2344, Fra NStZ-RR **08** 290 [je zu den Bußgeldvorschriften des FPersG und der FPersV nach Ersetzung der relevanten EGVO und verspäteter Anpassung durch den deutschen Gesetzgeber]). Der Ausschluss des einfachrechtlichen Meistbegünstigungsgebots durch § 8 III FPersG ist jedoch verfassungsrechtlich nicht zu beanstanden (BVerfG v. 18. 9. 08, 2 BvR 1817/08; Ba DAR **08** 99, Dü NZV **08** 161, Ko NZV **08** 311). Zur Änderung bezüglich eines Antragserfordernisses oder der Verjährung s zB *Fischer* § 2 Rz 7. Zu fragen ist, welcher Rechtszustand die mildere Beurteilung zulässt (BGHSt **20** 75, Ko VRS **50** 183). Bei Übergang zur OW gilt die OWRegelung stets als milder, auch bei vorher niedrigerer Geldstrafe, wegen des prinzipiellen Wegfalls des kriminellen Vorwurfs (BGHSt **12** 148, Bay NJW **69** 2296). Bei Wechsel der Bußgeldandrohung gilt die mildere (Ha VRS **41** 400). Soweit StVO-Änderungen sich milder auswirken, sind sie auch auf vorher begangene Verstöße anzuwenden. Bei Ersetzung eines VorschriftZ durch ein anderes kann die neue Regelung die mildere sein. Wegfall einer Strafvorschrift, Zeitgesetze ausgenommen (E 43), führt zu Freispruch (BGHSt **20** 116), auch bei schon rechtskräftigem Schuldspruch (Bay NJW **61** 688). **42**

Ein **Zeitgesetz** (nach § 2 IV StGB ein Gesetz, das nur bis zu einem bestimmten Zeitpunkt gelten soll: formale Umschreibung; vorübergehend gedachte Regelung für wechselnde Zeitverhältnisse: materielle Umschreibung) gilt, soweit ein Gesetz nichts anderes bestimmt, auch nach dem Außerkrafttreten für frühere Taten weiter. Die befristete Geltungsdauer muss entweder ausdrücklich kalendermäßig bestimmt sein oder sich *erkennbar* aus seiner Natur und seinem Zweck als nur vorübergehender Regelung ergeben (Kö NJW **88**, 657, Stu NZV **89** 121, Dü NJW **91** 710, PVT **92** 123, Nau VM **93** 61), wie zB bei Verstößen gegen § 1 der ZonengeschwindigkeitsVO, weil die VO befristet war, oder nach Einigungsvertrag befristet fortgeltenden Bestimmungen der StVO/DDR (Nau VM **93** 61). Keine Zeitgesetze sind zB die ersichtlich auf Dauer angelegten Bestimmungen der StVO über zulässige Höchstgeschwindigkeit (Stu NZV **89** 121 [zur Ändg durch die 9. StVOÄndVO]), die EWGVO über Lenk- und Ruhezeiten sowie über das Kontrollgerät (Kö NJW **88**, 657, Dü VRS **74** 45, 202, Bay VRS **74** 227). Die **43**

Einleitung

Abhängigkeit des Norminhalts von sich rasch vollziehenden technischen Entwicklungen allein (StVZO) begründet nicht den Charakter als Zeitgesetz (Kö NJW **88**, 657).

44 **Nebenfolgen** einer OW dürfen nur verhängt werden (Einziehung), soweit dies schon zur Tatzeit zulässig war (§ 4 V OWiG; ausf. *Göhler-König* § 4 Rz 4).

45 Bei **Maßregeln der Besserung und Sicherung,** die nicht Strafen sind, entscheidet kraft Sondervorschrift der Zeitpunkt der Aburteilung (§ 2 VI StGB), soweit gesetzlich nichts anderes bestimmt ist. Insoweit kein Rückwirkungsverbot (BVerfG NJW **04** 739).

46 **IV. Landesrecht** auf dem Gebiet des StrV ist unzulässig (BGHSt **47** 181 = NZV **02** 193). Die konkurrierende Gesetzgebungskompetenz des Bundes erstreckt sich ua auf den StrV, das Kraftfahrwesen sowie den Bau und die Unterhaltung der Landstraßen des Fernverkehrs (Art 74 I Nr 22 GG). Eine abschließende, Landesrecht ausschließende Regelung liegt vor, wenn der Sache nach mögliche ergänzende Regelungen des Landesrechts ausgeschlossen sein sollen (Art 31, 72 I GG, BVerfG NJW **72** 859). So liegt es für § 6 StVG und die Gesamtheit der auf ihn gestützten Rechtsvorschriften, darunter die StVO und die StVZO (BVerfG NJW **85** 371, BGHSt **37** 366 = NZV **91** 277, BGHSt **47** 181 = NZV **02** 193, Bay VRS **65** 78, **70** 53). Daraus folgt: Örtliche PolVO verkehrspolizeilichen Inhalts sind ungültig, örtliche VVorschriften und VLenkung durch VZ sind nur im Rahmen der StVO zulässig (Bay VRS **17** 71, Dü VRS **77** 303). Der **ruhende Verkehr** (Halten, Parken) ist Teil des bundesrechtlich abschließend geregelten StrV (*Schmidt-Bleibtreu/Klein-Sannwald* Art 74 Rz 226). Er ist nur straßenverkehrsrechtlich beschränkbar, nicht durch Landesstraßenrecht (BVerfG NJW **85** 371, BVerwG MDR **78** 1049, Stu VRS **71** 457), auch nicht zwecks Freihaltens von Feuerwehr-Anfahrzonen, weil § 6 StVG und § 45 StVO ausdrücklich VRegelungen auch zur Gewährleistung der öffentlichen Sicherheit über die Sicherheit des V hinaus zulassen (Bay VRS **65** 78, *Vogel* NZV **90** 420). Verkehrsregelungen in Gemeindesatzungen für die Benutzung öffentlicher Parkplätze haben neben den Bestimmungen der StVO keine Geltung (Bay VRS **62** 475), ebensowenig landesrechtliche Beschränkungen des Parkens als Gemeingebrauch („Laternengarage"; BVerfG NJW **85** 371, *Schmidt-Bleibtreu/Klein-Sannwald* Art 74 Rz 223), anders aber, soweit sie (zum Straßenrecht gehörende) Fragen der Sondernutzung einschließlich der Ahndung unberechtigter Sondernutzungen regeln oder soweit sie sich auf Gelände außerhalb öffentlichen VRaums beziehen (Dü NZV **97** 189, Hb VM **88** 94 [dazu § 12 Rz 58, 58 b, 61]). Eine städtische Satzungsbestimmung, die es einem Taxifahrer bei Androhung von Geldbuße untersagt, einen vollständig besetzten Taxistandplatz anzufahren oder im StrRaum auf einen frei werdenden Platz zu warten, dient der Sicherheit des StrV und ist nicht von § 47 III 1 PBefG gedeckt (Dü NStZ-RR **06** 351). Das Verbot vermeidbaren VLärms (ausgehend von öffentlichem VRaum, § 1 StVO Rz 13 ff) ist ausschließlich in den § 1 II, § 30 StVO geregelt (Bay VRS **66** 295), innerörtliche Nachtfahrverbote sind nur im Rahmen der StVO zulässig (Dü JMBlNRW **63** 96), ebenso Parkverbote (BVerwG NJW **66** 1190), ausgenommen zu Markttagen, wo marktpolizeiliche Anordnungen eingreifen können (Hb NJW **71** 397). Feiertägliche VBeschränkungen sind nur an Feiertagen gem § 30 StVO zulässig. Kommunale Bestimmungen über das Führen von Hunden im StrV sind im Hinblick auf die höherrangige Vorschrift des § 28 StVO nur dann nichtig, wenn sie der Abwehr von Gefahren dienen, die von Hunden *für den StrV* ausgehen können (BGHSt **37** 366 = NZV **91** 277, OVG Sa v 8. 5. 06, N 2/05, juris). Dagegen verstoßen kommunale Bestimmungen über die Anleinpflicht auf Str und in Anlagen zum allgemeinen Schutz vor Schäden, Verletzungen und Belästigungen durch Hunde nicht gegen Bundesrecht (BGH NZV **91** 277, BGH NZV **02** 193, Ha NZV **91** 37, Ol VRS **81** 137, Dü NJW **87** 94, VRS **82** 59 [Anleinen in Grünanlagen], Zw NStZ **05** 176, abw Dü VM **83** 78 [Anleinen auf Gehwegen]). Landesrechtliche Regelungen über die Zulässigkeit des Reitens im Wald nur auf besonders gekennzeichneten Wegen verstoßen nicht gegen Bundesrecht (BVerfG NJW **89** 2525, BVerwG VRS **69** 471, Ha VRS **66** 69). Zur Frage einer Grundrechtsverletzung durch landesrechtliche Reitverbote im Wald BayVerfGH BayVBl **99** 13. Verhältnis des StrR zum StrVR: **E** 49.

47 Soweit dem Bund keine Gesetzgebungskompetenz zusteht oder er sie nicht ausschöpft, ist Landesrecht zulässig, zB über die Benutzung nichtöffentlicher Stellflächen (Stu VM **80** 69, Dü VM **75** 69). Zulässig sind landesrechtliche Vorschriften, die nicht die StrBenutzung zu VZwecken betreffen (BGH NZV **02** 193, Dü NJW **75** 1288, Bay VRS **11** 153), zB Vorschriften über StrReinigung oder Verbote des FzReinigens auf öffentlichen VFlächen (Dü JMBlNRW **62** 86), Vorschriften über Anlagen der Außenwerbung (BVerfG NJW **72** 859, BVerwG NJW **68** 764), über den Gemüsehandel im Umherziehen auf öffentlichen VFlächen (Ha NJW **77** 687), über StrBenutzung aus Gründen, die nicht die Sicherheit und Leichtigkeit des V betreffen (Sondernutzung; BGH NZV **02** 193, Stu VRS **67** 60), so zB auch über Gebühren für Sondernutzung von LandesStr (Schwerlasttransport; BVerwG VRS **74** 398), die Ahndung unberechtigter Sondernutzung (BGH NZV **02** 193), Vorschriften, die Benutzungsbeschränkungen mit anderen als straßenverkehrsrechtlichen Zielen enthalten (Ko NStZ-RR **97** 243 [Betreten und Befahren von Waldwegen nach Landesgesetzen]). Auf **§ 40 I BImSchG** können landesrechtliche RVO mit verkehrsbeschränkendem Inhalt nur gestützt werden, wenn *„austauscharme Wetterlagen"* Luftverunreinigungen zumindest mitbewirken, die VBeschränkung nach naturwissenschaftlichen Erkenntnissen geeignet ist, der Luftverunreinigung entgegenzuwirken und wenn die VBeschränkung auf bestimmte *Gebiete* innerhalb des betreffenden Landes beschränkt wird; flächendeckende Maßnahmen scheiden von vornherein aus. Eine landesweite Geschwindigkeitsbeschränkung durch RVO eines Bundeslands etwa ist durch § 40 I BImSchG nicht gedeckt (*Janker* NJW **93** 2711). Entsprechendes gilt für § 40 II BImSchG, der i Ü den Erlass einer RVO durch die BReg voraussetzt (*Schmidt* NZV **95** 50).

Innerbetrieblichen Vorschriften geht die StVO vor, zB im Strabaverkehr (BGH MDR **75** 833, Kö VM **75** 86). Innerbetriebliche Beleuchtungsanweisungen hinsichtlich abgestellter Kfz schmälern die Fahrerpflichten aus §§ 23, 17 StVO nicht (Dü VM **73** 22). Soweit die VLage stärkeres Bremsen gebietet, tritt die Anweisung zurück, öffentliche Nahverkehrsmittel zum Schutz der Fahrgäste stets nur mäßig und dann entsprechend rechtzeitig abzubremsen (KG VRS **52** 298). **48**

V. Das Straßenrecht (Wegerecht) gehört zur originären Gesetzgebungskompetenz der Länder (BGHSt **47** 181 = NZV **02** 193). Es befasst sich mit den Rechtsverhältnissen der dem öffentlichen StrV formell gewidmeten oder zu widmenden Grundflächen, mit ihrer Bereitstellung, baulichen Herrichtung, Stufung, Widmung, Umstufung, (Teil-) Entwidmung, dem Gemeingebrauch und der Sondernutzung an ihnen (BVerfGE **40** 377, NJW **76** 559, **85** 371, BGH NZV **02** 193; 376, Bay DÖV **77** 905). Es regelt ua die grundsätzliche Ermächtigung zur Benutzung der VFläche und bildet somit die Voraussetzung des StrVR (Bay VRS **54** 75, *Manssen* DÖV **01** 152). Im Gegensatz dazu ordnet das StrVR als Ordnungsrecht (**E** 1) die Benutzungsregeln der öffentlichen VFlächen, also das Recht „auf" der Str, auch solcher ohne wegerechtlicher Widmung, wie zB der Privatstr (OVG Münster VRS **112** 223). Verkehrsregelnde Maßnahmen des StrVRechts müssen sich im Rahmen der wegerechtlichen Widmung halten (BVerwG NJW **82** 840, VGH Ma NJW **84** 819). Auf einem Privatgrundstück geduldeten öffentlichen V darf der Berechtigte jederzeit wieder untersagen oder unterbinden (Kar Justiz **80** 156; s aber § 1 StVO Rz 14 aE). Eine dem V nicht unwiderruflich überlassene öffentliche oder private Fläche darf wieder abgetrennt und anderweit verwendet werden (provisorischer Parkplatz wird Bauplatz; Ha VRS **39** 396, Bay VRS **41** 42, OVG Münster VRS **42** 397). Bei Deckungsgleichheit gehen straßenverkehrsrechtliche Vorschriften den straßenrechtlichen vor (Kar VRS **59** 155 [zu § 56 I 1 StrG BW]). Gleiches gilt für den Kollisionsfall, zB bei der Regelung des ruhenden V (BVerwGE **34** 320, *Manssen* DÖV **01** 151, *Arndt* VGT **76** 330). Die mit dem Abstellen eines betriebsbereiter Fz in öffentlichem VRaum zusammenhängenden Fragen gehören vollständig dem StrVR an (BVerfG NJW **85** 371), können aber, etwa bei unberechtigter Sondernutzung, zugleich straßenrechtliche Bestimmungen betreffen (BGH NZV **02** 193). Zum Verhältnis des StrVR zum Wegerecht *Wagner* NJW **76** 1083, *Meins* BayVBl **83** 641, *Lorz* DÖV **93** 135, *Petersen* ZfS **06** 550. Zur Abgrenzung straßenrechtlicher und straßenverkehrsrechtlicher Kompetenzen s auch VGH Ma NJW **82** 402, *Manssen* DÖV **01** 153, *Krämer* NVwZ **83** 336, *Cosson* DÖV **83** 532, *Steiner* JuS **84** 1, *Danecker* DVBl **99** 143. Soweit Fußgängerzonen durch Umwidmung (Teilentwidmung) gebildet und Anliegern Befahren und Parken als Sondernutzung auf Grund straßenrechtlicher Satzung erlaubt werden kann, regelt das StrR auch VVorgänge, deren Regelung sonst dem StrVR vorbehalten ist (VGH Ma DÖV **80** 730, dazu auch § 45 StVO Rz 28 a). **49**

Gemeingebrauch ist die nach Straßenrecht jedermann gestattete StrNutzung zwecks Ortsveränderung und im Rahmen des ruhenden V gemäß formeller Widmung (**E** 49; Bay DÖV **77** 905, VRS **66** 227) und der baulich-technischen Zweckbestimmung (Leistungsfähigkeit) der VFläche (BVerfG NJW **76** 559), die sich, soweit nicht offensichtlich, sinnfällig aus VZ ergeben muss. Gemeingebrauch ist vorwiegende Nutzung zu VZwecken (OVG Münster NJW **05** 3162), uU also auch jeweils ganz kurzfristige Verkaufs- oder Verteilungstätigkeit, wenn das Fz nur hin und wieder kurz anhält (Ha NJW **77** 687). Bei mehreren Zwecken der StrBenutzung entscheidet der überwiegende über Gemeingebrauch oder Sondernutzung (Bay VRS **54** 875, OVG Hb VRS **98** 396). Der auf FußgängerV beschränkte Gemeingebrauch wird nicht allein durch geänderte Verkehrsgewohnheiten auf andere VArten erweitert (Radf; VGH Ma NJW **84** 819). **50**

Einleitung

51 **Sondernutzung** an öffentlichen VFlächen übersteigt den straßenrechtlichen Gemeingebrauch und ist deshalb genehmigungspflichtig (BFernstrG, Landes-StrG), zB bei Fz, die nicht VZwecken dienen (WerbeFz, BVerwG VRS **30** 468), dauernd betriebsunfähigen oder entstempelten Fz, die nicht mehr der StrVR unterliegen (BVerwG MDR **70** 533, Kar VRS **59** 154), nicht auch bei lediglich über Tage hin ruhendem Verkehr (Laternengarage; BVerwG NJW **70** 962). Das Abstellen von Lkw zur Vermietung ist Sondernutzung (§ 12 StVO Rz 42a), ebenso Aufstellung zur Werbung oder mit Verkaufsschild unter Beeinträchtigung des Gemeingebrauchs (Bay VRS **54** 75, s aber § 12 StVO Rz 42a). Sondernutzung durch Abstellen von Wohnanhängern/Campingwagen und Wohnmobilen: § 12 StVO Rz 42a. Abstellen eines Anhängers zu dem ausschließlichen Zweck, damit die Grundstückszufahrt von Falschparkern freizuhalten, ist Sondernutzung (VG Bra DAR **06** 351). Zum Ganzen *Thiele* DVBl **80** 977.

52 **VI. Sonderrechte.** Alle VT sind bei erlaubter VTeilnahme grundsätzlich gleichrangig (BVerwG NZV **98** 429: „Präferenz- und Privilegienfeindlichkeit" des StrVRechts). Es herrscht Verkehrsfreiheit, mit Einschränkung für VSchwache (§ 2 FeV), bei Ungeeignetheit und soweit einzelne VArten erlaubnispflichtig sind (§ 1 FeV, beruhend auf § 6 I Nr 3 StVG), mit Ausnahme ferner von Sonderregeln, zB für Bewohner städtischer Quartiere, Schwerbehinderte mit Gehbehinderung und Blinde (§ 41 II Nr 8, § 42 IV StVO), für Sonderwege (VZ 237–239), Busspuren, Taxis (§ 12 IV StVO), Taxistandplätze, Feuerwehrrettungswege und des Bahnvorrangs (§ 19 StVO). Auch der ruhende V (Gegensatz: Sondernutzung, E 51) ist i Ü im Rahmen der Sicherheit oder Ordnung des GesamtV unter sich und im Verhältnis zum fließenden V gleichrangig. Ein Sonderrecht genießen geschlossene Verbände, sie dürfen vom übrigen V nicht unterbrochen werden (§ 27 II StVO), ferner nach § 35 StVO die dort bezeichneten Organe, öffentlichen Einrichtungen und von ihnen verwendeten PrivatFz, soweit zur Erfüllung ihrer „hoheitlichen" Aufgabe dringend geboten (ArbeitsFz der StrUnterhaltung und -reinigung, Kehrmaschinen, Müllabfuhr, Feuerwehr, Polizei, Post). Je nach VLage, Dringlichkeit und Bedeutung ihrer Aufgabe dürfen sie bei einem bestimmten VVorgang von der einen oder anderen VRegel unter gebührender Berücksichtigung der öffentlichen Sicherheit oder Ordnung abweichen, zB fremde Vorfahrt abwandeln. Wegerechtsfahrzeuge (§ 38 StVO) sind gemäß § 35 StVO und dem Maßgebot von der Beachtung einzelner VRegeln befreit, soweit ihr Recht auf freie Bahn beachtet wird. Ausnahmegenehmigungen und Erlaubnisse allgemein oder für bestimmte Einzelfälle: § 46 StVO.

53 **VII. Sachlich zuständig** im Rahmen des StrVR sind die StrVB oder übergeordneten LandesB (§§ 44, 45 StVO, § 68 StVZO, § 73 FeV, § 46 FZV), die StrBauB (§ 45 II, III StVO), die Polizei (§ 44 II StVO), für Bahnübergänge die Bahnunternehmen (§ 45 II StVO), für Beschaffung, Anbringung und den Betrieb der VZ und VEinrichtungen die Baulastträger (§ 45 V StVO), für Erlaubnisse nach den §§ 29, 30 StVO die in § 44 III, IIIa StVO bezeichneten Behörden, für andere Ausnahmegenehmigungen und Erlaubnisse die in § 46 StVO bezeichneten örtlichen, Landes- oder Bundesbehörden. Ministerielle Sonderzuständigkeiten für bestimmte Dienstbereiche im Rahmen der StVO/StVZO/FeV/FZV: § 68 III StVZO, § 73 IV FeV, § 46 III FZV. StrBenutzungsvereinbarungen für den Militärverkehr: § 44 IV, V StVO.

54 **VIII. Die örtliche Zuständigkeit** für Erlaubnisse und Einzelgenehmigungen ist in den § 47 StVO, § 68 StVZO, § 73 FeV, § 46 II FZV im Wesentlichen übereinstimmend geregelt. Diese Verwaltungsakte der örtlich zuständigen Behörden gelten, soweit nichts anderes bestimmt ist, für das Bundesgebiet und sie können sich im Rahmen zwischenstaatlicher Abkommen auswirken, wie zB BE und die FE. Wohnsitzwechsel des Begünstigten berührt sie nicht. Mit Zustimmung mindestens gleichgeordneter zuständiger Behörden können auch örtlich unzuständige entscheiden, außerdem dürfen sie, soweit die VSicherheit es verlangt, an deren Stelle notwendige vorläufige Maßnahmen treffen.

55 Das **Verwaltungshandeln** (Maßgebot, E 2, BVerfGE **20** 371) bezweckt, neben Einzelverwaltungsakten, vor allem, den StrV sicher und flüssig zu regeln und zu führen, zB durch VZ (§§ 39 ff StVO) und VEinrichtungen (§ 43 StVO) wie LichtZ, Leitlinien, Sperrflächen, Sonderfahrstreifen, Sonderwege (Entmischung), Wegweisung, Parkbuchten und -markierungen, Abschrankungen und andere bauliche Maßnahmen, durch Maßnahmen der StrFührung und die bauliche Gestaltung von Kreuzungen und Einmündungen, durch polizeiliche Weisungen und Kontrollen.

56 Soweit verkehrsregelnde Normen **nicht unmittelbar gelten** (verkehrspolitische Maßnahmen, VRegeln), werden sie durch Verwaltungshandeln wirksam (Licht- und VZ, lenkende

Maßnahmen). Insoweit hängen also Qualität und Wirksamkeit der VOrdnung von der örtlichen Handhabung ab, die optimal fördern, aber auch unproduktiv hindern, stören, gefährden (Überreglementierung: *Geiger* DAR **76** 322, *Kullik* PVT **03** 70, *Möhl* DAR **75** 61) und sogar schädigen kann. Als Beispiele fehlerhafter Maßnahmen werden genannt: Förderung übermäßigen, gefährdenden MischV; Einsatz von Gebühren, Parkuhren oder LichtZ, um den FahrV in bestimmten Ortsbereichen zu erschweren (Verstoß gegen § 6 StVG, s **E** 50) oder gar aus fiskalischen Gründen (Einnahme von Buß- und Verwarnungsgeldern); Einrichtung roter Wellen oder überlanger Rotphasen zur Unterbrechung des Verkehrsflusses zwecks Verkehrsberuhigung, Förderung verstopfter Innenstadtstraßen durch Beseitigung von Parkmöglichkeiten, um den Individualverkehr zu treffen; Einrichtung gefährlicher Bodenschwellen oder Betonhindernisse auf Fahrbahnen zur Verkehrsberuhigung (*Hentschel* NJW **92** 1080, *Ronellenfitsch* DAR **94** 8); uU unfallfördernde Einrichtungen im Rahmen „Rückbaus" von Str (*Franzheim* NJW **93** 1836); gefährdende Regelung von Knotenpunkten trotz Unfallhäufung; Vorfahrtregelungen entgegen der Vwv und dem psychologischen StrEindruck (Vorfahrt bloßer Einmündungen; *Undeutsch* DAR **66** 319); unzweckmäßige Regelung abbiegenden V; falsch geformte VInseln und gefährdende Leitlinien; Gefährdung durch unrichtige VorfahrtZ (zB „vereinsamtes" Z 301 oder Vorfahrt beiderseits); übermäßig viele VZ (*Geiger* DAR **76** 323); Verwirrung durch Zeichenhäufung (*Kullik* PVT **03** 70). Unverständliche, unsinnige oder in sich widersprüchliche Verwaltungsakte sind nichtig (Kar VM **76** 16), ebenso etwas in tatsächlicher Beziehung Unmögliches anordnende (Bay VM **76** 10; näher § 41 StVO Rz 247). Nach einer in PVT **98** 181 zitierten Studie entstehen durch Hemmung des VFlusses nicht nur der Volkswirtschaft jährlich Milliardenverluste, sondern auch erheblich erhöhte Umweltbelastungen infolge einer im Verhältnis zum flüssigen V um Millionen Tonnen vermehrte CO_2-Emission (achtfacher Kraftstoffverbrauch im Stopp-and-go-Verkehr).

IX. Die Auslegung erforscht, ob der Sinn der Norm (Gesetz, VO) auf einen bestimmten Sachverhalt zutrifft. Das Maßprinzip (**E** 2) gilt auch hier (BVerfGE **19** 348, **1** 36). Grundgesetzwidrige Auslegung ist unzulässig (BGHSt **13** 102, 114). Erlaubt eine Norm *verfassungsgemäße* Auslegung, so gilt diese (BVerfGE **19** 5, **9** 200, NJW **75** 1355, s auch **E** 62). In einer Zeit ständig fortschreitender Europäisierung gewinnt die *gemeinschaftskonforme* Auslegung zunehmende Bedeutung. Der Grundsatz der richtlinienkonformen Auslegung ist seit langem anerkannt (etwa *Hecker* Europäisches Strafrecht Rz 13 mwN, zu EG-Richtlinien allgemein Rz 15). Der EuGH hat den Grundsatz auf die in der „3. Säule" zustande gekommenen Rahmenbeschlüsse (Rz 15) erstreckt (NJW **05** 2839, hierzu *Wehnert* NJW **05** 3760, *Herrmann* EuZW **05** 436, *Adam* EuZW **05** 558). Die gemeinschaftskonforme Auslegung ist allerdings durch das (auch im Gemeinschaftsrecht anerkannte) Analogie- und Rückwirkungsverbot immanent begrenzt, weswegen die Begründung der Ahndbarkeit oder Ahndungsverschärfungen ohne hinreichende Grundlage im Gesetzestext nicht möglich sind (zum Ganzen mwN *Göhler-König* § 3 Rz 8 a).

57

Der in einer Norm oder einem Normenkomplex ausgedrückte **objektivierte gesetzgeberische Wille** bestimmt die Auslegung (BVerfGE **11** 130, BGH NJW **05** 354, BGHSt **17** 23, Bay VM **78** 9, Dr DAR **06** 159, **05** 99, 522, Dü NZV **90** 39), auch soweit er auf einheitliche Anwendung von Rechtsbegriffen abzielt (BGHSt **16** 245 [VVorschrift]), der Sinn der Vorschrift (BGH NJW **76** 2138, Bay DAR **92** 270), auch bei Berücksichtigung des Ausschließlichkeitsgrundsatzes hinsichtlich der StVO-VZ (**E** 6), jedoch nur, soweit im Gesetz hinreichend klar ausgedrückt (BVerfGE **6** 64, **20** 253). Keine Auslegung über den möglichen Wortsinn hinaus (BVerfG NJW **95** 1141, Kö VM **77** 3, Dü NZV **90** 39, Kö NZV **05** 547, str, s *Rüthers/Höpfner* JZ **05** 21, 25). Eindeutiger, grundgesetzkonformer Wille erlaubt keine einschränkende oder ausdehnende Auslegung (Fristen, Altersgrenzen, gewollte Lücken, Strafrahmen; BVerfGE **9** 118, BGHSt **8** 320). Eine haftungsbegrenzende Vorschrift (Gefährdungshaftung) ist danach auszulegen, welche Abwägung zwischen dem Interesse des Schädigers und des Geschädigten zu einem billigen Ergebnis führt (BGH VRS **54** 17). Ausnahmevorschriften (**E** 60) lassen sich grundsätzlich nicht auf ähnliche Sachverhalte erstrecken (BGHZ **26** 83, Bay DAR **74** 305), sie sind auch im StrVR eng auszulegen (BGHSt **23** 111). Bei Unvereinbarkeit von Sinn und Wortlaut ist eine Vorschrift unanwendbar. Bei eindeutigem gesetzgeberischem Versehen ist berichtigende Auslegung zulässig (BVerfGE **11** 149), dann auch gegen den Wortlaut (BGHZ **18** 49).

58

Auslegungsmethoden, einander ergänzend (BVerfGE **11** 130): Wortlaut und Sprachgebrauch (grammatisch; BGHSt **19** 307, Bay DAR **92** 270); Zusammenhang im Normengefüge (systematisch; BGHSt **20** 107); Gesetzeszweck (teleologisch; BGHSt **15** 121, **19** 159, Fra VRS **58** 370, Ha VRS **47** 389, **48** 67, Dü NZV **94** 162) unter Berücksichtigung der Entstehungsge-

59

Einleitung

schichte (historisch). Die Letztere hat im StrVR besondere Bedeutung: Ampelüberweg „an" Kreuzung (Bay VM **72** 21, Ce VRS **32** 63); baulich getrennte Fahrstreifen an Baustellen und Überholbegriff: § 5 StVO Rz 21. Ausdehnende Auslegung von Bußgeld- und Strafvorschriften zuungunsten ist nur bis zum möglichen Wortsinn zulässig, der die äußerste Grenze zulässiger richterlicher Interpretation bildet (BVerfGE **71** 108; BVerfG wistra **03** 255; Bay DAR **74** 305, *Lackner* Heidelberg-F S 39). Keine Auslegung nur aus Begriffen heraus, maßgebend sind natürliche Betrachtung und das VBedürfnis (BGH VRS **25** 457, Bay DAR **92** 270, Dü NZV **94** 162). Im Vordergrund steht die Sicherheit (BGHZ **56** 152, NJW **77** 154, Dü VersR **77** 139). Besonderes Gewicht muss im Zweifel dasjenige Auslegungsergebnis haben, das größere Sicherheit bietet, zB, weil es die bauliche StrGestaltung so berücksichtigt, wie sie das VVerhalten psychologisch beeinflusst. Außerdem muss lediglich begriffliche Auslegung hinter der Form zurücktreten, in welcher sich der VVorgang wirklich vollzieht (Bay VM **78** 9): Wer beim Wenden die Fahrbahn auf eine Grundstückseinfahrt ganz verlässt, um sich danach wie gewünscht einzuordnen, „wendet" nicht iS von § 9 StVO, sondern fährt ein (§ 10; § 9 StVO Rz 5). Das technisch günstigere unmittelbare Rückwärtseinparken gilt auch in EinbahnStr nicht als unerlaubtes Rückwärtsfahren (Kar VM **78** 13). Da das Parkverbot vor fremder Einfahrt nur den Berechtigten schützen will, darf dieser solches Parken gestatten, es wäre sinnwidrig, dies mit der Begründung zu verneinen, eine Privatperson dürfe nicht in öffentliche Verbotswirkungen eingreifen (Ha VRS **50** 314, Bay DAR **92** 270). **Gesetzesmaterialien** (Entstehungsgeschichte), zB die amtliche Begr zur StVO, können zur Ermittlung des objektivierten Willens des Gesetzgebers von maßgebender Bedeutung sein; das gilt allerdings nur bei Vereinbarkeit mit dem möglichen Wortsinn und soweit sie dem Zusammenhang der Vorschrift und ihrem Zweck nicht widersprechen (BVerfGE **11** 130, **13** 268, BGHZ **161** 180 = NJW **05** 354, BGHSt **18** 153, 159), ebenso Verlautbarungen des BMV (BGHSt **16** 160, **23** 113).

60 **Analogie** ist Anwendung eines Rechtssatzes auf gesetzlich ungeregelte, ähnliche Fälle (Gesetzesanalogie) oder Ableitung eines übergeordneten Rechtssatzes aus anderen und Anwendung auf den zu entscheidenden, ungeregelten Fall (Rechtsanalogie). Im Zivilrecht ist beides zulässig, bei Wahrung des Vertrauensschutzes (**E** 36), denn es herrscht der Grundsatz der Rechts-Lückenlosigkeit (nicht der Lückenlosigkeit der Gesetze), ausgenommen bei Formen und Fristen, bei solchen Ausnahmeregeln, die Erweiterung nicht dulden, wie zB bei gewollt enger GFassung (BGHZ **26** 83), zB auch bei den Fällen der gesetzlichen Gefährdungshaftung (§ 7 StVG; BGHZ **55** 232, VRS **54** 17; näher *Bauer* Ballerstedt – F 305).

61 **Strafbegründende oder strafschärfende Analogie** ist im Straf- und OWRecht unzulässig (Art 103 II GG, BVerfG NJW **95** 1141, BGHSt **20** 81; zum OWRecht zB Ko NZV **94** 83). ZB kann der StVO/StVZO trotz des unverkennbaren Sinnzusammenhangs bei Fehlen einer ausdrücklichen Vorschrift nicht entnommen werden, der Fahrer habe das Kfz vom Fahrersitz aus zu lenken (§ 23 StVO Rz 12) oder unerlaubt sei, wie die durch die § 44 II, §§ 58, 32 der Unfallverhütungsvorschriften „Fahrzeuge" (BGV D29) betroffene FzF beim Fahren Schuhwerk zu tragen (Ba NStZ-RR **07** 90). Ein Fz-Führen unter der Wirkung des vormals nicht in der Anl. zu § 24a StVG aufgeführte Metamphetamin war nicht ahndbar (§ 24a StVG Rz 20). Auch kann sich wegen Art 103 II GG kein strafbegründendes oder -schärfendes Gewohnheitsrecht bilden (**E** 20). Analogie, die sich *zugunsten* des Beschuldigten (Betroffenen) auswirkt (Schuldminderung, Strafausschluss), ist hingegen zulässig. Zu Analogieverbot und BKatV § 24 StVG Rz 64.

62 Die Grenze zwischen Auslegung (**E** 57 ff), die durch rechtliche Begriffsbildung benachteiligen wie begünstigen kann (**E** 21), und der Analogie ist fließend (BGHSt **1** 145, *Rüthers/Höpfner* JZ **05** 22). Auslegung im Rahmen der ausgelegten Norm kann mildern und schärfen, zB bei Verweisung auf außerstrafrechtliche Normen oder bei Bildung allgemeiner Rechtsbegriffe (BGHSt **6** 131 und **E** 21 [Gewohnheitsrecht]). Angesichts der Unmöglichkeit einer umfassenden, alle denkbaren Fallgestaltungen berücksichtigenden Kasuistik (s auch BVerfG NJW **87** 3175; **06** 3050) der den StrV regelnden Normen sind Auslegung in den geschilderten Grenzen (**E** 57 ff) und die daraus nach und nach erwachsenden RsprGrundsätze unvermeidbar und verfassungsrechtlich nicht zu beanstanden (BVerfG NJW **05** 349, Zw VRS **85** 212, Kö NZV **06** 608, *Göhler-König* § 3 Rz 5, *Benda* DAR **86** 368, s aber *Westerhoff* NJW **85** 457). Zu den Grenzen richterlicher Rechtsfortbildung bei der Ausfüllung unbestimmter Rechtsbegriffe *Mutius* BA **90** 375 (absolute Fahrunsicherheit). Die Analogie beginnt jenseits des äußersten möglichen Wortsinns oder der äußersten begrifflichen Tatbestandsgrenze (*Sch/Sch/Eser* § 1 Rz 55; Ko NZV **94** 83, BGHSt **10** 375; BGHSt **14** 213, **18** 119 [Rückkehrpflicht für § 142 StGB], BVerfG NJW **07** 1666 [Gleichsetzung unvorsätzlichem mit berechtigtem oder entschuldigten Entfernen bei § 142; s dort Rz 50]). Zu den Grenzen gemeinschaftskonformer Auslegung **E** 57.

Einleitung

Freie Rechtsfindung als Grundlage der Einzelentscheidung kommt im Zivilrecht in Betracht, wenn Auslegung, Analogien oder Umkehrschlüsse nicht weiterführen. Maßstab ist dann der mutmaßliche gesetzgeberische Wille. Der so gefundene Rechtssatz kann zu Gewohnheitsrecht erstarken (**E** 20).   63
Sinnvolle Beachtung der Verkehrsregeln: E 122–124.   64

X. Die Sanktionen bei Verstößen im StrV sind zivilrechtlicher, verwaltungsrechtlicher, ordnungs- und strafrechtlicher Art.   65
Gefährdungshaftung des Halters und Kraftfahrers (Haftung für die Folgen eigener Wagnisse kraft sozialer Verantwortung; BGH JZ **74** 184, Fra ZfS **87** 35) löst der Betrieb von Kfz aus, soweit das Gesetz sie ganz oder begrenzt vorsieht (§§ 7, 8, 8a, 18 StVG) und sofern sie nicht gemäß der Rspr zurücktritt. Sie ist beschränkt nach Maßgabe der §§ 7 II, 10–12, 14, 15 StVG. Der Kf, nicht der Halter, kann sich durch den Nichtschuldnachweis von ihr befreien (§ 18 StVG). Als Sonderregelung verträgt die Gefährdungshaftung keine analoge Ausdehnung auf ähnliche oder nicht geregelte Fälle (**E** 60).   66
Deliktshaftung besteht daneben und soweit die §§ 8, 8a, 16 StVG, 823, 826 BGB zutreffen.   67
Ordnungswidrig (§ 24 StVG) ist tatbestandsmäßiges, rechtswidriges und vorwerfbares Verhalten, das durch Gesetz oder VO kraft gesetzlicher Ermächtigung (zB § 6 StVG) mit Geldbuße bedroht ist (§ 1 OWiG). Nach näherer gesetzlicher Regelung kommen auch Verwarnungsgeld (§ 56 OWiG), Gewinnabschöpfung (§ 17 IV, § 29a OWiG) oder ein Fahrverbot (§ 25 StVG) in Betracht. Die entsprechende Behördenkompetenz genügt Art 92 GG, weil diese Sanktionen keine Strafen sind (BVerfG NJW **69** 1623).   68
Die Abgrenzung der OW zur Straftat erfolgt nach einer gemischt qualitativ-quantitativen Betrachtungsweise. Ein Kernbereich des Strafrechts ist zwar der Regelung im OWRecht entzogen (BVerfGE **22** 81, **27** 28, *Göhler-König* vor § 1 Rz 6, 8). Dass die OW gegenüber der Straftat *qualitativ* ein aliud darstellt, lässt sich jedoch zumindest in den Grenzbereichen nicht halten und wird heute nicht mehr vertreten. Denn außer dem Verwaltungsungehorsam oder „Bagatellen" umfassen die OW mit Verletzungs- und konkreten wie abstrakten Gefährdungstatbeständen (zB § 24a StVG) auch gewichtige Zuwiderhandlungen. Unrecht, Gefährdung und Vorwerfbarkeitsgrad können größer als bei manchem Straftatbestand sein (zB vorsätzliches Durchfahren bei Rot trotz QuerV, verglichen mit gering gewichtigem Gelegenheitsdiebstahl). Bei der Einstufung einer Tat als OW oder Straftat hat der Gesetzgeber einen weiten Spielraum.   69
Ungeachtet der vorstehend skizzierten Unsicherheiten macht **die angedrohte Rechtsfolge** die OW formell zum aliud gegenüber der Straftat (BVerfGE **27** 30), sie bewirkt nicht das Unwerturteil der Kriminalstrafe (BVerfGE **27** 33). Für den Rechtsanwender maßgebend ist grundsätzlich allein die formale gesetzliche Einordnung als Straftat oder OW (Strafe oder Geldbuße).   70
Ordnungswidrig handelt im Bereich des StrVR, wer einer gesetzlichen Vorschrift (zB § 24a StVG) oder vorsätzlich oder fahrlässig auf Grund des § 6 I StVG erlassenen RVO oder einer auf Grund einer solchen VO erlassenen Anordnung (Einzelverfügung, Allgemeinverfügung, Anordnung durch VZ oder VEinrichtung) zuwiderhandelt, soweit die VO, wenn seit dem 1. 1. 69 ergangen, für einen bestimmten Tatbestand auf § 24 StVG verweist, wie zB § 49 StVO, § 48 FZV, § 69a StVZO. In Betracht kommen die Ge- oder Verbote vor allem des StVG (§§ 23, 24a), der StVO, der FZV, der StVZO und der FeV.   71
Der **Opportunitätsgrundsatz** (§§ 47, 53 OWiG) beherrscht das OWRecht. Ist eine Ahndung nach Bedeutung und Vorwerfbarkeit der Tat nicht geboten, können Ermittlungen unterbleiben, bereits eingeleitete nach pflichtgemäßem Ermessen behördlich oder gerichtlich eingestellt werden, zB, wie der Verstoß völlig ungefährlich und von geringer Bedeutung war (Ha NJW **70** 622 [Rotampel]) oder bei bloßem Formalverstoß (Dü NZV **94** 328 [Rechtsfahrgebot]). Das Prinzip erlaubt und legt nahe, unfallträchtige OW zugunsten ungefährlicher Formalverstöße mit geringer Schuld nachdrücklicher zu verfolgen (*Geiger* DAR **76** 323, 8. VGT, k + v **70** 38). Außerdem können unwesentliche Tatteile oder Rechtsverletzungen als nicht opportun von vornherein ausgeschieden werden (§ 24 StVG Rz 67). Eine zu weitgehende Ahndung selbst geringfügiger Formalverstöße ohne Gefahr auch nur einer Behinderung anderer wäre geeignet, Unverständnis gegenüber der Verfolgung von OW zu fördern (Dü DAR **94** 125, NZV **94** 328).   72
Verwarnung (§§ 47, 56 OWiG) ohne oder mit Verwarnungsgeld und ohne Eintragung im VZR kommt in Betracht, soweit dies ausreicht (§ 26a StVG).   73
Durch Geldbuße nach Maßgabe der verletzten Vorschrift werden alle nicht relativ geringfügigen OW geahndet, mit VZR-Eintragung bei mindestens 40 € Geldbuße (§ 28 III Nr 3 StVG). Neben Geldbuße bei OW nach § 24 StVG ist nach Maßgabe von § 25 StVG Verhän-   74

Einleitung

gung eines FV mit zwingender Eintragung im VZR (§ 28 III Nr 3 StVG) zulässig. Zur Anwendung der Bußgeldkatalog-Verordnung (BKatV) § 24 Rz 60 ff.

75 **Subsidiarität.** Ist eine ow Handlung zugleich eine Straftat und wird Strafe verhängt, so tritt die OW zurück (§ 21 OWiG). Ein FV bleibt zulässig.

76 **Strafrechtlich** sind vor allem zu beachten aus dem StGB die § 44 (Fahrverbot als Nebenstrafe), §§ 69–69b (gerichtliche Entziehung der FE), § 142 (unerlaubtes Sichentfernen), §§ 222, 229 (fahrlässige Tötung, fahrlässige Körperverletzung), § 240 (Nötigung), § 315b (gefährliche Eingriffe in den StrV), § 315c (StrVGefährdung), § 316 (VTrunkenheit), § 316a (Räuberischer Angriff auf Kf) und aus dem StVG die § 21 (Fahren ohne FE), § 22 (Kennzeichenmissbrauch), § 22a (missbräuchliches Herstellen, Vertreiben und Ausgeben von Kennzeichen), § 22b (Missbrauch von Wegstreckenzählern) sowie § 28 (Eintragung in das VZR).

77 **XI. Der Tatbestand** im OW- und Strafrecht schützt persönliche oder allgemeine Rechtsgüter (soziale Werte) durch Beschreibung ow oder strafbaren Verhaltens (typischen Unrechts) und Sanktionsandrohung. Freiheitsstrafen können nur durch formelles Gesetz angedroht werden (BVerfGE **14** 254), sonst genügt jede grundgesetzgemäße Rechtsnorm, auch jede durch gesetzliche Ermächtigung gedeckte VO (BVerfGE **22** 12). Der Tatbestand kennzeichnet die Straftat- oder OWMerkmale nach Angriffsart und Schutzgegenstand so bestimmt (Art 103 II GG) und erschöpfend wie möglich (**E** 62), indem er beschreibt, was objektiv (in der Außenwelt, äußerer Tatbestand) und subjektiv (beim Täter, innerer Tatbestand) zur Sanktion berechtigt. Übereinstimmung eines äußeren und inneren Sachverhalts mit dieser Beschreibung bewirkt Tatbestandsmäßigkeit.

78 Die **Garantiefunktion** des Tatbestands (Art 103 II GG, § 1 StGB, § 3 OWiG) gewährleistet die möglichst genaue Beschreibung der Tatmerkmale und „Berechenbarkeit" des Unrechtsbereichs insoweit, als die wesentlichen, für Dauer gedachten Vorschriften über Voraussetzungen, Art und Maß der Sanktion gesetzlich festliegen müssen (BVerfGE **14** 251, **25** 285, NJW **95** 1141). Tragweite und Anwendungsbereich eines Straf- oder OWTatbestands müssen aus der Norm erkennbar und durch Auslegung zu ermitteln und zu konkretisieren sein (BVerfG NJW **07** 1666, **05** 349, **03** 1030). Die Anforderungen an die Gesetzesbestimmtheit (Art 103 GG) nehmen dabei ab, je niedriger der GGeber die Tatbestandserfüllung hinsichtlich ihrer Sanktion bewertet, wie zB bei den einfachen OW (BVerfG DAR **68** 329, BGH VRS **54** 152). Unvermeidbare unbestimmte Begriffe, die der richterlichen Deutung bedürfen, sind zulässig (BVerfG NJW **05** 349, BVerfGE **4** 358, NJW **03** 1030, **95** 1141) und bei der Normierung von VRegeln (StVO) unverzichtbar (Begr zur StVO, vor § 1 Rz 16), zB unnötiges Lärmen; übermäßig lautes Türenschließen; wenn nötig; bei Nässe; mäßige Geschwindigkeit (Kar NZV **07** 47, s § 41 StVO Rz 248d, zu Z 242), triftiger oder zwingender Grund; plötzliches Bremsen; ähnlicher, ebenso gefährlicher Eingriff; Wartepflicht nach Unfall); problematisch jedoch „unnützes Hin- und Herfahren" in § 30 StVO (dort Rz 14; s auch *Lenckner* JuS **68** 249, 304). Einschränkende Eintragungen im FS müssen klar erkennen lassen, ob eine Auflage (bei Verstoß OW) oder eine beschränkte FE vorliegt (bei Verstoß: § 21 StVG), andernfalls Verstoß gegen Bestimmtheitsgebot (BGHSt **28** 72 = NJW **78** 2517 [auch gegen Ahndung als OW?]).

79 **Blankettgesetze** sind zulässig, sofern die Fälle der Strafbarkeit bereits aus dem Gesetz hinreichend deutlich hervorgehen, nicht erst aus einer AusfVO (BVerfGE **14** 187, 245, 252, **22** 25). Ein solches BlankettG ist § 24 StVG zusammen mit § 6 StVG und den ausfüllenden, auf § 24 StVG verweisenden Einzelvorschriften der StVO, FZV, StVZO und FeV (**E** 71). Die Verweisung muss zumindest stichwortartig und ausreichend spezialisiert sein und darf nicht nur allgemein geschehen, sonst liegt keine OW vor.

80 Im Regelfall zeigt der Tatbestand die **Rechtswidrigkeit** des Verhaltens an (Bay DAR **74** 305), vorbehaltlich der tatbestandlichen Grundlagen von Rechtfertigungsgründen (**E** 112 ff).

81 Zur **Sozialadäquanz E** 120.

82 **Tatbestandstypen: Tätigkeitsdelikte** umschreiben rechtswidriges Verhalten ohne notwendige Wirkung auf die Außenwelt (Trunkenheitsfahrt, Geschwindigkeitsverstoß, grundloses Linksfahren usw). Bei den **Erfolgsdelikten** beeinträchtigt das Verhalten das Schutzobjekt in der Form der Verletzung oder der konkreten Individualgefährdung. Innerhalb der **Gefährdungsdelikte** werden konkrete und abstrakte unterschieden. Die abstrakten Gefährdungen unterscheiden sich von den konkreten dadurch, dass die Wahrscheinlichkeit sofortigen Schadenseintritts bei ihnen, obwohl statistisch bereits größer, noch fehlt (zB § 24a StVG, §§ 316, 323a StGB). Beim **Dauerdelikt** hält der Täter einen von ihm willentlich geschaffenen rechtswidrigen Zustand aufrecht (zB verbotenes Parken, Kfz-Nichtvorführung entgegen § 29 StVZO). Beim Zustands-

Einleitung

delikt besteht der rechtswidrige Zustand nach Tatbeendigung fort (zB Körperverletzung). Das **Unterlassungsdelikt** (näher E 87) besteht im Untätigbleiben entgegen einem gesetzlichen Gebot (echtes Unterlassungsdelikt, zB Verstoß gegen Gurt- oder Schutzhelmpflicht, § 323 c StGB) oder in der Nichtbefolgung einer Garantenpflicht mit Eintritt der tatbestandsmäßigen Wirkung (unechtes Unterlassungsdelikt).

XII. Handlung im Rechtssinn ist gesteuertes, sozialerhebliches Verhalten (str) nach außen (BGHZ **39** 106), das eine Gebots- oder Verbotsnorm verletzt, entweder gewollt zwecktätiges Tun mit angestrebtem oder billigend in Kauf genommenem Ergebnis (Vorsatz), oder gewolltes Verhalten mit sorgfaltswidrig nicht bedachter oder nicht bezweckter Folge bzw. ungewolltes, sorgfaltswidriges Verhalten hinsichtlich einzelner Tatbestandsmerkmale (Fahrlässigkeit). Handlung ist nur ein Verhalten, das der Bewusstseinskontrolle und Willenslenkung unterliegt; ein unwillkürliches Verhalten scheidet aus (**E** 86, Nau DAR **03** 175). Unterlassen: **E** 87 ff. Gesamtvorsatz: **E** 134. Natürliche Handlungseinheit: § 24 StVG Rz 58. 83

Zur Handlung gehört die Nutzung durch Erfahrung eingeübter **Verhaltensautomatismen**. Diese bestehen **a)** in der mehr oder weniger automatischen Aufnahme verkehrswesentlicher Informationen (VLage, VZ, Witterung, fremdes Verhalten) und **b)** deren Umsetzung in eigenes (Fahr-) Verhalten. Jeder Erfahrene, weniger der Ungeübte oder VSchwache, nimmt die zur VTeilnahme nötigen Informationen mehr oder weniger richtig oder vollständig durch „beiläufigen Blick" auf und reagiert auf sie mit Hilfe eingeschliffener Automatismen. Diese verkürzen die Reaktionszeiten und ermöglichen zügiges, optimal angepasstes Reagieren. Längere Unterbrechung der Fahrpraxis baut erworbene Automatismen wieder ab (*Müller-Limmroth* DAR **77** 154). Mit der Fahrerfahrung fehlen dem Anfänger auch noch die auf ihr beruhenden Leistungsreserven. 84

Die Automatismen beschleunigen jedoch nur Information und Reaktion. Zwischen beide tritt die unerlässliche, rechtlich geforderte, mit der VDichte gesteigert beanspruchte „höhere geistige Leistung" (*Lange*, Rätsel Kriminalität, 309, *Hoffmann ua*, ZBlVM **70** 201) bewusst angepasster Verhaltenssteuerung. Vorsicht und Rücksicht (§ 1 StVO), das Rechtsfahrgebot (§ 2 StVO), richtiges Abstandhalten nicht vorn und auf beiden Seiten, verwickelte VLagen, zB die des § 11 StVO, und viele andere erfordern ständige, mitunter höchste Aufmerksamkeit. Dabei hilft die Erfahrung. Information, Entschluss und Ausführung einschließlich der dabei mitwirkenden Automatismen sind jedoch als gleichsam rascheste willentliche Handlungen bewusstseinskontrolliert und deshalb **Handlungen im Rechtssinn** (Fra DAR **84** 157, *Stratenwerth* Welzel-F 289, *Heifer* BA **71** 385, *Müller-Limmroth* DAR **68** 37, *Spiegel* DAR **68** 284, *Schewe*, Reflexbewegung, Handlung, Vorsatz, 1972). Diese Grundsätze gelten auch für langsame VT (Fußgänger). Zum Erwerb, Abbau und Wiedererwerb der Automatismen (Impulsauslösung durch die Großhirnrinde oder ein tieferliegendes Hirngebiet) *Müller-Limmroth* BA **78** 234. 85

Keine Handlungen (*Gallas* ZStW **67** 15) sind mangels Willensbeteiligung durch unwiderstehliche Gewalt **erzwungene Bewegungen,** solche in Bewusstlosigkeit (BGH NJW **87** 121 [im Zivilrecht Beweislast beim Schädiger, dazu *Weber* DAR **87** 170], Nau DAR **03** 175, *Baumgärtel* JZ **87** 42), **reine Körperreflexe** (BGHZ **98** 135) wie Torkeln oder Krampf, zB auf Grund epileptischen Anfalls (Schl VRS **64** 429). Keine vorwerfbaren Handlungen sind „instinktive" Abwehr- oder Ausweichbewegungen in Bestürzung oder Schreck bei Zwang zu sofortigem Verhalten (Nau DAR **03** 175), zB Fehlreaktionen wie unrichtiges Ausbiegen bei plötzlicher, unvorhersehbarer Gefahr (BGH VersR **76** 587, 734, Dü NJW **65** 2401, Ha VRS **67** 190 [falsche FzBedienung nach Zusammenstoß mit Schäferhund]), ein Angstgriff des Beifahrers ans Lenkrad, um ein Unglück zu verhindern (Nü VersR **80** 97), reflexhaftes Bremsen bei plötzlicher Reifenpanne (BGH DAR **76** 184, 88 159), plötzlichem Auftauchen eines teilweise auf der falschen Fahrbahnseite Entgegenkommenden (Kar VersR **87** 692), anders aber plötzliches Bremsen wegen eines in die Fahrbahn laufenden Tiers (Fra DAR **84** 157, Sa ZfS **03** 118 [**E** 84 f – Automatismen]) oder lediglich ungeschickte Abwehr einer beherrschbaren Störung (Fliege im Auge; Ha NJW **75** 657). Solche **Schreckreaktionen** (unbeleuchtetes Fz kommt im Dunkeln auf dem Fahrstreifen entgegen) sind während der **Schreckzeit** (§ 1 StVO Rz 29) willentlich nicht beherrschbar, zu der außerdem die individuelle unterschiedliche (Bay VRS **58** 445), ebenfalls unbeherrschbare **Reaktionszeit** (§ 1 StVO Rz 30) tritt, die durch Stör- oder Schreckreize aber verlängert oder verkürzt werden kann (*Moser* ZVS **69** 3). Nichtvorwerfbarkeit: **E** 131. Verschuldete Verursachung derart reaktionsgestörter Lagen ist vorwerfbar (**E** 137), etwa schreckbedingte Fehlreaktion wegen tatsächlicher oder vermeintlicher Gefahr auf Grund vorausgegangener Unaufmerksamkeit. Bloße Fehlreaktionen: **E** 144. 86

Einleitung

87 **XIII. Unterlassung.** Ob und wann ein Unterlassen dem Tun innerhalb eines geschlossenen Handlungsbegriffs gleichrangig gelten kann, ist trotz § 13 StGB, § 8 OWiG (die dem Bestimmtheitsgebot genügen: BVerfG NJW **03** 1030) im Einzelnen strittig (zB *Göhler-König* § 8 Rz 1 ff). Die Unterlassungsdelikte verletzen gesetzliche Gebote entweder dadurch, dass gebotenes Handeln unterbleibt (echtes Unterlassungsdelikt; BGHSt **14** 281, **17** 166, **21** 54), zB bei unterlassener Hilfe (§ 323 c StGB) oder Nichtanlegen des Sicherheitsgurts, Nichttragen des Schutzhelms (§ 21 a StVO) oder dadurch, dass der rechtlich handlungspflichtige Garant (BGHSt **7** 271) die tatbestandsmäßige Wirkung („Erfolg") abwenden könnte, aber nicht abwendet (unechtes Unterlassungsdelikt), zB als Kf ein Kleinkind auf dem Lkw-Beifahrersitz ungeschützt mitführt (Kar VRS **50** 413), nach pflichtwidrig bewirktem Unfall dem Verletzten nicht hilft (BGHSt **7** 287), bei gefährdend liegengebliebenem Kfz den V nicht sichert (§ 315 c I 2 g StGB), ein selbst verursachtes Hindernis nicht beseitigt oder nicht ausreichend absichert, als verantwortlicher Fahrer nicht für vorschriftsgemäßes Funktionieren des Fahrtschreibers sorgt (Ha VRS **52** 278). Vollendet ist das unechte Unterlassungsdelikt mit dem Erfolgseintritt (BGHSt **11** 356).

88 Die **Rechtspflicht zum Handeln** gründet nach hM auf Gesetz, wie zB beim mitfahrenden Halter (Ha VRS **47** 465), auf tatsächlicher Gewährübernahme, besonders enger Lebensbeziehung (BGHSt **19** 167) oder auf gefährdendem Tun (BGHSt **11** 353), auch auf unzulänglicher, gefahrbegründender Hilfeleistung (BGH NJW **75** 1175), soweit Handeln möglich und zumutbar ist (BGHSt **11** 355), was zB dann nicht der Fall ist, wenn der LkwF die Fahrbahn entgegen § 32 StVO nicht sofort reinigen kann und dies auch nicht zu vertreten hat. Wer die Gefahrquelle schafft, muss im Rahmen des Nötigen und Zumutbaren für Schutz dagegen sorgen (BGHZ **60** 54 = NJW **73** 461). Pflichtgemäßes, verkehrsrichtiges Verhalten macht auch bei Gefährdung oder Unfall nicht zum Garanten (BGHSt **25** 218). Jedoch kann bei Fortbestand der Hilfspflicht § 323 c StGB erfüllt sein.

89 Die Rolle als Garant erwächst ua aus der Verpflichtung als allein Verantwortlicher oder Wächter bei Verzicht des Treugebers auf weitere Schutzmaßnahmen (BGHSt **19** 288), so bei Übernahme von Halterpflichten durch den Fahrer; bei verantwortlicher, fachlicher Leitung des FzParks (Ha VRS **34** 149, *König* SVR **08** 121), bei Streupflichtübernahme (Ce NJW **61** 1939, BGH NJW **08** 1440); bei Übernahme der Warnpflicht im Pannenfall (BGH NJW VRS **17** 424); bei Übernahme der Pflicht, einen Gebrechlichen zu begleiten (Ha VRS **12** 45); bei Übungsfahrten des Fahrschülers mit dem Fahrlehrer. Zur Begleitperson beim begleiteten Fahren ab 17 §§ 222, 229 StGB Rz 3 a.

90 Die Verantwortlichkeit für gefährdendes Verhalten schließt nahe liegende Folgegefahr ein, ebenso bei Gefahrquellen im eigenen Einflussbereich (BGHSt **19** 288, Kar VRS **48** 199). So muss der Fahrer nach pflichtwidrig bewirktem Unfall außer nach § 323 c StGB auch folgenverhütend helfen (BGHSt **7** 287); diese Garantenpflicht besteht auch dann, wenn das Unfallopfer zwar allein schuldig ist, der FzF aber gegen VRegeln verstoßen hat, die in unmittelbarem Zusammenhang mit dem Unfall stehen (BGH NJW **86** 2516, *Herzberg* JZ **86** 986 [„Vermeideverantwortlichkeit" selbst ohne Pflichtwidrigkeit]; dagegen *Rudolphi* JR **87** 162). IdR keine Garantenpflicht des FzF für sorgfältiges Verhalten beim Türöffnen durch den Beifahrer (Mü VersR **96** 1036). Zur Garantenpflicht des Gastwirts bzw Gastgebers §§ 222, 229 StGB Rz 3 a.

91 **XIV.** Für **Täterschaft und Teilnahme** gelten strafrechtlich die Grundsätze der §§ 25–31 StGB, die hier nicht darzulegen sind. Der Halter ist mitverantwortlich, wenn er schuldhaft Schwarzfahrten durch Personen ohne FE oder durch Fahruntaugliche mit seinem Kfz ermöglicht; ebenso der Fahrer und der Bus- oder Taxiunternehmer sowie Hilfspersonen mit Beobachtungs- oder Einweisungsfunktion beim KfzBetrieb. Bei Übungs- und Prüfungsfahrten ist der Fahrlehrer verantwortlich, soweit er fehlerhafte Fahrweise veranlasst oder nicht verhindert, anders jedoch bei eigenhändigen Delikten; § 2 XV StVG ist gegenüber § 25 StGB ohne Bedeutung (§ 316 StGB Rz 5).

92 Die Vorschriften über das **Handeln für einen anderen** (§ 14 StGB, § 9 OWiG) wollen gewährleisten, dass natürliche und juristische Personen sowie öffentliche Verwaltungen als Normadressaten im Rahmen besonderer Pflichtenkreise sich der darin begründeten Verantwortung nicht dadurch entziehen können, dass sie sich auf Nichthandeln berufen, weil ein vertretungsberechtigtes Organ oder Organmitglied, Gesellschafter, gesetzlicher Vertreter, Betriebsleiter oder speziell Beauftragter eigenverantwortlich für sie gehandelt habe, der seinerseits aber nicht Normadressat ist (*Göhler-König* § 9 Rz 2; *König* SVR **08** 121). Nach beiden Vorschriften haftet innerhalb dieser gesetzlich umschriebenen Pflichtenkreise anstelle oder neben dem Vertretenen der beteiligte gesetzliche oder rechtsgeschäftliche Vertreter oder (Teil-) Beauftragte für das gebo-

Einleitung

tene Verhalten (Tun, Unterlassen; **E** 83, 87 ff). Bei der Beauftragung ist ausdrückliche Übertragung der Betriebsleitung oder eines bestimmten Pflichtenkreises in eigener Verantwortung des Beauftragten Voraussetzung (Bay VRS **59** 209, VM **94** 17, Kö VRS **66** 361, *König* SVR **08** 121), zB Beaufsichtigung der Kfz auf ordnungsgemäßen Betriebszustand, Auswahl, Einsatz und Überwachung der Fahrer. Der Auftrag muss so eindeutig sein, dass der Beauftragte Umfang und Inhalt der in eigener Verantwortung übernommenen Aufgabe klar erkennt (Kö VRS **66** 361). Die Befugnis, über den Einsatz von Fz zu entscheiden, schließt nicht stets die Pflicht ein, für die VSicherheit der Fz zu sorgen (Bay VM **94** 17). Bei ordnungsgemäßer Pflichtenübertragung einschließlich der organisatorischen Voraussetzungen für sachgerechte, ausreichende Überwachung des Vertreters oder Beauftragten tritt die Verantwortlichkeit des eigentlichen, nicht selbst handelnden (unterlassenden) Normadressaten zurück; bei Nichteingriff trotz wahrgenommener Pflichtwidrigkeit des Vertreters oder Organisationsfehlern kann § 130 OWiG erfüllt sein. Näher *Göhler-König* § 130 Rz 1 ff, *König* SVR **08** 121.

Ein **Einheitstäterbegriff** herrscht im OWRecht (§ 14 OWiG): Beteiligen sich mehrere, **93** gleichviel wie, an einer OW, so handelt jeder von ihnen ow. Dieser Einheitsbegriff beruht auf strafrechtlichen Erkenntnissen, vereinfacht aber zu einer einheitlichen Begehungsform, die zwischen den strafrechtlichen Teilnahmeformen nicht unterscheidet. Er will die Rechtsanwendung erleichtern durch Verzicht auf die Einstufung als Täter, Mittäter, Anstifter oder Gehilfe, so dass kein Tatbeitrag unter diesen Gesichtspunkten zu werten ist, die Entscheidung also im Einzelfall offen lassen kann, welche Form der Beteiligung vorlag (Dü VRS **64** 205, Dü NZV **90** 321). Die Einheitslösung bezweckt keine gegenüber dem Strafrecht ausgedehnte Ahndung (Bay NJW **77** 2323, *Göhler-König* § 14 Rz 2), weswegen es auch im OWRecht keine fahrlässige Teilnahme gibt (**E** 94). Die Gefahr einer Überfrachtung der Ahndbarkeit ist bei sachgerechter Beachtung des Opportunitätsprinzips (§ 47 OWiG) gering. Zum Einheitstäterbegriff KG NJW **76** 1465 sowie die Nw bei *Göhler-König* zu § 14. Zu § 14 OWiG beim begleiteten Fahren ab 17 (§ 6 e StVG, § 48 a FeV) *Tolksdorf* Nehm-F S. 442 f, 446. Täter einer OW können nur natürliche Personen sein (Bay NJW **72** 1772). Allerdings ermöglicht die Verbandsgeldbuße (§ 30 OWiG) auch die Sanktionierung von Personenverbänden und juristischen Personen.

Beteiligung setzt bewusstes, gewolltes Zusammenwirken mit zumindest einem andern vor- **94** aus, gleichviel wie, ohne Rücksicht auf eigenen Täterwillen, auf Tatherrschaft und Maß der eigenen Tatbestandsverwirklichung, also Vorsatz (Bay VRS **59** 209, NJW **77** 2323, DAR **90** 268, Kö VRS **63** 283, KG VRS **66** 154, **70** 294, Ko VRS **76** 395, aM *Kienapfel* NJW **70** 1831). Auch der andere muss vorsätzlich handeln (BGH NJW **83** 2272 [krit *Kienapfel* NJW **83** 2236], Bay VRS **70** 194, DAR **90** 268, Kö NJW **79** 826, VRS **63** 283, Ha NJW **81** 2269, KG VRS **66** 154, Ko VRS **76** 395, Stu DAR **90** 188, Dü NZV **90** 321, *Dreher* NJW **71** 121, *Brammsen* DAR **81** 38, aM Ko VRS **63** 281, *Kienapfel* NJW **70** 1831). Nebentäterschaft ist möglich: *Göhler-König* § 14 Rz 4. Nicht genügt fahrlässige Verursachung vorsätzlicher Tat und vorsätzliches Verursachen fremder Fahrlässigkeit (BTDrucks V/1269 S 49); in beiden Fällen fehlt gewolltes Zusammenwirken. Der Halter (Weisungsberechtigte) darf nicht Parkverstöße anordnen (Kö VRS **47** 39), der mitfahrende Halter muss bei wahrgenommenen Verstößen abmahnen oder hindernd eingreifen (Ha VRS **47** 465, Dü VRS **61** 64 [Parken], Fra VM **77** 80), der bloße Fahrgast nicht. An OW des Fahrers, deren spätere Begehung der Halter gekannt und mindestens mit bedingtem Vorsatz gebilligt und nicht unterbunden hat, ist dieser beteiligt (Bay NJW **77** 2323, Ha NJW **81** 2269, Ko VRS **69** 388). Überlassung des Fz in der Erwartung, der Fahrer werde eine bestimmte OW begehen, genügt (Ha NJW **81** 2269, Kö VRS **63** 283, **85** 209). Dabei sollte die billigende Vorstellung des Halters ausreichen, der Fahrer werde nach Belieben die am häufigsten verletzten Vorschriften über Höchstgeschwindigkeiten, die Ampelgebote oder Parkverbote verletzen, während die nur allgemeine Vorstellung des Halters, mit dem Kfz werde möglicherweise gegen VVorschriften verstoßen werden, zum Beteiligungsvorsatz nicht ausreicht (Bay NJW **77** 2323, VRS **52** 285, *Bouska* VD **77** 305). Weiß der Halter, dass der Fahrer bereits früher zu schnell gefahren, bei Rot durchgefahren ist oder unerlaubt geparkt hat und überlässt er ihm das Kfz dennoch wieder, so darf mindestens bedingt vorsätzliche Beteiligung angenommen werden (Bay JZ **77** 107, VRS **52** 285, **53** 363, Dü VM **79** 22, VRS **64** 205, Ha NJW **81** 2269, Ko VRS **69** 228 [zweimaliger Parkverstoß]). Der Halter kann auf Grund wahlweiser Tatsachenfeststellung als Beteiligter am Parkverstoß verurteilt werden, ohne dass die Identität des jeweiligen Fahrers festgestellt werden müsste (Ce NRPfl **84** 223, Ko VRS **69** 388). Wurde der Betroffene als Fahrer verfolgt, so setzt Verurteilung als beteiligter Halter vorherigen Hinweis nach § 265 StPO voraus (Dü VRS **61** 64). Wer Rückschau-, Anzeige- oder Einweiserpflichten übernommen hat, ist beteiligt. Untätigbleiben kommt nur bei einer

Einleitung

Rechtspflicht zum Handeln, etwa als Halter, als Beteiligung in Betracht (**E** 87 ff). S auch § 24 StVG Rz 20.

95 **Besondere persönliche** (täterbezogene), ahndungsbegründende **Merkmale** (persönliche Eigenschaften oder Verhältnisse, zB Halter- oder Fahrereigenschaft; Gegensatz: tatbezogene Merkmale), auch vorübergehende, brauchen nur bei einem der Beteiligten vorzuliegen (§ 14 I OWiG). Soweit sie bei einem Beteiligten fehlen, kann dies mildernd wirken (§ 17 III OWiG). Das Fehlen der Vorwerfbarkeit bei anderen Beteiligten entlastet nur diese (§ 14 III OWiG). Die Ahndung ausschließende persönliche Merkmale gelten nur für den, bei dem sie vorliegen, ebenso etwaige persönliche Milderungs- oder Erschwerungsgründe.

96 **Erfolglose Beteiligung** bei Ausbleiben der Tatbestandsverwirklichung ist nicht tatbestandsmäßig (§§ 1 I, 14 II OWiG).

96a **Kennzeichenanzeigen.** Ein (durch § 25 a StVG nur teilweise entschärftes) Sonderproblem der VÜberwachung liegt in der Täterermittlung, wenn dieser nicht alsbald gestellt und nur das KfzKennzeichen erkannt werden kann. Bei gewerblich genutzten Kfz und Fuhrparkhaltern, auch bei juristischen Personen als Haltern, besagt die Haltereigenschaft von vornherein nichts über das Führen zur Tatzeit. Jedoch beweist die Haltereigenschaft auch bei den übrigen „PrivatFz" für sich allein nicht schon Täterschaft (BVerfG NJW **94** 847, BGH NJW **74** 2295, VRS **48** 107, Kö VRS **79** 29, DAR **80** 186, Br VRS **48** 435, Ce VRS **45** 445, Ha NJW **74** 249, VRS **43** 364, Dü DAR **03** 40, VRS **65** 381, Kar VRS **49** 47, 117, Ko VRS **64** 281, 311), es sei denn, andere, nicht nur ganz entfernte Möglichkeiten scheiden aus (KG VRS **42** 217, Ha NJW **73** 159). Zwar wäre bei Privatfz der Schluss vom Halter auf den Fahrer weder denkgesetz- noch erfahrungswidrig (BGH NJW **74** 2295), doch muss der Richter alle nicht ganz fern liegenden Möglichkeiten berücksichtigen. Dies kann er nur anhand weiterer Umstände zB Beruf, Fahrzeit zur oder von der Arbeit, Benötigung des Fz zur Berufsausübung bei Verstoß an einem Arbeitstag, Lichtbildvergleichung, Gaststättenaufenthalt, SpezialFz, widersprüchliches früheres Verhalten, weitere FEInhaber im Haushalt, bekannter Alleinfahrer (BGH NJW **74** 2295, VRS **48** 107, Ha NJW **74** 249, VRS **44** 117, KG VRS **45** 287, Dü VRS **61** 64, Ko VRS **64** 311, Stu NZV **89** 203, Kö VRS **79** 29, *Göhler-König* § 55 Rz 11 ff, *Knaack* VGT **05** 182), die also ermittelt werden müssen, zB auch lediger Stand (Kar Justiz **74** 343), Nichtbenutzung durch Angehörige und ausnahmsweise Benutzung durch Dritte (Sa VRS **47** 438). Wegfahren eines geparkten Fz durch den Halter kann als Indiz dafür in Betracht kommen, dass das Fz auch vorher von ihm gefahren wurde (KG VRS **66** 154). Auch Abholen eines vorschriftswidrig geparkten und daher abgeschleppten Fz durch den Halter ist ein Indiz für dessen Täterschaft, wenn zwischen dem Abschleppen und dem Abholen nur wenig Zeit verstrichen ist (Fra VRS **64** 221). Zum **Foto als Beweismittel:** § 24 StVG Rz 76. Hat sich der Halter zur Sache nicht eingelassen, so darf dies allein nicht zu seinem Nachteil ausschlagen (§§ 136, 261 StPO; BGH NJW **74** 2295, Ko VRS **59** 433, **58** 377, Dü VRS **55** 360 [„Nein" im Anhörungsbogen], Ha VRS **44** 117, KG VRS **45** 287, Sa VRS **47** 438, Kö VRS **49** 48), ebensowenig seine Weigerung, den angeblichen Fahrer zu benennen (Kö VRS **67** 462, Stu NZV **89** 203) oder der bloße Hinweis auf den (vermeintlichen) Eintritt der Verjährung (Bay VRS **62** 373). Teilschweigen kann indizielle Bedeutung erlangen (*Göhler-König* § 55 Rz 10 a, *Meyer-Goßner* § 261 Rz 17). Enthält der Verteidigervortrag Tatsachen, so sind diese jedenfalls dann nicht dem zur Sache schweigenden Halter zuzurechnen, wenn er diesen Erklärungen nicht ausdrücklich zustimmt (Stu NZV **89** 203). Die bloße Einlassung, Halter des Kfz zu sein, ist keine zum Nachteil verwertbare Teileinlassung (Ko VRS **59** 433, Hb VRS **59** 351, **50** 366, DAR **80** 279). Bleibt offen, ob der Halter den Verstoß selber begangen oder ob ihn ein anderer mit bedingt vorsätzlicher Billigung des Halters begangen hat und scheidet jede andere Möglichkeit mit Gewissheit aus, so haftet der Halter als Täter (Bay NJW **77** 2323, Ce NRPfl **84** 223). Voraussetzung ist die Feststellung, dass er, soweit ow Handeln in Betracht kommt, dessen *vorsätzliches* Handeln jedenfalls wissentlich gefördert hat (**E** 94, KG VRS **66** 154). Der Möglichkeit, nach der glaubhaften Einlassung des Betroffenen könne ein anderer das Kfz geführt haben, ist auch bei Auslandswohnsitz des Zeugen nachzugehen (Sa VRS **48** 211, s auch § 25 a StVG Rz 7). Zulässiges Prozessverhalten in der mündlichen Verhandlung darf nicht als Beweisanzeichen dafür gewertet werden, dass der Beschuldigte auch der Fahrer war (Kö VRS **56** 149). Das Urteil muss die Zusatzumstände außer der Haltereigenschaft angeben, welche für die Fahrereigenschaft sprechen (Kö VRS **51** 213, Ko VRS **64** 281). Diese nach der Gesetzeslage wohl unumgängliche Rspr (krit *Mayer* BA **75** 266) erschwert polizeiliche VÜberwachung außerordentlich. Hinzu kommt, dass eine Durchsuchung zur Ermittlung des Fahrers oftmals am Grundsatz der Verhältnismäßigkeit scheitern wird (*Göhler-Seitz* vor § 59 Rz 108 ff, hierzu auch EGMR NJW **06**

1495, BVerfG NJW **06** 3411), was jedoch keineswegs immer der Fall sein muss (vgl BVerfG ZfS **07** 655 [empfindlichte Geschwindigkeitsüberschreitung]). Zur Lösung des Problems wurden verschiedene Wege vorgeschlagen, zB eine gesetzliche Ergänzung der Halter-Gefährdungshaftung (§ 7 StVG, *Recktenwald* DAR **81** 76, *Bauer*, Ballerstedt-F 312, *Pfeiffer* DAR **80** 307), ferner technische Lösungen mangels rechtlicher Möglichkeit (*Gontard*, Diss Gießen 1976) und schließlich eine kostenrechtliche Regelung (VGT **81** 9, **85** 14; *Janiszewski* BA-Festschrift S 73 ff, *Mößinger* DAR **85** 271, 273, *Witthaus* VGT **85** 327, 336, krit *Lamprecht* ZRP **84** 327, zur Halterhaftung bei OW im fließenden V *Notthoff* DAR **94** 98, *Rediger* NZV **96** 94, VGT **01** 163, *Göhler-König* vor § 109 a Rz 5 a, *Schäpe* BA **05** 132, *De Vries* VGT **05** 246). Den Weg der kostenrechtlichen Regelung hat der GGeber in § 25 a StVG beschritten, allerdings beschränkt auf den ruhenden V (s im Einzelnen dort). Beteiligung des Halters: **E** 94. Zur **Verjährungsunterbrechung** bei Kennzeichenanzeigen § 26 StVG Rz 7.

    Lit: *Feltz*, Gegenpositionen zur Halterhaftung bei Kennzeichenanzeigen, VGT **01** 163. *Gontard*, Rechtliche Probleme der Kennzeichenanzeige, Diss. Gießen 1976. *Janiszewski*, Gedanken zur Kennzeichen-Problematik, BA-F S 67. *Rediger*, Ausdehnung der Halterhaftung auf den fließenden V …?, NZV **96** 94.

XV. Ursächlichkeit. Die juristischen Kausalitätslehren bezwecken angemessene Zurechnung. Deshalb fragen sie nicht, ob und wo in der Erscheinungswelt eine Verknüpfung von Ursache und Wirkung (Erfolg) etwa nicht (mehr) bestehe. Eine erfahrungsgemäße Verknüpfung bis ins Unendliche zurück voraussetzend, bezwecken sie, alle diejenigen Glieder der Ursachenketten schon auf früherer Untersuchungsstufe auszuscheiden, die nach Art und Zweck des jeweiligen Rechtsbereichs als Ursachen billigerweise nicht (mehr) in Betracht gezogen werden dürfen. Rechtlich bedeutet Ursächlichkeit also die rechtlich erforderliche und vertretbare Zurechnung einer Ursache für eine Wirkung („Erfolg") zwecks Klärung der Verantwortlichkeit und Haftung. Von vornherein ist sie deshalb nur zu prüfen, wo eine bestimmte Folge bewirkt worden ist oder vermieden werden sollte, nicht bei bloßen Tätigkeitsnormen. **97**

Die im Strafrecht herrschende Bedingungslehre (Äquivalenzlehre) bejaht Ursächlichkeit, wenn das aktive Tun nicht hinweggedacht werden kann, ohne dass der konkrete Erfolg entfiele (*conditio sine qua non*; BGHSt **1** 332, **7** 114, BGH NJW **67** 212), bei prinzipieller Gleichrangigkeit aller Ursachen, auch ungleichgewichtiger, ungewöhnlicher oder teilweise später hinzutretender (BGH JZ **94** 687), wobei der wirkliche Ablauf entscheidet, nicht ein gedachter (BGHSt **10** 370, VRS **32** 37, s auch Ko MDR **07** 1256 [Z]). Ursächlichkeit in diesem Sinn ist jedoch nur der Ausgangspunkt. Der Schwerpunkt der Prüfung liegt bei der Frage, ob der Erfolg dem Verursacher auch rechtlich zugerechnet werden kann, die die strafrechtliche Rspr. freilich als Kausalitätsproblem behandelt (§§ 222, 229 StGB Rz 3, 14 ff, **E** 100 ff; anders im Zivilrecht: **E** 104). Die sog. Risikoerhöhungstheorie hat sich in der Rspr nicht durchgesetzt (s etwa Bay NZV **92** 452). **Haben mehrere Verstöße zusammengewirkt** und lässt sich Ursächlichkeit einzelner nicht feststellen, ist die Ursächlichkeit ihres Zusammenwirkens zu prüfen (BGH VRS **32** 209, Kö VRS **50** 110). Die Ursächlichkeit wird nicht beseitigt durch Mitschuld des Verletzten (BGHSt **7** 112), nicht durch dessen verborgene Krankheit, die den Unfall verschlimmert; idR auch nicht durch einen ärztlichen Behandlungsfehler (Stu NJW **82** 295); nicht durch nachteilige Behandlungszufälle (Serumhepatitis; Ha VM **74** 37); nicht durch Fahrlässigkeit der VStreife, die ein unbeleuchtetes Kfz anhält (BGHSt **4** 362). Zur Voraussehbarkeit solch atypischer Kausalverläufe §§ 222, 229 StGB Rz 13. **98**

Ein Unterlassen ist nach der Bedingungslehre hypothetisch ursächlich, wenn es keine Handlung gibt, die hinzugedacht werden kann, ohne dass mit an Sicherheit grenzender Wahrscheinlichkeit der Erfolg ausgeblieben wäre (BGHSt **7** 214, NJW **54** 1048, s auch zu §§ 222, 229 StGB). **99**

Bei Fahrlässigkeit muss gerade die verletzte Sorgfaltspflicht die Folge bewirkt haben (sog. *Pflichtwidrigkeitszusammenhang*; hierzu §§ 222, 229 StGB Rz 15 ff). Die Folge muss ferner im *Schutzbereich der verletzten Norm* liegen, dh die verletzte Sorgfaltspflicht muss der Verhütung gerade der durch den Verstoß eingetretenen Folge dienen (Strafrecht: §§ 222, 229 StGB Rz 20, 21; Zivilrecht: **E** 107). **100**

Maßgeblicher Zeitpunkt der Prüfung ist im gesamten StrVR der Eintritt der konkreten kritischen Verkehrslage (bzw. -situation), die unmittelbar zum Schaden führt (BGHSt **24** 34, NZV **05** 407, NJW **67** 212, BGH NJW **85** 1350; 1950, Bay VRS **69** 392, Sa MDR **05** 1287, Fra JR **94** 77 m Anm *Lampe*, Ko VRS **48** 180, Kö VRS **70** 373, Ol NJW-RR **90** 98, Dü VRS **88** 268, Stu VRS **87** 336), also das Verhalten im kritischen Zeitpunkt beim Unfallhergang (Schadensvorgang), beim verkehrsuntauglichen Kfz aber der Zeitpunkt der unterlassenen Prü- **101**

Einleitung

fung vor Fahrtantritt. Eine kritische VLage *tritt in dem Augenblick ein*, in dem erkennbare konkrete Umstände das unmittelbare Bevorstehen einer Gefahrensituation nahelegen (BGH DAR **03** 308, Ko NJW-RR **04** 392; s auch *Krümpelmann,* Lackner-F 294 ff). Maßgebend ist, wie der Vorgang von der Erkennbarkeit der Gefahr ab bei richtigem Verhalten verlaufen wäre (BGH DAR **03** 308, VersR **77** 524, Ce VRS **107** 415). Alle anderen Umstände sind unverändert so wie ermittelt zu berücksichtigen (BGH VRS **54** 436, **E** 102). Ursächlich (zurechenbar) ist hiernach verbotswidrig schnelles Fahren, wenn es den Unfall unmittelbar mitbewirkt hat, *nicht aber,* weil der Fahrer bei Unterbleiben einer *vor Eintritt der kritischen VLage* begangenen Geschwindigkeitsüberschreitung den Unfallort noch nicht erreicht gehabt hätte (BGH DAR **03** 308, NZV **05** 407, NJW **88** 58, BGHSt **33** 61 = NJW **85** 1350, 1950, Ce VRS **107** 415, Ko NJW-RR **04** 392, Fra JR **94** 77, Ha VersR **89** 97, KG VM **84** 36) oder die an sich zulässige Kollisionsgeschwindigkeit nur durch vorheriges, vor Eintritt der kritischen VSituation erfolgtes Überschreiten einer Geschwindigkeitsbegrenzung möglich war (Dü NZV **92** 238). Dagegen ist die *Ursächlichkeit (Zurechenbarkeit) zu bejahen,* wenn zwar auch bei Einhalten der verkehrsgerechten Geschwindigkeit ein Bremsen im Hinblick auf den Anhalteweg die Kollision nicht hätte vermeiden können, der FzF aber den Kollisionsort nur auf Grund einer *nach Eintritt der kritischen VLage* begangenen Überschreitung der zulässigen Höchstgeschwindigkeit früher erreicht („zeitliche Vermeidbarkeit", BGH NJW **04** 772, NZV **05** 407, **02** 365, BGHSt **33** 61 = NJW **85** 1350 [krit *Puppe* JZ **85** 295, abl *Streng* NJW **85** 2809, *Ebert* JR **85** 356], KG NJW **06** 1677). S. zum Strafrecht ergänzend §§ 222, 229 StGB Rz 17 f. Die Grundsätze gelten auch im Rahmen der Gefährdungshaftung nach §§ 7, 17, 18 StVG (§ 17 StVG Rz 5, 28). Zurechnung bei **Fahren trotz Fahrunsicherheit**: §§ 222, 229 StGB Rz 16.

102 **Nicht ursächlich** (zurechenbar) ist ein Verstoß, wenn dieselbe Folge auch ohne ihn eingetreten wäre (**E** 100; *rechtmäßiges Alternativverhalten*), wobei vom wirklichen Hergang hinsichtlich der VWidrigkeit auszugehen ist, die als unmittelbare Ursache in Betracht kommt (Ha DAR **70** 103, Kar NZV **90** 189), nicht von einem nur gedachten. Nur dieses unmittelbar als Unfallursache in Betracht kommende verkehrswidrige Verhalten ist bei der Ursächlichkeitsprüfung hinwegzudenken und gedanklich durch verkehrsgerechtes Verhalten zu ersetzen (BGHSt **33** 61 = NJW **85** 1350, Bay NZV **94** 283, Stu VRS **87** 336). Dabei reicht es allerdings für die Zurechnung eines Schadens (einer Verletzung) aus, wenn dieser ohne den Verstoß *in geringerem Umfang* eingetreten wäre (BGH NJW **04** 772, NZV **05** 407, KG NJW **06** 1677, Jn NZV **02** 464, Kö VRS **67** 140, Nü VersR **92** 1533). Die Einzelheiten sind unter Rz 15 ff zu §§ 222, 229 StGB erörtert.

103 **Unwirksam** wird eine Bedingung, wenn ein späteres Ereignis ihre Wirkung ganz beseitigt und in rechtlicher Sicht eine neue Ursachenreihe begründet (BGHSt **4** 362). Bei Schleudern wegen gefährlicher Fahrweise unterbricht Behinderung durch den erschrockenen Beifahrer die Ursächlichkeit nicht (**E** 110).

104 **Die Adäquanzlehre**, korrigiert durch das Erfordernis eines gewerteten Rechtswidrigkeitszusammenhangs und den Schutzzweck der verletzten Norm, wird nach wie vor weitgehend im Zivilrecht vertreten (BGH VersR **02** 773, Mü VersR **91** 1391, Dü VersR **92** 1233, Bra ZfS **94** 197, Ha VersR **95** 545, Ba NZV **96** 316, KG VM **96** 76, *Palandt/Heinrichs* vor § 249 Rz 58 ff). Dort herrscht ein objektiver Fahrlässigkeitsmaßstab, bei der Verschuldenshaftung bezieht sich die Schuld nur auf die haftungsbegründende Ursächlichkeit, und teilweise gilt Gefährdungshaftung (**E** 66). Die Bedingungstheorie wäre daher zu weit (Ausnahme für chemische Abläufe: BGHZ **63** 1). Die Adäquanzlehre läuft hinaus auf Bewertungsregeln der nach den beteiligten Normzwecken noch *zumutbaren* Haftung (BGHZ **18** 288, **58** 168, Kö VM **01** 21), unter Ausschluss gänzlich unwahrscheinlicher und deshalb unbeherrschbarer Verläufe (BGH VersR **02** 773, MDR **95** 268). Mit Hilfe des Adäquanzerfordernisses sollen nur ganz außerhalb des zu erwartenden Verlaufs entstehende Schäden „herausgefiltert" werden; das zum Schaden führende Ereignis muss daher im Allgemeinen zur Herbeiführung der Schadensfolge geeignet sein, nicht nur unter ganz ungewöhnlichen, unwahrscheinlichen Umständen, die nach dem gewöhnlichen Verlauf der Dinge außer Betracht gelassen werden können (BGH VersR **02** 773). Dabei wurde in der älteren Rspr eine nachträgliche objektive, das Erfahrungswissen zur Zeit der Beurteilung berücksichtigende Prognose aus der Sicht eines „optimalen Beobachters" als entscheidend zugrunde gelegt (BGHZ **3** 266, MDR **76** 565, VersR **76** 639, Fra NJW **84** 1409, krit *Medicus* JuS **05** 290). Die neuere Rspr des für Verkehrshaftungssachen zuständigen VI. ZS des BGH lässt demgegenüber eine solche Prüfung objektiv voraussehbarer (statistischer) Wahrscheinlichkeit in den Hintergrund treten, macht deutlich, dass (vor allem im Bereich der Verschuldenshaftung) statt dessen ein rechtlich wertender Bezug zwischen der eingetretenen Schadensfolge und der

Einleitung

konkreten Haftungsnorm herzustellen ist und zieht damit die Konsequenz aus der schon in BGHZ **3** 267, **18** 288 anerkannten Tatsache, dass das Korrektiv der Adäquanz in Wahrheit kein Kausalitätsproblem, sondern vielmehr die Frage des *rechtlichen Zurechnungszusammenhangs* betrifft (BGH NJW **85** 1390, **86** 777, **96** 1533, VersR **91** 1293, **93** 843, **02** 773, NZV **04** 243, **90** 425 [im Rahmen des § 7 StVG, zust Anm *Lange*], BGHZ **115** 84 = NZV **91** 387 (zu § 7 StVG), Kö DAR **01** 168, *Weber* DAR **82** 169, **83** 169, **86** 161, **88** 980, 987, *Steffen*-F S 508, *Dunz* JR **90** 115, *v Gerlach* DAR **92** 208, *Steffen, Salger*-F S 562, *Kunschert* NZV **96** 485, *G. Müller* VersR **05** 1465). Deren Beantwortung setzt eine wertende Betrachtung der Umstände des Einzelfalls unter Berücksichtigung der Art des Haftungstatbestands (BGHZ **85** 112) voraus (BGH NZV **04** 243). Zur Prüfung der sog Adäquanz bei *reiner* Gefährdungshaftung BGH NJW **81** 983 (krit *Schünemann* NJW **81** 2796), *Weber* DAR **82** 169, § 7 StVG Rz 11, *H. Lange* JZ **76** 198. *Kramer* JZ **76** 338. *Stoll* Karlsruher Forum **83** 184 [Beilage zu VersR **83** H 41].

Vorliegen muss **haftungsbegründende Ursächlichkeit** (BGH NJW **03** 1116, BGHZ **57** 25, **58** 162, Ha MDR **90** 447) und **haftungsausfüllende Kausalität** (Ursachenzusammenhang zwischen Verletzung und Schaden, **E** 106, 107). **105**

Für beide Formen gilt: der Schädiger muss eine für die Schadensfolge nicht hinwegzudenkende Ursache gesetzt haben (BGHZ **2** 138). Diese muss grundsätzlich (Ausnahme **E** 107) allgemein geeignet sein, eine solche Schadensfolge zu bewirken, nicht nur unter gänzlich unwahrscheinlichen, eigenartigen, nach dem gewöhnlichen Verlauf der Dinge außer Betracht zu lassenden Bedingungen (BGHZ **57** 141, MDR **95** 268, Kö DAR **01** 168), wobei es auf Wertung, nicht auf statistische Wahrscheinlichkeit ankommt (BGHZ **18** 288), so dass auch ungewöhnliche Schadensverwirklichungen noch in Betracht kommen (zB seltener Impfschaden). Der Nachweis der haftungsbegründenden Kausalität unterliegt den strengen Voraussetzungen des § 286 ZPO (BGH NZV **04** 27, Kö VersR **05** 422, Ce NZV **05** 313, Brn VRS **107** 85, Schl NJW-RR **04** 171, KG NZV **04** 252, VRS **106** 264, 414, 422). Für die Überzeugungsbildung des Gerichts in Bezug auf die **haftungsausfüllende Kausalität**, also der Feststellung der Ursächlichkeit des Haftungsgrunds für den eingetretenen Schaden, gilt § 287 ZPO; abw von den strengen Anforderungen des § 286 ZPO genügt eine höhere oder je nach Lage des Falls deutlich höhere Wahrscheinlichkeit (BGH NJW **03** 1116, NZV **04** 27, Brn VRS **107** 85, KG NZV **04** 282, VRS **106** 264, 414). Zwischen dem Unfall und der infolge daraus resultierender Aufregung entstandenen Gesundheitsschädigung besteht ein haftungsrechtlicher Zusammenhang (Dü VersR **92** 1233), anders, wenn erst das Verhalten des Schädigers nach dem Unfall die Aufregung auslöste (BGHZ **107** 359 = NZV **89** 391 m Anm *v Bar* JZ **89** 171, *Dunz* JR **90** 115, *Börgers* NJW **90** 2535). Schäden, die als Folge des die Haftung begründenden Ereignisses derart ungewöhnlich und fern liegend sind, dass sie als Teil des allgemeinen Lebensrisikos angesehen werden müssen und zu diesem in nur zufälliger, äußerer Verbindung stehen, liegen außerhalb des Haftungszusammenhangs (BGH NJW **85** 1390, **86** 778, NJW **07** 2764, KG NZV **02** 41, Nü VersR **99** 1117; s auch **E** 107). **106**

Hinzutreten muss als Korrektiv (BGHZ **27** 139) allzu geringer Selektion durch die Adäquanzformel ein **gewerteter Rechtswidrigkeitszusammenhang** zwischen haftungsbegründendem Ereignis und Schaden (BGHZ **57** 142, NJW **78** 421, VRS **54** 161, VersR **91** 1293, Mü NJW **85** 981): **a)** der Schaden muss in den **Schutzbereich** der verletzten Norm fallen (BGH NJW **82** 573, **88** 1383, **83** 232, Ha MDR **90** 447, Hb NJW **91** 849, KG VM **98** 84, Nü VersR **99** 1117, zB des § 7 StVG (BGHZ **37** 315, DAR **88** 159, BGH NZV **89** 391, **91** 387, *Kötz* NZV **92** 218) oder des 823 I BGB (BGH NJW **68** 2287, **86** 777, NZV **89** 308, NZV **90** 391) oder, bei § 839 BGB, der verletzten Amtspflicht (BGH VersR **90** 422), in den, uU extremen, Gefahrbereich, den die Norm abwehren will (BGH NZV **90** 425, **91** 387, KG VM **01** 50, Ha VersR **84** 1051, Mü NJW **85** 981, NZV **96** 199, Ba VersR **88** 585, dazu *Dunz* VersR **86** 449, *Medicus* JuS **05** 291), zB bei Heilungskosten, Verdienstausfall oder Nachteilen vorzeitiger Pensionierung wegen der Unfallverletzung, nicht aber, wenn der Unfall nur zur Entdeckung eines unfallunabhängigen Grundleidens (Arteriosklerose) und daraufhin zur Pensionierung führt (BGH NJW **68** 2287) oder zum Verlust eines Zuschusses aus einem Investitionshilfeprogramm (Ha VersR **84** 1051). Ein Rechtswidrigkeitszusammenhang zwischen der Verletzung einer dem Schutz anderer VT dienenden Norm und dem Schaden besteht nur, wenn die Erfüllung der verletzten Verhaltenspflicht gerade **dem Schutz des Geschädigten** diente (BGH NZV **91** 23, Fra VM **96** 39, *Birkmann* DAR **91** 213). Ferner ist in der Rspr des BGH anerkannt eine Haftung für infolge psychischer Schädigung erlittene schwere Gesundheitsstörungen, falls der Geschädigte *direkt am Unfall beteiligt* war (BGH NJW **86** 777, **91** 2347, **93** 1523, **07** 2764, *Stöhr* VGT **08** 122). **Keine Haftung** (auch nicht unter dem Aspekt der Herausforderung, **107**

Einleitung

s **E** 109), falls der Geschädigte lediglich *nicht am Unfall beteiligter Zeuge ist*; denn die aus der bloßen Anwesenheit herrührende Schädigung ist dem allgemeinen Lebensrisiko zuzurechnen, und zwar auch, falls Geschädigter PolB ist (BGH NJW **07** 2764 m Anm *Elsner, Diehl* ZfS **07** 627; aM *Greger* § 3 Rz 186). Anders aber evt, falls die Nichtbeteiligten im Wege des Rettungsversuchs selbst eingreifen und dabei psychisch geschädigt werden (vgl *Stöhr* VGT **08** 122). Der Unfallverursacher haftet für **Schockschäden der Angehörigen** bei der Todesnachricht, soweit diese über eine in solchen Fällen nahe liegende gesundheitliche Beeinträchtigung hinausgehen (§ 11 StVG Rz 6). Denn der Angehörige empfindet den Integritätsverlust des Opfers als Beeinträchtigung der eigenen Integrität und nicht als allgemeines Lebensrisiko (*Stöhr* VGT **08** 122). Nicht im Schutzbereich des § 823 I BGB liegen die Kosten der Strafverfolgung (BGHZ **65** 170), ebenso wenig die Kosten des Geschädigten für eigene Strafverteidigung (BGHZ **27** 138) oder Nebenklagekosten (LG Hannover ZfS **85** 322), wohl aber Anwaltskosten zur Verfolgung der Ersatzansprüche (BGHZ **70** 41, *Leonhard* NJW **76** 2152). § 32 StVO (VHindernis) schützt die VSicherheit, nicht auch gegen Missbrauch des hindernden Gegenstands zu verkehrsfremdem Zweck. **b)** Die Ersatzleistung darf **dem Ersatzzweck nicht zuwiderlaufen,** wie zB bei der Begehrungsneurose (§ 11 StVG) oder beim rechtlich missbilligten Gewinn. Wer sich selber schädigt, kann vom etwaigen Veranlasser Ersatz nur fordern, wenn dieser ihn vorwerfbar zu seinem Verhalten „herausgefordert" hat (**E** 109). In der **die herkömmliche Adäquanzlehre differenzierenden Rspr** des VI. ZS des BGH (**E** 104) wird i Ü mit Recht darauf hingewiesen, dass der Schutzzweck der Haftungsnorm ein Kriterium ist, das sich mit den für die Prüfung eines adäquaten Zusammenhangs zu beachtenden Gesichtspunkten überschneiden kann (BGH NJW **83** 232). Selbst Schäden, die für den „optimalen Beobachter" nicht voraussehbar waren, können vom Schutzzweck der Haftungsnorm erfasst und (obwohl im herkömmlichen Sinn „inadäquat") ersatzpflichtig sein (BGH NJW **82** 573).

108 **Unterlassen** ist adäquate Verursachung, soweit pflichtgemäßes, sachgerechtes Handeln den Schaden bei normalem Verlauf verhindert haben würde (BGHZ **7** 204, Ba VM **75** 6). Unterlassung gebotener FzSicherung (§ 15 StVO) spricht für Unfallsächlichkeit (Dü DAR **77** 186).

109 Wirken **mehrere schädigende Ursachen** hinsichtlich desselben Schadens zusammen, so gilt, ohne Rücksicht auf etwaiges Überwiegen einer (so im Sozialrecht) eine „richtunggebende" Verstärkung, jede als Ursache (BGH NJW **02** 504, NZV **05** 461, Dü VersR **92** 1233, Ba NZV **96** 316), zB wenn die Konstitution des Verletzten den Schaden verschlimmert (Bluter), denn der Schädiger kann nicht verlangen, so gestellt zu sein, als habe er einen Gesunden verletzt (§ 11 Rz 6). Eine anlagebedingte, durch den Unfall ausgelöste Krankheit ist dem Schädiger zuzurechnen (multiple Sklerose; Fra VersR **80** 564, BGHZ **107** 359 = NZV **89** 391 [Schlaganfall eines Hypertonikers] m Anm *Dunz* JR **90** 115, Mü VersR **91** 1391 [Aktivierung einer vorhandenen Zyste]), desgleichen der Ausbruch einer schon vorhandenen (auch seltenen) Krankheit infolge des Unfalls (Fra NJW **84** 1409). Ebenso liegt es beim **Hinzutreten neuer, schadensbeeinflussender Ursachen**, zB eines ärztlichen Kunstfehlers (BGHZ **3** 268, Mü VersR **05** 89, Ce NZV **05** 313, Ha NZV **95** 446), soweit nicht außergewöhnlicher Art (Ko NJW **08** 3006) beim Aufprallen weiterer Kfz auf ein durch Unfall stillstehendes (BGHZ **43** 178 = NJW **65** 1177, Ha NZV **94** 109) oder bei *eigenverantwortlichem fremdem Eingreifen*, das durch das Erstereignis veranlasst und keine ungewöhnliche Reaktion darstellt (BGHZ **57** 25 = NJW **71** 1980, **82** 572, DAR **88** 159, Kö VM **01** 21, Hb NJW **91** 849), zB bei Rettungsversuchen aus dem brennenden Kfz, bei vorsätzlich schädigendem Verhalten des Schwarzfahrers, dessen Fahrt der Halter (§ 7 III 1 StVG) oder Fahrer (§§ 823 II BGB, 14 II S 2 StVO) pflichtwidrig ermöglicht hat (BGH NJW **71** 459, Jn DAR **04** 144), oder bei selbsttätigem Verhalten eines Tiers (BGH DAR **88** 159). Dem Zerstörer eines Weidezauns ist es zuzurechnen, wenn sich ein Dritter entlaufendes Vieh aneignet (BGHZ VRS **56** 4, s auch **E** 110). Der Schädiger haftet für den Stromtod des zunächst nur am Kfz Geschädigten, der eine geknickte Laterne wegbiegt (Ha VersR **77** 261). Der Schädiger haftet auch für einen **Zweitunfall** oder dessen weitere (verstärkende) Schadensfolge, wenn sich der Erstunfall in relevantem Umfang auf den endgültig eingetretenen Schaden ausgewirkt hat (BGH NJW **04** 1945, s aber **E** 110): Ein durch Unfall nur leicht verletzter Mitfahrer wartet außerhalb der Fahrbahn und wird schwer verletzt, weil ein anderer FzF wegen der noch ungesicherten Unfallstelle von der Fahrbahn abkommt und ihn erfasst (Sa NZV **99** 510); der Führer eines FzGespanns, der durch verkehrswidriges Verhalten auf der AB Ladung verliert und dadurch ein Hindernis auf beiden Fahrspuren bildet, haftet für dadurch verursachten Auffahrunfall; Zurechnungszusammenhang wird nicht vollständig dadurch unterbrochen, dass der Lkw-Fahrer Absicherungsmaßnahmen trifft (Warnblinkanlage, Warndreieck), und auch nicht dadurch, dass den auf die Ladung auffahrenden Kf Mitverschulden trifft, er ohne FE gefahren ist

und auf Warnsignale des Lkw-Fahrers nicht reagiert hat (Ko NZV **06** 198); beim Versuch, den Schädiger festzustellen, wird der Verletzte durch ein anderes Kfz erneut verletzt (BGHZ **58** 162, VersR **77** 430, NJW **79** 544, VRS **56** 260); der Verletzte verunglückt wiederum, weil er den beim Erstunfall verletzten Arm bei Gefahr reflektorisch überbeansprucht (Kar VersR **79** 479); erneuter Bruch einer nach dem ersten Unfall verheilten Fraktur infolge der Vorschädigung (Ha VersR **95** 545); Verstärkung der noch nicht ausgeheilten Verletzungen des Erstunfalls durch den weiteren Unfall (BGH NJW **02** 504). Bei erneuter gleichartiger Verletzung ist entscheidend, ob die erste Verletzung beim Zweitunfall schon ausgeheilt war oder ob noch vorhandene Beschwerden durch den erneuten Unfall verstärkt wurden (BGH NJW **04** 1945, *G. Müller* AG-VerkRecht-F S 174). Führen mehrere Unfälle unabhängig voneinander zu einem Verletzungsschaden, so gilt bei Zweifeln über den jeweiligen Anteil am Gesamtschaden § 830 I 2 BGB (Ce VRS **100** 255 [HWS-Trauma]). Soweit allerdings der Folgeunfall dem Erstschädiger zuzurechnen ist, kommt § 830 I S 2 BGB nicht in Betracht (BGHZ **72** 355, NJW **79** 544). Sturz nach Radfahren als adäquate Spätfolge des früheren Unfalls (Mü VRS **55** 407). Hat der Schädiger bei dem Geschädigten vorwerfbar eine wenigstens im Ansatz billigenswerte Motivation zu **selbstgefährdendem Verhalten** hervorgerufen, so ist ihm dies zuzurechnen („Herausforderung"; BGHZ **63** 191, BGH VRS **56** 4, NZV **90** 425 m Anm *Lange*, BGH NJW **96** 1533, VersR **93** 843, **02** 773, Mü DAR **04** 150, Ha VersR **98** 1525, KG NZV **03** 483 [plötzlich auf die Fahrbahn tretender Fußgänger veranlasst Radf zu Notbremsung mit Unfallfolge], Kö VRS **98** 407 [Verlassen des Fz während der Fahrt durch den Beifahrer bei PolFlucht des FzF], Ba DAR **07** 82 [Anhalten wegen polizeilich verursachten „künstlichen Staus" bei Verfolgung eines Straftäters], Kö VM **01** 45 [Unfall eines PolB bei Verfolgung eines flüchtenden FzBeif], Sa NJW-RR **92** 47 [Verfolgung eines flüchtigen Kf durch Pol], Dü NZV **95** 280 [Unfall beim Versuch der Rettung eines durch eigenes Verschulden verunglückten Kf], *Strauch* VersR **92** 935, näher *Weber* Steffen-F S 513 ff, *Medicus* JuS **05** 289, *Gehrlein* VersR **98** 132). Anders aber, wenn sich in dem Schadenseintritt nicht eine gesteigerte Gefahrenlage ausgewirkt hat, für die der das Tätigwerden des Geschädigten Herausfordernde verantwortlich ist (BGH VersR **93** 843, NJW **96** 1533 m Anm *Teichmann* JZ **96** 1181, Mü DAR **04** 150, Nü NZV **96** 411 m Anm *Kunschert* NZV **96** 485). Zu Schockschäden von nicht unfallbeteiligten Zeugen (PolB) **E** 107. Keine Haftung auch für Schäden, die durch solche Risiken entstanden sind, denen sich der Herausgeforderte (zB der verfolgende PolB) in gänzlich unangemessener Weise ausgesetzt hat (BGH NJW **96** 1533). Daher keine Haftung für Schäden, die der durch beleidigendes Verhalten eines Überholenden zur Verfolgung herausgeforderte Kf bei einem Dritten verursacht (LG Kö NJW-RR **99** 463). Der Schädiger haftet auch für spätere Straffälligkeit des Geschädigten infolge einer unfallbedingten, durch Anlage mitbedingten Wesensänderung (BGH VRS **57** 170).

Der haftungsrechtliche **Zurechnungszusammenhang entfällt** jedoch, wenn sich das Schadensrisiko des ersten Schadensereignisses in einem weiteren Schadensereignis (zB Zweitunfall) nicht mehr verwirklicht, weil es schon völlig abgeklungen war und daher zwischen beiden Ereignissen **nur ein äußerlicher, zufälliger Zusammenhang** besteht (BGH NJW **03** 1116, **02** 504 m Anm *Müller*; NJW **02** 2842, NZV **04** 243, Mü VersR **05** 89, KG NZV **02** 41), ebenso dann (jedenfalls im Rahmen deliktischer Haftung), wenn der Verursacher des Zweitunfalls ausreichende, auf Grund des Erstunfalls getroffene Sicherungsmaßnahmen nicht beachtet (BGH NZV **04** 243, VersR **69** 895), ferner bei außergewöhnlicher, außerhalb der Erfahrung liegender, auf selbstständigem freiem Entschluss beruhender und auch nicht durch den haftungsbegründenden Vorgang herausgeforderter **Einwirkung eines Dritten oder des Verletzten** (RGZ **102** 231, BGHZ **3** 268, BGH NJW **71** 1980, NZV **90** 225, VersR **91** 1293, Kö DAR **01** 168, Sa VersR **88** 853, Dü VRS **76** 15, NZV **95** 20, Fra NJW-RR **91** 919, Kö NZV **92** 113), überhaupt immer dann, wenn das schädliche Verhalten bloßer äußerer Anlass für das Verhalten eines Dritten ist (BGH DAR **88** 159, NZV **97** 117, KG NZV **02** 41, Kö DAR **01** 168, Kar NZV **91** 269, Dü NZV **95** 20, *Büchler* MDR **97** 709) oder wenn der Schadenseintritt so stark durch das Verhalten des Geschädigten geprägt ist, dass der mittelbar geleistete Verursachungsbeitrag des Schädigers dahinter vollständig zurücktritt (Ha NZV **04** 403). Der Zurechnungszusammenhang kann aber auch dann entfallen, wenn eigenständiges (selbst unvorsätzliches) Verhalten eines Dritten das durch den Erstunfall entstandene Risiko als für den Zweitunfall gänzlich unbedeutend erscheinen lässt (BGH NZV **04** 243). Beispiele fehlenden Zurechnungszusammenhangs: Der nach dem Unfall bestellte Ersatzfahrer verunglückt später seinerseits; verbotenes Linksfahren veranlasst einen andern zu schädigendem Denkzettelfahren (Kö NJW **66** 111); der mit der Rückgabe des reparierten Fz an den Geschädigten vom Schädiger beauftragte Dritte beschädigt das Fz erneut auf unbefugter Spritztour (Dü NZV **95** 20); nach ordnungsmä-

Einleitung

ßiger, ausreichender Sicherung der Unfallstelle fährt ein Kf in ein wegen des Unfalls mit Warnblinklicht wartendes Fz (BGH NZV **04** 243 [er wäre ebenso in einen FzStau gefahren]); eine Beschädigung des nach einem VUnfall an der Unfallstelle landenden Rettungshubschraubers durch andere mit dem Hubschrauber kollidierende VT ist dem Verursacher des Erstunfalls nicht zuzurechnen (Kö NZV **07** 317); anders kann der Zurechnungszusammenhang bei noch nicht ausreichender Sicherung zu beurteilen sein (Ko NJW-RR **05** 970); auf das infolge Glätte auf den Standstreifen geratene Fz fährt ein ebenfalls wegen der Glätte schleuderndes anderes Fz auf (Bra ZfS **94** 197); wegen eines an der Unfallstelle anhaltenden Fz weicht der Nachfolgende aus und verunglückt dabei (keine Haftung des Verursachers des ersten Unfalls für den Zweitunfall; Kar NZV **91** 269); Diebstahl aus dem nach einem Unfall zurückgelassenen Fz, wenn zwischen dem Unfall und dem Diebstahl nur ein rein äußerlicher, zufälliger Zusammenhang besteht, insbesondere, wenn der Zugriff nicht durch Unfallschäden am Fz erleichtert wurde (KG NZV **02** 41, Mü VRS **59** 87); bei der unfallbedingten Anmietung eines MietFz schließt der Geschädigte auf Grund Fehlinformation durch den Vermieter eine zu geringe Unfallversicherung ab, die den Sachschaden aus Zweitunfall nicht abdeckt (Fra NZV **95** 354); der Geschädigte verdient nach unfallbedingtem Berufswechsel zunächst mehr als vor dem Unfall, gibt diese Stelle aber ohne unfallbedingten Grund auf eigenes Risiko mit der Folge einer Einkommenseinbuße auf (BGH VersR **91** 1293), anders aber bei Aufgabe des Arbeitsplatzes wegen unfallbedingter Beschwerden (Fra ZfS **02** 20); überhaupt Einbuße auf Grund dem persönlichen Lebensrisiko zuzurechnender, nicht durch den Unfall geprägter Entscheidungen (Mü VRS **87** 85). Die früher übliche Kennzeichnung solcher Fälle durch den Begriff der „Unterbrechung des Kausalzusammenhangs" ist nicht mehr gebräuchlich, weil es dabei nicht um Ursächlichkeit geht, sondern eben um haftungsrechtliche Zurechnung (BGH NJW **82** 573, Ha NZV **04** 403, Kö VM **01** 21). Mangels Zurechnungszusammenhangs keine deliktische Haftung des Unfallverursachers für Verletzungen eines Hilfe leistenden Dritten, es sei denn, die Hilfeleistung war mit einem erhöhten Risiko verbunden (Kö NJW-RR **90** 669, s BGH VersR **93** 843). Zu Schockschäden von nicht unfallbeteiligten Zeugen (PolB) **E** 107.

111   Im Einzelnen str. ist, inwieweit es zu berücksichtigen ist, wenn dieselbe Folge später aufgrund anderer Ursachen gewiss eingetreten wäre (**„überholende Kausalität"**, in Wirklichkeit ein Schadensbemessungsproblem, *Frank/Löffler* JuS **85** 689). Bereits vorhanden gewesene Schadensanlage, die mit Gewissheit nicht latent verharrt hätte, kann die Ersatzpflicht einschränken (BGHZ **20** 280, Ha DAR **00** 263) oder ausschließen (Ha MDR **02** 334). Wird der Schadenseintritt nur beschleunigt, so ist die Ersatzpflicht auf die sich aus dem früheren Eintritt ergebenden Nachteile beschränkt (Fra NJW **84** 1409 [um 1 Jahr früherer Ausbruch der Krankheitssymptomatik]; abl *Greger* § 7 Rz 194). Wäre der Schaden auch bei rechtmäßigem Verhalten des Schädigers entstanden, wird es idR am erforderlichen Rechtswidrigkeitszusammenhang (**E** 107) fehlen (*Palandt/Heinrichs* vor § 249 Rz 105).

112   **XVI. Rechtswidrigkeit und Rechtfertigungsgründe.** Rechtswidrig ist formell der Verstoß gegen rechtliche Handlungs- oder Unterlassungspflichten, der Sache nach sozialschädliches Verhalten durch Beeinträchtigung geschützter Rechtsgüter. Die Rechtswidrigkeit ist allgemeines Verbrechensmerkmal (BGHSt **2** 195): Rechtswidrig ist ein Verhalten, das einen gesetzlichen Tatbestand erfüllt, sofern Rechtfertigungsgründe fehlen. Tatbestandsmäßigkeit indiziert daher idR Rechtswidrigkeit (BGHZ **24** 24). Die Rechtswidrigkeit einer Schädigung eines VT entfällt nicht allein dadurch, dass dieser sich verkehrswidrig verhält (BGH NJW-RR **87** 1430 [verbotene Gehwegbenutzung mit Fahrrad]). Sie entfällt jedoch, wenn die im Tatbestand (**E** 77ff) beschriebene Unrechtstypisierung aus besonderen Gründen nicht zutrifft. Ein geschlossener Katalog von Rechtfertigungsgründen besteht nicht (BGHZ **24** 25, **27** 290, BGHSt **13** 197, **20** 342).

113   **Notwehr** (§ 32 StGB, § 15 OWiG, § 227 BGB) ist die zur Verteidigung (Abwehrwille) gegen einen gegenwärtigen, unprovozierten (str), rechtswidrigen, auch schuldlosen Angriff individuell erforderliche Abwehr des Angreifers (BGHSt **5** 245). Sie gewährleistet Selbstschutz und Rechtsbewährung. Verhältnismäßigkeit zwischen Angriff und Abwehr muss nur insoweit bestehen, als rechtsmissbräuchliche Verteidigung unterbleiben muss (BGHSt **3** 217, BGH NZV **08** 85). Keine Rechtfertigung durch Notwehr bei Exzess (BGH VRS **56** 190, Bay NJW **95** 2646). Notwehr ist erlaubt, nicht Pflicht, aber rechtmäßig, also nicht ow, gegen sie gibt es, außer bei Verteidigungsexzess, keine Gegennotwehr. Nothilfe ist im Rahmen des Abwehrwillens des Angegriffenen erlaubt (BGHSt **5** 248), nicht jedoch zugunsten der öffentlichen Ordnung (BGH NJW **75** 1161), zB obliegt der Schutz der StVO allein dem Staat (Dü VM **79** 63). Daher kein, uU sogar nötigendes, Belehren anderer wegen angeblicher oder wirklicher Fehler im Verkehr und insoweit auch kein privates Festnahmerecht (§ 127 StPO; hierzu § 24 StVG Rz 74; Ce VRS **25** 440, Ko OLGR **06** 759 [dazu § 21 StVO Rz 15]). *Zur Beweislast* bei Körperverletzungen, von denen einige durch Notwehr gerechtfertigt sind, andere nicht: BGH NZV **08** 85.

Bei belästigendem, behinderndem oder gefährdendem VVerhalten ist zu unterscheiden: Bloß fahrlässige, rasch vorübergehende Belästigungen oder Behinderungen sind als Nichtangriffe nicht notwehrfähig (Dü NJW **61** 1783), weil mehr oder weniger unvermeidbar. Anders bei andauernden Behinderungen, Gefährdungen oder Straftaten: Der vom Überholen andauernd vorsätzlich Geblendete, der nicht durch angepasstes Fahren ausweichen kann, darf den Täter stellen (*Baumann* NJW **61** 1745). Der rechtswidrig nach vorangegangener Verfolgung durch einen KfzF an der Weiterfahrt gehinderte VT darf gegen das ihn blockierende Fz fahren, auch wenn der Angreifer dadurch verletzt werden kann (Kar NJW **86** 1358). Gegen Blockieren der Weiterfahrt mittels fremden Fz, um zur Rede gestellt zu werden, darf sich der VT zur Wehr setzen (Bay NZV **93** 37; iErg zw, weil der Bedrohung mit Gaspistole nicht einmal der Aufforderung zur Wegfreigabe vorausging, abl daher *Händel* PVT **93** 17, *E. Jung* DAR **93** 280, krit *H. Jung* JuS **93** 427, zust *Dölling* JR **94** 113). Dagegen ist Öffnen der FzTür eines verkehrsbedingt wartenden Kf, um ihn zur Rede zu stellen, kein notwehrfähiger Angriff (Dü NJW **94** 1232). Den FzDieb darf man verfolgen und mit Gewalt stellen. Zur Notwehr in „Parklückenfällen" § 240 StGB Rz 27–31. Der Berechtigte darf die verweigerte Vorfahrt nicht erzwingen; der Fußgänger darf behinderndes Gehwegparken nicht durch Zerkratzen des Fz „ahnden", sondern muss ausweichen.

Die **Sachwehr** (§ 228 BGB) rechtfertigt die Beschädigung oder Zerstörung von Sachen, von welchen zumindest mittelbar (str) Gefahr droht, wenn die Gefahr nicht anders abgewehrt werden kann und der Abwehrschaden „nicht außer Verhältnis" zur Gefahr steht (objektiver Wertvergleich), bei Ersatzpflicht im Fall der durch den Handelnden verschuldeten Gefahr. So darf die Polizei bei Wasser- oder Brandkatastrophen die auf Durchfahrts- oder Rettungswegen behindernd geparkten Autos Schaulustiger entfernen, sofern es nicht anders geht, weil sie die Hilfe verzögern und die Gefahr dadurch vergrößern.

Der **Angriffsnotstand** (§ 904 BGB) erlaubt die erforderliche Einwirkung auf fremde Sachen zur Abwehr gegenwärtiger, nicht von der Sache ausgehender Gefahr, falls der Schaden im Verhältnis zum Einwirkungsschaden „unverhältnismäßig groß" wäre. Der Eigentümer oder Besitzdiener muss hierzu notwendige Eingriffe dulden (gegen Ersatzanspruch, außer er hat die Notstandsmaßnahme verschuldet; BGHZ **6** 102). Beispiel: bei einem Brand müssen schon vorher dort Parkende unvermeidliche Nebeneinwirkungen von Löschmaßnahmen auf ihre Fz hinnehmen, falls diese nicht entfernt werden können. Eine Sandladung darf im zwingenden Notfall gegen Glätte oder zur Brandlöschung auf der AB verwendet werden. Keine Haftung nach § 904 S 2 BGB, wenn ein Kf infolge höherer Gewalt (§ 7 II StVG) zur eigenen Rettung oder zur Abwendung der einem anderen drohenden Gefahr in einer Weise reagieren muss, die zu Sachschaden eines Unbeteiligten führt, wenn die Einwirkung auf das fremde Eigentum nicht bewusst erfolgte (s die zu § 7 II StVG aF [„unabwendbares Ereignis"] ergangene Rspr: BGH NJW **85** 490 m Anm *Dunz* VersR **85** 335, *Schlund* JR **85** 285, *Kremer* VersR **85** 1024, *Weber* DAR **85** 168, *Konzen* JZ **85** 181, LG Erfurt VersR **02** 554, LG Aachen NJW-RR **90** 1122, aM *Braun* NJW **98** 943).

Im **rechtfertigenden Notstand** handelt, wer Gefahr für Leben, Leib, Freiheit, Ehre, Eigentum oder ein anderes Rechtsgut von sich oder einem andern (Nothilfe) durch angemessene Mittel abwendet, sofern das geschützte Interesse wesentlich überwiegt (§ 34 StGB, § 16 OWiG). Voraussetzung ist gegenwärtige, auch nach den Umständen andauernde (BGH NJW **79** 2053), nicht anders abwendbare Rechtsgutgefährdung, Handeln zwecks Gefahrabwehr (Rettungswille) und die Anwendung des nach vernünftiger ad hoc-Beurteilung schonendsten, aber wirksamsten Mittels (Ko VRS **48** 74, Nau DAR **00** 131). § 16 OWiG rechtfertigt regelmäßig ein verkehrswidriges Verhalten nicht, wenn es mit großer Wahrscheinlichkeit zu Gefährdung oder Verletzung von Personen führt (Kö ZfS **88** 189, Bay NZV **91** 81, NJW **00** 888, Dü VRS **88** 454), wobei die Feststellung konkreter Gefahr nicht erforderlich ist (Bay NJW **00** 888). Rechtfertigung von Geschwindigkeitsüberschreitungen: § 3 StVO Rz 56. Rechtfertigender Notstand eines verkehrsbehindernd parkenden Schulbusf: Kö VRS **64** 298. Irrtum über Notstand: E 155–157. Irrtum über tatsächliche Umstände von Rechtfertigungsgründen schließt Vorsatz, jedoch nicht Fahrlässigkeit aus (Ha VRS **43** 289, DAR **96** 416, Ko VRS **73** 287). **Fahrlässig** herbeigeführter Notstand rechtfertigt zwar, soll aber nach Bay JR **79** 124, Ha VM **70** 86 uU Verurteilung wegen des Verhaltens erlauben, das der Notstandshandlung vorausgegangen ist und sie notwendig gemacht hat (Befahren unbefestigten Wegs mit zu schwerem Lkw, Zuschnellfahren bei Glätte), was vor

Einleitung

allem dann problematisch ist, wenn das vorausgegangene Handeln keinen Bußgeldtatbestand erfüllt (*Göhler-König* § 16 Rz 10).

118 Im dringenden Notfall (Unfall, akute schwere Erkrankung) darf ein **Arzt oder Heilkundiger** mit aller gebotenen Vorsicht schneller als erlaubt fahren (Schl VRS **30** 462, Dü VRS **30** 445, Ha VRS **44** 306), bei Rot durchfahren, wenn das niemand gefährden kann (Ha NJW **77** 1892), ebenso ein Krankenwagen- oder Taxifahrer (Dü NZV **96** 122, Ha NZV **96** 205) oder auf einer EinbahnStr in Gegenrichtung, jedoch nicht unter Gefährdung oder gar Schädigung anderer (Kar VRS **46** 275). Maßgebend ist das Bild, das sich der Arzt nach erster Information von der Gefahr und dann von den VVerhältnissen macht, nicht nachträgliche Beurteilung (*Kohlhaas* DAR **68** 232, *Schrader* DAR **95** 84). Bloße ärztliche Praxisfahrt rechtfertigt auch bei Überlastung keinen VVerstoß (einschr *Schrader* aaO). Kein gerechtfertigtes Zuschnellfahren, um Hilfe zu leisten, auf Grund nur vager Vorstellungen ohne jede Abwägungsmöglichkeit (Ha VRS **50** 464). Nur ganz geringer Zeitgewinn (1 Min) rechtfertigt nach KG VRS **53** 60 auch bei schwerem Herzanfall überschnelles Fahren auf belebter StadtAB nicht; das Urteil lässt freilich offen, welche Grenze es bei dichtem V ziehen will (*Schrader* DAR **95** 84). Weitere Rspr zur Frage der Rechtfertigung einer Überschreitung der zulässigen Höchstgeschwindigkeit durch Notstand § 3 StVO Rz 56. Ein weder zu Gefährdung noch zu Behinderung führender Parkverstoß, um ein Kleinkind austreten zu lassen, kann uU gerechtfertigt sein (Kö VM **88** 55). **Bei Pannen,** die die VSicherheit nicht unmittelbar gefährden, ist ein Notrecht zur Fahrt zur nächsten Werkstatt anerkannt (§ 23 StVO), uU auch ein solches zur Benutzung des ABSeitenstreifens. Wenden und Zurückfahren auf einer KraftfahrStr zwecks Bergung verlorener Brieftasche kann uU durch Notstand gerechtfertigt sein (Dü VM **91** 84 [i Erg. verneint], *Booß* VM **91** 85; s auch **E** 119). Bedenklich aufweichend Fra VM **78** 45, das bei AB-Baustellenfahrt mit vorgeschriebenen „60" bedrängendes Aufrücken des Hintermanns bereits als notstandsbegründend gelten lässt; träfe dies zu, wären die notwendigen Geschwindigkeitsbeschränkungen auf Baustellen illusorisch. Einem stark Angetrunkenen darf der Zündschlüssel weggenommen werden, um ihn am Fahren zu hindern (**E** 90).

119 Die **rechtfertigende Pflichtenkollision** ist dem rechtfertigenden Notstand verwandt, wobei die Abgrenzung schwierig und die Einstufung als Rechtfertigungs- oder Entschuldigungsgrund str ist. Rechtfertigende Pflichtenkollision liegt vor, wenn der Träger widerstreitender Pflichten die vorrangige auf Kosten einer anderen, straf- oder bußgeldbewehrten erfüllt, deren Verletzung er dann nicht vermeiden kann: bei Unfall mit Personenschaden geht Hilfe der Warn- (Sa VM **74** 70) oder Wartepflicht vor; der Hilfspflichtige übersieht über der Versorgung Verletzter die Gefahr weiterer Unfälle (Stu DAR **58** 222); bei Verlust von Ladegut auf der AB kann Wenden unter größter Vorsicht gerechtfertigt sein, auch Zurückstoßen (Kö DAR **56** 131); ebenso Wenden durch einen Falschfahrer („Geisterfahrer"; Kar VRS **65** 470 [das § 16 OWiG anwendet]), wobei die vorausgegangene rechtswidrige Herbeiführung der Notstandslage nicht schädlich ist (*Hruschka* JZ **84** 241); Zurückhinausrollen, wenn das PannenFz so am besten von der ABFahrbahn entfernt werden kann (Bay 2 St 645/71 OWi). Zum Ganzen auch *Ebner* SVR **06** 201.

120 **Sozialadäquates Verhalten** (**E** 81) im gesetzlichen Rahmen wird teils als rechtfertigend, teils als schon die Tatbestandsmäßigkeit ausschließend behandelt. Die Einzelheiten sind str (*S/S/Lenckner/Perron* vor §§ 13 ff Rz 69). Sozial übliches, allgemein gebilligtes Verhalten macht strafrechtlich nicht zum Garanten, weder unter Zechgenossen (BGHSt **25** 218) noch im StrV bei Beachtung aller Vorschriften (BGHSt **25** 218 [Hilfspflicht nach § 323 c StGB besteht fort]). Der Gastwirt schenkt Alkohol berufsmäßig aus, der private Gastgeber im gesellschaftlichen Rahmen; beide haften deshalb nur bei Hilflosigkeit des Gastes, nicht schon bei bloßer Angetrunkenheit (§§ 222, 229 StGB Rz 3 a). Str, ob vorschriftsmäßiges, aber schädigendes Verhalten rechtswidrig ist (Handlungsunrecht oder Erfolgsunrecht; *Palandt/Sprau* § 823 Rz 24, 33), ob zB gegen an sich verkehrsrichtiges, objektiv sorgfältiges, aber gefährdendes Verhalten Notwehr zulässig ist (abl *S/S/Lenckner/Perron* § 32 Rz 21, bejahend *Bockelmann/Volk,* AT S 90, s auch *Palandt/Sprau* § 823 Rz 24: Versagung der Notwehr unbefriedigend). Wer als Kf eine Person anspricht, um eine Auskunft zu erbitten, handelt sozialadäquat und haftet nicht für Schäden des Angesprochenen, der daraufhin unachtsam auf die Fahrbahn tritt (Dü VersR **90** 1403).

121 Ein **erlaubtes Risiko** geht ein, wer ein gefährdetes Rechtsgut retten will oder muss, aber mit einem möglicherweise weniger geeigneten Mittel, das den Rettungszweck unvorhersehbar verfehlt oder das Rechtsgut sogar weiter schädigt, zB der Helfer nach Unfall (§ 323 c StGB) bettet in bester Absicht den Verunglückten unrichtig. VTeilnahme ist bei verkehrsrichtigem Verhalten wegen der dem Kraftverkehr innewohnenden Allgemeingefahr ein solches erlaubtes Risiko

Einleitung

(BGHZ **24** 28, Schl 2 Ss 610/83 [Halten mit ordnungsgemäßer Beleuchtung im Nebel], *Küper Lackner*-F S 261, 272 f; s aber **E** 120, *Kindhäuser* GA **94** 197 [nicht das Erfolgsunrecht, aber den Fahrlässigkeitsvorwurf ausschließend]). Ein rechtfertigendes erlaubtes Risiko geht auch ein, wer in objektiver Notwehrlage bei einem Ausweichversuch fahrlässig ein Rechtsgut des Angreifers verletzt (Kar NJW **86** 1358 [Rammen eines die Weiterfahrt sperrenden Fz]).

Den Gesichtspunkt des **verkehrsrichtigen Verhaltens** (Ha VRS **47** 390, VersR **00** 507) **122** wird man jedoch auch als selbstständigen Erlaubnistatbestand anerkennen müssen. Das Prinzip folgt schon aus den in § 1 StVO normierten Grundregeln (dort Rz 9). Es schließt Verschuldenshaftung sowohl des Fahrers als auch des FzHalters aus (Ha VersR **00** 507). Auch formal regelwidriges Verhalten kann in diesem Sinne verkehrsrichtig sein; es muss überall dort erlaubt sein, wo vorrangige Regeln, zB die §§ 11, 36, 37 StVO dies fordern (rechtfertigende Pflichtenkollision, sozialadäquates Verhalten, **E** 119, 120). LichtZ, Zeichen und Weisungen der VPol sind ausnahmslos sinnvoll angepasst so zu befolgen, dass niemand beeinträchtigt wird. Die allgemeine Sorgfaltsregel geht den starren VRegeln, allen automatisierten Zeichen und den Weisungen vor: Durchfahren bei Ampelversagen (bei Grün und trotz Rot) nur mit äußerster Vorsicht und nach Verständigung. Zwar kann vorschriftsmäßiges Verhalten auch in Fällen, in denen unter dem Gesichtspunkt verkehrsrichtigen Verhaltens ein Abweichen gerechtfertigt wäre, regelmäßig nicht als Verstoß geahndet werden (Bay VRS **64** 57). Droht aber bei wörtlicher Regelbefolgung Gefahr, so besteht die Rechtspflicht zu rettender Abweichung, sofern sie sich verständigerweise aufdrängt und zumutbar ist (s auch § 1 Rz 9). Nicht „blindes" Rechtsfahren ist geboten, sondern angepasstes Fahren möglichst weit rechts unter Beachtung der Örtlichkeit, Fahrbahnbreite und -beschaffenheit, der FzArt, Ladung, des GegenV, parkender Fz, erlaubter Fahrgeschwindigkeit und der Sicht (Dü VRS **48** 134, Bay NZV **90** 122).

§ 11 StVO über den Vortrittverzicht bei besonderen Verkehrslagen prägt den allge- **123** meinen Grundsatz des verkehrsrichtigen Verhaltens näher aus: Massenverkehr kann nur fließen, wenn sich jeder flexibel auf ihn einstellt (Begr § 11 StVO Rz 1). Bei einer Stockung darf der an sich Berechtigte nicht in die Kreuzung (Einmündung) einfahren, wenn er dort blockierend warten müsste. Auch wer sonst Vortritt hätte, muss bei untypischer Lage darauf verzichten (ständige Vorsicht und gegenseitige Rücksicht, § 1 StVO). Bei Stauung mit einer an sich rechten Einmündung freigelassenen Lücke darf ein Rechtsabbieger uU die Schlange überholen und unter besonderer Sorgfalt durch die Lücke nach rechts abbiegen (Dü VRS **52** 210). Weitere Beispiele: § 11 StVO Rz 6.

Verkehrsregeln, mit Ausnahme der Grundregel stetiger Vorsicht und gegenseitiger Rück- **124** sicht, sind keine sozialethischen Gebote, sondern auswechselbare Typisierungen gebotenen Verhaltens unter typischen Umständen. Normgebot und Sachlage fallen umso häufiger auseinander, je mehr die Umstände wechseln und je mehr starre Automatisierungen sich häufen. VRegeln, VZ und LichtZ sollen den Verkehr lenken und sichern, ohne ihn mehr als sicherheitsbedingt zu behindern. Deshalb kann in seltenen Fällen angepasste, umsichtig-vorsichtige **Regelabweichung** erlaubt sein (str). **Beispiele:** kilometerlang gebotene übermäßige Geschwindigkeitsbeschränkung auf geräumter, leerer Baustelle bei verkehrssicherer Fahrbahn; Stehenlassen lediglich arbeitsbedingter VZ an Feiertagen ohne sachlichen Grund; Notwendigkeit angepasster Selbsthilfe bei unklaren oder unrichtig aufgestellten VZ, bei Ampelstörung, bei unrichtig oder gefährdend gezogenen Leitlinien. Dagegen ist Kurvenschneiden (BGH NJW **70** 2033) und Unterlassen der nach StVO gebotenen Fahrtrichtungsanzeige (Ce VRS **52** 219) auch bei vom FzF angenommener Verkehrsstille abzulehnen. Die Verbindlichkeit von Geboten allgemein von der *Zumutbarkeit* ihrer Beachtung im Einzelfall abhängig zu machen, wäre zu weitgehend und würde die Verkehrssicherheit gefährden (Kö VRS **69** 307).

Lit: *Fritz*, Rechtsnatur der VZ, Dissertation, Kiel 1966 S 167. *Jagusch*, Flexibilität und Starrheit in der neuen StVO ..., NJW **71** 1. *Derselbe*, Bemerkungen zum Kurvenschneiden, DAR **61** 234. *Neuhaus*, Präambel oder Ampel? JZ **69** 209. *Strauß*, VBehinderung durch Ampeln, DAR **72** 175.

Einwilligung, auch mutmaßliche (**E** 126), stellt nach hM einen Rechtfertigungsgrund dar. **125** Im Strafrecht ist der Frage der Einwilligung bei den (fahrlässigen) Erfolgsdelikten (§§ 222, 229 StGB) nach neuerer Rspr die Prüfung vorgelagert, ob ein Fall der *eigenverantwortlichen Selbstgefährdung* vorliegt, die schon den Tatbestand ausschließt (§§ 222, 229 Rz 22 f). Die Frage der Einwilligung wird hingegen nach der Rspr relevant in Fällen der *einverständlichen Fremdgefährdung*, bei der sich das Opfer den Wirkungen des gefährlichen Handelns eines anderen aussetzt und dieser die Tatherrschaft innehat (§§ 222, 229 StGB Rz 24 f). Zu den Voraussetzungen der *Wirksamkeit der Einwilligung*: §§ 222, 229 StGB Rz 25. Nach hM keine wirksame Einwilligung

Einleitung

beim Universalrechtsgut der Sicherheit des StrV (§ 1 StVO Rz 32a; § 315c StGB Rz 52). Zur zivilrechtlichen Beurteilung bei Mitfahrt mit Angetrunkenem § 16 StVG Rz 11.

126 **Mutmaßliche Einwilligung** liegt vor, wenn die Einwilligung nicht einholbar, bei objektiver, verständiger Beurteilung aber gewiss zu unterstellen war (BGHSt **16** 312), zB bei KfzBenutzung im Rahmen schon früher gegebenen und auch jetzt zweifelsfrei zu vermutenden Einverständnisses des Halters oder bei der Geschäftsführung ohne Auftrag (§§ 677 ff BGB), also bei Handlungen, die das fremde Interesse in subjektiv fremder Geschäftsführungsabsicht objektiv wahren (BGHZ **40** 30).

127 **Sonderrechte:** E 52.

127a Ein **Befehl** rechtfertigt verkehrsangepasstes Verhalten, wenn er rechtmäßig ist oder wenn der Vorgesetzte die tatsächlichen Voraussetzungen der Rechtmäßigkeit bei pflichtgemäßer Prüfung irrig angenommen und der Ausführende den Irrtum nicht gekannt hat (§ 11 II SG; s auch *Göhler-König* vor § 1 Rz 24).

128 Die **Erlaubnis** der befugten, zuständigen Behörde rechtfertigt Abweichen von VRegeln nach Maßgabe der §§ 46, 47 StVO oder von Bauvorschriften, §§ 70, 71 StVZO, im Umfang der Erlaubnis bei Beachtung etwaiger Auflagen (sonst ungerechtfertigt).

129 **XVII. Verantwortlichkeit.** Die Haftung aus unerlaubter Handlung (§§ 823, 826 BGB) und das Strafrecht setzen Schuld voraus (BVerfGE **20** 331, BGHSt **2** 194), das OWRecht Vorwerfbarkeit, wobei durch diesen Begriff zum Ausdruck gebracht werden soll, dass kein sozialethischer Schuldvorwurf (E 69) gemacht wird. S auch *Böcher* NZV **89** 209.

130 **Mehr als die volle individuelle Sinnesleistung** kann im V nicht verlangt werden: kein Vorwurf des Nichteinordnens, wenn erst eine Messung zeigen könnte, ob dafür überhaupt Platz war (Ha DAR **60** 241). Mehr als drei VZ zugleich lassen sich kaum richtig erfassen (*Undeutsch* DAR **66** 324). Ein Lokalexperiment mit bekannten Tatsachen erlaubt kaum den Schluss, ein Kf, der diese Tatsachen nicht kannte, habe den Verlauf seinerzeit erkennen müssen (*Hartmann* DAR **76** 328). Beim Bemühen um richtiges Fahren sind entschuldbare Fahrfehler (ungenaues Schätzen, Fehlreaktion, E 83ff) zugunsten zu werten (Bay VM **67** 17). Plötzliche Leistungsabbrüche: E 132. Schreckreaktion: § 1 StVO Rz 29, 30. Reflexbewegungen: E 131. Fahrtauglichkeitsmängel: §§ 23 StVO, 2, 11 ff FeV, 2, 3 StVG, E 132, 141, 141a.

131 **Reflexbewegungen**, auch komplexer Art (*Graßberger* Psychologie des Strafverfahrens 92; *Schewe*, Reflexbewegung, Handlung, Vorsatz, 1972), sind mangels willentlicher Steuerung keine Handlungen (E 86) und deshalb nicht vorwerfbar (BGH VersR **71** 909, Zw VersR **00** 884, Kar VRS **50** 196, KG VM **76** 51). ZB wird der Kf einem links seitlich plötzlich auftauchenden Hindernis automatisch ohne mögliche willentliche Steuerung nach rechts hin ausweichen (Ha VRS **67** 190, Fra VM **76** 59) und umgekehrt (Zw VersR **00** 884, Nau DAR **03** 175, Ha NZV **95** 357, **96** 410, **99** 469, Br VersR **99** 1035). Vorwerfbarkeit bei vorausgegangener Unaufmerksamkeit: E 86. Dagegen sind die eingeübten Automatismen im Auffassungs-, Bedienungs- und Fahrverhalten (erlernte Reaktionen) die raschesten willentlichen, bewusst gesteuerten Handlungen (E 84, 85).

132 **Plötzliche Leistungsabbrüche**, soweit weder nach ärztlicher Belehrung noch sonst voraussehbar (Pflicht zur Selbstbeobachtung, BGH VRS **46** 401, NJW **88** 909), sind nicht vorwerfbar. „Hustenschlag" als Entschuldigung (AG Bra DAR **73** 191; s *Deutsch* JZ **68** 104, *Horvath* ZVS **70** 85, *Harms* ZVS **86** 36).

133 **Vorsatz** ist wissentliches und willentliches Verhalten (BGHSt **19** 80, **10** 74), ohne Rücksicht auf Motiv, Absicht und genauen Verlauf. Die Vorschriften seines Berufskreises muss jeder kennen; vorsätzlich handelt, wer trotz Kenntnis verletzt (Ce VM **76** 40). Beim **bedingten Vorsatz** hält der Täter die Tatbestandserfüllung nur für möglich und nimmt sie billigend in Kauf (BGHSt **10** 74, BGHZ **7** 313, Ha NZV **01** 224), zumindest in der Form der Gleichgültigkeit. Dies soll nach Ce NZV **01** 354 schon dann gegeben sein, wenn ein Rotlichtverstoß auf Ablenkung durch Telefonieren ohne Freisprechanlage beruht (zu Recht krit Wrage NZV **02** 156).

134 **Gesamtvorsatz** scheidet im bewegten wie ruhenden V meist aus. Er müsste schon vor Beendigung des ersten Teilakts sämtliche weiteren hinsichtlich des Rechtsguts, seines Trägers und nach Ort, Zeit und ungefährer Ausführungsart umfassen (BGH GA **74** 307, Dü VRS **74** 180, **85** 474), was nicht der Lebenserfahrung entspricht (Bay VkBl **68** 671, Ha NJW **72** 1060). Dieselbe Fahrt vereinigt deshalb idR nicht mehrere aufeinander folgende Verstöße, auch gleichartige nicht (Bay VM **76** 26, Dü VRS **94** 465, zur TE, Ha VRS **46** 338, 370, **47** 193, *Mürbe* AnwBl **89** 641). Dies hat nach der **faktischen Aufgabe der fortgesetzten Handlung** durch BGHSt **40** 138 = NJW **94** 1663 (*Göhler-König* vor § 19 Rz 11 ff) umso mehr zu gelten, wonach bei Serientaten

Einleitung

weder Praktikabilitätsgründe noch Prozessökonomie oder das Argument einer „natürlichen", lebensnahen Betrachtung noch die Verbindung mehrerer Tatbestandsverwirklichungen durch den verfolgten Endzweck oder den übereinstimmenden Beweggrund zur Annahme einer fortgesetzten Handlung ausreichen, ebenso wenig ein Zusammenhang durch Ausnutzung gleich bleibender Rahmenbedingungen. Ahndung wegen fortgesetzter Tat setzt vielmehr voraus, dass dies zur sachgerechten Erfassung des durch die mehreren Tatbestandsverwirklichungen begangenen Unrechts und der Schuld *unumgänglich* ist (BGH NJW 94 2368). Bei den StrVDelikten (einschließlich den VOW, s aber *Geppert* NStZ 96 119) wird es daran in aller Regel fehlen (*Tolksdorf* DAR 95 183). Die Entwicklung nach dem Beschluss des Großen Senats zeigt, dass die Rechtsfigur der fortgesetzten Handlung faktisch nicht mehr existiert (*Göhler-König* vor § 19 Rz 12, Hamm NJW 94 1637, AG Sigmaringen DAR 95 33). Jedoch kommt bei nur kurz unterbrochenen Geschwindigkeitsüberschreitungen uU DauerOW in Betracht (§ 3 StVO Rz 56a, s auch § 24 StVG Rz 58), in Ausnahmefällen natürliche Handlungseinheit (§ 24 StVG Rz 58).

Bei der **Fahrlässigkeit** (Strafrecht: E 138, Zivilrecht: E 139) kann der Täter die Erfüllung des **135** Tatbestands, namentlich den Erfolg voraussehen und vermeiden (Ba VersR 92 1531). Er lässt aber die nach den Umständen und eigenen Fähigkeiten mögliche Sorgfalt außer Acht (unbewusste Fahrlässigkeit; BGHSt 10 369, Dü VM 93 23) und bewirkt hierdurch eine (im Schutzbereich der Norm liegende, E 100) Rechtsgutsgefährdung oder -verletzung, oder er hält die Tatbestandsverwirklichung zwar für möglich, kennt also sein pflichtwidriges Verhalten, ist mit ihr aber nicht einverstanden und vertraut ernsthaft, nicht nur vage auf deren Nichteintritt (bewusste Fahrlässigkeit; BGHSt 7 369, VRS 55 126, KG DAR 06 158, zumindest missverständlich Ha NZV 01 224, hierzu *Göhler-König* § 10 Rz 5). Maßgebend für Tatsachenkenntnis und Haltung des Täters ist der Zeitpunkt des pflichtwidrigen Verhaltens (BGHSt 5 368), nicht späteres Wissen; auch braucht er nur das mögliche Endergebnis vorauszusehen, nicht den genauen Verlauf (Ce VM 57 71, Ha VRS 51 101, Stu VRS 69 441). Vorsatz und Leichtfertigkeit schließen einander aus (BGH DAR 76 87). Fahrlässigkeit ist nicht minderer Vorsatz, beide Formen unterscheiden sich psychologisch (BGHSt 4 341, 343). Unbeweisbarer Vorsatz beweist deshalb nicht Fahrlässigkeit, es sei denn, eine der beiden Formen stehe fest, ungewiss bleibe nur, welche (BGHSt 17 210). Nur dann ist Fahrlässigkeit „Auffangtatbestand". I Ü geschieht keineswegs jeder VUnfall schuldhaft (BGH Betr 70 925, *Spiegel* DAR 68 288). Ein theoretisch vermeidbarer Erfolg rechtfertigt allein nicht den Schluss auf Pflichtverletzung (Bay NZV 93 121).

Sozialadäquate Gefährdungen, zB als Folge des KfzBetriebs allgemein, scheiden für den **136** Fahrlässigkeitsbegriff aus, denn sozialadäquates, regelgemäßes Verhalten rechtfertigt (str, E 120). Nur was hinter sachgemäßem, regelgemäßem oder verkehrsrichtigem (E 122–124) Verhalten zurückbleibt, kommt als fahrlässig in Betracht. Kraft des **Vertrauensgrundsatzes** darf jeder, der sich verkehrsrichtig verhält, mangels erkennbarer Gegenanzeichen oder erfahrungsgemäß häufiger typischer Verstöße mit fremdem verkehrsrichtigem Verhalten rechnen und sich darauf einstellen (§ 1 StVO Rz 20), auch der mit hoher Geschwindigkeit Fahrende (Kar VRS 74 166), nicht aber ohne Einschränkung bei Alten, Gebrechlichen und bei Kindern, bei denen mit Unverständnis für die VGefahren zu rechnen ist (§ 25 StVO Rz 26ff). Auch wer höchste Sorgfalt zu beobachten hat (E 150), darf in gewissem Umfang auf verkehrsrichtiges Verhalten anderer VT vertrauen und braucht nicht mit groben, atypischen Verstößen zu rechnen (§ 1 StVO Rz 24). Vertrauensgrundsatz gegenüber Kindern: § 1 StVO Rz 24, § 25 StVO Rz 27. Vertrauensgrundsatz bei §§ 222, 229 StGB: dort Rz 4, 9.

Die **Vorhersehbarkeit** iS fahrlässiger Verursachung muss sich nicht auf den konkreten Scha- **137** den des tatsächlich Geschädigten erstrecken; vielmehr genügt es, wenn es für den Schädiger voraussehbar war, dass sein Verhalten irgendeinen Schaden der eingetretenen Art verursachen konnte, zB die Verletzung oder Tötung irgendeiner Person (BGH VersR 02 773, im Einzelnen §§ 222, 229 StGB Rz 11 ff). **Nicht voraussehbar** (s auch E 140) sind nur ganz ungewöhnliche Kausalverläufe bzw Folgen (BGH LM § 276 BGB Cd Nr 1), solche völlig außerhalb der Erfahrung (BGHSt 17 226, Ko VRS 55 423), so dass sie auch bei aller gebotenen Sorgfalt nicht bedacht werden müssen (BGHSt 12 78, Ha VRS 51 101, Kar NZV 90 199), also nicht schon an sich seltene oder nach der Erfahrung des Handelnden mögliche (Hb VM 57 71). Zu den Einzelheiten §§ 222, 229 StGB Rz 13.

Der strafrechtliche Fahrlässigkeitsmaßstab fordert die nach den Umständen objektiv ge- **138** botene und nach den persönlichen Kenntnissen und Fähigkeiten zumutbare Sorgfalt (§§ 222, 229 StGB Rz 5ff, 27f).

Im Zivilrecht ist die im Verkehr erforderliche Sorgfalt maßgebend (§ 276 BGB; BGHZ 8 **139** 141, NJW 88 909, Kar NJW 05 2318, KG DAR 77 70), eine objektiv-typisierte Sorgfalt

Einleitung

(BGHZ **24** 27, NJW **88** 909, Ha NZV **98** 328), nicht eine uU missbräuchlich übliche geringere; diejenige Sorgfalt, die gewissenhafte VT in ihrer jeweiligen Rolle anzuwenden pflegen (BGH NJW **72** 151), abgestuft nicht individuell (BGH VersR **76** 168, Ha NZV **98** 328), sondern nur gemäß den unterschiedlichen VAnforderungen an bestimmte Menschen- oder Berufsgruppen (BGHZ **31** 358 [Lehrling], NJW **70** 1038 [Jugendlicher], **88** 909 [ältere Kf]), oder speziell Sachkundiger, sonst aber prinzipiell unabhängig von persönlichen Fähigkeiten des Beteiligten (BGHZ **46** 313 [zu § 708 BGB], **61** 101 [zu § 1359 BGB], **68** 217, NJW **77** 1238). Auch hier zwingen geringere persönliche Fähigkeiten bei freiwillig gewähltem Verhalten zu ausgleichender Vorsicht, wenn Haftung vermieden werden soll (*Deutsch* JZ **68** 104), abgesehen wiederum lediglich von plötzlichem, unvorhersehbarem Leistungsabfall (**E** 132). Bei Prüfung einer Mitschuld pflegen individuellere Maßstäbe angewendet zu werden.

140 **Einzelheiten:** An die – bereits vor Fahrtantritt bestehende (**E** 141) – Sorgfaltspflicht eines Kf sind im Hinblick auf die mit dem KfzVerkehr verbundenen Gefahren hohe Anforderungen zu stellen (BGH NJW **88** 909, §§ 222, 229 StGB Rz 4 ff). Wer wichtige VRegeln negiert, muss mit schädlichen Folgen rechnen (BGHSt **4** 185, Zw Betr **74** 2248). Wer innerorts zu schnell fährt, muss mit einem Unfall rechnen (Ko VRS **55** 423), desgleichen idR, wer außerorts die durch VZ angeordnete Begrenzung auf 50 km/h missachtet (Kar NZV **90** 199). Anderseits darf das StVR nur Forderungen stellen, die der VT in der jeweiligen Rolle, der Kf also am Steuer, verständigerweise erfüllen kann, nicht solche, die die Leistungsfähigkeit der Sinne überschreiten (**E** 130). Das Problem der bei der heutigen VDichte mitunter unvermeidbaren Fehlleistungen wird noch nicht ausreichend beachtet (Bay VM **70** 51 [Überholweg], BGH Betr **70** 925 [Unvermeidbarkeit], *Bockelmann* k + v **67** 80, *Spiegel* DAR **68** 288, *Weigend, Miyazawa*-F 550). Regelundeutlichkeit: **E** 142. Die meisten VRegeln wollen und können nur bestimmten Gefahren begegnen (Schutzbereich). Deshalb zeigt ein Verstoß gegen sie nur Vorhersehbarkeit derjenigen Gefahr an, gegen die sie schützen wollen (BGH VersR **75** 39, Ha VersR **60** 38, VRS **43** 426). Beim Bemühen um richtiges Fahren sind entschuldbare Fahrfehler (ungenaues Schätzen, Fehlreaktionen) zugunsten zu werten (Bay VM **67** 17). Objektiv fehlerhaftes Verhalten eines Kf in einer plötzlichen unverschuldeten Gefahrenlage rechtfertigt nicht ohne Weiteres den Vorwurf fahrlässigen Verhaltens (§§ 222, 299 StGB Rz 28, Kar VRS **74** 86). Der Grundsatz besonders rücksichtsvollen ("defensiven") Fahrens fordert jenseits gesetzlicher Pflichten äußerste Sorgfalt und kann deshalb kein Fahrlässigkeitsmaßstab sein (§ 1 StVO Rz 25), wohl aber bei unklarer Lage der Grundsatz des risikoärmsten Verhaltens gemäß der strengsten einschlägigen Vorschrift (Sa VRS **47** 472).

141 **Fahrfähigkeit** und VUmstände ändern sich ständig und auch im Verhältnis zueinander, ständige angepasste Wechselwirkung ist deshalb Rechtspflicht. ZB bedingt die individuelle Sichtweite die Fahrgeschwindigkeit, die retinale Anpassung des Auges bei Dämmerung oder Lichtwechsel die Fahrweise. Bereits vor Fahrtantritt hat der Kf sorgfältig zu prüfen, ob er körperlich, geistig und psychisch den Anforderungen des StrV genügen kann (§§ 222, 299 StGB Rz 6, BGH NJW **88** 909, Bay NJW **96** 2045, LG Erfurt ZfS **01** 447). Ein Erfahrungssatz des Inhalts, ein Kf sei stets zu einer die eigene Fahruntüchtigkeit offenbarenden kritischen Selbstprüfung in der Lage, besteht allerdings nicht (§§ 222, 299 StGB Rz 28). Altersfragen: § 2 StVG Rz 9, § 3 StVG Rz 6, §§ 222, 299 StGB Rz 6. Seine Sehfähigkeit und Sehbehinderungen kennt jeder Kf, wenn auch nicht deren medizinische Ursachen (BGH JZ **68** 103; s aber **E** 132). Einzelheiten: **E** 130–132, § 3 StVO Rz 41, 42, § 23 StVO Rz 12, § 31 StVZO Rz 10, §§ 222, 229, §§ 315 c, 316 StGB.

141a Die **Fahrerlaubnis** (§ 2 StVG) bestätigt nur die prinzipielle Fahreignung im Rahmen der Fahrerpflichten (§ 23 StVO). Bereits während der Ausbildung kommt je nach Umständen und Ausbildungsgrad Mitschuld des Fahrschülers in Betracht (BGH NJW **69** 2197). **Der FE-Neuling** muss stets selbstkritisch angepasst fahren, weil ihm die Erfahrung noch fehlt (BGHZ VRS **5** 133, 609, Kö VersR **66** 530) und damit auch die Leistungsreserve für schwierigere VVorgänge. Er darf sich keine Fahrt zutrauen, die er vermutlich nicht bewältigen kann (Dauerfahrt durch halb Europa unmittelbar nach erteilter FE, Kar VRS **50** 280). Seine Fahrgeschwindigkeit muss der Leistungsfähigkeit und FzBeherrschung entsprechen (BGH VersR **66** 1156), zu schwierige Fahrten muss er unterlassen (Ha VRS **25** 455), denn auch relative, aufgabenbezogene Untüchtigkeit macht trotz FE "ungeeignet" iS von § 31 I StVZO. Nach langer Fahrpause kann ein FE-Inhaber einem Neuling gleichstehen. Nicht vertrautes Kfz und Bedienungsfehler: **E** 143.

142 Die geforderte **Regelkenntnis** entspricht der Rolle als VT. Die wesentlichen Regeln seiner VArt und die des FahrV muss jeder im Grundzug kennen (Dü NZV **92** 40; Literaturkenntnis aber nicht erforderlich), auch Änderungen (BGH VersR **69** 832), ebenso die einschlägigen VZ, auch der Fußgänger, damit er den Fahrverkehr besser abschätzen kann. Fehlende Regelkenntnis

Einleitung

ist insoweit vorwerfbar (BGH LM § 276 BGB Cg 3, 7, Bay NJW **03** 2253). Zur Fahrlässigkeit in Bezug auf vorhandene VZ § 41 StVO Rz 249. Im Zweifel ist Vorsicht und Zurückstehen (Verständigung) geboten. Bei Regeländerung und -differenzierung, besonders durch die Rspr, wird uU Toleranz (unvermeidbarer Verbotsirrtum) bis zum allgemeinen Bekanntsein in Betracht kommen (**E** 156, 157). Maßgabe ist, ob der oft nötige rasche Entschluss verständigerweise richtig getroffen werden konnte. Erfordert spätere gerichtliche Prüfung geraume Zeit, Materialsuche, strittige Abstimmung oder umfangreiche Begründung, so spricht dies für Nichtvorwerfbarkeit. Beispiel: Bay VM **72** 21 (welcher Fußgängerüberweg liegt noch „an" der Kreuzung?). Auf die in einer obergerichtlichen Entscheidung vertretene Rechtsauffassung wird der VT regelmäßig vertrauen dürfen (einschr Dü NZV **92** 40). Werden VRegeln auch von Fachkundigen unterschiedlich beurteilt, so wird Irrtum oft unvermeidbar sein (BGH DAR **66** 24), ebenso bei unterschiedlichen Gerichtsurteilen vor obergerichtlicher Klärung (*Rüping/Kopp* DAR **99** 400). uU auch bei erstrichterlicher Erkenntnis (s auch § 24 StVG Rz 35). Die gerichtliche Neigung zur Vernachlässigung der inneren Tatseite (*Rüping/Kopp* DAR **99** 400), ist im Zivilrecht eher hinnehmbar, weil sie dort die materiellen Unfallfolgen überwiegend auf die Versichertengesamtheit abwälzt, im Straf- und OWR kann sie mit dem Schuldprinzip (**E** 129) kollidieren.

Lit: *Mayer-Maly*, Rechtskenntnis als Pflicht des VT?, ZfVR **69** 253. *Rüping/Kopp*, Schuld und Strafe im VRecht, DAR **99** 399. *Wimmer*, Die Pflicht des Kf zu verkehrsrechtlichem Wissen, DAR **64** 206.

Bedienungsfehler entschuldigen nicht (Ol NRpfl **92** 48), zB nicht Abgleiten des Fußes **143** vom Brems- oder Kupplungspedal, Verwechslung von Gaspedal und Fußbremse (Dü DAR **54** 87), nicht Zurückrollen beim Anfahren am Berg, blockierendes Bremsen, scharfes Einschlagen der Lenkung bei hoher Fahrgeschwindigkeit, Nichtbeachtung des toten Winkels im Rückspiegel, den jeder Kf kennen und durch Beobachten ausgleichen muss (Ha VkBl **66** 85, VRS **32** 146). Der Fahranfänger (**E** 141a) darf nur bis zur Grenze der ihm möglichen Beherrschung gehen, ohne Selbstüberschätzung, besonders mit technisch unvertrauten Fz darf er nur angepasst fahren (Hb VM **65** 5), zB soweit überhaupt erlaubt (§ 17 VI FeV, Verstoß: § 21 StVG), beim Übergang von Fz mit automatischer Kraftübertragung zu solchen mit Schaltgetriebe. Mit der **FzBeschaffenheit** (Ausmaße, technische Beschaffenheit) muss sich der FzF vor Fahrtantritt vertraut machen und ihr während der Fahrt Rechnung tragen (Kar DAR **04** 394, NZV **04** 532 [jeweils FzHöhe]). Sehr lange Fahrpausen können den FEInhaber einem Neuling praktisch gleichsetzen (**E** 141a), weil ihm dann Fz wie VVerhältnisse unvertraut sind. LkwFahren mit FE Kl C nach jahrzehntelanger Pause kann grobfahrlässig sein (BAG VersR **74** 137). Fahrfähigkeit: **E** 130–132, 141, 141a, § 2 FeV Rz 3ff.

Fehlreaktion. Rasches und zweckmäßiges Verhalten ist auch bei unvorhergesehenen Vor- **144** gängen Rechtspflicht, mit der die individuelle Reaktion regelnden, unterschiedlichen und nur teilweise beeinflussbaren Reaktions- und Schreckzeit (**E** 86, § 1 StVO Rz 27, 30). Überdurchschnittliche Schreckhaftigkeit ist durch besondere Vorsicht auszugleichen oder bewirkt überhaupt Fahruntüchtigkeit (Ha VRS **17** 440). Fehlreaktionen in Schreck oder Verwirrung in plötzlicher, unvorhersehbarer, unverschuldeter Gefahr sind nicht vorwerfbar (BGH VersR **71** 910, Nau DAR **03** 175, Kar VRS **51** 433, **50** 280, VersR **87** 692, KG VersR **78** 744, VM **95** 38, Ko VersR **96** 1427, Fra VersR **81** 737, Stu NJW **66** 745, krit *Bockelmann*, Sa DAR **84** 149 [Ausbiegen zur unrichtigen Seite hin, s auch **E** 131], BGH MDR **68** 572, VRS **73** 102, 105, Dü VersR **87** 909, NZV **06** 415, Ol ZfS **88** 1 [Ablösung der Reifenlauffläche], Nü VRS **76** 260, Ha NZV **96** 410 [Lenkbewegung nach links wie rechts in die Fahrbahn laufenden Rehen: **E** 131], Ha NZV **99** 469, Nau DAR **03** 175). Jedoch ist eine abrupte Richtungsänderung wegen eines Kleintiers (Hase) bei hoher Geschwindigkeit idR vorwerfbar (BGH NZV **97** 176). Unvorhersehbares Bremsversagen kann auch erfahrene Kf bestürzen (Fra VRS **41** 37).

Eigene Regelverstöße beim Unfallverlauf, zB Verstoß gegen ein Gefährdungsverbot, be- **145** weisen nicht schlechthin eine ursächliche Sorgfaltsverletzung (BGHSt **12** 78), aber bei typischem, in der verletzten Regel vorausgesetztem Verlauf: Linksfahren vor einer Kuppe führt zur Kollision mit einem entgegenkommenden Fz auf der StrMitte. Ein Indiz für Voraussehbarkeit ist es, wenn diejenige Gefährdung, derjenige Unfallverlauf oder Schaden eintritt, den die Regel verhüten will (BGHSt **4** 185), anders bei gänzlich atypischem Verlauf.

Auf **Einweiser** (Helfer) bei FzBewegungen darf sich der Kf nur mangels eigener Beobach- **146** tungsmöglichkeit dann verlassen, wenn er deren Zuverlässigkeit kennt (Br VM **65** 7, Kö VRS **12** 298). Zur deliktischen Mithaftung des Beifahrer-Warnpostens Sa VM **78** 52, KG VM **96** 21. Wer **aus Rücksichtnahme zurücksteht**, muss dies mit umsichtiger, andere nicht

Einleitung

gefährdender Sorgfalt tun, wird jedoch idR auch auf sorgfältiges Verhalten dessen vertrauen dürfen, dem er den Vortritt lässt. Wer auf Vorrang verzichtet, übernimmt idR keine Verantwortung für gefahrlose Inanspruchnahme des dadurch dem anderen VT eingeräumten Vortritts (AG Dr NZV **04** 576, s § 8 StVO Rz 31), anders uU gegenüber Kindern (Dü VersR **86** 471). Rücksichtnahme darf nicht zu Gefährdung oder gewichtigerer Behinderung anderer führen.

147 **Zeitlich begrenzt** ist die Verantwortlichkeit für Unfallfolgen nicht. Der Schuldige haftet zB nach einem ABUnfall mangels ausreichender Sicherung auch für Auffahrunfälle (BGH LM § 276 BGB Cg 8), solange der anormale Zustand dauert (Kö VRS **45** 182). Dies ist jedoch ein Kausalitätsproblem (**E** 97 ff, 103).

148 **Fremde Mitschuld**, ausgenommen ganz geringe, erhöht die Gefahr oder beeinflusst den Unfall und dessen Folgen und mindert den Schuldvorwurf (§ 24 StVG Rz 49), uU auch schon deren Möglichkeit (BGH VRS **35** 304, 428, **25** 266), ebenso behördliche Mitschuld (Mitursächlichkeit; BGH VRS **26** 253 [Aufstellung unrichtiger VZ, gefährdende Leitlinie, unüberblickbarer Fußgängerüberweg], Bay VRS **26** 58, Stu VRS **26** 68, Kö VRS **34** 232, VM **75** 7).

149 **Grobe Fahrlässigkeit** ist maßgebend zB im Rahmen der §§ 254, 277, 680 BGB, § 61 VVG alt bzw. § 81 II VVG 08, uU bei der Abwägung nach § 17 StVG. Sie ist nach allen objektiven und subjektiven (BGH NZV **05** 457, insoweit abl *Müller* VersR **85** 1103, 1105 f) Umständen eine besonders schwere Verletzung der erforderlichen Sorgfalt, Nichtbeachtung allgemein einleuchtender Umstände und ganz nahe liegender Überlegungen (BGH NZV **97** 176, VersR **03** 364, BAG NVersZ **00** 136, Hb DAR **05** 86, Kar VersR **04** 776, Ko NZV **04** 255, Kö NZV **03** 138, Dü NJW-RR **06** 319, Zw VersR **00** 884, Ha VersR **02** 603, Brn VRS **105** 187, Nü DAR **00** 572, Mü NZV **02** 562), zumeist verbunden mit dem Bewusstsein der Gefährlichkeit (Brn VRS **105** 187, Kö ZfS **86** 278, Kar ZfS **90** 134). Grobe Fahrlässigkeit liegt nur vor, wenn das vorwerfbare Fehlverhalten über bloße Fahrlässigkeit weit hinausgeht (KG DAR **01** 211, Kar NZV **88** 185). Unter den subjektiven Faktoren sind auch Alter, Beruf und Lebenserfahrung zu berücksichtigen (Hb DAR **80** 275, Ha NZV **90** 473). Die Einzelheiten sind Tatfrage, daher keine Revisibilität, wenn diese Rechtsgrundsätze und die mitwirkenden Umstände berücksichtigt sind (BGH VRS **65** 347, NJW **85** 2648). **Im StrV** führt ein schlechthin unentschuldbares, grob verkehrswidriges Verhalten zum Vorwurf grober Fahrlässigkeit (BGH NZV **96** 272, Kö NZV **03** 138, ZfS **03** 132, 553, Ha VersR **90** 43). Gelegentliche Fehler im dichten V sind so häufig und oft unvermeidbar, dass sie für sich allein nicht grobfahrlässig sein müssen (Dü VersR **66** 529 [hierzu § 37 StVO Rz 62], Ha VersR **88** 1260, **90** 43). Entsprechendes gilt für Schreckreaktionen (Ha VersR **94** 42) oder Fahrfehler, die auf mangelnder Vertrautheit mit dem Fz beruhen (Dü ZfS **04** 414; s aber **E** 143). Ein sog **Augenblicksversagen** schließt grobe Fahrlässigkeit für sich allein nicht ohne Weiteres aus (BGHZ **119** 147 = NZV **92** 402, VersR **03** 364, Kar VersR **04** 776, Ro ZfS **03** 356, Dü ZfS **04** 414, **02** 438, Kö NZV **03** 138, Ko NZV **04** 255, Ha VersR **02** 603, *Römer* NVersR **01** 539, aM [jedenfalls im Rahmen des § 61 VVG alt] Fra r + s **01** 313). Jedoch kann bei Hinzutreten weiterer, in der Person des Handelnden liegender Umstände grobe Fahrlässigkeit zu verneinen sein bei Fehlern, die auf einem Augenblicksversagen beruhen, zB Vergessen eines Handgriffs in einem zur Routine gewordenen Handlungsablauf (BGH NJW **89** 1354, MDR **89** 801, Ha NVersR **00** 334, Mü NJW-RR **92** 538, Fra MDR **98** 43, *Haberstroh* VersR **98** 946). Voraussetzung ist dabei aber das Vorhandensein besonderer individueller Umstände, die das momentane Versagen in einem milderen Licht erscheinen lassen (BGH NZV **92** 402, Ro ZfS **03** 356, Dü ZfS **04** 414, **02** 438, Ko DAR **01** 168, Kö NZV **03** 138 [dort auch zur Beweislast]). **Grobe Fehlleistungen aber:** Wegsehen von der Fahrbahn während der Fahrt, um eine Zigarette, Kaugummi usw aufzuheben (s § 3 StVO Rz 67); Fahren trotz alkoholbedingter, deutlich bemerkbarer Fahrunsicherheit; Verlassen des Kfz ohne vorgeschriebene Sicherung; Ablehnung des Fuhrunternehmers trotz Gegenvorstellung des Fahrers, statt Reparatur unsicherer Bremsen Anweisung zum Überladen (BGH LM § 61 VVG 4). Wegen des besonderen Subjektivitätsgehalts der groben Fahrlässigkeit **kein Anscheinsbeweis** über bloße Fahrlässigkeit hinaus (**E** 157 a). Jedoch können Schlüsse aus dem äußeren Verhalten auf innere Vorgänge und Vorstellungen gerechtfertigt sein (BGH VersR **84** 480, NZV **97** 176, BAG NVersZ **00** 136, Kar NJW-RR **04** 389, Brn VRS **105** 187, Ro ZfS **03** 356, Ko VRS **101** 36, Kö ZfS **04** 523, Nü DAR **00** 572, Kar VersR **04** 776, Ha NZV **95** 452) und besonders schwerwiegende Pflichtverletzungen den Schluss auf subjektiv beträchtliches Verschulden nahelegen (BGH ZfS **89** 15, NZV **92** 402, Dü NJW-RR **06** 319, Kö NVersZ **02** 225, Ha NZV **93** 480, einschr mit beachtlichen Gründen Fra VersR **01** 1276 [abl insoweit *Römer* NVersR **01** 539]; krit in Bezug auf Tendenzen der neueren Rspr zu extensiver Annahme grober Fahrlässigkeit in der Kaskoversicherung *Haberstroh* VersR **98** 943). **Leichtfertigkeit** entspricht grober Fahrlässigkeit (BGHSt **14** 255, Ko VRS **50** 198). Versuche zur Konkretisierung der Grundformel bei *Röhl* JZ **74** 521.

Äußerste Sorgfalt fordert die StVO in einigen Fällen der § 2 III a (gefährliche Güter), § 3 **150** II a (Schutz Hilfsbedürftiger), § 5 (Überholen), § 7 V (Fahrstreifenwechsel), § 9 (Abbiegen in ein Grundstück, Wenden, Rückwärtsfahren), § 10 (An- und Einfahren), 14 (Ein- und Aussteigen), § 20 I (Vorbeifahren an Ein- und Aussteigenden öffentlicher VMittel). Gefährdung „ausgeschlossen" bedeutet nicht die Pflicht, mit Unvorhersehbarem zu rechnen, sondern nur höchste Sorgfalt (Dü NZV **93** 198). Die Tatsache des Unfalls zum Beweis dafür heranzuziehen, dass diese höchste Sorgfalt nicht beachtet wurde, weil sich eine Gefährdung nicht als ausgeschlossen erwiesen habe, wird dem Begriff, so wie ihn die StVO versteht, nicht gerecht (Schl VRS **60** 306, Ha VRS **80** 261). Gefordert wird, über § 1 StVO hinaus (Begr § 9 StVO Rz 11), äußerste Sorgfalt zu § 5 StVO Rz 3, Bay VM **73** 51, Dü VM **74** 6, KG VRS **68** 284, Kar VRS **71** 62, Zw VRS **71** 220), ein Höchstmaß an Vorsicht, deren „höchste Stufe" (Begr zu § 14). Dieser strengste StVO-Maßstab setzt äußerste subjektiv mögliche Sorgfalt und Umsicht (KG VersR **74** 36) bei dem geschützten Vorgang, unter vollständiger Berücksichtigung des objektiv Erforderlichen voraus (**E** 138), ohne Überspannung (Dü VM **74** 94). Äußerste Sorgfalt erfordert ausnahmslos Umblick, rechtzeitige Rückschau und, soweit vorgesehen, rechtzeitiges Zeichengeben, außerdem zuverlässige Beobachtungsmöglichkeit. Fehleinschätzungen belasten (BGH VM **70** 14; § 5 StVO Rz 3), außer bei Unvermeidbarkeit trotz ausreichenden Überblicks. Der geringste verbleibende Zweifel verbietet das Verhalten (§ 5 StVO Rz 3), denn andernfalls ist Behinderung (Gefährdung) nicht ausgeschlossen. Die Verantwortlichkeit für sicheren Ablauf liegt hiernach ganz überwiegend beim Handelnden (BGH Betr **68** 2126, Bay VM **73** 39, Ha VRS **42** 422, Kö VersR **65** 196), jedoch nicht im Sinn reiner Erfolgshaftung (Bay VRS **45** 211, **42** 383 [Mitschuld, Alleinschuld oder Alleinverursachung anderer können mitsprechen], VM **73** 51, VRS **45** 211, Fra VRS **51** 120). Denn auch die anderen VT bleiben für Regelbeachtung verantwortlich (Bay VRS **45** 211, Ko VRS **48** 350). Das Verständnis des Merkmals „Gefährdung ausgeschlossen" als Gebot einer im geschilderten Sinn erhöhten Sorgfalt entspricht der ganz hM (aM aber zB *Mühlhaus* DAR **75** 233: nur rechtlich bedeutungslose „Schockformel", sowie *Greger* NJW **92** 3268: Nichtigkeit der genannten StVO-Bestimmungen, weil der *VOGeber* nicht zur Modifikation des Merkmals der *Sorgfalt* in § 276 II BGB als im Zivil- wie im Strafrecht geltenden Fahrlässigkeitsmaßstabs ermächtigt sei). Näheres: §§ 2, 3, 5, 7, 9, 10, 14, 20 StVO.

Natürliche Handlungseinheit: § 24 StVG Rz 58. **150a**

Entschuldigungsgründe schließen die Täter-, uU auch die Teilnehmerschuld aus. Solche **151** sind:

Die **Schuldunfähigkeit** mangels tatbezogener Verantwortlichkeit, zB des Kindes bis zu **151a** 14 Jahren (§ 1 JGG, § 12 OWiG, § 19 StGB); des Jugendlichen beim Fehlen der geistig/sittlichen Reife zur Tatzeit (§ 3 JGG); allgemein in den Einzelfällen der Schuldunfähigkeit (§ 20 StGB, § 12 OWiG, zu (verminderter) Schuldfähigkeit § 316 StGB Rz 88 ff. Bei der OW fehlt zwar eine ausdrückliche Milderungsvorschrift, weil das OWiG keine Mindestgeldbußen vorsieht; geminderte Verantwortlichkeit mindern aber auch hier den Vorwurf. Vollrausch: § 122 OWiG, § 323 a StGB.

Bei **vorverlegter Verantwortlichkeit** (actio libera in causa, alic) hat der zur Tatzeit Schuld- **151b** unfähige die wesentliche Ursache der späteren Tat vorsätzlich oder fahrlässig noch in verantwortlichem oder vermindert verantwortlichem Zustand gesetzt, daher kein Schuldausschluss. Die alic ist nach der Rspr des BGH auch bei verminderter Schuldfähigkeit zur Tatzeit, aber voller Schuldfähigkeit zuvor anwendbar und führt zum Ausschluss des § 21 StGB (zB BGH NStZ **03** 535, str.). Die Vereinbarkeit dieser Rechtsfigur mit den geltenden Normen des Strafrechts entspricht weiterhin Rspr und hM (zB BGH NStZ **97** 230, **99** 448, **00** 584, *Fischer* § 20 Rz 49 ff), war jedoch stets umstritten. Für die Verkehrsstraftatbestände, deren Verwirklichung tatbestandsmäßig das *Führen* eines Fz voraussetzt, erkennt sie der 4. Strafsenat des BGH nicht mehr an (§ 316 Rz 92), knüpft jedoch hinsichtlich fahrlässig zu verwirklichender Verletzungsdelikte (§§ 222, 229 StGB) den Fahrlässigkeitsvorwurf an weit vor der Tat liegende Handlungsakte an (§§ 222, 229 StGB Rz 6, 6 a, 12).

Zum **entschuldigenden Notstand** § 35 StGB. Notwehr des Betroffenen bleibt zulässig. Das **152** OWiG sieht entschuldigenden Notstand nicht vor (*Göhler-König* § 16 Rz 16).

Bei der **schuldausschließenden Pflichtenkollision** ist eine Rangverhältnisprüfung (E 152) **153** entweder nicht zulässig, weil beiderseits Menschenleben betroffen sind (vor dem unvermutet vor das Fz springenden Kind kann der Kf nur auf den belebten Gehweg ausweichen), oder nicht

Einleitung

sofort möglich, oder die beteiligten Pflichten sind gleichwertig. Beispiele: unrichtiges Ausweichen vor unverschuldeter, überraschender Gefahr (BGH VRS **34** 434); überschnelles Weiterüberholen, weil das Abbrechen gefährdend wäre (Dü NJW **61** 424); Beschleunigen, um Kollision zu vermeiden, anstatt zu bremsen (BGH DAR **56** 328); objektiv regelwidriges Fahren, um gefährlicher fremder Fahrweise zu entgehen (BGH VersR **71** 910, Kö VM **74** 38).

154 Ein rechtswidriger **Befehl** (s auch E 127 a) entschuldigt im zivilen Dienstbereich, wenn der Ausführende die Rechtswidrigkeit des Aufgetragenen nicht erkennen konnte (§ 56 II BBG), im militärischen bei OW stets, bei Straftaten nur, wenn der Untergebene dies nicht erkannt hat, oder wenn die Begehung einer Straftat nach den Umständen nicht offensichtlich ist (§ 5 I WehrStrG). ZB muss ein Soldat oder PolB bei erheblicher Angetrunkenheit eine trotzdem befohlene Dienstfahrt verweigern (§ 316 StGB).

155 **Irrtum**. Tatbestandsirrtum: § 24 StVG Rz 33 ff. Verbotsirrtum: § 24 StVG Rz 34 ff. Weitere Belege bei den einzelnen Vorschriften.

156 Der **Vorschriftenwechsel** bildet im StVR ein noch wenig beachtetes Problem. Die StVO 1970 hat mehr Zweifel als erwartet gebracht, fast immer sozialethisch neutrale Verhaltensprobleme betreffend. Die Zweifel erwachsen vielfach erst aus dem Gegeneinander unterschiedlicher, uU verstreuter Vorschriften, teilweise auch aus Rechtslücken. Vorwarnung durch sozialethische Missbilligung fehlt vielfach. Die ZivilRspr neigt deshalb in solchen Fällen zur bloßen Klarstellung unter Schuldverneinung (BGH DAR **66** 24 [Unklarheiten nach Einführung der Regeln über abknickende Vorfahrt]).

157 An die Annahme **eines unvermeidbaren Verbotsirrtums** stellt die Rspr im Straf- und OWRecht strenge Anforderungen. Unvermeidbarkeit uU bei Vertrauen auf veröffentlichte Gerichtsentscheidungen, näher: § 24 StVG Rz 34 ff. Unvermeidbarer Verbotsirrtum, wenn sich der Täter auf eine infolge Gesetzesänderung nicht mehr zutreffende Rechtsauffassung verlässt, die in einem gegen ihn ergangenen Strafurteil vertreten wurde, wenn in dem Urteil auf die zu diesem Zeitpunkt bereits eingetretene Änderung nicht hingewiesen wurde (Dü VRS **73** 367). Überwiegend aber herrscht hier ein sehr enger Unvermeidbarkeitsbegriff (E 142; zB streng Bay NJW **04** 306 [Fz des Typs „Sprinter"], s aber auch Jn NJW **04** 3579, Kar NZV **05** 383, Ha NJW **06** 241, näher § 18 StVO Rz 19). Das Vertrauen auf vereinzelte Gerichtsentscheidungen lässt die hM nicht gelten (Stu NJW **67** 122, 744 [abl *Hagedorn*], 745 [abl *Baldauf*], Dü VRS **60** 313, Ko VRS **60** 387). Jedoch unvermeidbarer Verbotsirrtum, wenn gleichrangige Obergerichte eine Unrechtsfrage unterschiedlich entschieden haben und es für den Angekl. nicht zumutbar ist, das möglicherweise verbotene Verhalten bis zur Klärung der Rechtsfrage zu unterlassen (Stu NJW **08** 243 [FS-Tourismus, s § 21 StVG Rz 2 a]).

157a **XVIII. Der Anscheinsbeweis** vermittelt dem Richter die Überzeugung, dass ein Geschehnis so verlaufen ist, wie es nach der Erfahrung für gleichartige Geschehnisse typisch ist (BGHZ **39** 107, **31** 357, **18** 319, **6** 169, NZV **96** 277, Ha NZV **93** 354, Brn VRS **106** 247, KG VM **96** 76). Deshalb kann bei typischen Abläufen nach der Erfahrung regelmäßig von einem bestimmten Ereignis auf eine bestimmte Folge („Erfolg") geschlossen werden und umgekehrt (BGHZ **39** 107, **8** 239, NZV **90** 386, Brn VRS **106** 99, Bra VersR **89** 95, Fra NJW **07** 87, KG VM **89** 37), und zwar in Bezug auf den Ursachenzusammenhangs wie auf die Schuld (BGH NJW **66** 1263, Dü NZV **96** 321). Bei VUnfällen ist dazu ein Geschehensablauf erforderlich, der nach allgemeiner Lebenserfahrung zu dem Schluss einer Sorgfaltspflichtverletzung drängt, weil er für schuldhafte Verursachung typisch ist (BGH JZ **86** 251, NZV **96** 277, Brn DAR **02** 307, Ha VersR **05** 1303, NZV **98** 155), zB Verstoß gegen Schutzgesetze (BGH VersR **94** 324), Verletzung von Unfallverhütungsvorschriften (BGH VersR **94** 324, Kö VersR **88** 1078 [Bestimmungen über Höchstlenkzeiten]) oder der VSicherungspflicht (BGH VersR **94** 324, Ol ZfS **02** 379, Dr VRS **100** 263). Handelt es sich nicht um einen typischen „formelhaften" Geschehensablauf, so greift der Anscheinsbeweis nicht ein (Ha VersR **05** 1303, Nau VM **03** 45, Fra NJW **07** 87 [hierzu § 4 Rz 18], *Diederichsen* VersR **66** 211). Ein *konkreter* typischer Geschehnisablauf muss unstreitig oder bewiesen sein (BGH NZV **96** 231, Brn VRS **106** 99, Nau VM **03** 45), bloßes Vorliegen eines abstrakten Unfalltyps (zB Vorfahrtsfall) allein genügt nicht (Mü NZV **89** 277). Kein Anscheinsbeweis, wenn andere typische Schadensursachen in Frage kommen (Fra VM **86** 88), wenn festzustellende andere tatsächliche Umstände einen anderen Ablauf ernstlich nahelegen (BGH NJW **76** 897, Nü VRS **66** 3), bei untypischen Abläufen (BGHZ **39** 108). Kein Anscheinsbeweis von Fahren ohne FE für überhöhte Geschwindigkeit während der Fahrt (BGH NJW **07** 506). Der Anschein spricht für ursächlichen Zusammenhang zwischen SchutzG-Verletzung und Schaden, wenn dieser eine logische Folge der SchutzG-

Einleitung

Verletzung ist und das G gerade diese Art von Schäden verhindern soll (Mü NZV **01** 510, Ha DAR **02** 351). **Widerlegt wird der Anscheinsbeweis** durch den Gegenbeweis, **entkräftet** (erschüttert) nicht durch bloße gedankliche Möglichkeiten, sondern *nur durch bewiesene Tatsachen,* die einen atypischen Verlauf möglich gemacht haben können (BGH NZV **90** 386, **92** 27, Dü NJW-RR **06** 319, Nau VRS **104** 415, Sa MDR **03** 506, Brn VRS **106** 247, DAR **02** 307, Mü ZfS **97** 245, Kö VRS **90** 341, 343, Ha NZV **93** 354, Ol ZfS **92** 332, KG VRS **104** 5, VM **97** 43, 76, *Danert* ZfS **05** 116, *Lepa* NZV **92** 131), etwa durch den Nachweis der Behinderung durch ein anderes Fz (BGH VersR **67** 583, 557). Legt der Beklagte dar, dass eine andere Schadensursache immerhin ernsthaft in Betracht kommt, so ist der Anscheinsbeweis auch widerlegt, wenn die eine Ursache wahrscheinlicher sein mag als die andere (BGHZ **24** 308, VersR **78** 945, MDR **79** 131). Erbrachter Anscheinsbeweis ist voller Beweis; anderseits erfordert er keinen Gegenbeweis, sondern wird schon durch voll bewiesene Umstände entkräftet, aus denen die ernsthafte (insoweit revisibel, BGH NJW **69** 277), nicht nur rein theoretische Möglichkeit eines untypischen, also erfahrungswidrigen Ablaufs hervorgeht (BGH VersR **86** 141); der Beweispflichtige hat dann die Anspruchsvoraussetzungen voll zu beweisen (BGHZ **39** 107, **18** 319, **8** 239, **6** 169, MDR **71** 1001, NJW **69** 277). Anscheinsbeweis bei Abkommen von der Fahrbahn: § 2 StVO Rz 74, bei Auffahren auf den Vorausfahrenden: § 4 StVO Rz 17 f. Zum Anscheinsbeweis bei Schutzgesetzverletzung (§ 823 II BGB) BGH NJW **84** 432, VersR **86** 916. Kein Anscheinsbeweis über einfache Fahrlässigkeit hinaus für **grobe Fahrlässigkeit** wegen deren großen Subjektivitätsgehalts (hM; BGH VersR **03** 364, **78** 541, VRS **65** 347, Dü NJW-RR **06** 319, Kar NJW-RR **04** 389, Nü ZfS **05** 397, Kö VersR **90** 390, Fra DAR **92** 432, KG VersR **83** 494, Mü DAR **84** 18, Ba DAR **84** 22, *Greger* § 38 Rz 53). Zum Anscheinsbeweis bei VUnfallen s auch § 7 StVG Rz 48–51 sowie bei den einschlägigen Bestimmungen der StVO.

Weitere **Lit:** *Dannert,* Beweiserleichterungen im VHaftpflichtrecht – Anscheinsbeweis, ZfS **05** 115. *Greger,* Praxis und Dogmatik des Anscheinsbeweises, VersR **80** 1091. *Hoffmann,* Der Anscheinsbeweis aus Anlaß von Trunkenheitsfahrten im Schadensersatzrecht, NZV **97** 57. *Lepa,* Beweiserleichterungen im Haftpflichtrecht, NZV **92** 129. *Metz,* Der Anscheinsbeweis im StVRecht, NJW **08** 2806. *Streibel, Rocke,* Die Grenzen des Anscheinsbeweises beim KfzUnfall, VGT **87** 95, 108.

XIX. Unfallbekämpfung. Verkehrsunfälle bewirken hohe Personen- und volkswirtschaftliche Schäden. Die StVO will sie verhüten helfen, indem sie die erfahrungsgemäß unfallträchtigen Verstöße („abstrakte Gefährdungen") als OW ahndet (StVO-Begr Rz 11, 12); zB fehlerhaftes Überholen, gefährdendes Linksfahren, besonders vor Kuppen und bei Unübersichtlichkeit (Kurven), zu geringen Abstand. VUnfälle werden jedoch auch (mit)verursacht durch behördlich gesetzte Ursachen (**E** 148) wie fehlerhafte VZ, Straßenverhältnisse oder Verkehrsführung. Die Vwv zu § 44 StVO zeigen auf, wo sich typische Unfälle örtlich häufen, was auf bauliche oder Regelungsmängel hinweisen kann und Abhilfe erfordert. Diesem Zweck dienen Unfallsteckkarten (Karteien, Blattsammlungen), Kollisionsdiagramme und örtliche Untersuchungen (*Hauser* VD **78** 66). Zur Mitursächlichkeit bestimmter örtlicher Knotenpunktstypen und VRegelungen *Mensebach* ZVS **70** 3, *Winkler,* Einfluss der Straße auf das Fahrverhalten, k + v **71** 88 mit Lit. Zur Bedeutung und Häufigkeit technischer FzMängel als Unfallursachen *Hirschberger* PTV **80** 499. **158**

Die **Verkehrsunfallstatistik** (StVUnfStatG 1990, BGBl I 1078) erfasst bei Unfällen mit Toten, Verletzten sowie bei schwerwiegenden Unfällen mit Sachschaden (Definition: VO v 21. 12. 94, BGBl I 3970) außer diesen Folgen auch „Hergang und Umstände des Unfalls sowie allgemeine Unfallursachen". Sie erfasst nicht die erhebliche Dunkelziffer der geglückten und versuchten Selbstmorde am Steuer (*Händel* PVT **87** 403, dazu *Müller* NZV **90** 333, *Harbort* Krim **95** 201, VersR **94** 1400), nicht einmal die später als solche aufgeklärten (*Moser/Sanders* VersR **76** 418) und nicht die zahlreichen Todesfälle am Steuer aus natürlicher Ursache (*Händel* DAR **77** 36, PVT **87** 403, *Oehmichen ua* DAR **85** 362, 365) und schließlich nicht die auf bis zu 20% geschätzte Dunkelziffer derjenigen Unfallopfer, die die 30-Tagesfrist des § 2 III StVUnfStatG zunächst überlebten (*Oehmichen ua* DAR **85** 365, *Händel* PVT **87** 403, NZV **91** 62, *Seidenstecher* DAR **92** 291). Auch über alkoholbedingte Verkehrsgefährdung besagt die amtliche Statistik nichts Verlässliches (2. BGA-Gutachten 77 S 31). Zur Novellierung durch G v 15. 6. 90 (BGBl I 1078) *Hagenguth* NZV **90** 301, *Händel* PVT **90** 367, NZV **91** 61. **159**

Die **wissenschaftliche Unfallursachenforschung** setzt interdisziplinäre Forschung in allen sacherheblichen Objektbereichen nach wissenschaftlichen, ua statistischen Methoden voraus (gleich bleibende oder umgewertete Voraussetzungen der Vergleichszeiträume; gesamte Verkehrsleistung der Straßen; Bauzustand; unterschiedliche Wetterverhältnisse, zB gehäufte Regen- **160**

Einleitung

perioden im UrlaubsV, ungewöhnliche Nebel- oder Glatteisperioden; Art und Umfang des Mischverkehrs; Baustellen, Engstellen, Sperrungen und Umleitungen; Wegweisung; Verkehrszeichenzustand; optische Beschaffenheit von Straßenzügen; zeitliche Fahrbeschränkungen; Einfluss von Verkehrsverlagerungen; Kostenerhöhungen von Treibstoffen und Fahrzeughaltung).

Lit: *Lamm/Klöckner,* Richtgeschwindigkeit und Unfälle, ZVS **72** 3. *Marek,* Systemorientierte Strategie in der Unfallforschung, ZVS **77** 88. *Danner,* Der gegenwärtige Stand der Unfallforschung, VGT **76** 22. *Jacobi/ Danner,* Der VUnfall aus technischer Sicht, ZVS **76** 131. Zu statistischen Methoden auf der Grundlage der Polizeiberichte *Utzelmann* BA **74** 217.

1. Straßenverkehrsgesetz (StVG)

in der Fassung der Bekanntmachung vom 5. März 2003 (BGBl. I 310, berichtigt: BGBl. I 919) zuletzt geändert durch Gesetz vom 8. April 2008 (BGBl. I 706)

Inhaltsübersicht

I. Verkehrsvorschriften	§§ 1–6 e
II. Haftpflicht	§§ 7–20
III. Straf- und Bußgeldvorschriften	§§ 21–27
IV. Verkehrszentralregister	§§ 28–30 c
V. Fahrzeugregister	§§ 31–47
VI. Fahrerlaubnisregister	§§ 48–63
VII. Gemeinsame Vorschriften, Übergangsbestimmungen	§§ 64, 65

Vorbemerkungen

1. Das Gesetz ist am 3. 5. 1909 als Gesetz über den Verkehr mit Kfzen erlassen worden. Heutige Fassung: **E** 3–5. Seine Entstehung ist für den Zeitraum seit 1906 in der 16. Aufl dargestellt. Dort sind auch die Materialien für die Zeit von 1909 bis 1964 zusammengestellt und die beiden StrVSicherungsgesetze vom 19. 12. 52 und 26. 11. 64 mit ihren Änderungsgesetzen dargestellt. Das Zweite Gesetz zur Ändg schadensersatzrechtlicher Vorschriften vom 19. 7. 02 (BGBl I S 2674) enthält wesentliche Änderungen der haftungsrechtlichen Bestimmungen des StVG, darunter die Einführung einer Gefährdungshaftung des Halters von KfzAnhängern, die Ersetzung des „unabwendbaren Ereignisses" als Haftungsausschlussgrund gem § 7 II durch das Kriterium der „höheren Gewalt", die Neuregelung des Ausschlusses der Gefährdungshaftung gem § 8 bei Unfallverursachung durch langsame Fze, bei Schädigung von bei dem Betrieb des Fzs tätigen Personen sowie beförderter Sachen, die Ausdehnung der Haftung für Insassen nach § 8 a, die Einführung eines Schmerzensgeldanspruchs auch bei Gefährdungshaftung sowie eine Änderung und Ergänzung der bisherigen Haftungshöchstbeträge in § 12. Zwischenstaatlicher Kraftverkehr: **E** 15, 16, §§ 20–22 FZV. *Booß,* 70 Jahre KfzG, DAR **79** 298.

I. Verkehrsvorschriften

Zulassung

1 (1) ¹**Kraftfahrzeuge und ihre Anhänger, die auf öffentlichen Straßen in Betrieb gesetzt werden sollen, müssen von der zuständigen Behörde (Zulassungsbehörde) zum Verkehr zugelassen sein.** ²**Die Zulassung erfolgt auf Antrag des Verfügungsberechtigten des Fahrzeugs bei Vorliegen einer Betriebserlaubnis oder einer EG-Typgenehmigung durch Zuteilung eines amtlichen Kennzeichens.** ³**Ist für das Fahrzeug noch keine Betriebserlaubnis erteilt oder besteht keine EG-Typgenehmigung, hat er gleichzeitig die Erteilung der Betriebserlaubnis zu beantragen.**

(2) **Als Kraftfahrzeuge im Sinne dieses Gesetzes gelten Landfahrzeuge, die durch Maschinenkraft bewegt werden, ohne an Bahngleise gebunden zu sein.**

Begr zum ÄndG v 24. 4. 1998 (BRDrucks 821/96 S 66): ... *Einbezogen werden die Anhänger, die in § 1 Abs. 1 a. F. nicht erwähnt waren, jedoch gleichwohl auf Grund von § 6 Abs. 1 Nr. 1 StVG a. F. den straßenverkehrsrechtlichen Vorschriften unterlagen.*

...

Der Begriff „öffentliche Wege oder Plätze" wird in Angleichung an die Vorschriften der Straßenverkehrsordnung und der Straßenverkehrs-Zulassungs-Ordnung durch den Begriff „öffentliche Straßen" ersetzt. Eine inhaltliche Änderung ist damit nicht verbunden.

...

1 StVG § 1　　　　　　　　　　　　　　　　　　　　　　　　　　I. Verkehrsvorschriften

Begr zum ÄndG v 11. 9. 2002 (VkBl **02** 667): *§ 1, der die Grundsätze der Zulassung von Fahrzeugen zum Straßenverkehr enthält, wird in Absatz 1 ergänzt. Es wird klargestellt, dass die Zulassung nicht von Amts wegen, sondern nur auf Antrag des Verfügungsberechtigten über das Fahrzeug erfolgt und dass die Zulassung auf den beiden Fundamenten EG-Typgenehmigung bzw. Betriebserlaubnis und Zuteilung des amtlichen Kennzeichens beruht (vgl. § 18 Abs. 1, § 23 Abs. 1 StVZO).*

1　**1. Verkehrsvorschriften.** Das StVG betrifft im ersten Teil (§§ 1–6e) nur Kfze und deren Anhänger. Es regelt, unter welchen Voraussetzungen Kfze und Personen als KfzF am öffentlichen StrV teilnehmen dürfen. § 1 legt hierfür die Grundbegriffe fest und regelt die Voraussetzungen der KfzZulassung.

2　**2. Begriff des Kraftfahrzeugs.** Kfze iS des StVG sind alle Landfze, die durch Maschinenkraft bewegt werden, ohne an Bahngleise gebunden zu sein (Abs 2, Stu VersR **74** 123, Ol NZV **99** 390), auch Kräder aller Art, FmH, Mofas (Dü VM **75** 20, Zw VRS **71** 229), Elektrorollstühle (AG Löbau NJW **08** 530, 531), Motorschlitten, Raupenfze, Obusse (*Filthaut* NZV **95** 53), gewisse Bagger (Ha VRS **51** 300, Dü VM **78** 34, VRS **64** 115), Straßenwalzen ohne Rücksicht auf den Verwendungszweck (Beförderung von Personen, von Sachen, Leistung von Arbeit), andere selbstfahrende Arbeitsmaschinen, (KG VM **85** 63 – Elektrokarren), auch motorgetriebene (Jugend-)Gokarts (Ko VersR **05** 705–40 km/h), nicht aber Autoskooter (BGH VersR **52** 163). Das Gerät darf nicht fest mit dem Erdboden verbunden sein, sondern muss fortbewegt werden können (Gegensatz: Fahrstuhl, Autokarussell). Kinderdreiräder mit Elektroantrieb (bis 6 km/h) sind keine Kfze, weil sie nicht LandFze iS von Abs 2 sind, sondern als Kinderspielzeug unter § 24 I StVO fallen (s *Ternig* VD **01** 32, aM *Huppertz* VD **04** 42). Die Begriffsbestimmung des Kfz in § 2 Nr 1 FZV deckt sich trotz abweichender Formulierung inhaltlich mit der Definition in Abs 2, s dazu Rz 4 und § 2 FZV Rz 3.

3　**2 a. Durch Maschinenkraft** muss das Fz bewegt werden. Unwesentlich sind Antriebsart (Verbrennungsmaschine, Turbine, Batterie, Elektromotor, Ol NZV **99** 390) und Kraft- oder Kraftstoffzuführung. Zw, ob der Motor mit dem Fz verbunden sein muss, verneinend Ol NZV **99** 390 bei Propellermotor auf dem Rücken eines Radf (zust *Jagow/Burmann/Heß* Rz 8, abl mit beachtlichen Argumenten *Grunewald* NZV **00** 384, *Lütkes/Ferner/Kramer* § 1 StVG Rz 3).

4　**2 b. Nicht an Bahngleise gebunden** darf die FzBewegung sein. Kann das Fz auf Gleisen laufen, oder läuft es auf ihnen, so muss es deshalb technisch noch nicht an sie gebunden sein, es sei denn, es kann bauartbedingt bei bestimmungsgemäßer Verwendung ausschließlich auf Schienen laufen. Daher ist die Straba kein Kfz (BVerwG NZV **00** 309, Ha VRS **100** 438). Eine Magnetschwebebahn („Transrapid") ist in diesem Sinne als an Bahngleise gebunden anzusehen, auch wenn sie über einem Tragebalken schwebt. Um dies deutlich zu machen, ist die Formulierung in dem am 1. 3. 07 in Kraft getretenen § 2 Nr 1 FZV (*nicht dauerhaft spurgeführte*) etwas anders gewählt worden, s § 2 FZV Rz 3.

5　**2 c. Ausfall der bewegenden Kraft.** Ein Kfz verliert diese Eigenschaft nicht dadurch, dass seine Verwendbarkeit vorübergehend (Schaden) beeinträchtigt ist, aM Zw VersR **67** 274. Selbst Ausbau von Benzinbehälter, Vergaser und Batterie beseitigt die Eigenschaft als Kfz nicht (Bay GA **56** 389).

6　**2 d. Verhältnis des § 1 StVG zum § 6 FeV.** Die Unterscheidung zwischen Krafträdern, Zgm und anderen Kfzen in § 6 FeV hat nur dort Bedeutung. Wieweit für sie die Bestimmungen des StVG, der StVO, der FEV, der FZV und der StVZO gelten, ergibt sich aus den auf Grund des § 6 StVG erlassenen Vorschriften.

7　**3. Anhänger** sind hinter Kfz oder anderen Fz mitgeführte Fz, gemäß dem ÜbStrV (1968) Art 1 q „jedes Fz, das dazu bestimmt ist, an ein Kfz angehängt zu werden", einschließlich der Sattelanhänger (diese sind gemäß dem Übereinkommen 1968 I 1 r „Anhänger, dazu bestimmt, mit einem Kfz so verbunden zu werden, dass sie teilweise auf diesem aufliegen und dass ein wesentlicher Teil ihres Gewichtes und des Gewichtes ihrer Ladung von diesem getragen wird"). Nach DIN 70010 Abschn 1 Nr 21 q, s sind Anhänger Anhängefz, bei denen nach ihrer Bauart kein wesentlicher Teil ihres Gewichts und ihrer Last auf dem ziehenden Fz liegt. Anhänger von Kfz sind keine Kfz, weil sie nur durch Maschinenkraft eines anderen LandFz bewegt werden (BGH VRS **72** 38). Gleichwohl unterstehen sie gemäß Abs 1, § 1 FZV den Bestimmungen der FZV. Abs 1 bezieht sich nur auf Kfz-Anhänger, Begriffsbestimmung § 2 Nr 2 FZV. Zum Schleppen und Abschleppen s § 33 StVZO.

Zulassung § 1 StVG I

4. Öffentliche Straßen. Einzelheiten: § 1 StVO. Das StVG enthält keine Begriffsbestimmung der öffentlichen Straßen, verwendet den Begriff vielmehr im Sinn des Wegerechts, wobei die Eigentumsverhältnisse außer Betracht bleiben. S § 1 FeV. 8

5. In Betrieb setzen. „Betrieb" ist die bestimmungsgemäße Verwendung des Kfz als Fortbewegungsmittel: § 7 StVG. 9

6. Grundsatz des Zulassungszwangs. Zum Verkehr ist an sich jedermann mit jedem Fz zugelassen, soweit nicht für einzelne Straßen oder Teile davon gesetzliche Beschränkungen vorgeschrieben sind. Von dieser Freiheit des Verkehrs macht das StVG für den Verkehr mit Kfzen Ausnahmen, und zwar im § 1 für Fze: es darf auf öffentlichen Straßen kein Kfz (Rz 2) oder KfzAnhänger (Rz 7), auch nicht ausnahmsweise und auf kurzen Strecken, betrieben werden, das nicht behördlich zugelassen ist. Zu den Zulassungsvoraussetzungen § 3 FZV. Ausnahmen vom Zulassungszwang s Rz 11. Bei erfüllten Zulassungsbedingungen hat der Antragsteller einen Rechtsanspruch auf Zulassung (OVG Ko NZV **91** 406). Das Kfz im öffentlichen Verkehr selber betreiben zu wollen, muss der Halter nicht nachweisen. Vielmehr ist die Zulassung nur rechtliche Voraussetzung öffentlicher Inbetriebnahme. 10

Die **Zulassung** erfolgt auf Antrag bei Vorliegen einer Typ- oder Einzelgenehmigung „durch Zuteilung eines amtlichen Kennzeichens" (Abs 1 S 2). Amtliche Kennzeichen sind mit einem Dienstsiegel versehene Kennzeichenschilder (vgl VkBl **98** 796). „Zuteilung eines amtlichen Kennzeichens" iSd Abs 1 S 2 ist die Entscheidung der Zulassungsbehörde darüber, welches Kennzeichen bestehend aus Unterscheidungszeichen für den Verwaltungsbezirk und Erkennungsnummer das Fz erhalten soll und die amtliche Abstempelung der Kennzeichenschilder mit diesem Kennzeichen. **Voraussetzung für die Zulassung** ist das Vorliegen einer Typ- oder Einzelgenehmigung/Betriebserlaubnis (Abs 1 S 2, § 3 I 2 FZV). **Notwendige Elemente der Zulassung** sind die Ausfertigung einer Zulassungsbescheinigung, bestehend aus den Teilen I und II (§ 3 I 3 FZV), die Zuteilung eines Kennzeichens (§ 8 FZV) und die Abstempelung der Kennzeichenschilder mit diesem Kennzeichen (§ 10 III 1 FZV). Der Vorgang der Zulassung ist erst mit der amtlichen Abstempelung der Kennzeichenschilder abgeschlossen (BGHSt **11** 165 = NJW **58** 508, OVG Ko NZV **91** 406, Dü NZV **93** 79, **97** 319, *Jagow/Burmann/Heß* § 1 StVG Rz 2a). Daran hat sich auch durch den verunglückten Wortlaut von § 3 I 3 FZV nichts geändert, der den unzutreffenden Eindruck erweckt, die Abstempelung der Kennzeichenschilder sei für die Zulassung nicht mehr erforderlich (*Dauer* NZV **07** 442, § 3 FZV Rz 5). Entsprechend verliert ein Fz mit der Entstempelung seiner Kennzeichenschilder die Eigenschaft, amtlich zum Verkehr zugelassen zu sein (BGHSt **11** 165, 169 = NJW **58** 508, 509). Der **Begriff des amtlichen Kennzeichens** wird in der am 1. 3. 07 in Kraft getretenen FZV nicht mehr verwendet, wohl aber noch an verschiedenen Stellen im StVG und in anderen Normen. Damit war keine inhaltliche Veränderung des Begriffs der Zulassung verbunden (*Dauer* NZV **07** 442). Der **Begriff Zuteilung** wird seit Inkrafttreten der FZV am 1. 3. 07 mit zwei verschiedenen Wortbedeutungen im Zulassungsrecht verwendet: „**Zuteilung eines Kennzeichens**" iSd § 8 I 1 **FZV** ist die Entscheidung der Zulassungsbehörde darüber, welches Kennzeichen bestehend aus Unterscheidungszeichen für den Verwaltungsbezirk und Erkennungsnummer das Fz erhalten soll, für die ein Antrag zur Zulassung nach § 6 FZV, bei zulassungsfreien Fahrzeugen ein Antrag auf Zuteilung eines Kennzeichens nach § 4 II und III 2 FZV, oder bei Umzug in einen anderen Zulassungsbezirk ein Antrag auf Zuteilung eines neuen Kennzeichens nach § 13 III 1 FZV gestellt worden ist (§ 8 FZV Rz 4). „**Zuteilung eines amtlichen Kennzeichens**" iSd Abs 1 S 2 ist die Zuteilung eines Kennzeichens in dem eben genannten Sinne und die amtliche Abstempelung der Kennzeichenschilder mit diesem Kennzeichen gem § 10 III 1 FZV.

6 a. Ausnahmen vom Zulassungszwang: § 6 I Nr 2 StVG, §§ 3 II, 16, 17, 19, 47 FZV. Die Ermächtigung des BMV, Ausnahmen von der Zulassungspflicht zuzulassen, wurde durch ÄndG v 24. 4. 98 mit anderen Ermächtigungsgrundlagen in § 6 zusammengefasst; der frühere Satz 2 des Abs 1 (Abhängigkeit der Zulassung von technischen Normen) wurde gestrichen. 11

6 b. Abs 1 ist **Schutzgesetz** (§ 823 II BGB), RG Recht **25** 691. Die Haftung für Schaden durch ein nicht zugelassenes Kfz kann daher auf § 823 II BGB gestützt werden. 12

7. Zulassungsbehörde: Abs 1 S 1, § 46 FZV. Kfz der Bundeswehr, Polizei und der Bundespol: § 46 III FZV. Im Ausland zugelassene Kfz: §§ 20–22 FZV. 13

Lit: *Dauer,* Wann ist ein Fahrzeug zugelassen?, NZV **07** 442.

Fahrerlaubnis und Führerschein

2 (1) ¹Wer auf öffentlichen Straßen ein Kraftfahrzeug führt, bedarf der Erlaubnis (Fahrerlaubnis) der zuständigen Behörde (Fahrerlaubnisbehörde). ²Die Fahrerlaubnis wird in bestimmten Klassen erteilt. ³Sie ist durch eine amtliche Bescheinigung (Führerschein) nachzuweisen.

(2) ¹Die Fahrerlaubnis ist für die jeweilige Klasse zu erteilen, wenn der Bewerber

1. seinen ordentlichen Wohnsitz im Sinne des Artikels 9 der Richtlinie 91/439/EWG des Rates vom 29. Juli 1991 über den Führerschein (ABl. EG Nr. L 237 S. 1) im Inland hat,
2. das erforderliche Mindestalter erreicht hat,
3. zum Führen von Kraftfahrzeugen geeignet ist,
4. zum Führen von Kraftfahrzeugen nach dem Fahrlehrergesetz und den auf ihm beruhenden Rechtsvorschriften ausgebildet worden ist,
5. die Befähigung zum Führen von Kraftfahrzeugen in einer theoretischen und praktischen Prüfung nachgewiesen hat,
6. die Grundzüge der Versorgung Unfallverletzter im Straßenverkehr beherrscht oder erste Hilfe leisten kann und
7. keine in einem Mitgliedstaat der Europäischen Union oder einem anderen Vertragsstaat des Abkommens über den Europäischen Wirtschaftsraum erteilte Fahrerlaubnis dieser Klasse besitzt.

²Nach näherer Bestimmung durch Rechtsverordnung gemäß § 6 Abs. 1 Nr. 1 Buchstabe g können als weitere Voraussetzungen der Vorbesitz anderer Klassen oder Fahrpraxis in einer anderen Klasse festgelegt werden. ³Die Fahrerlaubnis kann für die Klassen C und D sowie ihre Unterklassen und Anhängerklassen befristet erteilt werden. ⁴Sie ist auf Antrag zu verlängern, wenn der Bewerber zum Führen von Kraftfahrzeugen geeignet ist und kein Anlass zur Annahme besteht, dass eine der aus den Sätzen 1 und 2 ersichtlichen sonstigen Voraussetzungen fehlt.

(3) ¹Nach näherer Bestimmung durch Rechtsverordnung gemäß § 6 Abs. 1 Nr. 1 Buchstabe b und g kann für die Personenbeförderung in anderen Fahrzeugen als Kraftomnibussen zusätzlich zur Fahrerlaubnis nach Absatz 1 eine besondere Erlaubnis verlangt werden. ²Die Erlaubnis wird befristet erteilt. ³Für die Erteilung und Verlängerung können dieselben Voraussetzungen bestimmt werden, die für die Fahrerlaubnis zum Führen von Kraftomnibussen gelten. ⁴Außerdem können Ortskenntnisse verlangt werden. ⁵Im Übrigen gelten die Bestimmungen für Fahrerlaubnisse entsprechend, soweit gesetzlich nichts anderes bestimmt ist.

(4) ¹Geeignet zum Führen von Kraftfahrzeugen ist, wer die notwendigen körperlichen und geistigen Anforderungen erfüllt und nicht erheblich oder nicht wiederholt gegen verkehrsrechtliche Vorschriften oder gegen Strafgesetze verstoßen hat. ²Ist der Bewerber auf Grund körperlicher oder geistiger Mängel nur bedingt zum Führen von Kraftfahrzeugen geeignet, so erteilt die Fahrerlaubnisbehörde die Fahrerlaubnis mit Beschränkungen oder unter Auflagen, wenn dadurch das sichere Führen von Kraftfahrzeugen gewährleistet ist.

(5) Befähigt zum Führen von Kraftfahrzeugen ist, wer

1. ausreichende Kenntnisse der für das Führen von Kraftfahrzeugen maßgebenden gesetzlichen Vorschriften hat,
2. mit den Gefahren des Straßenverkehrs und den zu ihrer Abwehr erforderlichen Verhaltensweisen vertraut ist,
3. die zum sicheren Führen eines Kraftfahrzeugs, gegebenenfalls mit Anhänger, erforderlichen technischen Kenntnisse besitzt und zu ihrer praktischen Anwendung in der Lage ist und
4. über ausreichende Kenntnisse einer umweltbewussten und energiesparenden Fahrweise verfügt und zu ihrer praktischen Anwendung in der Lage ist.

(6) ¹Wer die Erteilung, Erweiterung, Verlängerung oder Änderung einer Fahrerlaubnis oder einer besonderen Erlaubnis nach Absatz 3, die Aufhebung einer Beschränkung oder Auflage oder die Ausfertigung oder Änderung eines Führerscheins beantragt, hat der Fahrerlaubnisbehörde nach näherer Bestimmung durch Rechtsverordnung gemäß § 6 Abs. 1 Nr. 1 Buchstabe h mitzuteilen und nachzuweisen

1. Familiennamen, Geburtsnamen, sonstige frühere Namen, Vornamen, Ordens- oder Künstlernamen, Doktorgrad, Geschlecht, Tag und Ort der Geburt, Anschrift und
2. das Vorliegen der Voraussetzungen nach Absatz 2 Satz 1 Nr. 1 bis 6 und Satz 2 und Absatz 3

Fahrerlaubnis und Führerschein § 2 StVG **1**

sowie ein Lichtbild abzugeben. ²Außerdem hat der Antragsteller eine Erklärung darüber abzugeben, ob er bereits eine in- oder ausländische Fahrerlaubnis der beantragten Klasse oder einen entsprechenden Führerschein besitzt.

(7) ¹Die Fahrerlaubnisbehörde hat zu ermitteln, ob der Antragsteller zum Führen von Kraftfahrzeugen, gegebenenfalls mit Anhänger, geeignet und befähigt ist und ob er bereits eine in- oder ausländische Fahrerlaubnis oder einen entsprechenden Führerschein besitzt. ²Sie hat dazu Auskünfte aus dem Verkehrszentralregister und dem Zentralen Fahrerlaubnisregister nach den Vorschriften dieses Gesetzes einzuholen. ³Sie kann außerdem insbesondere entsprechende Auskünfte aus ausländischen Registern oder von ausländischen Stellen einholen sowie die Beibringung eines Führungszeugnisses zur Vorlage bei der Verwaltungsbehörde nach den Vorschriften des Bundeszentralregistergesetzes verlangen.

(8) Werden Tatsachen bekannt, die Bedenken gegen die Eignung oder Befähigung des Bewerbers begründen, so kann die Fahrerlaubnisbehörde anordnen, dass der Antragsteller ein Gutachten oder Zeugnis eines Facharztes oder Amtsarztes, ein Gutachten einer amtlich anerkannten Begutachtungsstelle für Fahreignung oder eines amtlich anerkannten Sachverständigen oder Prüfers für den Kraftfahrzeugverkehr innerhalb einer angemessenen Frist beibringt.

(9) ¹Die Registerauskünfte, Führungszeugnisse, Gutachten und Gesundheitszeugnisse dürfen nur zur Feststellung oder Überprüfung der Eignung oder Befähigung verwendet werden. ²Sie sind nach spätestens zehn Jahren zu vernichten, es sei denn, mit ihnen im Zusammenhang stehende Eintragungen im Verkehrszentralregister oder im Zentralen Fahrerlaubnisregister sind nach den Bestimmungen für diese Register zu einem späteren Zeitpunkt zu tilgen oder zu löschen. ³In diesem Fall ist für die Vernichtung oder Löschung der spätere Zeitpunkt maßgeblich. ⁴Die Zehnjahresfrist nach Satz 2 beginnt mit der rechts- oder bestandskräftigen Entscheidung oder mit der Rücknahme des Antrags durch den Antragsteller. ⁵Die Sätze 1 bis 4 gelten auch für entsprechende Unterlagen, die der Antragsteller nach Absatz 6 Satz 1 Nr. 2 beibringt. ⁶Anstelle einer Vernichtung der Unterlagen sind die darin enthaltenen Daten zu sperren, wenn die Vernichtung wegen der besonderen Art der Führung der Akten nicht oder nur mit unverhältnismäßigem Aufwand möglich ist.

(10) ¹Bundeswehr, Bundespolizei und Polizei können durch ihre Dienststellen Fahrerlaubnisse für das Führen von Dienstfahrzeugen erteilen (Dienstfahrerlaubnisse). ²Diese Dienststellen nehmen die Aufgaben der Fahrerlaubnisbehörde wahr. ³Für Dienstfahrerlaubnisse gelten die Bestimmungen dieses Gesetzes und der auf ihm beruhenden Rechtsvorschriften, soweit gesetzlich nichts anderes bestimmt ist. ⁴Mit Dienstfahrerlaubnissen dürfen nur Dienstfahrzeuge geführt werden.

(11) ¹Nach näherer Bestimmung durch Rechtsverordnung gemäß § 6 Abs. 1 Nr. 1 Buchstabe j berechtigen auch ausländische Fahrerlaubnisse zum Führen von Kraftfahrzeugen im Inland. ²Inhaber einer in einem Mitgliedstaat der Europäischen Union oder einem anderen Vertragsstaat des Abkommens über den Europäischen Wirtschaftsraum erteilten Fahrerlaubnis, die ihren ordentlichen Wohnsitz in das Inland verlegt haben, sind verpflichtet, ihre Fahrerlaubnis nach näherer Bestimmung durch Rechtsverordnung gemäß § 6 Abs. 1 Nr. 1 Buchstabe j bei der örtlich zuständigen Fahrerlaubnisbehörde registrieren zu lassen und ihr die Daten nach § 50 Abs. 1 und 2 Nr. 1 mitzuteilen.

(12) ¹Die Polizei hat Informationen über Tatsachen, die auf nicht nur vorübergehende Mängel hinsichtlich der Eignung oder auf Mängel hinsichtlich der Befähigung einer Person zum Führen von Kraftfahrzeugen schließen lassen, den Fahrerlaubnisbehörden zu übermitteln, soweit dies für die Überprüfung der Eignung oder Befähigung aus der Sicht der übermittelnden Stelle erforderlich ist. ²Soweit die mitgeteilten Informationen für die Beurteilung der Eignung oder Befähigung nicht erforderlich sind, sind die Unterlagen unverzüglich zu vernichten.

(13) ¹Stellen oder Personen, die die Eignung oder Befähigung zur Teilnahme am Straßenverkehr oder Ortskenntnisse zwecks Vorbereitung einer verwaltungsbehördlichen Entscheidung beurteilen oder prüfen oder die in der Ausbildung in der Versorgung Unfallverletzter im Straßenverkehr oder erster Hilfe (§ 2 Abs. 2 Satz 1 Nr. 6) ausbilden, müssen für diese Aufgaben gesetzlich oder amtlich anerkannt oder beauftragt sein. ²Personen, die die Befähigung zum Führen von Kraftfahrzeugen nach § 2 Abs. 5 prüfen, müssen darüber hinaus einer Technischen Prüfstelle für den Kraftfahrzeugverkehr nach § 10 des Kraftfahrsachverständigengesetzes angehören. ³Voraussetzungen, Inhalt, Umfang und Verfahren für die Anerkennung oder Beauftragung und die Aufsicht werden – soweit nicht bereits im Kraftfahrsachverständigengesetz oder in auf ihm beruhenden Rechtsvorschriften geregelt – durch Rechtsverordnung gemäß § 6 Abs. 1 Nr. 1 Buchstabe k näher bestimmt.

(14) ¹Die Fahrerlaubnisbehörden dürfen den in Absatz 13 Satz 1 genannten Stellen und Personen die Daten übermitteln, die diese zur Erfüllung ihrer Aufgaben benötigen. ²Die betreffenden Stellen und Personen dürfen diese Daten und nach näherer Bestimmung

durch Rechtsverordnung gemäß § 6 Abs. 1 Nr. 1 Buchstabe k die bei der Erfüllung ihrer Aufgaben anfallenden Daten verarbeiten und nutzen.

(15) ¹Wer zur Ausbildung, zur Ablegung der Prüfung oder zur Begutachtung der Eignung oder Befähigung ein Kraftfahrzeug auf öffentlichen Straßen führt, muss dabei von einem Fahrlehrer im Sinne des Fahrlehrergesetzes begleitet werden. ²Bei den Fahrten nach Satz 1 sowie bei der Hin- und Rückfahrt zu oder von einer Prüfung oder einer Begutachtung gilt im Sinne dieses Gesetzes der Fahrlehrer als Führer des Kraftfahrzeugs, wenn der Kraftfahrzeugführer keine entsprechende Fahrerlaubnis besitzt.

Begr zur Neufassung durch ÄndG v 24. 4. 1998 (BRDrucks. 821/96):

Zu Abs 1: *Absatz 1 übernimmt den bisher in § 2 Abs. 1 Satz 1 und Abs. 2 enthaltenen Grundsatz der Fahrerlaubnis- und Führerscheinpflicht. Zur Vereinfachung erhält die zuständige Behörde die Bezeichnung „Fahrerlaubnisbehörde".*

Die Fahrerlaubnis wird in Klassen erteilt, deren Einteilung wie bisher schon durch Verordnung geregelt wird. ...

Zu Abs 2 Satz 1. Zu Nr. 1: *Neu ist das Erfordernis eines **ordentlichen Wohnsitzes** des Bewerbers im Inland (Absatz 2 Satz 1 Nr. 1), das auf der bindenden Regelung in Artikel 7 Abs. 1 Buchstabe b der Zweiten EU-Führerscheinrichtlinie beruht. ...*

Zu Nr 3: *Während in Bezug auf das Erfordernis „Eignung" bisher in § 2 Abs. 1 Satz 2 a. F. lediglich verlangt wurde, dass „nicht Tatsachen vorliegen, die die Annahme rechtfertigen, dass er (der Bewerber) zum Führen von Kraftfahrzeugen ungeeignet ist", das Gesetz also von der Eignung des Bewerbers ausging (Eignungsvermutung) und die Behörde grundsätzlich die Beweislast für die Nichteignung trug, wird nun positiv gefordert, dass der Bewerber geeignet ist. Der Begriff der Eignung ist in **Absatz 4** definiert. Wie die Fahrerlaubnisbehörde die Eignung zu überprüfen und sie der Bewerber nachzuweisen hat, ist in den **Absätzen 6 bis 8** angesprochen und wird im Einzelnen durch Verordnung geregelt. ...*

Die Neuregelung ändert nichts daran, dass der Bewerber einen Rechtsanspruch auf Erteilung der Fahrerlaubnis hat, wenn er die gesetzlichen Voraussetzungen erfüllt.

Ist der Bewerber nur bedingt zum Führen von Kraftfahrzeugen geeignet, kann jedoch durch entsprechende Auflagen und Beschränkungen zur Fahrerlaubnis das sichere Führen der Kraftfahrzeuge gewährleistet werden, so erteilt die Fahrerlaubnisbehörde eine entsprechend modifizierte Fahrerlaubnis. Auch hierauf hat der Bewerber einen Rechtsanspruch. Fälle bedingter Eignung sind nur im Bereich der körperlichen und geistigen Eignung denkbar, etwa wenn es darum geht, bestimmte körperliche Mängel durch Anpassung am Fahrzeug auszugleichen, nicht aber im Bereich der charakterlichen Eignung.

Unter den Begriff der Eignung fällt auch die persönliche Zuverlässigkeit als Ausdruck eines gesteigerten Maßes an charakterlicher Eignung.

Zu Nr. 5: *Bislang umfasste der Begriff „Eignung" zum Führen von Kraftfahrzeugen sowohl die Eignung in körperlicher und geistiger sowie charakterlicher Hinsicht als auch die Befähigung. Da es sich dabei jedoch sachlich um unterschiedliche Elemente mit eigenständiger Bedeutung handelt, sollen Eignung und Befähigung künftig begrifflich getrennt werden (Nummern 3 und 5).*

Zu Abs 7 und 8: *... Mit der Einholung von Auskünften aus den einschlägigen in- und ausländischen Registern sind die wichtigsten Maßnahmen zur Ermittlung der Eignung und Befähigung des Antragstellers genannt. Die Aufzählung ist nicht abschließend. Kommt der Antragsteller der berechtigten Anordnung der Fahrerlaubnisbehörde, ein Gutachten oder Zeugnis beizubringen, nicht nach, so kann die Behörde daraus auf die fehlende Eignung oder Befähigung schließen.*

Zu Abs 9: *Neu ist die aus Gründen des Datenschutzes in **Absatz 9** erfolgende Regelung, wonach die dort genannten Unterlagen nach Ablauf von zehn Jahren, beginnend mit dem Erlass der Entscheidungen, deren Vorbereitung sie dienen, zu vernichten sind. Sind die Unterlagen von Bedeutung für Entscheidungen, die im Verkehrszentralregister oder im Zentralen Fahrerlaubnisregister einzutragen sind, z. B. die Entziehung einer Fahrerlaubnis (VZR) oder eine Beschränkung einer Fahrerlaubnis (ZFER), müssen sie so lange aufbewahrt werden wie die Entscheidungen im Register stehen. Voraussetzung für die Vernichtung ist, dass dies mit angemessenem Aufwand möglich ist. Andernfalls tritt an ihre Stelle die Sperrung der in den Unterlagen befindlichen Daten.*

Zu Abs 10: *In **Absatz 10** wird, ebenfalls den bestehenden Bestimmungen entsprechend, die Berechtigung von Bundeswehr, Bundesgrenzschutz* und Polizei verankert, in eigener Zuständigkeit Fahrerlaubnisse zu erteilen (Dienstfahrerlaubnisse). Bundesbahn und Bundespost erteilen auf Grund der Privatisierung*

---

* Jetzt: Bundespolizei.

Fahrerlaubnis und Führerschein § 2 StVG I

keine Fahrerlaubnisse mehr. Die Erteilung richtet sich nach den allgemeinen Bestimmungen, wobei entsprechende Regelungen in der Verordnung auch Abweichungen zulassen können, wenn dies auf Grund der Aufgaben der genannten Stellen erforderlich ist. Während bisher Dienstfahrerlaubnisse sowohl zum Führen von Dienstfahrzeugen als auch zum Führen von Privatfahrzeugen berechtigten und daneben zusätzlich auf Grund der Dienstfahrerlaubnis eine allgemeine Fahrerlaubnis für Privatfahrzeuge erteilt wurde, sollen künftig Dienstfahrerlaubnisse auf das Führen von dienstlichen Kraftfahrzeugen beschränkt werden. Dies ist notwendig, weil nach der Zweiten EU-Führerscheinrichtlinie jede Person nur Inhaber einer Fahrerlaubnis und eines Führerscheins zum Führen von privaten Kraftfahrzeugen sein darf. Nach wie vor kann die Probezeit nach den Regelungen für die Fahrerlaubnis auf Probe auch mit einer Dienstfahrerlaubnis absolviert werden. Auch wird auf Grund von Dienstfahrerlaubnissen nach wie vor ohne erneute Ausbildung, Prüfung etc. eine allgemeine Fahrerlaubnis der betreffenden Klasse für das Führen ziviler Fahrzeuge erteilt. Dienstfahrzeuge sind Fahrzeuge, deren Halter der Dienstherr ist.

Zu Abs 11: *Nach* **Absatz 11** *sind auch Inhaber* **ausländischer Fahrerlaubnisse** *zum Führen von Kraftfahrzeugen im Inland berechtigt. Das Nähere sollen die Verordnung über internationalen Kraftfahrzeugverkehr und die Fahrerlaubnisverordnung regeln. Inhaber einer Fahrerlaubnis aus einem Mitgliedstaat der Europäischen Union oder einem anderen EWR-Staat, die ihren ordentlichen Wohnsitz in die Bundesrepublik Deutschland verlegen, können auf Grund der Zweiten EU-Führerscheinrichtlinie künftig mit ihrer mitgebrachten Fahrerlaubnis hier grundsätzlich unbefristet ein Kraftfahrzeug führen und müssen sie nicht in eine deutsche Fahrerlaubnis „umtauschen". (Ein Umtausch auf freiwilliger Basis ist nach wie vor möglich). ...*

Zu Abs 12: *Hinzuweisen ist auch auf die Regelung in § 2 Abs. 12, nach der die Polizei Tatsachen, die Bedenken gegen die Eignung einer Person zum Führen von Kraftfahrzeugen begründen, den Fahrerlaubnisbehörden mitteilen. Zu solchen Tatsachen zählen insbesondere Anzeichen für Alkoholmissbrauch sowie Anzeichen für die Einnahme und den Besitz von Drogen. Die Vorschrift soll in das Straßenverkehrsgesetz aufgenommen werden, weil die Zulässigkeit solcher Datenübermittlungen nach den polizeilichen Landesgesetzen unterschiedlich beurteilt wird, sie jedoch aus Gründen der Verkehrssicherheit unerlässlich sind. Mitgeteilt werden soll nicht jede Eignungsbedenken begründende Tatsache (z. B. der bei einem Verkehrsunfall gebrochene Arm), sondern nur solche, die den Verdacht auf andauernde Ungeeignetheit nahelegen.*

Zu Abs 14: **Absatz 14** *schafft die Berechtigung zur Übermittlung der jeweils zur Aufgabenerfüllung notwendigen Daten zwischen Fahrerlaubnisbehörden einerseits und den Stellen und Personen, die die Eignung oder Befähigung einer Person zu beurteilen haben, andererseits. Die genannten Stellen und Personen dürfen die Daten nur während der Zeit der Begutachtung speichern, nicht jedoch auf Dauer.*

Zu Abs 15: **Absatz 15** *entspricht im Wesentlichen dem bisherigen § 3. Neu ist lediglich, dass auch bei Begutachtungen der Befähigung, z. B. von Fahrerlaubnisinhabern an deren Befähigung Zweifel bestehen, die Begleitung durch einen Fahrlehrer vorgeschrieben wird. Dies stand bisher nur in der Straßenverkehrs-Zulassungs-Ordnung.*

Begr zum ÄndG v 19. 3. 01 (VkBl **01** 262):

Zu Abs 12: *Das bislang in § 2 Abs. 12 Satz 2 enthaltene Beispiel („insbesondere weil die betreffende Person keine Fahrerlaubnis besitzt oder beantragt hat") wird gestrichen, weil es nicht nur überflüssig ist, sondern auch die inhaltliche Bedeutung dieser Bestimmung ungerechtfertigt und unzulässig verkürzt.*

Bekannt gewordene und von der Polizei an die Fahrerlaubnisbehörde mitgeteilte Tatsachen, die auf Eignungsmängel schließen, sind nicht nur von Bedeutung für das Führen von fahrerlaubnispflichtigen Kfz, sondern auch für das Führen von fahrerlaubnisfreien Fahrzeugen (insbesondere für Mofas [§ 4 der Fahrerlaubnis-Verordnung – FeV]). Insbesondere bekannt gewordene Eignungsmängel, die auf Alkohol- oder Drogengenuss beruhen, können für die Frage der Eignung beim Führen fahrerlaubnisfreier Fahrzeuge von großer Bedeutung sein. In diesem Zusammenhang sei auch darauf hingewiesen, dass seit langem die Rechtsprechung für das Fahren mit führerscheinfreien Mofas wie auch mit Fahrrädern Grenzwerte für die absolute Fahruntüchtigkeit festgelegt hat.

Deshalb bildet die bisherige Fassung des § 2 Abs. 12 Satz 2 mit der Aussage, dass die mitgeteilten Informationen zur Eignungsbeurteilung nicht erforderlich seien, wenn die betreffende Person keine Fahrerlaubnis besitzt oder beantragt hat, eine nicht sachgerechte und daher unzulässige Verkürzung. ...

Begr zum ÄndG v 3. 5. 05 (VkBl **05** 435): **Zu Abs 15:** *Es wird klargestellt, dass der Fahrlehrer auch bei der Hin- und Rückfahrt von der Fahrerlaubnisprüfung sowie bei der Hin- und Rückfahrt zu Begutachtungen der Eignung oder Befähigung der verantwortliche Fahrzeugführer ist, wenn der Betroffene keine Fahrerlaubnis besitzt. ... Die Hinfahrt zur Prüfung wurde bisher als Ausbildungsfahrt angesehen .... Hat der Prüfling die Prüfung nicht bestanden, so kann er in Begleitung des Fahrlehrers im Rahmen einer Ausbildungsfahrt das Fahrzeug zurückfahren. Hat der Prüfling die Prüfung bestanden und händigt*

1 StVG § 2 I. Verkehrsvorschriften

ihm der amtlich anerkannte Sachverständige oder Prüfer sogleich den Führerschein aus, so kann er die Fahrt als Inhaber der Fahrerlaubnis ebenfalls durchführen. Ist die Prüfung jedoch bestanden, wird aber der Führerschein noch nicht ausgehändigt, weil z. B. das Mindestalter noch nicht erreicht ist oder weil der Bewerber mehrere Fahrerlaubnisklassen in kurzem zeitlichen Abstand erwerben will und aus Kostengründen auf das Ausstellen mehrerer Führerscheine verzichtet, so war bisher unklar, ob die Rückfahrt als Fahrt zum Zwecke der Ausbildung oder zum Zwecke der Prüfung im Sinne des Abs. 15 Satz 1 durchgeführt werden darf, obwohl ja die Prüfung als solche bereits bestanden ist, oder ob in diesem Fall eine entsprechende Rückfahrt rechtlich nicht zulässig ist. ...

Übersicht

Abstinenz 17 j
Alkohol 16
Altersabbau 9
Anerkannte Stellen für Eignungsprüfung 24
Antragstellung 29
Ärztliches Gutachten 21
Aufklärungsmaßnahmen der Fahrerlaubnisbehörde 21
Auflagen 18
Ausbildung 5
Ausländische Fahrerlaubnis 38
Ausnahmen vom Fahrerlaubniszwang 35

Bedenken gegen die Eignung oder Befähigung 20
Bedingte Eignung 18
Befähigung 5
Befristete Fahrerlaubnis 34
Begutachtungsstelle für Fahreignung 22
Beschränkte Fahrerlaubnis 18
Betäubungsmittel 17 ff

Cannabis 17 c ff
Charakterliche Mängel 12 ff
Charaktertest 16

Datenschutz 25
Datenübermittlung 25
Dienstfahrerlaubnis 30
Drogen 17 ff

Eignung zum Führen von Kfzen 7 ff
–, Bedenken gegen 20
–, bedingte 18
Eignungsmängel 8 ff
–, charakterliche 12 ff
–, geistige 11
–, körperliche 8 ff
Erklärung über Nichtbesitz einer FE 4, 29
Ermittlungen der Fahrerlaubnisbehörde 19
Erste Hilfe 27
EU-Fahrerlaubnis 38

Fahrerlaubnis 1
– aus EU-/EWR-Staaten 38
– eines EU- oder EWR-Staates, keine 4
–, ausländische 38
–, befristete 34
–, beschränkte 18
–, Erteilung 34
–, Geltung im Ausland 33
Fahrgastbeförderung 28
Fahrlehrer 41 ff
–, Sorgfaltspflicht 45
–, Verantwortlichkeit bei der Fahrprüfung 44
–, Verantwortlichkeit gegenüber den Verkehrsteilnehmern 42
Fahrprüfung 44

Fahrzeugführer 40
Frist für Gutachtenbeibringung 23
Führerschein 37
Führerscheinklausel 47

Geistige Mängel 11
Gesundheitsfragebogen 19
Gutachten 21 ff
– einer Begutachtungsstelle für Fahreignung 22
– eines Sachverständigen oder Prüfers 22
–, ärztliches 21
–, Frist für Beibringung 23
–, medizinisch-psychologisches 22
–, Weigerung des FEBewerbers 23

IntVO 38

Körperliche Mängel 8 ff
Kraftfahrzeugführer 2
Krankheit 10

Medizinisch-psychologisches Gutachten 22
Methadon 17 k
Mitverantwortlichkeit des Fahrschülers 43
Mofa 6

Ordentlicher Wohnsitz 3

Polizei, Datenübermittlung durch die – 25
Prüfung 5
Psychologischer Test 22

Rauschgift 17 ff
Registerauskünfte 19, 26
Registrierung 39
Rückfahrt nach Prüfung oder Begutachtung 40

Schüler 40
Schutzgesetz 46
Strafbestimmung 48
Straftaten, erhebliche oder wiederholte 12 ff

Trunkenheit 16

Übermittlung von Daten 25
Übungs- und Prüfungsfahrten 40 ff, 46
Unfallhilfe 27
Untersuchungsumfang 22

Verkehrsrechtliche Vorschriften, Verstöße 13
Vernichtung von Unterlagen und Daten 25, 26
Verstöße gegen verkehrsrechtliche Vorschriften oder Strafgesetze 13
Voraussetzungen für die Erteilung 3
Vorstrafen 12 ff

Weigerung, Gutachten beizubringen 23
Wohnsitz, ordentlicher 3

Zivilrecht 46
Zuständige Behörde 36

Fahrerlaubnis und Führerschein § 2 StVG **1**

1. Eine **Fahrerlaubnis** (begünstigender Verwaltungsakt, BGH NJW **69** 1213) braucht, wer **1** im StrV Kfze führen will. Zwar ist das Recht, im öffentlichen StrV Kfze zu führen, Bestandteil des in Art 2 I GG garantierten Grundrechts auf Handlungsfreiheit, BVerfG NJW **02** 2378, jedoch darf dieses Recht zum Schutz anderer Rechtsgüter beschränkt werden, BVerfG NJW **02** 2378. Abs I Satz 1 ist daher mit dem GG vereinbar. Dass die FE von der Eignung abhängt, beruht auf der Ordnungsvorstellung, dass die VSicherheit Festlegung einer prinzipiellen FEPflicht erfordert, BVerfG VRS **56** 407. Die FE ist vielfach existenznotwendig, zumindest eine Frage zweckmäßiger Lebensgestaltung, s BVerfG NJW **02** 2380. Dies ist stets angemessen zu berücksichtigen (s auch **E** 2). Hinsichtlich der Fahrerlaubnisklassen (FEKl) folgt das deutsche FERecht der durch die 2. EG-FSRichtlinie (Richtlinie des Rates 91/439/EWG v 29. 7. 91, ABl EG **91** Nr L 237/1 = StVRL § 6 FeV Nr 1) vorgeschriebenen Einteilung. **Erteilt** wird die FE idR durch Aushändigung des FS, § 22 IV S 7 FeV.

2. Kraftfahrzeugführer. Führer ist, wer das Kfz verantwortlich in Bewegung setzt (Brn **2** VRS **106** 426, Dü VersR **93** 302), es unter Handhabung seiner technischen Vorrichtungen während der Fahrtbewegung lenkt, anhält, parkt oder nach Fahrtunterbrechung weiterfährt. S § 21 Rz 10, § 23 StVO und § 316 StGB Rz 3. Vorgänge nach Beendigung der Fahrt, Abstellen des Motors und Verlassen des Kfz gehören nicht mehr dazu (Kar NZV **06** 441). Im Allgemeinen ist Führer der FzLenker, auch der unbefugte, nicht ein bloßer Helfer beim Sichern des Fz (BGH VersR **69** 895). Gibt im Auftrag des Fahrers eine Begleitperson Warnzeichen (§ 16 StVO), so wird sie dadurch nicht Führer. Arbeitsteiliges Führen ist möglich, wenn sich mehrere Personen essentielle Funktionen zum Steuern des Fz teilen. Nach Abs 15 S 2 gilt der **Fahrlehrer als FzF** bei Ausbildungs-, Prüfungs- und Begutachtungsfahrten. Diese gesetzliche Fiktion hat (nur) die Funktion, bei solchen Fahrten trotz Fehlens einer FE über § 21 hinwegzuhelfen und die Haftung des Fahrschülers als FzF nach § 18 zu vermeiden. Der Fahrschüler ist aber nicht jeder zivilrechtlichen Haftung enthoben (Rz 43). Für die Beurteilung einer Strafbarkeit nach §§ 315c, 316 StGB, § 24a StVG kommt es darauf an, wer das Fz eigenhändig geführt hat, nicht auf die Fiktion des Abs 15 S 2 (Dr NJW **06** 1013 [zust Anm *König* DAR **06** 161, *Joerden* BA **06** 316], *König* DAR **03** 448, *Joerden* BA **03** 104, *Thiele* DAR **06** 368, aA AG Cottbus DAR **03** 476). Bei den Erfolgsdelikten (§§ 222, 229 StGB) entscheiden die allgemeinen Regeln. Auch bei den auf das Fahren bezogenen OW (zB Geschwindigkeit, Abstand, Vorfahrt) wird man Abs 15 S 2 keine Freistellung des Fahrschülers von jeglicher Verantwortung entnehmen können.

3. Die Voraussetzungen für die Erteilung der FE fasst Abs II in den Nrn 1–7 zusammen. **3** Nur wer einen **ordentlichen Wohnsitz** iS des Art 9 der Richtlinie 91/439/EWG über den Führerschein (im Folgenden: „2. EG-FSRichtlinie") im Inland hat, erhält eine deutsche FE. Das Erfordernis beruht auf Art 7 I b der Richtlinie. Nach Art 9 I der Richtlinie, auf den § 2 II Nr 1 ausdrücklich Bezug nimmt, gilt: Der ordentliche Wohnsitz ist dort, wo der *„Führerscheininhaber"*, hier also der FEBewerber, mindestens 185 Tage im Kalenderjahr wegen persönlicher und beruflicher Bindungen wohnt. Bei fehlenden beruflichen Bindungen genügt es, dass persönliche Bindungen enge Beziehungen zum Wohnort erkennen lassen. Hält sich der FEBewerber abwechselnd in verschiedenen EU-Mitgliedstaaten auf, so ist für den ordentlichen Wohnsitz der Ort seiner persönlichen Bindungen maßgebend, sofern er regelmäßig dorthin zurückkehrt. Kehrt er nicht regelmäßig zurück, so bleibt der Ort der persönlichen Bindungen dennoch ordentlicher Wohnsitz, falls er sich in einem anderen Mitgliedstaat zur Ausführung eines Auftrags von bestimmter Dauer aufhält (Art 9 II 2 der Richtlinie). Diesen Kriterien für den Begriff des „ordentlichen Wohnsitzes" entspricht die Regelung in § 7 I FeV. Nach der Fiktion des Art 9 II 3 der 2. EG-FSRichtlinie hat der Besuch einer Universität oder Schule keine Verlegung des ordentlichen Wohnsitzes zur Folge. Diese Fiktion kann allerdings trotz der Formulierung von Abs 2 S 1 Nr 1 auf FEBewerber aus Drittländern keine Anwendung finden. Anderenfalls könnte zB ein Studierender aus einem Drittland keine deutsche FE erhalten, selbst wenn er sich seit mehr als 6 Monaten (§ 29 I 3 FeV) oder mehr als 1 Jahr (§ 29 I 4 FeV) hier aufhält und damit seine Berechtigung zur Teilnahme am fahrerlaubnispflichtigen Verkehr mit der ausländischen FE gem § 29 FeV erloschen ist. Davon geht auch die Vorschrift des § 7 II und III FeV aus, indem sie die Wohnsitzfiktion bei Schul- oder Hochschulbesuch ausdrücklich auf EU/EWR-Staaten beschränkt.

Die FE wird nur erteilt, wenn das **Mindestalter** erreicht ist (Abs II Nr 2) und wenn der **4** Bewerber **keine FE eines EU- oder EWR-Staates** der entsprechenden Klasse besitzt (Abs II Nr 7). Darüber muss der Antragsteller bei der FEB eine Erklärung abgeben (Abs VI S 2),

Dauer 47

s Rz 29. Ermittlungen der FEB hierzu: Abs VII S 1, § 22 II FeV. Als zusätzliche Voraussetzungen für die Erteilung der FE bestimmter FEKlassen können auf Grund der Ermächtigung des Abs II durch RVO festgelegt werden: **Vorbesitz** oder **Fahrpraxis** in anderen Klassen (s zB § 9 FeV) sowie auf Grund der Ermächtigung des Abs III S 4 (Personenbeförderung) **Ortskenntnisse** (s zB § 48 IV Nr 7 FeV).

5 **4. Befähigung und Prüfung.** Zutreffend unterscheidet § 2 idF v 24. 4. 1998 zwischen der **Befähigung** und der Eignung zum Führen von Kfzen. Die in der praktischen und theoretischen FEPrüfung nachzuweisenden Fähigkeiten und Kenntnisse betreffen nicht die Eignung, sondern die Befähigung. Damit ist die abw frühere Rspr (zB BVerwG NJW **82** 2885, VRS **66** 305) überholt. Die FEErteilung setzt gem Abs II Nr 5, Abs V einen entsprechenden Nachweis voraus. Dazu gehören ausreichende Kenntnisse der beim KfzFühren zu beachtenden Vorschriften, der Gefahrenabwehr, der umweltbewussten und energiesparenden Fahrweise, die Fähigkeit zur Umsetzung dieser Kenntnisse sowie ausreichende technische Kenntnisse und Fertigkeiten zur sicheren FzFührung. Die **Befähigungsprüfung** (§§ 15 ff FeV) erstreckt sich auf die Kenntnis der VVorschriften, der Gefahrenlehre, der umweltbewussten und energiesparenden Fahrweise (Fahren ohne „Bleifuß", mit angepasst niedrigsten Drehzahlen, Ausnutzung etwa noch vorhandener „grüner Wellen") und auf die zur sicheren Führung des Kfz erforderlichen Fähigkeiten und technischen Kenntnisse. Der Bewerber muss nachweisen, dass er seine Kenntnisse im Verkehr anzuwenden versteht. Abzulegen ist diese Prüfung nach Maßgaben der FeV. Die Prüfung der Kenntnisse energiesparender Fahrweise ist Bestandteil der theoretischen (§ 16 I Nr 1 FeV) und der praktischen (§ 17 I S 1 FeV) Prüfung. Durchführung der Fahrerlaubnisprüfung nach Anl 7 zur FeV und nach der Prüfungsrichtlinie VkBl **04** 130, 381, 613 = StVRL § 15 FeV Nr 1. Neben der Prüfung setzt die Erteilung der FE eine vorherige **Ausbildung** nach dem FahrlG und den auf ihm beruhenden Vorschriften voraus (Abs II Nr 4). Ist sie nicht nachgewiesen, so hat die FEErteilung zu unterbleiben, gleichviel, ob der Bewerber über die Befähigung zum Führen von Kfzen verfügt oder nicht.

6 Die Prüfung für die Führer von **Mofas** beschränkt sich auf Vorschriften- und Gefahrenkenntnis (§ 5 FeV). **Ohne nochmalige Prüfung** kann die FE in den Fällen der §§ 20 II, 27 I Nr 3, 30 I Nr 3, 31 I Nr 3 FeV erteilt werden.

7 **5. Eignung zum Führen von Kfzen** setzt die FEErteilung gem Abs 2 S 1 Nr 3, Abs 4 voraus (s § 11 bis 14 FeV). Im Gegensatz zum früheren Recht (§ 2 I 2 alt) besteht keine Eignungsvermutung mehr, falls nicht Tatsachen die Annahme fehlender Eignung rechtfertigen; vielmehr wird das Vorliegen der Eignung vom Gesetz positiv als Voraussetzung für die FEErteilung gefordert. Nichtfeststellbarkeit der Eignung geht also zu Lasten des Bewerbers (OVG Münster NJW **07** 2938, VG Saarlouis BA **08** 336, *Gehrmann* NJW **98** 3534, 3536 f, NZV **03** 16, *Jagow* DAR **98** 186, 187, *Weibrecht* BA **03** 131, *Petersen* ZfS **02** 56, 57, *Gehrmann/Undeutsch* Rz 520, aM *R. Schneider* VGT **02** 122). Die Eignung umfasst gem Abs 4 die körperliche und geistige Fahrtauglichkeit sowie die charakterliche Zuverlässigkeit. Körperliche und geistige Fahrtauglichkeit als gesetzlicher Begriff ist keine genormte, nachprüfbare Funktion im naturwissenschaftlichen Sinn, sondern das Intaktsein einer Summe biologischer Funktionen (*Spann* DAR **80** 312), bezogen auf ständig wechselnde äußere Umstände und Verhältnisse. Die Eignung zum Führen von Kfzen kann durch körperliche, geistige oder charakterliche (sittliche) Mängel beschränkt oder ausgeschlossen werden. Diese Regelung ist grundgesetzgemäß (BVerfG NJW **67** 29). S § 3 StVG. Aufstellung von körperlichen Mängeln und Erkrankungen, die idR die Eignung beeinträchtigen oder ausschließen: **Anl 4 zur FeV.** Eignungsuntersuchungen für Bewerber der FEKlassen C, C1, D, D1 und der FE zur Fahrgastbeförderung: **Anl 5 zur FeV.**

8 **5 a. Körperliche Mängel.** Die Eignung des Bewerbers wird durch körperliche Mängel ausgeschlossen, die die Fähigkeit beseitigen, ein Kfz sicher zu führen. Das gilt insbesondere für das **Sehvermögen.** Farbsinnstörungen scheiden als Unfallursache im StrV praktisch aus, *Gramberg-Danielsen* ZBlVM **70** 174, DMW **72** 206. Farbenschwäche (Farbenfehlsichtigkeit) lässt sich durch Übung ausgleichen, OVG Münster VRS **9** 382, OVG Lüneburg VkBl **55** 524, VGH Ka NJW **58** 2035 (Grünblindheit), *Ganter* ZBlVM **55** 7. Verwechslungsgefahr besteht auch bei total Farbenblinden praktisch kaum noch; die LichtZ sind genormt, Rot ist stets oben, Grün stets unten (§ 37 StVO), so überzeugend *Booß,* VM **66** 58, aM BVerwG VM **66** 58. Rotblindheit mit einem Anomalquotienten unter 0,5 ist jedoch gem Anl 6 zur FeV unzulässig bei den „Lkw- und Omnibus-Klassen" D und C mit ihren Unterklassen. Herabgesetzte Tagessehschärfe korreliert nicht mit erhöhter Unfallerwartung oder -häufigkeit. Zur Dämmerungssehschärfe

Fahrerlaubnis und Führerschein § 2 StVG **1**

s *Gramberg-Danielsen* DMW **71** 1343, BASt **16** 83. *Aulhorn,* Ermittlung der Tauglichkeitsgrenzen beim Dämmerungssehen (Mesoptometer), ZVS **71** 196. Der Verlust eines Auges stellt die Eignung nicht allgemein in Frage, anders dagegen Gesichtsfeldeinschränkung, wenn dadurch die Mindestanforderungen der Anl 6 zur FeV unterschritten werden, s BVerwG NZV **93** 126. Der Bewerber bei Einäugigkeit den Mangel durch erhöhte Vorsicht auszugleichen, BVerwG VM **66** 58. Bei Einäugigkeit ist gem Anl 6 zur FeV eine zentrale Tagessehschärfe von 0,6 erforderlich. Als einäugig iS dieser Regelung gilt auch, wer auf einem Auge eine Sehschärfe von weniger als 0,2 besitzt. **Gehörlose** oder -behinderte gefährden den Verkehr nicht vermehrt, ZBlVM **70** 11 (Züricher Untersuchungen). Gehörlosigkeit und Schwerhörigkeit schließen nicht grundsätzlich die Eignung aus, VkBl **52** 350, OVG Münster NJW **54** 1543 *(Müller).* S Anl 4 zur FeV Nr 2.

Starker **Altersabbau** kann die Eignung mindern, aber uU durch besondere Fahrerfahrung **9** ausgeglichen werden, BVerwG DAR **75** 139, VRS **30** 386, 388, *Händel* DAR **85** 211, s *Eisenmenger/Bouska* NZV **01** 14, *Langwieder* VGT **85** 136 ff, *Schütz* VGT **95** 55 f, *Himmelreich* DAR **90** 447, NZV **92** 170, *Schlanstein* VD **07** 219. Davon ist mangels VAuffälligkeit auszugehen, BVerwG VM **71** 83. **Hohes Alter** allein ist daher kein Versagungsgrund, VGH Ma NZV **89** 206. EdF wegen Altersabbaus, s § 3 Rz 6. Nach Jahren und Fahrerfahrung ältere Kf haben offenbar weniger Unfälle als zB die Altersgruppe 18–25 Jahre, weil sie größere VErfahrung haben, s *Eisenmenger* VGT **05** 274, BA **02** 57, *Eisenmenger/Bouska* NZV **01** 15, *Heinsius* ZBlVM **69** 166, *Langwieder* VGT **85** 116 (krit zur Kompensationsfähigkeit *Herberg* Verkehrsunfall **92** 271, 274). Das gilt selbst für die Gruppe der über 75jährigen, s *Jagow* VD **92** 218. Einer Untersuchung der Universität Denver/USA zufolge gehören ältere und alte Kf „zu den sichersten" (unfallfreiesten) Kf auf US-Straßen, s VkBl **71** 665. Statistisch erhobene Zahlen weisen die Gruppe der über 65Jährigen als diejenige mit dem geringsten fahreignungsbezogenen Unfallrisiko von allen Altersgruppen aus, s *Eisenmenger* VGT **05** 275. Zur statistischen Unfallbeteiligung älterer VT, s *Schweisheimer* ZVS **71** 30, *Langwieder* VGT **85** 116, *Kammann* VGT **95** 72. Fahruntüchtigkeit im Alter nur bei Leistungsminderung erheblich unterhalb der Norm, der Altersabbau muss sich in deutlichen Ausfallerscheinungen offenbaren, OVG Br VRS **68** 395. Über typische altersbedingte Ausfallerscheinungen, *Wetterling ua* ZfS **95** 161.

Zur Eignung und bedingten Eignung zum Führen von Kfz bei **Krankheit** s Anl 4 FeV. Untauglich ist, wer an einer Krankheit leidet, die seine Fahrtüchtigkeit ständig unter das erforderliche Maß herabsetzt oder Anfallgefahr begründet, Neust VM **57** 6. Ob chronisch Kranke mehr als Gesunde zu bestimmten Unfällen neigen, ist ärztlich nur individuell zu beantworten, s *Müller-Wienand/Wittmann* k + v **70** 233. Schüttellähmung (Parkinsonsche Krankheit) führt in schweren Fällen zur Ungeeignetheit (s Anl 4 zur FeV). Ungeeignetheit können begründen: Wiederholter Ohnmachtsanfall bei begründeter Wiederholungsgefahr, OVG Schl DAR **94** 40; Schwächeanfälle ohne aufklärbare Ursache, BVerwG NJW **65** 1098; wiederholte, anfallartig auftretende Bewusstseinsstörungen, OVG Lüneburg ZfS **93** 393; Krankheitsphasen, die unvorhergesehen und plötzlich wieder auftreten können, auch bei Anordnung einer Nachuntersuchung nach bestimmten Fristen, BVerwG DAR **57** 55, ZBlVM **69** 189 (plötzlicher, behandlungsbedürftiger Erregungszustand; uU Tragen von Herzschrittmachern, VG Dü DAR **75** 53; Fälle, in denen mit Ausbrechen einer geistigen Erkrankung jederzeit gerechnet werden muss (Reste hypochondrischer Schizophrenie); die Auflage, sich regelmäßig fachärztlich untersuchen zu lassen, böte keinen Schutz, BVerwG DAR **65** 164. Zur Beurteilung von Neurosen im Rahmen der Fahrtauglichkeit, OVG Br VRS **57** 227. Verlangsamtes Denken und verlangsamte Reaktion können fahrunfähig machen, entgegen OVG Berlin VRS **42** 236 aber nur bei einiger Erheblichkeit. Ein Hirnverletzter ist noch geeignet, wenn er die Ausfälle durch Vorsicht und Umsicht ausgleichen kann und ausgleicht, OVG Münster VRS **6** 227 (s dazu Anl 4 zur FeV). Hier ist die Frage der Fahrtauglichkeit stets ein wesentlicher Gesichtspunkt auch der Rehabilitation; jeder Fall ist unschematisch sorgfältig zu beurteilen, s auch *Lewrenz/Friedel,* Verkehrsmedizin S 105 f. Soweit das Diabetes-Risiko im StrV ausgleichbar ist, setzt dies in besonders ausgeprägtes Verantwortungsbewusstsein voraus, OVG Br DAR **74** 307. Gut eingestellte Diabetiker, die sich an die ärztlichen Vorschriften halten, sind nicht fahrbeeinträchtigt (Anl 4 zur FeV), *Lewrenz/Friedel,* Verkehrsmedizin S 135, arzt + auto **88** H 5 S 14, VGH Ma NZV **91** 287. Schwere Diabetes (90% Erwerbsminderung, notwendige Begleitperson) macht idR fahruntüchtig, OVG Berlin VM **67** 51, insbesondere bei Neigung zu schweren Stoffwechselentgleisungen (Anl 4 zur FeV), *Lewrenz/Friedel,* Verkehrsmedizin S 137. Bei Epilepsie ist nach ärztlicher Erkenntnis sorgsam zu unterscheiden, *Lund,* Nervenarzt **67** 61, *Janz,* Nervenarzt **67** 67, DMW **67** 1839, *Warzelhan/Krämer* NJW **84** 2620, s dazu *Laubichler* BA **92** 139. Epilepsie mit sog. „großen

Dauer

1 StVG § 2   I. Verkehrsvorschriften

Krampfanfällen" führt zur Kraftfahrungeeignetheit, OVG Lüneburg DAR **88** 430. 14 tägliche Epilepsieanfälle, auch bisher nur nachts, reichen für die Annahme von Ungeeignetheit aus (s Anl 4 zur FeV), VG Kassel DMW **67** 2285. Anfallfreiheit kann bei Anfallsleiden, die an bestimmte Bedingungen geknüpft waren, nur dann die Annahme wieder bestehender Kraftfahreignung begründen, wenn auch diese Bedingungen nachweislich nicht mehr gegeben sind, Ko ZfS **82** 255 (durch Alkohol beeinflusste Epilepsie). Weit unterdurchschnittliches Beobachtungs- und Reaktionsvermögen macht fahruntauglich, VGH Ka VM **72** 10. Außergewöhnlich Schreckhafte sind fahruntauglich, Ha VRS **17** 440. Bei Schlafstörungen liegt Nichteignung zum Führen von Kfz erst dann vor, wenn eine messbare auffällige Tagesschläfrigkeit festgestellt wird (Nr 11.2 Anl 4 FeV). Durch ÄndVO v 6. 6. 07 (BGBl I 1045, Begr VkBl **08** 253) wurde Anl 5 FeV so geändert, dass sich die regelmäßigen ärztlichen Untersuchungen von Lkw-, Bus- und Taxifahrern auch auf „Erkrankungen mit erhöhter Tagesschläfrigkeit (z. B. Schlafstörungen)" erstrecken (s dazu BT-Drs 16/5344 v 14. 5. 07).

    Lit: Begutachtungs-Leitlinien zur Kraftfahrereignung des Gemeinsamen Beirats für VMedizin, herausgegeben v der Bundesanstalt für Straßenwesen, 6. Aufl, 2000. *Bode,* Rechtsgrundsätze für die Beurteilung der Eignung zum Führen von Kfzen, ZVS **87** 50. *Derselbe,* Erprobung des Kf bei unsicherer Prognose, BA **89** 150. *Eisenmenger/Bouska,* Sind von einer regelmäßigen und obligatorischen Gesundheitsüberprüfung aller FEInhaber wesentliche Vorteile für die VSicherheit zu erwarten?, NZV **01** 13. *Gehrmann,* Die neuen Begutachtungsrichtlinien zur Kraftfahreignung, NZV **00** 445. *Derselbe,* Bedenken gegen die Kraftfahreignung und Eignungszweifel in ihren grundrechtlichen Schranken, NZV **03** 10. *Gramberg-Danielsen,* Ausfälle im optischen Funktionskreis und Verwaltungsrecht, DAR **69** 36. *v. Hebenstreit,* Die Eignung zum Führen von Kfzen, VGT **77** 31. *Herner,* Auswirkung von Krankheit und anderen Gesundheitsstörungen auf die Verkehrssicherheit, ZBlVM **68** 140. *Himmelreich,* Verwaltungsrechtliche Einzelaspekte im Hinblick auf die Nichteignung zum Führen von Kfzen, DAR **84** 207. *Himmelreich/Janker/Karbach,* Fahrverbot, FEEntzug und MPU-Begutachtung im Verwaltungsrecht, 8. Aufl. 2007. *Hoffmann ua,* Kreislaufuntersuchungen bei KfzFührern unter variierten Fahrbedingungen, ZBlVM **70** 192. *Jagow,* Eignung zum Führen von Kfzen, VD **98** 241. *Laubichler,* FS und Epilepsie, BA **92** 139. *Spiecker,* Verhalten Farbsinngestörter im StrV, Berichte der ophtalmologischen Gesellschaft **66** 186. *Warzelhan/Krämer,* Führerschein und Epilepsie, NJW **84** 2620. *Weibrecht,* Zweifel an der Fahreignung: Nachweisfragen und MPU, VD **03** 35, BA **03** 130. *Weigelt ua,* Zur bedingten Eignung in der Fahreignungsbegutachtung, NZV **91** 55. **Weitere Lit:** s § 11 FeV Rz 21.

11   **5 b. Geistige Mängel** und psychische Störungen (s Anl 4 zur FeV) können ungeeignet zum Führen machen, besonders organische Geisteskrankheiten und schwere Nervenleiden, BVerwG DVBl **63** 568, JR **64** 72, wiederholte Ohnmacht, VGH Kar VAE **40** 182, fortgeschrittene Cerebralsklerose, VGH Ka DAR **64** 255, Schwachsinn erheblicheren Grades, BVerwG VM **66** 33, s *Muggler-Bickel* ZVS **88** 111, schwere Depression oder psychische Auffälligkeiten durch aggressives oder andere Menschen bedrohendes Verhalten (auch außerhalb des StrV), VGH Ma NZV **92** 502. Keine Fahreignung mehr bei Psychosen, die das Realitätsurteil und die körperliche Leistungsfähigkeit erheblich beeinträchtigen, VGH Ka VM **80** 86. Paranoide, schubweise verlaufende Schizophrenie schließt jede FE aus, auch eine örtlich beschränkte für Kleinkrafträder und FmH (FEKl M), VGH Ma Justiz **74** 271. Ist mit Ausbruch einer Geisteskrankheit jederzeit zu rechnen (Reste hypochondrischer Schizophrenie), so besteht Ungeeignetheit, die nicht durch die Auflage regelmäßiger fachärztlicher Untersuchung behebbar ist, BVerwG JR **66** 114. **Analphabetismus** allein schließt die Kraftfahreignung nicht aus, OVG Münster DAR **74** 335.

12   **5 c. Mängel in sittlicher (charakterlicher) Beziehung.** Persönliche Zuverlässigkeit ist Bestandteil der Eignung (Abs 4 S 1). Die Eignung zum Führen eines Kfz setzt einigermaßen angepasste sittliche Reife voraus. Bei dieser Beurteilung hat jedes Moralisieren zu unterbleiben. Die Beurteilung der charakterlichen Eignung zum Führen von Kfz setzt eine umfassende **Würdigung der Gesamtpersönlichkeit** des FEbewerbers (-Inhabers) voraus (VG Neustadt NJW **05** 2471), allerdings beschränkt auf solche Tatsachen, die für die Kraftfahreignung bedeutsam sind, s § 11 FeV Rz 14. Schwere Mängel in sittlicher Hinsicht können zum Führen ungeeignet machen. Diese können sich vor allem in erheblichen oder wiederholten **Verstößen gegen VVorschriften oder Strafgesetze** offenbaren (Abs 4 S 1, § 11 I 3 FeV, s Rz 13). Berücksichtigung des Sachverhalts früherer Bußgeld- oder Strafverfahren: § 29 StVG Rz 2 ff. Die Einschränkung des Verwertungsverbots des § 51 I BZRG durch § 52 II ist bei Verpflichtungsklagen zur FE-Erteilung auch noch vom Revisionsgericht zu berücksichtigen (BVerwG VRS **52** 393). Auf eine statistisch gesicherte Wechselbeziehung zwischen aggressiver Kriminalität und VDelinquenz weist *Moser* BA **83** 465 hin, s auch *Schöch* NStZ **91** 12. **Charakterliche Eignungsmängel** sind auch etwa: besonders starke emotionale Unausgeglichenheit; dauernde affektive Gespanntheit; unbeherrschte impulsive, egozentrische Haltung ohne soziale Angepasstheit; mangelnde Persönlichkeitsreife, die sich in Verantwortungslosigkeit ausprägt; uU Psychopathie, die das Kfz als Abreaktionsmittel benutzt. Unfähigkeit zur sozialen Anpassung, einwandfrei festgestellt, lässt Gefährdungsrückschluss zu (OVG Münster DAR **76** 221).

Erhebliche oder wiederholte Verstöße gegen verkehrsrechtliche Vorschriften führen **13** zur Kraftfahrungeeignetheit (Abs 4 S 1, § 11 I 3 FeV), wenn sie die Befürchtung rechtfertigen, der Kf werde erneut in schwerwiegender Weise solche Vorschriften verletzen und dadurch für die Allgemeinheit zur Gefahr (BVerwG NZV **96** 84, *Mahlberg* NZV **92** 10). Der in Abs 4 (und in § 11 I FeV) gebrauchte Begriff *erheblich* ist nicht ohne weiteres mit schwerwiegend gleichzusetzen; vielmehr ist er bezogen auf die Kraftfahreignung. Zuwiderhandlungen, die in Bezug auf die Eignung zum Führen von Kfzen unerheblich sind, rechtfertigen, auch wenn sie schwerwiegend sind, nicht die Versagung der FE wegen Ungeeignetheit. Namentlich kann grobe und nachhaltige Verletzung der VSicherheit die Ungeeignetheit dartun, besonders, wenn auch nicht stets und ohne Schematismus, Verstöße gegen § 315c I Ziff 2 StGB. Bloße Formalverstöße, die den Verkehr unberührt lassen, reichen in aller Regel nicht aus. Eine Vielzahl geringfügiger Verstöße kann charakterliche Ungeeignetheit aufzeigen (BVerwG VRS **45** 234, OVG Lüneburg NJW **00** 685 [Anm *Kramer* DAR **00** 135], OVG Br VRS **56** 394, VG Mü DAR **07** 167), auch bei hoher jährlicher Fahrleistung (BVerwG VM **74** 25, NZV **88** 80), jedoch nicht solche des „äußersten Bagatellbereichs", die nur durch Verwarnung gerügt worden sind (s BVerwG VRS **45** 234, *Geiger* DAR **01** 490). Verwarnungen und nicht eintragungsfähige Geldbußen haben bei der Eignungsprüfung außer Betracht zu bleiben (BVerwGE **42** 206 = NJW **73** 1992, VRS **52** 461, VRS **45** 234, OVG Hb VRS **93** 388). Von diesem Grundsatz gibt es jedoch Ausnahmen, etwa für durch Bußgeldbescheid geahndete Verstöße, die im Verwarnungsgeldverfahren hätten gerügt werden können, in Fällen weiterer hartnäckiger Regelmißachtung trotz späterer eintragungsfähiger Bußgeldbescheide (BVerwG VRS **52** 461). Wer sehr häufig und kurz nacheinander VVorschriften verletzt und dadurch zeigt, dass er sich an die VOrdnung nicht halten will, ist ungeeignet, auch wenn die FEB mit ihrer Maßnahme erhebliche Zeit gewartet hat (OVG Berlin VRS **42** 237). Aus wiederholter erheblicher Überschreitung der zulässigen Höchstgeschwindigkeit darf auf mangelnde Eignung geschlossen werden (BVerwG VM **64** 41, VG Mü DAR **07** 167). Fünfmalige erhebliche Geschwindigkeitsüberschreitung innerhalb von 4 Jahren kann EdF rechtfertigen (VG Berlin NZV **02** 338), auch wiederholte oder wiederholte Geschwindigkeitsüberschreitungen, selbst wenn keine Gefährdung anderer Verkehrsteilnehmer eintrat (OVG Lüneburg NJW **07** 313), nicht dagegen einmalige Überschreitung der zulässigen Höchstgeschwindigkeit, selbst um mehr als 100% (OVG Lüneburg NJW **00** 685, zust *Thubauville* VM **00** 56). Aus wiederholten erheblichen Verstößen gegen die Betriebssicherheit von Kfzen oder die Verwendung von Fahrtschreibern betreffende Vorschriften darf auf mangelnde Eignung geschlossen werden (OVG Saarlouis VM **82** 14). Verhältnis zum Punktsystem, s § 3 Rz 8, § 4 Rz 18. Fremde Mitschuld ist von Bedeutung, wenn sie das Verhalten beeinflusst hat. Maßgebend ist das Gesamtbild des Vorgangs, soweit es die Eignung verlässlich und unschematisch beurteilen lässt. Bloße Formalverstöße (zB Nichtbeachtung einer sachlich inzwischen überholten FEBeschränkung) und uU Halterverstöße fallen nicht entscheidend ins Gewicht (OVG Lüneburg NZV **91** 246). Viele Parkverstöße mit dreimaligem Durchfahren bei Rot reichen aus (VGH Ka VM **68** 3), uU aber auch allein beharrliche, schwerwiegende Halt- und Parkverstöße (OVG Münster NZV **06** 224, VG Berlin NZV **90** 328). Ungeeignetheit bei ca 95 bußgeldpflichtigen VVerstößen in 1 ½ Jahren (OVG Berlin Beschl v 13. 3. 07 5 S 26.07 juris), bei 138 bußgeldpflichtigen Parkverstößen in 2 Jahren (OVG Berlin Beschl v 13. 3. 07 5 S 22.07 juris), bei nahezu wöchentlichen geringfügigen Verstößen im ruhenden Verkehr innerhalb eines Jahres, wobei sich zusätzliche Anhaltspunkte aus der Art und Weise der Begehung ergeben können (OVG Berlin Beschl v 10. 12. 07 1 S 145.07 juris). Wer verabredete Unfälle herbeiführt, um Entschädigungen zu ertrügen, ist idR charakterlich ungeeignet (s den Fall Fra VRS **55** 110). Mehrere nicht einschlägige oder nicht sonderlich bedeutungsvolle Straftaten zusammen mit dreimaliger Nichtzahlung der Kfz-Prämie können charakterliche Unzuverlässigkeit belegen (BVerwG VM **72** 41). **Rechtskräftige strafgerichtliche Entscheidungen** muss der FEInhaber gegen sich gelten lassen, soweit nicht gewichtige Anhaltspunkte für deren Unrichtigkeit sprechen, s § 3 Rz 26. Das gilt auch für im Bußgeldverfahren getroffene Feststellungen (BVerwG VM **77** 65). Verstöße gegen VVorschriften durch Fahranfänger während der ersten 2 Jahre nach Erteilung einer FE, s §§ 2a bis 2c.

Auch aus wiederholten **Verstößen gegen Vorschriften über Versicherungsnachweis** und **14** Maßnahmen bei Fehlen des Versicherungsschutzes (§§ 23 ff FZV) kann sich uU ein solches Maß an Gleichgültigkeit gegenüber dem Interesse der VSicherheit ergeben, dass die KfEignung zu verneinen ist, OVG Lüneburg DAR **83** 31, *Wendlinger* NZV **06** 508. Wer innerhalb von reichlich zwei Jahren über zehnmal kurzfristig ohne Haftpflichtversicherungsschutz tätigt, erweist sich als ungeeignet, OVG Lüneburg DAR **72** 55, s BVerwG VM **72** 41. Auch **Sorgfaltspflichtverletzung als Halter** kann Ungeeignetheit begründen, BVerwG VD **88** 138, VM **77** 86. Dass ein Halter Sicherheitsvorschriften verletzt, erlaubt einen Schluss auf seine Nichteignung als Fahrer, VGH Ka VM **79** 71. Entsprechendes kann gelten, wenn der Halter gegen ständige Zuwiderhandlungen mit seinem Fz durch andere nichts unternimmt und gegen ihn ergehende Bußgeldbescheide unwidersprochen hinnimmt, BVerwG VM **77** 86, OVG Münster NZV **97** 495.

15   **Andere strafbare Handlungen.** In Betracht kommen können je nach Gewicht und Sachlage: Widerstand oder aktive Bestechung, besonders in Verbindung mit einem VUnfall, OVG Münster VRS **4** 551, schwere Verbrechen wider die Sittlichkeit, OVG Berlin JZ **55** 682, Rauschgiftschmuggel mit Kfz, s BVerwG VM **81** 50. Zur Ungeeignetheit wegen Tätlichkeit aus Anlass eines VVorgangs, Kar MDR **80** 246, s auch § 69 StGB Rz 4. Ob jemand auf Grund von **Straftaten nicht verkehrsrechtlicher Art** die zum KfzFühren nötigen charakterlichen Eigenschaften nicht besitzt, ist nach den Gesamtumständen zu beurteilen, BVerwG VRS **20** 392, VM **81** 50 (Würdigung aller für die Kraftfahreignung relevanten Eigenschaften und Fähigkeiten und seiner Gefährlichkeit im StrV), s *Geiger* DAR **01** 491. Nur erhebliche oder wiederholte Straftaten sind von Bedeutung. *Erheblichkeit*, s Rz 13. Zurückhaltend mit Recht OVG Br DAR **70** 82 bei der Prüfung, inwieweit Exhibitionismusrückfall durch die FE gefördert werden könnte (gegen OVG Münster DAR **65** 279) sowie OVG Ko NJW **94** 2436 in Bezug auf Eigentumsdelikte. Wer Gelegenheit zum sexuellen Missbrauch von Kindern gesucht hat, ist idR ungeeignet, BVerwG VRS **20** 391. Allein aus Art und Zahl der Vorstrafen kann sich uU fehlende charakterliche Zuverlässigkeit ergeben, andernfalls ist Beweis zu erheben, BVerwG VkBl **62** 560. Maßgebend für die Eignungsbeurteilung sind Straftat und Persönlichkeit (soweit für die Eignungsbeurteilung bedeutsam, s Anl 15 Nr 1. b zur FeV), VGH Ka VRS **2** 321, BVerwG VM **81** 50. Sittliche Mängel, die in Straftaten offenbar wurden, begründen immer nur dann einen Eignungsmangel, wenn sie sich *im StrV* auswirken und dadurch zu einer Gefährdung anderer führen können, BVerwG VM **81** 50, OVG Ko ZfS **00** 320, NJW **94** 2436. Entscheidend für die Beurteilung der Eignung sind die eignungsrelevanten Eigenschaften, Fähigkeiten und Verhaltensweisen des FE-Bewerbers, bezogen auf seine Gefährlichkeit für die Allgemeinheit als Kf, nicht ein in Prozentzahlen zu messender Grenzwert individueller Rückfallwahrscheinlichkeit, BVerwG NJW **87** 2246. Straffreie Führung während 5 Jahren lässt auch bei entzogener FE uU den Schluss auf charakterliche Festigung zu, OVG Münster DAR **76** 221. Von einer Begutachtungsstelle für Fahreignung erhobene Charaktertests sind (kritisch abzuwägende!) Beweismittel, BVerwG NJW **64** 607.

    Lit: *Blocher ua*, … Fahreignungsbegutachtung alkoholisierter Kf, DAR **98** 301. *Czermak*, Versagung und Entziehung der Kraftfahrerlaubnis durch die VB allein wegen charakterlicher Ungeeignetheit?, NJW **63** 1225. *Gehrmann/Undeutsch*, Das Gutachten der MPU und Kraftfahreignung, München 1995. *Mahlberg*, Langzeitrehabilitation charakterlich „ungeeigneter" Kf …, NZV **92** 10. *Moser*, Kriminalität und VSicherheit, BA **83** 465. *Weigelt*, EdF wegen charakterlicher Mängel, DAR **61** 136. *Wendlinger*, Ermessensausübung bei der Überprüfung der charakterlichen Fahreignung, NZV **06** 505 = VD **06** 119.

16   **5 d. Alkohol.** Bei Alkoholabhängigkeit (Anl 4 Nr 8.3 FeV) und bei Alkoholmissbrauch (Anl 4 Nr 8.1 FeV) besteht in der Regel keine Eignung zum Führen von Kfz.

16a   **Alkoholabhängigkeit** wird nach den Begutachtgs-Leitl Nr 3.11.2 unter Bezugnahme auf die Internationale Klassifikation psychischer Störungen ICD-10 angenommen, wenn irgendwann während des letzten Jahres drei oder mehr der folgenden Kriterien gleichzeitig vorhanden waren: a) Ein starker Wunsch oder eine Art Zwang, psychotrope Substanzen zu konsumieren. b) Verminderte Kontrollfähigkeit bezüglich des Beginns, der Beendigung und der Menge des Konsums. c) Ein körperliches Entzugssyndrom bei Beendigung oder Reduktion des Konsums, nachgewiesen durch die substanzspezifischen Entzugssymptome oder durch die Aufnahme der gleichen oder einer nahe verwandten Substanz, um Entzugssymptome zu mildern oder zu vermeiden. d) Nachweis einer Toleranz. Um die ursprünglich durch niedrigere Dosen erreichten Wirkungen der psychotropen Substanz hervorzurufen, sind zunehmend höhere Dosen erforderlich … e) Fortschreitende Vernachlässigung anderer Vergnügen oder Interessen zugunsten des Substanzkonsums, erhöhter Zeitaufwand, um die Substanz zu beschaffen, zu konsumieren oder sich von den Folgen zu erholen. f) Anhaltender Substanzkonsum trotz Nachweises eindeutiger

Fahrerlaubnis und Führerschein § 2 StVG **I**

schädlicher Folgen, wie zB Leberschädigung durch exzessives Trinken, depressive Verstimmungen infolge starken Substanzkonsums oder drogenbedingte Verschlechterung kognitiver Funktionen. ... (VG Augsburg ZfS **08** 117). Da den Begutachtgs-Leitl jedoch keine rechtsnormative Qualität zukommt, kann Alkoholabhängigkeit auch angenommen werden, wenn die Soll-Vorgabe, dass irgendwann während des letzten Jahres drei oder mehr dieser Kriterien gleichzeitig vorhanden gewesen sein müssen, nicht mit Sicherheit festgestellt werden kann (VGH Mü DAR **06** 413, 414). Diagnostische Kriterien der Alkoholabhängigkeit, s *Lewrenz ua* BA **02** 294. Wenn Tatsachen die Annahme von Alkoholabhängigkeit begründen, hat die FEB gem § 13 S 1 Nr 1 FeV ein ärztliches Gutachten zur Klärung der Kraftfahreignung anzuordnen (§ 13 FeV Rz 16). Bei Alkoholabhängigkeit liegt Ungeeignetheit zum Führen von Kfz vor, ohne dass es darauf ankommt, ob ein die Fahrsicherheit beeinträchtigender Alkoholkonsum und das Führen von Fahrzeugen hinreichend sicher getrennt werden kann. Abhängigkeit rechtfertigt deswegen auch dann die Feststellung von Ungeeignetheit, wenn bisher keine VTeilnahme unter Alkoholeinfluss festgestellt wurde (VG Mainz BA **03** 80).

Unter **Alkoholmissbrauch** ist hier nicht wie sonst umgangssprachlich der übermäßige Ge- **16b** brauch von Alkohol oder die überdurchschnittliche Gewöhnung an Alkohol zu verstehen. Ein die Fahreignung ausschließender Alkoholmissbrauch liegt vielmehr nach Anl 4 Nr 8.1 FeV nur vor, wenn **das Führen von Fahrzeugen und ein die Fahrsicherheit beeinträchtigender Alkoholkonsum nicht hinreichend sicher getrennt werden kann**, ohne dass der Betroffene bereits alkoholabhängig ist. Da die EdF nicht – repressiv – der Ahndung vorangegangener VVerstöße dient, sondern der Abwehr von Gefahren, die künftig durch die Teilnahme von nicht zum Führen von Kfz geeigneten Kf am StrV entstehen können, ist die in Anl 4 Nr 8.1 FeV enthaltene Definition des Alkoholmissbrauchs dahingehend zu ergänzen, dass dieser vorliegt, **wenn zu erwarten ist**, dass das Führen von Fz und ein die Fahrsicherheit beeinträchtigender Alkoholkonsum nicht hinreichend sicher getrennt werden kann (BVerwG NJW **08** 2601). Demgemäß ist Gegenstand des gem § 13 FeV zur Klärung einzuholenden medizinisch-psychologischen Gutachtens auch das voraussichtliche künftige Verhalten des Betroffenen, insbesondere ob zu erwarten ist, dass er nicht oder nicht mehr ein Kfz unter Einfluss von Alkohol führen wird (Anl 15 Nr 1f S 1 FeV). Die Ersetzung des Wortes *Kraftfahrzeugen* durch das Wort *Fahrzeugen* in Anl 4 Nr 8.1 FeV durch ÄndVO v 18. 7. 08 (BGBl I 1338, Begr § 13 FeV Rz 8–14) hat klargestellt, dass Alkoholmissbrauch auch vorliegt, wenn das Führen von anderen Fahrzeugen als Kfz (zB Fahrrädern) und ein die Fahrsicherheit beeinträchtigender Alkoholkonsum nicht hinreichend sicher getrennt werden kann. Alkoholmissbrauch wird nach den Begutachtgs-Leitl Nr 3.11.1 insbesondere angenommen a) in jedem Fall (ohne Berücksichtigung der Höhe der BAK), wenn wiederholt ein Fz unter unzulässig hoher Alkoholwirkung geführt wurde, b) nach einmaliger Fahrt unter hoher Alkoholkonzentration (ohne weitere Anzeichen einer Alkoholwirkung), c) wenn aktenkundig belegt ist, dass es bei dem Betroffenen in der Vergangenheit im Zusammenhang mit der VTeilnahme zu einem Verlust der Kontrolle des Alkoholkonsums gekommen ist. Der begründete Verdacht auf Alkoholmissbrauch kann jedoch auch aus anderen Tatsachen hergeleitet werden (VG Gelsenkirchen BA **08** 158).

Eine negative Prognose setzt nicht voraus, dass es in der Vergangenheit bereits zu einer Trun- **16c** kenheitsfahrt mit einem Kfz gekommen ist. Der Wortlaut von § 13 S 1 Nr 2c FeV macht deutlich, dass nach der Wertung des Verordnungsgebers auch die Trunkenheitsfahrt mit **anderen Fahrzeugen als Kfz (zB Fahrrädern)** mit einer BAK von mindestens 1,6 ‰ Zweifel an der Kraftfahreignung begründet (BVerwG NJW **08** 2601, OVG Berlin NJ **07** 519, VG Mainz BA **08** 275). Dies beruht auf der Erkenntnis, dass eine BAK ab 1,6 ‰ auf deutlich normabweichende Trinkgewohnheiten und eine ungewöhnliche Giftfestigkeit hindeutet (Begr zu § 13 FeV VkBl **98** 1070, § 13 FeV Rz 5). Diese Wertung wird auch durch die Ersetzung des Wortes *Kraftfahrzeugen* durch das Wort *Fahrzeugen* in Anl 4 Nr 8.1 FeV durch ÄndVO v 18. 7. 08 (BGBl I 1338, Begr § 13 FeV Rz 8–14) deutlich. Nach einer Trunkenheitsfahrt mit einem Fahrrad ist zu klären, ob diese Ausdruck eines Kontrollverlusts war, der genauso gut zu einer VTeilnahme mit einem Kfz führen kann (BVerwG NJW **08** 2601). Die Eignung zum Führen von Kfz wegen Alkoholmissbrauchs ist zu verneinen, wenn nach einer zurückliegenden Trunkenheitsfahrt mit einem Fahrrad und ihren Begleitumständen sowie dem bisherigen und zu erwartenden Umgang des Betroffenen mit Alkohol die Gefahr besteht, dass er künftig auch ein Kfz unter unzulässigem Alkoholeinfluss führen wird (BVerwG NJW **08** 2601). Die abweichende, unter Berufung auf den früheren Wortlaut von Anl 4 Nr 8.1 FeV vertretene Auffassung, der Verordnungsgeber nehme unterhalb der Schwelle der Alkoholabhängigkeit die Risiken für den StrV ausdrücklich hin, die allein auf einer Alkoholproblematik eines bislang nicht mit einem Kfz

1 StVG § 2

auffällig gewordenen Kf beruhen (VG Potsdam NJW **06** 2793, VG Ol ZfS **08** 353), ist durch BVerwG NJW **08** 2601 überholt.

16d **Klärung von Alkoholmissbrauch durch die FEB:** Wenn nach einem gem § 13 S 1 Nr 1 FeV angeordneten ärztlichen Gutachten zwar keine Alkoholabhängikeit, jedoch Anzeichen für Alkoholmissbrauch vorliegen oder sonst Tatsachen die Annahme von Alkoholmissbrauch begründen, hat die FEB gem § 13 S 1 Nr 2a FeV die Beibringung eines medizinisch-psychologischen Gutachtens anzuordnen (§ 13 FeV Rz 18 ff). Das Gleiche gilt, wenn wiederholt Zuwiderhandlungen im StrV unter Alkoholeinfluss begangen wurden (§ 13 S 1 Nr 2 b FeV, § 13 FeV Rz 22) oder ein Fz im StrV bei einer BAK von 1,6 ‰ oder mehr oder einer AAK von 0,8 mg/l oder mehr geführt wurde (§ 13 S 1 Nr 2c FeV, § 13 FeV Rz 23 ff).

16e **Wiedererlangung der Eignung:** War die Kraftfahreignung wegen **Alkoholabhängikeit** nicht gegeben, kann sie gem Anl 4 Nr 8.4 FeV nur wieder als gegeben angesehen werden, wenn nach einer Entwöhnungsbehandlung Abhängigkeit nicht mehr besteht und idR ein Jahr Abstinenz nachgewiesen ist. Zur Klärung ist von der FEB ein medizinisch-psychologisches Gutachten gem § 13 S 1 Nr 2e FeV anzuordnen (§ 13 FeV Rz 27). War die Kraftfahreignung wegen **Alkoholmissbrauch** nicht gegeben, kann sie gem Anl 4 Nr 8.2 FeV nach Beendigung des Missbrauchs nur wieder als gegeben angesehen werden, wenn die Änderung des Trinkverhaltens gefestigt ist (BVerwG NJW **08** 2601). Eine **gefestigte Änderung des Trinkverhaltens** in diesem Sinne liegt vor, wenn der Betroffene Alkohol nur noch kontrolliert zu sich nimmt, so dass er den Konsum von Alkohol und das Fahren zuverlässig trennen kann; wenn aufgrund der „Lerngeschichte" jedoch anzunehmen ist, dass sich ein konsequenter kontrollierter Umgang mit alkoholischen Getränken nicht erreichen lässt, muss der Betroffene Alkoholabstinenz einhalten (Begutachtgs-Leitl Nr 3.11.1 a, VGH Mü Beschl v 28. 8. 06 11 C 05.2849 juris, Beschl v 31. 7. 08 11 CS 08.1103). Erforderlich ist eine grundlegende Einstellungs- und gefestigte Verhaltensänderung, die einen Rückfall unwahrscheinlich erscheinen lässt (Anl 15 FeV Nr 1 f, VG Ol ZfS **08** 353). Eine konsolidierte Einstellungs- und Verhaltensänderung erfordert eine nachhaltige, dh hinreichend motivierte und sich als ausreichend stabil erweisende Änderung des Alkoholtrinkverhaltens sowie eine Unterstützung dieses veränderten Trinkverhaltens durch eine entsprechende tiefer gehende und umfassende selbstkritische Auseinandersetzung mit dem Fehlverhalten und dessen Ursachen sowie die Entwicklung eines entsprechenden Problembewusstseins (VG Ansbach Beschl v 23. 3. 07 10 S 07.00527 juris, VG Mainz BA **08** 275, VG Ol ZfS **08** 353). Zur Klärung ist von der FEB ein medizinisch-psychologisches Gutachten gem § 13 S 1 Nr 2d FeV (wenn die FE wegen Alkoholmissbrauch entzogen war) oder gem § 13 S 1 Nr 2e FeV (wenn Alkoholmissbrauch vorlag, aber nicht zur EdF geführt hat) anzuordnen (§ 13 FeV Rz 26 f). Zur Überprüfbarkeit behaupteter Alkoholabstinenz *Seidl ua* BA **98** 174, *Uhle/Löhr-Schwaab* ZfS **07** 192, VGH Mü Beschl v 31. 7. 08 11 CS 08.1103.

16f **Lit:** *Goetze ua,* Über den richtigen Umgang mit alkoholauffälligen Kf, BA **94** 80 (mit Erwiderung *Stephan*). *Iffland/Grellner,* GGT und Blutalkoholspiegel, Kriterien für die Alkoholgefährdung von Kf, BA **94** 8. *Rösler/Frey,* ... Medizinische Marker bei Alkoholabhängigkeit und Alkoholgebrauch, VGT **03** 162. *Seidl,* Der Einsatz von biologischen Alkoholmarkern in der Fahreignungsbegutachtung alkoholauffälliger Kf, BA **04** Supplement II S 12. *Uhle/Löhr-Schwaab,* Abstinenz-Check bei Führerscheinproblemen wegen Alkohol, ZfS **07** 192. S auch § 11 FeV Rz 21 und § 13 FeV Rz 28.

17 **5 e.** Bei Einnahme von **Betäubungsmitteln** iSd BtMG (ausgenommen Cannabis) liegt Ungeeignetheit vor, ohne dass es auf eine bestimmte Häufigkeit des Konsums oder darauf ankommt, ob der Betroffene Drogenkonsum und Fahren trennen kann (Nr 9.1 Anl 4 FeV; zu Cannabis s Rz 17 c ff, zu Methadon s Rz 17 k). Gleiches gilt bei Abhängigkeit von Betäubungsmitteln (Nr 9.3 Anl 4 FeV). Die insoweit unterschiedliche rechtliche Behandlung im Verhältnis zum Alkoholkonsum ist grundgesetzkonform (s BVerfG NJW **05** 349, VGH Ma VRS **108** 123, OVG Lüneburg BA **06** 513, s auch VG Hb BA **02** 2730, 2731 f). Ein Norm- oder Wertungswiderspruch zwischen der durch §§ 24 a, 25 StVG vorgesehenen Sanktion bei BtmKonsum und den Vorschriften über EdF wegen mangelnder Eignung bei BtmKonsum besteht nicht (§ 46 FeV Rz 2).

17a Die in Anl 4 FeV vorgenommene Wertung gilt gem deren Vorbemerkung nicht ausnahmslos, aber für den **Regelfall** (VGH Ma NZV **02** 475, NZV **04** 213, OVG Greifswald VRS **107** 229, OVG Ko VRS **99** 238, BA **02** 385 [Anm *Bode*], VG Trier BA **06** 519, *Berr/Krause/Sachs* Rz 1025 ff). Die Regelung lässt Raum für eine abw Würdigung im Einzelfall (OVG Saarlouis ZfS **02** 552, OVG Fra/0 BA **06** 60). Kompensationen durch besondere menschliche Veranlagung, durch Gewöhnung, durch besondere Einstellung oder durch besondere Verhaltenssteue-

Fahrerlaubnis und Führerschein　　　　　　　　　　　　　　　　**§ 2 StVG 1**

rungen und -umstellungen sind möglich (Nr 3 S 2 Vorbem Anl 4 FeV). Ausnahme kann etwa in Betracht kommen, wenn besondere Umstände die Annahme begründen, dass die Fähigkeit zu umsichtigem und verkehrsgerechtem Verhalten und zur zuverlässigen Trennung zwischen Drogenkonsum und Verkehrsteilnahme nicht beeinträchtigt ist (VGH Ma NZV **02** 475, NZV **02** 477, NZV **04** 213, OVG Hb VRS **112** 308, VGH Mü BA **08** 84). Wenn zu klären ist, ob **ausnahmsweise Abweichung vom Regelfall der Ungeeignetheit** zugunsten des Betroffenen in Betracht kommt, medizinisch-psychologisches Gutachten nach Nr 3 S 2 Vorbem Anl 4 FeV. Liegen keine Anhaltspunkte für eine Abweichung vom Regelfall vor und macht der Drogenkonsum nicht durch schlüssigen Vortrag einen Sonderfall geltend, bedarf es keiner weiteren Aufklärung, da es seine Sache ist, die Regelvermutung zu entkräften (VGH Ma NZV **02** 475, NZV **02** 477, DAR **03** 236, 237, NZV **04** 213, OVG Br DAR **04** 284, OVG Fra/0 BA **06** 60, VGH Mü BA **08** 84, VG Augsburg ZfS **07** 597, VG Ansbach BA **08** 156, *Jagow/Burmann/Heß* § 3 StVG Rz 4, *Zwerger* DAR **05** 431, 432).

Schon **einmalige oder gelegentliche Einnahme von Drogen** nach dem BtMG (außer **17b** Cannabis) rechtfertigt idR die Annahme von **Ungeeignetheit**, ohne dass KfzFühren unter der Wirkung der Droge nachgewiesen sein müsste (VGH Mü VRS **109** 141, BA **08** 84, VGH Ma NZV **02** 475, **02** 477, VRS **108** 123, NZV **07** 326, OVG Br DAR **04** 284, OVG Fra/0 BA **06** 60, OVG Lüneburg DAR **02** 471, DAR **03** 432, BA **04** 475, BA **05** 324, BA **06** 513, OVG Hb VRS **105** 55, VRS **112** 308, NJW **08** 1465, OVG Ko VRS **99** 238, DAR **01** 183, OVG Saarlouis NJW **06** 2651, OVG Münster VRS **112** 371, OVG Berlin Beschl v 15. 2. 08 1 S 186.07 juris, VG Bra NJW **05** 1816, VG Ansbach BA **05** 156, *Jagow/Burmann/Heß* § 3 StVG Rz 4, *Zwerger* DAR **05** 431, 433, *Dietz* BayVBl **05** 225, 231 ff, str, krit *Geiger* DAR **03** 97, 99, NZV **03** 272, SVR **06** 401, 404, *Berr/Krause/Sachs* Rz 1015 ff, aM VGH Ka ZfS **02** 599 [aus Gründen der Verhältnismäßigkeit und, weil im Hinblick auf Nr 2 der Vorbemerkung Anl 4 zur FeV deren Nr 9.1 nur als Leitlinie für den Gutachter anzusehen sei, s dazu aber zutreffend OVG Lüneburg DAR **03** 432, VGH Mü BA **04** 561, OVG Fra/0 BA **06** 60, OVG Hb VRS **105** 55, VRS **112** 308, VG Bra NJW **05** 1816], *Bode* DAR **02** 24, BA **06** 81, *Bode/Winkler* § 3 Rz 203 ff). Das gilt idR auch, wenn der FEB der Drogenkonsum erst Monate später bekannt wird (OVG Lüneburg BA **05** 324). Bei jahrelang zurückliegendem Drogenkonsum allerdings keine Annahme der Ungeeignetheit gem § 11 VII FeV, sondern Klärung nach § 14 II Nr 2 FeV, wenn keine Anhaltspunkte für weiteren Drogenkonsum vorliegen (VGH Mü Beschl v 7. 1. 08 11 CS 07.1812 juris, VG Lüneburg DAR **05** 54).

Für **Cannabis** trifft Anl 4 FeV eine **differenzierte Regelung** abhängig vom Konsummuster: **17c** **Regelmäßige Einnahme** von Cannabis führt im Regelfall zur Ungeeignetheit (Nr 9.2.1 Anl 4 FeV), **gelegentliche Einnahme** von Cannabis dagegen nicht, wenn Konsum von Cannabis und Fahren getrennt werden und kein zusätzlicher Gebrauch von Alkohol oder anderen psychoaktiv wirkenden Stoffen, keine Störung der Persönlichkeit und kein Kontrollverlust vorliegen (Nr 9.2.2 Anl 4 FeV). Diese Bewertung gilt nur für den **Regelfall** (Nr 3 S 1 Vorbem Anl 4 FeV, s Rz 17a). Wann *regelmäßige* und *gelegentliche* Einnahme von Cannabis vorliegen, wird weder im StVG noch in der FeV definiert; zu den Begriffen Rz 17 d, 17 e. Krit zu der Unterscheidung *Gehrmann* NZV **08** 265 = 377. Eine Äußerung des Betroffenen zur Häufigkeit seines Cannabiskonsums im Rahmen einer Verkehrskontrolle ohne vorherige Belehrung über sein Schweigerecht gem § 136 I 2 StPO unterliegt keinem Verwertungsverbot im Verwaltungsverfahren, da § 136 I 2 StPO nur für das Strafverfahren gilt (VGH Ma NJW **07** 2571 [krit Anm *Heß/Burmann* NJW-Spezial **07** 404], VG Ol BA **04** 188, s auch OVG Lüneburg NJW **01** 459).

Regelmäßiger Cannabiskonsum schließt die Fahreignung ohne Hinzutreten weiterer fahr- **17d** eignungsrelevanter Umstände, wie etwa fehlendes Trennungsvermögen, aus (Nr 9.2.1 Anl 4 FeV). Er muss deswegen in einem Umfang erfolgen, der als solcher zu einer die Fahreignung ausschließenden Wirkung führt. **Regelmäßiger Konsum** liegt nur bei täglicher oder nahezu täglicher Einnahme von Cannabis vor (VGH Ma NZV **04** 213, NJW **03** 3004, DAR **04** 113, DAR **04** 170, NJW **06** 2135, ZfS **08** 172, VGH Mü BA **04** 97, Beschl v 7. 12. 06 11 CS 06.1350 juris, VG Ka BA **06** 253, VG Saarlouis ZfS **06** 538, VG Augsburg ZfS **07** 597, VG Mü DAR **08** 105, *Kannheiser* NZV **00** 57 ff, *Zwerger* DAR **05** 431, 433 f, 44. VGT **06** 96, 100, krit *Dietz* BayVBl **05** 225, 228). Nur bei einer solchen Konsumintensität treten mit hinreichender Wahrscheinlichkeit Veränderungen des Leistungsvermögens und der Persönlichkeit des Konsumenten ein, die sich so negativ auf fahrleistungsrelevante Eigenschaften auswirken, dass dadurch die Fahreignung durch den Konsum selbst ausgeschlossen ist. Die in Nr 3.12.1 Begutachtgs-Leitl verwendete Definition *regelmäßig = täglich oder gewohnheitsmäßig* ist hinsichtlich der Verwendung des Begriffes *gewohnheitsmäßig* zu unpräzise und deswegen insoweit nicht verwend-

Dauer

bar (krit auch BReg BTDrucks 16/2264 v 19. 7. 06 S 4). Regelmäßiger Konsum kann auch angenommen werden, wenn er nur über einen **kurzen Zeitraum** erfolgt. Nr 9.2.1 Anl 4 FeV macht den Verlust der Fahreignung nicht von einer längeren Dauer der regelmäßigen Einnahme von Cannabis abhängig, weil der tägliche Gebrauch dieses Betäubungsmittels auch dann, wenn noch nicht mit Langzeitschäden körperlicher oder psychischer Art zu rechnen ist, uU Folgen nach sich ziehen kann, die die Fahreignung beseitigen oder einschränken (VGH Mü Beschl v 7. 12. 06 11 CS 06.1350 juris, VG Mü DAR **08** 105). Regelmäßiger Konsum kann nach OVG Lüneburg BA **07** 390 auch bei Konsum, der hinter täglichem oder nahezu täglichen zurückbleibt, vorliegen; deswegen seien auch andere konsumprägende Faktoren wie Intensität und Häufung an bestimmten Tagen und Dauer des Konsums über bestimmten Zeitraum hinweg zu prüfen. Allein aus dem **Besitz** von Marihuana lässt sich auf einen regelmäßigen, die Fahreignung ausschließenden Konsum nicht schließen (OVG Lüneburg BA **07** 390). Aus dem bei einer Blutuntersuchung ermittelten **THC-Carbonsäure-Wert (THC-COOH)** kann auf die **Häufigkeit der Einnahme von Cannabis** geschlossen werden. Eine Konzentration von deutlich mehr als 75 ng/ml THC-COOH bei einer Blutentnahme nach Ankündigung in einem Zeitraum von bis zu 8 Tagen lässt auf regelmäßigen Konsum schließen (OVG Münster DAR **03** 187, OVG Saarlouis ZfS **03** 44, VG Saarlouis ZfS **06** 538, *Daldrup ua* BA **00** 39, 41, *Gehrmann* NZV **02** 201, 206, *Zwerger* DAR **05** 431, 434). Der Wert muss bei einer sofortigen Blutentnahme wegen der fehlenden Abbaumöglichkeit zwischen Ankündigung und Blutentnahme relativiert werden. Bei anlassbezogener Blutentnahme (zeitnah zur Verkehrsteilnahme) kann der Nachweis für **regelmäßige Einnahme von Cannabis** erst ab einem **THC-COOH-Wert** von **mehr als 150 ng/ml** als geführt angesehen werden (OVG Lüneburg DAR **03** 480, VG Ol BA **05** 191, VG Sigmaringen BA **07** 337, *Berr/Krause/Sachs* Rz 915, *Jagow/Burmann/Heß* § 3 StVG Rz 4a, *Gehrmann* NZV **02** 201, 206, *Zwerger* DAR **05** 431, 434, ZfS **07** 551, 552, *Geiger* SVR **06** 401, 405, SVR **07** 354, *Möller* 44. VGT **06** 172, 179). Steht regelmäßige Einnahme von Cannabis und damit Ungeeignetheit fest, EdF ohne Anordnung eines Gutachtens nach § 46 I, § 11 VII FeV. Regelmäßiger Cannabiskonsum vor mehreren Jahren rechtfertigt jedoch nicht die unmittelbare EdF, da in diesem Fall zu klären ist, ob mittlerweile eine Umstellung auf ein die Fahreignung nicht mehr ausschließendes Konsummuster erfolgt ist (VGH Ma DAR **04** 170).

17e **Gelegentlicher Konsum von Cannabis** hat keine Fahrungeeignetheit zu Folge, wenn Konsum und Fahren getrennt werden und kein zusätzlicher Gebrauch von Alkohol oder anderen psychoaktiv wirkenden Stoffen, keine Störung der Persönlichkeit und kein Kontrollverlust vorliegt (Nr 9.2.2 Anl 4 FeV). Der gelegentliche Konsument von Cannabis ist also grundsätzlich fahrgeeignet. Da gem Nr 9.2.1 Anl 4 FeV regelmäßiger Konsum von Cannabis ohne Weiteres zur Ungeeignet führt, muss es sich bei der gelegentlichen Einnahme iSv Nr 9.2.2 Anl 4 FeV um eine geringere Konsumhäufigkeit handeln. **Gelegentlicher Konsum** von Cannabis liegt deswegen vor, wenn der Konsument die Droge mehrmals, aber deutlich weniger als täglich zu sich nimmt (VGH Ma NZV **04** 213, VG Sigmaringen BA **07** 337, VG Augsburg BA **07** 397). **Einmaliger Konsum** wird in Anl 4 FeV nicht genannt. Einmaliger ("Probier-")Konsum bleibt folgenlos, da keine Wiederholungsgefahr besteht und davon keine Gefahr für die Verkehrssicherheit ausgeht (VGH Mü DAR **06** 349, Beschl v 27. 3. 06 11 CS 05.1559 juris, Beschl v 16. 8. 06 11 CS 05.3394 juris, *Zwerger* ZfS **07** 551). **Einmaliger Konsum ist noch kein gelegentlicher Cannabiskonsum** (VGH Ma NZV **04** 215, NJW **07** 2571, 2572, OVG Fra/O BA **06** 161, VGH Mü DAR **06** 349, OVG Mgd BA **07** 386, OVG Greifswald Beschl v 19. 12. 06 1 M 142/06 juris, VG Augsburg ZfS **07** 597, *Bouska/Laeverenz* § 14 FeV Anm 5, *Jagow/Burmann/Heß* § 3 StVG Rz 4a, *Bode/Winkler* § 3 Rz 240, 405, *Zwerger* DAR **05** 431, 434, 44. VGT **06** 96, 100, *Geiger* SVR **06** 401, 405, SVR **08** 152, *Haase* ZfS **07** 3, *Berr/Krause* Himmelreich-F 91, a**M** OVG Hb VRS **109** 214 [Anm *Krause* SVR **06** 113], NJW **06** 1367 [zust Anm *Müller* ZVS **06** 161], krit dazu *Köhler-Rott* DAR **07** 682, 686). Wird **erstmaliger Konsum von Cannabis** behauptet, wird es sich vielfach um eine Schutzbehauptung handeln; gleichwohl hat die Behörde die Gelegentlichkeit der Cannabiseinnahme als Tatbestandsvoraussetzung von Nr 9.2.2 Anl 4 FeV nachzuweisen (OVG Greifswald Beschl v 19. 12. 06 1 M 142/06 juris). Dafür Anordnung eines ärztlichen Gutachtens nach § 14 I 1 Nr 2 FeV, nicht eines medizinisch-psychologischen Gutachtens nach § 14 I 3 FeV, da die gelegentliche Einnahme von Cannabis nicht feststeht (VGH Mü DAR **06** 349, *Berr/Krause/Sachs* Rz 942). Soweit in diesem Fall weitere Aufklärung nur für geboten gehalten wird, wenn der Betroffene substantiiert darlegt, er habe erstmals Cannabis eingenommen und sei somit weder gelegentlicher noch regelmäßiger Konsument (VGH Ma VRS **112** 373, *Geiger* SVR **07** 441, 445), kann dem nicht gefolgt werden, da die FEB gelegentlichen oder regelmäßigen Konsum positiv feststellen muss, wenn sie aus dem

Vorliegen dieser Tatbestandsmerkmale Konsequenzen ziehen will. **Zweimaliger Konsum** ist gelegentlicher Konsum, wenn es sich um zwei selbständige Konsumvorgänge handelt (VGH Mü Beschl v 27. 3. 06 11 CS 05.1559 juris, Beschl v 9. 10. 06 11 CS 05.2819 juris). Dabei ist nicht notwendig, dass die einzelnen Konsumepisoden länger auseinander liegen (so aber VG Augsburg ZfS **07** 597). Der zweite Konsum muss jedoch darauf angelegt sein, sich nach dem ersten Konsum ein neues Rauscherlebnis zu verschaffen, muss also mehr als nur die Fortsetzung oder Intensivierung des ersten Rauschzustandes sein, denn sonst ist von einem einheitlichen, einmaligen Konsumvorgang auszugehen (VGH Mü Beschl v 16. 8. 06 11 CS 05.3394 juris). Ein in der **Vergangenheit** liegender Drogenkonsum kann auch nach längerer Drogenabstinenz noch zur Beurteilung der Frage herangezogen werden, ob eine gelegentliche Einnahme von Cannabis vorliegt, wenn nach der Abstinenz erneut Cannabis konsumiert wurde, die Abstinenz also nicht angedauert hat und sich der erneute Konsum damit nicht als ein einmaliges Ereignis („einmaliges Probierverhalten") darstellt (OVG Br NZV **08** 319, aA OVG Mgd BA **07** 386 [krit Anm *Krause* SVR **07** 112], *Jagow/Burmann/Heß* § 3 StVG Rz 4a, da gelegentliche Cannabiseinnahme inneren und zeitlichen Zusammenhang der Konsumereignisse voraussetzte).

Aus dem bei einer Blutuntersuchung ermittelten **THC-Carbonsäure-Wert (THC-COOH)** kann auf die **Häufigkeit der Einnahme** von Cannabis geschlossen werden. Nach gegenwärtigen wissenschaftlichen Erkenntnissen ist jedoch eine Abgrenzung zwischen einmaligem und gelegentlichem Konsum von Cannabis bei anlassbezogener Blutentnahme (zeitnah zur Verkehrsteilnahme) nicht bereits eines THC-COOH-Wertes bis zu 100 ng/ml nicht möglich (VGH Mü Beschl v 27. 3. 06 11 CS 05.1559 juris, Beschl v 16. 8. 06 11 CS 05.3394 juris, OVG Greifswald Beschl v 19. 12. 06 1 M 142/06 juris, VG Stu Beschl v 31. 7. 06 10 K 2124/06 juris). **Gelegentlicher Konsum** kann demnach ohne weitere Aufklärungsmaßnahmen erst bei einem **THC-COOH-Wert** von **mehr als 100 ng/ml** angenommen werden (VGH Mü Beschl v 27. 3. 06 11 CS 05.1559 juris, *Geiger* SVR **06** 401, 405, SVR **07** 354, aA *Berr/Krause* Himmelreich-F 91, 103 ff, die auch bei diesem Wert einmaligen Konsum nicht für ausgeschlossen halten). Aus dem Nachweis von 44,5 ng/ml THC-COOH im Rahmen einer Blutuntersuchung nach § 81a I StPO kann nicht geschlossen werden, dass der Betroffene bereits mehrfach Cannabis konsumiert hat (OVG Fra/O BA **06** 161). Bei einem THC-COOH Wert unter 100 ng/ml oder bei Feststellung von THC im Blut, woraus jedenfalls ein einmaliger Konsum folgt, können sich aus weiteren aussagekräftigen Tatsachen, zB Fund eines angerauchten Joints, von Ascheresten einer Cannabiszigarette, von Cannabis oder Konsumutensilien uU Anhaltspunkte für wiederholten Konsum ergeben (*Zwerger* ZfS **07** 551, 554). Da sich der **Cannabis-Wirkstoff THC** rasch abbaut und idR nach 4 bis 6 Stunden im Blut nicht mehr nachweisbar ist (s aber *König* DAR **07** 626, 627), kann aus dem Nachweis von THC im Blut bei unmittelbar nach Verkehrsteilnahme genommener Blutprobe und zusätzlichen Informationen über vor längerer Zeit als 6 Stunden erfolgtem Konsum geschlossen werden, dass zumindest zwei Cannabiseinnahmen erfolgt sind und damit gelegentlicher Konsum gegeben ist (VGH Mü Beschl v 5. 4. 06 11 CS 05.2853 juris, Beschl v 9. 10. 06 11 CS 05.2819 juris, *Zwerger* ZfS **07** 551, 553).

17f

Personen, die **gelegentlich Cannabis** einnehmen, sind **idR ungeeignet** zum Führen von Kfz, wenn **keine Trennung von Konsum und Fahren** erfolgt (Nr 9.2.2 Anl 4 FeV). Die Annahme von Ungeeignetheit ist gerechtfertigt, wenn der gelegentliche Konsument von Cannabis unter dem Einfluss einer THC-Konzentration am StrV teilgenommen hat, bei der davon ausgegangen werden muss, dass sich das Risiko einer Beeinträchtigung der Verkehrssicherheit durch negative Auswirkungen des Konsums auf den Betroffenen signifikant erhöht (OVG Greifswald Beschl v 19. 12. 06 1 M 142/06 juris, OVG Br NZV **08** 319). Es ist allgemein anerkannt, dass dies bei einer **THC-Konzentration** im Blut **ab einem Wert von 2,0 ng/ml in jedem Fall** gegeben ist (VGH Ma VRS **109** 450, VRS **110** 397, NJW **06** 934, OVG Br NZV **08** 319, OVG Aachen BA **06** 514, VG Augsburg ZfS **07** 597, *Berr/Krause/Sachs* Rz 1143, *Zwerger* DAR **05** 431, 434, *Geiger* SVR **06** 401, 407, *Köhler-Rott* DAR **07** 682, 687). Doch bereits eine Konzentration von **mindestens 1,0 ng/ml** ist als **ausreichend** anzusehen, da THC im Körper rasch abgebaut wird und im Bereich des Ordnungswidrigkeitenrechts bereits bei einer THC-Konzentration von 1 ng/ml von einem zeitnahen Cannabiskonsum mit einer entsprechenden Beeinträchtigung der Fahrtüchtigkeit des Konsumenten ausgegangen wird (s § 24a Rz 21). Da bereits bei einer THC-Konzentration von 1 ng/ml eine Leistungsbeeinträchtigung zumindest möglich und gelegentliche Cannabiseinnahme im Hinblick auf die Verkehrssicherheit nur hinnehmbar ist, wenn der Konsument Fahren und Konsum in jedem Fall in der Weise trennt, dass eine Beeinträchtigung seiner verkehrsrelevanten Eigenschaften durch die Einnahme von Cannabis unter keinen Umständen eintreten kann, ist ausreichendes Trennungsvermögen iSv Nr 9.2.2

17g

Anl 4 FeV bei einer THC-Konzentration ab 1 ng/ml nicht mehr gegeben (OVG Lüneburg DAR **03** 480, Beschl v 11. 9. 08 12 ME 227/08, OVG Ko DAR **04** 413 [verlangt zusätzlich cannabisbedingte Beeinträchtigungen], VGH Ma VRS **108** 157 [geringer als 2 ng/ml], NJW **06** 2135 [Anm *Demandt* SVR **06** 433, krit *Heß/Burmann* NJW **07** 486, 492], DAR **07** 664, ZfS **08** 172, OVG Weimar BA **05** 183, OVG Hb NJW **06** 1367 [zust Anm *Müller* ZVS **06** 161], OVG Schl NordÖR **08** 81, VG Ol BA **05** 191, VG Freiburg NJW **06** 3370, BA **07** 271, *Geiger* SVR **06** 401, 406). Nach **aM** rechtfertigt es der derzeitige medizinisch-naturwissenschaftliche Erkenntnisstand dagegen **erst**, bei einer THC-Konzentration von **über 2,0 ng/ml** im Blut eines Kf eine Erhöhung des Risikos für die Verkehrssicherheit als gesichert im Hinblick auf die Nichteignung iSd § 11 VII FeV anzusehen (VGH Mü BA **06** 414, VRS **109** 64, DAR **06** 407, Beschl v 7. 12. 06 11 CS 06.1367 juris, OVG Saarlouis BA **07** 388, OVG Greifswald Beschl v 19. 12. 06 1 M 142/06 juris, VG Saarlouis BA **08** 215, *Zwerger* DAR **05** 431, 434f, 44. VGT **06** 96, 102, ZfS **07** 551, 553, *Haase* ZfS **07** 2, 5). Bei gelegentlichem Konsum von Cannabis und Kfz-Führen mit THC-Konzentration zwischen 1,0 und 2,0 ng/ml steht die Nichteignung nach dieser Ansicht nicht fest, sondern Gutachtenanforderung nach § 14 I 3 FeV wegen Eignungszweifeln (VGH Mü DAR **06** 407, Beschl v 18. 12. 06 11 ZB 05.1069 juris, Beschl v 18. 1. 08 11 CS 07.3066, OVG Saarlouis BA **07** 388, VG Sigmaringen BA **07** 337, *Jagow/Burmann/Heß* § 3 StVG Rz 4a, *Haase* ZfS **07** 2, 4). **Unterhalb der Grenze von 1,0 ng/ml THC** steht fehlendes Trennungsvermögen nicht fest, ist aber eine Klärung des Trennvermögens erforderlich, da nahe liegt, dass der Betroffene vor nicht allzu langer Zeit Cannabis konsumiert hat und zu klären ist, ob er verlässlich mit der Verkehrsteilnahme wartet, bis ein die Verkehrsicherheit nicht mehr gefährdender Wert erreicht ist (*Zwerger* DAR **05** 431, 436, 44. VGT **06** 96, 102f, ZfS **07** 551, 554f, aA VGH Mü Beschl v 9. 8. 06 11 CS 05.2009 juris, Beschl v 18. 12. 06 11 ZB 05.1069 juris, der aus Gründen der Verhältnismäßigkeit unterhalb von 1,0 ng/ml THC keinen Anhalt für fehlendes Trennvermögen sieht, ebenso *Köhler-Rott* DAR **07** 682, 687). Für die Frage des Trennungsvermögens kommt es nicht darauf an, ob bei einer konkreten Fahrt drogenbedingt **Fahruntüchtigkeit** vorlag (OVG Münster NZV **05** 435, VGH Ma VRS **110** 397, OVG Hb NJW **06** 1367, 1370, OVG Saarlouis BA **07** 388, BA **08** 148, VG Freiburg NJW **06** 3370, BA **07** 271, *Geiger* SVR **06** 401, 406). Der für den Bereich des Strafrechts in Bezug auf den Konsum von Cannabis zum zweifelsfreien Nachweis der "absoluten" Fahruntüchtigkeit entwickelte, ohnehin umstrittene (§ 316 StGB Rz 63, 65), **"Cannabis-Influence-Factor" (CIF)** ist deswegen für das Element des fehlenden Trennungsvermögens iSv Nr 9.2.2 Anl 4 FeV nicht von Bedeutung (VGH Ma VRS **110** 397, NJW **06** 934, *Berr/Krause/Sachs* Rz 931, *Jagow/Burmann/Heß* § 3 StVG Rz 4a). Unabhängig von der THC-Konzentration ist fehlendes Trennungsvermögen zu bejahen, wenn in nahem zeitlichen Zusammenhang mit dem Führen eines Kfz **drogenbedingte Auffälligkeiten oder Ausfallerscheinungen** festgestellt werden, die einen Bezug zur aktuellen Fahrtüchtigkeit aufweisen, und somit von drogenbedingter Fahruntüchtigkeit auszugehen ist (OVG Münster NJW **07** 3085). Fehlendes Trennungsvermögen kann auch bei bewusstem, erheblichem „Passiv-Rauchen" von Cannabis angenommen werden (VGH Ma NZV **05** 214).

17h Gelegentlicher Cannabiskonsum und **zusätzlicher Gebrauch von Alkohol** führt nach Nr 9.2.2 Anl 4 FeV ebenfalls zur Ungeeignetheit (*Berr/Krause/Sachs* Rz 1150). Dabei kommt es nicht darauf an, ob der gelegentliche Cannabiskonsum mit zusätzlichem Alkoholgebrauch und das Führen eines Kfz getrennt worden sind, denn das Unvermögen, zwischen gelegentlichem Cannabiskonsum und Kfz-Führen zu trennen, ist nur eines der Zusatzelemente der Nr 9.2.2 Anl 4 FeV (VGH Ma BA **06** 252, *Jagow/Burmann/Heß* § 3 StVG Rz 4a).

17i Widerrechtlicher **Besitz von Rauschgift** (auch Cannabis) kann Anlass für die Anordnung eines ärztlichen Gutachtens sein, um zu klären, ob Drogen konsumiert werden (§ 14 I 2 FeV, s § 14 FeV Rz 17).

17j **Wiedererlangung der Eignung nach Abhängigkeit oder Konsum von Betäubungsmitteln.** Ungeeignetheit entfällt nach Nr 9.5 Anl 4 FeV idR erst nach **Entgiftung und Entwöhnung** sowie mindestens **einjähriger Abstinenz**, sofern keine Abweichung vom Regelfall iSv Nr 3 S 2 Vorbemerkung zu Anl 4 FeV in Betracht kommt (VGH Ma NZV **02** 477, NZV **04** 213, DAR **04** 471, OVG Bautzen BA **04** 556, OVG Greifswald VRS **107** 229, OVG Münster VRS **112** 371). Nach Sinn und Zweck der Nr 9.5 Anl 4 FeV ist jedoch nur ein **eingeschränkter Anwendungsbereich** gegeben: „Entgiftung und Entwöhnung" kann denklogisch nur bei Abhängigkeit, bei über längere Zeit andauerndem Konsum harter Drogen, oder bei missbräuchlicher Einnahme („regelmäßig übermäßiger Gebrauch", Nr 9.4 Anl 4 FeV) von psychoaktiv wirkenden Arzneimitteln und anderen psychoaktiv wirkenden Stoffen in Betracht kommen, nicht zB bei einmaligem Konsum harter Drogen und bei Cannabiskonsum (OVG Br

Fahrerlaubnis und Führerschein　　　　　　　　　　　　　　　§ 2 StVG **1**

DAR **04** 284, OVG Saarlouis BA **07** 388, *Berr/Krause/Sachs* Rz 1281 ff, *Bode* DAR **02** 24, 25, BA **04** 234, 237 ff, *Geiger* VBlBW **04** 1, 6). Da Nr 9.5 Anl 4 FeV die **einjährige Abstinenz nur nach „Entgiftung und Entwöhnung"** fordert, ist der Nachweis einer einjährigen Abstinenz nur in den Fällen erforderlich, in denen „Entgiftung und Entwöhnung" überhaupt in Betracht kommen (OVG Br DAR **04** 284, OVG Saarlouis BA **07** 388, VG Saarlouis BA **08** 86: nur bei Drogenabhängigkeit). In diesen Fällen kann ein Abweichen vom Regelfall nach Nr 3 S 2 der Vorbemerkung zu Anl 4 FeV geboten sein; dann reicht eine kürzere Abstinenzzeit nur aus, wenn besondere, vom FEBewerber zu beweisende Umstände die Annahme vollständiger Entgiftung und Entwöhnung begründen (VGH Ma NZV **02** 475, NZV **03** 56, DAR **04** 471). Soweit **einjährige Abstinenz** für die Wiedererlangung der Eignung zu fordern ist, kann die FEB nach Auffassung des VGH Mü VRS **109** 64, 70 nur während eines Jahres seit Beginn der vom Betroffenen vorgetragenen oder anders bekannt gewordenen Abstinenz gem § 11 VII FeV ohne Gutachtenanordnung noch von fehlender Eignung ausgehen (vom VGH Mü „verfahrensrechtliche Einjahresfrist" genannt). Die nachzuweisende einjährige Abstinenz, die notwendige, aber nicht hinreichende Voraussetzung für die Wiedererlangung der Eignung ist (vom VGH Mü „materiellrechtliche Einjahresfrist" genannt, VGH Mü VRS **109** 64, 70), beginnt wenige Tage vor dem Datum der ersten Gewinnung der Substanz, anhand derer der Nachweis geführt wird, da Urinanalysen und wegen der insoweit noch wesentlich größeren Abbaugeschwindigkeit erst recht Blutproben eine Aussage über das Konsumverhalten nur für einen sehr begrenzten Zeitraum vor der Gewinnung der Substanz erlauben (VGH Mü VRS **109** 64, 70). Lediglich bei Betäubungsmitteln wie zB Kokain, deren Konsum sich in den Körperhaaren bereits bei geringer Dosierung niederschlägt, ist der Abstinenznachweis über eine längere Zeitspanne hinweg möglich (VGH Mü VRS **109** 64, 70 f). Für die **Fälle, in denen „Entgiftung und Entwöhnung" nicht in Betracht kommen**, hat der Verordnungsgeber keine eindeutigen Anforderungen aufgestellt (VG Saarlouis BA **08** 86, *Zwerger* 44. VGT **06** 96, 104). In diesen Fällen ist nicht pauschal ein Jahr Abstinenz zu fordern, sondern eine **Beurteilung des Einzelfalles** unter Berücksichtigung der konsumierten Substanz, der Häufigkeit des Konsums und des Verhaltens seit der EdF wegen Drogenkonsums vorzunehmen (*Berr/Krause/Sachs* Rz 1292, *Geiger* SVR **07** 441, 446 f). Der Nachweis, dass keine harten Drogen mehr konsumiert werden, kann allerdings sinnvoll erst nach einer gewissen Dauer der Abstinenz geführt werden (OVG Hb BA **04** 95). Bei Einnahme von **Cannabis** kann der Übergang zu einem die Fahreignung nicht ausschließenden Konsumverhalten reichen, um die Ungeeignetheit entfallen zu lassen (OVG Saarlouis BA **03** 166, BA **07** 388, VGH Mü Beschl v 3. 2. 04 11 CS 04.157 juris, VRS **109** 64, 69, 77 f, *Bode* BA **04** 234, 239, aA *Berr/Krause/Sachs* Rz 1306). Soweit im Falle einer Änderung der Konsumgewohnheiten bei Cannabiskonsumenten die Einhaltung einer Einjahresfrist gefordert wird (VGH Mü Beschl v 3. 2. 04 11 CS 04.157 juris, VRS **109** 64, 69, VG Mü Beschl v 14. 9. 07 M 1 S 07.3382 juris), kann dem nicht gefolgt werden, da es auf die Umstände des Einzelfalles ankommt und für die Forderung nach Einhaltung einer Einjahresfrist in diesen Fällen eine Rechtsgrundlage fehlt (VG Potsdam BA **08** 152, 154 ff). Die Änderung der Konsumgewohnheiten, d. h. der Übergang zu völliger Abstinenz oder zu einem – bei Cannabis u. U. genügenden – eingeschränkten Konsum, oder der Erwerb der Fähigkeit zur zuverlässigen Trennung von gelegentlichem Cannabiskonsum und dem Führen von Fz, müssen in jedem Fall **nachhaltig und stabil** sein (OVG Hb BA **04** 95, VGH Mü VRS **109** 64, OVG Saarlouis BA **07** 388, VG Saarlouis BA **08** 215). Vor Erteilung oder Wiedererteilung der FE nach Abhängigkeit oder Konsum von Betäubungsmitteln ist die Beibringung eines **medizinisch-psychologischen Gutachtens** gem § 14 II FeV erforderlich, um zu klären, ob – soweit erforderlich – mindestens einjährige Abstinenz eingehalten und ob ein stabiler Einstellungswandel erfolgt ist (§ 14 FeV Rz 21 ff).

17k Konsum von **Methadon** (Betäubungsmittel gem Anl III zu § 1 I BtMG) schließt nach Nr 9.1 Anl 4 zur FeV Fahreignung grundsätzlich aus. Bei Heroinabhängigen besteht die Kraftfahrungeeignetheit idR auch während einer Methadonbehandlung fort (OVG Br NJW **94** 3031, *Berr/Krause/Sachs* Rz 61). Die Bewertungen der Anl 4 FeV gelten nach Nr 3 S 1 der Vorbemerkung zur Anl 4 FeV jedoch nur für den Regelfall. Kompensationen sind u. a. durch besondere Verhaltenssteuerung und -umstellung möglich (Vorbem Nr 3 S 2 Anl 4 FeV). In Einzelfällen kann danach **ausnahmsweise** die Fahreignung von Personen bestehen, die sich in einer fachgerecht durchgeführten, idR seit mehr als einem Jahr andauernden **Methadonsubstitution** befinden, sofern eine psychosoziale stabile Integration vorliegt, neben Methadon seit mindestens einem Jahr (nachgewiesen durch geeignete, regelmäßige, zufällige Kontrollen während der Therapie) keine psychoaktiven Substanzen, einschließlich Alkohol, eingenommen werden, keine Störung der Gesamtpersönlichkeit vorliegt, und die Personen über einen so langen Zeitraum substituiert

1 StVG § 2 I. Verkehrsvorschriften

werden, dass sie nach der Adaption an die Dosis eine gesundheitliche Stabilisierung erreichen (Begutachtgs-Leitl Nr 3.12.1 S 44, *Berr/Krause/Sachs* Rz 61–67, *Berghaus/Friedel* NZV **94** 377, 380, *Schöch* BA **05** 354, 359 f). Bei Teilnahme an einer Methadonsubstitution liegt allein durch den Betäubungsmittelkonsum **nicht der Regelfall der Ungeeignetheit** zum Führen von Kfz vor, **wenn es Anhaltspunkte für** das Vorliegen eines solchen **Ausnahmefalles** gibt (OVG Hb NJW **97** 3111, VGH Mü Beschl v 23. 5. 05 11 C 04.2992 juris, VG Leipzig SächsVBl **07** 169). Die Fahreignung eines ehemals Drogenabhängigen ist aber nicht bereits durch seit mehreren Jahren andauernde Teilnahme an einem kontrollierten Mathadon-Programm und seither nicht festgestelltem illegalem Beikonsum nachgewiesen (OVG Saarlouis NJW **06** 2651). Es bestehen bei Methadonsubstitution vielmehr Zweifel an der Fahreignung, die die FEB mit medizinisch-psychologischem Gutachten aufzuklären hat, wenn es Anhaltspunkte für das Vorliegen eines Ausnahmefalles gibt (VG Leipzig SächsVBl **07** 169). Rechtsgrundlage für das Gutachten ist Nr 3 S 3 Vorbem zu Anl 4 FeV, nicht – wie OVG Saarlouis NJW **06** 2651 meint – § 14 II FeV. Bei der Begutachtung ist besonders zu klären, ob der Betroffene eine so weit reichende psychische Stabilisierung erfahren hat, dass er das Suchtpotential hinreichend verlässlich überwinden kann, denn die Methadonsubstitution allein beseitigt das Suchtpotential noch nicht (OVG Br NordÖR **05** 263, VG Augsburg Urt v 18. 7. 06 Au 3 K 06.189 juris). Es obliegt dem Betroffenen, die Umstände für einen Ausnahmefall vorzutragen, sofern sie der FEB nicht bekannt sind (VGH Mü Beschl v 22. 3. 07 11 CS 06.3306 juris, VG Hb Beschl v 23. 7. 08 15 E 1783/08 juris). Liegen **keine Anhaltspunkte für einen Ausnahmefall** vor, steht bei Konsum von Methadon Ungeeignetheit fest und gem § 11 VII FeV ist eine medizinisch-psychologisches Begutachtung entbehrlich.

17l Lit: *Berghaus/Friedel*, Methadon-Substitution und Fahreignung, NZV **94** 377. *Berr/Krause*, Fahreignung bei nachgewiesenem einmaligen Konsum von Cannabis und mangelnde Trennung zwischen dem Konsum und dem Führen eines Kfz, Himmelreich-F, 91. *Bode*, Einnahme von Betäubungsmitteln (außer Cannabis) und Kraftfahreignung, DAR **02** 24. *Derselbe*, Abstinenz von Alkohol und anderen Drogen, BA **04** 234. *Derselbe*, Einmaliger Konsum „harter" Drogen und Kraftfahreignung, BA **06** 81. *Bundesanstalt für Straßenwesen*, Cannabis und Verkehrssicherheit, Heft M 182, November 2006. *Dietz*, Drogenmissbrauch und Kraftfahreignung, BayVBl **05** 225. *Gehrmann*, Grenzwerte für Drogeninhaltsstoffe im Blut und die Beurteilung der Eignung im FERecht, NZV **08** 265 = 377. *Geiger*, FE und Drogenkonsum ..., NZV **03** 272. *Derselbe*, Aktuelle Rspr zum Recht der FEe, SVR **06** 401 (404 ff). *Haase*, Verfassungskonforme Anwendung der FeV im Falle von Konsum oder Besitz von Cannabis mit oder ohne Bezug zum StrV, ZfS **07** 2, 123. *Hettenbach/Möller/Wehowsky*, 44. VGT **06** 162, 172, 180 = BA **06** 125, 135. *Himmelreich*, Cannabis-Konsum und seine rechtlichen Folgen für die FS, DAR **02** 26. *Kannheiser*, Mögliche verkehrsrelevante Auswirkungen von gewohnheitsmäßigem Cannabiskonsum, NZV **00** 57. *Köhler-Rott*, Obergerichtliche Rspr. zur Drogenproblematik im Verkehrsverwaltungsrecht, DAR **07** 682. *Krause*, Anordnung eines Gutachtens im Zusammenhang mit Cannabis, SVR **06** 454. *Lewrenz ua*, Abhängigkeit, schädlicher Gebrauch, Trennungsproblematik ..., BA **02** 289. *Schlanstein*, Drogensünder im Straßenverkehr – die neuen Entwicklungen, VD **06** 115. *Schöch*, Probleme der Fahrsicherheit und Fahreignung bei Substitutionspatienten, BA **05** 354. *Wirth/Swoboda*, Cannabis im StrV, ZfS **04** 54, 102. *Zwerger*, Erschwerter Rechtsschutz durch Regelungsdefizite in der FeV, insbesondere bei Drogenauffälligkeit, 44. VGT **06** 96 = BA **06** 105 = ZfS **06** 362. *Derselbe*, Berührungspunkte von Toxikologie und Rspr: Blutwerte nach Cannabiskonsum und Fahreignung, ZfS **07** 551.

18 **5 f. Bedingte Eignung.** Ist der FzF zum Führen von Kfzen zwar nicht völlig ungeeignet, aber auf Grund körperlicher oder geistiger Mängel nur eingeschränkt geeignet, so muss (Rechtsanspruch) ihm die FEB, wenn die übrigen Voraussetzungen erfüllt sind, eine FE unter Auflagen oder mit Beschränkungen erteilen, wenn diese geeignet sind, die bestehenden Eignungsmängel vollständig auszugleichen (Abs IV S 2). Bei Eignungszweifeln muss die FEB daher stets prüfen, ob eine beschränkte FE oder eine solche unter Auflagen dem öffentlichen Sicherheitsinteresse genügen würde; ein Eignungsgutachten muss die Frage bedingter Eignung ohne weiteres mitumfassen, *Himmelreich* DAR **96** 129. Die Erteilung der FE unter Auflagen oder beschränkt auf eine bestimmte FzArt oder ein bestimmtes Fz (s § 23 FeV) wird vor allem bei körperlichen Beeinträchtigungen zu prüfen sein. Aber auch geistige Beeinträchtigungen können hier in Betracht kommen, nach dem Wortlaut von Abs IV S 2 allerdings nicht charakterliche Mängel (s Begr, BRDrucks 821/96 S 67), etwa solche, die durch Straftaten offenbar geworden sind. Diese Einschränkung wurde auf Vorschlag des BR in die Bestimmung aufgenommen (BTDrucks 13/6914, S 100). Sie ist insoweit irreführend, als sie im Widerspruch zu anderen gesetzlichen Regelungen zu stehen scheint. Davon, dass nämlich zB nach Straftaten, die charakterliche Mängel offenbart haben, eine beschränkte FE erteilt werden kann (s auch *Jagow* DAR **97** 16, *Bode* § 3 Rz 13), geht etwa die Regelung des § 69 a II StGB aus, der auch (und vor allem) bei charakterlichen Eignungsmängeln, die durch Begehung einer Straftat zum Ausdruck gekommen sind (etwa Trunkenheit im Verkehr), ausdrücklich die Möglichkeit einer Ausnahme von der FESperre für bestimmte KfzArten vorsieht, wenn dadurch der Zweck der FEEntziehung nicht gefährdet wird. Diese Bestimmung hätte keinen Sinn, wenn es der FEB durch Abs IV S 2 verwehrt wäre, dem Verurteilten eine auf die von der Sperre ausgenommene KfzArt beschränkte FE zu erteilen, was im übrigen auch gegen das Übermaßverbot verstieße, s *Gehrmann* NZV **02** 492. Ein auf gewohnheitsmäßigem Alkoholkonsum beruhender Eignungsmangel schließt jedoch in aller Regel die Erteilung einer beschränkten FE (zB für landwirtschaftliche Fze) aus, VGH Ma NZV **93** 495.

6. Ermittlungen der FEBehörde über die Eignung. Die FEB hat sorgfältige Feststellungen **19** hinsichtlich etwaiger Eignungsbedenken zu treffen (VII), s § 22 FeV. Dazu gehört zwar auch die körperliche und geistige Eignung; die Ermittlungen müssen sich aber im Rahmen des Abs IV halten. Sie berechtigen nicht dazu, den Bewerber über der Behörde unbekannte, eignungsmindernde oder -ausschließende Tatsachen, zB über körperliche Gebrechen, zu befragen, s § 22 FeV Rz 6. Zur Problematik ärztlicher Gesundheitsfragebögen, *Rüth* DAR **76** 4, *Ernesti* DAR **74** 203. Sind der Behörde solche Tatsachen bekannt, so hat sie dem Bewerber Gelegenheit zur Äußerung zu geben, und dieser wird sich dazu äußern müssen (II Nr 3), s auch Abs VIII. Durch Auskünfte aus den in Abs VII S 2, 3 genannten Registern hat die FEB insbesondere zu prüfen, ob Bedenken wegen schwerer oder wiederholter Vergehen gegen Strafgesetze (IV) bestehen, wegen Alkohol- oder Drogenabhängigkeit oder ob Neigung zu Ausschreitungen oder Rohheitsvergehen vorliegt. Die Aufzählung der im Rahmen der Ermittlungen zur Eignungsfrage zu treffenden Maßnahmen in Abs VII ist nicht abschließend, VGH Mü VRS **109** 74. Die FEB ist daher nicht auf die Einholung von Auskünften aus den in VII genannten Registern beschränkt, VGH Ma NJW **05** 234, s *Geiger* BayVBl **05** 646. Berücksichtigung früherer Bußgeld- und Strafverfahren: § 29.

6a. Bedenken gegen die Eignung oder Befähigung (Abs VIII). Der Begriff der Eignung **20** ist umfassend zu verstehen, er schließt auch „charakterlich-sittliche" Beurteilungen ein. Es müssen, gleichviel wie (s aber § 29 StVG), bestimmte Tatsachen zur Kenntnis der VB gelangt sein. S dazu § 11 FeV Rz 9. Durch ein Urteil bekannt gewordener Haschischkonsum vor mehr als 1 Jahr kann Gutachtenanforderung (§ 14 I FeV) rechtfertigen, Kar DAR **88** 383. Höheres Alter als Anlass für Eignungsbedenken (s Rz 9) wird in der Praxis weniger bei Erteilung der FE als bei der Frage, ob diese zu entziehen ist, bedeutsam sein. Alter von 71 Jahren allein rechtfertigt die Anforderung eines Gutachtens nicht, OVG Ko DAR **69** 332, OVG Saarlouis ZfS **94** 350; jedoch genügt auch bei sehr hohem Alter (85 Jahre) jeder berechtigte Zweifel „nach Sachlage", BVerwG VM **66** 90 (s dazu auch § 3 Rz 6). Zweifel an der Fahrtauglichkeit können sich bereits aus zahlreichen, teilweise erheblichen Vorverurteilungen auch ohne Aktenbeiziehung ergeben (Gutachtenanforderung), BVerwG VwRspr **79** 585.

Aufklärungsmaßnahmen. Die FEB kann Vorlage eines **Zeugnisses oder Gutachtens** **21** **eines Fach- oder Amtsarztes** verlangen (VIII). Bei der Frage, welche Qualifikation der Arzt besitzen muss, sind die speziellen Vorschriften der §§ 11 bis 14 FeV zu beachten, VG Berlin NJW **00** 2440. Ärztliche Beurteilung der Fahreignung kommt vor allem bei Bedenken im Hinblick auf ein besonderes körperliches oder geistiges Leiden in Betracht, das Zeugnis oder Gutachten eines Facharztes idR bei auf bekannt gewordenen Tatsachen beruhenden Bedenken gegen die allgemeine körperliche Eignung. Näher: § 11 FeV. Die FEB kann ferner die Beibringung des **Gutachtens eines amtlich anerkannten Sachverständigen oder Prüfers** für den KfzVerkehr anordnen. Dies wird in Frage kommen, wenn die Frage etwaiger Ausgleichsfähigkeit körperlicher Mängel durch technische Einrichtungen zu klären ist (§ 11 IV FeV) sowie bei Bedenken gegen die Befähigung (s Rz 5).

Schließlich kann die FEB die Vorlage des **Gutachtens einer amtlich anerkannten Begut-** **22** **achtungsstelle für Fahreignung** (§§ 11 III, 66 FeV) fordern. Je nach Art des Eignungsbedenkens kommt ein medizinisches oder ein medizinisch-psychologisches Gutachten in Betracht. Näher: § 11 FeV Rz 12.

Ob eine Maßnahme gemäß VIII erforderlich ist, entscheidet nach pflichtgebundenem Ermes- **23** sen die FEB. Voraussetzung ist jedoch stets, dass die Maßnahme durch die speziellen Bestimmungen der FeV (zB §§ 11, 13, 14 FeV) gerechtfertigt ist, s *Geiger* DAR **03** 494. Für die Beibringung des Zeugnisses oder Gutachtens kann die FEB eine **angemessene Frist** setzen (VIII). Verweigert der Bewerber die Mitwirkung ohne anzuerkennenden Grund oder hält er die ihm gesetzte Frist nicht ein, so darf die FEB auf Nichteignung schließen (§ 11 VIII FeV), s Begr BRDrucks 821/96 S 68.

Dauer

24 Nur **gesetzlich oder amtlich anerkannte Stellen** und Personen oder solche, die amtlich dazu beauftragt sind, dürfen zur **Prüfung der Eignung oder Befähigung** herangezogen werden (Abs 13). Prüfer der Befähigung nach Abs 5 müssen außerdem einer Technischen Prüfstelle für den KfzV gem § 10 KfSachvG angehören (Abs 13 S 2). Abs 13 betrifft neben den Sachverständigen und Prüfern für den KfzV und den Begutachtungsstellen für Fahreignung (früher MPU) auch zB die Sehteststellen. Amtliche Anerkennung: §§ 65 ff FeV. Akkreditierung: § 72 FeV.

24a Bis 1998 waren in den „Richtlinien für die Prüfung der körperlichen und geistigen Eignung von Fahrerlaubnisbewerbern und -inhabern (Eignungsrichtlinien)" (VkBl **82** 496) **Obergutachter** vorgesehen. Das seit 1. 1. 1999 geltende FERecht sieht dagegen keine Einholung von Obergutachten mehr vor (VG Hb Beschl v 9. 1. 03 15 VG 5124/02 juris, *Schubert* NZV **08** 436). Heute ist ein medizinisch-psychologisches Gutachten nach der Legaldefinition in § 11 III 1 FeV nur ein Gutachten einer amtlich anerkannten Begutachtungsstelle für Fahreignung. Diese Anerkennung wird nach § 66 FeV von der zuständigen Behörde unter den Voraussetzungen der Anl 14 zur FeV ausgesprochen. Die Behörden der Länder haben mangels Rechtsgrundlage keine Möglichkeit, neben den Begutachtungsstellen für Fahreignung auch noch Obergutachter für die Erstellung medizinisch-psychologischer Gutachten amtlich anzuerkennen oder – wie vor 1999 – zu „benennen" (aA wohl *Bode/Winkler* § 6 Rz 116, unklar BMV VkBl **00** 127 f). Von gleichwohl als Obergutachter bezeichneten Personen erstellte Gutachten haben nur die Qualität von Parteigutachten, sind aber keine medizinisch-psychologischen Gutachten iSv § 11 III 1 FeV (*Schubert* NZV **08** 436, 440). Es ist umstritten, ob die Oberbegutachtung wieder in das FERecht aufgenommen werden sollte (dafür *Jagow/Burmann/Heß* § 3 StVG Rz 7 g, *Himmelreich/Halm/Mahlberg* Kap 35 Rz 271 ff, *Hillmann* DAR **03** 106, 108, DAR **03** 546, 549, *Gehrmann* NZV **07** 112, dagegen *Geiger* DAR **03** 494, 497, s auch *Haffner* BA **06** 288).

25 **7. Polizeiliche Mitteilungspflicht, Datenübermittlung und Datenspeicherung.** Werden der **Polizei** Tatsachen bekannt, die auf nicht nur vorübergehende Mängel in Bezug auf die Eignung oder Befähigung schließen lassen, so muss sie diese **der FEBehörde** nach Maßgabe von Abs 12 **mitteilen.** Das gilt etwa für Tatsachen, die auf körperliche, geistige oder charakterliche Eignungsmängel schließen lassen, aber zB auch für Tatsachen, die auf Alkoholmissbrauch hindeuten oder für Drogenbesitz, nicht dagegen etwa für körperliche Beeinträchtigungen, die nur zu vorübergehender Beeinträchtigung der Eignung führen können. Auch Fakten, die nicht das VZR eingetragen werden, sind zu übermitteln, denn Sinn und Zweck des Abs 12 ist es, die FEB mit allen eignungs- und befähigungsrelevanten Informationen zu versorgen, die Veranlassung für Maßnahmen nach dem FERecht sein können. Dass die FEB auf diese Weise mehr erfährt als sie nach Abs 7 selbst ermitteln könnte, ist vom Gesetzgeber gewollt, denn sonst hätte er die Informationspflicht nach Abs 12 S 1 eingeschränkt oder gänzlich auf sie verzichtet. Die Erkenntnisse der Polizei können sich auch aus Vorgängen außerhalb des StrV ergeben (*Müller* SVR **07** 241, 247). Die Mitteilung verletzt nicht das Recht auf informationelle Selbstbestimmung (s BVerwG NJW **88** 1863 zur Rechtslage vor Schaffung von Abs 12). Nach der Begr zur Änderung von Abs 12 S 2 durch ÄndG v 19. 3. 01 (VkBl **01** 262, s vor Rz 1) betrifft Abs 12 auch Daten, die sich auf die Eignung zum Führen FE-freier Fz beziehen, um der FEB Maßnahmen gegen ungeeignete Führer solcher Fz zu ermöglichen (*Weibrecht* NZV **01** 145, 147). FE-freie Fz sind Kfz wie Mofas und motorisierte Krankenfahrstühle (§ 4 FeV), aber auch Nicht-Kfz wie Fahrräder. Nach dem Wortlaut von Abs 12 S 1 hat die Polizei allerdings nur Informationen über Tatsachen zu übermitteln, die auf Mängel hinsichtlich der Eignung und Befähigung zum Führen von *Kfz* schließen lassen. Diese Diskrepanz zwischen der amtl Begr zur Änderung von Abs 12 S 2 und dem Wortlaut von Abs 12 S 1 dürfte jedoch keine praktischen Auswirkungen haben, denn Informationen über Tatsachen, die auf Mängel hinsichtlich der Eignung und Befähigung ausschließlich zum Führen von Nicht-Kfz schließen lassen und die nach Abs 12 S 1 nicht übermittelt werden dürfen, sind kaum vorstellbar. Unzweifelhaft kann die FEB auf der Basis nach Abs 12 S 1 übermittelter Tatsachen auch Eignungszweifel zum Führen von Nicht-Kfz klären und ggf Maßnahmen nach § 3 FeV in Bezug auf Nicht-Kfz einleiten.

25a Werden der FEB Informationen übermittelt, die zur Beurteilung von Eignung oder Befähigung nach Beurteilung der FEB von vornherein nicht erforderlich sind, sind diese Informationen gem **Abs 12 S 2** sofort zu **vernichten**. Soweit die Informationen für die Beurteilung von Eignung oder Befähigung erforderlich sind, sind sie nach Abs 12 S 2 erst dann zu vernichten, wenn sie für diese Beurteilung nicht mehr erforderlich sind; bis dahin **dürfen** die von der Polizei mitgeteilten Informationen durch die FEB **gesammelt werden** (VGH Ma DAR **05** 352,

353). Abs 12 stellt insoweit eine Rechtsgrundlage zur Speicherung der Daten dar. **Wie lange die FEB** gem Abs 12 S 1 übermittelte Informationen aufbewahren darf, hat sie jeweils nach den Umständen des Einzelfalles zu beurteilen. Ob der Betroffene Inhaber einer FE ist oder ob in nächster Zeit mit einem Antrag auf Erteilung einer FE zu rechnen ist, ist dabei unerheblich, da die von der Polizei mitgeteilten Fakten auch der Überprüfung der Eignung zum Führen fahrerlaubnisfreier Fz dienen können (Rz 25). Abs 12 hindert im Rahmen der Eignungsprüfung nicht die Verwertung von Daten, wenn diese auch an anderer Stelle gespeichert sind, selbst wenn die FEB sie schon nach Abs 12 S 2 gelöscht hat (VGH Ma NJW **05** 234, 236f).

Lit: *Müller*, Inhalte und Grenzen polizeilicher Mitteilungspflichten an Fahrerlaubnisbehörden, SVR **07** 241 = VD **07** 245.

Die von den gesetzlich oder amtlich anerkannten oder beauftragten Stellen zur Eignungs- 26 oder Befähigungsprüfung benötigten Daten darf die FEB an diese übermitteln (Abs 14). Diese dürfen die Daten bis zur Erledigung ihres Auftrags speichern, nicht jedoch auf Dauer. Die gem Abs 7 und 8 eingeholten **Registerauskünfte** und beigebrachten **Zeugnisse und Gutachten** dürfen von der FEB nicht zu anderen Zwecken als zur Feststellung oder Überprüfung der Eignung oder Befähigung des FEBewerbers zum Führen von Kfzen verwendet werden. Nach spätestens 10 Jahren müssen sie **vernichtet** werden (Abs 9). Längere Aufbewahrung nur, soweit sie im Zusammenhang mit Entscheidungen stehen (etwa EdF, FEBeschränkung), deren Tilgungsfristen diese Zeit überschreiten; dann gelten jene Tilgungsfristen. Für Registerauskünfte, Zeugnisse und Gutachten, die sich am Tage des Inkrafttretens von Abs 9 (1. 1. 1999) schon bei den Akten befanden, gilt die **Übergangsbestimmung** des § 65 I. In diesen Fällen ist die Vernichtung (aus Kostengründen, s Begr zu § 65) erst erforderlich, wenn sich die FEB aus anderem Anlass mit dem Vorgang befasst; in jedem Fall muss aber eine Überprüfung der Akte bis spätestens 15 Jahre nach Inkrafttreten von Abs 9, also bis zum 1. 1. 2014, erfolgen. Würde die Vernichtung wegen der besonderen Art der Aktenführung einen unverhältnismäßigen Aufwand erfordern, so tritt an ihre Stelle eine Sperrung der Daten (§ 65 I S 3).

8. Unfallhilfe. Über § 323c StGB (unterlassene Hilfeleistung) hinaus besteht keine Rechts- 27 pflicht zur Nothilfe, auch nicht im StrV. § 323c greift nur ein, wenn zumutbare, individuell bestmögliche Hilfe, die ohne eigene Gefährdung möglich wäre, vorsätzlich unterlassen wird. Die Erteilung der FE könnte nicht davon abhängig gemacht werden, dass der Bewerber Sofortmaßnahmen oder gar Erste Hilfe bei jedem Unfall fachgerecht leisten kann. § 2 StVG sieht daher nur die Pflicht von FEBewerbern vor, sich über die Grundzüge der Erstversorgung Unfallverletzter zu unterrichten und dies in vorgeschriebener Form nachzuweisen. Dies soll sie, auch wo keine Rechtspflicht zur Hilfe besteht, besser befähigen, Unfallfolgen möglichst zu mildern. S § 19 FeV. Unterrichtung über die „Grundzüge" der Unfallversorgung iS lebensrettender Sofortmaßnahmen ist weniger als Kenntnis der Regeln über Erste Hilfe. Diese letztere haben Bewerber um die FE der Klassen C und D mit ihren Kombinationen (C1, CE usw) durch entsprechende Bescheinigungen nachzuweisen (§ 19 II, III, V FeV). S § 6 StVG, § 35h StVZO (Mitführen von Verbandkästen).

9. Abs III bildet mit § 6 I Nr 1g die Rechtsgrundlage für die zusätzlichen Erfordernisse bei 28 Erteilung der FE **zur Fahrgastbeförderung**, insbesondere in Taxen und Mietwagen (s § 48 FeV).

10. Abs VI bildet die gesetzliche Grundlage für die **bei Antragstellung vom FEBewerber** 29 **zu machenden Angaben** und zu erbringenden Nachweise (§ 21 FeV). Die Bestimmung betrifft neben dem Antrag auf Erteilung einer FE auch Anträge auf Erweiterung, Verlängerung (§ 24 FeV) oder Änderung der FE, auf Erteilung einer besonderen Erlaubnis nach Abs III (§ 48 FeV), ferner solche auf Aufhebung oder Beschränkung einer Auflage (IV S 2, § 23 FeV) sowie auf FSAusfertigung oder -änderung. Die Erklärung über das Nichtvorhandensein einer bereits erteilten in- oder ausländischen FE der beantragten Klasse (s Abs II Nr 7, § 8 FeV) dient der Durchsetzung von Art 7 V der 2. EG-FSRichtlinie, wonach jede Person nur Inhaber eines einzigen von einem Mitgliedstaat ausgestellten FS sein darf.

11. Dienstfahrerlaubnisse. Bundeswehr, Polizei und Bundespolizei können durch ihre 30 Dienststellen DienstFEe erteilen (X), die ausschließlich zum Führen von DienstFzen berechtigen (§ 26 I FeV). Da die Bestimmung in Bezug auf den Zweck der FzBenutzung keine Beschränkungen enthält, berechtigt die DienstFE zum Führen des DienstFzs auch dann, wenn die Fahrt keinen dienstlichen Zweck verfolgt. Für den Begriff des DienstFzs ist der Halter des Fzs entscheidend; DienstFz ist also jedes Fz, dessen Halter die BW, die BundesPol oder die Pol als Dienstherr des FEInhabers ist. Für die Erteilung gelten im Prinzip die allgemeinen Bestimmungen; jedoch schließt Abs X abweichende Regelungen durch RVO nicht aus. Der Probezeit iS von § 2 a I kommt die Dauer des Besitzes einer DienstFE voll zugute wie der Besitz einer allgemeinen FE, § 33 FeV. Die allgemeine FE der betreffenden FEKl wird auf Grund einer vorhandenen DienstFE ohne weitere Ausbildung oder Prüfung erteilt.

31 **12. Anspruch auf Erteilung der Erlaubnis** hat der Bewerber, sofern die Voraussetzungen nachgewiesen sind (II S 1). Verbleibende Zweifel hinsichtlich der Eignung oder Befähigung gehen (abw von der früheren Rechtslage) zu Lasten des Bewerbers (Rz 7). Die Frage der Kraftfahreignung ist eine *Rechts*frage, über die das Gericht im Verwaltungsstreitverfahren eigenverantwortlich zu befinden hat, OVG Br VRS **62** 314, s *Himmelreich/Janker/Karbach* Rz 785. Entscheidend ist die Rechtslage im Zeitpunkt der letzten Tatsachenverhandlung, BVerwG NZV **88** 197, VGH Mü VRS **88** 295, OVG Münster NZV **98** 478. Dabei ist zu berücksichtigen, dass im psychodiagnostischen Eignungstest festgestellte Mängel durchaus nicht immer in relevanter Weise auch das Fahrverhalten beeinflussen müssen, OVG Br VRS **62** 316. Medizinisch-psychologische Begutachtung: Rz 22. Fehlt eine Voraussetzung, so darf die FE nicht nach Ermessen erteilt werden, VGH Mü DAR **57** 368. Für soziales Entgegenkommen ist bei feststehender Nichteignung kein Raum, BGH NJW **66** 1356. Keine FE-Erteilung auf Grund verwaltungsgerichtlicher einstweiliger Anordnung, weil dies auf eine endgültige Regelung hinausliefe, OVG Br DAR **74** 307. Dem nur beschränkt Geeigneten (Rz 18) steht bei Ausgleichsfähigkeit ein Rechtsanspruch auf eine eingeschränkte FE oder auf eine solche unter Auflage zu (s Begr BRDrucks 821/96 S 67), s OVG Br VRS **58** 296.

32 Nach Ablauf oder Abkürzung einer gerichtlichen **Sperrfrist** (§ 69 a StGB) ist die VB an die strafgerichtliche Beurteilung der Kraftfahreignung des die Wiedererteilung der FE beantragenden Verurteilten nicht gebunden, sondern darf die Eignung in vollem Umfang neu prüfen, s § 69 a StGB Rz 19. Dabei darf kein unzulänglich ermittelter Sachverhalt zum Nachteil des Antragstellers unterstellt werden (sonst Schadenersatz), BGH NJW **66** 1356. Näher zum Verfahren bei Wiedererteilung entzogener FE: § 20 FeV. Erteilt die FEB versehentlich in Unkenntnis einer laufenden Sperrfrist eine **neue FE während der Sperrfrist**, so ist dieser Verwaltungsakt gültig (Ha VRS **26** 345). Diese FE ist fehlerhaft, aber nicht nichtig (*Dauer* DAR **07** 343); zur Entziehung einer fehlerhaft erteilten FE s § 3 Rz 40. Eine im EU-Ausland während einer Sperrfrist erteilte FE ist in gleicher Weise formal korrekt erteilt (a.A. Stu DAR **07** 160), berechtigt aber zum Fahren im Inland nur, wenn § 28 FeV nicht entgegensteht (*Dauer* DAR **07** 343, s dazu § 28 FeV Rz 8).

33 **13. Geltungsbereich.** Die FE gilt örtlich ohne Einschränkung, bei Teilnahme am Begleiteten Fahren ab 17 nur im Inland (§ 6 e I S 1 Nr 5), im Ausland nach Maßgabe des Wiener Übereinkommens (ÜbStrV), sachlich ist ihr Inhalt maßgebend. Zu den Wirkungen des ÜbStrV 1968 auf das innerdeutsche FERecht *Bouska* VD **79** 225. In den **EU-Staaten** werden deutsche FEe nach Maßgabe der 2. EG-FSRichtlinie unbeschränkt anerkannt, und zwar auch nach Wohnsitzverlegung in den betreffenden Mitgliedstaat; eine Umtauschpflicht besteht nicht mehr (§ 28 FeV).

34 **14. Die Erlaubnis ist wirksam erteilt,** sobald der FS (oder, falls ein solcher nicht vorliegt, eine ersatzweise ausgestellte, befristete Prüfungsbescheinigung, auch bei Teilnahme am Modellversuch Begleitetes Fahren ab 17) ausgehändigt ist, § 22 IV S 7 FeV. Liegt ein erweiterter FS nach bestandener Prüfung zur Abholung bereit, so wird ein Irrtum über den Beginn der erweiterten FE entschuldbar sein, BGH NJW **66** 1216. Jedenfalls geringer Schuldgehalt. Die FE ist, soweit die FeV nicht für bestimmte FEKlassen Abweichendes bestimmt, Dauererlaubnis, sie kann wder auf Widerruf, noch bedingt erteilt werden, muss hinsichtlich Wirksamkeit und Fortbestand eindeutig sein und kann nicht von einem künftigen Verhalten des Inhabers derart abhängen, dass sie bei vorschriftswidrigem Verhalten vorübergehend erlischt, BGH VRS **55** 295. Diesen Grundsätzen trägt auch die Regelung der FE auf Probe für Fahranfänger Rechnung (§§ 2 a bis 2 c). **Befristete FE** (§ 23 FeV) ist gem Abs II S 3 nur möglich für FEKl C und D mit ihren Unterklassen sowie für die Anhängerklassen. Bei fortbestehender Eignung ist sie auf Antrag zu verlängern (§ 24 FeV); Versagung der Verlängerung dann nur bei Anlass für die Annahme des Fehlens von Voraussetzungen gem Abs II S 1 und 2. Befristet erteilt wird auch die besondere Erlaubnis für die Personenbeförderung in anderen Fzen als Kom (III S 2), s § 48 FeV (FE zur Fahrgastbeförderung). **FS-Verlust** berührt die FE nicht, BGH NJW **66** 1216.

Fahrerlaubnis und Führerschein § 2 StVG 1

15. Ausnahmen vom Erlaubniszwang: Bei der Festlegung von Ausnahmen von der 35
FEPflicht ist die Verwaltung an die Ordnungsvorstellungen des § 2 gebunden, so dass eine
Ausnahme nur in Fällen zulässig ist, in welchen die bestimmungsgemäße KfzVerwendung die
VSicherheit nicht oder nur unwesentlich beeinträchtigt, BVerfG VRS **56** 408. S § 74 FeV,
außerdem § 4 FeV für FmH, die bauartbedingt nicht schneller als 25 km/h fahren können. Abgesehen
von dieser Ausnahme brauchen Führer von FmH, Leicht- und Kleinkrafträdern eine
FE. FE zur Beförderung von Fahrgästen mit Kfzen: § 48 FeV.

16. Zuständige Behörde: §§ 21, 73 FeV. 36

17. Der **Führerschein** ist der amtliche Ausweis über die FE (§§ 22 IV S 7, 25 FeV), BGH 37
NJW **73** 474. Wer ein Kfz im StrV führen will, hat ihn mitzuführen, BGH NJW **66** 1216, und
zuständigen Personen auf Verlangen zur Prüfung auszuhändigen (§ 4 II S 2 FeV). Der FS muss
den Inhaber nach seinem Gesamtinhalt zweifelsfrei ausweisen. Einzelheiten sind Tatfrage. Auch
ein jahrzehntealter, äußerlich intakter FS kann dazu ausreichen. Anders, wenn sorgfältige Prüfung
an Ort und Stelle nicht ausreicht. Bei notwendiger Erneuerung wird jedoch, jedenfalls bei
alten FSen mit berechtigtem Affektionswert, anstatt Einziehung Unbrauchbarmachung durch
Lochen ausreichen, wie bei verständnisvollen Passbehörden bereits jetzt (Maßgebot, **E** 2). Zur
Gültigkeit alter FSe, besonders solcher, welche von nicht mehr bestehenden VB erteilt worden
sind, *Bouska* VD **80** 27.

18. Ausländische Fahrerlaubnisse berechtigen nach Maßgabe von Abs 11 S 1 in Verbin- 38
dung mit § 29 FeV (früher § 4 IntVO) zum Führen von Kfz in Deutschland. Begründet der
Inhaber einer ausländischen FE einen ordentlichen Wohnsitz (Rz 3) im Inland, gilt das Recht
zum Führen von Kfz in Deutschland befristet (§ 29 I 3 und 4 FeV) oder, wenn es sich um eine
von einem EU- oder EWR-Mitgliedstaat ausgestellte FE handelt, nach Maßgabe des § 28 FeV
(§ 29 I 2 FeV) auch unbefristet (s Begr, vor Rz 1). Näheres: §§ 28 ff FeV.
Eine **Registrierungspflicht** (Abs 11 S 2) bestand nach Maßgabe von § 29 alt FeV für Inha- 39
ber von EU- oder EWR-FEen nach Verlegung des „ordentlichen Wohnsitzes" ins Inland. § 29
alt FeV wurde jedoch durch ÄndVO v 9. 8. 04 (BGBl I 2092) aufgehoben, weil die systematische
Registrierung von FEen aus EU- oder EWR-Staaten dem Grundsatz gegenseitiger Anerkennung
von den Mitgliedstaaten ausgestellter FSe ohne jegliche Formalität (Art 1 II der 2. EG-
FSRichtlinie) widersprach (Begr BRDrucks 305/04 S 19f). Entsprechend kann auch Abs 11 S 2
wegen Unvereinbarkeit mit Gemeinschaftsrecht keine Anwendung mehr finden. Warum diese
Bestimmung nicht zusammen mit § 29 FeV alt aufgehoben wurde, ist unklar. Der durch Änd-
VO v 18. 7. 08 (BGBl I 1338) mit Wirkung vom 30. 10. 08 neu eingefügte § 29 FeV hat damit
nichts zu tun.

19. Übungs- und Prüfungsfahrten. Die Sicherheit erfordert es, zum Führen von Kfzen nur 40
Personen zuzulassen, die in der Handhabung des Fz Übung haben. Diese Übung kann der Bewerber
nur im Verkehr erwerben. Er muss daher mit Kfzen der Klasse, die er führen will, im
Verkehr, auch auf der AB, üben können. Diese Möglichkeit eröffnet ihm Abs 15. Dem Bewerber
sind Fahrten erlaubt, die der Abnahme der Prüfung dienen (§ 17 FeV), und solche, um sich in
der Führung zu üben und seine Eignung zu erproben. Nur darf er, soweit er bei einer Übungsfahrt
mit einem fahrerlaubnispflichtigen Kfz (§§ 4, 6 FeV) öffentliche Straßen (Abs 1, § 1 FeV,
s § 1 StVO Rz 13–16) benutzt, das nur unter Aufsicht tun. Die Vorschriften gelten entsprechend
für Bewerber um eine weitere FE. Wie aus § 17 I 4 FeV folgt, dürfen Übungs- und Prüfungsfahrten
schon kurz vor Erreichen des Mindestalters nach § 10 FeV durchgeführt werden, nicht
jedoch von Kindern, die als FE-Bewerber noch gar nicht in Betracht kommen, Ha VRS **22** 372
(12 Jahre), Br VRS **28** 445 (7 Jahre). Zur Fahrschulausbildung Minderjähriger, s *Bouska* VD **80**
255. Schüler dürfen die Prüfung schon vor Vollendung des 16. Lebensjahres ablegen (Aushändigung
des FS aber erst danach), VkBl **64** 253. „Probefahrten" zum Zweck der Abschätzung der
Vorkenntnisse von Interessenten an einer Fahrausbildung und zur Erstellung eines Kostenvoranschlags
sind keine Ausbildungsfahrten iSv Abs 15 (Ha VD **07** 291 = NStZ-RR **08** 321 Ls, § 21
Rz 13). **Führer** ist bei Ausbildungs- und Prüfungsfahrten, bei denen der FzLenker die erforderliche
FE noch nicht hat, gem der Fiktion von Abs 15 S 2 der begleitende Fahrlehrer. Dies hat nur
die Bedeutung, dass §§ 18 und 21 auf den Fahrschüler nicht anzuwenden sind. Für die straf- und
ordnungswidrigkeitenrechtliche Verantwortlichkeit kommt es dagegen darauf an, wer das Fz
eigenhändig „führt" (s Rz 2). Die Neufassung von Abs 15 S 2 durch ÄndG v 3. 5. 05 stellt klar,
dass der Fahrlehrer auch bei der Hin- und Rückfahrt zu oder von einer Prüfung oder Begutachtung
als Führer gilt, wenn der Betroffene keine FE besitzt. Praktische Bedeutung hat dies zB vor

Dauer

1 StVG § 2 I. Verkehrsvorschriften

allem, wenn nach bestandener Prüfung noch kein FS ausgehändigt wird (s Begr, VkBl **05** 435). Kennzeichnung der FahrschulFze: § 10 FZV Rz 21. Fahrlehrerbegleitung ist gem Abs 15 S 1 auch bei **Fahrten zur Begutachtung der Eignung oder Befähigung** eines FEInhabers erforderlich; insoweit verfassungsrechtliche Bedenken bei *Bode* ZVS **03** 140. Das gilt zB bei Prüfungsfahrten gem § 11 IV FeV, nach dem Wortlaut von Abs 15, der insoweit Zweifel an der Eignung oder Befähigung voraussetzt (s Begr), aber nicht für die Fahrprobe eines FEInhabers im Rahmen einer verkehrspsychologischen Beratung gem § 4 IX 2, s *Bode* ZVS **03** 141, abw *Bouska/Laeverenz* § 2 Anm 50.

Lit: *Bode*, Begleitung durch Fahrlehrer beim Führen von Kfzen zur Begutachtung der Eignung oder Befähigung, ZVS **03** 140. *Rölle*, Die strafrechtliche Verantwortlichkeit des Fahrschülers bei Übungsfahrten, DAR **57** 11.

41 **19 a. Fahrlehrer.** Der Ausbilder muss behördlich zur Ausbildung ermächtigt, idR Fahrlehrer sein. S FahrlG mit DurchfVO. Ausbildung der Fahrlehrer: FahrlAusbO 1998. FahrlPrüfO 1998. FahrschAusbO 1998. Da der Fahrlehrer gem Abs 15 S 2 als Führer gilt (Rz 40), muss er FS und Fahrlehrerschein bei Übungsfahrten auf öffentlichen Straßen bei sich führen und zuständigen Personen auf Verlangen zur Prüfung aushändigen (§ 4 II FeV). Der Fahrlehrer darf dem Fahrschüler keine Aufgaben stellen, denen dieser nach Ausbildung und Fahrfertigkeit nicht gewachsen ist; er hat ihn aber so zu fördern, dass er schließlich auch schwierigere VLagen und -aufgaben beherrscht, s Rz 45. Übungsfahrten in schwierigen und belebten Ortsteilen entsprechen bei hinreichender Ausbildung dem Ausbildungszweck.

42 **19 b. Verantwortlichkeit des Fahrlehrers gegenüber den Verkehrsteilnehmern.** Bei Fahrten zur Vorbereitung oder Ablegung der Prüfung ist der Fahrlehrer verantwortlicher Führer, auch gegenüber dem Prüfer, Ha NJW **79** 993, und nach strengem Maßstab zu Sorgfalt verpflichtet, KG VM **04** 4, Ko NZV **04** 401, Dü VersR **79** 649. Er ist für VBeobachtung und Führung verantwortlich, KG VersR **75** 836, VM **82** 66. Er muss den Fahrschüler ständig beobachten und notfalls sofort eingreifen können (strenger Maßstab), s Rz 45. Er hat den Fahrschüler und den Verkehr vor Schaden durch Übungsfahrten zu bewahren, Ha MDR **68** 666 (Haftung bei erster Roller-Übungsfahrt auf nassem Blaubasalt), Ha VRS **69** 263, Mü DAR **88** 55 (Haftung bei im Hinblick auf die gestellte Aufgabe ungenügender technischer Unterrichtung, mangelnder Übung und fehlender Verständigungsmöglichkeit mit Krad-Fahrschülerin). Er verletzt seine Aufsichtspflicht unfallsächlich, wenn er in fehlerhafte Fahrweise des Fahrschülers zu spät oder falsch eingreift (Doppelbedienungseinrichtungen, § 5 II DVFahrlG), Nü NJW **61** 1024, Dü NJW-RR **88** 24. Auch bei vorgeschrittenen Anwärtern ist mit Regelwidrigkeiten zu rechnen, Ha VRS **36** 133, KG DAR **55** 225. War das ow Verhalten des Fahrschülers erkenn- und vermeidbar, so besteht Nebentäterschaft des Fahrlehrers, Sa VRS **46** 212. Der Fahrschüler ist grundsätzlich von der Verantwortung frei, soweit er die Anweisungen des Fahrlehrers befolgt (näher: Rz 43).

43 **19 c. Mitverantwortlichkeit des Fahrschülers.** Der Fahrschüler haftet nicht, soweit er die Anweisungen des Fahrlehrers befolgt und befolgen muss. Soweit er sich wegen mangelnden Könnens oder Wissens falsch verhält, trifft ihn keine Schuld, KG VersR **75** 836, Stu NZV **99** 470. Für nach dem Stand seiner Ausbildung vermeidbare Fahrfehler ist er mitverantwortlich, Ko NZV **04** 401, Dü NJW-RR **88** 24, Stu NZV **99** 470. Je fortgeschrittener die Ausbildung, umso eher kann Mitschuld des Fahrschülers in Betracht kommen, BGH NJW **69** 2197, Dü VersR **79** 649, auch für verschuldete OWen, s *Bouska* VD **78** 45. Strafrechtliche Verantwortlichkeit des Fahrschülers besteht nur, soweit er von Anweisungen des Fahrlehrers abweicht oder bei Fahrfehlern, die er nach eigenem Können und Wissen vermeiden konnte, Ha NJW **79** 993.

44 **19 d. Verantwortlichkeit für die Führung bei der Fahrprüfung.** Auch gegenüber Anweisungen des Prüfers bei Prüfungsfahrten bleibt nach XV S 2 der Fahrlehrer für die Fahrweise des Fahrschülers verantwortlich; eine Anweisung, die sich gefährdend oder sonst verkehrswidrig auswirken kann, muss er ablehnen, andernfalls haftet er als Führer, auch wenn der Prüfer eine Fahrlehrerlaubnis besitzt. Im Zweifel hat der Prüfling nach Anweisung des Fahrlehrers zu fahren, sofern diese nicht regelwidrig ist. Darin liegt auch dann kein Prüfungsverstoß, wenn sich die Ansicht des Prüfers später als richtig herausstellen sollte. Jedoch ist der Prüfer für Fahr- oder Verhaltensanweisungen verantwortlich, die sich unfallsächlich auswirken.

45 **19 e. Sorgfaltspflicht des Fahrlehrers.** Der Fahrlehrer darf nur angepasst schnell fahren lassen, darf nicht Aufgaben stellen, die der Fahrschüler nicht meistern kann, KG VM **04** 4, NZV **89** 150, VRS **111** 405, Ro DAR **05** 32, Ha NZV **04** 403, VRS **109** 161, Fra NJW-RR **88** 26, Sa NZV **98** 246, s Rz 41. Allmählich muss er ihn aber auch an schwierigere Aufgaben gewöhnen,

Fahrerlaubnis und Führerschein　　　　　　　　　　　　　　　　　§ 2 StVG 1

Ro DAR **05** 32, KG NZV **89** 150. Führen eines Krades im öffentlichen VRaum darf er erst gestatten, wenn der Fahrschüler das Fz technisch beherrscht, Jn NZV **00** 171, Ro DAR **05** 32. Kann eine Prüfungsaufgabe gefährden und soll sie dennoch gestellt oder wiederholt werden, dann erst, wenn mögliche Gefährdung ausscheidet, Ha NJW **79** 993. Für Verkehrsverstöße des Fahrschülers hat der Fahrlehrer zivilrechtlich einzustehen, wenn er seiner Pflicht zur sorgfältigen Überwachung des Fahrschülers nicht genügt, Ha VersR **00** 1032; anders nur, wenn die VWidrigkeit nach äußerst strengem Maßstab weder voraussehbar noch vermeidbar war, KG VRS **47** 316, **15** 64. Er hat den Schüler ständig im Auge und sich zum sofortigen Eingreifen bereit zu halten, BGH NJW **69** 2197, Ro DAR **05** 32, KG VM **04** 4, Ko NZV **04** 401, Ha VersR **00** 1032, Stu NZV **99** 470, Sa NZV **98** 246, VGH Ka VRS **70** 71. Das kann er idR nur, wenn er mit im Kfz sitzt, BGH VRS **10** 225, Ha VM **61** 75, VRS **22** 300, und zwar neben dem Fahrschüler, so dass er die Doppelbedienungsvorrichtung benutzen kann, nicht auf dem Rücksitz, OVG Berlin NZV **91** 46. Nur wenn das nicht möglich, nicht zumutbar oder nicht zweckmäßig ist, darf der Fahrlehrer den Fahrschüler von einem anderen Fz aus beaufsichtigen, BGH VRS **10** 225. Der Prüfer darf das Krad auf einem anderen Kfz so begleiten, dass er jederzeit einwirken kann, Br NJW **51** 495. Dabei muss gem § 5 II DVFahrlG eine Funkanlage (mindestens einseitiger Führungsfunk) vorhanden sein, s Mü DAR **88** 55, Schl VD **97** 39, s aber LG Kar VersR **95** 977. Verliert er das Krad des Fahrschülers vorübergehend aus den Augen, so liegt darin kein Verstoß gegen § 21 I Nr 2, LG Itzehoe DAR **84** 94. Er verletzt jedoch seine Pflicht, ein notwendiges Eingreifen zu gewährleisten, wenn er den Krad-Fahrschüler aus dem Blick verliert, weil er mehr als 600 m vorausfährt, LG Memmingen VersR **84** 1158. Mit gröbsten VVerstößen durch den nachfolgenden Krad-Fahrschüler braucht er nicht zu rechnen, Ha VRS **69** 263 (Linksabbiegen trotz GegenV). Ein Fahrlehrer kann nicht gleichzeitig einen neben ihm sitzenden Fahrschüler und einen ihm folgenden Kradf beaufsichtigen, KG VRS **15** 64, AG Ka VM **57** 35, ebenso wenig mehrere Kraftrad-Fahrschüler, Ha VRS **80** 405 (Verschuldenshaftung bei Unfall eines Fahrschülers), selbst wenn ein 2. Fahrlehrer neben ihm sitzt (§ 5 VIII S 2 FahrschAusbO), Kar VRS **64** 153, abw (zu § 5 IV alt) VG Schl DAR **83** 271. Stellt der Fahrlehrer eine zu schwierige Aufgabe, so muss er für Schaden einstehen, Ha VersR **98** 910. Für sein Eingreifen in fehlerhafte Fahrweise hat er idR keine längere Reaktionszeit, Dü NJW-RR **88** 24. Mit dem Einwand, er habe auf die Fahrtüchtigkeit des Schülers vertraut und deshalb nicht rechtzeitig eingreifen können, kann er nicht gehört werden, KG DAR **55** 225. Damit, dass ein fortgeschrittener Fahrschüler als Wartepflichtiger nach anfänglich richtigem Bremsen plötzlich beschleunigt, muss er nicht rechnen, Stu NZV **99** 476. Die FSKlausel verletzt ein Fahrlehrer nur, wenn er es allgemein an wirksamer Beaufsichtigung fehlen lässt, nicht schon bei Aufsichtsmangel bei einer einzelnen Übungsfahrt, BGH NJW **72** 869.

20. Zivilrecht. § 2 StVG ist **Schutzgesetz** (§ 823 BGB), *Rüth/Berr/Berz* 35. Bei Verstoß 46 wird nur für den Schaden gehaftet, der adäquate Folge dieses Verstoßes ist. Ersatzansprüche wegen fehlender FE des Schädigers setzen Ursächlichkeit des Fehlens voraus, Ha VersR **78** 47. Bewirkt der Sachbearbeiter der VB durch das Verschweigen von Eignungsbedenken eine FEErteilung, ist er als fahrlässiger Mitverursacher eines Unfalls in Betracht zu ziehen, den der zu Unrecht Zugelassene herbeiführt (Tatfrage), Bay DAR **52** 170. Bei Amtspflichtverletzung Amtshaftung (§ 839 BGB, Art 34 GG); ist die Gesetzesauslegung zweifelhaft und höchstgerichtlich ungeklärt, idR kein Verschulden, BGH VersR **68** 788. Auch Abs XV über **Übungs- und Prüfungsfahrten** ist SchutzG, Fra NJW-RR **88** 26, KG NZV **89** 150 (jeweils zu § 3 alt), KG VM **04** 4. Dem durch das von ihm gelenkte FahrschulFz zu Schaden gekommenen Fahrschüler haften Fahrschule und Fahrlehrer nicht aus §§ 7, 18 StVG, s § 8 Rz 4, § 8a Rz 5, sondern nur aus Vertrag und unerlaubter Handlung. Dagegen finden §§ 7, 18 StVG Anwendung, wenn der Krad-Fahrschüler durch das vom Fahrlehrer geführte Krad mit dem von ihm gelenkten Fz verunglückt, *Kunschert* NZV **89** 152f, aM offenbar KG NZV **89** 150. Der Fahrlehrer haftet für Unfallschäden des Fahrschülers, die darauf beruhen, dass er ihn mit einem Krad im öffentlichen VRaum fahren lässt, bevor er das Fz technisch beherrscht, Jn NZV **00** 171. Gegen die Benutzung des FS als Mittel der Kreditsicherung, etwa der Fahrschule gegen den Fahrschüler wegen der Ausbildungskosten mit Recht AG Essen-Steele DAR **84** 120 sowie BayStMI in VD **79** 139.

21. Führerscheinklausel in Versicherungsverträgen. Die FSKlausel (D.1.3 AKB, § 5 I 47 Nr 4 KfzPflVV) begründet eine versicherungsrechtliche Obliegenheit, keine Risikobeschränkung, Kö VersR **77** 537. Näher: § 21 Rz 27.

22. Strafbestimmung: § 21 StVG. Nichtmitführen des FS oder Nichtvorzeigen ist ow, 48 §§ 4 II, 75 Nr 4 FeV, 24 StVG.

1 StVG § 2a — I. Verkehrsvorschriften

Fahrerlaubnis auf Probe

2a (1) ¹Bei erstmaligem Erwerb einer Fahrerlaubnis wird diese auf Probe erteilt; die Probezeit dauert zwei Jahre vom Zeitpunkt der Erteilung an. ²Bei Erteilung einer Fahrerlaubnis an den Inhaber einer im Ausland erteilten Fahrerlaubnis ist die Zeit seit deren Erwerb auf die Probezeit anzurechnen. ³Die Regelungen über die Fahrerlaubnis auf Probe finden auch Anwendung auf Inhaber einer gültigen Fahrerlaubnis aus einem Mitgliedstaat der Europäischen Union oder einem anderen Vertragsstaat des Abkommens über den Europäischen Wirtschaftsraum, die ihren ordentlichen Wohnsitz in das Inland verlegt haben. ⁴Die Zeit seit dem Erwerb der Fahrerlaubnis ist auf die Probezeit anzurechnen. ⁵Die Beschlagnahme, Sicherstellung oder Verwahrung von Führerscheinen nach § 94 der Strafprozessordnung, die vorläufige Entziehung nach § 111 a der Strafprozessordnung und die sofort vollziehbare Entziehung durch die Fahrerlaubnisbehörde hemmen den Ablauf der Probezeit. ⁶Die Probezeit endet vorzeitig, wenn die Fahrerlaubnis entzogen wird oder der Inhaber auf sie verzichtet. ⁷In diesem Fall beginnt mit der Erteilung einer neuen Fahrerlaubnis eine neue Probezeit, jedoch nur im Umfang der Restdauer der vorherigen Probezeit.

(2) ¹Ist gegen den Inhaber einer Fahrerlaubnis wegen einer innerhalb der Probezeit begangenen Straftat oder Ordnungswidrigkeit eine rechtskräftige Entscheidung ergangen, die nach § 28 Abs. 3 Nr. 1 bis 3 in das Verkehrszentralregister einzutragen ist, so hat, auch wenn die Probezeit zwischenzeitlich abgelaufen ist, die Fahrerlaubnisbehörde

1. seine Teilnahme an einem Aufbauseminar anzuordnen und hierfür eine Frist zu setzen, wenn er eine schwerwiegende oder zwei weniger schwerwiegende Zuwiderhandlungen begangen hat,
2. ihn schriftlich zu verwarnen und ihm nahe zu legen, innerhalb von zwei Monaten an einer verkehrspsychologischen Beratung teilzunehmen, wenn er nach Teilnahme an einem Aufbauseminar innerhalb der Probezeit eine weitere schwerwiegende oder zwei weitere weniger schwerwiegende Zuwiderhandlungen begangen hat,
3. ihm die Fahrerlaubnis zu entziehen, wenn er nach Ablauf der in Nummer 2 genannten Frist innerhalb der Probezeit eine weitere schwerwiegende oder zwei weitere weniger schwerwiegende Zuwiderhandlungen begangen hat.

²Die Fahrerlaubnisbehörde ist bei den Maßnahmen nach den Nummern 1 bis 3 an die rechtskräftige Entscheidung über die Straftat oder Ordnungswidrigkeit gebunden. ³Für die verkehrspsychologische Beratung gilt § 4 Abs. 9 entsprechend.

(2a) ¹Die Probezeit verlängert sich um zwei Jahre, wenn die Teilnahme an einem Aufbauseminar nach Absatz 2 Satz 1 Nr. 1 angeordnet worden ist. ²Die Probezeit verlängert sich außerdem um zwei Jahre, wenn die Anordnung nur deshalb nicht erfolgt ist, weil die Fahrerlaubnis entzogen worden ist oder der Inhaber der Fahrerlaubnis auf sie verzichtet hat.

(3) Ist der Inhaber einer Fahrerlaubnis einer vollziehbaren Anordnung der zuständigen Behörde nach Absatz 2 Satz 1 Nr. 1 in der festgesetzten Frist nicht nachgekommen, so ist die Fahrerlaubnis zu entziehen.

(4) ¹Die Entziehung der Fahrerlaubnis nach § 3 bleibt unberührt; die zuständige Behörde kann insbesondere auch die Beibringung eines Gutachtens einer amtlich anerkannten Begutachtungsstelle für Fahreignung anordnen, wenn der Inhaber einer Fahrerlaubnis innerhalb der Probezeit Zuwiderhandlungen begangen hat, die nach den Umständen des Einzelfalls bereits Anlass zu der Annahme geben, dass er zum Führen von Kraftfahrzeugen ungeeignet ist. ²Hält die Behörde auf Grund des Gutachtens seine Nichteignung nicht für erwiesen, so hat sie die Teilnahme an einem Aufbauseminar anzuordnen, wenn der Inhaber der Fahrerlaubnis an einem solchen Kurs nicht bereits teilgenommen hatte. ³Absatz 3 gilt entsprechend.

(5) ¹Ist eine Fahrerlaubnis entzogen worden

1. nach § 3 oder nach § 4 Abs. 3 Satz 1 Nr. 3 dieses Gesetzes, weil innerhalb der Probezeit Zuwiderhandlungen begangen wurden, oder nach § 69 oder § 69 b des Strafgesetzbuches,
2. nach Absatz 3 oder § 4 Abs. 7, weil einer Anordnung zur Teilnahme an einem Aufbauseminar nicht nachgekommen wurde,

so darf eine neue Fahrerlaubnis unbeschadet der übrigen Voraussetzungen nur erteilt werden, wenn der Antragsteller nachweist, dass er an einem Aufbauseminar teilgenommen hat. ²Das Gleiche gilt, wenn der Antragsteller nur deshalb nicht an einem angeordneten Aufbauseminar teilgenommen hat oder die Anordnung nur deshalb nicht erfolgt ist, weil die Fahrerlaubnis aus anderen Gründen entzogen worden ist oder er zwischenzeitlich auf die Fahrerlaubnis verzichtet hat. ³Ist die Fahrerlaubnis nach Absatz 2 Satz 1 Nr. 3 entzo-

Fahrerlaubnis auf Probe § 2a StVG **1**

gen worden, darf eine neue Fahrerlaubnis frühestens drei Monate nach Wirksamkeit der Entziehung erteilt werden; die Frist beginnt mit der Ablieferung des Führerscheins. [4] Auf eine mit der Erteilung einer Fahrerlaubnis nach vorangegangener Entziehung gemäß Absatz 1 Satz 7 beginnende neue Probezeit ist Absatz 2 nicht anzuwenden. [5] Die zuständige Behörde hat in diesem Fall in der Regel die Beibringung eines Gutachtens einer amtlich anerkannten Begutachtungsstelle für Fahreignung anzuordnen, sobald der Inhaber einer Fahrerlaubnis innerhalb der neuen Probezeit erneut eine schwerwiegende oder zwei weniger schwerwiegende Zuwiderhandlungen begangen hat.

(6) Widerspruch und Anfechtungsklage gegen die Anordnung des Aufbauseminars nach Absatz 2 Satz 1 Nr. 1 und Absatz 4 Satz 2 sowie die Entziehung der Fahrerlaubnis nach Absatz 2 Satz 1 Nr. 3 und Absatz 3 haben keine aufschiebende Wirkung.

1. **Begr** (VkBl **86** 360 ff): 34. Aufl. **1**

Begr zur Neufassung durch ÄndG v 24. 4. 1996 (VkBl **98** 770, 772, 791): ... *Von ca.* **1a** *1,8 Mio. Personen, die 1994 eine Fahrerlaubnis auf Probe hatten, mussten ca. 19 000 die Befähigungsprüfung wiederholen. Davon bestanden 59, das entspricht 0,31%, die Prüfung auch nach einmaliger Wiederholung nicht. Dies legt die Vermutung nahe, dass, wie bei Mehrfachtätern, die ihre Fahrerlaubnis schon länger besitzen, auch hier die Ursache häufiger Auffälligkeiten weniger in der mangelnden Kenntnis der straßenverkehrsrechtlichen Vorschriften oder in der fehlenden Fahrzeugbeherrschung als vielmehr in der falschen Einstellung zum Straßenverkehr zu suchen ist. Die Wiederholung der Prüfung soll deshalb wie beim Punktsystem auch im Rahmen der Fahrerlaubnis auf Probe durch eine Verwarnung und die freiwillige verkehrspsychologische Beratung ersetzt werden.*

..., sind Zuwiderhandlungen, die Maßnahmen nach den Regelungen der Fahrerlaubnis auf Probe auslösen, bisher in die Kategorien A und B eingeteilt; ... Die Liste war bislang in einer Anlage zum Straßenverkehrsgesetz enthalten. Diese Regelung hat sich insoweit nicht bewährt, als spätere Änderungen bei der Einstufung der Zuwiderhandlungen oder notwendige Anpassungen auf Grund von Änderungen der in der Anlage in Bezug genommenen StVO- oder StVZO-Vorschriften stets einer Änderung des StVG bedürfen. Die Liste der Straftaten und Ordnungswidrigkeiten zur Fahrerlaubnis auf Probe soll deshalb – ohne grundlegende Änderung bei der Gewichtung der Verstöße – im Interesse einer größeren Flexibilität künftig durch Verordnung festgelegt und geändert werden.

Zu Abs 1 Satz 5: *Vorläufige Maßnahmen in Bezug auf die Fahrerlaubnis wie z. B. die vorläufige* **1b** *Entziehung nach § 111a StPO hemmen den Ablauf der Probezeit, da sich der Betreffende während dieser Zeit im Verkehr nicht bewähren kann. Münden die Maßnahmen in eine endgültige Entziehung der Fahrerlaubnis und kommt es später zu einer Neuerteilung, wird bei der Berechnung der Restdauer der Probezeit nur die Zeit bis zur vorläufigen Maßnahme berücksichtigt.*

Zu Abs 1 Sätze 6, 7: *Inhaber einer Fahrerlaubnis auf Probe haben in der Vergangenheit versucht,* **1c** *die Regelungen durch den Verzicht auf die Fahrerlaubnis und anschließenden Neuerwerb zu umgehen, da die Regelungen der Fahrerlaubnis auf Probe nach dem Wortlaut von § 2a Abs. 1 nur beim erstmaligen Erwerb der Fahrerlaubnis gelten. Nunmehr wird klargestellt, dass die Regelungen, die für den Fall der Entziehung getroffen worden sind, auch beim Verzicht Anwendung finden. Die Probezeit endet also bei einem Verzicht vorzeitig und läuft mit der Neuerteilung im Umfang der Restdauer weiter.*

Zu Abs 2: *In Absatz 2 Nr. 2 und 3 wird mit der Ersetzung der Wiederholungsprüfung durch die* **1d** *Verwarnung und den Hinweis auf die Möglichkeit einer verkehrspsychologischen Beratung und der Einführung der Entziehung der Fahrerlaubnis als dritter Eingriffsschwelle eine Anpassung an das allgemeine Punktsystem des § 4 StVG vorgenommen.*

Außerdem wird durch Absatz 2 Satz 2 klargemacht, dass die Fahrerlaubnisbehörde bei der Anordnung einer Maßnahme in vollem Umfang an die rechtskräftige Entscheidung über die Ordnungswidrigkeit oder Straftat gebunden ist und nicht noch einmal prüfen muss, ob der Fahranfänger die Tat tatsächlich begangen hat. ...

Zu Abs 2a: *Die 1986 eingeführte Fahrerlaubnis auf Probe zur Bekämpfung des überdurchschnittlich* **1e** *hohen Unfallrisikos von Fahranfängern hat sich bewährt. Die große Mehrheit der Fahranfänger, nämlich 86%, fallen in der Probezeit nicht auf. Allerdings liegt die Rate der auffälligen Fahranfänger mit 14% deutlich über der sonstigen Auffälligkeitsrate von 8%. Untersuchungen haben gezeigt, dass diejenigen, die in der Probezeit auffällig werden, auch nach deren Ablauf überdurchschnittlich häufig mit einem Verkehrsdelikt im Verkehrszentralregister eingetragen werden. Um dem entgegenzuwirken, ist es sinnvoll, für die Fahranfänger, die in der Probezeit derart auffällig werden, dass die Teilnahme an einem Aufbauseminar angeordnet wird, die Probezeit um zwei Jahre zu verlängern.*

Dauer

1 StVG § 2a

Begr zum ÄndG v 19. 3. 01 (VkBl **01** 262): **Zu Abs 2 a S 2:** *Die bisherige Regelung über die Verlängerung der Probezeit in § 2a Abs. 2a knüpft daran an, dass eine Teilnahme an einem Aufbauseminar angeordnet worden ist. Diese Regelung hat sich als sachgerecht und praxisnah erwiesen. Sie bedarf jedoch insoweit einer Ergänzung, als sie unterlaufen werden kann, weil entweder der Betroffene zwischenzeitlich auf seine Fahrerlaubnis verzichtet hat oder die Fahrerlaubnis aus anderen Gründen (z. B. Alkohol) entzogen wurde.*

2 **2. Fahrerlaubnis auf Probe.** Die FE auf Probe ist keine bedingte FE, auch keine befristete oder eine solche auf Widerruf. Sie erlischt wie jede andere FE nur durch Entziehung oder Verzicht. Neben die Entziehung gem §§ 3 StVG, 46 FeV, 69 StGB tritt jedoch diejenige des § 2a Abs 2 S 1 Nr 3 und Abs 3. Die im StVG und in der FeV getroffene Regelung über die FE auf Probe ist verfassungskonform, sie verstößt weder gegen den Gleichheitsgrundsatz, noch ist sie willkürlich oder unverhältnismäßig (OVG Ko NZV **02** 528).

3 **3. Erstmaliger Erwerb einer Fahrerlaubnis.** Der Regelung des § 2a sind alle FEInhaber unterworfen, ausgenommen solche der FEKl L, M, S und T (§ 32 FeV). Die Regelung gilt auch für DienstFEe des öffentlichen Dienstes (BW, Pol, BundesPol) iS des § 2 X (§§ 26, 33 FeV). Sie gilt nicht für spätere Erweiterungen der FE auf eine andere Klasse oder für später erworbene zusätzliche FEe (etwa zur Fahrgastbeförderung, § 48 FeV). Dagegen wird die erstmalige Erweiterung der FE von Kl L, M, S oder T auf eine andere Kl nur auf Probe erteilt (§ 32 S 2 FeV). Die sog „Umschreibung" einer ausländischen FE (§§ 30, 31 FeV) wird mit der Maßgabe des Abs 1 S 2 dem erstmaligen Erwerb einer FE überhaupt gleichgestellt (s dazu Rz 5). Bei Umschreibung einer FE der BW und der übrigen in § 2 X genannten FEe wird gem § 33 FeV die Zeit seit Erwerb der SonderFE auf die Probezeit angerechnet. Nach Verlegung des ordentlichen Wohnsitzes (s § 2 Rz 3) ins Inland findet die Regelung über die FE auf Probe auch auf **Inhaber von EU- oder EWR-FEen** Anwendung (Abs 1 S 3), weil diese FEe, abw von § 29 FeV, unbefristet im Inland gelten (§ 2 XI), s § 2 Rz 38. Auch hier wird die Zeit seit Erwerb der ausländischen FE auf die Probezeit angerechnet (Abs 1 S 4).

4 **4. Probezeit.** In den ersten **zwei Jahren** nach erstmaligem FEErwerb soll sich der Fahranfänger besonders bewähren. Um dies zu erreichen, sieht die Regelung der Absätze 2 und 3 abgestufte Maßnahmen bei Nichtbewährung vor, die von einer Nachschulung durch Teilnahme an einem Aufbauseminar bis zu EdF reichen. Das Alter des Fahranfängers ist ohne Bedeutung. Verlängerung der Probezeit um zwei Jahre, also grundsätzlich auf **vier Jahre** nach Anordnung der Teilnahme an einem Aufbauseminar gem Abs 2 1 Nr 1: Abs 2a (s Begr, Rz 1e). Das Gleiche gilt gem Abs 2a S 2, wenn die Anordnung nur wegen EdF oder Verzichts auf die FE unterbleibt.

5 **4 a. Beginn und Ende der Probezeit.** Die Probezeit **beginnt** mit der Erteilung der FE, also mit der Aushändigung des FS (§ 22 IV 7 FeV), bei Teilnehmern des Modellversuchs Begleitetes Fahren ab 17 mit Aushändigung der Prüfungsbescheinigung (§ 6e Rz 10 und § 48a FeV Rz 7), bei Inhabern von EU/EWR-FEen (s Rz 3) mit der Verlegung des ordentlichen Wohnsitzes ins Inland, in diesem Fall unter Anrechnung der seit FEErwerb verstrichenen Zeit (Abs 1 S 4). Auch bei „Umschreibung" einer ausländischen FE (§§ 30, 31 FeV) wird diese Zeit seit deren Erwerb angerechnet. Berechnung der Probezeit bei Erteilung einer deutschen FE an den Inhaber einer FE aus einem Nicht-EU/EWR-Staat gem § 31 FeV: § 33 II FeV. Die Probezeit **endet** (idR, s aber Abs 2a) nach Ablauf von zwei Jahren (Abs 1 S 1), im Falle der Anordnung der Teilnahme an einem Aufbauseminar nach Ablauf von 4 Jahren (Abs 2a). **Berechnung:** Die Probezeit endet gem § 31 I VwVfG iVm §§ 187 I, 188 II BGB mit Ablauf des Tages, der mit seinem Datum dem Tag der Erteilung der FE entspricht, da der „Zeitpunkt der Erteilung" der FE iSd Abs 1 S 1 HS 2 ein „in den Lauf eines Tages fallender Zeitpunkt" iSd § 187 I BGB ist (zB Erteilung der FE am 6. 10. 03, Ablauf der regulären Probezeit am 6. 10. 05 24 Uhr). Fällt das Ende der Probezeit auf einen Sonntag, einen gesetzlichen Feiertag oder einen Sonnabend, endet sie nach Sinn und Zweck der Vorschrift abweichend von § 31 III 1 VwVfG an diesem Tag und nicht mit Ablauf des nächstfolgenden Werktags. **Verkürzung der Probezeit um 1 Jahr** bei Inhabern einer **FE der Kl B** (auch im Rahmen des Begleiteten Fahrens ab 17, s § 48a FeV Rz 11) ermöglicht § 7 der VO über die freiwillige Fortbildung von Inhabern der FE auf Probe – FreiwFortbV – (v 16. 5. 03, BGBl I 709, s Buchteil **3.1**), bis diese VO am 31. 12. 09 außer Kraft tritt. Dies setzt Teilnahme an einem Fortbildungsseminar voraus, die frühestens nach Ablauf von 6 Monaten seit Erteilung einer FE der Kl B möglich ist (§ 2), und Vorlage einer Teilnahmebescheinigung (§ 5) bei der zuständigen FEB. Ende der Probezeit bei Vor-

Fahrerlaubnis auf Probe § 2a StVG **1**

lage der Teilnahmebescheinigung innerhalb des ersten Jahres der Probezeit: mit Ablauf des ersten Jahres, bei späterer Vorlage: mit dem Zeitpunkt der Vorlage (*Weibrecht* VD 03 235), niemals jedoch vor Ablauf des Tages der Vorlage (§ 7 S 1). Die Verlängerung der Probezeit um 2 Jahre nach Abs 2a bleibt von dieser Regelung unberührt (§ 7 S 2). Durch Vorlage der Teilnahmebescheinigung kann der FEInhaber die nach Abs 2a zunächst um 2 Jahre verlängerte Probezeit um ein Jahr verkürzen (*Weibrecht* VD 03 235). Mustererlass für die Einführung von Fortbildungsseminaren, VkBl 03 616; Muster für Teilnahmebescheinigungen, VkBl 03 618, 619. Nach Einziehung eines BW-FS oder eines anderen DienstFS iS des § 2 X gem § 26 II FeV innerhalb der Probezeit beginnt mit Erteilung einer allgemeinen FE für die Restdauer eine neue Probezeit (§ 33 I 2 FeV). Da Verlängerungen oder Verkürzungen der Probezeit nicht aus dem FS ersichtlich sind, wurde im Zusammenhang mit der Einführung des Alkoholverbots für Fahranfänger in der Probezeit oder vor Vollendung des 21. Lebensjahres (§ 24 c) durch Änderung der §§ 52, 58 FeV mit ÄndVO v 6. 6. 07 (BGBl I 1045) für Pol, Bußgeldbehörden u. a. die Möglichkeit geschaffen, Angaben über den Tag des Beginns und des Ablaufs der Probezeit im Zentralen Fahrerlaubnisregister und für Verkehrs- und Grenzkontrollen auch in den örtlichen Fahrerlaubnisregistern abzurufen.

4 b. Wird die FE vor Ablauf der Probezeit durch die FEB (§ 2a II Nr 3, III, § 3 StVG, § 46 **6** FeV) oder durch den Strafrichter (§ 69 StGB) entzogen, oder verzichtet der Inhaber auf seine FE, so **endet** sie **vorzeitig** (Abs 1 S 6); denn solange der Fahranfänger auf Grund der EdF nicht legal am öffentlichen strV teilnehmen kann, fehlt ihm die Möglichkeit, sich zu bewähren. Im Falle einer späteren Wiedererteilung beginnt eine neue Probezeit, s Rz 7. Die Regelung des Abs 1 S 6 und 7 gilt nur bei *rechtskräftiger* EdF. Vorläufige Maßnahmen wie Beschlagnahme, Sicherstellung oder Verwahrung des FS gem § 94 StPO, vorläufige EdF gem § 111a StPO sowie Anordnung der sofortigen Vollziehung (§ 80 II Nr 4 VwGO) **hemmen** aber **den Ablauf der Probezeit** (Abs 1 S 5). Werden die vorläufigen Maßnahmen aufgehoben, so bleibt die Zeit ihrer Dauer bei der Berechnung der Zweijahresfrist unberücksichtigt. Damit scheidet die Möglichkeit einer Umgehung der in Abs 1 S 6 und 7 getroffenen Regelung durch Prozessverhalten aus (zB erfolgreiches Anstreben einer FSRückgabe durch den Strafrichter wegen lange wirksam gewesener vorläufiger Entziehung). Führen die vorläufigen Maßnahmen zur endgültigen EdF, so bleibt die Zeit ihrer vorläufigen Dauer bei der Berechnung der Rest-Probezeit gem Abs 1 S 7 unberücksichtigt. Ein FV hemmt nach dem insoweit eindeutigen Wortlaut von Abs 1 S 5 die Probezeit nicht.

4 c. Fortsetzung der Probezeit nach Wiedererteilung der entzogenen FE. Die gem **7** Abs 1 S 6 durch EdF oder FEVerzicht vorzeitig beendete Probezeit beginnt nach Wiedererteilung der FE neu, aber nicht mehr für die volle Zeit von zwei Jahren, sondern nur für eine Dauer, die der restlichen ursprünglichen Probezeit entspricht (Abs 1 S 7). Das gilt auch nach Erteilung einer auf bestimmte KfzArten beschränkten FE in Fällen des § 69a II StGB. Berechnung der restlichen Probezeit, wenn der EdF vorläufige FSMaßnahmen vorausgegangen sind, Rz 6.

5. Nichtbewährung des Fahranfängers innerhalb der Probezeit führt zu den in Abs 2 und **8** 3 genannten Maßnahmen. Sie ist gegeben, wenn nach Maßgabe von Abs 2 wegen einer oder mehrerer innerhalb der Probezeit begangener Straftaten oder OWen eine oder mehrere rechtskräftige Entscheidungen gegen den FEInhaber ergangen sind (Bußgeldbescheid, Urteil, Strafbefehl), die in das VZR einzutragen sind. Nicht eintragungspflichtige, aber fehlerhaft dennoch eingetragene Verstöße dürfen nicht berücksichtigt werden (VG Göttingen NVwZ-RR **99** 502, unterlassener Hinweis auf § 28a). Die Maßnahmen setzen Ahndung *einer* schwerwiegenden oder mindestens *zweier* weniger schwerwiegender Zuwiderhandlungen voraus. Die Bewertung als schwerwiegend oder weniger schwerwiegend ist in **§ 34 FeV mit Anlage 12** (abgedruckt nach der FeV) verbindlich geregelt, eine abw eigene Bewertung durch die FEB ist ausgeschlossen (VG Neustadt ZfS **00** 369). Die Regelung beruht auf der Ermächtigungsnorm des § 6 I Nr 1 Buchst m, die als hinreichend bestimmt anzusehen ist (§ 6 Rz 4a). Die in § 34 iVm Anl 12 FeV getroffene Regelung zur Einstufung der Zuwiderhandlungen hält sich im Rahmen der gesetzlichen Ermächtigung (§ 34 FeV Rz 2). Ein Hinweis auf die zu erwartende Maßnahme nach § 2a in der die Zuwiderhandlung ahndenden Entscheidung ist nicht erforderlich (VG Fra NZV **91** 487). Teilnahme an der Zuwiderhandlung genügt; für OWen folgt dies ohne weiteres aus dem einheitlichen Täterbegriff des § 14 OWiG. Da eine Besserstellung des Teilnehmers an einer Straftat durch nichts gerechtfertigt wäre, gilt das Gleiche für den Anstifter oder Gehilfen bei Straftaten (VG Stu NZV **90** 48). Die Maßnahmen nach Abs 2 und 3 sind zwingend – ohne

Dauer 71

1 StVG § 2a I. Verkehrsvorschriften

Rücksicht auf die konkreten Umstände der jeweiligen Zuwiderhandlungen (VGH Ma NZV **92** 334, VG Kö NZV **88** 39 [zust *Jagow* VD **88** 193]), ein Ermessen der Behörde besteht nicht (VGH Ma NZV **92** 334, OVG Saarlouis ZfS **94** 190, VG Neustadt ZfS **00** 369, VG Darmstadt NZV **90** 327, VG Fra NZV **91** 487, *Czermak* NZV **88** 40). Eine nochmalige Prüfung des objektiven oder subjektiven Tatbestands der eingetragenen OW erfolgt nicht (VGH Mü NZV **91** 167, OVG Lüneburg ZfS **97** 397). Vielmehr ist die FEB an die rechtskräftige Entscheidung gebunden (Abs 2 S 2, s Rz 1 d). Die frühere, insoweit zumindest einschränkende Rspr (zB BVerwG NZV **94** 374, 413, **95** 370) ist durch diese gesetzliche Regelung überholt (OVG Hb DAR **00** 227, OVG Saarlouis DAR **01** 427). Wenn eine Entscheidung gegen eine Person rechtskräftig geworden ist, die nachweislich nicht als Täter in Betracht kommt, und hat der Betroffene dies nicht zu vertreten, kann jedoch aus Gründen der Verhältnismäßigkeit ein Abweichen von Abs 2 S 2 in Betracht kommen (*Bouska/Laeverenz* § 2a StVG Anm 25). Ein solcher Fall liegt nicht vor, wenn der Betroffene es trotz bestehenden Anlasses unterlassen hat, rechtzeitig Einspruch gegen den Bußgeldbescheid einzulegen (OVG Hb NJW **07** 1225). Ob die Zuwiderhandlungen mit einem fahrerlaubnispflichtigen Kfz begangen wurden oder nicht, ist unbeachtlich (VG Kö NZV **88** 39 [zust *Jagow* VD **88** 193], VGH Ma DVBl **08** 736 Ls).

9 Der Aufgliederung in „schwerwiegende" und „weniger schwerwiegende" Zuwiderhandlungen in Anl 12 zur FeV (s § 34 FeV Rz 2) lag der Gedanke zugrunde, dass vor allem Verstöße, die auf besondere Defizite in der Einstellung und im Verkehrsverhalten des Fahranfängers schließen lassen, schon bei einmaliger Begehung dessen Nachschulung durch Teilnahme an einem Aufbauseminar erforderlich machen. Die nach den beiden Kategorien vorzunehmende Gewichtung muss im Hinblick auf die sehr früh einsetzenden Maßnahmen des Abs 2 dem Umstand Rechnung tragen, dass keineswegs stets die nach dem Zweck der Regelung vorausgesetzte Unerfahrenheit oder erhöhte Risikobereitschaft zu dem Verstoß geführt haben müssen. Häufig wird zwar geringeres Verschulden im konkreten Fall zu einer unterhalb der Eintragungsgrenze liegenden Buße führen; vielfach wird dies – und damit die Anordnung der Nachschulung – nach einmaliger Zuwiderhandlung aber von Zufälligkeiten abhängen, die nicht dem Einfluss des Betroffenen unterliegen.

10 a) Nur rechtskräftige Entscheidungen, die **in das VZR einzutragen** sind, ziehen die Konsequenzen des Abs 2 nach sich. Welche Entscheidungen einzutragen sind, folgt aus § 28.

11 b) Der **Zeitpunkt der Tatbegehung** ist entscheidend, nicht derjenige der Verurteilung oder gar der Rechtskraft. Fällt die Zuwiderhandlung in die Probezeit, so hat dies bei Vorliegen der übrigen Voraussetzungen auch dann die Maßnahmen des Abs 2 zur Folge, wenn sie erst nach Ablauf der Probezeit geahndet wird (Abs 2 S 1). Auch wenn seit der Tat schon eine längere beanstandungsfreie Zeit verstrichen ist, hat die nach Abs 2 vorgesehene Maßnahme zu erfolgen (BVerwG NZV **95** 291, 370, OVG Lüneburg DAR **93** 308, VG Darmstadt NZV **90** 327, VG Ol DÖV **94** 352, VG Hb NZV **98** 392); die zeitliche Grenze der Verwertbarkeit einer OW für eine Anordnung nach Abs 2 ist vielmehr erst die Tilgungsreife im VZR (VG Darmstadt NZV **90** 327, VG Neustadt ZfS **01** 569, VG Hb NZV **98** 392, VG Sigmaringen NVwZ-RR **08** 497) oder der Ablauf der – nach Abs 2a verlängerten – Probezeit (VG Sigmaringen NVwZ-RR **08** 497). Bei Tatbegehung **vor Inkrafttreten der Neufassung** von § 2a durch ÄndG v 24. 4. 1998 (in Kraft getreten am 1. 1. 1999) richten sich die gegenüber dem FEInhaber zu treffenden Maßnahmen gem der Übergangsvorschrift des § 65 II nach der bis dahin gültig gewesenen Fassung. Bei Hinzutreten weiterer Verstöße nach Inkrafttreten der Neuregelung gilt insgesamt die jetzige Fassung (§ 65 II S 2).

12 c) **Teilnahme an einem Aufbauseminar** ordnet die zuständige Behörde bei Nichtbewährung zunächst an. Dies gilt jedoch nicht nach Unterbrechung der Probezeit gem Abs 1 S 6, 7; für diesen Fall sieht Abs 5 S 4, 6 eine Sonderregelung vor (s Rz 24). Die Anordnung der Teilnahme am Aufbauseminar nach Abs 2 S 1 Nr 1 bewirkt zugleich die Verlängerung der Probezeit um zwei auf vier Jahre (Abs 2a). Die Wirksamkeit der Nachschulungsanordnung ist, wie Abs 5 zeigt, unabhängig vom Bestand der FE und wird daher auch von einem FEverzicht nicht berührt (VGH Mü NZV **94** 127). Die Teilnahme am Aufbauseminar kann angesichts des eindeutigen, einer einschränkenden Auslegung nicht zugänglichen Wortlauts des Abs 2 und im Hinblick auf die unterschiedlichen Kursinhalte (s § 2b StVG, § 35 II FeV) nicht durch eine Fahrschulausbildung zur Erweiterung der FE ersetzt werden (BVerwG NZV **94** 412, **95** 291 [zust *Jagow* VD **95** 145], **95** 370, VGH Mü NZV **91** 167, **94** 127, VG Stade VM **94** 87, aM OVG Münster NZV **93** 247, VG Minden NZV **91** 448). Die Anordnung der Nachschulung erfolgt schriftlich unter Setzung einer angemessenen Frist und Angabe der Zuwiderhandlungen

Fahrerlaubnis auf Probe § 2a StVG **1**

(§ 34 II FeV). Die FEB ist nicht berechtigt, die Fahrschule vorzuschreiben, in der die Seminarteilnahme stattzufinden hat (VG Minden NZV **89** 368). Über in Frage kommende Anbieter braucht sie nicht zu informieren; enthält die Anordnung dazu jedoch Hinweise, so dürfen Anbieter nicht durch Nichtbenennung benachteiligt werden (VG Br NVwZ-RR **00** 19). Inhalt und Durchführung der Aufbauseminare: § 2b StVG und §§ 35 bis 39 FeV. Verhältnis zum Aufbauseminar gem § 4 s § 4 Rz 19.

d) Eine **schriftliche Verwarnung** unter gleichzeitiger Nahelegung der Teilnahme an einer **13** **verkehrspsychologischen Beratung** (§ 38 FeV) innerhalb von 2 Monaten erfolgt durch die FEB bei weiterer Nichtbewährung. Auch hier liegt Nichtbewährung bei *einer* (erneuten) schwerwiegenden oder *zweier* weniger schwerwiegender Zuwiderhandlungen vor. Auch bei einer Häufung von Verstößen der schwerwiegenden oder weniger schwerwiegenden Kategorie erfolgt nicht sogleich die Maßnahme nach Abs 2 S 1 Nr 2, sondern stets zunächst die Anordnung der Seminarteilnahme nach Abs 2 S 1 Nr 1 (*Jagow* VD **88** 196). Nur „*nahegelegt*" wird dem FEInhaber zugleich mit der schriftlichen Verwarnung, sich innerhalb von zwei Monaten einer verkehrspsychologischen Beratung zu unterziehen; die Befolgung dieser Empfehlung ist freiwillig. Die mit der Neufassung des Abs 2 (durch ÄndG v 24. 4. 1998) an die Stelle der früher vorgesehen gewesenen erneuten Befähigungsprüfung getretene Beratungsempfehlung trägt der Erkenntnis Rechnung, dass die Ursache der wiederholten Verstöße idR nicht auf mangelnder Kenntnis der VVorschriften, sondern vielmehr auf einer falschen Einstellung zum StrV und seinen Regeln beruht (s Begr Rz 1a). Für den Inhalt der verkehrspsychologischen Beratung gilt § 4 IX entsprechend (Abs 2 S 3). S dazu § 4 Rz 55 und § 38 FeV. Folgt der FEInhaber der Empfehlung, so bringt ihm das auch einen Vorteil im Punktsystem; mit der Vorlage einer Bescheinigung über die Beratungsteilnahme werden ihm 2 Punkte abgezogen (§ 4 IV 2 HS 2). Außerdem bleiben Verstöße, die er innerhalb der ihm gesetzten Zweimonatsfrist begangen hat, unberücksichtigt, führen also nicht zur EdF nach Abs 2 Nr 3 (s Begr Rz 1 d).

6. Entziehung der Fahrerlaubnis ist geboten, wenn der Inhaber a) einer vollziehbaren **14** Anordnung der FEB nach Abs 2 S 1 Nr 1 innerhalb der ihm gesetzten Frist nicht nachgekommen ist (Abs 3) oder b) sich auch nach einer Maßnahme gem Abs 2 S 1 Nr 2 und Ablauf der dort genannten Zweimonatsfrist erneut nicht bewährt, oder c) ungeeignet zum Führen von Kfzen ist (Abs 4). Zu entziehen ist die FE insgesamt, also auch etwaiger weiterer Klassen, auf die sich die zugrundeliegende Zuwiderhandlung nicht bezieht (BVerwG NZV **94** 412). Soweit EdF auf Kraftfahrungeeignetheit gestützt wird, gelten die allgemeinen Grundsätze zu § 3 auch während der Probezeit (VG Fra NJW **88** 1685, OVG Lüneburg ZfS **96** 198, VGH Ka NZV **89** 86 – keine erleichterten Voraussetzungen). Widerspruch und Anfechtungsklage gegen die gem Abs 2 S 1 Nr 3 oder gem Abs 3 erfolgte EdF haben **keine aufschiebende Wirkung** (Abs 6). Nach EdF ist der FS unverzüglich der FEB abzuliefern (§§ 3 II StVG, 47 I S 1 FeV, VG Saarlouis ZfS **98** 487). Abs 3 rechtfertigt neben EdF nicht auch die Anordnung eines FV iS von § 3 I FeV (VG Kö NZV **88** 39 zu § 3 StVZO alt).

a) Nichtteilnahme am Aufbauseminar innerhalb der gesetzten Frist führt, ohne dass Un- **15** geeignetheit zum Führen von Kfzen festgestellt werden muss, zur EdF. Auf Verschulden kommt es nicht an (OVG Saarlouis NZV **90** 87, VGH Ka NZV **93** 87, s VG Kö NZV **88** 199); vielmehr geht das Gesetz davon aus, dass bei Nichtbewährung des Fahranfängers die weitere Teilnahme am fahrerlaubnispflichtigen StrV vorherige Korrektur der Fehlverhaltensweisen voraussetzt. Daher ist auch die Frage etwaigen wirtschaftlichen Unvermögens zur Finanzierung des Aufbauseminars ohne Bedeutung (VG Saarlouis ZfS **98** 487). Jedoch wird EdF bei unverschuldeter Nichtteilnahme und trotz nachträglicher Bereitschaft zur Nachschulung gegen das Übermaßverbot verstoßen (s VG Meiningen ZfS **96** 159, *Bouska* DAR **86** 335, *Czermak* NZV **88** 40, s auch § 4 Rz 36). Schuldhaft erst im Widerspruchs- oder gerichtlichen Verfahren nach EdF vorgebrachte Hinderungsgründe sind indessen unbeachtlich (VG Kö NZV **88** 199, OVG Saarlouis NZV **90** 87). Nur wenn die Anordnung der Seminarteilnahme *vollziehbar* war, ist bei Weigerung die FE zu entziehen. Zwar haben Widerspruch und Anfechtungsklage gem Abs 6 keine aufschiebende Wirkung; an der Vollziehbarkeit fehlt es jedoch, wenn das Gericht gem § 80 V VwGO die aufschiebende Wirkung anordnet. War die Nachschulungsanordnung vollziehbar, so kann der Betroffene nicht damit gehört werden, sie sei nicht rechtmäßig (OVG Mgd NJW **99** 442), oder die ihr zugrunde liegende OW sei nicht begangen (s aber Rz 8) oder der Bußgeldbescheid nicht rechtskräftig (OVG Saarlouis NZV **90** 87). EdF nach Abs 3 ist nicht möglich, wenn **keine Frist** für die Teilnahme am Aufbauseminar gesetzt worden ist (OVG Münster DAR **08** 104). Nach EdF wegen Nichtteilnahme am Nachschulungskurs kann der Betroffene durch

Dauer 73

1 StVG § 2a   I. Verkehrsvorschriften

Nachholung der Seminarteilnahme alsbald die Voraussetzungen für eine Wiedererteilung schaffen (s *Czermak* NZV **88** 40), nicht aber die Rechtmäßigkeit der gem Abs 3 erfolgten EdF beseitigen (VGH Ka NZV **93** 87). Sieht die FEB trotz des gesetzlich vorgesehenen Sofortvollzugs – etwa im Hinblick auf ein laufendes Rechtsbehelfsverfahren – von der EdF nach Abs 3 ab und tritt inzwischen Tilgungsreife ein, hat sie beim Entzug der FE ebenfalls die Bewährungszeit im Rahmen der Verhältnismäßigkeit zu beachten, die einer Anordnung des Aufbauseminars nunmehr entgegenstünde (Rz 11, VG Sigmaringen NVwZ-RR **08** 497).

16   b) Wurde der FEInhaber **nach wiederholter Nichtbewährung schriftlich verwarnt** und ihm eine verkehrspsychologische Beratung nahegelegt, so wird ihm die FE entzogen, wenn er daraufhin nach Ablauf der ihm gesetzten Zweimonatsfrist (s Rz 13) erneut innerhalb der Probezeit eine schwerwiegende oder mindestens zwei weniger schwerwiegende Zuwiderhandlungen begangen hat.

17   Auch in diesem Fall unterbleibt eine Überprüfung der geahndeten Verstöße. Der FEInhaber muss rechtskräftige Entscheidungen vielmehr gegen sich gelten lassen; die FEB ist an deren Inhalt gebunden (Abs 2 S 2).

18   c) Die Regelung des § 2a lässt die **Entziehung der Fahrerlaubnis gem §§ 3 StVG, 46 FeV** unberührt (Abs 4). Führen Zuwiderhandlungen während der Probezeit zu berechtigten Zweifeln an der Kraftfahreignung des Fahranfängers, so kann die FEB insbesondere die Beibringung eines Gutachtens einer amtlich anerkannten Begutachtungsstelle für Fahreignung anordnen. Insoweit wiederholt Abs 4 die für alle FEInhaber geltende Regelung der §§ 46 IV, 11 bis 14 FeV.

19   **7. Aufbauseminar nach positivem Eignungsgutachten.** Hat die FEB bei Nichtbewährung innerhalb der Probezeit die Teilnahme an einem Aufbauseminar gem Abs 2 S 1 Nr 1 nicht angeordnet, weil Anlass zur Annahme von Kraftfahrungeeignetheit bestand, und den FEInhaber daher zur Beibringung eines Eignungsgutachtens aufgefordert, so ordnet sie die Seminarteilnahme nachträglich an, wenn sie die Nichteignung auf Grund des Gutachtens nicht für erwiesen hält (Abs 4 S 2).

20   **8. Nichtteilnahme am Aufbauseminar nach positivem Eignungsgutachten.** Ist die Anordnung nach Abs 4 S 2 vollziehbar, kommt der FEInhaber ihr jedoch innerhalb der ihm gesetzten Frist nicht nach, so ist die FE ohne Rücksicht auf die Eignungsfrage zu entziehen, Abs 4 S 3.

21   **9. Verfahren nach EdF wegen innerhalb der Probezeit begangener Zuwiderhandlungen.** Abs 5 S 1 gewährleistet, dass sich der Fahranfänger auch in den Fällen einer Nachschulung durch Teilnahme an einem Aufbauseminar unterzieht, in denen die Nichtbewährung zur EdF führte.

22   a) War die FE auf Grund innerhalb der Probezeit begangener Zuwiderhandlungen durch den Strafrichter gem § 69 StGB oder von der FEB gem § 3 StVG oder wegen Erreichens von 18 Punkten gem § 4 III 1 Nr 3 StVG oder wegen Nichtteilnahme an einem Aufbauseminar gem § 2a III oder § 4 VII StVG entzogen worden, so setzt die Wiedererteilung zusätzlich zu den übrigen Erfordernissen (s § 20 FeV) den Nachweis der Teilnahme an einem Aufbauseminar voraus, bei Entziehung wegen Vergehens gegen §§ 315c I Nr 1a, 316, 323a StGB oder wegen OW nach § 24a StVG den Nachweis der Teilnahme an einem besonderen Aufbauseminar für alkohol- bzw drogenauffällige Fahranfänger (§ 2b II 2 StVG). Unterblieb die Anordnung oder Teilnahme am Aufbauseminar nur deswegen, weil die FE aus anderen als in im Abs 5 S 1 Nr 1 und 2 genannten Gründen entzogen wurde oder der Inhaber auf sie verzichtet hat, so gilt Entsprechendes; auch in solchen Fällen ist vor Neuerteilung einer FE die Seminarteilnahme nachzuweisen (Abs 5 S 2). Die Anordnung der Nachschulung nach positivem Eignungsgutachten unterbleibt, wenn der FEInhaber an einem Aufbauseminar bereits teilgenommen hat (Abs 4 S 2).

23   b) **Frist für die Wiedererteilung einer FE.** Wurde die FE gem Abs 2 S 1 Nr 3 (3. Eingriffsstufe) wegen erneuter Nichtbewährung nach schriftlicher Verwarnung mit Hinweis auf die Möglichkeit einer verkehrspsychologischen Beratung entzogen, so ist die Neuerteilung einer FE frühestens 3 Monate nach Wirksamwerden der EdF möglich, wobei die Frist nicht vor Abgabe des FS beginnt (Abs 5 S 3). Eine ausdrückliche Regelung für den Fall des FSVerlustes fehlt. Hier wird für die Fristberechnung Entsprechendes zu gelten haben wie für die FVFrist (s § 25 Rz 31) mit der Folge des Fristbeginns mit dem (vom FEBewerber glaubhaft zu machenden, § 5 S 1) Tag des Führerscheinverlustes oder, bei Verlust vor EdF, mit deren Wirksamkeit.

c) **Nichtbewährung nach Unterbrechung der Probezeit durch EdF.** Abs 1 S 6 und 7 sehen die vorzeitige Beendigung der Probezeit durch EdF und deren Fortsetzung nach Wiedererteilung der FE vor (s dazu Rz 6). Erneute Nichtbewährung innerhalb der neu beginnenden Restprobezeit führt nicht zu den abgestuften Maßnahmen des Abs 2, sondern regelmäßig zur Anordnung, ein Eignungsgutachten beizubringen (Abs 5 S 4 und 5). Als Umstände, die eine Ausnahme von der Regel des Abs 5 S 5 rechtfertigen können, werden vor allem solche in der Person des Betroffenen in Betracht kommen (VGH Ma NZV **00** 479). Nichtbeibringung des Gutachtens: s § 11 FeV Rz 22 ff.

10. **Zuständige Behörde.** Die Anordnungen nach § 2a werden von den nach Landesrecht zuständigen Verwaltungsbehörden getroffen, s E 53. Bei DienstFEen gem § 2 X, § 26 FeV (BW, Pol, BundesPol) sind die durch den jeweiligen Fachminister bestimmten Dienststellen zuständig (§ 39 FeV).

Lit: *Barthelmess*, FERecht und Fahreignung nach Einführung der FE auf Probe, BA **90** 339. *Bouska*, ... FE auf Probe, DAR **86** 333. *Derselbe*, Verhaltenswissenschaftliche Würdigung der FE auf Probe, NZV **91** 12. *Hentschel*, Gesetzliche Neuregelungen im StrVRecht, NJW **87** 758. *Himmelreich*, FE auf Probe, NZV **90** 57. *Jagow*, FS auf Probe, VD **86** 241, **87** 1, **88** 193.

Aufbauseminar bei Zuwiderhandlungen innerhalb der Probezeit

2b (1) ¹Die Teilnehmer an Aufbauseminaren sollen durch Mitwirkung an Gruppengesprächen und an einer Fahrprobe veranlasst werden, eine risikobewusstere Einstellung im Straßenverkehr zu entwickeln und sich dort sicher und rücksichtsvoll zu verhalten. ²Auf Antrag kann die anordnende Behörde dem Betroffenen die Teilnahme an einem Einzelseminar gestatten.

(2) ¹Die Aufbauseminare dürfen nur von Fahrlehrern durchgeführt werden, die Inhaber einer entsprechenden Erlaubnis nach dem Fahrlehrergesetz sind. ²Besondere Aufbauseminare für Inhaber einer Fahrerlaubnis auf Probe, die unter dem Einfluss von Alkohol oder anderer berauschender Mittel am Verkehr teilgenommen haben, werden nach näherer Bestimmung durch Rechtsverordnung gemäß § 6 Abs. 1 Nr. 1 Buchstabe n von hierfür amtlich anerkannten anderen Seminarleitern durchgeführt.

(3) **Ist der Teilnehmer an einem Aufbauseminar nicht Inhaber einer Fahrerlaubnis, so gilt hinsichtlich der Fahrprobe § 2 Abs. 15 entsprechend.**

Begr zur Neufassung durch ÄndG v 24. 4. 1998 (VkBl **98** 792): *Die besonderen Aufbauseminare, die es bisher nur für alkoholauffällige Fahranfänger gab, werden durch die Neufassung von Absatz 2 auf Fahranfänger ausgedehnt, die unter dem Einfluss von Drogen am Straßenverkehr teilgenommen haben.*

Auf Antrag kann dem Betroffenen die Teilnahme an einem Einzelseminar gestattet werden, etwa wenn ihm auf Grund seiner persönlichen Lebenssituation ein Gruppenseminar nicht zumutbar ist. Dabei ist zu berücksichtigen, dass die Teilnehmer an Gruppengesprächen mitwirken sollen, um hierdurch Mängel in ihrer Einstellung zum Straßenverkehr und ihrem Verhalten zu beseitigen, dass sie aber nicht verpflichtet sind, die Hintergründe der Verstöße, die zur Teilnahme am Seminar geführt haben, zu offenbaren.
...

1. Die Voraussetzungen für die Erlangung der **Seminarerlaubnis** sind in § 31 FahrlG geregelt. Der in Abs 1 S 2 ermöglichten Durchführung von Einzelseminaren (s Rz 1) hatte der BR in seiner Stellungnahme v 19. 12. 96 (BTDrucks 13/6914, Anl 2) widersprochen unter Hinweis auf die ohnehin gegebene Freiwilligkeit einer Offenbarung der Hintergründe seiner Zuwiderhandlung durch den Teilnehmer und die Gefahr des Entstehens eines 2-Klassensystems.

2. Besondere Aufbauseminare werden für **alkohol- und drogenauffällige Fahranfänger** durchgeführt. Ermächtigung des BMV zur Regelung der Anforderungen an die Aufbauseminare und Seminarleiter durch RVO: § 6 I Nr 1 n. Hiervon hat das BMV in Bezug auf die besonderen Aufbauseminare iS von Abs 2 S 2 in § 36 FeV Gebrauch gemacht. Diese Bestimmung regelt, in welchen Fällen ein Fahranfänger bei Nichtbewährung dem Spezialseminar zuzuführen ist, ferner Modalitäten und Inhalt der Seminare sowie die Bedingungen für die amtliche Anerkennung als Seminarleiter.

3. Abs 1 sieht im Rahmen der Nachschulung auch die Durchführung einer **Fahrprobe** vor. Für Seminarteilnehmer, die **nicht Inhaber einer FE** sind, gilt gem Abs 3 für die Probefahrt im öffentlichen StrV § 2 XV entsprechend. Bei der Probefahrt gilt nicht der Proband als FzF, son-

1 StVG §§ 2c, 3   I. Verkehrsvorschriften

dern der begleitende Fahrlehrer (§ 2 XV 2). Eine Fahrprobe ist während eines wirksamen **Fahrverbots** nicht möglich, da der Betroffene auf Grund des Fahrverbots nicht selbst ein Fz führen darf. Eine Abs 3 entsprechende Vorschrift fehlt für Teilnehmer, die einem Fahrverbot unterliegen.

Unterrichtung der Fahrerlaubnisbehörden durch das Kraftfahrt-Bundesamt

2c ¹Das Kraftfahrt-Bundesamt hat die zuständige Behörde zu unterrichten, wenn über den Inhaber einer Fahrerlaubnis Entscheidungen in das Verkehrszentralregister eingetragen werden, die zu Anordnungen nach § 2a Abs. 2, 4 und 5 führen können. ²Hierzu übermittelt es die notwendigen Daten aus dem Zentralen Fahrerlaubnisregister sowie den Inhalt der Eintragungen im Verkehrszentralregister über die innerhalb der Probezeit begangenen Straftaten und Ordnungswidrigkeiten. ³Hat bereits eine Unterrichtung nach Satz 1 stattgefunden, so hat das Kraftfahrt-Bundesamt bei weiteren Unterrichtungen auch hierauf hinzuweisen.

1   **Begr** zur Neufassung durch ÄndG v 24. 4. 1998 (BRDrucks 821/96): *Die bisher im Fahranfängerregister gespeicherten Daten, insbesondere auch der Tag des Ablaufs der Probezeit, werden künftig Teil des Zentralen Fahrerlaubnisregisters. Mitteilungen müssen also aus diesem Register erfolgen. Entsprechend der Regelung für die Datenübermittlung aus dem Register in § 52 i. V. m. § 63 Abs. 1 Nr. 3 sollen die zu übermittelnden Daten im Einzelnen durch Verordnung auf der Grundlage von § 6 Abs. 1 Nr. 1 Buchstabe o n. F. (vgl. Artikel 1 Nr. 10) festgelegt werden.*

2   Nur Eintragungen, die den **Inhaber einer FE** betreffen, teilt das KBA der zuständigen FEB mit, weil nur bei ihm Bewährung oder Nichtbewährung iS von § 2a in Frage kommt. Keine Unterrichtung der VB daher nach EdF. Der Hinweis auf bereits erfolgte Unterrichtungen setzt die FEB bei zwischenzeitlich erfolgtem Wohnungswechsel des Fahranfängers in die Lage, Nichtbewährung durch zweimalige weniger schwerwiegende Zuwiderhandlungen (s § 2a II) oder die Notwendigkeit von Maßnahmen der 2. und 3. Eingriffsstufe (§ 2a II 1 Nr 2, 3) festzustellen. Eintragungen, die für die nach § 2a zu treffenden Entscheidungen nicht unmittelbar bedeutsam sind, dürfen der FEB nicht übermittelt werden. Die Unterrichtung der zuständigen Behörde erfolgt schriftlich (§ 3 II VwV VZR).

Entziehung der Fahrerlaubnis

3 (1) ¹Erweist sich jemand als ungeeignet oder nicht befähigt zum Führen von Kraftfahrzeugen, so hat ihm die Fahrerlaubnisbehörde die Fahrerlaubnis zu entziehen. ²Bei einer ausländischen Fahrerlaubnis hat die Entziehung – auch wenn sie nach anderen Vorschriften erfolgt – die Wirkung einer Aberkennung des Rechts, von der Fahrerlaubnis im Inland Gebrauch zu machen. ³§ 2 Abs. 7 und 8 gilt entsprechend.

(2) ¹Mit der Entziehung erlischt die Fahrerlaubnis. ²Bei einer ausländischen Fahrerlaubnis erlischt das Recht zum Führen von Kraftfahrzeugen im Inland. ³Nach der Entziehung ist der Führerschein der Fahrerlaubnisbehörde abzuliefern oder zur Eintragung der Entscheidung vorzulegen. ⁴Die Sätze 1 bis 3 gelten auch, wenn die Fahrerlaubnisbehörde die Fahrerlaubnis auf Grund anderer Vorschriften entzieht.

(3) ¹Solange gegen den Inhaber der Fahrerlaubnis ein Strafverfahren anhängig ist, in dem die Entziehung der Fahrerlaubnis nach § 69 des Strafgesetzbuchs in Betracht kommt, darf die Fahrerlaubnisbehörde den Sachverhalt, der Gegenstand des Strafverfahrens ist, in einem Entziehungsverfahren nicht berücksichtigen. ²Dies gilt nicht, wenn die Fahrerlaubnis von einer Dienststelle der Bundeswehr, der Bundespolizei oder der Polizei für Dienstfahrzeuge erteilt worden ist.

(4) ¹Will die Fahrerlaubnisbehörde in einem Entziehungsverfahren einen Sachverhalt berücksichtigen, der Gegenstand der Urteilsfindung in einem Strafverfahren gegen den Inhaber der Fahrerlaubnis gewesen ist, so kann sie zu dessen Nachteil vom Inhalt des Urteils insoweit nicht abweichen, als es sich auf die Feststellung des Sachverhalts oder die Beurteilung der Schuldfrage oder der Eignung zum Führen von Kraftfahrzeugen bezieht. ²Der Strafbefehl und die gerichtliche Entscheidung, durch welche die Eröffnung des Hauptverfahrens oder der Antrag auf Erlass eines Strafbefehls abgelehnt wird, stehen einem Urteil gleich; dies gilt auch für Bußgeldentscheidungen, soweit sie sich auf die Feststellung des Sachverhalts und die Beurteilung der Schuldfrage beziehen.

Entziehung der Fahrerlaubnis §3 StVG 1

(5) **Die Fahrerlaubnisbehörde darf der Polizei die verwaltungsbehördliche oder gerichtliche Entziehung der Fahrerlaubnis oder das Bestehen eines Fahrverbots übermitteln, soweit dies im Einzelfall für die polizeiliche Überwachung im Straßenverkehr erforderlich ist.**
(6) **Durch Rechtsverordnung gemäß § 6 Abs. 1 Nr. 1 Buchstabe r können Fristen und Bedingungen**
1. **für die Erteilung einer neuen Fahrerlaubnis nach vorangegangener Entziehung oder nach vorangegangenem Verzicht,**
2. **für die Erteilung des Rechts an Personen mit ordentlichem Wohnsitz im Ausland, nach vorangegangener Entziehung von einer ausländischen Fahrerlaubnis im Inland wieder Gebrauch zu machen,**
bestimmt werden.

Begr zur Neufassung durch ÄndG v 24. 4. 1998 (BRDrucks 821/96):
Der neue § 3 ersetzt den bisherigen § 4 und enthält vor allem die grundlegenden Bestimmungen für die Entziehung einer Fahrerlaubnis.

Zu Abs 1 Satz 2: *Die Entziehungsregelungen gelten grundsätzlich auch für ausländische Fahrerlaubnisse. Während aber die Entziehung einer inländischen Fahrerlaubnis zum Erlöschen des Rechtes führt, beinhaltet die Entziehung einer ausländischen Fahrerlaubnis die Aberkennung des Rechts, von dieser Erlaubnis im Inland Gebrauch zu machen, da eine Fahrerlaubnis als Hoheitsakt eines fremden Staates durch die Entscheidung einer deutschen Behörde nicht beseitigt werden kann. Wird im Gesetz das Wort „Entziehung" gebraucht, so bezieht sich dies immer auf in- und ausländische Fahrerlaubnisse.*

Zu Abs 3 und 4: *Die Absätze 3 und 4 entsprechen § 4 Abs. 2 und 3 StVG a. F. und befassen sich mit dem Verhältnis von Strafverfahren und Verwaltungsverfahren beim Entzug der Fahrerlaubnis. Die Regelungen gelten auch bei einer Anwendung von § 69 b StGB (Entziehung einer ausländischen Fahrerlaubnis), da § 69 b StGB in der alten und neuen Fassung lediglich einen Unterfall von § 69 StGB darstellt.*

Zu Abs 5: *Absatz 5 enthält die Ermächtigung der Fahrerlaubnisbehörden, die Polizei im Einzelfall über die Entziehung der Fahrerlaubnis und das Bestehen eines Fahrverbotes zu unterrichten, damit diese die Einhaltung der Entscheidungen überwachen können.*

Übersicht

Ablieferung des Führerscheins 35
Abweichung zum Nachteil unzulässig 30
Alkohol 9
Altersabbau 6
Ärztliche Schweigepflicht 6
Auflagen 10
– bei Neuerteilung der Fahrerlaubnis 31–34
Ausländische Fahrerlaubnis 1, 12, 21, 31
Bedingte Eignung 10
Benachrichtigung der Polizei 14
Bindung der Verwaltungsbehörde 18–30
– an gerichtliche Entscheidung 21–30
– an den entschiedenen Sachverhalt 23, 24, 26
–, Umfang 25–30
– an gerichtliche Schuldbeurteilung 27
– an gerichtliche Eignungsbeurteilung 28–30
–, kein Abweichen zum Nachteil 30
–, keine bei Fahrerlaubnis im öffentlichen Dienst 19 f
Drogen 9
Entscheidung, gerichtliche 21–30
–, gerichtliche, Sachverhalt 23, 24, 26
–, gerichtliche, über Schuldfrage 27
–, gerichtliche, über Eignung 28–30
Entziehung der Fahrerlaubnis zwingend 11
– der Fahrerlaubnis, Zuständigkeit 12
– der Fahrerlaubnis, Geltungsbereich 38
– der Fahrerlaubnis im öffentlichen Dienst 19 f

Fahrerlaubnis
–, Dienstfahrerlaubnis 19
–, Frist für Wiedererteilung 32 f
–, vorläufige 18, 36, 37
–, Verzicht 39
–, unrechtmäßige 40
Fahrerlaubnisbehörde, Bindung 18–30
Fahrgastbeförderung, Fahrerlaubnis zur 1, 5
Führerschein, Ablieferung 35
Frist für Wiedererteilung der Fahrerlaubnis 32 f
Gegenstand des Strafverfahrens 17
Geltungsbereich der Entziehung 38
Gerichtliche Entscheidung 17, 21–30
– Entscheidung, Sachverhalt 23, 24, 26
– Entscheidung, Schuldbeurteilung 27
– Entscheidung, Eignungsbeurteilung 28–30
Geschäftsunfähigkeit 35
Krankheit 6
Maßgebot 10
Öffentlicher Dienst, Fahrerlaubnis 19
Rauschgift 9
Rücknahme rechtsfehlerhaft erteilter FE 40
Sachverhalt der gerichtlichen Entscheidung 23, 24, 26
Schuldfrage 27
Sofortige Vollziehbarkeit 13

Dauer

1 StVG § 3 I. Verkehrsvorschriften

Strafbestimmungen 41
Strafverfahren, Gegenstand 17
–, Vorrang 15, 16

Trunkenheit 9

Umfang der Bindung 25–30
Ungeeignetheit 3 ff

Verfahrensfragen 12–14
Verzicht auf die Fahrerlaubnis 39
Vorläufige Entziehung der Fahrerlaubnis 36, 37
Vorrang des Strafverfahrens 15, 16

Widerruf 40
Wiedererteilung der Fahrerlaubnis 31–34

Zuständigkeit 12

1 **1. Entziehung der Fahrerlaubnis.** § 3 StVG entspricht im Wesentlichen dem früheren § 4 und regelt die EdF durch die FEB, wenn sich der Berechtigte als zum Führen ungeeignet oder nicht befähigt (§ 2 V) erweist (I). Die Vorschrift dient dem Schutz der Allgemeinheit vor Gefährdungen durch ungeeignete bzw nicht befähigte Kf, BVerwG NZV **96** 84, VGH Mü NZV **96** 509, OVG Hb VRS **102** 393. Auch die Entziehung **ausländischer FEe** ist grundsätzlich möglich (Abs 1 S 2), OVG Saarlouis ZfS **02** 552, s Begr, und wegen der abw Rechtsfolge (kein Erlöschen des Rechts: §§ 29 a S 1, 46 V 2 FeV) keine unzulässige Beseitigung eines ausländischen Hoheitsaktes. Hinsichtlich der von einem EU-Mitgliedstaat ausgestellten FEe erlaubt Art 8 der 2. EG-FSRichtlinie (ABl EG **91** Nr L 237/1 = StVRL § 6 FeV Nr 1) nach Begründung eines ordentlichen Wohnsitzes im Inland die Anwendung innerstaatlicher Vorschriften über den Entzug der FE. Näher: § 46 FeV Rz 13. Zu den einschränkenden Vorgaben des EuGH: § 28 FeV Rz 6 ff. Die Entziehung der besonderen FE zur Fahrgastbeförderung mit Kfzen ist im § 48 X FeV geregelt; § 3 StVG ist entsprechend heranzuziehen. Ein Strafverfahren hindert die VB nicht, die FE zur Fahrgastbeförderung selbstständig zu entziehen. Zur Kraftfahreignung s auch §§ 2 StVG, 69 StGB. Werden der FEB Tatsachen bekannt, die **Bedenken gegen die Eignung** oder Befähigung begründen, so kann sie gem Abs 1 S 3, § 2 VIII ein ärztliches Zeugnis oder ein Eignungsgutachten anfordern. Näher: §§ 11 ff FeV. Solche Bedenken können sich auch aus Mitteilungen durch ausländische Stellen ergeben, *Geiger* DAR **04** 184.

2 **1 a. Eignung und Befähigung.** Von der Eignung zum Führen von Kfz zu unterscheiden ist nach den Definitionen in § 2 IV und V die **Befähigung** dazu. Die frühere Rspr, wonach die Befähigung als Bestandteil der Eignung anzusehen sei (zB BVerwG NJW **82** 2885, VRS **66** 305), ist durch die insoweit klarstellende gesetzliche Regelung überholt. Auch mangelnde Befähigung kann sich durch Auffälligkeiten im StrV, insbesondere durch Regelverstöße, offenbaren, aber auch durch mangelnde FzBeherrschung. Fehlende Kenntnisse der VVorschriften, der Gefahrenabwehr, der umweltbewussten und energiesparenden Fahrweise oder der Fähigkeit, entsprechende vorhandene Kenntnisse umzusetzen, können die EdF wegen fehlender Befähigung zum Führen von Kfzen erforderlich machen.

3 **2. Die Ungeeignetheit** ist eine Rechtsfrage und verwaltungsgerichtlich nachprüfbar (Rz 10, 11, 13). Der Begriff der Ungeeignetheit bezieht sich auf die Anforderungen durch die innegehabte FE, OVG Ko VRS **54** 315, 319. Sie liegt nur vor, wenn das von dem FEInhaber als Kf ausgehende Sicherheitsrisiko das allgemein mit dem Führen von Kfzen ausgehende Risiko deutlich übersteigt, BVerfG NJW **02** 2380. Die Ungeeignetheit muss **aus erwiesenen Tatsachen** hinreichend deutlich hervorgehen, VGH Ma NZV **91** 287, VGH Mü NZV **96** 509, **98** 303, 342, VRS **95** 446. Bloße Eignungszweifel genügen nicht, die Nichteignung muss erwiesen sein (s Abs I: „*Erweist* sich …"), BVerwG NZV **05** 603, VGH Ma NZV **92** 88, **92** 254, VGH Mü NZV **98** 303, 342, OVG Schl DAR **94** 40, OVG Hb NJW **94** 2168, VG Br NZV **92** 295, 424, VG Ka BA **06** 253, *Gehrmann* NJW **98** 3538, *Janker* DAR **92** 166, *R. Schneider* VGT **02** 123, aM VGH Mü ZfS **92** 71, wonach ernstliche, aber nicht aufklärbare Zweifel ausreichen sollen. Daher keine auf Drogenkonsum gestützte EdF, sondern allenfalls Gutachtenanforderung, wenn der Drogenkonsum nicht bewiesen ist, VGH Mü NZV **105** 314. § 3 StVG setzt eine umfassende Würdigung aller Eigenschaften, Fähigkeiten und Verhaltensweisen des FEInhabers voraus, die für die Beurteilung seiner etwaigen VGefährlichkeit relevant sind (s Anl 15 Nr 1. b zur FeV), s BVGE **17** 342, JZ **70** 67, NJW **87** 2246, NZV **88** 80, **89** 205, DAR **95** 36, VM **94** 91, VGH Ma NZV **91** 287, **92** 88, OVG Münster NZV **92** 127, 206, OVG Schl VRS **83** 392, NZV **92** 379, ZfS **92** 286, OVG Hb ZfS **92** 358. Dabei sind alle Umstände zu berücksichtigen, die für die Beurteilung der körperlichen, geistigen oder charakterlichen Eignung zum Führen von Kfzen von Bedeutung sind, BVerwG NZV **89** 205. Der FEInhaber braucht noch keine VGefahr verursacht zu haben, BVerwG JZ **70** 67, OVG Lüneburg ZfS **05** 48. Die von einem ungeeigneten Kf ausgehende **latente Gefahr** kann sich selbst nach jahrelanger Unauffälligkeit im V jederzeit verwirklichen, VGH Ma NZV **93** 45, **94** 248, **97** 199, ZfS **97** 399. Die Kriterien der kör-

Entziehung der Fahrerlaubnis § 3 StVG **I**

perlichen, geistigen und charakterlichen Eignung verletzen das GG nicht, BVerfG NJW **67** 29. Die Beurteilung der Ungeeignetheit (ungeeignet inwieweit?) unterliegt dem Übermaßverbot (**E** 2, Rz 10), BVerfG NJW **67** 619, OVG Br NJW **80** 2371. Voraussetzung der Ungeeignetheit sind im Allgemeinen dieselben Mängel, die nach § 2 dazu führen können, die FE zu versagen oder einzuschränken (s Anlagen 4, 5 zu FeV). Die erwiesenen Tatsachen haben stets nur indiziellen Charakter und sind vollständig und sachgerecht abzuwägen (Rz 10, 13), VGH Ka VM **79** 71. Ob der **Eignungsmangel schon vor Erteilung der FE** bestand, ist bedeutungslos (VGH Ka NJW **85** 2909, VGH Ma NZV **92** 254, DAR **03** 135, OVG Hb NJW **02** 2123, einschränkend VG Neustadt ZfS **03** 479 für den Fall der FE-Erteilung unter Auflagen ohne Bekanntwerden neuer Umstände). Das gilt auch für **ausländische EU/EWR-FEe,** OVG Lüneburg DAR **05** 707, offengelassen von Sa NStZ-RR **05** 52. Rechtsfehlerhafte Erteilung der FE trotz Kenntnis der die Ungeeignetheit begründenden Tatsachen schließt EdF durch die erteilende FEB daher nicht aus (OVG Hb NJW **02** 2123). Zum **Verhältnis zum Punktsystem** des § 4 s Rz 8 und § 4 Rz 18.

Die Beurteilung der Rechtmäßigkeit der EdF richtet sich nach der **Sach- und Rechtslage 4 bei Abschluss des Verwaltungsverfahrens** (BVerwG NZV **05** 603, **96** 84, VRS **101** 229, NVwZ **90** 654, VGH Mü VRS **109** 64, VGH Ma DAR **04** 170, VRS **108** 127, OVG Lüneburg ZfS **04** 48, OVG Greifswald VRS **107** 229, OVG Hb VRS **105** 58, BGH VersR **84** 41, 43, VG Augsburg ZfS **07** 597, *Eyermann/Schmidt* § 133 Rz 62), doch kann auch späteres Verhalten des Klägers für oder gegen ihn berücksichtigt werden (s BVerfG NJW **67** 29, OVG Lüneburg ZfS **04** 48). Hat das VG Zweifel an der behördlichen Beurteilung der Kraftfahreignung, so kann ausnahmsweise aus dem Verhalten des Betroffenen nach Abschluss des Entziehungsverfahrens eine Indizwirkung gegen die Richtigkeit jener Beurteilung herzuleiten sein (BVerwG NVwZ **90** 654). Im übrigen kann Wohlverhalten nach der angefochtenen EdF nur bei sofortigem zulässigem neuem Antrag auf FE berücksichtigt werden (BVerwG NVwZ **90** 654, OVG Hb VRS **105** 58, OVG Saarlouis VM **78** 39, OVG Lüneburg DAR **76** 26, VGH Mü NZV **95** 167, aM VGH Ma VRS **55** 299). Immerhin kann nachträgliches langes Wohlverhalten (= Unauffälligkeit) dabei mitsprechen, ob bei der EdF die Eignung, rückschauend, möglicherweise unrichtig beurteilt worden ist (OVG Saarlouis VM **78** 39). Längere Unauffälligkeit nach gehäuften Verstößen kann dafür sprechen, dass wieder Eignung besteht (VGH Ma VRS **55** 299). Andererseits führt selbst dreijährige Unauffälligkeit nach gehäuftem schwerwiegenden verkehrsrechtlichen Fehlverhalten nicht zwingend zur Beseitigung eines daraus resultierenden Eignungsbedenkens (VGH Ma NZV **90** 126, s Rz 3). Eignungsgutachten und Folgen der Nichtbeibringung eines von der VB geforderten Gutachtens, s §§ 11–14 FeV, § 11 FeV Rz 22. Entzieht sich der bereits als ungeeignet begutachtete Anfechtungskläger erneuter Begutachtung, so kann diese Beweisvereitelung gegen ihn sprechen (VGH Mü VRS **55** 236). Wer binnen eines Jahres viermal den Widerruf von Versicherungsbestätigungen für sein benutztes Kfz verschuldet, ist unzuverlässig (VGH Ka VersR **68** 958, s OVG Lüneburg VersR **77** 902 – achtmal in 4 Jahren, enger für den Fall der FzNichtbenutzung VG Schl VersR **77** 366).

2 a. Die Ungeeignetheit zum Führen von Kfz kann auf **körperlichen Mängeln** beruhen, zB **5 mangelndem Sehvermögen** (s § 12 FeV, Anl 6 zu FeV). Können Mängel im Sehvermögen, s § 2 Rz 8 (wie auch andere körperliche Mängel) durch Auflagen ausgeglichen werden, so verstößt völlige EdF gegen das Übermaßverbot, s Rz 10. Beim Zusammentreffen von Einäugigkeit und altersbedingter Leistungsminderung sind die Einzelfallbesonderheiten maßgebend, OVG Br VRS **58** 296. Bei Einäugigkeit ohne sonstige Auffälligkeit genügt augenärztliche Überprüfung, eine medizinisch/psychologische Untersuchung widerspräche der in § 11 FeV getroffenen Regelung und verletzt im übrigen das Übermaßverbot, s VG Arnsberg MDR **80** 697. Einäugigkeit und Kraftfahreignung, s § 2 StVG Rz 8. Gesichtsfeldeinschränkung mit der Folge einer Unterschreitung der Mindestanforderungen gem Anl 6 zur FeV zwingt zur EdF, s BVerwG NZV **93** 126 (zu Anl XVII StVZO alt). Soweit die Anlage nicht ausdrücklich geringere Werte für FE*Inhaber* angibt (so zB Anl XVII StVZO alt), müssen diese die für Bewerber geltenden Mindestanforderungen erfüllen, anderenfalls besteht Kraftfahrungeeignetheit, BVerwG NZV **93** 126.

Auch nicht kompensierbarer **Altersabbau** kann uU EdF rechtfertigen. Jedoch ist vorgerück- **6** tes Alter allein kein Entziehungsgrund, BVerwG VM **66** 89, OVG Br VRS **68** 395, VGH Ma NJW **91** 315, VG Saarlouis ZfS **99** 222 (90 Jahre), VG Gelsenkirchen ZfS **84** 191, *Himmelreich/Janker/Karbach* Rz 98, s § 2 Rz 9. 74 Jahre und entsprechende körperliche Reduktion genügen dazu bei einem vieljährigen Kf nicht, der bis dahin im Wesentlichen vorwurfsfrei gefahren ist, OVG Br DAR **69** 54. Hohes Alter (85 Jahre) kann jedoch nach amtsärztlichem Hinweis auf die Notwendigkeit einer Untersuchung die Anordnung einer solchen Untersuchung rechtfertigen, BVerwG VM **66** 90. **Krankheit** als Entziehungsgrund, s § 2 Rz 10. War die FE wegen einer nicht mehr bestehenden Krankheit entzogen worden und ist ein Rückfall nach ärztlicher Ansicht ausgeschlossen, so entfällt dieser Entziehungsgrund, OVG Berlin VRS **42** 240. Hält der **Arzt** seinen Patienten mit Grund für fahruntauglich und hilft Abmahnung (s *Birnbacher* VGT **05** 204) nicht (psychische Erkrankung), so darf er nach pflichtgemäßer Abwägung die VB verständigen (bedenkliche Bevorzugung der zwar wichtigen VSicherheit vor den Belangen der Volksgesundheit, die bei Durchbrechung der ärztlichen Schweigepflicht auf dem Spiele stehen, s *Birnbacher* VGT **05** 202, *Gehrmann* NZV **05** 3), BGH NJW **68** 2288. Die Lit spricht sich überwiegend für ein ärztliches Melderecht nach Güterabwägung aus, *Birnbacher* VGT **05** 205, *Bock* VGT **05** 215, *Gehrmann* NZV **05** 8 („letztes Mittel"), *Händel* DAR **77** 36, **85** 213, *Geppert*, Gössel-F S 309 ff (als „ultima ratio"). Zur Frage etwaiger zivilrechtlicher oder strafrechtlicher Verantwortlichkeit des Arztes bei Nichtanzeige schwerwiegender Eignungsmängel des Patienten, s *Geppert*, Gössel-F S 313 ff. Mitteilung von Eignungsbedenken an die VB durch das Gesundheitsamt nach amtsärztlicher Untersuchung kann rechtmäßig sein, VGH Mü BayVBl **87** 119. Amtshaftung bei unrechtmäßiger EdF aus Gesundheitsgründen, BGH VersR **68** 573. Lit: Rz 9.

7   **Geistige Mängel** wie Geisteskrankheiten, Nervenleiden, Schwachsinn, Depressionen usw können EdF notwendig machen. S § 2 Rz 11 sowie Anl 4 FeV.

8   **Mängel in sittlich-charakterlicher Hinsicht,** vor allem solche, die sich in erheblichen oder wiederholten Verstößen gegen verkehrsrechtliche Vorschriften oder Strafgesetze offenbaren (§ 2 IV), können die EdF gem § 3 rechtfertigen (§ 2 Rz 12 ff, § 46 I 2 FeV). Hier ist aber die spezielle Regelung in § 4 (Punktsystem) zu beachten, die grundsätzlich Vorrang genießt (§ 4 Rz 18). Ergeben sich jedoch auf Grund der konkreten Umstände, abw von der rein schematischen Regelung in § 4, Eignungszweifel oder Kraftfahrungeeignetheit, so hindert das System des § 4 nicht die Eignungsüberprüfung oder die gem § 3 I gebotene EdF (§ 4 I 2, näher § 4 Rz 18).

9   **Eignungsmängel wegen Alkohol und Drogen.** Zu Alkohol s § 2 Rz 16 ff und § 13 FeV. Zu Drogen s § 2 Rz 17 ff und § 14 FeV.

Lit: *Birnbacher, Bock, Höfling*, Arzt und Fahreignungsmängel seines Patienten, VGT **05** 201, 209, 217. *Ernesti*, Gefährdungen der VSicherheit durch Krankheit und Alter – Erteilung und EdF, VGT **74** 212. *Gehrmann*, Der Arzt und die Fahreignungsmängel seines Patienten, NZV **05** 1. *Geppert*, Rechtliche Überlegungen zur Fähreignung bei neurologischen und neuropsychologischen Erkrankungen, Gössel-F S 303. *Händel*, Ärztliche Schweigepflicht und VSicherheit, DAR **77** 36. *Derselbe*, Der alte Mensch als Teilnehmer am StrV, DAR **85** 210. *Herberg*, Veränderung der sicherheitsrelevanten Leistungsfähigkeit mit dem Lebensalter, Verkehrsunfall **92** 269. *Himmelreich*, Lebensphasen – ein Kriterium für ... Ungeeignetheit zum Führen von Kfzen?, DAR **85** 201. *Derselbe*, Die Eignung oder Nichteignung älterer Kf ..., DAR **95** 12. *Langwieder*, Das Unfallrisiko älterer Kf ..., VGT **85** 116. *Lewrenz*, Ärztliche Schweigepflicht und VSicherheit, VGT **76** 290. *Martin*, Die ärztliche Schweigepflicht und die VSicherheit, DAR **70** 302. *Meurer*, Krankheit, ärztliche Schweigepflicht und VSicherheit, ZVS **76** 77, VGT **76** 301. *A. Müller*, FEEntzug, Eignungsbegutachtung, Nachschulung und Therapie bei Trunkenheitstätern, BA **93** 65. *Rühle*, Alternde Menschen als VT, ZVS **96** 52. *Schendel*, Doppelkompetenz von Strafgericht und VB zur EdF, 1974. *Schöch*, VDelinquenz und allgemeine Kriminalität, NJW **71** 1857. *Streicher*, Ärztliche Schweigepflicht und VSicherheit, VGT **76** 316. *Wetterling*, Fahrtauglichkeit bei älteren Personen, ZfS **95** 161. **S auch Rz 10 zu § 2 StVG.**

10   **Bedingte Eignung.** Nach §§ 2 IV StVG, 23 II FeV kann bei bedingter Eignung eine durch Auflagen beschränkte FE erteilt werden. Entsprechend ist gem § 46 II FeV eine FE statt einer Entziehung nach § 3 StVG lediglich einzuschränken oder unter Auflage(n) zu belassen, soweit solche zur nachträglicher Eignungsminderung ausreichen, OVG Berlin VM **91** 64. Das ergibt im Übrigen zwingend das Übermaßverbot (E 2), s OVG Br NJW **80** 2371. Danach ist es gemäß § 23 FeV nicht nur „zulässig", sondern geboten, bei beschränkter Eignung eine FE unter Auflagen zu erteilen, sofern geeignete Auflagen sachlich ausreichen (sonst Nichteignung). Entgegen OVG Münster VRS **31** 470 ist daher stets zu prüfen, ob eine beschränkte FE dem öffentlichen Sicherheitsinteresse genügen würde; das Gutachten muss die Frage bedingter Eignung ohne weiteres mitumfassen, s *Himmelreich* DAR **96** 129. Die abw Rspr unterstellt unzulässigerweise, was erst geprüft werden muss. Soweit OVG Ko VRS **54** 315 die Abwägung, ob statt der bisherigen eine eingeschränkte FE zu belassen sei, auf nach Beweislage eindeutige Fälle beschränken will, liegt ein Zirkelschluss zum Nachteil des FEInhabers unter Verletzung des Übermaßverbots vor, außerdem unzulässige Beweislastumkehr („schnelles Vorgehen gegen ungeeignete Kf"). Allerdings obliegt es dem FEInhaber, im Entziehungsverfahren, vor allem im

Rahmen der Begutachtung, auf Umstände hinzuweisen, die die Erteilung einer beschränkten FE (zB für landwirtschaftliche Traktoren) rechtfertigen könnten, OVG Mü VRS **88** 316. Bei bloßer Nachtfahruntauglichkeit ist die FE nicht insgesamt zu entziehen, sondern sachgemäß auf Tagesfahrten einzuschränken (Übermaßverbot!), OVG Berlin VM **91** 64 (verminderte Dämmerungssehschärfe, erhöhte Blendempfindlichkeit), s OVG Br VRS **58** 298. Nichtbeachtung etwaiger Auflagen: § 23 FeV. Bei Charaktermängeln wird die FE in aller Regel nur ganz entzogen werden können (s § 2 IV S 2), BVerwG NJW **62** 977, BVGE **13** 288, JZ **66** 785, s aber § 2 Rz 18. Ein auf gewohnheitsmäßigem Alkoholkonsum beruhender Eignungsmangel schließt idR eine bloße Beschränkung der FE (zB auf landwirtschaftliche Fze) aus, VGH Ma NZV **93** 495. Unter den gesetzlichen Voraussetzungen besteht Anspruch auf neue beschränkte Erteilung, BVGE **13** 288, JZ **66** 785, s § 2 Rz 18. Bei unveränderter Sachlage darf die VB die FE nicht wegen derselben die unbeschränkte Eignung in Frage stellenden Umstände entziehen, die zur Erteilung der FE unter Auflagen geführt haben, VG Neustadt ZfS **03** 479, s OVG Ko ZfS **93** 143.

Lit: Himmelreich, Die „bedingte" Eignung im Spiegel von Gesetzgebung und Rspr, DAR **96** 128.

3. Entziehung ist zwingend vorgeschrieben, wenn die Voraussetzungen vorliegen, VGH **11** Ma DAR **03** 236, VRS **108** 157, OVG Hb VRS **102** 393 (399), VGH Ka VRS **70** 228, BGH VersR **84** 43, Petersen ZfS **02** 58. Ob sie vorliegen, ist in vollem Umfang unter Beachtung des Maßgebots (Rz 3, 10) verwaltungsgerichtlich zu prüfen (Rz 10, 13). Keine Grundrechtsverletzung, wenn die Pol ihr im Zusammenhang mit einer vorläufigen Unterbringung des FEInhabers bekannt gewordene Tatsachen, die der Kraftfahreignung entgegenstehen, der StrVB mitteilt (s § 2 XII), s § 2 Rz 25. Wirtschaftliche Nachteile infolge EdF haben keine Bedeutung gegenüber dem öffentlichen Interesse, wenn dieses sie erfordert, BVerwG VM **56** 73, VGH Ma VRS **108** 157, VGH Ka VkBl **75** 220, OVG Lüneburg VRS **11** 474. Billigkeitserwägungen und der Gesichtspunkt mangelnden Verschuldens können der im Sicherheitsinteresse gebotenen EdF wegen körperlicher Ungeeignetheit (etwa auf Grund unverschuldeten Unfalls) nicht entgegengesetzt werden, VGH Mü NZV **91** 247.

4. Zuständig für die Entziehung der FE ist gem Abs I die FEB (§ 73 FeV), in deren Be- **12** zirk der Betroffene zur Zeit der Einleitung des Entziehungsverfahrens wohnt oder sich aufhält. Wohnort ist außer dem Wohnsitz (BGB) auch der Ort, an dem sich der Führer unter Verhältnissen, die auf Aufenthalt von einiger Dauer hinweisen, zB im Dienst des FzHalters, zur Zeit aufhält. Maßgebend sind die tatsächlichen Verhältnisse, VGH Ka VRS **70** 398. Wechselt er den Wohnsitz nach EdF, so berührt das die örtliche Zuständigkeit nicht, BVerwG DAR **65** 165. § 73 II S 2 FeV findet auf EdF keine Anwendung, s BVerwG NZV **95** 86, VGH Ka VRS **70** 398, OVG Lüneburg VD **95** 160 (zu § 68 StVZO). EdF durch örtlich unzuständige VB rechtfertigt allein nicht Aufhebung der Verfügung, BVerwG VM **81** 50, NZV **95** 86, VG Minden NZV **91** 366. Bundeswehr, Polizei, Bundespolizei: § 73 IV FeV. Inhaber ausländischer FE, s Rz 1, §§ 28, 29a FeV und § 46 FeV Rz 13. Zuständigkeit der Gerichte zur EdF: §§ 69ff StGB, 111a StPO.

5. Weitere verfahrensrechtliche Fragen. Auflagen. Soweit nicht III und IV eingreifen, **13** ist die FEB nicht an die gerichtliche Beurteilung gebunden, sondern entscheidet auf Grund **pflichtgemäßer Beurteilung** der sorgfältig und vollständig erhobenen Beweise. Die EdF ist so zu begründen, dass die Rechtsmittelaussichten beurteilt werden können (s § 39 VwVfG). Berücksichtigung des Sachverhalts früherer Bußgeld- oder Strafverfahren, Verwertbarkeit von Bußgeldakten über nicht eintragbare OWen: § 29 StVG. Akten über eingestellte OWVerfahren (§ 47 OWiG) sind zu Lasten nur insoweit verwertbar, als sie ein ov Verhalten, zB durch Einlassung des Betroffenen, zweifelsfrei nachweisen, nicht, wenn völlige Aufklärung wegen der beabsichtigten Einstellung unterblieben ist, ebenso wohl OVG Br VRS **56** 394. Die EdF bringt die FE durch **gestaltenden Verwaltungsakt** zum Erlöschen (II S 1), BVerwG NJW **77** 1075, näher: Rz 35. Sie ist ohne zeitliche Beschränkung auszusprechen, nicht bis auf weiteres oder auf bestimmte Zeit mit der Wirkung des Wiederauflebens oder auf Widerruf, OVG Lüneburg NJW **56** 1654, BGH GA **61** 362. **Anfechtbarkeit,** s § 46 FeV Rz 15. Maßgeblicher Zeitpunkt für die Beurteilung der Rechtmäßigkeit der EdF, s Rz 4. Verspäteter Widerspruch verbunden mit offensichtlich unbegründetem Wiedereinsetzungsgesuch hat keine **aufschiebende Wirkung,** OVG Br VRS **74** 77. Die Überzeugung der VB von der Ungeeignetheit des FEInhabers auf Grund bestimmter Tatsachen ist Rechtsvoraussetzung der EdF, sie allein reicht deshalb zur Begründung der **sofortigen Vollziehbarkeit** idR nicht aus, s OVG Br DVBl **80** 420,

Dauer

NJW **79** 75, aM VGH Ma VRS **55** 299, OVG Hb VRS **102** 393 (400). Der die sofortige Vollziehbarkeit rechtfertigende Vorrang des öffentlichen Interesses gegenüber dem Aufschubinteresse des Antragstellers ist daher von der VB zu begründen, VGH Ma VRS **108** 123, allerdings geringe Anforderungen an die Begründung, *Geiger* SVR **06** 125. Angesichts der in diesen Fällen notwendigen Abwehr von Gefahren für elementare Rechtsgüter ist es mit Art 19 IV GG vereinbar, wenn bei EdF die sofortige Vollziehung nicht nur ausnahmsweise, sondern in der Masse der Fälle angeordnet wird (OVG Hb NJW **06** 1367, VG Ansbach BA **08** 156, 158). Die sofortige Vollziehbarkeit der EdF darf angeordnet werden, wenn dringende Umstände tatsächlicher Art alsbaldige VGefährdung befürchten lassen, VGH Mü DAR **79** 339, VGH Ma VRS **108** 123, **88** 80, OVG Hb VRS **105** 466, OVG Münster VRS **100** 394 (Rückfallwahrscheinlichkeit bei Alkoholmissbrauch), OVG Lüneburg ZfS **00** 86 (Gefahr des FzFührens unter Heroineinfluss), *Himmelreich/Janker/Karbach* Rz 691ff. Bei EdF wegen drogenbedingter Ungeeignetheit schließt längere unbeanstandete VTeilnahme als Kf die Dringlichkeit nicht ohne weiteres aus, OVG Lüneburg ZfS **05** 48 (zust *Haus*), s Rz 3. Keine Unverhältnismäßigkeit der Anordnung sofortiger Vollziehbarkeit wegen beruflichen Angewiesenseins auf eine FE, OVG Bautzen DAR **01** 426. Sie ist idR anzuordnen, wenn Ungeeignetheit feststeht, etwa kraft gesetzlicher Vermutung (zB § 11 VIII FeV, VG Kar BA **03** 82), auf Grund nachgewiesener Einnahme von Betäubungsmitteln iS von Anl 4 Nr 9.1 zur FeV, VG Leipzig BA **01** 480, oder auf Grund Gutachtens, VG Kar BA **03** 82. Im Übrigen wird auch bei EdF das Regel-Ausnahme-Verhältnis nicht in der Weise umgekehrt, dass die VB die verfügte Maßnahme stets für sofort vollziehbar erklären müsste, s *Henn* NJW **93** 3171; öffentliches Interesse iS von § 80 II Nr 4 VwGO nur, wenn Rechtsmittel aussichtslos erscheint oder gewichtige Gründe die dringende Befürchtung der Ungeeignetheit und die Annahme rechtfertigen (nahe liegender Verdacht genügt, OVG Münster VRS **100** 397), dass eine Gefährdung anderer durch den ungeeigneten Kf während des schwebenden Rechtsmittelverfahrens eintreten werde, OVG Brn VRS **107** 397, OVG Br NJW **79** 74, VRS **67** 76, OVG Münster ZfS **83** 156, OVG Saarlouis NZV **93** 416, VG Saarlouis ZfS **93** 107, aM VGH Ma VRS **55** 300. Die Begründung der Anordnung sofortiger Vollziehung darf sich nicht in der Wiederholung des Gesetzestextes von § 80 II Nr 4 VwGO erschöpfen, kann aber noch im erstinstanzlichen gerichtlichen Verfahren in ausreichender Weise nachgeschoben werden, OVG Münster VRS **69** 478. Gesundheit und Leben anderer VTeilnehmer haben aber, verglichen mit dem Wunsch des Kf, weiterhin ein Kfz führen zu dürfen, ein so starkes Übergewicht, dass an die Begründung keine zu hohen Anforderungen zu stellen sind, OVG Hb NJW **06** 1367. Schon mehrere Monate dauernde Teilnahme an einer besonders intensiven psychotherapeutischen Nachuntersuchungsmaßnahme kann die sofortige Vollziehung der EdF auf Grund von VVerstößen entbehrlich erscheinen lassen, OVG Münster NZV **90** 127 (Anm *Mahlberg*). Bloße ärztliche Bedenken gegen die weitere Fahrtauglichkeit rechtfertigen nicht immer die sofortige Vollziehung der EdF, s OVG Berlin VRS **44** 381, OVG Weimar DAR **95** 80. Bejahung des überwiegenden öffentlichen Interesses wegen Aussichtslosigkeit eines Rechtsmittels nur im gerichtlichen Verfahren nach § 80 V VwGO, nicht durch die VB im Rahmen des § 80 III 1 VwGO, OVG Br VRS **58** 77. Die Aussichtslosigkeit muss dabei schon auf Grund *summarischer* Sachverhaltsbetrachtung *offensichtlich* sein, Br VRS **67** 76. Anordnung der aufschiebenden Wirkung durch das Gericht gem § 80 V VwGO bei ernstlichen Zweifeln an der Rechtmäßigkeit der EdF, OVG Fra/O VRS **108** 316. Zum Eintritt der Bestandskraft der Entziehungsverfügung bei Beschwerde gegen die Nichtzulassung der Revision, s *Deimel* NZV **89** 302. Sofortige Vollziehbarkeit bei Entziehung nach den Vorschriften über die FE auf Probe mangels aufschiebender Wirkung der Anfechtung, s § 2a. **Fristen und Bedingungen** für die Wiedererteilung: Rz 31–34. Ein grundsätzlicher Vorrang amtsärztlicher Beurteilung vor anderen **Beweismitteln,** besonders privatärztlicher Gutachten, besteht nicht, maßgebend ist stets der Beweiswert, VGH Ka VM **73** 73. Im übergeordneten Interesse der VSicherheit kann ein unter Verstoß gegen § 136a III 2 StPO gewonnenes Beweismittel im Verfahren zur EdF verwertbar sein, OVG Lüneburg NJW **01** 459. Der **Widerspruchsbescheid** darf eine EdF nicht zum Nachteil des Beschwerdeführers erweitern, VGH Mü DÖV **78** 42.

14   **6. Benachrichtigung der Polizei.** Über die nach § 3 erfolgte EdF darf die FEB der Polizei im Einzelfall Mitteilung machen (V). Das Gleiche gilt für eine gerichtliche EdF oder ein FV. Dies soll die Möglichkeiten einer Überwachung der Einhaltung dieser Maßnahmen verbessern. Mit der Formulierung „*im Einzelfall*" ist zum Ausdruck gebracht, dass es sich dabei nicht um Regelmitteilungen handelt; vielmehr soll die Mitteilung die Ausnahme bilden. Eine Benach-

Entziehung der Fahrerlaubnis § 3 StVG 1

richtigung erfolgt daher nur in den Fällen, in denen ein Anlass zur Information der Pol gegeben ist (s BTDrucks 13/6914 S 117).

7. Vorrang des Strafverfahrens. Abs 3, 4 sollen widersprüchliche Entscheidungen von 15 FEB und Gerichten hinsichtlich der Frage der Fahreignung verhindern (s BVerwG NZV **88** 37, **92** 501, OVG Ko NJW **06** 2714, VGH Ma NZV **07** 326, OVG Lüneburg ZfS **08** 114, OVG Greifswald NordÖR **08** 234). Abs 3, 4 betreffen nur das Verhältnis zu Strafverfahren, nicht zu OWVerfahren (VGH Ma DAR **07** 664 [abl Anm *Fromm* SVR **08** 195], VGH Mü BA **08** 84, aM *Fromm/Schmidt* NZV **07** 217, 219). Eine analoge Anwendung von Abs 3 im Verhältnis zu Ordnungswidrigkeiten ist nicht möglich (VGH Ma DAR **07** 664), da anders als im Strafverfahren im OWVerfahren eine EdF wegen Ungeeignetheit nach § 69 StGB nicht in Betracht kommt (VG Augsburg ZfS **07** 597, 600). Abs 3, 4 sind auf im Ausland eingeleitete Strafverfahren nicht anwendbar, weil Entziehung einer von einer deutschen Behörde erteilten FE durch ein ausländisches Gericht nicht möglich ist, da andernfalls in deutsche Hoheitsrechte eingegriffen würde (OVG Greifswald NordÖR **08** 234). In Verfahren auf (Neu-)Erteilung einer FE entfaltet ein laufendes Strafverfahren keine Sperrwirkung hinsichtlich der zu berücksichtigenden Tatsachen (OVG Münster NJW **07** 2938); Abs 3, 4 finden nur in Entziehungsverfahren Anwendung.

a) Dauer der Bindung. Die Bindung besteht, „solange gegen den Inhaber der FE ein 16 Strafverfahren anhängig ist". Das ist der Fall, sobald eine StrafverfolgungsB (Pol, StA, Gericht) gegen ihn wegen des Verdachts einer strafbaren Handlung eine Untersuchung eröffnet hat (VG Osnabrück BA **07** 400, s VG Saarlouis ZfS **93** 107, *Bonk* BA **94** 244), auch nach Übergang vom Bußgeld- zum Strafverfahren (§ 81 OWiG). Der Begriff umfasst auch das Vorverfahren gegen einen bestimmten FEInhaber. Das bedeutet, dass im Fall strafrechtlicher Ermittlung die Zuständigkeit der FEB auch zur Ermittlung des Sachverhalts ausgeschlossen ist. Strafverfahren ist auch ein Sicherungsverfahren (§§ 413ff StPO), BGHSt **13** 91 = NJW **59** 1185. Die Bindung besteht, solange das gerichtliche Verfahren nicht rechtskräftig abgeschlossen ist (OVG Ko NJW **06** 2714, OVG Lüneburg ZfS **08** 114). Nach Beendigung des Strafverfahrens ist Abs 4 zu beachten (Rz 21 ff).

b) Sachverhalt, der Gegenstand des Strafverfahrens ist. Die Bindung ergreift den 17 Sachverhalt, der Gegenstand des Strafverfahrens ist. Das ist wie im Strafverfahrensrecht dahin zu verstehen, dass nicht nur die Tat iS des sachlichen Strafrechts, sondern der gesamte Vorgang von der Bindung erfasst wird, auf den sich die Untersuchung erstreckt (VGH Ma NZV **07** 326, OVG Lüneburg ZfS **08** 114). Die Bindung gilt nur für den Fall der rechtlichen Möglichkeit gerichtlicher EdF. S §§ 69ff StGB und Rz 28, 29.

8. Bindung der Fahrerlaubnisbehörde. Die Bindung geht nicht so weit, dass die FEB ge- 18 gen den Inhaber der FE nicht ein auf Entziehung gerichtetes Verfahren einleiten dürfte. Sie darf nur den Vorgang nicht dazu heranziehen, der Gegenstand des Strafverfahrens ist. Ist eines von mehreren Strafverfahren durch Einstellung beendet, kann die FEB die Fahreignung im Hinblick auf diesen Sachverhalt beurteilen und ggf die FE entziehen, auch wenn im Hinblick auf einen anderen Sachverhalt noch ein Strafverfahren läuft (VGH Ma NZV **07** 326). Solange Entziehung im Strafverfahren in Betracht kommt, wird die FEB idR für ein eigenes Verfahren keinen Grund haben, weil im Strafverfahren die §§ 94, 111a StPO vorläufige EdF bzw Sicherstellung des FS ermöglichen. Andererseits schließt aber vorläufige EdF gem § 111a StPO eine EdF durch die VB auf Grund anderen Sachverhalts nicht aus (OVG Lüneburg ZfS **96** 198). Verwaltungsverfahren: Rz 37. Ob in einem anhängigen Strafverfahren eine EdF „in Betracht kommt", ist im Wege einer auf den Zeitpunkt der Einleitung des Strafverfahrens abstellenden Prognose zu beurteilen; spätere Erkenntnisse, die darauf hindeuten, dass die FE im Strafverfahren mutmaßlich nicht entzogen wird, sind unerheblich (VG Osnabrück BA **07** 400). Die FEB darf den im Strafverfahren behandelten Vorgang nicht zu dem Zweck heranziehen, die sofortige Vollziehung einer von ihr aus anderen Gründen angeordneten Entziehung zu begründen (OVG Ko NJW **62** 2318). Bei **Abs 3 S 1** handelt es sich um eine der Durchsetzung des materiellen Rechts dienende **Verfahrensvorschrift** (VGH Mü Beschl v 14. 2. 06 11 CS 05.1210 juris, OVG Lüneburg ZfS **08** 114). Verstöße gegen verfahrensrechtliche Bestimmungen sind gem § 46 VwVfG unbeachtlich, wenn sie ohne Einfluss auf die Entscheidung in der Sache gewesen sind. Entscheidet die FEB während der Bindungswirkung unter Verstoß gegen Abs 3 S 1, ist dieser Verstoß deswegen unbeachtlich, wenn die EdF von der FEB nach ihrer Aufhebung sofort in fehlerfreier Weise erneut erlassen werden könnte (VGH Mü Beschl v 14. 2. 06 11 CS 05.1210 juris, OVG Lüneburg ZfS **08** 114, aA OVG Ko NJW **06** 2714).

Dauer

1 StVG § 3　　　　　　　　　　　　　　　　　　　　　　　　　　　I. Verkehrsvorschriften

19　**9. Keine Bindung für Entziehung einer Dienstfahrerlaubnis** der BW, der Pol oder der BundesPol. Bei DienstFEen, die gem §§ 2 X StVG, 26 FeV erteilt worden sind, besteht keine Bindung (Abs 3 S 2).

20　**Begr** des G v 16. 7. 57: *"Fahrerlaubnisse, die lediglich zu dienstlichen Zwecken erteilt worden sind (§ 14 StVZO ...), gelten nur für die Dauer des Dienstverhältnisses. Es ist deshalb nicht angängig, den Dienstherrn in seinen Maßnahmen, die er innerhalb eines freiwillig übernommenen Gewaltverhältnisses trifft, einzuengen und ihm aufzuerlegen, dass er dem Behördenbediensteten während der Dauer eines Strafverfahrens, in dem die Entziehung der Fahrerlaubnis nach § 42m StGB in Betracht kommt, die Fahrerlaubnis belässt und den Sachverhalt, der Gegenstand des Strafverfahrens ist, bei seinen dienstlichen Entscheidungen nicht berücksichtigt."*

21　**10. Bindung an die gerichtliche Entscheidung.** Abs 4 bestimmt, inwieweit die VB in der Frage der Entziehung an die Ergebnisse eines abgeschlossenen Strafverfahrens gebunden ist. Diese Bindung ist keine Frage des Verfassungsrechts, BVerfG NJW **67** 29, **68** 147 (krit *Rupp*). Die Bindung betrifft auch die Aberkennung des Rechts, von einer ausländischen FE Gebrauch zu machen (§ 3 I 2 StVG, §§ 29a, 46 V 2 FeV), OVG Lüneburg ZfS **00** 559, nicht dagegen die *Erteilung* einer FE, VG Fra DAR **03** 384 (abl *Lenhart*), LG Erfurt BA **04** 543 (s aber Rz 31).

22　„Bußgeldentscheidung" iS von IV S 2, Halbsatz 2 sind neben dem Bußgeldbescheid der Verwaltungsbehörde auch die sonstigen gerichtlichen Sachentscheidungen im Bußgeldverfahren wie z. B. das Urteil (Begr: BTDrucks V/1319 S 88).

23　**a) Sachverhalt, der Gegenstand der Entscheidung gewesen ist.** Dieselbe die VB bindende Wirkung wie ein Urteil hat auch der **Strafbefehl**, IV 2, s BVerwG VRS **49** 303. Mit bis zu zweijähriger Sperrfrist darf durch Strafbefehl auf EdF erkannt werden (§ 407 StPO). Fehlen einer Begr insoweit bei Anordnung eines FV, s Rz 28.

24　Eine gerichtliche Entscheidung, durch die die **Eröffnung des Hauptverfahrens oder der Erlass eines Strafbefehls abgelehnt** wird, steht einem Urteil gleich (IV S 2). Gemeint sind dabei die Beschlüsse nach § 204 I bzw § 408 II StPO. Auch hier haben nur rechtskräftige Entscheidungen Sperrwirkung. Keine Bindung bewirkt es, wenn die StA das Verfahren einstellt (§ 170 II StPO), wenn das Verfahren, auch durch Gerichtsbeschluss, nach den §§ 153, 153a–d, 154 StPO eingestellt wird, *Bonk* BA **94** 246, *Eisele* NZV **99** 234, s VG Ol ZfS **97** 478, oder wenn durch gerichtliche Entscheidung festgestellt wird, dass ein StraffreiheitsG eingreift, es sei denn, das Verfahren auf Entziehung bliebe anhängig, VGH Ka DAR **51** 195. Ein sonstiger gerichtlicher Beschluss, der das Vorhandensein eines Verfahrenshindernisses oder das Fehlen einer Verfahrensvoraussetzung feststellt (§ 206a StPO), bindet die FEB nicht, auch nicht eine gerichtliche Entscheidung, die das Verfahren aus einem solchen Grund einstellt. Bindende Wirkung hat nur eine Entscheidung, die rechtskräftig über Schuld oder Unschuld oder im selbstständigen Verfahren über die Maßnahme entscheidet, wobei das Gericht auch dann auf Entziehung erkennen kann, wenn es wegen Schuldunfähigkeit freispricht, § 69 I 1 StGB. Durch **Bußgeldbescheid** kann die FE nicht entzogen werden (§§ 24, 25 StVG). Nur ein FV nach Maßgabe von § 25 StVG ist zulässig. Daher können hier nur Sachverhaltsfeststellungen und Beurteilung der Schuldfrage in Betracht kommen (BVerwG NJW **94** 1672, OVG Hb NJW **08** 1465, VG Ansbach BA **08** 156). Insoweit ist die FEB an den Inhalt gerichtlicher Bußgeldentscheidungen gebunden. Die Ahndung mit Geldbuße und FV hindert nicht die spätere EdF durch die FEB aus demselben Anlass, denn im Bußgeldverfahren wird nicht über die Fahreignung des Betroffenen entschieden (BVerwG NJW **94** 1672, VGH Ma VRS **108** 123, VRS **109** 450 [Anm *Krause* SVR **06** 233]).

25　**b)** Für den **Umfang der Bindung** ist die schriftliche Begründung des Urteils oder des die Eröffnung des Hauptverfahrens bzw des den Antrag auf Erlass eines Strafbefehls ablehnenden Beschlusses maßgebend, BVerwG NJW **61** 284, VG Hb VD **97** 170, *Himmelreich/Janker/Karbach* Rz 324.

26　**c) Bindung an den gerichtlich festgestellten Sachverhalt.** Zum Nachteil des FEInhabers darf die FEB nicht vom festgestellten Sachverhalt abweichen (s Rz 30). Andererseits hat die FEB aber auch Einwendungen gegen rechtskräftige Urteilsfeststellungen nicht zu prüfen, BVerwG VRS **49** 303, OVG Saarlouis ZfS **95** 399, an sie bleibt sie auch bei eigenen abweichenden Feststellungen gebunden. Der FEInhaber muss in einem verwaltungsbehördlichen Entziehungsverfahren durch **rechtskräftige** strafgerichtliche **Urteile** festgestellte Sachverhalte **gegen sich gelten lassen,** es sei denn, es bestünden gewichtige Anhaltspunkte für die Unrichtigkeit der strafgerichtlichen Feststellungen (BVerwG VM **85** 59, NZV **92** 501, OVG Münster

Entziehung der Fahrerlaubnis   § 3 StVG 1

NZV **97** 495, VG Hb BA **08** 217). Im Übrigen können neue Tatsachen und Beweise nur zu anderweitigen Feststellungen führen, wenn sie Wiederaufnahme des gerichtlichen Verfahrens begründet haben. Die Bindung gilt auch hier nur für den „Sachverhalt, der Gegenstand des gerichtlichen Verfahrens gewesen ist" (Rz 17, 29).

d) Bindung an die gerichtliche Beurteilung der Schuld. Desgleichen bindet die Entscheidung des Gerichts über die Schuldfrage. Die FEB kann den Schuldbeweis nicht als geführt ansehen, wenn das Gericht die Eröffnung des Hauptverfahrens wegen fehlenden Schuldnachweises abgelehnt, den Angeschuldigten deshalb außer Verfolgung gesetzt oder freigesprochen hat. Sie kann auch nicht abweichend von der gerichtlichen Entscheidung den Beschuldigten einer anderen Verfehlung schuldig erkennen.   27

e) Bindung an die Entscheidung des Gerichts über die Eignung. Die gerichtliche Entscheidung bindet die FEB, soweit sie die Eignung zum Führen von Kfzen beurteilt. Das Gericht darf hierüber nur entscheiden, wenn den Gegenstand des Strafverfahrens eine rechtswidrige Tat bildet, die der Beschuldigte „bei oder im Zusammenhang mit der Führung eines Kfz oder unter Verletzung der Pflichten eines Kfzf begangen hat" (§ 69 StGB). Eine Urkundenfälschung zum Zwecke der Erlangung einer gültigen Fahrerlaubnis erfüllt diese Voraussetzung nicht, s *Hentschel,* Trunkenheit, Rz 594, aM OVG Br VRS **62** 230. Spräche ein Gericht im Verfahren wegen einer strafbaren Handlung, die ihrem Hergang nach keinen Zusammenhang mit dem Führen eines Kfz erkennen lässt, aus, der Angeklagte sei nicht ungeeignet, so würde das die VB nicht binden, BVerwG NZV **96** 84, aM *Schendel* 38. Auch im Rahmen des § 69 StGB entfällt die bindende Wirkung, wenn die Entscheidung, warum auch immer, unterblieben ist, BVerwG NZV **96** 84, VG Hb VD **97** 170, BGH VRS **20** 117, Sa VRS **21** 65, wenn zB lediglich ein Regelfall nach § 69 II StGB verneint wurde, OVG Hb VRS **89** 151, oder wenn die Auslegung keine Beurteilung der Eignungsfrage in dem Sinne ergibt, dass Ungeeignetheit nicht festgestellt werden konnte. Hat das Gericht **auf FV (§ 44 StGB) erkannt,** ohne ausdrücklich die Ungeeignetheit zu verneinen, so liegt keine die VB bindende Beurteilung der Eignungsfrage vor, VGH Mü BA **04** 561, OVG Münster DAR **04** 721, OVG Hb VRS **89** 151, OVG Br VRS **65** 238, VG Neust ZfS **99** 121, *Himmelreich/Janker/Karbach* Rz 324. Ergibt sich aus dem strafgerichtlichen Urteil ausdrücklich, dass Ungeeignetheit zum Führen einer bestimmten KfzArt nicht festgestellt ist, so ist die VB an diese Entscheidung auch dann gebunden, wenn die betreffende KfzArt im Urteil rechtsfehlerhaft von der *Entziehung der FE* statt von der *Sperre* (§ 69a II StGB) ausgenommen wurde, VG Fra NZV **91** 207, s dazu *Hentschel,* Trunkenheit, Rz 655, 671; anders, wenn eine Begründung für eine derartige Entscheidung im Urteil fehlt, VG Mü NZV **00** 271. Wegen der Regelung in Abs 3 hat das Gericht (§ 267 VI StPO) ausdrücklich zu begründen, dass und weshalb nicht auf Entziehung erkannt worden ist, obwohl diese Prüfung nach § 69 StGB in Betracht kam (OVG Ko NJW **06** 2715, OVG Lüneburg ZfS **08** 114). Eine Begründung, die nicht ausdrücklich die Ungeeignetheit verneint, bindet nicht (Fra VRS **74** 394, *Geiger* SVR **07** 352). Positive Feststellung der Eignung ist nicht Voraussetzung der Bindung des Abs 4, die ausdrückliche Nichtfeststellung eines (fortbestehenden) Eignungsmangels genügt, BVerwG VRS **75** 383, auch wenn der Wegfall des Eignungsmangels im Urteil mit der bisherigen Dauer vorläufiger FSMaßnahmen (vorläufige EdF, FSBeschlagnahme) begründet wird, aM VG Dü NZV **01** 142, *Himmelreich* NZV **05** 341. Wird im Strafbefehl die FE nicht entzogen, aber festgestellt, der Angeklagte habe sich als ungeeignet erwiesen, so hindert dies nicht EdF durch die VB, OVG Lüneburg ZfS **95** 438. Stellt dagegen das Berufungsgericht in den Gründen fest, die EdF sei zwar im angefochtenen Urteil zu Recht erfolgt, der Eignungsmangel sei jedoch inzwischen durch die fortbestehende Einwirkung vorläufiger Führerscheinmaßnahmen entfallen, so kommt darin entgegen BVerwG VRS **75** 379 (Anm *Himmelreich* DAR **89** 285, abl *Wirth/Swoboda* ZfS **04** 104 Fn 94, *Himmelreich* NZV **05** 340) unmißverständlich zum Ausdruck, dass nunmehr das weitere Vorhandensein des ursprünglich gegebenen Eignungsmangels nicht mehr feststellbar ist, s VG Neustadt ZfS **98** 359, *Hentschel* NZV **89** 100, LK *(Geppert)* § 69 Rz 8 Fn 28. Fehlt diese Negativentscheidung trotz des zwingenden § 267 VI StPO in den schriftlichen Gründen, so entfällt die Bindung, BVerwG NZV **96** 292, VG Fra NJW **02** 80, zB auch, wenn Feststellungen zur Eignung im abgekürzten Urteil fehlen, OVG Br VRS **65** 238, VG Mü NZV **00** 271. Nachträgliche Ergänzung ist nur nach den Grundsätzen für Urteilsberichtigung zulässig (§ 260 StPO). Die bloße Feststellung, die Maßregel sei im Hinblick auf die seit der Tat verstrichene Zeit nicht mehr erforderlich, enthält keine bindende Feststellung zur Kraftfahreignung, BVerwG NZV **89** 125.   28

Dauer   85

1 StVG § 3

29 Keine Bindung auch, wenn das Gericht die Entziehung nicht abgelehnt hat, weil es Ungeeignetheit verneint, sondern aus anderen Gründen tatsächlicher oder rechtlicher Art. Auch dann darf die FEB die Eignung selbst beurteilen, OVG Münster MDR **59** 520. Die FEB darf eine Verurteilung, die für sich allein den Strafrichter nicht ausgereicht hat, Ungeeignetheit festzustellen, zur Unterstützung außerhalb des abgeurteilten Sachverhalts liegender Entziehungsgründe mit heranziehen (Begr zum VerkSichG). Sie ist an eine strafgerichtliche Entscheidung, die die Eignung bejaht, nicht gebunden, wenn sie einen **umfassenderen Sachverhalt** zu beurteilen hat als der Strafrichter (BVerwG NZV **88** 37 m Anm *Steinert* – Mitberücksichtigung vom Gericht nicht gewürdigter Vorstrafen, NZV **89** 125 – Mitberücksichtigung eines vom Gericht bei der Eignungsfrage nicht gewürdigten psychiatrischen Gutachtens, NZV **96** 292, OVG Berlin VRS **45** 145, VGH Ma NZV **93** 495, *Himmelreich/Janker/Karbach* Rz 292, *Fromm/Schmidt* NZV **07** 217, 219, aM *Schendel* 44. Das kann zB der Fall sein, wenn sich aus dem Strafurteil ergibt, dass EdF gem § 69 StGB deswegen unterblieb, weil wegen fehlender Beeinträchtigung verkehrsspezifischer Sicherheitsinteressen durch die Straftat das Merkmal „sich aus der Tat ergebender" Ungeeignetheit iS von § 69 StGB (s BGH NJW **05** 1957, s § 69 StGB Rz 1 a, 14) nicht festgestellt werden konnte, BGH NJW **05** 1959, *Hentschel* DAR **05** 457. Keine Bindung, wenn der Strafbefehl die FE zwar ausdrücklich bestehen, aber nicht erkennen lässt, ob der Strafrichter denselben weiteren Sachverhalt berücksichtigt hat, wie die VB ihn zu beurteilen hat, BVerwG NJW **79** 2163. Bei der Entscheidung über eine Anfechtungsklage gegen eine nach § 3 ausgesprochene Entziehung sind, soweit es um die Frage der Bindung geht, neue, dem Kläger günstige Tatsachen und Rechtsänderungen, besonders eine spätere gerichtliche Entscheidung, die denselben Sachverhalt betrifft, zu berücksichtigen, BVerwG NJW **62** 1265 *(Czermak)*, DVBl **63** 518. Keine Bindungswirkung strafgerichtlicher Sperrfristverkürzungsbeschlüsse, *Scheufen/Müller-Rath* NZV **06** 353. Die Bindung reicht nicht über die festgesetzte oder nachträglich abgekürzte Sperrfrist hinaus.

30 **f) Verbot der Abweichung zum Nachteil des Inhabers der Fahrerlaubnis.** Die Bindung bedeutet nur, dass die VB nicht zum Nachteil des FEInhabers von der gerichtlichen Entscheidung abweichen darf. Soweit die Bindung reicht, darf die VB also nicht abweichend die FE entziehen, wenn das Gericht die Entziehung für denselben Sachverhalt abgelehnt hat. Im Übrigen darf die VB, soweit sie entscheiden darf, zugunsten des Inhabers der FE von der gerichtlichen Entscheidung abweichen, VG Schwerin NZV **98** 344, *Eisele* NZV **99** 234. Deswegen muss sie die FE auch nicht allein deswegen entziehen, weil gegen den FEInhaber vom Strafrichter (irrtümlich statt EdF) eine „isolierte" Sperre gem § 69a I 3 StGB angeordnet wurde, VG Schwerin NZV **98** 344.

Lit: *Bonk,* Bindungswirkungen strafgerichtlicher Entscheidungen in verwaltungsrechtlichen FE-Entziehungsverfahren, BA **94** 238. *Fromm/Schmidt,* Die Beschränkung der verwaltungsbehördlichen Zuständigkeit nach § 3 III 1 StVG ..., NZV **07** 217. *Krieger,* Die Bindung der VBn durch den Strafrichter bei Entscheidungen über die FE, DAR **63** 7. *Hentschel,* EdF wegen Trunkenheit durch die VB trotz Rückgabe des FS durch den Strafrichter?, NZV **89** 100. *Himmelreich,* Bindungswirkung einer strafgerichtlichen Eignungs-Beurteilung gegenüber der FEB bei einem Trunkenheitsdelikt mit einer BAK ab 1,6‰, NZV **05** 337.

31 **11. Wiedererteilung der Fahrerlaubnis.** Nach § 3 II 1 StVG wie § 69 III 1 StGB erlischt die FE mit Rechtskraft der Entscheidung, die die Entziehung ausspricht, s Rz 35. Wiedererteilung kann daher immer nur Neuerteilung (§ 2 StVG, §§ 7 bis 20 FeV) sein, OVG Münster VRS **49** 300. Für die Prüfung (§§ 15 ff FeV) ist nach Maßgabe von § 20 II FeV eine Erleichterung vorgesehen. Voraussetzung der Neuerteilung ist, dass keine Tatsachen vorliegen, die die Annahme rechtfertigen, dass der Bewerber zum Führen von Kfzen noch ungeeignet ist; die Gründe, die dazu geführt haben, die FE zu entziehen, müssen beseitigt oder so abgeschwächt sein, dass sie keinen Anlass zu Eignungsbedenken mehr geben. Nach EdF gem § 3 oder gem § 4 III Nr 3 StVG (nach Erreichen von 18 Punkten) oder § 69 StGB wegen solcher Zuwiderhandlungen, die innerhalb der Probezeit eines Fahranfängers (§ 2a) begangen wurden, sowie nach EdF gem § 2a III oder § 4 VII wegen Verweigerung der Teilnahme an einem Aufbauseminar hängt die Neuerteilung ferner vom Nachweis der Teilnahme an einem Aufbauseminar ab, § 2a V S 1. Die **Sperrfrist gem § 69 a StGB** für die Erteilung einer FE bedeutet nicht, dass die Eignung nach Fristablauf ohne weiteres wieder bestehe und die VB die FE erneut erteilen müsse. Sie hat dies vielmehr unter eigener Verantwortung zu prüfen, s § 69a StGB Rz 19. Wird nach Sperrfristablauf die neue FE beantragt, sind zunächst die Strafakten beizuziehen; erst wenn sie kein verlässliches Bild ergeben, ist eine Gutachtenanforderung (§ 2 VIII) gerechtfertigt, OVG Münster DAR **71** 278. Ist der Sachverhalt gegenüber der gerichtlichen Entscheidung unver-

ändert, kommt der gerichtlichen Beurteilung dabei „besonderes Gewicht" zu, BVerwG NJW **64** 607. S die §§ 2 StVG, 20 FeV, 69 StGB. Die FE ist entzogen, bis der neue FS ausgehändigt wird (§ 22 IV S 7 FeV), Bay DAR **60** 120. Bei Entziehung einer ausländischen FE (Abs 1 S 2, § 69b StGB) tritt bei Personen mit ordentlichem Wohnsitz im Ausland an die Stelle der Wiedererteilung einer FE die Erteilung des Rechts, von der ausländischen FE im Inland wieder Gebrauch zu machen (§ 29 IV FeV).

a) Fristen für die Wiedererteilung. Bei Entziehung nach § 3 besteht für die Wiedererteilung der FE keine Sperrfrist (s aber § 4 X). Analoge Anwendung von § 69a I StGB scheidet aus, BVerwG VM **81** 50. Behördlich gesetzte Wiedererteilungsfristen haben keine Sperrwirkung. Steht die Eignung wieder fest, ist vorherige Fristsetzung bedeutungslos, die VB hat vielmehr nach § 2 zu prüfen und gegebenenfalls eine neue FE zu erteilen, VGH München VRS **109** 72, OVG Münster VRS **49** 300, *Lange* DAR **79** 8. Denn unbeschadet jeder Fristsetzung hat jeder, der seine Eignung nachweist, Anspruch auf Erteilung der FE, da § 3 keine Strafvorschrift ist. 32

Jedoch ermächtigt Abs VI (mit § 6 I Nr 1 r) das BMV zur Bestimmung von Fristen für die Wiedererteilung durch RVO, die, anders als behördliche Fristen, verbindlich sind. Frist für die Wiedererteilung der FE auf Probe nach Entziehung gem § 2 a II S 1 Nr 3, s § 2a Rz 23, für die Wiedererteilung nach Entziehung gem § 4 III 1 Nr 3 wegen Erreichens von 18 Punkten, s § 4 Rz 56. 33

b) Bedingungen für die Wiedererteilung. Gem Abs VI kann die Wiedererteilung einer FE nach vorangegangener Entziehung durch RVO auch von Bedingungen abhängig gemacht werden. Die Vorschrift ermächtigt nicht, die wiedererteilte FE als solche an Bedingungen zu knüpfen (s § 2 Rz 34). Allerdings kann die FE beschränkt oder unter Auflagen erteilt werden, s Rz 10. Das Gericht kann keine Auflagen oder Beschränkungen für die Neuerteilung setzen. 34

12. Wirkung, Ablieferung des Führerscheins. Die EdF wird mit der Bestandskraft bzw Rechtskraft wirksam; doch kann nach § 80 VwGO Vollzug schon vor Rechtskraft angeordnet werden (s dazu Rz 13, § 47 FeV). Zustellung der die FE entziehenden Verfügung an einen Geschäftsunfähigen hindert zwar den Eintritt rechtlicher Wirksamkeit, trägt jedoch bei Unkenntnis der FEB von der Geschäftsunfähigkeit den Rechtsschein der Wirksamkeit, Mü NJW **84** 2845; falls notwendig, kann der Schutz anderer vor Gefährdung zunächst durch polizeiliche Maßnahmen erreicht werden, s Rz 37. Mit der Entziehung erlischt die FE bzw – bei ausländischer FE – das Recht zum Führen von Kfz im Inland (Abs 2 S 1, § 46 V 2 FeV). Wird ausdrücklich nur die FE der Klasse C entzogen, so bleibt davon eine daneben bestehende früher erteilte FE der Klasse B unberührt OVG Münster NJW **82** 2572). Der FS ist unverzüglich nach Zustellung des Entziehungsbescheids an die entziehende Behörde abzuliefern oder (bei ausländischen FS) zur Eintragung der Entscheidung vorzulegen (Abs 2 S 2), es sei denn, er ist verloren oder vernichtet, was der bisherige Inhaber nicht beweisen muss, Dü VM **70** 38 (s aber § 2a Rz 23). Vgl hierzu § 5. Ablieferung des FS kann nicht verlangt werden, wenn bei ausländischen FS nur Eintragung der Entscheidung in Betracht kommt, weil die Berechtigung nicht in vollem Umfang erloschen ist (VGH Mü DAR **06** 38). Behandlung ausländischer FS nach EdF: §§ 29a S 4, 46 Rz 14, 47 FeV. Die FEB, im gerichtlichen Verfahren die VollstreckungsB, muss die Ablieferung nach fruchtloser angemessener Fristsetzung durchsetzen. § 3 II 3 berechtigt die FEB nach rechtskräftiger Entziehungsverfügung zur Aufforderung an den Betroffenen, den FS abzuliefern (VGH Ma VRS **108** 127, 141). Sie darf diese Aufforderung mit Zwangsgeldandrohung verbinden (OVG Berlin VRS **42** 152, s *Patella* NVwZ **92** 247). Anordnung von Erzwingungshaft zur Abgabe des FS ist zulässig, wenn Zwangsgeld und unmittelbarer Zwang erfolglos geblieben sind (VG Saarlouis BA **08** 150). Nichtablieferung erfüllt keinen Straftatbestand, ist aber ow gem §§ 47 I, 75 Nr 10 FeV, 24 StVG. Außer zwangsweiser Einziehung ist Kraftloserklärung des nicht zu erlangenden FS möglich. Der FS ist auch einzuziehen, wenn der Betroffene gegen die Entziehung klagt, die VB aber sofortige Vollstreckung angeordnet hat oder der Sofortvollzug kraft Gesetzes eintritt (§ 4 VII 2), § 47 I 2 FeV (s § 47 FeV Rz 3). Wird im verwaltungsgerichtlichen Verfahren diese Entscheidung aufgehoben und damit dem Rechtsmittel aufschiebende Wirkung beigelegt, so ist der FS zurückzugeben. Ohne EdF darf die VB den FS vereinbarungsgemäß nur verwahren, solange er nicht zurückgefordert wird, in diesem Fall muss sie alsbald nach § 3 StVG entscheiden, VGH Ka VRS **31** 394. Zur FS-Einziehung nach EdF, *Pongratz* VD **76** 177. Zur Wegnahme durch die Polizei *Fritz* MDR **67** 723, *Laub* SVR **08** 81, 84 ff. Behandlung ausländischer Führerscheine nach EdF: §§ 29a S 4, 46 Rz 14, 47 FeV. 35

Lit: *Patella,* Die Vollstreckung der Pflicht zur Herausgabe des FS nach EdF, NVwZ **92** 247.

1 StVG § 3   I. Verkehrsvorschriften

36   **13. Vorläufige Entziehung der Fahrerlaubnis.** Gerichtliches Verfahren: §§ 94, 111a StPO, 21 StVG.

37   Im Verwaltungsverfahren ist Wegnahme des FS in dringenden Fällen „zum Schutz der öffentlichen Sicherheit, Ruhe und Ordnung" zulässig. Mit EdF hat diese polizeiliche Maßnahme nichts zu tun, OVG Münster VRS **3** 134; sie erschwert jedoch wegen ihrer rechtlichen Wirkungen die Ausnutzung der FE und kommt daher in der Wirkung der vorläufigen Entziehung nahe. Die Befugnis endet mit der Gefahr, der die Maßnahme vorbeugen soll.

38   **14. Geltungsbereich der Entziehung.** Die Entziehung einer deutschen FE führt zu deren Erlöschen (Abs 2 S 1). Die Entziehung einer ausländischer FE hat nur die Wirkung der Aberkennung des Rechts, von der FE im Inland Gebrauch zu machen (Abs 1 S 2, Abs 2 S 2), berührt den Bestand der ausländischen FE aber nicht. Nach der EdF erlangte ausländische FE: § 69b StGB Rz 6.

39   **15. Verzicht auf die Fahrerlaubnis** ist unter Rückgabe des FS der für den Wohnort des Erlaubnisinhabers zuständigen VB zu erklären, *Eisele* NZV **99** 234, von dieser schriftlich zu bestätigen und dem KBA mitzuteilen. Keine wirksame Verzichtserklärung gegenüber dem insoweit nicht zuständigen Strafrichter, s *Eisele* NZV **99** 234, aM VG Berlin NZV **98** 176 (aus verfahrensökonomischen Gründen), zumal die VB davon idR keine Kenntnis erlangt (wie auch der vom VG Berlin entschiedene Fall zeigt). Mit der wirksamen Verzichtserklärung erlischt die FE, OVG Münster VRS **70** 389, Kö VRS **71** 58, *Eisele* NZV **99** 235. Wird der FS nicht bei Verzichterklärung abgegeben, so ist er analog Abs II S 2 unverzüglich abzuliefern, OVG Münster VRS **70** 389. Ein Verzicht während des Entziehungsverfahrens ist ins VZR einzutragen (§ 28 III Nr 7). *Bussfeld,* Zum Verzicht auf die FE und auf einen Antrag auf Wiedererteilung, DÖV **76** 765. *Eisele,* Verzicht auf die FE als Instrument zur Beendigung von Strafverfahren, NZV **99** 232.

40   **16. Zu Unrecht erteilte Fahrerlaubnis.** Erteilt die FEB **in Unkenntnis einer Sperrfrist** eine FE, so ist dieser Verwaltungsakt fehlerhaft, aber nicht nichtig (Ha VRS **26** 345, § 2 StVG Rz 32). Das Gleiche gilt bei **örtlicher Unzuständigkeit** (§ 73 FeV Rz 6). **Fehlten bei Erteilung der FE Eignung oder Befähigung,** ist sie nach Abs 1 S 1 zu entziehen und nicht nach allgemeinen verwaltungsrechtlichen Grundsätzen zurückzunehmen; § 3 I 1 als bundesgesetzliche Spezialnorm verdrängt in diesen Fällen die § 48 VwVfG entsprechenden Normen des jeweiligen Landesrechts (BVerwG JR **58** 357, VGH Ka NJW **85** 2909, VGH Ma NZV **92** 254, OVG Hb NJW **02** 2123, VGH Mü Beschl v 11. 6. 07 11 CS 06.2244 juris, VG Minden NZV **91** 366, VG Bra Beschl v 17. 9. 02 6 B 530/02 juris, VG Berlin VD **07** 156, VG Sigmaringen Urt v 10. 7. 07 4 K 1374/06 juris, s *Ziegert* AG-VerkRecht-F S 477, 482). Die FEB hat somit keinen Ermessensspielraum; Vertrauensschutz spielt keine Rolle. Die Formulierung *erweist sich* in Abs 1 S 1 bedeutet nicht, dass von Abs 1 S 1 nur die Fälle erfasst sind, in denen Eignung oder Befähigung erst nach Erteilung der FE entfallen; sie bringt vielmehr zum Ausdruck, dass die fehlende Eignung oder Befähigung im maßgeblichen Entscheidungszeitpunkt feststehen muss (VGH Ma NZV **92** 254, DAR **03** 135). Ausgleich des Vermögensnachteils gem § 48 III VwVfG kommt nicht in Betracht, möglicherweise aber Ausgleich des Vertrauensschadens nach Amtshaftungsgrundsätzen (OVG Hb NJW **02** 2123, 2125). Wurde die FE-Prüfung nur aufgrund von Täuschungshandlung oder Manipulation bestanden, EdF nach Abs 1 S 1 wegen Fehlens der Befähigung (VG Berlin VD **07** 156). Die Auffassung des VGH Mü (Beschl v 11. 6. 07 11 CS 06.2244 juris), in diesem Fall bestünden lediglich Zweifel an der Befähigung, die nach § 46 IV 2 FeV zu klären sind, überzeugt nicht, da die vom Bewerber nachzuweisende (§ 2 II 1 Nr 5) Befähigung nie vorgelegen hat. – § 3 I 1 ist nach seinem Anwendungsbereich nur Spezialnorm, soweit Eignung oder Befähigung fehlen. Bei anderen Gründen für eine Fehlerhaftigkeit der FE kommt **Rücknahme** nach den § 48 VwVfG entsprechenden Normen des jeweiligen Landesrechts in Betracht (VGH Ma NZV **94** 454, OVG Hb NJW **02** 2123, 2124, VRS **105** 466, 470, VD **08** 245). Wurde die praktische Fahrprüfung entgegen § 17 III 1 FeV nicht am Ort der Hauptwohnung durchgeführt, keine EdF, sondern Rücknahme nach § 48 VwVfG (OVG Hb VD **08** 245, § 17 FeV Rz 6). Wurde im FS die **Eintragung einer Beschränkung oder Auflage versäumt,** so scheidet Rücknahme der FE aus; es kommt nur Berichtigung des FS in Betracht, wobei die FEB nachweisen muss, dass nur eine beschränkte FE oder eine solche unter Auflagen erteilt wurde (OVG Weimar VRS **109** 314).

    Lit: *Ziegert,* Die Erteilung einer FE bei anfänglichem Eignungsmangel, AG-VerkRecht-F S 463.

Punktsystem § 4 StVG 1

17. Strafbestimmung: § 21 StVG. Ein Arzt, der im Interesse der VSicherheit der Gesund- 41
heitsB einen die Fahrtüchtigkeit ausschließenden Befund mitteilt, ist nicht strafbar, Mü
MDR **56** 565, handelt aber standesrechtlich bedenklich (str). S Rz 6. Näher: *Geppert*, Gössel-F
S 309 ff.

Punktsystem

4 (1) ¹Zum Schutz vor Gefahren, die von wiederholt gegen Verkehrsvorschriften verstoßenden Fahrzeugführern und -haltern ausgehen, hat die Fahrerlaubnisbehörde die in Absatz 3 genannten Maßnahmen (Punktsystem) zu ergreifen. ²Das Punktsystem findet keine Anwendung, wenn sich die Notwendigkeit früherer oder anderer Maßnahmen auf Grund anderer Vorschriften, insbesondere der Entziehung der Fahrerlaubnis nach § 3 Abs. 1, ergibt. ³Punktsystem und Regelungen über die Fahrerlaubnis auf Probe finden nebeneinander Anwendung, jedoch mit der Maßgabe, dass die Teilnahme an einem Aufbauseminar nur einmal erfolgt; dies gilt nicht, wenn das letzte Aufbauseminar länger als fünf Jahre zurückliegt oder wenn der Betroffene noch nicht an einem Aufbauseminar nach § 2a Abs. 2 Satz 1 Nr. 1 oder an einem besonderen Aufbauseminar nach Absatz 8 Satz 4 oder § 2b Abs. 2 Satz 2 teilgenommen hat und nunmehr die Teilnahme an einem Aufbauseminar für Fahranfänger oder an einem besonderen Aufbauseminar in Betracht kommt.

(2) ¹Für die Anwendung des Punktsystems sind die im Verkehrszentralregister nach § 28 Abs. 3 Nr. 1 bis 3 zu erfassenden Straftaten und Ordnungswidrigkeiten nach der Schwere der Zuwiderhandlungen und nach ihren Folgen mit einem bis zu sieben Punkte nach näherer Bestimmung durch Rechtsverordnung gemäß § 6 Abs. 1 Nr. 1 Buchstabe s zu bewerten. ²Sind durch eine Handlung mehrere Zuwiderhandlungen begangen worden, so wird nur die Zuwiderhandlung mit der höchsten Punktzahl berücksichtigt. ³Ist die Fahrerlaubnis entzogen oder eine Sperre (§ 69a Abs. 1 Satz 3 des Strafgesetzbuchs) angeordnet worden, so werden die Punkte für die vor dieser Entscheidung begangenen Zuwiderhandlungen gelöscht. ⁴Dies gilt nicht, wenn die Entziehung darauf beruht, dass der Betroffene nicht an einem angeordneten Aufbauseminar (Absatz 7 Satz 1, § 2a Abs. 3) teilgenommen hat.

(3) ¹Die Fahrerlaubnisbehörde hat gegenüber den Inhabern einer Fahrerlaubnis folgende Maßnahmen (Punktsystem) zu ergreifen:
1. Ergeben sich acht, aber nicht mehr als 13 Punkte, so hat die Fahrerlaubnisbehörde den Betroffenen schriftlich darüber zu unterrichten, ihn zu verwarnen und ihn auf die Möglichkeit der Teilnahme an einem Aufbauseminar nach Absatz 8 hinzuweisen.
2. Ergeben sich 14, aber nicht mehr als 17 Punkte, so hat die Fahrerlaubnisbehörde die Teilnahme an einem Aufbauseminar nach Absatz 8 anzuordnen und hierfür eine Frist zu setzen. Hat der Betroffene innerhalb der letzten fünf Jahre bereits an einem solchen Seminar teilgenommen, so ist er schriftlich zu verwarnen. Unabhängig davon hat die Fahrerlaubnisbehörde den Betroffenen schriftlich auf die Möglichkeit einer verkehrspsychologischen Beratung nach Absatz 9 hinzuweisen und ihn darüber zu unterrichten, dass ihm bei Erreichen von 18 Punkten die Fahrerlaubnis entzogen wird.
3. Ergeben sich 18 oder mehr Punkte, so gilt der Betroffene als ungeeignet zum Führen von Kraftfahrzeugen; die Fahrerlaubnisbehörde hat die Fahrerlaubnis zu entziehen.

²Die Fahrerlaubnisbehörde ist bei den Maßnahmen nach den Nummern 1 bis 3 an die rechtskräftige Entscheidung über die Straftat oder die Ordnungswidrigkeit gebunden.

(4) ¹Nehmen Fahrerlaubnisinhaber vor Erreichen von 14 Punkten an einem Aufbauseminar teil und legen sie hierüber der Fahrerlaubnisbehörde innerhalb von drei Monaten nach Beendigung des Seminars eine Bescheinigung vor, so werden ihnen bei einem Stand von nicht mehr als acht Punkten vier Punkte, bei einem Stand von neun bis 13 Punkten zwei Punkte abgezogen. ²Hat der Betroffene nach der Teilnahme an einem Aufbauseminar und nach Erreichen von 14 Punkten, aber vor Erreichen von 18 Punkten an einer verkehrspsychologischen Beratung teilgenommen und legt er hierüber der Fahrerlaubnisbehörde innerhalb von drei Monaten nach Beendigung eine Bescheinigung vor, so werden zwei Punkte abgezogen; dies gilt auch, wenn er nach § 2a Abs. 2 Satz 1 Nr. 2 an einer solchen Beratung teilnimmt. ³Der Besuch eines Seminars und die Teilnahme an einer Beratung führen jeweils nur einmal innerhalb von fünf Jahren zu einem Punkteabzug. ⁴Für den Punktestand und die Berechnung der Fünfjahresfrist ist jeweils das Ausstellungsdatum der Teilnahmebescheinigung maßgeblich. ⁵Ein Punkteabzug ist nur bis zum Erreichen von null Punkten zulässig.

(5) ¹Erreicht oder überschreitet der Betroffene 14 oder 18 Punkte, ohne dass die Fahrerlaubnisbehörde die Maßnahmen nach Absatz 3 Satz 1 Nr. 1 ergriffen hat, wird sein Punk-

Dauer

testand auf 13 reduziert. ²Erreicht oder überschreitet der Betroffene 18 Punkte, ohne dass die Fahrerlaubnisbehörde die Maßnahmen nach Absatz 3 Satz 1 Nr. 2 ergriffen hat, wird sein Punktestand auf 17 reduziert.

(6) Zur Vorbereitung der Maßnahmen nach Absatz 3 hat das Kraftfahrt-Bundesamt bei Erreichen der betreffenden Punktestände (Absätze 3 und 4) den Fahrerlaubnisbehörden die vorhandenen Eintragungen aus dem Verkehrszentralregister zu übermitteln.

(7) ¹Ist der Inhaber einer Fahrerlaubnis einer vollziehbaren Anordnung der Fahrerlaubnisbehörde nach Absatz 3 Satz 1 Nr. 2 in der festgesetzten Frist nicht nachgekommen, so hat die Fahrerlaubnisbehörde die Fahrerlaubnis zu entziehen. ²Widerspruch und Anfechtungsklage gegen die Anordnung nach Absatz 3 Satz 1 Nr. 2 sowie gegen die Entziehung nach Satz 1 und nach Absatz 3 Satz 1 Nr. 3 haben keine aufschiebende Wirkung.

(8) ¹Die Teilnehmer an Aufbauseminaren sollen durch Mitwirkung an Gruppengesprächen und an einer Fahrprobe veranlasst werden, Mängel in ihrer Einstellung zum Straßenverkehr und im verkehrssicheren Verhalten zu erkennen und abzubauen. ²Auf Antrag kann die anordnende Behörde dem Betroffenen die Teilnahme an einem Einzelseminar gestatten. ³Die Aufbauseminare dürfen nur von Fahrlehrern durchgeführt werden, die Inhaber einer entsprechenden Erlaubnis nach dem Fahrlehrergesetz sind. ⁴Besondere Seminare für Inhaber einer Fahrerlaubnis, die unter dem Einfluss von Alkohol oder anderer berauschender Mittel am Verkehr teilgenommen haben, werden nach näherer Bestimmung durch Rechtsverordnung gemäß § 6 Abs. 1 Nr. 1 Buchstabe n von hierfür amtlich anerkannten anderen Seminarleitern durchgeführt.

(9) ¹In der verkehrspsychologischen Beratung soll der Fahrerlaubnisinhaber veranlasst werden, Mängel in seiner Einstellung zum Straßenverkehr und im verkehrssicheren Verhalten zu erkennen und die Bereitschaft zu entwickeln, diese Mängel abzubauen. ²Die Beratung findet in Form eines Einzelgesprächs statt; sie kann durch eine Fahrprobe ergänzt werden, wenn der Berater dies für erforderlich hält. ³Der Berater soll die Ursachen der Mängel aufklären und Wege zu ihrer Beseitigung aufzeigen. ⁴Das Ergebnis der Beratung ist nur für den Betroffenen bestimmt und nur diesem mitzuteilen. ⁵Der Betroffene erhält jedoch eine Bescheinigung über die Teilnahme zur Vorlage bei der Fahrerlaubnisbehörde. ⁶Die Beratung darf nur von einer Person durchgeführt werden, die hierfür amtlich anerkannt ist und folgende Voraussetzungen erfüllt:

1. persönliche Zuverlässigkeit,
2. Abschluss eines Hochschulstudiums als Diplom-Psychologe,
3. Nachweis einer Ausbildung und von Erfahrungen in der Verkehrspsychologie nach näherer Bestimmung durch Rechtsverordnung gemäß § 6 Abs. 1 Nr. 1 Buchstabe u.

(10) ¹Eine neue Fahrerlaubnis darf frühestens sechs Monate nach Wirksamkeit der Entziehung nach Absatz 3 Satz 1 Nr. 3 erteilt werden. ²Die Frist beginnt mit der Ablieferung des Führerscheins. ³Unbeschadet der Erfüllung der sonstigen Voraussetzungen für die Erteilung der Fahrerlaubnis hat die Fahrerlaubnisbehörde zum Nachweis, dass die Eignung zum Führen von Kraftfahrzeugen wiederhergestellt ist, in der Regel die Beibringung eines Gutachtens einer amtlich anerkannten Begutachtungsstelle für Fahreignung anzuordnen.

(11) ¹Ist die Fahrerlaubnis nach Absatz 7 Satz 1 entzogen worden, weil einer Anordnung zur Teilnahme an einem Aufbauseminar nicht nachgekommen wurde, so darf eine neue Fahrerlaubnis unbeschadet der übrigen Voraussetzungen nur erteilt werden, wenn der Antragsteller nachweist, dass er an einem Aufbauseminar teilgenommen hat. ²Das Gleiche gilt, wenn der Antragsteller nur deshalb nicht an einem angeordneten Aufbauseminar teilgenommen hat oder die Anordnung nur deshalb nicht erfolgt ist, weil er zwischenzeitlich auf die Fahrerlaubnis verzichtet hat. ³Abweichend von Absatz 10 wird die Fahrerlaubnis ohne die Einhaltung einer Frist und ohne die Beibringung eines Gutachtens einer amtlich anerkannten Begutachtungsstelle für Fahreignung erteilt.

Übersicht

Änderung des Punktestands nach Erlass einer Maßnahme 41
Aufbauseminar 19, 31, 33, 44–48, 52–54, 57, 65
– besonderes 32, 44, 53
– freiwillige Teilnahme 45
aufschiebende Wirkung 68
Auskunft über Punktestand 29
Ausland 60
ausländische Entscheidungen 20
ausländische Fahrerlaubnis 60
Ausnahmen für atypische Fälle 39, 58

Ausstellungsdatum der Teilnahmebescheinigung 25, 48

Beratung, verkehrspsychologische 34, 44–48, 55
besonderes Aufbauseminar 32, 44, 53
Bestandskraft einer Mitteilung über den Punktestand 31, 35, 64
Bewertung mit Punkten 20–23
Bindung an rechtskräftige Entscheidungen 43
Bonus-System 44

Punktsystem § 4 StVG **1**

Eignungsgutachten 56, 57
Eintragungsprinzip 24
Einzelseminar 54
Entstehen von Punkten 24
Entziehung der Fahrerlaubnis wegen Erreichens von 18 Punkten 39, 56, 67
Entziehung der Fahrerlaubnis wegen Nichtteilnahme an Aufbauseminar 27, 36–38, 57, 66
Ergeben des Punktestands 24
Ermessensspielraum 30
Erreichen des Punktestands 24

Fahrerlaubnis auf Probe 19, 44–46
Fahrerlaubnisbehörde 23, 30
Fiktion der Ungeeignetheit 39
freiwillige Teilnahme an Aufbauseminar 45
Frist für Teilnahme an Aufbauseminar 33

Gleichbehandlungsgrundsatz 17

Korrekturmöglichkeiten 59
Kraftfahrt-Bundesamt 23, 28, 29, 61

Löschung von Punkten 26–27, 38

Nebenfolge nichtvermögensrechtlicher Art 69
null Punkte 47

Pluspunkte 47
Probezeit 19
Punkteabzug 32, 34, 44–48, 63
Punktebewertung 20–23
Punktehandel 70
Punktekonto 23
Punkterabatt 32, 34, 44–48, 63
Punktereduzierung im Widerspruchsverfahren 41
Punkteübernahme durch Dritte 70
Punktsystem 16
Punktsysteme, ausländische 16, 60

Rechtskraftprinzip 24
Rechtsmittel 61–69
Rückstufung der Punktezahl 49–51, 63

Sich Ergeben des Punktestandes 24
Sperrfrist 56, 57

Tateinheit 22
Tatmehrheit 22
Tattagprinzip 24
Teilnahmebescheinigung 46, 48, 53, 55
Tilgung 20, 41, 50
Tilgungsreife 20

Übergangsbestimmung 42
Überschreiten des Punktestands 24
Überspringen der Eingriffsstufen 49
Ungeeignetheit, Fiktion der 39
Unterrichtung über EdF bei 18 Punkten 35
Unterrichtung über Punktestand 31, 64

verbindliche Punktebewertung 23
Verfassungsmäßigkeit 17, 39, 51
Verhältnis zu anderen Vorschriften 18
Verhältnismäßigkeitsgrundsatz 17, 51
verkehrspsychologische Beratung 34, 44–48, 55
Verkehrszentralregister 20, 23, 24, 27, 28, 29, 61, 62, 69, 70
Verwarnung 31, 33, 65
Verzicht auf Fahrerlaubnis 27, 57

Widerspruchsverfahren 41
Wiedererteilung der Fahrerlaubnis 56
wiederholtes Erreichen des Punktestands 40, 51

Zeitpunkt des Entstehens von Punkten 24
Zuständigkeit 30

Begr (VkBl **98** 772, 793): *Das Punktsystem war seit dem 1. Mai 1974 in der Allgemeinen Verwal-* **1**
tungsvorschrift (VwV) zu § 15b StVZO geregelt. ...
Im Hinblick auf die hohe Bedeutung des Punktsystems für den betroffenen Bürger, angesichts des Eingriffscharakters der in Rede stehenden Maßnahmen und aus allgemeinen Gesichtspunkten der Rechtsklarheit und Rechtssicherheit ist es erforderlich, das Punktsystem auf eine seine Verbindlichkeit erhöhende normative Grundlage zu stellen. ...
Die bisherige Rechtsgrundlage in der Verwaltungsvorschrift soll durch eine Regelung im Straßenverkehrsgesetz selbst abgelöst werden. Die neue Regelung beinhaltet auch einen neuen Maßnahmenkatalog. Neu einbezogen in den Maßnahmenkatalog wird das Instrument des Aufbauseminars und der verkehrspsychologischen Beratung, während die Wiederholungsprüfung künftig entfallen wird. ...
Die bislang bei 14 Punkten vorgesehene Wiederholung der theoretischen Prüfung, deren Sinn zunehmend in Frage gestellt wurde, entfällt zukünftig. Die bisherigen Untersuchungen belegen, dass bei vielen Mehrfachtätern die Ursache ihres häufigen Fehlverhaltens und der überdurchschnittlichen Unfallbelastung weniger in der mangelnden Kenntnis der Verkehrsvorschriften und/oder unzureichenden Beherrschung des Fahrzeugs als vielmehr in einer falschen Einstellung zum Straßenverkehr, einer fehlerhaften Selbsteinschätzung und einer erhöhten Risikobereitschaft zu suchen ist. ...
... Die Entziehung der Fahrerlaubnis, weil der Betreffende trotz Hilfestellungen durch Aufbauseminare und verkehrspsychologische Beratung, trotz Bonus-Gutschriften und trotz der Möglichkeit von zwischenzeitlichen Tilgungen im Verkehrszentralregister, 18 oder mehr Punkte erreicht, beruht auf dem Gedanken, dass die weitere Teilnahme derartiger Kraftfahrer am Straßenverkehr für die übrigen Verkehrsteilnehmer eine Gefahr darstellen würde. Hierbei fällt besonders ins Gewicht, dass es sich dabei um Kraftfahrer handelt, die eine ganz erhebliche Anzahl von – im VZR erfassten und noch nicht getilgten – Verstößen begangen haben. Der Betreffende gilt als ungeeignet zum Führen von Kraftfahrzeugen. Diese gesetzliche Ungeeignetheitsvermutung kann grundsätzlich nicht widerlegt werden. ...

Absatz 1 nennt zunächst das Ziel des Punktsystems. ... Außerdem wird das Verhältnis zu der allge- **2**
meinen Vorschrift über die Entziehung der Fahrerlaubnis (§ 3) und zu der besonderen Regelung der Fahr-

erlaubnis auf Probe klargestellt. Für beide Systeme gelten die gleichen Maßnahmen, nämlich Aufbauseminar, verkehrspsychologische Beratung und Entziehung der Fahrerlaubnis. Wegen der besonderen Situation der Fahranfänger und deren hoher Unfallrisiken greifen die Maßnahmen nach der Fahrerlaubnis auf Probe allerdings bedeutend früher (vgl. § 2a Abs. 2). ...

Wegen des für die besondere Situation des Fahranfängers konzipierten Anfänger-Aufbauseminars (§ 2a Abs. 2) soll dieses dem Fahranfänger auf jeden Fall zugute kommen, auch wenn er – was allerdings selten vorkommen wird – bereits vor seiner Probezeit (die nur für die Klassen A, B, C, D, E gilt) an einem allgemeinen Aufbauseminar (auf Grund von Verstößen mit der Fahrerlaubnis der Klassen M, L oder T, was im Einzelnen durch Rechtsverordnung festgelegt wird) teilgenommen hat. In gleicher Weise soll auch das besondere Aufbauseminar nach Absatz 8 Satz 3 oder § 2b Abs. 2 Satz 2 durch ein bereits absolviertes allgemeines Aufbauseminar nicht ausgeschlossen werden. ...

3   **Zu Abs 2:** ... Absatz 2 Satz 2 betrifft den Fall mehrerer, in Tateinheit begangener Zuwiderhandlungen. Die Bestimmung, dass nur die Zuwiderhandlung mit der höchsten Punktzahl berücksichtigt wird, also keine additive Bewertung der einzelnen Verstöße stattfindet, wird aus der bisherigen Allgemeinen Verwaltungsvorschrift zu § 15b StVZO übernommen. Es bleibt auch bei der bisherigen Bewertung von tatmehrheitlich begangenen Verkehrsordnungswidrigkeiten, die gemäß § 20 OWiG durch mehrere Geldbußen geahndet werden. Die Verhängung mehrerer Geldbußen führt auch zu einer getrennten und additiven Bepunktung jedes Einzelstoßes. Eine ausdrückliche Regelung hierzu erfolgt nicht, da sich die Rechtsfolge bereits aus den bestehenden Vorschriften ergibt.

Absatz 2 Satz 3 erfasst die Fälle, in denen die Fahrerlaubnis wegen Ungeeignetheit entzogen wurde, also insbesondere die Entziehung wegen Erreichens der 18 Punkte nach Absatz 3 Satz 1 Nr. 3 und die strafgerichtliche Entziehung nach § 69 des Strafgesetzbuches. „Löschung der Punkte" bedeutet nicht, dass auch die eingetragenen Entscheidungen gelöscht werden. Diese bleiben so lange im Verkehrszentralregister, bis sie tilgungsreif sind. Ausgenommen von der Regelung sind ausdrücklich Entziehungen nach Absatz 7 Satz 1, § 2a Abs. 3, d.h. Entziehungen wegen Nichtteilnahme an einem angeordneten Aufbauseminar. Zur Löschung der Punkte kommt es nur im Fall der Entziehung, nicht jedoch beim Verzicht auf die Fahrerlaubnis. Hier bleibt das Punktekonto (bis zur Tilgung der zugrunde liegenden Eintragungen) weiterhin bestehen.

4   **Zu Abs 3:** ... In der neuen Form des Punktsystems hat die individuelle Ansprache eines auffällig gewordenen Kraftfahrers im Rahmen eines Aufbauseminars besonderes Gewicht. Mit dieser Regelung wird auch der Bonus eines sogenannten Punkterabatts durch den Gesetzgeber anerkannt. Da die erste Maßnahme nach dem Punktsystem weiterhin lediglich eine Ermahnung des Kraftfahrers darstellt, verbunden mit dem förmlichen Angebot eines Punkterabatts bei Besuch eines Aufbauseminars, sollte diese als Hilfestellung für den Kraftfahrer gedachte Maßnahme möglichst bald Platz greifen. ... Notwendig, auch im Interesse des Kraftfahrers selbst, ist es deshalb, diesen Zeitpunkt auf das Erreichen von 8 Punkten festzulegen. ...

Hat der Betroffene in den letzten fünf Jahren bereits ein Aufbauseminar absolviert, wird er verwarnt. Unabhängig davon wird er auf die Möglichkeit einer verkehrspsychologischen Beratung hingewiesen. Im Gegensatz zum pädagogisch orientierten Aufbauseminar wird hier nicht von Personen ausgegangen, bei denen bereits eine entsprechende Lern- und Anpassungsbereitschaft vorliegt, sondern eher von Personen, deren Lern- und Anpassungsbereitschaft zunächst in einem hinreichenden Maße zu entwickeln ist. Wesentlich ist die Einzelberatung und nicht – wie beim Aufbauseminar – die Arbeit in einer Gruppe. ...

Nummer 3 enthält die gesetzliche Vermutung der Nichteignung bei 18 oder mehr Punkten und bestimmt, dass die Fahrerlaubnis zu entziehen ist.

Die Bindung der Fahrerlaubnisbehörden an die rechtskräftigen Entscheidungen über die Straftat oder Ordnungswidrigkeit gilt auch für die Gerichte, da diese nur über die Rechtmäßigkeit der Maßnahmen der Fahrerlaubnisbehörden befinden.

5   **Zu Abs 4:** ... Das freiwillige Aufbauseminar kann bereits vor Erreichen der ersten Punkteschwelle (acht Punkte) mit Punkterabatt besucht werden. Um einen Anreiz zu geben, das freiwillige Aufbauseminar möglichst früh zu besuchen, beträgt der Punkterabatt bis zum Erreichen von acht Punkten sogar vier Punkte, danach (bis zum Stand von 13 Punkten) nur zwei Punkte. ... „Pluspunkte" können nicht erworben werden. Aufbauseminar und Beratung können dem Betroffenen auch entgegengehalten werden, wenn die zugrundeliegenden Eintragungen bereits getilgt sind. ...

6   **Zu Abs 6:** Das Kraftfahrt-Bundesamt registriert die Punkte auf Grund der Mitteilungen, die es über die Entscheidungen der Gerichte und Verwaltungsbehörden erhält. Nach Absatz 6 unterrichtet es die zuständige Fahrerlaubnisbehörde bei bestimmten Punkteständen. Diese hat die in Absatz 3 vorgesehenen Maßnahmen in eigener Zuständigkeit und alleiniger Verantwortung zu treffen. Registrierung und Unterrichtung durch das Kraftfahrt-Bundesamt haben keinen verbindlichen Charakter. ...

Zu Abs 9: ... Ziel des verkehrspsychologischen Beratungsgesprächs ist die Exploration der Bedingungen und Gründe, die zu den bisherigen Eintragungen geführt haben, sowie die Erarbeitung von Verhaltensmustern zur Vermeidung künftiger Übertretungen. Hiermit sollen Einstellungs- und Verhaltensänderungen eingeleitet werden.

Es ist nicht das Ziel des Beratungsgesprächs, eine Prognose über die künftige Verkehrsbewährung abzugeben. Insofern unterscheidet es sich deutlich von einer Begutachtung der Fahreignung. Leistungsdiagnostische Verfahren und/oder Fahrproben sollten daher nur dann durchgeführt werden, wenn anzunehmen ist, dass deren Ergebnisse zur weiteren Erhellung des individuellen Bedingungsgefüges für die Verstöße beitragen.

Das verkehrspsychologische Beratungsgespräch findet in Form eines Einzelgespräches statt. Für die Beratung sind mindestens vier Zeitstunden anzusetzen. Der Inhalt des Beratungsablaufs sollte – allerdings unter Berücksichtigung des jeweiligen Einzelfalls – wie folgt aussehen:
1. Vor Beginn des Beratungsgesprächs muss dem Berater ein Auszug aus dem Verkehrszentralregister zur Verfügung stehen, der den gesamten Eintragungsbestand enthält. Mit Hilfe dieser Informationen bereitet er sich auf das Gespräch vor.
2. Das Beratungsgespräch selbst sollte auf jeden Fall folgende Elemente beinhalten:
 – Darstellung jedes einzelnen Verstoßes durch den Ratsuchenden;
 – Detailbeschreibung der Bedingungen und Gründe, die zu den einzelnen Verstößen geführt haben, wobei der Berater auf der Basis seiner Aktenkenntnis Unterstützung leistet;
 – Gemeinsame Herausarbeitung psychischer Bedingungen, Lebensumstände und ggf. situativer Konstellationen, die beim Ratsuchenden zu Verstößen führen;
 – Gemeinsame Erarbeitung von Lösungsmöglichkeiten für die Zukunft.
3. Über das Beratungsgespräch ist vom Berater ein Protokoll anzufertigen, aus dem die Hauptbedingungen für die Verstöße und die erarbeiteten Lösungsformen hervorgehen. Das Protokoll verbleibt bei den Akten des Beraters, nachdem der Betroffene eine Ausfertigung erhalten hat. Es dient ausschließlich zur Supervision des Beraters sowie zur Qualitätssicherung der Beratungsmaßnahme und darf zu keinen anderen Zwecken verwendet werden. ...

Zu Abs 10: Nach den Erfahrungen der Verkehrsbehörden sollte nach der Entziehung ein bestimmter Mindestzeitraum bis zur Neuerteilung der Fahrerlaubnis vergehen, weil in aller Regel die Eignungsmängel, die zur Entziehung führen, nicht ohne weiteres beseitigt werden können, insbesondere bei der Nichteignung auf Grund von Alkoholverstößen. Absatz 10 enthält daher eine Sperrfrist von sechs Monaten für die Neuerteilung der Fahrerlaubnis nach der Entziehung. ...

Begr zum ÄndG v 19. 3. 01 **(zu Abs 4 S 2 und Abs 5):** VkBl 01 262.

1. Das **Punktsystem** beinhaltet die Bewertung von Verkehrszuwiderhandlungen (Straftaten und Ordnungswidrigkeiten) mit einer festgelegten Anzahl von Punkten und das Ergreifen bestimmter Maßnahmen durch die FEB bei Erreichen oder Überschreiten bestimmter Punkteschwellen. Es bezweckt eine Vereinheitlichung der Behandlung von Mehrfachtätern und soll durch seine generalpräventiven und insbesondere spezialpräventiven Wirkungen einen Beitrag zur Verbesserung der VSicherheit leisten. Zweck des Punktsystems ist nicht nur, ungeeignete FzF aufzuspüren, sondern auch dem Betr als Hilfe Gelegenheit zu geben, aufgetretene Mängel möglichst frühzeitig (durch Aufbauseminare, verkehrspsychologische Beratung) zu beseitigen, damit ein weiterer Punkteanstieg vermieden wird und es erst gar nicht zur EdF kommt (*Jagow* DAR **98** 189, VD **98** 268). Nachdem es das Punktsystem zunächst seit 1961 als „Richtlinie" (VkBl **61** 701) und von 1974 bis 1998 als Verwaltungsvorschrift (Allgemeine Verwaltungsvorschrift zu § 15 b StVZO, VkBl **74** 38, zuletzt geändert VkBl **98** 610) gab, ist es wegen seiner Bedeutung seit 1999 in seinen wesentlichen Grundsätzen, mit dem Punkterahmen und in Bezug auf die gegen den Mehrfachtäter zu ergreifenden Maßnahmen in das StVG aufgenommen worden. Die Bewertung der Entscheidungen über die einzelnen Verstöße mit einer bestimmten Punktzahl nach den Vorgaben des Abs 2 S 1 (1 bis 7 Punkte nach der Schwere der Zuwiderhandlung und nach ihren Folgen) sowie die nähere Ausgestaltung der Aufbauseminare und der verkehrspsychologischen Beratung sind gem § 6 I Nr 1 n, s und u durch RVO (§§ 38, 40–45 FeV, Anl 13 zur FeV) geregelt. Zu ausländischen Punktsystemen *Nissen* DAR **07** 564.

a) Die Regelungen sind **verfassungsrechtlich nicht zu beanstanden**. Ein Verstoß gegen den **Gleichbehandlungsgrundsatz** (Art 3 I GG) liegt nicht darin begründet, dass die automatische EdF bei Erreichen von 18 Punkten Berufs- und Vielfahrer ebenso trifft wie Wenig- oder Sonntagsfahrer (*Jagow/Burmann/Heß* § 4 StVG Rz 4 und 12, krit *Bode/Winkler* § 11 Rz 110). Eine Unterscheidung nach dem Ausmaß der Teilnahme eines Kf am StrV wäre nicht nur praktisch undurchführbar, sie ist auch sachlich nicht erforderlich, weil bei Vielfahrern das erhöhte Risiko, Dritte im StrV zu schädigen, nicht stets durch einen Zuwachs an Erfahrung ausgeglichen wird (VGH Mü VRS **108** 302). Dass Abs 4 S 3 eine Verringerung der Punktzahl nur einmal innerhalb von 5 Jahren zulässt, verstößt ebenfalls nicht gegen den Gleichbehandlungsgrundsatz, denn diese Regelung ist dadurch gerechtfertigt, dass Fahrer, die nach Besuch von Aufbauseminar oder verkehrspsychologischer Beratung mit Punkterabatt erneut mit Punkten im relevanten Umfang zu bewertende Zuwiderhandlungen begehen, selbst deutlich machen, dass Seminar und Beratung bei ihnen ohne Erfolg geblieben sind, so dass keine Veranlassung besteht, derart unbeeinflussbaren FEInhabern bereits innerhalb weniger Jahre erneut die Möglichkeit zur Punktereduzierung zu eröffnen (VGH Mü VRS **108** 303). Die zwingende EdF bei 18 Punkten ohne Einzelfallprüfung stellt keinen Verstoß gegen den **Verhältnismäßigkeitsgrundsatz** dar. Das abgestufte und transparente System mit der Unterrichtung über den Punktestand, der Verwarnung, dem Aufbauseminar mit Punkterabatt, dem Angebot der verkehrspsychologischen Beratung, der Anordnung des Aufbauseminars ohne Punkterabatt, mit der Ankündigung der EdF bei Erreichen von 18 Punkten, mit der Regelung des Abs 5, die sicherstellt, dass alle Maßnahmestufen durchlaufen werden, bevor nach Erreichen von 18 Punkten unwiderlegbar von der Ungeeignetheit auszugehen ist, und mit den Tilgungsregelungen rechtfertigt die Annahme, dass Personen als ungeeignet zum Führen von Kfz anzusehen sind, die 18 Punkte oder mehr erreicht haben (VGH Mü VRS **108** 303f, OVG Greifswald Beschl v 21. 6. 06 1 M 10/06 juris, *Jagow/Burmann/Heß* § 4 StVG Rz 4 und 13, *Himmelreich/Janker/Karbach* Rz 347 und 427, *Jagow* DAR **98** 189, VD **98** 272f, *Gehrmann* NJW **98** 3539, krit *Hillmann* VGT **95** 165ff = DAR **95** 100f, *Bode/Winkler* § 11 Rz 108). Um atypischen Fallgestaltungen Rechnung tragen zu können, sind im Übrigen **Ausnahme- und Korrekturmöglichkeiten** vorgesehen, s Rz 58–59.

18 **b)** Das **Verhältnis zu anderen Vorschriften,** namentlich solcher über die EdF und die FE auf Probe, regelt Abs 1 S 2 und 3. Das Punktsystem findet gem **Abs 1 S 2** keine Anwendung, wenn Klärung von Eignungszweifeln oder EdF nach § 3 I erforderlich sind, bevor Maßnahmen nach Abs 3 zu ergreifen sind (OVG Hb NJW **00** 1353, OVG Lüneburg NJW **00** 685, NJW **07** 313 [Anm *Geiger* SVR **07** 193], OVG Münster NZV **00** 219, 221, NJW **07** 3084, OVG Greifswald Beschl v 7. 11. 03 1 M 205/03 juris, VG Mü DAR **07** 167, VG Kar ZfS **07** 714, *Bode/Winkler* § 7 Rz 123 ff, *Petersen* ZfS **02** 56, 60, *Jagow* NZV **06** 27, 28 f, *Wendlinger* NZV **06** 505, 507, 510 f). Vom Punktsystem kann auf der Grundlage von Abs 1 S 2 aber nur abgewichen werden, wenn **besondere Gründe** dafür vorliegen, denn dem Schutz vor Gefahren, die sich aus einer Häufung von Verkehrsverstößen ergeben, trägt das Gesetz grundsätzlich durch das Punktsystem des § 4 Rechnung (OVG Berlin Beschl v 10. 12. 07 1 S 145.07 juris, VG Mü NZV **08** 476). Durch Schaffung des Punktsystems hat der Gesetzgeber in Kauf genommen, dass auch Kf mit nicht unerheblichem „Sünden-Register" zunächst noch im Besitz der FE sind (VGH Mü Beschl v 2. 6. 03 11 CS 03.743 juris, VG Kar ZfS **07** 714, *Bouska/Laeverenz* § 4 StVG Anm 7). Er bietet diesen Kf mit den Instrumenten des § 4 bewusst Hilfestellungen an, um ihnen Gelegenheit zu geben, von sich aus ihr Verhalten im Verkehr zu ändern und den Verlust der FE zu vermeiden. Indem der Gesetzgeber dieses System schuf, hat er deutlich gemacht, dass mit Punkten zu bewertende Verkehrsverstöße grundsätzlich zunächst noch keine Eignungsüberprüfung auslösen sollen. Begeht ein FEInhaber Verkehrszuwiderhandlungen, die der Punktebewertung unterliegen, ist also idR das Instrumentarium des § 4 anzuwenden. Ein **Abweichen** davon **nach Abs 1 S 2** stellt die **Ausnahme** dar. Es darf dabei nicht zu einer Umgehung oder Aushöhlung des Punktsystems mit seinem abgestuften Angebot an Hilfestellungen und Warnungen vor EdF kommen. Ein Vorgehen der FEB nach Abs 1 S 2 darf auch kein Ersatz für von ihr verpasste Maßnahmen nach Abs 3 sein (VG Mü NJW **06** 1687). Die Tatsache wiederholter Verstöße gegen verkehrsrechtliche Vorschriften allein rechtfertigt eine Eignungsüberprüfung abweichend vom Punktsystem nicht (VG Mü NZV **08** 476, Ausnahmen: wiederholte Verkehrsverstöße unter Alkoholeinfluss, § 13 S 1 Nr 2b FeV, und wiederholte Zuwiderhandlungen im StrV nach § 24a, § 14 II Nr 3 FeV). Für die **Abgrenzung**, wann eine Abweichung vom Vorgehen nach dem Punktsystem in Betracht kommt, sind bisher noch keine eindeutigen Kriterien definiert worden. Die Forderung, die FEB müsse Zurückhaltung üben, wenn sie aus Verkehrsverstößen, die mit weniger als 18 Punkten bewertet werden, auf die Ungeeignetheit des FEInhabers schließen will (VGH Mü Beschl v 2. 6. 03 11 CS 03.743 juris, VG Mü DAR **07** 167, VG Kar ZfS **07** 714), ist zweifellos berechtigt, aber für eine Abgrenzung zu unbestimmt. Auch die Aussage, eine Eignungsüberprüfung außerhalb des Punktsystems könne nur bei Personen in Betracht kommen, die sich durch die Art oder Häufigkeit der Auffälligkeiten deutlich von der

Masse der Punktesünder abheben (*Wendlinger* NZV **06** 505, 510), dürfte für eine Abgrenzung zu wenig präzise sein. In der Judikatur wird eine **Abweichung vom Punktsystem** für zulässig gehalten, wenn eine **beharrliche Missachtung der Rechtsordnung** (Verkehrsvorschriften) auf charakterliche Mängel schließen lässt, wobei auch Verkehrsverstösse, denen für sich genommen nur geringes Gewicht beizumessen ist, bei beharrlicher und häufiger Begehung in besonders krassen Fällen Anlass für eine Eignungsüberprüfung oder für eine EdF außerhalb des Punktsystems sein können (OVG Lüneburg NJW **00** 685, OVG Greifswald Beschl v 7. 11. 03 1 M 205/03 juris, VG Mü DAR **07** 167, NZV **08** 476). Einmalige Überschreitung der Höchstgeschwindigkeit innerorts um 51 km/h reicht dafür noch nicht (OVG Lüneburg NJW **00** 685, aA *Wendlinger* NZV **06** 505, 511). Fünfmalige erhebliche Geschwindigkeitsüberschreitung innerhalb von 4 Jahren kann dagegen EdF außerhalb des Punktsystems rechtfertigen (VG Berlin NZV **02** 338), auch erhebliche oder wiederholte Geschwindigkeitsüberschreitungen (VG Mü DAR **07** 167), selbst wenn keine Gefährdung anderer Verkehrsteilnehmer eintrat (OVG Lüneburg NJW **07** 313, VG Sigmaringen Urt v 2. 5. 07 10 K 62/07 juris). Abweichung vom Punktsystem kommt in Betracht, wenn wiederholte VVerstöße in einem relativ **kurzen Zeitraum** begangen wurden (VG Mü NZV **08** 476). Ein Abweichen vom Punktsystem wird auch befürwortet, wenn sich aus dem Verhalten des Kf eine **gesteigerte Gefährlichkeit** für die Sicherheit des StrV sowie für Leib und Leben von Verkehrsteilnehmern ergibt (OVG Greifswald Beschl v 7. 11. 03 1 M 205/03 juris, VG Mü NZV **08** 476, *Wendlinger* NZV **06** 505, 511, *Jung* Himmelreich-F 185, 198 f). Eine größere Anzahl von Verstößen gegen Vorschriften des **ruhenden Verkehrs** kann ein Abweichen von § 4 rechtfertigen, wenn sich die Verstöße über einen längeren Zeitraum derart häufen, dass dadurch nicht nur eine laxe Einstellung gegenüber das Abstellen von Kfz regelnden VVorschriften, sondern eine Gleichgültigkeit gegenüber VVorschriften jedweder Art offenbar wird (OVG Berlin Beschl v 10. 12. 07 1 S 145.07 juris). **Zeitlich weit zurückliegende Verstöße** können für ein Abweichen vom Punktsystem nur berücksichtigt werden, soweit sie im Hinblick auf die verstrichene Zeit noch geeignet sind, einen Beitrag zur Beurteilung anderer Verstöße zu leisten (verneint bei 10 Jahre zurückliegendem unerlaubten Entfernen vom Unfallort im Zusammenhang mit 3 Geschwindigkeitsüberschreitungen, VG Mü NZV **08** 476). Eine Abweichung vom Punktsystem kommt in Betracht, wenn sich Bedenken hinsichtlich der körperlichen und geistigen Eignung, bei Hinweisen auf Alkoholproblematik und im Hinblick auf Betäubungs- oder Arzneimittel ergeben. Im Falle **wiederholter Zuwiderhandlungen im StrV unter Alkoholeinfluss** ordnet § 13 S 1 Nr 2b FeV, im Falle **wiederholter Zuwiderhandlungen im StrV nach § 24 a** ordnet § 14 II Nr 3 FeV die Klärung der Eignung durch Anordnung der Beibringung eines medizinisch-psychologischen Gutachtens ohne Rücksicht auf den Punktestand als Spezialregelungen zu § 4 StVG zwingend an. In allen anderen Fällen hat die FEB die **Umstände des Einzelfalles sorgfältig zu würdigen**, wenn sie nicht nach dem Maßnahmenkatalog des § 4, sondern gem Abs 1 S 2 nach § 3 I vorgeht (OVG Lüneburg NJW **00** 685, NJW **07** 313, OVG Greifswald Beschl v 7. 11. 03 1 M 205/03 juris, OVG Münster NJW **07** 3084, VG Mü DAR **07** 167, NZV **08** 476, VG Sigmaringen Urt v 2. 5. 07 10 K 62/07 juris, VG Kar ZfS **07** 714).

Die Maßnahmen nach § 2 a bei Nichtbewährung während der **Probezeit** und diejenigen nach dem Punktsystem laufen gem **Abs 1 S 3** nebeneinander. Insbesondere belasten während der Probezeit begangene Zuwiderhandlungen auch das „Punktekonto" nach § 4. Die Teilnahme an einem **Aufbauseminar** auf Anordnung der FEB, die sowohl nach § 2 a II als auch nach § 4 III in Betracht kommt, erfolgt jedoch innerhalb von 5 Jahren idR nur einmal. Hat der FEInhaber innerhalb der letzten 5 Jahre an einem Anfängerseminar für Inhaber einer FE auf Probe teilgenommen oder an einem besonderen Aufbauseminar für alkohol- oder drogenabhängige Kf, so unterbleibt die Teilnahme an einem allgemeinen Aufbauseminar nach § 4 III. Sind dagegen die Voraussetzungen des § 2 a für die Anordnung eines Anfängerseminars erfüllt und hat der FEInhaber (auf Grund von Verstößen mit einer FEKl, die nicht auf Probe erteilt wird) vor der Probezeit an einem allgemeinen Aufbauseminar teilgenommen, so entfällt das Anfängerseminar nicht. Entsprechendes gilt für das Verhältnis zwischen einem früheren allgemeinen Aufbauseminar und einem später indizierten besonderen Seminar für alkohol- oder drogenauffällige Kf; das allgemeine Seminar ersetzt dann nicht das besondere. Soweit nach dieser Regelung ein allgemeines Aufbauseminar entfällt, bleibt es allerdings bei den übrigen in §§ 2 a und 4 vorgesehenen Maßnahmen wie etwa verkehrspsychologische Beratung; auch die EdF bleibt unberührt. – Die Anordnung von **Verkehrsunterricht** gemäß § 48 StVO nach Verkehrsverstößen ist unabhängig von den Regelungen des Punktsystems möglich. Die Teilnahme daran hat keine Konsequenzen für den Punktestand.

20   c) **Punktebewertung.** Mit Punkten werden nicht sämtliche im VZR befindliche Eintragungen (Begr VkBl **98** 775), sondern nur solche Zuwiderhandlungen bewertet, die **nach § 28 III Nr 1 bis 3 im VZR zu erfassen** sind (Abs 2 S 1), also im Zusammenhang mit dem StrV oder mit dem Führen eines Kfz begangene Straftaten sowie OWen gem § 24 oder 24a StVG ab 40 € Geldbuße und bei Ahndung mit FV (bei geringerer Buße nur unter den Voraussetzungen des § 28a), auch solche, die innerhalb der Probezeit von Fahranfängern (§ 2a) begangen wurden (s Rz 19). Nicht bepunktet werden die nach § 28 III Nr 10 gespeicherten Entscheidungen ausländischer Gerichte und Verwaltungsbehörden (§ 28 Rz 19). Nach Tilgungsreife und Tilgung dürfen Entscheidungen nicht mehr berücksichtigt werden (§ 29 VIII, BVerwG NJW **77** 1075 zur früheren Rechtslage, OVG Berlin NZV **07** 645). **Für tilgungsreife und getilgte Entscheidungen entfällt somit die Bepunktung.** Der Sachverhalt nicht eintragungsfähiger Entscheidungen und der Inhalt von Behördenaufzeichnungen bleibt im Rahmen des Punktsystems außer Ansatz (§ 29 Rz 16, 17).

21   Die Punktbewertung ist nach den Vorgaben des Abs 2 S 1 (**1 bis 7 Punkte** nach der Schwere der Zuwiderhandlung und nach ihren Folgen) durch die FeV auf der Grundlage von § 6 I Nr 1 s erfolgt, § 40 FeV in Verbindung mit Anlage 13 FeV (abgedruckt nach der FeV, Buchteil **3**). Straftaten werden je nach Art und Schwere mit 5 bis 7 Punkten, Ordnungswidrigkeiten mit 1 bis 4 Punkten bewertet.

22   Stehen **mehrere Zuwiderhandlungen** im Verhältnis der **TM** zueinander, so führt jeder der Tatbestände zu einer Punktbelastung, während **bei TE** nur die Zuwiderhandlung mit der höchsten Punktzahl berücksichtigt wird (Abs 2 S 2, OVG Münster VRS **105** 152). Wenn in kurzer Zeit hohe Punktzahlen erreicht werden, weil wiederholte Verstöße im Verhältnis der TM zueinander stehen, wird eine Korrektur durch Abs 5 erreicht, durch den gewährleistet ist, dass keine der Eingriffsstufen des Abs 3 S 1 Nr 1 und 2 übersprungen wird (Rz 40, 49–51, *Jagow* VD **98** 272).

23   Zur **verbindlichen Punktebewertung** von Entscheidungen über Verkehrszuwiderhandlungen sowie zur **verbindlichen Berechnung von Punkterabatten** nach Abs 4 und **Punktereduzierungen** nach Abs 5 ist **allein die FEB** befugt, die Maßnahmen nach dem Punktsystem ergreifen will (BVerwG NJW **88** 87, NJW **07** 1299 [zust Anm *Dauer* DAR **07** 474], Beschl v 16. 10. 07 3 B 25/07 juris, OVG Weimar NJW **03** 2771, VGH Ma DAR **07** 412, VRS **112** 385, NJW **07** 1706, VG Augsburg DAR **03** 436, *Lässig* JuS **90** 460, *Ziegert* ZfS **07** 602, 603). Sie nimmt diese Bewertung und Berechnung inzident bei den Maßnahmen nach Abs 3 S 1 Nr 1–3 vor (OVG Mgd NJW **02** 2264). Über die Bepunktung der im VZR eingetragenen Entscheidungen und Punktereduzierungen nach Abs 4 und 5 wird nicht durch gesonderte Verwaltungsakte entschieden (VGH Ma NJW **07** 1706). Solange es nicht zu Maßnahmen nach Abs 3 S 1 Nr 1–3 kommt, erfolgt zu keinem Zeitpunkt eine verbindliche Feststellung des Punktestands. Das KBA bepunktet weder bei der Eintragung in das VZR (§ 59 I Nr 7 und 13 FeV) noch bei der Entscheidung, dass eine Schwelle erreicht oder überschritten wurde, die eine Mitteilung an die FEB nach Abs 6 auslöst, in rechtsverbindlicher Weise (§ 28 Rz 23). Beim KBA wird kein verbindliches Punktekonto geführt (VGH Ma VRS **112** 385). Die FEB ist bei der Punktebewertung weder an die – rechtlich unverbindliche – Bepunktung durch das KBA noch an frühere Punktebewertungen zB einer früher zuständige gewesenen anderen FEB gebunden, solange deren Bepunktung nicht in Bestandskraft erwachsen ist.

24   d) **Zeitpunkt des Entstehens von Punkten.** Soweit gem § 4 Rechtsfolgen ausgelöst werden, wenn **ein bestimmter Punktstand „erreicht"** (Abs 4, 5, s auch Abs 6) oder **„überschritten"** (Abs 5) ist oder **„sich ergibt"** (Abs 3), ist der Zeitpunkt des Eintritts der Rechtskraft der zugrunde liegenden Entscheidung maßgeblich **(Rechtskraftprinzip)**, sofern sie in das VZR eingetragen wird (OVG Lüneburg NJW **03** 1472, NJW **07** 1300, OVG Schl DAR **06** 174, OVG Greifswald NJW **06** 2569 – „spätestens Rechtskraft", VGH Ma DAR **07** 412, VG Augsburg DAR **03** 436, VG Stu DAR **06** 469, *Jagow/Burmann/Heß* § 4 StVG Rz 3a und 4a, *Bode/Winkler* § 11 Rz 91 und 112f, *Himmelreich/Janker/Karbach* Rz 355, *Hentschel* NJW **04** 651, 663, *Janker* SVR **04** 1, 5, DAR **07** 374, DAR **08** 350, *Ziegert* ZfS **07** 602, 611f, *Dauer* NZV **07** 593). Das Punktsystem knüpft an die im VZR erfassten Taten an; dort werden aber nur rechtskräftige Entscheidungen gespeichert. Die Unschuldsvermutung spricht dafür, nur die Verstöße heranzuziehen, die dem Betroffenen bereits im Rechtssinne vorgeworfen werden können (VGH Ma DAR **07** 412). Abs 6 sieht die Unterrichtung der FEB durch das KBA bei „Erreichen" bestimmter Punktestände vor. Da in das VZR nur rechtskräftige Entscheidungen eingetragen werden (Abs 2 S 1 iVm § 28 III Nr 1–3), können diese Punktestände folglich nur durch rechtskräftige Entscheidungen „erreicht" werden. Es spricht nichts dafür, dass der Gesetzgeber den Begriff des „Erreichens" iSd Abs 4 und 5 anders verstanden wissen wollte als den in Abs. 6. Angesichts der Tragweite hätte er dies auch ausdrücklich zum Ausdruck bringen müssen. Soweit vertreten wird, dass der Zeitpunkt der Tatbegehung (**Tattagprinzip**) maßgeblich sei, weil die Warnfunktion des Punktsystems nur wirksam werden könne, wenn die Maßnahme bei dem Betroffenen überhaupt noch eine Verhaltens- und Einstellungsänderung bewirken konnte, bevor er durch weitere Verkehrsverstöße die nächste Eingriffsstufe erreicht hat (OVG Weimar NJW 03 2770, OVG Ko DAR 03 576, VGH Mü DAR 06 169, Beschl v 11. 8. 06 11 CS 05.2735 juris, OVG Bautzen NJW 07 168, VG Mü DAR 08 281 [Anm *Janker* DAR 08 349], *Grygier* DAR 04 48) ist dies abzulehnen, weil der Wortlaut der Regelungen über das Punktsystem gegen das Tattagprinzip spricht (*Dauer* NZV 07 593, 596) und die Punktbewertung rechtskräftige Ahndung voraussetzt (*Janker* SVR 04 4f). Eine **vermittelnde Lösung**, wonach zwar grundsätzlich das Rechtskraftprinzip, ausnahmsweise aber das Tattagprinzip gelten soll, wird daraufgestellt ist, dass die durch das Punktsystem bezweckte Warnung den Betroffenen noch rechtzeitig erreicht (OVG Münster NJW 07 1768, NZV 07 486, OVG Mgd Beschl v 19. 2. 07 1 M 8/07 juris = Ls NJ 07 522, VG Leipzig Beschl v 21. 11. 05 1 K 1110/05 juris, krit dazu OVG Bautzen NJW 07 168, 169), ist aus den gleichen Gründen wie das Tattagprinzip abzulehnen. Der Zeitpunkt der Eintragung in das VZR (**Eintragungsprinzip**) ist nicht maßgeblich für das Entstehen von Punkten, weil der Eintragung keinerlei Rechtswirkung zukommt (OVG Weimar NJW 03 2770, OVG Fra/O DAR 04 46, VGH Mü DAR 06 169, OVG Greifswald NJW 06 2569, VGH Ma DAR 07 412, OVG Münster NJW 07 1768, VG Augsburg DAR 03 436, *Jagow/Burmann/Heß* § 4 StVG Rz 3a und 4a, *Hentschel* NJW 04 651, 662, *Ziegert* ZfS 07 602, 610, *Dauer* NZV 07 593, 598f, aA VG Stu Urt v 27. 2. 06 10 K 5180/04 juris). Maßgeblich ist auch nicht der **Zeitpunkt der Mitteilung des KBA** an die FEB gem Abs 6 (OVG Greifswald NJW 06 2569), da diese Mitteilung eine Folge des „Erreichens" des betreffenden Punktestandes, aber keine Voraussetzung dafür ist, dass sich Punkte iSv Abs 3 S 1 „ergeben" (OVG Münster DAR 03 434) und da die Unterrichtung der FEB durch das KBA keinen rechtlich verbindlichen Charakter hat (OVG Fra/O DAR 04 46). Maßgeblich ist schließlich auch nicht der Zeitpunkt der Kenntnis der FEB auf Grund einer Mitteilung des KBA (so aber VG Berlin NZV 02 338).

Soweit **Abs 4 S 4** festlegt, dass für den Punktestand und die Berechnung der Fünfjahresfrist **25** jeweils das **Ausstellungsdatum der Teilnahmebescheinigung maßgeblich** ist, wird nicht geregelt, wann sich Punkte iSv Abs 3 S 1 „ergeben" und wann sie iSv Abs 4 S 1 und 2 „erreicht" sind. Geregelt wird vielmehr, dass der **für den Punkteabzug gem Abs 4 S 1 und 2 maßgebliche Zeitpunkt** weder der Beginn des Aufbauseminars oder der verkehrspsychologischen Beratung noch der Zeitpunkt der Vorlage der Teilnahmebescheinigung, sondern das Ausstellungsdatum der Teilnahmebescheinigung ist (OVG Weimar NJW 03 2770).

Lit: *Dauer*, Verkehrszentralregister: Wann entstehen Punkte?, NZV 07 593. *Janker*, Wann „ergeben" sich Punkte?, SVR 04 1. *Derselbe*, Tattag- oder Rechtskraftprinzip bei der Punktereduzierung durch Teilnahme an verkehrspsychologischer Beratung oder Aufbauseminar, DAR 07 374.

e) **Einfluss von Fahrerlaubnisentziehung und Sperre auf den Punktestand.** Wird die **26** FE, auch unabhängig vom Punktsystem (VGH Ma DAR 04 356), durch die VB oder den Strafrichter entzogen, und zwar vollständig und bestandskräftig (VGH Ma DAR 04 356), zB gem § 3 wegen Ungeeignetheit oder mangelnder Befähigung oder gem § 2a II 1 Nr 3 wegen wiederholter Nichtbewährung in der Probezeit, aber auch nach § 4 III 1 Nr 3 wegen Erreichens von 18 Punkten oder nach § 69 StGB, oder wird eine „isolierte" Sperre für die Erteilung einer FE nach § 69a I S 3 StGB angeordnet, so werden alle Punkte auf Grund früherer, vor dieser Maßnahme begangener (Tattagprinzip) Zuwiderhandlungen gelöscht (Abs 2 S 3). Das gilt auch für die Tat, die den unmittelbaren Anlass für die EdF oder Sperrfristanordnung bildet.

Nur die bis zur EdF oder Sperrfristanordnung angesammelten **Punkte werden gelöscht, 27** nicht dagegen die ihnen zugrunde liegenden Entscheidungen; diese bleiben im VZR bis zur Tilgungsreife erfasst, können also auch in einem späteren, erneuten Entziehungsverfahren (zB nach § 3 I) zum Nachteil des FEInhabers berücksichtigt werden. Ein **Verzicht** auf die FE steht der Entziehung nicht gleich, führt also nicht gem Abs 2 S 3 zur Punktlöschung (Begr Rz 3), auch nicht, wenn der Verzicht angesichts drohender EdF erfolgte (*Bouska/Laeverenz* § 4 StVG Anm 15a, aA VG Freiburg Beschl v 11. 9. 08 1 K 1546/08 juris). Abw von Abs 2 S 3 erfolgt keine Punktlöschung, wenn die **EdF wegen Nichtteilnahme an einem Aufbauseminar** gem § 2a III oder § 4 VII 1 angeordnet wird (Abs 2 S 4). Nach Neuerteilung einer FE bleibt es dann also beim alten Punktestand, sofern nicht Tilgung gem § 29 erfolgt ist (OVG Lüneburg ZfS 04 141).

28 **f) Rolle des KBA.** Das KBA führt das VZR (§ 28 Rz 11). Die Punkte werden vom KBA auf Grund der bei ihm eingehenden Mitteilungen über rechtskräftige Entscheidungen der Gerichte und VBen und von Mitteilungen über Umstände, die zu Punktereduzierungen führen, registriert. Dabei nimmt das KBA keine verbindliche Punktebewertung und -berechnung vor (§ 28 Rz 23; zum Rechtscharakter der Eintragung in das VZR s § 28 Rz 13). Damit die zuständige FEB die nach dem jeweiligen Punktstand vorgesehenen Maßnahmen nach Abs 3 treffen kann, übermittelt ihr das KBA jeweils bei Erreichen dieser Punktzahlen die vorhandenen Eintragungen (Abs 6). Die Unterrichtung der FEB erfolgt schriftlich (§ 3 II VwV VZR). Mitteilungen nach Abs 6 haben nur zu erfolgen, wenn eine der in Abs 3 vorgesehenen Maßnahmen ausgelöst wird, also bei Erreichen eines Punktestandes von 8, 14 und 18 Punkten, nicht bei Erhöhung zB von 9 auf 11 Punkte. Registrierung und Unterrichtung durch das KBA haben keinen verbindlichen Charakter (Begr VkBl **98** 795).

29 **g) Anspruch auf Auskunft über Punktestand.** Jeder hat gem § 30 VIII einen Anspruch auf Auskunft durch das **KBA** über den ihn betreffenden Inhalt des VZR und den Punktstand. Die Auskunft wird gegen Vorlage eines Identitätsnachweises kostenlos gewährt (§ 30 Rz 6). Da das KBA keine verbindliche Bewertung mit Punkten vornimmt (§ 28 Rz 23), erfährt der Betroffene auf diese Weise nur die rechtlich unverbindliche Punktebewertung des KBA. Ein Anspruch gegen die **FEB** auf verbindliche Auskunft über Punktstand und etwaige Punktereduzierung vor einer von der FEB nach dem Punktsystem zu treffenden Maßnahme besteht nicht (VGH Ma NJW **07** 1706 [Aufhebung von VG Stu DAR **06** 469], VG Fra NJW **01** 3500).

30 **2. Maßnahmen der FEB. Sachlich zuständig** für Maßnahmen nach dem Punktsystem ist die **FEB** (§ 73 I FeV). Die **örtliche Zuständigkeit** richtet sich nach § 73 II und III FeV (s § 3 Rz 12). Der Maßnahmenkatalog des Abs 3 S 1 knüpft jeweils an eine bestimmte Zahl sich „ergebender" Punkte (s Rz 24) an. Die FEB hat die in Abs 3 S 1 vorgeschriebenen Maßnahmen zu ergreifen, wenn die entsprechende Zahl von Punkten erreicht ist. Sie hat dabei weder einen Ermessensspielraum noch die Möglichkeit, Ausnahmen zuzulassen (s dazu Rz 58).

31 **a) Erste Eingriffsstufe (Abs 3 S 1 Nr 1).** Bei Erreichen von **8 Punkten** (aber nicht mehr als 13) wird der FEInhaber von der FEB über seinen Punktestand unterrichtet. Zugleich wird er verwarnt und auf die **Möglichkeit der Teilnahme an einem Aufbauseminar** hingewiesen. Die Maßnahme nach Abs 3 S 1 Nr 1 erfolgt schriftlich unter Angabe der dabei von der FEB zugrunde gelegten Verkehrszuwiderhandlungen (§ 41 I FeV). Es handelt sich mangels Regelung nicht um einen Verwaltungsakt. Die in der Maßnahme nach Abs 3 S 1 Nr 1 enthaltene Mitteilung des Punktestandes erwächst nicht in Bestandskraft und hat deswegen keine Bindungswirkung für nachfolgende Maßnahmen derselben oder einer anderen FEB (BVerwG NJW **07** 1299, zust Anm *Dauer* DAR **07** 474). Die *Anordnung* der Seminarteilnahme nach Abs 3 S 1 Nr 2 ersetzt nicht die Maßnahme nach Abs 3 S 1 Nr 1 (OVG Fra/O VRS **108** 316). Die Verwarnung nach Abs 3 S 1 Nr 1 ist gebührenpflichtig (§ 6 a I Nr 1 StVG, Anl 1 Nr 209 GebOSt).

32 Die **Seminarteilnahme** ist bei dieser ersten Eingriffsstufe (anders als bei 14 Punkten, s Rz 33) noch **freiwillig**. Die Bereitschaft zur Teilnahme wird jedoch durch die damit verbundene Möglichkeit des Punktabzugs (Abs 4 S 1) gefördert, auf den die FEB in ihrem Schreiben hinweisen sollte. FEInhaber, die unter Einfluss von Alkohol oder anderen berauschenden Mitteln am Verkehr teilgenommen haben, erhalten einen Punkterabatt nur, wenn sie an einem besonderen Aufbauseminar nach § 8 S 4, §§ 43, 36 FeV teilgenommen haben (§ 45 II FeV). Einen weiteren Anreiz zur freiwilligen Teilnahme schafft Abs 3 S 1 Nr 2 S 2, wonach der FEInhaber bei Erreichen der zweiten Eingriffsstufe innerhalb von 5 Jahren nach der Teilnahme die dann normalerweise vorgesehene Anordnung einer Seminarteilnahme vermeidet. Zu Aufbauseminaren Rz 52–54.

33 **b) Zweite Eingriffsstufe (Abs 3 S 1 Nr 2).** Sind **14 Punkte** (aber nicht mehr als 17) erreicht, **ordnet** die FEB die **Teilnahme an einem Aufbauseminar** innerhalb einer von ihr bestimmten angemessenen (§ 41 II 1 FeV) Frist **an**. Verhältnis zu anderen Aufbauseminaren, s Rz 19. Die Anordnung unterbleibt, wenn der FEInhaber innerhalb der letzten 5 Jahre schon an einem Aufbauseminar teilgenommen hat (Abs 3 S 1 Nr 2 S 2). Dann wird der Mehrfachtäter schriftlich verwarnt. Sofern eine Seminarteilnahme im Zeitpunkt des Ergreifens der Maßnahme nach Abs 3 S 1 Nr 2 noch andauert (der Betroffene also noch nicht teilgenommen *hat*), besteht keine Verpflichtung der FEB zur schriftlichen Verwarnung (OVG Bautzen NJW **07** 168). Das obligatorische Aufbauseminar ist, anders als das freiwillige Aufbauseminar der ersten Eingriffsstufe, nicht mit einem Punkteabzug verbunden (Abs 4 S 1). Die schriftliche Anordnung der Teilnahme an einem Aufbauseminar ist bei der Anmeldung zu einem solchen Seminar dem Kursleiter vorzulegen (§ 41 II S 2 FeV). Zu Aufbauseminaren Rz 52–54. Verwarnung und Anordnung der Teilnahme an Aufbauseminar sind gebührenpflichtig (§ 6 a I Nr 1 StVG, Anl 1 Nrn 209, 210 GebOSt).

In jedem Fall wird der FEInhaber nach Erreichen von 14 Punkten zugleich auf die Möglichkeit einer **verkehrspsychologischen Beratung** (Abs 9, § 38 FeV, näher Rz 55) hingewiesen. Die Teilnahme an einer solchen ist freiwillig, aber im Gegensatz zur obligatorischen Seminarteilnahme mit der Möglichkeit eines Punkteabzugs verbunden (Abs 4 S 2, s Rz 49). 34

Im Rahmen der Maßnahme nach Abs 3 S 1 Nr 2 wird der Betr darüber **unterrichtet**, dass das **Erreichen von 18 Punkten** zur **EdF** führt. Die Maßnahme nach Abs 3 S 1 Nr 2 erfolgt **schriftlich** unter Angabe der dabei von der FEB zugrunde gelegten Verkehrszuwiderhandlungen (§ 41 I FeV). Die FEB ist bei Ergreifen der Maßnahme nach Abs 3 S 1 Nr 2 **nicht an Punkteständen gebunden**, die sie oder eine vorher zuständig gewesene andere FEB dem Betroffenen im Rahmen einer Maßnahme nach Abs 3 S 1 Nr 1 mitgeteilt hatte, da diese nicht in Bestandskraft erwachsen sind (Rz 31). Die Maßnahme der zweiten Eingriffsstufe ist ein **Verwaltungsakt**, wenn die Teilnahme an einem Aufbauseminar angeordnet wird. Widerspruch und Anfechtungsklage haben keine aufschiebende Wirkung (Abs 7 S 2). Wenn wegen Teilnahme an einem Aufbauseminar in den letzten 5 Jahren **lediglich** eine **Verwarnung** erfolgt, stellt die Maßnahme nach Abs 3 S 1 Nr 2 mangels Regelung **keinen Verwaltungsakt** dar. 35

c) EdF bei Nichtteilnahme an angeordnetem Aufbauseminar. Die Nichtteilnahme am obligatorischen Aufbauseminar nach Abs 3 S 1 Nr 2 innerhalb der von der FEB gesetzten Frist führt zur EdF (Abs 7 S 1). Es gelten die gleichen Grundsätze wie bei der entsprechenden Regelung in § 2 a III. Auf Verschulden kommt es nicht an (VG Schl NVwZ-RR **01** 609, s § 2 a Rz 15). Teilnahme erst nach Ablauf der Frist lässt die Pflicht der FEB zur EdF nicht nachträglich entfallen (OVG Ko NJW **06** 2715), jedoch kann die EdF im Fall unverschuldeter Nichteinhaltung der Frist und nachträglicher Bereitschaft zur Seminarteilnahme gegen das Übermaßverbot verstoßen (VG Schl NVwZ-RR **01** 609, s § 2 a Rz 15). Voraussetzung dafür ist, dass der FEInhaber die Fristversäumung nicht zu vertreten hat und dies der FEB rechtzeitig angezeigt hat (OVG Ko NJW **06** 2715). Widerspruch und Anfechtungsklage gegen die EdF nach Abs 7 S 1 haben keine aufschiebende Wirkung (Abs 7 S 2). 36

Nur **wenn die Anordnung** der Teilnahme an einem Aufbauseminar **vollziehbar ist,** führt die Nichtbefolgung durch den FEInhaber zur EdF. Regelmäßig ist diese Voraussetzung erfüllt, weil Widerspruch und Anfechtungsklage gegen die Anordnung keine aufschiebende Wirkung haben (Abs 7 S 2). Das gilt aber dann nicht, wenn das Gericht gem § 80 V VwGO die aufschiebende Wirkung anordnet. War die Anordnung der Seminarteilnahme vollziehbar, so sind Einwände des Betroffenen gegen die der Anordnung zugrunde liegenden Entscheidungen unbeachtlich (s Abs 3 S 2), er kann sich also zB nicht erfolgreich gegen die EdF mit der Behauptung wehren, er habe eine der mit Punkten bewerteten Zuwiderhandlungen nicht begangen, s § 2 a Rz 15. 37

EdF wegen Nichtteilnahme an nach Abs 3 S 1 Nr 2 angeordnetem Aufbauseminar führt **nicht** zur **Löschung der Punkte** (Abs 2 S 4). Erreicht der Betroffene dann nach Neuerteilung der FE 18 Punkte, ohne dass erneut die Schwelle von 14 Punkten überschritten wurde, so ist die FE erneut – dann nach Abs 3 S 1 Nr 3 – zu entziehen, ohne dass es zuvor einer (nochmaligen) Maßnahme nach Abs 3 S 1 Nr 2 bedürfte; Abs 5 gilt in diesem Fall nicht (OVG Lüneburg ZfS **04** 141, zust *Ziegert* ZfS **07** 602, 614). Ist EdF sowohl wegen Nichtteilnahme an angeordnetem Aufbauseminar gem Abs 7 S 1 als auch wegen Erreichens von 18 Punkten gem Abs 3 S 1 Nr 3 möglich, ist die FE auf Grund des Tatbestands zu entziehen, der zeitlich zuerst verwirklicht war; danach richtet sich, ob alle vorhandenen Punkte mit EdF gelöscht werden (Abs 2 S 3) oder nicht (Abs 2 S 4) (VGH Mü DAR **06** 169). 38

d) Dritte Eingriffsstufe (Abs 3 S 1 Nr 3): Als letzte Eingriffsstufe erfolgt **bei Erreichen von 18 Punkten zwingend die EdF.** Wenn der Betroffene trotz Hilfestellungen durch Aufbauseminare und verkehrspsychologische Beratung, trotz Bonus-Gutschriften und trotz der Möglichkeit von zwischenzeitlichen Tilgungen im VZR 18 oder mehr Punkte erreicht, ist davon auszugehen, dass die weitere Teilnahme derartiger Kf am StV für die übrigen VTeilnehmer eine Gefahr darstellen würde; dabei fällt besonders ins Gewicht, dass es sich dabei um Kf handelt, die eine ganz erhebliche Anzahl von im VZR erfassten und noch nicht getilgten Verstößen begangen haben (Begr VkBl **98** 774). Der FEInhaber gilt dann, ohne Rücksicht auf Zufälligkeiten und möglicherweise vorliegende besondere, entlastende Umstände bei einer oder mehrerer der den Entscheidungen zugrunde liegenden Verstößen als unwiderlegbar ungeeignet (bindende 39

Fiktion der Ungeeignetheit) mit der Folge **zwingend vorgeschriebener EdF** (VGH Ma VRS **108** 454). Dies stellt keinen Verstoß gegen das verfassungsmäßige Übermaßverbot dar (Rz 17). EdF wegen Erreichens von 18 Punkten setzt voraus, dass zuvor die abgestuften Maßnahmen nach Abs 3 S 1 Nr 1 und 2 ergriffen wurden (OVG Fra/O DAR **04** 46, VRS **108** 316, OVG Hb NJW **00** 1353), s Abs 5 (Rz 49–51). Wurden 18 Punkte erreicht oder überschritten, ohne dass Maßnahmen nach Abs 3 S 1 Nr 2 ergriffen wurden, und ist der Punktestand deswegen gem Abs 5 S 2 auf 17 zu reduzieren, kann die FE nicht nach Abs 3 S 1 Nr 3 entzogen werden. EdF nach Abs 3 S 1 Nr 3 ist nur möglich, solange der Punktestand 18 oder mehr Punkte beträgt (*Ziegert* ZfS **07** 602, 609). Reduziert sich der Punktestand nach Erreichen oder Überschreiten der Grenze von 18 Punkten durch Tilgung oder Eintritt von Tilgungsreife wieder auf einen Stand unter 18 Punkten, ohne dass die FEB tätig geworden ist, kann sie die FE dann nicht mehr mit dem Argument entziehen, die Grenze sei einmal überschritten worden und damit sei die unwiderlegliche Ungeeignetheitsvermutung eingetreten, denn dies würde Sinn und Zweck der Tilgung verkennen (*Dauer* DAR **07** 719). Von der nach § 6 I Nr 1w möglichen Zulassung von Ausnahmen für atypische Fälle, in denen die Ungeeignetheitsvermutung nicht gerechtfertigt ist (Begr VkBl **98** 774), hat der Verordnungsgeber bisher nicht Gebrauch gemacht (Rz 58).

40 e) **Erreicht der Betroffene wiederholt den in Abs 3 S 1 Nr 1 oder 2 genannten Punktestand** infolge zwischenzeitlicher Reduzierung auf Grund Tilgung und erneuten Anstiegs, ist gem Wortlaut sowie Sinn und Zweck der Regelung die jeweils vorgesehene Maßnahme erneut zu ergreifen (OVG Münster DAR **03** 433, NJW **07** 1768, 1771, OVG Weimar VRS **106** 315, OVG Greifswald Beschl v 21. 6. 06 1 M 10/06 juris, OVG Bautzen NJW **07** 168, OVG Berlin NZV **07** 645, OVG Lüneburg Beschl v 20. 3. 08 12 ME 414/07 juris, *Haus* ZfS **03** 523, *Ziegert* ZfS **07** 602, 615f), und zwar auch dann, wenn der Betroffene „nur" nach Abs 3 S 1 Nr 2 zu verwarnen ist und ein Abbau von Punkten nicht mehr erreicht werden kann, denn auch dieser Verwarnung kommt eine Warn- und Appellfunktion zu (OVG Münster NJW **07** 1768, 1771). Dagegen braucht die Maßnahme nicht nochmals ergriffen zu werden, wenn die untere Grenze (8 bzw 14 Punkte) nicht erneut überschritten wird, sondern sich der Punktestand nur innerhalb des Rahmens der betreffenden Eingriffsstufe erhöht (Begr VkBl **98** 794, OVG Münster DAR **04** 286, OVG Greifswald Beschl v 21. 6. 06 1 M 10/06 juris), und auch dann nicht, wenn die Grenze nicht erneut durch *Anstieg* erreicht oder überschritten wird, sondern der Punktestand (durch Tilgung oder Bonuspunkte) auf den betreffenden Bereich *fällt* (OVG Weimar VRS **106** 315, OVG Bautzen NJW **07** 168, OVG Lüneburg Beschl v 20. 3. 08 12 ME 414/07 juris, OVG Ko NJW **08** 3158, *Ziegert* ZfS **07** 602, 614f).

41 f) **Änderung des Punktestandes nach Erlass einer Maßnahme nach Abs 3 S 1.** Auch für Maßnahmen nach dem Punktsystem gilt, dass für die Beurteilung der Rechtmäßigkeit einer Verfügung die im Zeitpunkt der letzten Behördenentscheidung bestehende Sach- und Rechtslage maßgebend ist (VG Augsburg ZfS **06** 292). Eine nach der Anordnung einer Maßnahme nach Abs 3 S 1 **im Widerspruchsverfahren eintretende Punktereduzierung** durch Tilgung oder Eintritt der Tilgungsreife während des Widerspruchsverfahrens ist deswegen bei der Beurteilung der Rechtmäßigkeit der Anordnung zu berücksichtigen (OVG Br NJW **07** 394, OVG Ko DAR **07** 41, *Bode/Winkler* § 11 Rz 122–125, *Dauer* DAR **07** 719, *Ziegert* ZfS **07** 602, 609, Himmelreich-F 255, 260f für Anordnung eines Aufbauseminars gem Abs 3 S 1 Nr 2). Die Widerspruchsbehörde stellt auf die Sach- und Rechtslage im Zeitpunkt ihrer Entscheidung ab, weswegen Gegenstand der Anfechtungsklage gem § 79 I Nr 1 VwGO der ursprüngliche Verwaltungsakt in der Gestalt des Widerspruchsbescheids ist. Die Gegenmeinung, es komme – abweichend von dem allgemeinen Grundsatz – bei der Beurteilung von Maßnahmen nach dem Punktsystem zum Punktestand zum Zeitpunkt der Bekanntgabe der Erstentscheidung an (VGH Ma VRS **108** 454, OVG Bautzen VD **06** 54 = Ls DÖV **06** 486, OVG Münster DAR **07** 164, DAR **08** 540, OVG Greifswald NordÖR **07** 46, VGH Mü NJW **08** 1547 [abl Anm *Dauer* DAR **07** 719], Beschl v 13. 8. 07 11 ZB 07.680 juris, OVG Mgd Beschl v 26. 5. 08 3 M 445/08 juris, VG Neustadt Beschl v 25. 4. 07 3 L 464/07 juris, *Kopp/Schenke* § 68 Rz 15, *Jagow/Burmann/Heß* § 4 StVG Rz 4c, *Himmelreich/Janker/Karbach* Rz 402, 431, 682, *Kalus* VD **07** 67, *Ziegert* ZfS **07** 602, 608f, Himmelreich-F 255, 259f für EdF gem Abs 3 S 1 Nr 3), wird damit begründet, dass der Gesetzgeber FEInhaber bei Erreichen von 18 Punkten unwiderlegbar als fahrungeeignet ansieht, die EdF dann im Interesse der VSicherheit schnell erfolgen müsse, danach ein Zeitraum von mindestens 6 Monaten für die Beseitigung der für die EdF maßgeblichen Eignungsmängel vergehen müsse, und der Betroffene es durch sein Verhalten im Vorverfahren in der Hand habe, den Zeitpunkt des Erlasses des Widerspruchsbescheids hinauszuzögern und

damit der Verfügung die rechtliche Grundlage zu entziehen. Diese Argumente überzeugen nicht. Dieser angenommene Grundgedanke des Gesetzgebers hat keinen hinreichend deutlichen Niederschlag im Wortlaut des § 4 gefunden. Die Frist von 6 Monaten für die Neuerteilung einer FE beginnt erst mit der Ablieferung des FS (Abs 10 S 2), der Zeitpunkt der Bekanntgabe der EdF ist insoweit unerheblich. Während des Widerspruchsverfahrens eintretende Punktereduzierungen können vor allem aber nicht ignoriert werden, weil dies ein Verstoß gegen das Verwertungsverbot getilgter oder tilgungsreifer VZR-Eintragungen (§ 29 VIII) wäre. Tilgung bedeutet Bewährung im Sinne der Verkehrssicherheit (§ 29 Rz 2). Wenn der FEInhaber sich bewährt hat, kann ihm nicht mehr angelastet werden, dass er früher einmal die Grenze von 18 Punkten erreicht oder überschritten hatte (*Dauer* DAR **07** 719).

g) Nach der **Übergangsbestimmung** des § 65 IV gilt für die zu treffenden Maßnahmen noch das frühere Punktsystem der Allgemeinen VwV zu § 15b StVZO, wenn die Zuwiderhandlung vor dem 1. 1. 1999 (Inkrafttreten von § 4) begangen wurde, und zwar ohne jeden Übergangsbonus (OVG Hb NZV **00** 349). Bei Hinzutreten weiterer Verstöße nach diesem Zeitpunkt gilt § 4 (§ 65 IV S 2), und zwar nicht nur für die Punktbewertung der bisher nach der VwV zu § 15b StVZO bewerteten Zuwiderhandlungen (OVG Münster NZV **00** 220), und für die unwiderlegliche Vermutung der Ungeeignetheit bei 18 Punkten gem Abs 3 S 1 Nr 3 (OVG Hb NJW **00** 1353), sondern – nach Maßgabe von § 65 IV S 2 und 3 – auch hinsichtlich der darin enthaltenen Bestimmungen über Möglichkeiten des Punkteabzugs (OVG Hb NJW **00** 1353, OVG Münster ZfS **01** 433, VG Mü ZfS **01** 235, VG Regensburg DAR **00** 137, VG Chemnitz NVwZ-RR **01** 607). Dabei ist jedoch für die Anwendung von Abs 5 die Übergangsbestimmung des § 65 IV S 2 zu beachten, in der geregelt ist, welche nach der VwV zu § 15b StVZO (alt) getroffenen Maßnahmen den gem § 4 III S 1 zu ergreifenden Maßnahmen gleichgestellt sind. Erreicht der Betroffene durch Hinzutreten weiterer Verstöße nach dem 1. 1. 99 18 Punkte, so unterbleibt, soweit nach früherem Recht dem Abs 3 S 1 Nr 2 gleichgestellte Maßnahmen nicht erfolgten, zunächst die gem Abs 3 S 1 Nr 3 vorgeschriebene EdF (OVG Münster NZV **00** 220, OVG Hb NJW **00** 1553, VG Mü ZfS **01** 235, VG Bra NZV **00** 101); vielmehr wird dem Betroffenen gem § 65 IV S 3 die Möglichkeit der Punktereduzierung durch Teilnahme an einer verkehrspsychologischen Beratung (Abs 3 S 1 Nr 2 S 3, Abs 4 S 2) gewährt (*Weibrecht* NZV **01** 147f).

h) Bindung der FEB an rechtskräftige Entscheidungen (Abs 3 S 2). Eine Überprüfung der mit Punkten bewerteten, im VZR eingetragenen Entscheidungen durch die FEB bei Erreichen der jeweiligen Punktzahl für die verschiedenen Eingriffsstufen des Abs 3 S 1 Nr 1–3 findet nicht statt (OVG Münster NZV **06** 224, VG Schwerin DAR **04** 288). Der FEInhaber muss die im VZR eingetragenen rechtskräftigen Entscheidungen gegen sich gelten lassen; die FEB ist an deren Inhalt gebunden (Abs 3 S 2). Mittelbar sind damit auch die Verwaltungsgerichte bei der Kontrolle von Maßnahmen der FEB gebunden (VGH Mü Beschl v 6. 3. 07 11 CS 06.3024 juris).

3. Bonus-System (Punkteabzug), Abs 4. Soweit Abs 3 S 1 Nr 1 und 2 freiwillige Maßnahmen vorsieht wie die Teilnahme an einem Aufbauseminar nach Erreichen von 8 Punkten oder die verkehrspsychologische Beratung nach Teilnahme an einem Aufbauseminar und Erreichen von 14 Punkten, ermöglicht das Bonus-System des Abs 4 einen Punkte-„Rabatt". Damit soll ein Anreiz für den FEInhaber geschaffen werden, sich diesen nicht obligatorischen Maßnahmen zur Verhaltensänderung und Beseitigung von Fehleinstellungen zu unterziehen. Dabei hängt der Punkteabzug für ein freiwilliges Aufbauseminar nicht davon ab, dass die Eingriffsstufe, nach der die Maßnahme zu empfehlen ist, schon erreicht ist. Auch wenn also die Teilnahme am Aufbauseminar schon vor Erreichen von 8 Punkten erfolgt, wird Punkteabzug gewährt. Da für das „**Erreichen**" einer bestimmten Punktzahl iS von Abs 4 nicht die Tatzeit, sondern die Rechtskraft der Entscheidung maßgebend ist (Rz 24), bleibt dem Betroffenen die durch die Seminarteilnahme erzielte Punktereduzierung auch dann erhalten, wenn **vor der Teilnahme eine weitere Tat begangen** wurde, deren Ahndung nach der Teilnahme rechtskräftig wurde (OVG Schl DAR **06** 174). FEInhaber, die unter Einfluss von Alkohol oder anderen berauschenden Mitteln am Verkehr teilgenommen haben, erhalten einen Punkterabatt nur, wenn sie an einem **besonderen Aufbauseminar** nach Abs 8 S 4, §§ 43, 36 FeV (Rz 53) teilgenommen haben (§ 45 II FeV).

Nur freiwillige Teilnahme an einem Aufbauseminar führt zum Punkteabzug nach Abs 4, nicht zB die nach § 2a II 1 Nr 1 *angeordnete* Teilnahme (Begr VkBl **98** 794, VGH Mü VRS **108** 386, VG Stu DAR **06** 469, 471, *Bouska/Laeverenz* § 4 StVG Anm 24, *Himmelreich/Janker/*

Karbach Rz 372, 387, 488, *Janker* DAR **08** 166, 167). § 45 I FeV sieht die Meldung der FEB an das KBA demgemäß nur bei freiwilliger Teilnahme vor.

46 Der Punkteabzug beträgt im Fall der **Seminarteilnahme 4 Punkte** bei einem Punktestand von nicht mehr als 8 Punkten und **2 Punkte** bei einem „Kontostand" zwischen 9 und 13 Punkten. Keinen Punkteabzug auf Grund der Teilnahme an einem Aufbauseminar erhält der FEInhaber, wenn er zum maßgeblichen Zeitpunkt (Ausstellungsdatum der Teilnahmebescheinigung, Rz 48) schon 14 oder mehr Punkte erreicht hatte, auch wenn dies etwa bei Beginn des Seminars noch nicht der Fall war. Für das „Erreichen" kommt es auf die Rechtskraft der einen Verstoß ahndenden Entscheidung an (Rz 24). **2 Punkte** werden abgezogen, wenn sich der FEInhaber nach Teilnahme an einem Aufbauseminar und Erreichen von 14 Punkten, aber vor Erreichen von 18 Punkten einer **verkehrspsychologischen Beratung** unterzieht (Abs 4 S 2). Dieser Punkteabzug gilt auch für die Teilnahme des Inhabers einer **FE auf Probe** an einer solchen Beratung gem § 2a II 1 Nr 2 (s § 2a Rz 13), und zwar, ohne dass die Voraussetzungen des Abs 4 S 2 Halbsatz 1 (Erreichen von 14 Punkten) erfüllt sein müssten (Abs 4 S 2 Halbsatz 2). Nach dem klaren Wortlaut von Abs 4 S 2 gibt es keinen Punkteabzug, wenn der Betroffene zeitlich zuerst an einer verkehrspsychologischen Beratung und erst dann an einem Aufbauseminar teilgenommen hat (VG Mü DAR **08** 281).

47 Der Punktstand kann durch Maßnahmen des FEInhabers stets nur **auf allenfalls Null** reduziert werden (Abs 4 S 5); dieser kann also nicht etwa „Pluspunkte" ansammeln, um zB zu erreichen, dass punktbewertete Verstöße zunächst punktfrei bleiben (Begr VkBl **98** 795). Eine abw Regelung wäre geeignet, das Fahrverhalten von Kf mit „Punkteguthaben" negativ zu beeinflussen (*Kohl* VGT **90** 77, *Jagow* VD **98** 271). Zwar ist die freiwillige Teilnahme an Aufbauseminaren auch wiederholt möglich, auch zB wenn innerhalb von 5 Jahren eine Seminarteilnahme gem § 2a angeordnet war (*Bouska/Laeverenz* § 4 StVG Anm 24). Sowohl Seminarteilnahme als auch verkehrspsychologische Beratung führen aber **innerhalb von 5 Jahren nur einmal** zum Punkteabzug (Abs 4 S 3), und zwar unabhängig davon, ob die der früheren Maßnahme zugrunde liegenden Eintragungen inzwischen getilgt sind. Berechnung der 5-Jahresfrist, s Rz 48. Nach Ablauf der 5 Jahre kann dann erneut ein Punkteabzug vorgenommen werden (*Janker* SVR **07** 87, 88).

48 Der Punkteabzug setzt die Vorlage einer **Teilnahmebescheinigung** des Veranstalters des Aufbauseminars bzw der verkehrspsychologischen Beratung voraus, und zwar innerhalb von 3 Monaten nach Beendigung der Veranstaltung. **Maßgebend für den Punktestand** ist das Ausstellungsdatum der Bescheinigung (Abs 4 S 4). Das Gleiche gilt für die Berechnung der erwähnten 5-Jahresfrist (Rz 47). Zur Teilnahmebescheinigung s § 44 FeV. Die FEB teilt dem KBA die für den Punkteabzug relevanten Daten mit (§ 28 III Nr 12, IV StVG, § 45 I FeV), ohne dabei allerdings eine rechtsverbindliche Punktereduzierung vorzunehmen (BVerwG Beschl v 16. 10. 07 3 B 25/07 juris, VGH Ma VRS **112** 390 f).

49 **4. Rückstufung der Punktezahl. Abs 5** stellt sicher, dass den Betroffenen alle vorgesehenen Warnungen und Hinweise auf Hilfsmöglichkeiten erreichen, bevor es zu einer EdF bei Erreichen von 18 Punkten kommt. Erreicht oder überschreitet der FEInhaber **14 oder 18 Punkte**, ohne dass die FEB die Maßnahme der ersten Eingriffsstufe nach Abs 3 S 1 Nr 1 getroffen hat, so werden nicht sogleich die Maßnahmen der zweiten Eingriffsstufe (Abs 3 S 1 Nr 2) getroffen. Die erste Eingriffsstufe wird also niemals übersprungen. Sein **Punktstand** wird dann auf nur 13 Punkte **reduziert** (Abs 5 S 1). Erreicht oder überschreitet er **18 Punkte**, ohne dass zuvor die Maßnahme der zweiten Eingriffsstufe nach Abs 3 S 1 Nr 2 ergriffen worden ist, so erfolgt Reduzierung des Punktestandes auf 17 (Abs 5 S 2). Damit ist sichergestellt, dass auch die zweite Eingriffsstufe nicht übersprungen wird. Es kommt nur darauf an, ob die FEB die Maßnahmen nach Abs 3 S 1 Nr 1 und 2 **„ergriffen" hat**, also zB die Teilnahme an einem Aufbauseminar gem Abs 3 S 1 Nr 2 S 1 angeordnet hat, nicht darauf, ob der Betroffene daraus schon Konsequenzen gezogen, also zB das Aufbauseminar tatsächlich begonnen oder absolviert hat, denn die Warn- und Hinweisfunktion des Abs 3 S 1 ist mit dem „Ergreifen" der Maßnahme erfüllt (VGH Mü Beschl v 11. 8. 06 11 CS 05.2735 juris, VG Mü DAR **08** 281). Nach dem klaren Wortlaut von Abs 5 ist unerheblich, ob die Punktestände von 14 und 18 „auf atypische **Weise" auf einmal** (Begr VkBl **98** 774 und VkBl **01** 262), zB durch in *einem* Urteil geahndete tatmehrheitlich begangene Zuwiderhandlungen, erreicht werden, oder ob andere Gründe dafür vorliegen, dass diese Punkteschwellen erreicht oder überschritten werden, ohne dass die FEB die vorgesehenen Maßnahmen der ersten und zweiten Eingriffsstufe getroffen hat (OVG Münster NZV **00** 219, 221).

Punktsystem § 4 StVG **1**

Die durch G v 19. 3. 01 geänderte Fassung von Abs 5 stellt klar, dass es sich um eine **tatsäch- 50 liche Punktereduzierung** handelt (Begr VkBl **01** 262), die dem FEInhaber auf Dauer, nicht nur vorübergehend (bezogen auf eine der ohne Reduzierung gem Abs 3 gebotenen Maßnahmen) zugute kommt (OVG Münster VRS **109** 312, NZV **07** 486, OVG Greifswald NJW **06** 2569, OVG Berlin NZV **07** 645, VGH Mü Beschl v 15. 5. 08 11 CS 08/69 juris, VG Mü ZfS **07** 57, *Himmelreich/Janker/Karbach* Rz 356, *Ziegert* ZfS **07** 602, 612 ff). Deswegen wird die Punktereduzierung auch nicht in der Weise mit nachfolgenden Tilgungen von Eintragungen im VZR verrechnet, dass sich die Tilgungen erst dann wieder auf den Punktstand auswirken, wenn sie den zuvor nach Abs 5 vorgenommenen Punkteabzug gleichsam aufgezehrt haben (OVG Münster VRS **109** 312, NZV **07** 486, VGH Mü Beschl v 15. 5. 08 11 CS 08/69 juris, aA VG Potsdam Beschl v 25. 7. 06 10 L 146/06 juris = Ls NJ **07** 327 [geändert durch OVG Berlin NZV **07** 645], *Bouska/Laeverenz* § 4 StVG Anm 26). Die Reduzierung gem Abs 5 erfolgt nicht durch besonderen Verwaltungsakt, sondern „automatisch" von Gesetzes wegen; daher scheidet Verpflichtungsklage insoweit aus (OVG Münster VRS **109** 312, OVG Mgd NJW **02** 2264, *Himmelreich/Janker/Karbach* Rz 412). Der Betroffene kann sich, wenn der Abzug der Punkteberechnung im Rahmen des Abs 3 unterbleibt, nur mit Widerspruch und Anfechtungsklage gegen die von der FEB nach Abs 3 S 1 Nr 2 oder 3 getroffene Maßnahme wenden (OVG Mgd NJW **02** 2264).

Im Fall des **wiederholten Erreichens oder Überschreitens von 14 oder 18 Punkten, 51 ohne dass die Maßnahmen nach Abs 3 S 1 Nr. 1 oder 2 ergriffen wurden,** wird der Punktstand immer wieder nach Maßgabe von Abs 5 reduziert (OVG Münster DAR **03** 433, NJW **07** 1768, OVG Weimar VRS **106** 315, OVG Fra/O DAR **04** 46, VGH Mü DAR **06** 169, OVG Greifswald Beschl v 21. 6. 06 1 M 10/06 juris, OVG Bautzen NJW **07** 168, *Jagow/Burmann/Heß* § 4 StVG Rz 4b, *Ziegert* ZfS **07** 602, 615). Damit soll sichergestellt werden, dass die abgestuften Warnungen den Betroffenen erreichen, bevor letztlich die EdF bei Erreichen von 18 Punkten nicht mehr zu vermeiden ist (*Dauer* NZV **07** 593, 597). Die Ungeeignetheitsvermutung des Abs 3 S 1 Nr 3 ist mit dem Verhältnismäßigkeitsgrundsatz nur vereinbar (Rz 17), wenn der Betroffene – was Abs 5 sicherzustellen hat – zuvor alle „Warnstufen" durchlaufen hat (VGH Mü VRS **108** 303). Abzulehnen ist die Auffassung, mit einmaliger Reduzierung des Punktestandes sei das Versäumnis der FEB ausgeglichen; andernfalls könne der Zweck des Abs 3 S 1 Nr 3, Gefahren durch ungeeignete Personen abzuwenden, nicht erreicht werden (OVG Ko DAR **03** 576, NJW **08** 3158, *Himmelreich/Janker/Karbach* Rz 409). Diese Ansicht findet in der geltenden Fassung von Abs 5 keine Stütze (OVG Lüneburg Beschl v 20. 3. 08 12 ME 414/07 juris, *Dauer* NZV **07** 593, 597 Fn 52).

5. Abs 8 legt Inhalt und Ziel der **Aufbauseminare** fest, die auf die Problematik der Mehr- 52 fachtäter ausgerichtet sein müssen (Begr VkBl **98** 795). Durch Mitwirkung an Gruppengesprächen und an einer Fahrprobe sollen die Teilnehmer veranlasst werden, Mängel in ihrer Einstellung zum StV zu erkennen und abzubauen (Abs 8 S 1). Die Gruppen müssen aus 6 bis 12 Teilnehmern bestehen (§§ 42, 35 I 1 FeV). Inhalt und Form der Seminare: §§ 42, 35 I, II FeV. Aufbauseminare dürfen nur von **Fahrlehrern** durchgeführt werden, die Inhaber einer Seminarerlaubnis gem § 31 FahrlG sind (Abs 8 S 3). Die Seminarteilnahme ist nicht mit einer abschließenden Prüfung verbunden. Hat der Betroffene aktiv an allen Teilen des Aufbauseminars teilgenommen, so erhält er eine Teilnahmebescheinigung (§§ 44, 37 FeV). – **Verkehrsunterricht** nach § 48 StVO ist kein Ersatz für ein Aufbauseminar.

Für alkohol- oder drogenauffällige Kraftfahrer werden **besondere Aufbauseminare** durch- 53 geführt (Abs 8 S 4, §§ 43, 36 FeV). Zuweisung auch, wenn die Betroffenen noch andere Verkehrszuwiderhandlungen begangen haben (§ 43 FeV). Die besonderen Aufbauseminare dürfen nur von hierfür amtlich anerkannten **Psychologen** abgehalten werden (Abs 8 S 4, §§ 43, 36 VI FeV). Inhalt und Form der besonderen Seminare: §§ 43, 36 III, IV FeV. FE-Inhaber, die unter Einfluss von Alkohol oder anderen berauschenden Mitteln am Verkehr teilgenommen haben, erhalten einen Punkterabatt nach Abs 4 S 1 nur, wenn sie an einem besonderen Aufbauseminar teilgenommen haben (§ 45 II FeV). Teilnahmebescheinigung §§ 44, 37 FeV.

Auf Antrag kann die anordnende FEB die Teilnahme an einem **Einzelseminar** gestatten 54 (Abs 8 S 2). „Dabei ist zu berücksichtigen, dass die Teilnehmer an Gruppengesprächen mitwirken sollen, um hierdurch Mängel ihrer Einstellung zum Straßenverkehr und ihrem Verhalten zu beseitigen, dass sie aber nicht verpflichtet sind, die Hintergründe der Verstöße, die zur Teilnahme am Seminar geführt haben, zu offenbaren" (Begr VkBl **98** 795, 792). Berufliche Belastung,

1 StVG § 4   I. Verkehrsvorschriften

Zeitmangel oder finanzielle Belastung des Betroffenen können nicht Anlass für die Gestattung eines Einzelseminars sein, da sie an der Notwendigkeit wie an den Erfolgsaussichten einer gruppendynamischen Einwirkung auf den Betroffenen nichts ändern. Einzelseminar kann nur in Betracht kommen, wenn dem Betroffenen auf Grund seiner persönlichen Lebenssituation ein Gruppenseminar nicht zumutbar ist (zB psychische Krise) oder die besondere persönliche Situation befürchten lässt, dass Inhalt der Gruppengespräche nicht das Verkehrsverhalten, sondern sonstige persönliche Umstände werden (zB bei Prominenz). Inhalt und Form von Aufbauseminaren als Einzelseminar §§ 42, 35 III FeV, von besonderen Aufbauseminaren für alkohol- oder drogenauffällige Kraftfahrer als Einzelseminar §§ 43, 36 V FeV. Gestattung und Ablehnung der Teilnahme an einem Einzelseminar sind Verwaltungsakte.

55   6. Die **Verkehrspsychologische Beratung (Abs 9)** soll dem Betroffenen helfen, die Ursachen seines Fehlverhaltens herauszufinden (Begr VkBl **98** 773). Sie findet als Einzelgespräch statt und kann durch eine Fahrprobe ergänzt werden (Abs 9 S 2). Damit sie greifen kann, wird sie nicht angeordnet, sondern ist auf freiwilliger Grundlage durchzuführen. Inhalt und Form der Beratung: Abs 9, §§ 41 III, 38 FeV und Begr Rz 7. Die zeitliche Dauer des Beratungsgesprächs ist nicht geregelt; die Begr VkBl **98** 795, Rz 7, spricht von „mindestens vier Zeitstunden". Die Teilnahme oder Nichtteilnahme dürfen dem FEInhaber nicht zum Nachteil ausgelegt werden; das Ergebnis der Beratung ist deshalb nur für ihn bestimmt (Abs 9 S 4, Begr VkBl **98** 796). Die verkehrspsychologische Beratung darf nur von hierfür amtlich anerkannten **Psychologen** durchgeführt werden (Abs 9 S 6). Voraussetzungen für die amtliche Anerkennung: Abs 9 S 6 (mit Übergangsbestimmung: § 65 V), § 71 FeV, Rücknahme und Widerruf der Anerkennung: § 71 IV-V FeV. Der Teilnehmer an einer verkehrspsychologischen Beratung erhält eine **Teilnahmebescheinigung** zur Vorlage bei der FEB (Abs 9 S 5), die eine Bezugnahme auf die Bestätigung des Beraters nach § 71 II FeV enthalten muss (§ 38 S 5 FeV). Anders als bei Aufbauseminaren (§ 37 II FeV) ist für die verkehrspsychologische Beratung nicht geregelt, wann die Ausstellung einer Teilnahmebescheinigung zu verweigern ist. Dies wird zB in Betracht kommen, wenn die Beratung vorzeitig abgebrochen wird, wenn nicht aktiv mitgewirkt wird, oder wenn der vom Berater für erforderlich gehaltene Fahrprobe (Abs 9 S 2) verweigert wird (*Janker* DAR **08** 166, 167f). Abs 9 gilt gem § 2a II 3 für die verkehrspsychologische Beratung nach den Regelungen für die Fahrerlaubnis auf Probe (§ 2a II 1 Nr 2) entsprechend.

Lit: *Janker*, Punkteabbau durch Teilnahme an verkehrspsychologischer Beratung, SVR **07** 87. s auch § 71 FeV.

56   7. **Wiedererteilung der FE.** Wurde die FE gem Abs 3 S 1 Nr 3 **wegen Erreichens von 18 Punkten entzogen,** so darf eine neue FE frühestens 6 Monate nach Wirksamwerden der Entziehung erteilt werden (Abs 10 S 1). Diese **Sperrfrist** besteht kraft Gesetzes und muss nicht im Entziehungsbescheid ausdrücklich verfügt werden. Zulassung von Ausnahmen durch die nach Landesrecht zuständigen VBen nach § 6 I Nr 1w ist nicht möglich (Rz 58). Die Frist beginnt erst mit Ablieferung des FS (Abs 10 S 2) bei der zuständigen FEB. Vor Neuerteilung einer FE muss die FEB idR die **Beibringung eines Eignungsgutachtens** einer amtlich anerkannten Begutachtungsstelle für Fahreignung anordnen (Abs 10 S 3). Absehen von der Gutachtenanforderung nur bei Vorliegen besonderer Umstände (*Gehrmann* NJW **98** 3540). Fällt das Gutachten negativ aus, unterbleibt die FEErteilung (§ 2 II 1 Nr 3). Die Gutachter können ihre Einschätzung über den Betroffenen nicht auf getilgte oder tilgungsreife Vorfälle stützen (*Geiger* SVR **06** 124). Das Gericht wird eine negative Prognose des Gutachtens nicht allein auf Grund des unbewiesenen Sachvortrags des die Wiedererteilung begehrenden Klägers widerlegen können (BVerwG NJW **92** 1251). Kommt der FEBewerber der Aufforderung zur Beibringung des Gutachtens nicht nach, so kann sein Antrag abgelehnt werden (VGH Mü DAR **75** 335, OVG Lüneburg DAR **85** 95, VGH Ka VRS **76** 45, s § 11 VIII FeV).

57   Erfolgte die EdF **wegen Nichtteilnahme an einem** nach Abs 3 S 1 Nr 2 (zweite Eingriffsstufe) angeordneten **Aufbauseminar,** so setzt die Neuerteilung einer FE den Nachweis einer inzwischen nachgeholten Seminarteilnahme voraus (Abs 11 S 1). Das gilt auch, wenn die Teilnahme nur deswegen unterblieben war, weil der Antragsteller auf seine FE verzichtet hatte (Abs 11 S 2). Die Regelung entspricht derjenigen des § 2a V bei FE auf Probe. Wird der Nachweis erbracht, so hängt in diesen Fällen die Wiedererteilung, anders als bei EdF wegen Erreichens von 18 Punkten, nicht von der Beibringung eines positiven Eignungsgutachtens ab; auch die Mindestfrist von 6 Monaten für die Erteilung einer neuen FE (Abs 10 S 1) gilt hier nicht (Abs 11 S 3).

8. Ausnahmen. § 6 I Nr 1 w ermächtigt das BMV, für atypische Fälle den zuständigen Landesbehörden durch RVO die Befugnis zur **Zulassung von Ausnahmen** von § 4 III 1 Nr 2 und 3, Abs 8 S 1, Abs 9 S 6 Nr 3 und Abs 10 einzuräumen (krit zu dieser Regelung *Ziegert* ZfS **99** 5, *Bode/Winkler* § 11 Rz 107). Da von der Ermächtigung bisher jedoch **nicht Gebrauch gemacht** wurde, führt das Erreichen von 18 Punkten ausnahmslos zur EdF (OVG Lüneburg NJW **03** 1473). § 74 I FeV lässt Ausnahmen nur von den „Vorschriften dieser Verordnung", also nur der FeV, zu, nicht von den Regelungen des StVG. § 46 I S 1 FeV kann auch nicht als Wiederholung der in § 4 III 1 Nr 3 getroffenen Regelung ansehen werden, denn unabhängig von § 46 I 1 FeV weist § 4 III 1 Nr 3 die FEB an, Personen die FE zu entziehen, die 18 oder mehr Punkte erreicht haben, so dass es sich hier um einen eigenständigen Tatbestand handelt, der sich nur in der FeV findet (VGH Mü VRS **108** 304, eingehend dazu *Bouska/Laeverenz* § 4 StVG Anm 19 d und § 6 StVG Anm 3). 58

Korrekturmöglichkeiten. Neben der richterlichen Möglichkeit zur inzidenten Prüfung untergesetzlicher Normen, hier der Punktewertigkeiten in Anl 13 zur FeV (*Gehrmann* NJW **98** 3539, VGH Mü VRS **108** 305), ist auf die **Befugnis der FEB** hinzuweisen, zur Vermeidung ungerechtfertigter Härten die **vorzeitige Tilgung von Eintragungen** im VZR mit entsprechenden Folgen für den Punktestand **anzuordnen** (§ 29 III Nr 2). Siehe auch § 29 III Nr 1 iVm §§ 48 f BZRG. 59

9. Anwendung des Punktsystems auf Personen mit Wohnsitz im Ausland und Inhaber ausländischer FE. Das Punktsystem findet ohne Rücksicht auf Nationalität, Wohnort oder Herkunft der FE Anwendung auf alle Personen, die in Deutschland gegen Verkehrsvorschriften verstoßen. Es gilt also auch für Personen mit Wohnsitz im Ausland und für in Deutschland wohnhafte Inhaber einer ausländischen FE (s *Bouska/Laeverenz* § 4 Anm 51). Haben die Betroffenen in Deutschland keinen Wohn- oder Aufenthaltsort, ist für Maßnahmen jede inländische FEB zuständig (§ 73 III FeV). Die Umwandlung einer deutschen FE in eine ausländische EU-FE führt nicht zum Erlöschen des Punktestandes in Deutschland (OVG Bautzen SächsVBl **07** 157). Im Ausland begangene Verkehrsverstöße werden nicht in das VZR eingetragen und haben keine Punkte in Deutschland zur Folge. Zu **ausländischen Punktsystemen** und ihrer Bedeutung für in Deutschland wohnhafte Personen *Nissen* DAR **07** 564. 60

10. Rechtsmittel.

a) Gegen die **Übermittlung von Entscheidungen an das KBA durch die Justizbehörden** zwecks Eintragung in das VZR ist grundsätzlich der Rechtsweg vor den ordentlichen Gerichten eröffnet (§ 22 I 1 iVm §§ 23 ff EGGVG), näher dazu § 28 Rz 21. Die **Mitteilungen der Verwaltungsbehörden an das KBA** sind gerichtlich nicht überprüfbar, s § 28 Rz 22. 61

b) Die **Eintragung** der rechtskräftigen Entscheidungen **in das VZR** und die damit verbundene rechtlich unverbindliche Bewertung dieser Entscheidungen mit Punkten durch das KBA ist kein Verwaltungsakt und damit nicht mit Widerspruch und Anfechtungsklage überprüfbar (§ 28 Rz 13). Aufgrund des rein verwaltungsinternen Charakters der Eintragung handelt es sich auch nicht um ein isoliert feststellungsfähiges Rechtsverhältnis iSd § 43 I VwGO (*Lässig* JuS **90** 461). Es gibt keinen Anspruch auf verbindliche Feststellung des Punktestandes (VGH Ma NJW **07** 1706, VG Fra NJW **01** 3500, s auch Rz 57). VG Schl NJW **06** 2201 (Anm *Haus* ZfS **06** 537, krit *Ziegert* ZfS **07** 602, 605 f) hält Leistungsklage auf Tilgung von Eintragungen im VZR für zulässig. 62

c) Punktereduzierungen nach Abs 4 und 5 können nicht durch Verpflichtungsklage erreicht werden, da sie nicht durch gesonderte Verwaltungsakte erfolgen (OVG Mgd NJW **02** 2264). Für eine Feststellungsklage fehlt es an einem feststellungsfähigen Rechtsverhältnis iSd § 43 I VwGO (*Ziegert* ZfS **07** 602, 604). Für Feststellungsklage und Leistungsklage fehlt es zudem am Rechtsschutzbedürfnis, weil offen ist, ob jemals von der gegenwärtig örtlich zuständigen FEB rechtliche Konsequenzen aus dem – reduzierten – Punktestand gezogen werden (OVG Mgd NJW **02** 2264, VGH Ma VRS **112** 392 f, NJW **07** 1708). Für die vorsorgliche Klärung des Punktestandes allgemein und nach einer Punktereduzierung gibt es kein Rechtsschutzbedürfnis, weil dies gleichsam die Klärung einer Rechtsfrage um ihrer selbst willen wäre und weil der Wunsch des FEInhabers zu erfahren, wie viele mit Punkten zu bewertende Verkehrsverstöße er sich „noch erlauben" kann, rechtlich nicht schutzwürdig ist (BVerwG Beschl v 16. 10. 07 3 B 25/07 juris, VGH Ma NJW **07** 1708, *Dauer* DAR **07** 474, *Ziegert* ZfS **07** 602, 604). Ob Punktereduzierungen nach Abs 4 und 5 korrekt vorgenommen worden sind, 63

1 StVG § 4   I. Verkehrsvorschriften

kann nur inzident bei der Überprüfung von Maßnahmen nach Abs 3 S 1 Nr 2 oder 3 geprüft werden.

64   d) Die **Maßnahme der ersten Eingriffsstufe** nach Erreichen von 8 Punkten (Abs 3 S 1 Nr 1) kann nicht selbstständig angefochten werden. Widerspruch und Anfechtungsklage scheiden aus, da es sich mangels Regelung nicht um einen Verwaltungsakt handelt. Die in der Maßnahme nach Abs 3 S 1 Nr 1 enthaltene Unterrichtung über den Punktestand erwächst nicht in Bestandskraft, entfaltet deswegen keine Bindungswirkung für nachfolgende Maßnahmen derselben oder einer anderen FEB, und ist deswegen nicht unmittelbar rechtlich überprüfbar (BVerwG NJW **07** 1299, zust Anm *Dauer* DAR **07** 474). Für Feststellungs- oder Leistungsklage fehlt es an einem Rechtsschutzbedürfnis (s Rz 63).

65   e) Die **Maßnahme der zweiten Eingriffsstufe** nach Erreichen von 14 Punkten (Abs 3 S 1 Nr 2) ist ein Verwaltungsakt, wenn die Teilnahme an einem Aufbauseminar angeordnet wird und kann dann mit Widerspruch und Anfechtungsklage überprüft werden. Dies hat keine aufschiebende Wirkung (Abs 7 S 2). Wenn im Rahmen einer Maßnahme nach Abs 3 S 1 Nr 2 kein Aufbauseminar angeordnet wird, weil der Betroffene innerhalb der letzten 5 Jahre bereits an einem solchen Seminar teilgenommen hat (Abs 3 S 1 Nr 2 S 2), wird er also nur schriftlich verwarnt, stellt die Maßnahme nach Abs 3 S 1 Nr 2 mangels Regelung keinen Verwaltungsakt dar. Eine Überprüfung durch Widerspruch und Anfechtungsklage ist dann nicht möglich.

66   f) Die **EdF wegen Nichtteilnahme an gem Abs 3 S 1 Nr 2 angeordnetem Aufbauseminar** innerhalb der von der FEB gesetzten Frist (Abs 7 S 1) ist ein Verwaltungsakt und kann mit Widerspruch und Anfechtungsklage überprüft werden; keine aufschiebende Wirkung (Abs 7 S 2).

67   g) Die **Maßnahme der dritten Eingriffsstufe**, also die EdF nach Erreichen von 18 Punkten, ist ein Verwaltungsakt und kann mit Widerspruch und Anfechtungsklage überprüft werden; keine aufschiebende Wirkung (Abs 7 S 2).

68   h) **Keine aufschiebende Wirkung (Abs 7 S 2)** der Anfechtung der Anordnung der Seminarteilnahme gem Abs 3 S 1 Nr 2, der Anfechtung der EdF nach Abs 3 S 1 Nr 3 wegen Erreichens von 18 Punkten und der Anfechtung der EdF nach Abs 7 S 1 wegen Nichtbefolgung der Anordnung einer Seminarteilnahme. Verfassungsrechtliche Bedenken gegen diesen normativen Ausschluss der aufschiebenden Wirkung bestehen nicht, da überwiegende öffentliche Interessen, hier die vorbeugende Gefahrenabwehr gegen ungeeignete und unbefähigte Kf es gebieten, den Rechtsschutzanspruch zurückzustellen (*Gehrmann* NJW **98** 3539, krit *Hillmann* VGT **95** 164 = DAR **95** 100).

69   i) Die Eintragung im VZR und die Punktbewertung sind **keine Nebenfolgen nichtvermögensrechtlicher Art** iS von § 79 I S 1 Nr 2 OWiG, also keine Rechtsbeschwerde ohne Zulassung (*Göhler-Seitz* § 79 Rz 8, *Janiszewski/Buddendiek* Rz 141, Ha VM **97** 30, DAR **97** 410).

70   **11. Punkteübernahme durch Dritte** („Punktehandel"): Wenn der Täter einer Ordnungswidrigkeit der Behörde mitteilt, ein anderer (der bereit ist, die Punkte zu übernehmen) habe die Tat begangen, Strafbarkeit nach § 164 II StGB, Anstiftung durch den Übernehmer. Keine Strafbarkeit nach § 164 StGB, wenn zu dem Zeitpunkt der Benennung der anderen Person dieser gegenüber bereits die Verfolgungsverjährung abgelaufen war, da die Benennung dann nicht geeignet ist, ein behördliches Verfahren gegen diese Person herbeizuführen (Ce DAR **07** 713). Strafbarkeit nach § 271 StGB scheidet aus, da falsche Eintragungen nicht in „öffentlichen Urkunden, Büchern, Dateien oder Registern" iSd § 271 StGB bewirkt werden (aA *Brock/Wiechers* DAR **03** 484). Das VZR ist kein öffentliches Register in diesem Sinne, da es rein verwaltungsinterne Funktion hat (§ 28 Rz 13).

71   Lit: *Brock/Wiechers*, Zur umfangreichen rechtlichen Einordnung des Punktehandels im Internet, DAR **03** 484. *Dauer*, Verkehrszentralregister: Wann entstehen Punkte?, NZV **07** 593. *Jagow*, Charakterliche Eignung und Punktsystem, VD **98** 265. *Janker*, Wann „ergeben" sich Punkte?, SVR **04** 1. *Derselbe*, Punkteabbau durch Teilnahme an verkehrspsychologischer Beratung, SVR **07** 87. *Derselbe*, Tattag- oder Rechtskraftprinzip bei der Punktereduzierung durch Teilnahme an verkehrspsychologischer Beratung oder Aufbauseminar, DAR **07** 374. *Derselbe*, Punktereduzierung durch Teilnahme an Aufbauseminaren oder verkehrspsychologischer Beratung ..., DAR **08** 166. *Nissen*, Punktesysteme in Europa – eine Übersicht, DAR **07** 564. *Ziegler*, Rechtsfragen zum Punktsystem, ZfS **07** 602.

Verlust von Dokumenten und Kennzeichen

5 ¹Besteht eine Verpflichtung zur Ablieferung oder Vorlage eines Führerscheins, Fahrzeugscheins, Anhängerverzeichnisses, Fahrzeugbriefs, Nachweises über die Zuteilung des amtlichen Kennzeichens oder über die Betriebserlaubnis oder EG-Typgenehmigung, eines ausländischen Führerscheins oder Zulassungsscheins oder eines internationalen Führerscheins oder Zulassungsscheins oder amtlicher Kennzeichen oder Versicherungskennzeichen und behauptet der Verpflichtete, der Ablieferungs- oder Vorlagepflicht deshalb nicht nachkommen zu können, weil ihm der Schein, das Verzeichnis, der Brief, der Nachweis oder die Kennzeichen verloren gegangen oder sonst abhanden gekommen sind, so hat er auf Verlangen der Verwaltungsbehörde eine Versicherung an Eides statt über den Verbleib des Scheins, Verzeichnisses, Briefs, Nachweises oder der Kennzeichen abzugeben. ²Dies gilt auch, wenn jemand für einen verloren gegangenen oder sonst abhanden gekommenen Schein, Brief oder Nachweis oder ein verloren gegangenes oder sonst abhanden gekommenes Anhängerverzeichnis oder Kennzeichen eine neue Ausfertigung oder ein neues Kennzeichen beantragt.

Begr zum ÄndG v 24. 4. 1998 (VkBl **98** 796): *Amtliche Kennzeichen, d. h. mit einem Dienstsiegel versehene Kennzeichenschilder, Versicherungskennzeichen sowie Nachweise über die Betriebserlaubnis oder EG-Typgenehmigung sind ebenso Urkunden wie die Fahrzeugpapiere. Da mit amtlichen Kennzeichen wie mit Fahrzeugpapieren gleichermaßen Missbrauch möglich ist, soll bei Verlust im Rahmen des entsprechenden Verwaltungsverfahrens künftig ebenso eine Versicherung an Eides statt über deren Verbleib verlangt werden können, wie bisher schon bei Fahrzeugpapieren. Außerdem werden die Anhängerverzeichnisse (§ 24 StVZO) aufgenommen, weil sie hinsichtlich ihres Aussagewertes über die Fahrzeugzulassung den Fahrzeugscheinen gleichzustellen sind.*

1. Beispiele für **Ablieferungspflichten:** a) bei inländischen FSen, auch bei angeordneter sofortiger Vollziehung der EdF: § 3 II 2 StVG, §§ 25 V 3, 47 I FeV; b) bei inländischen internationalen FSen: § 47 I FeV; c) bei ausländischen FSen: §§ 30 III, 31 IV 2 FeV; d) bei Versicherungskennzeichen: § 29 FZV. Bei der steuerlichen Fz-Zwangsabmeldung gemäß § 14 KraftStG besteht hinsichtlich des FzScheins keine Ablieferungspflicht des Halters, der FzSchein ist vielmehr behördlich einzuziehen. § 5 greift hier mangels einer Ablieferungspflicht nicht ein, wie Satz 1 zeigt.

2. Beispiele für **Vorlagepflichten:** a) bei inländischen FSen: §§ 47 I, 48 X 3 (mit § 47 I) FeV; b) bei ausländischen Führerscheinen: §§ 3 II 2 StVG, 47 II 1 FeV; c) bei inländischen Anhängerverzeichnissen: § 13 I 1 FZV; d) bei Zulassungsbescheinigungen Teil II: § 6 II FZV; e) bei Zulassungsbescheinigungen Teil I: § 13 I 1 FZV.

3. Eine **Versicherung an Eides Statt** soll nur gefordert werden, wenn alle anderen zumutbaren Aufklärungsmöglichkeiten erschöpft sind (Stu NZV **96** 415); dies ist vor allem bei Anträgen auf Erteilung eines ErsatzFS nach Verlust oder Diebstahl zu beachten, zumal die Abnahme einer eidesstattlichen Versicherung gebührenpflichtig ist (Nr 256 GebOSt). Die eidesstattliche Versicherung darf nur von eidesfähigen Personen verlangt werden. Zuständige Behörde: § 46 FZV, § 73 FeV, s Stu NZV **96** 415. Näher § 27 VwVfG. Es besteht Belehrungspflicht über die strafrechtliche Bedeutung (§ 27 IV VwVfG, § 156, 163 StGB). Wird Ersetzung eines in Wirklichkeit nicht verlorengegangenen oder abhanden gekommenen FS durch eine Neuausfertigung beantragt (zB eines „überalterten" FS), so greift § 5 nur hinsichtlich der Vorlagepflicht (Unbrauchbarmachung reicht aus) ein.

4. Durch Einführung der Gebühren-Nr 257 („Entgegennahme einer eidesstattlichen Versicherung (§ 5 StVG), die nicht den Anforderungen des VwVfG entspricht") durch die 16. ÄndVO zur GebOSt v 16. 11. 01 (BGBl I 3110, 3113) wurde ab 1. 1. 02 ohne Rechtsgrundlage (Bedenken des BMV VkBl **01** 602) eine sog **kleine Versicherung an Eides Statt** eingeführt. Neben der Aufnahme einer Versicherung an Eides Statt sollte danach die Möglichkeit bestehen, mit der gleichen Rechtswirkung, aber zu einer deutlich geringeren Gebühr einen entsprechenden Text durch Nutzung eines Formblattes oder selbst verfasst bei der Behörde einzureichen (Begr VkBl **01** 602). Die Gebühren-Nr 257 und damit die sog kleine Versicherung an Eides Statt wurde durch die 17. ÄndVO zur GebOSt v 22. 1. 08 (BGBl I 36, 37) ab 13. 2. 08 wieder **abgeschafft** (Begr VkBl **08** 105).

5a (weggefallen)

1 StVG § 5b   I. Verkehrsvorschriften

Unterhaltung der Verkehrszeichen

5b (1) ¹Die Kosten der Beschaffung, Anbringung, Entfernung, Unterhaltung und des Betriebs der amtlichen Verkehrszeichen und -einrichtungen sowie der sonstigen vom Bundesministerium für Verkehr, Bau und Stadtentwicklung zugelassenen Verkehrszeichen und -einrichtungen trägt der Träger der Straßenbaulast für diejenige Straße, in deren Verlauf sie angebracht werden oder angebracht worden sind, bei geteilter Straßenbaulast der für die durchgehende Fahrbahn zuständige Träger der Straßenbaulast. ²Ist ein Träger der Straßenbaulast nicht vorhanden, so trägt der Eigentümer der Straße die Kosten.

(2) Diese Kosten tragen abweichend vom Absatz 1

a) die Unternehmer der Schienenbahnen für Andreaskreuze, Schranken, Blinklichter mit oder ohne Halbschranken;
b) die Unternehmer im Sinne des Personenbeförderungsgesetzes für Haltestellenzeichen;
c) die Gemeinden in der Ortsdurchfahrt für Parkuhren und andere Vorrichtungen oder Einrichtungen zur Überwachung der Parkzeit, Straßenschilder, Geländer, Wegweiser zu innerörtlichen Zielen und Verkehrszeichen für Laternen, die nicht die ganze Nacht brennen;
d) die Bauunternehmer und die sonstigen Unternehmer von Arbeiten auf und neben der Straße für Verkehrszeichen und -einrichtungen, die durch diese Arbeiten erforderlich werden;
e) die Unternehmer von Werkstätten, Tankstellen sowie sonstigen Anlagen und Veranstaltungen für die entsprechenden amtlichen oder zugelassenen Hinweiszeichen;
f) die Träger der Straßenbaulast der Straßen, von denen der Verkehr umgeleitet werden soll, für Wegweiser für Bedarfsumleitungen.

(3) Das Bundesministerium für Verkehr, Bau und Stadtentwicklung wird ermächtigt, durch Rechtsverordnung mit Zustimmung des Bundesrates bei der Einführung neuer amtlicher Verkehrszeichen und -einrichtungen zu bestimmen, dass abweichend von Absatz 1 die Kosten entsprechend den Regelungen des Absatzes 2 ein anderer zu tragen hat.

(4) Kostenregelungen auf Grund kreuzungsrechtlicher Vorschriften nach Bundes- und Landesrecht bleiben unberührt.

(5) Diese Kostenregelung umfasst auch die Kosten für Verkehrszählungen, Lärmmessungen, Lärmberechnungen und Abgasmessungen.

(6) ¹Können Verkehrszeichen oder Verkehrseinrichtungen aus technischen Gründen oder wegen der Sicherheit und Leichtigkeit des Straßenverkehrs nicht auf der Straße angebracht werden, haben die Eigentümer der Anliegergrundstücke das Anbringen zu dulden. ²Schäden, die durch das Anbringen oder Entfernen der Verkehrszeichen oder Verkehrseinrichtungen entstehen, sind zu beseitigen. ³Wird die Benutzung eines Grundstücks oder sein Wert durch die Verkehrszeichen oder Verkehrseinrichtungen nicht unerheblich beeinträchtigt oder können Schäden, die durch das Anbringen oder Entfernen der Verkehrszeichen oder Verkehrseinrichtungen entstanden sind, nicht beseitigt werden, so ist eine angemessene Entschädigung in Geld zu leisten. ⁴Zur Schadensbeseitigung und zur Entschädigungsleistung ist derjenige verpflichtet, der die Kosten für die Verkehrszeichen und Verkehrseinrichtungen zu tragen hat. ⁵Kommt eine Einigung nicht zustande, so entscheidet die höhere Verwaltungsbehörde. ⁶Vor der Entscheidung sind die Beteiligten zu hören. ⁷Die Landesregierungen werden ermächtigt, durch Rechtsverordnung die zuständige Behörde abweichend von Satz 5 zu bestimmen. ⁸Sie können diese Ermächtigung auf oberste Landesbehörden übertragen.

1. Begr (VkBl **80** 243):

Zu Absatz 1: Die Einfügung des Wortes „Entfernung" in Absatz 1 Satz 1 soll klarstellen, dass der Kostenpflichtige auch die Kosten für die gegebenenfalls erforderliche Entfernung des Verkehrszeichens oder der Verkehrseinrichtung zu tragen hat. Die zweite Einfügung dient der sprachlichen Klarstellung.

Zu Absatz 2: Die Erwähnung „anderer Vorrichtungen und Einrichtungen" zur Überwachung der Parkzeit trägt der Neufassung des § 6a Abs. 6 Satz 1 Rechnung und stellt diese den Parkuhren auch hinsichtlich der Kostentragung gleich. Hierbei handelt es sich natürlich nur um ortsgebundene Anlagen, nicht aber um Instrumente im Fahrzeug.

Geländer im Sinne des § 25 Abs. 4 StVO sollen an Fußgängerüberwegen oder an Kreuzungen oder an Einmündungen mit abknickender Vorfahrt die Fußgänger vom unbedachten Betreten der Fahrbahn abhalten und zu der Stelle hinführen, wo sie gefahrlos die Fahrbahn überschreiten können. Die Kosten der Beschaffung, Anbringung und Unterhaltung für derartige Geländer muss nach § 5b Abs. 1 StVO auch bei geteilter Baulast der für die durchgehende Fahrbahn zuständige Träger der Straßenbaulast tragen, soweit nicht kreuzungsrechtliche Vorschriften in Betracht kommen. Da die Geländer zur Sicherheit des Fußgängerver-

Ausführungsvorschriften § 6 StVG **1**

kehrs bestimmt und die Gemeinden Baulastträger der Gehwege in Ortsdurchfahrten sind, außerdem die technische Ausgestaltung der Geländer bisher je nach den gestalterischen Absichten der Gemeinde erfolgt ist, erscheint es sachgerecht, dass die Kosten für Geländer in der Ortsdurchfahrt den Gemeinden zur Last gelegt werden.

Auf Vorschlag des Bundesrates wurde Buchstabe d um „Verkehrseinrichtungen" ergänzt mit folgender Begründung: Nach der geltenden Fassung des § 5b Abs. 2 Buchstabe d ist die Kostentragungspflicht nur für Verkehrszeichen vorgesehen. Die Sicherung von Arbeitsstellen erfordert jedoch auch die Aufstellung von Verkehrseinrichtungen, für die der Bauunternehmer gleichermaßen die Kosten zu tragen hat.

Zu Absatz 5: Darüber hinaus wurden ebenfalls auf Vorschlag des Bundesrates die Worte „Lärmmessungen, Lärmberechnungen und Abgasmessungen" mit folgender Begründung eingefügt: Die Verpflichtung des Rechtsträgers der Straßenverkehrsbehörde zur Tragung der Kosten von Lärmmessungen und -berechnungen, die der Vorbereitung einer straßenverkehrsbehördlichen Entscheidung über Maßnahmen zum Schutz der Nachtruhe dienen, ist wenig befriedigend. Diese Kosten entstehen ebenso häufig wie die Kosten für Verkehrszählungen zwangsläufig bei der Vorbereitung gewisser Entscheidungen der Straßenverkehrsbehörde nach § 45 Abs. 1 StVO – wie demnächst auf der Grundlage des neugefassten § 6 Abs. 1 Nr. 3 Buchstabe d StVG. Während jedoch für die Kosten von Verkehrszählungen in § 5b Abs. 5 StVG eine besondere und sachgerechte Regelung der Kostentragungspflicht getroffen ist, fehlt bislang eine entsprechende Regelung für die Kosten von Lärmmessungen und -berechnungen.

Die Vorschrift des § 5b Abs. 5 StVG ist seinerzeit auf Grund einer Empfehlung des Ausschusses für Verkehr, Post- und Fernmeldewesen des Deutschen Bundestages eingefügt worden. In dem Bericht des Ausschusses (Drucksache IV/2792) heißt es, dass die Verkehrsregelung durch Verkehrszeichen und -einrichtungen häufig besondere vorbereitende Maßnahmen erfordere; deshalb sei die Einfügung eines Absatzes 5 notwendig, mit dem angeordnet werde, dass die Kostentragung sich auch auf die Kosten einer Verkehrszählung erstrecke. Diese Argumentation trifft gleichermaßen für die Kosten zu, die für Lärmmessungen und -berechnungen anfallen. Zur Vorbereitung verkehrsbehördlicher Entscheidungen sind aber nicht nur Verkehrszählungen sowie Lärmmessungen und -berechnungen erforderlich, sondern im Hinblick auf Artikel 1 Nr. 4 Buchstaben a, bb, aaa (§ 6 Abs. 1 Nr. 3 Buchstabe d) künftig auch Abgasmessungen, insbesondere in Wohngebieten. Für die Kostentragungspflicht muss insofern das Gleiche gelten.

2. Unterhaltung der Verkehrszeichen. Die Kostenvorschrift entstammt dem G v 14. 5. 65 **2** (BGBl I 388), VI dem ÄndG v 19. 3. 69 (BGBl I 217, Begr: VkBl **65** 611, **69** 183). Das ÄndG v 6. 4. 80 (BGBl I 413) hat die Absätze I, II und V geändert (Begr oben). Der frühere Meinungsstreit, ob § 5b die Erhebung von Parkgebühren nach § 6a ausschließt, VGH Ma NJW **78** 1278, aM BVerwG NJW **80** 850, Bay NJW **78** 1274, ist durch § 6a VI nF überholt (Begr VkBl **80** 249). Zum Parkuhrproblem: § 13 StVO. Der Kostenträger nach § 5b kann uU Dritte, zB einen Sondernutzungsberechtigten (Ampelanlage), nach anderen Vorschriften zur Kostenerstattung heranziehen, BVerwG VRS **58** 301, 308. Mit der grundsätzlichen Regelung der Kostentragungspflicht wird vermieden, dass die Anbringung von VZ und VEinrichtungen wegen Zweifeln über die Kostentragung verzögert wird; die Bestimmung schließt abweichende Regelungen der endgültigen Kostentragung durch Überwälzung auf Dritte nicht aus, BVerwG VkBl **80** 389, Bay NJW **78** 1274, aM VGH Ma NJW **78** 1278. Daraus wird zugleich deutlich, dass die Kostentragungspflicht nicht Ausfluss der Straßenbaulast ist; nach einem Wechsel der Straßenbaulast hat der alte Träger der Straßenbaulast dem neuen Träger dementsprechend nicht für die trotz straßenverkehrsrechtlicher Anordnung unterlassene Errichtung einer Lichtzeichenanlage einzustehen, BVerwG NVwZ-RR **04** 84. „Sonstiger Unternehmer" iS von Abs II d kann auch ein im Rahmen der Gefahrenabwehr tätig werdender Träger öffentlicher Verwaltung sein, VGH Ka VM **93** 55. Von der Ermächtigung des Abs III wurde in § 51 hinsichtlich des VZ (Touristischer Hinweis) zu Lasten des Antragstellers Gebrauch gemacht.

Ausführungsvorschriften

6 (1) **Das Bundesministerium für Verkehr, Bau und Stadtentwicklung wird ermächtigt, Rechtsverordnungen mit Zustimmung des Bundesrates zu erlassen über**
1. die Zulassung von Personen zum Straßenverkehr, insbesondere über
    a) Ausnahmen von der Fahrerlaubnispflicht nach § 2 Abs. 1 Satz 1, Anforderungen für das Führen fahrerlaubnisfreier Kraftfahrzeuge, Ausnahmen von einzelnen Erteilungsvoraussetzungen nach § 2 Abs. 2 Satz 1 und vom Erfordernis der Begleitung und Beaufsichtigung durch einen Fahrlehrer nach § 2 Abs. 15 Satz 1,

b) den Inhalt der Fahrerlaubnisklassen nach § 2 Abs. 1 Satz 2 und der besonderen Erlaubnis nach § 2 Abs. 3, die Gültigkeitsdauer der Fahrerlaubnis der Klassen C und D, ihrer Unterklassen und Anhängerklassen und der besonderen Erlaubnis nach § 2 Abs. 3 sowie Auflagen und Beschränkungen zur Fahrerlaubnis und der besonderen Erlaubnis nach § 2 Abs. 3,

c) die Anforderungen an die Eignung zum Führen von Kraftfahrzeugen, die Beurteilung der Eignung durch Gutachten sowie die Feststellung und Überprüfung der Eignung durch die Fahrerlaubnisbehörde nach § 2 Abs. 2 Satz 1 Nr. 3 in Verbindung mit Abs. 4, 7 und 8,

d) die Maßnahmen zur Beseitigung von Eignungsmängeln, insbesondere Inhalt und Dauer Kurse, die Teilnahme an solchen Kursen, die Anforderungen an die Kursleiter sowie die Zertifizierung der Qualitätssicherung, deren Inhalt einschließlich der hierfür erforderlichen Verarbeitung und Nutzung personenbezogener Daten und die Akkreditierung der für die Qualitätssicherung verantwortlichen Stellen oder Personen durch die Bundesanstalt für Straßenwesen, um die ordnungsgemäße Durchführung der Kurse zu gewährleisten, wobei ein Erfahrungsaustausch unter Leitung der Bundesanstalt für Straßenwesen vorgeschrieben werden kann,

e) die Prüfung der Befähigung zum Führen von Kraftfahrzeugen, insbesondere über die Zulassung zur Prüfung sowie über Inhalt, Gliederung, Verfahren, Bewertung, Entscheidung und Wiederholung der Prüfung nach § 2 Abs. 2 Satz 1 Nr. 5 in Verbindung mit Abs. 5, 7 und 8 sowie die Erprobung neuer Prüfungsverfahren,

f) die Prüfung der umweltbewussten und energiesparenden Fahrweise nach § 2 Abs. 2 Satz 1 Nr. 5 in Verbindung mit Abs. 5 Nr. 4,

g) die nähere Bestimmung der sonstigen Voraussetzungen nach § 2 Abs. 2 Satz 1 und 2 für die Erteilung der Fahrerlaubnis und die Voraussetzungen der Erteilung der besonderen Erlaubnis nach § 2 Abs. 3,

h) den Nachweis der Personendaten, das Lichtbild sowie die Mitteilung und die Nachweise über das Vorliegen der Voraussetzungen im Antragsverfahren nach § 2 Abs. 6,

i) die Sonderbestimmungen bei Dienstfahrerlaubnissen nach § 2 Abs. 10 und die Erteilung von allgemeinen Fahrerlaubnissen auf Grund von Dienstfahrerlaubnissen,

j) die Zulassung und Registrierung von Inhabern ausländischer Fahrerlaubnisse und die Behandlung abgelieferter ausländischer Führerscheine nach § 2 Abs. 11 und § 3 Abs. 2,

k) die Anerkennung oder Beauftragung von Stellen oder Personen nach § 2 Abs. 13, die Aufsicht über sie, die Übertragung dieser Aufsicht auf andere Einrichtungen, die Zertifizierung der Qualitätssicherung, deren Inhalt einschließlich der hierfür erforderlichen Verarbeitung und Nutzung personenbezogener Daten und die Akkreditierung der für die Qualitätssicherung verantwortlichen Stellen oder Personen durch die Bundesanstalt für Straßenwesen, um die ordnungsgemäße und gleichmäßige Durchführung der Beurteilung, Prüfung oder Ausbildung nach § 2 Abs. 13 zu gewährleisten, wobei ein Erfahrungsaustausch unter Leitung der Bundesanstalt für Straßenwesen vorgeschrieben werden kann, sowie die Verarbeitung und Nutzung personenbezogener Daten für die mit der Anerkennung oder Beauftragung bezweckte Aufgabenerfüllung nach § 2 Abs. 14,

l) Ausnahmen von der Probezeit, die Anrechnung von Probezeiten bei der Erteilung einer allgemeinen Fahrerlaubnis an Inhaber von Dienstfahrerlaubnissen nach § 2a Abs. 1, den Vermerk über die Probezeit im Führerschein,

m) die Einstufung der im Verkehrszentralregister gespeicherten Entscheidungen über Straftaten und Ordnungswidrigkeiten als schwerwiegend oder weniger schwerwiegend für die Maßnahmen nach den Regelungen der Fahrerlaubnis auf Probe gemäß § 2a Abs. 2,

n) die Anforderungen an die allgemeinen und besonderen Aufbauseminare, insbesondere über Inhalt und Dauer, die Teilnahme an den Seminaren nach § 2b Abs. 1 und 2 sowie § 4 Abs. 3 Satz 1 Nr. 1 und 2, die Anforderungen an die Seminarleiter und deren Anerkennung nach § 2b Abs. 2 Satz 2 und § 4 Abs. 8 Satz 4 sowie die Zertifizierung der Qualitätssicherung, deren Inhalt einschließlich der hierfür erforderlichen Verarbeitung und Nutzung personenbezogener Daten und die Akkreditierung der für die Qualitätssicherung verantwortlichen Stellen oder Personen durch die Bundesanstalt für Straßenwesen, um die vorgeschriebene Einrichtung und Durchführung der Seminare zu gewährleisten, wobei ein Erfahrungsaustausch unter Leitung der Bundesanstalt für Straßenwesen vorgeschrieben werden kann,

o) die Übermittlung der Daten nach § 2c, insbesondere über den Umfang der zu übermittelnden Daten und die Art der Übermittlung,

p) Maßnahmen zur Erzielung einer verantwortungsbewussteren Einstellung im Straßenverkehr und damit zur Senkung der besonderen Unfallrisiken von Fahranfängern
- durch eine Ausbildung, die schulische Verkehrserziehung mit der Ausbildung nach den Vorschriften des Fahrlehrergesetzes verknüpft, als Voraussetzung für die Erteilung der Fahrerlaubnis im Sinne des § 2 Abs. 2 Satz 1 Nr. 4 und
- durch die freiwillige Fortbildung in geeigneten Seminaren nach Erwerb der Fahrerlaubnis mit der Möglichkeit der Abkürzung der Probezeit, insbesondere über Inhalt und Dauer der Seminare, die Anforderungen an die Seminarleiter und die Personen, die im Rahmen der Seminare praktische Fahrübungen auf hierfür geeigneten Flächen durchführen, die Anerkennung und die Aufsicht über sie, die Qualitätssicherung, deren Inhalt und die wissenschaftliche Begleitung einschließlich der hierfür erforderlichen Verarbeitung und Nutzung personenbezogener Daten sowie über die, auch zunächst nur zur modellhaften Erprobung befristete, Einführung in den Ländern durch die obersten Landesbehörden, die von ihr bestimmten oder nach Landesrecht zuständigen Stellen,

q) die Maßnahmen bei bedingt geeigneten oder ungeeigneten oder bei nicht befähigten Fahrerlaubnisinhabern oder bei Zweifeln an der Eignung oder Befähigung nach § 3 Abs. 1 sowie die Ablieferung, die Vorlage und die weitere Behandlung der Führerscheine nach § 3 Abs. 2,

r) die Neuerteilung der Fahrerlaubnis nach vorangegangener Entziehung oder vorangegangenem Verzicht und die Erteilung des Rechts, nach vorangegangener Entziehung oder vorangegangenem Verzicht von einer ausländischen Fahrerlaubnis wieder Gebrauch zu machen nach § 3 Abs. 6,

s) die Bewertung der im Verkehrszentralregister gespeicherten Entscheidungen über Straftaten und Ordnungswidrigkeiten nach § 4 Abs. 2,

t) (weggefallen)

u) die Anforderungen an die verkehrspsychologische Beratung, insbesondere über Inhalt und Dauer der Beratung, die Teilnahme an der Beratung sowie die Anforderungen an die Berater und ihre Anerkennung nach § 4 Abs. 9,

v) die Herstellung, Lieferung und Gestaltung des Musters des Führerscheins und dessen Ausfertigung sowie die Bestimmung, wer die Herstellung und Lieferung durchführt, nach § 2 Abs. 1 Satz 3,

w) die Zuständigkeit und das Verfahren bei Verwaltungsmaßnahmen nach diesem Gesetz und den auf diesem Gesetz beruhenden Rechtsvorschriften sowie die Befugnis der nach Landesrecht zuständigen Stellen, Ausnahmen von § 2 Abs. 1 Satz 3, Abs. 2 Satz 1 und 2, Abs. 15, § 2a Abs. 2 Satz 1 Nr. 1 bis 3, § 2b Abs. 1, § 4 Abs. 3 Satz 1 Nr. 2 und 3, Abs. 8 Satz 1, Abs. 9 Satz 6 Nr. 3, Abs. 10 sowie Ausnahmen von den auf diesem Gesetz beruhenden Rechtsvorschriften zuzulassen,

x) den Inhalt und die Gültigkeit bisher erteilter Fahrerlaubnisse sowie den Umtausch von Führerscheinen, deren Muster nicht mehr ausgefertigt werden, und die Regelungen des Besitzstandes im Fall des Umtausches,

y) Maßnahmen, um die sichere Teilnahme sonstiger Personen am Straßenverkehr zu gewährleisten, sowie die Maßnahmen, wenn sie bedingt geeignet oder ungeeignet oder nicht befähigt zur Teilnahme am Straßenverkehr sind;

1a. (weggefallen)

2. die Zulassung von Fahrzeugen zum Straßenverkehr einschließlich Ausnahmen von der Zulassung, die Beschaffenheit, Ausrüstung und Prüfung der Fahrzeuge, insbesondere über

a) Voraussetzungen für die Zulassung von Kraftfahrzeugen und deren Anhänger, vor allem über Bau, Beschaffenheit, Abnahme, Ausrüstung und Betrieb, Begutachtung und Prüfung, Betriebserlaubnis und Genehmigung sowie Kennzeichnung der Fahrzeuge und Fahrzeugteile, um deren Verkehrssicherheit zu gewährleisten und um die Insassen und andere Verkehrsteilnehmer bei einem Verkehrsunfall vor Verletzungen zu schützen oder deren Ausmaß oder Folgen zu mildern (Schutz von Verkehrsteilnehmern),

b) Anforderungen an zulassungsfreie Kraftfahrzeuge und Anhänger, um deren Verkehrssicherheit und den Schutz der Verkehrsteilnehmer zu gewährleisten, Ausnahmen von der Zulassungspflicht für Kraftfahrzeuge und Anhänger nach § 1 Abs. 1 sowie die Kennzeichnung zulassungsfreier Fahrzeuge und Fahrzeugteile zum Nachweis des Zeitpunktes ihrer Abgabe an den Endverbraucher,

c) Art und Inhalt von Zulassung, Bau, Beschaffenheit, Ausrüstung und Betrieb der Fahrzeuge und Fahrzeugteile, deren Begutachtung und Prüfung, Betriebserlaubnis und Genehmigung sowie Kennzeichnung,

d) den Nachweis der Zulassung durch Fahrzeugdokumente, die Gestaltung der Muster der Fahrzeugdokumente und deren Herstellung, Lieferung und Ausfertigung sowie die Bestimmung, wer die Herstellung und Lieferung durchführen darf,
e) das Herstellen, Feilbieten, Veräußern, Erwerben und Verwenden von Fahrzeugteilen, die in einer amtlich genehmigten Bauart ausgeführt sein müssen,
f) die Allgemeine Betriebserlaubnis oder Bauartgenehmigung, Typgenehmigung oder vergleichbare Gutachten von Fahrzeugen und Fahrzeugteilen einschließlich Art, Inhalt, Nachweis und Kennzeichnung sowie Typbegutachtung und Typprüfung,
g) die Konformität der Produkte mit dem genehmigten, begutachteten oder geprüften Typ einschließlich der Anforderungen z. B. an Produktionsverfahren, Prüfungen und Zertifizierungen sowie Nachweise hierfür,
h) das Erfordernis von Qualitätssicherungssystemen einschließlich der Anforderungen, Prüfungen, Zertifizierungen und Nachweise hierfür sowie sonstige Pflichten des Inhabers der Erlaubnis oder Genehmigung,
i) die Anerkennung und die Akkreditierung von Stellen zur Prüfung und Begutachtung von Fahrzeugen und Fahrzeugteilen sowie von Stellen zur Prüfung und Zertifizierung von Qualitätssicherungssystemen einschließlich der Voraussetzungen hierfür sowie die Änderung und Beendigung von Anerkennung, Akkreditierung und Zertifizierung einschließlich der hierfür erforderlichen Voraussetzungen für die Änderung und die Beendigung. Die Stellen zur Prüfung und Begutachtung von Fahrzeugen und Fahrzeugteilen müssen zur Anerkennung und zur Akkreditierung die Gewähr dafür bieten, dass für die beantragte Zuständigkeit die ordnungsgemäße Wahrnehmung der Prüfaufgaben nach den allgemeinen Kriterien zum Betreiben von Prüflaboratorien und nach den erforderlichen kraftfahrzeugspezifischen Kriterien an Personal- und Sachausstattung erfolgen wird. Für die Akkreditierung von Stellen zur Kontrolle der Qualitätssicherung muss gewährleistet sein, dass für die beantragte Kontrollzuständigkeit die ordnungsgemäße Wahrnehmung der Kontrollaufgaben nach den Kriterien für Stellen, die Qualitätssicherungssysteme zertifizieren, erfolgen,
j) die Anerkennung ausländischer Erlaubnisse und Genehmigungen sowie ausländischer Begutachtungen, Prüfungen und Kennzeichnungen für Fahrzeuge und Fahrzeugteile,
k) die Änderung und Beendigung von Zulassung und Betrieb, Erlaubnis und Genehmigung sowie Kennzeichnung der Fahrzeuge und Fahrzeugteile,
l) Art, Umfang, Inhalt, Ort und Zeitabstände der regelmäßigen Untersuchungen und Prüfungen, um die Verkehrssicherheit der Fahrzeuge und den Schutz der Verkehrsteilnehmer zu gewährleisten, sowie Anforderungen an Untersuchungsstellen und Fachpersonal zur Durchführung von Untersuchungen und Prüfungen sowie Abnahmen von Fahrzeugen und Fahrzeugteilen einschließlich der hierfür notwendigen Räume und Geräte, Schulungen, Schulungsstätten und -institutionen,
m) den Nachweis der regelmäßigen Untersuchungen und Prüfungen sowie Abnahmen von Fahrzeugen und Fahrzeugteilen einschließlich der Bewertung der bei den Untersuchungen und Prüfungen festgestellten Mängel,
n) die Bestätigung der amtlichen Anerkennung von Überwachungsorganisationen, soweit sie vor dem 18. Dezember 2007 anerkannt waren, sowie die Anerkennung von Überwachungsorganisationen zur Vornahme von regelmäßigen Untersuchungen und Prüfungen sowie von Abnahmen, die organisatorischen, personellen und technischen Voraussetzungen für die Anerkennungen einschließlich der Qualifikation und der Anforderungen an das Fachpersonal und die Geräte sowie die mit den Anerkennungen verbundenen Bedingungen und Auflagen, um ordnungsgemäße und gleichmäßige Untersuchungen, Prüfungen und Abnahmen durch leistungsfähige Organisationen sicherzustellen,
o) die notwendige Haftpflichtversicherung anerkannter Überwachungsorganisationen zur Deckung aller im Zusammenhang mit Untersuchungen, Prüfungen und Abnahmen entstehenden Ansprüche sowie die Freistellung des für die Anerkennung und Aufsicht verantwortlichen Landes von Ansprüchen Dritter wegen Schäden, die die Organisation verursacht,
p) die amtliche Anerkennung von Herstellern von Fahrzeugen oder Fahrzeugteilen zur Vornahme der Prüfungen von Geschwindigkeitsbegrenzern, Fahrtschreibern und Kontrollgeräten, die amtliche Anerkennung von Kraftfahrzeugwerkstätten zur Vornahme von regelmäßigen Prüfungen an diesen Einrichtungen, zur Durchführung von Abgasuntersuchungen und Gasanlagenprüfungen an Kraftfahrzeugen und zur Durchführung von Sicherheitsprüfungen an Nutzfahrzeugen sowie die mit den Anerkennungen verbundenen Bedingungen und Auflagen, um ordnungsgemäße und gleichmäßige technische Prüfungen sicherzustellen, die organisatori-

Ausführungsvorschriften **§ 6 StVG 1**

schen, personellen und technischen Voraussetzungen für die Anerkennung einschließlich der Qualifikation und Anforderungen an das Fachpersonal und die Geräte sowie die Erhebung, Verarbeitung und Nutzung personenbezogener Daten des Inhabers der Anerkennungen, dessen Vertreters und der mit der Vornahme der Prüfungen betrauten Personen durch die für die Anerkennung und Aufsicht zuständigen Behörden, um ordnungsgemäße und gleichmäßige technische Prüfungen sicherzustellen,

q) die notwendige Haftpflichtversicherung amtlich anerkannter Hersteller von Fahrzeugen oder Fahrzeugteilen und von Kraftfahrzeugwerkstätten zur Deckung aller im Zusammenhang mit den Prüfungen nach Buchstabe p entstehenden Ansprüche sowie die Freistellung des für die Anerkennung und Aufsicht verantwortlichen Landes von Ansprüchen Dritter wegen Schäden, die die Werkstatt oder der Hersteller verursacht,

r) Maßnahmen der mit der Durchführung der regelmäßigen Untersuchungen und Prüfungen sowie Abnahme und Begutachtungen von Fahrzeugen und Fahrzeugteilen befassten Stellen und Personen zur Qualitätssicherung, deren Inhalt einschließlich der hierfür erforderlichen Verarbeitung und Nutzung personenbezogener Daten, um ordnungsgemäße, nach gleichen Maßstäben durchgeführte Untersuchungen, Prüfungen, Abnahmen und Begutachtungen an Fahrzeugen und Fahrzeugteilen zu gewährleisten,

s) die Verantwortung und die Pflichten und Rechte des Halters im Rahmen der Zulassung und des Betriebs der auf ihn zugelassenen Fahrzeuge sowie des Halters nicht zulassungspflichtiger Fahrzeuge,

t) die Zuständigkeit und das Verfahren bei Verwaltungsmaßnahmen nach diesem Gesetz und den auf diesem Gesetz beruhenden Rechtsvorschriften für Zulassung, Begutachtung, Prüfung, Abnahme, regelmäßige Untersuchungen und Prüfungen, Betriebserlaubnis, Genehmigung und Kennzeichnung,

u) Ausnahmen von § 1 Abs. 1 Satz 2 und 3 sowie Ausnahmen von auf Grund dieses Gesetzes erlassenen Rechtsvorschriften und die Zuständigkeiten hierfür,

v) die Zulassung von ausländischen Kraftfahrzeugen und Anhängern, die Voraussetzungen hierfür, die Anerkennung ausländischer Zulassungspapiere und Kennzeichen, Maßnahmen bei Verstößen gegen die auf Grund des Straßenverkehrsgesetzes erlassenen Vorschriften,

w) Maßnahmen und Anforderungen, um eine sichere Teilnahme von nicht motorisierten Fahrzeugen am Straßenverkehr zu gewährleisten,

x) abweichende Voraussetzungen für die Erteilung einer Betriebserlaubnis für Einzelfahrzeuge und Fahrzeugkombinationen des Großraum- und Schwerverkehrs sowie für Arbeitsmaschinen, soweit diese Voraussetzungen durch den Einsatzzweck gerechtfertigt sind und ohne Beeinträchtigung der Fahrzeugsicherheit standardisiert werden können, die Begutachtung der Fahrzeuge und die Bestätigung der Einhaltung der Voraussetzungen durch einen amtlich anerkannten Sachverständigen;

3. die sonstigen zur Erhaltung der Sicherheit und Ordnung auf den öffentlichen Straßen, für Zwecke der Verteidigung, zur Verhütung einer über das verkehrsübliche Maß hinausgehenden Abnutzung der Straßen oder zur Verhütung von Belästigungen erforderlichen Maßnahmen über den Straßenverkehr, und zwar hierzu unter anderem

   a) (weggefallen)
   b) (weggefallen)
   c) über das Mindestalter der Führer von Fahrzeugen und ihr Verhalten,
   d) über den Schutz der Wohnbevölkerung und Erholungsuchenden gegen Lärm und Abgas durch den Kraftfahrzeugverkehr und über Beschränkungen des Verkehrs an Sonn- und Feiertagen,
   e) über das innerhalb geschlossener Ortschaften, mit Ausnahme von entsprechend ausgewiesenen Parkplätzen sowie von Industrie- und Gewerbegebieten, anzuordnende Verbot, Kraftfahrzeuganhänger und Kraftfahrzeuge mit einem zulässigen Gesamtgewicht über 7,5 Tonnen in der Zeit von 22 Uhr bis 6 Uhr und an Sonn- und Feiertagen, regelmäßig zu parken,
   f) über Ortstafeln und Wegweiser,
   g) über das Verbot von Werbung und Propaganda durch Bildwerk, Schrift, Beleuchtung oder Ton, soweit sie geeignet sind, außerhalb geschlossener Ortschaften die Aufmerksamkeit der Verkehrsteilnehmer in einer die Sicherheit des Verkehrs gefährdenden Weise abzulenken oder die Leichtigkeit des Verkehrs zu beeinträchtigen,
   h) über die Beschränkung des Straßenverkehrs zum Schutz von kulturellen Veranstaltungen, die außerhalb des Straßenraums stattfinden, wenn dies im öffentlichen Interesse liegt,

Dauer

i) über das Verbot zur Verwendung technischer Einrichtungen am oder im Kraftfahrzeug, die dafür bestimmt sind, die Verkehrsüberwachung zu beeinträchtigen;

4. (weggefallen)

4a. das Verhalten der Beteiligten nach einem Verkehrsunfall, das geboten ist, um
   a) den Verkehr zu sichern und Verletzten zu helfen,
   b) zur Klärung und Sicherung zivilrechtlicher Ansprüche die Art der Beteiligung festzustellen und
   c) Haftpflichtansprüche geltend machen zu können;

5. (weggefallen)

5a. Bau, Beschaffenheit, Ausrüstung und Betrieb, Begutachtung, Prüfung, Abnahme, Betriebserlaubnis, Genehmigung und Kennzeichnung der Fahrzeuge und Fahrzeugteile sowie über das Verhalten im Straßenverkehr zum Schutz vor den von Fahrzeugen ausgehenden schädlichen Umwelteinwirkungen im Sinne des Bundes-Immissionsschutzgesetzes; dabei können Emissionsgrenzwerte unter Berücksichtigung der technischen Entwicklung auch für einen Zeitpunkt nach Inkrafttreten der Rechtsverordnung festgesetzt werden;

5b. das Verbot des Kraftfahrzeugverkehrs in den nach § 40 des Bundes-Immissionsschutzgesetzes festgelegten Gebieten nach Bekanntgabe austauscharmer Wetterlagen;

5c. den Nachweis über die Entsorgung oder den sonstigen Verbleib der Fahrzeuge nach ihrer Stilllegung oder Außerbetriebsetzung, um die umweltverträgliche Entsorgung von Fahrzeugen und Fahrzeugteilen sicherzustellen;

6. Art, Umfang, Inhalt, Zeitabstände und Ort einschließlich der Anforderungen an die hierfür notwendigen Räume und Geräte, Schulungen, Schulungsstätten und -institutionen sowie den Nachweis der regelmäßigen Prüfungen von Fahrzeugen und Fahrzeugteilen einschließlich der Bewertung der bei den Prüfungen festgestellten Mängel sowie die amtliche Anerkennung von Überwachungsorganisationen und Kraftfahrzeugwerkstätten nach Nummer 2 Buchstabe n und p und Maßnahmen zur Qualitätssicherung nach Nummer 2 Buchstabe r zum Schutz vor von Fahrzeugen ausgehenden schädlichen Umwelteinwirkungen im Sinne des Bundes-Immissionsschutzgesetzes;

7. die in den Nummern 1 bis 6 vorgesehenen Maßnahmen, soweit sie zur Erfüllung von Verpflichtungen aus zwischenstaatlichen Vereinbarungen oder von bindenden Beschlüssen der Europäischen Gemeinschaften notwendig sind;

8. die Beschaffenheit, Anbringung und Prüfung sowie die Herstellung, den Vertrieb, die Ausgabe, die Verwahrung und die Einziehung von Kennzeichen (einschließlich solcher Vorprodukte, bei denen nur noch die Beschriftung fehlt) für Fahrzeuge, um die unzulässige Verwendung von Kennzeichen oder die Begehung von Straftaten mit Hilfe von Fahrzeugen oder Kennzeichen zu bekämpfen;

9. die Beschaffenheit, Herstellung, Vertrieb, Verwendung und Verwahrung von Führerscheinen und Fahrzeugpapieren einschließlich ihrer Vordrucke sowie von auf Grund dieses Gesetzes oder der auf ihm beruhenden Rechtsvorschriften zu verwendenden Plaketten, Prüffolien und Stempel, um deren Diebstahl oder deren Missbrauch bei der Begehung von Straftaten zu bekämpfen;

10. Bau, Beschaffenheit, Ausrüstung und Betrieb, Begutachtung, Prüfung, Abnahme und regelmäßige Untersuchungen, Betriebserlaubnis und Genehmigung sowie Kennzeichnung von Fahrzeugen und Fahrzeugteilen, um den Diebstahl der Fahrzeuge zu bekämpfen;

11. die Ermittlung, Auffindung und Sicherstellung von gestohlenen, verloren gegangenen oder sonst abhanden gekommenen Fahrzeugen, Fahrzeugkennzeichen sowie Führerscheinen und Fahrzeugpapieren einschließlich ihrer Vordrucke, soweit nicht die Strafverfolgungsbehörden hierfür zuständig sind;

12. die Überwachung der gewerbsmäßigen Vermietung von Kraftfahrzeugen und Anhängern an Selbstfahrer
    a) zur Bekämpfung der Begehung von Straftaten mit gemieteten Fahrzeugen oder
    b) zur Erhaltung der Ordnung und Sicherheit im Straßenverkehr;

13. die Einrichtung gebührenpflichtiger Parkplätze bei Großveranstaltungen im Interesse der Ordnung und Sicherheit des Verkehrs;

14. die Beschränkung des Haltens und Parkens zugunsten der Bewohner städtischer Quartiere mit erheblichem Parkraummangel sowie die Schaffung von Parkmöglichkeiten für Schwerbehinderte mit außergewöhnlicher Gehbehinderung und Blinde, insbesondere in unmittelbarer Nähe ihrer Wohnung oder ihrer Arbeitsstätte;

Ausführungsvorschriften   § 6 StVG 1

15. die Kennzeichnung von Fußgängerbereichen und verkehrsberuhigten Bereichen und die Beschränkungen oder Verbote des Fahrzeugverkehrs zur Erhaltung der Ordnung und Sicherheit in diesen Bereichen, zum Schutz der Bevölkerung vor Lärm und Abgasen und zur Unterstützung einer geordneten städtebaulichen Entwicklung;
16. die Beschränkung des Straßenverkehrs zur Erforschung des Unfallgeschehens, des Verkehrsverhaltens, der Verkehrsabläufe sowie zur Erprobung geplanter verkehrssichernder oder verkehrsregelnder Regelungen und Maßnahmen;
17. die zur Erhaltung der öffentlichen Sicherheit erforderlichen Maßnahmen über den Straßenverkehr;
18. die Einrichtung von Sonderfahrspuren für Linienomnibusse und Taxen;
19. Maßnahmen, die zur Umsetzung der Richtlinie 92/59/EWG des Rates vom 29. Juni 1992 über die allgemeine Produktsicherheit (ABl. EG Nr. L 228 S. 24) erforderlich sind;
20. Maßnahmen, die zur Umsetzung der Richtlinie 2000/30/EG des Europäischen Parlaments und des Rates vom 6. Juni 2000 über die technische Unterwegskontrolle von Nutzfahrzeugen, die in der Gemeinschaft am Straßenverkehr teilnehmen (ABl. EG Nr. L 203 S. 1), erforderlich sind.

(2) Rechtsverordnungen nach Absatz 1 Nr. 8, 9, 10, 11 und 12 Buchstabe a werden vom Bundesministerium für Verkehr, Bau und Stadtentwicklung und vom Bundesministerium des Innern erlassen.

(2a) Rechtsverordnungen nach Absatz 1 Nr. 1 Buchstabe f, Nr. 3 Buchstabe d, e, Nr. 5a, 5b, 5c, 6 und 15 sowie solche nach Nr. 7, soweit sie sich auf Maßnahmen nach Nr. 1 Buchstabe f, Nr. 5a, 5b, 5c und 6 beziehen, werden vom Bundesministerium für Verkehr, Bau und Stadtentwicklung und vom Bundesministerium für Umwelt, Naturschutz und Reaktorsicherheit erlassen.

(3) Abweichend von den Absätzen 1 bis 2a bedürfen Rechtsverordnungen zur Durchführung der Vorschriften über die Beschaffenheit, den Bau, die Ausrüstung und die Prüfung von Fahrzeugen und Fahrzeugteilen sowie Rechtsverordnungen über allgemeine Ausnahmen von den auf diesem Gesetz beruhenden Rechtsvorschriften nicht der Zustimmung des Bundesrates; vor ihrem Erlass sind die zuständigen obersten Landesbehörden zu hören.

(4) Das Bundesministerium für Verkehr, Bau und Stadtentwicklung wird ermächtigt, durch Rechtsverordnung, die nicht der Zustimmung des Bundesrates bedarf, im Einvernehmen mit den beteiligten Bundesministerien, soweit Verordnungen nach diesem Gesetz geändert oder abgelöst werden, Verweisungen in Gesetzen und Rechtsverordnungen auf die geänderten oder abgelösten Vorschriften durch Verweisungen auf die jeweils inhaltsgleichen neuen Vorschriften zu ersetzen.

1. Ausführungsverordnungen. § 6 beruht auf dem VSichG v 19. 12. 52. Der Katalog in Nr 1 wurde durch das G zur Ändg des StVG und anderer Gesetze v 24. 4. 1998 (BGBl I S 747), der Katalog in Nr 2 durch das StVRÄndG v 11. 9. 2002 (BGBl I S 3574), eingefügt. **1**

Umfang der Ermächtigung: Der VOGeber muss sich im Rahmen der gesetzlichen Ermächtigung durch das StVG halten, die VO kann nichts rechtlich darüber Hinausgehendes anordnen, BVerfG NJW **72** 859. Wegfall der Ermächtigungsnorm durch Gesetzesänderung berührt den Bestand einer darauf beruhenden VO nicht, BVerwG NJW **90** 849. Eine mangels Ermächtigung unwirksame RVO wird durch nachträgliche Erweiterung der Ermächtigung nicht wirksam, sie muss neu erlassen (verkündet) werden, BGH MDR **79** 825. Das im Rechtsstaatsprinzip wurzelnde Übermaßverbot (**E** 2) bindet auch den VOGeber. **2**

2. Ziffer 1 enthält die Ermächtigungsgrundlagen zur Ausführung der Regelungen des StVG auf dem Gebiet des Fahrerlaubnisrechts, bildet insbesondere die Grundlage für die Fahrerlaubnis-VO (FeV). **3**

a) Fahrerlaubnisprüfung, Prüfung der Eignung und Befähigung zum Führen von Kfzen, Nachschulungskurse, Verkehrserziehung (zB Ziffer 1 lit c, d, e, k, p). **4**

Begr zum ÄndG v 24. 4. 1998 (BRDrucks 13/6914, S 102): *Mit der Änderung soll eine Ermächtigungsgrundlage für die Festlegung geeigneter Maßnahmen zur Herstellung, Wiederherstellung oder Stabilisierung der Kraftfahreignung geschaffen werden. Damit werden die bereits seit Jahren erfolgreich durchgeführten Nachschulungskurse insbesondere für alkoholauffällige Kraftfahrer auf eine rechtliche Grundlage gestellt. Gleichzeitig wird die Möglichkeit eröffnet, weitere Anbieter solcher Kurse zuzulassen.*

Da sichergestellt werden muss, dass diese Kurse auf Dauer den Anforderungen entsprechen, wird außerdem eine Ermächtigungsgrundlage geschaffen, um eine entsprechende Qualitätssicherung vorzusehen.

Dauer

(BRDrucks 821/96, S 74): **Buchstabe e** ermöglicht die Erprobung neuer Prüfungsverfahren bei der theoretischen und praktischen Fahrerlaubnisprüfung, z. B. den Einsatz von audio-visuellen Prüfungssystemen. Damit können vor einer generellen Einführung praktische Erfahrungen bei Prüfungen gesammelt werden. Der Inhalt und die Bewertung der Prüfung dürfen aus Gründen der Gleichbehandlung mit herkömmlich geprüften Bewerbern bei der Anwendung neuer Verfahren nicht abweichen.

In **Buchstabe k** wird die Rechtsgrundlage für die Einführung von Qualitätssicherungssystemen im Bereich der Prüfung der Befähigung und Eignung zum Führen von Kraftfahrzeugen geschaffen, also insbesondere bei der Durchführung der Fahrerlaubnisprüfung durch die Technischen Prüfstellen für den Kraftfahrzeugverkehr und bei der Begutachtung der Faheignung in den hierfür zuständigen Begutachtungsstellen. Dies dient der Sicherung einer gleichmäßig hohen Qualität der Prüfungen und Begutachtungen. Da sich die Aufsicht nur durchführen lässt, wenn die Aufsichtsbehörde genaue Kenntnis über die Tätigkeit der beaufsichtigten Stellen hat, ist auch die Übermittlung entsprechender Daten an die Aufsichtsbehörde gedeckt.

Zu **Buchstabe p:** Trotz der Erfolge bei der Bekämpfung des Unfallrisikos von Fahranfängern, namentlich durch die Fahrerlaubnis auf Probe, den Stufenführerschein für Motorräder und die Verbesserung von Ausbildung und Prüfung in den vergangenen Jahren, sind Fahranfänger nach wie vor überproportional am Unfallgeschehen beteiligt. Es besteht deshalb die Notwendigkeit weiterer Maßnahmen, um dieses Unfallrisiko zu senken.

Eine Möglichkeit besteht darin, das Verhalten im Verkehr als Führer eines Kraftfahrzeugs bereits in den Schulunterricht zu integrieren. Schule und Fahrschule würden sich gemeinsam bemühen, junge Menschen auf die Teilnahme am Straßenverkehr, auch als Autofahrer, vorzubereiten. Teile der nach § 2 Abs. 1 Satz 1 Nr. 4 für den Erwerb einer Fahrerlaubnis erforderlichen Ausbildung in der Fahrschule könnten in die Schulverkehrserziehung einbezogen werden. Für eine entsprechende Einzelregelung durch Verordnung ist eine Ermächtigungsgrundlage in Buchstabe p eingestellt.

Zum anderen gibt es den Vorschlag für die Einführung einer zweiten Ausbildungsphase, die nach Erteilung der Fahrerlaubnis stattfinden soll. Diese zweite Phase setzt erste Erfahrungen im Straßenverkehr voraus. Die Fahranfänger sollen in geeigneten Kursen ihre Erfahrungen verarbeiten. Einige wesentliche Punkte bei diesem Lösungsansatz sind jedoch noch nicht geklärt, z. B. ob diese Phase obligatorisch und für alle Fahranfänger gelten soll oder ob sie als Bedingung für eine Verlängerung einer zunächst befristeten Fahrerlaubnis ausgestaltet sein soll.

Es ist noch nicht abzusehen, wann diese Klärung abgeschlossen sein wird.

Es bietet sich deshalb an, angesichts der Dringlichkeit des Problems einfachere und schneller umsetzbare Lösungen zur Reduzierung der Unfälle anzustreben. Hierzu gehört die Möglichkeit, dass dem Fahranfänger im zweiten Jahr der Probezeit der Besuch und die Mitarbeit in geeigneten Fortbildungskursen dadurch „honoriert" wird, dass ihm der Rest der Probezeit, z. B. von einem halben Jahr, erlassen wird. Dafür soll ein Anreiz geschaffen werden. Hingegen würden Restriktionen und Eingriffe in die Rechte des Betroffenen vermieden. Auch ist sorgfältig abzuwägen, ob es erforderlich und angemessen ist, sämtlichen Fahranfängern (gleichgültig, ob sie auffällig sind oder sich vorschriftsmäßig verhalten) nicht unerhebliche Kosten für die Teilnahme an obligatorischen Veranstaltungen durch gesetzliche Vorschrift aufzubürden. Die freiwillige Teilnahme an einer Fortbildung kann auch besser motivieren als obligatorische Veranstaltungen oder die Aussicht, dass möglicherweise die Fahrerlaubnis nicht verlängert wird.

Auch kann eine freiwillige Fortbildung mit Erlass des Restes der Probezeit schneller umgesetzt werden und rascher wirken. Deshalb ist die vorgesehene entsprechende Ermächtigung in Buchstabe p erforderlich.

Damit wird keineswegs ausgeschlossen, weitere längerfristige Modelle daneben zu entwickeln und später einzuführen.

4a **Anm:** Inhalt, Zweck und Ausmaß der in Abs 1 Nr 1 **m** enthaltenen Ermächtigung des VO-Gebers, für die Maßnahmen nach den Regelungen der **FE auf Probe** gem § 2a II die im VZR gespeicherten Entscheidungen über Straftaten und OWi als schwerwiegend oder weniger schwerwiegend einzustufen (§ 34 I iVm Anl 12 FeV), sind trotz fehlender Kriterien für die Einstufung hinreichend bestimmt, da diese nach der Begr der vor 1999 durch den Gesetzgeber vorgenommenen Einstufung folgen soll (VGH Mü Beschl v 24. 8. 07 11 CS 07.1588 juris).

5 **b) Inhalt und Gültigkeit von Fahrerlaubnissen alten Rechts, Besitzstandsregelungen (Ziffer 1 lit x).**

Begr zum ÄndG v 24. 4. 1998 (BRDrucks 821/96 S 75): Nach **Buchstabe x** kann der Verordnungsgeber Bestimmungen für einen freiwilligen oder obligatorischen Umtausch von Führerscheinen, deren Muster nicht mehr ausgefertigt werden und Regelungen des Besitzstandes im Falle eines solchen Umtausches treffen. Für einen Umtausch sprechen folgende Gründe:

Ausführungsvorschriften § 6 StVG 1

– *In der Bundesrepublik Deutschland sind derzeit bereits sieben verschiedene Führerscheinmuster im Umlauf (ein Muster aus der Zeit vor der Entstehung der Bundesrepublik Deutschland, zwei bundesdeutsche, ein saarländisches, drei Muster aus der Deutschen Demokratischen Republik). Ein weiteres Muster wird auf Grund der Zweiten EU-Führerscheinrichtlinie hinzukommen.*
– *Auch inhaltlich hat sich die Einteilung der Fahrerlaubnisklassen im Laufe der letzten Jahrzehnte sowohl in der Bundesrepublik Deutschland als auch in der Deutschen Demokratischen Republik verschiedentlich geändert. Der Umfang der Berechtigungen geht häufig nicht mehr unmittelbar aus dem Führerschein hervor, sondern lässt sich nur unter Hinzuziehung der gesetzlichen Vorschriften und komplizierter Besitzstandstabellen bestimmen. Das Problem hat sich durch die Überleitung der DDR-Fahrerlaubnisse verschärft und wird sich durch die Umstellung des bisherigen Klassensystems mit den Klassen 1 bis 5 auf das neue Klassensystem der Richtlinie mit den Klassen A bis E und dem damit teilweise verbundenen neuen Klassenzuschnitt weiter verschärfen. Ein Umtausch mit einer Umstellung der Fahrerlaubnisse auf das neue Klassensystem würde eine Bereinigung erlauben.*
– *Die grauen bundesdeutschen Führerscheinmuster, die bis zur Einführung des Führerscheins nach dem EG-Modell 1986 ausgefertigt worden sind, waren nicht fälschungssicher, so dass von einer hohen Zahl von gefälschten Führerscheinen ausgegangen werden muss.*
– *Es befindet sich eine große Anzahl von Mehrausfertigungen von Führerscheinen im Umlauf, die sich die Fahrerlaubnisinhaber „vorsorglich" haben ausstellen lassen, um im Falle der Entziehung der Fahrerlaubnis oder des Verlustes des Führerscheins darauf zurückgreifen zu können.*

Im Übrigen würden im Zuge eines Umtausches in den neuen Ländern die nach dem Einigungsvertrag unbefristet weiter gültigen alten DDR-Führerscheine beseitigt werden können. Auf die Dauer ist es nicht vertretbar, amtliche deutsche Dokumente wie die Führerscheine mit den alten Wappen und Symbolen der ehemaligen DDR national wie international weiterzuverwenden.

Zunächst soll jedoch der Umtausch auf freiwilliger Grundlage erfolgen. Die Fahrerlaubnisbehörden werden den Umtausch im Rahmen ihrer Möglichkeiten vornehmen. Angesichts nicht auszuschließender Kapazitätsengpässe ist darauf hinzuweisen, dass kein Anspruch auf Umtausch besteht.

Anm: Abs 1 Nr 1 **x** genügt den Bestimmtheitsanforderungen aus Art 80 I 2 GG; Inhalt, Zweck und Ausmaß der Ermächtigung sind hinreichend bestimmt (OVG Hb DAR **07** 106). Gleiches gilt für Abs 1 Nr 1 **y** (OVG Lüneburg NJW **08** 2059).

3. Ziffer 2 wurde durch ÄndG v 11. 9. 2002 (BGBl I 3574) neu gefasst. **Begr** (BTDrucks 14/8766 S 57): *Im Straßenverkehrsgesetz sind die Ermächtigungsgrundlagen für den Verordnungsgeber auf dem Gebiet der Zulassung von Fahrzeugen einschließlich ihrer technischen Überwachung hinsichtlich Zweck, Inhalt und Ausmaß hinreichend bestimmt zu schaffen. Dies geschieht vor allem durch die Neufassung der Nummer 2 des § 6 Abs. 1 StVG.* 6

Für die Ermächtigung im Bereich der Fahrzeugzulassung ist dies die zentrale Bestimmung. Die neue Nummer 2 ersetzt die bisherigen Nummern 2, 4 und 6 sowie die bisherigen Buchstaben a und b in Nummer 3. **Buchstabe a** *befasst sich mit den einzelnen Voraussetzungen der Zulassung und knüpft bezüglich der Begriffe und ihrer Inhalte (z. B. Bau, Ausrüstung, Betriebserlaubnis) an die nationalen und internationalen Regelungen (insbesondere StVZO, EG-Richtlinien, ECE-Regelungen) an. Außerdem enthält Buchstabe a die Zwecke der Zulassung, nämlich die Gewährleistung der Verkehrssicherheit der Fahrzeuge sowie den Schutz der Fahrzeuginsassen und anderer Verkehrsteilnehmer bei Verkehrsunfällen vor Verletzungen. Der sog. Insassenschutz, der in der Vergangenheit in § 6 Abs. 1 Nr. 4 besonders angesprochen war, wird nunmehr in die zentrale Zulassungsbestimmung der Nummer 2 einbezogen sowie auf die „anderen" Verkehrsteilnehmer, also auf die Nichtinsassen außerhalb des Fahrzeugs, erweitert. Zwar ist der Schutz der Verkehrsteilnehmer an sich bereits auch im Begriff „Verkehrssicherheit der Fahrzeuge" enthalten, er wird jedoch besonders hervorgehoben mit Blick auf die hier relevanten besonderen Schutzelemente „Schutz vor Verletzungen" und „Milderung von deren Ausmaß oder Folgen". Die in Buchstabe a definierten Zwecke gelten für die gesamte Nummer 2. Weitere (Schutz-)Zwecke für die Zulassung von Fahrzeugen sind Umweltschutz (Nr. 5a) und Innere Sicherheit (Nr. 10). Mit der Wiederholung der Schutzzwecke in* **Buchstabe b** *wird klargestellt, dass diese auch für zulassungsfreie Kraftfahrzeuge und Anhänger gelten. Für* **Buchstabe c,** *der sich mit Art und Inhalt der Zulassung befasst, gelten die Ausführungen unter Buchstabe a entsprechend.*

Derzeit wird die Zulassung nachgewiesen durch Fahrzeugschein und Fahrzeugbrief. Nach Übernahme der Richtlinie 1999/37/EG des Rates vom 29. April 1999 über Zulassungsdokumente für Fahrzeuge (ABl. EG Nr. L 138 S. 57) in deutsches Recht wird der Nachweis durch die Zulassungsbescheinigung Teil I und Teil II geführt. **Buchstabe d** *dient der Klarstellung. Der Inhalt von* **Buchstabe e** *war bislang in Nummer 3 Buchstabe b verankert. Mit den* **Buchstaben f, g, h, i, j** *werden die Ermächtigungsgrundlagen* 6a

Dauer 117

1 StVG § 6　　　　　　　　　　　　　　　　　　　　　　I. Verkehrsvorschriften

für eine Umsetzung der europäischen Richtlinien über die EWG-Betriebserlaubnis bzw. EG-Typgenehmigung in deutsches Recht klar gefasst. Die „vergleichbaren Gutachten" sind Grundlage für die Regelungen in Anlage XIX StVZO (Verwendung sog. Teilegutachten). Bei **Buchstabe k** *wird auf die diesbezüglichen Erläuterungen zu den vorangegangenen Buchstaben verwiesen. Gegenstand der* **Buchstaben l, m, n, o, p und q** *und* **r** *ist die regelmäßige technische Überwachung von Kraftfahrzeugen und ihren Anhängern. Während sich die Ermächtigungsgrundlagen für die amtliche Anerkennung von Überwachungsorganisationen und Kfz-Werkstätten zur Vornahme der regelmäßigen Untersuchungen und Prüfungen im Straßenverkehrsgesetz (§ 6 Abs. 1 StVG) befinden, richten sich Befugnisse und Tätigkeiten der amtlich anerkannten Sachverständigen und Prüfer für den Kraftfahrzeugverkehr (zusammengefasst in den Technischen Prüfstellen für den Kraftfahrzeugverkehr) nach dem Kraftfahrsachverständigengesetz.* **Buchstabe l** *enthält Ermächtigungen zur Regelung von Ort, Art, Umfang, Inhalt und Zeitabständen regelmäßiger Untersuchungen und Prüfungen von Fahrzeugen sowie Abnahmen von Fahrzeugen und Fahrzeugteilen als auch zur Regelung der Schulungen des Fachpersonals und der dafür notwendigen Schulungsstätten,* **Buchstabe m** *Ermächtigungen zur Regelung von Nachweisen der Untersuchungen, Prüfungen und Abnahmen der Fahrzeuge. Adressaten der Regelungen sind einerseits die Fahrzeughalter mit ihren Verpflichtungen, ihre Fahrzeuge untersuchen, prüfen und abnehmen zu lassen, sowie andererseits die Stellen und Organisationen, denen die Befugnisse zur Durchführung der Untersuchungen, Prüfungen und Abnahmen verliehen werden.*

6b　*Buchstabe n* *enthält die Ermächtigung, die Anerkennung von Überwachungsorganisationen durch Rechtsverordnung zu regeln. Die mit der „Prüfung der Fahrzeuge" Betrauten bedürfen einer staatlichen Zulassung. Bei der Kraftfahrzeughauptuntersuchung nach § 29 StVZO wie auch bei der Abgasuntersuchung nach § 47a StVZO handelt es sich um eine originär staatliche Aufgabe der Gefahrenabwehr. Wie der Staat öffentliche Aufgaben erledigen will, ist im Allgemeinen Sache seines freien Ermessens (OVG Münster, Urt. v. 22. 9. 2000–8 A 2429/99). Mit dem Erfordernis der amtlichen Anerkennung soll ausgeschlossen werden, dass nicht hinreichend sachverständige Personen Haupt- und Abgasuntersuchungen durchführen und mit der damit verbundenen Zuteilung der Prüfplakette möglicherweise nicht verkehrssicheren oder die Abgaswerte nicht erfüllenden Fahrzeugen die Teilnahme am Verkehr erlauben. Die Prüfung von Kraftfahrzeugen auf ihren verkehrssicherheitstechnischen und immissionsschutzrechtlichen Richtwerten genügenden Zustand dient unmittelbar der Erhaltung der Sicherheit und Ordnung auf den öffentlichen Straßen. Die Ermächtigung zur Schaffung von Rechtsverordnungen über die amtliche Anerkennung von Sachverständigen oder Überwachungsorganisationen berührt das Grundrecht auf Berufsfreiheit (Artikel 12 GG) derjenigen, die die Prüfungen durchführen wollen. Die Gewährleistung der Verkehrssicherheit durch die Kraftfahrzeugüberwachung, die in Wahrnehmung staatlicher Aufgaben erfolgt, rechtfertigt jedoch Einschränkungen der Berufsfreiheit.* **Buchstabe o** *betrifft die ausreichende Haftpflichtversicherung der Überwachungsorganisationen nach Buchstabe n zur Deckung aller im Zusammenhang mit den Untersuchungen, Prüfungen und Abnahmen entstehenden Ansprüche Dritter sowie die Freistellung des verantwortlichen Landes.*

6c　*Buchstabe p* *ermächtigt dazu, die amtliche Anerkennung von Herstellern von Fahrzeugen oder von Fahrzeugteilen durch Rechtsverordnung zu regeln. Außerdem ist eine Ermächtigung eingestellt, damit die Anerkennungs- und Aufsichtsbehörden personenbezogene Daten der Kfz-Werkstätten und Fahrzeughersteller verarbeiten und nutzen können, soweit die Daten für die Aufgabenerfüllung der vorgenannten Behörden erforderlich sind. Vergleichbare Regelungen für die Verarbeitung und Nutzung der entsprechenden Daten der Technischen Prüfstellen und der amtlich anerkannten Überwachungsorganisationen sind im Kraftfahrsachverständigengesetz (§§ 22ff.) enthalten.* **Buchstabe q** *betrifft die ausreichende Haftpflichtversicherung von Herstellern und Kraftfahrzeugwerkstätten und entsprechend Buchstabe o. Der Inhalt von* **Buchstabe r** *über Maßnahmen zur Qualitätssicherung entspricht der bisherigen Nummer 6 in § 6 Abs. 1 StVG. Prüfungen im Sinne der* **Buchstaben l bis r** *sind z. B. Sicherheitsprüfungen nach § 29 StVZO sowie Prüfungen von Fahrtenschreibern und Kontrollgeräten (§ 57b StVZO) und von Geschwindigkeitsbegrenzern (§ 57d StVZO).* **Buchstabe s** *bildet die notwendige Ermächtigungsgrundlage für § 31 StVZO über Verantwortlichkeit, Rechte und Pflichten des Halters zulassungspflichtiger und zulassungsfreier Fahrzeuge. Die* **Buchstaben t und u** *enthalten die Ermächtigungsgrundlagen für Verordnungen über die Zuständigkeiten und das Verfahren bei den Länderbehörden sowie über deren Befugnis zur Erteilung von Ausnahmegenehmigungen. Sie sind den entsprechenden Regelungen beim Fahrerlaubnisrecht (§ 6 Abs. 1 Nr. 1 Buchstabe w StVG) nachgebildet. Zuständigkeiten von Bundesbehörden werden dadurch nicht begründet.* **Buchstabe v** *ist die notwendige Ermächtigungsgrundlage für die Verordnung über internationalen Kraftfahrzeugverkehr.* **Buchstabe w** *ermächtigt dazu, Maßnahmen im Verordnungswege und Anforderungen bei nicht motorisierten Straßenfahrzeugen zu regeln.*

6d　**Begr** *zum ÄndG v 10. 12. 07, BGBl I 2833, 2835 (BT-Drs 16/6627 S 16):* **Zu Abs 1 Nr 2 lit n:** *Die Ermächtigung des § 6 Abs. 1 Nr. 2 Buchstabe n StVG wird dahingehend geändert, dass*

Ausführungsvorschriften **§ 6 StVG 1**

Überwachungsorganisationen zur technischen Überwachung von Kraftfahrzeugen in Deutschland künftig auch dann anerkannt werden können, wenn sie nicht ausschließlich von selbständigen und hauptberuflich tätigen Kraftfahrzeugsachverständigen gebildet und getragen werden. Dies dient der gütlichen Beilegung des Vertragsverletzungsverfahrens der Europäischen Kommission gegen die Bundesrepublik Deutschland gemäß Artikel 226 EG-Vertrag (Verfahren Nr. 2004/2068). Die Europäische Kommission hat im Rahmen dieses Verfahrens die Auffassung vertreten, dass die deutsche Regelung zur Anerkennung von Organisationen zur technischen Überwachung von Kraftfahrzeugen die Niederlassungsfreiheit (Art. 43, 48 EGV) von Unternehmen aus anderen Mitgliedstaaten unzulässig beschränke. Zur gütlichen Beilegung des Vertragsverletzungsverfahrens hat sich die Bundesrepublik Deutschland bereit erklärt, das Erfordernis, nach dem die Anerkennung von Überwachungsorganisationen nach derzeitiger Rechtslage (Anlage VIIIb StVZO) nur erteilt werden kann, „wenn die Organisation ausschließlich von mindestens 60 selbständigen und hauptberuflich tätigen Kraftfahrzeugsachverständigen gebildet und getragen wird, wobei mindestens so viele Prüfingenieure dieser Organisation im Anerkennungsgebiet ihren Sitz haben müssen, dass auf 100 000 dort zugelassene Kraftfahrzeuge und Anhänger (nach der Statistik des Kraftfahrt-Bundesamtes am 01. Juli eines jeden Jahres) jeweils ein Prüfingenieur entfällt, jedoch nicht mehr als 30 Prüfingenieure", ersatzlos aufzuheben. Damit Anlage VIIIb StVZO entsprechend geändert werden kann, ist es notwendig, die Ermächtigung des § 6 Abs. 1 Nr. 2 Buchstabe n anzupassen.

Die durch VO v 25. 4. 06 (BGBl I 988) geschaffene und am 1. 3. 07 in Kraft getretene **Fahrzeug-Zulassungsverordnung (FZV)** basiert u.a. auf Ziffer 2 Buchstaben a bis d, f, j bis l und s bis v.

Der durch ÄndG v 3. 5. 2005 (BGBl I 1221) eingefügte **Buchstabe x** soll Ausnahmegenehmigungen nach § 70 I Nr 1 StVZO für EinzelFze, die nicht den Vorschriften über Abmessung und Gewichte entsprechen, im Interesse der Verwaltungsvereinfachung entbehrlich machen, soweit bestimmte Bedingungen erfüllt sind und schafft daher die Ermächtigung für die Vereinfachung des Verfahrens der BEErteilung (s Begr, VkBl **05** 436). **6e**

4. Ziffer 3 schafft die rechtlichen Voraussetzungen für Regelungen, die den Gegenstand von StVO, FeV und StVZO bilden, und für einige weitere Ausführungsbestimmungen, s BVerwG NZV **94** 374 (zur früheren Fassung), VG Lüneburg NJW **06** 1609. Begr zur Neufassung durch ÄndG v 24. 4. 1998 (BRDrucks 821/96 S 75): *Die teilweise Neufassung von* **Nummer 3** *stellt klar, dass es auch Fälle gibt, für deren Regelung eine Verordnung nur auf die allgemeine Ermächtigung der bisherigen Nummer 3 Halbsatz 1 gestützt zu werden braucht und erleichtert hierfür die Zitierweise.* Die Ermächtigungsnorm der Ziffer 3 ist ausreichend konkret, BVerfGE **26** 262, BVerwG NZV **94** 374, Bay VM **71** 47, OVG Lüneburg DVBl **96** 1441. Die Regelung des StrV umfasst alles, was mit ihm in unmittelbarer Beziehung steht, auch die Abwehr von außen einwirkender Gefahren (zB Werbung), BVerwG NJW **74** 1781. Die Begriffe Sicherheit und Ordnung gelten alternativ, *Booß* VM **72** 7. Die unter c–h beschriebenen Sachverhalte sind Beispiele, schließen demnach die Berücksichtigung anderer Schutzgüter nicht aus, BVerwG NZV **94** 374, OVG Lüneburg DVBl **96** 1441, LG Berlin NZV **02** 55, begrenzen jedoch die Ermächtigung auf vergleichbare Sachverhalte, BVerfG NJW **76** 559. Ziff 3 beschränkt sich nicht auf den FzV. Das MaßnG hat die Befugnis auf Maßnahmen „zur Verhütung einer über das verkehrsübliche Maß hinausgehenden Abnutzung der Straßen" erstreckt. Begr: 30. Aufl. **7**

Nach der Fassung des VerkSichG bezog sich die Ermächtigung nur auf Maßnahmen zur Verhütung vermeidbarer Belästigungen. Das MaßnG hat die Ermächtigung durch Streichung des Wortes „vermeidbarer" erweitert, BVerwG NZV **94** 374. **8–10**

4 a. Mindestalter und Verhalten der Führer von Fahrzeugen (I 3 c). Die Nr 3 c bildet die Grundlage für die StVO-Vorschriften über das Verhalten der FzFührer im StrV, das Mindestalter von KfzFührern (§ 10 FeV) und die Festsetzung von Höchstgeschwindigkeiten (§ 3 StVO). **11**

4 b. Schutz gegen Verkehrslärm und Abgas und der Erholungsuchenden (I 3 d). Die Formulierung „Schutz der Wohnbevölkerung" erweitert die Ermächtigung gegenüber der früheren Fassung „in Wohngebieten". S § 45 StVO. Das MaßnG hat die Ermächtigung auf den Erlass von Bestimmungen über VBeschränkungen an Sonn- und Feiertagen erstreckt. Auf dieser Ermächtigung beruht § 30 III, IV StVO. Allgemeine Geschwindigkeitsbeschränkungen zwecks Lärmschutzes der Wohnbevölkerung sind in Gebieten mit überwiegender Wohnbevölkerung zulässig, uU abgestuft auch in Mischgebieten. Kritik an I 3 d bei Steiner DVBl **80** 418. **12/13**

Die **FerienreiseVO** verletzt das GG nicht, BVerfGE **26** 259, VRS **37** 81. **14**

1 StVG § 6

15 **4 c. Parkbeschränkungen für schwere Gewerbefahrzeuge (I 3 e). Begr** (VkBl **80** 244): ... *Um vor allem diejenigen Fälle zu treffen, in denen sich das regelmäßige Parken als besonders störend für die Bevölkerung auswirkt, ist die Ermächtigung sachgerecht eingeschränkt. So kann das regelmäßige Parken schwerer Fahrzeuge über Nacht an Wochenenden und Feiertagen hingenommen werden, soweit es sich um Industrie- und Gewerbegebiete (im Sinne der Baunutzungsverordnung i. d. F. vom 15. September 1977 [BGBl. I S. 1763]) handelt. Eine solche Regelung ist auch hinreichend klar: Derjenige, der dauernd die Straße als Betriebshof missbraucht, ist in aller Regel ortskundig. Er weiß, ob es sich um ein Industrie- oder Gewerbegebiet handelt oder nicht. Sollte er es ausnahmsweise nicht wissen, kann er sich bei der Kommunalverwaltung erkundigen. Das gleiche gilt für Parkflächen, die von der Gemeinde zur Aufnahme der von dieser Bestimmung betroffenen Fahrzeuge bestimmt sind. Im Rahmen dieser Einschränkung soll das Verbot in die StVO aufgenommen werden. Dabei wird auch klarzustellen sein, dass bestimmte regelmäßige Parkvorgänge, z. B. das Parken von Kraftomnibussen an Endhaltestellen, vom Verbot nicht betroffen sind ....*

16 **4 d. Ortstafeln und Wegweiser (I 3 f).** Die Nr 3 f bildet die Grundlage für einen Teil der Bestimmungen des § 42 StVO.

17 **4 e. Verkehrsstörende Reklame (I 3 g).** Die Nr 3 g erweitert die Befugnis der Polizei und gibt insoweit auch § 33 StVO die Grundlage. Außerörtliche Werbung und Reklame ist schon verbietbar, wenn sie die VSicherheit gefährden kann, nicht erst bei wirklicher Gefährdung, s BVerfG NJW **72** 859. Landesrecht über Außenwerbung innerorts ist zulässig, BVerfG NJW **72** 859.

18 **4 f. Beeinträchtigung der Verkehrsüberwachung (I 3 i).** Der durch ÄndG v 19. 3. 01 eingefügte Buchstabe i in Nr 3 ermächtigt den VOGeber zB zum Verbot von Radarwarnanlagen. Dadurch soll einem Unterlaufen der präventiven Wirkung von Geschwindigkeits- und Abstandsüberwachungen entgegengewirkt werden (s Begr, BTDrucks 14/4304, S 10). Die Ermächtigung erstreckt sich auf das Verbot jeglicher Verwendung, also auch auf das Mitführen betriebsbereiter Anlagen, nicht aber auf die bloße Beförderung.

19 **4 g.** Auf **Nr 4 a** beruht § 34 StVO.

20 **5. Zu Nr 5 a.** Hinsichtlich des Begriffes „schädliche Umwelteinwirkungen" nimmt die Vorschrift Bezug auf die in § 3 BImSchG enthaltene Legaldefinition. Danach handelt es sich um „Immissionen, die nach Art, Ausmaß oder Dauer geeignet sind, Gefahren, erhebliche Nachteile oder erhebliche Belästigungen für die Allgemeinheit oder die Nachbarschaft herbeizuführen". *Jarass,* Schädliche Umwelteinwirkungen, DVBl **83** 725. *Rank,* Entschädigungsansprüche wegen Lärmimmissionen durch StrV, BayVBl **85** 481.

20a **5 a. Zu Nr 5 c. Entsorgung von Altfahrzeugen.** Die Bestimmung dient der Sicherung einer umweltverträglichen Entsorgung und ermächtigt den VOGeber, den Nachweis darüber zu fordern.

21 **6. Nr 6** bildet die Grundlage für Abgas- und Geräuschprüfungen, s zB § 47 a StVZO.

22 **6 a. Zu Nr. 7.** Sie soll bestehende Ermächtigungszweifel hinsichtlich der Nrn 1–6 ausräumen, um eine zügige Umsetzung internationaler Verpflichtungen zu gewährleisten (vgl Begr zu Art 1 Nr 4 der 3. ÄndVStVR, VkBl **82** 490). In Verbindung mit Nr 1 war sie zB Ermächtigungsgrundlage für die auf Grund der EG-Führerscheinrichtlinie v 4. 12. 1980 zur Einführung eines EG-Führerscheins in die StVZO eingefügten Bestimmungen der §§ 9 a bis c (alt) über den Sehtest.

22a **6 b. Zu Nr 8–12.**

Begr (BTDrucks 8/971)

I. Allgemeines. Der Gesetzentwurf soll den Diebstahl von Fahrzeugkennzeichen, Fahrzeugpapieren und Fahrzeugen sowie deren Missbrauch für die Begehung von Straftaten bekämpfen.
...

II. Im Einzelnen. In § 6 Abs. 1 werden vier neue Ermächtigungsgrundlagen aufgenommen.
Die Ermächtigungsgrundlage zu **Nummer 8** *bezieht sich auf das Kennzeichen. Auf dieser Grundlage soll durch entsprechende StVZO-Änderung insbesondere das neue fälschungssichere Kennzeichen eingeführt werden. Notwendig werden jedoch nicht nur Bestimmungen über fälschungssichere Beschaffenheit, sondern auch Regelungen über die diebstahlsichere Anbringung der Kennzeichen sein ....*

Ausführungsvorschriften § 6 StVG **1**

*Die Ermächtigungsgrundlage zu **Nummer 9** erstreckt sich auf die Fahrzeugpapiere. Hierzu zählen der Fahrzeugbrief, der Fahrzeugschein (Zulassungsschein) sowie der Führerschein. Fahrzeugbrief sowie der sog. Fahrzeug-Erst-Schein werden schon seit einigen Jahren fälschungssicher hergestellt, jedoch noch nicht der sog. Fahrzeug-Zweit-Schein (anlässlich von Standort-, Halterwechsel, etc.) sowie der Führerschein. Es soll jedoch nicht nur eine Grundlage für Regelungen über die Beschaffenheit der Papiere geschaffen werden, sondern auch über die diebstahlsichere Verwahrung (auch der Vordrucke) bei den Zulassungsbehörden.*

*Die Ermächtigungsgrundlage zu **Nummer 10** enthält die Möglichkeit, vor allem neue Diebstahlssicherungen für Fahrzeuge einzuführen, um deren Diebstahl zu erschweren.*

*Mit der Ermächtigungsgrundlage zu **Nummer 11** wird eine gesetzliche Grundlage geschaffen für Maßnahmen, die sich insbesondere auf die Zusammenarbeit zwischen Zulassungsbehörden, Kraftfahrt-Bundesamt und Polizei beziehen ...*

Durch Änderung von § 6 Abs. 2 wird festgelegt, dass Rechtsverordnungen und Allgemeine Verwaltungsvorschriften nach den neuen Ermächtigungsgrundlagen durch den Bundesminister für Verkehr nur im Einvernehmen mit dem Bundesminister des Innern erlassen werden. Es handelt sich hier um Maßnahmen, die nach ihrem Zweck der „inneren Sicherheit" dienen sollen und daher vom Bundesminister des Innern auch mit verantwortet werden müssen.

7. Gebührenpflichtige Parkplätze (I 13). Begr (VkBl 80 244): *... Derartige Parkplätze sind ... bei öffentlichen Großveranstaltungen und sonstigen besonderen Anlässen aus Gründen der Sicherheit und Leichtigkeit des Verkehrs sowie zur Verkehrslenkung erforderlich. Sie haben sich nicht nur als hervorragendes Mittel zur „Rationierung" des knappen Verkehrsraums bewährt. Die Bewachung der dort parkenden Fahrzeuge hat darüber hinaus noch verkehrsregelnde und verkehrslenkende Vorteile: Das Personal, das mit der Bewachung des Parkplatzes betraut ist, übt zugleich bestimmte Ordnungsfunktionen aus (z. B. Einweisen der Fahrzeuge, Überwachung der Parkzeit, Verhinderung von Fahrzeugdiebstählen) und erspart damit den Einsatz der Polizei ...* 22b

8. Parkvorrechte (I 14). Begr (VkBl 80 244): *... Die Parkraumsituation der Anwohner innerstädtischer Wohnstraßen muss verbessert werden, um die innerstädtischen Wohngebiete wieder attraktiver zu gestalten. Die Parkraumnot erschwert die Lebensumstände der dortigen Wohnbevölkerung in besonderem Maße und bildet ein entscheidendes Hindernis für eine Verbesserung des Wohnumfeldes und damit für die Erhaltung und Modernisierung dieser Wohngebiete. Betroffen sind in erster Linie dichtbebaute Gebiete am Rand der Innenstädte, die in Zeiten gebaut wurden, in denen Art und Umfang der heutigen Motorisierung noch nicht abzusehen war und in denen daher – am heutigen Bedarf gemessen – kaum privater Parkraum vorhanden ist ... Die ... Ermächtigung ist daher ein geeigneter Beitrag, den städtebaulich nicht zu verantwortenden Folgen der Stadtumlandwanderung entgegenzuwirken. Sie stellt eine notwendige Maßnahme im Zusammenhang mit den Bemühungen von Bund und Ländern um eine attraktivere Gestaltung innerstädtischer Wohngebiete dar.* 22c

Schwerbehinderte mit außergewöhnlicher Gehbehinderung finden keine Parkmöglichkeiten vor ihrer Wohnung oder Arbeitsstätte und müssen unzumutbare weite Wege gehen oder gar getragen werden, weil oft am Fahrbahnrand über viele hundert Meter ein parkendes Fahrzeug hinter dem anderen steht. Dieser entwürdigende Zustand kann nicht hingenommen werden. Appelle an die Mitbürger, Parkraum in solchen Fällen freizuhalten, haben sich in vielen Fällen als erfolglos erwiesen. Das Gleiche gilt für Blinde, die auf die Benutzung eines Kraftfahrzeuges angewiesen sind und sich nur mit fremder Hilfe bewegen können.

...

Begr zum ÄndG v 19. 3. 01 (BTDrucks 14/4304): *Durch die neue Fassung der Ermächtigung in § 6 Abs. 1 Nr. 14 wird die Voraussetzung dafür geschaffen, in § 45 Abs. 1b Satz 1 Nr. 2 StVO und der dazu zu erlassenden Verwaltungsvorschrift neben den Parkmöglichkeiten für Anwohner nach Maßgabe der Entscheidung des Bundesverwaltungsgerichts vom 28. Mai 1998 (Az. 3 C 11/97) zukünftig auch die Voraussetzungen für die Anordnung großflächiger Bewohnerparkbereiche im Einvernehmen mit der Gemeinde und unter Berücksichtigung des verfassungsrechtlichen Gemeingebrauchs der Straßen regeln zu können.*

Begr des Bundesrates, BRDrucks 321/00 (Beschluss) S. 5: *Der Bundesrat fordert die Bundesregierung auf, in der Straßenverkehrs-Ordnung und den zugehörigen Verwaltungsvorschriften das zulässige Ausmaß von Bewohnerparkzonen festzulegen und festzuschreiben, dass in den betroffenen städtischen Quartieren maximal für 50 Prozent des Parkraumes Privilegierungen erfolgen dürfen.*

Das Straßenverkehrsrecht ist grundsätzlich privilegienfeindlich, was eine Folge des grundgesetzlich garantierten Gemeingebrauchs ist. Durch die vorgesehene Änderung in § 6 Abs. 1 Nr. 14 StVG wird eine Privilegierung eingeführt, die jedoch auf das unbedingt notwendige Maß eingeschränkt werden muss.

Dauer

1 StVG § 6 I. Verkehrsvorschriften

Die Größe dieser Bewohnerparkzonen ist nach der Einwohnerzahl der jeweiligen Stadt zu staffeln. Dabei sind die Kriterien zu berücksichtigen, die die Rechtsprechung in diesem Zusammenhang festgelegt hat (Vergleiche hierzu etwa das OVG Münster im Urteil vom 6. 12. 1996; NZV 1997, 248).

Die Vorschrift dient der Verbesserung der Lebensbedingungen für Schwerbehinderte und Blinde und der Eindämmung der Stadtflucht durch Parkraumreservierung für die Bewohner städtischer Bereiche zu Lasten des allgemeinen Individualverkehrs (Abweichung vom Grundsatz der Gleichberechtigung aller VT). Die Vorschrift steht jedoch mit dem GG, insbesondere Art 3, in Einklang und ist als ErmächtigungsG für § 45 Ib Nr 2 StVO hinreichend bestimmt (Art 80 I 2 GG), Dü VRS **63** 377, **69** 45, *Fugmann-Heesing* NVwZ **83** 531. Zum Umfang der Ermächtigung *(„Beschränkung")* s *Wilde* MDR **83** 540 mit Entgegnung von *Cosson* MDR **84** 105; s § 45 StVO Rz 35. Einen Anspruch von Bewohnern städtischer Quartiere auf Parkraum begründet die Vorschrift nicht, BVerwG ZfS **92** 249. Zur zukünftigen Reform der Bestimmung, s *Gehrmann* ZRP **99** 60.

22d **9. Fußgängerbereiche und „verkehrsberuhigte" Bereiche (I 15). Begr** (VkBl **80** 244):
... Der Begriff „Kennzeichnung" macht deutlich, dass den Straßenverkehrsbehörden nicht die Befugnis eingeräumt werden soll zu entscheiden, ob ein Fußgängerbereich oder eine verkehrsberuhigte Wohnzone eingerichtet werden soll. In der Praxis ist dies jeweils eine bedeutende lokale städteplanerische Entscheidung der Gemeinde, für die als Rechtsgrundlage auch das Straßenrecht in Betracht kommen kann. Hieran soll nichts geändert werden. Die Frage aber, wie der verbleibende Verkehr in diesen Bereichen in Vollzug dieser grundsätzlich städteplanerischen Entscheidung zu regeln ist, ist von der jeweiligen Straßenverkehrsbehörde zu entscheiden ....

Entsprechend dem übrigen Wortlaut des § 6 widerspricht die kumulativ erscheinende Aufzählung nicht einer alternativen Auslegung und Anwendung dieser Ermächtigung. Es muss daher nur eine der aufgezählten Zielsetzungen vorliegen ....

Die Einrichtung von verkehrsberuhigten Bereichen kommt nicht nur in den ausschließlich oder überwiegend dem Wohnen dienenden Gebieten, sondern auch in Gebieten mit gemischter baulicher Nutzung und in zentralen Einkaufsbereichen in Betracht ....

22e **10. Verkehrsbeschränkungen zu Erprobungs- und Forschungszwecken (I 16). Begr** (VkBl **80** 244): *Diese Ermächtigung dient allein der Klarstellung .... Solche Regelungen und Anordnungen werden zwar in der Absicht, mehr Sicherheit im Straßenverkehr zu gewinnen, erlassen und dienen daher von der Zielrichtung her der Verkehrssicherheit. Ob sie aber wirklich mehr Sicherheit bringen, steht im Zeitpunkt des Erlasses der Regelung bzw. der Anordnung noch nicht fest .... Die möglichen Zweifel, ob diese mittelbare Beziehung zur Verkehrssicherheit das Merkmal „Sicherheit auf den öffentlichen Wegen und Plätzen" im Sinne des § 6 Abs. 1 Nr. 3 StVG erfüllt, sollen nunmehr durch diese neue Ermächtigung gegenstandslos werden ....*

22f **11. Verkehrsmaßnahmen zwecks außerverkehrlicher Sicherheit (I 17). Begr** (VkBl **80** 244): *Die Sicherheitslage in der Bundesrepublik Deutschland macht weiterhin zum Teil umfangreiche Sicherungsmaßnahmen bei sicherheitsempfindlichen Dienstgebäuden und sonstigen Anlagen, bei denen die Gefahr von Anschlägen besteht, erforderlich. Soweit derartige Dienstgebäude oder Anlagen an öffentliche Straßen und Plätze angrenzen, besteht vielfach ein Bedürfnis für verkehrsbeschränkende Maßnahmen aus Sicherheitsgründen (z. B. Halteverbote zur Verhinderung von Bombenanschlägen mittels abgestellter Kraftfahrzeuge). Nach § 45 StVO können die Straßenverkehrsbehörden verkehrsbeschränkende Anordnungen u. a. nur aus Gründen der Sicherheit oder Ordnung des Verkehrs erlassen. Diese Voraussetzungen liegen in den geschilderten Fällen vielfach nicht vor, so dass ein wirksamer Schutz dieser sicherheitsempfindlichen Bereiche und die Wirksamkeit der oftmals mit hohem finanziellen Aufwand getroffenen sonstigen Sicherheitsmaßnahmen infrage gestellt wird. Eine weitere Notwendigkeit für die vorgesehene Neuregelung hat sich auch während dieses besonders strengen Winters in Norddeutschland ergeben. Die* **Anordnung flächendeckender Fahrverbote** *war notwendig, aber rechtlich nicht eindeutig abgesichert ....*

22g **12. Sonderfahrspuren für Linienomnibusse und Taxen (I 18).** Die Vorschrift erlaubt die erweiterte Begünstigung des öffentlichen Nahverkehrs durch die Einrichtung gesonderter Busspuren für Linienbusse und Taxen. S zB § 41 II Nr 5 StVO VZ 245 sowie § 9 III 2 StVO (Vorrang berechtigter Sonderfahrstreifenbenutzer beim Abbiegen).

22h **13. Technische Unterwegskontrolle von Nutzfahrzeugen (I Nr 20). Begr** (BTDrucks 14/8766 S 59): *Mit der Richtlinie 2000/30/EG des Europäischen Parlaments und des Rates vom 6. Juni 2000 über die technische Unterwegskontrolle von Nutzfahrzeugen, die in der Gemeinschaft am Straßenverkehr teilnehmen (ABl. EG Nr. L 203 S. 1), werden die Mitgliedstaaten verpflichtet, die Vor-*

Gebühren § 6a StVG I

schriften bis zum 10. August 2002 in nationales Recht umzusetzen, d. h. bestimmte Bedingungen für die Durchführung von technischen Unterwegskontrollen festzulegen. Unter „technische Unterwegskontrolle" versteht die Richtlinie die von den Behörden nicht angekündigte und somit unerwartete, auf öffentlichen Straßen durchgeführte technische Kontrolle eines Nutzfahrzeuges, das im Gebiet eines Mitgliedstaates am Straßenverkehr teilnimmt (Artikel 2b). Die gemäß der Richtlinie 96/96/EG des Rates vom 20. Dezember 1996 zur Angleichung der Rechtsvorschriften der Mitgliedstaaten über die technische Überwachung der Kraftfahrzeuge und Kraftfahrzeuganhänger (ABl. EG Nr. L 46 S. 1), vorgeschriebene regelmäßige jährliche technische Überwachung der Nutzfahrzeuge durch eine zugelassene Stelle wird als nicht ausreichend angesehen. Es bedarf einer gesonderten Ermächtigung zur Regelung der Zusammenarbeit zwischen den zur Kontrolle des Verhaltens im Straßenverkehr, den zur Prüfung der Fahrzeuge, ihrer Beschaffenheit und Ausrüstung befugten Stellen und zur Regelung des Datenaustauschs. Mit der Ergänzung des § 6 Abs. 1 StVG wird eine entsprechende Ermächtigungsgrundlage geschaffen. Die Einzelheiten, insbesondere auch über die Zusammenarbeit zwischen Mitgliedstaaten der EG, der Europäischen Kommission, Bund und Ländern bleiben der zu erlassenden Rechtsverordnung vorbehalten.

I Nr 20 bildet die Ermächtigungsgrundlage für die am 1. 9. 03 in Kraft getretene VO über technische Kontrollen von NutzFzen auf der Str **(TechKontrollV)** v 21. 5. 03 (BGBl I, 774).

14. Erlass von Rechtsverordnungen auf Grund des § 6. Bindung durch den Verhältnismäßigkeitsgrundsatz: Rz 2. RVOen des BMV auf Grund des § 6 bedürfen der Zustimmung des BR „vorbehaltlich anderweitiger bundesgesetzlicher Regelung" (Art 80 GG) (**E** 4). Solche anderweitige gesetzliche Regelung gibt III; es bedarf nicht der Zustimmung des BR zum Erlass von Vorschriften über die Beschaffenheit, Ausrüstung und Prüfung von Fzen und FzTeilen. Die Bestimmung trägt dem Gedanken Rechnung, dass es unangemessen und unpraktisch wäre, den Bundesrat mit rein technischen Durchführungsverordnungen zu befassen, s Begr zum VerkSichG. 23

Das MaßnG hat durch Zusatz zu III bestimmt, dass auch RVOen, durch die das BMV „allgemeine Ausnahmen von den auf diesem Gesetz beruhenden Rechtsvorschriften zulässt, nicht der Zustimmung des BR bedürfen", auch soweit sie nicht Beschaffenheit, Ausrüstung und Prüfung von Fzen und FzTeilen betreffen. Insoweit sind vorher die zuständigen obersten Landesbehörden zu hören. 24

Verkündung der auf Grund des § 6 zu erlassenden RVOen: Art 82 GG und G über die Verkündung von RVOen vom 30. 1. 50 (Verkündung im BGBl oder Bundesanzeiger mit Hinweis im BGBl). Auch zu den vom BMV für den StrV zu erlassenden allgemeinen Verwaltungsvorschriften (Vwv) ist die Zustimmung des BR erforderlich (Art 85 II GG). Sie werden üblicherweise im VkBl verkündet.

Der durch ÄndG v 3. 5. 2005 (BGBl I 1221) angefügte Abs IV erleichtert das Verfahren in Fällen der **Verweisung auf verkehrsrechtliche Vorschriften** in Gesetzen und RVOen, wenn solche Vorschriften durch inhaltsgleiche Bestimmungen ersetzt werden. Die Änderungen der Verweise können, soweit sie keine inhaltlichen Änderungen sind, im Einvernehmen mit den beteiligten Bundesministerien ohne Zustimmung des Bundesrates erfolgen (s Begr VkBl **05** 436). 25

Gebühren

6a (1) Kosten (Gebühren und Auslagen) werden erhoben

1. **für Amtshandlungen, einschließlich Prüfungen, Abnahmen, Begutachtungen, Untersuchungen, Verwarnungen – ausgenommen Verwarnungen im Sinne des Gesetzes über Ordnungswidrigkeiten – und Registerauskünften**
    a) **nach diesem Gesetz und nach den auf diesem Gesetz beruhenden Rechtsvorschriften,**
    b) **nach dem Gesetz zu dem Übereinkommen vom 20. März 1958 über die Annahme einheitlicher Bedingungen für die Genehmigung der Ausrüstungsgegenstände und Teile von Kraftfahrzeugen und über die gegenseitige Anerkennung der Genehmigung vom 12. Juni 1965 (BGBl. 1965 II S. 857) in der Fassung des Gesetzes vom 20. Dezember 1968 (BGBl. 1968 II S. 1224) und nach den auf diesem Gesetz beruhenden Rechtsvorschriften,**
    c) **nach dem Gesetz zu dem Europäischen Übereinkommen vom 30. September 1957 über die internationale Beförderung gefährlicher Güter auf der Straße (ADR) vom**

Dauer

18. August 1969 (BGBl. 1969 II S. 1489) und nach den auf diesem Gesetz beruhenden Rechtsvorschriften,
   d) nach dem Fahrpersonalgesetz und den darauf beruhenden Rechtsverordnungen, soweit die Amtshandlungen vom Kraftfahrt-Bundesamt vorgenommen werden,
   e) nach dem Berufskraftfahrer-Qualifikations-Gesetz und den darauf beruhenden Rechtsverordnungen,
2. für Untersuchungen von Fahrzeugen nach dem Personenbeförderungsgesetz in der im Bundesgesetzblatt Teil III, Gliederungsnummer 9240–1, veröffentlichten bereinigten Fassung, zuletzt geändert durch Artikel 7 des Gesetzes über die unentgeltliche Beförderung Schwerbehinderter im öffentlichen Personenverkehr vom 9. Juli 1979 (BGBl. I S. 989), und nach den auf diesem Gesetz beruhenden Rechtsvorschriften,
3. für Maßnahmen im Zusammenhang mit der Stilllegung von Kraftfahrzeugen und Kraftfahrzeuganhängern.

(2) ¹Das Bundesministerium für Verkehr, Bau und Stadtentwicklung wird ermächtigt, die gebührenpflichtigen Amtshandlungen sowie die Gebührensätze für die einzelnen Amtshandlungen, einschließlich Prüfungen, Abnahmen, Begutachtungen, Untersuchungen, Verwarnungen – ausgenommen Verwarnungen im Sinne des Gesetzes über Ordnungswidrigkeiten – und Registerauskünften im Sinne des Absatzes 1 durch Rechtsverordnung zu bestimmen und dabei feste Sätze oder Rahmensätze vorzusehen. ²Die Gebührensätze sind so zu bemessen, dass der mit den Amtshandlungen, einschließlich Prüfungen, Abnahmen, Begutachtungen, Untersuchungen, Verwarnungen – ausgenommen Verwarnungen im Sinne des Gesetzes über Ordnungswidrigkeiten – und Registerauskünften verbundene Personal- und Sachaufwand gedeckt wird; bei begünstigenden Amtshandlungen kann daneben die Bedeutung, der wirtschaftliche Wert oder der sonstige Nutzen für den Gebührenschuldner angemessen berücksichtigt werden.

(3) ¹Im Übrigen findet das Verwaltungskostengesetz vom 23. Juni 1970 (BGBl. I S. 821), geändert durch Artikel 41 des Einführungsgesetzes zur Abgabenordnung vom 14. Dezember 1976 (BGBl. I S. 3341), Anwendung. ²In den Rechtsverordnungen nach Absatz 2 können jedoch die Kostenbefreiung, die Kostengläubigerschaft, die Kostenschuldnerschaft, der Umfang der zu erstattenden Auslagen und die Kostenerhebung abweichend von den Vorschriften des Verwaltungskostengesetzes geregelt werden.

(4) In den Rechtsverordnungen nach Absatz 2 kann bestimmt werden, dass die für die einzelnen Amtshandlungen, einschließlich Prüfungen, Abnahmen, Begutachtungen und Untersuchungen, zulässigen Gebühren auch erhoben werden dürfen, wenn die Amtshandlungen aus Gründen, die nicht von der Stelle, die die Amtshandlungen hätte durchführen sollen, zu vertreten sind, und ohne ausreichende Entschuldigung des Bewerbers oder Antragstellers am festgesetzten Termin nicht stattfinden konnten oder abgebrochen werden mussten.

(5) Rechtsverordnungen über Kosten, deren Gläubiger der Bund ist, bedürfen nicht der Zustimmung des Bundesrates.

(6) ¹Für das Parken auf öffentlichen Wegen und Plätzen können in Ortsdurchfahrten die Gemeinden, im Übrigen die Träger der Straßenbaulast, Gebühren erheben. ²Für die Festsetzung der Gebühren werden die Landesregierungen ermächtigt, Gebührenordnungen zu erlassen. ³In diesen kann auch ein Höchstsatz festgelegt werden. ⁴Die Ermächtigung kann durch Rechtsverordnung weiter übertragen werden.

(7) Die Regelung des Absatzes 6 Satz 2 bis 4 ist auf die Erhebung von Gebühren für die Benutzung gebührenpflichtiger Parkplätze im Sinne des § 6 Abs. 1 Nr. 13 entsprechend anzuwenden.

(8) Die Länder können bestimmen, dass die Zulassung von Fahrzeugen von der Entrichtung der dafür bestimmten Gebühren und Auslagen sowie der rückständigen Gebühren und Auslagen aus vorausgegangenen Zulassungsvorgängen abhängig gemacht werden kann.

1 **Begr** zur Neufassung durch ÄndG v 6. 4. 1980: VkBl **80** 248.

2 **Begr** zum ÄndG v 24. 4. 1998 (BRDrucks 821/96 S 76):

Zu Absätzen 1 und 2: Klarstellung, dass es sich bei Prüfungen, Abnahmen, Begutachtung, Untersuchungen, Verwarnungen und Registerauskünften um gebührenpflichtige Amtshandlungen handelt. Die Gebührenpflicht gilt auch für Registerauskünfte unabhängig davon, ob es sich um einfache Auskünfte im Sinne von § 7 Nr. 1 Verwaltungskostengesetz handelt oder nicht. Ausgenommen von der Gebührenpflicht sind im Hinblick auf § 19 Abs. 7 Bundesdatenschutzgesetz aber Auskünfte an den Betroffenen über die über ihn im Verkehrszentralregister und im Zentralen Fahrerlaubnisregister eingetragenen Daten (vgl. § 30 Abs. 8 und § 58 StVG). Gebührenpflichtige Verwarnungen sind vor allem solche nach dem Punktsystem

Gebühren **§ 6a StVG 1**

(vgl. Gebühren-Nr. 210 der Gebührenordnung für Maßnahmen im Straßenverkehr). Verwarnungen nach dem Ordnungswidrigkeitengesetz erfolgen gebührenfrei (vgl. § 56 Abs. 3 Satz 2 OWiG).

Begr zum ÄndG v 14. 1. 04 (BTDrucks 15/1802 S 76): **Zu Absatz 6:** *Nach § 6a des* **3** *Straßenverkehrsgesetzes in der zurzeit gültigen Fassung wird eine Gebühr, deren Höhe nach örtlichen Verhältnissen unterschiedlich hoch sein kann, pro halbstündliches Parkzeitintervall vorgegeben. Diese Regelung erlaubt es beim heute bestehenden Parkdruck nicht, flexibel auf die besonderen lokalen Verhältnisse zu reagieren, obwohl die vorhandenen Geräte dies technisch ohne weiteres ermöglichten.*
...
Es soll die Möglichkeit geschaffen werden, ein kostenfreies Parken ohne zeitliche Vorgaben einzuräumen, die Gebühren pro Zeitintervall schrittweise unterschiedlich zu gestalten, kürzere Taktzeiten als halbstündliche Intervalle vorzugeben und Gebühren nach einer räumlichen Staffelung erheben zu können.

Begr zum ÄndG v 3. 5. 05 (VkBl **05** 437): **Zu Absatz 1 Nr 1 d:** *Die Änderung dient dazu,* **4** *den Verwaltungsaufwand des Kraftfahrt-Bundesamtes, welcher aus der Wahrnehmung der ihm übertragenen Aufgaben im Zusammenhang mit der Einführung des digitalen Kontrollgerätes entstehen wird, über eine Ergänzung der Gebührenordnung für Maßnahmen im Straßenverkehr abzudecken. Sie ermöglicht die Erhebung von Kosten für Amtshandlungen des Kraftfahrt-Bundesamtes nach dem Fahrpersonalgesetz und den darauf beruhenden Rechtsverordnungen. Die Regelung ist auf die Tätigkeiten des Kraftfahrt-Bundesamtes beschränkt.* ...

Begr zum ÄndG v 14. 8. 06 (BRDrucks 259/06, S 25): **Zu Absatz 1 Nr 1 e:** *Die Änderung* **5–8** *in § 6a Abs. 1 berücksichtigt die Notwendigkeit, auch für Verwaltungsmaßnahmen nach dem BKrFQG Gebührensätze festzulegen und schafft für den Verordnungsgeber die notwendige Ermächtigung. Mit der Änderung der Ermächtigung in § 6a* **Abs.** *2 wird die Bestimmtheit der Regelung verbessert.*

1. Soweit Bundeskostenrecht (§ 6a StVG, GebOSt, BVerwKostenG) das Landeskostenrecht **9** nicht ausdrücklich ausschließt, gilt auch dieses (BVerwG VRS **57** 70 – kostenpflichtige Anfrage nach dem Halter). Verwarnungen nach § 4 III (Punktsystem) sind gem Abs 1 Nr 1 gebührenpflichtig. Die abw, zur früheren Allgemeinen Vwv zu § 15b StVZO ergangene Rspr ist überholt. Bei begünstigenden Amtshandlungen (zB Sonderparkberechtigung) gelten für den die Gebührenhöhe bestimmenden VOGeber als Bemessungskriterien gem Abs 2 S 2 das Kostendeckungs- und das Äquivalenzprinzip (Kosten des Verwaltungsaufwands, Wert/Nutzen für den Begünstigten), s OVG Saarlouis ZfS **99** 313. Die Gebühr für eine Sonderparkberechtigung zugunsten von Anwohnern (§ 45 Ib Nr 2 StVO) muss sich nachprüfbar an einer konkreten Kosten-Wert-Ermittlung orientieren (VG Münster NJW **85** 3092), bei der die voraufgegangene Einrichtung der Sonderparkzone außer Betracht zu bleiben hat (OVG Münster VRS **72** 391 = StVE 4, OVG Saarlouis ZfS **99** 313). Erhebung von Entgelten für die Benutzung von tatsächlich öffentlichem, straßenrechtlich nicht gewidmetem VRaum, auf dem kein Gemeingebrauch besteht: § 52 StVO.

2. Gegen die Schaffung von Gebührentatbeständen in der GebOSt für bloße **Androhung** **10** von Maßnahmen iS von Abs 1 sind in der Judikatur Bedenken erhoben worden, sofern eine solche Androhung in den in Abs 1 genannten Rechtsgrundlagen nicht ausdrücklich vorgesehen oder kraft Sinnzusammenhangs nicht zwingend vorausgesetzt ist (OVG Saarlouis VM **81** 31). So ist zB die *Androhung* einer Fahrtenbuchauflage weder im StVG noch in einer auf diesem Gesetz beruhenden Rechtsnorm als „Amtshandlung" (s Abs 1) vorgesehen (§ 31a StVZO Rz 9a). Nachdem BVerwG NJW **83** 1811 (wie zuvor auch schon VGH Mü DAR **78** 334, OVG Saarlouis VM **81** 31) entschieden hatte, dass die Erhebung einer Gebühr für die Androhung einer Fahrtenbuchauflage durch die GebOSt nicht gedeckt war und der Auffangtatbestand der Gebühren-Nummer 399 dafür nicht herangezogen werden konnte, wurde durch ÄndVO v 24. 3. 88 (BGBl I 427) die Gebührennummer 398 („Androhung der Anordnung der im 2. Abschnitt genannten Maßnahmen, soweit bei den einzelnen Gebühren-Nummern die Androhung nicht bereits selbst genannt ist") in die Anl zu § 1 GebOSt eingefügt. Die Androhung einer Maßnahme kann aber nach dem Grundsatz der Bestimmtheit der gebührenpflichtigen Amtshandlungen vom BMV nur dann gebührenpflichtig gemacht werden, wenn sie entweder im Straßenverkehrsrecht ausdrücklich vorgesehen oder kraft Sinnzusammenhangs zwingend vorausgesetzt ist (BVerwG NJW **83** 1811, OVG Saarlouis VM **81** 31). Beide Voraussetzungen sind bei der Androhung einer Fahrtenbuchauflage nicht gegeben, so dass die Erhebung einer Gebühr auf der Grundlage der Gebühren-Nummer 398 nicht von § 6a I, II gedeckt ist (VG Weimar Urt v 16. 3. 06 2 K 1185/05 We, nv). Das Gleiche gilt für die Androhung von Maß-

Dauer

1 StVG § 6b I. Verkehrsvorschriften

nahmen nach § 46 III, §§ 11–14 FeV, anders als für deren Anordnung (VG Hb DAR **93** 404 zu § 15b II StVZO alt). Soweit das BVerwG in seinem Urteil vom 17. 12. 82 7 C 107/79 juris ausführt, dem VOGeber bleibe es gem § 6a I, II rechtlich unbenommen, Amtshandlungen, die das StrVR nicht besonders nennt oder voraussetzt, die jedoch – wie die Androhung der Fahrtenbuchauflage – in Vollzug einer straßenverkehrsrechtlichen Vorschrift ergehen oder sich daraus ableiten, in den Katalog der kostenpflichtigen Maßnahmen aufzunehmen (insoweit nicht in NJW **83** 1811 abgedruckt), setzt es sich in Widerspruch zu seinen eigenen Maßstäben hinsichtlich der notwendigen Orientierung am Grundsatz der Bestimmtheit der gebührenpflichtigen Amtshandlungen. Dieser weitgehenden Auslegung kann deswegen nicht gefolgt werden.

11   **3. Zulassung von Fz nur bei Entrichtung ausstehender Gebühren. Abs 8** (eingefügt in das ÄndG v 3. 5. 05, BGBl I **05** 1221, durch den Vermittlungsausschuss, BRDrucks 187/05, VkBl **05** 437) ermächtigt die Länder, die Zulassung von Fz von der Entrichtung der dafür bestimmten Gebühren und Auslagen, vor allem aber von der Entrichtung rückständiger Gebühren und Auslagen aus vorausgegangenen Zulassungsvorgängen abhängig zu machen. Von dieser Ermächtigung hat zB Hamburg durch das Gesetz über die Entrichtung von Fahrzeugzulassungsgebühren (Fahrzeugzulassungsgebührenentrichtungsgesetz – FzZulGebEntrG) v 6. 7. 06 (HmbGVBl **06** 396) Gebrauch gemacht. Abs 8 enthält **keine Verordnungsermächtigung** für die Landesregierungen; der Wortlaut der Norm und der Vergleich mit anderen, diesbezüglich eindeutig formulierten Verordnungsermächtigungen im StVG sprechen dagegen. Vielmehr ist von einer deklaratorischen Konkretisierung der Restkompetenz der Länder im Rahmen der konkurrierenden Gesetzgebung des Bundes auszugehen. Zur Umsetzung von Abs 8 ist ein formelles Gesetz im Übrigen unverzichtbar, weil die Vorenthaltung der FzZulassung bis zur vorherigen Bezahlung der Gebühren und sämtlicher sonstiger rückständiger Gebühren einen Eingriff in die subjektiven Rechte des Antragstellers darstellt und in den Schutzbereich des Art 2 I GG (allgemeine Handlungsfreiheit) eingreift. **Rückständige Gebühren** aus Zulassungsvorgängen entstehen idR, wenn die Zulassungsbehörde von Amts wegen auf Grund eines Fehlverhaltens des FzHalters gebührenpflichtig aktiv werden muss (zB Maßnahmen bei Fehlen des Versicherungsschutzes, bei von der Polizei festgestellten FzMängeln, bei Nichtbefolgung von Mitteilungspflichten), den Haltern gegenüber Gebührenbescheide erlässt und diese nicht zahlen. Diese Gebührenforderungen knüpfen an die Voraussetzungen der FzZulassung an und sind deswegen als Gebühren aus Zulassungsvorgängen anzusehen. Diese weite Auslegung ist angezeigt, weil ansonsten wegen der Anwendung des Zug-um-Zug-Prinzips bei der Zulassung in der Praxis (Zulassung nur nach vorheriger Zahlung der Gebühren für die aktuelle Zulassung) Rückstände nicht entstehen könnten und die Regelung des Abs 8 inhaltsleer wäre.

Herstellung, Vertrieb und Ausgabe von Kennzeichen

6b (1) Wer Kennzeichen für Fahrzeuge herstellen, vertreiben oder ausgeben will, hat dies der Zulassungsbehörde vorher anzuzeigen.

(2) *(weggefallen)*

(3) **Über die Herstellung, den Vertrieb und die Ausgabe von Kennzeichen sind nach näherer Bestimmung (§ 6 Abs. 1 Nr. 8) Einzelnachweise zu führen, aufzubewahren und zuständigen Personen auf Verlangen zur Prüfung auszuhändigen.**

(4) **Die Herstellung, der Vertrieb oder die Ausgabe von Kennzeichen ist zu untersagen, wenn diese ohne die vorherige Anzeige hergestellt, vertrieben oder ausgegeben werden.**

(5) **Die Herstellung, der Vertrieb oder die Ausgabe von Kennzeichen kann untersagt werden, wenn**

1. **Tatsachen vorliegen, aus denen sich die Unzuverlässigkeit des Verantwortlichen oder der von ihm mit Herstellung, Vertrieb oder Ausgabe von Kennzeichen beauftragten Personen ergibt, oder**
2. **gegen die Vorschriften über die Führung, Aufbewahrung oder Aushändigung von Nachweisen über die Herstellung, den Vertrieb oder die Ausgabe von Kennzeichen verstoßen wird.**

Begr zum ÄndG v 11. 9. 02 (BTDrucks 14/8766 S 59): *Die Vorschriften über ein amtliches Berechtigungsscheinverfahren sind aufzuheben, um der Gefahr zu begegnen, dass in der Bundesrepublik Deutschland unterschiedliches Recht mit strafrechtlichen Konsequenzen angewendet wird, je nach dem, ob die Kfz-Zulassungsbehörde ein von ihr vorgegebenes Berechtigungsscheinverfahren vorschreibt oder nicht.*

Führen von Kraftfahrzeugen in Begleitung   §§ 6c–6e StVG

Die 1978 beabsichtigte Einführung eines amtlichen Berechtigungsscheinverfahrens wurde wegen des hohen verwaltungsmäßigen und finanziellen Aufwandes sowie der fehlenden Erkenntnis über den kriminologischen Stellenwert des Kennzeichenmissbrauchs beim Diebstahl von Kraftfahrzeugen 1984 verworfen. Das amtliche Berechtigungsscheinverfahren war als flankierende Maßnahme für die 1978 beabsichtigte Einführung eines fälschungssicheren Kennzeichens vorgesehen. Die seinerzeit entwickelten Vorstellungen zur zwingenden Vorlage des Berechtigungsscheins bei den Zulassungsbehörden für den Erwerb von Kfz-Kennzeichen wurden nicht verbindlich eingeführt. Eine wirksame Bekämpfung von Straftaten mit Fahrzeugen, insbesondere die illegale Verwendung von Kfz-Kennzeichen von stillgelegten oder abgemeldeten Fahrzeugen, wird durch ein Berechtigungsscheinverfahren nicht gewährleistet. Eine bundeseinheitliche Regelung des Verfahrens sowie der Art und Weise der Vergabe von amtlichen Berechtigungsscheinen wird deshalb nicht mehr als erforderlich angesehen. In nahezu allen Ländern gibt es Zulassungsbehörden, die Bescheinigungen für den Gang zur Prägestelle ausgeben, hierbei handelt es sich jedoch nicht um ein Berechtigungsscheinverfahren im Sinne der Vorschriften. Auf Grund des Urteils des Bayerischen Obersten Landesgerichts vom 30. 10. 1998–1 St RR 170/98 – (NStZ-RR 1999, S. 153) ist die vertretene Auffassung, dass vor Verkündung der Rechtsverordnung die vorgenannte Regelung nicht greife und die Vorlage eines amtlichen Berechtigungsscheins nicht erforderlich sei, nicht aufrecht zu halten.
*Strafnorm: § 22 a. Steinke, Diebstahls- und fälschungssichere Kennzeichen, vollautomatische Fahndung, PTV **80** 341. Jagow, Fälschungssichere Kfz-Kennzeichen, VD **82** 66.*

Herstellung, Vertrieb und Ausgabe von Kennzeichenvorprodukten

6c § 6b Abs. 1, 3, 4 Nr. 1 sowie Abs. 5 gilt entsprechend für die Herstellung, den Vertrieb oder die Ausgabe von bestimmten – nach näherer Bestimmung durch das Bundesministerium für Verkehr, Bau und Stadtentwicklung festzulegenden (§ 6 Abs. 1 Nr. 8, Abs. 2) – Kennzeichenvorprodukten, bei denen nur noch die Beschriftung fehlt.

Auskunft und Prüfung

6d (1) Die mit der Herstellung, dem Vertrieb oder der Ausgabe von Kennzeichen befassten Personen haben den zuständigen Behörden oder den von ihnen beauftragten Personen über die Beachtung der in § 6b Abs. 1 bis 3 bezeichneten Pflichten die erforderlichen Auskünfte unverzüglich zu erteilen.

(2) Die mit der Herstellung, dem Vertrieb oder der Ausgabe von Kennzeichenvorprodukten im Sinne des § 6c befassten Personen haben den zuständigen Behörden oder den von ihnen beauftragten Personen über die Beachtung der in § 6b Abs. 1 und 3 bezeichneten Pflichten die erforderlichen Auskünfte unverzüglich zu erteilen.

(3) Die von der zuständigen Behörde beauftragten Personen dürfen im Rahmen der Absätze 1 und 2 Grundstücke, Geschäftsräume, Betriebsräume und Transportmittel der Auskunftspflichtigen während der Betriebs- oder Geschäftszeit zum Zwecke der Prüfung und Besichtigung betreten.

Führen von Kraftfahrzeugen in Begleitung

6e (1) [1]Das Bundesministerium für Verkehr, Bau und Stadtentwicklung wird ermächtigt, durch Rechtsverordnung mit Zustimmung des Bundesrates zur Erprobung neuer Maßnahmeansätze zur Senkung des Unfallrisikos junger Fahranfänger die erforderlichen Vorschriften zu erlassen, insbesondere über
1. das Herabsetzen des allgemein vorgeschriebenen Mindestalters zum Führen von Kraftfahrzeugen mit einer Fahrerlaubnis der Klassen B und BE,
2. die zur Erhaltung der Sicherheit und Ordnung auf den öffentlichen Straßen notwendigen Auflagen, insbesondere dass der Fahrerlaubnisinhaber während des Führens eines Kraftfahrzeuges von mindestens einer namentlich benannten Person begleitet sein muss,
3. die Aufgaben und Befugnisse der begleitenden Person nach Nummer 2, insbesondere über die Möglichkeit, dem Fahrerlaubnisinhaber als Ansprechpartner beratend zur Verfügung zu stehen,
4. die Anforderungen an die begleitende Person nach Nummer 2, insbesondere über
   a) das Lebensalter,
   b) den Besitz einer Fahrerlaubnis sowie über deren Mitführen und Aushändigung an zur Überwachung zuständige Personen,

Dauer

c) ihre Belastung mit Eintragungen im Verkehrszentralregister sowie
d) über Beschränkungen oder das Verbot des Genusses alkoholischer Getränke und berauschender Mittel,
5. die Ausstellung einer Prüfungsbescheinigung, die abweichend von § 2 Abs. 1 Satz 3 ausschließlich im Inland längstens bis drei Monate nach Erreichen des allgemein vorgeschriebenen Mindestalters zum Nachweis der Fahrberechtigung dient, sowie über deren Mitführen und Aushändigung an zur Überwachung des Straßenverkehrs berechtigte Personen,
6. die Kosten in entsprechender Anwendung des § 6a Abs. 2 in Verbindung mit Abs. 4 und
7. das Verfahren.

²Eine Rechtsverordnung nach Satz 1 findet nur Anwendung, soweit dies in einer Rechtsverordnung nach Absatz 2 bestimmt ist.

(2) ¹Die Landesregierungen werden ermächtigt, durch Rechtsverordnung zu bestimmen, dass von der Möglichkeit, eine Fahrerlaubnis der Klassen B und BE nach Maßgabe der nach Absatz 1 erlassenen Rechtsverordnung zu erteilen, Gebrauch gemacht werden kann. ²Die Landesregierungen können die Ermächtigung nach Satz 1 durch Rechtsverordnung auf die zuständigen obersten Landesbehörden übertragen.

(3) ¹Eine auf der Grundlage der Rechtsverordnungen nach den Absätzen 1 und 2 erteilte Fahrerlaubnis der Klassen B und BE ist zu widerrufen, wenn der Fahrerlaubnisinhaber einer vollziehbaren Auflage nach Absatz 1 Nr. 2 über die Begleitung durch mindestens eine namentlich benannte Person während des Führens von Kraftfahrzeugen zuwiderhandelt. ²Ist die Fahrerlaubnis widerrufen, darf eine neue Fahrerlaubnis unbeschadet der übrigen Voraussetzungen nur erteilt werden, wenn der Antragsteller nachweist, dass er an einem Aufbauseminar nach § 2a Abs. 2 teilgenommen hat.

(4) ¹Im Übrigen gelten die allgemeinen Vorschriften über die Fahrerlaubnispflicht, die Erteilung, die Entziehung oder die Neuerteilung der Fahrerlaubnis, die Regelungen für die Fahrerlaubnis auf Probe, das Fahrerlaubnisregister und die Zulassung von Personen zum Straßenverkehr. ²Für die Prüfungsbescheinigung nach Absatz 1 Nr. 5 gelten im Übrigen die Vorschriften über den Führerschein entsprechend.

1 **Begr** (VkBl **05** 689): *An mehr als einem Fünftel (22%) aller Unfälle mit Personenschäden waren 2003 18- bis 24-Jährige als Fahrzeugführer beteiligt. Dabei trug gerade die Gruppe der 18- bis 20-Jährigen – d. h. der Fahranfänger – überdurchschnittlich häufig die Hauptschuld am Unfall; 69% der an einem Unfall beteiligten Pkw-Fahrer dieser Altersgruppe waren auch die Hauptverursacher des Unfalls. Diese Zahl ist seit einigen Jahren annähernd unverändert. Die Einführung des „Begleiteten Fahrens ab 17" kann einen Beitrag zur Senkung dieses hohen Unfallrisikos leisten, und zwar insbesondere auf Grund des „mäßigenden Einflusses" einer Begleitung. Studien (Gregersen et al. 2002, Mei-Li Lin, 2003, Ellinghaus & Schlag, 2001) wie auch Erfahrungen im Ausland (Österreich) lassen erwarten, dass es bei Fahrten in Begleitung zu weniger Unfällen kommt als bei Fahrten ohne Begleitung, jedenfalls sofern es sich bei den Begleitern nicht um Personen gleichen Alters handelt. Gleichzeitig führt die Fahrpraxis in Begleitung zu mehr Fahrkompetenz, die weiterwirkt, wenn der Fahranfänger ab dem 18. Lebensjahr nach Erwerb des Führerscheins ohne Begleitung fahren darf. Bei entsprechender Fahrpraxis kann daher davon ausgegangen werden, dass Fahranfänger nach der Begleitphase mit einem deutlich herabgesenkten Risikoniveau in die Phase des selbstständigen Fahrens eintreten. …*

Auch beim Modell des „Begleiteten Fahrens ab 17" sind die Fahranfänger verantwortliche Führer der Fahrzeuge und die Begleiter haben lediglich den „Status" von Beifahrern. Die Begleiter haben keine besonderen Aufgaben, insbesondere keine Ausbildungsfunktion. Die Ausbildung obliegt auch beim Modell des „Begleiteten Fahrens ab 17" ausschließlich dem Berufsstand der Fahrlehrer.

2 **Zu Absatz 1:** *Die* **Nummer 4** *ermächtigt und verpflichtet dazu, Mindestanforderungen („Auswahlkriterien") an den potenziellen Begleiter zu bestimmen, namentlich im Hinblick auf sein Mindestalter (zur Vermeidung des „Peer"-Effektes), den Besitz einer Fahrerlaubnis (Verkehrserfahrenheit) und hinsichtlich der Anzahl von Punkten im Verkehrszentralregister, mit denen der Begleiter höchstens belastet sein darf (Zuverlässigkeit). Darüber hinaus soll eine Regelung über eine „Promillegrenze" für den Begleiter getroffen werden können. Mit diesen Anforderungen an die begleitende Person sind keine Verpflichtungen oder Aufgabenzuweisungen insbesondere i. S. einer besonderen Ausbilderfunktion verbunden. Der von der Anwesenheit eines Begleiters ausgehende „mäßigende" Einfluss auf das Fahrverhalten des Fahranfängers wird durch diese Vorgaben gefördert und unterstützt, so dass es gerechtfertigt ist, an den Begleiter diese Anforderungen zu stellen. Da er seine Begleitfunktion stets freiwillig wahrnimmt, ist damit auch kein unzulässiger Eingriff in seine Rechtsposition verbunden.*

Die **Nummer 5** *enthält die Ermächtigung, Regelungen über die Ausstellung von Prüfungsbescheinigungen zu erlassen. Mit Übergabe der Prüfungsbescheinigung beginnt die Probezeit (§ 2a Abs. 1 Satz 1 StVG). Ab Vollendung des 18. Lebensjahres kann ein Führerschein im Kartenformat nach Muster 1 der Anlage 8 zur FeV dem Fahranfänger ausgehändigt werden. Dabei kann die Behörde die Auskünfte einholen, die auch bei Ausstellung eines Ersatzführerscheins möglich sind. Spätestens drei Monate nach Vollendung des 18. Lebensjahres verliert die Prüfungsbescheinigung ihre Gültigkeit als Fahrerlaubnis. Damit wird den Fahrerlaubnisinhabern ausreichend Zeit gewährt, um „nahtlos" die Prüfungsbescheinigung in einen unbefristeten Führerschein im Kartenformat umzutauschen. Auch nach Ablauf der Frist ist die Ausstellung eines Führerscheins im Kartenformat möglich, da die Fahrerlaubnis mit Aushändigung der Prüfungsbescheinigung unbefristet erteilt wurde. ...*

Zu Absatz 2: *Mit dieser Vorschrift wird den Landesregierungen die Entscheidung darüber überlassen, ob sie in ihrem Gebiet den Modellversuch zum „Begleiteten Fahren ab 17" durchführen. Sie entscheiden im Verordnungswege selbstständig darüber, ob sie von der Möglichkeit der Einführung einer Fahrerlaubnis der Klasse B (Pkw) und BE (Pkw mit Anhänger) an Personen, die das 17. Lebensjahr vollendet haben, unter den in der bundesrechtlichen Verordnung nach Absatz 1 genannten Voraussetzungen Gebrauch machen.* **3**

Zu Absatz 3: *Die Vorschrift schreibt den zwingenden Widerruf der Fahrerlaubnis gemäß § 49 Abs. 2 Nr. 2 VwVfG vor, wenn der Fahrerlaubnisinhaber gegen eine vollziehbare Auflage nach Absatz 1 Nr. 2 über die Begleitung durch mindestens eine namentlich benannte Person während des Führens von Kraftfahrzeugen verstößt [Fahrt ohne Begleitperson; eine solche liegt auch vor, wenn die Begleitperson nicht die Anforderungen nach Absatz 1 Nr. 4 bzw. nach der dies näher bestimmenden Rechtsverordnung erfüllt (vgl. § 48a Abs. 5 und 6 FeV – neu –)]. Entsprechend den Vorgaben des § 2a Abs. 2 Nr. 1 StVG über die Probezeit muss der Fahranfänger nach dem Widerruf der Fahrerlaubnis der Klassen B oder BE an einem Aufbauseminar teilnehmen, bevor die Fahrerlaubnis neu erteilt werden kann.* **4**

Zu Absatz 4: *Klarstellung, dass im Übrigen die allgemeinen fahrerlaubnisrechtlichen Regelungen Anwendung finden. Die Zuständigkeit der Fahrerlaubnisbehörde bestimmt sich nach den allgemeinen Regeln, die für jede Fahrerlaubnis gelten. Wird der Hauptwohnsitz verlegt, ist die für den neuen Wohnsitz zuständige Fahrerlaubnisbehörde bei einem Auflagenverstoß zum Widerruf befugt (vgl. § 73 Abs. 2 Satz 1 FeV).* **5**

1. Modellversuche zum Begleiteten Fahren ab 17 Jahren. Mit ÄndG v 14. 8. 05 (BGBl I 2412) wurde die bis 31. 12. 2010 befristete (§ 65 XII) Rechtsgrundlage für Modellversuche der Länder zum Begleiteten Fahren ab 17 eingeführt. Die Idee des Begleiteten Fahrens zielt darauf ab, den mit einem überdurchschnittlichen Unfallrisiko belasteten jungen Fahranfängern während der besonders riskanten ersten Phase ihrer Fahrpraxis durch Anwesenheit einer verkehrserfahrenen Begleitperson eine erweiterte fahrpraktische Kompetenzgrundlage zur Verfügung zu stellen (BASt-Bericht „Begleitetes Fahren ab 17", Heft M 154, S 9). Man erhofft sich davon eine signifikante Senkung des Unfallrisikos junger Fahranfänger (Begr VkBl **05** 689f, *Dauer* VD **06** 3). **6**

2. Die **Ermächtigung** des Abs 1 ist die Grundlage für den Unterabschnitt II. 10. der FeV (§§ 48a und 48b sowie die Anl 8a zur FeV), der das **Begleitete Fahren** mit einer FE der Kl B und BE schon ab Vollendung des 17. Lebensjahres ermöglicht. Gem Abs 2 ist es **Sache jeder Landesregierung,** darüber zu entscheiden, ob sie ihrerseits durch Landes-RVO in ihrem Gebiet das Begleitete Fahren ab 17 einführt. Geschieht dies, so berechtigt die daraufhin erteilte FE (Kl B, BE) nach Aushändigung der Prüfungsbescheinigung den Fahranfänger allerdings zum Führen von Kfz dieser Klassen im gesamten Bundesgebiet (nicht aber auch im Ausland, s Abs 1 S 1 Nr 5). Alle Bundesländer haben Modellversuche eingeführt. Die Teilnahme von Fahranfängern am Begleiteten Fahren ab 17 ist freiwillig. Die Modellversuche werden gem § 65 XII zunächst nur **bis zum 31. 12. 2010** durchgeführt. Über eine Verlängerung oder eine dauerhafte Beibehaltung der Regelungen zum Begleiteten Fahren ab 17 wird auf der Basis der Ergebnisse der inzwischen durchzuführenden Evaluation (§ 48b FeV) spätestens dann zu entscheiden sein (Begr VkBl **05** 692). **7**

3. Mindestens eine namentlich benannte **Begleitperson** muss den jugendlichen FEInhaber während des Führens eines Kfz im öffentlichen StrV begleiten (Abs 1 S 1 Nr 2). Die Begleitperson gilt, anders als der Fahrlehrer (§ 2 XV 2), nicht als FzF; Führer ist vielmehr der jugendliche FzLenker (Begr VkBl **05** 690). Dem Begleiter obliegen auch **keine Ausbildungsaufgaben.** Seine Aufgaben und Befugnisse sind gem Abs 1 S 1 Nr 3 im Einzelnen in § 48a IV FeV geregelt. Abs 1 S 1 Nr 4 ermächtigt den VOGeber nicht nur zur Bestimmung der **Auswahlkrite- 8**

rien, die eine Begleitperson erfüllen muss; vielmehr verpflichtet diese Vorschrift den VOGeber zu konkreten Vorschriften über dessen Lebensalter, FEBesitz, bisheriges Verhalten im StrV (Eintragungen im VZR) und die Frage nach der Zulässigkeit der Beeinflussung durch Alkohol oder andere berauschende Mittel während der Begleitung. Diese Kriterien sind im Einzelnen in § 48 a V, VI FeV festgelegt.

9   **4. Haftungsrechtlich** steht die Begleitperson mangels Ausbilderfunktion grundsätzlich jedem beliebigen anderen Begleiter eines Fahranfängers gleich, der Rat oder Hinweise erteilt (*Dauer* VD **06** 10, *Sapp* NJW **06** 409, *Lang/Stahl/Huber* NZV **06** 451). Handelt es sich bei der Begleitperson um einen Erziehungsberechtigten, so kann allerdings uU eine Haftung gem § 832 BGB (Verletzung der Aufsichtspflicht) gegeben sein (*Feltz*, 41. VGT **03** 41 ff, 48 f, *Feltz/Kögel* DAR **04** 123, 126, *Brock* DAR **06** 64). Abs 1 S 1 Nr 4 d iVm § 48 a VI FeV ist Schutzgesetz iSv § 823 II BGB (*Fischinger/Seibl* NJW **05** 2889, *Lang/Stahl/Huber* NZV **06** 452); ein Verstoß der Begleitperson gegen die Alkohol- und Drogenregelung kann also zur Haftung nach § 832 II BGB führen. Hinsichtlich der **Haftung des jugendlichen FEInhabers** aus § 823 BGB wird die gem § 828 III BGB erforderliche Einsichtsfähigkeit wohl nur selten zu verneinen sein (*Fischinger/Seibl* NJW **05** 2887, *Brock*, DAR **06** 63, *Sapp* NJW **06** 408, *Lang/Stahl/Huber* NZV **06** 451, s aber *Feltz/Kögel* DAR **05** 121). Der Nachweis fehlenden Verschuldens gem § 18 I S 2 wird idR nicht mit dem Hinweis auf einen falschen Rat der Begleitperson geführt werden können, s *Fischinger/Seibl* NJW **05** 2888. Kein Mitverschulden des jugendlichen FEInhabers bei Auflagenverstoß (*Lang/Stahl/Huber* NZV **06** 451 f).

Lit zu Haftungs- und versicherungsrechtlichen Fragen: *Brock*, Rechtliche Probleme beim begleiteten Fahren ab 17, DAR **06** 63. *Feltz*, 41. VGT **03** 39. *Feltz/Kögel*, Risikominimierung bei begleitetem Fahren, DAR **04** 121. *Grabolle*, Begleitetes Fahren: Der Führerschein mit 17 kommt. Auswirkungen auf die Risikosituation der Kraftfahrtversicherer, VersW **06** 311. *Lang/Stahl/Huber*, Das Modell „Begleitetes Fahren mit 17" aus haftungs- und versicherungsrechtlicher Sicht, NZV **06** 449. *Sapp*, Das Modell „Begleitetes Fahren ab 17" im Haftungsrecht, NJW **06** 408.

10   **5.** Eine **Prüfungsbescheinigung** (Muster Anl 8a zur FeV) wird dem jugendlichen FEBewerber (statt eines FS) erteilt, Abs 1 S 1 Nr 5. Die Aushändigung ist die Erteilung einer FE der Kl B oder BE. Die Einzelheiten sind in § 48 a FeV geregelt (s dort Rz 7). Gem Abs 4 S 2 gelten für die Prüfungsbescheinigung die Vorschriften über den FS entsprechend. Die **Probezeit** beginnt mit Aushändigung der Prüfungsbescheinigung. Die Auflage, nur in Begleitung zu fahren, entfällt mit Vollendung des 18. Lebensjahrs, nicht erst, wenn der Inhaber der Prüfungsbescheinigung einen Kartenführerschein erhält.

11   **6. Widerruf der FE** der Kl B oder BE (nicht auch der gem § 6 III Nr 3 FeV eingeschlossenen Klassen L, M und S, s *Dauer* VD **06** 7) ist gem Abs 3 zwingend für den Fall vorgeschrieben, dass der Fahranfänger ohne benannte Begleitperson ein fahrerlaubnispflichtiges Kfz im öffentlichen StrV führt oder von einer Person begleitet wird, die nicht die Voraussetzungen des Abs 1 S 1 Nr 4 erfüllt und dadurch einer vollziehbaren Auflage nach Abs 1 S 1 Nr 2 zuwiderhandelt. Zum Widerruf s § 48 a FeV Rz 12. Es handelt sich dabei nicht um eine Entziehung der FE nach § 46 FeV. Darüber hinaus darf in einem solchen Fall eine **Neuerteilung der FE** der Kl B oder BE nur nach Teilnahme an einem Aufbauseminar gem § 2a II erteilt werden (Abs 3 S 2).

12   **7. Die allgemeinen fahrerlaubnisrechtlichen Regelungen** finden im Übrigen gem Abs 4 S 1 auch auf das Begleitete Fahren Anwendung. Das gilt zB auch für die Zuständigkeit der FE-Behörde. Bei Wohnsitzverlegung ist im Falle des Abs 3 (Auflagenverstoß) für den Widerruf die für den neuen Wohnsitz zuständige FEBehörde zum Widerruf befugt, § 73 II 1 FeV (s Begr, VkBl **05** 691).

Lit: s § 48 a FeV Rz 15.

II. Haftpflicht

Lit: *Böhmer*, Verschleierte Gefährdungshaftung?, MDR **63** 983. *Büchler*, VUnfall: Zurechnung des Fehlverhaltens Dritter, MDR **97** 709. *v. Caemmerer*, Die Bedeutung des Schutzbereichs einer Rechtsnorm ..., DAR **70** 283. *Deutsch*, Methode und Konzept der Gefährdungshaftung, VersR **71** 1. *Derselbe*, Gefährdungshaftung: Tatbestand und Schutzbereich, JuS **81** 317. *Dunz*, Gefährdungshaftung und Adäquanz in der neueren Rspr des BGH, VersR **84** 600. *E. v. Hippel*, Schadensausgleich bei VUnfällen, 1968. *Lange*, Umfang der Schadenersatzpflicht bei einem VUnfall; Methoden der Schadensbegrenzung, JuS **73** 280. *Lemcke*, Gefährdungshaftung im StrV unter Berücksichtigung der Änderungen durch das 2. SchadÄndG, ZfS **02** 318. G. *Müller,* Besonderheiten der Gefährdungshaftung nach dem StVG, VersR **95** 489. *Nüßgens,* Im Spannungsfeld zwischen Erweiterung und Begrenzung der Haftung, BGH-F 1975. *Sanden,* Der prima-facie-Beweis in der VRspr des BGH ..., VersR **66** 201. *Schneider,* ... Beweislast im Verkehrsunfallprozeß, MDR **84** 906. *Schoreit,* Vertrauensgrundsatz und KfzHaftung, NJW **66** 919. *Schultz,* Gefährdungshaftung bei nichtöffentlichem V, VersR **64** 575. *Steffen,* Der normative VUnfallschaden, NJW **95** 2057. *Stoll,* Adäquanz und normative Zurechnung bei der Gefährdungshaftung, Karlsruher Forum **83** 184 (Beilage zu VersR **83** H 41). *Stürner,* Der Unfall im StrV und der Umfang des Schadensersatzes unter besonderer Berücksichtigung des Nichtvermögensschadens, DAR **86** 7.

Haftung des Halters, Schwarzfahrt

7 (1) **Wird bei dem Betrieb eines Kraftfahrzeugs oder eines Anhängers, der dazu bestimmt ist, von einem Kraftfahrzeug mitgeführt zu werden, ein Mensch getötet, der Körper oder die Gesundheit eines Menschen verletzt oder eine Sache beschädigt, so ist der Halter verpflichtet, dem Verletzten den daraus entstehenden Schaden zu ersetzen.**

(2) **Die Ersatzpflicht ist ausgeschlossen, wenn der Unfall durch höhere Gewalt verursacht wird.**

(3) ¹**Benutzt jemand das Fahrzeug ohne Wissen und Willen des Fahrzeughalters, so ist er anstelle des Halters zum Ersatz des Schadens verpflichtet; daneben bleibt der Halter zum Ersatz des Schadens verpflichtet, wenn die Benutzung des Fahrzeugs durch sein Verschulden ermöglicht worden ist.** ²**Satz 1 findet keine Anwendung, wenn der Benutzer vom Fahrzeughalter für den Betrieb des Kraftfahrzeugs angestellt ist oder wenn ihm das Fahrzeug vom Halter überlassen worden ist.** ³**Die Sätze 1 und 2 sind auf die Benutzung eines Anhängers entsprechend anzuwenden.**

Begr zum ÄndG v 19. 7. 02. (BTDrucks 14/7752 S 29): **Zu Abs 1:** *Die schweren Unfälle, an denen LKW- oder Wohnwagengespanne beteiligt sind, machen deutlich, dass mit der Verwendung von Anhängern häufig eine Erhöhung der von einem Kraftfahrzeug ausgehenden Betriebsgefahr verbunden ist.*

In zunehmendem Maße sind zudem Kraftfahrzeugunfälle von Zugfahrzeugen mit Anhängern zu beobachten, bei denen der Geschädigte zur Identifizierung des Schädigers nur das Kennzeichen des Anhängers bekannt ist, das sich vom Kennzeichen des Zugfahrzeugs jedoch unterscheidet. Halter und Versicherer des Anhängers berufen sich in der Regel darauf, dass sie nach § 7 StVG weder zur Mitteilung noch zur Identifizierung des Zugfahrzeugs verpflichtet seien, verweisen aber in den hier bekannt gewordenen Fällen auf die Haftung des Fahrers und Halters des dem Geschädigten unbekannten Zugfahrzeugs ....

Auch wenn der Schaden in solchen Fällen nicht oder nicht ausschließlich durch den Anhänger verursacht wird, ist eine Gefährdungshaftung des Anhängerhalters sachgerecht, da der Anhänger zusammen mit dem Zugfahrzeug eine Einheit bildet, die eine gegenüber dem Zugfahrzeug erhöhte Betriebsgefahr aufweist. Die Regelung belastet den Halter des Anhängers auch nicht unverhältnismäßig. Er hat im Regelfall Einfluss auf die Auswahl des Zugfahrzeugs und dessen Führer, steht regelmäßig in vertraglichen Beziehungen zu dessen Halter und trägt zu der erhöhten Betriebsgefahr des Gespanns bei. Ist der Schaden ausschließlich durch das Zugfahrzeug oder dessen Führer verursacht worden, sichern ihm die insoweit ergänzten §§ 17 Abs. 2 und 18 Abs. 3 StVG (vgl. dazu unten Begründung zu Artikel 4 Nr. 8 und 9) ein Rückgriffsrecht im Innenverhältnis. Letztendlich soll in solchen Fällen der Halter des Anhängers nicht den Schaden tragen, der durch das Zugfahrzeug oder dessen Führer verursacht wurde und in denen sich die Betriebsgefahr des Anhängers nicht realisiert hat. Damit ist auch gewährleistet, dass der Geschädigte, dem nur eine Identifizierung des Anhängers, nicht aber des Zugfahrzeugs möglich ist, die Gefährdungshaftungsansprüche vollumfänglich durchsetzen kann: Er kann auf den Anhängerhalter zugreifen, der unter dem Druck der eigenen vollen Haftung im Außenverhältnis öfter als bisher dazu bereit sein dürfte, den Halter des Zugfahrzeugs preiszugeben.

...

(BTDrucks 14/7752 S 50 – Begr des Bundesrates –) *Auch im ruhenden Verkehr besteht kein Anlass, Kraftfahrzeug und Anhänger unterschiedlich zu behandeln. Zwar wird von einem Anhänger eine Gefahr ohne Verbindung mit einem Kraftfahrzeug selten ausgehen. Nicht anders verhält es sich jedoch bei abgestellten Kraftfahrzeugen. Bei diesen wird aber in bestimmten Fällen eine Haftung nach dem Straßenverkehrsgesetz auch dann angenommen, wenn sie geparkt sind (vgl. Hentschel, StVG, 36. Aufl. 2001, § 7 StVG, Rdnr. 8 m.w. N.). Ein Anhänger kann aber in gleich gefährdender Weise abgestellt werden wie ein Zugfahrzeug. Es erscheint deshalb angemessen, für Anhänger in gleicher Weise eine Gefährdungshaftung vorzusehen wie für Kraftfahrzeuge.*

1 StVG § 7
II. Haftpflicht

(BTDrucks 14/8780 S 21) *Die Änderung greift einen Vorschlag des Bundesrates (Stellungnahme Nummer 14, S. 50) auf. Mit diesem Vorschlag sollte die vom Regierungsentwurf vorgeschlagene Haftung des Anhängerhalters neu formuliert werden, um auch Unfälle durch sich vom Kraftfahrzeug lösende und abgestellte Anhänger in die Haftung einzubeziehen. In Ergänzung dieses Vorschlags war es allerdings erforderlich, die Halterhaftung ausdrücklich auf solche Anhänger zu beschränken, die dazu bestimmt sind, von einem Kraftfahrzeug mitgeführt zu werden. Andernfalls hätte es zu Unklarheiten darüber kommen können, ob auch Anhänger in eine Halterhaftung einbezogen werden, die nicht von Kraftfahrzeugen, sondern etwa von Fahrrädern gezogen werden. Von Letzteren geht aber keine solche Betriebsgefahr aus, dass ihre Einbeziehung in die Gefährdungshaftung gerechtfertigt wäre.*
...

(BTDrucks 14/7752 S 30f): **Zu Abs 2:** *Mit Artikel 4 Nr. 1b wird der Unabwendbarkeitsnachweis gestrichen, mit dem sich der Kraftfahrzeughalter bisher gegenüber der Gefährdungshaftung nach § 7 StVG entlasten konnte. Zugelassen wird statt dessen – entsprechend der Regelung bei der Gefährdungshaftung des Bahnbetriebsunternehmers (§ 1 Abs. 2 Satz 1 HPflG) – die Berufung auf „höhere Gewalt".*

Für das Haftpflichtgesetz hat die Rechtsprechung angenommen, dass höhere Gewalt ein betriebsfremdes, von außen durch elementare Naturkräfte oder durch Handlungen dritter Personen herbeigeführtes Ereignis sei, das nach menschlicher Einsicht und Erfahrung unvorhersehbar ist, mit wirtschaftlich erträglichen Mitteln auch durch die äußerste nach der Sachlage vernünftigerweise zu erwartende Sorgfalt nicht verhütet oder unschädlich gemacht werden kann und auch nicht wegen seiner Häufigkeit in Kauf zu nehmen ist ....

Mit dieser Änderung des Befreiungsgrundes ist eine Erweiterung der Halterhaftung verbunden, dessen praktische Relevanz allerdings nicht überschätzt werden darf. Einerseits ist bereits nach geltender Rechtslage die Entlastungsmöglichkeit sehr begrenzt: wird der Unfall durch einen Fehler in der Beschaffenheit des Fahrzeugs oder durch ein „technisches" Versagen am Fahrzeug verursacht, greift die Entlastungsmöglichkeit nicht. In den übrigen Fällen obliegt dem Halter die Darlegungs- und Beweislast für das Vorliegen eines unabwendbaren Ereignisses. Dafür hat die Rechtsprechung äußerst strenge Anforderungen gestellt: ...

Diese strengen Voraussetzungen nachzuweisen, gelingt dem Halter in der Praxis nur in Ausnahmefällen. Andererseits wird die Änderung des Befreiungsgrundes keinesfalls dazu führen, dass in allen Fällen, in denen bisher eine Entlastung durch den Unabwendbarkeitsnachweis möglich war, künftig in vollem Umfang gehaftet wird. Auch unter einem insoweit geänderten § 7 Abs. 2 StVG kommt eine Enthaftung über den Mitverschuldenseinwand der §§ 9 StVG, 254 BGB in Betracht, der im Einzelfall eine Haftung sogar auf Null reduzieren kann. Bei mehreren Haftungssubjekten ist zudem über die §§ 17, 18 StVG, § 426 BGB ein Ausgleich im Innenverhältnis gemäß dem jeweiligen Verursachungsbeitrag vorzunehmen. Dies wird von der Rechtspraxis verstärkt in den Blick zu nehmen sein.

Für eine Ersetzung der Entlastungsmöglichkeit des „unabwendbaren Ereignisses" durch die der „höheren Gewalt" waren rechtsdogmatische und praktische Gründe maßgeblich:

Rechtsdogmatisch ist festzustellen, dass der Entlastungsgrund des unabwendbaren Ereignisses im System der Gefährdungshaftung einen Fremdkörper bildet. Der Grund für die Gefährdungshaftung ist die Verwirklichung der Betriebsgefahr. Die Gefährdungshaftung dient dabei dem Ausgleich von Schäden, nicht der Schadensprävention. Es erscheint daher dogmatisch nicht sachgerecht, die Haftung von Sorgfalts- und damit von Verschuldensgesichtspunkten abhängig zu machen ....

Unter praktischen Gesichtspunkten wird die Ersetzung des unabwendbaren Ereignisses vor allem den nicht motorisierten Verkehrsteilnehmern zugute kommen. Gestärkt wird damit insbesondere die Position der Kinder, der Hilfsbedürftigen und der älteren Menschen im Schadensfall. Ihrer besonderen Situation im Straßenverkehr, der bereits in § 3 Abs. 2a Straßenverkehrsordnung (StVO) Eingang gefunden hat, wird damit besser Rechnung getragen. Gerade in diesem Bereich führt die bestehende Rechtslage zuweilen zu unbefriedigenden Ergebnissen, wenn zum Beispiel Kinder, die sich im Verkehr – objektiv – unsachgemäß verhalten und deren Verhalten ein für den Fahrer unabwendbares Ereignis darstellen kann, ohne Ersatz bleiben.

Zu Abs 3: *Durch die Anfügung soll klargestellt werden, dass auch in den Fällen der unbefugten Nutzung eines Anhängers, die nicht zu einem Halterwechsel führt, lediglich der Nutzer nach § 7 StVG haftet. Dies soll allerdings dann nicht gelten, d. h. die Haftung des Halters soll erhalten bleiben, wenn er die Benutzung des Anhängers durch sein schuldhaftes Verhalten ermöglicht. Ebenso soll es auch in den von Satz 2 erfassten Fällen bei der ausschließlichen Gefährdungshaftung des Halters des Anhängers bleiben.*

Haftung des Halters, Schwarzfahrt § 7 StVG 1

Übersicht

Abgeschleppte Fahrzeuge 8
Anscheinsbeweis 48–49
Anhänger 2, 8, 13, 14
–, Betrieb 4 ff
Arbeitsmaschine 8, 10
Arbeitsunfall, Haftung 61
Ausschluss der Halterhaftung 30 ff, 39, 52

Beförderungsvertrag 15
Berechtigter Fahrer (§ 10 AKB) 59
Beschaffenheit des Fahrzeugs 38
Beschäftigte bei dem Betrieb, Haftung 46
Beschränkt Geschäftsfähiger 22
Betrieb des Kraftfahrzeugs 4–13
–, Fortdauer 7 ff
–, keine Fortdauer 9
–, Ursächlichkeit 10 ff
Beweislast 48–51, 60
Brand 10

Diebstahl 17
Dienst, öffentlicher 24
Dienstvertrag, privater 25

Ehegatten 19
Eigentumsvorbehalt 23
Elterliche Sorge 20
Ereignis, unabwendbares 36–38
Ersatzpflicht des Halters 26–29

Fahrer, angestellter 56, 57
Fahrzeugbeschaffenheit 38
Gebrauch
– eines Kfz iS von § 10 AKB 8 a
–, unbefugter 17
Gefährdungshaftung 1, 26–29
Geschäftsfähiger, beschränkt 22
Geschäftsunfähiger 22
Gesellschaft als Halter 22
„Gestellter Unfall" 1, 47, 48
Gewalt, höhere, s höhere

Halter 14–25
–, mehrere 21
–, Ersatzpflicht 26–29

Halterhaftung für bei dem Betrieb Beschäftigte 46
– bei Schwarzfahrt 52
– neben dem Schwarzfahrer 53–55
– bei überlassenem Kraftfahrzeug 56–59
Höhere Gewalt 30–35

In-Bewegung-Setzen, unbeabsichtigtes 10

Juristische Person 22

Kraftfahrzeug 2
–, Betrieb 4 ff

Ladegeschäft 6
Leihvertrag 16

Mehrere Halter 21
Mietvertrag 16
Minderjährige 22
Mitschuld des Verletzten 47

Nutznießung 20

Öffentlicher Dienst 24

Probefahrt 18

Schuldanerkenntnis 50
Schwarzfahrer 52–60
Schwarzfahrt 52–60
Sicherungsübereignung 23
Sorgfaltspflicht des Halters 40–45
Streuschäden 6

Überführungsfahrt 18
Überlassenes Kraftfahrzeug, Halterhaftung 58
Umfang der Ersatzpflicht 26–29
Unabwendbares Ereignis 36–38
Unfallbegriff 1
Unterschlagung, unbefugter Gebrauch 17
Ursächlichkeit 10 ff

Verletzter, Mitschuld 47
Versagen der Vorrichtungen 38
Vertrauensgrundsatz 31, 36

1. Die Gefährdungshaftung beruht auf dem Gedanken sozialer Verantwortung für eigene 1
Wagnisse (BGH VersR **05** 992, Fra ZfS **87** 35). Sie bezweckt nicht den Ausgleich für Verhaltensunrecht, sondern für Schäden aus den durch zulässigen Betrieb eines Kfz oder KfzAnhängers entstehenden Gefahren (BGH NZV **92** 229, Kö NZV **94** 230). Die Haftung des Halters auch für Schäden beim Betrieb eines Anhängers wurde durch das 2. G zur Änderung schadensersatzrechtlicher Vorschriften v 19. 7. 02 (BGBl I 2674) eingeführt und gilt gem Art 229 § 5 EGBGB für Schadensereignisse ab dem 31. 7. 02. Wer im eigenen Interesse eine besondere Gefahrenquelle schafft, hat – gewissermaßen als Preis für die ihm erlaubte Schaffung solcher Gefahrenquellen – für daraus notwendigerweise hervorgehende, auch bei aller Sorgfalt unvermeidbare Schädigungen einzustehen (BGH VersR **05** 992, NJW **88** 2802, NZV **89** 18, **90** 425, **91** 387).
§ 7 schützt gegen alle Betriebsgefahren ohne Rücksicht darauf, wie sich die Gefahr schädigend verwirklicht (BGHZ **37** 316, KG DAR **76** 268). Vorsätzliche Schädigung durch den FzF genügt (BGH NJW **62** 1676, Mü NZV **01** 220, Ha NZV **93** 68, *Filthaut* NZV **98** 90). Teils werden **gestellte „Unfälle"** nicht als „Unfall" angesehen (so zB Kö VersR **75** 959, *Greger* § 3 Rz 30, aM BGHZ **37** 311, offengelassen von BGH NJW **78** 2154, Mü NZV **91** 427; abw. Fra VersR **78** 260, wonach Anspruch wegen Treuwidrigkeit (§ 242 BGB) zu versagen ist; abl *Weber* VersR **81** 163). Jedenfalls scheitert der Anspruch an der fehlenden Rechtswidrigkeit der Schädigung (BGH NJW **78** 2154, DAR **90** 224, Ko NJW-RR **06** 95, KG VRS **104** 92, 258, Ce VRS **102** 258, Ha VRS **100** 426, VersR **91** 113, NZV **93** 68, Fra VersR **92** 717). Zur Beweis-

1 StVG § 7   II. Haftpflicht

last: Rz 48. § 7 I gewährt auch Anspruch auf Ersatz eines Gebäudeschadens infolge Erschütterung durch schwere Fz, wenn die Schäden bei neueren Gebäuden auf Grund verbesserter Bautechnik nicht aufgetreten wären (Fra ZfS **87** 35). Das Gleiche gilt für Beschädigung von Straßen durch Kfz (Rz 26–29; *H. Schneider* MDR **89** 193). Die Haftpflicht nach §§ 7ff trifft den Halter des Kfz oder Anhängers wie den Führer. Die Haftpflicht des Halters ist Gefährdungshaftung, seit Abschaffung des Unabwendbarkeitsbeweises durch G v 19. 7. 02 insoweit ohne die früheren Elemente einer Verschuldenshaftung (*Böhmer* JR **62** 98). Ausnahmen §§ 8, 9; Haftungsbeschränkungen §§ 10–15. Der KfzF kann sich durch den Nachweis mangelnden Verschuldens von der Ersatzpflicht befreien (§ 18), bei ihm ist die Haftung also nach der Seite der Verschuldenshaftung hin abgeschwächt; anders als beim Halter hat bei ihm auch die subjektive Seite Bedeutung. Der selbstfahrende Halter haftet als solcher (Stu DAR **52** 57). Ist der **mit dem Halter nicht identische FzF der Geschädigte**, so folgt aus dem Rechtsgedanken des § 18 III, dass er sich die BG des von ihm geführten Fz entgegenhalten lassen muss mit der Folge, dass ihm ein Anspruch aus § 7 gegen den Halter nicht zusteht (Mü VersR **80** 52, *Kunschert* NZV **99** 517), vorausgesetzt, er kann sich nicht gem § 18 I S 2 entlasten (i Erg. ebenso AG Darmstadt NZV **02** 568); vermag er den Nachweis mangelnden Verschuldens zu führen, so wird er dagegen den Halter hinsichtlich seines Eigenschadens (soweit nicht § 8 eingreift) in Anspruch nehmen können (Beispiel: Beschädigung einer dem FzF gehörigen, außerhalb des FzBetriebs befindlichen Sache; *Greger* NZV **88** 108, zw, aM *Kunschert* NZV **89** 61 im Hinblick auf § 8 StVG). **Umfang der Ersatzpflicht:** Rz 26–29. Die allgemeine Haftung für deliktisches Verschulden nach den §§ 823ff BGB, die auch solche Schäden umfasst und die durch die Höchstbeträge des § 12 nicht beschränkt wird, bleibt unberührt (§ 16). **Amtshaftung:** § 16. Bei der (hoheitlichen) Einsatzfahrt kann Staatshaftung neben die Gefährdungshaftung treten (Ha NZV **95** 320, KG VRS **56** 241). Anders als die Haftung des KfzF (§ 18) wird die Halterhaftung nicht durch § 839 BGB verdrängt (BGH NJW **93** 1258, Sa NJW-RR **07** 681). **Gefährdungshaftung** besteht *nur im Rahmen des Gesetzes*; keine ausdehnende Anwendung auf Fälle, die der insoweit zurückhaltende Gesetzgeber den allgemeinen Haftungsgrundsätzen vorbehält (E 60; BGH NJW **71** 32, VersR **71** 131, 504). Die §§ 7, 17 gelten auch, wenn der Halter des einen kollidierenden Kfz das andere Kfz fährt (Mü VersR **80** 52, *Klimke* VersR **78** 988, KG VRS **57** 6, aM LG Freiburg NJW **77** 588). Keine Haftung nach § 7 jedoch bei Beschädigung des vom Kfz gezogenen (fremden) Anhängers, weil dieser mit dem Kfz eine Einheit bildet (Rz 8; Ha NZV **99** 243). Die Anwendbarkeit der §§ 7ff ist nicht auf den StrV beschränkt, sondern gilt für jedes Schadensereignis, das ursächlich (Rz 9–13) mit dem KfzBetrieb zusammenhängt, **auch auf nichtöffentlichen Wegen** (BGH NZV **95** 19, VersR **60** 635, NJW **81** 623, Kö VRS **102** 432, Sa NZV **98** 327, Ro DAR **98** 474, OVG Münster NZV **95** 88), zB auf Rennstrecken (RGZ **150** 73, Kar VRS **77** 420) oder Werksgeländen (BGH NJW **73** 44, Ko VersR **05** 705, Sa VRS **99** 104, KG VM **86** 86, aM Mü VersR **62** 650). Zur Schadenshaftung von Omnibusunternehmern und -fahrern mit Nw aus der unveröffentlichen Rspr *Filthaut* NZV **06** 176.

    Lit: *Dannert*, Die Abwehr vorgetäuschter und manipulierter Verkehrshaftpflichtansprüche, r + s **89** 381, **90** 1. *Filthaut*, Die Gefährdungshaftung des Kfz-Halters ... für vorsätzlich verursachte Schäden, NZV **98** 89. *Goerke*, Beweisanzeichen für eine Unfallmanipulation, VersR **90** 707. *Heitmann*, Konkurrenz von Schadensersatzansprüchen nach § 7 StVG und § 839 BGB, NJW **68** 437. *Geyer*, Die „Unfallmanipulation" in der Kfz-Haftpflichtversicherung, VersR **89** 882. *Krumbholz*, Rechtsfragen zum manipulierten Unfall, DAR **04** 67. *H. Schneider*, Schadensausgleich bei Beschädigung öffentlicher Strn durch Kfz, MDR **89** 193.

2   2. **Kraftfahrzeug:** § 1. Auch FmH, ausgenommen langsam fahrende iS von § 8 StVG, unterliegen der Gefährdungshaftung (BGH NJW **71** 1983), ebenso die Kfz der Feuerwehr und Pol, ferner Obusse (Kar VRS **10** 81, *Filthaut* NZV **95** 53) sowie nach Ergänzung von I durch ÄndG v 19. 7. 02 **KfzAnhänger** (die frühere abw Rspr, zB Mü NZV **99** 124, ist überholt). Begriff des Anhängers: § 1 Rz 7. Aus der insoweit in I ausdrücklich getroffenen Beschränkung folgt, dass unter den in I gebrauchten Begriff „Anhänger" nur KfzAnhänger fallen (Begr S 21, s vor Rz 1). Nicht in die Gefährdungshaftung einbezogen sind daher etwa Fahrradanhänger. Die Haftung nach § 7 betrifft Unfälle durch Kfz und ihre Anhänger schlechthin (Zurückreißen des SchleppFz durch das Gewicht des geschleppten Fz; BGH VersR **66** 934).

2a   Verursacht ein **ausländisches Kfz** im Inland einen Unfall, so richtet sich die Haftung des Halters und Führers auch aus § 7 nach Maßgabe der Tatortregel des Art 40 I EGBGB nach deutschem Recht (E 25, BGH DAR **57** 100). Auslandsunfälle von Inländern: E 25.

3   Fahrzeuge der **stationierten Truppen** oder Angehörigen dieser Truppen in Deutschland: § 16 StVG, Rz 18 vor § 23 FZV. Fz des Militär- und Zivilpersonals nach dem **EU-Truppenstatut** (BGBl II **05** 19).

2a. Betrieb eines Kfz oder KfzAnhängers. Für den Begriff des Betriebs ist vom einzelnen Betriebsvorgang als Haftungsgrundlage auszugehen. Wegen der heute hohen VGefahr ist der Betriebsbegriff weit zu fassen (BGH DAR **05** 263, VersR **05** 992, NZV **91** 387, Kar NJW **05** 2318, Fra NZV **04** 262, Kö VRS **102** 432, KG VersR **98** 778, Dü NZV **96** 113, Mü NZV **04** 205, Sa VRS **99** 104). Nach dem hierbei entscheidend zu berücksichtigenden **Schutzzweck** des § 7 (BGH NZV **08** 285, DAR **05** 263, VersR **05** 992, Kar NJW **05** 2318, Mü NZV **96** 199, *Grüneberg* NZV **01** 110) ist der Schaden beim Betrieb entstanden, wenn er durch die dem Kfz- oder Anhängerbetrieb typisch innewohnende Gefährlichkeit adäquat verursacht ist (Brn VRS **106** 426, Mü NZV **01** 510, KG VM **83** 31 m Anm *Booß*, Nü VersR **75** 336), sich die von dem Fz ausgehenden Gefahren bei seiner Entstehung ausgewirkt haben (BGH NZV **08** 285, DAR **05** 263, VersR **05** 992, NZV **89** 391, **90** 425, **91** 387, **95** 19, Kar NJW **05** 2318, KG NZV **02** 229, Dü NZV **06** 415, Schl VersR **98** 473). Die Schadensfolge muss in den Schutzbereich des § 7 I fallen (BGHZ **37** 311, **57** 137, VersR **05** 992, NJW **75** 1886, NZV **91** 387, Ol ZfS **01** 303, Mü NZV **96** 199, s **E** 107). Es genügt naher zeitlicher und örtlicher ursächlicher Zusammenhang mit einem bestimmten Betriebsvorgang oder einer bestimmten Betriebseinrichtung des Kfz (BGH VersR **05** 992, **69** 668, NJW **73** 44, Ol ZfS **01** 303, Ha NZV **97** 78, Ba VersR **78** 351, Bra VersR **89** 95), freilich nicht bloße räumliche Nähe zweier oder mehrerer Kfz oder Anhänger, sondern Beeinflussung im V, wenn auch ohne Berührung (Rz 10). Der vom Fz ausgehende Lärm als schadensauslösende Ursache kann genügen (BGH NZV **91** 387 [im entschiedenen Fall abgelehnt], LG Kö VersR **99** 633 m Anm *Siller* MDR **97** 936; Rz 11). Zum Begriff des Betriebs bei Obussen *Filthaut* NZV **95** 53.

Die **verkehrstechnische Auffassung** gilt nach hM im öffentlichen VBereich für alle Kfz und KfzAnhänger, die sich darin bewegen oder in verkehrsbeeinflussender Weise ruhen (BGHZ **29** 163, Betr **75** 1696, KG VersR **78** 140, Kö NJW-RR **87** 478, Dü VersR **87** 568, Stu NZV **93** 436, *Grüneberg* NZV **01** 109). Danach beginnt der Betrieb mit dem Ingangsetzen des Motors und endet mit dem Motorstillstand außerhalb des öffentlichen VBereichs (Brn VRS **106** 426). Subjektive Merkmale wie Fahrzweck und Fahrerabsicht sind zur Begriffsbestimmung ungeeignet (BGH NZV **89** 18, Kö VersR **88** 62). Nach heutigem VErfordernis und gegenwärtiger Erfahrung können ein den VRaum als Hindernis eingengendes, ruhendes Kfz und ein abgestellter Anhänger (Stellungnahme der BR. zum ÄndG; vor Rz 1) zumindest ebenso gefährdend sein wie ein bewegtes, so dass es an der vorausgesetzten BG nicht erst dann fehlt, wenn es „an einem Ort außerhalb des öffentlichen V" aufgestellt wird (BGHZ **29** 163, Brn VRS **106** 426, Kar VRS **83** 34, Kö VersR **93** 122, Mü NZV **96** 199, OVG Münster NZV **95** 88, *Schopp* MDR **90** 884, s auch BGH NZV **94** 19 sowie Rz 8). Allerdings besteht kein hinreichender Grund, im öffentlichen Parkraum (nicht auf Seitenstreifen oder am Fahrbahnrand, wohl aber auf Parkplätzen, in Parkbuchten und Parkstreifen) ordnungsgemäß aufgestellten Kfz BG zuzurechnen (Hb VersR **94** 1441). Bei ihnen ist die Annahme von Betriebsruhe gerechtfertigt wie bei gänzlich aus dem öffentlichen VRaum entfernten (*Schneider* MDR **84** 907, *Tschernitschek* NJW **84** 42, abw *Greger* § 30 Rz 54f, *Schopp* MDR **90** 884). Ordnungswidrig aufgestellte Kfz oder Anhänger sind jedoch in Betrieb (KG VM **80** 85 [Halten in 2. Reihe], Kar VersR **86** 155, Kö NJW-RR **87** 478, VersR **93** 122, Kar NZV **90** 189 [Halten auf falscher StrSeite], *Schneider* MDR **84** 907 [Hineinragen in die Fahrbahn bei Parken in Parkbucht]).

Die (engere) **maschinentechnische Auffassung** sieht ein Kfz in Betrieb, solange der Motor das Kfz oder eine seiner Betriebseinrichtungen bewegt (BGH NJW **75** 1886, OVG Münster NZV **95** 88). Der BGH vertritt sie nur noch für Zwecke der Zurechnung von KfzUnfällen außerhalb des öffentlichen VRaums (zB auf Fabrikgelände; BGH NJW **75** 1886, Mü NZV **96** 199, *Tschernitschek* VersR **78** 1001). Das soll dort zur Folge haben, dass nur das mit Motorkraft bewegte oder ungesichert abrollende Kfz Gefährdungshaftung auslöst, während sonst Deliktshaftung gelte. Das erscheint zumindest als zu eng (*Grüneberg* NZV **01** 110). Auch auf nichtöffentlichem Betriebsgelände herrscht oft dichter Fahr- und WarteV mit Fz verschiedener Halter. Es erscheint ungerechtfertigt, den nur mit unbewegtem und gegen Abrollen gesicherten, aber zB fehlerhaft und behindernd aufgestellten Kfz beteiligten Halter haftungsrechtlich zu privilegieren.

Zum Betrieb rechnen: Der Sturz eines Koffers aus dem Bus-Gepäcknetz (Ol DAR **54** 206), das Hinauswerfen von Gegenständen aus fahrendem Kfz (LG Bayreuth NJW **88** 1152, *Weimar* MDR **58** 746). Die Art des Anfahrens bei Hochziehen einer Schranke (BGH NJW **73** 44). Ein Schaden beim Entladen durch herabstürzendes Ladegut (BGH VRS **11** 27) oder durch unterwegs verlorene Ladung (Kö VRS **88** 171). Das **Ladegeschäft**, soweit es im eng zu verstehenden Schutzbereich des § 7 I liegt (Rz 4), gehört zum Betrieb eines Kfz oder Anhängers (BGH NZV **89** 18, Ha VRS **99** 335, Ce NZV **01** 79) idR bei manueller Handhabung wie bei Motorbenutzung (BGH NJW **55** 1836, Dü VersR **01** 1302 [Aufladen eines liegengebliebenen Fz mittels Seilwinde], Kö VersR **71** 427, Nü VersR **71** 915 [Betanken?]). Zum Betrieb eines Lkw gehört das Entladen Dampf oder Rauch entwickelnder Stoffe auf einer Baustelle (Dü VRS **63** 248). Zum Betrieb gehört es, wenn sich Ladeeinrichtungen des Kfz schädigend auf den öffentlichen V auswirken, zB Stolpern über die hydraulisch bewegte Ladeklappe (KG VM **83** 14), Kollision mit waagerecht in den VRaum ragender Ladeklappe (Ha NZV **92** 115, LG Bonn VersR **03** 79 [undichter Ölschlauch verschmutzt öffentlichen VRaum, Stolpern über ihn auf dem Gehweg]). *Nicht dem Schutzbereich des § 7 zuzurechnen sind* dagegen Schäden durch Ladeeinrichtungen am Grundstück oder an Anlagen des Kunden (Silo beschädigt, Öltank überfüllt, Abpumpen in falschen Tank; BGH NJW **78** 1582, Kö NZV **89** 276, Ce ZfS **91** 184, Fra SVR **06** 340). Soweit § 7 auch KfzUnfälle außerhalb des öffentlichen *Verkehrsraums* abdeckt, ist der Schutzbereich der Vorschrift auf das unmittelbare Beladen, Befördern und Entladen (= Entfernen der Ladung von der Ladefläche oder aus dem Laderaum) zu beschränken, jede weitere maschinelle Behandlung des Ladeguts durch FzEinrichtungen (Pumpen, Bearbeiten, Transportieren) also nicht mehr dem KfzBetrieb zuzuordnen (*Tschernitschek* (NJW **80** 205). Zum Betrieb gehört auch ein **Unfall ohne FzBerührung**, wenn das Verhalten des einen Fz das des anderen beeinflusst hat (Vorfahrtverletzung, Notbremsung, Veranlassung zum Ausweichen; Rz 10), zB ein Kfz verunglückt bei Begegnung mit einem andern auf enger Str durch Schleudern (Ha DAR **01** 34, Fra VersR **79** 846); ein Fußgänger stürzt bei der Flucht vor schleuderndem Kfz (Ha NZV **97** 78). Haftung nach § 7 daher zB auch, wenn der Schaden durch einen von einem SchneeräumFz in die Fahrbahn geschobenen Schneewall verursacht wurde (Dü VersR **93** 1417). Beim StreuFz haftet die Gemeinde für Schäden durch **umherfliegendes Streumaterial** (BGH NZV **89** 18 m Anm *Kuckuk*, LG Hb NJW **61** 1630, Nü ZfS **87** 34, Kö VersR **88** 62, KG ZfS **88** 3, Ha NJW-RR **88** 863, Bra VersR **89** 95), jedenfalls bei unmittelbar gegen Fz geschleudertem Streugut (BGH NZV **89** 18 [dann nicht iS von II unabwendbar iS von § 17 III]). S i Ü Rz 8.

7 **2 b. Fortdauer des Betriebs.** Der Betrieb dauert an, solange das Kfz im Verkehr verbleibt und die dadurch geschaffene BG also fortbesteht (BGH NJW **96** 2023, Betr **62** 866, Mü NZV **04** 205). Als Betriebsfortdauer ist beurteilt worden:

8 Bloß **vorübergehendes Anhalten**, zB vor einem Hindernis (Kö VRS **15** 325). Anhalten, um eine Betriebsstörung zu beheben (BGH VM **69** 41, Kö VersR **78** 771, Zw VersR **76** 74), Öffnen der Wagentür und Aussteigen (Ha NZV **00** 126, Mü VersR **96** 1036, KG VM **72** 43, 57), Verharren an der geöffneten Tür (KG VersR **75** 263), auch Türöffnen, um dem Wagen etwas zu entnehmen (KG VM **85** 76), das Verlassen des Fz und **Betreten der AB**, um eine durch das Fz verursachte Gefahrenquelle zu beseitigen (Kö 2 U 95/86 [Gegenfahrbahn]), oder nach Liegenbleiben des Fz auf der Standspur, um ein Fz anzuhalten (Fra NZV **04** 262), aber nicht mehr das Weggehen (Mü VersR **66,** 987, KG VM **86** 20, Ko NJW-RR **91** 543, Fra ZfS **95** 85). Abbremsen und Anhalten eines PolFz zur Herbeiführung eines „**künstlichen Staus**" zum Zweck der Verfolgung eines Straftäters (Ba DAR **07** 82 m Anm *Müller-Rath*), desgleichen ein PolKfz, das mit Blau- und Springlicht zur Unfallsicherung auf der ABÜberholspur steht; dass das Kfz Teil der polizeilichen Sicherung ist, steht nicht entgegen, weil die BG auf *tatsächlichen* Umständen beruht, deren Gefährlichkeit für andere nicht durch anderweitige rechtliche Qualifikation beeinflusst werden kann (**aM** Ce DAR **73** 187). Das mit Seil/Stange **abgeschleppte Kfz**, das noch gelenkt werden muss, bildet noch eine dem Halter zuzurechnende Gefahrenquelle im Verhältnis zum Verkehr wie zum AbschleppFz (Kö DAR **86** 321, Ko VersR **87** 707, LG Nü-Fürth DAR **93** 232, *Hamann* NJW **70** 1452, *Darkow* NJW **78** 2202, *Klimke,* VersR **82** 523, *Jung* DAR **83** 154; **aM** zB BGH NJW **63** 251, **71** 940, Ce NJW **62** 253, LG Hannover NJW **78** 430; zumindest im Verhältnis zum ziehenden Fz, abl *Kuntz* VersR **81** 419), anders das ganz oder mit einer Achse auf der Ladefläche des AbschleppFz transportierte, dieses gehört zur Betriebseinheit des AbschleppFz (BGHZ **55** 401, NJW **78** 2502, Schl VersR **76** 163, *Tschernitschek* VersR **78** 1001, *Klimke* VersR **82** 523). Betriebsunfähige, abgeschleppte Kfz sind keine Anhänger iS des StVG (§ 1 Rz 7). **Parkende Kfz** sind in Betrieb, solange sie den V irgendwie beeinflussen können (aber keine Schadensadäquanz bei ganz außergewöhnlichen Umständen; BGH NZV **95** 19, Kar VersR **78** 647, Bra VersR **76** 81, KG VersR **78** 140, Fra VersR **74** 440, Mü NZV **96** 199, Kö VersR **83** 287, **88** 725, LG Fürth NZV **90** 396 [Umkippen eines Krads], *Schopp* MDR **90** 884), ohne Rücksicht auf Parkdauer (Kö VersR **67** 165, s aber Rz 5). **Noch in „Betrieb"**: Ein *unfallbeteiligtes Kfz* an der Unfallstelle (BGH Betr **72** 866), idR aber nicht außerhalb öffentlichen VRaums (Ha NZV **99**

Haftung des Halters, Schwarzfahrt § 7 StVG

469, s Rz 5, abw LG Schweinfurt NJW-RR **93** 220 [Straßengraben]). Ein wegen Panne im V liegengebliebenes Kfz (BGHZ **29** 163, NJW **59** 627, VersR **61** 322, **63** 383, Ha DAR **00** 162, Zw VersR **76** 74). Ein Kfz (Pkw oder Krad), das *betriebsunfähig* auf der Fahrbahn geschoben wird (BGH NJW **96** 2023, VRS **19** 83, Ol DAR **64** 341). Das Kfz, das wegen Treibstoffmangels liegen bleibt und deshalb beiseite oder von der Fahrbahn geschoben wird (BGH VM **77** 74), gleichfalls ein am StrRand haltendes MüllFz (KG DAR **76** 268, Mü VersR **60** 569). Das Betanken des Kfz gehört zum Betrieb (Kö VersR **83** 287). Ein geschleppter Lkw, der wegen Reifenschadens auf der AB hält, ist in Betrieb. Motorbenutzung zum Antrieb einer **Arbeitsmaschine** beim Laden oder bei der Durchführung von Arbeiten ist jedoch nur Betrieb, soweit hierbei die FzEigenschaft als VMittel, manövrierend oder geparkt, beim Unfall noch mitspricht und gegenüber der Verwendung als Arbeitsmaschine nicht deutlich zurücktritt (BGH NJW **75** 1886 [Silofall], DAR **05** 263, BGH NZV **89** 18, Ce NVwZ-RR **04** 553, Ha NZV **96** 234, KG VM **90** 5, Ro DAR **98** 474, s auch Rz 10). Kein „Betrieb" daher, wenn der Motor nur eine Pumpe zum Ölentladen betreibt (BGH NZV **95** 185, Kö NZV **89** 276, ZfS **93** 232). Zum Be- und Entladen s i Ü Rz 6. In Betrieb ist ein Kfz, das in der Waschanlage wegen versehentlich eingeschalteter Zündung anspringt (Ce DAR **76** 72, *Grüneberg* NZV **01** 110, s auch Rz 10), nicht jedoch ein von der Transportkette einer Waschanlage befördertes Kfz mit stillstehendem Motor (KG VersR **77** 626), Der Betrieb eines **Anhängers** ist regelmäßig Teil des Betriebs des ziehenden Kfz (Bra VersR **03** 1569). Der durch einen Anhänger verursachte Schaden ist nach Trennung vom ziehenden Fz auch bei dessen Betrieb entstanden, wenn eine von diesem geschaffene Gefahrenlage fortwirkt, selbst wenn das ziehende Fz nicht mehr in Betrieb ist (Ol ZfS **01** 303, Ko VRS **87** 326, Mü NZV **99** 124, einschr. *Huber* § 4 Rz 106). Abstellen eines LkwAnhängers zwecks Entladens sowie nach Abladen bis Wegfahrt gehört zum Betrieb des Lastzugs (BGH VM **71** 44, Mü NZV **99** 124), ebenso bis Traktorbetrieb das Abstellen eines Anhängers mit brennender Ladung (Kö NZV **91** 391). Jeder Teil eines Lastzugs ist dessen Betrieb zuzurechnen, solange Betriebseinheit besteht, auch wenn er vorübergehend nicht mit den übrigen Teilen verbunden ist (BGH VRS **40** 405, NJW **61** 1163 [abgerissener, stehen bleibender Anhänger], VRS **72** 38, Bra VersR **03** 1569, Mü NZV **99** 124 [je vorübergehend abgekoppelter Anhänger]). Der durch Zusammenstoß mit einem tags zuvor abgestellten Anhänger oder Auflieger verursachte Schaden ist durch den Betrieb des ziehenden Fz verursacht, wenn ein Teil dieses Anhängers in den VRaum ragt (Br VersR **84** 1084). Aus dem transportierten Kfz **ausfließendes Öl** gehört zur BG des Tiefladers (Dü MDR **68** 669). S auch Rz 6.

Der Begriff des **KfzGebrauchs** (§ 2 KfzPflVV, § 10 AKB) schließt den Betrieb iS von § 7 StVG ein (BGH VRS **58** 401, NZV **95** 19, Ro ZfS **05** 605, Fra NZV **90** 395), geht aber weiter (BGHZ **75** 45, DAR **88** 159, NJW **90** 257, NZV **94** 19, Ha VersR **99** 882, Kö NZV **89** 276, ZfS **93** 232, Fra NZV **90** 395, Dü NJW-RR **91** 1178, VersR **93** 302). Die Einzelheiten der damit zusammenhängenden versicherungsrechtlichen Fragen sind hier nicht zu erläutern. **8a**

2 c. Keine Fortdauer des Betriebs. *Nicht in Betrieb sind:* Ein Kfz, dessen Insassen auf einem Parkplatz ein ausfahrtversperrendes Kfz wegrücken (LG Stu VersR **69** 866), ein auf einem Fabrikhof abgestellter Anhänger (LG Heilbronn VersR **66** 96), ein Kfz, das nur als Lichtquelle dient (Mü VersR **66** 987), völlige Entfernung des Kfz aus dem VBereich (BGHZ **29** 169, NJW **61** 1163, Kar NJW **05** 2318 [Privatparkplatz], Mü NZV **04** 205, **01** 510, Nü NZV **97** 482, Kö VM **99** 77; s auch Rz 5). Nicht dem KfzBetrieb zuzurechnen ist Beschädigen eines anderen Fz durch unachtsames Öffnen der Parkraumtür (des Garagentors) durch den ausgestiegenen Fahrer, der danach dort parken will (s aber Kar Justiz **78** 326); denn dieses Verhalten erwächst so wenig aus der vom Betrieb typischerweise ausgehenden Gefahr, als wenn der Fahrer einen Beifahrer mit dem Türöffnen beauftragen würde (was noch LG Hannover VRS **68** 374 noch zum KfzBetrieb gehören soll) oder als Fußgänger in die Garage käme, um wegzufahren. Unfall eines angetrunkenen Fahrgasts **nach dem Aussteigen** beim Überqueren der Str ist nicht mehr beim Betrieb des Taxis erfolgt (Ha VRS **65** 403, abw Ol NZV **91** 468 bei Unfall eines Kinds beim Überqueren der Str nach Verlassen eines Busses; s aber Kö VersR **93** 122). Betreten der AB durch FzF oder Beifahrer: Rz 8. Stürzt ein Fahrgast nach dem Aussteigen, so ist der Schaden nicht deswegen beim Betrieb des Busses eingetreten, weil dieser inzwischen angefahren ist und der Stürzende sich dadurch nicht an ihm festhalten konnte (Kö NZV **89** 237). Ein Schaden, der einem Kf dadurch entsteht, dass sich eine Person unter Schockeinwirkung auf Grund zuvor erlittenen KfzUnfalls vor dessen Fz wirft, ist nicht beim Betrieb des zuvor von dieser Person gelenkten Kfz entstanden (Fra NZV **90** 395). **9**

1 StVG § 7   II. Haftpflicht

10   **2 d. Bei dem Betrieb** (Ursächlichkeit, Zurechnungszusammenhang). Zwischen dem Kfz- oder Anhängerbetrieb (nicht bei Verwendung als Arbeitsmaschine, Rz 8) und dem Schaden muss adäquater Ursachenzusammenhang, ein *rechtlicher Zurechnungszusammenhang* (**E** 104) bestehen (BGHZ **45** 168, VersR **05** 992, NJW **75** 1886, NZV **91** 387, Sa ZfS **03** 118, Mü VersR **83** 468, Dü VersR **87** 568, OVG Münster NZV **95** 125, *v Gerlach* DAR **92** 208, *G. Müller* VersR **05** 1465). § 7 gilt für jeden ursächlich mit dem FzBetrieb zusammenhängenden Unfall auch außerhalb des öffentlichen VRaums (Rz 1), auch bei Vorsatz (BGHZ **37** 311). Die Haftung aus Kfz- oder Anhängerbetrieb setzt voraus, dass die FzEigenschaft *als VMittel* beim Unfall nicht gegenüber der Verwendung *als Arbeitsmaschine* deutlich zurückgetreten ist (BGH DAR **05** 263, VRS **58** 401, NZV **91** 185, Sa NZV **06** 418, Kö VRS **102** 432, LG Waldshut-Tiengen VersR **85** 1170 [KfzBetrieb abgelehnt bei Abwalzen einer Skipiste durch Pistenraupe], Ro DAR **98** 474, Stu DAR **03** 462). KfzBetrieb bejaht bei Einsatz eines Traktors bzw Unimogs mit Mähvorrichtung (BGH DAR **05** 263, Ce NVwZ-RR **04** 553, Sa NZV **06** 418, Ko VersR **03** 262 [Motorkran], LG Kaiserslautern NJW **08** 2786). Einsatz eines Abschleppwagens als Arbeitsmaschine, falls Verladung eines Unfallwagens auf Abschleppwagen in Frage steht, also keine Haftung nach § 7 StVG gegenüber dem Eigentümer des Unfallwagens (Sa NJW-RR **07** 681) Anders aber, falls unbeteiligter Dritter mit einem über die Str gespannten Abschleppseil kollidiert (BGH NJW **93** 1258). Bestimmungsgemäßer Einsatz einer fahrbaren Arbeitsmaschine während der Fahrt ist KfzBetrieb (BGH DAR **05** 263). Bei dem Betrieb entsteht ein Unfall, wenn sich das Fz im öffentlichen VRaum in Bewegung oder, nachdem es dorthin bewegt worden war, aus beliebigem Grund (Parken, Abstellen, Panne, Abgeschlepptwerden) außer Bewegung befindet (Rz 4–5 a). **Maßgebend ist der Fahrbetrieb** oder eine seiner Folgewirkungen, naher zeitlicher und örtlicher Zusammenhang mit Betriebsvorgängen oder Betriebseinrichtungen des Kfz (BGH NJW **62** 1676, VersR **69** 668, **08** 656, Mü NZV **04** 205, VersR **67** 67, Dü VRS **64** 7, Ha NZV **90** 231). Kein Betrieb eines Kfz bei Radwechsel in einer Werkstatt (KG VM **83** 54). Beim Betrieb ist der durch ein führerlos mit Motorkraft rollendes Fz verursachte Schaden entstanden, auch wenn das Fz durch einen Dritten *unbeabsichtigt in Gang gebracht* wurde (Dü NZV **96** 113, Sa NZV **98** 327). Dagegen ist das Wegrollen eines im öffentlichen VRaum abgestellten und ordnungsgemäß gesicherten Fz nicht dem Betrieb des ziehenden Kfz zuzurechnen, wenn es auf vorsätzlicher Einwirkung durch einen Dritten beruht (KG NZV **92** 113 [Anhänger], LG Nü-Fürth NZV **95** 284 [Traktor], aM *Grüneberg* NZV **01** 111). Kein Zurechnungszusammenhang, wenn der Schaden durch ein vorsätzlich **in Brand gesetztes Fz** entstanden ist (BGH NZV **08** 285, OVG Münster NZV **95** 125, Kar VRS **83** 34, *Grüneberg* NZV **01** 112), sofern sich das Fz nicht dadurch mit Motorkraft in Bewegung setzt (Sa NZV **98** 327). Allein der Umstand, dass Kfz wegen der mitgeführten Betriebsstoffe leicht brennen, begründet die Haftung nach § 7 I nicht (BGH NZV **08** 285, s auch BGH NJW **07** 1683, *Diederichsen* DAR **08** 303). Kein Zurechnungszusammenhang bei Brand durch Selbstentzündung (insoweit einschr *Grüneberg* NZV **01** 111, abw AG Ulm NZV **05** 475) eines ordnungsgemäß am StrRand (Kar VRS **83** 34, AG Ma ZfS **02** 472 zust *Diehl*) oder außerhalb des öffentlichen VRaums abgestellten Pkw (Mü NZV **04** 205, **96** 199, Bra VRS **106** 426, LG Regensburg ZfS **03** 11), wohl aber bei In-Brand-Geraten durch Betätigen von FzEinrichtungen (Sa VRS **99** 104) oder bei Selbstentzündung infolge vorausgegangener Fahrt (OVG Ko NVwZ-RR **01** 382 [Bagger]), jedoch nicht bei einer Explosion der Autobatterie in der Werkstatt, sofern das Anlassen des Motors nur der Überprüfung oder Ermittlung von Fehlern des Fz dient (LG Sa ZfS **07** 18). Kein Betrieb bei Brand der Ladung eines Anhängers aus unbekannter Ursache, der, vom ziehenden Fz abgekoppelt, im öffentlichen VRaum zurückgelassen wurde (Ol ZfS **01** 303), desgleichen bei In-Brand-Geraten von seit Tagen in einer Halle abgestellten Wohnmobils, auch wenn ein Teil des Fz aus der Halle ragt (Dü VRS **91** 339). Bei durch den Betrieb geschaffener **fortbestehender Gefahrenlage** ist ein darauf beruhender Unfall auch dann „beim Betrieb" verursacht, wenn naher zeitlicher Zusammenhang nicht gegeben ist (BGH NJW **82** 2669 [Verschmutzung der Fahrbahn]). Der Unfall muss auf der Gefahr beruhen, die vom Betrieb eines anderen Kfz oder KfzAnhängers typischerweise ausgeht (Kar NJW **05** 3218, VRS **83** 34, Stu VersR **76** 646, Ha NZV **90** 231 [Risikozusammenhang]). Dass dies auch für die Anhängerhaftung gilt, kann nach dem Wortlaut von I nicht mehr zw sein (anders noch RegEntw, BTDrucks 14/7752 S 6, *Karczewski* VersR **01** 1080). Die Gefahr, bei Unfallhilfe bestohlen zu werden, rechnet dazu nicht (Fra VersR **81** 786). Der Betrieb (die Fahrweise oder eine Besonderheit des Ruhevorgangs) muss zum Unfall beigetragen haben (KG DAR **76** 78, VM **88** 50, **91** 2). Bloße Anwesenheit des Kfz am Unfallort genügt nicht; es muss durch sein Fahren oder Halten zum Unfall beigetragen haben (BGH VersR **05** 992, DAR **76** 246, KG NZV **00** 43, **07** 358, Ba VersR **78** 351, Dü VersR **82**

1200, **87** 568, Kar DAR **88** 274). Nur *möglicher* Ursachenzusammenhang reicht nicht aus (Kö VRS **72** 13). Ursachenzusammenhang mit dem Betrieb setzt *nicht unbedingt FzBerührung voraus* (BGH NJW **88** 2802, VersR **05** 992, **86** 1231, **87** 53, Ha DAR **01** 34, NZV **97** 78, Schl VersR **98** 473, KG NZV **02** 229, VRS **112** 187, Mü VRS **71** 161, VersR **83** 468, Dü VersR **93** 1417, Kö VRS **72** 13). Trägt die Fahrweise eines Kfz dazu bei, dass ein begegnendes von der Fahrbahn abkommt, ist der Schaden bei dem Betrieb entstanden (BGH VersR **68** 176, **83** 985, Schl VersR **98** 473, Ha DAR **00** 63, **01** 34), ebenso bei Abkommen des Überholenden von der Fahrbahn (Ce ZfS **99** 56), oder bei durch Wenden (KG VM **91** 2, s Rz 11) oder unvorsichtiges Einfahren in die AB (Nau NZV **08** 25) veranlasster Ausweichbewegung des Geschädigten. Dagegen geht von einem ordnungsgemäß auf der rechten Fahrbahn fahrenden Pkw bei ausreichender StrBreite (5,10 m) nicht typischerweise die Gefahr eines Zusammenstoßes mit dem GegenV aus (Nü VersR **75** 336). Folgeunfälle nach Auffahrunfall: **E** 109. Die Ursächlichkeit eines ersten, den Haftungsgrund bildenden Umstands wird nicht dadurch ausgeschlossen, dass er für das **Verhalten eines Dritten** bedingend gewesen ist oder dieses Verhalten sogar veranlasst hat (BGH NZV **97** 117); der Haftungszusammenhang entfällt nur (**E** 110), wenn der frühere Umstand für das Verhalten des Dritten und sein Dazwischentreten bedeutungslos gewesen ist (BGH VersR **65** 388, **88** 641, Nü VersR **65** 390, 666), wenn er nach dem Schutzzweck des § 7 für dessen Eingreifen völlig unerheblich war (BGH DAR **88** 159; von BGH NZV **04** 243 offen gelassen, ob das auch dann gilt, wenn die BG des nach einem Unfall auf der AB stehenden Fz hinsichtlich eines Zweitunfalls in den Hintergrund tritt, weil der Verursacher des Zweitunfalls die inzwischen ausreichend getroffenen Sicherungsmaßnahmen nicht beachtet; aber Zurücktreten der BG nach § 17). Die Zurechnung der BG entfällt auch nicht dadurch, dass sie die Ursache für das Verhalten eines Tiers ist (BGH DAR **88** 159). Der Zurechnungszusammenhang wurde von BGH NZV **97** 117 für den Fall bejaht, dass infolge der Beschädigung eines Fz und der Verletzung der Insassen ein Diebstahl aus deren Fz durch Dritte ermöglicht wurde. Verunglückt der Geschädigte, verursacht durch den ersten Unfall, alsbald aufs Neue, so haftet der Schädiger auch hierfür (**E** 109; BGH NJW **71** 506 [verunglückender Rettungswagen]).

Mittelbare Verursachung genügt, sofern ein rechtlicher **Zurechnungszusammenhang** besteht (BGH DAR **88** 159, Rz 10, 13). Nach der im Kern weitgehend angewendeten Adäquanzlehre (*Palandt/Heinrichs* vor § 249 Rz 58 ff, s aber **E** 104) setzt dies voraus, dass die Verursachung „adäquat" ist, nicht bloß zufällig durch ein vom Kfz-Betrieb unabhängiges, nach der Erfahrung sonst unschädliches Ereignis ausgelöst wird (BGH NJW **52** 1010, *Kirchberger* NJW **52** 1000, *Gelhaar* DAR **53** 21, 22). Solange eine durch den Betrieb des Kfz oder KfzAnhängers verursachte Gefahrenlage fortbesteht, ist sie diesem zuzurechnen (BGH NJW **82** 2669). Verwirklicht sich in einem durch FzLärm oder Unfallgeräusche ausgelösten Schaden in erster Linie ein vom Geschädigten selbst gesetztes Risiko, so liegt dieser außerhalb des Schutzzwecks des § 7, fehlt es also am rechtlichen Zurechnungszusammenhang (BGH NZV **91** 387 m Anm *Deutsch* JZ **92** 97, *Kötz* NZV **92** 218; Ha MDR **97** 350 [jeweils Panikreaktion von Tieren]). Adäquat ist ein Umstand, der im Allgemeinen, nicht unter besonders eigenartigen, unwahrscheinlichen Umständen Schaden stiftet (BGH VersR **66** 291), nicht ein solcher, der vorher vernünftigerweise nicht in Betracht gezogen werden konnte (Nü VersR **78** 1174, Kö VRS **30** 164 [Denkzettelfahren], BGH VersR **66** 164 [Vorfahrtverletzung]). **Verhaltensbezogene Zurechnungsmerkmale** bleiben in Fällen *reiner* Gefährdungshaftung, zu denen nach Abschaffung des Unabwendbarkeitsbeweises (Begr zu II, vor Rz 1, Rz 1), auch die Haftung nach § 7 gehört, regelmäßig ganz außer Betracht (BGH NJW **81** 983, krit *Schünemann* NJW **81** 2796, *Stoll* Karlsruher Forum **83** 184 [Beilage zu VersR **83** H 41] mit Entgegnung *v Dunz* VersR **84** 600). Keine adäquate Ursächlichkeit eines verkehrsgerecht parkenden Fz für Verletzungen eines VT, der infolge einer 20 m entfernt erfolgenden Kollision gegen dieses Fz geschleudert wird (BGH NJW **84** 41 m Anm *Tschernitschek*). Kein Unfall beim Betrieb, wenn der Unfall auch sonst ohne beachtlichen zeitlichen Unterschied in etwa gleicher Art und Weise eingetreten wäre (BGH DAR **76** 246). Es genügt, dass der Unfall mit dem Betrieb in einem inneren Zusammenhang gestanden hat, dass der Geschädigte in dem anderen Fz auf Grund der besonderen Situation eine Gefahr sehen durfte, die eine **Abwehr- oder Ausweichreaktion rechtfertigte** (BGH NJW **05** 2081, KG NZV **00** 43, **02** 229), uU selbst dann, wenn diese Reaktion objektiv so nicht erforderlich war (BGH VersR **88** 641, KG NZV **00** 43, VRS **112** 187). Dieser Zusammenhang besteht jedenfalls, wenn der Geschädigte, der auf der AB zum Überholen ansetzt, wegen plötzlichen Ausbiegens des Vorausfahrenden scharf bremsen muss (BGH VersR **71** 1060), wenn er ausweicht, weil ein Einbiegender auf die Gegenfahrbahn zu geraten droht (Ha DAR **00** 63). Stürzt ein Mopedf beim dichten Überholtwerden durch einen Sattelschlepper, so ist der

Sturz auch ohne schuldhaftes Verhalten des SchlepperF und ohne erwiesene Berührung beim Schlepperbetrieb entstanden (BGH NJW **72** 1808). Kein Unfall beim Betrieb eines verbotswidrig auf dem Gehweg abgestellten Kfz, wenn der verbotswidrig den Gehweg befahrende Radfahrer infolge Platzens eines Reifens ins Schlingern gerät und, weil er dem abgestellten Kfz ausweichen will, gegen ein Hindernis prallt (LG Nü-Fürth DAR **07** 709 m Anm *Köck*).

12 Ein Unfall kann im Zusammenhang mit dem Betrieb mehrerer unfallbeteiligter Fz stehen (BGH MDR **63** 398). Verschlimmert ein zweites Schadensereignis den Schaden, so hat der für den zweiten Unfall Verantwortliche den Gesamtschaden zu ersetzen (**E** 109; BGH MDR **64** 134, Stu NJW **59** 2308). Wer nach Unfall die Fahrbahn versperrend wartet, haftet nicht für vorsätzliche Beschädigung des Geh- und Radfahrwegs durch Kf, die die Unfallstelle umfahren (BGH NJW **72** 904, *Deutsch* JZ **72** 551). Es handelt sich nicht um ein Kausalitätsproblem, sondern um ein normatives mit der Notwendigkeit vernünftiger Begrenzung der Ersatzpflicht (*Böhmer* DAR **73** 235, dazu **E** 110). Adäquat verursacht kann eine durch fremdes verkehrswidriges Fahren veranlasste Fehlreaktion eines StraBaF mit Unfallfolgen sein (Kö NJW **72** 1760). Der Ursachenzusammenhang wird nicht durch die Erwägung ausgeschlossen, dass der Unfall bei anderer Gelegenheit ohnehin eingetreten wäre (BGH VersR **61** 998). Ist durch Panzer ein Weidezaun zerstört worden, ein Pferd auf die BundesStr gelangt und dort ein Pkw mit ihm zusammengestoßen, so ist der Unfall beim Betrieb des PanzerFz entstanden (Ce NJW **65** 1719).

13 Die Ursächlichkeit verkehrswidrigen Verhaltens ist für den Gefahrzeitpunkt (**E** 101) zu prüfen, BGH NJW **67** 212. Maßgebend ist nicht Rückschau, sondern die Sachlage vor dem Unfall, BGH NJW **73** 44. **Fehlt jede Auswirkung der BG**, so ist der Unfall nicht beim Betrieb geschehen (Moped nur Lichtquelle), BGH VersR **61** 262 (abl *Böhmer* VersR **61** 369), Kar NJW **05** 2318, VRS **83** 34 (In-Brand-geraten eines parkenden Pkw, Rz 10), Mü VersR **66** 987. Jedoch entfällt die Haftung des Anhängerhalters nicht dadurch, dass sich die allein auf den Anhänger bezogene BG nicht ausgewirkt hat, weil diese nämlich mit der BG des ziehenden Fz eine Einheit bildet (Rz 8 und Begr vor Rz 1, *Karczewski* VersR **01** 1080, *Huber* § 4 Rz 100). BG ist stets nur eine vom Kfz selbst ausgehende, sich verwirklichende Gefahr (keine Anrechnung einer BG bei Beschädigung des ordnungsgemäß geparkten Kfz durch eine Dachlawine, BGH NJW **80** 1579). Zwischen der BG und einem Gesundheitsschaden, der durch Aufregung auf Grund des Verhaltens des FzHalters nach dem Unfall ausgelöst wurde, besteht kein haftungsrechtlicher Zusammenhang (BGH NZV **89** 391, zust *v Bar* JZ **89** 1071). Beruht ein späterer Unfall auf Verschmutzung durch Panzer, so ist ein durch Fortbestehen der von der Verschmutzung ausgehenden Gefahrenlage entstandener Schaden „beim Betrieb" der Panzer verursacht, ohne dass es auf nahen zeitlichen oder örtlichen Zusammenhang ankäme (BGH NJW **82** 2669, aM Stu NJW **59** 2065, abl *Fritze* NJW **60** 298). Kein Zurechnungszusammenhang mit Betrieb mehr, wenn nach Beschädigung eines VZ eine Unfallaufnahme durch die Pol stattgefunden hat (LG Dortmund NZV **07** 571). Durch den Betrieb eines Kfz veranlasstes **eigenes Verhalten des Geschädigten** ist uU der BG jenes Kfz zuzurechnen (Rz 11), BGH NJW **88** 2802, Ha NZV **00** 369, DAR **01** 34, KG VM **97** 3 (objektiv nicht erforderliche Abwehrreaktion) *Greger* § 3 Rz 83 ff. Die bloße Anwesenheit des in Betrieb befindlichen Kfz genügt aber nicht; vielmehr muss eine typische KfzGefahr bei objektiver Betrachtung geeignet gewesen sein, das Verhalten des Geschädigten zu veranlassen, BGH VersR **88** 641, KG VersR **98** 778. Wer etwa auf der AB rechts geradeaus fährt, setzt durch bloßes sachgemäßes Bremsen keine adäquate Gefahr dafür, dass ein überholender Kf scharf bremst und sich überschlägt, Mü DAR **65** 328. Auch ist längeres Linksfahren nicht adäquat ursächlich dafür, dass ein rechts überholender Fahrer unnötig wieder nach links einbiegt und dann kurz vor dem Überholten bremst, lediglich um diesen am Weiterfahren zu hindern, und dadurch dessen Auffahren verursacht, Kö VRS **30** 164. Allein die Tatsache, dass der KfzBetrieb durch einen anderen äußeren Umstand für den Entschluss zu selbstgefährdendem Verhalten des Geschädigten bildete, schafft noch keinen Zurechnungszusammenhang zwischen der BG und dem Schaden, BGH NZV **90** 425 (Verfolgung durch die Pol), abw KG VM **92** 69 bei rechtswidrig provozierter Verfolgung. Kommt ein Dritter, der nach KfzUnfall **Hilfe leistet,** dabei zu Schaden, so kann rechtlicher Zusammenhang mit dem KfzBetrieb bestehen, Kar VersR **91** 353, Dü NZV **95** 280, s auch **E** 110.

Lit: *Böhmer*, Zur Frage der Haftung des Halters eines abgeschleppten Kfz, JR **71** 501. *Filthaut*, Die Gefährdungshaftung für Schäden durch Oberleitungsbusse ..., NZV **95** 53. *Grüneberg*, Schadensverursachung durch ein außerhalb der Fahrbahn abgestelltes Kfz – ein Fall des § 7 I StVG?, NZV **01** 109. *Klimke*, ... Unterliegt das abgeschleppte Fz der BG im Rahmen der ... Gefährdungshaftung?, VersR **82** 523. *Schopp*, Betriebsgefahr (§ 7 StVG) im ruhenden V, MDR **90** 884. *Tschernitschek*, Zur Auslegung des Begriffs „Betrieb eines Kfz" (§ 7 Abs 1 StVG), VersR **78** 996. *Derselbe,* Schutzzwecklehre und Betriebsbegriff beim Entladen von Kfz, NJW **80** 205.

3. Halter. Ersatzpflichtig ist der Halter. Der Halterbegriff entstammt § 833 BGB. Er gilt einheitlich für das ganze StrVRecht (VGH Ma NZV **92** 167). Halter ist, wer das Kfz für eigene Rechnung gebraucht, nämlich die Kosten bestreitet und die Verwendungsnutzungen zieht (BGH NJW **83** 1492, Bay DAR **85** 227, Kö VRS **86** 202, Ko VRS **71** 230, Dü NZV **91** 39, Kar DAR **96** 417, Ha NZV **90** 363, BVerwG VRS **73** 235, VGH Ma NZV **92** 167), wer tatsächlich, vornehmlich wirtschaftlich, über die FzBenutzung (als Gefahrenquelle) so verfügen kann, wie es dem Wesen der Veranlasserhaftung entspricht (BGH NZV **92** 145, **97** 116, Ko VersR **05** 705, Kar DAR **96** 417, Bay NJW **86** 201, Ha NZV **90** 363). Die Verfügungsgewalt besteht darin, dass der FzBenutzer Anlass, Ziel und Zeit seiner Fahrten selbst bestimmt (Bay VRS **58** 462, BVerwG VRS **66** 309, Ko VRS **71** 230, Dü NZV **91** 39, Kar NZV **88** 191, Kö VRS **86** 202). Wer in diesem Sinne verfügungsberechtigt ist, ist auch dann Halter, wenn die „fixen" Kosten der FzHaltung von einem Dritten getragen werden, auf dessen Namen das Fz zugelassen ist (Ha NZV **90** 363, s auch Rz 16). Eigentum am Fz ist nicht entscheidend (RGZ **91** 269, Ko VRS **71** 230, Kar DAR **96** 417, VGH Ma NZV **92** 167, Kö VRS **90** 341), auch nicht die Eintragung im FzBrief (KG VRS **113** 209), aber uU ein wesentlicher Anhaltspunkt (Ha VRS **53** 313, Kar VRS **68** 154). Fremdes Miteigentum schränkt die Halterpflichten an sich nicht ein (Kö VRS **52** 221). Bei wechselseitiger KfzÜberlassung derart, dass jeder Eigentümer seines Fz bleibt und dessen fixe Kosten trägt, aber sein Kfz weder nutzt noch dessen Betriebskosten trägt, ist Halter, wer das Kfz nutzt und die Betriebskosten übernimmt (Ha VRS **55** 150). Der Nießbraucher ist Halter, wenn er das Fz für eigene Rechnung gebraucht und umfassende Verfügungsgewalt besitzt (RGZ **78** 179, 182). Der Eigentümer eines KfzAnhängers wird nicht dadurch zum KfzHalter, dass sein Anhänger an das Kfz eines anderen Halters angehängt und mit diesem in Betrieb genommen wird (BGHZ **20** 385, NJW **56** 1236, Mü NZV **99** 124). Nur *ganz vorübergehende Verfügung* begründet nicht Haltereigenschaft: Bei KfzSicherstellung wird die Polizei nicht Halterin (BGH VersR **56** 219). Halter ist nicht ein Werkstättenbesitzer, der Kfz repariert und danach Probe fährt (RGZ **150** 134, Sa VRS **99** 104). Nicht der Inhaber einer Sammelgarage an den abgestellten Kfz (Hb VersR **60** 330). Der Halter bleibt Halter, wenn der, dem er das Fz zur Benutzung überlassen hat, auferlegte Beschränkungen nicht einhält, zB das Fz verbotswidrig einem anderen zur Benutzung überlässt (BGH NJW **57** 1878, KG VRS **13** 327), nicht aber, wenn ihm die Verfügungsmöglichkeit auf längere Zeit ganz entzogen wird (BGH NZV **97** 116). Die Grundsätze, nach denen sich der Halter bestimmt, gelten auch bei fahrbereiten, nicht zugelassenen Kfz (Fra VRS **70** 324). Zur Frage, inwieweit hohes Alter und Unfähigkeit zur Ausübung der rechtlich vorausgesetzten Verfügungsgewalt die Eigenschaft als Halter oder Mithalter beeinflussen, Kö VRS **57** 444, VM **80** 8. Schluss aus der Haltereigenschaft auf Führen des Kfz zur Tatzeit: **E** 96 a.

3 a. Bei **Beförderungsverträgen** ist der Betriebsunternehmer Halter. Abschleppen: Rz 8.

3 b. Miet- oder Leihverträge. Nicht jedes Überlassen des Fz an einen Dritten beendet die Haltereigenschaft, insbesondere dann nicht, wenn der Überlassende hieraus wirtschaftliche Vorteile zieht oder bei Überlassen für einen eng begrenzten Zeitraum, BGH NZV **92** 145, Ha DAR **78** 111. Kein Verlust der Haltereigenschaft bei Überlassen des Kfz an einen Dritten, wenn der Eigentümer jederzeit über das Fz selbst verfügen kann, Ko VRS **65** 475. Aber auch längeres Vermieten und Überlassen des Kfz an den Mieter beseitigt Haltereigenschaft des Vermieters grundsätzlich nicht, Kö VersR **69** 357, Ha VRS **43** 100, Fra VRS **52** 220, BVerwG VRS **66** 313. Der Mieter, Pächter oder Entleiher ist **Halter neben dem Vermieter** (Verpächter, Verleiher), wenn er das Fz zur allgemeinen Verwendung benutzt und die Verfügungsgewalt besitzt, BGH NZV **92** 145, Dü MDR **56** 677, Ol VkBl **74** 74, Ha DAR **56** 111, ZfS **90** 165 (Urlaubsreise ins Ausland), Kar NZV **88** 191, BVerwG VRS **66** 309. Wer das Kfz ausleiht oder mietet und die Betriebskosten bestreitet, ist Halter, Ha DAR **76** 25, Bay DAR **76** 219, Fra VRS **52** 220, wenn ihm Verfügungsgewalt eingeräumt wurde (Rz 14). Ob dies der Fall ist, hängt wesentlich auch von der Dauer des Mietverhältnisses ab und ist bei Anmietung für nur wenige Stunden oder einen Tag regelmäßig zu verneinen, BGH NZV **92** 145; Entsprechendes gilt bei Überlassen des Fz für eine bestimmte Fahrt, BGH NJW **62** 1676, **60** 1572, NZV **92** 145, auch wenn der Entleiher einen Teil der Betriebskosten übernimmt, BGH VersR **60** 635. In den Fällen, in denen der Vermieter (Verleiher) alleiniger Halter bleibt, ist seine Inanspruchnahme aus § 7 durch den Mieter unzulässige Rechtsausübung (§ 242 BGB), wenn

1 StVG § 7 II. Haftpflicht

dieser durch den Betrieb des Fzs unter Verletzung von Vertragspflichten gegenüber dem Vermieter einen Schaden erleidet, BGH NZV **92** 145. Der Vermieter (Verleiher) **verliert seine Haltereigenschaft an den Mieter** (Entleiher), wenn das Fz völlig seinem Einflussbereich entzogen ist, Zw VRS **57** 375. Dies ist der Fall, wenn sich das Fz bei längerer Mietdauer, während der der Mieter alle mit der KfzHaltung anfallenden Kosten trägt, an einem entfernten Ort befindet, Zw VRS **57** 375, VGH Mü VRS **61** 374. Wird das Kfz auf längere Zeit (3 Monate) zur ausschließlichen Nutzung des Entleihers verliehen, so wird dieser allein Halter, auch wenn der Verleiher die fixen Kosten weiter trägt, Ha DAR **78** 111. Wer Steuer und Versicherung bezahlt und das Kfz als GeschäftsFz angemeldet hat, es aber unentgeltlich dem Neffen zur ständigen Benutzung überlässt, der auch die Betriebs- und Reparaturkosten trägt, ist nach Zw VRS **45** 400 nicht mehr Halter (wohl eher ebenfalls Halter). Nicht Halter ist der im mütterlichen Betrieb angestellte Sohn, der Firmenwagen kostenlos privat benutzt, Bay NJW **68** 2073.

16a   Bei **Leasingverträgen** ist der Leasingnehmer alleiniger Halter, wenn der Leasingvertrag auf längere Dauer geschlossen ist und der Leasingnehmer die Betriebskosten trägt, mögen auch Steuer und Versicherung vom Leasinggeber bestritten werden (BGH NJW **83** 1492, **86** 1044, Bay DAR **85** 227, Ha NZV **95** 233, LG Hb VersR **88** 1302) oder Wartungs- und Reparaturkosten von ihm zu tragen sein (Bay DAR **85** 227). Der Leasingnehmer haftet aber nicht dem Leasinggeber aus § 7 für Schäden am geleasten Fz, weil die Haftung nach § 7 I voraussetzt, dass durch den Betrieb des HalterFz eine andere Sache beschädigt wird (*Hohloch* NZV **92** 5). Macht der Leasinggeber als Eigentümer bei Unfall durch Drittverursachung gegen den Dritten Ansprüche geltend, so besteht mangels Haltereigenschaft keine Ausgleichspflicht gem § 17 StVG (BGH NJW **83** 1492, **86** 1044, **07** 3120, Ha NZV **95** 233, LG Hb VersR **88** 1302, *Kunschert* VersR **88** 13, *Geyer* NZV **05** 566). Für die (zT auf § 17 III S 3 gestützte) abw Ansicht (LG Nü-Fürth DAR **02** 517, LG Halle VersR **02** 1525, LG Hb VersR **86** 583, *Greger* § 22 Rz 89, *Geigel/Bacher* **28** 260, *W. Schmitz* NJW **94** 301, **02** 3070) mögen Gründe der Praktikabilität sprechen; sie steht aber nicht in Einklang mit dem insoweit eindeutigen Wortlaut des § 9 und des § 17 II (zur Anrechnung des *Verschuldens* des Leasingnehmers nach § 9 s dort Rz 17); nach Einführung des § 17 III 2 ist sie nicht mehr haltbar (BGH NJW **07** 3120 m zust Anm *Weber* NJW **07** 3122; *Armbrüster* JZ **08** 154; *Krahe* DAR **07** 637). Ob abweichend hiervon im Einzelfall auch der Leasinggeber Halter bleibt, hängt davon ab, inwieweit er Verfügungsgewalt am Fz behält und sich an den Betriebskosten beteiligt (Hb VRS **60** 55). Mithaltereigenschaft zB, wenn der Leasinggeber Weisungsbefugnis bezüglich des FzEinsatzes behält (Bay DAR **85** 227).

17   **3 c. Diebstahl, Unterschlagung, unbefugter Gebrauch.** Wer sich als Dieb oder Unterschlagender in Betätigung der Zueignungsabsicht mit dem Fz entfernt, wird nicht schon in diesem Zeitpunkt Halter, sondern erst nach Begründung eigener dauerhafter und ungestörter Verfügungsmacht (zB nach Beendigung polizeilicher Nachforschungen; KG NZV **89** 273). Wer nur Gebrauchsanmaßung begeht, ist nicht ohne Weiteres Halter, aber nach § 7 III haftbar (*Weimar* JR **63** 378).

18   **3 d.** Bei **Probefahrten** (§ 16 FZV [§ 28 StVZO aF]) ist der Veranstalter Halter, *Weimar* MDR **63** 366. Bei **Überführung** eines gekauften Wagens an den Käufer wird dieser mit dem Übergang der Verfügungsgewalt auf ihn Halter, RG HRR **39** Nr 834, KG DAR **39** 235.

19   **3 e.** Auch bei **Ehegatten** entscheidet die wirtschaftliche Zuordnung: Maßgebend ist die Ausübung tatsächlicher längerer Verfügungsgewalt und zugleich Gebrauch für eigene Rechnung. Neben diesen Maßstäben sind Rechtsstellung als Eheleute, Güterstand, KfzEigentum und Zulassung für sich allein ohne Bedeutung. Deshalb kann jeder Ehegatte Halter sein, uU auch in wechselnder Folge, aber auch beide nebeneinander (dazu Rz 21). Wird ein Kfz im Betrieb der Ehefrau und für deren Rechnung betrieben, so ist die Ehefrau Halter, auch wenn nur der Mann das Kfz fährt, KG VRS **45** 220, wenn es ihm gehört, Kar JW **32** 809, oder wenn er als im Betrieb der Ehefrau Mithelfender über den Einsatz des Fz mitbestimmt und es auch zu privaten Fahrten benutzt, Ha VersR **81** 1021. Die Ehefrau, die den Betrieb ihres Mannes vorübergehend leitet, wird dadurch nicht Halterin der BetriebsFz, Mü VRS **53** 323.

20   **3 f. KfzBenutzung auf Grund elterlicher Sorge.** Wer als Sorgeberechtigter ein dem Kind gehöriges Kfz nach eigener Disposition nutzt, ist Halter. Minderjährige als Halter: Rz 22.

21   **3 g. Mehrere Halter.** Mehrere Personen können zugleich Halter desselben Fz und damit gesamtschuldnerisch verantwortlich sein, BGHZ **13** 351, NJW **54** 1198, KG VRS **45** 220, BVerwG VRS **73** 235, VGH Ma NZV **92** 167, zB Eigentümer und Entleiher, BGH VersR **58**

Haftung des Halters, Schwarzfahrt § 7 StVG 1

646 (Rz 16), Vater und Sohn, Ha VRS **53** 313, die Mitglieder einer Gemeinschaft (§ 741 BGB), *Bouska* VD **71** 333, einer Gesellschaft des bürgerlichen Rechts, BVerwG VRS **73** 235, Rz 22. Dann treffen die Halterpflichten jede dieser Personen nebeneinander, Fra VRS **52** 220. Voraussetzungen sind bei jedem Beteiligten sämtliche für die Haltereigenschaft wesentlichen Merkmale, Bay NJW **74** 1341, Dü VRS **55** 383, s aber VGH Ma NZV **92** 167. Wer im Kfz erwirbt, auf eigenen Namen zulassen lässt und versichert, es jedoch einem anderen zur Verwendung nach Gutdünken und unter Kostenerstattung überlässt, ist neben diesem Benutzer nicht Mithalter, Bay VRS **58** 462. Scheinen die für die Haltereigenschaft wesentlichen Merkmale bei keiner der beteiligten Personen voll vorzuliegen, so muss geprüft werden, auf welche sie im größten Umfang zutreffen; niemals darf die Prüfung dahin führen, dass das Kfz überhaupt keinen Halter hat. Bei unbegrenzter Zuständigkeit mehrerer Mitinhaber eines Unternehmens sind sie sämtlich Halter der BetriebsKfz, Ha VRS **30** 202 (Rz 22). Testamentsvollstrecker als Mithalter, BGH Betr **74** 2197.

3 h. Geschäftsunfähige, beschränkt Geschäftsfähige, juristische Personen, Gesell- 22
schaften als Halter. Geschäftsunfähige und beschränkt Geschäftsfähige können Halter sein, *Feltz/Kögel* DAR **05** 124, desgleichen juristische Personen und Gesellschaften, während ihre gesetzlichen Vertreter als solche nicht Halter sind. Der Haftungsausschluss des § 828 II BGB für **Minderjährige** unter 10 Jahren lässt die Gefährdungshaftung des Kinds als Halter unberührt, weil diese verschuldensunabhängig ist. Wer einem Minderjährigen ein Mofa zur Mitbenutzung schenkt, aber die Verfügung darüber behält und die Kosten trägt, ist Halter, Ha VRS **53** 313. Zum Ganzen *Hofmann* NJW **64** 228, *Bouska* VD **73** 162. Die **Mitglieder einer BGB-Gesellschaft** zwecks Gesellschaftsfahrt im gemieteten Kfz sind auch dann nicht Mithalter, wenn sie die Unkosten gemeinsam tragen, Hb VersR **72** 631. Halter von „FirmenFz" wird regelmäßig die Personengesellschaft oder Körperschaft sein, Kö VRS **66** 157, Bay DAR **85** 227, Dü VM **87** 10. Der betriebsverantwortliche Gesellschafter einer Personengesellschaft, die alle Betriebsunkosten der VertreterFz trägt, diese jedoch den Vertretern zur freien Verwendung überlässt, ist Halter, Bay DAR **76** 219. Der stille Gesellschafter ist (Mit-)Halter eines GeschäftsFz, wenn er es beliebig benutzt und die Betriebskosten mit trägt, BGH DAR **62** 207. Ein im Unternehmen mittätiger Kommanditist, der auch über die FzVerwendung mitbestimmt, ist (Mit-) Halter, Dü NJW **71** 66, VM **87** 10. OHG-Gesellschafter können auch Halter der GesellschaftsFz sein, Ce DAR **76** 72, wenn sie den Fuhrpark nicht beaufsichtigen, uU ist ihre Halterverantwortlichkeit aber gemindert, Ha DAR **71** 107. Zur Haltereigenschaft bei Personengesellschaften *Weimar* DAR **76** 65, Bay DAR **76** 219.

3 i. Sicherungsübereignung, Eigentumsvorbehalt. Ist das verkaufte, vom Käufer schon 23
für eigene Rechnung benutzte Kfz noch auf den Verkäufer zugelassen, so hindert das die Haltereigenschaft des Käufers nicht, BGH VM **69** 83. Bei Sicherungsübereignung ohne Übertragung unmittelbaren Besitzes wird der neue Eigentümer idR nicht Halter, RGZ **141** 400, Ba DAR **53** 35. Hat aber der Erwerber ein wirtschaftliches Interesse daran, dass der Sicherungsübereigner das Fz für den Erwerber leihweise benutzt und geschieht dies, so ist der neue Eigentümer Halter, Kar HRR **35** Nr 1151. Ein Eigentumsvorbehalt ist für die Haltereigenschaft regelmäßig ohne Bedeutung. Halter wird der Erwerber, RG HRR **32** Nr 1022, *Haberkorn* DAR **60** 4, *Weimar* JR **66** 174.

3 k. Öffentlicher Dienst. Der Bürgermeister ist nicht Halter der städtischen Kfz. Eine 24
Stadtgemeinde ist Halterin, wenn einer ihrer Beamten einen eigenen Wagen als Dienstwagen benutzt, Schl VkBl **51** 171. Überlässt der Fiskus einem Beamten einen staatseigenen Pkw zu dienstlicher und privater Benutzung, so sind beide Halter, Ce VersR **60** 764. Haftung für Kfz fremder Streitkräfte und Amtshaftung: § 16 StVG.

3 l. Private Dienstverträge. Der Arbeitgeber bleibt Halter, auch wenn der Arbeitnehmer 25
das betrieblich überlassene Kfz gegen Kostenbeteiligung auch privat benutzen darf, Dü VersR **76** 1049, Ha VRS **17** 382. Benutzt der Beschäftigte den Firmenwagen auch privat gemäß Überlassung, so ist er insoweit Halter, bei Geschäftsfahrten und Fahrten zum Arbeitsplatz aber der Unternehmer, Zw NJW **66** 2024.

Lit: *Eberz*, Der Übergang der Halterhaftung bei Abschluß eines KfzMietvertrages, DAR **01** 393. *Geyer*, Ersatzanspruch des geschädigten, mit dem Halter und/oder Fahrer nicht identischen KfZ-Eigentümers, NZV **05** 565. *Haberkorn*, Zum Halterbegriff des § 7 StVG, MDR **67** 453. *Hohloch*, Schadensersatzprobleme bei Unfällen mit LeasingFzen, NZV **92** 1.

26   4. Umfang der Ersatzpflicht des Halters bei Gefährdungshaftung. Der Halter hat nach I den Schaden zu ersetzen, wenn bei dem KfzBetrieb ein Mensch getötet, verletzt, sonstwie an der Gesundheit beschädigt oder wenn eine Sache beschädigt wird. Die Begriffe entsprechen denen des § 823 BGB (BGH NZV **08** 83). Verletzter ist der unmittelbar Unfallbetroffene (Ausnahmen nach § 10). Die Gefährdungshaftung (§ 7) umfasst **Sachschäden,** wobei auch der **Besitz** geschützt ist (Mieter, Leasingnehmer; BGH NJW **81** 750, KG VRS **111** 402, Mü DAR **00** 121, Ha NZV **98** 158, LG Itzehoe NZV **04** 366), sowie **Körperschäden** (Tötung § 10, Körperverletzung § 11), einschließlich Schmerzensgeld (§ 11 S 2), erstreckt sich aber nicht auf bloßen Vermögensschaden (*G. Müller* VersR **95** 490) und ist auf Höchstbeträge (§§ 12, 12 a) einschließlich Verzinsung (Ce VersR **77** 1104), beschränkt. Ausnahme: § 12 b. Sie umfasst nicht Ansprüche wegen Erschwerung des Fortkommens (§ 842 BGB), s aber § 11 Rz 12, oder entgangener Dienste (§ 845 BGB), s aber § 10 Rz 14 (Ersatzanspruch wegen entgangenen Unterhalts). **Einzelheiten zum Umfang der Ersatzpflicht:** für Sachschäden bei § 12, für Körperschäden bei § 10 (Tötung) und § 11 (Körperverletzung).

27   Da zum **Schutzbereich des § 7** nicht nur das Eigentum, sondern auch der Besitz an einer Sache gehört (Rz 26), dient die Vorschrift zB auch dem Schutz des Mieters einer beim Kfz-Betrieb beschädigten Sache, BGH NJW **81** 750. Schaden: §§ 249, 252 BGB. S die §§ 10–12 StVG. Unerheblich ist, ob der Verunglückte sich verkehrswidrig verhalten hat, BGH NJW **73** 44, VersR **73** 83, anders bei Zurücktreten der BG (§ 17). Schuldunfähigen Kindern haftet der Halter aus BG idR auch, wenn sie durch eigenes Verhalten den Unfall mit herbeigeführt haben, BGH NJW **73** 1795. **Bespritzen mit Straßenschmutz** durch Vorbeifahren kann Sachbeschädigung sein (§§ 1, 25 StVO), ebenso das Verschmutzen der Fahrbahn mit Öl oder Chemikalien (Kö VersR **83** 287, 288, krit *H. Schneider* MDR **89** 195) oder mit herabgefallenem Ladegut, wobei auch die Entsorgung (dort Verbrennung von Orangen) als Folgekosten der Eigentumsverletzung an der Str ersatzfähig ist (BGH NZV **08** 83 m zu Letzterem abl Anm *Schwab* DAR **08** 83). Schäden beim Umfahren der Unfallstelle: Rz 12.

28   **Schadensersatz:** Wiederherstellung des Zustands, der ohne den Unfall bestehen würde. Bei Verletzung von Personen oder Sachbeschädigung kann der Verletzte auch den zur Herstellung erforderlichen Geldbetrag verlangen, ebenso bei unmöglicher oder ungenügender Herstellung (§ 251 BGB). Hier gelten aber die Beschränkungen der §§ 10–13 StVG, *Ful* VOR **74** 1. Nach StVG geschuldeter Ersatz ist gemäß § 849 BGB zu verzinsen, BGH NJW **83** 1614, Ce VersR **77** 1104. Die Kosten eines Vor- oder Parallelprozesses können eine adäquate Unfallfolge darstellen, für die der Schädigende haftet, Fra NJW **56** 1033. Kosten der Verteidigung: E 107.

29   Bei zwei **zusammenwirkenden** wesentlichen **Unfallursachen** haftet jeder Verursacher für den gesamten Schaden (Verschlimmerung eines Körperschadens), BGH VersR **70** 814. Deliktshaftung einschließlich Amtshaftung: § 16.

30   **5. Haftungsausschluss: Höhere Gewalt.** Wurde der Unfall durch höhere Gewalt verursacht, so ist die Ersatzpflicht gem II ausgeschlossen. Das Ausschlusskriterium der höheren Gewalt wurde 2002 eingeführt und ersetzt den früheren Haftungsausschluss bei Unfallverursachung durch ein unabwendbares Ereignis (Begr, vor Rz 1, Rz 1), der nur noch im Rahmen des Innenausgleichs gem § 17 III gilt. Die Neufassung des II gilt gem Art 229 § 5 EGBGB nur für schädigende Ereignisse, die ab dem 31. 7. 02 eingetreten sind. Für Unfälle vor diesem Zeitpunkt ist die frühere Fassung des Abs II (Haftungsausschluss durch unabwendbares Ereignis) anzuwenden.

31   Die Ersetzung des Entlastungskriteriums des unabwendbaren Ereignisses durch das Merkmal der höheren Gewalt führt zu einer Ausdehnung der Gefährdungshaftung, die vor allem dem Interesse unfallgeschädigter Kinder entgegenkommt (BTDrucks 14/7752 S 30 [vor Rz 1], *Steffen* DAR **91** 122). Sie schränkt andererseits die haftungsrechtliche Bedeutung des Vertrauensgrundsatzes (§ 1 StVO Rz 20 ff) ein (*Häußer* Der Tatbestand der höheren Gewalt S. 99 ff, 216 ff) und hat ein größeres Gewicht der Abwägungsfragen nach § 9, 17 StVG und § 254 BGB zur Folge (Begr BTDrucks 14/7752 S 30, BGH NZV **08** 79 [zu § 1 HaftPflG], *Häußer* aaO S. 127 ff, 224 ff; *Stöcker* VGT **83** 71, *Steffen* DAR **98** 137).

32   **5 a. Höhere Gewalt** ist ein wertender Begriff; er will solche Risiken ausschließen, die mit dem Kfz- oder Anhängerbetrieb nichts zu tun haben und daher bei rechtlicher Bewertung nicht diesem zuzurechnen sind, sondern ausschließlich einem Drittereignis (BGH NZV **04** 395, VersR **88** 910 [je zu § 1 HaftpflG]). Höhere Gewalt ist ein außergewöhnliches, betriebsfremdes, von außen durch elementare Naturkräfte oder durch Handlungen dritter (betriebsfremder) Personen herbeigeführtes und nach menschlicher Einsicht und Erfahrung unvorhersehbares Ereignis, das mit wirtschaftlich erträglichen Mitteln auch durch nach den Umständen äußerste, vernünftigerweise zu erwartende Sorgfalt nicht verhütet werden kann und das auch nicht im Hinblick auf seine Häufigkeit in Kauf genommen zu werden braucht (Sa NZV **06** 418, Ol DAR **05** 343, Ce DAR **05** 677, LG Itzehoe NZV **04** 364, *Grüneberg* SVR **04** 409; zum HaftpflG: BGH NZV **08** 79, **04** 395, BGH NJW **53** 184, BGH NJW **74** 1770, **86** 2312, VersR **67** 138, **76** 964, **88** 910, Ha NZV **05** 41). Die zu § 1 II S 1 HaftpflG ergangene Rspr kann insoweit herangezogen werden (LG Itzehoe NZV **04** 364 m Anm *Grüneberg* SVR **04** 409, eingehend *Häußer* Der Tatbestand der höheren Gewalt S. 47ff; s aber *Huber* § 4 Rz 27).

Wer sich nach II entlasten will, muss die Verursachung des Unfalls durch höhere Gewalt **be- 33 weisen**. Unaufklärbarkeit tatsächlicher Umstände geht zulasten des Beweispflichtigen (*Huber* § 4 Rz 21). Schon bloße Zweifel hinsichtlich möglicher Unfallsächlichkeit des Fahrverhaltens schließen die Feststellung der Ursächlichkeit höherer Gewalt aus (BGH VersR **69** 827 [zu II aF]).

Nur **von außen wirkende betriebsfremde Ereignisse** auf Grund elementarer Naturkräfte **34** oder verursacht durch Handlungen dritter Personen kommen als höhere Gewalt in Betracht. Zu dem Erfordernis, dass das Ereignis von außen kommt, muss das Merkmal der **Außergewöhnlichkeit** hinzutreten (BGH NJW **53** 184). Es muss derart ungewöhnlich sein, dass es einem elementaren Ereignis gleich zu erachten ist (*Greger* § 3 Rz 357). Ferner muss das Ereignis so beschaffen sein, dass ihm auch **mit äußerster Sorgfalt** nicht begegnet werden konnte (BGH NJW **74** 1770, VersR **76** 963). In erster Linie kommen unvorhersehbare **Naturereignisse** in Betracht wie etwa plötzliche Überflutung, Blitz, Erdbeben, Erdrutsch (*Grüneberg* SVR **04** 409, s zum Grundsatz auch BGH NVwZ **04** 1018, **05** 358, **06** 1086), Lawine, ungewöhnliche, nicht zu erwartende Sturmbö, nicht aber (selbst extreme) Witterungseinflüsse, die im Hinblick auf die Wetterlage keinen Ausnahmecharakter haben (Schneesturm, Gewitterregen), mit denen also gerechnet werden muss (*Geigel/Kaufmann* **25** 96, *Huber* § 4 Rz 31). Höhere Gewalt wird uU auch zu bejahen sein bei Unfallverursachung durch „feindliches" Grün, wenn der Unfall selbst mit äußerster zu erwartender Sorgfalt nicht vermieden werden konnte.

Keine höhere Gewalt sind dagegen wegen ihrer Häufigkeit regelmäßig selbst grobe Regel- **35** verstöße (BGH VersR **67** 138 [Vorfahrtverletzung]). Schon daran wird der Haftungsausschluss insbesondere bei schadensauslösendem Verhalten nicht deliktsfähiger Kinder scheitern (Ol DAR **05** 343, zust *Friedrich* VersR **05** 1661, s aber *Karczewski* VersR **01** 1080 [schon begrifflich ausgeschlossen]). So ist zB das plötzliche Hervortreten eines Kindes zwischen parkenden Fz oder nach Übersteigen eines Zaunes nicht so außergewöhnlich, dass höhere Gewalt anzunehmen wäre (*Steffen* DAR **98** 137), ebenso wenig das plötzliche, unachtsame Überqueren der Fahrbahn durch ein Rad fahrendes Kind (Ol DAR **05** 343). Auch scheidet höhere Gewalt beim plötzlichen Springen eines Tiers (Wild, Hund) in die Fahrbahn regelmäßig aus (s auch BGH NZV **08** 79 [zu § 1 HaftPflG] m Anm *Greger*; diff. *Huber* § 4 Rz 26). Keine höhere Gewalt (weil nicht „von außen" kommend und mangels Außergewöhnlichkeit) ist der durch den unbeabsichtigten Stoß einer auf den Bus wartenden Person herbeigeführte Sturz eines Radf vom Radweg auf die Fahrbahn vor ein Kfz (Ce DAR **05** 677). Das Hochschleudern von Gegenständen, auch wenn für deren Vorhandensein auf der Fahrbahn keine Anhaltspunkte vorliegen, ist keine höhere Gewalt, auch nicht auf Str, auf denen hohe Geschwindigkeiten gefahren werden dürfen (AB). Das gilt auch für einen bei Mäharbeiten auf dem Bankett gegen ein Fz geschleuderten Stein (Sa NZV **06** 418, LG Kaiserslautern NJW **08** 2786) sowie das Übergreifen eines Brandes von einem auf einem Parkplatz abgestellten Fz (BGH NZV **08** 285). Auch ein Unfall, der auf nicht rechtzeitigem Wahrnehmen ungewöhnlich schwer erkennbarer Hindernisse auf der Fahrbahn einer AB beruht, ist nicht durch höhere Gewalt verursacht. Plötzliches körperlich/geistiges Versagen ist (weil keine Einwirkung von außen) keine höhere Gewalt (BGH NJW **57** 675), es sei denn, dass es durch Umstände von außen verursacht wurde. Das Gleiche gilt für unvorhersehbare technische Fehler am Fz des Halters.

Lit: *Chr. Häußer* Der Tatbestand der höheren Gewalt im StVG (2007 = Diss. Würzburg 2006). *Steffen*, „Höhere Gewalt" statt „unabwendbares Ereignis" in § 7 II StVG?, DAR **98** 135.

5 b. Unabwendbares Ereignis. Der Haftungsausschluss des unabwendbaren Ereignisses gilt **36** (abgesehen vom Schadensausgleich zwischen den Haltern mehrerer unfallbeteiligter Kfz, s § 17 III) gem Art 229 § 5 EGBGB nur noch für **Schadensereignisse vor dem 31. 7. 02.** Insoweit ist II in der bis zum 31. 7. 02 geltenden Fassung anzuwenden. Unabwendbar ist ein Ereignis, das durch äußerste mögliche Sorgfalt (**E** 150) nicht abgewendet werden kann (§ 17 Rz 22ff). Der Halter muss die **Unabwendbarkeit** des Unfalls **beweisen** (§ 17 Rz 23).

Fehler in der Beschaffenheit des Fahrzeugs, Versagen seiner Verrichtungen schlie- **37** ßen gem II (alt), der bei Schadensereignissen vor dem 31. 7. 02 weiterhin Anwendung findet, den Haftungsausschluss wegen Unabwendbarkeit aus. II (alt) beruhte auf der Erwägung, dass dem Halter, der den gefährlichen Betrieb unternimmt, die damit zusammenhängenden Gefahren zugerechnet werden müssen. Einzelheiten: § 17 Rz 30.

38 **5 c. Haftungsausschluss** besteht schließlich in den Fällen **unbefugter Benutzung** des Kfz oder des KfzAnhängers (III S 1, 3), dazu Rz 52, wenn das Kfz **nicht schneller als 20 km/h** fahren kann (§ 8 Nr 1) oder der Anhänger mit einem solchen Fz verbunden ist (§ 8 Nr 1), wenn der Verletzte **beim Betrieb des Kfz tätig** war (§ 8 Nr 2), und bei Beschädigung einer durch das Kfz oder den mit diesem verbundenen Anhänger **beförderten Sache,** sofern nicht eine beförderte Person die Sache an sich trug oder mit sich führte (§ 8 Nr 3).

39–45 **6. Sorgfaltspflicht des Halters. Fahrerüberwachung:** § 16.

46 **7. Haftung des Halters für das Verhalten eines beim Betrieb des Kraftfahrzeugs Beschäftigten.** Der Halter haftet auch für das Verhalten eines beim KfzBetrieb beschäftigten Dritten. Dessen Verhalten war schon gem Abs II alt für den Halter kein unabwendbares Ereignis (Umkehrschluss aus II alt). Beim Betrieb beschäftigt ist, wer eine damit zusammenhängende Aufgabe im Auftrag oder mit Einverständnis des Halters oder FzFührers wahrnimmt, BGH VRS **10** 2, 4, Schl VersR **81** 887. Ist bei einem mit Kfz betriebenen VUnternehmen ein Unfall auf das Verhalten eines zur Überwachung des Fahrbetriebs Bestellten zurückzuführen, so kann der Unternehmer seine Haftung nicht mit der Begründung ablehnen, der Beauftragte sei ein nicht beim Betrieb beschäftigter Dritter, BGH DAR **52** 117. Der bei dem KfzBetrieb Tätige hat keinen Anspruch aus § 7 I oder § 18, wenn ihm bei dem Betrieb Schaden erwächst (§ 8 Nr 2), s aber Rz 1 sowie § 8 Rz 4. Der Begriff des bei dem Betrieb Tätigen in § 8 ist derselbe wie hier der des bei dem Betrieb Beschäftigten.

47 **8. Mitwirkendes Verschulden des Verletzten.** S §§ 8, 9 StVG. Auch bei der Gefährdungshaftung gilt der Grundsatz, dass demjenigen, der in die Schädigung durch einen anderen ausdrücklich einwilligt, kein ersatzfähiges Unrecht geschieht, auch dann nicht, wenn er dadurch ein weiteres Ziel bezweckt, etwa einen Versicherungsbetrug (verabredeter Unfall; BGH NJW **78** 2154, Ko NJW-RR **06** 95, s Rz 1, 48).

48 **9. Beweislastfragen, Anscheinsbeweis.** Die Beweislast für einen Unfall beim Betrieb obliegt dem Verletzten (KG NZV **02** 229, Ol ZfS **01** 303, Mü VersR **83** 468, Dü VersR **87** 568, Kö VRS **88** 184). Die den Haftungsausschluss wegen höherer Gewalt begründenden Tatsachen muss der Halter beweisen (Rz 33). Zur Beweislast, wenn ein Unfallbeteiligter durch ein schriftliches Schuldgeständnis am Unfallort die Beweissicherung verhindert, BGH NJW **84** 799, Ha MDR **74** 1019, s Rz 50. Zur Beweislast und zum Anscheinsbeweis bei Verdacht eines **„gestellten Unfalls"** gilt Folgendes: Dem Schadensersatz Fordernden obliegt die Beweislast für die Tatsachen, aus denen sich die Rechtsgutsverletzung (Beschädigung, Körperverletzung) ergibt, der Halter (Versicherer) muss darlegen und beweisen, dass der „Geschädigte" damit einverstanden war (Rechtfertigungsgrund der Einwilligung; BGH NJW **78** 2154, KG VRS **104** 92, 263, Ce VRS **102** 258, Ha NJW-RR **95** 224, Fra VersR **92** 717, Sa DAR **89** 64, Ko NJW-RR **06** 95, VersR **90** 396, Kö DAR **00** 67, VRS **99** 34, *Knoche* MDR **92** 919, aM Kö VersR **75** 959, *Greger* § 30 Rz 32). In Ausnahmefällen (gegen diese Einschränkung *Dannert* r + s **90** 2) kann für behauptete Einwilligung in die Schädigung der Anscheinsbeweis herangezogen werden (BGH NJW **78** 2154, VRS **57** 179, Ko NJW-RR **06** 95, Ha VersR **91** 113, Zw VersR **88** 970, Kar ZfS **88** 303, Ce NZV **06** 267, Fra NZV **07** 313, KG NZV **06** 264, Mü NZV **90** 32, aM Dü NZV **96** 321, dazu *Weber* DAR **79** 125, VersR **81** 163, *Dannert* r + s **90** 1, *Goerke* VersR **90** 707, *Knoche* MDR **92** 919). Zu den relevanten Indizien zB KG VRS **111** 4, Ha NZV **08** 91. Zum **Anscheinsbeweis** allgemein: E 157a sowie bei den einschlägigen Bestimmungen der StVO. Zum Anscheinsbeweis bei Trunkenheit im V: § 316 StGB Rz 117, 119. Anscheinsbeweis bei Zusammenstoß auf einer Kreuzung: § 8 StVO. Es entspricht der Lebenserfahrung, dass eine Notbremsung aus hoher Geschwindigkeit geeignet ist, eine Körperverletzung des Fahrers herbeizuführen (Anscheinsbeweis), BGH VersR **83** 985. Zum Anscheinsbeweis bei Auffahren auf das Fz des Vorausfahrenden: § 4 StVO Rz 18. Bei charakteristischen Schäden an parkenden Fz kann der Anscheinsbeweis für die Verursachung durch Streumaterial herangezogen werden, Bra VersR **89** 95.

49 Zum Anscheinsbeweis bei **Abkommen von der Fahrbahn** und Begegnungszusammenstoß: § 2 StVO Rz 74, § 3 StVO Rz 66. Anscheinsbeweis gegen den **Linksabbieger:** § 9 StVO Rz 55. Kein Anschein für Ursächlichkeit des zu **Überholenden** bei Vollbremsung des

Haftung des Halters, Schwarzfahrt § 7 StVG 1

Überholers an unübersichtlicher Stelle, Mü VersR **83** 468. Bei Fahrstreifenwechsel im Reißverschlussverfahren spricht der Anschein nicht für überwiegendes Verschulden dessen, der den Fahrstreifen wechselt, Haarmann DAR **87** 142, aM AG Kö VRS **70** 181.

Das **Bekenntnis der Alleinschuld,** am Unfallort abgegeben, kehrt die Beweislast dahin um, 50 dass die Richtigkeit der gegnerischen Unfalldarstellung vermutet wird, Ce VersR **80** 1122, KG NZV **06** 376, Ba VersR **87** 1246, Dü DAR **08** 523, NJW **84** 799 (zust *Schlund* JR **84** 327, *Weber* DAR **85** 162).

Fahren ohne FE: Rz 53 und § 21 Rz 27. 51

Lit: *Füchsel,* Zum Anerkennungsverbot bei VUnfällen, NJW **67** 1215. *Gelhaar,* Die Beweislast im KfzHaftpflichtprozeß, DAR **53** 121. *Lehr,* Probleme bei Massenunfällen, VGT **86** 143. *Schneider,* Die neuere Beweisrechtsjudikatur in Haftpflichtprozessen, VersR **77** 593, 687. *Derselbe,* ... Beweislast im Verkehrsunfallprozeß, MDR **84** 906. Lit **zum Anscheinsbeweis:** s E 157 a.

10. Ausschluss der Halterhaftung bei Schwarzfahrten. Die Halterhaftung für Unfälle 52 beim Betrieb scheidet aus, wenn jemand das Fz ohne Wissen und Willen des Halters benutzt. Dann haftet an Stelle des Halters der unbefugte Benutzer und neben diesem der Halter, wenn er die Benutzung schuldhaft ermöglicht hat (III). Der Halter bleibt haftbar, wenn er den Benutzer für den FzBetrieb angestellt oder wenn er ihm das Fz überlassen hat (III S 2, BGH NJW **62** 1676, s Rz 56 ff). Unternehmen mehrere Fahrunkundige gemeinsam eine Schwarzfahrt und schädigt sich hierbei einer von ihnen, so haften die übrigen hierfür nur unter besonderen Umständen (Aufsichts- oder Fürsorgepflicht, FzÜberlassung), BGH NJW **78** 421. Dem Dieb oder Schwarzfahrer haftet der Halter auch bei Fahrlässigkeit nicht für Unfallsicherheit des zweckentfremdeten Kfz, Ce VersR **72** 52. Benutzung **ohne Wissen und Willen** des Halters bedeutet gegen sein Wissen und seinen Willen, RGZ **79** 312. Ob eine Schwarzfahrt vorliegt, ist nach dem Gesamtcharakter der Fahrt zu beurteilen. Geringfügige Abweichung von der Weisung begründet keine Schwarzfahrt (§ 6 VVG aF = § 28 VVG 08), wenn die Genehmigung verständigerweise unterstellt werden kann, Ce VersR **69** 175. Übergibt der Halter sein Kfz einem Händler zum Verkauf, so entfällt seine Halterhaftung, wenn der Händler das Kfz unbefugt einem Dritten zur Benutzung für eigene Zwecke überlässt, Neust NJW **63** 1013. Benutzung ohne Wissen und Willen des Halters iS von III liegt auch vor, wenn das Fz nach Beschlagnahme ohne Einholung des Einverständnisses des Halters zu hoheitlichen Zwecken eingesetzt wird, LG Mühlhausen NVwZ **01** 1325. **Benutzer eines Kfz** ist, wer sich das Fz unter Verwendung der motorischen Kraft dienstbar macht und dadurch die Verfügungsgewalt wie ein Halter ausübt, BGH NJW **57** 500. Jemand kann also Benutzer sein, der das Fz nicht selbst fährt, RGZ **136** 4, zB das Fz einem anderen zu einer Fahrt überlässt, die in seinem Auftrag und Interesse durchzuführen ist, BGH DAR **61** 118. Beim Mitfahrenden muss eine Beziehung zu ihm hinzukommen, die der des Halters verwandt ist; er muss zum Zustandekommen der Schwarzfahrt maßgeblich beigetragen haben, Miturheber sein. Benutzer iS von III ist auch der KfzFührer. In diesem Sinne benutzt ein Kfz, wer es, auch kürzeste Strecken, unter Verwendung der Motorkraft fortbewegt, BGH NJW **54** 392. „Anstelle des Halters" in gleichem Umfang wie dieser haftet der unbefugte Benutzer; damit stehen ihm zugleich auch alle Einwendungen zur Verfügung, die der aus Gefährdungshaftung in Anspruch genommene Halter selbst hätte geltend machen können. Auch der an Stelle des Halters Haftende darf sich daher nach II, § 17 III entlasten, BGH DAR **54** 298, Dü VRS **10** 100. Der Entlastungsbeweis nach § 18 I reicht nicht aus. Zur Frage, ob und inwieweit der KfzHaftpflichtversicherer, der den durch einen Fahrzeugdieb verursachten Schaden reguliert, gegen einen Gehilfen des Diebes Rückgriff nehmen kann, BGH NJW **07** 1208.

11. Halterhaftung neben der des Schwarzfahrers. Die Haftung des Halters besteht fort, 53 wenn dieser die FzBenutzung schuldhaft ermöglicht hat, BGH NJW **62** 1676, Jn DAR **04** 144, wozu erhebliche Erleichterung unbefugter Benutzung ausreicht, BGH VRS **60** 85, KG NJW-RR **96** 601. Erschöpft sich das Verschulden des Halters im Ermöglichen der Schwarzfahrt, so haftet er nur nach StVG; erstreckt es sich auch auf die FzBenutzung in *verkehrsgefährlicher,* den Schaden begründender Weise, kommt **auch Haftung nach §§ 823 ff BGB** (§ 16 StVG) in Frage, BGH VersR **62** 333, **66** 166, **78** 575, **79** 766, KG VersR **76** 971, Kö NJW **57** 346, Kar VersR **60** 618, so zB in aller Regel, wenn er die ihm gem § 14 II 2 StVO obliegenden Pflichten schuldhaft verletzt, BGH VRS **60** 85, KG VM **92** 82, besonders bei dadurch ermöglichter Benutzung durch einen Fahrer ohne FE, BGH VersR **62** 333. Haftung nach § 823 I BGB, wenn der Halter die unbefugte FzBenutzung durch FzF ohne FE nicht mit aller Sorgfalt verhindert, Ol VRS **56** 98. Aufgrund des § 823 BGB kann der Halter für Schwarzfahrtfolgen haften, wenn

1 StVG § 7 II. Haftpflicht

ihm außer schuldhaftem Ermöglichen der Schwarzfahrt vorzuwerfen ist, dass er durch Verletzung seiner VSicherungspflicht eine adäquate Ursache für durch die Schwarzfahrt hervorgerufene Schäden gesetzt hat, BGH VersR **66** 79. Die sich aus § 823 ergebende Pflicht, Schwarzfahrten zu verhindern, gebietet dem Halter, dafür zu sorgen, dass keine ungeeigneten Fahrer eingestellt werden, BGH VersR **60** 736 (§ 16 Rz 12).

54 Der Halter **ermöglicht die Benutzung schuldhaft,** wenn er das Fz mit Schlüsseln und Papieren einem anderen überlässt, ohne Vorkehrungen gegen Missbrauch zu treffen, Kar VersR **60** 565. Ebenso, wenn er einer fahrerlaubnislosen Person, deren Auto-Begeisterung er kennt, Fz und Schlüssel zur Durchführung einer Reparatur aushändigt und sich auf eine bloße Ermahnung beschränkt, KG VM **84** 22. Dem Halter ist gem § 7 III 1 nur eigenes Verschulden anzurechnen, das es einem Dritten ermöglicht, das Kfz zu verwenden, nicht das einer Hilfsperson als Fahrer, etwa eines Angestellten, BGH NJW **54** 392, Jn DAR **04** 144, KG VRS **61** 244, Dü VRS **71** 259.

55 An die erforderliche **Haltersorgfalt gem Abs 3 S 1** sind strenge Anforderungen zu stellen, Kar NZV **92** 485, Kö NJW-RR **96** 601, Ol NZV **99** 294, wobei zu Gunsten des beweisbelasteten Geschädigten der Anscheinsbeweis einer Sorgfaltspflichtverletzung spricht, wenn es gleichwohl zu der unberechtigten Benutzung kommt, Ha NZV **06** 253. Der Halter hat alles ihm Zumutbare zu tun, um die unbefugte FzBenutzung zu verhindern, Ha NJW-RR **90** 289, Ol NZV **99** 294. Hierbei kann die Regelung als Anhalt dienen, die die § 14 StVO, § 38a StVZO für den Fall des Verlassens des Kfz treffen, Fra VersR **83** 464, Nü VRS **66** 188. Hat der Halter das Fz diesen Vorschriften entsprechend gesichert, entfällt seine Haftung regelmäßig, Fra VersR **83** 464. Er hat den Verkehr gegen Unfälle und das Fz gegen unbefugte Benutzung zu sichern. Das Kfz ist so zu verwahren und aufzustellen, dass es Unbefugten nicht zugänglich ist, Kö DAR **59** 297 (§ 14 StVO). Haftung nach III S 1 Hs 2, wenn der Halter die FzSchlüssel im FzInnern in einer von außen sichtbaren Schlüsselbox aufbewahrt hat, Fra VRS **104** 273. Verstecken der FzSchlüssel hinter der Sonnenblende des in einer nicht durch Sicherheitsschloss gesicherten Halle abgestellten Fz genügt nicht, Nü VRS **66** 188 (Haftung auch nach § 823 BGB). Beim Abstellen eines Krads in einem unverschlossenen, Dritten zugänglichen Raum genügt Abziehen des Zündschlüssels nicht (Absperren der Lenkung, Kette mit Schloss), Dü NJW **55** 1757 *(Hartung)*. Bei Lkw, Baumaschinen und ähnlichen Fzen können geringere Sicherungsanforderungen gestellt werden, da sie weniger Anreiz zu Schwarzfahrten bieten, Kö VRS **5** 11 (Haftung gem § 7 III 1 jedoch bejaht!), Fra VersR **83** 464, s aber KG VM **92** 82 (zu § 823 BGB). Zur Sorgfalt, mit der der Unternehmer die Schwarzfahrt mit einer langsamen Baumaschine verhindern muss, KG VersR **76** 971 (zu § 823 BGB), Fra VersR **83** 464. Hat das Fz kein abschließbares Führerhaus, genügt Verhindern des Ingangsetzens durch ein nicht mit allgemein verwendbaren Schlüsseln zu öffnendes Schloss, Fra VersR **83** 464. Dass der unbefugte Benutzer eines ordnungsgemäß verschlossenen Lkw einen neuen Trick angewandt hat, ist dem Halter nicht zuzurechnen, BGH NJW **64** 404. Bei Abstellen des Fz auf privatem Gelände bedarf es nicht stets aller sonst notwendigen Sicherungsmaßnahmen (§ 14 StVO), vorausgesetzt, dass ausreichende andere Maßnahmen gegen unbefugte Benutzung getroffen wurden, Kar NZV **92** 485. Die Benutzung eines auf Dritte unzugänglichem **Betriebsgelände** mit steckendem Zündschlüssel abgestellten Vorführwagens durch einen Betriebsangehörigen während der Betriebszeit ist nicht schuldhaft ermöglicht, Fra VersR **83** 497, anders außerhalb der Betriebszeit, LG Leipzig VersR **02** 1528 (abgeschlossene Lagerhalle). Der Halter braucht nicht damit zu rechnen, dass ein nicht abgeschlossenes MüllpressFz von einem umfriedeten, mit geschlossenem Tor gesicherten Betriebshof durch Niederwalzen des Zaunes entwendet wird, KG VRS **61** 244. Er handelt auch nicht pflichtwidrig iS von § 823 BGB, wenn er einen Traktor, dessen Zündschloss nicht gesondert sicherbar ist, zusammen mit Geräten und Maschinen auf einer abgelegenen Baustelle 300 m fern von der nächsten befestigten Str abstellt, Ol VersR **83** 931. Gibt der Halter **die Schlüssel** einer zuverlässigen Person mit dem Auftrag, sie an eine bestimmte Person weiterzugeben, so hat er die Benutzung zur Schwarzfahrt nicht schuldhaft ermöglicht, die ein Bote ausführt, den der Beauftragte ohne sein Wissen eingeschaltet hat, Ce VersR **61** 739. Schuldhafte Ermöglichung der Schwarzfahrt nach Überlassen der Garagenschlüssel an jugendliche Hausgehilfin, BGH VRS **20** 251 (Tatfrage, § 823 BGB bejaht). Die Schlüssel zum Fz, zur Zündung und Lenkung, nötigenfalls zur Garage, sind sicher zu verwahren, Dü VersR **84** 895, Ol NZV **99** 294. Zurücklassen der Schlüssel in einem an der Garderobe einer Schankwirtschaft abgelegten Kleidungsstück ist Sorgfaltsverletzung, Dü VersR **89** 638, Sa ZfS **93** 294. **Gegenüber Familienangehörigen** und sonstigen Mitgliedern der Wohngemeinschaft müssen solche Schlüssel nur bei Vorliegen besonderer Umstände, aus denen sich die Gefahr unbefugter Benut-

Haftung des Halters, Schwarzfahrt § 7 StVG 1

zung ergibt, unzugänglich aufbewahrt werden, Dü VersR **84** 895, Ol NZV **99** 294; ohne besondere Anhaltspunkte muss der Halter nicht mit FzBenutzung ohne seine Zustimmung durch solche Personen rechnen, Fra VRS **70** 324, braucht zB ein Vater die Garagen- oder FzSchlüssel vor dem jugendlichen oder heranwachsenden Sohn nicht zu verstecken (Schlüsselbrett), BGH VersR **84** 327, Dü VersR **84** 895. Aufbewahren der Schlüssel in der Jacken- oder Manteltasche im verschlossenen Kleiderschrank genügt nicht, wenn auf Grund der Umstände Missbrauch durch den jugendlichen Sohn nahe liegt, KG VM **78** 77. Hat ein Angehöriger das Kfz bereits früher unbefugt benutzt, so sind weitergehende Maßnahmen, vor allem besonders sorgfältige Schlüsselverwahrung nötig, Nü VM **80** 45, BGH VersR **68** 575 (zu § 823 BGB), VRS **8** 251 (§ 823 BGB bejaht), Kö DAR **59** 297. Bei Schlüsselablage an vereinbartem Ort in der elterlichen Wohnung muss der Halter nicht mit Wegnahme durch einen angetrunkenen, vorher nie auffällig gewordenen Bekannten rechnen, Ha VersR **78** 949. Entfernt sich der Halter und Fahrer eines Krads für kurze Zeit, so darf er den **Zündschlüssel stecken lassen,** wenn er eine geeignete Person mit der Aufsicht betraut, Stu VkBl **59** 275. Muss der Halter nach Abhandenkommen eines FzSchlüssels damit rechnen, dass sich ein Unbefugter in den Besitz des Schlüssels gesetzt hat, so kann Austausch des Zündschlosses notwendig sein, Ha NJW-RR **90** 289. Im Rahmen des § 7 III S 1 kommt es nicht auf den **ursächlichen Zusammenhang** zwischen Schuld und Unfall, sondern auf den zwischen Schuld und Ermöglichen der Schwarzfahrt an, RGZ **136** 4, **138** 320. Hat der PkwHalter eine Tür nicht verschlossen, so trifft ihn an der Benutzung durch Unbefugte keine Schuld, wenn der Täter eine verschlossene Tür aufgebrochen hat, Kö VersR **59** 652. Amtshaftung: § 16. Haftung bei Bundeswehr – Schwarzfahrt: Rz 52.

12. Kein Ausschluss der Halterhaftung bei Schwarzfahrt des angestellten Fahrers 56
oder dessen, dem der Halter das Fahrzeug überlassen hat. III S 2 schützt die Verkehrsopfer. Er versagt dem Halter den Einwand, derjenige, dem er die Benutzung eingeräumt hat, habe das Kfz entgegen dem Halterwillen benutzt, BGH VersR **67** 659, NZV **97** 116. Angestellte Fahrer machen ihren Arbeitgeber also auch bei Schwarzfahrt haftbar, ohne dass es auf schuldhaftes Ermöglichen ankommt. **Für den KfzBetrieb angestellt** ist jeder Arbeitnehmer, der es in dem vom Halter zugewiesenen Aufgabenbereich mit Willen des Halters steuern und benutzen soll, BGH DAR **61** 253. Ein Beifahrer ist regelmäßig nicht für den KfzBetrieb angestellt, BGH VRS **10** 2, 4. Hat ein Spediteur einen Fahrer angestellt, so erstreckt sich die Halterhaftung für Schwarzfahrten dieses Fahrers auf alle Kfz des Betriebs, nicht allein auf das, das der Fahrer für einen bestimmten Zeitabschnitt führen soll, Kö NJW **57** 1843, DAR **58** 14.

Der angestellte Fahrer fährt „schwarz", wenn er das Fz für einen Teil der Fahrt führt, 57
für den ihm der Halter das Führen verboten hatte, RGZ **154** 340. Geringe Umwege bei auftragsgemäßen Fahrten sind keine Schwarzfahrten, BGH VersR **55** 345. Anders bei ausdrücklichem Verbot des Halters, BAG VRS **21** 398. Die Benutzungserlaubnis kann stillschweigend erteilt sein. Überlässt der vom Halter mit einer bestimmten Fahrt beauftragte angestellte Fahrer die Führung einem Betriebsangehörigen ohne FE, so liegt keine Schwarzfahrt vor, Ba VRS **7** 334.

Halterhaftung besteht auch, wenn der Halter sein **Kfz anderen überlässt.** Er haftet für 58
Schwarzfahrten solcher Personen, denen er die KfzFührung ermöglicht, da er für ihre Auswahl verantwortlich ist. Missbrauchen sie sein Vertrauen, so hat er und nicht der Geschädigte den Schaden zu tragen, zumal der Halter für solche Unfälle Versicherungsschutz genießt. Das gilt jedoch nur, solange er durch den Entzug der Verfügungsmöglichkeit nicht seine Haltereigenschaft verliert, BGH NZV **97** 116. Überlassen bedeutet Einräumen der Benutzungsmöglichkeit, BGHZ **5** 269, NJW **52** 581. Dem Mieter überlässt der Halter den Wagen auch, wenn er zu erkennen gibt, dass er die Führung nur durch einen vom Mieter gestellten Dritten gutheißt, BGHZ **5** 269, NJW **52** 581. Die Überlassung ist erst mit der Benutzungsmöglichkeit beendet, BGH DAR **52** 40, Dü VRS **3** 96. Lässt der, dem der Halter das Fz überlassen hat, einen anderen damit fahren, so bleibt die Halterhaftung bestehen, wenn die Benutzereigenschaft desjenigen fortdauert, dem der Halter das Fz überlassen hat, BGH NJW **57** 1878. Nach dem Schutzzweck des Abs III S 2 gilt dies auch, wenn zwar die Benutzereigenschaft der Person, der es überlassen war, endet, die Weitergabe zur Benutzung an einen Dritten jedoch unbefugt erfolgte, BGH NJW **62** 1678, selbst dann, wenn der Dritte später die Benutzung des Fzs durch eine weitere Person ermöglicht, Ha VersR **84** 1051. Die Probefahrt eines Fachmanns, dem der Wagen zum Ausbessern oder zur Wartung übergeben wird, entspricht dem mutmaßlichen Willen des Halters, BGH VersR **67** 659, **62** 58. Verbotswidrige Fahrt des Werkstattlehrlings ist Schwarzfahrt;

König

1 StVG § 7   II. Haftpflicht

der Halter haftet nicht; überlassen hat er den Wagen nur dem Besitzer der Werkstatt, OLG Königsberg HRR **42** Nr 306.

59   Der Begriff des berechtigten Fahrers (§ 2 KfzPflVV, § 10 AKB), BGH VersR **62** 58, Ha VersR **65** 370, KG VersR **62** 270, ist derselbe wie in III S 2.

60   **13. Beweislast in den Fällen des Abs. 3. Verfahren.** Die Beweislast für die Schwarzfahrt hat der Halter, Ol VRS **56** 98, Fra VRS **70** 324. Für einen Sachverhalt, der auf Schuld des Halters schließen lässt, ist der Verletzte beweispflichtig; der Entlastungsbeweis für genügende Sorgfalt obliegt dem Halter, RGZ **119** 58, **135** 149, Jn DAR **04** 144, Fra VRS **70** 324, Kar NZV **92** 485. Ein etwaiges Auswahlverschulden des Halters ist als Verschulden nach III S 1 vom Geschädigten zu beweisen; insoweit gilt nicht § 831 BGB, Jn DAR **04** 144. Wurde die Schwarzfahrt durch im verschlossenen Wagen verbliebene Schlüssel ermöglicht, so spricht der erste Anschein für Zurücklassen der Schlüssel durch den Halter, BGH NJW **81** 113.

61   **14. Haftungsausschluss bei Arbeits- und Dienstunfällen.** Bei Arbeitsunfällen sind die Haftungsbeschränkungen der §§ 104–106 SGB VII (§ 636 RVO aF), zugunsten des Unternehmers und anderer im Betrieb tätiger Personen zu beachten, die das Haftungsrecht nach dem StVG ebenso wie das deliktische Haftungsrecht einschließlich Amtshaftung überlagern (BGH NZV **08** 289). Nach § 636 RVO, der für **Schadensereignisse bis zum 31. 12. 96** weiterhin Anwendung findet, haftet der Unternehmer den in seinem Betrieb tätigen Versicherten und deren Angehörigen und Hinterbliebenen für Personenschaden durch Arbeitsunfall nur bei Vorsatz (§ 276 BGB) oder bei Arbeitsunfällen bei der Teilnahme am allgemeinen Verkehr, bei der der Geschädigte jedem anderen VT gleichsteht (BGH VersR **88** 391, BGH NZV **92** 112). Nach der hierzu ergangenen Rspr, die für Unfälle bis zum 31. 12. 96 weiterhin bedeutsam bleibt, entscheidet darüber nicht eine rein räumliche Beurteilung, sondern der Zusammenhang des Unfalls mit Betrieb und Berufstätigkeit (BGH VRS **45** 258, VersR **88** 391; Einzelheiten: 36. Aufl). Auch § 104 SGB VII, der für **Unfälle ab dem 1. 1. 97** gilt, beschränkt die Haftung des Unternehmers für Personenschäden bei Arbeitsunfällen, wobei aber für die Haftung neben Vorsatz (der sich auch auf den Schaden erstrecken muss, BGH NZV **03** 276, BAG VersR **03** 740) das Kriterium der Teilnahme am allgemeinen V durch das Erfordernis ersetzt ist, dass es sich bei dem (nicht vorsätzlich herbeigeführten) Versicherungsfall um einen Wegeunfall iS des § 8 II Nr 1–4 SGB VII handelt (BGH NZV **08** 74). Das Haftungsprivileg betrifft auch Ansprüche nach § 7 StVG (BAG ZfS **04** 555). Es löst die gesetzliche Unternehmerhaftpflicht in erheblichem Umfang ab und ersetzt sie durch die Leistung des UVtr, die auf den Beitragsleistungen der Unternehmergemeinschaft beruht, auch im Verhältnis zu einem Zweitschädiger, den daher der Verunglückte insoweit nicht in Anspruch nehmen kann, als der mitverantwortliche Unternehmer ohne das Haftungsprivileg im Verhältnis zum Zweitschädiger (§§ 426, 254 BGB) haften würde (BGH NJW **73** 1648; sog. gestörte Gesamtschuld, hierzu eingehend *Lemcke* r + s **06** 52). Die Regelung betrifft nur Personenschaden und dessen Vermögensfolgen (BGH NZV **01** 74, BAG ZfS **04** 555, Kö VersR **69** 153) einschließlich Schmerzensgeld, § 253 II BGB, § 11 S 2 StVG (BGHZ **33** 339, BVerfG NJW **73** 502). Vom Haftungsausschluss nach § 105 I SGB VII ausgenommen sind Schmerzensgeldansprüche *des Angehörigen oder Hinterbliebenen* wegen Schocks aufgrund des Unfalls bzw. der Nachricht davon; dies folgt schon daraus, dass sie nicht Versicherte iS von § 2 SGB VII sind und selbst keinen Arbeitsunfall erleiden (BGH NZV **07** 453). Bei Sachschäden bleibt es bei den allgemeinen Vorschriften. Die Haftungsbeschränkung gilt für alle betrieblichen Arbeitsunfälle, also auch dann, wenn der Unternehmer das Kfz lenkt. Die Haftungsbeschränkung gilt außer für Ansprüche von für das Unternehmen Tätigen auch für Ansprüche von Personen, die zu den Unternehmern „in einer sonstigen die Versicherung begründenden Beziehung stehen". Dazu gehört auch der von einem Fahrer der Schule transportiert wird (BGH NJW **01** 442). Zur Haftungsfreistellung von Mitschülern bei Exkursionsfahrt LG Ka NZV **06** 375, s auch Ha NZV **04** 200. Zu den haftungsrechtlichen Konsequenzen einer „Schubserei" unter Schülern bei der Fahrt mit dem Linienbus zur Schule nach den Regeln der gestörten Gesamtschuld (s o, Betriebsweg bejaht) Ko NZV **06** 578 (zw, s *Nehls* DAR **06** 690, s auch BGH NJW **92** 2032 sowie BGH NJW-Spezial **08** 554 [Schneeballschlacht an Bushaltestelle]). Bei Zusammenwirken von Unternehmen bei Unglücksfällen gelten nach § 106 III Alt 1 SGB VII für die Ersatzpflicht der für die beteiligten Unternehmen Tätigen untereinander die §§ 104 und 105 SGB VII. Haftungsfreistellung auch dann, wenn zwei freiwillige Feuerwehren nach gemeinsamem Einsatzplan ausrücken, um eine Unglücksstelle gemeinsam (wenn auch an verschiedenen Stellen) abzusperren; die Fahrt zum Einsatzort rechnet dabei auch dann zur betrieblichen Tätigkeit, wenn sie im

Ausnahmen § 8 StVG 1

Privatwagen erfolgt (BGH NZV **08** 289; s auch § 16 Rz 17). Das Haftungsprivileg nach § 106 III Alt 3 SGB VII gilt auch gegenüber dem geschädigten freiwillig oder kraft Satzung versicherten Unternehmer auf gemeinsamer Betriebsstätte (BGH NJW **08** 2916). Der Versicherungsschutz für eine Hilfeleistung gem. § 2 I Nr 13 a SGB VII führt grundsätzlich nicht zu einem Haftungsausschluss nach § 104 SGB VII (BGH NJW **06** 1592, § 16 Rz 3). **Kein Haftungsausschluss** danach bei zumindest bedingt **vorsätzlich** herbeigeführtem Arbeitsunfall (Ba VM **78** 16) und bei **Wegeunfall** nach § 8 II Nr 1–4 SGB VII. Liegen diese Voraussetzungen vor, so erfolgt nach § 104 I 2 SGB VII, auch iVm § 105 I 3 und § 106 SGB VII, auch kein Anspruchsübergang nach § 116 SGB VII. Die Ausnahme von der Haftungsbeschränkung für Wegeunfälle beruht auf dem Umstand, dass betriebliche Risiken insoweit keine Rolle spielen (BGH NZV **01** 74, NJW **04** 949, BAG NJW **05** 1439, ZfS **04** 555, Brn VRS **106** 6); etwaige weitergehende Ansprüche des Versicherten sollen ihm nicht abgeschnitten werden (BGH NZV **01** 74). Zu unterscheiden ist also zwischen den nach § 8 II Nr 1–4 SGB VII versicherten Wegen (kein Haftungsprivileg und auch kein Anspruchsübergang) und den Betriebswegen, die Teil der gem § 8 I 1 SGB VII versicherten Tätigkeit sind (Haftungsprivileg und Anspruchsübergang; BGH NZV **01** 74, krit *Ricke* VersR **03** 542, NJW **04** 949, DAR **06** 201). Zur Abgrenzung können die Grundsätze der Rspr zur Teilnahme am allgemeinen V nach §§ 636, 637 RVO (alt) herangezogen werden (36. Aufl; BGH NJW **04** 949, DAR **04** 342, Ko NZV **06** 578). Um einen in die Haftungsbeschränkung einbezogenen **Betriebsweg** handelt es sich, wenn die Fahrt als integrierter Bestandteil der Organisation des Betriebs in diesen eingegliedert war wie zB der sog WerkV (BGH NZV **01** 74, BAG ZfS **04** 555). Dass mit der Fahrt die Förderung betrieblicher Interessen verbunden ist, reicht allein nicht aus, um sie als Betriebsweg zu qualifizieren; erforderlich ist vielmehr, dass sie als Bestandteil des innerbetrieblichen Organisations- und Funktionsbereichs erscheint und dass sie Ausdruck der betrieblichen Verbindung zwischen dem Geschädigten und dem Unternehmen ist, derentwegen das Haftungsprivileg nach § 105 SGB VII besteht (BGH NJW **04** 949, DAR **04** 342). Hingegen ist für die Einordnung als Betriebsweg letztlich nicht entscheidend, ob die Örtlichkeit der Organisation des Arbeitgebers unterliegt (BGH DAR **06** 201 m Anm *Lemcke* RuS **06** 129, *Diehl* ZfS **06** 205). Zur Abgrenzung s auch BGH NZV **01** 74, BAG ZfS **04** 555, Brn VRS **106** 6, 9, Ce VRS **110** 105, Dü SVR **06** 266 (*Lang*), Kö VersR **02** 1109, Stu ZfS **02** 431. Der Rückgriff des SozVersTr auf grob fahrlässig oder vorsätzlich handelnde haftungsprivilegierte Personen nach §§ 104 ff SGB VII umfasst auch den fiktiven Schmerzensgeldanspruch des Geschädigten (BGH NJW **06** 3563, Kar NZV **07** 299). Zur Bindungswirkung des Bescheids des UnfallVersTr nach § 108 SGB VII BGH MDR **07** 1192, NJW **08** 2916. Rspr des BGH zum Regress des SVTr bei *Diederichsen* VersR **06** 293. Ausschlussregelungen im gleichen Sinn bestehen für **Dienstunfälle im öffentlichen Dienst** (BGHZ **64** 201, MDR **77** 830, Ce VersR **77** 1105, Mü VersR **77** 1014). VUnfall eines BW-Soldaten auf Truppenübungsplatz durch Schuld eines Angehörigen der territorialen Verteidigung als nicht durch „Teilnahme am allgemeinen Verkehr" eingetreten (BGH VRS **56** 171). Zum Haftungsprivileg bei Beteiligung aus anderen EU-Mitgliedstaaten BGH NJW **07** 1754.

Lit: *Gamperl,* Die Haftungsbeschränkungen von Unternehmen und Arbeitskollegen gem §§ 104 ff SGB VII, NZV **01** 401. *Lepa,* Die Haftung des Arbeitnehmers im StrV, NZV **97** 137. *Müller,* VUnfall als Arbeitsunfall, NZV **01** 366. *Otto,* Ablösung der §§ 636 bis 642 durch das neue Unfallversicherungsrecht, NZV **96** 473. *Ricke,* Haftungsbeschränkung nach §§ 104 ff SGB VII: Neue Abgrenzung der Wegearten ..., VersR **03** 540. *Stöhr,* Haftungsprivileg bei einer gemeinsamen Betriebsstätte und bei VUnfällen, VersR **04** 809. *Waltermann,* Haftungsfreistellung bei Personenschäden ..., NJW **04** 901.

Ausnahmen

8 Die Vorschriften des § 7 gelten nicht,

1. wenn der Unfall durch ein Kraftfahrzeug verursacht wurde, das auf ebener Bahn mit keiner höheren Geschwindigkeit als 20 Kilometer in der Stunde fahren kann, oder durch einen im Unfallzeitpunkt mit einem solchen Fahrzeug verbundenen Anhänger,
2. wenn der Verletzte bei dem Betrieb des Kraftfahrzeugs oder des Anhängers tätig war oder
3. wenn eine Sache beschädigt worden ist, die durch das Kraftfahrzeug oder durch den Anhänger befördert worden ist, es sei denn, dass eine beförderte Person die Sache an sich trägt oder mit sich führt.

1 StVG § 8 II. Haftpflicht

Begr zur Neufassung durch ÄndG v 19. 7. 02 (BTDrucks 14/7752 S 31): § 8 Nr. 1 StVG greift den 1. Halbsatz des § 8 StVG alter Fassung auf und erweitert ihn nach Einführung der Gefährdungshaftung des Anhängerhalters (§ 7 Abs. 1 Satz 2 StVG) auch auf diesen: Die Halterhaftung des § 7 StVG soll nicht nur – wie bisher – für den Halter eines Kraftfahrzeugs ausgeschlossen sein, das nicht mehr als 20 Stundenkilometer fahren kann, sondern auch für Anhänger, die von einer solchen Zugmaschine gezogen werden. Der dem Haftungsausschluss des bisherigen § 8, 1. Halbsatz StVG zugrunde liegende Gedanke einer geringeren Betriebsgefahr bei langsam fahrenden Kraftfahrzeugen trägt auch insoweit, als diese Kraftfahrzeuge mit einem Anhänger verbunden sind und die Haftung des Anhängerhalters in Rede steht.

§ 8 Nr. 2 StVG greift den 2. Halbsatz des § 8 StVG alter Fassung auf und fasst ihn aus redaktionellen Gründen als eigenständige Ziffer.

§ 8 Nr. 3 StVG greift § 8a Abs. 1 Satz 2 StVG alter Fassung auf und modifiziert ihn vor dem Hintergrund der erweiterten Insassenhaftung des neuen § 8a StVG: Nach wie vor soll für beförderte Sachen bei deren Beschädigung grundsätzlich nicht im Rahmen der Gefährdungshaftung nach dem StVG gehaftet werden. Liegt ein Beförderungsvertrag vor, ist dieser im Falle einer Beschädigung Grundlage der Haftung. Liegt kein Beförderungsvertrag vor, kann eine Haftung aus allgemeinem Deliktsrecht in Betracht kommen (§ 16 StVG).

(BTDrucks 14/8780 S 22): Die Änderung des § 8 Nr. 2 StVG folgt dem Vorschlag des Bundesrates (Stellungnahme Nummer 14b, bb, S. 50), auch die bei dem Betrieb eines Anhängers Tätigen in diesen Haftungsausschluss einzubeziehen. Zur Vermeidung von Fehlinterpretationen wurde allerdings die ausdrückliche Einbeziehung der Anhänger dem unpräzisen Begriff „Fahrzeug" vorgezogen.

Die Änderung des § 8 Nr. 3 StVG folgt ebenfalls einem Vorschlag des Bundesrates (Stellungnahme Nummer 14b, cc, S. 50).... Zur Vermeidung von Fehlinterpretationen wurde allerdings auch hier die ausdrückliche Einbeziehung der Anhänger dem unpräzisen Begriff „Fahrzeug" vorgezogen.

1 **1. Ausschluss der Gefährdungshaftung** besteht unter den Voraussetzungen des § 8, doch kann Haftung nach den §§ 823 ff BGB oder aus Vertrag gegeben sein (§ 16 StVG). Die Haltergefährdungshaftung entfällt bei technisch besonders langsamen Kfz (Rz 2), wenn sich der Geschädigte freiwillig in Gefahr begeben hat und deshalb keine Gefährdungshaftung am Platz ist, Kö VersR **75** 1127 (Rz 3), sowie bei Beschädigung beförderter Sachen nach Maßgabe von Nr. 3. „Verletzter" iS von § 8 Nr 2 ist auch der Eigentümer oder Besitzer einer beschädigten Sache, BGHZ **116** 200 = NZV **92** 145. Die Voraussetzungen des § 8 hat der Halter zu beweisen (RGZ **128** 149, BGHZ **136** 69 = NZV **97** 390, KG VM **87** 56, Kö VersR **88** 194).

2 **2. Langsam bewegliche Kraftfahrzeuge** sind solche, deren Bauart schnelleres Fahren als mit 20 km/h ausschließt oder bei denen Vorrichtungen das Fahren mit über 20 km/h verhindern, BGH DAR **05** 263 (zu § 8 aF). Beruht die geringe Geschwindigkeit nicht auf der Bauart, sondern auf technischen Vorkehrungen, so sollte nach der früheren Rspr des BGH der Haftungsausschluss des § 8 zusätzlich von der technischen Schwierigkeit einer Beseitigung der Geschwindigkeitssperre abhängen; nur wenn es sich um eine solche Vorrichtung handelt, die auch ein geübter Monteur nicht ohne längere und schwierige Arbeit beseitigen kann, sollte § 8 zur Anwendung kommen, BGHZ **9** 123 = NJW **53** 899, VersR **77** 228, **85** 245, ebenso KG VM **87** 56. Diese Rspr hat BGHZ **136** 69 = NZV **97** 390 (Anm *Brötel* NZV **97** 381, ausdrücklich aufgegeben, ebenso BGH NZV **97** 511 (Anm *Lorenz* VersR **97** 1526), Sa NZV **06** 418. Danach gilt der Haftungsausschluss des § 8 bei allen Fz, die auf Grund ihrer konstruktionsbedingten Beschaffenheit nicht schneller als 20 km/h fahren können, gleichgültig, ob dies auf ihrer Bauart beruht oder auf vom Hersteller angebrachten Vorrichtungen und Sperren. Nur diese Auslegung entspreche nämlich dem Wortlaut und Zweck der Vorschrift. Auf die Schwierigkeit einer Beseitigung solcher Sperren könne es nicht ankommen, weil solchen Fz ohne Manipulation jedenfalls nicht die typischen Risiken anhafteten, die nach der Vorstellung des GGebers das Eingreifen der Gefährdungshaftung gebieten. Die Vorschrift stellt lediglich auf die im Unfallzeitpunkt erreichbare Höchstgeschwindigkeit ab, nicht allein auf die bauartbedingte, Bay VRS **59** 390, Ko DAR **05** 683, VersR **88** 61. Die Möglichkeit einer Überschreitung um nicht mehr als 10% unter günstigsten Bedingungen ist unschädlich, LG Aachen MDR **83** 583, abl *Brötel* NZV **97** 383. Müssten erst größere Reifen mit erheblichen Kosten beschafft werden, um die mögliche Höchstgeschwindigkeit über 20 km/h hinaus zu erhöhen, so begründet dies keine Gefährdungshaftung, BGH VersR **77** 228. Entsprechendes hat nach neuer Rspr des BGH (s. o.) bei leicht zu beseitigender Drosselung der Motordrehzahl zu gelten (anders noch BGH VersR **85** 245). Kann das Kfz ohne besondere Vorkehrung auf kürzeren Strecken 24 km/h erreichen, so ist § 8 Nr 1 unanwendbar, Tüb DAR **52** 6 Nr 6. Erlaubte die konkrete Beschaffenheit

Ausnahmen § 8 StVG 1

des Fz im Unfallzeitpunkt eine Geschwindigkeit von mehr als 20 km/h, so gilt der Haftungsausschluss des § 8 Nr 1 nicht, Sa NZV **06** 418, gleichgültig, ob dies auf Manipulation beruht und ob der FzHalter davon Kenntnis hatte, BGH NZV **97** 390. Soweit auch parkende Fz iS von § 7 I noch in „Betrieb" sind (§ 7 Rz 8), ist die Haftung des **Anhängerhalters** gem Nr 1 auch dann ausgeschlossen, wenn der Anhänger zuvor mit einem langsamen Kfz iS von Nr 1 verbunden war, die Verbindung aber im Unfallzeitpunkt bereits gelöst war, *Huber* § 4 Rz 121. Krit zur derzeitigen Regelung in § 8 Nr 1 *Medicus* DAR **00** 442, *G. Müller* DAR **02** 549.

3. Tätig bei dem Betrieb des Kraftfahrzeugs oder Anhängers ist, wer sich durch seine 3 Tätigkeit freiwillig den besonderen Gefahren des Betriebs eines solchen Fz aussetzt, Ce NZV **01** 79, Mü NZV **90** 393, Ko VersR **75** 1127. Der bei dem Betrieb Tätige, der sich aus freien Stücken in den Gefahrbereich begibt, kann sich nach Nr 2 nicht auf Gefährdungshaftung des Halters berufen.

Der Grund der Tätigkeit ist gleichgültig (entgeltlich, unentgeltlich, vertraglich, außervertrag- 4 lich; Mü NZV **90** 393, Ko VersR **75** 188; Gefälligkeit, BGH NJW **54** 393; Tätigkeit gegen den Willen des Halters, Dü RdK **28** 110). Nur tatsächliches Verhalten erfüllt den Begriff des Tätigwerdens, nicht schon das Veranlassen fremder Tätigkeit, BGHZ **116** 200 = NZV **92** 145, Sa VRS **99** 104. Beim Betrieb tätig sind Personen, die durch unmittelbare Beziehung ihrer Tätigkeit zu den KfzTriebkräften der typischen BG mehr als andere ausgesetzt sind, BGH NJW **54** 393, VRS **11** 248, Ko VersR **75** 188. Das gilt zB für denjenigen, der ein fahrendes Kfz unter Einsatz eigener Körperkraft anzuhalten versucht, Jn NZV **99** 331. Beim Betrieb tätig ist auch der beim Ladegeschäft Tätige, Ce NZV **01** 79, soweit dieses dem Betrieb zuzurechnen ist, § 7 Rz 6. Beim Betrieb des Kfz wird insbesondere auch tätig, wer den KfzBetrieb unmittelbar im Bereich der typischen BG durch Anweisung und Handreichungen leitet, BGH VRS **11** 248, etwa als Einweiser in enger Werkstatt (Tatfrage), Ko VersR **75** 188, BGH NJW **54** 393. Diese Voraussetzung ist nicht erfüllt, wenn eine Sache zwar dem nicht mit dem Halter identischen FzF gehört, aber dem Betrieb keine Rolle spielte, sondern zufällig in den Gefahrenbereich des Fz geriet und dabei beschädigt wurde (*Greger* NZV **88** 108, aM *Kunschert* NZV **89** 61, **99** 517). Auch wenn der Arbeitnehmer eines fremden Betriebs nicht in den des Halters eingegliedert ist, kann er bei dem Betrieb des Kfz tätig geworden sein. Denn dazu gehört nicht Abhängigkeit von den Weisungen des Halters oder Fahrers, BGH VRS **22** 21, Stu VersR **61** 575. Nur gelegentliche Hilfeleistung (zB Einwinken) genügt nicht, Ko VersR **75** 188, 1127, nach Mü NZV **90** 393 auch nicht kurzes Anschieben (zw), aM *Greger* § 19 Rz 11. Rennbahnangestellte sind nicht beim Betrieb der RennFz tätig; § 8 Nr 2 ist nicht ausdehnend anzuwenden, RG DJZ **33** 625, sondern als Ausnahmevorschrift eng auszulegen, BGHZ **116** 200 = NZV **92** 145. Nicht beim Betrieb des Kfz tätig ist, wer lediglich befördert wird (s Nr 3, *G. Müller* VersR **95** 492). Türöffnen durch einen Fahrgast auch bei Einverständnis des Fahrers wird zum Betrieb gehören und Haftung nach den §§ 7, 18 StVG ausschließen, Mü VersR **66** 987. Vor allem der Fahrer ist iS von § 8 Nr 2 beim Betrieb des von ihm geführten Fz tätig (BGH VersR **89** 56, Ha NJW-RR **03** 28, NZV **97** 42, KG VRS **113** 201). Auch der Fahrschüler ist beim Betrieb des von ihm gelenkten Fz tätig (KG VM **04** 4, NZV **89** 150, Ha VRS **80** 405, Sa NZV **88** 246).

4. Schäden an beförderten Sachen. Die Haftung des Halters bei Beschädigung beförderter 5 Sachen ist gem Nr 3 auf die Beschädigung oder Zerstörung vom Beförderten getragener oder mitgeführter Sachen beschränkt. Der Haftungsausschluss gilt (naturgemäß) nicht für Kosten, die anlässlich eines Verkehrsunfalls entstehen, weil die beförderte Sache von der Straße beseitigt werden muss (BGH NZV **08** 83). Die Frage der Entgeltlichkeit der Beförderung spielt, abw von § 8 a (alt), nach der für *Schadensereignisse ab dem 31. 7. 02* geltenden Vorschrift des § 8 Nr 3 keine Rolle mehr. Für Schadensereignisse vor dem 31. 7. 02 ist gem Art 229 § 5 EGBGB § 8 a (alt) anzuwenden (Schadensersatz nur bei Entgeltlichkeit und Geschäftsmäßigkeit der Personenbeförderung; dazu 36. Aufl.). Neben der Halter- und Fahrerhaftung nach §§ 7, 18 können sich Ersatzansprüche des Beförderten auch auf Vertrags- und Deliktshaftung gründen (KG VM **86** 35, VRS **113** 201), bei Beförderungsverträgen unter Beweislastverteilung gemäß § 282 BGB. Auf solche Ansprüche des Beförderten, vor allem bei Gefälligkeitsfahrt (§ 16), erstreckt sich die Regelung des § 8 Nr 3 nicht (BGH NZV **91** 185, Dü VersR **02** 1168). Keinen Einfluss hat die Vorschrift auch auf Ansprüche eines FzInsassen gem § 7 gegen den Halter eines anderen am Unfall beteiligten Fz, wenn die BG des Fz, in dem er befördert wurde, mitgewirkt hat (Ce NZV **96** 114).

4 a. Beförderung ist kein nur tatsächlicher Vorgang ohne subjektiven Anteil, sondern Auf- 6 nahme einer körperlichen Verbindung mit dem Kfz (BGH NJW **62** 1676 [Sichanvertrauen zwecks Beförderung], Ha MDR **95** 154), gerichtet auf eine Ortsveränderung mit dessen Hilfe (Ko NZV **93** 193 [Beförderung auf dem FzDach]). Der Beförderungszweck muss äußerlich erkennbar sein, und mindestens einer der Beteiligten (Halter, KfzEigentümer, Fahrer, Beförderter) muss ihn wollen (BGH NJW **62** 1676, Kar VersR **77** 1012). Dass Mitfahren im KfzAnhänger genügt, folgt nach der ab 1. 8. 02 geltenden Neufassung schon aus dem Wortlaut. Auf Vertrag und Unfallort in oder außerhalb des öffentlichen Verkehrs kommt es nicht an. Befördert wird hiernach: der Fahrgast, der transportierte Kranke und Häftling, der unbemerkt aus eigenem Willen Mitfahrende, Ha VRS **2** 294, der beim Anfahren noch Aufspringende, sofern er sich noch am Griff festhalten kann, der unterwegs Abspringende, OGH VRS **3** 15, jeder im anfahrenden Wagen Befindliche, den der Fahrer für einen Fahrgast hält, aM Ol RdK **54** 74, der bei Fahrtantritt auf dem Beifahrersitz Schlafende, in dessen Interesse die Fahrt durchgeführt wird, Ko VRS **68** 167.

7 **Nicht befördert** wird der Führer des Fz (*Greger* § 19 Rz 16, s aber Ha MDR **95** 154 [Starten eines Krades]), der nur vorübergehend Ausgestiegene mangels körperlicher Verbindung zum Fz, der aufs Lkw-Trittbrett gesprungene PolB, den der angehaltene Fahrer beim Weiterfahren abstreifen will, BGHZ **37** 311 = NJW **62** 1676, nicht das FzPersonal, bei welchem es nicht auf zielgerichtete Ortsveränderung ankommt, sondern auf Verkehrsbedienung. Wer in einem ruhenden, gegenwärtig nicht zur Fahrt bestimmten Kfz verunglückt, weil er sich dort aufhält, wird nicht befördert.

8 **Zur Beförderung gehören** das Ein- und Aussteigen bis zu dessen vollständiger Beendigung, BGH VersR **70** 179, Ce NZV **99** 332, Fra VersR **75** 381, die Ladevorgänge vor und nach der Fahrt, der Aufenthalt im haltenden Kfz oder Anhänger, verbotenes Auf- und Abspringen beim fahrenden Fz, das Erstere, wenn es zu körperlicher Verbindung zum Fz kommt. Beim Aussteigenlassen können erschwerende Umstände, zB Anhalten bei Glatteis entfernt vom Bordstein, BGH VersR **69** 518, Fra VersR **75** 381, unfallbedingter Halt auf AB, Ce NZV **99** 332, dem Aussteigen (und damit der Beförderung) zuzurechnen sein. IÜ aber ist auch das Verbleiben in unmittelbarer Nähe des Fz nach dem Aussteigen nicht mehr der Beförderung zuzurechnen, Ce NZV **99** 332. Aufenthalt von Fahrgästen unmittelbar am Fz kann bei besonderer körperlicher Nähe zur Beförderung gehören.

9 **4 b.** Bei **Sachschäden,** die nicht mit Körperschaden verbunden sein müssen, beschränkt sich die Haftung auf Unfallschäden an Sachen, die der Beförderte „an sich trägt", und die er vertragsgemäß mit sich führt. An sich getragene Sachen müssen nicht unbedingt zum persönlichen Gebrauch bestimmt sein, zu ihnen gehört auch das Geschenk in der Rocktasche (str). Mitgeführt sind alle Sachen, auch Waren, welche vertragsgemäß im Fz als Gepäck oder im Gepäckanhänger oder in einem anderen Kfz befördert werden, Haftung jedoch nur bei Unfallschaden (plötzliches, schadensstiftendes Ereignis), nicht, wenn sie dem üblichen Transport nur nicht standhalten.

Entgeltliche Personenbeförderung, Verbot des Haftungsausschlusses

8 a [1]Im Fall einer entgeltlichen, geschäftsmäßigen Personenbeförderung darf die Verpflichtung des Halters, wegen Tötung oder Verletzung beförderter Personen Schadensersatz nach § 7 zu leisten, weder ausgeschlossen noch beschränkt werden. [2]Die Geschäftsmäßigkeit einer Personenbeförderung wird nicht dadurch ausgeschlossen, dass die Beförderung von einer Körperschaft oder Anstalt des öffentlichen Rechts betrieben wird.

Begr zur Neufassung durch ÄndG v 19. 7. 02 (BTDrucks 14/7752 S 31 f): *Die internationale Rechtsentwicklung geht dahin, grundsätzlich allen Fahrzeuginsassen einen Ersatz für die von ihnen erlittenen Körperschäden zu gewähren (vgl. v. Bar, Gemeineuropäisches Deliktsrecht, Band II, Rdnr. 385). Auch auf nationaler Ebene wird seit längerem gefordert, die Unterscheidung zwischen entgeltlich und unentgeltlich beförderten Insassen aufzugeben (vgl. Müller, VersR 1995, 489, 492 m.w.N.). Der Verkehrsgerichtstag 1995 hat eine entsprechende Empfehlung ausgesprochen. Ihr folgt der Entwurf und beseitigt die bestehende Haftungslücke für unentgeltlich und nicht geschäftsmäßig beförderte Mitfahrer.*

Der Neuregelung kann nicht entgegengehalten werden, dass der unentgeltlich beförderte Mitfahrer freiwillig eine Gefahr auf sich nehme und deshalb keinen Schutz verdiene. Denn den Unterschied gegenüber dem entgeltlich und geschäftsmäßig Beförderten, der gleichfalls freiwillig mitfährt, kann dieses Argument nicht erklären ... . Entscheidend ist, dass sich auch bei der Verletzung eines unentgeltlich und nicht geschäftsmäßig beförderten Insassen die typische Betriebsgefahr eines Kraftfahrzeugs verwirklicht, für die der diese Gefahr setzende Kraftfahrzeughalter auch haften sollte ....

Entgeltliche Personenbeförderung, Verbot des Haftungsausschlusses **§ 8a StVG 1**

... Da entgegenstehende Vereinbarungen bereits nach § 134 BGB nichtig sind, kann § 8a Abs. 2 Satz 2 StVG in der bisher geltenden Fassung entfallen .... An der schon jetzt bestehenden Möglichkeit, die Haftung für Sachschäden zu beschränken oder auszuschließen, ändert sich nichts.

1. Personenbeförderung. Nach der Neufassung des § 8a durch das 2. G zur Änderung schadensrechtlicher Vorschriften v 19. 7. 02 (BGBl I 2674) haftet der FzHalter uneingeschränkt auch für Schäden beförderter Personen, ohne dass es auf Entgeltlichkeit oder Geschäftsmäßigkeit der Beförderung ankäme (Begr). Die Gefährdungshaftung des § 7 gilt damit nunmehr umfassend, und zwar unabhängig davon, ob sich der Geschädigte außerhalb oder innerhalb des Kfz aufgehalten hat. Für Schadensereignisse vor dem 31. 7. 02 ist die frühere Regelung anzuwenden (Art 229 § 5 EGBGB). Zum Begriff der **Beförderung:** § 8 Rz 6 ff.

2. Nicht abdingbar ist in allen Fällen entgeltlicher, geschäftsmäßiger Personenbeförderung gem § 8a die Haftung für Personenschaden und daraus folgenden Vermögensschaden. Ein diese Haftung ablehnendes Schild im Kfz hat deshalb keine rechtliche Bedeutung. Die Vorschrift verhindert, dass den Beförderten der erhöhte Schutz gemäß § 7 durch Vereinbarung oder Benutzungsordnung entzogen wird (Begr DJ **39** 1771). Entgegenstehende Vereinbarungen sind gem § 134 BGB nichtig. Die Haftung für Sachschaden und dessen Vermögensfolgen ist auch bei entgeltlicher, geschäftsmäßiger Personenbeförderung abdingbar oder beschränkbar. Ist die Beförderung nicht entgeltlich oder nicht geschäftsmäßig, so ist die Vereinbarung eines Haftungsausschlusses auch in Bezug auf Personenschäden zulässig.

3. Entgeltlich ist die Beförderung, wenn sie der Person, die die Beförderung übernommen hat (das kann der Halter, KfzEigentümer, Fahrer, aber auch ein Dritter sein), BGHZ **114** 348 = NZV **91** 348, durch irgendeine in deren wirtschaftlichem Interesse liegende Leistung (§ 1 PBefG) abgegolten wird, Brn VRS **106** 106, 253, durch den Beförderten oder anderweit. Das Merkmal der Entgeltlichkeit ist weit auszulegen, es genügen also auch mittelbare, wirtschaftlich messbare Vorteile, BGHZ **80** 303 = NJW **81** 1842, BGHZ **114** 348 = NZV **91** 348, uU auch die Erwartung künftigen wirtschaftlichen Ertrags. Zugleich muss Geschäftsmäßigkeit (nicht Gewerbsmäßigkeit) vorliegen, Rz 5. Folge: Mitnahme gegen Kostenerstattung oder Betriebskostenbeteiligung ist nicht entgeltlich, gelegentliche Mitnahme ohne Wiederholungsabsicht (Rz 5), auch gegen Entgelt, nicht geschäftsmäßig, BGH VersR **69** 161. Wirtschaftliche Interessen müssen den eigentlichen Grund für die Beförderung bilden, BGHZ **80** 303 = NJW **81** 1842. Das ist nicht der Fall bei wechselseitigen Fahrgemeinschaften, BGHZ **80** 303 = NJW **81** 1842, aM Kö NJW **78** 2556, ebenso wenig bei nicht kostendeckendem „Entgelt", aM Fra VersR **78** 745, *Greger* Rz 17. Jedoch genügt es für die Bejahung des Merkmals der Entgeltlichkeit, wenn der Beförderer etwa aus dem durch die Beförderten erzielten Einnahmen eine Provision erhält (Konzertreise), BGHZ **114** 348 = NZV **91** 348. Die Nichtabdingbarkeit unbeschränkter Insassenhaftung setzt nicht voraus, dass das Entgelt unmittelbar dem Halter zufließt, vielmehr genügt es, dass derjenige, der die Beförderung in eigener Regie und Verantwortung übernimmt (zB mit fremdem Fz), entgeltlich und geschäftsmäßig handelt, BGHZ **114** 348 = NZV **91** 348. **Beispiele für Entgeltlichkeit:** Beförderung von Handelsvertretern bei Werbefahrten in firmeneigenen Kfz, Dü NJW **61** 837, Beförderung von Kranken, zu Hotels und Flugplätzen, im Mietwagen mit Fahrer, bei Werktransport von Beschäftigten von und zur Arbeitsstelle, bei bezahlten Ausflugsfahrten auch in geschlossener Gesellschaft, gewerbsmäßige Personenbeförderung (zur Haftung im Linienbusverkehr: § 16 Rz 5), wohl auch bei Beförderung nach vorher zugesagtem „Trinkgeld", aM OGH VRS **3** 24.

Keine Entgeltlichkeit liegt vor bei Kostenteilung, wenn der Fahrer auch sonst gefahren wäre, aM *Greger* § 19 Rz 38, bei versehentlicher, unfreiwilliger Beförderung, idR auch nicht bei einem Ausflug im BetriebsFz. Der Vermieter haftet nicht, wenn der Mieter jemand aus Gefälligkeit mitnimmt, Kö VersR **69** 357. Fahrgemeinschaften: Rz 5; *Mädrich* NJW **82** 859.

4. Geschäftsmäßig handelt, wer die entgeltliche Personenbeförderung mindestens gelegentlich wiederholen und dadurch zum wiederkehrenden Bestandteil seiner Beschäftigung machen will, BGHZ **80** 303 = NJW **81** 1842, BGHZ **114** 348 = NZV **91** 348, Kö NJW **78** 2556, Ce DAR **92** 391. Wer das nicht vorhat, handelt auch bei gelegentlichen entgeltlichen Fahrten nicht geschäftsmäßig, andererseits ist schon die erste entgeltliche Fahrt bei Wiederholungsabsicht auch geschäftsmäßig (BTDrucks II 2700), BGH VersR **69** 161. Wer als Schüler andere Schüler regelmäßig zur Schule im Kfz mitnimmt, wenn auch gegen anteilige Benzinkosten, verhält sich nicht geschäftsmäßig, weil er vor allem aus Eigeninteresse zur Schule fährt, Fra VersR **78** 745 (iÜ nicht entgeltlich, Rz 3). Der Fahrschulausbildungsvertrag hat keine entgeltliche, geschäftsmäßige Personenbeförderung zum Gegenstand, KG NZV **89** 150 (zust *Kunschert*), Sa NZV **98** 246. Gewerbsmäßigkeit ist nicht Voraussetzung, BGHZ **80** 303 = NJW **81** 1842, das Befördern muss deshalb nicht auf Gewinn abzielen (BTDrucks II 2700). Geschäftsmäßig ist der Taxi-, Ausflugs- und idR der Werkverkehr mit Beschäftigten von und zur Arbeit, auch die Ausflugsfahrt der geschlossenen Gesellschaft im MietFz, die öffentlichen VMittel, Taxis, Krankenwagen.

Mitverschulden

9 Hat bei der Entstehung des Schadens ein Verschulden des Verletzten mitgewirkt, so finden die Vorschriften des § 254 des Bürgerlichen Gesetzbuchs mit der Maßgabe Anwendung, dass im Fall der Beschädigung einer Sache das Verschulden desjenigen, welcher die tatsächliche Gewalt über die Sache ausübt, dem Verschulden des Verletzten gleichsteht.

Übersicht

Beschränkte Schuldfähigkeit 11, 12
BGB § 254: 18–23
Entstehung des Schadens 4
Fahrunsicherheit 21
Fußgänger, Mitschuld 13–15
Gesetzlicher Vertreter, Schuld 11
„Gestellter" Unfall 7
Haftung des Schädigers (§§ 7, 18 StVG) 2
Haftungseinheit 18, 19
Hilfsperson des Verletzten, Schuld 24
Kraftfahrer, Mitschuld 17
Mitschuld, Fußgänger 13–15
–, Radfahrer 16
–, Kraftfahrer 17
–, Hilfsperson des Verletzten 24

Mehrere Schädiger 18, 19
Mitverursachung durch Schuldunfähigen 11, 12
Personenbeförderung 21 ff
Radfahrer, Mitschuld 16
Schadensentstehung 4
Schädiger 2
Schuldfähiger, beschränkt 11, 12
Schuldunfähiger 11, 12
Schutzhelm 17
Sicherheitsgurte 17
Übermüdung 23
Verfahrensfragen 25
Verletzter 3, 24
–, Verschulden 5–24
Verschulden von Hilfspers. des Verletzten 24

1 1. **Mitschuld des Geschädigten:** § 9 regelt gegenüber Ansprüchen aus Gefährdungshaftung den Ausgleich für den Fall, dass an der Entstehung des Schadens, für den nach den §§ 7 oder 18 zu haften ist, Schuld des Verletzten mitwirkt. §§ 9, 17 StVG, § 254 BGB liegt der Gedanke der Mithaftung des Geschädigten für jeden Schaden zugrunde, bei dessen Entstehung er zurechenbar mitwirkt, BGHZ **52** 168, KG VRS **57** 6. Gleichgültig ist, ob der Schädiger aus § 7 I oder § 18 I haftet, ob er lediglich den Beweis gesteigerter Sorgfalt bzw fehlenden Verschuldens nicht erbringt, oder ob er nach § 7 III haftet. Der Ausgleich regelt sich nach § 254 BGB, soweit nicht § 17 StVG eingreift. Soweit Halter oder (und) Führer nach den §§ 823 ff BGB einzustehen haben, regelt sich die Mitschuld des Verletzten beim Schadensausgleich unmittelbar nach § 254 BGB, ohne die Erweiterung nach § 9, BGH NJW **65** 1273 (Rz 24). Bei Mitschuld des Verletzten am Schadenshergang (Unfall) entsteht eine Ersatzpflicht von vornherein nur in Höhe des fremden Verursachungs- und Schuldanteils, bei Verletzung der Schadensminderungspflicht wird nur dessen weitere Ausweitung schuldhaft nicht verhindert.

Lit: *Böhmer,* Anrechnung des Mitverschuldens ... als Ausfluß des Verbots widersprüchlichen Verhaltens, VersR **61** 771. *Derselbe,* Der Einfluß der üblichen Geringschätzung der Gefahr ... auf die Gefährdungshaftung, MDR **63** 371. *Derselbe,* Zur Frage der Anwendung des § 278 BGB zum Nachteil eines Dritten, VersR **65** 121. *Greger,* Haftungsfragen beim Fußgängerunfall, NZV **90** 409. *Klauser,* Abwägungsgrundsätze zur Schadensverteilung bei Mitschuld und Mitverursachung, NJW **62** 369. *Derselbe,* Zum Begriff der „Umstände" iS des § 254, MDR **63** 185. *Klimke,* Muß der Leasinggeber ... sich eine Mitverursachung des Leasingnehmers anrechnen lassen?, VersR **88** 329. *Kunschert,* Muß sich der Leasinggeber die BG seines Kfz bei einem Unfallschaden zurechnen lassen?, VersR **88** 13. *Medicus,* Zur Verantwortlichkeit des Geschädigten für seine Hilfspersonen, NJW **62** 2081. *Steffani,* Die Schadensminderungspflicht des Unfallgeschädigten bei Blechschäden, VersR **67** 922. *Theda,* Mitverschulden – Mitverursachung, DAR **86** 273.

2 2. **Voraussetzung des § 9: Haftung des Schädigers nach §§ 7 oder 18 StVG.** Gegenüber dem Halter scheidet also die Anwendbarkeit des § 9 aus, wenn er den Entlastungsbeweis (§ 7 II) führt, oder bei Schwarzfahrten, für die er nach § 7 III nicht einzustehen hat, BGH

Mitverschulden § 9 StVG **I**

VRS 4 503, *Böhmer* MDR **65** 91, 450. Gegenüber dem Führer entfällt die Anwendbarkeit des § 9 bei Entlastung nach § 18 I, BGH VRS **7** 38. Verabredete „Unfälle" bewirken keine Gefährdungshaftung: § 7 Rz 48.

3. Verletzter ist bei Personenschäden der körperlich und der nur mittelbar Verletzte, ein Ersatzberechtigter, zB Hinterbliebene, schockgeschädigte Angehörige, bei Sachschäden der dinglich Berechtigte (Eigentümer, Nießbraucher), der Besitzer und Besitzdiener (§ 855 BGB). Verletzter ist auch, wer durch Beschädigung von Sachen unmittelbar Schaden erleidet, auch wenn er nicht Eigentümer der Sachen ist.

4. Bei Entstehung des Schadens muss Schuld des Verletzten mitgewirkt haben. Der Verletzte muss nicht schuldhaft gerade bei dem schädigenden Ereignis (Unfall) gehandelt, er muss den Schaden aber schuldhaft mitverursacht haben, RGZ **131** 119. Regelverletzungen sind dem Geschädigten hierbei nur insoweit zuzurechnen, als der eingetretene Schaden vom **Schutzzweck** der verletzten Norm erfasst wird, Hb NZV **92** 281. Schadensersatz steht nach dem Grundgedanken des § 254 BGB nicht zu, soweit eine zusätzliche, wesentliche Schadensursache aus dem Gefahrbereich des Geschädigten stammt, *Bode* DAR **75** 86. Schuld des Verletzten kann in seinem nachfolgenden Verhalten liegen (ungenügende Behandlung, Vernachlässigung der Verletzung) oder darin, dass er eine Operation unterlässt, obwohl sie ohne wesentliche Gefahr und Schmerzen mit „sicherem" Erfolg durchgeführt werden könnte, oder dass er den Schaden nicht nach Kräften mindert. Die Minderungspflicht legt dem Geschädigten alle Maßnahmen auf, die nach allgemeiner Erfahrung angewandt werden, um Schaden abzuwenden oder zu verringern, BGH VersR **65** 1173. Weiteres: §§ 10, 11 StVG. Es genügt auch, wenn das schuldhafte Verhalten des Geschädigten dem schädigenden Ereignis vorausgegangen ist, sofern es die Handlungsweise des Schädigers adäquat verursachend beeinflusst hat, BGHZ **3** 46, VRS **3** 434. Sachschadensminderung: § 12 StVG.

5. Verschulden des Verletzten. Der Verletzte ist ausgleichspflichtig, wenn er zur Entstehung des Schadens schuldhaft beigetragen hat. Mitschuld besteht bei Außerachtlassung derjenigen Sorgfalt, die ein verständiger Mensch zur Vermeidung eigenen Schadens anzuwenden pflegt (BGHZ **9** 316, VersR **79** 369, Stu VRS **66** 92). Er muss die Vorschriften sinnvoll beachten und sich den gegebenen Umständen möglichst schadensverhütend anpassen (BGH VersR **79** 370). Die Teilnahme am StrV als Risiken bergendes Verhalten kann dem Geschädigten nicht als Verschulden angelastet werden, weil derartiges Verhalten sozialadäquat ist (BGH VersR **97** 122). Das gilt auch dann, wenn der Verletzte auf Grund besonderer Konstitution schadensanfällig ist (BGH VersR **97** 122, Ko VersR **87** 1225).

Nach hM muss sich der geschädigte Halter in erweiternder Auslegung von § 9 StVG, § 254 BGB als Insasse oder Führer eines Kfz seine **Gefährdungshaftung entgegenhalten lassen,** einerlei, ob der Schädiger für Verschulden oder nur für Gefährdung haftet (BGHZ **12** 128, **20** 259, NJW **72** 1415, VersR **81** 354, KG NZV **02** 34, Mü VersR **86** 925, Dü NZV **96** 197, Ha VersR **83** 544, Ha VersR **95** 546; aM vor allem *Böhmer* JR **72** 57, MDR **60** 366, VersR **76** 715, **71** 504, DAR **74** 66 [keine Anrechnung der BG des geschädigten Halters auf den Schadensersatzanspruch gegen Fußgänger oder Radfl]). IdR gilt hier nicht § 9, sondern entweder § 254 BGB oder die Sonderbestimmung des § 17. Der schuldlose (vom Halter verschiedene) Fahrer muss sich von dem allein aus Verschulden haftenden Schädiger die BG des von ihm gefahrenen Fz nicht entgegenhalten lassen, BGH VersR **63** 380. Schuldet der Kf dem Halter des von ihm geführten Kfz wegen dessen schuldhafter Beschädigung Ersatz, so kann er ihm dessen BG nicht anrechnen, BGH NJW **72** 1415, s Kar VersR **71** 1049.

In erster Linie ist das **ursächliche Verhalten der Beteiligten gegeneinander abzuwägen** und dabei die BG zu berücksichtigen, erst mangels vorwiegender Verursachung sind Schuldgrade zu vergleichen, BGH NJW **69** 790, NZV **98** 148. Vorwiegend ist der Schaden von einem der Beteiligten nur verursacht, wenn er ihn nicht nur ermöglicht, sondern durch seine Handlungsweise in wesentlich höherem Maß bewirkt hat als der andere, wobei es auf zeitliche Reihenfolge der Bedingungssetzung nicht ankommt, BGH NJW **69** 790, Mü NZV **97** 231. Zum Zusammenwirken des mit dem KfzEigentümer nicht identischen FzF mit dem Schädiger an einem „gestellten" Unfall § 17 Rz 4. Nur erwiesene Verursachungsfaktoren dürfen in die Abwägung einbezogen werden, BGH VersR **75** 1121, s § 17 Rz 5. Haftungseinheit: Rz 18, 19. Schuld ist als die BG erhöhender Umstand zu berücksichtigen (ohne Entlastung nach § 831 BGB; BGH MDR **65** 878, § 17 Rz 4, 11). Bei der Abwägung zwischen Schuld des Beklagten und des Verletzten darf Folgenschwere und fehlender Versicherungsschutz des Beklagten keine

König

Rolle spielen, BGH NJW **78** 421. § 9 und § 254 BGB sind auch bei Konkurrenz von Halterhaftung (§ 7) und Haftung nach Staatshaftungsgesetzen anwendbar, RGZ **164** 341, Ol VRS **3** 337, *Böhmer* MDR **57** 657. Gegenüber vorsätzlicher Schädigung fällt leichte Fahrlässigkeit des Geschädigten idR nicht ins Gewicht. Nach BGH NZV **08** 79 (zu § 1 HaftPflG) soll *Unabwendbarkeit des Schadensereignisses* maßgebender Abwägungsfaktor sein; dem steht jedoch entgegen, dass die Frage der Unabwendbareit seit der Reform (s zu 7) nur noch im Rahmen des § 17 III beachtlich sein soll (*Greger* NZV **08** 81). Die **Abwägung obliegt dem Tatrichter**; das Revisionsgericht kann nur prüfen, ob er alle Umstände ordnungsgemäß festgestellt und verwertet und die Denkgesetze und Erfahrungssätze beachtet hat, BGH VRS **5** 81. Lassen die feststehenden tatsächlichen Grundlagen Rechtsirrtum erkennen, so kann das Revisionsgericht die Abwägung selbst vornehmen, BGH VRS **20** 172.

8 Wer im StrV eingreift, **um Gefahr von anderen abzuwenden** und dabei zu Schaden kommt, unterliegt dem Einwand mitwirkenden Verschuldens nur mit den Beschränkungen gemäß § 680 BGB, BGH NJW **65** 1271 (Anhalten auf dunkler Straße, um einen anderen FzF auf fehlende rückwärtige Beleuchtung aufmerksam zu machen), Bra NZV **01** 517 (Wegschieben eines liegen gebliebenen Pkw von der AB auf der Standspur).

9 **Kein Ersatzanspruch,** wenn das Verschulden des Geschädigten derart überwiegt, dass die von dem Schädiger ausgehende Ursache völlig zurücktritt, BGH VersR **63** 438, Br VersR **81** 735, Dr NZV **97** 309, *Böhmer* VersR **61** 1071. Beispiele erhöhter und zurücktretender BG: § 17 Rz 16 ff. Eine durch verkehrswidrige Fahrweise **erhöhte BG** darf bei Abwägung nur so weit berücksichtigt werden, wie sie ursächlich war, BGH VRS **21** 241, VersR **61** 854.

10 **Sachwidriges Verhalten des Verletzten aus Bestürzung** ist kein Verschulden, ebenso wenig fahrlässiges Handeln aus Furcht vor Gefahr oder übergroßer Vorsicht, BGH VersR **60** 850, VRS **3** 420, s **E** 144.

11 **5 a. Verschulden des gesetzlichen Vertreters. Mitverursachung durch Schuldunfähige und beschränkt Schuldfähige.** Mangels schuldrechtlicher Beziehungen muss ein Minderjähriger für ein Mitverschulden, zB auch eine Aufsichtspflichtverletzung seines gesetzlichen Vertreters nicht einstehen (BGHZ **1** 251, NJW **88** 2668, **82** 1149, VersR **62** 783, VRS **56** 330, Sa NJW **07** 1888, Dü VersR **77** 160, Kö VersR **82** 154, KG NJW **95** 109, *Greger* § 22 Rz 35, aM wohl AG Prüm NJW-RR **07** 91 [Mitverschulden jedoch verneint]), es sei denn, das Verschulden des gesetzlichen Vertreters als Nebentäter bilde mit dem des Geschädigten eine Zurechnungseinheit (BGH NJW **78** 2392, Stu NZV **92** 185, *Greger* § 22 Rz 36, *Steffen* DAR **90** 44). Das gilt auch im Rahmen des § 9 StVG. § 278 BGB ist nur anwendbar bei schuldrechtlichen Verbindlichkeiten, etwa Beförderungsvertrag, die schon vor der schädigenden Handlung bestanden haben, auch wenn der Anspruch ausschließlich auf gesetzliche Haftung (§ 7 StVG) gestützt wird (BGHZ **9** 316, **24** 327, VRS **5** 323, JZ **57** 474). Doch kann einem Kind aus Vernachlässigung der Obhutspflicht der Einwand mitwirkenden Verschuldens nur entgegengesetzt werden, wenn die Eltern in Ausübung der gesetzlichen Vertretung gehandelt haben (BGH VRS **8** 406, *Böhmer* MDR **56** 401). § 278 BGB lässt sich über das Schuldrecht hinaus nicht ausdehnen, und die Pflicht zu gegenseitiger Rücksichtnahme im Verkehr begründet keine schuldrechtlichen Verbindlichkeiten (Schl SchlHA **55** 200, *Böhmer* NJW **61** 62). Elterliche Aufsichtspflicht: § 25 StVO Rz 32 a.

12 Welche **Sorgfalt von einem Jugendlichen** zu fordern war, richtet sich nicht nach den für Erwachsene geltenden Maßstäben, sondern danach, was ein normal entwickelter Jugendlicher gleichen Alters hätte voraussehen können (BGH NJW **70** 1038, KG VM **99** 11), maßgebend ist seine Fähigkeit, die Gefährlichkeit seines Verhaltens zu erkennen und entsprechend zu handeln (BGHZ **34** 366, Bra DAR **34** 277, Schl NZV **93** 471, *Haberstroh* VersR **00** 807 f). Hat ein nach §§ 827, 828 BGB nicht Verantwortlicher einen Schaden mitverursacht, so ist **§ 829 BGB** im Rahmen des § 9 StVG entsprechend anzuwenden, doch widerspricht es dem Sinn des § 829, den nach den §§ 827, 828 BGB nicht Verantwortlichen in weiterem Umfang haften zu lassen, als unter den gleichen Umständen ein voll Verantwortlicher haften würde (BGH NJW **62** 2201, VersR **63** 873). Schadensteilung mit einem verletzten Kind analog §§ 829, 254 BGB nur, wenn die Billigkeit dies erfordert (BGH DAR **69** 241, Fra VRS **76** 97, LG Heilbronn NJW **04** 2391), was idR zu verneinen ist, wenn der Schädiger haftpflichtversichert ist (BGH NJW **73** 1795, Kar DAR **89** 25, VRS **78** 166, KG NZV **95** 109. Gegen entsprechende Anwendung des § 829 BGB zum Nachteil des geschädigten, nicht verantwortlichen Kindes *Böhmer* JR **70** 339 mit Rspr. Zur Bedeutung des § 829 BGB nach Heraufsetzung der Deliktsfähigkeit von Kindern durch G v 19. 7. 02 LG Heilbronn NJW **04** 2391, *Karczewski* VersR **01** 1074, *Diehl* DAR **07**

Mitverschulden   § 9 StVG 1

452, s auch AG Wetzlar VersR **06** 1271. Die in dem **jugendlichen Alter des Verletzten** liegenden Schuldminderungsgründe können das mitursächliche Verschulden geringer erscheinen lassen (BGH NJW **04** 772, NZV **90** 227, Nü VersR **99** 1035, Hb VRS **75** 274, Dü VRS **82** 94, Bra DAR **94** 277, Kö VRS **89** 93). In der Rspr wird bei der Beurteilung etwaigen Mitverschuldens vielfach die Fähigkeit von Kindern zu verkehrsgerechtem Verhalten schon im Alter von z. T. erheblich unter 14 Jahren bejaht (krit zB *Scheffen* DAR **91** 122, *Haberstroh* VersR **00** 807f). Jedoch trägt die durch das 2. G zur Änderung schadensersatzrechtlicher Vorschriften vom 19. 7. 02 (BGBl I 2674) erfolgte Neufassung des § 828 II BGB der Erkenntnis Rechnung, dass Kinder frühestens **ab Vollendung des 10. Lebensjahres** physisch und psychisch in der Lage sind, den Gefahren des motorisierten StrV durch entsprechendes Verhalten zu begegnen (Begr BTDrucks 14/7752 S 16). Nach § 828 II nF (gem Art 229 § 5 EGBGB anzuwenden auf Schadensereignisse ab dem 31. 7. 02) sind Kinder vor Vollendung des 10. Lebensjahrs für Schäden auf Grund eines Unfalls mit einem Kfz (nicht auch bei Unfällen im nicht motorisierten V; erweiterne Auslegung des § 828 II BGB für Unfälle mit Radf, Skatern usw befürwortet von *Pardey* DAR **04** 499) nur bei vorsätzlicher Herbeiführung verantwortlich. Sie müssen sich daher auch in Bezug auf eigene Ansprüche aus Gefährdungshaftung oder deliktischer Haftung ein Mitverschulen aus fahrlässigem Verhalten nicht entgegenhalten lassen (BGH NJW **05** 354; 356, DAR **05** 150, BGHZ **24** 327, KG NZV **95** 109, *Karczewski* VersR **01** 1073, *Pardey* DAR **04** 504). Im Hinblick auf § 7 I wird dies auch bei Ansprüchen aus Schäden durch Kfz-*Anhänger* zu gelten haben (*Huber* § 3 Rz 45, aM *Lemcke* ZfS **02** 324). Nach Sinn und Zweck des durch § 828 II BGB heraufgesetzten Deliktsfähigkeitsalters gilt das Haftungsprivileg des § 828 II 1 BGB nur in den Fällen, in denen die spezifischen Gefahren des motorisierten V zu der *typischen* Überforderung des Kinds geführt haben, was im **ruhenden V** idR (wenn auch nicht stets, BGH NJW **05** 354, 356, DAR **05** 150) zu verneinen sein wird. Daher findet diese Bestimmung zumeist keine Anwendung, wenn der Schaden durch ein (in „Betrieb" befindliches, s § 7 Rz 8) parkendes Kfz mitverursacht wurde, von dem jedenfalls idR geringere Gefahren für Kinder ausgehen als von einem Radf (BGH NJW **05** 354; 356, DAR **05** 150, LG Ko NJW **04** 858, LG Heilbronn NZV **04** 639, *Heß/Buller* ZfS **03** 220, *Dobring* VGT **04** 170, *Lemcke* ZfS **02** 324, *Pardey* ZfS **02** 264 [abw aber in DAR **04** 502], *Müller* ZfS **03** 433, *Grüneberg* SVR **04** 408, *Huber* § 3 Rz 49, aM AG Unna ZfS **04** 352 [zust *Otto*, abl *Diehl*], *Jaklin/Middendorf* VersR **04** 1104, *Pardey* DAR **04** 502, *Buschbell* SVR **06** 242, s auch *Huber* DAR **05** 171). Dem ruhenden V nicht zuzurechnen ist ein *verkehrsbedingt* haltendes Kfz, sodass die Privilegierung hier greift (BGH NJW **07** 2113). Im Rahmen der teleologischen Reduktion ist *ein typisierender Maßstab* anzulegen. Es kommt deshalb nicht darauf an, ob sich die Überforderungssituation konkret ausgewirkt hat oder ob das Kind aus anderen Gründen nicht in der Lage war, sich verkehrsgerecht zu verhalten (BGH NJW **07** 2113 m Bspr *Diehl* DAR **07** 451, BGH NJW **08** 147 m Anm *Bernau* DAR **08** 78 [„führerloses" Rollenlassen eines Fahrrads mit anschließender Kollision mit vorbeifahrendem Kfz]). § 828 II BGB nF ist nach der Übergangsbestimmung (Art 229 § 8 EGBGB) nur auf schädigende Ereignisse nach dem 31. 7. 02 anzuwenden, für „Altfälle" bleibt es demnach bei den vormals geltenden Grundsätzen (BGH NJW-RR **05** 1263, Ce r + s **04** 475 m Anm *Lemcke*, *Diederichsen* DAR **06** 303, abw. Schl NZV **03** 188, *Pardey* DAR **04** 505), auch hinsichtlich der Darlegungs- und Beweislast (BGH NJW-RR **05** 1263). Aus dem der Neuregelung zugrunde liegenden Gedanken ist nicht herzuleiten, dass bei Kindern und Jugendlichen über 10 Jahren stets die BG des Kfz zurückzutreten hätte (LG Bielefeld NJW **04** 2245).

Einzelfälle (Rspr): 11jährige sind idR in der Lage, ihr Verhalten auf die Gefahren des StrV **12a** einzustellen (Ha ZfS **06** 17, Ol VRS **71** 174, VersR **98** 1004), erst recht 12jährige (Bra NZV **98** 27). Erhebliches Mitverschulden eines 12jährigen Gymnasiasten, der plötzlich verkehrswidrig **auf die Fahrbahn tritt** (Mü VersR **84** 395). Mithaftung eines achtlos auf die Fahrbahn laufenden 12jährigen zu $^1/_2$ (Hb NZV **90** 71) und eines 11jährigen zu $^1/_3$ gegenüber dem § 3 IIa (dort Rz 29b) verletzenden Kf (Ha NZV **08** 409). Ein 11jähriger weiß, dass er sich gefährdet, wenn er achtlos eine verkehrsreiche Straße überquert (BGH VersR **66** 831, Ha ZfS **06** 17 [60% Mithaftung]), ebenso ein 10jähriger (KG VRS **104** 47, VM **99** 11, Ce NZV **05** 261). Mitverursachungsanteil von $^1/_5$ bei unachtsamem Fahrbahnüberqueren durch 11jährigen mit Rollschuhen gegenüber $^4/_5$ des mit überhöhter Geschwindigkeit fahrenden Kf (Fra VersR **84** 1093). Das Verbot, **bei Rot** die Fahrbahn zu überqueren, ist idR auch 10jährigen geläufig (Ha VRS **68** 321 [Schadensverteilung 4 : 6 zum Nachteil des Kindes]). Eine 14jährige Gymnasiastin hat idR die erforderliche Einsicht in die Gefahren und die Verhaltenspflichten beim **Radfahren** (Mü ZfS **92** 42). $^2/_3$-Mithaftung eines 11½jährigen, der mit dem Fahrrad vom Gehweg unachtsam auf die Fahrbahn fährt, Ol VersR **98** 1004, ebenso bei 12jährigem, Ha VersR **90** 986, uU auch

Alleinhaftung, Bra NZV **98** 27, Brn NZV **00** 122 (Überqueren der Fahrbahn als Radf). Mithaftung eines 10 jährigen, der als Radf die Vorfahrt nicht beachtet, BGH NZV **97** 391. Überwiegende Schuld trifft den 12 jährigen Radf, der trotz GegenV vor diesem regelwidrig links abbiegt, Ol VRS **66** 258 (Mithaftung zu 70% gegenüber bloßer Gefährdungshaftung des entgegenkommenden Kf). Mitwirkendes Verschulden begründet das gemeinsam mit altersgleichen Kindern erfolgende Losdrängen eines 12 jährigen Schülers gegen einen die Haltestelle anfahrenden **Bus** (BGH VersR **82** 272). Mithaftung eines $10^{1}/_{2}$ jährigen zu $^{2}/_{3}$, der an Bushaltestelle vom Gehweg auf die Fahrbahn rennt (Ba NZV **93** 268). Demgegenüber nimmt Ol DAR **04** 706 Alleinhaftung des entgegen § 3 II a StVO nicht verlangsamenden Kf an bei Kollision mit $10^{1}/_{2}$ jährigem, der von einer VInsel mit dem Rad plötzlich auf die Fahrbahn fährt.

12b **Zurücktreten der BG** gegenüber grob verkehrswidrigem Verhalten eines Kindes oder Jugendlichen nur, wenn dieses unter Berücksichtigung von dessen Alter auch subjektiv in besonderem Maße vorwerfbar ist, BGH NJW **04** 772, Nü VersR **06** 1514. Zurücktreten der BG eines Pkw, der mit einem in schneller Fahrt blindlings aus einem verkehrsberuhigten Bereich kommenden 10 jährigen Radf kollidiert, Kö NZV **92** 320, s aber Nü VersR **99** 1035, bei extremem Kurvenschneiden mit überhöhter Geschwindigkeit durch einen 13 jährigen Radfahrer, Nü VersR **06** 1514, bei Kollision mit einem wartepflichtigen 12 jährigen Radf, der unter Benutzung des Gehwegs „blind" auf die vorfahrtberechtigte Fahrbahn fährt, Bra NZV **98** 27, ebenso bei Kollision mit einem 13 jährigen Radf, der trotz Wartepflicht plötzlich losfährt, AG Nordhorn NZV **04** 465, oder bei Missachtung der Vorfahrt eines weniger als 50 km/h fahrenden Busses an unübersichtlicher Einmündung durch 14 jährigen Radf, LG Mü II VersR **05** 809. Kein Schadensersatzanspruch eines 12 jährigen Mädchens, das bei Rot eine belebte Ausfallstraße überquert, gegen den das Kind mit 50 km/h erfassenden Kf, Br VersR **81** 735, anders Ha VRS **68** 321 bei 10 jährigem. Kein Anspruch eines 12 jährigen, der plötzlich als Radf auf die Gegenfahrbahn fährt, Brn NZV **00** 122, oder eines 14 jährigen Radf, der trotz Stoppschildes die Vorfahrt nicht achtet, Ce VRS **107** 415, LG Ko DAR **05** 94. Andererseits reicht uU selbst grobe Vorfahrtverletzung eines 14 jährigen Rennradfahrers nicht aus, um die BG des vorfahrtberechtigten Pkw zurücktreten zu lassen, BGH NJW **04** 772. **Kinder** auf der Straße: § 25 StVO (s auch Rz 13 aE; elterliche Aufsichtspflicht: § 25 StVO Rz 32a). Haftung für Hilfspersonen und Vertreter: Rz 11, 24.

Lit: Buschbell, Der Kinderunfall im StrV, SVR **06** 241. *Haberstroh,* Haftungsrisiko Kind – Eigenhaftung des Kindes und elterliche Aufsichtspflicht, VersR **00** 806. *Heß/Buller,* Der Kinderunfall und das Schmerzensgeld nach der Änderung des Schadensrechts, ZfS **03** 218. *Jaklin/Middendorf,* Haftungsprivileg nach § 828 Abs 2 BGB auch im ruhenden V?, VersR **04** 1104. *H-F Müller,* Privilegierung von Kindern nach der Schadensersatzrechtsreform 2002, ZfS **03** 433. *Pardey,* Aufsichts- und Schutzpflichten zur Teilnahme von Kindern am StrV, DAR **01** 1. *Derselbe,* VUnfall mit Beteiligung von Kindern, ZfS **02** 264. *Derselbe,* Reichweite des Haftungsprivilegs von Kindern im StrV, DAR **04** 499. *Scheffen,* Schadensersatzansprüche bei Beteiligung von Kindern und Jugendlichen an VUnfällen, VersR **87** 116. *Dieselbe,* Der Kinderunfall – Eine Herausforderung für Gesetzgeber und Rspr, DAR **91** 121.

13 **5b. Mitschuld von verletzten Fußgängern.** Der Fußgänger darf keinen anderen VT gefährden (§ 25 StVO). Vor Betreten der Fahrbahn muss er sich vergewissern, dass er keinem Fz in den Weg läuft (§ 25 StVO Rz 33). $^{1}/_{3}$ **Mithaftung des Fußgängers,** dem FzF durch Halten das Überqueren der Fahrbahn ermöglichen wollen, der aber unachtsam aus dem Schutz der haltenden Fz heraustritt und dort von einem die haltenden Fz überholenden Kfz erfasst wird (KG VRS **62** 326, s auch KG VM **85** 25 [50%]). Achtloses Überqueren bei Dunkelheit, ohne nach links zu sehen (BGH VersR **66** 686 [$^{3}/_{5}$ Mithaftung], **69** 750 [$^{3}/_{4}$ Mitschuld]) oder nach rechts (Dü NZV **94** 70 [$^{3}/_{4}$ Mithaftung]). $^{4}/_{5}$ Mithaftung eines Fußgängers, der nachts in dunkler Kleidung zwischen parkenden Fz auf die unbeleuchtete Fahrbahn tritt (Ha VersR **83** 643). Mithaftung zu $^{1}/_{2}$ bei unachtsamem Betreten der Fahrbahn, Stehenbleiben in der mittleren von 3 Fahrstreifen einer Richtungsfahrbahn und anschließendem Umkehren, nachdem sich auf dem linken Fahrstreifen ein Kfz nähert, das ein auf dem mittleren fahrendes Fz überholt hat (KG VM **82** 36), ebenso bei Fußgänger, der bei Dunkelheit mit einem Bein auf der Fahrbahn stehend auf den Pkw des Schädigers wartet und den Blick von der Fahrbahn abwendet (Brn VRS **114** 248). Schadenteilung zu je $^{1}/_{2}$ bei unachtsamem Überqueren der Fahrbahn bei Dunkelheit und Verstoß des Kf gegen das Sichtfahrgebot (Ha NZV **04** 356). Mithaftung eines Kradf mit extrem hoher Beschleunigung zu $^{1}/_{3}$ bei Kollision mit Rotlicht missachtendem Fußgänger (KG VM **86** 34). Hinter grober Fahrlässigkeit des Fußgängers kann die **KfzBG zurücktreten** (BGH VersR **63** 874, **64** 88, 1069, Ce MDR **04** 994, Dr NZV **01** 378, Kö VRS **91** 264, Mü NZV **93** 26, DAR **01** 407, Ha NZV **00** 371, **02** 325 [Rotlichtverstoß], KG DAR **04** 30, VRS **104** 1, **83** 98, Kar VersR **89** 302, Ba VersR **92** 1531). Alleinhaftung bei achtlosem Her-

Mitverschulden § 9 StVG **1**

vortreten zwischen parkenden Kfz (BGH VersR **66** 877, Ba VersR **92** 1531), zwischen im Stau wartenden Fz (Ha NZV **00** 371) oder bei unachtsamem Überqueren der Fahrbahn, wenn dem mit zulässiger Geschwindigkeit fahrenden Kradfahrer ab Wahrnehmung des Fußgängers nur noch 40 m bleiben (KG NZV **07** 80). Anders uU, wenn der Kf schneller als zulässig (Ol DAR **63** 381), in einseitig gesperrter Str in verbotener Richtung (BGH VersR **64** 1066) oder unaufmerksam gefahren ist (BGH VRS **29** 241, KG VRS **69** 417). Überschreitet ein Fußgänger in unmittelbarer Nähe einer Kreuzung mit Grün für den FahrV die Fahrbahn, so können Halter und Fahrer von jeder Haftung frei sein (BGH VersR **61** 357, KG VRS **104** 1, Mü VersR **60** 1003). Zurücktreten der BG: § 17 Rz 16 ff. Zum Zurücktreten der BG bei Schädigung jüngerer Kinder Rz 12. Wird ein Fußgänger auf der Fahrbahnmitte einer breiten Straße von links her überfahren, so kann das Verschulden des Kf so überwiegen, dass etwaige **Mitschuld des Fußgängers außer Betracht** bleibt (BGH VRS **19** 401, DAR **61** 13). Das Verschulden des bei Grün auf einer Fußgängerfurt die Str überquerenden Fußgängers, das sich darin erschöpft, auf einen einbiegenden Bus zu spät reagiert zu haben, fällt gegenüber dessen BG nicht ins Gewicht (KG VM **81** 75). Keine Mithaftung des Fußgängers, der schuldhaft entgegen § 25 III 1 StVO die Fahrbahn 16 m neben dem Fußgängerüberweg überquert und dabei von einem alkoholbedingt fahruntüchtigen Kf unter Verletzung eines Überholverbots mit überhöhter Geschwindigkeit angefahren wird (Ha NZV **95** 234). Kein Mitverschulden einer Mutter, die ihrem 2 jährigen, auf eine Str rennenden Kind nachläuft, ohne auf den V zu achten, und auch nicht deswegen, weil sie das Kind nicht ständig an der Hand gehalten hat (Sa NJW **07** 1888, krit *Bernau* DAR **07** 651, s auch LG Kö NJW **07** 2563; zur elterlichen Aufsichtspflicht § 25 StVO Rz 32a). Zum Mitverschulden von Fußgängern s auch § 25 StVO Rz 53.

Weitere Fallbeispiele der Mithaftung von Fußgängern: Fußgängerüberweg: § 26 StVO. **14** Wer eine verkehrsreiche StadtStr nur 30 m vom **Überweg** entfernt überschreitet (§ 25 StVO), ist mitschuldig (Grenze?), BGH NJW **58** 1630, VRS **26** 327, anders 100 m vom nächsten Überweg, BGH DAR **61** 13. Mitverschulden bei Fahrbahnüberschreitung 20 m neben dem Überweg, Kar VersR **82** 657, Stu VRS **66** 92 (Mithaftung zu ²/₃). Abwägung, wenn ein Fußgänger, der **bei Dunkelheit** mit einem Fahrrad die Fahrbahn überschreitet, von hinten angefahren wird, BGH VersR **62** 982, **63** 462. Mitschuld eines Fußgängers, der bei Dunkelheit auf verengter Fahrbahn nicht genügend auf den Verkehr achtet, BGH VersR **62** 89, Ha VRS **78** 5, eines Fußgängers, der bei Dunkelheit unmittelbar vor einem mit Scheinwerferlicht herannahenden Kfz die Fahrbahn betritt, KG VersR **81** 263, der bei Dunkelheit und schlechten Sichtverhältnissen (Regen) vor einem langsam (20 km/h) fahrenden beleuchteten Fz die Fahrbahn überquert, Ko VRS **64** 250 (²/₃ Mithaftung). Nichtreagieren eines bei Dunkelheit vorschriftsmäßig am linken Fahrbahnrand Gehenden, obwohl Gefährdung durch von hinten nahendes Fz erkennbar ist, kann Verschulden gegen sich selbst sein, Ha DAR **01** 166 (30% Mithaftung), Ce DAR **84** 124 (Mithaftung aber wegen hohen Verschuldens des Kf abgelehnt), desgleichen Nichtausweichen des vorschriftsmäßig Linksgehenden vor erkennbar entgegenkommendem Fz bei Dunkelheit und witterungsbedingt schlechter Sicht, Ha VersR **85** 357 (Mithaftung zu ¹/₃), § 25 StVO Rz 15. Mithaftung eines bei Dunkelheit unbeleuchtet in einer Gruppe vom linken Fahrbahnrand gehenden Soldaten in Tarnkleidung (zu 70%), Ko DAR **03** 377. Ein Fußgänger, der bis an die **äußerste Bordsteinkante** tritt, ist mitschuldig, wenn er nicht auf den FahrV achtet, BGH NJW **65** 1708, VRS **29** 171, VersR **65** 816, Dü VRS **67** 1. Bei **Unfallwarnung durch Blaulicht** oder Warndreieck kann geringe Unachtsamkeit des aufnehmenden PolB oder helfender Personen gegenüber einem achtlosen Kf außer Betracht bleiben, BGH VersR **69** 570, Fra NZV **89** 149. RsprÜbersicht zur Haftungsabwägung bei *Greger* NZV **90** 413.

Stößt einem **alkoholisierten Fußgänger** mit 2,33‰ BAK auf der Fahrbahn unter Umstän- **15** den, die ein Nüchterner hätte meistern können, ein Unfall zu, so spricht der **Anschein** für Mitursächlichkeit der Trunkenheit, BGH DAR **56** 128, erst recht bei 3,47‰, Ol VRS **106** 438. Der Anschein spricht gegen den erheblich angetrunken auf der Fahrbahn Liegenden, der schon vorher durch Torkeln aufgefallen ist, wenn nicht andere festzustellende Umstände einen anderen Ablauf ernstlich nahelegen, BGH NJW **76** 897. Liegen auf der Fahrbahn zur Nachtzeit mit über 3‰ BAK beweist **Mitschuld** des überfahrenen Fußgängers, Ol VRS **106** 438 (3,47‰), anders nach Sa VM **71** 91 bei 25 jährigem Fußgänger mit 2,17‰. Erhebliche Mitschuld des angetrunkenen, achtlos die Fahrbahn überschreitenden Fußgängers auch bei leichter Fahrlässigkeit des Kf, Bra VersR **80** 333, oder des betrunkenen Fußgängers (BAK 2,56‰), der 1 m auf der Fahrbahn statt auf dem Gehweg geht, BGH NJW **07** 506. Mithaftung eines betrunkenen Fußgängers, der trotz vorhandenen Gehwegs in dunkler Kleidung nachts auf der Fahrbahn geht, Nü VRS **104** 200. **Zurücktreten der BG** beim Überfahren eines stark betrunkenen Fußgängers, der die Fahrbahn im Dunkeln an unerlaubter Stelle in Überwegnähe überquert und von links her ins Fz läuft (Ha VersR **71** 1177) oder bei Dunkelheit in der Mitte der rechten Fahrbahnhälfte geht (Kar VersR **89** 302). Hat der verunglückte Fußgänger bei etwa 2‰ BAK den Unfall grobfahrlässig verursacht, so kann die KfzBG entfallen, BGH VersR **61** 592, Ha NZV **99** 374 (1,98‰), VersR **99** 1433 (1,94‰). Nach LG Kö VersR **84** 796 (zust *Mollenkott* VersR **85** 723, abl *Greger* NZV **90** 413) soll Kf bei Kollision mit hilflos betrunkenem (§ 3 IIa StVO) Fußgänger (2,06‰) allein haften müssen (abzulehnen, weil das Gericht von Mitursächlichkeit der − verschuldeten! − Hilfsbedürftigkeit ausgeht und der Fußgänger schon durch seine bloße Verkehrsteilnahme ow handelt (§ 2 FeV, *Bursch/Jordan* VersR **85** 518), s dagegen § 25 StVO Rz 24, 54).

16 **5 c. Mitschuld des verletzten Radfahrers.** Den Radf, der verbotswidrig den linken Radweg befährt, trifft bei Kollision mit Kfz ein Mitverschulden (LG Hannover DAR **88** 166), ebenso den vom Radweg (auch vom endenden) unachtsam auf die Fahrbahn fahrenden Radf (KG ZfS **02** 513, Kö VRS **96** 345). Mithaftung bei Verstoß gegen Pflicht zur Radwegbenutzung (§ 2 StVO Rz 67). Zurücktreten der KfzBG bei Kollision eines verbotswidrig den Gehweg befahrenden Radf mit einem aus einer Ausfahrt kommenden Kf (§ 2 StVO Rz 29). Trifft auch den Kf ein Verschulden, so haftet der Radf in solchen Fällen jedenfalls mit (Hb NZV **92** 281 [30%] m krit Anm *Grüneberg*). Den Radf, der unmittelbar vor einem Kraftrad vom Gehweg auf die Fahrbahn fährt, trifft so grobes Verschulden, dass die KradBG zurücktritt (BGH VersR **63** 438), ebenso bei grob verkehrswidrigem Schneiden einer Kurve (LG Meiningen ZfS **08** 496 m Anm *Diehl*). Zurücktreten der BusBG bei Überqueren der Fahrbahn durch Radf auf Fußgängerfurt bei Rot, KG VM **87** 22. Den Radf, der nach links abbiegt oder auf die linke Fahrbahnhälfte lenkt, ohne sich umzusehen und Zeichen zu geben, trifft der Vorwurf so groben Verschuldens, dass die BG des ihn überholenden Kfz zurücktritt, Ha NZV **91** 466 (Krad), LG Mühlhausen NZV **04** 359. Zu dichtes Vorbeifahren des Radf an haltendem Fz kann bei Unfall durch Türöffnen uU Mitschuldvorwurf begründen, s § 14 StVO Rz 8. Mitschuld des Radf, der zwischen parkenden Fz und einem links davon haltenden Pkw durchfährt und mit der sich öffnenden rechten Tür kollidiert, Mü VersR **96** 1036. Mithaftung der Radf, der auf unbeleuchtet parkenden Lkw bei Dunkelheit auffährt, Ha NZV **90** 312 (zu $^1/_2$), Ha NZV **92** 445 (zu $^1/_3$). Zur Mitschuld bei **Nichttragen eines Schutzhelms** § 21a StVO Rz 8. Zu den Abwägungskriterien *Blumberg* NZV **94** 249 mit Übersicht über typische Haftungsquoten (s auch *Pardey* ZfS **06** 488). Wer als **Radf betrunken** auf der Straße liegt, hat die Hauptschuld, auch wenn das Kfz nicht verlangsamt hat (BGHZ VI ZR 300/56). 50% Mithaftung des alkoholisierten Radf, der nachts am Fahrbahnrand neben seinem unbeleuchteten Rad hockend, von einem PkwF unter Verletzung des Sichtfahrgebots angefahren wird (Ha NZV **98** 202). Das grobfahrlässige Verhalten eines stark angetrunkenen Radf, der unmittelbar vor einem Lastzug vom Fahrbahnrand aus sein Fahrrad besteigt und unter den Lastzug gerät, lässt dessen BG zurücktreten (BGH VersR **66** 39). Das Gleiche gilt bei Kollision eines absolut fahrunsicheren, ohne Licht fahrenden Radf, der überraschend vom Radweg auf die Fahrbahn fährt (AG Kiel VersR **92** 760) sowie in anderen Fällen grob verkehrswidrigen Wechselns vom Radweg auf die Fahrbahn (KG ZfS **02** 513). Zur Mithaftung Rad fahrender **Kinder** Rz 12, zum Ganzen *Blumberg* NZV **94** 249.

17 **5 d. Mitschuld des unfallbeteiligten Kraftfahrers.** Sind Schädiger und Verletzter Fahrer oder Halter der am Unfall beteiligten Kfz, so gilt § 17 (§ 18). § 9 kann von Bedeutung sein, wenn der Eigentümer eines beim Unfall beschädigten Kfz nicht dessen Halter ist. So muss sich der **Leasinggeber,** der idR nicht Halter ist (§ 7 Rz 16a), ein (vom Ersatzpflichtigen zu beweisendes, *Geyer* NZV **05** 567, aM *Kunschert* VersR **88** 13) Verschulden des FzF (als die Sachherrschaft Ausübenden) anrechnen lassen (Ha NZV **95** 233, LG Nü-Fürth DAR **02** 517, LG Halle VersR **02** 1525, LG Hb VersR **88** 1302, *Kunschert* VersR **88** 13, *Geyer* NZV **05** 566, *Klimke* VersR **88** 329 (nicht auch die BG, § 7 Rz 16a), jedoch nur gegenüber Ansprüchen aus §§ 7, 18 StVG, nicht auch gegenüber deliktischen Ansprüchen (eingehend BGH NJW **07** 3120 m zust Anm *Weber* und *Armbrüster* JZ **08** 154; Ha NZV **95** 233, LG Berlin, VM **01** 56). Entsprechendes gilt für das Verschulden eines Schwarzfahrers, ohne dass es auf schuldhaftes Ermöglichen durch den Eigentümer ankäme (Ha NZV **95** 320). IÜ gilt § 254 BGB. Alkohol, der für den Schaden nicht ursächlich war, begründet kein Mitverschulden (KG VM **85** 63, § 17 Rz 5), genauso wenig Fahren ohne FE, wenn sich dieser Umstand nicht ausgewirkt hat (BGH NJW **07** 506). Mitverschulden bei Nichtanlegen des vorgeschriebenen **Sicherheitsgurts:** § 21a StVO Rz 9ff, bei Nichttragen von Krad- oder Radschutzhelmen: § 21a StVO Rz 8. Rspr zum mitwirkenden Verschulden des Kf: zu § 17.

6. Haftungseinheit. Führen mehrere durch voneinander unabhängige selbstständige Handlungen einen Unfall herbei unter Mitschuld des Geschädigten **(fahrlässige Nebentäterschaft)** und werden sie von diesem gemeinsam in Anspruch genommen, so ist dessen Mitverantwortung zunächst gegenüber jedem der Schädiger gesondert abzuwägen (§ 254 BGB, § 17 StVG). Zusammen haben diese jedoch nicht mehr als den Betrag aufzubringen, der bei einer Gesamtschau des Unfallgeschehens dem Anteil der Verantwortung entspricht, die sie im Verhältnis zur Mitverantwortung des Geschädigten insgesamt tragen (Gesamtabwägung, BGHZ **30** 203, BGH VersR **76** 989, **64** 1053, NJW **73** 2022, **78** 2392, NJW-RR **89** 920, NJW **06** 896, Ha VersR **00** 1036, Ce NZV **90** 390, Mü VersR **96** 1036, *Greger* § 36 Rz 27, instruktiv *Kirchhoff* MDR **98** 377, NZV **01** 361). Die aus der Gesamtschau zu gewinnende Schadensquote ist stets zu ermitteln, wenn der Geschädigte gegen mehrere Schädiger gleichzeitig vorgeht oder wenn sich nach der Inanspruchnahme eines Schädigers die Frage stellt, was die übrigen Schädiger noch aufzubringen haben (BGH NJW **06** 896, st Rspr, s auch *Figgener* NJW-Spezial **06** 543).

Dagegen sind mehrere Ersatzpflichtige als Haftungseinheit bei der Gesamtschau mit nur *einer* Quote zu berücksichtigen, wenn das Verhalten der mehreren Schädiger sich in **ein und demselben Ursachenbeitrag** ausgewirkt hat (Stehenlassen unbeleuchteten Anhängers), bevor der dem Geschädigten zuzurechnende Ursachenverlauf hinzutritt und zum Schaden führt (Aufprall anderen Kfz, BGH NJW **71** 33, **96** 2023, Ha NZV **93** 28 [gleicher Mitverursachungsbeitrag von Bahn und StrBaulastträger für Schädigung durch verdeckte Blinkanlage, zust *Filthaut*], Ha NZV **94** 109 [abgelehnt bei Kettenauffahrunfall]). Die Rechtsfigur der Haftungseinheit verhindert eine ungerechtfertigte Begünstigung des Geschädigten durch doppelte Berücksichtigung im Wesentlichen identischer Verursachungsfaktoren zum Nachteil des Schädigers (BGH NZV **95** 185, **96** 2023). Das gilt vor allem bei Haftungseinheit der mehreren Schädiger aus Rechtsgründen (Haftung von Halter und FzF, BGH NJW **96** 1262, Ha NZV **99** 128, *Steffen* DAR **90** 43), ferner aber auch bei weitgehender Identität der Verursachungsbeiträge, die gewissermaßen zu *einem* Verursachungsbeitrag verschmelzen (Ha NZV **99** 128). Entsprechend können auch Geschädigter und einer von mehreren Schädigern im Verhältnis zu einem anderen Schädiger eine *Zurechnungseinheit* bilden (BGH NJW **73** 2022, **96** 2023, Ha NZV **99** 128). Krit Überblick: *Hartung* VersR **80** 797. Vorschlag für ein neues Berechnungsmodell: *Steffen* DAR **90** 41.

Lit: *Hartung*, Anmerkungen zur Gesamtabwägung aus der Gesamtschau, VersR **80** 797. *Derselbe*, Haftungseinheit und Verantwortungsabwägung ..., VersR **79** 97. *Kirchhoff*, Haftungseinheit und Gesamtschau, MDR **98** 377. *Derselbe*, Haftungsfragen bei Beteiligung Dritter am Unfall, NZV **01** 361. *Messer*, Haftungseinheit und Mitverschulden, JZ **79** 385. *Otzen*, Die Bedeutung der „Haftungs- und Zurechnungseinheiten" bei Beteiligung mehrerer Schädiger am VUnfall ..., DAR **97** 348. *Steffen*, Die Verteilung des Schadens bei Beteiligung mehrerer Schädiger am VUnfall, DAR **90** 41.

Haben Schädiger und Geschädigter **dasselbe SchutzG verletzt,** so sind auch hier die beiderseitig gesetzten Schadensursachen nach § 254 BGB oder § 17 StVG abzuwägen, BGH VRS **12** 86.

7. Personenbeförderung mit Kfz. Mitschuld des Fahrgasts im öffentlichen PersonenV: § 16 Rz 5. Nach § 9 ist zu beurteilen, wer sich erkannter Gefahr bewusst aussetzt. Mitschuld des bei dem KfzBetrieb Verletzten besteht auch, wenn der Beförderte die Gefahr nach Sachlage hätte erkennen können und müssen (BGH NJW **53** 377, VersR **64** 1047, **67** 974, Ol DAR **63** 300, Kö VersR **66** 94, Ha VM **86** 21). Das gilt insbesondere auch in Bezug auf alkoholbedingte **Fahrunsicherheit** des Fahrers (§ 16 Rz 10f) sowie hinsichtlich der **Verkehrssicherheit** des Fz. Jedoch keine Mitschuld des Fahrgasts, der nicht sofortiges Anhalten verlangt, sobald er erfährt, dass die Lenkung schwer geht (Kö VersR **66** 95, näher § 16 Rz 11). Das gilt auch für den mitfahrenden Halter (BGH VersR **67** 379, Ba VersR **85** 786).

Keine Mitschuld des verunglückten Beifahrers allein wegen üblicher **Winterglätte** (Hb VersR **70** 188). Zur etwaigen Mitschuld, wenn jemand unter winterlichen Verhältnissen mit einem Fahrer mit geringer Fahrpraxis fährt BGH NJW **65** 1075. Fahren mit einem Kf **ohne FE** macht bei Kenntnis mitschuldig (Ol VRS **4** 488, Ha VersR **93** 588, s auch § 16 Rz 11). Wer bemerkt, dass der Fahrer ständig VVorschriften verletzt, muss rechtzeitig abmahnen (BGH NJW **60** 1197). Keine Mitschuld jedoch bei Nichtbeanstanden hoher AB-Geschwindigkeit (Ha ZfS **99** 413 [200 km/h]). Keine Mitschuld des Soziusfahrers, der als Bluter auf Mokick mitgefahren ist (Ko VersR **87** 1225). Mitfahren mit einem einäugigen Fahrer begründet keinen Mitschuldvorwurf (BGH VersR **65** 138, zum Ganzen *Böhmer* MDR **62** 442).

23 Muss der Fahrgast mit **Übermüdung** (§ 2 FeV) des Fahrers rechnen, so kann er mitschuldig sein, BGH VRS **7** 4. Wer mit einem sichtlich übermüdeten Fahrer fährt, wird bei schlechter Sicht mit beobachten und zu angepasster Geschwindigkeit raten müssen ($^1/_4$ Mitschuld), Dü VersR **68** 852. Keine Mitschuld, wenn konkrete Anhaltspunkte für die Übermüdung fehlten, Ko ZfS **81** 358, Dü VRS **89** 256. Pkw-Insassen müssen den Fahrer nicht auf Ermüdung hin beobachten. Besteht kein erkennbarer Anhalt für Fahrbeeinträchtigung, so muss sich ein Mitfahrer auch nach Mitternacht nicht wach halten, um den Fahrer etwa am Einschlafen zu hindern (Müdigkeit, Alkohol), BGH VRS **57** 161. Wer sich fahrlässig gefährdet, weil er sich einem auf langer Fahrt erkennbar ermüdeten Fahrer anvertraut, setzt sich idR dem Vorwurf der Mitschuld aus, BGH VRS **20** 401. Mitschuld des Fahrgastes, wenn ihm bekannt war, dass der jugendliche Fahrer nach der Tagesarbeit und nur 1 Stunde Schlaf eine mehrstündige Nachtfahrt angetreten hatte, Ce VersR **62** 1110, wenn er weiß, dass der Fahrer schon 15 Stunden ununterbrochen gefahren ist, Mü ZfS **86** 1.

24 **8. Verschulden von Hilfspersonen des Verletzten.** Nach § 278, der gemäß § 254 II BGB entsprechend anzuwenden ist, hat der Verletzte Verschulden seiner Hilfspersonen in gleichem Umfang zu vertreten wie eigenes, soweit die Hilfsperson bei Erfüllung einer Schuldverbindlichkeit oder eines ähnlichen Rechtsverhältnisses mitwirkt, VTeilnahme und die allgemeine VSicherungspflicht begründen bei derartiges Verhältnis zwischen Schädiger und Verletztem. Daher ist § 278 idR unanwendbar, RGZ **77** 211, **79** 312, *Böhmer* MDR **61** 1. Gesetzlicher Vertreter: Rz 11. Die über § 254 BGB hinausgehende Bestimmung des § 9, nach der sich der Verletzte auch ein Verschulden desjenigen zurechnen lassen muss, der die **Gewalt über die beschädigte Sache** ausübt, gilt nur bei der Haftung nach StVG, BGH VRS **59** 241, Ha NZV **95** 233. Soweit der Schädiger (auch) nach allgemeinen Vorschriften haftet, ist § 254 BGB unmittelbar ohne die Erweiterung im § 9 anzuwenden, BGH NJW **80** 1580. **Leasing-Fz:** Rz 17.

25 **9. Verfahrensfragen.** Im Rahmen der Abwägung ist der dem Geschädigten anzulastende Verursachungsbeitrag (§ 254 BGB) nach Grund und Gewicht vom Schädiger zu beweisen (BGHZ **54** 164, VersR **65** 784, **66** 730 [Fahrerflucht], NJW **78** 421, VersR **83** 1162, Nü DAR **05** 160). Zu berücksichtigen sind nur unstreitige oder bewiesene Tatsachen (BGH NJW **00** 3069, Nü DAR **05** 160). Unfallsächliches Verschulden schließt fremde Mitschuld auf Grund eines Anscheinsbeweises nicht aus (BGH VRS **13** 174). Zugestandene, wenn auch zweifelhaft gebliebene Mitschuld ist bei der Ursachenabwägung zu berücksichtigen (Ce VersR **80** 482). Das Revisionsgericht prüft, ob die Mitschuldabwägung alles tatsächlich Wesentliche berücksichtigt und auf richtigen Rechtserwägungen beruht; bei verlässlicher Sachverhaltsklärung kann es selber entscheiden (BGH NJW **66** 1211).

Umfang der Ersatzpflicht bei Tötung

10 (1) ¹Im Fall der Tötung ist der Schadensersatz durch Ersatz der Kosten einer versuchten Heilung sowie des Vermögensnachteils zu leisten, den der Getötete dadurch erlitten hat, dass während der Krankheit seine Erwerbsfähigkeit aufgehoben oder gemindert oder eine Vermehrung seiner Bedürfnisse eingetreten war. ²Der Ersatzpflichtige hat außerdem die Kosten der Beerdigung demjenigen zu ersetzen, dem die Verpflichtung obliegt, diese Kosten zu tragen.

(2) ¹Stand der Getötete zurzeit der Verletzung zu einem Dritten in einem Verhältnis, vermöge dessen er diesem gegenüber kraft Gesetzes unterhaltspflichtig war oder unterhaltspflichtig werden konnte, und ist dem Dritten infolge der Tötung das Recht auf Unterhalt entzogen, so hat der Ersatzpflichtige dem Dritten insoweit Schadensersatz zu leisten, als der Getötete während der mutmaßlichen Dauer seines Lebens zur Gewährung des Unterhalts verpflichtet gewesen sein würde. ²Die Ersatzpflicht tritt auch dann ein, wenn der Dritte zurzeit der Verletzung gezeugt, aber noch nicht geboren war.

Übersicht

Allgemeines 7–9	Eltern, Ansprüche der 17
Ansprüche der Witwe 11–13	Ersatzpflicht gemäß § 10: 18
– des Witwers 14	„fixe Kosten" 9
– der Kinder 14–16	
– der Eltern 17	Gefährdungshaftung, Grenzen 1
Beerdigungskosten 5	Heilungskosten 3

Umfang der Ersatzpflicht bei Tötung § 10 StVG 1

Kostenersatz bei Tod 2, 5 ff
–, versuchte Heilung 3
– für andere Vermögensnachteile 4
Kind, Ansprüche bei Tötung der Eltern 14–16
Krankheit, Vermögensnachteile 4
Leibesfrucht 10
Mehrere Hinterbliebene 14
„Quotenvorrecht" 12, 14

Tod, Kostenersatz bei 2, 5 ff
Tötung der Eltern 14–16
Tötung von Kindern 17
Unterhaltskosten 6–17
Vermögensnachteile durch Krankheit 4
Vorteilsausgleich 5, 7, 12 ff
Witwe, Ansprüche 11–13
Witwer, Ansprüche 14

1. Umfang der Gefährdungshaftung: § 7 Rz 1, 26–29. 1

2. Pflicht zum Kostenersatz bei Tod. Wird bei dem KfzBetrieb ein Mensch getötet, auch 2
vorsätzlich, BGHZ 37 311, so hat der nach den §§ 7, 8 a, 18 StVG Haftpflichtige die in § 10
bezeichneten Schäden zu ersetzen. Ursächlichkeit: E 97 ff, § 7 Rz 10–13.

2 a. Kosten versuchter Heilung sind zu ersetzen, soweit sie angemessen, notwendig oder 3
zweckentsprechend erschienen, BGH NJW **69** 2281. Bei Sozialversicherten dürfen teurere
Mittel aufgewendet werden, als Kassen sie zugestehen, vor allem wenn sie die Heilung be-
schleunigen können, ferner Kosten zusätzlicher Lebens- und Genussmittel, Stu MDR **55** 355.
Der Sozialversicherte darf sich privat behandeln lassen, Schl NJW **55** 1234, Stu MDR **57** 480.
Krankenhauskosten sind zu ersetzen, soweit zur Wiederherstellung der Gesundheit sachgerecht,
BGH VersR **70** 130, **64** 237, KG MDR **73** 495, Stu MDR **57** 480, Ce VersR **62** 623. Zu den
Kosten versuchter Heilung gehören ferner Reisekosten und Kosten für Ferngespräche Ange-
höriger, die den Verletzten aufgesucht haben, BGH VersR **61** 272, **64** 532, Ce VersR **73** 449,
Dü NJW **73** 2112 (Ausland), Dü MDR **59** 37, Nü VersR **64** 176, s auch § 11 Rz 5.

2 b. Durch Krankheit verursachte Vermögensnachteile sind zu ersetzen. Solche sind 4
nach I: Ausfälle von Einnahmen als Folge der Ausschaltung oder Verminderung der Erwerbs-
fähigkeit und Mehrausgaben als Folge vermehrter Bedürfnisse, s § 11 StVG.

2 c. Zu den **Beerdigungskosten** gehören alle Kosten, die durch die Beisetzung entstehen 5
oder mit ihr verbunden sind, welche Kosten außerdem, hängt von den Umständen ab. Die Be-
erdigungskosten sind in der den wirtschaftlichen und gesellschaftlichen Verhältnissen des Getöte-
ten entsprechenden Höhe (§ 1968 BGB) zu erstatten, BGHZ **32** 72, Mü VersR **79** 1066, Dü
VersR **62** 73, Ha NJW-RR **94** 155. Es gehören dazu Aufwendungen für Kränze, Blumen,
Grabstätte, Grabstein, RGZ **139** 393, Stu VRS **7** 246, Dü VersR **95** 1195, KG VM **99** 11, erste
Bepflanzung, BGH Betr **73** 2186, ortsübliche Trauermahlzeit, LG Stu ZfS **85** 166, für Trauer-
anzeigen, Exequien, Totenzettel, Tagesdansagungen, Telekommunikationsgebühren, Bewirtung,
Gaisbauer VP **69** 40, Unterkunft der Trauergäste, Kö JW **38** 811, Verdienstausfall anlässlich der
Beerdigung für einen Vorbereitungstag und den Tag der Beerdigung, Ha DAR **56** 217, Auf-
wendungen für Trauerkleidung, Tüb DAR **52** 59 Nr 49, *Böhmer* DAR **51** 106, unter Anrech-
nung eines etwaigen Vorteils, Ha DAR **56** 217. IdR besteht aber keine messbare Ersparnis, Ha
VersR **77** 1110, Ko ZfS **82** 7, Stu ZfS **83** 325, aM Ce ZfS **87** 229 (20%). Keine Vorteilsausglei-
chung gegenüber dem Anspruch auf Ersatz der Beerdigungskosten, BGH MDR **53** 30, *Böhmer*
RdK **54** 50. Zu den Beerdigungskosten gehören normalerweise nicht Reisekosten eines Ange-
hörigen zur Beerdigung, BGHZ **32** 72, NJW **60** 910, abw KG VM **99** 11 (bei Angehörigen des
türkischen Kulturkreises). Nicht zu den Beerdigungskosten gehören unabhängig von dem
Todesfall gemachte Aufwendungen für Leistungen, die infolge der Teilnahme an der Beerdigung
nicht in Anspruch genommen werden können, BGH NZV **89** 308 (zust *Dunz* JR **90** 112,
Deutsch/Schramm VersR **90** 715). Keine Beerdigungskosten sind auch die Kosten zur Erlangung
des Erbscheins, Ko ZfS **82** 7. Kosten der Überführung zum Begräbnisort, Kar NJW **54** 720,
sind zu ersetzen, nicht aber Grabunterhaltung bis zum Tod des Erben, da die Beerdigungskosten
nur die Bestattung betreffen, BGH Betr **73** 2186. Mehrkosten eines Doppel- anstelle des ge-
schuldeten Einzelgrabes sind nicht zu ersetzen, Dü MDR **73** 671, BGHZ **61** 238 = NJW **73**
2103. Ein Doppelgrabstein steht bei getöteten Ehegatten zu, Kö VersR **76** 373. Keine Erstat-
tung der über eine standesgemäße Bestattung hinausgehenden Kosten für aufwendiges Grabdenkmal,
Dü VersR **95** 1195. § 10 gilt auch für Feuerbestattungskosten. **Ersatzberechtigt** ist der zur
Beisetzung kraft Gesetzes oder vertraglich Verpflichtete, uU auch der Geschäftsführer ohne Auf-
trag (§ 683 BGB), KG VRS **57** 1, Sa VersR **64** 1257, etwa als naher Angehöriger, ohne Erbe

oder Unterhaltsverpflichteter zu sein (LG Ma NZV 07 367). Lit: *Theda* DAR **85** 10. *Wenker* VersR **98** 557.

6 **3. Unterhalt des gegenüber dem Getöteten Unterhaltsberechtigten.** Nach II stehen Ersatzansprüche gegen den Schädiger allen Personen zu, denen der Getötete kraft Gesetzes unterhaltspflichtig war oder werden konnte. Die 2. Alternative setzt voraus, dass der gesetzliche Grund für die Unterhaltspflicht schon im Zeitpunkt der Tötung bestand; kein Anspruch daher bei Tötung des Verlobten bei unmittelbar bevorstehender Eheschließung, s Rz 18. Der stillschweigende Haftungsverzicht der Geschädigten (§ 16 StVG) gilt auch für die Ansprüche der mittelbar Geschädigten, BGH VersR **61** 846.

7 **3 a. Allgemeines.** Voraussetzung für die Ansprüche mittelbar Geschädigter ist nach II, dass die Haftpflichtgrundlagen nach den §§ 7–9 StVG, bei mehreren Haftpflichtigen die des § 17 vorliegen, RG JW **34** 3127. Zu vertretende Mitverursachung oder Mitschuld des Getöteten müssen sich die Hinterbliebenen anrechnen lassen, BGH VersR **76** 343. **Unterhaltsschaden** ist der Betrag, den der Getötete nach Familienrecht hätte aufwenden müssen, BGH VersR **64** 597, **66** 588, **76** 291, **87** 1243, Brn VRS **101** 251, *Scheffen* VersR **90** 927. Obwohl somit eigentlich festzustellen ist, was dem Berechtigten auf eine Unterhaltsklage hätte zugesprochen werden müssen, darf der Tatrichter im Wege der Schätzung die Schadensrente prozentual (bezogen auf das für Unterhaltszwecke verfügbare Einkommen) bemessen, sofern dabei die tatsächliche Bedarfslage berücksichtigt wird, BGH VersR **87** 1243, NJW **88** 2365, Brn VRS **101** 259. Der Anspruch besteht nur für die Zeit, in der der Getötete unterhaltspflichtig gewesen wäre, BGH NZV **04** 291. Im Urteil ist der Zeitpunkt der mutmaßlichen Lebenserwartung kalendermäßig anzugeben, BGH NZV **04** 291. Ist es möglich, aber nicht überwiegend wahrscheinlich, dass der Getötete aus anderen Gründen vorzeitig gestorben oder erwerbsunfähig geworden wäre, so hat der Schädiger hierfür die Beweislast, BGH MDR **72** 769. Zu ersetzen ist, was der Getötete **gesetzlich geschuldet hat, nicht, was er gewährt hätte** (BGH NJW **06** 2327, VersR **76** 291, NJW-RR **88** 1238, NZV **93** 21, Kö VRS **99** 101, Fra DAR **90** 464, Dü NZV **93** 473, *Macke* NZV **89** 249). Neben der Haushaltsführung und den dazu notwendigen Aufwendungen können dazu auch Pflege- und Betreuungsleistungen gegenüber dem kranken oder behinderten Ehegatten gehören, BGH NZV **93** 21. Ein gesetzlich geschuldeter Unterhalt gegenüber einem pflegebedürftigen Volljährigen nach § 844 II BGB kann auch bei Gewährung des Unterhalts als Naturalunterhalt nach § 1612 I 2, II BGB vorliegen; bei Ersatz solcher Naturalleistungen ist die Geldrente auf die Zeit zu begrenzen, in der der Getötete während der mutmaßlichen Dauer seines Lebens leistungsfähig gewesen wäre, BGH NJW **06** 2327. Auf Unterhaltsschaden der Hinterbliebenen sind deren **Erbenträge** nach dem Getöteten anzurechnen, soweit sie darüber verfügen können, BGHZ **62** 126 = NJW **74** 745, VersR **61** 855, Fra DAR **90** 468, desgleichen Erträge eines Pflichtteilsanspruchs, BGH VRS **20** 1, grundsätzlich dagegen nicht der Stammwert der Erbschaft, Fra DAR **90** 467, s auch Rz 16. Einkünfte aus ererbtem Vermögen sind auch insoweit anrechenbar, als das Vermögen dem Unterhaltsberechtigten nicht unmittelbar, sondern über ein bei demselben Unfall verletztes, aber erst nach dem Unterhaltspflichtigen verstorbenes Kind zugefallen ist, BGH VersR **57** 256. Erhöhten Erbanfall nach dem Tod des Bruders bei demselben Unfall muss sich der Geschädigte nicht anrechnen lassen, BGH NJW **76** 747. Nur solche ererbten Vermögenswerte sind anzurechnen, die auch vor dem Tod des Unterhaltspflichtigen bereits zur Bestreitung des Unterhalts gedient haben, BGH VRS **47** 162. Für die Bemessung des Ersatzanspruchs spielt es keine Rolle, ob der vorzeitige Tod des Erblassers die erbrechtlichen Verhältnisse des mittelbar Geschädigten günstig oder ungünstig beeinflusst hat; deshalb entfällt die Anrechnung der Einkommen aus der Erbschaft auf den Anspruch nicht deshalb, weil bei längerer Lebensdauer des Erblassers der Erb- oder Pflichtteil des Betroffenen größer gewesen sein würde, BGH VRS **20** 1. Auf den Ersatzanspruch mittelbar Geschädigter nach § 844 II BGB **anrechenbar sind nur Vorteile,** die mit dem Anspruch wegen Verlusts des Rechts auf Unterhalt zusammenhängen, zB nicht Erträgnisse einer dem Unterhaltsberechtigten ausgezahlten Summe einer Lebensversicherung auf den Erlebens- oder Todesfall (Sparversicherung), BGHZ **73** 109 = NJW **79** 760. Wegfall geschuldeter Steuern als anzurechnender Vorteil, BGH NJW **70** 461. Zum Vorteilsausgleich wegen Wegfalls eigener Unterhaltspflichten des Ersatzberechtigten bei Mitverschulden des Getöteten Rz 12, 14. Bei der Berechnung des Arbeitseinkommens, nach dessen Höhe sich die Unterhaltspflicht des Getöteten bemessen haben würde, sind die **sozialen Abgaben** vom Einkommen abzuziehen, da sie den Unterhalt vermindert haben würden. Der Haftpflichtige hat den Unterhaltsberechtigten für den Ausfall der Leistungen der Sozialversicherung zu entschädigen, die der Getötete ihnen durch versiche-

Umfang der Ersatzpflicht bei Tötung § 10 StVG 1

rungspflichtige Tätigkeit verschafft haben würde, RGZ 159 21. Ist die Ersatzrente für entgangenen Unterhalt steuerpflichtig, so ist auch die Steuer zu ersetzen, BGH NZV 98 149, nicht aber der Wegfall des bisherigen Splittingvorteils, BGH NJW 79 1501, VRS 57 94. Es besteht kein allgemeiner Grundsatz, dass jede Erwerbstätigkeit mit bestimmtem Lebensalter aufhört, RGZ VkrR 35 Nr 142, Ce RdK 53 79, Tüb RdK 53 46 Nr 35. **Dauer und Höhe der Rente** sind nach dem Alter, das der Getötete voraussichtlich erreicht hätte, bzw der Dauer seiner Erwerbsfähigkeit zu bestimmen, BGH NZV 04 291 (Zugrundelegung des fiktiven Nettoeinkommens bei Nichtselbstständigen bis Vollendung des 65. Lebensjahres), Zw VersR 78 356 (75 Jahre), Ce RdK 53 79 (betr 47 Jahre alten Kraftverkehrsunternehmer). Zu gewähren ist Witwenrente für die mutmaßliche Lebensdauer des getöteten Ehemanns, BGH VRS 14 7, 420, VersR 57 783, *Böhmer* DAR 51 181. Zugrunde zu legen sind die letzten Einkommensverhältnisse des Getöteten und deren voraussichtliche Entwicklung, Stu VersR 82 351.

Der Unterhalt, zu dessen Gewährung der Getötete verpflichtet gewesen wäre, ist für 8 jeden Unterhaltsberechtigten unter Würdigung der gesamten Umstände zu ermitteln, RGZ 159 21. Er wird idR die Sätze der familiengerichtlichen Rspr (Tabellen) übersteigen, BGH VersR 87 1243. Ob ein Unterhaltsanspruch entgangen ist, hat das Gericht nach § 287 ZPO zu entscheiden, BGH NJW 06 2327, DAR 60 73, VRS 23 401. Keine Ersatzpflicht bei Leistungsunfähigkeit des Getöteten, BGH DAR 60 73. Der verlorene Unterhaltsanspruch muss beitreibbar gewesen sein, BGH NJW 74 1373.

Beim **Unterhaltsschaden der Hinterbliebenen** kann von dem ausgegangen werden, was 9 der Erblasser für die Lebenshaltung seiner Familie tatsächlich ausgegeben hat, wenn keine Abweichung von der Höhe der Unterhaltsverpflichtung dargelegt ist, BGH VersR 62 322. Grundsätzlich ist für die Berechnung des Unterhaltsschadens des hinterbliebenen Ehegatten und der Kinder vom *Netto*-Einkommen des Getöteten auszugehen, Brn ZfS 99 330, VRS 101 251, Fra DAR 90 464, anders aber zB, soweit vom Finanzamt zurückzuerstattende Steuern für den Familienunterhalt zur Verfügung gestanden hätten, BGH DAR 90 228. Ein Teil des Einkommens ist bei Berechnung des Unterhaltsschadens Kindergeld, das der Getötete bezogen hätte, BGH NJW 61 1573. Hat die Ehefrau des Getöteten mitverdient, so ist bei der Berechnung der Unterhaltsansprüche der Hinterbliebenen vom Gesamteinkommen der Ehegatten auszugehen und zu berücksichtigen, dass auch die Frau mit ihrem Einkommen den Kindern unterhaltspflichtig war, Ce VersR 64 345. Der Anspruch auf Ersatz des Unterhaltsschadens nach Tötung umfasst nicht Unterhaltsrückstände, BGH NJW 73 1076, KG NJW 70 476, Mü NJW 72 586. Scheidungsabsicht ohne Klageerhebung bleibt außer Ansatz, BGH VersR 74 700. Im Rahmen entgangenen Unterhalts sind **feste Kosten** der Haushaltsführung von dem Einkommen des Getöteten zunächst abzuziehen, Zw VersR 94 613, Brn ZfS 99 330, VRS 101 254, um den für den Unterhalt zur Verfügung stehenden Teil festzustellen, und nach Abzug des für den Eigenverbrauch zu berücksichtigenden Betrags den auf die Hinterbliebenen entfallenden Unterhaltsquoten wieder hinzuzurechnen, Brn ZfS 99 330, VRS 101 254, *Küppersbusch* Rz 335, *Macke* NZV 89 250, *Scheffen* VersR 90 931. Begriff der festen Kosten: BGH VersR 84 79, NJW 88 2365 m Anm *Nehls* NZV 88 138, BGHZ 137 237 = NZV 98 149, BGH NJW 07 506, *Lemcke* JbVerkR 99 143, *Schmitz-Herscheidt* VersR 03 34. Waren Ehefrau und Kinder unterhaltsberechtigt, so sind sie teils dem Anspruch der Witwe, teils dem der Kinder zuzurechnen, BGH NJW 72 251, BGH NJW 07 506 (2:1 Elternteil – Kind). Zu den „fixen Kosten" der Haushaltsführung gehören auch solche Kosten, deren Höhe von der Zahl der Familienmitglieder abhängig ist, wie zB Kosten für Wasserverbrauch und der Müllabfuhr sowie Ausgaben für Kranken- und Unfallversicherungen, BGH NJW-RR 87 1235 (Berücksichtigung nach Maßgabe des fortbestehenden Bedarfs), BGHZ 137 237 = NZV 98 149, *Eg* DAR 88 299. Der Unterhaltsschaden des nichtehelichen Kindes erhöht sich dabei nicht dadurch, dass ihm der Anteil des überlebenden, das Kind betreuenden Elternteils an den fixen Haushaltskosten hinzugerechnet wird, BGH NJW 07 506. Rspr zum Unterhaltsausfallschaden der Hinterbliebenen unter Berücksichtigung des **Berufs des Getöteten:** eines Baustoffgroßhändlers, BGH VersR 63 1055, eines Taxif, Kö VersR 76 373, 75 816, eines Landwirts, BGH VRS 69 406. Unterhaltsschaden der Hinterbliebenen eines **landwirtschaftlichen Hofeigentümers:** Reinertrag, den der Betrieb unter Leitung des Verstorbenen in den Jahren abgeworfen hätte, für die die Renten beansprucht werden, BGH VersR 61 855. Bei Ermittlung des Unterhaltsanspruchs der **Hinterbliebenen eines Beamten** für den Fall seines Fortlebens ist von den Nettobezügen auszugehen, also das abzuziehen, was dem Verstorbenen an Lohn- und Kirchensteuer einbehalten worden wäre, anderseits hat der Schädiger die Steuern zu erstatten, die die Hinterbliebenen auf ihre Unterhaltsrente zu zahlen haben, BGH VersR 61 213.

1 StVG § 10   II. Haftpflicht

10   **3 b. Leibesfrucht.** Nach II ist auch einem Nachkommen, der zurzeit des Todes des Erzeugers noch nicht geboren war, der durch den Tod entgangene Unterhalt zu gewähren, und zwar gemäß § 13 durch Geldrente.

11   **4. Ansprüche der Witwe des Getöteten.** Der nach II Ersatzpflichtige muss der Witwe des Unfallgetöteten ermöglichen, so zu leben, wie sie es zu dessen Lebzeiten beanspruchen konnte, BGH VersR **70** 183, **59** 713. Hätte dem Ehemann eine Treueprämie zugestanden, so ist sie der Witwe zu ersetzen, BGH NJW **71** 137. Einnahmen der Witwe aus dem Vermögen ihres Mannes sind anzurechnen, soweit sie auch vor dessen Tod schon zum Unterhalt gedient haben, Ha VersR **76** 999. Bei Bemessung der Ersatzrente ist vom Gesamteinkommen des Ehemanns auszugehen und zu prüfen, welche Ausgaben durch seinen Tod entfallen: Aufwendungen für persönliche Bedürfnisse des Getöteten und Steuern sind abzuziehen. Zum angemessenen Familienunterhalt gehören idR nicht Aufwendungen zur Errichtung eines Eigenheims, BGH VersR **66** 1141, **67** 259. Die Witwe eines Freiberuflers kann Ersatz der Rücklagen zur Unterhaltssicherung verlangen, die anzusammeln der Ehemann während seiner mutmaßlichen Lebensdauer verpflichtet gewesen wäre, BGH VRS **7** 28. Unterhaltsschaden der hinterbliebenen Land- und Gastwirtsfrau (Wegfall der Arbeitskraft des Ehemannes, Modernisierung), Stu VersR **66** 1169. Zur Berechnung des Unterhaltsschadens der Witwe, Ha VersR **76** 999, Stu VersR **82** 351, BGH VersR **87** 507. **Modellrechnung** mit fiktiven Zahlen zur Ermittlung des Unterhaltsschadens der Witwe: BGH NJW **84** 979.

12   Zum Unterhalt gehören die Beträge zur Vorsorge für den Unterhalt der Witwe für die Zeit nach dem mutmaßlichen natürlichen Tod des Ehemanns, zB durch Beiträge zur Invalidenversicherung, Dü VRS **3** 329. Aufwendungen des Ehemanns für Altersversorgung als Teil des der Witwe entgangenen Unterhalts, BGH VersR **71** 717, Stu VersR **02** 1520. Zum Ersatz entgangener Dienste des Ehemannes im Haushalt Ba VersR **77** 724. Die Witwe eines verunglückten Arbeitnehmers kann für die Zeit nach seinem mutmaßlichen Tod Ersatz dafür verlangen, dass sie infolge seines vorzeitigen Ablebens keine Witwenrente aus der Rentenversicherung erhält, BGH NJW **60** 1200. Die Witwe eines Handwerkermeisters braucht sich die Einkünfte aus der Fortführung des Betriebs nur insoweit anrechnen zu lassen, wie sie den Schadensanteil übersteigen, den sie selbst zu tragen hat, BGH VersR **62** 1063. Bei Unterhaltsrente der Witwe ist zu prüfen, ob sie auch, wenn ihr Mann am Leben geblieben wäre, von einem bestimmten Zeitpunkt ab noch erwerbstätig geblieben wäre, BGH VersR **62** 1176, Ce VersR **64** 345. Witwenrente nach Tötung des sozialversicherten Ehemanns (Altersrentner) ist auf Unterhaltsschaden nicht anzurechnen, BGH VRS **40** 338. **Hatte die Witwe aus eigenen Einkünften (zB Rente) zum gemeinsamen Unterhalt beizutragen,** so mindert sich ihr Unterhaltsschaden um den von ihr beizusteuernden Anteil, weil sie durch den Tod des Ehemannes insoweit von ihrer Pflicht zur anteiligen Bestreitung des gemeinsamen Unterhalts frei geworden ist, BGH NZV **94** 475; die Witwe ist jedoch, wenn der Schädiger nur auf eine Quote haftet, berechtigt, aus der freiwerdenden Summe zunächst den ihr verbleibenden Schadensanteil abzudecken, BGH NJW **83** 2315, NZV **92** 313. Soweit die Witwe freiwillig, ohne dem getöteten Ehemann gegenüber dazu verpflichtet gewesen zu sein, neben ihrer Rente noch Arbeitseinkünfte erzielt, braucht sie sich diese nicht auf ihren Unterhaltsschaden anrechnen zu lassen, KG VersR **71** 966. Zur Berechnung des Unterhaltsschadens einer Witwe, deren getöteter Ehemann in ihrem Betrieb mitarbeitete, BGH NJW **84** 979. Auf die einer Witwe nach § 10 II zustehende Schadensrente darf eine ihr mit dem Tod ihres Mannes zugefallene **Unfallversicherungssumme** nicht und die **Erbschaft** nur mit den Erträgen angerechnet werden, Rz 7; Unfallversicherungssumme und Scheidungsabsicht bleiben außer Ansatz, BGH VersR **74** 700, **69** 350. Die Versorgung durch eine später eingegangene **eheähnliche Gemeinschaft** kommt dem Schädiger nicht in gleicher Weise zugute wie im Fall der Wiederheirat, BGHZ **91** 357 = NJW **84** 2520 (abl *Lange* JZ **85** 90). Bei Eingehung einer eheähnlichen Lebensgemeinschaft keine Anrechnung des Wertes der nunmehr dem Partner erbrachten Haushaltsführung, BGHZ **91** 357 = NJW **84** 2520 (zust *Lange* JZ **85** 90, *Weber* DAR **85** 177, abl *Dunz* VersR **85** 509).

13   Ob eine **Witwe arbeiten** muss, um den Schaden zu mindern, hängt davon ab, ob ihr das nach Treu und Glauben zugemutet werden kann, BGH NJW **76** 1501, BGHZ **91** 357 = VersR **84** 938, Dü VRS **72** 81. Dabei sind Alter, Berufsausbildung, frühere Erwerbstätigkeit, Leistungsfähigkeit, Dauer der Ehe und die wirtschaftlichen und sozialen Verhältnisse zu berücksichtigen, BGH NJW **76** 1501, BGHZ **91** 357 = VersR **84** 938, Dü NZV **93** 473; sie muss ihre soziale Stellung nicht aufgeben, um den Schädiger von Ersatzpflicht freizustellen, BGH VersR **60** 320, 159, Mü VersR **62** 649. Eine erwerbstätige junge Witwe mit Kleinkind, die

Umfang der Ersatzpflicht bei Tötung § 10 StVG **1**

während der Ehe nicht erwerbspflichtig war, braucht sich ihr Arbeitseinkommen auf den Unterhaltsanspruch wegen Tötung des Ehemanns nicht anrechnen zu lassen, BGH VersR **69** 469. Keine Minderungspflicht der 50jährigen Bauunternehmerswitwe durch eigene Tätigkeit, BGH VersR **66** 1047, oder der haushaltsführenden Handwerkerwitwe mit schulpflichtigem Kind, BGH VersR **66** 977, oder während der Ausbildungszeit des Sohnes, Ha VersR **67** 87, jedoch bei möglicher Halbtagstätigkeit im erlernten Beruf nach Erreichen der 10. Klasse durch das einzige Kind, Dü VRS **72** 81. Einer jungen, gesunden, kinderlosen Witwe ist idR Erwerbstätigkeit zuzumuten, BGH NJW **07** 64, Dü NZV **93** 473. Einer gesunden Frau kann im Allgemeinen zugemutet werden, Halbtagsarbeit als Buchhalterin über das 45. Lebensjahr hinaus fortzusetzen, BGH VersR **62** 1086. Einer 52jährigen Frau ist idR Berufsarbeit zur Schadensminderung nicht mehr zuzumuten, BGH VRS **23** 401, KG VersR **71** 966. Von der Witwe kann nicht verlangt werden, dass sie arbeitet und ein Geschäft aufgibt, das sie bis zur Selbstständigkeit ihres Sohnes aufrechtzuerhalten wünscht, BGH VersR **62** 1063. Die Witwe muss sich auf die Ersatzrente Einkünfte aus eigenem Erwerb insoweit anrechnen lassen, als es gegen Treu und Glauben verstieße, wenn sie es ablehnen würde, zumutbare Erwerbstätigkeit anzunehmen, BGH NJW **07** 64, VersR **76** 877; um eine Mitverschuldensquote geht es dabei nicht, BGH NJW **07** 64. Einkünfte aus der Aufnahme voller Berufstätigkeit kommen dem Schädiger nicht zugute, soweit die Tätigkeit über die Entlastung bei der Haushaltsführung infolge des Todes des Ehemannes hinausgeht, Nü NZV **97** 439.

Lit: *Dunz,* Freie Lebensgemeinschaft der Unfallwitwe, VersR **85** 509. *Eckelmann/Schäfer,* Beitrag zur Schadensregulierung bei Personenschäden nach Unfalltod wegen Ausfalls von Geldunterhalt, DAR **81** 365. *Eckelmann ua,* Die Berechnung des Schadensersatzes ... nach Unfalltod des Ehemannes/Vaters, NJW **84** 945. *Krebs,* Zum Schadenersatzanspruch der Witwe nach § 844 II BGB, VersR **61** 293. *Küppersbusch,* Ersatzansprüche bei Personenschaden, 8 Aufl, 2004. *Macke,* Der Unterhaltsschaden zwischen Schadensrecht und Familienrecht, NZV **89** 249. *Schmitz-Herscheidt,* Der Unterhaltsschaden in der Praxis, VersR **03** 33. *Weimar,* Entfällt der Schadensersatzanspruch der mittelbar geschädigten Ehefrau bei Wiederverheiratung?, NJW **60** 2181. *Wittkämper,* Die Berechnung des Unterhaltsschadens der Witwe nach § 844 II BGB, Betr **41** 1225.

5. Ansprüche des Witwers. Können wegen Todes der Ehefrau Ehemann und Kinder Ersatz **14** verlangen, so steht sowohl dem Ehemann als auch den Kindern Anspruch auf Ersatz entgangenen Unterhalts zu (§ 844 II BGB), BGHZ **77** 157, NJW **65** 1710, Brn VRS **101** 248. Der Ersatzanspruch wegen des Todes der Ehefrau und Mutter erwächst jedem Berechtigten gesondert, keine Gesamtgläubigerschaft, BGH VersR **73** 84, *Scheffen* VersR **90** 931, *Lemcke* JbVerkR **99** 134. Zur Berechnung der Ersatzansprüche von Witwer und Kind bei Betreuung durch eine Verwandte, BGH NJW **82** 2864 (abl *Grunsky* JZ **83** 376, NJW **83** 2470, *Eckelmann ua* DAR **84** 297). Zur Schadensänderung bei Wiederheirat des geschädigten Ehemanns BGH NJW **70** 1127. Der Ersatzpflichtige muss dem Witwer die Lebensweise ermöglichen, die er zu Lebzeiten der getöteten Ehefrau beanspruchen durfte, Brn VRS **101** 251. Der Ersatzanspruch des Ehemanns wegen **entgangener Haushaltstätigkeit** stützt sich nicht auf entgangene Dienste (§ 845 BGB), sondern auf Unterhaltsbeeinträchtigung (§ 844 II BGB), BGHZ **51** 109 = NJW **69** 321, BGHZ **77** 157 = NJW **80** 2196, BGHZ **50** 304, DAR **69** 44, VersR **84** 79, BGHZ **104** 113 = NJW **88** 1783 (Anm *Schlund* JR **89** 68), Kar VersR **91** 1190, s *Moritz* VersR **81** 1101. Der Unterhaltsschaden des Witwers entspricht dem auf ihn entfallenden Anteil an der Haushaltsführung durch die Ehefrau, BGH NJW **72** 1130. Ihm kann Schadensersatz wegen entgangener Haushaltsführung auch dann zustehen, wenn der Haushalt von beiden Ehegatten zu gleichen Teilen besorgt wurde, BGHZ **104** 113 = NJW **88** 1783 (insoweit unter Aufgabe von BGH NJW **49** 49) m Anm *Schlund* NZV **88** 62, JR **89** 68, *Macke* NZV **89** 254. Zu ersetzen sind die Kosten für selbstständige Haushaltsführung (nicht nur für ein Hausmädchen), Kar VersR **74** 393, auch wenn die Ehefrau erwerbstätig war, abgestuft nach ihrer vermutlichen Altersleistungsfähigkeit, Ha MDR **68** 839. Die Annahme einer Verpflichtung der getöteten Ehefrau zur Haushaltsführung über das 78. Lebensjahr hinaus bedarf nach KG VRS **94** 173 nachvollziehbarer näherer Darlegung. Auch freiwillige Erwerbstätigkeit der Ehefrau verpflichtet sie, zum Unterhalt beizutragen, Wegfall dieses Beitrags gehört daher zum Schaden, BGH VersR **74** 885, **84** 79. Bemessung des Unterhaltsschadens bei teilweise erwerbstätig gewesener Ehefrau, BGH NJW **72** 1716. Die **Bewertung der entgangenen Haushaltsführung** erfolgt konkret nach dem tatsächlich erforderlichen Aufwand des hinterbliebenen Ehegatten; dessen Anspruch auf Schadensersatz ist jedoch nicht durch die Höhe seiner tatsächlichen Aufwendungen begrenzt, wenn die damit bezahlte Ersatzkraft nur einen Teil der entgangenen Haushaltsführung erledigt, BGH VersR **86** 790. Soweit konkrete Berechnung nicht möglich ist, richtet sich der Wert der Arbeitsleistung einer

Hausfrau nach allen entscheidungserheblichen Tatsachen des Einzelfalles (vergleichbare Haushaltstarifverträge), Ol NJW **77** 961. Für die Bewertung der entgangenen Unterhaltsleistung dient die Vergütung für eine Ersatzkraft als Anhaltspunkt, BGH VersR **84** 876, Kar VersR **91** 1190. Bei der Berechnung der fiktiven Kosten für eine Ersatzkraft bleiben die Arbeitgeberanteile zur Sozialversicherung außer Ansatz, BGH NJW **82** 2866 (abl mit beachtlichen Gründen *Grunsky* NJW **83** 2470), *Weber* VersR **88** 993. Die in dieser Entscheidung des BGH erkennbare Tendenz zur Einschränkung fiktiver Kostenberechnung durch den BGH hat sich fortgesetzt: Wird keine Ersatzkraft eingestellt, so ist danach der Wert der Haushaltsführung idR nur noch unter Zugrundelegung der *Netto*vergütung einer vergleichbaren Ersatzkraft zu schätzen (evtl auch 30% Abschlag vom Bruttolohn), BGHZ **86** 372 = NJW **83** 1425 (zust *Schlund* JR **83** 415, *Weber* DAR **84** 179, abl *Grunsky* NJW **83** 2470, *Ludwig* DAR **86** 380, unter Hinweis auf die abweichende Haltung des BGH bezüglich fiktiver Schadensberechnung bei *Sachschäden*), BGH VersR **84** 875, **87** 70, BGHZ **104** 113 = NJW **88** 1783 (Anm *Eckelmann* DAR **89** 94), Kar VersR **91** 1190. Bei der Berechnung des Arbeitszeitbedarfs der Getöteten zur Erfüllung der gesetzlichen Unterhaltspflicht bleibt der auf deren Eigenversorgung entfallende Teil ihrer Arbeitsleistung außer Ansatz, BGH NJW **82** 2866, *Hofmann* VersR **81** 338 (str). **Wegfall eigener Unterhaltsverpflichtungen** infolge des Todes der Ehefrau muss sich der Witwer anrechnen lassen; er ist jedoch, wenn der Schädiger wegen Mitverschuldens der Getöteten nur auf eine Quote haftet, berechtigt, aus der freiwerdenden Summe zunächst den ihm verbleibenden Schadensanteil abzudecken, BGH VersR **87** 70. **Modellrechnung** mit fiktiven Zahlen zur Ermittlung des Unterhaltsschadens des Witwers, wenn beide Ehegatten Bareinkommen hatten, a) bei alleiniger Haushaltsführung durch die getötete Ehefrau: BGH VersR **84** 79 (krit *Eckelmann ua* DAR **84** 302f), b) bei Haushaltsführung durch beide Ehegatten zu gleichen Teilen: BGH NJW **85** 49 (teilweise abw BGHZ **104** 113 = NJW **88** 1783 mit Anm *Schlund* NZV **88** 62, JR **89** 68, *Eckelmann* DAR **89** 94). S auch die Berechnungsmodelle bei *Scheffen* VersR **90** 933. Aufbau einer Schadensberechnung bei Tötung der Hausfrau *Eckelmann ua* DAR **82** 377. Zum Schadensersatz bei Ausfall der Hausfrau s VGT **77** 218ff *(Eckelmann, Hofmann), Hofmann* VersR **77** 296, *Scheffen* VersR **90** 930, *Lemcke* JbVerkR **99** 129ff.

Lit: *Eckelmann/Nehls,* Schadensersatz bei Verletzung und Tötung, 1987. *Eckelmann,* Schadensersatz bei Verletzung oder Tötung einer Ehefrau, NJW **71** 355. *Derselbe,* Die neue Rspr zur Höhe des Schadensersatzes bei Verletzung oder Tötung einer Hausfrau und Mutter, DAR **73**, 255. *Derselbe,* Die höchstrichterliche Rspr zum Schadensersatz bei Verletzung oder Tötung einer Hausfrau, MDR **76** 103. *Derselbe,* Schadensersatz beim Ausfall der Hausfrau, DAR **78** 29 = VGT **77** 218. *Derselbe,* Bewertung der Arbeit der Hausfrau und Schadensersatz bei ihrem Ausfall in der höchstrichterlichen Rspr, DAR **87** 44. *Eckelmann/Boos,* Schadensersatz beim Ausfall der Hausfrau, VersR **78** 210. *Eckelmann ua, ...* Schadensersatz bei Ausfall von Hausfrauen und Müttern ..., DAR **82** 377. *Eckelmann ua,* Vae calamitate victis, DAR **84** 297. *Landau ua, ...* Bewertung der Haushaltsarbeit ..., DAR **89** 166. *Ludwig,* Die Unzulänglichkeit des Schadensersatzes beim Ausfall der Hausfrau und Mutter, DAR **86** 375. *Moritz,* Zur Anerkennung eines „Anspruchs auf unentgeltliche Mitarbeit im Geschäft oder Beruf des Ehegatten" ..., VersR **81** 1101. *Scheffen,* Erwerbsausfallschaden bei verletzten und getöteten Personen, VersR **90** 926. *Schlund,* Schadensersatzanspruch bei Tötung oder Verletzung einer Hausfrau und Mutter, DAR **77** 281.

15 **6. Ansprüche der Kinder bei Tötung der Eltern.** Den Kindern des Getöteten steht **idR Rente bis zur Vollendung des 18. Lebensjahres** zu, BGH VRS **14** 7, Stu VersR **93** 1536, bei Berufsausbildung über das 18. Lebensjahr hinaus bei entsprechenden Verhältnissen des Getöteten bis zur Beendigung der Ausbildung, längstens jedoch idR bis zur Vollendung des 25. Lebensjahres, Kar VRS **2** 106. Soweit die **getötete Mutter** dem volljährigen Kind Naturalunterhalt geleistet hätte, steht ihm über das 18. Lebensjahr hinaus ein Schadensersatzanspruch zu, auf den Vorteile des Vaters infolge Wegfalls eigener Unterhaltsleistungen nicht anzurechnen sind, Ha NJW-RR **87** 539. Die Höhe der Schadensersatzrente orientiert sich bei Tötung der nicht erwerbstätigen Mutter an den Kosten einer Ersatzkraft für die Leistungen der Mutter bei Erziehung, Betreuung und Haushaltsführung zum Nutzen des hinterbliebenen Kindes, BGH NZV **90** 307, Stu VersR **93** 1536. Der Unterhaltsschaden des Kindes bei Tod der erwerbstätig gewesenen Mutter ist unter Berücksichtigung von Bareinkommen und Haushaltsführung zu errechnen, BGH VersR **76** 291. Die **Schadensrenten älterer Kinder** sind idR höher zu bemessen als die jüngerer Kinder, weil der Unterhaltsbedarf mit zunehmendem Alter wächst, BGH VersR **87** 1243, NJW **88** 2365, *Nehls* NZV **88** 138, *Macke* NZV **89** 251, krit *Küppersbusch* Rz 350 (einheitliche Durchschnittsquote). Andererseits sind geringerer Betreuungsbedarf des Kindes mit zunehmendem Alter und eigene Dienstleistungspflicht im Haushalt (etwa ab 14. Lebensjahr) bei einer bis zum 18. Lebensjahr festzusetzenden Rente zu berücksichtigen,

BGH NZV **90** 307, Stu VersR **93** 1536. Hatte eine volljährige Tochter aus Berufswahl Anspruch auf Zuschuss, so gehört dieser zum Schaden (Hotelfachschule, Auslandsaufenthalt), BGH VersR **69** 351. Ein minderjähriges unverheiratetes Kind muss sich bei Bemessung der Unterhaltsbedürftigkeit eine Lehrlingsbeihilfe anrechnen lassen, BGH NJW **72** 1719, nicht aber einen auf Grund des Unfalltodes eines Elternteils gezahlten **staatlichen Ausbildungsunterhalt,** Brn VRS **101** 261. Zur Bemessung der Unterhaltsrente eines nichtehelichen Kindes nach Tötung der berufstätigen Mutter, Mü VersR **82** 376. Der Zahlungsanspruch des **außerehelichen Kindes** gegen einen für den Tod des Vaters Verantwortlichen ist ein Ersatzanspruch, bei dem die Realisierbarkeit des Anspruchs gegen den Vater und seine Mitschuld zu berücksichtigen sind, Stu FRZ **63** 307. Erhöhung einer dem außerehelichen Kind zuerkannten Unterhaltsrente nach Unfalltod des Vaters, Stu NJW **62** 495. Unterhaltspflicht und Betreuungspflicht der berufstätigen, nichtehelichen Mutter, Ce VersR **73** 694. Werden Unfallwaisen **an Kindes statt angenommen,** mindert das ihren Ersatzanspruch wegen Unterhaltsentzugs nicht, BGHZ **54** 269 = NJW **70** 2061. Bei unentgeltlicher **Versorgung des Kindes durch Verwandte** bleibt der Anspruch wegen des entgangenen personalen (*Natural-*)Unterhalts unberührt und bemisst sich gem der neuen Rspr nach dem Arbeitszeitbedarf, BGH NJW **85** 1460, **86** 715 m Anm *Eckelmann/Nehls* DAR **86** 284 (nicht mehr nach den Familien-Pflegestellenkosten), Hb VRS **87** 255, Dü NJW-RR **99** 1478; für den Umfang des zu leistenden Barunterhalts bei Tötung beider in intakter Ehe lebender Eltern ist grundsätzlich deren Gesamteinkommen maßgebend, auch bei Aufnahme in einer anderen Familie, BGH NJW **85** 1460 (Anm *Schlund* JR **85** 420).

Bei Berechnung des Unterhaltsschadens von Hinterbliebenen sind vom Betrag des entzogenen Unterhalts die **Einkünfte aus ererbtem Vermögen** abzusetzen; vom verbleibenden Betrag ist die etwaige Mithaftungsquote (Mitschuld, Betriebsgefahr) abzusetzen; Erträge, die der Hinterbliebene aus dem ihm als Pflichtteil zustehenden Vermögen bezieht oder beziehen könnte, sind auf seinen Ersatzanspruch in gleicher Weise anzurechnen wie Einkünfte aus ererbtem Vermögen, BGH VersR **65** 376. Bei Unfalltod des Vaters braucht sich das Kind auf den Ersatzanspruch wegen des Wegfalls des gesetzlichen Unterhaltsanspruchs nicht den Stammwert der Erbschaft anrechnen zu lassen, wenn ihm die Erbschaft auch bei natürlichem Tod des Vaters zugefallen wäre, BGH NJW **53** 618, s Rz 7. 16

Lit: *Eckelmann/Schäfer,* Beitrag zur Schadensregulierung bei Personenschäden nach Unfalltod wegen Ausfalls von Geldunterhalt, DAR **81** 365. *Eckelmann ua,* Die Berechnung des Schadensersatzes ... nach Unfalltod des Ehemannes/Vaters, NJW **84** 945. *Schacht,* Die Bestimmung der Unterhaltsrente nach § 944 II BGB, VersR **82** 517.

7. Unterhaltsansprüche der Eltern bei Tötung von Kindern. Bei Klage auf Feststellung späterer Ersatzpflicht sind mutmaßliche künftige Bedürftigkeit der Eltern und Leistungsfähigkeit des Kindes sachlichrechtliche Voraussetzungen, BGH VRS **4** 185, **5** 582. Zum Beweis genügt einige Wahrscheinlichkeit, BGH VRS **5** 582. Konnte der getötete Sohn später das väterliche Geschäft übernehmen, so ist es wahrscheinlich, dass er seinen Eltern unterhaltspflichtig geworden sein würde; in diesem Fall haben die Eltern ein rechtliches Interesse an der Feststellung der Ersatzpflicht, Ha DAR **56** 217. Bei Haftung nur nach StVG kein Anspruch wegen entgangener Dienste des getöteten Kindes, weil § 10 eine dem § 845 BGB entsprechende Vorschrift nicht enthält, BGH VRS **70** 91. 17

8. Keine Ersatzpflicht über den Personenkreis des § 10 hinaus. Über den abschließend im § 10 StVG aufgeführten Personenkreis der mittelbar Geschädigten hinaus besteht kein Ersatzanspruch aus § 7 StVG oder unerlaubter Handlung. Kein Ersatzanspruch des Verlobten wegen nach geplant gewesener Eheschließung entgehender Unterhaltsleistungen, Fra VersR **84** 449, KG NJW **67** 1089. 18

Umfang der Ersatzpflicht bei Körperverletzung

11 ¹Im Fall der Verletzung des Körpers oder der Gesundheit ist der Schadensersatz durch Ersatz der Kosten der Heilung sowie des Vermögensnachteils zu leisten, den der Verletzte dadurch erleidet, dass infolge der Verletzung zeitweise oder dauernd seine Erwerbsfähigkeit aufgehoben oder gemindert oder eine Vermehrung seiner Bedürfnisse eingetreten ist. ²Wegen des Schadens, der nicht Vermögensschaden ist, kann auch eine billige Entschädigung in Geld gefordert werden.

1 StVG § 11 II. Haftpflicht

Begr zum ÄndG v 19. 7. 02 (BTDrucks 14/7752 S 32): **Zu Satz 2:** *Die Einführung eines allgemeinen Anspruchs auf Ersatz immateriellen Schadens bei Verletzung des Körpers oder der Gesundheit in § 253 Abs. 2 BGB (Artikel 2 Nr. 2) ergänzend, stellt die Änderung klar, dass die aus der Gefährdungshaftung des StVG folgenden Schadensersatzansprüche bei Verletzung dieser Rechtsgüter auch Ansprüche auf Schmerzensgeld umfassen.*

1 **1. Körperverletzung.** § 11 regelt die Ansprüche des Verletzten nach Körperverletzung mit adäquat verursachten (Rz 6, **E** 104–111) Folgen, wobei es unerheblich ist, welche von mehreren adäquaten Ursachen überwiegt (BGH NJW **68** 2287). Mitursächlichkeit der Verletzungshandlung für den eingetretenen Schaden genügt (BGH NZV **91** 23, s **E** 109). Der Schädiger haftet für alle aus dem schädigenden Ereignis davongetragenen gesundheitlichen Schäden (BGH NZV **98** 110, KG VRS **106** 260, 414, Nü VRS **103** 346). Seine Haftung umfasst grundsätzlich auch adäquat verursachte Folgeschäden (BGH JR **97** 154, VersR **97** 752, Brn VRS **107** 85, Kö VersR **98** 1247). Wird durch die Unfallfolgen Heimbetreuung notwendig, so kann auch bei über 80jährigen nicht ohne Weiteres unterstellt werden, dass ihre Unterbringung auch ohne den Unfall erforderlich geworden wäre (Ha NZV **98** 372). **Adäquate Unfallfolge** ist auch objektiv übertriebene Schonung nach unrichtiger Diagnose (BGH VersR **63** 872) oder Zahlungsunfähigkeit und Zwangsvollstreckung infolge geminderter Erwerbsfähigkeit (RGZ **141** 169). Der Schädiger haftet auch für entgangene Beitragsrückerstattung durch die Krankenversicherung (BGH NJW **89** 2115, Kö VersR **90** 908). Ursächlichkeit des Unfallschrecks für spätere Gesundheitsfolgen (BGH VersR **75** 765, KG VersR **73** 525). Bei 3-jährigem Kind liegen unfallbedingte Schock- und Unruhezustände so sehr auf der Hand, dass es ärztlicher Feststellung nicht bedarf (Kö VersR **06** 416 [Schmerzensgeld von 500 € nicht zu beanstanden]). Zerspringen der Windschutzscheibe (Stein) kann einen Schock, uU auch Schocktod des Fahrers bewirken (BGH NJW **74** 1510). **Zu ersetzen** ist der wirkliche Schaden ohne Pauschalierung (Mü DAR **68** 275), nach pflichtgemäßer möglicher Minderung durch den Geschädigten (BGH NJW **67** 2053). Schadensminderungspflicht: Rz 16, 17.

2 **1 a. Nicht erstattungsfähig** ist gesetzeswidrig erzielbarer Verdienst, KG DAR **72** 329, BGHZ VRS **7** 253 (sittenwidriges Geschäft, Verstoß gegen PBefG), oder bloße Freizeiteinbuße im freien Beruf, Ce VersR **64** 756, Dü NJW **74** 150 (Urlaub), idR auch entgangener Urlaubsgenuss, weil kein Vermögensschaden, § 16 Rz 5), oder zeitweilige Behinderung im Jagdrecht infolge Körperverletzung, BGHZ **55** 146 = NJW **71** 796. Im Hinblick auf §§ 1, 2 ProstG dürfte einer Prostituierten Schadensersatz in Höhe der tatsächlichen Erwerbsaussicht zu leisten sein (*Greger* § 29 Rz 137; abw. die vormals hM; vgl. BGHZ 67 119, wN 39. Aufl). Zu entgangenem rechtswidrigen oder sittenwidrigen Gewinn *Greger* § 29 Rz 122 ff. Schmerzensgeld: Rz 8.

3 **1 b. Vorteilsausgleichung** findet statt, wenn das Schadensereignis den Vorteil allgemein mit sich bringen konnte und der Ausgleich dem Sinn der Ersatzpflicht entspricht (BGH VersR **65** 521, Mü VRS **100** 420), etwa wenn der Verletzte jetzt zwar vermindertes Altersruhegeld, dafür aber höhere Unfallrente bezieht (BGH VersR **68** 945, NZV **90** 225); das gilt zB auch für auf Grund des Unfalls bezogenes **Vorruhestandsgeld** nach dem Vorruhestandsabkommen für die Versicherungswirtschaft (BGH NJW **01** 1274, abl *Koppenfels-Spies* VersR **05** 1511). **Sozialversicherungsleistungen** wegen des Unfalls kommen dem Schädiger nicht zugute, auch nicht, wenn sie den Verletzten besser stellen als vorher (BGHZ **9** 179, 186, 189, **54** 382, NJW **77** 246, VersR **77** 130). Insoweit findet jedoch häufig ein gesetzlicher Forderungsübergang auf den SVTr statt (*Greger* § 29 Rz 90). Das Gleiche gilt für solche **Leistungen Dritter** (Vertrag, Tarifvertrag) aus Anlass des Unfalls, bei denen eine Anrechnung unter Berücksichtigung der Gesamtinteressenlage und nach Sinn und Zweck der heranzuziehenden Rechtsnormen der Schadensentwicklung nicht gerecht würde (BGH NJW **01** 1274, NZV **98** 150, BGH NJW **72** 1705). Eine vom Arbeitgeber wegen Kündigung des Arbeitsverhältnisses infolge unfallbedingter Arbeitsunfähigkeit gezahlte **Abfindung** braucht sich der Geschädigte nicht auf seinen Verdienstausfallschaden anrechnen zu lassen (BGH NZV **90** 225, Fra ZfS **02** 20). Dass der Geschädigte infolge durch den Unfall erforderlich gewordener Umschulung mehr verdient als vor dem Unfall, braucht er sich nicht anrechnen zu lassen (BGH VRS **65** 89, VersR **91** 1294, Nü ZfS **91** 118), ebenso bei Mehrverdienst auf Grund höherwertiger Arbeit ohne Umschulung (Kar NZV **94** 396). Kann der angestrebte höher dotierte Beruf infolge des Unfalls nicht erlernt werden (dazu Rz 12), so ist das während der Zeit der geplanten, im nicht durchführbaren Ausbildung erzielte Einkommen in einem anderen Beruf kein anrechenbarer Vorteil (Fra VersR **83** 1083, krit *Stürner* JZ **84** 462). Vom Verdienstausfall ist Krankenhausverpflegung abzusetzen (Ol VersR **67** 237), von

Krankenhauskosten ersparte Eigenverpflegung (Ce VersR **77** 1131, Dü VRS **56** 2, KG VRS **35** 321). Das gilt grundsätzlich auch, wenn der Versicherungsträger das Krankenhaus bezahlt, auf den dann nur der um die Ersparnis gekürzte Anspruch übergegangen ist (BGH MDR **67** 35). Anders jedoch bei Übergang eines Anspruchs auch wegen Verdienstausfalls; dann sind die Aufwendungen des SVTr für Krankenhauspflege ohne Abzug ersparter Aufwendungen zu erstatten, weil der Geschädigte die ersparten Verpflegungskosten aus seinem Arbeitseinkommen bestritten hätte (BGH NJW **71** 240, Ce VersR **77** 1027). Häusliche Ersparnis bei unfallbedingtem Krankenhausaufenthalt: *Stamm* VersR **75** 690, *Plaumann* VersR **76** 124, *Schmalzl* VersR **95** 516. Zur Anrechnung von Fahrtkostenersparnis zur Arbeitsstelle auf Verdienstausfall BGH VRS **58** 327, Schl VersR **80** 276. Schadensbedingte **Steuerersparnisse** muss sich der Verletzte grundsätzlich anrechnen lassen (BGH NZV **89** 345, **92** 313, Kar VRS **106** 98, Kö VersR **98** 1247), anders aber, wenn dies gerade dem Zweck der Steuervergünstigung widerspricht (keine Anrechnung zB des Pauschbetrages für Körperbehinderte, BGH VRS **69** 401 m Anm *Hartung* VersR **86** 264; VersR **86** 914, VRS **72** 401, NZV **89** 345, **92** 313, **94** 270, **99** 508, dazu auch Rz 11 sowie *Hartung* VersR **86** 308, *Weber* DAR **88** 197 ff, *Scheffen* VersR **90** 932, *Kullmann* VersR **93** 388). **Ersparte Beiträge** zur gesetzlichen Rentenversicherung infolge unfallbedingten Verlusts versicherungspflichtiger Beschäftigung bleiben unberücksichtigt (BGH VersR **86** 914, s auch Rz 11). Zur Anrechnung ersparter Beiträge zur Arbeitslosenversicherung und zur gesetzlichen Krankenversicherung BGH VersR **86** 914.

2. Die notwendigen Heilungskosten sind zu ersetzen, auch wenn der Verletzte noch anderweitige Ersatzansprüche hat, etwa familienrechtliche, und wenn er die Kosten nicht selber trägt, Ce NJW **62** 51, VersR **72** 468. Kein Ersatz trotz § 249 II BGB nach hM jedoch (im Hinblick auf die frühere Regelung in §§ 253, 847 alt BGB), wenn ein objektiv nötiger Eingriff unterbleibt, weil es sich in Wahrheit um Kompensation für fortdauernde Gesundheitsbeeinträchtigung handele (anders als beim nicht reparierten Sachschaden kein Vermögensschaden, *Steffen* NJW **95** 2060), BGHZ **97** 14 = NJW **86** 1538 (zust *Zeuner* JZ **86** 640, *Hohloch* JR **86** 367, *Weber* DAR **87** 175, abl *Rinke* DAR **87** 14), Palandt/Heinrichs § 249 Rz 6, *Greger* § 29 Rz 22, *Küppersbusch* Rz 229, *Grunsky* NJW **83** 2469, *Hofmann* VGT **82** 262, *Schiemann* DAR **82** 311, *Medicus* DAR **82** 356, *Köhler, Larenz*-F (1983) S 355, *Honsell/Harrer* JuS **91** 446, zw, aM Ce VersR **72** 468, *Fleischmann* VGT **82** 276, s auch *Schiemann*, *Steffen*-F S 404. Ersatzfähige **Heilungskosten** sind alle Aufwendungen, die durch notwendige oder der Heilung dienliche Maßnahmen verursacht wurden, nicht nur eigentliche Arzt-, Krankenhaus-, Medikamenten- oder Hilfsmittelkosten, Nü DAR **01** 366. Ersatz von Behandlungskosten auch, wenn die Behandlung, obgleich nicht grob fahrlässig, nutzlos war, BGH VersR **65** 439, *Küppersbusch* Rz 226. Der Geschädigte darf die zur Heilung am besten geeignete, insbesondere ärztlich empfohlene Behandlung wählen, Kö VRS **98** 414. Unfallnarben sind, ausgenommen bei Unzumutbarkeit, auf Kosten des Schädigers kosmetisch zu beseitigen, BGHZ **63** 295 = NJW **75** 640. Aufwendungen für eine nötige Narbenkorrektur sind auch zu ersetzen, wenn sie nicht sofort operiert werden soll, Stu VersR **78** 188, und auch, wenn sie verhältnismäßig hoch sind, KG VRS **59** 162, VM **78** 16. Bei Schönheitsoperationen sind nur ärztlich angezeigt erscheinende Kosten zu ersetzen, KG DAR **80** 341. Ausnahmsweise können auch Heilmaßnahmen eines auswärtigen Experten zu ersetzen sein (Hautverpflanzung in den USA), BGH VersR **69** 1040. Krankenhausmehrkosten können uU über die Kassenleistung hinaus zu ersetzen sein, KG MDR **73** 495, der sozialversicherte Geschädigte darf privatärztliche Behandlung fordern, Neust VRS **7** 321, s Rz 3. Zur Erstattung der Kosten welcher Pflegeklasse, *Schmid* VersR **74** 1145. Zu ersetzen sind notwendige **Pflegekosten**, auch wenn ein Angehöriger unentgeltlich gepflegt hat (Ha NJW **72** 1521). Ist häusliche Pflege in den vertrauten Lebensumständen möglich, braucht sich ein Schwerstgeschädigter nicht auf kostengünstigere Heimunterbringung verweisen zu lassen, es sei denn, der Mehraufwand stünde in keinem vertretbaren Verhältnis zur Qualität häuslicher Pflege, wobei die Grenze bei den doppelten Heimunterbringungskosten liegen dürfte (Ko VRS **100** 423; zu den Kosten häuslicher Pflege für einen Minderjährigen Bre VersR **99** 1030; zu beidem *Hoffmann* ZfS **07** 428). Soweit der Förderung des Heilungsprozesses dienlich, sind auch Aufwendungen für Fernsehen im Krankenhaus als Heilungskosten ersatzfähig (Kö NJW **88** 2957). Erstattung nötiger Kurkosten abzüglich der ersparten Aufwendungen für sonst durchgeführte Erholungsreise (Ce VersR **75** 1103).

Kosten der **Besuche nächster Angehöriger,** soweit erforderlich, sind dem Geschädigten (nicht den Angehörigen, *Schiemann* NZV **96** 4) als Heilungskosten zu ersetzen, s *Seidel* VersR **91** 1319, *Greger* § 29 Rz 9, uU auch dem Ehemann der Geschädigten, der sie als GoA vorgelegt hat, BGH VRS **56** 258, zw, abl *Seidel* VersR **91** 1323 mangels Fremdgeschäftsführungswillens

1 StVG § 11   II. Haftpflicht

und fehlenden Interesses des Schädigers. Zu den Heilungskosten gehören Eltern- und Angehörigenbesuche in angemessenem Umfang, BGH NJW **82** 1149, NZV **90** 111, Kö DAR **01** 510, Ha NJW-RR **93** 409, Mü VersR **96** 1506 (Lebensgefährtin; dazu auch *Schirmer* DAR **07** 10), bei schwerer Verletzung eines Jugendlichen auch zwei wöchentliche Elternbesuche, Mü VersR **81** 560, Ko VersR **81** 887, Kö NJW **88** 2957, bei sehr schweren Unfallfolgen uU auch hohe Reisekosten zwecks Dauerpflege (Australien), Dü NJW **73** 2112. Zu ersetzen sind Fahrtkosten, uU auch Übernachtungskosten und Verpflegungsmehraufwand, BGH NZV **91** 225, *Neumann-Duesberg* NZV **91** 456, sowie Verdienstausfall des Besuchers, BGH VersR **57** 790, NZV **91** 225, auch eines selbstständigen Handwerkers, BGH NJW **85** 2757, uU auch Babysitter-Kosten für die Zeit des Besuchs, BGH NZV **90** 111. Die Ersatzfähigkeit von Krankenhausbesuchen nächster Angehöriger ist jedoch stets auf Besuche während der *stationären* Behandlung des Verletzten und ferner auf solche Besuche beschränkt, die *medizinisch* zur Unterstützung der Genesung notwendig sind, BGH NZV **91** 225, Kar VRS **96** 1. Der reine Zeitaufwand für die Betreuung des verletzten Kindes, soweit er das Vermögen nicht belastet, ist als solcher nicht ersatzfähig, BGHZ **106** 28 = VersR **89** 188 (zust *Grunsky* JZ **89** 345, *Birkmann* DAR **89** 212), VersR **99** 1156, Ko VersR **81** 887, *Seidel* VersR **91** 1320, auch nicht der Zeitverlust der Mutter bei der Haushaltsführung, BGH NZV **91** 225, *Neumann-Duesberg* NZV **91** 456. Dass tägliche Krankenhausbesuche durch die Eltern zur Heilung erforderlich sind, ist im Einzelnen darzulegen, Hb ZfS **84** 323 (2 Besuche pro Woche zugebilligt). Tägliche Besuche beim unfallverletzten 6jährigen Kind können erstattungspflichtig sein, Kö VersR **79** 166, näher *Seidel* VersR **91** 1319, *Neumann-Duesberg* NZV **91** 455. IÜ sind von den Eltern in der Freizeit ihrem Kind erbrachte **Betreuungsleistungen** nur ersatzfähig, wenn sie den von den Eltern als Bezugspersonen des Kindes unvertretbaren Bereich so weit übersteigen, dass der Einsatz fremder Hilfskräfte ernsthaft in Betracht kommt und damit als die Vermögenssphäre betreffende Leistungen anzusehen sind, BGH VersR **99** 156. Aufwendungen für **Spielzeug** für das verletzte Kind sind als notwendige Heilungskosten zu erstatten, BGH VersR **57** 790; zur Erstattungsfähigkeit von Nebenkosten bei stationärer Behandlung *Schleich* DAR **88** 145.

6   **3. Adäquat verursachter Körperschaden** löst Ersatzpflicht aus, *auch soweit eine Krankheitsanlage beim Verletzten bestand*, die sich nun auswirkt (BGHZ **107** 359 = NZV **89** 391 m Anm *Dunz* JR **90** 115, *Börgers* NJW **90** 2535, BGH NZV **05** 461, **99** 201, BGHZ **132** 341 = NJW **96** 2425, JR **97** 154, Brn VRS **107** 85, Ha NZV **02** 171, KG NZV **03** 328, VRS **106** 260, 414, Nü VersR **99** 1117, Bra DAR **98** 316, Kö VersR **98** 1247), oder bei früherem Ausbruch der Symptomatik vorhandener (auch seltener) Krankheit (Fra NJW **84** 1409); denn der Schädiger kann nicht verlangen, so gestellt zu werden, als habe er einen Gesunden verletzt (**E** 111), es sei denn, das Leiden hätte schadensunabhängig gewirkt (BGH VersR **93** 843, **96** 990, BGHZ **107** 359 = NZV **89** 391 [m Anm *Dunz* JR **90** 115], JR **97** 154, Mü NZV **03** 474, KG NZV **02** 172, Ha NZV **02** 36, 37, VersR **02** 491, Ba NZV **96** 316, Nü VersR **99** 1117, s **E** 109). Haftung daher auch für die Folgen seelischer Fehlreaktionen auf den Unfall (BGH NJW **96** 2425, VersR **05** 945, Kar VRS **106** 91, Mü VRS **80** 2, Bra DAR **98** 316, Ha NZV **02** 171, Kö VersR **98** 1247, Rz 7), für Verschlimmerung unmittelbar durch den Unfall (Kö VersR **98** 1249) oder durch unfallindizierte ärztliche Behandlung (BGH VersR **68** 648 [Tbc]). Jede unfallbedingte Steigerung bereits vorhandener gewesener Beschwerden führt zur Entschädigungspflicht, eine „richtunggebende" Verstärkung (wie im Sozialrecht) ist nicht erforderlich, (BGH NZV **05** 461 [Querschnittslähmung], Ha DAR **00** 263). Zwar spricht geringe Auffahrgeschwindigkeit gegen die Verletzungsfolge eines **HWS-Schleudertraumas** (Ko NJW-RR **04** 1318, Kö VersR **05** 422, *Staab* VersR **03** 121, *v Hadeln/Zuleger* NZV **04** 273, *Burmann* NZV **03** 170). Jedoch können auch Auffahrunfälle mit geringer Geschwindigkeit, etwa bei Vorschädigung, im Einzelfall zu HWS-Schleudertraumata führen; insoweit ist keine die Ursächlichkeit prinzipiell ausschließende **„Harmlosigkeitsgrenze"** von 4 bis 10 km/h anzuerkennen, weil die Verursachung des Schadens nicht nur von der Geschwindigkeitsänderung, sondern auch von einer weiterer Faktoren (ua Sitzposition) abhängt (BGH NJW **03** 1116 [Anm *Jaeger* VersR **03** 476, *Burmann* NZV **03** 169, *Lemcke* r + s **03** 177], BGH VersR **08** 1133; Stu NZV **04** 582, Ce NZV **05** 313, KG NZV **05** 470, Ko NJW-RR **04** 1318, Kö DAR **06** 325, Fra NZV **02** 120, Schl NJW-RR **07** 171, *Castro/Becke* ZfS **02** 366, *Mazzotti/Castro* NZV **02** 500, *Wedig* NZV **03** 393, abw Ha r + s **02** 111, KG VersR **01** 597, einschr *Notthoff* VersR **03** 1499, 1502 ff; s auch KG VRS **111** 408 [keine Ursächlichkeit bei Auffahrgeschwindigkeit von 3 bis 4,5 km/h] und LG Würzburg NZV **08** 35 [keine Ursächlichkeit bei Abbremsen ohne Kollision]). Gleichfalls keine Harmlosigkeitsgrenze *bei Frontalkollisionen* (BGH NJW **08** 2845). Auf entsprechenden

Antrag ist ein fachmedizinisches Gutachten einzuholen; Äußerungen von Biomechanikern genügen nicht, genauso wenig die Beurteilung des behandelnden Arztes (BGH VersR **08** 1133; *Mazzotti/Castro* NZV **08** 2; 113). Weiterführend zum HWS-Schaden *Mazzotti ua* NZV **04** 561; *Mazzotti/Castro* NZV **08** 2; 113, *Born/Rudolf/Becke* NZV **08** 1; *Auer/Krumbholz* NZV **07** 273, G. *Müller* VersR **03** 137, *Lemcke* r + s **03** 177, *Wedig* NZV **03** 393, *Staab* VersR **03** 1216, *Bachmeier* DAR **04** 421, speziell zur Kausalitätsprüfung im Teilungsabkommen *Lang/Küppersbusch* NZV **06** 628, krit zur Rspr der Instanzgerichte seit BGH NJW **03** 1116 *Jaeger* VersR **06** 1611. Ersatzpflichtige Gesundheitsbeschädigung ist nicht schon die durch Benachrichtigung vom schweren Unfall eines nahen Angehörigen ausgelöste gewöhnliche Ängstigung und der dadurch verursachte seelische Schmerz, sondern nur eine erheblich darüber hinausgehende **Schockfolge** iS gewichtiger nicht nur ganz vorübergehender psychopathologischer Ausfälle (BGH NJW **71** 1883, VersR **75** 765, NZV **89** 308 [zust *Dunz* JR **90** 112, Anm *Deutsch/Schramm* VersR **90** 715], KG VRS **107** 258, Fra NZV **91** 270, KG VM **99** 11, Fra VersR **71** 968). Zwischen der Schädigung der Leibesfrucht durch psychische Belastung der Schwangeren infolge Schocks bei Benachrichtigung vom schweren Unfall eines nahen Angehörigen und dem Unfall kann Haftungszusammenhang bestehen (BGH NJW **85** 1390 m Anm *Deubner, Weber* DAR **86** 161). Für einen durch einen nicht gravierenden Motorradunfall der Tochter verursachten Schock und dadurch ausgelösten Schlaganfall bei Überempfindlichkeit aufgrund Anginoms kann der Zurechnungszusammenhang zu verneinen sein (Nü DAR **06** 635). Keine Haftung für Verschlimmerung einer Alkoholkrankheit, weil der stabilisierende Einfluss des durch den Unfall getöteten Ehemanns fehle (BGH NJW **84** 1405). Nach Kö NZV **08** 37 keine Vorhersehbarkeit bei Eintritt der Dienstunfähigkeit nach (geringfügigem) tätlichem Angriff mit Beleidigungen.

Lit: *Auer/Krumbholz*, Das HWS-Trauma: Kausalzusammenhang aus biomechanischer und juristischer Sicht, NZV **07** 273, *Bachmeier*, Die aktuelle Entwicklung bei der HWS-Schleudertrauma-Problematik, DAR **04** 421. *Castro/Becke*, Das „HWS-Schleudertrauma" – einige kritische orthopädische/unfallanalytische Anmerkungen, ZfS **02** 365. *Großer*, Gibt es eine unterschiedliche Belastung der Halswirbelsäule bei einem erwarteten gegenüber einem unerwarteten Pkw-Heckanstoß?, DAR **04** 426. *v Hadeln/Zuleger*, Die HWS-Verletzung in Niedriggeschwindigkeitsbereich ..., NZV **04** 274. *Jaeger*, Entwicklung der Rspr zum HWS-Schleudertrauma, VersR **06** 1611. *Lang/Küppersbusch*, Die Kausalitätsprüfung im Teilungsabkommen ..., NZV **06** 628. *Mazzotti/Castro*, Bedarf es zur Beurteilung des „HWS-Schleudertraumas" noch der Hinzuziehung eines medizinischen Sachverständigen?, NZV **02** 499. *Mazzotti ua*, „Out of Position" – ein verletzungsfördernder Faktor ..., NZV **04** 561. *Mazotti/Castro*, Die Belastbarkeit des FzF, NZV **08** 16, dies., Das „HWS-Schleudertrauma" aus orthopädischer Sicht, NZV **08** 113. *Notthoff*, HWS-Verletzungen im Fall geringer Geschwindigkeiten, VersR **03** 1499. *Oppel*, Medizinische Komponente beim HWS, DAR **03** 400. *Wedig*, „Harmlosigkeitsgrenze" bei HWS-Verletzungen?, DAR **03** 393.

Psychische Beeinträchtigungen, die über eine bloße Aktualisierung des allgemeinen **7** Lebensrisikos hinausgehen, sind ersatzfähig, auch wenn sie nicht unmittelbar organisch bedingt sind (BGH NJW **07** 2764, **04** 1945, NJW **96** 2425, VersR **97** 752, NZV **93** 224, **00** 121, **98** 65 m Anm *Schiemann* JZ **98** 683, JR **97** 154, Ce NZV **05** 313, Ha NZV **02** 37, 171). Zu Schockschäden von Angehörigen, Unfallbeteiligten und nicht unfallbeteiligten Zeugen E 107. Keine Haftung für psychische Fehlverarbeitung des Unfallgeschehens durch den Geschädigten bei grobem Missverhältnis zwischen dem Schadensereignis und der neurotischen Fehlhaltung (Brn VRS **107** 85, KG NZV **03** 328, **02** 172, Nü VRS **103** 346), insbesondere bei nur ganz geringfügiger Primärverletzung (Bagatelle; BGH NJW **96** 2425, BGH NZV **98** 65 [Definition des Bagatellbegriffs], Brn VRS **107** 85, Ce NZV **05** 313, Ha NZV **03** 328, KG VRS **106** 264, 414, Kar VRS **106** 96, Nü VRS **103** 346, Ol DAR **01** 313, krit *Brandt* VersR **05** 618), es sei denn, das schädigende Ereignis hätte gerade eine spezielle Schadensanlage des Verletzten getroffen (Rz 6, BGH NJW **96** 2425, NZV **98** 65, 110, Ha VRS **100** 414, Bra DAR **98** 316, Kö VersR **98** 1247, näher G. *Müller* AG-VerkRecht-F S 183ff). Ist ein Schreckereignis ohne unmittelbare Verletzungsfolgen nur zufälliger Anlass für krankhafte seelische Reaktionen aufgrund ungewöhnlicher Überempfindlichkeit, so gehört die psychische Schockfolge zum allgemeinen Lebensrisiko und ist nicht ersatzfähig (Ha VersR **02** 78, Kö NJW-RR **00** 760). Ist psychische Beeinträchtigung nicht als ersatzfähiger Primärschaden anzuerkennen, so auch keine Haftung für Sekundärschäden aufgrund fehlerhafter ärztlicher Behandlung dieser Beeinträchtigung (Ha DAR **07** 705). Soweit unfallbedingte **Neurose** („traumatische Neurose", „Tendenzneurose") noch nicht das Gepräge von Begehrungsvorstellungen und eines auf Lebenssicherung gerichteten Bestrebens hat, gehört sie zum Schaden (BGH VersR **97** 752, DAR **86** 84 m Anm *Dunz* VersR **86** 448, NZV **91** 23, KG NZV **02** 172, Kö VersR **98** 1247, Ha NZV **02** 491, NZV **01**

303, 02 171, Fra VersR 93 853, VRS 89 168). Zum Umfang der **Darlegungspflicht** des Verletzten bei psychischer Fehlverarbeitung G. *Müller* AG-VerkRecht-F S 180. Keine Haftung dagegen mangels Rechtswidrigkeitszusammenhangs (aM zB *Schiemann* JR 98 684 f, *Brandt* VersR 05 618: wegen Mitverschuldens) für fortdauernde unfallbedingte Krankheit, die der Geschädigte durch zumutbaren Willensakt überwinden kann (Renten- und Begehrensneurose; BGH NJW 04 1945, 79 1935, NZV 93 224, 00 121, VersR 97 752, Brn VRS 107 85, KG VRS 106 264, Nü VRS 103 346, Ha NZV 02 37) und die nunmehr nur noch durch neurotisch-querulatorische Fehlhaltung (BGH VersR 68 377) und durch, auch unbewusstes, Versorgungsbegehren gekennzeichnet ist (BGH NZV 98 110, VersR 68 396, KG VRS 106 414, Ha NZV 02 37, Fra JZ 82 201, *Dunz* VersR 86 448). Diese Haftungsbeschränkung hängt nicht davon ab, dass festgestellt werden kann, der seelisch Geschädigte werde dieses Versagen nach Aberkennung des Rentenanspruchs überwinden (BGH NJW 65 2293). Unfallbedingte organische Wesensveränderung ist keine Tendenzneurose (Nü VersR 76 64). Zur Ersatzpflicht von Schäden infolge einer „traumatischen" (zweckfreien) Neurose auf Grund des Unfallerlebnisses, die zwar auf inadäquatem Verhalten des Geschädigten beruht, wenn solches Verhalten aber durch frühkindliche neurotische Fehlentwicklung bedingt ist, Fra JZ 82 201 (abl *Stoll*).

Lit: *Born/Rudolf/Becke*, Die Ermittlung des psychischen Folgeschadens – der „BoRuBeck-Faktor", NZV 08 1; *Brandt*, Die Behandlung von psychischen Folgeschäden im Schadensersatzrecht, VersR 05 616. *Burmann/Heß*, Die Ersatzfähigkeit psychischer (Folge-)Schäden nach einem VUnfall, ZfS 04 348. G. *Müller*, HWS-Schaden und psychischer Folgeschaden im Prozeß, AG-VerkRecht-F S 169. *Ritter*, Unfallneurotische Entwicklungen nach Halswirbelsäulen-Schleudertraumen, DAR 92 47. *Staab*, Psychisch vermittelte und überlagerte Schäden, VersR 03 1216.

8   Der Schadensersatzanspruch aus § 7 umfasst auch **Ansprüche auf Schmerzensgeld**. S 2 hat insoweit nur klarstellende Bedeutung, indem er auf § 253 II BGB in der durch das 2. G zur Änderung schadensersatzrechtlicher Vorschriften v 19. 7. 02 (BGBl I 2674) geltenden Fassung Bezug nimmt. Die Neuregelung gilt gem Art 229 § 8 EGBGB für nach dem 31. 7. 02 eingetretene Schadensereignisse. Die in § 253 II BGB nF getroffene Neuregelung gewährt einen einheitlichen, übergreifenden Anspruch auf Schmerzensgeld bei Verletzung der dort genannten Rechtsgüter (ua Verletzung des Körpers und der Gesundheit) ohne Rücksicht auf den Rechtsgrund der Haftung. Wegen der im Vordergrund stehenden Ausgleichsfunktion (KG VRS 104 48, *Müller* DAR 02 543), wird das Schmerzensgeld, das nur auf Gefährdungshaftung gestützt werden kann, nicht niedriger zu bemessen sein als bei Haftung aus fahrlässigem Verhalten (Ce NJW 04 1185, *Wagner* NJW 02 2054, *Lemcke* ZfS 02 325, *Pauker* VersR 04 1394, *Morgenroth* VGT 04 188, krit *Katzenmeier* JZ 02 1029, 1031). Hinsichtlich der Einzelheiten, die hier nicht zu erläutern sind, wird auf die Rspr und Lit zu § 253 BGB verwiesen. Zur Abänderbarkeit einer Schmerzensgeldrente BGH NJW 07 2745.

9   4. Höhe und Dauer des Ersatzes bei **Verminderung oder Aufhebung der Erwerbsfähigkeit** richten sich nach den Umständen (§ 287 ZPO). Verdienstausfall und sonstige Erwerbsminderung sind als konkreter Verdienstausfall nachzuweisen, nicht abstrakt nach dem ärztlich ermittelten Grad der Minderung zu bemessen (Rz 11). Bei unfallbedingter *vorzeitiger Versetzung in den Ruhestand* ist der Ausfall an Dienstbezügen bis zum fiktiven altersbedingten Ruhestand zu ersetzen (KG NZV 02 172). Bei der Prognose darüber, welche Einkünfte der Geschädigte in der Zukunft ohne die Beeinträchtigung seiner Erwerbsfähigkeit erzielt hätte, sind nicht allein die Verhältnisse im Unfallzeitpunkt zugrunde zu legen, vielmehr ist auch die *wahrscheinliche künftige Entwicklung* auf der Grundlage seiner Ausbildung und seiner beruflichen Situation vor dem Schadensereignis zu berücksichtigen (BGH VersR 97 366, 98 770, DAR 99 401), wobei dem Geschädigten die *Darlegungs- und Beweiserleichterungen* der § 252 BGB, § 287 ZPO zugute kommen (BGH NZV 02 268, 98 279, 95 189, DAR 99 401, NJW 95 1023, KG NZV 03 191, VRS 106 270, Kö VersR 00 237, VRS 102 408). An die Pflicht des Geschädigten zur Darlegung konkreter Anhaltspunkte für eine Prognose sind keine zu hohen Anforderungen zu stellen (BGH DAR 99 401). Zur Dauer der Rentenzahlung s auch Rz 19.

10   4 a. Bei **selbstständiger unternehmerischer Betätigung** sind im Wege der Differenzmethode (*Greger* § 29 Rz 112 mwN) alle wesentlichen Wirkungen der Beeinträchtigung zu berücksichtigen, nicht schematisch nur die Zeit der Arbeitsunfähigkeit (BGH VersR 65 979, 68 970). Nicht Beeinträchtigung oder Verlust der Arbeitskraft begründet den Schaden, sondern erst der daraus erwachsene messbare Vermögensnachteil (BGHZ 54 45 = NJW 70 1411, VersR 92

973, DAR **94** 113, Ce ZfS **06** 84, Sa VersR **00** 985, Ha NZV **89** 72, Ko VersR **91** 194, Zw NZV **95** 315, *Berger* VersR **81** 1105). Die Geltendmachung unfallbedingten Verdienstausfalls eines Selbstständigen setzt die Darlegung konkreter Anhaltspunkte für die hypothetische Geschäftsentwicklung voraus (BGH NJW **04** 1945, Sa VersR **00** 985); jedoch dürfen die Anforderungen insoweit wegen der damit verbundenen Schwierigkeiten nicht überspannt werden (BGH NJW **04** 1945, NZV **93** 428, VersR **92** 973, KG NZV **03** 191, VRS **88** 115). Es gelten die Darlegungs- und Beweiserleichterungen der § 252 BGB, § 287 ZPO (Rz 9). IdR ist zunächst an die Ergebnisse der dem Unfall unmittelbar vorausgehenden Jahre anzuknüpfen (BGH NJW **04** 1945, NZV **01** 210). Für die gerichtliche Beurteilung der voraussichtlichen Entwicklung der Erwerbstätigkeit sind neben den Verhältnissen im Unfallzeitpunkt auch Erkenntnisse aus unfallunabhängigen Entwicklungen bis zur letzten mündlichen Verhandlung zu berücksichtigen (BGH NJW **04** 1945, **99** 136 [Verlust der Betriebsräume]). Unfallunabhängige Faktoren wie Konjunkturentwicklung oder betriebliche Dispositionen mit negativen Auswirkungen sind von den Unfallfolgen abzugrenzen (KG NZV **05** 148 [Sachverständigengutachten]). Ein Mindererlös bei unfallbedingtem Verkauf des Unternehmens ist zu ersetzen (*Greger* § 29 Rz 118). Wird hingegen bei vorzeitigem Verkauf wegen der zu dieser Zeit herrschenden Bedingungen ein höherer Preis erzielt als er bei Verkauf zum geplanten Zeitpunkt zu erzielen gewesen wäre, so kann dies im Wege des Vorteilsausgleichs anzurechnen sein (Sa NZV **07** 469). Geschäftsgewinn, der der **Gesellschaft** wegen Arbeitsunfähigkeit des geschäftsführenden Alleingesellschafters entgeht, kann dieser als eigenen Schaden ersetzen verlangen, BGHZ **61** 380 = NJW **74** 134, **77** 1283. Entgangene Tätigkeitsvergütung des GmbH-Alleingesellschafters: BGH NJW **71** 1136, des mitarbeitenden Gesellschafters mit Gewinnquote, wenn der Unfall die Quote schmälert: BGH VersR **67** 83, DAR **94** 116. Kein Verdienstausfallschaden des GmbH-Geschäftsführers, der zugleich Alleingesellschafter ist, soweit die GmbH durch ersparte Gehaltszahlung entlastet ist (KG VRS **107** 263). Bezüge, die der GmbH-Gesellschafter/Geschäftsführer unfallbedingt verliert, sind zu ersetzen, auch wenn ein anderer Gesellschafter einspringt, BGH Betr **69** 2175, ebenso die des Geschäftsführers/Komplementärs, dem vertraglich ein vom Ertrag unabhängiges Gehalt zukommt (BGH VersR **67** 83, **65** 592, DAR **63** 191). Zum Ersatzanspruch des GmbH-Geschäftsführers, dessen Vergütung während seiner Arbeitsunfähigkeit weitergezahlt worden ist (BGH NJW **78** 40 [Tantieme]). Aus vorübergehender Arbeitsunfähigkeit des Komplementärs infolge des Unfalls erwächst der Gesellschaft kein Ersatzanspruch wegen Gewinnausfalls (BGH Betr **77** 395). Unfallbedingte Arbeitsunfähigkeit eines Mitgesellschafters bei gekürztem Gewinnanteil (BGH VersR **64** 1243, **65** 320 m Anm *Schmidt*, DAR **94** 116). Anders als bei einer Personengesellschaft erstreckt sich der Verdienstausfallanspruch eines ein Erwerbsgeschäft im Rahmen ehelicher Gütergemeinschaft betreibenden Verletzten nicht nur auf einen quotenmäßig bestimmten Anteil, sondern auf Kompensation des Gesamtschadens (BGH DAR **94** 113). Rspr zum **Verdienstausfall bei freiberuflicher Tätigkeit:** Zur Berechnung des unfallbedingten Verdienstausfalls eines Architekten Fra VersR **79** 86, eines selbstständigen Apothekers Sa NZV **07** 469. Unfallbedingte Einbuße durch entgangenen Auftrag: KG NZV **03** 191. Zur abstrakten Berechnung des Verdienstausfalls eines freiberuflich tätigen Arztes Mü NJW **87** 1484. Kann ein Fahrlehrer unfallbedingt ausgefallene Fahrstunden nicht nachholen, ist der Ausfall zu ersetzen (Kleinbetrieb; LG Nürnberg-Fürth VersR **72** 796). Erwerbsausfall bei einem unfallverletzten Handwerksmeister: BGH VersR **61** 1140, NZV **97** 174, bei erst seit kurzer Zeit vor dem Unfall selbstständig tätigem verletzten Handwerker: Ce ZfS **06** 84, bei einem Taxiunternehmer: BGH VersR **66** 595, *Spengler* VersR **72** 1008, bei Verletzung des Fahrers und Beschädigung der Taxe BGH VRS **57** 325, bei Fuhrunternehmer BGH VersR **71** 82, des Werkstattinhabers bei weiterlaufenden Allgemeinkosten BGH VersR **69** 466, bei selbstständigem Gemüsegärtner BGH DAR **94** 113, bei Autohändler BGH VersR **66** 851, Handelsvertreter bei Wegfall der Aufstiegsmöglichkeit BGH VersR **63** 682, bei selbstständigem Kaufmann, dessen Geschäft sich trotz des Unfalls vergrößert BGH VRS **22** 1, bei erst seit wenigen Monaten selbstständiger Gastwirtin Hb VersR **97** 248, bei Alleingeschäftsführer einer diesem gehörenden Ein-Mann-GmbH BGH VersR **92** 1410, selbstständigem Landwirt BGH VersR **66** 1158, Ce VersR **69** 760 (Kredit für Hilfskräfte), bei Bildhauer nach Armverlust BGH VersR **69** 376, bei früherem Chefarztvertreter, jetzigem Landarzt Dü VersR **73** 929, bei Zahnarzt, Nü VersR **77** 63, **68** 481, Ha NZV **95** 316, bei selbstständigem Zahntechnikermeister BGH VersR **66** 445, bei freiberuflich beratender Betriebswirtin BGH VersR **72** 1068, bei erst seit kurzem selbstständiger Unternehmensberaterin KG VRS **88** 115, überhaupt bei Freiberuflern BGH NZV **93** 428, KG VM **96** 44, Ce NdsRpfl **63** 133. Weitere Rspr bei *Scheffen* VersR **90** 928; Berechungsbeispiele bei *Kendel* ZfS **07** 372.

1 StVG § 11

11 **4b. Verdienstausfall und Fortkommensschaden.** Verdienstausfall, soweit durch den Unfall adäquat verursacht (BGH VersR **62** 281), ist **brutto und idR einschließlich der Steuern und Arbeitgeberanteile** zur Sozialversicherung zu ersetzen (BGHZ **43** 378, NJW **66** 199, **83** 1669, VRS **69** 401, NZV **92** 313, Ha VersR **85** 1194, Kö VersR **70** 426, Ce VersR **80** 582, KG Betr **78** 1541, VersR **75** 862, *Hartung* VersR **81** 1008, **86** 308), einschließlich der Arbeitgeberanteile zu privaten Pensionskassen (KG VersR **72** 352, VM **72** 52), jedoch ohne Arbeitgeberaufwendungen zur Unfallversicherung (BGH NJW **76** 326). Hinsichtlich der Arbeitgeberanteile ist aber der gesetzliche Forderungsübergang gem § 119 I SGB X zu berücksichtigen, soweit die Beiträge vom Geschädigten selbst geltend gemacht werden (BGH NZV **99** 508). Ein Rechtsanspruch auf Lohn- oder Gehaltsfortzahlung bei Krankheit steht nicht entgegen (BGHZ **43** 378 = NJW **65** 1430, **66** 199, Kö VersR **64** 689, s § 6 EFZG [Übergang des Ersatzanspruchs auf den Arbeitgeber; hierzu eingehend *Diehl* ZfS **07** 543], *Küppersbusch* Rz 106). Zur Ermittlung des Bruttoverdienstausfalls ist dem Bruttoverdienst vor dem Unfall das Bruttoverdienst aus anderweitiger, nach dem Unfall aufgenommener Tätigkeit gegenüberzustellen (BGH NZV **01** 210). Soweit der Erwerbsschaden durch **Leistungen der Sozialversicherung** abgedeckt wird, bedarf die Schadensberechnung nach dem hypothetischen Bruttoverdienst allerdings insoweit der Korrektur, als Steuervorteile (Einkommensteuerfreiheit von Versicherungsleistungen) und ersparte Sozialabgaben (Besserstellung des Rentenempfängers hinsichtlich der Krankenversicherungs- und Arbeitslosenversicherungsbeiträge) anzurechnen sind (BGH VRS **64** 86, **69** 401, DAR **88** 52). Zur Vermeidung ungerechtfertigter Besserstellung durch den Unfall wird teilweise – insbesondere vom VI. ZS des BGH – zur Berechnung des Verdienstausfalls auch eine sog „**modifizierte Nettomethode**" angewandt (fiktives Nettoeinkommen plus verbleibende Steuern und Sozialabgaben, BGHZ **127** 391 = NZV **95** 63 m Anm *Hofmann* VersR **95** 94, *Lange* JZ **95** 406, Mü VersR **05** 1150, Dü DAR **88** 23, Stu VersR **99** 631, *Stürner* JZ **84** 462, *Hofmann* NZV **93** 140, *Greger* § 29 Rz 74). Die Berechnung nach der sog Bruttolohnmethode wird jedoch inzwischen auch vom VI. ZS des BGH nicht mehr beanstandet (BGH DAR **88** 52, NZV **95** 63, **99** 508, **01** 210, *Scheffen* VersR **90** 927, *v Gerlach* DAR **95** 221). Zu dem zu ersetzenden Erwerbsschaden gehört auch der Verlust des Anspruchs auf **Arbeitslosenhilfe** infolge Eintritts der Arbeitsunfähigkeit (BGH VersR **84** 862, NJW **84** 1811). Zur Berücksichtigung **steuerlicher Auswirkungen** auf den Ersatzanspruch bei Verdienstausfall (Steuervorteile, Verlust von Steuervergünstigungen) BGH NJW **80** 1788, NZV **99** 508, VRS **59** 84, *Hofmann* VersR **80** 807, *Hartung* VersR **86** 308, *Kullmann* VersR **93** 385, s auch Rz 3. Soweit bei Haftung auf eine Quote zwischen Bruttolohn- und modifizierter Nettolohnmethode eine steuerliche Progressionsdifferenz besteht, ist dies dem Schädiger im Wege der Vorteilsausgleichung gutzubringen (BGHZ **127** 391 = NZV **95** 63 m Anm *Lange* JZ **95** 406, zust *Hofmann* VersR **95** 94). Unfallbedingte Vertreterkosten gehören zum Erwerbsschaden (BGH VersR **77** 916). Beweispflichtig für die Höhe des Ausfalls ist der Verletzte (BGH VRS **18** 241, Kö VersR **00** 237); ihm kommt jedoch die **Beweiserleichterung** des § 252 BGB und die Schadensschätzung nach § 287 ZPO zugute (Rz 9). Zu ersetzen ist der **konkrete Verdienstausfall**, nicht eine gutachtlich abstrakte Erwerbsfähigkeitsminderung (BGH NJW **04** 1945, **95** 1023, VersR **91** 703, NJW-RR **91** 470, NZV **93** 428, **95** 189, KG VRS **88** 115, Fra VersR **82** 909, *Scheffen* VersR **90** 226). Daher endet umgekehrt der Ersatzanspruch wegen Verdienstausfalls nicht stets mit der Wiedererlangung der vollen Erwerbsfähigkeit (BGH VersR **91** 703). Kein Anspruch einer nicht erwerbstätigen Hausfrau auf Ersatz eines Verdienstausfallschadens ohne konkrete Tatsachen, die die Wahrscheinlichkeit einer Tätigkeitsaufnahme ohne den Unfall belegen (Fra MDR **95** 1012). Der Ersatzanspruch besteht bis zur Erlangung einer gleichwertigen Stelle (RG RdK **42** 7), sofern die fortbestehende Erwerbslosigkeit auch nach gesundheitlicher Wiederherstellung unfallbedingt ist (BGH VersR **91** 703), und nach der Lebenserfahrung vom Fortbestand des früheren Arbeitsverhältnisses ohne Unfall auszugehen ist (Ha ZfS **98** 459). An einem haftungsrechtlichen Zusammenhang kann es jedoch fehlen, wenn der Geschädigte, der nach unfallbedingtem Berufswechsel mehr verdient hat als vor dem Unfall, die neue Arbeitsstelle auf eigenes Risiko ohne unfallbedingten Grund aufgibt und dadurch eine Einkommenseinbuße erleidet (BGH VersR **91** 129, s E 110). Findet sich bei Teilarbeitsfähigkeit keine zumutbare Stelle, so ist der gesamte vorherige Durchschnittsverdienst zu ersetzen (BGH VersR **68** 396), auch Auslösung für auswärtige Arbeit, die auch ohne besondere Aufwendungen hierfür gewährt worden wäre (Fra MDR **64** 842, Mü VRS **66** 321). Ist die Weiterverwendung als qualifizierte Fachkraft nicht möglich, ist darauf abzustellen, wie sich die betrieblichen Verhältnisse bei Weiterbeschäftigung des Verletzten entwickelt hätten (BGH VersR **62** 824, **64** 76 [Modellschneiderin]). Bei einem ungelernten Arbeiter ist bei der Schätzung des Erwerbsausfalls dem besonderen Beschäftigungsrisiko Rechnung zu tragen (BGH NZV 02 268).

Der arbeitsunfähige Verletzte hat idR Anspruch auf Ersatz der **Beiträge zu gesetzlich zulässigen, freiwilligen weiteren Rentenversicherungen** (BGHZ 46 332 = NJW 67 625, BGHZ 69 347 = NJW 78 155 m Anm *Buchmüller*, 78 157, BGHZ 87 181 = NJW 83 1669, BGHZ 97 330 = VersR 86 592, 914, 87 1048, NZV 91 145, 94 63). Kein Anspruch des Pflichtversicherten dagegen auf die Beitragsdifferenz, wenn infolge unfallbedingter Minderung des Arbeitsverdienstes geringere Beiträge zur Sozial- und Arbeitslosenversicherung abzuführen sind (BGHZ 87 181 = NJW 83 1669). Führt ein Verkehrsunfall zu Behinderung und zu Tätigkeit des Geschädigten in Behindertenwerkstätte, so kann ein Schadensersatzanspruch gegen den Schädiger wegen der vom Bund gem § 179 I 1 SGB VI an den Träger der Werkstätte erstatteten Rentenversicherungsbeiträge nur insoweit übergehen, als der Geschädigte hinsichtlich seiner rentenversicherungsrechtlichen Stellung einen konkreten Schaden erlitten hat; dies ist der Fall, wenn die vom Bund erstatteten Rentenversicherungsbeiträge nötig waren, um dem Geschädigten die Stellung in der Rentenversicherung zu erhalten, die er im Zeitpunkt des Unfalls inne hatte, oder wenn der Geschädigte während des in Frage stehenden Zeitraums ohne den Unfall aus sonstigen Gründen rentenversicherungspflichtig geworden wäre und deshalb Beiträge hätte abführen müssen (BGH VersR 07 1536, s auch LG Augsburg NZV 06 214). Soweit keine gesetzliche Möglichkeit besteht, einer Verkürzung späterer Versicherungsleistungen durch Fortentrichtung von Beiträgen entgegenzuwirken, bleibt dem Verletzten nur konkrete Schadensberechnung nach Eintritt des Versicherungsfalls (BGHZ 97 330 = VersR 86 592, 87 1048). Geht der unfallbedingt Erwerbsunfähige einer Beschäftigung nach, ohne im Rahmen der Schadensminderungspflicht dazu gehalten zu sein, so hat er Anspruch auf Ersatz der von ihm zu entrichtenden Rentenversicherungsbeiträge (BGH NZV 94 63). Durch unfallbedingten Berufswechsel entstehende Mehraufwendungen für eine (freiwillige) **Krankenversicherung** sind erstattungspflichtig (Kar NZV 94 396), jedoch nur tatsächlich erbrachte (BGH NZV 91 145, 147). Für Schadensfälle nach dem 1. 7. 83 gehen Ansprüche auf Ersatz von Beiträgen zur Sozialversicherung nach Maßgabe von § 119 S 1 SGB X auf den SVTr über (BGHZ 97 330 = VersR 86 592, 87 1048 m Anm *Hartung* VersR 87 1050, *v Einem* JR 89 21, *Ritze* NJW 83 2624). Das gilt auch dann, wenn der Geschädigte seinen zuvor ausgeübten Beruf nicht mehr ausüben kann und eine Tätigkeit als Beamter aufnimmt (BGH NJW 08 1961). Zu den Folgeschäden der Körperverletzung kann auch die im Hinblick auf die Unfallverletzung **erhöhte Versicherungsprämie** einer bestehenden oder nach dem Unfall abgeschlossenen Krankentagegeldversicherung gehören (BGH DAR 84 286). **Umschulungskosten** zur Erlangung der Qualifikation für einen wirtschaftlich und sozial gleichwertigen Beruf sind zu ersetzen, wenn die Umschulung im Zeitpunkt des Entschlusses zu dieser Maßnahme zur Vermeidung andernfalls zu erwartenden Erwerbsschadens sinnvoll erscheint (BGH VRS 63 163, NZV 91 265, Jn NJW-RR 99 1408 (Prognoserisiko beim Schädiger), Schl VRS 80 10, Fra VRS 82 417, Ko VersR 95 549). Bei Umschulung zu höherwertigem Beruf jedoch nur Ersatz der Kosten, die auch bei Ausbildung zu einem gleichwertigen Beruf entstanden wären, es sei denn, dass auf andere Weise eine berufliche Wiedereingliederung nicht möglich wäre (BGH NJW 87 2741, Kar VRS 106 91); i Ü keine Vorteilsausgleichung im Hinblick auf den Mehrverdienst (BGH NJW 87 2741, s auch Rz 3).

Verzögerte Berufsausbildung (Prüfung) ist nach ihrem vermutlichen Einfluss unter Zugrundelegung eines gewöhnlichen Laufs der Dinge zu berücksichtigen (BGH NZV 01 34, Ha VersR 00 234, Fra NZV 98 249, Nü VersR 68 976, Ba VersR 67 911 und Mü ZfS 84 294 [je einjährige Verzögerung]). Maßgebend für die Prognose sind nicht statistische Wahrscheinlichkeiten, sondern Fähigkeit, Anlage, bisherige Ausbildung und soziale Bedingungen zur Unfallzeit (BGH NZV 01 34, Kö NJW 72 59). Bei kleinen Kindern können Bildung und Beruf der Eltern sowie die Entwicklung von Geschwistern als Anhaltspunkte für den hypothetischen Verlauf der Ausbildung und des Berufslebens mit herangezogen werden (Kar DAR 89 104). Generell sind zu hohe Anforderungen an die Konkretisierung nicht zu stellen (Rz 9). Jedoch muss hinreichende Wahrscheinlichkeit bestehen, woran es bei einer von einem Schüler beabsichtigten Ausbildung zum Piloten als Offizier der Luftwaffe angesichts einer generell verschwindend geringen Erfolgsquote der Absolventen fehlen kann (Ce ZfS 08 16). Abbruch des Studiums und Aufnahme einer Erwerbstätigkeit: Fra NZV 98 249 (näher *Eckelmann ua* DAR 83 337, *Scheffen* VersR 90 928). Verzögerung des Studiums infolge eines Vorlesungsstreiks, dem der Verletzte ohne den Unfall nicht ausgesetzt gewesen wäre (BGH NJW 85 791), verzögerter Studienabschluss und um 1 Jahr verzögerte Aufnahme einer Erwerbstätigkeit KG NZV 06 207. Wird durch den Unfall die beabsichtigte Ausbildung für einen **höher dotierten Beruf** (Stu-

1 StVG § 11 II. Haftpflicht

dium) unmöglich gemacht und ergreift der Verletzte eine schlechter bezahlte Erwerbstätigkeit, so ist auch im Rahmen des § 11 StVG Ersatz zu leisten (Ha VersR **00** 234, *Steffen* DAR **84** 2). Zugrundezulegen ist die Differenz zwischen dem tatsächlichen und dem hypothetischen Einkommen im beabsichtigt gewesenen Beruf (§ 252 S 2 BGB; Fra VersR **83** 1083, *Funk* VGT **84** 226, 238 ff, *Eckelmann ua* DAR **83** 346 ff, *Medicus* DAR **94** 442).

13   Entgangenes Weihnachts- und **Urlaubsentgelt** ist zu ersetzen, BGH DAR **73** 17, BGHZ **133** 1 = NZV **96** 355 (zust *Grunsky* JZ **97** 828, *Notthoff* ZfS **98** 163). Zur Frage des Ersatzes für entgangenen Urlaub § 16 Rz 5.

14   **Beamte** haben bei unfallbedingtem Dienstunfall einen auf den Dienstherrn übergehenden Anspruch auf Ersatz des Bruttogehalts, BGH VRS **29** 84, **42** 76, NJW **64** 2007, Stu VersR **64** 691, KG VRS **24** 82, VersR **62** 841, jedoch nicht bei stundenweise ausfallender Arbeitszeit wegen ambulanter Behandlung, Bay MDR **69** 761. Weihnachtsvergütung ist anteilig zu erstatten, BGH Betr **72** 2301. Fällt das Übergangsgehalt wegen unfallbedingter Zurruhesetzung weg, so ist das Ruhegeld auf diesen Schaden nicht anzurechnen, BGH VRS **19** 415. Unfallausgleich neben Ruhegeld ersetzt einen Teil des Erwerbsverlustes, BGH VRS **15** 243, VersR **63** 137, und ist auf den zivilrechtlich zu ersetzenden Erwerbsschaden anzurechnen, KG NZV **02** 172. Werden Versorgungsbezüge gezahlt, so geht der Ersatzanspruch insoweit kraft Gesetzes (§ 87a BBG) auf den Dienstherrn über, doch kann dieser auf den unfallschuldigen Angehörigen nicht zurückgreifen, BGH NJW **65** 907. Verbliebene Arbeitskraft: Rz 17.

15   **4 c.** Der verletzte **haushaltführende Ehegatte (zB Ehefrau)** hat eigene Ersatzansprüche gem §§ 842, 843 BGB zum Ausgleich seiner Tätigkeitsbehinderung (BGH NJW **68** 1823, **74** 1651, Ol NJW-RR **89** 1429). Zum Haushaltsführungsschaden eingehend mit Berechnungsbsp. *Pardey* DAR **06** 671, *Balke* SVR **06** 321, 376. In Erfüllung einer gesetzlichen Unterhaltspflicht geleistete **Hausarbeit ist anderer Erwerbstätigkeit gleichwertig** (BGH NJW **72** 2217, **74** 41, Nü DAR **05** 629, Ko VRS **81** 337, Dü VersR **92** 1418, Ol VersR **93** 1491), jedoch nicht, soweit der berufstätige Ehegatte dem haushaltsführenden gewisse Hilfeleistungen erbringt („Hausmannsentschädigung", Ol VersR **83** 890). Der zu ersetzende Ausfall bemisst sich nach der konkreten durch die Verletzung bedingten Behinderung (BGH NZV **90** 21, KG VRS **108** 9, Ha DAR **02** 450, Kö VRS **98** 403, *Ludwig* DAR **91** 402, *Pardey* DAR **94** 266). Auch bei einer Erwerbsminderung von nur 20% und weniger kann im Einzelfall ein ersatzfähiger Haushaltsführungsschaden gegeben sein (Ce ZfS **05** 434, SVR **07** 147), wobei aber ein allgemeiner Verweis auf eine bestimmte prozentuale MdE oder der Fähigkeit zur Haushaltsführung nicht genügt, vielmehr im Einzelnen dargelegt werden muss, welche Tätigkeiten, die vor dem Unfall im Haushalt verrichtet wurden, unfallbedingt nicht mehr oder nicht mehr vollständig ausgeübt werden können (Ce SVR **07** 147). Die Höhe des zu ersetzenden Schadens ergibt sich aus einem Vergleich zwischen der Arbeitsleistung, die ohne den Unfall erbracht worden wäre, und der verbliebenen Arbeitskraft (Fra VRS **70** 328, Ol VRS **71** 161, VersR **93** 1491). Hat der andere Ehegatte im Haushalt mitgearbeitet, so kann der verletzte haushaltsführende Ehegatte nicht auf diese Möglichkeit verwiesen werden (Ce ZfS **83** 291). Führen beide den Haushalt, so muss der in der Haushaltsführung beeinträchtigte Geschädigte, dessen haushaltsspezifische Erwerbsminderung sich je nach Art der jeweiligen Haushaltstätigkeit unterschiedlich auswirkt, im Rahmen der Schadensminderungspflicht die Arbeitsaufteilung entsprechend neu organisieren (KG VersR **05** 237). Soweit die Haushaltsführung nicht in Erfüllung der der Familie geschuldeten Unterhaltspflicht erfolgt, sondern **eigenen Bedürfnissen** dient, ist sie nicht einer Erwerbstätigkeit gleichzusetzen; insoweit gehört ihr Ausfall daher nicht zum Erwerbsschaden (auf den eine Verletztenrente nach §§ 570 ff, 580 RVO [alt] anzurechnen ist), sondern zur Schadensgruppe der vermehrten Bedürfnisse (BGH NZV **89** 387, NJW **85** 735, **74** 41, Ko VRS **81** 337, Ol VersR **93** 1491, Dü VersR **92** 1418). Der auf den Eigenbedarf entfallende Anteil bestimmt sich im Regelfall nach der Zahl der Personen (BGH NJW **85** 735). **Zu ersetzen** sind die Aufwendungen für Pflege und Haushaltshilfe (*Küppersbusch* Rz 205), auch bei Unfall vor der Ehe (BGH NJW **62** 2248, Stu VersR **62** 73), auch wenn Verwandte oder Freunde unentgeltlich helfen (BGH VersR **63** 463, NZV **90** 21, Ro ZfS **03** 233, Stu FRZ **64** 267) oder einspringen könnten (BGH VRS **20** 81). Maßgebend ist nicht die pflichtgemäß zu erbringende Hausarbeitsleistung, sondern diejenige, die, wenn auch unter Anstrengungen, ohne den Unfall erbracht worden wäre, uU auch bis ins hohe Alter (BGH NJW **74** 1651, KG VRS **108** 9, Fra VRS **70** 328, Ol VRS **71** 161, Ol VersR **93** 1491, *Küppersbusch* Rz 186). Verlust von Geschmacks- und Geruchssinn allein führt idR nicht zu einer Ersatzansprüche auslösenden Behinderung der Hausfrauenarbeit (Dü VersR **82** 881). Zur Berechnung des Um-

fangs der Behinderung einer verletzten Hausfrau Fra VersR **82** 981 m Anm *Hofmann, Vogel* VersR **81** 810, *Ludwig* ua DAR **91** 401 („Münchner Modell"), *Ludolph* VersR **92** 293, *Warlimont* ZfS **07** 431. Bei der **Berechnung des in behinderter Haushaltsführung bestehenden Schadens** ist die Höhe der zum Ausgleich erforderlichen Aufwendungen für eine Ersatzkraft heranzuziehen (BGHZ **38** 55 = NJW **62** 2248, KG VRS **108** 9, Ha DAR **02** 450, Kö VRS **98** 403, Fra VersR **82** 981, Dü VersR **92** 1418, Ol VersR **93** 1491), und zwar unabhängig davon, ob tatsächlich solche Aufwendungen gemacht werden (BGH NJW **68** 1823, NZV **90** 21, VersR **92** 618, KG VRS **108** 9, Ro ZfS **03** 233, Fra VersR **82** 981 m Anm *Hofmann*, VRS **70** 328, Ol VRS **71** 161, NJW-RR **89** 1429, Hb VersR **85** 646, *Grunsky* NJW **83** 2470). Zur Ersatzhöhe bei verminderter Hausarbeitsleistung einer berufstätigen Frau Fra VersR **80** 1122, abl *Schmalzl* VersR **81** 388, *Klimke* VersR **81** 1083. Der Ersatzanspruch der Ehefrau wegen verminderter Hausarbeitsfähigkeit geht nur insoweit **nach § 116 I SGB X auf den SVTr über,** als die Hausarbeit als Beitrag zum Familienunterhalt der Erwerbstätigkeit gleichsteht (s oben; BGH NJW **74** 41 [zu § 1542 alt RVO], **85** 735). Bei **Mitarbeit eines Ehegatten im Erwerbsgeschäft des anderen** stehen nur dem verletzten Teil Ersatzansprüche wegen Körperverletzung zu (BGH NJW **72** 2217). Die obigen Grundsätze gelten auch für eingetragene Lebenspartnerschaften, vgl § 5 LPartG (*Palandt-Heinrichs* vor § 249 Rz 42). Nach wohl überwiegender Rspr jedoch kein Haushaltsführungsschaden in **nichtehelicher Lebensgemeinschaft,** soweit Haushaltsführung nicht auf rechtsverbindlicher Grundlage erfolgt (Dü VersR **92** 1418, NZV **07** 40, Kö ZfS **84** 132, Nü NZV **06** 220, *Küppersbusch* Rz 183), uU aber auch, wenn die Haushaltsführung in der nichtehelichen Lebensgemeinschaft eine sinnvolle Verwertung der Arbeitskraft darstellt (Dü NZV **07** 40, abw LG Zweibrücken FamRZ **94** 955, Kar DAR **93** 391, aM *Huber* NZV **07** 1 mwN; s auch *Huffmann* VGT **85** 91 ff, *Pardey* ZfS **07** 243, 303, *Lemcke* JbVerkR **99** 175 f, *Schirmer* DAR **07** 2, sowie Empfehlung des VGT **85** 9 und des VGT **07** (AK I), *Born* NZV **07** 121, *Jahnke* NZV **07** 329).

4 d. Verletzungsbedingte Beeinträchtigung der **häuslichen Mitarbeit des Kindes.** Kein **15a** eigener Anspruch des im Haushalt der Eltern unentgeltlich mitarbeitenden Kindes für unfallbedingte Unmöglichkeit einer Fortsetzung dieser Arbeit, Fra VersR **82** 909. Zum Ersatzanspruch der Eltern wegen entgangener Dienste des verletzten Hauskindes, BGHZ **69** 380, VRS **54** 321, Ce NZV **06** 95. Den Eltern des Verletzten steht Ersatz wegen entgangener Dienste nur zu, soweit der Verletzte selber Ersatz fordern könnte, aber nicht fordert, BGHZ **69** 380 = NJW **78** 159.

5. Die Schadensminderungspflicht (*H. W. Schmidt* DAR **70** 293) des Verletzten, auch des **16** vorsätzlich Verletzten (BGH VersR **64** 94), begrenzt den Schaden auf dasjenige, was nach pflichtgemäßer möglicher Minderung verbleibt, BGH NJW **67** 2053. Zumutbare, **ärztlich angeratene Behandlung,** wenn gefahrlos und Erfolg versprechend, muss wahrgenommen werden, wenn der Schädiger die Kosten übernimmt (BGH VersR **67** 953, **61** 1125, Ol VersR **65** 909, uU auch eine Operation, BGH NZV **94** 271, Kö VRS **4** 248). Unvorhersehbare Gefahrumstände, die sich auch bei sorgfältiger Operation nicht ausschließen lassen, machen diese unzumutbar, BGH NZV **94** 271, Dü VersR **75** 1031, ebenso erhebliche Schmerzhaftigkeit des Eingriffs, BGH NZV **94** 271. Ablehnung einer Hüftgelenkoperation verletzt § 254 BGB nicht, Ol NJW **78** 1200.

Verbliebene Arbeitskraft muss der Verletzte in zumutbarer Weise schadensmindernd ver- **17** wenden (BGH NJW **67** 2053, VersR **83** 488, NZV **91** 145, **92** 313, **96** 105, **97** 435, Kö VersR **91** 111, Fra NZV **93** 471, *Scheffen* VersR **90** 933). Kein Verstoß gegen die insoweit bestehende Schadensminderungspflicht, wenn er zur Verwertung verbliebener Arbeitskraft nicht in der Lage ist (BGH NZV **96** 105, **97** 435), oder wenn nicht angenommene oder aufgegebene Arbeit nicht zumutbar ist (KG NZV **02** 95 [mit Beispielen für die entscheidenden Kriterien], Fra ZfS **02** 20 [Verstärkung der unfallbedingten Beschwerden durch die betreffende Tätigkeit]). Sein Verdienstausfall entspricht dann der Differenz zwischen den vor und nach dem Unfall erzielten Einkünften; nach dieser Differenz ist auch eine etwaige Haftungsquote des Schädigers zu berechnen, BGH NZV **92** 313. Der Geschädigte ist nicht unter Verzicht auf ihm zustehende soziale Altersversorgung allein im Interesse der Geringhaltung des Schadens zur Weiterbeschäftigung mit der verbliebenen Arbeitskraft verpflichtet (Inanspruchnahme des Altersruhegeldes infolge des Unfalls mit 63 statt mit 65 Jahren; BGH NJW **82** 984). Im Rahmen des Zumutbaren muss der Geschädigte an Umschulungsmaßnahmen teilnehmen, BGH NZV **91** 145, **97** 435, Kö VersR **91** 111. Setzt die Annahme einer zumutbaren Arbeit die Anschaffung eines Pkw voraus, so verletzt er seine Schadensminderungspflicht, wenn er das Fz nicht anschafft und die

Stelle nicht antritt, obwohl Anschaffung und Nutzung eines Fz zumutbar wären, BGH NZV **99** 40. Dass der Geschädigte eine zumutbare Tätigkeit nicht aufgenommen habe, hat der Schädiger zu beweisen, BGH NJW **79** 2142, Kö VersR **00** 237. An die **Beweislast** des Schädigers insoweit sind aber keine zu hohen Anforderungen zu stellen; der Geschädigte muss dartun, welche Arbeitsmöglichkeiten ihm zumutbar und durchführbar erscheinen und was er in dieser Richtung unternommen hat (BGH NJW **79** 2142, **07** 64, Kö VersR **00** 239) und warum er ein konkret nachgewiesene zumutbare Arbeitsmöglichkeit nicht genutzt hat (BGH NJW **79** 2142). Soweit ein infolge des Unfalls in den Ruhestand versetzter **Beamter** trotz verbliebener Arbeitskraft keiner zumutbaren anderweitigen Tätigkeit nachgeht, obwohl ihm dies möglich wäre, setzt er sich dem Einwand unterlassener Schadensminderung aus; die entsprechende Anspruchsminderung wirkt sich jedoch zunächst zu Lasten seines Dienstherrn als Legalzessionar aus, dh, der Beamte darf, soweit ihm ein Quotenvorrecht zusteht (zB § 87a BBG), aus seinem Anspruch gegen den Schädiger den ihm trotz Pension verbleibenden Schaden ausgleichen, BGH VRS **65** 91, Fra NZV **93** 471, Kar VRS **93** 250. Zur Schadensminderungspflicht des vorzeitig Pensionierten s auch BGH VersR **69** 75, **83** 488. Der Einwand verletzter Minderungspflicht besteht auch gegenüber dem Rückgriff des Dienstherrn des verletzten Beamten, BGH NJW **67** 2053. Auch in diesen Fällen kommt dem geschädigten Beamten im Verhältnis zum Dienstherrn als Legalzessionar das Quotenvorrecht des § 87a S 2 BBG zugute, BGH VersR **83** 488. **Überstunden** auf Kosten der Freizeit muss sich der Verletzte nicht anrechnen lassen, Dü DAR **69** 157. Wirtschaftliche Risiken zwecks Verwertung der Restarbeitskraft muss der Verletzte nicht eingehen (Eröffnung neuer Arztpraxis), BGH Betr **74** 235. Nach § 254 I BGB nicht zulässige Erwerbstätigkeit verkürzt den Ersatzanspruch nicht, BGH Betr **74** 235. Hätte ein selbstständiger **Kaufmann** den unfallbedingt aufgegebenen Betrieb bei Einstellung einer Hilfskraft fortführen können, so sind ihm nur die Kosten zu ersetzen, die durch Beschäftigung einer solchen Kraft entstanden wären, Ko VersR **91** 194.

18 6. **Ein Vermögensnachteil durch Vermehrung der Bedürfnisse des Verletzten** ist eingetreten, wenn die Bedürfnisse vermehrt, nicht erst, wenn sie bereits befriedigt worden sind, RGZ **151** 298, BGH NJW **58** 627, VRS **39** 163. Vermehrung der Bedürfnisse: Ständig wiederkehrende Aufwendungen, die nicht der Wiederherstellung der Gesundheit oder Erwerbsfähigkeit dienen, sondern dem Ausgleich aller Nachteile im Vergleich zu einem Gesunden infolge unfallbedingter dauernder Störung des körperlichen Wohlbefindens (laufende Mehrausgaben zur Besserung und Linderung verbliebener Beschwerden oder Abwendung einer Verschlimmerung, unfallbedingte Mehraufwendungen für Prothesen, Kleidung, Diät, Kuren, Haushaltshilfen, Benutzung von VMitteln, ggf Kfz), BGH NZV **04** 195, VersR **92** 618, NJW-RR **92** 791, NJW **82** 757, Ha DAR **03** 118, VRS **100** 321, Nü DAR **01** 366, KG DAR **71** 296, *Küppersbusch* Rz 262ff., *Drees* VersR **88** 784. Dazu können auch die **Kosten für die Unterbringung** eines über 70 Jahre alten Geschädigten in einem Tagespflegeheim gehören, Kö MDR **89** 160, oder die Kosten, die für die Beschäftigung des Geschädigten in einer Behindertenwerkstatt aufgewendet werden müssen, BGH NJW **96** 726, Ha VRS **81** 322, **100** 321. Auch durch Familienangehörige unentgeltlich erbrachte **Pflegetätigkeit** ist vom Schädiger abzugelten, BGHZ **106** 28 = NJW **89** 766, NZV **99** 76; dazu gehören auch die im Rahmen von § 44 SGB XI für die Pflegeperson zu entrichtenden Rentenversicherungsbeiträge, BGH NZV **99** 76. Pflegeleistungen der Mutter des verletzten Kindes kommen dem Schädiger auch dann nicht zugute, wenn eine Verletzung der Obhutspflicht der Mutter für die Schädigung mitursächlich war, BGHZ **159** 318 = VersR **04** 1147. Ist es dem Geschädigten nicht zuzumuten, täglich zur Arbeit in einen anderen Ort zu fahren, so ist ihm der erhöhte Aufwand für eine Wohnung am künftigen Arbeitsort zu ersetzen, Ce VersR **62** 292. Soweit **einmalige Aufwendung**, zB Anschaffung eines Hilfsmittels, den ständigen Mehrbedarf deckt, kann abw von § 13 (Rente) Ersatz der einmaligen Kosten verlangt werden, BGH NZV **05** 629 (Anm *Huber* NZV **05** 620), **04** 195, NJW **82** 757, Mü VersR **03** 518, *Küppersbusch* Rz 263 (Rollstuhl, elektronische Schreibhilfe, behindertengerechter Ausbau des Hauses). Die Ersatzpflicht setzt verletzungsbedingten Bedarf voraus, BGH NZV **04** 195. Bei Gehbehinderung infolge Unfalls kann **Kostenzuschuss zum notwendigen Kfz** in Betracht kommen, BGH NZV **04** 195, VersR **70** 899, Ce VersR **75** 1103, oder zur Sonderausstattung des Fz, BGH NZV **04** 195. Ist der Verletzte infolge seiner durch den Unfall erlittenen Verletzungen auf einen Pkw angewiesen, steht ihm wegen der dafür erforderlichen Aufwendungen ein Ersatzanspruch nur insoweit zu, als er diese nicht auch ohne den Unfall machen würde, BGH VersR **92** 618 (Mehrkosten für Automatikgetriebe), Mü DAR **84** 58, Stu ZfS **87** 165. Kein Anspruch auf Erstattung der Kosten für behindertengerechtten Umbau eines Krades, wenn die Mobilität des Verletzten durch einen entsprechend ausgestatteten Pkw hergestellt wird, BGH NZV **04** 195 (Ausgleich durch Schmerzensgeld, krit *Huber* NZV **05** 621). Nicht ersatzfähig ist die nur gelegentlich unfallbedingter Krankheit erfolgte Anschaffung von Gegenständen des allgemeinen oder gehobenen Lebensstandards (Bücher, Unterhaltungsmittel, Fernsehen usw), Nü ZfS **83** 132. Kosten für unfallbedingt **verlängerte Schulausbildung** können nicht als vermehrte Bedürfnisse geltend gemacht werden, BGH NJW-RR **92** 791. Zu ersetzen sind auch unfallbedingte Erhöhungen der Prämie für **Lebensversicherung,** Mü NJW **74** 1203, Zw NZV **95** 315. Auch Aufwendungen die dadurch entstehen, dass der Verletzte **handwerkliche Arbeiten** in seinem Haushalt oder Bauvorhaben nicht mehr selbst ausführen kann, sind als vermehrte Bedürfnisse ersatzpflichtig, BGH NZV **89** 387 (Anm *Grunsky*), **90** 111, Mü NZV **90** 117, Kö VersR **91** 111 (jeweils Bauvorhaben), Ha NZV **89** 72, Zw NZV **95** 315 (Erwerbsschaden). Der Geschädigte muss Umstände darlegen und beweisen, aus denen sich die Wahrscheinlichkeit für die konkrete Beabsichtigung solcher Arbeiten ergibt, Ha NZV **95** 480.

7. Art des Schadensersatzes. Geldrente: § 13 StVG. Künftige Entwicklungen, soweit schon beurteilbar, sind zu berücksichtigen, bei späterer wesentlicher Veränderung Abänderungsklage, BGHZ **34** 118. Der Geschädigte darf Geldersatz beliebig ohne Zweckbindung verwenden, BGH VersR **69** 907. Er kann bei Ansprüchen aus dem StVG Unterhalt und Heilungskosten auch für die Vergangenheit als Rente verlangen, BGH VersR **64** 777. Die Rente wegen Verdienstausfalls ist im Urteil **auf die voraussichtliche Dauer der Erwerbstätigkeit zu begrenzen,** BGH DAR **88** 52, NZV **95** 441, 480, *Weber* DAR **88** 194. Da vom derzeit normalen Ruhestandsalter auszugehen ist, ist die Rente für Verdienstausfall bei Nicht-Selbstständigen grundsätzlich auf die Vollendung des 65. Lebensjahrs zu begrenzen, BGH NZV **04** 291, **94** 63, **95** 441, 480 (auch bei Frauen) – Anm *Frahm* VersR **95** 1448 –, DAR **88** 52, Nü VersR **86** 173, Stu VersR **99** 631, *Weber* DAR **88** 194, *G. Müller* VersR **05** 1470, krit *Küppersbusch* Rz 861. Etwaiges früheres Ausscheiden des Geschädigten aus dem Erwerbsleben auch ohne den Unfall hat der Schädiger zu beweisen, Zw VRS **78** 16. Der Verletzte braucht sich nicht geldliche Leistungen aus Privatversicherungen anrechnen zu lassen.

Lit: *Berger,* Zum Erwerbsschaden des Selbständigen, VersR **81** 1105. *Deutsch/Schramm,* Schockschaden und frustrierte Aufwendungen, VersR **90** 715. *Dornwald,* Sozialversicherungsbeiträge und Steuern beim Personenschaden, VGT **86** 192. *Drees,* Schadensersatzansprüche wegen unfallbedingter Pensionierung, VersR **87** 739. *Derselbe,* Schadensersatzansprüche wegen vermehrter Bedürfnisse, VersR **88** 784. *Dunz,* Haftungsverhältnisse nach Pensionierung eines durch Drittverschulden verletzten Beamten, VersR **84** 905. *Eckelmann/Boos,* Schadenersatz bei Ausfall der Hausfrau, VersR **78** 210. *Eckelmann ua* Schadensersatz bei Veletzung von Kindern, Schülern, Lehrlingen oder Studenten ..., DAR **83** 337. *Fleischmann,* Entwicklungstendenzen im Schadenersatzrecht, VGT **82** 268, 275. *Funk, Riesenbeck,* Das Zukunftsrisiko bei jugendlichen VOpfern, VGT **84** 226 = DAR **85** 42, VGT **84** 248. *Grunsky,* Der Ersatz fiktiver Kosten bei der Unfallschadensregulierung, NJW **83** 2465. *Derselbe,* Schadensersatz bei Verletzung eines Gewerbetreibenden oder Freiberuflers, DAR **88** 400. *Hartung,* Verdienstausfallschaden „brutto" oder „netto"?, VersR **81** 1008. *Derselbe,* Steuern beim Personenschaden, VersR **86** 308 = VGT **86** 215. *Derselbe,* Sozialversicherungsbeiträge beim Personenschaden, VersR **86** 520 = VGT **86** 239. *Heß,* Haftung und Zurechnung psychischer Folgeschäden, NZV **98** 402. *Hofmann,* Entwicklungstendenzen im Schadenersatzrecht, VGT **82** 249, 260. *Derselbe,* Der Ersatzanspruch bei Beeinträchtigungen der Haushaltsführung, NZV **90** 8 (mit Erwiderung *Jung* DAR **90** 161). *Derselbe,* Zum erstrebten Gleichklang zwischen modifizierter Nettolohnmethode und Bruttolohnmethode bei der Berechnung des Erwerbsschadens, NZV **93** 139. *Jahnke,* Auswirkungen des SchuldrechtsmodernisierungsG und des ... SchadenrechtsänderungsG auf die Regulierung von Personenschadenansprüchen, DAR **02** 105. *Küppersbusch,* Ersatzansprüche bei Personenschaden. *Lemcke,* Die Berechnung des Haushaltsführungsschadens, JbVerkR **99** 122. *Ludwig,* Schadensersatz bei verletzungsbedingtem Ausfall der Hausfrau, DAR **91** 401. *Medicus,* Schadensersatz bei Verletzung vor Eintritt in das Erwerbsleben, DAR **94** 442. *von Mayenburg, ...* Bemerkungen zur Bemessung des Schmerzensgeld bei Gefährdungshaftung ..., DAR **02** 278. *Neumann-Duesberg,* Krankenbesuchskosten als Heilungskosten, NZV **91** 455. *Pardey,* Der Haushaltsführungsschaden bei Lebensgemeinschaften, DAR **94** 265. *Pardey/Schulz-Borck,* Angemessene Entschädigung für die ... vereitelte unentgeltliche Arbeit im Haushalt, DAR **02** 289. *Rinke,* Kein Ersatz fiktiver Operationskosten?, DAR **87** 14. *Scheffen,* Erwerbsausfallschaden bei verletzten und getöteten Personen, VGT **90** 926. *Schleich,* Zur schadensersatzrechtlichen Erstattung von Besuchs- und Nebenkosten bei stationärer Heilbehandlung, DAR **88** 145. *Schmidt,* Schockschäden Dritter und adäquate Kausalität, MDR **71** 538. *Seidel,* Der Ersatz von Besuchskosten im Schadensrecht, VersR **91** 1319. *Staab,* Psychisch vermittelte und überlagerte Schäden, VersR **03** 1216. *Steffen,* Ersatz von Fortkommensnachteilen und Erwerbsschäden aus Unfällen vor Eintritt in das Erwerbsleben, DAR **84** 1. *Stürner,* Der Erwerbsschaden und seine Ersatzfähigkeit, JZ **84** 412, 461. *Vogel,* Die Beurteilung der Behinderung der Hausfrau im Haftpflichtanspruch, VersR **81** 810.

Höchstbeträge

12 (1) Der Ersatzpflichtige haftet
1. im Fall der Tötung oder Verletzung eines Menschen nur bis zu einem Kapitalbetrag von 600 000 Euro oder bis zu einem Rentenbetrag von jährlich 36 000 Euro;
2. im Fall der Tötung oder Verletzung mehrerer Menschen durch dasselbe Ereignis, unbeschadet der in Nummer 1 bestimmten Grenzen, nur bis zu einem Kapitalbetrag von insgesamt 3 000 000 Euro oder bis zu einem Rentenbetrag von jährlich 180 000 Euro; im Fall einer entgeltlichen, geschäftsmäßigen Personenbeförderung gilt diese Beschränkung jedoch nicht für den ersatzpflichtigen Halter des Kraftfahrzeugs oder des Anhängers;

Die Höchstbeträge nach Satz 1 Nr. 1 gelten auch für den Kapitalwert einer als Schadensersatz zu leistenden Rente.

(2) Übersteigen die Entschädigungen, die mehreren auf Grund desselben Ereignisses nach Absatz 1 zu leisten sind, insgesamt die in Nummer 2 Halbsatz 1 und Nummer 3 bezeichneten Höchstbeträge, so verringern sich die einzelnen Entschädigungen in dem Verhältnis, in welchem ihr Gesamtbetrag zu dem Höchstbetrag steht.

Begr zum ÄndG v 10. 12. 07 (BTDrucks 16/5551 S 18): *Die ... Neufassung des Abs 1 ... ist durch Art 2 der 5. KH-RL bedingt, der die Mindestversicherungssummen in Art 1 II der 2. KH-RL erhöht. Denn nach der Rspr des EuGH (Urteil vom 14. 9. 00, C 348/98) ist es nicht zulässig, wenn die Haftungshöchstbeträge des nationalen Rechts unter den in der 2. KH-RL festgesetzten Mindestversicherungssummen liegen. ...*

In ... Nr 1 Hs 1 wird ... der Haftungshöchstbetrag für Personenschäden ... auf die nunmehr in Art 1 IIa der 2. KH-RL vorgesehene Mindestversicherungssumme von 5 Mio € je Schadensfall festgesetzt. Der ... individuelle Haftungshöchstbetrag von 600 000 € (§ 12 I Nr 1), verbunden mit einem globalen Haftungshöchstbetrag von 3 Mio € je Schadensfall (§ 12 I Nr 2 Hs 1), wird damit durch einen globalen Haftungshöchstbetrag von 5 Mio € ersetzt. Der individuelle Haftungshöchstbetrag fällt ersatzlos weg, da der neue Art 1 IIa der 2. KH-RL nur erlaubt, die Mindestversicherungssumme entweder je Unfallopfer oder je Schadensfall festzusetzen. Die ... Kombination eines individuellen und eines globalen Haftungshöchstbetrags mit der Folge, dass bis zur Erreichung der globalen Haftungshöchstsumme immer die geringere individuelle Haftungshöchstsumme gilt, ist damit nicht mehr zulässig. ...Für die ganz überwiegende Zahl der Unfälle, in denen nur eine oder wenige Personen schwerste Verletzungen erleiden, steht eine erheblich höhere Summe ... pro Person zur Verfügung, da ... die volle Summe von 5 Mio € ausgeschöpft werden kann. ...

Da das Gemeinschaftsrecht allein einen Kapitalbetrag als Haftungshöchstbetrag vorgibt, muss der bisher in § 12 I Nr 2 neben dem Kapitalbetrag vorgesehene jährliche Rentenbetrag als Haftungshöchstgrenze entfallen. Andernfalls würde ein Kapitalisierungsfaktor vorausgesetzt, der europarechtlich nicht vorgegeben ist und der daher nicht gewährleistet, dass der vorgegebene Kapitalbetrag auch im Einzelfall tatsächlich zur Verfügung steht. Künftig soll daher allein der als Kapitalbetrag festgelegte Haftungshöchstbetrag ... maßgeblich sein, was freilich für den Rechtsanwender bedeutet, dass er den Kapitalwert der Rente im Einzelfall ermitteln muss. Dies stellt der neue S 2 nochmals ausdrücklich klar.

Nr 1 Hs 2 sieht eine Erhöhung der Haftungshöchstsumme ... vor, wenn mehr als 8 beförderte Personen verletzt oder getötet werden. Bisher galt nach § 12 I Nr 2 Hs 2 zugunsten verletzter oder getöteter beförderter Personen die globale Haftungshöchstgrenze von 3 Mio € nicht, so dass alleine die individuelle Haftungshöchstgrenze des § 12 I Nr 1 zur Anwendung kam. Folglich stand auch bei der Verletzung von mehr als 5 beförderten Personen für jede Person jedenfalls eine Haftungssumme von 600 000 € zur Verfügung. Da die 5. KH-RL nicht erlaubt, eine Kombination aus individueller und globaler Haftungshöchstgrenze vorzusehen, scheidet eine Beibehaltung dieser Regelung allerdings aus. Die gewünschte Privilegierung der beförderten Personen im Fall der entgeltlichen, geschäftsmäßigen Personenbeförderung kann jedoch ... erreicht werden, indem der globale Haftungshöchstbetrag in der Weise erhöht wird, dass idR weiterhin für jede beförderte Person mindestens eine Haftungssumme von 600 000 € zur Verfügung steht. ...

Die ... Änderungen des Abs 2 sind Folgeänderungen.... Durch die Verweisung auf den gesamten Abs 1 gilt die anteilige Verringerung der einzelnen Entschädigungen für alle in Abs 1 genannten Haftungshöchstbeträge.

Höchstbeträge § 12 StVG

Übersicht

Abschleppkosten 28
Anrechnung ersparter Kosten 38
Anwaltskosten 50
Aufwendungen, unverhältnismäßige 12, 19, 20
Auslagen 50

Baum 51

Dispositionsfreiheit 5

Eigenkosten, ersparte 38
Entgangener Gewinn 14, 31, 46
Ersatzfahrzeuge bei FzAusfall 46

Finanzierungskosten 32

Gebrauchswert 15
Gewerbeertragsteuer 49
Gewerblich genutzte Fahrzeuge 33, 46
Gutachten 6, 50

Haftung für Sachschäden 4 ff
Herabsetzung bei Mehrfachschäden 3 a
Höchstbeträge 1–3 a

Instandsetzung 13, 17 ff
Integritätsinteresse 8, 10, 19, 20, 24
„Interimsfahrzeug" 8 a, 43

Kleidung 51
Konkrete Schadenberechnung 6
KfzSteuern 47

Leasing 10, 19, 48
Liebhaberwert 16

Marken(un)gebundene Werkstatt 24
Mehrere Schädiger in zeitlicher Folge 5
Mehrfachschäden 3 a
Mehrwertsteuer 48 f
Merkantiler Minderwert 25 f
Mietaufwendungen 33–39
Mietfahrzeug-Aufwand 35–37
Mietwagenunfall, Vorsorge 39
Minderwert, merkantiler 25, 26

Nebenkosten, Ersatz 50
Neupreis 11
„Notreparatur" 8 a, 37
Nutzungsausfall 40–46
–, Höhe der Entschädigung 44
–, Nicht privat genutzte Fz 46
–, Nutzungswille 45

Prämienvorteil, entgangener 29, 30

Rabatt 8 a
Reparaturkosten 6 ff, 10, 12, 19 ff
–, fiktive 6, 18, 24
Restwert des beschädigten Fz 8, 19
Risikozuschlag 5, 10, 14, 24
Rückgriff 3 a

Sachschaden, Haftung 4 ff, 51
Sachverständigenkosten 6, 50
Schadensberechnung 6, 10
Schadensermittlung 6
Schadensminderungspflicht 8, 9, 21
Selbstreparatur 23
Sonstige Kosten und Schäden 48–51
Steuer, ersparte 31

Tiere 51
Totalschaden 10–18
–, Unechter – 11
–, Wirtschaftlicher – 18

Unfallersatztarif 35–35 b
„Unfallhelfer" 32

Veräußerung des unreparierten Fz 24
Verdienstausfall 31
Verhältnismäßige Herabsetzung bei Mehrfachschäden 3 a
Verletzung 3
Verrechnungssätze einer marken(un)gebundenen Werkstatt 24
Versicherungsprämie 29 f, 47
Verzögerung der Reparatur oder Ersatzbeschaffung 21
Vorhaltekosten 46
Vorteilsausgleichung 27

Werkstattfehler 22
Wertersatz 4 ff
Wertminderung 25, 26
Wiederbeschaffungswert 5, 10, 14
Wiederherstellungskosten 21–23
Wirtschaftlicher Totalschaden 10, 18–20

Zeitverlust 31, 50
Zeitwert 14

1. Haftungshöchstbeträge bestimmt § 12 als Ausgleich dafür, dass die Ersatzpflicht kein Verschulden voraussetzt. Der Gedanke der Ermöglichung erträglicher Haftpflichtversicherungsbedingungen (RGZ **147** 355) hat wegen der durch die Versicherung mit abgedeckten deliktischen Haftung nur mehr untergeordnete Bedeutung (*Greger* § 20 Rz 1). § 12 beinhaltet eine echte Begrenzung der Leistungspflicht (BGH NZV **97** 36), wobei der für den Unfallzeitpunkt maßgebende Höchstbetrag zugrunde zu legen ist (Ce OLGR **07** 505). Durch ÄndG v 10. 12. 07 wurden die Haftungshöchstbeträge deutlich erhöht und die vormals geltende Kombination von individuellen und globalen Höchstgrenzen durch globale Haftungshöchstgrenzen ersetzt. Damit trug der Gesetzgeber EuGH NZV **01** 122 Rechnung, wonach es auch im Rahmen der (vom Gemeinschaftsrecht an sich nicht vorgeschriebenen) Gefährdungshaftung nicht zulässig ist, wenn die Haftungshöchstbeträge des nationalen Rechts unter den in Art 1 II a der 2. KH-Richtlinie idF von Art 2 der 5. KH-Richtlinie festgesetzten Mindestversicherungssummen liegen (Begr). I S 1 Nr 1 Hs 1 legt die Haftungshöchstgrenze im Fall der *Verletzung oder Tötung eines oder mehrerer Menschen* einheitlich auf 5 Mio € fest. Die Höchstgrenze kann auch dann voll ausgeschöpft werden, wenn nur ein Mensch verletzt oder getötet wird (zu Mehrfachschäden Rz 3a). Für den Fall der entgeltlichen geschäftsmäßigen Personenbeförderung (s zu § 8a) stellt

I S 1 Nr 1 Hs 2 sicher, dass mindestens 600 000 € pro Person zur Verfügung stehen. Die Höchstbeträge nach I S 1 gelten nach S 2 auch für den Fall einer *Rentenzahlungsverpflichtung*; abw vom früheren Recht (jährlicher Rentenbetrag) muss deshalb der Kapitalwert der Rente im Einzelfall ermittelt werden (Begr). Auf 1 Mio € angehoben wurde der Haftungshöchstbetrag für *Sachschäden* (I S 1 Nr 2). Bei Zusammentreffen von Personen- und Sachschäden können die jeweiligen Haftungshöchstbeträge ausgeschöpft werden (*Greger* § 20 Rz 9). Höhere Höchstbeträge gelten nach § 12a (anwendbar für Schadensereignisse ab 31. 7. 02; Art 229 § 5 EGBGB) bei Beförderung gefährlicher Güter. Unbegrenzte Haftung besteht gem § 12b (gleichfalls anwendbar für Schadensereignisse ab 31. 7. 02; Art 229 § 5 EGBGB) bei Schadensverursachung beim Betrieb eines gepanzerten GleiskettenFz.

2 **Die Höchstbeträge gelten** für die Haftung des Halters oder Führers eines Kfz bzw Anhängers nach §§ 7, 18 StVG. Sie sind unabhängig vom Mitverschulden des Verletzten, können also voll zugebilligt werden, auch wenn die Ersatzpflicht nur für einen Bruchteil anerkannt ist (RGZ **87** 402, **123** 40, RG JW **30** 2943 Nr 13, Mü ZfS **03** 176). Der nur nach StVG haftende Halter hat nie mehr als die Höchstbeträge zu ersetzen (BGH DAR **57** 129; Ce OLGR **07** 505). Jedoch beschränkt § 12 Im Rahmen des § 17 nur die Beträge, deren Zahlung dem Halter auferlegt werden soll, hindert aber nicht, dem geschädigten Halter, dem nach § 17 I und IV die Schadensverursachung mit zur Last fällt, einen Teil seines Schadens auch aufzuerlegen, wenn er über die Höchstgrenzen des § 12 hinausgeht (RGZ **149** 213, BGH VRS **11** 107; krit *Greger* § 22 Rz 94). Die Ansprüche umfassen alle aus demselben Ereignis herrührenden Schäden (Heilungskosten, Unterhalt, Beerdigung, Sachschäden usw; s zu §§ 10, 11). Rechtsverfolgungskosten sind jedoch nicht einzurechnen (BGH MDR **70** 124, *Greger* § 20 Rz 10).

3 **Zahlungen anderer** auf die Schuld des nach § 12 beschränkt Haftenden mindern den Betrag des dem Verletzten geschuldeten Schadensersatzes (BGH VersR **57** 427). Die auf den Höchstbetrag begrenzte Leistungspflicht kann nicht nur durch Zahlung, sondern auch auf andere Weise (zB Erlass) zum Erlöschen gebracht werden (BGH NZV **97** 36). Bei Wegfall eines Gesamtgläubigers darf der andere den Haftungshöchstbetrag ausschöpfen (BGH NJW **79** 2039). Erreicht der für die Vergangenheit geltend gemachte Schaden den Höchstbetrag nicht, so hindert es die Zuerkennung nicht, wenn zugleich die Feststellung erfolgt, dass der Schädiger auch für künftige Schadensfolgen hafte (BGH VRS **22** 180). Bei der Prüfung, ob die Höchstbeträge erreicht sind, sind die Beträge zu berücksichtigen, die auf den SVTr übergegangen sind (BGH VersR **62** 374). Im Tenor eines **Feststellungsurteils** über Ansprüche nach §§ 7 I, 18 sollte die Beschränkung auf die Höchstbeträge ausdrücklich ausgesprochen werden. Hat das LG den zuerkannten Anspruch nicht gemäß § 12 begrenzt, so hat das Berufungsgericht die Formel auch ohne Antrag zu berichtigen (BGH VRS **23** 348, Ce OLGR **07** 505). Keine Beschwer für ein Rechtsmittel jedoch, wenn der Schaden die Höchstbeträge offensichtlich nicht übersteigt oder die Entscheidungsgründe erkennen lassen, dass sich die Ersatzansprüche allein auf §§ 7 I, 18 gründen (BGH VersR **81** 1180, VRS **76** 99, KG VRS **106** 272). Stützt der Geschädigte seine Klage ausdrücklich (nur) auf Gefährdungshaftung, so kann die Auslegung eines **Vergleichs** Haftungsbegrenzung nach § 12 ergeben, auch wenn eine schriftliche Begrenzung im Vergleich unterblieb (Mü VersR **03** 1591). Verwaltungsverfahrenskosten gem Nato-Truppenstatut (s § 16 Rz 22) und ergänzendem Bundesrecht fallen nicht unter die Höchstgrenzen des § 12 (BGH VRS **38** 26, VersR **69** 1043).

3a **Mehrfachschäden.** Die anteilige Verringerung der einzelnen Entschädigungen bei Mehrfachschäden gilt für alle in I genannten Haftungshöchstbeträge. II ist auch anzuwenden, wenn eine Person getötet ist, aber mehrere Unterhaltsberechtigte aus § 10 II vorhanden sind (BGH VersR **67** 902). II ist bei Tötung oder Verletzung *eines* Menschen entsprechend anzuwenden, wenn Ansprüche deswegen verschiedenen Gläubigern zustehen, weil solche des Legalzessionars (zB des SVTr nach Forderungsübergang) mit solchen konkurrieren, die dem Verletzten/Hinterbliebenen verblieben sind, oder weil die Entschädigungsansprüche auf mehrere Gläubiger übergegangen sind (BGHZ **51** 226 = NJW **69** 656, BGH NZV **01** 165). II gilt auch bei Beschädigung versicherter und nichtversicherter Sachen desselben Eigentümers und gegenüber mehreren Anspruchsberechtigten (Rechtsübergang; BGH VersR **68** 786). Das aus § 116 II SGB X folgende **Quotenvorrecht** zugunsten des Geschädigten bei teilweisem Forderungsübergang auf den SVTr gilt nur bei Anspruchskürzung ausschließlich auf Grund gesetzlicher Haftungsbeschränkung auf Höchstbeträge, nicht dagegen in Fällen, in denen der Anspruch daneben auch durch Mitverschuldens begrenzt wird, also bei Kumulation beider Gründe für eine Haftungsbegrenzung (BGHZ **146** 99 = NZV **01** 165; zust *Gitter* JZ **01** 716, *v Olshausen* VersR **01** 936). Das Quotenvorrecht des Geschädigten ist nicht auf kongruente Schäden beschränkt, sodass der Geschädigte seinen gesamten Schaden bis zur Höchstgrenze

Höchstbeträge § 12 StVG 1

ausgleichen kann; lediglich ein nicht ausgeschöpfter Rest geht auf den SVTr über (BGH NJW **97** 1785, krit *Greger* § 32 Rz 63). Haftet der Schädiger als Halter und nach Amtshaftung, so richtet sich die Höhe des Rückgriffs des Kaskoversicherers des Geschädigten aus dessen Halterhaftung danach, wie die Haftungssumme (§ 12) lediglich bei Halterhaftung zu verteilen wäre (BGH NJW **67** 1273, **68** 1962, näher *Wussow* NJW **59** 563).

2. Die Haftung für Sachschäden, nach StVG auf Höchstbeträge begrenzt (Rz 1 ff), tritt 4 ein bei regelwidriger Substanzveränderung oder -entziehung und begründet an sich einen Anspruch auf Sachersatz (§ 249 BGB). Anstelle des Herstellungsanspruchs tritt jedoch in aller Regel, beim Versicherer im Rahmen des Versicherungsvertrags stets (§ 115 I 3 VVG 08 = § 3 Nr 1 S 2 PflVG aF), Geldersatz (§§ 249 II, 251 BGB; BGH NJW **89** 3009). Dieser ist so zu bemessen, dass der Geschädigte bei wirtschaftlich vernünftigem Verhalten weder reicher noch ärmer wird als bei Schadensbeseitigung durch den Schädiger (BGH NJW **05** 1108, **03** 2085, st Rspr). Zu ersetzen ist, was ein verständiger, wirtschaftlich denkender Eigentümer in der besonderen Lage des Geschädigten als Ersatz aufwenden müsste (BGHZ **54** 85, NJW **89** 3009, **92** 302, **05** 1041, NZV **05** 34, 1108, VersR **06** 133). Der Anspruch aus § 249 II BGB auf Zahlung des zur *Naturalrestitution in Form einer Reparatur* erforderlichen Geldbetrags setzt Reparaturfähigkeit der Sache voraus, der Anspruch des Geschädigten auf *Wertausgleich (Kompensation)* nach § 251 I BGB und die Begrenzung der Ersatzpflicht auf Wertausgleich nach § 251 I BGB dagegen Unmöglichkeit bzw *Unverhältnismäßigkeit* der Wiederherstellung (BGH NJW **05** 1108, **04** 1943 m Anm *Timme/Hülk* MDR **04** 935; BGH NJW **92** 302). IdR (Ausnahmen Rz 11) kein Anspruch auf Erstattung der Kosten für Ersatzbeschaffung, wenn diese die Reparaturkosten wesentlich übersteigen würden (Ha NZV **95** 27 [100% Zoll]). Naturalrestitution gem § 249 (II) BGB hat gegenüber der Kompensation (Wertausgleich) nach § 251 I, II BGB Vorrang (BGH NJW **05** 1108, **92** 302), wobei die Rspr neben der FzReparatur auch die *Beschaffung eines ErsatzFz als eine Form der Naturalrestitution* ansieht (BGH NJW **05** 1108, 2541, **04** 1943 [zust *Steffen* DAR **04** 381, krit *Untermeier* NZV **04** 331]; NJW **92** 305 [zust *Lipp* NZV **92** 70, krit *Lange* JZ **92** 480], NZV **00** 162, NJW **03** 2085, *Huber* NZV **04** 107; krit *Schiemann, Scheffen*-F S 402, einschr LG Aurich MDR **03** 1415 [für sehr alte Fz mit hoher Fahrleistung]; aM zB *Reiff* NZV **96** 426, *Haug* NZV **03** 552 dazu *v Gerlach* DAR **92** 201).

Zumindest wirtschaftlich hat der Schädiger den Zustand wie vor dem Unfall herzustellen 5 (BGH NJW **76** 1202, st Rspr). Ist Wiederherstellung nicht möglich, so entspricht der Geldersatz, auch bei Anschaffung eines neuen Fz (= Wiederbeschaffungswert, BGH NJW **66** 1454), dem Preis für ein gleichwertiges Fz ohne Risikozuschlag also einschließlich der Händlerspanne und Mehrwertsteuer (Ce VersR **73** 669 [bei Kompensation gem § 251 BGB trotz § 249 II 2 nF auch ohne Verwendung der Ersatzleistung für Wiederbeschaffung], Rz 48). **Wiederbeschaffungswert** (s auch Rz 14) eines GebrauchtFz ist der bei einem seriösen Händler für ein gleichwertiges ErsatzFz mit gründlicher technischer Prüfung zu zahlende Preis (BGH NJW **66** 1454, **78** 1373, Dü NZV **97** 483). Der Schädiger hat diejenigen Mittel bereitzustellen, die ein verständiger FzEigentümer in der besonderen Lage des Geschädigten aufzuwenden hat (BGH NJW **70** 1454, **74** 34, 35, Ol VersR **67** 566), um diesen *wirtschaftlich so zu stellen wie vor dem schädigenden Ereignis*, ohne Rücksicht darauf, wie er die Ersatzleistung verwendet (*Dispositionsfreiheit*; BGH NJW **05** 1108; **03** 2085, **03** 2086, **86** 1538, **76** 1396, st Rspr; *Weber* VersR **92** 528, *Steffen* NJW **95** 2059, *Grunsky* JZ **92** 807, *Pamer* NZV **00** 491, aM zB *Honsell/Harrer* JuS **91** 446). Die Dispositionsfreiheit des Geschädigten ist nur durch das Wirtschaftlichkeitsgebot und das Verbot der Bereicherung begrenzt (BGH NJW **05** 1108, **07** 67, stRspr). Maßgebend für die Errechnung von Schaden und wirtschaftlicher Gleichwertigkeit des Ersatzes ist der Zeitpunkt, in dem dem Geschädigten das volle wirtschaftliche Äquivalent für das beschädigte Recht zufließt (BGH NJW **07** 67), im Prozess entscheidet der Zeitpunkt der letzten mündlichen Verhandlung, weswegen Preissteigerungen seit dem Unfall zulasten des Schädigers gehen (Ha NZV **90** 269), wohingegen ihm Preisverfall zugute kommt (*Greger* § 23 Rz 20, aM Dü NZV **97** 483). Zum Schadensersatzanspruch, wenn der Geschädigte trotz Ersatzleistung das Fz unrepariert weiterbenutzt und das beschädigte FzTeil erneut beschädigt wird, *Schopp* VersR **90** 835 mit Erwiderung *Klimke* VersR **90** 1333. Finanzierung: Rz 32. Übersichtsbeiträge zur Abrechnung des FzSchadens nach der Rspr des BGH von *Wellner* NZV **07** 401; *Lemcke/Heß/Burmann* NJW-Spezial **08** 489.

2a. Die **Schadensermittlung** kann auf Grund **Schätzgutachtens** eines anerkannten 6 KfzSachverständigen erfolgen (§ 287 ZPO), mag auch die Reparaturrechnung eine genauere Bemessung des nach § 249 II BGB geschuldeten Ersatzbetrags erlauben (BGH NJW **03** 2086, **89** 3009 m. Anm *Hofmann* NZV **89** 466; krit zum Ganzen *Greger* § 3 Rz 228 ff, § 24 Rz 35).

Der erforderliche Herstellungsaufwand ist insoweit subjektbezogen, als er auch von den Erkenntnis- und Einflussmöglichkeiten des Geschädigten und von dessen Abhängigkeit von Fachleuten mitbestimmt wird (BGH NJW **75** 160, **92** 302, Ol NZV **89** 148, Ha NZV **95** 442). Muss sich der Geschädigte erst über den Schaden vergewissern, *so darf er einen Sachverständigen hinzuziehen* (Rz 50) und sich mangels besonderer Gegengründe auf das Gutachten verlassen (Kar VersR **75** 335, Ha NZV **91** 351), auch noch nach Werkstattschätzung (Stu NJW **74** 951, VersR **75** 164, *Trost* VersR **97** 537, *Wortmann* VersR **98** 1204). Zur Erstattungsfähigkeit der Gutachterkosten bei Bagatellschäden Rz 50. Lässt der Geschädigte nach bestem Wissen reparieren, obwohl sich der Schaden dadurch nicht beheben lässt, so hat der Schädiger für die Auswirkungen dieser unvermeidlichen Fehlbeurteilung einzustehen (BGH VersR **76** 389). Hat der Geschädigte das Fz reparieren lassen, so ist er nicht stets verpflichtet, die **Reparaturrechnungen** vorzulegen, sondern kann auf das eingeholte Sachverständigengutachten verweisen, das auch für die Schadensschätzung durch den Tatrichter gem § 287 ZPO ausreicht, soweit nicht Anhaltspunkte für Mängel des Gutachtens vorliegen (BGH NJW **89** 3009 [Anm *Hofmann* NZV **89** 466], **92** 1618 [Anm *Schopp* MDR **93** 313, krit *Freundorfer* VersR **92** 1332], Sa VRS **106** 172, Nü VRS **103** 321, Schl MDR **01** 270, Ha ZfS **91** 85, Dü ZfS **85** 265, *Faber* DAR **87** 279, *Birkmann* DAR **90** 3, *Gebhardt* ZfS **90** 145, *Steffen* NZV **91** 3, v *Gerlach* DAR **93** 202, aM Kö NZV **88** 222 [abl *Koch,* zust *Seiwerth* NZV **89** 137], Nü ZfS **89** 123, LG Berlin NZV **90** 119, *Hofmann* DAR **83** 376, *Seiwerth* DAR **87** 374, *Honsell/Harrer* JuS **91** 445, s auch *Schlegelmilch* VersR **87** 1171, *Weber* VersR **90** 937, VersR **92** 531). Kann der Geschädigte jedoch substantiierte Einwände gegen die Angemessenheit der im Gutachten ermittelten notwendigen Reparaturkosten nicht ausräumen, so muss er uU Ersatz in geringerer Höhe hinnehmen (BGH NJW **89** 3009, *Steffen* NZV **91** 3) und bei Reparatur durch eine Fachwerkstatt die Rechnung vorlegen (BGH NJW **89** 3009, *Hofmann* NZV **89** 466). Übersteigen die erforderlichen Reparaturkosten die Schätzung, so geht dies zulasten des Schädigers (BGH NJW **75** 160, Ol NZV **89** 148, *Steffen* NZV **91** 2, 5, *Wortmann* ZfS **99** 2); bei auffälligem Missverhältnis kann den Geschädigten jedoch insoweit eine besondere Darlegungslast treffen (Ol NZV **89** 148). Der Geschädigte kann aber nicht Abrechnung nach Sachverständigengutachten und Ersatz tatsächlicher Reparaturkosten *in der Weise vermischen,* dass er zusätzlich zu dem vom Sachverständigen errechneten Gesamtbetrag bestimmte, von diesem nicht berücksichtigte Einzelpositionen geltend macht (Kö VRS **101** 1). Ob Kombination von fiktiver und konkreter Schadensabrechnung grundsätzlich ausgeschlossen ist, lässt BGH NJW **03** 3480 zwar unentschieden, verneint jedoch Anspruch auf Erstattung konkret angefallener, den im Schätzgutachten errechneten Betrag übersteigender Mietwagenkosten, wenn der Geschädigte (fiktiv) auf Grund des Gutachtens abrechnet (s auch Rz 43). BGH NJW **06** 2320 bekräftigt, dass eine Kombination von fiktiver und konkreter Schadensabrechnung jedenfalls dann unzulässig ist, wenn die konkreten Kosten der Ersatzbeschaffung unter Einbeziehung der geltend gemachten Nebenkosten den im Wege der fiktiven Schadensabrechnung erhaltenen Betrag nicht übersteigen; Telefon-, Internet- und Überführungskosten können daher nicht zusätzlich in Ansatz gebracht werden (Anm. *Staab* VersR **07** 925). Davon zu unterscheiden ist die Frage, ob der Geschädigte an eine zunächst geforderte Abrechnung auf Gutachtenbasis auch für den Fall **gebunden ist,** dass das Fz später repariert wird; sie wird von BGH NJW **07** 67 (m Anm *Huber* JZ **07** 639) verneint, sofern sich nicht auf Grund der konkreten Umstände des Regulierungsgeschehens etwas Abweichendes ergibt (zB Abfindungsvergleich). Zum Anspruch auf Erstattung fiktiver Reparaturkosten trotz Veräußerung oder auch Verschrottung des beschädigten Fz Rz 24. Zur Erstattungsfähigkeit von Mehrwertsteuer Rz 48 f. In Fällen eines (zunächst) verschwiegenen, mit dem geltend gemachten Schaden ganz oder zT deckungsgleichen Vorschadens ist idR nicht ausschließbar, dass auch kompatible Schäden nicht durch den Unfall verursacht sind (Kö NZV **99** 378, KG DAR **06** 323, ZfS **07** 564 m Anm *Diehl*, NZV **08** 356, Fra ZfS **08** 90). Jedoch liegt es anders, falls Zweitschaden technisch und rechnerisch eindeutig von dem Vorschaden abgrenzbar ist (Mü NZV **06** 261, Dü NZV **08** 295; aM Kö NZV **99** 378). Zur Darlegungslast bei unrepariertem Zweitschaden auch KG NZV **07** 521.

7   **Unverzüglich ist zu prüfen,** idR gutachtlich (Ce VersR **63** 567, Dü VersR **63** 1085), ob sich Reparatur lohnt, ob sie zumutbar ist (BGH NJW **97** 2945) oder ob ein Ersatzkauf (Gebrauchtwagen, Neufz) zulässig und vorteilhafter (schadensmindernd) ist (Stu NJW **60** 1463), wobei anfängliche Beweiszweifel zulasten der jeweiligen Partei gehen (Kö VersR **73** 323). **Teilleistungen des Versicherers** sind idR anzunehmen, überhaupt stets, wenn die Annahme bei Gesamtabwägung zumutbar ist (*Schmidt* DAR **68** 143). Finanzierung: Rz 32. Die Kosten üblicher, nicht übermäßiger **eigener Bemühungen um Schadensersatz**, auch durch besonderes Personal, sind nicht zu erstatten (ABVerwaltung, BGH NJW **76** 1257, **77** 35, Kö VersR **75**

Höchstbeträge § 12 StVG 1

1106, VRS **51** 321, KG VersR **73** 749). Der Zeitaufwand für die Werkstattverbringung des Unfallfz ist schadensabwickelnde, nicht erstattungsfähige Tätigkeit (Kö VersR **79** 166).

3. **Die Schadensminderungspflicht** verpflichtet den Geschädigten, den Schaden nach 8 Kräften so gering wie möglich zu halten (§ 254 II BGB). Ihre Verletzung mindert den Ersatzanspruch in gleichem Maß. Unter mehreren Mitteln zur Schadenbeseitigung ist dasjenige zu wählen, das den deutlich **geringsten Aufwand** erfordert (BGH NJW **05** 51; 1041; 1108; 2541; 3134, VersR **06** 133, NZV **05** 34, BGH NZV **05** 357, Kar MDR **04** 149 (lackschadenfreie Ausbeultechnik), KG NZV **02** 89, Ha VersR **01** 257, Dü NZV **04** 584, ZfS **01** 111, stRspr), weil nur ein solcher Aufwand regelmäßig als der iS von § 249 II BGB „dazu erforderliche Geldbetrag" angesehen werden kann (BGH NJW **05** 1108). Das bedeutet aber nicht, dass sich der Geschädigte im Interesse des Schädigers stets so verhalten müsste, als hätte er den Schaden selbst zu tragen (BGH NJW **05** 1108, **92** 302, NZV **96** 357, NJW **75** 640). Bei anerkennenswertem **Integrationsinteresse** (Rz 10, 19 f) kann Anspruch auf Ersatz in Höhe der Reparaturkosten bestehen, auch wenn diese den Wiederbeschaffungs*aufwand* übersteigen (Rz 10, 19 f). Zumutbar sind alle Maßnahmen zur Schadensminderung, die ein ordentlicher Mensch ergriffen hätte (KG DAR **77** 185). Dabei ist dem berechtigten Interesse des Geschädigten an einer raschen Schadensbehebung Rechnung zu tragen (BGH NZV **00** 162). Die Beweislast hat, wer Verletzung der Schadensminderungspflicht behauptet (Kö Betr **73** 177). Verletzungsfälle: Verzögern der Reparatur (Stu VersR **77** 65), zB trotz ungewissen Liefertermins hinsichtlich des bestellten ErsatzFz (KG VersR **76** 1159) oder mangels rechtzeitiger Einholung einer Auskunft beim Sachverständigen (BGH NJW **86** 2945). Verlängerung der Nutzungsausfallzeit durch Nichtinanspruchnahme zumutbarer Kredite (Dü VersR **98** 911). Nichtverkauf des Unfallfz binnen angemessener Frist, wenn es nicht repariert werden soll (Dü VersR **65** 770). Übereilter Verkauf des Kfz, das der Versicherer zum Neuwert übernehmen will (Kö VersR **68** 782). Bei Anspruch auf den Wiederbeschaffungswert (Totalschaden, Abrechnung auf „Neuwagenbasis", Rz 10, 11) muss sich der Geschädigte den **Restwert des beschädigten Fz** anrechnen lassen (BGH NJW **00** 800, **05** 357, 3134, **07** 1674 [m Bspr. *Huber* NJW **07** 1625], 2918, NZV **92** 147, VersR **93** 769). Die Höhe des Restwerts entspricht dem Betrag, den der Geschädigte bei Inzahlunggabe des beschädigten Fz gegen ein gebrauchtes auf dem allgemeinen regionalen Markt bei einem seriösen Händler erzielen kann (BGH NJW **00** 800, **05** 3134, **07** 1674, NZV **92** 147, Kö VRS **107** 247, Mü NZV **92** 362, Ol NZV **93** 233, *Steffen* ZfS **02** 162, *Gebhardt* DAR **91** 376). Der Geschädigte kann den durch Sachverständigengutachten ermittelten Restwert seiner Schadensberechnung in aller Regel zugrunde legen (BGH NJW **05** 3134, NZV **92** 147, **00** 162, VersR **93** 769, Mü NZV **92** 362, Ha NZV **92** 440, Ol NZV **93** 233, Dü VersR **98** 518, Kö VersR **99** 332, *Marcelli* NZV **92** 432) und ist nicht verpflichtet, das Gutachten zwecks Überprüfung dem VU zur Kenntnis zu bringen (BGH VersR **93** 769, Kö VersR **99** 332, Mü DAR **99** 407, *Lepa* DRiZ **94** 164) oder ihm Gelegenheit zur Abgabe eines Restwertangebots zu geben (BGH NJW **05** 3134, Kö DAR **93** 262, Ha NZV **93** 432, Dü VersR **06** 1657, abw Kö Verkehrsrecht aktuell **05** 135, Ha NZV **92** 363, LG Kö ZfS **05** 240 (krit *Diehl*), *Trost* VersR **02** 796). Auch bei einer iÜ fiktiven Schadensberechnung auf Gutachtenbasis braucht er sich nicht auf einen vom Gutachter geschätzten höheren als den tatsächlich erzielten niedrigeren Restwert verweisen zu lassen; eine unzulässige Kombination von fiktiver und konkreter Schadensberechnung (Rz 6) stellt dies nicht dar (BGH NJW **06** 2320). Er braucht sich auch nicht auf einen (uU erst durch den Schädiger bzw VU eröffneten oder durch den Sachverständigen recherchierten) **Restwerte-Sondermarkt** verweisen zu lassen (BGH NJW **00** 800 m Anm *Weigel* DAR **00** 161, BGH NJW **05** 357, 3134, **07** 1674, 2918, NZV **92** 147, VersR **93** 769 (krit *Dornwald* VersR **93** 1075), Kö VRS **107** 247, *Gebhardt* DAR **02** 401, *Wortmann* ZfS **99** 3), muss aber *im Ausnahmefall* eine rechtzeitig nachgewiesene günstigere Verwertungsmöglichkeit nutzen (BGH NJW **00** 800, **05** 3134, **07** 1674 [Beweislast beim Schädiger/VU], Fra ZfS **92** 10, Ce VersR **93** 987, Ol NZV **93** 233, Ha NZV **93** 432, Dü NZV **04** 584, Kö VersR **99** 332, *Speer* VersR **02** 22, *Marcelli* NZV **92** 432, *Küppersbusch* VGT **94** 174; krit zur Unterscheidung zwischen einem allgemeinen und einem „Sondermarkt" *Speer* VersR **02** 20, *Trost* VersR **02** 1388 [Berücksichtigung von Angeboten spezieller Restwertaufkäufer und Online-Börsen, Anm zu LG Aachen VersR **02** 1387]). Nutzt der Geschädigte sein Fz (ggf. nach Teilreparatur) bei wirtschaftlichem Totalschaden (gleich ob innerhalb oder außerhalb der 130%-Grenze) weiter, so würde die gegenteilige Auffassung auf einen unzulässigen Zwang zum Verkauf hinauslaufen (BGH NJW **07** 1764, 2918; Rz 12, 19 f). Zugrunde zu legen ist bei fiktiver Abrechnung der vom Sachverständigen ermittelten *höchste* Wert, nicht der Durchschnitt aus mehreren Werten (BGH NJW **07** 1674 m krit Anm *Poppe*

DAR **07** 327). Gegenüber dem VU besteht keine Pflicht des Sachverständigen zur Berücksichtigung des Restwert-Sondermarkts (zB Online-Börsen), er muss sich bei der Ermittlung des Restwerts auf den regionalen, dem Geschädigten allgemein zugänglichen Markt beschränken (BGH NJW **05** 3134, Kö NZV **05** 44, AG Rüdesheim NZV **04** 589 m Anm *Sermond*, AG Oldenburg ZfS **04** 512 m Anm *Diehl*, s auch LG Mü I DAR **06** 460 m Anm *Walser*, aM LG Ko VersR **03** 1050 m zust Anm *Trost*). Einem bloßen Hinweis auf günstigere Verwertungsmöglichkeit statt eines bindenden Angebots braucht der Geschädigte nicht nachzugehen (BGH NJW **00** 800, Ha VersR **00** 1122, *Steffen* ZfS **02** 162, *G. Müller* VersR **05** 1472), anders bei bindendem und annahmefähigem Angebot (LG Erfurt NZV **07** 361, AG Fra NZV **07** 361), auch einer IT-Restwertbörse (Dü NZV **08** 353; zw). Die Schadensminderungspflicht gebietet dem Verletzten grundsätzlich nicht, den Versicherer in die Verwertung einzuschalten (BGH NJW **05** 3134, *Greger* § 24 Rz 68; auch keine Wartepflicht, AG Bruchsal ZfS **07** 569 m Anm *Diehl*), erst recht nicht dann, wenn der vom Sachverständigen ermittelte Restwert unter Hinweis auf Bedingungen eines Sondermarkts den auf dem allgemeinen regionalen Markt zu erzielenden Preis übersteigt (BGH NJW **05** 3134 m Anm *Diehl* ZfS **05** 602). Eine Wartepflicht des Geschädigten besteht nicht. Allenfalls in engen Grenzen Abstimmungspflicht mit dem Versicherer (BGH NJW **05** 3134). Nach Fra DAR **85** 58 Pflicht zum Angebot des FzWracks, wenn Geschädigter den geschätzten Restwert bei der Verwertung nicht erzielen kann. Verstoß gegen die Schadensminderungspflicht, wenn der Verletzte infolge Verzögerung der Verwertung einen Wertverlust herbeiführt (Hb VersR **74** 392, Dü VersR **65** 770) oder das beschädigte Fz ohne zwingenden Grund unter Wert verkauft (Zw ZfS **91** 263). Nach überwiegender Rspr ist der Geschädigte jedenfalls bei voller Haftung des Schädigers (nach Kö NZV **93** 188 nur dann) berechtigt (nicht verpflichtet), dem Schädiger (Haftpflichtversicherer) das beschädigte Fz zur Verfügung zu stellen und den vollen für die Ersatzbeschaffung erforderlichen Betrag zu fordern (BGH VersR **76** 732, NJW **65** 1756, **83** 2694 [abl *Klimke* VersR **84** 1123], **85** 2471, KG NJW **72** 496, DAR **72** 327, Hb VersR **64** 1175, Kar DAR **94** 26, *Grunsky* VGT **90** 194 [Verwertungspflicht des Geschädigten nur ausnahmsweise gem § 254 II BGB, wenn diesem eine besonders günstige Gelegenheit hierzu offensteht], aM Ce VersR **77** 1104, hier bis 39. Aufl., *Sanden/Völtz* Rz 111 ff, *Jordan* VersR **78** 696, *Giesen* NJW **79** 2070, *Klimke* VersR **84** 1124, *Fleischmann* ZfS **89** 4). Tatsächlich realisierter **wesentlich günstigerer Restwert** als geschätzt ist auszugleichen (BGH NJW **00** 800, **05** 357, **07** 1674, NZV **92** 147, *Klimke* VersR **84** 1124), es sei denn der Übererlös beruht auf überobligationsmäßigen Anstrengungen des Geschädigten, die dem Schädiger nicht zugute kommen (BGH NJW **05** 357, NZV **92** 147, Ko VRS **68** 164, Dü ZfS **93** 338, *Jung* VersR **84** 1121). Verkauf auf Sondermarkt für Restwerteaufkäufer im Internet ist *nicht* überobligationsmäßig (BGH NJW **05** 357, 3134, *Greger* § 24 Rz 66, krit. *Staab* NZV **06** 456). Beweislast beim Schädiger, dass der höhere Erlös *nicht* auf überobligationsmäßigen Anstrengungen beruht (BGH NJW **05** 357). Kein Anspruch des VU auf Herausgabe des beschädigten Fz, wenn dieser den Schätzwert für zu niedrig hält (KG NJW-RR **87** 16, *Fleischmann* ZfS **89** 4).

8a **Weitere Einzelheiten zur Schadensminderungspflicht:** Bei länger dauernder Ersatzteilbeschaffung kann in zumutbaren Grenzen Weiterbenutzung des ausreichend instandgesetzten Kfz angemessen sein (Fra VersR **05** 1742, Kö NZV **90** 429, Kar VersR **74** 1005, Mü ZfS **85** 330), aber nicht eines „notreparierten" (Kö VersR **77** 747), ebenso, wenn wirtschaftlicher Totalschaden nahe liegt (Ol ZfS **90** 227). Schuldhaftes Zögern des Geschädigten bei Schadensbehebung: Rz 21. Nicht rechtzeitige Beschaffung eines ErsatzFz (Ce VersR **62** 642 [Totalschaden]). Nichtbeschaffung eines ErsatzFz, wenn der Fortgang des Transportbetriebs davon abhängt (BGH VersR **63** 1161). Persönlicher Rabatt bei Ersatzbeschaffung mindert den Schaden (BGH NJW **75** 307 [Werkrabatt], KG DAR **73** 156, Mü NJW **75** 170, VersR **75** 916). Inanspruchnahme der Kaskoversicherung: Rz 32. Auf die Gefahr ungewöhnlich hoher Schadensaufwendungen ist der Schädiger konkret und rechtzeitig hinzuweisen (Stu VersR **77** 44). Wer zur Unfallzeit bereits einen Neuwagen bestellt hat, muss keinen **Zwischenwagen** erwerben (Ce NJW **08** 446), besonders hohe Mietwagenkosten aber durch Bemühungen um beschleunigte Lieferung mindern (Hb VersR **77** 1033, KG VRS **54** 241). Im Fall mehrmonatiger Lieferzeit bei Anspruch auf Kosten eines NeuFz kann der Geschädigte dagegen gehalten sein, einen Gebrauchtwagen als ZwischenFz zu erwerben, andernfalls keine Nutzungsausfallentschädigung für den gesamten Zeitraum (Schl NZV **90** 150, Ha ZfS **91** 234). Auch bei langer Reparaturzeit muss der Geschädigte aber nur ausnahmsweise ein ZwischenFz zwecks Einsparung von Mietwagenkosten erwerben (Fra VersR **78** 452), so vor allem, wenn er während dieser Zeit zahlreiche größere Fahrten unternimmt (BGH NJW **82** 1518; krit *Koller* NJW **83** 16, Fra VersR **80** 432), aber auch sonst bei unverhältnismäßig hohen Mietkosten (Ol VersR **82** 1154 [ca 90 Tage Reparaturzeit, Mietkosten

Höchstbeträge § 12 StVG 1

12 000 DM bei nur knapp 6000 km Fahrbedarf]). Urlaubsreise mit Mietwagen: Rz 33. Die Beurteilung der Frage, ob ein „InterimsFz" anzuschaffen ist, setzt jedoch Kenntnis der voraussichtlichen Reparaturdauer voraus (Kö DAR **87** 82, näher *Eggert* NZV **88** 121).

Keine Verletzung der Minderungspflicht (die auch dem Schädiger obliegt (Bra DAR **77** 9 322), solange die zumutbaren Maßnahmen keine Schadensminderung versprechen (BGH NJW **64** 717), oder bei Veräußerung des einwandfrei reparierten Kfz, weil die Reparatur betriebswichtige Teile betroffen hatte (Kar VersR **60** 527, Kö NJW **62** 2107, VersR **63** 345, Hb MDR **64** 321). Keine Pflicht des Geschädigten zur Zerlegung des beschädigten Fz zwecks Erzielung eines höheren Erlöses durch Verkauf der Einzelteile (BGH NJW **85** 2471). Leistungen an den Geschädigten, die ihrer Natur nach dem Schädiger nicht zugute kommen sollen, entlasten diesen nicht (BGHZ **22** 72, NJW **75** 255), zB nicht kostenlose Ersatzgestellung an den geschädigten Geschäftsführer durch sein Unternehmen, BGH NJW **70** 1120. Die Schadensminderungspflicht gebietet idR nicht, die Fahrt anders als in dem gewählten Beförderungsmittel fortzusetzen oder dabei Einschränkungen oder Risiken einzugehen, die der Geschädigte ohne einen ersatzpflichtigen Schädiger vielleicht in Kauf nähme (BGH NJW **85** 2639, KG DAR **77** 185).

Lit: *Berger,* Die Berechnung des Sachschadens beim KfzUnfall ..., VersR **88** 106. *Birkmann,* Abrechnung auf Gutachtenbasis trotz durchgeführter Reparatur des Kfz, DAR **90** 3. *Eggert,* Zur Pflicht des Geschädigten, ein sog InterimsFz zu erwerben, NZV **88** 121. *Faber,* Sachverständigengutachten, Reparaturkostenrechnung und Nutzungsentschädigung, DAR **87** 279. *Fleischmann,* Der Restwert in der Schadenregulierung, ZfS **89** 1. *Fuchs,* Der Restwert in der schadensrechtlichen Diskussion, JbVerkR **00** 81. *Gebhardt,* Die fiktive Abrechnung von FzSchäden, ZfS **90** 145. *Derselbe,* Der Restwert bei der Regulierung von FzSchäden, NZV **02** 249. *Derselbe,* Fiktiver Schaden unter besonderer Berücksichtigung des Restwertes, DAR **02** 395. *Greger,* Der Streit um den Schaden, NZV **94** 11. *Grunsky,* Der Ersatz fiktiver Kosten bei der Unfallschadensregulierung, NJW **83** 2465. *Grunsky,* Berechnung des FzSchadens im Haftpflichtfall, VGT **90** 187. *Haug,* Naturalrestitution und Vermögenskompensation, VersR **00** 1329. *Derselbe,* Die Rspr des BGH zur Dispositionsfreiheit, NZV **03** 545. *Huber,* Der Restwert, DAR **02** 337. *Jung,* Zur Anrechnung des Restwerterlöses im Kfz-Schadensrecht, VersR **84** 1121. *Klimke,* Fiktive Schadensabrechnung, ZfS **89** 253. *Krumbholz,* Zulässigkeit und Grenzen der Abrechnung auf Gutachtenbasis, NZV **90** 218 (mit Entgegnung *Gescher* NZV **90** 417). *Lepa,* Inhalt und Grenzen der Schadensminderungspflicht, DRiZ **94** 161. *Lipp,* „Fiktive" Herstellungskosten und Dispositionsfreiheit des Geschädigten, NJW **90** 104. *Luckey,* Fiktive Schadensabrechnung bei wirtschaftlichem Totalschaden, VersR **04** 1525. *Rischar,* Zwei unterschiedliche Restwerte für ein und dasselbe Unfallfz?, VersR **99** 686. *Schiemann,* Schadensersatz und Praktikabilität, Steffen-F (1995) S 399. *Speer,* Der Restwert, VersR **02** 17. *Steffen,* Die Rspr des BGH zur fiktiven Berechnung des FzSchadens, NZV **91** 1. *Derselbe,* Zur Restwertproblematik bei Kfz-Haftpflichtschäden, ZfS **02** 161. *Trost,* Probleme der Bestimmung des Restwertes eines UnfallFz, VersR **02** 795. *Weber,* Schadensberechnung bei einem beschädigten und bei einem zerstörten Kfz, NJW **83** 266. *Derselbe,* „Dispositionsfreiheit" des Geschädigten und fiktive Reparaturkosten, VersR **90** 934. *Derselbe,* § 249 S 2 BGB: Erstattung der Reparaturkosten oder Ersatz des Schadens an der Sache?, VersR **92** 527. *Wortmann,* Die Schadensregulierung bei VUnfällen – insbesondere die Sachverständigenkosten, VersR **98** 1204. *Derselbe,* Schadensminderungspflicht des Geschädigten nach einem unverschuldeten VUnfall, ZfS **99** 1.

4. Bei allen Formen des **Totalschadens** (technischer, wirtschaftlicher Totalschaden) besteht 10 grundsätzlich (nur) Anspruch auf ein gleichartiges, gleichwertiges ErsatzFz, den dazu erforderlichen Geldbetrag (§ 249 II BGB; BGH NJW **05** 3134, LG Rottweil DAR **03** 423, LG Hildesheim NJW **03** 3355, *Schirmer/Marlow* DAR **03** 441, 443), auf den **Wiederbeschaffungswert** (Rz 5, 14; BGH NJW **92** 305, BGH NZV **00** 162, Ha NZV **96** 113), ohne Risikozuschlag (unten sowie Rz 5, 24), unter Abzug des Restwerts des Unfallfz (= **Wiederbeschaffungsaufwand**; Rz 8; BGH NJW **05** 2541, Kö VRS **107** 247) oder (wenn Ersatzbeschaffung nicht oder nur mit unverhältnismäßigem Aufwand möglich ist) auf entsprechenden Wertausgleich (251 II BGB; LG Mgd NJW **03** 536, aM AG Hameln NZV **03** 538 [bei wirtschaftlichem Totalschaden stets § 251 II BGB]). Erwirbt der Geschädigte ein **ErsatzFz** zu einem dem Wiederbeschaffungswert nach dem Sachverständigengutachten entsprechenden oder *höheren Preis*, so hat er im Wege konkreter Schadensabrechnung Anspruch auf Ersatz der dadurch entstandenen Kosten bis zur Höhe des (Brutto-)Wiederbeschaffungswerts des beschädigten Fz abzüglich des Restwerts (BGH DAR **06** 85). **Wirtschaftlicher Totalschaden** ist grundsätzlich eingetreten, wenn der Reparaturaufwand den Wiederbeschaffungsaufwand übersteigt (Ha NZV **99** 297, VersR **00** 1122, str, *Wirsching* DAR **99** 331, s aber Rz 18). Bei Ersatz eines zerstörten GebrauchtFz durch ein gleichwertiges kann ein **Risikozuschlag** wegen der Möglichkeit verborgener Mängel nicht gefordert werden (BGH NJW **66** 1455, zust *Schmidt* NJW **66** 2159, abl *Allwang* NJW **66** 1807, Dü VersR **65** 962, Hb VersR **65** 963, Nü VersR **64** 1274 [jedenfalls nicht nach Anschaffung eines Neuwagens], Stu NJW **67** 252, *Halbgewachs* NZV **93** 380, aM KG NJW **66** 735, Mü

1 StVG § 12   II. Haftpflicht

VersR **64** 1138). Eine Ausnahme will Stu NJW **67** 252 für den Fall zulassen, dass ein gleichwertiges und gleichartiges Fz nicht zu erlangen ist (abl *Hohenester*). Zum Ersatzanspruch des **Leasingnehmers** bei Zerstörung des LeasingFz durch einen Dritten BGH VRS **51** 409, NZV **91** 107, BGH NZV **92** 227 (Anm *Hohloch*), KG DAR **75** 212, Ha ZfS **03** 236, *Reinking* ZfS **00** 281, *Hohloch* NZV **92** 6. **Abrechnung als Totalschaden** ist zulässig, sofern der Geschädigte der Begutachtung vertrauen durfte, auch wenn sie nicht zutraf (Kar VersR **75** 335). Kein Totalschaden bei einwandfreier Reparaturmöglichkeit (Dü VersR **74** 787, Nü NJW **75** 313), wenn kein technischer Minderwert verbleibt (Dü VersR **76** 69).

11   **4a. Unechter Totalschaden** liegt vor, wenn der für Reparatur und Ersatz des merkantilen Minderwerts aufzuwendende Betrag zwar den Wiederbeschaffungswert abzüglich Restwert nicht erreicht, dem Geschädigten aber gleichwohl eine Reparatur nicht zuzumuten ist (BGH NJW **76** 1202). Hierbei sind Prestigegesichtspunkte oder persönliche Vorurteile des Geschädigten unbeachtlich (BGH VRS **30** 253, MDR **66** 491). Abrechnung „**auf Neuwagenbasis**" kann verlangt werden, wenn das beschädigte Fz neu oder neuwertig war und die Schäden ein erhebliches Ausmaß erreichen (BGH NJW **76** 1203, KG VRS **108** 164, Ce NJW-RR **03** 1381, Ha NZV **01** 478, Kö NZV **90** 311, Ol MDR **97** 349, Mü DAR **83** 79, einschr KG VM **94** 93) auch bei Fz mit Sonderausstattung (Ha MDR **96** 1015). Das gilt zB, wenn die Reparatur wegen **Beschädigung wichtiger Teile** unzumutbar ist (Mü VersR **75** 163, Zw NZV **89** 355 [Einschweißen tragender Teile selbst bei relativ niedrigen Kosten], LG Mönchengladbach NJW-RR **06** 244 [Einschweißen eines Heckabschlussblechs]), so bei einem neuwertigen Fz, wenn der Schaden nahezu 40% der Anschaffungskosten ausmacht (Nü NJW **72** 2042, Br VersR **70** 1159, Dü VersR **62** 1111, Kar MDR **86** 233), wenn das neue Kfz nach Reparatur zum „UnfallFz abgestempelt" wäre (Richtarbeiten) und der Unfall bei Verkauf offenbart werden müsste (Kar DAR **94** 26, Ol VRS **94** 171 [Reparaturkosten 7,5% des Neupreises]). Auch andere Schäden können den Anspruch auf NeuFz rechtfertigen, wenn Schadensbehebung durch spurenlose Teileauswechslung nicht möglich ist (Ha ZfS **89** 122). Neupreis bei im Fall des Weiterverkaufs offenbarungspflichtigen Schäden von ca 2000 DM zuzüglich 1100 DM merkantilem Minderwert an einem am Vortag ausgelieferten, 70 km gelaufenen Wagen (Ol VRS **94** 171). Kein Neuwagen bei bloßen Bagatellschäden an einem neuwertigen Kfz (Ce NRpfl **80** 150) oder Lack- und Blechschäden, die vollständig beseitigt werden können, ohne dass Ansehnlichkeit, Lebensdauer oder Funktionstüchtigkeit des Fz beeinträchtigt sind (Ha NZV **01** 478, Kö NZV **90** 311, Ce VRS **82** 263) oder wenn durch spurenlose Auswechslung der beschädigten Teile volle Wiederherstellung des früheren Zustands erreicht werden kann (Ce NJW-RR **03** 1381). Entscheidend ist nicht allein die Höhe der Reparaturkosten, sondern vor allem die Art der Schäden (Mü ZfS **85** 167, Kö VersR **89** 60, Ce NJW-RR **03** 1381, VRS **82** 263, Ol VRS **94** 171). Kein erheblicher Schaden bei Behebung durch Austausch der FzTüren und geringfügigen Karosseriearbeiten (Ha NZV **01** 478). Die Frage, ob Anspruch auf Neupreis besteht, ist nicht nach starren Richtlinien zu beantworten; maßgebend sind vielmehr die Umstände des Einzelfalls, namentlich Alter des Fz, Fahrleistung, Art und Ausmaß der Schäden, Instandsetzungsmöglichkeit und Kosten verglichen mit dem früheren FzWert (KG DAR **76** 45, 245, **75** 450, Fra ZfS **90** 263). Von Bedeutung kann auch sein, ob der Wagen zum Gebrauch des Geschädigten oder als Verkaufsobjekt dienen sollte (BGH NJW **65** 1756). Ob die Abrechnung auf „Neuwagenbasis" den Schädiger teurer kommt als Reparatur ist idR nicht entscheidend (Kar DAR **94** 26). Der Anspruch steht auch einem Leasinggeber zu (Kö ZfS **85** 357). Bei nicht geringfügiger Beschädigung eines fabrikneuen Kfz steht dem Geschädigten ein neues Fz zu (KG VersR **77** 155), es sei denn, er muss billigerweise darauf verzichten, weil besondere Umstände aus verständiger Sicht die „Wertschätzung eines Neuwagens" zurücktreten lassen (BGH NJW **76** 1202, KG DAR **76** 241). Bei NutzFz kommt Abrechnung auf Neuwagenbasis nicht in Betracht (Nau VRS **100** 244, Stu VersR **83** 92). Da der konkrete Schaden schon mit der Beschädigung des neuwertigen Fz eingetreten ist und der Geschädigte hinsichtlich der Ersatzleistung frei ist (Rz 5), setzt die Geltendmachung des Anspruchs auf Neupreis nicht voraus, dass der Geschädigte zuvor ein NeuFz angeschafft hat (KG DAR **80** 371, NJW-RR **87** 16, Mü NJW **82** 52, *Palandt/Heinrichs* § 249 Rz 22) oder dies beabsichtigt (abw Nü ZfS **91** 45, LG Waldshut-Tiengen NJW-RR **02** 1243, LG Hagen ZfS **07** 388 m Anm *Diehl*; *Eggert* DAR **97** 136. Rspr-Übersicht: *Berr* DAR **90** 313).

11a   **Als neuwertig** ist ein Fz nur anzusehen bei kurzer Zulassungsdauer, einwandfreiem Zustand und geringer Fahrleistung (Br DAR **78** 163, Ol MDR **97** 349, Kö NZV **90** 311 [weniger als 1 Monat, s unten]), **bis idR höchstens 1000 km** (BGH NJW **82** 433, VRS **65** 89, VersR **84**

Höchstbeträge § 12 StVG 1

46, KG VRS **108** 164, Ce VersR **81** 67, Br VersR **78** 236, Kö ZfS **85** 357, KG VM **94** 93, Dü VersR **76** 69, Nü NJW **75** 313, Ha NZV **00** 170, Ba ZfS **83** 200, *Eggert* DAR **97** 131). Eine Überschreitung der 1000 km-Grenze um nur wenige km kann jedoch uU unschädlich sein, Ha VM **86** 6 (1077 km). Nur in *Ausnahmefällen* kann der Geschädigte auch bei einer Laufleistung zwischen 1000 und 3000 km Abrechnung auf Neuwagenbasis beanspruchen, wenn Zeitwert plus Ersatz des merkantilen Minderwerts nicht zum vollen Schadensausgleich führen, dh, wenn der frühere Zustand bei objektiver Beurteilung durch Reparatur auch nicht annähernd hergestellt werden kann (BGH VersR **84** 46, KG VM **90** 82, **94** 93, Kar ZfS **92** 12, LG Konstanz DAR **93** 470). Nach BGH NJW **82** 433 kann dies namentlich der Fall sein bei Zurückbleiben eines Unsicherheitsfaktors auch nach Reparatur von FzTeilen, die dessen Sicherheit gewährleisten, oder von erheblichen Schönheitsfehlern oder bei Gefährdung der Garantieansprüche des Eigentümers (ebenso Ba ZfS **83** 200, 262, Ha ZfS **88** 39, Kar ZfS **92** 12), nicht dagegen schon bei umfangreichen, aber durch Reparatur vollständig und technisch einwandfrei behebbaren Blechschäden (BGH VersR **84** 46 [1300 km Fahrleistung, 3 Wochen alt, 2300 DM Reparaturkosten], Ce ZfS **89** 340 [171 km, 3 Tage, 2525 DM], aM Ol MDR **97** 349 bei Karosserie- und Lackierungsarbeiten für 2500 DM). Demgegenüber hält Mü NJW **82** 52 *allgemein* bei geringer Gebrauchsdauer Abrechnung auf Neuwagenbasis bis zu einer Fahrleistung von 3000 km für gerechtfertigt, wenn die Reparaturkosten mindestens 30% der Anschaffungskosten betragen. Bei mehr als 3000 km Fahrleistung scheidet Abrechnung auf Neuwagenbasis stets aus (KG VRS **71** 241, Sa DAR **89** 345). Da nicht nur die Fahrleistung, sondern auch die Gebrauchsdauer für den Begriff der Neuwertigkeit von entscheidender Bedeutung ist, wird Abrechnung „auf Neuwagenbasis" idR nur möglich sein, wenn das Fz **vor nicht mehr als 1 Monat** zugelassen worden war (Ha NZV **00** 170, KG VRS **108** 164, NZV **91** 389, Kö NZV **90** 311, Kar ZfS **92** 12, Nü NZV **94** 430, Nau ZfS **96** 134, Ol MDR **97** 349, *Eggert* DAR **97** 131, abw Mü DAR **83** 79 [Anspruch auf Ersatz der Kosten für Neufz bei Erstzulassung vor 2 Monaten und ca 2500 km Fahrleistung, Reparaturkosten ca 43% des Neupreises, Rahmen- und Achsschäden], Kar MDR **86** 233 [3 Monate Laufzeit und weniger als 1000 km], KG VM **94** 93 [1 Monat und 10 Tage bei 972 km]. Nach knapp 2½ Monaten ist ein Kfz **nicht mehr neuwertig** (Nü DAR **85** 386 [2300 km Fahrleistung], Ha DAR **94** 400 [unter 100 km]), auch nicht nach 8 Wochen und knapp 3000 km (Nau ZfS **96** 134), nach 2 Monaten und knapp 1300 km (KG NZV **91** 389), auch nicht bei einer Gebrauchsdauer von 6 Wochen und 1150 km Fahrleistung (Ha ZfS **88** 39) oder nach knapp 8 Wochen und 813 km (Nü NZV **94** 430). Bei einem **Wohnanhänger** ist für die Beurteilung der Neuwertigkeit statt der Laufleistung die Gebrauchsdauer entscheidend (Kö DAR **89** 228, Ha NJW-RR **89** 1433, Br VersR **90** 1403 [abgelehnt bei Unfall 1 Monat nach Zulassung]). Zum Schadensersatz auf Neuwertbasis bei erheblicher Beschädigung eines neuen **Fahrrads** LG Frankenthal NJW-RR **91** 352.

4 b. Ausgeschlossen ist der Anspruch auf Ersatz der Reparaturkosten wegen Unverhältnismäßigkeit (§ 251 II BGB), wenn Instandsetzung und Nebenkosten Aufwendungen erfordern, die den Preis für ein gleichwertiges ErsatzFz **um mehr als 30% übersteigen** (zur 130%-Grenze näher Rz 19 f); die Reparaturkosten können also nicht in einen vom Schädiger auszugleichenden wirtschaftlich vernünftigen Teil und einen vom Geschädigten selbst zu tragenden wirtschaftlich unvernünftigen Teil aufgespalten werden, weswegen nur Ersatz der Wiederbeschaffungskosten verlangt werden kann (BGH NJW **72** 1800, **92** 305 [zust *Lipp* NZV **92** 71, *Lange* JZ **92** 482], NJW **07** 2917, Ha ZfS **84** 198, **89** 229, NZV **97** 441, Kö VRS **76** 401, Stu NZV **91** 309 (abl *Efrem*), Kö VersR **91** 322, *Grunsky* JZ **92** 806, aM Mü NZV **90** 69, *Roth* JZ **94** 1094, krit. *Greger* § 24 Rz 28, s auch *Eggert* DAR **01** 24). Dabei kommt es nicht darauf an, ob die verbliebenen Defizite den Geschädigten selbst nicht stören und von diesem nicht beanstandet werden; vielmehr ist allein auf den nach objektiven Kriterien zu beurteilenden und deshalb auch unschwer nachzuprüfenden Reparaturaufwand abzustellen (BGH NJW **92** 305, **07** 2917). Benutzt der Geschädigte das (nicht mehr reparaturwürdige Fz) weiter, so kann er den im Sachverständigengutachten für den regionalen Markt ermittelten Restwert (Rz 8) geltend machen (BGH NJW **07** 1674 m krit. Bspr. *Huber* NJW **07** 1625). S auch Rz 19 f.

Besondere Umstände (Fz mit besonderen Einrichtungen für Beinamputierten) können jedoch Reparaturkosten rechtfertigen, die nach dem FzWert sonst nicht gerechtfertigt wären (Kar VersR **79** 964). Das gilt etwa für ein als GeschwindigkeitsmessFz ausgebautes Dienst-Fz der Pol (VG Sa ZfS **08** 178).

14   **4 c. Der Wiederbeschaffungswert** (Rz 5, 10) ist bei Totalschaden zu ersetzen, einschließlich der Kosten für eine gründliche technische Prüfung (BGH NJW **78** 1373, VersR **82** 757, Ol ZfS **83** 361, Fra ZfS **85** 10, **86** 39, NZV **90** 265, *Rädel* DAR **84** 35, *Jahnke* VersR **87** 645, aM Ko ZfS **90** 83, Sa NZV **90** 186 [nur, soweit tatsächlich angefallen], *Halbgewachs* NZV **93** 381), jedoch ohne Risikozuschlag (Rz 10) und unter Abzug des Restwerts des beschädigten Fz (Rz 8). Zum maßgebenden Zeitpunkt Rz 5 aE. Bei mehreren Vorbesitzern mindert sich der Wiederbeschaffungswert des beschädigten Fz (KG VM **74** 27 [10%]). Auch bei Totalschaden eines ErsthandFz steht bei Erwerb eines gebrauchten ErsatzFz **kein Zweithandzuschlag** zu, ein solcher Schaden kann sich allenfalls bei späterem Verkauf des ErsatzFz realisieren (BGH NJW **78** 1373, Dü NJW **77** 719, aM Kö NJW **74** 2128 m Anm *Klimke*, *Klimke* VersR **79** 1078). Ein dem Geschädigten gewährter Rabatt bleibt bei der Bemessung des Wiederbeschaffungswerts regelmäßig unberücksichtigt, kommt also dem Schädiger insoweit zugute (Fra NZV **94** 478 [Großkundenrabatt], Ce VersR **94** 624 [Werksangehörigenrabatt], aM Mü NJW **75** 170 [Werksangehörigenrabatt]). Bei Beschädigung eines neuwertigen Vorführwagens darf der Händler nur Ersatz des Händlerpreises verlangen (Schl VersR **76** 1183). Wird ein unfallbeschädigtes Kfz durch Auffahren vollends zerstört, so ist die Wertminderung durch den ersten Unfall abzuziehen (Nü VersR **76** 643). Ohne entsprechende Aufwendungen keine Erstattung fiktiver Umlackierungskosten (Taxi) zusätzlich zum Wiederbeschaffungswert (Fra MDR **86** 494, *Greger* § 23 Rz 27, aM Kar NZV **94** 394 [mangels Gebrauchtwagenmarkts für Taxen]), anders bei Firmenaufschrift (Kar VRS **75** 403). Zur Ersatzpflicht durch das Schadensereignis **nutzlos gewordener Aufwendungen** BGHZ **71** 237, *R. Weber* DAR **79** 113. **Entgangener Gewinn** ist zu ersetzen (§ 252 BGB), auch wenn er den Verkehrswert (Zeitwert) übersteigt (besonders günstiger Verkauf; BGH VersR **82** 597 [zust *Weber* DAR **83** 181, abl *Giesen* JR **82** 458], KG ZfS **84** 228, Stu VersR **73** 773, Br VersR **69** 333, aM *Giesen* VersR **79** 389; zum Gebot von Überpreisen bei Inzahlungnahme bei Neukauf s aber Stu VersR **73** 773, *Sanden/ Völtz* Rz 63 ff).

15   Ein **individueller Gebrauchswert**, also ein den Wiederbeschaffungswert übersteigender, ist nur ausnahmsweise zu ersetzen, nämlich bei Spezial- oder solchen Fz, die nur schwer zu beschaffen sind oder keinen Markt haben (Kar VersR **79** 776, Stu NJW **67** 252, Dü VersR **65** 770). Zur Ermittlung des Wiederbeschaffungswerts eines ausländischen Wagens mit geringem Marktanteil Schl VersR **74** 297. In solchen Fällen ist nach billigem Ermessen der Wert eines ähnlichen ErsatzFz festzusetzen.

16   Ein **Affektions- oder Liebhaberwert** geht über den Ersatz wirtschaftlichen Schadens hinaus und bleibt deshalb unersetzt (BGH NJW **66** 1454, KG NJW **66** 735, Schl VersR **67** 610, Ce VersR **64** 519). **Verletzung von Tieren**: Rz 51.

17   Ist die **Reparatur billiger als die Ersatzbeschaffung**, so stehen nur die Reparaturkosten zu (Stu VersR **70** 631, Ol VersR **69** 837, Dü VersR **70** 42), es sei denn, verborgene Mängel könnten fortbestehen (Schl VersR **67** 610). Diese sind dann jedenfalls nicht unverhältnismäßig (Ha ZfS **91** 85). Sind erhebliche Richtarbeiten nötig, so darf der Geschädigte idR ein ErsatzFz beschaffen (Hb VersR **74** 392, Nü NJW **75** 313).

18   **4 d.** Bei **wirtschaftlichem Totalschaden** (Reparaturkosten übersteigen Wiederbeschaffungsaufwand; Rz 10) hat der Geschädigte grundsätzlich nur Anspruch auf Ersatz des Wiederbeschaffungsaufwands (Rz 11). Das gilt jedenfalls hinsichtlich des Verlangens auf Ersatz **fiktiver Reparaturkosten** (Fz wird nicht repariert; BGH NJW **85** 2469, **03** 2087, Ha VersR **00** 1122, *Huber* NZV **04** 106). Da aber im Fall tatsächlicher Reparatur Abweichendes gilt, hat der **Begriff des Totalschadens** keinen einheitlichen Inhalt: Ist er bei Geltendmachung fiktiver Reparaturkosten durch den Wiederbeschaffungs*aufwand* definiert, so ist er im Fall der Reparatur erst bei Überschreiten des Wiederbeschaffungs*werts* (ohne Berücksichtigung des Restwerts) eingetreten: Wird das Fz **tatsächlich repariert**, so hat der Geschädigte nämlich im Hinblick auf ein anzuerkennendes Integritätsinteresse Anspruch auf Ersatz der erforderlichen Reparaturkosten (Sachverständigengutachten) **bis zur Höhe des Wiederbeschaffungswerts** (und uU darüber hinaus, Rz 19), auch wenn diese (unter Berücksichtigung des Restwerts) den Wiederbeschaffungs*aufwand* übersteigen (BGH NJW **05** 2541), dies selbst dann, wenn die tatsächlichen Reparaturkosten (Eigenreparatur) niedriger waren (BGH NJW **03** 2085 [abl *Schiemann* JR **04** 24, Anm *Reitenspiess* DAR **03** 375], Dü ZfS **01** 111). Das gilt, solange die erforderlichen (geschätzten) Reparaturkosten den Wiederbeschaffungswert *nicht* übersteigen, ohne Rücksicht auf die technische Qualität der tatsächlich durchgeführten Reparatur (BGH NJW **03** 2085, zust *Huber* MDR **03** 1337, 1340). *Ohne Durchführung einer Reparatur* kann der Geschädigte die (fiktiven)

Höchstbeträge   § 12 StVG 1

Reparaturkosten in diesem Fall *ohne Abzug des Restwerts* abrechnen, wenn er das (funktionsfähige und verkehrssichere) Fz, weiternutzt (BGH NJW 03 2085), und zwar *mindestens sechs Monate* nach dem Unfall (BGH NJW 06 2179 zust *Schacht* VersR 06 1236; *Staab* NZV 07 279; s auch Rz 29). Lässt der Geschädigte reparieren und übersteigen die (tatsächlichen) Reparaturkosten den Wiederbeschaffungswert *nicht*, so sind sie ungeachtet eines Integritätsinteresses und einer Weiternutzungsabsicht ersatzfähig; auch den Restwert muss sich der Geschädigte bei tatsächlicher Reparatur nicht anrechnen lassen (BGH NJW 07 588; *Weller* NZV 07 401). Im Fall fachgerechter Reparatur liegt die Grenze des wirtschaftlichen Totalschadens sogar erst bei **130% des Wiederbeschaffungswerts** (Rz 19, zur Überschreitung der Grenze Rz 12). Maßgebend ist, ob die Reparatur oder Ersatzbeschaffung verständigerweise wirtschaftlich angemessen ist (BGH NJW 72 1800, *Wirsching* DAR 99 33). Im Zweifel über die Kostenhöhe darf sich der Geschädigte auf die Ansicht des Sachverständigen verlassen (BGH NJW 72 1800, s Rz 6). **Erhöhen sich die Reparaturkosten** während der Herstellung unvorhersehbar erheblich (Prognosefehler), so trägt der Schädiger dieses Risiko, wenn der Geschädigte nach Einholen von Informationen (Voranschlag, Sachverständigengutachten) annehmen durfte, den kostengünstigeren Weg gewählt zu haben (BGH NJW 92 302 [zust *Lange* JZ 92 480], Mü NZV 91 267, Ha NJW 98 3500), so zB auch bei Überschreiten von 130% des Wiederbeschaffungswerts (Rz 19; KG NZV 05 46, Fra NZV 01 348, LG Mü I NZV 05 587, aM *Huber* SVR 05 246). Umgekehrt verhält es sich, wenn schon nach dem Kostenvoranschlag die Reparaturkosten diejenigen einer Ersatzbeschaffung unverhältnismäßig (Rz 19) übersteigen (BGH NJW 72 1800, Ha ZfS 84 198); das Risiko trägt dann der Geschädigte mit der Folge einer Abrechnung nur auf Totalschadenbasis (abw Dü VersR 77 840 bei nur geringfügiger Überschreitung). Eine unvorhersehbare, auch vom Sachverständigen nicht vorhergesehene Kostensteigerung über den ursprünglichen FzWert hinaus geht zu Lasten des Schädigers (Dü VersR 77 840).

Übersteigen die Reparaturkosten diejenigen der Wiederbeschaffung, so darf der Geschädigte dennoch wegen seines anzuerkennenden Integritätsinteresses Instandsetzung wählen, wenn die Reparaturkosten unter Berücksichtigung aller Umstände des Falls, insbesondere von Art und Ausmaß des Schadens sowie Alter und Zustand des Fz nicht unverhältnismäßig sind (§ 251 II BGB). Das gilt grundsätzlich auch für gewerblich genutzte Fz (BGH NZV 99 159 [Taxi], Dr DAR 01 303 [Lkw], Ha NJW 98 3500, VersR 01 257, Ol DAR 00 359, *Roß* NZV 00 363) und wird auch bei LeasingFz zu gelten haben (Mü DAR 00 121, *Reinking* DAR 97 425). Die Rspr zieht die Grenze, bis zu der idR Ersatz der Reparaturkosten verlangt werden kann, für den Regelfall bei **130% des Wiederbeschaffungswerts** (BGH NJW 08 437, 439, 07 97, 05 1108, 92 302, 92 1618 m Anm *Grunsky* JZ 92 806, *Schopp* MDR 93 313, BGH NZV 99 159 m Anm *Völtz*, KG NZV 05 46, 02 89, Fra DAR 03 68, Stu DAR 03 176, Dr DAR 01 303, Ol DAR 04 226, Kar MDR 00 697, Ha DAR 02 215, Dü NZV 01 475, ebenso *Grunsky* NJW 83 2468, *Steffen* NZV 91 4), die aber als bloßer Richtwert im Einzelfall uU auch überschritten werden darf oder (zB bei extrem hohen Mietwagenkosten) niedriger zu bemessen ist (BGH NJW 92 302, Dr DAR 01 303, Dü NZV 01 475, eingehend *Dannert* VersR 88 890, *Reiff* NZV 96 425, krit *Schiemann* NZV 96 5, *Grunsky* JZ 97 827, *Völtz* NZV 99 160, s auch Rz 12). Bei Ermittlung dieser Toleranzgrenze hat nach hM der **Restwert** des beschädigten Fz (*anders bei bloß fiktiver Reparatur:* Rz 24) außer Ansatz zu bleiben (BGH NJW 92 302, zust *Lipp* NZV 92 70, *Lange* JZ 92 480, *Roth* JZ 94 1096, Fra DAR 03 68, Ha NZV 97 441, Dü NZV 01 475, Kö VersR 93 898, Mü DAR 95 254, KG NZV 02 89, Dr DAR 96 54, s auch *Weber* DAR 91 14, 333, *Gebhardt* DAR 91 373, *Grunsky* JZ 92 806). Dies wird damit begründet, dass der Restwert nur schwer zu ermitteln, mit vielen Unsicherheiten behaftet, iÜ von den Reparaturkosten abhängig sei und daher durch diese bereits mit repräsentiert sei (aM [Restwert ist abzuziehen]: Mü DAR 89 419, NZV 91 627, Stu NZV 91 309 m Anm *Efrem*, Fra ZfS 91 46, Ha NZV 91 229, *Helmkamp* NZV 91 462, *Sanden/Völtz* 77 f.

Reparaturkosten bis zur Höhe von 130% des Wiederbeschaffungswerts sind nur ersatzfähig, wenn sie konkret angefallen sind oder wenn der Geschädigte nachweisbar wertmäßig in einem Umfang repariert hat, der den Wiederbeschaffungsaufwand übersteigt, sofern die Reparatur fachgerecht und in einem Umfang durchgeführt wird, wie ihn der Sachverständige zur Grundlage seiner Kostenschätzung gemacht hat; andernfalls kein schützenswertes Integritätsinteresse (BGH NJW 85 2469, 92 1618, 03 2085, 05 1108, 07 2917, 08 439; *Weller* NZV 07 401). Auch bei *Eigenreparatur* ist der Anspruch nicht ohne Weiteres ausgeschlossen (BGH NJW 05 1108, *Freyberger* NZV 05 233; s auch Rz 23). Bei *technisch unzulänglicher Teilreparatur* scheidet der Anspruch hingegen aus (BGH NJW 05 1108, 1110, 07 2917, 08 2183, *Huber* MDR 03 1338).

19

20

König   195

Vorlage einer Rechnung ist zum Nachweis durchgeführter Reparatur nicht erforderlich (KG NZV **05** 46). Eine vorangegangene Abrechnung des Wiederbeschaffungsaufwands hindert eine Nachforderung bei späterer Reparatur grundsätzlich nicht (Rz 6). Zur Dokumentation des Integritätsinteresses ist bei Abrechnung eine **Weiternutzung von mindestens sechs Monaten erforderlich** (s auch Rz 18; BGH NJW **08** 437; 439, 2183). Das gilt sowohl für Abrechnung auf Gutachtenbasis (BGH NJW **08** 437; 439) als auch dann, wenn der Geschädigte tatsächlich reparieren lässt (BGH NJW **08** 2183 m Anm *Kappus*; aM Ce NJW **08** 928, Nü DAR **08** 27, *Pamer* DAR **07** 721, s. auch LG Hb DAR **07** 707). Die Beweislast für Weiterbenutzungsabsicht bei Reparatur liegt beim Geschädigten (BGH NJW **08** 437; s auch *Greger* § 24 Rz 26). Die Rspr des BGH dürfte keine Verschiebung des Fälligkeitstermins um sechs Monate beinhalten; vielmehr dürfte bei tatsächlicher Weiternutzung vor Ablauf von sechs Monaten eine Vermutung für Weiternutzungsabsicht streiten (*Wittschier* NJW **08** 898; aM zB LG Hagen VersR **07** 1265, *Kallweit* VersR **08** 895). *Kein Anspruch* auf den Wiederbeschaffungswert übersteigende Reparaturkosten mangels Integritätsinteresses bei **Reparatur in Verkaufsabsicht** (BGH NJW **08** 437; 439, Dü NZV **04** 470, Ha VersR **01** 257, *Greger* § 24 Rz 26), auch nicht bei mehrjähriger Stilllegung des Fz vor Durchführung der Reparatur (Sa MDR **98** 1346). Der Anspruch scheitert nicht, wenn die beabsichtigte Reparatur bisher nur wegen fehlender Mittel infolge noch nicht erfolgter Regulierung unterblieb (Ol DAR **04** 226, Mü NJW-RR **99** 909) oder nur teilweise möglich war (Ha NZV **97** 441; abl *Lemcke* r + s **02** 269). Liegen die tatsächlichen Kosten einer technisch einwandfrei durchgeführten Reparatur innerhalb der 130%-Grenze, so scheitert der Anspruch nicht daran, dass die vom Sachverständigen geschätzten Reparaturkosten (bei Inanspruchnahme einer Vertragswerkstatt unter Verwendung von Neuteilen) darüber liegen (Fra DAR **03** 68, Dü NZV **01** 475, Dr DAR **01** 303, aM zB LG Br NZV **99** 253 [bei Unterschreitung der 130%-Grenze durch Sonderkonditionen], *Lemcke* r + s **02** 269, *Rischar* SP **97** 288). Lässt der Geschädigte trotz Überschreitens der 130%-Grenze reparieren, so kann er andererseits nicht statt des Wiederbeschaffungsaufwands den Teil der Reparaturkosten verlangen, der 130% des Wiederbeschaffungswerts nicht übersteigt (Rz 12). Stellt sich erst nach der Reparatur heraus, dass die Kosten die 130%-Grenze überschreiten, so geht das **Prognoserisiko** zu Lasten des Schädigers (Rz 18).

Lit: *Eggert*, Entschädigungsobergrenzen bei der Abrechnung „fiktiver" Reparaturkosten ..., DAR **01** 20. *Freyberger*, Die 130%-Grenze im Lichte der neuesten Rspr des BGH, NZV **05** 231. *Gebhardt*, Die Verhältnismäßigkeit von Reparaturkosten, DAR **91** 373. *Helmkamp*, Berücksichtigung des FzRestwertes bei der Überprüfung der Verhältnismäßigkeit einer Reparatur, NZV **91** 462. *Huber*, Integritätsinteresse versus Mobilitätsinteresse, SVR **05** 241. *Lemcke/Heß/Burmann*, Abrechnung des FzSchadens ..., NJW-Spezial **08** 489. *Pielemeier*, Der Ersatz fiktiver Reparaturkosten bei Eigenreparatur im Totalschadensfall, NZV **89** 222. *Reinking*, 130% Reparaturkosten auch für LeasingFz?, DAR **97** 425. *Roth*, Das Integritätsinteresse des Geschädigten und das Postulat der Wirtschaftlichkeit der Schadensbehebung, JZ **94** 1091. *Schiemann/Haug*, Die aktuelle Rspr des BGH zur Begrenzung von fiktiven Schadensposten, VersR **06** 160. *Schlegelmilch*, Ersatz fiktiver Reparaturkosten bei Unwirtschaftlichkeit?, VersR **87** 1171. *Wellner*, Kfz-Schadens-Übersicht, zuletzt NZV **07** 401. *Wirsching*, Der Begriff des „wirtschaftlichen Totalschadens", DAR **99** 331.

21 **5. Die Wiederherstellungskosten** muss der Geschädigte so niedrig wie nach dem technischen Befund möglich halten (Schadensminderungspflicht), Ko VersR **64** 101, um einen Zustand herzustellen, der dem vor dem Unfall technisch und wirtschaftlich gleichkommt, Dü VersR **74** 604. Steht der Schaden gutachtlich verlässlich in etwa fest, so muss sich der Geschädigte **ohne schuldhaftes Zögern** um Instandsetzung oder um ein ErsatzFz bemühen (Ha DAR **02** 312, Nau DAR **05** 158, KG VM **95** 35, Kö NJW **62** 2107, Ha NJW **64** 406). Er darf, mangels Anhalt für ungewöhnliche Arbeitsverzögerung, seine Vertrauens- oder Fachwerkstatt beauftragen (Kar VersR **76** 1162, Mü VersR **66** 786), es sei denn, sie fordert ein unangemessen hohes Entgelt oder übermäßig lange Reparaturzeit (AG Göppingen VersR **64** 544). Geringe Preisunterschiede bleiben außer Betracht, zumal Fachwerkstätten nach Teilepreis- und Arbeitszeitlisten der Hersteller abzurechnen pflegen. Arbeitsgänge, die wiederholt werden müssen, weil der Geschädigte zunächst nur teilreparieren lässt, sind nur so zu erstatten wie bei zügiger Gesamtreparatur. Zur **Ermittlung der erforderlichen Reparaturkosten** Rz 6.

22 Für **Schlechtarbeit der Werkstatt** haftet der Geschädigte nur bei unsorgfältiger Auswahl oder wenn und soweit er sie bei zumutbarer eigener Sorgfalt hätte verhindern können (BGH NJW **75** 160, Ha NZV **95** 442). Soweit zumutbar und erreichbar, wird er eine Fachwerkstatt beauftragen müssen. Schlechtarbeit oder Verzögerung, die auch durch zumutbare sorgfältige Auftragserteilung und Überwachung (Probefahrt, Beanstandung) nicht zu verhindern war, ist

Höchstbeträge § 12 StVG **1**

erstattungsfähige Schadensfolge (Kar VersR **76** 1162, Hb MDR **68** 239, KG NJW **71** 142, einschr Dü ZfS **84** 298 hinsichtlich längeren Nutzungsausfalls durch zögerliche Reparatur), ebenso Verzögerung wegen schwieriger Ersatzteilbeschaffung im Ausland (AG Gifthorn NZV **07** 149). Die Werkstatt ist **nicht Erfüllungsgehilfe des Geschädigten** (BGH NJW **75** 160, Kar VersR **76** 1162, MDR **73** 580, Ha NZV **91** 353), doch darf er Ansprüche wegen Schlechtausführung nicht verjähren lassen (*H. W. Schmidt* DAR **68** 143). Mehraufwand durch Schlechtarbeit geht bei sorgfältiger Werkstattauswahl durch den Geschädigten als Folgeschaden zulasten des Schädigers (BGH NJW **75** 160, *Sanden/Völtz* 20, aM *Böhmer* JR **71** 239, wonach Verschulden der Werkstatt dem Schädiger nicht anzulasten sei [§ 254 II, § 278 BGB] und sich nur der Geschädigte an die Werkstatt halten könne). Die Gefahr überlanger und überteuerter Reparatur trägt, gegen Abtretung etwaiger Ersatzansprüche gegen die Werkstatt, der Schädiger (BGH NJW **92** 302, Ha NZV **95** 442, Kar MDR **73** 580, Ol NZV **89** 148). Hat der Geschädigte an sich ungerechtfertigte, aber vom Schädiger zu tragende Mehrforderungen der Werkstatt noch nicht bezahlt, so geht sein Anspruch auf Freistellung (BGH DAR **76** 124).

Wer selber repariert, darf den üblichen Werkstattpreis fordern (BGH NJW **92** 1618 m Anm **23** *Grunsky* JZ **92** 806, *Schopp* MDR **93** 313, krit *Imbach* VersR **96** 425; BGH NJW **03** 2085, **08** 439, Nü VRS **103** 321, Dr DAR **01** 455, KG DAR **95** 482, Mü DAR **88** 419, Kar ZfS **97** 53, Ha NZV **97** 441, Schl VersR **99** 202, *Grunsky* DAR **84** 268, **92** 532, *Steffen* NZV **91** 2, *Wortmann* VersR **98** 1207), einschließlich des üblichen Unternehmergewinns, ebenso als Kaufmann bei Selbstreparatur (Mü VersR **66** 836, **76** 483, bei teilweiser Werkstatt- und teilweiser Selbstreparatur, KG VRS **68** 85, *Greger* NZV **94** 12, enger Nü VRS **70** 1164, aM zB *Köhler* Larenz-F (1983) S 353 f, *Hofmann* DAR **84** 374, *Honsell/Harrer* JuS **91** 446). Daher genügt zum Nachweis der erforderlichen Reparaturkosten ein Sachverständigengutachten, der Vorlage einer Reparaturrechnung bedarf es nicht (Rz 6). Ein im Inland lebender Ausländer muss sich bei Abrechnung auf Gutachtenbasis nicht auf die günstigeren Stundenverrechnungssätze in seinem Heimatland verweisen lassen (Dü NJW **08** 530 [L]). Die Kosten für die Instandsetzung in einer Fachwerkstatt können uU auch dann verlangt werden, wenn diese den Wiederbeschaffungswert um nicht mehr als 30% übersteigen (Rz 19 f), die Kosten der Selbstreparatur aber niedriger waren (Rz 20). Bei Wiederherstellung **in eigener Werkstatt** des Verkehrsbetriebs sind nur die Selbstkosten zu ersetzen (BGH NJW **70** 1454 = VersR **70** 832, 902 m Anm *Klimke*). Dagegen kommt eine Kürzung um den Unternehmergewinnanteil bei Selbstreparatur in eigener gewerbsmäßiger KfzWerkstatt nur in Frage, wenn durch die Reparatur gewinnbringende Werkstattkapazitäten nicht verloren gegangen sind (Ha VersR **91** 349). Ermittlung erstattungsfähiger Aufwendungen bei Reparatur von Bundesbahnwaggons durch eigenes Personal (Mü VersR **87** 361).

5 a. Wird das Fz unrepariert veräußert (zB Inzahlunggabe) oder auch verschrottet, so be- **24** hält der Geschädigte idR seinen Anspruch auf Zahlung der Instandsetzungskosten nach § 249 BGB (BGH NJW **03** 2086, **76** 1396, **85** 2469, VersR **85** 865, Ko VersR **82** 1150, Ha VersR **91** 349, Dü NZV **04** 584, Stu VersR **82** 885, Kö ZfS **94** 123, *Grunsky* NJW **83** 2468, *Weber* VersR **90** 941, *Steffen* NZV **91** 3, krit *Schiemann* VGT **82** 236, *Hofmann* VGT **82** 256, abl *Greger* § 24 Rz 1, *Köhler, Larenz*-F (1983) S 360, anders auch die ältere Rspr, wonach der Anspruch nur so lange besteht, wie der Geschädigte zur Reparatur des noch in seinem Besitz befindlichen Fz in der Lage sei, zB Mü VersR **75** 144, Kar NJW **75** 1285, wN 39. Aufl). Der Geschädigte darf den Stundenverrechnungssatz einer markengebundenen Fachwerkstatt zugrunde legen, auch wenn der durchschnittliche Satz niedriger ist (BGH NJW **03** 2086 [„Porsche-Urteil"] m. Anm *Reitenspiess* DAR **03** 375, *Wenker* VersR **05** 917, krit *Huber* MDR **03** 1210 f, zum Ganzen *Nugel* ZfS **07** 248). Demgemäß muss er sich nicht auf die günstigeren Verrechnungssätze einer gleichwertigen markenungebundenen, ihm ohne Weiteres zugänglichen Fachwerkstatt verweisen lassen (KG NJW **08** 2656 m Bspr *Handschumacher* NJW **08** 2622, LG Bochum SP **06** 485, LG Essen NJW **08** 1391, AG Mü NZV **07** 580, AG Wuppertal ZfS **08** 199 m Anm *Diehl*, *Engel* DAR **07** 695, *Zschieschack* NZV **08** 326; offen gelassen von Dü DAR **08** 523 m abl Anm *Zschieschack*; aM LG Berlin NZV **06** 656, LG Potsdam NJW **08** 1392, LG Münster NZV **08** 207, *Figgener* NJW **08** 1349 mwN). Gleichfalls kann er fiktiv berechnete Ersatzteilaufschläge bzw. UPE-Aufschläge verlangen, wenn sie von markengebundenen Fachwerkstätten üblicherweise berechnet werden (Dü DAR **08** 523, AG Bln NJW **08** 529; abw. AG Ma NZV **07** 311). Auf eine günstigere Reparaturmöglichkeit bei einer mit Versicherern zusammenarbeitenden Werkstatt muss er sich ebenfalls nicht verweisen lassen (AG Nürtingen NJW **07** 1143). Die in der Rspr überwiegend anerkannte Grenze einer Überschreitung des Wiederbeschaffungswerts um 30% (Rz 12, 19 ff) gilt hier jedenfalls nicht (Rz 20). **Keine Abrechnung auf Reparatur-**

kostenbasis in Fällen der Veräußerung, wenn die Reparaturkosten den Wiederbeschaffungsaufwand (Wiederbeschaffungswert abzüglich Restwert, Rz 10, 14; BGH NJW **92** 302, insoweit zw *Grunsky* JZ **92** 807, *Fra* VersR **03** 84, *Kö* NZV **94** 24, ZfS **94** 123, *Mü* DAR **95** 254, *Huber* NZV **04** 106, *Eggert* DAR **01** 25) übersteigen (BGH NJW **05** 2541, **03** 2086, **92** 302, **85** 2469 [abl *Grunsky* VGT **90** 187, *Pamer* NZV **00** 492], VersR **85** 865, VRS **69** 162, *Dü* NZV **04** 584, *Stu* VersR **82** 885, *Ol* VersR **84** 1054, *Mü* VersR **90** 864, *Kar* NZV **94** 275, *Kö* ZfS **94** 123). Dabei ist jedoch zu *differenzieren*: Legt der Geschädigte kein Interesse an der Reparatur dar, so ist sein Schadensersatzanspruch durch die Kosten der Ersatzbeschaffung begrenzt, wenn die Differenz darauf beruht, dass ein *wirtschaftlicher Totalschaden* (Rz 18) vorliegt, nicht aber, wenn die fiktiven Reparaturkosten diese nur deswegen überschreiten, weil er den Unfallwagen für einen Neuwagen besonders günstig (über den wirklichen Restwert hinaus) in Zahlung gegeben hat; denn andernfalls würde die Dispositionsfreiheit des Geschädigten unzulässig beschnitten (BGH NJW **85** 2469, VRS **69** 162, *Kö* NZV **94** 24, ZfS **94** 123, dazu auch *Medicus* DAR **82** 359, *Grunsky* NJW **83** 2468, VGT **90** 187). Kein Abzug des Restwerts, wenn Geschädigter mindestens sechs Monate weiter nutzt (Rz 18). Wegen der Schwierigkeiten der Restwertermittlung (Rz 19) wird zT vorgeschlagen, die fiktiven Reparaturkosten stets dann zuzubilligen, wenn diese (ohne Berücksichtigung des Restwerts) jedenfalls **70% des Wiederbeschaffungswerts nicht übersteigen** (VGT **90** 12, **02** 10, *Pamer* NZV **00** 490, *Lemcke* r + s **02** 270, *Huber* § 1 Rz 18, AG Nordhorn DAR **00** 143). Jedoch lehnt BGH NJW **05** 2541 dies jedenfalls für den Fall ab, dass das beschädigte Fz unrepariert veräußert wird (Anm *Sermond* NZV **05** 454; aM *Huber* JR **06** 426). Fiktive **Verbringungskosten** für den notwendigen Transport des Fz zwischen Werkstatt und Lackiererei sind grundsätzlich ersatzfähig (Dü NZV **02** 87, Dr DAR **01** 455, LG Wiesbaden DAR **01** 36, LG Paderborn NZV **99** 128, LG Gera DAR **99** 550, *Wortmann* NZV **99** 503, VersR **05** 1516, krit *Sanden/Völtz* 170, aM AG Neumünster ZfS **02** 179 (weil sie nicht in jedem Fall entstehen), *Wagner* NZV **99** 358, *Wenker* VersR **05** 918). Ein Anspruch auf sog Risikozuschlag zu den fiktiven Reparaturkosten wegen der Möglichkeit bei Zerlegung des beschädigten Fz sich offenbarender weiterer Schäden besteht nicht (Hb DAR **81** 388). Zur Unkostenpauschale Mü NZV **06** 261 (25 €), KG NZV **06** 307 (20 €).

Lit: *Grunsky*, Zum Umfang des Ersatzanspruchs bei einer nicht in der Werkstatt durchgeführten Kfz-Reparatur, DAR **84** 268. *Huber*, Fiktive Schadensabrechnung de luxe?, MDR **03** 1205. *Pamer*, Die sog 70%-Grenze ..., NZV **00** 490. *Seiwerth*, Schadensberechnung und Schadensnachweis nach durchgeführter Reparatur, NZV **89** 137. *Wagner*, Kein Ersatz fiktiver Verbringungskosten, NZV **99** 358. *Wenker*, Zur fiktiven Abrechnung des FzSchadens, VersR **05** 917. *Wortmann*, Ersatz der Verbringungskosten und Ersatzteilpreisaufschläge auch bei Abrechnung auf Gutachtenbasis?, NZV **99** 503.

25 **5 b.** Die Entschädigung für **merkantilen Minderwert** soll die Minderung des Verkaufswerts ausgleichen, die auf der Sorge vor etwa verbliebenen, verborgenen Unfallschäden beruht und zu Preisabschlägen bei UnfallFz auf dem Gebrauchtwagenmarkt führt (BGH NJW **05** 277, Jn NZV **04** 476, KG VM **85** 63, **91** 28, VersR **88** 361, VRS **71** 241, Stu VersR **86** 773, *v Gerlach* DAR **03** 52). Sie erwächst deshalb nur bei erheblicher technischer Beschädigung (BGH NJW **61** 2253, 1571, VRS **61** 707, Kö DAR **73** 71, Fra VersR **78** 378, Stu VRS **54** 97), welche ihrer Natur nach fortwirken kann, also nicht nach beseitigtem bloßem Blechschaden (Mü VersR **66** 1166), nicht stets schon dann, wenn der Schaden einem Käufer offenbart werden müsste (*Eggert* VersR **04** 286), nicht nach Totalschaden und Ersatzbeschaffung (KG VersR **74** 576, Nü VersR **65** 247, Schl VersR **68** 977, Fra VersR **67** 411), nicht, wenn das Fz ohnehin nicht als unfallfrei hätte verkauft werden können (Ce VersR **73** 717). Auch **bei älteren Kfz** kann bei noch beträchtlichem Zeitwert ein merkantiler Minderwert zu berücksichtigen sein (Dü MDR **87** 1023 [5½ Jahre alter Mercedes mit 136 000 km], KG VM **81** 72 [3 Jahre alter Fahrschulwagen mit 90 000 km Fahrleistung], **79** 23, Ol DAR **07** 522 [3½ Jahre, 195 648 km], AG Hb-St. Georg DAR **04** 33 [5 Jahre, 75 000 km], zust *Hillebrand*, AG Rendsburg ZfS **06** 90 [5 Jahre, 122 000 km], zust *Diehl*, Hörl ZfS **91** 148, *Halbgewachs* NZV **08** 125; aM zB KG NZV **05** 46 [bei mehr als 5 Jahre alten Fz], Kar NZV **90** 387, Fra DAR **84** 318 [bei Fz unterhalb 40% des Neuwerts], abl *Hörl* ZfS **91** 149, **99** 47, *Splitter* DAR **00** 50). BGH NJW **05** 277 hat die Frage offengelassen, bis zu welchem Alter merkantiler Minderwert anzuerkennen ist (Nichtzubilligung bei 16 Jahre altem Mercedes mit 164 000 km Laufleistung nicht beanstandet). Soweit hiernach merkantiler Minderwert zu ersetzen ist, ist der Anspruch unabhängig davon, ob der Geschädigte das Unfallfz weiter benutzt (BGH NJW **05** 277, **61** 2253, Stu VersR **61** 912, Ha VersR **98** 1525, *v Gerlach* DAR **03** 54) oder verkauft (BGH NJW **61** 1571, Mü DAR **65** 78, aM KG VM **74** 5). Kein merkantiler Minderwert mangels Marktbewertung, wenn ein

Höchstbeträge § 12 StVG 1

Fuhrpark, meist von SpezialFz (Krankenwagen, Straba), nach Art des Unternehmens bis zur praktischen Gebrauchsunfähigkeit ausgenutzt zu werden pflegt (KG VersR 79 260, aM *Frank* MDR 85 722, *v Gerlach* DAR 03 54). Kein merkantiler Minderwert uU bei seltenem, knapp $^{1}/_{2}$ Million € teuren Luxus-Sportwagen (Jn NZV 04 476), idR auch nicht bei einwandfrei ausgebessertem StrabaTriebwagen (Kö VersR 74 761). Merkantiler Minderwert je nach Gebrauchsdauer auch bei NutzFz wie Lkw, Bus (BGH NJW 80 281, krit *Schlund* VersR 80 415, KG VersR 74 786, Stu VRS 54 97, *Frank* MDR 85 721, *Lange* NZV 92 317). Merkantiler Minderwert eines Taxis (KG VRS 71 241). Ersatz merkantilen Minderwerts bei PolFz, soweit mangels spezieller Bauweise und Ausstattung ein Gebrauchtwagenmarkt-Interesse besteht (LG Nü-Fürth NJW 82 2079). Zum merkantilen Minderwert beschädigter BW-Fz Schl VersR 79 1037, *Riecker* VersR 81 517. Bei unfallbedingtem Scheitern beabsichtigt gewesenen Verkaufs können Ansprüche auf entgangenen Gewinn und merkantilen Minderwert nebeneinander bestehen (Sa NZV 92 317, zust *Lange*).

Ermittlung des merkantilen Minderwerts. Maßgebend ist der Zeitpunkt der Ingebrauchnahme nach Reparatur (BGH NJW 67 552, Stu VRS 54 97, *Hörl* ZfS 99 47, *Sanden/Völtz* 139, aM *Greger* § 24 Rz 75 [Zeitpunkt des Schadenseintritts]). Mit fortschreitender Gebrauchsdauer kann die Möglichkeit merkantilen Minderwerts abnehmen (BGH VRS 58 1, Dü MDR 87 1023; s aber Rz 25). Er richtet sich nicht nach Bruchteilen der Reparaturkosten (Kö ZfS 84 101), sondern nach dem Unterschied der Veräußerungswerte (Zeitwerte) vor und nach dem Unfall (Dü DAR 76 184), vor und nach der Reparatur (Fra VRS 39 321, Dü DAR 76 184, KG VersR 88 361, VM 91 28; Fra VersR 68 179 [20% vom Zeitwert], Dü VersR 72 984 [20% der Reparaturkosten je nach FzAlter], Ba ZfS 83 263 [15% der Reparaturkosten bei neuem Fz], Dü MDR 87 1023 [idR 10–15% der Reparaturkosten], Ce VRS 30 149 [5% des Zeitwerts + Reparaturkosten]). Bei Veräußerung des unreparierten Fz ist der Minderwert nicht aus der Differenz zwischen Zeitwert einerseits und Verkaufswert plus fiktiven Reparaturkosten andererseits zu ermitteln, sondern nach dem Wertverlust, der bei einem derartigen Fz (Alter, Kilometerleistung, Art der Beschädigungen) auch nach Reparatur eintritt, so dass es auf den konkret erzielten Erlös also nicht ankommt (Kar VersR 81 886). Die Brauchbarkeit der im Schrifttum vorgeschlagenen **Berechnungsmethoden** zur Ermittlung des merkantilen Minderwerts (Zusammenstellung bei *Himmelreich/Halm/Richter* 4 Rz 425 ff) hängt davon ab, inwieweit die durch sie erzielten Ergebnisse den tatsächlichen Gegebenheiten auf dem Gebrauchtwagenmarkt entsprechen (Hb DAR 81 388, *Hörl* ZfS 91 145). Berechnung nach der Tabelle von *Ruhkopf/Sahm* (krit *Hörl* NZV 01 175: „völlig überholt", *Eggert* VersR 04 286): Kar VersR 83 1065, Kö ZfS 84 101, Dü ZfS 88 41, Ce ZfS 89 230, Ha ZfS 86 324, 83 5 (jedenfalls bei normaler jährlicher km-Leistung), nach der Methode von *Halbgewachs*: Stu VersR 86 773. Gegen Anwendbarkeit solcher Tabellen KG VM 85 63, 91 28, NZV 95 314. Auch bei Zugrundelegung von Tabellen ist auf Besonderheiten des konkreten Unfallschadens Rücksicht zu nehmen (KG VRS 87 411, 416). Art des Schadens, etwaige Vorschäden, Alter und Kilometerleistung, aber auch Anzahl der Vorbesitzer und die Konjunktur des Gebrauchtwagenmarkts spielen eine Rolle (KG VersR 88 361, VRS 87 411, 417). Konkreter Ermittlung durch Sachverständigen gebührt der Vorzug vor Tabellenanwendung (Ce ZfS 84 5, Sa DAR 89 345, Kö VersR 92 973, KG VRS 87 411, *Hörl* NZV 01 175). Dies gilt in jedem Fall bei NutzFz (BGH NJW 80 281, *Eggert* VersR 04 286).

Lit: *Darkow*, Der merkantile Minderwert von Kfz nach der Beseitigung von Unfallschäden, DAR 77 62. *Eggert*, Merkantiler Minderwert und kaufrechtliche Offenbarungspflicht im Gleichklang?, VersR 04 280. *Frank*, Zum merkantilen Minderwert bei Motorrädern und SonderFz, MDR 85 720. *v Gerlach*, Der merkantile Minderwert in der Rspr des BGH, DAR 03 49. *Halbgewachs* Der merkantile Minderwert bei älteren Fz, NZV 08 125. *Hörl*, „Minderwert", ZfS 99 46. *Riecker*, Merkantile Wertminderung auch für Fz der BW?, DAR 81 517. *Splitter*, Der merkantile Minderwert, DAR 00 49.

5 c. Vorteilsausgleichung (Abzug neu für alt) ist bei Verbesserung einer mehr oder weniger abgenutzten Sache durch Reparatur geboten, soweit sie dadurch wertvoller wird (BGHZ 30 29, MDR 59 567, Dü NZV 02 87, Fra NZV 01 348, *Greger* § 24 Rz 69 f). Voraussetzung der Vorteilsausgleichung ist Entstehung in adäquater Weise durch das Schadensereignis (BGHZ 8 326, 49 56) und dass die Anrechnung dem Sinn der Ersatzpflicht entspricht (BGHZ 30 29). Der Geschädigte soll durch Ersatz keinen ungerechtfertigten Vorteil erlangen. Abzug daher nur, wenn er Aufwendungen spart, die er später hätte machen müssen, also dann nicht, wenn Teile ersetzt werden, die idR die Gesamtgebrauchsdauer des Fz erreichen (KG NJW 71 142, VRS 68 85, Ce VersR 74 1032). Kein Abzug neu für alt bei 3 Jahre alter KfzBat-

1 StVG § 12 II. Haftpflicht

terie (Kar VRS **77** 45), gleichfalls nicht bei aus Sicherheitsgründen ausgetauschtem Motorradhelm (Dü NZV **06** 415), allg. bei Motorradkleidung (LG Darmstadt DAR **08** 89 m Anm *Szymanski*) oder 5 Monate alter Motorradkleidung (AG Essen DAR **06** 218, abw LG Duisburg SVR **07** 181) sowie bei Beschädigung eines Kunstwerks durch Kfz (AG Mü NJW **08** 767). Zur sog „zeitwertgerechten" Instandsetzung durch Verwendung von Gebrauchtteilen *Anselm, Jacobi, Reinking* VGT **99** 277, 293, 304, *Pamer* DAR **00** 150. Bei relativ neuem Kfz erhöht Neulackierung den Wert nicht (Dü DAR **74** 215). Ohne messbare Wertsteigerung kein Abzug, sonst Kürzung des Ersatzanspruchs um die Wertsteigerung (Mü VersR **66** 1192). Hatte das beschädigte Fz **bei Abrechnung „auf Neuwagenbasis"** (Rz 11) eine Laufleistung von weniger als 1000 km, so liegt in der Nutzung bis zum Unfall kein messbarer Vorteil (BGH NJW **83** 2694, abl *Klimke* VersR **84** 1126, Schl NJW **71** 141, KG VM **97** 36; aM Schl VersR **85** 373). Kommt bei längerer Nutzung ausnahmsweise Abrechnung auf Neuwagenbasis in Frage (Rz 11a), so ist der Ersatzanspruch entsprechend zu kürzen (BGH NJW **83** 2694). Ist kein Marktwert festzustellen, so bemisst die Rspr die Gebrauchsvorteile für je 1000 km uneinheitlich auf 0,67% (zB Bra MDR **98** 1410, Fra DAR **88** 242, Mü DAR **87** 225, Ha NJW-RR **88** 1140, Ko VRS **83** 95, Kö DAR **93** 349) bis 1% des Neuwerts (zB Mü DAR **83** 79), teilweise auch auf 0,16 DM je km, Ol VRS **94** 171, *Sanden/Völtz* 80.

28   **5d. Abschleppkosten** sind bei fahrunfähigen Kfz als adäquate Unfallfolge in angemessenem, zur sachgemäßen Reparatur notwendigem Umfang zu erstatten. Ist das Fz zweifelsfrei Schrott, genügt Abschleppen zur nächsten Werkstatt oder zum Abstellplatz, andernfalls darf es in die üblicherweise benutzte Werkstatt gebracht werden, falls sie nicht unverhältnismäßig weit entfernt ist (Ce VersR **68** 1196, Ha VersR **70** 43), uU sinnvollerweise auch in Teilstrecken (Ha VersR **70** 43).

29   **6. Entgangene Prämienvorteile** (Bonusverlust, Malus) sind in der **Kaskoversicherung** (FzVersicherung) zu ersetzen, soweit der Geschädigte ohne eigene Schuld wegen verzögerter Ersatzleistung durch den Schädiger auf die eigene Kaskoversicherung zurückgreifen muss (BGH NJW **66** 244, NZV **92** 107, Nau DAR **05** 158, Kö VersR **90** 908, KG VM **94** 5, Fra NJW **85** 2955, Kar NZV **90** 431, VRS **81** 99, Ha NZV **93** 65, *Schmalzl* VersR **92** 678). Das gilt, weil Folge des unfallbedingten Sachschadens und nicht lediglich allgemeiner Vermögensnachteil in Form des Sachfolgeschadens, auch bei einer nur anteiligen Schadensverursachung; der Rückstufungsschaden ist nach der Haftungsquote zu teilen (BGH NJW **06** 2397, s auch Stu DAR **89** 27). Jedenfalls in Fällen der anteiligen Haftung kein Verstoß gegen die Schadensminderungspflicht, wenn der Geschädigte nicht die Mitteilung über die Regulierungsbereitschaft des Haftpflichtversicherers seines Unfallgegners abwartet und sofort seine Kaskoversicherung in Anspruch nimmt (BGH NJW **06** 2397, **07** 66 m zust Anm *v. Bühren, Staab* DAR **07** 349, diff. *Tomson* VersR **07** 923). Kein Anspruch auf Ersatz verlorenen Schadensfreiheitsrabatts aber wohl bei *alleiniger* Haftung des Unfallgegners, wenn die Haftung anerkannt und Schädiger Schadensregulierung unverzüglich anbietet (vgl Ko ZfS **84** 73, Stu VersR **87** 65, Kar NZV **90** 431, Ha VersR **93** 1544, *Schmalzl* VersR **92** 677, **93** 855). Für die Zukunft kann der Prämiennachteil idR nur mit der Feststellungsklage (nicht Leistungsklage) geltend gemacht werden, weil das Entstehen eines solchen Nachteils und ggf dessen Höhe ungewiss sind (BGH NZV **92** 107, NJW **06** 2397).

30   In der **Haftpflichtversicherung** beruht der Verlust von Schadenfreiheitsrabatt idR auf dem eigenen schädigenden Verhalten, das Haftpflichtansprüche des Geschädigten auslöst, nicht darauf, dass das eigene Kfz beschädigt wird (BGH NJW **76** 1846, VersR **78** 235, **77** 767, NJW **06** 2397, Kö VersR **90** 908 [BGHZ **44** 382 ist aufgegeben]), Ausnahme: zB Schwarzfahrt, BGHZ **66** 400, dazu *Klimke* VersR **77** 134, *Sanden/Völtz* 177f, *v Olshausen* VersR **72** 233). Erstattungsfähig ist Beitragsmehrbelastung auch, wenn sie auf der infolge der FzBeschädigung notwendig gewordenen Neuanschaffung eines gleichen Fz beruht (AG Würzburg DAR **04** 655 m Anm *Köhler*).

31   **7. Verdienstausfall** infolge der Schadenszufügung ist zu ersetzen, ausgenommen ganz kurzfristiger Ausfall des geschädigten Fz (Nü VersR **65** 627). Inbegriffen ist die einer Soldatin entgangene Auslandsverwendungszulage (Ha DAR **06** 274). Wer höheren Verdienstausfall dadurch verursacht, dass er anstelle der zumutbaren Reparatur die längere Lieferfrist eines NeuFz abwartet, hat insoweit keinen Ersatzanspruch (KG DAR **76** 154). Überpflichtmäßige Nachholung ausgefallener Fahrstunden mindern den Ersatzanspruch des Fahrlehrers nicht (BGH NJW **71** 836). Zur Berechnung des Verdienstausfalls bei **Beschädigung der Taxe** und Verletzung des

Höchstbeträge § 12 StVG **I**

Fahrers BGH VRS **57** 325. Berechnung des Verdienstausfalls bei Totalschaden eines sehr alten Taxis: Kö VersR **73** 577 *(Klimke)*. Dem Einmann-Taxiunternehmer steht außer Verdienstausfall auch eine halbe private Nutzungsausfallentschädigung zu (KG DAR **76** 296). Bei Reparaturdauer von 4 Wochen muss ein selbstständiger Taxiunternehmer keine schadensmindernde Tätigkeit annehmen (KG VersR **73** 768, Nü VersR **73** 721). Ersparte Einkommensteuer muss er sich nicht anrechnen lassen, wohl aber Gewerbesteuerfreiheit der Verdienstausfallentschädigung (KG VersR **72** 960, s auch KG DAR **76** 103, VersR **73** 768). Bei langer Lieferzeit eines typgleichen Taxis kann der Geschädigte im Rahmen der Schadensminderungspflicht gehalten sein, ein Fz gleichen Typs als Taxi umrüsten zu lassen (Ha NZV **96** 113, *Klimke* VersR **72** 903). Entgeht einem Händler ein KfzVerkauf, so steht ihm der **entgangene Gewinn** zu (KG VRS **42** 82). Bei Taxiausfall ist entgangener Gewinn zu erstatten, keine Mietwagenkosten (Mü VersR **76** 373, MDR **75** 755). Zur Erstattungsfähigkeit entgangenen Gewinns, falls der Geschädigte dafür noch einer behördlichen Genehmigung bedurft hätte, BGH NJW **74** 1374. Entgangener Gewinn, der nur entgegen zwingendem Recht erzielbar gewesen wäre, ist nicht zu erstatten (BGH Betr **74** 1477). Scheitert eine besonders günstige Veräußerung auf Grund unfallbedingter Reparaturbedürftigkeit, so ist der Mindererlös zu ersetzen (Fra NJW-RR **91** 919). **Zeitverlust** durch Reparaturüberwachung oder Erledigung von Unfallangelegenheiten kann nicht als fiktiver Stundenlohn berechnet werden (Kö DAR **65** 270). Er fällt in den eigenen Pflichtenkreis des Geschädigten (BGH NJW **69** 1109), ebenso auch bei Unternehmen (Verwaltungen), soweit nur die Schadensbearbeitung in Betracht kommt (BGH NJW **69** 1109, VersR **61** 358, 788, s Rz 7).

8. Finanzierungskosten sind auch ohne Verzug des Schädigers zu erstatten, wenn der Geschädigte verfügbare eigene Mittel zumutbar nicht einsetzen kann (BGH NJW **74** 34, Nau DAR **05** 158, Nü VersR **65** 246, KG VersR **75** 909, *Sanden/Völz* Rz 187, abw Kö VRS **101** 3 [nur bei Verzug]), aber nicht über den Betrag hinaus, der zur Schadensbeseitigung erforderlich ist (Anschaffung eines Neuwagens statt eines gleichwertigen GebrauchtFz), Ba ZfS **81** 332. Kreditkostenerstattung nur bei Darlegung der Notwendigkeit der Kreditaufnahme (Kar VersR **80** 636, Zw VersR **81** 343). Kein Anspruch auf Erstattung von Kreditzinsen bei unnötiger Kreditaufnahme, Mü VersR **75** 163. Wer nach seiner Vermögenslage keinen Kredit braucht, erhöht den Schaden durch Kreditkosten unnötig (Ce VersR **73** 353, Zw VersR **81** 343, Kar NZV **89** 23). Stets ist die wirtschaftlichste Finanzierungsart zu wählen (BGH NJW **74** 34, Zw VersR **81** 343), uU also Inanspruchnahme laufenden Kredits (Nü VersR **65** 247), eines Arbeitgeberdarlehens, Gehaltsvorschusses oder Kurzkredits, oder Kostenvorschuss der Versicherung des Schädigers nach Benachrichtigung (AG Freiburg VRS **77** 20), uU der eigenen Kaskoversicherung, wobei Nachteile der Rückstufung in der Kaskoversicherung gegenüber zu stellen sind (Nau DAR **05** 158, Mü ZfS **84** 136 [Aufgabe von Mü VersR **66** 668], KG VM **94** 5). Fremdfinanzierung ist nicht Regelfall, kommt also nicht schon bei jedem beliebigen Schaden in Betracht, sondern nur mangels eigener bereiter Mittel, wenn ein verständiger, wirtschaftlich denkender Halter in der besonderen Lage des Geschädigten sie für erforderlich halten durfte (BGH NJW **74** 34, Kö Betr **73** 177). Kann er die vermutlichen Reparaturkosten nicht aus eigenen Mitteln aufbringen, ohne sich über Gebühr einzuengen, so muss er den **Schädiger oder dessen VU rechtzeitig verständigen**, damit dieser die Kostengefahr verringern kann (Nau DAR **05** 158, Stu VersR **77** 44, KG VRS **105** 107, VM **91** 28, Ce VersR **80** 633), Verzögerungen gehen dann zu dessen Lasten (Nau DAR **05** 158, Dü DAR **73** 295, Mü VersR **66** 548, Fra DAR **84** 318). Hat der verständigte Ersatzpflichtige den nötigen Vorschuss für ein ErsatzFz nicht geleistet, so darf der Geschädigte bis zur Ersatzbeschaffung auf dessen Kosten ein MietFz nehmen (Ol DAR **80** 18, Fra DAR **84** 318). Braucht der Geschädigte keine Seriositätsbedenken zu haben, so darf er einen **Unfallhelfer** beauftragen, denn dessen Dienste sind idR den Schädiger treffender Herstellungsaufwand (Kar MDR **75** 930, s aber Kar VersR **76** 790). Darf der Geschädigte Kredit nehmen, dann uU auch mittels eines „Unfallhelferrings" (BGH NJW **74** 34), selbst bei Verstoß gegen das RechtsberG (s aber BGH NJW **77** 431, VersR **77** 250, 280 [Bankkreditvertrag zwecks „Unfallhilfe"] und Mü VersR **77** 234 [Darlehensvertrag zwischen Unfallhelfer und Bank].

9. Mietaufwendungen für ein ErsatzFz bis zur Schadensbehebung sind für angemessene Zeit zu ersetzen (BGH NJW **05** 51, **05** 1041, **85** 793, 2639, NZV **05** 34, DAR **85** 347, BGH NJW **92** 302, Kö VersR **93** 767), auch wenn das Fz ausschließlich zur Benutzung durch andere (zB Angehörige) angeschafft wurde (BGH NJW **74** 33, Fra DAR **95** 23, aM AG Kar NZV **07** 418), oder bei FzHaltung nur zum Vergnügen (Ha NJW **62** 2205, Ce NRpfl **62** 85; aM, man-

32

33

gels wirtschaftlicher Einbuße, *Greger* NZV **94** 338, einschr auch *Etzel/Wagner* DAR **95** 18, *Schiemann* JZ **96** 1077), ebenso wie bei gewerblich genutzten Fz (BGH NJW **85** 793, NZV **94** 21, Ko NZV **88** 224, Nü NJW-RR **90** 984, Ha NZV **93** 392), aber nur im Rahmen eigenen Bedürfnisses (Nü NJW **76** 1096), abzüglich Eigenersparnis (Rz 38), und nicht neben Ersatz entgangenen Gewinns (Mü MDR **75** 755), auch nicht, wenn der Geschädigte das unfallbeschädigte Fz mangels Haftpflichtversicherungsschutzes nicht benutzen durfte (Fra NZV **95** 68). Anspruch auf Ersatz von Mietwagenkosten besteht allerdings nur, soweit diese sich **im Rahmen des Erforderlichen** halten, dh soweit es Aufwendungen sind, die eine verständige, wirtschaftlich denkende Person in der Lage des Geschädigten machen würde (BGH NJW **75** 255, **05** 51, NZV **96** 357 m Anm *Schiemann* JZ **96** 1077, NZV **05** 34, DAR **85** 347, Schl NZV **90** 150, Kar NZV **90** 387, Stu VersR **92** 1485, Ha NZV **95** 356, Kö VersR **96** 121, Nü NZV **94** 24, Fra VRS **89** 4) unter Beachtung der Schadensminderungspflicht (Rz 8; Dü NZV **95** 190, Fra NJW-RR **96** 984, zum Ganzen *Alexander* VersR **06** 1168). Das ist bei Mietwagenbenutzung auf längerer Urlaubsreise (dazu unten) nicht schon deswegen zu verneinen, weil die Mietwagenkosten diejenigen der Wiederbeschaffung um mehr als das Doppelte übersteigen (BGH DAR **85** 347, aM Kö VersR **79** 965). Ein MietFz darf der Geschädigte im gleichen räumlichen Umfang wie vorher das eigene Kfz nutzen (Ol DAR **80** 18). Anspruch auf MietFz auch, wenn der Geschädigte das Fz wegen des Unfalls nicht wie bisher zur Arbeit benutzt, sondern sich von einem Angehörigen zu Arztbesuchen, Einkäufen usw fahren lässt (Ha NJW-RR **93** 1053). Nur bei voraussehbarer geringfügiger FzBenutzung darf der Geschädigte auf Taxis oder öffentliche VMittel verwiesen werden (KG VersR **77** 82, Ha DAR **01** 458, Fra ZfS **92** 10, *R. Born* VersR **78** 736, *Greger* NZV **94** 338), nicht allein deswegen, weil dies billiger wäre (BGH DAR **85** 347). Obwohl auch an der ständigen Verfügbarkeit des Fz für häufige, wenngleich kurze Strecken ein schutzwürdiges Interesse bestehen kann (LG Stendal NJW **05** 3787, *Notthoff* VersR **96** 1202), kommt bei Inanspruchnahme eines MietFz für eine längere Zeit trotz eines Tagesbedarfs von weniger als 20 km uU Verstoß gegen § 254 II BGB in Frage (Mü NZV **92** 362, Ha NZV **95** 356 [ca 22 km], DAR **01** 458 [12 km], AG Aachen DAR **00** 410 [bei 21 km Anspruch bejaht], *Notthoff* VersR **96** 1202, VGT **94** 10, für 40 km/h als Untergrenze *Küppersbusch* VGT **94** 170). Nach aA (*Greger* NZV **94** 338) fehlt es in solchen Fällen schon am Schaden. Mietwagenkosten müssen in vertretbarem Verhältnis zum normalen Fahrbedarf des Geschädigten stehen (keine 11 000 km-Reise, Nü NJW **76** 1096, VersR **74** 677). Statt auf eine starre Grenze hinsichtlich des täglichen Mindestfahrbedarfs stellt LG Stendal NJW **05** 3787 auf die konkreten Lebensumstände des Geschädigten ab. Keine Mietwagenkosten während Krankheit und für kurze Restzeit, wenn dann Taxis oder öffentliche VMittel zumutbar wären (Kar VersR **75** 1012). Mangels MietFz keine Mietkosten (BGHZ **45** 212, BGH NJW **71** 1692; aM *Müller* JuS **85** 282). Inwieweit Ersatzpflicht bei Antritt oder Fortsetzung einer langen **Reise mit Mietwagen** besteht oder es sich um unstatthafte Mehraufwendungen handelt, hängt von den Umständen des Einzelfalles ab (BGH DAR **85** 347, NJW **85** 2639, Stu VersR **92** 1485, KG VM **76**, Fra VersR **83** 1064, Ha NJW-RR **93** 730 [Ersatzpflicht bejaht], Stu VersR **77** 44, Mü ZfS **85** 330 [Ersatzpflicht verneint]). Ersatz der Mietwagenkosten für eine vollständig vorbereitete unaufschiebbare Urlaubsreise (mehr als 7000 km) mit umfangreichem Gepäck bei Beschädigung des für die Durchführung der Reise vorgesehenen Pkw bei Beginn der Reise oder am Tage vor Reiseantritt kann gerechtfertigt sein (BGH DAR **85** 347, Stu VersR **82** 559), ebenso bei Unfall an einem Wochenende während 14tägiger Campingreise (Fra VersR **82** 859). Pflicht zur Inanspruchnahme von Sondertarifen in solchen Fällen (Rz 35). Mietwagenkosten sind auch zu ersetzen, wenn das MietFz vom Gesellschafter der geschädigten OHG stammt (KG VRS **56** 265). Der Anspruch auf Erstattung von Mietwagenkosten wird auch bei **gewerblich genutztem Fz** nicht grundsätzlich durch die Höhe des mit dem beschädigten Fz erzielbaren Gewinns begrenzt (BGH NJW **85** 793, NZV **94** 21, zust *Grüneberg* NZV **94** 135, *Reiff* NZV **96** 428, Ko NZV **88** 224, Kar NZV **89** 71, Nü NJW-RR **90** 984, Ha NZV **93** 392, *Born* NZV **93** 3, aM Nü VersR **78** 1148), sondern nur dann, wenn wegen wirtschaftlicher Unvertretbarkeit der Anmietung eines ErsatzFz die Unverhältnismäßigkeitsgrenze des § 251 II BGB überschritten ist (BGH NZV **05** 34, **94** 21, Kar NZV **89** 71, Nü NJW-RR **90** 984, Kö NZV **93** 150, Ha NZV **97** 310, Ce NZV **99** 209 [Anspruch verneint bei Überschreitung des Gewinnentgangs um das 3,5fache], KG VM **04** 92 [Überschreiten um 410%], dazu *Weber* DAR **85** 174). Zur Beweislast in solchen Fällen Kö NZV **97** 181.

34 Ein ErsatzFz **desselben Typs** oder eines ähnlichen (gleichwertigen) wie das beschädigte steht zu (BGH NJW **82** 1518, Fra DAR **90** 144, Kar NZV **90** 265, Nü ZfS **94** 208, Mü DAR **95**

Höchstbeträge § 12 StVG 1

254, Dü VersR **96** 988). Wird ein kleineres benutzt, ist nur in seltenen Ausnahmefällen bei erwiesenem wirtschaftlichem Nachteil der mindere Nutzwert auszugleichen (BGH NJW **67** 552, NJW **70** 1120 [Nutzungsentschädigung für den großen Wagen], BGH NJW **83** 2694, Kö NJW **67** 570, Dü VersR **60** 429, Sa VersR **75** 1132, Ce DAR **76** 130, Dü DAR **76** 184, KG DAR **76** 241, Kar NZV **89** 231, Ha NZV **93** 189). Ist ein vergleichsbares MietFz zu angemessener Miete nicht greifbar, wird ein schwächeres, preisgünstigeres zu wählen sein (BGH NJW **67** 552), unter mehreren das wirtschaftlich günstigste (Dü VersR **70** 42). Ist ein typengleiches Fz nur zu einem außergewöhnlich hohen Mietzins zu erlangen, wird sich der Geschädigte für kurze Zeit auch mit einem weniger komfortablen Fz begnügen müssen (BGH NJW **82** 1518, Kö NZV **90** 429). Grundsätzlich jedoch keine Verletzung der Schadensminderungspflicht, wenn nicht ein kleineres Fz genommen wird (Fra DAR **90** 144, Ce VM **93** 51). Wird der beschädigte Luxuswagen vornehmlich zu immateriellen Zwecken wie Prestige, Bequemlichkeit (?) gehalten, soll nach Ce VersR **81** 934 nur Anmietung eines weniger aufwendigen Fz zu ersetzen sein (Mercedes 280 statt 450 SEL), hiergegen mit Recht *Koller* NJW **83** 16. Dagegen erkennt BGH NJW **82** 1518 auch bei Beschädigung eines besonders repräsentativen Sportwagens für den Regelfall Ersatzpflicht für Anmietung eines ähnlichen Fz an (ebenso Dü VersR **96** 988, zust *Notthoff* VersR **98** 145, s aber Kö NJW **67** 570). Anstatt auf Typengleichheit sollte bei relativ neuen und meist sorgfältig gepflegten, deshalb höherwertigen Mietwagen eher auf Wertgleichheit geachtet werden, zumal bei AltFz größeren Hubraums (Ha ZfS **89** 49). Bei sehr alten, technisch nicht mehr in vollem Umfang zuverlässigen Fz von nur noch geringem Wert steht nur ein MietFz einer niedrigeren Klasse zu (Ha ZfS **89** 49, Stu ZfS **89** 49, *Notthoff* VersR **96** 1202, aM *Halbgewachs* NZV **97** 468, abw auch Ha NZV **01** 217 bei 12 Jahre altem Pkw). Mietkostenersatz bei **Anmietung eines größeren Fz** idR nur, wenn dadurch keine höheren Kosten entstehen oder bei Ausgleich der Differenz durch den Geschädigten (Dü NZV **95** 190). Nach Hb VersR **75** 910 darf uU auch ein größeres MietFz als das beschädigte eigene berechnet werden. Zum Abzug von den Mietwagenkosten bei Miete eines Kfz mit wesentlich höherer Leistung (20%) Kö VersR **75** 453. Zusatzausrüstung des Unfallfz berechtigt nicht dazu, ein Kfz höherer Preisklasse zu mieten (Nü DAR **81** 14). Anmietung eines Wohnmobils: *Berr* 652.

9 a. Mietfahrzeug-Aufwand ist der Betrag, den ein verständiger, wirtschaftlich denkender 35 Halter in der Lage des Geschädigten dafür aufwenden würde (Rz 33), bei privatem MietFz ohne Berücksichtigung gewerblicher Unkosten (LG Mainz NJW **75** 1421). Eine Marktanalyse zur Ermittlung des günstigsten Angebots braucht der Geschädigte regelmäßig nicht durchzuführen (BGH NZV **96** 357 m Anm *Schiemann* JZ **96** 1077, *Notthoff* ZfS **98** 1, Dü NZV **00** 366, Fra ZfS **95** 174, Ha NZV **94** 358, Kar NZV **90** 387, Stu NZV **94** 313, Fra NZV **95** 108). Jedoch kann von ihm, soweit möglich und zumutbar die Einholung von etwa **zwei Konkurrenzangeboten** zu verlangen sein (BGH NZV **05** 357, NJW **06** 2693, Kar NZV **90** 387, Ha NZV **94** 358, Ba ZfS **90** 227, Kö VersR **93** 767, Dü NZV **91** 465, Nü NZV **94** 24, Mü NZV **94** 359, KG NZV **95** 313, abl *Notthoff* VersR **98** 145, *Halbgewachs* NZV **97** 470), vor allem bei hohen Mietkosten (Dr NZV **00** 123 [SpezialFz], einschr Sa ZfS **94** 289 [nur ausnahmsweise bei längerer Mietdauer oder hoher Fahrleistung], *Greger* NZV **94** 339, aM [bei Miete bis zu 2 Wochen und marktgerechtem Preis] Dü NZV **00** 366, offengelassen für Mietzeiten bis maximal 2 Wochen von BGH NZV **96** 357, dazu krit *Freyberger* MDR **96** 1091, Anm *Bültmann* ZfS **97** 161, aM LG Nü ZfS **06** 325 [bei Mietdauer bis zu 7 Tagen]). Unerheblich ist dabei, ob der Vermieter zwischen „Normaltarif" und „Unfallersatztarif" (dazu Rz 35 a) unterscheidet oder einen einheitlichen Tarif anbietet, der weit über dem Durchschnitt der auf dem örtlichen Markt erhältlichen Normaltarife liegt; zur tatrichterlichen Ermittlung des Normaltarifs Rz 35 a; die Anforderungen an die Erkundigungspflicht sind umso höher, je bedeutender die voraussichtlichen Mietwagenkosten sind (BGH NJW **06** 1506, Nü ZfS **90** 191, Fra VRS **89** 4, KG NZV **95** 313, Ha DAR **91** 336 [Pauschaltarif bei 7 bis 8 Tagen Reparaturzeit], VersR **94** 1441 [8–9 Tage], **96** 773, Mü NZV **94** 359, Dü NZV **95** 190 [jeweils Pauschaltarif bei 2 Wochen], VersR **96** 288 [Porscheanmietung für 24 000 DM]). Insbesondere bei mehrwöchiger Reparaturdauer muss der Geschädigte nach **Wochen-Pauschaltarifen** fragen (Kar NZV **90** 387, Kö NZV **90** 429, Ce ZfS **90** 190, Ha NZV **93** 189, Nü NZV **94** 24, Fra NJW-RR **96** 984, einschr KG VM **95** 37, Dü NZV **00** 366, aM Nü NZV **95** 479, *Notthoff* VersR **98** 146, ZfS **98** 2, *Halbgewachs* NZV **97** 470). Auch für längere Reisen mit dem MietFz (Rz 33) muss der Geschädigte angebotene **Sondertarife** in Anspruch nehmen, andernfalls – auch bei Unterlassen der Erkundigung danach – Verletzung der Schadensminderungspflicht (BGH NJW **85** 2639, DAR **85** 347, Ha MDR **82** 847, Mü

1 StVG § 12 II. Haftpflicht

VersR **83** 1064, Ba ZfS **90** 190, Kö NZV **90** 429, Dü NZV **91** 465, Stu VersR **92** 1485, Kar ZfS **92** 197 [Beweislast beim Geschädigten]). Soweit die Mietwagenkosten nicht aus dem **Rahmen des Üblichen** fallen, sind sie zu ersetzen, ohne dass es auf die Erfüllung einer Erkundigungspflicht ankäme (BGH NZV **96** 357 m Anm *Bültmann* ZfS **97** 161, zust *Notthoff* ZfS **98** 1, Fra NZV **95** 108, 174, zust *Notthoff* ZfS **96** 121).

35a Die Inanspruchnahme eines (gegenüber dem Normal- bzw. Selbstzahlertarif sehr viel höheren, *Palandt-Heinrichs* § 249 Rz 31) **Unfallersatztarifs** ist zwar nicht schlechthin vorwerfbar (BGH NJW **05** 51, **05** 1041, **07** 3782), nach mittlerweile gefestigter neuer Rspr des BGH (auch wenn der Vermieter keinen gesonderten „Normaltarif" anbietet, Rz 35; aM LG Nü ZfS **06** 325, abl *Diehl*) jedoch nur ausnahmsweise. Ein Vertrauensschutz für Geschädigte in Bezug auf Fälle vor dem Rsprwandel (Ende 2004) ist dabei nicht anzuerkennen (LG Dü VersR **07** 125, aM LG Kar NZV **06** 481). Der Rsprwandel ist im Schrifttum (zumindest im Grundsatz) auf Zustimmung gestoßen (s etwa *Greger* § 25 Rz 12, *Wagner* NJW **06** 2289, *Buller* NZV **05** 36, *Schiemann* JZ **05** 1058, *Herrler* VersR **07** 582), aber auch auf Kritik (zB *Greger* § 25 Rz 39, *Oswald/Tietz* NJW **06** 1483, *Reitenspiess* DAR **05** 76, **07** 345, *Griebenow* NZV **05** 118f, *Freyberger* MDR **05** 302, *Bücken* DAR **06** 475, *Haertlein* JZ **07** 68). Danach besteht der Anspruch nur, wenn **a)** der Unfallersatztarif unter Berücksichtigung der Unfallsituation durch erhöhte Risiken für den Vermieter (zB Vorfinanzierung, Ausfallrisiko wegen falscher Bewertung der Haftungsquote usw.) betriebswirtschaftlich gerechtfertigt und **b)** dem Geschädigten unter zumutbaren Bedingungen kein günstigerer Normaltarif zugänglich war (BGH NJW **05** 51, seither stRspr, zuletzt BGH NJW **08** 2910). Normaltarif meint dabei nicht einen bestimmten (allgemeinen) Tarif auf dem örtlich relevanten Markt, sondern den Tarif, der nicht für Unfallersatzwagen, sondern im Rahmen einer „normalen" Vermietung von Kfz verlangt wird (BGH VersR **07** 80). Es ist nicht erforderlich, dass der Tatrichter für die Prüfung der betriebswirtschaftlichen Rechtfertigung eines Unfallersatztarifs die Kalkulation des konkreten Unternehmens, ggf nach Beratung durch einen Sachverständigen, in jedem Fall nachvollzieht; vielmehr kann sich die Prüfung darauf beschränken, ob spezifische Leistungen bei der Vermietung an Unfallgeschädigte *allgemein* einen Aufschlag rechtfertigen, wobei *in diesem Fall* (bei unfallbedingten Mehrkosten, BGH NJW **08** 1519) auch ein pauschaler Aufschlag auf den „Normaltarif" in Betracht kommt und, ggf mit sachverständiger Beratung (kein geeigneter Gegenstand des Zeugenbeweises; BGH NJW **07** 2122), der „Schwacke-Mietpreisspiegel" herangezogen werden kann (BGH NJW **06** 360; 1506; 2693, **07** 1122, 2916, **08** 1519; s auch *Neidhardt/Kremer* NZV **05** 171, *Wenning* NZV **05** 169, krit *Herrler* NZV **07** 337, abl *Richter* VersR **07** 620). Den Aufschlag bemessen Kö NZV **07** 199 und Kar VersR **08** 92 mit 20% auf das gewichtete Mittel des Normaltarifs. Ob er überhaupt gerechtfertigt ist, ist im Rahmen des § 287 ZPO zu prüfen (BGH NJW **08** 2910). Allgemeinen Einwendungen gegen die Aussagekraft speziell des *Schwacke-Mietpreisspiegels 06* muss der Tatrichter nicht nachgehen (BGH NJW **08** 1519; s auch Kar VersR **08** 92, VRS **114** 321, LG Bonn NZV **07** 362 m Anm *Wenning*, LG Bielefeld NZV **08** 352; *Vuia* NJW **08** 2369; aM LG Chemnitz DAR **07** 336, [hierzu *Reitenspiess* DAR **07** 345, 347], LG Dortmund NZV **08** 93, *Richter* NZV **08** 321 [auch zum Schwacke-Mietpreisspiegel 07]). Der vom GDV in Auftrag gegebene neue Marktpreisspiegel des Fraunhofer-Instituts weist gegenüber dem Schwacke-Mietpreisspiegels 07 gravierende Abweichungen (Unterschreitungen) auf (*Reitenspiess* DAR **08** 546). Für dessen Heranziehung nunmehr Mü v 25. 7. 08, 10 U 2539/08, juris. Mit der Rspr des BGH ist es nicht vereinbar, die erforderlichen Mietwagenkosten anhand des 3fachen Satzes der Nutzungsausfallentschädigung einer bestimmten Fz-Gruppe nach *Sanden/Danner/Küppersbusch* zu schätzen (BGH NJW **07** 2916). Zu einem Fall fehlender betriebswirtschaftlicher Rechtfertigung LG Dr NZV **07** 419; mit der Rspr des BGH zur betriebswirtschaftlichen Rechtfertigung nicht vereinbar LG Arnsberg ZfS **07** 506 m abl Anm *Diehl*. Nach LG Kar NJW-RR **06** 1396, LG Kö NJW-RR **06** 1400 ggf. 30% Aufschlag, nach LG Bonn NZV **07** 362 25%, wobei die sich bei mehrtätiger Vermietung ergebenden Reduzierungen nach Wochen-, 3-Tages- und Tagespreisen zu berücksichtigen sind. Erforderlichkeit nicht schon bei „ländlichem Einzugsgebiet" (aM AG Brilon ZfS **07** 86 m abl. Anm *Diehl*). Die Frage der **Erforderlichkeit kann offenbleiben,** wenn **a)** dem Geschädigten ein günstigerer Tarif *nach den konkreten Umständen* (was im Einzelfall festzustellen ist, BGH NJW **07** 2758) ohne Weiteres zugänglich war (dann schon wegen Verstoßes gegen die Schadensminderungspflicht keine Ersatzfähigkeit des über dem Normaltarif liegenden Mietpreises) oder **b)** keine Zugänglichkeit bestand (dann Ersatzfähigkeit auch, wenn der Tarif in obigem Sinn nicht erforderlich war; BGH NJW **05** 1043; **05** 1933, **06** 2693, **07** 1123, **07** 1676 [hierzu *Wagner* NJW **07** 2149], **07** 2758; und unabhängig davon, ob der Vertrag zwischen Geschädigtem und Vermieter wirksam vereinbart ist;

Höchstbeträge § 12 StVG **I**

BGH NJW **05** 1043; **07** 3782). Unkenntnis über die üblichen Tarife oder etwa das allgemeine Vertrauen darauf, der ihm vom Vermieter und der Reparaturwerkstätte angebotene Tarif sei „auf seine speziellen Bedürfnisse zugeschnitten" (BGH NJW **06** 2693, **07** 1122; 1125), entlastet den Geschädigten nicht, ebenso wenig Unerfahrenheit (BGH NJW **08** 1519), wenn sich Bedenken gegen die Angemessenheit des ihm angebotenen Unfallersatztarifs aufdrängen müssen; vielmehr ist er zur Nachfrage nach einem günstigeren Tarif, ggf zur Einholung von 2 Konkurrenzangeboten in dem *ihm örtlich zugänglichen* (BGH NJW **07** 3782, **08** 1519) Markt verpflichtet (Rz 35, BGH NJW **06** 2693, NZV **05** 357, VersR **06** 133, NJW **07** 1125, **07** 1449, Mü NZV **06** 381 [zumal bei Akademiker]), uU auch unter Einholung einer Deckungszusage des Haftpflichtversicherers (BGH NJW **06** 2106). Anders kann es in (vom Geschädigten darzulegenden und zu beweisenden) Eil- oder Notsituationen liegen (BGH NJW **06** 2106; 2693; **07** 1122, 2122, **08** 1519), wie etwa dann, wenn der nicht über eine Kreditkarte verfügende Geschädigte nach einem Verkehrsunfall am 2. Weihnachtstag (Kö NJW-RR **06** 1396), einem Samstag Mittag (vgl BGH NJW **07** 2122) oder zur Nachtzeit (AG Hof NZV **07** 149) einen Mietwagen anmieten muss, nicht aber (ohne Notsituation) bei einem „ländlichen" Geschädigten (aM AG Kö NZV **06** 382) oder bei Fehlen einer Kreditkarte (LG Aschaffenburg NZV **06** 601). Keinen Anlass zu Nachfragen hat nach Dr VersR **08** 1128 ein Geschädigter, der anlässlich eines nicht allzu lange zurückliegenden anderen Unfalls einen Mietwagen zu ähnlichen Konditionen angemietet und das damals zuständige VU die Kosten ohne Beanstandung ausgeglichen hat. Ist dem Geschädigten kein günstigerer Tarif zugänglich, so besteht Abtretungspflicht des Geschädigten hinsichtlich etwaigen Schadensersatzanspruchs wegen mangelnder Aufklärung durch Vermieter (Rz 35 b, *Greger* § 25 Rz 38). Die **Beweislast** für die betriebswirtschaftliche Berechtigung der Erhöhung gegenüber dem Normaltarif durch den Vermieter trägt der Geschädigte (BGH NJW **05** 1041, NZV **05** 357 [krit *Greger* NZV **06** 5, *Haertlein* JZ **07** 68], BGH VersR **06** 133, NJW **06** 1506, 1508, **08** 1519). Dass dem Geschädigten ohne Weiteres ein günstigerer Tarif zugänglich war, muss der Schädiger beweisen (BGH NJW **08** 2910 [Beweiserbringung nicht bei einem nur Stammkunden angebotenen Werkstatttarif]; s auch *Schüszler* NZV **07** 39). Jedoch trifft den Geschädigten eine sekundäre Darlegungslast (BGH NJW **07** 1676 m Anm *v. Bühren*; s auch BGH NJW **05** 1933) zu den Umständen, aus denen sich die Unzumutbarkeit schadensmindernder Maßnahmen (Einsatz der Kreditkarte, Vorfinanzierung, Kaution) ergibt (hierzu auch *Wagner* NJW **07** 2149, aM *Schüszler* NZV **07** 391). Ist unstr, dass der Geschädigte auf die sofortige Weiterfahrt mit einem Miet-Fz angewiesen war, darf der Tatrichter die auf Ersatz der Mietwagenkosten nach einem Unfallersatztarif gerichtete Klage nicht mit der Begründung abweisen, der Vortrag sei unsubstanziiert, weil auch die vorübergehende Inanspruchnahme eines Taxis sowie eine Rücksprache mit dem HaftpflichtVU des Schädigers in Betracht gekommen seien (BGH NJW-RR **08** 689). Kein Anspruch auf Erstattung des Unfallersatztarifs, wenn der Vermieter auf die Möglichkeit der Anmietung zu einem günstigeren Tarif hingewiesen hatte (LG Wuppertal NJW **05** 1437). I Ü ist der Geschädigte nicht gehalten, den FzVermieter zu wechseln, wenn er nach Anmietung Kenntnis von einem günstigeren Angebot erhält (BGH NJW **99** 279, 282; AG Hof NZV **07** 149). Können die Mietaufwendungen nicht in der tatsächlich entstandenen Höhe anerkannt werden, so entfällt die Ersatzpflicht des Schädigers nicht völlig; deren Umfang ist im Rahmen des § 287 ZPO festzusetzen (Mü DAR **06** 692 m Anm *Geiger*). Zur wettbewerbsrechtlichen Beurteilung von Empfehlungen durch Versicherer, bestimmte Vermieter in Anspruch zu nehmen LG Bielefeld NZV **07** 416, abw *Staehlin* NZV **07** 396.

Abgesichert wird die unter Rz 35a referierte, für den regelmäßig „marktunkundigen" Geschädigten harte Rspr des BGH durch **Statuierung von Aufklärungspflichten des Vermieters**, deren Verletzung Schadensersatzansprüche aus c i c begründet. Bei deutlich über dem Normaltarif auf dem örtlich relevanten Markt und damit über der Erstattungsfähigkeit liegendem Tarif (der nicht per se sittenwidrig ist, BGH NJW **07** 2181; 3782) ist der Vermieter danach dem Geschädigten **im Fall unterlassener Aufklärung** in Höhe des Differenzbetrags schadensersatzpflichtig (BGH NJW **06** 2618 [Bspr *Emmerich* JuS **06** 1019, zust *Tomson* VersR **06** 1277; *Herrler* JuS **07** 103, VersR **07** 582, krit *Haertlein* JZ **07** 68, abl *Rehm* JZ **07** 786], NJW **06** 2621, NJW **07** 1447; 2181; 2759; NZV **08** 143, zufassend *Haufe* Jura **07** 927), wobei es auch nicht darauf ankommt, ob der Vermieter mehrere Tarife (Normal- und Unfallersatztarif) oder einen einheitlichen Tarif anbietet und Zweifel zulasten des Vermieters gehen (BGH NJW **06** 2618, **07** 2759). Vor Geltendmachung des Anspruchs müssen dabei nicht etwa die Ansprüche des Geschädigten gegen den Schädiger geklärt werden (BGH NZV **08** 142). Die Aufklärungspflicht dürfte bei einem Preisunterschied von 30% über dem durchschnittlichen Normaltarif im örtlich

35b

König 205

zugänglichen Bereich (Rz 35 a) entstehen (weitergehend [50%] *Herrler* VersR **07** 582, *Haufe* Jura **07** 927), nach AG Siegburg NZV **08** 355 auch bei deutlichem Preisunterschied (konkret 200%) gegenüber Internetangebot. Wie viel Zeit der Geschädigte vor Anmietung hatte, ist nicht relevant (BGH NZV **08** 143). **Zur Aufklärung erforderlich, aber auch ausreichend ist es**, wenn der Vermieter den Mieter (Geschädigten) unmissverständlich darauf hinweist, dass die gegnerische Haftpflichtversicherung den angebotenen Tarif evt. nicht in vollem Umfang erstattet (BGH NJW **07** 1447; 2759, NZV **08** 143). Eindeutiger Verstoß gegen die Aufklärungspflicht, falls Vermieter erklärt, die Versicherung werde „problemlos" bezahlen (BGH NJW **07** 1447). Die Aufklärungspflicht besteht seit 2002 (*Diederichsen* DAR **08** 309); Judikate, nach denen keine Aufklärungspflicht besteht, wenn der Unfallersatztarif nach der Rspr der AG und LG des Bezirks ersatzfähig war (Kar VersR **04** 1469; Nw zur Lit. 39. Aufl.), sind wegen der neuen Rspr zum Unfallersatztarif überholt. Gleiches gilt für den Einwand, dass seinerzeit noch mehrere VU bezahlt hätten (*Diederichsen* DAR **08** 309). Zur Erforderlichkeit einer Erlaubnis nach Art. 1 § 1 I RBerG aF bei geschäftsmäßiger Übernahme der Schadensregulierung durch den Inhaber von Mietwagenunternehmen für seine Kunden BGH NJW **05** 135, 3570 (je mwN), anders, falls es dem Mietwagenunternehmen im Wesentlichen darum geht, die durch die Abtretung eingeräumte Sicherheit zu verwirklichen (BGH aaO). Zu den Auswirkungen des RDG *Burmann* DAR **08** 373.

36 Die **Mindestbenutzungspflicht** (Fahrstreckenpauschale) muss im Rahmen des eigenen bisherigen Fahrbedarfs bleiben (Dü NJW **69** 2051, 525, Nü NJW **76** 1096), fordert der Vermieter zu hohe Mindestfahrleistung, muss der Geschädigte ein angepasstes Angebot suchen (Dü DAR **69** 69).

37 **Nur für zügige Reparaturdauer** stehen die angemessenen Mietwagenkosten zu (BGH NJW **75** 160, **86** 2945, Nü NJW **76** 1096, Dü VersR **69** 429, Nau VRS **87** 1) bzw für die Zeit der Schadenbegutachtung und der Anhörung des Versicherers des Schädigers (Ce VersR **63** 567, Dü VersR **63** 1085). Der Geschädigte darf mit dem Reparaturauftrag nicht bis zur Übernahmebestätigung durch den HaftpflichtVU warten (KG VRS **105** 107, Ha MDR **84** 490), uU auch nicht bis zum Eingang des schriftlichen Sachverständigengutachtens (BGH NJW **86** 2945: Einholung telefonischer Auskunft). Er muss sich um zügige Reparatur bemühen, besonders bei hohen Mietwagenkosten (Stu VersR **77** 65). **Verzögerung durch Werkstattverschulden** geht zulasten des Schädigers (Rz 22, Stu VersR **04** 96). Muss ein **ErsatzFz** angeschafft werden, so besteht Anspruch auf Ersatz der Mietwagenkosten nur für die Zeit der Beschaffung eines gleichwertigen GebrauchtFz (Ha NJW **64** 406), für etwa 3 Wochen (Nü VersR **76** 373), nicht auch für die längere Lieferfrist eines Neuwagens (KG VersR **71** 256, Ha VersR **62** 1017, ZfS **93** 50, Nü VersR **63** 489). Bei älteren Gebrauchtwagen werden nur kurze Wiederbeschaffungszeiten anzusetzen sein, nach Marktlage 2 bis 3 Wochen (Stu VersR **72** 448), kaum jemals mehr als 4 Wochen (Ol VRS **33** 81, 83). Bei wirtschaftlichem Totalschaden einen Monat vor Lieferung eines bestellten NeuFz sind Mietwagenkosten für diese Zeit zu erstatten (Ha VersR **76** 174, Mü DAR **76** 156). Grundsätzlich darf der Geschädigte ein ErsatzFz **sofort anmieten;** er braucht auch längere Fahrten idR nicht im Interesse der Schadensminderung mit beschädigtem Fz durchzuführen (Dü ZfS **91** 375). Im Interesse der Geringhaltung des Schadens kann er jedoch verpflichtet sein, eine geplante Reise mit provisorisch lackiertem Fz anzutreten und die Nachbesserung anschließend durchzuführen (Ha ZfS **85** 231, s auch Stu VersR **92** 1485 sowie Rz 8, **Notreparatur**). Auch bei vorübergehend bestehender erheblich längerer Reparaturzeit (Ferienzeit) muss er uU zunächst provisorische Reparatur hinnehmen (Stu VersR **81** 1061). Bei nur noch geringem Zeitwert muss der Geschädigte die Mietwagenkosten durch zumutbare Notreparatur verringern (Kö VersR **78** 65). Zur Beurteilung der Möglichkeiten provisorischer Reparatur im Rahmen der Schadensminderungspflicht aus technischer Sicht *Rädel* Verkehrsunfall **86** 349, s auch Rz 8. Einem Autovertreter ist es nicht zuzumuten, die Mietwagenzeit durch Benutzung eines provisorisch reparierten Fz abzukürzen (Mü VersR **60** 671). Zur Schadensminderungspflicht durch **Erwerb eines „InterimsFz"** bei ungewöhnlich hohen Mietwagenkosten Rz 8 a, 43.

38 9 b. **Ersparte Eigenkosten** (Verschleiß), soweit nach Ausfalldauer des eigenen Fz messbar, sind von den Mietwagenkosten abzuziehen (BGH NJW **63** 1399, Ha NZV **99** 379, Ce VM **93** 51), auch bei gewerblich genutzten Fz (Nü NJW-RR **90** 984), jedoch nicht bei nur kurzer Benutzung eines MietFz und unterdurchschnittlicher Fahrstrecke (Mü VersR **63** 714). Die bloßen Betriebskosten (Benzin, Öl) werden idR gleich und deshalb außer Ansatz bleiben, Fra VersR **73** 719. Hinsichtlich der Höhe der **Abzugsquote** nimmt die **neuere Rspr** zT auf eine Berechnung

Höchstbeträge § 12 StVG 1

von *Meinig* DAR **93** 281 Bezug, wonach sich der Mittelwert der Eigenersparnisanteile bei 55 km täglicher Fahrleistung auf nur 3% beläuft (Nü DAR **00** 527, Kar DAR **96** 56, LG Aachen DAR **04** 655, LG Bayreuth DAR **04** 94, AG Hohenstein-E. DAR **00** 316, *Notthoff* VersR **96** 1206, **98** 144). Stu NZV **94** 313, LG Siegen DAR **96** 365 halten einen Abzug von 3,5%, LG Baden-Baden ZfS **01** 18 einen solchen von 4%, Dü DAR **98** 103 von 5% für angemessen. Teilweise wird die Grenze bei 10% gezogen (Ha NZV **99** 379, VersR **01** 206, Ce NZV **01** 217, Dü VersR **96** 987, *Greger* NZV **96** 432, *Halbgewachs* NZV **97** 469). Dagegen schwankte nach der **älteren Rspr** der Abzug um 15% der Mietwagenkosten (Fra NZV **90** 265, Sa ZfS **94** 289, KG VRS **78** 92, 96), Kö NZV **90** 429, Ko ZfS **89** 48, Kar NZV **90** 387, Ha NZV **93** 189, Dü ZfS **91** 375, ebenso noch KG NZV **05** 46, LG Berlin NZV **04** 635). UU wurden auch 20% (Nü NJW-RR **90** 984, Ha NZV **01** 218 [jeweils Taxi]) und bis zu 25% (Ko NZV **88** 224: bei gewerblicher Nutzung in außergewöhnlichem Umfang) zuerkannt. Statt prozentualer Bemessung (krit *Müller* JuS **85** 287) anhand der Mietwagenkosten wird in der (vor allem älteren) Rspr teilweise auch eine Berechnung der Eigenersparnis unter **Zugrundelegung der Betriebskosten** vorgezogen (Betriebskostentabellen; BGH NJW **69** 1478, Ce NJW **63** 1204, Br VersR **64** 688, Stu Justiz **63** 142, Mü VersR **70** 67, Kar NZV **90** 116, krit Dü DAR **98** 103). Kein erhöhter Abzug (mehr als 15%) bei ungewöhnlich hoher Fahrleistung mit dem MietFz, wenn sich dies auf die Mietaufwendungen auswirkt, Nü NZV **94** 106. Ein Abzug unterhalb der genannten prozentualen Annäherungswerte ist vorzunehmen, wenn die Betriebskosten nachgewiesenermaßen geringer sind, Mü DAR **82** 69. Vereinzelt wurde auch der durch Nichtbenutzung des eigenen Fz **unterbliebene Wertverlust** zugrunde gelegt, Fra ZfS **96** 214 (0,67 DM je 1000km), abl *Notthoff* VersR **98** 144. Nach wohl noch überwiegend vertretener Meinung Abzug ersparter Eigenkosten auch bei **Miete eines kleineren Fz** (Kar NZV **90** 387, Ko ZfS **89** 48, KG VRS **78** 92, Kö NZV **90** 429, Fra DAR **90** 144, Ha NZV **93** 189, Sa ZfS **94** 289, *Müller* JuS **85** 287, *Greger* § 25 Rz 47), was jedoch zu einer nicht gerechtfertigten Entlastung des Schädigers führt (Ha NZV **99** 379; gegen Eigenersparnisabzug in solchen Fällen daher Ha NZV **99** 379, Mü ZfS **82** 69, Fra NJW-RR **96** 984, *Born* NZV **93** 2, *Halbgewachs* NZV **97** 469; Ce VM **93** 51, Nü ZfS **94** 208 für den Fall, dass die Mietaufwendungen für ein typgleiches Fz abzüglich ersparter Eigenkosten *erheblich* über denen für das kleinere Fz liegen). Über Abzüge bei Mietwagenkosten *Himmelreich* NJW **76** 1729. Zum Vorteilsausgleich bei Ersatzmiete ohne Eigenersparnis *Klimke* DAR **79** 327.

Lit: *Freyberger*, Die aktuelle Rechtsprechung des BGH zum Unfallersatztarif, MDR **05** 301. *Greger*, Rechtliche Grundlagen des Mietwagenkostenersatzes, NZV **94** 337. *Griebenow*, Unfallersatztarife der Autovermieter ..., NZV **03** 353. *Dieselbe*, Unfallsatzwagentarif und kein Ende ..., NZV **05** 113. *Dieselbe*, Erstattungsfähigkeit von unfallbedingten Mietwagenkosten ..., NZV **06** 13. *Grüneberg*, Zum Anspruch auf Erstattung der Mietwagenkosten bei unfallbedingtem Ausfall eines Taxis, NZV **94** 135. *Halbgewachs*, Mietwagenkosten, NZV **97** 467. *Harneit*, Restwerterlös und Mietwagenkosten, DAR **94** 93. *Körber*, Grundsätzliche Fragen und aktuelle Entwicklung des Anspruchs auf Ersatz der Unfallersatzwagenkosten, NZV **00** 68. *Möller/Durst*, Probleme der Mietwagenkostenersatzes im Haftpflichtschadensfall, VersR **93** 1070. *H. Müller*, Ersatz bei Ausfall gewerblich genutzter Fz, VGT **93** 277. *Rixecker*, Die Markterkundungsobliegenheit bei der KfzErsatzmiete, NZV **91** 369. *Schlüszler*, Der Zugang unfallgeschädigter Ersatzfahrzeugmieter zum Pauschaltarif für Mietwagen, VersR **05** 749. *Unberath*, Ersatz „überhöhter" Mietwagenkosten nach einem Unfall?, NZV **03** 497. *Wenning*, Die Erstattungsfähigkeit von Unfallersatzwagentarifen ..., NZV **04** 609. *Derselbe*, Unfallsatztarif – ein Ausweg aus dem Dilemma über den Nutzungsausfall, NZV **05** 169.

9 c. Gegen die Folgen von **Mietwagenunfällen** pflegen entgeltliche Freistellungen vereinbart zu werden. Soweit Vollkaskoversicherung für das geschädigte Fz bestand, sind die Kosten für eine entsprechende Versicherung für das MietFz jedenfalls erstattungsfähig (BGH NJW **74** 91 (93), VersR **74** 657, Ol VersR **83** 470, KG VRS **78** 92 (96), *Sanden/Völtz* 223, *R. Born* VersR **78** 781). Derartige Entgelte sind nicht zu erstatten, soweit versicherungswirtschaftlich überhöht (BGH NJW **74** 95). IÜ sind Aufwendungen zur Haftungsfreistellung zu ersetzen, soweit das dadurch abgewendete Haftpflichtrisiko das Eigenrisiko übersteigt, dh, ein gerade durch die unfallbedingte Benutzung des MietFz entstehendes Sonderrisiko darstellt (BGH NJW **74** 91, KG DAR **75** 324, *Müller* JuS **85** 285). War das geschädigte Fz nicht vollkaskoversichert, wird die Meinung vertreten, Mietwagenunfälle und ihre Haftungsfolgen gehörten zum Lebensrisiko des Geschädigten und seien deshalb keine Unfallfolgen (*v Caemmerer* VersR **71** 973, *Sanden/Völtz* 199 ff). Jedoch besteht bei MietFz mit hohem Zeitwert und vorzüglichem Pflegezustand im Verhältnis zum eigenen Fz idR ein **erhöhtes wirtschaftliches Risiko,** gegen das sich zu decken wirtschaftlich sinnvoll ist, so dass die dadurch entstehenden Kosten auch insoweit erstattungsfähig sind (BGH VersR **06** 133, NJW **05** 1041, NJW **74** 91, VersR **74** 657, Schl

39

VersR **75** 268, Fra ZfS **95** 174). Teilweise wird daher generelle Erstattungsfähigkeit der dadurch entstehenden Kosten angenommen (Fra NZV **95** 108, Nü VersR **74** 679, Schl VersR **74** 297, Br VersR **74** 371, *Himmelreich* NJW **73** 675, *Müller* JuS **85** 285, *Notthoff* VersR **96** 1202, **98** 145, *Halbgewachs* NZV **97** 471, aM Kar VersR **72** 567, **73** 66, Ol VersR **83** 470, KG VRS **78** 92 (96), *Klimke* VersR **70** 792, *v Caemmerer* VersR **71** 973). Die Kosten für die **Vollkaskoversicherung** des MietFz gehören jedenfalls dann an ersatzfähigen Schaden, wenn es sich gegenüber dem beschädigten Fz um ein wesentlich höherwertiges handelt (BGH NJW **05** 1041). Was den **Mietausfall** angeht, so setzt der BGH die Gefahr, dem Vermieter Ausfallersatz schuldig zu werden, mit Rücksicht auf das ersparte Eigenrisiko des Mieters mit höchstens der Hälfte der unfallbedingten Gefahrerhöhung an (BGH NJW **74** 91, 94). Bei gewerblich intensiv genutzten Fz (Taxis, Lieferwagen usw) wird ein erhöhtes unfallbedingtes Risiko für Ausfallhaftung nur ausnahmsweise vorliegen und dann besonders nachzuweisen sein (BGH NJW **74** 91, 94f). Anzurechnen ist in allen Fällen, was der Mieter durch MietFzBenutzung an eigenem Schadenrisiko erspart (BGH NJW **74** 91, 95). **Insassenunfallversicherung** ist nur erstattungsfähig, wenn diese auch für das beschädigte Fz bestand (Nü VersR **77** 1016, *Klimke* VersR **70** 796, *R. Born* VersR **78** 780, aM Fra ZfS **81** 270, weil das Führen eines fremden Fz immer ein erhöhtes Risiko darstelle, s auch *Klimke* NJW **74** 725).

40   **10. Nutzungsausfallentschädigung** wegen entgangenen Gebrauchsvorteils steht dem Geschädigten während angemessener Reparatur- oder Wiederbeschaffungszeit zu, wenn er kein MietFz in Anspruch nimmt, vorausgesetzt, er wäre dazu berechtigt (BGH NJW **05** 277, **68** 1778, **66** 1260, Br DAR **01** 302), sofern er sein Fz während dieser Zeit benutzt hätte, dazu Rz 45. Für Kfz ist dies in der Rspr seit Jahrzehnten anerkannt (BGH NJW **64** 542, **66** 1260, **84** 724, Ha DAR **02** 312, Dü VersR **01** 208, Kö VRS **96** 325). Geldentschädigung (§ 251 BGB) für vorübergehenden Gebrauchsverlust setzt allerdings stets **Fühlbarkeit des Nutzungsausfalls** voraus (BGH NJW **64** 542, **66** 1260, **08** 913, Ko NZV **04** 258, Ha VersR **03** 1054, Kö VRS **96** 325). Fühlbaren Ausfall erleidet der Geschädigte nicht, wenn er über ein zweites, ungenutztes Fz verfügt, dessen Benutzung ihm zuzumuten ist (BGH NJW **76** 286 [Möbelwagen], Ko NZV **04** 258, Fra VersR **05** 1742, **90** 10 [Urlaubsreise mit Zweitwagen], Kö VRS **96** 325 [75 Tage bei amerikanischem Van]), oder wenn die Fahrten zur *gemeinsamen* Arbeitsstätte mit dem Fz des Ehegatten durchgeführt werden können (KG VM **85** 63). Bei Totalschaden ist Entschädigung für die entgangenen Gebrauchsvorteile während der für die Wiederbeschaffung eines ErsatzFz erforderlichen Zeit zu leisten (Nü VersR **68** 1049, Kar VersR **67** 609). Der Anspruch entfällt nicht dadurch, dass die Ehefrau ihren Wagen zur Verfügung stellt, weil dies dem Schädiger nicht zugute kommen kann (Ce VersR **73** 281, aM Schl VersR **68** 977). Überhaupt hat die unentgeltliche Überlassung eines ErsatzFz durch einen Dritten keinen Einfluss auf die Nutzungsausfall-Entschädigung (BGH NJW **70** 1120, Ha ZfS **84** 230). Im Schrifttum ist die Rspr zur Nutzungsausfall-Entschädigung auf Kritik gestoßen (*Böhmer* JZ **69** 141, *Larenz* VersR **63** 307, *Löwe* NJW **64** 701, *Stoll* JZ **76** 281, *Schütz* VersR **68** 124, *Hagen* JZ **83** 833, *Honsell/Harrer* JuS **91** 447). Die Bedenken beruhen vor allem auf der Überlegung, dass aus der Eigentumsbeeinträchtigung ohne Sprengung der das Schadensersatzrecht beherrschenden Grundsätze nicht ein im Eigentum ohnehin enthaltenes, gesondert zu entschädigendes Nutzungsrecht hergeleitet werden könne (*Böhmer* JZ **69** 141, *Schiemann* VGT **82** 237, 247, *Dunz* JZ **84** 1010 [der allerdings frustrierte Vorhaltekosten als ersatzfähigen Folgeschaden anerkennt]; gegen ihn *Weber* VersR **85** 110, *R. Schulze* NJW **97** 3337 [der Qualifikation des Nutzungsausfalls als *immateriellen* Schaden vorschlägt, dessen Ersatzfähigkeit er bei „teleologischer Reduktion" des § 253 BGB für möglich hält]). Zur Kritik im Schrifttum s ferner BGH NJW **87** 50.

41   Die **Ersatzfähigkeit von Gebrauchswerten** wurde auch in der Rspr des BGH nicht einheitlich beurteilt. Ursprünglich wurde der Kommerzialisierungsgedanke als entscheidend angesehen (zB BGHZ **40** 345 (III. ZS) = NJW **64** 542, Mü NJW **62** 2205, abl *H. W. Schmidt; Dunz* JZ **84** 1014). In der jüngeren BGH-Rspr steht dafür dessen der Gedanke im Vordergrund, dass die Verfügbarkeit des eigenen Kfz *nach der Verkehrsanschauung* ein geldwerter Vorteil sei, dessen vorübergehender Entzug einen Vermögensschaden darstelle (BGH NJW **66** 1260 [VI. ZS], NJW **71** 1962, **74** 33, **84** 724 [nicht bei Motorboot], NZV **08** 453). Nach dem Vorlagebeschluss des V. ZS des BGH (VersR **86** 189, 194) sind alle für die Ersatzfähigkeit des Nutzungsausfalls von Kfz bisher gegebenen Begründungen dogmatisch nicht tragfähig; insbesondere sei unter Anwendung der Differenztheorie ein Vermögensschaden zu verneinen, die Verkehrsanschauung keine geeignete Rechtsquelle. Der Meinungsstreit ist für die Praxis erledigt durch BGHZ **98** 212 [GrZS] = NJW **87** 50 (i Erg zust *Flessner* JZ **87** 271, *Hohloch* JR **87** 108, krit

Höchstbeträge § 12 StVG 1

Rauscher NJW **87** 53, *Honsell/Harrer* JuS **91** 447). Danach ist zwar der Gebrauchswert kein vom Substanzwert „abspaltbarer" Wert; die Entwertung der Sache für den Gebrauch werde aber durch den Ersatz des Substanzwerts nur im Fall *sofortiger* Restituierung vollständig entschädigt. Da eine dem § 252 S 1 BGB (entgangener Gewinn) entsprechende Vorschrift für nicht erwerbswirtschaftlichen (produktiven) Einsatz, sondern *eigenwirtschaftliche* Nutzung einer Sache fehle, könne die Differenztheorie ohne ergänzenden Wertansatz den Gebrauchsverlust während der Reparaturzeit nicht erfassen. Die Gefahr der Ausdehnung des Schadensersatzes auf Nichtvermögensschäden unter Verletzung des § 253 BGB wird dadurch vermieden, dass die gebotene Ergänzung der reinen Differenzrechnung durch den Wert des Gebrauchsvorteils beschränkt wird auf **Wirtschaftsgüter von allgemeiner, zentraler Bedeutung** für die Lebenshaltung, dh solche Sachen, auf deren ständige Verfügbarkeit die eigenwirtschaftliche Lebenshaltung typischerweise angewiesen ist (zB Wohnhaus). Dazu kann auch ein OldtimerFz gehören, wenn es dem Geschädigten im AlltagsV als VMittel dient (Dü VersR **98** 911, LG Bln ZfS **07** 388 m Anm *Diehl, La Chevallerie* ZfS **07** 423); anders aber bei Zulassung gem § 9 FZV mit Oldtimerkennzeichen. Bei anderen Fz als Pkw, zB einem Motorrad, ist dies vom Geschädigten besonders darzulegen (Sa NZV **90** 312; näher Rz 42).

Auch für entgangene Gebrauchsvorteile eines **Motorrads,** das wie ein Pkw als tägliches 42
VMittel benutzt wird, ist Entschädigung zu leisten (Ha MDR **83** 932, LG Mü I DAR **04** 155), und zwar auch dann, wenn Pkw zur Verfügung steht (Dü NJW **08** 1966 [aber 33% Abschlag für witterungsbedingte Ausfallzeiten], aM KG DAR **08** 520 [L]; LG Wuppertal NZV **08** 206). Anders liegt es bei Einsatz des Fz nur zu Hobby- oder Sportzwecken (Sa NZV **90** 312, LG Mü I DAR **04** 155). Entsprechendes gilt für das **Fahrrad** (KG NJW **94** 393, zust *Hillmann* ZfS **01** 345, AG Fra NZV **90** 237, AG Müllheim DAR **91** 462, AG Lörrach DAR **94** 501, aM LG Hb NZV **93** 33). *Keine Nutzungsausfallentschädigung* für einen nur zu Freizeitzwecken und selten benutzten Luxus-Sportwagen (Jn NZV **04** 476; [Ferrari, 2000 km jährliche Fahrleistung]), einen **Wohnwagen** (BGHZ **86** 128 = VersR **83** 298, krit *Berr* 867, abl *Landsberg* JR **83** 452), ein **Wohnmobil** (BGH NZV **08** 453, Ce NZV **04** 471, LG Bochum MDR **01** 388, LG Kar ZfS **83** 202, LG Essen VersR **87** 270, aM Dü VersR **01** 208, *Berr* 651), anders nur, soweit es wie ein Pkw als tägliches Transportmittel dient, zB zur Erreichung der Arbeitsstelle (Ce NZV **04** 471, Ha NZV **89** 230). Nutzungsausfallentschädigung steht auch dem FzEigentümer **ohne eigene FE** zu, der das Fz zur Benutzung durch Familienangehörige ohne Rechtspflicht hält (BGH VRS **46** 10, Ko NZV **04** 258, Ha DAR **96** 400) oder zur Vermietung bzw zur unentgeltlichen Überlassung an Dritte (BGHZ **40** 345, NJW **75** 922 [Verlobte], NJW **74** 33 [Sohn], KG VM **73** 65 [Braut]) und auch einer OHG als Mithalterin (KG DAR **70** 17). *Keine Nutzungsausfallentschädigung* für die Dauer nur gedachter Reparatur oder mangels entgangener Nutzung, etwa, weil der Geschädigte das Fz unrepariert weiterbenutzt oder veräußert (BGH NJW **76** 1396, Kö ZfS **84** 297, LG Wiesbaden VersR **83** 991, *Weber* VersR **84** 598, aM AG Kö ZfS **80** 101, VRS **63** 324 [aufgegeben in VersR **84** 492, gleichwohl Anspruch gegen VU aus „Auslobung" bejaht; abl *Weber* VersR **84** 597], AG Paderborn ZfS **85** 199, LG Paderborn ZfS **83** 201).

Entschädigung für Nutzungsausfall **steht für den Zeitraum zu,** der zur Wiederherstellung 43
des vor dem Unfall bestehenden Zustands erforderlich ist (BGH NJW **66** 1557; Ha VersR **93** 766; *Greger* § 25 Rz 11, 24, 30), im Allgemeinen für die Dauer der Reparatur bzw bis zur Beschaffung eines Ersatzfz (BGH NJW **08** 915). Der Geschädigte muss **den Reparaturauftrag** im Interesse der Geringhaltung des Schadens unverzüglich erteilen (Rz 21), den Schädiger auf voraussichtlich ungewöhnlich lange Reparaturdauer hinweisen und uU im Rahmen seiner Schadensminderungspflicht eine „Interimsreparatur" durchführen lassen (Fra VersR **05** 1742, s Rz 8a). Neben der Reparaturdauer kann noch ein Schadensermittlungszeitraum zu berücksichtigen sein; verlangt der Schädiger eine Nachbesichtigung des unveränderten beschädigten Fz, erstreckt sich der Schadensermittlungszeitraum bis zum Zeitpunkt der Inaugenscheinnahme (Dü DAR **06** 269). Bei einer fiktiven Schadensabrechnung kann Entschädigung für Nutzungsausfall nur für die durch den Sachverständigen angesetzten hypothetischen Reparaturdauer in einer markengebundenen Fachwerkstatt verlangt werden, auch wenn der Geschädigte die Reparatur in einer freien Werkstatt durchführen ließ, die dann tatsächlich länger gedauert hat (Ha NZV **06** 584, s auch Rz 6). Verzögerung der Reparatur durch Werkstattverschulden Rz 22. **Bei einer Ersatzbeschaffung** kann Ausfallentschädigung nur für die übliche (vom Sachverständigen veranschlagte) Lieferzeit beansprucht werden; eine längere Lieferzeit beruht auf der Disposition des Geschädigten und darf den Schädiger nicht belasten (BGH NJW **08** 915; s auch Rz 8a). Hat der Geschädigte das Fz bereits vor dem Unfall bestellt, so kann längere Ausfallzeit zu entschädi-

gen sein, wenn die Entschädigung die durch An- und Wiederverkauf eines ZwischenFz entstehenden wirtschaftlichen Nachteile nicht wesentlich übersteigen (BGH NJW **08** 915; s auch Rz 8a). Bei Erwerb eines GebrauchtFz gängigen Typs muss der Geschädigte eine Wiederbeschaffungsdauer von mehr als 14 Tagen idR besonders darlegen (KG VRS **70** 432). Längere Nutzungsentschädigung, wenn der Geschädigte Vorschuss fordern darf, aber trotz rechtzeitiger Anforderung nicht erhält (Nü DAR **81** 14, Fra DAR **84** 318, Kar MDR **98** 1285 [585 Tage], *Bär* DAR **01** 29) oder wenn es ihm nicht möglich oder nicht zuzumuten ist, sich zur Ersatzbeschaffung zu verschulden (Nau DAR **05** 158, Sa NZV **90** 388 [523 Tage]). Bei extrem langen Ausfallzeiten jedoch keine Entschädigung in Höhe der Sätze der sonst in der Regulierungspraxis vielfach zugrunde gelegten Entschädigungstabellen (Rz 42, 44).

44   **10a.** **Die Höhe** der Entschädigung für Nutzungsausfall unterliegt in erster Linie tatrichterlicher Würdigung nach § 287 ZPO (BGH NJW **05** 277, **71** 1692); sie darf den Geschädigten weder bereichern noch einem Ausgleich immateriellen Schadens gleichkommen (BGH NJW **71** 1692). Im Hinblick auf die Marktentwicklung hat der BGH (VI. ZS) die Rspr, wonach die Höhe etwa den Vorhaltekosten mit einem maßvollen Zuschlag entsprechen müsse (BGH NJW **71** 1692, **87** 50 (GrZS), Kar MDR **98** 1285, Mü NZV **90** 348, *Weber* VersR **84** 599), inzwischen modifiziert. Nutzungsausfallentschädigung in Höhe von **35–40% der üblichen Miete** bzw von **200–400% der Vorhaltekosten** sind nach neuer Rspr des BGH nicht unangemessen (BGH NJW **05** 277, *Palandt/Heinrichs* vor § 249 Rz 23, *Born* NZV **93** 5). Als geeignete Grundlage für die Berechnung der Höhe des Nutzungsausfalls sind die Tabellen von *Sanden/Danner* von der Rspr anerkannt (BGH NJW **05** 1044, **83** 2139, **71** 1692, Fra VersR **05** 1742, Dü VersR **01** 208, Mü NZV **90** 348), wobei jeweils die zurzeit des Schadenseintritts gültige Tabelle Anwendung findet. Da derartige Tabellen jedoch Zeiträume betreffen, für die *üblicherweise* Fz gemietet zu werden pflegen, führen sie bei mehrmonatigem Nutzungsausfall zu unvertretbar hohen Beträgen (Sa NZV **90** 387, Kar MDR **98** 1285 [dann Orientierung an den Vorhaltekosten], ce VRS **107** 166 [zu § 7 StrEG]. Die von *Sanden/Danner* entwickelten und von anderen fortgeführten **Entschädigungstabellen** für Pkw, Geländewagen, Transporter und Kräder werden regelmäßig aktualisiert (zuletzt DAR **08** 40). Falls wesentliche Unterschiede hinsichtlich Bauart und Antriebsart bestehen, muss sich der Geschädigte uU nicht auf Fz derselben FzKlasse verweisen lassen (AG Wesel NJW **08** 1966). Das **Alter des beschädigten Fz** als solches hat regelmäßig keinen Einfluss auf die Höhe der Entschädigung für Nutzungsausfall (Ha DAR **00** 265, KG VRS **104** 21, Kar DAR **89** 67, Mü NZV **90** 348, Schl NZV **92** 488, Nau VM **95** 23, LG Kiel NJW-RR **01** 1606 [12 Jahre], *Hillmann* ZfS **01** 341, str, *Himmelreich/Halm/Schmelcher* 5 96, *Danner/Küppersbusch* NZV **89** 11, *Wenker* VersR **00** 1083), anders allerdings, wenn es so alt ist, dass sein Nutzungswert mit dem eines neueren Fz überhaupt nicht vergleichbar ist (BGH NJW **05** 277), dann Entschädigung nur etwa in Höhe der Vorhaltekosten (BGH NJW **88** 484 [10 Jahre alter mit erheblichen Mängeln behafteter Kleinwagen], zust *Danner/Küppersbusch* NZV **89** 11, KG VRS **104** 21 [9 Jahre mit erheblichen Mängeln], Ko NZV **04** 258, Ce VRS **107** 418 [14 Jahre]) oder jedenfalls Herabstufung in den Entschädigungstabellen (BGH NJW **05** 277 [um 2 Gruppen bei 16 Jahre altem Fz], NJW **05** 1044 [um 1 Gruppe bei fast 10 Jahre altem Fz]). Nach zT vertretener Ansicht (Fra DAR **85** 58, Kar VersR **89** 58, ZfS **93** 304, Ha DAR **96** 400, LG Mainz VersR **00** 111) ist bei Fz, die älter als 5 Jahre sind, für die Höhe des Nutzungsausfalls der Entschädigungssatz der nächst niedrigeren Gruppe zugrunde zu legen, wenn die Bemessung nach der von *Sanden/Danner* entwickelten Tabelle erfolgt (abl *Brand* ZfS **90** 217). Entscheidend dürfte weniger das Alter als solches als vielmehr die Frage voller oder infolge von Mängeln nur eingeschränkter Nutzbarkeit des beschädigten Fz sein (Schl NZV **92** 488, *Danner/Küppersbusch* NZV **89** 12, *W. Born* NZV **93** 5). Nach Dü VersR **98** 911 **bei Oldtimern** (s aber Rz 41) niedrigster Tabellenwert des vergleichbaren aktuellen Modells und Abschlag (ähnlich LG Bln ZfS **07** 388 [Herabstufung um 2 Gruppen] m Anm *Diehl*, zum Ganzen *La Chevallerie* ZfS **07** 423). **Verzinsung** gem § 849 BGB kann verlangt werden, soweit die Zinsen nicht den gleichen Zeitraum betreffen, für den Nutzungsausfallentschädigung geltend gemacht wird (BGH NJW **83** 1614, s auch § 7 Rz 26–29).

45   **10b. Nutzungsmöglichkeit und Nutzungswille** sind Voraussetzung für die Entschädigung vorübergehenden Gebrauchsverlusts (BGH NJW **76** 1396, **66** 1260, **68** 1778, **85** 2471, **08** 915, Ha VersR **03** 1054, Br DAR **01** 302, KG VRS **88** 119, Kö VersR **04** 1332). Keine Nutzungsausfallentschädigung steht daher zu, wenn der Geschädigte das Fz aus unfallbedingten (KG VRS **107** 263, Br DAR **01** 302) oder unfallunabhängigen Gründen, zB wegen Krankheit,

Höchstbeträge § 12 StVG 1

(BGHZ **45** 219, VersR **75** 37, Mü VRS **78** 401, KG VRS **107** 263, Kö VRS **90** 321, aM *Boetzinger* ZfS **00** 45) oder wegen einer Reise (Zw VersR **74** 274) nicht hätte nutzen können oder wollen oder nicht wie vorgesehen nutzen lassen können (Subjektbezogenheit, BGH NJW **74** 33, **68** 1778, **85** 2471, Ce NJW **65** 1534, Ha VersR **70** 43) oder wenn er es nicht ohne vorherige Prüfung und Zulassung durch den TÜV hätte benutzen dürfen (Kö ZfS **81** 364 [noch nicht zugelassener Eigenbau], *Gruber* NZV **91** 303 [erloschene BE]). Die Erfahrung spricht für Benutzungswillen, wäre der Unfall nicht eingetreten (Ce VersR **73** 717, Fra DAR **84** 318, Kö VRS **96** 325), jedoch nicht über den vorherigen Umfang hinaus. Es genügt jedoch für den Anspruch, dass die FzBenutzung einem Dritten zugesagt war (BGH NJW **74** 33, **75** 922, Ol ZfS **88** 73, s auch Rz 42). Nach KG DAR **04** 352, Dü VRS **104** 122 belegt Nichtanschaffung eines ErsatzFz oder unterlassene Reparatur allein nicht mangelnde Nutzungsmöglichkeit oder fehlenden Nutzungswillen hinsichtlich des beschädigten Fz, weil dies auf den unterschiedlichsten Gründen beruhen kann (aM Kö VersR **04** 1332, *Palandt/Heinrichs* vor § 249 Rz 22, s auch BGH NJW **76** 1398).

10 c. Auch bei gewerblich genutzten Kfz, Behördenfz und Fz gemeinnütziger Einrichtungen ist Nutzungsausfallentschädigung zu gewähren, sofern sich der Ausfall nicht unmittelbar in einer Minderung des Gewerbeertrags (entgangene Einnahmen, mit der Ersatzbeschaffung verbundene Unkosten) niederschlägt (vgl. BGH NJW **08** 913, **78** 812; **85** 2471). Wo das Fahrzeug unmittelbar zur Erbringung gewerblicher Leistungen dient, wie etwa bei einem Taxi oder Lkw, ist der Ertragsausfall konkret zu berechnen (BGH NJW **78** 812, KG VRS **111** 401). Ob eine abstrakte Nutzungsausfallentschädigung in Betracht kommt, wenn kein konkret bezifferbarer Verdienstausfall vorliegt, ist im Hinblick auf BGHZ **98** 212 **sehr str**. Nach einem Teil der Rspr und Lit bemisst sich der Schaden in diesen Fällen *nur nach dem entgangenen Gewinn*, den Vorhaltekosten eines Reservefz oder den Mietkosten für ein Ersatzfahrzeug, die jeweils konkret darzulegen und nachzuweisen seien (Kö NZV **97** 311; Dü NZV **99** 472; NJW **02** 971; Ha NJW-RR **04** 1094; *Greger* § 25 Rz 52; *Palandt/Heinrichs* vor § 249 Rz 24 a). Demgegenüber ist es dem Geschädigten **nach der Gegenansicht** nicht verwehrt, anstelle des Verdienstausfalls unter den dafür bestehenden Voraussetzungen (Rz 40 ff; insbes. fühlbarer wirtschaftlicher Nachteil für den Geschädigten) eine Nutzungsentschädigung zu verlangen (BGH NJW **76** 1396; NJW **78** 812 [städtischer Linienbus], **85** 2471 [BW-Fz], Stu NJW **07** 1696 [Fz eines Dentallabors], Dü ZfS **01** 545 [bei nur mittelbar der Gewinnerzielung dienenden Fz; zust *Diehl*], Mü NZV **90** 348 [PolFz], zust Anm *Zeuner, Wenker* VersR **00** 1083; Schl MDR **06** 202, Nau NJW **08** 2512 m abl Anm *Berg*); dieser Auffassung zuneigend nunmehr BGH NJW **08** 913, 914. Nutzungsausfallentschädigung *setzt fühlbare Einbuße* voraus. **Keine Nutzungsausfallentschädigung** deshalb, falls Fz während der Reparaturzeit ohnehin nicht genutzt worden wäre (BGH NJW **85** 2471 [BWFz]), bei Vorhandensein eines ErsatzFz (BGH NJW **76** 286, VRS **69** 162, Nü VersR **69** 765, Stu VersR **81** 361, Kar DAR **89** 106, LG Bremen VersR **64** 760, AG Ulm VersR **82** 587, s auch Ko VersR **82** 808, ZfS **84** 6) oder wenn gleichwertiger Mietwagen zur Verfügung steht, für dessen Kosten der Schädiger aufkommt, ohne dass es darauf ankommt, ob dafür ein „Freundschaftspreis" gezahlt worden ist (BGH NJW **08** 913, krit. *Huber* NJW **08** 1785). Keine Entschädigung auch für die Zeit, in der ein Angestellter seinen Privat-Pkw für den beschädigten Firmen-Pkw zur Verfügung stellt (AG Rosenheim NJW **85** 2954). Der Nutzungsverlust bei Ausfall eines Lastzugs wird andererseits nicht durch die Möglichkeit anderweitiger Betriebstätigkeit des Fahrers ausgeglichen (Ce VersR **74** 1132). Soweit abstrakte Berechnung in Betracht kommt, sind nach Nü VersR **79** 360 für entgangene Nutzung die allgemeinen Unkosten zuzüglich etwa 25% zu ersetzen, nach anderer Berechnungsweise beträgt der Ausfall idR 60% der Miete entsprechender Kfz (Ba VersR **76** 972, Ce VersR **75** 188 [Lkw], Nü MDR **73** 760). Für **Vorhaltekosten** einer Betriebsreserve haftet der Schädiger anteilig, wenn die Reservehaltung dem Risiko fremdverschuldeter *und anderer Ausfälle* begegnen soll und den FzBestand gegenüber demjenigen messbar erhöht, der ohne unvorhersehbare Ausfälle erforderlich gewesen wäre (BGH NJW **78** 812 [Linienbus], VRS **69** 162, Ha NZV **94** 227). Am Erfordernis der Reservehaltung eigens für fremdverschuldete Ausfälle (so noch BGH NJW **60** 1339, zw schon BGH NJW **76** 286) hat der BGH nicht festgehalten. Nutzungsausfallentschädigung ist daneben allerdings nicht zu leisten (BGH NJW **78** 812, Ha NZV **94** 227). Geltendmachung von Vorhaltekosten nur, wenn tatsächlich ReserveFz vorgehalten wird (Ha NZV **93** 65, *Ruhwedel* JuS **82** 27). Zur Ermittlung der Vorhaltekosten für Kfz im Güter- und Personenverkehr *Danner/Echtler* VersR **84** 820, **86** 717, *Klimke* ZfV **82** 90, 125, VersR **85** 720. Zur Höhe der Vorhaltekosten für Strabawagen Br VersR **81** 860.

1 StVG § 12 II. Haftpflicht

Lit: *Bär*, Anspruch auf Nutzungsausfall und Schadensminderungspflicht des Geschädigten, DAR **01** 27. *Berr*, Nutzungsausfallentschädigung für Fz, ZAP F 9 S 235. *Boetzinger*, Nutzungsausfall trotz fehlender Nutzungsmöglichkeit, ZfS **00** 45. *Born*, Schadensersatz bei Ausfall gewerblich genutzter Kfz, NZV **93** 1. *Brand*, Weniger Nutzungsausfall für ältere Fz?, ZfS **90** 217. *Dunz*, Schadensersatz für entgangene Sachnutzung, JZ **84** 1010. *Fuchs-Wissemann*, Nutzungsentschädigung ohne Nutzungsausfall bei Abrechnung auf Reparaturkostenbasis?, DAR **82** 213. *Hagen*, Entgangene Gebrauchsvorteile als Vermögensschaden?, JZ **83** 833. *Hillmann*, Der Nutzungsausfall ..., ZfS **01** 341. *Reitenspiess*, Ersatz bei Ausfall gewerblich genutzter Fz, DAR **93** 142. *Ruhwedel*, Vorhaltekosten und ihre Ersetzbarkeit, JuS **82** 27. *R. Schulze*, Nutzungsausfallentschädigung, NJW **97** 3337. *Seiwerth*, ... Sachverständigengutachten, Reparaturkostenrechnung und Nutzungsentschädigung ..., DAR **87** 374. *Weber*, Entschädigung für entgangenen Gebrauch eines Kfz, VersR **85** 110.

47 **KfzSteuer und KfzVersicherung** sind neben Nutzungsausfall-Entschädigung nicht zu ersetzen, sondern in den zu erstattenden Vorhaltekosten enthalten.

48 **11. Sonstige Kosten und Schäden.** Angefallene **Mehrwertsteuer** für Instandsetzung oder Ersatzbeschaffung ist zu erstatten (BGH VersR **75** 127 [Werkpreis], Kö VersR **77** 939, Ba NJW **79** 2316, Dü VersR **70** 187 [purchase tax], *Schirmer/Marlow* DAR **03** 441), wenn der Geschädigte keine Vorsteuer abziehen darf (BGH NJW **72** 1460, Ha ZfS **03** 236, Br VersR **72** 1170, *Schmalzl* VersR **02** 817, *Giesberts* NJW **73** 181, *Medicus* DAR **82** 353, *Kullmann* VersR **93** 390), zur Beweislast insoweit, Nü VRS **103** 321, zur Beurteilung einer Klausel im Kasko-Versicherungsvertrag, wonach nur tatsächlich bezahlte MWSt erstattet wird, BGH NJW **06** 2545). Das gilt grundsätzlich auch für LeasingFz, und zwar, wenn der Schaden beim Leasingnehmer eingetreten ist, unabhängig von etwaiger Vorsteuerabzugsberechtigung des Leasinggebers (Fra NZV **98** 31, Ha VersR **02** 858, aM Stu NZV **05** 309). **Fiktive Mehrwertsteuer** ist gem § 249 II S 2 BGB in der durch das 2. G zur Änderung schadensersatzrechtlicher Vorschriften v 19. 7. 02 (BGBl I 2674) erfolgten Neufassung (anzuwenden gem Art 229 § 5 EGBGB für Schadensereignisse ab dem 31. 7. 02) nicht erstattungsfähig (krit *Macke* DAR **00** 509 ff, *Elsner* ZfS **00** 234 f). Danach schließt der nach § 249 II erforderliche Geldbetrag die Umsatzsteuer nur mit ein, wenn und soweit sie *tatsächlich angefallen* ist. Der Umfang des Schadensersatzes bei fiktiver Abrechnung gem § 249 II BGB mindert sich also um den Schadensposten der Mehrwertsteuer, wenn diese durch Reparatur oder Ersatzbeschaffung nicht tatsächlich angefallen ist. Die Bestimmung **betrifft nur Restitution** gem § 249 BGB, nicht auch die Kompensation nach § 251 BGB (Begr BTDrucks 14/7752 S 13), gilt also nur, wenn Reparatur oder Ersatzbeschaffung möglich ist, grundsätzlich also **auch bei Totalschaden** (Rz 4, 10, BGH NJW **04** 1943, zust *Steffen* DAR **04** 381, *Timme/Hülk* MDR **04** 935, Anm *Diehl* ZfS **04** 409, BGH NJW **05** 2220, NZV **04** 395, LG Hildesheim NJW **03** 3355, LG Essen NZV **04** 300, LG Rottweil DAR **03** 422, LG Mgd NZV **03** 536, *Heß* NZV **04** 5, *Schirmer/Marlow* DAR **03** 441, 443, *Schirmer* DAR **04** 22, *Lang ua* NZV **03** 446, *J. Schneider* NZV **03** 556, aM *Zemlin* NJW **03** 1226, *Meyer a. d. Heyde* DAR **04** 18). **In Fällen des § 251 I und II BGB** dagegen wird Ersatz für die Wertminderung des Vermögens des Geschädigten geleistet, der der Einschränkung des § 249 II 2 BGB nicht unterliegt (*Zemlin* NJW **03** 1226, *Wagner* NJW **02** 2058, *Heß* ZfS **02** 371).

49 **Angefallen** ist die Mehrwertsteuer, wenn sie vom Geschädigten aufgewendet werden musste (BGH NJW **05** 2220, **06** 2181, *Heß* ZfS **02** 367) oder der Geschädigte sich dazu verpflichtet hat (BGH NJW **05** 2220, *Schirmer/Marlow* DAR **03** 444). Das kann zB auch bei Eigenreparatur der Fall sein, etwa in Bezug auf die hierzu gekauften Teile und Materialien (Begr BTDrucks 14/7752 S 23, *Schirmer/Marlow* DAR **03** 442, *Lemcke* r + s **02** 273, *Heß* ZfS **02** 368). Nicht erstattungsfähig ist sie dagegen, wenn sie dem Geschädigten unberechtigt in Rechnung gestellt wurde (BR in BTDrucks 14/7752 S 48 f); denn dass „*Umsatzsteuer angefallen*" ist, setzt begrifflich voraus, dass der Betrag steuerrechtlich als Umsatzsteuer geschuldet ist (*Hentschel* NZV **02** 443, *Schirmer/Marlow* DAR **03** 444, aM *Lemcke* r + s **02** 272, *Huber* § 1 Rz 57). Ist die Mehrwertsteuer angefallen, so ist sie (im erforderlichen Umfang) auch zu ersetzen, wenn etwa der Geschädigte zum Schadensausgleich statt der wirtschaftlich gebotenen Ersatzbeschaffung reparieren ließ oder umgekehrt (Begr BTDrucks 14/7752 S 24). Liegen die Reparaturkosten nach dem Sachverständigengutachten zwar über dem Wiederbeschaffungswert, aber innerhalb der 130%-Grenze (Rz 19 f), so ist nach BGH NJW **05** 1110 die bei einer nicht dem Umfang des Sachverständigengutachtens entsprechenden Reparatur (Rz 20) angefallene Mehrwertsteuer nicht erstattungsfähig, weil dies eine unzulässige Kombination zwischen konkreter und fiktiver Schadensabrechnung darstellt (s auch Rz 6, aM *Schiemann/Haug* VersR **06** 165). Bei Abrechnung auf Gutachtenbasis (ohne Ersatzbeschaffung) ist von einem im Gutachten angegebenen Brutto-

Höchstbeträge § 12 StVG **I**

Wiederbeschaffungswert stets eine darin enthaltene USt abzuziehen; hierfür hat der Tatrichter zu klären, ob solche Fz auf dem Gebrauchtwagenmarkt üblicherweise nach § 10 UStG regelbesteuert oder nach § 25 a UStG differenzbesteuert oder von Privat und damit umsatzsteuerfrei angeboten werden (BGH NJW **05** 2220, **06** 2181). Der jeweilige Wert hängt im Rahmen der Schadensschätzung (§ 287 ZPO) im konkreten Fall **von der überwiegenden Wahrscheinlichkeit ab**, mit der das Fz diesbezüglich auf dem Gebrauchtwagenmarkt gehandelt wird, ob dies also überwiegend regelbesteuert (dann 19% Abzug) oder differenzbesteuert (ca. 2%) erfolgt (BGH NJW **06** 2181 [krit *Huber* NZV **06** 576], NJW **06** 285, **05** 2220, **04** 2086; abw Kö NZV **04** 297, Anm *Unterreitmeier* NZV **04** 278, Ro DAR **05** 632, *Schirmer* DAR **04** 22, *Elsner* DAR **04** 130, *Heinrich* NJW **04** 1917 f, *Gebhardt*, ZfS **03** 158, *Zemlin* NJW **03** 1226, s auch *J. Schneider* NZV **03** 558 f). Erwirbt der Geschädigte allerdings zum Schadensausgleich ein gleichartiges Fz zu einem Gesamtpreis, der dem im Sachverständigengutachten ausgewiesenen Brutto-Wiederbeschaffungswert entspricht, so kann er Ersatz des aufgewendeten Betrags verlangen, ohne dass es auf die darin enthaltene Umsatzsteuer (Regelumsatzsteuer, Differenzsteuer, keine Umsatzsteuer) ankäme (BGH NJW **05** 2220, zust *Riedmeyer* DAR **05** 502, Anm *Heinrich* NJW **05** 2749, *Huber* § 1 Rz 297, aM *Heß* ZfS **02** 369). Entsprechendes gilt bis zur Höhe des Brutto-Wiederbeschaffungswerts bei Anschaffung eines regelbesteuerten (teureren) Neuwagens (BGH NJW **06** 285). Bei Erwerb eines gegenüber der Ersatzbeschaffung **teureren Fz,** für das eine höhere Mehrwertsteuer angefallen ist, kann der Geschädigte also die vom Sachverständigen ermittelten Ersatzbeschaffungskosten einschließlich der darin enthaltenen Mehrwertsteuer verlangen (BGH NJW **05** 2220, **06** 285). Bei **Ersatzbeschaffung von einer Privatperson** fällt keine Mehrwertsteuer an (BGH NJW **04** 1943, Kö NZV **04** 297, LG Marburg ZfS **05** 18, LG Bochum ZfS **04** 117, *Palandt/Heinrichs* § 249 Rz 17, *Schirmer/Marlow* DAR **03** 442, *Schirmer* DAR **04** 22, *J. Schneider* NZV **03** 556, abw AG Aachen DAR **04** 228, AG Münsingen DAR **03** 466), zB bei **alten Fz,** die auf dem Gebrauchtwagenmarkt nicht angeboten werden (Ro DAR **05** 632, Kö NZV **04** 297, krit *Heinrich* NJW **04** 1916, KG NZV **07** 409 [8 Jahre alter Audi A 4 mit Laufleistung von 197 000 km], LG Essen NZV **04** 300, *Dobring* VGT **04** 168, *Luckey* VersR **04** 1527). Es erscheint überwiegend wahrscheinlich (§ 287 ZPO), dass etwa 8 Jahre alte Fahrzeuge des Typs Audi A 4 mit einer Laufleistung von 197 000 km üblicherweise von Privat und damit umsatzsteuerfrei angeboten und gesucht werden. Der Wiederbeschaffungswert ist deshalb nicht um einen Umsatzsteueranteil zu vermindern. Zur Ersatzfähigkeit der USt bei einem nach § 24 I–III UStG besteuerten Landwirt, dessen Produkte (Fische) bei einem Verkehrsunfall auf dem Weg zum Abnehmer zerstört werden: Ha NZV **07** 360.

Lit: Freyberger, ... Die praktische Abwicklung von VUnfällen ..., MDR **02** 867. *Gebhardt,* Totalschaden bzw Ersatzbeschaffung und Mehrwertsteuer, ZfS **03** 157. *Greger,* Neue Entwicklungen bei der fiktiven Schadensabrechnung, NZV **02** 385. *Heinrich,* Die MwSt-Erstattung im Totalschadensfall, ZfS **04** 145. *Ders.,* Die Erstattung der MwSt bei wirtschaftlichem Totalschaden, NJW **04** 1916. *Ders.,* Schadensberechnung nach Kauf eines ErsatzFz, NJW **05** 2749. *Heß,* Die MWSt-Abrechnung nach dem 2. Schadensrechtsänderungs G, ZfS **02** 367. *Ders.,* Die Abrechnung der MwSt, NZV **04** 1. *Huber,* Die Kappung der Mehrwertsteuer bei der fiktiven Schadensabrechnung ..., NZV **04** 105. *Koch/Lohmayer,* Umsatzsteuer in der Totalschadenregulierung, ZfS **05** 275. *Lemcke,* Abrechnung des FzSchadens nach § 249 II BGB nF, r + s **02** 265. *Ders.,* Schadenabrechnung nach § 249 Abs 2 BGB nF ..., r + s **03** 441. *Meyer auf der Heyde,* Mehrwertsteuer bei privater Ersatzbeschaffung?, DAR **04** 18. *Riedmeyer,* Umsatzsteuerersatz beim wirtschaftlichen Totalschaden, DAR **03** 159. *Schirmer/Marlow,* Die Erstattungsfähigkeit der Umsatzsteuer ..., DAR **03** 441. *J. Schneider,* Kfz-Totalschaden und Umsatzsteuer...?, NZV **03** 555. *Schmalzl,* Die Mehrwertsteuer als Schadensposten ..., VersR **02** 816. *Zemlin,* Abzug von Mehrwertsteuer ..., NJW **03** 1225.

Gutachterkosten gehören zum Herstellungsaufwand (BGH NJW **05** 356, **07** 1450, Nü VRS **103** 321, KG DAR **04** 352, VRS **104** 21, Sa MDR **03** 685, Ha NZV **94** 393, *Meinel* VersR **05** 201, *Wortmann* ZfS **99** 2), wenn aus der Sicht des (verständig und wirtschaftlich denkenden, Rz 4) Geschädigten (BGH NJW **05** 356, **07** 1450), ein Bedürfnis für die Einholung eines Gutachtens zur Erreichung des Wiederherstellungszwecks anzuerkennen ist. Das gilt auch dann, wenn der Gegner bereits ein Gutachten vorgelegt hat, es sei denn, ein eigenes Gutachten erscheint bei verständiger Beurteilung unnötig (KG NJW **77** 109, *Meinel* VersR **05** 202, Ha VersR **77** 232). Überhöhte Gutachterkosten gehen, woran die neue Rspr zum Unfallersatztarif (Rz 35 ff) nichts geändert hat (BGH NJW **07** 1450, LG Sa DAR **07** 270), grundsätzlich nicht zulasten des Geschädigten; ihn trifft auch keine Erkundigungspflicht (Kö NZV **99** 88, Ha DAR **97** 275, AG Cham NZV **06** 655, *Hörl* NZV **03** 306, aM AG Hagen NZV **03** 144, abl *Born* NZV **03** 147, 306), anders nur, wenn der Geschädigte die Unangemessenheit erkennen

50

1 StVG § 12 — II. Haftpflicht

und die Bezahlung ablehnen konnte (BGH NJW **07** 1450, Ha DAR **97** 275, AG Cham NZV **06** 655, *Meinel* VersR **05** 203), weswegen ein gewisses Risiko verbleibt (BGH NJW **07** 1450). Pauschalierte Berechnung der Gutachterkosten nach Schadenshöhe ist grundsätzlich nicht zu beanstanden; denn die richtige Ermittlung des Schadensbetrags wird als Erfolg geschuldet, wofür der Sachverständige haftet (BGH NJW **06** 2472, **07** 1450 m Anm *Göbel* NZV **07** 457, NZV **07** 182, s auch Nau NZV **06** 546 m Anm *Leinenfeld*; aM zB LG Lübeck NZV **06** 268), eine Übertragung der Grundsätze nach JVEG ist fehl am Platze (BGH NJW **07** 1450). Außer bei Totalschaden wird die Beauftragung eines Sachverständigen zur Ermittlung der Reparaturkosten bei Beträgen unter 500 € idR ein Verstoß gegen die Schadensminderungspflicht sein (Nau NZV **06** 546: zwischen 500 und 750 €; AG Mainz ZfS **02** 74, AG Dinslaken NJWE-VHR **98** 110: 750 € [1500 DM], AG Leonberg DAR **00** 277, AG Bad Homburg NZV **07** 426: 700 € [1400 DM], AG Sömmerda ZfS **02** 432 [abl *Diehl*]: 2500 DM, *Himmelreich/Halm/Müller* **6** 138 ff, einschr *Wortmann* VersR **98** 1204). Jedoch verbietet sich eine starre, schematische Handhabung einer bestimmten Grenze (BGH NJW **05** 356 [Zubilligung der Gutachterkosten bei 1400 DM, Sachschaden nicht beanstandet], AG Kö VersR **97** 1245 m zust Anm *Gärtner*, *Roß* NZV **01** 321). Zu berücksichtigen ist hierbei insbesondere stets, dass der Geschädigte dies zumeist nur sehr schwer abschätzen kann (BGH NJW **05** 356, AG Ma MDR **04** 1294, *Diehl* ZfS **02** 433). Statt allein auf eine starre Grenze abzustellen, sind daher die konkreten Umstände des Falls in Betracht zu ziehen (AG Ma MDR **04** 1294, *Meinel* VersR **05** 204). Der Erstattungsanspruch besteht grundsätzlich auch bei unrichtigem Gutachten (KG VRS **108** 164, DAR **04** 352, **03** 318, Ha NZV **01** 433, Sa MDR **03** 685, *Meinel* VersR **05** 201, *Kääb/Jandel* NZV **92** 16, *Roß* NZV **01** 322). Hat der Geschädigte die Unbrauchbarkeit des Gutachtens zu vertreten, etwa weil sie auf falschen Angaben seinerseits oder einem kollusiven Zusammenwirken mit dem Gutachter beruht, so steht ihm kein Anspruch auf Ersatz der Gutachterkosten zu (KG VRS **108** 164, DAR **04** 352, Sa MDR **03** 685, Ha NZV **94** 393, **01** 433 [zB Auswahlverschulden], Mü NZV **06** 261 [je Verschweigen bekannter Vorschäden gegenüber dem Gutachter], Dü NZV **08** 295 [im konkreten Fall verneint]). Zur Höhe des Anspruchs bei anteiliger Mithaftung des Geschädigten *Poppe* DAR **05** 669. Keine Ersatzfähigkeit von „Schutzgebühren" für Kostenvoranschläge, die bei Durchführung der Reparatur angerechnet werden (AG Kiel DAR **92** 159, AG Euskirchen ZfS **83** 293, *Klimke* DAR **84** 41, 44, aM AG Aachen DAR **95** 295, AG Mü ZfS **99** 328, *Kannowski* DAR **01** 382, *Notthoff* DAR **94** 417). Aufwendungen für Beweissicherung durch vorprozessuales Gutachten können als mittelbare Schadensfolgen in Betracht kommen; die Kosten eines Privatgutachtens sind dann zu erstatten, wenn die Partei dessen Einholung aus der Sicht ex ante als sachdienlich ansehen konnte, namentlich dann, wenn sie mangels hinreichender Sachkenntnis ohne sachverständige Beratung nicht zu einem sachgerechten Vortrag in der Lage ist (BGH NJW **03** 1398, **06** 2415). Kostenerstattung für Privatgutachten während des Rechtsstreits kann auch noch nach einem Vergleich in Betracht kommen (Fra VersR **81** 69). Gutachterkosten sind idR keine für die Berechnung des Streitwerts unbeachtlichen Nebenforderungen (BGH NJW **07** 1752). Zu Kosten für vorprozessual erstattetem Privatgutachten als Kosten des Rechtsstreits BGH NJW **08** 1597. Die Auskünfte des Haftpflicht-VU an Geschädigte betreffend Honorarzahlung an Sachverständigen sind keine unzulässige Rechtsberatung (BGH NJW **07** 3570). Erforderliche **Anwaltskosten** für die außergerichtliche Geltendmachung von Ersatzansprüchen sind zu ersetzen (BGH NZV **95** 103 m Anm *Höfle* ZfS **95** 50, KG VRS **106** 356, Mü NZV **07** 211 [in Durchschnittsfällen Geschäftsgebühr von 1,3, hierzu auch BGH NZV **07** 181]), auch für die Verhandlungen mit der Kaskoversicherung (Stu DAR **89** 27, Kar NZV **90** 431, str); Rechtsverfolgungskosten des Geschädigten, um von seinem privaten Unfallversicherer Leistungen zu erhalten, die den von dem Schädiger zu erbringenden Ersatzleistungen weder ganz noch teilweise entsprechen, sind nur ausnahmsweise zu ersetzen (BGH NJW **06** 1065). Anwaltskosten als Sachfolgeschaden nur bei Erforderlichkeit (BGH NZV **95** 103, Kö VersR **75** 1106, *Grunsky* NJW **83** 2470), wobei es auf die Frage der Rechtskundigkeit des Geschädigten nicht ankommt (*Nixdorf* VersR **95** 259, abw AG Fra NZV **07** 426). Besteht aus der Sicht des Geschädigten angesichts der nach Grund und Höhe klaren Ersatzansprüche bei einfach gelagertem Sachverhalt kein vernünftiger Zweifel, dass der Schaden nach erster Anmeldung reguliert würde, so ist die Hinzuziehung eines Rechtsanwalts nicht erforderlich (BGH NZV **95** 103, AG Kar VersR **00** 67, AG Gießen VersR **01** 198 [iErg verneint]); wird daraufhin nicht reguliert, darf sogleich anwaltliche Hilfe in Anspruch genommen werden (BGH NZV **95** 103). Tatsächlich angefallene Kosten im Rahmen der Ersatzbeschaffung (Telefon, Internet, Überführung) können bei fiktiver Schadensberechnung nicht zusätzlich angesetzt werden, wenn der im Gutachten ausgewiesene Betrag insgesamt nicht überschritten wird, Rz 6, BGH NJW **06** 2320. Zur Erstattungsfähigkeit von Vorprozesskosten *Klimke* VersR **81** 17.

Lit: *Grunsky,* Zur Ersatzfähigkeit unangemessener hoher Sachverständigenkosten, NZV **00** 4. *Hörl,* Kfz-Sachverständigengutachten – Marktforschungspflicht des Geschädigten und Aufklärungspflicht des Gutachters?, NZV **03** 305. *Kääb/Jandel,* Zum Ersatz von Sachverständigenkosten bei objektiv unrichtigem Gutachten, NZV **92** 16. *Kannowski,* Die Ausgaben für einen Kostenvoranschlag bezüglich der Reparatur als Schaden iS von § 249 BGB, DAR **01** 382. *Meinel,* Die Verpflichtung zum Ersatz von Sachverständigenkosten ..., VersR **05** 201. *Poppe,* Erstattbarkeit der Gutachterkosten bei anteiliger Mithaftung des Geschädigten, DAR **05** 669. *Trost,* Die Sachverständigenkosten bei der Schadensregulierung ..., VersR **97** 537.

Ersatz für wenig getragene, beim Unfall **beschädigte Kleidung:** BGH VersR **64** 257. „Beifärbung" erneuerter Putzstellen an erneuerungsbedürftiger Fassade: Dü VersR **66** 1055. Bei **Verletzung von Tieren** (Hunden) billigte die Rspr teilweise schon vor Einfügung von Satz 2 in § 251 II BGB Ersatz von Behandlungskosten zu, selbst wenn sie den Wiederbeschaffungswert um ein Vielfaches übersteigen (LG Mü I NJW **78** 1862, LG Lüneburg NJW **84** 1243 [jeweils 3 facher Wiederbeschaffungswert], LG Traunstein NJW **84** 1244 [10 facher Wiederbeschaffungswert]). Bei **Baumzerstörung** oder -beschädigung besteht grundsätzlich keine Anspruch auf Naturalrestitution (*Greger* § 23 Rz 10, § 24 Rz 89). Bei Verursachung irreparabler Schäden, die zu Qualitätseinbuße und verkürzter Lebensdauer des Baums führen, ist (nur) die Wertminderung (des Grundstücks) auszugleichen; die Folgen seines vorzeitigen Absterbens stellen hingegen einen Zukunftsschaden dar, der erst nach seinem Eintritt ersatzfähig ist (BGH NJW **06** 1424, **00** 512); Art 20a GG und § 16 I UmwHG haben hieran nichts geändert (BGH NJW **06** 1424). Bei Zerstörung von Pflanzen, die zum Verkauf aufgezogen werden (Baumschulen, Weihnachtsbäume usw) ist der Sachwert der zerstörten Pflanzen zu ersetzen (Ha MDR **92** 1034). Zur Haftung für eine zweihundertjährige, erkennbar schadhafte Linde Ba VersR **78** 1171. Zur Haftung für StrBaumschaden, falls dieser allenfalls für später zu erwarten oder durch Baumchirurgie abzuwenden ist, KG VersR **78** 524, **79** 139. Zum Schaden bei Zerstörung von Str-Bäumen *Koch* VersR **77** 898, **79** 378, **90** 573.

Haftungshöchstbeträge bei Beförderung gefährlicher Güter

12a (1) ¹Werden gefährliche Güter befördert, haftet der Ersatzpflichtige
1. im Fall der Tötung oder Verletzung eines oder mehrerer Menschen durch dasselbe Ereignis nur bis zu einem Betrag von insgesamt zehn Millionen Euro,
2. im Fall der Sachbeschädigung an unbeweglichen Sachen, auch wenn durch dasselbe Ereignis mehrere Sachen beschädigt werden, nur bis zu einem Betrag von insgesamt zehn Millionen Euro,

sofern der Schaden durch die die Gefährlichkeit der beförderten Güter begründenden Eigenschaften verursacht wird. ²Im Übrigen bleibt § 12 Abs. 1 unberührt.

(2) Gefährliche Güter im Sinne dieses Gesetzes sind Stoffe und Gegenstände, deren Beförderung auf der Straße nach den Anlagen A und B zu dem Europäischen Übereinkommen vom 30. September 1957 über die internationale Beförderung gefährlicher Güter auf der Straße (ADR) (BGBl. 1969 II S. 1489) in der jeweils geltenden Fassung verboten oder nur unter bestimmten Bedingungen gestattet ist.

(3) Absatz 1 ist nicht anzuwenden, wenn es sich um freigestellte Beförderungen gefährlicher Güter oder um Beförderungen in begrenzten Mengen unterhalb der im Unterabschnitt 1.1.3.6. zu dem in Absatz 2 genannten Übereinkommen festgelegten Grenzen handelt.

(4) Absatz 1 ist nicht anzuwenden, wenn der Schaden bei der Beförderung innerhalb eines Betriebs entstanden ist, in dem gefährliche Güter hergestellt, bearbeitet, verarbeitet, gelagert, verwendet oder vernichtet werden, soweit die Beförderung auf einem abgeschlossenen Gelände stattfindet.

(5) § 12 Abs. 2 gilt entsprechend.

Begr (BTDrucks 14/7752 S 33 f): *Der Transport von Gefahrgut im Straßenverkehr ist – wie jede Teilnahme am allgemeinen Straßenverkehr – mit der Betriebsgefahr des befördernden Kraftfahrzeugs behaftet. Bei Gefahrgutunfällen im Straßenverkehr kann sich allerdings neben der „normalen" Betriebsgefahr des Kraftfahrzeugs im Einzelfall auch das zusätzliche Risiko des beförderten gefährlichen Guts realisieren. Das für diesen Fall geltende Haftungsrecht muss deshalb unter Berücksichtigung des zusätzlichen Gefahrgutrisikos den Ausgleich eines bei dem Transport gefährlicher Güter erlittenen Schadens gewährleisten.*

1 StVG § 12a   II. Haftpflicht

Dieses zusätzliche Gefahrgutrisiko schlägt sich vor allem darin nieder, dass es umfänglichere Schäden zur Folge haben kann als dies bei der Verwirklichung nur der „normalen" Betriebsgefahr der Fall wäre: Kommt es zu einem Unfall eines Transporters explosive Stoffe so ist eine – gefahrgutbedingte – Explosion eher und regelmäßig mit größeren Personen- und Sachschäden zu erwarten als bei einem Unfall eines Transporters nicht explosiver Stoffe. Die Haftungshöchstgrenzen des § 12 können daher bei einem Unfall mit Gefahrgut schnell überschritten werden. Da keine besonderen Haftungshöchstgrenzen für Gefahrguttransporte bestehen, kann der Geschädigte dann allenfalls im Rahmen der – unbegrenzten – Verschuldenshaftung nach den §§ 823 ff. BGB, nicht aber unter den erleichterten Voraussetzungen der Gefährdungshaftung seine Ansprüche in vollem Umfang realisieren, obwohl sich hier nicht nur die allgemeine Gefährdung durch das Kraftfahrzeug, sondern auch noch die besondere Gefährdung durch das Gefahrgut verwirklicht hat.

Diese Rechtslage bietet aber nicht nur für den Geschädigten wegen der schnellen Überschreitung der Haftungshöchstgrenzen, der deshalb möglicherweise nicht ausreichenden Versicherungsdeckung und der unsicheren Realisierung seines Schadens im Rahmen der Verschuldungshaftung Risiken. Auch der Schädiger ist mit einem vielfach unkalkulierbaren Haftungsrisiko belastet, wenn hier verstärkt auf die Verschuldenshaftung zurückgegriffen wird und ein Verstoß gegen Verkehrssicherungspflichten oder Sicherheitsanforderungen zu einer unbegrenzten Haftung führt. …

Die individuelle Haftungshöchstgrenze für Personenschäden nach § 12 Abs. 1 Nr. 1 gilt auch für Unfälle mit Gefahrguttransporten. Dies stellt § 12 a Abs. 1 Nr. 1 durch die Formulierung „unbeschadet der in § 12 Abs. 1 Nr. 1 bestimmten Grenzen" klar. Insoweit ist eine gefahrgutbedingte Erhöhung der allgemeinen Haftungshöchstgrenze auch nicht erforderlich. Denn die individuelle Haftungshöchstgrenze für Personenschäden orientiert sich an einem durchschnittlich schweren Personenschaden im Falle der Tötung oder Verletzung nur eines Menschen. Der insoweit anzusetzende Betrag ist aber davon unabhängig, ob der schwere Personenschaden gefahrgutbedingt ist oder nicht. …

Die (globale) Haftungshöchstgrenze für Sachschäden (§ 12 Abs. 1 Nr. 3) wird für gefahrgutbedingte Unfälle durch § 12 a Abs. 1 Nr. 2 modifiziert: Bei der Beschädigung unbeweglicher Sachen wird bis zu einem Betrag von 6 Mio. Euro gehaftet. Werden trotz gefahrgutbedingter Schädigung keine unbeweglichen Sachen beschädigt, bleibt es bei der allgemeinen Haftungshöchstgrenze für Sachschäden nach § 12 Abs. 1 Nr. 3. Dies stellt § 12 a Abs. 1 Satz 2 klar. Diese Anhebung der (globalen) Haftungshöchstgrenze für gefahrgutbedingte Sachschäden trägt – wie die Anhebung der Haftungshöchstgrenze für Personenschäden – der Tatsache Rechnung, dass das zusätzliche Gefahrgutrisiko zu umfänglicheren Sachschäden führen kann …

§ 12 a **Abs. 2** *definiert den Begriff der gefährlichen Güter. Dabei wird auf die Definition zurückgegriffen, wie sie bereits in den straßenverkehrsspezifischen Sicherheitsvorschriften für Gefahrguttransporte verwandt wird: Die weite Legaldefinition des § 2 Abs. 1 GBefGG wird in den verkehrsträgerspezifischen Gefahrgutverordnungen konkretisiert. Die für den Straßenverkehr maßgebliche GGVS enthält eine solche Konkretisierung in § 2 Abs. 1 Nr. 2, die die Anlagen A und B zu dem Europäischen Übereinkommen vom 30. September 1957 über die internationale Beförderung gefährlicher Güter auf der Straße (ADR) in Bezug nimmt. Diese Definition des § 2 Abs. 2 Nr. 1 GGVS übernimmt Absatz 2 für die Gefahrguthaftung im Straßenverkehr.*

Absatz 3 *erklärt die besonderen Haftungshöchstgrenzen des § 12 a Abs. 1 dann nicht für anwendbar, wenn es sich um Beförderungen gefährlicher Güter handelt, deren Transport die öffentlich-rechtlichen Gefahrguttransportvorschriften von ihren besonderen Sicherheitsanforderungen freistellen. Damit wird eine Kongruenz von Sicherheits- und Haftungsvorschriften hergestellt: Wer auf Grund des geringeren Gefahrgutrisikos nicht die besonderen Sicherheitsanforderungen des öffentlichen Gefahrgutrechts erfüllen muss, soll auch keiner besonderen zivilrechtlichen Haftung unterliegen.*

Absatz 4 *nimmt von den besonderen Haftungshöchstbeträgen für Gefahrguttransporte Schäden aus, die bei der Beförderung innerhalb eines Betriebes entstanden sind, in dem gefährliche Güter hergestellt, bearbeitet, verarbeitet, gelagert, verwendet oder vernichtet werden, soweit die Beförderung auf einem abgeschlossenen Gelände stattfindet.*

Der Grund für diesen Ausschluss liegt in den allgemeinen Bestimmungen des öffentlichen Gefahrgutrechts, die solche betriebsinternen Beförderungsvorgänge von den besonderen Sicherheitsanforderungen des Gefahrguttransportrechts befreien (§ 1 Abs. 1 Nr. 1 GBefGG). Absatz 4 überträgt diese Wertung auf den Bereich der Straßenverkehrshaftung …

Absatz 5 *stellt klar, dass die Anordnung der verhältnismäßigen Kürzung der Ansprüche bei Erschöpfung der globalen Haftungshöchstbeträge nach § 12 Abs. 2 bei Erschöpfung der globalen Haftungshöchstbeträge für Gefahrguttransporte nach § 12 a Abs. 1 entsprechend gilt.*

1a **Begr** zum ÄndG v 10. 12. 07 (BTDrucks 16/5551 S 18 f): *Die in Buchst. b vorgeschlagenen Änderungen stehen im Zusammenhang mit der Erhöhung der Haftungshöchstbeträge in § 12 I: Um ein Missverhältnis zwischen den Haftungshöchstbeträgen für Personenschäden im allgemeinen StrV und denjenigen, die bei Gefahrguttransporten gelten, zu vermeiden, sind die Haftungshöchstbeträge für Personenschäden bei*

Gefahrguttransporten auf 10 Mio € anzuheben. Für diese Erhöhung spricht, dass Gefahrguttransporten eine erheblich gesteigerte Gefährlichkeit immanent ist. Damit wäre ein relativ kleiner Unterschied der Haftungshöchstbeträge, wie er bei einer Beibehaltung der bisherigen Regelung bestünde, nicht vereinbar. Zur Vermeidung von Wertungswidersprüchen soll es daher bei einer Erhöhung auf das Doppelte der Haftungshöchstbeträge des § 12 I bleiben. Die Verweisung auf § 12 I Nr 1 wurde gestrichen, da hiermit auf die dort festgelegte individuelle Haftungshöchstgrenze für Personenschäden Bezug genommen wurde, die durch die vorgeschlagene neue Fassung des § 12 I Nr 1 entfällt. Die neue globale Haftungshöchstgrenze des § 12a I Nr 1 gilt damit auch, wenn nur eine einzelne Person geschädigt wurde, was zu einer erheblichen Besserstellung der Geschädigten führt.

Konsequenz der Anhebung der Haftungshöchstbeträge nach § 12 I und § 12a I Nr 1 ist die Anpassung des Haftungshöchstbetrages für Schäden an unbeweglichen Sachen, die durch die Beförderung gefährlicher Güter entstehen, in § 12a I Nr 2. Da sich das besondere Schadensrisiko von Gefahrguttransporten vor allem in Boden- und Gewässerverunreinigungen manifestiert, ist es wie schon nach bisherigem Recht gerechtfertigt, insoweit einen wesentlich höheren Höchstbetrag als für Sachschäden im übrigen StrV festzusetzen. War nach bisher geltendem Recht noch eine 20-fache Erhöhung des Höchstbetrages zur Abdeckung dieses erhöhten Risikos erforderlich, erscheint nach der wesentlichen Erhöhung der Haftungshöchstsumme für Sachschäden nach § 12 I Nr 2 eine Verzehnfachung ausreichend. Damit ist zudem weiterhin die gleich hohe Bemessung des Schadensrisikos für Personenschäden und Schäden an unbeweglichen Sachen, wie sie dem bisherigen Recht entspricht, auch im künftigen Recht sichergestellt.

1. Zweck der Bestimmung ist die Berücksichtigung des neben der normalen KfzBetriebsgefahr bei Unfällen mit Gefahrguttransporten zusätzlich von dem gefährlichen Gut ausgehenden Risikos, das sich vielfach in Schäden realisieren kann, die erheblich über die Höchstgrenzen des § 12 hinausgehen (Begr Rz 1).

2. Der **Begriff der „gefährlichen Güter"** ist in II definiert. Nur die Stoffe und Gegenstände fallen darunter, deren internationale Beförderung nach Anl A und B zum Europäischen Übereinkommen über die internationale Beförderung gefährlicher Güter auf der Str (ADR, Anl A und B, Bekanntmachung der Neufassung: BGBl II 05 1128) einem Verbot unterliegt oder nur unter Bedingungen erlaubt ist. Die Definition entspricht derjenigen in Art 1 b ADR (ratifiziert durch G v 18. 8. 69, BGBl II 1489).

3. Keine Geltung haben die erhöhten Haftungssummen des I nach III, wenn gefährliche Güter befördert werden, deren Transport nach den öffentlich-rechtlichen Gefahrgut-Transportvorschriften **von den besonderen Sicherheitsanforderungen freigestellt** ist oder wenn nur **begrenzte Mengen** befördert werden, die unterhalb der in Abschnitt 1.1.3.6 des ADR bestimmten Grenzen liegen, weil die erhöhte Haftung nur gerechtfertigt erscheint, soweit besondere Sicherheitsanforderungen erfüllt sein müssen (Begr Rz 1).

Von den erhöhten Haftungshöchstsummen ausgenommen sind nach IV ferner Schäden, die bei der Beförderung gefährlicher Güter **innerhalb von Betrieben** entstanden sind, die gefährliche Güter herstellen, bearbeiten, lagern, verwenden oder vernichten, vorausgesetzt, dass die Beförderung auf abgeschlossenem Gelände durchgeführt wurde. Dies beruht darauf, dass das GefahrgutbeförderungsG (GGBefG) gem § 1 I S 2 Nr 1 GGBefG auf derartige betriebsinterne Beförderungen keine Anwendung findet (Begr Rz 1).

4. Haftung bis zu den höheren Haftungshöchstbeträgen des § 12a setzt stets voraus, dass die haftungsbegründenden Erfordernisse des § 7 erfüllt sind; der Schaden muss also iS von § 7 **beim Betrieb** des Fz entstanden sein. Voraussetzung ist ferner, dass kein Haftungsausschluss nach § 8 besteht. Schließlich gelten die erhöhten Haftungshöchstgrenzen nur bei **Ursächlichkeit** der gefährlichen Güter für den eingetretenen Schaden. Das zusätzliche Schadensrisiko des beförderten Gutes muss sich in dem Schaden realisiert haben. Hat sich die besondere Gefährlichkeit des beförderten Guts auf den Schaden nicht ausgewirkt, sondern nur die gewöhnliche Betriebsgefahr, beschränkt sich die Haftung des Halters auf die Höchstsummen des § 12.

5. Die Haftungshöchstgrenzen wurden durch ÄndG v 10. 12. 07 (BGBl I S. 1460) beträchtlich angehoben (Rz 1a sowie § 12 vor Rz 1, Rz 1). Für Personenschäden gilt der neue Haftungshöchstbetrag des I S 1 Nr 1 auch dann, wenn nur eine Person verletzt oder getötet worden ist; die Begrenzung des früheren Rechts auf eine individuelle Haftungshöchstgrenze ist weggefallen (Rz 1a). I S 1 Nr 2 gilt nur bei Schädigung *unbeweglicher* Sachen. Dagegen löst die gefahrgutbedingte Schädigung *beweglicher* Sachen keine erhöhte Haftung nach § 12a aus. Hier bleibt es vielmehr bei den Höchstbeträgen des § 12 I S 1 Nr. 2 (§ 12a I S 1, 2). Bei Mehrfach-

1 StVG §§ 12b, 13   II. Haftpflicht

schäden gilt nach V auch im Rahmen der erhöhten Haftungshöchstsummen des § 12 a die verhältnismäßige Herabsetzung der Entschädigungen nach § 12 II (§ 12 Rz 3 a).

[Nichtanwendbarkeit der Höchstbeträge]

12b Die §§ 12 und 12a sind nicht anzuwenden, wenn ein Schaden bei dem Betrieb eines gepanzerten Gleiskettenfahrzeugs verursacht wird.

1   **Begr** (BTDrucks 14/7752 S 34f): *Im Anschluss an Diskussionen anlässlich der Flugzeugunglücke in Ramstein und Remscheid wurde die Frage aufgeworfen, ob die haftungsrechtliche Situation militärischer Landfahrzeuge nicht an diejenige von militärischen Luftfahrzeugen angepasst werden sollte. Nach § 53 LuftVG sind Schäden, die durch militärische Luftfahrzeuge verursacht werden, unabhängig von einem Verschulden und der Höhe nach unbegrenzt zu ersetzen. Darüber hinaus besteht in diesen Fällen bereits nach geltendem Recht ein Schmerzensgeldanspruch des Geschädigten.*

Die vorgesehene Neuregelung greift diesen Gedanken auf und erklärt die in den §§ 12, 12a StVG enthaltenen Haftungshöchstgrenzen bei Unfällen, die sich beim Betrieb eines gepanzerten Gleiskettenfahrzeugs ereignen, für unanwendbar. Dies führt dazu, dass für diese Fahrzeuge die bereits nach geltender Rechtslage bestehende Haftung für diese Militärfahrzeuge nach dem StVG der Höhe nach keiner Beschränkung mehr unterliegt.

Der Begriff des gepanzerten Gleiskettenfahrzeugs entspricht dem in § 34b Abs. 1 StVZO verwendeten Begriff. Hierunter sind zur Teilnahme am öffentlichen Straßenverkehr zugelassene Fahrzeuge auf Gleisketten mit integriertem Schutz für den Fahrer und die Besatzung gegen ballistische Geschosse zu verstehen. Er umfasst auch Fahrzeuge ohne solchen Schutz, wenn sie Trägerfahrzeuge eines Waffensystems (u. a. Mehrfachraketenwerfer, Minenwerfer) sind.

Die Regelung trägt der Tatsache Rechnung, dass von solchen Spezialfahrzeugen eine gegenüber den sonst am Straßenverkehr teilnehmenden Fahrzeugen erhöhte Betriebsgefahr ausgeht, die sich in umfänglicheren Personen- und Sachschäden niederschlagen kann ....

2   Keiner Begrenzung der Höhe nach unterliegt die Haftung aus § 7 bei Schadensverursachung durch gepanzerte GleiskettenFz. Begriff des GleiskettenFz: § 34b StVZO. Gepanzerte GleiskettenFz sind solche, die mit integriertem Schutz gegen ballistische Geschosse ausgestattet und für den öffentlichen StrV zugelassen sind, nach der Begr (BTDrucks 14/7752 S 35, Rz 1) darüber hinaus auch solche ohne diesen Schutz, wenn sie TrägerFz eines Waffensystems sind, wie zB Mehrfachraketenwerfer oder Minenwerfer. Für andere militärische Fz gilt die Bestimmung nicht, weil von ihnen im Vergleich zu zivilen Fz keine höhere Betriebsgefahr ausgeht.

Geldrente

13 (1) **Der Schadensersatz wegen Aufhebung oder Minderung der Erwerbsfähigkeit und wegen Vermehrung der Bedürfnisse des Verletzten sowie der nach § 10 Abs. 2 einem Dritten zu gewährende Schadensersatz ist für die Zukunft durch Entrichtung einer Geldrente zu leisten.**

(2) **Die Vorschriften des § 843 Abs. 2 bis 4 des Bürgerlichen Gesetzbuchs finden entsprechende Anwendung.**

(3) **Ist bei der Verurteilung des Verpflichteten zur Entrichtung einer Geldrente nicht auf Sicherheitsleistung erkannt worden, so kann der Berechtigte gleichwohl Sicherheitsleistung verlangen, wenn die Vermögensverhältnisse des Verpflichteten sich erheblich verschlechtert haben; unter der gleichen Voraussetzung kann er eine Erhöhung der in dem Urteil bestimmten Sicherheit verlangen.**

1   **Ersatz für künftigen Schaden nur durch Rente.** Nach I ist laufender Schaden für die Zukunft als Rente innerhalb der Höchstgrenzen des § 12 StVG zuzusprechen, mit der Ausnahme des II. Stichtag für die Frage, ob ein Schaden für die Vergangenheit oder für die Zukunft geltend gemacht wird, ist der Tag der letzten mündlichen Tatsachenverhandlung (BGH VersR **64** 638, NJW **72** 1711). Für die vorhergehende Zeit ist Kapitalforderung die Regel. Aus wichtigem Grunde (§ 843 III BGB) steht dem Geschädigten auch Abfindung in Kapital zu (BGH NJW **82** 757, LG Stu DAR **07** 467, *Küppersbusch* Rz 263, 853; krit. zu Praxis und Gesetzeslage *Nehls* DAR **07** 444; gegen ihn *Schwab* DAR **07** 669), Gesamtgläubigern nach Forderungsübergang auf den SVTr jedoch nur gemeinsam (BGH NJW **72** 1711). Wird statt Rente Kapitalabfindung zugesprochen (II, § 843 III BGB), so scheidet spätere Abänderung analog § 323 ZPO aus (BGHZ **79** 187, str). Für die Ermittlung des Kapitalisierungsfaktors für Schadensersatzrenten

Verjährung § 14 StVG **1**

wegen entgangenen Unterhalts sind die Tabellen für lebenslängliche Verbindungsrenten mit einem Zinsfuß von 5% heranzuziehen, wobei ein pauschaler Dynamisierungszuschlag wegen möglicher zukünftiger Rentenerhöhungen nicht zu berücksichtigen ist (Nü NZV **08** 349 m Anm *Küppersbusch*). Bei Schadensberechnung aus mehreren Posten (Heilungskosten, entgangene Aufträge) kann ein Posten als Kapital, der andere als Rente gefordert werden, aber nicht bei demselben Posten (BGH VersR **68** 664, NJW **72** 1711). Für die Zeit bis zum Urteil ist zu prüfen, ob und inwieweit eine Kapitalforderung geltend gemacht ist. Dieser Betrag und nicht die Rente ist Ausgangspunkt der Berechnung nach § 12. Übersteigt der Kapitalbetrag die Grenzen des § 12, so gibt es weiteren Ersatz nur kraft Vertrags oder nach Deliktsrecht, BGH VersR **64** 638, s § 16. Steht fest, dass weitere Schäden nicht eintreten, so ist § 13 unanwendbar, RGZ **133** 179. Feststellungsklage hinsichtlich Ersatz künftiger Schäden ist zulässig, wenn die Möglichkeit eines Schadenseintritts besteht; Feststellungsinteresse ist nur zu verneinen, wenn aus der Sicht des Geschädigten bei verständiger Würdigung kein Grund besteht, mit dem Eintritt eines Schadens wenigstens zu rechnen (BGH NJW **01** 1431, 3414, NJW-RR **07** 601), oder wenn feststeht, dass die Haftungshöchstsumme bereits erschöpft ist (*Greger* § 20 Rz 31). Feststellungsklage begründet, falls namentlich haftungsrechtlich relevanter Eingriff gegeben ist, der zu den künftigen Schäden führen kann; ob eine gewisse Wahrscheinlichkeit des Schadenseintritts zu verlangen ist, lässt der BGH offen (BGH NJW **01** 1431, NJW-RR **07** 601). Schadensersatzrenten für Kinder, die das Grundschulalter noch nicht überschritten haben, sind idR auf das 18. Lebensjahr zu begrenzen und weitere Ansprüche im Wege der Feststellungsklage abzusichern (BGH VRS **65** 182, NJW **86** 715). Haushaltsführungsschaden steht auch Alleinstehendem zu, ohne dass es dem Schädiger zugute kommt, wenn keine Ersatzkraft angestellt wird, BGH NJW-RR **92** 792, KG **111** 16. Die Rente wegen behinderter Haushaltsführung ist im Urteil zeitlich zu begrenzen (Ce ZfS **83** 291 (75. Lebensjahr), Ha MDR **76** 45, Schl VersR **06** 938 (jeweils 70. Lebensjahr), aM Hb VersR **85** 646 (keine Begrenzung auf das 70. Lebensjahr), krit zur Begrenzung (75. Lebensjahr) auch *Lemcke* JbVerkR **99** 169, *Küppersbusch* Rz 210). Eine Rente zum Ausgleich des Unfallschadens infolge Tötung des haushaltführenden Ehegatten kann uU für eine Zeitdauer zuerkannt werden, die die durchschnittliche Lebenserwartung des Getöteten übersteigt (BGH VRS **26** 327). Begrenzung der Rente wegen Verdienstausfalls § 11 Rz 19. Der Verletzte kann Unterhalt und Heilungskosten auch für die Vergangenheit als Rente verlangen (BGH VersR **64** 777). Festsetzung dynamischer Indexrente ist unzulässig, Kar VersR **69** 1123. Zur Wahl zwischen Ersatz in Kapital- und Rentenform bei Stationierungsschäden BGH VersR **74** 549.

Die Rente ist **nach Sachlage zu bemessen,** nicht abstrakt zu berechnen. Zugrundezulegen **2** sind die augenblicklichen Umstände unter Berücksichtigung voraussichtlicher Entwicklungen (BGH VersR **84** 875). Unvorhersehbare spätere Ereignisse: § 323 ZPO. Es besteht kein Grundsatz, dass mit bestimmtem Lebensalter jede Erwerbstätigkeit aufhöre (§ 10). Zeitliche Begrenzung der Rente für Verdienstausfall: § 11 Rz 19. Ist wegen Minderung der Erwerbsfähigkeit Rente zu zahlen, so sind bei deren Berechnung Beiträge für Sozialversicherung nicht vom Bruttoeinkommen abzuziehen, wenn dem Verletzten die Anwartschaft auf die Rente, die ihm nach seinem früheren Lohn zufließen würde, nur durch Nachzahlen der Beiträge gewahrt wird; Kirchensteuer ist vom Bruttoeinkommen abzuziehen (BGH NJW **54** 1034). Rentenerrechnung bei getötetem Taxif Kö VersR **76** 373. Zur Auslegung einer Vereinbarung über Anpassung der Ersatzrente BGH VersR **76** 388. Zur Berechnung des Kapitalwerts einer Schadensersatzrente BGH NJW **80** 2524, VRS **60** 14. Die Abänderung eines Abfindungsvergleichs ist nur in sehr engen Grenzen möglich (BGH DAR **08** 333).

Lit: *Böhmer,* Zur Frage der Dauer der Rente gem §§ 11, 13 StVG …, RdK **54** 36. *Derselbe,* Zur Frage der Bemessung der Geldrente nach § 844 II BGB, MDR **61** 744. *Nehls,* Kapitalisierung von Schadensersatzrenten, VersR **81** 407. *Ders,* Kapital statt Rente …, DAR **07** 444. *Schlund,* Juristische Grundlagen der Kapitalisierung von Schadensersatzrenten, VersR **81** 401 = VGT **81** 217. *Schlund/Schneider,* Rentenkapitalisierung …, VersR **76** 210. *Schmid,* Zur Berechnung der Kapitalabfindung nach § 843 Abs 3 BGB, DAR **81** 130. *Schneider,* Kapitalisierung von Schadensersatzrenten, VersR **81** 493, **81** 1110.

Verjährung

14 Auf die Verjährung finden die für unerlaubte Handlungen geltenden Verjährungsvorschriften des Bürgerlichen Gesetzbuchs entsprechende Anwendung.

1. Regelmäßige Verjährungsfrist. Die Bestimmung des § 14 ist nach der völligen Novel- **1** lierung des Verjährungsrechts durch das G zur Modernisierung des Schuldrechts v 26. 11. 01

(BGBl I 3138) insoweit irreführend, als es nach Streichung der bis 31. 12. 01 geltenden Fassung der Absätze I und II des § 852 BGB besondere Vorschriften über die Verjährung von Ansprüchen auf Ersatz des aus unerlaubter Handlung entstandenen Schadens im BGB nicht mehr gibt. Die Vorschrift ist nunmehr als Verweisung auf die Bestimmungen des BGB über die Verjährung (§§ 194 ff BGB) zu verstehen. Das neue Verjährungsrecht gilt nach Maßgabe der *Übergangsvorschrift des Art 229 § 6 EGBGB* für alle am 1. 1. 02 bestehenden, noch nicht verjährten Ansprüche (zu denen nicht nur solche aus dem BGB, sondern auch in anderen Gesetzen geregelte Ansprüche gehören, BTDrucks 14/6040 S 273, *Staudinger/Peters* § 194 Rz 22). Jedoch bestimmen sich Beginn, Hemmung, Ablaufhemmung und Neubeginn der Verjährung für die Zeit vor dem 1. 1. 02 nach dem BGB in der bis dahin geltenden Fassung (Art 229 § 6 I S 2 EGBGB, *Jahnke* ZfS **02** 111, näher: *Gsell* NJW **02** 1297). Die Gefährdungshaftung (§§ 7–13 StVG) unterliegt der dreijährigen Verjährung (§ 195 BGB). **Die Frist beginnt** mit dem Ablauf des Jahres, in dem der Ersatzberechtigte Kenntnis von den anspruchsbegründenden Umständen und dem Ersatzpflichtigen erlangt oder ohne grobe Fahrlässigkeit (**E** 149) erlangen müsste (§ 199 I Nr 2 BGB). Bei von vornherein übersehbaren Unfallfolgen gilt für alle Ersatzansprüche einheitliche Verjährung, auch wenn sie nur teilweise geltend gemacht werden. Den nicht innerhalb der Verjährungsfrist erhobenen Teilansprüchen steht die Einrede der Verjährung entgegen (BGH VersR **57** 429, NJW **60** 380). Der Anspruch gegen den Kfz-Haftpflichtversicherer verjährt (§ 115 II 1 VVG 08 = § 3 Nr 3 PflVG) in gleicher Weise wie derjenige gegen den Halter (Nü MDR **77** 232). Auf einen Anspruch gegen den Schädiger hat es keinen Einfluss, wenn der Direktanspruch des Geschädigten oder dessen Rechtsnachfolgers gegen den Haftpflichtversicherer des Schädigers nach § 3 Nr 3 S 2 Hs 2 PflVG aF (vgl § 115 VVG 08) verjährt ist; eine „Rechtskrafterstreckung" analog § 3 Nr 8 PflVG aF (vgl § 124 VVG 08) findet nicht statt (BGH NZV **07** 187). Die Verjährung des „Stammrechts" gilt auch für rückständige Rentenleistungen (BGH VersR **73** 1066). Verjährung von Unfallrente bei zwischenzeitlicher Erhöhung des Haftungsrahmens: BGH VersR **66** 1047.

Lit: *Gsell*, Schuldrechtsreform: Die Übergangsregelungen für die Verjährungsfristen, NJW **02** 1297. *Heß*, Neuregelung des Verjährungsrechtes – die Auswirkungen auf das VZivilrecht, NZV **02** 65. *Lepa*, Die Verjährung im Deliktsrecht, VersR **86** 301. *Derselbe*, Neues und Altbekanntes im neuen Verjährungsrecht, AG-VerkRecht-F S 229. *Marburger*, Die Verjährungsvorschrift bei Anwendung des § 1542 RVO, VersR **72** 11.

2. Kenntnis von den anspruchsbegründenden Umständen und von der Person des Schuldners ist Kenntnis der klagebegründenden Tatsachen bei einigermaßen sicherer Erfolgsaussicht, BGH NJW **00** 953, NZV **90** 114, NJW-RR **90** 343, Ko VRS **87** 90, und zwar Kenntnis vom Schaden und Ersatzpflichtigen, KG VRS **104** 193, Dü VersR **72** 1031. Den Kenntnisstand des von ihm beauftragten Rechtsanwalts muss der Geschädigte gegen sich gelten lassen (Wissensvertreter), BGH VersR **92** 207, Dü VersR **99** 893. Bei Behörden und Körperschaften ist die Kenntnis des mit der Verfolgung von Schadensersatzansprüchen betrauten Bediensteten entscheidend, BGHZ **134** 343 = VersR **97** 635, NZV **07** 131, bei Geltendmachung von Regressansprüchen durch den UVTr auf Grund Legalzession (§ 116 I SGB X) die Kenntnis des Bediensteten der Regressabteilung, Rz 3. **Mindestens der Sachverhalt der Haftungsgrundlage** muss bekannt sein, Dü MDR **75** 758. Befürchtung des Todesfalls nach Unfall des Unterhaltspflichtigen ersetzt Kenntnis vom Tode nicht, Ko NJW **67** 256. Kenntnis aller Einzelumstände des Schadensverlaufs und ein genaues Schadensbild sind für den Beginn der Verjährungsfrist nicht erforderlich, BGH VersR **91** 179, KG VRS **104** 193, Fra VersR **01** 1572, Kö NJW-RR **93** 601, NZV **97** 395. **Verständige Zweifel** am ursächlichen Zusammenhang schließen die Kenntnis aus, BGH VersR **60** 848. Zweifel über den Umfang der Ersatzpflicht, die in fast jedem Schadensersatzprozess bestehen, stehen dem Beginn der Verjährungsfrist nicht entgegen, BGH VersR **62** 86, 518 *(Böhmer),* **63** 631. Auch insoweit genügt, dass der Geschädigte mit so viel Erfolgsaussicht wenigstens Feststellungsklage erheben kann, dass diese ihm zuzumuten ist, BGH VersR **85** 367, NZV **90** 114, **91** 143, Kö NJW-RR **93** 601. Unkenntnis eines **weiteren rechtlichen Gesichtspunkts,** der einen Ersatzanspruch begründen könnte, schiebt den Beginn der Verjährung nicht hinaus, BGH NJW **60** 380, VersR **62** 636. Beim Zusammentreffen von Ansprüchen aus StVG und unerlaubter Handlung beginnt auch die StVG-Verjährung erst mit einigermaßen sicherer Kenntnis, ob den Schädiger möglicherweise Schuld trifft, Nü VersR **68** 679. **Kenntnis vom Schuldner** hat der Geschädigte erst, wenn er von den Schuldtatsachen eine einigermaßen sichere Vorstellung hat und mit ausreichender Aussicht auf Erfolg gegen eine bestimmte Person Klage auf Feststellung oder Ersatz erheben kann, BGH VersR **71** 154, NJW-RR **87** 916, NZV **90** 114, KG VRS **104** 193, Dü VersR **99** 68, *Mansel* NJW **02** 92, zB

Verjährung § 14 StVG **1**

bei Kenntnis der wesentlichen Unfalltatsachen auf Grund von Zeugenaussagen, BGH NJW **70** 326, Nü VersR **86** 1109, nicht, wenn er nur eine ausländische Geschäftsanschrift des in Deutschland lebenden Ersatzpflichtigen kennt, BGH VersR **98** 378. Dass der Geschädigte das Prozessrisiko noch nicht genau abschätzen konnte, steht der Kenntnis nicht entgegen, Fra VRS **67** 183. Die Kenntnis wird nicht dadurch beseitigt, dass der Schädiger seine Verantwortlichkeit nachdrücklich bestreitet, Dü NJW-RR **98** 1244. Soweit sich die Ansprüche gem § 831 BGB gegen den Arbeitgeber des Schädigers richten, ist entscheidend, wann der Geschädigte darüber Kenntnis erlangt hat, wer als Arbeitgeber ersatzpflichtig ist, BGH VersR **99** 585. Solange die Person des Ersatzpflichtigen zweifelhaft ist, läuft die Verjährungsfrist nach § 199 I Nr 2 BGB nicht, BGH VersR **70** 89, Hb VersR **73** 626. Dringender Verdacht der Urheberschaft einer bestimmten Person kommt der Kenntnis nicht gleich, BGH VersR **60** 365, Mü VersR **61** 1048, auch nicht dem Geschädigten bekannte polizeiliche Vermutungen, BGH NJW **70** 326, anders aber uU die Zustellung einer gegen den Schädiger wegen der schädigenden Straftat gerichteten Anklageschrift an den Prozessbevollmächtigten des Verletzten, BGH VersR **83** 273; denn idR steht die Person des Ersatzpflichtigen bereits mit Anklageerhebung fest, Mü VersR **00** 505. Bei Schadensverursachung durch **mehrere Unfallbeteiligte** beginnt die Verjährung auch dann mit der Kenntnis der haftungsbegründenden Umstände, wenn der Geschädigte zunächst statt des nunmehr in Anspruch Genommenen den anderen Beteiligten als in erster Linie verantwortlich angesehen hat, BGH NZV **90** 114. Zeigen sich jedoch bei einer Vielzahl von Unfallbeteiligten ausreichende Anhaltspunkte für Mitverursachung durch einen von ihnen erst später, so läuft die Verjährungsfrist gegen diesen erst von diesem Zeitpunkt ab, BGH VersR **78** 564. Kennt der Berechtigte den Schädiger, so sind rechtliche Zweifel über etwaige anderweitige Ersatzpflicht (Amtshaftung) für den Verjährungslauf bedeutungslos, BGH VersR **72** 394. Für einzelne **weitere Folgezustände** der ursprünglichen Schädigung läuft keine gesonderte Verjährung (BGH NJW **60** 380, NZV **91** 143, NJW **00** 861, Kö NJW-RR **93** 601, Ha NJW-RR **99** 252, aM *Peters* JZ **83** 121). Nachträgliche Schadensfolgen gelten als bekannt, wenn sie im Zeitpunkt der Kenntnis vom Gesamtschaden als möglich voraussehbar waren (BGHZ **33** 116, NZV **97** 395, NJW **00** 861, Brn NZV **08** 155 m Anm *Diehl* ZfS **07** 623, Ha NJW-RR **99** 252), anders aber bei unerwarteten Spätfolgen, mit denen nicht zu rechnen war (BGH VersR **79** 1106, NZV **91** 143, **97** 395, NJW **00** 861, Ha NJW-RR **99** 252). Bei außergewöhnlich schweren und existenzbedrohenden Spätfolgen, auch wenn diese nicht unvorhersehbar waren, kann die Berufung des Schädigers auf Verjährung uU gegen Treu und Glauben verstoßen, wenn alle Beteiligten einschließlich der behandelnden Ärzte vom Ausbleiben solcher Folgen ausgegangen waren (BGH NZV **91** 143, Ha NZV **94** 72). Klage auf Rente wegen geminderter Erwerbsfähigkeit hemmt die Verjährung (§ 204 I Nr 1 BGB) zwar hinsichtlich künftig möglichen Erwerbsminderungsschadens, aber nicht hinsichtlich allen weiteren Unfallschadens, BGH VersR **79** 373. Für mögliche Spätfolgen einer schweren Kopfverletzung (Epilepsie) wird idR keine gesonderte Verjährungsfrist laufen, weil insoweit Erkundigungspflicht des Verletzten besteht, Fra MDR **78** 140. Anders als nach § 852 I BGB aF beginnt die Verjährungsfrist gem § 199 I Nr 2 BGB auch ab dem Zeitpunkt, in dem der Geschädigte **ohne grobe Fahrlässigkeit Kenntnis erlangen müsste**. Grobe Fahrlässigkeit: E 149. Zur Beweislast *Lepa* AG-VerkRecht-F S 235. Das gilt jedenfalls (aber abw vor der früheren Rechtslage nicht nur) wenn der Verletzte ohne besondere Mühe und Aufwendungen den Ersatzpflichtigen erfahren kann, aber unübersehbar sich anbietende Erkenntnismöglichkeiten nicht wahrnimmt (*Mansel* NJW **02** 91, so schon zu § 852 BGB aF BGH NJW **00** 953, VersR **99** 585, Fra VersR **01** 1572, Dü VersR **99** 893, Mü VersR **00** 505). Unterlässt er es als Zeuge in der gegen den Ersatzpflichtigen stattfindenden Hauptverhandlung, nach dessen Personalien zu fragen, so handelt er grobfahrlässig (Ko VRS **84** 263, Ha MDR **92** 1031 [zu § 852 BGB aF]). Allein die Möglichkeit der Kenntniserlangung vom Namen durch ein Auskunftsersuchen an die Polizei vor der Einsichtnahme in die Strafakten wird in aller Regel nicht hinreichen, Ko OLGR **06** 861.

Für den Verjährungsbeginn kann es ohne Bedeutung sein, ob der Verletzte (Schädelbruch **3** mit schwerer Gehirnerschütterung) den **Hergang erfassen und überdenken kann** (BGH VersR **64** 302). Bei Minderjährigkeit des Geschädigten beginnt die Verjährungsfrist mit Kenntnis des gesetzlichen Vertreters vom Schaden und Schädiger (BGH VersR **63** 161). Bei **Anspruchsübergang (§ 116 I SGB X, § 1542 RVO alt)** beginnt die Kenntnis des SVTr, sobald sein zuständiger Bediensteter über den Schaden und den Ersatzpflichtigen ausreichend unterrichtet ist (BGH NZV **97** 396, Brn NZV **98** 506, Ha VersR **77** 132). Sind innerhalb des SVTr mehrere Stellen für die Bearbeitung zuständig (Leistungsabteilung hinsichtlich Einstandspflicht gegenüber Mitglied und Regressabteilung bezüglich der Geltendmachung von Schadensersatz- oder Regressansprüchen gegenüber Dritten), so kommt es für den Beginn der Verjährung von Regressansprüchen grundsätzlich auf den Kenntnisstand der Bediensteten der Regressabteilung an (BGH NJW **00** 1411, **07** 834, NZV **07** 187; krit *Eichenhofer* SGb **01** 41). Soweit der Ersatzanspruch auf den SVTr übergeht, was im Zeitpunkt des schadensstiftenden Ereignisses geschieht, kommt es allein auf dessen Kenntnis an (BGHZ **48** 181, VersR **85** 367, NZV **97** 396, Brn NZV **98** 506, Ha VersR **75** 864), wodurch allerdings die Rechtslage des Schädigers dann verschlechtert wird, wenn der Geschädigte früher Kenntnis erlangt als der SVTr. Beginnt das Versicherungsverhältnis allerdings erst, nachdem der Geschädigte Kenntnis iS von § 199 I Nr 2 BGB erlangt hat, so muss sich der SVTr den mit dieser Kenntniserlangung beginnenden Ablauf der Verjährungsfrist entgegenhalten lassen (BGH VRS **66** 111).

4   **Fehlt die Kenntnis des Verletzten** und ist ihm insoweit auch nicht grobe Fahrlässigkeit vorzuwerfen, so wird in § 199 II und III BGB hinsichtlich der „absoluten" Verjährungsfrist eine differenzierte Regelung je nach Art des Schadens getroffen: 30 Jahre bei Schadensersatzansprüchen auf Grund Verletzung des Lebens, des Körpers oder der Gesundheit; bei sonstigen Ansprüchen 10 Jahre ab Entstehung, also der Rechtsgutsverletzung, dh des Unfalls, (§ 199 III Nr 1) bzw – ohne Rücksicht auf ihre Entstehung – 30 Jahre ab Schadensverursachung (§ 199 III Nr 2 BGB) krit zu dieser Neuregelung wegen ihrer Kompliziertheit *Lepa* AG-VerkRecht-F S 230.

5   **3. Bei gehemmter Verjährung** (§ 209 BGB) wird der Hemmungszeitraum in die Verjährungsfrist nicht eingerechnet (Neubeginn der Verjährung: Rz 8). In der **Haftpflichtversicherung** hemmt die Anmeldung eines Direktanspruchs des Geschädigten beim Versicherer des Schädigers auch ohne Konkretisierung (BGHZ **74** 393 = NJW **79** 2155, Ha NZV **02** 39, Kö VersR **83** 959, Mü DAR **92** 59) gem § 115 II 3, 4 VVG 08 (= § 3 Nr 3 Satz 3, 4 PflVG aF) die Verjährung aller Ersatzansprüche aus StVG/BGB gegen den Versicherer und den ersatzpflichtigen VN (BGH DAR **82** 290, Ha DAR **02** 69, Sa NZV **99** 510, Mü VRS **92** 187), gegen diesen auch hinsichtlich des Teils des Anspruchs, der die Deckungsverpflichtung des VU übersteigt (BGHZ **83** 162 = NJW **82** 1761, VersR **84** 441, Ha NVersZ **02** 36). Anmeldung des Schadensereignisses genügt und umfasst alle in Betracht kommenden Ansprüche; ihrer näheren Bezeichnung oder gar deren Bezifferung bedarf es nicht (BGH VRS **63** 101, NJW-RR **87** 916, Ce VRS **102** 328, Mü VersR **01** 230, DAR **92** 59, Fra VersR **92** 60). Wer dem Versicherer mitteilt, er begehre Ersatz für das unfallbeschädigte Fz und für Krankenhauskosten, wahrt seine Ansprüche (Ce VersR **77** 1032). „Anmeldung" ist nur die erstmalige Geltendmachung von Ansprüchen, nicht ein erneutes Ersatzbegehren im Rahmen der Wiederaufnahme von Regulierungsverhandlungen (BGH NZV **03** 80). Nach Anmeldung des Direktanspruchs kann nur der Versicherer durch *schriftlichen, eindeutigen und endgültigen* (insoweit abw Mü NZV **92** 322) *Bescheid* die Verjährung wieder in Lauf setzen (BGHZ **114** 299 = NZV **91** 307, **97** 227, Ce VRS **102** 328, Fra DAR **02** 267, Mü VRS **92** 182). Bloßes Schweigen des Geschädigten auf Zwischenanfragen genügt für § 3 Nr 3 S 3 PflVG aF (= § 115 II 3 VVG 08) nicht (BGH NJW **77** 674, VRS **62** 254, VersR **78** 93, Nü VersR **77** 940, Mü VersR **76** 153), zB wenn der Geschädigte den „Fragebogen für Anspruchsteller" nicht zurückschickt (Nü VersR **77** 382). Auch ein positiver Bescheid kann *Entscheidung* iS von § 3 Nr 3 S 3 PflVG aF (= § 115 II 3 VVG 08) sein, sofern er so eindeutig ist, dass über seine Tragweite keine Zweifel in wesentlichen Punkten offen bleiben (BGHZ **114** 299 = NZV **91** 307 (zust *Helm* ZfS **93** 254), NZV **96** 141, Ha NZV **02** 39, Fra DAR **02** 267, Ro ZfS **01** 548, KG VM **99** 92). Es muss sich um eine klare und umfassende *schriftliche* Erklärung handeln (BGH NZV **92** 231, **97** 227). Anerkenntnis einzelner Schadenspositionen reicht dazu nicht (BGH NZV **96** 141). Durch positiven Bescheid des VU wird die Verjährungshemmung nur dann beendet, wenn daraus hergeleitet werden kann, dass auch künftige Ansprüche aus dem Unfall nicht in Frage gestellt werden (Ha NZV **02** 39), dies auch dann, wenn sie nicht ausdrücklich Gegenstand der Abrechnung waren (KG VersR **07** 1507 [Erklärung betraf nur Sachschäden, nicht aber offenkundige Körper- und künftige Schäden]). Jedoch beendet ein (nicht titelersetzender, dann Verjährungsfrist 30 Jahre) Abfindungsvergleich die Hemmung der Verjährung auch für in ihm ausdrücklich vorbehaltene Ansprüche auf Grund möglicher (aber mitangemeldeter) zukünftiger Folgeschäden (BGH NZV **02** 312, s auch BGH NJW **03** 1524, einschr Fra DAR **02** 267 [nicht, soweit sich solche schon konkret abzeichnen]). Schriftliche Bestätigung einer mündlichen Entscheidung des VU durch den Geschädigten genügt nicht (BGH NZV **97** 227). Eine negative Entscheidung des VU muss den Charakter einer endgültigen Ablehnung haben (BGH VersR **91** 179, Kö VersR **83** 959). Ein Vergleichsangebot ist mangels Endgültigkeit keine *Entscheidung* iS von § 115 II 3 VVG 08 (Mü NZV **89** 193 [zu § 3 Nr 3 S 3 PflVG aF], abl *Greger* § 21 Rz 46). Auch Untätigkeit des Geschädigten während eines längeren Zeitraums (3 Jahre) berechtigt nicht ohne Weiteres zur Annahme,

ein schriftlicher Bescheid des Versicherers sei sinnlos (BGH VersR **78** 93), anders jedoch nach Ablauf von mehr als 10 Jahren (Ce SP **06** 278, Nau MDR **08** 450 [§ 242 BGB]). Zur Verjährungshemmung nach § 3 Nr 3, 4 PflVG aF nach KfzUnfall mit Ausländer *Voigt* DAR **76** 206. Nach schriftlicher Ablehnung des Versicherers hemmen neue Einwendungen die Verjährung nach § 3 Nr 3 PflVG (= § 115 II 3 VVG 08) nur, wenn der Versicherer erkennen lässt, er wolle an der Ablehnung nicht festhalten (Ce VersR **77** 1045). Meldet der Geschädigte den Anspruch nur beim Schädiger an und schaltet sich daraufhin dessen Versicherer zwecks Verhandlung über Regulierung ein, so wird es darauf ankommen, ob die Frist nach § 119 I VVG 08 gewahrt ist; andernfalls gilt § 14 StVG mit § 203 BGB.

Soweit die Sondervorschrift des § 3 Nr 3 PflVG (= § 115 II 3 VVG 08) nicht eingreift (BGH NZV **03** 80), gelten **§ 14 StVG, § 203 BGB**, und zwar – wie § 14 StVG ausdrücklich bestimmt – auch für solche gemäß dem StVG, zB auch bei Versicherungsfreiheit des schädigenden Kfz (§ 2 PflVG). Die Verjährung ist gehemmt, solange zwischen dem Berechtigten und dem Verpflichteten **Verhandlungen** über die Ersatzforderung schweben. „Verhandeln" ist nach st Rspr des BGH weit zu verstehen; es genügt jeder Meinungsaustausch zwischen Berechtigtem und Verpflichtetem über den Schadensfall, sofern nicht sofort und eindeutig jeder Ersatz abgelehnt wird (BGH NJW **07** 64), wobei Verhandlungen schon dann schweben, wenn der in Anspruch Genommene Erklärungen abgibt, die dem Geschädigten die Annahme gestatten, der Verpflichtete lasse sich auf Erörterungen über die Berechtigung von Schadensersatzansprüchen ein, ohne dass Vergleichsbereitschaft oder eine Bereitschaft zum Entgegenkommen erforderlich wäre (BGH NJW **07** 64, VersR **88** 718; NJW **01** 885, 1723; VersR **01** 125 VersR **04** 656). Es genügt, dass der Ersatzpflichtige dem Geschädigten gegenüber erklärt, er sei bereit, die Berechtigung des Anspruchs zu prüfen (BGH VersR **88** 718), ihm seinen Standpunkt, er halte die Ansprüche für verjährt, zu erläutern (BGH NZV **97** 396) oder ihm nach Gesprächen mit seinem Mandanten mitteilen, wie die weitere Vertretung erfolge (BGH NJW **07** 64). Die Hemmungsregelung verhindert ein Hinhalten des Geschädigten durch „Verhandlungen" bis nach Fristablauf; ohne vertragsmäßiges Anerkenntnis des Verpflichteten schließen Verhandlungen jedoch keinen Verzicht auf die Verjährungseinrede ein (BGH VersR **72** 1078). Befristete Vergleichsvorschläge des VU mit Ersuchen um Äußerung unterbrechen die Hemmung nicht (KG VersR **80** 156). Verhandlungen schweben zB, wenn unter das Ergebnis eines Strafverfahrens abgewartet werden soll (BGH VersR **75** 440) oder ein anderer Rechtsstreit (KG VersR **72** 352), aber nicht, wenn eine unspezifizierte Regressanzeige nur formularmäßig bestätigt wird (BGH VersR **88** 718). Die Verhandlungen beziehen sich grundsätzlich auf alle Einzelansprüche, sofern nicht erkennbar ist, dass nur ein Teil davon umfasst sein soll (KG VersR **07** 1507). Verhandlungen wegen Regulierung mit dem Halter beziehen sich im Zweifel auch auf Ansprüche gegen den berechtigten Fahrer (BGH VersR **65** 142). Keine Hemmung bei eindeutig erkennbarer Verweigerung von Ersatz oder von Verhandlungen darüber (BGH DAR **98** 387, VersR **70** 327, VRS **24** 93, Kö VersR **78** 1074, Kar VersR **67** 667, Nü VersR **66** 1144, Stu VersR **71** 1178). Die Verjährung kann aber durch erneute Verhandlungen nach früherer Ablehnung uU erneut gehemmt werden (BGH NZV **97** 396). Mit dem **Ende von Verhandlungen** läuft die Verjährungsfrist weiter, jedoch tritt Verjährung frühestens 3 Monate nach dem Ende der Hemmung ein (§ 203 S 2 BGB). Verneinen der Ersatzpflicht beendet Verhandlungen allein nicht, der Abbruch muss darüber hinaus klar zum Ausdruck gebracht werden (BGH VersR **04** 656, DAR **98** 387). Jedoch genügt hier ein Abbrechen der Verhandlungen durch „Einschlafenlassen", etwa wenn der Ersatzberechtigte auf eine Anfrage des Ersatzpflichtigen nicht reagiert und die Zeit verstrichen ist, innerhalb derer eine Antwort zu erwarten war (BGH NZV **03** 80, Fra ZfS **04** 461). Wird eine Verhandlungspause vereinbart, so bleibt die Verjährung gehemmt; es ist Sache des Ersatzpflichtigen, die Verhandlungen wieder aufzunehmen (BGH NJW **85** 1337). **Schweigen des VU** reicht nicht, um Verhandlungen zu beenden (Ha NZV **98** 24). Schweigt der Berechtigte, endet die Hemmung zu dem Zeitpunkt, in dem seine Antwort auf die letzte Äußerung des Pflichtigen spätestens zu erwarten war (BGH NJW **63** 492, VersR **85** 643, Dü VersR **99** 68, Mü VersR **75** 510, *Lepa* AG-VerkRecht-F S 241), ohne dass dieser die Beendigung noch förmlich erklären müsste (str, s BGH NJW **77** 674, **86** 1337). Auch hier tritt die Verjährung dann frühestens 3 Monate nach diesem Zeitpunkt ein (§ 203 S 2 BGB). Schweigen des Berechtigten auf das Anerbieten, die Verhandlungen abzuschließen, beendet die Hemmung (BGH VersR **67** 502).

Unzulässige Rechtsausübung ist die Verjährungseinrede, wenn der Schuldner durch sein Gesamtverhalten, sei es auch unabsichtlich, den Gläubiger von der Fristwahrung abgehalten hat (RGZ **153** 101, BGH NJW **59** 241), zB, wenn er diesem nach verständigem Ermessen Anlass zur Annahme gegeben hat, die Ansprüche würden ohne Klage befriedigt oder jedenfalls nur mit materiellen Einwendungen bekämpft werden (BGH NJW 72 158, VersR 82 365), so dass der Gläubiger darauf vertrauen durfte, der Schuldner werde sich auf Verjährung nicht berufen (BGH NJW 72 158, VersR 82 444). Hat der Schädiger den Geschädigten auf sein VU verwiesen, so kann der spätere Verjährungseinwand rechtsmissbräuchlich sein, wenn das VU seine Deckungspflicht später verneint (BGH VRS 26 321). Einem HaftpflichtVU, das nach Übergang des Schadensersatzanspruchs auf einen Träger der Pflegeversicherung (§ 116 SGB X) durch Zahlung eines Pflegegeldbetrags an den Geschädigten bewirkt, dass der Geschädigte keine Leistung aus der Pflegeversicherung beantragt und der damit die Kenntnis des SVTr von dem Ersatzanspruch gegen den Schädiger und dessen HaftpflichtVU verhindert, kann die Berufung auf die Einrede der Verjährung nach Treu und Glauben verwehrt sein (BGH NJW 08 2776). Entfallen die den Arglisteinwand begründenden Tatsachen, so muss der Berechtigte den Anspruch nun binnen angemessen kurzer Frist geltend machen (BGH NJW 55 1834, 59 96). Zu treuwidrigem Verhalten des Geschädigten Rz 5 aE.

8 **4. Weitere Vorschriften des BGB über Verjährung.** §§ 203–213 (Hemmung, Ablaufhemmung und Neubeginn der Verjährung), 214–224 (Wirkung der Verjährung), 225 (rechtsgeschäftliche Abweichungen). § 207 S 1 BGB (Verjährungshemmung unter Ehegatten) gilt auch für Ansprüche aus StrVUnfällen und ergreift auch den Direktanspruch gegen den Haftpflichtversicherer (BGH NJW-RR 87 40, zust *Weber* DAR 87 167), aM *Salje* VersR 82 922). Neubeginn der Verjährung durch Anerkenntnis (§ 212 BGB) bei mehreren Schadensarten (Heilungskosten, Erwerbsschaden, Mehrbedarf) bezüglich des gesamten Schadens auch dann, wenn nur einzelne Schadensteile geltend gemacht und durch vorbehaltlose Abschlagszahlungen anerkannt wurden (BGH VersR 86 96). Zur Wirkung eines Anerkenntnisses des Versicherers nach § 208 BGB a. F. auch gegenüber dem Schädiger BGH NJW 07 69 (zu § 5 Nr 7 AHB).

Verwirkung

15 ¹Der Ersatzberechtigte verliert die ihm auf Grund der Vorschriften dieses Gesetzes zustehenden Rechte, wenn er nicht spätestens innerhalb zweier Monate, nachdem er von dem Schaden und der Person des Ersatzpflichtigen Kenntnis erhalten hat, dem Ersatzpflichtigen den Unfall anzeigt. ²Der Rechtsverlust tritt nicht ein, wenn die Anzeige infolge eines von dem Ersatzberechtigten nicht zu vertretenden Umstands unterblieben ist oder der Ersatzpflichtige innerhalb der bezeichneten Frist auf andere Weise von dem Unfall Kenntnis erhalten hat.

1 **1. Verwirkung der Ansprüche aus Gefährdungshaftung.** Der Unfall ist dem Ersatzpflichtigen binnen einer Ausschlussfrist anzuzeigen. Die Verwirkung bewirkt Rechtsverlust, so dass Geleistetes auf Grund ungerechtfertigter Bereicherung zurückgefordert werden kann (RGZ 48 157, 163). Die Ausschlussfrist ist von Amts wegen zu berücksichtigen. § 15 will den Haftpflichtigen die Beweissicherung ermöglichen (RG JW 20 147). Fristberechnung: §§ 187, 188 BGB. Die Frist läuft von dem Zeitpunkt an, zu dem der Berechtigte vom Schaden und vom Ersatzpflichtigen Kenntnis erhält, insoweit also von demselben Zeitpunkt an wie die Verjährungsfrist (§ 14; dort Rz 2). Grobfahrlässige Unkenntnis des Geschädigten vom Schaden und vom Schädiger reicht aber (insoweit abw von der Verjährung) für Verwirkung nicht aus (BGH VRS 24 269). Die Ausschlussfrist des § 15 kennt keine Hemmung und keine Unterbrechung. Innerhalb der Ausschlussfrist wird der Anspruch durch Anzeige des Berechtigten an den Haftpflichtversicherer des Schädigers gewahrt (*Greger* § 21 Rz 40). Anzeige an den Versicherungsagenten, der nur mit der Vermittlung von Versicherungsgeschäften betraut ist, genügt nicht (BGH VersR 63 523 [zu § 7 I (2) AKB]). Fehlende oder verzögerte Substantiierung schadet nicht, BGHZ 74 393, VRS 57 261, 333, NJW 79 2155 [zu § 3 Nr 3 S 3 PflVG aF = § 115 II 3 VVG 08], Mü VersR 76 153). Nur der Ersatzanspruch wegen des Unfalls, nicht der Schaden im Einzelnen ist Gegenstand der Anzeige.

2 **2. Ausnahmen von der Rechtsverwirkung.** Versäumt der Berechtigte die Frist, so bleiben seine Ansprüche gewahrt, wenn er die Versäumung nicht zu vertreten hat, weil ihm weder Vorsatz noch Fahrlässigkeit zur Last fällt (zB bei schwerer Erkrankung). Sie bleiben auch gewahrt, wenn der Verpflichtete anders als durch Anzeige vom Unfall erfährt, weil sein Interesse am etwaigen Entlastungsbeweis dann gewahrt ist. Es genügt, dass er über den Unfall unterrichtet wird; die Person des Berechtigten muss ihm nicht bekannt sein.

3. Beweislast. Der Ersatzpflichtige muss beweisen, dass und wann der Berechtigte Kenntnis 3
vom Schaden erlangt hat, worauf der Berechtigte dartun muss, dass er die Ausschlussfrist beachtet hat oder dass die Voraussetzungen des Satzes 2 vorliegen (RG Recht **23** 793).

Sonstige Gesetze

16 Unberührt bleiben die bundesrechtlichen Vorschriften, nach welchen der Fahrzeughalter für den durch das Fahrzeug verursachten Schaden in weiterem Umfang als nach den Vorschriften dieses Gesetzes haftet oder nach welchen ein anderer für den Schaden verantwortlich ist.

Übersicht

Amtshaftung 17–21	Mitverschulden 10, 11
Arbeitsunfall 1	
Bus, Verletzung von Fahrgästen 5	Personenbeförderung im gewerblichen und öffentlichen Verkehr 5
Deliktshaftung 4–7	Schmerzensgeld 16
Fahrerüberwachung 12–15	Stationierungsstreitkräfte, Haftung 22
Geschäftsführung ohne Auftrag 3	Verkehrssicherungspflicht 5, 20
Haftung für Verrichtungsgehilfen 12–15	Vertragshaftung 2
Haftungsumfang 16	
Haftungsverzicht 9	

1. Haftung auf Grund sonstigen Bundesrechts besteht neben der Gefährdungshaftung 1
(§§ 7, 18) für Halter, Fahrer und unbefugte FzBenutzer, zB nach den §§ 823 ff BGB, vor allem aus SchutzGVerletzung (§ 823 II BGB mit StVO, StVZO und FeV), kraft Vertrags (§§ 276–278 BGB), kraft Amtshaftung (§ 839 BGB, Art 34 GG), BGHZ **29** 38, BGHZ **105** 65 = NZV **89** 1, BGHZ **113** 164 = NZV **91** 185, KG VRS **42** 92, **88** 321, wahlweise oder neben dieser und über sie hinaus, BGHZ **29** 44, VersR **84** 441. Stützt sich der Anspruch auf mehrere Haftungsgründe, so genügt es, den jeweils ausreichenden zu prüfen, BGH LM § 304 ZPO Nr 5. Nach Maßgabe von § 8 Nr 1, 2 StVG haftet der Halter bei „langsam beweglichen Kfzen" und gegenüber dem bei dem KfzBetrieb Verletzten nach Deliktsrecht unter Ausschluss der Gefährdungshaftung. Sozialadäquates Verhalten (BGHZ **24** 21): **E** 120, 136. Haftungsprivileg des Arbeitgebers: bei **Arbeitsunfällen:** § 7 Rz 61. Sachwehr (§ 228 BGB): **E** 115, Notwehr (§ 227 BGB): **E** 113, Angriffsnotstand (§ 904 BGB): **E** 116. Zusammenwirken mehrerer Schadensursachen: **E** 109.

2. Die Vertragshaftung (§§ 276–278 BGB) erlaubt Abdingung eigener Fahrlässigkeit, beim 2
Erfüllungsgehilfen auch des Vorsatzes. Unentgeltlichkeit der Beförderung schließt einen Beförderungsvertrag nicht stets aus, BGH VersR **61** 417. Durch Mitnahme aus Gefälligkeit (Rz 9) wird aber idR kein Vertragsverhältnis begründet, KG VRS **68** 29. Rechtsgeschäftlichen Charakter hat eine Gefälligkeit, wenn der Leistende Rechtsbindung wünscht und der Leistungsempfänger sie in diesem Sinne entgegennimmt, BGH VRS **20** 251. Zur vertraglichen Haftung bei Fahrgemeinschaften *Mädrich* NJW **82** 859. Zur Haftung innerhalb einer Reisegesellschaft bürgerlichen Rechts: Rz 7. Mitschuld des Verletzten: Rz 10, 11 und § 9. Haftungsverzicht: Rz 9. Die vertragliche Haftung des infolge Trunkenheit mit dem Fz des Arbeitgebers einen Unfall verursachenden Arbeitnehmers umfasst auch den im Verlust von Prämienvorteilen bei der Haftpflichtversicherung liegenden Vermögensschaden des Arbeitgebers, BAG NJW **82** 846.

3. Geschäftsbesorgung ohne Auftrag (§ 677 BGB). Wer mit seinem Kfz verunglückt, 3
weil er verhindern wollte, dass ein anderer verunglückt, kann von diesem angemessenen Ersatz fordern, wenn seine eigene Haftung gem § 7 II ausgeschlossen wäre (und er daher ein fremdes Geschäft führt), BGHZ **38** 270 = NJW **63** 390, Ha DAR **01** 127, KG DAR **71** 242, Kö VRS **86** 23 (alle noch zu § 7 II aF: wenn der Unfall für ihn selbst unabwendbar war), nach geltender Fassung des § 7 II nur noch in den seltenen Fällen des Ausschlusses eigener Haftung wegen höherer Gewalt, Ol DAR **05** 343, *Palandt/Sprau* § 677 Rz 6, *Geigel/Kaufmann* **25** 97, *Friedrich* NZV **04** 229, VersR **05** 1661, aM *Huber* § 3 Rz 85. Ansprüche aus GoA können auch demjenigen zustehen, der nach einem Unfall Hilfe leistet und dabei einen Schaden erleidet, *Dornwald* DAR **92** 55, VGT **93** 290, sofern sich in dem Schaden eine tätigkeitsspezifische, gesteigerte Gefahr verwirklicht hat, BGH VersR **93** 843, aber nicht bei selbstgefährdendem, auch die Unfallfolgen verschlimmerndem Verhalten, weil dieses nicht dem mutmaßlichen Willen des

1 StVG § 16

Geschäftsherrn entspricht, Stu VersR **03** 341. In solchen Fällen kann ein Arbeitsunfall iS der §§ 2 I Nr 13a SGB VII, 539 I Nr 9a RVO aF vorliegen und Versicherungsschutz für den rettenden Kf bestehen, BSG VersR **83** 368, dazu *Dornwald* DAR **92** 54. Kein Haftungsprivileg nach § 104 SGB VII, § 636 RVO zugunsten des verunglückten Kf gegenüber Schadensersatzansprüchen des Hilfeleistenden, BGH NJW **81** 760, weil der Versicherungsschutz für Nothelfer nicht zur Struktur der Unfallversicherung passt (keine Störung des Betriebsfriedens zu befürchten, keine Finanzierung durch den Unternehmer; § 7 Rz 61; BGH NJW **06** 1592, NJW **81** 760. Wer ein Kfz auf dunkler Straße anhält, um den Fahrer auf Mängel der Beleuchtung hinzuweisen, führt dessen Geschäft und dasjenige unfallbedrohter anderer VT, BGHZ **43** 188 = NJW **65** 1271. Eine Gemeinde haftet für Schäden, die ihre Feuerwehr grobfahrlässig einem Dritten zufügt, dessen Geschäfte sie beim Einsatz mitbesorgt, nach den §§ 677, 680 BGB ohne Rücksicht auf anderweitige Ersatzmöglichkeiten des Geschädigten (Ölunfall), BGHZ **63** 167 = NJW **75** 207. Kein Ersatzanspruch nach § 677 BGB bei nur vermuteter Gefahr, Fra MDR **76** 1021. Beim Ölabfüllunfall aus einem Tankfz hat der GoA keinen Direktanspruch gegen den KfzVersicherer, BGHZ **72** 151 = NJW **78** 2030. Mutmaßliche Einwilligung: **E** 126.

Lit: *Böhmer*, Zur Frage der Anwendung des § 683 BGB im VUnfallrecht, JR **67** 178. *Deutsch*, Die Selbstaufopferung des Helfers im StrV, AcP **65** 193. *Dornwald*, Ersatzansprüche des Helfers bei VUnfällen und Pannen, DAR **92** 54. *Frank*, Die Selbstaufopferung des Kf im StrV, JZ **82** 737. *Friedrich*, Die Selbstaufopferung für Minderjährige im StrV ..., NZV **04** 227. *Helm*, Haftung und Versicherung bei der Selbstaufopferung des Kf im StrV, VersR **68** 209, 318. *Pfleiderer*, Ansprüche des Kf bei Selbstaufopferung?, VersR **61** 675. *Weimar*, Für wen erfolgt die Geschäftsführung ohne Auftrag bei Hilfeleistung an VOpfern?, MDR **64** 821.

4 **4. Deliktshaftung.** Die Verschuldenshaftung nach § 823 I BGB und bei Schutzgesetzverletzung (§ 823 II BGB mit den Geboten und Verboten der StVO, FZV, StVZO und FeV) ist Haftung für billigerweise zurechenbares Unrecht. Soweit ein schuldhafter Verstoß einen anderen unmittelbar schädigt, liegt Verletzung der objektiv erforderlich gewesenen Sorgfalt vor, die der Schädiger auch zu vertreten hat, wenn sie seine persönlichen Fähigkeiten übersteigt (**E** 139), also nach stark objektiviertem Zurechnungsmaßstab. Andererseits schließt die Adäquanzlehre (näher **E** 104, 108) die Haftung des Schädigers im Allgemeinen nur bei ganz unwahrscheinlichen Verläufen aus, so dass in Grenzfällen (Kettenreaktionen, Zusammentreffen verschiedenartiger Gefahren und Ursachenreihen) Zurechnungsgrundsätze gesucht werden müssen, die eine billige Risikoverteilung erlauben. Dazu dient die Schutzzwecklehre auch im Bereich der § 823 I, II, § 839 BGB, BGHZ **32** 205, **39** 365, **46** 23. Verlangt wird, neben der haftungsbegründenden und der haftungsausfüllenden Ursächlichkeit (**E** 105, 106), ein gewerteter Rechtswidrigkeitszusammenhang zwischen haftungsbegründendem Ereignis und Schaden (**E** 107). Zum Haftungszusammenhang bei Unfallneurose § 11 Rz 7.

5 **Einzelfälle** (§ 823 I BGB): Vom Schwarzfahrer bei der Flucht vor der Pol verursachte Schäden fallen unter den **Schutzzweck** der § 14 II StVO, § 38a StVZO, auf sie erstreckt sich daher die Haftung nach § 823 I, II BGB (BGH NJW **81** 113). Wer bei der Unfallhilfe verletzt wird, kann von dem Ersatz fordern, der den Unfall verschuldet hat (Stu NJW **65** 112). Wer eine Gefahrquelle schafft, muss soweit nötig und zumutbar für Schutz sorgen (BGHZ **60** 54). Wer ein Kfz nach Zerstörung der Sicherungseinrichtungen stiehlt und ungesichert stehen lässt, haftet nach § 823 BGB für Schäden durch das daraufhin nochmals entwendete Fz (KG NZV **89** 273). Wer ein Kfz, aus dessen Motorraum Qualm dringt, so abstellt, dass nach Entwicklung eines Feuers ein Brand am benachbarten Gebäude entsteht, haftet für den Schaden gem § 823 I BGB (Ha NZV **97** 309). Schaffung eines gesteigerten Gefahrzustands durch *herausgeforderte Verfolgung* mit voraussehbarer Schädigung des Verfolgers (BGH NJW **71** 1980, **96** 1533 m Anm *Teichmann* JZ **96** 1181, Sa NJW-RR **92** 472, Ha VersR **98** 1525, *Strauch* VersR **92** 932, *Weber, Steffen*-F S 507, *Gehrlein* VersR **98** 1331, s auch **E** 109). Am Zurechnungszusammenhang zwischen dem Unfall des verfolgenden PolFz und dem Verhalten des Verfolgten fehlt es, wenn dieser nicht erkennen konnte, dass sein Verhalten zu einer Gefährdung des Verfolgenden geeignet war (BGH NZV **90** 425 [fehlende Kenntnis vom Verfolgtwerden]; zust *Lange*, krit *Strauch* VersR **92** 936). Haftung des **VSicherungspflichtigen**: § 37 StVO Rz 63, § 45 StVO Rz 51 ff. Zur Haftung des **Rennveranstalters** und Rennleiters beim Autorennen § 29 StVO Rz 7. Der **Linienbusf** darf auch im Zweimannbetrieb erst anfahren, wenn alle Türen geschlossen sind (Ce VRS **24** 129), doch muss er sich vorher nicht überzeugen, dass alle Zugestiegenen sitzen oder sich festhalten (Dü VersR **86** 64, **00** 70, Ko VRS **99** 247, Ol VersR **01** 118, Kö VRS **97** 81, NJW-RR **90** 1361, KG VRS **90** 45, VM **96** 45, Ha NZV **98** 463, einschr Ha NZV **93** 26), es sei denn, er hat, zB bei einem erkennbar (LG Lübeck NZV **07** 523) Gebrechlichen oder sonst Behinderten, besonderen Grund dazu (BGH VersR **72** 152, NZV **93** 106, KG VM **96** 45), wie zB bei einem gehbehinderten Fahrgast mit Stock (Ha VersR **75** 58, Kö NJW-RR **90** 1361, Ha NZV **93** 26 [bei älteren Fahrgästen]). Mitschuld des Fahrgasts, der sich vor Anfahren des Busses keinen festen Halt verschafft (Dr VersR **96** 1168 [Straba], LG Duisburg VRS **69** 420, LG Dü VersR **92** 844, LG Ka VersR **95** 111). Vorzeitiges Türöffnen kann zur Schuld gereichen (Ol VRS **5** 406), wie überhaupt Fahren mit offener Tür. Für die Folgen überscharfen Bremsens nur dann keine Haftung, wenn es schuldlos unvermeidbar nötig war (Sa VersR **77** 1163 [Bahn-Vertragshaftung], KG VRS **40** 264, DAR **77** 160, Nü VersR **77** 674, Dü VersR **72** 1171). Damit müssen die Fahrgäste nämlich rechnen und sich festhalten (Ha DAR **00** 64, NZV **98** 463, Dü VersR **72** 1171). Denn sie müssen sich auch ihrerseits sorgfältig verhalten (Fra NZV **02** 367, Ha NZV **98** 463, AG Sa NZV **06** 479). Jedoch kein Mitverschulden des Fahrgasts, wenn an seinem Sitzplatz keine zumutbare Gelegenheit zum Festhalten besteht; Fahrgast muss sich auch nicht einen Sitzplatz aussuchen, an dem eine Querstange zum Festhalten angebracht ist (Mü NZV **06** 477). Die Beweislast für die verkehrsbedingte Notwendigkeit liegt beim Busf (KG DAR **77** 160). Beim *Anfahren einer Straba* trifft FzF grundsätzlich eine Rückschaupflicht hinsichtlich im Gefahrenbereich befindlicher Fahrgäste (Stu VRS **113** 46). **Kein Anscheinsbeweis** für Verschulden des Busf, wenn ein Fahrgast bei normaler Anfahrt (LG Lübeck NZV **07** 523) zu Fall kommt oder in einer Kurve vom Sitz stürzt, Kö NZV **92** 279. Umgekehrt kein Anscheinsbeweis für Mitverschulden des Fahrgasts, wenn nach Vollbremsung eines 45 km/h fahrenden Linienbusses nur einer von mehreren Fahrgästen stürzt; maßgebend: Umstände des Einzelfalls (Mü NZV **06** 477); anders nach LG Mü I NZV **06** 478 bei Betriebsbremsung (nicht Gefahrenbremsung) der Straba, derentwegen Geschädigter vom Sitz einsteigt; danach sogar überdurchschnittliches Verschulden des Geschädigten, das BG vollständig zurücktreten lässt. RsprÜbersicht bei *Filthaut* NZV **06** 634, **08** 226. Zum Anwendungsbereich des **§ 830 I S 2 BGB** BGHZ **72** 355, **67** 14 = NJW **76** 1934, KG NZV **89** 232, *G. Müller* VersR **98** 1182. Kann der Verletzte selbst den Schaden verursacht haben, so kann kein anderer Beteiligter nach § 830 I BGB haften (BGHZ **60** 177 = NJW **73** 993, 1283 [Kettenunfall], Nü VersR **72** 447). Überlässt der Verkäufer ein nicht zugelassenes, *nicht haftpflichtversichertes Kfz* dem Käufer in Kenntnis alsbaldiger unerlaubter VBenutzung, so haftet er neben dem Käufer wie ein Haftpflichtversicherer (Beihilfe zu § 6 PflVG; Mü VRS **57** 328). **Entgangener Urlaub** als Folge einer anderen Rechtsgutverletzung (Körperverletzung, Kfz-Beschädigung) ist nicht ersatzfähig (§ 253 BGB; BGHZ **60** 214 = NJW **73** 747, BGHZ **86** 212 = NJW **83** 1107 [krit *Grunsky* JZ **83** 373, zust *Gitter* JR **83** 496], Mü VersR **75** 62, aM KG DAR **78** 87 (bei *Darkow*), offen gelassen von Ce VersR **77** 1104; anders nach BGHZ **60** 214 = NJW **73** 747, soweit – durch den Schadenseintritt nutzlos gewordene – Aufwendungen gemacht wurden, oder wenn die infolge des Schadensereignisses geänderte Urlaubsgestaltung geringerwertig ist als die geplante und bezahlte). Soweit vom BGH abweichend davon weitergehende Ersatzfähigkeit des entgangenen Urlaubs anerkannt wurde, handelt es sich um Schadenersatzansprüche aus Verträgen, in denen der Urlaub Gegenstand der Leistungspflicht war (BGHZ **63** 101 = NJW **75** 41, BGH NJW **80** 1947, **81** 1833).

Schutzgesetz (§ 823 II BGB) ist eine Norm, die den Anspruch als einen individuellen, im **6** haftpflichtrechtlichen Gesamtsystem sinnvollen und tragbaren Anspruch gewährt und dabei § 823 I nicht unterläuft, BGHZ **66** 388 = NJW **76** 1740. Maßgebend dafür ist der gesetzlich gewollte Schutzzweck, auch ein Nebenzweck, BGHZ **22** 297. Es genügt also, wenn die Norm zumindest auch dem Schutz gegen die Verletzung eines bestimmten Rechtsguts dienen soll, selbst wenn sie in erster Linie Interessen der Allgemeinheit betrifft, BGH NJW **06** 2110, ZfS **05** 279, NZV **05** 457. Auch hier muss der Schaden dem Rechtsgut zugefügt sein, das durch die verletzte Norm geschützt werden soll, BGH NZV **05** 457, NJW **04** 356, BGHZ **30** 156, **43** 182, **27** 137, **37** 315, wobei sich die Pflichtverletzung nur auf die Gesetzesverletzung beziehen muss, nicht auch auf deren Folge. Nicht ausreichend ist, wenn der Schutz eines Individualguts, ohne dass er auch nur als Nebenzweck vom Aufgabenbereich der Norm umfasst wäre, nur Reflex der Normbefolgung ist, BGH ZfS **05** 279, NZV **05** 457, NJW **04** 356. Für die Beurteilung, ob einer Vorschrift Schutzgesetzcharakter zukommt, ist in umfassender Würdigung des gesamten Regelungszusammenhangs auch zu prüfen, ob es in der Tendenz des Gesetzgebers liegen konnte, an die Verletzung des geschützten Interesses die Haftung gem. § 823 II BGB mit allen damit zu Gunsten des Geschädigten gegebenen Haftungs- und Beweiserleichterungen zu knüpfen (BGHZ **84** 312 = NJW **82** 2780; NJW **05** 2923; **06** 2110). Zum Anscheinsbeweis bei SchutzG-Verletzung, **E** 157a. SchutzG können vor allem einzelne **StVO-Verkehrsregeln** sein, BGH NJW **06** 2110, NZV **05** 457, Sa VM **77** 96 (Befahren nichtöffentlichen Betriebsgeländes), zB umfassen die §§ 1, 3 StVO als SchutzG auch Schäden, die durch Umfahren der Unfall-

StVG § 16 II. Haftpflicht

stelle entstehen oder dadurch, dass jemand in sie hineinfährt, BGH NJW **72** 1804. Jedoch dient die StVO *als Ganzes* nicht dem Vermögensschutz, **E** 6. § 1 StVO ist kein SchutzG für Vermögensinteressen des Halters im Verhältnis zum Fahrer (kein Ersatz bei Verlust des Schadensfreiheitsrabatts), Stu NJW **71** 660. Einzelheiten bei den einzelnen Bestimmungen. § 248b StGB schützt den Halter, nicht die VT gegen unbefugte FzBenutzung, BGHZ **22** 296.

7   **Schuldmaßstab.** Zu erbringen ist nicht die individuell mögliche, sondern die im Verkehr erforderliche, also eine objektivierte, typisierte Sorgfalt (**E** 139), solange die gefährliche Lage andauert (näher: **E** 137, 139 ff, 147). Dieser Maßstab bleibt unterhalb des in § 17 III verlangten, er schließt aber Berufung auf geringere Erfahrung und auf Nichtvorhersehbarkeit des Unfallverlaufs idR aus. Die **Haftungsmilderungen nach §§ 708, 1359, 1664 BGB** gelten im StrV nicht (BGHZ **53** 352 = NJW **70** 1271, **88** 1208, NZV **92** 148, Ha VersR **93** 49, *Böhmer* NJW **69** 595, einschr. hinsichtlich mitfahrendem Ehegatten, Kind *Kunschert* NJW **03** 950, dazu auch *Bern* NZV **91** 451). Nach der Rspr eignet sich der Maßstab des § 708 BGB für das StrVR allgemein nicht, weil kein hinreichender Grund zur Haftungsbeschränkung auf individuell geringere Leistungsfähigkeit bestehe; bei einer Fahrt als Reisegesellschaft bürgerlichen Rechts haftet der Fahrer deshalb für die verkehrserforderliche Sorgfalt, uU unter Berücksichtigung fremder Mitschuld nach § 254 BGB (BGHZ **46** 313 = NJW **67** 558, *Palandt/Sprau* § 708 Rz 3, krit *Medicus* JZ **67** 401 Fußn 30). Auch dem **Ehegatten,** der im Verkehr, etwa als Fahrer, Gesundheit oder Eigentum des anderen Gatten verletzt, kommt § 1359 BGB nicht zugute (BGH NJW **70** 1271, Ce NZV **93** 187), jedenfalls dann nicht, wenn er durch Haftpflichtversicherung geschützt ist (BGHZ **63** 51 = NJW **74** 2124, NZV **92** 148) oder Staatshaftung eintritt (Art 34 GG, BGH NZV **92** 148), er kann nicht Regel-Sorglosigkeit einwenden (BGHZ **53** 352). Ersatzansprüche des Ehegatten wegen Pflichtverletzung sind allein durch die familienrechtliche Beziehung (§ 1353 BGB) nicht ausgeschlossen, sondern allenfalls deren *Geltendmachung* auf Grund besonderer Umstände, die das Ersatzverlangen aus besonderen Gründen unangemessen machen (BGHZ NJW **73** 1654, **79** 2043, **83** 624, **88** 1208). Kommt es später zur Trennung der Eheleute, so ist der Geschädigte an der Geltendmachung seines Schadensersatzanspruchs jedenfalls dann nicht mehr gehindert, wenn der Schädiger seine ursprünglichen Bemühungen um einen anderweitigen Schadensausgleich nunmehr wieder rückgängig macht (*Bern* NZV **91** 453). Für Verletzungen unter Arbeitskollegen auf Betriebsfahrt gelten die § 105 SGB VII (§§ 636, 637 RVO aF). Es erwächst bei Unfall kein **Ersatzanspruch eines Arbeitnehmers** (im Einzelnen § 7 Rz 61) gegen den anderen (Dü VersR **77** 1027). Unfälle bei Fahrten zwischen Wohnung und Arbeitsplatz, auch in Fahrgemeinschaft (s auch § 8a Rz 5), sind Arbeitsunfälle, ohne Rücksicht auf Fahrerschuld tritt die gesetzliche Unfallversicherung ein (§ 8 SGB VII, § 550 RVO aF). Bei **Deliktsunfähigkeit** des Schädigers kann für die Frage, ob gem § 829 BGB aus Billigkeitsgründen Ersatz zu leisten ist, das Bestehen eines Versicherungsschutzes (KfzPflichtversicherung) aufseiten des Schädigers zu berücksichtigen sein (BGHZ **127** 186 = NZV **95** 65, s aber AG Ahaus NZV **04** 145, zust *Pardey* DAR **04** 508 Fn 81, private Haftpflichtversicherung).

8   Lit: *Bern,* Ersatzansprüche im Falle der Schädigung Angehöriger, NZV **91** 449. *Kunschert,* Die Haftung des KfzHalters gegenüber seinem Partner und seinem Kind als Insassen, NJW **03** 950. *Mädrich,* Haftungs- und versicherungsrechtliche Probleme bei Kfz-Fahrgemeinschaften, NJW **82** 859. *Mersson,* Zur Haftung bei Gefälligkeitsfahrten, DAR **93** 87.

9   **Haftungsverzicht**, soweit zulässig, durch Vereinbarung ist an sich **stillschweigend** auch bei Gefälligkeitsfahrten möglich, aber nur unter strengen Anforderungen und bei besonderen auf entsprechenden Vertragswillen hindeutenden Umständen anzunehmen (BGH VersR **67** 379, NZV **93** 430, Ba VersR **85** 786, Mü DAR **98** 17, Ha NZV **06** 85). Er setzt voraus, dass der Verletzte sich der Möglichkeit einer Gefährdung durch den unfallursächlichen Umstand bewusst gewesen ist (BGH NJW **51** 916, Ha NJW-RR **07** 1517). Unentgeltlichkeit genügt nicht (BGH NJW **66** 41, Nü VRS **77** 23, Mü VRS **77** 161), auch nicht bloßes Stillschweigen, nicht enge persönliche oder verwandtschaftliche Beziehungen (BGHZ **30** 40, VersR **73** 941, NJW **66** 41, Zw VersR **01** 256, Dü VersR **75** 57, 90, Sa VersR **61** 928), auch nicht das Bewusstsein einer gewissen, an sich nicht ungewöhnlichen Gefahrerhöhung (s aber Ce MDR **69** 69 [Mitfahren im Einsatzwagen]). Stillschweigender Haftungsverzicht für fahrlässig verursachte, nicht haftpflichtversicherte Sachschäden bei Gefälligkeitsfahrt im alleinigen Interesse des FzEigentümers (Fra NJW **98** 1232, KG VRS **104** 5). Annahme einer Haftungsbegrenzung auf Vorsatz und grobe Fahrlässigkeit **im Wege ergänzender Vertragsauslegung** bei Gefälligkeitsfahrt ausnahmsweise dann, wenn kein Versicherungsschutz für den Fahrer besteht und besondere Umstände für einen solchen Verzicht sprechen (BGH VRS **65** 178, NZV **93** 430, *Mersson* DAR **93** 91, Ce NZV **93** 187 [Lebensgefähr-

Sonstige Gesetze § 16 StVG **1**

tin als Fahranfängerin], Ko NZV **05** 635, Stu VersR **08** 934 [je gemeinsame Urlaubsfahrt in einem Land mit Linksverkehr], Nü DAR **63** 297 [Haftungsausschluss bei Tod des Vaters durch leichte Fahrlässigkeit des das Kfz steuernden 19$^{1}/_{2}$jährigen Sohns], Ha VersR **08** 1219 [Junggesellenabschied], s aber Kö MDR **02** 150 [Gefälligkeitsfahrt im Ausland trotz ausländischer Haftpflichtversicherung]). Zur Rechtslage bei regelmäßiger Mitnahme von Mitschülern im Kfz zur Schule bei anteiliger Erstattung der Benzinkosten Fra VersR **78** 745. Die Haftung für fahrlässige Körperverletzung ist zwischen Pilot und Copilot bei Club-Zuverlässigkeitsfahrt nicht ohne Weiteres eingeschränkt (BGH NJW **63** 1099, JZ **64** 60 m Anm *Stoll*). Die Vereinbarung: „Passiert etwas, komme ich für nichts auf" lässt die Haftung für grobe Fahrlässigkeit bestehen (Ce VersR **62** 384). **Versicherungsschutz des an sich Haftenden** wird idR gegen Verzicht des Fahrgasts sprechen (BGH NJW **66** 41, MDR **64** 223, NZV **93** 430, Sa VersR **61** 528, 928, Stu VersR **61** 384). Mangels Versicherungsschutzes nimmt Stu NJW **64** 727 Verzicht bei leichter Fahrlässigkeit bei Mitfahrt der Stieftochter im Kfz des Stiefvaters an, in dessen Haushalt sie unterhalten wird. Veranlasst der Halter einen ihm unterstellten Arbeitskollegen, ihn im Kfz des Halters zu fahren, obwohl der Fahrer keinen Versicherungsschutz im Verhältnis zum Halter genießt, so kann darin stillschweigender Verzicht auf Haftung für leichte Fahrlässigkeit liegen (BGH VersR **78** 625), ebenso, wenn der Halter den keinen Versicherungsschutz genießenden Fahrer zur Fahrt überredet, obwohl dieser unter Hinweis auf vorangegangenen Alkoholgenuss zunächst ablehnt (BGH VRS **65** 178). Stillschweigender Haftungsverzicht des Halters für leichte Fahrlässigkeit des Fahrers kann auch anzunehmen sein bei *in gesellschaftsähnlicher Weise verabredeter Urlaubsfahrt* ohne Versicherungsschutz des Fahrers (BGH NJW **79** 414, Ko NZV **05** 635, Stu VersR **08** 934; abw Bay NZV **88** 141 [nur wenn FzFühren durch den Schädiger im ganz überwiegenden Interesse des Halters lag]). Ist der bei einer Verkaufsprobefahrt als Insasse mitfahrende Halter nicht unfallversichert, so ist sein stillschweigender Haftungsverzicht für leichte Fahrlässigkeit des Kaufinteressenten anzunehmen (BGH VRS **58** 241). Die Verzichtserklärung eines verletzten Insassen gegenüber dem Fahrer und Halter wirkt auch zugunsten des Haftpflichtversicherers (Ko ZfS **87** 130). Rennzuschauer verzichten nicht stillschweigend auf jeden Rechtsschutz (Kar VRS **7** 405 [§ 29]). Aus der Benutzung eines Verkehrsübungsplatzes lässt sich weder unter dem Gesichtspunkt des stillschweigenden Haftungsverzichts noch dem der Mitschuld ein Haftungsausschluss herleiten (LG Fulda MDR **88** 966). Bei **einer organisierten Radtouristikfahrt** gelten grundsätzlich die von der Rspr für die Teilnahme an sportlichen Wettbewerben entwickelten Haftungsbeschränkungen (hierzu BGHZ **154** 316, BGH NJW **08** 1591, § 29 StVO Rz 7); soweit eine Verletzung der jeweiligen (auch ungeschriebenen) sportlichen Regeln nicht feststeht, scheidet eine Haftung des Unfallverursachers aus, wobei Verstoß gegen die StVO (zB Nichteinhaltung der vorgeschriebenen Abstände) nicht ausreicht (Stu NJW-RR **07** 1251), ebenso bei einer Motorradausfahrt im Pulk, bei der Regelverletzungen einkalkuliert sind (Brn VRS **113** 407). Stillschweigender Haftungsausschluss allerdings nicht, wenn Schädiger Versicherungsschutz hat (BGH NJW **08** 1591, s auch Rz 9).

Wer sich bewusst der besonderen Gefahr aussetzt, die mit der **Teilnahme an der Fahrt** **10** **eines fahrunsicheren Kf** oder mit einem **nicht verkehrssicheren Kfz** verbunden ist, kann keinen vollen Schadensersatz fordern. Die Annahme stillschweigenden Haftungsverzichts bei Mitfahrt mit alkoholisiertem Fahrer scheidet aber von vornherein aus, wenn der Mitfahrende dessen Fahruntüchtigkeit nicht erkennen konnte, Kar DAR **91** 175, Ko ZfS **91** 294. Dieses früher sog **„Handeln auf eigene Gefahr"** wird heute nicht mehr als rechtfertigende Einwilligung in die möglicherweise auf der Fahrt eintretenden Schädigungen angesehen (so zB noch RGZ **141** 262, BGHZ **2** 159), weil dies lebensfremd wäre, iÜ bei minderjährigen Geschädigten zu keiner befriedigenden Lösung führen und schließlich immer nur zur völligen Haftungsfreistellung führen könnte. Vielmehr wird seit BGHZ **34** 355 = NJW **61** 655 die Teilnahme an der Fahrt durch den Geschädigten bei erkennbarer Fahrunsicherheit des Fahrers als **Mitverschulden** gewürdigt, Ha NZV **06** 85, Ol ZfS **89** 292, VRS **95** 5, Nü NZV **63** 761, Ko NZV **93** 193, Kö ZfS **90** 3, Mü VRS **77** 161, Fra ZfS **91** 150. Voraussetzung ist entweder **Kenntnis der möglichen Gefahr,** Ha DAR **73** 219, und freie Abwägungsmöglichkeit ohne Zwangslage, Ha DAR **72** 77, BGH VRS **16** 81, **oder fahrlässige Unkenntnis,** BGH VersR **67** 288, Kö VRS **96** 327, Ha VersR **93** 588, LG Sa ZfS **04** 549 (Anm *Diehl*). So genügt es, wenn der Geschädigte bei zuzumutender Aufmerksamkeit ernstliche Zweifel an der Fahrsicherheit des Fahrers hätte haben müssen, BGH VM **71** 45, DAR **63** 300, Ha ZfS **87** 290, Fra ZfS **91** 150, wobei an seine Sorgfalt keine überhöhten Anforderungen zu stellen sind, BGH VersR **67** 82, **70** 624, Sa VersR **68** 905, KG ZfS **88** 378. Je nach den Umständen kann solches Verhalten Ersatz ausschließen oder nach dem Maßstab der § 254 BGB, § 9 StVG mindern, wobei das Revisionsgericht nur Berücksichtigung aller wesentlichen Umstände und der Denkregeln prüft, BGH

VersR **67** 288. Haben sich Minderjährige bewusst einer Gefahr ausgesetzt, so ist § 828 BGB entsprechend anzuwenden; die Eigenart jugendlichen Verhaltens ist zu berücksichtigen, BGHZ **34** 355 = NJW **61** 655, Ko NZV **93** 193. Kein Ersatzanspruch eines Jugendlichen, der auf dem FzDach mitfährt und auf die Straße fällt, Ko NZV **93** 193. Näher zur Mitschuld des Verletzten: § 9. Die Beweislast für Mitverschulden liegt beim Ersatzpflichtigen, BGH NJW **88** 2366, Sa VersR **02** 392, KG DAR **77** 160.

11 **Beispiele:** Mitfahrt mit **alkoholbeeinträchtigtem Fahrer** begründet Mitschuld, uU erhebliche (Hb VersR **71** 258, Ce NZV **05** 421), wenn nicht sogar Alleinschuld (BGH VersR **63** 165, Kö VersR **90** 3, VRS **98** 407, Zw VersR **78** 1030, Mü VersR **63** 51, LG Aachen NJW-RR **87** 670 [gemeinsames Zechen]), wenn das Gesamtbild des Fahrers und seiner Fahrweise Anlass zu Zweifeln an seiner Fahrsicherheit geboten hat (BGH VersR **67** 974, Kar VersR **90** 319, Mü VRS **77** 161, Ko VRS **76** 90, Fra VersR **70** 473, Nü VersR **69** 836), auch bei erst 15 jährigem Mitfahrer (Schl NZV **95** 357 [Mithaftung zu ¼]), oder wenn der Mitfahrer weiß, dass der Fahrer vorher erheblich getrunken hat (KG VRS **111** 10, Ol VRS **95** 5, ZfS **89** 292 (gemeinsames Zechen), Ha ZfS **96** 4, Hb VersR **77** 380, Ko VersR **80** 238, Fra VersR **80** 287), wenn es ihm hätte auffallen müssen (Kö VM **00** 36) oder bei späteren derartigen Zweifeln, ohne dass der Fahrgast aussteigt (Ol VRS **95** 5, KG VM **73** 58), wobei ihm eigene alkoholbedingte Beobachtungstrübung nicht zugute kommt (BGH VersR **68** 197, Ha ZfS **87** 290, **96** 4, KG VM **90** 92, abw Brn VersR **02** 863). Dies lässt unberührt, dass die gebotene Selbstprüfung in erster Linie den Fahrer trifft (Fra NZV **07** 525). Ob der Mitfahrer hätte zweifeln müssen, hängt von allen Umständen ab (BGH VRS **57** 242, Ce VersR **81** 736, Sa MDR **02** 392, KG VM **89** 51). Gegen den gefälligkeitshalber mitgenommenen Fahrgast kann aber nicht schon deshalb ein Mitschuldvorwurf erhoben werden, weil ihm bekannt gewesen ist, dass der Fahrer überhaupt Alkohol getrunken hatte (BGH VersR **57** 242, VersR **60** 1146, **62** 252, Ha NZV **06** 85, Fra VM **86** 88, Mü VRS **77** 161, KG VM **89** 51, Ko ZfS **91** 294, Zw VRS **84** 177, krit *Küppersbusch* Rz 494). Auch Alkoholgeruch allein genügt nicht, Fra NZV **89** 111. Es besteht kein Erfahrungssatz, dass der Mitfahrer Trunkenheit des Fahrers ab einer bestimmten höheren BAK stets erkennen konnte, Mü ZfS **85** 161 (1,8‰), Sa MDR **02** 392 (jedenfalls nicht unter 2‰). Mitschuld, wenn der Halter einen ersichtlich Angetrunkenen fahren lässt, BGH VersR **67** 379, Mü VersR **86** 925, Kö VersR **84** 545 (angetrunkenen Minderjährigen ohne FE). Besondere Umstände können für stillschweigenden Haftungsverzicht sprechen (angetrunkener Halter lässt sich von später eintreffender Ehefrau mit geringer Fahrerfahrung befördern), BGH VRS **58** 333. Mitverschulden bei Mitfahrt trotz Kenntnis **fehlender FE** und damit des Risikos mangelnder Fahrfähigkeit, Ol VRS **4** 488, Ba VersR **85** 786, auch ohne Kenntnis bei Vorliegen entsprechender Verdachtsmomente, Ha VM **86** 21. Der Haftungsanteil des ohne FE den Unfall durch fehlerhafte Fahrweise verursachenden Fahrers überwiegt idR den des Mitfahrenden, BGH VersR **85** 965. Dagegen begründet die Kenntnis von der wegen einer Alkoholfahrt erfolgen EdF nicht ohne weiteres Bedenken hinsichtlich der Fahrsicherheit bei der zum Schaden führenden späteren Fahrt, Kö VRS **96** 327. **Kenntnis von gefahrerhöhenden Umständen** begründet nicht stets Mitschuld, Schl DAR **71** 101, so zB nicht bloßes Mitfahren in Kenntnis, dass das Moped gestohlen ist, Sa VM **73** 20. Keine Mitschuld beim Mitfahren mit einem Anfänger, abgesehen von gefahrerhöhenden Umständen, BGH VRS **21** 164, Ce MDR **61** 413, NZV **88** 141.

12 **Für Verrichtungsgehilfen** haftet neben deren eigener Haftung (§ 823 BGB) mangels Entlastung auch der Halter (§ 831 BGB), und zwar für sorgfältige Auswahl, Fahreignung und Zuverlässigkeit. Entlastungsvoraussetzung ist sorgfältige Auswahl und Überwachung unter Berücksichtigung aller Umstände nach strengem Maßstab, BGH NZV **97** 391, VersR **84** 67, **73** 713, Dü NZV **03** 383, KG VRS **104** 45, Ha NZV **98** 409, Kö VRS **108** 86, NZV **92** 279, näher Rz 15 und § 31 StVZO. Zur Entlastung gehört der Nachweis, dass kein vernünftiger Zweifel an der Eignung des Fahrers bestanden habe, BGH VersR **63** 955. Der bei einem VUnfall Verletzte genügt seiner Beweislast, wenn er die Beschädigung eines der durch § 823 I BGB geschützten Rechtsgüter durch den Verrichtungsgehilfen des Halters nachweist; die Beweislast für verkehrsrichtiges Verhalten des Verrichtungsgehilfen trifft den Halter als Geschäftsherrn, BGH NZV **91** 114, NJW-RR **87** 1048, Brn VRS **106** 105, 252f, KG NZV **02** 34, Kö VRS **108** 86, NZV **92** 279. Überlässt der Halter dem mitfahrenden Angehörigen die FzFührung, so ist dieser Verrichtungsgehilfe, BGH VRS **26** 182. War der Fahrfehler nicht unfallursächlich, so braucht sich der Halter hinsichtlich der Auswahl und Überwachung nicht zu entlasten, BGH VRS **19** 405. Der Halter muss sich Gewissheit verschaffen, dass der Fahrer die erforderliche FE hat; dazu § 21 StVG, § 31 StVZO. Keine Entlastung des Bushalters zB, wenn die FE zur Fahrgastbeförderung fehlt, BGH VRS **18** 322, es sei denn, deren Fehlen war nicht

Sonstige Gesetze § 16 StVG 1

schadensursächlich, BGH VRS **56** 103. Zur Strafbarkeit des Halters in diesen Fällen: § 21 StVG. LkwF, besonders wenn sie vorher nicht als Kf tätig waren, sind besonders sorgfältig zu prüfen, Ce VersR **77** 84, BusF sind nach besonders strengem Maßstab auszuwählen und zu überwachen, BGH DAR **57** 234. Hat sich ein sorgfältig ausgesuchter Fahrer bewährt, so müssen ihm bestimmte VRegeln nicht besonders vorgehalten werden, BGH VersR **60** 328, Nü MDR **60** 923, Mü VersR **60** 189, dann ist auch keine unvermutete Kontrolle nötig, BGH VRS **20** 254. Eigene grobe Fahrlässigkeit bei Nichthinderung des Missbrauchs eingestellter Kfz durch das Personal kann der Garagenunternehmer nicht abdingen, BGH NJW **74** 900.

Auch die **charakterliche Eignung** muss der Halter beachten (LkwF mit erheblichen Vorstrafen), BGH VersR **66** 929, minder streng wohl Ha VersR **66** 561 (zur Gefahrerhöhung). Haftung bei Überlassung des Kfz an den 19jährigen Sohn, der kurz zuvor einen Unbefugten hatte fahren lassen, wenn dies erneut schadensstiftend geschieht, auch bei an sich begreiflichem pädagogischem Grund, Dü NJW **72** 637. Stellt der Halter einen unzuverlässigen LkwF ohne jegliche Eignungsprüfung ein und ermöglicht dieser infolge mangelhafter Aufbewahrung des FzSchlüssels eine Schwarzfahrt, so kann der Halter für einen dabei verursachten Unfall aus § 823 BGB haften, BGH VersR **60** 736. **Halterhaftung neben derjenigen des Schwarzfahrers:** § 7 Rz 52–60. **13**

Haftung des Halters für Überladung: § 31 StVZO Rz 13. **14**

Die Fahrerüberwachung, zumal in Großbetrieben, bei öffentlichen VUnternehmen und besonders verantwortungsvollen Fahraufgaben, wie zB LkwF, Ce VersR **77** 84, KG VM **99** 11, und bei BusF, BGH DAR **57** 234, muss streng sein, BGH NZV **97** 391, VersR **84** 67, KG VRS **101** 96f, VM **104** 45, Kar VersR **00** 863, Dü NZV **02** 89, **03** 383, Sa VersR **00** 1427, und regelmäßige unauffällige Kontrollen umfassen, BGH NZV **97** 391, Kar VersR **00** 863, Ha NZV **98** 409, KG VM **99** 11, VRS **104** 45 (einschr Dü NZV **02** 91 bei Führen von Arbeitsgeräten auf Betriebsgelände), es sei denn, die Zuverlässigkeit steht fest, BGH VersR **66** 364, 490, KG VM **95** 51. Dasselbe gilt gegenüber angestellten Fahrlehrern, KG NJW **66** 2365. Entlastung nur beim Nachweis, dass die Überwachung keinen Anlass zu Zweifeln geboten habe, BGH VersR **63** 955. Andererseits dürfen die Anforderungen aber nicht überspannt werden, Sa VersR **00** 1427; so können etwa bei langjährigen bewährten Kf uU zusätzliche gezielte Kontrollen entfallen und Überprüfung bei gelegentlichen Mitfahrten ausreichen, BGH VRS **65** 112, **69** 403, VersR **84** 67, KG VRS **104** 46. Kein Anlass zu gesundheitlicher Überprüfung eines 62jährigen, insoweit bisher unauffälligen Fahrers nach 7 Monate zurückliegender Untersuchung, Sa VersR **00** 1427. Anforderungen an den Halternachweis der Überwachung durch zuverlässige Angestellte, BGH VersR **64** 297. Ein noch junger Fahrer mit neuer FE ist bis zur Bewährung besonders sorgfältig zu überwachen, Ol DAR **60** 230. Keine Haftung nach § 831, wenn der Fahrer zur Fahrt verbotswidrig einen Lastzug benutzt, BGH NJW **71** 31. Zur Haftung, wenn der Fahrer verbotswidrig einen Bekannten mitnimmt und fahrlässig schädigt, BGH NJW **65** 391. Zum Entlastungsbeweis *Rohde* VersR **61** 297. **15**

Haftungsumfang. § 823 I BGB schützt gegen Körperverletzung, Sachbeschädigung, Verdienstausfall und KfzNutzungsausfall wegen Gesundheits- oder KfzBeschädigung ohne Beschränkung auf Höchstbeträge. Nachteile im persönlichen Fortkommen: § 842 BGB, Ersatz für entgangene Dienste des Verletzten: § 845 BGB, Schmerzensgeld bei anders nicht ausgleichbaren immateriellen Nachteilen: § 253 II BGB. § 823 I schützt das Vermögen als solches nicht, so dass Verteidigerkosten aus Anlass einer Strafverfolgung wegen des Unfalls nicht zu ersetzen sind, BGH **27** 141. § 823 II BGB schützt gegen jeden Schaden nach Maßgabe der §§ 249ff BGB. Nach rechtskräftig zugesprochenem Schmerzensgeld kann weiteres Schmerzensgeld nur bei Verletzungsfolgen verlangt werden, die bei der ursprünglichen Bemessung des immateriellen Schadens noch nicht bestanden und mit deren Eintritt auch nicht ernstlich zu rechnen war, BGH VRS **59** 328. **16**

5. Amtshaftung der öffentlichen Körperschaften besteht nach Art 34 GG, § 839 BGB. Soweit sie reicht, ersetzt sie die Deliktshaftung nach § 823 BGB. Sie schließt die persönliche Deliktshaftung des Bediensteten als KfzF aus, auch die Verschuldenshaftung nach § 18 StVG, BGH NJW **92** 2882, Nü NZV **01** 430, VRS **103** 321, Schl NZV **98** 25 (Anm *Schmalzl* VersR **98** 981), jedoch nicht dessen Halterhaftung nach § 7 StVG, BGH DAR **05** 263, NJW **92** 2882, BGHZ **29** 43, **105** 65 = NZV **89** 18, **93** 223, BGHZ **113** 164 = NZV **91** 185, Sa VD **06** 20, Nü NZV **01** 430, Dü DAR **00** 477 (Anm *Seutter*), KG VM **01** 27. Der Beamte auf Dienstfahrt im eigenen Kfz haftet als Halter auch, wenn die weitergehende Haftung aus Amtspflichtverletzung seine Körperschaft trifft, BGHZ **29** 38, NJW **59** 481, NZV **08** 289. Amtshaftung besteht **17**

König

nur, wenn die Fahrt der Ausübung **öffentlicher Gewalt** dient, ohne Rücksicht auf die Anstellungsform und Dienststellung des Bediensteten, Nü VRS **103** 321. Ob öffentliche Gewalt ausgeübt wird, richtet sich nicht nach der Zielsetzung der jeweiligen öffentlichen Betätigung, die ggf auch auf fiskalischem Wege erfüllt werden kann, BGHZ **20** 104, sondern nach der rechtlichen Organisation der Körperschaft und deren erkennbarem Willen, die Aufgabe als öffentliche durchzuführen, BGHZ **20** 104. Bei Einsatz von Hilfspersonen kommt es darauf an, ob deren Tätigkeit unmittelbar in den hoheitlichen Aufgabenbereich der die Hilfskraft beschäftigenden Körperschaft fällt, BGH NZV **91** 347, Nü NZV **01** 430. Die Fahrt muss in engem inneren Zusammenhang mit der hoheitlichen Betätigung stehen, nicht nur in mehr äußerer zeitlicher und gelegenheitsmäßiger zu ihr, BGHZ **29** 41, NZV **91** 347, **08** 289. Trifft das zu, so ist es unerheblich, ob es sich um ein Dienstfz, um ein „amtliches" oder ein privates Kfz handelt, BGHZ **29** 38, BGH NZV **08** 289. Bei hoheitlichem Zweck ist eine Dienstfahrt im privateigenen Kfz Amtsausübung, BGH VRS **56** 161 (Flugsicherung), VersR **81** 753 (mit Marschbefehl angeordnete Fahrt zum neuen Truppenstandort), NZV **08** 289 (Fahrt eines Angehörigen der Freiwilligen Feuerwehr zum Einsatzort). Bei Schädigung eines Dritten im Rahmen der Dienstausübung durch Zivildienstleistende richtet sich die Ersatzpflicht auch dann nach Amtshaftungsgrundsätzen (haftende Körperschaft: BRep), wenn die Beschäftigungsstelle privatrechtlich organisiert ist und privatrechtliche Aufgaben erfüllt, BGH NJW **92** 2882, NZV **97** 301, **00** 503, **01** 212 (Anm *Mann* JR **02** 66), Kö VRS **95** 321, Sa MDR **99** 865. Bei Dienstfahrt im fiskalischen Bereich haftet die Körperschaft nur für eigene Schuld (§§ 31, 89, 831 BGB). **Als öffentliche Gewaltausübung sind zB anerkannt:** amtsärztliche Dienstaufgabe, BGHZ **29** 38, Übungsfahrten der freiwilligen Feuerwehr in NRW, BGHZ **20** 290 = NJW **56** 1633, und Bayern, BGH NZV **08** 289, auch die Fahrt eines Feuerwehrwagens zur TÜV-Untersuchung, Ol NJW **73** 1199 (Anm *Weber* JuS **73** 779, abl *Butz* NJW **73** 1803), Fahrten eines öffentlichen Krankenbeförderungsdienstes, BGH VersR **62** 834, in NRW der Rettungsdienst, und zwar auch bei Einsatz von Fahrern freiwilliger Hilfsorganisationen durch den Rettungsdienst, BGH NZV **91** 347, ebenso in Bayern, Nü NZV **01** 430. Die Rechtsbeziehungen zwischen dem Postkunden und der Post sind bis auf die im PostG genannten Ausnahmefälle (§ 33 PostG 1997) privatrechtlicher Natur. Soweit auch nach Inkrafttreten des Postneuordnungsgesetzes (BGBl I **94** 2325) Fahrten im Zusammenhang mit Brief- und Paketzustellung als Ausübung hoheitlicher Tätigkeit angesehen worden sind, zB BGH NJW **97** 1985, Nü NZV **94** 2032, München NJW-RR **94** 1442, OVG Münster NZV **94** 86, kann dies nunmehr für die in Aktiengesellschaften umgewandelten Nachfolgeunternehmen der Bundespost wie Postdienst, Telekom und Postbank nicht mehr gelten, *Greger* § 12 Rz 57; vielmehr gilt hier jetzt ausschließlich privatrechtliche Haftung, *Palandt/Sprau* § 839 Rz 132, soweit nicht auf Grund Beleihung (§ 33 I PostG) nach wie vor hoheitliche Tätigkeit vorliegt wie bei förmlicher Zustellung. Fahrten der Bundeswehr, der Pol und der BundesPol sind Wahrnehmung öffentlicher Gewalt, jedoch nicht Fahrten öffentlicher Bediensteter zur Arbeit. Die StrReinigung nach § 4 StadtreinigungsG Berlin ist nicht öffentlich-rechtliche Amtsausübung, sondern fiskalische Betätigung, KG VRS **58** 323, **62** 161, anders der Einsatz von MüllFz unabhängig von der privatrechtlichen Gestaltung der Müllabfuhr zu den Benutzern, BGH VersR **83** 461, aM KG VM **83** 54, DAR **76** 268. Ein frei praktizierender Arzt, der als Notarzt bei einem Rettungsdienst tätig wird und nach einem vom Fahrer des Rettungsdienstes verschuldeten Unfall einen Amtshaftungsanspruch geltend macht, ist nicht „Beschäftigter" iS der 2 I Nr 1 SGB VII (§ 539 I Nr 1 RVO aF), BGH NZV **91** 347 (Anwendung von §§ 636, 637 RVO aF abgelehnt).

18 **Amtspflicht** ist die **Beachtung der VVorschriften** gegenüber allen VT bei der VTeilnahme im Bereich öffentlicher Gewalt, BGHZ **29** 42, **16** 113, VersR **75** 37, Kar NZV **91** 154, Fra ZfS **95** 85, soweit diese durch die jeweilige VBestimmung geschützt werden sollen, BGH NZV **92** 148. Bei Dienstfahrt hat der Fahrer Insassenunfälle kraft Amtspflicht zu vermeiden, Ol VersR **78** 951. Weitere Amtspflichten, denen die VRegeln jedoch vorgehen (**E** 4a, 48), können sich aus Dienstanweisungen ergeben, BGH VRS **20** 211, jedoch werden sie keine gesteigerten VPflichten begründen können. Einen möglicherweise **unzuverlässigen Abschleppunternehmer** darf die Pol nicht heranziehen, BGH NJW **77** 628. Fahrt des von der Pol beauftragten Abschleppunternehmers als hoheitliche Tätigkeit, § 12 StVO Rz 66.

19 **Schuld.** Sie bezieht sich nur darauf, ob die Amtspflicht verletzt ist, nicht auch auf die Verletzungsfolgen. Unterläuft dem Bediensteten auf Dienstfahrt in Ausübung öffentlicher Gewalt ein Unfall, ohne dass er sich nach § 18 StVG entlasten kann, haftet nur die öffentliche Körperschaft, BGH NJW **59** 985. Bei der Schulbusabfahrt vom Schulhof aus sind Busf und aufsichtsführende Lehrer gemeinsam für den Schutz der Kinder verantwortlich, Ol VRS **56** 442.

Sonstige Gesetze § 16 StVG 1

Subsidiarität. Haftungsumfang. Bei Teilnahme eines Amtsträgers auf **dienstlicher Fahrt** 20
am allgemeinen StrV (ohne Inanspruchnahme von Sonderrechten gem § 35 StVO) findet
die Subsidiaritäts(Verweisungs-)klausel des § 839 I 2 BGB keine Anwendung, wenn er dabei
durch pflichtwidriges Verhalten fremde Sach- oder Körperschäden verursacht, BGHZ **68** 217
= NJW **77** 1238, **79** 1602, **81** 681, BGHZ **91** 48 = NJW **84** 2097, BGHZ **123** 102 =
NZV **93** 386, **01** 212, **08** 289, Dü NZV **89** 236, KG VM **89** 77, Kö VRS **95** 321 (auch bei
Schädigung eines Mitfahrenden). Die frühere gegenteilige Rspr (zB BGHZ **61** 101 = NJW **73**
1654) ist überholt. Grund für die neue Rspr ist die Überlegung, dass die Amtspflichten eines
Amtsträgers im allgemeinen StrV mit den Sorgfaltspflichten der anderen VT übereinstimmen
und die daraus folgende Notwendigkeit haftungsrechtlicher Gleichbehandlung im StrV Vorrang
vor dem Verweisungsprivileg des § 839 I 2 BGB haben muss, BGHZ **68** 217 = NJW **77** 1238,
79 1602, BGHZ **123** 102 = NZV **93** 386. Das gilt nicht, wenn der Amtsträger im StrV gem
§ 35 StVO von den allgemeinen Pflichten, die die StVO den VT auferlegt, befreit ist, weil der
Gedanke gleicher Rechte und Pflichten aller VT im StrV dann gerade nicht zutrifft, BGHZ **85**
225 = NJW **83** 1667 (zust. *Backhaus* VersR **84** 17), BGHZ **91** 48 = NJW **84** 2097, NZV **08**
289, KG VM **89** 77, VRS **82** 407, *Lörler* JuS **90** 547 (von BGHZ **68** 217 zunächst noch ausdrücklich offengelassen), auch nicht bei Inanspruchnahme von Sonderrechten nach § 35
Abs V a (Fz des Rettungsdienstes), BGH NZV **97** 301, oder VI (Fz der StrUnterhaltung),
BGHZ **113** 164 = NZV **91** 185 (zust. *Kunschert*). Unter den genannten Voraussetzungen entfällt das Verweisungsprivileg auch bei Teilnahme eines Angehörigen der Stationierungsstreitkräfte am allgemeinen StrV, Rz 22. Diese Grundsätze gelten unabhängig davon, ob an dem
Unfall ein Zweitschädiger beteiligt war, BGH NJW **79** 1602. Keine Anwendung findet
die Subsidiaritätsklausel auch bei Verletzung einer als hoheitliche Aufgabe ausgestalteten **Verkehrssicherungspflicht** wegen der inhaltlichen Übereinstimmung einer öffentlich-rechtlichen und
der privatrechtlichen VSicherungspflicht und des engen Zusammenhangs zwischen der VSicherungspflicht und den Pflichten im Allgemeinen StrV, BGH NJW **80** 2195, BGHZ **91** 48 =
NJW **84** 2097, NZV **92** 357, BGHZ **123** 102 = NZV **93** 386 (auch bei Schädigung eines
Anliegers), **94** 148, Mü VersR **02** 455, Dü NZV **89** 236, Ha DAR **02** 351, NZV **93** 192. Das
gilt in Fällen der Abwälzung der Räum- und Streupflicht auf die Anlieger auch bei Verletzung
der Überwachungspflicht durch die betreffende Körperschaft, BGH NZV **92** 357. § 839 I 2
BGB bleibt jedoch anwendbar, wenn ein PolB im Rahmen der ihm obliegenden **polizeilichen Gefahrenabwehr im StrV** seine Pflichten verletzt, mag sich seine Aufgabe im Einzelfall auch derjenigen des VSicherungspflichtigen annähern, BGHZ **91** 48 = NJW **84** 2097
(Versäumnisse bei defekter LZA), Ko DAR **01** 362 (Säuberung einer Unfallstelle), Ha NZV **93**
192 (anders bei VSicherung anstelle des Sicherungspflichtigen gem § 44 II 2 StVO). Bei Verletzung der Verkehrs*regelungs*pflicht bleibt es beim Verweisungsprivileg, Ha NZV **95** 275.
Soweit nach diesen Grundsätzen die Verweisungsklausel anwendbar bleibt, wird sie in der jüngeren Rspr des BGH gleichwohl einschr ausgelegt: Danach sind **keine andere Ersatzmöglichkeit** iS dieser Vorschrift die vom Geschädigten unter Aufwendung eigener Leistungen
(Geldmittel oder Arbeitsleistung) erlangten Ansprüche aus gesetzlicher Krankenversicherung,
BGHZ **79** 26 = NJW **81** 623, aus privater Krankenversicherung, BGHZ **79** 35 = NJW **81**
626, aus der gesetzlichen Unfall- und Rentenversicherung, BGH NJW **83** 2191, sowie aus
Kaskoversicherung, BGHZ **85** 230 = NJW **83** 1668, VersR **01** 356. Die Haftpflichtversicherung des an einem VUnfall neben dem Amtsträger als Schädiger beteiligten Zweitschädigers
allerdings ist eine andere Ersatzmöglichkeit iS von § 839 I 2 BGB, BGHZ **91** 48 = NJW **84**
2097, ebenso bei polizeilicher Amtspflichtverletzung im Zusammenhang mit unzulänglicher
Säuberung einer Unfallstelle die Halterhaftung der beteiligten Kfz, Ko DAR **01** 362. § 839 I
S 2 gilt auch, wenn der Geschädigte eine anderweitige Ersatzmöglichkeit schuldhaft versäumt
hat, BGH NJW **92** 951, Kar VersR **03** 1406. Zur restriktiven Auslegung der Subsidiaritätsklausel
bei VUnfällen s auch *Weber* DAR **85** 171.

Die Amtshaftung auf Grund von Verletzungen der allen VT obliegenden Sorgfaltspflichten 21
geht nicht weiter als die Haftung nach § 823 I, II BGB, umfasst also in diesem Bereich nicht
über den **Haftungsumfang** jener Vorschriften hinaus eine Haftung für alle Vermögensschäden,
BGHZ **68** 217 = NJW **77** 1238, BGHZ **79** 26 = NJW **81** 623. Bei Amtshaftung und zugleich
Haftung nach § 7 StVG kann die Erstere **nicht damit abgewehrt werden,** der Geschädigte
habe die Halterhaftung verjähren lassen, BGH VersR **61** 1016, und auch nicht damit, auch eine
andere Stelle hafte gemäß § 839 BGB, wenn dieser andere Anspruch nicht mehr durchsetzbar
ist, BGH VRS **22** 254. Der Staat kann seine Amtshaftung nicht damit abwehren, er hafte auch
als Halter, Nü DAR **60** 71.

22 6. Haftpflicht der Stationierungsstreitkräfte. Die Ersatzpflicht bei Unfällen durch Stationierungsstreitkräfte der Nato richtet sich nach deutschem Recht wie bei BW-Unfällen auf Dienstfahrt (§ 839 BGB, Art 34 GG), BGH NZV **94** 475, VersR **76** 757, **68** 664, 695. Bei allgemeiner VTeilnahme eines Kfz der Stationierungstruppen scheidet das Verweisungsprivileg des § 839 I S 2 BGB aus, BGH VRS **59** 90, NJW **81** 681, Zw VersR **87** 656. Die Stationierungsstreitkräfte haften für schuldhafte Dienstfahrtunfälle kraft Amtshaftung über § 12 hinaus, BGH VersR **68** 401. Bei dienstlichen Schadensfällen besteht keine haftungsrechtliche Verantwortung des Mitglieds der Streitkräfte, verantwortlich ist vielmehr die Streitkraft des Entsendestaates. Ansprüche richten sich nach Art VIII Abs 5 des Nato-Truppenstatuts und Art 41 des Zusatzabkommens. Sie sind **fristgebunden,** Art 6 NTS-AG (3 Monate ab Kenntniserlangung, 2 Jahre seit dem schädigenden Ereignis) und bei der Verteidigungslastenverwaltung geltendzumachen; zum Fristbeginn s BGH NJW **85** 1081 (auch zur Klagefrist bei Ablehnung schon dem Grunde nach); zur Klagefrist s auch BGH NZV **90** 346. Bei Forderungsübergang kommt die Fristwahrung durch den Geschädigten dem Zessionar zugute, Ol NJW-RR **05** 617. Die Anmeldefrist ist gewahrt, wenn das Amt alles, was mitzuteilen gewesen wäre, auch ohne formellen Antrag bereits kennt, BGH VM **76** 49. Keine Wiedereinsetzung in den vorigen Stand wegen Unkenntnis der Anmeldefrist, KG VM **90** 24, Kar VersR **90** 533. Unter Art VIII Abs 5 Nato-Truppenstatut fallen auch die erst bei Abwicklung von unter das Abkommen fallenden Schäden entstandenen Bereicherungsansprüche gegen Entsendestaaten, BGH DAR **81** 91. Ist ein Nato-Hauptquartier rechtlich verantwortlich, gilt die entsprechende Regelung auf Grund des Protokolls über die Nato-Hauptquartiere mit Ergänzungsvereinbarungen und G v 17. 10. 69 (BGBl II 1997). Zur Verjährung, wenn die ZulB einer Stationierungsstreitkraft ihre Amtspflicht zur Kennzeicheneinziehung verletzt, Fra VersR **79** 1111. Fahrer fremder Streitkräfte haben die **deutschen VRegeln** zu beachten; auch von Ausrüstungsvorschriften befreite Kfze sind haftungsrechtlich wie deutsche zu behandeln, BGH VersR **66** 493. Dass ein Stationierungsfz auf Dienstfahrt rechtmäßig von VVorschriften (Beleuchtung) abgewichen ist, ist haftungsrechtlich ohne Bedeutung, BGH VRS **59** 90. Zur Haftung für ein Kfz fremder Streitkraft, das von den Beleuchtungsvorschriften befreit ist, Ce VersR **66** 982, NJW **66** 2409. Zur Haftung bei Kollision durch nicht ausreichend gesicherten V mit überbreitem Panzer bei Dunkelheit, BGH NZV **90** 112, mit im Dunkeln wendendem Panzer, Fra VRS **90** 168. Bescheinigt die fremde Truppeneinheit eine Dienstfahrt, obwohl eine Schwarzfahrt vorliegt, so hat das Gericht Dienstfahrt anzunehmen; zur Haftung der BRep in solchem Fall BGH VersR **70** 439. Die Kosten des durch Nato-Truppenstatut und ergänzendes Bundesrecht vorgeschriebenen Verwaltungsverfahrens sind dem Geschädigten ohne Rücksicht auf die Höchstgrenzen des § 12 zu ersetzen, BGH DAR **70** 17. Schadensverursachung durch nichtversicherte Kfze von Stationierungstruppen: Ansprüche wegen Amtspflichtverletzung richten sich gegen die deutsche Verteidigungslastenverwaltung, s *Born* NZV **05** 452 (zu den Zuständigkeiten), sonst gegen den Verein Verkehrsopferhilfe eV, Hamburg, BMV v 21. 3. 72 (A 9/83. 7. 03–18/4071 72). Zum Zusammentreffen zwischen Ansprüchen auf Ersatz von Stationierungsschäden und solchen gegen einen weiteren beteiligten Halter, Kar VersR **78** 968. Schadensabwicklung bei Unfällen mit Beteiligung polnischer Streitkräfte in der BRep, Art 11 des deutsch-polnischen Abkommens über den vorübergehenden Aufenthalt von Mitgliedern der Streitkräfte der BRep Deutschland und der Streitkräfte der Republik Polen ... (BGBl II **01** 179, **02** 1660). Haftung **sonstiger ausländischer Streitkräfte:** Art 2 § 16 SkAufG (vor § 23 FZV Rz 17), Art 18 EU-Truppenstatut (BGBl II **05** 19).

Lit: *Geißler,* Die Geltendmachung ... von Ansprüchen ... nach dem NATO-Truppenstatut, NJW **80** 2615. *Gruber,* Unfälle mit Angehörigen der (ehemals) sowjetischen Streitkräfte, DAR **92** 353. *Heitmann,* Abgeltung von Schäden, verursacht durch ausländische Truppen, VersR **92** 160. *Reus,* Die Geltendmachung von Haftungsansprüchen gegen Mitglieder der GUS-Truppen ..., VersR **93** 414. *Schwenk,* Haftung der Stationierungsstreitkräfte für Unrechtsschäden, BB **72** Beilage 4 zu Heft 13. *Theda,* Der Problembereich NATO-Truppenstatut im Schadenrecht, ZfS **88** 301.

Schadensverursachung durch mehrere Kraftfahrzeuge

17 (1) **Wird ein Schaden durch mehrere Kraftfahrzeuge verursacht und sind die beteiligten Fahrzeughalter einem Dritten kraft Gesetzes zum Ersatz des Schadens verpflichtet, so hängt im Verhältnis der Fahrzeughalter zueinander die Verpflichtung zum Ersatz sowie der Umfang des zu leistenden Ersatzes von den Umständen, insbesondere davon ab, inwieweit der Schaden vorwiegend von dem einen oder dem anderen Teil verursacht worden ist.**

(2) Wenn der Schaden einem der beteiligten Fahrzeughalter entstanden ist, gilt Absatz 1 auch für die Haftung der Fahrzeughalter untereinander.

(3) ¹Die Verpflichtung zum Ersatz nach den Absätzen 1 und 2 ist ausgeschlossen, wenn der Unfall durch ein unabwendbares Ereignis verursacht wird, das weder auf einem Fehler in der Beschaffenheit des Fahrzeugs noch auf einem Versagen seiner Vorrichtungen beruht. ²Als unabwendbar gilt ein Ereignis nur dann, wenn sowohl der Halter als auch der Führer des Fahrzeugs jede nach den Umständen des Falles gebotene Sorgfalt beobachtet hat. ³Der Ausschluss gilt auch für die Ersatzpflicht gegenüber dem Eigentümer eines Kraftfahrzeugs, der nicht Halter ist.

(4) Die Vorschriften der Absätze 1 bis 3 sind entsprechend anzuwenden, wenn der Schaden durch ein Kraftfahrzeug und einen Anhänger, durch ein Kraftfahrzeug und ein Tier oder durch ein Kraftfahrzeug und eine Eisenbahn verursacht wird.

Begr zum ÄndG v 19. 7. 02 (BTDrucks 14/8780 S 22f): *Mit der Änderung wird § 17 StVG neu strukturiert und der in ihm geregelte Ausgleich mehrerer haftpflichtiger Kfzhalter um den Ausschlussgrund des „unabwendbaren Ereignisses" ergänzt.*

Absatz 1 entspricht dem bisherigen § 17 Abs. 1 Satz 1 StVG, der den Ausgleich zwischen mehreren beteiligten Kfz-Haltern bei Verursachung eines Drittschadens regelt.

Der neue Absatz 2 enthält die bisher in § 17 Abs. 1 Satz 2 StVG geregelte Ausgleichspflicht zwischen mehreren unfallbeteiligten Kraftfahrzeughaltern für selbst erlittene Schäden. Die Aufnahme dieser Ausgleichspflicht in einen eigenen Absatz und ihre Neuformulierung dient dem besseren Verständnis der Norm. Eine inhaltliche Änderung ist damit nicht verbunden.

Der neue Absatz 3 regelt, dass Ausgleichspflichten nach den Absätzen 1 und 2 ausgeschlossen sind, wenn der Unfall durch ein „unabwendbares Ereignis" verursacht wurde: Anders als der Regierungsentwurf es vorsah, soll der bisher in § 7 Abs. 2 StVG geregelte Haftungsausschlussgrund des „unabwendbaren Ereignisses" nicht vollständig entfallen, sondern weiterhin für den Schadensausgleich zwischen den Haltern mehrerer unfallbeteiligter Kraftfahrzeuge gelten. Damit folgt der Rechtsausschuss einer Anregung aus der öffentlichen Anhörung zu dem Gesetzentwurf. Dort war die Besorgnis geäußert worden, dass die vollständige Ersetzung des „unabwendbaren Ereignisses" durch „höhere Gewalt" dazu führen könnte, zukünftig auch dem „Idealfahrer" bei Unfällen zwischen Kraftfahrzeugen eine Betriebsgefahr zuzurechnen, so dass es vermehrt zu Quotenfällen kommen könnte. Die Begründung des Regierungsentwurfs (S 30) weist zwar zu Recht darauf hin, dass bei einer richtigen Anwendung der §§ 9 StVG, 254 BGB für den „Idealfahrer" keine Nachteile aus dem Wegfall des „unabwendbaren Ereignisses" erwachsen dürften. Der Ausschuss hat sich jedoch im Interesse größtmöglicher Rechtssicherheit dafür entschieden, den Ausschlussgrund des „unabwendbaren Ereignisses" für den Schadensausgleich zwischen den nach § 7 Abs. 1 StVG haftpflichtigen Haltern von Kraftfahrzeugen beizubehalten, um unmissverständlich klarzustellen, dass für die genannte Fallgruppe im Ergebnis keine Rechtsänderung beabsichtigt ist. Für die Praxis ergibt sich überdies der Vorteil, dass insoweit weiterhin auf die bekannte Rechtsfigur des „unabwendbaren Ereignisses" und die dazu ergangene Rechtsprechung zurückgegriffen werden kann.

...

Absatz 4 enthält den im bisherigen § 17 Abs. 2 StVG geregelten Ausgleich zwischen haftpflichtigen Kraftfahrzeughaltern und anderen Haftpflichtigen und erweitert ihn um den Anhängerhalter. Soweit auch hier auf eine Verbindung des unfallbeteiligten Anhängers zu dem Kraftfahrzeug verzichtet wird, handelt es sich um eine Folgeänderung des geänderten § 7 Abs. 1 StVG (Artikel 4 Nr. 1 a).

(BT Drucks 14/7752 S 35): Die Einführung einer Gefährdungshaftung für den Halter eines Anhängers (§ 7 Abs. 1 Satz 2 StVG) verlangt nach einer Regelung des Ausgleichs im Innenverhältnis zwischen Kraftfahrzeughalter und Anhängererhalter. Deshalb wurde diese Ausgleichspflicht in § 17 Abs. 2 StVG aufgenommen, der bereits für den Ausgleich zwischen Kraftfahrzeughalter und Tierhalter und zwischen Kraftfahrzeughalter und Eisenbahnunternehmer auf die in § 17 Abs. 1 StVG normierten Ausgleichspflichten zwischen den Haltern mehrerer schadensursächlicher Kraftfahrzeuge verweist ....

Übersicht

Anspruch auf Schadenausgleich, Voraussetzung 1–3
Ausgleichsanspruch, Verjährung 45
Ausgleichspflicht 1
Bahn, Schadenverursachung 1, 37–45
Beschaffenheit des Fahrzeugs 30
Betriebsgefahr, Kraftfahrzeug 6–19
–, erhöhte 11–15
–, Zurücktreten 16–19
Beweislast 22

Ereignis, unabwendbares 22–30
Ersatzanspruch als Voraussetzung der Ausgleichung 2
Fahrzeugbeschaffenheit 30
Halter, Ausgleichspflicht 1, 21–30
Kraftfahrzeug und Tier, Schadenverursachung 1, 32–36
– und Bahn, Schadenverursachung 1, 37–44
Maß der Verursachung 1, 4ff

1 StVG § 17   II. Haftpflicht

Nichtanwendbarkeit 3
Quotentabellen 20
Schaden, Verteilung 20
Schadensausgleich, Voraussetzung 1–3
Tier, Schadensverursachung 1, 33–36
Unabwendbarkeit 22–30

Verfahren 22
Verhältnis zu anderen Vorschriften 1, 37
Verjährung 37
Versagen der Vorrichtungen 31
Verteilung des Schadens 20
Verursachung, Maß 4, 5
Zurücktretende Betriebsgefahr 16–19

Lit: *Ady,* Der neue § 17 StVG, VersR **03** 1101. *Berger,* Mitverursachung und Mitverschulden, VersR **87** 542. *Böhmer,* Erhöhte BG und Entlastungsbeweis nach § 831 BGB, JR **56** 133. *Derselbe,* Schadensverteilung gem § 17 StVG nur nach dem Verschuldensgrad?, JR **59** 456. *Derselbe,* Nichtberücksichtigung erhöhter BG?, MDR **59** 708. *Derselbe,* Eventuelle Abwägung nach § 17 StVG, § 254 BGB?, JR **62** 297. *Derselbe,* Erhöhung der KraftwagenBG trotz Gelingens des Entlastungsbeweises nach dem § 831 BGB?, MDR **65** 878. *Bursch/Jordan,* Typische Verkehrsunfälle und Schadensverteilung, VersR **85** 512. *Grüneberg,* Haftungsquoten bei VUnfällen. *v. Hippel,* Schadensausgleich bei VUnfällen, NJW **67** 1729. *Jordan,* Die erhöhte Unfallgefahr bei motorisierten Zweirädern – Zivilrechtliche Auswirkungen, VGT **83** 189. *Klauser,* Abwägungsgrundsätze zur Schadensverteilung bei Mitverschulden und Mitverursachung, NJW **62** 369. *Klimke,* Ausgleichsansprüche bei Abrechnung nach Teilungsabkommen im Falle der Beteiligung von Kfz, VersR **72** 414. *W. Schmitz,* Voller Schadensersatz der Leasingfirma gegen den Unfallgegner trotz mitwirkender BG des eigenen Kfz?, NJW **02** 3070. *Schneider,* … Mitverschulden und Mitverursachung bei Entstehung und Abwendung oder Minderung des Schadens, MDR **66** 455.

1 **1. Interne Ausgleichspflicht mehrerer gesetzlich Haftpflichtiger.** § 17 I und II regeln zwei Fälle inneren Ausgleichs: a) zwei oder mehrere in Betrieb befindliche Kfz (oder Anhänger) sind ursächlich unfallbeteiligt und schädigen eine Person ohne Kfz (I), b) zwei oder mehrere in Betrieb (§ 7) befindliche Kfz oder KfzAnhänger sind, uU unterschiedlich, unfallbeteiligt und verursachen einem oder einigen der Halter Personen- oder Sachschaden (II). In beiden Fällen kann bei oder nach Ersatzleistung innerer Ausgleich stattfinden. An sich gleichen sich Gesamtschuldner unter sich nach Kopfteilen aus (§ 426 I 1 BGB). § 17 I ändert dies für seinen Bereich dahin, dass sich der Ausgleich zwischen ihnen statt dessen nach dem Maß ihrer Verursachung des Schadens richtet (BG), *Ady* VersR **03** 1102. § 426 I 2, II gilt auch hier. Da § 1359 BGB auf die Haftung im StrV nach hM keine Anwendung findet, § 16 Rz 7, wird der Ausgleichsanspruch des Zweitschädigers gegen den am Unfall mitschuldigen Ehegatten des Geschädigten hierdurch nicht berührt, BGHZ **35** 317 = NJW **61** 1966: Haftet die Bahn der im Kfz beförderten Ehefrau des Fahrers gemäß HaftpflG, so hat sie Ausgleichsansprüche gegen den schuldigen Fahrer auch, wenn dieser seiner Frau nicht gemäß § 1359 BGB haftete, s auch BGHZ **53** 352 = NJW **70** 1271. Ein zwischen Halter und Insassen ausdrücklich oder stillschweigend vereinbarter Haftungsausschluss lässt die zu Verschulden begründete Ausgleichsansprüche eines anderen unfallbeteiligten Halters aus § 17 unberührt, BGHZ **12** 213 = NJW **54** 875, aM *Böhmer* NJW **56** 1018. Derselbe Maßstab gilt für den Ausgleich unter mehreren beteiligten Haltern, wenn einer von ihnen geschädigt ist (II) und sodann für den Ausgleich bei Verursachung durch ein Kfz oder einen KfzAnhänger einerseits und ein Tier oder eine Bahn anderseits (IV). Soweit hier die Haftung für Tiergefahr einbezogen ist, setzt § 17 als Sondervorschrift auch das in § 840 III BGB vorgesehene Tierhalter- und Hüterprivileg außer Kraft. § 17 geht als Sonderbestimmung den § 9 StVG, § 254 BGB vor, BGH NZV **94** 146, KG VRS **57** 6. Soweit Kfz schadensursächlich beteiligt sind, fällt deshalb ihre BG, **ausgenommen bei Entlastung** (Abs III, §§ 7 II, 18 I), grundsätzlich zu Lasten des Halters und/oder Fahrers ins Gewicht. Die Regelung entspricht dem Grundgedanken des § 254 BGB in gegenwärtiger ausdehnender Auslegung, wonach, entgegen dessen Wortlaut („Verschulden"), vor allem nach konkreten Verursachungsanteilen auszugleichen ist, wenn Schuldgesichtspunkte auch wesentlich mitsprechen.

2 **2. Ein Ersatzanspruch** aus dem Unfall muss dem Geschädigten zustehen, den die mehreren Schädiger, gleich aus welchem, uU unterschiedlichen Rechtsgrund, gesamtschuldnerisch zu erfüllen haben (§§ 421–426, 840 I BGB), denn § 17 begründet keinen Ersatzanspruch, sondern setzt einen solchen im Außenverhältnis zum Geschädigten voraus, der selbstständig neben den Ausgleichsansprüchen der Gesamtschuldner untereinander steht, BGH NJW **54** 195. Der Ersatzanspruch des Geschädigten muss zur Unfallzeit kraft Gesetzes entstehen, auf Grund Gefährdungshaftung (StVG), Deliktshaftung, BGHZ **20** 259 = NJW **56** 1067, BGHZ **6** 319 = NJW **52** 1015, VRS **19** 405, **20** 405, Kö DAR **75** 214, KG VersR **75** 955, Amtshaftung, RGZ **82** 121, 436, **84** 415, BGH VersR **56** 518, KG VersR **75** 955, Kö VRS **15** 325, *Böhmer* JR **62** 297, wobei es für den Ausgleich unerheblich ist, ob mehrere gesetzliche Haftungsgründe zusammentreffen, BGH NJW **62** 1394. Ausgleichspflicht nach § 17 auch, wenn ein Kf mit fremdem Kfz sein von einem anderen Fahrer gesteuertes eigenes Kfz beschädigt, KG VRS **57** 5. Bloße Vertragshaftung begründet keine Ausgleichspflicht, RGZ **84** 415, *Böhmer* JR **62** 297. Schadensausgleich nur bei ursächlichem Zusammenhang (Rz 5) zwischen Unfall und Schaden, weil es sonst an der mitwirkenden Verursachung des anderen fehlt, BGH VersR **63** 285. Der nur aus dem StVG Ausgleichspflichtige haftet beim Ausgleich nur **im Rahmen der Höchstbeträge nach §§ 12, 12a,** BGH NJW **64** 1898, DAR **57** 129. Dagegen kann der Geschädigte die Mithaftung für eigenen Schaden nicht auf die Höchstbeträge des § 12 einschränken, weil es dabei nicht um Haftung für Fremdschaden geht, BGHZ **20** 259, **26** 69. Bei Haftung aus BG neben Verschulden muss der Schaden nicht nach Bruchteilen entsprechend diesen Haftungsgründen aufgeteilt werden, BGH VersR **64** 1173.

3. Nicht anwendbar ist § 17 als Sondervorschrift in den in ihm nicht bezeichneten Fällen **3** mit der Folge, dass dann nach dem inhaltlich nicht wesentlich abweichenden § 254 BGB auszugleichen ist. Einzelfälle: Halterschädigung durch Fußgänger oder Radf, Kö VRS **96** 345, *Böhmer* DAR **74** 66, **75** 16. Der schuldige Fahrer des Unfallfz kann dessen Halter die BG nicht entgegenhalten, weil der Halter, hätte er den Fahrer als solchen geschädigt, für seine BG nicht einzustehen hätte (§ 8 Nr 2 StVG), BGH NJW **72** 1415, VRS **51** 259, Fra VersR **94** 1000. Die §§ 17, 18 StVG finden also auf den Haftungsausgleich zwischen Führer und Halter desselben Fz keine Anwendung. Jedoch kann sich der Fahrer eines betriebsunsicheren Kfz gegenüber dessen Halter auf § 254 BGB berufen, BGH NJW **72** 1415. Haftete der Staat für den Tod eines Beamten mit Dienstwagen diesem nicht für die BG, so kann ihm auch der Schädiger diese BG nicht entgegenhalten, BGH NJW **62** 1394. Der Fahrer haftet Insassen nur bei Verschulden (§ 18 I). Zur Ausgleichspflicht bei langsamen Kfz (§ 8 Nr 1), soweit nur für Schuld gehaftet wird, BGH VRS **12** 172, LG Bonn NZV **07** 407, *Böhmer* MDR **60** 732. Keine Ausgleichspflicht des Eigentümers gem II, der nicht Halter ist, BGH NJW **65** 1273, Ha NZV **95** 320 (jeweils bei Anspruch aus § 7), Ha NZV **95** 233, LG Berlin VM **01** 56 (jeweils bei deliktischer Haftung), abw BGH VersR **00** 356 (bei Gefährdungshaftung nach LuftVG, krit Anm *Mühlbauer*, zust *Prölss* VersR **01** 166), *W. Schmitz* NJW **02** 3070, s auch § 7 Rz 16a. Keine Anwendbarkeit, soweit beim Innenausgleich (I) Personen beteiligt sind, die weder als Halter noch als KfzF unfallbeteiligt waren, BGHZ **20** 259. Keine Ausgleichspflicht hat das Vorstandsmitglied einer rechtsfähigen Gesellschaft, das als Insasse eines gesellschaftseigenen Kfz geschädigt wird, BGH VRS **22** 419.

4. Bei der Abwägung entscheidet in erster Linie das **Maß der Verursachung,** das Gewicht der von den Beteiligten gesetzten Schadensursachen so, wie sie sich beim konkreten Unfall ausgewirkt haben, BGH NJW **06** 896, DAR **03** 308, NZV **95** 145, VersR **69** 832, Kö VRS **73** 176, Ha VersR **04** 1425. Eine abstrakte BG wäre nicht messbar, *Böhmer* MDR **62** 87. Es ist zu fragen, wer in welchem Maß den Schaden mitverursacht hat. Deshalb kommen insoweit aber **auch Schuldgesichtspunkte** mit zum Tragen, BGH NZV **05** 249, **96** 272, Nü VersR **99** 247, Ha NZV **95** 194, KG VM **90** 52, Ko VRS **78** 414, Fra NZV **90** 472, Mü NZV **90** 394, *Ady* VersR **03** 1103, dergestalt, dass uU schwere Schuld die BG oder geringe Schuld der Gegenseite ganz zurücktreten lassen kann, BGH VersR **65** 1075, KG NZV **90** 155, Schl VersR **86** 977, Ha VersR **81** 194. Auch unterschiedliche Verschuldensgrade sind zu berücksichtigen, KG VRS **58** 326, Rz 11. Bei der Abwägung kann es einem sich **grob verkehrswidrig** verhaltenden Unfallbeteiligten nicht zugute kommen, dass der andere sich nicht auf seinen groben Verstoß eingestellt hat, BGH NJW **82** 1756, Ha NZV **01** 428. Nur bewiesene Umstände sind zu berücksichtigen, Rz 22. Fahrer und Halter desselben Kfz, die dem Mitschädiger ausgleichspflichtig sind, bilden eine Haftungseinheit; auf sie entfällt im Ausgleich nur eine gemeinsame Quote, auch bei eigener Schädigung des Halters, BGH NJW **66** 1262, 1810, Ha NZV **93** 68. § 17, nicht § 9, ist auch anzuwenden, wenn der Führer des Fz eines Halters ohne dessen Wissen mit dem Führer des anderen an einem „gestellten" Unfall zusammenwirkt; der Halter verliert dann nicht von vornherein seinen Anspruch aus § 7 vollständig wegen weit überwiegenden Verursachungsbeitrags gem § 9, Ha NZV **93** 68, Schl NZV **95** 114 (jeweils Ersatzanspruch zu ½ bejaht), aM Stu NZV **90** 314 (krit *Dannert* NZV **93** 14). **Nimmt der Geschädigte mehrere in Anspruch,** so ist seine **Mitverantwortung** gegenüber jedem Schädiger gesondert abzuwägen; zusammen haben die Schädiger nur den Betrag aufzubringen, der bei Gesamtbeurteilung dem Anteil an der Verantwortung entspricht, die sie im Verhältnis zur Mitverantwortung des Geschädigten insgesamt tragen, § 9 Rz 6, 18.

5. Ursächlich für den Schaden muss der jeweilige Umstand **erwiesenermaßen** (Rz 22) ge- **5** worden sein, sonst bleibt er außer Ansatz, BGH NJW **07** 506, NZV **05** 407, **95** 145, NJW **00**

3069, Dü DAR **05** 217, KG DAR **03** 376, VRS **107** 23, NZV **07** 358, Ha DAR **95** 24, VRS **100** 439 (erhöhte BG), Sa NZV **95** 23, BA **04** 553. Das gilt für BG wie für Schuld. So fällt die Überlassung des Kfz an einen Fahrer ohne FE nicht ins Gewicht, wenn das Kfz beim Unfall korrekt geparkt war (BGH VersR **62** 374; zu einem Fall ordnungsgemäßen Parkens ohne irgendwelches Verschulden KG NZV **07** 358); das Gleiche gilt für Verstöße des Halters gegen die Zulassungs- und Versicherungspflicht, Kö VM **90** 45, oder fehlende FE eines beteiligten Fahrers ohne Auswirkung auf den Unfall, BGH NJW **07** 506, KG VM **86** 34, **01** 50, Sa BA **04** 553, NZV **95** 23, oder Fahruntüchtigkeit aus anderem Grund, BGH NZV **95** 145, KG DAR **03** 317, Ba VersR **87** 909, Ha VersR **00** 1515, NZV **94** 319, Sa VRS **106** 171, BA **04** 553, NZV **95** 23, AG Hildesheim BA **01** 300 (zust *Littbarski*), sofern sie sich nicht schädigend ausgewirkt hat, aM Ce VersR **88** 608 (abl *Berger* VersR **92** 169), Ha NZV **90** 393, DAR **95** 24, LG Paderborn ZfS **94** 6 (jeweils: Berücksichtigung erhöhter BG durch Trunkenheit auch ohne nachgewiesene Einwirkung auf den Schaden). Trifft den Verrichtungsgehilfen keine Schuld, so wird idR ein bewiesenes Auswahl- oder Überwachungsverschulden nicht schadensursächlich gewesen sein, Dü VRS **8** 187. IÜ bleiben bei der Abwägung selbst Regelverstöße durch einen der Beteiligten außer Betracht, wenn es am **Rechtswidrigkeitszusammenhang** (E 107) fehlt, etwa weil sich keine der Gefahren ausgewirkt hat, deren Vermeidung die Regel bezweckte, Kö VM **01** 91.

6 **5a. Die mitursächliche BG** des Geschädigten fällt auch ins Gewicht, wenn der Schädiger nur für Verschulden haftet, BGHZ **6** 319 = NJW **52** 1015. Im Rahmen von § 8 Nr 1 hat der Geschädigte nur Mitschuld zu vertreten, BGH VersR **60** 946. Als Insasse des eigenen Kfz hat der Halter mangels Entlastung (§ 7 II) auch die eigene ursächlich gewordene BG zu vertreten, BGHZ **6** 319, **26** 76, *Schirmer* AnwBl **87** 459. Für seine BG kann der Geschädigte auch bei Schuldanerkenntnis des Schädigers einstehen haben, Mü VRS **26** 416. Bei mehreren Nebentätern ist im Verhältnis zum Geschädigten Einzelabwägung geboten, Dü DAR **77** 186. **Die Betriebsgefahr** eines Kfz besteht in der Gesamtheit der Umstände, welche, durch die Eigenart als Kfz begründet, Gefahr in den Verkehr tragen, BGH DAR **56** 328, Kar VRS **77** 76. Sie wird durch die Schäden bestimmt, die dadurch Dritten drohen, BGH NJW **71** 1983, Jn DAR **00** 570, Kar VRS **77** 96. Allgemein maßgebend dafür können sein FzGröße, FzArt, Gewicht, FzBeschaffenheit, typische Eigenschaften im Verkehr (Bahn), Beleuchtung, Fahrgeschwindigkeit, Ruhen im Verkehr, verkehrsgerechte oder in welchem Maß verkehrswidrige Verwendung, Kar VRS **77** 96, Sa MDR **05** 1287, Dü DAR **90** 462, stets bezogen auf den konkreten Fall, Sa MDR **05** 1287, und den beim Unfall konkret verursachten Fremdschaden. Umstände, die sich nicht ausgewirkt haben, bleiben beiseite (Rz 5). Da jedoch auch die als ursächlich verbliebenen Umstände in ihrer quotenmäßigen Wirkung meist schwer vergleichbar sind, vermag die Abwägung nicht stets zu überzeugen. Obwohl das Gewicht der einzelnen Faktoren je nach Lage des Falls wechselt, BGHZ **29** 167, haben sich doch **einzelne Grundsätze zum Gewicht der BG** als allgemeine Regeln herausgebildet: Die allgemeine BG der fahrenden Bahn übertrifft die eines fahrenden Kfz (große, bewegte, schienengebundene Masse, langer Bremsweg), Rz 43. Soweit nur die bewegte Masse mitspricht, ist die BG der größeren Masse idR größer, BGH VersR **64** 633, **66** 521. Grobes Verschulden wird bloße BG ohne Schuldmitwirkung idR übertreffen, BGH VersR **64** 633, **66** 521, nicht sogar ganz zurücktreten lassen, umgekehrt uU hohe BG nur geringe Schuld. Die BG des korrekt beleuchteten, haltenden Kfz kann geringer sein als die des aufprallenden, Kö VRS **4** 566, aber auch die eines stehenden diejenige eines fahrenden übertreffen, BGHZ **29** 167, Kar VRS **77** 96, Rz 9. Bei nicht näher aufklärbarer Kollision mehrerer Kfz gleichen oder ähnlichen Typs sind die Anteilsquoten gleich, BGH VersR **69** 800.

7 **Motorräder** weisen, weil sie unstabil sind, eine beträchtliche BG auf, Dü DAR **05** 217, KG NZV **02** 34, Kö VRS **66** 255. Die Krad-BG bleibt auch bestehen, wenn das Krad auf der Fahrbahn geschoben wird (als Hindernis), BGH VRS **19** 83, ist aber bei am Fahrbahnrand haltendem Krad geringer als die eines fahrenden Pkw, Fra VRS **72** 416. Sie ist auch nicht derjenigen eines Pkw deshalb gleichzusetzen, weil der Kradf weniger geschützt ist, BGH VersR **60** 1140, **61** 165, 447. Erhöhte eigene Verletzungsgefahr des Kradf hat im Rahmen des § 17 stets außer Betracht zu bleiben, *Jordan* VGT **83** 211 ff. Ein Motorroller stellt wegen größerer Geschwindigkeit und stärkerer Motorleistung eine größere BG dar als ein Moped (Tatfrage), Kö VersR **63** 864. Die Krad-BG ist höher als die eines Mopeds, wenn das größere Gewicht des Krades durch höhere Geschwindigkeit zur Wirkung gelangt, BGH VersR **64** 633. BG eines Pkw ist idR größer als die eines Mofas, Kö VRS **73** 176. Jedoch kann die BG eines zur Fahrbahnmitte hin fahrenden Mopeds wegen Labilität derjenigen eines dort fahrenden Pkw gleichkommen, Sa VM **76** 23. Der Sturz des ungeschützten Mopedf bei Kollision ist keine Auswirkung der Moped-BG, BGH NJW **71** 1984, VRS **41** 340.

Schadensverursachung durch mehrere Kraftfahrzeuge § 17 StVG 1

Rspr zur Abwägung (soweit nicht bei den einzelnen Bestimmungen der StVO): Die BG 8 eines **Lastzugs** ist bei etwa gleicher Geschwindigkeit beider Fz idR höher als die eines Pkw (Kö VRS **108** 86, NZV **95** 74), aber gleich hoch mit der des wartepflichtigen Pkw, der in eine VorfahrtStr hineinragt (BGH VersR **66** 338), gleich hoch bei Vorfahrtverletzung durch Pkw (Hb VersR **66** 195), die des schnell fahrenden Lastzugs größer als die eines leeren, langsam fahrenden Lkw (Dü RdK **54** 182), die eines schweren Lkw idR höher als die eines Krads (BGH VersR **66** 521, Mü NZV **90** 394). Die BG eines mit 80 km/h an der Mittellinie einer mehrspurigen Fahrbahn fahrenden Lkw ist höher als die eines mit 100 km/h ebenfalls auf dem linken Fahrstreifen entgegenkommenden Pkw (Stu NZV **91** 393). Erhebliche BG eines die AB mit nur 25 km/h befahrenden Lkw (Fra VersR **99** 771). Die BG eines langen, schwerfälligen, seitlich unbeleuchteten bei Dunkelheit in eine bevorrechtigte Str einbiegenden Lastzugs kann doppelt so groß sein wie die eines sich dort mit 100 km/h nähernden Pkw (BGH VersR **84** 1147). BG eines Gespanns (Lkw und Hänger) ist höher als die eines Pkw (AG Weiden ZfS **08** 81 [70:30]). Die BG eines Kfz mit **Anhänger** ist größer als die eines entsprechenden Fz ohne Anhänger (Ol VersR **82** 1154, Kö VRS **90** 339). Abwägung von Verschulden und BG bei Begegnungszusammenstoß zwischen Tiefladeranhänger, der die Gegenfahrbahn teilweise mitbefährt, und Motorroller, der in unübersichtlicher Kurve nicht äußerst rechts fährt (BGH VRS **29** 414). Die BG eines **Busses** ist idR erheblich größer als die eines Pkw (Neust VRS **23** 406, Dü VRS **64** 409). Haftung zu gleichen Teilen bei Anfahren eines Linienbusses an Haltestelle ohne Rücksicht auf dicht aufgerücktes Taxi und schuldhaftem Verstoß des TaxiF gegen § 20 V StVO (Dü VRS **65** 336). Die BG des **Überholenden** kann größer sein als die des Überholten (BGH VersR **58** 268, Ol VRS **58** 594, Ha VersR **87** 692, Nau DAR **01** 223). Abwägung zwischen grob fahrlässigem „Schneiden" und BG des dadurch zum Bremsen gezwungenen Lkw: Dü VRS **64** 7 (²/₃ zu Lasten des Überholers). Höhere BG dessen, der mit einem Pkw schnell überholt, gegenüber dem, der langsam nach links abbiegt (Dü VersR **70** 1161).

Ein **Krad**, das auf der linken StrSeite eine Kolonne überholt, bildet eine erhebliche BG, Stu 9 VRS **5** 18. Die BG eines Motorrads, dessen Fahrer eine Kolonne und ein vor einer Ausfahrt anhaltendes Fz dieser Kolonne trotz Überholverbots überholt, ist wesentlich höher als diejenige eines Kfz, dessen Fahrer aus der Ausfahrt durch die Lücke nach links einbiegt und dabei mit dem MotorradF kollidiert (Haftung ¹/₃ zu ²/₃ zu Lasten des Überholenden), Ko VersR **81** 1136. Die BG eines **haltenden Kfz** oder eines verkehrsbedingt oder ungewollt zum Stehen gekommenen kann der eines fahrenden gleichkommen oder sie übersteigen (BGH VersR **60** 520), besonders, wenn ein Lastzug ohne Sicherung auf der AB hält (BGH VersR **60** 710) oder bei Dunkelheit querstehend die Fahrbahn blockiert (Kar VRS **77** 96, Ha MDR **94** 781), ebenso bei auf der Überholspur der AB querstehendem Pkw (Fra VRS **80** 263) oder unbeleuchtet entgegen der Fahrtrichtung am Mittelstreifen zum Stehen gekommenem Kfz mit Anhänger (Schl VersR **95** 476). Zur Abwägung bei Unfall durch Kollision mit verbotswidrig parkendem Fz KG VM **91** 52. Haftungsverteilung bei Auffahren auf an unübersichtlicher Stelle abgestellten Kfz mit überhöhter Geschwindigkeit 60:40 zulasten des Auffahrenden (Ko MDR **07** 1256). Haftungsverteilung bei **Auffahren** auf den Vorausfahrenden, § 4 StVO Rz 17. Abwägung bei Reihenauffahren auf der AB, Hb VersR **67** 478, beim Auffahren eines Lastzugs auf der AB auf einen langsam fahrenden anderen, BGH VersR **65** 1053, **66** 148, Ol VRS **79** 351, Fra VersR **99** 771 (¹/₄-Mithaftung des die AB mit nur 25 km/h befahrenden LkwF/Halters), auf ein wegen zu geringer bauartbestimmter Höchstgeschwindigkeit nachts verbotswidrig die AB befahrendes landwirtschaftliches Gespann, Stu VRS **103** 329 (50:50), beim Auffahren auf einen nachts ohne Beleuchtung mit 60 km/h die AB befahrenden Pkw, LG Gießen NZV **93** 115 (¹/₅ zu Lasten des Auffahrenden), bei Auffahren auf der AB auf einen wegen Unfalls haltenden Lkw, Nau NZV **95** 73, auf einen auf der Überholspur liegengebliebenen Pkw, BGH VersR **67** 456, auf ein nachts unbeleuchtet auf der Fahrbahn der AB liegen gebliebenes Fz, Fra ZfS **02** 425 (¹/₃ zu Lasten des Auffahrenden), Ha VersR **04** 1425 (Überholspur, ¹/₄ zu Lasten des Auffahrenden), auf einen nachts unbeleuchtet auf der AB-Standspur stehenden Lkw, Kar VRS **81** 99 (²/₃ zu Lasten des Auffahrenden), auf einen unbeleuchtet außerhalb der markierten Parktaschen auf AB-Parkplatzgelände stehenden Lkw, Stu NZV **93** 436 ²/₃ zu Lasten des Auffahrenden), beim Auffahren auf einen beleuchtet abgestellten Lastzug auf einer BundesStr, BGH VersR **66** 364, bei Auffahren eines Kf mit 1,61‰ auf unbeleuchtet abgestellten Anhänger, Kar VersR **83** 90 (⁴/₅ zu Lasten des fahrunsicheren Kf). Abwägung bei Auffahren auf einen auf der LandStr wendenden, unbeleuchtet querstehenden Lastzug, Ha VersR **04** 1618, MDR **94** 781 (jeweils ³/₄ zu Lasten des LkwHalters), auf einen bei Dunkelheit auf der AB querstehenden mittels Leuchten gesicherten Panzer durch 40 km/h zu schnellen Lkw, Nü VRS **87** 87 (³/₄ zu Lasten des Auffah-

1 StVG § 17 II. Haftpflicht

renden). Haftungsanteil von 60% zu Lasten dessen, der unter Überschreiten der zulässigen Höchstgeschwindigkeit und infolge Verstoßes gegen das Gebot des Fahrens auf Sicht auf der AB gegen einen auf Grund leichter Fahrlässigkeit quer stehenden Pkw fährt, Kö NZV **93** 271.

10 Beim **Begegnungszusammenstoß** zweier Kfz gleichen Typs und annähernd gleicher Geschwindigkeit ist die BG gleich groß, Mü VersR **60** 862. Dagegen kann die BG eines Motorrads gegenüber derjenigen des begegnenden Pkw und dem Verschulden von dessen Führer ganz zurückzutreten, wenn die Kollision auf der Fahrbahnhälfte des Kradf erfolgte, Dü VersR **83** 348. Abwägung der haftungsbegründenden Umstände bei Begegnungszusammenstoß zwischen Kradf und Pkw auf der Fahrbahnhälfte des Kradf, Dü VersR **83** 348. Begegnung in Engstelle (Tankwagen mit Anhänger und Möbelwagen), Fra MDR **66** 587. Gleiche BG und gleiches Verschulden bei Unfall zwischen **Linksabbieger** und Auffahrendem, Sa r + s **81** 100. Abwägung bei Zusammenstoß zwischen Linksabbieger und Nachfolgendem, wenn der Vorausfahrende vor dem Abbiegen beim Einordnen wegen starken Bremsens nach rechts gerutscht ist, Ol VersR **63** 864. Gleiche Schuld und BG bei Nichtbeachten des Fahrtrichtungsanzeigers eines links Abbiegenden (Grundstück) durch Überholenden und Nichtbeachten des vom Überholenden gegebenen Hupsignals durch den Abbiegenden, KG VRS **62** 95. Zur Abwägung bei Zusammenstoß zwischen Linksabbieger und Linksüberholer s iÜ § 9 StVO Rz 55. Erhöhte BG des Linksabbiegers Rz 14. Alleinhaftung des **Einfahrenden** gegenüber dem fließenden V Rz 18, Mithaftung des im fließenden V befindlichen FzF gegenüber dem Einfahrenden, wenn dieser die zulässige Höchstgeschwindigkeit überschritten hat, Ha DAR **97** 275 (zu $^2/_3$ bei Überschreitung um 100%), KG VRS **68** 190 (zu $^1/_2$ bei Überschreitung um 50%), Sa ZfS **92** 333 (zu $^2/_5$ bei 60 km/h statt 50), s aber Fra NZV **94** 280, oder uU bei unachtsamem Rückwärtsfahren, Kö NZV **94** 321; Mithaftung zu $^1/_3$ bei Verstoß gegen das Sichtfahrgebot bei Dunkelheit und Nebel, Mü NZV **94** 106. Haftungsverteilung zu je $^1/_2$ bei **unvorsichtigem Türöffnen** zur Fahrbahn hin und zu geringem Seitenabstand des anderen Beteiligten, KG VRS **69** 98, hingegen allenfalls 30% wegen Lkw-BG, falls Seitenabstand nicht zu beanstanden, Kar NZV **07** 81. **Weitere Rspr zur Haftungsverteilung**: bei den einzelnen Bestimmungen der StVO.

11 **5b. Erhöhte Betriebsgefahr. Zurücktreten der Betriebsgefahr.** Erhöht ist die BG, wenn die Gefahren, die regelmäßig und notwendigerweise mit dem KfzBetrieb verbunden sind, durch das Hinzutreten besonderer unfallursächlicher Umstände vergrößert werden (BGH NZV **05** 249, 407, NJW **00** 3069, Kö VM **01** 76 [Straba]), zB schwierige Örtlichkeit (BGH NZV **05** 249), besondere StrVerhältnisse, VDichte, (zurechenbare) FzMängel (BGHZ **12** 128), Ölspur (Ba VRS **72** 88), hohe Geschwindigkeit (s auch Rz 16, Dü DAR **90** 462 [bei nasser Fahrbahn], KG VM **90** 91 [150 km/h auf AB], abw Mü DAR **07** 465, Ha NZV **92** 33 [170 km/h auf AB], DAR **00** 218, NZV **92** 320 [jeweils 160 km/h auf AB], NZV **95** 194 (190 km/h auf AB), Kö VersR **91** 1188 [200 km/h bei Dunkelheit auf AB], Schl NZV **93** 152 [210 km/h auf AB]), Ko DAR **07** 463 [L], 200 km/h durch KRadf), Linksabbiegen bei schwer einsehbarer Gegenfahrbahn (BGH NZV **05** 249), Inanspruchnahme von Sonder- und Wegerecht nach §§ 35, 38 StVO (Dr DAR **01** 214), Verursachung „künstlichen Staus" auf der AB zur Verfolgung eines Straftäters im Verhältnis zum anhaltenden VT, auf den das FluchtFz auffährt (Ba DAR **07** 82), verkehrswidriges Verhalten (BGH NZV **05** 407, NJW **00** 3069, VRS **12** 17, Kö VersR **88** 194), alkoholbedingte Fahrunsicherheit des Fahrers (Fra BA **04** 92, Ha DAR **00** 568, Ce VersR **88** 608, Zw VRS **88** 109; s aber Rz 5). Kolonnenfahren erhöht nicht die BG (Mü DAR **65** 329). **Erhöhte BG** des Mopeds mit 40 km/h auf schlüpfrigem Blaubasalt, erhöhte BG auch bei Nichteinhalten der rechten Fahrbahnseite (Kö VRS **66** 255, NZV **89** 437), uU auch bei erlaubtem Linksfahren (*Booß* VM **86** 34, aM KG VM **86** 34), zB beim Überholen unter Inanspruchnahme der Gegenfahrbahn (Ha VRS **101** 81); erhöhte BG eines Krads mit besonders hoher Beschleunigung (KG VM **86** 34, **89** 23), eines Gabelstaplers mit geringen Fahrgeräuschen und tiefer Gabel wegen schlechterer Wahrnehmbarkeit (Kö VersR **88** 194), eines überlangen Sondertransports mit geringer Manövrierfähigkeit (Kar VersR **92** 332). **Verschulden** des Fahrers erhöht die von dem geführten Kfz ausgehende BG (BGH NJW **04** 772, KG NZV **05** 416, Dü DAR **05** 217, Ko NZV **92** 406, Ha VersR **01** 1169, Kar VersR **92** 332, Sa NZV **93** 31), jedoch nur, soweit ein **Zurechnungszusammenhang** besteht, sich das Fehlverhalten also im Unfallgeschehen gefahrhöhend ausgewirkt hat (BGH NJW **88** 58, Ha NZV **90** 473; s auch **E** 101). Nicht verkehrsgerechtes Verhalten, selbst wenn es zum Schaden beigetragen hat, bleibt außer Betracht, soweit dieser *außerhalb des Schutzzwecks* der nicht beachteten Norm liegt (Ba VersR **87** 1137, Kö VRS **99** 401, Hb NZV **92** 281). In dem oben geschilderten Sinn sind erhöhende Umstände insbesondere auch verschuldetes oder unverschul-

Schadensverursachung durch mehrere Kraftfahrzeuge § 17 StVG 1

detes sachwidriges Verhalten von Angestellten des Halters, besonders des angestellten Fahrers (Dü DAR 77 188), zu vertretendes Verschulden des Ersatzpflichtigen bei Verursachung des Unfalls (BGH VersR 59 729, Kö DAR 57 293, Stu VersR 59 724,). Der Halter muss sich Fahrerschuld als Erhöhung der BG auch anrechnen lassen, wenn dieser nicht Verrichtungsgehilfe ist oder wenn er sich nach § 831 BGB entlastet (BGHZ 12 124, VersR 76 1131, 81 354, Stu DAR 53 213, Ko VkBl 52 78). Gefährliche ursächliche Fahrweise erhöht die BG (BGH VersR 60 328, Stu VkBl 56 207, Ba VersR 82 583).

Ein fehlender **Rückspiegel** im Führerhaus und demgemäß beschränkte Sicht erhöht die BG **12** (Hb VersR 61 1145). Erhöhte BG bei ungewöhnlichem **Langsamfahren auf der AB** (Mü VersR 67 691, Ha VersR 67 761 [Schleppkolonne], Ol VRS 79 351) oder bei Verursachung eines **Hindernisses auf der AB** durch Unfall (BGH NZV 04 243, Stu VRS 113 86).

Die BG ist erhöht, wenn das Kfz **überlastet** ist, die Sitzbänke nicht befestigt sind und der **13** Fahrer überschnell eine unübersichtliche Kurve durchfährt (Tüb DAR 51 99). Beförderung einer erwachsenen Person auf dem Rücksitz eines Leichtkraftrads erhöht die BG wegen erschwerter Beherrschbarkeit des Fz (Kö MDR 83 940). Beim **Überholen** ist die BG des Überholenden wegen der höheren Geschwindigkeit und der Linkswendung gesteigert (doch wohl Tatfrage; BGH VersR 58 268, Brn DAR 95 328), jedenfalls bei zu geringem Seitenabstand (Ha VersR 87 692 [Haftung zu 2/3 bei Ausscheren des Überholten 1 m nach links]). Erhöhte BG des zwei stehende Fz-Kolonnen links überholenden Kradf bei Kollision mit aus der rechten Kolonne ausscherendem, wendendem Fz (Mithaftung zu 1/5; Mü DAR 81 356). Gesteigerte BG beim Vorbeifahren an einem Hindernis unter Benutzung der Gegenfahrbahn vor unübersichtlicher Kurve (Ba VersR 82 583). Übersehen des **Richtungszeichens** des Linksabbiegers erhöht die BG des Linksüberholenden (BGH VRS 20 161, VersR 61 233). Nichtanzeige des Abbiegens: § 9 StVO.

Erhöhte BG des **Vorfahrtberechtigten** durch zu hohe Geschwindigkeit, § 8 StVO Rz 69a. **14** Erhöhte BG des **Linksabbiegers** bei Kollision mit GegenV (BGH NZV 05 249, 07 294, KG VM 87 37). Erhöhung der BG des links abbiegenden Fz durch Unterlassen der zweiten Rückschau: Ha VersR 81 340, s auch § 9 StVO Rz 55.

Versagen Einrichtungen eines Kfz, so erhöht das die BG ohne Rücksicht auf Verschulden, **15** BGH VRS 5 35, Ha VRS 84 182. Haftungsverteilung 2:1 zu Lasten des Halters, von dessen Kfz Teile lösen, gegenüber demjenigen, der diese infolge zu hoher Geschwindigkeit zu spät wahrnimmt, Ko VRS 68 32. Alleinhaftung bei Hinterlassen einer Ölspur infolge Motorschadens, die von dem gestürzten ZweiradF unverschuldet nicht bemerkt wurde, Ba VRS 72 88. Frostempfindlicher Dieselkraftstoff erhöht die BG, BGH VersR 68 646. Fehlen oder Mängel der vorgeschriebenen **Beleuchtung** (§ 17 StVO) erhöhen die BG, Dü DAR 52 5. Unzureichende Beleuchtung eines Fz nachts auf der Straße oder der AB wiegt besonders schwer, BGH VersR 58 607, KG DAR 83 82. Halter und Fahrer sind nach Maßgabe der § 23 StVO, § 31 StVZO für **FzZustand,** Zubehör und Besetzung verantwortlich. Alleinhaftung bei Auffahrunfall nach Verlust des Reservereifens unterwegs, Dü VersR 62 484, Ha VRS 84 182, bei Bremsversagen, Bra VRS 3 377, auch bei Moped, BGH VersR 66 146, bei defekter Bremse der Straba im Verhältnis zu einem verkehrswidrig abgestellten Lastzug, BGH VersR 60 609, bei Ausscheren eines LkwAnhängers wegen eines falsch eingestellten Bremskraftreglers, BGH VersR 61 249, 70 423.

5 c. Keinen Ausgleich seines Schadens erhält, wessen Verursachungsanteil und/oder Schuld **16** so stark überwiegt, dass der des anderen Beteiligten demgegenüber zurücktritt, BGH NZV 96 272, Ko VersR 96 1427, KG DAR 83 82, Ha VersR 81 194, Schl VersR 86 977, Ba VRS 72 88, Stu VRS 78 420, Kar VersR 91 1071, KG VRS 88 115. Daran hat sich durch den Wegfall des Unabwendbarkeitsbeweises in § 7 II seit G v 19. 7. 02 nichts geändert, Ce MDR 04 994. Unter Berücksichtigung der Grundgedankens der Gefährdungshaftung gem §§ 7, 17 StVG ist eine ausdehnende Anwendung dieser Rspr problematisch, sa VM 82 69, Kö VRS 73 176, *Bursch/Jordan* VersR 85 517. Sie setzt idR neben einer nicht erheblich ins Gewicht fallenden mitursächlichen (uU selbst erhöhten, Ha NZV 92 320) BG des einen, bezogen auf den Unfallverlauf, grobes Verschulden des anderen voraus, BGH NZV 90 229, Sa VM 82 69, Mü r + s 86 6, *Reiff* VersR 92 1367. **Beispiele** (nicht zu verallgemeinern), soweit nicht bei den einzelnen Bestimmungen der StVO behandelt: Anzeigeloses, plötzliches **Wechseln des Fahrstreifens** als Vorausfahrender, Bra VersR 03 1567, Kö VersR 91 195, Ce VersR 72 1145, überhaupt Fahrstreifenwechsel unter Missachten der gesteigerten Sorgfaltspflicht des § 7 V 1 StVO, KG VRS 109 10, 104 263, MDR 03 1228, Ha DAR 05 285, VRS 81 342, *Reiff*

StVG § 17 II. Haftpflicht

VersR **92** 1367, selbst bei sehr hoher Geschwindigkeit des anderen Beteiligten (§ 3 StVO Rz 55c), KG VM **85** 63, VM **90** 91, Kar VRS **74** 166, Nü ZfS **91** 78, Ha DAR **02** 312, NZV **90** 269 (200 km/h, abl *Greger*), *Gebhardt* DAR **92** 297, **str**, abw (bei Überschreiten der **AB-Richtgeschwindigkeit** von 130 km/h, s § 3 StVO Rz 55c) Kö VersR **91** 1188 [200 km/h bei Dunkelheit auf AB, zust *Reiff* VersR **92** 293], VersR **92** 1366 [150 km/h auf AB, abl *Reiff*], Ha NZV **95** 194, **00** 42, DAR **00** 218, dazu *Reiff* VersR **92** 717, s auch Jn DAR **07** 29). Aber Mithaftung des die zulässige Höchstgeschwindigkeit überschreitenden Überholers, KG VM **93** 85, zur Mithaftung des Überholenden s auch § 5 StVO Rz 73. Schleudern auf die Gegenfahrbahn beim **Durchfahren einer Kurve,** Kar VersR **81** 886, nicht äußerst rechts Fahren in schmaler Kurve, BGH VersR **67** 286, Schneiden einer Kurve mit Begegnungszusammenstoß, BGH VersR **66** 776, Nü VersR **61** 982, Mitbefahren der linken StrSeite in glatter Kurve, Nü VersR **60** 574, Überfahren der StrMittellinie in einer Kurve, BGH NZV **90** 229, **94** 391, durch alkoholbedingte Fahrunsicherheit verursachtes **Geraten auf die Gegenfahrbahn,** Stu VersR **82** 861, Abrutschen auf die andere StrSeite wegen überschnellen Fahrens, Ko VRS **84** 14, Kar VersR **77** 937, grob fahrlässig verursachtes Abkommen von der Fahrbahn und anschließendes Querstellen des Fz bei Auffahren des mit ausreichendem Sicherheitsabstand Nachfolgenden, Ha VersR **81** 788, Schleudern auf die Gegenfahrbahn, Jn DAR **02** 269, zB bei Nässe, BGH VersR **61** 292, oder bei winterlicher Glätte, Ha NZV **94** 277, **98** 115, Überfahren der ununterbrochenen Linie mit Tanklastzug bei Überschreiten der zulässigen Höchstgeschwindigkeit um 20 km/h auf schmaler Straße bei 40 m Sicht, um der vermeintlichen Gefahr durch einen auf dem Gehweg verkehrswidrig parkenden Pkw zu begegnen, Ha VersR **81** 194, nicht mehr kontrollierbares Hineinschleudern in eine entgegenkommende Kolonne, Ce VersR **80** 722, gefährdendes Befahren der unrichtigen StrSeite (Linksfahrt), BGH VersR **62** 989, zB beim Einbiegen in die Fortsetzung abknickender VorfahrtStr, BGH VersR **66** 264. **Linksabbiegen in ein Grundstück** ohne ausreichende Rückschau: § 9 StVO Rz 52. Völlig **achtloses Auffahren** auf ein haltendes Kfz ohne Warnleuchten, BGH VersR **64** 952, erst recht auf ein beleuchtetes, BGH DAR **56** 215, Fra VRS **72** 416, auf den Vordermann, der verkehrsgerecht (§ 11 StVO) wartet, um bei einer Stauung das Linksabbiegen zu ermöglichen, Mü DAR **64** 218, auf ein wegen Panne auf der AB äußerst rechts haltendes Fz, BGH VersR **65** 383, auf ein den linken AB-Fahrstreifen mit 15 km/h befahrendes SchneeräumFz mit Rundumleuchte, Bra NZV **02** 176, auf einen entgegen § 12 StVO abgestellten Lastzug, BGH VersR **65** 362, **67** 398, Nü VersR **63** 715, Auffahren auf der AB bei Tag auf einen langsam vorausfahrenden oder wegen Panne haltenden Lastzug, Ce VersR **67** 1054, auf ein ordnungsgemäß gesichertes (Warndreieck, Warnblinkanlage, Rückfahrscheinwerfer) auf der AB vor einer Unfallstelle wartendes Fz, BGH NZV **04** 243, auf einen weithin sichtbaren, rechts haltenden Lastzug, BGH VersR **69** 713, auf einen Lastzug, der auf der AB wegen Spurverengung nach links ausbiegt und dies rechtzeitig anzeigt, Mü VRS **35** 333, auf einen nachts eine AB-Steigung mit 50 km/h befahrenden (schwach beleuchteten) Lkw, Fra NZV **01** 169, auf einen Lkw, der in einer Engstelle plötzlich anhalten muss, bei zu geringem Abstand, Kar VersR **61** 566, Auffahren auf den Vorausfahrenden, ohne dass dieser seine Fahrlinie geändert oder unzulässig gebremst hätte, BGH VersR **66** 146, **62** 1101, KG VM **88** 50, Hb DAR **65** 301, VersR **67** 478, Dü VRS **74** 105, Kollision mit einem rückwärts aus der Parktasche eines Parkhauses ausgefahrenen Fz infolge auf dem „Fahrstreifen" zwischen den Parktaschen eingehaltener wesentlich zu hoher Geschwindigkeit (ca 30), KG VRS **64** 104. **Inanspruchnahme des Wegerechts** nach § 38 StVO bei Rotlicht ohne die gebotene Vorsicht (§ 38 StVO Rz 10), KG VM **81** 95. Wer beim **Wenden** in die Fahrbahn eines anderen Kf gerät und mit diesem kollidiert, haftet mangels Verschuldens des anderen idR allein, § 9 StVO Rz 52. Zurücktreten der Straba-BG: Rz 43.

17 Auch grob fehlerhafte **Überholmanöver** können den Ausgleich ausschließen: Überholen auf nasser oder glatter Überholfahrbahn ohne Übersicht über Gegenverkehr, BGH VersR **62** 643, Ko VersR **96** 1427, Überholen einer Kolonne trotz Gegenverkehrs, Mü VersR **65** 907, waghalsiges rücksichtsloses Überholen einer FzKolonne bei leichtem Ausscheren eines in der Kolonne Fahrenden, Kö VRS **72** 13, Ha VRS **92** 182, Anschlussüberholen trotz Gegenverkehrs, BGH VersR **65** 566, Sa VM **81** 37, grobfahrlässiges Schneiden nach Überholen, Mü VersR **66** 1015, Einscheren unmittelbar vor dem Überholten und sofortiges Bremsen, Kar VersR **91** 1071, Rechtsüberholen eines Dauerlinksfahrers und Aufhalten des Überholten durch scharfes Bremsen, Kö VRS **30** 164, verspätetes Linksüberholen des nach links in ein Grundstück Abbiegenden (obwohl dieser äußerst sorgfältig sein muss), BGH VersR **64** 681, Mü VersR **65** 524. Völliges Zurücktreten der BG eines überholenden Motorrads gegenüber grob schuldhaftem

Ausscheren des überholten, alkoholbedingt absolut fahrunsicheren Pkwfahrers, Schl VersR **86** 977, oder des überholten Lkw aus einer ordnungsgemäß überholten FzKolonne, Kar VersR **02** 1434, eines mit 170 km/h den linken Fahrstreifen der AB befahrenden Pkw gegenüber dem nach links ausscherenden zu überholenden Pkw, Nü ZfS **91** 78, des in einer Rechtskurve von einem Radf grob verkehrswidrig rechts überholten Lkw, Stu VRS **80** 165. Alleinhaftung des Kradf, der mit einem anderen Kradf infolge zu geringen Seitenabstands beim Überholen kollidiert, Kö VersR **88** 277, oder der infolge groben Fehlverhaltens auf AB auf einen vor ihm ordnungsgemäß überholenden Pkw auffährt, Fra VersR **93** 1499. Ermäßigt ein Vorfahrtberechtigter seine Geschwindigkeit, um einen Wartepflichtigen einbiegen zu lassen, so kann das Überholen beider Fz einen so schweren Verstoß darstellen, dass die BG des Einbiegenden bei Kollision des Überholenden mit diesem außer Betracht bleibt, Ha VersR **82** 250. Wer als Kf durch erhebliches Verschulden, etwa beim Überholen, die Fehlreaktion eines anderen Kf auslöst, erhält keinen Ausgleich seines Schadens, Fra VersR **81** 737, VRS **88** 112. Bei grober **Vorfahrtverletzung** tritt die BG des vom Vorfahrtberechtigten geführten Fz idR zurück, § 8 StVO Rz 69. Die Umstände können es aber in Ausnahmefällen auch rechtfertigen, den Berechtigten seinen Schaden allein tragen zu lassen, BGH VRS **14** 346, KG DAR **83** 82 (Fahren ohne Beleuchtung). Wer **in ein Grundstück abbiegt,** muss sich so verhalten, dass Gefährdung anderer ausgeschlossen ist (§ 9 V StVO). Bei besonderer Unachtsamkeit kann er seinen Schaden im Verhältnis zum Längsverkehr allein tragen müssen (FernverkehrsStr), BGH VersR **69** 614, Ha VersR **69** 618, zB auch bei Linksabbiegen trotz rasch herankommenden Gegenverkehrs, BGH VersR **64** 514, **65** 899, **66** 188, oder beim Abbiegen in eine Tankstelle, BGH VersR **60** 225, nicht aber bei Kollision mit dem aus demselben Grundstück Ausfahrenden, Dü NZV **91** 392 (je ¹/₂), s auch § 9 StVO Rz 55.

Der **in den Verkehr Einfahrende** muss sich so verhalten, dass Gefährdung anderer aus- **18** geschlossen ist (§ 10 StVO). Verletzung dieser Pflicht lässt die BG des im fließenden V befindlichen Fz zurücktreten (Ce NJW-RR **03** 1536, KG VM **01** 27, NZV **06** 369, Ha DAR **95** 24, Kö VRS **86** 322, Fra NZV **94** 280), zumal bei zusätzlichem Verstoß gegen die Rückschaupflicht (LG Bonn NZV **07** 407 [unerheblich, ob von Einfahrendem nach § 8 Nr. 1 keine gefährdungshaftungsrelevante BG ausgeht]), auch bei Fahrstreifenwechsel des fließenden V auf den zunächst freien rechten Fahrstreifen (KG DAR **04** 387). Neben ihm haftet der Halter des die Sicht versperrenden in 2. Reihe haltenden Fz, KG VM **80** 85 (zu ¹/₅). Zur Mithaftung des im fließenden V befindlichen FzF Rz 10. Alleinhaftung dessen, der die Einbahnstr in falscher Richtung befährt und mit Ausfahrendem kollidiert, Ol NZV **92** 487. Allein für seinen Schaden verantwortlich kann auch derjenige sein, der in die AB ein- und sofort auf den Überholstreifen fährt, § 18 StVO Rz 16. Alleinhaftung eines Traktorfahrers, der mit 2 Anhängern bei Dunkelheit vom Acker über eine durchgehende Linie einer BundesStr in diese nach links einbiegt und mit einem dort mit 100 km/h und Abblendlicht von rechts kommenden Pkw kollidiert, Dü VRS **89** 244, oder in eine LandStr trotz in 270 m Entfernung herannahendem Pkw, Ha NZV **97** 267.

Gänzliches Zurücktreten der Kfz-BG bei sorgfältiger Fahrweise im Verhältnis zu **unvorsich-** **19** **tigen Fußgängern,** § 9 Rz 13, bei grob fahrlässigem Verhalten eines Rodlers, Mü DAR **84** 89.

6. Verteilung des Schadens. Der Schaden ist quotenmäßig zu verteilen. Dabei muss die **20** Addition der Quoten 100% ergeben, *Jan/Jag/Bur* Rz 13, unzutr LG Wiesbaden DAR **04** 156 (abl *Sauer* DAR **04** 398). Nicht zulässig wäre es, jedem Beteiligten den eigenen Schaden aufzuerlegen, BGH DAR **57** 129, LG Itzehoe NZV **04** 366, LG Dü VersR **63** 761. Das Bemühen um Gleichmäßigkeit und Überschaubarkeit der Rspr zur Schadensverteilung hat zur Entwicklung von **Quotentabellen** (zB VGT **85** 253) geführt, die jedoch angesichts der weitgehenden Unvergleichbarkeit der Unfallabläufe und örtlichen Gegebenheiten allenfalls eine gewisse Orientierungshilfe bieten können, dazu *Bursch/Jordan* VersR **85** 512, *Brüseken ua* NZV **00** 441 sowie Empfehlung des VGT **85** 12. Umfangreiche, systematisch gegliederte RsprÜbersicht bei *Grüneberg,* Haftungsquoten bei VUnfällen.

7. Ausgleichspflicht des verletzten Halters gegenüber dem haftpflichtigen anderen 21 Halter besteht auch, wenn er als Insasse seines Kfz nur für seine BG einzustehen hat, während der Schädigende nach § 7 StVG und für Verschulden haftet, BGHZ **6** 319 = NJW **52** 1015, *Böhmer* DAR **57** 146. Auch seinen Ansprüchen aus § 823 BGB gegenüber muss sich der als Mitfahrer verletzte Halter seine Gefährdungshaftung entgegenhalten lassen, BGHZ **20** 259 = NJW **56** 1067, 1665 abl *Böhmer* MDR **57** 546, Kar VersR **61** 287.

I StVG § 17 II. Haftpflicht

22 **8. Ausschluss der Ausgleichspflicht: Unabwendbares Ereignis.** Abs 3 schließt die Ausgleichspflicht des Halters nach Abs 1 und 2 aus, wenn der Unfall durch ein unabwendbares Ereignis herbeigeführt wird. Es handelt sich um einen neben § 7 II tretenden Ausschlusstatbestand, weswegen die Fragen der Unabwendbarkeit und der Haftungsverteilung zu trennen sind (Mü DAR **07** 465, Ha DAR **00** 218 [zu § 7 II aF]). War der Unfall für beide beteiligten Halter unabwendbar, so entfallen gem III gegenseitige Ansprüche (wie auch schon nach früherem Recht, *Wagner* NJW **02** 2061, einschr (zur Vermeidung unbilliger Alleinhaftung nur *eines* Halters) *Huber* § 4 Rz 80 ff, *Ady* VersR **03** 1105 für den Fall der Schädigung eines Dritten durch zwei Halter, für die der Unfall gleichermaßen unabwendbar war). Der Haftungsausschluss gilt gem III S 3 **auch gegenüber dem Eigentümer eines Kfz**, der nicht Halter ist, zB bei Leasing des Fz (BTDrucks 14/8780 S 22; s auch § 7 Rz 16a, § 9 Rz 17). Unabwendbarkeit bedeutet nicht absolute Unvermeidbarkeit (BGH DAR **05** 263, NZV **92** 229, NJW **86** 183, Ce VRS **108** 354, Br DAR **01** 273, KG ZfS **02** 513, Sa NZV **92** 75, Schl VersR **99** 334), sondern besonders sorgfältige Reaktion (Ha NZV **99** 128, 374, Ol VersR **80** 340). Unabwendbar ist ein Ereignis, das durch **äußerste mögliche Sorgfalt** (E 150) nicht abgewendet werden kann (BGH DAR **05** 263, BGHZ **117** 337 = NZV **92** 229, Fra ZfS **05** 180, Ce VRS **108** 354, Brn VRS **106** 106, Sa ZfS **03** 118, Ha NZV **00** 376, KG VRS **106** 23). Dazu gehört sachgemäßes, geistesgegenwärtiges Handeln über den gewöhnlichen und persönlichen Maßstab hinaus (BGH DAR **05** 263, NZV **91** 185, **92** 229, Brn VRS **106** 18, Sa ZfS **03** 118, KG VRS **107** 18, Dr DAR **01** 213, Br DAR **01** 273), jedoch nicht das Verhalten eines gedachten „Superfahrers", sondern, gemessen an durchschnittlichen VAnforderungen, das **Verhalten eines „Idealfahrers"** (BGH NZV **91** 185, **92** 229, VersR **92** 890, Sa ZfS **03** 118, Brn VRS **106** 18, 107, Dr DAR **01** 213, Br DAR **01** 273, Ha NZV **00** 376). Zur äußersten Sorgfalt gehört Berücksichtigung aller möglichen Gefahrenmomente (KG VRS **106** 23, 260, Fra VersR **99** 771, Stu VersR **83** 252). Der Fahrer muss auch erhebliche fremde Fehler berücksichtigen (Brn VRS **106** 18, KG Betr **74** 1569) und darf nicht strikt auf eigenem Vorrecht beharren (BGH NJW **08** 1305, KG VRS **112** 187). Andererseits darf er auch im Rahmen des III als besonders sorgfältiger Kf grundsätzlich **auf das Unterlassen grober Verstöße durch andere VT vertrauen** (BGH VersR **85** 86, NJW **86** 183, Ha NZV **99** 374, KG ZfS **02** 513, Kar VRS **74** 86, Ol NZV **90** 154, Kö NZV **92** 364, Fra VRS **84** 274), in gewissem Umfang auch auf sachgerechtes Verhalten von Kindern (BGH NJW **87** 2375, KG VM **97** 52). Maßgebend ist die Sachlage vor dem Unfall (BGH VersR **65** 81, Mü VersR **76** 1141, Kö DAR **60** 136), uU schon die Situation vor Eintritt der Gefahrenlage, wenn ein „Idealfahrer" auch deren Eintreten vermieden hätte (BGH NZV **92** 229, NJW **06** 896, Ko NJW-RR **06** 94, Brn VRS **106** 107, 254). Denn ein sich zu spät „ideal" verhaltender Fahrer ist kein Idealfahrer (BGH NJW **06** 896). **Umstände, die den Schaden nicht beeinflusst haben,** bleiben unberücksichtigt, auch wenn sie ein Fehlverhalten des Kf begründen (BGH NJW **82** 1149, Fra VRS **84** 274). Unabwendbarkeit, wenn ein Idealfahrer zwar nicht in der ursächlich gewordenen Weise gefahren wäre, dies aber wegen einer anderen als der verwirklichten Gefahr getan hätte (BGH DAR **76** 246, NJW **85** 1950, **86** 183). Insbesondere kommt es dem Geschädigten nach dem Schutzzweck des III nicht zugute, wenn der Kf eine ihm gegenüber einem *anderen* VT (nicht dem Geschädigten) obliegende Pflicht verletzt hat (BGH DAR **76** 246, KG NJW-RR **87** 284). **Zuwiderhandlung gegen VVorschriften** schließt die Annahme äußerster Sorgfalt aus (Stu VRS **103** 329). Ursächliche Geschwindigkeitsüberschreitung steht der Feststellung von Unabwendbarkeit entgegen (Br DAR **01** 273, Nau NZV **08** 25); jedoch schließt überhöhte Geschwindigkeit III nicht aus, falls sie weder für den Unfall noch für schwerere Folgen ursächlich war (zB Kradf fährt einem Pkw auf dessen Fahrbahnseite unmittelbar in den Weg, Stu VersR **80** 341, Fra VRS **84** 274). (Mitursächliches) Überschreiten der **AB-Richtgeschwindigkeit** schließt nach hM Unabwendbarkeit aus (dazu aber § 3 StVO Rz 55 c). Auch im Rahmen des § 17 III steht dem Fahrer, der durch unvorhersehbare Gefahr überrascht wird, **Schreckzeit** zu (BGH VersR **64** 753, Sa VM **71** 84). Jedes **Verschulden** schließt ein unabwendbares Ereignis aus (BGH VersR **59** 789, Ce VersR **78** 1144, KG VersR **71** 869, DAR **76** 240, Kö NJW-RR **87** 478). Die Unabwendbarkeit kann nicht mit dem Hinweis darauf verneint werden, dass ein besonders sorgfältiger Kf die Fahrt zu dieser Zeit und an diesem Ort überhaupt unterlassen hätte; denn §§ 7, 17 III setzen den *Betrieb* des Kfz voraus (*Booß* VM **84** 48, aM Mü VM **84** 46). Zur Entlastung nach III gehört der Nachweis, dass der Halter bei der **Auswahl und Beaufsichtigung des Kf** sorgfältig war (BGH VersR **64** 1241). Zur Unabwendbarkeit bei **Inanspruchnahme von Sonderrechten** nach § 35 StVO Ko NZV **97** 180, Ha VersR **98** 1525 (jeweils Verfolgungsfahrt). Hat sich der Sonderrechtsfahrer besonders sorgfältig verhalten, ist III nicht schlechthin ausgeschlossen (Ce VersR **75** 1052).

Schadensverursachung durch mehrere Kraftfahrzeuge **§ 17 StVG 1**

Wer sich nach III entlasten will, muss die **Unabwendbarkeit des Unfalls beweisen** (BGH **23** DAR **76** 246, KG VRS **107** 23, Brn VRS **106** 107, Kö NZV **94** 230, Reiff VersR **92** 1367). Zum Beweis der Unabwendbarkeit gehört nicht Widerlegung aller nur denkmöglicher Unfallverläufe, für die keinerlei tatsächlicher Anhalt besteht (BGH VersR **70** 423, Brn VRS **106** 107, Kar VersR **81** 886, Dü VersR **77** 160). Da der Zivilrichter an das Parteivorbringen gebunden ist, kann er den Entlastungsbeweis nur auf dieser Grundlage beurteilen (BGH VRS **17** 102). Unaufklärbarkeit tatsächlicher Umstände geht zu Lasten des Beweispflichtigen (Mü VersR **76** 1141, Kö VersR **03** 77 [kein Anscheinsbeweis]). Schon bloße Zweifel am unfallursächlichen Fahrverhalten schließen die Feststellung der Unabwendbarkeit aus (BGH VersR **69** 827). Die Beurteilung, ob ein unabwendbares Ereignis vorliegt, ist **Sache des Tatrichters** (BGH DAR **05** 263). Beispiele unabwendbarer Ereignisse: Rz 26–27.

8 a. Unabwendbarkeit. Selbst ein besonders vorsichtiger Kf braucht nicht damit zu rech- **24** nen, dass ein **Entgegenkommender** infolge winterlicher StrVerhältnisse von der Gegenfahrbahn herüberschleudern werde, BGH VersR **59** 455, Fra VersR **87** 469, oder dass ihm auf seiner Fahrbahnseite in einer Kurve plötzlich ein Krad vor den Kühler fährt, BGH VersR **66** 1076. Dass sich ein Entgegenkommender durch das Vorbeifahren an einem UnfallFz behindert fühlen und ins Schleudern geraten werde, BGH VRS **29** 448. Unabwendbar ist: Zusammenstoß auf eigener Fahrbahn oder eigenem Fahrstreifen mit einem Entgegenkommenden, BGH NZV **94** 391, Ce VersR **79** 264, DAR **76** 76, Schl VersR **74** 679 (Blendung), Fra VRS **72** 32 (Glatteis). Grob verkehrswidriges Ansetzen zum Überholen für den Entgegenkommenden, der verkehrsgerecht fährt, BGH VersR **68** 577, anders aber, wenn dieser im Hinblick auf die erkennbare Gefahr solchen Überholens zu schnell fährt, Fra VersR **81** 238. Unfall infolge der **Ausweichbewegung** wegen unvorhersehbaren Querfahrens eines Wartepflichtigen kann unabwendbar sein, Ha VersR **69** 956. Auch der besonders sorgfältige Kf kann uU das Steuer im letzten Augenblick herumreißen müssen, BGH VersR **76** 343.

Für den innerorts erlaubt **Parkenden** kann ein Unfall unter Beteiligung seines Kfz mangels **25** erkennbarer Gefahrumstände ein unabwendbares Ereignis sein, Kar VersR **78** 647, Bra VersR **89** 95. Dass dem **Vorfahrtberechtigten** im letzten Augenblick ein Wartepflichtiger mit großer Geschwindigkeit unmittelbar vor den Wagen fährt, kann die Haftung nach III ausschließen, Neust VRS **10** 189. Für den vorfahrtberechtigten Busf, der sich vor der Einmündung wegen parkender Fz mehr nach links halten musste, kann es unabwendbar sein, wenn ein Wartepflichtiger trotz beschränkten Überblicks zügig einbiegt und vor den Bus gerät, Fra VersR **79** 265. Auch sonst kann eine Vorfahrtverletzung für den Berechtigten unabwendbar sein, BGH NJW **61** 266, Kö DAR **60** 136, Mü VersR **59** 863, etwa unklares Fahren des Wartepflichtigen (Bremsen, dann Abbiegen), BGH VersR **67** 779. Unabwendbarkeit für den ordnungsgemäß in eine Straße links Abbiegenden, falls Nachfahrender trotz unklarer VLage überholt; Betätigung Fahrtrichtungsanzeiger muss allerdings bewiesen werden (sonst BG zu 25%, Ce SVR **07** 300). Das **Hochschleudern von Gegenständen,** für deren Vorhandensein auf der Fahrbahn keine Anhaltspunkte vorliegen, kann unabwendbar sein, insbesondere, wo hohe Geschwindigkeiten gefahren werden dürfen, LG Hof NZV **02** 133 (Kantholz auf AB), AG Fra NJWE-VHR **97** 132 (flaches Brett), selbst bei zu geringem Abstand zum Geschädigten, LG Berlin ZfS **81** 325. **Unabwendbar ist es:** Dass ein Stein von einem auf normaler Fahrbahn fahrenden Kfz in die Windschutzscheibe eines anderen geschleudert wird, Kö ZfS **83** 353, AG Lahr VersR **61** 334, LG Lüneburg MDR **61** 1014 (str, s AG Kö VRS **69** 13), anders zB im Bereich von Baustellen, BGH VRS **47** 241, oder bei größeren Gegenständen, LG Aachen VersR **83** 591 (schon bei mittelgroßen Steinen von 6 × 6 × 6 cm). Dass beim Bestreuen der AB ein weggeschleuderter Stein eine Windschutzscheibe zertrümmert, LG Lübeck DAR **55** 528. Ob der beim Einsatz eines fahrbaren Mähgeräts durch hochgeschleuderten Stein verursachte Schaden unabwendbar ist, hängt von den konkreten Umständen und den unter Berücksichtigung dieser Umstände objektiv möglichen und zumutbaren Sicherheitsvorkehrungen ab, BGH DAR **05** 263 (Aufhebung von Ce NVwZ-RR **04** 553). Ein besonders sorgfältiger Kf soll nach Baugelände auf in den Reifen eingeklemmte Steine achten müssen, Fra VM **58** 34, AG Kö VersR **86** 1130. Unabwendbar kann ein Unfall sein, der auf nicht rechtzeitigem Wahrnehmen ungewöhnlich schwer erkennbarer **Hindernisse auf der Fahrbahn** einer AB beruht, LG Kö MDR **91** 1042 (Eisenstange), § 3 StVO Rz 25. Rutschen auf nicht erkennbarer (dazu Ba VRS **72** 88) Ölspur, LG Köln DAR **65** 328, anders bei rechtzeitiger Wahrnehmbarkeit oder nicht angepasster Geschwindigkeit, LG Bonn VM **00** 40. Unabwendbar ist, dass der Fahrer eines auf die **Autobahn** einfahrenden Lastzugs unversehens die Überholspur versperrt, BGH VRS **10** 327; je nach

1 StVG § 17   II. Haftpflicht

Übersicht das Auffahren auf einen Lkw, der verbotswidrig auf dem AB-Notübergang wendet, BGH VersR **57** 787. Verbotswidriger Gegenverkehr auf der AB, LG Darmstadt VersR **66** 1144. Auffahren eines Pkw auf einen langsam bergauf fahrenden, auf der AB rechtzeitig sichtbaren Lastzug für dessen Halter, Zw VersR **73** 166, nicht aber für den Halter eines die AB mit nur 25 km/h befahrenden Lkw, wenn der Fahrer Anlass hatte, wegen seiner geringen Geschwindigkeit auf den nachfolgenden V besonders zu achten, Fra VersR **99** 771. Dass jemand auf einen Lastzug auffährt, der wegen einer Stauung auf der AB hält, ist unabwendbar für den Lastzugf, Dü VersR **62** 455. Dass ein auf der AB Vorausfahrender ohne erkennbaren Grund auf den Grünstreifen gerät, scharf nach rechts einschlägt und dem Nachfolger in die Flanke fährt, BGH VRS **22** 90.

26   Auch ein besonders sorgfältiger „Idealfahrer" muss sich beim **Überholen** mehrerer Vorausfahrender in FzSchlange nur dann auf ein nicht angekündigtes Überholen auch des vor ihm Fahrenden einstellen, wenn besondere Umstände (zB Ende eines längeren Überholverbots) dies verlangen, BGH NJW **87** 322. Dass der zu Überholende plötzlich ohne Ankündigung links einschwenkt, ist für den Überholenden unabwendbar, BGH VersR **62** 566, Fra NZV **00** 211, VRS **84** 274. Für den Kf, der in einer Kolonne vor einem Hindernis anhalten muss, wenn ein Nachfolgender auf ihn **auffährt,** Kö VRS **15** 325, *Lehr* VGT **86** 147. Für den Kf, der beim Umspringen auf Gelb bremst, ist es unabwendbar, wenn ein Nachfolger auf ihn auffährt, Hb MDR **64** 595, Kar VRS **72** 168. Auffahren auf ein Fz auf AB: Rz 25. Plötzliches **Ampelversagen**, AG Pinneberg VersR **65** 1063, idR auch „feindliches" Grün, Kö NZV **92** 364.

27   Das **Verhalten nicht motorisierter VT** kann im Rahmen des Abs III von Bedeutung sein, wenn es zu einer Reaktion der beiden unfallbeteiligten FzF führt. Insoweit bleibt daher auch die zu § 7 II (alt) ergangene Rspr beachtlich. Danach kann es unabwendbar sein, dass ein **Radfahrer**, der überholt wird, trotz Warnsignals plötzlich nach links abbiegt, BGH MDR **66** 313, bei Grünlicht für den GeradeausV die Fahrbahn auf einer Fußgängerfurt trotz Rot zeigender FußgängerLZA überquert, KG VM **87** 22. Dass ein am linken Straßenrand stehender Mann unmittelbar vor der Begegnung zweier einander entgegenkommender Kfz die **Fahrbahn überschreitet,** BGH DAR **60** 32, dass Fußgänger die Fahrbahn im Laufschritt unmittelbar vor der Begegnung zweier mit Scheinwerferlicht fahrender Kfz überqueren, BGH VersR **60** 183, ein unauffällig am linken Fahrbahnrand Gehender unvermittelt auf die Fahrbahn läuft, Ha NZV **99** 374, oder eine Person auf der AB plötzlich vor ein Fz läuft, Ha VRS **85** 13, dass ein zunächst ausgewichener Fußgänger plötzlich wieder in die Fahrbahn tritt, Dü DAR **54** 108. Sechsjähriges **Kind** übersteigt einen niedrigen Zaun und läuft sofort auf die Fahrbahn, Kö VersR **80** 338, rennt 7,5 m hinter Bus, bis dahin nicht sichtbar, auf die Fahrbahn, Kar DAR **84** 18. Für einen nur ca 30 km/h fahrenden Kf kann das plötzliche Hervortreten eines für ihn vorher nicht sichtbaren Kinds zwischen parkenden Fz unabwendbar sein, KG VersR **81** 885. Mit dem plötzlichen Hervortreten eines Kinds zwischen parkenden Fz muss auch ein besonders sorgfältiger Kf ohne konkrete Anhaltspunkte im Allgemeinen nicht rechnen, BGH NJW **85** 1950, Dü VRS **72** 29, KG NZV **88** 104, VM **97** 52, Ha NZV **91** 194, Kar DAR **89** 25, Mü VRS **93** 256, Schl VersR **99** 334, *Maatz* VGT **94** 225, *Greger* NZV **90** 413, s aber Ce VersR **87** 360, Ha NZV **90** 473; es kommt auf die konkreten Umstände an, § 25 StVO Rz 31. Auf plötzliches Losrennen eines ordnungsgemäß und unauffällig am Fahrbahnrand wartenden 10jährigen braucht sich grundsätzlich auch ein Idealfahrer nicht einzustellen, Ce NZV **05** 261. Trotz Z 136 („Kinder") kann ein Unfall für den Kf unabwendbar sein, wenn ein Kind zwischen parkenden Fz plötzlich in die Fahrbahn läuft, Fra VersR **82** 152 (Dunkelheit), KG VM **97** 52. Unabwendbar kann das plötzliche **Springen eines Tiers** in die Fahrbahn sein, zB eines Hunds vor ein Krad, BGH VersR **66** 143 (im Ergebnis offengelassen), oder vor einen Pkw, Sa VM **71** 84, aM Nü VersR **63** 759 (Wachhund), oder das plötzliche, auch bei aufmerksamer Beobachtung und angepasster Geschwindigkeit nicht rechtzeitig erkennbare Betreten der AB durch Wild auf kurze Entfernung, KG NZV **93** 313 (s aber § 3 StVO Rz 28). Auch nach III ist es einem Kf nicht vorzuwerfen, dass er vor einem unvorhersehbar auftauchenden Schäferhund plötzlich bremst und sein Kfz dabei etwas nach links zieht (automatische Abwehrreaktion, E **86**; Sa VM **71** 84).

28   **8 b. Kein unabwendbares Ereignis** ist es: wenn ein besonders umsichtiger Fahrer die Gefahr noch abgewendet haben würde, BGH VersR **66** 829, Ce VRS **108** 354, oder jedenfalls nur einen weniger folgenschweren Unfall verursacht hätte, BGH NJW **82** 1149. Herabfallen mangelhaft befestigter Ladung durch heftigen Wind. Eine besonders schwierige enge Durchfahrt. Dem Fahrer bekannte Glatteisgefahr. Fehlerhaftes Fahrverhalten schließt für sich allein Unabwendbarkeit nur bei bestehendem **Zurechnungszusammenhang** aus, dh, es bleibt unbeacht-

lich, wenn die dadurch geschaffene Gefahr den Unfall nicht beeinflusst hat, BGH NJW **88** 58, Rz 24, E 101. Bei **FzBegegnung** muss ein besonders sorgfältiger Kf idR solchen Abstand zur StrMitte halten, dass er mit einem 1 m herüberkommenden GegenFz nicht kollidiert, Dü VersR **72** 649, wird aber bei vorhersehbarem Unfallgeschehen diesen Abstand zur Mitte durch Ausweichen auf den äußersten Fahrbahnrand vergrößern, Fra VersR **99** 770. Steht auf einer BundesStr in Gegenrichtung ein Lastzug, den zwei Entgegenkommende bereits umfahren, so muss ein besonders sorgfältiger Fahrer mit weiteren Fz rechnen, BGH VRS **26** 95. Kann der Lastzugf die Fahrbahn im Rückspiegel nur auf 22 m übersehen, so darf er sich auf der AB mit einem Blick in den Rückspiegel nicht begnügen, ehe er zum **Überholen** ansetzt, BGH VersR **59** 633. Wer trotz schlechten Überblicks auf der linken StrSeite überholt, handelt auch als Vorfahrtberechtigter nicht mit aller Sorgfalt, KG VersR **72** 1143. Nicht unabwendbar ist Schleudern des auf der AB Überholenden infolge plötzlichen Ausscherens eines Vordermanns für den Überholenden, wenn es sich objektiv bei aufmerksamer Beobachtung der Vorausfahrenden und ihres Verhaltens (nicht nur aus nachträglicher Sicht) hätte vermeiden lassen, BGH VersR **71** 440, ebenso bei Schleudern infolge Ausweichens wegen überraschenden **Spurwechsels** eines anderen, Ce VRS **108** 354. Beim Überholen kann es zur äußersten Sorgfalt gehören, dass der Überholer auf der AB einen voraus hinter einem langsameren Fz herfahrenden Pkw auf etwaiges Ausscheren hin beobachtet, BGH VM **71** 89, Kö VersR **91** 1188, Nü VersR **77** 1112, s aber Rz 26. Die hM nimmt an, dass ein Unfall nicht unabwendbar ist, der bei Einhaltung der AB-**Richtgeschwindigkeit** vermieden worden wäre, § 3 StVO Rz 55c. Nicht unabwendbar sind **Gleiten und Schleudern** auf erkennbar glatter Straße, BGH DAR **60** 136, oder bei beginnendem Regen trotz WarnZ 101, 114, BGH VersR **74** 265. Rutschen oder Schleudern auf nasser Str spricht für Unachtsamkeit, BGH VersR **68** 671. Dass ein Pkw in leicht ansteigender, überhöhter Kurve bei Schneematsch rutscht, BGH VersR **58** 646. Langsames Abrutschen eines Anhängers bei länger dauerndem Glatteis, AB-Quergefälle und langsamem Fahren kann gegen Sorgfalt des Fahrers sprechen, BGH VersR **71** 842. Rutschen und Querstellen des Anhängers ohne Schneeketten auf vereistem Gefälle, Mü VersR **61** 119. Abstellen des noch fahrfähigen Kfz nach Glatteisunfall an der Unfallstelle am Fahrbahnrand, Stu VersR **77** 1016. Dass ein Kf bei **Dunkelheit auf ein unbeleuchtetes Hindernis auffährt**, BGH DAR **60** 16. **Hochschleudern von Steinen**: Rz 25.

Ein äußerst sorgfältiger Kf muss eine auf dem Gehweg spielende Gruppe größerer **Kinder** wenigstens rechtzeitig wahrnehmen und im Auge behalten, BGH NJW **82** 1149. Kein unabwendbares Ereignis, dass ein 7jähriges Kind, das mit einem gleichaltrigen am StrRand steht und erkennbar die Str überqueren will, plötzlich losläuft, auch wenn es den V beobachtet hat, Kar VersR **83** 252, dass ein außerhalb geschlossener Ortschaft seitlich der Str spielendes 9jähriges Kind plötzlich die Fahrbahn überquert, um zu seinem auf der anderen StrSeite abgestellten Fahrrad zu gelangen, Fra VersR **81** 240. **Weitere Beispiele**: § 25 StVO Rz 31. Nicht unabwendbar ist ein Unfall, der dadurch verursacht wird, dass ein in der Fahrbahnmitte wartender **Fußgänger** plötzlich losläuft, um die Fahrbahn vollends zu überqueren, Kar VersR **82** 450. Ein besonders sorgfältiger Kf muss uU auch ohne WarnZ „Wildwechsel" das Gelände neben der Fahrbahn aufmerksam beobachten, um **Wild** frühzeitig wahrzunehmen, BGH DAR **87** 19, und kann sich bei Kollision mit Wild nicht auf Unabwendbarkeit berufen, wenn er mit Abblendlicht nicht auf Sicht fährt (§ 3 I 4), Ce DAR **04** 525. Plötzliches **körperlich/geistiges Versagen** bildet kein unabwendbares Ereignis im Sinne von II, auch nicht bei Unvorhersehbarkeit, Stu VersR **77** 383. Für einen Hirnverletzten mit gelegentlichen Bewusstseinsstörungen ist eine weitere Störung kein unabwendbares Ereignis, Ha VkBl **50** 280. Haftungsausschluss nach III scheitert regelmäßig bei Fahren trotz bekannter **Fahruntüchtigkeit**, Fahrunsicherheit oder verminderter Fahrtüchtigkeit (Übermüdung, Alkohol, Rauschgift, Medikamenteneinfluss), Fra BA **04** 92. Die widerlegte Schuldvermutung des § 18 I allein belegt noch kein unabwendbares Ereignis, BGH Betr **73** 1450.

8c. Fehler in der Beschaffenheit des Fahrzeugs, Versagen seiner Vorrichtungen. III beruht auf der Erwägung, dass dem Halter, der den gefährlichen Betrieb unternimmt, die damit zusammenhängenden Gefahren zugerechnet werden müssen. Nur solche Ereignisse entlasten ihn, die betriebsfremd eingreifen oder den normalen Betrieb stören. Deshalb sind schädigende Ereignisse bei dem FzBetrieb nicht unabwendbar, wenn sie ihre Ursache in Fehlern der Beschaffenheit des Fz, im Versagen seiner Vorrichtungen oder im Versagen der dabei tätigen Menschen haben. Unerheblich ist, worauf der Fehler oder das Versagen beruht. In Betracht kommen für den Entlastungsausschluss nur Fehler in der FzBeschaffenheit, die irgendwie die VSicherheit

1 StVG § 17   II. Haftpflicht

einschließlich der Sicherheit der Insassen beeinflussen, namentlich Nichterfüllung der Anforderungen der §§ 16, 30–62 StVZO und andere Mängel. Fehler in der FzBeschaffenheit ist zB eine defekte Reserveradhalterung, Ha VRS **84** 182. Versagen der Steuerung oder der Bremsen ist Versagen von Vorrichtungen, BGH VRS **5** 85. Den Fahrer entlastet nicht unzuverlässiges Arbeiten des Blinkers. Gerät ein Lastzuganhänger aus der Spur, so liegt darin ein Versagen der Vorrichtungen, Bra VRS **5** 256. **Weitere Beispiele** für Versagen der Vorrichtungen: Störung der Lenkung; Reißen der Anhängerkupplung wegen eines verborgenen Materialfehlers, desgleichen bei ungleichmäßiger Bremseinstellung, beim Versagen der Brennstoffzufuhr, Ba DAR **51** 80, bei Motorschaden, BGH VersR **72** 1071, Ha DAR **00** 356, KG VM **74** 96, Reißen einer Panzerkette, Nü VRS **87** 87, Hinterlassen einer Ölspur, Ba VRS **72** 88, Ko NJW-RR **94** 1369. Fehler der Innenausstattung, die die VSicherheit beeinflussen, sind Fehler in der Beschaffenheit. Von BGH VRS **47** 241 offengelassen, ob das Hochschleudern eines Steins (Rz 25) als Versagen der Vorrichtungen angesehen werden muss. **Kein Versagen der Vorrichtungen** ist Gleiten oder Schleudern auf schlüpfriger Fahrbahn, BGH DAR **60** 136, *Schweizer* VersR **69** 18. *Weitnauer* VersR **69** 680.

31   **9. Beweislast. Verfahren.** Die Beweislast für entlastende Umstände trägt, wer sie geltend macht, RGZ **79** 312, **114** 73, Ha DAR **04** 90. Beweis der Unabwendbarkeit (Abs III), Rz 23. Zur Abwendung der Haftung nach Abs I und II muss sich der Halter entlasten. Wo aber die Haftung als solche und Ausgleichspflicht in Betracht kommen, hat im Rahmen des § 17 der andere Teil dem Halter einen als Verschulden anzurechnenden Umstand oder andere dessen BG erhöhende Tatsachen zu beweisen (BGH NZV **96** 231, VersR **67** 132, Ha DAR **04** 90, Fra VersR **81** 841, Ol VRS **79** 351, Kö NZV **95** 400, Mü DAR **07** 465). Gelingt ihm das nicht, so belastet dieser Umstand den Halter bei der Abwägung nicht, Fra VersR **88** 295, *Böhmer* MDR **62** 712 (gegen Stu MDR **62** 651). Lässt sich zum Verschulden nichts feststellen, darf jedem Halter nur seine BG zugerechnet werden, Ce VersR **82** 960, Nü DAR **82** 329, deshalb zB Haftungsverteilung 50:50, wenn sich nicht feststellen lässt, wer von beiden Unfallbeteiligten bei Rot in eine Kreuzung eingefahren ist, Ce MDR **06** 1167. **Nur unstreitige, zugestandene** oder **erwiesene Tatsachen** zählen, keine nur vermuteten, BGH NZV **05** 407, **96** 231, NJW **00** 3069, Nau DAR **01** 223, KG VRS **107** 23, Ha NZV **05** 411, VRS **108** 197, Kö NZV **95** 400, Dü DAR **05** 217, Sa VRS **106** 171. Schuldvermutungen (§ 18 I) bleiben außer Ansatz, BGH NZV **95** 145, Fra VersR **88** 295, Ko VRS **68** 32, Dü VersR **76** 152. Bleibt der Unfallhergang ungeklärt, so ist die von beiden Parteien jeweils zugestandene Fahrweise zugrunde zu legen, KG NZV **06** 374, Nau DAR **01** 223, Schl VersR **82** 709 *(Woesner)*. Die Abwägung ist **Sache des Tatrichters**, BGH NJW **08** 1305, NZV **05** 407, DAR **03** 308, NJW-RR **88** 406, VersR **62** 361. Das Revisionsgericht prüft nur die Beachtung der Rechtsgrundsätze, BGH NJW-RR **88** 406. Es kann selber ausgleichen, wenn alles Tatsächliche feststeht, BGH VersR **66** 521.

32   **10. Schadenverursachung durch Kraftfahrzeug, Anhänger, Tier und Eisenbahn.** Für den Ausgleich im Innenverhältnis zwischen KfzHalter und Anhängerhalter oder Tierhalter oder Eisenbahnunternehmer gilt Abs IV, wonach in diesen Fällen I bis III entsprechend anwendbar sind. Das gilt auch für den Fall, dass mehrere Kfz mit Anhängern, Kfz, Anhänger und Tier oder Kfz, Anhänger und Eisenbahn am Unfall beteiligt sind (Begr, BTDrucks 14/7752 S 35). Voraussetzung der Ausgleichspflicht ist auch hier gesetzliche Ersatzpflicht (Rz 2) des Fz- wie des Tierhalters, RGZ **129** 55. Der Tierhalter haftet nach § 833 BGB.

33   **10 a. Tierbeteiligung.** Bei **Abwägung** der maßgebenden Umstände ist die BG des Kfz (Anhängers) und etwaiges Verschulden seines Halters oder Führers, auf der anderen Seite die natürliche Tiergefahr und etwaiges Verschulden des Tierhalters oder Tierhüters zu berücksichtigen, RGZ **129** 55, BGH NZV **90** 305. Der Tierhalter darf dem FzHalter dessen BG anrechnen, BGH VersR **76** 1086, Kö VM **01** 91. Keine typische **Tiergefahr,** wenn ein angefahrener Hund gegen ein anderes Kfz geschleudert wird und dort Schaden verursacht, LG Kiel VersR **69** 456. Scheuen und Durchgehen der Pferde ist eine der Natur der Tiere entsprechende Verursachung, BGH VRS **20** 255, Ce MDR **03** 685. Verweigern der Parade durch ein Reitpferd verwirklicht eine typische Tiergefahr, BGH VersR **86** 1077. Zum Entlastungsbeweis des Tierhalters bei Vermietung eines Reitpferds zum Ausritt, BGH VersR **86** 1077. Haftungsverteilung 80:20 zu Lasten des Kf, der mit zu hoher Geschwindigkeit Reiter überholen will und durch laute Notbremsung Ausbrechen eines Pferds verursacht, Kö NZV **92** 487, 80:20 zu Lasten des Tierhalters, dessen aus der Weide ausgebrochenes Pferd bei Dunkelheit auf der Fahrbahn mit einem Klein-Krad kollidiert, Kö VM **01** 91, $^2/_3$ zu Lasten mit überhöhter Geschwindigkeit auf

Pferd auffahrenden Kf, Ha r + s **06** 374. Alleinhaftung des Tierhalters bei auf die Str gelangten Tieren: Rz 35. Die Tiergefahr eines scheuenden Reitpferds im StrV übersteigt die BG eines Lkw (70:30), Ce MDR **03** 685. Abwägen der Anforderungen bei Scheuen eines Zugpferds an den Entlastungsbeweis (§ 833 S 2 BGB) des Tierhalters und Tierhüters und an den Halter (übermäßiger Lärm), BGH VersR **63** 1141, Kar VersR **65** 1183. Verletzung des Rechtsfahrgebots ist auch mitursächlich, wenn der Unfall durch ein Tier herbeigeführt wird, Kö NJW **57** 425.

Für den Entlastungsbeweis des Halters hinsichtlich der **Weidesicherung** (ebenso Hof, Stall) **34** gelten strenge Anforderungen, BGH NZV **90** 305, VersR **66** 186 (Pferde), Ce DAR **05** 623, Ha NJW-RR **06** 36, Jn NZV **02** 464 (Rind), Fra VersR **82** 908, ZfS **86** 162 (Kuhherde), Kö VersR **00** 860 (Schafherde). Gelangen Pferde aus eingefriedeter Weide infolge Öffnung des Koppeltors auf die Straße, so ist der Tierhalter haft- und ausgleichspflichtig, gleichgültig wie das Koppeltor geöffnet worden ist, BGH VersR **59** 759. Blockieren Pferde verschiedener Tierhalter die Fahrbahn, so haften die Tierhalter als Gesamtschuldner; auf welches Pferd ein herannahendes Fz auffährt, ist, da einheitliches Hindernis, irrelevant, Sa NZV **06** 424. Der Entlastungsbeweis ist nicht geführt, wenn das Weidetor gegen Entlaufen nur unzureichend gesichert ist, BGH VersR **64** 595. Das Straßentor einer Weide ist so zu sichern, dass es weder von den Tieren noch von außen geöffnet werden kann, BGH VersR **66** 186, 1031, Ce VM **76** 35, auch nicht durch Unbefugte, soweit damit nach Örtlichkeit und Umständen zu rechnen ist, Nü MDR **04** 996 (Halle), Ce VersR **71** 942 (Bahnhaftung), anders, wenn nach den Umständen Öffnen durch Unbefugte unwahrscheinlich ist, Schl ZfS **88** 67. Besondere Sorgfalt ist erforderlich bei Nähe der AB oder anderer belebter Straßen, BGH VersR **66** 1031, Ce DAR **05** 623, Jn NZV **02** 464, Kö MDR **93** 518, Ba ZfS **82** 353; das gilt auch für einen Stall, BGH NZV **90** 305. Weidetore an Bundesstraßen sind bei Belegung mindestens nachts mit Schloss zu sichern, BGH VersR **67** 906, sonst müssen sie nach dem Öffnen von selbst wieder zufallen (Gewicht, Seilrolle), Ce DAR **67** 189. Sicherung mit Schloss ist aber auch nachts nicht geboten, wenn zwar die Weide, nicht aber das Tor unmittelbar an einer BundesStr liegt und auch Parkplätze und Spazierwege nicht nahe sind, Schl ZfS **88** 67. Dagegen verlangt BGH NZV **90** 305 sichere Aufbewahrung des Schlüssels bei durch Schloss gesichertem Pferdestall innerhalb von AB-Nähe. Bei Rinderweiden muss ein Stacheldrahtzaun mindestens 1 m hoch sein, Dü VersR **01** 1038, Ha VersR **97** 1542, LG Duisburg DAR **87** 153, s auch Dü VRS **74** 410 (95 cm zu niedrig), nach Kö MDR **93** 518 mindestens 110 cm, bei Pferdeweiden wenigstens 120 cm, Kö VM **01** 91. Ordnungsmäßige **Elektroweidezäune** genügen idR zur Weidesicherung, Jn NZV **02** 464, Fra VersR **82** 908, ZfS **86** 162, Ce VersR **77** 453 (Pferdekoppel), jedenfalls an wenig befahrenen Straßen, Kar VersR **76** 346, oder bei kilometerweiter Weideentfernung von der Straße, Ha VersR **80** 197. In der Nähe viel befahrener BundesStr kann je nach Geländebeschaffenheit zusätzliche mechanische Sicherung notwendig sein, Jn NZV **02** 464. Im Übrigen reichen Elektrozäune nur aus, wenn ihre Schlagstärke dem Widerstand eines fest verankerten Zaunes gleichkommt, Fra NJW **76** 573, nur wenn sie die Tiere verlässlich zurückhalten, Kö VersR **73** 772. Grenzt die Weide unmittelbar an eine LandStr, ist tägliche Kontrolle des Elektrozauns erforderlich, Ha NZV **89** 234. Autobatterie als Stromquelle reicht uU wegen Diebstahlsgefahr nicht, Jn NZV **02** 464. Vorsorgemaßnahmen gegen Unterbrechung der Stromzufuhr durch Entfernen von Klemmen werden aber regelmäßig nicht zu verlangen sein, weil derartigen Eingriffen Unbeteiligter mit zumutbaren und geeigneten Mitteln kaum zu begegnen ist, Fra ZfS **86** 162, Schl ZfS **88** 67, aM Ba ZfS **82** 353. Zur Frage, inwieweit ein Elektrozaun auch aufgeschrecktes Vieh noch ausreichend einfriedet, BGH VersR **76** 1086. Haftung bei Ausbrechen von Vieh aus mangelhaft gesicherter Weide und zu schnellem Fahren, Ha NZV **89** 234, Nü VersR **66** 42.

Die **von aus der Weide ausbrechendem Vieh ausgehende Tiergefahr überwiegt** **35** regelmäßig die KfzBG, Ha NZV **03** 423, Kö VM **01** 91, selbst dann, wenn diese durch unaufmerksame Fahrweise gesteigert ist, Dü VersR **95** 232, Ko NZV **91** 471, Fra VersR **82** 908, Ha r + s **06** 374 (jeweils Haftung des Tierhalters zu $^2/_3$), Ha NZV **89** 234 (zu $^3/_4$). Bei auf der Straße frei herumlaufenden Pferden kann geringfügige Mitschuld des Kf außer Betracht bleiben, BGH VRS **22** 10, Ce DAR **05** 623, Ol DAR **63** 217, s auch Sa NZV **06** 424. Springt ein galoppierendes Pferd panikartig auf die Fahrbahn, so bleibt die BG des Pkw außer Betracht, BGH VersR **64** 595, 1197, **66** 186 (Dunkelheit). Den Kf, der auf einen Wink des Hirten von 11 Kühen nicht verlangsamt, trifft Mitschuld, Ce VRS **9** 412. Ein durch **Kuhdung** verursachter Unfall begründet keine Haftung des Tierhalters; in landwirtschaftlichen Gegenden müssen die Straßenbenutzer mit Tierkot rechnen, LG Kö MDR **60** 924, s §§ 28, 32 StVO. Ausgleichspflicht des Krafd bei Hineinspringen eines **Hundes** in sein Rad auch, wenn nur seine

1 StVG § 17 II. Haftpflicht

BG mitursächlich gewesen ist, BGH VersR **66** 143, Mü VersR **60** 572, Nü VersR **63** 759. Schadenshalbierung zwischen KfzHalter und Tierhalter bei Unfall infolge Ausweichens vor einem auf die Fahrbahn laufenden Hund, Dü VersR **72** 403, Nü VersR **75** 164. Keine Mithaftung des Kradf, dem innerorts unvorhersehbar ein Hund vors Fz läuft, BGH VersR **66** 143, ebenso bei einem infolge mangelnder Aufsicht auf die AB laufenden Hütehund mangels Mitverschuldens des Kf, Ha VM **85** 96. Hineinlaufen eines Jagdhundes in die Fahrbahn des abgeblendet fahrenden Kfz, BGH VersR **59** 804. Der Jagdhundhalter ist ausgleichspflichtig, wenn ein vom Hund aufgescheuchtes Reh einem Kfz in die Fahrbahn gerät, Nü VersR **59** 573.

36 An den Nachweis gehöriger Beaufsichtigung auch eines im Allgemeinen friedlichen **Wachhundes** sind strenge Anforderungen zu stellen, BGH VersR **62** 807, Nü VersR **64** 1178. Kennt der Halter das aggressive Verhalten seines Hundes gegenüber dem Post-ZustellFz, so muss er sich seine Tierhalterhaftung anrechnen lassen, Ha VersR **79** 580. Einem Blinden, der beim Überqueren einer Straße angefahren wird, kann Versagen seines Blindenhunds nicht aus dem Gesichtspunkt der Tierhalterhaftung entgegengehalten werden, Hb VersR **63** 1273. Ein Land- oder Gastwirt kann für einen durch seine herumlaufende **Katze** verursachten Unfall nicht in Anspruch genommen werden, Ol VersR **57** 742, **60** 840, LG Traunstein VersR **66** 198. Bei **Hühnern** genügt Einzäunung mit Maschendraht (1,15 m hoch), LG Rheinbach VersR **66** 75.

Lit: *Weimar,* Einzelfragen zur Tierhalterhaftung, MDR **64** 901.

37 **10 b. Eisenbahnbeteiligung.** § 17 geht dem § 13 HaftpflG vor, BGH NZV **94** 146, Jn DAR **00** 65, Stu VRS **80** 410, Dü NZV **92** 190, KG VRS **101** 97, VM **98** 51, Kö VRS **93** 40, *Weber* DAR **84** 65. I gilt entsprechend, auch wenn das Kfz ein langsam fahrendes Fz (§ 8 Nr 1 StVG) ist, BGH VRS **12** 172, *Weber* DAR **84** 67. Die beiderseitige BG ist abzuwägen, daneben das Verschulden der beteiligten Bediensteten, BGH VRS **5** 35. **Eisenbahnen** (Haftung nach HaftpflG) sind auch Klein-, Schmalspur- und Straßenbahnen, Mü VRS **31** 344. § 17 regelt die Haftung von Eisenbahn und Kfz abschließend für den Fall, dass sie zusammen Schaden verursachen, gleichgültig, ob die Haftung auf Gefährdung oder Verschulden beruht, BGH VersR **60** 632.

38 Die **BG** eines Eisenbahnzugs ist größer als die eines Pkw, Tüb DAR **51** 193 Nr 96, s auch Rz 43 (Straba). Rückwärtsfahren einer Lokomotive, Fehlen von Bremsen an Packwagen und an einem Teil der Räder der Lokomotive gehören zur normalen Bahn-BG, Ol NJW **53** 1515.

39 **Die Abwägung** hängt davon ab, wie sich die BG der Bahn im Einzelfall auswirkt, KG NZV **05** 416, Bra NJW **54** 1203. Beeinträchtigung der Warnbaken durch Schneeanwehung gehört zur Bahn-BG, BGH VersR **66** 65. Geschlossene Schranke gehört zum Bahnbetrieb, BGH NJW **63** 1107, VersR **67** 132, krit *Böhmer* MDR **64** 812. Nichthören und Nichtbeachten der Bahnsignale wegen Eigengeräuschs gehört zur KfzBG, Ha VRS **12** 401. Bei Verletzung der dem Kf gem § 19 StVO obliegenden Sorgfaltspflichten übersteigt der Haftungsanteil des Kf idR den der Bahn, Ha NZV **93** 28 (Anm *Filthaut*), Ol NZV **99** 419, Mü SVR **06** 267.

40 Abwägung der Trecker-BG, der auf unbeschranktem **Bahnübergang** stecken bleibt, mit einem Personenzug, BGH DAR **59** 104, oder der auf Feldweg-Überweg mit Zug kollidiert, Sa NZV **93** 31. Abwägung bei unachtsamem Los- und Auffahren eines MopedF bei vorzeitiger Schrankenöffnung auf den letzten Zugwagen, BGH VersR **61** 950, 1016. Abwägung bei Zusammenstoß zwischen Bus und Bahn auf unbeschranktem Übergang mit Warnlicht, BGH VRS **16** 253. Erhöhte BG des Kfz, das wegen Fz- oder Bedienungsmangels auf dem Gleis stecken bleibt, BGH VRS **4** 503, Ha ZfS **95** 325 (^{2}/$_3$ Mithaftung), oder dessen Führer zwecks Abbiegens in ein Grundstück dort anhält, Dü NZV **92** 190, oder wegen von seinem Fz ausgehenden Lärms (Radio) ein WarnZ nicht hört, BGH NZV **94** 146. Haftungsverteilung 1 : 4 zu Lasten eines SchwerlastFzF, der auf unbeschranktem Bahnübergang ohne Blinklichtanlage schuldhaft die Gleise nicht rechtzeitig räumen kann, Fra VersR **88** 295, 1 : 2 zu Lasten eines PkwF, der bei Nebel auf dem Bahnübergang von der nicht markierten Fahrbahn abkommt, Mü NZV **00** 207. Mithaftung der Bahn zu ^{2}/$_3$, wenn ein FzF schuldhaft auf den Gleisen stehen bleibt, von der Bahn aber trotz besonderer Gefährlichkeit des beschrankten Bahnübergangs keine ausreichenden zusätzlichen Sicherheitsmaßnahmen getroffen wurden, Kö NZV **90** 152, wenn ein LkwF einen unbeschrankten Bahnübergang schuldhaft nicht bemerkt, auf diesen aber im Hinblick auf die VBedeutung der Str nicht ausreichend durch VZ hingewiesen wird, Mü NZV **00** 207. ^{2}/$_3$-Haftung der Bahn, wenn deren Führer nach den Umständen damit rechnen muss, dass ein auf den Gleisen zum Stehen gekommener Kf ihm den Vorrang nicht mehr ermöglichen wird, Kar VersR **92** 370. Abwägung bei Vorfahrtverletzung durch einen Lastzug an unbeschranktem Übergang und Langsamfahrstelle der Bahn, BGH VersR **67** 1197, bei Übersehen des

roten LichtZ durch Kf infolge tiefstehender Sonne, Ha VersR 83 465, oder infolge die Sicht auf die Warnanlage beschränkender Zweige, BGH NZV 94 146 ($^2/_3$ zu Lasten der Bahn), Ha NZV 93 28 (Anm *Filthaut*), bei Zusammenstoß eines Kf mit einer bei Dunkelheit im Bereich eines ungesicherten Bahnübergangs stehenden Rangierabteilung der Bahn, Schl VersR 83 65, bei Kollision eines PanzerFz auf unbeschranktem Übergang, Ce VersR 70 329. Abwägung der BG eines verkehrsarmen, unbeschrankten Übergangs mit einem Kf, der nicht beim Warnkreuz hält, nur auskuppelt und vom Pedal abrutscht, BGH VersR 66 291, 40:60 zulasten Kf bei Vorfahrtmissachtung an unbeschranktem Bahnübergang durch ihn; grobe Fahrlässigkeit (Rz 42) wegen schwieriger VLage, Schnee, Dunkelheit ausgeschlossen trotz ungeeigneter Sommerreifen im Winter, Mü SVR 06 267. Zusammenstoß Lkw/Eisenbahn unter ursächlicher Mitwirkung einer fahrlässigen Amtspflichtverletzung der VB (StrUmleitung), BGH NJW 74 360 (Anm *Deutsch* JZ 74 712).

Erhöhte Bahnbetriebsgefahr bei versehentlich offener Schranke, BGH VRS 5 35, uU **41** Alleinhaftung der Bahn, KG RdK 40 153 (schlafender Wärter). Doch kann auch hier je nach den übrigen Umständen beiderseits gleiche Verursachung in Betracht kommen, Neust VkBl 54 476 (nicht gesicherter Güterwagen rollt bei offener Schranke ab), s § 19 StVO. Erhöhte BG, wenn an einem unübersichtlichen Übergang Schranken fehlen und Läutesignale nicht gehört werden können, BGH VRS 12 172, bei fehlenden Warnbaken trotz nur spät und schlecht wahrnehmbaren Blinklichts, Ha NZV 94 437, bei fehlenden Schranken selbst an verkehrsarmem Übergang einer Nebenbahn, BGH VersR 56 291, bei Sicherung nur durch Warnschilder, Schl NZV 08 89, bei nur schwer einsehbarem Gleisbereich und schlecht erkennbarem Blinklicht, Ol NZV 99 419. Erhöhte Bahn-BG bei fehlendem Warnkreuz, Ha MDR 61 938, *Böhmer* VersR 61 1071, bei nur rechts angebrachtem Andreaskreuz trotz (vorübergehend) großer VBedeutung der Str, Mü NZV 00 206. Jedoch können etwaige Mängel durch Baken, übersichtliche Strecke, akustische Signale graduell ausgeglichen werden, Ha VRS 12 401. Erhöhte BG bei fehlender Blinklichtanlage, Fra VersR 88 295, bei zugeschneiter Blinkanlage, Mü NZV 02 43, bei Unterlassen des vorgeschriebenem Pfeifsignals vor unbeschranktem Übergang, BGH VersR 57 800, bei fehlenden Schranken trotz Unübersichtlichkeit (Zuschnellfahren des Pkw), Mü VersR 70 235. Erhöhte BG der Bahn tritt bei Kollision mit einem stehen gebliebenen Kfz nicht stets völlig zurück, Nü VersR 64 1181.

Außer Ansatz kann die Bahn-BG bleiben, wenn ein Lkw auf Grund vorhersehbar schwieri- **42** gen Fahrmanövers den Bahnübergang nicht rechtzeitig räumen kann, Ce NZV 88 22, infolge unangepasster Geschwindigkeit der Bahn keinen Vorrang einräumen kann, Stu VRS 80 410, uU ausnahmsweise selbst erhöhte Bahn-BG gegenüber grober Fahrlässigkeit des Kf, BGH VersR 86 708, Fra VersR 86 707, Ce VersR 78 329, Nü VersR 85 891, so bei Weiterfahrt trotz roten Blinklichts, BGH NZV 94 146, Ko NZV 02 184, Fra VersR 86 707, Hb VersR 79 549, Ce VersR 66 833, grober Vorfahrtsverletzung, Dü VRS 72 414, oder wenn ein Kf zu schnell heranfährt und erst 20 m vor dem Übergang auf den nahen Zug achtet, Ce VersR 77 361, bei grobfahrlässiger Nichtbeachtung der Warnzeichen und Geschwindigkeitsbeschränkung vor einem verkehrsarmen Übergang, Schl MDR 61 232, Nü VersR 85 891, bei achtlosem Weiterfahren des Kf trotz hörbarer Signale des Zuges, Ce VersR 84 790. Alleinhaftung des Kf bei grobverkehrswidrigem Einordnen und Halten auf den Schienen: Rz 44.

Die BG der **Straßenbahn** ist wegen ihres langen Bremswegs und ihrer infolge Schienen- **43** gebundenheit geringeren Beweglichkeit meist hoch (Ha VRS 108 198, KG VRS 106 356, Jn DAR 00 65, Dü NZV 94 28, VRS 71 261, Rz 6), in unechter EinbahnStr (§ 41 Rz 248b Z 220) noch höher (BGH VersR 66 1142). Die Straba-BG oder die BG anderer schienengebundener Fz ist idR höher als die eines Pkw (KG NZV 05 416, VRS 106 356, Dü NZV 92 190, Ha VRS 108 198, VersR 92 108) oder eines Lkw (Ha MDR 03 627), doch kann die des Pkw durch überhöhte Geschwindigkeit und verkehrswidrige Fahrweise so stark erhöht sein, dass die der Straba vollständig zurücktritt (Ha VRS 3 120), ebenso bei verkehrswidrigem Rechtsüberholen einer Straba vor einer Engstelle (Dü VersR 70 91), bei Verletzung des Vorrangs einer die Kreuzung als Nachzügler räumenden Straba (Dü VersR 87 468), bei grobfahrlässigem Nichtbeachten des roten Blinklichts an Bahnübergängen (Ha NZV 93 70), bei erheblichem Verstoß gegen die gesteigerte Sorgfaltspflicht des § 10 StVO bei Ausfahren aus einem Grundstück (Ce VersR 82 1200). Zurücktreten der BG auch gegenüber Radf, der den Vorrang der Straba nach § 2 III, 9 III StVO grob verkehrswidrig verletzt (Ce NJW 08 2353). Auch wirkt sich erhöhte BG der Straba nicht immer unfallursächlich aus (Dü VRS 60 401). Gleich hohe Haftung bei Zusammenstoß eines Lastzugs mit der vorfahrtberechtigten Straba (Br VersR 67 1161). Grobe Verkehrswidrigkeit, wenn der StrabaF nicht berücksichtigt, dass sein Wagen in Kurven mit dem Heck übersteht; hält ein Kfz im Gleisbereich, muss er verlangsamen, notfalls anhalten, die KfzBG tritt dann dann zurück (Mü VRS **31** 344, KG VRS **88** 115). Abwägung der Haftungsanteile bei StrabaKollision mit einem stehenden Bus: BGH VersR **70** 1049. Schadensverteilung zwischen Straba und parkendem Lkw, dessen Ladeklappen den Profilbereich der Straba beeinträchtigen (Dü VersR **74** 390), zwischen Straba und in deren Profilbereich parkendem Taxi (Dü VRS **66** 333: 2:1 zugunsten des Taxihalters). Verteilung 40:60 zulasten der Straba wegen erhöhter BG bei Kollision zwischen Straba und Pkw auf Kreuzung, sofern nicht geklärt werden kann, wer freie Fahrt hatte (Ce MDR **06** 1166).

44 Durchfahren an der Haltestelle erhöht die Bahn-BG, auch wenn es den Dienstvorschriften entspricht (BGH VersR **57** 296, Ha DAR **00** 34). Abwägung bei Frontalzusammenstoß zwischen rechts parkendem Lastzug und der Straba, die auf derselben StrSeite entgegenkommt: BGH VersR **61** 234, beim Zusammenstoß eines ungenügend gesicherten Schwertransports mit einem StrabaAnhänger: BGH VersR **61** 438, beim Überqueren eines Bahnübergangs mit einem langen Kran: BGH VRS **19** 405. Die BG von Straba und **links abbiegendem Pkw**, der sich auf den Schienen eingeordnet hat, kann gleich hoch sein (KG NZV **05** 416, Hb VersR **66** 741, Dü VersR **66** 765). Für die Haftungsverteilung ist in solchen Fällen von Bedeutung, in welchem Abstand die auffahrende Straba folgte. Schadensteilung 1:1 bei Auffahren trotz sofort eingeleiteter Bremsung (BGH VRS **28** 11); überwiegende Haftung des StrabaHalters dagegen, wenn der StrabaF das auf den Schienen stehende Kfz schuldhaft zu spät bemerkt (Hb VersR **66** 196 [⁵⁄₆ zu Lasten der Straba], Ha VersR **92** 108 [²⁄₃ zu Lasten der Straba]). Bei rechtzeitigem Einordnen des Kf auf den zu diesem Zeitpunkt freien Schienen ist die später dennoch auffahrende Bahn allein verantwortlich (Mü VRS **31** 344). Einordnen und Halten auf den Schienen trotz in kurzem Abstand folgender Straba kann aber auch zur Alleinhaftung des KfzHalters führen (BGH VRS **28** 11, Ha VRS **108** 193, Dü NZV **94** 28, VRS **71** 264, **85** 274). Gegenüber schuldhaftem Warten im Schienenbereich tritt die bloße BG der Straba idR zurück (Dü VersR **76** 499, Ha VRS **73** 338). Überwiegende Haftung der Straba (²⁄₃) bei Auffahren auf einen Pkw, der zwecks Einfahrens in ein Grundstück auf den Schienen anhält (Dü NZV **92** 190). Schadensteilung, wenn Kfz wegen Verengung auf die Schienen ausweichen muss, aber zu nahe vor der schnellfahrenden Straba (Dü VersR **69** 1026, s auch § 9 StVO Rz 36. RsprÜbersicht bei *Filthaut* NZV **06** 634).

Lit: *Böhmer,* Benachteiligung der Eisenbahnen gegenüber den Kf?, MDR **60** 895. *Derselbe,* Zur Frage der Kausalität der BG, VersR **61** 1071. *Derselbe,* Erhöht das Fehlen von Bahnschranken stets die EisenbahnBG?, MDR **64** 633. *Derselbe,* Unzulässige Ausweitung des Begriffs der EisenbahnBG, MDR **65** 267. *Filthaut,* Die neuere Rechtsprechung zur Bahnhaftung, NZV **06** 634. *Himer,* Zur Bewertung der BG, MDR **60** 557. *Weber,* ... Abwägung nach § 17 StVG oder nach § 13 HaftpflG?, DAR **84** 65. *Weimar,* Unzulässige Ausweitung des Begriffs der EisenbahnBG, MDR **65** 540.

45 **11.** Für die **Verjährung des Ausgleichsanspruchs** nach I, der ein selbstständiger, von dem Ersatzanspruch des Verletzten verschiedener Anspruch ist, gilt regelmäßige Verjährungsfrist (BGH NJW **54** 195 [zu § 195 BGB aF]). Beim Ausgleichsanspruch nach II verfolgt der geschädigte Halter den ihm erwachsenen Ersatzanspruch. Für dessen Verjährung gilt ebenfalls die 3jährige Verjährungsfrist gem § 195 BGB, bei Haftung aus unerlaubter Handlung ebenso wie bei Haftung nach § 7 StVG (§ 14 StVG).

Ersatzpflicht des Fahrzeugführers

18 (1) ¹In den Fällen des § 7 Abs. 1 ist auch der Führer des Kraftfahrzeugs oder des Anhängers zum Ersatz des Schadens nach den Vorschriften der §§ 8 bis 15 verpflichtet. ²Die Ersatzpflicht ist ausgeschlossen, wenn der Schaden nicht durch ein Verschulden des Führers verursacht ist.

(2) **Die Vorschrift des § 16 findet entsprechende Anwendung.**

(3) **Ist in den Fällen des § 17 auch der Führer eines Kraftfahrzeugs oder Anhängers zum Ersatz des Schadens verpflichtet, so sind auf diese Verpflichtung in seinem Verhältnis zu den Haltern und Führern der anderen beteiligten Kraftfahrzeuge, zu den Haltern und Führern der anderen beteiligten Anhänger, zu dem Tierhalter oder Eisenbahnunternehmer die Vorschriften des § 17 entsprechend anzuwenden.**

Begr zum ÄndG v 19. 7. 02 (BTDrucks 14/8780 S 23): *Nachdem die Haftung des Anhängerhalters – entsprechend dem Vorschlag des Bundesrates – nicht nur mit dem Kraftfahrzeug verbundene Anhänger umfasst, sondern auch sich von dem Kraftfahrzeug lösende und abgestellte Anhänger einbezieht (Arti-*

Ersatzpflicht des Fahrzeugführers   § 18 StVG 1

kel 4 Nr. 1 a), muss auch die Haftung des Fahrzeugführers nach § 18 Abs. 1 StVG entsprechend angepasst werden, um weiterhin eine Parallelität beider Haftungstatbestände zu gewährleisten. Nur wenn der Anhänger mit dem Kraftfahrzeug verbunden ist, ist der Führer des Kraftfahrzeugs stets zugleich der Führer des Anhängers, was eine Anpassung des § 18 StVG entbehrlich machte. Löst sich hingegen der Anhänger von dem Kraftfahrzeug, das ihn mitgeführt hat, oder wird er abgestellt, wird im Hinblick auf den Anhänger kein Kraftfahrzeug geführt, wie dies aber Voraussetzung der Haftung nach § 18 Abs. 1 StVG geltender Fassung für von diesem Anhänger (mit)verursachte Unfallschäden wäre. Auch wird man annehmen müssen, dass ein Anhänger, der sich von einem Kraftfahrzeug löst oder der abgestellt wird, i. S. d. § 18 Abs. 1 StVG geführt werden kann. Denn es ist etwa nach geltendem Recht anerkannt, dass auch ein abgestelltes Kraftfahrzeug solange geführt wird, wie es sich im straßenverkehrsrechtlichen Sinn im Betrieb befindet und dass dies selbst dann der Fall sein kann, wenn das Kraftfahrzeug abgestellt ist (OLG Hamm VersR 1975, 751, 752; Hentschel, Straßenverkehrsrecht, § 18 StVG, Rn. 2). Für einen abgestellten Anhänger, der dazu bestimmt ist, von einem Kraftfahrzeug mitgeführt zu werden, kann dann nichts anderes gelten. Sein Führer muss daher ebenfalls der straßenverkehrsrechtlichen Haftung unterworfen werden.
...

1. Haftung des Kraftfahrzeug- oder Anhängerführers. Der vom Halter des Kfz oder **1** Anhängers verschiedene Fahrer haftet nur mangels Nachweises fehlenden Verschuldens (vermutete Verschuldenshaftung, Mü VersR **03** 159, Ha NZV **00** 376). Es handelt sich um Verschuldenshaftung mit umgekehrter Beweislast, BGH NJW **83** 1326, VersR **63** 380, Mü VersR **03** 159, *Böhmer* VersR **70** 309. Der **Entlastungsbeweis** (Rz 4) betrifft sämtliche Tatsachen, die als Schuld in Betracht kommen, Ungeklärtes geht zu Lasten des Fahrers, BGH NJW **74** 1510, Ha VRS **84** 189, Ba VersR **74** 60. Der Fahrer muss sich von Schuld völlig entlasten, Nau VRS **101** 23, Stu VersR **79** 1039. Dabei kann ihm aber ein gegen den Geschädigten sprechender Anscheinsbeweis zugute kommen, Nau VRS **101** 23. Vorschriftswidriges Verhalten des Führers hindert den Entlastungsbeweis nur bei Ursächlichkeit. Trifft den Fahrer keine Mitschuld, entfällt seine Haftung nach I, BGH VersR **57** 519. Gegenüber dem schuldlosen Führer ist Abwägung mit fremder BG ausgeschlossen, *Böhmer* NJW **70** 1724. Eine dem § 18 vergleichbare Haftung des StrabaF existiert nicht, Ha VRS **100** 438.

Lit: *Böhmer*, Keine Gefährdungshaftung des KfzF, NJW **70** 1724. *Wussow*, Haftung des KfzHalters gegenüber dem Fahrer?, VersR **62** 397.

2. Fahrzeugführer: § 2 StVG, § 23 StVO Rz 10. Der FzFührer bleibt beim Abstellen des Fz **2** (iS der Haftung nach § 18) so lange Führer, bis ein anderer die Führung übernimmt, Ha VersR **75** 751. Das gilt auch für den vom Kfz sich lösenden oder vom Kfz abgekoppelten und abgestellten Anhänger, Begr (vor Rz 1). Wer ohne Fahrabsicht versucht, den Motor in Gang zu setzen, ist nicht Führer, Ba VersR **85** 344. Bei einer Schwarzfahrt (§ 7 III) ist Führer, wer das Fz während der Schwarzfahrt führt, nicht der sonst Befugte, RGZ **138** 320. Fahrer, die sich abwechseln, sind beide Führer, jeder für seinen Fahrabschnitt. Bei Übungsfahrten ist der Fahrlehrer nach § 2 XV S 2 FzF (§ 2 Rz 2, 40 ff), auch der mit Krad vorausfahrende Fahrlehrer, KG NZV **89** 150, mit der Folge, dass den Fahrschüler die Haftung aus § 18 nicht trifft, Ko NZV **04** 401. Bloßes Lenken nach Anweisung beim Schieben eines nicht betriebsbereiten Kfz ist kein Führen, BGH NJW **77** 1056.

3. Der **Umfang der Ersatzpflicht** entspricht derjenigen des Halters, richtet sich nicht nach **3** den Regeln der deliktischen Haftung, Dü VRS **97** 97, sondern entspricht den Regeln der Haftung aus BG nach § 7, Mü VersR **03** 1591. Die Führerhaftung gilt für die Fälle des § 7 I, dh für Körper- und Gesundheitsverletzung, Tötung und Sachbeschädigung beim KfzBetrieb. Aus der Bezugnahme von I S 1 folgt auch, dass der FzF nicht gem § 18 für Schäden des Halters haftet, *Greger* § 4 Rz 34, abw Fra VersR **94** 1000, insoweit kommen vertragliche oder deliktische Ansprüche in Frage. Abs II, III des § 7 sind unanwendbar, weil die Führerhaftung anders als die Halterhaftung geartet ist (Rz 1). Die Führerhaftung regelt sich wie die Halterhaftung **nach Maßgabe der §§ 8–15 StVG.** Sie ist also unter den Voraussetzungen des § 8 ausgeschlossen, BGH VersR **77** 228, Ko VRS **68** 167. § 254 BGB ist entsprechend § 9 anzuwenden; Umfang und Beschränkung des Schadensersatzes nach §§ 10–13, Verjährung nach § 14, Anzeigepflicht nach § 15.

4. Nachweis fehlenden Verschuldens. Pflichten des Führers vor und bei der Fahrt: § 23 **4** StVO. Verschulden ist hier, wie in den §§ 276, 823 BGB, Vorsatz und Fahrlässigkeit. Maßgebend ist die Sorgfalt eines ordentlichen Kfzf, BGH VersR **57** 519, Kö VRS **89** 95. Der Fahrer

1 StVG § 20

ist entlastet, wenn er nachweist, dass er die gewöhnliche verkehrserforderliche Sorgfalt angewandt hat, Ha NZV **00** 376, Kar VersR **82** 450, Kö VersR **66** 596, mit der er gewöhnliche VLagen hätte meistern können, Nü VRS **15** 327. Verkehrsrichtiges Verhalten schließt mithin Haftung nach § 18 aus, Ba VersR **82** 583, Ha NZV **98** 463. Keine Entlastung des Kf, der bei beginnendem Regen trotz der WarnZ 101, 114, des Überholverbots Z 276 und eines schleudernden Anhängers des Vorausfahrenden nicht angemessen verlangsamt, BGH VersR **74** 265. Keine Entlastung dessen, der das Kfz ohne die erforderliche FE geführt hat, Jn NZV **99** 331. Nur durch den Beweis fehlenden Verschuldens kann der FzFührer seine Ersatzpflicht nach I S 1 ausschließen, nicht etwa mit dem Hinweis, aus dieser Vorschrift ergebe sich die Vermutung für ein Verschulden des anderen unfallbeteiligten Kf, BGH VersR **62** 796. Ist Verschulden des Fahrers nicht auszuschließen, so ist er nicht entlastet, BGH VersR **67** 659, Sa ZfS **03** 118, Ko VRS **68** 32. Der Anscheinsbeweis erspart Halter und Fahrer den Entlastungsbeweis nach I nicht, Hb VersR **67** 886.

5 **5. Anwendbarkeit des § 16.** Weitergehende Fahrerhaftung nach anderen Gesetzen ist nicht ausgeschlossen, Abs II.

6 **6.** Die **Ausgleichspflicht Mithaftenden gegenüber** regelt sich wie beim Halter nach § 17. Das gilt auch für den Ausgleich im Innenverhältnis zwischen dem nach § 18 haftenden FzF und dem Halter oder Führer eines beteiligten KfzAnhängers. Der ganze § 17, auch II (Verletzung des Führers, § 17 Rz 21), ist anzuwenden, BGH NJW **53** 1262. Der für Fahrlässigkeit haftende Fahrer kann dem Halter des gefahrenen Kfz nicht dessen BG anrechnen, § 17 Rz 3. Ein etwaiger Anscheinsbeweis für ein Verschulden eines deliktsrechtlich haftenden Kf wird nicht dadurch entkräftet, dass nach I S 2 im Rahmen der Gefährdungshaftung ein Verschulden des anderen Fahrers bis zum Beweis des Gegenteils vermutet wird, BGH NJW **62** 796. Bei **Amtshaftung** (Art 34 GG) ist die Haftung des beamteten KfzF gegenüber dem Geschädigten auch im Rahmen des § 18 StVG ausgeschlossen, BGH VersR **83** 461, DAR **58** 160, KG MDR **76** 47, VersR **76** 193, ebenso bei Haftung der BRep nach § 839 BGB, Art 34 GG infolge Eingreifens des Nato-Truppenstatuts, Kar VersR **76** 1140. Wird der beamtete Führer beim Zusammenstoß verletzt, so muss er sich mitwirkendes Verschulden entgegenhalten lassen, obwohl für Schaden, den er anderen zufügt, nach Art 34 GG, § 839 BGB der Staat einzutreten hat, BGH NJW **59** 985, Kö VersR **57** 417, *Böhmer* MDR **57** 657.

19 (weggefallen)

Örtliche Zuständigkeit

20 Für Klagen, die auf Grund dieses Gesetzes erhoben werden, ist auch das Gericht zuständig, in dessen Bezirk das schädigende Ereignis stattgefunden hat.

Erweiterung des Gerichtsstandes. Für Klagen auf Schadensersatz oder Ausgleich auf Grund des StVG bestehen drei wahlweise Hauptgerichtsstände, nämlich des Wohnsitzes (§ 13 ZPO), der begangenen Handlung (§ 32 ZPO) und des schädigenden Ereignisses (§ 20). Gemeint ist das schädigende Betriebsereignis = Unfall. Daher ist das Gericht eines jeden Bezirks zuständig, in dem eine oder einige der Handlungen vorgenommen worden sind, die das schädigende Ereignis bewirkt haben, oder in dem der Schaden eingetreten ist.

III. Straf- und Bußgeldvorschriften

Vorbemerkungen

1 **1. System der Ahndungsmittel und Strafen im StrVR** (näher **E** 68 ff):

   a) Einfachste OW ohne Bedeutung und bei geringstem persönlichem Vorwurf dürfen ungerügt und ungeahndet bleiben (Opportunitätsprinzip, §§ 1, 47, 53 OWiG).

2 **b)** Im Übrigen steht Verwarnung im Vordergrund, bei geringfügigen OW ohne Verwarnungsgeld, falls dies ausreicht (§§ 47, 56 OWiG). Keine Eintragung im VZR.

Fahren ohne Fahrerlaubnis § 21 StVG 1

c) Andernfalls kommt bei relativ geringfügigen OW Verwarnung mit Verwarnungsgeld in 3
Betracht (§ 26a StVG, § 56 OWiG). Keine Eintragung im VZR (§ 28 III Nr 3 StVG).

d) Nicht relativ geringfügige OW können durch Geldbuße nach Maßgabe der verletzten 4
Vorschrift geahndet werden (§§ 23, 24 StVG). Zur Bedeutung der BKatV § 24 Rz 60 ff. Bei
§ 24 StVG beträgt die Geldbuße bei Vorsatz 5 bis 1000 € (§ 17 I OWiG), bei Fahrlässigkeit
5 bis 500 € (§ 17 II OWiG). Zur geplanten Verdoppelung § 24 Rz 43. Bei einer Bußgeldhöhe
ab 40 € ist Eintragung im VZR zwingend (§ 28 III Nr 3 StVG), soweit sich nichts anderes aus
§ 28a StVG ergibt.

e) Neben Geldbuße ist Fahrverbot zulässig, sofern eine OW nach § 24 StVG unter grober 5
oder beharrlicher Verletzung der Pflichten eines KfzFührers begangen ist (§ 25 StVG), und idR
bei Verstoß gegen § 24a StVG. In bestimmten, in der BKatV bezeichneten Fällen ist ein FV
indiziert, § 25 Rz 19 ff. Eintragung im VZR ist zwingend (§ 28 III Nr 3 StVG).

f) Kriminalstrafe in den Fällen des § 21 StVG (Fahren ohne FE, trotz FV oder trotz amtlicher 6
Verwahrung des FS; entsprechendes Vergehen des Halters) und bei Kennzeichenmissbrauch
(§ 22 StVG), missbräuchlichem Herstellen usw von Kennzeichen (§ 22a StVG) und Missbrauch
von Wegstreckenzählern usw (§ 22b StVG). Daneben ist die Denkzettelstrafe des FV (§ 44
StGB) oder bei Ungeeignetheit zum Führen von Kfz Entziehung der FE (§ 69 StGB) zulässig.
Eintragung im VZR ist zwingend (§ 28 III Nr 1 StVG).

g) Kriminalstrafe bei unbefugtem FzGebrauch (§ 248b StGB), gefährlichem Eingriff in den 7
StrV (§ 315b StGB), StrVGefährdung (§ 315c StGB), Trunkenheitsfahrt (§ 316 StGB), Sichent-
fernen vom Unfallort (§ 142 StGB). Verbrechensstrafe bei räuberischem Angriff auf Kf (§ 316a
StGB). Daneben EdF bei Ungeeignetheit zum Führen von Kfz (§ 69 StGB). Ist Ungeeignetheit
nicht bewiesen, kann FV (§ 44 StGB) verhängt werden. Eintragung im VZR zwingend (§ 28 III
Nr 1 StVG).

Fahren ohne Fahrerlaubnis

21 (1) Mit Freiheitsstrafe bis zu einem Jahr oder mit Geldstrafe wird bestraft, wer
1. ein Kraftfahrzeug führt, obwohl er die dazu erforderliche Fahrerlaubnis nicht hat oder ihm das Führen des Fahrzeugs nach § 44 des Strafgesetzbuchs oder nach § 25 dieses Gesetzes verboten ist, oder
2. als Halter eines Kraftfahrzeugs anordnet oder zulässt, dass jemand das Fahrzeug führt, der die dazu erforderliche Fahrerlaubnis nicht hat oder dem das Führen des Fahrzeugs nach § 44 des Strafgesetzbuchs oder nach § 25 dieses Gesetzes verboten ist.

(2) Mit Freiheitsstrafe bis zu sechs Monaten oder mit Geldstrafe bis zu 180 Tagessätzen wird bestraft, wer
1. eine Tat nach Absatz 1 fahrlässig begeht,
2. vorsätzlich oder fahrlässig ein Kraftfahrzeug führt, obwohl der vorgeschriebene Führerschein nach § 94 der Strafprozessordnung in Verwahrung genommen, sichergestellt oder beschlagnahmt ist, oder
3. vorsätzlich oder fahrlässig als Halter eines Kraftfahrzeugs anordnet oder zulässt, dass jemand das Fahrzeug führt, obwohl der vorgeschriebene Führerschein nach § 94 der Strafprozessordnung in Verwahrung genommen, sichergestellt oder beschlagnahmt ist.

(3) In den Fällen des Absatzes 1 kann das Kraftfahrzeug, auf das sich die Tat bezieht, eingezogen werden, wenn der Täter
1. das Fahrzeug geführt hat, obwohl ihm die Fahrerlaubnis entzogen oder das Führen des Fahrzeugs nach § 44 des Strafgesetzbuchs oder nach § 25 dieses Gesetzes verboten war oder obwohl eine Sperre nach § 69a Abs. 1 Satz 3 des Strafgesetzbuchs gegen ihn angeordnet war,
2. als Halter des Fahrzeugs angeordnet oder zugelassen hat, dass jemand das Fahrzeug führte, dem die Fahrerlaubnis entzogen oder das Führen des Fahrzeugs nach § 44 des Strafgesetzbuchs oder nach § 25 dieses Gesetzes verboten war oder gegen den eine Sperre nach § 69a Abs. 1 Satz 3 des Strafgesetzbuchs angeordnet war, oder
3. in den letzten drei Jahren vor der Tat schon einmal wegen einer Tat nach Absatz 1 verurteilt worden ist.

1 StVG § 21 III. Straf- und Bußgeldvorschriften

Übersicht

Amtliche Verwahrung des Führerscheins 22
Auflage 3
Begleitetes Fahren 3
Beschlagnahme
– des Fz 24, 26
– des FS 22
Beschränkte Fahrerlaubnis 4
Einziehung des Kraftfahrzeugs 24
Fahren ohne Fahrerlaubnis 2, 6–8
– trotz entzogener Fahrerlaubnis 6–8
– trotz Fahrverbots 9
– trotz Führerscheinverwahrung 22
Fahrenlassen trotz Führerscheinverwahrung 22
Fahrerlaubnis, beschränkte 4
Fahrverbot 9
Führen, Kraftfahrzeug 10, 11

Führerschein, amtliche Verwahrung 22
„Führerscheintourismus" 2 a
Haltervergehen 12–14
Innerer Tatbestand 15–18
Kraftfahrzeug, Führung 10
Notstand 21
Strafzumessung 23
Teilnahme 20
Verfahren 26
Verjährung 23
Versuch 19
Zivilrecht 27
Zusammentreffen 25

1 1. **Begr** zur Neufassung durch das 2. VerkSichG: BTDrucks IV/651 S 38. Zur Frage der Entkriminalisierung *Seiler,* Fahren ohne FE, 1982 (Diss. Regensburg); verfehlt *Denzlinger* ZRP **88** 369, wonach Fahren ohne FE nur während gerichtlicher Sperrfrist strafbar sein soll, sonst ow. Hierdurch würde die VSicherheit durch FzF ohne ausreichende Befähigung oder Eignung gefährdet. S. auch Rz 9.

2 2. **Fahren ohne Fahrerlaubnis. Beschränkte Fahrerlaubnis. Auflage.** I Nr 1, 1. Alt., II Nr 1 ist mit dem GG vereinbar (BVerfG NJW **79** 1981). Inwieweit zum Führen eines Kfz (§ 1 StVG) im öffentlichen Verkehr (§ 1 StVO Rz 13 ff; Ha VRS **48** 44) eine FE erforderlich ist, ergibt sich aus § 2 StVG und den ihn ausführenden §§ 4 ff FeV. Wer das Fz einer Klasse führt, für die seine FE nicht gilt, fährt es ohne FE (Sa NZV **89** 474, Br NJW **63** 726). So fährt der Fahrer eines Fz, das ein Kfz mit mehr als 750 kg Gesamtmasse schleppt (§ 33 StVZO Rz 6 ff), nicht bloß abschleppt, ohne FE, wenn er nicht die FE der Klasse E hat (Kö DAR **61** 150, 152). Gilt die FEKl eines Kf nur bis zu einer **bauartbestimmten Höchstgeschwindigkeit,** so fährt er ohne FE, wenn das Fz durch technische Veränderungen eine höhere Geschwindigkeit erreicht, ohne einen solchen Eingriff (zB verschleißbedingt) jedoch nur, wenn es sich um eine dauerhafte und wesentliche Geschwindigkeitserhöhung handelt (Kar DAR **03** 132 [20%]). Zu den beim Fahren mit einem „frisierten" Mofa erforderlichen Urteilsfeststellungen Dü NJW **06** 855. Ist ein schwerer Lkw auf 7,5 t umgerüstet, so darf er schon bei der Fahrt zum TÜV mit Kurzzeitkennzeichen oder rotem Kennzeichen mit FE Kl C1 gefahren werden (Ha VRS **48** 292 [zur früheren Kl 3]). Soweit die Klasseneinteilung der FE geändert worden ist, haben früher erteilte Erlaubnisse nach § 6 IV FeV ihre Bedeutung für die entsprechende Klasse der neuen Einteilung behalten. Ein Fahrschüler braucht unter Aufsicht eines Fahrlehrers keine FE (§ 2 XV StVG, s auch § 2 Rz 2, 40 ff). Wer als Fahrschüler beim Fahren vom Fahrlehrer durch das KfzFenster angeleitet wird (Wenden), fährt nicht ohne FE (BGH DAR **72** 187). Erst **mit Aushändigung des FS** (oder einer befristeten Prüfbescheinigung) ist die FE erteilt (§ 22 IV S 7 FeV). Dies gilt auch nach Bestehen einer FEPrüfung vor Erreichen des Mindestalters (§ 10 FeV, § 16 III S 2 FeV) bis zur FSAushändigung hinsichtlich der von ihr mitumfassten FE-Klassen, soweit sie ein geringeres Mindestalter voraussetzen (*Jagow* VD **85** 146). Wer nach Bestehen der Prüfung, aber vor Aushändigung des FS ein Kfz führt, verletzt deshalb § 21 (*Jagow* VD **85** 146). Jedoch wird die Schuld nicht schwer wiegen. Wer sich **durch Täuschung der VB** eine FE erschwindelt (etwa durch Vorlage gefälschter Dokumente bei der „Umschreibung" gem §§ 30, 31 FeV), hat eine grundsätzlich zunächst gültige FE, solange der Verwaltungsakt der Erteilung nicht widerrufen ist (*Rüth/Berr/Berz* Rz 7), fährt daher nicht ohne FE. Denn auch eine pflichtwidrig (zB auf Grund Bestechung) erteilte FE ist eine gültige FE (BGHSt **37** 207 = NJW **91** 576). Anders bei Erwerb eines FS durch Bestechung des Beamten, der pflichtwidrig – aber ohne dadurch eine FE zu erteilen – einen FS aushändigt (Bay VRS **15** 278). Wer mit einem so erlangten FS ein fahrerlaubnispflichtiges Kfz führt, fährt ohne FE, zB wer seinen FS durch Bestechung in einen neuen FS umtauscht, in den unzutreffend weitere FEKlassen eingetragen wurden, für die eine FE nicht erteilt ist (BGHSt **37** 207 = NJW **91** 576). Wer FSVerlust vortäuscht und dadurch eine Ersatzbescheinigung erlangt, erlangt dadurch nicht auch eine FE (Kö VRS **43** 271).

Fahren ohne Fahrerlaubnis § 21 StVG 1

Wer mit einem **ausländischen FS** im Inland fährt, der hier nicht oder nicht mehr zur Teil- 2a
nahme am fahrerlaubnispflichtigen KfzV berechtigt (zB nach Ablauf der Sechs- oder Zwölf-
Monatsfrist des § 29 I FeV), fährt ohne FE (Bay NZV **96** 502, Kö NZV **96** 289, Ce NZV **96**
327, Stu NZV **89** 402, *Hentschel* NZV **95** 60, *Berthold* NStZ **95** 457, abw LG Memmingen
DAR **94** 412 [mit unzutr Begr aus der Entstehungsgeschichte von § 14 IntVO aF], AG Lippstadt
ZfS **95** 313). Gegenteiliges lässt sich auch nicht aus der Überlegung herleiten, die § 31 FeV, § 4
IntVO aF (= § 29 FeV nF) hätten nur ordnungsrechtlichen Charakter (so zB *Wasmuth* NZV **88**
131, **89** 402 in Bezug auf die frühere Rechtslage bei EG-FS). Das folgt aus dem Wortlaut des
§ 21 und aus der Tatsache, dass die genannten Bestimmungen, wie die Anwendbarkeit der
§§ 11 II, 22 II FeV (Eignungsbedenken) und die Ausnahmeregelung des § 29 III FeV zeigen,
durchaus Interessen der VSicherheit verfolgen (Bay NZV **96** 502). Soweit §§ 28, 29 FeV die **Be-
rechtigung zum Führen von Kfz mit einer EU/EWR-FE** ausschließen, ist zu beachten,
dass bestimmte darin enthaltene Versagungstatbestände in Bezug auf die Anerkennung einer aus-
ländischen FE nach Auffassung des EuGH (NJW **04** 1725 [*Kapper*]; NJW **06** 2173 [*Halbritter*],
NJW **07** 1863 [*Kremer*]; NJW **08** 2403 [*Wiedemann*] m Bspr *Dauer* NJW **08** 2381; DAR **08** 459
[*Zerche*] m Anm *Geiger* und *König*) gegen die 2. EG-FSRichtlinie (zur unmittelbaren Geltung von
EG-Richtlinien E 15) verstoßen (im Einzelnen § 28 FeV Rz 6–13). Die deutsche Strafjustiz ist
nach EuGH europarechtlich vor allem an der Prüfung gehindert, ob der Täter das Wohnsitzer-
fordernis im Staat der Ausstellung der FE erfüllt hat; dies zu prüfen ist allein Aufgabe des ausstel-
lenden Mitgliedstaats (§ 28 FeV Rz 6). **Keine Bestrafung** nach § 21 (trotz § 28 IV Nr 3 FeV)
bei Kfz-Führen mit nach EdF im Inland und *nach* Ablauf der Sperre erworbener EU/EWR-FE
(Kar DAR **04** 714, Kö NZV **05** 110, Sa NStZ-RR **05** 50, Dü NJW **07** 2133), ebenso, wenn der
Täter die ausländische FE nach verwaltungsbehördlicher Entziehung (§ 28 FeV Rz 9) oder nach
Verzicht auf eine im Inland erteilte FE (Ba v 7. 11. 06 2 Ss 155/05) erworben hat. *Keine Anerken-
nungspflicht* besteht hingegen, wenn die FEB des Ausstellerstaates *den deutschen Wohnort* in den FS
einträgt oder das fehlende Wohnsitzerfordernis *aus „anderen vom Ausstellermitgliedstaat herrührenden
unbestreitbaren Informationen"* hervorgeht (EuGH NJW **08** 2403 Rz 72f [*Wiedemann*], Rz 69f;
DAR **08** 459 [*Zerche*]). In solchen Fällen ist auch **Strafbarkeit gegeben**; einer vorherigen
(ohnehin nur deklaratorisch wirkenden) EdF bedarf es nicht, weil nunmehr wieder § 28 IV Nr 2,
3 FeV zur Anwendung kommt (*König* DAR **08** 464; ebenso VGH Mü v 11. 8. 08, 11 CS 08.832
und v 7. 8. 08, 11 ZB 07.1259). **Ebenfalls Strafbarkeit**, wenn die FE *während* des Laufs einer
Sperrfrist erworben ist, und zwar auch dann, wenn *die Tat* nach Ablauf der Sperrfrist begangen ist
(Stu DAR **07** 159, **aM** Mü NJW **07** 1152 m abl. Anm. *Dauer* DAR **07** 342; Nü DAR **07** 527, Jn
DAR **07** 404, Zw v 14. 3. 06, 1 Ss 146/05, juris, AG Straubing DAR **07** 102, *Weber* NZV **06**
500, *Ludovisy* DAR **06** 9, *Schünemann/Schünemann* DAR **07** 382, zutr gegen sie *Geiger* DAR **07**
540) Auf Vorlage des AG Landau (DAR **07** 409 [L]) hat der EuGH nun (nochmals) klargestellt,
dass auch in solchen Fällen keine Anerkennungspflicht bestehe, weil sonst Art 8 IV UAbs 1 oder
2. FS-Richtlinie jeder Inhalt genommen würde (EuGH DAR **08** 582 [*Möginger*]). Gleiches ergab
sich aber bereits aus EuGH NJW **04** 1725 (*Kapper*) Rz 76 und EuGH NJW **07** 1863 (*Kremer*)
Rz 29 im Umkehrschluss *eindeutig* (eingehend § 28 FeV Rz 8) und wurde in EuGH NJW **08**
2403 Rz 72f [*Wiedemann*], DAR **08** 459 Rz 69f [*Zerche*] m Anm *König*) nochmals ausdrück-
lich und ohne Einschränkungen bekräftigt. Die entgegenstehende oberlandesgerichtliche Rspr
(s oben) dürfte spätestens seit EuGH DAR **08** 582 endgültig überholt sein. Da es nicht um die
Wirksamkeit, sondern um fehlende Anerkennungspflicht geht, steht Ha VRS **26** 345 (Rz 4) der
hier vertretenen Ansicht nicht entgegen. Dies verkennt Mü NJW **07** 1152, das maßgebend auf
die formell-rechtliche Gültigkeit der FE abstellt; selbst auf dieser Basis bleibt jedoch der Umstand
offen, dass der Betroffene über die laufende Sperrfrist verschwiegen (s den Rechtsgedanken
des § 330d Nr 5 StGB) oder die Behörde des Ausstellungsstaates die FE in Kenntnis der Sperrfrist
erteilt (Kollusion, s auch hierzu § 330d Nr 5 StGB) haben muss. Nach Stu NJW **08** 243 in sol-
chen Fällen jedenfalls unvermeidbarer Verbotsirrtum. Jedoch dürfte es damit spätestens nach Be-
kanntwerden der neueren EuGH-Rspr ein Ende haben. **Strafbarkeit auch**, wenn gegen den
Inhaber einer (dort: litauischen) FE nach Aushändigung eines (litauischen) FSPapiers durch ein
deutsches Gericht erneut eine (isolierte) Sperrfrist iS von § 69a I 3 StGB verhängt und der In-
haber während des Laufs der Sperrfrist im Inland ein Kfz im StrV führt (Dü NZV **06** 489), sowie
dann, wenn dem Täter nach der Erteilung der „EU-FE" die FE im Inland entzogen worden ist
(Stu NJW **07** 528), wobei es nicht darauf ankommt, ob der die FE entziehende Verwaltungsakt
rechtmäßig (europarechtskonform) ist; anders nur bei Nichtigkeit (Nü NJW **07** 2935, s auch
Rz 7). Keine Anerkennungspflicht (und fortbestehende) Strafbarkeit ist schließlich gegeben,
wenn die FE in einem Beitrittsstaat erworben und die Tat vor dem EU-Beitritt begangen worden

ist; denn der Beitritt stellt keine Rechtsänderung iS von § 2 III StGB dar (vgl BGH NJW **05** 2095, 2099; NStZ **05** 408, aM AG Bayreuth, AG Bre, jeweils StV **05** 217, *Sch/Sch/Eser* § 2 Rz 27 aE [alle zu ausländerrechtlichen Straftaten]). Vielmehr hat er nur zur Folge, dass auf die bestehende FE der Grundsatz der formalen Anerkennung anzuwenden ist (Stu NJW **07** 528), und zwar nicht rückwirkend, sondern ex nunc. Nach überwiegender verwaltungsrechtlicher Rspr muss die ausländische FE auch dann nicht anerkannt werden, wenn die Berufung auf sie einen **Missbrauch des Freizügigkeitsrechts** bedeutet (ausführlich § 28 FeV Rz 9f, 11, 12; *Dauer* NJW **08** 2381; abl. unter Hinweis auf Art 103 II GG und auf BVerfG NJW **02** 1779 [zur Vermögensstrafe!] Mü NJW **07** 1152). Auch wenn man dem Missbrauchsgedanken folgt (so LG Potsdam DAR **08** 219), werden beim ersten polizeilichen Zugriff kaum je hinreichende objektive Anhaltspunkte für Missbrauch vorliegen, weswegen Ermittlungsverfahren derzeit wohl selten sind. Sehr skeptisch gegenüber dem Missbrauchsgedanken unter Hinweis auf die Entstehungsgeschichte und die Regelungen zum In-Kraft-Treten der 3. EG-FSRichtlinie VGH Mü NZV **07** 539 (s zur vergleichbaren Problematik der Anerkennung von Sozialversicherungsbescheinigungen E 101 BGH NJW **07** 233). Kein gemeinschaftsrechtlicher Schadensersatzanspruch wegen eines vor und entgegen den Grundsätzen der Rspr des EuGH (s o) ergangenen Strafurteils eines Amtsgerichts (Kar DAR **06** 392), erst recht nicht, falls in Einklang mit diesen (BGH v 11. 9. 08, III ZR 212/07). Kein Verfassungsverstoß bei möglicher Verletzung der durch EuGH aufgestellten Grundsätze (s o), wenn sich das Gericht eingehend mit der Gesetzeslage auseinandersetzt und seine Auffassung nicht jeden sachlichen Grundes entbehrt (BVerfG DAR **08** 386).

2b **Ohne FE gem § 21** fährt der Inhaber einer EU/EWR-FE für Kom, dessen Berechtigung zum Führen von Kom im Inland sowohl gem § 28 III FeV als auch nach § 29 FeV erloschen ist, soweit er nicht über eine andere zum Führen der betreffenden FzArt genügende FE (zB Kl C) verfügt. Dem steht EuGH NZV **96** 242 (Anm *Ludovisy*) nicht entgegen (*Bouska* DAR **96** 278). Die Entscheidung betrifft nämlich eine Strafandrohung bei Verstoß gegen eine bloße Umtauschpflicht, ist also auf den genannten Fall nicht übertragbar. Ebenso macht sich nach § 21 strafbar, wer im Inland mit einem EU/EWR-FS entgegen § 28 II FeV vor Vollendung des 18. Lebensjahrs ein Leichtkraftrad mit mehr als 80 km/h bauartbedingter Höchstgeschwindigkeit führt (VkBl **96** 343), soweit ihm dies nicht nach § 29 I FeV gestattet ist. Dagegen fährt nicht ohne FE, wer den ausländischen FS (BGH NJW **01** 3347, Bay NZV **91** 481) oder die nach § 29 II S 2 FeV vorgeschriebene deutsche Übersetzung nicht mitführt (OW nach § 75 Nr 4 FeV). Das gilt auch dann, wenn der FzF auch später den behaupteten Bestand einer ausländischen FE nicht nachweisen kann (BGH NJW **01** 3347, Bay NZV **91** 481). Die Verurteilung setzt die *Überzeugung* des Gerichts vom Fehlen der behaupteten FE voraus; dass der Angekl. den Nachweis der FE nicht erbracht hat, genügt nicht (BGH NJW **01** 3347). Ein türkischer MilitärFS berechtigt nicht zum Führen von Zivilfz in der BRep, die innere Tatseite ist aber besonders zu prüfen (Bay 1 St 202/72). Ausländische FE: §§ 28–31 FeV. Ausländische FS von **Nato-Truppenangehörigen:** Art 9 Zusatzabkommen zum Nato-Truppenstatut; nach dem Ausscheiden aus der Truppe gilt § 29 FeV (= § 4 IntVO aF; Kar VRS **101** 223, *Pudenz*, DAR **84** 79). Von den Militärbehörden des Entsendestaats ausgestellte FS des nach dem **EU-Truppenstatut** entsandten Personals werden anerkannt (Art 4 Nr 1 EU-Truppenstatut; BGBl II **05** 19). **Fahren ohne FE im Ausland** (E 30) ist im Inland nicht strafbar, wenn der ausländische Staat die Tat nur als OW ahndet (BGHSt **27** 5, NJW **67** 2354, *Schröder* JZ **68** 242).

3 Nichtbeachtung einer **persönlichen Auflage** (zB Brillentragen) beseitigt die FE nicht, daher kein Verstoß gegen § 21, sondern nur OW nach §§ 23, § 75 Nr 9 FeV (BGH NJW **69** 1213, Bay NZV **90** 322). Auch Fahren außerhalb des nur erlaubten Ortsflurbereichs (Auflage) ist nur ow (Bay DAR **70** 78). Der Verwaltungsakt der Erteilung ist nicht dadurch auflösend bedingt (und kann es nicht sein), dass der Berechtigte eine Auflage unbeachtet lässt. Zur Frage, wann eine eingeschränkte FE oder nur eine Auflage vorliegt § 23 FeV. Wer als Fahranfänger vor Vollendung des 18. Lebensjahrs mit einer Prüfungsbescheinigung gem § 6 e I Nr 5 StVG, § 48 a III FeV (**begleitetes Fahren ab 17**) ohne geeignete Begleitperson ein Kfz führt (zu dessen Führung ihn die ihm erteilte FE der Kl B oder BE berechtigt), fährt nicht ohne FE (*Tolksdorf* Nehm-F S. 437, *Fischinger/Seibl* NJW **05** 2889). Ebenfalls kein Fahren ohne FE, wenn der FEInhaber nach Ablauf der Prüfungsbescheinigung (3 Monate nach dem 18. Geburtstag) sich noch keinen Karten-FS besorgt hat; denn die FE ist dadurch nicht entfallen. In solchen Fällen nur OW nach § 48 a II S 1, § 75 Nr 9 FeV. Auflagenverstoß führt zwingend zum Widerruf der FE, § 6 e III StVG. Zum Ganzen der Erläuterungen zu § 6 e StVG und § 48 a FeV.

4 Wer eine **beschränkte Fahrerlaubnis** überschreitet, die nicht unter Auflage, sondern nur (§ 6 FeV) für eine bestimmte FzArt oder -klasse, für ein bestimmtes Fz oder für Fz mit bestimmten technischen Einrichtungen erteilt ist, fährt ohne FE (§ 23 FeV Rz 8). ZB berechtigt eine auf Kfz mit automatischer Kraftübertragung beschränkte FE nicht zum Führen von Kfz mit Schaltgetriebe (keine bloße Auflage; s § 17 VI FeV; *Bouska* VD **72** 296). Die irrige Annahme, die Beschränkung der FE bei Körperbehinderten sei technisch überholt, kann einen entschuldbaren Verbotsirrtum darstellen (Ce VRS **10** 377). Eine **in Unkenntnis einer Sperrfrist erteilte FE** ist gültig (Ha VRS **26** 345), auch eine versehentlich erteilte FE (unterbliebene Fahrprüfung). Der Inhaber fährt also mit FE (AG Münchberg VM **69** 56), die aber mangels Prüfung wieder entzogen werden kann.

Wer Fahrgäste ohne die **FE zur Fahrgastbeförderung** (§ 48 FeV) befördert oder, nachdem 5 ihm diese Erlaubnis gemäß § 3 entzogen oder nach Ablauf nicht verlängert worden ist, verstößt nicht gegen § 21, sondern handelt nach §§ 48 I, 75 Nr 12 FeV ow. Wer bei einer Fahrt im V nur **den FS nicht vorweisen kann**, verstößt gegen § 4 FeV (OW; BGH NJW **01** 3347, Kö NJW **66** 512, Schl DAR **67** 52).

3. Fahren trotz Entziehung der Fahrerlaubnis. Mit der Rechtskraft einer entziehenden 6 Entscheidung erlischt die FE (§ 3 II 1 StVG, § 69 III 1 StGB). Entzogen ist sie bis zur Neuerteilung, also auch noch nach Ablauf einer Sperrfrist oder selbstständigen Sperrfrist (Ha NJW **73** 1141, § 69a StGB Rz 19), gleichgültig, ob das Strafgericht (§§ 69–69b StGB) oder die VB (§ 3 StVG) entzogen hat. Vorläufige Entziehung (§ 111a StPO) bewirkt Verlust von dem Zeitpunkt an, zu dem der Beschluss verkündet, zugestellt oder gerichtlich formlos mitgeteilt wird (§ 35 II StPO; § 111a StPO Rz 7). Durch strafgerichtliches Urteil entzogene FE lebt mit Anordnung der Wiederaufnahme gem § 370 II StPO (zunächst ex nunc) wieder auf, nach Aufhebung des früheren Urteils rückwirkend (Bay NZV **92** 42, *Asper* NStZ **94** 171, aM *Groß* NStZ **93** 211). **Erwerb einer ausländischen FE** nach EdF im Inland: Rz 2a, § 28 FeV Rz 6, 31 FeV Rz 17, § 69b StGB Rz 4.

Hat eine VB die FE entzogen, so hat das Gericht nur zu prüfen, ob die Entscheidung 7 formell wirksam ist, nicht auch ihre sachliche Richtigkeit (Sa VRS **21** 65). Bei sachlicher Unrichtigkeit aber nur geringe Schuld. Hat der Betroffene Anfechtungsklage erhoben, so ist § 21 StVG bis zur Entscheidung unanwendbar, wenn nicht sofortige Vollziehung (§ 80 II Nr. 4 VwGO) angeordnet ist. Verschafft sich der Kf nach der EdF durch wahrheitswidrige Behauptung des FSVerlusts einen vorläufigen FS (Zwischenausweis), so fährt er ohne FE (Kö NJW **72** 1335). Zum Unrechtsbewusstsein bei Entziehung einer „EU-FE" (Rz 2a) durch eine deutsche VB Nü NJW **07** 2935. Vermeidbarer **Verbotsirrtum** bei Annahme, bei sofort vollziehbarer, aber noch nicht rechtskräftiger EdF bestehe die FE noch fort (Dü VM **76** 26). Die irrige Annahme des Täters, trotz Entziehung noch so lange ein Kfz führen zu dürfen, wie er den FS besitze, ist Verbotsirrtum, ebenso wenn derjenige, der vorschriftswidrig zwei FS hat, nach EdF und Wegnahme des einen glaubt, noch auf Grund des anderen fahren zu dürfen (Kö VRS **15** 115). **Irrtum über die Tragweite einer Beschränkung der FE** (zB Kl C, C1 ohne Anhänger) ist Verbotsirrtum (Bay DAR **77** 201). Benutzung ausländischer FE nach **EdF im Inland:** § 31 FeV Rz 17. Ein Irrtum über die mangelnde Berechtigung, während einer Fahrerlaubnissperre mit einem ausländischen FS im Inland fahren zu dürfen, ist auch insoweit vermeidbar, als die Rechtslage vor 1983 anders war (Bay DAR **86** 243 [*Rüth*]).

Nichtablieferung des FS nach EdF (§ 3 II 3, § 47 I FeV) fällt nicht unter § 21, sondern 8 ist ow nach § 47 I, § 75 Nr 10 FeV.

4. Fahren trotz Fahrverbots (§ 25 StVG, § 44 StGB). § 21 erfüllt auch, wer ein Kfz führt, 9 obwohl ihm das nach § 25 StVG oder § 44 StGB verboten ist, vor Rechtskraft der das FV anordnenden Entscheidung jedoch auch dann nicht, wenn er den FS in amtliche Verwahrung gegeben hat (Kö VRS **71** 54), soweit nicht der Fall der § 111a V 2 StPO, § 25 VII vorliegt (Rz 22). Anders als die rechtskräftige Entziehung bewirkt das FV nicht den Verlust der FE. Sie ruht lediglich, solange das FV wirksam ist (s zu § 25 StVG, § 44 StGB). Wenig überzeugende Gesetzeskritik bei *Mitsch* NZV **07** 66; ein von ihm propagiertes umfassendes „Selbstbegünstigungsprivileg", das der Strafbarkeit der Verletzung des FV zwingend entgegenstehen würde, existiert in der deutschen Rechtsordnung nicht – und mit der Verletzung des Verbots hat der Täter (ein weiteres Mal) gezeigt, dass er trotz nachdrücklichen Denkzettels nicht bereit ist, sich an die Regeln zu halten. Dies rechtfertigt die Strafdrohung. Nach OVG Hb VRS **112** 68, 79 Strafbarkeit auch noch bei einem seit 3 Jahren bestehenden FV, dessen Verbotsfrist mangels Abgabe bzw. Beschlagnahme des FS nicht zu laufen begonnen hat (§ 25 Rz 31); keine analoge Anwendung der Vorschriften über die Vollstreckungsverjährung (§ 79 StGB, § 34 OWiG).

1 StVG § 21   III. Straf- und Bußgeldvorschriften

10   **5. Führen eines Kraftfahrzeugs.** Ein Kfz führt, wer es selbst unter bestimmungsgemäßer Anwendung seiner Antriebskraft unter eigener Allein- oder Mitverantwortung in Bewegung setzt, um es unter Handhabung seiner technischen Vorrichtungen während der Fahrbewegung durch den Verkehrsraum ganz oder wenigstens zT zu leiten (§ 316 StGB Rz 3). Erforderlich ist ein **In-Bewegung-Setzen** des Fz; vorbereitende Handlungen und Handlungen nach Abschluss der Bewegung genügen nicht (§ 316 StGB Rz 3). Zum Führen des Kfz **ohne aktuell wirkende Motorkraft** § 316 Rz 4, zum **arbeitsteiligen Führen** § 316 StGB Rz 5. Der Begleiter beim begleiteten Fahren ab 17 führt das Fz nicht (Rz 3, § 6e Rz 8). Ein Kfz führt nicht, wer es ungewollt in Bewegung setzt (§ 316 Rz 3). Betätigung eines Baggerschwenkarms ist kein Führen (Bay VRS **32** 127).

11   Nach § 33 II Nr 1 StVZO braucht der Lenker eines Kfz, das **von einem anderen geschleppt** (nicht bloß abgeschleppt) wird, die „zum Betrieb des Fz als Kfz erforderliche" FE. Lenkt er das geschleppte Fz ohne eine derartige FE, so führt er es aber nicht *als Kfz* (Wortlaut des § 33 StVZO), sondern handelt ow nach §§ 33, 69a III Nr 3 StVZO (Fra VRS **58** 145, Bay DAR **83** 395). Wer ein betriebsunfähiges abgeschlepptes Kfz lenkt (hierzu § 33 StVZO Rz 6ff), „führt" es nicht iS von § 21 *als Kfz* (BGHSt **36** 341 = NJW **90** 1245, Bay NJW **84** 878, VRS **62** 42, Fra NJW **85** 2961, Ha DAR **99** 178). Anders soll es nach hM beim **„Anschleppen"** (um dadurch den Motor in Gang zu bringen) liegen (Fra VRS **58** 145). Dies erscheint jedoch nicht überzeugend. Maßstab der hM sind i. Erg. innere Absichten, die ein dem Führen vorgelagertes Verhalten zum Führen qualifizieren sollen. Letztlich wird damit die durch BGHSt **36** 341 (§ 316 Rz 4) aufgegebene Rspr fortgeführt (näher LK-*König* § 315c Rz 17).

12   **6. Vergehen des Halters (I Nr 2, II).** Nach I Nr 2 ist der Halter strafbar, der vorsätzlich anordnet oder zulässt, dass jemand das Fz führt, der keine FE hat oder gegen den FV (§ 44 StGB, § 25 StVG) besteht. Halter: § 7 StVG Rz 14ff. Zur Strafbarkeit von Personen, die neben oder anstelle des Halters verantwortlich sind: Rz 14. Fahrlässigkeit: II Nr 1. Fahren ohne die erforderliche FE oder trotz FV: Rz 2–11, Führen: Rz 10, 11. Der Tatbestand ist auch erfüllt, wenn der FzF zwar die erforderliche FE für das ihm überlassene Kfz besitzt, nicht aber für die durch Ankoppelung eines Anhängers von mehr als 750 kg Gesamtmasse entstehende FzKombination (§ 6 I FeV, FEKl E; Ce VM **83** 76). Es genügt, dass der Halter die Führung angeordnet oder zugelassen hat, auch durch schlüssige Handlung. Er muss sich **überzeugen, dass der FzF die zutreffende FE hat** (Fra NJW **65** 2312, Kö VersR **69** 741). IdR muss er den FS einsehen (BGH VRS **34** 354, Dü VM **76** 54, KG VRS **40** 284, NJ **06** 324, Ha VRS **49** 209, VM **84** 68, Zw VRS **63** 55, *König* SVR **08** 121; zum Versicherungsrecht Rz 27), und zwar nicht nur in Form einer Kopie, sondern im Original (*Mielchen/Meyer* DAR **08** 5). Bei größeren Fz, zu deren Führen die „normalen" FEKlassen B, BE, C1 und C1E nicht berechtigen, sowie bei bestimmten fahrerlaubnisrechtlichen Beschränkungen ist auf diese Umstände zu achten (*Mielchen/Meyer* DAR **08** 5). Die Einsichtnahme ist nur unter besonderen Umständen unzumutbar, nämlich dann, wenn der Halter bei objektiv ausreichender Sorgfalt einen Sachverhalt annehmen darf, der das Vorhandensein der erforderlichen FE stützt. Fragen nach der FE dienen der Erfüllung einer Pflicht und sind weder anstandswidrig noch gar beleidigend (aM Stu VersR **74** 690 [zu § 2b Nr 1c AKB]). Mit einer unverständlichen fremdsprachlichen „Bescheinigung" darf sich der Halter nicht begnügen (KG VRS **45** 60). Jedoch wird in Zeiten des europarechtlich anerkannten Führerscheintourismus (Rz 2a, § 28 FeV Rz 11 ff) auch bei einem fest vor Ort verankerten Fahrer ein durch einen anderen EU-Staat ausgestellter FS idR genügen müssen; anders evtl., falls im EU-FS der deutsche Wohnsitz eingetragen ist (Rz 2a; *König* SVR **08** 121). Auch andere Umstände können zur sicheren Überzeugung genügen (guter Bekannter, der diese FzArt seit langem fährt; Dü VM **76** 54, Schl VM **71** 55 [triftige Gründe]). Kennt der Halter die FE des Fahrers, so muss er sie **nur bei begründetem Zweifel nochmals prüfen** (Bay DAR **78** 168, **88** 387, KG NJ **06** 324, Ko VRS **60** 56), dies nach der nicht kleinlichen Rspr der Strafgerichte (zu den Anforderungen im Versicherungsrecht Rz 27) auch dann, wenn zwischen der Kenntnisnahme von der FE ein Zeitraum von mehreren Jahren liegt (Jn VRS **111** 272; zu elektronischen Kontrollsystemen *König* SVR **08** 121). Gesteigerte Pflichten können sich allerdings ergeben, wenn das Unternehmen Personen aus Staaten außerhalb der EU für einen längeren Zeitraum Fahrzeuge anvertraut; insoweit wird der Ablauf der Fahrberechtigung nach sechs Monaten Aufenthalt im Auge zu behalten sein (*König* SVR **08** 121; s auch Rz 27). Gewerbsmäßige Vermieter müssen sich in aller Regel bei jeder FzÜbergabe den FS vorzeigen lassen (Schl VM **71** 55). Wer als Halter irrig meint, der Kf habe die FE, handelt nicht vorsätzlich (Tatbestandsirrtum, Dü VM **76** 26).

Fahren ohne Fahrerlaubnis § 21 StVG 1

Strafbar wird der Halter, wenn die Anordnung befolgt oder von dem Zulassen Gebrauch ge- 13
macht und im öffentlichen V gefahren wird, nicht schon durch das Unterlassen der Überprüfung
des Vorhandenseins einer FE; dieses führt nur dann zur Strafbarkeit nach Abs 1 Nr 2, wenn fest-
steht, dass die Fahrt andernfalls unterblieben wäre, also der Pflichtwidrigkeitszusammenhang
(hierzu §§ 222, 229 StGB Rz 15 ff) gegeben ist (Kö NZV **89** 319). Verbotene Ermächtigung
zum Führen liegt schon vor, wenn der Halter dem anderen eine Verrichtung überlässt, die für den
Bewegungsvorgang von mitentscheidender Bedeutung ist, zB Handhabung des Lenkrads (Rz 10;
BGH NJW **59** 1883, Br VRS **28** 445). **Der Fahrlehrer**, der die Lenkung des Fahrschulwagens
seinem noch kindlichen Sohn überlässt, verletzt § 21 I (Ha VM **62** 5, Br VM **65** 30). „Probe-
fahrten" zum Zweck der Abschätzung der Vorkenntnisse von Interessenten an einer Fahr-
ausbildung und zur Erstellung eines Kostenvoranschlags sind keine Ausbildungsfahrten iS von
§ 2 XV (Ha NStZ-RR **07** 321; § 2 StVG Rz 40). Gleichwohl verneint Ha NStZ-RR **07** 321
die Strafbarkeit; § 21 sei teleologisch zu reduzieren, (wenn und) weil von einer solchen Fahrt
wegen der Ausrüstung des Fahrschulwagens und der Eingriffsbereitschaft des Fahrlehrers keine
höheren Gefahren für die VSicherheit ausgehe als von einer Ausbildungsfahrt. Ein Freibrief für
den Fahrlehrer, unter diesen Prämissen *jeden* Nichtinhaber einer FE fahren zu lassen, ist jedoch
mit dem Gesetz nicht vereinbar. Den geringeren Gefahren einer solchen Fahrt ist im Rahmen
der Sanktionsentscheidung (§§ 153 ff StPO) sowie der Strafzumessung Rechnung zu tragen.
Erteilt der Fahrlehrer entgegen § 5 VIII FahrschAusbO mehreren Schülern gleichzeitig prakti-
schen Unterricht, so handelt er lediglich ordnungswidrig gem § 8 I Nr 4 FahrschAusbO. Kein Verstoß gegen
I Nr 2, wenn der Fahrlehrer den auf dem Krad folgenden Fahrschüler vorübergehend aus den
Augen verliert (LG Itzehoe DAR **84** 94). Wer ohne Erlaubnis einen Angehörigen im Fahren
unterrichtet, verstößt gegen § 21, nicht gegen das FahrlG (KG VRS **8** 140). Nach Bay VRS **65**
216 ist I Nr 2 auch anzuwenden, wenn *einer von zwei Mithaltern* ohne FE fährt (zw, weil dieser von
einem *eigenen* Verfügungsrecht Gebrauch macht).

Zur Strafbarkeit wegen §§ 222, 229 StGB bei Überlassen an Person ohne FE: zu §§ 222, 14
229 StGB, insbesondere Rz 8, 23. **Anstelle des Halters** können von ihm zur Leitung be-
stimmte Personen verantwortlich sein (§ 14 II StVG; Hb DAR **65** 137, Fra NJW **65** 2312, *Kö-
nig* SVR **08** 121). **Eigentums- oder Besitzübertragung** am Kfz verstößt nicht gegen § 21
(Ha VM **60** 6). Hat der Eigentümer oder Halter das veräußerte Kfz dem nunmehr Berechtigten
übergeben, liegt darin kein Zulassen iSv I Nr 2, jedoch kann seine Haftung wegen verletzter
VSicherungspflicht in Betracht kommen (§ 823 II BGB; BGH NJW **79** 2309).

7. Subjektiver Tatbestand, Unrechtseinsicht. I erfordert zumindest bedingten Vorsatz, 15
dass der Führer nicht die erforderliche FE hat oder ihm das Fahren nach § 44 StGB oder § 25
StVG verboten ist, und den Willen, gleichwohl zu fahren bzw jemanden ohne FE das Fz führen
zu lassen. Zu den erforderlichen Feststellungen beim Fahren mit einem „frisierten" Kleinkraftrad
Dü NJW **06** 855. **Irrtum** über das Bestehen eines FV ist Tatbestandsirrtum (§ 16 StGB; Bay
DAR **81** 242, Brn VRS **101** 293). Das Gleiche gilt bei Irrtum über die Rechtskraft eines FV,
jedenfalls soweit er auf der Unkenntnis von Tatsachen beruht, die für die Rechtskraft entschei-
dend sind (Bay DAR **00** 77 [i Ü offengelassen]). Wer über den Beginn des Wirksamwerdens
eines FV nicht belehrt wurde, handelt fahrlässig, wenn er in der irrigen Annahme ein Kfz führt,
das FV werde erst nach Aufforderung zur FS-Ablieferung wirksam (Bay VRS **62** 460). Wer ent-
gegen § 29 III Nr 3 (= § 4 III Nr 3 IntVO aF) nach EdF mit einer ausländischen FE im Inland
ein Kfz führt, handelt idR vorsätzlich (Ha VRS **67** 457 [evt. Irrtum vermeidbar]). Die Einlas-
sung, von einer Vereinigung, die Deutsche Reich als fortbestehend ansehe, für 50 € einen FS
erworben zu haben, gibt keinen Anlass, am Vorsatz zu zweifeln (Kar NZV **07** 157). **Fortgesetz-
te Tat** scheidet nach der faktischen Aufgabe dieses Instituts durch den BGH aus (E 134).

Verbotsirrtum führt, wenn unvermeidbar, zum Freispruch, wenn vorwerfbar, zu uU gemil- 16
derter Vorsatzstrafe (s auch Rz 7). Wer als Ausländer schon länger im Inland lebt, muss sich in
FSAngelegenheiten nach strengem Maßstab sorgfältig erkundigen (Kö VM **78** 62). Kein unver-
meidbarer Verbotsirrtum des jahrelang im Inland lebenden Ausländers über die Fortgeltung
seiner ausländischen FE, selbst nicht bei entsprechender Belehrung durch eine ausländische Be-
hörde (Dü VM **75** 81). Wer unter Zugrundelegung einer in einem gegen ihn ergangenen Straf-
urteil vertretenen Rechtsansicht irrtümlich annimmt, mit ausländischer FE fahren zu dürfen,
handelt nicht vorwerfbar, wenn diese Ansicht auf Grund bei Urteilserlass eingetretener Vor-
schriftenänderung überholt war, ohne dass auf die Änderung hingewiesen wurde (Dü VRS **73**
367). Die Vorstellung, mit einer in Tschechien vor dem Beitritt erworbenen FE im Inland fah-
ren zu dürfen, wenn die deutsche FE vor dem Beitritt entzogen wurde, ist vermeidbarer Ver-

botsirrtum (Stu NJW **07** 528, s auch Rz 2a). Irrtum über den rechtlichen Geltungsbereich einer FEKl ist Verbotsirrtum (Brn VRS **101** 296, Kar DAR **03** 132 [zu hohe *bauartbestimmte Höchstgeschwindigkeit*]). Fährt ein im Fachhandel erworbenes Mofa schneller als 25 km/h, so kommt unvermeidbarer Verbotsirrtum in Frage (AG Geilenkirchen NZV **93** 125). Zur Schuldfrage bei Benutzung eines FmH ohne Tachometer, das bauartbedingt 25 km/h nicht überschreiten sollte, ohne technische Veränderung jedoch bis zu 40 km/h fährt (AG Kleve NJW **78** 2405).

17 **Fahrlässiges Anordnen** ist nur in der Form möglich, dass der Anordnende den Mangel der FE vorwerfbar nicht kennt, während sein als Anordnung zu verstehendes Handeln bewusst (zumindest bedingt vorsätzlich) geschehen muss. Insoweit hat das Gleiche zu gelten wie für den Begriff des „Gestattens" des Gebrauchmachens in § 6 PflVG, für den die Rspr ebenfalls bloßes Ermöglichen nicht ausreichen lässt (s vor § 23 FZV Rz 16).

18 **Fahrlässiges Zulassen** ist nach hM iS von „fahrlässigem Ermöglichen" zu verstehen (BGH NJW **72** 1677, Bay NZV **96** 462, Kö VRS **72** 137, Dü VM **79** 85, JZ **87** 316, Ol NJW **72** 504, Ce VRS **64** 47, Ha NJW **83** 2456, Ko VRS **71** 144). Jedoch enthält „Zulassen" ein Wissenselement; demgemäß dürfte fahrlässiges Nichtkennen der Nichtberechtigung nur dann die Strafbarkeit begründen, wenn der Täter zumindest bedingten Vorsatz hinsichtlich des Zulassens aufweist (Bay NJW **67** 262, Jn VRS **107** 221, *Koch* DAR **65** 208). Die weitergehende hM verlangt allerdings nicht, dass der Halter allgemein den Zugang von Personen ohne FE zu den FzSchlüsseln verhindern muss; Fahrlässigkeit auch nach dieser Auffassung also nur dann, wenn konkrete Umstände die Benutzung des Fz befürchten lassen (Bay NZV **96** 462, **83** 637, Dü JZ **87** 316, zu strenge Anforderungen an die Sorgfaltspflicht aber in Ko VRS **71** 144).

19 Der **Versuch** ist nicht strafbar. Deshalb ist nicht nach § 21 zu bestrafen, wer an einem nicht betriebsfähigen Kfz den Anlasser betätigt (Rz 10 mwN).

20 **Teilnahme** ist bei vorsätzlicher Begehung der Haupttat möglich. Das Mitfahren des Beifahrers auf einer ausschließlich in seinem Interesse durchgeführten Fahrt ist Beihilfe (Bay NJW **82** 1891). Der angestellte Fahrer leistet objektiv Beihilfe zu § 21 I Nr 1, wenn er es trotz Kenntnis nicht verhindert, dass jemand das ihm anvertraute Fz führt, der keine FE hat oder dem das Fahren verboten ist; zum inneren Tatbestand gehört, dass er seine Einschreitenspflicht kennt (Ha VRS **15** 288). Der Führer eines geschleppten Kfz kann Beihilfe zum Vergehen des Führers des schleppenden Fz begehen, der nicht die FE Klasse E hat (KG VRS **26** 155).

21 **8. Rechtfertigung** durch Notstand (E 117–119), wenn das FzFühren das einzige Mittel war, ihn zu beheben (Dü VRS **5** 39). Allein die Gefahr des Liegenbleibens wegen einer Panne wird idR ein Wegfahren aus dem Verkehrsbereich durch einen Fahrer ohne FE nicht rechtfertigen (Dü VM **80** 15).

22 **9. Fahren oder Fahrenlassen trotz amtlicher Verwahrung des Führerscheins gemäß § 94 StPO.** II Nr 2, 3 regelt den Fall, dass jemand ein Kfz führt oder führen lässt, obwohl der FS des Fahrers gemäß § 94 StPO amtlich verwahrt, sichergestellt oder beschlagnahmt ist. Wegen der Anknüpfung an § 94 StPO stehen Inverwahrnahmen usw nach ausländischen Rechtsordnungen nicht gleich. Beschlagnahme iS von II Nr 2, 3 setzt körperliche Wegnahme des FS voraus, Anordnung oder bloße Mitteilung der Beschlagnahme genügt nicht (Stu VRS **79** 303, Schl DAR **68** 135, LR-*Schäfer* Rz 65, aM *Trupp* NZV **04** 392). II Nr 2, 3 greift auch ein, wenn der sichergestellte oder beschlagnahmte FS gem § 111 a V 2 StPO nicht zurückgegeben wird. Für § 21 genügt Sicherstellung des FS mit Einverständnis des Inhabers; ferner genügt Beschlagnahme durch Ermittlungspersonen der StA wegen Gefahr (§ 94 StPO). Aus dem engen Zusammenhang des § 21 II Nr 2, 3 StVG mit den Vorschriften über die EdF und den Wechselwirkung mit ihnen (§ 69 a IV–VI StGB) folgt, dass es sich um **eine den Zielen der (vorläufigen) EdF dienende Sicherstellung** handeln muss (OVG Schl DAR **68** 135, dazu § 111 a Rz 13, *Hentschel*, Trunkenheit, Rz 891 ff). Polizeiliche FSWegnahme wegen lediglich allgemeiner Wiederholungsgefahr oder zur Abschreckung genügt nicht; dann allenfalls OW wegen Fahrens ohne Mitführen des FS (Kö NJW **68** 666, 1486 m Anm *Schweichel*). Wer im Besitz mehrerer gültiger FS ist, macht sich nach II Nr 2 strafbar, wenn er nach Sicherstellung *eines* der FS mit dem verbliebenen FS weiter fährt (Kö NZV **91** 360, Dü VM **72** 56). II Nr 2 erfasst nämlich, wie sich aus dem Zusammenhang mit § 111 a III StPO ergibt, die Sicherstellung aller gültigen, von einer deutschen Behörde erteilten FS (*Hentschel* NZV **92** 500), auch zB eines deutschen Internationalen FS (aM insoweit AG Ka NZV **92** 499, abl auch LK-*Geppert* § 69 Rz 187). Wer nach polizeilicher Beschlagnahme seines FS, aber vor Zustellung des Beschlusses nach § 111 a StPO ein Kfz führt, verletzt nur II Nr 2 (KG VRS **42** 210). Ist es zur Sicherstellung oder Beschlagnahme wegen Unauffindbarkeit des FS nicht gekommen, so greift II Nr 2 nicht ein (krit zur Rechtslage

Hohendorf NZV **95** 57). Dieser Umstand rechtfertigt keine verfassungsrechtlichen Bedenken gegen II Nr 2 (BVerfG VM **97** 41).

10. Urteilsfeststellungen, Sanktionen. Manche Begehungsformen sind geringfügig, vor allem die, in denen das Kfz nur ganz kurz im V bewegt worden ist und kein Hindernis gebildet hat, oder die Fälle bereits bestandener Fahrprüfung. Die Gesamtumstände der Fahrt (privater oder beruflicher Anlass, Länge, Ort der Fahrt usw) sind deshalb **im Urteil festzustellen** und zu würdigen, andernfalls auch eine Beschränkung der Berufung auf den Rechtsfolgenausspruch unzulässig ist (Mü DAR **08** 533; s auch § 316 StGB Rz 101). Die abstrakte Gefährlichkeit, die mehr oder minder mit Vergehen gegen § 21 verbunden sein kann, darf nicht strafschärfend berücksichtigt werden (§ 46 III StGB). Höchststrafe nur in gewichtigen Fällen ohne jeden brauchbaren Milderungsgrund (Bay VRS **59** 187). Der Wiederholungstäter darf nicht deshalb nur mit hoher Geldstrafe belegt werden, weil das auf ihn mehr Eindruck mache als an sich verwirkte Strafverbüßung (Ha NJW **69** 1222). Nach mehrfachen einschlägigen Vorverurteilungen in rascher Folge **Strafaussetzung zur Bewährung** bei erneutem Vergehen gegen § 21 innerhalb laufender Bewährungszeit nur nach eingehender Auseinandersetzung mit den Vortaten (Ko VRS **60** 36, **69** 298). Besondere Prüfung aber erforderlich, wenn der Täter die Tat vor Antritt einer erstmaligen Freiheitsstrafe verübt hat; denn ein Erstvollzug ist idR geeignet, besondere Warnwirkung zu entfalten (Kar NStZ-RR **05** 200). Zur Aussetzung unter der Auflage, eine FE zu erwerben, *Seiler* DAR **74** 260 sowie „Fahren ohne FE", Diss. Regensburg 1982, S 164 ff. Zur Problematik immer neuer Sperren (§ 69 a StGB) bei Wiederholungstätern *Hentschel,* Trunkenheit, Rz 740. Bei Jugendlichen und Heranwachsenden kann anstelle einer Sperrfrist die Bewährungsauflage (§ 23 JGG) förderlich sein, sich um eine FE zu bemühen. Sie bindet die VB nicht, den Verurteilten nur, soweit Antragstellung und Mitwirkung bei etwaiger Begutachtung in Betracht kommen (krit *Händel* DAR **77** 309).

Einziehung des Kfz als (verfassungsrechtlich unbedenkliche, BVerfG NJW **96** 246) Nebenstrafe (Mü NJW **82** 2330), lässt III zu (Kannvorschrift), in den Fällen der Nr 1, 2 schon beim ersten Verstoß, der Nr 3 im befristeten Wiederholungsfall. III will nur erschwerte Fälle treffen (BTDrucks IV/2161, Ha VRS **45** 419). III geht als „besondere Vorschrift" der allgemeinen des § 74 I StGB vor, ist jedoch nur anwendbar, wenn zusätzlich die Voraussetzungen des § 74 II, III StGB erfüllt sind (Bay VM **74** 20, 21, Kö VRS **85** 219, Ko VRS **49** 134). Das Kfz muss also entweder bei Erlass der Einziehungsentscheidung noch *dem Täter gehören* oder zustehen (§ 74 II Nr 1 StGB; Dü VM **72** 45) oder es muss die *Gefahr weiterer Straftaten* unter Benutzung des Fz bestehen (74 II Nr 2 StGB). Dann braucht das Erfordernis nach § 74 II Nr 1 StGB nicht erfüllt zu sein (Ol VRS **90** 285, LG Siegen NStZ **90** 338, Ko VRS **49** 134). Grundsätzlich also keine Einziehung des sicherungsübereigneten Kfz nach § 74 II StGB (Ha VRS **50** 420), es sei denn, es bestehe Gefahr weiterer Straftaten gem § 21 (LG Siegen NStZ **90** 338). Nach BGH Betr **72** 2208 kann auch die Eigentumsanwartschaft des Täters auf eine sicherungsübereignete Sache eingezogen werden (zu § 40 II Nr 1 alt StGB). Wird der Täter wegen Schuldunfähigkeit nicht nach § 21, sondern nach § 323 a StGB bestraft, so kann das benutzte Kfz nach III in Verbindung mit § 74 IV, III StGB eingezogen werden (KG VRS **57** 20, Hb MDR **82** 515, str). Es liegt im *Ermessen des Gerichts,* ob es die Maßnahme anwenden will. In diesem Rahmen ist zu prüfen und im Urteil zu erörtern, ob die Einziehung außer Verhältnis zur Schwere der Tat steht (Kö VRS **85** 219, Mü NJW **82** 2330, Dü VM **72** 45), den Täter oder Teilnehmer also im Verhältnis zur Schuld zu hart treffen würde (§ 74b StGB, BVerfG NJW **96** 246, Bay VM **74** 20, NZV **90** 240, Ha VRS **48** 239, Bra MDR **74** 594). Die Einziehung ist nicht unverhältnismäßig, wenn für 2 begangene Taten Freiheitsstrafen zu verhängen sind und festgestellt wird, dass die Einziehung sich nicht existenzbedrohend für den Täter auswirken wird (Nü NJW **06** 3448). Einer Verkaufsauflage nach § 74b II S 2 Nr 3 StGB wird zunächst der Vorrang gebühren; nach Nü NJW **06** 3448 führt Nichterwähnung aber nicht ohne Weiteres zur Urteilsaufhebung. Im Hinblick auf die Wechselwirkung zwischen Haupt- und Nebenstrafe hat der Tatrichter grundsätzlich zu erörtern, ob und ggf in welchem Umfang die Einziehung strafmildernd zu berücksichtigen ist (BGH NStZ **85** 362, Nü NJW **06** 3448), es sei denn, der Wert des Fz ist so gering, dass ein Einfluss auf die Strafzumessung auszuschließen ist. Bei einem Wert von 14 000 € ist dies nicht der Fall (Nü NJW **06** 3448). Ist eine Gesamtstrafe zu bilden, so genügt Erörterung im Rahmen der Festsetzung der Gesamtstrafe (Nü aaO). Hat der FzEigentümer wiederholt leichtfertig die Straftaten ermöglicht, ist die Einziehung nach § 21 III Nr 3 StGB, § 74 II Nr 2 StGB nicht unverhältnismäßig (Ol VRS **90** 285). Sie ist nur in den Vorsatzfällen von I zulässig (Ol VRS **40** 260), Fahrlässigkeit reicht zur Einziehung nach I Nr 2 nicht aus (Ha VRS **45** 419).

Nach dem insoweit eindeutigen Wortlaut von III Nr 1 und 2 („angeordnet *war*") besteht die Einziehungsbefugnis auch in den Fällen, in denen zur Tatzeit die Sperre abgelaufen war (Bay NZV **90** 240, Ha VM **74** 31, aM AG Homburg VRS **69** 455). Zur Sicherung der Einziehung ist Beschlagnahme nach § 94 StPO zulässig (Ko VRS **70** 7), auch zur Gefahrenabwehr (Rz 26). Einziehungsbefugnis auch bei vorläufiger EdF (Maßgebot!; Ha NJW **66** 2373). Bei Nr 3 muss die frühere Strafe nicht bereits verbüßt sein. Kein *gutgläubig lastenfreier Eigentumserwerb,* solange das noch nicht rechtskräftig eingezogene Fz in behördlichem Gewahrsam ist (Mü NJW **82** 2330). Bei Vorsatz darf ein zwecks Täuschung über das Nichtbestehen einer FE mitgeführter **ScheinFS** nach § 74 StGB eingezogen werden (Bay VM **76** 68).

25 **11. Zusammentreffen.** Mehrere Zuwiderhandlungen gegen § 21 stehen in TM (§ 53 StGB; zur fortgesetzten Tat Rz 15; zur natürliche Handlungseinheit: § 24 StVG Rz 58; zum Verhältnis zu § 24 StVG: § 24 Rz 68). Die *Dauerstraftat* des Fahrens ohne FE wird durch kurze Unterbrechungen der Fahrt nicht in zwei Taten aufgespalten (BGH VRS **106** 214), auch nicht am Fahrtziel bis zur anschließenden Rückfahrt (Bay NZV **95** 456). Fahrtrichtungsänderung, um einer PolKontrolle zu entgehen, lässt keine neue Tat beginnen (BGH VRS **48** 354). **Tateinheit** zwischen dem Vergehen des Halters nach I Nr 2 und der fahrlässigen Tötung dessen, dem er die Führung des Fz überlassen hat (Kö VRS **29** 30). TE mit Diebstahl durch Wegfahren mit dem Kfz (BGH VRS **46** 105, **30** 283). TE mit dem durch Wegfahren begangenen Diebstahl des Kfz und der Anbringung falscher Kennzeichen an dem weiter benutzten Fz (BGH NJW **63** 212). TE mit §§ 248 b, 229 und 315 c StGB ist möglich (BGH DAR **55** 228), gleichfalls mit § 248 b StGB und Hinterziehung der KfzSteuer (BGH VRS **18** 191). **Tatmehrheit** zwischen § 21 I 1 StVG und § 142 StGB, wenn der Fahrer ohne FE den Unfallort zu Fuß verlässt (Ha VRS **18** 113). Wer ohne FE fährt, einen Unfall verursacht und dann davonfährt (§ 142), verwirklicht § 21 StVG in TM mit § 142 StGB in TE mit weiterem § 21 (Ha VRS **42** 99). Versucht der trotz EdF fahrende und § 315 c StGB verwirklichende Täter vorzutäuschen, ein anderer habe den Wagen geführt, so steht § 145 d zu § 21 StVG, § 315 c III StGB in TM (KG VRS **22** 346, Ce VRS **26** 438). TM zwischen Fahren ohne FE und Gebrauch eines gefälschten FS gegenüber der kontrollierenden Pol (BGH VRS **30** 185, Kö VRS **61** 348, s auch *Koch* DAR **62** 357).

26 **12. Verfahrensrecht, Verwaltungsrecht.** Ist der Täter wegen fortgesetzten Fahrens ohne FE rechtskräftig verurteilt, so ist die Strafklage wegen anderer tateinheitlich dazu begangener Straftatbestände (tateinheitliche Raubtaten und Sexualdelikte) verbraucht (BGH NStZ **84** 135 [durch die Aufgabe des Instituts der fortgesetzten Handlung, Rz 15, nur zT überholt]). Ein Strafbefehl wegen Fahrens ohne FE hindert spätere Verurteilung wegen Vorzeigens eines verfälschten FS bei dieser Fahrt (§ 267 StGB) nicht (Kö VRS **49** 360) und auch nicht Verurteilung wegen OW nach § 1 II, § 49 StVO, wenn es auf der Fahrt zu einem Unfall gekommen ist; dass der Unfall im Strafbefehlsantrag nicht bezeichnet ist, hindert die Verurteilung nicht (Mü NZV **06** 107). Sind in der Anklage Tatzeit und als Tatort Gemeinde und Ortsteil richtig wiedergegeben, so ist die prozessuale Tat trotz falscher Straßenbezeichnung ausreichend konkretisiert (Bay VRS **99** 467). Anklage und Eröffnungsbeschluss betreffend den Vorwurf nach I Nr 2 sind keine geeignete Verfahrensgrundlage für Verurteilung nach Nr 1 (keine Tatidentität, § 264 StPO, Kö VRS **63** 128). § 21 I Nr 2 ist überall begangen, wo der zum Fahren Ermächtigte ohne FE gefahren ist (Hb VRS **28** 281). Eine telefonische Behördenauskunft über das Bestehen einer FE kann in der Hauptverhandlung nicht verwertet werden (Kar MDR **76** 247). Der FzF ist auch an der fahrlässigen Tat des Halters gem II Nr 1 oder 3 iS des Vereidigungsverbots nach § 60 Nr 2 StPO beteiligt (Dü VRS **70** 141). Aus Gründen der Gefahrenabwehr kann zur Verhinderung weiteren Fahrens ohne FE die *polizeiliche Beschlagnahme des Kfz* geboten sein (VGH Ma NZV **92** 383, OVG Ko ZfS **04** 385).

27 **13. Zivilrecht.** § 21 ist Schutzgesetz (§ 823 II BGB; BGH NJW **91** 418, VersR **79** 767), auch im Verhältnis zu Beifahrern (Dü VersR **75** 645). Zwar besteht die *allgemeine Rechtspflicht* des Halters oder unbefugten FzBenutzers, das Kfz niemandem ohne FE zur Benutzung zu überlassen (VSicherungspflicht), grundsätzlich auch gegenüber demjenigen, dem es pflichtwidrig überlassen wird (BGH NJW **78** 421, dazu BGH NJW **91** 418, Kö NZV **92** 405); jedoch ist § 21 I Nr 2 SchutzG auch zugunsten dessen, dem das Fz ohne FE überlassen wird (BGH NJW **91** 418, s auch BGH NJW **78** 421, *Birkmann* DAR **91** 212). Der Halter, der jemanden ohne FE ein fahrerlaubnispflichtiges Kfz führen lässt, haftet für ursächlich hieraus erwachsene Schäden, abzüglich der Mitschuld (§ 254 BGB) des Schwarzfahrers (Mü VersR **74** 1132). Die **FSKlausel** (§ 2b Nr 1c AKB, § 5 I Nr 4 KfzPflVV) soll den Versicherer gegen das erhöhte

Risiko beim Fahren eines Kf schützen, dessen Fahrkenntnisse nicht amtlich geprüft sind. Zur Rechtslage nach Inkrafttreten der KfzPflVV *Knappmann* VersR 96 404. Obliegenheitsverletzung iS von § 2 b Nr 1 c AKB auch bei Sicherstellung des FS gem § 94 StPO (§ 21 II Nr 2; BGH JZ 82 70, NJW 87 1827), nicht dagegen bei Fahren trotz FV, weil die FE durch die Nebenstrafe bzw Nebenfolge des FV nicht berührt wird und Ungeeignetheit *nicht* festgestellt ist (BGH NJW 87 1827, Kö ZfS 85 369, aM LG Göttingen VersR 81 27, LG Nü-Fürth ZfS 84 372). Überlässt der VN das Kfz (fahrlässig) einer Person ohne FE, so ist der **Versicherer idR unbeschränkt leistungsfrei** (Mü ZfS 91 57), in der Haftpflichtversicherung gem § 5 III KfzPflVV beschränkt auf 5000 €. In der Kfz-**Haftpflichtversicherung** behalten VN/Halter den Deckungsschutz auch bei einer Schwarzfahrt des nicht berechtigten Fahrers (BGH NJW 61 1403), auch wenn der Schwarzfahrer, wie der VN weiß, keine FE hat (Ha VersR 78 1107, 84 835). KfzÜberlassung in völliger Trunkenheit (Geschäftsunfähigkeit) an jemand ohne FE berührt den Haftpflichtversicherungsschutz nicht (§ 2 b Nr I c AKB, Nü NJW 77 1496). Grundsätzlich kein **Unfallversicherungsschutz** für einen VUnfall bei vorsätzlichem Fahren ohne FE (§ 2 I Nr 2 AUB; BGH NJW 83 47), und zwar auch dann nicht, wenn der Betroffene in vermeidbarem Verbotsirrtum gehandelt hat (Ha MDR 05 1404). An die Erfüllung der Obliegenheit gem § 2 b Nr 1 c AKB (Führerscheinklausel), insbesondere die **Pflicht zur Prüfung der FE**, sind strenge Anforderungen zu stellen (Fra NZV 88 227, VersR 74 560, Kö VersR 75 608). Ihr ist idR nur genügt, wenn sich der VN den FS des FzF hat zeigen lassen (BGH VersR 74 690, 88 1017, Ha VersR 77 757, Stu VersR 74 690, Fra ZfS 90 235, Ce ZfS 86 148, Kar NJW-RR 87 1053, 88 347, Kö NZV 91 473), jedoch ist eingehende Untersuchung der Unverfälschtheit nicht geboten (Kar NJW-RR 88 27). Über die Gültigkeit ausländischer FE und die Berechtigung des KfzFührens im Inland muss sich der VN vergewissern (BGH NJW 74 2179, Fra VersR 74 560). Dass die abgelaufene ausländische FE verlängerbar war, genügt nicht (BGH VersR 70 613). Personalienprüfung ist idR erforderlich; in VersR 70 26 hat der BGH insoweit jedoch nur recht geringe Anforderungen gestellt (Verwechslung mit sehr ähnlichem Bruder). Bei begründetem Zweifel über den Fortbestand der FE ist bei künftigen Fahrten nochmalige Prüfung erforderlich (BGH VersR 68 443 [Anm *Gaisbauer* VersR 68 788], 88 1017). Die **Pflicht zur FS-Prüfung entfällt nur** bei Vorliegen von Umständen, die die sichere Überzeugung vom Besitz der FE rechtfertigen (Kö NZV 91 373, Kar NJW-RR 88 27, Stu ZfS 85 54, VersR 74 690, Ko ZfS 82 117, Ce ZfS 86 148), wobei an diese anderweitigen Erkenntnisquellen hohe Anforderungen zu stellen sind (Ko ZfS 82 117, Fra NZV 88 227). Dies kann zB bei besonderem Vertrauensverhältnis der Fall sein (Kar NJW-RR 88 347 [Lebensgefährte fährt seit 20 Jahren unbeanstandet mit falschem FS trotz mehrfacher PolKontrollen], Ce VersR 70 147 [FzF fährt seit $1/2$ Jahr täglich mit Pkw]). Allein die Tatsache, dass es sich um einen Bekannten handelt, den der VN schon mehrfach hat fahren sehen, reicht idR nicht (Fra ZfS 84 336, Ha NZV 96 369), anders uU bei seit Jahren bestehendem vertrauten Umgang mit dem in geordneten Verhältnissen lebenden FzF (Stu ZfS 85 54). Der VN kann auch entschuldigt sein, wenn er das Fz einem guten Bekannten überlässt, der schon seit längerer Zeit ein eigenes Fz derselben FEKl führt, sofern kein Anlass zum Misstrauen gegeben ist (BGH NJW 66 1359 m Anm *Gaisbauer* NJW 66 1753). Dass der Fahrer gelegentlich verschiedene Kfz geführt hat, genügt nicht (Ce ZfS 86 148, Fra NZV 88 222 [Fz des Arbeitgebers]). Betriebsgespräche, der Beschäftigte benutze regelmäßig ein Auto, reichen zur Prüfung der FE durch den Arbeitgeber/Halter nicht aus (Kö VersR 75 608). Hätte auch ein Fahrer mit FE den Unfall nicht abwenden können, ist der **Kausalitätsgegenbeweis** geführt (Kö MDR 68 929, Ha VersR 78 47 [je zu §§ 6 II, 15 a VVG; § 6 II VVG entspricht im Wesentlichen § 28 III VVG 08]). Der Fahrer ohne FE kann den Kausalitätsgegenbeweis nicht durch den Nachweis genügender Fahrkenntnis führen, auch nicht bei Mitwirkung von Trunkenheit, sondern nur durch den Nachweis, dass der Unfall auch für jeden berechtigten Fahrer unabwendbar (§ 17 III StVG) gewesen wäre (Ce VersR 80 178). Keine Ursächlichkeit bei so geschickter FSFälschung, dass der Halter sie nicht erkannt haben würde (KG VRS 50 384). Nicht die vorgeschriebene FE iS von § 2 b Nr 1 c AKB (§ 5 I Nr 4 KfzPflVV) hat auch der **Inhaber einer ausländischen FE**, der ohne Umschreibung in eine deutsche FE (§ 31 FeV) auch nach Ablauf der Frist des § 29 I S 3 oder § 4 FeV (dazu § 31 FeV Rz 18) mit seinem ausländischen FS weiterhin am inländischen FEpflichtigen KfzV teilnimmt (Nau VersR 05 1279, *Slapnicar* NJW 85 2863, aM AG Stu VersR 67 1143). Er muss gegenüber dem VU den Kausalitätsgegenbeweis führen (Kar VersR 76 181). Da sich aber die Gefahr nach Ablauf der genannten Frist gegenüber der bis dahin berechtigten VTeilnahme mit Kfz nicht ohne Weiteres erhöht, verletzt er nicht unbedingt in rechtserheblichem Maß die FSKlausel (BGH NJW 70 995). In solchen Fällen gilt daher ein erleichterter Kausalitätsgegenbeweis. Der Beweis ist in solchen Fällen idR schon dann geführt, wenn feststeht, dass Eintritt und Umfang des Versicherungsfalls nicht auf Unkenntnis der deutschen VVorschriften oder mangelnder Eignung beruhen (BGH NJW **69** 371, **70** 995, Kar VersR **71** 706, Nau VersR **05** 1279 [für den vom VU zu führenden Kausalitätsbeweis bei Rückforderung erbrachter Versicherungsleistung]). Zur Rechtslage nach VVG 08 s *Nugel* NZV **08** 11.

28 **14. Lit:** *S. Cramer,* Fahren trotz FV – Verfassungswidrigkeit von § 21 I Nr 1 StVG im Falle des § 44 StGB?, DAR **98** 464. *Koch,* Die Strafbarkeit des KfzHalters, DAR **65** 208. *Seiler,* Fahren ohne FE, 1982 (Diss. Regensburg). *Ders.,* Tatbestandsstruktur und Rechtsgut des § 21 StVG, DAR **83** 379.

Kennzeichenmissbrauch

 (1) **Wer in rechtswidriger Absicht**
1. **ein Kraftfahrzeug oder einen Kraftfahrzeuganhänger, für die ein amtliches Kennzeichen nicht ausgegeben oder zugelassen worden ist, mit einem Zeichen versieht, das geeignet ist, den Anschein amtlicher Kennzeichnung hervorzurufen,**
2. **ein Kraftfahrzeug oder einen Kraftfahrzeuganhänger mit einer anderen als der amtlich für das Fahrzeug ausgegebenen oder zugelassenen Kennzeichnung versieht,**
3. **das an einem Kraftfahrzeug oder einem Kraftfahrzeuganhänger angebrachte amtliche Kennzeichen verändert, beseitigt, verdeckt oder sonst in seiner Erkennbarkeit beeinträchtigt,**

wird, wenn die Tat nicht in anderen Vorschriften mit schwererer Strafe bedroht ist, mit Freiheitsstrafe bis zu einem Jahr oder mit Geldstrafe bestraft.

(2) Die gleiche Strafe trifft Personen, welche auf öffentlichen Wegen oder Plätzen von einem Kraftfahrzeug oder einem Kraftfahrzeuganhänger Gebrauch machen, von denen sie wissen, dass die Kennzeichnung in der in Absatz 1 Nr. 1 bis 3 bezeichneten Art gefälscht, verfälscht oder unterdrückt worden ist.

1 **1.** § 22 richtet sich gegen Versuche, die Halter- und Fahrerfeststellung durch Manipulationen im Zusammenhang mit amtlichen Kennzeichen zu verhindern (Kö NZV **99** 341). Zur Entstehungsgeschichte *Zopfs* NZV **08** 387. Geschützt sind von der ZulB zugeteilte amtliche Kennzeichen. § 22 ist demnach nur bei Fz anwendbar, für die die amtliche Kennzeichnung vorgeschrieben ist. Etwa die nichtamtlichen Versicherungskennzeichen (§§ 26, 27 FZV) sind nicht gemeint (§ 26 FZV Rz 9; § 28 FZV Rz 5). Kennzeichenzwang für deutsche Kfz: §§ 3, 4, 9, 10, 16, 17, 19 FZV, für außerdeutsche Fz: § 21 FZV. **Amtliche Kennzeichen** iS des § 22 sind: **a)** die nach den §§ 8–10 FZV zugeteilten Kennzeichen; **b)** die nach §§ 16, 17 FZV zugeteilten Kurzzeitkennzeichen und roten Kennzeichen; **c)** das Nationalitätszeichen „D" (§ 10 X FZV); **d)** die Ausfuhrkennzeichen nach § 19 FZV; **e)** die heimatlichen Kennzeichen und Nationalitätszeichen (Unterscheidungszeichen) der ausländischen Kfz (§ 21 FZV; Bay DAR **83** 393).

2. Strafbestimmungen nach Abs 1

2 **a) Nr 1** bedroht den mit Strafe, der ein Kfz (§ 1 Rz 2ff) oder einen Anhänger (§ 1 StVG Rz 7; § 1 FZV Rz 5), wofür kein amtliches Kennzeichen ausgegeben oder zugelassen worden ist, mit einem Zeichen versieht, das den Anschein amtlicher Kennzeichnung hervorrufen kann. Gegenstand der Tat können also nur Kfz oder Anhänger sein, die nach der FZV ein amtliches Kennzeichen führen müssen. Das sind alle nach den § 3 FZV zulassungspflichtigen Kfz und Anhänger sowie diejenigen, die nach § 4 II FZV ohne Zulassungszwang ein amtliches Kennzeichen erhalten. Die Kfz bzw Anhänger dürfen kein Kennzeichen erhalten haben. Gleich steht es, wenn ein Kennzeichen nicht wieder erteilt wird, nachdem die ZulB die Verwendung im Verkehr untersagt hatte (§§ 5, 13 FZV). Jede Form ordnungsgemäßer Zuteilung schließt die Strafbarkeit nach Nr 1 aus (aber evt Nr 2; Rz 4).

3 Das Fz muss mit einem **verwechslungsfähigen, nicht amtlich zugeteilten Zeichen versehen werden.** Die Tat ist kein Sonderdelikt. Täter kann jedermann sein, nicht nur der Halter oder Führer des Fz. Versehen bedeutet Anbringen, dh Herstellen einer Verbindung zwischen Zeichen und Fz, so dass zum Ausdruck kommt, das Zeichen beziehe sich auf dieses Fz; einer *festen* Verbindung wird es nicht bedürfen, weswegen zB das Aufstellen hinter der Windschutzscheibe genügt (Bay DAR **03** 81, Hb NZV **94** 369). Wer ein entstempeltes Kennzeichen am Kfz belässt, versieht dieses nicht mit einem falschen Kennzeichen, auch nicht bei Anbringen einer falschen Stempelplakette (Stu NStZ-RR **01** 370). Wenn er das Fz im Verkehr benutzt, verletzt er nur § 10 XII, § 48 I Nr 1 a FZV, § 24 StVG (vgl Hb VM **61** 68, Kö DAR **61** 150, 152, aM Bay NJW **63** 1559). Das Zeichen muss geeignet sein, den Anschein amtlicher Kennzeichnung hervorzurufen. Dafür ist ein gewisses Maß an Ähnlichkeit erforderlich, weswegen zB reine Phantasiekennzeichen ausscheiden (Bay DAR **83** 393 [zu § 22a]; *Rüth/Berr/Berz* Rz 4). Das Kennzeichen braucht nicht fälschlich angefertigt zu sein; vielmehr genügt Anbringung eines für ein anderes Fz oder für andere Zwecke zugeteilten Kennzeichens, zB eines für die Fahrt nicht zugeteilten Kurzzeitkennzeichens oder roten Kennzeichens (§ 16 FZV; Stu VRS **47** 25). Zur Verwendung von Kurzzeitkennzeichen oder roten Kennzeichen zu anderen als den in § 16 I FZV genannten Zwecken im Einzelnen § 16 FZV Rz 21 ff. Ein Irrtum muss nicht hervorgerufen werden. Vollendet ist die Tat mit dem Versehen mit dem falschen Kennzeichen. Ein Fahren im Verkehr verlangt der Tatbestand genauso wenig (Ce HRR **25** 357) wie eine diesbezügliche Absicht. Zu den sog. **Fernzulassungen** § 20 FZV Rz 19 ff.

b) Gegenstand der Tat nach Nr 2 ist ein Kfz oder -anhänger, für den die ZulB ein Kenn- 4 zeichen zugeteilt hat (sonst evt Nr 1; Rz 2). Das Fz muss mit einem anderen als dem amtlich zugeteilten Kennzeichen versehen werden, wie es zB beim Austausch von Kennzeichen zur Verdeckung eines Diebstahls oder einer Hehlerei geschieht (*Jagow/Burmann/Heß* Rz 4). Ob das andere Kennzeichen echt oder falsch ist, spielt keine Rolle (*Rüth/Berr/Berz* Rz 5). Wird eine abhanden gekommene echte Kennzeichnung eigenmächtig durch eine gleichlautende ersetzt, so ist die Vorschrift erfüllt (Hb NJW **66** 1827). Hat die VB irrtümlich ein vom FzSchein abweichendes Kennzeichen abgestempelt, so unterfällt der FzGebrauch mit diesem Kennzeichen hingegen nicht I Nr 2 iVm II (Dü NZV **93** 79). Das Anbringen eines weiteren Kennzeichens neben dem zugeteilten kann außer Nr 2 auch Nr 3 (Beeinträchtigung der Erkennbarkeit) verwirklichen (*Rüth/Berr/Berz* Rz 6).

c) Nr 3 erfasst Konstellationen, in denen ein echtes Kennzeichen durch Aufheben der Ver- 5 bindung zwischen Fz und Kennzeichen (Hb NJW **66** 1827) beseitigt, in seinem Sinngehalt verändert (*Jagow/Burmann/Heß* Rz 5), verdeckt oder in seiner Erkennbarkeit beeinträchtigt wird. „Verdecken" ist Unterfall des (sonstigen) Beeinträchtigens der Erkennbarkeit, anders hingegen „Beseitigen" und auch „Verändern", weswegen Beeinträchtigung der Erkennbarkeit nicht Oberbegriff von I Nr 3 ist (*Rüth/Berr/Berz* Rz 10; aM AG Bielefeld NZV **02** 242, *Zopfs* NZV **08** 387). Das folgt auch aus II, der die Tathandlungen des I Nr 3 mit dem Wort „Unterdrücken" zusammenfasst (Rz 7). Den Tathandlungen des I Nr 3 lässt sich kein gemeinsames Strukturelement einer „unmittelbaren" Manipulation des Kennzeichens bzw Einwirkung auf jenes entnehmen (aM AG Bielefeld NZV **02** 242, *Zopfs* NZV **08** 387). Dagegen steht, dass „Beseitigung" *gar keine* Einwirkung auf das Kennzeichen (in seiner Substanz?) verlangt, sondern lediglich auf die Verbindung von Kennzeichen und Fz, und dass auch Verdecken ohne „unmittelbare" Einwirkungen denkbar ist (Bsp bei *Rüth/Berr/Berz* Rz 9). Die Beeinträchtigung der Erkennbarkeit durch Abschalten der Beleuchtung ist daher tatbestandsgemäß (Stu VRS **34** 69, Bay DAR **81** 242 [*Rüth*], *Rüth/Berr/Berz* Rz 10, aM AG Bielefeld NZV **02** 242, *Jagow/ Burmann/Heß* Rz 5, *Zopfs* NZV **08** 387). Aus der Überschrift (Kennzeichen*missbrauch*) lässt sich nichts Gegenteiliges herleiten (aM *Zopfs* NZV **08** 387); denn auch ein beseitigtes Kennzeichen wird nicht im Wortsinn *missbraucht*, löst aber gleichwohl (unstr) die Strafbarkeit aus. Überkleben mit „Antiblitzfolie" verwirklicht Nr 3 (Bay NZV **99** 213, *Kudlich* JZ **00** 426, zw *Krack* NStZ **00** 424). Veränderungen am Kennzeichen *vor* Anbringung am Fz erfüllen den Tatbestand hingegen nicht („... angebrachtes ..."); insoweit kommt aber Urkundenfälschung in Betracht (§ 267 StGB, § 10 FZV Rz 16). Vollendung tritt mit dem Verändern, Beseitigen usw ein (Hb NJW **66** 1827). Dass das Fz mit dem veränderten Kennzeichen im Verkehr verwendet wird oder dass dies beabsichtigt ist, ist nicht erforderlich.

d) Der subjektive Tatbestand des Absatzes 1 erfordert bei allen drei Tatbeständen Vor- 6 satz, wobei bedingter Vorsatz genügt. Beim Fälschen, Verfälschen und Unterdrücken muss der Täter die wahre Sachlage in sein Vorstellungsbild aufgenommen haben. Er muss ferner in der rechtswidrigen Absicht handeln („überschießende Innentendenz"), mittels der iS von Nr 1 bis 3 verbotswidrigen Kennzeichnung im Verkehr falschen Beweis zu erbringen (RGSt **53** 141). Tatbestandsrelevant sind also nur Handlungen, die die Feststellung und Erkennbarkeit des Kfz erschweren sollen (Bra NRpfl **51** 209). Für rechtswidrige Absicht spricht es, wenn Ausschalten der Beleuchtung das Ablesen des Kennzeichens verhindern soll (Stu VRS **34** 69). Nicht in rechtswidriger Absicht handelt, wer nur zum Scherz tätig wird und nicht durch die Beweiskraft des Kennzeichens das Rechtsleben beeinflussen will. Die Rechtswidrigkeit der Absicht ist Merkmal

1 StVG § 22a   III. Straf- und Bußgeldvorschriften

des (subjektiven) Tatbestands. Der Irrtum hierüber ist demnach Tatbestandsirrtum iS von § 16 StGB (eingehend *Rüth/Berr/Berz* Rz 13).

3. Gebrauch missbräuchlich gekennzeichneter Kfz und Anhänger (Abs 2)

7 **a) Objektiver Tatbestand**. II stellt den unter Strafe, der im öffentlichen StrV (§ 1 StVO Rz 13 ff) ein Kfz oder einen KfzAnhänger gebraucht, obwohl er weiß, dass die Kennzeichnung in der in I Nr 1 bis 3 bezeichneten Art manipuliert ist. II bezieht die Tathandlungen nach I insgesamt ein, wobei „gefälscht" die Nr 1, „verfälscht" die Nr 2 und „unterdrückt" die Nr 3 zusammenfasst. Die Merkmale sind ersichtlich untechnisch gebraucht, weswegen „Unterdrücken" nicht mit demselben Begriff in § 274 StGB deckungsgleich ist (aM *Zopfs* NZV **08** 387). Die Handlungen nach I müssen nicht wie der in I bezeichneten Absicht und auch nicht vorsätzlich begangen worden sein. „Gebrauch machen" bezieht sich nicht auf die Kennzeichnung des Fz, sondern auf das Fz selbst. Tatbestandsmäßig handelt, wer das Fz selbst führt oder die Fahrt, bei der er sich des Fz bedient, veranlasst oder dazu beiträgt (Bay NJW **63** 1559, Kö NZV **99** 341; *Jagow/Burmann/Heß* Rz 7). Auch das Schieben des Fz ist umfasst (Kö NZV **99** 341). Auch II ist kein Sonderdelikt. Täter kann jedermann sein, nicht etwa nur der Halter oder Führer des Fz. Der Mitfahrer, der die Fahrt weder veranlasst noch auf den Willen des Fahrers fördernd eingewirkt hat, fällt hingegen nicht unter § 22 (Bay NJW **63** 1559).

8 **b) Der innere Tatbestand** erfordert Vorsatz, wobei bedingter Vorsatz grundsätzlich (Kfz, Gebrauchmachen, öffentlicher StrV) genügt. Darüber hinaus muss der Täter nach dem Gesetzeswortlaut *wissen*, dass das Fz mit falschem, verdecktem oder sonst in der Erkennbarkeit verändertem Kennzeichen versehen ist. Entgegen der wohl hM (RGSt **72** 26; hier bis 39. Aufl.) dürfte insoweit direkter Vorsatz zu verlangen sein, bedingter Vorsatz demgemäß nicht genügen. Hingegen setzt II nach der insoweit eindeutigen Gesetzesfassung keine rechtswidrige Absicht iS von I (Rz 6) voraus (*Rüth/Berr/Berz* Rz 17; aM Stu VRS **36** 306, hier bis 39. Aufl, *Jagow/Burmann/Heß* Rz 7). Nicht erforderlich ist ferner, dass die Tathandlungen nach I in rechtswidriger Absicht vollführt worden sind (Rz 7). Gegen II kann noch verstoßen werden, nachdem die Verfolgbarkeit einer Tat nach I verjährt ist (Bra NRPfl **60** 90).

9 **4. Der Versuch** ist nicht strafbar (§ 23 I StGB). Mittäterschaft, Anstiftung und Beihilfe sind nach allgemeinen Regeln zu beurteilen. Verjährungsfrist: drei Jahre (§ 78 StGB). Das Kennzeichen, nicht aber das Fz kann eingezogen werden.

5. Konkurrenzen

10 Der Tatbestand des II ist gegenüber I an sich selbstständig. Jedoch begeht nicht zwei selbstständige Straftaten, wer in rechtswidriger Absicht ein Kfz mit täuschendem Kennzeichen usw versieht, um mit diesem das Kfz im Verkehr zu gebrauchen, und sodann entsprechend verfährt. Wie bei der Parallelproblematik im Rahmen des § 267 StGB (BGHSt **17** 97) liegt dann **nur eine Tat des Kennzeichenmissbrauchs** vor (*Rüth/Berr/Berz* Rz 18; wohl auch BGH NJW **63** 212; abw zB hier bis 39. Aufl: Zurücktreten des I hinter II). TM ist anzunehmen, wenn sich der Verfälscher erst später zum Gebrauchmachen entschließt.

11 § 22 ist nur anwendbar, sofern die Tat nicht anderweitig mit schwererer Strafe bedroht ist (**formelle Subsidiarität**). Gleiches gilt trotz Fehlens einer ausdrücklichen Anordnung für II (Bay JR **57** 70 m Anm *Hartung*). Vorrangig sind jedoch nur wesensgleiche Tatbestände, die gerade durch die in § 22 genannten Verhaltensweisen verwirklicht werden (Stu VRS **34** 69, Bay VRS **62** 136), besonders Urkundenfälschung (§ 267 StGB, s § 16 FZV Rz 10; Bay NZV **98** 333, Bay VRS **53** 351). Ansonsten kann TE bestehen (Rz 12).

12 Bei Wegfahren mit entwendetem Fz, nachdem es mit falschen Kennzeichen versehen worden ist, TE von Kennzeichenmissbrauch, Diebstahl und Fahren ohne FE (BGH NJW **63** 212). TE ist auch mit §§ 222, 229 StGB sowie Steuerhinterziehung denkbar (Bay VRS **62** 136), desgleichen mit § 316 StGB (Stu VRS **34** 69). Zum Anbringenlassen unechter Kennzeichen am gestohlenen Kfz als Hehlereihandlung BGH NJW **78** 2042.

Missbräuchliches Herstellen, Vertreiben oder Ausgeben von Kennzeichen

22a (1) **Mit Freiheitsstrafe bis zu einem Jahr oder mit Geldstrafe wird bestraft, wer**
1. **Kennzeichen ohne vorherige Anzeige bei der zuständigen Behörde herstellt, vertreibt oder ausgibt oder**
2. (weggefallen)

Missbräuchliches Herstellen, Vertreiben oder Ausgeben von Kennzeichen § 22a StVG **1**

3. Kennzeichen in der Absicht nachmacht, dass sie als amtlich zugelassene Kennzeichen verwendet oder in Verkehr gebracht werden oder dass ein solches Verwenden oder Inverkehrbringen ermöglicht werde, oder Kennzeichen in dieser Absicht so verfälscht, dass der Anschein der Echtheit hervorgerufen wird, oder
4. nachgemachte oder verfälschte Kennzeichen feilhält oder in den Verkehr bringt.

(2) ¹Nachgemachte oder verfälschte Kennzeichen, auf die sich eine Straftat nach Absatz 1 bezieht, können eingezogen werden. ²§ 74a des Strafgesetzbuchs ist anzuwenden.

Begr (BTDrucks 8/971): ... § 22a Abs. 1 Nr. 1 stellt den Verstoß gegen die in § 6b Abs. 1 normierte Anzeigepflicht ... unter *Strafe*, während nach Nummer 3 die Herstellung unechter Kennzeichen (Schilder mit kennzeichenähnlicher Beschriftung) und die Verfälschung echter Kennzeichen sowie nach Nummer 4 der Vertrieb *falscher Kennzeichen* bestraft wird. Unter Kennzeichen ist auch eine Folie (Folienschild) zu verstehen, die beschriftet ist und anstelle des herkömmlichen Aluminiumschildes durch Aufkleben am Fahrzeug befestigt werden soll **1**

1. I Nr 1 bedroht Verstöße gegen die Anzeigepflicht nach § 6b I mit Strafe. Betroffen sind daher nur *deutsche* Kennzeichen (Bay DAR **83** 393). **Herstellen:** Zustandebringen des körperlichen Ergebnisses (vgl RGSt **41** 205). Die Tat ist damit vollendet. Der Absicht des Vertreibens bzw Ausgebens bedarf es nicht (*Rüth/Berr/Berz* Rz 3). **Vertreiben:** Jede Tätigkeit, durch die ein Kennzeichen entgeltlich („Vertreiben", nicht „Verbreiten" oder „In-Verkehr-Bringen"; aM *Rüth/Berr/Berz* Rz 3) in den Besitz eines anderen gebracht werden soll (vgl *Weber* BtMG zu § 29 Rz 96). Ankauf und Vorrätighalten zum Verkauf sind umfasst (*Rüth/Berr/Berz* Rz 3). Dass der Täter selbst Verfügungsgewalt hat, ist nicht erforderlich. **Ausgabe:** Jede Weitergabe an einen Dritten, namentlich an den „Endverbraucher" (enger wohl *Rüth/Berr/Berz* Rz 3). Die Merkmale überschneiden sich zT (aM wohl *Rüth/Berr/Berz* Rz 3, 4). Erfolgt die Herstellung mit dem Vorsatz des Vertreibens bzw Ausgebens und wird dieser Vorsatz anschließend in die Tat umgesetzt, so liegt eine Tat nach I vor (vgl § 22 Rz 10). **2**

2. I Nr 3, 4 verpönt Handlungen im Vorfeld eines Kennzeichenmissbrauchs. Anders als I Nr 1 erfassen I Nr 3 und 4 alle Kennzeichen, deren missbräuchliche Verwendung unter § 22 fiele, also auch ausländische (§ 22 Rz 1; Bay DAR **83** 393). Die Vorschriften sind § 146 StGB nachgebildet. Dazu ergangene Rspr kann deshalb herangezogen werden. **3**

Nachmachen iS von I Nr 3: erstmalige Herstellung eines falschen Kennzeichens, das mit einem echten Kennzeichen verwechselt werden kann (vgl *Fischer* StGB § 146 Rz 6). Phantasiezeichen, die sich so wesentlich von jeglichen echten, auch im Ausland vorkommenden Kennzeichen unterscheiden, dass eine ernsthafte Verwechslung mit ihnen ausscheidet, fallen nicht unter Nr 3 (vgl Bay DAR **83** 393). Hinzutreten muss die Absicht, das Kennzeichen als amtliches selbst zu verwenden bzw in den Verkehr zu bringen (Rz 5) oder das Verwenden oder In-Verkehr-Bringen durch andere zu ermöglichen. Fehlt es daran, so ist Nr 3 nicht erfüllt (evt aber Nr 1). **4**

Verfälschen: das Verändern eines echten Kennzeichens in der Weise, dass ihm ein anderer Aussagegehalt verliehen wird. Erforderlich ist *objektiv*, dass der Anschein der Echtheit hervorgerufen wird. Insoweit genügt bedingter Vorsatz (aM *Rüth/Berr/Berz* Rz 6 [Absicht]). Die Absicht der Verwendung usw (s o) muss auch in der Tatalternative des Verfälschens hinzukommen.

Feilhalten iS von I Nr 4: das äußerlich als solches erkennbare Bereithalten zum Zwecke des Verkaufs (BGHSt **23** 286, *Fischer* StGB § 146 Rz 14; s auch § 23 Rz 3). Hingegen dürfte der Zweck der unentgeltlichen Weitergabe nicht genügen (aM *Rüth/Berr/Berz* § 23 Rz 4). Wer unentgeltlich weitergibt, bringt aber in Verkehr. **In-Verkehr-Bringen:** jede Handlung, durch das Kennzeichen aus der Verfügungsgewalt des Täters entlassen wird, dass ein anderer tatsächlich in die Lage versetzt wird, mit ihm nach Belieben zu verfahren (*Fischer* StGB § 146 Rz 17). **5**

Der Vorsatz muss sich auf sämtliche Tatumstände beziehen, wobei bedingter Vorsatz genügt. Bei I Nr 3 muss die dort bezeichnete Absicht hinzukommen. Verkennt der Täter, dass Herstellung, Vertreiben und Ausgeben eine vorherige Anzeige voraussetzen (= Tatbestandsmerkmal), so dürfte Tatbestandsirrtum iS von § 16 StGB anzunehmen sein (vgl Bay NJW **97** 1319, *Göhler-König* § 11 Rz 21; aM *Rüth/Berr/Berz* Rz 8). **6**

Konkurrenzen. Anders als § 22 (dort Rz 11) ordnet § 22a keine formelle Subsidiarität an. Jedoch tritt I Nr 3 hinter § 267 StGB zurück, wenn die Tat mit dem Vorsatz begangen wird, sodann eine Urkundenfälschung zu begehen (*Rüth/Berr/Berz* Rz 11). **7**

1 StVG § 22b

Missbrauch von Wegstreckenzählern und Geschwindigkeitsbegrenzern

22b (1) Mit Freiheitsstrafe bis zu einem Jahr oder mit Geldstrafe wird bestraft, wer
1. die Messung eines Wegstreckenzählers, mit dem ein Kraftfahrzeug ausgerüstet ist, dadurch verfälscht, dass er durch Einwirkung auf das Gerät oder den Messvorgang das Ergebnis der Messung beeinflusst,
2. die bestimmungsgemäße Funktion eines Geschwindigkeitsbegrenzers, mit dem ein Kraftfahrzeug ausgerüstet ist, durch Einwirkung auf diese Einrichtung aufhebt oder beeinträchtigt oder
3. eine Straftat nach Nummer 1 oder 2 vorbereitet, indem er Computerprogramme, deren Zweck die Begehung einer solchen Tat ist, herstellt, sich oder einem anderen verschafft, feilhält oder einem anderen überlässt.

(2) In den Fällen des Absatzes 1 Nr. 3 gilt § 149 Abs. 2 und 3 des Strafgesetzbuches entsprechend.

(3) ¹Gegenstände, auf die sich die Straftat nach Absatz 1 bezieht, können eingezogen werden. ²§ 74a des Strafgesetzbuches ist anzuwenden.

1 **Begr** (BTDrucks 15/5315 S 8, 10): *Das Manipulieren eines Wegstreckenzählers (§ 57 Abs. 3 StVZO), der den tatsächlich gefahrenen Kilometerstand anzeigt, ist – abgesehen von Fällen der vorsätzlichen Hilfeleistung zu einer strafbaren Betrugshandlung – gegenwärtig straflos. Das betrifft insbesondere Fälle, bei denen Spezialisten das „Nachjustieren" von Wegstreckenzählern als Dienstleistung anbieten und ausführen. Seit geraumer Zeit ist festzustellen, dass derartige Dienstleistungen in Internet- und Zeitungsannoncen vermehrt und offen unter Hinweis auf die Straflosigkeit der Verfälschung angeboten werden. Das Zurückstellen von Kilometerständen macht letztlich nur Sinn, wenn Dritte (Käufer, Versicherungen etc.) über den tatsächlich gefahrenen Kilometerstand zu einem späteren Zeitpunkt und damit über den Wert des Fahrzeuges getäuscht werden sollen. Hieraus ergibt sich die Notwendigkeit, entsprechende Verhaltensweisen unter Strafe zu stellen.*

Geschwindigkeitsbegrenzer, mit denen bestimmte Lastkraftwagen und Kraftomnibusse nach § 57c StVZO ausgerüstet sein müssen, stellen die Einhaltung der für diese Kraftfahrzeuge geltenden zulässigen Höchstgeschwindigkeiten auf Autobahnen und bestimmten Kraftfahrstraßen von 80 km/h (Lkw) bzw. 100 km/h (Busse) auf technischem Wege sicher. Die Geschwindigkeitsbegrenzer leisten damit einen wichtigen Beitrag zur Verstetigung des Verkehrsflusses und vor allem zur Steigerung der Straßenverkehrssicherheit. Eingriffe in Geschwindigkeitsbegrenzer oder Veränderungen an ihnen, durch die die bestimmungsgemäße Funktion dieser Geräte beeinträchtigt oder sogar unterbunden wird, werden regelmäßig vorgenommen, um vorgeschriebene Höchstgeschwindigkeiten wiederholt oder sogar dauerhaft überschreiten zu können. Nicht angepasste, überhöhte Geschwindigkeiten zählen zu den Hauptursachen von Verkehrsunfällen nicht nur mit Sachschäden, sondern auch mit Personenschäden. Wenngleich exakte Daten über die Zahl festgestellter Manipulationen an Geschwindigkeitsbegrenzern bei den Kontrollbehörden und den Technischen Prüfstellen nicht vorliegen, so verfügen die Polizeibehörden der Länder, der Bundesgrenzschutz und das Bundesamt für Güterverkehr dennoch über hinreichend konkrete Anhaltspunkte dafür, dass solche technischen Veränderungen in erheblichem Umfang vorgenommen werden. Wer Geschwindigkeitsbegrenzer in Kenntnis der Zusammenhänge manipuliert, bekundet nicht nur seine vorwerfbare Einstellung, als Folge seines Tuns hinzunehmen, dass die zum Schutze aller Verkehrsteilnehmer geltenden Vorschriften missachtet werden, sondern nimmt auch die damit einhergehende erhebliche Gefährdung des Straßenverkehrs in Kauf. Angesichts dessen ist es geboten, die derzeit bestehende Ahndungslücke zu schließen. …

Nach Nummer 1 ist strafbar, wer auf einen in ein Kraftfahrzeug eingebauten Wegstreckenzähler (§ 57 Abs. 3 StVZO) oder auf den Messvorgang einwirkt und dadurch das Ergebnis der Messung beeinflusst. Das Einwirken muss der Verfälschung von Messdaten dienen. Die Einwirkung kann unmittelbar am Gerät vorgenommen werden. Erfasst ist auch die Einwirkung auf den Messvorgang bei den heute üblichen elektronischen Wegstreckenzählern über Computerprogramme.

Die Nummer 2 stellt das Manipulieren an Geschwindigkeitsbegrenzern nach § 57c StVZO unter Strafe. Die neue Strafnorm erfasst nur denjenigen, der ein bereits eingebautes Gerät nachträglich – durch mechanischen Eingriff oder mittels eines Computerprogramms – verändert und dadurch dessen bestimmungsgemäße Funktion aufhebt oder beeinträchtigt.

Nach Nummer 3 ist es strafbar, in Vorbereitung auf Manipulationen an Wegstreckenzählern oder Geschwindigkeitsbegrenzern Computerprogramme herzustellen, sich oder einem anderen zu verschaffen, feilzuhalten oder einem anderen zu überlassen. Diese Handlungen sind ebenso vorwerfbar wie das Manipulieren selbst und sollen deshalb ebenfalls unter Strafe gestellt werden. …

Missbrauch von Wegstreckenzählern und Geschwindigkeitsbegrenzern § 22b StVG 1

1. I Nr 1 stellt die Verfälschung der Messung des **Wegstreckenzählers** iS von § 57 III StVZO 2 (dort Rz 4) eines Kfz (§ 1 Rz 2 ff) unter Strafe. Die Begr (Rz 1) verweist mit Recht auf die fehlende Strafbarkeit derartiger Taten nach allgemeinem Strafrecht (zu § 268 StGB: BGHSt **29** 204; hinsichtlich § 263 StGB bei vollführtem Gebrauchtwagenverkauf unter Vorspiegelung eines zu niedrigen Kilometerstands kommt eine Verurteilung idR nur in Betracht, wenn der objektive Wert des Kfz hinter dem Kaufpreis wesentlich zurückbleibt, was nicht ohne sachverständige Hilfe festgestellt werden kann, wobei auch Vorsatz in dieser Hinsicht nachgewiesen werden muss). Die Strafvorschrift zielt ab auf Handlungen im Vorfeld des Betrugs (§ 263 StGB) namentlich zum Nachteil von Gebrauchtwagenkäufern oder auch Leasingfirmen. Es entspringt einem legitimem Interesse, einschlägigen Praktiken mit strafrechtlichen Mitteln effektiv entgegenzuwirken. In der Tatbestandsfassung hat sich der Gesetzgeber wohl an § 268 (I, III) StGB angelehnt.

Einwirkung auf Gerät oder Messvorgang ist denkbar weit und umfasst sämtliche Handlun- 3 gen (und Unterlassungen), die das Messergebnis kausal beeinflussen. Die Tat kann durch mechanische Einwirkung (zB „Zurückdrehen" mechanischer Kilometerzähler mittels Bohrmaschine) sowie bei den heutigen digitalen Geräten durch Einwirkung auf das Computerprogramm begangen werden. Ob das Gerät im Zeitpunkt der Manipulation im Fz eingebaut ist oder zum Zweck des Eingriffs ausgebaut wurde, ist ohne Bedeutung; die Entwurfsfassung („… *eingebaut ist* …") wurde zur Klarstellung dieses Umstands nicht übernommen (BTDrucks 15/5706 S 5 f, *Albrecht* SVR **05** 284).

Verfälscht ist das Messergebnis nach BVerfG NJW **06** 2318 dann, wenn die durch das Gerät 4 geleistete Aufzeichnung so verändert wird, dass sie nicht über die tatsächliche Laufleistung des Kfz Auskunft gibt, weswegen ein der Tatbestand nicht erfüllt sei, wenn auf den Wegstreckenzähler zu Zwecken der Reparatur, Justierung, Konvertierung oder Datenrestauration eingewirkt werde; diese Handlungen zielten gerade auf die Gewährleistung oder Wiederherstellung der ordnungsgemäßen Funktionsfähigkeit des Wegstreckenzählers ab, also auf die Anzeige der tatsächlichen Laufleistung des Kfz. In dieser Auslegung weicht die Begriffsbestimmung des Verfälschens freilich von der im Rahmen des tatbestandlich verwandten § 268 I Nr 1 StGB ab. Denn nach hierzu ganz hM sind im Hinblick auf den dort intendierten Schutz der Authentizität des Herstellungsvorgangs auch Eingriffe tatbestandsmäßig, die der Richtigstellung der Ergebnisse dienen, sofern das (richtige) Ergebnis also nicht aus einem in seiner Selbstständigkeit von Störungshandlungen unbeeinflussten Aufzeichnungsvorgang herrührt (S/S/C/*Heine* § 268 Rz 44 a, 31, *Fischer* § 268 Rz 12). Gleichwohl verwendet § 22 b I (anders als § 268 III StGB, der auch Reparaturen erlaubt, MK-*Erb* § 268 Rz 35) explizit das Merkmal des Verfälschens, wobei den Gesetzesmaterialien nicht ganz eindeutig zu entnehmen ist (s aber Begr Rz 1: „*muss der Verfälschung von Messdaten dienen*"), dass der Gesetzgeber ihm eine andere Bedeutung beimessen wollte als im Rahmen des § 268 I StGB. Auch fehlt in I Nr 1 das Merkmal der „störenden" Einwirkung (vgl § 268 III StGB und hierzu MK-*Erb* § 268 Rz 35). Unzweifelhaft ist die Interpretation des BVerfG demnach nicht. Man kann sie mit Blick auf die Schutzrichtung (Verhinderung von Taten im Vorfeld des Betruges, Rz 2) aber wohl rechtfertigen. Nachweisprobleme (tatsächliche km-Leistung?, Schutzeinwände) sind indessen nicht zu verkennen.

2. Abs I Nr 2 erfasst Eingriffe an im Kfz eingebauten **Geschwindigkeitsbegrenzern**, die 5 die bestimmungsgemäße Funktion des Geräts aufheben oder beeinträchtigen. Mit dem Begriff „Geschwindigkeitsbegrenzer" sind nur solche im technischen Sinn gemeint, nämlich Einrichtungen iS von §§ 57 c, 57 d StVZO (ebenso wohl *Blum* NZV **07** 70). Für diese Interpretation spricht der Umstand, dass § 22 b die dort verwendete Terminologie übernimmt (und nicht etwa formuliert „Einrichtungen zur Begrenzung der Geschwindigkeit" o Ä). Aus der Entwurfsbegründung (Rz 1), die sich ausdrücklich auf § 57 c StVZO bezieht, ergibt sich mit hinreichender Deutlichkeit, dass lediglich Eingriffe in diese, im Interesse der VSicherheit besonders wichtigen Einrichtungen mit Strafe bewehrt werden sollen (s auch BTDrucks 15/5706 S 6). Dementsprechend fallen andere mechanische oder elektronische Einrichtungen zur Drosselung der Geschwindigkeit zB an Mofas, Rollern oder Kleinkrafträdern usw nicht unter die Strafvorschrift. Gleiches gilt für „Tempomaten" in Pkw.

Die Vorschrift erfasst nur nachträglich vorgenommene Manipulationen („… ausgerüstet 6 *ist* …", Begr). Hinsichtlich der Beschreibung der Tathandlungen bedient sich der Gesetzgeber nicht herkömmlicher Terminologie in ähnlichen Tatbeständen (zB zerstört, beschädigt, unbrauchbar macht, stört, …), sondern der für solche Merkmale üblicherweise gebrauchten Begriffserläuterungen. Die **bestimmungsgemäße Funktion ist aufgehoben bzw beeinträchtigt**, wenn die Einrichtung die Begrenzung der Geschwindigkeit gar nicht mehr oder nicht mehr vollständig zu gewährleisten vermag. Dies muss durch eine Einwirkung auf das Gerät erfolgen. Wie für Nr 1 kommen mechanische Manipulationen ebenso in Betracht wie solche mittels Computerprogramm. Das Fahren mit einem defekten Geschwindigkeitsbegrenzer stellt nach dem eindeutigen Wortlaut keine Tat nach I Nr 2 (durch Unterlassen) dar.

7 **3. Nr 1 und 2 sind Vorsatzdelikte** (§ 15 StGB). Der Täter muss die jeweiligen Tatumstände daher zumindest als möglich in sein Vorstellungsbild aufgenommen und billigend in Kauf genommen haben. Fahrlässige Einwirkungen, die die tatbestandlich geforderten Folgen auslösen (etwa im Rahmen eines Unfalls oder einer Reparatur), genügen nicht.

8 **4. Vollendet sind** Taten nach Nr 1 bzw 2 mit Herbeiführung einer falschen Messung (Nr 1) bzw der Aufhebung/Beeinträchtigung der Funktion des Geschwindigkeitsbegrenzers (Nr 2). Eine Täuschungsabsicht (Nr 1) fordert die Vorschrift ebenso wenig wie es verlangt, dass der Täter oder ein anderer das Kfz (unter Überschreitung der zulässigen Geschwindigkeit) fährt (Nr 2). Tätige Reue kann nicht im Rahmen des II (Rz 11), sondern nur im Rahmen der Sanktionsentscheidung (Absehen von weiterer Verfolgung, §§ 153, 153 a StPO, §§ 45, 47 JGG, Strafzumessung) honoriert werden.

9 **5.** Nach **I Nr 3** ist auch die **Vorbereitung einer Tat nach Nr 1 oder 2** durch die Herstellung von **Computerprogrammen** strafbar. Die Vorschrift wurde § 263a III StGB nachgebildet, ist in der Sache Computerstrafrecht und birgt alle in diesem Bereich bestehenden Interpretationsschwierigkeiten in sich (s auch *Popp* GA **08** 375). Voraussetzung ist, dass das Computerprogramm *mit dem Ziel* hergestellt wurde, eine Straftat nach Nr 1 oder 2 zu begehen. Es muss sich demnach um Programme handeln, die speziell für das „Justieren" von Wegstreckenzählern geschrieben worden sind. Programme, die lediglich Funktionen enthalten, die auch für solche Zwecke eingesetzt werden können, also lediglich hierfür *geeignet* sind, scheiden aus (s etwa MK-*Erb* § 149 Rz 3 sowie BVerfG NJW **06** 2318). Weist das Programm allerdings diesen Zweck auf, so wird man idR legal eingesetzte Programme nicht aus dem objektiven Tatbestand des I Nr 3 ausgrenzen können (unklar BVerfG aaO). Vielmehr muss dann beim subjektiven Tatbestand angesetzt werden: Die Tat dient dann nach dem Vorstellungsbild des Handelnden nicht der Vorbereitung von Straften iS von I Nr 1 und 2.

10 **Herstellen:** tatsächliche Fertigstellung, nicht schon der Herstellungsprozess vor seiner Vollendung, wobei es aber nicht schadet, wenn noch unbedeutende Nebenarbeiten ausstehen; **Sichverschaffen:** Erlangung der tatsächlichen Herrschaftsgewalt über den Gegenstand durch den Täter, gleichgültig, ob dies rechtmäßig geschieht oder zB durch eine Straftat; **einem anderen Verschaffen:** Einräumen der tatsächlichen Herrschaftsgewalt für einen anderen durch eine Vermittlungstätigkeit zur Herstellung der Herrschaftsgewalt für den anderen (sonst liegt Überlassen vor); **Feilhalten:** das äußerlich als solches erkennbare Bereitstellen der Möglichkeit des Kaufs durch das Publikum (BGHSt **23** 286); **Überlassen an einen anderen:** die (auch nur vorübergehende) Aufgabe der eigenen Herrschaftsgewalt zugunsten eines anderen, so dass neben der Übertragung der tatsächlichen Verfügungsgewalt sogar das Zulassen der Wegnahme durch einen Dritten ausreicht (RGSt **59** 214).

11 **6. Tätige Reue** in Bezug auf Taten nach I Nr 3 (nicht Nr 1, 2, Rz 8) führt nach Maßgabe von § 149 II, III StGB zur Straffreiheit.

12 **7.** Der **Einziehung** unterliegen nach III die Gegenstände, auf die sich die Straftat nach I bezieht. Als solche Gegenstände kommen in Betracht Wegstreckenzähler (I Nr 1), Geschwindigkeitsbegrenzer (I Nr 2) und Verfälschungssoftware (I Nr 3).

Lit: *Albrecht*, …neue Straftatbestände im StVG, SVR **05** 281.

Feilbieten nicht genehmigter Fahrzeugteile

23 (1) Ordnungswidrig handelt, wer vorsätzlich oder fahrlässig Fahrzeugteile, die in einer vom Kraftfahrt-Bundesamt genehmigten Bauart ausgeführt sein müssen, gewerbsmäßig feilbietet, obwohl sie nicht mit einem amtlich vorgeschriebenen und zugeteilten Prüfzeichen gekennzeichnet sind.

(2) **Die Ordnungswidrigkeit kann mit einer Geldbuße bis zu fünftausend Euro geahndet werden.**

(3) **Fahrzeugteile, auf die sich die Ordnungswidrigkeit bezieht,** können eingezogen werden.

Verkehrsordnungswidrigkeit § 24 StVG **1**

1. Begründung der BReg: BTDrucks V/1319 S 89 (s auch *Thomsen* VD **69** 103). Eine Erweiterung der Vorschrift auf das gewerbsmäßige Feilbieten weiterer FzTeile und von bestimmten Fz ist geplant (BTDrucks 10175). **1**

2. Feilbieten unvorschriftsmäßiger Fahrzeugteile. Die Vorschrift ist für den Fall der Gewerbsmäßigkeit eine Art Qualifikationstatbestand gegenüber der OW nach § 22a II, § 69a II Nr 7 StVZO. Danach handelt ow, wer in § 22a I StVZO bezeichnete (durchgehend für die Sicherheit wichtige) Teile ohne das amtlich vorgeschriebene und zugeteilte Prüfzeichen feilbietet, veräußert, erwirbt oder verwendet (§ 69a II Nr 7 StVZO). Die OW nach § 22a II, § 69a II Nr 7 StVZO tritt schon nach ausdrücklicher Anordnung in § 69a II Nr 7 StVZO hinter eine OW nach § 23 StVG zurück. **2**

3. Gewerbsmäßiges Feilbieten wird schärfer geahndet als in § 22a StVZO, nämlich nach II mit Geldbuße bis zu 5000 €, bei Fahrlässigkeit bis zu 2500 € (§ 17 II OWiG) und Einziehungsbefugnis. Übersteigt der wirtschaftliche Vorteil aus der OW 5000 € so darf die Geldbuße diesen Betrag überschreiten (§ 17 IV OWiG). UU kommt Verfall (§ 29a OWiG) in Betracht. **Feilbieten:** deckungsgleich mit Feilhalten (§ 22a Rz 5; s auch § 22a StVZO Rz 29). **3**

Gewerbsmäßig bietet feil, wer in der Absicht handelt, die Tat zu wiederholen, um sich eine nicht nur vorübergehende Einnahmequelle zu verschaffen (BGHSt **1** 383). Eine einzelne Betätigung in dieser Absicht kann genügen. Für Gewerbsmäßigkeit wird sprechen, wenn ein Händler oder Inhaber einer Kfz-Werkstätte über weitere nicht vorschriftsmäßig gekennzeichnete Teile der fraglichen oder anderer Art verfügt. Als Täter iS von § 14 OWiG kommt auch ein Angestellter in Betracht, der das Merkmal der Gewerbsmäßigkeit nicht in eigener Person aufweist, indem er zB dem Betriebsinhaber (vorsätzlich; s E 93) hilft (*Rüth/Berr/Berz* Rz 6; aM hier bis 39. Aufl.). Denn die Gewerbsmäßigkeit ist besonderes persönliches Merkmal iS von §§ 14, 9 OWiG (*Göhler-König* § 9 Rz 6). Fehlt es dem Täter hinsichtlich der Gewerbsmäßigkeit des unmittelbar Handelnden am Vorsatz, so kann er wegen Verstoßes gegen § 22a StVZO verantwortlich gemacht werden (*Rüth/Berr/Berz* Rz 6). Die Tat kann auch fahrlässig begangen werden (*Hartung* DAR **53** 141, *Graichen* DAR **66** 43). Dann § 17 II OWiG (Rz 3). Nach § 23 handelt auch ow, wer ungeprüfte Teile gewerbsmäßig feilhält, um sie mit der Auflage zu verkaufen, sie nur an Kfz außerhalb des Verkehrs zu verwenden (Ha VkBl **66** 336). **4**

4. Zuständige Verwaltungsbehörde (§ 36 I Nr 1 OWiG) ist kraft Sondervorschrift das Kraftfahrt-Bundesamt (§ 26 II StVG). **5**

5. Verfolgungsverjährung tritt nach zwei Jahren ein (§ 31 II Nr 2 OWiG). Nach Ablauf der Verjährungsfrist ist auch keine Einziehung nach III mehr zulässig (§ 31 I OWiG). **6**

Verkehrsordnungswidrigkeit

24 (1) ¹Ordnungswidrig handelt, wer vorsätzlich oder fahrlässig einer Vorschrift einer auf Grund des § 6 Abs. 1 oder des § 6e Abs. 1 erlassenen Rechtsverordnung oder einer auf Grund einer solchen Rechtsverordnung ergangenen Anordnung zuwiderhandelt, soweit die Rechtsverordnung für einen bestimmten Tatbestand auf diese Bußgeldvorschrift verweist. ²Die Verweisung ist nicht erforderlich, soweit die Vorschrift der Rechtsverordnung vor dem 1. Januar 1969 erlassen worden ist.

(2) **Die Ordnungswidrigkeit kann mit einer Geldbuße* geahndet werden.**

Übersicht

Abschreckung 53
Ausland, Verkehrszuwiderhandlung Deutscher im 11/12, 13, 14
Äußerer Tatbestand 15, 16

Bedeutung der Ordnungswidrigkeit 45–47
Beschlagnahme 66
Beteiligung 20
Beweis 76, 77
Buße s Geldbuße
Bußgeldkatalog 41, 60 ff
Bußgeldverfahren 69–75

Einsicht als Zumessungsgrund 56
Einziehung, keine 66
Erzwingungshaft 78

Fahrlässigkeit, Vorsatz 23–25
Festnahme, vorläufige 74

Geldbuße, Gesetzesmaterialien 38–41
–, frühere 55
–, Rahmen 43
–, wirtschaftliche Verhältnisse 48a
–, Zumessung 44 ff

---

* Voraussichtliche Änderung ab 1. 1. 09: „Geldbuße bis zu zweitausend Euro"; s Rz 43.

StVG § 24

III. Straf- und Bußgeldvorschriften

Geltung, sachliche 7
–, örtliche 10–14
–, zeitliche 8, 9
Gesamtvorsatz 24
Gesetzesmaterialien 1–4, 11, 12, 38–41, 75
–, Geldbuße 38 ff
Grad des vorwerfbaren Handelns 44

Haft, Erzwingungs- 78

Irrtum 26–36

Konkurrenzen 58–59

Maß des zulässigen Vorwurfs 44, 48
Mitschuld 49, 50

Natotruppen 79

Ordnungswidrigkeit 6
–, Bedeutung der 45–47
Opportunitätsgrundsatz 41, 67

Radarfoto 76
Rechtfertigungsgründe 22
Rechtstreue 53

Sachliche Geltung 7
Schuld 23–25
–, Mitschuld 49, 50
Sicherheitsleistung 75
Sicherstellung des Fahrzeugs 66

Soziale Stellung 57
Subsidiarität 68

Tatbestand 15, 16
Tatbestandsirrtum 33
Tateinheit 58
Tatmehrheit 59
Teilnahme 20

„Uneinsichtigkeit" 56
Ursächlichkeit 21

Verantwortlichkeit 23–25, 52
Verbotsirrtum 34–36, 51
Verfolgungsbehörde, zuständige 70
Verfolgungsverjährung 69
Verkehrszuwiderhandlung, Ausland 11/12, 13, 14
Verschlechterungsverbot 72
Versuch 37
Videoaufnahme als Beweismittel 76
Vollrausch 25 a
Vorläufige Festnahme 74
Vorsatz, Fahrlässigkeit 23–25
Vorstrafe 55
Vorwurf, Maß des zulässigen 44, 48

Wirtschaftliche Verhältnisse 48 a

Zahlungserleichterung 78
Zeitliche Geltung 8, 9
Zumessung der Geldbuße 44 ff
Zuständige Verfolgungsbehörde 70

1–4 1. **Begr** der BReg: BTDrucks V/1319 S 90.

5 2. **Ordnungswidrigkeiten.** § 24 StVG umfasst alle OW gegen die StVO, FZV, StVZO und FeV. Als Blankettnorm (**E** 79) wird er durch deren Vorschriften zu OW-Tatbeständen ergänzt, soweit sie Verbote, Gebote und Anordnungen an die VT und FzHalter enthalten (Rz 15). OW nach StVO: § 49 StVO, nach FZV: § 48, nach StVZO: § 69 a StVZO, nach FeV: § 75 FeV.

6 3. **Ordnungswidrigkeit** (OW): **E** 12, 68–75. Auslegung: **E** 57–59. Analogie: **E** 60–62. Alle VRegeln sind elastisch (verkehrsgerecht) und ohne Kleinlichkeit zu handhaben und auszulegen, BGH NJW **70** 619, Zw VRS **41** 190. Besondere VLagen, sinnvolles Verhalten im StrV: **E** 122–124, § 1 StVO Rz 6–10, § 11 StVO.

7 4. **Sachliche Geltung.** § 24 ist mit dem GG vereinbares Bundesrecht (BVerfGE **27** 18 = NJW **69** 1619), ebenso die StVO und die StVZO (**E** 1, 2, 6, 7, 9, 10). Landesrechtliches StrVR hat gemäß § 6 StVG keinen Raum mehr (**E** 46–48). Die Sanktionskompetenz der VB verletzt Art 92 GG nicht, da die Sanktionen von OW keine Strafen sind und keine ethischen Vorwürfe begründen (BVerfG NJW **69** 1623, Dü NJW **69** 1221, *Göhler-König* vor § 1 Rz 7 ff).

8 5. **Zeitliche Geltung.** § 24 gilt in Neufassung seit 1. 1. 69 (Art 167 EGOWiG). Zeitliche Geltung: **E** 35 ff. Rückwirkungsverbot: **E** 37. Tatzeit: **E** 39. Rechtsänderungen: **E** 40–42. Zeitgesetze: **E** 43. Nebenfolgen: **E** 44.

9 Zum Meistbegünstigungsprinzip bei Rechtsänderungen nach der Tat **E** 43 ff.

10 6. **Örtliche Geltung.** Eine OW ist an jedem Ort begangen, an dem der Täter, Inländer oder Ausländer, gehandelt hat oder im Unterlassungsfall hätte handeln sollen, oder an dem ihre Wirkung („Erfolg") eingetreten ist oder eintreten sollte (§ 7 OWiG). Jedoch können, soweit gesetzlich nichts anderes bestimmt ist, nur die im räumlichen Geltungsbereich des OWiG begangenen OW geahndet werden (Gebietsgrundsatz, § 5 OWiG), s aber Rz 13, 14. Näher **E** 32. Exterritoriale: **E** 28. Sicherheitsleistung der Ausländer: **E** 33/34.

11/12 **Begr der BReg** zu § 4 OWiG aF = § 5 nF **(Räumliche Geltung)** (Drucks V/1269 S. 45): *„Die Vorschrift stellt in Absatz 1 den Grundsatz auf, dass nur die im räumlichen Geltungsbereich dieses Gesetzes begangenen Ordnungswidrigkeiten geahndet werden können. Diesem Grundsatz liegt die Erwägung zugrunde, dass die große Mehrheit aller Bußgeldvorschriften schon nach ihrem Inhalt und Zweck nur innerhalb des Bundesgebietes Geltung beanspruchen können. Überwiegend bezwecken diese Vorschriften*

Im Ausland begangene VZuwiderhandlungen: **E** 26, 27, 33/34. Ein Übereinkommen über **13** die Zusammenarbeit in Verfahren wegen Zuwiderhandlungen gegen VVorschriften und bei der Vollstreckung von deswegen verhängten Geldbußen und -strafen war am 28. 4. 99 von Deutschland und 14 weiteren Staaten unterzeichnet worden (*Grünheid* NZV **00** 237), ist aber wegen eines formalen Fehlers nicht zustande gekommen (*Bönke* AG-VerkRecht-F S 309, *Neidhard* DAR **04** 191). Bedenken gegen die Konsequenzen des Abkommens für den deutschen Kf bei *Neidhard* NZV **00** 241 f. Gegenseitige Vollstreckungshilfe bei gerichtlichen oder verwaltungsbehördlichen Entscheidungen wegen Zuwiderhandlungen gegen Vorschriften des StrV ab einer Sanktion von 40 € oder 70 Schweizer Franken sehen Art 37 ff des **deutsch-schweizerischen Polizeivertrages** v 27. 4. 99 (BGBl II, 948) vor, ratifiziert durch G v 25. 9. 01 (BGBl II, 946), jedoch erst teilweise in Kraft getreten am 1. 3. 02 (BGBl II, 608). Vollstreckung österreichischer öffentlich-rechtlicher Geldforderungen einschließlich solcher aus verwaltungsrechtlichen Straferkenntnissen oder Strafverfügungen in Deutschland: Art 9 des **deutsch-österreichischen Rechtshilfevertrages** v 31. 5. 88 (BGBl II **90** 358), ratifiziert am 26. 4. 90 (BGBl II 357). Im Verhältnis zu den **Niederlanden** (nicht auch zu anderen EG-Staaten) gilt seit 9. 12. 97 das Übereinkommen v 13. 11. 91 zwischen den EG-Mitgliedern über die Vollstreckung ausländischer strafrechtlicher Verurteilungen (BGBl II **97** 1350, Bekanntmachung BGBl II **98** 896), beschränkt auf Bußen über 100 € (näher *Beck/Berr* Rz 551 ff; *Albrecht* SVR **07** 361, tabellarische Übersicht bei *Albrecht* SVR **08** 15). Zur Geltendmachung ausländischer Geldbußen durch im Ausland ansässige Inkassofirmen *Beck/Berr* Rz 561 e ff, *Nissen* DAR **04** 196.

Am 22. 3. 05 ist der **EU-Rahmenbeschluss 2005/214/JI** v 24. 2. 05 über die Anwen- **14** dung des Grundsatzes der gegenseitigen **Anerkennung von Geldstrafen und Geldbußen** (ABl EU Nr L 76 S 16, abrufbar über http://eur-lex.europa.eu/de, abgedruckt bei *Beck/Berr* Rz 561 d, krit *Neidhart* SVR **06** 199) in Kraft getreten. Dieser wäre nach Art 20 bis zum 22. 3. 07 in nationales Recht umzusetzen gewesen, was aber noch nicht geschehen ist; derzeit wird der RegE vorbereitet (*Herrnfeld* VGT **08** 128). Nach Art 5 (mit Art 1) werden grundsätzlich Entscheidungen über Geldstrafen oder Geldbußen ua wegen Zuwiderhandlungen gegen die den StrV regelnden Vorschriften einschließlich der Vorschriften über Lenk- und Ruhezeiten und des Gefahrgutrechts von den Mitgliedstaaten anerkannt und vollstreckt. Art 7 enthält eine Reihe von Ausschlusstatbeständen, die die Behörden des Vollstreckungsstaates berechtigen, die Vollstreckung der Entscheidung zu verweigern. Das gilt vor allem, wenn die Geldstrafe oder -buße unter 70 € liegt (Art 7 II h), die Vollstreckung nach den Vorschriften des Vollstreckungsstaates verjährt ist (Art 7 II c) oder eine Rechtsmittelbelehrung unterblieben ist (Art 7 II g, i). Darüber hinaus kann die Vollstreckung nach Art 20 III verweigert werden, wenn die dem Vollstreckungsstaat zu übermittelnde Bescheinigung Anlass zu der Vermutung gibt, dass Grundrechte oder allgemeine Rechtsgrundsätze gem Art 6 des EU-Vertrags verletzt wurden. Danach könnte zB die Vollsteckung verweigert werden, wenn sich der Betroffene nach den ausländischen Bestimmungen nicht durch Bestreiten der Fahrereigenschaft entlasten darf, sondern sich durch entsprechende Auskunft selbst belasten muss (*Bönke* NZV **06** 23, *Schnigula* VGT **06** 47, s auch die Empfehlungen des VGT **06** 7 [AK I]). Die fakultativen Verweigerungsgründe des Rahmenbeschlusses werden bei der Umsetzung in das IRG voraussichtlich als zwingende Zulässigkeitshindernisse ausgestaltet werden (*Herrnfeld* VGT **08** 128; dazu auch 46. VGT AK III Nr 4, VGT **08** 8). Nach Art 13 fließt der Erlös aus der Vollstreckung dem Vollstreckungsstaat zu. Die in Rz 13 genannten bilateralen Übereinkommen bleiben unberührt. Näher zum Inhalt des Rahmenbeschlusses s unten Lit. Vollstreckung von **EdF und FV** umfasst der Rahmenbeschluss nicht. Insoweit ist eine Vollstreckung ausländischer Entscheidungen im **Übereinkommen der EU über den Entzug der FE** v 17. 6. 98 (ABl EG C 216/1) vorgesehen, das aber noch nicht in nationales Recht umgesetzt ist. Zum Richtlinienvorschlag der Kommission betreffend einen europaweiten Halterdatenaustausch s **E** 32.

Lit: *Bönke*, „Mobile" Sanktionen in Europa, AG-VerkRecht-F S 309. *Derselbe*, Grenzüberschreitende Ahndung von VVerstößen, NZV **06** 19. *Brenner*, EU-weite Vollstreckung ..., VGT **08** 32. *Grünheid*, Das Übereinkommen v 22. 4 99 ..., NZV **00** 237. *Herrnfeld*, Verkehrssanktionen in der EU ..., VGT **08** 128. *Neidhard*, Die neuen Vollstreckungshilfeabkommen ..., NZV **00** 240. *Nissen*, Verkehrssanktionen in der EU

1 StVG § 24 III. Straf- und Bußgeldvorschriften

..., VGT 08 143. *Riedmeyer*, EU-weite Vollstreckung ..., VGT **06** 40. *Schlanstein*, Autofahren in Europa ..., VD **06** 171. *Schnigula*, EU-weite Vollstreckung ..., VGT **06** 47. *Simmelink*, Der EU-Rahmenbeschluss über Geldstrafen und die Auferlegung von Geldbußen für VDelikte in den Niederlanden, DAR **05** 367. *Zypries*, Das Verkehrsrecht ..., NJW **07** 1424.

15   **7. Äußerer Tatbestand.** Allgemein: E 77–82. § 24 ist eine Blankettvorschrift (E 79); erst zusammen mit einer auf Grund von § 6 oder 6e StVG erlassenen RVO oder einer Anordnung auf Grund einer solchen RVO umschreibt er einen OW-Tatbestand, BGH VRS **56** 133, *Schall* NStZ **86** 7, allgemein *Göhler-König* vor § 1 Rz 17 ff. In Betracht kommen vor allem die Vorschriften der StVO, StVZO, FZV und FeV (Rz 5). Die Anordnung muss von der zuständigen Behörde (§§ 6, 6 e StVG, § 44 StVO) erlassen sein und sich an den Bürger (VT) richten, nicht an die Verwaltung. Offensichtliche Nichtigkeit von Verwaltungsakten betreffend VZ haben auch die ordentlichen Gerichte zu beachten (§ 41 StVO Rz 247), andere Anfechtungsgründe nicht, aM *Mohrbutter* JZ **71** 213.

16   **Ausdrücklich verweisen** auf § 24 StVG für den jeweils bestimmten Tatbestand müssen alle ab 1. 1. 1969 erlassenen RVO (E 71, 79), wobei der Zeitpunkt des Erlasses, nicht des Inkrafttretens entscheidet. Die Verweisung muss ausreichend stichwortartig spezialisiert sein, Stu VRS **45** 318, wie zB in den § 49 StVO, § 48 FZV, § 69 a StVZO, § 75 FeV, sonst liegt kein OW-Tatbestand vor. Normänderung vor Ahndung: Rz 8, 9.

17   **Auslegungsregeln:** E 57 ff.

18   **8. Handlung:** E 83–86. Unterlassung: E 87 ff. Bloße Reflexbewegungen rechnen mangels Willensbeteiligung nicht zur Handlung (E 86), anders die Erkennungs- und Verhaltens-Automatismen (E 84, 85) als rascheste willentliche Handlungen. Fehlreaktion aus Schreck oder Verwirrung bei plötzlicher, unverschuldeter Gefahr, die zum sofortigen Reagieren zwingt, ist nicht vorwerfbar, E 86.

19   **9. Unterlassen:** E 87 ff.

20   **10. Täterschaft und Teilnahme:** E 91, Handeln für einen anderen: E 92, Einheitstäterschaft (§ 14 OWiG): E 93, Beteiligung: E 94. Besondere persönliche Merkmale: E 95, erfolglose Beteiligung: E 96. Beteiligung an einer OW ist nur vorsätzlich und an vorsätzlicher OW rechtlich möglich, E 94. Verurteilung wegen Beteiligung an einer OW ist nicht dadurch ausgeschlossen, dass diese beim „Haupttäter" nach § 21 OWiG subsidiär ist, Kö VRS **63** 283. Als Beteiligung kommen nur Verhaltensformen in Betracht, die strafrechtlich (Mit-) Täterschaft, Anstiftung oder Beihilfe wären (Bay VRS **58** 458). Übergang vom Täter- zum Beteiligungsvorwurf setzt Hinweis nach den § 265 StPO, § 71 OWiG voraus (Bay VRS **57** 33, DAR **79** 223). Gehören die Aufgaben der KfzHaltung intern ausschließlich in den Bereich eines bestimmten Gesellschafters (Geschäftsführers), so sind, solange er nicht verhindert war, andere Gesellschafter nicht verantwortlich (Bay DAR **74** 195. Halter: § 7 StVG Rz 14–25). Trotz § 2 XV S 2 StVG auch ein Fahrschüler Täter sein (§ 2 Rz 2, 40 ff, § 24a Rz 2, § 316 StGB Rz 5).

21   **11. Ursächlichkeit:** E 97–103, 147.

22   **12. Rechtswidrigkeit:** E 112–124, 127–128.
Notwehr: E 113, 114. Sachwehr: E 115. Angriffsnotstand: E 116. Rechtfertigender Notstand: E 117, 118. Rechtfertigende Pflichtenkollision: E 119. Sozialadäquates Verhalten: E 120. Erlaubtes Risiko: E 121. Rechtliche Bedeutung verkehrsrichtigen Verhaltens: E 122. Besondere VLagen (§ 11 StVO): E 123. Verhalten bei praktischer VStille: E 124. Sonderrechte, Befehl: E 127 a. Behördliche Erlaubnis: E 128. Irrtum: Rz 26 ff, E 155–157.

23   **13. Verantwortlichkeit.** Allgemein: E 129. Schuldfähigkeit: E 151. Jede Sanktion (Strafe, strafrechtliche Maßregel) setzt nach dem Rechtsstaatsprinzip (Art 20 GG) Schuld voraus, BVerfG NJW **67** 195, jedoch begründet nicht jedes Verhalten idR (s aber E 69, 70) keinen sozialethischen Schuldvorwurf. Fahrfähigkeit: E 141. Regelkenntnis: E 142. Vorwerfbarkeit bei Vorschriftenwechsel: E 156, 157. Pflicht zu besonnenem Verhalten: E 144. Grenzen der Sinnesleistung: E 130. Plötzliche Leistungsabfälle und -abbrüche: E 132. Helfer und Einweiser: E 146. Fremde Mitschuld: E 148. Sozialadäquates Verhalten: E 120, 136.

24   **Vorsatz** (E 133, 134). OW nach § 24 StVG können vorsätzlich wie fahrlässig begangen werden (E 68–71). Natürliche Handlungseinheit: Rz 58. Das Urteil muss darlegen, ob Vorsatz oder Fahrlässigkeit vorliegt (Dü DAR **96** 66, **97** 322, Ha VRS **90** 210, Ko VRS **50** 53, Jn VRS **112** 359, KG VRS **114** 48). Jedoch kann sich die Annahme von Fahrlässigkeit auch aus der Höhe der Geldbuße gem. der entsprechenden Nr im BKat ergeben (KG VRS **114** 47; 48). Hinweis-

pflicht nach § 265 StPO bei fehlender Angabe der Schuldform im Bußgeldbescheid (Ko ZfS **03** 615, Ha VRS **63** 56), erst recht bei Verurteilung wegen vorsätzlicher Tat trotz Annahme von Fahrlässigkeit im Bußgeldbescheid (Dr DAR **04** 102, Dü VRS **86** 461).

Fahrlässigkeit: E 133, 135–138, 140, 149 (grobe), 150 (äußerste Sorgfalt), 142, 156, 157 **25** (Regelkenntnis). Ungesteuerte Bewegungen: E 84–86.

Der Tatbestand des **Vollrausches** (§ 122 OWiG), der in der Praxis bedeutungslos sein dürfte **25a** (*Göhler-König* § 122 Rz 2, 3), schließt in sachlicher Übereinstimmung mit § 323a StGB die sonst wegen Nichtvorwerfbarkeit infolge Berauschung entstehende Lücke. Er erfasst auch im Vollrausch handelnde Beteiligte. Vorsatz und Fahrlässigkeit müssen sich auf das Sichversetzen in den Rausch beziehen, nicht auch auf die Möglichkeit der Begehung einer OW. Beziehen sie sich auf die Möglichkeit der Begehung der später wirklich begangenen OW, so kann actio libera in causa eingreifen (E 151b).

Irrtum: § 11 OWiG. Allgemein: E 155–157. **26–32**

Tatbestandsirrtum. Ahndung der OW setzt Kenntnis aller Tatumstände voraus (§ 11 I **33** OWiG), zu denen auch das Vorhandensein einer Genehmigung gehört. Kennt der Betroffene einen solchen Umstand nicht, so ist ihm das Merkmal nicht zuzurechnen. Vorsatz scheidet auch bei fahrlässiger Nichtkenntnis aus, doch bleibt nach § 24 Ahndung wegen Fahrlässigkeit möglich (§ 11 II OWiG). Der Vorsatz muss sich sowohl auf beschreibende (deskriptive) als auch auf wertende (normative) Tatbestandsmerkmale beziehen; bei wertenden ist eine Parallelwertung in der Laiensphäre erforderlich (im Einzelnen *Göhler-König* § 11 Rz 6ff). Zum Tatbestandsirrtum bei behördlicher Duldung fremden vergleichbaren Verhaltens Ha NJW **77** 687. Auf die Ordnungsmäßigkeit des Kfz (§ 30c StVZO) nach TÜVkontrolle darf sich der Kf verlassen, wenn der Mangel nicht offensichtlich ist (Reserverad vorn; Br DAR **74** 334, s auch § 19 StVZO Rz 16).

Verbotsirrtum (s auch E 142, 157) liegt vor mangels des Bewusstseins, etwas Unerlaubtes zu **34** tun, zB („namentlich", § 11 II OWiG) weil der Beteiligte die Vorschrift (Anordnung) oder ihre Anwendbarkeit im gegebenen Fall nicht kennt. Ein solcher Fall liegt vor: **a)** wenn der Beteiligte wegen unrichtiger Beurteilung der Vorschrift annimmt, erlaubt zu handeln, **b)** wenn er darüber überhaupt nicht nachgedacht hat. Der Fall des Verbotsirrtums enthält daher keinen Irrtum über Tatsächliches. Spricht dies mit, handelt es sich – abgesehen von den Fällen des sog Subsumtionsirrtums (zB Fehldeutung des Lkw-Begriffs) – um Tatbestandsirrtum. Irrtum über Rechtmäßigkeit und Beachtlichkeit von VZ: § 41 StVO Rz 249. Irrtum über den Inhalt eines VorschrZ ist nach der Rspr Verbotsirrtum (Bay NJW **03** 2253, Ba NJW **07** 3081, Dü NZV **91** 204, KG VRS **55** 219, str, s *Göhler-König* § 11 Rz 30). Auch zur Schuld in Form der Fahrlässigkeit gehört ein zumindest potentielles Unrechtsbewusstsein (dh, dass der Täter die Rechtswidrigkeit seines Verhaltens hätte erkennen können); fehlt dieses Schuldmerkmal, so darf der Täter nicht dadurch schlechter stehen, dass er nur fahrlässig gehandelt hat; unvermeidbarer Verbotsirrtum (Rz 35) schließt also auch die Ahndung fahrlässiger OW aus (Dü NZV **92** 40, **94** 288, *Göhler-König* § 11 Rz 19).

Verbotsirrtum schließt eine OW nur bei **Nichtvorwerfbarkeit** aus (§ 11 II OWiG). Nicht **35** vorwerfbar ist er, wenn die dem Beteiligten nach Sachlage mögliche Sorgfalt ihm nicht erlaubt hätte, das Verbot oder Gebot zu kennen, wobei, weil es sich im StrV um Zweckmäßigkeitsregeln handelt, Gewissensanspannung nichts helfen würde. Es kommt auf die erforderliche individuell mögliche Sorgfalt bei sinnvollem Regelverständnis an. Hätte weder Nachdenken noch zumutbare Erkundigung bei fachkundiger Stelle Klärung gebracht, so ist der Irrtum unvermeidbar (Ce NJW **77** 1644). Denn nach beiden Gesichtspunkten müssen die verständigerweise erreichbaren konkreten Aufklärungsmöglichkeiten entscheiden; der bloße Vorwurf der Nichterkundigung, die dann fruchtlos gewesen wäre, reicht nicht aus (Bay NJW **89** 1745; zust KK OWiG-*Rengier* § 11 Rz 100, *Göhler-König* § 11 Rz 28, *Rudolphi* JR **89** 387, str). Wer sich über die Tragweite einer Regel keine mögliche Klarheit verschafft, dem ist Unterlassen nur vorzuwerfen, wenn **Erkundigung** den Irrtum beseitigt haben würde; Zweifel hieran wirken zugunsten des Betroffenen (BGH NJW **90** 3029, Ha NJW **06** 244, VM **69** 23, KG VRS **13** 144, aM *Puppe* Rudolphi-F S 237). Unvermeidbar kann ein Verbotsirrtum zB sein, wenn der Beschuldigte bei gehöriger Sorgfalt auf sachverständige Auskunft oder auf einschlägige Gerichtsentscheidungen vertraut hat (Bay NJW **80** 1058, *Göhler-König* § 11 Rz 27). Unvermeidbarer Verbotsirrtum, wenn sich der Betroffene bei unüberschaubarer Rechtslage auf die Auskunft seines Fachverbands und eines Rechtsanwalts verlässt (Ha VRS **51** 366), wenn sich im Motorsportler eingehend mit der Fachliteratur befasst und seine Fahrweise daraufhin für unbedingt zulässig gehalten hat (Br DAR **53** 197). Zur Vermeidbarkeit des Verbotsirrtums hinsichtlich der Fz der Klasse „Sprinter" E 157, § 18 StVO Rz 19. Verbotsirrtum bei „FS-Tourismus": § 21 Rz 2a, 7.

Auf die von einem AG vertretene Urteilsmeinung darf sich ein Bürger bei seinem Verhalten im Verkehr idR verlassen (Ko VRS **59** 467; s auch **E** 142; aM Dü NJW **81** 2478), anders aber, wenn ein einziges AG gegen gefestigte obergerichtliche Rspr entschieden (Ko VRS **60** 387). Von wesentlicher Bedeutung dürfte hierbei allerdings auch die Form und Häufigkeit der Veröffentlichung solcher Entscheidungen sein (Tagespresse; Hentschel NJW **81** 1076). Anders als im Strafrecht ist im StrV oft schnellste Reaktion unter Beachtung wertfreier, durch Erfahrung eingeübter Grundregeln wesentlich (**E** 84–86). Geforderte Regelkenntnis: **E** 142, bei Vorschriftenwechsel: **E** 156, 157. Aus einer unübersichtlichen oder **undeutlichen gesetzlichen Regelung** kann sich, zumal in der Übergangszeit, unvermeidbarer Verbotsirrtum ergeben (Bay VM **72** 49). VVerbote und -gebote müssen inhaltlich klar sein, daher gehen Zweifel über ihren Inhalt zu Lasten der aufstellenden Behörde (VZ 283/286; Bay 2 St 667/72 OWi).

36   **Vorwerfbarer Verbotsirrtum** ist als Vorsatztat zu ahnden, jedoch regelmäßig bei ermäßigtem Bußgeld (Rz 51).

37   **14.** Der **Versuch** der OW ist nicht bußgeldbewehrt (§§ 13 II OWiG, 24 StVG).

38, 39   **15. Geldbuße. Gesetzesmaterialien zu § 13 OWiG** (alt, jetzt § 17), **Begr:** BTDrucks V/1269 S 50 ff.

40   **Begr zur Neufassung des § 17 III S 2** durch ÄndG v 11. 7. 86: BTDrucks 10/2652 S 12.

41   **Begr zur BKatV (alt)** v 4. 7. 89 (VkBl **89** 517):
… *Der Bußgeldkatalog enthält für die hier aufgeführten Tatbestände lediglich Zumessungsregeln für eine bestimmte Begehungsform, nämlich den Regelfall; die Ordnungswidrigkeiten-Tatbestände sind umfassend und abschließend in § 24 StVG in Verbindung vor allem mit den Vorschriften der Straßenverkehrs-Ordnung und Straßenverkehrs-Zulassungs-Ordnung und in § 24a StVG geregelt.*
… *Bei der Bemessung der Geldbuße oder des Verwarnungsgeldes und damit der Zuordnung einer nicht in den Katalogen* enthaltenen Ordnungswidrigkeit als zum Bußgeld- oder Verwarnungsbereich gehörend, sind Tatbestände ähnlicher Art und Schwere als Orientierung zur Hilfe zu nehmen.*

Zu § 1. Zu Absatz 1: *Der Opportunitätsgrundsatz (§ 47 Abs. 1 Satz 1 OWiG) wird durch das Gebot, Geldbußen nach den in der Anlage bestimmten Beträgen festzusetzen, nicht in Frage gestellt. Es liegt weiterhin im pflichtgemäßen Ermessen der Verfolgungsbehörde zu entscheiden, ob sie überhaupt einschreitet oder nicht …*

Zu Absatz 2: *Die Vorschrift stellt klar, dass es sich bei den im Bußgeldkatalog bestimmten Beträgen um Regelsätze handelt … Ein Regelfall liegt vor, wenn die Tatausführung allgemein üblicher Begehungsweise entspricht und weder subjektiv noch objektiv Besonderheiten aufweist. … Manche besonderen Umstände, die eine höhere Ahndung nach sich ziehen, legt die Verordnung selbst fest (z. B. bei Gefahrguttransporten, Schutzbedürftigkeit sog. schwächerer Verkehrsteilnehmer). Besondere Umstände können auch in der Person des Täters liegen (z. B. bei besonders rücksichtsloser oder leichtfertiger Begehung). Einen besonderen Umstand in diesem Sinne kann ferner eine Voreintragung im Verkehrszentralregister darstellen, soweit dies nicht bereits besonders berücksichtigt wird (Nr. 68, 68.1 und 68.2). Verwaltungsbehörden und Gerichte haben damit genügend Spielraum, dem besonderen Einzelfall Rechnung zu tragen.*
Für die Berücksichtigung der wirtschaftlichen Verhältnisse bleibt es bei der allgemeinen Regel des § 17 Abs. 3 Satz 2 OWiG.
…

Begr zur Neufassung v 13. 11. 01 (VkBl **01** 560): … *Sonstige materielle Neuerungen sind nicht vorgesehen. Im Vergleich zu der bisher geltenden Bußgeldkatalog-Verordnung und zur Allgemeinen Verwaltungsvorschrift für die Erteilung einer Verwarnung bei Straßenverkehrsordnungswidrigkeiten wurden nur Änderungen vorgenommen, die auf Grund der Zusammenfassung der beiden Vorschriften und der neuen Struktur unumgänglich gewesen sind. Bei der Anwendung der einzelnen Normen der Verordnung und der Tatbestände sind deshalb auch weiterhin die zu den bisherigen Vorschriften ergangene Rechtsprechung und die die bisherigen Regelungen tagenden Entscheidungsgründe des Verordnungsgebers heranzuziehen. …*
(VkBl **01** 561): … *Dass nunmehr neben den Regelgeldbußen und den Regelfahrverboten auch die Verwarnungsgeldregelsätze im Bußgeldkatalog enthalten sind, steht dem nicht entgegen; Verwarnungsgeldregelsätze sind ebenfalls Geldbußen im Sinne des § 17 Abs. 1 OWiG. …*

---

* BKatV (alt) und Verwarnungsgeldkatalog (alt).

15 a. Die **Geldbuße** ist idR eine Antwort (s aber E 68–70) auf „Bagatellunrecht" und daher 42 ethisch farblos. Sie mahnt zu künftiger Beachtung der Vorschrift. Eintragung nach Maßgabe von § 28 III Nr 3 ins VZR. **Fahrverbot:** § 25 StVG.

Ihr **Rahmen** beträgt bei Vorsatz 5 bis 1000 € (§§ 17 I OWiG, 24 I StVG); bei Fahrlässigkeit, 43 auch Leichtfertigkeit, die an Vorsatz grenzen mag, wegen berechtigter Bußgeldtypisierung 5 bis 500 € (§ 17 II OWiG, 24 StVG), Jn VRS **108** 269, auch bei Nichtanordnung eines nach BKatV „in Betracht" kommenden FV, Jn VRS **108** 220, Ha NZV **94** 201. Wird das Höchstmaß überschritten, so kann das Rechtsbeschwerdegericht die Geldbuße auf das angemessene Maß zurückführen (Ha SVR **07** 186). Hat der Betroffene wirtschaftlichen Vorteil aus der OW gezogen, so soll die Geldbuße ihn so übersteigen (§ 17 IV OWiG), dass sie die eigentlich zuzumessende Geldbuße (Rz 44 ff) und außerdem den wirtschaftlichen Vorteil umfasst, weil der Anreiz zu erneutem Verstoß sonst nicht beseitigt wäre. In Betracht kommen werden zur Erzielung ungerechtfertigter wirtschaftlicher Vorteile vor allem Verstöße gegen die Zulassungs- und Bauvorschriften, die Maße von Fz und Zügen, das Mitführen von Anhängern und das Beladen und die Besetzung. Die Höchstsätze dürfen nicht deswegen überschritten werden, weil ein an sich verwirktes FV nicht verhängt wurde (Dü VRS **65** 51, DAR **96** 413). Die BReg plant eine **Verdoppelung des Höchstmaßes** (hierzu VGT **07** AK IV, *Albrecht* SVR **07** 81, *Burmann* DAR **07** 187, BTDrucks 16/3928). Der RegE hat den Bundesrat durchlaufen (BTDrucks 16/10175). Er soll bis 1. 1. 09 umgesetzt werden. Ob dies gelingt, war bei Redaktionsschluss dieser Aufl noch nicht absehbar. Zur damit verbundenen Änderung der BKatV Rz 64.

15 b. Zumessung der Geldbuße (§ 17 III, IV OWiG) so, dass sie den Betroffenen ausrei- 44 chend abmahnt. Die Höhe der Geldbuße darf nicht in einem unangemessenen Verhältnis zum **Grad des vorwerfbaren Handelns** stehen (Dü NZV **00** 91, VRS **97** 447, **98** 47, Stu NStZ-RR **00** 279; probl. deshalb VkBl **00** 112, wonach die drastische Erhöhung der Regelbußen für *fahrlässige* Geschwindigkeitsverstöße durch ÄndVO v 25. 2. 00 eine angemessene Ahndung *vorsätzlicher* Überschreitungen gewährleisten soll). Der Grad des vorwerfbaren Handelns ist auch bei Anwendung der BKatV zu berücksichtigen, soweit sie die Regelbuße am eingetretenen Erfolg orientiert oder zB an der Höhe der Überschreitung einer durch VZ festgesetzten Geschwindigkeit (Übersehen des VZ). Auch bei Heranwachsenden richtet sich die Bußgeldbemessung allein nach § 17 III OWiG (Dü VRS **83** 361). Die Individualisierung wird begrenzt durch gewollte, notwendige Typisierung massenhaft vorkommender OW: gleichrangig in erster Reihe stehen („Grundlage") die Bedeutung der OW und der den Betroffenen treffende Vorwurf (Jn NZV **99** 304). Keine Festsetzung einer niedrigeren als an sich verwirkten Buße nur, um dem Inhaber einer FE auf Probe die Eintragung zu ersparen (Ko DAR **92** 350). Wirtschaftliche Verhältnisse des Betroffenen: Rz 48 a. Die Bußgeldbemessung muss anhand von § 17 OWiG **nachprüfbar begründet** sein (Ha VRS **102** 60, Kar DAR **77** 247), jedoch ist ausführliche Begr in den Regelfällen fahrlässiger VOW iS der BKatV weitgehend entbehrlich (*Göhler-König* § 17 Rz 34 mwN). Wird bei leichter, fahrlässiger OW durch Verstoß gegen § 1 II StVO auf Geldbuße mit Eintragungspflicht erkannt, so ist zu begründen, warum Geldbuße unterhalb der Eintragungsgrenze nicht ausreicht (Hb VM **77** 32). Geldbußen bis zu 40 € wegen OW stellen idR keinen Nachteil iS von § 93 a II b BVerfGG dar (BVerfG VRS **66** 405 [80 DM]). Zur Bußgeldbemessung *Göhler-König* zu § 17, *Kaiser* NJW **79** 1533, *Schall* NStZ **86** 1.

a) Ist die OW so **bedeutungslos,** dass Ahndung nicht geboten erscheint, so ist das Verfahren 45 einzustellen (Opportunitätsprinzip, § 47 OWiG), Rz 67. Verwarnung (§ 56 OWiG) kann dann in Betracht kommen.

b) In allen **anderen Fällen** entscheiden die Bedeutung der OW und das Maß des zulässigen 46 Vorwurfs gegenüber dem Betroffenen (Rz 44; Dü VM **02** 22, VRS **96** 386), bei nicht nur geringfügigen OW (Rz 48) auch dessen wirtschaftliche Verhältnisse.

aa) Bedeutung der OW. Maßgebend sind Tatumfang, Beteiligungsgrad (Rz 20) und der 47 etwaige Einfluss des Verstoßes auf die VSicherheit (*Schall* NStZ **86** 4), überhaupt alle objektiven Umstände (Bay VRS **59** 356, Dü VRS **90** 149), Zusammentreffen mehrerer Verstöße, etwaige mehr oder minder erhebliche Gefährdung von Personen oder Sachwerten (bei § 1 StVO ist allerdings zu beachten, dass die Gefährdung zum Tatbestand gehört). Doch machen **erhebliche Folgen** eine OW nicht stets über das Maß des berechtigten Vorwurfs hinaus bedeutsam (Rz 44). Denn im Verkehr bestimmt auch bei leichtester Unachtsamkeit oft der Zufall über die Schwere der Folgen (Radf stürzt wegen zu geringen Abstands des Überholenden). Tateinheit und Tatmehrheit: Rz 58, 59. Bemessung der Buße nach **rechnerischen Schemata** ist unzulässig (Bay NJW **81** 2135, Dü NZV **89** 365, **93** 40, DAR **90** 111, VRS **83** 382, 384, **86** 188, Ce NZV **89** 483). Das Geschlecht des Betroffenen ist ohne Bedeutung (BGHSt **17** 354 = NJW **62** 1828). § 60 StGB (Absehen von Strafe) ist im Bußgeldverfahren unanwendbar; einschlägige Fälle begründen Einstellung nach § 47 OWiG (Ha VRS **41** 252).

48   **bb) Maß des den Täter treffenden Vorwurfs.** Der Vorwurf gegen den Betroffenen wird bei § 24 durch die auf Grund des § 26a erlassene BKatV weitergehend als früher schematisiert (Buchteil **8**). Von den sich daraus ergebenden Vereinfachungen abgesehen ist iÜ der persönliche Vorwurf stets zu individualisieren (Dü NZV **95** 35, VRS **96** 386, **97** 447 [Rz 44]). Auch in Regelfällen gem BKatV dürfen die Umstände des Einzelfalls nicht unberücksichtigt bleiben (Stu NStZ-RR **00** 279). Unter dem „Vorwurf gegen den Täter" sind alle subjektiven Tatmerkmale zu verstehen (zB besondere persönliche Umstände, die den Grad des persönlichen Vorwurfs bestimmen; Bay VRS **59** 356). Bei einem angestellten Fahrer darf nicht höhere Geldbuße in der Annahme verhängt werden, der Arbeitgeber werde sie entrichten (Ha VRS **12** 189). Einem Fußgänger, der auch als Kf am V teilnimmt, darf nicht bußgeldhöher vorgeworfen werden, als Kf müsse er bessere Vorschriftenkenntnis haben (abw KG DAR **67** 335, dazu auch § 3 VI BKatV). Minderung des zulässigen Vorwurfs: Mitschuld (Rz 49, **E** 148), Mitursächlichkeit (**E** 97–103). Mangelhafte VZ (Aufstellung, schlechte Sichtbarkeit) entlasten (BGH VRS **26** 253, Nü VM **63** Nr 99, Ha VM **63** Nr 100, Stu VRS **26** 68, Kö VM **69** Nr 41). Bei Ersttätern setzt die Verhängung des Höchstsatzes für fahrlässige OW nach § 24 besonders schwerwiegende Umstände voraus (Bay VRS **69** 72, *Janiszewski* NStZ **85** 544). **Vorsätzliche Begehung** rechtfertigt idR angemessene Bußgelderhöhung (Dü VM **02** 22), jedoch keine schematische Verdoppelung des Regelsatzes (Ko DAR **04** 719, Ha VRS **57** 203, Ce VRS **69** 227, Dü VRS **100** 358, NZV **94** 205; näher *Schall* NStZ **86** 464). Verzögerte Schadensregulierung wirkt nur erhöhend, wenn der Betroffene sie zu vertreten hat (Ko VRS **51** 122).

48a   **cc) Wirtschaftliche Verhältnisse.** Ist die OW geringfügig, Geldbuße aber erforderlich, so bleiben die wirtschaftlichen Verhältnisse des Betroffenen *idR außer Betracht*, und zwar sowohl bei über- (Bay DAR **99** 36, Jn VRS **113** 330) als auch bei unterdurchschnittlichen wirtschaftlichen Verhältnissen (§ 17 III S 2 Hs 2 OWiG). Von dieser Regelung betroffen sind (insoweit unstr) jedenfalls **Geldbußen bis zu 35 €** (§ 56 I OWiG: Höchstbetrag des Verwarnungsgelds; Brn VRS **107** 61, Dü NZV **92** 418, Ol VM **90** 69, Kar NStZ **88** 137, NJW **07** 166, *Göhler-König* § 17 Rz 23, *Schall* NStZ **86** 6). Eine Ausnahme von der Regel (BTDrucks 10/2652 S 12) setzt in diesem Bereich ein Abweichen der Einkommensverhältnisse in ganz außergewöhnlichem Umfang voraus, was etwa bei monatlich 700 DM (Kar NStZ **88** 137) oder bei 19jährigem Taschengeldempfänger (Dü NZV **97** 410) nicht zutrifft. Ob im Geldbußenbereich über 35 € weitere Schematisierung in dem Sinn in Betracht kommt, dass eine Überprüfung der wirtschaftlichen Verhältnisse prinzipiell entbehrlich ist, wird unterschiedlich beurteilt; die Rspr ist uneinheitlich (Streitstand bei *Göhler-König* § 17 Rz 24, 29). Teilweise wird Nichtberücksichtigung jedenfalls für den Geldbußenbereich bis zu 100 € (s § 80 II Nr 1 OWiG, Zulassungsfähigkeit der Rechtsbeschwerde oder auch § 47 II S 2 OWiG, *Korte* NStZ **07** 22) bejaht (zB Ce ZfS **05** 314 [aufgegeben von Ce NJW **08** 3079], Dü NZV **00** 51). Die wohl überwiegende Rspr orientiert sich jedoch an der Wertgrenze für die Zulässigkeit der Rechtsbeschwerde **von 250 €** (§ 79 I Nr 1 OWiG) und verzichtet (mit unterschiedlichen Nuancierungen) auf die Feststellung der wirtschaftlichen Verhältnisse jedenfalls dann, wenn keine Besonderheiten erkennbar sind und die Regelgeldbuße nach der BKatV festgesetzt wird, deren gesetzlicher Einstufung ja durchschnittliche wirtschaftliche Verhältnisse zugrunde liegen (zB Bay DAR **04** 593, Kö ZfS **06** 116, Ce NJW **08** 3079, KG VRS **111** 202, Jn VRS **108** 269, Zw DAR **99** 181, Sa VRS **102** 120, 458, Dü VM **02** 22, NZV **00** 425). ZT werden aber in diesem Bereich Mindestfeststellungen verlangt (Hb NJW **04** 1813 [zB Beruf, gefahrenes Fz]). Bei Geldbußen von über 250 € wird hingegen weithin von Erörterungspflicht ausgegangen (zB Jn VRS **107** 474 [300 €], KG VRS **111** 202 [400 €], Dr DAR **05** 224, Jn VRS **113** 351 [je 500 €], Ko ZfS **07** 231; Ha ZfS **08** 409 [750 €], abw Fra ZfS **04** 283 [280 €] abl *Bode* ZfS **04** 284). Der Schematisierung der (überwiegenden) Rspr im Geldbußenbereich bis zu 250 € ist mit der Maßgabe zuzustimmen, dass jedenfalls bei Geldbußen von über 100 € bei erkennbarem Abweichen von „normalen" wirtschaftlichen Verhältnissen (Mindestfeststellungen im obigen Sinn notwendig) Erörterungspflicht besteht. Ein Abweichen in diesem Sinne ist namentlich bei Arbeitslosigkeit gegeben (Kar NJW **07** 166, Dr DAR **06** 222, *Göhler-König* § 17 Rz 24, 29). Die Feststellungen müssen dabei nicht den strengen Grundsätzen folgen, die bei der Feststellung der besonderen Härte in Bezug auf das Absehen von einem indizierten FV bestehen (hierzu § 25 Rz 26); gebieten nicht besondere Umstände eine nähere Sachaufklärung, so muss den Angaben des Betroffenen nicht im

Verkehrsordnungswidrigkeit § 24 StVG 1

Einzelnen nachgegangen werden (Kar NJW **07** 166, abw wohl Ce ZfS **05** 314 [300 €]). Anderes wäre auch wertungswidersprüchlich zur Festsetzung der Tagessatzhöhe bei der Geldstrafe, wo ebenfalls in aller Regel keine Finanzermittlungen durchgeführt werden. Zu einer Verletzung des rechtlichen Gehörs, wenn wegen „relativ hohen Einkommens" eine höhere Geldbuße verhängt wird, Jn VRS **113** 330.

15 c. Fremde Mitschuld (**E** 148), sofern nicht nur geringfügig, entlastet, BGH VRS **29** 49 278, Kar VRS **100** 460, Ol NZV **92** 454, und ist nachprüfbar zu berücksichtigen, Bay VkBl **66** 118, Ce NZV **94** 40, Schl DAR **62** 157. Fremde Mitschuld oder Mitverursachung, sofern nicht unwesentlich, beeinflusst den Schuldvorwurf stets. Überwiegende Mitschuld des Verletzten muss nachprüfbar abgewogen werden, BGH VRS **35** 428. Lässt sie sich nicht ausräumen, ist sie als feststehend zu behandeln, BGH VRS **36** 362, auch bei Fahrlässigkeitstaten, BGH VRS **5** 50, KG VRS **25** 141, BGH VRS **25** 266, KG VRS **29** 207. Mitschuld der VB (**E** 148) als Milderungsgrund, Bay VRS **26** 58 (unrichtig aufgestelltes VZ), ähnlich Stu VRS **26** 68. Zum Maßstab behördlicher Mitschuld Ce VM **69** Nr 99, Hb VM **66** Nr 97, Kö VRS **34** 232, anders Dü VM **67** Nr 99, Br VM **66** Nr 10, KG VRS **35** 357, Mü VRS **35** 333, Ha VRS **36** 100.

Ebenso kann schuldloses, aber **mitverursachendes fremdes Verhalten** (**E** 101) mindernd 50 wirken, BGH VRS **18** 121, Ce DAR **58** 273, etwa das eines siebenjährigen Kindes, Ha VRS **25** 443.

15 d. Vorwerfbarer Verbotsirrtum (Rz 34 ff) wirkt je nach dem Grad der Vorwerfbarkeit 51 mindernd, Bay DAR **00** 172, Kö VRS **109** 45, **95** 435, KG NZV **94** 159, Stu VRS **81** 129, Dü VRS **85** 296. Dabei ist jedenfalls bei im fließenden Verkehr zu berücksichtigen, dass der VT oft rasch und sinnvoll ohne lange Überlegungszeit reagieren muss (Rz 35). In diesen Fällen kann nicht ohne weiteres das abweichende Ergebnis späterer, langwieriger behördlicher Prüfung als maßgebend unterstellt werden (**E** 140, 156, 157).

15 e. Geminderte Verantwortlichkeit (**E** 151). Erheblichere BAK-Werte wirken bei Fah- 52 rern und Kf im Verkehr in aller Regel nicht bußgeldmindernd, ausgenommen den Fall unbemerkbarer Alkoholbeibringung, s §§ 315 c, 316 StGB.

15 f. Rechtstreue. Dass jemand auf Grund besonderer Umstände in sinnvoller Weise von einer 53 VRegel abweicht (**E** 122 ff), wie die §§ 11, 36 I StVO es sogar fordern, oder auch in vorwerfbarer Weise, bedeutet selten, dass er die Verkehrsrechtsordnung missachtet, denn die OW-Normen sind wertfrei. **Allgemeinabschreckung** anderer ist als Bußgelderhöhungsgrund nicht grundsätzlich ausgeschlossen, Dü MDR **94** 1237. Jedoch enthält der Bußgeldrahmen und ein evt. Regelsatz der BKatV eine Vorbewertung des Gesetzgebers, *Göhler-König* § 17 Rz 16. Werden die Häufung bestimmter VUnfälle oder -delikte, hohe Unfallziffern oder Häufigkeit anderer Verstöße, herangezogen, so muss dies im Einzelnen festgestellt werden, *Göhler-König* § 17 Rz 35. Der Gedanke der negativen Generalprävention wird daher in der Praxis eher selten zum Ansatz kommen.

15 g. Nur Bewiesenes belastet. Unzulässig ist die Erwägung, jemand „gelte" als rücksichts- 54 loser Fahrer und sei „verkehrsrechtlich schon in Erscheinung getreten", Bay DAR **52** 155, KG DAR **66** 305 (s aber Rz 55). Nicht verwertbar ist daher ein Polizeivermerk, der Fahrer sei wegen mehrfacher Verstöße gegen die StVO bekannt, Kö DAR **56** 131.

15 h. Vorstrafen und frühere Bußgeldentscheidungen, sofern noch nicht tilgungsreif 55 (§ 29 Rz 2 ff), können in nachprüfbarer Form (Ha ZfS **03** 521, Dü NZV **98** 257, DAR **96** 65, Kö VRS **71** 214), bußgelderhöhend wirken, falls sie den sicheren Schluss zulassen, nur eine höhere Buße könne den Betroffenen an seine Ordnungspflicht erinnern (Dü DAR **92** 271, Kö VRS **87** 40, Ko VRS **68** 371), aber nicht schematisch nach Prozentsätzen (Dü NZV **89** 365, VRS **69** 229, zust *Schall* NStZ **86** 5). Der jetzige Vorwurf muss auf derselben Verhaltenstendenz beruhen wie der frühere (Dü NZV **96** 120, **98** 257, DAR **96** 65, *Schall* NStZ **86** 5). Frühere VVerstöße sollen nach Ko VRS **60** 54, KG VRS **34** 433 nur bei näherer Urteilsdarlegung als Erhöhungsgründe in Betracht kommen. Frühere rechtskräftige Ahndungen *unterhalb der Eintragungsgrenze* dürfen schärfend berücksichtigt werden (KG VRS **52** 305, Kö VRS **71** 214), wenn sie bei unterstellter Eintragungspflicht noch nicht getilgt wären (§ 29 Rz 16) und es sich um gehäufte Verstöße handelt (Dü VRS **73** 392), auch Verwarnungen, sofern sie ohne besondere Nachforschung bekannt sind oder sich von selbst im Verfahren ergeben; hinzu kommen muss der innere Zusammenhang mit dem neuen Verstoß (Dü VRS **73** 392, *Göhler-König* § 17 Rz 20 c). Getilgte oder tilgungsreife Eintragungen: § 29 Rz 2 ff. Kein Verstoß *gegen das Doppelverwertungsverbot* (§ 46 III StGB), wenn wegen Vorbelastungen sowohl die Geldbuße erhöht als auch ein FV

1 StVG § 24   III. Straf- und Bußgeldvorschriften

verhängt wird (Jn NZV **08** 372). Nach **Einstellungen** gem § 153a StPO (keine Eintragung im VZR, § 28), ist der zugrundeliegende Sachverhalt nur nach gesonderter Beweisaufnahme zuungunsten verwertbar (BGH GA **80** 311 [zu § 154a StPO] m Anm *Rieß*). Verlässlich feststellbare **Auslandsverurteilungen** können in dem Maß bußgelderhöhend wirken, wie sie sich nach deutschem Recht darstellen (Bay DAR **78** 330). Mehrfachtäter: § 4 StVG.

56 **15 i. Uneinsichtigkeit** liegt nicht vor, wenn jemand das ihm vorgeworfene Verhalten leugnet (Zw ZfS **83** 159, Ha VRS **8** 137). Leugnen allein rechtfertigt keine Verschärfung (Dü VRS **100** 356, Zw VRS **64** 454, Kö ZfS **84** 222, VRS **81** 200). Mangelnde Einsicht muss nachprüfbar bewiesen und dargelegt werden. Nur als sicheres Indiz für Gefährlichkeit und die Gefahr künftiger beachtlicher Verstöße kann sie bußgelderhöhend wirken (BGHSt **3** 199, **1** 105, 342, VRS **24** 34, Ha NZV **97** 324, KG NZV **92** 249, Ko DAR **85** 92, NStZ **85** 369, Dü VRS **100** 356, Kö NZV **95** 327, VRS **81** 200). Nicht das bloße beharrliche Vertreten einer unrichtigen Rechtsansicht als solches (KG NZV **92** 249, Dü NZV **94** 288), wohl aber die festgestellte daraus resultierende Gefahr künftiger Verstöße darf mithin schärfend Berücksichtigung finden (Ha VM **90** 83, Sa VRS **34** 391, enger Ko VRS **71** 43). **Bei Fahrlässigkeitstaten** scheidet Uneinsichtigkeit weitestgehend aus (BGH NJW **52** 434, KG VRS **48** 222, Ha VRS **33** 130, Sa VRS **34** 391, Kö VRS **73** 297, Ko VRS **37** 205), Berücksichtigung nur bei festgestellter Rechtsfeindschaft und daraus resultierender Gefahr künftiger Rechtsbrüche (BGH NStZ **83** 453, KG DAR **01** 467, Dü NZV **94** 288, Ce VM **83** 87, Ko NStZ **85** 369, Kö VRS **73** 297).

57 **15 k. Gehobene soziale Stellung** erhöht den Vorwurf nicht. Von jedermann ist zu verlangen, dass er die VRegeln beachtet (Ha VM **58** 35, Schl VM **59** 26, Hb VM **61** 78). So für Rechtsanwälte (KG NZV **92** 249), Ortsbürgermeister und Kreistagsmitglieder (Kö DAR **62** 19), für erfahrene Kf und KfzHandwerker (Stu DAR **56** 227, Hb VM **61** 78). Die abweichende Ansicht moralisiert und behindert die berechtigte Tendenz zur Gleichbehandlung der Massen-OW (näher *Göhler-König* § 17 Rz 19).

58 **15 l. Tateinheit besteht**, wenn dieselbe Handlung (Handlungseinheit) einen Bußgeldtatbestand mehrmals (gleichartige TE) oder mehrere Bußgeldtatbestände zugleich mindestens teilweise erfüllt (ungleichartige TE; BGHSt **18** 29, **27** 66 = NJW **77** 442). Es wird dann eine einzige Geldbuße festgesetzt (§ 19 I OWiG). Große Bedeutung haben die Fälle der **natürlichen Handlungseinheit**. Diese ist gegeben, wenn mehrere Verhaltensweisen in einem solchen unmittelbaren räumlichen und zeitlichen Zusammenhang stehen, dass das gesamte Tätigwerden bei natürlicher Betrachtung auch für einen Dritten als ein einheitlich zusammengefasstes Tun anzusehen ist, und auf einer einheitlichen Willensbetätigung iS derselben Willensrichtung beruht (*Göhler-König* vor § 19 Rz 3 mwN). Die bloße Neigung, sich über Verkehrsverstöße hinwegzusetzen, genügt insoweit nicht (Bay NZV **02** 145 m Anm *Seitz* JR **04** 524). Im Hinblick darauf wird natürliche Handlungseinheit *bei Fahrlässigkeit* meist nicht in Betracht kommen (Ha DAR **06** 697). Sie besteht danach nicht schon unter mehreren fahrlässigen Verstößen auf derselben Fahrt (Bay NZV **95** 407, **96** 160, DAR **96** 31, Bay NZV **97** 489, Jn DAR **05** 44, Dü NZV **01** 273, DAR **98** 113, Hb VRS **49** 257, Ha VRS **52** 131, *Mürbe* AnwBl **89** 641), es sei denn, diese geschehen, sehr eng verstanden, zeitlich und räumlich unmittelbar nacheinander (Bay DAR **03** 281, **90** 363, ZfS **97** 315, Brn DAR **05** 521, Ro VRS **107** 461, Jn VRS **108** 270, NZV **99** 304, Ha DAR **06** 338, 697, Dü NZV **01** 273, VRS **67** 129 [Unterbrechung einer Geschwindigkeitsüberschreitung lediglich durch kurzfristiges Verlangsamen beim Abbiegen], NZV **88** 195, **94** 42 [Missachtung mehrerer unterschiedlicher Geschwindigkeitsbegrenzungen auf 12 km AB-Strecke]). Der Täter hat bei jedem GebotsZ und jeder neuen VLage dem Sorgfaltsgebot aufs Neue zu genügen (Bay NZV **02** 145, Brn DAR **05** 521, Ha DAR **76** 138, AG Sigmaringen DAR **95** 33). Werden durch mehrere VZ nacheinander angeordnete unterschiedliche Geschwindigkeitsbegrenzungen fahrlässig missachtet, so ist nach der Rspr selbst dann keine natürliche Handlungseinheit gegeben, wenn die Verstöße im Abstand von nur 1 Min erfolgen (Ha DAR **06** 697, Kö NZV **04** 536 Brn DAR **05** 521 [zw, s *Korte* NStZ **07** 23]). Auch im Abstand von nur 50 m begangene Rotlichtverstöße bilden keine natürliche Handlungseinheit, wenn die Ampelregelungen unterschiedliche Kreuzungen (Einmündungen usw) betreffen (Jn NZV **99** 304). Bei mehreren *Vorsatztaten* auf Grund jeweils neuen Tatentschlusses kann bei einheitlicher Zielsetzung natürliche Handlungseinheit gegeben sein (Bay DAR **90** 363). S auch § 3 Rz 56a. Natürliche Handlungseinheit wird durch die Rspr namentlich in Fällen von **(Polizei-) Fluchtfahrten** angenommen (BGH NJW **03** 1613 (1615), NZV **01** 265, DAR **72** 118, **85** 190,

94 180, 95 334, NStZ-RR 97 331, VRS 65 428, 66 20, näher § 315b Rz 32, LK-*König* § 315b Rz 98). So verbindet der Entschluss, sich der Blutprobenentnahme zu entziehen, alle bei der Fluchtfahrt begangenen Straftaten zur natürlichen Handlungseinheit (BGH VRS 57 277).

Eine DauerOW kann mehrere Verstöße gegen die StVO auf derselben Fahrt **zur TE verbinden** (BGHSt 27 66 = NJW 77 442, Zw NZV 02 97, Dü NZV 97 192). Voraussetzung ist, dass die Zuwiderhandlungen gegen die StVO nicht nur gleichzeitig oder bei Gelegenheit der DauerOW begangen werden, sondern dass die DauerOW einen tatbestandserheblichen Tatbeitrag zu dem jeweiligen anderen Verstoß bildet (BGH NJW 77 442, NStZ 04 694, Ro VRS 107 461, Dü NZV 97 192, *Albrecht* NZV 05 66), wie zB bei einer DauerOW, die zugleich Ausführungshandlung der anderen Zuwiderhandlungen ist (Ro VRS 107 461, Zw NZV 02 97). So steht Fahren mit einem nach den §§ 31ff StVZO nicht vorschriftsmäßigen Kfz in TE mit während dieser Fahrt begangenen OW nach §§ 24, 49 (BGH NJW 77 442, Zw NZV 02 97, Ha VRS 51 63, Stu VRS 60 64, aM Kar VRS 46 194), gleichfalls TE bei Alkoholfahrt mit nicht zugelassener Anhängerkupplung (§ 24a Rz 29). TE auch bei Verstoß gegen § 23 Abs Ia StVO (verbotene Telefonbenutzung) mit Trunkenheitsfahrt nach § 24a StVG (Sa VRS 110 362, zust *Geppert* JK 11/06 OWiG § 84/1). Umstritten ist die Beurteilung des Zusammentreffens von Begehungsverstoß und Unterlassen, so Verstoß gegen die Gurtanlegepflicht (DauerOW) mit während der Fahrt begangenen anderen OW nach § 24 (zB Geschwindigkeits-, Abstandsverstöße). Obergerichtliche Rspr und hM bejahen auch insoweit TE (Ro VRS 107 461, Dü VRS 73 387, Stu VRS 112 59 [jeweils Geschwindigkeitsverstoß], zust *D. Müller* VD 05 236, *Struensee* DAR 05 656), Ha DAR 06 338 [Abstandsunterschreitungen]), wohl auch bei Zusammentreffen mit Alkoholfahrt nach § 24a (s Jn NStZ-RR 06 319 [zur prozessualen Tat]). Für die Gegenansicht sprechen beachtliche Gründe; denn zwischen Tun und Unterlassen besteht nach allg. Regeln grundsätzlich TM, wobei das Fahren nicht Ausführungshandlung des Verstoßes zB gegen die Gurtanlegepflicht ist (AG Sondershausen DAR 05 350, *Albrecht* NZV 05 74, VD 05 311, SVR 06 1, DAR 07 61). Lediglich gleichzeitiges Zusammentreffen (und auch zwei prozessuale Taten) aber etwa bei BtM-Besitz während Drogenfahrt (§ 24a Rz 29). Die **Verklammerung** mehrerer Verstöße gegen Bestimmungen der StVO durch eine DauerOW setzt etwa gleichen Unrechtsgehalt der DauerOW voraus (Zw NZV 02 97, Dü NZV 97 192, *Göhler-König* vor § 19 Rz 30). Gering gewichtige DauerOW, wie etwa Nichtmitführen des FzScheins, verbinden mehrere nacheinander begangene VVerstöße deshalb nicht zur TE (Ha DAR 76 138, dazu *Göhler-König* vor § 19 Rz 30ff). Näheres über tateinheitliches Zusammentreffen bei den einzelnen Vorschriften. Tritt die OW hinter eine Straftat zurück (§ 21 OWiG), so kann die verdrängte OW strafschärfend berücksichtigt werden (BGH NJW 54 810, Ha NJW 73 1891, Br VRS 52 422, *Göhler-König* § 21 Rz 12). Verwarnung bei TE: § 26a StVG Rz 27.

Sind mehrere Gesetze verletzt, so **wird die Geldbuße** nach dem Gesetz bestimmt, das die höhere Buße androht (§ 19 II OWiG, § 3 V BKatV). IdR wird ein tateinheitlicher Verstoß gegen mehrere Ge- oder Verbote die Vorwerfbarkeit erhöhen und daher im Rahmen von § 17 OWiG je nach Sachlage eine mehr oder minder erhöhte Geldbuße rechtfertigen, § 3 V BKatV.

Lit: *Albrecht*, Abgrenzung von TE und TM bei mehreren gleichzeitig begangenen StrVOWen, NZV 05 62. *Ders.*, Und nicht doch TM bei Gurt- und Tempodelikt?, VD 05 311. *Ders.*, Gleichzeitiger Gurt- und Geschwindigkeitsverstoß, SVR 06 1. *Ders.*, Die unbefriedigenden Lösungen ..., DAR 07 61.

15m. Bei **Tatmehrheit** ist jeder Verstoß gesondert zu ahnden (§ 20 OWiG; Dü DAR 98 113, Ko ZfS 07 231). TM braucht nicht stets für die einzelne Geldbuße ein Erhöhungsgrund zu sein (Dü DAR 98 113). Unter den heutigen VVerhältnissen kann sich auch der sorgfältige Kf von gelegentlich unterlaufenden unbedeutenden Verstößen nicht völlig freihalten (**E** 135, 140), diese lassen daher nicht ohne weiteres einen Schluss auf ordnungswidrige VGesinnung zu. Wiederholte Begehung desselben Verstoßes oder die Art und Weise seiner Begehung können zwar den Schluss rechtfertigen, dass nachdrückliche Ahndung geboten ist; idR wird dies jedoch schon durch die Kumulation der einzelnen Bußen wirksam erreicht (Dü DAR 98 113). Die rechtliche Handlungseinheit der fortgesetzten Handlung existiert auch im OWRecht nicht mehr (**E** 134). Natürliche Handlungseinheit: Rz 58. Verwarnung bei Tatmehrheit: § 26a StVG Rz 28. Bei TM zwischen Straftat und OW kann keine Gesamtgeldstrafe gebildet werden (Kö NJW 79 379).

Mehrere Verstöße auf einer Fahrt bilden selbst bei engem räumlichen und zeitlichen Zusammenhang **nicht ohne Weiteres eine prozessuale Tat** (Bay NZV 94 448, VRS 101 446 [Geschwindigkeitsüberschreitungen: § 3 Rz 56a], DAR 96 31, Jn NZV 99 478, Dü NZV 88 195, Mü NZV 05 544 [mehrfaches regelwidriges Überholen]), wenn ihnen unterschiedliche VSituationen zugrunde liegen (Mü NZV 05 544). Soweit sie räumlich und zeitlich derart zusammenfallen, dass sie *eine* Tat bilden, verstößt Ahndung durch zwei getrennte Bußgeldbescheide gegen Art 103 III GG (Jn NStZ-RR **06** 319, Nau NJW **95** 3332, Sa VRS **110** 362). Nach Jn NStZ-RR **06** 319 eine prozessuale Tat bei Alkoholfahrt und Nichtanlegen des Sicherheitsgurts während der Fahrt.

60 **15 n.** Die auf Grund des § 26 a erlassene **Bußgeldkatalog-Verordnung** (BKatV) strebt möglichst gleichmäßige Behandlung massenhafter Durchschnittsfälle an (Dü NZV **90** 486, Begr VkBl **89** 517). Die bis zu ihrem Inkrafttreten gültig gewesenen früheren Bußgeldkataloge beruhten nur auf unverbindlichen Absprachen der Länder und waren lediglich interne Weisungen für die Verwaltungsbehörden, die die Gerichte nicht binden (Rz 64). Zu **Inhalt, Zweck und Anwendung der BKatV** s auch Begr, Rz 41.

61 Die **Regelsätze** der BKatV laufen auf eine **Schematisierung** innerhalb des Rahmens des § 17 OWiG hinaus. Dies ergibt sich wie bei der Verwarnung bereits aus dem Gesetz (§ 26 a). Die Regelsätze gelten bei fahrlässiger Tatbegehung und gewöhnlichen Tatumständen (§ 1 II BKatV, dazu Rz 64). Bei grober oder nur leichter Fahrlässigkeit liegt kein Regelfall vor (Rz 64).

62 **Keine Schematisierung** gilt hinsichtlich der Bedeutung der OW und ihrer Vorwerfbarkeit im Einzelfall (Dü VRS **90** 149, **95** 432). Der Bußgeldkatalog bedeutet insoweit nur, dass die bezeichneten OW im Regelfall für so beachtlich gehalten werden, dass bloße Verwarnung (§ 26 a I Nr 1 StVG, § 56 OWiG) nicht ausreichen werde. Dennoch ist stets **ihr objektives Gewicht maßgebend.** Wenn auch die meisten der katalogisierten OW im Regelfall gewichtiger oder gefahrträchtig sind, so können doch manche unter günstigen Umständen ihr Gewicht verlieren. Daher kann auch eine katalogisierte OW ausnahmsweise **bedeutungslos** sein und lediglich Verwarnung rechtfertigen. In solchen Fällen wäre es rechtswidrig, am Katalogsatz festzuhalten und Härten, die nur bei Gesetzeszwang entstehen können, dem Vollstreckungsverfahren (Ratenzahlung) vorzubehalten. Die **Bußgeldregelsätze** entsprechen vorausgesetztem **Durchschnittseinkommen**, ist dieses *erkennbar* erheblich niedriger, sind entsprechend niedrigere Katalogsätze angebracht, soweit nicht geringfügige OW (im Einzelnen Rz 48 a).

63 Erfassung einer VOW im Bußgeldkatalog ist nicht Voraussetzung für ihre Ahndung (Dü VRS **76** 22, *Janiszewski* NJW **89** 3115, s auch § 26 a Rz 2). Soweit **Katalog-Regelsätze fehlen**, ist das Bußgeld von der VB in freier Anlehnung an die vorgeschlagenen Sätze, dh unter Orientierung an Tatbeständen ähnlicher Art und Schwere (Begr zur BKatV, VkBl **89** 517, Rz 41), innerhalb des gesetzlichen Rahmens zu wählen (Kö DAR **01** 87, Ha NZV **95** 83). Darin liegt keine verbotene Analogie (Rz 64).

64 **Verwaltungsinterne Richtlinien** in Form von Bußgeldkatalogen oder Tatbestandskatalogen der Länder, die nicht auf der Grundlage des § 26 a StVG beruhen, binden die Gerichte nicht (Dü DAR **01** 320, *Göhler-König* § 17 Rz 27, 32, *Janiszewski* NJW **89** 3115; zum früheren Bußgeldkatalog Bay VRS **70** 454, Kar VRS **108** 63, Dü VRS **78** 440, Ko VRS **70** 224), ebenso wenig die Sätze des auf Grund von § 4 III VwV VZR vom KBA bekanntgegebenen **Bundeseinheitlichen Tatbestandskatalogs** (Stand 1. 3. 08, abrufbar über www.kba.de; Dü DAR **04** 712 [krit hierzu *Albrecht* SVR **06** 44 f], Ha NStZ **06** 358, Jn VRS **111** 205). Das Gleiche gilt für noch bestehende sog Tatbestandskataloge und Bußgeldkataloge, etwa zur Ahndung von **Verstößen gegen das FahrpersonalG** (Kar VRS **108** 63, Brn VRS **92** 373). Die Sätze solcher Kataloge können und sollten jedoch vom Gericht als Orientierungshilfen herangezogen werden (Dü DAR **01** 320, *Janiszewski* NJW **89** 3115), allerdings nur, soweit sie in der Praxis verbreitete Anwendung finden (dazu *Göhler-König* § 17 Rz 32, s auch unten Rz 65).

Gerichtliche Bindung besteht demgegenüber an die Regelsätze der auf Grund des § 26 a erlassenen **BKatV;** denn bei dieser handelt es sich um eine Rechtsverordnung (Bay NZV **91** 360, Dü NZV **96** 78, VM **02** 22, VRS **96** 386, Kar NZV **94** 237, Sa NZV **91** 399, Ha NZV **94** 79, Ko NZV **92** 495, *Janiszewski* NJW **89** 3115 f, *Jagow* NZV **90** 14, *Göhler-König* § 17 Rz 27, 31, *Heck* NZV **91** 177, aM *Greißinger* AnwBl **84** 286, *Suhren* AnwBl **84** 235). Auch die Regelsätze der BKatV sind jedoch nur **Zumessungsrichtlinien** (Begr, Rz 41, Dü VM **02** 22, NZV **97** 410, *Göhler-König* § 17 Rz 28 b). Grundlage der Bußgeldbemessung bleiben die Kriterien des § 17 III OWiG (KG NZV **94** 159, Dü VM **02** 22, NZV **98** 38, VRS **96** 386). Die Regelsätze der BKatV entbinden den Richter demnach nicht von eigenen Zumessungserwägungen, insbesondere nicht von einer **Einzelfallprüfung** in Bezug auf die Berechtigung des Katalogsatzes im konkreten Fall (Dü VM **02** 22, NZV **98** 38, DAR **98** 320, Kö NZV **94** 161, KG NZV **94** 159, 238, *Schall* NStZ **86** 8, *Beck* DAR **89** 323). Der Richter darf vor allem die Geldbuße nicht schematisch dem Katalog entnehmen, sondern muss prüfen, ob unter Berücksichtigung der Tatumstände ein Regelfall gegeben ist (Dü VRS **82** 463, *Göhler-König* § 17 Rz 28 b, 34, *Schall*

Verkehrsordnungswidrigkeit § 24 StVG **1**

NStZ **86** 2, *Janiszewski* NJW **89** 3116, *Jagow* NZV **90** 15). Ferner können ausnahmsweise die **wirtschaftlichen Verhältnisse** zu berücksichtigen sein (im Einzelnen Rz 48 a). Denn insoweit bleibt es bei § 17 III S 2 OWiG (Ol VM **90** 69, Dü VRS **80** 380, Begr zur BKatV, VkBl **89** 517, Rz 41). Liegt kein Regelfall vor, so gilt für die Bußgeldbemessung uneingeschränkt § 17 OWiG (Dü VRS **82** 463, *Janiszewski* NJW **89** 3116). Im Hinblick auf den Charakter als Zumessungsrichtlinie handelt es sich auch nicht um eine verbotene Analogie, wenn der Tatrichter die Zumessung für einen im BKat nicht geregelten Verstoß an einem vergleichbaren geregelten Verstoß ausrichtet (s schon Rz 63; Ha NZV **07** 428 m Anm *Krumm* DAR **07** 341; s allerdings Ro VRS **107** 442, wonach § 4 I, III OWiG gilt); jedoch muss dies dann im Einzelnen begründet werden. **Ein Regelfall iS der BKatV** setzt voraus, dass die Tatausführung allgemein üblicher Begehungsweise entspricht und weder subjektiv noch objektiv Besonderheiten aufweist, Begr zur BKatV (VkBl **89** 517, Rz 41). Besondere Umstände, die zur Verneinung eines Regelfalls führen, können aber nicht nur in der Begehungsweise, sondern auch in der Person des Betroffenen liegen (*Janiszewski* NJW **89** 3116). Mitverschulden des Geschädigten kann eine niedrigere Buße rechtfertigen (Rz 49). Grobe Fahrlässigkeit rechtfertigt, wenn nicht besondere Umstände anderer Art zugunsten des Betroffenen sprechen, eine Überschreitung des Regelsatzes, ein außergewöhnlich geringes Maß fahrlässigen Verhaltens eine niedrigere Buße (Ce VM **83** 12, *Janiszewski* NJW **89** 3116, *Mürbe* NZV **90** 96). Vorsatz wirkt grundsätzlich bußgelderhöhend, dies jedoch nicht, sofern der betroffene Verstoß seiner Art nach nur vorsätzlich begangen wird, zB Verstoß gegen das Benutzungsverbot für Mobiltelefone des § 23 I a StVO (hierzu Jn NStZ-RR **05** 23; s auch § 23 Rz 39) oder auch das Befahren des Seitenstreifens auf der AB entgegen der Fahrtrichtung (Jn VRS **111** 211). Der VOGeber ging zunehmend dazu über, Verstöße, die den Vorsatz quasi in sich tragen aus dem BKat herauszunehmen und in den bundeseinheitlichen Tatbestandskatalog einzustellen; das betrifft außer den o. g. Bsp ua die verbotene Teilnahme an Rennen (§ 29 I StVO) und das Umfahren von Bahnschranken (§ 9 III StVO; *Albrecht* SVR **06** 41, krit *Krumm* DAR **06** 493). **Voraussichtlich ab 1. 1. 09** wird der BKat einen Abschnitt II enthalten, in den solche Verstöße aufgenommen sind (Buchteil **8** sowie Vorbemerkung dazu). Voreintragungen im VZR können ebenfalls zum Nichtvorliegen eines Regelfalls und damit zu einer gegenüber dem Katalogsatz höheren Buße führen (Dü DAR **92** 271, **98** 320, *Jagow* NZV **90** 16). Weicht das Gericht von den Regelsätzen des Bußgeldkatalogs ab, so ist dies im Urteil zu begründen (Dü VM **02** 22, *Göhler-König* § 17 Rz 34).

16. Der bis 31. 12. 01 gültige **Verwarnungsgeldkatalog** (zuletzt Vwv der BReg v 28. 2. **65** 00, BAnz **00** 3048, aufgehoben durch AV v 26. 11. 01, BAnz **01** 24505) war nur für die VB verbindlich, nicht aber für die Gerichte. Entsprechendes gilt für die auch nach Neufassung der BKatV durch VO v 13. 11. 01 (BGBl I 3033) rechtlich zulässigen (Begr BRDrucks 571/01 S 63) ergänzenden landesinternen Tatbestandskataloge bei geringfügigen OW. Jedoch darf das Gericht die Regelsätze solcher Vwv nach wohl überwiegender Rspr nicht unberücksichtigt lassen (Kar VRS **108** 63; Dü NZV **91** 82, Stu DAR **70** 54, *Jagow* NZV **90** 17). Dagegen könnten Bedenken bestehen, weil doch eine Bindung der Gerichte an verwaltungsinterne Weisungen die Folge sein könnte (so 38. Aufl). Solange sich das Gericht (wie es von ihm auch verlangt wird) der fehlenden Bindung bewusst ist und dies in den Gründen auch darlegt (hierzu Dü DAR **04** 712), dürften diese Bedenken jedoch nicht durchgreifen (*Göhler-König* § 17 Rz 32, krit *Krumm* DAR **06** 493). **Verwarnung:** § 26a StVG mit §§ 56, 58 OWiG und unten Rz 73.

17. Einziehung ist bei OW nach § 24 StVG unzulässig (§ 22 OWiG, § 24 StVG). Gleichfalls **66** nicht zulässig (selbst nach erheblichen und wiederholten VOW, zB mehrfache Geschwindigkeitsüberschreitungen auf kurzer Fahrt) ist die **Sicherstellung des Fz** aus Gründen polizeilicher Gefahrenabwehr (*Geppert* DAR **88** 16ff, BA **90** 33f, *Mürbe* AnwBl **89** 642).

18. Opportunitätsgrundsatz (§ 47 OWiG). Ist die Ahndung der OW nach Bedeutung **67** und Vorwerfbarkeit nicht geboten, können Ermittlungen unterbleiben (**E** 72). Stellt sich der Sachverhalt später als in diesem Sinn unwesentlich heraus, kann das Verfahren von jeder VerfolgungsB und dem Gericht eingestellt werden. Der **Opportunitätsgrundsatz** des § 47 I 1 OWiG wird durch die BKatV nicht berührt (Begr zu § 1 II BKatV, VkBl **89** 517, s Rz 41; *Janiszewski* NJW **89** 3115, *Jagow* NZV **90** 17, *Mürbe* NZV **90** 96). Kein Verstoß gegen Art 3 GG, wenn Geldbuße verhängt wird, obwohl eine VB Verstöße gleicher Art unter Anwendung von § 47 OWiG grundsätzlich nicht verfolgt (Dü VRS **76** 22).

19. Subsidiarität. Ist eine ow Handlung zugleich Straftat, so tritt die OW zurück, es sei **68** denn, es wird keine Strafe verhängt (§ 21 OWiG; Rz 58). Ein FV (§ 25 StVG) bleibt zulässig,

§ 21 I 2 OWiG. Fehlt es bei einem Antragsdelikt am Strafantrag, so kann die Tat als OW geahndet werden; ebenso wenn die StA bei Körperverletzung das öffentliche Interesse nicht mehr bejaht; oder bei Einstellung des Strafverfahrens wegen Geringfügigkeit; oder wenn die Straftat nicht erwiesen ist. Strafe wird nicht verhängt, wenn eine Verfahrensvoraussetzung fehlt, ein Verfahrenshindernis besteht, wenn von Strafe abgesehen oder das Verfahren aus verfahrensrechtlichen Gründen eingestellt wird. Ein wegen derselben Handlung rechtskräftig ergangener Bußgeldbescheid ist bei Verurteilung wegen einer Straftat aufzuheben (Rz 71).

69 **20. Verjährung.** Abweichend von § 31 OWiG verjährt die Verfolgung von OW nach § 24 StVG in 3 Monaten (§ 26 III StVG), jedoch nur bis zum Erlass eines Bußgeldbescheids bzw bis zur Erhebung der öffentlichen Klage. Dies soll die beabsichtigte schnelle Ahndung der VOW durch die VB fördern (KG NStZ **99** 193), ist jedoch alles andere als überzeugend (*Göhler-König* § 33 Rz 1). Nach Erlass des Bußgeldbescheids gilt auch für OW nach § 24 eine 6 monatige Verjährungsfrist, weil sich – insbesondere im gerichtlichen Verfahren – eine 3 monatige als zu kurz erwiesen hat. Einzelheiten bei § 26.

70 **21. Zuständige Verfolgungsbehörde** für VOW: § 26 StVG., s i Ü §§ 35 ff OWiG. § 68 I OWiG (zuständiges Gericht) ist grundgesetzgemäß (BVerfG NJW **69** 1622). Er regelt die örtliche Zuständigkeit abschließend (BGH NJW **69** 1820).

71 **22.** Das **Bußgeldverfahren** richtet sich nach den §§ 35 ff OWiG. Seine Erläuterung gehört nicht hierher. Opportunitätsgrundsatz: Rz 67. Bei nachträglicher Verurteilung wegen einer Straftat ist ein wegen derselben Handlung ergangener rechtskräftiger Bußgeldbescheid aufzuheben (§ 86 I 1 OWiG), Bay VRS **57** 51.

72 **Verschlechterungsverbot.** Die VB darf den mit Einspruch angefochtenen Bescheid durch einen anderen mit schwereren Rechtsfolgen ersetzen (§ 69 OWiG). Der behördliche Bußgeldbescheid ergeht nicht als Akt der Gerichtsgewalt, der Einspruch gegen ihn macht ein Gericht überhaupt erst zuständig. Daher ist er, obgleich er zur vollständigen Neuprüfung des Sachverhalts führt (§ 81 OWiG), kein Rechtsmittel. Auch das Gericht ist auf den Einspruch hin an die Beurteilung als OW nicht gebunden (§ 81 OWiG). Nur gemäß § 72 III OWiG darf das Gericht **im Beschlussverfahren** „von der im Bußgeldbescheid getroffenen Entscheidung nicht zum Nachteil des Betroffenen abweichen", ebenso nicht im Rechtsbeschwerdeverfahren, § 79 III OWiG, § 358 II StPO. Streicht das Gericht ein FV unter Erhöhung der Geldbuße, so verstößt das nicht gegen das Verschlechterungsverbot, wenn die Gesamtschau keinen Nachteil für den Betroffenen zeigt, § 25 Rz 29.

73 **Verwarnung** mit Erhebung eines Verwarnungsgelds (§ 26a StVG, §§ 56–58 OWiG) schließt nur Verfolgung als OW in den Grenzen des § 56 IV OWiG aus. Spätere Verfolgung als Straftat kann daher keinem Verschlechterungsverbot unterliegen. Dieses kommt nur im Rahmen der §§ 331, 358 StPO im weiteren Verfahrensverlauf zum Zuge. Bei DauerOW gilt Verwarnung mit Verwarnungsgeld das danach liegende Verhalten nicht ab (zu § 29 StVZO), Sa NJW **73** 2310.

74 **23. Vorläufige Festnahme** gemäß § 127 StPO ist unzulässig (§ 46 III OWiG). Festhalterecht zwecks Identitätsfeststellung: §§ 163b, 163c StPO *Göhler-Seitz* vor § 59 Rz 139ff. Privatpersonen steht bei OW keine solche Befugnis zu (Dü VM **79** 63). Festnahmebefugt sind PolB und Außenbeamte der zuständigen VB im Rahmen des Maßgebots solange, bis die Person des Betroffenen festgestellt ist, also nicht bei offensichtlicher Bedeutungslosigkeit, wenn keine Ahndung geboten ist (§ 47 OWiG).

75 **Sicherheitsleistung** kann vom durchreisenden Ausländer unter den Voraussetzungen der §§ 46 I OWiG, 132 StPO verlangt werden, sofern die gesetzlichen Voraussetzungen eines Haftbefehls fehlen. Zur Sicherheitsleistung und Ahndung bei durchreisenden Ausländern *Göhler-Seitz* vor § 59 Rz 127 ff.

76 **24. Beweisfragen. Wahlfeststellung** zwischen mehreren OW wird von der Rspr grundsätzlich als zulässig erachtet (Ha VRS **53** 136, Kö VRS **50** 236, *Göhler-König* vor § 1 Rz 38). Tatsachenalternativität, wenn nicht sicher feststellbar ist, ob die OW vom Betroffenen als Täter, Gehilfe oder Anstifter begangen wurde, ist nicht Wahlfeststellung und rechtfertigt Verurteilung nach § 14 OWiG (Ha NJW **81** 2269). Zur Problematik von **Zeugenaussagen** über Verkehrsunfälle *Undeutsch* VGT **83** 319, *Bender* VGT **83** 325, *Bissel* VGT **83** 338. Kommt es auf Bruchteile von Sekunden und Metern an, so sind ungefähre Angaben und Schätzungen von Zeugen unbrauchbar (KG DAR **70** 71). Sogar Testbeobachtungen über Fahrgeschwindigkeit, Abstand, Zeitabläufe, Entfernungen sind in hohem Maß unzuverlässig (ADAC-Kienzle-Test Fahrlehrer **70**

Verkehrsordnungswidrigkeit § 24 StVG 1

209; s § 3 StVO Rz 57–64). **Radarfotos** mit eingeblendeter Anzeige der gemessenen Geschwindigkeit sind als Augenscheinsobjekt in die Hauptverhandlung einzuführen (Bay NZV **02** 379). Veröffentlichung eines Radarfotos zur Identifizierung ist im Bußgeldverfahren nicht zulässig (LG Bonn NStZ **05** 528). Auch **Videoaufnahmen** können im Wege des Augenscheinsbeweises vom Tatrichter verwertet werden (Ce NZV **91** 281, Ko NZV **92** 495 [jeweils Abstandsmessung]). Die Frage, inwieweit durch Videoaufnahmen eine Gefährdung anderer VT nachweisbar ist, hängt entscheidend von der Art des Verstoßes, uU von der Entfernung zu dem aufgenommenen Vorgang, der Perspektive und der Brennweite des Objektivs ab (AG Itzehoe NZV **89** 41 m Anm *Schwarz/Nemann*; zum Beweismittel Video s auch *Berr* DAR **89** 470).
Kennzeichenanzeige: E 96a. **Fotos** oder Videoaufnahmen können nur dann zur Identifizierung herangezogen werden, wenn sie eine gewisse **Mindestqualität** aufweisen (BGH NStZ **05** 458). Ob auf Grund des Fotos einer Verkehrsüberwachungsanlage (zB Radarfoto) der Fahrer identifizierbar ist, unterliegt nicht der Nachprüfung durch das Revisions- bzw Rechtsbeschwerdegericht (BGH NZV **96** 157, VRS **57** 126, Bay NZV **95** 163, Stu DAR **93** 72, Jn DAR **04** 665, Dü DAR **05** 164, VRS **100** 358 m Anm *Bode* ZfS **01** 184, VRS **93** 178). Ist das Foto so deutlich, dass es zur Identifizierung uneingeschränkt geeignet ist, genügt (ist aber auch erforderlich) die eindeutige und zweifelsfreie Verweisung auf das bei der Akte befindliche Foto in den Urteilsgründen (§ 267 I 3 StPO); eine Beschreibung einzelner Merkmale ist entbehrlich (BGH NZV **96** 157, Bay DAR **99** 370, Jn NZV **08** 165, Kö NJW **04** 3247, Ha DAR **04** 597, Dü ZfS **04** 337, Dr DAR **00** 279, Ba NZV **08** 166, *Göhler-Seitz* vor § 59 Rz 127ff). Es sollte dabei tunlichst die Vorschrift des § 267 I S 3 StPO zitiert und deren Wortlaut verwendet werden (Dü NZV **07** 254, Ha NZV **07** 376). Angabe der Blattzahl der Akte ist bei eindeutiger Bezugnahme entbehrlich, wenn Verwechslung insoweit ausgeschlossen ist (Ro VRS **109** 35, Ha VRS **108** 27, NZV **98** 171). Ist das Foto guter Qualität und unmittelbar (zB Fotokopie) Bestandteil der schriftlichen Urteilsgründe, so ist auch die Bezugnahme auf § 267 I 3 StPO entbehrlich (Bay VRS **91** 367). Bei schlechter Bildqualität sind trotz Verweisung gem § 267 I 3 StPO die bei der Identifizierung wesentlichen Merkmale zu beschreiben (BGH NZV **96** 157, Bay VRS **91** 367, Ro VRS **108** 29, Dü ZfS **02** 256, Ha NZV **03** 101, VRS **105** 353, Dr DAR **00** 279). Unterbleibt eine verfahrensrechtlich ordnungsgemäße Verweisung auf das Foto, zB, falls falsche (Jn NZV **08** 165) oder nur Angabe der Blattzahl bzw Verweis auf Inaugenscheinnahme (Dü NZV **07** 254, Ha VRS **113** 432), so muss der Tatrichter Ausführungen zur Bildqualität machen und die abgebildete Person genau beschreiben (BGH NZV **96** 157, Bay VRS **91** 367, DAR **98** 147, Kö NJW **04** 3274, Brn VRS **105** 221, Fra NZV **02** 135 m Anm *Schulz*, Ce NZV **02** 472, Ol DAR **96** 508, Ha NZV **97** 89, DAR **04** 597, Dü ZfS **04** 337, Hb ZfS **97** 155, KG NZV **98** 123, VRS **114** 38, Dr DAR **00** 279), wofür Attribute wie „relativ" bzw „verhältnismäßig" idR nicht genügen (Ba NZV **08** 166). Stellt der Tatrichter unter ausführlicher Beschreibung der Identifizierungsmerkmale die Identität im Urteil fest, so ist der fehlende Hinweis auf die Bildqualität entbehrlich (Bay DAR **96** 411: „bloße Förmelei"). Der Tatrichter muss zur Identifizierung Foto und Person des Betroffenen selbst vergleichen (Ko NZV **99** 483, Kö VRS **94** 112), auch Bezugnahme auf von ersuchtem Richter festgestellte Ähnlichkeit genügt nicht (Fra VM **88** 62). Bei **Video-Aufzeichnungen** kann jedenfalls auf Abzüge vom Videofilm nach § 267 I S 3 StPO Bezug genommen werden (Brn DAR **05** 635). Gleiches dürfte (sofern sie sich bei den Akten befindet) für die Videoaufzeichnung selbst gelten (Zw DAR **02** 234, Ro VRS **108** 29, *Meyer-Goßner* § 267 StPO Rz 9; offen gelassen von Brn DAR **05** 635). Gewinnt das Gericht auf Grund des Fotos die Überzeugung von der Identität des Abgebildeten mit dem Betroffenen, so ist Ablehnung der Einholung eines anthropologischen Gutachtens und der Ladung eines Zeugen, den das Foto angeblich zeige, nicht willkürlich (BayVerfGH BayVBl **02** 696). Ist das Foto **insgesamt unscharf** und kontrastarm, so kann es zur Identifizierung ungeeignet sein, mit der Folge, dass der Betroffene freizusprechen ist (Ha DAR **05** 462). Bei mangelhafter Bildqualität ist auch ein **anthropologisches Vergleichsgutachten** nicht aussagekräftig (BGH NStZ **05** 458; eingehend Bra NStZ-RR **07** 180). Beim anthropologischen Identitätsgutachten handelt es sich nicht um ein standardisiertes Verfahren (§ 3 StVO Rz 56b), weswegen im Urteil die Mitteilung der festgestellten Übereinstimmungsmerkmale nicht entbehrlich ist (BGH NStZ **05** 458, **00** 106, Ce NZV **02** 472, Ha NZV **00** 428, Jn VRS **112** 354, DAR **06** 523, Ba NZV **08** 211, *Schulz* NZV **02** 136). Bei der Auswertung eines solchen Gutachtens ist zu berücksichtigen, dass die Beweiswertigkeit entsprechend der persönlichen Erfahrung des Sachverständigen subjektiv ist; ein gesicherter Stand der Wissenschaft ist in diesem Bereich nicht gegeben (BGH NStZ **05** 458, s auch Ha DAR **08** 395), auch nicht in Bezug auf die Häufigkeit der Merkmale in der Bevölkerung, der der Betroffene angehört (BGH aaO, Ha aaO; instruktiv Bra NStZ-RR **07**

180; abw. Jn VRS **112** 354, DAR **06** 523). Das Foto kann grundsätzlich nur in Verbindung mit einer Zeugenvernehmung – etwa des PolB, der es gefertigt hat – herangezogen werden (Fra VRS **64** 287). Anders liegt es, wenn Zweifel hinsichtlich der Messung nicht bestehen, dann kann das in Augenschein genommene Messfoto ohne Befragung eines Zeugen als Beweismittel ausreichen (Stu VRS **81** 129). **Heranziehung von Passfotos** durch die VB zur Fahreridentifizierung blieb in der Rspr überwiegend unbeanstandet (Bay NZV **03** 589, Stu NZV **02** 574, krit *Schäpe* DAR **02** 568), und führt nach Bay NZV **03** 589, DAR **99** 79, zust *Pätzel* BayVBl **99** 588; Brn VRS **105** 221, Stu NZV **02** 574), selbst bei Gesetzesverstoß nicht zu einem Verwertungsverbot (aM AG Stu ZfS **02** 355 [automatischer Abruf über PC der VB, aufgehoben durch Stu NZV **02** 574], *Nobis* DAR **02** 299). Zur Frage eines **Beweisverwertungsverbots** bei Verkehrsüberwachung durch unzuständige Behörde *Joachim/Radtke* NZV **93** 94, s auch § 26 Rz 2.

Lit: *Niemitz*, Zur Methodik der anthropologisch-biometrischen Begutachtung einzelner Tatfotos und Videoaufzeichnungen, NZV **06** 130.

77 Ein Erfahrungssatz, **anzeigende PolB** hätten ein besonders gutes Personengedächtnis, besteht nicht (Ko VRS **50** 296). Erinnert sich der PolB des Hergangs nicht, dann keine Verwertbarkeit zu Lasten, weil Beamte „erfahrungsgemäß" nur berechtigte Anzeigen erstatteten (Kö MDR **69** 410). Vielfach werden sich Zeugen, die amtlich zahlreiche einander ähnelnde Vorgänge feststellen, nach Wochen und Monaten in der weitaus überwiegenden Zahl der Fälle nicht mehr erinnern können. Bekundet der als Zeuge vernommene PolB, er habe die Anzeige auf Grund sorgfältig getroffener Beobachtungen gefertigt, könne einen Irrtum ausschließen und würde den Betroffenen unter den von diesem geschilderten Umständen nicht angezeigt haben, so unterliegt eine solche Aussage der freien Beweiswürdigung des Tatrichters (BGHSt **23** 213 = NJW **70** 573, 1558, Bay NZV **02** 518). Sie kann die tatrichterliche Überzeugung begründen, dass die in der Anzeige gemachten Angaben richtig sind (Bay NZV **02** 518, Dü VRS **62** 282). Immer ist jedoch Voraussetzung, dass der PolB an der Anzeigenerstattung mitgewirkt oder die Richtigkeit der Anzeige anschließend geprüft und bestätigt hat (Abzeichnen durch Unterschrift oder Paraphe; Kö VRS **65** 376). Die bloße Erklärung des PolB, er nehme auf die Anzeige Bezug, genügt nicht (Dü NZV **99** 348). Die hier dargestellten Grundsätze finden keine Anwendung bei Anzeigen, die der PolB nicht im Rahmen amtlicher VÜberwachung, sondern als VT gemacht hat; in solchen Fällen bedarf es einer streng fallbezogenen Beweiswürdigung (Kö VRS **62** 451).

78 **25. Zahlungserleichterung:** § 18 OWiG. **Erzwingungshaft** nach ergebnislosem Beitreibungsversuch: §§ 96, 97 OWiG.

79 **26. Nato-Streitkräfte.** Zur Verfolgbarkeit von US-Soldaten nach dem Nato-Truppenstatut Stu NJW **67** 508. Auch für OW von Angehörigen der US-Streitkräfte in Deutschland mit Privatfz sind deutsche Gerichte zuständig (Fra VRS **41** 61).

80 Lit: *Älteres Schrifttum auch zur Reform des OWRechts s. 39. Aufl..*

0,5 Promille-Grenze

24a (1) Ordnungswidrig handelt, wer im Straßenverkehr ein Kraftfahrzeug führt, obwohl er 0,25 mg/l oder mehr Alkohol in der Atemluft oder 0,5 Promille oder mehr Alkohol im Blut oder eine Alkoholmenge im Körper hat, die zu einer solchen Atem- oder Blutalkoholkonzentration führt.

(2) ¹Ordnungswidrig handelt, wer unter der Wirkung eines in der Anlage zu dieser Vorschrift genannten berauschenden Mittels im Straßenverkehr ein Kraftfahrzeug führt. ²Eine solche Wirkung liegt vor, wenn eine in dieser Anlage genannte Substanz im Blut nachgewiesen wird. ³Satz 1 gilt nicht, wenn die Substanz aus der bestimmungsgemäßen Einnahme eines für einen konkreten Krankheitsfall verschriebenen Arzneimittels herrührt.

(3) Ordnungswidrig handelt auch, wer die Tat fahrlässig begeht.

(4) **Die Ordnungswidrigkeit kann mit einer Geldbuße bis zu** *eintausendfünfhundert* **Euro*** geahndet werden.

(5) **Das Bundesministerium für Verkehr, Bau und Stadtentwicklung wird ermächtigt, durch Rechtsverordnung im Einvernehmen mit dem Bundesministerium für Gesundheit und dem Bundesministerium der Justiz mit Zustimmung des Bundesrates die Liste der berauschenden Mittel und Substanzen in der Anlage zu dieser Vorschrift zu ändern oder zu ergänzen, wenn dies nach wissenschaftlicher Erkenntnis im Hinblick auf die Sicherheit des Straßenverkehrs erforderlich ist.**

---

* Voraussichtliche Änderung ab 1. 1. 09 „dreitausend Euro", s Rz 27.

0,5 Promille-Grenze § 24a StVG **I**

Anlage (zu § 24 a)

Liste der berauschenden Mittel und Substanzen

Berauschende Mittel	Substanzen
Cannabis	Tetrahydrocannabinol (THC)
Heroin	Morphin
Morphin	Morphin
Cocain	Cocain
Cocain	Benzoylecgonin
Amfetamin	Amfetamin
Designer-Amfetamin	Methylendioxyamfetamin (MDA)
Designer-Amfetamin	Methylendioxyethylamfetamin (MDE)
Designer-Amfetamin	Methylendioxymethamfetamin (MDMA)
Metamfetamin	Metamfetamin

Begr zum ÄndG v 27. 4. 1998 (BTDrucks 13/1439): **Zu Abs 1:** *Nach allgemein gesicherten medizinischen Erkenntnissen beginnt eine verminderte Fahrtüchtigkeit bei einer forensisch nachweisbaren Blutalkoholkonzentration (BAK) von 0,3‰ bis 0,4‰. Unter Berücksichtigung eines Sicherheitszuschlags von 0,1‰ ergibt sich ein Gefährdungs-Grenzwert von 0,5‰. Dieser Grenzwert wird sowohl von den Verkehrssicherheitsverbänden, als auch von der Weltgesundheitsorganisation und der Europäischen Union als ein noch verträglicher Wert angesehen, ab dem bei einer folgenlosen Trunkenheitsfahrt ohne Ausfallerscheinungen eine Ahndung durch Bußgeld und Fahrverbot noch als gerechtfertigt erscheint.*
...
Die Absenkung des Promille-Wertes vergrößert schließlich auch den Abstand des von der Rechtsprechung (vgl. BGH-Beschluss vom 28. Juni 1990 – VerkMitt S. 65) festgelegten Wertes für die absolute Fahrtüchtigkeit von 1,1‰ zum Ordnungswidrigkeitsrecht und setzt die Einstiegsschwelle für Alkoholverstöße im Straßenverkehr herab.

In der Vorschrift wird der bisher geltende Promille-Grenzwert von 0,8‰ auf 0,5‰ Blutalkoholkonzentration abgesenkt. Gleichzeitig wird ein Grenzwert von 0,25 Milligramm pro Liter Atemalkoholkonzentration eingeführt, der einer Blutalkoholkonzentration von 0,5‰ entspricht. Dieser Wert geht zurück auf das Gutachten des Bundesgesundheitsamtes vom April 1991 (Günter Schoknecht „Gutachten zur Prüfung der Beweissicherheit der Atemalkoholanalyse"). Bisher wurde die Bestimmung des Alkoholgehalts über die Atemluft in der Praxis lediglich als Vortest angewendet, der jedoch die Blutalkoholbestimmung als forensisch anerkanntes Verfahren nicht ersetzen konnte. Es war deshalb notwendig, die Voraussetzungen für eine beweissichere Methode zur Bestimmung der Atemalkoholkonzentration zu entwickeln. Durch die Atemalkoholbestimmung als einfach zu handhabende Messmethode entfällt die Blutentnahme und der damit verbundene erhebliche organisatorische Aufwand. Für den Betroffenen bedeutet diese Messmethode die Wahrung seiner körperlichen Unversehrtheit. ...

Um die Atemalkoholanalyse als beweissicher forensisch anzuwenden, ist die Festlegung eigener Grenzwerte für die Alkoholkonzentration in der Atemluft (Alveolarluft) erforderlich. Das Gutachten kommt zu dem Ergebnis, dass ein Grenzwert von 0,55 mg/l Alveolarluft einer Blutalkoholkonzentration von 1,1‰ oder von 0,4 mg/l dem Wert von 0,8‰ oder von 0,25 mg/l dem Wert von 0,5‰ entspricht. Bei Herabsetzung der Blutalkoholkonzentration von 0,8‰ auf 0,5‰ in § 24a Abs. 1 StVG ist deshalb der Wert von 0,25 mg/l Atemalkoholkonzentration aufzunehmen. Daneben muss der Wert der Blutalkoholkonzentration in § 24a Abs. 1 StVG erhalten bleiben, weil bei fehlender Mitwirkung des Betroffenen oder bei seiner Weigerung weiterhin die Blutentnahme erforderlich ist. Die Blutentnahme ist ferner notwendig bei Verdacht auf andere forensisch bedeutsame Substanzen, wie Medikamente oder Drogen.

Bei der Atemalkoholbestimmung dürfen nur Messgeräte eingesetzt und Messmethoden angewendet werden, die den im Gutachten gestellten Anforderungen genügen.
...

Begr zum ÄndG v 28. 4. 1998 (BTDrucks 13/3764): **Zu Abs 2 und 5:** ... *Das Institut für Rechtsmedizin der Universität München hat im Jahr 1992 bei einer Analyse von 1312 Blutproben auffällig gewordener Kraftfahrer unter 40 Jahren festgestellt, dass ca. 25% der Blutproben Cannabis enthielten; der Anteil an Opiaten betrug 12,7%, der Anteil an Kokain 4,2%.*

Diese Untersuchungen zeigen, dass die Anzahl von Kraftfahrern, die unter dem Einfluss von Drogen, auch in Kombination mit Alkohol, am Straßenverkehr teilnehmen, um ein Vielfaches über den in der amtlichen Statistik ausgewiesenen Zahlen liegt. ...

Grenzwerte für die Annahme absoluter Fahruntüchtigkeit gibt es bei Drogen bisher nicht. Feststellungen der relativen Fahruntüchtigkeit bereiten oft Schwierigkeiten. ...

1 StVG § 24a   III. Straf- und Bußgeldvorschriften

Die bestehende Sanktionslücke im Ordnungswidrigkeitenrecht soll durch die neue Regelung geschlossen werden, indem das Führen von Kraftfahrzeugen unter dem Einfluss bestimmter Drogen allgemein verboten wird. …

4 *Hinsichtlich der Wirkung dieser Drogen stützt sich die Regelung auf folgende wissenschaftliche Erkenntnisse:*

…

– *Bei Cannabis führen die beim typischen Rauschverlauf auftretenden Wirkungen, wie z. B. Euphorie, Antriebsminderung, Konzentrationsstörungen, Wahrnehmungsstörungen, Denkstörungen, Änderung des Zeiterlebens, leichtere Ablenkbarkeit, zu Leistungseinbußen in den für den Kraftfahrzeugführer wichtigen psychomotorischen Funktionen. Außerdem können atypische Rauschverläufe auftreten mit psychopathologischen Störungen, wie z. B. Angst, Panik, innere Unruhe, Verwirrtheit, Halluzinationen, Größenverzerrungen.*

– *Heroin und Morphin erzeugen einen Rauschzustand höchster Euphorie mit Gleichgültigkeit gegenüber Außenreizen, Verblassen der Sinneswahrnehmungen, Konzentrationsschwäche, Verlängerung der Reaktionszeit, Benommenheit, Pupillenverengung, die auch in der Dunkelheit bestehen bleibt.*

– *Der Kokainrausch ist gekennzeichnet durch Euphorie, eingeschränkte Kritikfähigkeit, erhöhte Risikobereitschaft, Enthemmung, Halluzinationen und Wahnvorstellungen.*

…

Somit muss davon ausgegangen werden, dass unter dem Einfluss der genannten Rauschmittel Ausfallerscheinungen auftreten, die allgemein geeignet sind, Beeinträchtigungen der Fahrtüchtigkeit herbeizuführen. Deshalb ist auch davon auszugehen, dass bei den meisten Kraftfahrzeugführern unter dem Einfluss von Rauschmitteln auf Grund deren typischer Wirkungsweise Leistungseinbußen auftreten, die das sichere Führen eines Kraftfahrzeuges in Frage stellen. Sie bilden somit eine Gefahr für den Straßenverkehr.

Da derzeit Dosis-Wirkungsbeziehungen – wie beim Alkohol – nicht festgestellt werden können, ist es nicht möglich, Grenzwerte festzulegen. Dies rechtfertigt einen Gefährdungstatbestand, der ein allgemeines Verbot ausspricht. Auf eine tatsächliche Beeinträchtigung der Fahrtüchtigkeit im Einzelfall kommt es dabei nicht an. …

5 *Absatz 2 Satz 1 enthält die Beschreibung des Bußgeldtatbestandes. Diese Beschreibung ist abschließend; die folgenden Sätze 2 und 3 stellen lediglich klar, unter welchen einschränkenden Voraussetzungen, die nicht vom Vorsatz des Täters umfasst werden müssen, eine Ahndung erfolgen kann.*

Es handelt sich um einen abstrakten Gefährdungstatbestand, die konkrete Gefährdung anderer Verkehrsteilnehmer oder zusätzliche Beweisanzeichen für die Fahrunsicherheit sind nicht erforderlich. Tatbestand ist allein das Fahren unter der Wirkung eines in Anlage 2 genannten berauschenden Mittels.

Der Nachweis wird erbracht durch eine Blutuntersuchung. …

Beschlussempfehlung und Bericht des Rechtsausschusses, BTDrucks 13/8979: *In* **Absatz 2** *Satz 2 werden die Worte „Dies gilt nur," durch die Formulierung „Eine solche Wirkung liegt vor," ersetzt. Mit dieser Änderung wird – wie auch vom Gesetz gewollt – klargestellt, dass der Begriff „Wirkung" immer dann erfüllt ist, wenn eine in der Anlage genannte Substanz im Blut des Betroffenen nachgewiesen wird. Dies bedeutet insbesondere, dass zur Annahme der Wirkung die Feststellung weiterer Kriterien im Einzelfall, insbesondere zur Feststellung der konkreten Beeinträchtigung der Fahrsicherheit, nicht erforderlich ist; es reicht allein der Nachweis der Substanz in der Blutprobe aus.*

6 **Begr** *zum ÄndG v 19. 3. 01 (BTDrucks 14/4304 S 8f, 11): Ziel der Änderung des § 24a ist es nunmehr, die gestaffelte Grenzwertregelung in § 24a I zu vereinheitlichen, insbesondere die vorgesehenen Rechtsfolgen für Zuwiderhandlungen gegen die 0,5-Promilleregelung ihrer Bedeutung für die Sicherheit des Straßenverkehrs anzupassen. …*

Die geltende gestaffelte Bußgeldvorschrift ist hinsichtlich der vorgesehenen Sanktionen bei Verstößen gegen die 0,5-Promilleregelung nicht sachgerecht und entspricht nicht den Belangen der Verkehrssicherheit, denn sie wird der Gefährlichkeit der angesprochenen Zuwiderhandlungen nicht gerecht. Alkohol im Straßenverkehr ist eine der Hauptunfallursachen und bedarf neben intensiven Bemühungen auf dem Gebiet der Verkehrserziehung und Maßnahmen zur Erhöhung der polizeilichen Überwachung einer angemessenen Bewehrung. …

Hierfür ist die Ahndung mit einer Geldbuße unerlässlich, die sich von dem Bußgeldrahmen für allgemeine Verkehrsordnungswidrigkeiten (§ 24 StVG i. V. m. § 17 Abs. 1 des Gesetzes über Ordnungswidrigkeiten) deutlich abhebt, der bereits Geldbuße bis zu 2000 DM vorsieht. …

Insbesondere auch die Bewehrung der 0,5-Promilleregelung mit einem Fahrverbot (§ 25 StVG), das sich als Pflichtenmahnung an Kraftfahrer in besonderer Weise bewährt hat, ist für eine effiziente Bekämpfung des Problems Alkohol im Straßenverkehr unverzichtbar. …

0,5 Promille-Grenze § 24a StVG **1**

Durch die neue Fassung des Bußgeldtatbestandes in § 24 a I wird die Abstufung von 0,8 und 0,5 Promille aufgehoben; die Nummernaufteilung entfällt. Es gibt damit nur noch eine einheitliche 0,5-Promillegrenze mit den Sanktionsfolgen der bisherigen 0,8-Promilleregelung.

Begr zum ÄndVO v 6. 6. 07 (BRDrucks 231/07): *Vor dem Hintergrund neuer Entwicklungen im Konsumverhalten und bei der Nachweisbarkeit von Drogen sind weitere Maßnahmen zur Senkung der Unfallursache „Drogen am Steuer" geboten. Dies gilt in erster Linie für Fahrten unter der Wirkung von Metamfetamin. Hierbei handelt es sich um eine stark stimulierende Droge, die eine nahe chemische Verwandtschaft zu dem berauschenden Mittel Amfetamin aufweist (Knecht, Kriminalistik* **02** *402). Metamfetamin führt bei den Konsumenten dieser Substanz häufig zu Selbstüberschätzung und Aggressivität sowie zu einem schnellen, unkontrollierten, unberechenbaren und risikobereiten Fahrstil und damit zu einem erhöhten Unfallrisiko (Knecht aaO, unter Hinweis auf eine Studie von Karch). Es ist daher gerechtfertigt und im Interesse der Verkehrssicherheit auch geboten, Fahrten unter der Wirkung dieser Substanz künftig wie Fahrten unter der Wirkung von Amfetamin als Ordnungswidrigkeit zu ahnden. ...* **6a**

Fahrten unter der Wirkung von Cocain sind bereits nach geltender Rechtslage ... untersagt, stellen aber bislang nur dann eine Ordnungswidrigkeit dar, wenn im Blut die Substanz Benzoylecgonin nachgewiesen wird, einem Abbauprodukt der eigentlichen Wirksubstanz Cocain. In Zukunft wird auch dann eine Ordnungswidrigkeit nach § 24 a II verwirklicht, wenn im Blut die inzwischen sicher nachweisbare Substanz Cocain festgestellt wird. Zu diesem Zweck wird Cocain als Substanz in die Liste der berauschenden Mittel und Substanzen gemäß der Anlage zu § 24 a aufgenommen. Die Substanz Cocain wurde bislang nicht in der Anlage zu § 24 a genannt, weil ihr Nachweis noch mit Unsicherheiten belastet war. Inzwischen ist aber die Substanz Cocain durch die Verwendung von Fluoridröhrchen stabil nachweisbar. Die Erweiterung der in der Anlage enthaltenen Substanzen ist gerechtfertigt, da es sich bei der Substanz Cocain um den aktiven Wirkstoff des Betäubungsmittels Cocain handelt und daher bei Nachweis dieses Wirkstoffs die Möglichkeit eines durch eine erhöhte Bereitschaft zu aggressivem Verhalten gekennzeichneten Kokainrausches besteht. Der Nachweis von Benzoylecgonin im Blut ist auch weiterhin für den Nachweis der Ordnungswidrigkeit nach § 24 a II ausreichend.

1. Führen von Kraftfahrzeugen nach Alkohol- oder Drogenkonsum. Nach gesicherter wissenschaftlicher Erkenntnis bewirkt idR (im statistischen Durchschnitt) schon eine BAK zwischen 0,5 und 1,0‰ erhebliche VGefahren infolge Enthemmung und erhöhter Risikobereitschaft (§ 316 StGB Rz 10f), auch bei noch nicht exakt beweisbarer Fahrunsicherheit. § 24a schließt diese Lücke. Fahren nach Alkoholkonsum, der zur Fahrzeit oder danach zu 0,5‰ führt, ist rechtswidrig und gem § 24a ow, ohne dass es auf den Nachweis der Fahrunsicherheit ankommt. Entsprechendes gilt für das Kfz-Führen unter Einwirkung anderer berauschender Mittel, die aufgrund ihrer psychischen und physischen Wirkung die Fahrsicherheit beeinträchtigen (Rz 4). Zum Alkoholverbot für Fahranfänger s § 24 c. **7**

2. Im öffentlichen Straßenverkehr muss der Betroffene ein Kfz geführt haben. Öffentlicher StrV: § 1 StVG Rz 8, § 1 StVO Rz 13–16. Andere VArten erfasst § 24 a nicht. **8**

3. Ein Kraftfahrzeug muss der Betroffene geführt haben (anders: § 316 StGB, wo das Führen jedes Fz genügt; § 316 StGB Rz 4). Kfz: § 1 StVG Rz 2ff, § 69 StGB. Kleinkrafträder, Mopeds und Mofas sind Kfz (Dü VRS **92** 266, Fra NJW **76** 1161), auch motorgetriebene Krankenfahrstühle (§ 316 StGB Rz 6) und Arbeitsmaschinen (Ha VRS **51** 300 [Bagger]). **9**

4. Führen von Kraftfahrzeugen: § 2 StVG Rz 2, § 316 StGB Rz 3ff, § 21 StVG Rz 10f, § 69 StGB. Die Vorschrift erfasst alle KfzF, auch wenn sie fahrerlaubnisfreie Kfz führen, trotz § 2 XV 2 StVG auch Fahrschüler, jedoch nicht den Begleiter beim begleiteten Fahren (§ 6 e StVG), sofern er nicht „tätlich" in die Fz-Führung eingreift (zu beidem § 316 StGB Rz 5). Zum Führen als Kfz bei Bewegungsvorgängen ohne aktuell wirkende Motorkraft (Ab-, Ausrollen, Ab-, Anschleppen, Schleppen, Anschieben, Schieben etc.) s § 316 StGB Rz 4. **10**

5. 0,5 Promille BAK oder mehr im Körper (Gefahrengrenzwert), also bis zu 1,09‰, ist Tatbestandsmerkmal, ohne Rücksicht auf Fahrsicherheit (Rz 1, 24). Der Wert von 0,5‰ enthält zum Ausgleich der möglichen Streuungsbreite der BAK-Bestimmungsmethoden bereits einen Sicherheitszuschlag (Begr Rz 1, BGH NZV **01** 267, 270, Zw DAR **01** 422 sowie Bay MDR **74** 1042, Dü VRS **94** 352, Ha StV **01** 355 [je zum früheren Grenzwert von 0,8‰]; krit *Stein* NZV **99** 441, StV **01** 356), dh, im BAK-Wert von 0,5‰ ist der inzwischen von der Rspr als ausreichend erachtete (§ 316 StGB Rz 14) Sicherheitszuschlag von 0,1‰ enthalten (BGH NZV **01** 267, 270; Begr zum ÄndG, Rz 1). Die vorgeschriebenen Analysemethoden (arithmetisches Mittel aus 3 Untersuchungen nach Widmark und 2 nach ADH oder 4 Untersuchungen **11**

1 StVG § 24a   III. Straf- und Bußgeldvorschriften

bei Mitverwendung der Gaschromatographie (§ 316 StGB Rz 33 ff) gelten auch hier (Dü VRS **94** 352, *Mayr* DAR **74** 65). Weder einer der Analysenwerte noch der Mittelwert darf zur BAK-Ermittlung aufgerundet werden, die dritte Dezimale bleibt außer Betracht; sie darf auch bei der Berechnung des Mittelwerts nicht mitberücksichtigt werden (§ 316 StGB Rz 34). Bei Mittelwerten unter 1‰ darf die **Variationsbreite** den Wert von 0,1‰ nicht übersteigen (§ 316 StGB Rz 34). Eine Mitteilung der Einzelwerte durch das Untersuchungsinstitut ist auch in Grenzwertnähe nicht zwingend geboten (§ 316 StGB Rz 37). Der Mittelwert darf auch aus nicht mehr als 5 Einzelergebnissen errechnet werden (§ 316 StGB Rz 34). Auch Abs 1 2. Alt (zu einer entsprechenden BAK führende Alkoholmenge im Körper) ist grundgesetzkonform (BVerfG NJW **78** 882). Einfluss von Krankheiten: § 316 StGB Rz 22, 42, 82, 89.

12   **6. Eine Alkoholmenge im Körper** (Magen-Darm-Kanal und Blut) ist tatbestandsmäßig, die im weiteren Verlauf, auch noch nach der Fahrzeit (Kö BA **75** 401, Ha VRS **52** 55, Ko VRS **69** 231), zu einer BAK von 0,5‰ bis zu 1,09‰ führt. Unerheblich ist, wann der beim Fahren vorhandene Körperalkohol ins Blut gelangt (Ko VRS **49** 194, **69** 231, Ha VRS **52** 55). Die in der sog Anflutungsphase zwischen Trinkende und Invasionsgipfel liegende Schädigung entspricht derjenigen im Gipfelbereich (*Heifer* BA **73** 7 f). Dem trägt § 24 a dadurch Rechnung, dass er eine Alkoholmenge „im Körper" genügen lässt, die später, auch noch nach dem Fahren, zu mindestens 0,5‰ BAK führt. Zum Nachweis genügt also schon ein nicht zurückgerechnetes Messergebnis ab 0,5‰ (erste Alternative).

13   **Werden weniger als 0,5‰ BAK gemessen,** so ist wie bei § 316 StGB (s dort Rz 38 ff), in der Abbauphase auf die Fahrzeit zurückzurechnen (Ha VRS **52** 138, Kö BA **81** 57). Die von der Rspr aufgestellten Grundsätze über das Rückrechnungsverbot ohne Sachverständigen für die ersten beiden Stunden nach Trinkende bei normalem Trinkverlauf (§ 316 StGB Rz 39) gelten auch für § 24 a (Kö BA **81** 57, VRS **64** 294). Vom Ergebnis möglicher Rückrechnung hängt der etwaige Nachweis der ersten Alternative („Alkohol im Blut") ab. Befand sich der Betroffene bei der Blutentnahme noch in der Anflutungsphase, so scheidet dann die erste Alternative aus. Ob sich in diesem Fall das Vorliegen der zweiten Alternative („Alkoholmenge im Körper") nachweisen lässt, hängt davon ab, ob sich im Einzelfall nach gesicherter wissenschaftlicher Erkenntnis ein weiterer Anstieg bis auf mindestens 0,5‰ BAK mit Gewissheit feststellen lässt.

14   **7.** Ein **Nachtrunk** zwischen Fahrtbeendigung und Blutentnahme, sofern er glaubhaft ist, muss bei Prüfung beider Alternativen zugunsten des Betroffenen berücksichtigt werden. Die durch ihn zugeführte Alkoholmenge ist von der festgestellten BAK abzuziehen (§ 316 StGB Rz 43 f; dort auch zur Überprüfbarkeit von Nachtrunkbehauptungen Begleitalkoholgutachten). Bei Atemalkoholmessung scheidet diese Möglichkeit aus.

15   **8. Lit:** *Händel,* Anwendung und Auswirkungen des 0,8-Promille-Gesetzes, BA **73** 353. *Heifer,* Zur Praktikabilität des 0,8%o-Gesetzes, BA **73** 192. *Ders.,* Anmerkung zum Entwurf eines Gesetzes zur Änderung des StVG (§ 24a StVG), BA **72** 407. *Ders.,* Der Gefahrengrenzwert von 0,8 pro mille, BA **73** 1. *Hentschel,* Die Neufassung des § 24a StVG …, NJW **98** 2385. *Janiszewski,* Die Fahrt unter Alkoholeinfluß …, BA **74** 155. *Krüger/Schöch,* Absenkung der Promillegrenze – Ein zweifelhafter Beitrag zur Verkehrssicherheit, DAR **93** 334. *Scheffler,* … Bemerkungen zur Gesetzgebung am Beispiel von § 24a StVG, BA **02** 174.

16   **9. Atemalkoholkonzentration (AAK).** Die Verankerung der „beweissicheren" Atemalkoholanalyse im Bußgeldverfahren war erheblicher Kritik namentlich aus dem rechtsmedizinischen Schrifttum ausgesetzt (s unten sowie Rz 16 ff). Jedenfalls für die justizielle und polizeiliche Praxis sind die Auseinandersetzungen seit den grundlegenden Entscheidungen des BGH (BGHSt **46** 358 = NJW **01** 1952) und zuvor schon des BayObLG (NZV **00** 295 m zust Anm *König*) im Grundsatz als erledigt anzusehen. Der weitaus größte Teil der Bußgeldbescheide (in Bayern in den Jahren 2006 und 2007 über 85%) wird ohne Einspruch bestandskräftig, was für Akzeptanz auch in der Bevölkerung spricht. In der gerichtlichen Praxis ist die Methode wohl gleichfalls akzeptiert und wirft soweit ersichtlich keine unüberwindlichen Probleme auf. Die Atemalkoholanalyse folgt eigenen Regeln. Eine unmittelbare Konvertierung einer gemessenen Atemalkoholkonzentration (AAK) in BAK-Werte scheidet aus (§ 316 Rz 52). Um eine AAK im Rahmen des § 24a berücksichtigen zu können, bedurfte es daher der gesetzlichen Festlegung eines eigenen AAK-Werts *als Tatbestandsmerkmal* (BGH NJW **01** 1952). Allerdings kann die Mitwirkung des Betroffenen an der Atemalkoholmessung, anders als die Duldung der Blutprobenentnahme (§ 81 a StPO), nicht erzwungen werden. Der in I genannte Wert von 0,25 mg/l AAK entspricht dem im BGA-G „Atemalkohol" S 53 errechneten (*Schoknecht* VGT **92** 339, krit Denkschrift „Atemalkoholprobe" BA **92** 110, 117). Dass die gemessene AAK eine Richtgröße darstellt, liegt

0,5 Promille-Grenze **§ 24a StVG 1**

in der Natur der Sache und hält sich innerhalb der Einschätzungsprärogative des GGebers (BGH NJW **01** 1952; krit *Heifer* BA **98** 231). Verfassungsbedenken gegen die Regelung bestehen auch unter dem Aspekt einer (willkürlichen) Benachteiligung des Betroffenen nicht (BGH NJW **01** 1952 m Anm *Hillmann* DAR **01** 278, s auch § 316 StGB Rz 52 f). Da der AAK-Wert gegenüber dem BAK-Wert ein tatbestandliches aliud ist, sind Einwände, die sich auf die Höhe der BAK beziehen, schon im Ansatz verfehlt (BGH NJW **01** 1952, Bay NZV **00** 295 m zust Anm *König*, krit *Wilske* NZV **00** 399). Wie im BAK-Gefahrengrenzwert (0,5‰) ist auch im gesetzlichen AAK-Wert ein *Sicherheitszuschlag* in Höhe von 0,05 mg/l zum Ausgleich der bei allen Messverfahren zu berücksichtigenden Streuung infolge der durch den GGeber vorgenommenen Umrechnung enthalten (BGH NJW **01** 1952, Bay NZV **00** 295), der nach nunmehr einhelliger Rspr und hM ausreicht (BGH NJW **01** 1952 zust *Hillmann* DAR **01** 278, abl *Bode* ZfS **01** 281; Bay NZV **00** 295, zust *König*, abl *Schäpe* DAR **00** 490, krit *Wilske* NZV **00** 399, 401, *Seier* NZV **00** 434; Bay DAR **03** 232, Stu VRS **99** 286, Ha NZV **01** 440, **02** 414, Dr BA **01** 370, aM *Iffland ua* DAR **08** 382). Dies folgt schon daraus, dass die Rspr nicht legitimiert ist, den durch Gesetz festgelegten AAK-Grenzwert durch Sicherheitsabschläge zu relativieren (BGH NJW **01** 1952). Vormals waren demgegenüber zT Abschläge als notwendig erachtet worden (Ha NZV **00** 426 [Vorlagebeschl] m Anm *Bode* ZfS **00** 461, abl *Schoknecht ua* BA **00** 449, AG Kö NZV **00** 430 m Anm *Seier, Ludovisy* DAR **00** 488; AG Mü NZV **00** 180, abl *Schoknecht*; wN 38. Aufl). Die Kontroverse ist durch BGH NJW **01** 1952 erledigt. Eine Verfassungsbeschwerde gegen eine Verurteilung ohne Vornahme von Sicherheitsabschlägen wurde von BVerfG ZfS **02** 95 (Anm *Bode*) nicht zur Entscheidung angenommen.

Bei Messung mit einem bauartzugelassenen, geeichten Messgerät gelten **folgende Verfahrensbestimmungen** (BGH NJW **01** 1952, Bay DAR **03** 232, Ha VRS **101** 53): *Doppelmessung in einem Abstand von höchstens 5 Min nach 20 Min Wartezeit* ab Trinkende, *Kontrollzeit von 10 Min* (in der nichts gegessen, getrunken und keine Medikamente aufgenommen werden dürfen und die in der Wartezeit von 20 Min enthalten sein kann), Einhaltung der zulässigen *Variationsbreite* zwischen den Einzelwerten (BGA-G „Atemalkohol" S 12, 56 f). Die Erfüllung dieser im BGA-G „Atemalkohol" gestellten Anforderungen ist nach der sich aus der Begr (Rz 2) ergebenden Intention des GGebers unabdingbar, andernfalls ist die **Messung unverwertbar** (Bay NZV **05** 53, Dr NStZ **04** 352). Das gilt grundsätzlich auch für die **Einhaltung der Kontroll- sowie der Wartezeit** (Bay NZV **05** 53, Dr NStZ **04** 352, DAR **05** 226, Jn DAR **06** 225, 34, Ha NZV **08** 260, *Scheffler* BA **04** 468; für Messwerte in Grenzwertnähe auch Kar NZV **04** 426 m Anm *Slemeyer* und *Scheffler* BA **04** 467, 468; aM Ce NZV **04** 318, Ha NZV **05** 109, SVR **07** 228), zumal diese zur Vermeidung von Benachteiligungen des Betroffenen während der Anflutungsphase notwendig ist (BGAG „Atemalkohol" 3.4, 4.1, *Iffland* DAR **05** 198, s auch *Slemeyer* NZV **04** 616). Unverwertbarkeit dürfte jedoch nicht eintreten, wenn die gemessene AAK weit (zB 20%) über dem Grenzwert liegt; in diesem Fall ist durch Einholung eines Sachverständigengutachtens zu klären, ob die mit der Nichteinhaltung der Wartezeit verbundenen Schwankungen der Messwerte durch einen Sicherheitszuschlag ausgeglichen werden können (Kar NJW **06** 1988, offengelassen von Bay NJW **05** 232, Dr NStZ **04** 352, Ha v 24. 8. 06, 3 Ss OWi 308/06, juris, aM AG Plön DAR **08** 408 [ca 0,4 mg/l]; strikt ablehnend bei Nichteinhaltung der Kontrollzeit Ha NZV **08** 260). Maßgeblich für die Einhaltung der Kontrollzeit von 10 Min ist der Beginn der Messung, nicht der Geräteeinschaltung (KG VRS **100** 337). Zur Frage, ob sich eine Verlängerung der Wartezeit empfiehlt, *Schoknecht* NZV **03** 68 (verneinend), *Dettling ua* BA **06** 257, *Schuff ua* BA **02** 145, *Jachau* u. a. BA **06** 169, *Iffland ua* DAR **08** 382 (je bejahend). Die **3. Dezimalstelle der Messergebnisse** (Einzelwerte und Mittelwert) wird nicht berücksichtigt; ein unterhalb der 0,25 mg/l-Grenze liegender Einzel- oder Mittelwert (zB 0,248 mg/l) darf nicht aufgerundet werden (Bay DAR **01** 465; 370, Brn VRS **107** 49, Dü ZfS **03** 517, Dr VRS **108** 114, Jn VRS **110** 32, Kö NZV **01** 137, Ha DAR **06** 339, aM *Schoknecht* BA **01** 349). Die **Variationsbreite** darf bei Mittelwerten bis 0,4 mg/l den Wert von 0,04 mg/l und bei Mittelwerten über 0,4 mg/l 10% des Mittelwerts nicht übersteigen (Bay NZV **00** 295, Jn DAR **04** 598, Ha BA **04** 268, s DIN VDE 0405–3 Nr 6.1). Verstoß gegen etwaige gemeinschaftsrechtliche Meldepflichten gem Art 8 Richtlinie 83/189/EWG, ABl Nr L 109 S 8 (Übermittlung von Entwürfen technischer Vorschriften an die Kommission) in Bezug auf das Messgerät führen nicht zu einem Beweisverwertungsverbot (EuGH StV **99** 130).

Lit: *Bode,* Neufassung des § 24 a Abs 1 StVG ..., BA **01** 203. *Dettling* u. a Grundlagen der Pharmakokinetik des Ethanols, BA **06** 257. *Geppert,* Zur Einführung verdachtsfreier Atemalkoholkontrollen aus rechtlicher Sicht, *Spendel*-F S 655. *Hentschel,* Die Neufassung des § 24 a StVG durch Änderungsgesetze v 27. und 28. 4. 1998, NJW **98** 2385. *Hillmann,* Atemalkoholanalyse bei VVerstößen, ZfS **01** 98. *Iffland* Gerichtsver-

16a

1 StVG § 24a   III. Straf- und Bußgeldvorschriften

wertbarkeit von Atemalkoholmessungen in der Resorptionsphase?, DAR **05** 198. *Jachau u. a.*, Zum Einfluss ethanolhaltiger Medikamente ..., BA **06** 169. *Maatz*, Atemalkoholmessung – Forensische Verwertbarkeit und Konsequenzen aus der AAK-Entscheidung des BGH, BA **02** 21.

17   Nach § 3 I Nr 4 Eichordnung müssen Atemalkoholmessgeräte für die amtliche Überwachung des StrV **geeicht sein** (Rz 16, KG VRS **102** 131). Die Eichgültigkeitsdauer beträgt nach Anl B Nr 18.5 zur Eichordnung $1/2$ Jahr (näher *Schoknecht/Barduhn* BA **99** 159), wobei sie nicht taggenau zu berechnen ist, sondern mit Ablauf des auf die Eichung folgenden sechsten Monats endet (Dr NJ **08** 275). **Fehlende Eichung** oder Bauartzulassung des Messgeräts führt grundsätzlich zur Unverwertbarkeit der Messung, kann also nicht durch Sicherheitsabschläge kompensiert werden (Dr NJ **08** 275; *Maatz* BA **02** 31). Ob dies für die Eichgültigkeit uneingeschränkt zu gelten hat, erscheint freilich auch im Vergleich zu sonstigen standardisierten Verfahren zw (zB § 3 Rz 62a). Die Verwendbarkeit des Geräts setzt voraus, dass eine Beeinträchtigung des Messergebnisses zum Nachteil des Betroffenen durch die Vielzahl experimentell festgestellter physiologischer Einflüsse ausgeschlossen ist. Als mögliche, das Messergebnis **verfälschende Störfaktoren** sind in verschiedenen Untersuchungen namentlich genannt worden: *Luftfeuchtigkeit* (*Grüner* JR **89** 80), *Temperatureinflüsse* (BGA-G „Atemalkohol" S 20f, 55, *Bilzer/Grüner* BA **93** 228, *Gilg/Eisenmenger* DAR **97** 4), *Mundrestalkohol* (BGA-G „Atemalkohol" S 57, *Pluisch/Heifer* NZV **92** 340, *Wilske* DAR **00** 18), auch in Zahnfleischtaschen oder aus Zahnprothesenhaftmitteln, *Gilg/Eisenmenger* DAR **97** 5, 6), *Magenluft* (Aufstoßen, *Wilske/Eisenmenger* BA **92** 45, Denkschrift „Atemalkoholprobe" BA **92** 113), *Hypersalivation* (vermehrte Speichelbildung, *Tsokos/Bilzer* BA **97** 405, *Bilzer/Hatz* BA **98** 327), durch „Schnüffeln" aufgenommene andere flüchtige Substanzen und Lösungsmittel (BGA-G „Atemalkohol" S 27f, *Kijewski/Sprung* BA **92** 350, *Aderjan* BA **92** 360 (Klebstofflösemittel), *Bilzer/Grüner* BA **93** 228), *Verwendung von Mundwässern Rachensprays, Toiletten- und Rasierwässern* (*Dettling ua* BA **03** 343, *Gilg/Eisenmenger* DAR **97** 5), *Atemkapazität* (*Pluisch/Heifer* NZV **92** 340, *Krause ua* BA **02** 5), und *Atemtechnik* (Hyper- und Hypoventilation, BGA-G „Atemalkohol" S 21, 55, *Wilske* NZV **00** 401, *Schuff ua* BA **02** 244, *Wilske/Eisenmenger* DAR **92** 44), uU auch *Lungenerkrankungen* (*Bilzer ua* BA **97** 90, *Heifer ua* BA **95** 218). Nur bei Ausschluss einer Beeinflussung durch Störfaktoren der geschilderten Art kann für Atemalkoholmessgeräte eine Bauartzulassung durch die Physikalisch-Technischen Bundesanstalt erteilt werden. Für das Atemalkoholmessgerät „Alcotest 7110 Evidential, Typ Mk III" (*Dräger*) liegt eine solche seit dem 17. 12. 98 vor. Im praktischen Versuch stellten *Schmidt ua* BA **00** 92 zuverlässiges Erkennen von Mundrestalkohol und Alkohol in der Umluft fest (abw *Dettling ua* BA **03** 343). Entsprechend den Anforderungen des BGA-G „Atemalkohol" erfolgt die Messung durch dieses Gerät zweimal in zeitlichem Abstand, und zwar mit zwei verschiedenen Messsystemen, nämlich mittels eines Infrarot-Detektors (IR) und eines elektrochemischen Detektors [EC] (*Lagois* BA **00** 77, *Löhle* NZV **00** 189, *Knopf ua* NZV **00** 195). Dass die Infrarotmessung entgegen BGA-G „Atemalkohol" nicht in zwei Wellenlängenbereichen erfolgt, wird durch die zusätzliche elektrochemische Messung kompensiert (Bay NZV **00** 295, *Löhle* NZV **00** 192, *Knopf ua* NZV **00** 196, *Slemeyer* BA **00** 204, *Lagois* BA **00** 346). Der zT kritisierte (*Wilske* DAR **00** 18, *Bode* BA **00** 135, 219, *Hillmann* ZfS **01** 100, AG Meiningen DAR **00** 375, AG Brn DAR **00** 538) Umstand, dass nur 3 Messungen erfolgen und nur 2 Werte ausgedruckt werden, aus denen der Mittelwert gebildet wird, ist unschädlich, weil der GGeber nicht gehalten ist, die vom BGH für die BAK-Messung anerkannten Anforderungen der auf einem andersartigen Verfahren beruhenden AAK-Messung zugrunde zu legen (BGH NJW **01** 1952). Bei Verwendung eines geeichten, bauartzugelassenen Geräts unter Beachtung der Verfahrensbestimmungen (Rz 16a, 18) ist für die Feststellung des AAK-Grenzwerts der gemessene Wert entscheidend, und zwar ohne Sicherheitsabschläge (Rz 16).

17a   Die Messung mit einem geeichten Gerät ist von der Rspr als **standardisiertes Verfahren** (§ 3 StVO Rz 56b) anerkannt worden (BGH NJW **01** 1952, Bay DAR **05** 53, Dr VRS **108** 114, DAR **05** 226, Jn DAR **04** 598, Kar NZV **04** 426, Hb NZV **04** 269, Brn VRS **107** 49, Ha BA **05** 167, Zw VRS **102** 117, krit *Wilske* NZV **00** 399), so dass im Urteil grundsätzlich die Angabe des Messverfahrens und des Messergebnisses ausreichend ist (Bay NZV **05** 53, Dr VRS **108** 114, DAR **05** 226, Hb NZV **04** 269, Brn VRS **112** 280, Dü VRS **103** 386, Ce BA **04** 465, Ha DAR **04** 713 [unter Aufgabe der früheren, abw Rspr], VRS **102** 115, KG VRS **100** 337), wobei es der Mitteilung des Messverfahrens jedenfalls dann nicht bedarf, wenn sich der verwandte Gerätetyp neben seiner Nennung im Bußgeldbescheid unzweifelhaft den sonstigen Urteilsgründen entnehmen lässt (Ba BA **06** 409, Jn VRS **110** 443). Nach nunmehr herrschender Rspr müssen die ausgedruckten Einzelwerte nicht mitgeteilt werden (Ba DAR **07**

92, Ce BA **04** 465, Dr VRS **108** 114, Dü VRS **103** 386, Ha DAR **04** 713, Stu VRS **99** 286, Zw VRS **102** 117), während durch einen Teil der Rspr zusätzlich Angaben über Bauartzulassung, Eichung und Einhaltung der Bedingungen für das Messverfahren (Rz 16) verlangt werden (Bay NZV **00** 295, DAR **01** 465, **03** 232, Brn VRS **107** 49, Jn DAR **04** 598 [aufgegeben in VRS **110** 32], Zw VRS **102** 117, Dü ZfS **03** 517, *Maatz* BA **02** 31 [je Eichung], offen gelassen von Dü VRS **103** 386). Zur Einhaltung der Wartezeit und zur 3. Dezimalstelle Rz 16a. **Anhaltspunkten für Messfehler im Einzelfall** hat der Tatrichter im Rahmen der Aufklärungspflicht bzw auf entsprechenden Beweisantrag nachzugehen (BGH NJW **01** 1952, Ha ZfS **04** 583). Nach Ba NJW **06** 2197 muss er dem nicht sicher ausschließbaren Vortrag eines Betroffenen nachgehen, die Messergebnisse seien durch Hypoventilation (Luftanhalten vor der Atmung) zu seinen Ungunsten verfälscht worden (insoweit abw v Bay NZV **00** 295; im Anschluss an *Schuff* ua BA **02** 244; s auch *Römhild* ua BA **01** 223, *Krause* ua BA **02** 5 sowie *Jachau* ua BA **06** 9, wonach signifikante Abweichungen auftreten, wenn vor der Atemprobe tiefes Aus- und Einatmen bzw. nur tiefes Einatmen erfolgt), ebenso nach Ha NZV **08** 260 dem Einwand, dass ein in einer Zahnfleischtasche verbliebener Rest eines Hustenlösers das Ergebnis verfälscht haben könnte. Hingegen bietet der Vortrag, „lediglich Radler getrunken zu haben", keinen Anlass, am Messergebnis zu zweifeln (Jn VRS **110** 443). Entsprechendes gilt, wenn Trinkmengenberechnungen auf der Grundlage der Einlassung des Betroffenen andere Werte ergeben (aM wohl *Iffland* ua DAR **08** 382).

Lit: *Bilzer/Hatz*, Vergleichende Untersuchungen zwischen der BAK, der Speichel- und AAK …, BA **98** 321. *Bilzer* ua, Experimentelle Untersuchungen mit dem Evidential 7110 Mk II …, BA **97** 89. *Dettling* ua, Verfälschungen der Atemalkoholmessung durch alkoholhaltige Inhalationssprays, Mundspüllösungen und Mundgele, BA **03** 343. *Gilg/Eisenmenger*, Zur Beweissicherheit und forensischen Akzeptanz von Atemalkoholanalysen mit neuen „beweissicheren" Geräten, DAR **97** 1. *Heifer*, Atemalkoholanalyse – Erfahrungen, Probleme, Erwartungen, BA **00** 103. *Hillmann*, Atemalkoholmessung – Erwartungen und Erfahrungen, DAR **00** 289. *Iffland/Hentschel*, Sind nach dem Stand der Forschung Atemalkoholmessungen gerichtsverwertbar?, NZV **99** 489. *Jachau* ua, Zur Manipulation von AAK-Messwerten … BA **06** 9; *Jachau/Krause*, Zum Einfluss ethanolhaltiger Medikamente auf die AAK …, BA **06** 169; *Kijewski* ua, Zur Verfälschung der Messung der Atemalkoholkonzentration, BA **91** 243. *Knopf* ua, Bestimmung der Atemalkoholkonzentration nach DIN VDE 0405, NZV **00** 195. *Köhler* ua, Fehlerhafte Atemalkoholmessung?, BA **00** 286. *Lagois*, Dräger Alcotest 7110 Evidential …, BA **00** 77. *Löhle*, Zur Physik der Meßtechnik des Dräger Alcotest 7110 MK III Evidential, NZV **00** 189. *Pluisch/Heifer*, Rechtsmedizinische Überlegungen zum forensischen Beweiswert von Atemalkoholproben, NZV **92** 337. *Römhild* ua, Zu den naturwissenschaftlichen Voraussetzungen für eine „beweissichere" AAK-Messung, BA **01** 223. *Schmidt* ua, Praktische Erfahrungen beim Einsatz des Atemalkoholtestgerätes 7110 Evidential MK III, BA **00** 92. *Schoknecht* ua, Der Einfluß des Hysterese-Effektes bei der beweissicheren Atemalkoholanalyse, BA **00** 449. *Schuff* ua, Untersuchungen zum Quotienten BAK/AAK in der Resorptionsphase …, BA **02** 145. *Slemeyer*, Zur Frage der Fehlergrenzen bei der beweisfähigen Atemalkoholanalyse, BA **00** 203. *Slemeyer* ua, Blut- und Atemalkohol-Konzentration im Vergleich, NZV **01** 281. *Wilske*, Atemalkoholgrenzwert und -messung, NZV **00** 399. Siehe ferner: Interdisziplinäres Symposion Atemalkohol/Blutalkohol, BA **99** H 6, Supplement 1.

18 Nach dem Gesetz besteht **Gleichwertigkeit beider Messverfahren** (Dr BA **01** 370, AG Fra/O BA **03** 61). Wurde die alkoholische Beeinflussung des Betroffenen sowohl durch Atemalkoholmessung als auch durch Blutuntersuchung ermittelt, so kann schon im Hinblick auf die fehlende Konvertierbarkeit (Rz 16) bei Abweichungen der Ergebnisse grundsätzlich keiner der beiden Messungen ein höherer Beweiswert beigemessen werden. Hinzu kommt, dass zwischen den Messungen regelmäßig eine Zeit verstrichen sein wird, die je nach dem Stadium der Alkoholkurve beim Betroffenen zu Veränderungen geführt haben kann. Es genügt also, dass einer der gemessenen Werte den Gefahrengrenzwert erreicht (*Maatz* BA **02** 32). **Bei signifikanten Abweichungen** der Ergebnisse trotz unmittelbar nacheinander durchgeführter Messungen stellt sich allerdings die Frage nach der Zuverlässigkeit der Messergebnisse. Bei deren Klärung ist zu berücksichtigen, dass der Blutuntersuchung angesichts der mindestens vierfachen Analyse mit unterschiedlichen Untersuchungsmethoden ein hoher Grad an Zuverlässigkeit zukommt (*Maatz* BA **02** 33, *Janker* DAR **02** 54, AG Fra/O BA **03** 61); ferner kann nur die BAK durch Nachuntersuchung überprüft werden (Dr BA **01** 370). In solchen Fällen ist Hinzuziehung eines Sachverständigen geboten (Kar DAR **03** 235 [zu § 316 StGB]).

19 **10. Andere berauschende Mittel (II).** Auch das Führen von Kfz unter der Wirkung anderer berauschender Mittel ist unter den Voraussetzungen von II ow. Damit sollen vor allem die zahlreichen Fälle erfasst werden, in denen trotz rauschmittelbedingter Beeinträchtigung der Leistungsfähigkeit als Kf wegen Fehlens von Beweisgrenzwerten für sog absolute Fahrunsicherheit eine strafrechtliche Ahndung nicht möglich ist. Die Beeinträchtigung der Fahrsicherheit durch die in der **Anlage** (zu § 24a), vor Rz 1, genannten Mittel beruht auf durch ihren Einfluss verursachten Störungen wie zB Euphorie (Cannabis, Heroin, Morphin, Kokain), Konzentrationsstörungen (Cannabis, Heroin, Morphin), Wahrnehmungsstörungen (Cannabis, Heroin, Morphin), Halluzinationen (Cannabis, Kokain), Verlängerung der Reaktionszeit (Heroin, Morphin), erhöhter Risikobereitschaft und Enthemmung (Kokain, Amfetamin, Metamfetamin) sowie unterschiedlichen psychopathologischen Störungen anderer Art (OVG Hb VRS **92** 389 [Cannabis]). II ist bei Beachtung der analytischen Grenzwerte (Rz 21 ff) grundgesetzkonform (BVerfG NJW **05** 349, Bay NZV **03** 252, Sa VRS **102** 458, Zw VRS **102** 300). Zur Wirkung illegaler Drogen s auch § 316 StGB Rz 58 ff. Zur Entwicklung der Unfallzahlen nach Fahrten unter dem Einfluss illegaler Drogen BReg. in BTDrucks 16/2264 S. 2f und BRDrucks 231/07.

20   a) Nur der Einfluss der **in der Anlage (vor Rz 1) genannten berauschenden Mittel** ist tatbestandsmäßig. Demgemäß scheidet § 24a aus, wenn der Betroffene ein anderes Rauschmittel im Blut hat; eine Ahndung würde gegen das Analogieverbot (E 61) verstoßen (Bay NZV **04** 267, Jn NStZ **05** 413, VGT **06** 10 [je zum vormals noch nicht aufgeführten Metamfetamin, Rz 6a]). Nicht in der Anl genannt und damit im Rahmen des § 24a nicht berücksichtigungsfähig ist der Nachweis der unwirksamen (*Eisenmenger* NZV **06** 24) THC-Carbonsäure (Mü NJW **06** 1606). Der Wirkstoffbefund erlaubt lediglich einen Schluss auf zeitlich länger zurückliegenden (bzw dauernden) Konsum von Cannabis (Zw NZV **05** 430, Sa NJW **07** 309, *Eisenmenger* NZV **06** 24). Änderung und Ergänzung der Anl auf Grund wissenschaftlicher Erkenntnisse erfolgt durch RVO nach Maßgabe der Ermächtigungsnorm des V.

21   b) II verlangt lediglich das KfzFühren im StrV **„unter der Wirkung" eines der in der Anl genannten Mittels**. Das bedeutet, dass die jeweilige psychoaktive Substanz vom Körper aufgenommen sein muss und noch nicht bis zur Wirkungslosigkeit abgebaut sein darf (vgl *Stein* NZV **99** 441, **01** 485, **03** 250). Nach II S 2 liegt die Wirkung bei einem Nachweis der in der Anl bezeichneten Substanzen (Rz 2, 19) im Blut vor. Ob es sich dabei um eine objektive Bedingung der Ahndbarkeit handelt (so Zw NZV **05** 430, hier bis 39. Aufl.; *Riemenschneider* Fahrunsicherheit S 269 f), ist zw. Näher liegt es, die Bestimmung **als gesetzliche Beweisregel zu begreifen** (in diesem Sinne wohl *Stein* NZV **99** 441, **01** 485; s aber *dens.* NZV **03** 250). Nach beiden Auffassungen muss sich der Schuldvorwurf auf diesen Wirkstoffnachweis nicht beziehen (zum Bezugspunkt für Vorsatz und Fahrlässigkeit Rz 25b, 26f). Nach hM keine Ahndbarkeit, wenn die Wirkung nicht gerade durch einen *Blut*wirkstoffnachweis erfolgt (Ha NZV **01** 484, AG Saalfeld NStZ **04** 49, hier bis 39. Aufl.). Auf dieser Basis scheidet der Nachweis durch andere Beweismittel (zB Urinprobe, Zeugenaussagen, Geständnis, immunologische Tests [hierzu *Aderjan ua*, BA **03** 337]) strikt aus. Jedoch lässt sich das Gesetz auch in dem Sinn lesen, dass die Wirkung *jedenfalls* bei einem positiven Blutwirkstoffnachweis gegeben ist; es ist nicht recht ersichtlich, aus welchem Grund andere (*sichere*) Beweismittel strikt ausgeschlossen werden sollten (*Stein* NZV **99** 450, **01** 485, *Geppert* DAR **08** 125). Der Frage dürfte eher theoretische Relevanz zukommen.

21a   Das Merkmal „*unter der Wirkung*" ist im Prinzip festgestellt, wenn eine der Substanzen der Anl im Blut nachgewiesen ist (Sa VRS **102** 120, Kö VRS **109** 193, Zw NZV **05** 430, VRS **102** 300), Die früher hM, wonach eine Mindestgrenze nicht überschritten sein muss (Bay NZV **04** 267, Zw VRS **102** 300, *Stein* NZV **99** 448, **03** 251), gilt allerdings nicht mehr uneingeschränkt. Vielmehr setzt II nach BVerfG NJW **05** 349 (zur Frage der Bindungswirkung *Maatz* BA **06** 451, 453) voraus, dass eine Wirkstoffkonzentration der betreffenden Substanz zumindest in einer Höhe festgestellt ist, die eine Beeinträchtigung der Fahrsicherheit *als möglich erscheinen lässt* (ebenso Zw NZV **05** 430, Kö VRS **109** 193, Ko NStZ-RR **05** 385). Dies steht vor dem Hintergrund, dass Wirkungs- und Nachweisdauer wegen der seit Einführung des II erheblich verbesserten Messtechnik nicht mehr übereinstimmen (*Bönke* BA **04** Supplement 1 S 6). Das ist, sofern *nicht Ausfallerscheinungen feststellbar sind* (Rz 21b) nur der Fall, wenn mindestens der von der „Grenzwertkommission" beschlossene sog **analytische Grenzwert** erreicht ist (vgl BVerfG NJW **05** 349 [hierzu *Bönke* NZV **05** 272, *Scheffler/Halecker* BA **05** 160, *Dietz* NVwZ **05** 410, *Schreiber* NJW **05** 1026]; Zw NZV **05** 430, Kö VRS **109** 193, Ko NStZ-RR **05** 385, s auch *Bönke* BA **04** Supplement 1 S 6, *Nehm* AG-VerkRecht-F S 366), und zwar über den unmittelbaren Entscheidungsgegenstand (THC) hinaus für alle in der Anl genannten Wirkstoffe (Mü NJW **06** 1606, Zw NZV **05** 430 [jeweils Amfetamin], Ha NZV **07** 248 [Benzoylecgonin], Kö DAR **05** 699 [Morphin], *Albrecht* SVR **05** 84). Daraus ergibt sich zugleich, dass der gemessene Wert im Urteil angegeben werden muss; ggf. ist auch eine hinreichende Auseinandersetzung mit einem herangezogenen Sachverständigengutachten erforderlich (Kö DAR **05** 699). Gemäß dem Votum der Grenzwertkommission (BA **07** 311) beträgt der analytische Grenzwert **bei THC** 1 ng/ml, bei **Morphin, Cocain** je 10 ng/ml, bei **Benzoylecgonin** 75 ng/ml, bei **Amfetamin, Methylendioxyethylamfetamin (MDE), Methylendioxymethamfetamin (MDMA)** und **Metamfetamin**: je 25 ng/ml. Ein Zuschlag für Messunsicherheiten ist nicht erforderlich (Sa NJW **07** 309, Kar NZV **07** 249, *Eisenmenger* NZV **06** 24). Der Tatrichter ist auch nicht gehalten, bei einer gewissen Schwankungsbreite (hierzu *Wehner* NZV **07** 498) den dem Betroffenen günstigsten Wert zugrunde zu legen (Schl BA **07** 181).

Abweichend sind Fälle zu beurteilen, in denen der FzF bei einer im Blut nachgewiesenen **21b** Wirkstoffkonzentration unterhalb des analytischen Grenzwerts **Ausfallerscheinungen aufweist** (Mü NJW **06** 1606, zust *König* DAR **06** 287, nunmehr auch BA DAR **07** 272 [m Anm *Krause*, zust. *König/Seitz* DAR **07** 367], ebenso *Maatz* BA **06** 451, 455 f, *Haase/Sachs* NZV **08** 221; aM Ba DAR **06** 286, abl *König* [aufgegeben durch Ba DAR **07** 272], *Wehowsky* BA **06** 125; VGT **06** 10 unter Nr 1 (AK IV), wohl auch BReg in BTDrucks 16/2264 S. 2 f). Ein wissenschaftlich abgesicherter Erfahrungssatz, dass unterhalb des analytischen Grenzwerts keine die Fahrsicherheit beeinträchtigenden Ausfallerscheinungen auftreten können, dürfte nicht existieren (vgl Mü NJW **06** 1606, *Eisenmenger* NZV **06** 21; *Drasch ua* BA **06** 441; abw [non liquet] *Berr/Krause/ Sachs* Rz 534 ff). Der analytische Grenzwert ist also nicht etwa als Tatbestandsmerkmal wie die „Promille-Grenze" im Rahmen des I (Rz 11) zu verstehen (Sa NJW **07** 309). Damit ergibt sich: Ab bzw. über (von BVerfG NJW **05** 349 offen gelassen) dem jeweiligen Grenzwert (ohne Zuschläge, s o) kann die Wirkung der Substanz ohne Weiteres angenommen werden. Bei Werten darunter darf idR keine Ahndung mehr erfolgen. Sind aber verkehrsrelevante Leistungsbeeinträchtigungen gerade aufgrund des Rauschmittels vorhanden, so hat die psychoaktive Substanz zur Zeit der Tat gewirkt und der Tatbestand ist verwirklicht. Die Lage ähnelt damit stark der Situation bei der „relativen Fahrunsicherheit" im Rahmen des §§ 315c, 316 StGB (*König* DAR **06** 287; zust *Geppert* DAR **08** 125. i Erg ebenso *Maatz* BA **06** 451, 456; Kriterien diff. nach der Art des Rauschmittels bei *Haase/Sachs* NZV **08** 221).

Der Tatbestand ist nur erfüllt, wenn feststeht, dass eine der in der Anl genannten Substanzen **21c** **im Zeitpunkt der Fahrt** im Blut nachweisbar war (Bay NZV **04** 267, Jn StV **05** 276), nicht zB, wenn eine solche erst zwischen der Fahrt und der Blutentnahme durch Stoffwechsel entstanden ist (Bay NZV **04** 267). Nach dem Inhalt von II, insbesondere dem Zusammenhang von S 1 und 2, setzt der Tatbestand, soweit der analytische Grenzwert erreicht bzw überschritten ist (Rz 21b), nicht die Feststellung einer *konkreten* rauschmittelbedingten Beeinträchtigung der für das Führen von Kfz relevanten Leistungsfähigkeit des Betroffenen voraus (Rz 24; Bay NZV **04** 267, Sa VRS **102** 120, Begr Rz 5, *Bönke* NZV **98** 395, *Hentschel* NJW **98** 2389, aM *Riemenschneider/Paetzold* DAR **97** 63). Dies würde dem Zweck der Bestimmung zuwiderlaufen; denn die Schwierigkeiten der Feststellung relativer Fahrunsicherheit, die ein Anlass für den OW-Tatbestand waren (Rz 3), bestünden dann in gleicher Weise bei der Prüfung einer konkreten Beeinträchtigung. Es genügt also grundsätzlich (s aber Rz 21) der iS von II S 2 nachgewiesene Einfluss der Rauschmittel, wobei deren *allgemeine* Eignung ausreicht, Beeinträchtigungen der Fahrtüchtigkeit herbeizuführen (Begr Rz 5, Rz 21).

c) Ausnahme bei Arzneimitteleinnahme. Nicht ow ist das Verhalten des Betroffenen **22** nach Abs 2 S 1, 2 dann, wenn die festgestellte Substanz ausschließlich durch die *bestimmungsgemäße* Einnahme eines Arzneimittels in das Blut gelangt ist, vorausgesetzt, die Einnahme wurde für einen konkreten Krankheitsfall ärztlich verordnet. Kann das im Blut nachgewiesene berauschende Mittel nach Art und Menge grundsätzlich auch auf bestimmungsgemäßer Medikamenteneinnahme beruhen, so ist diese Möglichkeit bei Schweigen des Betroffenen nicht ohne weiteres unter Anwendung des Zweifelssatzes zu unterstellen (*Maatz* BA **99** 148). Auch wenn die Voraussetzung erfüllt ist, hindert dies nicht etwa eine Verurteilung gem §§ 316, 315 c StGB im Fall nachgewiesener Fahrunsicherheit (Rz 24, § 316 StGB Rz 62). Trotz Aufnahme der in der Anl genannten Substanzen infolge Arzneimitteleinnahme bleibt es iÜ bei der Ahndung als OW gem II S 1, wenn der Einfluss der nachgewiesenen Substanzen auf **Missbrauch des Arzneimittels** beruht, weil die Arznei dann nicht *bestimmungsgemäß* angewendet wurde (*Jagow* VD **98** 170, *Maatz* BA **99** 148).

Lit: *Aderjan ua*, Immunologische Messungen von Substanzen im Blut ..., BA **03** 337. *Albrecht*, Fahren **23** unter Drogen ..., SVR **05** 81. *Bönke*, Die neue Bußgeldvorschrift gegen Drogen im StrV (§ 24a II StVG), NZV **98** 393. *Eisenmenger*, Drogen im StrV ..., NZV **06** 24. *Geppert*, Zu den Schwierigkeiten der strafrechtlichen Praxis mit § 24a II StVG, DAR **08** 125. *Hentschel*, Neuerungen bei Alkohol und Rauschmitteln

1 StVG § 24a III. Straf- und Bußgeldvorschriften

im StrV, NJW **98** 2385. *König*, Stundenarithmetik bei der Feststellung fahrlässiger Drogenfahrt? DAR **07** 626. *Maatz*, Arzneimittel und VSicherheit, BA **99** 145. *Ders.*, Fahruntüchtigkeit nach Drogenkonsum, BA **06** 451. *Nehm*, Auf der Suche nach Drogengrenzwerten, AG-VerkRecht-F S 359. *Riemenschneider/ Paetzold*, Absolutes Drogenverbot im StrV ..., DAR **97** 60. *Stein*, Offensichtliche und versteckte Probleme im neuen § 24 a II StVG ..., NZV **99** 441.

24   **11. Auf Fahrunsicherheit** oder geminderte Fahrsicherheit kommt es nicht an (BGH NJW **01** 1952, Kö VRS **109** 193, Zw NZV **05** 430, Sa VRS **102** 120, KG BA **00** 115, abw wohl Ha VRS **107** 470, hiergegen mit Recht Jn VRS **109** 61, näher *König/Seitz* DAR **06** 124), also auch nicht auf die Frage des Zusammentreffens von Alkohol- und Medikamentwirkung mit anderen Rauschmitteln, Krankheit, mit Übermüdung oder anderen leistungsbeeinträchtigenden Anomalien (BRDrucks 7/133 und § 316 StGB). § 24 a umschreibt in I ebenso wie in II abstrakte Gefährdungstatbestände von idR erheblichem Gewicht (Zw DAR **05** 430, VRS **102** 300, Ha NJW **74** 1777). Maßgebend ist lediglich die Alkoholmenge „im Körper" einschließlich etwaigen Restalkohols (KG BA **00** 115), bzw die im Blut nachgewiesenen Substanzen nach der Anl. Bei durch Alkohol oder Rauschmittel mitbedingter Fahrunsicherheit zur Fahrtzeit gelten die §§ 315 c, 316 StGB. Die Bußgeldbestimmung des § 24 a ist eine Art Auffangtatbestand im Verhältnis zu jenen Strafvorschriften und tritt ggf hinter diese zurück (§ 21 OWiG).

25   **12. Fahrlässigkeit** reicht aus (III) und entspricht wie bei § 316 StGB jedenfalls für I dem Regelbild der Tat. Das Urteil muss angeben, ob Vorsatz oder Fahrlässigkeit festgestellt wurde (Bay DAR **00** 366, Ha BA **05** 317, Dü VRS **103** 386, Ko VRS **78** 362). Fehlende Feststellungen zur Schuldform können unschädlich sein, wenn sich aus der Aufnahme des § 24 a III in den Tenor ergibt, dass der Tatrichter von Fahrlässigkeit ausgegangen ist (Kö DAR **05** 699). Vorsatz und Fahrlässigkeit sind auf den Zeitpunkt der Tat bezogen. Tatbestandlicher Bezugspunkt des I ist das Erreichen oder Überschreiten des Gefahrengrenzwerts, Bezugspunkt des II die Wirkung einer der in der Anl genannten Substanzen, jeweils bei der Fahrt.

25a   **a) Wer bewusst Alkohol** in nennenswertem Umfang zu sich genommen hat und zeitnah eine Kfz-Fahrt antritt, muss damit rechnen, dass er den Grenzwert überschreitet. Bereits die Kenntnis von vorausgegangenem relevantem Alkoholgenuss rechtfertigt deshalb idR den Vorwurf der Fahrlässigkeit nach Abs 1, 3 (Jn VRS **109** 61, abw Ha BA **05** 169, hiergegen *König/Seitz* DAR **06** 124). Nach naturwissenschaftlich gesicherter Erkenntnis, kann niemand vor dem, während des oder nach dem Trinken genau voraussehen, welche BAK er später haben wird (*Heifer* BA **72** 409). Die Berufung auf sog. Trinktabellen kann deshalb nie exkulpieren; Trinktabellen berücksichtigen außer dem Alkoholgehalt der Getränke nicht auch Körpergewicht, Konstitution, Menge und Art der Magenfüllung sowie die Trinkgeschwindigkeit und daher irreführen, erst recht bei Restalkohol. Nicht einmal bei derselben Person wird dieselbe Trinkmenge stets dieselbe messbare Wirkung hervorbringen. Fahrlässigkeit kann allerdings entfallen, wenn der Grenzwert erst durch *unbewusst* genossenen Alkohol erreicht wurde, mit dem der Betroffene nicht zu rechnen brauchte (Jn VRS **109** 61, Kö NStZ **81** 105, Ol DAR **83** 90). Die Glaubhaftigkeit entsprechender Einlassungen ist aber besonders sorgfältig zu prüfen, weil heimliches Zufügen von Alkohol der Lebenserfahrung widerspricht; zudem kann der FzF aufgrund der Umstände mit Beimischung zu rechnen haben (§ 316 StGB Rz 83). Das Überschreiten der Grenze wegen Restalkohols stellt Fahrlässigkeit nicht in Frage (*König* DAR **07** 626). Ohne Anlass muss der Tatrichter der theoretischen Möglichkeit solcher Ausnahmekonstellationen (Restalkohol, unbewusste Alkoholaufnahme) nicht nachgehen (vgl. Jn VRS **109** 61, abw. wohl Ha BA **02** 123).

25b   **b) Fahrlässigkeit in Bezug auf die Wirkung nach II** setzt (wie bei Alkohol) nicht voraus, dass der FzF leistungsbeeinträchtigende Wirkungen (zB Wahrnehmungsstörungen, Euphorie usw) aufgrund des Rauschmittelkonsums verspürt oder auch nur für möglich hält (hM, Zw NStZ **02** 95, Sa NJW **07** 309, *König* DAR **07** 626, *Stein* NZV **99** 441, **03** 252). Vielmehr genügt es, wenn er mit der Möglichkeit rechnen muss, dass sich das Rauschmittel bei Antritt der Fahrt noch nicht vollständig abgebaut hat und dementsprechend noch wirken kann. Dass er wegen Zeitablaufs nicht mehr mit dem Vorhandensein der bei ihm festgestellten Wirkstoffkonzentration rechnet, entlastet ihn nicht (Bay BA **06** 47 (49), Brn BA **08** 135, Zw NStZ **02** 95); denn er ist dann seinen Pflichten zur Selbstprüfung nicht nachgekommen, was für Fahrlässigkeit genügt (eingehend *König* DAR **07** 626; **aM** Ha NJW **05** 3298; Sa NJW **07** 1373, Fra NStZ-RR **07** 249, wonach es an der Erkennbarkeit der Wirkungsfortdauer fehlen soll, sofern zwischen Konsumende und Fahrtantritt „längere Zeit" vergangen ist). Soweit nach Ha NJW **05** 3298 Fahrlässigkeit entfallen können soll, wenn ein THC-Wert von 6,9 ng/ml im Blut nach der Einlassung des Betroffenen auf Drogenkonsum vor 2 bis 3 Tagen zurückgeht, ist dies von vorneherein nicht glaubhaft *(Berr/Krause/Sachs* Rz 486; s. auch *König/Seitz* DAR **06** 124). Mit Recht bejaht Bre NZV **06** 276 Fahrlässigkeit bei über 44 ng/ml THC und Behauptung, der Konsum liege einige Zeit (1 Nacht) zurück. Sofern Sa NJW **07** 309 dahin zu verstehen sein sollte, dass der Tatrichter bei Wirkstoffkonzentrationen nahe dem „analytischen" Grenzwert (Rz 21b) Feststellungen zum Zeitpunkt der Drogenaufnahme zu treffen hat, ist dem zu widersprechen (*König* DAR **07** 626). Erreicht die Wirkstoffkonzentration den analytischen Grenzwert nicht, ist vorbehaltlich des Auftretens drogenbedingter Ausfallerscheinungen schon der objektive Tatbestand nicht erfüllt (Rz 21 c). Wer ihm angebotene berauschende Mittel nach II enthaltende Getränke aufnimmt, handelt fahrlässig, wenn er mit der Rauschmitteleigenschaft rechnen musste und nach deren Genuss ein Kfz führt (KG DAR **03** 82 m Anm *Stein* NZV **03** 252, *Scheffler* BA **03** 451, krit Anm *Nick*). Ist nach sachverständiger Beratung nicht auszuschließen, dass ein geringer, im Blut nachgewiesener Morphinwert auf dem Genuss von handelsüblichen Mohngebäck beruht (*Westphal ua*, BA **06** 14, *Andresen/Schmoldt* BA **04** 191, *Rochholz ua* BA **04** 319, *Trafkowski ua* BA **05** 431), so wird, sofern überhaupt der „analytische" Grenzwert überschritten ist (Rz 21b), der Vorwurf fahrlässigen Verhaltens idR entfallen. **Bei „Passivrauchen" von Haschisch** wird idR von fahrlässigem Verhalten auszugehen sein (vgl VGH Ma VM **04** 69; *Krause* DAR **06** 175).

12. Vorsatz setzt im Fall des Abs 1 voraus, dass der Betroffene zumindest mit einer BAK in der in I genannten Höhe rechnete und sie in Kauf nahm (Zw VRS **76** 453). Er liegt auch vor, wenn es dem Kf beim Trinken gleichgültig war, welche BAK er bei der beabsichtigten Fahrt oder später erreichen werde, er aber bei der Fahrt die Möglichkeit einer daraus resultierenden, relevanten BAK in Kauf nahm. Dass er mit der Möglichkeit alkoholbedingter Fahrunsicherheit rechnete, genügt dagegen nicht (Zw VRS **76** 453). Von der Höhe der BAK allein kann nicht auf Vorsatz geschlossen werden; auch der allgemeine Hinweis auf einschlägige Vorverurteilungen genügt nicht zur Begründung von Vorsatz (Bay DAR **87** 304). Ebenso wenig wird vielfach allein die Feststellung ausreichen, dass sich der Betroffene der genossenen Alkoholmenge bewusst war (s aber Bay DAR **05** 458). Entgegen Ce NZV **97** 320 dürfte allein der Umstand, dass die genossene Alkoholmenge zu einer den Gefahrengrenzwert um 0,5‰ übersteigenden BAK geführt hat (noch zum früheren Gefahrengrenzwert von 0,8‰), nicht schon in aller Regel die Feststellung von Vorsatz rechtfertigen und auch der Versuch, sich einer PolKontrolle zu entziehen, vielfach nur auf bewusste Fahrlässigkeit schließen lassen.

Im Fall des Abs 2 braucht sich der Vorsatz nur auf das Fahren unter der Wirkung eines der in der Anl genannten berauschenden Mittels zu erstrecken (Rz 25b; Zw VRS **102** 300). Die Nachweisbarkeit der in der Anl bezeichneten Substanzen im Blut (Begr, Rz 5) muss hingegen nicht vom Vorsatz umfasst sein (s Rz 21). Im Hinblick darauf sollte hier Vorsatz häufiger in Betracht kommen als im Rahmen des I.

13. Die Geldbuße darf bei Vorsatz bis zu 1500 €, bei Fahrlässigkeit (§ 17 II OWiG) bis zu 750 € betragen. Im **Höchstmaß** überschreitet sie daher den Normalrahmen bei VOW (§ 24 StVG, § 17 OWiG) um 500 €. Die BReg plant eine Verdoppelung des Höchstmaßes (hierzu BTDrucks 16/10175). Die Änderung soll am 1. 1. 09 in Kraft treten (s auch § 24 Rz 43). Vom gesetzlichen Höchstmaß ist bei der Zumessung auszugehen. Höchstmaß ist bei fahrlässig handelndem Ersttäter näher zu begründen (Ko VRS **49** 444). Das Urteil muss erkennen lassen, dass sich der Tatrichter des maßgeblichen Bußgeldrahmens für fahrlässiges Verhalten bewusst war (Jn VRS **110** 443). Zur Berücksichtigung der wirtschaftlichen Verhältnisse gilt das Gleiche wie bei OW gem § 24 (dort Rz 48a). Der Bußgeldkatalog sieht für das OW des Abs 1 folgende **Regelsätze** bei fahrlässiger Tatbegehung vor: beim 1. Verstoß 250 € und 1 Monat FV, beim 2. Verstoß 500 € und 3 Monate FV, beim 3. Verstoß 750 € und 3 Monate FV. Auch insoweit sind Verschärfungen geplant (BRDrucks 645/08; Buchteil **8**). **Wiederholungsfall** auch bei vorausgegangener Verurteilung nach § 315c I Nr 1a oder § 316 StGB (Dü NZV **93** 405). Jedoch entbindet die BKatV Bußgeldstelle und Gericht nicht von der Pflicht einer Berücksichtigung der Umstände des Einzelfalls, insbesondere in Bezug auf die Frage, ob überhaupt ein Regelfall gegeben ist. Zur Bindung der Gerichte an die Regelsätze der BKatV § 24 Rz 64. Auch im VZR eingetragene, nicht tilgungsreife VOW nach § 24 StVG können höhere Buße rechtfertigen (Dü VRS **81** 462; zur Tilgungsreife im Einzelnen § 29 Rz 2ff). Zu den für die Bemessung der Geldbuße maßgebenden Umständen gehört auch die **Höhe der BAK** (Ha VRS **48** 51, Ko VRS **49** 444). Geringfügiges Überschreiten des Grenzwerts rechtfertigt keine Erhöhung (Ol ZfS **97** 36), anders jedoch, wenn der Beweisgrenzwert von 1,1‰ nur knapp unterschritten wird.

1 StVG §§ 24b, 24c   III. Straf- und Bußgeldvorschriften

28 **14. Fahrverbot:** § 25 StVG. In den Fällen des § 24a ist nur unter ganz besonderen Umständen kein FV zu verhängen (§ 25 Rz 18). Auch beim *Zurücktreten von § 24a* hinter eine tateinheitlich begangene Straftat gilt § 25 I 2, ist also regelmäßig ein FV anzuordnen (§ 21 I 2 OWiG, näher § 44 StGB Rz 7b). EdF ist nicht zulässig.

29 **15. Zusammentreffen.** *Zwischen I und II ist TE möglich* (*Bode BA* **98** 228). Mit *anderen während der Alkoholfahrt begangenen OW* steht § 24a in TE. Geldbuße und FV richten sich dann nach § 24a. TE mit § 23 Abs 1a (näher § 24 Rz 58a). Sexuelle Nötigung (§ 177 StGB) während Fahrtunterbrechung steht in TM (*Ko NJW* **78** 716). TE bei Alkoholfahrt mit nicht zugelassener Anhängerkupplung (*Ha DAR* **78** 81). Die *§§ 315c, 316 StGB*, die Fahrunsicherheit zur Tatzeit voraussetzen, gehen § 24a vor (§ 21 OWiG). Keine TE (auch keine Tatidentität iS von § 264 StPO) zwischen § 24a II und *unerlaubtem Besitz von Betäubungsmitteln* bei Mitführen im Kfz; denn die Sachherrschaft über die Drogen besteht unabhängig von der VTeilnahme (BGH *NStZ* **04** 694 m Anm *Bohnen*, abw *Kö DAR* **05** 107, aM *Ol StV* **02** 240). Nach *Jn NStZ-RR* **06** 319 eine prozessuale Tat bei Alkoholfahrt und Nichtanlegen des Sicherheitsgurts.

30 **16. Verfahren.** Ist Anklage gem § 316 StGB erhoben, so bedarf es für Verurteilung nach § 24a keines rechtlichen Hinweis nach § 265 I StPO (*Fra BA* **02** 388). *Eine in einem Strafverfahren entnommene Blutprobe darf verwendet werden, wenn sie auch im Bußgeldverfahren hätte entnommen werden dürfen* (§ 46 IV S 2 OWiG). Zur BAK-Ermittlung bei zerbrochener Venüle und nur geringer Restblutmenge *Ko VRS* **56** 111. Zur Nachprüfbarkeit der BAK-Analysen: § 316 StGB Rz 46. Der *EDV-Ausdruck einer AAK-Analyse* kann als Urkunde verlesen werden; ob dies im Einzelfall ausreicht, ist eine Frage der richterlichen Aufklärungspflicht (BGH *NZV* **05** 542). Zur (nicht erforderlichen) Mitteilung der Analyseneinzelwerte Rz 16. Zur im Bußgeldbescheid beschriebenen Tat gehört idR die gesamte Fahrt, über die sich die DauerOW erstreckt (*Dü VRS* **73** 470). Eine grenzüberschreitende Fahrt ist *eine* Tat, verfahrensrechtlich und sachlich-rechtlich; Aburteilung und Vollstreckung im Ausland ist in Anwendung des Rechtsgedankens des § 51 III StGB anzurechnen (*Kar NStZ* **87** 371), sofern nicht Art 54 SDÜ eingreift (s auch BVerfG *DAR* **08** 586). Vorsätzliche Verstöße gegen § 24a *verjähren nach 1 Jahr* (*Fra BA* **02** 388, *Dü DAR* **83** 366), fahrlässige nach 6 Monaten (§ 31 OWiG; *Bay NZV* **99** 476, *Dü DAR* **83** 366, *Ha BA* **04** 264), weil § 26 III nur OW nach § 24 betrifft. Bei TE mit anderen OW gilt für diese weiterhin die kürzere Verjährung; danach dürfte auch nicht mehr bußgelderhöhend verwendet werden. Ist eine Straftat nach §§ 316, 315c I Nr 1a (III) StGB nicht nachweisbar und OW gem § 24a verjährt, so hat Freispruch zu erfolgen; bloße Einstellung durch Urteil nach § 260 III StPO beschwert und führt zur Anfechtbarkeit (*Ol VRS* **68** 277, *Meyer-Goßner* vor § 296 Rz 14). Nach *Einstellung in Bezug auf tateinheitliche Straftat* gem § 153 StPO ist Verurteilung nach § 24a möglich (§ 21 II OWiG), anders nach Einstellung gem § 153a StPO (*Bay DAR* **82** 256, *Göhler-König* § 21 Rz 27). In § 24a-Fällen hängen Bußgeldhöhe und FV so eng zusammen, dass *der Rechtsfolgenausspruch in aller Regel nur im Ganzen anfechtbar ist* (§ 25 Rz 29).

Mangelnde Nachweise für Herstellung, Vertrieb und Ausgabe von Kennzeichen

24b (1) Ordnungswidrig handelt, wer vorsätzlich oder fahrlässig einer Vorschrift einer auf Grund des § 6 Abs. 1 Nr. 8 erlassenen Rechtsverordnung oder einer auf Grund einer solchen Rechtsverordnung ergangenen vollziehbaren Anordnung zuwiderhandelt, soweit die Rechtsverordnung für einen bestimmten Tatbestand auf diese Bußgeldvorschrift verweist.

(2) Die Ordnungswidrigkeit kann mit einer Geldbuße bis zu zweitausendfünfhundert Euro geahndet werden.

Alkoholverbot für Fahranfänger und Fahranfängerinnen

24c (1) Ordnungswidrig handelt, wer in der Probezeit nach § 2a oder vor Vollendung des 21. Lebensjahres als Führer eines Kraftfahrzeugs im Straßenverkehr alkoholische Getränke zu sich nimmt oder die Fahrt antritt, obwohl er unter der Wirkung eines solchen Getränks steht.

(2) Ordnungswidrig handelt auch, wer die Tat fahrlässig begeht.

(3) **Die Ordnungswidrigkeit kann mit einer Geldbuße geahndet werden.**

Alkoholverbot für Fahranfänger und Fahranfängerinnen § 24c StVG 1

Begr zum ÄndG v 19. 7. 2007 (BTDrucks 16/5047): ... *Eine deutsche Studie zeigt, dass Fahranfänger und Fahranfängerinnen im Vergleich zu erfahrenen Fahrern bei den Alkoholdelikten mehr Verstöße begehen, sowohl ohne Unfallfolgen als auch mit einer Gefährdung oder Verletzung Dritter. Dies ist ... ein Indiz dafür, dass bei Fahranfängern und Fahranfängerinnen bereits geringe Mengen Alkohol zu schweren Folgen führen können. Weitgehend unabhängig vom Alter sind rund 40% der Alkoholdelikte von Fahranfängern und Fahranfängerinnen mit einem Unfall verbunden, in 85% dieser Unfälle sogar mit einem Personenschaden (E. Hansjosten und F.-D. Schade, Legalbewährung von Fahranfängern, Berichte der Bundesanstalt für Straßenwesen, Heft M 71, 1997, S. 44). Dabei verursachen auch ältere Fahranfänger und Fahranfängerinnen über 24 Jahre, die mit 218057 Personen 11,7% der Fahranfänger und Fahranfängerinnen stellen, überdurchschnittlich häufig einen alkoholbedingten Pkw-Unfall mit Personenschaden. Dies zeigt folgender Vergleich: In der Altersgruppe der 30- bis 35-Jährigen standen immerhin 10,4% der Personen, die 2005 einen Pkw-Unfall mit Personenschaden verursachten, während sie noch nicht länger als zwei Jahre über einen FS verfügten, unter Alkoholeinfluss (169 Personen von insgesamt 1 629 Hauptverursachern eines Pkw-Unfalls mit Personenschaden). Dagegen waren bei den erfahrenen Fahrern und Fahrerinnen dieser Altersgruppe, die im Jahr 2005 einen Pkw-Unfall mit Personenschaden verursachten, nur 5,5% alkoholisiert (925 Personen von insgesamt 16949 Hauptverursachern eines Pkw-Unfalls mit Personenschaden). Auch in der Altersgruppe der 40- bis 45-Jährigen war der Anteil der alkoholisierten Hauptverursacher von Pkw-Unfällen mit Personenschaden bei den unerfahrenen Fahrern und Fahrerinnen im Jahr 2005 deutlich höher (8,7%, mithin 113 von insgesamt 1304 Hauptverursachern von Pkw-Unfällen mit Personenschaden waren alkoholisiert) als bei den erfahrenen Fahrern und Fahrerinnen dieser Altersgruppe (4,7%, mithin 937 von insgesamt 19847 Hauptverursachern von Pkw-Unfällen mit Personenschaden waren hier alkoholisiert). Fahranfänger und Fahranfängerinnen brauchen daher das klare und verständliche Signal, dass Fahren und Trinken nicht zu vereinbaren sind. Die Ergebnisse des EU-Projekts SARTRE haben gezeigt, dass ein solches Signal durch ein Alkoholverbot für Fahranfänger und Fahranfängerinnen auf hohe Akzeptanz stößt (G. M. Sardi und C. Evers, Drinking and Driving, in: J.-P. Cauzard, European drivers and road risk, SARTRE 3 reports – Part 1: Report on principal results, 2004, S. 42). Dabei besteht bereits bei niedrigen Alkoholkonzentrationen unter 0,3‰ ein erhöhtes Unfallrisiko. So legen Blutuntersuchungen von insgesamt fast 200000 tödlich verunglückten Fahrern in den USA dar, dass schon eine Blutalkoholkonzentration von nur 0,1‰ bei der Gruppe mit den meisten Fahranfängern und Fahranfängerinnen (dh jungen Fahrern und Fahrerinnen unter 21 Jahren) zu einem 25-prozentigen Anstieg des Risikos führt, im StrV zu verunglücken (D. F. Preusser, BAC and Fatal Crash Risk, in: ICADTS Symposium Report „The Issue of Low BAC", 2002, S. 937). Es ist daher zu erwarten, dass die Einführung eines Alkoholverbots für Fahranfänger und Fahranfängerinnen während der Probezeit zu einem Rückgang der alkoholbedingten Verkehrsunfälle führen wird.*

Die Beschränkung des Alkoholverbots auf die Probezeit von in der Regel zwei Jahren ist ausreichend, da zu erwarten ist, dass nach Ablauf der Probezeit die Wahrnehmungsstrategien und Automatismen der Fahrzeugbeherrschung besser eingeübt sind und Anfängerrisiko und alkoholbedingtes Unfallrisiko nicht mehr aufeinander treffen. Geben einzelne Fahranfänger und Fahranfängerinnen durch Verfehlungen im Straßenverkehr zu erkennen, dass sie noch nicht über die notwendigen Einstellungen oder Fähigkeiten zur FzBeherrschung verfügen und von ihnen daher voraussichtlich auch nach dem Ende der regulären Probezeit ein erhöhtes Unfallrisiko ausgeht, verlängert sich die Probezeit und damit das Alkoholverbot auf vier Jahre. Es werden damit konkret diejenigen Fahrer und Fahrerinnen mit einem längeren Alkoholverbot belegt, bei denen dies aufgrund ihrer Verhaltensweisen im Straßenverkehr weiterhin für geboten erscheint (vgl. hierzu E. Hansjosten und F.-D. Schade, Legalbewährung von Fahranfängern, Berichte der Bundesanstalt für Straßenwesen, Heft M71, 1997, S. 39, wonach von denjenigen, die in der zweijährigen Probezeit auffällig werden, 28 Prozent, von den in der Probezeit Unauffälligen dagegen nur 12% in den zwei Jahren nach Ende der regulären Probezeit wegen eines erneuten Verkehrsvergehens in das Verkehrszentralregister eingetragen werden).

Das Alkoholverbot für Fahranfänger und Fahranfängerinnen während der Probezeit ist angelehnt an entsprechende Regelungen für das im Fahrdienst des öffentlichen Linienverkehrs mit Omnibussen und Kraftomnibussen eingesetzte Betriebspersonal und für Fahrer von Taxen und Mietwagen nach § 8 III der VO über den Betrieb von Kraftfahrunternehmen im Personenverkehr (BOKraft) sowie für Fahrer von Gefahrguttransporten nach § 9 XI Nr 18 GGVSE. Es entspricht weiterhin dem Vorgehen mehrerer Mitgliedstaaten der EU, wie Spanien, Österreich und die Niederlande, die jungen Fahrern oder Fahranfängern niedrige Promillegrenzen oder ein absolutes Alkoholverbot auferlegen. In etlichen Staaten der EU existieren bereits für alle Kraftfahrer Null-Promille-Regelungen (Slowakei, Tschechische Republik und Ungarn) oder Promille grenzen unter 0,5‰ (Estland, Litauen, Polen, Schweden), so dass für gesonderte Bestimmungen für Fahranfänger kein Raum bleibt.

2 **Zu Abs 1:** *Durch die Neuregelung wird bei Fahranfängern bewusst von der Konzeption abgerückt, das bußgeldbewehrte Verbot auf einen bestimmten Gefahrengrenzwert abzustellen (wie bei der 0,5-Promille-Grenze gemäß § 24a I). Hierfür sind folgende Erwägungen maßgeblich: Die Normierung eines wie auch immer bestimmten Gefahrengrenzwerts ist mit der Gefahr verbunden, dass sich Normadressaten an diese Promillegrenze „herantrinken" und sie möglicherweise auch überschreiten. Dies gilt insbesondere, weil die Einführung einer absoluten Null-Promille-Grenze vor allem aus messtechnischen und medizinischen Gründen problematisch ist und eine Grenzwertbestimmung einschließlich des erforderlichen Sicherheitszuschlages für die Alkoholmessung im Bereich von 0,1 bis 0,3‰ liegen müsste. Soll daher ein möglichst umfassendes Verbot normiert werden, unter Alkoholeinfluss ein Kfz zu führen, muss die Regelung auf den Konsum von Alkohol unmittelbar vor und während der Fahrt abstellen. Dies hat zugleich zur Folge, dass Zuwiderhandlungen regelmäßig nicht nur durch Blutprobe oder Atemalkoholanalyse sondern auch durch andere Beweismittel, wie zB Aussagen von Polizeibeamten oder sonstigen Zeugen, nachgewiesen werden können, die den Betroffenen vor Fahrtantritt oder während der Fahrt beim Konsum von Alkohol beobachtet haben.*

Die Vorschrift stellt auf den Konsum alkoholischer Getränke ab und nimmt die Einnahme alkoholhaltiger Medikamente oder Lebensmittel von dem Verbot aus. Die Einnahme von Arzneimitteln (Hustensäften, Tinkturen und ähnlichen Mitteln) und der Genuss alkoholhaltiger Süßwaren (zB Weinbrandbohnen) erfüllen daher den Tatbestand nicht.

„Unter der Wirkung" solcher Getränke steht ein Betroffener, wenn der aufgenommene Alkohol zu einer Veränderung physischer oder psychischer Funktionen führen kann und in einer nicht nur völlig unerheblichen Konzentration (im Spurenbereich) im Körper vorhanden ist. Auf die Feststellung einer konkreten alkoholbedingten Beeinträchtigung der für das Führen von Kraftfahrzeugen relevanten Leistungsfähigkeit des Betroffenen kommt es dabei nicht an. Der Führer eines Kfz trägt die Verantwortung, ob bei Antritt der Fahrt dieser Wirkzustand (noch) gegeben ist.

Wird eine Atem- oder Blutprobe vom Betroffenen genommen, ist von einer „Wirkung" iS dieser Vorschrift nach derzeitigem wissenschaftlichem Erkenntnisstand erst ab einem Wert von 0,2‰ Alkohol im Blut oder 0,1 mg/l Alkohol in der Atemluft auszugehen, um Messwertunsicherheiten und endogenen Alkohol auszuschließen. In den genannten Werten sind die erforderlichen Sicherheitszuschläge enthalten. Diese Werte entsprechen einer Empfehlung der Alkohol-Kommission der Deutschen Gesellschaft für Rechtsmedizin sowie einer Empfehlung der Grenzwertkommission, die sich im Auftrag des Bundesministeriums für Verkehr, Bau und Stadtentwicklung mit Nachweisfragen im Bereich „Drogen im Straßenverkehr" beschäftigt.

Die Regelung ist verhältnismäßig. Mildere Mittel zur Bewältigung dieses Verkehrssicherheitsproblems stehen nicht zur Verfügung. Normadressaten sind nur Fahranfänger und Fahranfängerinnen während der in der Regel zweijährigen Probezeit. Diesem Personenkreis wird für einen begrenzten Zeitraum – vor Fahrtantritt und während der Fahrt – der Konsum von Alkohol untersagt. Dies ist angesichts der geschützten Rechtsgüter anderer VT, insbesondere deren Gesundheit und Leben, angemessen. Zuwiderhandlungen werden mit Geldbuße bis zu 1000 € sanktioniert, wobei im Regelfall eine Geldbuße in Höhe von 125 € verhängt werden soll (Art. 3). Ein FV ist danach nicht vorgesehen. Damit bleibt die Sanktion im untersten sanktionsrechtlichen Bereich. … Hiermit wird dem im Vergleich zu § 24a IV StVG geringeren Bußgeldrahmen und dem Umstand Rechnung getragen, dass die weit überwiegende Zahl der Fahranfänger und Fahranfängerinnen der Gruppe der 18- bis 25-Jährigen angehört, für die eine Geldbuße in Höhe von 125 Euro in der Regel bereits eine empfindliche Sanktion darstellt.

3 **Stellungnahme des BR zum Adressatenkreis** (BTDrucks 16/5047 S 11 – Erweiterung auf Personen vor Vollendung des 21. Lebensjahres): *Die BReg lässt bei ihrer Betrachtungsweise außer Acht, dass im Fall des Erwerbs der FE für Krafträder (A1) im Alter von 16 Jahren die Probezeit und damit das Alkoholverbot im Zeitpunkt des Erwerbs der Pkw-FE (B) bereits beendet sind. Die Koppelung des Alkoholverbots an die Probezeit wird daher möglicherweise dazu führen, dass vermehrt 16-Jährige eine FE erwerben, um im Alter von 18 Jahren dem Alkoholverbot nicht mehr unterworfen zu sein. Ab diesem Zeitpunkt steigt jedoch erst das Risiko mit einem Pkw, dessen Fahrer unter Alkoholeinfluss steht, einen Unfall zu erleiden, da mit dem Pkw mehr Personen befördert werden. Auch bei den Teilnehmern des nunmehr in fast allen Bundesländern durchgeführten Modellversuchs „Begleitetes Fahren ab 17", der sehr gut angenommen wird, beginnt die Probezeit mit Aushändigung der Prüfungsbescheinigung, also vielfach bereits im Alter von 17 Jahren. Darüber hinaus weist die Altersgruppe der jungen Fahrer auch aus anderen Gründen ein erhöhtes Risiko auf, unter Alkoholeinfluss Unfälle mit Personenschäden zu verursachen. Sie unterliegt entwicklungsbedingt und wegen der alterstypischen Freizeitgestaltung zum Beispiel im Rahmen von Diskothekenbesuchen in besonderem Maße den Verlockungen des Alkoholkonsums und ist oftmals nicht in der Lage, sich gesetzeskonform zu verhalten, weil der Gruppendruck groß ist und die Gefahren des Alkoholkonsums verharmlost werden. …*

Beschlussempfehlung und Bericht des Ausschusses für Verkehr, Bau und Stadtentwicklung (BTDrucks 16/5398 S 3): ... *Junge Fahrer und Fahrerinnen unter 21 Jahren sind überdurchschnittlich häufig unter Alkoholeinfluss an Unfällen mit Personenschäden beteiligt. So waren im Jahr 2005 von jeweils 1000 beteiligten KfzF an Unfällen mit Personenschaden in der Altersgruppe der 18- bis 20-Jährigen 44 alkoholisiert. Im Vergleich dazu waren dies bei den über 24-Jährigen durchschnittlich nur 27 KfzF. Die Gruppe der unter 21-Jährigen stellt auch die meisten Fahranfänger und Fahranfängerinnen, womit sich diese Zahlen zT erklären lassen. Jedoch besteht für junge Fahrer und Fahrerinnen darüber hinaus – im Gegensatz zu älteren Fahranfängern und Fahranfängerinnen – entwicklungsbedingt und wegen der alterstypischen Freizeitgestaltung (zB Diskothekenbesuche) in besonderem Maße die Versuchung von Fahrten unter Alkoholeinfluss. Dies liegt zum einen an gruppendynamischen Aspekten. Zum anderen werden die Gefahren von Alkohol im Straßenverkehr in diesem Alter häufig verharmlost. Es ist davon auszugehen, dass nach einer mindestens dreijährigen Übung der strikten Trennung von Fahren und Alkoholkonsum bei jungen Fahranfängern und Fahranfängerinnen ein Erziehungs- und Gewohnheitseffekt eintritt, der sich auf diese Zielgruppe positiv auswirkt. ...*

Stellungnahme des BR zur Tatbestandsgestaltung (BTDrucks 16/5047 S 12): „In Artikel 1 Nr. 1 werden in § 24c Abs 1 die Wörter „als Führer eines Kraftfahrzeugs im Straßenverkehr alkoholische Getränke zu sich nimmt oder die Fahrt antritt, obwohl er unter der Wirkung eines solchen Getränks" durch die Wörter „im Straßenverkehr ein Kraftfahrzeug führt, obwohl er unter der Wirkung von Alkohol" ersetzt.". **Begr:** *Die beiden im Gesetzentwurf vorgesehenen Tatalternativen sollten zu Gunsten der Fassung des § 24a StVG aufgegeben werden. Gegen die Bußgeldbewehrung der Aufnahme alkoholischer Getränke während der Fahrt bestehen verfassungsrechtliche Bedenken. Eine solche Sanktionsnorm dürfte nur dann unter dem Aspekt des Art 2 I GG verfassungskonform sein, wenn der FzF für die Verkehrssicherheit abstrakt gefährlich ist. Es muss zumindest die Möglichkeit leistungsbeeinträchtigender Wirkung auf Grund der Drogenaufnahme bestehen. Die vorgeschlagene Tatvariante dürfte indessen ein breites Spektrum von Handlungen erfassen, bei denen es an der abstrakten Gefährlichkeit fehlt. Einbezogen ist beispielsweise der einzige Schluck eines alkoholischen Getränks während der Fahrt, der nach naturwissenschaftlich-medizinischen Erkenntnissen keinesfalls geeignet ist, eine „Wirkung" im Sinne verkehrsrelevanter Leistungsbeeinträchtigungen herbeizuführen. Hinzu kommt der deutliche Wertungswiderspruch, dass die Aufnahme illegaler Drogen während der Fahrt in § 24a II StVG nicht unter eine eigenständige Sanktionsdrohung gestellt und, sofern während der Fahrt keine nennenswerte Blutwirkstoffkonzentration herbeigeführt werden kann, auch nicht ahndbar ist. Ein Verzicht auf die erste Tatvariante erscheint iÜ umso mehr vertretbar, als einschlägige Fälle nicht häufig auftreten und – sofern eine „Wirkung" festgestellt werden kann – geahndet werden können.*

Der Ansatz, im Rahmen der zweiten Tatvariante auf die Wirkung des alkoholischen Getränks bei Antritt (Beginn) der Fahrt abzustellen, erscheint ebenfalls nicht überzeugend. Denn bei Alkoholaufnahme unmittelbar vor der Fahrt muss im Zeitpunkt des Fahrtantritts noch keine Wirkung eingetreten sein. Baut sich die für die „Wirkung" erforderliche Alkoholkonzentration erst während der Fahrt auf, so kann dementsprechend keine Ahndung erfolgen. Auch ist mit diesbezüglichen Schutzbehauptungen zu rechnen, die in der Praxis nicht leicht zu widerlegen sein werden, jedenfalls aber schwierige Rückrechnungen erfordern.

Auch die Einnahme alkoholhaltiger Medikamente oder Lebensmittel muss vom Verbot erfasst sein. Die Gefährdungslage ist hier keineswegs reduziert. Deshalb sieht auch § 8 III BOKraft diese Ausnahme nicht vor. Durch die in § 8 III BOKraft aufgestellte Verhaltenspflicht soll sichergestellt sein, dass das im Fahrdienst eingesetzte Betriebspersonal die Fahrgäste oder andere Verkehrsteilnehmer nicht dadurch gefährdet, dass es unter dem Einfluss von Getränken oder Mitteln, worunter auch Medikamente fallen, steht, die die dienstliche Tätigkeit beeinträchtigten. Der Gesetzentwurf hingegen stellt auf alkoholische Getränke ab und will alkoholhaltige Arzneimittel sowie namentlich Süßwaren (Pralinen) ausgrenzen. Betont man mit dem Gesetzentwurf die Gefährlichkeit auch geringer Alkoholkonzentrationen, so erscheint dies nicht schlüssig. Vom Ahndungsgrund aus betrachtet spielt es nämlich keine Rolle, warum der FzF unter der Wirkung von Alkohol steht. Die im Gesetzentwurf vorgesehene Einschränkung verursacht iÜ Beweisschwierigkeiten. Denn der FzF kann sich darauf berufen, dass seine Alkoholisierung (mit) auf den Konsum von in der Regel hochprozentigen homöopathischen Arzneimitteln, Tinkturen (Baldriantinktur, Alkoholgehalt von 50%) oder auch Klosterfrau Melissengeist (der wohl nicht als alkoholisches Getränk anzusehen ist) zurückzuführen sei. Zur Dokumentation seines Vortrags könnte er (ständig) ein Fläschchen eines solchen Mittels mit sich führen. Denkbar wäre auch, dass sich der FzF ergänzend auf Medikamenteneinnahme beruft (ein paar Schlucke Bier oder Wein, außerdem wegen Magenverstimmung Klosterfrau Melissengeist). Dann müsste die gerade durch die Medikamenteneinnahme aufgebaute Blutalkoholkonzentration herausgerechnet werden. In der Praxis der Strafverfolgung hat Derartiges in der Vergangenheit bereits eine Rolle gespielt.

Gegenäußerung der BReg (BTDrucks 16/5047 S 14): *Die vom BR vorgeschlagene Anknüpfung allein an das Tatbestandsmerkmal „Führen eines Kraftfahrzeugs unter der Wirkung von Alkohol"* würde die von dem Alkoholverbot für Fahranfänger und Fahranfängerinnen ausgehende Signalwirkung erheblich beeinträchtigen. Schon wegen etwaiger Messwertunsicherheiten und zur Berücksichtigung des endogenen Alkohols kann eine Verwirklichung dieses Tatbestandsmerkmals erst angenommen werden, wenn bei einer Blutentnahme oder einem Atemalkoholtest mindestens 0,2‰ Alkohol im Blut beziehungsweise 0,1 mg/l Alkohol in der Atemluft nachgewiesen werden. Bei alleinigem Abstellen auf das „Führen eines Kfz unter der Wirkung von Alkohol" würde vermittelt, ein „Herantrinken" an einen Grenzwert sei weiterhin möglich. Die klare Botschaft eines absoluten Verbots für Fahranfänger, alkoholisiert ein Fahrzeug zu führen, würde damit aufgeweicht. Die im Gesetzentwurf der BReg vorgesehene Tatbestandsalternative der Aufnahme alkoholischer Getränke während der Fahrt ermöglicht dagegen auch den Nachweis mittels Zeugenbeweis. Die angeführten verfassungsrechtlichen Bedenken gegen die Bußgeldbewehrung der Aufnahme alkoholischer Getränke während der Fahrt werden nicht geteilt. Die Ausführungen des Bundesverfassungsgerichts zur Regelung in § 24a II StVG in seinem Beschluss vom 21. 12. 2004 (Az. 1 BvR 2652/03) sind auf das Führen eines Kfz unter der Wirkung von Alkohol nicht übertragbar. Die bei berauschenden Mitteln und Substanzen bestehende Problematik der fehlenden Übereinstimmung von Nachweis- und Wirkungsgrenze besteht bei Alkohol nicht. Alkohol ist – anders als die in der Anlage zu § 24a StVG genannten berauschenden Mittel und Substanzen – schon nach wenigen Stunden im Körper abgebaut. Es besteht daher kein Wertungswiderspruch zu der Regelung in § 24a II StVG.

Auch besteht kein Bedürfnis, alkoholhaltige Lebensmittel und Medikamente in das Alkoholverbot für Fahranfänger und Fahranfängerinnen einzubeziehen. Die bestimmungsgemäße Einnahme von Medikamenten stellt in vielen Fällen die Fahreignung gerade erst her und kann sich daher positiv auf die Verkehrssicherheit auswirken. Die gegenüber § 8 III Nr 1 BOKraft neueren Regelungen in § 9 XI Nr 18 GGVSE sowie § 24a II StVG schließen die bestimmungsgemäße Einnahme von Medikamenten daher ebenfalls ausdrücklich von der Tatbestandsverwirklichung aus.

5   **1. Allgemeines.** Mit § 24c wird das ohnehin komplizierte Sanktionsinstrumentarium gegen Alkohol und Drogen im StrV um ein „absolutes" Alkoholverbot für Fahranfänger komplettiert. Die Regelung hat Vorbilder in verschiedenen Bestimmungen des StrV- (§ 8 III Nr 1 BOKraft, § 9 XI Nr 18 GGVSE) und auch des Schifffahrtsrechts (zB § 61 I Nr 1c SeeSchStrO, § 9 I Nr 2b SeeStrOV, § 14 II Nr 3 EmsSchEV), musste aber dort, wohl ersichtlich, mangels forensischer Relevanz noch keine Bewährungsprobe bestehen (zu früheren Konzepten des BMV *Weibrecht* NZV **05** 563). Sie vermag sich wegen der besonderen Gefahren des Alkohols für Fahranfänger und junge Kf auf verschiedene Rechtstatsachen zu stützen (Rz 1). Auch wird man sich von ihr eine gewisse Signalwirkung auf den betroffenen rechtstreuen Adressatenkreis versprechen dürfen. Jedoch ist sie von Wertungswidersprüchen geprägt (Rz 8, 12). Die erste Tatvariante birgt darüber hinaus verfassungsrechtliche Risiken in sich. Wenn dort jegliche Aufnahme alkoholischer Getränke während der Fahrt mit Geldbuße bewehrt wird, ist, wie der BR zutr zum Ausdruck gebracht hat (Rz 4), ein Spektrum von Handlungen mit repressiver Sanktion bedroht, denen *jegliche Gefährlichkeit abzusprechen ist* (zB ein Schluck eines alkoholhaltigen Getränks). Demgegenüber hat das BVerfG das „absolute" Verbot von Drogenfahrten nach § 24a II nur unter der Prämisse für mit Art 2 I GG vereinbar angesehen, dass eine Beeinträchtigung der Fahrsicherheit *als möglich erscheine* (BVerfG NJW **05** 349, s § 24a Rz 21). Soweit die BReg dem Einwand mit der Erwägung begegnet, es ermangele der Übertragbarkeit, weil die „bei berauschenden Mitteln und Substanzen bestehende Problematik der fehlenden Übereinstimmung von Nachweis- und Wirkungsgrenze ... bei Alkohol nicht" bestehe (Rz 4), erscheint dies wenig überzeugend. Es kann von Verfassungs wegen schwerlich einen entscheidenden Unterschied machen, ob die Fahrt deswegen nicht abstrakt gefährlich ist, weil die Drogenwirkung *abgeklungen* oder ob sie *erst gar nicht eingetreten* ist. Dementsprechend ist auch nicht zu erklären, warum § 24a II verfassungskonform auf potentiell gefährliche Handlungen restringiert wird (§ 24a Rz 21), wohingegen der Gesetzgeber im Rahmen des § 24c sehenden Auges in nicht unbeträchtlichem Maße *von vornherein ungefährliche* Taten sanktioniert. Darüber hinaus tritt das „absolute" Alkoholverbot auch deswegen in Spannung mit der Rechtslage bei illegalen Drogen, weil § 24a II die Fälle der Drogenaufnahme während der Fahrt, die noch nicht zu einem relevanten Wirkstoffnachweis im Blut geführt hat (zB Essen eines „Haschisch-Cookie" während der Fahrt, zum Wirkungsbeginn ausgewählter Drogen LK-*König* § 316 Rz 155), von jeglicher Sanktion freistellt.

6   **2. Normadressaten sind** in beiden Tatvarianten Fahranfänger in der Probezeit nach § 2a FeV (s im Einzelnen dort) sowie Personen unter 21 Jahren. Zu den Motiven: Rz 1–4. Nicht erfasst werden Fahrschüler ab 21 Jahren bei Ausbildungs- und Prüfungsfahrten, was wenig schlüssig erscheint. Ein Vorstoß zu deren Einbeziehung blieb im Gesetzgebungsverfahren ua

wegen der geringen statistischen Bedeutung erfolglos. Soweit außerdem zum Ausdruck gebracht worden ist, dass Fahrschüler nicht FzF seien, entspricht dies nicht dem Stand der obergerichtlichen Rspr (§ 24a Rz 10, § 316 StGB Rz 5).

3. Als Führer eines Kfz eines *Kfz* (§ 24a Rz 9, § 1 StVG Rz 2ff, § 69 StGB) *im (öffentlichen) StrV* (§ 24a Rz 8, § 1 StVG Rz 8, § 1 StVO Rz 13–16) muss der Betroffene handeln. Die Vorschrift knüpft (anders als § 24a StVG, §§ 315c, 316 StGB und entgegen dem Vorschlag des BR, Rz 4) nicht an den Vorgang des „Führens" an, sondern an die Eigenschaft als KfzF. Umfasst ist damit jedenfalls der Vorgang des Führens von dessen Beginn bis zu seinem Ende, also sobald und solange „die Räder rollen"; zur Auslegung im Einzelnen gilt das unter § 316 StGB Rz 3, § 24a Rz 10 und § 21 StVO Rz 9 Gesagte entsprechend. KfzF ist auch der Fahrschüler (§ 316 StGB Rz 3), solange er unter 21 Jahre ist (Rz 6 aE). In Übereinstimmung mit der Rspr zu § 316a StGB (dort Rz 3) und zu § 21a StVO (dort Rz 3) sind *verkehrsbedingte* Unterbrechungen der Fahrt umfasst (ebenso *Jagow/Burmann/Heß-Janker* Rz 12; aM wohl *Burhoff* VRR **07** 371). Gleichfalls in Einklang damit und mangels Ausnahmebestimmung entsprechend § 23 I a 2 StVO dürfte es dabei nicht darauf ankommen, ob der Motor noch läuft oder (etwa vor einer Bahnschranke) kurzfristig abgestellt wurde. Nicht einbezogen sein dürften hingegen *nicht verkehrsbedingte* Unterbrechungen, durch die der Bewegungsvorgang (zunächst) zur Ruhe kommt. Dementsprechend kann nicht nach § 24c I, 1. Tatalternative belangt werden, wer beim Mittagessen einen Schluck Bier zu sich nimmt. Sanktioniert werden kann er aber nach Tatalternative 2, wenn er so viel Alkohol zu sich genommen hat, dass er bei der Fortsetzung der Fahrt unter der Wirkung der Droge steht (Rz 13).

4. Dem Begriff des alkoholischen Getränks kommt für beide Tatvarianten Bedeutung zu. In Tatvariante 1 muss der Betroffene ein solches Getränk zu sich nehmen, in Variante 2 muss er unter der Wirkung gerade eines solchen Getränks stehen. Der Begriff bereitet auch wegen der unterschiedlichen Ausrichtung der Tatvarianten nicht geringe Schwierigkeiten. Während das Gesetz in Variante 1 ein Signal gegen jeglichen Alkohol am Steuer setzen will und damit leicht in Gefahr gerät, mit dem Übermaßverbot zu kollidieren, kann es für Tatvariante 2 an sich nur auf die in der Regierungsvorlage eindrucksvoll herausgearbeiteten schädlichen Wirkungen einer Alkoholbeeinflussung (Rz 1) und nicht auf die Frage ankommen, durch welche Art der Alkoholaufnahme sie zustande gekommen ist. Jedoch kann der Begriff in einer Vorschrift nicht unterschiedlich interpretiert werden. Es muss sich um ein **Getränk** iS einer trinkbare Flüssigkeit handeln. Damit scheiden, was vom Gesetzgeber auch so gewollt ist (Rz 2), **in fester Form konsumierte Lebensmittel** (alkoholhaltige Pralinen, Torten, Rumfrüchte [zT je über 1 Vol.-%], Sauerkraut [0,2–0.8 Vol.-%], mit einem Gläschen Likör oder Rum versetzte Eisbecher usw) aus dem Anwendungsbereich aus. Trotz grundsätzlicher Trinkbarkeit wird man die auch zB mit Rotwein versetzte Suppe auszugrenzen haben. Zumindest für Tatvariante 2 erscheint dies alles nicht sehr schlüssig (in diesem Sinn auch der BR Rz 4; zu Kausalitätsproblemen Rz 12). Demgegenüber sind nach dem Wortlaut *sämtliche* alkoholhaltigen Getränke umfasst, womit zB das Trinken von Apfelsaft (0,5 Vol.-%), alkoholfreiem Bier (bis zu 0,5 Vol.-%). Kefir (0,6 Vol.-%) während der Fahrt bei repressiver Sanktion verboten wäre. Um solche absurden Ergebnisse zu vermeiden, ist es sachgerecht, in Übereinstimmung mit der Interpretation des § 9 I Nr 2 JuSchG eine Untergrenze zu ziehen (*Janker* DAR **07** 497). Sie sollte wie dort (zB Vollzugshinweise des Bay Sozialministeriums zum JuSchG v 6.3.07, mwN, abrufbar über www.blja.bayern.de) bei 1 Vol.-% gezogen werden (aM *Janker* DAR **07** 499: 0,5 oder 0,6 Vol.-%). Der Gesetzgeber meint ferner, eine Ausgrenzung von in flüssiger Form verabreichten und aufgenommenen **Arzneimitteln** (Hustensäften, Tinkturen und ähnlichen Mitteln, Rz 2) erreicht zu haben. Ob dies zutrifft, ist höchst zw. Denn der Wortsinn des Terminus Getränk umfasst eindeutig auch in flüssiger Form dargereichte Medikamente. Dementsprechend wurde im Rahmen des § 316 StGB zB Baldrian-Tinktur (Ce BA **81** 176 [implizit]) oder Klosterfrau-Melissengeist (Bra DAR **56** 170) bislang unproblematisch dem Merkmal des alkoholischen Getränks zugeordnet (§ 316 Rz 61; LK-*König* Rz 167). Es bleibt abzuwarten, ob die Rspr den Materialien im Wege einer streng am Willen des historischen Gesetzgebers ausgerichteten Auslegung folgt und sich dabei auch den Abgrenzungsschwierigkeiten etwa zwischen Arzneimitteln iS des AMG und Nahrungsergänzungsmitteln aussetzt. Folgt man der BReg, so ist es (möglicherweise entgegen deren Auffassung [Rz 4 a.E.] und anders als in § 24a II 2) irrelevant, ob das Medikament *bestimmungsgemäß* eingenommen wurde. Auch die Fahrt nach *nicht* therapeutisch indizierter Einnahme ist deshalb nicht tatbestandsrelevant.

9   **5. Die Zusichnahme** alkoholischer Getränke (Rz 8) als KfzF (Rz 7) verbietet die erste Tatvariante. Der Gesetzgeber sieht einen besonderen Vorteil dieser Tathandlung darin, dass der Nachweis auch durch Zeugenaussagen möglich sei. Ob relevante Fälle häufig auftreten, muss freilich bezweifelt werden. Jedenfalls wird häufig eine Sistierung des Getränks erforderlich sein (*Janker* DAR **07** 497). „Zu sich nehmen" dürfte iS eines Aufnehmens zu interpretieren sein, weswegen auch der Fall erfasst wird, dass sich der KfzF die Flasche von seinem Beifahrer an den Mund führen lässt.

10 **6. Den Fahrtantritt unter der Wirkung** des alkoholischen Getränks (Rz 8) verbietet Tatalternative 2. Der Gesetzgeber sieht bewusst von der Normierung einer neuen „Promillegrenze" ab, auch um ein „Herantrinken" an einen Promillewert zu vermeiden. Ob die Gefahr des „Herantrinkens" bei derartig geringen Alkoholkonzentrationen real ist, erscheint allerdings fraglich. Hinzu kommt, dass im Hinblick auf den Wirkungseintritt erst ab 0,2‰ (Rz 11) in der öffentlichen Wahrnehmung doch wieder eine Promille-Grenze existieren wird.

11 **a)** Der Gesetzgeber sieht die **„Wirkung"** ab einer BAK ab 0,2‰ bzw. einer AAK von 1 mg/l als gegeben an, weil Messwertunsicherheiten und endogener Alkohol ausgeschlossen werden müssen; Sicherheitszuschläge müssen hierbei nicht gemacht werden (Rz 2, zust *Jachau* ua BA **07** 117). Fahrunsicherheit ist (natürlich) nicht erforderlich, genauso wenig die Feststellung konkreter Leistungsbeeinträchtigungen. Theoretisch kann eine „Wirkung" auch bei einer BAK/AAK unterhalb dieser Werte in Betracht kommen, falls der Betroffene alkoholbedingte Leistungsausfälle aufweist (zur Parallelproblematik bei § 24a II s dort Rz 21a). Dies wird jedoch kaum je praktisch werden. Anders als Tatvariante 1 (Rz 9) kann **der Tatnachweis** hier wohl nur mit einer Blut- oder (beweissicheren) Atemprobe geführt werden (anders womöglich BReg, Rz 2), deren Ergebnis im Urteil festzustellen ist. Allein auf die Aussage eines Zeugen, der Betroffene habe seinem Eindruck nach unter der Wirkung von Alkohol gestanden, wird man eine Verurteilung nicht stützen können (zur Unsicherheit der Einschätzung von Zeugen § 316 Rz 31). Auch die Selbsteinschätzung des Betroffenen wird von der Rspr jedenfalls im Rahmen des § 316 StGB nur mit äußerster Vorsicht herangezogen (§ 316 StGB Rz 31). Anders mag es liegen, wenn der Zeuge gewiss auszusagen vermag, der Betroffene habe zeitnah vor Fahrtantritt eine bestimmte, größere Menge alkoholischer Getränke aufgenommen.

12 **b) Durch ein alkoholisches Getränk** (oder mehrere) muss die Wirkung nach der Tatbestandsfassung verursacht werden. Gewiss scheiden damit Fälle aus, in denen die (nach Auffassung des Gesetzgebers potentiell gefährliche!) Wirkung durch Aufnahme (fester) Lebensmittel und/oder Arzneimittel (sofern man den Materialien folgt) herbeigeführt worden ist (Rz 8). Zu den Fällen, in denen eine relevante Wirkung erst aufgrund eines Mischkonsums von festen Lebensmitteln bzw Arzneimitteln und einem (oder mehreren) alkoholischen Getränk(en) aufgebaut wird, äußern sich die Materialien trotz entsprechender Hinweise des BR (Rz 4) unverständlicherweise nicht. Im Hinblick darauf, dass das Gesetz eine Wirkung gerade alkoholischer Getränke verlangt und die Einnahme fester Lebensmittel und von Arzneimitteln vor und während der Fahrt bewusst erlaubt, wird man anders als bei der alkoholbedingten Fahrunsicherheit (§ 316 StGB Rz 8, 61) eine bloße Mitursächlichkeit des alkoholischen Getränks nicht ausreichen lassen können. Andernfalls könnte es dazu kommen dass einige wenige Schlucke eines alkoholischen Getränks bei einer ansonsten „legal aufgebauten" Wirkung genügen, um aus einer erlaubten eine verbotene Fahrt zu machen. Demgemäß wird die durch die anderen Substanzen aufgebaute Wirkung (BAK) herausgerechnet werden müssen, was auch angesichts des doch eher geringeren Gewichts des Verstoßes befremdlich erscheint und Beweisschwierigkeiten produziert (Rz 4).

13 **c) Bei Fahrtantritt**, also bei Beginn der Fahrt muss der FzF unter der Wirkung stehen. In Übertragung der Grundsätze von BGHSt **25** 246 (hierzu § 316 StGB Rz 12) wird es auch im Rahmen des § 24c genügen, wenn der FzF zu diesem Zeitpunkt eine Alkoholmenge im Körper hat, die zu der vom Tatbestand verlangten Wirkung führt (abw BR, vgl Rz 4). Denn es ist in den berufenen Fachkreisen unumstritten, dass die Alkoholwirkung im aufsteigenden Ast der Alkoholkurve allgemein stärker ist als im abfallenden (§ 316 StGB Rz 11, 13). Von Antritt der Fahrt wird auch in solchen Fällen auszugehen sein, in denen der FzF eine einheitliche Fahrt unterbricht, dann mit der Folge der tatbestandsrelevanten Wirkung alkoholische Getränke aufnimmt und die Fahrt fortsetzt. Denn die verpönte Fahrt beginnt erst in diesem Zeitpunkt.

14 **7. Subjektiver Tatbestand.** Die Tat kann vorsätzlich wie fahrlässig begangen werden (Abs 2). Die Schuldform ist anzugeben (§ 24a Rz 25). Nimmt man die Fälle aus, in denen dem

FzF während der Fahrt von seinem Beifahrer ungewollt ein alkoholisches Getränk gereicht wird, so wird bei *Tatalternative 1* in aller Regel Vorsatz gegeben sein. Für Fahrlässigkeit wird es im genannten Beispiel auf die Umstände des Einzelfalls ankommen (Bemerkbarkeit, frühere Vorfälle?). In Bezug auf *Tatalternative 2* wird die Rspr wie im Rahmen der § 24a StVG, § 316 StGB zumeist von Fahrlässigkeit ausgehen. Die unter § 24a Rz 25a genannten Grundsätze gelten hier auch hinsichtlich des Restalkohols entsprechend.

8. Konkurrenzen. Treffen die Tatalternativen 1 und 2 zusammen, so dürfte eine Tat des § 24c gegeben sein. Hinter § 24a I tritt § 24c im Wege der Konsumtion zurück (aM *Janker* DAR *07* 497: Tateinheit), ebenso hinter § 316 StGB (§ 21 I OWiG). Das unter § 24a Rz 29 Gesagte gilt iÜ sinngemäß. 15

9. Die Geldbuße ist dem nicht erhöhten Rahmen des § 17 OWiG zu entnehmen, kann also bei Vorsatz bis zu 1000 € betragen (§ 17 I OWiG), bei Fahrlässigkeit (§ 17 II OWiG) bis zu 500 € (zur Verschärfung ab 1. 1. 09 s § 24 Rz 43). Als Regelsatz ist eine Geldbuße von 125 € vorgesehen (Nr 243 BKat, hierzu BReg Rz 2). Offensichtlich rechnet der VOGeber OW nach § 24c nicht denjenigen zu, die den Vorsatz gewissermaßen auf der Stirne tragen (s aber Rz 14). Sonst hätte er die Vorschrift nicht in den BKat aufgenommen (vgl. § 24 Rz 64). Weitere Folge sind 2 Punkte (Nr 6.1 Anl. 13 zur FeV). Ein **Fahrverbot** ist nicht vorgesehen (Rz 2). Zum Verfahren § 24a Rz 30. 16

Fahrverbot

25 (1) ¹Wird gegen den Betroffenen wegen einer Ordnungswidrigkeit nach § 24, die er unter grober oder beharrlicher Verletzung der Pflichten eines Kraftfahrzeugführers begangen hat, eine Geldbuße festgesetzt, so kann ihm die Verwaltungsbehörde oder das Gericht in der Bußgeldentscheidung für die Dauer von einem Monat bis zu drei Monaten verbieten, im Straßenverkehr Kraftfahrzeuge jeder oder einer bestimmten Art zu führen. ²Wird gegen den Betroffenen wegen einer Ordnungswidrigkeit nach § 24a eine Geldbuße festgesetzt, so ist in der Regel auch ein Fahrverbot anzuordnen.

(2) ¹Das Fahrverbot wird mit der Rechtskraft der Bußgeldentscheidung wirksam. ²Für seine Dauer werden von einer deutschen Behörde ausgestellte nationale und internationale Führerscheine amtlich verwahrt. ³Dies gilt auch, wenn der Führerschein von einer Behörde eines Mitgliedstaates der Europäischen Union oder eines anderen Vertragsstaates des Abkommens über den Europäischen Wirtschaftsraum ausgestellt worden ist, sofern der Inhaber seinen ordentlichen Wohnsitz im Inland hat. ⁴Wird er nicht freiwillig herausgegeben, so ist er zu beschlagnahmen.

(2 a) ¹Ist in den zwei Jahren vor der Ordnungswidrigkeit ein Fahrverbot gegen den Betroffenen nicht verhängt worden und wird auch bis zur Bußgeldentscheidung ein Fahrverbot nicht verhängt, so bestimmt die Verwaltungsbehörde oder das Gericht abweichend von Absatz 2 Satz 1, dass das Fahrverbot erst wirksam wird, wenn der Führerschein nach Rechtskraft der Bußgeldentscheidung in amtliche Verwahrung gelangt, spätestens jedoch mit Ablauf von vier Monaten seit Eintritt der Rechtskraft. ²Werden gegen den Betroffenen weitere Entscheidungen rechtskräftig verhängt, so sind die Fahrverbotsfristen nacheinander in der Reihenfolge der Rechtskraft der Bußgeldentscheidungen zu berechnen.

(3) ¹In anderen als in Absatz 2 Satz 3 genannten ausländischen Führerscheinen wird das Fahrverbot vermerkt. ²Zu diesem Zweck kann der Führerschein beschlagnahmt werden.

(4) ¹Wird der Führerschein in den Fällen des Absatzes 2 Satz 4 oder des Absatzes 3 Satz 2 bei dem Betroffenen nicht vorgefunden, so hat er auf Antrag der Vollstreckungsbehörde (§ 92 des Gesetzes über Ordnungswidrigkeiten) bei dem Amtsgericht eine eidesstattliche Versicherung über den Verbleib des Führerscheins abzugeben. ²§ 883 Abs. 2 bis 4, die §§ 899, 900 Abs. 1, 4, die §§ 901, 902, 904 bis 910 und 913 der Zivilprozessordnung gelten entsprechend.

(5) ¹Ist ein Führerschein amtlich zu verwahren oder das Fahrverbot in einem ausländischen Führerschein zu vermerken, so wird die Verbotsfrist erst von dem Tag an gerechnet, an dem dies geschieht. ²In die Verbotsfrist wird die Zeit nicht eingerechnet, in welcher der Täter auf behördliche Anordnung in einer Anstalt verwahrt wird.

(6) ¹Die Dauer einer vorläufigen Entziehung der Fahrerlaubnis (§ 111 a der Strafprozessordnung) wird auf das Fahrverbot angerechnet. ²Es kann jedoch angeordnet werden, dass die Anrechnung ganz oder zum Teil unterbleibt, wenn sie im Hinblick auf das Verhalten des Betroffenen nach Begehung der Ordnungswidrigkeit nicht gerechtfertigt ist. ³Der vorläufigen Entziehung der Fahrerlaubnis steht die Verwahrung, Sicherstellung oder Beschlagnahme des Führerscheins (§ 94 der Strafprozessordnung) gleich.

1 StVG § 25   III. Straf- und Bußgeldvorschriften

(7) ¹Wird das Fahrverbot nach Absatz 1 im Strafverfahren angeordnet (§ 82 des Gesetzes über Ordnungswidrigkeiten), so kann die Rückgabe eines in Verwahrung genommenen, sichergestellten oder beschlagnahmten Führerscheins aufgeschoben werden, wenn der Betroffene nicht widerspricht. ²In diesem Fall ist die Zeit nach dem Urteil unverkürzt auf das Fahrverbot anzurechnen.

(8) Über den Zeitpunkt der Wirksamkeit des Fahrverbots nach Absatz 2 oder 2a Satz 1 und über den Beginn der Verbotsfrist nach Absatz 5 Satz 1 ist der Betroffene bei der Zustellung der Bußgeldentscheidung oder im Anschluss an deren Verkündung zu belehren.

1   **1. Gesetzesmaterialien. Begr** (Drucks V/1319 S 90): *§ 25 übernimmt für den Bereich der Verkehrsordnungswidrigkeiten als* **Nebenfolge** *das erst durch das Zweite Gesetz zur Sicherung des Straßenverkehrs in das Strafgesetzbuch (§ 37) als Nebenstrafe eingeführte* **Fahrverbot.** *Auf diese Nebenfolge kann auch bei der Umstellung nicht verzichtet werden. Nach Umstellung der Übertretungstatbestände in Bußgeldtatbestände wäre das Fahrverbot im strafrechtlichen Bereich sonst nicht nur weitgehend entwertet; es ist als* **Denkzettel- und Besinnungsmaßnahme** *vielmehr gerade auch bei Ordnungswidrigkeiten unentbehrlich. Als eindringliches Erziehungsmittel kann es bei der Masse der Bagatellverstöße in besonderem Maße zur Hebung der Verkehrsdisziplin beitragen.*

2   *… Andererseits erscheint es erforderlich, das Ermessen der Bußgeldbehörde bei dieser immerhin bedeutsamen Nebenfolge genügend einzuschränken. Zu diesem Zweck soll der Anwendungsbereich des Fahrverbots im Bußgeldverfahren ausdrücklich an bestimmte enge Voraussetzungen geknüpft werden. … in Betracht kommen vielmehr nur solche Verstöße, die unter* **„grober oder beharrlicher Verletzung der Pflichten eines Kraftfahrzeugführers"** *begangen worden sind. Mit der Beschränkung auf „grobe Verletzungen" soll zum Ausdruck gebracht werden, dass objektiv nur Pflichtverletzungen von besonderem Gewicht, namentlich abstrakt oder konkret gefährliche Ordnungswidrigkeiten in Frage kommen, die immer wieder die Ursache schwerer Unfälle bilden oder subjektiv auf besonders groben Leichtsinn oder grobe Nachlässigkeit oder Gleichgültigkeit zurückgehen. „Beharrlich" begangene Pflichtverletzungen sind solche, die zwar ihrer Art oder den Umständen nach nicht bereits zu den objektiv oder subjektiv „groben" Zuwiderhandlungen zählen müssen, durch deren wiederholte Begehung der Täter aber zeigt, dass ihm die für die Teilnahme am Straßenverkehr erforderliche rechtstreue Gesinnung und die notwendige Einsicht in zuvor begangenes Unrecht fehlen.*

3   *Eine weitere Beschränkung liegt darin, dass hier anders als bei den §§ 37 und 42m StGB die dort erwähnte ‚Zusammenhangstat' (Handlungen, die bei oder im Zusammenhang mit dem Führen eines Kraftfahrzeugs begangen worden sind) entfällt. … Im Bereich des Ordnungswidrigkeitenrechts kommt es … nur darauf an, denjenigen nachdrücklich auf seine Pflichten als Kraftfahrzeugführer hinzuweisen, der allein durch sein verkehrswidriges Verhalten gefehlt hat.*

4   **Begr** zum StVG-ÄndG v 20. 7. 73 (BTDrucks 7/133): *… Die Bundesregierung ist der Ansicht, dass bei einem Kraftfahrer, der sich bisher sämtlichen Aufklärungs- und Belehrungsversuchen unzugänglich gezeigt hat, der trotz ständiger Berichterstattung in Presse, Rundfunk und Fernsehen über* **alkoholbedingte Straßenverkehrsunfälle** *mit seinem Leben und dem Leben seiner Mitbürger gespielt hat, indem er sich in angetrunkenem Zustand an das Steuer seines Fahrzeugs gesetzt hat, die Zahlung einer Geldbuße allein nicht immer ausreicht, ihn vor einem Rückfall zu warnen. Das Fahrverbot, das also in jedem Fall anzuordnen ist, wenn nicht ganz besondere Umstände vorliegen, die einen Verzicht auf die Anordnung rechtfertigen, soll dem Betroffenen eine nachhaltige Mahnung sein.*

5   **Begr** zum ÄndG v 26. 1. 1998 (BTDrucks 13/8655 S 13): **Zu Abs 2 a:** *Der Rechtsausschuss hat einen Vorschlag des SPD-Entwurfs in modifizierter Form aufgegriffen, durch den die Justiz von Einsprüchen entlastet werden soll, die allein eingelegt werden, um die Wirksamkeit der Fahrverbote auf einen späteren Zeitpunkt zu verschieben.*

Der Rechtsausschuss hat den Vorschlag, wonach der Betroffene innerhalb von vier Monaten nach Rechtskraft des Bußgeldbescheides den Zeitpunkt des Fahrverbots generell selbst bestimmen kann, auf Fälle begrenzt, in denen in den zwei Jahren zuvor kein Fahrverbot gegen den Betroffenen verhängt wurde. Durch die Bestimmung des Satzes 2 wird Missbrauch ausgeschlossen, der darin bestehen könnte, dass ein Betroffener mehrere kurz hintereinander verhängte Fahrverbote zusammenlegt. Satz 2 bestimmt, dass in diesen Fällen in Abweichung von der sonst gültigen Regelung ausnahmsweise die Fahrverbotsfristen addiert werden.

6   **Begr** zum ÄndG v 24. 4. 1998 (BRDrucks 821/96 S 76): **Zu Abs 2:** *Für die Dauer eines Fahrverbots wird ein von einer deutschen Behörde ausgestellter Führerschein in Verwahrung genommen, während in ausländischen Führerscheinen das Fahrverbot bisher lediglich vermerkt wird. Dies beruht darauf, dass bei einer ausländischen Fahrerlaubnis ein Fahrverbot nur im Inland Wirkung entfaltet. Folge ist, dass der Inhaber einer deutschen Fahrerlaubnis während eines Fahrverbots mangels Führerschein im In- wie im Ausland kein Kraftfahrzeug führen kann, während der Inhaber einer ausländischen Fahrerlaubnis im Aus-*

Fahrverbot § 25 StVG **1**

land weiter am Verkehr teilnehmen kann. Bei Inhabern einer Fahrerlaubnis aus einem Mitgliedstaat der Europäischen Union oder einem EWR-Staat, die sich in der Bundesrepublik Deutschland niedergelassen haben und auf Grund der Zweiten EU-Führerscheinrichtlinie hier unbefristet mit ihrer ausländischen Fahrerlaubnis ein Kraftfahrzeug führen können, ist diese Ungleichbehandlung nicht mehr zu rechtfertigen. Künftig soll ihr Führerschein deshalb wie ein deutscher Führerschein in der gleichen Situation in Verwahrung genommen werden.

Zu Abs 3: *Bei anderen ausländischen Fahrausweisen bleibt es bei dem bisherigen Vermerk. ... Ein solcher Fahrausweis kann sowohl ein Führerschein aus einem Mitgliedstaat der Europäischen Union oder einem EWR-Staat sein, nämlich dann, wenn der Inhaber seinen ordentlichen Wohnsitz nicht im Inland hat, als auch ein Führerschein aus einem Drittstaat.* 7–10

2. Das Fahrverbot kommt bei OW nur als Nebenfolge in Betracht, da das OWRecht keine Strafen kennt. Es ist eine **Denkzettel- und Besinnungsmaßnahme** (Begr, Rz 1; Bay NZV **04** 100, 210, Dr DAR **05** 226, Ha VRS **109** 118, Ce VRS **108** 118, Kö NZV **04** 422, Ko DAR **04** 109), freilich, wie § 25 bei verfassungskonformer Auslegung (Rz 13) ergibt und auch die Begr zeigt, nur bei groben oder beharrlichen Verstößen gegen § 24 StVG (Rz 2, 14, 15) sowie OW gem § 24a. Unbestreitbar ist, dass die *gesetzliche Androhung* des FV generalpräventive Zwecke verfolgt. Hingegen wird unterschiedlich beurteilt, ob der Aspekt der Generalprävention bei der *Anordnung im Einzelfall* bestimmend herangezogen werden darf (verneinend zB Dü VRS **93** 226, Ha VRS **75** 58, *Berr* DAR **90** 149, *Hillmann* VGT **91** 59, *Hentschel* JR **92** 142, *Deutscher* NZV **97** 19, *Dreher/Fad* NZV **04** 235, bejahend Bay NZV **96** 464, NZV **94** 487). Sieht man den Gedanken der Generalprävention mit der wohl hM (§ 24 Rz 53) bei der bußgeldrechtlichen Sanktionierung nicht generell als ausgeschlossen an, so ist kein überzeugender Grund ersichtlich, warum er nicht auch bei der Anordnung des FV zum Tragen kommen können sollte. Freilich wird es (im Straf- wie im OWRecht, aM 38. Aufl) für den Tatrichter kaum zu begründen sein, ein spezialpräventiv nicht gebotenes FV aus Gründen der Abschreckung anderer doch anzuordnen. Die praktische Bedeutung der Frage dürfte deshalb nicht allzu groß sein. § 25 ist dem § 44 StGB nachgebildet. Die Vorschrift ist grundgesetzkonform (BVerfGE **27** 36 = NJW **69** 1623, DAR **96** 196) und verletzt nicht das Grundrecht auf freie Berufswahl (Ha NJW **74** 1777). Ein durch die Pol *sofort vollziehbares* FV kommt als „Verdachtsstrafe" auch de lege ferenda nicht in Betracht (*Albrecht* NZV **98** 397). Wie § 44 StGB setzt das FV keine mangelnde Fahreignung voraus, aber ordnungswidriges Verhalten iS der §§ 24, 24a StVG von erheblichem Gewicht (Kö VRS **48** 225). Das Verbot ist beschränkbar (I). Nach dem Übermaßverbot **muss es beschränkt werden**, wenn es als Denkzettel ausreicht (Bay NZV **91** 161, MDR **99** 1504, Ba VM **07** Nr 4, Dü NZV **94** 407, ZfS **96** 356, Ce NZV **89** 158, NRpfl **92** 290, Kar NZV **04** 653, **93** 277), ohne dass es dabei *zusätzlich* entscheidend auf das Ausmaß der von einem unbeschränkten FV auf den Betroffenen ausgehenden Belastung ankäme (insoweit abw Ha DAR **06** 99, krit *Krumm*). So kann es uU unangemessen sein, um des Denkzettelzwecks willen durch ein unbeschränktes FV einschneidende berufliche Nachteile herbeizuführen (Ba VM **07** Nr 4), zB, wenn sich eine Ausnahme für landwirtschaftliche Traktoren aufdrängt (Dü NZV **94** 407) oder wenn der Betroffene die OW während der Freizeit begangen hat und ein eingeschränktes FV als Denkzettel ausreichen würde (Ha VRS **109** 118, **53** 205), etwa bei Geschwindigkeitsüberschreitung mit privatem Pkw durch Berufs-LkwFahrer (Ce NRpfl **92** 290, Dü ZfS **96** 356, s aber Rz 18) oder durch einen Feuerwehrmann (Dü NZV **08** 104). Nach Jn VRS **113** 71 liegt in der Anordnung eines beschränkten FV ein teilweises Absehen vom FV, weswegen § 4 IV BKatV zur Anwendung komme (zw; vgl. *König/Seitz* DAR **08** 366; abw wohl auch Dü NZV **08** 104). Hält sich ein eingeschränktes FV mit erhöhter Geldbuße im Rahmen der Vorwerfbarkeit, was insbesondere in Grenzfällen der Fall sein kann (zB Ba VM **07** Nr 4), so kann die Erhöhung ungeachtet dessen *im Einzelfall* gerechtfertigt sein. Eine Beschränkung des FV auf das Führen von Krafträdern und Kleinkrafträdern ist möglich (Ba VRS **113** 357, AG Lüdinghausen DAR **92** 231; aM KG VRS **111** 204) und kann bei Existenzgefährdung eines Taxif, der den Verkehrsverstoß bei einer Motorradfahrt begangen hat, geboten sein (Ba VRS **113** 357). Bestimmte Arten von Kfz: § 69a StGB Rz 6. Keine Ausnahme vom FV für bestimmte Fahrzwecke (Ce DAR **96** 64), oder für ein bestimmtes Fz zu bestimmten Zwecken (Brn VRS **96** 233, Ce VRS **76** 33, Ha NJW **75** 1983). In Fällen der FVBeschränkung ist bei der FEB ein ErsatzFS für die ausgenommene KfzArt zu beantragen (§ 44 StGB Rz 11). Auch das Führen von **fahrerlaubnisfreien Kfz** kann nach § 25 verboten werden. Insoweit reicht das FV sachlich weiter als die EdF (Sa VRS **102** 458). 11

König 309

1 StVG § 25 III. Straf- und Bußgeldvorschriften

12 **3. Gesetzliche Voraussetzungen.** Die Anordnung des FV steht im Ermessen der VB bzw des Gerichts. Jedoch ist das Ermessen (anders als beim FV nach § 44 StGB) aus den in Rz 2, 3, 13, 14, 15 angegebenen Gründen durch gesetzliche Vorgaben eingeschränkt.

Lit: *Ortner,* Das FV nach § 25 I S 1 StVG bei erstmaliger fahrlässiger Geschwindigkeitsüberschreitung?, DAR **85** 344. *Scheffler,* FV und OWRecht, NZV **95** 176. Zum nach BKatV **indizierten FV** Rz 22. Zur Frage der **Reformbedürftigkeit:** *Albrecht,* Sofortiges FV bei extremen Geschwindigkeitsüberschreitungen?, NZV **98** 397. *Bönke* VGT **97** 208. **Weitere Lit** zum FV: s § 44 StGB Rz 23.

13 **3 a. Nur bei OW nach §§ 24, 24 a StVG** ist ein FV zulässig und nur, wenn deshalb Geldbuße verhängt wird, also nicht als isolierte Sanktion (Dü VRS **86** 314, Ha BA **05** 317). Wird die OW gem § 21 I 1 OWiG nur deswegen nicht geahndet, weil **zugleich ein Straftatbestand erfüllt** ist, so kann gleichwohl auf das FV erkannt werden (§ 21 I 2 OWiG;. die Regelwirkung des § 25 I S 2 gilt auch hier, näher § 44 Rz 7 b). Soweit die BKatV bei OW nach § 24 StVG ein FV indiziert, gilt die Indikation hingegen nicht für die Anordnung der *Nebenstrafe* FV (§ 44 StGB). Jedoch wird der Strafrichter im Rahmen der Ermessensausübung an der Wertentscheidung des VOGebers auch nicht vorbeigehen können (im Einzelnen § 44 StGB Rz 7 b). **Nur gegen den KfzFührer** ist die Nebenfolge zulässig, nicht auch gegen mögliche Mitverantwortliche, die das Kfz nicht geführt haben (Rz 16). Zusammenhangstaten iS der §§ 44, 69 StGB genügen bei § 25 StVG nicht (Rz 3). Nur wenn die Nebenfolge mit dem **Grundsatz der Verhältnismäßigkeit** vereinbar ist, darf sie angeordnet werden (Bay NZV **91** 120, 199, DAR **95** 410, **00** 222). Zwar setzt die grundgesetzkonforme Anwendung von § 25 nach der Neubewertung durch BVerfG DAR **96** 196 (Anm *Hentschel* DAR **96** 283, *Ludovisy* NJW **96** 2284) nicht mehr die Feststellung voraus, dass der angestrebte Erfolg nicht auch durch eine empfindliche, im Wiederholungsfall verschärfte Geldbuße erreicht werden kann (Rz 20; anders noch BVerfG NJW **69** 1623). Jedoch bleibt es dabei, dass das FV bei einmaliger Zuwiderhandlung in der Mehrzahl der Fälle eine übermäßige Unrechtsfolge wäre (BVerfG DAR **96** 196) und daher (falls nicht durch die BKatV indiziert) nur in Frage kommt, wenn Geldbuße allein nicht ausreicht (Bay DAR **00** 222, Dü DAR **99** 324, Kar NZV **93** 359, Kö DAR **01** 87, KG NZV **94** 159, Ha NZV **97** 129). In Fällen, in denen die Nebenfolge nicht gem § 4 BKatV indiziert ist, bedarf es also stets einer ausdrücklichen Prüfung der Verhältnismäßigkeit (Bay NZV **95** 287, DAR **04** 230). Selbst in den nach der BKatV ein FV indizierenden Fällen (Rz 19 ff) kann die Nebenfolge im Einzelfall unangemessen und eine erhöhte Geldbuße ausreichend sein (Rz 19). Wäre noch höhere, an sich rechtlich mögliche Geldbuße wegen der wirtschaftlichen Täterverhältnisse unvertretbar, so scheitert daran nicht die Verhängung eines für erforderlich gehaltenen FV (Ha VRS **57** 301, s aber Ha VRS **100** 56 und dazu *Hentschel,* Trunkenheit, Rz 999).

14 **3 b. Nur bei grober oder beharrlicher Verletzung** der Pflichten als KfzF ist das FV nach § 25 zulässig (I). Das Erfordernis einer besonders gewichtigen Pflichtwidrigkeit als Voraussetzung eines FV nach § 25 bedeutet eine bewusste Einschränkung gegenüber § 44 StGB (BGH NJW **80** 2479). Wegen des geringeren Unrechtsgehalts der OW unterliegt das FV nach § 25 im Prinzip strengeren Voraussetzungen als dasjenige nach § 44 StGB (Stu DAR **85** 86, Kar VRS **49** 145, Ol NJW **68** 2213). Bei Bagatellen und OW, die nicht schon objektiv gewichtig sind („grob") oder „beharrlich" begangen wurden, scheidet es von vornherein aus. Wegen der Regelanordnungen der BKatV (und naturgemäß der größeren tatsächlichen Relevanz von VerkehrsOW) überragt die praktische Bedeutung des FV nach § 25 StVG die des FV nach § 44 StGB bei weitem, was eine gewisse Schieflage bewirkt. **Grobe Pflichtverletzungen** sind solche, die (objektiv) immer wieder Ursache schwerer Unfälle sind und (subjektiv) auf besonders grobem Leichtsinn, grober Nachlässigkeit oder Gleichgültigkeit beruhen (BGHSt **43** 241 = NJW **97** 3252 m Anm *Hentschel* NZV **97** 527 und *Scheffler* DAR **98** 157, Bay NZV **90** 401, Jn NJW **04** 3579, Ko DAR **05** 47, Ce DAR **03** 323, Kar NJW **03** 3719, Ha NZV **99** 92, Zw DAR **98** 362, *Geppert* DAR **97** 263 f, aM [objektive Gefährlichkeit reicht aus] Bay NZV **95** 497, Dü VM **93** 63, VRS **92** 32, Kar DAR **87** 26, Ko DAR **94** 287, KG NZV **95** 37). Auch bei objektiv grobem Verstoß setzt die Anordnung eines FV (subjektiv) ein **besonders verantwortungsloses Verhalten** des Fahrers voraus (BVerfG NJW **69** 1623, DAR **96** 196, BGH NJW **92** 449, **97** 3252, Bay NJW **03** 2253, Dr DAR **06** 30, Dü NZV **98** 384, KG NZV **94** 159, Jn NJW **04** 3579, Ha NZV **99** 92, Bra NZV **99** 303, *Hentschel,* Salger-F S 473 ff, DAR **96** 283, *Engelbrecht* DAR **94** 374, *Geppert* DAR **97** 263, *Deutscher* NZV **97** 20), das bei einmaligem, mit nur **leichter Fahrlässigkeit** begangenem Verstoß idR nicht gegeben ist (BGH NJW **97** 3252, Dr DAR **06** 30, NZV **05** 490, Ko DAR **05** 47, Kar VRS **104** 454, Kö VRS **102** 212, Jn

DAR **95** 260 [abl *Janiszewski* NStZ **95** 584], Ce DAR **03** 323, NZV **98** 254, Ha NZV **98** 334, Dü NZV **97** 241, Zw DAR **98** 362, Bra NZV **99** 303). Vorsätzliches Verhalten ist nicht Voraussetzung für die Anordnung der Nebenfolge (Kö NZV **89** 362, Kar NZV **94** 237). Bei erstmaligem fahrlässigem **Zuschnellfahren** kommt es, wenn nicht ein Regelfall iS der BKatV gegeben ist (Rz 22), grundsätzlich auf die Gesamtumstände an (Örtlichkeit, VDichte, fremde Gefährdung; Sa NZV **93** 38, Kar ZfS **92** 33, Stu ZfS **84** 350, Kö NZV **89** 362). Auch erstmaliges Zuschnellfahren kann aber bei sehr erheblicher Überschreitung zum FV führen (Kar DAR **90** 148, Kö NZV **91** 203, Ha VRS **90** 60), anders jedoch, wenn es auf dem nur auf leichte Fahrlässigkeit zurückzuführenden **Übersehen eines VZ** beruht (Rz 20). Bei Vorsatz und Wiederholung kann die Nebenfolge geboten sein, auch wenn kein Regelfall der BKatV vorliegt (Dü NZV **98** 38 [Überschreitung um 33 km/h außerorts], s auch Rz 15 aE).

Beharrliche Pflichtverletzung liegt nur vor, wenn VVorschriften **aus mangelnder** **15** **Rechtstreue** verletzt werden (BGHSt **38** 231 = NJW **92** 1397, Bay DAR **04** 163, Kar NJW **03** 3719, Zw DAR **01** 327, Kö DAR **03** 183, KG DAR **04** 594, Jn NZV **99** 304, Ha NZV **00** 53, Bra NZV **99** 303), etwa weil sie dem FzF auch in VLagen gleichgültig sind, wo es auf ihre Beachtung ankommt. Keine Beharrlichkeit bei mehrfachem Überschreiten der zulässigen Höchstgeschwindigkeit auf *einer* Fahrt, wenn der Kf nicht jeweils deswegen von der Pol angehalten wurde (*Mürbe* AnwBl **89** 640). Andererseits kann vorsätzliche DauerOW durch Geschwindigkeitsüberschreitung auf längerer Strecke eine beharrliche Pflichtverletzung sein (KG NZV **91** 119, Ha VRS **51** 66). Auch der **zeitliche Abstand** zwischen den Zuwiderhandlungen ist von Bedeutung (Dü NZV **94** 445, Jn NZV **99** 304, Ha NZV **98** 392); keine Beharrlichkeit, wenn die Ahndung der letzten Tat gegenüber dem neuen Verstoß 2½ Jahre zurückliegt (Bay DAR **91** 362) oder gar mehr als 3 Jahre (Bay DAR **92** 468). Es kommt grundsätzlich auf die Rechtskraft der die vorausgegangene Zuwiderhandlung ahndenden Entscheidung an, nicht auf die Tatzeit (BVerfG DAR **96** 196, Bay NZV **95** 499, Dü DAR **99** 324). Rechtskräftige Ahndungen vorausgegangener Verstöße muss der Betroffene gegen sich gelten lassen (Ce VM **97** 43; einschr Bay NZV **04** 48 für den Fall näher begründeten Bestreitens der Täterschaft). Vorahndungen müssen hinsichtlich Rechtskrafteintritts, Tatzeit, Umfangs des Verstoßes und Ahndung festgestellt und im Urteil dargelegt werden (Ba NZV **07** 534). Allerdings ist die Rechtskraft nicht stets Voraussetzung für die Annahme von Beharrlichkeit, etwa dann nicht, wenn eine Warnfunktion von der Zustellung der die vorausgegangenen Zuwiderhandlungen ahndenden Bußgeldbescheide ausgegangen ist (Bay VRS **98** 33, NZV **96** 370, Ha VRS **98** 44). Frühere OW rechtfertigen den Vorwurf beharrlicher Pflichtverletzung nur, wenn ein **innerer Zusammenhang** zur erneuten OW besteht (Bay DAR **01** 84, Ko DAR **05** 47, Ce DAR **03** 472), der zB zwischen Geschwindigkeits- und Abstandsverstößen gegeben ist (Bay DAR **00** 278, Ko DAR **05** 47) und den Dü VRS **69** 50 bei erheblicher Geschwindigkeitsüberschreitung ca 2 Monate nach der letzten von 2 Vorverurteilungen wegen Rotlichtverstoßes als gegeben ansieht. Kein innerer Zusammenhang aber nach Ba NJW **07** 3655 zwischen Geschwindigkeitsverstößen und „Handyverbot" (§ 23 I a StVO). Auch frühere Verstöße gegen *Halter*pflichten haben außer Betracht zu bleiben (Rz 13; Bay NZV **96** 37). Beharrlichkeit setzt grundsätzlich keinen objektiv oder subjektiv groben Verstoß voraus (KG NZV **91** 119, Bay DAR **04** 163, Kö NZV **01** 442, Ha VRS **98** 44, Kar DAR **99** 417), insbesondere nicht Vorsatz (BGH NJW **92** 1397, Bay DAR **04** 163, Kö NZV **01** 442, Ko NZV **96** 373). Auch eine Vielzahl nur leicht fahrlässiger Verstöße kann mangelnde Rechtstreue offenbaren (Kö NZV **01** 442, Bay DAR **04** 163, Ha VRS **98** 392). Jedoch beweist Wiederholung allein nicht Beharrlichkeit, denn VVerstöße kommen in den verschiedensten VLagen bei unterschiedlichster Motivation vor (Dü ZfS **89** 287, VM **93** 63, Bra NZV **98** 420 [jeweils dreimaliger Geschwindigkeitsverstoß], VM **91** 61, Jn DAR **97** 410; s aber Bay DAR **04** 163, wonach sich Feststellungen des Gerichts hierzu erübrigen). War der erste **Verstoß unbedeutend**, so lässt sich beim zweiten nicht unbedingt auf beharrliche Pflichtverletzung schließen (Dü VRS **100** 356, Fra VM **79** 14); denn Verstöße von geringem Unrechtsgehalt führen nicht zwingend zur Annahme von Beharrlichkeit (Bay DAR **00** 278). Auch der Vorwurf **beharrlicher Geschwindigkeitsüberschreitung** ist nicht regelmäßig schon bei erster Wiederholung gerechtfertigt, wenn das Verschulden bei der früheren Begehung gering war (Bay DAR **88** 350, 351 [Überschreitung im Wiederholungsfall um 30–35%], NZV **89** 35, Dü VRS **96** 66, **100** 356, Ha DAR **91** 392, *Beck* DAR **88** 352, *Heck* NZV **91** 174). Entsprechend rechtfertigt auch ein bloßes Augenblicksversagen bei der Wiederholungstat nicht die Feststellung mangelnder Rechtstreue iS von Beharrlichkeit (Kar NJW **03** 3719, Bra NZV **99** 303, Kö DAR **03** 183, NZV **01** 442, Ha VRS **98** 392, 452). **Wiederholter Geschwindigkeitsverstoß um mindestens 26 km/h** (§ 4 II S 2 BKatV): Rz 23. IÜ kann ein FV wegen beharrlicher Geschwindigkeitsüberschreitung auch gerechtfertigt sein, wenn die Voraussetzungen des § 4 II S 2 BKatV nicht vorliegen (Bay DAR **04** 230, KG VRS **108** 47, DAR **07** 711, Zw DAR **01** 327, Dü NZV **94** 239, **98** 38), sofern der beharrliche Pflichtverstoß, was im Rahmen einer Einzel- und Gesamtabwägung festzustellen ist, ähnlich starkes Gewicht hat (Kar NZV **06** 437, Ko NJW **05** 1061, Dü DAR **99** 324), etwa bei 4 Voreintragungen innerhalb von ca 2 1/2 Jahren (KG DAR **07** 711). Hingegen soll es daran bei 3 Vorahndungen (je eine pro Jahr) unterhalb der Regelfahrverbotsgrenze fehlen (Ba DAR **06** 336), ebenso bei 3 Geschwindigkeitsverstößen innerhalb von 2 1/2 Jahren, wobei die letzte innerhalb von 6 Monaten nach der vorletzten lag und die Schwelle des § 4 II 2 BKatV überschritt; zusätzlich Verstoß gegen § 23 I a, für den es freilich am inneren Zusammenhang fehle (Ba NJW **07** 3655, s auch oben) sowie bei fünf Ahndungen innerhalb von 4 1/2 Jahren, wobei „nur" eine den „Grenzwert von 26 km/h überschritten hat (Ba ZfS **08** 470). Entsprechendes gilt zB auch im Fall des Rechtskräftigwerdens der die vorausgegangene OW ahndenden Entscheidung erst nach Begehung der weiteren OW (Dü NZV **94** 41, DAR **98** 320), sofern der Betroffene bei Begehung der Wiederholungstat von der Entscheidung Kenntnis hatte (Ha NZV **98** 292, **00** 53). Bei Gesamtvorsatz (**E** 134) wird idR Beharrlichkeit und grobe Pflichtverletzung vorliegen.

16 **3 c.** Ein FV nach § 25 ist **nur gegen den KfzF** zulässig, nicht auch gegen mögliche Mitverantwortliche, die das Kfz nicht geführt haben (Bay NJW **71** 770, Kö VRS **85** 209, aM *Dreher/Fad* NZV **04** 235). Verletzung von Halterpflichten allein reicht nicht aus (Bay NZV **96** 37, Kö VRS **85** 209, Ha VRS **59** 468 und v. 12. 7. 07, 4 Ss OWi 428/07, juris). Fehlt es an den Anordnungsvoraussetzungen, so darf die Geldbuße nicht ausgleichsweise anstelle eines FV erhöht werden (Kar NZV **91** 278, Ha DAR **91** 392, VRS **54** 454).

17 **4. Regelfahrverbote** sind in I S 2 („*ist* in der Regel … anzuordnen"), nach BVerfG DAR **96** 196, aber auch durch die in § 26 a iVm § 4 BKatV („kommt … in der Regel *in Betracht*) getroffene Regelung in den dort abschließend genannten Fällen vorgesehen.

18 **4 a. Alkohol, berauschende Mittel.** IdR ist bei Verurteilung nach § 24 a zu Geldbuße auch ein FV anzuordnen. Dies gilt auch, wenn § 24 a nach § 21 I 2 OWiG zurücktritt (näher § 44 StGB Rz 7 b). OW nach § 24 a haben regelmäßig erhebliches Gewicht. Nach I S 2 kommt es deswegen auf weitergehende Pflichtverletzung iS grober oder beharrlicher Verletzung der Pflichten eines Kf nicht an (Ce BA **04** 465, Jn DAR **05** 166, Dü VRS **96** 228, DAR **93** 479). § 24 a umschreibt vielmehr wegen der hohen Gefährlichkeit von Drogenfahrten den Regelfall eines FV. Anders als beim RegelFV nach OW gem § 24 muss das Urteil hier nicht ausdrücklich erkennen lassen, dass sich das Gericht der Möglichkeit eines Absehens vom FV bewusst war (Ha VRS **101** 297, NZV **96** 246). **Absehen vom FV** nur, **a)** wenn die Tatumstände so aus dem Rahmen üblicher Begehungsweise fallen, dass die Vorschrift über das Regelfahrverbot offensichtlich nicht darauf zugeschnitten ist (Ha BA **04** 177, NZV **96** 246, Dü NZV **90** 240, Kar NZV **93** 277, Kö NZV **94** 161) **oder b)** die Anordnung eine Härte ganz außergewöhnlicher Art bedeuten würde (Bay NZV **89** 243, DAR **91** 305, Jn DAR **05** 166, Sa NZV **102** 458, Brn DAR **96** 28, Dü VRS **96** 228, Kar NZV **93** 277, Kö DAR **07** 159, Ha BA **05** 166, NZV **02** 414, Ol DAR **90** 150). **Außerhalb des Regelfalls** kann zB ein von vornherein nur auf wenige Meter beabsichtigtes nächtliches Fahren oder auf NebenStr abseits befahrener Str ohne zu befürchtende Gefährdung anderer liegen (Kö NZV **94** 157, Ce DAR **90** 150, zust *Berr*, Dü VRS **73** 142, Ha DAR **88** 63) oder ein Vor- oder Zurückrollen um wenige Meter, um einen verkehrsstörenden Zustand zu beseitigen (Bay DAR **05** 458), nicht dagegen, wenn die Tat mit einem Mofa begangen wurde (Dü NZV **97** 83), nichts passiert ist und die BAK den Grenzwert gerade erst erreicht oder nur gering überschritten hat (Dü VRS **96** 228, DAR **93** 479, Bay NZV **89** 243, Kar NZV **93** 277, Ha NZV **95** 496), die Grenze nur wegen zusätzlicher Einnahme alkoholhaltiger Medikamente erreicht wurde (Ha BA **04** 177), erst nach dem Fahren erreicht wurde oder auf Restalkohol beruht (Dü NZV **90** 240, VRS **96** 228), auch nicht bei Berufung auf eine Trinktabelle (§ 24 a Rz 25). Eine **außergewöhnliche Härte** ist nicht schon gegeben bei beruflichen Nachteilen (Bay NZV **89** 243, DAR **91** 305, Jn DAR **05** 166, Kö VRS **109** 193, Ha DAR **00** 224, Dü VRS **68** 228), auch nicht bei langjährig unbeanstandetem „Vielfahrer" (Dü VRS **96** 228, abw Sa ZfS **96** 114). Wirtschaftliche Nachteile sind häufige Folge eines FV und rechtfertigen idR keine Ausnahme (Kö VRS **109** 193, Ha VRS **75** 312). Drohender Arbeitsplatz- oder Existenzverlust als unausweichliche, im Urteil nachprüfbar im Einzelnen zu begründende Folge eines FV kann Absehen rechtfertigen (Bay NZV **91** 436, Kö VRS **109** 193, Ol DAR **03** 574, Schl BA **92** 77, Kar NZV **93** 277, Ol ZfS **95** 34, Brn

Fahrverbot **§ 25 StVG 1**

VRS **107** 49, Ha BA **05** 166, 167, Ko VRS **96** 228, AG Hof DAR **07** 40), dies jedoch nicht, wenn ihm durch Urlaub während FV begegnet werden kann (Bay DAR **85** 237, **89** 363, **90** 362, Kar DAR **90** 148, Dü VRS **87** 450). Kein drohender Arbeitsplatzverlust wenn Kündigung offensichtlich rechtswidrig wäre; Ha BA **05** 167 verlangt daher Prüfung der rechtlichen Durchsetzbarkeit durch das Gericht (s aber Rz 25). Kar NZV **91** 159 sieht unbillige Härte bei einem (nicht vorbelasteten) beinamputierten FzF, der jährlich 35 000 km zurücklegt (zw). Die Frage des Absehens vom FV des I S 2 unterliegt *bis zur Grenze des Vertretbaren* tatrichterlicher Würdigung (Ha BA **05** 166, 167, **04** 177, 268, Kö DAR **07** 159, Sa VRS **102** 458). Ein **eingeschränktes Fahrverbot** (Rz 11) ist nach dem Übermaßverbot auch hier zu prüfen (Bay NZV **91** 161, Br DAR **90** 190, Ha VRS **53** 205). Reichen besondere Umstände noch für Absehen aus, so kann doch uU eine Beschränkung geboten sein (Bay NStZ **88** 120). Eine Ausnahme für Lkw und Busse kommt auch dann regelmäßig nicht in Frage, wenn die Tat mit einem Pkw in der Privatsphäre begangen wurde (Bay NZV **91** 161, Ce NZV **89** 158, krit *Janiszewski* NStZ **89** 568, Kar NZV **93** 277, s aber Br DAR **90** 190). Das gilt erst recht bei einem Wiederholungstäter (Ha DAR **00** 224). **Dauer des FV:** § 24a Rz 27.

4 b. Die Bußgeldkatalog-Verordnung (BKatV) ist, soweit nach § 4 BKatV in Fällen von § 25 I S 1 (OW gem § 24) ein FV *„in der Regel in Betracht"* kommt, ebenso wie die Anwendung jener Bestimmung durch die Rspr, grundgesetzkonform (BVerfG DAR **96** 196 m Anm *Hentschel* DAR **96** 283). Nach der Rspr gelten folgende Grundsätze: Bei diesen Zuwiderhandlungen ist ein **grober** bzw **beharrlicher Pflichtverstoß indiziert**, dessen Ahndung, abgesehen von besonderen Ausnahmefällen, eines FV bedarf (BGHSt **38** 125 = NZV **92** 117 [zust *Janiszewski* DAR **92** 90, krit *Hentschel* JR **92** 139], BGHSt **38** 231 = NZV **92** 286, BGH NJW **97** 3252, Bay DAR **02** 233, Kar VRS **104** 454, Zw DAR **03** 134, 531, Ce VRS **102** 310, Kö DAR **03** 183). Dabei betrifft die Indizwirkung zunächst (soweit keine gegenteiligen Anhaltspunkte erkennbar sind) auch die subjektive Seite des Vorwurfs (Rz 14; BGH NJW **97** 3252, Bay DAR **00** 523, Fra NStZ-RR **03** 123, Ce NZV **98** 254, Ha NZV **99** 92, 302, Kö VRS **98** 126, Kar DAR **02** 229). Jedoch dürfen die **konkreten Umstände des Einzelfalls** in objektiver und subjektiver Hinsicht nicht unberücksichtigt bleiben (BVerfG DAR **96** 196, NZV **94** 157 m Anm *Göhler* NZV **94** 343, BGH NZV **92** 117, **97** 525, Bay NZV **98** 212, Ro NJW **04** 2320, Kar VRS **100** 460, Dü DAR **00** 416, Zw DAR **03** 531, *Hentschel* JR **92** 140, 143, *Salger*-F S 486 ff, *Engelbrecht* DAR **94** 374, *Scheffler* NZV **94** 481, *Geppert* DAR **97** 263, einschr BGH NZV **92** 286, Bay DAR **00** 171, Zw DAR **03** 134, Ce VRS **102** 310, Dü NZV **93** 241, Kar VRS **88** 478, Ha NZV **95** 366, Bra ZfS **96** 194). Vielmehr müssen sich VB und Tatrichter **der Möglichkeit eines Absehens** vom FV, etwa bei gleichzeitiger Erhöhung der Geldbuße, **bewusst sein** und dies in den Entscheidungsgründen erkennen lassen (BGH NZV **92** 117, **92** 286, Bay DAR **03** 569, Zw DAR **03** 531, Ce VRS **102** 310, Nau VRS **100** 201, Dr DAR **99** 413, Dü DAR **03** 85, Kö VRS **99** 288, Ha VRS **106** 474 [anders in Fällen von I S 2], einschr Ha DAR **97** 117, **02** 85, VRS **98** 208, gegen dieses Begründungserfordernis Ha NZV **00** 136). Nicht nur bei Verneinung eines Regelfalls, sondern auch bei **Unangemessenheit** kann (etwa bei gleichzeitiger Erhöhung der Geldbuße) vom indizierten FV abgesehen werden (BGH NZV **92** 117, **92** 286, Bay NZV **94** 487, Kar NZV **05** 54, Kö DAR **03** 183, Dü ZfS **00** 364, Ha NZV **01** 436, Kar NZV **05** 542, Ol NZV **93** 1983).

Alleinige Rechtsgrundlage für das FV bleibt § 25 I 1, der weder durch § 26a noch durch § 4 BKatV eine Änderung erfahren hat (BVerfG DAR **96** 196, BGH NZV **92** 117, **92** 286, **97** 525, Ro NJW **04** 2320, Kar NJW **03** 3719, Dr DAR **06** 30, Dü NZV **98** 320, Bra NZV **99** 303). Auch in den nach BKatV ein FV indizierenden Fällen hat dieses daher zu unterbleiben, wenn ein *grober oder beharrlicher Pflichtverstoß verneint werden muss* (BGH NJW **97** 3252, Bay NJW **03** 2253, Stu NStZ-RR **00** 279, Dr DAR **03** 205, KG NZV **94** 238, Jn NJW **04** 3579, *Hentschel Salger*-F S 487, *Engelbrecht* DAR **94** 373, *Scheffler* NZV **95** 214, *Geppert* DAR **97** 263), und zwar ohne Erhöhung der Geldbuße (Kar NJW **03** 3719, Ko DAR **05** 47, Ce DAR **03** 323, Jn NJW **04** 3579, Dü VRS **97** 447, *Cierniak* NZV **98** 293, *Hentschel* NZV **97** 528). Insbesondere das auf *leichter Fahrlässigkeit* beruhende **Übersehen eines VZ** ist weder als grober noch als beharrlicher Pflichtverstoß anzusehen (§ 41 Rz 249) und führt (ohne Erhöhung der Geldbuße) zum Absehen vom FV (BGH NJW **97** 3252 m Anm *Hentschel, Scheffler* DAR **98** 158, Bay NZV **98** 255, Ko DAR **05** 47, Dr DAR **06** 30, NZV **05** 490 [Ortseingangsschild], Fra DAR **00** 177, Dü NZV **99** 391, Ro NJW **04** 2320, Zw DAR **98** 362, Ce DAR **03** 323, Bra NZV **99** 303, Kö DAR **03** 183, aM noch Dü NZV **97** 85, KG NZV **95** 369). *Kein Augenblicksversagen jedoch*, wenn die gebotene Aufmerksamkeit in grob pflichtwidriger Weise außer

Acht gelassen wurde (BGH NJW **97** 3252, Jn NZV **08** 165), zB bei Übersehen wegen Blendung, weil dann an die Sichtverhältnisse unangepasstes Zuschnellfahren gegeben ist (Ha NJW **07** 2198), wegen Telefonierens während der Fahrt (KG v 19. 1. 00, 2 Ss 319/99, juris) oder bei sonstiger selbstverschuldeter Ablenkung (s auch Rz 22, 24). Auch der Umstand, dass auch die ohne das VZ geltende Höchstgeschwindigkeit überschritten wurde, wird die Annahme nur leichter Fahrlässigkeit idR ausschließen (Fra NStZ-RR **03** 123, Kö NZV **01** 442, Kar VRS **104** 454, DAR **07** 529, Dr DAR **05** 570, Ha DAR **08** 273; aM Ko NJW **05** 1061, *Deutscher* NZV **06** 124). Zum Übersehen eines VZ 274.1 (Tempo 30-Zone) Ha DAR **08** 273, *Hentschel* NJW **01** 468, einschr *Kramer* DAR **01** 105; zur Bedeutung von § 39 I a StVO s dort Rz 37. Zur (unhaltbaren) Einstufung von Merkmalen des BKat (innerorts, außerorts) als „objektive Bedingungen der Rechtsfolgenbemessung" KG DAR **07** 395 m abl. Anm. *König*. Im Hinblick auf das Übermaßverbot ist auch in den Regelfällen *zu prüfen*, ob nicht (ausnahmsweise) bei **Erhöhung der Geldbuße** vom indizierten FV abgesehen werden kann (BVerfG DAR **96** 196, Bay NZV **94** 370, Dü NZV **93** 81, 320, Ce ZfS **92** 427, Ha DAR **05** 460, einschr Bay NZV **94** 327). Das gem § 4 BKatV indizierte FV setzt aber nicht die ausdrückliche Feststellung voraus, dass der angestrebte Erfolg auch durch erhöhte Geldbuße nicht erreicht werden könnte (BVerfG DAR **96** 196, BGH NZV **92** 117, 286, Nau VRS **100** 201, Ol NZV **93** 278, Dü VRS **92** 386, Ha DAR **94** 411); insoweit ist BVerfGE **27** 36 überholt. Gegen eine extensive Anwendung des RegelFV *Scheffler* NZV **05** 510.

21 Wird ein Regelfall bejaht und das Vorliegen eines Ausnahmefalls verneint, so ist zur Anordnung eines FV eine **weitere Begründung entbehrlich** (Kö ZfS **04** 88, Fra ZfS **04** 283, Jn NJW **04** 3579, Ro DAR **01** 421, Ce VRS **102** 310, Kg NZV **95** 37, Ha DAR **04** 102). Anders nur, wenn Anhaltspunkte für ein Abweichen ersichtlich sind (BGH NZV **92** 286, Bay NZV **98** 212, Ro DAR **01** 421, Kö NZV **98** 165, Dü VRS **93** 366, Jn VRS **95** 56), was aber zB nicht allein schon dann der Fall ist, wenn der Betroffene niedergelassener Arzt ist (*Cierniak* NZV **98** 293, *Deutscher* NZV **99** 114, aM Kö NZV **98** 293), und auch nicht allein deswegen, weil die für die Indizierung eines FV maßgebliche Grenze einer Geschwindigkeitsüberschreitung nur um wenige km/h überschritten wurde (**aM** Jn DAR **04** 665). Gibt der Tatrichter in den Gründen zu erkennen, dass er sich der Möglichkeit des Absehens bewusst war (Rz 19), so bedarf die Verneinung dieser Möglichkeit keiner näheren Begr (Ha NZV **01** 222, abw Ha DAR **05** 460 [„eingehende" Begr, abl. *König/Seitz* DAR **06** 123]). Nicht die Einzelfallprüfung, sondern *lediglich der Begründungsaufwand* wird durch die BKatV eingeschränkt (BGH NZV **92** 117, **97** 525, Ro NJW **04** 2320, Kö NZV **94** 161, Ha NZV **00** 53, Hb NZV **95** 163, Dü NZV **98** 320, *Geppert* DAR **97** 264f). Die in der obergerichtlichen Rspr gelegentlich zu beobachtende Tendenz, bei bestimmten Berufsgruppen entgegen BKatV im Urteil wieder eine ausführliche Begründung des indizierten FV zu fordern (zB Ha DAR **98** 281, DAR **05** 460, Kö NZV **98** 293 [aufgegeben: VRS **99** 288], Stu DAR **98** 205), läuft dem Ziel des § 4 BKatV (BGHSt **38** 125, 231, BVerfG DAR **96** 196) zuwider (*Cierniak* NZV **98** 293, *Deutscher* NZV **03** 120, *Hentschel* NJW **99** 697). **Zur Regeldauer** des FV gem BKatV Rz 27.

22 **4 c. Die nach § 4 BKatV ein Fahrverbot indizierenden Zuwiderhandlungen** sind in § 4 BKatV iVm der Anl zu § 1 I BKatV abschließend aufgeführt. „Innerhalb geschlossener Ortschaften" iS der BKatV ist nach KG VRS **109** 130, **107** 217 auch eine **Geschwindigkeitsüberschreitung** auf *innerörtlicher* Stadtautobahn (Z 310; abl *Scheffler* NZV **05** 510, *Deutscher* NZV **06** 124). Bei Überschreitung der innerorts zulässigen Höchstgeschwindigkeit nur wenige Meter hinter der Ortstafel kann ein für den Regelfall indiziertes FV uU unterbleiben (Bay NZV **95** 496, Ol NZV **94** 286, Kö VRS **96** 62, einschr Ol NZV **95** 288, Ha DAR **00** 580), ebenso, wenn der Schutzzweck der Geschwindigkeitsbeschränkung entfallen ist (Ce DAR **03** 323 [nicht mehr vorhandener Rollsplitt]), uU auch wenn der konkrete Schutzzweck der Geschwindigkeitsbegrenzung trotz der Überschreitung nicht gefährdet wird (Dü NZV **96** 37, abl *Deutscher* NZV **97** 22 [30 km/h in WohnStr zum Schutz von Fußgängern/Kindern, Zuwiderhandlung zur Nachtzeit]). Kein Augenblicksversagen, wenn sich das Bestehen der Beschränkung aufdrängt, zB dann, wenn der Betroffene zuvor eine Tunneldurchfahrt und eine durch nahegelegene Schule gekennzeichneten Örtlichkeit passiert hat, dies zumal dann, wenn es sich um den täglichen Arbeitsweg des Betroffenen handelt (Ha NZV **07** 153). Geschwindigkeitsbeschränkung durch Leuchtanzeige auf einer fahrbahnüberspannenden Zeichenbrücke ist so auffällig, dass Augenblicksversagen idR ausgeschlossen ist (Ha SVR **06** 190 [*Krumm*]). S ergänzend Rz 23. Auch grob fahrlässiges Nichtbeachten eines die Geschwindigkeit **aus Lärmschutzgründen** beschränkenden VZ rechtfertigt idR ein FV (Bay NZV **94** 370, krit *Scheffler* NZV **95** 214, NZV **94** 487, Ba

Fahrverbot § 25 StVG 1

v 21. 11. 06, 3 Ss OWi 1516/06, juris = DAR **07** 94 (L), KG VRS **109** 132, **107** 217, abl *Scheffler* NZV **05** 511, Kar NJW **04** 1749, AG Fra NZV **07** 379, abw für die Zeit vor In-Kraft-treten der BKatV Bay NZV **90** 401, zust *Hillmann* VGT **91** 56, sowie hier bis zur 38. Aufl. unter Hinweis auf den Zweck des FV der *Hebung der VSicherheit* [BRDrucks IV/651 S 13 f, BTDrucks V/1319 S 90] bzw zur Bekämpfung *schwerer Unfälle* [BTDrucks V/1319 S 90]). Kein „Augenblicksversagen", wenn der Grund für die Lärmschutzmaßnahme nicht o. W. erkennbar ist und die Beschränkung vielfach unbeachtet bleibt (Ba DAR **07** 94). Ob Rotlichtverstöße auf grober Verantwortungslosigkeit beruhen und ein FV rechtfertigen, hängt auch bei „später" Rotphase (**qualifizierter Rotlichtverstoß**) von den Umständen ab (Kö DAR **94** 287, Hb NZV **95** 163). Zur Feststellung des Rotlichtverstoßes nach schon länger als 1 s dauernder Rotphase § 37 StVO Rz 61 ff. Die für ein FV erforderliche grobe Pflichtverletzung wird trotz § 4 BKatV uU zu verneinen sein bei Irritation durch Sonneneinwirkung (§ 37 StVO Rz 64; einschr Kar DAR **97** 29, abw Ce NZV **96** 327, Ha NZV **99** 302), wobei jedoch zur Tatsache der Blendung und zum Verhalten des Betroffenen auf Grund der Blendung nähere Feststellungen zu treffen sind (Ha VRS **91** 383). Kein das FV indizierender grober Verstoß idR bei Ablenkung durch Grünlicht eines anderen, nicht maßgeblichen LichtZ (oder durch andere Umstände) nach anfänglichem Warten („Frühstart"; Dü NZV **00** 91, DAR **96** 107, VRS **95** 432 [Linksabbieger], VRS **96** 386 [Folgen nach Weiterfahrt des Vorausfahrenden, „Mitzieheffekt"], VRS **97** 447, Stu NStZ-RR **00** 279, Kar NJW **03** 3719 [jedenfalls bei erneutem Halt nach wenigen Metern], KG NZV **02** 50, Kö NZV **94** 330, DAR **95** 501, AG Fra NZV **08** 371), selbst bei dadurch verursachter Gefährdung oder Sachbeschädigung (Ha VRS **98** 392, NZV **95** 82, einschr Bay DAR **96** 103, Ha DAR **96** 469, Dü VRS **96** 141 [jeweils nur bei Ausschluss einer Gefährdung des QuerV], Ol NZV **93** 408, **94** 38 [wonach die ein FV notwendig machende besondere Verantwortungslosigkeit vom Ampelschaltplan abhängt, zu Vertrauensschutz bei kürzerer Gelbphase als vorgeschrieben § 37 StVO Rz 61 b], Ha NJW **97** 2125 [„qualifizierten" Verstoß bejaht, Absehen vom FV bei Erhöhung der Buße auf das 4 fache aber nicht beanstandet], aM [kein Absehen vom FV] Bay DAR **03** 233, Dü NZV **96** 117, Ha NStZ-RR **98** 117). Das gilt nicht bei Weiterfahrt ohne Halt (Bay NZV **02** 517). Kein Absehen vom FV bei „Frühstart" aber, wenn der Irrtum auf Ablenkung durch Telefonieren beruht (Dü NZV **98** 335) oder bei Irritation durch das weiß leuchtende Bussignal (§ 37 StVO Nr 4 S 2 StVO, KG VRS **99** 210) oder dann, wenn sich der FzF durch ein wegen Defekts liegen gebliebenen Fz ablenken lässt (Kar NZV **07** 213). Kein Augenblicksversagen, falls ortskundiger Taxif auf gerader Strecke bei Dunkelheit mit unverminderter Geschwindigkeit eine bereits seit Minuten Rotlicht zeigende LZA überfährt, weil er diese überhaupt nicht wahrgenommen hat (Ha DAR **06** 521). Ha DAR **05** 463 lässt Ablenkung durch Adressensuche als Augenblicksversagen und daraus folgende fehlende Indizwirkung ausreichen. Kein FV trotz Durchfahrens nach länger als 1 s dauernder Rotphase auch, wenn auf Grund der Umstände selbst eine *abstrakte* Gefahr für andere VT (zB QuerV oder Fußgänger) nicht in Betracht kommt (Bay DAR **05** 349, Dr DAR **02** 522, KG VRS **113** 300 [Rechtsabbiegen nach Anhalten], **114** 60, Kö VRS **92** 228, **98** 389), zB bei ampelgeregelter einspuriger VFührung in Engstellen (etwa Baustellen-LZA; Dr DAR **02** 522, Kö NZV **94** 41, 330, Dü NZV **95** 35, Ha NZV **94** 369, Ce VM **96** 67, Ol NZV **95** 119 [LZA an nur einspurig befahrbarer Brücke], Bay DAR **96** 31 [Vorsatz], einschr Dü VRS **98** 47 [Baustellen-LZA, Vorbeifahren an schon haltenden Fz], Bay NZV **97** 320, Ha SVR **06** 312 [je bei Fußgänger-LZA], aM Bay DAR **03** 233, 280). Kein „qualifizierter" Verstoß mangels abstrakter Gefahr auch bei fahrlässigem Einfahren in die Kreuzung trotz länger als 1 s dauernder Rotphase auf dem gesperrten Fahrstreifen für den GeradeausV, aber anschließendem Abbiegen in eine durch Grün freigegebene Richtung (KG NZV **01** 311). Absehen vom indizierten FV uU auch bei völligem Übersehen einer nur schwer wahrnehmbaren LZA (Bay DAR **03** 280, NZV **94** 287, Dü NZV **93** 409), Anhalteschwierigkeiten bei spiegelglatter Fahrbahn (Dr DAR **98** 280: nur leichte Fahrlässigkeit; s auch KG VRS **113** 296: nur, falls Verkennung der StrGlätte auf leichter Fahrlässigkeit beruht) oder bei Schrittgeschwindigkeit zu verkehrsarmer Zeit (Dü VRS **90** 149). Der indizierte grobe Verstoß entfällt dagegen nicht ohne Weiteres bei einer nur Gelb und Rot zeigenden Fußgänger-LZA (Bay NZV **97** 84). Da grobe Pflichtverletzung idR auch subjektiv grobe Nachlässigkeit oder Verantwortungslosigkeit voraussetzt, ist auch der (oft zufällige) Erfolg einer konkreten Gefährdung allein trotz § 4 BKatV kein geeignetes Kriterium (Ha DAR **95** 501, Dü NZV **93** 446, **97** 241, *Hentschel* NJW **94** 707, abw Dü VRS **96** 141) und scheidet aus, wenn es am Schutzzweckzusammenhang zwischen fahrlässigem Verkehrsverstoß und der eingetretenen Unfallfolge fehlt (Lichtzeichenanlage bezweckt nicht Schutz des aus Grundstücksausfahrt Einfahrenden; Ko NZV **07** 589; s auch Kar VRS **100** 460). Bei Schädigung nach Rotlichtverstoß kann **Mitver-**

schulden des Geschädigten ein nach BKatV in Betracht kommendes FV entbehrlich machen (Ha VRS **100** 460, Ce NZV **94** 40). Gefährdend **zu geringer Abstand** zum Vorausfahrenden rechtfertigt auch bei einem aus Gedankenlosigkeit handelnden Ersttäter ein FV (Bay NZV **91** 320, Sa NZV **91** 399). Vielfach kann nämlich schon die kleinste Unaufmerksamkeit zu folgenschweren Unfällen führen (Bay DAR **03** 569). **Wenden und Rückwärtsfahren auf AB** und KraftfahrStr auch ohne konkrete Gefährdung eine grobe Pflichtverletzung iS von I S 1 (s auch BKatV, Bay NZV **97** 244, Ol NZV **92** 493), anders aber uU bei bloßem Übersehen des VZ 331. Kein Absehen vom indizierten FV nur deswegen, weil auf der KraftfahrStr ein Stau bestand (Bay NZV **97** 244). Nicht immer besonders verantwortungslos ist das Rückwärtsfahren auf der AB-Standspur einer Verteilerfahrbahn (Dü VRS **68** 141, **70** 35).

23   Selbst **bei wiederholtem Überschreiten um mindestens 26 km/h** innerhalb eines Jahres nach Maßgabe von § 4 II S 2 BKatV muss das Gericht die Tatumstände berücksichtigen (BGH NJW **92** 446, Bra NZV **99** 303, Ha VRS **97** 449, so i. Erg., wenngleich einschr, auch BGH NJW **92** 1397, aM Ce NZV **91** 199). ZB reicht Überschreitung infolge nur leicht fahrlässigen **Übersehens eines VZ** regelmäßig nicht aus (s schon Rz 22), um ein FV auf Wiederholung iS von § 4 II S 2 BKatV zu stützen (Dr DAR **03** 472, Kar VRS **104** 454, Bra NZV **99** 303, Ha VRS **97** 449, Kö DAR **03** 183, Nau ZfS **00** 318, *Hentschel* JR **92** 143). Leichtes Verschulden (Augenblicksversagen) liegt etwa nahe, wenn bei einer dreispurig ausgebauten Fahrbahn mit Mittelleitplanke außerhalb geschlossener Ortschaften eine Geschwindigkeitsbegrenzung auf 70 km/h angeordnet ist (auswärtiger Kf, Kar DAR **06** 227). Anders liegt es bei bewusster, deutlicher Überschreitung der auch ohne das VZ geltenden Höchstgeschwindigkeit (Kö NZV **01** 442), nach Kar VRS **104** 454 selbst dann, wenn dies fahrlässig geschieht (9 km/h; aM Ko NJW **05** 1061, s auch Rz 20, 21). Auch wenn die frühere Überschreitung um mindestens 26 km/h auf nur geringem Verschulden beruhte, ist § 4 II S 2 BKatV wegen Fehlens der Voraussetzungen des § 25 StVG nicht anwendbar (Dü VRS **100** 356, s auch Rz 15 sowie *Scheffler* NZV **95** 177: bei erstmaliger Wiederholung keine „Beharrlichkeit", andernfalls Überschreitung der Wortlautgrenze). Andererseits rechtfertigt in den in § 4 BKatV genannten Wiederholungsfällen nicht schon allein die Feststellung nur fahrlässiger Überschreitung überhaupt ein Absehen vom an sich verwirkten FV (Fra DAR **92** 470). Das Gericht kann ohne Prüfung von der Rechtmäßigkeit der rechtskräftigen Voreintragung ausgehen (Ce NZV **97** 488). Voraussetzung ist jedoch stets, dass die frühere Ahndung zur Tatzeit der Anordnung noch nicht tilgungsreif (§ 29 Rz 2 ff) ist (Kar ZfS **97** 75). Vorübergehende Aufhebung der Rechtskraft der früheren Entscheidung durch Wiedereinsetzung in den vorigen Stand hindert die Anwendung von § 4 II S 2 BKatV nicht (Dü DAR **98** 320). § 4 II S 2 BKatV ist grundgesetzkonform (BVerfG DAR **96** 196). Zur **Berechnung der Jahresfrist** des § 4 II S 2 BKatV: Ko DAR **05** 47.

24   **4 d. Absehen vom gem § 4 BKatV indizierten FV.** Die Voraussetzungen für ein Absehen vom indizierten FV sind geringer als beim RegelFV des I S 2 (zusf *Beck* DAR **97** 32). Schon „erhebliche Härten oder eine Vielzahl für sich genommen gewöhnlicher oder durchschnittlicher Umstände" (BGH NZV **92** 117) können ein Absehen rechtfertigen (Bay NZV **96** 374, Zw DAR **03** 531, Ha VM **05** 68, DAR **03** 398, NZV **97** 281, Ro VRS **108** 376, Ce VRS **102** 310, Kö VRS **105** 296, Nau NZV **95** 161). Dies unterliegt in erster Linie tatrichterlicher Würdigung (Bay NZV **02** 280, Zw DAR **03** 134, Kö ZfS **04** 88, Ol NZV **95** 287, Ha NZV **07** 258, Dü ZfS **00** 364) „bis zur Grenze des Vertretbaren" (Ha NZV **01** 436, **08** 304, 306). Nicht unproblematisch ist deswegen die in der Rspr zT vertretene Auffassung, nur eine „Härte ganz außergewöhnlicher Art" (Fra NStZ-RR **00** 312, KG VRS **108** 288, Ol NZV **95** 287, Ha NZV **03** 103, **97** 119, VRS **97** 272, SVR **07** 150 [„einhellige Rspr"], Ko NZV **96** 373), nur „ganz besondere, außergewöhnliche Umstände" (Ko NJW **05** 1061) oder eine „unerträgliche Härte" (Dü NZV **96** 463), rechtfertigten ein Absehen vom indizierten FV (hierzu auch Ha DAR **05** 463, *Scheffler* NZV **05** 510). Andererseits ist nicht plausibel, die Begründungspflichten unter Berufung darauf zu erhöhen, dass hohe Geldbußen seit der im Jahr 1998 (!) vorgenommenen Erhöhung des Bußgeldrahmens in § 17 OWiG das indizierte FV vermehrt entbehrlich machen könnten (*König/Seitz* DAR **08** 361, 365; aM Ha NZV **05** 495, VRS **113** 315, *Deutscher* NZV **99** 113, **08** 185). In Betracht kommt etwa das Vorliegen einer *notstandsähnlichen Situation* (Kar NZV **05** 54, 542), aber auch das *Zusammentreffen mehrerer entlastender Umstände* (Kö NStZ-RR **96** 52), wie zB nur geringfügiges Überschreiten des „Regelbereichs" nach BKatV, fehlende Voreintragungen, nur kurzfristige Unaufmerksamkeit, lange zurückliegende Tat ohne weitere Auffälligkeit, geringes VAufkommen, Nachtzeit, Fehlen von Fußgängern, autobahnähnlicher Ausbau einer innerörtlichen Str, Anpassung an den fließenden V (Kar DAR **92** 437, Bay

Fahrverbot **§ 25 StVG 1**

NZV 96 78, Dü DAR 00 416, Ha NZV 01 436, abw Dü VRS 91 203). Das Vorliegen eines dieser Umstände allein reicht jedoch idR nicht aus, zB geringes VAufkommen zur Nachtzeit (Ha NZV 03 103, VRS 100 56, Kö VRS 105 296, Ro DAR 01 421; s aber Rz 22), nur lockere Bebauung bei Geschwindigkeitsverstoß (Bay NZV 97 89); nach AG Essen DAR 06 344 Absehen selbst bei 7 einschlägigen Vorahndungen möglich, wenn der Betroffene bei FV den Arbeitsplatz verlieren würde, in den letzten 2 Jahren nicht mehr auffällig geworden ist und durch freiwillige Teilnahme an einem Aufbauseminar und einer verkehrspsychologischen Beratung nachgewiesen hat, dass er ernsthaft an sich gearbeitet hat (s auch Rz 25). Bei Indizierung des FV durch Gefährdung oder Sachbeschädigung (zB Rotlichtverstoß) kann erhebliches **Mitverschulden** Anlass zum Absehen bieten (Rz 22), ebenso der Umstand, dass der Zweck der Nebenfolge schon erreicht ist (Verzicht auf das KfzFühren in der irrigen Annahme eines wegen der Tat schon bestehenden FV; Ko DAR 04 109). **Lange Zeit seit der Zuwiderhandlung** ohne weiteres Fehlverhalten kann aber auch für sich allein ein Absehen vom indizierten FV rechtfertigen, vor allem, wenn **mehr als 2 Jahre** vergangen sind (Bay NZV 04 100, 210, 02 280, Ce VRS 108 118, Kar DAR 05 168, Brn NZV 05 278, Ha VRS 109 118, Schl DAR 02 326, Nau ZfS 03 96, Dü DAR 03 85, Zw DAR 00 586, Kö NZV 04 422, Ro DAR 03 530, zw *Metzger* NZV 05 179), nach Kar DAR 07 528 nach 23 Monaten. Abgelehnt bei weniger als 2 Jahren von Dü DAR 03 85; Ha ZfS 03 521 [21 Monate]; Ha NZV 07 152 [19 Monate]; Ha DAR 00 580 [17 Monate]; Ha NZV 01 436 [15 Monate]. Die Dauer bis zur Entscheidung des Rechtsbeschwerdegerichts ist einzurechnen (Ha VRS 113 68). Hierbei kann allerdings zu berücksichtigen sein, ob die lange Verfahrensdauer auf dem Prozessverhalten des Betroffenen beruht (Kö NZV 00 430, KG NZV 02 281, Ro DAR 01 421, Schl DAR 02 326, Fra ZfS 04 283, aM *Bode* ZfS 04 137, *Hentschel* NJW 01 721) oder jedenfalls in seinem Einflussbereich liegt (Bay NZV 04 210, Ce VRS 108 118, Kar DAR 05 168, Kö NZV 04 422, *Metzger* NZV 05 179). Kein Absehen, wenn lange Verfahrensdauer vom Betroffenen zu vertreten ist (Ha VRS 106 57 [abl *Bode* ZfS 04 137], KG NZV 02 281, Kar DAR 07 528, Ba v 16. 7. 08, 2 Ss OWi 835/08, 2 Ss OWi 835/2008, juris), wobei ihm nach Ce VRS 108 118, Ha NZV 06 50, DAR 07 714 Rechtsmitteleinlegung nicht anzulasten ist, oder wenn sein Prozessverhalten gar darauf abzielte (Ha NZV 06 50, Schl DAR 02 584), nach zT vertretener Auffassung nur bei Verfahrensverzögerung in unlauterer Weise (Ha BA 04 175, Zw DAR 00 586). Die Geldbuße ist bei Absehen von FV wegen Zeitablaufs nicht zu erhöhen (Ce VRS 108 118, Ha NZV 07 635). I Ü ist die Zweijahresgrenze immer **nur ein Anhaltspunkt**; entscheidend sind stets die konkreten Umstände (Bay NZV 04 210, Ce VRS 108 118, Jn NZV 08 165), die die Einwirkung eines FV auf den Betroffenen trotz des Zeitablaufs geboten erscheinen lassen können, was zB zutrifft, wenn der Betroffene seither abermals mit VerkehrsOW aufgefallen ist (Kar NZV 04 316; Ba v 16. 7. 08, 2 Ss OWi 835/08, 2 Ss OWi 835/2008, juris). Bei mehrmonatigem Regel-FV kann lange Verfahrensdauer uU eine geringere Verbotsfrist rechtfertigen (Bay NZV 04 100, 210, DAR 04 405, Ha NZV 06 50, Nau ZfS 03 96). Auch **Irrtum** kann Ausnahme rechtfertigen, zB *nicht fernliegender* (Ba NJW 07 3081) Verbotsirrtum (Bay NJW 03 2253, DAR 03 469, Jn NJW 04 3579, KG NZV 94 159, Kö VRS 109 45, 95 435) oder Zuwiderhandlung auf Grund irriger Annahme einer Notstandslage (Kar NJW 05 3158, Kö VRS 109 45, Bra NZV 01 136, Ha DAR 96 416), nicht aber zB bei ärztlicher Hilfeleistung auf Grund unkritisch angenommener Notstandssituation statt des sinnvolleren Einsatzes eines RettungsFz (Kö VRS 109 45, Fra NStZ-RR 01 214) oder falls der Betroffene mehrfach vorgeahndet ist (Kar NJW 05 3158).

Dass die Grenze der die Nebenfolge indizierenden **Geschwindigkeit** nur knapp überschritten 25 wurde, reicht allein nicht (Kö VRS 105 296, Nau NZV 95 201, Ha VRS 88 301, Dü VRS 94 282), auch nicht der Umstand, dass der Geschwindigkeitsverstoß auf einer AB begangen wurde (Nau NZV 95 201) oder die aus der Veränderung der örtlichen Verhältnisse hergeleitete irrige Annahme inzwischen erfolgter Aufhebung der Begrenzung (Ha DAR 01 322), gleichfalls nicht der Versuch der Ausschaltung eines defekten Tempomaten (statt angezeigten Bremsens; Ha NJW 07 2198). Hohe Kilometerleistung allein *(„Vielfahrer")* rechtfertigt für sich allein kein Absehen (Bay NZV 96 374, Dr DAR 01 318, Dü NZV 93 445, DAR 96 66, Kö VRS 87 40, Nau NZV 95 161, Ha NZV 03 103, 07 100, BVerfG DAR 96 196), anders uU aber im Zusammenwirken mit weiteren Besonderheiten des Falls (Kö NZV 94 161). Dass es sich um den ersten Verstoß eines **lange Zeit unbeanstandeten Kf** handelt, reicht allein nicht (KG DAR 01 413, Ha NZV 03 103, Dü VRS 94 282, *Geppert* DAR 97 266, einschr Sa ZfS 96 113), auch nicht dann, wenn die Tat zu verkehrsarmer Zeit begangen worden ist (Ha DAR 06 521). Teilnahme an einer **Nachschulung** oder an einem Aufbauseminar allein genügt nicht (Bay NZV 96 374, Ba VRS 114 379, Dü VRS 93 226, AG Ce ZfS 01 520, aM AG Rendsburg NZV 06 611, *Bode*

König 317

ZfS **01** 521, *Himmelreich* DAR **08** 69; s auch Rz 24). Es ist nicht ersichtlich, wie in dem auf Schnelligkeit ausgerichteten OWVerfahren sollte festgestellt werden können, ob die „Erziehungswirkung" einer Nachschulung die gesetzlich *als Regel* vorgegebene, fühlbare *Denkzettel*sanktion des FV (entgegen *Krumm Himmelreich*-F S 65 = SVR **08** 257 ist das OWRecht nicht vom Erziehungsgedanken geprägt, sondern stellt, wie ua die BKatV eindrucksvoll erweist, maßgebend auf das Tatbild ab) soll entbehrlich machen können. Hätte der Gesetzgeber der *behandelnden* Erziehung den Vorrang gegeben, so hätte er diese und nicht die im Schwerpunkt *abschreckende* Sanktion des FV als Regel angeordnet. I Ü führt die Gegenansicht zu einem Freikaufverfahren für begüterte Betroffene (Ba VRS **114** 379). Entlarvend sind die im Rahmen von (zT amtsrichterlichen) „Verteidigungsstrategien" gegebenen Empfehlungen, vor Absolvierung einer „erzieherischen Maßnahme" zunächst einmal vorzufühlen, ob der Amtsrichter hinreichend „aufgeschlossen" ist (so *Krumm* SVR **08** 257). Dass in der Breite der Fälle der Wille zur ernsthaften Auseinandersetzung mit dem Fehlverhalten den Anstoß zur Absolvierung der „Erziehung" gegeben hat (vgl AG Rendsburg NZV **06** 611) und nicht der Wille, sich das FV zu ersparen, wird man nicht nur angesichts solcher Äußerungen bezweifeln dürfen. Absehen vom FV bei Teilnahme an Verkehrsunterricht in einem minder gewichtigen Fall und weiteren Faktoren aber nicht beanstandet von Bay NZV **96** 79. **Berufliche oder wirtschaftliche Schwierigkeiten,** die bei einer Vielzahl von Berufen regelmäßig Folge des FV sind, genügen für ein Absehen nicht, sondern sind als selbstverschuldet hinzunehmen (BVerfG DAR **96** 196, 199, Bay VRS **101** 441, KG VRS **108** 286, Ce VRS **108** 118, Schl NZV **03** 394, Kar NZV **05** 54, VRS **104** 454, Ha NZV **01** 355, Fra DAR **02** 82, Kö VRS **105** 296). Das gilt grundsätzlich auch für BerufsKf (zB TaxiF), Rechtsanwälte (AG Lüdinghausen DAR **06** 165), den Produzenten eines Nationalzirkus (Ha SVR **07** 186), einen auswärts eingesetzten Monteur (NZV **08** 306), eine alleinerziehende Apothekerin, die ihre Kinder zur Schule bringen muss (Ha NZV **08** 306) oder auch einen „Fernsehkommissar", der häufig als FzF im öffentlichen V gefilmt wird (Ba NJW **06** 627). Andernfalls schiede die Nebenfolge in solchen Fällen praktisch aus (Ro VRS **101** 380, KG DAR **01** 413, Ha VRS **106** 466, NZV **07** 261 [Außendienstmitarbeiter], VRS **112** 131 [Kommunikationselektriker], Dü NZV **96** 463). Problematisch AG Geilenkirchen DAR **07** 221 (m Anm *Herbert*), wonach bei einem in den zahnärztlichen Notdienst eingegliederten Zahnarzt wegen ansonsten eintretender Gefährdung der Patientenversorgung vom FV abzusehen sein soll. IdR ist es dem Betroffenen zuzumuten, beruflichen Nachteilen infolge des FV durch **rechtzeitige Urlaubsplanung** während einmonatiger Verbotsfrist zu begegnen (BVerfG NJW **95** 1541, Bay NZV **97** 89, Fra NJW-RR **03** 123, Kö DAR **96** 507, Kar NZV **05** 54, Dü NZV **96** 463, Ce NZV **96** 117, Ha NZV **96** 247, Zw VRS **91** 1975). Dies gilt umso mehr in den Fällen der Viermonatsfrist nach II a (Bay DAR **99** 559 VRS **101** 441, KG VRS **108** 286, Kar NZV **04** 316, 653, Fra NStZ-RR **03** 123, Ha NZV **01** 355). Hier ist die Möglichkeit eines Verzichts auf die Nebenfolge nach besonders strengem Maßstab zu beurteilen (Bay DAR **99** 171, Fra DAR **02** 82). Eine Überspannung der tatrichterlichen Pflichten stellt es dar, wenn Ha NZV **05** 495, VRS **113** 315 die Feststellung verlangt, ob der Betroffene noch über ausreichenden Jahresurlaub verfüge und der Ausschöpfung des Jahresurlaubs nicht Wünsche des Arbeitgebers entgegenstünden. Kommt Urlaub nicht in Betracht, ist es dem Betroffenen zuzumuten, einen Fahrer einzustellen, notfalls nach Aufnahme eines hierzu erforderlichen Kredits (Bay VRS **101** 441, Ko DAR **05** 47, Kar NZV **04** 316, 653, VRS **104** 454, Fra DAR **02** 82, NStZ-RR **03** 123, **02** 88, s jedoch zum Fall eines selbstständigen TaxiF mit nur einem Fz Bay NZV **98** 212, Ol NZV **95** 40, andererseits Jn NZV **95** 498 [mehrfach belasteter TaxiF], VRS **111** 219 und Ha NZV **07** 153 [je Gastwirt]). Verweis auf Kreditaufnahme steht unter dem Vorbehalt der Zumutbarkeit, die nach Ha NZV **07** 583 (Bspr *Krumm* NZV **07** 561) bei Selbstständigen eher anzunehmen ist, jedenfalls aber erörtert werden muss. Kein Absehen vom indizierten FV wegen besonderer beruflicher Härten, wenn der Betroffene sich schon bei Erhalt des Bußgeldbescheids darauf hätte einstellen können (Bay NZV **96** 374, **97** 89, *Deutscher* NZV **97** 27). Bei **drohendem Verlust des Arbeitsplatzes** oder der wirtschaftlichen Existenz durch das FV wird vielfach, wenn auch nicht zwingend (Kar NZV **04** 316), eine Ausnahme gerechtfertigt sein; in solchen Fällen ist daher das FV auch in den Regelfällen näher zu begründen (Bay NZV **98** 212, Kar NZV **04** 653, KG DAR **04** 164, Kö NZV **04** 422, Brn VRS **107** 53, Fra NStZ-RR **00** 312, Dü DAR **96** 66, Ha NZV **96** 77, Dr DAR **98** 401, Ce ZfS **05** 314, Zw VRS **91** 197, BVerfG NZV **94** 157 [Rz 18]). Kein Absehen vom FV wegen Existenzgefährdung jedoch bei mehrfachem Wiederholungstäter, der dies als Freibrief für weiteres Fehlverhalten verstehen würde (Fra NStZ-RR **02** 88, Brn VRS **107** 53). Nach Brn NStZ-RR **04** 93, Ce NZV **96** 291 (zust *Deutscher* NZV **97** 27) ist im Fall tatsächlich drohender Kündigung deren rechtliche Zulässigkeit wegen des Risikos ohne Bedeutung. Anders aber jedenfalls bei offensichtlicher Rechtswidrigkeit einer angedrohten Kündigung (Brn NStZ-RR **04** 93). Hohes Alter allein ist kein ausreichender Grund für Absehen vom indizierten FV (Ha DAR **01** 229). Auch schwere Gehbehinderung rechtfertigt allein nicht ohne Weiteres einen Verzicht auf das indizierte FV (Ha NZV **99** 215, NZV **07** 152, Fra NZV **94** 286), jedoch uU Querschnittslähmung (Rollstuhlfahrer, Fra DAR **95** 260, AG Hof NZV **98** 388). Existenzgefährdung bejaht für Inhaber eines kleinen Instandhaltungs- und Reparaturbetriebs (Schlosser) mit Monatseinkommen von ca. 1200 €, wovon er für seine in Teilzeit berufstätige Ehefrau und seine beiden minderjährigen Kindern Unterhaltsleistungen zu erbringen hat, von Kar NZV **06** 326. **Auswirkungen auf nahe stehende dritte Personen** können zu berücksichtigen sein, wenn deren verstärkte Pflege- und Betreuungsbedürftigkeit feststeht, außerdem keine sonstigen unentgeltlichen Betreuungspersonen aus der Familie vorhanden sind und die Einstellung einer professionellen Hilfe nicht zumutbar ist (Ha NStZ-RR **06** 322 [im konkreten Fall verneint], s auch Ha NZV **97** 185 zur Versorgung der kranken Ehefrau als einer von mehreren Gründen). Als *einer von mehreren* Gründen wird auch die Versorgung außenstehender Dritter zu berücksichtigen sein (AG Geilenkirchen DAR **07** 221 m Anm *Herbert*). Die Nichtverhängung des Regelfahrverbots, weil dem Betroffenen im Verwaltungsverfahren die FE ohnehin entzogen worden ist, stellt keinen Fall des Absehens vom Fahrverbot nach § 4 IV BKatV dar, der die Erhöhung der Regelgeldbuße rechtfertigen könnte (Zw NJW **06** 1301).

Ein **Absehen vom FV** in den Fällen des § 4 I, II 2 BKatV ist stets **näher zu begründen** 26 (BGH NZV **92** 286, Bay NZV **96** 374, Zw DAR **03** 134, Ce ZfS **05** 314, VRS **102** 310, Ro VRS **101** 380, Kar NZV **05** 54, 542, Ko NZV **96** 373, Dü VRS **93** 200, Ha NZV **03** 103, DAR **03** 571, Begr, BRDrucks 140/89 S 28). Das Urteil muss die Erwägungen hinsichtlich der Glaubhaftigkeit von Angaben des Betroffenen darlegen, der sich auf besondere Härten wie etwa drohenden Existenz- oder Arbeitsplatzverlust beruft; diesbezügliche Angaben dürfen nicht ungeprüft übernommen, müssen vom Tatrichter vielmehr kritisch hinterfragt und überprüft werden, um Missbrauch auszuschließen und dem Rechtsbeschwerdegericht eine Entscheidung zu ermöglichen (Kö NZV **04** 422, Brn VM **04** 53, Zw DAR **03** 531 [Vorlage des Arbeitsvertrags], Ro VRS **101** 380, Ko DAR **99** 227, Dü NZV **99** 477, Ce VRS **108** 118, Ha BA **04** 179, DAR **96** 325, Brn VRS **107** 53), dürfen aber andererseits nicht ohne Weiteres als unwahr unterstellt werden (Kö VRS **113** 441). Einer Bescheinigung des Arbeitgebers über die beruflichen Folgen eines evt gegen einen Betroffenen zu verhängenden FV muss zu entnehmen sein, dass es bei einer FV zur Kündigung des Arbeitsverhältnisses kommen wird, der Hinweis auf die *Möglichkeit* einer Kündigung genügt nicht (Ha NZV **07** 261, KG VRS **113** 314), genauso wenig die Feststellung, der Betroffene habe „große Angst um seinen Arbeitsplatz" (Ha SVR **07** 150; abw. jedoch bei Berufskraftfahrer in der Probezeit AG Lüdinghausen NZV **08** 105). Die vorstehenden Grundsätze gelten sinngemäß, wenn der Betroffene unzumutbare Härten gerade **wegen der Dauer** eines mehrmonatigen FV geltend macht (Ba DAR **06** 515; Zw DAR **03** 531). Bei besonderer Sanktionsempfindlichkeit kann es trotz zweier Voreintragungen gerechtfertigt sein, das Regelfahrverbot abzukürzen bei gleichzeitiger Erhöhung der Regelgeldbuße (Ba NZV **07** 213). Wird vom FV in einem Grenzfall abgesehen, so kann die Geldbuße nicht nur „maßvoll", sondern „empfindlich" zu erhöhen sein (Ha NZV **07** 100).

5. Dauer. Anrechnung vorläufiger Entziehung. Verfahren. Das FV dauert *einen Monat* 27 *bis zu drei Monaten*, innerhalb dieses Rahmens Tage oder Wochen. Bei erstmaliger Anordnung wegen beharrlicher Pflichtverletzung beträgt es idR 1 Monat (§ 4 II S 1 BKatV), auch wenn es im konkreten Fall nicht auf § 4 II S 1 BKatV gestützt werden kann (Dü NZV **98** 38), ebenso, wenn ein früheres FV schon lange zurückliegt (Bay DAR **99** 221 [über 3 Jahre, Tat mehr als 4 Jahre]). Bemessung auf 3 Monate ist jedenfalls dann zu begründen, wenn nicht schon die Schwere des Verstoßes dafür spricht, Ol DAR **77** 137, Kar VRS **53** 54. Bei Regelfällen von Verstößen, bei denen die BKatV ein FV indiziert, sowie bei Zuwiderhandlungen gegen § 24a StVG *sind die Sätze der BKatV zu beachten*. Auch insoweit ist jedoch zu prüfen, ob nicht der Einzelfall eine geringere FVDauer rechtfertigt (Rz 26 aE). Deren Einstufung als „objektive Bedingungen der Rechtsfolgenbemessung" (so KG DAR **07** 395) ist nicht haltbar (*König* DAR **07** 396). Geringere FVDauer bei lange zurückliegender Tat: Rz 24. Bei erstmaliger Verhängung eines nach der BKatV indizierten FV wegen groben Verstoßes ist die Dauer, wenn nicht erschwerende Umstände die Grenzen eines Regelfalls überschreiten, entsprechend der Vorgabe durch die BKatV auf die dort vorgesehene Frist zu bemessen (Ha NZV **01** 178, Dü NZV **98** 384; zur Geltendmachung entlastender Umstände hinsichtlich einer Unterschreitung der Regeldauer Ba DAR **06** 515). Auch ein wiederholtes FV ist nicht regelmäßig auf mehr als 1 Monat zu bemessen, der zeitliche Abstand ist von Bedeutung (Bay DAR **00** 39). Erfüllt ein Verhalten mehrere indizierende Tatbestände der BKatV, so sind die Verbotsfristen nicht ohne Weiteres zu addieren (Stu NZV **96** 159, Ha NJW **07** 2198). **Überschreiten der Regeldauer** des FV gem BKatV, setzt Nichterreichbarkeit der Erziehungs- und Warnzwecke ohne Verlängerung voraus (Bay NZV **94** 487, ZfS **95** 152, KG VM **02** 42, VRS **98** 290, **103** 223, Ha NZV **01** 178). Zunächst ist Erhöhung der Buße in Erwägung zu ziehen (Bay ZfS **95** 152). Das Fehlen nennenswerter beruflicher, wirtschaftlicher oder sonstiger Nachteile als Folge des FV im Einzelfall rechtfertigt allein keine Verlängerung der in der BKatV vorgesehenen Dauer (Bay NZV **94** 487). Nur knapp unter 1,1‰ liegende BAK begründet allein nicht die Annahme, es liege kein Regelfall mehr vor (Kö NZV **89** 404). **Bei TM** stets nur ein einheitliches FV (Bay VM **76** 57, Rpfleger **85** 455, Brn VRS **106** 212, Stu NZV **96** 159, ZfS **97** 277, Dü DAR **98** 113, NZV **98** 512), auch bei TM von OW und Straftat (Ce NZV **93** 157). Ist die FE vorläufig entzogen (§ 111a StPO) oder der FS beschlagnahmt (§ 94 StPO), amtlich verwahrt oder sichergestellt, so sind solche Zeiten auf das FV **anzurechnen**, weil sie Verbotswirkung gehabt haben (VI). Bei entsprechender Dauer der Verwahrung kann das dazu führen, dass das FV als vollstreckt gilt. Gleichwohl muss das FV angeordnet werden (str; s § 44 StGB Rz 8a). Muss vorläufige EdF (§ 111a StPO) auf ein FV angerechnet werden, so betrifft dies lediglich die Vollstreckung (Dü DAR **70** 195). Anrechnung rechtskräftiger EdF analog VI nach Wiedereinsetzung in den vorigen Stand (Bay VRS **72** 278, zust *Berz* JR **87** 513). Nichtanrechnung oder teilweise Nichtanrechnung sieht VI als Kannbestimmung nur noch für den Fall vor, dass das Verhalten des Betroffenen nach der OW Anrechnung oder Vollanrechnung nicht rechtfertigt. Das kann nur bedeuten, dass die Denkzettelwirkung des FV nicht eingetreten ist. Anordnung der Nichtanrechnung (V) muss im Urteilstenor stehen (Dü DAR **70** 195).

28 **Bei mehreren FV** laufen die Verbotsfristen nach inzwischen überwiegender, in der Sache aber wenig überzeugender Ansicht in der Weise *nebeneinander*, dass die Verbotsfrist des zweiten FV, wenn der FS wegen des ersten amtlich verwahrt wird, mit der Rechtskraft des zweiten beginnt (Bay NZV **93** 489 m Anm *Hentschel* DAR **94** 75, Brn VRS **106** 212, LG Münster NJW **80** 2481, LG Regensburg DAR **08** 403 AG Bra ZfS **02** 552, AG Herford DAR **00** 133, AG Münster DAR **97** 364, AG Augsburg NZV **90** 244 [abl *Hentschel*], AG Rotenburg ZfS **96** 156, AG Aurich MDR **98** 903, AG Paderborn ZfS **99** 219, *Widmaier* NJW **71** 1158, *Karl* NJW **87** 1063, *Zank* VGT **97** 246, *Deutscher* NZV **98** 139). Davon geht jetzt offenbar auch der GGeber aus (Begr zur Einfügung des IIa, Rz 5). Nach der Gegenansicht (zB AG Liebenwerda DAR **03** 42, AG Bottrop DAR **95** 262 m abl Anm *Engelbrecht*, AG Stu NZV **06** 328, *Hillebrand* VD **77** 323, *Danner* VD **78** 29, *Bouska* VD **78** 105, LG Flensburg NJW **65** 2309 [zu § 44 StGB]) sind die FV nacheinander in voller Dauer zu vollstrecken, wofür ua der Zweck der Nebenfolge als Denkzettel (BR in BTDrucks 13/6914) sowie Abs 5 sprechen, der nicht irgendeine amtliche Verwahrung meint, sondern die gem II S 2 auf das jeweilige konkrete FV bezogene. Zu IIa S 2, der eine Addition ausdrücklich verschreibt, Rz 30.

29 War ein FV weder im Bußgeldbescheid verhängt noch später angedroht, so ist ggf ein **Hinweis in der HV** geboten (BGH NJW **80** 2479, Bay VRS **98** 33, Zw ZfS **99** 359, Dü NZV **90** 38, Stu VRS **44** 134, Ha ZfS **05** 519, Ko VRS **71** 209). Wegen der Wechselbeziehung zwischen Geldbuße und FV (Rz 13) kann das **Rechtsmittel** regelmäßig nicht auf das FV oder dessen Nichtanordnung beschränkt werden (BGH DAR **71** 54, Bay DAR **03** 233, Jn VRS **109** 50, Kar NZV **05** 54, NJW **03** 3719, Kö VRS **101** 218, Ha VRS **101** 448, Fra NStZ-RR **01** 214, Ro VRS **101** 380), anders nur bei völliger Unabhängigkeit (Bay VRS **72** 278, Ko NZV **96** 373 [Absehen vom „Regel"-FV nach § 4 BKatV], Ce NJW **69** 1187). Wird geltend gemacht, die dem FV zugrunde liegende Zuwiderhandlung sei nicht als grober Verstoß iS von § 25 I zu würdigen oder bilde keinen Regelfall iS der BKatV, so ist auch der Schuldspruch mit angefochten. Beschränkung auf die unterbliebene Entscheidung gem IIa: Rz 30. Auch Beschränkung auf den Rechtsfolgenausspruch scheidet aus, wenn den Feststellungen zur Schuld nicht eindeutig entnommen werden kann, dass ein grober Verstoß (Rz 14) gegeben ist (Kö VRS **102** 212). **Keine Schlechterstellung**, wenn das FV wegfällt, Geldbuße dafür aber (ohne Überschreitung des Bußgeldrahmens; Stu VRS **70** 288, Kar DAR **90** 148) erhöht wird (BGH NJW **71** 105, VRS **44** 54, Bay VRS **44** 310, Bra NZV **98** 420, Ko DAR **83** 27, Stu DAR **85** 86, Dü VRS **68** 282, Kar ZfS **92** 33), weil die Geldbuße nach der gesetzlichen Rangfolge milder ist (aA *Peters* JR **71** 251), jedoch keine Erhöhung der Geldbuße, wenn das FV wegen Zeitablaufs (Rz 24) nicht mehr zu verhängen wäre (Ha NZV **07** 635). Ebenso grundsätzlich bei Herabsetzung der Verbotsfrist (Bay ZfS **95** 152). Die Gesamtschau kann ergeben, dass die Aufhebung der Bestimmung gem IIa über den Eintritt der Wirksamkeit („Viermonatsfrist") im Einzelfall bei gleich-

Fahrverbot **§ 25 StVG 1**

zeitiger Verkürzung der Verbotsfrist keine Schlechterstellung bedeutet (KG VRS **98** 290), desgleichen wohl, wenn die Verbotsfrist verkürzt, aber nunmehr ein unbeschränktes FV verhängt und zugleich die zuvor nicht berücksichtigte Privilegierung des II a S 1 gewährt wird (Jn VRS **113** 351). *Erstmalige* Anordnung des FV bei zugunsten des Betroffenen erhobener Rechtsbeschwerde verstößt auch bei Ermäßigung der Geldbuße gegen das Verschlechterungsverbot (Kar NZV **93** 450, Ha NZV **07** 635).

6. Wirksamkeit. Fristberechnung. Das FV wird grundsätzlich **mit der Rechtskraft** der 30
Bußgeldentscheidung wirksam (II). Gegenüber den nach § 44 StGB zu FV Verurteilten sind jedoch Betroffene, gegen die in den 2 Jahren vor Begehung der OW und auch bis zur Bußgeldentscheidung kein FV angeordnet worden ist (gleichgültig, ob nach § 25 StVG oder § 44 StGB, Bay NZV **99** 50), dadurch privilegiert, dass sie den Beginn der Wirksamkeit der Nebenfolge nach Maßgabe von II a **innerhalb der ersten 4 Monate** selbst bestimmen können (*Albrecht* NZV **98** 131, *Hentschel* DAR **98** 138). Nur FV, nicht auch EdF, innerhalb der Frist des II a schließt die Privilegierung aus (Ha NZV **01** 440, Kar NZV **05** 211 [EdF durch VB], Dr DAR **99** 222 [entgegen Dr kein Redaktionsversehen, *Hentschel* DAR **98** 137, *Bönke* NZV **99** 433, wie Dr aber *Deutscher* NZV **00** 110]). Für die **Berechnung der Zwei-Jahresfrist** ist nicht der Zeitpunkt der früheren, ein FV anordnenden Entscheidung, sondern deren Rechtskraft entscheidend (Bay NZV **99** 50, *Albrecht* NZV **99** 177, *Schäpe* DAR **99** 372). Das folgt insbesondere aus dem Zweck der Ausnahmeregelung, die diejenigen davon ausschließen will, die sich die früher schon einmal angeordnete Nebenfolge innerhalb der folgenden 2 Jahre nicht haben zur Warnung dienen lassen; nur eine rechtskräftige Ahndung kann aber diesen Warneffekt entfalten (BGH NJW **00** 2685, aM Kar VRS **96** 138, *Deutscher* NZV **99** 115, 189). Tilgungsreife Vorahndungen (§ 29 Rz 2 ff) dürfen nicht berücksichtigt werden (Dr DAR **06** 161). In einschlägigen Fällen bestimmt das Gericht im Tenor der Entscheidung (Hb DAR **99** 226), dass das FV erst mit der Inverwahrungabe des FS nach deren Rechtskraft, spätestens aber vier Monate nach Eintritt der Rechtskraft wirksam wird. Nur die **Inverwahrungnahme mit Willen des Betroffenen** führt nach II a zum Wirksamwerden des FV, nicht die Abgabe durch einen Dritten ohne seine Kenntnis, wie ohne Weiteres aus dem Zweck des II a (Rz 5) folgt (abw wohl Ha NZV **01** 224). II a *ist zwingend*, kein Ermessen des Gerichts (Kar NZV **05** 211, Dü DAR **01** 39, NZV **99** 139, Jn VRS **113** 351). Werden in derartigen Fällen weitere FV verhängt, so werden **die Verbotsfristen nach II a S 2 addiert**. Nach dem Willen des GGebers soll verhindert werden, dass ein Betroffener mehrere kurz hintereinander verhängte FV missbräuchlich zusammenlegt (Rz 5). Davon sind zunächst Fälle erfasst, in denen ungerechtfertigt (weil noch keine Eintragung im VZR erfolgt ist) mehrfach das Privileg des II a S 1 gewährt wird (vgl. *Albrecht* NZV **98** 131, 133). Jedoch erfasst das Gesetz nach dem eindeutigen Wortlaut, aber auch nach der gesetzgeberischen Intention der Verhinderung von Missbrauch desgleichen **„Mischfälle"**, also Konstellationen, in denen ein nach II a S 1 privilegiertes FV mit einem nicht privilegierten zusammentrifft; ein Verstoß gegen Art 3 GG im Vergleich zum Zusammentreffen nicht privilegierter FV [Rz 28] ist damit nicht verbunden (AG Viechtach DAR **08** 276 und bei *Fendl* DAR **07** 662; *Fendl* aaO, *König/Seitz* DAR **08** 361, 371; aM AG Viechtach DAR **07** 411; AG Münster DAR **07** 409 m Anm *Seutter*, *Krumm* DAR **08** 54). II a S 2 ist nicht isoliert zu lesen, sondern gilt nur im Rahmen der Regelung des II a (Brn VRS **106** 212). Soweit nach Bestimmung der Frist über das Wirksamwerden des FV gem II a eintretende **rechtliche oder tatsächliche Hindernisse** einer FSAbgabe entgegenstehen, hat dies auf das Wirksamwerden des FV und den Fristbeginn nach Maßgabe der getroffenen Bestimmung keinen Einfluss. Befindet sich der FS im Zeitpunkt der Rechtskraft des FV auf Grund EdF **bereits in amtlicher Verwahrung**, kann der Betroffene seine Option nach II a dadurch ausüben, dass er die Vollstreckungsbehörde von diesem Umstand und von dem von ihm bestimmten Zeitpunkt für das Wirksamwerden in Kenntnis setzt (Kar NZV **05** 211). Ist die Bestimmung nach II a S 1 in der Entscheidung unterblieben, so bleibt es bei der Regelung des II; jedoch ist Korrektur im Wege des Einspruchs bzw der Rechtsbeschwerde möglich (*Katholnigg* NJW **98** 572, *Hentschel* DAR **98** 138), die auf die unterbliebene Entscheidung nach II a beschränkt werden kann (Dü VRS **96** 68). Auf **Inhaber ausländischer FS**, die nicht amtlich verwahrt werden, sondern einen Vermerk erhalten (III), ist II a nicht unmittelbar anwendbar. Zur Vermeidung einer Schlechterstellung gilt II a in der Weise analog, dass die Eintragung eines Vermerks der amtlichen Verwahrung gleichsteht (Ha DAR **06** 697, *Albrecht* NZV **98** 133).

Die Verbotsfrist eines wirksam gewordenen FV beginnt zu laufen a) mit Ablieferung des FS 31
in amtliche Verwahrung oder der Eintragung eines Vermerks in einen ausländischen FS (V S 1), **b)** mit Rechtskraft der Entscheidung, wenn der Betroffene keine FE hat (BTDrucks IV/651

S 14 f), **c)** bei EdF vor Vollstreckung des FV mit Rechtskraft bzw Unanfechtbarkeit der Entscheidung über die EdF, weil dann die gleiche Lage eintritt wie unter b) (LK-*Geppert* § 44 Rn 64, s aber *Bouska* VD **78** 101 [mit Ablieferung des FS, § 69 III 2 StGB, § 3 II S 2 StVG], hierzu auch *Hillebrand* VD **77** 321, *Danner* VD **78** 23, *Hentschel* DAR **88** 156), **d)** bei vorläufiger EdF in anderer Sache oder Anordnung der sofortigen Vollziehung verwaltungsbehördlicher EdF mit Eintritt von deren Wirkungen, weil die Rechtslage bezüglich dieser Wirkungen denen einer rechtskräftigen EdF entspricht und diese Maßnahmen weder Straf- noch Nebenfolgecharakter haben (aM *Martzloff* DÖV **85** 233), **e)** bei Verlust des FS oder anderer Unmöglichkeit der Herausgabe des FS mit Eingang der Verlustanzeige bei Gericht oder VollstreckungsB (Kar v 12. 3. 08, 1 Ss 39/07, BeckRS 08 14238, LG Essen DAR **06** 106, LK-*Geppert* § 44 Rn 65 a; aM LG Hb DAR **03** 327, AG Neunkirchen ZfS **05** 208, AG Viechtach NStZ-RR **06** 352, *Hentschel* DAR **88** 156, *Schäpe* DAR **98** 13 [bei Verlust des FS vor Wirksamwerden des FV mit dessen Rechtskraft, bei späterem Verlust mit dem Tag des Verlusts], Dü NZV **99** 521 [mit Abgabe eidesstattlicher Versicherung entsprechend Abs 4]). Wird der FS gar nicht abgegeben und eine angeordnete Beschlagnahme nicht vollzogen, so bleibt das FV nach OVG Hb VRS **112** 68, 79 bestehen, ohne dass die Vorschriften über die Vollstreckungsverjährung eingreifen würden; demnach Strafbarkeit nach § 21 StVG möglich (dort Rz 9). Wird der FS **bei einer unzuständigen Behörde** in Verwahrung gegeben (zB Pol oder Bußgeldstelle des Wohnorts), so könnten Praktikabilitätserwägungen dafür sprechen, dies für den Fristbeginn ausreichen zu lassen (Empfehlung des VGT **97** 11, *Zank* VGT **97** 247, *Schäpe* DAR **98** 14, abw im Hinblick auf II a *Albrecht* NZV **98** 134). Zur Anrechnung vorläufiger Maßnahmen: Abs 6 (Rz 27). Solange eine Verbotsfrist noch läuft, darf auch bei Wiedererteilung der FE der FS nicht ausgehändigt werden (*Bouska* VD **78** 99). Anstaltsverwahrung des Betroffenen auf behördliche Anordnung einschließlich Strafvollstreckung rechnet mit nicht mit (V S 2); sie würde die Wirkung des FV durchkreuzen (§ 44 StGB Rz 17). Zum Fall des VII (Aufschub der Rückgabe des amtlich verwahrten FS) § 111 a StPO Rz 14. Für die Berechnung des **Endes der Verbotsfrist** gelten die § 59 a V, § 37 IV 2 StVollStrO sinngemäß (*Göhler-Seitz* § 90 Rz 31), was für gerichtliche Bußgeldentscheidungen unmittelbar aus § 91 OWiG folgt (*Göhler-Seitz* § 91 Rz 1). Danach ist der Monat nicht zu 30 Tagen, sondern nach der Kalenderzeit zu berechnen, die Monatsfrist also bis zu dem Tag, der durch seine Zahl dem Anfangstag entspricht.

Lit: *Bouska*, Der Einfluß eines FEEntzuges auf die Vollstreckung des FV § 25 StVG, VD **78** 99. *Danner*, Nochmals: Vollstreckung von FVen bei FSEntzug, VD **78** 23. *Hentschel*, Wann beginnt die Frist für das Fahrverbot nach §§ 44 StGB, 25 StVG, wenn amtliche Verwahrung eines FS aus rechtlichen oder tatsächlichen Gründen nicht möglich ist?, DAR **88** 156. *Hillebrand*, Vollstreckung von FVen bei FSEntzug, VD **77** 321. *Derselbe*, FVe der VBn und deren Vollstreckung – § 25 StVG, VD **78** 193. *Martzloff*, Vollstreckung eines gerichtlichen FV bei gleichzeitiger behördlicher EdF, DÖV **85** 233.

32   **7. Vollstreckung.** Der FS ist so lange amtlich zu verwahren, wie das Verbot dauert. Erforderlichenfalls ist er zu beschlagnahmen (II). Bei gerichtlicher Verhängung des FV umfasst die Beschlagnahmeanordnung der Vollstreckungsbehörde zugleich die Anordnung einer **Wohnungsdurchsuchung** beim FSInhaber (LG Berlin NZV **06** 385, *Göhler-Seitz* § 91 Rz 7, *Meyer-Goßner* § 463 b Rz 1, str, s *Hentschel* NZV **96** 506, *Waechter* NZV **99** 273); diese verstößt nicht grundsätzlich gegen Art 13 GG (*Schmidt-Bleibtreu/Klein (Hofmann)* Art 13 Rz 11). Bei Anordnung der Nebenfolge durch Bußgeldbescheid bedarf eine Wohnungsdurchsuchung eines besonderen gerichtlichen Beschlusses; rechtliche Grundlage ist der gesetzliche Beschlagnahmebefehl des Abs II S 4 (LG Berlin NZV **06** 385, LG Limburg BA **04** 546 [zust *Bräutigam*], *Göhler* NZV **96** 508, *Hentschel* NZV **96** 508, *Janiszewski* NStZ **97** 269, *Waechter* NZV **99** 273, *Deutscher* NZV **00** 111, aM AG Berlin-Tiergarten NZV **96** 506, AG Leipzig DAR **99** 134, AG Kar VRS **97** 377). Vom Verurteilten abzugeben sind sämtliche von einer deutschen Behörde ausgestellten nationalen und internationalen FS, wie II S 2 nunmehr ausdrücklich klarstellt. Die Prüfbescheinigung gem § 5 FeV ist kein FS iS des II S 2 (Bay NZV **93** 199, *Berr* DAR **83** 7, *Laube* PVT **83** 117). **Ausländische FS** werden nur dann amtlich verwahrt, wenn sie von einer Behörde eines EU- oder EWR-Mitgliedstaates ausgestellt sind und wenn der Inhaber eines solchen FS seinen ordentlichen Wohnsitz (§ 2 Rz 3) im Inland hat (II S 3). In allen anderen Fällen dürfen ausländische FS, um im Ausland benutzbar zu bleiben, nicht amtlich verwahrt werden. Jedoch dürfen sie zwecks Eintragung des FV beschlagnahmt werden (III). Alsbald nach der Eintragung sind sie zurückzugeben. Nach Maßgabe des Übereinkommens der **EU-Mitgliedstaaten** v 17. 6. 98 (ABl EG C 216/1 mit erl. Bericht v 24. 6. 99, ABl EG 211 C 211/1) soll nach Ratifizierung durch die Vertragsstaaten in Zukunft auch die Vollstreckung von FV durch VB und Gerichte auf Grund von VZuwiderhandlungen durch Betroffene mit ausländischer FE in deren ausländischem Wohnsitzstaat möglich sein (dazu *Neidhard* DAR **99** 238, NZV **00** 240, *Brenner* DVBl **99** 877, *Berz* NZV **00** 145, *Bönke* BA **00** 40). Beschränkt sich das FV **auf bestimmte Arten von Kfz**, ist für seine Dauer ein ErsatzFS für die nicht betroffene Art zu erteilen. Nach Verbotsablauf ist er zurückzugeben und der FS wieder auszuhändigen. Zur **Vollstreckung mehrerer FV**: Rz 28.

8. Belehrung über den Zeitpunkt, in dem das FV wirksam wird und über den Fristbeginn (Rz 28, 30, 31) bei Zustellung der Bußgeldentscheidung oder nach deren mündlicher Verkündung ist nötig (VIII), s auch § 268c StPO. Die Belehrung soll die Tragweite des FV klarstellen (Ce VRS **54** 128). Sie tritt zur Belehrung nach § 66 OWiG hinzu. Fehlende, unrichtige oder unvollständige Belehrung kann zur Folge haben, dass der Verurteilte in Bezug auf § 21 StVG nicht vorsätzlich handelt (Bay VRS **62** 460, s auch Bay NStZ-RR **00** 122, LK-*Geppert* § 44 StGB Rz 59).   33

9. Strafbarkeit bei Missachtung des FV: § 21 StVG, s aber Rz 33.   34

Kostentragungspflicht des Halters eines Kraftfahrzeugs

25 a (1) ¹Kann in einem Bußgeldverfahren wegen eines Halt- oder Parkverstoßes der Führer des Kraftfahrzeugs, der den Verstoß begangen hat, nicht vor Eintritt der Verfolgungsverjährung ermittelt werden oder würde seine Ermittlung einen unangemessenen Aufwand erfordern, so werden dem Halter des Kraftfahrzeugs oder seinem Beauftragten die Kosten des Verfahrens auferlegt; er hat dann auch seine Auslagen zu tragen. ²Von einer Entscheidung nach Satz 1 wird abgesehen, wenn es unbillig wäre, den Halter des Kraftfahrzeugs oder seinen Beauftragten mit den Kosten zu belasten.
(2) Die Kostenentscheidung ergeht mit der Entscheidung, die das Verfahren abschließt; vor der Entscheidung ist derjenige zu hören, dem die Kosten auferlegt werden sollen.
(3) ¹Gegen die Kostenentscheidung der Verwaltungsbehörde und der Staatsanwaltschaft kann innerhalb von zwei Wochen nach Zustellung gerichtliche Entscheidung beantragt werden. ²§ 62 Abs. 2 des Gesetzes über Ordnungswidrigkeiten gilt entsprechend; für die Kostenentscheidung der Staatsanwaltschaft gelten auch § 50 Abs. 2 und § 52 des Gesetzes über Ordnungswidrigkeiten entsprechend. ³Die Kostenentscheidung des Gerichts ist nicht anfechtbar.

1. Begr: S BRDrucks 371/82 S 37 ff.   1

2. Die seit dem 1. 4. 87 geltende Bestimmung bringt eine Teillösung des Problems der sog **Kennzeichenanzeigen** für den Bereich des ruhenden V (dazu **E** 96 a). Sie will zur Vermeidung von Ungerechtigkeiten beitragen, die nach bisherigem Recht dadurch entstanden sind, dass die Ermittlung des FzF bei Kennzeichenanzeigen weitgehend von der Einlassung des Halters abhängt mit der Folge häufiger Einstellungen und Freisprüche unter Auferlegung der Verfahrenskosten und Auslagen des Betroffenen einschließlich seiner Anwaltskosten auf die Staatskasse. Der Kostentragungspflicht des Halters nach § 25 a liegt das Veranlassungsprinzip zugrunde. Sie ist grundgesetzkonform (BVerfG NJW **89** 2679). Da es sich nicht um eine Sanktion mit strafähnlichem Charakter handelt, sondern um eine Kostenregelung, wird weder das Schweigerecht des Betroffenen noch das Schuldprinzip berührt (BVerfG NJW **89** 2679, **96** 1273, VerfGH Berlin JR **06** 60, *Jahn* JuS **90** 542, aM *Mürbe* DAR **87** 71). Zur anhaltenden Diskussion betreffend die Halterhaftung für Verstöße im fließenden V s die Nw in **E** 96 a. Die Vorschrift ist kein SchutzG iS v § 823 II BGB (LG Hbg NJW **06** 1601).   2

3. Voraussetzungen der Kostentragungspflicht: Der äußere Tatbestand eines Halt- oder Parkverstoßes muss festgestellt sein (Rz 5), ohne dass der FzF bei angemessenem Aufwand vor Eintritt der Verfolgungsverjährung in einem Bußgeldverfahren ermittelt werden kann (Rz 6 ff).   3

a) Die Vorschrift betrifft nur **Bußgeldverfahren**, findet also zB keine Anwendung, wenn verkehrswidriges Halten oder Parken einen Straftatbestand erfüllt (etwa § 240 StGB) und der FzF im Strafverfahren nicht ermittelt werden kann. Auch im Verwarnungsverfahren gilt § 25 a nicht. Voraussetzung ist vielmehr die Einleitung eines Ermittlungsverfahrens mit dem Ziel bußgeldrechtlicher Ahndung (zB Übersendung eines Anhörungsbogens; *Göhler-König* vor § 109 a Rz 7, *Rediger* S 15 f). Gegen wen sich das Bußgeldverfahren richtet, ist für die Anwendung von   4

§ 25a gleichgültig (*Janiszewski* DAR **86** 259), sofern es einen mit dem Fz des Halters begangenen Halt- oder Parkverstoß betrifft.

5 **b)** Ein **Halt- oder Parkverstoß** muss objektiv festgestellt sein (*Göhler-König* vor § 109a Rz 7, *Rediger* S 237 ff, AG Dü NZV **99** 142). Ist er festgestellt, so ist es nach Wortlaut und Zweck des § 25a gleichgültig, wer Anzeigenerstatter war (aM AG Dü NZV **99** 142 [abgelehnt bei privater Anzeige]). Halt- oder Parkverstöße sind nicht nur OW durch Zuwiderhandlung gegen §§ 12, 13 oder 18 VIII StVO, die speziell Halt- und Parkvorgänge im StrV regeln oder verbieten, sondern darüber hinaus auch alle anderen VOW, die durch Halten oder Parken erfüllt werden, wie etwa solche gem § 1 II StVO (*Janiszewski* DAR **86** 259, *Rediger* S 19), Verkehrsverbote durch VZ, die auch den ruhenden V betreffen (zB Z 250 oder verbotenes Parken auf Radwegen, *Rediger* S 21 ff, 26 ff), oder § 17 IV StVO (Beleuchtung haltender Fz; *Göhler-König* vor § 109a Rz 6, aM *Jagow/Burmann/Heß* Rz 2, *Rediger* S 20, *Berr/H/Schäpe* 705). Nicht dem ruhenden V zuzuordnen ist hingegen das Verkehrsverbot in Umweltzonen (Z 270.1, Feinstaub; § 41 Rz 248g), weswegen § 25a beim Halten und Parken in einer Umweltzone ohne Plakette nicht anwendbar ist (*Sandherr* DAR **08** 409, aM AG Tiergarten DAR **08** 409). Verstöße gegen vergleichbare Vorschriften des Bundes- oder Landesrechts sind erfasst, sofern § 25a dort *ausdrücklich* für anwendbar erklärt ist (zB Art. 52 V BayNatSchG, § 24 II, III LWaldGBln), sonstige Halt- oder Parkverstöße gegen landesrechtliche Bestimmungen oder Gemeindesatzungen betreffend das Abstellen von Fz außerhalb des öffentlichen VRaums hingegen nicht (AG Freiburg ZfS **87** 381, *Janiszewski* NStZ **88** 121, *Rediger* S 31 f, NZV **95** 122). Denn das StVG betrifft, abgesehen von den Bestimmungen über die zivilrechtliche Haftung, grundsätzlich nur den *öffentlichen* StrV (§§ 1, 2, 3, 24) und § 25a steht erkennbar in Zusammenhang mit § 24. Unanwendbar ist die Vorschrift deshalb bei Verstößen gegen das Verbot des Parkens auf Privatgrundstücken nach § 12 BWLOWiG oder § 9 SächsOWiG (AG Freiburg ZfS **87**, 381) oder des Parkens auf Kundenparkplätzen der Deutschen Bahn nach §§ 62, 64 II Nr. 1 EBO (*Rediger* NZV **95** 121, aM AG Fra/Hoechst ebd). Es muss sich um Halten oder Parken im Rechtssinn handeln; darunter fallen nur gewollte, nicht durch die VLage veranlasste Fahrtunterbrechungen (§ 12 StVO Rz 19), nicht zB Zuwiderhandlungen gegen die Vorschrift über das Verhalten bei Liegenbleiben (§ 15 StVO), auch nicht Liegenbleiben auf der AB wegen Kraftstoffmangels (§ 18 StVO Rz 25). Verstöße gegen § 12 V (Vorrang an Parklücken) betreffen nicht das Parken an sich, also nicht den ruhenden V als solchen, und sind daher keine „Parkverstöße" iS von I. Nicht von I erfasst werden ferner VOW, die *nur bei Gelegenheit* des Haltens oder Parkens begangen oder festgestellt wurden, zB mangelnde Sicherung eines Fz gegen unbefugte Benutzung, unnötiges Laufenlassen des Motors (LG Freiburg VRS **78** 300), Verstöße gegen die StVZO durch Inbetriebnehmen vorschriftswidriger Fz oder Verstöße durch Abstellen nicht betriebsbereiter Fz (zB § 32 StVO), weil diese nicht *parken*. Hingegen findet § 25a auch Anwendung, wenn der Halt- oder Parkverstoß in *TE mit einer anderen OW* steht (*Göhler-König* vor § 109a Rz 6, *Jagow/Burmann/Heß* Rz 2, aM für den Fall, dass der Schwerpunkt des Vorwurfs die andere OW betrifft, LG Freiburg VRS **78** 300).

6 **c)** Weitere Voraussetzung für die Kostentragungspflicht des KfzHalters ist die **Nichtfeststellbarkeit des Fahrzeugführers** bei Begehung des Halt- oder Parkverstoßes trotz angemessenen Ermittlungsaufwands innerhalb der Verjährungsfrist. Diese Voraussetzung ist zunächst immer dann erfüllt, wenn es objektiv nicht möglich ist, den FzF zu ermitteln, ferner in den Fällen, in denen die Ermittlung zwar innerhalb der Verjährungsfrist möglich wäre, dies aber einen unangemessenen Aufwand erfordern würde. Das bedeutet, dass die VB nicht gezwungen ist, zu Art und Schwere des Verstoßes außer Verhältnis stehende umfangreiche Nachforschungen durchzuführen. Insoweit hält der Gesetzgeber sich an die ausdrücklich getroffene Regelung bewusst an die Rspr zu § 31a StVZO zum Fahrtenbuch an (Begr BRDrucks 371/82 S 39). Räumt der Betroffene seine Täterschaft ein, so scheidet § 25a aus (AG Viechtach DAR **05** 704).

7 **Zur Frage des unangemessenen Aufwands** gelten die Erläuterungen zu § 31a StVZO (dort Rz 4) grundsätzlich sinngemäß. Allerdings steht die Zumutbarkeit des Aufwands auch in Bezug zur Schwere des Verstoßes und zu den Folgen für den Betroffenen. Bei der Frage, inwieweit die zu § 31a StVZO ergangene Rspr auf § 25a übertragbar ist, muss immer berücksichtigt werden, dass die Kostenfolge nach Halt- oder Parkverstoß weit weniger einschneidend ist als die Fahrtenbuchauflage, die dementsprechend eine Verletzung von VVorschriften in nennenswertem Umfang voraussetzt (*Hentschel* DAR **89** 92, *Rogosch* NZV **89** 219). Soweit die Ermittlungen im Verhältnis zur Bedeutung des Verstoßes angemessen und Erfolg versprechend sind, muss die VB

sie durchführen; andernfalls entfällt die Kostentragungspflicht des Halters. Dies gilt zB, wenn mögliche Feststellungen an Ort und Stelle unterblieben (*Rediger* S 73, 78). Die Überbürdung der Kosten und Auslagen auf den Halter setzt dessen **rechtzeitige Befragung** voraus. Diese hat zwar grundsätzlich (weiter *Sandherr* NZV **07** 433) innerhalb von zwei Wochen zu erfolgen (AG Minden DAR **88** 283, AG Bergisch Gladbach NZV **89** 366, AG Warendorf DAR **89** 392, *Suhren* NZV **88** 54, *Berr* DAR **91** 36, aM AG Minden DAR **90** 73, AG Homburg/Saar NZV **07** 159, *Rediger* S 102 [3 Wochen]). Jedoch erfüllt die VB ihre Pflicht schon dadurch, dass eine schriftliche Verwarnung am Fz angebracht wird, wenn der FzF, dem lediglich ein Halt- oder Parkverstoß vorzuwerfen ist, am Fz nicht angetroffen wird (BVerfG NJW **89** 2679, OVG Ko VRS **54** 380, AG Augsburg ZfS **88** 264, AG Detmold NZV **89** 367, AG Fra VM **90** 48, *Berr/H/Schäpe* 709, *Janiszewski* NStZ **88** 546, *Hentschel* DAR **89** 91, aM AG Würzburg VM **89** 87 [das allerdings in § 25a eine Vorschrift „am Rande der Rechtsstaatlichkeit" sieht], abl *Janiszewski* NStZ **90** 274, AG Bergisch Gladbach NZV **89** 366, abl *Janiszewski* NStZ **89** 568, AG Zossen NZV **94** 451, AG Hohenstein-Ernstthal NZV **97** 453, *Rediger* S 85 ff). Die Tatsache, dass es ungewiss ist, ob die am Fz angebrachte schriftliche Verwarnung den Halter (oder Beauftragten) erreicht, steht dem nicht entgegen (*Sandherr* NZV **07** 433; abw *Rediger* S 87), weil § 25a ausschließlich auf rechtzeitiges und ausreichendes Tätigwerden der VB abstellt, während es nicht darauf ankommt, ob der Halter die Nichtfeststellbarkeit des Fahrers zu vertreten hat. Die anschließende Versendung eines Anhörungsbogens braucht dann jedenfalls nicht innerhalb von 2 Wochen zu erfolgen bzw erübrigt sich dann überhaupt (AG Fra VM **90** 48; *Janiszewski* NStZ **90** 274; *Kaufhold* VGT **87** 235). Reagiert der Halter auf rechtzeitige Übersendung eines Anhörbogens nicht, so sind von der VB weitere Ermittlungen idR nicht zu verlangen (hM, *Göhler-König* vor § 109a Rz 9, AG Lörrach NZV **91** 285, *Suhren* NZV **88** 54), insbesondere nicht die Befragung des Halters als Zeuge (*Rediger* S 122). Mit dem Einwand, den Anhörungsbogen nicht erhalten zu haben, kann der Halter nicht gehört werden (s oben, *Rediger* S 114 f). Wurde keine schriftliche Verwarnung am Fz hinterlassen, die es dem Halter ermöglicht, der VB den Fahrer mitzuteilen, und erhält er auch keinen Anhörbogen, so kann es allerdings unbillig sein (I S 2), ihn mit den Kosten zu belasten. Schweigt der Halter auf die schriftliche Verwarnung nicht, so hängt es vom Inhalt seiner Äußerung ab, ob und inwieweit der VB noch weitere Anfragen an ihn oder andere Nachforschungen zuzumuten sind (AG Lörrach NZV **91** 285, s dazu AG Würzburg VM **88** 64 [zu strenge Anforderungen]). Am Erfordernis der Nichtfeststellbarkeit des Fahrers innerhalb der Verjährungsfrist kann es fehlen, wenn die Behörde auf Anfragen des auskunftsbereiten Halters nicht rechtzeitig reagiert (AG Heidelberg NZV **95** 332). Wird eine bestimmte, unschwer erreichbare Person als Fahrer benannt, sind entsprechende Ermittlungen idR nicht unangemessen und zunächst durchzuführen, sofern sie nicht von vornherein aussichtslos erscheinen oder zur Bedeutung des Verstoßes in keinem angemessenen Verhältnis stehen (AG Rudolstadt DAR **08** 24, *Göhler-König* vor § 109a Rz 11). Benennt der Halter eine *im Ausland lebende Person* als Fahrer, so sind Ermittlungen, namentlich im Wege internationaler Rechtshilfe, idR unangemessen (BVerfG NJW **89** 2679, *Göhler-König* vor § 109a Rz 11 mwN), sicher dann, wenn der Halter auf Nachfrage nicht reagiert (AG Kehl NZV **03** 150, NJW **02** 1966).

4. Vor Eintritt der Verfolgungsverjährung muss die Ermittlung des FzF ohne unangemessenen Aufwand nicht möglich gewesen sein. Das bedeutet *entgegen der wohl hM* (hier bis 39. Aufl., *Göhler-König* vor § 109a Rz 13, *Rediger* S 200) aber nicht, dass die Kostenfolge gesperrt ist, wenn das Ermittlungsverfahren gegen den Halter wegen Verjährung eingestellt wird (und ein solches gegen den FzF wegen Verjährung nicht eingeleitet werden darf); sofern der Eintritt der Verjährung gerade auf der Nichtermittelbarkeit des FzF beruht, treffen Wortlaut sowie Sinn und Zweck des § 25a auf diesen Fall gerade zu (*Sandherr* NZV **07** 433). Auch auf der Grundlage der hM braucht die Verfahrenseinstellung wegen Nichtermittelbarkeit des Fahrers nicht bis kurz vor bzw bis zum Eintritt der Verjährung hinsichtlich des Verstoßes hinausgeschoben zu werden, wenn der Halter auf den Anhörungsbogen nicht reagiert (*Göhler-König* vor § 109a Rz 13, *Rediger* S 200 ff, aM hier bis 38. Aufl). Die Möglichkeit einer Feststellung des FzF **nach Eintritt der Verfolgungsverjährung** hat keinen Einfluss auf die Kostentragungspflicht nach I, weil dieser dann nicht mehr belangt werden kann. Benennt der Halter den Fahrer erst wenige Tage vor Verjährungseintritt, so wird die verbleibende Zeit oft nicht ausreichen, der VB die Nachprüfung zu ermöglichen; Unmöglichkeit der Ermittlung iS von I ist dann gegeben (AG Augsburg ZfS **88** 264 [4 Tage], *Göhler-König* vor § 109a Rz 12, *Berr/H/Schäpe* 713, *Rediger* S 165 [weniger als 2 Wochen]).

1 StVG § 25a   III. Straf- und Bußgeldvorschriften

9   **5. Zwingend** vorgeschrieben ist die Kostentragungspflicht des Halters oder seines Beauftragten unter den Voraussetzungen des I. Für ein Ermessen der VB, der StA oder des Gerichts ist idR kein Raum. Hierdurch sollen uU erforderlich werdende zusätzliche aufwendige Auseinandersetzungen zur Frage rechtmäßiger Ermessensausübung vermieden werden (BR-Drs 371/82 S 39). Nur **in Härtefällen** (bei Unbilligkeit, I S 2) ist ausnahmsweise von der Auferlegung der Verfahrenskosten auf den Halter abzusehen. Das kann etwa dann der Fall sein, wenn es dem Halter trotz rechtzeitiger Befragung und zumutbarer Ermittlungen der VB (sonst fehlt es schon an den Voraussetzungen von S 1) und für ihn zumutbarer Kontrolle über die Benutzung seines Fz nicht möglich ist, zur Aufklärung beizutragen (zB bei unverschuldeter Entwendung seines Fz), nicht dagegen schon bei FzBenutzung durch einen großen Personenkreis mit seiner Zustimmung (*Janiszewski* DAR **86** 258). Von Unbilligkeit kann auch bei Angabe des Namens und der Adresse einer im Ausland lebenden Person als Fahrer (Rz 7) nicht ausgegangen werden, auch nicht bei einem international tätigen Mietwagenunternehmen (AG Kehl NJW **02** 1966). Unbillig ist die Kostenauferlegung, wenn der FzF vom Halter rechtzeitig benannt wurde, sein diesbezügliches Schreiben jedoch ohne sein Verschulden nicht zu den Akten gelangt ist (AG Salzgitter ZfS **88** 189, *Rediger* S 229), oder wenn die VB dem Halter eine Frist für die Benennung des FzF genannt hat, deren Ende nach Eintritt der Verjährung liegt und damit den Eindruck erweckt, er könne die Kostenfolge noch abwenden (AG Offenbach ZfS **89** 178). Wird wegen Unbilligkeit von einer Entscheidung nach I S 1 abgesehen, so gilt auch I S 1 Hs 2 nicht, wonach der Halter seine notwendigen Auslagen selbst zu tragen hat; vielmehr gelten dann die allgemeinen Vorschriften (§ 46 OWiG, § 467 StPO, *Göhler-König* vor § 109 a Rz 22). § 25 a trifft hinsichtlich der Auslagenerstattung eine **abschließende Regelung**, die Erstattungsansprüchen auf anderer Rechtsgrundlage entgegensteht (LG Dü NZV **02** 243, 418).

10   **6. Kostenschuldner** ist wie in § 31a II StVZO (Fahrtenbuch) der Halter oder sein Beauftragter. Der **Halterbegriff** ist derselbe wie in § 7 (AG Osnabrück NZV **88** 196). Dass der Gesetzgeber dem Begriff hier eine andere Bedeutung hätte zugrundelegen wollen, ist nicht erkennbar, zumal es auch ungerechtfertigt erschiene, jemanden hinsichtlich der Kosten haften zu lassen, der nicht tatsächlich über das Fz verfügt (*Göhler-König* vor § 109 a Rz 16, *Hentschel* DAR **89** 90, *Sandherr* NZV **07** 433, aM AG Mannheim NZV **88** 116 m abl Anm *Berz*, AG Essen DAR **89** 115). Jedoch dürfen VB, StA und Gericht so lange davon ausgehen, dass der als Halter Eingetragene tatsächlich Halter ist, bis dieser in substantiierte Form (*Sandherr* NZV **07** 433) das Gegenteil geltend macht (*Janiszewski* NStZ **89** 261, *Hentschel* DAR **89** 90, *Rediger* S 44). Mit der Einbeziehung **des Beauftragten** werden die Fälle erfasst, in denen der Halter die Disposition über das Fz vollständig auf eine andere Person übertragen hat, so dass ihm die Möglichkeit fehlt, auf die Benutzung des Fz im Einzelnen Einfluss zu nehmen. Kostenschuldner ist dann *nur* der Beauftragte (*Rediger* S 63, 65). Dies gilt zB bei *FirmenFz*, bei denen die Halterpflichten wirksam auf bestimmte Mitarbeiter übertragen wurden, sowie bei Miet- oder Leihverträgen, soweit diese nicht die Haltereigenschaft des Mieters oder Entleihers begründen (§ 7 StVG Rz 16; *Rediger* S 46 ff). Sind in derartigen Fällen Mieter *und* Vermieter Halter, so trifft die Kostenfolge des I nach deren Sinn und Zweck für die Zeit des Vertragsverhältnisses nur den Mieter als denjenigen, der allein unmittelbar Einfluss auf das Fz ausübt.

11   **7.** Da sich das Bußgeldverfahren gem I nicht gegen den Halter oder seinen Beauftragten richten muss (Rz 4), treffen ihn auch die Kosten eines **gegen einen Dritten** gerichteten Bußgeldverfahrens, wenn dieses unter den übrigen Voraussetzungen des I zum Freispruch oder zur Einstellung führt. Das gilt zB in den Fällen, in denen der Dritte vom Halter als FzF benannt worden war. Die notwendigen Auslagen des Dritten sind dagegen in solchen Fällen nicht gem § 25 a vom Halter zu tragen; diese sind vielmehr (weil sie nicht zu den Verfahrenskosten gehören) zugleich mit dem Freispruch oder der Einstellung der Staatskasse aufzuerlegen (*Göhler-König* vor § 109 a Rz 21, *Rediger* S 252).

12   **8. Die Anhörung** des Halters oder seines Beauftragten ist geboten, bevor ihm die Kosten und Auslagen auferlegt werden (entgegen II Hs 2 einschr AG Winsen/Luhe NZV **94** 293, krit *Rediger*). Die Begr (BRDrucks 371/82 S 39) schlägt vor, zur Vermeidung zusätzlichen Verwaltungsaufwands entsprechende Hinweise schon in den Anhörungsbogen und ggf in den Bußgeldbescheid aufzunehmen (*Göhler-König* vor § 109 a Rz 26, *Berr/H/Schäpe* 717). Dies wird zT kritisiert, weil in einem frühen Stadium die für § 25 a relevanten Tatsachen noch nicht vorliegen und dem Betroffenen dadurch zB nach Einspruchseinlegung ohne Angaben zur Sache die Möglichkeit genommen werden kann, den FzF vor Einstellung und Kostenauferlegung noch zu be-

nennen oder Tatsachen darzulegen, die ein Absehen von der Kostenauferlegung aus Billigkeitsgründen (I S 2) rechtfertigen (AG Offenbach NZV 97 412, *Suhren* NZV 88 54, *Hentschel* DAR 89 90, *Rediger* S 177 ff). War der Betroffene nur im Anhörungsbogen auf die Kostentragungspflicht hingewiesen worden, so ist er jedenfalls in den Fällen hierzu nochmals zu hören, in denen die VB einen später ergangenen Bußgeldbescheid zurücknimmt (AG Delmenhorst NZV 88 158). Gleiches gilt, wenn sich der Betroffene doch noch äußert *(Göhler-König* vor § 109a Rz 26). Unterbliebene Anhörung ist insoweit unschädlich, als sie im gerichtlichen Verfahren (Rechtsbehelf Rz 15) nachgeholt werden kann (AG Kö bei *Rediger* Fn 527, *Rediger* S 187).

9. a) Die **Kostenentscheidung** ergeht gem II mit der das Verfahren abschließenden Entscheidung, wenn diese Entscheidung **aa)** eine **Einstellung** oder **bb)** ein **Freispruch** ist und **cc)** darauf beruht, dass der FzF ohne unangemessenen Ermittlungsaufwand (Rz 6, 7) nicht festgestellt werden konnte. Einstellung aus anderen Gründen, zB gem § 47 OWiG, führt daher ebenso wenig zur Kostentragungspflicht gem § 25a wie ein Freispruch, der aus anderen Gründen als deswegen erfolgt, weil der FzF nicht feststellbar war oder nur mit unverhältnismäßigem Ermittlungsaufwand hätte festgestellt werden können *(Janiszewski* DAR 86 260). Hingegen entfaltet die Einstellung wegen nach Unermittelbarkeit des FzF eingetretener Verjährung keine Sperrwirkung (Rz 8). Die ausdrückliche Feststellung, dass der Halter seine **Auslagen** selbst zu tragen habe (I S 1, Hs 2) braucht in der Entscheidung nach § 25a nicht getroffen zu werden. 13

b) Eine selbstständige Kostenentscheidung sieht II nicht ausdrücklich vor. Die Entscheidung hat daher in aller Regel gleichzeitig mit der verfahrensabschließenden zu ergehen. Jedoch wird *in Ausnahmefällen,* etwa wenn rechtzeitige Anhörung dessen, dem die Kosten auferlegt werden sollen, vor der abschließenden Entscheidung nicht möglich ist, auch eine nachträgliche Kostenentscheidung zulässig sein *(Janiszewski* DAR 86 260, s auch BRDrucks 371/82 S 39). Andernfalls ist die entgegen II getroffene isolierte (nachträgliche) Kostenentscheidung unzulässig und auf rechtzeitig gestellten Antrag (III) aufzuheben *(Hentschel* DAR 89 93, *Rediger* S 209). Insoweit gelten dieselben Grundsätze wie bei unterbliebener Kosten- und Auslagenentscheidung im Strafverfahren *(Göhler-König* vor § 109a Rz 23). 14

10. Rechtsbehelf. Soweit die Kostenentscheidung nach § 25a bei Einstellung des Verfahrens durch die VB oder die StA ergeht, kann der von ihr betroffene Halter oder Beauftragte innerhalb von 2 Wochen ab Zustellung **gerichtliche Entscheidung** beantragen (III S 2 iVm § 62 II OWiG). Danach ist für die Entscheidung das Gericht zuständig, das nach § 68 OWiG über einen Einspruch gegen einen wegen des Verstoßes ergangenen Bußgeldbescheid zu entscheiden hätte. Nach § 62 II S 2 OWiG gelten für den Antrag auf gerichtliche Entscheidung i Ü die §§ 297 bis 300, 302, 306 bis 309 und 311a StPO entsprechend. Das Gericht, nicht die VB, entscheidet auch über die Zulässigkeit (Rechtzeitigkeit) des Antrags (AG Kö NZV 91 46, *Rediger* S 232 ff, aM *Göhler* DAR 89 44). Es hat *alle* Voraussetzungen des § 25a zu prüfen, insbesondere auch die Haltereigenschaft und den Charakter der OW als „Halt- oder Parkverstoß" *(Rediger* S 239). Erforderlich (und ausreichend) ist es, wenn dem Bußgeldvorgang zu entnehmen ist, woraus sich die Haltereigenschaft des Betroffenen zum Tatzeitpunkt ergibt (etwa KBA-Auskunft) und ferner, um welche Art von Verstoß es sich handelt; hierbei reicht Mitteilung einer Schlüssel-Nr und Beifügung des Schlüssels aus. Lediglich bei substantiierten Einwendungen gegen die Haltereigenschaft können zusätzliche Erhebungen erforderlich sein *(Sandherr* NZV 07 433). Bei Einwendungen gegen das Vorliegen einer OW genügt summarische Prüfung ohne Durchführung einer Beweisaufnahme; bei substantiierten Einwendungen des Halters, die nicht durch Auskünfte des Anzeigenden entkräftet werden können, ist der Bescheid allerdings aufzuheben *(Sandherr* NZV 07 433). Die gerichtliche Entscheidung ist ausreichend zu begründen (§ 46 OWiG, § 34 StPO, *Göhler-König* vor § 109a Rz 29). Formularmäßig vorgefertigte Texte können genügen (BayVerfGH BayVBl 89 654). Bei unzureichender Ermittlung der relevanten Tatsachen kann das Gericht die Sache unter Aufhebung der Kostenentscheidung an die VB zurückverweisen *(Göhler* DAR 89 45, *Hentschel* DAR 89 93, *Rediger* S 242), zB, falls lediglich Kennzeichen und gängige Automarke angegeben und substantiierte Einlassungen des Halters vorhanden sind *(Sandherr* NZV 07 433). 15

a) Belehren müssen VB und StA den Kostenschuldner über Frist und Form des Rechtsbehelfs gegen die Entscheidung nach I. Dies folgt für die VB aus § 50 II OWiG, für die StA aus § 25a III S 2, Hs 2 iVm § 50 II OWiG (dazu Ro NZV 94 287). 16

17 **b) Bei Versäumung der zweiwöchigen Frist** des III S 1 zur Stellung des Antrags auf gerichtliche Entscheidung kommt nach Maßgabe von § 52 OWiG **Wiedereinsetzung in den vorigen Stand** in Frage. Ist die Kostenentscheidung durch die StA ergangen, so findet § 52 OWiG nach III S 2, Hs 2 entsprechende Anwendung.

18 **11. Kein Rechtsmittel** ist zulässig **a)** gegen die durch das Gericht gem § 25 a getroffene Entscheidung (III S 3) und **b)** gegen die Entscheidung des Gerichts auf den nach III S 1 eingelegten Rechtsbehelf (III S 2 iVm § 62 II S 2 OWiG; Ro NZV **94** 287).

19 **12. Kosten- und Auslagenentscheidung im Rechtsbehelfsverfahren:** § 25 a III S 2 StVG, § 62 II S 2 OWiG, § 467 I, § 473 I S 1 StPO (AG Hannover NRpfl **88** 143). Bei erfolgreichem Antrag sind die Kosten des Rechtsbehelfs und die dem Betroffenen durch die Einlegung entstandenen notwendigen Auslagen der kommunalen Gebietskörperschaft aufzuerlegen, deren VB den aufgehobenen Bescheid erlassen hat (AG Freiburg ZfS **87** 381, *Göhler-König* vor § 105 Rz 56, -*Seitz* § 62 Rz 32 a). Die Festsetzung der Auslagen des Betroffenen erfolgt durch das Gericht (nicht durch die VB; LG Wuppertal NStZ **04** 224). § 109 a OWiG betrifft nur Festsetzung einer Geldbuße bis 10 € durch Bußgeldbescheid und ist auf Fälle erfolgreichen Rechtsbehelfs gegen Kostenbescheide nach I über 10 € nicht entsprechend anzuwenden (LG Hb VRS **74** 60, AG Sa NZV **89** 125, AG Bergisch Gladbach NZV **90** 204, *Rediger* S 247). **Gebühr** bei Entscheidung durch die VB: § 107 II OWiG, im Fall einer Entscheidung durch die StA oder das Gericht: KVGKG Nr 4301, 4302. Zw, ob auch für den erfolglosen Antrag auf gerichtliche Entscheidung eine im Erg Gebühr zu erheben ist. Mangels Gebührentatbestand für erfolglose Anträge in Nr. 4301, 4302 fällt keine Gebühr an; als Kosten können nur Auslagen nach Nr. 9001 ff KVGKG erhoben werden (*Göhler-Seitz* § 62 Rz 32). Daraus folgt: Wird das OW-Verfahren durch die VB abgeschlossen, so gilt § 107 II OWiG (Gebühr 15 €), bei Abschluss des Verfahrens durch die StA gilt KVGKG Nr 4302 (Gebühr 15 €), bei Abschluss (Einstellung oder Freispruch) durch das Gericht gilt KVGKG Nr 4301 (Gebühr 30 €); bei Antrag auf gerichtliche Entscheidung nach § 25 a III entsteht keine zusätzliche Gebühr (i Erg ebenso AG Hannover NRpfl **88** 143, AG Würzburg NZV **97** 13). **Kostenansatz** bei Entscheidung durch die StA (auch nach Rechtsbehelf gem III): § 19 Abs 3 GKG.

20 **13. Lit:** *Hentschel,* Die Kostentragungspflicht des Halters …, DAR **89** 89. *Jahn,* Zur Verfassungsmäßigkeit der Kostenhaftung des KfzHalters …, JuS **90** 540. *Janiszewski,* Zur Kosten-Halterhaftung bei sog Kennzeichenanzeigen …, DAR **86** 256. *Kaufhold,* Die Kostentragungspflicht des Halters …, VGT **87** 232. *Rediger,* Rechtliche Probleme der sog Halterhaftung nach § 25 a StVG, Diss, Bochum 1993. *Rogosch,* Zum Verhältnis der Kostenvorschriften des § 25 a StVG und des § 109 a OWiG bei Kennzeichenanzeigen, NZV **89** 218. *Sandherr,* Einwendungen des Halters gegen den Kostenbescheid nach § 25 a StVG, NZV **07** 433. *Suhren,* Neue Erkenntnisse zur „Halterhaftung" bei Parkverstößen?, NZV **88** 52.

Zuständige Verwaltungsbehörde; Verjährung

26 (1) ¹Bei Ordnungswidrigkeiten nach § 24, die im Straßenverkehr begangen werden, und bei Ordnungswidrigkeiten nach den §§ 24 a und 24 c ist Verwaltungsbehörde im Sinne des § 36 Abs. 1 Nr. 1 des Gesetzes über Ordnungswidrigkeiten die Behörde oder Dienststelle der Polizei, die von der Landesregierung durch Rechtsverordnung näher bestimmt wird. ²Die Landesregierung kann die Ermächtigung auf die zuständige oberste Landesbehörde übertragen.

(2) Bei Ordnungswidrigkeiten nach § 23 ist Verwaltungsbehörde im Sinne des § 36 Abs. 1 Nr. 1 des Gesetzes über Ordnungswidrigkeiten das Kraftfahrt-Bundesamt.

(3) Die Frist der Verfolgungsverjährung beträgt bei Ordnungswidrigkeiten nach § 24 drei Monate, solange wegen der Handlung weder ein Bußgeldbescheid ergangen noch öffentliche Klage erhoben ist, danach sechs Monate.

1 **1. Begr** zum ÄndG v 7. 7. 86: BRDrucks 371/82 S 40.

2 **2. Zuständigkeit bei OW** nach § 24 StVG im Straßenverkehr. In Abweichung von der allgemeinen gesetzlichen Zuständigkeitsregelung (§ 36 OWiG) ist diejenige PolB oder -dienststelle zuständig, die die Landesregierung, oder bei übertragener Ermächtigung (I) die zuständige oberste LandesB durch RVO bestimmt. Die Ermächtigung des Abs I S 1 ist grundgesetzkonform, insbesondere hinreichend bestimmt, BVerfGE **27** 18 (35). Bezweckt ist möglichst weitgehende Zentralisierung der Zuständigkeit bei entsprechend qualifizierten Behörden, die einheitlichen Weisungen zugänglich sind und bei denen Aufklärung und Ahndung in denselben Händen liegen, so dass einheitliche und rasche Erledigung gewährleistet ist, auch unter Verwendung moderner technischer Einrichtungen, BVerfGE **27** 18 (35), Hb VRS **74** 370. *Verfolgung* von VOW (iS von § 36 OWiG) setzt einen Anfangstatverdacht voraus und ist daher nicht dasselbe wie **Verkehrsüberwachung,** Fra NZV **92** 248, NJW **92** 1400, *Albrecht* DAR **03** 540, *Melchers* VGT **89** 111, *Bick/Kiepe* NZV **90** 331 (str), aM *Fredrich* DAR **92** 187, s *Bernstein* NZV **99** 316 (321). **„Behörde oder Dienststelle der Polizei"** iS der Ermächtigung von Abs I S 1 können auch die Ordnungsbehörden sein, *Pitschas/Aulehner* BayVBl **90** 419, *Albrecht* DAR **03** 540, *Bick/Kiepe* NZV **90** 331, *Waechter* NZV **97** 336, nicht aber zB die von der Pol organisatorisch getrennten Einwohnermeldeämter, KG VRS **72** 456, *Janiszewski* NStZ **87** 402. Soweit **Gemeinden** aufgrund spezieller landesrechtlicher Ermächtigungsnormen (*Albrecht* DAR **03** 540) VÜberwachung betreiben (Übersicht bei *Döhler* DAR **96** 37), *Albrecht* DAR **03** 539, darf dies aber jedenfalls nicht unter fiskalischen Aspekten geschehen, Stu NZV **90** 439, Fra NZV **92** 248, *Beck* AnwBl **92** 377, DAR **94** 483, *Steiner* DAR **96** 273, was zu einem Vertrauensverlust bei den VT in die Objektivität von Überwachungsmaßnahmen und zu einer Aushöhlung des Opportunitätsprinzips bei der Verfolgung von OW führen könnte, s *Janker* DAR **91** 32, *Hornmann* DAR **99** 162, *Hentschel* NJW **96** 630, **98** 655. Zur Verkehrsüberwachung durch Gemeinden in Hessen Fra NStZ-RR **01** 120, *Joachim/Radtke* NZV **93** 94, *Beck* DAR **94** 483, *Friedrich* PVT **96** 49, *Hornmann* DAR **99** 158, in Brandenburg Brn DAR **96** 64, in B-W Stu NZV **90** 439 (Anm *Janker* DAR **91** 32, *Standop* PVT **91** 164), Kar NJW **93** 1023. Die Überwachung der Einhaltung von VVorschriften wie zB der zulässigen Geschwindigkeit und die Verfolgung von Verstößen gehören zum Kern der originären Staatsaufgaben (s aber *Waechter* NZV **97** 334 ff) und sind daher grundsätzlich den Angehörigen des öffentlichen Dienstes vorbehalten, Bay NZV **97** 276 (Anm *Ludovisy* DAR **97** 208), Bay NZV **99** 258, *Steegmann* NJW **97** 2157. Ob eine sachliche Zuständigkeit **kommunaler Zweckverbände** für die Verfolgung von VOW besteht, hat Bay DAR **04** 709 offen gelassen, weil ein von einem solchen Verband erlassener Bußgeldbescheid jedenfalls nicht nichtig sei. Kein Recht Bediensteter einer kommunalen Ordnungsbehörde, **VT anzuhalten,** § 36 StVO Rz 24. Überwachung **durch Private** im Auftrag der kommunalen Ordnungsbehörde unter Verwendung technischer Messgeräte nur bei aktiver Teilnahme eines mit der Technik des Messgeräts vertrauten Behördenangehörigen, Fra NZV **95** 368 (bei *bewusster* Missachtung uU Verwertungsverbot), Bay NZV **97** 276 (Beweisverwertungsverbot mangels Willkür im entschiedenen Fall abgelehnt, krit *Ludovisy* DAR **97** 208, *Döhler* VGT **98** 209), AG Freising DAR **97** 31 (zust *Ludovisy*), AG Bernau DAR **98** 76 (Beweisverwertungsverbot bei „grober Fahrlässigkeit" der VB); kein Beweis*erhebungs*verbot nach Bay DAR **05** 633 auch bei in den Dienstbetrieb der VB voll integriertem Messpersonal einer privaten Firma. Nur bei Messung unter der Regie eines Behördenangehörigen kann wirksam der Gefahr begegnet werden, dass der das OWRecht beherrschende Opportunitätsgrundsatz ausgehöhlt (KG NZV **97** 50, *Ronellenfitsch* DAR **97** 148, 151, *Nitz* NZV **98** 13 f, *Hornmann* DAR **99** 162) und die Objektivität der Messung durch sowohl bei der Kommune als auch beim Gerätevermieter bestehende fiskalische bzw wirtschaftliche Interessen gefährdet wird, s *Steegmann* NJW **97** 2157, *Hornmann* DAR **99** 158, abw *Radtke* NZV **95** 430. Bay NZV **99** 258 sieht es nicht als Umgehung dieser Grundsätze an, wenn die Geschwindigkeitsmessung durch einen organisatorisch in die Gemeinde integrierten und ihr unterstellten Leiharbeiter eines privaten Überwachungsunternehmens erfolgt (zw). Spätestens mit der Aufzeichnung der Daten, die ein Verhalten als bußgeldbewehrte Zuwiderhandlung erkennen lassen, ist der Beginn eines personenbezogenen Bußgeldverfahrens anzunehmen, der als hoheitliche Tätigkeit nicht Gegenstand einer Übertragung auf Private sein darf, KG NZV **97** 48, Bay NZV **97** 486, AG Freising DAR **97** 31, s *Waechter* NZV **97** 337, *Nitz* NZV **98** 14. Ob ein daraus resultierendes Beweiserhebungsverbot zu einem **Beweisverwertungsverbot** führt, lässt sich nicht allgemein beantworten, BGH NJW **78** 1390; je gravierender die Rechtsverletzung bei der Beweisgewinnung, umso eher kommt ein Beweisverwertungsverbot in Betracht, s KG NZV **97** 50, Bay NZV **97** 486, Fra NZV **97** 368, AG Bernau DAR **98** 76, vor allem bei willkürlichem, bewusstem Handeln zum Nachteil des Betroffenen, s *Hornmann* DAR **99** 159, 162. Parküberwachung durch private „Arbeitsgemeinschaft" im Auftrag der Kommune, die durch Datenerfassung und Hinterlassen eines Hinweiszettels am Fz das Stadium des Beginns eines Bußgeldverfahrens erreicht, ist jedenfalls rechtswidrig, KG NZV **97** 48 (Beweisverwertungsverbot), Bay NZV **97** 486 (kein Beweisverwertungsverbot), AG Freising DAR **97** 31. Die „Abteilung Verkehrsordnungswidrigkeiten" des **Einwohnermeldeamts** Hb gehört ebenso wie die Pol zur Behörde für Inneres; ein von ihr erlassener Bußgeldbescheid ist iS des Abs I von einer „Behörde oder Dienststelle der Polizei" erlassen, Hb VRS **74** 370. Wurde von einer Landesregierung eine Behörde bestimmt, die nicht „Polizei" iS von Abs I ist, so sind von dieser Behörde erlassene Bußgeldbescheide dennoch nicht ohne Weiteres nichtig, KG VRS **72** 456. Auf **Bahnanlagen** einschließlich der dort von der Bahn eingerichteten Parkplätze gelten auch nach der Umwandlung der Bundesbahn in die Bahn AG die Bestimmungen der EBO mit bahnpolizeilicher Zuständigkeit der BundesPol, Bay NZV **97** 491. Bahnhofsvorplätze gehören idR nicht zu den Bahnanlagen, Hb DAR **87** 124 (zust *Berr*), die BundesPol als BahnPol ist daher dort örtlich nicht zuständig, Kar VRS **54** 78, Stu VM **73** 67, Ol NJW **73** 291, Ha VRS **56** 159 (außer bei Verladebetrieb der Bahn, Stu VM **73** 67), *Janiszewski/Buddendiek* Rz 29, aM *Dernbach* NJW **75** 679, *Weber* DÖV **70** 145. Ein wegen Parkverstoßes auf bahneigenem, aber allgemein zugänglichem Bahnhofsvorplatz von der Bundesbahndirektion erlassener Bußgeldbescheid ist daher unwirksam, Ha VRS **56** 159 (Verfahrenshindernis). Verwarnung durch die BundesPol als Bahnpolizei: § 26a Rz 52.

Lit: *Albrecht,* Anhalterechte kommunaler Bediensteter zur Verfolgung von VVerstößen, DAR **03** 537. *Bernstein,* Zur Rechtsnatur von Geschwindigkeitskontrollen, NZV **99** 316. *Döhler,* Privatisierung der VÜberwachung? ... VGT **98** 202. *Hornmann,* Die Verfolgung von OW durch Private ist unzulässig ..., DAR **99** 158. *Nitz,* Neuere Rspr zur Privatisierung der VÜberwachung, NZV **98** 11. *Ronellenfitsch,* Allgemeine Betrachtungen zur VÜberwachung durch Private, DAR **97** 147. *Steegmann,* VÜberwachung durch Private, NJW **97** 2157. *Steiner,* Möglichkeiten und Grenzen kommunaler und privater VÜberwachung, DAR **96** 272. *Waechter,* Die Organisation der VÜberwachung, NZV **97** 329.

3 § 26 I Satz 1 ist grundgesetzkonform (BVerfGE **27** 18 = NJW **69** 1619).

4 **3. Zuständig bei OW nach § 24 StVG außerhalb des Straßenverkehrs,** also idR für diejenigen gemäß der StVZO, ist die gemäß § 36 I Nr 2a, II OWiG bestimmte VB, idR diejenige, die die Materie bearbeitet. OW dieser Art werden meist nicht durch die verkehrsüberwachende Polizei ermittelt, ausgenommen allerdings etwa Brems-, Beleuchtungs- und Ladungskontrollen im Verkehr, s auch § 24 Rz 70.

5 **4. Zuständig bei OW nach § 23 StVG** (gewerbsmäßiges Feilbieten nicht vorschriftsmäßig gekennzeichneter FzTeile) ist gemäß II das Kraftfahrt-Bundesamt.

6 **5. Körperliche Untersuchung. Sicherheitsleistung.** Aufgaben der Pol: § 53 OWiG. Zur Feststellung verfahrensbedeutsamer Tatsachen dürfen die Ermittlungspersonen der StA (§ 152 GVG) die körperliche Untersuchung des Verdächtigen anordnen, jedoch nur die Entnahme von Blutproben und andere geringfügige Eingriffe (Schranke des § 46 IV OWiG). Sicherheitsleistung (§§ 46 I OWiG, 132 StPO): s § 24 Rz 75.

7 **6. Verfolgungsverjährung.** Die Verfolgung aller OW nach § 24 StVG verjährt nach der Sondervorschrift in Abs 3 abweichend von § 31 II OWiG im Verfahren vor der VB **nach drei Monaten**. Die Frist ist so kurz bemessen, dass sie nur für das komplikationslos verlaufenden Verfahren ausreicht, nicht jedoch vielfach für Kennzeichenanzeigen („Verkehrsrowdys in FirmenFz", *Senge* NStZ **97** 348). Die Verjährungsunterbrechung, der eigentlich Ausnahmecharakter zukommen soll, wird deshalb im Bußgeldverfahren praktisch die Regel (*Göhler-König* § 33 Rz 1, *Burian* GA **04** 759). **6 monatige Verjährungsfrist** gilt erst nach Erlass eines Bußgeldbescheids oder der Erhebung der öffentlichen Klage. Die Regelung will der Tatsache Rechnung tragen, dass im Verfahren nach Einlegung des Einspruchs häufig mehr Zeit benötigt wird als im summarischen Verfahren (Schl ZfS **95** 35, KG NStZ **99** 193). Die Frist von 3 Monaten hatte sich vielfach als zu kurz erwiesen (zB Vernehmungen durch ersuchten Richter, Einholung von Sachverständigengutachten, Überlastung der Gerichte). Auch prozesstaktischem Verhalten zwecks Herbeiführung der Verjährung soll entgegengewirkt werden (Begr BRDrucks 371/82 S 40, KG NStZ **99** 193). Die Überlegungen hätten den Gesetzgeber veranlassen sollen, allgemein eine Verjährungsfrist von 6 Monaten anzuordnen. Maßgebend ist das Datum des Erlasses des Bußgeldbescheids (bei EDV der dem Datum des Bußgeldbescheids entsprechende Tag des mechanischen Ausdrucks, Dü NZV **03** 51) bzw des Eingangs der Anklageschrift oder eines Antrags auf Erlass eines Strafbefehls bei Gericht. Die 6 monatige Verjährungsfrist gilt auch nach Erlass eines Bußgeldbescheids, der zurückgenommen wird (zB bis zum Erlass eines neuen, Ce NZV **95** 40). Die Streitfrage, ob die verlängerte Verjährungsfrist auch ab einer zwischen Erlass und Zustellung des Bußgeldbescheids erfolgten Unterbrechung gilt, wenn dieser nicht gem § 33 I Nr 9 OWiG binnen 2 Wochen zugestellt wurde, was dem Wortlaut von Abs 3 entspricht („*ergangen*", so zB Bay NZV **99** 433, *Katholnigg* VGT **99** 253, abw KG NStZ **99** 193, *Gübner* NZV **98** 235), wurde in BGHSt **45** 261, in dem Sinn entschieden, dass der Erlass des Bußgeldbescheids die Verlängerung der Verjährungsfrist auf 6 Monate nur bewirkt, wenn innerhalb von

2 Wochen zugestellt wird; andernfalls tritt die Verjährungsverlängerung erst mit Zustellung ein, und zwar auch, wenn zwischenzeitlich eine andere Unterbrechungsmaßnahme getroffen wurde. Diese Interpretation ist nicht überzeugend; es handelt sich im Ergebnis um eine Rechtsfortbildung contra legem (*König* JR 00 345, *Göhler-König* § 33 Rz 35a, zw *Korte* NStZ 00 410). Zur *Verjährung* bei OW nach § 24a StVG s dort. Die kurze Verjährung des § 26 III gilt auch für OW nach § 130 OWiG, soweit dem Betriebsinhaber Ermöglichung von VOW nach § 24 StVG durch unterlassene Aufsichtsmaßnahmen vorgeworfen wird (Kö VRS 78 468). Bei Kennzeichenanzeigen ist nur eine gegen eine bestimmte Person als Betroffenen gerichtete Handlung zur **Verjährungsunterbrechung** geeignet (BGH NJW 97 598, Bay DAR 88 172, Ha DAR 00 81, VRS 98 208), zB die Anordnung der Versendung eines Anhörbogens an den Halter *als Betroffenen* (Ha DAR 00 81, Kö VRS 95 119, Hb NZV 99 95, DAR 99 176, *Göhler-König* § 33 Rz 14, 55, 56), bei Firmenanzeigen auch, falls sich hinter Firma Einzelperson verbirgt (Brn VRS 112 278). Keine Unterbrechung dagegen, wenn sich der Anhörungsbogen alternativ an den Halter auch zur Ermittlung des Betroffenen richtet (Hb NStZ-RR 99 21, Dr DAR 04 535) oder wenn er insoweit unklar ist (Zw DAR 03 184, Ro VRS 108 372); ebenso, wenn durch die Versendung eines Anhörbogens oder die Vernehmung eines Zeugen der noch unbekannte Fahrer erst ermittelt werden soll, zB, weil der Halter als Täter nicht in Frage kommt (juristische Person, BGHSt 24 321 = NJW 72 914, 97 598, Ha NZV 99 261 [auch wenn ein zur Feststellung des FzF geeignetes Foto vorliegt], zum Ganzen *Göhler-König* § 33 Rz 14, 55, 56). Verfügt die Verwaltungsbehörde irrtümlich die vorläufige Einstellung, so wird die Verjährung wirksam unterbrochen (Ba DAR 07 472 m Anm *König*; aM Ha NZV 05 491 m Anm *König*; Ha NZV 07 588 m Anm *König* NZV 08 105). Bei Erstellung und Versendung eines Anhörbogens durch individuellen elektronischen Befehl genügt es, wenn sich Zeitpunkt und Bearbeiter des Vorgangs sicher feststellen lassen; eine handschriftliche Autorisierung, die einige OLG vormals als zwingend erforderlich angesehen hatten (zB Dr DAR 05 570, Hb DAR 06 223, eingehend *König* DAR 06 230), ist nicht erforderlich (BGH NJW 06 2338, zust *König* NStZ 07 178). Zur Berechnung der Verjährung, wenn vorher die Verfolgung wegen eines Vergehens wirksam unterbrochen worden war (Kar VRS 37 113). Kann die angeklagte Straftat nicht festgestellt werden und ist die tateinheitlich begangene OW verjährt, so ist nicht einzustellen, sondern freizusprechen (KG DAR 04 459, Ol VRS 68 277).

Lit: *König*, Verjährungsunterbrechung durch Anhörungsanordnung, DAR 06 230. *Ders.*, Zur Verjährungsunterbrechung durch schriftliche Anordnung, DAR 02 526. *Olizeg*, Die Unterbrechung der Verfolgungsverjährung durch elektronisch dokumentierte Anordnungen, NZV 05 130.

Bußgeldkatalog

26a (1) **Das Bundesministerium für Verkehr, Bau und Stadtentwicklung wird ermächtigt, durch Rechtsverordnung mit Zustimmung des Bundesrates Vorschriften zu erlassen über**

1. die Erteilung einer Verwarnung (§ 56 des Gesetzes über Ordnungswidrigkeiten) wegen einer Ordnungswidrigkeit nach § 24,
2. Regelsätze für Geldbußen wegen einer Ordnungswidrigkeit nach den §§ 24, 24a und § 24c,
3. die Anordnung des Fahrverbots nach § 25.

(2) **Die Vorschriften nach Absatz 1 bestimmen unter Berücksichtigung der Bedeutung der Ordnungswidrigkeit, in welchen Fällen, unter welchen Voraussetzungen und in welcher Höhe das Verwarnungsgeld erhoben, die Geldbuße festgesetzt und für welche Dauer das Fahrverbot angeordnet werden soll.**

Begr zur Neufassung durch ÄndG v 19. 3. 01 (BTDrucks 14/4304 S 12): *Mit der Entscheidung – 2 BvF 1/94 – vom 2. März 1999 hat das Bundesverfassungsgericht seine frühere Rechtsprechung ausdrücklich aufgegeben, wonach die in den Fällen des Artikels 85 Abs. 2 Satz 1 GG (und entsprechend zu Artikel 84 Abs. 2 GG) geübte Staatspraxis, durch Bundesgesetz mit Zustimmung des Bundesrates an Stelle der Bundesregierung als Kollegialorgan einzelne Bundesminister zum Erlass allgemeiner Verwaltungsvorschriften zu ermächtigen, für zulässig erklärt worden ist (BVerfGE 26, 338). Das Bundesverfassungsgericht hat nunmehr entschieden, dass allgemeine Verwaltungsvorschriften entsprechend dem Wortlaut des Grundgesetzes (Artikel 85 Abs. 2 Satz 1 GG) ausschließlich von der Bundesregierung als Kollegialorgan mit Zustimmung des Bundesrates erlassen werden können. Vor diesem Hintergrund ist nicht auszu-*

1 StVG § 26a   III. Straf- und Bußgeldvorschriften

schließen, dass die Ermächtigungsnorm des § 27, auch wenn diese den Sachbereich nach Artikel 84 Abs. 2 GG betrifft, einer verfassungsrechtlichen Prüfung nicht mehr standhalten würde. Sie wird deshalb nicht mehr angewandt. Vielmehr hat die Bundesregierung entschieden, die darauf gestützte Allgemeine Verwaltungsvorschrift für die Erteilung einer Verwarnung bei Straßenverkehrsordnungswidrigkeiten in eine allgemeine Verwaltungsvorschrift der Bundesregierung zu überführen, die unmittelbar auf Artikel 84 Abs. 2 GG beruht.

Um die in der Sache nicht gebotene Konsequenz zu vermeiden, dass über die Verwarnungsgeldregelsätze bis 75 DM, bei denen es um die geringfügigen Ordnungswidrigkeiten geht, die Bundesregierung als Kollegium zu entscheiden hat, während Bußgeldregelsätze ab 80 DM und Regelfahrverbote weiterhin das Bundesministerium für Verkehr, Bau- und Wohnungswesen erlässt, soll nunmehr mit der Änderung des § 26a das Bundesministerium für Verkehr, Bau- und Wohnungswesen dazu ermächtigt werden, auch die Bestimmungen über die Verwarnungsgeldregelsätze in den Verordnungsrang zu erheben. Das hat zugleich den Vorteil, sämtliche Vorschriften über die Regelsanktionen bei Straßenverkehrsordnungswidrigkeiten in einem einzigen Regelwerk zusammenzuführen und damit die Transparenz des Verkehrsrechts zu verbessern.

...

Es ergeben sich keine Auswirkungen auf die Ahndungspraxis. Für die Bußgeldbehörden entfaltete der nach § 27 StVG erlassene Verwarnungsgeldkatalog stets Bindungswirkung; dies wird beibehalten. Bezüglich der Gerichte beschränkt sich die Neuerung auf deren auch formelle Bindung an die Verwarnungsgeldregelsätze. Das richterliche Ermessen, bei besonderen Umständen des Einzelfalles von den Regelsätzen abweichen zu können, besteht ebenso nach der Bußgeldkatalog-Verordnung, in die Verwarnungsgeldregelsätze integriert werden sollen, und wird somit durch die Neuregelung nicht beeinträchtigt.

Die neue Verordnungsermächtigung lässt im Übrigen die geltende Allgemeine Verwaltungsvorschrift für die Erteilung einer Verwarnung bei Straßenverkehrsordnungswidrigkeiten (VerwarnVwV) vom 28. Februar 2000 (BAnz. S. 3048), die von der Bundesregierung erlassen worden ist, unberührt. Das gilt auch für künftige Änderungen der auf Artikel 84 Abs. 2 GG gestützten Verwaltungsvorschrift. Auf Artikel 1 Nr. 18 Buchstabe C wird verwiesen.

Die Änderung nimmt zugleich die Anpassung des in § 26a genannten Ermächtigungsadressaten an den Organisationserlass vom 27. Oktober 1998 (BGBl. I S. 3288) vor.

Im Verhältnis zu § 58 Abs. 2 des Gesetzes über Ordnungswidrigkeiten ist der neue § 26a Abs. 1 Nr. 1 die speziellere Regelung, die im Bereich der Verkehrsordnungswidrigkeiten den Erlass einer Rechtsverordnung vorsieht, die Bestimmungen zur Erteilung der Verwarnung enthält.

Übersicht

Allgemeine Verwaltungsvorschrift (VerwarnVwV) 3, 5
Anfechtbarkeit der Verwarnung 35, 36
Außendienst, Beamter 38–44
Beamter, Verwarnung 38–44
Ermächtigung zur Erteilung von Verwarnungen 45–52
Geringfügige Ordnungswidrigkeiten, Verwarnungsgegenstand 9–17, 18, 20, 23
Landesinterne Tatbestandskataloge 3, 22, 26, 35
Ordnungswidrigkeit gegen § 24 StVG, Verwarnungsverfahren 5 ff
–, geringfügige als Verwarnungsgegenstand 9–17, 18, 20, 23
–, Zweifel am Vorliegen 21
Polizeidienst, Verwarnung durch Beamte des 38–44
Tatbestandskataloge, landesinterne 3, 22, 26, 35
Tateinheit 27
Tatmehrheit 28

Verbindlichkeit der Katalogsätze 20
Verfahrenshindernis 8, 29, 32–34
Verwaltungsbehörde, Verwarnung durch 8–17
Verwarnung durch Verwaltungsbehörde 8–17
– durch Außen- und Polizeibeamte 38–44
–, Ermächtigung zur Erteilung 45–51
– ohne Verwarnungsgeld 22, 23
– als Verfahrenshindernis 8, 29, 32–34
Verwarnungsgegenstand: geringfügige Ordnungswidrigkeiten 9, 16, 18, 20, 22, 23
Verwarnungsgeld, Verwarnung ohne 22, 23
–, Zahlung, Zahlungsfrist 10 f, 30, 31
Verwarnungsgeldsätze 20
Verwarnungsverfahren, bei Ordnungswidrigkeiten gegen § 24 StVG 5 ff
VerwarnVwV s Allgemeine Verwaltungsvorschrift
Zahlung des Verwarnungsgeldes, Zahlungsfrist 10 f, 30, 31
Zweifel an Ordnungswidrigkeit 21

2   **1. Bedeutung der auf § 26a beruhenden Kataloge.** Die Bestimmung greift nicht in den Inhalt der §§ 24, 24a StVG in dem Sinn ein, dass die Ahndung von OW nach jenen Vorschriften die Existenz eines Bußgeldkatalogs oder die Festsetzung eines Regelsatzes in diesem voraussetzen würde, *Janiszewski* NJW **89** 3115, *Seidenstecher* VD **89** 267, *Jagow* NZV **90** 16, *Heck* NZV **91** 177. Das BMV hat durch die BKatV (alt) v 4. 7. 89 (BGBl I S 1305, 1447) die in

Bußgeldkatalog **§ 26a StVG 1**

§ 26a mit der Ermächtigung ausgefüllt. Die derzeit geltende BKatV v 13. 11. 01 (in Kraft getreten am 1. 1. 02) ist im **Buchteil 8** abgedruckt.

Gerichtliche Bindung an landesinterne **Tatbestandskataloge** zur Ahndung geringfügiger 3 Ordnungswidrigkeiten besteht nicht. Entsprechendes gilt für die vormalige VerwarnVwV, die nicht auf der Ermächtigungsgrundlage des Abs I Nr 1 als RVO erlassen war, s Rz 5, § 24 Rz 65.

Zur **Bindung der Gerichte an die Sätze des Bußgeldkatalogs** § 24 Rz 64. Zur Bedeu- 4 tung der BKatV für das FV nach § 25 StVG: § 25 Rz 19 ff.

Lit: s § 24 StVG Rz 80.

2. Verwarnungsverfahren bei OW nach § 24 StVG. Bis zum 27. 3. 01 (Inkrafttreten der 5 Neufassung) regelte § 27 StVG (alt), in welchen Fällen eine OW gegen § 24 StVG durch Verwarnung (§§ 56 bis 58 OWiG) geahndet werden soll, und ermächtigte das BMV zum Erlass allgemeiner Vwv. Die bis zum 31. 12. 01 gültig gewesene, von der BReg erlassene Vwv mit Verwarnungsgeldkatalog idF v 28. 2. 2000 (VkBl **00** 113, aufgehoben durch AV v 26. 11. 01, BAnz **01** 24 505) beruhte auf der Ermächtigungsgrundlage des Art 84 II GG, näher E 4 a. Die in §§ 56 ff OWiG getroffene Regelung wird durch die neue Ermächtigungsnorm des Abs I Nr 1 nicht berührt. Daher gilt nach wie vor: Nur wenn eine OW ihrer Natur nach, also allgemein, andere VT erheblich gefährden kann oder wenn sie auf grob verkehrswidrigem oder rücksichtslosem Verhalten beruht, ist eine Verwarnungserteilung idR ausgeschlossen, jedoch auch hier nicht, wenn Verwarnung wegen ganz besonderer Umstände ausreicht. Dies ergibt sich außerdem aus § 56 I 2 OWiG: danach ist zunächst zu prüfen, ob bei geringfügigen OW Verwarnung ohne Verwarnungsgeld ausreicht, *Göhler (König)* § 56 Rz 6, sofern nicht überhaupt von Ahndung abgesehen werden kann (§ 47 OWiG). Andernfalls kann eine Verwarnung mit Verwarnungsgeld erteilt werden.

Verwarnungsfähig sind Erwachsene unter den Voraussetzungen von § 12 OWiG, Jugendliche 6 nach § 3 I JGG. Wer noch nicht 14 Jahre alt ist, kann nicht verantwortlich ordnungswidrig handeln (§ 12 OWiG); eine Ermahnung darf aber erteilt werden.

Die Verwarnung soll ein Bußgeldverfahren ersparen. **Sie enthält keine Entscheidung über** 7 **das Vorliegen einer OW,** BVerwG DAR **73** 223, Ha VRS **57** 198, Kar NZV **90** 159, sondern einen – bei Erhebung von Verwarnungsgeld – einverständlich erteilten „Denkzettel" aus Anlass einer möglichen OW. Die Verwarnung mit Verwarnungsgeld ist also ein mitwirkungsbedürftiger **Verwaltungsakt,** Dü DAR **84** 154, KG NZV **90** 123, *Göhler (König)* § 56 Rz 15, im „äußersten Bagatellbereich", BVerwG VkBl **73** 712, nicht formgebunden und auch mündlich zulässig. Sie schafft ein Verfahrenshindernis, § 56 IV OWiG. Das Verwarnungsgeld ist weder Strafe noch Ahndungsmittel, Ha VRS **57** 198. Verwaltungsgerichtliche Anfechtbarkeit der Verwarnung: Rz 35, 36. Ein gebührenpflichtiges abmahnendes Schreiben der VB wegen Nichtbeachtung einer Auflage beim Fahren ist keine Verwarnung, Bay NJW **75** 746 (zu § 27 StVG aF).

3. Verwarnung durch die Verwaltungsbehörde. Maßgebend ist § 56 OWiG. Er lautet 8 in der ab 1. 3. 98 geltenden Fassung:

Verwarnung durch die Verwaltungsbehörde

56 (1) ¹*Bei geringfügigen Ordnungswidrigkeiten kann die Verwaltungsbehörde den Betroffenen verwarnen und ein Verwarnungsgeld von fünf bis fünfunddreißig Euro erheben.* ²*Sie kann eine Verwarnung ohne Verwarnungsgeld erteilen.*

(2) ¹*Die Verwarnung nach Absatz 1 Satz 1 ist nur wirksam, wenn der Betroffene nach Belehrung über sein Weigerungsrecht mit ihr einverstanden ist und das Verwarnungsgeld entsprechend der Bestimmung der Verwaltungsbehörde entweder sofort zahlt oder innerhalb einer Frist, die eine Woche betragen soll, bei der hierfür bezeichneten Stelle oder bei der Post zur Überweisung an diese Stelle einzahlt.* ²*Eine solche Frist soll bewilligt werden, wenn der Betroffene das Verwarnungsgeld nicht sofort zahlen kann oder wenn es höher ist als zehn Euro.*

(3) ¹*Über die Verwarnung nach Absatz 1 Satz 1, die Höhe des Verwarnungsgeldes und die Zahlung oder die etwa bestimmte Zahlungsfrist wird eine Bescheinigung erteilt.* ²*Kosten (Gebühren und Auslagen) werden nicht erhoben.*

(4) *Ist die Verwarnung nach Absatz 1 Satz 1 wirksam, so kann die Tat nicht mehr unter den tatsächlichen und rechtlichen Gesichtspunkten verfolgt werden, unter denen die Verwarnung erteilt worden ist.*

4. Begr zu § 56 OWiG (Drucks V/1269 S 84): „*Absatz 1 lässt das Verwarnungsverfahren bei ‚geringfügigen' Ordnungswidrigkeiten zu. Der bisherige § 22 StVG spricht von ‚leichteren' Verkehrszuwiderhandlungen, der § 8 OWiG nennt Fälle von ‚geringer' Bedeutung. Der Entwurf will den Anwendungsbereich des Verwarnungsverfahrens im Vergleich zu diesen Vorschriften etwas erweitern ....*

10 *Absatz 2 entspricht im Wesentlichen § 8 Abs. 2 Satz 1 OWiG und dem bisherigen § 22 Abs. 1 Satz 2 StVG. Diese Regelungen werden allerdings in der Hinsicht erweitert, dass das Verwarnungsgeld nicht stets sofort bezahlt zu werden braucht, sondern dass dem Betroffenen auch eine kurze Zahlungsfrist bewilligt werden kann. In der Praxis hat sich gezeigt, dass diese Erweiterung aus Gründen der Gerechtigkeit und der Zweckmäßigkeit geboten ist. …*

11 *Wird das Verwarnungsgeld nicht fristgerecht gezahlt, so ist die Verwarnung nicht wirksam. Die Sache muss dann im ordentlichen Bußgeldverfahren erledigt werden. Das kann zwar in Grenzfällen zu Unbilligkeiten führen, so z. B., wenn die Einzahlung ohne Verschulden des Betroffenen zu spät kommt. Der Entwurf verzichtet gleichwohl auf eine besondere Regelung zur Vermeidung derartiger Unbilligkeiten, weil aus praktischen Gründen eine einfache Verfahrensregelung, die der Masse der hier in Betracht kommenden Fälle gerecht wird, dringend geboten ist. …*

12–17 Der **Rechtsausschuss** hat dazu ausgeführt (zu Drucks V/2600/01 S 8): „… *Die in Absatz 1 als Satz 2 eingefügte Sollvorschrift stellt einerseits klar, dass sich die Verwaltungsbehörde bei geringfügigen Ordnungswidrigkeiten in der Regel darauf beschränken soll, eine Verwarnung zu erteilen, weil das Verfahren auf diese Weise rasch und ohne großen Aufwand erledigt werden kann. Andererseits ist aus dem Bedingungssatz der Hinweis zu entnehmen,* **dass neben einer Verwarnung mit Verwarnungsgeld auch eine solche ohne Verwarnungsgeld in Betracht kommt und dass deshalb zu prüfen ist, ob eine solche Verwarnung ausreichend ist** …*.*

18 **5. Nur geringfügige OW** iS von § 56 OWiG sind der Verwarnung durch die VB zugänglich. Das sind solche, bei denen Ahndung mit 35 € ausreicht (§ 1 I S 2 BKatV). Dabei entscheidet nicht allein das objektive Gewicht der Zuwiderhandlung, sondern auch das Maß der Vorwerfbarkeit, *Göhler (König)* § 56 Rz 6. Aus § 56 I S 1 OWiG folgt, dass die VB (Pol) auch bei geringfügiger OW keineswegs verpflichtet ist, vom Erlass eines Bußgeldbescheids (bzw einer OW-Anzeige) abzusehen, die Erteilung einer Verwarnung vielmehr in ihrem Ermessen liegt, Ko VRS **74** 389, AG Saalfeld VRS **110** 366. Anders liegt es nach AG Rudolfstedt VRS **111** 425, wenn der Übergang ins Normalverfahren als unvertretbarer Akt objektiver Willkür erscheint. Soweit keine wirksame Verwarnung zustande kommt (Rz 29 ff), gelten die Erläuterungen zu § 24 StVG. Fehlbeurteilung der Geringfügigkeit: Rz 20. Zur Wirksamkeit bei Anwendung unrichtiger Verwarnungsgeldsätze: Rz 29, 35.

19 Ein **Fahrverbot** ist nach Maßgabe von § 25 StVG nur neben Geldbuße zulässig, im Verwarnungsverfahren daher ausgeschlossen (§ 56 I OWiG).

20 **6. Verwarnung** ohne Verwarnungsgeld ist geboten, wo das ausreicht (§ 56 I 2 OWiG, Übermaßverbot). Andernfalls beträgt das **Verwarnungsgeld** seit 1. 1. 2002 5 bis 35 € (§ 56 I OWiG). Maßgebend dafür waren bis zum Erlass der neuen BKatV v 13. 11. 01 (RVO auf der Grundlage des Abs I Nr 1) die Sätze der bis zum 31. 12. 01 geltenden VerwarnVwV der BReg (Rz 5). Seit 1. 1. 02 **gilt auch insoweit die BKatV** (Rz 2). Diese unterscheidet zwar in systematischer Hinsicht nicht mehr zwischen Geldbußen und Verwarnungsgeldern; soweit sie feste Sätze vorsieht, sind diese jedoch als Verwarnungsgeldregelsätze für die VB bindend, Zwischensätze dann nicht zulässig. Verstöße: Rz 29, 35. Ihre Ermessensregeln räumen dem ermächtigten Beamten einen Spielraum ein mit der Rechtsfolge, dass die Ermessensausübung im Zweifel gültig (Rz 29) und nur bei offensichtlicher Willkür unwirksam ist (Rz 35). Die Verwarnung bleibt wirksam, auch wenn die OW in Wahrheit nicht geringfügig ist, Kar VRS **52** 25. Bei **Ablehnung der Verwarnung** findet das Verfahren gemäß den §§ 35 ff OWiG statt. Die VB hat dann bei Geringfügigkeit der OW dieselben Katalogsätze zu beachten. Beim Einspruch gegen den Bußgeldbescheid entscheidet das Gericht innerhalb des gesetzlichen Bußgeldrahmens.

21 **6 a. Zweifelt der Beamte,** etwa auf Gegenvorstellung, endgültig am Vorliegen einer OW, so darf er nicht verwarnen, weil dann kein Anlass zum Einschreiten besteht, anders nur, wenn sich zwischen ihm und dem Betroffenen kein Einverständnis über das Vorliegen eines Verstoßes herstellen lässt (Rz 7).

22 **6 b.** Nach §§ 47, 56 I OWiG, § 2 II BKatV ist auch bei jeder in der BKatV (oder im landesinternen Tatbestandskatalog für geringfügige OW) bezeichneten OW zuerst zu prüfen, ob sie **so unbedeutend ist**, dass von einer Verwarnung abgesehen werden kann, oder ob Verwarnung ohne Verwarnungsgeld ausreicht (Opportunitätsprinzip). Nur so können die zu tolerierenden bedeutungslosen Verstöße im Massenverkehr von den „geringfügigen" und den erheblichen OW sinnvoll geschieden werden.

Bußgeldkatalog   § 26a StVG I

Die Beurteilung einer OW als unbedeutend iS von § 2 II BKatV richtet sich nach der VLage 23
und allen dafür maßgebenden Umständen und kann insbesondere bei bloßen Formalverstößen
in Betracht kommen, *Janker/Steffen* Polizei **04** 79. Sprechen die Umstände für fehlende Bedeutung, so ist von Verwarnung mit Verwarnungsgeld auch abzusehen, wenn die OW als Durchschnittsfall in der BKatV verzeichnet ist. Dies uU bei VStille ohne jede Belästigung, geschweige
Gefährdung anderer, und vor allem bei sinnwidrigem VZ, **E** 122–124. Bei den in § 1 I S 2, § 2
III BKatV bezeichneten und bei vergleichbaren OW, soweit sie nicht im Einzelfall unbedeutend
sind, ist Geringfügigkeit anzunehmen. Fehlbeurteilung: Rz 20. Beim Zusammentreffen mehrerer Verwarnungen und Verwarnungsgelder (Rz 27, 28) ist zu prüfen, ob insgesamt noch Geringfügigkeit vorliegt, § 2 VIII BKatV.

Auch **schriftlich** am Fz oder nach Einladung zur Polizeiwache (VB) kann die Verwarnung 24
ausgesprochen werden. Widerspricht allerdings der hinzukommende FzF der Anbringung des
Verwarnungszettels ausdrücklich, so entfällt mangels Mitwirkungsbereitschaft die rechtliche
Grundlage für eine Verwarnung gem § 56 I S 1 OWiG, Dü DAR **84** 154 (dann keine rechtmäßige Amtsausübung iS von § 113 StGB mehr). Zur mangelnden Unterbrechungswirkung hinsichtlich der Verjährung bei Anbringen einer schriftlichen Verwarnung am Fz Kö VRS **61** 273.

Auf **Gegenvorstellung** kann der Vorgesetzte des Außenbeamten vor einer Verwarnung von 25
dieser absehen oder sich auf Verwarnung ohne Verwarnungsgeld beschränken (§§ 47, 56
OWiG). Nach wirksam erteilter Verwarnung ist dies nicht mehr möglich, da sie, außer bei wirksamer Anfechtung (Rz 35), nicht mehr beseitigt werden kann (Rz 29 ff).

6 c. Nicht in der BKatV bezeichnete OW erfordern, wo Verwarnung ohne Verwarnungs- 26
geld nicht ausreicht (Rz 22, 23), angepasste Sätze, die (nur für geringfügige OW) auch in landesinternen Tatbestandskatalogen enthalten sein können (Begr, BRDrucks 571/01 S 63). Bei
Fußgängern soll idR ein Verwarnungsgeld von 5 €, bei **Radfahrern** von 10 €, erhoben werden, auch wo die BKatV an sich höhere Sätze vorsieht (§ 2 IV BKatV).

6 d. Tateinheit und Tatmehrheit im Verwarnungsverfahren. Erfüllt dieselbe Handlung 27
(§ 24 StVG Rz 58) mehrere Tatbestände des § 24 StVG, nach denen sie als OW geahndet werden
kann, oder denselben Tatbestand mehrmals **(Tateinheit)**, so wird analog § 19 OWiG nur das
höchste der vorgeschriebenen Verwarnungsgelder erhoben (§ 2 VI BKatV), es sei denn, das Gesamtverhalten ist nicht mehr geringfügig (§ 2 VIII BKatV) oder anderseits insgesamt so unbedeutend, dass Verwarnung ohne Verwarnungsgeld ausreicht und daher geboten ist (§ 56 I OWiG,
Rz 22, 23). Die nach § 56 III OWiG zu erteilende Bescheinigung umfasst dann das tateinheitliche Verhalten. Das Verwarnungsgeld darf die Höchstgrenze von 35 € (§ 56 I S 1 OWiG) nicht
überschreiten und muss die festen Sätze der BKatV einhalten. Überschreitung: Rz 29, 35.

Weniger klar liegt es bei **Tatmehrheit**. Sie liegt vor, wenn mehrere selbstständige Handlun- 28
gen einen oder mehrere Tatbestände erfüllen (§ 24 StVG Rz 59). Wird jede dieser Handlungen
einzeln gerügt, weil sie einzeln entdeckt wird, und reicht bloße Verwarnung nicht aus (Rz 22,
23), so wird jede einzeln mit dem für sie vorgeschriebenen Verwarnungsgeld geahndet (§ 20
OWiG). Das ist im Verhältnis zur Regelung bei TE unbefriedigend, hat aber seinen Grund im
Verhältnis von TE und TM. Vor allem kann das summarische Verwarnungsverfahren durch
Außenbeamte mit derart schwierigen rechtlichen Unterscheidungen nicht belastet werden. Stellt
jedoch derselbe Beamte mehrere selbstständige Verstöße hintereinander fest (Streifenwagen), die
nunmehr zu ahnden sind, so fragt sich, ob sie alle einzeln (§ 20 OWiG), zusammengenommen
auch über den Rahmen des § 56 I OWiG hinaus, gerügt werden dürfen, oder nur einzelne oder
alle zusammen nur bis zu dieser Höchstgrenze, oder ob wegen Überschreitung der Höchstgrenze insgesamt oder teilweise Anzeige notwendig ist. Die BKatV regelt den Fall nicht. Nach § 2
VII BKatV ist wegen der mehreren Verstöße getrennt zu verwarnen. Zweifelhaft ist jedoch, ob
§ 56 OWiG dies deckt. An sich ist § 20 OWiG, der die Festsetzung gesonderter Bußen gebietet,
zwingend, denn auch das Verwarnungsverfahren betrifft OW. Anderseits will § 56 I OWiG dem
ermächtigten Beamten schwerlich erlauben, Verwarnungsgeld über 35 € hinaus von demselben
Betroffenen auf einmal zu erheben. Das Verwarnungsverfahren soll innerhalb enger Bußgeldgrenzen bleiben. Misslich wäre jedoch die Folgerung, deshalb auf das Verwarnungsverfahren zu
verzichten. In derartigen Fällen sollte daher, soweit möglich (§ 47 OWiG), die bedeutsamste der
mehreren selbstständigen OW mit Verwarnungsgeld geahndet werden, oder mehrere zusammen
bis zur gesetzlichen Höchstgrenze, die übrige(n) ohne Verwarnungsgeld, aM *Wetekamp* DAR **86**
76. Entsprechend wäre die Bescheinigung (§ 56 OWiG) zu erteilen. Nicht zulässig ist es, die
mehreren OW, jede mit dem vorgeschriebenen Satz, nebeneinander zu ahnden und dabei die
Höchstgrenze des § 56 I S 1 OWiG zu überschreiten (*Göhler (König)* § 56 Rz 20, *Wetekamp*

DAR **86** 76, aM *Janiszewski/Buddendiek* Rz 49 a). Einzelverwarnungen bis zu insgesamt 35 € gleichzeitig sind jedoch zulässig. Wird so verfahren, dann erwächst in den Fällen bloßer Verwarnung zwar kein Verfahrenshindernis (§ 56 IV), Anzeige nach § 53 OWiG erübrigt sich aber.

29 **7. Zur Wirksamkeit der Verwarnung** mit Verwarnungsgeld gehört, dass der Betroffene richtig **belehrt** wird, also weiß, dass er das Vorliegen einer OW oder deren rechtliche Beurteilung im Bußgeldverfahren bestreiten kann (§ 56 II OWiG). Andererseits kann die VB eine unterbliebene oder unrichtige Belehrung später nicht zum Nachteil des Betroffenen geltend machen, um das Verfahrenshindernis des § 56 IV OWiG zu beseitigen, sofern sich der Betroffene mit der Verwarnung abgefunden hatte, *Wetekamp* DAR **86** 77. Ferner ist Voraussetzung, dass der Betroffene in Kenntnis des Weigerungsrechts vor förmlicher Verwarnung sein **Einverständnis** mit ihr erklärt (§ 56 II OWiG) und dass er formell verwarnt wird, Ha VRS **54** 134, KG NZV **90** 123. Ein Einverständnis nach anfänglicher Weigerung ist wirksam, *Wetekamp* DAR **86** 77, (natürlich) aber nicht mehr nach Rücknahme des Einspruchs gegen einen Bußgeldbescheid, der nach durch den Betroffenen verweigertem Verwarnungsgeldangebot erlassen worden ist, Jn DAR **06** 162. Endgültige Weigerung darf nicht vorzeitig angenommen werden, weil es verständlich ist, dass der Betroffene an einem Verstoß zweifelt, dessen objektives Vorliegen ja offenbleibt (Rz 7). Bei endgültiger Weigerung gilt § 53 OWiG. Nimmt der an sich verwarnungswillige Beamte irrig eine Weigerung an und erstattet er deshalb Anzeige, so wird ein Verfahrenshindernis verneint werden müssen, Ha VM **68** 43. Fehlbeurteilung der Geringfügigkeit: Rz 18, 35. Wird mit unrichtigem Verwarnungsgeldsatz (Rz 20) verwarnt, so ist nach dem Sinn des Gesetzes, die Masse der geeigneten Fälle durch Verwarnung zu erledigen, keine Unwirksamkeit anzunehmen. Vielmehr bleibt es bei dem unrichtigen Satz, wenn er zu niedrig ist; ist er höher als nach dem Katalog oder als die Höchstgrenze des § 56 I OWiG, so ist bei Anfechtung der richtige Satz maßgebend (Rz 35).

30 **7 a. Sofortige oder fristgerechte Zahlung** des Verwarnungsgelds ist Voraussetzung wirksamer Verwarnung, Dü NZV **91** 441, Kö VRS **88** 375, Ko VRS **56** 158, AG Saalfeld NJW **05** 2726, und zwar Entrichtung des festgesetzten Betrags bis zu 35 €. Verwarnung ohne Verwarnungsgeld bildet kein Verfahrenshindernis (§ 56 IV OWiG), Rz 8, 32. Sofort bedeutet nicht, dass der Betroffene auf der Stelle zahlt. Wer eine schriftliche Verwarnung von einem Kfz wegnimmt, an seinem eigenen falsch geparkten Kfz befestigt, um ihn später wieder am anderen Kfz anzubringen, verletzt dadurch keine Vorschrift, Hb NJW **64** 736, *Baumann* NJW **64** 705.

31 **Zahlungsfrist** von einer Woche (Sollvorschrift) soll dem Betroffenen bewilligt werden, der das Verwarnungsgeld nicht sofort zahlen kann, oder wenn es 10 € übersteigt (§ 56 II OWiG). Die Frist ist in der Bescheinigung (§ 56 III OWiG) anzugeben. Gewahrt wird sie durch Einzahlung bei der bezeichneten Stelle oder bei der Post für diese Stelle (§ 56 II OWiG). Auf den Zahlungseingang kommt es dann nicht an, *Wetekamp* DAR **86** 78. Hingegen trägt der Betroffene bei einer Banküberweisung das Risiko rechtzeitigen Eingangs, AG Saalfeld NJW **05** 2726. Die VB kann die Frist verlängern und dadurch eine verspätete Zahlung als rechtzeitig gelten lassen, BTDrucks V/2600/01 S 8. Ergibt sich, dass die Zahlung vorsätzlich oder fahrlässig versäumt worden ist, so ist verspätete Zahlung zurückzuweisen (zurück zu überweisen), andernfalls kann die Frist verlängert und die verspätete Zahlung bis zum Erlass eines Bußgeldbescheids angenommen werden, *Bouska* VD **73** 153. Nichtangabe des Kennzeichens macht eine rechtzeitige Überweisung nicht ohne Weiteres unwirksam, Fra DAR **68** 187. Evt muss die VB rückfragen; unwirksam ist die Zahlung jedoch, wenn selbst bei zumutbarem Verwaltungsaufwand eine ordnungsgemäße Verbuchung unmöglich ist, Hauser VD **84** 17. Bei verspäteter Zahlung ist die Verwarnung unwirksam, Rz 30. Eine Wiedereinsetzung in den vorigen Stand ist mit der Rechtsnatur der Verwarnung nicht vereinbar, AG Saalfeld NJW **05** 2726, *Göhler (König)* § 56 Rz 28. Die Annahme verspäteter Überweisung durch die VB ist für sich allein nicht ohne Weiteres eine stillschweigende Fristverlängerung, Kö VM **84** 15, VRS **88** 375, AG Saalfeld NJW **05** 2726, anders uU bei Annahme in Kenntnis des Fristablaufs, Ko VRS **56** 158 (jedoch nicht bei Postüberweisung, AG Dortmund NStZ **85** 79).

32 **7 b. Verfahrenshindernis.** Ist die Verwarnung mit Verwarnungsgeld wirksam (Rz 29–31), so kann die Tat als OW nicht mehr unter den tatsächlichen und rechtlichen Gesichtspunkten der Verwarnung verfolgt werden (§ 56 IV OWiG, Rz 8), strafrechtlich oder unter anderen OW-Gesichtspunkten jedoch weiterhin, Dü NZV **90** 487, **96** 251, Kar VRS **52** 25. Eine zB wegen unterbliebener Belehrung unwirksame Verwarnung hindert dagegen die weitere Verfolgung der Tat als OW nicht, Bay NZV **99** 258. Kein Verfahrenshindernis vor Zahlung der Geldbuße, Ha JMBlNRW **78** 33, Dü NZV **91** 441. Nur durch rechtzeitige Entrichtung des Verwarnungsgelds

Bußgeldkatalog § 26a StVG **I**

entsteht das Hindernis, Kö VM **84** 15, VRS **88** 375, Ha VRS **54** 134, Ko VRS **42** 375. Die Gründe für unterbliebene Zahlung sind ohne Bedeutung, Dü NZV **91** 441. Wurde entgegen § 56 II OWiG keine Zahlungsfrist gesetzt, so entsteht durch Zahlung nach Erlass eines Bußgeldbescheids wegen derselben OW kein Verfahrenshindernis, KG NZV **90** 123 (zust *Göhler* NStZ **91** 74, abl *Wache* NZV **90** 124, *Wolf/Harr* JR **91** 273). Zur Beweiserleichterung ist dem Verwarnten eine kostenlose (§ 56 III S 2 OWiG) Bescheinigung über die Verwarnung, das Verwarnungsgeld, dessen Entrichtung und ggf über die Zahlungsfrist und Zahlungsstelle zu erteilen (§ 56 III OWiG). Sie dient nur Beweiszwecken, wird formularmäßig erteilt und sollte, soweit möglich, den Betroffenen (kein unbedingtes Erfordernis, BVGE **42** 209), jedenfalls aber die OW bezeichnen, weil sie den Beweis der Verwarnung sonst erschwert. Der Betroffene muss die Verwarnung jedoch auch anders nachweisen können. Bestehen bei Versendung der Verwarnung mit einfachem Brief Zweifel über den Zeitpunkt des Empfangs durch den Betroffenen und damit über die Rechtzeitigkeit der Zahlung, so ist zugunsten des Betroffenen von Einhaltung der Wochenfrist auszugehen, Kö VM **85** 45. Verwarnung und Zahlung müssen positiv festgestellt werden können, Ha DAR **61** 176. Ergeht trotz Verwarnung ein Bußgeldbescheid, so wird der Betroffene die VB oder das Gericht von der Verwarnung verständigen und diese nachweisen müssen, Kar NJW **61** 1128. Rückzahlung rechtzeitig überwiesenen Verwarnungsgelds, etwa wegen vergessener Verwarnungsgeld-Nr, Ha VRS **54** 134, beseitigt das Verfahrenshindernis nicht, Fra DAR **68** 187, *Wetekamp* DAR **86** 79, s aber Rz 31. Die **Verwarnung ohne Verwarnungsgeld** ist in § 56 IV als Verfahrenshindernis nicht genannt, hindert also grundsätzlich die spätere Ahndung auch dann nicht, wenn der Betroffene bereit war, die beabsichtigte gebührenpflichtige Verwarnung anzunehmen, der PolB dann aber nur eine gebührenfreie erteilt, abw Bra DAR **67** 225. Jedoch sollte diese aus Gründen des Vertrauensschutzes unterbleiben, *Janiszewski* 177 a.

Unter den tatsächlichen und rechtlichen Gesichtspunkten der Verwarnung kann die 33 Tat bußgeldrechtlich nicht mehr verfolgt werden (Ha VRS **50** 453). Das Verfolgungshindernis ist gem § 56 IV OWiG beschränkt, um unbillige Bevorzugung zu vermeiden. Nur innerhalb dieses engen Rahmens gilt das Verbot zweimaliger Ahndung. Alles, was die verwarnende Behörde bei der Verwarnung in tatsächlicher und/oder rechtlicher Beziehung bewusst, aus Nichtkenntnis oder versehentlich (Dü NZV **90** 487, *Berz* VOR **72** 328) beiseite gelassen hat, bleibt, soweit selbstständiger Beurteilung zugänglich, unter Ausschluss des durch die Verwarnung bereits Abgegoltenen verfolgbar (Dü NZV **96** 251), etwa eine tateinheitlich mitbegangene andere OW (zB Verwarnung zwar wegen Links-, aber nicht wegen gleichzeitigen Zuschnellfahrens; Dü NZV **90** 487, **96** 251, Ko VRS **72** 444, Kar VRS **53** 368; uU aM AG Homburg ZfS **07** 473 [Verwarnung wegen Geschwindigkeitsüberschreitung sperrt Ahndung eines zugleich begangenen Verstoßes gegen Benutzungsverbot von Handys] m zw Anm *Diehl*), bereits begangene, aber nicht mit erfasste weitere gleiche oder ähnliche Tatakte oder Taten, erst recht nach der Verwarnung begangene weitere Tatakte einer DauerOW (Bay DAR **71** 304, Dü NZV **96** 251, Sa NJW **73** 2310). Dem Betroffenen ist unmissverständlich zu eröffnen, was durch Verwarnung abgerügt werden soll, andernfalls wird er annehmen dürfen, der Gesamtvorgang sei durch Verwarnung erledigt (Kö VRS **53** 450), mit der Folge bestehenden Verfahrenshindernisses auch bezüglich der nicht gerügten Bußgeldtatbestände (Ko VRS **71** 145). Eine gebührenpflichtige Verwarnung wegen Zuschnellfahrens schließt Verfolgung nach § 24a StVG nicht aus (Ha VRS **49** 391). War die OW in Wahrheit nicht geringfügig (Rz 20), so behält die Verwarnung dennoch ihre Sperrwirkung. Durfte der Verwarnte annehmen, der gesamte Vorgang solle gerügt werden, und hat er der Verwarnung deshalb zugestimmt, so wird Sperrwirkung anzunehmen sein (Dü NZV **90** 487, **96** 251, *Göhler-König* § 56 Rz 43).

Nur als Ordnungswidrigkeit kann die Tat nicht mehr verfolgt werden, und zwar als solche 34 gegen § 24 StVG. Stellt sich heraus, dass der gerügte Vorgang eine Straftat oder Teil einer solchen ist, so besteht insoweit kein Verfahrenshindernis, Kar VRS **52** 25. Bei weiterer Verfolgung ist Verwarnungsgeld, anders als Geldbuße (§ 86 II OWiG), weder anzurechnen noch zurückzuzahlen, Bay NJW **61** 1270, Kar VRS **53** 368, kann aber bei der Strafzumessung berücksichtigt werden, *Göhler (König)* § 56 Rz 45. Es stellt keine Strafe dar, BVerfG NJW **67** 1748, mag es auch als Strafbuße wirken. Es ist auch nicht zu erstatten, wenn sich später herausstellt, dass keine OW vorlag, selbst wenn Rückzahlung für diesen Fall zugesagt war, OVG Saarlouis VM **63** 73. Denn das Verwarnungsverfahren will idR jeden späteren Streit über den Vorgang, Strafbarkeit ausgenommen, abschneiden, s aber Rz 35. Das Verfahrenshindernis der wirksamen Verwarnung kann behördlich nicht wieder beseitigt werden, auch nicht durch Rücknahme der Verwarnung und Rückzahlung, Fra DAR **68** 187, Dü DAR **61** 235, etwa mit der Begründung, der Betroffene habe Dienstaufsichtsbeschwerde erhoben, woraus sich ergebe, dass er mit der Verwarnung nicht einverstanden sei, AG Mainz DAR **06** 166 m Anm *Schäpe*. Auch der PolB kann nach Zahlung und Ausstellung der Bescheinigung (§ 56 III OWiG) die Verwarnung nicht mehr zurücknehmen, Schl VM **59** 46, SchlHA **59** 199, Stu NJW **59** 330. Verschlechterungsverbot: § 24 StVG Rz 72, 73, Verwertung früherer Verwarnungen im Verfahren zur EdF: § 3 StVG.

35 **7 c. Als Verwaltungsakt** ist die Verwarnung mit Verwarnungsgeld zwar grundsätzlich anfechtbar (Art 19 IV GG), im Hinblick auf das erforderliche Einverständnis des Betroffenen jedoch nur in beschränktem Umfang. Durch das Einverständnis (§ 56 II OWiG) verzichtet der Verwarnte nicht auf jedes Rechtsmittel. Die etwaige Rechtswidrigkeit der Verwarnung und das Rechtsschutzbedürfnis des Betroffenen bleiben unberührt. Das Einverständnis bedeutet lediglich, dass der Betroffene, um ein Bußgeldverfahren zu vermeiden und etwaiger Eintragung im VZR zu entgehen, dem Verwarnungsverfahren zustimmt, außerdem, dass er in diesem summarischen Verfahren auf gerichtliche Nachprüfung des Hergangs und seiner Beurteilung als OW verzichtet, BVerwG NJW **66** 1426, OVG Ko NJW **65** 1781, abl *Peter* JZ **67** 530. So kann er im Wege der Anfechtung nicht einwenden, es habe kein Verstoß vorgelegen, oder anderwärts seien gleich gelagerte Fälle niedriger geahndet worden, BVerwG NJW **66** 1426, wohl aber, er habe der Verwarnung nicht zugestimmt, der Beamte sei nicht ermächtigt gewesen (§ 58 OWiG), BVerwG NJW **66** 1426, er habe den gesetzlichen Höchstsatz des Verwarnungsgelds (§ 56 I S 1 OWiG) überschritten, er habe eine unrichtige oder unvollständige Bescheinigung (§ 56 III OWiG) erteilt, oder den Betroffenen entgegen § 56 II nicht ordnungsgemäß belehrt, BVerwG NJW **66** 1426, oder das Einverständnis sei durch Täuschung, Drohung oder Zwang bewirkt worden, OVG Ko NJW **65** 1781. Er kann auch nicht geltend machen, das Verwarnungsgeld sei unter Verstoß gegen die BKatV oder den landesinternen Tatbestandskatalog zu hoch festgesetzt worden (*Göhler (König)* § 56 OWiG Rz 33, *Janiszewski* 182b, offen gelassen von BVerwGE **24** 12, aM *Bode* DAR **69** 59, hier bis 38. Aufl).

36 Stammt die Verwarnung von einer VB, so ist die Anfechtung dort anzubringen, andernfalls bei der Behörde des verwarnenden Beamten. Bei berechtigter Anfechtung nimmt die VB die Verwarnung zurück und zahlt das Verwarnungsgeld zurück. Gegen die ablehnende Entscheidung der VB kann **Antrag auf gerichtliche Entscheidung** gem § 62 OWiG erhoben werden; der Verwaltungsrechtsweg ist ausgeschlossen, VG Freiburg NJW **72** 919, *Göhler (König)* § 56 Rz 37, *Janiszewski* 185f; die gegenteilige Auffassung (zB BVerwGE **24** 8, wN 38. Aufl) ist überholt. Die wirksam angefochtene Verwarnung darf durch die VB in gesetzlicher Form wiederholt werden. Es ist nicht anzunehmen, dass in diesem Fall nur im „ersten Zugriff" verwarnt werden darf. Die Verwarnung *ohne Verwarnungsgeld* ist nach hM (weil kein Verwaltungsakt) nicht anfechtbar, sondern kann nur mit Gegenvorstellung und Dienstaufsichtsbeschwerde angegriffen werden, *Göhler (König)* § 56 Rz 35, *Bode* DAR **87** 369, zT aM *Pohl-Sichtermann/Demuth* MDR **71** 345; auch Antrag auf gerichtliche Entscheidung gem § 62 OWiG ist nicht zulässig, *Göhler (König)* aaO, aM Hb NJW **87** 2173 jedenfalls bei schriftlicher Verwarnung (abl *Bode* DAR **87** 369 und *Göhler* NStZ **88** 66).

Lit: *Bode,* Die Anfechtung der gebührenpflichtigen Verwarnung …, DAR **65** 293. *Derselbe,* Das Verwarnungsverfahren, DAR **69** 57. *Derselbe,* Gerichtlicher Rechtsschutz gegen die Verwarnung ohne Verwarnungsgeld?, DAR **87** 369. *Hauser,* Verwarnung bei VOW, VD **84** 12. *Janiszewski/Buddendiek,* Verwarnungs- und Bußgeldkatalog mit Punktsystem (Kommentar), 9. Aufl 2004. *Janker/Steffen,* Die Erteilung von Verwarnungen bei VOW durch PolBe, Polizei **04** 78. *Pohl-Sichtermann/Demuth,* Rechtsschutz gegen verwaltungsbehördliche Verwarnungen, MDR **71** 345. *Wetekamp,* Rechtsfragen der Verwarnung bei VOW, DAR **86** 75. *Wolf/Harr,* Zur Wirksamkeit und Bindungswirkung des „Verwarnungsgeldangebots" nach § 56 OWiG, JR **91** 273.

37 **8. Verwarnung durch Beamte des Außen- und Polizeidienstes.** Maßgebend sind die §§ 57, 58 OWiG. Sie lauten:

38 *Verwarnung durch Beamte des Außen- und Polizeidienstes*

57 *(1) Personen, die ermächtigt sind, die Befugnis nach § 56 für die Verwaltungsbehörde im Außendienst wahrzunehmen, haben sich entsprechend auszuweisen.*

(2) Die Befugnis nach § 56 steht auch den hierzu ermächtigten Beamten des Polizeidienstes zu, die eine Ordnungswidrigkeit entdecken oder im ersten Zugriff verfolgen und sich durch ihre Dienstkleidung oder in anderer Weise ausweisen.

39 **9. Begr** (Drucks V/1269 S 85): … *Die Frage, in welchem Verfahrensabschnitt eine Verwarnung durch Polizeibeamte noch zulässig sein soll, entscheidet der Entwurf vorwiegend nachpragmatischen Gesichtspunkten. Sie sind auch für die Einrichtung des Verwarnungsverfahrens überhaupt maßgebend. Mit*

Hilfe des Verwarnungsverfahrens kann bei geringfügigen Ordnungswidrigkeiten das umständlichere förmliche Verfahren vermieden und der so ersparte Arbeits- und Verwaltungsaufwand dazu benutzt werden, die Einhaltung der gesetzlichen Gebote und Verbote verstärkt zu überwachen. Dieses Verfahren anzuwenden, empfiehlt sich aus der Sicht der polizeilichen Tätigkeit namentlich in den Fällen, in denen die Polizeibeamten im Rahmen ihres Ermittlungsauftrages ... Ordnungswidrigkeiten feststellen oder verfolgen. Andernfalls müssten die Polizeibeamten selbst bei geringfügigen Ordnungswidrigkeiten schriftliche Vernehmungen durchführen, Akten anlegen und die Verhandlung der Verwaltungsbehörde übersenden. Anders ist allerdings die Sachlage, wenn die Polizei von der zuständigen Verwaltungsbehörde ersucht wird, den Sachverhalt zu ermitteln. In solchen Fällen muss die weitere Entscheidung über das Verfahren der Verwaltungsbehörde verbleiben. Sonst könnte die Polizei ein anhängiges Bußgeldverfahren durch eine Verwarnung sogar dann zum Abschluss bringen, wenn dies im Widerspruch zu der Auffassung der Verfolgungsbehörde stehen würde.

Der Entwurf lässt deshalb die Möglichkeit der Verwarnung nur zu, soweit die Beamten der Polizei eine Ordnungswidrigkeit entdecken oder im ‚ersten Zugriff' verfolgen. Der Begriff des ‚ersten Zugriffs', der im Schrifttum seit langem zur Kennzeichnung der ersten Ermittlungstätigkeit verwendet wird, grenzt den Anwendungsbereich der Vorschrift in zweifacher Weise ein: Die Ermittlungshandlungen dürfen einmal zeitlich das erste Stadium noch nicht überschritten haben. Liegt die erste Ermittlungstätigkeit schon einige Zeit zurück, so sind regelmäßig Akten angelegt, die dann auch der zuständigen Verwaltungsbehörde zur Entscheidung vorgelegt werden sollen. Das Verwarnungsverfahren durch die Polizei kommt außerdem nur in Betracht, wenn die Polizei von sich aus einschreitet, also nicht auf Ersuchen oder im Auftrag der Verfolgungsbehörde tätig wird. Im letzteren Falle handelt sie nicht mehr im ‚ersten Zugriff', vielmehr lässt dann die Verwaltungsbehörde in einem bereits laufenden Verfahren durch die Polizei Ermittlungsverhandlungen vornehmen (§ 161 StPO i.V.m. § 37 Abs. 1 des Entwurfs). **40**
...

Es ist ... geprüft worden, ob die Befugnis nach § 45 (jetzt § 56 OWiG) nur den Beamten des Polizeidienstes übertragen werden sollte, die im Außendienst tätig werden. Eine solche Beschränkung hält der Entwurf jedoch aus praktischen Gründen nicht für empfehlenswert. Bei den künftigen Verkehrsordnungswidrigkeiten kann, soweit die Behörden oder Dienststellen der Vollzugspolizei nicht Bußgeldbehörden sind, ein Verwarnungsverfahren durch Beamte geboten sein, die zeitweise im Innendienst (z. B. auf dem Polizeirevier) ihren Dienst verrichten **41–44**

10. Ermächtigung zur Erteilung der Verwarnung **45**

58 (1) ¹*Die Ermächtigung nach § 57 Abs. 2 erteilt die oberste Dienstbehörde des Beamten oder die von ihr bestimmten Stelle.* ²*Die oberste Dienstbehörde soll sich wegen der Frage, bei welchen Ordnungswidrigkeiten Ermächtigungen erteilt werden sollen, mit der zuständigen Behörde ins Benehmen setzen.* ³*Zuständig ist bei Ordnungswidrigkeiten, für deren Verfolgung und Ahndung eine Verwaltungsbehörde des Bundes zuständig ist, das fachlich zuständige Bundesministerium, sonst die fachlich zuständige oberste Landesbehörde.*

(2) *Soweit bei bestimmten Ordnungswidrigkeiten im Hinblick auf ihre Häufigkeit und Gleichartigkeit eine möglichst gleichmäßige Behandlung angezeigt ist, sollen allgemeine Ermächtigungen an Verwaltungsangehörige und Beamte des Polizeidienstes zur Erteilung einer Verwarnung nähere Bestimmungen darüber enthalten, in welchen Fällen und unter welchen Voraussetzungen die Verwarnung erteilt und in welcher Höhe das Verwarnungsgeld erhoben werden soll.*

11. Begr (Drucks V/1269 S 86): Nach Absatz 1 Satz 1 erteilt die oberste Dienstbehörde des Beamten oder die von ihr bestimmte Behörde die Ermächtigung nach § 46 (jetzt 57) Abs. 2. Diese Regelung entspricht dem bisherigen § 22 Abs. 3 StVG. Da den Beamten des Polizeidienstes künftig nicht nur bei Verkehrsordnungswidrigkeiten, sondern allgemein bei Ordnungswidrigkeiten die Befugnis eingeräumt werden kann, eine Verwarnung mit einem Verwarnungsgeld auszusprechen, muss die Vorschrift über die Erteilung der Ermächtigung ergänzt werden. Die Durchführung des Verwarnungsverfahrens greift in die Kompetenz der sachlich zuständigen Verwaltungsbehörde ein, weil diese nach Zahlung des Verwarnungsgeldes gehindert ist, die Tat als Ordnungswidrigkeit zu verfolgen. Deshalb bestimmt Satz 2, dass sich die oberste Dienstbehörde wegen der Frage, bei welchen Ordnungswidrigkeiten Ermächtigungen nach § 46 (jetzt 57) Abs. 2 erteilt werden sollen, mit der zuständigen Behörde ins Benehmen setzen soll. **46–50**

12. Ermächtigt werden können durch Verwaltungsakt der zuständigen Behörde (§ 58 OWiG) Beamte des Außen- und Polizeidienstes. Die Ermächtigung ist gesetzliche Voraussetzung der Befugnis, Verwarnungen (§ 56 OWiG) zu erteilen. Fehlt die Ermächtigung, so ist die Verwarnung unwirksam (Rz 35), kann aber noch durch einen ermächtigten Beamten nachgeholt werden. Die Ermächtigung wird im Einzelfall oder allgemein für bestimmte Beamte erteilt. Jeder ermächtigte Beamte ist im Außendienst mit einem Ausweis hierüber zu versehen (§ 57 I **51**

1 StVG § 28

OWiG), den er bei der Amtshandlung vorzuzeigen hat (§ 57 I OWiG). Im Fall des II können sich Beamte des Polizeidienstes auch durch Dienstkleidung oder in anderer Weise ausweisen. Bloßer Ausweismangel beeinträchtigt die Wirksamkeit der Verwarnung (Rz 29) nicht. Der Begriff „Beamte" in der amtlichen Überschrift des § 57 OWiG meint nicht nur Beamte im formellen Sinn, sondern alle Personen, die kraft Bundes- oder Landesrechts zur Verwarnung ermächtigt sind, auch Angestellte und andere Hilfspersonen, BVerwG VkBl **70** 710, *Göhler (König)* § 57 Rz 2, *Bouska* VD **68** 165. Auch Innendienstbeamte können nach § 58 OWiG ermächtigt werden. Dabei ist vor allem an die Fälle gedacht, in denen der Außenbeamte den Betroffenen nur durch Vorladung am Fz erreicht. Verwarnung kommt nur in Betracht, wenn der ermächtigte Beamte von sich aus tätig wird, auch nach Vorladung des Betroffenen zur Dienststelle, nicht auch, wenn die VB zwecks Vorbereitung eigener Entscheidungen um Ermittlung ersucht (Rz 39, 40). **BundesPolBeamte als Bahnpol** können außerhalb der Bahnanlagen nicht ermächtigt werden (§ 26 Rz 2).

52 **13. Straftatbestände.** „Verwarnung" durch einen angeblichen VPolB ist Amtsanmaßung in TE mit Betrug, BGH GA **64** 151. Die Pflicht, Verwarnungsgelder entgegenzunehmen, aufzubewahren und darüber später abzurechnen, ist eine Treuepflicht iS von § 266 StGB, Kar 3 Ss 154/72. Wer als Anhalteposten ein an sich angezeigtes Verwarnungsgeld pflichtwidrig nicht erhebt, verletzt § 336 StGB nicht, Ha VRS **57** 198.

27 (weggefallen)

IV. Verkehrszentralregister

Führung und Inhalt des Verkehrszentralregisters

28 (1) Das Kraftfahrt-Bundesamt führt das Verkehrszentralregister nach den Vorschriften dieses Abschnitts.

(2) Das Verkehrszentralregister wird geführt zur Speicherung von Daten, die erforderlich sind
1. für die Beurteilung der Eignung und der Befähigung von Personen zum Führen von Kraftfahrzeugen oder zum Begleiten eines Kraftfahrzeugführers entsprechend einer nach § 6 e Abs. 1 erlassenen Rechtsverordnung,
2. für die Prüfung der Berechtigung zum Führen von Fahrzeugen,
3. für die Ahndung der Verstöße von Personen, die wiederholt Straftaten oder Ordnungswidrigkeiten, die im Zusammenhang mit dem Straßenverkehr stehen, begehen oder
4. für die Beurteilung von Personen im Hinblick auf ihre Zuverlässigkeit bei der Wahrnehmung der ihnen durch Gesetz, Satzung oder Vertrag übertragenen Verantwortung für die Einhaltung der zur Sicherheit im Straßenverkehr bestehenden Vorschriften.

(3) Im Verkehrszentralregister werden Daten gespeichert über
1. rechtskräftige Entscheidungen der Strafgerichte, soweit sie wegen einer im Zusammenhang mit dem Straßenverkehr begangenen rechtswidrigen Tat auf Strafe, Verwarnung mit Strafvorbehalt erkennen oder einen Schuldspruch enthalten,
2. rechtskräftige Entscheidungen der Strafgerichte, die die Entziehung der Fahrerlaubnis, eine isolierte Sperre oder ein Fahrverbot anordnen sowie Entscheidungen der Strafgerichte, die die vorläufige Entziehung der Fahrerlaubnis anordnen,
3. rechtskräftige Entscheidungen wegen einer Ordnungswidrigkeit nach §§ 24, 24 a oder § 24 c, wenn gegen den Betroffenen ein Fahrverbot nach § 25 angeordnet oder eine Geldbuße von mindestens vierzig Euro festgesetzt ist, soweit § 28 a nichts anderes bestimmt,
4. unanfechtbare oder sofort vollziehbare Verbote oder Beschränkungen, ein fahrerlaubnisfreies Fahrzeug zu führen,
5. unanfechtbare Versagungen einer Fahrerlaubnis,
6. unanfechtbare oder sofort vollziehbare Entziehungen, Widerrufe oder Rücknahmen einer Fahrerlaubnis durch Verwaltungsbehörden,
7. Verzichte auf die Fahrerlaubnis,

Führung und Inhalt des Verkehrszentralregisters § 28 StVG 1

8. unanfechtbare Ablehnungen eines Antrags auf Verlängerung der Geltungsdauer einer Fahrerlaubnis,
9. die Beschlagnahme, Sicherstellung oder Verwahrung von Führerscheinen nach § 94 der Strafprozessordnung,
10. unanfechtbare Entscheidungen ausländischer Gerichte und Verwaltungsbehörden, in denen Inhabern einer deutschen Fahrerlaubnis das Recht aberkannt wird, von der Fahrerlaubnis in dem betreffenden Land Gebrauch zu machen,
11. Maßnahmen der Fahrerlaubnisbehörde nach § 2a Abs. 2 Satz 1 Nr. 1 und 2 und § 4 Abs. 3 Satz 1 Nr. 1 und 2,
12. die Teilnahme an einem Aufbauseminar und die Art des Aufbauseminars und die Teilnahme an einer verkehrspsychologischen Beratung, soweit dies für die Anwendung der Regelungen der Fahrerlaubnis auf Probe (§ 2a) und des Punktsystems (§ 4) erforderlich ist,
13. Entscheidungen oder Änderungen, die sich auf eine der in den Nummern 1 bis 12 genannten Eintragungen beziehen.

(4) Die Gerichte, Staatsanwaltschaften und anderen Behörden teilen dem Kraftfahrt-Bundesamt unverzüglich die nach Absatz 3 zu speichernden oder zu einer Änderung oder Löschung einer Eintragung führenden Daten mit.

(5) ¹Bei Zweifeln an der Identität einer eingetragenen Person mit der Person, auf die sich eine Mitteilung nach Absatz 4 bezieht, dürfen die Datenbestände des Zentralen Fahrerlaubnisregisters und des Zentralen Fahrzeugregisters zur Identifizierung dieser Personen genutzt werden. ²Ist die Feststellung der Identität der betreffenden Personen auf diese Weise nicht möglich, dürfen die auf Anfrage aus den Melderegistern übermittelten Daten zur Behebung der Zweifel genutzt werden. ³Die Zulässigkeit der Übermittlung durch die Meldebehörden richtet sich nach den Meldegesetzen der Länder. ⁴Können die Zweifel an der Identität der betreffenden Personen nicht ausgeräumt werden, werden die Eintragungen über beide Personen mit einem Hinweis auf die Zweifel an deren Identität versehen.

(6) Die regelmäßige Nutzung der auf Grund des § 50 Abs. 1 im Zentralen Fahrerlaubnisregister gespeicherten Daten ist zulässig, um Fehler und Abweichungen bei den Personendaten sowie den Daten über Fahrerlaubnisse und Führerscheine der betreffenden Person im Verkehrszentralregister festzustellen und zu beseitigen und um das Verkehrszentralregister zu vervollständigen.

Begr zur Neufassung durch ÄndG v 24. 4. 1998 (VkBl **98** 774, 799): ... *Die Änderungen zielen vor allen Dingen darauf ab, die Erfordernisse des Datenschutzes entsprechend den Grundsätzen des Volkszählungsurteils des Bundesverfassungsgerichts vom 15. Dezember 1983 (BVerfGE 65, 1ff.) in der erforderlichen Weise zu berücksichtigen. Insbesondere soll sichergestellt werden, dass nur die für die Registerzwecke notwendigen Tatbestände und Entscheidungen eingetragen und Auskünfte aus dem Register nur insoweit erteilt werden, als dies zur Erfüllung der dem Empfänger obliegenden Aufgaben erforderlich ist. Das Prinzip der Vollauskunft muss deshalb durch den Grundsatz der Teilauskunft ersetzt werden: Übermittlung nicht aller Daten, sondern nur derjenigen Daten, die für die Aufgabenerfüllung der Empfänger notwendig sind. ...* 1

Zu Abs 2: *Neu aufgenommen wird in § 28 Abs. 2 eine Beschreibung der Zweckbestimmungen des Registers, die Maßstab sowohl für Art und Umfang der einzutragenden Entscheidungen als auch für die Verwendung der Daten sind. Bisher lagen – wenn auch nicht ausdrücklich festgelegt – der Führung des Verkehrszentralregisters in der Hauptsache folgende Zwecke zugrunde:* 2
– *Eignungsbeurteilung von Kraftfahrern sowie*
– *Beurteilung von Wiederholungstätern in Straf- und Ordnungswidrigkeitenverfahren.*
Diese Registerzwecke sind nunmehr in Absatz 2 Nr. 1 und 3 verankert.
Weiter sind die Daten nach Absatz 2 Nr. 2 erforderlich zur Prüfung der Berechtigung zum Führen von Kraftfahrzeugen. Dieser Bereich der polizeilichen Gefahrenabwehr wird als Registerzweck besonders definiert, da er von dem Zweck nach Nummer 1 nicht erfasst wird. Es handelt sich dabei namentlich um die Klärung bei Polizei- oder Grenzkontrollen, ob dem Betreffenden die Fahrerlaubnis entzogen oder ein Fahrverbot auferlegt wurde. Im Rahmen von ZEVIS erfolgt bereits heute eine entsprechende Nutzung (§ 30a StVG).
Nummer 3 deckt auch Datenspeicherungen und -übermittlungen bei erstmals auffälligen Tätern ab, da nur mit Hilfe des Registers festzustellen ist, ob es sich um einen Erst- oder einen Wiederholungstäter handelt.

I StVG § 28 IV. Verkehrszentralregister

Die Konkretisierung der Zweckbestimmungen wird abgeschlossen mit der Behandlung der Halterverantwortlichkeit in Absatz 2 Nr. 4 (Beurteilung der Zuverlässigkeit von Personen, die z. B. als Fahrzeughalter für die Einhaltung der zur Sicherheit im Straßenverkehr bestehenden Vorschriften verantwortlich sind). Dies bedeutet aber keineswegs, dass sämtliche Verstöße dieses Personenkreises im VZR eingetragen werden; so werden die Verstöße der Unternehmer und Disponenten nach dem Fahrpersonalgesetz nach wie vor allein im Gewerbezentralregister registriert. Auch werden nicht sämtliche im VZR befindliche Eintragungen in das Punktsystem einbezogen, sondern nur die in § 28 Abs. 3 Nr. 1 bis 3 StVG aufgeführten (vgl. § 4 Abs. 2 StVG).

3   **Zu Abs 3:** ... *Die Neuregelung des § 28 Abs. 3 übernimmt im Wesentlichen den bisherigen Inhalt aus dem alten § 28 StVG und dem § 13 StVZO.*

Neu aufgenommen wurden entsprechend der präzisierten Registerzwecke nach Absatz 2 die Verwarnung mit Strafvorbehalt (Nummer 1), die Beschlagnahme, Sicherstellung oder Verwahrung von Führerscheinen nach § 94 der StPO (Nummer 9), unanfechtbare Entscheidungen ausländischer Gerichte und Verwaltungsbehörden, in denen Inhabern einer deutschen Fahrerlaubnis das Recht aberkannt wird, von der Fahrerlaubnis in dem betreffenden Land Gebrauch zu machen (Nummer 10) sowie die Teilnahme an einem Aufbauseminar, die Art des Seminars und die Teilnahme an einer verkehrspsychologischen Beratung (Nummer 12).

Die ausländischen Entscheidungen nach Nummer 10 gehen weder in das Punktsystem (§ 4) ein noch kommt ihnen eine tilgungshemmende Wirkung (§ 29 Abs. 6) zu. Sie haben jedoch informatorische Bedeutung und können bei der Eignungsbeurteilung herangezogen werden. Eintragungen nach Nummer 10 ebenso wie nach Nummer 9 dienen der Information, ob und inwieweit das betreffende Fahrerlaubnisrecht eingeschränkt ist (Zweck nach § 28 Abs. 2 Nr. 2). Eintragungen nach Nummer 10 können aber auch Hinweise auf Eignungsmängel geben.

Maßnahmen der Fahrerlaubnisbehörde nach den Regelungen der Fahrerlaubnis auf Probe und des Punktsystems (Nummer 11) wurden bisher nur in den örtlichen Fahrerlaubnisregistern gespeichert. Da diese Register in Anbetracht der Schaffung eines Zentralen Fahrerlaubnisregisters wegfallen werden ..., müssen diese Maßnahmen künftig zentral gespeichert werden. Da sie den Bestand der Fahrerlaubnis nicht berühren, soll die Speicherung im VZR erfolgen.

Eintragungen nach Nummer 12 sind Hilfe für die Beurteilung, ob und inwieweit Punkt-Gutschriften gewährt werden können.

4–10   **Begr** z ÄndG v 14. 8. 05 (VkBl **05** 692): *Die Änderung des § 28 Abs. 2 Satz 1 Nr. 1 ermöglicht es, Anfragen insbesondere über Eintragungen der Begleitpersonen im Verkehrszentralregister vorzunehmen.*

11   **1.** Das **Verkehrszentralregister** (VZR) wird vom Kraftfahrt-Bundesamt (KBA) geführt. Abs 1 verdeutlicht die Zuständigkeit des KBA, die sich bereits aus § 2 I Nr 2a KBAGesetz ergibt (Begr VkBl **98** 799). Die **Zweckbestimmungen** des VZR sind in Abs 2 abschließend aufgeführt; sie bilden den Maßstab nicht nur für Art und Umfang der einzutragenden Daten sondern auch für deren Verwertung (s Rz 2).

12   **2. Inhalt des VZR.** Eingetragen werden rechtskräftige Entscheidungen der Gerichte, unanfechtbare oder sofort vollziehbare Verwaltungsentscheidungen, soweit sie in Abs 3 Nr 1–13 aufgeführt sind, ferner strafrichterliche vorläufige FSMaßnahmen, Erklärungen über den Verzicht auf die FE, Maßnahmen der FEB bei FE auf Probe und im Rahmen des Punktsystems, Teilnahme an Aufbauseminaren und verkehrspsychologischer Beratung nach Maßgabe von Nr 12 sowie schließlich Entscheidungen oder Änderungen in Bezug auf erfolgte Eintragungen. **Übergangsbestimmungen** § 65 VI – VIII. **Zu speichern** sind im VZR im Rahmen von Abs 3 die in § 59 FeV genannten Daten. Enthalten Entscheidungen sowohl registerpflichtige als auch nicht registerpflichtige Teile, s § 59 III, IV FeV.

13   Die **Eintragung** von Entscheidungen in das VZR ist **kein Verwaltungsakt** (BVerwG NJW **88** 87 [zust *Jagow* VD **87** 169, *Lässig* JuS **90** 459], NJW **07** 1299 [zust Anm *Dauer* DAR **07** 474], OVG Lüneburg DAR **01** 471, VG Bra NZV **01** 535, *Jagow/Burmann/Heß* E Rz 116 und § 28 StVG Rz 3a, *Kopp/Ramsauer* § 35 Rz 60, *Jagow* NZV **89** 9, *Ziegert* ZfS **07** 602). Das KBA prüft weder, ob die mitgeteilte Entscheidung ergangen ist, noch deren Unanfechtbarkeit oder gar inhaltliche Richtigkeit (BVerwG NJW **88** 87, *Lässig* JuS **90** 459, *Krumm* SVR **06** 478). Die Eintragung der Entscheidungen und der damit verbundenen Punkte (§ 59 I Nr 7 FeV) hat keine unmittelbaren Rechtsfolgen für den Bürger (BVerwG Beschl v 16. 10. 07 3 B 25/07 juris). Die Eintragung stellt weder eine Regelung dar noch ist sie auf unmittelbare Rechtswirkung nach außen gerichtet, da sie ausschließlich als Tatsachengrundlage zur Vorbereitung von Entscheidungen der Stellen dient, die das Punktsystem des § 4 gegenüber dem Bürger durchzuführen haben.

Eine rechtsverbindliche Punktebewertung durch das KBA findet nicht statt (Rz 23). Das VZR ist lediglich „zentrale Sammel- und Auskunftsstelle" (BVerwG NJW **88** 87), die keine eigenen Entscheidungen mit Rechtsfolgen für die Betroffenen trifft. Die Registrierung durch das KBA hat keinen verbindlichen Charakter (Begr VkBl **98** 795). – Die **Tilgung/Löschung** von Eintragungen im VZR ist aus den gleichen Gründen **kein Verwaltungsakt**.

a) Gerichtliche Entscheidungen sind überwiegend nur bei Rechtskraft einzutragen (Abs 3 Nr 1–3), außerdem vorläufige EdF nach § 111a StPO. Ob der Verurteilte FzFührer, Halter oder sonstiger VT war, ist unerheblich. Es genügt Beteiligung an einer OW (§ 14 OWiG). Straftaten, die nicht typische VZuwiderhandlungen sind, werden nur eingetragen, soweit sie „im Zusammenhang mit dem StrV begangen" worden sind (Abs 3 Nr 1), stets aber auch solche, die mit der Maßregel der §§ 69–69b StGB oder mit FV geahndet werden (Abs 3 Nr 2). **Zusammenhang mit dem StrV** setzt Einfluss auf den Verkehr oder VTeilnahme als Anlass voraus, jedoch ist eine eigene aktive Teilnahme am StrV (etwa durch eigenhändiges FzFühren) nicht erforderlich (Begr VkBl **98** 799). Verbale oder tätliche Angriffe aus Anlass eigener oder fremder VTeilnahme, die den Tatbestand einer Beleidigung bzw Körperverletzung erfüllen, genügen (Zw NZV **01** 482 [„Vogel"], Jn DAR **07** 402). Durch die Tat müssen spezifische Belange der VSicherheit berührt sein (Stu VRS **114** 158). Die OW gem § 23 StVG (gewerbsmäßiges Feilbieten nicht vorschriftsmäßig gekennzeichneter FzTeile) ist als gewerbepolizeilicher Verstoß nicht eintragungsfähig. 14

Gesamtstrafen dürfen nur im Rahmen von Abs 3 Nr 1 und 2 eingetragen werden, also soweit die gerichtliche Entscheidung wegen einer „im Zusammenhang mit dem StrV begangenen" Tat auf Strafe oder Verwarnung mit Strafvorbehalt erkennt oder einen entsprechenden Schuldspruch enthält oder wenn eine FEMaßregel oder ein FV verhängt ist (s § 59 III FeV). 15

Soweit die gerichtliche Entscheidung eine **Verurteilung wegen OW** betrifft, gilt Abs 3 Nr 3; unbedeutende VOWen unterliegen danach nicht der Eintragung. Maßgebend ist bei Verurteilungen wegen OWen nach § 24 StVG, ob das Bußgeld 40 € erreicht oder überschreitet, oder ob ein FV gem § 25 StVG angeordnet ist. In diesen Fällen besteht Eintragungspflicht, soweit sich nichts anderes aus § 28a ergibt. 16

b) Verwaltungsbehördliche Entscheidungen werden regelmäßig nur bei Unanfechtbarkeit oder sofortiger Vollziehbarkeit ins VZR eingetragen, Maßnahmen der FEB gem Abs 3 Nr 11 nach den Bestimmungen über die FE auf Probe oder über das Punktsystem jedoch stets. **Bußgeldentscheidungen der VB** werden unter den gleichen Voraussetzungen eingetragen wie gerichtliche Bußgeldentscheidungen (s Rz 16). 17

c) Sonstige Entscheidungen, die der Eintragung unterliegen, betreffen zB Verzichte auf die FE (Abs 3 Nr 7), FS-Sicherstellungen und -verwahrungen (Abs 3 Nr 9) und die Teilnahme an Aufbauseminaren und verkehrspsychologischen Beratungen (Abs 3 Nr 12). Der Verzicht auf eine FE wird (abw vom früheren Recht, § 13 I Nr 4 StVZO alt) auch dann eingetragen, wenn er nicht während eines Entziehungsverfahrens erklärt wird. Diese Einschränkung hatte sich als zu eng erwiesen, da Verzichte auch zu einem früheren Zeitpunkt erklärt wurden, um ein Entziehungsverfahren abzuwenden (Begr VkBl **98** 799). Die Erfassung von Beschlagnahme, Sicherstellung und Verwahrung von FS nach § 94 StPO (Abs 3 Nr 9) wurde trotz ihres vorläufigen Charakters „aus Gründen der Aktualität" des VZR für erforderlich gehalten (Begr VkBl **98** 799). Die Teilnahme an Aufbauseminaren oder verkehrspsychologischen Beratungen unterliegt nach Maßgabe von Abs 3 Nr 12 der Eintragung, weil Aufbauseminare gem § 4 III 1 Nr 2 nur einmal innerhalb von 5 Jahren angeordnet werden (§ 4 Rz 33), Seminarteilnahme und verkehrspsychologische Beratung auch nur einmal innerhalb von 5 Jahren zu einem Punkteabzug führen dürfen (§ 4 Rz 47) und weil auch die Art des jeweiligen Seminars für die Beurteilung, ob (erneut) eine Seminarteilnahme anzuordnen ist, im Rahmen der §§ 2a, 4 von Bedeutung ist (§ 4 Rz 33). 18

Die „Entziehung" einer deutschen FE im **Ausland** (Abs 3 Nr 10) wird im VZR eingetragen, weil es für die Eignung oder Zuverlässigkeit unerheblich ist, wo ein Verstoß begangen wurde (Begr VkBl **98** 800). Derartige Entscheidungen sind allerdings nicht in das Punktsystem nach § 4 einbezogen und wirken sich nicht auf die Tilgung anderer Entscheidungen aus. Sie haben jedoch informatorische Bedeutung und können bei der Eignungsbeurteilung herangezogen werden (Begr VkBl **98** 775). Im Ausland begangene Verkehrsverstöße werden nicht in das VZR eingetragen und haben keine Punkte in Deutschland zur Folge, selbst wenn die Verkehrsverstöße dem KBA gemeldet werden sollten. In ausländischen Punktsystemen gesammelte Punkte werden nicht in das deutsche Punktsystem übertragen (Nissen DAR **07** 564). Die Umwandlung 19 einer deutschen FE in eine ausländische EU-FE führt nicht zum Erlöschen des Punktestandes in Deutschland (OVG Bautzen SächsVBl **07** 157).

20   **3. Mitteilungen an das KBA.** Die Gerichte, Staatsanwaltschaften und anderen Behörden haben dem KBA unverzüglich die Daten mitzuteilen, die nach Abs 3 zu speichern sind oder die zu Änderungen oder Löschungen von Eintragungen führen (Abs 4). Bußgeldentscheidungen unter 40 € sind, wenn nicht ein FV angeordnet ist, nur mitzuteilen, wenn der Regelsatz nach der BKatV diesen Betrag oder mehr vorsieht und nur mit Rücksicht auf die wirtschaftlichen Verhältnisse des Betroffenen eine niedrigere Buße festgesetzt wurde (§ 28a). Mitzuteilen ist auch, wenn eine vorläufige Entscheidung unanfechtbar wird, bei EdF auch Dauer und Beginn der Sperrfrist. Aufhebung der vorläufigen EdF (§ 111a StPO) oder vorzeitige Aufhebung der Fahrerlaubnissperre sind als Daten, die zu einer Änderung oder Löschung führen, ebenfalls unverzüglich mitzuteilen. Das Gleiche gilt für die Ablehnung eines Antrags auf vorläufige EdF, die zur Aufhebung einer FSBeschlagnahme führt. Mitteilungspflichtig sind die Gerichte oder Behörden, die die betreffende Entscheidung erlassen bzw die betreffende Maßnahme angeordnet haben. Bei gerichtlichen Entscheidungen richtet sich die Zuständigkeit für die Mitteilung auch nach Aufhebung des § 13b StVZO (alt), der dies ausdrücklich regelte, nach den Justizverwaltungsvorschriften über Mitteilungen in Strafsachen, zumal § 59 FeV insoweit keine Regelung enthält und der Begr (BRDrucks 821/96 S 77) zu entnehmen ist, dass eine inhaltliche Änderung der früheren Regelung nicht beabsichtigt war. Namensänderungen teilt das Gericht oder die VB mit, durch deren Entscheidung die Änderung erfolgt ist, oder vor der zu Änderung führende Erklärung abgegeben wurde. Fernmündliche oder fernschriftliche Übermittlung ist nicht zulässig; die Übermittlung erfolgt im Rahmen von automatisierten Verfahren über Telekommunikationsnetze (§ 1 VwV VZR, BAnZ **00** 17269). Gem der Allgemeinen Festlegungen Nr 3.1 des auf Grund § 4 III VwV VZR vom KBA bekanntgegebenen Bundeseinheitlichen Tatbestandskataloges (BAnz **04** Nr 126a) werden vom KBA seit 1. 1. 03 Mitteilungen über VOWen nur noch angenommen, wenn die Tatbestandsnummer des Kataloges angegeben ist.

21   Eine **Überprüfung der Rechtmäßigkeit der Mitteilungen der Justizbehörden an das KBA** durch die ordentlichen Gerichte ist grundsätzlich nach § 22 I 1 iVm §§ 23 ff EGGVG möglich (Zw NZV **01** 482, Stu NJW **05** 3226, VRS **114** 158, OVG Bautzen NJW **07** 169, Jn DAR **07** 402, Ha NZV **08** 365, *Jagow/Burmann/Heß* § 28 StVG Rz 3a, *Ziegert* ZfS **07** 602, 606). Da das KBA als Empfänger der Mitteilungen keine Entscheidungen trifft und lediglich zentrale Sammel- und Auskunftsstelle ist, ist als Empfängerstelle nach § 22 I 2 EGGVG nicht das KBA, sondern die Stelle anzusehen, an die das VZR beim KBA die Daten zur Erfüllung ihrer Aufgaben übermittelt (Stu NJW **05** 3226, OVG Bautzen NJW **07** 169, Jn DAR **07** 402), also die FEB. Der Rechtsweg zur ordentlichen Gerichtsbarkeit ist nach der Ausschlussnorm des § 22 I 2 EGGVG somit nur gegeben, solange die FEB noch nicht auf der Grundlage einer Mitteilung des KBA eine Maßnahme ergriffen hat, für die ein gerichtlicher Überprüfung in einem anderen Verfahren vorgesehen ist (OVG Bautzen NJW **07** 169). Hat die FEB bereits eine solche Maßnahme ergriffen, ist die Richtigkeit der Datenübermittlung an das KBA dann zB im FE-Entziehungsverfahren zu überprüfen. Wird dabei die Maßnahme der FEB aber aus Gründen aufgehoben, die keinen inneren Zusammenhang mit der Datenübermittlung aufweisen, bleibt die Korrektheit der Mitteilung an das VZR ungeklärt (*Wollweber* NJW **97** 2488, 2490). Ist eine Maßnahme der FEB nicht in einem eigenständigen gerichtlichen Verfahren überprüfbar, wie die Maßnahme nach § 4 III 1 Nr 1 (§ 4 Rz 64) und die Maßnahme nach § 4 III 1 Nr 2 bei nicht angeordnetem Aufbauseminar (§ 4 Rz 65), liegen die Voraussetzungen von § 22 I 2 EGGVG nicht vor und der Rechtsweg nach §§ 23 ff EGGVG ist auch dann gegeben, wenn die FEB bereits auf der Grundlage der übermittelten Daten tätig geworden ist (Jn DAR **07** 402, *Ziegert* ZfS **07** 602, 607).

22   Die **Mitteilungen** von Gerichten, Staatsanwaltschaften und anderen Behörden **an das VZR** beim KBA sind **keine Verwaltungsakte** (OVG Lüneburg DAR **01** 471, OVG Bautzen NJW **07** 170, VG Bra NZV **01** 535, *Ziegert* ZfS **07** 602, 605), da sie weder eine Regelung enthalten noch auf unmittelbare Rechtswirkung nach außen gerichtet sind. Sie sind deswegen nicht mit Widerspruch und Anfechtungsklage anfechtbar. Sie sind auch **nicht mit der allgemeinen Leistungs- oder der Feststellungsklage angreifbar**, da weder in der Mitteilung an das KBA ein isoliert feststellungsfähiges Rechtsverhältnis zu sehen ist noch das erforderliche Rechtsschutzbedürfnis vorliegt (OVG Lüneburg DAR **01** 471, VG Bra NZV **01** 535, *Bouska/Laeverenz* § 28 Anm 7).

Eintragung beim Abweichen vom Bußgeldkatalog § 28a StVG 1

4. Bei Übermittlung an, bei Eintragung in das VZR und bei der Übermittlung aus dem 23
VZR findet **keine verbindliche Bewertung mit Punkten** statt. Das KBA speichert zwar
gem § 59 I Nr 7 FeV die nach Anl 13 zu § 40 FeV „vorgeschriebene Punktzahl" und gem § 59 I
Nr 13 FeV den Punkteabzug auf Grund der Teilnahme an einem freiwilligen Aufbauseminar
oder einer verkehrspsychologischen Beratung. Es nimmt dabei aber keine verbindliche Bewertung mit Punkten vor, die allein der FEB vorbehalten ist, die Maßnahmen nach § 4 III 1 ergreifen will (BVerwG NJW **88** 87, NJW **07** 1299 [zust Anm *Dauer* DAR **07** 474], VGH Ma
VRS **112** 385, s § 4 Rz 23). Demgemäß teilt das KBA bei Auskünften an Betroffene gem § 30
VIII auch nur eine rechtlich unverbindliche Punktzahl mit (§ 30 Rz 6).

5. Bei **Zweifeln an der Identität** einer eingetragenen Person können nach Maßgabe von 24
Abs 5 Datenbestände anderer Register genutzt oder Auskünfte aus den Melderegistern eingeholt
werden. Bleiben danach Zweifel bestehen, so ist bei den Eintragungen ein entsprechender Hinweis anzubringen (Abs 5 S 4).

6. Nutzung des Zentralen Fahrerlaubnisregisters zur Feststellung und Beseitigung von 25
Fehlern und Abweichungen im VZR ermöglicht Abs 6. Zentrales und örtliches Fahrerlaubnisregister: §§ 48 ff StVG und §§ 49 ff FeV.

Lit: *Jagow*, Die rechtliche Bedeutung von Eintragungen und Tilgungen im VZR, VD **87** 169. *Krumm*, 26
Verkehrszentralregister – 10 Fragen und Antworten, SVR **06** 476. *Lässig*, Registereintragungen als Verwaltungsakte?, JuS **90** 459. *Ziegert*, Rechtsfragen zum Punktsystem, ZfS **07** 602.

Eintragung beim Abweichen vom Bußgeldkatalog

28a ¹Wird die Geldbuße wegen einer Ordnungswidrigkeit nach den §§ 24, 24 a und § 24 c lediglich mit Rücksicht auf die wirtschaftlichen Verhältnisse des Betroffenen abweichend von dem Regelsatz der Geldbuße festgesetzt, der für die zugrunde liegende Ordnungswidrigkeit im Bußgeldkatalog (§ 26 a) vorgesehen ist, so ist in der Entscheidung dieser Paragraph bei den angewendeten Bußgeldvorschriften aufzuführen, wenn der Regelsatz der Geldbuße
1. vierzig Euro oder mehr beträgt und eine geringere Geldbuße festgesetzt wird oder
2. weniger als vierzig Euro beträgt und eine Geldbuße von vierzig Euro oder mehr festgesetzt wird.
²In diesen Fällen ist für die Eintragung in das Verkehrszentralregister der im Bußgeldkatalog vorgesehene Regelsatz maßgebend.

Begr (BTDrucks 9/2201 S 5): *Die Regelung des neuen § 28 a wurde auf Grund der Anhebung der* 1
Eintragungsgrenze auf 80 DM notwendig. Da es sich bei den danach noch einzutragenden Verkehrsverstößen nicht um geringfügige Ordnungswidrigkeiten handelt, sind nach § 17 Abs. 3 Satz 2 OWiG auch die wirtschaftlichen Verhältnisse des Täters bei der Bemessung der Geldbuße zu berücksichtigen. Dies kann im Einzelfall dazu führen, dass die Eintragungsgrenze bei der Bemessung der Geldbuße nur deswegen über- bzw. unterschritten wird, weil der Täter besonders wohlhabend bzw. in einer schlechten wirtschaftlichen Lage ist. § 28 a stellt sicher, dass die Eintragung in das Register unabhängig von diesen persönlichen Verhältnissen erfolgt.

Zusätzlich zu den gem § 66 I Nr 3 OWiG im Bußgeldbescheid und nach §§ 46 I OWiG, 2
260 V StPO nach der Urteilsformel aufzuführenden angewendeten Bußgeldvorschriften ist
§ 28a anzugeben, wenn trotz eines im Bußgeldkatalog vorgesehenen Regelsatzes von 40 € oder
mehr eine geringere oder trotz einer Regel-Buße unter 40 € eine Buße von 40 € oder mehr
festgesetzt wird, sofern dies **nur mit Rücksicht auf die** besonders ungünstigen bzw besonders
günstigen **wirtschaftlichen Verhältnisse** des Betroffenen geschieht (§ 17 III OWiG). Das
Zitiergebot ist zwingend; fehlt der Hinweis, so hat die Eintragung der Entscheidung in das
VZR (§ 28 III Nr 3) zu unterbleiben (VG Göttingen NVwZ-RR **99** 502). Die Vorschrift gilt
nicht in Fällen, in denen aus anderen Gründen – etwa vom Regelfall abweichendem Ausmaß der
Schuld – eine niedrigere Geldbuße festgesetzt wird, als für den Regelfall vorgesehen. Nur den
Hinweis auf § 28a hat die Entscheidung zu enthalten, nicht dagegen einen Ausspruch über die
Eintragungspflicht (Dü VRS **83** 361).

Soweit S 1 Nr 2 Entsprechendes für den Fall vorsieht, dass der Regelsatz weniger als 40 € be- 3
trägt, ist diese Bestimmung gegenstandslos, weil die BKatV Regelsätze unter 40 € nicht kennt.

Dauer

1 StVG § 29   IV. Verkehrszentralregister

28b (weggefallen)

Tilgung der Eintragungen

29 (1) ¹Die im Register gespeicherten Eintragungen werden nach Ablauf der in Satz 2 bestimmten Fristen getilgt. ²Die Tilgungsfristen betragen
1. zwei Jahre
   bei Entscheidungen wegen einer Ordnungswidrigkeit,
2. fünf Jahre
   a) bei Entscheidungen wegen Straftaten mit Ausnahme von Entscheidungen wegen Straftaten nach § 315c Abs. 1 Nr. 1 Buchstabe a, den §§ 316 und 323a des Strafgesetzbuchs und Entscheidungen, in denen die Entziehung der Fahrerlaubnis nach den §§ 69 und 69b des Strafgesetzbuchs oder eine Sperre nach § 69a Abs. 1 Satz 3 des Strafgesetzbuchs angeordnet worden ist,
   b) bei von der Fahrerlaubnisbehörde verhängten Verboten oder Beschränkungen, ein fahrerlaubnisfreies Fahrzeug zu führen,
   c) bei der Teilnahme an einem Aufbauseminar oder einer verkehrspsychologischen Beratung,
3. zehn Jahre
   in allen übrigen Fällen.

³Eintragungen über Maßnahmen der Fahrerlaubnisbehörde nach § 2a Abs. 2 Satz 1 Nr. 1 und 2 und § 4 Abs. 3 Satz 1 Nr. 1 und 2 werden getilgt, wenn dem Betroffenen die Fahrerlaubnis entzogen wird. ⁴Sonst erfolgt eine Tilgung bei den Maßnahmen nach § 2a ein Jahr nach Ablauf der Probezeit und bei Maßnahmen nach § 4 dann, wenn die letzte mit Punkten bewertete Eintragung wegen einer Straftat oder Ordnungswidrigkeit getilgt ist. ⁵Verkürzungen der Tilgungsfristen nach Absatz 1 können durch Rechtsverordnung gemäß § 30c Abs. 1 Nr. 2 zugelassen werden, wenn die eingetragene Entscheidung auf körperlichen oder geistigen Mängeln oder fehlender Befähigung beruht.

(2) Die Tilgungsfristen gelten nicht, wenn die Erteilung einer Fahrerlaubnis oder die Erteilung des Rechts, von einer ausländischen Fahrerlaubnis wieder Gebrauch zu machen, für immer untersagt ist.

(3) Ohne Rücksicht auf den Lauf der Fristen nach Absatz 1 und das Tilgungsverbot nach Absatz 2 werden getilgt
1. Eintragungen über Entscheidungen, wenn ihre Tilgung im Bundeszentralregister angeordnet oder wenn die Entscheidung im Wiederaufnahmeverfahren oder nach den §§ 86, 102 Abs. 2 des Gesetzes über Ordnungswidrigkeiten rechtskräftig aufgehoben wird,
2. Eintragungen, die in das Bundeszentralregister nicht aufzunehmen sind, wenn ihre Tilgung durch die nach Landesrecht zuständige Behörde angeordnet wird, wobei die Anordnung nur ergehen darf, wenn dies zur Vermeidung ungerechtfertigter Härten erforderlich ist und öffentliche Interessen nicht gefährdet werden,
3. Eintragungen, bei denen die zugrunde liegende Entscheidung aufgehoben wird oder bei denen nach näherer Bestimmung durch Rechtsverordnung gemäß § 30c Abs. 1 Nr. 2 eine Änderung der zugrunde liegenden Entscheidung Anlass gibt,
4. sämtliche Eintragungen, wenn eine amtliche Mitteilung über den Tod des Betroffenen eingeht.

(4) Die Tilgungsfrist (Absatz 1) beginnt
1. bei strafgerichtlichen Verurteilungen mit dem Tag des ersten Urteils und bei Strafbefehlen mit dem Tag der Unterzeichnung durch den Richter, wobei dieser Tag auch dann maßgebend bleibt, wenn eine Gesamtstrafe oder eine einheitliche Jugendstrafe gebildet oder nach § 30 Abs. 1 des Jugendgerichtsgesetzes auf Jugendstrafe erkannt wird oder eine Entscheidung im Wiederaufnahmeverfahren ergeht, die eine registerpflichtige Verurteilung enthält,
2. bei Entscheidungen der Gerichte nach den §§ 59, 60 des Strafgesetzbuchs und § 27 des Jugendgerichtsgesetzes mit dem Tag der Entscheidung,
3. bei gerichtlichen und verwaltungsbehördlichen Bußgeldentscheidungen sowie bei anderen Verwaltungsentscheidungen mit dem Tag der Rechtskraft oder Unanfechtbarkeit der beschwerenden Entscheidung,
4. bei Aufbauseminaren und verkehrspsychologischen Beratungen mit dem Tag der Ausstellung der Teilnahmebescheinigung.

Tilgung der Eintragungen **§ 29 StVG 1**

(5) ¹Bei der Versagung oder Entziehung der Fahrerlaubnis wegen mangelnder Eignung, der Anordnung einer Sperre nach § 69 a Abs. 1 Satz 3 des Strafgesetzbuchs oder bei einem Verzicht auf die Fahrerlaubnis beginnt die Tilgungsfrist erst mit der Erteilung oder Neuerteilung der Fahrerlaubnis, spätestens jedoch fünf Jahre nach der beschwerenden Entscheidung oder dem Tag des Zugangs der Verzichtserklärung bei der zuständigen Behörde. ²Bei von der Fahrerlaubnisbehörde verhängten Verboten oder Beschränkungen, ein fahrerlaubnisfreies Fahrzeug zu führen, beginnt die Tilgungsfrist fünf Jahre nach Ablauf oder Aufhebung des Verbots oder der Beschränkung.

(6) ¹Sind im Register mehrere Entscheidungen nach § 28 Abs. 3 Nr. 1 bis 9 über eine Person eingetragen, so ist die Tilgung einer Eintragung vorbehaltlich der Regelungen in den Sätzen 2 bis 6 erst zulässig, wenn für alle betreffenden Eintragungen die Voraussetzungen der Tilgung vorliegen. ²Eine Ablaufhemmung tritt auch ein, wenn eine neue Tat vor dem Ablauf der Tilgungsfrist nach Absatz 1 begangen wird und bis zum Ablauf der Überliegefrist (Absatz 7) zu einer weiteren Eintragung führt. ³Eintragungen von Entscheidungen wegen Ordnungswidrigkeiten hindern nur die Tilgung von Entscheidungen wegen anderer Ordnungswidrigkeiten. ⁴Die Eintragung einer Entscheidung wegen einer Ordnungswidrigkeit – mit Ausnahme von Entscheidungen wegen einer Ordnungswidrigkeit nach § 24 – wird spätestens nach Ablauf von fünf Jahren getilgt. ⁵Die Tilgung einer Eintragung einer Entscheidung wegen einer Ordnungswidrigkeit unterbleibt in jedem Fall so lange, wie der Betroffene im Zentralen Fahrerlaubnisregister als Inhaber einer Fahrerlaubnis auf Probe gespeichert ist. ⁶Wird eine Eintragung getilgt, so sind auch die Eintragungen zu tilgen, deren Tilgung nur durch die betreffende Eintragung gehemmt war.

(7) ¹Eine Eintragung wird nach Eintritt der Tilgungsreife zuzüglich einer Überliegefrist von einem Jahr gelöscht. ²Während dieser Zeit darf der Inhalt der Eintragung nicht übermittelt und über ihn keine Auskunft erteilt werden, es sei denn, der Betroffene begehrt eine Auskunft über den ihn betreffenden Inhalt.

(8) ¹Ist eine Eintragung über eine gerichtliche Entscheidung im Verkehrszentralregister getilgt, so dürfen die Tat und die Entscheidung dem Betroffenen für die Zwecke des § 28 Abs. 2 nicht mehr vorgehalten und nicht zu seinem Nachteil verwertet werden. ²Unterliegen diese Eintragungen einer zehnjährigen Tilgungsfrist, dürfen sie nach Ablauf eines Zeitraums, der einer fünfjährigen Tilgungsfrist nach den Vorschriften dieses Paragraphen entspricht, nur noch für ein Verfahren übermittelt und verwertet werden, das die Erteilung oder Entziehung einer Fahrerlaubnis zum Gegenstand hat. ³Außerdem dürfen für die Prüfung der Berechtigung zum Führen von Kraftfahrzeugen Entscheidungen der Gerichte nach den §§ 69 bis 69 b des Strafgesetzbuchs übermittelt und verwertet werden.

Begr zur Neufassung durch ÄndG v 24. 4. 1998 (VkBl **98** 775, 800): *Mit der Neuregelung wird die Aufgabe des Verkehrszentralregisters als Instrument der Verkehrssicherheit unterstrichen. Entscheidend für die Bemessung der Tilgungsfristen ist hier (anders als im Bundeszentralregister) nicht der Gedanke der Resozialisierung, sondern der Bewährung im Sinne der Verkehrssicherheit. ...* **1**

Zu Abs 1: *... Eine Differenzierung nach Höhe des Strafmaßes erfolgt nicht mehr. Damit wird für Straftaten mit mehr als drei Monaten Freiheitsstrafe die Tilgungsfrist von bislang zehn Jahren auf nunmehr fünf Jahre reduziert. Eine Ausnahme wird bei Alkoholstraftaten gemacht, für die generell die Zehnjahresfrist gilt. Dies ist erforderlich wegen der besonders hohen und lang andauernden Rückfallwahrscheinlichkeit bei Alkoholtätern. ...* **1a**

Eine weitere Ausnahme von der fünfjährigen Tilgungsfrist besteht für Entscheidungen, in denen das Gericht die Entziehung der Fahrerlaubnis von §§ 69 und 69b des Strafgesetzbuches angeordnet hat. Bisher galt nur für die Entziehung durch die Verwaltungsbehörde stets eine zehnjährige Tilgungsfrist, bei gerichtlichen Entziehungen hing die Frist von der Höhe des Strafmaßes ab, eine Differenzierung, die im Hinblick darauf, dass der Betroffene sich in allen Fällen als ungeeignet zum Führen von Kraftfahrzeugen erwiesen hat, nicht sachgerecht erscheint. Ausgenommen sind ferner Entscheidungen, in denen das Gericht eine isolierte Sperre nach § 69a Abs. 1 Satz 3 des Strafgesetzbuches anordnet. Für den Fall der Entziehung der Fahrerlaubnis ist die Anordnung der Sperre nach § 69a Abs. 1 Satz 1 und 2 des Strafgesetzbuches miterfasst.
...

Zu Abs 5: *Absatz 5 regelt den herausgeschobenen Tilgungsbeginn bei Versagung oder Entziehung der Fahrerlaubnis. Die Tilgungsfrist beginnt erst mit Erteilung oder Neuerteilung der Fahrerlaubnis, da während der Zeit der Entziehung eine Bewährung durch Teilnahme am Straßenverkehr nicht stattfinden kann. Außerdem soll sichergestellt werden, dass bei erneuter Antragstellung die Behörde Kenntnis der Mängel erhält, die zu diesen Entscheidungen geführt haben.* **1b**

Dauer

1c **Zu Abs 8:** *Absatz 8 enthält das – bisher noch nicht gesetzlich fixierte – Verwertungsverbot für getilgte und tilgungsreife Entscheidungen, das bisher nur aus Sinn und Zweck des Registers hergeleitet wurde.*

Die Verwertungsregelungen des Bundeszentralregistergesetzes bleiben unberührt. Dies gilt auch für das Verwertungsverbot für Entscheidungen, die auch im Bundeszentralregister eingetragen und dort bereits getilgt sind. Um die Einhaltung des Verbots auch in der Praxis sicherzustellen, wird in Satz 2 die Verwertung dieser Entscheidungen auf eine Tilgungsfrist von fünf Jahren begrenzt. Hiervon ausgenommen ist die Verwertung für die Prüfung der Berechtigung zum Führen von Kraftfahrzeugen sowie für Verfahren, die die Erteilung oder Entziehung einer Fahrerlaubnis zum Gegenstand haben. Insoweit sind die Regelungen für das VZR maßgeblich.

Außerdem wird durch eine Änderung des § 52 BZRG (vgl. Artikel 5) die bisher mögliche unbefristete („ewige") Verwertung für Verfahren, die die Erteilung oder Entziehung der Fahrerlaubnis zum Gegenstand haben, abgeschafft. Durch die neue Regelung in Absatz 8 des § 29 StVG wird künftig die Verwertung auf die dort vorgesehenen Fristen begrenzt.

Absatz 8 trifft nur eine Regelung für die im VZR erfassten gerichtlichen Entscheidungen, weil solche Entscheidungen – obgleich im VZR getilgt und gelöscht – möglicherweise noch im BZR stehen. Für die nur im VZR enthaltenen Eintragungen (Ordnungswidrigkeiten und Verwaltungsentscheidungen) bedarf es keines ausdrücklichen Verwertungsverbots, wenn diese im VZR getilgt und nach Absatz 7 gelöscht sind.

1d **Begr** zum ÄndG v 24. 8. 04 (BTDrucks 15/1508 S 15): *Die gerichtliche Praxis ist bei Verkehrszuwiderhandlungen nicht unerheblich mit Rechtsbehelfen befasst, die nur zu dem Zweck eingelegt werden, das Verfahren hinauszuzögern, auf diese Weise die Tilgung bereits in das Verkehrszentralregister (VZR) eingetragener Verstöße zu erreichen und Maßnahmen zu verhindern, die nach dem Punktsystem anzuordnen sind.*

… Durch den Entwurf soll dem entgegengetreten werden. …

… Die bisherige Anknüpfung der Ablaufhemmung an die Rechtskraft (bei gerichtlichen und verwaltungsbehördlichen Bußgeldentscheidungen) bzw. an den Tag des ersten Urteils oder der Unterzeichnung des Strafbefehls durch den Richter (bei Straftaten) hat sich als nicht ausreichend erwiesen. Von einer Bewährung im Sinne der Verkehrssicherheit kann schon dann nicht mehr gesprochen werden, wenn der Betroffene eine neue Tat begeht.

…

Zu Abs 4: *… Für den Beginn der Tilgungsfrist und der Ablaufhemmung sollen künftig unterschiedliche Zeitpunkte gelten. Während es für den Beginn der Tilgungsfrist weiterhin beispielsweise bei strafgerichtlichen Verurteilungen auf den Tag des ersten Urteils und bei gerichtlichen und verwaltungsbehördlichen Bußgeldentscheidungen auf die Rechtskraft der beschwerenden Entscheidung ankommt, sollen diese Ereignisse für die Beurteilung der Entscheidung, ob eine Verkehrszuwiderhandlung zur Hemmung der Tilgung einer alten Eintragung führt, nicht mehr entscheidend sein. Die Aufzählung in § 29 Abs. 4 ist daher auf den Beginn der Tilgungsfristen zu beschränken.*

Zu Abs 6: *Von einer Bewährung im Sinne der Verkehrssicherheit kann schon bei Begehen einer neuen Tat vor Eintritt der Tilgungsreife nicht mehr gesprochen werden. Daher soll eine Ablaufhemmung nicht nur dann eintreten, wenn eine weitere Entscheidung eingetragen ist, sondern auch dann, wenn eine weitere Verkehrszuwiderhandlung begangen wurde, die zu einer Eintragung führt. Um für das Verkehrszentralregister Klarheit zu schaffen, wann es eine Eintragung löschen kann, sollen jedoch nur Taten erfasst werden, die dem Verkehrszentralregister bis zum Ablauf der Überliegefrist der alten Eintragung bekannt werden.*

Zu Abs 7: *In das Verkehrszentralregister werden bei Verurteilungen nur rechtskräftige Entscheidungen eingetragen. Mit der Überliegefrist wird verhindert, dass eine Entscheidung aus dem Register entfernt wird, obwohl vor Eintritt der Tilgungsreife ein die Tilgung hemmendes Ereignis eingetreten ist, von dem die Registerbehörde noch keine Kenntnis erhalten hat. Da künftig bereits das Begehen einer neuen Tat – sofern dies zu einer Eintragung führt – die Tilgung von Eintragungen hemmt, muss die Überliegefrist erheblich verlängert werden. Denn der Zeitraum zwischen Tat und Eintragung ist wesentlich länger als zwischen erstem Urteil (bei Straftaten) bzw. Rechtskraft (bei Ordnungswidrigkeiten) und Eintragung.*

2 **1. Die Tilgung** besteht in der Entfernung der Eintragungen aus dem VZR oder ihrer Unkenntlichmachung. Tilgung bedeutet **Bewährung** im Sinne der Verkehrssicherheit (Begr VkBl **98** 775, Ba ZfS **07** 535, VG Neustadt ZfS **01** 569, VG Sigmaringen NVwZ-RR **08** 497, *Dauer* DAR **07** 719); die zugrunde liegenden Vorgänge scheiden für künftige Beurteilung im Rahmen der Zwecke des § 28 II aus (s Rz 12). Das Verwertungsverbot des § 51 BZRG hat umfassende Wirkung („im Rechtsverkehr"), BVerwG NJW **77** 1075, BGH VersR **98** 488 (kei-

Tilgung der Eintragungen § 29 StVG **1**

ne Berücksichtigung bei Glaubwürdigkeitsbeurteilung von Zeugen), VG Neustadt ZfS **01** 569 (keine Berücksichtigung im Rahmen der FE auf Probe). Sein Zweck ist ungehinderte Wiedereingliederung ohne neues Aufgreifen längst gesühnter Taten (BVerwG 6 C 43/76 v 30. 7. 78). Abw davon steht bei der Tilgung im VZR nicht die Resozialisierung (BVerwG NJW **77** 1075), sondern der Gedanke der Bewährung im Sinne der VSicherheit im Vordergrund (Mü NZV **08** 216, s Rz 1). **Belastend verwertete VZR-Eintragungen** sind im Urteil so anzugeben, dass das Revisionsgericht Tilgung oder Tilgungsreife prüfen kann (BGHSt **39** 291 = NZV **83** 485, Bay DAR **77** 200, Sa ZfS **96** 234, Bra DAR **90** 189, Nau ZfS **99** 38).

Die Tilgungsregelung kollidiert nicht sachwidrig mit dem Grundsatz der Wahrheitserforschung und Gesamtbeurteilung (s zB § 46 StGB „Vorleben") zwecks richtiger Strafzumessung (s aber *Dreher* JZ **72** 618, *Willms* Dreher-F **77** 137, *Götz* JZ **73** 496). Angemessen lange zurückliegende Vorfälle darf der Gesetzgeber innerhalb fester Grenzen (Tilgungsreife) um vorrangiger Gründe willen (Sozialisation, Persönlichkeitsschutz) ohne Grundgesetzverstoß (BVerfG NJW **74** 179) von rechtlich nachteiliger Verwertung ausschließen (BVerwG VRS **52** 390). 3

2. Die **Tilgungsfristen** betragen nach Maßgabe von Abs 1 S 2 Nr 1–3 zwei, fünf oder zehn 4 Jahre. Die kurze Tilgungsfrist von 2 Jahren gilt nach der Neufassung durch ÄndG v 24. 4. 1998, abw von § 13a StVZO (alt), nur noch für OWen. Die fünfjährige Tilgungsfrist bei Straftaten gilt unabhängig von Art und Höhe der Strafe. Ausgenommen von der Tilgung nach 5 Jahren sind Alkoholstraftaten (Abs 1 S 2 Nr 2a) und Verurteilungen mit EdF oder FESperre; hier gilt die 10jährige Tilgungsfrist. Die Tilgungsfrist für die Teilnahme an Aufbauseminaren oder verkehrspsychologischen Beratungen beträgt 5 Jahre im Hinblick auf die Regelung, wonach innerhalb von 5 Jahren wegen freiwilliger Teilnahme an solchen Veranstaltungen nur einmal ein Punkteabzug nach dem Punktsystem des § 4 erfolgen darf (s § 4 Rz 47). Für Entscheidungen, die vor dem 1. 1. 1999 (Inkrafttreten der Neufassung von § 29 durch ÄndG v 24. 4. 1998) eingetragen worden sind, ist die **Übergangsbestimmung** des § 65 IX zu beachten, wonach für Entscheidungen, die zu diesem Zeitpunkt eingetragen waren, zunächst (bis zum 1. 1. 2004) die alten Tilgungsfristen (§§ 29 alt, 13a StVZO alt) galten und damit auch die sich daraus ergebenden Rechtsfolgen (VG Regensburg NZV **00** 223, s aber VG Dü NZV **01** 141, 143). Die im Einzelfall möglicherweise kürzeren Tilgungsfristen der Neuregelung gelten für solche Eintragungen also in den ersten 5 Jahren nach deren Inkrafttreten nicht (Begr, s § 65). Dazu *Kalus* VD **07** 3.

a) Eine **Sonderregelung für Maßnahmen bei FE auf Probe und nach dem Punktsys-** 5 **tem** enthält Abs 1 S 3. Wird die FE entzogen, so werden die Maßnahmen nach § 2a II 1 Nr 1 und 2 bzw nach § 4 III 1 Nr 1 und 2 (zB Verwarnung, Anordnung der Seminarteilnahme) stets getilgt. Sonst werden diese Maßnahmen bei FE auf Probe ein Jahr nach Ablauf der Probezeit getilgt und beim Punktsystem (§ 4) unmittelbar nach Tilgung der letzten mit Punkten bewerteten Zuwiderhandlung (Abs 1 S 4). Für die nach den Bestimmungen über die FE auf Probe oder über das Punktsystem erfolgte EdF gilt hinsichtlich der Tilgungsfrist nicht Abs 1 S 3, 4, sondern Abs 1 S 2 Nr 3: zehnjährige Tilgungsfrist.

b) Verkürzte Tilgungsfristen bei Entscheidungen auf Grund **körperlicher oder geisti-** 6 **ger Mängel** oder **fehlender Befähigung** können durch RVO auf der Ermächtigungsgrundlage des § 30c I Nr 2 zugelassen werden. Auf dieser Ermächtigungsgrundlage beruht § 63 FeV über die vorzeitige Tilgung von Eintragungen über EdF, vorläufige EdF und FS-Sicherstellungen (§ 94 StPO).

c) Den **Beginn der Tilgungsfrist** regeln Abs 4 und 5. Beginn bei **Strafurteilen:** Tag des 7 1. Urteils, bei **Strafbefehlen:** Tag der Unterzeichnung (Abs 4 Nr 1), bei **Bußgeldentscheidungen,** auch gerichtlichen (Urteil, Beschluss): Tag der Rechtskraft bzw Unanfechtbarkeit (Abs 4 Nr 3), Brn DAR **95** 301. Der Tag der Unterzeichnung des Strafbefehls ist nur maßgeblich, wenn der Strafbefehl rechtskräftig wird; im Falle des Einspruchs gegen den Strafbefehl beginnt die Tilgungsfrist mit dem Tag des Ergehens des 1. Urteils (VG Augsburg ZfS **06** 292). Die Regelung in Bezug auf den Beginn der Tilgungsfrist bei Bußgeldentscheidungen beruht auf der im Gegensatz zur Fünfjahresfrist bei Straftaten nur kurzen Tilgungsfrist von zwei Jahren (Begr zu § 13a I S 4 alt, VkBl **73** 400). Ein Abstellen auf den Zeitpunkt der Unterzeichnung des Bußgeldbescheides oder des erstinstanzlichen Urteils hätte zur Folge, dass Bußgeldentscheidungen bei längerer Verfahrensdauer nur kurz oder gar nicht ins Register kämen. Dies hätte einen Anreiz zur Einlegung von Rechtsmitteln nur zum Zweck der Verfahrensverschleppung geschaffen. Bei **Versagung oder Entziehung der FE** wird der Beginn der Tilgungsfrist bis zur Erteilung oder Wiedererteilung der FE hinausgeschoben, bei Unterbleiben einer FEErtei-

Dauer 349

lung allerdings nur 5 Jahre seit der Versagung oder Entziehung bzw des Zugangs der Verzichtserklärung (Abs 5, Begr Rz 1 b, OVG Saarlouis DAR **04** 540).

8   d) Zur **Ablaufhemmung** der Tilgungsfrist führt die **Eintragung weiterer** gem § 28 III Nr 1–9 eintragungspflichtiger Entscheidungen (Abs 6 S 1, OVG Lüneburg ZfS **04** 141). Sonst tilgungsreife Eintragungen bleiben dann im VZR, bis die Tilgungsreife für alle Eintragungen gegeben ist, wobei aber Eintragungen wegen OWen nicht auch die Löschung tilgungsreifer Verurteilungen wegen Straftaten hindert (Abs 6 S 3). Alle **Eintragungen wegen OWen,** auf Verwaltungs- oder Gerichtsentscheidung beruhend, sind grundsätzlich jeweils **5 Jahre** nach dem in Abs 1 bestimmten Zeitpunkt zu tilgen, auch wenn zwischenzeitlich weitere Eintragungen hinzugekommen sind **(absolute Tilgungsfrist),** weil sie danach keine ausreichende Erkenntnisgrundlage mehr darstellen (Abs 6 S 4). Ausgenommen sind hiervon nur Eintragungen wegen einer OW nach § 24 a StVG wegen ihres erheblichen Gewichts und ihres möglichen besonderen Indizcharakters für die Fahreignung. Für sie gilt also der allgemeine Regelung (Abs 6 S 1). Im Übrigen findet jedenfalls keine Tilgung eingetragener Entscheidungen wegen Ordnungswidrigkeiten statt, solange der Betroffene im Zentralen FERegister als Inhaber einer FE auf Probe gespeichert ist (Abs 6 S 5). Diese Regelung trägt dem Umstand Rechnung, dass § 2 a II a die Verlängerung der Probezeit auf vier Jahre bestimmt, wenn die Teilnahme an einem Aufbauseminar angeordnet worden ist, Eintragungen wegen OWen gem Abs 1 S 2 Nr 1 aber grundsätzlich nach zwei Jahren zu tilgen sind, s Beschlussempfehlung des Ausschusses für Verkehr (BTDrucks 13/7888 S 108). Zur Ablaufhemmung der Tilgungsfrist führt auch die **Begehung einer neuen Tat vor Ablauf der Tilgungsfrist,** sofern sie bis zum Ablauf der Überliegefrist (Abs 7) eingetragen wird. Vor rechtskräftiger Ahndung der neuen Tat ist eine Eintragung nicht möglich, so dass Ablaufhemmung nach Abs 6 S 2 ausscheidet (Kar ZfS **05** 411 [Anm *Bode*], Ba DAR **07** 38, Brn DAR **08** 218). Krit zu dieser Regelung im Hinblick auf den Umstand, dass der Eintragungszeitpunkt bei Aburteilung der neuen Tat unbekannt ist, *Pinkerneil* DAR **05** 57. Beginn der Tilgungsfrist (Abs 4) und Beginn der Ablaufhemmung (Abs 6) sind also seit Inkrafttreten der Änderung des § 29 durch das 1. JustizmodernisierungsG v 24. 8. 04 (BGBl I S 2198, 2300) unterschiedlich geregelt (s Begr Rz 1 d). Die Änderung ist am 1. 2. 2005 in Kraft getreten (Art 14 S 2). Die Neuregelung verstößt nicht gegen das Rückwirkungsverbot (OVG Münster DAR **06** 173, Ba ZfS **07** 535, VG Schl NJW **06** 2201).

Lit: *Gübner,* Die Änderung des StVG durch das JustizmodernisierungsG, NZV **05** 57. *Pinkerneil,* Die neue Tilgungshemmung nach § 29 Abs 6 S 2 StVG – eine für den Tatrichter unanwendbare Vorschrift, DAR **05** 57.

9   e) **Keine Tilgungsfrist** gilt für Entscheidungen, wonach die Erteilung einer FE für immer untersagt ist (Abs 2). Eine gerichtliche FESperre für immer gem § 69 a I S 2 StGB wird also nicht gelöscht. Entsprechendes gilt für die Untersagung des Rechts, von einer ausländischen FE wieder Gebrauch zu machen (§§ 69 b I 1, 69 a I 2 StGB). Im Falle vorzeitiger Aufhebung einer für immer angeordneten Sperre nach § 69 a VII StGB, die gem § 28 III Nr 13 ins VZR einzutragen ist, gelten die Tilgungsfristen des Abs 1 S 2 Nr 2 a und 3.

10 **3. Ohne Rücksicht auf den Lauf von Fristen** nach Abs 1 und das Tilgungsverbot des Abs 2 (s Rz 9) erfolgt Tilgung in den in Abs 3 genannten Fällen, ua stets dann, wenn ihre Tilgung im BZR angeordnet ist. Auf Abs 3 Nr 3 beruht die Bestimmung des § 63 II FeV über die Tilgung vorläufiger FSMaßnahmen (§§ 94, 111 a StPO) nach Aufhebung der betreffenden Entscheidung. Dazu *Kalus* VD **07** 98.

11 **4. Überliegefrist.** Gem Abs 7 führt Tilgungsreife grundsätzlich nicht zur sofortigen Löschung. Die Tilgung erfolgt vielmehr erst nach einer Überliegefrist von einem Jahr. Dadurch soll verhindert werden, dass eine Eintragung getilgt wird, obwohl möglicherweise schon vor Eintritt der Tilgungsreife eine weitere eintragungspflichtige Tat begangen worden ist, die eine Tilgung zwar wegen der Ablaufhemmung nach Abs 6 S 2 hindern würde (Rz 8), die aber dem KBA noch nicht bekannt ist, weil sie noch nicht mitgeteilt worden ist, s Rz 1 d (OVG Greifswald VRS **104** 153). Wenn es aber wegen Ablaufs der „absoluten" Tilgungsfrist nach Abs 6 S 4 (Fünfjahresfrist für OW) nicht mehr zu einer weiteren Tilgungshemmung nach Abs 6 S 1 und 2 kommen kann, findet Abs 7 S 1 keine Anwendung (OVG Münster NZV **07** 486). Während der Überliegefrist des Abs 7 kommt es zwar zu einer Hemmung der Tilgung von Voreintragungen, es bleibt aber bei einem Verwertungsverbot tilgungsreifer Voreintragungen (Ha NZV **07** 156, s Rz 12). Die tilgungsreife Eintragung darf während der Überliegefrist nicht übermittelt werden, Auskunft über ihren Inhalt darf nur an den Betroffenen selbst erteilt werden (Abs 7 S 2). Die

Tilgung der Eintragungen § 29 StVG 1

Vorschrift des Abs 7 über die Überliegefrist gilt nach der **Übergangsbestimmung** des § 65 IX S 2 auch für solche Entscheidungen, die bei Inkrafttreten der Neufassung von § 29 durch ÄndG v 24. 4. 1998 (in kraft getreten am 1. 1. 1999) schon im VZR eingetragen waren.

5. Verwertungsverbot. Im Gegensatz zur früheren Fassung enthält § 29 idF des ÄndG v 12 24. 4. 1998 nunmehr ein ausdrückliches Verwertungsverbot, soweit gerichtliche Entscheidungen im VZR getilgt sind (Abs 8). Es gilt für tilgungsreife Entscheidungen gleichermaßen (Begr VkBl **98** 801). Nach der Löschung (Abs 7) dürfen die Tat und die Entscheidung dem Betroffenen für die in § 28 II genannten Zwecke nicht mehr vorgehalten und nicht zu seinem Nachteil verwertet werden (KG DAR **04** 101). Eine getilgte Zuwiderhandlung darf daher insbesondere auch bei der Strafzumessung, der Bußgeldbemessung oder der Frage, ob und ggf in welcher Höhe ein FV zu verhängen ist, keine Berücksichtigung mehr finden (§ 28 II Nr 3). Das Verbot schließt die Verwertung als Tatindiz sowie bußgelderhöhend aus. Das umfassendere (s Rz 2) Verwertungsverbot des § 51 I BZRG bleibt unberührt (s Begr, Rz 1 c). Ist also zB nach den Bestimmungen des BZRG Tilgungsreife eingetreten, so ist die betreffende strafgerichtliche Entscheidung auch dann nicht mehr zum Nachteil des Betroffenen verwertbar, wenn sie im VZR noch nicht getilgt ist (s Begr Rz 1 c). **In der umgekehrten Konstellation** (Eintragung über strafgerichtliche Verurteilung nach BZR noch verwertbar, nach VZR nicht mehr) ist zu differenzieren: Für die **Sanktionierung von OW** gilt das Verwertungsverbot auch dann, wenn die betreffende Verurteilung im BZR noch nicht tilgungsreif ist (BVerwG NJW **05** 3440, 3441, KG DAR **04** 101, Bay DAR **96** 243). **Bei der Aburteilung von Straftaten** entscheiden hingegen allein die Verwertungsregelungen des hierfür bereichsspezifischen BZRG (insbesondere § 51 I BZRG); nach § 51 I BZRG verwertbare Eintragungen über strafgerichtliche Entscheidungen sind also auch dann noch verwertbar, wenn die korrespondierenden Eintragungen im VZR bereits getilgt oder tilgungsreif sind (aM Mü NZV **08** 216). Das ergibt sich aus einer an Sinn und Zweck der Register und deren Verwertungsregelungen ausgerichteten teleologischen Reduktion des Abs 8 S 1; die gegenteilige Interpretation würde auch wegen des weiten Zusammenhangsbegriffs nach § 28 II Nr 3 (dort Rz 14) bei einem breiten Spektrum von Straftaten zu einem völligen Leerlaufen der (bereichsspezifischen) Verwertungsregelungen des BZRG führen, was nicht gewollt sein kann (*König* DAR **08** 398, Vorschlag des Bundesrates zur Klarstellung dieses Ergebnisses in Nr 3 der BR-Drs 348/08 Beschluss). Tilgung und **Tilgungsreife** sind wesensgleich: in beiden Fällen wird über die Verurteilung weder eine Auskunft erteilt, noch darf sie zum Nachteil des Betroffenen verwertet werden (BGH NJW **73** 66, Bay DAR **96** 243, KG DAR **04** 101, Kar NJW **73** 291, Kö VRS **71** 214, Dü VRS **85** 120, Schl DAR **92** 311, Nau ZfS **99** 38), ohne Rücksicht auf noch laufende Überliegefrist (Ha DAR **05** 693, NZV **06** 487, NZV **07** 156, Ba DAR **07** 38, *Schäpe* DAR **07** 348, aA AG Wolfratshausen NZV **06** 488). Der maßgebliche **Zeitpunkt für ein Verwertungsverbot** wegen Tilgungsreife ist nicht der Tattag, sondern der Tag des Erlasses des letzten tatrichterlichen Urteils (Bay DAR **01** 412, **96** 243, Kar ZfS **05** 411, Kö NZV **00** 430, VRS **99** 67, Nau DAR **99** 228, VRS **100** 201, Bra DAR **90** 189, Schl DAR **92** 311, Zw VRS **91** 197, Brn DAR **08** 218). Aus § 25 II a lässt sich nichts Gegenteiliges herleiten (Bay DAR **01** 412). Vom Verwertungsverbot unberührt bleiben aus der Tat oder der Verurteilung entstandene Rechte Dritter (§ 51 II BZRG) und gesetzliche Rechtsfolgen der früheren Tat sowie behördliche und gerichtliche Entscheidungen auf Grund der früheren Tat (*Brauser* NJW **73** 1007, 1008).

a) Begrenzung der Verwertbarkeit auf fünf Jahre. Ist eine Zeit verstrichen, die einer 13 fünfjährigen Tilgungsfrist entspricht, so tritt für Eintragungen, die einer zehnjährigen Tilgungsfrist unterliegen, bereits ein Verwertungsverbot ein (Abs 8 S 2, Begr, s Rz 1 c, AG Brandenburg a. d. H. BA **07** 265). Dieses Verwertungsverbot ist allerdings eingeschränkt; es gilt nicht für Verfahren, die die Erteilung oder Entziehung der FE zum Gegenstand haben (Abs 8 S 2). Es gilt auch nicht für die Prüfung der Berechtigung zum Führen von Kfzen; insoweit dürfen eingetragene gerichtliche Entscheidungen nach §§ 69–69 b StGB (EdF, FESperre) auch nach Ablauf der Fünfjahresfrist des Abs 8 S 2 übermittelt und verwertet werden (Abs 8 S 3).

b) In **Verfahren über Erteilung oder Entziehung der FE** darf eine frühere Tat, abw von 14 § 51 I BZRG, auch dann noch berücksichtigt werden, wenn sie in Bezug auf das BZR tilgungsreif oder bereits gelöscht ist, solange sie nach §§ 28 bis 30 b noch verwertet werden darf (§ 52 II S 1 BZRG), also nicht mehr, wie nach früherem Recht, unbefristet. Insoweit ist das Verwertungsverbot des § 51 I BZRG gelockert, um den Gerichten und FEBen die Beurteilung der Kraftfahreignung besser zu ermöglichen. Eine weitere Lockerung des Verwertungsverbotes enthält § 52 II 2 BZRG. Danach dürfen, abw von § 51 I BZRG, **für die Prüfung der Berechtigung zum Führen von Kfzen** strafgerichtliche Entscheidungen über EdF und FE-

Dauer 351

Sperre (§§ 69–69b StGB) übermittelt werden. Gegen § 52 II BZRG bestehen keine verfassungsrechtlichen Bedenken (BVerwG NJW **77** 1164 zur früheren Fassung). Er schränkt das Verwertungsverbot des § 51 I BZRG nur ein (BVerwG NJW **77** 1075). Eine besondere Regelung für die Verwertbarkeit von Eintragungen in solchen Verfahren enthält Abs 8 S 2, 3 (s Rz 13). Die Einschränkung des Verwertungsverbots durch § 52 II gilt nur für die dort genannten Verfahren, nicht zB auch für die Strafzumessung (Fra VM **77** 31, NZV **97** 245, Kar VRS **55** 284, Dü VM **77** 94, Ha VRS **64** 317). Nach der **Übergangsvorschrift** des § 65 IX 1 Halbsatz 2 dürfen auch vor dem 1. 1. 99 eingetragene, abw von der jetzigen Rechtslage noch der kürzeren Tilgungsfrist von nur 5 Jahren unterliegende Straftaten (zB nach §§ 315c I Nr 1 a, 316, 323 a StGB) im Verfahren über Erteilung oder Entziehung der FE nach Maßgabe des § 52 II BZRG in der bis zum 31. 12. 98 geltenden Fassung bis zu dem einer 10jährigen Tilgungsfrist entsprechenden Tag verwertet werden (BVerwG DAR **05** 578, NZV **01** 531). Dabei handelt es sich nicht um verfassungswidrige Rückwirkung (BVerwG DAR **05** 578, VGH Ma DAR **03** 577). Für die Berechnung des Tages, der iS der Übergangsbestimmung des § 65 IX 1 Halbsatz 2 „einer zehnjährigen Tilgungsfrist entspricht", gilt § 29 nF, also auch die Regelung der Abs 4 und 5 hinsichtlich des Beginns der Tilgungsfrist (BVerwG DAR **05** 578, OVG Saarlouis DAR **04** 540 [zust *Kalus* VD **04** 191], aM OVG Weimar VRS **109** 306). Zur Frage der Verwertbarkeit von Entscheidungen, die am 1. 1. 99 bereits getilgt waren aber nach neuem Recht im VZR noch nicht tilgungsreif wären, s VG Regensburg NZV **00** 223, VG Dü NZV **01** 223.

15 c) Für **nur im VZR einzutragende Ordnungswidrigkeiten** enthält Abs 8 keine ausdrückliche Regelung hinsichtlich der Verwertbarkeit nach Tilgung; denn dort ist nur die Rede von „gerichtlichen Entscheidungen", weil nur solche auch im BZR eingetragen sein können. Für nur im VZR enthaltene Eintragungen (OWen und Verwaltungsentscheidungen) bedurfte es nach Ansicht des GGebers (s Rz 1 c) keines ausdrücklichen Verwertungsverbotes, wenn sie im VZR gelöscht sind. Mit der Regelung des Abs 8 ist die zu § 29 aF ergangene Rspr (dieser enthielt kein ausdrückliches Verwertungsverbot) weitgehend gegenstandslos. Sie ging ganz überwiegend schon für die frühere Rechtslage davon aus, dass nach dem Zweck der Tilgungsvorschriften für das VZR und das BZR getilgte oder tilgungsreife Eintragungen über OWen nicht mehr zum Nachteil des Betroffenen verwertet werden dürfen (Ce NJW **73** 68, Kö VRS **71** 214, Bra DAR **90** 189, Dü VRS **86** 190, **89** 142, s *Granderath* ZRP **85** 319, *Rebmann/Uhlig* § 51 Rz 15). Hieran hat sich durch Abs 8 im Ergebnis nichts geändert (Nau VRS **100** 201, *Gübner* NZV **05** 59). Wie der Begr zu entnehmen ist, war es nicht etwa Absicht des GGebers, Bußgeldentscheidungen der VBen hinsichtlich ihrer Verwertbarkeit nach der Tilgung anders zu behandeln als gerichtliche. Keine Verwertbarkeit im gerichtlichen Verfahren nach Einspruchseinlegung auch dann, wenn bei Erlass des Bußgeldbescheides noch keine Tilgungsreife eingetreten war (Ha DAR **81** 157, Dü VRS **85** 120).

16 d) **Nicht registerpflichtige Ahndungen, nicht geahndete Sachverhalte.** Eine sachbedingte Schwäche der Regelungen über Tilgung und Verwertungsverbot liegt darin, dass nicht abgeurteilte Sachverhalte im Prinzip nachteilig verwertbar bleiben (Dü VRS **73** 394), sofern der Zumessungsgrundsatz der Sachbezogenheit streng beachtet bleibt. Das gilt für nicht registerpflichtige Entscheidungen aller Art und für die Sachverhalte bei Freisprüchen (KG VRS **52** 305, Bay VM **74** 10, Dü JMBlNRW **86** 45, VRS **73** 392, Kö VRS **71** 214, Kar NZV **90** 159), ferner für nicht eintragungspflichtige Bußgeldentscheidungen (Dü VRS **73** 392). Dies gilt jedoch nur, solange sie bei Registerpflichtigkeit noch nicht tilgungsreif wären (Dü JMBlNRW **86** 45, VRS **73** 392, Bay NJW **73** 1762, Kö VRS **71** 214, Kar NZV **90** 159); denn es geht nicht an, eine Vergünstigung zu versagen, die dem Täter hinsichtlich einer schwerer geahndeten Handlung zustünde. Verwarnungen nach §§ 26 a StVG, 56 OWiG sind unverwertbar, weil sie das Vorliegen einer OW offen lassen (Kar NZV **90** 159, aM Dü VRS **73** 392).

17 e) **Behördenakten und -aufzeichnungen,** soweit sie nicht eintragungsfähige oder im BZR/VZR zumindest tilgungsfähige Eintragungen und Sachverhalte betreffen, sind nach den Grundsätzen der §§ 29 VIII StVG, 51 f BZRG ebenfalls im nachteiligen Sinn unverwertbar, weil sonst der klare Wortlaut der gesetzlichen Regelung und der in den dazu gehörigen amtlichen Begründungen bestätigte gesetzgeberische Wille zu lediglich selektiver Verwertbarkeit länger zurückliegender Verstöße umgangen würde. Das VZR ersetzt örtliche Karteien und macht sie unverwertbar (BVerwG NJW **77** 1075). BVerwGE **18** 239 = NJW **64** 1686 ist aufgegeben.

18 **6. Amtspflichtverletzung** ist Auskunft oder nachteilige behördliche Verwertung trotz Tilgung oder Tilgungsreife.

Übermittlung

Übermittlung

30 (1) Die Eintragungen im Verkehrszentralregister dürfen an die Stellen, die
1. für die Verfolgung von Straftaten, zur Vollstreckung oder zum Vollzug von Strafen,
2. für die Verfolgung von Ordnungswidrigkeiten und die Vollstreckung von Bußgeldbescheiden und ihren Nebenfolgen nach diesem Gesetz und dem Gesetz über das Fahrpersonal im Straßenverkehr oder
3. für Verwaltungsmaßnahmen auf Grund dieses Gesetzes oder der auf ihm beruhenden Rechtsvorschriften

zuständig sind, übermittelt werden, soweit dies für die Erfüllung der diesen Stellen obliegenden Aufgaben zu den in § 28 Abs. 2 genannten Zwecken jeweils erforderlich ist.

(2) Die Eintragungen im Verkehrszentralregister dürfen an die Stellen, die für Verwaltungsmaßnahmen auf Grund des Gesetzes über die Beförderung gefährlicher Güter, des Kraftfahrsachverständigengesetzes, des Fahrlehrergesetzes, des Personenbeförderungsgesetzes, der gesetzlichen Bestimmungen über die Notfallrettung und den Krankentransport, des Güterkraftverkehrsgesetzes einschließlich der Verordnung (EWG) Nr. 881/92 des Rates vom 26. März 1992 über den Zugang zum Güterkraftverkehrsmarkt in der Gemeinschaft für Beförderungen aus oder nach einem Mitgliedstaat oder durch einen oder mehrere Mitgliedstaaten (ABl. EG Nr. L 95 S. 1), des Gesetzes über das Fahrpersonal im Straßenverkehr oder der auf Grund dieser Gesetze erlassenen Rechtsvorschriften zuständig sind, übermittelt werden, soweit dies für die Erfüllung der diesen Stellen obliegenden Aufgaben zu den in § 28 Abs. 2 Nr. 2 und 4 genannten Zwecken jeweils erforderlich ist.

(3) Die Eintragungen im Verkehrszentralregister dürfen an die für Verkehrs- und Grenzkontrollen zuständigen Stellen übermittelt werden, soweit dies zu dem in § 28 Abs. 2 Nr. 2 genannten Zweck erforderlich ist.

(4) Die Eintragungen im Verkehrszentralregister dürfen außerdem für die Erteilung, Verlängerung, Erneuerung, Rücknahme oder den Widerruf einer Erlaubnis für Luftfahrer oder sonstiges Luftfahrtpersonal nach den Vorschriften des Luftverkehrsgesetzes oder der auf Grund dieses Gesetzes erlassenen Rechtsvorschriften an die hierfür zuständigen Stellen übermittelt werden, soweit dies für die genannten Maßnahmen erforderlich ist.

(4a) Die Eintragungen im Verkehrszentralregister dürfen außerdem an die hierfür zuständigen Stellen übermittelt werden für die Erteilung, den Entzug oder das Anordnen des Ruhens von Befähigungszeugnissen und Erlaubnissen für Kapitäne, Schiffsoffiziere oder sonstige Seeleute nach den Vorschriften des Seemannsgesetzes und des Seeaufgabengesetzes und für Schiffs- und Sportbootführer und sonstige Besatzungsmitglieder nach dem Seeaufgabengesetz oder dem Binnenschiffahrtsaufgabengesetz oder der aufgrund dieser Gesetze erlassenen Rechtsvorschriften, soweit dies für die genannten Maßnahmen erforderlich ist.

(5) ¹Die Eintragungen im Verkehrszentralregister dürfen für die wissenschaftliche Forschung entsprechend § 38 und für statistische Zwecke entsprechend § 38a übermittelt und genutzt werden. ²Zur Vorbereitung von Rechts- und allgemeinen Verwaltungsvorschriften auf dem Gebiet des Straßenverkehrs dürfen die Eintragungen entsprechend § 38b übermittelt und genutzt werden.

(6) ¹Der Empfänger darf die übermittelten Daten nur zu dem Zweck verarbeiten und nutzen, zu dessen Erfüllung sie ihm übermittelt worden sind. ²Der Empfänger darf die übermittelten Daten auch für andere Zwecke verarbeiten und nutzen, soweit sie ihm auch für diese Zwecke hätten übermittelt werden dürfen. ³Ist der Empfänger eine nichtöffentliche Stelle, hat die übermittelnde Stelle ihn darauf hinzuweisen. ⁴Eine Verarbeitung und Nutzung für andere Zwecke durch nichtöffentliche Stellen bedarf der Zustimmung der übermittelnden Stelle.

(7) ¹Die Eintragungen im Verkehrszentralregister dürfen an die zuständigen Stellen anderer Staaten übermittelt werden, soweit dies
1. für Verwaltungsmaßnahmen auf dem Gebiet des Straßenverkehrs,
2. zur Verfolgung von Zuwiderhandlungen gegen Rechtsvorschriften auf dem Gebiet des Straßenverkehrs oder
3. zur Verfolgung von Straftaten, die im Zusammenhang mit dem Straßenverkehr oder sonst mit Kraftfahrzeugen, Anhängern oder Fahrzeugpapieren, Fahrerlaubnissen oder Führerscheinen stehen,

erforderlich ist. ²Der Empfänger ist darauf hinzuweisen, dass die übermittelten Daten nur zu dem Zweck verarbeitet oder genutzt werden dürfen, zu dessen Erfüllung sie ihm übermittelt werden. ³Die Übermittlung unterbleibt, wenn durch sie schutzwürdige Interessen des Betroffenen beeinträchtigt würden, insbesondere wenn im Empfängerland ein angemessener Datenschutzstandard nicht gewährleistet ist.

(8) ¹Dem Betroffenen wird auf Antrag schriftlich über den ihn betreffenden Inhalt des Verkehrszentralregisters und über die Punkte unentgeltlich Auskunft erteilt. ²Der Antragsteller hat dem Antrag einen Identitätsnachweis beizufügen.

(9) ¹Übermittlungen von Daten aus dem Verkehrszentralregister sind nur auf Ersuchen zulässig, es sei denn, auf Grund besonderer Rechtsvorschrift wird bestimmt, dass die Registerbehörde bestimmte Daten von Amts wegen zu übermitteln hat. ²Die Verantwortung für die Zulässigkeit der Übermittlung trägt die übermittelnde Stelle. ³Erfolgt die Übermittlung auf Ersuchen des Empfängers, trägt dieser die Verantwortung. ⁴In diesem Fall prüft die übermittelnde Stelle nur, ob das Übermittlungsersuchen im Rahmen der Aufgaben des Empfängers liegt, es sei denn, dass besonderer Anlass zur Prüfung der Zulässigkeit der Übermittlung besteht.

1   **Begr** zur Neufassung durch ÄndG v 24. 4. 1998 (VkBl **98** 775, 802): *Die Übermittlung der Daten gemäß § 30 steht unter dem Leitgedanken, dass der Nutzer bzw. Empfänger diese nur insoweit erhalten soll, als sie zu seiner Aufgabenerfüllung unbedingt erforderlich sind. Dieser Grundsatz wird auch für die durch Rechtsverordnung zu treffenden Einzelregelungen Maßstab sein. Vor allem soll — soweit möglich — das Prinzip der Vollauskunft durch das der Teilauskunft („Übermittlung nur der ‚erforderlichen' Daten") ersetzt werden.* …

2   … *Entsprechend den Aufgaben der jeweiligen Stellen erfolgt eine konkrete Zweckbindung der Übermittlung der Eintragungen im Verkehrszentralregister. Damit wird dem Erfordernis des Datenschutzes Rechnung getragen. Die bisherige Vorschrift wurde insbesondere ergänzt hinsichtlich der Übermittlung an Stellen außerhalb des Geltungsbereichs des Gesetzes (Absatz 7), der Verwendung für wissenschaftliche Zwecke etc. (Absatz 5) sowie der Auskunft an den Betroffenen (Absatz 8).*

2a   **Begr** zum ÄndG v 8. 4. 08, BGBl I 706 (BT-Drs 16/7415 S 31) **zu Abs 4 a:** *Neben der bereits geltenden Vorschrift für die Zulässigkeit der Übermittlung von Daten aus dem Verkehrszentralregister für den Bereich des Luftverkehrs wird nun durch den neuen Absatz 4 a eine entsprechende Regelung für den Bereich der See- und Binnenschifffahrt aufgenommen. Die Eintragungen im Verkehrszentralregister dürfen den im Bereich der Schifffahrt zuständigen Behörden im Hinblick auf die Erteilung, den Entzug oder das Ruhen von Befähigungszeugnissen und Erlaubnissen für Kapitäne, Schiffsoffiziere, sonstige Seeleute oder Sportbootführer übermittelt werden. Dies ergänzt den neuen § 9e des Seeaufgabengesetzes für den Bereich der Eintragungen im Verkehrszentralregister. Damit wird der Grundsatz der einheitlichen Behandlung aller Verkehrsträger beachtet. Das gleiche gilt für den Bereich der Binnenschifffahrt.* …

3   **1. Auskunft aus dem Verkehrszentralregister.** § 30 ist einschränkend, nicht ausdehnend auszulegen, die Eintragungen dürfen nur für die vorgeschriebenen Zwecke verwertet werden (BVerwG NJW **77** 1075 zur früheren Fassung). Da, ab wor von der bis 31. 12. 1998 geltenden Fassung, die Verwertung nicht mehr „*für Zwecke der Strafverfolgung*", sondern nur noch **zu den in § 28 II genannten Zwecken** zulässig ist, findet gem Abs 1 zB eine Übermittlung von Eintragungen, die einen Zeugen betreffen, nicht mehr statt (LG Ma NJW **81** 1795 ist durch die Neufassung überholt, s jetzt § 28 II Nr 3). Abs 5 ermöglicht die Übermittlung und Nutzung von Eintragungen aus dem VZR zur Vorbereitung von straßenverkehrsrechtlichen Rechts- und Verwaltungsvorschriften und für **wissenschaftliche und statistische Zwecke.** Übermittlung von Daten nach § 30: § 60 FeV.

4   **2.** Grundsätzlich erfolgt die Übermittlung von Daten aus dem VZR **nur auf Ersuchen** der auskunftsberechtigten Stelle (Abs 9 S 1). Aufgrund besonderer Rechtsvorschriften ist die Registerbehörde jedoch zur **Nachricht von Amts wegen** verpflichtet. Das gilt etwa für den Punktestand eines FEInhabers zur Vorbereitung von Maßnahmen der FEB nach dem Punktsystem (§ 4 VI). Die Einzelheiten der Art der Auskunftsübermittlung sind in §§ 2, 3 VwV VZR geregelt. Fernmündliche oder fernschriftliche Übermittlung ist unzulässig (§ 2 I VwV VZR).

5   **3. Auskunftsberechtigt** sind die in Abs 1 bis 5 bezeichneten Stellen, ausschließlich für die dort benannten Zwecke, nicht für andere, an sich gerechtfertigte Verwaltungszwecke (BVerwG NJW **77** 1075), andernfalls Ersatzpflicht wegen Amtspflichtverletzung. Entsprechendes gilt für das KBA bei Erteilung unzulässiger Auskunft. Nutzung durch den Empfänger nur zu dem Zweck, der der Übermittlung zugrunde lag, zu anderen Zwecken jedoch dann, wenn auch diese die Datenübermittlung gerechtfertigt hätten (Abs 6 S 1 und 2). Etwa wegen beabsichtigter Anstellung eines Behördenfahrers darf daher nicht Auskunft erteilt werden. Die gerichtliche Aufklärungspflicht kann Einholung einer Auskunft des VZR gebieten (Dü VM **60** 17). Soweit es zur Prüfung der Berechtigung zum Führen von Fahrzeugen (§ 28 II Nr 2) und zur Beurteilung der Zuverlässigkeit (§ 28 II Nr 4) erforderlich ist, sind auch die in Abs 2 bezeichneten Stellen auskunftsberechtigt, die nach dem G über die Beförderung gefährlicher Güter, dem KfSachvG, FahrlG, PBefG, GüKG und in den Bereichen Notfallrettung und Krankentransport Verwaltungsmaßnahmen zu treffen haben. Nur zur Prüfung der Berechtigung zum Führen von Fzen (§ 28 II Nr 2) werden Auskünfte auch den für Verkehrs- und Grenzkontrollen zuständigen Stellen erteilt. **Ausländische Stellen** erhalten Auskunft nach Maßgabe von Abs 7 nur zu den dort genannten Zwecken und nur, wenn dadurch nicht schutzwürdige Interessen des Betroffenen, insbesondere wegen mangelnden Datenschutzes im Empfängerland, beeinträchtigt werden (Abs 7 S 3). Auskunft über getilgte oder tilgungsreife Eintragungen begründet Ersatzpflicht wegen Amtspflichtverletzung.

4. Selbstauskunft. Jeder hat Anspruch auf Mitteilung aller **ihn betreffenden Eintragungen im VZR** durch das KBA, sofern er dies schriftlich unter Beifügung eines Identitätsnachweises beantragt (Abs 8). Es handelt sich dabei um die Ausgestaltung des datenschutzrechtlichen Anspruchs auf gebührenfreie Auskunft über die zur eigenen Person im VZR gespeicherten Daten. **Identitätsnachweis:** amtliche Beglaubigung der Unterschrift, Personalausweis, Pass oder deren beglaubigte Ablichtung, behördlicher Dienstausweis (§ 64 I FeV). Bei Auskunft an beauftragten Rechtsanwalt ist Vorlage der Vollmacht oder einer beglaubigten Ausfertigung davon erforderlich (§ 64 II FeV). Die Selbstauskunft wird **unentgeltlich** erteilt (Abs 8 S 1), d. h. gebührenfrei und ohne Erstattung der Auslagen (Begr VkBl **98** 802). Die Auskunftserteilung erstreckt sich nur auf die Eintragung (Begr VkBl **98** 802). Da im VZR nicht nur die Entscheidungen wegen einer Straftat oder Ordnungswidrigkeit, sondern auch die nach Anl 13 zu § 40 FeV vorgeschriebenen Punktzahlen (§ 59 I Nr 7 FeV) und Punkteabzüge auf Grund der Teilnahme an einem freiwilligen Aufbauseminar oder einer verkehrspsychologischen Beratung (§ 59 I Nr 13 FeV) gespeichert werden, besteht auch **Anspruch auf Mitteilung der im VZR gespeicherten Punktzahl**. Da das KBA jedoch keine verbindlichen Bewertungen mit Punkten vornimmt (§ 28 Rz 23), erfährt der Betroffene auf diese Weise nur die **unverbindliche Bewertung mit Punkten**, die das KBA vorgenommen hat (VGH Ma VRS **112** 390). 6

Abruf im automatisierten Verfahren

30a (1) **Den Stellen, denen die Aufgaben nach § 30 Abs. 1, 3 und 4a obliegen, dürfen die für die Erfüllung dieser Aufgaben jeweils erforderlichen Daten aus dem Verkehrszentralregister durch Abruf im automatisierten Verfahren übermittelt werden.**

(2) **Die Einrichtung von Anlagen zum Abruf im automatisierten Verfahren ist nur zulässig, wenn nach näherer Bestimmung durch Rechtsverordnung (§ 30 c Abs. 1 Nr. 5) gewährleistet ist, dass**
1. **dem jeweiligen Stand der Technik entsprechende Maßnahmen zur Sicherstellung von Datenschutz und Datensicherheit getroffen werden, die insbesondere die Vertraulichkeit und Unversehrtheit der Daten gewährleisten; bei der Nutzung allgemein zugänglicher Netze sind Verschlüsselungsverfahren anzuwenden und**
2. **die Zulässigkeit der Abrufe nach Maßgabe des Absatzes 3 kontrolliert werden kann.**

(2 a) *(weggefallen)*

(3) ¹**Das Kraftfahrt-Bundesamt hat über die Abrufe Aufzeichnungen zu fertigen, die die bei der Durchführung der Abrufe verwendeten Daten, den Tag und die Uhrzeit der Abrufe, die Kennung der abrufenden Dienststelle und die abgerufenen Daten enthalten müssen.** ²**Die protokollierten Daten dürfen nur für Zwecke der Datenschutzkontrolle, der Datensicherung oder zur Sicherstellung eines ordnungsgemäßen Betriebs der Datenverarbeitungsanlage verwendet werden.** ³**Liegen Anhaltspunkte dafür vor, dass ohne ihre Verwendung die Verhinderung oder Verfolgung einer schwerwiegenden Straftat gegen Leib, Leben oder Freiheit einer Person aussichtslos oder wesentlich erschwert wäre, dürfen die Daten auch für diesen Zweck verwendet werden, sofern das Ersuchen der Strafverfolgungsbehörde unter Verwendung von Personendaten einer bestimmten Person gestellt wird.** ⁴**Die Protokolldaten sind durch geeignete Vorkehrungen gegen zweckfremde Verwendung und gegen sonstigen Missbrauch zu schützen und nach sechs Monaten zu löschen.**

(4) ¹**Das Kraftfahrt-Bundesamt fertigt weitere Aufzeichnungen, die sich auf den Anlass des Abrufs erstrecken und die Feststellung der für den Abruf verantwortlichen Person ermöglichen.** ²**Das Nähere wird durch Rechtsverordnung (§ 30 c Abs. 1 Nr. 5) bestimmt.**

(5) ¹Durch Abruf im automatisierten Verfahren dürfen aus dem Verkehrszentralregister für die in § 30 Abs. 7 genannten Maßnahmen an die hierfür zuständigen öffentlichen Stellen in einem Mitgliedstaat der Europäischen Union oder einem anderen Vertragsstaat des Abkommens über den Europäischen Wirtschaftsraum übermittelt werden:

1. die Tatsache folgender Entscheidungen der Verwaltungsbehörden:
   a) die unanfechtbare Versagung einer Fahrerlaubnis, einschließlich der Ablehnung der Verlängerung einer befristeten Fahrerlaubnis,
   b) die unanfechtbaren oder sofort vollziehbaren Entziehungen, Widerrufe oder Rücknahmen einer Fahrerlaubnis,
   c) die rechtskräftige Anordnung eines Fahrverbots,
2. die Tatsache folgender Entscheidungen der Gerichte:
   a) die rechtskräftige oder vorläufige Entziehung einer Fahrerlaubnis,
   b) die rechtskräftige Anordnung einer Fahrerlaubnissperre,
   c) die rechtskräftige Anordnung eines Fahrverbots,
3. die Tatsache der Beschlagnahme, Sicherstellung oder Verwahrung des Führerscheins nach § 94 der Strafprozessordnung,
4. die Tatsache des Verzichts auf eine Fahrerlaubnis und
5. zusätzlich
   a) Klasse, Art und etwaige Beschränkungen der Fahrerlaubnis, die Gegenstand der Entscheidung nach Nummer 1 oder Nummer 2 oder des Verzichts nach Nummer 4 ist, und
   b) Familiennamen, Geburtsnamen, sonstige frühere Namen, Vornamen, Ordens- oder Künstlernamen, Tag und Ort der Geburt der Person, zu der eine Eintragung nach den Nummern 1 bis 3 vorliegt.

²Der Abruf ist nur zulässig, soweit

1. diese Form der Datenübermittlung unter Berücksichtigung der schutzwürdigen Interessen der Betroffenen wegen der Vielzahl der Übermittlungen oder wegen ihrer besonderen Eilbedürftigkeit angemessen ist und
2. der Empfängerstaat die Richtlinie 95/46/EG des Europäischen Parlaments und des Rates vom 24. Oktober 1995 (ABl. EG Nr. L 281 S. 31) anwendet.

³Die Absätze 2 und 3 sowie Absatz 4 wegen des Anlasses der Abrufe sind entsprechend anzuwenden.

Begr zur Neufassung durch ÄndG v 24. 4. 1998 (BRDrucks 821/96 S 80): *§ 30a Abs. 1* regelt die Übermittlung durch Abruf im automatisierten Verfahren. Nach der bisherigen Bestimmung war die on-line-Übermittlung beschränkt auf bestimmte Empfänger und auf im einzelnen aufgezählte Daten im Hinblick auf entzogene Fahrerlaubnisse. Diese Vorschrift wurde durch Gesetz vom 28. Januar 1987 eingeführt, um für das Zentrale Verkehrsinformations-System (ZEVIS), soweit es um die Übermittlung von Fahrerlaubnisdaten des VZR geht, eine bereichsspezifische Rechtsgrundlage zu schaffen. Es handelte sich dabei um eine Übergangsvorschrift, die bis zu einer Gesamtregelung für das VZR gelten sollte.

Der neue *§ 30a Abs. 1* lässt den Abruf im automatisierten Verfahren an die in § 30 Abs. 1 bis 3 genannten Stellen zu.

Zugriffsberechtigt sind damit die Strafverfolgungs-, -vollstreckungs- und -vollzugsbehörden, Bußgeldbehörden und die Fahrerlaubnisbehörden (§ 30 Abs. 1), die Polizei- und Grenzkontrollbehörden (§ 30 Abs. 3) sowie die Behörden, denen Aufgaben nach § 30 Abs. 2 obliegen. Bei den Behörden nach Absatz 1 und 3 ist im Hinblick auf die ca. 48 Millionen Fahrerlaubnisinhaber in der ganzen Bundesrepublik Deutschland die Anzahl der täglichen Bearbeitungsfälle im Allgemeinen sehr hoch. Ähnliches gilt für die Behörden nach Absatz 2. Außerdem ist für die Polizei- und Grenzkontrollbehörden die Klärung der Fahrberechtigung häufig eilbedürftig, so dass es gerechtfertigt ist, diesen Empfängern die Möglichkeit der Übermittlung durch Abruf im automatisierten Verfahren einzuräumen.

Die Aufzählung der Daten, die im Einzelnen übermittelt werden dürfen, erfolgt durch Rechtsverordnung.

Die notwendigen Regelungen über die Maßnahmen zur Sicherung gegen Missbrauch des on-line-Abrufverfahrens und über die Protokollierung der Abrufe sind in den *Absätzen 2 bis 4* enthalten.

Mit der Neufassung der Sätze 2 und 3 von *Absatz 3* werden zwei Regelungen getroffen:
– Einmal wird die Möglichkeit eröffnet, dass die Protokolldaten nicht nur – wie bisher – ausschließlich zur Datenschutzkontrolle verwertet werden dürfen, sondern dass sie darüber hinaus künftig auch zur Verfügung stehen sollen, wenn dies zur Aufklärung oder Verhütung einer schwerwiegenden Straftat gegen Leib,

Leben oder die Freiheit einer Person erforderlich ist. Die Erfahrungen haben gezeigt, dass solche Fälle in der Praxis durchaus eintreten können. Auch hierauf hat die Bundesregierung im Erfahrungsbericht zu ZEVIS (a. a. O., S. 12) hingewiesen.
– Durch die zweite Regelung wird die bisherige Aufbewahrungsfrist der Protokolldaten von drei auf künftig sechs Monate verlängert. Die bisherigen Erfahrungen haben gezeigt, dass die alte Frist von drei Monaten in einer Reihe von Fällen zu kurz ist.

Absatz 5 enthält die Möglichkeit, in bestimmten Fällen und unter bestimmten Bedingungen Abrufe im automatisierten Verfahren an bestimmte ausländische Behörden in EU- und EWR-Staaten zuzulassen. Die on-line-Übermittlung ist beschränkt auf im Einzelnen aufgezählte Daten im Hinblick auf entzogene Fahrerlaubnisse, die bisher schon im Inland im automatisierten Verfahren abgerufen werden konnten, (vgl. § 30a Abs. 1a. F.). Die verwaltungsbehördlichen und gerichtlichen Aberkennungen des Rechts, von einer ausländischen Fahrerlaubnis Gebrauch zu machen, sind nicht mehr ausdrücklich genannt, gleichwohl aber erfasst, da diese Entscheidungen unter den Begriff „Entziehung" fallen (vgl. Artikel 1 – Nr. 7 – § 3 Abs. 1 und 2, Artikel 3 Nr. 4 – § 69b StGB). Die in Satz 2 unter Nummer 1 und 2 genannten Voraussetzungen sind der entsprechenden Vorschrift von § 14 Abs. 3 des Entwurfs für ein BKA-Gesetz (BT-Drucks. 13/1550) nachgebildet. Allerdings wird in § 30a Abs. 5 der neue Standard (Anwendung der Datenschutz-EG-Richtlinie 95/46/EWG) gefordert. Satz 3 übernimmt grundsätzlich die zur Missbrauchssicherung und Protokollierung für Abrufe im Inland geltenden Vorschriften.

(BTDrucks 13/7888 S 108): Während eines Fahrverbotes darf der Fahrerlaubnisinhaber nicht am Straßenverkehr teilnehmen. Dies muss durch die Polizei bei Kontrollen auch im EU-Ausland sofort und ohne großen Aufwand überprüft werden können. Ein On-line-Abruf auch dieser Entscheidung ist deshalb erforderlich.

Begr zum ÄndG v 11. 9. 2002 (BTDrucks 14/8766 S 60): **Zu Abs 4:** *Auf Grund der technisch neu gestalteten Authentifizierung haben die weiteren Aufzeichnungen in Bezug auf die Nachvollziehbarkeit der Abrufe eine große Bedeutung. So kann z. B. die für den Abruf verantwortliche Person allein durch diese Daten ermittelt werden, wenn die Authentifizierung über eine für mehrere Nutzer einheitliche Kennung erfolgt und eine weitere Eingrenzung durch eindeutig zugeordnete Endgerätekennungen technisch nicht mehr möglich ist. Daher sind die weiteren Aufzeichnungen bei jedem Abruf durchzuführen. Um einerseits zu gewährleisten, dass die übermittelnde Stelle jederzeit die Möglichkeit hat, die Abrufe stichprobenartig oder anlassbezogen z. B. im Rahmen einer Datenschutzkontrolle auswerten zu können und um gleichzeitig eine Mehrfachspeicherung von Protokolldaten aus Datenschutzgründen zu vermeiden, obliegt die Aufzeichnung analog Absatz 3 einheitlich dem Kraftfahrt-Bundesamt. Nachdem die zur Aufzeichnung verpflichtete Stelle in Absatz 4 Satz 1 eindeutig festgelegt ist, beschränkt sich die Ermächtigung nach § 30c Abs. 1 Nr. 5 StVG auf Regelungen zur inhaltlichen Ausgestaltung der weiteren Aufzeichnungen.*

Automatisiertes Anfrage- und Auskunftsverfahren beim Kraftfahrt-Bundesamt

30b (1) ¹Die Übermittlung von Daten aus dem Verkehrszentralregister nach § 30 Abs. 1 bis 4a und 7 darf nach näherer Bestimmung durch Rechtsverordnung gemäß § 30c Abs. 1 Nr. 6 in einem automatisierten Anfrage- und Auskunftsverfahren erfolgen. ²Die anfragende Stelle hat die Zwecke anzugeben, für die die zu übermittelnden Daten benötigt werden.

(2) Solche Verfahren dürfen nur eingerichtet werden, wenn gewährleistet ist, dass

1. die zur Sicherung gegen Missbrauch erforderlichen technischen und organisatorischen Maßnahmen ergriffen werden und
2. die Zulässigkeit der Übermittlung nach Maßgabe des Absatzes 3 kontrolliert werden kann.

(3) ¹Das Kraftfahrt-Bundesamt als übermittelnde Behörde hat Aufzeichnungen zu führen, die die übermittelten Daten, den Zeitpunkt der Übermittlung, den Empfänger der Daten und den vom Empfänger angegebenen Zweck enthalten. ²§ 30a Abs. 3 Satz 2 und 3 gilt entsprechend.

Begr (BRDrucks 821/96 S 81): *§ 30b schafft die Rechtsgrundlage für die Auskunftserteilung von Daten aus dem Verkehrszentralregister unter Nutzung von automatisierten Anfrage- und Auskunftsverfahren, wie IT-gestütztes Telefaxverfahren, Verfahren mittels File-Transfer oder Teletext.*

1 StVG § 30c

Die bislang bestehenden Übermittlungsregelungen aus dem Verkehrszentralregister (§§ 30, 30a) und dem Zentralen Fahrzeugregister (§§ 35, 36) werden in ihrer Ausgestaltung nicht allen IT-Verfahren gerecht.

Die speziellen Datenschutz- und Datensicherheitsregelungen, die gemäß §§ 30a und 36 an das ZEVIS gestellt werden, sind für neu einzurichtende vollautomatisierte Datenübermittlungsverfahren weder erforderlich noch praktikabel. ZEVIS (Abruf im automatisierten Verfahrens gewährt dem Empfänger mittels on-line-Verbindung ohne Eingriffsmöglichkeit des KBA einen unmittelbaren Zugriff durch eine Einrichtung einer stets bestehenden Leitungsverbindung. Dies ist jedoch nicht bei allen Verfahren vorgesehen, wenn auch die im Gesetz neugeregelten sonstigen automatisierten Verfahren die Datenübermittlung vom Zeitpunkt der Anfrage beim KBA bis zum Eingang der Auskunft beim Empfänger ohne menschliches Eingreifen ermöglichen.

Sowohl bei IT-gestützten Telefaxverfahren als auch bei Verfahren mittels File-Transfer oder Teletext werden vom KBA gesteuerte, zur Datenverarbeitung notwendige Schnittstellen geschaffen, die die Unmittelbarkeit des Übermittlungsverfahrens unterbrechen.

Deshalb reichen die in § 30b Abs. 2 und 3 vorgesehenen Maßnahmen zur Missbrauchssicherung und Protokollierung aus.

Anm: Standards für die Übermittlung von Anfragen an die Zentralen Register und Auskünften aus den Zentralen Registern (SDÜ-VZR-ANF), VkBl **04** 4.

Ermächtigungsgrundlagen, Ausführungsvorschriften

30c (1) **Das Bundesministerium für Verkehr, Bau und Stadtentwicklung wird ermächtigt, Rechtsverordnungen mit Zustimmung des Bundesrates zu erlassen über**
1. **den Inhalt der Eintragungen einschließlich der Personendaten nach § 28 Abs. 3,**
2. **Verkürzungen der Tilgungsfristen nach § 29 Abs. 1 Satz 5 und über Tilgungen ohne Rücksicht auf den Lauf der Fristen nach § 29 Abs. 3 Nr. 3,**
3. **die Art und den Umfang der zu übermittelnden Daten nach § 30 Abs. 1 bis 4 und 7 sowie die Bestimmung der Empfänger und den Geschäftsweg bei Übermittlungen nach § 30 Abs. 7,**
4. **den Identitätsnachweis bei Auskünften nach § 30 Abs. 8,**
5. **die Art und den Umfang der zu übermittelnden Daten nach § 30a Abs. 1, die Maßnahmen zur Sicherung gegen Missbrauch nach § 30a Abs. 2, die weiteren Aufzeichnungen nach § 30a Abs. 4 beim Abruf im automatisierten Verfahren und die Bestimmung der Empfänger bei Übermittlungen nach § 30a Abs. 5,**
6. **die Art und den Umfang der zu übermittelnden Daten nach § 30b Abs. 1 und die Maßnahmen zur Sicherung gegen Missbrauch nach § 30b Abs. 2 Nr. 1.**

(2) ¹**Das Bundesministerium für Verkehr, Bau und Stadtentwicklung wird ermächtigt, allgemeine Verwaltungsvorschriften mit Zustimmung des Bundesrates**
1. **über die Art und Weise der Durchführung von Datenübermittlungen,**
2. **über die Zusammenarbeit zwischen Bundeszentralregister und Verkehrszentralregister**

zu erlassen. ²**Die allgemeinen Verwaltungsvorschriften nach Nummer 1, soweit Justizbehörden betroffen sind, und nach Nummer 2 werden gemeinsam mit dem Bundesministerium der Justiz erlassen.**

Begr (BRDrucks 821/96 S 81): *Enthält die notwendigen Ermächtigungsgrundlagen zum Erlass von Verordnungen und allgemeinen Verwaltungsvorschriften. Sie waren zum Teil bislang in § 47 enthalten. Absatz 2 Nr. 2 schafft dabei die Grundlagen für die angestrebte Zusammenarbeit von Bundeszentral- und Verkehrszentralregister.*

V. Fahrzeugregister

Vorbemerkung: Der Abschnitt V über das **Fahrzeugregister** wurde durch Art 1 des Gesetzes zur Änderung des Straßenverkehrsgesetzes v 28. 1. 1987 (BGBl I S 486) in das StVG eingefügt. **Begr:** VkBl **87** 819, zum ÄndG v 24. 4. 1998: BRDrucks 821/96 S 54, 81. Die Fahrzeugregisterverordnung (FRV) v 28. 10. 1987, BGBl I S 2305, zuletzt geändert: 21. 6. 2005, BGBl I 1818, wurde am 1. 3. 2007 aufgehoben, BGBl I **2006** 1084. Die entsprechenden Vorschriften finden sich jetzt in der Fahrzeug-Zulassungsverordnung (FZV), s Buchteil **4**.

Lit.: *Jagow,* Neue Vorschriften für die Datenverarbeitung im Zulassungsverfahren und für die FzRegister, VD **87** 241, 265, **88** 1. *Tegtmeyer,* G zur Änderung des StVG, DNP **87** 103. *Liebermann,* Neue Fahrzeug-Zulassungsverordnung, NZV **06** 357 (360). *Zilkens,* Datenschutz im Straßenverkehrswesen, DÖV **08** 670 (676).

Registerführung und Registerbehörden

31 (1) Die Zulassungsbehörden führen ein Register über die Fahrzeuge, für die ein Kennzeichen ihres Bezirks zugeteilt oder ausgegeben wurde (örtliches Fahrzeugregister der Zulassungsbehörden).

(2) Das Kraftfahrt-Bundesamt führt ein Register über die Fahrzeuge, für die im Geltungsbereich dieses Gesetzes ein Kennzeichen zugeteilt oder ausgegeben wurde (Zentrales Fahrzeugregister des Kraftfahrt-Bundesamtes).

(3) ¹Soweit die Dienststellen der Bundeswehr, der Polizeien des Bundes und der Länder, der Wasser- und Schifffahrtsverwaltung des Bundes eigene Register für die jeweils von ihnen zugelassenen Fahrzeuge führen, finden die Vorschriften dieses Abschnitts keine Anwendung. ²Satz 1 gilt entsprechend für Fahrzeuge, die von den Nachfolgeunternehmen der Deutschen Bundespost zugelassen sind.

Zweckbestimmung der Fahrzeugregister

32 (1) Die Fahrzeugregister werden geführt zur Speicherung von Daten
1. für die Zulassung und Überwachung von Fahrzeugen nach diesem Gesetz oder den darauf beruhenden Rechtsvorschriften,
2. für Maßnahmen zur Gewährleistung des Versicherungsschutzes im Rahmen der Kraftfahrzeughaftpflichtversicherung,
3. für Maßnahmen zur Durchführung des Kraftfahrzeugsteuerrechts,
4. für Maßnahmen nach dem Bundesleistungsgesetz, dem Verkehrssicherstellungsgesetz, dem Verkehrsleistungsgesetz oder den darauf beruhenden Rechtsvorschriften,
5. für Maßnahmen des Katastrophenschutzes nach den hierzu erlassenen Gesetzen der Länder oder den darauf beruhenden Rechtsvorschriften und
6. für Maßnahmen zur Durchführung des Altfahrzeugrechts.

(2) Die Fahrzeugregister werden außerdem geführt zur Speicherung von Daten für die Erteilung von Auskünften, um
1. Personen in ihrer Eigenschaft als Halter von Fahrzeugen,
2. Fahrzeuge eines Halters oder
3. Fahrzeugdaten

festzustellen oder zu bestimmen.

Inhalt der Fahrzeugregister

33 (1) ¹Im örtlichen und im Zentralen Fahrzeugregister werden, soweit dies zur Erfüllung der in § 32 genannten Aufgaben jeweils erforderlich ist, gespeichert
1. nach näherer Bestimmung durch Rechtsverordnung (§ 47 Abs. 1 Nr. 1) Daten über Beschaffenheit, Ausrüstung, Identifizierungsmerkmale, Prüfung, Kennzeichnung und Papiere des Fahrzeugs sowie über tatsächliche und rechtliche Verhältnisse in Bezug auf das Fahrzeug, insbesondere auch über die Haftpflichtversicherung, die Kraftfahrzeugbesteuerung des Fahrzeugs und die Verwertung oder Nichtentsorgung des Fahrzeugs als Abfall im Inland (Fahrzeugdaten), sowie
2. Daten über denjenigen, dem ein Kennzeichen für das Fahrzeug zugeteilt oder ausgegeben wird (Halterdaten), und zwar
   a) bei natürlichen Personen:
   Familienname, Geburtsname, Vornamen, vom Halter für die Zuteilung oder die Ausgabe des Kennzeichens angegebener Ordens- oder Künstlername, Tag und Ort der Geburt, Geschlecht, Anschrift; bei Fahrzeugen mit Versicherungskennzeichen entfällt die Speicherung von Geburtsnamen, Ort der Geburt und Geschlecht des Halters,
   b) bei juristischen Personen und Behörden:
   Name oder Bezeichnung und Anschrift und

c) bei Vereinigungen:
benannter Vertreter mit den Angaben nach Buchstabe a und gegebenenfalls Name der Vereinigung.

²Im örtlichen Fahrzeugregister werden zur Erfüllung der in § 32 genannten Aufgaben außerdem Daten über denjenigen gespeichert, an den ein Fahrzeug mit einem amtlichen Kennzeichen veräußert wurde (Halterdaten), und zwar

a) bei natürlichen Personen:
Familienname, Vornamen und Anschrift,
b) bei juristischen Personen und Behörden:
Name oder Bezeichnung und Anschrift und
c) bei Vereinigungen:
benannter Vertreter mit den Angaben nach Buchstabe a und gegebenenfalls Name der Vereinigung.

(2) Im örtlichen und im Zentralen Fahrzeugregister werden über beruflich Selbständige, denen ein amtliches Kennzeichen für ein Fahrzeug zugeteilt wird, für die Aufgaben nach § 32 Abs. 1 Nr. 4 und 5 Berufsdaten gespeichert, und zwar

1. bei natürlichen Personen der Beruf oder das Gewerbe (Wirtschaftszweig) und
2. bei juristischen Personen und Vereinigungen gegebenenfalls das Gewerbe (Wirtschaftszweig).

(3) Im örtlichen und im Zentralen Fahrzeugregister darf die Anordnung einer Fahrtenbuchauflage wegen Zuwiderhandlungen gegen Verkehrsvorschriften gespeichert werden.

(4) Ferner werden für Daten, die nicht übermittelt werden dürfen (§ 41), in den Fahrzeugregistern Übermittlungssperren gespeichert.

Erhebung der Daten

34 (1) ¹Wer die Zuteilung oder die Ausgabe eines Kennzeichens für ein Fahrzeug beantragt, hat der hierfür zuständigen Stelle

1. von den nach § 33 Abs. 1 Satz 1 Nr. 1 zu speichernden Fahrzeugdaten bestimmte Daten nach näherer Regelung durch Rechtsverordnung (§ 47 Abs. 1 Nr. 1) und
2. die nach § 33 Abs. 1 Satz 1 Nr. 2 zu speichernden Halterdaten

mitzuteilen und auf Verlangen nachzuweisen. ²Zur Mitteilung und zum Nachweis der Daten über die Haftpflichtversicherung ist auch der jeweilige Versicherer befugt. ³Die Zulassungsbehörde kann durch Einholung von Auskünften aus dem Melderegister die Richtigkeit und Vollständigkeit der vom Antragsteller mitgeteilten Daten überprüfen.

(2) Wer die Zuteilung eines amtlichen Kennzeichens für ein Fahrzeug beantragt, hat der Zulassungsbehörde außerdem die Daten über Beruf oder Gewerbe (Wirtschaftszweig) mitzuteilen, soweit sie nach § 33 Abs. 2 zu speichern sind.

(3) Wird ein Fahrzeug veräußert, für das ein amtliches Kennzeichen zugeteilt ist, so hat der Veräußerer der Zulassungsbehörde, die dieses Kennzeichen zugeteilt hat, die in § 33 Abs. 1 Satz 2 aufgeführten Daten des Erwerbers (Halterdaten) mitzuteilen.

(4) Der Halter und der Eigentümer, wenn dieser nicht zugleich Halter ist, haben der Zulassungsbehörde jede Änderung der Daten mitzuteilen, die nach Absatz 1 erhoben wurden; dies gilt nicht für die Fahrzeuge, die ein Versicherungskennzeichen führen müssen, und für die Fahrzeuge, die vorübergehend stillgelegt sind und deren Stilllegung im Fahrzeugbrief vermerkt ist.

(5) ¹Die Versicherer dürfen der zuständigen Zulassungsbehörde das Nichtbestehen oder die Beendigung des Versicherungsverhältnisses über die vorgeschriebene Haftpflichtversicherung für das betreffende Fahrzeug mitteilen. ²Die Versicherer haben dem Kraftfahrt-Bundesamt im Rahmen der Zulassung von Fahrzeugen mit Versicherungskennzeichen die erforderlichen Fahrzeugdaten nach näherer Bestimmung durch Rechtsverordnung (§ 47 Abs. 1 Nr. 2) und die Halterdaten nach § 33 Abs. 1 Satz 1 Nr. 2 mitzuteilen.

Begr z ÄndG v 3. 5. 05 (VkBl 05 434) **zu Absaz 1 Satz 2:** *Der Nachweis über das Bestehen einer Kraftfahrzeug-Haftpflichtversicherung ist bei der Zulassung eines Fahrzeugs oder beim Wechsel des Versicherers derzeit durch den Fahrzeughalter gegenüber der Zulassungsbehörde zu führen. Mit der Änderung wird auch der betreffende Versicherer ermächtigt, der Zulassungsbehörde die Daten über die Haftpflichtversicherung mitzuteilen. Dabei können elektronische Übermittlungsverfahren angewandt werden, die dem Halter die bisher seinerseits erforderliche Mitteilung abnehmen.*

Die Ermächtigung zur Übermittlung und zum Nachweis der Daten über die Haftpflichtversicherung durch den Versicherer an die Zulassungsbehörde in Abs I S 2 wurde mit § 23 III FZV

Übermittlung von Fahrzeugdaten und Halterdaten § 35 StVG 1

in der Weise konkretisiert, dass die elektronische Übermittlung die Regel sein soll, womit der Übergang zur künftig ausschließlichen elektronischen Übermittlung vom Versicherer zur Zulassungsbehörde eingeleitet wurde (s VkBl **06** 610).

Übermittlung von Fahrzeugdaten und Halterdaten

35 (1) Die nach § 33 Abs. 1 gespeicherten Fahrzeugdaten und Halterdaten dürfen an Behörden und sonstige öffentliche Stellen im Geltungsbereich dieses Gesetzes zur Erfüllung der Aufgaben der Zulassungsbehörde oder des Kraftfahrt-Bundesamtes oder der Aufgaben des Empfängers nur übermittelt werden, wenn dies für die Zwecke nach § 32 Abs. 2 jeweils erforderlich ist

1. zur Durchführung der in § 32 Abs. 1 angeführten Aufgaben,
2. zur Verfolgung von Straftaten, zur Vollstreckung oder zum Vollzug von Strafen, von Maßnahmen im Sinne des § 11 Abs. 1 Nr. 8 des Strafgesetzbuchs oder von Erziehungsmaßregeln oder Zuchtmitteln im Sinne des Jugendgerichtsgesetzes,
3. zur Verfolgung von Ordnungswidrigkeiten,
4. zur Abwehr von Gefahren für die öffentliche Sicherheit oder Ordnung,
5. zur Erfüllung der den Verfassungsschutzbehörden, dem Militärischen Abschirmdienst und dem Bundesnachrichtendienst durch Gesetz übertragenen Aufgaben,
6. für Maßnahmen nach dem Abfallbeseitigungsgesetz oder den darauf beruhenden Rechtsvorschriften,
7. für Maßnahmen nach dem Wirtschaftssicherstellungsgesetz oder den darauf beruhenden Rechtsvorschriften,
8. für Maßnahmen nach dem Energiesicherungsgesetz 1975 oder den darauf beruhenden Rechtsvorschriften,
9. für die Erfüllung der gesetzlichen Mitteilungspflichten zur Sicherung des Steueraufkommens nach § 93 der Abgabenordnung,
10. zur Feststellung der Maut für die Benutzung von Bundesautobahnen und zur Verfolgung von Ansprüchen nach dem Autobahnmautgesetz für schwere Nutzfahrzeuge vom 5. April 2002 (BGBl. I S. 1234) in der jeweils geltenden Fassung,
11. zur Ermittlung der Mautgebühr für die Benutzung von Bundesfernstraßen und zur Verfolgung von Ansprüchen nach dem Fernstraßenbauprivatfinanzierungsgesetz vom 30. August 1994 (BGBl. I S. 2243) in der jeweils geltenden Fassung,
12. zur Ermittlung der Mautgebühr für die Benutzung von Straßen nach Landesrecht und zur Verfolgung von Ansprüchen nach den Gesetzen der Länder über den gebührenfinanzierten Neu- und Ausbau von Straßen oder
13. zur Überprüfung von Personen, die Sozialhilfe, Leistungen der Grundsicherung für Arbeitsuchende oder Leistungen nach dem Asylbewerberleistungsgesetz beziehen, zur Vermeidung rechtswidriger Inanspruchnahme solcher Leistungen.

(2) Die nach § 33 Abs. 1 gespeicherten Fahrzeugdaten und Halterdaten dürfen, wenn dies für die Zwecke nach § 32 Abs. 2 jeweils erforderlich ist,

1. an Inhaber von Betriebserlaubnissen für Fahrzeuge oder an Fahrzeughersteller für Rückrufmaßnahmen zur Beseitigung von erheblichen Mängeln für die Verkehrssicherheit oder für die Umwelt an bereits ausgelieferten Fahrzeugen (§ 32 Abs. 1 Nr. 1) sowie bis zum 31. Dezember 1995 für staatlich geförderte Maßnahmen zur Verbesserung des Schutzes vor schädlichen Umwelteinwirkungen durch bereits ausgelieferte Fahrzeuge,

1 a. an Fahrzeughersteller und Importeure von Fahrzeugen sowie an deren Rechtsnachfolger zur Überprüfung der Angaben über die Verwertung des Fahrzeugs nach dem Altfahrzeugrecht und

2. an Versicherer zur Gewährleistung des vorgeschriebenen Versicherungsschutzes (§ 32 Abs. 1 Nr. 2)

übermittelt werden.

(3) ¹Die Übermittlung von Fahrzeugdaten und Halterdaten zu anderen Zwecken als der Feststellung oder Bestimmung von Haltern oder Fahrzeugen (§ 32 Abs. 2) ist, unbeschadet der Absätze 4, 4 a und 4 b, unzulässig, es sei denn, die Daten sind

1. unerlässlich zur
    a) Verfolgung von Straftaten oder zur Vollstreckung oder zum Vollzug von Strafen,
    b) Abwehr einer im Einzelfall bestehenden Gefahr für die öffentliche Sicherheit,
    c) Erfüllung der den Verfassungsschutzbehörden, dem Militärischen Abschirmdienst und dem Bundesnachrichtendienst durch Gesetz übertragenen Aufgaben,

Dauer

d) Erfüllung der gesetzlichen Mitteilungspflichten zur Sicherung des Steueraufkommens nach § 93 der Abgabenordnung, soweit diese Vorschrift unmittelbar anwendbar ist, oder
e) Erfüllung gesetzlicher Mitteilungspflichten nach § 118 Abs. 4 Satz 4 Nr. 6 des Zwölften Buches Sozialgesetzbuch

und

2. auf andere Weise nicht oder nicht rechtzeitig oder nur mit unverhältnismäßigem Aufwand zu erlangen.

²Die ersuchende Behörde hat Aufzeichnungen über das Ersuchen mit einem Hinweis auf dessen Anlass zu führen. ³Die Aufzeichnungen sind gesondert aufzubewahren, durch technische und organisatorische Maßnahmen zu sichern und am Ende des Kalenderjahres, das dem Jahr der Erstellung der Aufzeichnung folgt, zu vernichten. ⁴Die Aufzeichnungen dürfen nur zur Kontrolle der Zulässigkeit der Übermittlungen verwertet werden, es sei denn, es liegen Anhaltspunkte dafür vor, dass ihre Verwertung zur Aufklärung oder Verhütung einer schwerwiegenden Straftat gegen Leib, Leben oder Freiheit einer Person führen kann und die Aufklärung oder Verhütung ohne diese Maßnahme aussichtslos oder wesentlich erschwert wäre.

(4) ¹Auf Ersuchen des Bundeskriminalamtes kann das Kraftfahrt-Bundesamt die im Zentralen Fahrzeugregister gespeicherten Halterdaten mit dem polizeilichen Fahndungsbestand der mit Haftbefehl gesuchten Personen abgleichen. ²Die dabei ermittelten Daten gesuchter Personen dürfen an das Bundeskriminalamt übermittelt werden. ³Das Ersuchen des Bundeskriminalamtes erfolgt durch Übersendung eines Datenträgers.

(4a) Auf Ersuchen der Auskunftsstelle nach § 8a des Pflichtversicherungsgesetzes übermitteln die Zulassungsbehörden und das Kraftfahrt-Bundesamt die nach § 33 Abs. 1 gespeicherten Fahrzeugdaten und Halterdaten zu den in § 8a Abs. 1 des Pflichtversicherungsgesetzes genannten Zwecken.

(4b) Zu den in § 7 Abs. 2 des Internationalen Familienrechtsverfahrensgesetzes, § 4 Abs. 3 Satz 2 des Erwachsenenschutzübereinkommens-Ausführungsgesetzes vom 17. März 2007 (BGBl. I S. 314)* und § 8 Abs. 3 des Auslandsunterhaltsgesetzes bezeichneten Zwecken übermittelt das Kraftfahrt-Bundesamt der in diesen Vorschriften bezeichneten Zentralen Behörde auf Ersuchen die nach § 33 Abs. 1 Satz 1 Nr. 2 gespeicherten Halterdaten.

(5) Die nach § 33 Abs. 1 gespeicherten Fahrzeugdaten und Halterdaten dürfen nach näherer Bestimmung durch Rechtsverordnung (§ 47 Abs. 1 Nr. 3) regelmäßig übermittelt werden

1. von den Zulassungsbehörden an das Kraftfahrt-Bundesamt für das Zentrale Fahrzeugregister und vom Kraftfahrt-Bundesamt an die Zulassungsbehörden für die örtlichen Fahrzeugregister,
2. von den Zulassungsbehörden an andere Zulassungsbehörden, wenn diese mit dem betreffenden Fahrzeug befasst sind oder befasst waren,
3. von den Zulassungsbehörden an die Versicherer zur Gewährleistung des vorgeschriebenen Versicherungsschutzes (§ 32 Abs. 1 Nr. 2),
4. von den Zulassungsbehörden an die Finanzämter zur Durchführung des Kraftfahrzeugsteuerrechts (§ 32 Abs. 1 Nr. 3),
5. von den Zulassungsbehörden und vom Kraftfahrt-Bundesamt für Maßnahmen nach dem Bundesleistungsgesetz, dem Verkehrssicherstellungsgesetz, dem Verkehrsleistungsgesetz oder des Katastrophenschutzes nach den hierzu erlassenen Gesetzen der Länder oder den darauf beruhenden Rechtsvorschriften an die hierfür zuständigen Behörden (§ 32 Abs. 1 Nr. 4 und 5),
6. von den Zulassungsbehörden für Prüfungen nach § 118 Abs. 4 Satz 4 Nr. 6 des Zwölften Buches Sozialgesetzbuch an die Träger der Sozialhilfe nach dem Zwölften Buch Sozialgesetzbuch.

(6) ¹Das Kraftfahrt-Bundesamt als übermittelnde Behörde hat Aufzeichnungen zu führen, die die übermittelten Daten, den Zeitpunkt der Übermittlung, den Empfänger der Daten und den vom Empfänger angegebenen Zweck enthalten. ²Die Aufzeichnungen dürfen nur zur Kontrolle der Zulässigkeit der Übermittlungen verwertet werden, sind durch technische und organisatorische Maßnahmen gegen Missbrauch zu sichern und am Ende des Kalenderhalbjahres, das dem Halbjahr der Übermittlung folgt, zu löschen oder zu vernichten. ³Bei Übermittlung nach § 35 Abs. 5 sind besondere Aufzeichnungen entbehrlich, wenn die Angaben nach Satz 1 aus dem Register oder anderen Unterlagen ent-

---

* Diese Änderung tritt an dem Tag in Kraft, an dem das Haager Übereinkommen vom 13. Januar 2000 über den internationalen Schutz von Erwachsenen (BGBl. 2007 II S. 323) nach seinem Artikel 57 für die Bundesrepublik Deutschland in Kraft tritt.

Abruf im automatisierten Verfahren § 36 StVG I

nommen werden können. ⁴Die Sätze 1 und 2 gelten auch für die Übermittlungen durch das Kraftfahrt-Bundesamt nach den §§ 37 bis 40.

Abruf im automatisierten Verfahren

36 (1) Die Übermittlung nach § 35 Abs. 1 Nr. 1, soweit es sich um Aufgaben nach § 32 Abs. 1 Nr. 1 handelt, aus dem Zentralen Fahrzeugregister an die Zulassungsbehörden darf durch Abruf im automatisierten Verfahren erfolgen.

(2) ¹Die Übermittlung nach § 35 Abs. 1 Nr. 1 bis 5 [ab 10. 1. 2012: *§ 35 Abs. 1 Nr. 1 bis 4*] aus dem Zentralen Fahrzeugregister darf durch Abruf im automatisierten Verfahren erfolgen

1. an die Polizeien des Bundes und der Länder sowie an Dienststellen der Zollverwaltung, soweit sie Befugnisse nach § 10 des Zollverwaltungsgesetzes ausüben oder grenzpolizeiliche Aufgaben wahrnehmen,
   a) zur Kontrolle, ob die Fahrzeuge einschließlich ihrer Ladung und die Fahrzeugpapiere vorschriftsmäßig sind,
   b) zur Verfolgung von Ordnungswidrigkeiten nach §§ 24, 24 a oder § 24 c,
   c) zur Verfolgung von Straftaten oder zur Vollstreckung oder zum Vollzug von Strafen oder
   d) zur Abwehr von Gefahren für die öffentliche Sicherheit,
1 a. an die Verwaltungsbehörden im Sinne des § 26 Abs. 1 für die Verfolgung von Ordnungswidrigkeiten nach §§ 24, 24 a oder § 24 c,
2. an die Zollfahndungsdienststellen zur Verhütung oder Verfolgung von Steuer- und Wirtschaftsstraftaten sowie an die mit der Steuerfahndung betrauten Dienststellen der Landesfinanzbehörden zur Verhütung oder Verfolgung von Steuerstraftaten *und* [ab 10. 1. 2012: .]
3. an die Verfassungsschutzbehörden, den Militärischen Abschirmdienst und den Bundesnachrichtendienst zur Erfüllung ihrer durch Gesetz übertragenen Aufgaben.

²Satz 1 gilt entsprechend für den Abruf der örtlich zuständigen Polizeidienststellen der Länder und Verwaltungsbehörden im Sinne des § 26 Abs. 1 aus den jeweiligen örtlichen Fahrzeugregistern.

(2 a) Die Übermittlung nach § 35 Abs. 1 Nr. 11 und 12 aus dem Zentralen Fahrzeugregister darf durch Abruf im automatisierten Verfahren an den Privaten, der mit der Erhebung der Mautgebühr beliehen worden ist, erfolgen.

(3) Die Übermittlung nach § 35 Abs. 3 Satz 1 aus dem Zentralen Fahrzeugregister darf ferner durch Abruf im automatisierten Verfahren an die Polizeien des Bundes und der Länder zur Verfolgung von Straftaten oder zur Vollstreckung oder zum Vollzug von Strafen oder zur Abwehr einer im Einzelfall bestehenden Gefahr für die öffentliche Sicherheit, an die Zollfahndungsdienststellen zur Verhütung oder Verfolgung von Steuer- und Wirtschaftsstraftaten, an die mit der Steuerfahndung betrauten Dienststellen der Landesfinanzbehörden zur Verhütung oder Verfolgung von Steuerstraftaten *sowie an die Verfassungsschutzbehörden, den Militärischen Abschirmdienst und den Bundesnachrichtendienst zur Erfüllung ihrer durch Gesetz übertragenen Aufgaben* vorgenommen werden.

(3 a) Die Übermittlung aus dem Zentralen Fahrzeugregister nach § 35 Abs. 4 a darf durch Abruf im automatisierten Verfahren an die Auskunftsstelle nach § 8 a des Pflichtversicherungsgesetzes erfolgen.

(4) Der Abruf darf sich nur auf ein bestimmtes Fahrzeug oder einen bestimmten Halter richten und in den Fällen der Absätze 1 und 2 Satz 1 Nr. 1 Buchstabe a und b nur unter Verwendung von Fahrzeugdaten durchgeführt werden.

(5) Die Einrichtung von Anlagen zum Abruf im automatisierten Verfahren ist nur zulässig, wenn nach näherer Bestimmung durch Rechtsverordnung (§ 47 Abs. 1 Nr. 4) gewährleistet ist, dass

1. die zum Abruf bereitgehaltenen Daten ihrer Art nach für den Empfänger erforderlich sind und ihre Übermittlung durch automatisierten Abruf unter Berücksichtigung der schutzwürdigen Interessen des Betroffenen und der Aufgabe des Empfängers angemessen ist,
2. dem jeweiligen Stand der Technik entsprechende Maßnahmen zur Sicherstellung von Datenschutz und Datensicherheit getroffen werden, die insbesondere die Vertraulichkeit und Unversehrtheit der Daten gewährleisten; bei der Nutzung allgemein zugänglicher Netze sind Verschlüsselungsverfahren anzuwenden und
3. die Zulässigkeit der Abrufe nach Maßgabe des Absatzes 6 kontrolliert werden kann.

(5 a) *(weggefallen)*

Dauer

1 StVG § 36   V. Fahrzeugregister

(6) ¹Das Kraftfahrt-Bundesamt oder die Zulassungsbehörde als übermittelnde Stelle hat über die Abrufe Aufzeichnungen zu fertigen, die die bei der Durchführung der Abrufe verwendeten Daten, den Tag und die Uhrzeit der Abrufe, die Kennung der abrufenden Dienststelle und die abgerufenen Daten enthalten müssen. ²Die protokollierten Daten dürfen nur für Zwecke der Datenschutzkontrolle, der Datensicherung oder zur Sicherstellung eines ordnungsgemäßen Betriebs der Datenverarbeitungsanlage verwendet werden. ³Liegen Anhaltspunkte dafür vor, dass ohne ihre Verwendung die Verhinderung oder Verfolgung einer schwerwiegenden Straftat gegen Leib, Leben oder Freiheit einer Person aussichtslos oder wesentlich erschwert wäre, dürfen die Daten auch für diesen Zweck verwendet werden, sofern das Ersuchen der Strafverfolgungsbehörde unter Verwendung von Halterdaten einer bestimmten Person oder von Fahrzeugdaten eines bestimmten Fahrzeugs gestellt wird. ⁴Die Protokolldaten sind durch geeignete Vorkehrungen gegen zweckfremde Verwendung und gegen sonstigen Missbrauch zu schützen und nach sechs Monaten zu löschen.

(7) ¹Bei Abrufen aus dem Zentralen Fahrzeugregister sind vom Kraftfahrt-Bundesamt weitere Aufzeichnungen zu fertigen, die sich auf den Anlass des Abrufs erstrecken und die Feststellung der für den Abruf verantwortlichen Personen ermöglichen. ²Das Nähere wird durch Rechtsverordnung (§ 47 Abs. 1 Nr. 5) bestimmt. ³Dies gilt entsprechend für Abrufe aus den örtlichen Fahrzeugregistern.

(8) ¹Soweit örtliche Fahrzeugregister nicht im automatisierten Verfahren geführt werden, ist die Übermittlung der nach § 33 Abs. 1 gespeicherten Fahrzeugdaten und Halterdaten durch Einsichtnahme in das örtliche Fahrzeugregister außerhalb der üblichen Dienstzeiten an die für den betreffenden Zulassungsbezirk zuständige Polizeidienststelle zulässig, wenn

1. dies für die Erfüllung der in Absatz 2 Satz 1 Nr. 1 bezeichneten Aufgaben erforderlich ist und
2. ohne die sofortige Einsichtnahme die Erfüllung dieser Aufgaben gefährdet wäre.

²Die Polizeidienststelle hat die Tatsache der Einsichtnahme, deren Datum und Anlass sowie den Namen des Einsichtnehmenden aufzuzeichnen; die Aufzeichnungen sind für die Dauer eines Jahres aufzubewahren und nach Ablauf des betreffenden Kalenderjahres zu vernichten. ³Die Sätze 1 und 2 finden entsprechende Anwendung auf die Einsichtnahme durch die Zollfahndungsämter zur Erfüllung der in Absatz 2 Satz 1 Nr. 2 bezeichneten Aufgaben.

Begr *z ÄndG v 3. 5. 05 (VkBl* **05** *437):* **Zu Absatz 2 Satz 1 Nr. 2 und Absatz 3:** *Die Änderung ermöglicht den Online-Abruf von Daten aus dem Zentralen Fahrzeugregister durch die mit der Steuerfahndung betrauten Dienststellen der Landesfinanzbehörden und dient damit zur Senkung von Verwaltungsaufwand bei diesen Behörden.*

Zu Absatz 3 a: *Im Zuge der Übernahme der Vierten Kraftfahrzeughaftpflicht-Richtlinie (Richtlinie 2000/26/EG) in das nationale Recht wurde mit dem Gesetz zur Änderung des Pflichtversicherungsgesetzes und anderer versicherungsrechtlicher Vorschriften vom 10. Juli 2002 (BGBl. I S. 2586) in Deutschland eine Auskunftsstelle eingerichtet, welche dem Geschädigten auf Ersuchen alle Daten mitteilt, die zur Regelung seiner Ansprüche aus einem Verkehrsunfall notwendig sind.*

Nach dem neuen § 8 a des Pflichtversicherungsgesetzes sind die Aufgaben und Befugnisse der deutschen Auskunftsstelle mit Wirkung vom 1. Januar 2003 auf den von der GDV Dienstleistungs-GmbH & Co. KG betriebenen „Zentralruf der Autoversicherer" in Hamburg übertragen worden. Die Zulassungsbehörden oder das Kraftfahrt-Bundesamt haben der Auskunftsstelle nach § 35 Abs. 4 a des Straßenverkehrsgesetzes – auf deren Ersuchen – die nach § 33 Abs. 1 gespeicherten Fahrzeugdaten und Halterdaten zu den im § 8 a Abs. 1 des Pflichtversicherungsgesetzes genannten Zwecken zu übermitteln. Es besteht somit eine gesetzliche Verpflichtung zur Datenübermittlung, die jedoch, auf Grund dessen, dass § 35 Abs. 4 a einen automatisierten Abruf der Daten nicht zulässt, nicht effizient durchgeführt werden kann. Dieses Verfahren ist für die Auskunftsstelle sowie für die Zulassungsbehörden wie auch für das Kraftfahrt-Bundesamt zeit- und arbeitsaufwändig und führt schließlich zu Verzögerungen bei der Befriedigung des Informationsanspruchs des Unfallgeschädigten. Die Auskunftsstelle soll deshalb berechtigt werden, die benötigten Daten online aus dem Zentralen Fahrzeugregister abzurufen. Durch den automatisierten Abruf der Daten wird ihr die Möglichkeit eröffnet, die abgerufenen Daten in die eigenen (Dialog-)Arbeitsabläufe zu integrieren. Dies ermöglicht es, dem Bürger die Auskunft „in einem Zuge" und nicht erst „nach und nach" zur Verfügung zu stellen.

Begr *zum ÄndG v 5. 1. 07, BGBl I 7 (BT-Drucks 16/2921 S 20):* **Zu Abs 2 Satz 1 und Abs 3:** *Die Ermittlung der Fahrzeug- und Halterdaten aus dem Zentralen Fahrzeugregister des KBA stellt eine wichtige Unterstützung der nachrichtendienstlichen Erkenntnisgewinnung dar, indem sie die*

Übermittlung von Fahrzeugdaten und Halterdaten §§ 36a–37 StVG 1

rasche und eindeutige Zuordnung von Personen und Kraftfahrzeugen anhand der vorhandenen Daten des KBA jederzeit ermöglicht. Bislang erteilt das KBA den Nachrichtendiensten Auskünfte nach § 35 Abs. 1 Nr. 5 und Abs. 3 Satz 1 Nr. 1 Buchstabe c StVG nur auf konventionellem Anfrageweg über Telefon oder Fax. Um das Zentrale Fahrzeugregister besser nutzen zu können, erhalten die Verfassungsschutzbehörden, der MAD und der BND nunmehr die Möglichkeit, Auskünfte über Fahrzeug- und Halterdaten auch im automatisierten Abrufverfahren einzuholen. ...

Die Möglichkeit automatisierter Anfragen dient dabei nicht allein der Beschleunigung in Eilfällen und damit einer Steigerung der Effizienz der Arbeit der Sicherheitsbehörden, sondern ebenso der Beseitigung von Fehlerquellen im Rahmen des herkömmlichen Verfahrens, die durch unklare Schreibweisen insbesondere transkribierter Namen aus dem Arabischen, Chinesischen oder Kyrillischen entstehen.

Begr zum G v 19. 7. 07, BGBl I 1460 **zu Abs 2 Nr 1 lit b und Nr 1 a:** VkBl 08 258.

Anm: Die Änderungen von Abs 2 S 1 und Abs 3 durch das TerrorismusbekämpfungsergänzungsG v 5. 1. 07 (BGBl I 2) treten gem Artikel 10 Abs 7 iVm Artikel 13 Abs 2 dieses Gesetzes am 10. 1. 2012 wieder außer Kraft. Ihre Anwendung soll in der Zwischenzeit gem Artikel 11 des Gesetzes evaluiert werden.

Automatisiertes Anfrage- und Auskunftsverfahren beim Kraftfahrt-Bundesamt

36a ¹Die Übermittlung der Daten aus dem Zentralen Fahrzeugregister nach den §§ 35 und 37 darf nach näherer Bestimmung durch Rechtsverordnung gemäß § 47 Abs. 1 Nr. 4a auch in einem automatisierten Anfrage- und Auskunftsverfahren erfolgen. ²Für die Einrichtung und Durchführung des Verfahrens gilt § 30b Abs. 1 Satz 2, Abs. 2 und 3 entsprechend.

Abgleich mit den Sachfahndungsdaten des Bundeskriminalamtes

36b (1) ¹Das Bundeskriminalamt übermittelt regelmäßig dem Kraftfahrt-Bundesamt die im Polizeilichen Informationssystem gespeicherten Daten von Fahrzeugen, Kennzeichen, Fahrzeugpapieren und Führerscheinen, die zur Beweissicherung, Einziehung, Beschlagnahme, Sicherstellung, Eigentumssicherung, Eigentümer- oder Besitzerermittlung ausgeschrieben sind. ²Die Daten dienen zum Abgleich mit den im Zentralen Fahrzeugregister erfassten Fahrzeugen und Fahrzeugpapieren sowie mit den im Zentralen Fahrerlaubnisregister erfassten Führerscheinen.

(2) Die Übermittlung der Daten nach Absatz 1 darf auch im automatisierten Verfahren erfolgen.

Übermittlung von Fahrzeugdaten und Halterdaten an Stellen außerhalb des Geltungsbereiches dieses Gesetzes

37 (1) Die nach § 33 Abs. 1 gespeicherten Fahrzeugdaten und Halterdaten dürfen von den Registerbehörden an die zuständigen Stellen anderer Staaten übermittelt werden, soweit dies
a) für Verwaltungsmaßnahmen auf dem Gebiet des Straßenverkehrs,
b) zur Überwachung des Versicherungsschutzes im Rahmen der Kraftfahrzeughaftpflichtversicherung,
c) zur Verfolgung von Zuwiderhandlungen gegen Rechtsvorschriften auf dem Gebiet des Straßenverkehrs oder
d) zur Verfolgung von Straftaten, die im Zusammenhang mit dem Straßenverkehr oder sonst mit Kraftfahrzeugen, Anhängern, Kennzeichen oder Fahrzeugpapieren, Fahrerlaubnissen oder Führerscheinen stehen,
erforderlich ist.

(1 a) Nach Maßgabe völkerrechtlicher Verträge zwischen Mitgliedstaaten der Europäischen Union oder mit den anderen Vertragsstaaten des Abkommens über den Europäischen Wirtschaftsraum, die der Mitwirkung der gesetzgebenden Körperschaften nach Artikel 59 Abs. 2 des Grundgesetzes bedürfen, dürfen die nach § 33 Abs. 1 gespeicherten Fahrzeugdaten und Halterdaten von den Registerbehörden an die zuständigen Stellen dieser Staaten auch übermittelt werden, soweit dies erforderlich ist
a) zur Verfolgung von Ordnungswidrigkeiten, die nicht von Absatz 1 Buchstabe c erfasst werden,

Dauer

b) zur Verfolgung von Straftaten, die nicht von Absatz 1 Buchstabe d erfasst werden, oder
c) zur Abwehr von Gefahren für die öffentliche Sicherheit.

(2) Der Empfänger ist darauf hinzuweisen, dass die übermittelten Daten nur zu dem Zweck genutzt werden dürfen, zu dessen Erfüllung sie ihm übermittelt werden.

(3) Die Übermittlung unterbleibt, wenn durch sie schutzwürdige Interessen des Betroffenen beeinträchtigt würden, insbesondere, wenn im Empfängerland ein angemessener Datenschutzstandard nicht gewährleistet ist.

Begr zum Gesetz v 10. 7. 06, BGBl I 1459 (BTDrucks 16/1109, S 8): **Zu Abs 1 a:** *… schafft die Voraussetzungen für die Umsetzung von Artikel 12 des Prümer Vertrags. Die §§ 37 und 37 a des Straßenverkehrsgesetzes (StVG) erfassen den automatisierten Abruf zum Zweck der Abwehr von Gefahren für die öffentliche Sicherheit oder der Verhinderung von Straftaten sowie zum Zweck der Verfolgung von Straftaten und Ordnungswidrigkeiten, die nicht im Zusammenhang mit dem Straßenverkehr stehen, derzeit nicht.*
Die Ergänzung von § 37 StVG um einen neu einzufügenden Absatz 1 a … schließt diese Lücke. …

Anm: Das Gesetz vom 10. 7. 06 (BGBl I 1458), mit dem Abs 1 a eingefügt wurde, diente der Umsetzung des sog Prümer Vertrags zwischen Belgien, Deutschland, Spanien, Frankreich, Luxemburg, den Niederlanden und Österreich über die Vertiefung der grenzüberschreitenden Zusammenarbeit, insbesondere zur Bekämpfung des Terrorismus, der grenzüberschreitenden Kriminalität und der illegalen Migration vom 27. 5. 05 (BGBl II **06** 626). Folge dieser Änderung des StVG war die Anpassung von § 42 FZV durch die 44. ÄndVO v 18. 12. 06 (BGBl I 3226, Begr VkBl **07** 24).

Abruf im automatisierten Verfahren durch Stellen außerhalb des Geltungsbereiches dieses Gesetzes

37a (1) Durch Abruf im automatisierten Verfahren dürfen aus dem Zentralen Fahrzeugregister für die in § 37 Abs. 1 und 1 a genannten Maßnahmen an die hierfür zuständigen öffentlichen Stellen in einem Mitgliedstaat der Europäischen Union oder einem anderen Vertragsstaat des Abkommens über den Europäischen Wirtschaftsraum die zu deren Aufgabenerfüllung erforderlichen Daten nach näherer Bestimmung durch Rechtsverordnung gemäß § 47 Abs. 1 Nr. 5 a übermittelt werden.

(2) Der Abruf darf nur unter Verwendung von Fahrzeugdaten, bei Abrufen für die in § 37 Abs. 1 a genannten Zwecke nur unter Verwendung der vollständigen Fahrzeug-Identifizierungsnummer oder des vollständigen Kennzeichens, erfolgen und sich nur auf ein bestimmtes Fahrzeug oder einen bestimmten Halter richten.

(3) Der Abruf ist nur zulässig, soweit
1. diese Form der Datenübermittlung unter Berücksichtigung der schutzwürdigen Interessen der Betroffenen wegen der Vielzahl der Übermittlungen oder wegen ihrer besonderen Eilbedürftigkeit angemessen ist und
2. der Empfängerstaat die Richtlinie 95/46/EWG des Europäischen Parlaments und des Rates vom 24. Oktober 1995 (ABl. EG Nr. L 281 S. 31) anwendet.

²§ 36 Abs. 5 und 6 sowie Abs. 7 wegen des Anlasses der Abrufe ist entsprechend anzuwenden.

Begr zum Gesetz v 10. 7. 06, BGBl I 1459 (BTDrucks 16/1109 S 8): **Zu Abs 1 und Abs 2:** *… schafft die Voraussetzungen für die Umsetzung von Artikel 12 des Prümer Vertrags. Die §§ 37 und 37 a des Straßenverkehrsgesetzes (StVG) erfassen den automatisierten Abruf zum Zweck der Abwehr von Gefahren für die öffentliche Sicherheit oder der Verhinderung von Straftaten sowie zum Zweck der Verfolgung von Straftaten und Ordnungswidrigkeiten, die nicht im Zusammenhang mit dem Straßenverkehr stehen, derzeit nicht.*
Die Ergänzung von … § 37 a Abs. 1 StVG um eine Bezugnahme auf den neuen § 37 Absatz 1 a StVG … schließt diese Lücke. … übernimmt die von Artikel 12 Abs. 1 Satz 2 des Prümer Vertrags aufgestellten Voraussetzungen für eine Anfrage in § 37 a Abs. 2 StVG. …

Anm: zum sog Prümer Vertrag s Anm zu § 37.

Übermittlung von Fahrzeugdaten und Halterdaten an die Kommission der Europäischen Gemeinschaften

37b Das Kraftfahrt-Bundesamt übermittelt zur Erfüllung der Berichtspflicht nach Artikel 4 Buchstabe a Unterabsatz 2 Satz 3 der Richtlinie 72/166/EWG des Rates vom 24. April 1972 betreffend die Angleichung der Rechtsvorschriften der Mitgliedstaaten bezüglich der Kraftfahrzeug-Haftpflichtversicherung und der Kontrolle der entsprechenden Versicherungspflicht (ABl. EG Nr. L 103 S. 1), zuletzt geändert durch Artikel 1 der Richtlinie 2005/14/EG des Europäischen Parlaments und des Rates vom 11. Mai 2005 (ABl. EU Nr. L 149 S. 14) bis zum 31. März eines jeden Jahres an die Kommission der Europäischen Gemeinschaften die nach § 33 Abs. 1 gespeicherten Namen oder Bezeichnungen und Anschriften der Fahrzeughalter, die nach § 2 Abs. 1 Nr. 1 bis 5 des Pflichtversicherungsgesetzes von der Versicherungspflicht befreit sind.

Begr z Gesetz v 10. 12. 07, BGBl I 2833, 2836 (BT-Drs 16/5551 S 19): ... *Zur Erleichterung der Durchsetzung von Ansprüchen gegenüber Fahrzeughaltern, die gemäß Artikel 4 Buchstabe a der 1. KH-Richtlinie von der Versicherungspflicht befreit sind, werden die Mitgliedstaaten verpflichtet, der Kommission eine Liste dieser Personen sowie der Stellen oder Einrichtungen, die den Schaden zu ersetzen haben, zu übermitteln. Die Liste wird von der Kommission veröffentlicht, so dass Unfallopfer auf diesem Weg den richtigen Anspruchsgegner ermitteln können.*

Diese neue Berichtspflicht betrifft die in § 2 Abs. 1 Nr. 1 bis 5 PflVG genannten Fahrzeughalter, darunter die Bundesrepublik Deutschland, die Länder und die Gemeinden mit mehr als 100 000 Einwohnern. Da die Frage, ob eine gesetzliche Ausnahme gemäß § 2 Abs. 1 Nr. 1 bis 5 PflVG von der Versicherungspflicht besteht, ohnehin bei der Kraftfahrzeugzulassung geprüft und samt Name oder Behördenbezeichnung und Anschrift in den örtlichen Fahrzeugregistern der Zulassungsbehörden sowie im Zentralen Fahrzeugregister des Kraftfahrt-Bundesamtes erfasst wird, soll die Aufgabe der Bündelung der Informationen und Übermittlung der Daten an die Kommission dem Kraftfahrt-Bundesamt übertragen werden. Vor dem Hintergrund der datenschutzrechtlichen Bestimmungen ist die Erlaubnis zur Übermittlung der Daten an die Kommission ausdrücklich in § 37b StVG zu normieren.

Inhaltlich soll das Kraftfahrt-Bundesamt Name oder Bezeichnung und Anschrift der Fahrzeughalter, die gemäß § 2 Abs. 1 Nr. 1 bis 5 PflVG von der Versicherungspflicht befreit sind, an die Europäische Kommission übermitteln dürfen. Diese Daten werden gemäß § 33 Abs. 1 Satz 1 Nr. 2 Buchstabe b StVG, § 6 Abs. 4 Nr. 4 Buchstabe d und § 30 Abs. 1 Nr. 19 Buchstabe a FZV regelmäßig bei der Zulassung eines Kraftfahrzeugs erhoben und im Zentralen Fahrzeugregister des Kraftfahrt-Bundesamtes gespeichert. Eine Zusammenstellung dieser Daten soll das Kraftfahrt-Bundesamt einmal im Jahr an die Europäische Kommission übermitteln.

Übermittlung für die wissenschaftliche Forschung

38 (1) Die nach § 33 Abs. 1 gespeicherten Fahrzeugdaten und Halterdaten dürfen an Hochschulen, andere Einrichtungen, die wissenschaftliche Forschung betreiben, und öffentliche Stellen übermittelt werden, soweit

1. dies für die Durchführung bestimmter wissenschaftlicher Forschungsarbeiten erforderlich ist,
2. eine Nutzung anonymisierter Daten zu diesem Zweck nicht möglich ist und
3. das öffentliche Interesse an der Forschungsarbeit das schutzwürdige Interesse des Betroffenen an dem Ausschluss der Übermittlung erheblich überwiegt.

(2) Die Übermittlung der Daten erfolgt durch Erteilung von Auskünften, wenn hierdurch der Zweck der Forschungsarbeit erreicht werden kann und die Erteilung keinen unverhältnismäßigen Aufwand erfordert.

(3) ¹Personenbezogene Daten werden nur an solche Personen übermittelt, die Amtsträger oder für den öffentlichen Dienst besonders Verpflichtete sind oder die zur Geheimhaltung verpflichtet worden sind. ²§ 1 Abs. 2, 3 und 4 Nr. 2 des Verpflichtungsgesetzes findet auf die Verpflichtung zur Geheimhaltung entsprechende Anwendung.

(4) ¹Die personenbezogenen Daten dürfen nur für die Forschungsarbeit genutzt werden, für die sie übermittelt worden sind. ²Die Verwendung für andere Forschungsarbeiten oder die Weitergabe richtet sich nach den Absätzen 1 und 2 und bedarf der Zustimmung der Stelle, die die Daten übermittelt hat.

(5) ¹Die Daten sind gegen unbefugte Kenntnisnahme durch Dritte zu schützen. ²Die wissenschaftliche Forschung betreibende Stelle hat dafür zu sorgen, dass die Nutzung der

personenbezogenen Daten räumlich und organisatorisch getrennt von der Erfüllung solcher Verwaltungsaufgaben oder Geschäftszwecke erfolgt, für die diese Daten gleichfalls von Bedeutung sein können.

(6) ¹Sobald der Forschungszweck es erlaubt, sind die personenbezogenen Daten zu anonymisieren. ²Solange dies noch nicht möglich ist, sind die Merkmale gesondert aufzubewahren, mit denen Einzelangaben über persönliche oder sachliche Verhältnisse einer bestimmten oder bestimmbaren Person zugeordnet werden können. ³Sie dürfen mit den Einzelangaben nur zusammengeführt werden, soweit der Forschungszweck dies erfordert.

(7) Wer nach den Absätzen 1 und 2 personenbezogene Daten erhalten hat, darf diese nur veröffentlichen, wenn dies für die Darstellung von Forschungsergebnissen über Ereignisse der Zeitgeschichte unerlässlich ist.

(8) Ist der Empfänger eine nichtöffentliche Stelle, gilt § 38 des Bundesdatenschutzgesetzes mit der Maßgabe, dass die Aufsichtsbehörde die Ausführung der Vorschriften über den Datenschutz auch dann überwacht, wenn keine hinreichenden Anhaltspunkte für eine Verletzung dieser Vorschriften vorliegen oder wenn der Empfänger die personenbezogenen Daten nicht in Dateien verarbeitet.

Übermittlung und Nutzung für statistische Zwecke

38a (1) Die nach § 33 Abs. 1 gespeicherten Fahrzeug- und Halterdaten dürfen zur Vorbereitung und Durchführung von Statistiken, soweit sie durch Rechtsvorschriften angeordnet sind, übermittelt werden, wenn die Vorbereitung und Durchführung des Vorhabens allein mit anonymisierten Daten (§ 45) nicht möglich ist.

(2) Es finden die Vorschriften des Bundesstatistikgesetzes und der Statistikgesetze der Länder Anwendung.

Übermittlung und Nutzung für planerische Zwecke

38b (1) Die nach § 33 Abs. 1 in den örtlichen Fahrzeugregistern gespeicherten Fahrzeug- und Halterdaten dürfen für im öffentlichen Interesse liegende Verkehrsplanungen an öffentliche Stellen übermittelt werden, wenn die Durchführung des Vorhabens allein mit anonymisierten Daten (§ 45) nicht oder nur mit unverhältnismäßigem Aufwand möglich ist und der Betroffene eingewilligt hat oder schutzwürdige Interessen des Betroffenen nicht beeinträchtigt werden.

(2) Der Empfänger der Daten hat sicherzustellen, dass
1. die Kontrolle zur Sicherstellung schutzwürdiger Interessen des Betroffenen jederzeit gewährleistet wird,
2. die Daten nur für das betreffende Vorhaben genutzt werden,
3. zu den Daten nur die Personen Zugang haben, die mit dem betreffenden Vorhaben befasst sind,
4. diese Personen verpflichtet werden, die Daten gegenüber Unbefugten nicht zu offenbaren, und
5. die Daten anonymisiert oder gelöscht werden, sobald der Zweck des Vorhabens dies gestattet.

Übermittlung von Fahrzeugdaten und Halterdaten zur Verfolgung von Rechtsansprüchen

39 (1) Von den nach § 33 Abs. 1 gespeicherten Fahrzeugdaten und Halterdaten sind
1. Familienname (bei juristischen Personen, Behörden oder Vereinigungen: Name oder Bezeichnung),
2. Vornamen,
3. Ordens- und Künstlername,
4. Anschrift,
5. Art, Hersteller und Typ des Fahrzeugs,
6. Name und Anschrift des Versicherers,

Übermittlung von Fahrzeugdaten und Halterdaten § 39 StVG

7. Nummer des Versicherungsscheins, oder, falls diese noch nicht gespeichert ist, Nummer der Versicherungsbestätigung,
8. gegebenenfalls Zeitpunkt der Beendigung des Versicherungsverhältnisses,
9. gegebenenfalls Befreiung von der gesetzlichen Versicherungspflicht,
10. Zeitpunkt der Zuteilung oder Ausgabe des Kennzeichens für den Halter sowie
11. Kraftfahrzeugkennzeichen

durch die Zulassungsbehörde oder durch das Kraftfahrt-Bundesamt zu übermitteln, wenn der Empfänger unter Angabe des betreffenden Kennzeichens oder der betreffenden Fahrzeug-Identifizierungsnummer darlegt, dass er die Daten zur Geltendmachung, Sicherung oder Vollstreckung oder zur Befriedigung oder Abwehr von Rechtsansprüchen im Zusammenhang mit der Teilnahme am Straßenverkehr oder zur Erhebung einer Privatklage wegen im Straßenverkehr begangener Verstöße benötigt (einfache Registerauskunft).

(2) Weitere Fahrzeugdaten und Halterdaten als die nach Absatz 1 zulässigen sind zu übermitteln, wenn der Empfänger unter Angabe von Fahrzeugdaten oder Personalien des Halters glaubhaft macht, dass er
1. die Daten zur Geltendmachung, Sicherung oder Vollstreckung, zur Befriedigung oder Abwehr von Rechtsansprüchen im Zusammenhang mit der Teilnahme am Straßenverkehr, dem Diebstahl, dem sonstigen Abhandenkommen des Fahrzeugs oder zur Erhebung einer Privatklage wegen im Straßenverkehr begangener Verstöße benötigt,
2. *(aufgehoben)*
3. die Daten auf andere Weise entweder nicht oder nur mit unverhältnismäßigem Aufwand könnte.

(3) ¹Die in Absatz 1 Nr. 1 bis 5 und 11 angeführten Halterdaten und Fahrzeugdaten dürfen übermittelt werden, wenn der Empfänger unter Angabe von Fahrzeugdaten oder Personalien des Halters glaubhaft macht, dass er
1. die Daten zur Geltendmachung, Sicherung oder Vollstreckung
   a) von nicht mit der Teilnahme am Straßenverkehr im Zusammenhang stehenden öffentlich-rechtlichen Ansprüchen oder
   b) von gemäß § 7 des Unterhaltsvorschussgesetzes, § 33 des Zweiten Buches Sozialgesetzbuch oder § 94 des Zwölften Buches Sozialgesetzbuch übergegangenen Ansprüchen
   in Höhe von jeweils mindestens 500 Euro benötigt,
2. ohne Kenntnis der Daten zur Geltendmachung, Sicherung oder Vollstreckung des Rechtsanspruchs nicht in der Lage wäre und
3. die Daten auf andere Weise entweder nicht oder nur mit unverhältnismäßigem Aufwand erlangen könnte.

²§ 35 Abs. 3 Satz 2 und 3 gilt entsprechend. ³Die Aufzeichnungen dürfen nur zur Kontrolle der Zulässigkeit der Übermittlungen verwendet werden.

Begr des G v 7. 9. 07, BGBl I 2246: BR-Drs 68/07, S 107 (Art 26: Aufhebung von Abs 2 Nr 2.) 1

Die im Rahmen der Zulassung von Fz für die Fahrzeugregister erhobenen und dort gespeicherten Daten dürfen gem Abs 1 und 2 für Rechtsansprüche im Zusammenhang mit der Teilnahme am StrV auf Antrag an Dritte übermittelt werden. Gegenstand der **einfachen Registerauskunft** sind die in Abs 1 genannten Fahrzeug- und Halterdaten. Die **erweiterte Registerauskunft** nach Abs 2 kommt in Betracht, wenn weitere Daten als die im Katalog des Abs 1 enthaltenen benötigt werden und nicht auf andere Weise erlangt werden können. Auf die Übermittlung der Daten besteht bei Vorliegen der in Abs 1 bis 3 genannten Voraussetzungen ein Rechtsanspruch (s Begr, BTDrucks 10/5343 S 75), wobei hinsichtlich der in Abs 1 genannten Daten Darlegung der Tatsachen genügt, die das dort näher bezeichnete Interesse begründen. Glaubhaftmachung wird insoweit (anders als in den Fällen von Abs 2 und 3) nicht verlangt, weil dies zu einem unverhältnismäßig hohen Aufwand bei der ZulB oder dem KBA führen würde (s Begr, BTDrucks 10/5343 S 74). Auskunftsberechtigt sind auch Haftpflichtversicherer und die VOpferhilfe (s vor § 23 FZV Rz 9), soweit sie Daten zur Befriedigung oder Abwehr von Ansprüchen benötigen. Der gem Abs 1 erforderliche Zusammenhang mit dem StrV ist bei widerrechtlichem Parken auf Privatparkplatz gegeben, wenn dieser allgemein zugänglich und damit öffentlicher VRaum (s § 1 StVO Rz 13f) ist (VG Gießen DAR **99** 377). Die Datenübermittlung nach § 39 kann an private oder öffentliche Stellen erfolgen, auch an ausländische (s Begr, BTDrucks 10/5343 S 75). 2

Dauer

3 Ob die gem § 33 I gespeicherten und nach Maßgabe von § 39 zu übermittelnden Fz- und Halterdaten Privatgeheimnisse iS von § 203 StGB sind, ist str. Keine Strafbarkeit nach jener Bestimmung bei Auskunftserteilung entgegen § 39 nach Hb NStZ **98** 358 (abl *Weichert* NStZ **99** 490, *Behm* JR **00** 274), BaySt **99** 15 = NJW **99** 1727 (krit *Pätzel* NJW **99** 3246), weil es sich um offenkundige Daten handele, die bei Vorliegen der Voraussetzungen von Abs 3 an jedermann übermittelt werden; anders aber nach BGHSt **48** 28 = NJW **03** 226 (zust *Fischer* § 203 Rz 10 a, *Behm* JR **03** 292), *Zilkens* DÖV **08** 670, 677 f, weil offenkundig nur allgemein zugängliche Quellen seien, was zu verneinen sei, wenn der Zugang von der Darlegung eines besonderen Interesses abhänge.

4 Nach § 8 a PflVG wurde eine **Auskunftsstelle** eingerichtet, die den Geschädigten, deren Versicherern, dem deutschen Büro des Systems der Grünen Internationalen Versicherungskarte und dem Entschädigungsfonds nach § 12 PflVG auf Ersuchen alle Daten mitteilt, die zur Regelung ihrer Ansprüche aus einem Verkehrsunfall notwendig sind. Aufgaben und Befugnisse dieser Auskunftsstelle sind auf den von der GDV Dienstleistungs-GmbH & Co KG betriebenen **Zentralruf der Autoversicherer,** Glockengießerwall 1, 20095 Hamburg, www.zentralruf.de, übertragen worden (§ 8 a III PflVG). Er ist nach § 36 IIIa StVG berechtigt, die benötigten Daten online aus dem Zentralen Fahrzeugregister abzurufen, auf deren Übermittlung er nach § 35 IV a StVG Anspruch hat.

Übermittlung sonstiger Daten

40 (1) ¹Die nach § 33 Abs. 2 gespeicherten Daten über Beruf und Gewerbe (Wirtschaftszweig) dürfen nur für die Zwecke nach § 32 Abs. 1 Nr. 4 und 5 an die hierfür zuständigen Behörden übermittelt werden. ²Außerdem dürfen diese Daten für Zwecke der Statistik (§ 38 a Abs. 1) übermittelt werden; die Zulässigkeit und die Durchführung von statistischen Vorhaben richten sich nach § 38 a.

(2) Die nach § 33 Abs. 3 gespeicherten Daten über Fahrtenbuchauflagen dürfen nur

1. für Maßnahmen im Rahmen des Zulassungsverfahrens oder zur Überwachung der Fahrtenbuchauflage den Zulassungsbehörden oder dem Kraftfahrt-Bundesamt oder
2. zur Verfolgung von Straftaten oder von Ordnungswidrigkeiten nach §§ 24, 24 a oder § 24 c den hierfür zuständigen Behörden oder Gerichten übermittelt werden.

Begr zum G v 19. 7. 07, BGBl I 1460 **zu Abs 2 Nr 2:** VkBl **08** 258.

Übermittlungssperren

41 (1) Die Anordnung von Übermittlungssperren in den Fahrzeugregistern ist zulässig, wenn erhebliche öffentliche Interessen gegen die Offenbarung der Halterdaten bestehen.

(2) Außerdem sind Übermittlungssperren auf Antrag des Betroffenen anzuordnen, wenn er glaubhaft macht, dass durch die Übermittlung seine schutzwürdigen Interessen beeinträchtigt würden.

(3) ¹Die Übermittlung trotz bestehender Sperre ist im Einzelfall zulässig, wenn an der Kenntnis der gesperrten Daten ein überwiegendes öffentliches Interesse, insbesondere an der Verfolgung von Straftaten besteht. ²Über die Aufhebung entscheidet die für die Anordnung der Sperre zuständige Stelle. ³Will diese an der Sperre festhalten, weil sie das die Sperre begründende öffentliche Interesse (Absatz 1) für überwiegend hält oder weil sie die Beeinträchtigung schutzwürdiger Interessen des Betroffenen (Absatz 2) als vorrangig ansieht, so führt sie die Entscheidung der obersten Landesbehörde herbei. ⁴Vor der Übermittlung ist dem Betroffenen Gelegenheit zur Stellungnahme zu geben, es sei denn, die Anhörung würde dem Zweck der Übermittlung zuwiderlaufen.

(4) ¹Die Übermittlung trotz bestehender Sperre ist im Einzelfall außerdem zulässig, wenn die Geltendmachung, Sicherung oder Vollstreckung oder die Befriedigung oder Abwehr von Rechtsansprüchen im Sinne des § 39 Abs. 1 und 2 sonst nicht möglich wäre. ²Vor der Übermittlung ist dem Betroffenen Gelegenheit zur Stellungnahme zu geben. ³Absatz 3 Satz 2 und 3 ist entsprechend anzuwenden.

Anonymisierte Daten §§ 42–45 StVG 1

Datenvergleich zur Beseitigung von Fehlern

42 (1) ¹Bei Zweifeln an der Identität eines eingetragenen Halters mit dem Halter, auf den sich eine neue Mitteilung bezieht, dürfen die Datenbestände des Verkehrszentralregisters und des Zentralen Fahrerlaubnisregisters zur Identifizierung dieser Halter genutzt werden. ²Ist die Feststellung der Identität der betreffenden Halter auf diese Weise nicht möglich, dürfen die auf Anfrage aus den Melderegistern übermittelten Daten zur Behebung der Zweifel genutzt werden. ³Die Zulässigkeit der Übermittlung durch die Meldebehörden richtet sich nach den Meldegesetzen der Länder. ⁴Können die Zweifel an der Identität der betreffenden Halter nicht ausgeräumt werden, werden die Eintragungen über beide Halter mit einem Hinweis auf die Zweifel an deren Identität versehen.

(2) ¹Die nach § 33 im Zentralen Fahrzeugregister gespeicherten Daten dürfen den Zulassungsbehörden übermittelt werden, soweit dies erforderlich ist, um Fehler und Abweichungen in deren Register festzustellen und zu beseitigen und um diese örtlichen Register zu vervollständigen. ²Die nach § 33 im örtlichen Fahrzeugregister gespeicherten Daten dürfen dem Kraftfahrt-Bundesamt übermittelt werden, soweit dies erforderlich ist, um Fehler und Abweichungen im Zentralen Fahrzeugregister festzustellen und zu beseitigen sowie das Zentrale Fahrzeugregister zu vervollständigen. ³Die Übermittlung nach Satz 1 oder 2 ist nur zulässig, wenn Anlass zu der Annahme besteht, dass die Register unrichtig oder unvollständig sind.

(3) ¹Die nach § 33 im Zentralen Fahrzeugregister oder im zuständigen örtlichen Fahrzeugregister gespeicherten Halter- und Fahrzeugdaten dürfen dem zuständigen Finanzamt übermittelt werden, soweit dies für Maßnahmen zur Durchführung des Kraftfahrzeugsteuerrechts erforderlich ist, um Fehler und Abweichungen in den Datenbeständen der Finanzämter festzustellen und zu beseitigen und um diese Datenbestände zu vervollständigen. ²Die Übermittlung nach Satz 1 ist nur zulässig, wenn Anlass zu der Annahme besteht, dass die Datenbestände unrichtig oder unvollständig sind.

Allgemeine Vorschriften für die Datenübermittlung, Verarbeitung und Nutzung der Daten durch den Empfänger

43 (1) ¹Übermittlungen von Daten aus den Fahrzeugregistern sind nur auf Ersuchen zulässig, es sei denn, auf Grund besonderer Rechtsvorschrift wird bestimmt, dass die Registerbehörde bestimmte Daten von Amts wegen zu übermitteln hat. ²Die Verantwortung für die Zulässigkeit der Übermittlung trägt die übermittelnde Stelle. ³Erfolgt die Übermittlung auf Ersuchen des Empfängers, trägt dieser die Verantwortung. ⁴In diesem Fall prüft die übermittelnde Stelle nur, ob das Übermittlungsersuchen im Rahmen der Aufgaben des Empfängers liegt, es sei denn, dass besonderer Anlass zur Prüfung der Zulässigkeit der Übermittlung besteht.

(2) ¹Der Empfänger darf die übermittelten Daten nur zu dem Zweck verarbeiten und nutzen, zu dessen Erfüllung sie ihm übermittelt worden sind. ²Der Empfänger darf die übermittelten Daten auch für andere Zwecke verarbeiten und nutzen, soweit sie ihm auch für diese Zwecke hätten übermittelt werden dürfen. ³Ist der Empfänger eine nichtöffentliche Stelle, hat die übermittelnde Stelle ihn darauf hinzuweisen. ⁴Eine Verarbeitung und Nutzung für andere Zwecke durch nichtöffentliche Stellen bedarf der Zustimmung der übermittelnden Stelle.

Löschung der Daten in den Fahrzeugregistern

44 (1) ¹Die nach § 33 Abs. 1 und 2 gespeicherten Daten sind in den Fahrzeugregistern spätestens zu löschen, wenn sie für die Aufgaben nach § 32 nicht mehr benötigt werden. ²Bis zu diesem Zeitpunkt sind auch alle übrigen zu dem betreffenden Fahrzeug gespeicherten Daten zu löschen.

(2) Die Daten über Fahrtenbuchauflagen (§ 33 Abs. 3) sind nach Wegfall der Auflage zu löschen.

Anonymisierte Daten

45 ¹Auf die Erhebung, Verarbeitung und sonstige Nutzung von Daten, die keinen Bezug zu einer bestimmten oder bestimmbaren Person ermöglichen (anonymisierte Daten), finden die Vorschriften dieses Abschnitts keine Anwendung. ²Zu den Daten, die einen Bezug zu einer bestimmten oder bestimmbaren Person ermöglichen, gehören auch das Kennzeichen eines Fahrzeugs, die Fahrzeug-Identifizierungsnummer und die Fahrzeugbriefnummer.

Dauer

1 StVG § 47 VI. Fahrerlaubnisregister

46 (weggefallen)

Ermächtigungsgrundlagen, Ausführungsvorschriften

47 Das Bundesministerium für Verkehr, Bau und Stadtentwicklung wird ermächtigt, Rechtsverordnung mit Zustimmung des Bundesrates zu erlassen
1. darüber,
   a) welche im Einzelnen zu bestimmenden Fahrzeugdaten (§ 33 Abs. 1 Satz 1 Nr. 1) und
   b) welche Halterdaten nach § 33 Abs. 1 Satz 1 Nr. 2 in welchen Fällen der Zuteilung oder Ausgabe des Kennzeichens unter Berücksichtigung der in § 32 genannten Aufgaben im örtlichen und im Zentralen Fahrzeugregister jeweils gespeichert (§ 33 Abs. 1) und zur Speicherung erhoben (§ 34 Abs. 1) werden,
2. darüber, welche im Einzelnen zu bestimmenden Fahrzeugdaten die Versicherer zur Speicherung im Zentralen Fahrzeugregister nach § 34 Abs. 5 Satz 2 mitzuteilen haben,
3. über die regelmäßige Übermittlung der Daten nach § 35 Abs. 5, insbesondere über die Art der Übermittlung sowie die Art und den Umfang der zu übermittelnden Daten,
4. über die Art und den Umfang der zu übermittelnden Daten und die Maßnahmen zur Sicherung gegen Missbrauch beim Abruf im automatisierten Verfahren nach § 36 Abs. 5,
4 a. über die Art und den Umfang der zu übermittelnden Daten und die Maßnahmen zur Sicherung gegen Missbrauch nach § 36 a,
5. über Einzelheiten des Verfahrens nach § 36 Abs. 7 Satz 2,
5 a. über die Art und den Umfang der zu übermittelnden Daten, die Bestimmung der Empfänger und den Geschäftsweg bei Übermittlungen nach § 37 Abs. 1 und 1 a,
5 b. darüber, welche Daten nach § 37 a Abs. 1 durch Abruf im automatisierten Verfahren übermittelt werden dürfen,
5 c. über die Bestimmung, welche ausländischen öffentlichen Stellen zum Abruf im automatisierten Verfahren nach § 37 a Abs. 1 befugt sind,
6. über das Verfahren bei Übermittlungssperren sowie über die Speicherung, Änderung und die Aufhebung der Sperren nach § 33 Abs. 4 und § 41 und
7. über die Löschung der Daten nach § 44, insbesondere über die Voraussetzungen und Fristen für die Löschung.

Begr zum Gesetz v 10. 7. 06, BGBl I 1459 (BTDrucks 16/1109, S 8): **Zu Abs 1 Nr. 5 a:**
... schafft die Voraussetzungen für die Umsetzung von Artikel 12 des Prümer Vertrags. Die §§ 37 und 37 a des Straßenverkehrsgesetzes (StVG) erfassen den automatisierten Abruf zum Zweck der Abwehr von Gefahren für die öffentliche Sicherheit oder der Verhinderung von Straftaten sowie zum Zweck der Verfolgung von Straftaten und Ordnungswidrigkeiten, die nicht im Zusammenhang mit dem Straßenverkehr stehen, derzeit nicht.
... Als Folgeänderung ist ferner die Ermächtigungsgrundlage in § 47 Abs. 1 Nr. 5 a StVG um eine Bezugnahme auf den neuen § 37 Abs. 1 a StVG zu ergänzen.

Begr z ÄndG v 14. 8. 06 (BRDrucks 259/06, S 25) **Zur Aufhebung von Absatz 2:** *Die Ermächtigungen zum Erlass Allgemeiner Verwaltungsvorschriften nach § 47 Abs. 2 und § 63 Abs. 2 werden aufgehoben. Nach der jüngeren Rechtsprechung des BVerfG (Beschluss vom 2. März 1999 – 2 BvF 1/94 –) können wegen Artikel 84 Abs. 2 GG Allgemeine Verwaltungsvorschriften in Angelegenheiten der Landeseigenverwaltung nur von der Bundesregierung erlassen werden; einer besonderen gesetzlichen Ermächtigung bedarf es dann nicht.*

Anm: Allgemeine Vwv für die Übermittlung von Meldungen über die zum StrV zugelassenen Fze v 15. 10. 98: BAnz **98** 15789.

VI. Fahrerlaubnisregister

Der Abschnitt VI über die örtlichen und das **Zentrale Fahrerlaubnisregister** wurde durch das Gesetz zur Änderung des Straßenverkehrsgesetzes und anderer Gesetze v 24. 4. 1998 (BGBl I S 747) eingefügt. **Begr:** BRDrucks 821/96 S 55, 83. Die Einrichtung des Zentralen Fahrerlaubnisregisters wurde durch den Vollzug der 2. EG-Führerscheinrichtlinie (Richtlinie 91/439/EWG über den Führerschein v 29. 7. 1991, ABl EG **91** Nr L 237/1) notwendig.

Lit.: *Zilkens*, Datenschutz im Straßenverkehrswesen, DÖV **08** 670.

Inhalt der Fahrerlaubnisregister §§ 48–50 StVG **1**

Registerführung und Registerbehörden

48 (1) ¹Die Fahrerlaubnisbehörden (§ 2 Abs. 1) führen im Rahmen ihrer örtlichen Zuständigkeit ein Register (örtliche Fahrerlaubnisregister) über
1. von ihnen erteilte oder registrierte Fahrerlaubnisse sowie die entsprechenden Führerscheine,
2. Entscheidungen, die Bestand, Art und Umfang von Fahrerlaubnissen oder sonstige Berechtigungen, ein Fahrzeug zu führen, betreffen.

²Abweichend von Satz 1 Nr. 2 darf die zur Erteilung einer Prüfbescheinigung zuständige Stelle Aufzeichnungen über von ihr ausgegebene Bescheinigungen für die Berechtigung zum Führen fahrerlaubnisfreier Fahrzeuge führen.

(2) Das Kraftfahrt-Bundesamt führt ein Register (Zentrales Fahrerlaubnisregister) über
1. von einer inländischen Fahrerlaubnisbehörde erteilte Fahrerlaubnisse sowie die entsprechenden Führerscheine von Personen mit ordentlichem Wohnsitz im Inland,
2. von einer ausländischen Behörde oder Stelle erteilte Fahrerlaubnisse sowie die entsprechenden Führerscheine von Personen mit ordentlichem Wohnsitz im Inland, soweit sie verpflichtet sind, ihre Fahrerlaubnis registrieren zu lassen,
3. von einer inländischen Fahrerlaubnisbehörde erteilte oder registrierte Fahrerlaubnisse sowie die entsprechenden Führerscheine von Personen ohne ordentlichen Wohnsitz im Inland.

(3) ¹Bei einer zentralen Herstellung der Führerscheine übermittelt die Fahrerlaubnisbehörde dem Hersteller die hierfür notwendigen Daten. ²Der Hersteller darf ausschließlich zum Nachweis des Verbleibs der Führerscheine alle Führerscheinnummern der hergestellten Führerscheine speichern. ³Die Speicherung der übrigen im Führerschein enthaltenen Angaben beim Hersteller ist unzulässig, soweit sie nicht ausschließlich und vorübergehend der Herstellung des Führerscheins dient; die Angaben sind anschließend zu löschen. ⁴Die Daten nach den Sätzen 1 und 2 dürfen nach näherer Bestimmung durch Rechtsverordnung gemäß § 63 Abs. 1 Nr. 1 an das Kraftfahrt-Bundesamt zur Speicherung im Zentralen Fahrerlaubnisregister übermittelt werden; sie sind dort spätestens nach Ablauf von zwölf Monaten zu löschen, sofern dem Amt die Erteilung oder Änderung der Fahrerlaubnis innerhalb dieser Frist nicht mitgeteilt wird; beim Hersteller sind die Daten nach der Übermittlung zu löschen. ⁵Vor Eingang der Mitteilung beim Kraftfahrt-Bundesamt über die Erteilung oder Änderung der Fahrerlaubnis darf das Amt über die Daten keine Auskunft erteilen.

Zweckbestimmung der Register

49 (1) Die örtlichen Fahrerlaubnisregister und das Zentrale Fahrerlaubnisregister werden geführt zur Speicherung von Daten, die erforderlich sind, um feststellen zu können, welche Fahrerlaubnisse und welche Führerscheine eine Person besitzt.

(2) Die örtlichen Fahrerlaubnisregister werden außerdem geführt zur Speicherung von Daten, die erforderlich sind
1. für die Beurteilung der Eignung und Befähigung von Personen zum Führen von Kraftfahrzeugen und
2. für die Prüfung der Berechtigung zum Führen von Fahrzeugen.

Inhalt der Fahrerlaubnisregister

50 (1) In den örtlichen Fahrerlaubnisregistern und im Zentralen Fahrerlaubnisregister werden gespeichert
1. Familiennamen, Geburtsnamen, sonstige frühere Namen, Vornamen, Ordens- oder Künstlername, Doktorgrad, Geschlecht, Tag und Ort der Geburt,
2. nach näherer Bestimmung durch Rechtsverordnung gemäß § 63 Abs. 1 Nr. 2 Daten über Erteilung und Registrierung (einschließlich des Umtausches oder der Registrierung einer deutschen Fahrerlaubnis im Ausland), Bestand, Art, Umfang, Gültigkeitsdauer, Verlängerung und Änderung der Fahrerlaubnis, Datum des Beginns und des Ablaufs der Probezeit, Nebenbestimmungen zur Fahrerlaubnis, über Führerscheine und deren Geltung einschließlich der Ausschreibung zur Sachfahndung, sonstige Berechtigungen, ein Kraftfahrzeug zu führen, sowie Hinweise auf Eintragungen im Verkehrszentralregister, die die Berechtigung zum Führen von Kraftfahrzeugen berühren.

Dauer

(2) In den örtlichen Fahrerlaubnisregistern dürfen außerdem gespeichert werden
1. die Anschrift des Betroffenen sowie
2. nach näherer Bestimmung durch Rechtsverordnung gemäß § 63 Abs. 1 Nr. 2 Daten über
   a) Versagung, Entziehung, Widerruf und Rücknahme der Fahrerlaubnis, Verzicht auf die Fahrerlaubnis, isolierte Sperren, Fahrverbote sowie die Beschlagnahme, Sicherstellung und Verwahrung von Führerscheinen sowie Maßnahmen nach § 2a Abs. 2 und § 4 Abs. 3,
   b) Verbote oder Beschränkungen, ein Fahrzeug zu führen.

Mitteilung an das Zentrale Fahrerlaubnisregister

51 Die Fahrerlaubnisbehörden teilen dem Kraftfahrt-Bundesamt unverzüglich die auf Grund des § 50 Abs. 1 zu speichernden oder zu einer Änderung oder Löschung einer Eintragung führenden Daten für das Zentrale Fahrerlaubnisregister mit.

Übermittlung

52 (1) Die in den Fahrerlaubnisregistern gespeicherten Daten dürfen an die Stellen, die
1. für die Verfolgung von Straftaten, zur Vollstreckung oder zum Vollzug von Strafen,
2. für die Verfolgung von Ordnungswidrigkeiten und die Vollstreckung von Bußgeldbescheiden und ihren Nebenfolgen nach diesem Gesetz oder
3. für Verwaltungsmaßnahmen auf Grund dieses Gesetzes oder der auf ihm beruhenden Rechtsvorschriften, soweit es um Fahrerlaubnisse, Führerscheine oder sonstige Berechtigungen, ein Fahrzeug zu führen, geht,

zuständig sind, übermittelt werden, soweit dies zur Erfüllung der diesen Stellen obliegenden Aufgaben und zu den in § 49 genannten Zwecken jeweils erforderlich ist.

(2) Die in den Fahrerlaubnisregistern gespeicherten Daten dürfen zu den in § 49 Abs. 1 und 2 Nr. 2 genannten Zwecken an die für Verkehrs- und Grenzkontrollen zuständigen Stellen übermittelt werden, soweit dies zur Erfüllung ihrer Aufgaben erforderlich ist.

(3) Das Kraftfahrt-Bundesamt hat entsprechend § 35 Abs. 6 Satz 1 und 2 Aufzeichnungen über die Übermittlungen nach den Absätzen 1 und 2 zu führen.

Abruf im automatisierten Verfahren

53 (1) Den Stellen, denen die Aufgaben nach § 52 obliegen, dürfen die hierfür jeweils erforderlichen Daten aus dem Zentralen Fahrerlaubnisregister und den örtlichen Fahrerlaubnisregistern zu den in § 49 genannten Zwecken durch Abruf im automatisierten Verfahren übermittelt werden.

(2) Die Einrichtung von Anlagen zum Abruf im automatisierten Verfahren ist nur zulässig, wenn nach näherer Bestimmung durch Rechtsverordnung gemäß § 63 Abs. 1 Nr. 4 gewährleistet ist, dass
1. dem jeweiligen Stand der Technik entsprechende Maßnahmen zur Sicherstellung von Datenschutz und Datensicherheit getroffen werden, die insbesondere die Vertraulichkeit und Unversehrtheit der Daten gewährleisten; bei der Nutzung allgemein zugänglicher Netze sind Verschlüsselungsverfahren anzuwenden und
2. die Zulässigkeit der Abrufe nach Maßgabe des Absatzes 3 kontrolliert werden kann.

(3) ¹Das Kraftfahrt-Bundesamt oder die Fahrerlaubnisbehörde als übermittelnde Stellen haben über die Abrufe Aufzeichnungen zu fertigen, die die bei der Durchführung der Abrufe verwendeten Daten, den Tag und die Uhrzeit der Abrufe, die Kennung der abrufenden Dienststelle und die abgerufenen Daten enthalten müssen. ²Die protokollierten Daten dürfen nur für Zwecke der Datenschutzkontrolle, der Datensicherung oder zur Sicherstellung eines ordnungsgemäßen Betriebs der Datenverarbeitungsanlage verwendet werden, es sei denn, es liegen Anhaltspunkte dafür vor, dass ohne ihre Verwendung die Verhinderung oder Verfolgung einer schwerwiegenden Straftat gegen Leib, Leben oder Freiheit einer Person aussichtslos oder wesentlich erschwert wäre. ³Die Protokolldaten sind durch geeignete Vorkehrungen gegen zweckfremde Verwendung und gegen sonstigen Missbrauch zu schützen und nach sechs Monaten zu löschen.

(4) ¹Bei Abrufen aus dem Zentralen Fahrerlaubnisregister sind vom Kraftfahrt-Bundesamt weitere Aufzeichnungen zu fertigen, die sich auf den Anlass des Abrufs erstrecken und die Feststellung der für den Abruf verantwortlichen Person ermöglichen. ²Das Nähere wird durch Rechtsverordnung (§ 63 Abs. 1 Nr. 4) bestimmt. ³Dies gilt entsprechend für Abrufe aus den örtlichen Fahrerlaubnisregistern.

(5) ¹Aus den örtlichen Fahrerlaubnisregistern ist die Übermittlung der Daten durch Einsichtnahme in das Register außerhalb der üblichen Dienstzeiten an die für den betreffenden Bezirk zuständige Polizeidienststelle zulässig, wenn
1. dies im Rahmen der in § 49 Abs. 1 und 2 Nr. 2 genannten Zwecke für die Erfüllung der Polizei obliegenden Aufgaben erforderlich ist und
2. ohne die sofortige Einsichtnahme die Erfüllung dieser Aufgaben gefährdet wäre.

²Die Polizeidienststelle hat die Tatsache der Einsichtnahme, deren Datum und Anlass sowie den Namen des Einsichtnehmenden aufzuzeichnen; die Aufzeichnungen sind für die Dauer eines Jahres aufzubewahren und nach Ablauf des betreffenden Kalenderjahres zu vernichten.

Automatisiertes Anfrage- und Auskunftsverfahren beim Kraftfahrt-Bundesamt

54 ¹Die Übermittlung der Daten aus dem Zentralen Fahrerlaubnisregister nach den §§ 52 und 55 darf nach näherer Bestimmung durch Rechtsverordnung gemäß § 63 Abs. 1 Nr. 5 auch in einem automatisierten Anfrage- und Auskunftsverfahren erfolgen. ²Für die Einrichtung und Durchführung des Verfahrens gilt § 30 b Abs. 1 Satz 2, Abs. 2 und 3 entsprechend.

Übermittlung von Daten an Stellen außerhalb des Geltungsbereiches dieses Gesetzes

55 (1) Die auf Grund des § 50 gespeicherten Daten dürfen von den Registerbehörden an die hierfür zuständigen Stellen anderer Staaten übermittelt werden, soweit dies
1. für Verwaltungsmaßnahmen auf dem Gebiet des Straßenverkehrs,
2. zur Verfolgung von Zuwiderhandlungen gegen Rechtsvorschriften auf dem Gebiet des Straßenverkehrs oder
3. zur Verfolgung von Straftaten, die im Zusammenhang mit dem Straßenverkehr oder sonst mit Kraftfahrzeugen oder Anhängern oder Fahrzeugpapieren, Fahrerlaubnissen oder Führerscheinen stehen,

erforderlich ist.

(2) Der Empfänger ist darauf hinzuweisen, dass die übermittelten Daten nur zu dem Zweck verarbeitet oder genutzt werden dürfen, zu dessen Erfüllung sie ihm übermittelt werden.

(3) Die Übermittlung unterbleibt, wenn durch sie schutzwürdige Interessen des Betroffenen beeinträchtigt würden, insbesondere wenn im Empfängerland ein angemessener Datenschutzstandard nicht gewährleistet ist.

Abruf im automatisierten Verfahren durch Stellen außerhalb des Geltungsbereiches dieses Gesetzes

56 (1) Durch Abruf im automatisierten Verfahren dürfen aus dem Zentralen Fahrerlaubnisregister für die in § 55 Abs. 1 genannten Maßnahmen an die hierfür zuständigen öffentlichen Stellen in einem Mitgliedstaat der Europäischen Union oder einem anderen Vertragsstaat des Abkommens über den Europäischen Wirtschaftsraum die zu deren Aufgabenerfüllung erforderlichen Daten nach näherer Bestimmung durch Rechtsverordnung gemäß § 63 Abs. 1 Nr. 6 übermittelt werden.

(2) ¹Der Abruf ist nur zulässig, soweit
1. diese Form der Datenübermittlung unter Berücksichtigung der schutzwürdigen Interessen der Betroffenen wegen der Vielzahl der Übermittlungen oder wegen ihrer besonderen Eilbedürftigkeit angemessen ist und
2. der Empfängerstaat die Richtlinie 95/46/EG des Europäischen Parlaments und des Rates vom 24. Oktober 1995 (ABl. EG Nr. L 281 S. 31) anwendet.

²§ 53 Abs. 2 und 3 sowie Abs. 4 wegen des Anlasses der Abrufe ist entsprechend anzuwenden.

Übermittlung und Nutzung von Daten für wissenschaftliche, statistische und gesetzgeberische Zwecke

57 Für die Übermittlung und Nutzung der nach § 50 gespeicherten Daten für wissenschaftliche Zwecke gilt § 38, für statistische Zwecke § 38a und für gesetzgeberische Zwecke § 38b jeweils entsprechend.

Auskunft über eigene Daten aus den Registern

58 ¹Einer Privatperson wird auf Antrag schriftlich über den sie betreffenden Inhalt des örtlichen oder des Zentralen Fahrerlaubnisregisters unentgeltlich Auskunft erteilt. ²Der Antragsteller hat dem Antrag einen Identitätsnachweis beizufügen.

Die **Unentgeltlichkeit** der Auskunft hängt nicht davon ab, dass diese ausschließlich privaten Zwecken dient; unentgeltlich ist daher zB auch eine im Rahmen der Umstellung einer alten FE auf die neue Klasseneinteilung benötigte Auskunft, VG Bra NZV **01** 191. **Identitätsnachweis**: amtliche Beglaubigung der Unterschrift, Personalausweis, Pass oder deren beglaubigte Ablichtung, behördlicher Dienstausweis (§ 64 I FeV). Bei Auskunft an beauftragten Rechtsanwalt ist Vorlage der Vollmacht oder einer beglaubigten Ausfertigung davon erforderlich (§ 64 II FeV).

Datenvergleich zur Beseitigung von Fehlern

59 (1) ¹Bei Zweifeln an der Identität einer eingetragenen Person mit der Person, auf die sich eine Mitteilung nach § 51 bezieht, dürfen die Datenbestände des Verkehrszentralregisters und des Zentralen Fahrzeugregisters zur Identifizierung dieser Personen genutzt werden. ²Ist die Feststellung der Identität der betreffenden Personen auf diese Weise nicht möglich, dürfen die auf Anfrage aus den Melderegistern übermittelten Daten zur Behebung der Zweifel genutzt werden. ³Die Zulässigkeit der Übermittlung durch die Meldebehörden richtet sich nach den Meldegesetzen der Länder. ⁴Können die Zweifel an der Identität der betreffenden Personen nicht ausgeräumt werden, werden die Eintragungen über beide Personen mit einem Hinweis auf die Zweifel an deren Identität versehen.

(2) Die regelmäßige Nutzung der auf Grund des § 28 Abs. 3 im Verkehrszentralregister gespeicherten Daten ist zulässig, um Fehler und Abweichungen bei den Personendaten sowie den Daten über Fahrerlaubnisse und Führerscheine der betreffenden Person im Zentralen Fahrerlaubnisregister festzustellen und zu beseitigen und um dieses Register zu vervollständigen.

(3) ¹Die nach § 50 Abs. 1 im Zentralen Fahrerlaubnisregister gespeicherten Daten dürfen den Fahrerlaubnisbehörden übermittelt werden, soweit dies erforderlich ist, um Fehler und Abweichungen in deren Registern festzustellen und zu beseitigen und um diese örtlichen Register zu vervollständigen. ²Die nach § 50 Abs. 1 im örtlichen Fahrerlaubnisregister gespeicherten Daten dürfen dem Kraftfahrt-Bundesamt übermittelt werden, soweit dies erforderlich ist, um Fehler und Abweichungen im Zentralen Fahrerlaubnisregister festzustellen und zu beseitigen und um dieses Register zu vervollständigen. ³Die Übermittlungen nach den Sätzen 1 und 2 sind nur zulässig, wenn Anlass zu der Annahme besteht, dass die Register unrichtig oder unvollständig sind.

Allgemeine Vorschriften für die Datenübermittlung, Verarbeitung und Nutzung der Daten durch den Empfänger

60 (1) ¹Übermittlungen von Daten aus den Fahrerlaubnisregistern sind nur auf Ersuchen zulässig, es sei denn, auf Grund besonderer Rechtsvorschrift wird bestimmt, dass die Registerbehörde bestimmte Daten von Amts wegen zu übermitteln hat. ²Die Verantwortung für die Zulässigkeit der Übermittlung trägt die übermittelnde Stelle. ³Erfolgt die Übermittlung auf Ersuchen des Empfängers, trägt dieser die Verantwortung. ⁴In diesem Fall prüft die übermittelnde Stelle nur, ob das Übermittlungsersuchen im Rahmen der Aufgaben des Empfängers liegt, es sei denn, dass besonderer Anlass zur Prüfung der Zulässigkeit der Übermittlung besteht.

(2) Für die Verarbeitung und Nutzung der Daten durch den Empfänger gilt § 43 Abs. 2.

Ermächtigungsgrundlagen, Ausführungsvorschriften §§ 61–63 StVG **1**

Löschung der Daten

61 (1) ¹Die auf Grund des § 50 im Zentralen Fahrerlaubnisregister gespeicherten Daten sind zu löschen, wenn
1. die zugrunde liegende Fahrerlaubnis erloschen ist, mit Ausnahme der nach § 50 Abs. 1 Nr. 1 gespeicherten Daten, der Klasse der erloschenen Fahrerlaubnis, des Datums ihrer Erteilung, des Datums ihres Erlöschens und der Fahrerlaubnisnummer oder
2. eine amtliche Mitteilung über den Tod des Betroffenen eingeht.

²Die Angaben zur Probezeit werden ein Jahr nach deren Ablauf gelöscht.

(2) Über die in Absatz 1 Satz 1 Nr. 1 genannten Daten darf nach dem Erlöschen der Fahrerlaubnis nur den Betroffenen Auskunft erteilt werden.

(3) ¹Soweit die örtlichen Fahrerlaubnisregister Entscheidungen enthalten, die auch im Verkehrszentralregister einzutragen sind, gilt für die Löschung § 29 entsprechend. ²Für die Löschung der übrigen Daten gilt Absatz 1.

Register über die Dienstfahrerlaubnisse der Bundeswehr

62 (1) ¹Die Zentrale Militärkraftfahrtstelle führt ein zentrales Register über die von den Dienststellen der Bundeswehr erteilten Dienstfahrerlaubnisse und ausgestellten Dienstführerscheine. ²In dem Register dürfen auch die Daten gespeichert werden, die in den örtlichen Fahrerlaubnisregistern gespeichert werden dürfen.

(2) Im Zentralen Fahrerlaubnisregister beim Kraftfahrt-Bundesamt werden nur die in § 50 Abs. 1 Nr. 1 genannten Daten, die Tatsache des Bestehens einer Dienstfahrerlaubnis mit der jeweiligen Klasse und das Datum von Beginn und Ablauf einer Probezeit sowie die Fahrerlaubnisnummer gespeichert.

(3) Die im zentralen Register der Zentralen Militärkraftfahrtstelle und die im Zentralen Fahrerlaubnisregister beim Kraftfahrt-Bundesamt gespeicherten Daten sind nach Ablauf eines Jahres seit Ende der Wehrpflicht des Betroffenen (§ 3 Abs. 3 und 4 des Wehrpflichtgesetzes) zu löschen.

(4) ¹Im Übrigen finden die Vorschriften dieses Abschnitts mit Ausnahme der §§ 53 und 56 sinngemäß Anwendung. ²Durch Rechtsverordnung gemäß § 63 Abs. 1 Nr. 9 können Abweichungen von den Vorschriften dieses Abschnitts zugelassen werden, soweit dies zur Erfüllung der hoheitlichen Aufgaben erforderlich ist.

Ermächtigungsgrundlagen, Ausführungsvorschriften

63 Das Bundesministerium für Verkehr, Bau und Stadtentwicklung wird ermächtigt, Rechtsverordnungen mit Zustimmung des Bundesrates zu erlassen
1. über die Übermittlung der Daten durch den Hersteller von Führerscheinen an das Kraftfahrt-Bundesamt und die dortige Speicherung nach § 48 Abs. 3 Satz 4,
2. darüber, welche Daten nach § 50 Abs. 1 Nr. 2 und Abs. 2 Nr. 2 im örtlichen und im Zentralen Fahrerlaubnisregister jeweils gespeichert werden dürfen,
3. über die Art und den Umfang der zu übermittelnden Daten nach den §§ 52 und 55 sowie die Bestimmung der Empfänger und den Geschäftsweg bei Übermittlungen nach § 55,
4. über die Art und den Umfang der zu übermittelnden Daten, die Maßnahmen zur Sicherung gegen Missbrauch und die weiteren Aufzeichnungen beim Abruf im automatisierten Verfahren nach § 53,
5. über die Art und den Umfang der zu übermittelnden Daten und die Maßnahmen zur Sicherung gegen Missbrauch nach § 54,
6. darüber, welche Daten durch Abruf im automatisierten Verfahren nach § 56 übermittelt werden dürfen,
7. über die Bestimmung, welche ausländischen öffentlichen Stellen zum Abruf im automatisierten Verfahren nach § 56 befugt sind,
8. über den Identitätsnachweis bei Auskünften nach § 58 und
9. über Sonderbestimmungen für die Fahrerlaubnisregister der Bundeswehr nach § 62 Abs. 4 Satz 2.

Begr z ÄndG v 14. 8. 06 (BRDrucks 259/06, S 25) **Zur Aufhebung von Absatz 2:** *Die Ermächtigungen zum Erlass Allgemeiner Verwaltungsvorschriften nach § 47 Abs. 2 und § 63 Abs. 2*

Dauer

1 StVG § 64   VII. Gemeinsame Vorschriften, Übergangsbestimmungen

werden aufgehoben. Nach der jüngeren Rechtsprechung des BVerfG (Beschluss vom 2. März 1999 – 2 BvF 1/94 –) können wegen Artikel 84 Abs. 2 GG Allgemeine Verwaltungsvorschriften in Angelegenheiten der Landeseigenverwaltung nur von der Bundesregierung erlassen werden; einer besonderen gesetzlichen Ermächtigung bedarf es dann nicht.

VII. Gemeinsame Vorschriften, Übergangsbestimmungen

Gemeinsame Vorschriften

64 ¹Die Meldebehörden haben dem Kraftfahrt-Bundesamt bei der Änderung des Geburtsnamens oder des Vornamens einer Person, die das 14. Lebensjahr vollendet hat, für den in Satz 2 genannten Zweck neben dem bisherigen Namen folgende weitere Daten zu übermitteln:

1. Geburtsname,
2. Familienname,
3. Vornamen,
4. Tag der Geburt,
5. Geburtsort,
6. Geschlecht,
7. Bezeichnung der Behörde, die die Namensänderung im Melderegister veranlasst hat, sowie
8. Datum und Aktenzeichen des zugrunde liegenden Rechtsakts.

²Enthält das Verkehrszentralregister oder das Zentrale Fahrerlaubnisregister eine Eintragung über diese Person, so ist der neue Name bei der Eintragung zu vermerken. ³Eine Mitteilung nach Satz 1 darf nur für den in Satz 2 genannten Zweck verwendet werden. ⁴Enthalten die Register keine Eintragung über diese Person, ist die Mitteilung vom Kraftfahrt-Bundesamt unverzüglich zu vernichten.

Begr (BRDrucks 821/96 S 87): *Die im Verkehrszentralregister und im Zentralen Fahrerlaubnisregister über eine bestimmte Person enthaltenen Eintragungen können nur aufgefunden werden, wenn die bei der Suche verwendeten Merkmale ... Vorname und Geburtsname mit den im Register eingetragenen Merkmalen übereinstimmen. Ändert sich der Name, so kann eine Suche mit dem neuen Namen nur dann dazu führen, dass über diese Person im Register enthaltene Eintragungen aufgefunden werden, wenn der neue Name bereits im Register vermerkt ist. Um die Erteilung zutreffender Auskünfte aus dem Register zu gewährleisten, ist deshalb die Unterrichtung des KBA von einer Namensänderung auf Grund einer gerichtlichen Entscheidung, der Entscheidung einer deutschen Verwaltungsbehörde oder einer gegenüber der zuständigen Behörde abgegebenen Erklärung vorgesehen. Die Mitteilungen können nicht auf Personen beschränkt werden, über die das Register eine Eintragung enthält, da dies den entscheidenden Behörden in der Regel nicht bekannt ist. Allerdings gilt die Regelung nur für Personen, die das 14. Lebensjahr vollendet haben. Entscheidungen, die Personen unter 14 Jahren betreffen, dürfte das Register nur in äußerst seltenen, zu vernachlässigenden Fällen enthalten, da die Schuldfähigkeit bzw. Verantwortlichkeit nach § 19 StGB und § 12 OWiG erst mit dem vollendeten 14. Lebensjahr einsetzt, vorher also keine Entscheidungen wegen Straftaten und Ordnungswidrigkeiten ergehen können; außerdem dürfen Kraftfahrzeuge erst ab dem 15. Lebensjahr geführt werden, so dass Verwaltungsentscheidungen ebenfalls kaum früher zu erwarten sind. Das KBA darf die Mitteilungen nur zur Aktualisierung der Personendaten von im Verkehrszentralregister und im Zentralen Fahrerlaubnisregister eingetragenen Personen verwenden. Mitteilungen über nicht eingetragene Personen hat das KBA unverzüglich zu vernichten.*

...

Begr zum ÄndG v 11. 9. 2002 (BTDrucks 14/8766 S 60): *... Für das Verkehrszentralregister erfolgt die Namenssuche und die Identifizierung der eingetragenen Personen grundsätzlich über den Geburtsnamen und das Geburtsdatum. Die Änderung beschränkt deshalb die Übermittlung der Meldebehörden auf die Änderung des Geburtsnamens (z. B. Adoption) und die Änderung des Vornamens, d. h. auf die Fälle, die wesentliche Suchkriterien in den Registern sind. Damit wird sichergestellt, dass auch bei Nichtvorliegen des Führerscheins anhand der Eintragungen im Personaldokument eine Abfrage erfolgen kann. Die Änderungen beschränken die Mitteilungen der Meldebehörden auf das erforderliche Maß, ohne die Auskunftsfähigkeit des Registers zu beeinträchtigen.*

Übergangsbestimmungen § 65 StVG 1

Übergangsbestimmungen

65 (1) ¹Registerauskünfte, Führungszeugnisse, Gutachten und Gesundheitszeugnisse, die sich am 1. Januar 1999 bereits in den Akten befinden, brauchen abweichend von § 2 Abs. 9 Satz 2 bis 4 erst dann vernichtet zu werden, wenn sich die Fahrerlaubnisbehörde aus anderem Anlass mit dem Vorgang befasst. ²Eine Überprüfung der Akten muss jedoch spätestens bis zum 1. Januar 2014 durchgeführt werden. ³Anstelle einer Vernichtung der Unterlagen sind die darin enthaltenen Daten zu sperren, wenn die Vernichtung wegen der besonderen Art der Führung der Akten nicht oder nur mit unverhältnismäßigem Aufwand möglich ist.

(2) ¹Sind Straftaten oder Ordnungswidrigkeiten vor dem 1. Januar 1999 begangen worden, richten sich die Maßnahmen nach den Regelungen über die Fahrerlaubnis auf Probe nach § 2 a in der vor dem 1. Januar 1999 geltenden Fassung. ²Treten Straftaten und Ordnungswidrigkeiten hinzu, die ab 1. Januar 1999 begangen worden sind, richten sich die Maßnahmen insgesamt nach § 2 a in der ab 1. Januar 1999 geltenden Fassung.

(3) Die vor dem 1. Januar 1999 auf Grund von § 2 c vom Kraftfahrt-Bundesamt gespeicherten Daten sind in das Zentrale Fahrerlaubnisregister zu übernehmen.

(4) ¹Sind Straftaten oder Ordnungswidrigkeiten vor dem 1. Januar 1999 begangen worden, richten sich die Maßnahmen nach dem Punktsystem in der Fassung der Allgemeinen Verwaltungsvorschrift zu § 15 b der Straßenverkehrs-Zulassungs-Ordnung. ²Treten Straftaten und Ordnungswidrigkeiten hinzu, die ab 1. Januar 1999 begangen worden sind, richten sich die Maßnahmen nach dem Punktsystem des § 4; dabei werden gleichgestellt:
1. den Maßnahmen nach § 4 Abs. 3 Satz 1 Nr. 1 die Maßnahmen nach § 3 Nr. 1 der Allgemeinen Verwaltungsvorschrift zu § 15 b der Straßenverkehrs-Zulassungs-Ordnung,
2. den Maßnahmen nach § 4 Abs. 3 Satz 1 Nr. 2 (Anordnung eines Aufbauseminars oder Erteilung einer Verwarnung)
   a) die Begutachtung durch einen amtlich anerkannten Sachverständigen oder Prüfer für den Kraftfahrzeugverkehr nach § 3 Nr. 2 der Allgemeinen Verwaltungsvorschrift zu § 15 b der Straßenverkehrs-Zulassungs-Ordnung,
   b) Nachschulungskurse, die von der Fahrerlaubnisbehörde als Alternative zur Begutachtung durch einen amtlich anerkannten Sachverständigen oder Prüfer für den Kraftfahrzeugverkehr nach § 3 Nr. 2 der Allgemeinen Verwaltungsvorschrift zu § 15 b der Straßenverkehrs-Zulassungs-Ordnung zugelassen wurden.

³Der Hinweis auf die verkehrspsychologische Beratung sowie die Unterrichtung über den drohenden Entzug der Fahrerlaubnis nach § 4 Abs. 3 Satz 1 Nr. 2 Satz 3 bleibt unberührt.

(5) Anerkennungen nach § 4 Abs. 9 Satz 6 können unter den dort genannten Voraussetzungen ab dem 1. Mai 1998 vorgenommen werden.

(6) Soweit Entscheidungen in das Verkehrszentralregister nach § 28 in der vor dem 1. Januar 1999 geltenden Fassung nicht einzutragen waren, werden solche Entscheidungen ab 1. Januar 1999 nur eingetragen, wenn die zugrunde liegenden Taten ab 1. Januar 1999 begangen wurden.

(7) Soweit Widerrufe oder Rücknahmen nach § 28 Abs. 3 Nr. 6 in das Verkehrszentralregister einzutragen sind, werden nur solche berücksichtigt, die nach dem 1. Januar 1999 unanfechtbar oder sofort vollziehbar geworden sind.

(8) Eintragungen nach § 28 Abs. 3 Nr. 12 sind nicht vorzunehmen, wenn das Aufbauseminar vor dem 1. Januar 1999 abgeschlossen worden ist.

(9) ¹Entscheidungen, die vor dem 1. Januar 1999 im Verkehrszentralregister eingetragen worden sind, werden bis 1. Januar 2004 nach den Bestimmungen des § 29 in der bis zum 1. Januar 1999 geltenden Fassung in Verbindung mit § 13 a der Straßenverkehrs-Zulassungs-Ordnung getilgt; die Entscheidungen dürfen nach § 52 Abs. 2 des Bundeszentralregistergesetzes in der bis zum 31. Dezember 1998 geltenden Fassung verwertet werden, jedoch längstens bis zu dem Tag, der einer zehnjährigen Tilgungsfrist entspricht. ²Abweichend hiervon gilt § 29 Abs. 7 in der Fassung dieses Gesetzes auch für Entscheidungen, die bei Inkrafttreten dieses Gesetzes bereits im Verkehrszentralregister eingetragen waren.

(10) ¹Ein örtliches Fahrerlaubnisregister (§ 48 Abs. 1) darf nicht mehr geführt werden, sobald
1. sein Datenbestand mit den in § 50 Abs. 1 genannten Daten in das Zentrale Fahrerlaubnisregister übernommen worden ist,
2. die getroffenen Maßnahmen der Fahrerlaubnisbehörde nach § 2 a Abs. 2 und § 4 Abs. 3 in das Verkehrszentralregister übernommen worden sind und

Dauer

3. der Fahrerlaubnisbehörde die Daten, die ihr nach § 30 Abs. 1 Nr. 3 und § 52 Abs. 1 Nr. 3 aus den zentralen Registern mitgeteilt werden dürfen, durch Abruf im automatisierten Verfahren mitgeteilt werden können.

²Örtliche Fahrerlaubnisregister dürfen bezüglich der im Zentralen Fahrerlaubnisregister erfassten Daten noch bis spätestens 31. Dezember 2006 geführt werden. ³Maßnahmen der Fahrerlaubnisbehörde nach § 2a Abs. 2 Satz 1 Nr. 1 und 2 und § 4 Abs. 3 Satz 1 Nr. 1 und 2 werden erst dann im Verkehrszentralregister gespeichert, wenn eine Speicherung im örtlichen Fahrerlaubnisregister nicht mehr vorgenommen wird.

(11) Bis zum Erlass einer Rechtsverordnung nach § 26a Abs. 1 Nr. 1 ist die Allgemeine Verwaltungsvorschrift für die Erteilung einer Verwarnung bei Straßenverkehrsordnungswidrigkeiten vom 28. Februar 2000 (BAnz. S. 3048), auch soweit sie nach Artikel 84 Abs. 2 des Grundgesetzes geändert wird, weiter anzuwenden.

(12) ¹§ 6e Abs. 1 und 2 sowie die auf Grund dieser Vorschriften erlassenen Rechtsverordnungen sind mit Ablauf des 31. Dezember 2010 nicht mehr anzuwenden. ²Eine bis zu dem in Satz 1 genannten Zeitpunkt erteilte Fahrerlaubnis behält ihre Gültigkeit; auf diese sind die zum Zeitpunkt ihrer Erteilung geltenden Vorschriften weiter anzuwenden.

Begr (BRDrucks 821/96 S 87): *§ 65 enthält die notwendigen Übergangsbestimmungen. Sie sind notwendig, soweit altes Recht durch neues ersetzt wird. Besonders hinzuweisen ist auf folgende Bestimmungen:*

Zu Absatz 1
Registerauskünfte etc., die sich in den Akten befinden, müssen künftig aus Datenschutzgründen in der Regel nach zehn Jahren vernichtet bzw. die darin enthaltenen Daten gesperrt werden. Für die Zukunft können die Fahrerlaubnisbehörden die Arbeitsabläufe so organisieren, dass der damit verbundene Aufwand hinnehmbar ist. In der Vergangenheit wurde dieser Aspekt bei der Aktenführung nicht berücksichtigt. Für eine kurzfristige Durchsicht der vorhandenen Aktenbestände auf zu vernichtende Unterlagen bzw. auf zu sperrende Daten fehlt es den Fahrerlaubnisbehörden an Personal. Die Unterlagen brauchen daher in diesem Fall erst vernichtet bzw. gesperrt zu werden, wenn sich die Fahrerlaubnisbehörde ohnehin aus anderem Anlass mit dem Vorgang befasst, spätestens aber innerhalb von 15 Jahren nach Inkrafttreten des Gesetzes.

Unter **Absatz 6** *fallen insbesondere Entscheidungen nach § 94 StPO (§ 28 Abs. 3 Nr. 9) und Entscheidungen ausländischer Stellen, die Inhaber deutscher Fahrerlaubnisse betreffen (§ 28 Abs. 3 Nr. 10).*

Nach **Absatz 9** *ist die neue Regelung der Tilgungsfristen bis zum Ablauf von fünf Jahren nach Inkrafttreten des Gesetzes nur auf Entscheidungen anzuwenden, die nach dem Inkrafttreten dieses Gesetzes eingetragen worden sind. Dies gilt auch für solche Fälle, in denen die neue Regelung kürzere Tilgungsfristen enthält. Dies ist nur bei Straftaten mit Freiheitsstrafe von mehr als drei Monaten, in denen keine Entziehung der Fahrerlaubnis angeordnet wurde, der Fall. Eine Anwendung des neuen, günstigeren Rechts auch auf solche bereits eingetragenen Entscheidungen würde zu einem unverhältnismäßig großen Verwaltungsaufwand führen. Für die Umstellung, die nur einen sehr geringen Anteil der Eintragungen betrifft, würden 14 zusätzliche Mitarbeiter benötigt, da hierzu eine Überprüfung des gesamten Bestandes der Eintragungen erforderlich wäre. Die Fortgeltung der alten Tilgungsbestimmungen für Eintragungen aus der Zeit vor Inkrafttreten des Gesetzes ist ebenfalls aus Kostengründen auf fünf Jahre beschränkt worden.*

Absatz 10 *bestimmt, dass nach dem vollständigen Aufbau des Zentralen Fahrerlaubnisregisters und der Übernahme der Maßnahmen der Fahrerlaubnisbehörde nach § 2a Abs. 2 § 4 Abs. 3 sowie der online-Verbindung der Fahrerlaubnisbehörden mit den zentralen Registern die örtlichen Fahrerlaubnisregister nicht mehr geführt werden, da sie dann entbehrlich sind. Damit wird eine nur einmalige Datenspeicherung gewährleistet (Datenschutz). Außerdem wird dadurch eine Aufwandsreduzierung bei den örtlichen Fahrerlaubnisbehörden erreicht.*

Unerlässliche Voraussetzungen sind, dass
— *die betreffenden Daten vollständig in das Zentrale Fahrerlaubnisregister und das Verkehrszentralregister übernommen sind und*
— *für die örtliche Fahrerlaubnisbehörde die Möglichkeit des Abrufs im automatisierten Verfahren aus dem Zentralen Fahrerlaubnisregister und dem Verkehrszentralregister besteht.*

…

Begr zum ÄndG v 19. 3. 01 (BTDrucks 14/4304 S 13): **Zu Abs 4:** *Mit der Ergänzung wird deshalb klargestellt, dass bei Anwendung des § 4 auch die Maßnahmen einbezogen bzw. gleichgestellt werden, die gegen den Betroffenen bereits auf Grund der Regelungen des bisherigen Punktsystems nach der Allgemeinen Verwaltungsvorschrift zu § 15b Straßenverkehrs-Zulassungs-Ordnung ergriffen wurden. Dabei sind die Begutachtung der Kenntnisse von Verkehrsvorschriften mit der ggf. erforderlichen Fahrprobe und* eine alternativ angebotene Nachschulungsmaßnahme dem neuen Aufbauseminar nach § 4 Abs. 8 gleichgestellt worden.

Die bisher gegen die Betroffenen nach altem Recht bereits ergriffenen Maßnahmen im Zuge des neuen Punktsystems nicht zu berücksichtigen und ihnen damit die Möglichkeit der Rückstufung zu ermöglichen, würde zu einer erheblichen Nichtberücksichtigung von Punkten führen. Dieses Ergebnis ist nicht gewollt und auch sachlich nicht gerechtfertigt, zumal es sich um einen Personenkreis handelt, der bisher in erheblichem Maße Verkehrsvorschriften nicht beachtet hat.

Zu Abs 9: Die übergangsweise Beibehaltung der kurzen Frist von fünf Jahren einerseits, das Abschneiden der Verwertungsvorschrift des § 52 Abs. 2 Bundeszentralregistergesetz nach dem 31. Dezember 1998 andererseits, führt in der Praxis jedoch zu großen Unzuträglichkeiten und Ungerechtigkeiten. Die Fahrerlaubnisbehörden sind gerade im für die Verkehrssicherheit sehr sensiblen Alkoholbereich gehindert, wie in der Vergangenheit die strafgerichtlichen Entscheidungen über die fünfjährige Tilgungsfrist hinaus zu verwerten. Diese Lücke ist dadurch zu schließen, dass für die bis Ende 1998 im VZR eingetragenen Straftaten nicht nur die alten Tilgungsfristen, sondern auch die alte Verwertungsvorschrift des § 52 Abs. 2 Bundeszentralregistergesetz weiter angewendet werden kann, allerdings bis maximal zehn Jahre. Mit der Befristung auf zehn Jahre ist auch der Gleichstand mit der ab 1. Januar 1999 geltenden Neuregelung hergestellt, die generell eine Tilgungsfrist (und damit auch insoweit eine Verwertung) bis zehn Jahre vorsieht.

Begr zum ÄndG v 3. 5. 05 (VkBl **05** 438) **Zu Abs. 10 Satz 2:** Die bisher vorgesehene Frist für den Wegfall der örtlichen Fahrerlaubnisregister hat sich aus technischen und organisatorischen Gründen als zu kurz erwiesen, da insbesondere für die Online-Verbindung der Fahrerlaubnisbehörden mit den zentralen Registern zahlreiche technische Probleme gelöst werden müssen, insbesondere auch bei jeder Fahrerlaubnisbehörde die dafür notwendigen technischen Voraussetzungen geschaffen werden müssen. ... wird eine Doppelspeicherung von Daten nach Ablauf der Frist ausgeschlossen.

Ein Zwangsumtausch sämtlicher noch im Umlauf befindlicher Führerscheine, die vor dem 1. Januar 1999 ausgestellt wurden, würde derzeit auf Grund der Tatsache, dass die Mehrzahl der Bürger noch im Besitz eines „alten" Führerscheines ist, zu großen organisatorischen Problemen bei den Fahrerlaubnisbehörden führen. Daher werden die bei den Fahrerlaubnisbehörden vorhandenen Daten bezüglich dieser Führerscheine nach Ablauf der Übergangsfristen weitergeführt und sobald die Erteilung eines EU-Kartenführerscheines erfolgt nach entsprechender Mitteilung an das Zentrale Fahrerlaubnisregister und gegebenenfalls an das Verkehrszentralregister gelöscht.

Begr zum ÄndG v 14. 8. 05: (VkBl **05** 692): **Zu Abs 12:** § 6e und die darauf beruhende Verordnung werden bis zum 31. Dezember 2010 angewandt, da es sich um einen Modellversuch handeln soll. Über eine Verlängerung und gegebenenfalls dauerhafte Beibehaltung sollte nach wissenschaftlicher Evaluation des Modellversuchs entschieden werden.

Begründung
des Bundesverkehrsministers zur
Straßenverkehrsordnung

(VkBl 70 797)

I. Entstehungsgeschichte: 21. Aufl.   **1–10**

II. Leitgedanken

1. Der Gegenstand ...

2. Der Inhalt

a) Unfallträchtige Verstöße

Dem Verkehrstod gilt es zu begegnen. Die wenigen Hauptregeln, deren Verletzung die Überzahl der **11** Unfälle herbeiführt, sind bereits oben erwähnt. Sie müssen klar herausgestellt werden. Erst wenn man dem Verkehrsteilnehmer im Einzelnen sagt, wie er sich in solchen Verkehrslagen und bei solchen Fahrmanövern zu verhalten hat und worauf er dabei zu achten hat, entbindet man ihn von gefährlichem „*Problemfahren*"; erst solche Konkretisierung schafft auch die notwendige Grundlage für die dringend notwendige, nachdrückliche Bekämpfung dieser unfallträchtigen Verkehrsverstöße, schon ehe etwas „*passiert*" ist.

... (30. Aufl.)

Es muss schon dann eingeschritten werden können, wenn ein Verhalten nur abstrakt gefährlich ist. Durch **12** Ausweitung des § 1 auf abstrakt gefährliches Verhalten abzuhelfen, verbieten schon rechtsstaatliche Gründe. Dies würde aber auch faktisch wenig nützen. Denn der § 1 taugte nicht einmal in seinem beschränkten Rahmen zur Bekämpfung von Verstößen ohne Schadensfolgen. Will man Ernst mit dem dringenden Anliegen machen, die Bekämpfung der Unfallgefahren sogar vorzuverlegen und schon abstrakt gefährliches Fehlverhalten in breiter Front zu verhindern, so muss die StVO nicht bloß aus rechtlichen Gründen durch die Schaffung weiterer Gebots- und Verbotstatbestände ergänzt werden; diese müssen besonders unfallträchtiges Fehlverhalten fest umreißen und dürfen eine konkrete Gefährdung oder Behinderung nicht voraussetzen. Allerdings muss die Normierung ins einzelne gehender Verkehrsvorschriften aus alsbald zu erörternden Gründen auf solche Fälle beschränkt bleiben.

b) Sonstige Verkehrsregeln

Das Wesen des Verkehrs selbst ist es, das dem Verkehrsgesetzgeber im übrigen Zurückhaltung beim Er- **13** lass von Verkehrsregeln auferlegt. Man muss sich vor Augen halten, dass Normen auf keinem anderen Gebiet in das Leben selbst so unmittelbar eingreifen wie Verkehrsvorschriften. Es ist ein Irrtum, zu glauben, dass es dem Gesetzgeber auf diesem Gebiet frei stünde, zu reglementieren, was ihn am grünen Tisch zweckmäßig dünkt. Schon ungewohnte Verhaltensweisen ließe sich der Verkehr allenfalls widerwillig aufzwingen, Verhaltensvorschriften, die ihm zu viel zumuten, würde er nicht respektieren. Der Verkehr hilft sich am besten selbst. Er schafft sich seine eigenen „*Gesetze*". Dabei sind auch diese „*Gesetze*" nicht selten ständigem Wandel unterworfen. Der Gesetzgeber darf daher Verkehrsregeln grundsätzlich nur dann und erst dann festlegen, wenn sie bereits allgemein praktiziert werden und im Verkehr solche Anerkennung gefunden haben, dass jeder, der sich nicht an sie hält, allgemein als Störenfried empfunden wird. Eine Ausnahme gilt nur für international vereinbarte Regeln. Sie zu lernen und zu beachten kann und muss den Verkehrsteilnehmern auch in unserem Lande zugemutet werden, es sei denn, sie seien wegen der besonderen Verkehrsverhältnisse bei uns unpraktikabel, wie einige international vereinbarte Park- oder Haltverbote (vgl. zu § 12 und zu Zeichen 295).

Wie der Verkehrsteilnehmer sich zu verhalten hat, könnte ihm zudem der Gesetzgeber gar nicht für jeden einzelnen Fall sagen. Dazu ist das Verkehrsgeschehen viel zu vielfältig. Aber selbst wenn der Gesetzgeber all das reglementieren wollte, was sich allenfalls noch reglementieren ließe, entstünde ein unübersehbares Gestrüpp von Verkehrsregeln, das kein Verkehrsteilnehmer im Gedächtnis behalten könnte, so dass ihm im entscheidenden Augenblick die ausdrückliche Normierung doch nicht hülfe. Das Hauptanliegen der Verordnung ist es, wie schon gesagt, strenge Regeln für besonders unfallträchtige Fahrmanöver und Verkehrslagen aufzustellen. Sie gilt es daher klar herauszustellen.

14 Dazu kommt, dass der Gesetzgeber, der den Straßenverkehr regeln will, mannigfachen Motiven Rechnung tragen muss. Im Straßenverkehr genügt es eben nicht, darauf bedacht zu sein, dass kein anderer an Leib, Leben oder Eigentum Schaden nimmt. Dem Verkehrsteilnehmer muss auch die vermeidbare Behinderung anderer untersagt werden. Ohne dieses Verbot wäre der moderne Verkehr nicht mehr denkbar .... Im Straßenverkehr ist anständiges Verhalten schon seit Jahrzehnten von der Öffentlichkeit anerkannte rechtliche Pflicht. Und das muss so bleiben.

15 Eine besonders lästige Verkehrsbehinderung ist deshalb in § 11 „Besondere Verkehrslagen" nur kurz normiert. Im Übrigen beschränkt sich die Verordnung auf das Verbot konkreten Schädigens und Gefährdens sowie konkreten und unnötigen Behinderns und Belästigens in § 1 Abs. 2. Das ist eine alte deutsche Verkehrsrechtstechnik. Eine entsprechende Formel findet sich auch im Weltabkommen über den Straßenverkehr.

16 Dieselben Gründe, die den Verkehrsgesetzgeber zur Zurückhaltung beim Erlass von Vorschriften zwingen, nötigen ihn mehr als andere Gesetzgeber dazu, sich immer wieder unbestimmter Rechtsbegriffe zu bedienen. Man muss des Öfteren dehnbare Begriffe verwenden, die deutlich genug machen, worauf es ankommt, die aber zum anderen der Vielfalt des Lebens gerecht werden. Begriffe wie „wenn die Verkehrsdichte das rechtfertigt" (§ 2 Abs. 2), „wenn die Verkehrslage es erfordert" (§ 11 Abs. 2, § 25 Abs. 1 und 3), „wenn nötig" (§ 9 Abs. 3, § 17 Abs. 2, § 20 Abs. 2, § 26 Abs. 1), um nur einige Beispiele zu nennen, sind unentbehrlich, wie bei den einzelnen Paragraphen zu zeigen sein wird. Dabei wurde der Begriff „wenn nötig" überall da, wo es möglich war, durch Hinweis auf eine Gesetzesbestimmung konkretisiert (§ 22 Abs. 4 und 5, § 27 Abs. 4, § 32 Abs. 1).

17–21 *3. Die Darstellung:* 21. Aufl.

4. Der Aufbau

22–27 Der Aufbau muss nicht bloß das systematische Lesen erleichtern, sondern auch so übersichtlich sein, dass der Leser ohne weiteres das findet, was er gerade sucht. Beiden Erfordernissen kann weitgehend schon dadurch genügt werden, dass das Thema jedes einzelnen Paragraphen in einer knappen und klaren Überschrift mitgeteilt wird. Die der alten StVO bereits beigegebene Inhaltsübersicht ist zudem beibehalten. ... (21. u. 30. Aufl).

2. Straßenverkehrsordnung (StVO)*

Vom 16. November 1970
(BGBl. I 1565), zuletzt geändert durch VO vom 28. November 2007 (BGBl. I 2774)

Inhaltsübersicht

I. Allgemeine Verkehrsregeln

- § 1 Grundregeln
- § 2 Straßenbenutzung durch Fahrzeuge
- § 3 Geschwindigkeit
- § 4 Abstand
- § 5 Überholen
- § 6 Vorbeifahren
- § 7 Benutzung von Fahrstreifen durch Kraftfahrzeuge
- § 8 Vorfahrt
- § 9 Abbiegen, Wenden und Rückwärtsfahren
- § 9a Kreisverkehr
- § 10 Einfahren und Anfahren
- § 11 Besondere Verkehrslagen
- § 12 Halten und Parken
- § 13 Einrichtungen zur Überwachung der Parkzeit
- § 14 Sorgfaltspflichten beim Ein- und Aussteigen
- § 15 Liegenbleiben von Fahrzeugen
- § 15a Abschleppen von Fahrzeugen
- § 16 Warnzeichen
- § 17 Beleuchtung
- § 18 Autobahnen und Kraftfahrstraßen
- § 19 Bahnübergänge
- § 20 Öffentliche Verkehrsmittel und Schulbusse
- § 21 Personenbeförderung
- § 21a Sicherheitsgurte, Schutzhelme
- § 22 Ladung
- § 23 Sonstige Pflichten des Fahrzeugführers
- § 24 Besondere Fortbewegungsmittel
- § 25 Fußgänger
- § 26 Fußgängerüberwege
- § 27 Verbände
- § 28 Tiere
- § 29 Übermäßige Straßenbenutzung
- § 30 Umweltschutz und Sonntagsfahrverbot
- § 31 Sport und Spiel
- § 32 Verkehrshindernisse
- § 33 Verkehrsbeeinträchtigungen
- § 34 Unfall
- § 35 Sonderrechte

II. Zeichen und Verkehrseinrichtungen

- § 36 Sonderzeichen und Weisungen der Polizeibeamten
- § 37 Wechsellichtzeichen, Dauerlichtzeichen und Grünpfeil
- § 38 Blaues Blinklicht und gelbes Blinklicht
- § 39 Verkehrszeichen
- § 40 Gefahrzeichen
- § 41 Vorschriftzeichen
- § 42 Richtzeichen
- § 43 Verkehrseinrichtungen

III. Durchführungs-, Bußgeld- und Schlußvorschriften

- § 44 Sachliche Zuständigkeit
- § 45 Verkehrszeichen und Verkehrseinrichtungen
- § 46 Ausnahmegenehmigung und Erlaubnis
- § 47 Örtliche Zuständigkeit
- § 48 Verkehrsunterricht
- § 49 Ordnungswidrigkeiten
- § 50 Sonderregelung für die Insel Helgoland
- § 51 Besondere Kostenregelung
- § 52 Entgelt für die Benutzung tatsächlich-öffentlicher Verkehrsflächen
- § 53 Inkrafttreten

Auf Grund des § 6 Abs. 1 des Straßenverkehrsgesetzes in der Fassung der Bekanntmachung vom 19. Dezember 1952 (Bundesgesetzbl. I S. 837), zuletzt geändert durch Artikel 23 des Kostenermächtigungs-Änderungsgesetzes vom 23. Juni 1970 (Bundesgesetzbl. I S. 805), wird mit Zustimmung des Bundesrates verordnet:

I. Allgemeine Verkehrsregeln

Grundregeln

1 (1) **Die Teilnahme am Straßenverkehr erfordert ständige Vorsicht und gegenseitige Rücksicht.**

(2) **Jeder Verkehrsteilnehmer hat sich so zu verhalten, daß kein Anderer geschädigt, gefährdet oder mehr, als nach den Umständen unvermeidbar, behindert oder belästigt wird.**

---

* Die Paragraphenüberschriften sind amtlich.

Allgemeine Verwaltungsvorschrift zur Straßenverkehrsordnung (VwV-StVO)

Vom 22. 10. 1998
(BAnz **99** Nr 246b = VkBl **99** 290, **01** 1419 = VkBl **01** 276)
Zuletzt geänd.: 20. 3. 2008 (BAnz 1106)

Nach § 6 Abs. 1 des Straßenverkehrsgesetzes in der Fassung der Bekanntmachung vom 19. Dezember 1952 (Bundesgesetzbl. I S. 837), zuletzt geändert durch Artikel 23 des Kostenermächtigungs-Änderungsgesetzes vom 23. Juni 1970 (Bundesgesetzbl. I S. 805), wird mit Zustimmung des Bundesrates folgende Allgemeine Verwaltungsvorschrift erlassen:

Abschnitt A

Vwv zu § 1 Grundregeln

1	1	I. Die Straßenverkehrs-Ordnung (StVO) regelt und lenkt den öffentlichen Verkehr.
2	2	II. Öffentlicher Verkehr findet auch auf nicht gewidmeten Straßen statt, wenn diese mit Zustimmung oder unter Duldung des Verfügungsberechtigten tatsächlich allgemein benutzt werden. Dagegen ist der Verkehr auf öffentlichen Straßen nicht öffentlich, solange diese, zum Beispiel wegen Bauarbeiten, durch Absperrschranken oder ähnlich wirksame Mittel für alle Verkehrsarten gesperrt sind.
3/4	3	III. Landesrecht über den Straßenverkehr ist unzulässig (vgl. Artikel 72 Abs. 1 in Verbindung mit Artikel 74 Nr. 22 des Grundgesetzes). Für örtliche Verkehrsregeln bleibt nur im Rahmen der StVO Raum.

Übersicht

Andere 32
Automatismus 9, 10
Behindern 40, 41
Belästigen 42–44
Beschmutzen anderer 34, 36, 40, 42
Besonnenheit, Geistesgegenwart 27, 28
Defensives Fahren 25
Einwilligung 31
Erfolgsdelikt 8
Erzwingen von Vorrängen 7
Fahrfähigkeit, persönliche 31
Gefährden 35–39
Geistesgegenwart 27, 28
Grundregeln 5–10
Kenntnis der Verkehrsvorschriften 19
Landesrecht 3/4, 11/12
Nötigung 47

Öffentlicher Straßenverkehr 2, 13–16 a
Opportunitätsgrundsatz 9
Ordnungswidrigkeit 46
Polizeikontrolle, Warnung vor – 40, 42
Reaktionszeit 30
Schädigen 34
Schreckzeit 29
Schutzzweck der Norm 32
Sinnvolle Beachtung der Verkehrsregeln 9
Strafrecht 47
Verhalten, eigenes verkehrswidriges 22
Verhaltens-Automatismus 9, 10
Verkehrsflächen, nicht öffentliche 6, 16 f
Verkehrsregeln, sinnvolle Beachtung 9
Verkehrsteilnehmer 17, 18
Vertrauensgrundsatz 20–26
Zivilrecht 45
Zusammentreffen 48

5 **1.** § 1 normiert zwei Grundregeln für jegliches Verkehrsverhalten. Adressat ist auch in I („Teilnahme am StrV") der VT (Rz 17 ff). Art 7 des Wiener Abkommens über den StrV (**E** 16) enthält ähnliche Generalklauseln.

6 **a)** Das **Vorsichts- und Rücksichtnahmegebot des Abs 1** hat schon seiner Formulierung nach programmatische (*Jagow/Burmann/Heß* Rz 1) sowie verkehrspädagogische Bedeutung (*Booß* Anm 1). Mangels hinreichender Bestimmtheit ist es nicht mit Geldbuße bewehrt. Gleichwohl begründet es auch *eine Rechtspflicht* (*Booß* Anm 1) und entfaltet jedenfalls mittelbar auch Rechtswirkungen. Als „ungeschriebenes Tatbestandsmerkmal" ist es bei der Interpretation aller spezieller Verhaltensgebote und -verbote zu beachten (BGH VRS **16** 146, Bay VRS **60** 391; s erg Rz 8), beeinflusst ua die Bestimmung des „Idealfahrers" (*Booß* Anm 1; zum Idealfahrer § 17 StVG Rz 22, 26, 27) und begründet die Forderung nach defensivem Fahren (Rz 25). Eine spezialgesetzliche Ausprägung der Grundregel ist in § 11 I, III geregelt.

Die Grundregel ergänzt die Spezialregeln (Rz 6; BGH VRS **5** 586, BGHSt **12** 282 = **7** NJW **59** 637) und ist des Zusammenhangs wegen jeweils dort angesprochen. Lediglich beispielhaft ist zu nennen: Sicherheit geht stets vor (Bay VRS **59** 217, Dü VRS **52** 210), eigene Wünsche und Bedürfnisse müssen ihr gegenüber zurücktreten, auch im Interesse verkehrsschwacher Menschen (Kinder, Kranke, Gebrechliche). Vorsicht und Rücksicht beruhen ua auf aufmerksamer Fahrbahn- und VBeobachtung und in aller Regel beidhändiger Lenkung (s auch § 23 Rz 14; § 3 Rz 67). Wer sich daran nicht hält, zB die Fahrbahn nennenswerte Zeit aus den Augen lässt, setzt schuldhaft eine Gefahrenursache und hat keinen Anspruch auf Schreckzeit (Rz 29; BGH VersR **62** 164). Nicht in Einklang mit der Grundregel stehen Nichtbeachten der Fahrbahn wegen Ablenkung zB durch Zigarettenanzünden, herabfallende Zigarette oder Glut, Kaugummi (§ 3 Rz 67), allzu lebhaftes Gespräch, Bedienung von Radio oder sonstigen technischen Geräten, übermäßig ablenkende Fortbildung durch Tonträger (§ 23), Gestikulieren, Zärtlichkeiten; längeres Sichwegdrehen (Sa VersR **74** 183, Fra VersR **73** 690), Fahren ohne (geeignetes) Schuhwerk (§ 23 Rz 9). Die allgemeine Vorsichts- und Rücksichtspflicht gilt auch gegenüber VT, denen höchstmögliche Sorgfalt vorgeschrieben ist (**E** 150; Ko VRS **48** 350). Andererseits muss die Rücksichtnahme umfassend und allgemein sein, sie darf nicht einen VT zum Nachteil anderer begünstigen (*Imhof* DAR **74** 253, *Kullik* PTV **80** 344). Deshalb zB kein gefährdendes Ausbiegen auf den AB-Überholstreifen vor aufgerücktem Verkehr, um anderen das Einfahren zu erleichtern (§ 18 Rz 17). I mahnt zu ordnungsgemäßem Verhalten und zum Sicheinfügen in die jeweilige Lage. Dem laufen Rechthaberei und belehrendes Verhalten zuwider, ebenso Erzwingen einer Befugnis. Bei erkennbarer Rechtsverletzung muss der Berechtigte zurückstehen, wenn sonst Gefahr entstünde (Rz 25). Besonders ist die Grundregel des I (auch in Verbindung der Grundregel nach II) dort zu beachten, wo die auf den fließenden V zugeschnittenen Regeln nur eingeschränkte Bedeutung haben können wie auf *Verkehrsflächen, die nicht als Fahrbahn dienen*, zB zum öffentlichen VRaum gehörenden Parkplätzen, Tankstellen usw, wo besondere Maßstäbe für die zu beachtenden Sorgfaltspflichten gelten (Rz 16a, 18a; Dü NZV **02** 87, Ha VRS **99** 70, Kö NZV **94** 438), insbesondere das Gebot besonderer Umsicht und der Örtlichkeit angepasster Geschwindigkeit (Dü NZV **02** 87; s auch § 8 Rz 31a) oder der Sorgfalt beim Rückwärtsfahren (Dr NZV **07** 152; § 9 Rz 51). Missbrauch solcher Flächen zu Abkürzungszwecken oder zur Umgehung von Stau oder LZA führt nicht zu erhöhten Sorgfaltsanforderungen im Verhältnis zu zweckentsprechender Benutzung und auch nicht zu erhöhter BG (Dü NZV **02** 87), weil beides nicht vom Zweck der Benutzung abhängen kann.

b) Innerhalb des durch I gesteckten Rahmens stellt **die Grundregel nach Abs 2** das Verbot **8** auf, andere zu schädigen, zu gefährden, vermeidbar zu behindern oder zu belästigen, will also nachteilige Folgen verhindern. Es handelt sich um eine Generalklausel, die dem Umstand geschuldet ist, dass die schillernden und sich auch wegen rechtlicher und technischer Entwicklungen ständig im Fluss befindlichen Verhaltensformen im StrV nicht mit Spezialregelungen vollständig „durchnormieren" lassen (vgl *Jagow/Burmann/Heß* Rz 3). Die vorwerfbare Verursachung der genannten Folgen ist in verfassungskonformer Weise (BVerfG DAR **68** 329 [zu § 21 StVG aF], aM *Lange-Fuchs* NJW **63** 1843) in § 49 I Nr 1 bußgeldbewehrt (Rz 46). § 1 II, § 49 I Nr 1 normieren dementsprechend **Erfolgsdelikte** (Rz 31 ff). Sanktionsrechtlich stellen sie Auffangtatbestände dar, die eingreifen, sofern keine Spezialtatbestände zur Verfügung stehen (*Jagow/Burmann/Heß* Rz 3), treten aber auch neben Spezialtatbestände des Bußgeldrechts, sofern diese (als schlichte Tätigkeitsdelikte bzw abstrakte Gefährdungsdelikte) nicht an die Herbeiführung dieser Folgen anknüpfen (Rz 46). In diesem Fall wirken sie bußgelderhöhend, was sich in den zahlreichen Regelungen des BKat ausdrückt, die bei tateinheitlicher Verwirklichung des § 1 II eine höhere Geldbuße vorsehen (Rz 46). § 1 II schützt in erster Linie das Universalinteresse an der Sicherheit des StrV (BGH NJW **59** 637), ist jedoch im zivilrechtlichen Haftungsrecht als Individualschutznorm anerkannt und von großer Bedeutung. Die Vorschrift als **SchutzG iS von § 823 II BGB** (Rz 45), entfaltet wie im OWRecht Auffang- sowie Ergänzungsfunktion und dient (in Verbindung mit I) als Auslegungsmaxime. Zur Frage der Einwilligung Rz 32a.

Lit: *Böcher,* Verantwortung im StrV in juristischer, psychologischer und pädagogischer Sicht, NZV **89** 209. *Guntermann,* Wechselwirkung von Moral und gesetztem Recht im StrV, VGT **81** 21. *Jagusch,* Flexibilität und Starrheit in der neuen StVO ..., NJW **71** 1. *Möhl,* Generalklauseln der StVO, DAR **75** 60. *Reimer,* Aggressionstrieb im StrV, ZBlVM **68** 78. *Westerhoff,* VRecht und Verfassung, NJW **85** 457. *Zeitz,* Wechselwirkung der Moral des VT und der Moral des gesetzten Rechts im StrV, DAR **81** 208.

c) Eine weitere und notwendige Konsequenz aus den Grundregeln ständiger Vorsicht und **9** gegenseitiger Rücksicht (I) sowie des Verbots der Gefährdung usw (II) ist **die sinnvolle Be-**

2 StVO § 1 I. Allgemeine Verkehrsregeln

achtung der **VRegeln** (**E** 122–124), wie sie auch § 11 III StVO vorschreibt. Besonders Kf müssen ihr Verhalten ständig der vermutlichen Weiterentwicklung der jeweiligen Lage anpassen (Vorausschau; Kar VRS **100** 460). Würde ein starres Befolgen einer Spezialregelung behindern oder gefährden, so ist sie sinnvoll angepasst zu handhaben (Dü VersR **77** 139). Jeder VT darf erwarten, dass die Behörden dies berücksichtigen. Beispiele: **E** 122–124. Weicht andererseits ein Kf von einer Regel nicht ab, so wird dies idR nur vorwerfbar sein, wenn sich das Abweichen aufdrängen musste (Bay VRS **17** 232; zust *Hartung* JR **59** 390), wie überhaupt die Anforderungen an VT in Notsituationen nicht überspannt werden dürfen. Sanktionsregelungen sollen nicht kleinlich angewendet werden, besonders nicht bei unbedeutenden und im Massenverkehr alltäglichen Regelverstößen (*Möhl* VOR **72** 76), andernfalls beim Normunterworfenen das Gefühl der Schikane entstehen kann. Bagatellisierung ist damit nicht gemeint. Soweit nach den vorstehenden Grundsätzen nicht ohnehin erlaubtes Verhalten anzunehmen ist, ist der in § 47 OWiG verankerte **Opportunitätsgrundsatz** (**E** 72) zu beachten. Zum Problem der **Verhaltensautomatismen**: **E** 84, 85.

10 Selbst **Fußgänger** kommen ohne ständige Aufmerksamkeit nicht aus. Ihr einziger Automatismus besteht im Grunde in der Regel, beim Überqueren der Fahrbahn erst nach links, dann nach rechts blicken. Beim Überqueren von EinbahnStr stimmt die Regel bereits nicht mehr, noch weniger bei „unechten" EinbahnStr mit entgegengesetzter Fahrtrichtung der Straba. Richtig ist daher auch hier allein sinnvolles Einfügen in die VLage.

11/12 d) **Landesrecht** über StrV ist unzulässig (Rz 3/4; näher **E** 1, 46, 47).

13 **2. Öffentlicher Straßenverkehr.** „Straßenverkehr" iS der StVO, des StVG (insbesondere §§ 1, 6, 21, 24a, 24c StVG; dort zT auch „öffentliche Straßen"), der §§ 142, 315b bis 315d StGB meint Vorgänge im *öffentlichen* Verkehrsraum. Das Gleiche gilt für den Begriff „Verkehr" in § 316 StGB, soweit er sich auf den StrV bezieht (§ 316 StGB Rz 2). Dem öffentlichen Verkehr dienen alle Flächen (§ 1 StVG), die der Allgemeinheit zu VZwecken offen stehen (**E** 23; BGH DAR **04** 529, NZV **98** 418, VersR **72** 832, KG VRS **106** 343, Dü NZV **93** 161, Stu VRS **59** 304, Kar VRS **59** 154). Das trifft sowohl bei **straßenrechtlicher Widmung** (*rechtlich-öffentliche Wege*) zu als auch bei **Gemeingebrauch mit Zustimmung des Berechtigten**, ohne Rücksicht auf die Eigentumsverhältnisse (*tatsächlich-öffentliche Wege*, vgl VwV Nr II [Rz 2]; BGH VersR **85** 835, Bay VRS **70** 53, Zw NZV **90** 476, Kö NZV **94** 121, VRS **50** 236 KG VRS **104** 24, Dü NZV **94** 490). Zu „Mischvorgängen", die noch oder schon im Zusammenhang mit dem öffentlichen Verkehrsraum stehen: Rz 18a. **StrEinteilung** nach örtlichem und überörtlichem Verkehr, Gemeingebrauch, Sondernutzung, Ortsdurchfahrt: FStrG und LandesStrG: **E** 23, 49–51. Wer Grund und Boden für öffentlichen V freigibt, muss ihn verkehrssicher halten (*VSicherungspflicht*: § 45 StVO).

14 **Voraussetzung für öffentlichen Verkehrsraum** ist ausdrückliche oder stillschweigende Freigabe durch den Berechtigten zur allgemeinen VBenutzung und Benutzung in dieser Weise (Rz 2, 13; BGH NJW **04** 1965, DAR **04** 529, VersR **85** 835, Bay VRS **64** 375, Kö VM **00** 86, NZV **94** 121, Hb VM **73** 56, Dü VRS **74** 181, NZV **92** 120; Zw NZV **90** 476, OVG Münster DAR **00** 91). Die Eigentumsverhältnisse sind unerheblich, weswegen öffentliche Straße, auch vorübergehend (Ol VRS **60** 472), ein Weg in Privateigentum sein kann (BGH NJW **75** 444). Maßgebend ist allein, dass der Raum der Allgemeinheit *tatsächlich* zur Verfügung steht („faktische Öffentlichkeit"; Bay NZV **92** 455, Fra VersR **82** 555, Dü VRS **75** 61). Die Beurteilung erfolgt nach den für den VT erkennbaren *äußeren* Umständen (Bay VRS **63** 287, **73** 57), nicht nach dem inneren Willen des Berechtigten. Wer die allgemeine VBenutzung *stillschweigend duldet*, dessen entgegenstehender Wille ist demnach unbeachtlich (Widmung durch schlüssiges Verhalten; Ol VRS **33** 90, aM Ba VersR **69** 85 [Dulden des Gehens auf Privatgrundstück]). Stillschweigende Duldung, wenn der Eigentümer nichts gegen beliebiges Parken unternimmt (Dü VRS **50** 427). Liegen die Voraussetzungen vor, so kommt es auf etwaige zeitliche (Bay VOR **72** 73 [stundenweise]) oder sachliche Einschränkungen (Fz bestimmten Gesamtgewichts) nicht an (Ha VkBl **67** 432, Ol VkBl **54** 443 [vorübergehende Freigabe], Bra VRS **27** 392, Schl VM **71** 66 [Sperrung für einzelne VArten], Zw NZV **90** 476 [nur Radf und Fußgänger], Bay VRS **70** 53 [Fußgängerzone]), auch nicht auf VBedeutung, VDichte, Ausbau (BGH VersR **85** 835, VM **72** 76, Bay VM **72** 33, Ol VRS **34** 244), Anliegerverkehr (Ce VersR **75** 1152, Mü DAR **84** 89) oder die Eigenschaft als Sackgasse (BGH VM **57** 14, Br VRS **28** 24). Nichtöffentlichkeit nur, wenn der Berechtigte die Allgemeinbenutzung der Fläche *tatsächlich* nicht duldet, also keine abweichende Übung entstehen lässt (Ha VRS **52** 369). Auch ein Widerruf der Duldung muss unmissverständlich nach außen gedrungen sein (KG VRS **60** 130). Selbst für den Fall

Grundregeln § 1 StVO **2**

aber, dass der Berechtigte seinen Willen zum Widerruf durch Aufstellen von Hindernissen o. Ä. eindeutig kenntlich macht, kann der Charakter als öffentlicher Verkehrsraum erhalten bleiben, falls der Widerruf wegen langjähriger Duldung und beträchtlichen Investitionsaufwandes in den Ausbau des Wegs unzulässig ist (Ko VRS **67** 146 [zu § 32 StVO]).

2 a. Dem öffentlichen Verkehr dienen: der allgemein benutzbare Weg zu Privatgrundstücken (Mü VersR **66** 1016, Ha VRS **41** 37), eine zu mehreren Wohnhäusern führende private, aber nicht besonders gekennzeichnete, gemeinsame Zufahrt (Bay VRS **64** 375), eine mit Eigentümerduldung benutzte Privatstraße (BGH NJW **75** 444, VersR **69** 832), die private Zufahrt zum Steinbruch bei Benutzung durch beliebige Abholer (Bra VRS **26** 220), der private Forstweg, den auch Holzkäufer benutzen (BGH VersR **66** 690), auch wenn er nur zeitweise für die Holzabfuhr frei ist (BGH VM **63** 44), ein nur Fußgängern und Radf freigegebener Waldweg (Bay VM **71** 53), der Fußweg (Schl VM **71** 66, Ha VRS **62** 47), die jedermann offen stehende Bundesbahn-VerladeStr (Ha VRS **27** 291, Sa DAR **62** 188, Ce DAR **65** 100, Ol VM **66** 54), auch wenn die Zufahrt Unbefugten durch Schilder untersagt ist (Schl VM **58** 15), Bahnhofsvorplätze, auch wenn sie der Bundesbahn gehören (*Bouska* VD **72** 65 [sie gehören nicht zu den Bahnanlagen iS von § 64b EBO, str, § 26 StVG Rz 2]), die Verladerampe für Luftfracht auf eingezäuntem Flughafen (Br VRS **28** 24), die Fahrstreifen und Stellflächen (Unfallflucht möglich) **öffentlicher Parkplätze** (KG DAR **78** 20, Kar VRS **54** 153, Dü VRS **39** 204, Kö VRS **48** 453, Stu VM **73** 62 [Regeln: § 8]), allgemein zugängliche Parkplätze (KG VRS **104** 24, Dü DAR **00** 175), auch auf Warenhausdächern oder entsprechendem Gelände (Ha VRS **99** 70, Ol DAR **99** 73), unabhängig von etwaiger Gebührenpflicht (BGH NJW **04** 1965), der Parkplatz einer Gastwirtschaft, auch wenn beliebigen Gästen vorbehalten (BGHSt **16** 7 = NJW **61** 1124; Dü NZV **92** 120), jedenfalls solange die Gaststätte offenhält, anders uU für die Zeit der Betriebsruhe (Stu NJW **80** 68 [Parkhaus], Hb VRS **37** 278, KG VRS **60** 130 [jeweils Tankstelle], LK-*König* § 315b Rz 7, aM Dü NZV **92** 120 [Gaststättenparkplatz], zust *Pasker*, abl *Hentschel* JR **92** 300), im allgemein zugänglichen Parkhaus, auch Warenhausparkplatz (AG Solingen ZfS **08** 133), alle der ordnungsgemäßen Benutzung dienenden Fahr- und Stellflächen (Fra NZV **94** 408, Stu MDR **79** 862, KG VRS **64** 104, VM **84** 32), ferner ein der Öffentlichkeit zugänglicher Firmenparkplatz (KG VRS **65** 333), ein von Bewohnern und Kunden verschiedener Firmen benutzter Hinterhofparkplatz (OVG Münster DAR **00** 91), die Fahrbahn eines allgemein zugänglichen Kaufhaus-Betriebshofs (KG VM **83** 14), die Fußgängerzone eines Einkaufszentrums (Kar VRS **53** 472), umzäuntes, nur durch Tore zugängliches **Großmarktgelände**, das Käufern ohne Begrenzung auf bestimmten Personenkreis offensteht (Kar VM **89** 7), auch wenn für Zufahrt mit Fz Parkerlaubnis verlangt wird (Bay VRS **62** 133), anders, wenn Ausweis der Markthallenverwaltung erforderlich ist (BGH NJW **63** 152, s Rz 16), Wege auf privatem **Fabrikgelände**, soweit sie jedermann offenstehen (Bra VRS **8** 144, Stu VkBl **61** 15, Kar NJW **56** 1649, DAR **57** 20), auch wenn durch Schild *Privatstraße* gekennzeichnet und nachts durch Schranke geschlossen (Fra VersR **82** 555), Privatfahrbahnen auf großem, jedermann mit Passierschein zugänglichem Betriebsgelände ohne weitere Kontrolle (Br MDR **80** 421), die Zufahrten zu geöffneten **Tankstellen** und der Raum bei den Zapfstellen (BGH VersR **85** 835, Bay VRS **24** 69, Dü NZV **02** 87, VRS **59** 282, KG VM **83** 60), außer bei Betriebsruhe (Hb VRS **37** 278 [Münztank]), das Tankstellengelände trotz Betriebsruhe jedoch dann, wenn vom Berechtigten keine Maßnahmen gegen seine Benutzung zB als Parkplatz ergriffen werden (KG VRS **60** 130). Zum öffentlichen VGrund gehört die nach dem Entgelt zu befahrende Zufahrt zum Waschbereich einer Tankstelle (Bay NJW **80** 715), das nach Lösen einer Eintrittskarte jedermann zugängliche Gelände eines Reitvereins bei Turnierveranstaltungen (Ce VRS **92** 109). Öffentlicher VRaum ist wegen der Vielzahl der möglichen Benutzer uU auch ein größeres, mit VZ versehenes **Klinikgelände** (Fra VersR **74** 580, VGH Ka VM **89** 55), bei allgemeiner Zugänglichkeit auch trotz Umzäunung und Kontrollschranke (LG Dr NZV **99** 221, s aber Ba VersR **76** 571), eine städtische Mülldeponie auch bei Benutzungsbeschränkung auf Ein- und Umwohner (Zw DAR **80** 376), uU bei zugelassenem Verkehr auch eine Deichkrone. Ist öffentlicher V von einem Grundstück deutlich ausgeschlossen und nur ausnahmsweise zu bestimmten Zeiten ermöglicht, so dient es dem öffentlichen V nur während dieser Ausnahmezeiten (Ha VRS **48** 44). Haltestreifen einer BundesStr sind öffentliche VFlächen (Dü VM **72** 48). Bei Flächen, die sich äußerlich als Fahrwege darstellen, ist Zugehörigkeit zum öffentlichen VRaum anzunehmen, sofern nicht beim Fahren deutlich erkennbare Merkmale (Tore, Schilder, versenkter Bordstein) dagegen sprechen (*Möhl* VOR **73** 40, abw Bay DAR **72** 219).

2 StVO § 1   I. Allgemeine Verkehrsregeln

16   **2 b. Nicht dem öffentlichen Verkehr dienen:** ein Straßengraben (Ha VRS **39** 270), ein durch unversenkte Bordsteine von der Fahrbahn getrennter Grünstreifen zum Gehweg hin, ebenso Grünstreifen, die durch Anlage oder Bewuchs offensichtlich der VBenutzung entzogen sind (BGH DAR **04** 529, Kö VRS **65** 156, Dü NZV **93** 161, krit *Kullik* PVT **93** 70), ein Parkhaus außerhalb der Öffnungszeit (Restverkehr unter Wächteraufsicht; Stu NJW **80** 68), Tankstellengelände während der Betriebsruhe, soweit der Inhaber seinen Willen erkennbar gemacht hat, für diese Zeiten keinen öffentlichen Verkehr zu dulden (zB Abschalten der Zapfsäulen und der Beleuchtung; KG VRS **60** 130, Hb VRS **37** 278), ein durch einen entfernbaren Zaun und Verbotstafeln allgemein **gesperrter Weg**, auch wenn er bestimmten Personen freigegeben ist (Bra VRS **27** 458), ein für alle VArten gesperrter Weg (Rz 2), auch bei vorübergehender Baustellen-Absperrung für deren Dauer (Rz 2; Bay DAR **70** 251), jedoch nur bei Absperrung durch feste bauliche Einrichtungen, nicht schon durch bloße Absperrgeräte (§ 43 III Nr 2; Bay VRS **68** 139, Ko VRS **105** 10, Nau ZfS **02** 569), für Renndauer abgesperrter StrRaum während der Absperrdauer (Bra VersR **76** 81), der **Privatweg** nur zu einem einzigen Haus bei alleiniger Benutzung durch Bewohner und deren Besucher, ein zu einem Wohngebäude gehörender Garagenvorplatz (auch ohne Absperrung; Kö VM **00** 86), ein Hof ausschließlich als Wohnungszugang, Garagenhof und Entladeplatz für Anlieger. Der Begriff des geschlossenen Privatwegs ist eng auszulegen und auf enge Wege beschränkt (Ha VRS **37** 265). Bei Unterscheidung zwischen öffentlichem Weg und Grundstücksausfahrt kann es nur auf allgemein sichtbare Merkmale ankommen (Bay VM **72** 33). Kein öffentlicher VRaum sind Wege auf Werksgelände (StVO aber entsprechend anwendbar; BGH NJW **04** 1965), soweit es nicht allgemein zugänglich ist (zB Ausweis; Ha VersR **75** 1033), Großmarktgelände nur für Benutzer mit Ausweis der Markthallenverwaltung (BGH NJW **63** 152, KG VM **87** 56, s aber Rz 15), Kasernengelände (BGH VRS **26** 255, 334, VersR **64** 271, Kö VersR **93** 589, Ha NZV **93** 477), auch nicht bei weitem, aber geschlossenem Benutzerkreis (Bay NJW **63** 501, Kar VRS **60** 439, Ce VersR **72** 402, DAR **59** 22). Nichtöffentlich ist ein **Parkplatz** bei Beschränkung des Zugangs auf Personen, die in enger persönlicher Beziehung zum Berechtigten stehen oder aus Anlass der Platzbenutzung treten (Ha VRS **52** 369), ebenso ein Parkplatz, der den Mitarbeitern bestimmter Firmen vorbehalten ist, während die Benutzung durch die Allgemeinheit nicht geduldet wird (Bay VRS **66** 290), ein Privatparkplatz, den allein bestimmte Garagenmieter zum Ein- und Ausfahren benutzen dürfen (Bra VRS **27** 458), ein Hofparkplatz mit den Mietern zugewiesenen Stellplätzen auch dann, wenn sie von Besuchern der Mieter benutzt werden (Ha NZV **08** 257), ein den Bewohnern eines Wohnblocks vorbehaltenes, in dessen unmittelbarer Nähe befindliches Parkdeck auch ohne Absperrung und Hinweisschild, wenn sich aus seiner baulichen Gestaltung die Beschränkung auf einen bestimmten Benutzerkreis ergibt (Hb DAR **83** 89), eine von einem Hausbewohner gemietete Parkbucht vor dem Haus, auch ohne Absperrung, sofern eine andere deutliche Abgrenzung vom öffentlichen VRaum erkennbar ist (Bay NJW **83** 129).

16a   Bei Vorgängen **außerhalb des öffentlichen Verkehrsraums** gilt die StVO grundsätzlich nicht. Es gilt dann nur die allgemeine Pflicht zu verkehrsüblicher Sorgfalt, wie sie sich in § 1 ausprägt (Rz 7; Ha NZV **93** 477, Nü VersR **80** 686). Allerdings kann entsprechend den StVO-Regeln zu fahren sein (Kö VersR **93** 589, VRS **86** 9, Fra VersR **82** 555, KG VM **86** 86, **87** 56 [ohne Vertrauen für „Vorfahrtberechtigten"]). Sanktionsvorschriften, die gerade an die Teilnahme am öffentlichen StrV anknüpfen (namentlich die meisten der in § 49 I bewehrten Ge- und Verbote), sind jedoch nicht anwendbar. **Zu „Mischfällen"**, die schon oder noch im Zusammenhang mit dem öffentlichen Verkehrsraum stehen: Rz 18a.

17   **3. Verkehrsteilnehmer** (VT) ist nach herkömmlicher Definition, wer sich verkehrserheblich verhält, dh körperlich und unmittelbar durch aktives Tun oder Unterlassen (BGHSt **14** 24), auf den Ablauf eines Verkehrsvorgangs einwirkt (BGHSt **14** 24 = NJW **60** 924 m Anm *Hartung*, Bay NZV **92** 326, VRS **44** 365, Hb VRS **23** 139, Ce VRS **31** 212, Dü VRS **31** 125, Stu VRS **30** 78; Bay NZV **92** 326). Alle VT sind in Prinzip gleichrangig, von ausdrücklich geregelten Ausnahmen abgesehen (Sonderrechtsfz, Parksonderrechte, Taxistandplatz, Bahnvorrang, eigene Busspur). Der Geschädigte braucht nicht VT zu sein (Rz 32). **Beispiele für VTeilnahme:** VT ist, wer öffentliche Wege im Rahmen des Gemeingebrauchs (Begriff: E 49, 50, Sondernutzung: E 51) benutzt (Ko MDR **93** 366, KG VM **86** 86, Dü JZ **88** 571), ohne Rücksicht auf den Benutzungswillen, also auch bei versehentlicher VTeilnahme (KG VRS **18** 44, Stu DAR **63** 358). Am Verkehr nimmt schon teil, wer in Fahrabsicht Maßnahmen trifft, um das Fz in Bewegung zu setzen, zB das Trieb- oder Fahrwerk des Kfz bedient, etwa durch Lösen der Handbremse, Gangschalten, Starten (Anfahren nicht erforderlich, sofern technisch möglich;

BGHSt **7** 315 = NJW **55** 1040, Ol DAR **62** 130, Dü VM **57** 62). Der Begriff der Verkehrsteilnahme ist also weiter als der des FzFührens (dazu § 316 StGB Rz 2 ff). Anschieben eines Krads, um den Motor anspringen zu lassen (Ce RdK **53** 156, Ol VRS **9** 27), Zurücksetzen ohne Motorkraft (Dü VRS **5** 298), Schieben eines Kraftrollers (Dü VM **58** 24), Anhalten auf öffentlicher Straße und Schlafen bei Abblendlicht (Bay DAR **64** 350), Abstellen des Fz im VRaum oder Parken (Hb VRS **23** 139, Ce VM **72** 68, VGH Ka NJW **99** 3650, VG Berlin DAR **01** 234), Lenken des abgeschleppten Kfz (Ha VRS **22** 220), der Soziusfahrer auf dem Krad, weil er durch seine Körperhaltung die Fahrbewegung beeinflusst (BGH VRS **18** 415, Stu VM **60** 40), **der Mitfahrer** im Kraftwagen *hingegen nur*, wenn er in den Verkehrsablauf eingreift, zB der Fahrgast, der den Fahrer vorsätzlich ablenkt (Bay VRS **13** 285) oder durch Zuruf beeinflusst (Sa VM **67** 5), der Beifahrer, der auf die Lenkung einwirkt (Kö VM **71** 15), der Fahrlehrer während einer Ausbildungs- oder Prüfungsfahrt (LK-*König* § 315c Rz 18), der Begleiter beim begleiteten Fahren ab 17 nur, sofern er Einfluss nimmt, der Fußgänger überall im öffentlichen VRaum (Ko MDR **93** 366), der Busschaffner, der dem Fahrer verkehrsbezogene Zeichen gibt (KG VRS **34** 137), die Straba, soweit sie öffentlichen VRaum befährt, mitbefährt oder kreuzt (BGH NJW **75** 449), der Lokf beim Befahren eines höhengleichen Übergangs (Ha VRS **31** 379), der Bahnbedienstete, der auf dem Übergang WarnZ gibt (Ha VRS **31** 379), der Schrankenwärter (**aM** Ha VkBl **66** 68), der BaggerF bei verkehrsbezogener Tätigkeit auf öffentlicher Str (Ha DAR **64** 115). Nach BGH NJW **68** 456 ist auch der PolB VT, der einem Kf die Durchfahrt versperren will und sich ihm zu diesem Zweck in den Weg stellt (s auch § 315b StGB Rz 24). Damit kaum vereinbar ist KG NJW **65** 2310, wonach der verkehrsregelnde PolB nicht als VT gelten können soll, weil VRegelung gewissermaßen das Gegenteil von VTeilnahme sei.

Keine Verkehrsteilnahme: Versuch der Zündung des nicht fahrfähigen Motors (Ha **18** NJW **56** 1289), wegen Trunkenheit vergeblicher Versuch, den Zündschlüssel einzuführen (Ha VRS **22** 384), Einnahme des Fahrersitzes in fahrbereitem Kfz (laufender Motor, Abblendlicht) in Fahrabsicht, sofern er selbst keine weiteren Maßnahmen trifft (Kö NJW **64** 2026), Versuch, ein Kfz aus einer Aufbruchstelle außerhalb des öffentlichen VRaums hinauszufahren (Kö VRS **27** 302), Beschilderung einer Arbeitsstelle durch Arbeiter (Ko DAR **64** 198), bloßes Mitfahren (KG VRS **34** 136, Ha VM **60** 59, Ce DAR **52** 156, Hb VM **65** 8 [anders als Halter, Dienstvorgesetzter, soweit für die Fahrweise mit verantwortlich, Fahrlehrer; Rz 17]). Kein VT ist ferner der Bedienstete des Bauamts, der Kanaldeckel herausstehen lässt (Bay VM **76** 75), nicht der Bauunternehmer, der StrArbeiten ausführen lässt (Ha VRS **5** 623), nicht die Bauarbeiter als solcher, nicht der Müllwerker, der sich beim Fahren festhalten muss (Bay VRS **26** 221).

„**Mischfälle**". Es existieren Fälle, in denen sich der Vorgang teils auf öffentlichem, teils auf **18a** privatem Gelände ereignet, in denen die durch den Betroffenen im nichtöffentlichen VRaum ausgelösten Gefahren in den StrV hineinwirken oder umgekehrt oder die sonst einen Zusammenhang mit dem StrV aufweisen. Wie bei dem gleichgelagerten Problem im Rahmen des § 142 StGB (dort Rz 21) und dem ähnlichen im Rahmen des § 315b StGB (*Beeinträchtigung des StrV*; dort Rz 3) kann die Abgrenzung Schwierigkeiten bereiten. Nach der (freilich spärlichen) Rspr hängt die Frage der VTeilnahme dabei nicht ausschließlich davon ab, ob sich der Kf im Augenblick seines Fehlverhaltens oder des durch ihn ausgelösten Unfalls innerhalb oder außerhalb des öffentlichen VRaums befunden hat; vielmehr genügt es, wenn das Verkehrsverhalten *schon oder noch auf den öffentlichen StrV bezogen war* (BGHSt **18** 393 = NJW **63** 1838 m Anm *Rutkowsky*; Bay DAR **73** 109). Verkehrsbezogenheit in diesem Sinn wurde zB bejaht bzw für möglich gehalten bei Hinauslaufenlassen von Rindern auf eine Str (Bay VRS **44** 365), einem Unfall außerhalb des öffentlichen VRaums, der durch ein Fehlverhalten auf öffentlichem Verkehrsgrund verursacht wird (Hb VRS **38** 218), bei einem rückwärts in eine PrivatStr einfahrenden Kf, wenn ein dort abgestelltes Pkw beschädigt, sofern sich das schädigende Fz (Lkw) zumindest zT noch auf öffentlichem Verkehrsgrund befindet (BGHSt **18** 393), wenn die Geschwindigkeit eines den öffentliche VRaum verlassenden Fz so hoch ist, dass es nicht mehr rechtzeitig vor einer im nichtöffentlichen VRaum Person oder Sache anhalten kann (Bsp. nach BGHSt **18** 393), aber auch dann, wenn ein FzF, der von einem Privatgrundstück auf die öffentliche Str fahren will, sich kurz vor deren Erreichen über die VLage auf dieser vergewissert, dabei eine *noch auf dem Privatgrundstück* befindliche Person oder Sache übersieht und diese anfährt (Bsp. nach BGHSt **18** 393) oder aus einem Privatparkplatz ausfährt und noch dort einen Unfall verursacht, weil er sich bereits zu diesem Zeitpunkt darüber zu vergewissern hat oder gehabt hätte, dass er gefahrlos in die Str einfahren könne (Bay DAR **73** 109). Zuzustimmen ist der Rspr, soweit sie einer rein ortsbezogenen Anschauung eine Absage erteilt. Dies steht für die Fälle, in denen ein außerhalb des öffentlichen VRaums eintretendes Schadensereignis durch Fehlverhal-

2 StVO § 1   I. Allgemeine Verkehrsregeln

ten im StrV verursacht wird, in Einklang mit der ganz hM, wonach der Geschädigte kein VT sein muss (Rz 32). Für Verhalten *vor* dem Eintritt in den StrV lässt sich der Standpunkt auch mit § 10 begründen, dessen Anwendbarkeit ersichtlich nicht erst an der Grundstücksgrenze beginnt. Jedoch wird man verlangen müssen, dass durch das Verhalten des Betroffenen *gerade der StrV* in irgendeiner Weise tangiert wird. Denn Verkehrsteilnahme setzt *Einwirkung auf den (öffentlichen) StrV* voraus (Rz 17). Daran fehlt es, wenn sich der FzF auf privatem Grund nur auf den StrV einstellt oder das tun müsste und ihm dabei ein Fehlverhalten zur Last fällt, das sich in einer Schädigung usw auf privatem Grund auswirkt, aber mit dem (öffentlichen) StrV nichts zu tun hat. Straf- und bußgeldrechtlich handelt es sich dann nicht um Teilnahme am StrV, weswegen die StVO und die daran anknüpfenden Sanktionsregelungen nicht gelten können.

19   **4. Kenntnis der Verkehrsvorschriften: E** 142, 156, 157.

20   **5. Der Vertrauensgrundsatz** (**E** 136) ist unentbehrlich. Denn ein Gebot, jedes denkbare verkehrswidrige fremde Verhalten anderer VT in Rechnung zu stellen, würde den Verkehr lahmlegen. *Der Vertrauensgrundsatz besagt*, dass sich der sich selbst verkehrsrichtig verhaltende (Rz 22) VT nicht vorsorglich auf alle möglichen (Rz 21) Verkehrswidrigkeiten anderer VT einzustellen braucht, sondern mangels gegenteiliger Anhaltspunkte erwarten und sich darauf einstellen darf, dass andere VT die für sie geltenden Vorschriften beachten und den V nicht durch pflichtwidriges Verhalten gefährden (BGH NJW **65** 1177, VersR **90** 739, NZV **92** 108, DAR **03** 308, Bay NJW **78** 1491). Die Begriffsbestimmung beinhaltet, dass der Vertrauensgrundsatz *nicht gilt*, wenn ein verkehrswidriges Verhalten anderer VT bereits erkennbar ist oder wenn Anhaltspunkte darauf hindeuten (Rz 24). Das Gleiche gilt für Fehler, die in der konkreten Verkehrslage erfahrungsgemäß häufig vorkommen (Rz 23). Eine konsequente Orientierung an der statistischen Häufigkeit bestimmter Verstöße würde allerdings verkehrserzieherisch nachteilige Folgen nach sich ziehen. Ubiquitäre Verstöße würden mit zunehmender Häufigkeit gewissermaßen rechtlich aufgewertet, mit zunehmende Disziplinlosigkeit oder Nachlässigkeit im StrV den im Interesse des VFlusses notwendigen Vertrauensgrundsatz mehr und mehr aushöhlen würde (*Kirschbaum*, Der Vertrauensschutz im deutschen StrVRecht, S 175). Daher gilt der Vertrauensgrundsatz zugunsten des Kf nach wie vor auch gegenüber sich häufig regelwidrig verhaltenden Radf (KG VM **87** 22). Eingeschränkt ist der Vertrauensgrundsatz gegenüber verkehrsschwachen Personen (Rz 24). Krit zum Vertrauensgrundsatz aus verkehrspsychologischer Sicht *Barthelmess* NZV **98** 358 ff.

21   Der Kf muss nicht mit fremden Verkehrswidrigkeiten rechnen, die nur **ausnahmsweise vorkommen** oder außerhalb der Erfahrung liegen (BGH VersR **66** 1157, BGHSt **13** 169, Ha VOR **74** 116, Fra VM **75** 93, KG VRS **68** 284), auch nicht mit verkehrswidrigem Verhalten solcher VT, die er noch nicht sieht (BGH VRS **5** 218, Bra NRpfl **60** 256, *Martin* DAR **53** 164, *Böhmer* JZ **55** 156). I Ü ist für die Frage, auf welches Verhalten anderer VT regelmäßig vertraut werden darf, dessen Bedeutung in Bezug auf die konkrete Situation und das Ausmaß der aus der Nichtbeachtung des gebotenen Verhaltens entstehenden Gefahr entscheidend (BGH NZV **05** 249). Details bei den Einzelvorschriften. Wer im Rahmen des Vertrauensgrundsatzes fährt, *verhält sich rechtmäßig* (BGH VRS **14** 30). Dieser ist aber keine Rechtsnorm, sondern nur Anhalt für Vorhersehbarkeit, daher keine Berufung auf Verbotsirrtum (Hb VM **67** 79). Im Verhältnis des VT zum VSicherungspflichtigen gilt er nicht (Ol VRS **31** 161).

22   **5 a. Eigenes verkehrswidriges Verhalten** in der kritischen Situation (*Krümpelmann* Lackner-F S 292, 294) nimmt die Berufung auf den Vertrauensgrundsatz (BGH NZV **05** 249, DAR **03** 308, VersR **66** 686 [gestaffeltes Hinterherfahren], Nü VersR **92** 1533, Mü VRS **31** 329, KG VM **82** 94, VRS **66** 152), sogar bei grober Schuld des anderen Beteiligten (Kar NZV **90** 199, KG VRS **23** 33, Ol VRS **32** 270, Hb VM **67** 79). Der Vertrauensgrundsatz begrenzt den Schutzzweck der einschlägigen Norm auf verkehrsgemäßes Verhalten. Wer sich verkehrswidrig verhält, darf nicht erwarten, dass andere diese Gefahr durch erhöhte Vorsicht ausgleichen (BGHSt **9** 92 = NJW **56** 800, DAR **54** 58, Fra JR **94** 77, Ha VRS **48** 192, Hb VM **55** 23). Anders liegt es bei Nichtursächlichkeit des vorschriftswidrigen Verhaltens unter Berücksichtigung des Schutzzwecks der verletzten Norm für den Unfall (BGH DAR **03** 308, Neust DAR **54** 259) oder bei dem, der schuldlos annimmt, zu seiner Fahrweise berechtigt zu sein (BGH GA **59** 52, *Martin* DAR **59** 59). Der Vertrauensgrundsatz schützt auch den Kf unter Alkoholeinfluss, soweit er sich i Ü vorschriftsmäßig verhält (BGH VRS **21** 5).

23   **Kein Vertrauensgrundsatz** herrscht gegenüber fremden Verstößen, die in der konkreten Verkehrslage erfahrungsgemäß häufig vorkommen, so dass mit ihnen immer zu rechnen ist

Grundregeln § 1 StVO 2

(Rz 20; BGHSt **12** 81, **13** 169 = VRS **17** 233, VersR **66** 1157, Bay VM **56** 28, Dü DAR **05** 217 [verbotenes Überholen], VersR **87** 909, VRS **54** 298, KG VRS **68** 284, Ha VOR **74** 116). Einzelheiten bei den Vorschriften.

5 b. Nur unter normalen Verhältnissen darf der Kf im dargelegten Rahmen korrektes 24 Verhalten erwarten (BGH GA **59** 52, Ol DAR **99** 73), also nicht, wenn er einen Verstoß bemerkt oder pflichtgemäß bemerken müsste (Ol DAR **99** 73, Ha VRS **47** 59, Kö VRS **50** 200). Bei offensichtlichem fremdem verkehrswidrigem Verhalten ist der Vertrauensgrundsatz unanwendbar, ebenso, wenn der Verstoß bei gehöriger Sorgfalt hätte bemerkt werden müssen (Ha VRS **47** 59, Hb MDR **56** 33, Ol MDR **59** 389). Wer einen fremden Verstoß oder VUnsicherheit bemerkt, muss sich darauf einstellen (Ha NZV **93** 66, Ko VRS **66** 219, Mü VRS **31** 329) und besonders vorsichtig fahren (BGH VM **56** 8, VRS **19** 344, Bay DAR **51** 146). Bei einem VT, der sich erkanntermaßen verkehrswidrig verhält, ist mit weiteren Verstößen zu rechnen (BGH VRS **5** 133), idR jedenfalls mit gleichartigen (BGH VRS **34** 356, **26** 331), bei erkennbarer allgemeiner Untüchtigkeit uU sogar überhaupt (BGH VRS **34** 356, **26** 331). Kein Vertrauen allerdings darauf, dass eine verkehrswidrige Verhaltensweise beibehalten werde (Bay VRS **67** 136). Anhaltspunkte für bevorstehendes fremdes verkehrswidriges Verhalten können auch bei unklarer VLage, etwa aufgrund der örtlichen Gegebenheiten, vorhanden sein (Bay NZV **89** 121). Auch **in den Fällen gesteigerter Sorgfaltspflicht** (**E** 150) darf der VT in gewissem Umfang auf die Beachtung der VRegeln durch andere vertrauen (KG VRS **60** 382, **68** 284). Gegenüber jüngeren, nicht *verkehrserfahrenen Kindern* gilt der Vertrauensgrundsatz nicht (§ 25 Rz 27), gegenüber älteren Kindern nur eingeschränkt (BGH NJW **86** 183, **87** 2375, Ha VM **73** 70, Dü VRS **63** 66), mit diesen Einschränkungen aber auch nach Einfügung des § 3 II a (BGH NZV **94** 149, **01** 35, VersR **92** 890, Bay NJW **82** 346, Ce NZV **05** 261, Brn NZV **00** 122, Kö DAR **01** 510, Ha NZV **01** 302, Stu NZV **92** 196, Dü NZV **93** 198, *Weber* DAR **88** 187, aM AG Kö NJW **82** 2008). Mit nicht verkehrsgerechtem Verhalten 11 jähriger Kinder braucht nur bei konkreten hierauf hindeutenden Umständen gerechnet zu werden (Bay VRS **59** 218, Ol ZfS **91** 321, Dü VRS **63** 66, Fra VersR **84** 1093, Ba NZV **93** 268, KG VRS **104** 35 [je10¹/₂ Jahre]), ebenso nach Ba VersR **86** 791 bei 9 jährigen (s aber § 9 StVG Rz 12). Führt ein Radweg in einer markierten Furt über eine vorfahrtberechtigte Str, so darf der bevorrechtigte Kf nicht auf Beachtung der Vorfahrt durch 10 jährigen Radf vertrauen (BGH NZV **97** 391). Kein Vertrauen des StrabaF, dass ein in Richtung auf das Gleis rennender 10 jähriger stehen bleibt (KG VRS **104** 35). Die Tatsache, dass Kinder auf Grund der Entwicklung ihrer physischen und psychischen Fähigkeiten idR *frühestens ab Vollendung des 10. Lebensjahrs* in der Lage sind, die sich insbesondere aus dem motorisierten StrV ergebenden Gefahren zu erkennen und sich entsprechend zu verhalten, hat zur Änderung und Ergänzung des § 828 BGB geführt (Begr BTDrucks 14/7752 S 11, 26 f). Diesen Erkenntnissen wird auch bei der Frage Rechnung zu tragen sein, ab welchem Alter auf verkehrsgerechtes Verhalten vertraut werden darf (s auch § 25 StVO Rz 26). Dabei wird allerdings nach der Art des konkreten Fehlverhaltens des Kindes zu differenzieren sein.

6. Defensives Fahren bildet den Gegenpol zum Fahren im Vertrauen auf verkehrsgerechtes 25 Verhalten anderer: Nur wenn der VT in gewissem Maße darauf vertrauen darf, dass andere sich verkehrsgerecht verhalten, kann der V überhaupt fließen; nur wenn mit Fehlern anderer gerechnet wird, kann andererseits dem Bedürfnis nach VSicherheit Rechnung getragen werden. Defensive Fahrweise ist durch weitgehenden Verzicht auf das Vertrauen in richtiges Verhalten des übrigen V gekennzeichnet. Die darauf gerichtete Forderung (*Wimmer* DAR **63** 369, **64** 37, **65** 29) empfiehlt in jeder Lage größere als die an sich rechtlich gebotene Sorgfalt und ist insoweit nützlich (§ 1: „ständige Vorsicht und gegenseitige Rücksicht"; vgl Rz 6). Den Vertrauensgrundsatz darf sie allerdings nicht grundsätzlich in Frage stellen. Auch kann sie nicht generell eine strengere Schuldbeurteilung rechtfertigen. Denn als Forderung nach äußerster Sorgfalt geht sie über die gesetzlichen Pflichten teilweise hinaus. In abgeschwächter Weise hat der Gedanke in der Praxis jedoch durchaus Bedeutung. Namentlich in unklaren Rechts- oder VLagen fordert die Rspr das risikoärmste Verhalten entsprechend der vermutlich strengsten einwirkenden Regel (**E** 140). Das Gleiche gilt für Schätzungen (Geschwindigkeit, Entfernungen), bei denen der VT seinem Verhalten die jeweils ungünstigsten Werte zugrunde zu legen hat (*Jagow/Burmann/Heß* Rz 29).

Lit: *Böhmer*, Der Vertrauensgrundsatz im StrV in der Rspr, JR **67** 291. *Clauß*, Vertrauen zum Vertrauens- 26 grundsatz?, JR **64** 207. *Kirschbaum*, Der Vertrauensschutz im deutschen StrVRecht, Berlin 1980. *Krumme*, Wandlung des Vertrauensgrundsatzes in der Rspr des BGH, ZVS **61** 1. *Krümpelmann*, Die Verwirkung des Vertrauensgrundsatzes bei pflichtwidrigem Verhalten in der kritischen Situation, *Lackner*-F S 289. *Martin*,

Das defensive Fahren und der Vertrauensgrundsatz, DAR **64** 299. *Möhl,* Voraussehbarkeit der Folgen verkehrswidrigen Verhaltens und Vertrauensgrundsatz, DAR **72** 57. *Derselbe,* Zum Grundsatz des defensiven Fahrens, VOR **72** 73. *Sanders,* Vertrauensgrundsatz und VSicherheit, DAR **69** 8.

27   **7. Besonnenheit und Geistesgegenwart** (**E** 86, 144) ist idR auch bei unvorhergesehenen VVorgängen Rechtspflicht, besonders innerorts (Ha VRS **50** 101), etwa wenn sich die Fußbremse unvermuteterweise nicht betätigen lässt (Dü DAR **77** 26, Hb VM **61** 27). Vom geistesgegenwärtigen Kf ist bei Gefahr uU Bremsen, Hupen und Ausweichen zugleich zu verlangen (BGH VM **66** 35). Alltägliche Vorgänge wie Abstoppen des Vorausfahrenden dürfen keinen Kf erschrecken oder zu unrichtiger Reaktion veranlassen. Kopflosigkeit in selbstgeschaffener Gefahr entschuldigt nicht (BGH GA **56** 293). Auch bei eigenem Fahrfehler kann die Verantwortlichkeit für eine Schreckreaktion ausnahmsweise ausgeschlossen sein, wenn eine Zwischenursache (**E** 100) außerhalb der Lebenserfahrung mitwirkt (Klemmen des Gaspedals bei schuldhaftem Schleudern; Bay VRS **11** 142 m Anm *Hammer* NJW **57** 111).

28   **Kopflosigkeit infolge unverschuldeter Gefahr** ist nicht vorwerfbar, auch nicht bei unzweckmäßiger Reaktion (**E** 86, 137), es sei denn, diese war nach allen Umständen völlig verfehlt (BGH VRS **5** 368). Wer unverschuldet binnen Sekundenbruchteilen ausbiegen muss, um einen Anprall zu vermeiden, und keinen GegenV sieht, handelt nicht falsch, auch wenn sich das später als unzweckmäßig erweist (§§ 222, 229 StGB Rz 28; BGH VRS **33** 358). Reaktions- und Schreckzeit: Rz 29, 30.

29   **8. Schreckzeit, Reaktionszeit** sind wichtig für die Beurteilung der Fahrlässigkeit bei VVerstößen. Maßgebend ist die individuelle Reaktion, die unterschiedlich und nur teilweise beeinflussbar ist (**E** 86, 144; Bay VRS **58** 445). Schreckzeit steht nur dem zu, der schuldlos durch maschinelles Versagen oder einen VVerstoß überrascht wird (BGH VRS **23** 375, Kö VRS **96** 344), von einem *nicht zu vermutenden Ereignis* (BGH NZV **94** 149, Ha NZV **90** 36 [Bremsversagen], KG DAR **78** 339, Stu VRS **41** 361 [nicht unter 0,5 s], Dü VRS **51** 311, Ha VRS **67** 190 [ins Fz laufender Schäferhund, mindestens 1 s]), nicht dagegen bei Gefahr, die sich erkennbar entwickelt (Sa VRS **30** 103), nicht bei selbstverschuldeter Gefahr (BGH VRS **22** 91, Kö NJW **67** 1240), etwa aus fahrlässigem oder zu schnellem Fahren (BGH DAR **55** 229, Mü NJW **50** 556, Ha VRS **43** 345 [Blendung]). Wer als TankzugF eine Kurve höchstzulässig schnell befährt, muss bei Reifenpanne sehr rasch reagieren können (nur 0,75 s Schreck- und Reaktionszeit; Ko VRS **53** 273). Schreckzeit steht zu, wenn bei einem ordnungsgemäß gewarteten Kfz die **Bremse versagt** (BGH VersR **63** 95, Dü VRS **51** 311). Ein BerufsLkwF muss trotz Erschreckens über plötzliches Bremsversagen eine offensichtlich ungeeignete, gefährliche Gegenmaßnahme unterlassen und dafür die sich aufdrängende, nahe liegende wählen (Ko VRS **44** 28). Schreck- und Reaktionszeit bei versagender Fahrbremse: § 41 StVZO Rz 27. **Innerorts** wird wegen notwendiger steter Reaktionsbereitschaft vielfach keine Schreckzeit zugebilligt (Ha VRS **50** 101, **43** 184, s jedoch Kar VRS **50** 196). Während heftigen Gewitters soll ein Kf nach KG VM **70** 85 ohne erlaubte Schreckzeit mit nahem Einschlag rechnen und daher „langsamer" fahren müssen. Keine Schreckzeit dessen, der eine AB-Baustellen-Schmalspur trotz in Gegenrichtung liegengebliebenem Lkw achtlos befährt, wenn hinter dem Lkw jemand hervortritt (Ha VRS **39** 423). Zur Schreckzeit s näher bei §§ 3, 4, 5, 6 StVO. **Blendung:** §§ 3, 17 StVO.

30   Die **Reaktionszeit** (*im engeren Sinn: ohne Bremsansprechzeit*) läuft vom Erkennen des Sachverhalts bis zur körperlichen Reaktion ab und hängt von der Körperbeschaffenheit ab (**E** 86; BGH DAR **57** 158, VRS **11** 430, *Hartmann* VGT **82** 50). *Wahrnehmen* der den Sachverhalt bildenden Faktoren (VT, Gegenstände) ist nicht identisch mit Erkennen des *die Gefahr bildenden Sachverhalts,* das allein für den Beginn der Reaktionszeit maßgebend ist (*Hartmann* VGT **82** 50 f, abw *Roddewig* DAR **83** 383 [Eintritt der Gefahr], dazu *Dannert* DAR **97** 491). Die Reaktionszeit beträgt nach der Rspr einen Sekundenbruchteil und ist kürzer, wenn der Handelnde vorbereitet und ruhig ist, länger meist in Überraschung oder Bestürzung (BGH VRS **11** 430, Dü VRS **51** 311). Nachträglich lässt sie sich für eine vergangene bestimmte Lage experimentell nicht zuverlässig ermitteln (BGH VRS **36** 189). Ihre Dauer wird auch durch die Zahl der in Betracht kommenden Reaktionsweisen (zB Bremsen oder Ausweichen) beeinflusst (Ha VRS **67** 190 [verlängerte Reaktions- und Bremsansprechzeit von 1,5 s im Anschluss an Schreckzeit von 1 s nach Zusammenstoß mit Schäferhund], *Hartmann* VGT **82** 50, *Meyer-Gramcko* Verkehrsunfall **90** 192). Bei einem unvermuteten Vorgang beträgt die Reaktions- und Bremsansprechzeit eine knappe Sekunde (BGH NJW **00** 3069, KG VRS **107** 23, **104** 4, Ha VersR **80** 685). Stör- und Schreckreize können die Reaktionszeit verlängern oder verkürzen (*Moser* ZVS **69** 3). Dämmerung bedingt eine verlängerte Reaktionszeit (retinale Verzögerung), Ausgleich nur durch ange-

Grundregeln § 1 StVO **2**

passte Fahrweise. Die Zeit bis zum Erkennen der Gefahr kann bei Dunkelheit durch Readaptionszeiten nach Einfluss höherer Leuchtdichten (Scheinwerfer, leuchtende Tafeln usw) verlängert werden (*Roddewig* DAR **83** 383). Erhöhung der Reaktionsdauer zugunsten des Kf bei Dunkelheit und geringem Kontrast (Ha NZV **95** 357 [1,0s, auf die Fahrbahn tretender Fußgänger], *Dannert* DAR **97** 487). Zur eigentlichen Reaktionszeit hinzu tritt die mechanisch bedingte **Bremsansprechzeit** (Zeit der Kraftübertragung bis zum Ansprechen der Bremse). Reaktionszeit (im engeren Sinn) und Bremsansprechzeit ergeben die *Reaktionszeit im weiteren Sinne*.

Eine kürzere **Reaktions- und Bremsansprechzeit** (BGH NJW **00** 3069, *Dannert* DAR **97** 30a 482) als zusammen 0,8s kommt in aller Regel nicht in Betracht (Bay VRS **58** 445). Im Stadtverkehr, wo gesteigerte Aufmerksamkeit nötig ist, können 0,75s als Reaktions- und Bremsansprechzeit ausreichen (Sa NJW **68** 760, Dü VRS **51** 311), im Allgemeinen betragen sie zusammen, auch innerorts (Kö VRS **57** 191, Dü DAR **77** 26), **0,7 bis 0,8 s, höchstens 1 s** (BGH NJW **00** 3069, VRS **38** 44, 104, VersR **66** 829 [0,8s bei umsichtigem Fahrer], NZV **94** 149, KG VersR **76** 391, Kö VRS **96** 344 [jeweils 0,8s bei gebotener Bremsbereitschaft]; zu unvermutetem Vorgang Rz 30). Die von der Rspr zugebilligten Reaktionszeiten werden in der Lit. als zu kurz kritisiert. Sie seien nur an Laborversuchen unter Vorwarnung und optimalen körperlichen Bedingungen der Probanden orientiert; in der Verkehrsrealität liege die Obergrenze der Systemreaktionsdauer wesentlich über den bisher zugebilligten Reaktionszeiten (*Engels* BASt **21** 378). Eine 99% der Personen und Fälle Rechnung tragende Reaktionszeit (im engeren Sinne) muss nach *Hartmann* (VGT **82** 54) 1,2 sec betragen. Die Rspr müsse unter Berücksichtigung der konkreten Situation und der Person des Unfallbeteiligten individuell differenzieren (Alter, Kf-Erfahrung, Sehvermögen usw; *Spiegel* VGT **82** 89f, DAR **82** 369, *Löhle*, Verkehrsunfall **83** 139). Je länger die dem FzF zuzubilligende Reaktionszeit ist, desto geringer ist im Hinblick auf den verlängerten Anhalteweg die angemessene Geschwindigkeit (*Maatz* VGT **94** 224, 226). Schema des zeitlichen Ablaufs eines Notbremsvorgangs bei *Engels* DAR **82** 362. Bremsen, Bremsverzögerung, Bremsspur, Vermeidbarkeit des Unfalls durch rechtzeitiges Bremsen: § 3 Rz 44, 58.

Lit: *Dannert*, Die Reaktionszeit des Kf, DAR **97** 477. *Engels*, Die neuen Erkenntnisse über die Reaktionszeiten des Kf …, DAR **82** 360. *Hartmann*, Die physiologischen Grundlagen der Reaktionszeit im StrV, VGT **82** 49. *Löhle*, Neue wissenschaftliche Erkenntnisse zur Reaktion von Kf …, Verkehrsunfall **83** 139. *Meyer-Gramcko*, Reaktion und Reaktionszeit, Verkehrsunfall **90** 191. *Reckentenwald*, 75 Jahre Spr für Reaktionsdauer im StrV, ZVS **80** 52. *Roddewig*, Verlängerte Reaktionszeiten durch Readaptionseffekte im nächtlichen StrV, DAR **83** 383. *Sattler*, Schrecksekunde und zivilrechtliche Fahrlässigkeit, NJW **67** 422. *Spreng*, Informationsverarbeitung und Reaktionsverhalten, ZVS **69** 81. *Spiegel*, Die neuen Erkenntnisse über die Reaktionszeit des Kf und die Rspr, VGT **82** 84.

9. Gegenwärtige Fahrfähigkeit: E 130–132, 141. 31

10. Ein Erfolgsdelikt normiert Abs 2 (tautologisch Bay VRS **71** 299, *Jagow/Burmann/Heß* 32 Rz 3, 74: „konkretes Erfolgsdelikt"; zum konkreten *Gefährdungs*delikt Rz 35). Hinsichtlich der Schädigung, Behinderung und Belästigung handelt es sich um Verletzungsdelikte, wohingegen in Bezug auf die Gefährdung ein konkretes Gefährdungsdelikt (Rz 35 ff) vorliegt. Der Erfolg (Verletzung, konkrete Gefahr) muss durch eine Handlung (**E** 83 ff) oder (bei Garantenstellung) Unterlassung (Bay VRS **31** 129, **E** 87 ff, §§ 222, 229 Rz 4) bei der Teilnahme (Rz 16 ff) am (öffentlichen) StrV (Rz 13 ff) vorwerfbar (vorsätzlich oder fahrlässig; **E** 133 ff; §§ 222, 229 StGB Rz 4 ff) verursacht (**E** 97 ff, §§ 222, 229 StGB Rz 3) werden. Wird dem Betroffenen ein Verstoß gegen eine Spezialregel der StVO mit Beschädigung oder Gefährdung vorgeworfen, so muss die eingetretene Folge im *Schutzbereich der verletzten Norm* liegen (allgemein §§ 222, 229 StGB Rz 20 f); die Spezialregelung muss also gerade diese Folge vermeiden wollen (Bay VRS **71** 68, Ko NZV **07** 589). Daran fehlt es zB, wenn der FzF eine Vorfahrtverletzung gegenüber einem FzF begeht, aber einen anderen, nicht vorfahrtberechtigten VT schädigt (Bay VRS **70** 33). Gleichfalls bezweckt eine LZA nicht den Schutz des aus angrenzenden Grundstücken auf die Straße einfahrenden FzVerkehrs (Ko NZV **07** 589), der nach § 10 auch bei Rotlicht für den fließenden V verpflichtet ist, beim Einfahren äußerste Sorgfalt aufzuwenden (§ 10 Rz 12). Auch ein an sich rechtlich geringfügiger Verstoß kann im Prinzip ausreichen, um einen der nach § 1 tatbestandlichen Erfolge zu bewirken (Fra DAR **57** 192; s aber ua Rz 40, 41a, 42/43).

Der Täter muss **rechtswidrig handeln** (**E** 112 ff). Wie im Rahmen des § 315c StGB (dort 32a Rz 52) wird dabei der **Einwilligung** des anderen mangels Dispositionsbefugnis über das Universalrechtsgut der Sicherheit des StrV (Rz 8) von der hM die Wirksamkeit versagt (Fra

DAR **65** 317, *Rüth/Berr/Berz* § 24 StVG Rz 61; *Jagow/Burmann/Heß* Rz 4; aM KK OWiG-*Rengier* vor §§ 15, 16 Rz 10). Allerdings können Befugnisse (Vorrecht, Vorrang) verzichtbar sein. In bestimmten VLagen drängt die Grundregel des I sogar zum Verzicht auf Rechtspositionen (Rz 7). ZB beim Verzicht auf das Vorfahrtsrecht (§ 8 Rz 31) oder das Parkverbot nach § 12 III Nr 3, das allein dem Schutz des Grundstücksberechtigten gilt und damit auch seiner Verfügbarkeit unterliegt (§ 12 Rz 47), muss naturgemäß nicht nach § 1 II wegen Behinderung geahndet werden. Denn eine Behinderung im Rechtssinn ist dann nicht gegeben (Rz 40). Die zT kritisierten Widersprüche (KK OWiG-*Rengier* vor §§ 15, 16 Rz 10) sind demgemäß insoweit nicht vorhanden.

33   **Anderer** ist wie im Rahmen der §§ 315b, 315c StGB (§ 315c StGB Rz 29, 31) im Prinzip *jeder beliebige Mensch*. Er muss nicht VT (Rz 17ff) sein (s aber zum Behinderungsverbot Rz 40) und kann sich außerhalb des öffentlichen VRaums (Rz 13ff) befinden (Kö VRS **95** 321, Ce VRS **31** 212). Inbegriffen sind deshalb der bloße Insasse oder Mitfahrer (BGHSt **12** 282, Kö VRS **95** 321, VM **88** 61), auch in öffentlichen Verkehrsmitteln (Kar VRS **54** 123), der Eigentümer des Ladeguts (Bay DAR **66** 306, Ha DAR **60** 121, VkBl **66** 694) oder eines bei dem Verstoß verletzten Tiers (Mü VAE **37** 102). Aus dem Anwendungsbereich des § 1 II ausgeschlossen ist allerdings nach ganz hM der **Eigentümer des vom Täter gelenkten Fz**; danach scheidet § 1 II aus, wenn nur das selbst geführte Fz beschädigt wird (BGHSt **12** 282 = NJW **59** 637, NZV **92** 148, Bay DAR **66** 306, NJW **64** 213, Ha VkBl **66** 694, aM *Hartung* NJW **66** 15). Das Gleiche gilt für den Eigentümer des mitgeführten Anhängers (Ha VkBl **66** 694). Der Standpunkt entspricht der Rspr zum Parallelproblem im Rahmen der §§ 315b, 315c StGB, ist wie dort nicht widerspruchsfrei begründbar, jedoch mittlerweile nahezu zum Gewohnheitsrecht erstarkt (§ 315c Rz 34). Ebenfalls nicht den Schutz des § 1 II genießt nach (freilich erneut wenig überzeugender) hM der Tatbeteiligte (§ 315b Rz 29). Der „andere" wird nicht stets individuell festgestellt werden müssen (Rz 42/43). Zur Tatbestandsmäßigkeit der Gefährdung fremder Sachwerte Rz 38.

34   **11. Schädigen** ist gegeben bei der Herbeiführung von Körper- oder Gesundheitsschäden oder von vermögensrechtlich wägbaren Nachteilen (KG VRS **72** 380, Hb DAR **65** 329, Ha VRS **42** 360, Kar VRS **55** 372). Bloßes Anstoßen an ein fremdes Fz schädigt nicht stets, auch nicht jede Verletzung von Baumrinde (KG VRS **72** 380). § 1 verpflichtet zur Rücksicht auf Fußgänger auf dem Gehsteig und auch dazu, ihre Beschmutzung soweit wie möglich zu vermeiden (Ausbiegen, Verlangsamen). Der Kf verletzt deswegen die Sorgfalt, wenn er so schnell fährt, dass *Straßenschmutz* Fußgänger besudelt und diese dadurch schädigt (Dü VM **66** 6, AG Fra NJW-RR **95** 728, AG Kö NJW **80** 45, Schl VM **56** 17 [jedenfalls Belästigung]). Erhebliches Besudeln eines Fußgängers kann nach AG Kö NJW **80** 645 einen Schmerzensgeldanspruch auslösen (str.). Beschmutzen von Fußgängern als Behinderung Rz 40, als Belästigung Rz 42. Kein Ausweichen vor einem kleinen Tier, wenn sonst anderweit höherer Schaden entstünde (§ 4 Rz 11). Ein LkwF soll anhalten und die Zwillingsreifen auf eingeklemmte Steine absuchen müssen, wenn sich auf der Fahrbahn oder Befahren eines Feldwegs größere Steine eingeklemmt haben können (Stu VersR **71** 651). Auch bei Schädigung kann der Vorwurf noch leicht sein und die Verhängung einer nicht eintragungspflichtigen Geldbuße rechtfertigen (Hb DAR **77** 109).

35   **12. „Gefährdung"** ist nach soweit ersichtlich allg. M. iS *konkreter Gefahr* zu verstehen (zB *Jagow/Burmann/Heß* Rz 74f). Der bußgeldbewehrte § 1 II ist deshalb (wie §§ 315b, 315c StGB) ein konkretes Gefährdungsdelikt. Im Hinblick auf die vergleichbare Interessenlage (wie im Strafrecht müssen die abstrakten StVO-Gefährdungsdelikte von den konkreten abgegrenzt werden) dürfte der Gefahrbegriff identisch zu interpretieren sein. Das bedeutet, dass auch im Rahmen des § 1 II die Einengung des Gefahrbegriffs durch BGH NJW **95** 3131 zu beachten ist; danach **ist stets ein „Beinahe-Unfall" erforderlich**, also ein Geschehen, bei dem ein unbeteiligter Beobachter zu der Einschätzung gelangt, dass „das noch einmal gut gegangen sei" (§ 315c Rz 30; *Jagow/Burmann/Heß* § 1 StVO Rz 75). Hingegen genügt eine latente abstrakte Gefahrenlage selbst dann nicht (mehr), wenn höchstgefährliches Verhalten in Frage steht (§ 315c StGB Rz 32). Dies wirkt sich vor allem bei der Beurteilung von Abstandsverstößen aus (§ 4 Rz 5, 6). Soweit es am konkreter Gefahr fehlt, kann Behindern oder Belästigen vorliegen. Das Gefährdungsverbot gilt absolut. Der Kf muss alle Sicherungseinrichtungen seines Fz benutzen, auch wenn er ihre Notwendigkeit nicht durchschaut (BGH NJW **61** 888, Fra NJW **85** 1353). Ferner darf niemand so fahren, dass er andere von vornherein gleichsam unvermeidlich gefährdet (BGH VM **66** 73).

Grundregeln § 1 StVO 2

Kasuistik. Die nachfolgend referierte Rspr und Lit rührt ganz überwiegend aus der Zeit vor 36
der Einschränkung des Gefahrbegriffs durch den BGH (Rz 35) her und kann daher nur noch
mit Vorsicht herangezogen werden. Gefährdung wurde zB bejaht: Fahrweise, die andere zu sehr
starkem **Bremsen** (Kar NZV **92** 248, Schl VM **56** 24, *Löhle* NZV **94** 305) oder zu plötzlichem
Ausweichen (Ol DAR **51** 194) zwingt, zB auch extrem langsames Fahren nachts auf AB ohne
ausreichende Warnung (Ol VRS **79** 351; Fra NJW **85** 1353), gewolltes scharfes Bremsen und
blockierendes Querstellen (Ol VRS **32** 274), plötzliches Bremsen wegen eines Kleintiers, plötzliches Ausweichen mit Schleudern, um Kleintier nicht zu überfahren (§ 4 Rz 11; KG VRS **72**
461). Wer einen StraBaF zur Schnellbremsung zwingt, kann die Fahrgäste gefährden (Schl
VM **65** 87, s aber § 315 b StGB Rz 23). Unnötiges Beschmutzen der Scheiben des Überholten
durch **Überholen** bei Nässe oder Schneematsch und größerer Fahrgeschwindigkeit mit zu geringem Seitenabstand oder zu kurzem Einscheren vor dem Überholten kann nicht nur behindern oder belästigen (Bay VRS **27** 376), sondern uU auch gefährden (sekundenlange Sichtsperre), dies jedoch nur bei Gefahrerfolg (Rz 35). Gefährdend ist unter derselben Prämisse
Schneiden nach Überholen (§ 5), zu dichtes Linksauffahren neben einem anderen Linksabbieger
(KG VM **77** 55), Nichtwarnung trotz uU gebotenen WarnZ (§ 16; Schl VM **72** 67, Dü
DAR **99** 543 [Warnblinklicht bei extrem langsamem Fahren]), zu dichtes Vorbeifahren an einem
in Gegenrichtung haltenden oder gerade anfahrenden MüllFz oder mit zu hoher Geschwindigkeit im Verhältnis zum möglichen Abstand (Zw VM **82** 6, Ha NJW-RR **88** 866, KG VRS **108**
24), Verlieren ungenügend befestigter Ladungsteile oder von Zubehör, Abkippen des Ladungsrestes durch ruckartiges Anfahren (Ko VRS **57** 116), Verschmutzen der Str oder Liegenlassen
von Gegenständen (§ 32). Zu geringer **Abstand** zum Vorausfahrenden: § 4 Rz 1, 2/3, 5 ff; gefährdender Abstand: § 4 Rz 5, 6. Nichteinhalten des seitlichen Sicherheitsabstands: § 2 Rz 35,
41, § 5 Rz 54–58, § 6 Rz 11, § 20 Rz 9, § 25 Rz 18. Wer als Linksabbieger bemerkt, dass er,
wenn auch unzulässigerweise, rechts überholt wird, darf sich nicht trotzdem gefährdend in den
rechten Fahrstreifen eindrängen (Bay VRS **58** 448). Kann der Kf vom Sitz aus den Raum unmittelbar vor oder hinter dem Fz nicht überblicken, so ist das **Anfahren** ohne Vergewisserung
oder Einweiser unzulässig (BGH VM **61** 49, Mü NZV **91** 390 [Bagger], Ha VRS **23** 37 [Nachschaupflicht unter dem Lkw], weniger streng Stu VRS **47** 21, Fra VRS **31** 293), etwa wenn aus
dem Schulbus soeben Kinder ausgestiegen sind (§ 20 II, IV; Bay VRS **37** 269). Den toten Winkel vor seinem Fz muss der LkwF berücksichtigen, der nach verkehrsbedingtem Anhalten
weiterfährt (KG VM **99** 11). Auch der an der Haltestelle anfahrende Busf muss sich vergewissern, dass sich vor seinem Fz keine Personen im toten Winkel befinden (Mü NZV **91** 389). Wer
auf schmaler Str neben Kindern und Kleinkindern einen Fahrgast einsteigen lässt, ohne die Kinder ununterbrochen im Auge zu behalten, darf grundsätzlich nur anfahren, wenn er sicher weiß,
dass kein Kind vor den Wagen gelaufen ist (s aber Dü VRS **41** 158). Ohne konkrete Anhaltspunkte braucht ein Kf aber nicht damit zu rechnen, dass eine aus seinem Fz ausgestiegene Person gestürzt ist und im nicht einsehbaren Raum vor seinem Fz liegt (Sa NZV **92** 75). Wer ein
Kfz (Fahrschulwagen) vom Beifahrersitz aus nur unsicher lenken kann, verursacht allenfalls eine
abstrakte Gefahr (vgl Bay VRS **56** 194).

Bei besonders gefährlicher Lage kann sich **Halten oder Parken** nach II uU auch an sonst 37
erlaubter Stelle einer BundesStr verbieten (Bay VRS **59** 375, Stu DAR **74** 298). Parken an
steiler, glatter Engstelle kann gefährden (Bay VRS **31** 129). Auch kurzfristiges Halten an
unübersichtlicher StrStelle kann gefährden (Bay VRS **59** 219), ebenso geöffnete, in den benachbarten Fahrstreifen ragende seitliche Ladeklappe eines parkenden Busses (KG VRS **108**
99). Gefährdung aussteigender Fahrgäste durch Busfahrer, der, ohne darauf hinzuweisen, nicht
ganz nahe am Bordstein hält (Kar VersR **81** 266). Sorgfalt beim Ein- und Aussteigen: § 14. Vorfahrt: § 8.

Die Gefährdung fremder Sachwerte fällt nach BGHSt **22** 368 (ebenso BGHSt **12** 282; 38
i Erg auch Hb VRS **34** 145) dann unter § 1 II, wenn mit deren Gefährdung zugleich die
Sicherheit und Leichtigkeit des StrV beeinträchtigt ist; das ist der Fall, wenn die Sache der StrV-
Sicherheit dient (zB VZ, VEinrichtungen) oder sonst Verkehrsbezogenheit aufweist, dh am V
teilnimmt oder, wie ein im öffentlichen VRaum parkendes Fz, dem V gewidmet ist, nicht jedoch schon bei jedem StrBaum (BGHSt **22** 368; Ha VRS **32** 284). Dagegen wird angeführt,
dass § 1 II nur auf den „anderen" (Menschen) abstelle; während bei der Sachbeschädigung
zugleich ein „anderer" in seinem Eigentum verletzt sei, werde bei der bloßen Sachgefährdung
kein „anderer" (Mensch) gefährdet (KG VRS **35** 455, *Jagow/Burmann/Heß* Rz 73, hier bis
39. Aufl, *Möhl* JR **67** 108, **70** 32). Zwingend ist dieses Wortlautargument nicht (eingehend
BGHSt **22** 368). Jedoch bezieht § 1 II Sachwerte anders als §§ 315b, 315c StGB nicht aus-

König 397

drücklich ein, wobei die Ausgliederung der bloßen Sachgefährdung wohl dem Willen des VO-Gebers entspricht (vgl *Booß* Anm 4). Auch um eine Überdehnung des Tatbestands zu vermeiden, sollte man der engeren Auslegung den Vorzug geben. Der Meinungsstreit dürfte im Hinblick auf die Einengung des Begriffs der konkreten Gefahr (Rz 35) an Bedeutung verloren haben. Die Gefährdung des gesteuerten Kfz ist nach hM von vornherein nicht tatbestandsrelevant (Rz 32). Zur Frage einer Befreiung vom Gefährdungsverbot durch § 35 (Sonderrechte) s dort Rz 4.

39   Die konkrete Gefahr **ist im Urteil nachprüfungsfähig festzustellen** (KG VRS **15** 455, Fra VRS **68** 376). Die Grundsätze unter § 315c StGB Rz 31 gelten sinngemäß Die Feststellung, jemand habe sich über solche Fahrweise geärgert, genügt den Anforderungen keinesfalls (Dü VM **59** 10).

40   **13. Behindern** bedeutet, einen anderen in dem von ihm beabsichtigten VVerhalten nachhaltig zu beeinträchtigen; eine Gefährdung oder gar Schädigung ist nicht erforderlich (BGHSt **34** 238 = NJW **87** 913, Ha VRS **52** 208, Ce VRS **52** 450). Beeinträchtigt werden muss *Verkehrsverhalten*; demgemäß schützt das Verbot grundsätzlich *nur VT* (VG Berlin NZV **90** 248). Es genügt aber, wenn der Betroffene an der Verkehrsteilnahme gehindert wird (Ha VRS **38** 73 [Blockieren einer FzAusfahrt]). Der Begriff beinhaltet ein *Element der Willensbeugung* (s auch *Jagow/Burmann/Heß* Rz 79). An einer Behinderung fehlt es deswegen, wenn der andere freiwillig zurücksteht, zB auf die Vorfahrt (§ 8 Rz 31; aM wohl KK OWiG-*Rengier* vor §§ 15, 16 Rz 10) oder einen Vorrang (Fußgänger winkt ein Fz durch) verzichtet bzw mit dem Parken vor seiner Grundstückseinfahrt einverstanden ist (s auch Rz 32a). Das von dem anderen beabsichtigte VVerhalten *muss rechtmäßig sein*; mit dem Normzweck des § 1 wäre es nicht vereinbar, ein Verhalten als Herbeiführung eines von der Rechtsordnung *missbilligten* Erfolgs zu ahnden, dessentwegen der Behinderte nicht die im Interesse der VSicherheit bestehenden Regeln der StVO verletzen konnte (BaySt **66** 118, VRS **71** 299, Ha VRS **52** 208, *Booß* VM **77** 62, *Bouska* DAR **85** 138; offengelassen von BGH NJW **87** 913; aM hier bis 38. Aufl; *Helmken* NZV **91** 372, *Kaiser*, *Salger*-F S 60). § 1 II ist insoweit teleologisch zu reduzieren. Dass kein VT berechtigt ist, andere zu bevormunden bzw zu belehren und dass auch das behindernde Verhalten zu missbilligen ist, bleibt davon unberührt. Dafür stehen Spezialregelungen zur Verfügung, die die behindernde Person idR erfüllt (zB Verstoß gegen das Rechtsfahrgebot; Bay VRS **71** 299). § 1 II ist nach diesen Grundsätzen zB nicht erfüllt, wenn das Überholen mit höherer als erlaubter Geschwindigkeit verhindert wird (BGH NJW **87** 913; i Erg zust *Janiszewski* NStZ **87** 115; Bay VRS **71** 299; aM Schl VM **77** 61; zur Frage der Nötigung § 240 StGB Rz 17, 20), desgleichen das unzulässige Überholen (Bay VM **68** 82) oder das Befahren eines Gehwegs (Dü VRS **38** 301). Keine Behinderung auch, wenn das verhinderte Verhalten hätte gefährden können. Die Beeinträchtigung muss *nachhaltig* sein. Ganz kurzfristige oder unvermeidbare (Ha VRS **48** 377) bzw zumutbare (Bay VRS **59** 219) Beeinträchtigungen sind nicht tatbestandsrelevant (Bsp Rz 41 a). Gegenüber den verkehrsüblichen fahrlässigen Belästigungen und Behinderungen ist Notwehr ausgeschlossen (**E** 113, 114). Die Behinderung muss schließlich *rechtswidrig sein* (Rz 32a). Wer an einer Parklücke den Vortritt hat (§ 12), verwirklicht § 1 II gegenüber anderen Parkinteressenten durch das Einparken nicht (Bay NJW **77** 115), genauso wenig der Vorfahrtberechtigte gegenüber dem Wartepflichtigen (Bay VRS **32** 148).

41   **Bsp für Behinderung:** UU Anfahren und Schrägstellen des Kfz, um sich dann besser in den Verkehr eingliedern zu können (Hb VRS **11** 292, s aber Ha VRS **60** 469). Parken im Profilbereich der Straba (Dü VRS **66** 333). *Verhindern des Ausfahrens* dessen, der widerrechtlich auf Privatgrund parkt (Ha VRS **38** 73). Aufhalten des Fahrverkehrs zugunsten ausfahrender Kunden durch einen Tankwart (Kö VRS **9** 51). Versperren steiler Engstelle durch ein hängen bleibendes Lieferfz (Bay VRS **31** 129). Behinderung von Kanalbauarbeiten durch falsches Parken (Zw VM **77** 4). Zwang zu scharfem Bremsen, Sicheindrängen in eine Kolonne (s auch Rz 42). Unrichtige Anzeige der Richtungsänderung (Hb VRS **28** 196). Parken derart, dass sich der Verkehr auch bei großer Sorgfalt kaum durchschlängeln kann (Ha VRS **31** 283). Unachtsamer Fahrstreifenwechsel (Ha VRS **46** 384). Grundloses Verlangsamen oder Anhalten vor Grün (KG VRS **47** 316). Einfahren in den durchgehenden Verkehr kann behindern (Ce VRS **52** 450; s aber Rz 41a). Wer wegen voraussehbar winterlicher Verhältnisse unterwegs mit *Sommerreifen* behindernd liegenbleibt, verletzt II (s aber jetzt § 2 III a und dort Rz 72 ff). Behinderung durch Langsamfahren: § 3, an Engstellen: § 6. Parkverbot: § 12 Rz 44. *Warnung anderer vor PolKontrollen* ist an sich nicht ow (Stu NZV **97** 242, Zw VRS **64** 454, Hb DAR **60** 215, Kö DAR **59** 247, Ce

Grundregeln § 1 StVO **2**

NZV **89** 405). Behinderung der Pol bei ihrer Kontrolle kommt nicht in Betracht, weil die Beamten nicht als VT behindert werden (Ha VRS **52** 208, Rz 32). Allerdings ist Belästigung (Rz 42) denkbar, uU auch Behinderung anderer VT, etwa wenn diese zu starkem Abbremsen veranlasst werden oder Nachfolgende dadurch zum Ausweichen gezwungen sind (Hb DAR **60** 215, KG VRS **19** 58, Kö DAR **59** 247), wobei aber zum Behindern gehört, dass sich der andere behindert fühlt (Rz 40). Zur Frage ow Verhaltens durch Rundfunkwarnungen *Meyer* NStZ **04** 670; *Albrecht* NZV **01** 247, 250. Wer durch vermeidbar zu geringen Seitenabstand beim Überholen die Scheiben des überholten Fz stark mit Schneematsch verschmutzt, kann behindern (Bay VRS **27** 376).

Keine Behinderung ist die Verursachung einer kurze Ansammlung durch Flugblattverteilung (KG VRS **34** 468). Wer ein besonders interessantes, zugelassenes Fz öffentlich parkt und dadurch eine Ansammlung bewirkt, macht nur von einem Recht Gebrauch (aM Hb NJW **62** 1529 [bei am Fz angebrachtem Verkaufsangebot]). Drücken einer Knopfampel durch einen Kf, weil es den Längsverkehr nicht länger aufhält als durch einen einzelnen Fußgänger (**aM** Br VM **63** 23). Kurzes Behindern des fließenden Verkehrs durch Anhalten zwecks Aussteigens und Gepäckaushändigung an einer an sich übersichtlichen Stelle ist als zumutbare Behinderung hinzunehmen (Bay VRS **59** 219), ebenso ein infolge Parkens erforderliches Ausweichen oder kurzes Anhalten (Kö VRS **60** 467) oder ein die Rechte eines anderen einschränkendes Parken bei sofortiger Wegfahrbereitschaft (Dü NZV **94** 288). Wer beim Anfahren vom Fahrbahnrand den fließenden V geringfügig beeinträchtigt, behindert nicht (Ha VRS **60** 469; s aber Rz 40). Das durch Ausscheren des Vorausfahrenden auf AB zum Zwecke des Überholens erforderliche leichte Abbremsen ist je nach VDichte uU hinzunehmen; die darin liegende Beeinträchtigung kann unvermeidbar sein (Bay VRS **62** 61). Durchfahren von Spitzkehren auf BundesStr im Gebirge mit Bus unter notwendiger Mitbenutzung der Gegenfahrbahn verstößt für sich allein auch dann nicht gegen II, wenn auf Hilfspersonen zur Warnung des GegenV verzichtet wird (Bay VRS **61** 141). **41a**

14. Belästigung liegt vor, wenn mehr als unvermeidbar körperliches oder seelisches Unbehagen bereitet wird (*Jagow/Burmann/Heß* Rz 82). Erregen von Unmut genügt nicht; deshalb keine Belästigung anderer VT, die an der Warnung vor PolKontrolle oder an einem verkehrswidrigem Verhalten aus verletztem Rechtsgefühl Anstoß nehmen (Bay NJW **63** 1884, zust *Pelchen* JR **64** 27). Das Belästigungsverbot schützt auch NichtVT, zB PolB bei Radarkontrolle (Ha VRS **52** 208 [Störung der Messung durch Parken in unmittelbarer Nähe des RadarFz], zw möglicherweise Zw VRS **53** 56, s i Ü Rz 40). Unvermeidliche geringe Belästigungen fallen nicht unter § 1. Voraussetzung ist, dass die Beeinträchtigung nach Art und Maß das VBedürfnis übersteigt und als störend empfunden wird (Ha GA **62** 155). *Vermeidbare Belästigung:* Kolonnenspringen bei unklarer Lage ohne die Gewissheit, eine Lücke zu finden (Kar VRS **45** 315, aM Dü VM **68** 78), Schneiden eines VT, soweit es nicht sogar gefährdet, Bedrängen auf der AB durch dichtes Aufschließen und ständige Signale (sofern nicht Nötigung, hierzu § 240 StGB Rz 24), längeres Hinterherfahren mit Scheinwerferlicht (Dü VRS **22** 310 [300m], NJW **61** 1783), bedrängende Anhalteversuche durch Personen, die mitgenommen werden wollen (Bay NJW **53** 1723), Besudeln von Fußgängern mit StrSchmutz (Pfütze; Dü VM **66** 6, Schl VM **56** 17, Ce NRpfl **53** 229 [soweit nicht Schädigung, Rz 33]), Abstellen von Lkw in WohnStr über den Gemeingebrauch hinaus (dazu jetzt § 12 IIIa), vermeidbarer **Lärm** durch Türenknallen, obwohl sich die Tür auch leise schließen lässt (KG VRS **23** 219), nächtliches Fahren mit unbeladenem, lärmendem Anhänger (Dü VM **62** 11), mehrfaches geräuschvolles Hin- und Herfahren in einer Kurve mit Bremsen und Beschleunigen durch KradfGruppe (Bay DAR **01** 84), beängstigendes Zickzackfahren mit quietschenden Reifen (Dü VM **65** 90, Stu DAR **54** 305), Einbiegen mit quietschenden Reifen vor Fußgängern (Hb VM **67** 83), überlautes Bremsquietschen (Dü VM **68** 44), überlaute Straba in einer Gleiskehre (BGH NJW **68** 1133). Laufenlassen des Motors (§ 30 Rz 13, 13a). Jedoch wird bei Lärmbelästigung vielfach Verstoß gegen die spezielle (§ 30 Rz 16) Vorschrift des § 30 I 1 vorliegen. Ein konkreter anderer muss nicht unbedingt festgestellt werden; wer nachts innerorts oder tagsüber auf belebter Straße mit defektem Auspuff, also ohne Geräuschdämpfung unter lautem Knallen fährt, belästigt offensichtlich (aM Zw VRS **53** 56). Dass Kfz in Kolonne uU wiederholt eine freigegebene DirnenStr durchfahren, ist rechtmäßig, denn es gibt keine VBeschränkung auf sittliche Zwecke (Grundsatz der VFreiheit; § 30 Rz 14, s auch *Baumann* JZ **67** 610, aM Ha NJW **67** 1924, Ce VRS **37** 123). Überdies sieht der GGeber die Prostitution seit dem ProstG 2001 nicht mehr als sittenwidrig an. **42/43**

44 Die Behinderung oder Belästigung **muss feststehen**. Dass sie sich nur nicht ausschließen lässt, genügt nicht (Kar VRS **57** 455). Sie muss **durch Tatsachenfeststellungen** belegt sein (Kö DAR **59** 247, Dü VRS **74** 285, **79** 131).

Lit: *Booß*, VM **62** 35 (gegen übermäßiges Hupen). *Weigelt*, Belästigung der Anwohner durch VLärm, DAR **61** 250, … durch Parken, DAR **61** 251. *Wiethaup*, Übermäßiger Autolärm in straf-, zivil- und öffentlichrechtlicher Sicht, DAR **62** 76.

45 **15. Zivilrecht.** § 1 ist SchutzG iS von § 823 BGB (BGH VersR **57** 616, NJW **72** 1804, Mü NZV **91** 389, NJW **85** 981) und umfasst auch Schäden die dadurch entstehen, dass ein Dritter in die Unfallstelle hineinfährt (BGH NJW **72** 1804, Zw VRS **33** 371). Nichtbeachtung von VVorschriften rechtfertigt nicht stets den Schluss auf Voraussehbarkeit eines Schadens (**E** 139, 140; BGH VersR **66** 164). Beim Zusammenwirken mehrerer schadensverursachender Umstände ist dem verantwortlichen Kf nur sein Verursachungsanteil zuzurechnen (Ce VersR **80** 632 [Kolonnenführer sichert Baustelle ungenügend ab]). Wer Gefahr für Leib oder Leben eines anderen verursacht, haftet, wenn er sie nicht wieder beseitigt (Bay VRS **31** 129).

46 **16. Ordnungswidrig** sind Verstöße gegen § 1 II (§ 49 I Nr 1), nicht hingegen die Verletzung der Grundregel nach I (Rz 5). Der Tatbestand ist hinreichend bestimmt (Rz 8) und kann auch durch Unterlassen verwirklicht werden (Rz 32). Den Kf, der zunächst die Opfer versorgt und darüber die VSicherung vergisst, trifft kein Vorwurf (Stu DAR **58** 222). Nicht vorwerfbar ist objektiv unsachgemäße Reaktion in unverschuldet gefährlicher Lage (**E** 86). Auch extrem geringer, gefährdender Abstand rechtfertigt nicht ohne Weiteres die Annahme *vorsätzlicher* Gefährdung (Bay NZV **92** 415). Die tateinheitliche Verwirklichung des § 1 II neben einem oder mehreren Verstößen gegen Spezialregelungen wirkt bußgelderhöhend. Dies kommt namentlich in den zahlreichen Regelungen des BKat zum Ausdruck, die an die Verwirklichung des § 1 II (Gefährdung, Schädigung) einen höheren Regelsatz der Geldbuße knüpfen (Überblick bei *Jagow/Burmann/Heß* Rz 88).

47 **17. Strafrecht.** Zur Behinderung als Nötigung § 240 StGB, insbesondere dort Rz 16 ff, 27 ff. Bei Hinzutreten der weiteren Voraussetzungen kann Gefährdung des StrV (§ 315 c StGB) gegeben sein.

48 **18. Zusammentreffen.** Wo eine Spezialvorschrift dieselben Folgen wie § 1 vorsieht, geht sie vor (BGH VRS **3** 405, Ha VRS **53** 294, KG VRS **33** 375, **32** 284, DAR **67** 223). Hinter § 3 II tritt § 1 II zurück (Ha VM **72** 79). Soweit der Verstoß gegen eine speziellere Vorschrift keinen der in II bezeichneten Erfolge voraussetzt oder außer dem dort bezeichneten Erfolg ein weiterer Erfolg iS von II verursacht wird, besteht TE mit § 1 II (zB Kö NZV **97** 365). Zum Schutzzweck der Norm Rz 32. TE mit § 1 II wirkt bußgelderhöhend (Rz 46). Werden bei verbotswidrigem Befahren einer Fußgängerzone Fußgänger behindert, so steht § 49 III Nr 4, § 41 II Nr 5 daher in TE zu § 49 I Nr 1, § 1 II (aM Dü VRS **67** 151). TE bei Vorfahrtsverletzung, wenn der Wartepflichtige den Berechtigten schädigt (Br VRS **30** 72). TE mit § 32 I (KG VRS **51** 388). Keine TE von II mit § 32 mangels Behinderung oder Gefährdung (Ha VRS **52** 375). Verhältnis zu § 5 dort Rz 71. Bei Verletzung mehrerer anderer liegt eine Tat nach § 1 II vor (Bay DAR **68** 83, *Jagow/Burmann/Heß* Rz 88). Bei Straftaten tritt die OW nach Maßgabe von § 21 OWiG zurück (§ 24 StVG Rz 68). Wahlweise Feststellung von OW: § 24 StVG Rz 76.

Straßenbenutzung durch Fahrzeuge

2 (1) ¹**Fahrzeuge müssen die Fahrbahn benutzen, von zwei Fahrbahnen die rechte.** ²**Seitenstreifen sind nicht Bestandteil der Fahrbahn.**

(2) Es ist möglichst weit rechts zu fahren, nicht nur bei Gegenverkehr, beim Überholtwerden, an Kuppen, in Kurven oder bei Unübersichtlichkeit.

(3) Fahrzeuge, die in der Längsrichtung einer Schienenbahn verkehren, müssen diese, soweit möglich, durchfahren lassen.

(3 a) ¹**Bei Kraftfahrzeugen ist die Ausrüstung an die Wetterverhältnisse anzupassen.** ²Hierzu gehören insbesondere eine geeignete Bereifung und Frostschutzmittel in der Scheibenwaschanlage. ³Wer ein kennzeichnungspflichtiges Fahrzeug mit gefährlichen Gütern führt, muss bei einer Sichtweite unter 50 m, bei Schneeglätte oder Glatteis jede Gefährdung anderer ausschließen und wenn nötig den nächsten geeigneten Platz zum Parken aufsuchen.

Straßenbenutzung durch Fahrzeuge § 2 StVO **2**

(4) ¹Radfahrer müssen einzeln hintereinander fahren; nebeneinander dürfen sie nur fahren, wenn dadurch der Verkehr nicht behindert wird. ²Sie müssen Radwege benutzen, wenn die jeweilige Fahrtrichtung mit Zeichen 237, 240 oder 241 gekennzeichnet ist. ³Andere rechte Radwege dürfen sie benutzen. ⁴Sie dürfen ferner rechte Seitenstreifen benutzen, wenn keine Radwege vorhanden sind und Fußgänger nicht behindert werden. ⁵Das gilt auch für Mofas, die durch Treten fortbewegt werden. ⁶Außerhalb geschlossener Ortschaften dürfen Mofas Radwege benutzen.

(5) ¹Kinder bis zum vollendeten 8. Lebensjahr müssen, ältere Kinder bis zum vollendeten 10. Lebensjahr dürfen mit Fahrrädern Gehwege benutzen. ²Auf Fußgänger ist besondere Rücksicht zu nehmen. ³Beim Überqueren einer Fahrbahn müssen die Kinder absteigen.

Begr zu § 2 (VkBl **70** 801):

Der Paragraph richtet sich an den Längsverkehr. Entsprechend dem Prinzip des Aufbaus wird nur der Fahrverkehr angesprochen. **1**

Der Paragraph kennt nur drei Straßenteile: die Fahrbahn, den Fahrstreifen als Teil der Fahrbahn und den Seitenstreifen. Die Begriffe „Fahrbahn" und „Seitenstreifen" werden, wie bisher, nicht definiert. ... **2**

Als Absatz 3 ist eingefügt, was über das Verhalten des Längsverkehrs von Fahrzeugen gegenüber ebenfalls längsverkehrenden Schienenbahnen zu sagen ist; auch das gehört thematisch zur Frage der Benutzung der Fahrbahn. **3**

Zu Abs 1: *Der erste halbe Satz verbietet nicht bloß die Benutzung der Gehwege durch Fahrzeuge, sondern auch die der Seitenstreifen. Damit wird die Meinung eines Oberlandesgerichts abgelehnt, dass ein Kraftfahrer in die Erwägungen über die angesichts der Sichtweite zulässige Geschwindigkeit auch die Möglichkeit einbeziehen darf, notfalls den Seitenstreifen zur Verfügung zu haben. ...* **4–7**

Zu Abs 2: *Der Satz 1 enthält das Rechtsfahrgebot. Dem Werk von Meyer-Jacobi-Stiefel, Band I S. 136 und Band II S. 183 Tab. 262, ist zu entnehmen, dass Verstöße gegen dieses doch für jeden eigentlich selbstverständliche Gebot eine sehr häufige Unfallursache mit beträchtlichem Personenschadenanteil (Schwerpunkt im außerörtlichen Verkehr) darstellt. Angesichts solcher Bedeutung bedarf es einer besonders eindringlichen Fassung dieses Gebots. ...* **8**

Da die Worte „möglichst weit rechts" nicht starr sind, kann die bisherige Rechtsprechung im Prinzip beibehalten werden, die beschränkte Abweichungen dann für zulässig erklärt, wenn dies wirklich verkehrsgerecht und vernünftig ist. Gewisse Restriktionen der von ihr bislang herausgearbeiteten besonderen Umstände, unter denen dies gestattet sein soll, verlangt allerdings der Gesetzeswortlaut. Der Formulierung ist übrigens auch zu entnehmen, dass der Abstand vom rechten Fahrbahnrand desto größer sein darf, je schneller ein Fahrzeug im Rahmen des Zulässigen fährt; der Langsamfahrende kann, wie er es schon jetzt muss, „äußerst rechts" fahren; dem Schnelleren ist das nicht „möglich". Deshalb stößt sich dieses Gebot „möglichst weit rechts" auch nicht mit dem des Einordnens „möglichst weit rechts" vor dem Abbiegen nach rechts in § 9 Abs. 1. ... **9–11**

Zu Abs 3: *... Hier wird entsprechend dem Aufbau der Verordnung nur das Verhältnis Längsverkehr und längsfahrende Schienenbahn, in § 9 das Problem abbiegender Längsverkehr und Schienenbahn erörtert. Schließlich ist zu beachten, dass in § 8 für Vorfahrt eine Sonderregelung für Schienenbahnen fehlt, im Gegenteil dort von „Fahrzeugen aller Art" die Rede ist, Schienenbahnen also nicht ausgenommen sind.* **12**

Die Rechtsprechung hat richtig erkannt, dass die Worte „soweit möglich" in § 8 Abs. 6 StVO (alt) nicht pleonastisch sind – Unmögliches kann ein Gesetz nicht verlangen –, dass vielmehr beim modernen Massenverkehr sehr wohl einmal ausnahmsweise eine Verkehrslage gegeben sein kann, die eine vorübergehende Behinderung einer Straßenbahn im Interesse des Gesamtverkehrsablaufs notwendig macht. ... **13**

Zu Abs 4: *Durch die Streichung des Wortes „grundsätzlich" (§ 28 alt) wird verdeutlicht, dass das Nebeneinanderfahren stets verboten ist, wenn dadurch der übrige Verkehr auch nur behindert wird.* **14**

Dass das Gesetz im Prinzip das Fahren „zu zweit nebeneinander" als das uU noch Erträgliche ansieht, ergibt § 27 Abs. 1, wo geschlossenen Verbänden von Radfahrern nur dies gestattet wird. Auch ein Fahren „zu zweit nebeneinander" kann selbstverständlich nur zugelassen werden, wenn „dadurch der Verkehr nicht behindert wird." Nur wenn Verkehrslage und Örtlichkeit dies zulassen, ist es ausnahmsweise erlaubt. **15**

Dass in Satz 2* nur Seitenstreifen gemeint sind, die für den vom Gesetzgeber gedachten Zweck benutzbar sind, braucht nicht gesagt zu werden, weil selbstverständlich. **16**

---

* Jetzt Satz 4.

16a **Begr** zur ÄndVO v 22. 3. 1988 (VkBl **88** 220): **Zu Abs 3 a:** – *Begründung des Bundesrates* –
... *Durch den Austritt von gefährlichen Gütern oder deren Reaktionen (z. B. Brand, Explosionen) werden Menschen und Umwelt in hohem Maße gefährdet. Dies gilt vor allem bei Gefahrguttransporten, bei denen die Fahrzeuge kennzeichnungspflichtig sind (z. B. bei Beförderungen in Tanks oder in größeren Mengen in Versandstücken).*
... *Satz 1 des neuen Absatzes 3 a stellt auf die Sichtsituation ab, bei der nach § 17 Abs. 3 letzter Satz StVO Nebelschlussleuchten benutzt werden dürfen. Die übrigen Witterungsverhältnisse, die besonders sorgfältiges Fahren auslösen, werden durch die unbestimmten Rechtsbegriffe „Schneeglätte" und „Glatteis" umrissen. Zwar wird damit dem betroffenen Verkehrsteilnehmer kein mit exakten Maßeinheiten umschriebener Tatbestand vorgegeben. Die Begriffe erscheinen jedoch, ähnlich wie dies die Rechtsprechung beim Begriff „Nässe" angenommen hat, hinreichend bestimmt.* ...

16b **Begr** zur ÄndVO v 22. 12. 92 – BRDrucks 786/92 (Beschluss) – **Zu Abs 1 Satz 2:** ... *Die nach wie vor von einem Teil der Rechtsprechung vertretene Auffassung, der Seitenstreifen sei Bestandteil der Fahrbahn, ... führt auch zu verkehrstechnisch sinnwidrigen Folgerungen: Ist z. B. für eine Fahrbahn Überholverbot mit dem Zeichen 276 oder 277 angeordnet und fahren auf dem befestigten Seitenstreifen neben der Fahrbahn z. B. langsame landwirtschaftliche Zug- oder Arbeitsmaschinen oder ähnliche langsame Kraftfahrzeuge, so würde unter Zugrundelegung der Bewertung des Seitenstreifens als eines Bestandteils der Fahrbahn dieses Überholverbot auch im Verhältnis zu den auf dem Seitenstreifen fahrenden langsamen Fahrzeugen gelten. Dies aber wäre sinnwidrig* ...

16c **Begr** zur ÄndVO v 7. 8. 97 (VkBl **97** 688): **Zu Abs 4 Satz 2:** *Die Radwegebenutzungspflicht dient der Entmischung und Entflechtung des Fahrzeugverkehrs. Sie ist aus Gründen der Verkehrssicherheit in der Regel sachgerecht. Allerdings befinden sich heute zahlreiche Radwege entweder in einem baulich unzureichenden Zustand oder entsprechen nach Ausmaß und Ausstattung nicht den Erfordernissen des modernen Radverkehrs. Die Benutzung solcher Radwege ist daher für Radfahrer im Allgemeinen nicht ohne weiteres zumutbar. Andererseits ist es vertretbar, die Benutzung solcher Radwege dort noch anzubieten, wo dies nach Abwägung der Interessen für einen Teil der Radfahrer, z. B. ältere Radfahrer, vorteilhaft ist. Die Pflicht zur Benutzung von Radwegen wird deshalb auf solche Radwege beschränkt, die durch die Straßenverkehrsbehörde orts- und verkehrsbezogen mit Z 237, 240 oder 241 gekennzeichnet sind.* ...

Zu Abs 5: *Eine Abwägung der Interessen Rad fahrender Kinder gegenüber den Interessen von Fußgängern, die den Gehweg benutzen, ergibt, dass einerseits die Verpflichtung Rad fahrender Kinder, bis zum vollendeten 8. Lebensjahr den Gehweg zu benutzen, aufrecht erhalten werden muss, dass aber für Kinder bis zum vollendeten 10. Lebensjahr eine Benutzungsmöglichkeit geschaffen werden muss. Dafür spricht insbesondere, dass aus pädagogischer Sicht die schulische Radfahrausbildung der Kinder nicht vor dem 10. Lebensjahr abgeschlossen werden kann. Diese Lücke zwischen dem 8. und 10. Lebensjahr muss deshalb geschlossen werden.*

Der Ausschluss der Gehwegbenutzung, wenn Radwege vorhanden sind, wird aufgegeben. Die Gestaltung der Radwege (z. B. baulicher Radweg, Radfahrstreifen) und deren Führung sind vielfältig. Diese Ausnahme ist deshalb den Kindern nicht immer vermittelbar, aber auch nicht immer zumutbar. ...

16d **Begr** zur ÄndVO v 22. 12. 05 (BR-Drucks 813/05) **zu Abs. 3a:** *Mit der ausdrücklichen Hervorhebung der bereits nach bisherigem Recht bestehenden Pflicht, die Ausrüstung eines Kraftfahrzeugs an die Wetterverhältnisse anzupassen, wird den Beschlüssen der [IMK] vom 21. 11. 03 sowie der Verkehrsabteilungsleiterkonferenz der Länder vom 3./4. 5. 04 Rechnung getragen. Damit soll insbesondere dem bei extremen winterlichen StrVerhältnissen auftretenden Missstand begegnet werden, dass Kfz mangels geeigneter Bereifung liegen bleiben und damit erhebliche Verkehrsbehinderungen verursachen. Ausdrücklich klargestellt wird damit auch die Pflicht, bei plötzlich eintretenden winterlichen Wetterverhältnissen und unzureichender Winterausrüstung auf die Teilnahme am öffentlichen StrV zu verzichten.*

Die Neufassung der bisherigen Sätze des Absatzes 3a ... beinhaltet keine materielle Änderung der Vorschrift.

16e **Begr** zur ÄndVO v 28. 11. 07 (VkBl. **08** 4) **zu Abs 4 S 6:** *Mofas müssen als Kfz die Fahrbahn benutzen. Auf Grund der geringen Geschwindigkeit von Mofas und der vergleichsweise geringen Verkehrsdichte auf Radwegen außerhalb geschlossener Ortschaften wurden in vielen Fällen Radwege für Mofas durch das Zusatzzeichen „Mofas frei" freigegeben. Durch die generelle Freigabe von Radwegen für Mofas wird die Anordnung von solchen Zusatzzeichen wegfallen und somit ein Beitrag zum Abbau des Schilderwaldes geleistet. Sollte entgegen der allgemeinen Praxis der Straßenverkehrsbehörden Mofas die Benutzung von*

Straßenbenutzung durch Fahrzeuge § 2 StVO **2**

außerhalb geschlossener Ortschaften gelegenen Radwegen nicht gestattet werden, ist dies durch die Anordnung des Zusatzzeichens „keine Mofas" möglich.

Vwv zu § 2 Straßenbenutzung durch Fahrzeuge

Zu Absatz 1

1   I. Zwei Fahrbahnen sind nur dann vorhanden, wenn die Fahrstreifen für beide Fahrtrichtungen durch Mittelstreifen, Trenninseln, abgegrenzte Gleiskörper, Schutzplanken oder andere bauliche Einrichtungen getrennt sind.   **17**

2   Ist bei besonders breiten Mittelstreifen, Gleiskörpern und dergleichen der räumliche Zusammenhang zweier paralleler Fahrbahnen nicht mehr erkennbar, so ist der Verkehr durch Verkehrszeichen auf die richtige Fahrbahn zu leiten.

     II. Für Straßen mit drei Fahrbahnen gilt folgendes: **17a**

3   1. Die mittlere Fahrbahn ist in der Regel dem schnelleren Kraftfahrzeugverkehr aus beiden Richtungen vorzubehalten. Es ist zu erwägen, auf beiden äußeren Fahrbahnen jeweils nur eine Fahrtrichtung zuzulassen.

4   2. In der Regel sollte die Straße mit drei Fahrbahnen an den Kreuzungen und Einmündungen die Vorfahrt erhalten. Schwierigkeiten können sich dabei aber ergeben, wenn die kreuzende Straße eine gewisse Verkehrsbedeutung hat oder wenn der Abbiegeverkehr aus der mittleren der drei Fahrbahnen nicht ganz unbedeutend ist. In solchen Fällen kann es sich empfehlen, den äußeren Fahrbahnen an den Kreuzungen und Einmündungen die Vorfahrt zu nehmen. Das ist aber nur dann zu verantworten, wenn die Wartepflicht für die Benutzer dieser Fahrbahnen besonders deutlich zum Ausdruck gebracht werden kann. Auch sollen, wo möglich, die äußeren Fahrbahnen in diesen Fällen jeweils nur für eine Richtung zugelassen werden.

5   3. In vielen Fällen wird sich allein durch Verkehrszeichen eine befriedigende Verkehrsregelung nicht erreichen lassen. Die Regelung durch Lichtzeichen ist in solchen Fällen aber schwierig, weil eine ausreichende Leistungsfähigkeit kaum zu erzielen ist. Anzustreben ist daher eine bauliche Gestaltung, die eine besondere Verkehrsregelung für die äußeren Fahrbahnen entbehrlich macht.

6   III. Auf Straßen mit vier Fahrbahnen sind in der Regel die beiden mittleren dem schnelleren Fahrzeugverkehr vorzubehalten. Außerhalb geschlossener Ortschaften werden sie in der Regel als Kraftfahrstraßen (Zeichen 331) zu kennzeichnen sein. Ob das innerhalb geschlossener Ortschaften zu verantworten ist, bedarf gründlicher Erwägungen vor allem dann, wenn in kleineren Abständen Kreuzungen und Einmündungen vorhanden sind. Wo das Zeichen „Kraftfahrstraße" nicht verwendet werden kann, wird in der Regel ein Verkehrsverbot für Radfahrer und andere langsame Fahrzeuge (Zeichen 250 mit entsprechenden Sinnbildern) zu erlassen sein.   **17b**

     Durch Zeichen 283 das Halten zu verbieten, empfiehlt sich in jedem Fall, wenn es nicht schon durch § 18 Abs. 8 verboten ist. Die beiden äußeren Fahrbahnen bedürfen, wenn die mittleren als Kraftfahrstraßen gekennzeichnet sind, keiner Beschilderung, die die Benutzung der Fahrbahn regelt; andernfalls sind sie durch Zeichen 251 für Kraftwagen und sonstige mehrspurige Kraftfahrzeuge mit Zusatzschild z. B. „Anlieger oder Parken frei" zu kennzeichnen; zusätzlich kann es auch ratsam sein, zur Verdeutlichung das Zeichen 314 „Parkplatz" anzubringen. Im Übrigen ist auch bei Straßen mit vier Fahrbahnen stets zu erwägen, auf den beiden äußeren Fahrbahnen jeweils nur eine Fahrtrichtung zuzulassen.

Zu Absatz 3

7   Wo es im Interesse des Schienenbahnverkehrs geboten ist, den übrigen Fahrverkehr vom Schienenraum fernzuhalten, kann das durch einfache bauliche Maßnahmen, wie Anbringung von Bordsteinen, oder durch Fahrstreifenbegrenzungen (Zeichen 295) oder Sperrflächen (Zeichen 298) oder durch geeignete Verkehrseinrichtungen, wie Geländer oder Absperrgeräte (§ 43 Abs. 1 und 3) erreicht werden.   **18**

Zu Absatz 4 Satz 1

8   Auf das Gebot des Hintereinanderfahrens sind die Radfahrer bei allen sich bietenden Gelegenheiten hinzuweisen. Wenn bei Massenverkehr von Radfahrern, vor allem bei Betriebsschluss oder Schichtwechsel größerer Betriebe, ein Hintereinanderfahren nicht möglich ist, ist darauf hinzuwirken, dass sich die Radfahrer möglichst gut in die Ordnung des Verkehrs einfügen.   **19**

Zu Absatz 4 Satz 2

20   9   I. *Allgemeines*

1. Der Radverkehr muss in der Regel ebenso wie der Kraftfahrzeugverkehr die Fahrbahn benutzen. Die Anlage von Radwegen kommt im Allgemeinen dort in Betracht, wo es die Verkehrssicherheit, die Verkehrsbelastung, die Verkehrsbedeutung der Straße oder der Verkehrsablauf erfordern. Die Kennzeichnung mit dem Zeichen 237, 240 oder 241 begründet für den Radverkehr die Radwegebenutzungspflicht. Sie trennt dann den Fahrzeugverkehr und dient damit dessen Entmischung sowie dem Schutz des Radverkehrs vor den Gefahren des Kraftfahrzeugverkehrs.

10   2. Aus Gründen der Verkehrssicherheit ist es am besten, wenn zur Umsetzung einer im Einzelfall erforderlichen und verhältnismäßigen Radwegebenutzungspflicht ein Radweg baulich angelegt wird. Die Anlage von Radwegen ist deshalb wünschenswert und soll auch weiterhin angestrebt werden.

11   3. Ist ein baulich angelegter Radweg nicht vorhanden und dessen Anlage auch nicht absehbar, kommt die Abtrennung eines Radfahrstreifens von der Fahrbahn in Betracht. Ein Radfahrstreifen ist ein für den Radverkehr bestimmter, von der Fahrbahn nicht baulich, sondern mit Zeichen 295 „Fahrbahnbegrenzung" abgetrennter und mit dem Zeichen 237 „Radweg" gekennzeichneter Teil der Straße, wobei der Verlauf durch wiederholte Markierung des Zeichens 237 verdeutlicht werden kann. Das Zeichen 295 ist in der Regel in Breitstrich (0,25 m) auszuführen; vgl. zu § 41 Abs. 3 Nr. 9. Erwogen werden kann auch eine Kombination zwischen einem baulich angelegten Radweg (z. B. im Streckenverlauf) und einem Radfahrstreifen (z. B. vor Kreuzungen und Einmündungen). Zum Radfahrstreifen vgl. Nummer II zu Zeichen 237; Rn. 2 ff.

12   4. Ist ein Radfahrstreifen nicht zu verwirklichen und ist ein Mischverkehr nicht vertretbar, kann die Anlage eines getrennten Fuß- und Radweges erwogen werden; vgl. zu Zeichen 241.

13   5. Ist ein Radweg oder Radfahrstreifen nicht zu verwirklichen und ist ein Mischverkehr vertretbar, kann auf der Fahrbahn die Anlage eines Schutzstreifens oder auf dem Gehweg die Öffnung für den Radverkehr (z. B. Zeichen 240 „gemeinsamer Fuß- und Radweg" oder Zeichen 239 „Fußgänger" mit dem Zusatzschild 1022–10 „Radfahrer frei") erwogen werden. Der Anlage eines Schutzstreifens auf der Fahrbahn soll dabei in der Regel der Vorzug gegeben werden. Zum Schutzstreifen vgl. Nummer II zu Zeichen 340 (Rn. 2 ff.), zum Gehweg vgl. zu Zeichen 239 und zu Zeichen 240.

20a   II. *Radwegebenutzungspflicht*

14   Ist aus Verkehrssicherheitsgründen die Anordnung der Radwegebenutzungspflicht mit den Zeichen 237, 240 oder 241 erforderlich, so ist sie, wenn nachfolgende Voraussetzungen erfüllt sind, vorzunehmen.

15   *Voraussetzung für die Kennzeichnung ist, dass*

1. eine für den Radverkehr bestimmte Verkehrsfläche vorhanden ist oder angelegt werden kann. Das ist der Fall, wenn

   a) von der Fahrbahn ein Radweg baulich oder ein Radfahrstreifen mit Zeichen 295 „Fahrbahnbegrenzung" abgetrennt werden kann oder

   b) der Gehweg von dem Radverkehr und dem Fußgängerverkehr getrennt oder gemeinsam benutzt werden kann,

16   2. die Benutzung des Radweges nach der Beschaffenheit und dem Zustand zumutbar sowie die Linienführung eindeutig, stetig und sicher ist. Das ist der Fall, wenn

17   a) er unter Berücksichtigung der gewünschten Verkehrsbedürfnisse ausreichend breit, befestigt und einschließlich eines Sicherheitsraums frei von Hindernissen beschaffen ist. Dies bestimmt sich im Allgemeinen unter Berücksichtigung insbesondere der Verkehrssicherheit, der Verkehrsbelastung, der Verkehrsbedeutung, der Verkehrsstruktur, des Verkehrsablaufs, der Flächenverfügbarkeit und der Art und Intensität der Umfeldnutzung. Die lichte Breite (befestigter Verkehrsraum mit Sicherheitsraum) soll in der Regel dabei durchgehend betragen:

18   aa) Zeichen 237

     – baulich angelegter Radweg   möglichst 2,00 m
     mindestens 1,50 m

19   – Radfahrstreifen (einschließlich Breite des Zeichens 295)   möglichst 1,85 m
     mindestens 1,50 m

Straßenbenutzung durch Fahrzeuge § 2 StVO **2**

20   bb) *Zeichen 240*
         gemeinsamer Fuß- und Radweg
         innerorts   *mindestens 2,50 m*
         außerorts   *mindestens 2,00 m*

21   cc) *Zeichen 241*
         – *getrennter Fuß- und Radweg*
         für den Radweg   *mindestens 1,50 m*

Zur lichten Breite bei der Freigabe linker Radwege für die Gegenrichtung vgl. Nummer II 3 zu § 2 Abs. 4 Satz 3; Rn. 37 ff.

22   *Ausnahmsweise und nach sorgfältiger Überprüfung kann von den Mindestmaßen dann, wenn es auf Grund der örtlichen oder verkehrlichen Verhältnisse erforderlich und verhältnismäßig ist, an kurzen Abschnitten (z. B. kurze Engstelle) unter Wahrung der Verkehrssicherheit abgewichen werden.*

23   *Die vorgegebenen Maße für die lichte Breite beziehen sich auf ein einspuriges Fahrrad. Andere Fahrräder (vgl. Definition des Übereinkommens über den Straßenverkehr vom 8. November 1968, BGBl. 1977 II S. 809) wie mehrspurige Lastenfahrräder und Fahrräder mit Anhänger werden davon nicht erfasst. Die Führer anderer Fahrräder sollen in der Regel dann, wenn die Benutzung des Radweges nach den Umständen des Einzelfalles unzumutbar ist, nicht beanstandet werden, wenn sie den Radweg nicht benutzen;*

24   b) *die Verkehrsfläche nach den allgemeinen Regeln der Baukunst und Technik in einem den Erfordernissen des Radverkehrs genügenden Zustand gebaut und unterhalten wird und*

25   c) *die Linienführung im Streckenverlauf und die Radwegeführung an Kreuzungen und Einmündungen auch für den Ortsfremden eindeutig erkennbar, im Verlauf stetig und insbesondere an Kreuzungen, Einmündungen und verkehrsreichen Grundstückszufahrten sicher gestaltet sind.*

26   *Das Abbiegen an Kreuzungen und Einmündungen sowie das Einfahren an verkehrsreichen Grundstückszufahrten ist mit Gefahren verbunden. Auf eine ausreichende Sicht zwischen dem Kraftfahrzeugverkehr und dem Radverkehr ist deshalb besonders zu achten. So ist es notwendig, den Radverkehr bereits rechtzeitig vor der Kreuzung oder Einmündung im Sichtfeld des Kraftfahrzeugverkehrs zu führen und die Radwegeführung an der Kreuzung oder Einmündung darauf abzustimmen. Zur Radwegeführung vgl. zu § 9 Abs. 2 und 3; Rn. 3 ff.*

27   3. *und bei Radfahrstreifen die Verkehrsbelastung und Verkehrsstruktur auf der Fahrbahn sowie im Umfeld die örtlichen Nutzungsansprüche auch für den ruhenden Verkehr nicht entgegenstehen. Vgl. Nummer II zu Zeichen 237; Rn. 2 ff.*

28   III. *Über die Kennzeichnung von Radwegen mit dem Zeichen 237, 240 oder 241 entscheidet die Straßenverkehrsbehörde nach Anhörung der Straßenbaubehörde und der Polizei. In die Entscheidung ist, soweit örtlich vorhanden, die flächenhafte Radverkehrsplanung der Gemeinden und Träger der Straßenbaulast einzubeziehen. Auch kann sich empfehlen, zusätzlich Sachkundige aus Kreisen der Radfahrer, der Fußgänger und der Kraftfahrer zu beteiligen.*   **20b**

29   IV. *Die Straßenverkehrsbehörde, die Straßenbaubehörde sowie die Polizei sind gehalten, bei jeder sich bietenden Gelegenheit die Radverkehrsanlagen auf ihre Zweckmäßigkeit hin zu prüfen und den Zustand der Sonderwege zu überwachen. Erforderlichenfalls sind von der Straßenverkehrsbehörde sowie der Polizei bauliche Maßnahmen bei der Straßenbaubehörde anzuregen. Vgl. Nummer IV 1 zu § 45 Abs. 3; Rn. 56.*   **20c**

Zu Absatz 4 Satz 3

     I. Andere Radwege   **21**

30   1. *Andere Radwege sind baulich angelegt und nach außen erkennbar für die Benutzung durch den Radverkehr bestimmt. Sie sind jedoch nicht mit dem Zeichen 237, 240 oder 241 gekennzeichnet. Solche Radwege kann der Radverkehr in Fahrtrichtung rechts benutzen. Es kann aber nicht beanstandet werden, wenn sie der Radverkehr nicht benutzt.*

31   2. *Der Radverkehr kann deshalb auch bei anderen Radwegen, insbesondere an Kreuzungen, Einmündungen und verkehrsreichen Grundstückszufahrten nicht sich selbst überlassen bleiben.*

32 3. Es ist anzustreben, dass andere Radwege baulich so hergestellt werden, dass sie die (baulichen) Voraussetzungen für eine Kennzeichnung der Radwegebenutzungspflicht erfüllen.

33 4. Ist die Kennzeichnung der Radwegebenutzungspflicht unerlässlich, erfüllt der andere Radweg aber noch nicht die (baulichen) Voraussetzungen, kann die Kennzeichnung ausnahmsweise und befristet vorgenommen werden, wenn die Belange der Verkehrssicherheit gewahrt bleiben. Bei der Straßenbaubehörde sind gleichzeitig Nachbesserungen anzuregen.

34 5. Scheidet auf absehbare Zeit eine solche Herstellung des anderen Radweges aus und ist auch die an sich unerlässliche Kennzeichnung der Radwegebenutzungspflicht nicht möglich, soll dessen Auflassung bei der Straßenbehörde angeregt werden. Gleichzeitig sollen andere Maßnahmen (Radfahrstreifen, Schutzstreifen) geprüft werden.

II. Freigabe linker Radwege für die Gegenrichtung

35 1. Die Benutzung von in Fahrtrichtung links angelegten Radwegen in Gegenrichtung ist mit besonderen Gefahren verbunden und deshalb aus Gründen der Verkehrssicherheit grundsätzlich nicht erlaubt. Links angelegte Radwege können allerdings, wenn eine sorgfältige Prüfung nichts Entgegenstehendes ergeben hat, durch die Straßenverkehrsbehörden im Einzelfall mit Zeichen zur Benutzung durch die Radfahrer auch in Gegenrichtung freigegeben werden. Davon soll außerorts bei nur einseitig angelegten Radwegen in der Regel und innerorts nur in besonderen Ausnahmefällen Gebrauch gemacht werden.

36 2. Die Freigabe linker Radwege für die Gegenrichtung kann die Zahl der Fahrbahnüberquerungen für den Radverkehr senken. Andererseits entstehen neue Konflikte mit dem entgegenkommenden Radverkehr und an den Kreuzungen, Einmündungen und verkehrsreichen Grundstückszufahrten. Die Prüfung auch anderer Maßnahmen ist deshalb unabdingbar. Zu denken ist hier auch daran, den Bedarf zum Linksfahren, z. B. durch ein verbessertes Angebot von Überquerungsmöglichkeiten usw., zu verringern.

37 3. Voraussetzung für die Freigabe ist, dass

a) der Radweg baulich angelegt ist,
b) für den Radweg in Fahrtrichtung rechts eine Radwegebenutzungspflicht besteht,
c) die lichte Breite des Radweges einschließlich der seitlichen Sicherheitsräume (vgl. Nummer II. 2 Buchstabe a zu § 2 Abs. 4 Satz 2; Rn. 17 ff.) durchgehend in der Regel 2,40 m, mindestens 2,00 m, beträgt und
d) die Führung an den Kreuzungen, Einmündungen und verkehrsreichen Grundstückszufahrten eindeutig und besonders gesichert ist.

Unabdingbar für die besondere Sicherung ist die ausreichende Sichtbeziehung zwischen dem Kraftfahrzeugverkehr und dem in beiden Fahrtrichtungen fahrenden Radverkehr. Vor allem ist auch auf die Sicht der nach links über den Radweg abbiegenden Kraftfahrer zu achten. Diese erwarten und erkennen die damit verbundenen Gefahren häufig nicht ausreichend.

38 4. An Kreuzungen und Einmündungen sowie an verkehrsreichen Grundstückszufahrten ist in der Regel

a) der abbiegende Kraftfahrzeugverkehr auf der Vorfahrtstraße mit dem seitwärts aufgestellten Zeichen 138 „Radfahrer" und dem Zusatzschild 1000–30 und
b) der Fahrzeugverkehr auf der untergeordneten Straße mit dem Zeichen 205 „Vorfahrt gewähren!" und dem angebrachten Zusatzschild „Sinnbild eines Radfahrers und von zwei gegengerichteten waagerechten Pfeilen"

auf die besonderen Gefahren eines neben der durchgehenden Fahrbahn verlaufenden und zu kreuzenden Radweges aufmerksam zu machen. Zum Standort des Zeichens 205 vgl. Nummer I zu den Zeichen 205 und 206; Rn. 1. Im Zweifel und bei abgesetzten Radwegen vgl. Nummer I zu § 9 Abs. 3; Rn. 16.

Zu Absatz 4 Satz 4

39 Ein Seitenstreifen ist der unmittelbar neben der Fahrbahn liegende Teil der Straße. Er kann befestigt oder unbefestigt sein.

40 Radfahrer haben das Recht, einen Seitenstreifen zu benutzen. Eine Benutzungspflicht besteht dagegen nicht. Sollen Seitenstreifen nach ihrer Zweckbestimmung auch der Benutzung durch Radfahrer dienen, ist auf eine zumutbare Beschaffenheit und einen zumutbaren Zustand zu achten.

Straßenbenutzung durch Fahrzeuge § 2 StVO **2**

Übersicht

Abstand nach rechts 9–11, 41
Arbeitsfahrzeuge 43
Ausnahmen vom Rechtsfahrgebot 33, 35, 43, 44
Ausweichen 25
Autobahn 40
–, Einfahren 44
–, Fahrstreifen mit unterschiedlicher Geschwindigkeitsbeschränkung 40
–, Kriechspur 63
–, Standspur 25

Benutzung
– der Seitenstreifen 16, 68
– des rechten Fahrbahnrandes 69
Beschleunigungsstreifen 25 a
Besondere Umstände und Rechtsfahrgebot 43
Bus 64

Durchfahrvorrang, Schienenbahn 12, 13, 64, 65

Eigener Gleiskörper 64
Einbahnstraße 32
Einfahren AB 44
Eis 43, 72

Fahrbahn 2, 17 f, 25–27
–, Benutzungspflicht 4–7, 24, 26, 27
–, Hindernisse 43
–, Markierung 43
–, mehrere getrennte 17–17 b, 27
–, mitbenutzte (durch Bahn) 64, 65
–, rechte 26
–, rechter -rand 69
–, schlechte 43
Fahrgeschwindigkeit 40, 42
Fahrweise der Radfahrer 15, 70, 71
Freilassen der Schienen, 64, 65
Fußgängerbereich 30

Gefährliche Güter 72
Gegenverkehr 36–39
Gehweg 4–7, 29–29 b
Getrennte Fahrbahnen 17–17 b, 27
Glätte 72
Gleichgerichteter Längsverkehr 64, 65

Halten 25
Hindernisse 43

Kriechspur, AB 63
Kuppe 36, 37
Kurve 36–39

Langsamfahrer äußerst rechts 9–11, 40, 42
Längsverkehr, gleichgerichteter 64, 65
Linienbus 64

Mehrzweckstreifen s Seitenstreifen
Möglichst weit rechts 9–11, 35–42

Nebel 33, 44, 72

Ordnungswidrigkeiten 73

Parken auf Seitenstreifen 25

Radfahren auf Gehwegen 29 ff.
Radfahrer, Radwege 19–23, 28, 66–67 b
–, bis zu Zehnjährige 29 a,b
–, Schutzstreifen 69
Radfahrstreifen 20, 28, 67
Rechtsfahrgebot 8–11, 33–42
–, Ausnahmen 33, 35, 43, 44
Regen 72

Schienen, Freilassen 64, 65
Schienenbahn, Durchfahrvorrang 12, 13, 64, 65
Schmale Fahrbahn, Unübersichtlichkeit 35, 39
Schneefall 72
Schutzstreifen für Radfahrer 69
Seitenstreifen 2, 4–7, 16, 23, 25, 68
–, Benutzung 16, 25, 68
–, Tragfähigkeit 23, 25
Sicherheitsabstand nach rechts 9–11, 41
Sichtweite, weniger als 50 m 72
Sonderwege 28
Standspur 25

Tragfähigkeit, Seitenstreifen 23, 25

Überholtwerden 36
Umstände, besondere 43
Unübersichtlichkeit 36–39

Vertrauensgrundsatz 34
Verzögerungsstreifen 25 a
Vortritt
–, der Schienenbahnen 12, 13, 64, 65
–, soweit möglich 65
–, kein – der Linienbusse 64

Warnposten 45
Wetterverhältnisse 72 ff
Winterbereifung 72 a f
Wölbung der Fahrbahn 43

Zivilrecht 74

1. Pflicht zur Fahrbahnbenutzung mit Fahrzeugen. I betrifft nur den FahrV, nicht auch **24** das Halten und Parken (BVerwG NZV **93** 44, Ce VersR **76** 1068, KG VRS **45** 66, aM Ko VRS **45** 48). Denn § 2 regelt den fahrenden Längsverkehr (Begr; BGHSt **33** 278 = NJW **85** 2540, Hb DAR **85** 292, VM **88** 94). Dieser hat die Fahrbahn zu benutzen, außer, soweit möglich, beim Halten, Parken (§ 12), bei Pannen, die zum Liegenbleiben führen (§ 15 Rz 2, § 18 Rz 24), und soweit er nicht auf Sonderwege verwiesen ist. Aus Abs 1 S 1, Hs 2 und Abs 2 folgt, dass die Fahrbahn nur in Richtung ihres Verlaufs (z. B. bei Richtungsfahrbahnen) befahren werden darf (KG VM **96** 66: ungeschriebenes Tatbestandsmerkmal), grundsätzlich auch nicht quer zu den Fahrtrichtungen (KG VM **96** 66 [Radf]). Die Fahrbahn ist durch die Art ihrer Befestigung (Bauweise) oder durch eine Fahrbahnbegrenzung (Z 295) gekennzeichnet. Breite und Grenzen der befestigten Fahrbahn müssen äußerlich deutlich sichtbar sein (BGH VRS **4** 178, KG VRS **62** 63 [unterschiedlicher Belag, Bordstein]), denn das Verhalten des fahrenden Verkehrs und die VSicherheit hängen davon ab. Auf wegerechtliches Eigentum kommt es nicht an.

2 StVO § 2   I. Allgemeine Verkehrsregeln

Auf der Fahrbahn ist der Fahrverkehr gegenüber den Fußgängern, soweit sie sie mitbenutzen dürfen, nicht geradezu bevorrechtigt, jedoch müssen Fußgänger dort die Beschränkungen nach §§ 25, 26 beachten, die meist auf Vorrang des Fahrverkehrs hinauslaufen. Fehlen Sonderwege, müssen auch die sonst auf sie verwiesenen VT (Reiter, Radf) die Fahrbahn benutzen. In die Fahrbahn ohne Abgrenzung eingelassene Gleise dürfen ohne vermeidbare Bahnbehinderung befahren und bei ausreichender StrBreite auch zum Überholen benutzt werden (abw Kar VersR **78** 971). **Sonderfahrstreifen** für Busse und Taxis sowie (ZusatzZ) Radf (Z 245) sind keine Seitenstreifen, sondern Bestandteil der Fahrbahn (LG Fra DAR **93** 393). Von der Fahrbahn baulich oder durch VZ abgegrenzte Schienen (Markierungsknopfreihe) gehören nicht dazu (Dü VkBl **65** 91) und dürfen allenfalls zu vorsichtigem Ausweichen mitbenutzt werden (Ha VRS **9** 410), aber nicht bei Nebel (Dü VM **65** 91). Abzuziehen sind auch durch Bauzäune abgegrenzte Teile (Ha VRS **7** 222), nicht dagegen nur durch Absperrgeräte (§ 43) von der übrigen Fahrbahn abgegrenzte vorübergehende Baustellenbereiche (KG VRS **62** 63). Fahrstreifen: § 7.

25   **1a. Seitenstreifen** (I S 2) ist der befestigte oder unbefestigte, unmittelbar neben der Fahrbahn befindliche (befahrbare) Teil der Str, Jn NZV **98** 166, DAR **99** 71, Kö NZV **97** 449, Ha DAR **94** 409, Dü VRS **72** 296, einschließlich etwaiger Haltebuchten, Bay DAR **03** 128, s auch § 12 Rz 58. Der Seitenstreifen umfasst nach dem Wortsinn nur einen Bereich, der schmaler ist als die Fahrbahn; optisch zur anderen (der Fahrbahn abgewandten) Seite hin abgegrenzte Bereiche gehören nicht dazu, Jn NZV **98** 166 (Baumreihe). Grünflächen neben der Str, die nicht VFlächen sind, sind keine Seitenstreifen, Kar NZV **91** 38. Radwege sind keine Seitenstreifen iS von IV, sondern Sonderwege (§ 41 II 5) und schließen die Benutzung zum Parken durch Kfz aus. Seitenstreifen (Bankette, „Mehrzweckstreifen", „Standspuren") gehören, soweit sie nicht gem Z 223.1 die rechtliche Qualität eines Fahrstreifens erlangt haben, **nicht zur Fahrbahn** (Abs 1 S 2), s Fra VRS **82** 255, dienen nicht dem fließenden V und dürfen das reguläre Fahrverhalten nicht beeinflussen (Begr). Ihr baulicher Zustand braucht nicht der Fahrbahn zu entsprechen, Brn VRS **102** 188. Von Kfz und Fuhrwerken dürfen sie nur nach Maßgabe von §§ 5 VI 3, 41 III Nr 3b (Z 295) zum Fahren und iÜ nur ausnahmsweise mit ihrem Zustand entsprechender Vorsicht benutzt werden (Halten, Parken, Liegenbleiben, Ausweichen, Jn DAR **99** 71), und zwar nur mit ermäßigter Geschwindigkeit, nicht mit der auf der Fahrbahn erlaubten, Brn VRS **102** 188. Bei Hindernissen auf der Fahrbahn kann es uU erlaubt sein, vorsichtig den Seitenstreifen mitzubenutzen, Dü DAR **00** 477 (Parkstreifen, um an MüllFz vorbeizufahren). Vorbeifahren, Ausweichen: § 6, Halten, Parken: § 12, Liegenbleiben: § 15. Das **Bankett** dient nicht dem FahrV, BGH DAR **05** 210, Nü DAR **04** 150, es soll warnen und das Zurücklenken ermöglichen, Schl NZV **95** 153, Jn DAR **99** 71, aber nicht stets bei hoher Geschwindigkeit, BGH DAR **05** 210 (s § 45 Rz 53), und darf hierzu benutzt werden, ebenso bei Tragfähigkeit zum Halten, Parken, Ausweichen und bei einer Panne, Bay VRS **34** 76. Aus dem Bauzustand des Bankettes muss seine Tragfähigkeit einigermaßen hervorgehen, BGH NJW **57** 1396, Stu DAR **55** 108. Hat es keine feste Decke, so dürfen schwere Fz es nicht benutzen, BGH NJW **57** 1396, VRS **14** 58. S § 45 Rz 53. Auch der linke AB-Randstreifen zum Grünstreifen hin gehört nicht zur Fahrbahn, er ermöglicht nur deren Ausnutzung bis zum Rand und mitunter das Ausweichen und Beiseitefahren im Notfall (Kö VersR **66** 834), schon gar nicht die Grünfläche eines Mittelstreifens (Kar DAR **07** 335, zur VSicherungspflicht insoweit § 45 Rz 53, unter „Straßenbäume"). Unzulässiges Befahren der **AB-Standspur** verstößt gegen das Gebot des Abs 1, Dü VRS **70** 35, NJW **94** 1809, Kö VRS **74** 139, s auch § 18 Rz 14b.

25a   **1b. Beschleunigungsstreifen** sind nach wohl überwiegender Ansicht nicht Bestandteil der Richtungsfahrbahn, sondern selbstständige Fahrbahnen, Bay DAR **70** 276, Ha DAR **75** 277, Ko DAR **87** 158, *Cramer* § 5 Rz 6, *Jagow/Burmann/Heß* § 5 Rz 59, obwohl § 42 VI Nr 1e (der dann überflüssig wäre) geeignet ist, die Ansicht zu stützen, dass es sich um unselbstständige Bestandteile der Richtungsfahrbahn handelt, BGHSt **30** 85 = NJW **81** 1968, Kö VRS **62** 303. Sie dienen ausschließlich dem zügigen Einfädeln, soweit der durchgehende Verkehr dies zulässt, Ko DAR **87** 158; deshalb gilt das Rechtsfahrgebot des durchgehenden Verkehrs für sie nicht, Fra VersR **86** 1195. Auf Beschleunigungsstreifen darf zwecks zügigen Einfädelns schneller gefahren werden als auf dem angestrebten Fahrstreifen, § 5 Rz 20. Das gilt nach Dü VRS **107** 109, Ha DAR **75** 277, *Janiszewski* DAR **89** 410, aM *Seidenstecher* DAR **89** 412 auch für **Verzögerungsstreifen**, wogegen allerdings die in § 42 VI Nr 1f) S 2 getroffene Regelung sprechen könnte.

Lit: *Mühlhaus*, Beschleunigungs- und Verzögerungsstreifen, DAR **75** 64.

Straßenbenutzung durch Fahrzeuge   § 2 StVO 2

1 c. Bei **zwei Fahrbahnen** ist die rechte zu benutzen (I S 1). Fahrbahnen in diesem Sinn 26
sind nur baulich oder durch VEinrichtungen getrennte, s Vwv, Rz 17, nicht nur durch eine
Fahrstreifenbegrenzung (Z 295) oder verschiedenen Belag unterschiedene, auch nicht Fahrstreifen oder Sonderwege (Rz 28–30). AB-Falschfahrer: § 18. Schienen in Straßenmitte ohne bauliche Abgrenzung (Mitbenutzung durch Fahrverkehr) schaffen keine zwei Fahrbahnen.

Die Benutzung **mehrerer getrennter Fahrbahnen** ist durch VZ zu regeln (Vwv, Rz 17). 27
Straßen mit mehreren getrennten Fahrbahnen bleiben zwar dieselbe Straße, doch gelten Zusatzschilder „Frei für Anlieger" nur für die Fahrbahn, an der sie aufgestellt sind, aM Ce VRS **34**
473, andere Anlieger dürfen diese Fahrbahn nicht benutzen.

2. Sonderwege sind die Rad-, Reit- und Gehwege (Z 237, 238, 239), Rad- und Gehwege 28
auch ohne Kennzeichnung, wenn sie baulich oder auf andere Weise (zB Radfahrstreifen, Vwv
Rn 11, s Rz 20) deutlich von Fahrbahnen oder Seitenstreifen zur Sonderbenutzung abgetrennt
sind. Offensichtliche bauliche Beschaffenheit oder örtliche Verhältnisse können auch ohne VZ
anzeigen, dass bestimmte Fz von der Benutzung ausgeschlossen sind, BGH DAR **58** 51. Radwege: Rz 67. Sonderwege dürfen nur und müssen von ihrer VArt benutzt werden (§ 41 II Nr 5,
Ausnahme: § 2 IV S 3, V), BGH VRS **37** 443, Bay VRS **56** 48, nur notfalls auch von anderen
VT, bei vorrangigem Interesse daran, Hb VRS **60** 241, Kö VRS **15** 405, s Rz 29 (Gehweg).
Inline-Skater dürfen den Radweg nicht benutzen, weil sie den Regeln für Fußgänger unterliegen, § 25 Rz 12. Befugte wie unbefugte Sonderwegbenutzer müssen bei Begegnungen rechts
bleiben (Abs 2) und links überholen (§ 5). Durch VVerbote (Z 250–269) können bestimmte
VArten von einer Fahrbahn ausgeschlossen werden. Busspuren für den öffentlichen Personenverkehr: Rz 24 und § 37 Rz 56, Z 245.

2 a. Gehwege (Begriff: § 25 Rz 12, s auch Rz 4–7 und Z 239) sind als Sonderwege den 29
Fußgängern vorbehalten, andere VArten sind, außer an Grundstücksausfahrten und die bis zu
10 jährigen Radf (Rz 29 a), von ihnen ausgeschlossen (Kö VRS **102** 469, Dü VersR **96** 1121,
BVerwG VM **80** 75). Mit Gefährdung durch Fz müssen Fußgänger dort nicht rechnen, Mü
VM **77** 38. Auf Gehwegen darf der Fußgänger entsprechend seiner Persönlichkeitsentfaltung
frei gehen, stehen und auch seitliche Bewegungen machen, ohne sich einem Fahrlässigkeitsvorwurf auszusetzen. Er unterliegt dem § 1 II. Kinder mit „Spielfahrrädern" (Rz 29 a)
dürfen sich nur auf Gehflächen bewegen (§§ 24 I, 31), aber nur langsam und ohne Gefährdung
anderer, Mü VM **77** 38. Krankenfahrstühle und besondere Fortbewegungsmittel (§ 24) dürfen
auf Gehflächen benutzt bzw geführt werden. Fahrräder und andere Fz dürfen nach Maßgabe von
§ 25 II von Fußgängern auf Gehwegen mitgeführt (zB geschoben) werden. IÜ sind Mopeds,
FmH, Mofas, über 10 jährige Radf und alle Kfz, anderen Fz und Reiter von ihnen ausgeschlossen, BVerwG VM **80** 75. Kurzes Befahren des Gehwegs aus Zwangsgründen nur unter äußerster Sorgfalt und bei sofortiger Anhaltebereitschaft, Ha VersR **87** 1246, Fußgänger haben stets
den Vortritt. Wer einen Kf hindert, den Gehweg rechtswidrig zu befahren, verletzt § 1 nicht
(Selbstjustiz ist jedoch unerlaubt; § 1 Rz 40). Ist das Erreichen eines Grundstücks (= VFläche, die nicht dem fließenden V dient, s § 9 Rz 45), zB auch eines Parkplatzes, einer Tankstelle
usw, nur über einen Gehweg möglich, so darf dieser mit Fz überquert werden, bei Einrichtung
einer besonderen Zufahrt (abgesenkter Bordstein) jedoch nur dort, BGHSt **33** 278 = NJW **85**
2540, Dü DAR **84** 156, VRS **81** 379, Hb DAR **85** 292. Das **Radfahren auf Gehflächen**
stellt einen groben Verkehrsverstoß dar (Ce MDR **03** 928, **01** 1236, Ha VersR **87** 1246,
NZV **95** 152, Kar NZV **91** 154, LG Dessau NZV **06** 149). Zur zunehmenden Missachtung
von VRegeln durch Radf Ha NZV **96** 449, *Spiegel* VGT **84** 17 mit Entgegnung *Eger* PVT **84**
371, *Kramer* NZV **00** 283, *Weinberger* DNP **87** 189, *Lang* VGT **93** 99, *Kullik* PVT **95** 140; s
auch Begr zur VerwnVwV, VkBl **00** 117. Ein erwachsener Radf, der widerrechtlich den
Gehweg befährt und mit einem sich beim Verlassen einer Grundstücksausfahrt vorschriftsmäßig verhaltenden Kf kollidiert, hat seinen **Schaden allein zu tragen** (Ce MDR **03** 928, Kar
NZV **91** 154 m Anm *Haarmann* NZV **92** 175, Ha NZV **95** 152, Mü ZfS **97** 171, LG Dessau
NZV **06** 149 [selbst bei geringfügigem Mitverschulden des Kf], LG Erfurt NZV **07** 521),
ebenso bei Kollision mit einem gegenüber dem FahrbahnV wartepflichtigen FzF (§ 8 Rz 30
sowie § 9 StVG Rz 16). Wer als Radf einen auf dem Radweg fahrenden anderen Radf unter
Benutzung des durch eine durchgehende Linie getrennten Gehwegs überholt und mit ihm
kollidiert, weil der Überholte nach links ausschert, haftet mit (Ha NZV **95** 316). Das Verbot
des Radfahrens auf Gehwegen dient auch dem Schutz von Kf, die eine Ausfahrt über den
Gehweg verlassen (Hb NZV **92** 281; i Erg zust Anm *Grüneberg*; Ha NZV **95** 152, LG Dessau
NZV **06** 149, s auch Kar NZV **91** 154, aM Dü NZV **96** 119, *Haarmann* NZV **92** 175), nach

BGH NJWE-VHR **96** 114, Dü VersR **96** 1120 (zust *Looschelders* VersR **96** 1123, abl *Greger* NZV **97** 39) auch dem Schutz anderer, ebenfalls verbotswidrig den Gehweg befahrender Radf iS einer Haftung aus § 823 I BGB bei dadurch verursachter Schädigung (aM Fra VM **96** 39; zust *Grüneberg* NZV **97** 419). Eltern, Aufsichtspflichtige und Lehrer, die über 8jährige Kinder zum Befahren von Gehflächen mit nicht zugelassenen Fz ermuntern oder veranlassen, sind OW-Beteiligte (§ 14 OWiG; *Pardey* DAR **01** 5) und haften zivilrechtlich für Schäden (Dü MDR **75** 580). Ein ZusatzZ (Radf frei) erlaubt das Radfahren nur in der Richtung, für die es erkennbar aufgestellt ist. Mitbenutzung des Gehwegs zum Parken: § 12. Kombinierter Geh- und Radweg: § 41 Z 237.

29a **Kinder bis zum vollendeten achten Lebensjahr** sind von der Fahrbahn und vom Radweg ausgeschlossen und müssen den rechten oder linken Gehweg benutzen (V), und zwar in beiden Richtungen, KG VRS **68** 284, *Händel* DNP **80** 253, *Bouska* DAR **82** 112, *Beck* S 44. Auf der Fahrbahn sind sie wegen ihres entwicklungsbedingten Verkehrsunverständnisses (§ 25 Rz 26), das die Kf idR missverstehen, besonders gefährdet. Fehlt ein Gehweg, dürfen sie die Fahrbahn benutzen, Ha MDR **00** 454, *Jagow/Burmann/Heß* Rz 64. Zu den Gehwegen werden auch alle Fußgängerbereiche zu rechnen sein, *Bouska* DAR **82** 113. Auf die Gehwegbreite kommt es nicht an. Er muss auch bei teilweiser unerlaubter Mitbeparkung benutzt werden. Die Vorschrift ist nicht auf VTeilnahme iS zielgerichteten Fahrens beschränkt. Das Motiv des Kindes beim Radfahren ist unbeachtlich. Gehwegbenutzung daher auch beim spielerischen Umherfahren. Eine sinnvolle, an den VBedürfnissen orientierte Auslegung wird ergeben, dass Kinder bis zum 8. Lebensjahr entgegen dem Wortlaut des Abs V auch in Begleitung Erwachsener auf der Fahrbahn fahren dürfen (Familienausflug), *Bouska* DAR **82** 112, aM LG Mönchengladbach DAR **03** 562, *Beck* S 45 sowie DAR **80** 236, *Händel* DNP **80** 253. **Kinder zwischen dem 8. und 10. Lebensjahr** dürfen auf Gehwegen Rad fahren, können aber wahlweise auch die Fahrbahn oder Radwege benutzen; kein Wahlrecht aber für einen 10jährigen, falls 2 als Sonderwege für Fußgänger gekennzeichnete Wege parallel laufen und nur einer davon für den RadfahrV freigegeben ist, Ko OLGR **05** 484. Kinder über 10 Jahre dürfen Gehwege nicht mit Fahrrädern befahren, sondern müssen die Fahrbahn benutzen, *Händel* DNP **80** 253, *Bouska* VD **80** 199, DAR **82** 112 (alle noch zur früheren Fassung von Abs V), anders im Hinblick auf die Neufassung des § 24 I durch die 9. ÄndVO jedoch dann, wenn sie Kinderfahrräder fahren. Bei Schnee und Wintergätte sind Fahrräder besonders instabil. Hier wird nicht zu verlangen sein, dass ein breiterer Streifen geräumt und abgestumpft wird, als für zwei Fußgänger nebeneinander nötig. Unter solchen Umständen ist Fahrradbenutzung durch kleinere Kinder möglicherweise missbräuchlich. An Ausfahrten, bei denen die Fahrbahn nur durch Überqueren eines Gehweges zu erreichen ist, müssen Kf die Regelung berücksichtigen und ihre Fahrweise nicht nur auf Fußgänger, sondern auch auf Rad fahrende Kinder einstellen, s § 10 Rz 10a. Bei Dunkelheit besteht Beleuchtungspflicht. Die rechtliche Behandlung vorschriftsmäßig den Gehweg mit Rädern befahrender Kinder **nach den für den FußgängerV geltenden Regeln** hat zur Folge, dass solche Kinder auf dem Gehweg auch entgegen der EinbahnStrRichtung fahren dürfen. Das Kind darf Fußgängern entgegenfahren und sie überholen. In beiden Fällen muss es „besondere Rücksicht" nehmen (V S 2), was nur bei geringer Geschwindigkeit und äußerster Vorsicht (= Verständigung) möglich sein wird, uU muss das Kind vorübergehend absteigen. Da Kinder unter 10 Jahren, erst recht unter 8 Jahren, nur sehr eingeschränkt als Adressaten der in Abs V S 2 und 3 getroffenen Regelung in Frage kommen, wenden sich diese Bestimmungen vor allem auch an die **Aufsichtspflichtigen,** namentlich die Eltern. Diese haben die Kinder entsprechend zu belehren (KG MDR **97** 840, *Händel* DNP **80** 253, *Schmid* DAR **82** 149) und dürfen ihnen die Fahrradbenutzung im öffentlichen VRaum erst dann gestatten, wenn sie sich von der Beherrschung des Rads und der Rücksichtnahme auf andere VT durch das Kind überzeugt haben, KG MDR **97** 840. OW der Eltern nach § 49 I Nr 2, § 2 V 3 kommt aber nur in den Formen der Anstiftung oder Beihilfe nach § 14 OWiG in Betracht. Regelmäßig werden sie also nicht zur Rechenschaft gezogen werden können (*Bouska* DAR **82** 113). Zivilrechtlich werden sich die Eltern zumeist exkulpieren können (§ 832 I 2 BGB; Ce NJW-RR **88** 216, *Fuchs-Wissemann* DRiZ **80** 458), aber nicht ohne Weiteres, wenn auf Grund der Umstände mit gesteigerter Risikobereitschaft des Kinds zu rechnen ist (KG MDR **97** 840). Vorschriftswidrig mit dem Kind auf dem Gehweg mitfahrende Eltern können bei Schädigung Dritter durch das Kind wegen Aufsichtspflichtverletzung haften (BGH NJW-RR **87** 1430). Zur **Aufsichtspflicht** der Eltern gegenüber Rad fahrenden Kindern s auch Rz 66.

Mit der Regelung in Abs V S 3, wonach auf dem Gehweg fahrende Kinder beim **Überqueren einer Fahrbahn** absteigen müssen, ist zugleich geklärt, dass für sie nicht etwa ein dem

Straßenbenutzung durch Fahrzeuge § 2 StVO 2

Benutzer der parallel verlaufenden Fahrbahn zustehendes Vorfahrtsrecht gilt. Eine unterschiedliche Behandlung von Fußgängern und Rad fahrenden Kindern auf Gehwegen im Verhältnis zu den übrigen VT, insbesondere dem V auf den Fahrbahnen, wäre unerträglich. Der „Gehwegverkehr" muss insoweit insgesamt einheitlichen Regeln unterliegen. Daher steht Rad fahrenden Kindern auch dann **kein Vorfahrtsrecht** zu, wenn sie entgegen Abs V S 3 nicht absteigen, Dü VRS **63** 66, *Jagow/Burmann/Heß* Rz 64, *Beck* S 44, aM *Bouska* DAR **82** 112, **89** 162; vielmehr haben sie sich auch dann wie Fußgänger zu verhalten. Entsprechendes gilt für das Abbiegen des Fahrbahnverkehrs im Verhältnis zum kindlichen RadfahrV auf Gehwegen, § 9 Rz 43.

Die Fahrvorschrift in V ist sehr problematisch, weil sie zwecks Kinderschutzes ältere und gebrechliche Fußgänger ihres letzten Refugiums im VRaum beraubt und sie uU erheblich und mit schwer lösbaren Vermögensfolgen gefährdet, *Händel* DAR **85** 211, im Übrigen aber auch auf den Gehwegen gehende und spielende Kleinkinder erheblichen Gefahren aussetzt. Dies gilt nach der Erweiterung der Ausnahmeregelung auf bis zu 10 jährige durch ÄndVO v 7. 8. 97 umso mehr. Die Vorschrift, auf Fußgänger sei besondere Rücksicht zu nehmen, wird schwerlich Schutzwirkung haben, Rz 29a. Auch wirft V zahlreiche Sanktionsprobleme auf: nach § 12 OWiG beginnt die Vorwerfbarkeit erst mit dem vollendeten 14. Lebensjahr, dazu steht das Gebot „besonderer Rücksichtnahme" in V in unvereinbarem Gegensatz. Es ist zu fragen, ob der Gesetzgeber nicht für gesetzliche Vorkehrungen (etwa Sonderfonds, Gefährdungshaftung, *Lang* VGT **93** 103) zum Schadensausgleich zugunsten von Unfallopfern nicht deliktsfähiger auf dem Gehweg Rad fahrender Kinder zu sorgen gehabt hätte, *Fuchs-Wissemann* DRiZ **80** 458. 29b

Lit: *Bernau*, Elternhaftung beim unbeaufsichtigten Radfahren von Kindern, DAR **05** 604. *Böhmer*, Zum Problem der radfahrenden Kinder, DAR **81** 146. *Fuchs-Wissemann*, Radfahren auf Gehwegen, DRiZ **80** 456. *Pardey*, Radfahrer und Fußgänger im StrV, ZfS **06** 488. *Schmid*, Haftungsprobleme des § 2 StVO, DAR **82** 149.

2 b. Fußgängerbereiche (Rechtsgrundlage: §§ 6 I Nr 15 StVG, 45 I b Nr 3, 4 StVO) sind Gehwege und -bereiche (OVG Münster VRS **99** 316) mit zeitlich und sachlich beschränktem Anlieger- und LieferfahrV, soweit durch Zusatzschild zu § 39 StVO ausdrücklich zugelassen (Ko VRS **57** 448), ohne Parkerlaubnis während der Sperrzeit (Ce VRS **74** 66, Ol DAR **90** 271, Kö VRS **92** 362), weil auch Inanspruchnahme durch den ruhenden V „Benutzung" ist. Sie werden durch Z 242/243 gekennzeichnet und stehen nur Fußgängern offen, auch mit Krankenfahrstühlen, Rollstühlen, die nicht in § 24 I genannt sind (s § 24 II), geführten Fahrrädern und „sonstigen Fortbewegungsmitteln" (§ 24 StVO). Alle anderen Fz und Radfahrer (Ausnahme: V) sind ausgeschlossen, auch parkende Kräder (Kö VRS **92** 362). Besondere Verhaltensvorschriften für Fußgänger würden dem Wesen eines Gehbereichs widersprechen. Während des erlaubten Anlieger- und LieferV müssen sie auf diesen jedoch angemessen und ohne dessen Vortritt Rücksicht nehmen (§ 1 StVO), anderseits müssen diese im Schritt zu fahren (dazu: § 42 Rz 181 zu Z 325/326), auch Radf (§ 41 II 5 e bei Z 239 sowie § 41 II Nr 5 bei Z 242/243) und, soweit möglich, rechts (§§ 1 II, 2), damit die Fußgänger, an das grundsätzliche Rechtsfahrgebot gewöhnt, nicht überrascht werden und der Charakter als Gehzone gewahrt bleibt. Die gebotene Schrittgeschwindigkeit wird Überholen idR ausschließen, vgl LG Dortmund DAR **06** 281. Bei vorfahrtähnlichen Lagen innerhalb großer Fußgängerzonen muss an sich rechts vor links gelten, stets aber Verständigung (§ 1), für das Einfahren in den allgemeinen Verkehr gilt § 10. Fußgängerbereiche sind idR durch **straßenrechtliche Umwidmung** und bauliche Umgestaltung zu schaffen (BVerwG BayVBl **76** 692, OVG Lüneburg NJW **79** 1422), der die verkehrsrechtliche Beschilderung zu entsprechen hat (VZ 242, uU 250; *Bouska* VD **78** 243, *Körner und Kersten* BayVBl **78** 487). Die straßenrechtliche Umwidmung zur Fußgängerzone schließt ein Befahren grundsätzlich aus, erlaubt jedoch uU die Erteilung von Sondernutzungserlaubnissen zB für Anlieger (VGH Ma DÖV **80** 730). Ein zum Zweck der Einrichtung eines Fußgängerbereichs ohne wegerechtliche Widmungsbeschränkung aufgestelltes VZ 242 ist (trotz Fehlerhaftigkeit des Verwaltungsakts) zu befolgen (Dü VRS **67** 151). Parken entgegen Z 239 oder Z 242 ist ausschließlich nach StVO, nicht auch als Verstoß gegen Gemeindesatzung zu ahnden (Bay VRS **70** 53). Zur Frage der Beeinträchtigung von Gewerbebetrieben durch Anlage von Fußgängerbereichen BGH NJW **80** 2703. 30

Lit: *Peine*, Die Einrichtung von Fußgängerzonen, DÖV **78** 835, *Derselbe*, Rechtsfragen der Einrichtung von Fußgängerstraßen, Diss Bielefeld 1978. *Wendrich*, Zum unerlaubten Parken von Kfz in Fußgängerbereichen, DVBl **87** 505.

2 c. Radweg: Rz 20, 20 a, 21, 28, 67–67 b. 31

2 StVO § 2   I. Allgemeine Verkehrsregeln

32   **3. Einbahnstraßen** müssen an allen Kreuzungen und Einmündungen gekennzeichnet sein. Das Z 267 (Verbot der Einfahrt) untersagt jedes Einfahren, auch rückwärts oder auf dem Gehweg (Hb VRS **30** 382). Auch auf Einbahnstraßen (Z 220) herrscht Rechtsfahrgebot (II, s Rz 33). Auf dem Gehweg Rad fahrende Kinder unter 10 Jahren: Rz 29 a. Radwege in EinbahnStr dürfen nicht in der gesperrten Richtung befahren werden: Rz 67. **Kreisverkehr** ist Einbahnverkehr mit Rechtsfahrgebot (Ha DAR **04** 90 [auch bei nur einem Fahrstreifen], Sa NJW **73** 2216, Schl VM **59** 65, KG VRS **114** 119), jedoch mit Spielraum, da er nur nach rechts hin verlassen werden kann (Ce VM **66** 45).

33   **4. Das Rechtsfahrgebot** (II) schützt nur den erlaubten Gegen- und Überholverkehr (BGHSt **34** 127 = NJW **86** 2651, NZV **91** 23, Ha NZV **03** 181, Schl NZV **03** 188, Kö VersR **03** 219, KG VM **92** 71, Dü NZV **94** 328, *Haarmann* NZV **93** 374), nicht auch Kreuzende und Ein- und Abbieger (BGH NJW **81** 2301, VersR **77** 524, **75** 37, Bay NZV **89** 359, VRS **59** 222, Jn DAR **00** 570, Sa VersR **81** 580, Kö VRS **94** 249, Ko VRS **50** 112, Dü NZV **88** 151, Ba VRS **84** 203), etwa den aus einer Grundstückseinfahrt Einbiegenden (KG NZV **07** 406), auch nicht überquerende Fußgänger (Ha NZV **03** 181, Kö VersR **03** 219, Nü VersR **80** 338, Kar VersR **79** 478, KG VM **85** 19, Ce ZfS **88** 188) oder solche, die sich aus anderen Gründen auf der Fahrbahn befinden (Kö VersR **03** 219, VRS **99** 401). Jedoch fragt sich, ob diese Einschränkung sachgerecht und unfallverhütend ist, weil jeder VT idR mit Beachtung des Rechtsfahrgebots rechnet und uU (s § 8 Rz 54a) rechnen darf, zw auch Dü VRS **75** 413, anders denn auch mit erwägenswerten Gründen Ce VersR **81** 80 (Linkseinbieger), *Himmelmann* NZV **88** 153, Ha DAR **04** 90 (KreisV), s *Peters* NZV **90** 261, s auch KG VM **89** 23, NZV **07** 406 (erhöhte BG), Kö VRS **99** 249 (Mithaftung). Nach Nü VersR **79** 1114 schützt es nicht den auf dem linken Fahrstreifen einer AB Liegengebliebenen (zw), s *Haarmann* NZV **93** 377. Jedenfalls schützt es nicht den diesem Gebot zuwiderhandelnden Kf selbst vor links befindlichen Hindernissen, Ha NZV **00** 169 (insoweit kein Mitverschulden). Das Rechtsfahrgebot macht die Fahrbahn „breiter", erleichtert das Überholen und gilt in sachbedingter Weise für alle VArten, Straßen und Sonderwege, also auch im EinbahnV (KreisV), Rz 32, bei Vorfahrt, Bay VkBl **66** 118, Zw VRS **38** 311, auf der AB wie den KraftfahrStr, Bay VRS **29** 468, Kö VRS **28** 287, Schl VM **62** 42, auf der AB jedoch nicht im Verhältnis zu gegenläufigen Benutzern, Fra VersR **78** 187. Auf breiten Strn, deren jeweils mehrspurige Fahrbahnhälften durch Z 295 (durchgehende Linie) voneinander getrennt sind, schützt das aus Abs 2 folgende Gebot, innerhalb der rechten Fahrbahnhälfte rechts zu fahren, nicht den auf der links der durchgezogenen Linie entgegenkommenden V, Stu NZV **91** 393. II enthält keine starre Regel, Rz 35, maßgebend sind Örtlichkeit, Fahrbahnart und -beschaffenheit, Fahrgeschwindigkeit, Sicht, Gegenverkehr ua, der Kf hat **Spielraum,** wenn er sich in vernünftiger Weise rechts hält, BGHZ **74** 25 = NJW **79** 1363, NZV **96** 444, **90** 229, Ha DAR **04** 90, Kö VersR **03** 219. Dies gilt zB auch, wenn er sich der Fahrweise einer Kolonne anpassen muss, außer er soll als einziger Vorausfahrender überholt werden, BGH VRS **59** 324. Auf breiter Fahrbahn wird Fahren unmittelbar rechts von der Mitte oft verkehrswidrig sein, *Möhl* DAR **70** 226, anders bei triftigem Grund, zB bei Dunkelheit, Kö VersR **03** 219 (Fußgänger!), Kar VRS **34** 232, oder bei Nebel, wo es der Sicht mehr dient als scharfes Rechtsfahren, oder bei höherer Fahrgeschwindigkeit (Begr), sofern angemessener Sicherheitsabstand zur Mitte bleibt, BGH NZV **90** 229 (Krafd in Linkskurve), Stu DAR **62** 218, Bay VRS **44** 142, dazu Rz 44, und wenn weder nachfolgender noch Gegenverkehr behindert wird, Ha DAR **61** 206 (Rz 35–41, 43–45). Ausnahmen für tätige Spreng- und Kehrmaschinen und im Rahmen von § 35 (Sonderrechtsfz).

34   Wer korrekt rechts fährt, **darf darauf vertrauen,** dass Entgegenkommende dies auch tun, KG VRS **17** 123, und dass sie rechts bleiben, BGH VersR **57** 616, Ba VM **76** 94, und nicht die Fahrbahnbegrenzung überfahren, Sa VM **76** 86, Ha VRS **17** 74, vor allem nicht in der Kurve einer schmalen Straße, BGH NZV **96** 444, Tüb DAR **52** 142, und dass jemand, der ihm mehr zur Mitte entgegenkommt, rechtzeitig genügend weit nach rechts ausweichen wird, BGH VRS **11** 107, **23** 276, Mü VRS **31** 329, Ha VRS **40** 465, es sei denn, der Entgegenkommende fährt ihm immer mehr in den Weg, Mü VersR **66** 668, dann muss er verlangsamen und sich auf Anhalten einrichten, Mü VersR **66** 668, Bay VRS **62** 211, Kar VersR **87** 692, zumindest WarnZ geben, BGH VersR **62** 616, 1056, Ha VRS **21** 279, sofern er nach den Umständen annehmen darf, dass das noch ausreicht. Kein Vertrauensgrundsatz bei in Schlangenlinie entgegenkommendem Radf, Kö VRS **50** 200. Bei Eisrinnen auf der Fahrbahn kann Verständigung nötig sein, Ko DAR **66** 162. Trotz eines **auf seiner Fahrbahnhälfte Entgegenkommenden**

Straßenbenutzung durch Fahrzeuge § 2 StVO 2

hat der FzF idR rechts zu bleiben; Ausweichen nach links nur, wenn rechtzeitiges Zurückkehren des Entgegenkommenden auf die richtige Fahrbahnseite unwahrscheinlich ist, Bay VRS **62** 211, Ha ZfS **97** 288 (objektives Fehlverhalten ist dabei nicht ohne Weiteres schuldhaft, **E** 144). Ein Kf muss damit rechnen, dass ein ihm auf der falschen Fahrbahnseite entgegenkommender Radf noch verspätet auf die andere Seite zu gelangen versucht, Bay VRS **67** 136. **Das Rechtsfahrgebot verletzt,** wer sich auf breiter Fahrbahn ohne vernünftigen Grund nicht auf seiner Seite rechts hält, BGHZ **74** 25 = NJW **79** 1363, wer vorwerfbar zu weit nach links gerät, Bay VRS **23** 68. Wer entgegen dem Z 214 wenden will und sich hierzu unerlaubterweise nach links hin einordnet, verletzt das Rechtsfahrgebot, KG VRS **55** 219.

Lit: *Haarmann,* Der Schutzzweck des Rechtsfahrgebots, NZV **93** 374. *Jagusch,* Bemerkungen zum Kurvenschneiden, DAR **71** 234. *Möhl,* Rechtsfahren nach geltendem und künftigem Recht, DAR **65** 261.

4 a. Möglichst weit rechts ist zu fahren (II). „Möglichst weit rechts" ist kein starrer Begriff 35 und lässt verkehrsgerechte Abweichungen zu (Begr; BGH NZV **96** 444, **90** 229, Bay NZV **90** 122, VRS **62** 377 [Nebel], Kö VersR **03** 219, Ha DAR **00** 265, Fra VersR **99** 770, Dü NZV **97** 321, s auch Rz 33). Bei der Auslegung sind Örtlichkeit, Fahrbahnbreite und -beschaffenheit, FzArt, Ladung, GegenV, parkende Fz, erlaubte und gefahrene Geschwindigkeit, Sicht, Dunkelheit und alle weiteren Umstände zu berücksichtigen (Bay NZV **90** 122, Ha DAR **04** 90, Fra VersR **99** 770, Zw VRS **74** 420). Je behindernder (Langsamfahren) oder gefährdender (GegenV, Überholen) ein Fahren mehr zur Mitte hin wäre, umso schärfer rechts ist zu fahren. Die Vorschrift gewährt je nach Fahrbahnbreite und den übrigen Umständen im Rahmen des Vernünftigen (innerhalb der rechten Fahrbahnhälfte, BGH NZV **96** 444, Ha DAR **00** 265) **Spielraum** (Rz 33). Das Rechtsfahrgebot bedeutet nicht äußerst rechts oder soweit technisch möglich (Bay VRS **62** 377), sondern angemessen weit rechts unter Einhaltung von etwa 1 m zum rechten Fahrbahnrand (Rz 41). Abweichen nur, wenn Rechtsfahren unmöglich, gefährlich oder unzumutbar, wenn Abweichen verkehrsgerecht ist (Ko VRS **43** 286). Es ist so weit rechts zu fahren, wie ohne Gefährdung möglich (Ce DAR **64** 248), ohne die Pflicht zu Schlangenlinien (parkende Fz, s aber Rz 42: langsame Fz), stets mehr oder weniger weit rechts von der Mitte (BGH VM **66** 58, Kö JR **56** 342), je nach erlaubter Fahrgeschwindigkeit und entsprechend breiter Str auch weniger scharf rechts zu fahren (BGH VRS **16** 359, Bay DAR **73** 51). Dem Rechtsfahrgebot ist idR noch genügt, wenn der Kf einen **Abstand zur Mittellinie** (Rz 41) von etwa 0,5 m einhält (BGH NZV **90** 229, Bay VRS **62** 379, Kö VersR **03** 219, Kar VersR **87** 692, VRS **47** 18 [nicht auf besonders breiten Fahrbahnen]), auch in unübersichtlicher Kurve bei GegenV (Bay VRS **61** 55). Je schneller zulässigerweise gefahren wird, desto größer darf (und muss) der Abstand nach rechts sein (Begr). Bankette (Seitenstreifen) bleiben außer Betracht, auch befestigte (Ha VM **63** 48). Der Längsverkehr darf sie nicht benutzen (Rz 25). **Auf schmaler Straße** ist umso schärfer rechts und dann auch entsprechend langsamer zu fahren (Schl NZV **91** 431). Auch auf schmaler Str ohne GegenV ist etwa 1 m Sicherheitsabstand zur rechten Fahrbahnkante kein Verstoß gegen das Rechtsfahrgebot (Kar VRS **47** 18, Sa VM **74** 85, Dü VRS **48** 134, Bay NZV **90** 122), auch nicht bei Hinausragen eines Lkw über die Mittellinie (Bay DAR **73** 51). Anders aber bei Unübersichtlichkeit (Kurve, Kuppe); hier ist äußerst rechts zu fahren (BGH NZV **96** 444, Ha DAR **00** 265). Ist die Fahrbahn so schmal, dass zügiger BegegnungsV überhaupt unmöglich ist, so verstößt nach Bay NZV **90** 122, falls „auf halbe Sicht" gefahren wird, solange weder Gegen- noch ÜberholV sichtbar ist, Fahren über die Fahrbahnmitte hinaus nicht gegen II (abw BGH NZV **96** 444). Fahrer breiter Kfz, die einander auf schmaler Fahrbahn begegnen, müssen sich verständigen (Sa VM **72** 65). Wer **abknickender Vorfahrt** folgt, biegt nicht ab (§ 9, wenngleich Fahrtrichtungsanzeige geboten ist, § 42 II) und muss daher möglichst weit rechts fahren; kein Einordnen zur Mitte (Bay VM **72** 49, Fra DAR **83** 81).

Nur beispielhaft sind Gegenverkehr, Überholtwerden, das Verhalten vor Kuppen, bei Un- 36 übersichtlichkeit und in Kurven als Gründe für möglichst weites Rechtsfahren in II genannt. Dieses ist auch unter anderen, ähnlichen Verhältnissen vorgeschrieben, wenn Fahren weiter links behindern oder gefährden könnte. In den Beispielsfällen trifft dies erfahrungsgemäß besonders häufig zu.

Eine **Kuppe** ist eine Bodenwelle, die entgegenkommende Fz ganz, nicht nur im unteren Teil 37 verbirgt. Vor Kuppen ist scharf rechts zu fahren, Kö DAR **58** 225, Ol DAR **58** 222. Ausweichen nach links ist grobfahrlässig, BAG VRS **19** 316.

Unübersichtliche Kurven sind ausnahmslos scharf rechts zu befahren, BGH VersR **66** 38 1076, DAR **59** 59, Neust VRS **28** 30, nicht im Mittelbereich einer nur 6 m breiten Fahrbahn, BGH VersR **61** 228, Abstand von mindestens 50 cm zur Mittel-Leitlinie bei 80 cm zum rechten Fahrbahnrand ist aber auch bei GegenV und unübersichtlicher Kurve idR ausreichend, Bay VRS **61** 55. Wer eine unübersichtliche Kurve schneidet, kann die Folgen allein zu tragen haben, Nü VersR **72** 76. Wer vor schmaler, unübersichtlicher Linkskurve Fußgängern begegnet, darf nicht nach links ausweichen, sondern muss anhalten und sie vorbeilassen, Bay VM **70** 33.

39 **Unübersichtlichkeit** zwingt ausnahmslos zu scharfem Rechtsfahren bei angepasster Fahrgeschwindigkeit, weil Gefahr sonst niemals ausgeschlossen werden kann, KG VM **71** 84 (steile Bergstraße), auch nicht bei Fahrstreifenbegrenzung (Z 295), Ha VRS **17** 74. Worauf die Unübersichtlichkeit beruht, ist ohne Bedeutung, zB auf parkenden Fz, Bay VkBl **53** 188, Sa DAR **59** 136, Wegkrümmungen, Randbewuchs, Rauch, BGHZ VersR **63** 1013, Sa VM **58** 53, der eigenen Fahrgeschwindigkeit.

40 **Auch auf der AB** (§ 18) ist rechts zu fahren, bei langsamer Fahrweise äußerst rechts („50"), Ce NJW **66** 1868, bei mehrspurig abzweigender AB auch im Abzweigungsbereich auf dem rechten Fahrstreifen, Fra VersR **96** 1553. Ausnahmen vom Rechtsfahrgebot: Überholen und wenn besondere Umstände es vernünftig erscheinen lassen, Schl VM **63** 47. Niemand darf unnötig auf der Überholspur bleiben (häufiger Verstoß); nach dem Überholen ist alsbald wieder rechts einzuscheren, Bay VRS **29** 468. Näher § 5. Wer überholt, braucht schnellerem Verkehr vor Beendigung nicht zu weichen, Fra VM **64** 23. **Linksausbiegen auf der AB**, wenn es das Einfahren anderer ohne Beeinträchtigung des durchgehenden Verkehrs erleichtert, ist zulässig, Kö VM **65** 23 (§§ 11, 18). Der durchgehende Verkehr darf aber nicht ohne Rücksicht auf dort einfahrende Fz auf den Beschleunigungsstreifen hinüberlenken, Bay VM **79** 10, Rz 25 a. Sind auf **mehrstreifiger Fahrbahn** von rechts nach links **unterschiedliche Höchstgeschwindigkeiten** (Z 274) vorgeschrieben, so darf der der eigenen gewählten und sachlich erlaubten Fahrgeschwindigkeit entsprechende Fahrstreifen benutzt werden. Nebeneinanderfahren: § 7.

41 **4 b. Sicherheitsabstand** zum rechten Fahrbahnrand (§ 1 II) ist auch bei scharfem Rechtsfahren einzuhalten (BGH VersR **66** 472). **1 m genügt** idR und widerspricht andererseits auch nicht dem Rechtsfahrgebot (Bay VRS **62** 379, Fra VersR **99** 770, Dü NZV **92** 232, Kar VRS **47** 18, Sa VM **74** 85), doch entscheiden die Umstände (Fahrt, Geschwindigkeit, Fahrbahnbreite, Sicht usw; BGH VRS **20** 99, 257 [Omnibus], Fra DAR **79** 336, Bay VRS **44** 142). Auch in einer unübersichtlichen Kurve und bei GegenV reicht ein Abstand nach rechts von 80 cm aus, sofern zur Mittellinie mindestens 50 cm Abstand gehalten werden (Bay VRS **61** 55). In unübersichtlichen Kurven bedarf es dann nicht der Einhaltung des Sicherheitsabstands nach rechts, wenn dadurch das Fz zu dicht zur Mitte oder gar darüber hinaus geraten würde (Kar VersR **87** 692). Der Luftraum über dem Rad- oder Gehweg oder Seitenstreifen muss von überstehenden Fz- oder Ladungsteilen freibleiben (Neust VRS **12** 293). Der seitliche Abstand zum Fahrbahnrand **darf idR 0,50 m nicht unterschreiten** (Mü VersR **74** 676), jedenfalls dann nicht, wenn mit VT von rechts, insbesondere Fußgängern, gerechnet werden muss (Dü NZV **92** 232), vor allem mit dem Hervortreten zwischen parkenden Fz (Mü VRS **65** 331), anders, wenn LkwF andernfalls bei regem V seinen Fahrstreifen nach links verlassen müsste (Ha NZV **93** 27, Kar NZV **07** 81). Muss ein LkwF mit nicht sichtbaren Radf rechts neben seinem Fz rechnen (s § 5 VIII), so muss er dies durch ausreichenden Abstand nach rechts berücksichtigen (Ce NZV **90** 481). **Vorbeifahren an haltenden oder parkenden Fz:** § 6 Rz 7. Der Seitenabstand zum Bordstein braucht sich nicht nach der Möglichkeit unvorsichtigen **Türöffnens** durch Haltende zu richten (Hb VersR **74** 267, Kar NZV **07** 81). Jedoch muss er so bemessen sein, dass geringes Öffnen der Tür möglich bleibt (BGH VersR **87** 38, KG VM **90** 58). Auch schwerer Lkw mit Anhänger darf, soweit sonst mittiges Fahren erforderlich, s o, innerorts im Abstand von 30 bis 35 cm vom rechten Fahrbahnrand fahren, auch wenn neben der Fahrbahn geparkte Fz stehen und der Lkw-Fahrer nicht sehen kann, ob Personen im Fz sitzen (Kar NZV **07** 81). 1 m seitlicher **Abstand zum Gehweg** genügt in StadtV dem Rechtsfahrgebot Sa (VM **74** 85). IdR ist 1 m Seitenabstand zum Fußgänger nötig und ausreichend, auch bei Dunkelheit und höherer Fahrgeschwindigkeit (88 km/h; Bay VRS **58** 445), je nach Örtlichkeit und Geschwindigkeit können auch 60 cm genügen (Ha ZfS **04** 446). Bei besonders lebhaftem Fußgängerv ist größerer Abstand zum Gehweg geboten (Dü NZV **92** 232, VRS **97** 97, VM **75** 79). Abstand zu Fußgängern: § 25, beim Überholen: § 5.

42 **4 c. Langsamfahrer** müssen äußerst rechts fahren, um das Überholen zu erleichtern, vor allem Radfahrer und Mopeds bzw Mofas (Begr; Mü ZfS **92** 42), auch wenn der Fahrbahnrand

Straßenbenutzung durch Fahrzeuge §?2 StVO 2

mangelhaft ist (Fra VM **62** 43), aber noch zumutbar. Bleibt rechts von einer Fahrbahnbegrenzung (Z 295) ausreichender StrRaum, so müssen langsame Fz dort fahren (§ 41 III 3b). Kleinere Langsamfahrer müssen größere Lücken zwischen parkenden Fz ausnutzen, also gestreckte Schlangenlinien fahren, es sei denn bei VRuhe.

4 d. Ausnahmen vom strikten Rechtsfahrgebot (Rz 33–42) kommen nur bei besonderen Umständen in Betracht, die aber zahlreich sind und vom VHindernis über die Gefahrabwehr bis zur sachangepassten Fahrvernunft reichen. Das Rechtsfahrgebot ist nicht kleinlich auszulegen, Rz 33. Doch unter keinen Umständen darf Abweichung gefährden, BGH VersR **66** 929 (Rz 45). Willkürliches, beliebiges Abweichen ist unzulässig. Kraft Gesetzes ausgenommen sind **Fz der StrUnterhaltung** und -reinigung, soweit Linksfahren erforderlich ist (§ 35), bei entsprechend deutlicher Kennzeichnung, auch auf der AB, BGH DAR **66** 269 (auffallend gekennzeichnete, weithin sichtbare Kehrmaschine), Dü VersR **69** 356 (Arbeitsfz mit rot-weißem Anstrich und Warnleuchte bei übersichtlicher AB-Fahrbahn). **Fahrbahnhindernisse** dürfen bei entsprechender VSicherung vorsichtig links umfahren werden (§ 6, Vorbeifahren). Schlaglöcher rechts können Abweichen vom Rechtsfahrgebot rechtfertigen, KG MDR **99** 864, Ce GA **73** 151, Mü DAR **39** 259, ebenso Eisrillen oder starkes Glatteis (gewölbte Fahrbahn), Fra VM **57** 17, Mü DAR **40** 6. Wer seine Fahrt jenseits einer Kreuzung in eine geradeaus weiterführende, aber nach links versetzte Str fortsetzen will, darf schon bei Erreichen der Kreuzung zur Mitte hin eingeordnet fahren, Sa VersR **81** 580. Ausnahme vom Rechtsfahrgebot bei Fahrstreifenmarkierungen innerorts: § 7 III, bei dichtem Verkehr: § 7 I.

Bei dichtem Nebel ist Verlegen der Fahrlinie mehr nach links, jedoch nicht bis zur StrMitte, nicht zu beanstanden, Ha VOR **73** 467, Neust VRS **10** 170, solange überhaupt Orientierung möglich ist, Bay VRS **13** 369, zB an deutlicher Mittellinie, Bra DAR **59** 221 (aber Langsamfahren). Bei dichtem Nebel auf breiter Str und schlecht erkennbarem Fahrbahnrand ist sachgerecht, ca 50 cm neben der gut sichtbaren Leitlinie der Fahrbahnmitte und ca 1,90 m links vom rechten Fahrbahnrand zu fahren, Bay VRS **62** 377. **Auf schmaler Einbahnstr** darf die Mitte befahren werden, wenn rechts ein Baugerüst die Sicht auf Fußgänger behindert, Kö VRS **26** 133. **Linksausbiegen auf der AB**: Rz 40.

Ausgeschlossen ist jedes Abweichen vom Rechtsfahrgebot, wenn es andere behindern oder gefährden könnte, wo Behinderung oder Gefährdung also nicht auszuschließen ist, zB vor unübersichtlichen Kurven oder Kuppen (Rz 35 ff). Wer mit einem Lastzug eine unübersichtliche Kurve aus zwingendem Grund links durchfahren muss, hat einen **Warnposten** aufzustellen, BGH VersR **68** 847, Kö VRS **34** 119.

Fahren in Fahrstreifen, Kolonnenfahren nebeneinander, Fahrbahnverengung, Fahrstreifenwegfall: §§ 7, 42 VI Nr 1 d.

Fahrstreifenfahren im Bereich von Lichtzeichen: § 37 IV.

4 e. Die **Kriechspur der AB** muss von „schnellen" Fz nicht gem II benutzt werden. Sie ist kein Sonderweg, sondern unselbstständiger Bestandteil der Richtungsfahrbahn (§ 18 Rz 14 a), und darf daher von jedem nach § 18 zugelassenen VT mit jeder erlaubten Geschwindigkeit benutzt werden. Schneller fahren als auf den übrigen Fahrstreifen nur unter den Voraussetzungen des § 7 II, II a, andernfalls verbotenes Rechtsüberholen (BGHSt **23** 128 = NJW **70** 62, Bay VM **72** 51). Am Ende der Kriechspur hat der V auf den übrigen Fahrstreifen der AB Vortritt. Zur AB-Kriechspur s auch § 18 Rz 14 a, 17.

5. Durchfahrvorrang der Schienenbahn (Abs 3). Im LängsV steht der Bahn idR („soweit möglich", Rz 65) Vorrang (nicht Vorfahrt iS von § 8) vor anderen VT zu, weil sie ein fahrplanabhängiges, schienengebundenes Massenverkehrsmittel mit langem Bremsweg ist (BGH VRS **20** 405, Kar VersR **97** 333, Dü NZV **92** 190, VRS **71** 264). Trotz Bindung an die allgemeinen StVO-Regeln (BVerwG NZV **00** 309) darf der Strabaf normalerweise auf den Vorrang **vertrauen** (Ha VRS **108** 193, Kar VersR **97** 333, Dü NZV **94** 28); denn Schnellbremsung ist gefährdend. Ein Strabaf muss nicht damit rechnen, dass ein vor ihm rechts fahrendes, links blinkendes Kfz unvermittelt auf die Gleise fährt (Dü VRS **47** 384). Sieht der Strabaf aber Kfz im Gleisbereich, die diesen vermutlich nicht verlassen können, so muss er sich trotz des Vorrangs hierauf einrichten (Dü VersR **81** 784, Köln DAR **76** 191). Der Bahn muss zur Durchfahrt genügend lichter Raum bleiben (§ 9 Rz 36). Andere Fz müssen uU dicht an den Bordstein fahren (Ha DAR **57** 306, OVG Br NZV **91** 127). Auch vor LichtZ darf der Schienenraum zum Nebeneinanderauffahren nur mitbenutzt werden, wenn bis zur Grünphase keine Bahn von hinten herannahen kann (§ 9, Abbiegen). Benutzt die Bahn einen baulich getrennten Gleiskörper, so muss dieser auch beim Auffahren an unterbrochenen Stellen (Kreuzungen, Einmündungen) freibleiben. **Nur in Längsrichtung** im Verhältnis zum gleichgerichteten und entgegenkommenden FahrV (Dü VRS **63** 250), soweit die Bahn die Fahrbahn mitbenutzt (Begr), gilt III, nicht auch zum ruhenden (dann aber § 12 IV S 5 und uU § 1 II, s § 12 Rz 37 d; Ce VersR **76** 1068, Dü VRS **66** 333, *Grüneberg* NJW **92** 948 f, abw Ha VRS **80** 258). Einfahren der Straba vom besonderen Gleiskörper in die Fahrbahn: § 10 Rz 6. Abgrenzung des Schienenraums von der Fahrbahn: Vwv (Rz 18). III betrifft nicht die abbiegende Straba, diese muss beim Links- wie Rechtsabbiegen den entgegenkommenden bzw nachfolgenden V erst durchfahren lassen (*Filthaut* NZV **92** 397). Wechseln die Schienen jedoch nur ihre Lage im StrKörper, so gilt das Bahnvorrecht nach III. Linksabbiegender V und Schienenbahn, abbiegende Schienenbahn und Längsverkehr: § 9. **Linienbusse** fallen nicht unter III, haben aber die Rechte aus § 1 (BGH VersR **63** 952, Dü DAR **71** 276) und den Abfahrvorrang (§ 20 V).

65 **Soweit möglich** besteht der Vorrang der Bahn, also stets, wenn er bei richtigem Verhalten eingeräumt werden kann, bei normaler VLage idR (Kar VersR **97** 333), aber zB nicht bei notwendigem Ausweichen auf Schienen, um einer Gefahr zu entgehen, wenn später eine Bahn herankommt und zum Beisefahren kein Platz mehr ist, auch nicht in den besonderen VLagen des § 11. Bei durch parkende Kfz verengter Fahrbahn muss ein Kf uU zurückbleiben und die nachfolgende Straba vorfahren lassen (Dü DAR **76** 191), ebenso bei Fahrbahnverengung (Kar VersR **97** 333). Ausweichen nach links in den Schienenraum wegen Baustelle verstößt nicht gegen III, wenn die Straba sich in größerer Entfernung von hinten nähert (Dü VersR **81** 784). Es gibt VLagen, die vorübergehende Behinderung der Bahn im Interesse der Gesamtablaufs notwendig machen (Rz 13). Bei der Prüfung ist die Ausgangslage beim Einordnen zu berücksichtigen. Solange mit Gewissheit keine Bahn nachfolgt, kann der Vorrang nicht verletzt und dürfen die Gleise daher mitbenutzt werden, soweit das Rechtsfahrgebot es zulässt (KG VRS **88** 115). Im Zweifel, VStockung ausgenommen, müssen sie freibleiben. Ist mit Durchfahrt der nachfolgenden Straba zu rechnen, so muss deren Profilraum freibleiben, sonst Mitschuldvorwurf (Ha VRS **108** 193, VersR **80** 172, Dü VRS **68** 35). Verlaufen Gleise über eine längere Strecke geradeaus, so wird es auf frühe Sichtbarkeit der Bahn und ihre Entfernung ankommen, stets aber ist die Ausgangslage bei der KfzAnkunft maßgebend (KG DAR **61** 176).

Lit: *Böhmer*, Zum Begriff der Bahnen innerhalb des VRaums einer öffentlichen Str …, MDR **61** 473. *Filthaut*, Die Verpflichtung des FahrV, Straba ungehinderte Durchfahrt zu gewähren, DAR **73** 309.

66 **6. Radfahrer (Abs 4)** bilden wegen ihrer Beweglichkeit, der oft mehr oder weniger unvermeidlich schwankenden Fahrlinie (Seitenwind, Steigung; BGH VersR **61** 178, Ha NZV **04** 631, Sa VM **80** 79, Hb NZV **92** 281, KG MDR **99** 865), und nicht immer ausreichender VEinordnung ein besonderes Problem, zumal sie auch selber im Fahrverkehr gefährdet sind. Nach Möglichkeit gehören sie daher auf Sonderwege (Z 237). Auch im BegegnungsV ist ihnen gegenüber ausreichender Sicherheitsabstand einzuhalten (Ha NZV **97** 479 [1 m]). Der Fahrradbegriff ist im Zulassungsrecht nicht definiert. **Fahrräder** sind gem Art 1 lit l ÜbStrV Fz mit wenigstens zwei Rädern, bewegt ausschließlich durch Muskelkraft des oder der Fahrer (Pedale uä; BVerwG NZV **01** 493, VGH Ma VM **01** 13). Darunter fallen auch Rennräder (Dü NZV **92** 290), Liegefahrräder (BVerwG NZV **01** 493, VGH Ma VM **01** 13), sowie Klappräder für Erwachsene und Jugendliche. Nach der Definition des ÜbStrV fallen auch dreirädrige Fz, soweit sie die übrigen Kriterien erfüllen, unter den Fahrradbegriff ebenso Fahrräder mit Anhänger, auch das als „Rikscha" bezeichnete „Fahrradtaxi" (dazu Dr NJW **05** 452; § 21 Rz 14). Fahrräder, die nach Größe und Höhe für Jugendliche und Erwachsene ungeeignet sind, sind nur dann Fahrräder iS von § 2, wenn es sich nicht um Kinderfahrräder iS von § 24 I handelt; dann sind sie von Gehwegen ausgeschlossen, soweit nicht V 1 die Gehwegbenutzung ausdrücklich vorschreibt oder gestattet. Zur Haftung Erwachsener, die Kindern nach vollendetem 10. Lebensjahr das Befahren der Gehwege mit Fahrrädern erlauben, Rz 29. Keine Verletzung der **Aufsichtspflicht,** wenn einem fast 6 jährigen erlaubt wird, im Wohnungsumfeld auf dem Gehweg Rad zu fahren (AG Brühl ZfS **02** 275), einen für Fußgänger und Radf freigegebenen kreuzungsfreien Weg mit dem Rad zu befahren (Ce NJW-RR **88** 216), oder wenn einem knapp 7 Jahre alten Kind das Radfahren in einem verkehrsberuhigten Bereich gestattet wird (Ha NZV **01** 42). Desgleichen nach LG Ol NRpfl **88** 10 bei Radfahren eines fast 7 jährigen in Wohnungsnähe auf nur für den AnliegerV freigegebener Str (V S 1?). Entscheidend ist nicht eine bestimmte Altersgrenze, sondern der Entwicklungsgrad des Kinds und die VSituation (*Bernau* DAR **05** 607, **08** 286; str). Keine Aufsichtspflichtverletzung, wenn die Mutter ein 5½ jähriges Kind auf verkehrsarmer WohnStr ohne Gehwege ihrem Fahrrad in 5 bis 10 m Abstand auf einem Kinderfahrrad folgen

Straßenbenutzung durch Fahrzeuge § 2 StVO 2

lässt (LG Nü-Fürth NZV **96** 153, LG Mönchengladbach DAR **03** 562 [auf Radweg]) oder es auf einem dem Kind vertrauten Radweg einige m vorausfahren lässt (LG Sa ZfS **03** 9); hingegen soll Entfernung von 4 m bei einem auf Gehweg Rad fahrenden vierjährigen Kind nach AG Mü DAR **07** 471 zu weit sein (krit *Diehl* DAR **07** 450), ebenso, wenn Eltern einem 5 jährigen Kind gestatten, eine verkehrsarme AnwohnerStr ohne Gehwege mit dem Rad zu befahren (Ha MDR **00** 454). Rspr-Übersicht zur Aufsichtspflicht gegenüber Kindern *Bernau* DAR **08** 286.

6 a. Radwege, bezeichnete (Z 237) wie nur baulich gestaltete unbezeichnete, sind Sonderwege (KG VM **84** 94, Kö VRS **71** 223). Sie dienen der Fernhaltung der Radf von der Fahrbahn, also der VEntmischung und Unfallverhütung (Begr, Rz 16 c, und Vwv Rz 20; BVerwG NZV **01** 493, Ha NZV **95** 26, Kö VRS **96** 345). Deshalb haftet der Radf mit, der infolge Missachtung des IV S 2 mit einer sich öffnenden Tür eines parkenden Pkw kollidiert oder beim Rechtsüberholen auf der Fahrbahn mit einem entgegenkommenden Linksabbieger zusammenstößt (aM LG Mü I DAR **92** 347, abl *Berr*, LG Berlin NJW-RR **03** 678), ebenso bei Kollision mit überholendem Kfz (Ha NZV **95** 26) oder bei Kollision mit wartepflichtigem Kfz, die bei Radwegbenutzung unterblieben wäre (LG Schwerin NZV **04** 581). Auch nur baulich dargestellte Radwege (dazu Bay VRS **56** 48, Fra VM **04** 37) sind Sonderwege nur für Radf, desgleichen solche, die ohne bauliche Abgrenzung optisch durch Fahrbahnbegrenzung (Z 295) und Z 237 gekennzeichnet sind (Radfahrstreifen, Vwv Rz 11, Rz 20; Kö VRS **71** 223, *Jagow* VD **87** 97). Wiedergabe des VZ 237 ausschließlich auf dem abgetrennten Fahrbahnstreifen genügt dabei aber nicht (*Bouska* NZV **91** 129). Das Ende eines Radwegs bedarf grundsätzlich keiner Kennzeichnung (§ 41 Rz 248 c Z 237). In Einbahnstr dürfen Radwege, sofern sie nicht durch VZ (IV S 2) freigegeben sind, nur in der erlaubten Fahrtrichtung benutzt werden (häufiger Verstoß; BGH NJW **82** 334, Hb VRS **47** 453, zw *Bouska* DAR **82** 110). Radwege dürfen nicht zugeparkt oder durch parkende Kfz eingeengt werden (VG Berlin NZV **93** 368). Kombinierte Geh- und Radwege: Z 240, 241; zur Haftung bei Unfällen mit Fußgängern § 41 Rz 248 c. Wer sich auf dem Rad schieben lässt, muss den Radweg benutzen (Ce VRS **25** 471). **Benutzungspflicht** durch Radf besteht für durch Z 237, 240 oder 241 gekennzeichnete rechts verlaufende Radwege oder links verlaufende, für die Fahrtrichtung durch Z 237, 240 oder 241 freigegebene (IV S 2), auch für Linksabbieger, soweit nicht § 9 abw Verhalten zulässt (Einordnen; § 9 Rz 38). Die Benutzungspflicht gilt grundsätzlich für alle Arten von Fahrrädern (soweit sie, anders als etwa Kinderräder, Fz iS der StVO sind; Rz 67 a). Der übrige V ist von den Radwegen ausgeschlossen. **Zuständlich unbenutzbare Radwege** (tiefer Schnee, Eis, Löcher) müssen nicht benutzt werden (BGH NZV **95** 144, Dü NZV **92** 290, Kö NZV **94** 278, *Bouska* NZV **91** 130, *Kettler* NZV **97** 498, SVR **05** 90, aM *Schubert* NZV **06** 288, gegen ihn *Kettler* NZV **06** 347). Radf müssen dann auf den Seitenstreifen oder die Fahrbahn ausweichen. Entsprechendes gilt für zu schmale Radwege bei mehrspurigen Fahrrädern (Dreiräder, Anhänger; Rz 67 a). Die Regeln über die Radwegbenutzung gelten außer für Radf auch für Mofas einschließlich Leichtmofas, die durch Treten bewegt werden (IV S 5). Für sie besteht Pflicht zur Benutzung durch VZ gekennzeichneter Radwege, § 41 II Nr 5 b. Werden sie innerhalb geschlossener Ortschaften mit Motorkraft gefahren, darf der Radweg nur benutzt werden, wenn er durch Zusatzzeichen für Mofas freigegeben ist (jedoch keine Benutzungspflicht, § 41 Rz 248 c Z 237). Außerhalb geschlossener Ortschaften dürfen Mofas nach IV S 6 Radwege benutzen, soweit dies nicht durch Zusatzzeichen („keine Mofas!") ausdrücklich untersagt ist (Rz 16 e). Kräder sind von den Radwegen ausgeschlossen.

Rechts verlaufende Radwege *müssen* benutzt werden, wenn sie durch Z 237, 240 oder 241 gekennzeichnet sind (IV S 2), sie *dürfen* benutzt werden, auch wenn sie nicht durch diese VZ bezeichnet sind, sich aber baulich zweifelsfrei als Radwege darstellen (IV S 3). Nur bei Kennzeichnung durch VZ gilt der Grundsatz der Entmischung uneingeschränkt. Radfahrer sind dann von Fahrbahn und Seitenstreifenbenutzung ausgeschlossen, bei Zuwiderhandlung Mithaftung (Rz 67). Die **Benutzungspflicht** gilt grundsätzlich für alle Arten von Fahrrädern (BVerwG NZV **01** 493), auch zB für Liegeräder, BVerwG NZV **01** 493, VGH Ma VM **01** 13, NZV **03** 301 (Anm *Bitter*), für mehrspurige Fahrräder jedoch dann nicht, wenn Benutzung (etwa wegen zu geringer Radwegbreite) nicht zumutbar ist (Vwv Rn 23, Rz 20 a, *Kettler* NZV **04** 62, *Huppertz* NZV **06** 300 [je Fahrradtaxen]). Diese Grundsätze gelten auch, wo beiderseits ausreichend breite Radwege vorhanden sind. Ausnahme: ist ein links verlaufender Radweg (s Rz 67 b) durch Z 237, 240 oder 241 in der beabsichtigten Fahrtrichtung freigegeben, so darf der Radf den Radweg entsprechend seinem Fahrtziel wählen (BGH NZV **97** 70, *Bouska* NZV **91** 130, VD **80** 198). Ist kein rechter Radweg vorhanden und ein links verlaufender nicht freigegeben, so entfällt die Entmischung, die Radf müssen dann den rechten Seitenstreifen oder die Fahrbahn benutzen. Links in EinbahnStr-Richtung verlaufende Radwege werden durch Befahren in entgegengesetzter Richtung nicht „rechte" Radwege iS von IV 2 (BGH NJW **82** 334), ohne Z 237 ist die Benutzung in dieser Richtung vielmehr untersagt (Rz 67).

67b **Links verlaufende Radwege** ohne Z 237, 240 oder 241 sind für die beabsichtigte Fahrtrichtung gesperrt. Bei **Freigabe in Gegenrichtung** durch die genannten VZ dürfen sie wahlweise auch in der Gegenrichtung benutzt werden (Rz 67 a), auch außerorts, und zwar auch nach Überqueren von Einmündungen und Kreuzungen ohne Wiederholung des VZ, selbst nach Beginn eines auch rechts verlaufenden Radwegs (BGH NZV **97** 70). Solche Freigabe in Gegenrichtung soll nach der Vwv Rn 35 (Rz 22) innerorts nur in besonderen Ausnahmefällen erfolgen und setzt ausreichende Radwegbreite (Vwv Rn 37: mindestens 2 m) und besondere Sicherung des fahrenden AbbiegeV voraus (Z 138 mit Zusatzschild 1000–30 bzw. Z 205 mit Zusatzschild gem § 41 II Nr 1 b, s Vwv Rn 38, Rz 22), der dort aber mit Radf, die sich in Gegenrichtung bewegen, rechnen muss (§ 8 Rz 52). Mit verbotswidrig den linken Radweg befahrenden Radf hat insbesondere auch der aus einem Grundstück Ausfahrende zu rechnen (KG VRS **68** 284). Auch die Regelung über die Benutzung linker Radwege bezweckt, wie das allgemeine Rechtsfahrgebot, nur den Schutz des Gegen- und Überholverkehrs (auf dem Radweg), nicht des Einbiege- und Querverkehrs (BGH NJW **86** 2651, KG DAR **93** 257). Bei nur links verlaufenden durch VZ freigegebenen Radwegen besteht **Benutzungspflicht** (IV S 2). Ist das Befahren des Radwegs **in falscher Richtung** Ursache einer Fehlreaktion des Entgegenkommenden und eines daraus resultierenden Schadens, so haftet der Falschfahrer allein (LG Nü-Fürth NZV **91** 433, Ce MDR **05** 504 [Nebeneinanderfahren zweier Falschfahrer]). Für den entgegen IV S 3 auf dem linken Radweg Fahrenden ist eine Kollision mit entgegenkommendem Radf ohne Hinzutreten weiterer Umstände vorhersehbar, wenn der Radweg zum gefahrlosen Begegnen zu schmal ist (Bay VRS **73** 382 [80cm]). Haftungsverteilung bei Kollision zwischen alkoholbedingt fahrunsicherem Radf mit einem verbotswidrig den „linken" Radweg befahrenden Radf (Ha NZV **92** 318 [40:60 zu Lasten des alkoholisierten Radf]).

68 6 b. **Seitenstreifen** (Rz 23, 25) rechts dürfen von Radf benutzt werden, wenn Radwege fehlen und Fußgänger dort nicht behindert werden (IV S 4). Links gelegene Seitenstreifen dürfen nach IV nicht benutzt werden. Radf brauchen aber, auch wenn sie überholt werden, nicht auf das Bankett auszuweichen, wenn es zum Befahren nicht geeignet ist, Ha VersR **83** 466.

69 Der rechte **Fahrbahnrand** ist zu benutzen (II), wo benutzbare Radwege oder Seitenstreifen fehlen, und zwar die äußerste rechte Seite (Rz 42), es sei denn, dort liegen Gleise, aM Ha VRS **19** 78 (Ausnahme: V). Bei regem Verkehr innerorts (und auch außerorts) müssen Radfahrer scharf rechts fahren, besonders bei schlechter Sicht (Dunkelheit, Regen), Sa VM **80** 40. Ein Radf, der verkehrswidrig in der Mitte fährt, muss mit Rechtsüberholen rechnen und darf nicht ohne Rückschau zum rechten Fahrbahnrand fahren, Mü ZfS **92** 42 (Mithaftung). Abgesessene Radfahrer müssen die Räder äußerst rechts hintereinander schieben, Bay VM **63** 67. Beim Radfahren sind 75 cm **Sicherheitsabstand** zum Gehweg richtig, BGH DAR **57** 211, Bra VRS **2** 124 (70 cm), 1,5 m sind zu viel, BGH VRS **4** 282. **Stauen sich Kfz,** so dürfen Radf und MofaF langsam und äußerst vorsichtig zwischen den wartenden Fz und dem rechten Fahrbahnrand hindurchfahren, sofern ausreichend Platz vorhanden ist (§ 5 VIII), s § 5 Rz 65. Ein **Schutzstreifen** für Radf, am rechten Fahrbahnrand durch Leitlinie (Z 340) gekennzeichnet, ist, anders als der Radweg, kein Sonderweg, s § 42 Rz 181 Z 340. Radf müssen den Schutzstreifen benutzen; das folgt aus dem Rechtsfahrgebot des Abs 2. Benutzung des Schutzstreifens durch andere Fz: § 42 Rz 181 Z 340.

70 **Einzeln hintereinander** müssen Radfahrer in der Regel fahren, nebeneinander nur, wenn der Verkehr nicht behindert wird, oder auf FahrradStrn, § 41 II Nr 5 (Z 244). Der Verkehr muss berücksichtigen, dass diese Regel bei größeren Betrieben vor und nach der Schicht nicht beachtet werden kann, weil An- und Abfahrt in Reihe oder Doppelreihe sonst zu zeitraubend wären. Auch geschlossene Verbände von Radfahrern (§ 27 I StVO) dürfen den Verkehr durch Fahren zu zweien nebeneinander auf der Fahrbahn nicht behindern. Bei dichtem Verkehr ist ihnen das Auseinanderziehen zur Einerreihe zuzumuten. Behindert wird der Verkehr bereits durch Erschweren des Überholens, Begegnens und Ausweichens, Bay NJW **55** 1767. Fahren Radfahrer verbotswidrig, verkehrsbehindernd nebeneinander, so handeln alle außer dem Rechtsfahrenden ow, aM Br NJW **59** 1288, es sei denn, auch dieser müsste das Bankett oder einen Sonderweg benutzen. Krit zur derzeitigen Regelung in Abs IV, V, *Kettler* NZV **00** 275ff mit Erwiderung *Kramer* NZV **00** 283f.

Straßenbenutzung durch Fahrzeuge §2 StVO 2

Wer von rechts **auf den links verlaufenden Radweg kreuzen** will, muss zurückschauen 71
und rechtzeitig Zeichen geben, er braucht äußerste Sorgfalt (§ 9, Abbiegen, § 10, Einfahren).
Damit, dass Radfahrer unvermittelt auf die Gegenfahrbahn fahren, muss mangels Anzeichens
niemand rechnen, BGH VersR **67** 659, aber mit **VWidrigkeiten eines Halbwüchsigen,** der
in den Pedalen stehend fährt, Schl VM **62** 11, oder eines entgegenkommenden Sechsjährigen,
BGH VRS **23** 273, oder an Stellen, wo VWidrigkeiten Jugendlicher üblich sind, soweit ein VT
dies weiß, Sa VRS **26** 449.

Lit: *Bouska,* Die Pflicht zur Radwegbenutzung, NZV **91** 129. *Gersemann,* Rechtsfragen beim direkten und indirekten Linksabbiegen von Radf, DAR **86** 44. *Grüneberg,* RadfUnfälle im StrV ohne Kfz-Beteiligung, NZV **97** 417. *Kettler,* Radf in der StVO, SVR **05** 88.

7. Anpassung an die Wetterverhältnisse. III a S 1, 2 will namentlich dem Missstand un- 72
zureichender Bereifung bei extremen Wetterverhältnissen („plötzlichem" Wintereinbruch) ent-
gegenwirken (Rz 16 d). Die Vorschrift begründet nicht nur eine Pflicht zur Anpassung der Aus-
rüstung, sondern beinhaltet auch ein Verbot des Fahrens mit nicht angepasster Ausrüstung; sie
versteht sich dabei als Klarstellung dessen, was schon vor ihrem In-Kraft-Treten galt (Rz 16 d,
Albrecht SVR **06** 41). Ob sich das in ihr statuierte Ge- bzw Verbot bereits aus den allgemeinen
Regeln der § 1 II, § 2 III a, § 23 I umfassend herleiten ließe (so *Albrecht* aaO), ist indessen nicht
unzweifelhaft (*Schubert* DAR **06** 112). Jedenfalls erhält es (entsprechend den Intentionen des
VOGebers) durch die explizite Regelung iVm der Bepunktung bei Behinderung anderer (Nr 5,
5.1 BKatV) ein eigenständiges Gewicht. Ferner zieht es schadensersatzrechtliche (BG, § 18
StVG; Haftungsquote) sowie versicherungsrechtliche Konsequenzen (§ 61 VVG alt, § 81 II
VVG 08) nach sich (*Engelbrecht/Seutter* DAR **06** 109, *Bittner* VersR **07** 462).

Anders als § 18 BOKraft (hierzu *Schubert* DAR **06** 112) begründet Abs 3 a S 1, 2 keine „Win- 72a
terreifenpflicht", sondern **verlangt „geeignete" Bereifung** (zu den Gründen, freilich ohne
Erwähnung von § 18 BOKraft, § 36 I 3 StVZO, *Albrecht* SVR **06** 41). Die Vorschrift gilt
im Prinzip für alle Wetterverhältnisse, zielt aber ersichtlich auf den Winter ab und wird wohl
auch nur hierfür praktisch relevant werden. Die Anknüpfung an die Eignung schafft breiten
Auslegungsspielraum, nimmt aber zugleich, was für die StVO nicht ungewöhnlich ist, Unbe-
stimmtheit und dadurch bedingte Abgrenzungs- sowie Nachweisprobleme in Kauf. Sie trägt alle
Zeichen eines mühsam errungenen Kompromisses und bedarf dringend obergerichtlicher Aus-
formung. Vom Opportunitätsprinzip (§ 47 OWiG) sollte jedenfalls in Grenzfällen Gebrauch
gemacht werden (vgl *Albrecht* SVR **06** 42). Grundsätzlich wird man davon ausgehen können,
dass der FzF mit einer M+S-Bereifung (einschließlich Ganzjahresreifen) den Anforderungen
genügt. Die offene Fassung impliziert aber zugleich, dass Winterreifen in diesem Sinn nicht per
se geeignet sind. Bei einer mehr als 5 Jahre alten Bereifung mag die Eignung wegen der Aushär-
tung der Gummimischung uU nicht mehr gegeben sein (*Schubert* DAR **06** 116); in der kraftfah-
renden Bevölkerung dürfte dies hinreichend bekannt sein. Entsprechendes gilt in Bezug auf eine
für die volle Wirkung von Winterreifen nicht mehr genügende Profiltiefe (unter 4 mm). An sich
ist in Abs 3 a S 1, 2 ein „Sommerreifenverbot" bei nennenswertem Schneefall angelegt und auch
gewollt. Erfahrungswerte sprechen dafür, dass ein reiner Sommerreifen mangels groben Profils
und Lamellen mit Schnee und Eis nicht hinreichend zurecht kommt. Ein naturwissenschaftlich
hinreichend abgesicherter Erfahrungssatz dürfte allerdings nicht bestehen (*Schubert* aaO). Ggf. ist
der Frage durch Einholung sachverständigen Rats nachzugehen. Dabei ist der Vergleichsmaßstab
nicht unproblematisch (schlechtester nicht geeigneter Winterreifen?).

Abs 3 a S 1 stellt **auf die Wetterverhältnisse,** nicht also auf die Straßenverhältnisse ab. 72b
Danach kommt es nicht darauf an, ob die vorhandene Bereifung für den Zustand des gerade
konkret befahrenen Straßenstücks geeignet ist. Maßgebend ist vielmehr, ob die winterlichen
Wetterverhältnisse winterliche Bereifung für *sämtliche* dadurch erfahrungsgemäß verursachten
Straßenverhältnisse anzeigen (uU aM *Albrecht* SVR **06** 42). Demgemäß wird der Kf zB mit dem
Vortrag ungehört bleiben, dass die von ihm verwendeten Sommerreifen trotz Schneefalls und
winterlicher Temperaturen für das Befahren der nach Aufbringen von Salz nur nassen Fahrbahn
einer AB geeignet seien. Der Kf ist in jedem Fall gehalten, den Wetterbericht zu verfolgen und
sich ggf. auf Schneefall einzustellen. Für gänzlich überraschend auftretendes „Blitzeis" muss er
allerdings nicht einstehen.

Das Gebot **beschränkt sich nicht auf die Bereifung,** sondern bezieht sich auf die gesamte 72c
FzAusrüstung. Beispielhaft ist die Scheibenwaschanlage genannt (Abs 3 a S 2). Fahren mit vereis-
ter Scheibe aufgrund eingefrorener Scheibenwaschflüssigkeit ist daher verbotswidrig. Gleiches
dürfte für den Fall gelten, dass die Wischblätter wegen Abnutzung nicht mehr geeignet sind,

2 StVO § 2   I. Allgemeine Verkehrsregeln

den durch winterliche Verhältnisse bedingten Anforderungen zu entsprechen. Hingegen dürften latent vorhandene Ausrüstungsmängel (zB defekter Scheibenwischer) im Rahmen der Spezialregelung des Abs 3 a S 1, 2 nicht, evt aber nach anderen Vorschriften (s § 23 Rz 12, 26) tatbestandsrelevant sein (*Schubert* DAR **06** 116).

72d   **Gefährliche Güter.** Eine besondere Verhaltensvorschrift für FzF kennzeichnungspflichtiger Fz bei Sichtweiten unter 50 m oder glatter Fahrbahn infolge Schnee oder Eis enthält Abs 3 a S 3. Die Vorschrift ist durch die Neufassung des Abs 3 a durch die 40. StVRÄndV in ihrem materiellen Gehalt unberührt geblieben (Begr, Rz 16 d). Wegen der erhöhten Gefahr, die von kennzeichnungspflichtigen Kfz mit gefährlichen Gütern ausgeht, verlangt diese Bestimmung unter den dort genannten ungünstigen Witterungs- oder Fahrbahnverhältnissen äußerste Sorgfalt (s **E** 150). Völligen Ausschluss möglicher Gefährdung iS absoluter Vermeidbarkeit ist dagegen mit der Formulierung „Gefährdung ausgeschlossen" ebenso wenig gemeint wie bei den übrigen Vorschriften der StVO dieses Wortlauts. Allerdings kann extreme Sichtbehinderung oder Fahrbahnglätte (zB plötzlich einsetzende überfrierende Nässe) die Weiterfahrt als überhaupt nicht mehr verantwortbar erscheinen lassen; dann muss der nächste zum Parken geeignete Platz aufgesucht werden. Sonst sind vor allem die Geschwindigkeit und der Abstand zum Vorausfahrenden in besonderem Maße den Verhältnissen anzupassen. Als zum Parken geeigneter Platz kommt außer Parkplätzen jede Stelle in Frage, an der das Parken nicht verkehrswidrig ist, in Notfällen uU auch die Standspur der AB, *Bouska* DAR **89** 162. Abs 3 a S 3 gilt nicht stets bei winterlichen StrVerhältnissen schlechthin, sondern nur bei Glätte. Schneematsch zB ist nicht mit Schneeglätte gleichzusetzen, Bay NZV **89** 443, Ha NZV **98** 213. Bei mehrspurigen Fahrbahnen kommt es auf die Verhältnisse auf dem tatsächlich befahrenen Fahrstreifen an, Ha NZV **98** 213. Gefährliche Güter und Kennzeichnungspflicht: Vwv zu VZ 261 (abgedruckt bei § 41 II Nr 6 Rz 96 b).

73   **8. Ordnungswidrig** (§ 24 StVG) sind Verstöße gegen eine Vorschrift über die StrBenutzung durch Fz nach § 2 (§ 49 I Nr 2). Kurvenschneiden über die Mittellinie verstößt auch dann gegen Abs 2, wenn die Kurve übersichtlich ist und der Kf überzeugt ist, dass er dadurch weder den GegenV noch Nachfolgende beeinträchtigen könne, BGH NJW **70** 2033 (abl *Jagusch* DAR **71** 234), **E** 124. Schuldhaftes Schleudern nach links verletzt II, Hb VM VRS **24** 453. Verstoß gegen I, wenn jemand **unter Benutzung eines Parkplatzes „überholt",** Bay VRS **25** 223 (hierzu § 5 Rz 19 a), *Seidenstecher* DAR **93** 84, oder eine LZA umfährt, Bay VRS **61** 289, anders, wenn die Fläche nicht ausschließlich dem Parken, sondern auch dem fließenden V dient, Bay VRS **61** 289; Verstoß gegen Abs 1 von Ol NJW **85** 1567 verneint bei Durchfahren eines Kundenparkplatzes (hier ist wesentlich von Bedeutung, ob es sich um öffentlichen VRaum handelt, insoweit aM *Janiszewski* NStZ **85** 509, der unabhängig davon Verstoß gegen Abs 1 annimmt). **Umfahren einer LZA** über Gehweg und Tankstellengelände verstößt gegen Abs 1, Kö DAR **85** 229, *Janiszewski* NStZ **85** 258, 507. Die teilweise abw Ansicht des BGH (BGHSt **33** 278 = NJW **85** 2540, abl *Seidenstecher* DAR **93** 84), Dü NZV **02** 87, ähnlich Dü DAR **84** 156 (Parkplatzgelände), fördert Missbrauch von nicht dem fließenden V dienenden Flächen neben der Fahrbahn durch den LängsV. Wer ohne zu überholen **links von einer Trennlinie (Z 295)** oder über dieser fährt, verletzt die §§ 2, 41 in TE. Unzulässiges Überholen verletzt nicht zugleich § 2, weil das Überholverbot als Sonderregel vorgeht, Sa VRS **42** 149. Wer links von einer Trennlinie (Z 295) oder auf dieser überholt und anders nicht überholen könnte, verletzt nur § 41 III 3 a, nicht auch § 2, Kö VM **72** 69, auch nicht immer § 5, weil Z 295 nicht das Überholen regelt, Dü VRS **62** 302. Überholen unter Benutzung einer Sperrfläche (Z 298) verletzt nicht zugleich § 2, Dü NZV **90** 241. **Konkurrenzen:** Mehrfaches unzulässiges Linksfahren jeweils nach Rückkehr auf die rechte Seite begründet mehrere selbstständige Verstöße, Bay VkBl **68** 670 (§ 24 StVG Rz 58). TE bei Nichtbeachtung des Z 208 (Dem GegenV Vorrang gewähren!) und nicht scharfem Rechtsfahren auf schmaler Fahrbahn, Bay VRS **31** 224. TE mit § 1 ist möglich, Ha VRS **8** 60. Bei Verstoß gegen Abs 3 a ist TE mit §§ 3 und 4 möglich. Wer eine Rotampel über Gehwege und andere Flächen umfährt, die nicht zum durch die LZA geschützten Bereich gehören, verletzt außer I nicht auch § 37, Ha VRS **55** 292, § 37 Rz 50, 61. Bei VBehinderung durch unzulässiges Nebeneinanderfahren von Radfahrern tritt § 1 zurück. **Unerlaubtes Parken auf Gehwegen** verstößt gegen § 12, nicht gegen § 2, weil die Materie nicht im § 2 geregelt ist, sondern, wenn auch nicht abschließend, in § 12 IV, Kö VRS **71** 214, Dü VRS **61** 64, KG VRS **45** 66, aM noch Dü VRS **43** 381, Ko VRS **45** 48, von beiden inzwischen aufgegeben: s Dü VRS **61** 65. Zur **Bußgeldbemessung** bei Benutzung des AB-Seitenstreifens, das nicht zum Zweck schnelleren Vorwärtskommens erfolgt, Ha NZV **95** 83.

8 a. Strafrecht. Bei Verstoß gegen § 2 kommen die §§ 222, 229 StGB in Betracht, bei Gefährdung, wenngleich nur im Ausnahmefall § 315 c I Nr. 2 e StGB (dort Rz 21). 73 a

9. Zivilrecht. Bei unklarem Herüberkommen eines entgegenkommenden Kfz muss der Kf 74 jedenfalls bremsen, sonst, besonders beim Versuch des Linksausweichens, wird er idR mithaften, Fra VersR 73 377, s aber Bay VRS 62 211, Rz 34. **Der Anschein** (E 157 a) spricht gegen den von gerader oder gekrümmter Fahrbahn Abkommenden, BGH NZV 96 277, Nau VRS 104 415, KG VRS 104 5, Fra VersR 87 281, Sa VersR 84 1185, Ce NZV 90 432, 98 155, Kö VersR 90 390, Kar VRS 86 85, Nau VRS 92 328, Mü NZV 00 207 (auch bei fehlender Fahrbahnmarkierung und Nebel), der auf der falschen StrSeite mit GegenV kollidiert, BGH JZ 86 251, Fra ZfS 92 329, VRS 80 401, Dü VRS 74 417, Nü VersR 70 553, gegen den, der in unübersichtlicher Kurve auf der linken StrSeite kollidiert, BGH DAR 61 14, der auf enger Straße links fährt oder ohne fremde Behinderung auf die unrichtige StrSeite gerät, BGH VersR 64 166, 62 989, Dr NZV 00 365, Kö VersR 90 390, Ha NZV 93 354, gegen den, der bei Glatteis schleudert, § 3 Rz 66, aber nicht gegen den bei Reifglätte rutschenden Radf, KG MDR 99 864. Der Anschein spricht gegen den, der auf den ABGrünstreifen oder gar auf die Gegenfahrbahn gerät, Kar VRS 86 85, sofern keine technische Einrichtung versagt hat, BGH DAR 58 67, oder kein Niveauunterschied der Fahrbahn das Abkommen verursacht hat, Nü VersR 64 1178 (Überhöhung der Überholbahn). Gegen die Anwendung des Ansscheinsbeweises zu Lasten des aus der Kurve getragenen Fzf: II. Arbeitskreis des VGT 1987 (87 8). Der Anscheinsbeweis wird **durch bewiesene Tatsachen entkräftet,** aus denen sich die ernsthafte Möglichkeit eines abw Geschehnisablaufs ergibt, BGH VersR 84 44, Ha NZV 03 180, Kö VersR 89 526, zB wenn vorausgegangene **plötzliche Lenkbewegung** für Ausweichreaktion spricht, BGH JZ 86 251, Brn VRS 106 99, 247, Fra VRS 80 401, wenn ein Lenkungsschaden ursächlich gewesen sein kann, Dü NZV 93 393, Kö VersR 77 437, oder Luftverlust durch Reifenschaden, Dü NZV 93 393 (plötzlicher Luftverlust), Kö VersR 89 526 („schleichender Plattfuß" vorn), abw Ha NZV 93 354 („schleichender Plattfuß" hinten), oder wenn der von der Fahrbahn Abkommende unmittelbar zuvor trotz GegenV überholt wurde, BGH NZV 96 277, Ha NZV 98 155 (überhaupt bei Abkommen in unmittelbarem Zusammenhang mit einem Überholvorgang). Kein Anschein für verkehrswidrige Fahrweise des in der StrMitte mit dem GegenV Kollidierenden, wenn der Entgegenkommende zuvor in die Gegenfahrbahn geraten war, Sa DAR 84 149. Bremst ein FzF, weil ihm ein anderer unter Mitbenutzung der falschen Fahrbahnseite entgegenkommt, so spricht der Anschein gegen diesen, wenn der Bremsende dabei verunglückt, Kar VersR 87 692. Kein Anscheinsbeweis gegen den Kf, wenn sein gebremstes Kfz allmählich auf die linke Fahrbahnseite gerät, ohne dass sich die Bremsursache beweisen lässt, Ol VersR 78 1148. Kein Anscheinsbeweis für Kurvenschneiden des Entgegenkommenden, wenn ein Kfz bei starkem Nebel vor dessen Scheinwerfern nach rechts aus der Fahrbahn ausweicht, BGH VersR 61 137. Der Kollisionsort weist nicht stets auf **Schuld** des von seiner Fahrbahnseite abgewichenen Kf hin, BGH VRS 27 248. Bei Frontalzusammenstoß in unübersichtlicher S-Kurve kann beiderseits gleiche Schuld in nicht scharfem Rechtsfahren liegen, BGH VersR 64 633. Bei Abkommen von der Fahrbahn spricht der Anschein für Schuld, jedoch nicht auch für **grobe Fahrlässigkeit** (Schl MDR 99 1323, Kö VersR 90 390, Ha VRS 57 86, Fra VersR 87 927). Grobe Fahrlässigkeit, wenn ein Lastzug auf gerader Strecke ohne GegenV auf die Böschung gerät (Nü VersR 64 1184), idR bei Lenken des Fz in die Fahrbahnhälfte des GegenV (Ha VersR 97 961) oder bei Abkommen von der Fahrbahn infolge Alkoholisierung und überschnellen Fahrens (Nü VersR 73 171). Bei Fahranfänger muss Abkommen des Fz auf die Gegenfahrbahn bei gerader Strecke nicht ohne Weiteres grob fahrlässig sein (Ce NZV 93 187). Kollidiert ein fahrunsicherer FzF infolge wesentlicher Überschreitung der Mittellinie mit einem Fz des GegenV, dessen FzF das Rechtsfahrgebot nicht beachtet hat, muss sich der FzF bzw Halter des entgegenkommenden Fz wegen dieses Verkehrsverstoßes trotz groben Verschuldens des alkoholisierten Fahrers einen Mitverschuldensanteil von 20% anrechnen lassen (Stu MDR 07 400). **Alleinschuld** bei Kollision auf breiter Straße jenseits der Mittellinie, außer bei bewiesenem fremdem Fahrfehler (Dü VRS 74 417, VersR 72 649). Wer verkehrswidrig zu weit links fährt, kann bei **Kollision mit einem 6jährigen Radfahrer** aus einer Grundstücksausfahrt allein zu haften haben (Ce VersR 78 1144). Haftungsprobleme bei Rad fahrenden Kindern unter 10 Jahren auf Gehwegen: Rz 29 b. Wer vor sich einen 13-jährigen am linken Fahrbahnrand in selbstgefährdender Weise in gleicher Richtung fahren sieht, muss mit plötzlichem Fahrbahnüberqueren rechnen (Ko VRS 58 27). **Alleinhaftung des widerrechtlich den Gehweg befahrenden erwachsenen Radf:** Rz 29. Wer sich scharf rechts gehalten hat, wird nach § 17 III StVG entlastet sein (BGH VRS 21 258 [zu § 7 II StVG alt]). Zurücktreten der **BG des Rechtsfahrenden** bei rechtswidrig herüberkommendem GegenV (BGH VM **92** 71, VersR **69** 738). Die BG eines rechtsfahrenden Krades tritt zurück, wenn der entgegenkommende Pkw auf enger Straße in leichter Kurve nicht äußerst rechts fährt (BGH VersR **67** 286). Entsprechendes gilt für die BG eines auf dem linken von zwei Fahrstreifen für eine Richtung fahrenden Pkw, wenn die LkwAufbauten eines Entgegenkommenden über die durchgehende Mittellinie (Z 295) ragen (Stu NZV **91** 393). Zurücktreten der Straba-BG bei Kollision mit Pkw in einer Engstelle infolge Missachtung des Straba-Vorrangs nach III (Kar VersR **97** 333).

Geschwindigkeit

3 (1) ¹Der Fahrzeugführer darf nur so schnell fahren, daß er sein Fahrzeug ständig beherrscht. ²Er hat seine Geschwindigkeit insbesondere den Straßen-, Verkehrs-, Sicht- und Wetterverhältnissen sowie seinen persönlichen Fähigkeiten und den Eigenschaften von Fahrzeug und Ladung anzupassen. ³Beträgt die Sichtweite durch Nebel, Schneefall oder Regen weniger als 50 m, so darf er nicht schneller als 50 km/h fahren, wenn nicht eine geringere Geschwindigkeit geboten ist. ⁴Er darf nur so schnell fahren, daß er innerhalb der übersehbaren Strecke halten kann. ⁵Auf Fahrbahnen, die so schmal sind, daß dort entgegenkommende Fahrzeuge gefährdet werden könnten, muß er jedoch so langsam fahren, daß er mindestens innerhalb der Hälfte der übersehbaren Strecke halten kann.

(2) Ohne triftigen Grund dürfen Kraftfahrzeuge nicht so langsam fahren, daß sie den Verkehrsfluß behindern.

(2 a) Die Fahrzeugführer müssen sich gegenüber Kindern, Hilfsbedürftigen und älteren Menschen, insbesondere durch Verminderung der Fahrgeschwindigkeit und durch Bremsbereitschaft, so verhalten, daß eine Gefährdung dieser Verkehrsteilnehmer ausgeschlossen ist.

(3) Die zulässige Höchstgeschwindigkeit beträgt auch unter günstigsten Umständen

1. innerhalb geschlossener Ortschaften für alle Kraftfahrzeuge 50 km/h,
2. außerhalb geschlossener Ortschaften
    a) für Kraftfahrzeuge mit einem zulässigen Gesamtgewicht über 3,5 t bis 7,5 t, ausgenommen Personenkraftwagen, für Personenkraftwagen mit Anhänger, für Lastkraftwagen und Wohnmobile jeweils bis zu einem zulässigen Gesamtgewicht von 3,5 t mit Anhänger sowie für Kraftomnibusse, auch mit Gepäckanhänger, 80 km/h,
    b) für Kraftfahrzeuge mit einem zulässigen Gesamtgewicht über 7,5 t, für alle Kraftfahrzeuge mit Anhänger, ausgenommen Personenkraftwagen, Lastkraftwagen und Wohnmobile jeweils bis zu einem zulässigen Gesamtgewicht von 3,5 t, sowie für Kraftomnibusse mit Fahrgästen, für die keine Sitzplätze mehr zur Verfügung stehen 60 km/h,
    c) für Personenkraftwagen sowie für andere Kraftfahrzeuge mit einem zulässigen Gesamtgewicht bis 3,5 t 100 km/h.

Diese Geschwindigkeitsbeschränkung gilt nicht auf Autobahnen (Zeichen 330) sowie auf anderen Straßen mit Fahrbahnen für eine Richtung, die durch Mittelstreifen oder sonstige bauliche Einrichtungen getrennt sind. Sie gilt ferner nicht auf Straßen, die mindestens zwei durch Fahrstreifenbegrenzung (Zeichen 295) oder durch Leitlinien (Zeichen 340) markierte Fahrstreifen für jede Richtung haben.

(4) Die zulässige Höchstgeschwindigkeit beträgt für Kraftfahrzeuge mit Schneeketten auch unter günstigsten Umständen 50 km/h.

Begr zu § 3 ... Zu Abs 1:

1/2 *Die bisherige gesetzliche Regelung (§ 9 Abs. 1 Satz 1 StVO) erschöpft sich darin, eine Fahrgeschwindigkeit zu fordern, welche die Erfüllung der Pflichten des Fahrzeugführers jederzeit gestattet; ergänzend wird dies in Satz 2 für „unübersichtliche Stellen" besonders eingeschärft. Das ist an sich sachgerecht; die Bestimmung kann daher inhaltlich übernommen werden.*

3 *... Zur weiteren Konkretisierung wird das Gebot des „Fahrens auf Sicht" aufgenommen; ... Diese Regel besagt, dass auch unter günstigsten sonstigen Verhältnissen keinesfalls schneller gefahren werden darf, als dass ein Halten innerhalb der noch übersehbaren Strecke möglich wäre. Das gilt für jeden, der sich einer sichtbeschränkenden Kurve oder Kuppe nähert, ebenso wie für den, der wegen eines Wolkenbruchs nur wenige Schritte weit sieht, oder für den, der bei Nacht auf den Wirkungsbereich seiner Scheinwerfer angewiesen ist (Ausnahmen für Autobahnen: § 18 Abs. 6). In unzähligen Fällen werden aber die übrigen aufgezählten Faktoren nur eine erheblich geringere Fahrgeschwindigkeit zulassen. Die Faktoren sind, wie das*

Wort „insbesondere" eindeutig besagt, nur beispielhaft, also bewusst unvollständig aufgenommen; der Versuch, vollständig zu sein, müsste scheitern. Das sind neben der eigenen Fahrfertigkeit und dem jeweiligen physischen und psychischen Befinden („persönliche Fähigkeiten"), neben dem Zustand von Fahrzeug und Ladung, neben dem Zustand der Straßendecke, dem Ausbau und der Breite der Fahrbahn und der Art der Straßenführung („Straßenverhältnisse") vor allem eben jene „Verkehrs- und Sichtverhältnisse". ...

Wird durch den Gesetzesbefehl des Fahrens auf Sicht dem Fahrzeugführer die äußerste Grenze seiner **4–6** Fahrgeschwindigkeit unter den günstigsten sonstigen Umständen aufgezeigt, so darf in einem Gesetz, das jeden ansprechen will, das ausdrückliche Gebot des Fahrens auf mindestens halbe Sichtweite auf schmalen Straßen nicht fehlen. Die Fassung ist volkstümlich; der Laie versteht sehr wohl, was und weshalb man das von ihm verlangt.

Zu Abs 2: Der Absatz übernimmt eine Weltregel. „Triftig" ist ein Grund, wenn er subjektiv oder ob- **7** jektiv das Langsamfahren rechtfertigt, z. B. wegen mangelhafter Motorleistung oder weil es gegen Autokrankheit empfindlichen Mitfahrern bei schnellerem Fahren übel wird. Keinesfalls ist hier das an Zeichen 275 (vorgeschriebene Mindestgeschwindigkeit) geknüpfte Verbot entsprechend anwendbar.

Zu Abs 3: ... Zu Nr. 2: Es war auch erwogen worden, ob nicht im Interesse der Gleichmäßigkeit des **8** Verkehrsflusses eine Anhebung der zulässigen Höchstgeschwindigkeiten auch für schwere Fahrzeuge und für Züge, vor allem aber auch für Kraftomnibusse, sich verantworten ließe. Der Gesetzgeber sieht davon ab, weil der technische Stand dieser Fahrzeuge, namentlich auch der im Ausland zugelassenen, solche Lockerung noch nicht allgemein zulässt. Übrigens sind auch die ausländischen Vorschriften auf diesem Gebiet fast nirgendwo milder.

Zu Abs 2 a: Die Unfallsituation bei Kindern, Hilfsbedürftigen und älteren Menschen ist nach wie vor **9** besorgniserregend. Der Deutsche Bundestag, der Deutsche Verkehrsgerichtstag, der Deutsche Verkehrssicherheitsrat, die Deutsche Verkehrswacht u. a. fordern deshalb eine konkrete Verhaltensvorschrift für die Fahrzeugführer, um den Schutz der genannten Verkehrsteilnehmer zu verbessern. ... Der Bundesminister für Verkehr war sich nach eingehender Diskussion mit den zuständigen obersten Landesbehörden darin einig, dass hier in erster Linie ein Geschwindigkeitsproblem angesprochen wird. ...

Bei Fassung des neuen Absatzes 2a ist auch klargestellt worden, dass die Verminderung der Geschwindigkeit und die Bremsbereitschaft für sich allein nicht genügen; vielmehr wird durch die Formulierung „Gefährdung dieser Verkehrsteilnehmer ausgeschlossen" deutlich gemacht, dass von dem Fahrzeugführer das Äußerste an Sorgfalt verlangt wird, um eine Gefährdung der Kinder, Hilfsbedürftigen und älteren Menschen zu vermeiden.

Das setzt allerdings voraus, dass der Fahrzeugführer die geschützten Personen sieht oder bei dem hier zu fordernden Maß an Sorgfalt hätte sehen oder nach den Umständen mit ihnen hätte rechnen müssen.

Zu Abs 4: ... Aus Gründen der Straßenschonung und der Verkehrssicherheit hat die Bundesanstalt für Straßenwesen und der Fachausschuss Kraftfahrzeugtechnik vorgeschlagen, die zulässige Höchstgeschwindigkeit beim Fahren mit Schneeketten auf 50 km/h festzulegen. Dieser Wert ist nicht neu; denn bereits in den Bauartgenehmigungen wird eine zulässige Höchstgeschwindigkeit, in der Regel 50 km/h, festgelegt ...

Begr zur ÄndVO v 15. 10. 91 (VkBl **91** 703):

Zu Abs 1 Satz 3: Die regelmäßig bei schlechten Sichtverhältnissen, insbesondere bei Nebel, auftre- **10** tenden Massenunfälle beruhen in der Regel auf einem der Sichtweite nicht angemessenen Fahrverhalten der Kfz-Führer. ... Die allgemeinen, für schlechte Sichtverhältnisse geltenden Verhaltensregeln reichen nicht aus, um dem Phänomen der Nebelunfälle gerecht zu werden. Bund und Länder sehen daher die Notwendigkeit, bei extrem schlechten Sichtverhältnissen dem Kraftfahrzeugführer für eine bestimmte, für ihn erkennbare Sichtweite (50 m = Regelabstand der Leitpfosten) eine eingängige Präzisierung der allgemeinen Verhaltensregeln zu geben. ...

Mit der Ergänzung des § 3 Abs. 1 StVO wird die Geschwindigkeitsobergrenze für eine bestimmte Sichtweite unabhängig von den persönlichen Fähigkeiten des Fahrers oder der technischen Ausrüstung des Fahrzeugs festgelegt. Sie verhindert die gerade bei Nebel häufig auftretenden subjektiven Fehleinschätzungen der zulässigen Geschwindigkeit durch den Fahrer und gibt diesem durch die ziffernmäßige Geschwindigkeitsbeschränkung eine nachvollziehbare Orientierung. ...

Begr zur ÄndVO v 7. 8. 97 (VkBl **97** 688): **Zu Abs 3:** – Begründung des Bundesrats – Das **10a** geltende Recht unterwirft Pkw und Kraftfahrzeuge bis zu 2,8 t zulässigem Gesamtgewicht den gleichen Vorschriften. Grund ist die „technische Vergleichbarkeit". Die technische Fortentwicklung der Fahrzeuge gestattet es heute, auch Kraftfahrzeuge mit einem zulässigen Gesamtgewicht bis zu 3,5 t mit dem Pkw gleich zu behandeln, die Verkehrssicherheit wird nicht beeinträchtigt. Einer generellen Anhebung der Gewichtsgrenze von 2,8 t auf 3,5 t steht damit nichts im Wege.

Zudem ist die Anhebung der Gewichtsgrenze auch aus rechtssystematischen Gründen zu befürworten. Aufgrund der 2. EG-Führerscheinrichtlinie wird die Bundesrepublik Deutschland die international übliche Einteilung der Fahrerlaubnisklassen einführen. Die Grenze zwischen der Pkw-Klasse B (bisher Klasse 3) und der Lkw-Klasse C (bisher Klasse 2) verläuft dann bei einem zulässigen Gesamtgewicht des Fahrzeuges von 3,5 t (bisher 7,5 t). Die Anhebung der Gewichtsklasse von 2,8 t auf 3,5 t führt so zu einer Harmonisierung der verhaltensrechtlichen mit den fahrerlaubnisrechtlichen Bestimmungen.

10b **Begr** zur ÄndVO v 28. 11. 07 (VkBl. **08** 4) **zu Abs 3 Nr 2 a und b:** *Wohnmobile sind weder Pkw noch Lkw. Für Wohnmobile mit Anhänger galt daher bislang – unabhängig vom zulässigen Gesamtgewicht (zGG) außerhalb geschlossener Ortschaften eine zulässige Höchstgeschwindigkeit von 60 km/h. Lkw bis zu einem zGG von 3,5 t mit Anhänger dürfen schon seit langem außerhalb geschlossener Ortschaften 80 km/h fahren. Da die technischen Voraussetzungen für eine gefahrlose Teilnahme am StrV mit 80 km/h auch für Wohnmobile mit Anhänger gelten, ist diese Ungleichbehandlung nicht gerechtfertigt und wird daher aufgehoben. Die Änderung des § 3 III Nr 2 b ist eine Folgeänderung. die sich aus der Änderung von § 3 III Nr 2 a ergibt.*

Vwv zu § 3 Geschwindigkeit

11 *1 Sattelkraftfahrzeuge zur Lastenbeförderung sind Lastkraftwagen im Sinne der StVO.*

Übersicht

Abblendlicht 3, 32–35
Ablenkung von den Fahraufgaben 67
Alkohol 42
Aufheben von Gegenständen während der Fahrt 67
Außerorts, Höchstgeschwindigkeit 54, 54 a
Autobahn 27

Beobachtung der Fahrbahn 14, 25, 67
Beweisfragen 57–64
Blendung 32, 36, 37
Blindsekunde 32
Bremsansprechzeit 44
Bremsen 19–20, 44
Bremsspur 58
Bremsweg 44, 58

Eigenschaften von Fahrzeug und Ladung 43
Einschränkung des Sichtgrundsatzes 3, 17–40
Eis 18–21
Elektronische Weg-Zeit-Messung 62 a
Engpass 16, 26

Fahrbahn
–, Blickabwendung 67
–, schmale 16, 17
Fahrbahnhindernis 25
Fahrfähigkeit 41, 42
Fahrlicht 3, 32–35, 37
Fahrzeug, Eigenschaften 43
–, nicht vertrautes 41
Foto als Beweismittel 57
Funkstoppverfahren 60

Gefälle 20, 23, 44
Gegenverkehr 29
Geschwindigkeitsbegrenzung 45, 46, 49–54
–, innerorts 50–52
Geschwindigkeitsschätzung 63
Glätte 18–21
Grund, triftiger zum Langsamfahren 7, 47, 48

Halbe Sicht, Fahren auf 16
Hilfsbedürftige 29 a
Höchstgeschwindigkeiten, zulässige 8, 9, 38, 49–54 a, 55 d

Innerorts, Fahrgeschwindigkeit 50–52
Kinder 29 a
Kolonnenfahren 29
Körperzustand 41, 42
Kurve 26

Ladung 43
Langsamfahren, behinderndes 7, 47, 48
LASER-Messung 61

Massenverkehrsmittel 31

Nässe 18
Nebel 38
Nichtbeachtung der Fahrbahn 67

Ordnungswidrigkeiten 56
Ortstafel 50–53

Parkplätze 16
Police-Pilot-System 62 a

Radarmessung 59
Randstreifen 23
Rauch 39
Reaktionszeit 44
Regen 18 f, 33, 38
Richtgeschwindigkeit 55–55 c

Schätzung 63
Schaublatt 57
Scheinwerferlicht 3, 32–35, 37
Schneefall 38
Schneeglätte 18–21
Schneeketten, Höchstgeschwindigkeit 9, 55 d
Sehen 33, 37
Seitenraum 14, 24, 25
Sicht, schlechte 32 ff
Sicht, halbe 16
Sichtgrundsatz 3–6, 12–17
Sichtgrundsatz, Einschränkung durch widrige Umstände 3, 17–40
Sorgfalt, äußerste 9, 29 a
Spiegelmessverfahren 60
Strafrecht 65
Straßenbahn 31
Straßenverhältnisse 3, 17–21
–, örtliche 24–26

Geschwindigkeit **§ 3 StVO 2**

Tachometeranzeige 57, 62
Tachometervergleichung 62
Tiere auf der Fahrbahn 30

Übersichtlichkeit 24, 26
Umstände, widrige 3, 17—40

Verkehrslage und Fahrgeschwindigkeit 3, 29
Verkehrszeichen, Geschwindigkeitsbeschränkung durch 45, 46
Vertrauensgrundsatz 14, 52

Video/Computer-Messmethode 62 a
Vorsatz 56

Warnung vor Radarkontrollen 59
Wasserglätte 18
Wildwechsel 28
Wind 40
Wohnmobil 54

Zivilrecht 66, 67
Zonengeschwindigkeit 45

1. Fahrgeschwindigkeit. Zügig ist zu fahren, nicht ohne triftigen Grund langsam, stets beherrscht, Ol NZV **90** 473, Kö VRS **50** 193, und auf Sicht, auf schmalen Straßen auf halbe Sicht, innerhalb vorgeschriebener Höchstgeschwindigkeiten und den objektiven und subjektiven Gesamtumständen angepasst, Bay VRS **59** 224. § 3 will Unfälle infolge Zuschnellfahrens verhindern, Ko VRS **41** 269. Dem Bedürfnis nach raschem Vorankommen geht Sicherheit stets vor, BGH DAR **51** 190, VRS **11** 436. Zum bautechnischen Begriff der Straßen-Entwurfsgeschwindigkeit, *Mäcke/Beckmann* ZVS **83** 14, *Teichgräber* ZVS **83** 53. I gilt auch für das Überholen und Abbiegen (Begr). Die Überholgeschwindigkeit soll optimal hoch sein, um abzukürzen, Kö DAR **67** 17, niemals höher als zulässig (§ 5). Auf freier Strecke und bei entsprechender VLage, vor allem auf der AB, ist uU Höchstgeschwindigkeit zulässig, jedoch erfordert besonders schnelles Fahren ausnahmslos höchste Aufmerksamkeit, BGH VRS **18** 36, Ha DAR **91** 455, Stu VersR **66** 531. Mit zunehmender Fahrgeschwindigkeit wächst die Konzentration auf die Fahrbahn, die Peripherie wird entsprechend verspätet wahrgenommen, *Graßberger*, Psychologie des Strafverfahrens S 13. Die richtige Einschätzung der eigenen Fahrgeschwindigkeit hängt von Fahrbahnbreite, Randbebauung, FzGröße, Fahrgeräuschen und ähnlichen Faktoren ab; sie wird durch längere Fahrt beeinträchtigt, *Meyer-Gramcko* Verkehrsunfall **90** 157 f. Auch Radfahrer dürfen nirgends unangemessen schnell fahren, Ce MDR **01** 1349, Ol MDR **57** 547. Sie müssen insbesondere, weil sie optisch und akustisch schlechter wahrnehmbar sind als Kf, soweit auf andere VT Rücksicht zu nehmen ist, eine Geschwindigkeit einhalten, die diese von einem Radf erwarten, Kar VRS **78** 329. Je nach den Umständen ist stets rechtzeitig, Ha NJW **75** 841, zu verlangsamen, Hb VM **66** 29, Ol VM **66** 39, nicht abrupt, weil das Insassen und nachfolgenden Verkehr gefährden kann (§ 4), Sa VM **67** 6. Wer zu schnell fährt (abgesehen von geringen Überschreitungen), dem steht keine Schreckzeit zu, BGH VRS **34** 205. **12**

Lit: *Cless*, Geschwindigkeitsüberschreitung als Unfallursache, DAR **65** 235. *Mäcke/Beckmann*, Geschwindigkeit und ihre Bedeutung für die VSicherheit, ZVS **83** 14. *Möhl*, Die richtige Bemessung der Geschwindigkeit, DAR **68** 29. *Meyer-Gramcko*, Wahrnehmen und Schätzen von Geschwindigkeiten, Verkehrsunfall **90** 155. *Mühlhaus*, Abstand — Auffahren, DAR **67** 260. *Derselbe*, Die Ursächlichkeit von VVerstößen und Trunkenheit für den Unfall (zur Ursächlichkeit der Fahrgeschwindigkeit), DAR **72** 170. *Teichgräber*, Die Bedeutung der Geschwindigkeit für die VSicherheit, ZVS **83** 53. *Zerban*, Angemessene Geschwindigkeit und Geschwindigkeitsbeschränkung ..., ZVS **83** 2. **13**

2. Innerhalb der übersehbaren Strecke muss der Fahrer anhalten können (BGH VRS **19** 124, VersR **56** 796, Sa MDR **06** 89, Ha NZV **04** 356, Kö VersR **03** 219, Ce MDR **01** 1349, KG VM **96** 20, Zw NZV **93** 153), auf schmaler Fahrbahn bei möglicher Gefährdung anderer schon auf halbe Sichtweite (I S 5; Rz 16). Nur Fahren auf Sicht erlaubt es, rechtzeitig anzuhalten (Kar VRS **36** 274). Auch unter Einrechnung zulässiger Schreckzeit darf der Anhalteweg nicht größer als die Sichtweite sein (BGH VM **65** 39). Der Sichtgrundsatz soll davor schützen, auf Hindernisse (Rz 25) aufzufahren (Jn NZV **02** 464, Ce VersR **73** 450), aber auch vor Kollision mit Entgegenkommenden (Bay VRS **58** 366, Kö VOR **74** 46, aM Ce VersR **73** 450). Die Vorschrift, eine der wichtigsten über die Fahrgeschwindigkeit (Stu VRS **77** 44), legalisiert die Regel des Fahrens auf Sicht (Begr) als äußerste Geschwindigkeitsgrenze unter günstigsten Umständen, die sich je nach den objektiven und subjektiven Umständen (Rz 17—40) weiter ermäßigt (Begr; Bay VRS **59** 224, Ha VersR **90** 318). Die Übersehbarkeit der Strecke kann durch die verschiedensten Umstände beeinträchtigt werden (Kurve, Kuppe, Witterung, Dunkelheit, Nebel, unzulängliche Beleuchtung oder Scheinwerfer, Blendung uA, Begr). Unbehindert ist der Überblick nur, wenn der Fahrer sieht, dass die soeben zu befahrende Strecke frei ist, bei ungünstigster Sicht (Blendung; BGH VersR **69** 373, Bay DAR **62** 184, Ha VersR **90** 318). Maßgebend ist außer der überblickbaren Strecke der individuelle Anhalteweg des Kfz (BGH NJW **74** 1378, VRS **30** 272, Ko VRS **72** 461), der je nach objektiven und subjektiven Faktoren wechselt, wobei sich der Fahrer auf den jeweils ungünstigsten Faktor einstellen muss. Das **14**

Sichtfahrgebot betrifft nur die Sicht *vor* dem Fz (BGH NZV **02** 365, **98** 369, NJW **85** 1950, Ha VRS **82** 12, Kö VRS **67** 140); es ist daher erfüllt, wenn neben einem dem Anhalteweg entsprechenden Fahrbahnteil ein *angemessener* **Seitenraum** (zB Gehweg, Dü NZV **02** 90, Ha NZV **91** 194 [Fahrbahnrand], Jn NZV **02** 464) als hindernisfrei erkannt wird, mit nachträglich von der Seite auftauchenden Hindernissen braucht der FzFührer idR nicht zu rechnen (Rz 25; Ko VRS **72** 461). IÜ muss der FzF aber auch vor unvermuteten Hindernissen auf der Fahrbahn anhalten können (Ko NJWE-VHR **96** 126, VRS **72** 461, Schl NZV **95** 445). Bei **Dunkelheit** genügt auf breiten Strn (mehr als 6 m) idR freie Sicht auf die rechte Fahrbahnhälfte (BGH VRS **13** 468, Kö VRS **67** 140, aM BGH NJW **87** 2377 unter Bezugnahme auf ein 1953 zur früheren StVO ergangenes Urteil). Damit, dass sich ein Entgegenkommender mit einer ins Gewicht fallenden Geschwindigkeit verkehrswidrig auf ihn zu bewegen könnte, braucht der Kf nicht zu rechnen, insoweit ist das Sichtfahrgebot durch den **Vertrauensgrundsatz** begrenzt (KG NZV **03** 483, **02** 230, VRS **103** 406, Ha VersR **99** 898); dieser Gesichtspunkt bleibt aber außer Betracht, wenn die Geschwindigkeit auch hinsichtlich eines ruhenden Hindernisses zu hoch gewesen wäre (BGH VersR **83** 153, Ha VersR **99** 898, Kar VersR **87** 692). Dass der Kf mit am rechten Fahrbahnrand **entgegenkommenden Fußgängern** rechnen muss, verpflichtet ihn jedenfalls dann nicht zur Einhaltung einer geringeren Geschwindigkeit, wenn die Fahrbahnbreite ein Vorbeifahren mit ausreichendem Abstand erlaubt (Bay VRS **60** 348).

15 **2 a. Der Sichtgrundsatz gilt** auch auf FernVStr (Fra NZV **90** 154) und AB (Bra NZV **02** 176, Ba NZV **00** 49, Fra NZV **01** 169, Kö NZV **95** 400, Ha NZV **89** 234), auch bei fremdverschuldeten Hindernissen (Ol NZV **90** 473, Bra VersR **83** 157, Ha NZV **89** 234). Auch § 18 VI hebt den Grundsatz des Fahrens auf Sicht unter den dort genannten Umständen auf AB nicht auf, sondern grenzt ihn ein (§ 18 Rz 19). Der Sichtgrundsatz gilt für Radf (Nü NZV **04** 358, Ce NZV **03** 179 [Mithaftung Radf bei Kollision mit querendem Fußgänger], KG NZV **03** 483, Ha NZV **02** 129, DAR **02** 351, LG Hannover NZV **06** 418 [volle Haftung des Radf bei Unfall auf gemeinsamem Fuß- und Radweg, Z 240; s auch § 41 Rz 248 c]) und idR auch für die Straba (BGH NZV **91** 114, NJW **75** 449, Ce VersR **76** 1068, Dü VM **66** 45, Fra VersR **67** 850), doch nicht auf eigenem Gleiskörper außerhalb der Straße (Bay VRS **14** 219, offengelassen von BGH VRS **14** 121; (Rz 31). Auf Hindernisfreiheit noch nicht überblickbarer, auf der Fahrbahn verlegter Gleisstrecken darf der StrabaF daher nicht vertrauen (Ce VersR **76** 1068).

16 **2 b. Auf schmaler Fahrbahn** muss der Kf schon auf der Hälfte der übersehbaren Strecke anhalten können, Abs I S 5, Jn NZV **02** 125, Ko VRS **68** 179. Das Gebot des Fahrens auf halbe Sicht soll den GegenV schützen, Bay VRS **58** 366. Schmal ist eine Fahrbahn, die bei ausreichendem Zwischenraum Fahrbegegnung mit einem 2,5 m breiten Fz nicht erlaubt (Begr), Hb VRS **84** 169. Dies kann auch zutreffen, wenn das eigene Fz schmal ist und daher die Mitte nicht berührt, Schl NZV **91** 431. Wer diese Fahrregel beachtet, darf idR darauf **vertrauen,** dass auch der GegenV dies tut, Bay VM **70** 33. Wer auf halbe Sicht anhaltebereit fahren muss, braucht nicht mit entgegenkommenden Linksfahrern zu rechnen, für seine Sichtweite kommt es vielmehr auf die Mitte der für ihn sichtbaren Gegenfahrbahn an, Bay VRS **58** 368. Der Fahrer eines überbreiten landwirtschaftlichen Fz muss an unübersichtlicher Stelle einer schmalen Straße keinen Warner vorausschicken, wenn der GegenV wegen der geringen Breite ohnehin auf halbe Sicht fahren muss, Bay VRS **25** 217. Können begegnende Fz nicht mit Sicherheitsabstand passieren, so muss jedes auf der Hälfte der übersehbaren Strecke anhalten können, Ce VersR **76** 151. Der LkwF muss auf halbe Sichtweite fahren, wenn er in enger Kurve mit breitem Fz bei angemessenem Abstand vom Fahrbahnrand mehr als die halbe Straßenbreite einnimmt, BGH VRS **29** 188, ebenso wer auf schmaler Straße nach rechts Abstand hält, BGH VersR **66** 472, Bay NZV **90** 122. Schrittgeschwindigkeit ist nötig, wenn Kfz auf schmaler Straße kaum aneinander vorbeikommen, Sa VM **83** 44, Ha VersR **78** 47, **76** 738. Bei Begegnung auf schmaler Fahrbahn kann die BG dessen, der richtig und vorsichtig gefahren ist, gegenüber Verstößen des anderen ganz zurücktreten, Ce VersR **76** 151. Ähnlich erhöhte Sorgfalt ist auch bei baulich breiterer Fahrbahn nötig, die **durch parkende Fz verengt** ist, KG VM **74** 75 („50" zu schnell), VRS **19** 359, auch dann ist Fahren auf halbe Sicht geboten, Hb VRS **84** 169, Ko VRS **68** 179, nicht aber bei vereinzeltem Hindernis (parkender Lkw) auf der Gegenfahrbahn, Ba VersR **82** 583. Auf Zufahrtswegen innerhalb von **Parkplätzen** ist bei beschränkter Übersicht Schrittgeschwindigkeit geboten, Ce DAR **00** 216, Fra NZV **01** 36, KG VM **77** 23.

17 **3. Langsamer als auf Sicht** ist zu fahren bei widrigen objektiven oder (und) subjektiven Umständen, wie I S 2 sie beispielhaft (Kar VM **75** 61) aufzählt. Sie zwingen zur Verringerung der Fahrgeschwindigkeit auf diejenige, welche diesen Umständen entspricht, Bay VRS **59** 224.

Geschwindigkeit § 3 StVO **2**

In Betracht kommen vor allem StrAusbau, StrDecke, StrFührung, Fahrbahnbreite (Begr), Witterung, Beleuchtung, VLage, FzZustand und Fahrfähigkeit des Fahrers. Ihnen muss die Fahrgeschwindigkeit entsprechen, Hb VM **66** 29 (unübersichtliche VLage), Ha VersR **90** 318 (Streulicht durch Regentropfen auf Helmvisier), auch auf BundesStr, BGH VRS **21** 241, besonders auch bei WarnZ, BGH VRS **7** 73, Stu VRS **77** 44 (Baugrube). Diese Anforderungen lassen sich nicht in Zahlen ausdrücken. Der Kf kann sie nur durch vorbeugende Vorsicht und Erfahrung bewältigen. Je ungünstiger der StrZustand ist, umso strengere Anforderungen sind an die Fahrweise zu stellen, Ce VersR **65** 961.

3 a. Straßenverhältnisse. Nässe. Glätte. Auf gut geführter, breiter Straße mit guter Decke **18** dürfen auch bei Feuchtigkeit und Nässe (nicht bei großen Pfützen) erhebliche Geschwindigkeiten gefahren werden, wenn der Anhalteweg innerhalb der Sichtweite bleibt, BGH NZV **88** 100, KG VRS **13** 149, auch auf der AB und ihren Zubringern, Kö VM **98** 87 (Überschreiten der AB-Richtgeschwindigkeit). Doch muss der Kf die StrDecke bei Nässe für den Fall des Bremsens beobachten, BGH VRS **7** 367. Besonders bei Regenbeginn oder Nieselregen droht Schmierfilm, Dü VM **59** 12, vor allem bei Schlüpfrigkeit selbst trockener Oberfläche (Blaubasalt), Ha VRS **13** 234 (Blaubasaltdecken sind gefährlich, „Amtshaftung"?). Bei feuchter Fahrbahn ist die erhöhte Sturzgefahr aller ZweiradF einschließlich der Kräder auf Schmutz, Strabaschienen, Unebenheiten und Markierungen zu berücksichtigen. Glätte durch nassen Zementstaub, BGHZ **62** 186 = NJW **74** 987. Starker Regen legt die Gefahr von **Wasserglätte (Aufschwimmen,** § 36 StVZO) nahe und zwingt daher idR zum Verlangsamen, BGH VersR **75** 373, Dü VersR **75** 160, Ce VersR **65** 961. Wasserglätte droht zB: wo die Fahrbahn plötzlich hell spiegelt, wo Reifenspuren des Vorausfahrenden (Wasserverdrängung) plötzlich abreißen, in Mulden und Senken, in Spurrillen, Dü DAR **99** 38, allgemein bei Platzregen. Bei oder nach Platzregen muss ein Kf auf Straßen in hügeligem Gelände mit tieferen und größeren Pfützen rechnen und entsprechend langsam fahren, Bay VM **71** 29, Dü VM **75** 82, Ko DAR **99** 419. Bei starkem Regen kann eine Geschwindigkeit von 100 km/h auch am Tage auf AB-ähnlicher Str zu hoch sein, Nü VM **82** 10. Auch 50 km/h können uU bei Wolkenbruch und Sturm zu hoch sein, Sa VM **73** 59. Wer aber bei Platzregen mit Scheibenwischern und Scheinwerfern noch mit 50 km/h auf Sicht fahren kann, handelt idR nicht vorwerfbar, Kö VRS **37** 40. Nur teilweise Wasserglätte, wenn einzelne Räder noch greifen, kann zum Ausbrechen des Kfz führen, Ha VRS **56** 46. Zu schnell ist gefahren, wer in einer Kurve bei Bremsen in die Gegenfahrbahn rutscht, Ce DAR **76** 130. Auf im Übrigen guter Fahrbahn braucht im Bereich einer Überflutung nicht ohne Weiteres mit gefährlichen Unebenheiten gerechnet zu werden, Kö VersR **92** 1268. Geschwindigkeit auf nasser **Autobahn,** s auch § 18 Rz 19.

Nötigt die Kurvengeschwindigkeit zu starkem **Bremsen** mit der Folge des Ausbrechens des **19** Fz, so ist die Geschwindigkeit unangepasst, Ha VRS **105** 183. An sich kann ein Kfz auch bei einfacher VLage einmal **schleudern** (große Unebenheit, tiefliegende Schienen, Schmierstelle, Ölfleck), Schleudern in nasser Kurve beweist daher nicht stets Zuschnellfahren, Ha VRS **16** 352 (s aber Rz 66). IdR weist Schleudern auf der Fahrbahn aber auf mangelnde Sorgfalt hin, Dü DAR **77** 186. Die richtige Maßnahme gegen Schleudern ist Gaswegnehmen unter Auskuppeln und Gegenlenken, Bay VRS **11** 142, Ha VRS **20** 459 (Rz 20).

3 b. Eis- und Schneeglätte nötigt zu angepasstem Fahren, Fra ZfS **05** 180, Dr DAR **01** **20** 318, Ha NJWE-VHR **96** 116, Dü NZV **93** 158, Nü NZV **93** 149. Der Anhalteweg muss innerhalb der Sichtweite bleiben und je nach den Umständen noch wesentlich kürzer sein. Notfalls kann Schrittgeschwindigkeit geboten sein, Fra ZfS **05** 180, Nü NZV **93** 158. Der Kf muss gefahrlos lenken und rechtzeitig anhalten können, BGH VersR **66** 1077, Dr DAR **01** 318, Dü NZV **93** 158. Bei Glätte darf ein Lastzug nur so schnell fahren, dass er vor Rot ohne Schleudern anhalten kann („30" zu schnell), Ha VM **70** 86, Ko VRS **44** 433. Auf schneeglatter, aber freier Str muss eine Geschwindigkeit von 40 km/h nicht zu hoch sein, KG VM **83** 24, anders aber „40" auf eisglatter, leicht abfallender Straße, BGH Betr **70** 1829, ebenso 30 km/h beim Abschleppen eines Omnibusses auf vereister Fahrbahn, BGH VersR **59** 792. Es gibt keinen Erfahrungssatz, dass „40" innerorts bei Schneeglätte zu schnell sind, Bay VRS **58** 394. **Abstände** sind bei Glätte zu vergrößern, Ha DAR **69** 251. Ist im Dunkeln mit Glätte zu rechnen, ohne dass sie sich näher feststellen ließe, so muss entsprechend verlangsamt werden, Ha VRS **48** 379. Bei Winterglätte können uU objektive Faktoren gefährdend zusammenwirken, die sich auch bei großer Sorgfalt vorher nicht verlässlich abschätzen lassen. Daher weist besonders hier nicht jeder Unfall auf Schuld hin, Bay NZV **93** 121. Auch bei gestreuter AB darf der Kf nicht überall mit Streuen rechnen (§ 45 Rz 62). Bei spiegelglatter Str muss sich der Kf auch auf die Möglichkeit einstellen, dass der **Vorausfahrende** die Kontrolle über sein Fz verliert, Fra ZfS **05** 180, Nü NZV **93** 149, ohne Anhaltspunkte aber nicht darauf, dass einem Überholenden beim Wiedereinscheren ein Fahrfehler unterläuft, Ha NZV **97** 477. Auf schneeglatter, verengter Straße muss er beim Sturz eines vorausfahrenden Radfahrers rechtzeitig anhalten können, Nü VersR **69** 288. Bei Schneeglätte ist mit verunglückten Fzen auf infolge Kuppe nicht einsehbarem Fahrbahnabschnitt zu rechnen und so langsam zu fahren, dass bei Beginn des Gefälles angehalten werden kann, Ha VersR **82** 171. Bei **Gefälle** auf glatter Straße muss der Bergabfahrende so fahren, dass er nicht plötzlich bremsen muss, falls ein Bergauffahrender nach links ausweichen muss, Kö VersR **76** 1095. Wer auf leicht abschüssiger Str mit Schneeglätte bei Sicht von 137 m vor einem Hindernis nicht anhalten kann, trägt Alleinschuld, Ha VersR **78** 749. Bei **Schleudern auf Glatteis** ist Bremsen unsachgemäß, BGH VRS **4** 323, Bay VkBl **60** 251. Nur Gaswegnehmen unter Auskuppeln und Gegenlenken kann nützen, wenn nicht rechtzeitig weich heruntergeschaltet worden ist, Bay VkBl **60** 251, Ol DAR **60** 230. Bei hartem Bremsen besteht Schleudergefahr, Kö VRS **31** 158 (Rz 19). Bedeutung von Schneeglätte oder Glatteis für Führer kennzeichnungspflichtiger Kfz mit **gefährlichen Gütern:** § 2 III a S 3.

21   Bei Nässe in Gefrierpunktnähe muss ein Kf stets **mit Glätte rechnen,** BGH VersR **68** 303, Bay NZV **93** 121, Ce VRS **104** 253, DAR **79** 305, Bra ZfS **94** 197, Ha NZV **89** 233, jedenfalls bis in den Vormittag hinein, Sa VM **73** 24. In der Haupt-Winterzeit bei Dunkelheit und Schnee an den StrRändern muss sich der Kf auf Fahrbahnglätte einstellen, Ko VRS **63** 354. Eisgefahr besonders auf Brücken, Kö DAR **98** 317, **67** 281, und in Waldstücken, Fra ZfS **92** 329. Wer auf schneeglatter Fahrbahn schleudert, hat den Anschein gegen sich, § 2 Rz 74. **Nicht mit Glatteis rechnen** muss ein Kf aber auch bei null Grad ohne besondere Anzeichen, zB Unfall, Ha NZV **89** 233, auf trockener Fahrbahn, BGH VersR **76** 995, VRS **38** 48, Fra ZfS **92** 329, Kö DAR **98** 317, zB nicht ohne Weiteres stets in den frühen Morgenstunden im Winter, Bay NZV **93** 121, auch nicht in jedem Falle bei Reif am Rande eines schattigen StrStücks, Kö DAR **98** 317, Ha DAR **60** 359, s aber Ha VersR **97** 331, oder bei Stadtdurchfahrt, wenn er vorher nur Matsch und gestreute Kurven angetroffen hat, Ha DAR **56** 168. Bei vorher eisfreier Straße muss er nicht schon aus wechselndem Baumbestand und Böschungen auf Eis schließen, Ha DAR **56** 251, s aber Bay NZV **93** 121. In SWDeutschland muss auch ein besonders sorgfältiger Kf am 1. Mai nachts nicht mehr mit Glätte rechnen, Sa VM **74** 70. Der Fahrer eines LastFz muss vor **abschüssiger Strecke,** wenn mit Eis zu rechnen ist, den Zustand durch Begehen prüfen, BGH VersR **65** 379. Der Kf darf damit rechnen, dass **andere VT,** insbesondere Fußgänger, StrGlätte ebenfalls berücksichtigen und sich entsprechend vorsichtig verhalten, Bay VRS **58** 394. Wer mit Glatteis rechnet, darf deshalb aber noch nicht damit rechnen, dass auch ein Begegnender auf vereister Stelle bereits entsprechend verlangsamt hat, BGH VersR **65** 690.

22   Begegnen mit **Streuwagen** des Winterdienstes mit „50" ist beiderseits zu schnell, Nü VM **63** 88.

23   3 c. Unbefestigte **Randstreifen** dürfen mit einem Fahrrad nur langsam befahren werden (Loch), Ol VM **66** 52, ebenso tiefe **Querrinnen,** Nü VM **62** 73. Mit **Ölflecken** auf der Fahrbahn muss kein Kf rechnen, Fra VM **75** 94. Zur Erkennbarkeit einer frischen Ölspur auf der Fahrbahn Ba VRS **72** 88. Vor **Gefälle** müssen schwere LastFz verlangsamen und einen niedrigeren Gang nehmen, BGH VRS **12** 205, **8** 456, um die Bremswirkung des Motors auszunützen, die Fußbremse schonen, um Fading (Nachlassen der Bremswirkung durch Überhitzung) und Luftdruckabfall zu vermeiden, und den Druckluftmesser ständig beobachten, Ha VRS **44** 30. **Schienen,** die uneben in nassem Steinpflaster liegen, dürfen nur vorsichtig befahren werden, Bay VRS **11** 229. Über trockene Schienen darf der Kf mit guten Reifen und mäßiger Geschwindigkeit idR auch spitzwinklig fahren, BGH VersR **61** 236, Stu DAR **65** 110.

24   4. Die örtlichen **Straßenverhältnisse** können ebenfalls zum Verlangsamen zwingen, besonders innerorts, wo sich erfahrungsgemäß eher Hindernisse auf der Fahrbahn befinden (BGH VersR **64** 624, Ol NJW **62** 263). Maßgebend ist die gesamte Örtlichkeit (Ce VRS **31** 34), soweit sie die Weiterfahrt beeinflussen kann (Hb VM **64** 21, Ce VRS **31** 34). **Gelände neben der Fahrbahn** kommt für Unübersehbarkeit nur in Betracht, soweit es die Sicht auf die Fahrbahn beeinträchtigt (BGH NZV **90** 227, Kö NZV **92** 233, Dü VRS **72** 29, Ce VRS **49** 25, 283; s auch Rz 14). Keine Pflicht zum Verlangsamen daher allein wegen schwer einsehbarer Grundstücksausfahrten (BGH NZV **90** 227). Bebauung mit Wohnhäusern und am Fahrbahnrand parkende Fz sind allein kein Grund zur Verlangsamung wegen Unübersichtlichkeit (Ha NZV **90** 473 [50 km/h innerorts nicht zu schnell]). Fahrgeschwindigkeit des Vorfahrt- und

Geschwindigkeit § 3 StVO **2**

Wartepflichtigen: § 8, beim Abbiegen: § 9, vor Fußgängerüberwegen: § 26, an Haltestellen: § 20, vor höhengleichen Bahnübergängen: § 19, auf der AB: § 18.

4a. Mit Fahrbahnhindernissen, auch nachts mit unbeleuchteten (BGH VRS 33 368, Ha **25** NZV **04** 356, Bra NZV **02** 176, Ba NZV **00** 49, Ko NJW-RR **05** 970, DAR **03** 377 [Soldat in Tarnkleidung], **01** 404, Zw NZV **93** 153, Schl VersR **95** 476, Jn NZV **02** 464 [schwarze Kuh], Nü NZV **07** 301, Nau NZV **99** 466 [jeweils Fußgänger]), auch auf AB (Rz 27), muss der Kf rechnen, innerorts ohne Schreckzeit (BGH VRS **25** 51, Mü NZV **94** 106, Schl NZV **95** 445), auch bei spiegelnd nasser Fahrbahn (Ha VRS **50** 101), aber nicht mit solchen, die unvermittelt von der Seite oder von oben her in die Fahrbahn gelangen (BGH NJW **85** 1950, **74** 1379, Bay VRS **60** 131, Ha NZV **04** 356, VRS **82** 12, KG NZV **02** 230, Jn NZV **02** 464, Kö VRS **90** 345, Kar VRS **78** 329 [Hervortreten zwischen parkenden Fz], Kö VRS **89** 105, 446, Ko VRS **55** 327 [vom Müllfz abspringender Müllwerker], VRS **72** 461, Ol NZV **90** 158 [Fußgänger oder Radf aus Grundstücksausfahrten], Stu DAR **91** 179). Das Sichtgebot gilt nicht für solche Hindernisse, mit denen der Kf unter keinem vertretbaren Gesichtspunkt rechnen musste (BGH VM **74** 66, Stu DAR **91** 179 [je falsch entgegenkommender Überholer], Ha VersR **99** 898 [unbeleuchtet entgegenkommendes Fz bei Dunkelheit], Ce VRS **49** 283 [Fußgänger aus Seitenstraße]). Nichterkennen **ungewöhnlich schwer sichtbarer Hindernisse** (klein, kontrastarm, AB), auf die nichts hindeutet, ist nicht vorwerfbar (BGH NJW **84** 2412, VM **73** 5 [im Fahrbereich entgegenragende Stange eines Weidezauns], Ha ZfS **97** 165, DAR **77** 23, Dü DAR **77** 186, Ha NZV **88** 64 [reflektierende Warntafel auf AB], NZV **90** 231 [Eisenteil auf AB], Nü DAR **96** 59 [Schlagloch], LG Kö MDR **91** 1042 [Eisenstange auf AB], LG Mü II ZfS **07** 76 [Reifen auf AB], Anm. *Diehl, Kuckuk* VersR **77** 436). Nimmt der Kf ein Hindernis wahr, so muss er alsbald ausreichend verlangsamen, schon bevor er weiß, worin es besteht (Ha NJW **75** 841). Ragt rechts aus einer Einfahrt ein Lkw in die Fahrbahn, so muss er mit Rücksicht auf Kinder verlangsamen (Mü VRS **76** 92). Nach dem Sichtgrundsatz muss kein Kf damit rechnen, dass innerhalb der Sichtstrecke ein wegen ungünstiger Beleuchtungsverhältnisse nicht sichtbarer, dunkel gekleideter **Mensch auf der Fahrbahn** liegen könnte (Bay VRS **59** 215, Ha GA **72** 89). Entsprechendes gilt idR nicht für auf der Fahrbahn gehenden oder stehenden Fußgänger (Ha NJWE-VHR **96** 10, Nau NZV **99** 466). GefahrZ 136 (Kinder), § 40 Rz 102. Personen auf der Fahrbahn: § 25. Einem Hindernis darf sich der Kf nur mit mäßiger Geschwindigkeit nähern, solange es ein Mensch sein könnte (BGH VRS **27** 109, Bay VRS **20** 365, Ha VRS **50** 101) oder sonst Unfallgefahr bestehen könnte.

4b. Vor **Kuppen** und unübersichtlichen **Kurven** ist die Geschwindigkeit anzupassen, BGH **26** VersR **63** 241, Ce VersR **73** 450. Rechtzeitig vor der Kurve ist zu bremsen, nicht erst in ihr. Überschnelles Durchfahren einer Kurve mit einem Krad ist ein grober Verstoß, BGH VersR **62** 1208, vor allem bei Linksfahren (Kurvenschneiden) ohne ausreichende Sicht, BGH VersR **66** 1076. Abkommen von der Fahrbahn in Doppelkurve bei einwandfreiem Kfz spricht gegen den Kf, es sei denn, plötzliche Gefahr kann ihn überrascht haben, Ce VersR **74** 1226, s § 2 Rz 74. In starken Gefällekurven ist äußerst vorsichtige Fahrweise geboten, BGH VersR **74** 569. Bleibt zwischen begegnenden Lastzügen in der Kurve nur Abstand von 20 cm, so sind „30" zu schnell; für solche Geschwindigkeit müsste der Abstand mindestens 1 m betragen, Ha VRS **25** 291. Vor einem nicht einsehbaren **Engpass** sind „60" zu schnell, Ol DAR **58** 161, Neust VRS **27** 272. **Baustellen** sind besonders vorsichtig und angemessen langsam zu befahren, auch wenn kein VZ herabgesetzte Geschwindigkeit vorschreibt, Sa VRS **44** 456, Kö VM **74** 40 (AB). Wer an gekennzeichneter Baustelle an sichtbehindernder Baumaschine mit 2 m seitlichem Abstand vorbeifährt, muss aber nicht so langsam fahren, dass er vor einem unvermittelt hervortretendem Arbeiter noch anhalten kann, Bay VRS **39** 455. Wer einen hoch **bepflanzten Mittelstreifen** kreuzt, muss sich in die neue Fahrbahn hineintasten (zu hoher Bewuchs ist Amtspflichtverletzung), KG VM **66** 41.

4c. Die **Autobahnen** und außerörtlichen Kraftfahrstraßen mit getrennten Richtungsfahrbah- **27** nen (§ 18) sind vielfach so angelegt, dass sie auch bei hoher Fahrgeschwindigkeit Sicht bieten; wo dies aus örtlichen Gründen nicht zutrifft, darf der Benutzer mit VZ rechnen (Kö DAR **60** 182). Fahrgeschwindigkeit bei Abblendlicht: § 18. Mit plötzlichen **Hindernissen** muss der Kf jedoch tags und nachts auch auf der AB rechnen (Rz 25; Bra NZV **02** 176, Ko NJW-RR **05** 970, DAR **01** 404, Ha NZV **00** 369, Ba NZV **00** 49, Fra NZV **90** 154), ausgenommen solchen, deren Entstehung oder Nichtbeseitigung auf verletzter Aufsichtspflicht beruht (Rz 25, BGHSt **10** 121 = NJW **57** 682 m abl Anm *Salger*, Bay VRS **22** 380). Mit **ungesichert liegen gebliebenen Fz** muss gerechnet werden, selbst wenn sie unbeleuchtet sind (BGH NJW-RR **87** 1235 [Panzer mit Tarnanstrich, nahezu unbeleuchtet]; NJW-RR **88** 406; Fr DAR **01** 163, VersR **02** 1568, OLGR

Ce **07** 854). **An Unfallstellen** darf ohnehin stets nur mit besonderer Sorgfalt und angepasster Geschwindigkeit vorbeigefahren werden (Zw VersR **79** 1066, VRS **47** 421 [wenn nicht Hilfe zu leisten ist]). Wer sich einer Unfallstelle mit liegengebliebenen Kfz nähert, braucht äußerste Vorsicht und muss sofort anhalten können (BGH VersR **75** 373). Daher darf an einem auf der AB quer stehenden Fz nur langsam, stets bremsbereit und vorsichtig vorbeigefahren werden (Kar MDR **91** 543). ABFahrgeschwindigkeit: § 18. ABRichtgeschwindigkeit: Rz 55 ff.

28 **4 d. Wildwechsel** finden sich auch an nicht gekennzeichneten Stellen, auch auf den AB (Fra NZV **90** 154, KG NZV **93** 313, Kö VRS **89** 446) und sind dann dort am gefährlichsten, besonders während der Dämmerung. Größte Gefahr im Mai, Oktober und November. Auf Straßen durch oder an Waldbestand kann eine Fahrgeschwindigkeit um oder über „80" zu hoch sein (Fra NZV **90** 154, Kö VRS **89** 446, *Baum* PVT **91** 138, Dr NJW-RR **02** 1030), begründet aber nach Ko NJW-RR **07** 242 keine grobe Fahrlässigkeit iS von § 61 VVG [§ 81 II VVG 08]. Bei Ausweichen besteht dann Schleudergefahr, der Bremsweg wird zu lang. Ist ein Zusammenstoß unvermeidbar, empfiehlt sich festes (bei Fz ohne ABV stoßweises) Bremsen bei festgehaltenem Steuer ohne Ausweichversuch. Bremsen mit Ausweichen oder lediglich Ausweichen führt meist zum Schleudern, ADAC-Untersuchung (Fahrl **68** 394) und kann uU grob fahrlässig sein (Brn VRS **102** 44, Ha NZV **96** 410 [Fahrlässigkeit aber verneint, s **E** 131]). Beim Z 142 muss sich der Kf auf Wildwechsel einrichten unter Berücksichtigung aller ihm bekannten Umstände (Tageszeit, Straßenbreite, überblickbare Geländebreite). Näheres: § 40 Rz 102. WarnZ und Wildschutzzäune: § 45 Rz 53. Zum Nachweis eines Zusammenstoßes mit Haarwild (Hb ZfS **86** 279, Nü VersR **79** 950, *Theda* VP **83** 27).

Lit: *Baum,* VUnfälle mit Wild, PVT **91** 137. *Dressel,* Wild und Fallwild auf AB und BundesStr, DAR **74** 291. *Theda,* Zum Nachweis eines Wildschadens, VP **83** 27.

29 5. Auch die **Verkehrslage** kann die Sichtfahrgeschwindigkeit reduzieren (I S 2). Sie ist dem Verkehr anzupassen (Sa MDR **06** 89, Ol VM **66** 39). Dabei ist zu berücksichtigen, dass andere fahrtechnisch und nach ihrer VErfahrung weniger beweglich sein können (Dü VM **62** 47), dass verkehrswidriges Fahren sie unsicher machen und zu falscher Reaktion verleiten kann (Bay DAR **66** 82, Ha VRS **30** 126). Auf gänzlich unvernünftiges fremdes Verhalten muss sich der Kf nur einstellen, wenn er es erkennt (BGH DAR **57** 57). Verlangsamen kann bei Sichtbehinderung durch andere nötig sein (BGH VRS **3** 247, Sa DAR **59** 136), ebenso vor allem bei **unklarer VLage** (Bay VRS **39** 71, Sa MDR **06** 89, Ha VRS **30** 126), bei der Verlangsamung und große Aufmerksamkeit nötig sind, so dass der Kf notfalls sofort anhalten kann (BGH VRS **31** 106, **34** 283, **33** 120, NZV **91** 114 [Notbremsung durch Straba bei unklarer VLage], Bay VM **66** 65). Unklare Lage besteht, wenn der Kf die Entwicklung des V vor ihm nicht sicher beurteilen kann (Ha VRS **60** 38, Kö VM **83** 68). Unklar ist eine VLage, wenn sie sich nach den Umständen nicht beurteilen lässt (lebhafter FußgängerV auf der Fahrbahn, Fastnachtsmesse; Kö VRS **44** 192). Der Vertrauensgrundsatz gilt dann nicht (Ko VRS **44** 192). Verhalten von **Fußgängern:** § 25. Im Bereich des FußgängerV von Großveranstaltungen muss der Kf mit besonderer Sorgfalt und angepasster Geschwindigkeit fahren (Dü VM **79** 15). Am frühen Neujahrsmorgen ist innerorts mit Angetrunkenen zu rechnen (Dü VM **75** 93). In Gasthaus- oder Vergnügungsgegenden ist außerhalb des WerktagsV mit Fußgängern auf der Fahrbahn zu rechnen (KG VM **74** 57). WinkZ eines auf der Fahrbahn Stehenden können ein Gefahrhinweis sein (Bay VRS **5** 548) ebenso, wenn voraus ein PolFz mit Blaulicht steht (Dü VersR **95** 232, DAR **66** 249 [§ 38 Rz 12]) oder **Anzeichen von Unfallhindernissen** erkennbar sind (Kö VRS **27** 111, Sa MDR **06** 89), auf die eine Warnblinkanlage hinweisen kann (Bay DAR **86** 59, Kö VRS **68** 354), zumal bei mehreren Fz mit Warnblinkanlage auf der Standspur bei Dunkelheit (Stu VRS **113** 86). Warnblinklichtanlage eines auf dem Standstreifen stehenden Fz nötigt aber nicht in jedem Falle zur Herabsetzung der Geschwindigkeit (Bay DAR **86** 59). Schwebt voraus ein (Pol)-Hubschrauber niedrig über der Fahrbahn, so ist mit einem Unfall zu rechnen und entsprechend zu verlangsamen (BGH VersR **76** 995). Auf stark besetzter **AB** ist stets mit Stockung und Bremsnotwendigkeit zu rechnen (Abstand!; BGH VRS **29** 435). Gerät auf der AB der Vordermann aus der Fahrbahn nach links, so soll der Hintermann mit scharfem Zurücklenken nach rechts auf die alte Fahrbahn nicht rechnen müssen (BGH VersR **62** 178). **FzStau** auf der Gegenfahrbahn und auf dem rechten Fahrstreifen nötigt den Überholenden auf innerstädtischer Str allein nicht zur Geschwindigkeitsherabsetzung unter 50 km/h (Ha NZV **93** 314). Lässt eine in Gegenrichtung stehende **Kolonne** eine Tankstellenausfahrt frei und kann der begegnende Kf nicht ausreichenden Seitenabstand zu ihr halten, so muss er so langsam fahren, dass er Kf, die sich durch die Lücke hinaustasten, nicht gefährdet (Bay DAR **71** 221). Wer eine stehende Kolonne unerlaubt rechts überholt, muss so

Geschwindigkeit § 3 StVO **2**

langsam fahren, dass er etwaigen QuerV an freigelassenen Lücken nicht gefährdet (§ 5; Nü VersR **74** 1007). Bei Linksüberholen einer zum Stillstand gekommenen FzSchlange sind im Bereich freigelassener Lücken an Einmündungen uU 25 km/h zu schnell (KG VM **85** 25 [§ 5 Rz 41]). Dass auf genügend breiter Fahrbahn (7,6 m) **beiderseits Fz parken,** nötigt allein nicht zum Verlangsamen (BGH NZV **98** 369, Ha VRS **30** 77), anders bei verengter Fahrbahn (Rz 16, 17; BGH VersR **66** 523, **67** 286). 25–30 km/h eines **Radf** auf Radweg innerorts mit Sichtbehinderung zur Fahrbahn durch parkende Fz ist zu schnell (KG VM **84** 94). Beim Rechtsüberholen eines Radf darf nicht auf dessen Linksbleiben vertraut werden, daher Vorsicht und angepasste Fahrgeschwindigkeit (Ko VRS **41** 259). Vorausfahrende jugendliche Radf: § 5 Rz 40. Wer bei **GegenV** genügend freien Raum hat, muss nicht verlangsamen (BGH VersR **61** 229, **67** 286), mit einem herüberschleudernden Fz muss er nicht rechnen (Nü VersR **68** 78), doch muss er sofort verlangsamen, wenn er das Schleudern bemerkt, und notfalls anhalten (BGH VersR **63** 361, VRS **15** 94 [Schlangenlinie des Entgegenkommenden], BGH DAR **55** 17 [schleudernder Lastzuganhänger]). Allein der Umstand, dass die Str durch ein **Wohngebiet** führt, erfordert kein Unterschreiten der zulässigen Höchstgeschwindigkeit (BGH NZV **98** 369, **90** 227). Angepasste Geschwindigkeit gegenüber **Kindern:** Rz 29 a, § 25 Rz 26 ff. Die beim Z 136 (Kinder) zulässige Fahrgeschwindigkeit richtet sich vor allem nach den Sichtverhältnissen (Br VersR **81** 80). Näheres zu Z 136: § 40 Rz 102. Könnten rollschuhfahrende Kinder nach Sachlage auf die Fahrbahn geraten, so müssen vorbeifahrende Kf angepasst verlangsamen (Stu VersR **77** 456). Vorbeifahren an haltendem Bus: § 20. Fahrgeschwindigkeit beim Überholen: § 5, beim Abbiegen: § 9, an Fußgängerüberwegen: § 26. Fußgänger: § 25.

5 a. **Äußerste Sorgfalt** (Fahrregel) ist dem FzF (vor allem dem Kf, aber auch zB dem StraBaF oder Radf, *Lemcke* ZfS **04** 442) **gegenüber Hilfsbedürftigen** (Behinderten), **Älteren** (Gebrechlichen) und **Kindern** im Fahrbereich auferlegt (II a). Ob der zur Hilfsbedürftigkeit führende Zustand dauernder oder vorübergehender Natur, verschuldet oder unverschuldet ist, ist ohne Bedeutung (BGH VersR **00** 199). Voraussetzung ist, dass die Personen auf Grund äußerer Merkmale *erkennbar* einer der in II a genannten verkehrsschwachen Gruppen angehören (BGH VersR **00** 199, Schl VersR **87** 825 [verneint bei erwachsen wirkendem 13 jährigen], Ha ZfS **06** 17, NZV **99** 418, **91** 466, VRS **80** 261, Ro VersR **06** 1703). Demgegenüber scheint Mü NZV **88** 66 vom FzF *allen* VT gegenüber *stets* die besondere Sorgfaltspflicht des II a zu verlangen, solange er sich nicht überzeugt hat, dass diese *nicht* zu der geschützten Gruppe gehören (auch gegenüber 16 jährigen sei II a zu beachten, solange nicht auszuschließen sei, dass es sich nicht um „Kinder" handele). Dies ist abzulehnen, weil die StVO-Gebote höchster Sorgfalt nicht die Regel, sondern die Ausnahme sind. Verlangt wird nach den Umständen **höchstmögliche Sorgfalt** wie zB in den §§ 7 V, 9 V und 10 (**E** 150; KG VRS **70** 463, Ha VRS **80** 261, *Bouska* VD **80** 199). Dies bedeutet aber nicht schlechthin unbedingtes Gefährdungsausschluss iS absoluter Vermeidbarkeit, keine Gefährdungshaftung (Bay NJW **82** 346, Dü NZV **93** 198, Stu NZV **92** 196, Kar VRS **71** 62, Ha ZfS **06** 17, VRS **80** 261, *Beck* DAR **80** 236). Die Sorgfaltsregel betrifft alle FzF, auch, trotz ihres langen Bremsweges, die StraBa (Ha NZV **93** 112). Der besonderen (äußersten) Sorgfalt bedarf es allerdings dann nicht, wenn die VSituation keine Gefährdung erwarten lässt (BGH NZV **94** 273, Ol VRS **87** 17).

Die in II a besonders geschützte Person muss bei gehöriger Aufmerksamkeit **bemerkt werden können**, oder mit ihrer Anwesenheit im Fahrbereich muss nach demselben Maßstab gerechnet werden müssen (BGH NZV **02** 365, **94** 149 [Z 136], NJW **86** 183, Ha ZfS **06** 17, Ol DAR **04** 706, Fra NJW **98** 206, KG VM **99** 11, Dü NZV **93** 198, Kö VRS **99** 326 Schl VersR **99** 334, Dr NZV **99** 293). Der Kf muss die Möglichkeit gehabt haben, ihr etwaiges gefährdendes Verhalten beim Fahren zu berücksichtigen, vor allem durch Verlangsamen und stetige Bremsbereitschaft (nur Beispiele Rz 9; Bay NJW **82** 346, Ol DAR **04** 706). Keine Pflicht zur Verminderung der Fahrgeschwindigkeit gem II a daher, wo mit Personen aus dem besonders geschützten Kreis nicht auf Grund *konkreter* Anhaltspunkte zu rechnen ist (BGH NZV **02** 365, **91** 23, **90** 227, Schl NZV **03** 188, Kö DAR **01** 510, Schl VersR **99** 334, Ha NZV **90** 473). Die bloße Tatsache, dass in der durchfahrenen Str auch Kinder wohnen und möglicherweise auf dem Gehweg spielen, begründet allein noch nicht die Pflicht zur **Herabsetzung der Geschwindigkeit** unter das i Ü zulässige Maß (BGH NZV **90** 227, Ha NZV **01** 302, Dü NZV **02** 90 [auf dem Gehweg gehendes Kind], s aber, den Inhalt von II a überdehnend, Nau VRS **92** 401, Ha VRS **75** 84), ebenso wenig das Auftauchen von Fußgängern nachts in der Nähe einer Gastwirtschaft (Kö VRS **67** 140; dazu auch § 25 Rz 24). Anders liegt es nach Ha NZV **08** 409 bei Auffälligkeiten, zB wenn ein 11½ jähriges Kind am Fahrbahnrand kniet, um sich „in Sekunden-

29a

29b

schnelle" die Schuhbänder zu richten (um dann auf die Str zu laufen; zur Haftungsquote § 9 StVG Rz 12a). In Wohnstraßen kann beim Vorbeifahren an verdeckend parkenden Fz „50" uU zu hoch sein, nicht jedoch stets bei ansonsten guter Übersicht (Ha DAR **89** 148, Ha NZV **90** 473), idR auch nicht 25 km/h (Ha NJW-RR **87** 1250). Die Verpflichtung zur Geschwindigkeitsanpassung an die VVerhältnisse in anderen Fällen (Auflauf, Veranstaltung, Gruppenbildung, Unachtsamkeit, Abgelenktheit) besteht neben IIa weiter. Fährt der Kf bereits vor Erkennen der geschützten Personen mit einer diesen gegenüber **unbedenklichen Geschwindigkeit**, so verlangt IIa nicht eine weitere Herabsetzung (Bay NJW **82** 346). Erst recht ergibt eine sinnvolle Auslegung, dass, wer schon Schrittgeschwindigkeit fährt, idR nicht weiter vermindern muss, soweit nicht zur Gefahrenabwehr erforderlich. Nötigenfalls hat aber auch derjenige seine Geschwindigkeit zu vermindern, der nur 30 km/h fährt (Kar DAR **89** 25 [Kindergarten]). Bei Abschrankungen und Gittern zum Schutz von Fußgängern wird er idR weiterhin durchfahren dürfen, sofern er keinen Verstoß bemerkt, ebenso bei Kindern, die vor Rot warten. Soweit durch die herabgesetzte Fähigkeit des geschützten Personenkreises zu verkehrsgerechtem Verhalten ein solches nicht erwartet werden kann, darf der Kf darauf auch nicht vertrauen. Das bedeutet aber nicht, dass der **Vertrauensgrundsatz** in allen Fällen schlechthin ausgeschlossen wäre (BGH NZV **94** 273, Ol NZV **90** 153, Stu NZV **92** 196, Kar NJW-RR **87** 1249, s auch § 1 Rz 24). Nicht jede im Blickfeld des Kf erscheinende Person der in IIa genannten Gruppen erfordert also in jedem Falle sofortige Verlangsamung, ohne dass Gefahr für verkehrswidriges Verhalten voraussehbar ist (BGH NZV **01** 35 [auf dem Gehweg Rad fahrendes Kind], **02** 365, Stu NZV **92** 196, Ce VersR **87** 360, KG NJW-RR **87** 284).

29c   **Kinder** sind auch die über 8jährigen (BGH NZV **97** 391, Dü NZV **02** 90, Hb NZV **90** 71, Ba NZV **93** 268); jedoch ist zw, ob und inwieweit fast 14jährige noch zur Gruppe der Hilfsbedürftigen iS von IIa gehören (bejahend Ha ZfS **06** 17, NZV **00** 167, **96** 70, Hb NZV **90** 71, Mü VersR **84** 395, Kar VersR **86** 770, *Scheffen* VersR **87** 122 im Hinblick auf den ohne Einschränkung im Text verwendeten Begriff „Kind", s aber Schl VersR **87** 825 [13 Jahre], Ha VRS **80** 261, *Weber* DAR **88** 192). Trotz IIa muss ein Kf daher im einem 11jährigen ohne konkrete Umstände nicht ohne Weiteres mit unbesonnenem Verhalten rechnen (Ha ZfS **06** 17, Ol ZfS **91** 321, § 1 Rz 24). Die Definition des Straf- und Jugendschutzrechts lässt sich auf das StrVRecht nicht übertragen, weil IIa einen völlig anders gearteten Schutzzweck verfolgt (*Hentschel* NJW **87** 996, *Weber* DAR **88** 192). Bei erkennbarer Schutzbedürftigkeit infolge entwicklungsbedingter unbesonnener Verhaltensweisen kann allerdings auch ein 14jähriger noch Kind iS von IIa sein. Jedenfalls hängt das Ausmaß der nach IIa zu beobachtenden erhöhten Sorgfalt vom Alter des Kinds entscheidend ab (Bay DAR **89** 114, Ha NZV **00** 259, **96** 70). Zum Verhalten des Kf gegenüber Kindern s auch § 25 Rz 26ff.

29d   Auch der Begriff **„ältere Menschen"** ist unklar. Ältere können besonders umsichtig und rüstig sein, anders bei erkennbar Unbeholfenen und körperlich Beeinträchtigten, denen aber auch dann bereits höchste Sorgfalt zukommt, wenn sie noch nicht „älter" sind, wie auch bei Unachtsamen. „Ältere Menschen" iS von IIa sind zunächst jedenfalls auf Grund ihres Alters erkennbar hilfsbedürftige Personen (*Händel* DNP **80** 253, DAR **85** 211), die den Anforderungen des Verkehrs nicht mehr in vollem Umfang gewachsen sind (KG VRS **70** 463), aber auch alle Personen, bei denen – auch ohne konkrete Anhaltspunkte – auf Grund ihres Alters damit gerechnet werden muss, dass sie die *konkrete* VSituation nicht übersehen und meistern werden (BGH NZV **94** 273, Fra NZV **01** 218, s auch Ro VersR **06** 1703, zusf *Lemcke* ZfS **04** 442). Hilfsbedürftig iS des IIa sind auch **Betrunkene** sein (BGH VersR **00** 199, Kö VRS **67** 140, AG Kö VRS **65** 9, abl *Hempfling* BA **83** 363, LG Kö VersR **84** 796, *Mollenkott* VersR **85** 723). Kein Vertrauen in verkehrsgerechtes Verhalten eines Fußgängers daher, der sich winkend und schwankend auf der Fahrbahn bewegt (BGH VersR **00** 199).

30   5b. Bei **Tieren auf der Fahrbahn** wird der Kf nach Möglichkeit Rücksicht nehmen und vorsichtig vorbeifahren, BGH NZV **97** 176, Stu DAR **64** 170, es sei denn, Bremsen und Ausweichen würde jemand gefährden, KG VRS **104** 5, **34** 108, Ha VRS **28** 383, Fra VRS **28** 364, Neust VRS **26** 205 (Kleintiere), s § 4 Rz 11. Wer bei hoher Geschwindigkeit eine plötzliche Lenkbewegung macht, um einem Kleintier auszuweichen, handelt schuldhaft, BGH NZV **97** 176, KG VRS **104** 5 (jeweils: grob fahrlässig), Ha NZV **98** 328, s auch AG Wetzlar NZV **06** 428, anders uU bei Kradf, Ha VRS **101** 33. Kurze Schreckzeit innerorts, wenn unvorhersehbar ein Hund vor das Krad läuft, BGH VersR **66** 143. Mit plötzlichem Auftauchen eines Hunds außerorts auf der Fahrbahn braucht kein Kf zu rechnen, Kö DAR **74** 72. Vor unruhigen oder scheuenden Pferden ist langsam zu fahren, notfalls anzuhalten, doch erst bei unmittelbarer Ge-

Geschwindigkeit § 3 StVO 2

fahr des Scheuens, vor allem bei unangeschirrten oder führerlosen Tieren, BGH VRS **20** 255. Der Verkehr darf mit verkehrsgewohnten Zugtieren idR rechnen, BGH VRS **20** 255, s auch Ce DAR **52** 141 (Trecker und scheuende Pferde). Wer mit einem schweren Lkw nahe an Reitern vorbeifahren muss, hat mit Scheuen zu rechnen und muss sofort anhalten können, Ha VRS **42** 27. Neben Schafherden ist sehr langsam zu fahren, notfalls anzuhalten, Ol DAR **57** 16, ebenso neben ungesichertem Vieh an der Straße, Bay VRS **5** 548, Schl VM **56** 45. Überhohe Geschwindigkeit („90") bei auf die Fahrbahn verirrten Weidetieren, Nü VersR **66** 42. S § 17 StVG Rz 35 f. Wildwechsel: Rz 28.

6. Auch **Massenverkehrsmittel** wie Straßenbahnen dürfen idR nicht schneller als angemessen fahren, anders nur im dichten Stadtverkehr bei offensichtlich hindernisfreien Gleisen, Dü VM **71** 40. StrabaF dürfen auf öffentlichen VFlächen und beim Kreuzen solcher Flächen, auch unbedeutender Nebenwege, grundsätzlich nur **auf Sicht** so fahren, dass sie rechtzeitig anhalten können, BGH NZV **91** 114, NJW **75** 449, s Rz 15. Der StrabaF muss dem besonders langen Anhalteweg seines Fz Rechnung tragen, Nau VersR **96** 722. Wer zur Schonung der Fahrgäste stets nur mäßig bremsen darf, muss so angepasst fahren, dass er vor Rot noch anhalten kann, KG VRS **52** 298. Das Bestreben, Verspätung auszugleichen, berechtigt nicht zu überschnellem Fahren, BGH VRS **10** 223, vor allem nicht bei Sichtbehinderung, Kö VRS **4** 222, doch will Fra VersR **67** 851 im dichten Verkehr bei gutem Überblick Ausnahmen zugunsten der Straba machen. **Auf besonderem Bahnkörper** darf der StrabaF grundsätzlich auch im Bereich von Fußgängerfurten bei Grün zeigender Fußgänger-LZA mit der nach der BOStrab zulässigen Geschwindigkeit fahren, Bay NZV **91** 78. Sonst gilt § 3, BVerwG NZV **00** 309, KG VRS **104** 35, s auch Rz 15, im Bereich von Bahnübergängen ohne Andreaskreuz auch bei besonderem Bahnkörper, Bay NZV **91** 78, KG VRS **104** 35, Stu NZV **92** 196, VRS **79** 402, ebenso bei im Kreuzungsbereich (öffentliche Str) den besonderen Bahnkörper querenden Fußgängerüberwegen (oder Fußgängerfurten), BGH NZV **91** 114. Auch der StrabaF muss im öffentlichen StrRaum mit unvermuteten, unbeleuchteten **Hindernissen** rechnen, Dü VM **66** 45, außer mit auf kürzeste Entfernung erst entstehenden, und muss rechtzeitig anhalten können, KG VRS **104** 35, Dü VersR **68** 675. Innerorts darf der StrabaF damit rechnen, dass sich **Fußgänger** beim Überschreiten von Gleisen umsehen, auf Warnsignale achten, BGH VersR **61** 475, und die Gleise rechtzeitig freigeben, BGH NJW **75** 449, KG VRS **104** 35, soweit sie dazu in der Lage sind, BGH NZV **91** 114. Jedoch verpflichtet eine Gruppe ausgelassener Jugendlicher in 40 m Entfernung auf den Gleisen zur sofortigen Reduzierung einer Geschwindigkeit von 35–40 km/h, Nau VersR **96** 732. Ist erkennbar, dass ein Fußgänger im Gleisbereich oder auf engem Raum (75 cm) zwischen den Gleisen und herannahenden Kfz stehen bleibt und diesen nicht ungefährdet verlassen kann, so muss der StrabaF eine Notbremsung einleiten, BGH NZV **91** 114, KG VRS **104** 35.

7. Schlechte Sicht, Scheinwerfer- und Abblendlicht, Blendung, Nebel und Wind beeinflussen die Fahrgeschwindigkeit, denn sie verkürzen idR die Sicht oder beeinträchtigen die Fahrstabilität. Dämmerung verlängert die Reaktionszeit (retinale Verzögerung), dies lässt sich nur durch angepasste Fahrweise ausgleichen. **Bei Dunkelheit** darf der Anhalteweg nicht länger als die Sichtweite sein (BGH NJW-RR **87** 1235 [mangelhaft beleuchteter Panzer mit Tarnanstrich], Kö VersR **03** 219, KG VM **96** 20, Ol NZV **90** 473, Ha VersR **04** 1618). Ungewöhnlich schwer zu erkennende Hindernisse: Rz 25. Kradf müssen bei Dunkelheit und Regen der Sichtbehinderung durch Regentropfen auf dem Helmvisier Rechnung tragen (Ha VRS **101** 25, NZV **90** 190). Bei Sichtbeeinträchtigungen eines Kradf durch Dämmerung und Dunst, Lichtreflexe auf regennasser schwarzer Teerdecke und Regentropfen auf Helmvisier können mehr als 30 km/h innerorts zu schnell sein (Ha NZV **89** 190). Vor einem im Dunklen auf der AB liegenden Reifen muss der Kf idR noch anhalten oder ausweichen können (Ba VersR **76** 889, s aber BGH NJW **84** 2412 sowie Fra NZV **91** 270). Wer bei Dunkelheit auf ein liegen gebliebenes Fz auffährt, ist idR entweder zu schnell gefahren oder hat zu spät reagiert (BGH NJW-RR **87** 1235, **88** 406, Ha NZV **00** 169, Schl VersR **95** 476, Stu VRS **113** 86). Die Sichtweite hängt von der individuellen **Reichweite der Scheinwerfer** ab (BGH VRS **30** 272, Kö VRS **31** 158), uU verlängert durch andere Lichtquellen (BGH NJW **87** 2377, DAR **57** 158, Kar DAR **61** 231), aber ohne Berücksichtigung der Scheinwerfer entgegenkommender Fz (Dü VM **60** 39), denn sie erzeugen bei Sichkreuzen die Blindsekunde, in der man erkennen kann, auch wenn das andere Fz steht (BGH VRS **30** 347, Ol DAR **55** 302, KG VRS **4** 520). Fahren auf der AB mit Abblendlicht: § 18 Rz 19. Führer kennzeichnungspflichtiger Kfz mit **gefährlichen Gütern** haben sich bei Sichtweiten von weniger als 50 m infolge Nebels, Schneefalls oder Regens gem § 2 III a S 3 zu verhalten.

31

32

33   Wegen der verzögerten **Hell-Dunkel-Adaptation** sollte der direkte Blick in entgegenkommende Scheinwerfer vermieden werden. Zur Problematik der Leuchtdichte und der Adaptation, *Kuckuk* DAR **76** 253, *Roddewig* ZVS **83** 162, DAR **83** 383 (Readaption nach Einfluss leuchtender Tafeln, Wegweiser usw). Bei ungewöhnlich schlechter Sicht gelten besonders strenge Anforderungen an angepasste Geschwindigkeit, Ce VersR **65** 961, zB wenn die Sicht wegen angefrorener oder nasser Windschutzscheibe kürzer als der Lichtkegel ist, Bay VkBl **70** 79, Br NJW **66** 266. Zwischen Lampen der **StrBeleuchtung** ist die Fahrgeschwindigkeit dem dunkelsten Fahrbahnteil anzupassen, BGH VRS **33** 117 (nasse Kopfsteine), Bay DAR **62** 184, Ha DAR **77** 23, Ce VRS **39** 337. Dunkelzonen zwischen Leuchten können die Reichweite des Abblendlichts verkürzen, Ha DAR **73** 302. Bei StrBeleuchtung werden Schattenzonen zwischen den Beleuchtungskörpern uU nicht ausreichend aufgehellt; hier sind Personen uU auch im Abblendlicht nicht zu sehen, Bay VRS **25** 342, Ha VRS **24** 431, Kö VRS **29** 279. Auf 7 m breiter innerörtlicher mit StrBeleuchtung versehener Str ist ein Kf aber nicht ohne Vorliegen besonderer Umstände verpflichtet, die allgemein zulässige Höchstgeschwindigkeit von 50 km/h zu unterschreiten, Ha VRS **80** 256. Der Sichtbeeinträchtigung durch **Reflexe auf nasser Fahrbahn** muss ein erfahrener Kf begegnen, BGH VRS **73** 102 (106), Ha NZV **89** 190, VRS **78** 5, NJW **75** 841, auch solchen durch Streulicht auf regennassem Kradhelm, Rz 32. Die **Gegenfahrbahn** auf breiten Strn muss der Kf bei Dunkelheit nur aus Anlass beobachten, str, s Rz 14. Beim **Befahren einer Linkskurve im Dunkeln** ist wegen verkürzter Sicht durch den nach rechts auswandernden Lichtkegel angepasst zu verlangsamen, Sa VM **78** 53, die Fahrgeschwindigkeit ist dem kürzer beleuchteten Fahrbahnteil anzupassen, Ha VRS **43** 345, **40** 345, Sa DAR **62** 162.

34   **7 a.** Wer mit **Abblendlicht** fährt, muss innerhalb der kürzeren Reichweite des Abblendlichtes anhalten können (Ha NZV **00** 369, Kö NZV **00** 400 [jeweils AB], VersR **03** 219), wobei es ihn (naturgemäß) nicht entlastet, wenn sein Fz bauartbedingt nur über Abblendlicht verfügt (Nü NZV **07** 301). Dunkel gekleidete Fußgänger sind selbst innerhalb der geometrischen Reichweite des Abblendlichts nicht stets wahrnehmbar, hell gekleidete dagegen uU schon, wenn sie sich noch außerhalb dieses Bereichs befinden, *Löhle* ZfS **99** 409. Bei asymmetrischer Abblendung ist die geringere Reichweite des linken Scheinwerfers unter Berücksichtigung etwaiger Blendung maßgebend, Kö NZV **95** 400, Sa VM **78** 53, Ha VRS **51** 29, DAR **77** 23, Ol VRS **32** 270, sie kann jedoch bis 75 m und darüber reichen, BGH VRS **33** 368, Ha VRS **39** 261, und ist für jedes Kfz gesondert zu ermitteln, Ha VRS **30** 227. Die Scheinwerfer müssen die zum Anhalten benötigte Strecke und rechts und links des Fahrstreifens noch 1 m des angrenzenden Geländes beleuchten, Bay VRS **59** 292, Ce VRS **39** 337, Ha VRS **30** 227, **39** 261, Kö VRS **67** 140, aM noch BGH VersR **66** 736 (ganze 6 m breite Fahrbahn). Bei mehreren Fahrstreifen je Richtung müssen mindestens die Grenzen der Nachbarstreifen mit beleuchtet sein. Wer zum Überholen die Gegenfahrbahn benutzt, muss nicht nur am Fahrbahnrand gehende Fußgänger rechtzeitig wahrnehmen können, sondern auch solche, die verkehrswidrig auf der Fahrbahn gehen, Nau NZV **99** 466.

35   **Wer abblendet,** muss verlangsamen, nachdem er die vorher als frei erkannte Strecke durchfahren hat, BGH VRS **24** 205, Bay NJW **65** 1493, KG VM **96** 20. Dabei genügt es, wenn er die dem Abblendlicht entsprechende Geschwindigkeit nach Durchfahren dieser Strecke erreicht hat, auch wenn vorher eine unbedeutende SeitenStr einmündet, Bay NJW **65** 1493. Auch auf der AB ist die Fahrgeschwindigkeit dem Abblendlicht anzupassen, BGHSt **16** 145 = NJW **61** 1588, VersR **65** 88, Ha NZV **92** 407, zum Inhalt des § 18 VI: § 18 Rz 19. **Rspr zur Geschwindigkeit bei Abblendlicht:** mehr als 70 km/h zu schnell: Ha r + s **00** 281, 60 km/h zu schnell: BGH VM **63** 35, Fra NZV **90** 154 (grobes Verschulden), mehr als 40 km/h zu schnell: Kö VersR **03** 219, s aber Br DAR **63** 253 („45" nicht zu schnell). Grobes Verschulden insbesondere bei „80–90", BAG DAR **62** 274, und erst recht bei „90" vor einer Kurve, BGH VRS **24** 369. Doch sind bei solchen Zahlen individuelle Lichtkegel und individueller Bremsweg zu berücksichtigen. Wer mit Abblendlicht nach rechts abbiegt, kann dessen Reichweite nicht ausnutzen und muss sich deshalb wegen der Dunkelzone nach rechts hin auf sofortiges Anhalten einrichten, BGH VM **77** 41. Wer bei Abblendlicht gerade noch innerhalb der Sichtweite anhalten kann, braucht ein Höchstmaß an Aufmerksamkeit, Ce DAR **60** 363.

36   **7 b.** Bei **Blendung** ist so zu verlangsamen, dass innerhalb der vorher als frei erkannten Strecke angehalten werden kann, BGH NJW **76** 288, Ko VD **93** 161, Schl VersR **83** 691, Hb VRS **87** 249, Kö VM **72** 92, gleichgültig, woher die Blendung kommt, Schl VM **75** 82. Der geblendete Kf darf nicht „blind" weiterfahren, BGH VRS **72** 258, Ko VersR **74** 442, Fra VRS **76** 4 (Sonne), uU muss er durch Fernlicht prüfen, sofern niemand geblendet wird, ob sein Anhalteweg der Sichtweite noch entspricht, Ce VRS **39** 431. Wer geblendet ist, muss bis zu

Geschwindigkeit   § 3 StVO **2**

erneuter Übersicht mit Hindernissen rechnen, denn er fährt nicht auf Sicht, Ko VRS **105** 414. Wer durch mehrere, nicht klar zuzuordnende Leuchten geblendet wird, muss verlangsamen, bis er die Strecke vor sich als hindernisfrei erkennt, Ko VRS **105** 414. **Schreckzeit** steht ihm wegen der Häufigkeit des Blendens allenfalls bei nicht zu vermutender Blendung zu, doch muss er danach sofort richtig reagieren, BGH VRS **4** 126, Bay DAR **62** 184, Kö VM **72** 92. Da der Kf mit Personen auf der Fahrbahn rechnen muss, BGH VRS **32** 266, **33** 166, auch wenn ein Gehweg vorhanden ist, keine Schreckzeit insoweit nach kurzer Blendung, BGH VRS **38** 119. Keine Schreckzeit bei plötzlicher Blendung dessen, der zu schnell fährt, Ha VRS **43** 345. **Blendung durch Sonne** kann zum Verlangsamen zwingen, BGH VRS **27** 119, Ha NZV **94** 400, Ko VersR **74** 442, Stu DAR **63** 225. Wer infolge Blendung durch Sonnenlicht nicht erkennen kann, welches Licht eine **LZA** abstrahlt, muss verlangsamen und notfalls anhalten, um sich zu vergewissern, LAG Nds VersR **82** 968.

Der geblendete Kf muss **sofort verlangsamen und sich auf Anhalten einrichten,** BGH 37 DAR **60** 60, es sei denn, die überblickte Strecke war vor kurzer Blendung frei und weit länger als der Anhalteweg, BGH VRS **35** 117. Bei völliger Blendung muss er vorübergehend anhalten, Ha VRS **25** 60, Sa VRS **17** 439, sonst handelt er idR unfallursächlich, Ha VRS **25** 60. Wer stark und länger geblendet wird, darf nicht mit „30–40" weiterfahren, BGH VRS **23** 17. Grobe Fahrlässigkeit bei „100" trotz Blendung, Stu VersR **64** 757. Hat der Kf vor der Blendung Gefahr vom benachbarten Gelände her erkannt, so muss er verlangsamen und sie berücksichtigen, Schl VM **56** 30. Keine Berufung auf besondere Blendung wegen eines Sehfehlers, denn seine Sehfehler muss jeder Kf kennen, BGH VersR **67** 808 (Rz 41, **E** 141). Damit, dass ein **Entgegenkommender plötzlich aufblendet,** muss der Kf nicht rechnen, BGHSt **12** 81 = NJW **58** 1982, VRS **24** 369, Ha VRS **15** 44, Sa VRS **17** 439, es sei denn, dieser kommt aus einer Kurve und muss sich erst orientieren, Sa VRS **17** 439. Rechtzeitiges Abblenden: § 17.

7 c. Bei **Nebel** wird vielfach, auch auf SchnellStr, viel zu schnell gefahren. Nebel beeinträch- 38 tigt die Sicht weit mehr als Dunkelheit. Führt der Nebel zu Sichtweiten unter 50 m, dazu *Bouska* DAR **92** 281, so darf unter keinen Umständen schneller als 50 km/h gefahren werden (Abs I S 3). Auf Str mit Leitpfosten kann deren Abstand als Orientierungshilfe zur Feststellung einer so geringen Sichtweite dienen; denn dieser beträgt gem § 43 III Nr 3 idR 50 m. Auch mit einer solchen Geschwindigkeit darf bei Sichtweiten von weniger als 50 m natürlich nur gefahren werden, wenn nicht auf Grund der übrigen Bestimmungen des § 3 (Sichtfahrgebot, Verkehrs-, Wetterverhältnisse usw) oder auf Grund amtlichen VZ eine geringere Geschwindigkeit geboten ist; Abs I S 3 Halbsatz 2 stellt dies ausdrücklich klar. Ist der Nebel sehr dicht, kann es nötig sein, beiseite zu fahren und anzuhalten, BGH VRS **4** 461, Bay DAR **52** 153, wo das verkehrssicher möglich ist. 100 m Sichtweite nötigen auf gut ausgebauter, beleuchteter Str nicht ohne weiteres zur Ermäßigung unter 50 km/h, Ol VRS **69** 252. Bei nur 30 m Sicht muss der Abstand zum Vordermann auch für plötzliches Bremsen ausreichen, Ce VRS **31** 383. Wer schon mehrfach auf Nebel gestoßen ist, besonders in feuchter Gegend, muss weiterhin mit Nebelbänken rechnen, Schl VM **64** 48, Br VRS **9** 369. Fährt bei Nebel auf der AB ein Kfz auf ein vorausfahrendes auf, so besteht ein ursächlicher Zusammenhang, wenn auf den deswegen anhaltenden Hintermann dessen Hintermann auffährt, BGH NJW **65** 1177. Wer nach Anhalten bei dichtem Nebel ganz langsam in eine VorfahrtStr einbiegt, handelt gegenüber zu schnell fahrenden Berechtigten nicht fahrlässig, § 8 Rz 59. Bei Sichtbeschränkung durch **Regen oder Schneefall** hat Entsprechendes zu gelten. Insbesondere darf auch bei Regen oder Schneefall auf weniger als 50 m herabgesetzter Sicht eine Geschwindigkeit von 50 km/h nicht überschritten werden (Abs I S 3), uU ist noch langsamer zu fahren. Ist die schneeglatte Straße wegen Schneefalls nur auf 10 m übersehbar, sind „30" zu schnell, Ol DAR **61** 309.

Bei **Rauch** ist zu verlangsamen (Sichtfahrgebot), KG VM **74** 96, und Vorsicht geboten, wenn 39 die linke Fahrbahnhälfte verhüllt ist, Sa VM **58** 53. Wer wegen plötzlicher **Scheibenverschmutzung** nicht sofort verlangsamt, sondern auf die Gegenfahrbahn fährt, haftet, Fra VersR **80** 196.

7 d. Mit **starkem Wind** muss der Kf besonders an stürmischen Tagen und bei Gewittern 40 (Kö VRS **37** 39, KG VM **70** 85) rechnen und Windstöße durch Gegenlenken ausgleichen. Gerät er dabei in Windschatten, so kann ihn das für kurze Zeit nach der windabgewandten Seite drücken, BGH VRS **12** 211. Bei starker Windbö ist dem Kradf nur ein Vorwurf zu machen, wenn er sie hätte voraussehen müssen oder wenn er sich unzweckmäßig verhalten hat, BGH VRS **16** 359, Schl VM **71** 95 (Fehmarnsundbrücke).

Lit: *Cramer,* Zur Haftung bei Dunkelheitsunfällen, DAR **76** 337. *Eckert,* Der Dunkelheitsunfall, NZV **92** 95. *Gramberg-Danielsen,* Anpassungsfähigkeit und Leistungsgrenzen des Sehorgans, BASt **16** 79. *Derselbe,* Der

2 StVO § 3 I. Allgemeine Verkehrsregeln

Dunkelheitsunfall aus ophthalmologischer Sicht, VGT **90** 162. *Günther,* Die Problematik des Dunkelheitsunfalles im StrV, k + v **68** 237. *Harbauer,* Blendung von rückwärts, DAR **65** 11. *Harms,* Sehmängel als Unfallursache, ZVS **86** 36. *Hartmann,* Sehen, Wahrnehmen und Erkennen im StrV, DAR **76** 326. *Kuckuk/ Reuter,* Die Methodik der Aufklärung von Dunkelheitsunfällen ..., DAR **76** 253. *Löhle,* Dunkelheitsunfälle, ZfS **99** 409. *Roddewig,* Verlängerte Reaktionszeiten durch Readaptionseffekte im nächtlichen StrV, DAR **83** 383. *Derselbe,* Readaptionszeiten im nächtlichen StrV ..., ZVS **83** 162. *Schmidt-Clausen,* Der Dunkelheitsunfall, VGT **90** 150.

41 **8. Die persönlichen Fähigkeiten** des Fahrers, vor allem Erfahrung und wechselnder Körperzustand, bedingen die zulässige Fahrgeschwindigkeit mit, BGH VRS **5** 133, Kö VersR **66** 530, Ha VRS **13** 32, denn der Fahrer muss diese Fähigkeiten stets berücksichtigen (**E** 141, 141a, § 2 FeV, § 31 StVZO Rz 10). Niemand darf so schnell fahren, dass er das Fz nicht mehr beherrscht, BGH VersR **66** 1156, jeder muss die Grenzen seiner Fahrfähigkeit beachten, BGH VRS **9** 296, vor allem der Anfänger, aber auch der Kranke oder Gealterte, Ce DAR **51** 16, Bra VRS **2** 124 (78jähriger Radfahrer), der Sehbehinderte auch dann, wenn eine geschwindigkeitsbeschränkende Auflage gem § 23 FeV aufgehoben wurde, BGH VRS **69** 439. Wer die FE erst erworben oder lange nicht benutzt hat, muss selbstkritisch fahren und darf nicht unzulängliche Ausbildung oder mangelnde Erfahrung vorschützen (**E** 141a). Mit einem noch nicht vertrauten Kfz muss jeder vorsichtig fahren, Hb VM **65** 5, ebenso mangels Fahrerfahrung bei Dunkelheit, Ha VRS **12** 106. Vor jeder Fahrt muss der Kf bedenken, ob er den voraussichtlichen Umständen (AB, dichter Verkehr, Fahrstrecke, Eis, Nebel, Dunkelheit) gewachsen sein wird, BGH VRS **11** 428, im Zweifel muss er die Fahrt unterlassen, Ha VRS **25** 455, Stu VkBl **59** 23, oder rechtzeitig pausieren. Wer seine langsame Reaktion kennt, muss entsprechend langsamer und vorsichtiger fahren, BGH VM **65** 25. Mangels besonderer Umstände darf ein Neuling auf einer BundesStr mit „50" fahren, Dü VM **62** 73.

42 Alkohol soll der Fahrer meiden, er beeinträchtigt alle Fahrfunktionen und führt bei größerer BAK zur Fahrunsicherheit (§§ 24a StVG, 315c, 316 StGB). Zur Frage der Vermeidbarkeit eines Unfalls für einen alkoholbedingt fahrunsicheren FzF, wenn die von ihm eingehaltene Geschwindigkeit bei einem nüchternen Fahrer nicht zu beanstanden gewesen wäre, § 222, 229 StGB Rz 16.

Lit: *Mühlhaus,* Fahrgeschwindigkeit nach Alkoholgenuß ..., DAR **70** 125.

43 **9. Die Eigenschaften von Fahrzeug und Ladung** sind bei der Fahrgeschwindigkeit zu berücksichtigen (I): Fahrwerk, Straßenlage, Windempfindlichkeit, Bremsverzögerung und -zustand, Scheinwerferleistung, Nebelscheinwerfer, Reifenzustand, Motorleistung (Anzugskraft, Beschleunigung), Art und Verstauung der Ladung, deren Schwerpunkt, zT zusammen mit dem StrAusbau und der Witterung. Ladung: § 22. Die Fahrgeschwindigkeit muss der Ladungsstabilität entsprechen, Ha NJW **72** 1531 (Betonplatten), Dü NJW-RR **93** 94 (Pferde). Durch Dachlast und höhere Zuladung veränderte Fahreigenschaften muss der Fahrer durch Langsamerfahren ausgleichen (§ 22 Rz 13). Kradf müssen beim Durchfahren von Kurven der durch Schräglage eingeschränkten Bremsmöglichkeit Rechnung tragen, BGH NZV **94** 184, Kar VersR **87** 694. FzMängel: § 23. Bremsverzögerung: § 41 StVZO. Brems- und Reaktionszeit: § 1 Rz 29, 30.

44 Von einem geistesgegenwärtigen Kf ist bei Gefahr je nach Sachlage **Bremsen,** Hupen und Ausweichen zugleich zu verlangen, BGH VM **66** 35. Bei unvermuteten, unverschuldeten Ereignissen steht dem Kf außer der Reaktionszeit (§ 1 Rz 29, 30) auch eine Schreckzeit zu (**E** 86, § 1 Rz 29). Wer eine Gefahr anders meistern kann, muss Vollbremsung vermeiden, BGH NJW **67** 211, VM **63** 9. Jede Fahrgeschwindigkeit, die nach Sachlage zu langen **Bremsweg** bedingt, ist zu hoch. Wer einen nicht abbremsbaren (§ 41 StVZO) Anhänger mitführt, muss nicht deshalb langsamer als allgemein zulässig fahren, Dü VM **67** 64. Im Gefälle ist der Bremsweg länger als auf ebener oder steigender Straße, ebenso bei Glätte (Regen, Schmiere, Schmutz, Schnee, Eis, Ölspur) und auf wenig griffigem StrBelag, zB auf womöglich gewölbtem Blaubasalt, BGH VRS **23** 270. Rutschfördernde Glätte neuer Reifen: § 36 StVZO Rz 5. Die individuelle Bremsverzögerung hängt von der Bremsbeschaffenheit und allen übrigen Umständen ab, BGH VRS **27** 119, ist sie schlecht, so muss der Kf uU unterhalb der zulässigen und nach den übrigen Umständen möglichen Geschwindigkeit bleiben, Kar VRS **10** 330. Bei der **Bremswegberechnung** dürfen nicht schematisch und ohne einen Sachverständigen Verzögerungen von 7–8 m/s^2 unterstellt werden, Hb DAR **80** 184, Ha VRS **38** 313. Bremsspur: Rz 58. Wäre der Schaden beim Bremsen vermieden worden, so ist dieses Unterlassen **ursächlich,** BGH VM **56** 31. Eine Kollision mit einem anderen VT wäre durch rechtzeitiges Bremsen vermeidbar gewesen, wenn der FzF dann entweder das Fz vor der Kollisionsstelle zum Stillstand gebracht hätte (*räumliche* Vermeidbarkeit) oder diese erst erreicht hätte, nachdem der geschädigte VT den

Kollisionspunkt schon wieder verlassen hätte (*zeitliche* Vermeidbarkeit), BGH NZV **92** 359, NJW **00** 3069, s auch *Himbert* ZfS **06** 670.

Lit: *Förste,* Erwägungen zum Bremsweg, DAR **97** 341. *Himbert,* Einfluss der Reaktionszeit auf Vermeidbarkeitsbetrachtungen, ZfS **06** 670. *Kurz,* Die Bremswegberechnung, DAR **78** 257.

10. Geschwindigkeitsbegrenzungen durch Verkehrszeichen gehen den VRegeln des § 3 **45** vor (§ 39 III), inner- wie außerorts. Durch VZ 274, 275 können sie ausschließlich **für einzelne Straßen** angeordnet werden, niemals für ein StrNetz durch Aufstellung nur an den Zufahrten (Fra DAR **70** 55). Soll die Begrenzung für ein Gebiet gelten, so bedarf dies der Kennzeichnung durch VZ 274.1/274.2 (geschwindigkeitsbegrenzte Zone; § 41 Rz 248h, § 45 Rz 37). Geschwindigkeitsbeschränkungen durch VZ für das gesamte Straßennetz eines Bundeslands oder einer Gemeinde unter Umgehung bundesrechtlicher Kompetenz sind unzulässig und rechtsfehlerhaft (§ 45 Rz 27). Innerorts dürfen die StrVB die zulässige Geschwindigkeit durch Z 274 erhöhen (§ 45 VIII). Die zulässige Höchstgeschwindigkeit begrenzende **VZ gelten** auch bei verbotswidriger StrBenutzung (BGH VRS **18** 191). Ordnen zwei VZ 274 nebeneinander unterschiedliche Geschwindigkeitsbeschränkungen an (Versehen), so gilt nur das die höhere Fahrgeschwindigkeit erlaubende VZ (Bay VRS **57** 64). Sind innerorts mehr als 50 km/h zugelassen, so gilt das für Fz aller Art (§ 41 bei Z 274; Kar VRS **26** 72). Zum ZusatzZ „Bei Nässe" § 41 Rz 248h zu Z 274. Überholen berechtigt nicht zum Überschreiten gebotener Höchstgeschwindigkeit, es sei denn als einziges Gefahrabwehrmittel (Notstand; BGH VRS **12** 417, Schl VRS **91** 299, Ko VRS **55** 423, Mü NJW **66** 1270). Das VZ 278 hebt nur die Begrenzung durch VZ 274 auf (Dü VM **63** 48), das im Rahmen von § 41 II aufzustellen ist. Das Z 275 (Mindestgeschwindigkeit) hebt allgemeine Geschwindigkeitsbegrenzungen, zB diejenigen des § 3 III 2b für schwere Kfz, nicht auf. **Geltungsbereich des Streckenverbots** durch VZ: § 41 II Nr 7 zu Z 278, § 41 Rz 248h zu Z 274. Die Geltungsbereiche einer Geschwindigkeitsbeschränkung und eines Überholverbots fallen nicht notwendigerweise zusammen (Nü DAR **63** 330). Bei geschwindigkeitsbeschränkenden VZ darf idR angenommen werden, dass sie der durchschnittlichen Sachlage entsprechen, es sei denn, die örtlichen Verhältnisse sind aus besonderen Gründen gegenwärtig unübersichtlich (Schichtwechsel, parkendes Kfz, haltender Bus; BGH VM **73** 3, Kö VRS **90** 346). Auch bei durch VZ beschränkter Höchstgeschwindigkeit vor Bahnübergängen darf sich der Kf trotz § 19 II mangels besonderer Umstände mit der zugelassenen Geschwindigkeit dem Bahnübergang nähern (Bay DAR **81** 153, Ha VM **68** 84). Ist die Geschwindigkeit durch VZ in einem Baustellenbereich begrenzt, so braucht der Kf idR nicht allein deswegen noch stärker zu verlangsamen, weil ein Bauarbeiter aus dem markierten Arbeitsbereich in den für den V freigegebenen Fahrbahnraum geraten könnte (Ce NZV **96** 31). Ist die Höchstgeschwindigkeit auf 40 km/h unter Hinweis auf Schleudergefahr beschränkt (Z 114), so muss ein Kf bei Überschreitung auch ohne erkennbare Anzeichen mit einem Unfall rechnen (Bay DAR **76** 301).

Auf der AB sind Abstände von 1500 m zwischen den Z 274 nicht unangemessen (Stu **46** DAR **63** 360), sofern dazwischen keine Zufahrt war. Nach Ha NZV **96** 247 soll eine Messung 1300 m nach dem letzten VZ auch dann nicht zu beanstanden sein, wenn sich dazwischen eine Zufahrt ohne Wiederholung des VZ befand. Eine AB-Geschwindigkeitsbeschränkung (Baustelle) gilt auch für Fz, die innerhalb der Verbotsstrecke einfahren (BGH VRS **25** 412), nach Bay NZV **98** 386 auch nach Fahrtunterbrechung auf Parkplatz im Fall inzwischen geänderter Höchstgeschwindigkeit durch Wechsel-VZ (s aber § 41 Rz 29). Wird ein zu Recht sehr schnell fahrender Kf (AB) **durch eine Geschwindigkeitsbeschränkung überrascht** („80") und verlangsamt er nunmehr erst etwas wie vorgeschrieben, so trifft ihn möglicherweise kein Vorwurf (Fra DAR **69** 137). Eine Vollbremsung ist ihm nicht zuzumuten (Sa ZfS **87** 30, AG Sa ZfS **85** 187 [Reduzierung von 200km/h auf 100km/h innerhalb von 270m]). Bei ungewöhnlich hoher Geschwindigkeit muss er aber schon von weitem sorgfältig auf etwaige Geschwindigkeitsbeschränkungen durch VZ achten (Bay NZV **01** 220); eine Beschilderung durch „Geschwindigkeitstrichter" (120, 100, 80km/h) trifft ihn nicht überraschend (Dü NZV **96** 209). **Vor Ende der Geschwindigkeitsbegrenzung** darf der Kf nicht über das zulässige Maß beschleunigen; eine Messung kurz vor dem Ende entlastet ihn daher nicht (Brn VRS **107** 61 [keine „Messtoleranz", Rz 51]). Psychologische Untersuchungen sprechen dafür, dass die Kf angepasste, **nachvollziehbare Geschwindigkeitsbegrenzungen** zu beachten pflegen, nach Örtlichkeit und VLage (wirklich oder scheinbar) unangepasste jedoch nicht (*Winkler* k + v **71** 93). Über sachlich ungerechtfertigte und aus ideologischen Gründen angeordnete Geschwindigkeitsbeschränkungen auf AB *Kullik* PVT **03** 70. Wer schneller als durch das VZ 274, 274.1 erlaubt fährt, verletzt § 41 (§ 49 III Nr 4; Rz 56). Irrtum über den Inhalt eines geschwindigkeitsbegrenzenden VZ: Rz 56.

2 StVO § 3   I. Allgemeine Verkehrsregeln

47   **11. Verkehrsbehinderndes Langsamfahren ohne triftigen Grund** ist unzulässig (II). Es verleitet zu riskantem Überholen. Die Vorschrift greift nur ein, ist aber notwendig, wenn grundloses Langsamfahren „den Verkehrsfluss behindert", bei einem einzelnen Hintermann daher nur bei nennenswerter, längerer Behinderung. Sie gilt für alle Straßen und wird sich vorwiegend bei dichtem Verkehr auswirken, also im StadtV, der möglichst gleichmäßige Fahrgeschwindigkeit der Beteiligten voraussetzt, s (zu § 1 alt) Bay NJW **67** 1974, auf Ortsdurchfahrten, VorfahrtStr, außerörtlichen Strn mit geringer Überholmöglichkeit (kurviger Verkauf, GegenV), Ko NJW **67** 2074, DAR **66** 277, besonders auf Überholverbotsstrecken, Schl VM **62** 90 (anhalten). Langsamfahren iS von II führt nicht zum StrBenutzgsverbot wie bei VZ 275 (Begr). Müssen auf leicht kurviger Strecke bei erlaubten und vertretbaren 100 km/h mehrere Fze auf 3 km hinter einem ohne triftigen Grund nur 50 km/h fahrenden Pkw herfahren, so verletzt dessen Fahrer Abs II, AG Gemünden DAR **97** 251. Sachlich grundloses Verlangsamen vor Grün kann II verletzen, KG VRS **47** 316, Dü VRS **65** 62. Wer in oder gleich nach einer unübersichtlichen Kurve durch langsamstes Fahren ein Hindernis bildet, kann strafrechtlich haften müssen, Ha VRS **49** 182. Ein in die AB einfahrender Lastzug muss alsbald soweit wie möglich und zulässig beschleunigt werden, Ce VersR **73** 352. Wer nachts einen Lastzug ungewöhnlich verlangsamt und ohne triftigen Grund zu langsam fährt, ohne Nachfolgende durch Zeichen zu warnen (AB), haftet bei Kollision mit, Ce VersR **76** 50 (wird auch bei verkehrsbedingtem zu langsamem Fahren aus technischem Grund gelten müssen, weil nur das Warnen der Gefahr entgegenwirkt), Dü DAR **99** 543 (Bagger mit 6 km/h bei Dunkelheit). Mithaftung eines bei Tage die AB mit nur 60 km/h befahrenden PkwF, auf den ein anderes Fz auffährt, AG Wilhelmshaven NZV **03** 181.

48   **Triftigen Grund** zum Langsamfahren hat, wer dies aus objektiven (Motorleistung, Ladung, Dü NJW-RR **93** 94, Unterwegsmangel) oder subjektiven Gründen (Körperzustand, VLage, Wetter; Begr) darf oder sogar muss, zB auch innerhalb einer langsamen grünen Welle, BGH VersR **62** 621, oder im mehr- oder einstreifigen Kolonnenverkehr, Kö VRS **20** 223, Ha VM **63** 53. Wer an Parkstreifen oder Parkuhren eine Lücke sucht, hat triftigen Grund, weil er idR nur kurze Zeit behindert. Langsamfahren im Haltverbot, um jemand einsteigen zu lassen oder eine Hausnummer zu suchen, ist kein triftiger Grund, wenn beides auch weniger behindernd möglich wäre. Erschwerter Fahrstreifenwechsel nach rechts, um demnächst auszufahren, kommt erst kurz vor der Ausfahrt als triftiger Grund zum Langsamerfahren in Betracht, Kö VM **74** 23. Vermeidung hoher Geschwindigkeiten im Interesse des Umweltschutzes ist zu begrüßen. Wer aber allein deswegen *behindernd* langsam fährt, weil er glaubt, dadurch einen Beitrag zur Schonung der Umwelt zu leisten, oder aus „erzieherischen" Gründen, verstößt gegen Abs II und kann uU nötigen (§ 240 StGB Rz 16 ff).

     Lit: *Molketin,* Zur „Mindestgeschwindigkeit" des Kf, MDR **91** 206. *Schmidt,* Langsamfahren als Behinderung, SchlHA **67** 33.

49   **12. Zulässige Höchstgeschwindigkeiten ohne VorschriftZ** schreiben III, IV vor. Sie gelten nur unter günstigsten Umständen, entbinden also nicht von den Grundregeln des I, Ol NZV **90** 473 (Dunkelheit), müssen vorbehaltlich § 18 V 2 auch auf KraftfahrStr (Z 331), Ha VM **70** 63, und beim Überholen eingehalten werden, Rz 45. Gebotene Höchstgeschwindigkeiten sind SchutzG auch zugunsten von Fußgängern, welche die Fahrbahn überschreiten, BGH VersR **72** 558. Begrenzung der zulässigen Höchstgeschwindigkeit bei Nebel, Schneefall und Regen (Abs I S 3): Rz 38. Geschwindigkeitsbegrenzung durch VZ: Rz 45, 46. Erwägenswerte psychologische Bedenken gegen einige starre Geschwindigkeitsgrenzen, *Gunzert* DAR **66** 329, *Undeutsch* DAR **66** 324 mit Beispielen, *Herwig* ZVS **12** 194.

50   **12 a. Innerorts** beträgt die Höchstgeschwindigkeit, außer auf der AB (§ 18), unter günstigsten Umständen, Fra DAR **01** 217, für alle Kfz „50" (III Nr 1). Die vorgeschriebene Ortshöchstgeschwindigkeit soll die Gefahr innerorts verringern und schafft an sich keine Schutzzone über das VZ 311 hinaus, Bay VRS **57** 360, Dü NZV **92** 238, wird jedoch schon vorher Gefahr durch einen unachtsamen Fußgänger erkennbar, so entfällt der Vertrauensschutz und der Kf muss angemessen verlangsamen, Bay VM **80** 41. Die Ortsgeschwindigkeit ist begrenzt, damit sich jeder auf die innerorts häufigen mannigfachen VVorgänge rechtzeitig einstellen kann, Ko VRS **55** 423. Bei normalen Verhältnissen darf sie ausgenutzt werden, BGH NZV **02** 365, Dü NZV **94** 70 (Dunkelheit), KG VRS **83** 98, Kar VersR **79** 478. Wo das VZ 274 steht, geht es III Nr 1 vor (§ 39 III). Die 50 km/h-Grenze beginnt bei der **Ortstafel** (VZ 310), Rz 51, sofern nicht durch Z 274 etwas anderes bestimmt ist (Ha VRS **25** 219), und endet, jeweils ohne

Geschwindigkeit § 3 StVO 2

Rücksicht auf Bebauung (Ha DAR **62** 273), bei VZ 311 (§ 42 III), Dü VRS **64** 460. Die Ortstafel gilt auch (Erkennbarkeit vorausgesetzt), wenn Unbefugte sie umgedreht haben, Ha VRS **25** 296. Der VT muss sich idR an die Ortstafeln halten können, so wie sie stehen, andererseits muss die VB überwachen, ob der Standort der Ortstafel wegen fortgeschrittener Bebauung dem VBedürfnis noch entspricht (Richtlinien für die rechtliche Behandlung von Ortsdurchfahrten VkBl **76** 220, **84** 30). Fehlt sie bei geschlossener Bebauung, so gilt die 50 km/h-Grenze nicht, weil VRegeln deutlich sein und VZ im Fahren mit einem Blick erfassbar sein müssen. Es geht nicht an, dass Gerichte klare gesetzliche Regelungen gegensätzlich auslegen, so aber Ha VM **96** 68, MDR **69** 1033, Dü VRS **64** 460 (eindeutig geschlossene Bauweise). Eine höhere Geschwindigkeit kann sich dann jedoch nach Abs I verbieten. Beginnende Bebauung verpflichtet, auf die Ortstafel zu achten, Ha VM **60** 76 (einzelne Häuser mit Gärten beiderseits sprechen nicht für eine geschlossene Ortschaft, Ha VRS **36** 228). Dichte Bebauung, Bürgersteige usw können dem FzF die Gewissheit aufdrängen, dass er sich in geschlossener Ortschaft befindet, Schl NZV **93** 39, Ha VM **96** 68. Folgt bei zusammenhängenden Ortsteilen später die Ortshinweistafel (Z 385), so endet hier die 50 km/h-Grenze ohne Rücksicht auf die Art der Bebauung, Ha DAR **63** 389, Dü VM **73** 85. Irrtum über den Begriff der geschlossenen Ortschaft ist Tatbestandsirrtum (§ 11 OWiG).

Die Geschwindigkeitsbeschränkung gilt in aller Regel **vom Ortsschild ab,** Bay NZV **95** 496, Ol NZV **94** 286, Kö VRS **96** 62, eine „Toleranzstrecke" kommt allenfalls bei schwerer Erkennbarkeit des VZ in Betracht, Sa ZfS **87** 30, Stu VRS **59** 251. Dennoch muss der Kf nicht vor oder an dem Ortsschild abrupt auf „50" verlangsamen, er darf eine gewisse Messtoleranz erwarten, Bay NZV **95** 496, Ol NZV **94** 286 (50 m nach dem Schild), Kö VRS **96** 62, Ha VRS **97** 453, jedoch nicht mehr 150 m nach dem Ortsschild, Ha VRS **56** 200. Bei spät erkennbarer Ortstafel keine Gewaltbremsung, außer bei Gefährdung anderer, Schl VM **66** 88, Bay NZV **95** 496. Die Ortstafel (Z 310) ist zwar ein RichtZ (§ 42), ordnet aber an, dass von ihr ab die innerörtlichen VVorschriften gelten (§ 42 III). Die Ortshöchstgeschwindigkeit muss auch beim Überholen eingehalten werden, Ko VRS **55** 423, s Rz 45. Defekter Tachometer: Rz 56. 51

Die VT dürfen **nicht darauf vertrauen,** dass die 50 km/h-Grenze innerorts genau eingehalten wird, KG DAR **00** 260, Ol NZV **94** 26, Ha VRS **46** 222 (Überschreitung bis zu 50% muss in Rechnung gestellt werden), aM BGH VRS **21** 277 (Fußgänger darf vertrauen), Schl VM **58** 59, vor allem nicht unmittelbar hinter der Ortstafel, Ol VersR **85** 1096. Auch eine Geschwindigkeitsüberschreitung um mehr als 60% durch den Bevorrechtigten muss der Wartepflichtige, soweit erkennbar, berücksichtigen, § 8 Rz 53, § 9 Rz 39. Allerdings darf ein wartepflichtiger VT (§ 8) darauf vertrauen, dass ein noch *nicht sichtbarer* Bevorrechtigter keine wesentlich überhöhte Geschwindigkeit einhält, Kar VRS **44** 66. 52

Bei dem Z 311 (Ortstafel, Rückseite) darf der Kf wieder beschleunigen, falls die Umstände es erlauben, nicht vorher, Ol NZV **94** 375 (kein Vertrauen in Unterbleiben von Messungen), aber uU mildere Ahndung, Rz 56 b. Unklarheit geht nicht zu seinen Lasten, Kö VRS **17** 307. Maßgebend ist der Standort des Z 311, Dü VM **58** 64 Nr 130, auch bei weiterer Bebauung; denn Nachlässigkeiten der Behörde bei Überprüfung des Standorts gehen nicht zu Lasten des Verkehrs, Rz 50. **Fehlt das Z 311,** so endet die geschlossene Ortschaft am Beginn völlig unbebauten Gebiets, nicht schon bei bloßen Bebauungslücken zwischen zwei Ortsteilen (wenn sie deutlich als bloße Lücken erscheinen), Bay DAR **61** 207, Sa VM **81** 70; sie endet dann auch beim VZ 385, Rz 50. Zur Bedeutung der Orts(end)tafel s auch VZ 311. 53

12 b. Außerorts gelten die in III Nr 2 a–c bezeichneten Höchstgeschwindigkeiten auch unter günstigsten Umständen. Da diese Grenzen vor Gefährdung durch übermäßig schnell bewegte Massen schützen (Mü NJW **66** 1270), gelten sie absolut (BGH VersR **67** 802) und können durch VZ nicht erhöht werden (Z 274), auch nicht durch das RichtZ 380 (Richtgeschwindigkeit; Dü VM **65** 92). **Auf AB** und außerorts auf KraftfahrStr, deren Fahrstreifen für eine Richtung durch Mittelstreifen oder sonstige bauliche Einrichtungen getrennt sind, gilt § 18 V (dort Rz 19). **LkwBegriff:** § 21 Rz 10, § 18 Rz 19. SattelKfz für Lastenbeförderung sind Lkw. **Wohnmobile** bis 3,5 t unterliegen III Nr 2 c (100 km/h), über 3,5 t bis 7,5 t fallen sie (weil sie keine Pkw sind) unter III Nr 2 a (80 km/h), bei mehr als 7,5 t gilt III Nr 2 b (60 km/h; *Berr* 416 ff). Für Wohnmobile bis 3,5 t mit Anhänger gilt nun nach III Nr 2 a 80 km/h (Begr Rz 10 b); die in diesem Kontext bestehende Zweifelsfrage (39. Aufl) ist deshalb erledigt. Wohnmobile mit Anhänger auf AB und außerörtlichen KraftfahrStr mit getrennten Richtungsfahrbahnen: § 18 V Nr 1 (80 km/h). Zulässige Höchstgeschwindigkeit von Wohnmobilen zwischen 54

3,5 und 7,5 t zulässigem Gesamtgewicht auf AB und KraftfahrStr: § 18 Rz 13b. Für selbstfahrende **Arbeitsmaschinen** über 2,8 t (bis 7,5 t) gilt III Nr 2a (Dü VRS **95** 53). Höchstgeschwindigkeit der GleiskettenFz und eisenbereiften Fz: § 36 StVZO, der Kfz mit Schneeketten: § 3 IV.

54a 12c. Höchstgeschwindigkeit „100" gilt auf allen öffentlichen Straßen außerorts (außer AB [Z 330], Straßen mit Mittelstreifen oder anderer baulicher Trennung der Fahrbahnen für eine Richtung, von denen der Gegenrichtung und Straßen mit mindestens zwei Fahrstreifen für jede Richtung, falls Fahrstreifenbegrenzungen [Z 295] oder Leitlinien [Z 340] die Fahrstreifen trennen), Abs 3 Nr 2c. AB sind auch Straßen mit nur je einer Richtungsfahrbahn, sofern sie durch das Z 330 gekennzeichnet sind. Die Begrenzung gilt für Pkw und andere Kfz mit zulässigem Gesamtgewicht bis 3,5 t (III Nr 2c). Führen diese Kfz Anhänger mit, so gilt für sie die 80 km/h-Grenze des III Nr 2a. Tempo „100" darf nur unter günstigsten Umständen gefahren werden, soweit nicht vorrangige Regeln allgemein oder individuell langsameres Fahren erfordern, zB der Sichtfahrgrundsatz (Rz 3–6, 12–15, 17), Ol NZV **90** 473 (Dunkelheit), die Straßen-, Verkehrs- oder Wetterverhältnisse, die individuelle Fahrfähigkeit, die Eigenschaften von Fz oder Ladung. Auf den bezeichneten tempobegrenzten Straßen dürfen die VB mit Zustimmung der obersten LandesB die zulässige Höchstgeschwindigkeit durch Z 274 auf bis zu „120" festsetzen, § 45 VIII. Richtlinien hierfür VkBl **72** 545 = StVRL Nr 3. Auf den von der Begrenzung ausgenommenen AB und autobahnähnlichen SchnellStr gelten die allgemeinen Geschwindigkeitsgrundsätze; die Ausnahme gilt, wie zweifelsfrei aus der Stellung innerhalb III Nr 2c und aus § 18 V ergibt, nur für Pkw und andere Kfz bis 3,5 t (Bay NZV **99** 393, Dü NStZ-RR **07** 214, *Rüth/Berr/Berz* Rz 83, *Bernau* NZV **06** 232; unzutr: AG Weiburg NStZ-RR **96** 346). Schadhaftigkeit der Z 295 oder 340 beseitigt deren Wirkung nicht, solange eines dieser VZ als erkennbar vorhanden gelten darf. Wegen der erheblichen erlaubten Fahrgeschwindigkeit kann es nicht darauf ankommen, ob die Gegenfahrbahn mehrere derart bezeichnete Fahrstreifen hat (zB neue Decke vor Kennzeichnung), weil sich dies von der anderen Fahrbahn aus nicht sicher und ständig überblicken lässt. Maßgebend muss ausreichende Markierung in der gefahrenen Richtung sein, weil sie den Schluss auf entsprechende Markierung aller Fahrstreifen rechtfertigt.

55 12 d. **VO über eine allgemeine Richtgeschwindigkeit auf Autobahnen und ähnlichen Straßen (Autobahn-Richtgeschwindigkeits-VO)** v 21. 11. 1978 (BGBl I 1824).
Auf Grund … wird mit Zustimmung des Bundesrates verordnet:

§ 1. (1) Den Führern von Personenkraftwagen sowie von anderen Kraftfahrzeugen mit einem zulässigen Gesamtgewicht bis zu 3,5 t wird empfohlen, auch bei günstigen Straßen-, Verkehrs-, Sicht- und Wetterverhältnissen

1. auf Autobahnen (Zeichen 330),
2. außerhalb geschlossener Ortschaften auf anderen Straßen mit Fahrbahnen für eine Richtung, die durch Mittelstreifen oder sonstige bauliche Einrichtungen getrennt sind, und
3. außerhalb geschlossener Ortschaften auf Straßen, die mindestens zwei durch Fahrstreifenbegrenzung (Zeichen 295) oder durch Leitlinien (Zeichen 340) markierte Fahrstreifen für jede Richtung haben,

nicht schneller als 130 km/h zu fahren (Autobahn-Richtgeschwindigkeit). Das gilt nicht, soweit nach der StVO oder nach deren Zeichen Höchstgeschwindigkeiten (Zeichen 274) oder niedrigere Richtgeschwindigkeiten (Zeichen 380) bestehen.

§ 2. Im Übrigen bleiben die Vorschriften der Straßenverkehrs-Ordnung unberührt und gelten entsprechend für diese Verordnung. Die in § 1 genannten Zeichen sind die der Straßenverkehrs-Ordnung. …

55a Begr: VkBl **78** 478.
55b **Autobahn-Richtgeschwindigkeit.** Die Empfehlung ist nicht zwingend, ihre Nichteinhaltung deshalb nicht ow, es sei denn, die Fahrweise verletzt andere Vorschriften, zB die §§ 1, 3, 4, 17, 41 Z 274 StVO. Trifft dies nicht zu, so spricht Grenzüberschreitung, die in die Verantwortung des Kf gestellt ist, nicht gegen ihn. Gleichwohl appelliert die VO an das Verantwortungsbewusstsein der Kf, besonders der unerfahrenen, und legt ihnen die sanktionslose Rechtspflicht auf, die Empfehlung stets zu bedenken, soweit sie nicht nach allen stets wechselnden Umständen der Gefahrlosigkeit des Schnellerfahrens gewiss sein können.

Geschwindigkeit § 3 StVO 2

Zivilrechtlich beeinträchtigt Schnellerfahren, wie auch gelegentliches Zuschnellfahren, weder den Versicherungsvertrag noch den Haftpflichtversicherungsschutz. Das vorausgesetzte Risiko erhöht sich wesentlich und nachhaltig allenfalls bei gewohnheitsmäßig riskantem Zuschnellfahren. Jedoch kann die BG erhöht sein (zu schnell bewegte Masse; BGH NZV 99 242, Ce ZfS 91 150, *Jordan* VGT 95 302, s § 17 StVG Rz 11). Rechtsgründe für Beweislastumkehr sind nicht ersichtlich, insbesondere können sie nicht dem VOZweck entnommen werden (s aber BGH NZV 92 229). Zum Wesen einer Empfehlung gehört es, dass Nichtbefolgung nicht rechtlich beeinträchtigen darf (AG Kö VRS 87 95). Dessen ungeachtet versagt die überwiegende Ansicht (BGHZ 117 337 = NZV 92 229 zust *Reiff* VersR 92 716, *Gebhardt* DAR 92 296, Kö VersR 92 1366 zust *Reiff*, VM 98 87, Ko DAR 07 463 (L), Mü DAR 07 465 [deutliche Überschreitung aber noch nicht bei 150 km/h], Ha NZV 94 193, 00 42, DAR 00 218, Fra VersR 97 74, ebenso *Reiff* VersR 92 291 f, aM Ha NZV 90 269 m abl Anm *Greger*, Ce ZfS 91 150) einem Kf, der die Richtgeschwindigkeit überschritten hat, die Berufung auf Unabwendbarkeit (§ 17 III StVG) von vornherein, falls er nicht nachweisen kann, dass vergleichbare Unfallfolgen auch bei 130 km/h eingetreten wären; nur wer die Richtgeschwindigkeit einhalte, verhalte sich wie ein „Idealfahrer". In aller Regel kann Überschreitung der Richtgeschwindigkeit jedenfalls keinen (Mit-) Schuldvorwurf begründen (§ 254 BGB, BGH NZV 92 229, Ha NZV 00 371, ZfS 99 413, KG VM 85 63, Ce ZfS 91 150, Schl NZV 93 152, Kö VM 98 87, eingehend Jn DAR 07 29, *Reiff* VersR 92 288, 292, zw *Greger* NZV 90 270). Denn war die gefahrene Geschwindigkeit durch § 3 gedeckt, so kann bloße Nichtbeachtung der Empfehlung folgerichtig keinen rechtlicher Vorwurf begründen, war sie es nicht, so ist beim Erfahrenen und Geübten wie beim Unerfahrenen bereits § 3 verletzt. Die RichtgeschwindigkeitsVO sollte daher im Interesse der VSicherheit angesichts der zunehmenden VDichte gerade auch auf AB durch eine verbindliche Begrenzung der Höchstgeschwindigkeit ersetzt werden. S auch § 17 StVG Rz 16.

Lit: *Jagusch*, Probleme der Richtgeschwindigkeit, NJW 74 881. *Reiff*, Unabwendbares Ereignis trotz Überschreitung der AB-Richtgeschwindigkeit?, VersR 92 288.

12 e. Schneeketten, gleich aus welchem Material, beschränken die Höchstgeschwindigkeit, wenn angelegt, oder auch nur an einem Anhänger angelegt, bei allen Kfz und Anhängern ausnahmslos auf „50" (Abs IV), auch auf der AB oder auf Kraftfahrstr, sie schließen nach § 18 I autobahnberechtigte Kfz von deren Benutzung nicht aus. Die Vorschrift in IV dient dem Fahrbahnschutz und der Fahrsicherheit.

13. Ordnungswidrig (§ 24 StVG) handelt, wer zumindest fahrlässig, Bay VRS 23 120, gegen eine Vorschrift über die Geschwindigkeit verstößt (§§ 3, 49 I Nr 3) und wer entgegen § 41 eine durch VorschriftZ gegebene Anordnung nicht befolgt (§ 49 III Nr 4), Bay NZV 95 375. Erlaubt das **VZ 274 innerorts** mehr als 50 km/h, so verletzt, wer schneller fährt, nicht § 41 II Nr 7, sondern § 3 III Nr 1, weil das VZ die innerorts erlaubte Höchstgeschwindigkeit nur erhöht hat (§ 45 VIII), Bay VRS 51 221, 44 461, Bay NZV 99 50, *Rüth* DAR 74 171, *Jagow/Burmann/Heß* Rz 124, aM Dü VRS 82 367 sowie KG DAR 07 395, wonach (unhaltbar, s *König* DAR 07 396) das Ortseingangsschild in solchen Fällen eine „objektive Bedingung der Rechtsfolgenbemessung" sein soll, mithin nicht von der Schuld umfasst sein muss. Bei Nichtbeachtung des **Z 274 außerorts** dagegen geht § 41 II Nr 7 dem § 3 vor (ow nach § 49 III Nr 4), Bay DAR 87 302, Ha VRS 97 212, Dü VRS 85 133, DAR 96 66, desgleichen, falls Z 274 eine geringere Geschwindigkeit als „50" vorschreibt, Bay NZV 99 50. Die speziellen Geschwindigkeitsbeschränkungen in § 18 V gehen vor (Bay VRS 58 432, Dü VRS 84 302). Alle Warnmerkmale für eine gem **I** notwendige geringere Fahrgeschwindigkeit muss der Kf gekannt haben oder haben können. OW durch Verstoß gegen **II a (Kinder, Hilfsbedürftige)** setzt konkrete Gefährdung voraus, Kö NJW 83 2953, *Janiszewski* NStZ 84 114. **§ 3 II (Langsamfahren)** geht als Sondervorschrift dem § 1 II vor. Befahren der AB mit 30 km/h ohne die Möglichkeit des Überholtwerdens und ohne verständigen Grund verletzt § 3 II, nicht auch § 1 II, Ha VM 72 79. Ein Verstoß gegen I kann mit § 1 in **TE** stehen, Dü VM 66 6, so auch bei zu schnellem Linksfahren (§§ 3, 2). Nicht jedes Zuschnellfahren iS von III verletzt auch I, Ce NJW 62 408. Bei zu geringem Abstand geht § 4 I als Spezialvorschrift vor, TE der §§ 3 I und 4 I nur, wenn die Fahrgeschwindigkeit auch aus anderen Gründen zu hoch ist, Ha DAR 73 167. Dem Zuschnellfahren vorausgehende oder örtlich nachfolgende fremde Gefährdung (§ 1) steht zu III 1 in **TM,** Ko VRS 55 290. Mehrere Geschwindigkeitsüberschreitungen: Rz 56 a. Zuschnellfahren um wenige km/h (hier 3 km/h) ist nicht stets fahrlässig (Bay DAR 77 53).

Defekter Tachometer schließt Fahrlässigkeit bei Geschwindigkeitsüberschreitung nicht ohne Weiteres aus (Bay DAR **02** 81, Kö DAR **01** 135, Dü NZV **92** 454). Wer den Defekt kennt, unterliegt besonderer Sorgfaltspflicht (Bay DAR **00** 171, Kö DAR **01** 135) und genügt dieser nicht durch Anpassung an die Geschwindigkeit anderer (Bay DAR **00** 171). Erst recht keine Entlastung, wenn sich der FzF vollständig auf eingeschalteten (defekten) Tempomaten verlässt (Ha NStZ-RR **06** 352, s auch BGH NZV **97** 529 [zum Vorsatz]). Wer den Wagen seit längerer Zeit fährt, weiß es, wenn er anstatt „50" „72" fährt und kann sich idR nicht auf einen unrichtigen Tachometer berufen (Ha DAR **72** 251). Wesentliches Zuschnellfahren erkennt der Kf auch ohne Tacho (Kö DAR **01** 135, Dü NZV **92** 454, Ce DAR **78** 169, Ha DAR **72** 251). In solchen Fällen ist er für eine gemessene Geschwindigkeitsüberschreitung ohne Abzug zusätzlicher Toleranzen verantwortlich (Kö DAR **01** 135). Zulässiges Fehlen des Tachometers (§ 57 StVZO) *entschuldigt nicht* (Schl VM **58** 17), auch nicht das Bestreben, einen anderen am Zuschnellfahren zu hindern (Selbstjustiz, Ha VM **61** 37) oder den flüchtenden Schädiger zu stellen (Ha VRS **23** 452). Entschuldigung durch Putativnotstand bei vermeintlichem Raub (Ha VRS **50** 390, **35** 342). Zuschnellfahren kann durch **Notstand gerechtfertigt** sein (Kö VRS **109** 45, Dü VM **74** 23 [Überholen durch Lastzug mit schleuderndem Anhänger soll vermieden werden], Sa VRS **47** 421 [vermeintliche Autofalle], Ha DAR **96** 244, Kö NZV **95** 119 [Hinweis auf Verlust oder Warnung vor drohendem Verlust von Ladung], Nau DAR **97** 30 [dichtes Auffahren durch Nachfolgenden], Stu NJW **02** 2118 [Feuerwehrmann auf der Fahrt zum Einsatzort]). Starke Bauchschmerzen nur 4 km von der Wohnung entfernt rechtfertigen erhebliche Geschwindigkeitsüberschreitung nicht (Dü VRS **54** 160), uU aber „unabweisbarer Stuhldrang" (Zw NStZ-RR **97** 379, Dü VRS **113** 438). Kein rechtfertigender Notstand, wenn mit großer Wahrscheinlichkeit eine Gefährdung oder Verletzung von Menschen zu erwarten ist (**E** 117) oder wenn (wie idR) der Zeitgewinn im Vergleich zur Gefährdung außer Verhältnis steht (Bay NJW **00** 888; Dü VRS **113** 438), zB, wenn näher gelegenes Krankenhaus ebenso schnell ohne Geschwindigkeitsüberschreitung erreichbar gewesen wäre (AG Schwäbisch-Hall NJW **97** 2765). Ob Geschwindigkeitsüberschreitung zwecks Leistung **ärztlicher Hilfe** durch Notstand gerechtfertigt ist, Bay NZV **91** 81, Dü VRS **88** 454, NZV **96** 122 (einsetzende Wehen bei Taxifahrgast), Ha NZV **96** 205, hängt von den konkreten Umständen des Falls ab, Bay NJW **00** 888, Kö VRS **109** 45; die Beurteilung des Bestehens gegenwärtiger Gefahr ist dabei objektiv zu beurteilen, nicht vom Standpunkt des Betroffenen, Bay NJW **00** 888 (abgelehnt bei akuten Rückenschmerzen und Kreislaufstörungen nach Bandscheibenoperation), Kö VRS **109** 45. Der durch die Überschreitung erreichte Zeitgewinn muss für die Abwendung der Gefahr entscheidend sein, Bay NJW **00** 888, Kö VRS **109** 45, Dü NZV **96** 122, woran es häufig fehlen wird. Zu prüfen ist namentlich, ob der womöglich nur geringe Zeitgewinn entscheidend zur Abwendung der drohenden Gesundheitsgefahren geeignet war, Kar NZV **05** 54, Dü NZV **96** 122. Bringt die Geschwindigkeitsüberschreitung einen für die Beseitigung der Gefahr nur unwesentlichen Zeitgewinn, so ist sie nicht durch Notstand gerechtfertigt, Dü VRS **93** 442 (Schmerzbehandlung), Nau DAR **00** 131. Geschwindigkeitsüberschreitung zum Zwecke ärztlicher Hilfeleistung ist nicht durch Notstand gerechtfertigt, wenn Einsatz des Rettungsdienstes möglich gewesen wäre, Fra NStZ-RR **01** 214 (RegelFV bejaht). Der sittlich berechtigte Wunsch, Verwandte möglichst schnell zu einem Sterbenden zu bringen, rechtfertigt erhebliche Geschwindigkeitsüberschreitungen nicht (AB-Baustelle), Kö VRS **59** 438. Gegenüber der durch Überschreiten der zulässigen Höchstgeschwindigkeit begründeten abstrakten Gefahr für Menschen tritt die **Rettung eines Tiers** grundsätzlich zurück, Dü NStZ **90** 396. IdR daher keine Rechtfertigung einer Geschwindigkeitsüberschreitung um fast 60 km/h in geschlossener Ortschaft zum Zwecke rascher Behandlung eines lebensgefährlich erkrankten Hundes, Hb VM **81** 63, um 54 km/h auf der AB zur Rettung eines Wellensittichs, Dü NStZ **90** 396, oder um 85 km/h zum Einfangen eines aus einem Privatzoo ausgebrochenen Schimpansen, Nau VRS **98** 205. Zum rechtfertigenden und entschuldigenden Notstand: **E** 118, 152. Das **Festnahmerecht des § 127 StPO** rechtfertigt nicht auch Geschwindigkeitsüberschreitung bei der Verfolgung, Jn VM **98** 45. Rechtfertigungsgründe allgemein: **E** 112–128. Die Überschreitung bekannter Höchstgeschwindigkeit (Z 274) allein belegt keinen **Vorsatz** (Ha NZV **98** 124, Dü VM **78** 34, ZfS **97** 194), anders, wenn dies bewusst geschieht (Ha DAR **02** 176, **98** 281, Dü VRS **93** 442, s auch *Krumm* NZV **07** 501). Bremsen im Augenblick der Radarmessung begründet nicht ohne Weiteres die Feststellung von Vorsatz, Ko VersR **73** 72. Ist dem Betroffenen die zulässige Höchstgeschwindigkeit bekannt, so liegt Vorsatz umso näher, **je größer die Überschreitung** ist (Ha DAR **05** 407, Ro VRS **108** 376, KG DAR **04** 594, VRS **100** 471, Ko DAR **99** 227). Auf Straßen iS von III Nr 2c (100 km/h) wird der Kf eine Überschreitung um 40 km/h und

Geschwindigkeit § 3 StVO **2**

mehr regelmäßig wahrnehmen (BGH NZV **97** 529 [150 km/h, auch bei eingeschaltetem Tempomaten], Bay NZV **99** 97, Ha DAR **05** 407 [170 km/h], Ko DAR **99** 227). Nach KG VRS **100** 471, DAR **04** 594, ist allgemein bei Überschreitung um 40% und mehr regelmäßig von Vorsatz auszugehen (Erfahrungssatz), KG NZV **05** 596 (mehr als 50%), Kar NZV **06** 437 (nahezu 50% außerorts), dies auch bei Fahren mit nicht vertrautem Fz (KG VRS **113** 74 [82%]). Innerorts wird eine Überschreitung um mehr als 50% vielfach vorsätzlich sein (KG VRS **113** 314, Ro **113** 309 [86 statt 50], Dü NZV **99** 477 [80 statt 50], **99** 139 [82 statt 50], DAR **98** 402 [89 statt 50], Ba DAR **06** 464 [81 statt 50; zu Unrecht abl *Weitz*], Jn VRS **113** 351 [um 68 km/h innerorts]). Jedenfalls ist Überschreitung um 80% und mehr bei Kenntnis der zulässigen Geschwindigkeit idR vorsätzlich, Bay NStZ **87** 548 (180 statt 100 km/h, Annahme nur fahrlässiger Überschreitung ist dann näher zu begründen), Bay DAR **98** 79 (94 km/h statt 50), Ha VRS **90** 210 (97 km/h statt 50), NZV **07** 263 (116% in Tempo 30-Zone), KG VM **04** 76 (um nahezu 100% innerorts), VRS **111** 441 (80% innerorts), Dü VRS **69** 50 (109 km/h statt 50 innerorts), **91** 149 (111 statt 60 auf AB), *Jung* VGT **91** 49. Nach Ko NZV **07** 255 sollen bei Überschreitung um 45 km/h außerorts tatsächliche Feststellungen zur kognitiven Vorsatzkomponente zu treffen sein; gemeint ist wohl die Feststellung der äußeren Gegebenheiten (hierzu Ha NZV **07** 263), nach KG DAR **08** 532 gleichfalls Feststellungen zum äußeren Geschehen erforderlich bei Geschwindigkeitsüberschreitung um 32% (= 32 km/h). Allein der Umstand, dass gem § 39 I a innerorts abseits der VorfahrtStr mit *Tempo 30-Zonen* zu rechnen ist, rechtfertigt nicht die Annahme von Vorsatz (Ce DAR **01** 38 [zur RL vor Einfügung des I a in § 39]). Es gibt keinen Erfahrungssatz des Inhalts, dass gut sichtbare *Ortseingangstafeln* nicht übersehen werden können (Schl DAR **92** 311). Vorsatz dann nur, wenn der Kf aus der Örtlichkeit (zB Bebauung) den Schluss gezogen hat (nicht: hätte ziehen müssen!), er befinde sich innerorts (Bay DAR **04** 99). Zum Ortseingangsschild als „objektive Bedingung der Rechtsfolgenbemessung" s eingangs. Entsprechendes gilt auch für andere VZ, § 41 Rz 249. Bei Überschreiten der durch Z 274 angeordneten Höchstgeschwindigkeit muss der FzF das Z wahrgenommen haben; jedoch ist von Wahrnehmung für den Regelfall auszugehen, weswegen eine Erörterung dieses Umstands nur bei entsprechender Einlassung erforderlich ist (BGHSt **43** 241, Ha ZfS **08** 409). Bei behauptetem Übersehen sämtlicher VZ eines sog *„Geschwindigkeitstrichters"* ist die Annahme nur fahrlässiger OW näher zu begründen (Dü DAR **97** 282). Vorsatzannahme durch Jn DAR **08** 35 bei Geschwindigkeitsüberschreitung gleichbleibend um ca 20%, wenn vielfache Geschwindigkeitsbegrenzungszeichen und mehrfache Hinweise auf Radarkontrollen nicht beachtet werden (abl. *Zetzmann*). Ist dem Betroffenen wegen der Überschreitung der nach § 3 III zulässigen Höchstgeschwindigkeit Vorsatz, wegen Überschreitung einer demgegenüber durch VZ noch weiter eingeschränkten zulässigen Geschwindigkeit aber nur Fahrlässigkeit vorzuwerfen (Übersehen des VZ), so ist er wegen vorsätzlicher OW gem § 49 I Nr 3 zu verurteilen (Bay NZV **96** 375). Der **Irrtum**, eine Geschwindigkeitsbegrenzung durch VZ betreffe nur die aufgebrochenen StrStellen, ist Verbotsirrtum (Schl VM **57** 23).

13 a. Mehrere Geschwindigkeitsüberschreitungen auf einer Fahrt werden zumeist nicht **56a** nur im materiellen (§ 24 StVG Rz 58 ff), sondern auch im prozessualen Sinn (§ 24 StVG Rz 59 a) mehrere Taten sein (Bay NZV **02** 145 m Anm *Seitz* JR **02** 524, NZV **95** 407, **96** 160, Brn DAR **05** 521, Jn NZV **99** 478, einschr Bay NZV **97** 282), vor allem bei größerem räumlichen oder zeitlichen Abstand (Bay DAR **96** 31, Jn NZV **99** 478, Kö NZV **96** 292 [30 Min], Dü NZV **96** 503) oder wenn zwischendurch die Fahrt unterbrochen und das Fz abgestellt wurde (Bay NZV **97** 489, **98** 515, Dü NZV **94** 118, **96** 503, VRS **90** 296, Ha NZV **99** 220 [je Schaublattauswertung]). Bei kurzer zeitlicher Aufeinanderfolge können mehrere Überschreitungen aber auch *eine* prozessuale Tat bilden (Bay NZV **97** 489, NZV **94** 448, ZfS **97** 315, Zw DAR **03** 281, Dü NZV **96** 296, 503, Stu NZV **97** 243), nach Bay NZV **97** 282 überhaupt idR so lange, bis das Fz ohne verkehrsbedingten Grund zum Stillstand gebracht wird (neue Tat erst nach Fortsetzung der Fahrt). Keine fortgesetzte Handlung im StrVR: E 134; kaum auch fahrlässige *natürliche Handlungseinheit*. ZB bildet mehrmaliges Zuschnellfahren während derselben kurzen oder langen Fahrt idR keine natürliche Handlungseinheit, vielmehr liegt TM vor (im Einzelnen § 24 StVG Rz 58). Selbst zwei fahrlässige Geschwindigkeitsüberschreitungen innerhalb von nur 1 Min stehen nach Brn DAR **05** 521 in TM zueinander, wenn auf der durchfahrenen Stecke unterschiedliche Geschwindigkeitsbegrenzungen gelten (zw, s *Korte* NStZ **07** 23). Keine DauerOW bei mehrfachem Missachten unterschiedlicher Geschwindigkeitsbegrenzungen (Ha DAR **06** 697, AG Sigmaringen DAR **95** 33). Ist *DauerOW* (§ 24 StVG Rz 58 a) gegeben (Verstoß gegen *dieselbe* Geschwindigkeitsbegrenzung), so wird sie durch nur jeweils ganz kurzfristige,

König 443

durch die VLage oder den StrVerlauf bedingte Unterbrechungen einer Geschwindigkeitsüberschreitung nicht in mehrere EinzelOW aufgespalten (Bay NZV **93** 162, Ha ZfS **94** 187).

56b **13 b. Verurteilung nach § 3 I 1** setzt eine klare richterliche Vorstellung über die objektiv und subjektiv zulässige Fahrgeschwindigkeit voraus (Bay VRS **53** 434, Dü DAR **99** 38, Kö VRS **89** 446, Ko DAR **78** 26); ausdrückliche Feststellungen hierzu sind aber entbehrlich, wenn ein Unfall zweifelsfrei auf zu hoher Geschwindigkeit beruht (Dü DAR **98** 38). Dem Einwand, wegen eines defekten Katalysators habe das Fz die gemessene Geschwindigkeit gar nicht erreichen können, muss das Gericht nachgehen (KG NZV **07** 323). Insoweit liegt ein schlüssiger Einwand im Rahmen der Rechtsverteidigung gegen den Vorwurf einer Geschwindigkeitsüberschreitung vor. OW wegen nicht angepasster Geschwindigkeit gem **§ 3 I 2** nur bei Feststellung erhöhter Unfallwahrscheinlichkeit (Dü NZV **92** 496), nicht auf Grund eines durch kurzfristige Beobachtung gewonnenen subjektiven Eindrucks von PolB (Dü NZV **98** 167). Nur bei offensichtlich weit überhöhter Fahrgeschwindigkeit muss im Urteil die angemessene nicht festgestellt werden (Hb VM **66** 29, Ko VRS **53** 360), andernfalls ist die Überschreitung festzustellen (BGH VRS **28** 430, KG VRS **21** 226, Stu DAR **63** 335). Bei Geschwindigkeitsmessung **muss das Urteil die Messmethode mitteilen** (Ko ZfS **03** 615, Ha DAR **05** 407, **04** 108, NZV **02** 245, Dü NZV **97** 321, Kö VRS **93** 206) und, wenn es sich nicht um ein „standardisiertes" Verfahren handelt (s unten), die Frage möglicher Fehlerquellen erörtern (Ha NZV **02** 245). Die Frage der Zuverlässigkeit bestimmter Messverfahren unterliegt tatrichterlicher Würdigung (BGHSt **43** 277 = NZV **98** 120). Beruht die Überzeugung des Tatrichters von der Überschreitung der zulässigen Höchstgeschwindigkeit auf **mit anerkannten Geräten im weithin standardisierten Verfahren** gewonnenen Messergebnissen, so genügt, wenn sich der Tatrichter der Fehlermöglichkeit bewusst war, idR die *Mitteilung des Messverfahrens und des berücksichtigten Toleranzwerts im Urteil* (BGH NZV **93** 485, Ha DAR **05** 407, Kar NZV **05** 54, SVR **07** 33 [*Krumm*], Jn VRS **109** 50, Ro DAR **01** 421), zB bei Messung mittels Radar (BGH NZV **93** 485, Bay NZV **03** 203, DAR **98** 360, Kö VRS **101** 373, Ha DAR **04** 464, NZV **03** 398, VRS **105** 353, Kar NZV **95** 198), Laser (Angabe des Gerätes, BGH NZV **98** 120, Brn DAR **05** 98; 162, KG NZV **04** 153, Ol NZV **95** 37, Sa NZV **96** 207, Ha VRS **97** 144, DAR **99** 416), ProViDa (Ha DAR **04** 42, NZV **01** 178; Jn VRS **111** 211 [„ProVida 2000" genügt nicht, vielmehr konkrete Bezeichnung des Einsatzes nötig]). Der Mitteilung des Messverfahrens steht die Bezugnahme auf das in den Akten befindliche Messprotokoll nicht gleich; § 267 I 3 StPO ist auf das Protokoll nicht anwendbar (Ko NZV **07** 255). Darüber hinaus muss sich das Gericht von der Zuverlässigkeit der Messung nur bei Vorliegen konkreter Anhaltspunkte für Messfehler überzeugen (BGH NZV **93** 485, **98** 120, Bay NZV **03** 203, Kö DAR **01** 421, Ha DAR **00** 129, Zw DAR **00** 225 [ProViDa]), nicht dagegen, weil der Betroffene das angewandte Messverfahren *generell* in Zweifel zieht (BGH NZV **98** 120, Ha NZV **07** 155; Stu NZV **08** 43, krit *Prell/Kuchenbauer* DAR **99** 53). Nach Kar NZV **07** 256 muss die Einlassung des Betroffenen in den wesentlichen Grundzügen mitgeteilt werden, um etwaige Zweifel an der Zuverlässigkeit ersehen zu können. Unterbleibt die ausdrückliche Angabe des abgezogenen Toleranzwerts, so ist dies nach Ha DAR **05** 460, **04** 646, NZV **00** 264 unschädlich, wenn der Gerätetyp mitgeteilt wird, die Messung keine Besonderheiten aufwies und erkennbar ist, dass die um den Toleranzwert verminderte Geschwindigkeit zugrunde gelegt ist, ebenso nach Brn DAR **05** 97 und 162, wenn das Rechtsbeschwerdegericht prüfen kann, ob die bei dem verwendeten, im Urteil mitgeteilten Messgerät auftretende Fehlerfrequenz berücksichtigt ist (zB bei Wegstrecken-Zeit-Messgerät). Standardisierte Verfahren in diesem Sinne sind nicht nur voll automatisierte, menschliche Handhabungsfehler ausschließende Verfahren, sondern solche, bei denen auf Grund vereinheitlichter Normen und festgelegter Bedingungen für Anwendung und Ablauf unter gleichen Voraussetzungen gleiche Ergebnisse zu erwarten sind (BGH NZV **98** 120, Bay DAR **98** 360, Stu NZV **08** 40, Kö VRS **101** 373). Bei Einsatz eichfähiger Messgeräte muss dem Urteil zu entnehmen sein, dass **gültige Eichung** vorlag und die **Bedienungsvorschriften** beachtet wurden (Fra ZfS **01** 233). Zur Abstandsmessung mittels **Zeitgenerators JVC/Piller Typ CG-P 50 E** § 4 Rz 15. Bei **Messung durch Hinterherfahren** muss das Urteil idR die Länge der Messstrecke, die Abstandsverhältnisse auf dieser und die Geschwindigkeit des nachfahrenden Kfz auf der Strecke angeben (Bay NZV **94** 448, Zw DAR **02** 182, Ha VRS **104** 312, **102** 302, DAR **98** 75, Dü NZV **92** 41, Kö NZV **94** 77, VRS **86** 360) und bei Dunkelheit oder schlechten Sichtverhältnissen zusätzliche Angaben über die Beobachtungsmöglichkeiten der PolB (Sichtverhältnisse, Orientierungspunkte) enthalten (Bay DAR **00** 320, Zw DAR **02** 182, Ha DAR **02** 176, DAR **06** 31, NJW **07** 1298, VRS **113** 302, Br ZfS **98** 355, Dü NZV **99** 138, Jn VRS **111** 195),

Geschwindigkeit § 3 StVO 2

es sei denn, die Messstrecke ist außerordentlich lang (zB 3000 m) und der Abstand zum gemessenen Fz kurz (Ha VRS **112** 40) oder es liegt ein Geständnis vor (Rz 57). Der Regelsatz der Geldbuße wird bei Überschreitung der innerörtlichen Höchstgeschwindigkeit nur wenige m hinter der Ortstafel zu ermäßigen sein (Ol NZV **94** 286, Kö VRS **96** 62, s aber Ha DAR **00** 580 [je Absehen vom FV]). Entsprechendes kann **bei Messung wenige m hinter dem die Geschwindigkeit begrenzenden VZ** in Betracht kommen (Bay DAR **98** 481; abgelehnt bei 110 m von Fra NStZ-RR **01** 120) oder bei Messung wenige m vor dem OrtsausgangsZ (311; Bay NZV **02** 576 [Absehen vom FV], s auch Rz 51). Unterschreitung der in einer Vwv (hierzu *Meinel* ZfS **08** 127) vorgeschriebenen Mindestentfernung der Messstelle vom Beginn der Geschwindigkeitsbegrenzung hindert Verurteilung grundsätzlich nicht (Dr DAR **05** 693 [113 m statt in der Vwv vorgeschriebener 150 m, Fall eines Geschwindigkeitstrichters, kein Absehen vom FV]); keine mildere Beurteilung jedenfalls dann, wenn sie sachlich geboten war (Ba DAR **06** 464). Der für innerörtliche Überschreitung vorgesehene Regelsatz gilt grundsätzlich auch auf einer innerörtlichen AB (KG NZV **94** 37). Geschwindigkeitsüberschreitungen bis 15 km/h „in mehr als 2 Fällen nach Fahrtantritt" iS der BKatV (erhöhte Buße) sind alle zwischen dem Beginn der Fahrt und ihrem Ende begangenen Überschreitungen, auch wenn sie jeweils prozessual oder materiell selbstständige Taten bilden (Kö Ss 187/97 (Z), aM Ce NZV **95** 197).

14. Beweisfragen. Messmethoden: s auch § 4. Messfoto als Beweismittel: § 24 StVG Rz 76. **57** Kein Beweisverwertungsverbot bei Nichtbeachtung interner Richtlinien (Kö DAR **97** 362), zB bezüglich der Örtlichkeit der Messung (Ol NZV **96** 375, Kö VRS **96** 62), oder der bei Messung durch Nachfahren zu verwendenden Fz (Kö NZV **97** 529). Die tatrichterliche Überzeugung, der Betroffene sei mit der ihm auf Grund Messung vorgeworfenen Geschwindigkeit gefahren, kann auch auf dessen **Geständnis** gestützt werden (BGHSt **39** 291 = NZV **93** 485, Ba. Jn NJW **06** 1075, Ko NStZ **04** 396, Kö VRS **105** 296, Stu VRS **81** 129, Ce NZV **91** 199, aM Dü NZV **92** 41, 121, VRS **84** 302). Dann ist auch die Angabe des Messverfahrens und des Toleranzwerts (Rz 56b) im Urteil entbehrlich (Brn DAR **05** 98, Ha NJW **07** 1298, Jn DAR **02** 325, Ko NStZ **04** 396, Schl NZV **03** 394, abl *Röttgering*, Kö NZV **03** 100, Ro VRS **101** 384, *Niehaus* NZV **03** 411, aM Ha DAR **04** 407, 464, VRS **101** 282, **102** 218). Die Umstände des Messvorgangs und die Richtigkeit der vom Messgerät angezeigten Geschwindigkeit können vom Betroffenen zwar nicht zugestanden werden (Jn NJW **06** 1075). Jedoch ist dadurch die Geständniskraft nicht ausgeschlossen. Voraussetzung ist, dass der Betroffene nach den konkreten Umständen (zB Überprüfung Geschwindigkeit nach Bemerken der Überwachung, bewusste Einhaltung überhöhter Geschwindigkeit, Fahrgeräusche etc.) einräumen kann, die vorgeworfene Geschwindigkeit *mindestens* gefahren zu sein (Sa VRS **110** 433). Auch *fahrlässige* Geschwindigkeitsüberschreitung kann auf Grund Geständnisses festgestellt werden, wenn dieses auf eigenen Feststellungen des Betroffenen beruht (BGHSt **39** 291, Kö NZV **91** 203, Dü NZV **94** 117, Ba NStZ-RR **07** 321, einschr NZV **93** 79, VRS **78** 306, **82** 50). Nichtbestreiten der Fahrereigenschaft ist nicht ohne Weiteres Geständnis (Dü VRS **112** 124). Radschlupf beeinflusst die **Tachomessung** nicht merkbar (Ha DAR **60** 365), auch nicht auf Kopfsteinen (Ha VRS **40** 75; s die Tacho-Anzeigetoleranzen, § 57 StVZO). Der Tachometer des UnglücksFz kann infolge Gewalteinwirkung unrichtig stehen geblieben sein und beweist dann die Fahrgeschwindigkeit nicht (Ha DAR **60** 123). Der Kf muss nicht seine Unschuld nachweisen; beruft er sich zur Entlastung auf seinen Tachometer, so ist dieser Beweis zu erheben, Kö DAR **58** 337. Jedoch schließt defekter Tacho Fahrlässigkeit nicht ohne Weiteres aus, Rz 56. Zur Feststellung der Geschwindigkeit durch **Auswertung der Fahrtschreiber-Schaublätter**, § 57a StVZO Rz 6. Anforderungen an die Feststellungen im Urteil: Rz 56b. Täterfeststellung u. Halter: **E** 96a.

Bremsweg: Rz 43, 44. Schreck- und Reaktionszeit (**E** 86, § 1 StVO Rz 29–30a) sind zu **58** berücksichtigen, sie sind individuell verschieden. Die Fahrgeschwindigkeit zur Unfallzeit kann nur aus der tatsächlichen, nicht aus der an sich erzielbaren Bremsverzögerung geschlossen werden, Zw DAR **79** 76. Nachträgliche Bremswegberechnung setzt technische Kenntnisse eines Sachverständigen voraus, Bay DAR **56** 165, *Engels* VGT **88** 113, vor allem bei Umständen, die ihn verlängern, BGH VRS **16** 126. Lit: Rz 64. Die **Bremsspur** zeichnet sich infolge verringerter Räderdrehung ab, die Blockierspur entsteht durch Rutschen der stillstehenden Räder, Ha VRS **41** 367. Starkes Bremsen muss nicht stets zum Radieren der Reifen führen, Fra VRS **49** 451, KG VM **75** 93. Notbremsungen durch mit ABV ausgerüstete Pkw verursachen auf normal befahrener Str überwiegend keine auswertbaren Spuren, *Engels* VGT **88** 117, NZV **89** 89, Verkehrsunfall **90** 45, *Grandel* Verkehrsunfall **89** 339, **90** 11. Der daraus folgende Wegfall eines wichtigen Mittels zum Nachweis der Geschwindigkeit an Unfällen beteiligter Fz könnte durch

2 StVO § 3 I. Allgemeine Verkehrsregeln

die Einführung eines Unfallschreibers (Kurzwegschreibers, s § 57a StVZO Rz 3) ausgeglichen werden, Vogt NZV **89** 333. Allein aus der Brems- und (oder) Blockierspur lässt sich die Fahrgeschwindigkeit nicht sicher ermitteln, Ha VRS **41** 367, **39** 295, Kar VRS **38** 187, KG VRS **12** 453, insbesondere nicht anhand von Tabellen, KG VM **57** 70; denn der Bremsweg ist fast stets länger als die Bremsspur, BGH VRS **23** 375, Ha VRS **39** 295, Sa VRS **37** 228, Dü VRS **3** 359, erst recht bei durch ein Hindernis (Kollision) abbrechender Bremsspur, KG DAR **76** 240, VRS **11** 217 (221), Ha VRS **41** 367. Zur Geschwindigkeitsberechnung aus Bremsspuren Ce VRS **52** 425, *Engels* VGT **88** 113. Stets ist der Abstand der Vorder- von den Hinterrädern von der Bremsspur abzuziehen, BGH VRS **23** 375. Zum Beweiswert einer polizeilichen Brems- und Fahrspurskizze, Ha NJW **72** 966.

59   **Radarmessungen** sind standardisierte Messverfahren iS der in Rz 56b geschilderten Rspr (Nachweise s dort). Sie sind beweiskräftig, wenn das Gerät geeicht ist und richtig aufgestellt und bedient wird (Kö DAR **01** 421, NZV **90** 279, Zw NZV **93** 279, Dü DAR **89** 232). Es genügt Einhaltung der in der Eichordnung vorgesehenen Frist (Gültigkeit der Eichung bis zum Ablauf des auf die Eichung folgenden Kalenderjahres; Kö VRS **67** 462, s auch *Löhle* DAR **84** 396). Überkleben der Bleiplombe (Sicherungsstempel) mit einem transparenten oder nicht transparenten, aber entfernbaren Klebeband durch die Pol zum Schutz der Plombe beeinträchtigt nicht die Gültigkeit der Eichung, solange die Möglichkeit bestehen bleibt, den Sicherheitsstempel in Augenschein zu nehmen (Kö NZV **02** 471, DAR **01** 421, AG Kö DAR **01** 41). Ist die Eichung nicht fristgerecht erfolgt, so kann ein zusätzlicher Sicherheitsabschlag zu machen sein (Rz 62, 62a), dies jedoch nicht, falls zeitnah Zuverlässigkeit bestätigt wird (AG Liebenwerda NZV **08** 110). Es gibt keinen Erfahrungssatz, wonach Radargeräte unter allen Umständen zuverlässig messen (BGHSt **39** 291 = NZV **93** 485, Bay NZV **03** 203, Kö VRS **88** 376, Dü NZV **92** 121, VRS **85** 222, Ko VRS **73** 72, Zw NZV **93** 279). Bei **gekrümmtem StrVerlauf** Messung nur im Kurveninnenrand, wenn der Radius ein bestimmtes Maß nicht unterschreitet; keine zuverlässige Messung bei Aufstellung des Gerätes am Kurvenaußenrand, *Beck/Löhle* 2.3.1, AG Ro DAR **05** 650 (Traffipax-Speedophot). Bei Verwendung anerkannter Geräte genügt im Urteil idR die **Angabe des Messverfahrens und des berücksichtigten Toleranzwerts** (Rz 56b). Dabei ist die Art des verwendeten Gerätes genau zu bezeichnen, Ha VRS **106** 469. Ohne konkreten Anlass sind im Urteil auch Feststellungen darüber, dass das Gerät geeicht war, entbehrlich, Dü NZV **94** 41. Die **Messtoleranz** bei Radarmessungen beträgt 3 km/h bei Geschwindigkeiten unter 100 km/h und 3% des gemessenen Wertes bei höheren Geschwindigkeiten (Ha DAR **00** 129, **94** 408, *Beck/Löhle* 2.3.5.) und gleicht alle gerätetypischen Fehlerquellen aus (Bay NZV **03** 203, Ha DAR **94** 408, Ol DAR **08** 37). Die **Radarfotobeurteilung** liegt allein beim Tatrichter, BGHSt **29** 18 = NJW **79** 2318. Die Abbildung mehrerer Fz auf dem Kontrollbild bedeutet nicht, dass sie sich alle zugleich im Messstrahl befunden haben müssen, Ha DAR **72** 167. Auch wenn das Radarfoto mehrere Fz im Messbereich zeigt, kann dies unschädlich sein, zB wenn das weitere Fz in entgegengesetzter Richtung fährt, Ha NZV **90** 402. Zur Identifizierung des Fahrers mittels Fotos § 24 Rz 76. Nach *Lührs/Michel*, Verkehrsunfall **82** 203, kann bei allen derzeit eingesetzten Messgeräten idR davon ausgegangen werden, dass Beeinflussung des Messergebnisses durch Funkanlagen ausgeschlossen ist. Keine Störung des Gerätes Multanova VersR F 6 durch in Betrieb befindliches Autotelefon, Dü NZV **93** 40, aber uU zu hohe Messung im Nahbereich (bis 15 m) bei Einstellung des Gerätes auf „fern", Ko NZV **03** 544. Messung mittels eines **Radar-Handgeräts („Radarpistole")** ist in der Rspr als zuverlässig anerkannt worden, wenn das Gerät geeicht war, der messende PolB an einem Einführungslehrgang teilgenommen hat, die Zulassungsbedingungen erfüllt sowie die Bedienungsanleitung beachtet worden sind und sich kein weiteres fahrendes Fz im Messbereich befand, Bay NZV **92** 161. Das Gerät liefert jedoch nur unter verkehrsarmen Verhältnissen zuverlässige Ergebnisse und scheidet daher innerorts weitgehend aus, *Beck/Löhle* 2.4.6. Zum „Speedphot M-Moving Radar", Dü NZV **95** 290, DAR **95** 373. Das Mitführen eines betriebsbereiten **Radarwarngeräts** ist gem § 23 Ib verboten und ow (§ 23 Rz 34–36, 38), jedoch nach Außerkrafttreten des § 15 FAG durch das TKG v 25. 7. 96 (BGBl I 1120) nicht mehr mit Strafe bedroht (§ 23 Rz 39). Nach der verwaltungsgerichtlichen Rspr kann **Warnung anderer VT vor Radarkontrollen** durch Ordnungsverfügung untersagt werden (OVG Münster NZV **97** 326, VG Saarlouis DAR **04** 338 [mit zw Begr in Bezug auf entsprechende Rundfunkdurchsagen]). Zur Frage eines Verstoßes gegen Bestimmungen der StVO durch solche Warnung § 1 Rz 40, 42, § 16 Rz 18.

60   Das **Funkstoppverfahren** (Messung durch mehrere Stoppuhren, dazu *Löhle* DAR **84** 401) ist bei äußerster Sorgfalt zulässig, Schl VM **70** 32, Kö VRS **37** 386, auch im Dunkeln, Dü VM **79** 64, doch genügt nicht die Bekundung, alle Messungen seien korrekt durchgeführt, Schl

Geschwindigkeit **§ 3 StVO 2**

VM **70** 32. Erforderlich sind idR Ausmessung der 300 m langen Messstrecke unter Verwendung eines geeichten Hilfsmittels, Zeitmessung mittels dreier geeichter Stoppuhren, Variationsbreite von nicht mehr als 1 s zwischen den gestoppten Zeiten, Dü VRS **73** 69, und Addition einer Toleranz von 1 s zur längsten gestoppten Zeit, die zum Ausgleich aller denkbaren Fehlerquellen jedenfalls ausreicht, *Löhle* DAR **84** 402 (0,4 bis 0,7 s), KG VRS **85** 62 (mindestens 0,4 s). Nach Hb VRS **74** 62 genügt auch eine Messstrecke von 150 m, wobei mögliche Fehlerquellen durch einen Zuschlag von 0,7 s ausgeglichen seien. Das **Urteil** muss die Messstrecke, die gestoppten Werte und die Beachtung der Funkstopp-Dienstanweisung belegen, KG VRS **85** 62, Ha VRS **47** 386, Ko VRS **50** 389, Dü VRS **73** 69, und bei Verwertung von Messungen, die der Dienstanweisung nicht entsprechen, die Gründe für die tatrichterliche Überzeugungsbildung nachprüfbar darlegen, Dü VRS **73** 69. Die durchschnittliche Geschwindigkeit beim Durchfahren der Messstrecke **errechnet sich** wie folgt: Länge der Messstrecke in Metern dividiert durch gemessene Zeit in Sekunden multipliziert mit 3,6. Auch das **Spiegelmessverfahren** ist zuverlässig, Ko VRS **69** 302, Ce VRS **71** 216, Kar NJW **72** 2235. Die Länge der Messstrecke ist festzustellen und im Urteil mitzuteilen, Ko VRS **68** 58. Ob und inwieweit bei Abweichungen von Dienstanweisungen zur Durchführung des Spiegelmessverfahrens das Messergebnis verwertbar ist, unterliegt der Beurteilung des *Tatrichters,* Ko VRS **69** 302, Ce VRS **71** 219 (eventuell erhöhter Sicherheitszuschlag), s auch Rz 62. Zum Spiegelmessverfahren *Löhle* DAR **84** 400. Nach *Beck/Löhle* 2.8 d) sollte der längsten gestoppten Zeit ein Toleranzwert von 0,3 bis 0,5 s addiert werden. Zu den notwendigen Korrekturen zum Ausgleich von Fehlerquellen des in Nds angewandten Verfahrens Ce VRS **71** 216. Geschwindigkeitsermittlung durch Feststellung der Fahrzeit auf einer bestimmten Strecke **mittels Stoppuhr vom fahrenden PolFz** birgt zahlreiche Fehlerquellen in sich; bei 500 m Messstrecke und geeichter Stoppuhr hält Stu VM **93** 78 einen Abzug von 10% der errechneten Geschwindigkeit für ausreichend und erforderlich.

Das eigentlich der Abstandsmessung dienende **Distanova**-Verfahren ist auch zur Feststellung **61** der Geschwindigkeit geeignet, wenn von der sich aus den beiden Fotografien ergebenden Fahrstrecke mindestens 1 m abgezogen wird, Stu VRS **66** 57. Geschwindigkeitsmessung mittels **Koaxialkabelverfahrens** ist in der Rspr als zuverlässig anerkannt, Kö NZV **94** 78 (V-Control II), dazu *Löhle* DAR **84** 397 (Truvelo M 4, Truvelo M 4^2), ZfS **93** 328 (Traffiphot-S), *Beck/Löhle* 2.7.1 (Traffiphot-S), 2.7.2 (Truvelo M 4–2). Das Urteil braucht idR nur das angewandte Messverfahren und den in Abzug gebrachten Toleranzwert (3 km/h) mitzuteilen, Kö NZV **94** 78, denn es handelt sich um ein „standardisiertes Verfahren" (Rz 56 b), Kö VRS **105** 227. Von zwei unterschiedlichen Messwerten (zulässige Abweichung ±2 km/h) ist der niedrigere zugrunde zu legen (*Beck/Löhle* 2.7.2., abw Ko NZV **03** 495: maßgebend sei der auf dem Foto *rechts* eingeblendete Wert des Hauptgeräts). Messung mittels eines geeichten (nichtstationären) Truvelo M 4^2 wurde als zuverlässig anerkannt, Zw NZV **92** 375, Ko PVT **95** 156. Zuverlässige **LASER-Messung** setzt voraus, dass der Laserstrahl während der gesamten Messung auf dieselbe FzStelle *senkrecht* auftrifft, auch zB auf das Kennzeichen (Kar VRS **95** 419), nicht womöglich auf horizontale FzTeile (*Beck/Löhle* 2.5.1). Über Messfehler durch horizontales Schwenken und Stufenprofil beim Lasergerät Riegl LR-90–235/P *Löhle* NZV **95** 265, s auch Ha NZV **07** 155 (Messung bei Porsche). **Messtoleranz:** 3 km/h bei Geschwindigkeiten bis 100 km/h, 3% vom gemessenen Wert bei höheren Geschwindigkeiten (Bay VRS **92** 353, Brn DAR **05** 98, Ha DAR **94** 408, **99** 416, Sa NZV **96** 207, Ol NZV **95** 37, *Beck/Löhle* 2.5.1, *Soller* PVT **97** 206). LASER-Messung mit den gebräuchlichen Geräten ist nach inzwischen hM (jedenfalls in Bezug auf den eigentlichen Messvorgang) ein „standardisiertes Verfahren" iS von BGHSt **39** 291 = NZV **93** 485 (Rz 56 b), BGHSt **43** 277 = NZV **98** 120, Bay DAR **99** 563, KG NZV **04** 153, VRS **101** 456, Ha DAR **02** 85, **07** 217, Dü VRS **99** 131, Kö VRS **96** 62, Sa NZV **96** 207, und zwar im Grundsatz ohne Rücksicht auf Tageszeit oder VDichte, Ha NZV **97** 187. Prüfung der Zuverlässigkeit durch den Tatrichter und Darlegungen im Urteil danach nur bei konkreten Anhaltspunkten für Messfehler. Das gilt allerdings nur bei **Beachtung der Bedienungsanleitung** während der Messung und den zuvor erforderlichen Tests, Ko DAR **06** 101. Ohne Anhaltspunkte für Fehlmessung genügt daher im Urteil Angabe des Geräts und der Toleranz, Rz 56 b. Mangels fotografischer Dokumentation können aber bei hoher VDichte uU **Zuordnungsfehler** zu berücksichtigen sein (BGH NZV **98** 120, Fra NZV **95** 457, Ol NZV **95** 37, Ha NZV **97** 188, DAR **07** 217, *Löhle* ZfS **94** 153, *Beck/Löhle* 2.5.1 sowie DAR **94** 472). Entsprechendes gilt bei schlechten Sichtverhältnissen (BGH NZV **98** 120, Ha DAR **07** 217, Hb DAR **96** 154, Nau NZV **96** 419, Ce NZV **98** 77 [Dunkelheit]). Dann kann uU Pflicht zur Aufklärung durch den Tatrichter bestehen, insbesondere nach entsprechendem Beweisantrag

2 StVO § 3 I. Allgemeine Verkehrsregeln

(BGH NZV **98** 120) und nachvollziehbarer Darlegung, warum trotz widriger Verhältnisse vernünftige Zweifel an der Zuordnung nicht bestehen (Ha DAR **07** 217). Wie die tatrichterliche Praxis zeigt, kann auch in der Art und Weise der **Übermittlung der abgelesenen Daten** (Geschwindigkeit) an den Messprotokollführer und deren Übertragung in das Messprotokoll eine erhebliche Fehlerquelle begründet sein (Ha DAR **07** 217, AG Kö NZV **98** 84 m Anm *Hillmann, Hentschel* NJW **98** 654). Zur **Lichtschrankenmessung** werden Mehrfach-Lichtschrankengeräte (zB µP 80/VI) und µP 80/VIII-4) verwendet. Das Verfahren ist in der Rspr als zuverlässig anerkannt (Bay NZV **88** 30, VRS **74** 384, Bra NZV **99** 303, dazu *Löhle* DAR **84** 398 ff, *Beck/Löhle* 2.6, Stu DAR **93** 72, AG Kar DAR **92** 351), vorausgesetzt einwandfreie Handhabung des Geräts entsprechend der Bedienungsanleitung, Durchführung der erforderlichen Funktionsprüfungen, gültige Eichung und Abzug zum Ausgleich von Fehlerquellen (Stu VRS **81** 129, DAR **93** 72, Kar ZfS **93** 105, NZV **93** 202, zu denkbaren Fehlern *Grunert* DAR **07** 425). Bei Verwendung anerkannter Geräte, die nach standardisiertem, vielfach erprobtem Verfahren arbeiten, genügt aber **im Urteil** Mitteilung des Messverfahrens und des Toleranzwerts (Rz 56, Bra NZV **99** 303). Abzuziehender Toleranzwert: 3 km/h bei Geschwindigkeiten unter 100 km/h, sonst 3% vom gemessenen Wert (Bra NZV **99** 303). Bei der Lichtschrankenmessung mit Gerät der Marke **ESO Typ ES 1.0** mittels passiver Messung ohne Lichtsender handelt es sich um ein standardisiertes Messverfahren iS von Rz 56b (Stu NZV **08** 43, *Löhle* ZfS **06** 137). Zum Lasergeschwindigkeitsmessgerät Vitronic Poliscan Speed, das auf der Basis einer Laserpuls-Laufzeitmessung (LIDAR) basiert, *Löhle* ZfS **08** 368. Zur Funktionskontrolle bei Verwendung des Geräts eso µP 80s Bay NZV **90** 360.

62   **Hinterherfahren mit Tachometervergleichung** kann als Beweis ausreichen (Ce NZV **05** 158, Ha VRS **102** 302, NZV **95** 199, KG NZV **91** 119, Dü NZV **94** 239, Schl NZV **91** 437 m Anm *Selk*), grundsätzlich auch, wenn zwischen dem Fz des Betroffenen und dem PolFz ein anderes Fz fährt (Bay VRS **61** 143, Dü NZV **91** 201, Kö NZV **91** 202, zw Dü VM **77** 60). Es handelt sich nach BGH NJW **93** 3081 um ein standardisiertes Verfahren iS der Rspr (Rz 56b), **aM** Jn VRS **111** 195, Kö DAR **94** 248, zweifelnd Ro VRS **113** 309). Nach Bay DAR **98** 360 Nr 22 ist Messung mittels „Proof Speed"-Messgeräts (Videoanlage mit Datengenerator) standardisiertes Verfahren, Sicherheitsabschlag: 10% (s auch Bay NZV **98** 421 Nr 21 [Proof-Electronic]). Zu schnelles Hinterherfahren mit zu geringem Abstand mag ow sein, der so gewonnene Beweis ist jedoch verwertbar (Bay NJW **74** 1342, krit *Schneider* NJW **74** 1914). Die Messstrecke muss ausreichend lang, der Abstand des folgenden Fz gleich bleibend und möglichst kurz, die Geschwindigkeitsüberschreitung wesentlich (mindestens 20 km/h mehr als erlaubt) sein (Bay DAR **00** 320, Ha DAR **97** 285, Dü NZV **94** 239, Ko VRS **70** 38). Die Rspr verlangt grundsätzlich folgende **Höchstabstände:** Höchstens 30 m bei 40–60 km/h (Bay VRS **88** 58), 50 m bei 61–90 km/h (Bay NZV **94** 448, Bra DAR **89** 110, Dü VRS **74** 289, Kö VM **82** 68), zwischen 91–120 km/h höchstens 100 m (Bay DAR **96** 288, Stu VM **05** 22, Bra DAR **89** 110, Dü VRS **74** 289, Kö VM **82** 68, Ko VRS **70** 38, Jn VRS **111** 195). Je kürzer die Messstrecke ist, desto genauere Angaben sind im Urteil hinsichtlich des Abstands zu machen (Hb VM **76** 61). Die geforderten Höchstabstände zwischen messendem und gemessenen Fz sind *Richtwerte,* geringe Abweichungen im Einzelfall sind oft unvermeidbar und unschädlich (Bra DAR **89** 110, Dü VRS **74** 289, **67** 129, Kö VM **82** 68) oder, je nach Umfang der Abweichung, durch höheren Sicherheitsabschlag auszugleichen (Ha VRS **102** 302, KG VRS **102** 104). Eine Messung auf nur 500 m mit einem Abstand von 400 m und einer abgelesenen Geschwindigkeit von über 100 km/h ist unbrauchbar (Ce DAR **86** 60). Entsprechendes gilt bei nur 400 oder 500 m Messstrecke und 300 m Abstand (Ko VRS **78** 303) oder bei 200 m Abstand und mehr bei gemessener Geschwindigkeit von 170 km/h (Ba DAR **06** 517). Wesentlich längere Messstrecke als grundsätzlich erforderlich kann Fehlerquelle durch zu großen Abstand uU ausgleichen (Bay DAR **96** 288; 323, Stu VRS **66** 467), uU auch Angaben im tatrichterlichen Urteil über die Größe des gleich bleibenden Abstands entbehrlich machen (KG NZV **91** 119); bei sehr großem Abstand (600 m) werden aber Darlegungen im Urteil über StrVerlauf und Beobachtungsmöglichkeit idR erforderlich sein (Bay DAR **96** 323). Bei nur ca 100 m Abstand und Orientierung lediglich an den Rücklichtern des gemessenen Fz auf nicht beleuchteter BundesStr ist optische Einschätzung etwa **gleich bleibenden Abstands** durch geübten PolB möglich (Fra NStZ-RR **02** 19, Ce NZV **04** 419 [Orientierung an den Leitplanken], Ha VRS **113** 112). Verringert sich der Abstand zum gemessenen Fz auf der Messstrecke zwischen 80 und 120 m, so ist das Messergebnis unbrauchbar (Hb VM **76**, 61). Vergrößert sich der Abstand zum vorausfahrenden Fz, so kann die Messung auf zu kurzer Messstrecke auch ohne zusätzlichen Sicherheitsabschlag verwertbar sein (Dü VRS **83** 352). Hinterherfahren mit 130 km/h bei zu kurzer Messstrecke kann nach Ko

Geschwindigkeit § 3 StVO **2**

VRS **78** 303 die Feststellung einer Überschreitung zulässiger 50 km/h rechtfertigen, wenn sich der Abstand vergrößert hat. **Messstrecke** beim Hinterherfahren etwa 300–400 m (Schl VM **74** 31, Hb VM **76** 61, Kö VRS **47** 355), möglichst nicht unter 300 m (Bra DAR **89** 110, Dü VRS **74** 289), bei Geschwindigkeiten von 100 km/h und mehr nicht unter 500 m (Bra DAR **89** 110, Dü VRS **83** 352, **74** 289, Ko VRS **70** 38, Jn VRS **111** 195 [bei über 90 km/h]). Auch dies sind Richtwerte, deren Unterschreitung auf Grund besonderer Umstände im Einzelfall unschädlich sein kann (Dü VRS **83** 352) und uU durch entsprechende Abzüge auszugleichen ist (Fra DAR **97** 285 [20% bei 250 m Messstrecke und ungeeichtem Tacho]). Unter besonderen Umständen kann bei Hinterherfahren mit Tachovergleichung schon eine Messstrecke von 70 m ausreichen (KG VRS **59** 386). Hinterherfahren mit 100 km/h über 300 m bei gleich bleibendem Abstand von 60 m kann ausreichen (Ha VRS **43** 217), nicht jedoch über nur 200 m bei 100 m Abstand (Ko VRS **70** 38). Geschwindigkeitsmessungen können PolB im Streifendienst zugetraut werden, weswegen Feststellungen zu besonderen Erfahrungen, Schulungsteilnahmen usw erforderlich sind (Jn VRS **111** 195). Anforderungen an die **Angaben im Urteil:** Rz 56 b. Die Höhe des Abschlags zum **Ausgleich von Messungsungenauigkeiten** und sonstigen Fehlerquellen bei Hinterherfahren ist Tatfrage (Ce NZV **05** 158, **04** 419, Dü DAR **99** 413, Kö NZV **91** 202, MDR **98** 650, Nau NZV **98** 39), wie überhaupt die Beurteilung der Frage, ob und inwieweit die Messergebnisse zum Beweis einer Geschwindigkeitsüberschreitung geeignet sind, Sache des Tatrichters ist (Dü DAR **99** 413, **86** 29, Stu VM **05** 22, DAR **90** 392). Dies gilt auch, wenn im Einzelfall bestimmte von der Rspr verlangte Erfordernisse nicht erfüllt sind (zu geringe Messstrecke, zu großer Abstand); das Ergebnis ist dann nicht ohne Weiteres unverwertbar, sondern oft durch höheren Abschlag (Tatfrage) korrigierbar (Ha VRS **102** 302, Dü VRS **65** 60 [zusätzliche 10% bei abgelesenen 145 km/h und 200 m Abstand]). Vergrößert sich der Abstand zum gemessenen Fz, können niedrigere Toleranzabzüge gerechtfertigt sein (Dü NZV **94** 239). Die Rspr unterscheidet zwischen geeichten und nicht geeichten Tachometern des nachfahrenden PolFz: Danach genügt bei **geeichtem Tachometer** idR ein Abzug von 10% vom gemessenen Wert (Bay VM **97** 20, NZV **93** 162, Dü VM **74** 87). Fährt das PolFz ausreichend lange gleich bleibend schnell, während sich das gemessene Kfz stetig entfernt, so genügt beim Nachfahren mit geeichtem Tacho ein Abzug von 3%, mindestens 3 km/h (Ha VRS **53** 296). Fehlende Eichung führt nicht etwa zur Unverwertbarkeit der Messung (KG NZV **95** 456). Jedoch werden zusätzliche Abzüge verlangt, deren Größe davon abhängt, ob der Tachometer justiert ist oder nicht: Bei **justiertem Tachometer** verlangt die Rspr zum Ausgleich von Ungenauigkeiten des Tachometers und sonstigen Messungenauigkeiten (zB durch Ablesefehler, Reifenabnutzung, zu geringen Reifendruck, Abstandsschwankung usw) je nach Laufleistung der Reifen seit der letzten Justierung sowie Messabstand und Messstrecke einen Abschlag von zwischen 13,5 und 15% (Ha VRS **102** 302, Dü DAR **98** 113, NZV **94** 239, **90** 318, Kö NZV **91** 202). Justierung bedeutet Prüfung und Einstellung durch den Gerätehersteller oder eine Fachwerkstatt in vorgeschriebenen Abständen (zumeist jährlich; Dü NJW **88** 1039). Bei **nicht justiertem Tachometer** ist die Rspr völlig uneinheitlich: Nach Stu VRS **108** 223 sind folgende Abzüge zu machen: (zum Ausgleich der technischen Gesamtfehler) 10% vom abgelesenen Wert zuzüglich 4 km/h, ferner von dem sich so ergebenden Wert (zum Ausgleich von Abstandsschwankungen) weitere 3% und (für Ablesefehler) 3 km/h (die bei digitaler Anzeige entfallen können). Dagegen werden teilweise auch 10% Abschlag vom abgelesenen Wert und 7% des Skalenendwertes verlangt (Dü NZV **92** 496, VM **77** 60, VRS **63** 143, Ha DAR **97** 285) oder 12% vom abgelesenen Wert plus 7% vom Skalenendwert (Kö NZV **91** 202, MDR **98** 650) oder gar 15% plus 7% vom Skalenendwert (Dü NZV **97** 321, **93** 280, DAR **96** 324, VRS **92** 356 [13,5 bzw 15%], Sa ZfS **95** 197). Nach aA ist ein Gesamtabzug von 20% erforderlich und ausreichend (Bay VRS **92** 26, Ce NZV **05** 158, Zw DAR **02** 182, Ol ZfS **92** 246, Kö VRS **56** 52, DAR **81** 364). Übersteigt die *abgelesene* Geschwindigkeit die durch das gemessene Fz erreichbare erheblich, so kann, sofern die Messung überhaupt noch verwertbar ist, ein zusätzlicher Sicherheitsabzug nötig sein (Dü DAR **99** 413). Soweit ein Abzug vom Skalenendwert zu machen ist, lässt sich ein solcher von 7% für Fz, die nach dem 1. 1. 91 erstmals in den V gekommen sind, kaum begründen, weil § 57 II StVZO idF v 23. 7. 90 mit der Übergangsvorschrift des § 72 II StVZO für neuere Fz eine so hohe Toleranz nicht mehr zulässt (§ 57 StVZO Rz 1; Ce NZV **05** 158, Dü VRS **92** 356, Ro VRS **113** 309). Bei geprüftem Tacho, gleich bleibendem Abstand und ausreichender Messstrecke (idR nicht unter 500 m) kann auch Messung **aus einem vorausfahrenden Kfz** genügen, wenn ein zweiter Beamter mit eigenem Rückspiegel den gleich bleibenden Abstand überwacht (Bay NZV **01** 271, VM **97** 20, Dü VRS **55** 375). Lässt sich überzeugend begründen, dass und wie der gleich bleibende Abstand vom vorausfah-

2 StVO § 3 I. Allgemeine Verkehrsregeln

renden PolKfz aus kontrolliert worden ist, so reicht dies (Ha VRS **47** 311). Detaillierte Feststellungen dazu sind erforderlich, wenn das vorausfahrende Fz mit nur einer Person besetzt ist (Bay NZV **01** 271). Gelegentliche Blicke in den Rückspiegel genügen nicht (Ce NZV **93** 490). Der erschwerten Beobachtungsmöglichkeit nach hinten ist Rechnung zu tragen (Bay VM **97** 20). Bedenken gegen Kontrollen auf diese Weise durch ZivilFz der Pol: § 4 Rz 15. Zusf zum Tachometervergleich *Krumm* NZV **04** 377. **Lit:** Rz 64.

62a Geschwindigkeitsfeststellung mittels eines **elektronischen Gerätes zur Zeit-Weg-Messung** beim Nachfahren **(ProViDa, Police-Pilot-System)** ist in der Rspr als „standardisiertes Verfahren" iS von BGHSt **39** 291 = NZV **93** 485 (Rz 56 b) anerkannt (Brn DAR **05** 97, Ha DAR **04** 42, **06** 697, KG VRS **109** 132, Dü VRS **99** 297, Kö DAR **99** 516, Zw DAR **01** 327). **Im Urteil** genügt daher Mitteilung des Messverfahrens und des in Abzug gebrachten Toleranzwerts (Ha NZV **01** 90, DAR **06** 697, Kö DAR **99** 516, Dü VRS **99** 297). War die beim Nachfahren gefertigte Videoaufzeichnung Gegenstand des Augenscheins, so kann im Urteil gem § 267 I S 3 StPO darauf verwiesen werden (Zw VRS **102** 102, näher § 24 StVG Rz 76). Zum Ausgleich von Fehlerquellen genügt in Fällen von mehr als 100 km/h für den Regelfall ein **Abzug von 5%** (Ha DAR **04** 42, VRS **100** 201, Zw DAR **00** 225, Dü VRS **99** 297, Kö DAR **99** 516, Ce NZV **90** 39, krit *Berr* DAR **89** 470, Bra NZV **95** 367). Dieser Wert gleicht auch Abweichungen durch Reifenverschleiß oder veränderten Reifendruck aus (Bay VRS **105** 444); er genügt daher auch bei Wechsel der Reifen gleicher Größe nach der Eichung (Ce NZV **97** 188). Bedarf es nicht des Auslösens und Stoppens am Beginn bzw Ende der Messstrecke, sondern ermittelt das Police-Pilot-System die Geschwindigkeit unmittelbar mithilfe des von einem elektronischen Steuergerät angezeigten Tachometerwertes, so ist nach Stu DAR **90** 392 über die im Eichschein angegebene Fehlergröße hinaus ein weiterer Abzug nicht erforderlich (dazu *Plöckl* DAR **91** 236). Erhöhter Sicherheitszuschlag bei Überschreitung der Eichgültigkeit (KG NZV **94** 37 [20%]). Bei Anwendung des HICO-NEAS-Systems ist ein Abzug von 10% von der errechneten Durchschnittsgeschwindigkeit jedenfalls nicht zu gering (KG NZV **96** 79, **90** 160, VM **96** 36 [vom nachfolgenden Fz gemessen], VRS **85** 59 [vom stehenden PolFz]). Zum VAMA-Verfahren *Krumm* DAR **05** 55, zu Fehlerquellen bei ProViDa 2000 *Plum* DAR **07** 173.

63 **Geschwindigkeitsschätzungen** durch Beobachter sind zwar nicht völlig ausgeschlossen, Bay DAR **01** 37, Ha NZV **98** 169, Dü NZV **89** 163, Ha und AG Dortmund NZV **92** 378, aber höchst vorsichtig zu bewerten, Bay DAR **58** 338, Ha NZV **98** 169, Dü NZV **98** 167, **89** 163, Einzelheiten bei *Graßberger,* Psychologie des Strafverfahrens, S 53, *Meyer-Gramcko* Verkehrsunfall **90** 155, 159 f. Sehr erhebliche Übergeschwindigkeit lässt sich durch Beobachtung feststellen, Bay DAR **01** 37 (wesentlich schneller als Schrittgeschwindigkeit), eine solche um etwa 10–20 km/h bei mittleren Geschwindigkeiten aber nicht, Ce VersR **73** 526. Eingrenzung der Geschwindigkeit auf einen engen Bereich durch Schätzung (zB 60–70 km/h) ist idR nicht möglich, Bay VRS **65** 461. Jedenfalls setzt Verurteilung wegen Überschreitung der zulässigen Höchstgeschwindigkeit die **Feststellung einer bestimmten Geschwindigkeit** voraus, Bay DAR **05** 347 („101 bis ca 115/120" nicht ausreichend). Zum Wert einer Geschwindigkeitsschätzung durch KfzInsassen, BGH VersR **73** 745. **Motorlärm** führt idR irre: er ist nach Motorart und -größe verschieden und wächst in niedrigeren Gängen, also idR bei langsamem Fahren, mit der Drehzahl. Zur großen Fehlerquote von Zeit- und Geschwindigkeitsschätzungen, *Streck* VGT **76** 189. Solches Schätzen setzt besondere Aufmerksamkeit und große Erfahrung voraus, abgesehen von Fällen offensichtlich überschnellen Fahrens, Dü VRS **30** 444 („100" innerorts). Schätzungen Ungeschulter ohne Einbeziehung ausreichender Bezugstatsachen sind idR unverwertbar, Ha VRS **58** 380. Dunkelheit erschwert auch bei StrBeleuchtung jede Schätzung im mittleren Geschwindigkeitsbereich, Ha VRS **58** 380. Verlässlicher sind Schätzungen, die durch andere Tatsachen gestützt werden, Ha VRS **23** 54, Neust MDR **63** 1034, Schl VM **63** 8. Eine **Geschwindigkeitsschätzung durch PolB** („100") kann verwertbar sein, Ha DAR **74** 77. BGH VRS **38** 104 spricht Schätzungen durch PolB bei Nacht („80–90") „hohen Grad von Zuverlässigkeit" zu. Die Überzeugung eines PolB, die Geschwindigkeit sei zu hoch gewesen, reicht als Beweis allein nicht aus, Bay VRS **53** 434. **Im Urteil** sind Geschwindigkeitsfeststellungen allein auf Grund von Schätzungen stets in kritischer Weise näher zu begründen, Ha VRS **58** 380.

64 **Lit:** *Beck/Löhle,* Fehlerquellen bei pol Messverfahren, 8. Aufl. 2006. *Dies.,* Fehlerquellen bei Geschwindigkeitsmessungen, DAR **94** 465. *Berr,* Meßmethoden bei Geschwindigkeitsüberschreitungen, ZAP F 28 S 729. *Grandel,* Geschwindigkeitsmessungen durch Nachfahren, Verkehrsunfall **82** 251, **83** 2. *Grandel/Thumm,* Geschwindigkeitsmessung durch Nachfahren, Verkehrsunfall **83** 311. *Kneist,* Die Zuverlässigkeit technischer Überwachungsmethoden von VDelikten ..., DAR **84** 409. *Krumm,* Geschwindigkeitsmessung und Abstandsfeststellung durch Nach- oder Vorausfahren, NZV **04** 377. *Ders.,* Geschwindigkeits- und Abstandsmessungen mit dem VAMA-Verfahren, DAR **05** 55. *Löhle,* Genauigkeit polizeilicher VÜberwachungen, DAR **84** 394. *Derselbe,* Geschwindigkeitsberechnung anhand von Brems- und Blockierspuren, ZfS **89** 145. *Derselbe,* LASER-Verkehrsgeschwindigkeitsmeßsysteme, ZfS **94** 153. *E. Schneider,* Zeit- und Geschwindigkeitsangaben von Zeugen, MDR **75** 15. *Soller,* Laser-Geschwindigkeitsmessung, PVT **97** 203. *Thumm,* Meßsicherheit des Lasergeschwindigkeitsmeßgerätes Riegl LR 90–235/P ..., DAR **98** 116. *Derselbe,* Fahrversuche zur Meßgeschwindigkeit von Lasergeschwindigkeitsstandmeßgeräten, NZV **99** 403.

15. Strafrecht: S. im Einzelnen bei §§ 222, 229 StGB, insbesondere Rz 15 ff, 17 a. 65

16. Zivilrecht (soweit nicht schon in den andern Anmerkungen erwähnt): Befahren einer 66
BundesStr unter normalen Verhältnissen mit „80" erhöht die **BG** nicht (BGH VersR **75** 1121 m Anm *Booß* VM **75** 89). Zur Erhöhung der BG durch hohe Geschwindigkeit s i Ü § 17 StVG Rz 11. Erhebliches, aber nicht unfallursächliches Zuschnellfahren muss **Unabwendbarkeit** (§ 17 III StVG) nicht schlechtin ausschließen (Stu VersR **80** 341 [zu § 7 II StVG aF]). Geringfügige Überschreitungen der zulässigen Höchstgeschwindigkeit begründen kein **Mitverschulden** des Geschädigten (KG VRS **72** 335). Bei vorhersehbarer Reifglätte können „20–30" Mitschuld begründen (KG DAR **77** 134). Unfallmitschuld wegen Zuschnellfahrens mit Abblendlicht: Stu DAR **74** 189. Wer für die Straßen- und Sichtverhältnisse zu schnell fährt, muss seinen Schaden uU allein tragen (Ha VRS **105** 183 [zu hohe Kurvengeschwindigkeit und Kollision mit Entgegenkommendem durch bremsbedingtes Ausbrechen des Fz], Ce MDR **01** 1349 [Auffahren auf stehendes Fz durch Radfr]). Bei zu schnellem, gefährdendem Fahren wird **Voraussehbarkeit** des Unfalls durch hinzukommendes Bremsversagen ausgeschlossen (BGH NJW **64** 1565 m Anm *Schmitt* NJW **64** 2010; VRS **29** 430, Bay RdK **53** 48). Wer innerorts statt der vorgeschriebenen „50" mit „80" überholt, kann nicht einwenden, ein dadurch verursachter Unfall sei unvorhersehbar gewesen (KG VRS **36** 104). Kein **haftungsbegründender Ursachenzusammenhang** liegt darin, dass das Fz bei zulässiger Geschwindigkeit nicht am Unfallort gewesen wäre, es sei denn, die Geschwindigkeitsüberschreitung habe nach Eintritt der konkreten kritischen VLage stattgefunden (**E** 101). Allgemeines zur Kausalität: **E** 104–111. Voraussetzung ist, dass beim Unfall eine der Gefahren mitgewirkt hat, um derentwillen die Fahrgeschwindigkeit begrenzt war (Kö VersR **90** 390, Dü NZV **92** 238). Nichtbeachtung einer Bestimmung des § 3 über die Geschwindigkeit begründet nur dann einen Schadensersatzanspruch, wenn die verletzte Norm in der konkreten VSituation (auch) gerade dem Schutz des Geschädigten diente (BGH NZV **91** 23 [zu II a]). Der Schutz plötzlich an einer Kreuzung auftauchender anderer VT fällt in den Schutzbereich von § 3 I S 2 (Ce VRS **49** 25). Bei genereller Geschwindigkeitsbegrenzung durch VZ ist es jedoch gleichgültig, welchem speziellen Zweck die Begrenzung dienen sollte, sie schützt vielmehr alle VT (BGH DAR **03** 308, NZV **91** 23 [Z 274], *Birkmann* DAR **91** 214). I Ü kommt es darauf an, wie der Vorgang bei richtiger Fahrweise von der Erkennbarkeit der Gefahr an abgelaufen wäre (Br NZV **88** 142, Ol DAR **55** 303). Zu den Anforderungen an die Feststellung der Ursächlichkeit einer Überschreitung der zulässigen Höchstgeschwindigkeit um nur 10 km/h für eine FzKollision BGH VersR **82** 442. § 3 umfasst als **SchutzG** iS von § 823 BGB (BGH NJW **85** 1950, Dü NJW-RR **93** 94, Fra NJW **98** 548) auch Schäden, die dadurch entstehen, dass ein Dritter in die Unfallstelle hineinfährt (BGH NJW **72** 1804). Der **Anscheinsbeweis** (**E** 157 a) spricht für Verschulden dessen, der auf freier Strecke *von der Fahrbahn abkommt* (§ 2 Rz 74), gegen den, der auf *eis- oder schneeglatter Straße schleudert* (BGH VersR **62** 786, **63** 585, MDR **71** 1001, Fra ZfS **05** 180, **92** 329, Ol DAR **88** 273, Ha NZV **98** 115, Nü NZV **93** 149, VRS **86** 267, Dü VersR **95** 311), vorausgesetzt, dass die Glätte vorhersehbar war (Rz 21; BGH VersR **65** 690, **71** 842, Ce VRS **104** 253, Schl NZV **98** 411, s aber BGH VersR **69** 895, Fra ZfS **92** 329), der *wegen der Ladung* (Dü NJW-RR **93** 94 [Pferde]) oder der *auf den ABGrünstreifen oder gar auf die Gegenfahrbahn gerät* (Dü VersR **82** 777, Fra VersR **87** 469). Er entfällt beim Beweis von Tatsachen, die eine Irritierung oder Behinderung durch einen Mitfahrenden möglich erscheinen lassen (KG VRS **68** 29). Kein Anschein jedoch gegen den, der auf gerade verlaufender, trockener AB nach plötzlichem Bremsen schleudert (Kar VRS **89** 195). Bei Schleudern infolge Wasserglätte spricht der Anschein für Zuschnellfahren oder unrichtiges Bremsen (Dü VersR **75** 160). Auch gegen den auf nasser, geteerter BundesStr Schleudernden spricht der Anschein (BGH VRS **26** 323, VersR **60** 523), gegen den, der bei beginnendem Regen mit „70" aus der Kurve schleudert (BGH VersR **63** 955). Wer bei Dunkelheit und Nässe auf der AB von der Fahrbahn abkommt, entkräftet den Anscheinsbeweis durch den Nachweis der ernsthaften Möglichkeit, durch ein anderes Fz zu

einer plötzlichen Reaktion gezwungen worden zu sein (Kö VersR **82** 708). Der Anschein spricht gegen den auf einen Glatteisunfall vor ihm **Auffahrenden** (Dü DAR **77** 186), gegen den, der im Dunkeln auf ein unbeleuchtetes Hindernis auffährt (BGH NJW **84** 50, VersR **63** 1026, Ko DAR **01** 404, Ha VersR **04** 1618, NZV **00** 169, Dü VersR **78** 142, Hb VRS **87** 249), vorausgesetzt, dieses befand sich schon bei Annäherung auf der Fahrbahn (BGH NZV **89** 265, Ko DAR **01** 404). Kein Anscheinsbeweis für Fahrerschuld, wenn der Verunglückte unversehens vor das Fz gelaufen sein kann (BGH MDR **68** 572, Fra VRS **51** 81). Haftung des Verkehrssicherungspflichtigen bei schlüpfriger Fahrbahn: § 45 Rz 53.

67 Nicht jede geringfügige Geschwindigkeitsüberschreitung begründet den **Vorwurf der Fahrlässigkeit** (Kö VersR **83** 188 [Überschreitung um 1,6%], Bay DAR **77** 53 [um 5%], aM *Schroers* VersR **83** 189, Stu VersR **82** 782 [um 5%]). Überschreitung der ABRichtgeschwindigkeit: Rz 55c. Erst recht ist nicht jede Überschreitung der angemessenen Geschwindigkeit **grobfahrlässig** (BGH VRS **65** 374, Ha VersR **87** 1206 [Verstoß gegen Sichtfahrgebot auf AB], Ha VersR **94** 42 [Schreckreaktion]). Innerorts „75" bei 0,8‰ BAK können grobfahrlässig sein (Ko VersR **73** 1159). Innerörtliches Zuschnellfahren um „30" ist iS der Automietbedingungen nicht von vornherein grobfahrlässig (KG VM **78** 31), ebenso wenig jedes Überschreiten der angemessenen Geschwindigkeit auf AB (BGH VRS **65** 347). Grobfahrlässig herbeigeführt ist der Versicherungsfall, wenn der Unfall auf einer Geschwindigkeitsüberschreitung von ca 100% beruht (Mü DAR **83** 78), aber nicht, wenn die Geschwindigkeitsbegrenzung erst kurz vor der Unfallstelle angeordnet war (Fra ZfS **02** 242 [3,5 s Fahrzeit]). Grobe Fahrlässigkeit bei Unfall auf Grund Ausbrechens des FzHecks infolge Abbruchs eines mit erheblicher Geschwindigkeitsüberschreitung begonnenen Überholvorgangs wegen GegenV (Dü ZfS **01** 265). Wer auf ein auf der AB befindliches Hindernis auffährt, vor dem über eine Strecke von 800 m mehrfach durch VZ gewarnt wird, handelt idR grobfahrlässig (Dü NZV **01** 81). Grobe Fahrlässigkeit des kaskoversicherten Kf, dessen Fz aus der Kurve gerät (Kar VersR **64** 1096, Sa r+s **81** 96), der trotz VZ („50") und VZ 114 (Schleudergefahr) mit 90 km/h schleudert und umkippt (Kö ZfS **03** 553), der nachts auf schlüpfriger Fahrbahn bei Sichtweite von 20 bis 30 m infolge Nebels 80 bis 100 km/h fährt (Nü ZfS **89** 131), der auf schneeglatter Fahrbahn mit 85 km/h in einer Kurve von der Fahrbahn abkommt (LG Hannover VersR **04** 857), der mit 200 km/h zügig zu einem vorausfahrenden Fz aufschließt im Vertrauen darauf, dieses werde den Fahrstreifen rechtzeitig geräumt haben (Ha DAR **91** 455), der nachts auf der Überholspur der AB, hinter anderen Fz herfahrend, nicht mit plötzlichem Bremsen rechnet (Dü NZV **03** 289), der die FzBeherrschung wegen Ablenkung durch „Wettfahrt" verliert (Kö NZV **01** 29), der sich nach „Rennfahrerstart" bei einem Abbiegeversuch um die eigene Achse dreht und auf Leitplanke prallt (Ha NZV **08** 32). Zu grober Fahrlässigkeit bei Aquaplaning Ha VersR **85** 678. **Ablenkung von den Fahraufgaben** (zB Nichtbeachtung der Fahrbahn) wegen ablenkender Tätigkeiten im Zusammenhang mit Rauchen, Suchen von Gegenständen oder Beschäftigung mit Mitfahrenden (zB Kindern) ist grob fahrlässig (Kö MDR **98** 1411, DAR **01** 364 [Telefonieren bei 120 km/h trotz Nebel und nasser Fahrbahn], Fra MDR **95** 905 [Zigarette-Anzünden], Stu VersR **99** 1359, Nü NJWE-VHR **98** 172 [jeweils Blickabwendung zwecks Suche im Handschuhfach]). Grobe Fahrlässigkeit des Kf, der sich bei 70 km/h auf nächtlicher LandStr wegen einer von ihm selbst zu verantwortenden Gefahr in Richtung FzFond umdreht (Sa MDR **04** 874), der bei 120 km/h längere Zeit nach den Kindern auf dem Rücksitz sieht (Kö VersR **83** 575), anders bei spontanem, nur kurzem Kopfwenden (LG Kö VersR **83** 1069) oder bei plötzlichem Aufschrei eines Kindes (Sa ZfS **04** 223). Es kommt auf das Ausmaß der Ablenkung an (*Rixecker* ZfS **05** 398). Grob fahrlässig ist erst recht längere Blickabwendung ohne besonderen Grund auf schmaler, nasser Fahrbahn bei erheblicher Geschwindigkeit (Mü NZV **94** 401). Entsprechendes gilt für den Kf, der bei 50 km/h 10 s lang seine Aufmerksamkeit dem Schloss des Sicherheitsgurts zuwendet, um sich anzuschnallen (Kar VersR **91** 181) und für Blickabwendung wegen *Aufhebens herabgefallener Gegenstände* (Kaugummi, Musikkassette, Zigarette usw; Fra NVersZ **01** 322 [Handy], Dü MDR **97** 350 [Greifen nach herabfallendem wertvollem, ungesichert auf dem Beifahrersitz abgelegtem Gegenstand], Ko VRS **101** 333 [Greifen nach einem Gegenstand im Fußraum], Ha ZfS **00** 347, Kö MDR **98** 1411, VRS **99** 171, Kar VersR **86** 770, Jn ZfS **96** 340, Ce ZfS **94** 20 [vom Beifahrersitz], LG Sa ZfS **86** 277, LG Gießen MDR **96** 48), uU auch für das Absuchen des FzBodens mit den Händen ohne Abwenden des Blicks von der Fahrbahn (Ha ZfS **87** 20, verneinend Ha NZV **91** 234) oder den Versuch, eine herunterfallende StrKarte zu fixieren (auch ohne Blickabwendung; Ro DAR **04** 707). Nicht grob fahrlässig ist das Tasten nach einem Gegenstand im Handschuhfach in Lenkradnähe oder einem offenen Fach darüber, ohne den Blick von der Fahrbahn zu wenden (Ba DAR **84** 22, LG Arnsberg NJW-RR **89** 1304, dazu

Frank ZfS **97** 361). Nach Fra MDR **98** 43 keine grobe Fahrlässigkeit bei kurzer Blickabwendung, um vom Beifahrersitz herübergerutschte und dadurch behindernde Gegenstände wieder zurückzuschieben. Reflexartiges Greifen nach einer auf die Kleidung gefallenen brennenden *Zigarette* begründet nicht den Vorwurf grober Fahrlässigkeit (Dr DAR **01** 498, LG Mü NJW-RR **89** 55), anders nach LAG Dü ZfS **89** 418 der Versuch, während der Fahrt Zigarettenglut von der Hose zu entfernen, weil Reflexbewegung wegen der Häufigkeit des Herabfallens von Glut ausscheide. Grobe Fahrlässigkeit auch, wenn das Herabfallen von Zigarettenglut auf leichtfertigem Hantieren beruht (Kar NZV **92** 367). Grob fahrlässig iS des § 61 VVG (§ 81 II VVG 08) handelt, wer für mehrere sec bei 120 km/h während eines Fahrstreifenwechsels seine Aufmerksamkeit *dem Autoradio zuwendet* (LG Fra NZV **01** 480), bei 60–70 km/h vor einer Kurve auf das Wechseln einer Tonband-Kassette richtet (Ce ZfS **84** 184) oder bei gerade verlaufender Fahrbahn wegen Auswechselns der Kassette für längere Zeit seine Aufmerksamkeit von der Fahrbahn abwendet (Nü NJW-RR **92** 360). Keine grobe Fahrlässigkeit uU bei nur kurzem Blick auf den Kassettenrecorder auf gerade verlaufender BAB (LG Osnabrück ZfS **85** 24 [150 km/h]) oder bei 50 km/h in einer langgezogenen Kurve ohne Abwendung von der Fahrbahn (Mü NJW-RR **92** 538), idR auch nicht bei Betätigen einer Taste am Autoradio (Ha DAR **01** 128 [CD-Wechsel durch Tastendruck]) oder anderweitiger kurzfristiger Radiobedienung (Nü ZfS **05** 397). Wer während zügiger Fahrt eine *Straßenkarte studiert* und dadurch die Fahrbahn nicht beobachten kann, handelt grob fahrlässig (ArbG Freiburg VersR **91** 225 [AB]), anders nach LG Aschaffenburg ZfS **05** 140 ein kurzer Blick auf eine auf dem Schoß der Beifahrerin liegende StrKarte. *Verstellen des Sitzes* während der Fahrt kann grobfahrlässig sein (Sa VersR **04** 1308). Zur Ablenkung von den Fahraufgaben s auch § 23 Rz 14.

Lit: *Ebert,* Der Schutzzweck von Geschwindigkeitsvorschriften als Problem objektiver Erfolgszurechnung, JR **85** 356. *Frank,* Aufheben von Gegenständen während der Fahrt als grobe Fahrlässigkeit, ZfS **97** 361. *Mühlhaus,* Abstand – Auffahren, DAR **67** 260. *Müller,* Überhöhte Geschwindigkeit als grob fahrlässige Herbeiführung des Versicherungsfalles in der Kaskoversicherung, DAR **81** 5.

Abstand

§ 4 (1) ¹**Der Abstand von einem vorausfahrenden Fahrzeug muß in der Regel so groß sein, daß auch dann hinter ihm gehalten werden kann, wenn es plötzlich gebremst wird.** ²**Der Vorausfahrende darf nicht ohne zwingenden Grund stark bremsen.**

(2) ¹**Kraftfahrzeuge, für die eine besondere Geschwindigkeitsbeschränkung gilt, sowie Züge, die länger als 7 m sind, müssen außerhalb geschlossener Ortschaften ständig so großen Abstand von dem vorausfahrenden Kraftfahrzeug halten, daß ein überholendes Kraftfahrzeug einscheren kann.** ²**Das gilt nicht,**

1. **wenn sie zum Überholen ausscheren und dies angekündigt haben,**
2. **wenn in der Fahrtrichtung mehr als ein Fahrstreifen vorhanden ist oder**
3. **auf Strecken, auf denen das Überholen verboten ist.**

(3) **Lastkraftwagen mit einem zulässigen Gesamtgewicht über 3,5 t und Kraftomnibusse müssen auf Autobahnen, wenn ihre Geschwindigkeit mehr als 50 km/h beträgt, von vorausfahrenden Fahrzeugen einen Mindestabstand von 50 m einhalten.**

Begr zu § 4. Zu Absatz 1:

Wie dringlich es ist, sowohl dem Vorausfahrenden als auch dem Nachfolgenden Verhaltensvorschriften zu geben, zeigt die Untersuchung von Meyer-Jacobi-Stiefel, Band I S. 88–91 und Band III S. 34; danach beruhen 26,3% der Unfälle auf ungenügendem Abstand vom Vordermann. Es ist daher dem Nachfolgenden ein Abstand vorzuschreiben, der ihm ein Halten auch bei plötzlichem Bremsen des Vordermannes ermöglicht, d. h. der sogenannte Sicherheitsabstand. Dass der Nachfolgende dann „hinter ihm" muss halten können, also nicht etwa zum Ausscheren genötigt sein darf, verlangt die besondere Gefährlichkeit solch überraschenden Verhaltens für Dritte. Noch konkreter zu werden, ist nicht tunlich. Die vom Bayerischen Obersten Landesgericht geprägte Formel, dass der Abstand diejenige Strecke übersteigen müsse, die in einer Sekunde zurückgelegt wurde, bringt, wie die Empfehlung der Fachliteratur, neuerdings auch eines Zivilsenats des Bundesgerichtshofes, auf halben Tachometerabstand zu fahren, nur Faustregeln und eignet sich daher nicht zur Aufnahme in ein materielles Gesetz.

Es wäre fehlsam, den Sicherheitsabstand ausnahmslos zu fordern. Die Obergerichte unter Führung des Bayerischen Obersten Landesgerichts haben das Verlangen eines Sicherheitsabstandes zu Recht nicht für angebracht gehalten in geballtem Stadtverkehr, so beim Anfahren an einer Lichtzeichenanlage oder dann, wenn der Nachfahrende sehen kann, dass der Vordermann freie Bahn hat. Es wäre zu besorgen, dass eine Vorschrift, die nicht immer gilt und häufig überhaupt nicht eingehalten werden könnte, an Ernstlichkeit einbüßen würde. Die Grundregel zwingt den Fahrzeugführer, sich stets, bevor er den Sicherheitsabstand aufgibt, darüber Gedanken zu machen, ob dies nach der Verkehrslage geboten oder gerechtfertigt ist. Das grundsätzliche Gebot an den Nachfahrenden, einen Sicherheitsabstand einzuhalten, bedurfte der Ergänzung durch ein striktes Gebot an den Vorausfahrenden, nämlich niemals ohne zwingenden Grund scharf zu bremsen. Der Begriff des zwingenden Grundes ist trotz seiner Abstraktheit wohl allgemein verständlich; es kann auch nicht zweifelhaft sein, dass er wesentlich enger ist als der des triftigen Grundes (§ 3 Abs. 2). Zu plötzlichem Bremsen kann z. B. eine gefährliche Verkehrssituation zwingen, keinesfalls aber die verspätete Erkenntnis, dass man hätte abbiegen müssen. ...

4 **Zu Absatz 2:** *Diese der Förderung des Verkehrsflusses dienende Bestimmung übernimmt im wesentlichen Artikel 13 Abs. 4 des Weltabkommens über Straßenverkehr. Sie tritt an die Stelle des unpraktikabel gewordenen § 14 StVO (alt).*

4a **Begr** zur ÄndVO v 22. 3. 1988 (VkBl **88** 220):

Zu Abs 3: – Begründung des Bundesrates – ... Um den Führern von Lastkraftwagen und Omnibussen bessere Anhaltspunkte für die Bemessung des notwendigen Sicherheitsabstandes zu geben und insbesondere um die polizeiliche Überwachung des Abstandes zu erleichtern, ist eine Ergänzung der Vorschrift geboten. Das Maß von 50 m entspricht dem Abstand der Leitpfosten am Fahrbahnrand.

Begr zur ÄndVO v 7. 8. 97 (VkBl **97** 688): S § 3 Rz 10 a.

Übersicht

Abstand, zum Vorausfahrenden 1, 2/3, 5 ff
–, nach hinten 5
–, Größe 1, 2/3, 5 ff.
–, Faustregeln 1, 6
–, beim Überholen 6
–, im Stadtverkehr 2/3, 7, 8
–, bei grüner Welle 7
–, beim Anfahren bei Grün 8
–, in Kolonne 2/3, 7–9
–, bei Nebel 10
Anfahren bei Grün 8
Anscheinsbeweis 18
Auffahren 11, 16–18
Aufrücken zum Überholen 14
Ausnahmen vom Einscherabstand außerorts 14

Bremsen, kein starkes ohne zwingenden Grund 2/3, 11
Bremszeichen des Vorausfahrenden, Verhalten 9, 10

Einscherabstand der Lastfahrzeuge 4, 12–14
–, Ausnahmen 14
Gefährdender Abstand 6
Grüne Welle 7
Kolonnenfahren, Abstand 2/3, 7–9
Nebel 10
Nötigung 16
Massenauffahrunfälle 17, 18
Ordnungswidrigkeit 15
Sicherheitsabstand 6
Sorgfaltspflicht des Vorausfahrenden 1–3, 11
Stadtverkehr, Abstand 2/3, 7, 8
Strafrecht 16
Überholen, Abstand beim 6
Zivilrecht 17, 18

5 **1. Sicherheitsabstand zum Vorausfahrenden.** Der Abstand muss idR (Ausnahmen unten) ausreichen, um auch bei plötzlichem Bremsen des Vordermanns noch anhalten zu können (Bay VRS **62** 380, Kar VM **96** 8, NJW-RR **88** 28), auch vor einer Ampel (KG VM **83** 13, Ce VersR **76** 545) und auch auf der AB (BGH NJW **87** 1075, Ce VRS **75** 313). Jedoch braucht der Nachfolgende nicht mit **ruckartigem Stehenbleiben** des Vorausfahrenden zu rechnen (BGH NJW **87** 1075, Ko NJW-RR **99** 175, VRS **74** 199, Ce VRS **74** 251, Ha VM **86** 63, Ce VRS **75** 313). Das gilt auch für das Fahren in AB-Kolonne (BGH NJW **87** 1075, KG VRS **74** 251, Ha DAR **63** 249). Der Abstand muss also nicht die Möglichkeit einbeziehen, der Vorausfahrende könne aufprallen, also ohne vollen Bremsweg zum Stehen kommen (BGH NJW **87** 1075, KG NZV **03** 97, VRS **74** 251, Ha NZV **93** 68, Kö VRS **87** 172, Jn DAR **07** 29, einschr KG DAR **95** 482), es sei denn, dies ist nach den erkennbaren Umständen immerhin möglich, zB auf AB bei erkennbar dichtem Auffahren des Vorausfahrenden oder zu schnellem Fahren des Vorausfahrenden bei Abblendlicht (BGH NJW **87** 1075, Ce VRS **75** 313). Daher braucht der Abstand auch regelmäßig nicht so bemessen zu werden, dass auch **ohne Aufleuchten der Bremslichter** des Vordermanns ein Auffahren vermieden wird, wenn dieser plötzlich bis zum Stillstand abbremst (anders, wenn – etwa durch Stau – das Abbremsen vorhersehbar ist; Bay VRS **62** 380, DAR **89** 361, Kar VRS **62** 408, Dü VRS **74** 105, aM Neust MDR **56** 312,

Abstand § 4 StVO **2**

LG Berlin VM **00** 87 [zähflüssiger innerörtlicher V nach Anfahren an LZA]). Eine bloß mäßige Geschwindigkeitsverminderung muss der Nachfolgende allerdings auch ohne Bremslichter rechtzeitig wahrnehmen (Ha DAR **69** 251). Vorausfahrendes Fz ist nicht ein solches, das zwecks Überholens nach links ausgeschert ist (Ha VRS **55** 61), wenn kein Anhalt für Wiedereinscheren spricht. I gilt auch für den Abstand zwischen Kradf (Ha MDR **80** 521). Dem § 4 ist nicht die Pflicht zu entnehmen, den Abstand so zu bemessen, dass vor plötzlich sichtbar werdenden Hindernissen nach **Ausscheren des Vorausfahrenden** rechtzeitiges *Ausweichen* möglich ist (BGH NJW **87** 1075, Jn DAR **07** 29, KG NZV **03** 97, VRS **74** 251, aM möglicherweise Ko NZV **92** 408 m krit Anm *Greger*, Ba NZV **00** 49, Ce VRS **100** 169). Außer dem Abstand zum Vordermann muss der Kf nicht auch seinen **Abstand nach hinten** zum nachfolgenden Fz beachten (Stu DAR **56** 279). Jeder ist für ausreichenden Abstand nach vorn verantwortlich (Ha VRS **21** 66). Der Vorausfahrende muss nicht zwecks Abstandsvergrößerung schneller fahren, nur weil der Nachfolger zu stark aufgerückt ist; vielmehr wird er den ihn gefährdenden Hintermann, soweit gefahrlos möglich, durch kurze **Bremslichtwarnung** (Antippen ohne eigentliches Bremsen) auf sein verkehrswidriges Verhalten hinweisen dürfen (Kar NZV **91** 234 [kein Mitverschulden einer dadurch verursachten Fehlreaktion des Dränglers], aM Kö VersR **82** 558 [¹/₃ Mithaftung], *Greger* § 14 Rz 84, offengelassen von Kö NZV **97** 318). **Abstand zum überholten Fz** nach hinten beim Wiedereinscheren: § 5 Rz 51 f.

Der Abstand richtet sich nach **Örtlichkeit und Lage** sowie der Fahrgeschwindigkeit (Ha **6** VersR **01** 1257). Ausreichender Abstand **(Sicherheitsabstand)** ist bei normalen Verhältnissen die in 1,5 s durchfahrene Strecke (Bay VRS **62** 380, VM **71** 21, KG NZV **03** 97, VRS **78** 92, Kö VRS **67** 286, VM **84** 4, Dü VRS **74** 451, Ce VersR **79** 916, Ha VM **86** 63, Ko VRS **71** 66), nur ganz vorübergehend kürzer (Ha VRS **50** 68), größer beim Kolonnenfahren wegen des sich nach hinten fortsetzenden Bremszeitverlusts *(Prell/Kuchenbauer* DAR **99** 53). Auch **auf der AB** beträgt der nötige Abstand idR, je nach StrVerhältnissen, Wetter und individueller Bremsverzögerung, etwa 1,5 s/Fahrstrecke (Bay VM **79** 73, Ce VRS **75** 313, Kar NJW **72** 962, 2235, Fra VRS **52** 143, Dü VRS **64** 376, Ol VRS **67** 54, LG Kar NJW **05** 915), auf nasser AB mindestens 1,5 s/Fahrstrecke (BGH VersR **68** 670), auch nachts (Hb VM **67** 46, VRS **33** 59), erst recht auf der Überholspur (BGH VersR **69** 900). Dem Kf kann als Anhaltspunkt für den erforderlichen Mindestabstand etwa der **halbe Tachowert** dienen (BGH NJW **68** 450 m Anm *Förste* VersR **68** 894). Da dieser auch der BKatV – allerdings nur bei erheblicher Unterschreitung – als Bemessungsmaßstab für die Bußgeldhöhe dient, soll die zitierte Rspr (1,5 s-Abstand) nach Ha NZV **94** 79 (jedenfalls im OW-Bereich) überholt sein (dazu Rz 15). **Lkw mit zulässigem Gesamtgewicht von mehr als 3,5 t und Kom** müssen auf AB bei Geschwindigkeiten von mehr als 50 km/h jedenfalls *mindestens* 50 m Abstand (= Abstand zwischen den Leitpfosten) einhalten (III; Begr: Rz 4a). I, III normieren *Mindestabstände*. Die Vorschriften sind demnach nicht so zu verstehen, dass der angeordnete Abstand stets ausreichend wäre; je nach Witterungs- und Fahrbahnverhältnissen kann die tatsächlich gefahrene Geschwindigkeit nach der allgemeinen Regel des I einen größeren Abstand erfordern (Zw NZV **97** 283). Bereits wegen des Charakters als Mindestabstand (nicht als Einscherabstand, Rz 12–14) muss eine analoge Anwendung des II S 2 Nr 3 ausscheiden (eingehend Sa VRS **110** 369). **Wer überholen will,** darf den Abstand grundsätzlich erst vermindern, wenn er ausscheren und zügig vorbeifahren kann (Bay VM **70** 91, Ha VRS **26** 219), jedoch verlängert das den Überholvorgang unnötig, wenn der Vorausfahrende offensichtlich freie Bahn hat (Begr, Rz 2/3). Abstand beim Überholen: § 5. **Berechnung** des Abstands: Geschwindigkeit in km/h geteilt durch 3,6 ergibt Geschwindigkeit in m/sec; die zum Durchfahren des festgestellten Abstands benötigte Zeit ergibt sich, wenn die Anzahl der Meter (Abstand) durch die Geschwindigkeit (m/sec) dividiert wird. Vom *Sicherheitsabstand* zu unterscheiden ist der **gefährdende Abstand**, der nach einer freilich älteren Rspr. zugleich zur Annahme des § 1 II führt. Danach wird konkrete Gefahr angenommen, falls der Betroffene, außer im dichten StadtV *nicht nur ganz vorübergehend* geringeren Abstand als die in 0,8 sec durchfahrene Strecke zum Vordermann einhält (Bay NJW **88** 273, VM **79** 73, VRS **59** 285, Ha NZV **94** 120, Dü VRS **74** 451, DAR **78** 188, Fra VRS **56** 286, Kö NZV **92** 371, LG Kar NJW **05** 915, enger *Berz* NZV **89** 413 f). Als nicht ganz vorübergehend wurde eine Fahrstrecke von 300 m angesehen (Bay NZV **92** 415 [10 m bei 116 km/h], VRS **40** 285 [128 km/h]), bei höheren Geschwindigkeiten Mindeststrecke von 250–300 m (Kar NJW **72** 2235, Dü VRS **62** 297, Ce NJW **79** 325, Kö DAR **83** 364, Dü VRS **64** 376; weiter Kö VRS **66** 463, weil mit der Unterschreitung des gefährdenden (0,8-sec-) Abstands immer eine Unterschreitung des Sicherheits-(1,5-sec-)Abstands vorausgegangen sein müsse (s auch Bay VRS **57** 305, Ce NZV **91** 281, Ol VRS **67** 57). Im Hinblick auf die den Wandel der Rspr.

2 StVO § 4   I. Allgemeine Verkehrsregeln

zum Begriff der konkreten Gefahr dürfte diese Rspr. nicht aufrecht zu erhalten sein; für konkrete Gefahr dürfte vielmehr **stets ein Beinaheunfall zu fordern sein** (§ 1 II Rz 35; *Heinrich* SVR **08** 165, unklar *Jagow/Burmann/Heß* Rz 14). Ergibt sich nur ganz vorübergehend zu kurzer Abstand zum schnelleren Vorausfahrenden durch dessen zuvor erfolgten Fahrstreifenwechsel oder Abbremsen, so ist § 4 schon nach vormaliger Rspr. nicht verletzt (Ha VRS **46** 216, Kar VM **75** 37, Ce DAR **78** 328, Kö DAR **83** 364, Kar VRS **49** 448).

7   **Im dichten Stadtverkehr** ist stets gespannte Aufmerksamkeit nötig (Hb VersR **67** 564), doch darf der *Abstand geringer* sein (Begr, Rz 2/3; Bay VM **71** 21, Ha VM **86** 63, Br VersR **77** 158), wenn nicht mit plötzlichem Anhalten des Vordermanns zu rechnen ist (Ha VRS **29** 43, 297, Stu VRS **27** 139, Schl VM **57** 4, KG VM **57** 4), zB bei **grüner Welle** (Ha NJW **67** 2324) und langsamer Fahrt (Ha VRS **43** 371, Kö VM **72** 88), anders im Ampelbereich bei zu erwartendem Wechsel auf Gelb (Dü DAR **75** 303). Bei grüner Welle soll der Kf mit plötzlichem Anhalten des Vordermanns auch nicht rechnen müssen, wenn er dessen Fahrbahn nicht sieht, geringer Abstand ist zulässig (Dü VM **69** 21, aM Hb VersR **67** 564 [kein Vertrauensgrundsatz]). Die Rspr ist uneinheitlich. Verkürzter Abstand im StadtV ist auch zulässig, wenn der Vorausfahrende offensichtlich freie Fahrt hat (Begr, Rz 2/3; Br VersR **77** 158). Anhalten bei Normalbremsung des Vorgängers muss möglich sein (Dü VM **67** 22). Für **abnorm verkürztes, ruckartiges Anhalten** des Vorausfahrenden muss der Abstand zwar grundsätzlich nicht bemessen sein (Rz 5), jedoch uU selbst bei Auffahren des Vorausfahrenden ausreichen, wenn damit zu rechnen war (Ha VM **86** 63). Wer im Stadtverkehr mit „45" und 10 m Abstand auf den Vorausfahrenden auffährt, weil dieser auf das missverstandene Zeichen eines PolB plötzlich bremst, handelt nicht fahrlässig (Ce VRS **27** 295, s auch Kö VOR **74** 53). Vor allem im **Stoßverkehr** ist ausnahmsweise geringerer Abstand zulässig, wenn die vorausliegende Fahrbahn erkennbar hindernisfrei ist und bei erhöhter Bremsbereitschaft (Br VersR **77** 158). Dann reicht als verkürzter Abstand bei höchster Bremsbereitschaft 0,75 s/Fahrstrecke aus (Kö VRS **57** 477). So sollen bei hindernisfreier Fahrbahn 7 m Abstand bei „30" ausreichen (Ba VersR **67** 786), 10 m Abstand bei Nässe und „40" (Kö VRS **37** 216, s auch Kö VM **72** 88). Solches Fahren verpflichtet zu gesteigerter Aufmerksamkeit, andernfalls erhöhte Schuld (Ko VersR **78** 649). Stets ist verkürzter Abstand durch **erhöhte Bremsbereitschaft** auszugleichen (Kö VOR **74** 53, Ha NZV **98** 464, Zw VRS **85** 216). Beim **Anfahren nach verkehrsbedingtem Warten** ist ein solcher Abstand einzuhalten, dass Schwierigkeiten des Vordermanns beim An- und Weiterfahren nicht zum Auffahren führen (KG VRS **46** 66, Br VersR **77** 158).

8   Beim **Anfahren bei Grün** darf ausnahmsweise so angefahren werden, wie die Fz stehen, sonst würde die Grünphase nicht ausgenutzt und der Verkehr behindert (Begr, Rz 2/3), Ha NZV **98** 464, LG Gießen DAR **04** 152. I Satz 1 ist beim Anfahren bei Grün nicht anwendbar (Rz 2/3), wenn im KolonnenV die Gefahr plötzlicher Hindernisse erkennbar gering ist, Begr (Rz 2/3), KG VM **93** 27, LG Nürnberg-Fürth VersR **90** 286, aM KG VM **74** 57 (abl *Booß*); jedoch ist besonders sorgfältig mit besonderer Aufmerksamkeit und erhöhter Bremsbereitschaft zu fahren (§ 1), Ha NZV **98** 464, Kar VRS **73** 334. Es bleibt zu beachten, ob ein Vorausfahrender verlangsamt oder bremst. Die (verkürzten, Rz 7) Abstände sind erst beim Weiterfahren herzustellen, sofern dazu bis zur nächsten Ampel Raum ist, Stu VRS **27** 139. Die Ausnahme gilt nicht, wenn die Fahrstreifen hinter der LZA nicht in der bisherigen Weise fortgeführt werden, Stu VRS **70** 466. Auf etwaige Ortszulassung des Vorausfahrenden braucht niemand zu achten, Ha DAR **68** 116, mit verkehrswidrigem Sicheindrängen in eine Kolonne niemand zu rechnen, Ba VersR **67** 786. Leicht gestaffeltes Fahren zur Beobachtung der Vorausfahrenden kann je nach Lage bedenklich sein, Kö VRS **37** 216, doch sollte stets durch die Scheiben der Vorderleute hindurch der Vorausverkehr möglichst beobachtet werden, um Verlangsamung rechtzeitig zu erkennen und nach hinten signalisieren zu können.

9   Fahren in **aufgeschlossener Kolonne** erfordert größte Aufmerksamkeit, Beobachtung nach vorn und erhöhte Bremsbereitschaft, Kö VRS **28** 42, Hb VersR **67** 564. Wer zu kurzen Abstand vor dem Vorausfahrenden bemerkt, wird den seinigen entsprechend verlängern, um verkürzten Anhalteweg des Vorausfahrenden notfalls ausgleichen zu können, KG DAR **95** 482, Ha VRS **17** 458. Mit plötzlichem Anhalten des Vorausfahrenden muss im KolonnenV gerechnet werden, KG DAR **95** 482, VRS **24** 138, Ha VM **86** 63, Schl VM **64** 37. Zum Abstand im dichten StadtV s Rz 7.

10   Bei **Nebel** (Sicht 30 m) muss der Abstand auch auf plötzliches Bremsen des Vorausfahrenden eingerichtet sein, weil der Vorverkehr unsichtbar ist (Ce VM **66** 71). Bei zu geringem Abstand werden auffällige Ausweichbewegungen des Vorausfahrenden mitzumachen sein (Mü NJW **68** 653). Kurzes **Bremszeichen** des Vorausfahrenden nötigt bei ausreichendem Abstand

Abstand § 4 StVO **2**

noch nicht dazu, sich auf Anhalten einzurichten, aber zu erhöhter Aufmerksamkeit (Ce VRS **36** 443). Beträchtliche **Verlangsamung des Vorausfahrenden** fordert besondere Vorsicht (Ko DAR **64** 279). Abs 1 gilt **für alle FzArten**. Auch ein *Radfahrer* muss daher ausreichend Abstand halten (Ha VersR **01** 1257, Schl SchlHA **56** 319). Jedoch führt der Abstandsverstoß bei einer organisierten Radtouristikfahrt (Stu NJW-RR **07** 1251) oder bei einer Motorradfahrt im Pulk, bei der Regelverstöße einkalkuliert sind (Brn VRS **113** 407), nicht zur Haftung des Unfallverursachers, weil insoweit grundsätzlich die Regeln für die Teilnahme an sportlichen Wettbewerben gelten (§ 16 StVG Rz 7). Ausreichender Abstand der **Straba** ist auch auf einem besonderen Bahnkörper vor gefährlichen Stellen nötig (BGH VRS **14** 121), Ausnahmen selbst bei auf der Fahrbahn verlegten Gleisen aber im dichten, doch übersichtlichen Verkehr (Fra VersR **67** 851).

2. Nicht ohne zwingenden Grund stark bremsen darf der Vorausfahrende, also nicht grundlos überraschend verlangsamen. Diese Pflicht ergänzt diejenige des Hintermannes, Abstand zu halten (Begr, Rz 2/3). Das Verbot starken Bremsens ohne zwingenden Grund will Auffahrunfälle im dichteren Verkehr verhindern, Stu VRS **56** 119, Nü VersR **78** 1174. Plötzliches Bremsen ist nicht notwendigerweise auch ein besonders starkes, Ce VersR **76** 545, Kar VRS **76** 414, sondern nur ein das Maß normalen Bremsens deutlich übersteigendes, KG VersR **02** 1571. **Nur bei zwingendem Grund** darf stark gebremst werden, nämlich bei plötzlicher Gefahr, Bay VRS **71** 380, Ko VM **92** 92, Kö VRS **95** 331 (wesentlich enger als „triftiger" Grund in § 3 II, hierzu Begr). Zwingender Grund zum Bremsen besteht, wenn andernfalls andere der Bremsende gefährdet oder geschädigt werden könnten, KG NZV **93** 478, VM **83** 13, und nur, wenn aus Gründen gebremst wird, die dem Schutzgegenstand des Bremsverbots mindestens gleichwertig sind, Sa ZfS **03** 118, KG VM **00** 79, NZV **93** 478, Fra DAR **84** 157, Kar NJW-RR **88** 28. Einsatzhorn eines optisch noch nicht wahrgenommenen WegerechtsFz rechtfertigt starkes Bremsen vor Einfahrt in eine Kreuzung, Ha NZV **98** 464. **Kein zwingender Grund ist gegeben,** wenn zB gebremst wird, um jemanden aufzunehmen, KG NZV **93** 478 (Taxifahrgast), VM **76** 60, oder wegen zu spät erkannter Parkmöglichkeit, Bay DAR **84** 234, KG NZV **03** 42, VM **74** 57, oder bei bloßem Orientierungsirrtum, oder um abzubiegen, Bay VRS **71** 380, KG VersR **02** 1571 (Begr). Kurze Sichtbehinderung durch Spritzwasser rechtfertigt idR keine Vollbremsung, KG VM **79** 68 (überwiegende Haftung des Bremsenden). Starkes Bremsen **wegen eines Kleintiers** verstößt gegen I S 2, wenn dadurch die VSicherheit beeinträchtigt werden kann (Sa ZfS **03** 118 [Eichhörnchen], Kö VersR **93** 1168 [Taube], Kar NJW-RR **88** 28 [Wildente], Mü DAR **74** 19 [Igel], LG Aachen ZfS **85** 129 [Kaninchen], AG St Ingbert ZfS **86** 353 [Eichhörnchen], AG Liebenwerda MDR **97** 737 [Fuchs], s auch Kö VRS **86** 264 [Güterabwägung bei unverhofftem Bremsen wegen Taube], Dü VersR **94** 592 [grobe Fahrlässigkeit bei plötzlichem Bremsen wegen eines Hasen]; anders nach Fra VM **84** 37 [abl *Booß*], *Andelewski* NZV **01** 62 f, wenn trotz Gefahr unbedeutenden Sachschadens (ca 35 €) des Nachfolgenden wegen einer Katze gebremst wird; jedoch ist das Risiko des Nachfolgenden bei erkennbarer Auffahrgefahr idR nicht abschätzbar sein wird; *Janiszewski* NStZ **84** 405; ähnlich KG VM **00** 79 [Dackel], LG Ko DAR **01** 227; abwegig AG Mü VM **85** 88 [Igel]). § 90 a BGB steht nicht entgegen (Hb ZfS **92** 377, s aber *Andelewski* NZV **01** 62). Denn Leben und Gesundheit von Menschen haben nach wie vor entsprechend der vom Gesetz vorgenommenen Wertung Vorrang vor dem Leben eines Tiers (KG VRS **104** 5, Sa ZfS **03** 118). Reflexartiges Ausweichen vor kleinem Tier (Fuchs) muss allerdings nicht stets grob fahrlässig sein (BGH NJW **07** 2988). Starkes Bremsen wegen eines größeren Hundes ist nicht grundlos iS von I S 2 (LG Landau NZV **89** 76 [Alleinhaftung des Auffahrenden], AG Ratingen NJWE-VHR **98** 110 [angeleinter Spitz]). Besteht wegen ausreichend großen Abstandes des nachfolgenden Verkehrs, keine ernstliche Gefahr, so darf der Vorausfahrende **auch ohne zwingenden Grund scharf bremsen**, weil dann die in I S 2 vorausgesetzte Lage nicht besteht, KG NZV **03** 43, VM **00** 79, Fra DAR **84** 157, Ha VRS **50** 312. Auch bei doppeltem Sicherheitsabstand zum Hintermann, dem kein weiteres Kfz folgt, gilt das Bremsverbot nicht, Stu VRS **56** 119, Kar VRS **76** 414. Bremsung **vor LichtZ:** § 37 Rz 48 f. Wer trotz Grün wegen des Z 205 abrupt bremst, handelt nicht aus zwingendem Grund, KG VM **74** 57, anders bei Einleitung der Bremsung trotz Grünlichts, aber Phasenwechsel anzeigender Vorampel (Blinklicht), Ha NZV **95** 25. **Bei Gelb** nach Grün wird der Hintermann mit plötzlichem Bremsen des Vorausfahrenden idR rechnen müssen, wenn auch nicht mit Notbremsung. Wer bei Beginn der Gelbphase nach Geschwindigkeit und Annäherung vor der Kreuzung nicht mehr anhalten kann, hat keinen triftigen Grund zum plötzlichen Bremsen, KG VM **83** 13, Dü DAR **75** 303,

11

anders dagegen, wer sich bei „spätem" Gelb oder bei Rot der Haltelinie nähert; er darf auf ausreichenden Sicherheitsabstand des Nachfolgenden vertrauen und auch, wenn er seine Geschwindigkeit noch nicht herabgesetzt hat, plötzlich stark bremsen, ohne zuvor den rückwärtigen V zu beobachten, KG VM **83** 13, Kar VRS **72** 168, s § 37 Rz 48. Normales Bremsen wegen möglicher Gefahr **muss nicht angekündigt werden,** der Hintermann muss damit rechnen und entsprechend großen Abstand halten, Kar VRS **76** 414, Ha DAR **73** 167. Anzeige des Haltens: § 12 Rz 20. Plötzliche Vollbremsung dessen, dem auf seiner Fahrbahnhälfte unverhofft ein Fz entgegenkommt, ist idR nicht vorwerfbar, Kö VersR **89** 59, dazu auch **E** 86. Kein **verkehrsgefährdendes scharfes Bremsen,** um andere zu warnen, Bay VRS **43** 390, oder nur um den Hintermann auf falsches Verhalten aufmerksam zu machen (Blendung), Ko 1 Ss 146/72, oder wegen Lichtreflexes in der ausgeschalteten Rotampel, Stu VRS **45** 243. **Bremsversuche** auf der Straße sind nur bei VRuhe zulässig. Auch bei ungerechtfertigt starkem Bremsen des Vorausfahrenden überwiegt idR aber der **Haftungsanteil** des Auffahrenden, Rz 17. Fahrlässiges **Aufprallen auf den Vorausfahrenden** ist kein starkes Bremsen iS von I S 2, auch nicht, wenn der Aufprallende allmählich hätte abbremsen und stehen bleiben können, *Booß* VM **75** 62, aM Br VM **75** 62, das den Begriff des Bremsens hier in sein physikalisches Gegenteil umdeutet. **Bremslichtwarnung** bei gefährdendem Dicht-Auffahren: Rz 5.

12 **3. Einscherabstand außerorts** haben Kfz zu halten, für die eine besondere Geschwindigkeitsbeschränkung gilt, sowie Züge über 7 m Länge (Abs II S 1). Abs III normiert hingegen keinen Einscherabstand, sondern einen Mindestabstand, weswegen II (S 2 Nr 3) nicht (auch nicht analog) gilt, Rz 6. Abs II dient dem VFluss durch leichteres Überholen (Begr). Kfz mit besonderer Geschwindigkeitsbeschränkung: § 3 III Nr 2a, b, nicht auch c, weil die Vorschrift dann auch für alle Pkw und das gesamte einstreifige StrNetz gälte, was nicht beabsichtigt ist, *Bouska* VD **76** 339. Die Vorschrift ersetzt nicht diejenige über die Pflicht der Führer aller langsam gefahrenen Fz, sich an geeigneter Stelle überholen zu lassen (§ 5 VI), sie steht neben ihr und ergänzt sie.

13 Gemäß II S 1 muss der eingehaltene Einscherabstand reichlich das **Doppelte des üblichen Sicherheitsabstands** betragen, damit nach dem Einscheren des Überholers alsbald wieder vor und hinter ihm der notwendige Abstand besteht. Doch wird es bei der Knappheit des VRaums idR ausreichen müssen, wenn sich dieser Abstand alsbald wieder herstellen lässt. Die Führer von Kfz, die unter II fallen, werden jedenfalls, von den drei Ausnahmen abgesehen, stets darauf zu achten haben, dass sie bald nach jedem Überholtwerden („ständig") wieder mindestens mit doppeltem Abstand zum Vordermann (nicht nur zum nächsten vorausfahrenden LastFz) fahren, also mit einem Abstand, der ihre Tachometerzahl nicht unterschreitet.

14 **Ausnahmen** (Abs II S 2): a) **bei mindestens 2 Fahrstreifen in Fahrtrichtung** (S 2 Nr 2), wo also ohne Einscheren überholt werden kann, darf der Abstand geringer sein. Fze, die unter II fallen, dürfen so lange aufschließen, wie dieser StrAusbau andauert, nicht nur bei Z 295, 296, sondern auch wenn die Fahrbahnbreite das Fahren in mindestens zwei unbezeichneten Fahrstreifen in Fahrtrichtung zulässt (§ 7 I 2). Bei nur 3 Fahrstreifen insgesamt für beide Richtungen, wo der mittlere Fahrstreifen dem Überholen in beiden Richtungen dient, gilt die Ausnahme nicht, der Einscherabstand ist einzuhalten. Zwar sind in Fahrtrichtung dann uU 2 benutzbare Fahrstreifen vorhanden, doch nicht bei GegenV. b) **Wo nicht überholt werden darf** (S 2 Nr 3; Z 276, uU Z 295, 296, nicht auch Z 277), braucht, soweit das Überholverbot reicht, kein Einscherabstand gehalten zu werden. Kfz gemäß II dürfen hier aufrücken und können uU ihren nächsten Überholvorgang ohne Behinderung des übrigen Verkehrs besser vorbereiten. Vor dem Ende eines Überholverbots müssen sie den Einscherabstand rechtzeitig wieder herstellen. c) **Wer selbst zulässigerweise überholt** und zu diesem Zweck ausschert, darf und muss zum Vordermann aufrücken, sofern er die Überholabsicht vorher rechtzeitig und deutlich (§ 5) angekündigt hat (S 2 Nr 1). Zu spätes Ankündigen, zB erst beim Ausscheren, erlaubt kein Aufrücken.

15 **4. Ordnungswidrig** (§ 24 StVG) ist der vorsätzliche oder fahrlässige Verstoß gegen eine Vorschrift über den Abstand im § 4 (§ 49 I Nr 4), also zB zu dichtes Aufrücken auch ohne Belästigung, bei Gefährdung oder Belästigung in TE mit § 1. Konkrete Gefährdung ist also nicht etwa Voraussetzung für einen Verstoß gegen § 4 Abs I S 1, Bay VM **79** 73, Fra VRS **68** 376, s Rz 6. Die Bußgeldbewehrung von Verstößen gegen Abs I S 1 genügt dem verfassungsrechtlichen Bestimmtheitsgebot, Zw VRS **85** 212. Das in der BKatV enthaltene Kriterium des halben Tachowertes (= 1,8s-Abstand, *Beck/Löhle* 3.1.4) ist *Berechnungsmaßstab* für die Regelbuße, nicht Definition des „Sicherheitsabstands", aM Ha NZV **94** 79 (abl *Prell/Kuchenbauer* DAR **99** 49),

Abstand § 4 StVO **2**

zumal die BKatV erst bei ganz erheblichen Unterschreitungen dieses Wertes Regelbußen vorsieht und im Übrigen OW-Tatbestände *voraussetzt,* nicht aber selbst solche begründet, s auch *Göhler (König)* § 17 OWiG Rz 28. Für die Bußgeldbemessung im Regelfall gilt jedenfalls die in der BKatV vorgeschriebene Berechnungsweise, Ha NZV **94** 79. Wenngleich auch die **Unterschreitung des Sicherheitsabstands** iS des I S 1 nur dann ow ist, wenn sie *nicht nur ganz vorübergehend* geschieht (Dü NZV **93** 242, Zw VRS **85** 217, Kö VRS **67** 286, Fra VRS **68** 376, Ko ZfS **07** 589) müssen die teilweise sehr strengen Anforderungen der Rspr an die Feststellung eines *gefährdenden Abstands* hinsichtlich der Mindeststrecke zu dichten Auffahrens (Rz 6) dann nicht erfüllt sein (Ol VRS **67** 54, aM wohl Ko VRS **71** 66); zu geringe Dauer kann aber Verschulden ausschließen. Kö VRS **66** 463 hält Unterschreitung auf mindestens 150 m für erforderlich, aber auch ausreichend, wenn auf den vorausgegangenen 150 m keine den Vorwurf zu dichten Auffahrens ausschließende Veränderung (zB Bremsen des Vorausfahrenden) eingetreten ist und die Unterschreitung mindestens 25% beträgt. Der Einwand, der Vorausfahrende habe den Abstand durch seine Fahrweise plötzlich verringert (Gaswegnahme, Bremsen, Einscheren in eine Lücke), muss widerlegt sein, Dü DAR **78** 188, VM **78** 58. Dreimaliges Unterschreiten des Sicherheitsabstands für jeweils mehr als 1 s auf knapp 1 km ist ow, Bay NZV **94** 241 (Vorsatzannahme nicht beanstandet). *Vorwerfbares* Unterschreiten des **50 m-Abstands für Lkw und Kom** gem III ist grundsätzlich auch dann ow, wenn es nur ganz vorübergehend ist, Zw NZV **97** 283 (abl *Förste* NZV **98** 39). **Starkes Bremsen** ohne zwingenden Grund verkürzt den erforderlichen Abstand, ist daher eine Abstandsregel und fällt unter § 49 I Nr 4, Ha 5 Ss OWi 20/73. Normales Bremsen oder Verlangsamen fällt nicht unter § 4 I 2 (Langsamfahren ohne triftigen Grund: § 3 II), auch nicht notwendigerweise starkes Bremsen. Bleibt der Hintermann beim unzulässigen Bremsen noch außerhalb des in S 1 gebotenen Abstandes zum Bremsenden, so ist das Bremsen mangels ausreichend nahe aufgerückten Folgeverkehrs nicht ow. **Konkurrenzen:** Gegenüber § 4 I (zu geringer Abstand) tritt § 3 I zurück, TE beider Vorschriften nur, wenn die Fahrgeschwindigkeit auch aus anderen Gründen zu hoch ist, Ha DAR **73** 167, Sa VRS **36** 309; bei Gefährdung des Vordermannes, etwa weil er unverhofft bremsen muss, TE auch mit § 1, Bay VRS **35** 191, Ha DAR **73** 167; zur Unterschreitung des gefährdenden Abstands (0,8 s-Abstands; vgl Ha NZV **94** 120) s Rz 6 aE. Zum Verhältnis zu § 21 a (Nichtanlegen des Sicherheitsgurts) dort Rz 7. Gefährdet oder behindert grundlos scharfes Bremsen den Hintermann noch nicht, so verletzt es nur § 4 I S 2, andernfalls besteht TE mit § 1 II, Ha VRS **45** 317. Keine einheitliche Tat bei mehreren Verstößen auf derselben Fahrt, Ha VRS **47** 193. Keine fortgesetzte Handlung mehr: **E** 134, und keine natürliche Handlungseinheit: § 24 StVG Rz 58. **Das Urteil muss feststellen,** auf welcher tatsächlichen Grundlage die Geschwindigkeitsfeststellung beim Abstandmessen beruht, Kö VM **79** 76, **84** 4, DAR **83** 364. Es muss nachprüfbar darlegen, warum der Abstand zu gering gewesen ist, Ha VRS **51** 302. Es muss insbesondere mitteilen, nach welchem Verfahren Abstand und Geschwindigkeit gemessen wurden, Dü VRS **59** 45, VRS **64** 144, VM **78** 58, Kö VM **84** 4. Bei Anwendung anerkannter technischer Verfahren braucht das Urteil ohne konkrete Anhaltspunkte keine Einzelheiten zur Durchführung von Funktionsprüfungen, Beachtung der Richtlinien für die Bedienung, zur ordnungsgemäßen Aufstellung des Geräts usw mitzuteilen, Bay DAR **94** 122 (stationäre Videokamera). Die unterschiedlichen Verfahren zur **Abstandsmessung von AB-Brücken** werden von der Rspr überwiegend als zuverlässig (auch zur Feststellung gefährdend geringen Abstands gem § 1 II) anerkannt, Ha VRS **55** 211, Dü VRS **64** 144, 376, **74** 449, DAR **83** 364, **85** 87 (Anm *Berr*), Kö VM **84** 4, VRS **67** 286, Ol VRS **67** 54, Kö VRS **66** 463 (jeweils „Traffipax"), Fra DAR **78** 169 („FESAM"), Stu VRS **54** 145 („Distanova", dazu: *Löhle ua* DAR **83** 69, *Grandel/Thumm* Verkehrsunfall **84** 61, 91, *Löhle* DAR **84** 405). Zur Feststellung des gefährdenden Abstands ist idR ein **15%-Abzug** von dem in 0,8 s zurückgelegten Fahrweg der Kfz zu machen, Bay VRS **59** 285, Dü VRS **74** 449. Ein 15%-Abschlag ist jedoch nicht schlechthin geboten, vielmehr unterliegt etwaige Fehlerbeurteilung des Messvorgangs der freien Beweiswürdigung, Ce VRS **58** 264, Dr VRS **109** 196 (VKS-Verfahren). Zu berücksichtigen ist bei diesen und ähnlichen Verfahren, dass nach ophtalmologischen Erkenntnissen Abstandsveränderungen in einer Entfernung von mehr als 190 m auch von geschulten Personen idR nur dann sicher beobachtet werden können, wenn sie mehr als 25% betragen, *Hartmann,* Gutachten für Kö VRS **66** 463, AG Homburg ZfS **97** 393 (Anm *Gebhardt*) sowie *Gramberg-Danielsen* MDR **83** 534, *Löhle* DAR **83** 69, *Prell/Kuchenbauer* DAR **99** 52. Über Fehlerquellen bei der Video-Abstandsmessung *Soller* PVT **96** 168. Das Video-Abstandsmessverfahren **VAMA** wurde von der Rspr als standardisiertes Messverfahren (§ 3 Rz 56 b) anerkannt (Ha VRS **106** 466 [kein Toleranzabzug bei Geschwindigkeiten unter 154 km/h], *Beck/Löhle* 3.1.4., *Krumm* DAR **05** 55), und zwar trotz Abweichungen von der PTB-Zulassung (interne Uhr, Verwendung einer

PAL-Kamera; Anpassung der PTB-Zulassung mittlerweile erfolgt (AG Lüdinghausen NZV **08** 109), ebenso das **VKS-Verfahren** (VKS 3.01), soweit es von besonders geschultem Personal durchgeführt wird (Dr VRS **109** 196, *Beck/Löhle* 3.1.5, *Krumm* DAR **07** 129) ebenso das **ViBrAM-BAMAS-Verfahren** (Stu NZV **08** 40 [keine Mitteilungspflicht von Toleranzen bei Geschwindigkeit und Abstand; nähere Überprüfung bei Abstandsunterschreitungen von weniger als 1 m]). Die Abstandsmessung von AB-Brücken mittels stationärer Videokamera mit **Zeitgenerator JVC/Piller Typ CG-P 50 E** kann für die Zeit vor dem 5. 7. 07 wegen Abweichung von der Bauartzulassung (Verwendung anderer Kameras als des Herstellers JVC, deren Verwendung in der Bedienungsanleitung vorgeschrieben ist, die Bestandteil der Zulassung ist) nicht als standardisiertes Messverfahren (§ 3 Rz 56 b) angesehen werden; wegen überprüfter Zuverlässigkeit genügt im Urteil aber neben den Angaben im standardisierten Messverfahren die Bezeichnung der durchführenden PolDienststelle sowie des eingesetzten Charaktergenerators nach seiner Geräteidentifikations-Nummer; ein Sachverständigengutachten ist nicht erforderlich (Ba DAR **08** 98). Durch **Hinterherfahren** auf einem anderen Fahrstreifen werden erfahrene PolB bei längerer, gleich bleibender Messstrecke einen auffällig verkürzten Abstand des Vorausfahrenden zu dessen Vordermann ausreichend schätzen können, Dü DAR **00** 80, VRS **56** 57, NZV **93** 242, nicht jedoch idR auch ungeübte, Dü DAR **00** 80, NZV **93** 242, was einem Erfahrungssatz entspricht, Ha DAR **06** 338 (Darlegung im Urteil erforderlich), und nicht aus einer Entfernung von 100 m, Ha NStZ-RR **97** 379 (auch nicht bei nachträglicher Rekonstruktion der Abstandsverhältnisse aus der Erinnerung), vielfach auch nicht bei Hinterherfahren auf demselben Fahrstreifen, Dü DAR **02** 464. Messung durch Hinterherfahren unter Verwendung eines „Police-Pilot-Systems" mit **Video-Aufnahme** wurde bei Abzug von 5% Messtoleranz hinsichtlich der gemessenen Geschwindigkeit von Ce NZV **91** 281 als zuverlässig anerkannt. Die Auswertung des Videobandes und die darauf beruhende Abstandsberechnung sind im Urteil darzulegen, Dü VRS **99** 133. Abstandsmessung mittels Video-Aufnahme **vom Hubschrauber** aus: Ko NZV **92** 495. Inwieweit Feststellung zu geringen Abstands durch **Vorausfahren** möglich ist (Beobachten durch die Heckscheibe mittels Innenspiegels), ist Tatfrage; sichere Beobachtungen und Schätzungen durch Zeugen auf diese Weise werden kaum möglich sein, Kö VRS **60** 62, Bay ZfS **97** 20, Ce NZV **93** 490; wegen der erheblichen Fehlerquellen reicht ein Sicherheitszuschlag von 33,3% zum geschätzten Wert nicht aus, Dü VRS **68** 229. Mindestvoraussetzung: ununterbrochene Spiegelbeobachtung durch erfahrenen PolB und genaue Messung von Zeit und Strecke, Ko VRS **71** 66. Die „Mess"-Methode, etwa durch vorausfahrende ZivilFz der Pol, ist iÜ abzulehnen, weil sie geeignet ist, ow Verhalten des Nachfolgenden zu fördern, s aber Bay ZfS **97** 20.

16 **5. Strafrecht.** Zu bedrängender Fahrweise als **Nötigung** s Erläuterungen zu § 240 StGB, insbesondere dort Rz 10 ff. Außergewöhnlicher Erregungszustand des Vorausfahrenden über Bedrängung und schließlich Kollision kann **Körperverletzung** sein (Gliederzittern), Fra VRS **38** 49, Stu VRS **42** 112.

17 **6. Zivilrecht.** § 4 ist **SchutzG** auch zugunsten der Fußgänger (Mü NJW **68** 653). § 4 soll nicht nur Auffahrunfälle vermeiden, sondern bezweckt auch, die Übersicht des KF über die Fahrbahn zu verbessern und ihm eine ausreichende Reaktionszeit zur Begegnung von Gefahren zu ermöglichen, dient also auch der Sicherheit des StrV (BGH NZV **07** 354). Zu geringer Abstand ist **ursächlich,** wenn die Kollision sonst gewiss unterblieben wäre (Kö VM **79** 94). Fährt bei Nebel ein Kfz auf der AB auf ein vorausfahrendes Fz auf, so hängt es hiermit ursächlich zusammen, wenn auf ein nachfolgendes Fz, das deswegen anhält, ein weiteres auffährt (BGH NJW **65** 1177). Wer auf den Vorausfahrenden auffährt, **war idR unaufmerksam oder zu dicht hinter ihm;** dafür spricht der Anschein, Rz 18. **Nichtaufleuchten der Bremslichter** des Vorausfahrenden entkräftet idR die Verschuldensvermutung, Kar VRS **62** 408, str, s Rz 5. Die BG des Vorausfahrenden ist bei Nichtaufleuchten der Bremslichter doppelt so hoch wie die des schuldlos Auffahrenden (Kar VRS **62** 408). Die BG eines Militärradladers, der auf AB mit aus Gründen der Tarnung schwach leuchtenden Bremslichtern abbremst, ist so stark erhöht, dass den Auffahrenden nicht stets Alleinhaftung trifft (Stu NZV **92** 34). Andererseits kann selbst erhöhte BG durch Ausfall *eines* Bremslichts gegenüber schuldhaftem Auffahren völlig zurücktreten, Dü VRS **74** 105. **Zu geringer Abstand** zum Vorausfahrenden erhöht die BG (KG DAR **75** 324). IdR wird der von hinten Auffahrende mangels besonderer Umstände **allein zu haften** haben (Sa ZfS **03** 120, Ha VersR **01** 206, KG VM **76** 60, **83** 13), auch wenn er seinerseits von einem Nachfolgenden aufgeschoben wurde (Ha NZV **02** 175, s aber Nü DAR **82** 329). UU aber **Mithaftung des** stark abbremsenden **Vorausfahrenden** aus erhöhter BG, Ha NZV **93** 435 ($^1/_4$). Mithaftung des auf der AB zu langsam Fahrenden: § 3 Rz 47. Mithaftung

Abstand § 4 StVO **2**

des Auffahrenden zu ¼, der sich bei spiegelglatter Fahrbahn nicht auf Schleudern des Vorausfahrenden eingestellt hat, Nü NZV **93** 149, zu ⅕, der mit einem unmittelbar nach Fahrstreifenwechsel wegen FzStaus Bremsenden kollidiert, Nau VRS **100** 173, Ha VersR **01** 206, NZV **94** 484 (¼). Gleichmäßige Schadensteilung bei Auffahren auf links abbiegendes Fz bei Fahrlässigkeit beider Kf (Sa r+s **81** 100). Auch bei unverhofft starkem **Bremsen des Vorausfahrenden ohne zwingenden Grund** wird idR der Haftungsanteil des Auffahrenden überwiegen (KG NZV **03** 43, VersR **02** 1571, Kar NJW-RR **88** 28, Kö VersR **93** 1168, VRS **95** 331, MDR **95** 577). Trotz Verstoß des Vorausfahrenden gegen Abs 1 S 2 idR ⅔-Mithaftung des Auffahrenden, KG VersR **02** 1571, NZV **03** 42, **93** 478, Ko VM **92** 92, bei zusätzlichen zulasten des Auffahrenden ins Gewicht fallenden Umständen auch mit einer höheren Quote, KG VersR **02** 1571, NZV **93** 478 (¾), im umgekehrten Fall uU aber auch mit geringerer Quote, KG VersR **02** 1571, Sa ZfS **03** 120, zB bei grundlosem Abbremsen kurz nach Anfahren bei Grün, KG NZV **03** 42, VM **82** 88 (½), bei Vollbremsung des ein Automatik-Fz führenden Kf, der in der Vorstellung, die Kupplung zu treten, kräftig auf die Bremse tritt (KG MDR **06** 1404 [½], nach AG Freiburg VRS **113** 31 Alleinhaftung des Bremsenden) oder Alleinhaftung des Bremsenden, KG VRS **106** 354 (grundloser plötzlicher Halt nach Anfahren bei Grün), LG Mü I DAR **05** 690 (grundloses starkes Bremsen nach Anfahren bei Grün), Fra VRS **49** 451, Ce VersR **73** 280. Wer auf der AB als Vorausfahrender grundlos stark bremst, trägt bei Auffahren der Hintermänner idR weitaus überwiegend den Schaden, Dü MDR **74** 42, Ha NZV **93** 68 (Alleinhaftung auch gegenüber dem weiteren Nachfolgenden). Mitschuld des Vorausfahrenden, der abrupt bremst, weil er den Abbiegepunkt verfehlt hat, Dü VersR **76** 545. 60% Mithaftung bei grundlosem, abruptem Bremsen auf Überholfahrstreifen einer BundesStr, Ko VRS **68** 251. Schadensteilung zwischen Auffahrendem und dem unter Verstoß gegen § 10 S. 1 aus einem Grundstück Ausfahrenden, der hierdurch die Bremsung des Vordermanns verursacht hat; dass § 4 in erster Linie Auffahrunfälle verhindern will, der verbotswidrig Einfahrende deshalb nicht im unmittelbaren Schutzbereich des § 4 liegt, ändert daran nichts (BGH NZV **07** 354). Völliges **Zurücktreten der BG des Auffahrenden** bei vorsätzlicher Herbeiführung der Auffahrgefahr durch den Vorausfahrenden (scharfes Bremsen zum Zwecke der Maßregelung des Nachfolgenden), LG Mönchengladbach NZV **02** 375, ebenso wenn der Unfall bei ausreichendem Sicherheitsabstand nur dadurch verursacht wurde, dass sich das Fz des Vorausfahrenden infolge grober Fahrlässigkeit querstellte, Ha VersR **81** 788, oder bei Auffahren auf den Vorausfahrenden während des Anfahrens bei Grün (s oben sowie Rz 8) gegenüber dem Fehlverhalten eines Dritten, der den Vorausfahrenden zu unerwartetem Bremsen zwingt, KG VM **93** 27. Keine Schuld am Auffahren, wenn sich ein Überholender plötzlich eindrängt und den **Abstand dadurch verkürzt,** KG VRS **24** 138. Schadensteilung 1:1, wenn nicht festgestellt werden kann, ob der Auffahrunfall durch einen Fahrfehler des Auffahrenden oder durch Fahrstreifenwechsel des Vorausfahrenden verursacht wurde, Ce VersR **82** 960, KG NZV **06** 374. Wer beim **Kettenunfall** durch zu dichtes Aufschließen zum Vordermann und Aufprall auf diesen den Anhalteweg seines Hintermannes verkürzt hat, muss seinen Heckschaden teilweise selber tragen, Ce VersR **74** 669. Schadensverteilung 1:1, wenn ungeklärt bleibt, ob der Auffahrende durch seinen Nachfolger auf den Vordermann aufgeschoben wurde und dieser seinerseits vorher auf den Vorausfahrenden aufgefahren sein kann, Nü DAR **82** 329. Zur **Beweisregel des § 830 I 2 BGB,** wenn mehrere Kfz unmittelbar nacheinander aufeinander auffahren, Ce VersR **77** 1008, *Hartung* VersR **81** 696, *Lehr* VGT **86** 143, *Heitmann* VersR **94** 138, s auch Fra VRS **75** 256. Keine Anwendbarkeit von § 830 I 2 BGB, wenn ungeklärt ist, ob der Geschädigte selbst den Schaden verursacht hat oder ein anderer (Ba NZV **04** 30). Schadensschätzung bei ungeklärtem Verlauf eines doppelten Auffahrunfalls: BGH NJW **73** 1283, Kar VersR **81** 739, Dü NZV **95** 486. Zur versicherungstechnischen Abwicklung der Schadensregulierung nach Massenunfällen *Jedamus* VGT **81** 200, *Deichl* DAR **89** 47. Wer ohne zwingenden Grund plötzlich stark bremst, verursacht die dadurch entstehenden Schäden aus einem Auffahrunfall (bedingt) **vorsätzlich** (Nü VRS **108** 199).

Beim Auffahren, auch im AB-Kolonnenverkehr, spricht der **Anschein gegen den auffahrenden Hintermann,** nämlich dafür, dass dieser entweder unaufmerksam war oder den gebotenen Sicherheitsabstand nicht eingehalten hat (BGH NZV **89** 105, **07** 354, Dü NZV **03** 289, KG NZV **93** 478, Nau VRS **100** 173, Fra VRS **75** 256, Kar VRS **77** 100, Ha NZV **03** 423, VersR **01** 1257 (Radf), Kö NZV **04** 291), auch wenn der Vorausfahrende hat bremsen müssen (Kö VersR **76** 670, Kar NJW-RR **88** 28, VRS **77** 100), wenn auch nicht zugleich für etwaige Schuldverteilung (Nau NZV **95** 73, Kar NJW-RR **88** 28, Kö VersR **76** 670, Dü VersR **76** 545), insbesondere nicht für Alleinschuld des Auffahrenden (Kar VRS **77** 100). Widerlegt wird der Anscheinsbeweis durch Gegenbeweis, erschüttert durch die Möglichkeit eines

18

atypischen Verlaufs (BGH NZV **89** 105, **07** 354, Nau VRS **100** 173, KG VM **97** 43, Kö MDR **95** 577, Ha MDR **98** 712, Kar VM **96** 8), die vom Auffahrenden darzulegen und zu beweisen ist (Kö NZV **04** 29, VersR **91** 1195, Ha VersR **01** 206, KG VM **97** 76, MDR **01** 808). Diese Grundsätze gelten im Kern auch bei Auffahren durch StraBaF (Dü NZV **94** 28 [unter Aufgabe von Dü VersR **76** 499, VRS **71** 264], abw im Hinblick auf deren längeren Bremsweg und ihren Vorrang nach § 2 III Dr VRS **90** 422, Dü VRS **68** 35). Der **Anscheinsbeweis greift nicht ein,** wenn auf Grund erwiesener Tatsachen oder unstr die für ein Verschulden des Auffahrenden sprechende Typizität der Unfallkonstellation fehlt, zB, wenn ein Fz vorausgefahren ist, das nach seiner Beschaffenheit geeignet war, dem Nachfahrenden die Sicht auf das Hindernis zu versperren, dieses Fz erst unmittelbar vor dem Hindernis die Fahrspur gewechselt hat und dem Nachfahrenden ein Ausweichen nicht mehr möglich oder erheblich erschwert war (BGH NZV **07** 354) oder bei grundlosem Abbremsen durch diesen (Fra NJW **07** 87, Ko NJW-RR **99** 175, *Lepa* NZV **92** 132, s auch Dü NZV **98** 203). Kein Anscheinsbeweis also bei **Fahrstreifenwechsel des Vorausfahrenden** erst wenige Augenblicke vor dem Auffahrunfall (BGH NZV **07** 354, Jn NZV **06** 147, Nau VRS **100** 173, KG VRS **108** 25, **113** 418, Ha VersR **01** 206, MDR **98** 712, Br VersR **97** 253, Kö VRS **92** 197, Kar VersR **91** 1071 [Einscheren unmittelbar vor dem Überholten und sofortiges Bremsen], Ha NZV **98** 115 [Schleudern]) oder erwiesene Tatsachen, zB Schrägstellung des vorausfahrenden Fz im Zeitpunkt der Kollision, für diese Möglichkeit sprechen (Nau VM **03** 45, Ha VersR **05** 1303, Ol NZV **91** 428, Kö VersR **91** 1195, VRS **93** 46). Zu den erforderlichen Anknüpfungstatsachen KG NZV **07** 520. Kein Anschein zB für Verschulden dessen, der im durchgehenden V der AB auf ein kurz zuvor von der Beschleunigungsspur auf den Fahrstreifen eingefahrenes Fz auffährt, weil Vorfahrtverletzung in Betracht kommt (BGH NJW **82** 1595, Ce VersR **92** 842, Ha NZV **94** 229, Kö VersR **94** 361, KG NZV **00** 43, DAR **01** 399). Kein Anscheinsbeweis gegen den auf ein querstehendes Fz Auffahrenden, dem der Vorausfahrende noch eben ausweichen konnte, Fra VRS **80** 263. Hatte der Vorausfahrende hinter einer sichtbehindernden Kurve sein **Fz zurückgesetzt,** so spricht der Anschein gegen schuldhaftes Auffahren des Hintermanns (Ce VersR **74** 438). Ergibt eine Beweisaufnahme die Möglichkeit der Mitverursachung des Auffahrens des Nachfolgenden durch gleichzeitiges Zurückfahren oder -rollen des Vorausfahrenden, so kann der gegen den von hinten Aufprallenden sprechende Anschein erschüttert sein (KG DAR **77** 20). Ist überhaupt ungeklärt, ob der Nachfolgende aufgefahren oder aber der Vorausfahrende, rückwärts fahrend, gegen das hinter ihm **stehende** Fz gestoßen ist, so gilt kein Anscheinsbeweis (Ha VRS **100** 438, Kö NJW-RR **86** 773, LG Detmold ZfS **00** 385, LG Kö NZV **91** 476); für die *Tatsache* des Auffahrens gibt es nämlich keinen Anscheinsbeweis (*Schneider,* Beweis und Beweiswürdigung Rn 472, einschr bei ansteigender Fahrbahn Stu NZV **90** 236). Gleichfalls kein Anscheinsbeweise, wenn bei den Fz nicht jedenfalls eine Teilüberdeckung von Heck und Front vorliegt (KG NZV **07** 408 [nicht also bei bloß seitlichem Schaden], VRS **113** 402). Erschüttert ist der Anscheinsbeweis ferner durch die bewiesene Tatsache, dass ein anderes Fz auf den Auffahrenden von hinten ebenfalls aufgefahren ist (Nü DAR **82** 329, Fra VRS **75** 256) oder dass der Vorausfahrende seinerseits durch einen VUnfall zum Stehen gekommen ist (BGH NZV **07** 354, LG Sa NZV **07** 309). Daher kann der Anscheinsbeweis bei Kettenunfällen allenfalls hinsichtlich des letzten Auffahrenden eingreifen (Kar VersR **82** 1150 [aber Entkräftung durch Beweis eines durch Auffahren des Vordermannes verkürzten Anhaltewegs], *Lehr* VGT **86** 149, s auch Dü NZV **95** 486 m Anm *Greger*). Kann dann andererseits nicht festgestellt werden, ob tatsächlich ein Auffahr- oder Aufschiebeunfall vorliegt, haftet der Auffahrende/Aufgeschobene dem vorderen FzHalter in aller Regel auf vollen Schadensersatz, da dieser den ihm obliegenden Entlastungsbeweis in aller Regel nicht führen kann (Kö SVR **07** 147). Abkommen von der Fahrbahn und anschließendes Querstellen des Fz des Vorausfahrenden entkräftet den Anscheinsbeweis, Ha VersR **81** 788. Der Anscheinsbeweis wird **nicht dadurch entkräftet,** dass sich der Vordermann nach vorn hin nicht verkehrsgerecht verhalten habe, BGH MDR **60** 42, VersR **64** 263, Kö VersR **63** 864, aber durch nachgewiesenes Bremsversagen, BGH VersR **63** 95. Plötzliches starkes Bremsen des Vordermanns allein erschüttert den Anscheinsbeweis nicht; denn ein plötzliches scharfes Bremsen des Vorausfahrenden muss ein Kraftfahrer grundsätzlich einkalkulieren (BGH NJW **62** 1308; VersR **68** 670, NJW **87** 1075, NZV **07** 354, Rz 17), anders uU, wenn dies unter Verstoß gegen I 2 geschieht (BGH NZV **07** 354, KG VM **83** 13, Ce ZfS **84** 257, Kö VRS **90** 341, Ko VRS **68** 251 [grundloses abruptes Bremsen auf Überholspur einer BundesStr], Kö MDR **95** 577 [Bremsen an vermeintlich roter LZA], s aber Kar NJW-RR **88** 28, offengelassen von KG VM **89** 37) und oben zum Nichteingreifen des Anscheinsbeweises. Keine Erschütterung des Anscheinsbeweises wegen Haltens des Vorausfahrenden in 2. Reihe zum Zwecke des Rückwärtseinparkens (KG VM **85** 26) und auch nicht, weil selbst gefahrerhöhend, bei behauptetem Ausweichmanöver iVm Bremsung (Dü NZV **06** 200).

Lit: Andelewski, Der Tierschutz im StrV, NZV **01** 61. *Förste,* Probleme zum Sicherheitsabstand, DAR **73** 148. *Gramberg-Danielsen/Holtz,* Zur Überwachung des Sicherheitsanstandes von Kfz auf AB, MDR **83** 534. *Grandel/Thumm,* Experimentelle Untersuchungen der menschlichen Fähigkeit, Abstands- und Geschwindigkeitsverhalten zweier nachfolgender Pkw ... einzuschätzen, Verkehrsunfall **84** 61, 91. *Greger,* Haftungsfragen beim Serienunfall, NZV **89** 58. *Härlein, Jedamus,* Die Schadensabwicklung bei Massenunfällen, VGT **81** 161, 200. *Hartung,* Möglichkeiten und Grenzen des zivilen Haftpflichtrechts bei Massenauffahrunfällen, VersR **81** 696 = VGT **81** 179. *Heitmann,* Massenunfälle als haftungsrechtliches Problem, VersR **94** 135. *Kneist,* Die Zuverlässigkeit technischer Überwachungsmethoden, DAR **84** 409 (zur Abstandsmessung S 415 ff). *Krumm,* Geschwindigkeits- und Abstandsmessungen mit dem VAMA-Verfahren, DAR **05** 55. *Lehr,* Probleme bei Massenunfällen, VGT **86** 143. *Lienen,* Der Sicherheitsabstand beim Hinterherfahren, NJW **59** 1574. *Löhle,* Genauigkeit polizeilicher VÜberwachungsmethoden, DAR **84** 394 (zur Abstandsmessung S 404 ff). *Löhle ua,* Das Distanova-Abstandsmeßverfahren, DAR **83** 69. *Maier/Bickelhaupt,* Verkehrstechnisch maximal mögliche zeitliche Abstände bei FzPaaren, die mit dem modifizierten Distanova-Verfahren gemessen wurden, DAR **86** 279. *Mühlhaus,* Abstand – Auffahren, DAR **67** 260. *Prell/Kuchenbauer,* Problematik des Abstands nach § 4 Abs 1 StVO ..., DAR **99** 49. *Schimmelpfennig,* Neue Möglichkeit zur Rekonstruktion von Massenkarambolagen, DAR **84** 139.

Überholen

5 (1) Es ist links zu überholen.

(2) ¹Überholen darf nur, wer übersehen kann, daß während des ganzen Überholvorgangs jede Behinderung des Gegenverkehrs ausgeschlossen ist. ²Überholen darf ferner nur, wer mit wesentlich höherer Geschwindigkeit als der zu Überholende fährt.

(3) **Das Überholen ist unzulässig:**
1. bei unklarer Verkehrslage oder
2. wo es durch Verkehrszeichen (Zeichen 276, 277) verboten ist.

(3a) Unbeschadet sonstiger Überholverbote dürfen die Führer von Kraftfahrzeugen mit einem zulässige Gesamtgewicht über 7,5 t nicht überholen, wenn die Sichtweite durch Nebel, Schneefall oder Regen weniger als 50 m beträgt.

(4) ¹Wer zum Überholen ausscheren will, muß sich so verhalten, daß eine Gefährdung des nachfolgenden Verkehrs ausgeschlossen ist. ²Beim Überholen muß ein ausreichender Seitenabstand zu anderen Verkehrsteilnehmern, insbesondere zu Fußgängern und Radfahrern, eingehalten werden. ³Der Überholende muß sich sobald wie möglich wieder nach rechts einordnen. ⁴Er darf dabei den Überholten nicht behindern.

(4a) Das Ausscheren zum Überholen und das Wiedereinordnen sind rechtzeitig und deutlich anzukündigen; dabei sind die Fahrtrichtungsanzeiger zu benutzen.

(5) ¹Außerhalb geschlossener Ortschaften darf das Überholen durch kurze Schall- oder Leuchtzeichen angekündigt werden. ²Wird mit Fernlicht geblinkt, so dürfen entgegenkommende Fahrzeugführer nicht geblendet werden.

(6) ¹Wer überholt wird, darf seine Geschwindigkeit nicht erhöhen. ²Der Führer eines langsameren Fahrzeugs muß seine Geschwindigkeit an geeigneter Stelle ermäßigen, notfalls warten, wenn nur so mehreren unmittelbar folgenden Fahrzeugen das Überholen möglich ist. ³Hierzu können auch geeignete Seitenstreifen in Anspruch genommen werden; das gilt nicht auf Autobahnen.

(7) ¹Wer seine Absicht, nach links abzubiegen, angekündigt und sich eingeordnet hat, ist rechts zu überholen. ²Schienenfahrzeuge sind rechts zu überholen. ³Nur wer das nicht kann, weil die Schienen zu weit rechts liegen, darf links überholen. ⁴Auf Fahrbahnen für eine Richtung dürfen Schienenfahrzeuge auch links überholt werden.

(8) Ist ausreichender Raum vorhanden, dürfen Radfahrer und Mofa-Fahrer Fahrzeuge, die auf dem rechten Fahrstreifen warten, mit mäßiger Geschwindigkeit und besonderer Vorsicht rechts überholen.

Begr zu § 5

Die Vorschrift wendet sich nur an den Fahrverkehr. Falsches Überholen steht hinsichtlich der Gefährlichkeit für Leib und Leben mit an höchster Stelle unter den Unfallursachen (vgl. Meyer-Jacobi-Stiefel, Band I S. 104: Personenschadenanteil 21,6%). Dieselben Autoren haben ermittelt, dass zwar die Fälle überwiegen, in denen überhaupt nicht hätte überholt werden dürfen, dass aber auch bei der Durchführung der Überholung bis zum Wiedereinordnen häufig Fehler gemacht werden ...

3 **Zu Abs 2:** *Nach den erwähnten Untersuchungen (Band I S. 103 Abschnitt VII und S. 105 Abschnitt VII) „werden 36,7% aller Überholunfälle dadurch heraufbeschworen, dass überholt wird, obwohl dieses Fahrmanöver im betreffenden Augenblick schlechthin unzulässig war!". Verantwortungsloses Überholen an Stellen, an denen der Überholvorgang nicht mit Sicherheit innerhalb der übersehbaren Strecke der Fahrbahn abgeschlossen werden kann, verbieten schon die Worte „wer übersehen kann". Die Worte „während des ganzen Überholvorgangs" im Zusammenhang mit den folgenden Verhaltensvorschriften zeigen, dass das Überholen – wie das auch die Rechtsprechung zutreffend anerkannt hat – mit dem Ansetzen beginnt und erst mit dem Wiedereinordnen nach rechts endet. Während dieser ganzen Zeit, also auch noch im letzten Stadium, muss eine Gefährdung oder auch nur Behinderung des Gegenverkehrs von Anfang an als ausgeschlossen betrachtet werden können. Mit den Worten „ausgeschlossen ist" übernimmt der Gesetzgeber jene Formulierung des § 17 StVO (alt). Da diese Formel von der Rechtsprechung richtig dahin verstanden worden ist, dass damit das Äußerste an Sorgfalt verlangt wird, und da eine weniger strenge Formulierung den Irrtum besorgen ließe, dass hier ein Weniger verlangt würde, wird diese Formulierung beibehalten. Der Führer hat danach vor jedem Überholen gründliche und gewissenhafte Erwägungen darüber anzustellen, ob sich seine Absicht verantworten lässt. Jeder geringste Zweifel, ob nicht der Gegenverkehr auch nur zur Verlangsamung veranlasst werden könnte, muss dazu führen, das Manöver zu unterlassen. Fehlschätzungen gehen zivilrechtlich stets zu Lasten des Überholenden und schützen ihn auch in aller Regel nicht vor Bußgeld oder Strafe. ...*

4 **Zu Abs 3: Zu Nr. 1:** *Von der Übernahme der Vorschrift, dass das Überholen an unübersichtlichen Stellen verboten ist, hat der Gesetzgeber abgesehen; der Begriff ist viel zu eng und daher sogar irreführend. Gegen den Gesetzestext, der das Verbot „bei unklarer Verkehrslage" – eine häufig wiederkehrende Formel aus der höchstrichterlichen Rechtsprechung – aufstellt, kann dies nicht eingewandt werden. Da der Gegenverkehr schon durch Absatz 2 ausreichend geschützt ist, kann sich die Unklarheit der Verkehrslage nur auf vorhandenen Querverkehr und vor allem auf das Verhalten des zu Überholenden beziehen. Ungeklärt ist dessen Verhalten jedenfalls so lange, wie nicht klar ist, dass dieser nicht Anstalten trifft, abzubiegen oder seinerseits zu überholen; unklar ist die Verkehrslage auch, solange sich der Fahrzeugführer nicht vergewissert hat, ob der zu Überholende nicht ausscheren muss, um an einem Hindernis auf der Fahrbahn vorbeizufahren.*

5 **Zu Abs 4:** *... Rückschaupflicht vor jedem Überholen zu gebieten, wäre verfehlt. Wer z. B. einen Fußgänger überholt und dazu nicht auszuscheren braucht, hat zur Rückschau keinen Anlass. Unter einem Ausscheren ist aber nicht jede noch so geringfügige Seitwärtsbewegung zu verstehen. Wenn der Sicherheitsabstand zu einem Fahrzeug, das als links daneben fahrend gedacht wird, durch die Seitwärtsbewegung nicht aufgebraucht würde, liegt kein Ausscheren vor. Dass sich aus der Rückschaupflicht vor dem Ausscheren eine Umkehrung der Verantwortlichkeit ableiten ließe, wird durch Absatz 3 Nr. 1 ausgeschlossen; vgl. dazu oben zu Absatz 3, zu Nr. 1. Dem Nachfolgenden bleibt die vorgehende und ausnahmslos bestehende Pflicht, den Vordermann aufmerksam zu beobachten.*

6/7 *Die Weltregel des Blinkens bei jedem Ausscheren sogar innerhalb geschlossener Ortschaften wird übernommen ...*

8 *Dass sich der Überholende so bald wie möglich wieder nach rechts einzuordnen habe, ergibt sich an sich schon aus § 2 Abs. 2; die Wiederholung an dieser Stelle ist gerechtfertigt angesichts der häufig zu beobachtenden Unsitte, auch weiterhin auf dem Überholstreifen zu bleiben, obwohl weder die Verkehrsdichte noch die Verkehrslage das erlaubt. Der letzte Satz macht deutlich, dass in keinem Falle eine Behinderung erlaubt ist, insbesondere die Notwendigkeit, sich wegen Gegenverkehrs schnellstens wieder nach rechts einzuordnen, das „Schneiden" des Überholten nicht als unvermeidbar (§ 1 Abs. 2) rechtfertigt.*

9 **Zu Abs 5:** *Diese Vorschrift erlaubt die Ankündigung der Überholabsicht durch Schall- oder Leuchtzeichen nur noch außerhalb geschlossener Ortschaften.*

10 *Ein Bedürfnis, auch innerhalb geschlossener Ortschaften wenigstens bei Nacht die Abgabe von Leuchtzeichen zu solchem Zwecke zu gestatten, wie es noch § 12 StVO (alt) tut, ist nicht anzuerkennen; diese Erlaubnis verleitet im Gegenteil dazu, sich das Überholen auf solche Weise zu erzwingen. Das neue Verbot dient so der Beruhigung des innerörtlichen Verkehrs.*

11 *Kurz gegeben werden Warnzeichen nur dann, wenn sie stoßweise und auch insgesamt nur wenige Sekunden gegeben werden. An die Stelle des zu weit gehenden Verbots von Leuchtzeichen, wenn Verkehrsteilnehmer geblendet werden „können", tritt das beschränktere tatsächlichen Blendens.*

12 **Zu Abs 6:** *Während Satz 1 geltendes Recht aufrechterhält, wird mit dem Satz 2 eine wichtige Vorschrift des Weltrechts übernommen. Schlangen hinter langsamen, schweren Lastkraftwagen sind nicht bloß aus Gründen der Verkehrsflüssigkeit unerwünscht, sondern auch, weil ungeduldige Personenkraftwagenführer erfahrungsgemäß zu gefährlichen Überholmanövern neigen.*

Zu Abs 7: *Der Absatz bringt zwei schon heute geltende Ausnahmen vom Rechtsüberholverbot in verbesserter sprachlicher Fassung. Erwähnenswert ist nur, dass Voraussetzung solchen Rechtsüberholens in Satz 1 auch die gegenwärtige Anzeige der beabsichtigten Fahrtrichtungsänderung ist, das Rechtsüberholen also auch dann verboten ist, wenn der Eingeordnete das Blinken inzwischen eingestellt hat; in solchen Fällen wird sich das Überholen regelmäßig wegen Unklarheit der Verkehrslage überhaupt verbieten.* 13

Begr zur MaßnVO (VkBl **75** 673): 13a

Zu Absatz 4 Satz 2: *a) Wenn man den Verkehrsteilnehmer über sein Verhalten beim Überholen umfassend unterrichten will, muss das Gebot ausreichenden Seitenabstandes ausdrücklich aufgestellt werden. … überholt werden auch Fußgänger und Radfahrer. Beobachtungen zeigen aber, dass viele Kraftfahrer es unterlassen, hinter solchen Verkehrsteilnehmern ihre Fahrgeschwindigkeit auf Schrittgeschwindigkeit zu ermäßigen, wenn ein Fahrzeug entgegenkommt und der Seitenabstand zu diesen schwächeren Verkehrsteilnehmern oft nicht ausreicht. Dieser Unsitte soll durch Aufnahme des neuen Satzes 2 entgegengewirkt werden.*

Begr zur ÄndVO v 21. 7. 80 (VkBl **80** 514): 13b

Zu Abs 6 Satz 3: *Die Ergänzung soll es ermöglichen, dass bei Straßen mit Mehrzweckstreifen langsamere Fahrzeuge auf den Mehrzweckstreifen ausweichen, um schnelleren Verkehrsteilnehmern das Überholen zu erleichtern. Die Änderung entspricht einem Formulierungsvorschlag des Bund-Länder-Fachausschusses für den Straßenverkehr und die Verkehrspolizei vom 14./15. Februar 1978.*

Begr zur ÄndVO v 22. 3. 88 (VkBl **88** 220): 13c

Zu Abs 4: *Bisher waren die Vorschriften über die Sorgfaltspflichten desjenigen, der zum Überholen ausscheren wollte, hinsichtlich der Autobahnen und der anderen Straßen unterschiedlich geregelt (§ 5 Abs. 4 Satz 1, § 18 Abs. 4).*
§ 5 Abs. 4 Satz 1 verlangte nur, dass auf den nachfolgenden Verkehr geachtet werden müsse, während § 18 Abs. 4 verlangte, dass eine Gefährdung des nachfolgenden Verkehrs ausgeschlossen sein müsse. Dieses Gefährdungsverbot wird jetzt auch auf die Straßen ausgedehnt, die keine Autobahnen sind. Die Regelung wird in den § 5 Abs. 4 Satz 1 aufgenommen.
*Damit erfolgt eine Zusammenfassung in **einer** Vorschrift für alle Straßen.*
Hier soll auch deutlich gemacht werden, dass der Überholende sich – auch auf Autobahnen – sobald wie möglich wieder nach rechts einordnen muss. Dem unzulässigen Linksfahren auf den Autobahnen soll damit entgegengewirkt werden.

Zu Abs 6: *Bisher war auf Kraftfahrstraßen das Ausweichen eines langsamen Fahrzeugs auf den Standstreifen nicht zulässig. Dieses Ausweichen soll jedoch auf Kraftfahrstraßen nunmehr zugelassen werden.*
Der Begriff „Mehrzweckstreifen" führte immer wieder zu Missverständnissen und soll daher ganz entfallen.

Zu Abs 8: *… Wenn aber rechts neben der Autoschlange ausreichend Platz vorhanden ist, ist es den Radfahrern und Mofa-Fahrern nicht zuzumuten, hinter einem Auto zu warten und durch Abgase belästigt zu werden. Die jetzige Änderung bringt hier Klarheit und erlaubt das Aufschließen.*

Begr zur ÄndVO v 15. 10. 91 (VkBl **91** 703): 13d

Zu Abs 3 a: *Die Erfahrung lehrt, dass auch bei derart geringen Sichtweiten zumindest auf Autobahnen noch überholt und die situationsangepasste Fahrgeschwindigkeit nicht eingehalten wird. In vielen Fällen lösen Lkw, auch wenn sie nicht den ersten Unfall in der Kette verursachen, erst die schwerwiegenden Folgen aus, wenn sie, oft auf der Überholspur, in die Unfallstelle hineinfahren. …*
…
Die Regelung stellt die Geltung bereits bestehender Überholverbote, ohne diese im Einzelnen aufzuführen, nicht in Frage. Sie schwächt mithin solche Überholverbote, vor allem diejenigen, die für unklare Verkehrslagen und damit auch für Sichtbehinderungen bestehen, nicht ab. …

Vwv zu § 5 Überholen und § 6 Vorbeifahren

1 An Teilnehmern des Fahrbahnverkehrs, die sich in der gleichen Richtung weiterbewegen wollen, aber warten müssen, wird nicht vorbeigefahren; sie werden überholt. Wer durch die Verkehrslage oder durch eine Anordnung aufgehalten ist, der wartet. 14

Vwv zu § 5 Abs. 6 Satz 2

1 Wo es an geeigneten Stellen fehlt und der Verkehrsfluss wegen Lastkraftwagenverkehrs immer wieder leidet, ist der Bau von Haltebuchten anzuregen. 15

Übersicht

Abblenden 61
Abbrechen des Überholens 29, 32, 36, 62
Abstand 52, 54–58
–, seitlicher 13 a, 54–58
–, gefährdender 56–58
Anfahren, gemeinsames, bei Grün 16, 62
Ankündigung des Überholens 9–11, 46, 59
Anschlussüberholen 31
Ausscheren, Rückschaupflicht vorher 5, 42–43, 61
Äußerste Sorgfalt 3, 13 c, 25, 26, 42
Autobahn, Einfahren 43

Baustelle 21
Beginn des Überholverbots 36 f
Begriff des Überholens 3, 16 ff
Behinderung des Gegenverkehrs 3, 4, 25–27, 29
Behinderter Überblick 4, 34
Beschleunigungsstreifen 20
Beschleunigungsverbot 62
Blendung 34

Deutliches Zeichengeben 6/7, 9–11, 46–51

Einbahnstraße 70
Einfahren in AB 43
Eingeholter, Pflichten 12, 61–63
Einordnen nach Überholen 8, 51–53
Ende des Überholverbots 36

Fahrbahn
–, schmale 54
Fahrgeschwindigkeit 32, 54–56, 62, 65
Fahrstreifen, mehrere 28
Fahrweise, unsichere 34
Fußgänger 13 a, 19, 54–56
Fußgängerüberweg 39

Gegenverkehr, Gefährdung, Überholverbot 3, 4, 25–27
Grün, Anfahren bei 62

Kinder, Überholen von – 40, 55
Kolonne, Einfahren in AB 43
–, Lücke 41
–, vorausfahrende 34, 40
Kradfahrer, Hindurchfahren zwischen FzKolonnen 64
Kriechspur 20

Langsamfahrer 12, 13 b, 63
Linksabbieger, Rechtsüberholen 67, 68
Linksüberholen 24

Mehrspurverkehr 64–66
Mehrzweckstreifen s Seitenstreifen

Nebel 34, 38 a
Nötigung 72

Ordnungswidrigkeiten 71

Paarweises Linksabbiegen 67

Radfahrer, Überholen von – 13 a, 40, 55 f, 61, 74
–, Rechtsüberholen durch - 65
Rechtsfahren 61
Rechtsüberholen 13, 64–69
– des Linksabbiegers 67, 68
Rechtzeitiges Zeichengeben 6/7, 9–11, 46–51
Regen 38 a
Rückschaupflicht 5, 42–44/45

Schienenfahrzeug, Überholen 69, 70
Schneefall 38 a
Schneiden 8, 52
Schwere Kfz (über 7,5 t) 38 a
Seitenabstand 54–58
Seitenstreifen 13 b, 13 c, 19 a, 66
Sonderweg 20
Sorgfaltspflicht des Überholenden 40–60
Strafvorschriften 72
Streckenverbot 36

Toter Winkel 43

Überblick, behinderter 4, 34
Überholen, Begriff 3, 16 ff.
– Beginn 22
– Ende 23, 51, 52
– mehrerer Vorausfahrender 53
–, Ankündigung 9–11, 46, 59
Überholender, Pflichten 40–60
Überholgeschwindigkeit 32
Überholstrecke, vorheriger Überblick 3, 4, 25, 26, 28
Überholverbote 3, 4, 25–26, 33–36, 38 a
–, an Fußgängerüberwegen 39
–, bei Warnblinklicht von Linien- und Schulbussen 39
–, unklare Lage 4, 34, 35
–, durch Verkehrszeichen 36 ff
–, für Kfz über 7,5 t bei geringer Sichtweite 38 a
–, Ende 36
Unklares fremdes Verhalten 34

Verkehrslage, unklare, Überholverbot 4, 34, 35
Verkehrszeichen, Überholverbot durch 36 ff
Verlangsamen als Überholerleichterung 12, 63
Verlangsamung 62
Verzögerungsstreifen 20
Vorbeifahren an haltenden Fahrzeugen 18, 58
Vorrang 27, 40
Vortritt 40, 41

Warnblinklicht bei Linien- und Schulbussen 39
Warnzeichen 9–11, 59, 60
Warten zur Überholerleichterung 12, 63

Zeichengeben 6/7, 9–11, 46–51
Zivilrecht 73, 74
Zweitüberholen 30

16   **1. Überholen** ist der tatsächliche, absichtslose Vorgang des Vorbeifahrens auf demselben StrTeil (Fahrbahn, Dü VRS **107** 109, NZV **90** 278, **93** 359, NJW **94** 1809) an einem anderen VT, der sich in derselben Richtung *bewegt* oder *verkehrsbedingt* (Weisung, Anordnung, LichtZ, VLage), idR in Fahrstellung, wartet (Rz 14; BGH NJW **68** 1533, **74** 1205, **75** 1330, Bay DAR **79** 111, Kar NZV **03** 493, Dü NZV **97** 491, Kö NZV **95** 7, VRS **96** 335, Schl VM **96**

Überholen § 5 StVO 2

19, KG NZV **98** 376) soeben anfährt (Ha DAR **73** 277, Fra VRS **76** 108) oder anhalten will, aber noch deutlich fährt; anders nur, wenn das im Anhalten begriffene Fz durch Rechtsheranfahren und Abbremsen fast bis zum Stillstand einem anhaltenden Fz gleichkommt (Rz 18), dann Vorbeifahren (§ 6). Eine Erhöhung der Geschwindigkeit setzt der Begriff des Überholens ebenso wenig voraus wie einen Fahrstreifenwechsel, Dü NZV **90** 319. Überholabsicht ist nicht Voraussetzung, Dü NZV **90** 319, Zw VM **77** 66, Ce VM **63** 77. Zusf zum Überholbegriff, Dü VRS **59** 151. **Verkehrsbedingt** ist zB Abwarten des GegenV vor einem Hindernis, Warten vor der Rotampel, BGH NJW **75** 1330, Dü VRS **70** 41, einem VPosten, Warten bei Stockung, BVerwG NZV **94** 413, vor der geschlossenen Schranke, am Grenzübergang, Kar NZV **03** 493 (selbst bei absehbar mehrstündiger Dauer), aber auch das Warten aus Gefälligkeit gegenüber einem anderen VT (Vorfahrt-, Vorrangverzicht, Anhalten für querenden Fußgänger), Kö VRS **96** 335. Wer an Fz vorbeifährt, die hinter einem haltenden Bus (Haltestelle) warten, überholt sie, Dü DAR **80** 277. Der vor einer Einfahrt zwecks Türöffnung verharrende Kf wartet nicht verkehrsbedingt, an ihm wird (sofern zulässig) vorbeigefahren, Bay VRS **58** 450, wartet er aber als Linksabbieger Gegenverkehr oder als Rechtsabbieger den gleichgerichteten Geradeausverkehr ab, so ist dies verkehrsbedingt, und er wird überholt. Ein nach rechts abbiegendes Fz wird von einem geradeaus fahrenden jedenfalls dann nicht mehr überholt, wenn es die durchgehende Fahrbahn verlassen hat (Bre VRS **32** 473; Ha DAR **53** 219; *Jagow/Burmann/Heß* § 5 Rz 4).

Dabei ist bei Vorhandensein mehrerer Fahrstreifen das **Nebeneinanderauffahren** links wie 17 rechts, sofern es nicht gegen ein ÜberholverbotsZ (Überholverbot) verstößt (Rz 36), nach den Überholregeln erlaubt. Kein unzulässiges Rechtsüberholen daher, wenn von zwei vor Rot wartenden Fz das rechte schneller anfährt, Dü DAR **66** 26, Ha VRS **29** 234, Schl SchlHA **63** 285, KG VRS **29** 94, Kö NJW **63** 2386, wenn der Rechtsfahrende bei einsetzendem Grün zügig rechts an weiter links Anfahrenden vorbeifährt, Ha VM **69** 71, Kar VRS **33** 449, Dü DAR **59** 324, oder wenn auf dem rechten Fahrstreifen bis zum Haltestrich vorgefahren wird, obwohl weiter links, verkehrsgerecht oder nicht, bereits Fz warten. Sonst würde der Verkehr trotz freier Fahrstreifen unsachgemäß behindert (s § 7 und *Demuth* JurA **71** 389). Auch beim erlaubten Nebeneinanderfahren wird rechts oder links überholt, BGH NJW **75** 1332, Hb VRS **43** 386.

Vorbeifahren wird an den *nicht* verkehrsbedingt, also idR nicht in Fahrstellung haltenden 18 VT (Rz 14), an haltenden, parkenden, liegen gebliebenen Fz, Kar NZV **03** 493, Schl VM **96** 14 (Müllfz), Ha VM **73** 32, an kurz vor dem Halten am Fahrbahnrand praktisch zum Stillstand gekommenen, Bay DAR **89** 361, Dü VersR **75** 429, VRS **63** 60, an fahrplanbedingt haltenden öffentlichen VMitteln, BaySt **62** 306, Dü DAR **80** 277, aber nicht an den dahinter wartenden Fz, s Rz 16, am Geradeausfahrenden, der den entgegenkommenden Linksabbieger freiwillig abwartet, Dü VM **73** 63 (Fall unangebrachter, weil uU gefährdender Höflichkeit, aM *Booß* VM **73** 63).

Für **Fußgänger** im Verband (§ 27) Reiter, Viehtreiber und -führer (§ 28) gelten die Fahrver- 19 kehrsregeln kraft ausdrücklicher Vorschrift entsprechend. Dabei ist zu berücksichtigen, dass allenfalls Reiter jemals überholen werden, während alle anderen langsam beweglichen Fußgänger (Treiber) nur überholt werden. Auch Fußgänger können im Rechtssinn überholt werden, zB wenn sie auf der Fahrbahn Fz mit sich führen, Bay VM **73** 73. Hinsichtlich des *Überholenden* spricht die Begr zwar nur vom Fahrverkehr (Rz 1/2), erwähnt aber andererseits den „überholten Fußgänger" (Rz 5, 13a), während die Vwv von „Teilnehmern des Fahrbahnverkehrs" spricht (Rz 14). Bleibt der Fußgänger freiwillig stehen, um das nachfolgende Fz vorbeizulassen, so wird an ihm vorbeigefahren, § 5 gilt dann nicht (Bay VM **73** 73). Benutzen Fußgänger, berechtigt oder nicht, die rechte Fahrbahnseite, so sind sie jedenfalls mit gebührender Rücksicht mit ausreichendem seitlichen Abstand zu überholen (Rz 54).

Nur auf demselben Straßenteil (derselben Fahrbahn, Rz 16) darf und kann, soweit zuläs- 19a sig, im Rechtssinn überholt werden, nicht auf einem für den Verkehr gesperrten, Ha VRS **50** 140, nicht mit Hilfe eines Parkplatzes, eines einer anderen VArt vorbehaltenen Sonderwegs (Rz 20) oder des Seitenstreifens (§ 2 I 2), Dü VRS **91** 387. Sperrflächen (Z 298) gehören zur Fahrbahn, unzulässige Benutzung zum Rechtsüberholen verletzt zugleich Abs 1 (Dü VM **90** 38, NZV **90** 241, Anm *Booß* VM **90** 60). Überholen bei Z 295 (durchgezogene Trennlinie): § 41 Z 295. **Auf AB** darf ausschließlich auf den durchgehenden Fahrbahnen überholt werden, das Vorbeifahren an dort Vorausfahrenden **mit Hilfe anderer VFlächen,** zB im Bereich eines AB-Kreuzes, eines Parkplatzes oder einer Raststätte, ist kein Überholen im Rechtssinne, verletzt daher nicht § 5, sondern § 2 I wegen Benutzung einer dem durchgehenden V nicht gewidmeten Fläche, Dü NZV **90** 278, *Booß* VM **76** 13. Ein **Verstoß gegen § 2 I** ist es daher, wenn „überholt" wird unter Benutzung der Standspur, durch Befahren von Raststättengelände, Fra

König 467

2 StVO § 5 I. Allgemeine Verkehrsregeln

VRS **46** 191, Parkplätzen, Bay VRS **66** 291, Dü DAR **87** 266 (es sei denn, dieser wäre ursprünglich zum Zwecke des Parkens aufgesucht worden), Nebenfahrbahnen, die nur über Raststättenzufahrten erreichbar sind, Stu VRS **53** 209, parallel laufenden Verteilerfahrbahnen, soweit sie ausschließlich dem aus- und einfahrenden V dienen, Dü VRS **53** 378, anders, wenn die Verteilerfahrbahn ursprünglich, aber infolge Irrtums, zwecks Verlassens der durchgehenden Fahrbahn aufgesucht wurde, Dü NZV **90** 278, oder wenn die Nebenfahrbahn auch dem durchgehenden V dient, AG Baden-Baden VRS **68** 67. **Hindurchfahren in der Mitte** zwischen befahrenen Fahrstreifen: Rz 64. Zum abweichenden Überholbegriff im Rahmen des § 315c StGB s dort Rz 33.

20 **Sonderwege,** ausschließlich einer VArt zugewiesen, dürfen nur von Teilnehmern dieser VArt (zB Radf, Mopedf) zum Überholen untereinander benutzt werden, nicht im Verhältnis zu einer anderen, so nicht Seitenstreifen im Verhältnis zur Fahrbahn oder Gehwege, Ha VRS **32** 449. **Beschleunigungsstreifen** sind nach überwiegender Ansicht selbstständige Fahrbahnen, § 2 Rz 25a. Bei dieser rechtlichen Einordnung ist das Vorbeifahren unter Benutzung dieser Streifen an Fz auf der durchgehenden Fahrbahn und umgekehrt schon im Rechtssinne kein Überholen, Bay DAR **70** 276, Ko DAR **87** 158, Dü VRS **04** 109, DAR **81** 19, Ha DAR **75** 277. Beschleunigungsstreifen dienen ausschließlich dem zügigen Einfädeln in den durchgehenden Verkehr, soweit dieser dies erlaubt, § 2 Rz 25a. Einfahrende dürfen auf dem Beschleunigungsstreifen schneller fahren als Teilnehmer des durchgehenden Verkehrs (§ 42 VI 1e), Ha VRS **56** 124, Bra VM **76** 37, auch wenn auf der durchgehenden Fahrbahn ein Überholverbot besteht, Dü DAR **81** 19, diese aber auch schneller als Einfahrende, Bay DAR **70** 276; Ko DAR **87** 158. Zur Frage des Überholens auf dem **Verzögerungsstreifen** (Ausfahrstreifen): § 18 Rz 20. Verbot des „Überholens" unter **Benutzung des Standstreifens** der AB: § 18 Rz 14b. Die **Kriechspur** ist ein Fahrbahnteil, BGHSt **30** 85 = NJW **81** 1968, Kö VRS **62** 303, und erlaubt kein Rechtsüberholen der Normalspurfahrer, BGHSt **23** 128, Bay VM **72** 51, Fra VM **68** 84. Überholen auf der AB, s auch § 18.

21 Wird **auf AB-Baustellen** der Verkehr zweistreifig übergeleitet oder einstreifig fort- und einstreifig übergeleitet und sind die Fahrstreifen baulich deutlich voneinander getrennt, so kann Vorfahren von Kfz auf der einen Spur ohne Spurwechsel vor solchen auf der anderen Spur nicht als Überholen gelten (Rz 19a), auch nicht, wenn vor der Überleitung ein ÜberholverbotsZ steht. Dieses untersagt dann nur Überholen vor Beginn der Überleitung.

22 Das **Überholen beginnt** spätestens mit dem Ausscheren nach links (Ko NZV **93** 318, Dü VRS **70** 292, Kar VRS **74** 166). Ist der Überholende bereits vorher links gefahren, beginnt es nach hM mit der deutlichen Verkürzung des Sicherheitsabstandes (§ 4) mit Überholgeschwindigkeit in Überholabsicht, sofern diese sich aus den Umständen, zB Betätigung von (Licht-) Hupe oder Blinker, ergibt (Bay DAR **93** 269, Dü NZV **89** 441, VRS **66** 355, Kar NJW **72** 962, LG Kar NJW **05** 915, *Haubrich* NJW **89** 1198; sehr zw., s § 315c Rz 12 sowie eingehend LK-*König* § 315c Rz 92 ff). Zweitüberholen, Anschlussüberholen: Rz 30, 31. Wer sein Fz nur ein wenig nach links lenkt, um Übersicht darüber zu gewinnen, ob Überholmöglichkeit besteht, überholt nach hM noch nicht (Bay VRS **88** 366), anders, wenn er dabei auf die Gegenfahrbahn ausschert und beschleunigt (Kar VersR **04** 776, Ha VersR **96** 181).

23 **Beendet** ist das Überholen mit dem Wiedereinordnen nach rechts mit ausreichendem Abstand (Rz 51–53; Ha DAR **00** 265, Dü NZV **88** 149, Kö VM **78** 61), bei weiterem Linksfahren des Überholenden, sobald kein verständiger Zusammenhang mit dem Überholen mehr besteht (Bay VM **72** 51, **68** 33), auch wenn der Überholende verkehrswidrig weiterhin links fährt. Im gleichgerichteten MehrstreifenV ohne Wiedereinordnen ist das Überholen mit dem Erreichen des notwendigen Abstands zum Überholten beendet (BGHSt **25** 293 = NJW **74** 1205, Ko VRS **61** 460), aber nicht, wie Hb VRS **43** 385 annimmt, schon nach Überholen mit ganzer eigener FzLänge (abzulehnen, weil es gefährdet und je nach Wegfall des rechten oder linken Fahrstreifens zu unterschiedlichen Ergebnissen führt).

24 **Links** ist zu überholen, auch auf EinbahnStr und im KreisV. Nebeneinanderfahren: §§ 7, 37 IV, 42 VI 1d. Auch Radfahrer haben einander idR links zu überholen, da sie zum FahrV rechnen. Rechtsüberholen: Rz 64–70. SchienenFz: Rz 69, 70. Obusse sind beweglich und werden daher links überholt. Auf der AB-Standspur darf nicht „überholt" werden (Verstoß gegen das Fahrbahnbenutzungsgebot, s § 18 Rz 14b).

Lit: *Förste,* Überholverbot auf Bundes- und LandStrn bei Dunkelheit?, NZV **02** 217. *Kuhlig,* Die Abbremsmöglichkeiten schneller Fz bei plötzlichem Ausscheren des Voranfahrenden, DAR **60** 224. *Mühlhaus,* Überholen mit und ohne Überholabsicht, DAR **68** 169. *Müller,* Sorgfaltspflichten beim Überholen, DAR **59** 312.

Überholen § 5 StVO 2

2. Ausgeschlossen muss Gefährdung oder nennenswerte, nicht nur belanglose (Ha VRS **48** 377) Behinderung des Gegenverkehrs bis zur Beendigung (Rz 23) des Überholens sein, Dü VRS **52** 210, Kö DAR **77** 192, Ko VRS **66** 219, sonst ist es unzulässig (II). Ist die Überhollage nicht nur unklar, sondern ersichtlich gefährlich, ist Überholen verboten (II Satz 1), Ha VRS **59** 271. Nichtbeachtung dieser Regel ist eine häufige Unfallursache (Begr). Zum Gegenverkehr kann auch ein auf der StrMitte entgegenkommender Fußgänger gehören, Zw VRS **40** 441. **Nicht zum Gegenverkehr** gehören Fz, die in die zum Überholen benutzte Straße von links her soeben erst einbiegen, solange sie noch nicht eingeordnet sind, BGH NZV **96** 27, Ha VRS **101** 81, KG VRS **45** 466, s aber § 8 Rz 47. Zumindest zw ist auch, ob zum Gegenverkehr auch vorfahrtberechtigter Verkehr von rechts gehört, so Ha VRS **51** 68, wer jedoch als an sich Wartepflichtiger unmittelbar vor einer unübersichtlichen Kreuzung noch überholt, kann der Wartepflicht nicht genügen und überholt jedenfalls trotz unklarer VLage (III Nr 1), s Rz 34. Ausgeschlossen bedeutet **äußerste Sorgfalt** (E 150), KG VersR **74** 36. Maßgebend ist jedoch nicht besondere Fahrfertigkeit, sondern durchschnittliche Fähigkeit. In erster Linie haftet der Überholer für gefahrlosen Ablauf, BGH NJW **75** 312, Ko VersR **96** 1427, Kö DAR **77** 192. Überholen darf nur, wer es mit Gewissheit gefahrlos beenden kann, KG VRS **101** 56, Kar VM **75** 23 (jeweils Kolonne), Ha VM **77** 78, NJW-RR **98** 1555 (Rechtskurve). Der Überholer muss überblicken können, dass der **gesamte Vorgang vom Ausscheren bis zum Wiedereingliedern** mit richtigem Abstand unter Berücksichtigung etwaigen (zB erst während des Überholens auftauchenden, KG VRS **101** 56) Gegenverkehrs für einen durchschnittlichen Fahrer ohne irgendein Wagnis gefahr- und behinderungslos möglich sein werde (Begr), BGH VersR **00** 736 (auch bei Dunkelheit, krit *Förste* NZV **02** 217), Ha DAR **00** 265, KG VRS **101** 56, auch auf Straßen mit getrennten Fahrbahnen (Rz 28). Muss er zum Überholen die Gegenfahrbahn benutzen, darf er nur überholen, wenn er die zum Überholen benötigte Strecke zuzüglich des Weges überblicken kann, den ein etwaiges mit zulässiger Höchstgeschwindigkeit entgegenkommendes Fz zurücklegt, Ha DAR **00** 265, Dü NZV **94** 290, DAR **96** 290. Dies gilt von dem Augenblick an, von dem der Überholvorgang nicht mehr gefahrlos abgebrochen werden kann, Dü NZV **94** 290, ZfS **97** 354. Im Zweifel hat er zurückzustehen, BGH VRS **17** 331, Dü VRS **52** 210. Überhaupt ist nicht nur die Örtlichkeit entscheidend, sondern auch die Geschwindigkeit der beteiligten Fz, Kö VRS **65** 392 (erlaubtes Überholen in einer Kurve bei Schritttempo des Überholten). Reicht die rechte Fahrbahnseite zum Überholen aus, so darf die linke nicht mitbenutzt werden, BGH VersR **59** 905, Bay DAR **66** 306, wobei auch der notwendige Seitenabstand einzurechnen ist (Rz 54–58). S § 2. Der **Gegenverkehr ist nicht behindert,** wenn er auf seiner Fahrbahn nur in zumutbarer Weise verkehrsangepasst fahren, zB geringfügig nach rechts ausweichen muss, Ha VM **75** 56, s aber Rz 26, 28. Mit scharfem Rechtsfahren des Gegenverkehrs darf der Überholer im Übrigen aber nicht rechnen, Dü VersR **77** 60. Ausgeschlossen kann Behinderung von Gegenverkehr auch sein, wenn der Überblick gezeigt hat, dass niemand entgegenkommen kann, der Überblick muss nicht während des gesamten Überholvorgangs bestehen bleiben (Ha DAR **72** 82 [vorhergehender Einblick in die Str hinter einer Kurve]).

Keine äußerste Sorgfalt zeigt, wer Überholen trotz bedrohlichen Gegenverkehrs nicht abbricht oder dieses nicht ständig beobachtet, BGH VRS **11** 436, wer nicht die ganze notwendige Überholstrecke schon vorher überblicken kann, Ha VRS **62** 214, wer trotz zu kurzer Sicht und ohne Rückschermöglichkeit zum Überholen ansetzt, Bay DAR **68** 22, wer den Verlauf der Überholstrecke erst während des Überholens erkennen kann (abknickende BundesStr im Ortsbereich), BGH VM **70** 14, wer mit dem Überholen beginnt, obwohl es nur mit überhöhter Geschwindigkeit möglich ist, BGH VRS **12** 417, wer überholt, obwohl er wegen einer Bodenwelle oder Kuppe entgegenkommende Fz gar nicht oder nur teilweise sehen kann, Bay VRS **38** 154, Ol DAR **58** 222, Kö DAR **58** 225, Schl VM **67** 8, ebenso vor und in unübersichtlichen Kurven mit möglichem GegenV, BGH NJW **60** 1524, Bay VRS **21** 378, Schl DAR **63** 170, oder wenn sich das Überholen bis in den Bereich einer Kuppe hineinziehen muss, Ce VRS **34** 78, wer den Gegenverkehr zum Ausweichen nötigt, Dü VM **66** 93 (nur 1,30 m für Radf), oder darauf vertraut, der Gegenverkehr werde ausweichen, Dü VersR **77** 60, wer das Überholen auf schmaler Straße fortsetzt, obwohl Radfahrer gestaffelt entgegenkommen, Dü VRS **2** 61, wer nicht beachtet, dass der Gegenverkehr auf schmalerer Straße nahe zur Mitte fährt, BGH VRS **13** 34, wer bei genügendem Abstand nach rechts dem Gegenverkehr zu wenig Raum lässt, BGH NJW **75** 1448, VRS **13** 275, wer die Geschwindigkeit des Gegenverkehrs falsch einschätzt, es sei denn, sie wäre nach allen Umständen offensichtlich unvernünftig, BGHSt **8** 200, DAR **56** 26, wer das Verhältnis zweier Entgegenkommender zueinander falsch einschätzt und deshalb übersieht, dass der zweite den ersten überholen will, BGH VRS **25** 438, wer eine stockende Kolonne überholt, BGH VersR **69** 756, Kar VM **75** 23, ohne dass er vorn mit Gewissheit eine Einscherlücke erkannt hat, KG NZV **98** 377, Kar VRS **45** 315, es sei denn, die Straße ist mehrstreifig, Ce NJW **65** 1726, Dü VM **65** 90, s Bay VRS **29** 110, wer ohne Rücksicht auf Gegenverkehr neben zwei vor einer Ampel wartenden Kolonnen vorfährt, KG VRS **30** 317. Äußerste Sorgfalt beachtet nicht, wer **im Dunklen** vor dem Überholen nicht aufblendet, weil man den Überholweg nicht überblickt (*Möhl* DAR **70** 233), wer in der Dämmerung nicht mit entgegenkommenden unbeleuchteten Fz rechnet, Ha VRS **62** 214, Ce VersR **78** 947. Nach Einbruch der Dunkelheit – nicht schon in der Dämmerung – braucht sich die Sorgfalt allerdings nur auf beleuchtete Fz zu erstrecken (Ha VRS **99** 898, **62** 214). Wer bei Nebel ohne äußerste Sorgfalt überholt, ist auch verantwortlich, wenn das GegenFz zu schnell und unbeleuchtet fährt (Kö VRS **40** 194).

27 Wollen einander entgegenkommende Fz beide überholen, so hat **Vorrang,** wer zuerst korrekt dazu ansetzt, es sei denn, sein Überholweg wäre erheblich länger, Ce NJW **68** 1342, auch wenn das eine Fz auf der eigenen Fahrbahnseite überholen kann, Ha VRS **11** 472, Schl VM **59** 24. Im geringsten Zweifel überholt keines von beiden, wenn sie einander schon nahe sind.

28 Auf Straßen mit **drei oder mehr Fahrstreifen** darf auch bei Gegenverkehr überholt werden, BGH VM **59** 76, VRS **5** 387, Ko VRS **66** 219, Ha VkBl **55** 444, Ce DAR **58** 77, wenn Gefährdung anderer ausgeschlossen ist, BGH VRS **26** 86, und wenn der gesamte Überholweg vorher als frei überblickt werden kann, Ce VRS **34** 78, Fra VRS **88** 114. Dient der mittlere von drei Fahrstreifen den FzFührern beider Fahrtrichtungen zum Überholen, so gilt ebenfalls das Prioritätsprinzip, das Überholen ist jedoch abzubrechen, wenn erkennbar wird, dass der Vorrang des zuerst Ausscherenden vom GegenV missachtet wird, Ko VRS **66** 219. Dass der Gegenverkehr auf breiter Straße ausweicht, kann bei äußerster Sorgfalt nicht erwartet werden, Dü VersR **77** 60, wenn es auch meist zutreffen wird. Überholen beim Nebeneinanderfahren: §§ 7, 37 IV und VZ 340 (§ 42 VI). Beschleunigungsstreifen: Rz 20 und VZ 340.

29 **Falsche Voraussschätzung der Überholmöglichkeit** ist ein Fehler, gegen den „nur wenige Kf stets mit Sicherheit gefeit" sind (!), Bay VM **70** 51. Aus einem fahrenden Kfz heraus ist die Schätzung der Fahrgeschwindigkeit eines entgegenkommenden Kfz besonders schwierig, Mü VersR **76** 1144. Deshalb muss der Überholwillige im geringsten Zweifel zurückstehen. **Taucht während des Überholens Gegenverkehr auf,** so ist es spätestens vor möglicher Behinderung abzubrechen, Ha VM **66** 80, DAR **73** 277, darauf hat der nachfolgende Verkehr Rücksicht zu nehmen (§ 1). Zum Verstoß gegen Abs II S 1 in solchen Fällen: Rz 71.

30 **Zweitüberholen** (Überholen eines soeben Überholenden) ist zwar nicht allgemein verboten, Bay DAR **62** 272 (gleichzeitiges Überholen eines Radf), setzt aber voraus, dass drei Fz ausreichend nebeneinander fahren können, Bay DAR **62** 272. Äußerster Sorgfalt (**E** 150) wird es nur beim Fehlen jeden Gegenverkehrs außer in sicherer Entfernung entsprechen. Vortritt, wenn mehrere überholen wollen: Rz 40. Ist der Vorausfahrende bereits deutlich zum Überholen ausgeschert, so wird sein Hintermann in aller Regel kein Zweitüberholen versuchen dürfen, weil er es vermutlich nicht gefahrlos wird beenden können, Ce VersR **79** 476.

31 **Anschlussüberholen** wird, außer auf Richtungsfahrbahnen, äußerster Sorgfalt meist widersprechen, soweit vorausfahrende Überholer den Gegenverkehr verdecken und das verlässliche Abschätzen des Überholwegs erschweren, jedenfalls wenn die linke Fahrbahnseite mitbenutzt wird, Bra DAR **93** 345, VRS **30** 55. Mit plötzlichem Bremsen des Vorausfahrenden muss der Anschlussüberholer nicht rechnen, wenn der Vorausfahrende schon kurz vor dem Wiedereinordnen steht, Ha VRS **23** 279. Befindet sich der Überholende bereits neben dem auf den Seitenstreifen ausgewichenen Eingeholten, so braucht er das Beschleunigen nicht im Hinblick auf VI S 1 zugunsten seines ebenfalls überholenden Hintermannes abzubrechen, vielmehr hat dieser zurückzustehen, aM wohl Ha VM **72** 11.

Lit: *Bouska,* Wann muß auf Fahrbahnen mit mehreren Fahrstreifen für eine Richtung der linke Fahrstreifen für ein schnelleres nachfolgendes Fz freigemacht werden?, DAR **85** 137. *Mühlhaus,* Zum Überholen auf mehrspurigen Richtungsfahrbahnen, DAR **73** 38.

32 **3. Die Überholgeschwindigkeit** muss wesentlich höher sein als die des Überholten (II S 2), auch mangels Gegenverkehrs, damit das Überholen abgekürzt wird, doch nicht höher als allgemein zulässig, § 3 Rz 45, und nie höher als beherrschbar, BGH VersR **66** 1156. Überholen setzt nicht stets Beschleunigung voraus, Kö VRS **50** 461. Zeigt sich erst beim Überholen, dass die Geschwindigkeitsdifferenz zu gering bleibt, so ist es ungefährdend abzubrechen, Bay DAR **60** 365, Ha NZV **91** 480. Innerorts reichen auf breiter Straße 10 km/h Differenz an sich

Überholen **§ 5 StVO 2**

aus, BGH VersR **68** 1040, bei 40 km/h reichen 50 km/h zum Überholen aus, Bay VRS **15** 302, Kö VRS **87** 19, auf freier Strecke unter klaren Verhältnissen auch 5–10 km/h, BGH VRS **30** 349, sonst aber nicht, BGH VM **59** 14, idR auch nicht auf AB, Fra VersR **94** 700, *Albrecht* NZV **02** 156, nicht 9,8 km/h bei Überholweg von 500 m auf AB, AG Lüdinghausen NZV **06** 492, noch weniger 3–4 km/h bei langem Überholweg, Ol VRS **24** 170. Bei Lkw-typischer Geschwindigkeit ist ein ca 1200 m dauernder Überholweg zu lang; der Feststellung der tatsächlich gefahrenen Geschwindigkeiten durch den Tatrichter bedarf es in einem solchen Fall nicht, AG Lüdinghausen DAR **06** 229 (Antrag auf Zulassung der Rechtsbeschwerde verworfen durch Ha v 23. 11. 05, vgl DAR **06** 229). Im FahrstreifenV (§ 7) muss der Überholer nicht wesentlich schneller fahren als der Überholte, weil das Sicheinordnen nach rechts nach dem Überholen entfällt, Kö VRS **53** 139. Wer mit zulässiger Geschwindigkeit überholt, behindert schnellere Nachfolgende nicht iS von § 1.

Lit: *Möhl,* Wann ist die Geschwindigkeit eines überholenden Fahrzeugs „wesentlich" höher als die des Überholten? DAR **61** 217.

4. Überholverbote (III, IIIa) **schützen** den Gegenverkehr, Vorausfahrende und den nachfolgenden Verkehr, der durch falsches Überholen eines Vorausfahrenden gefährdet werden kann, BGH VersR **68** 578. Daher ist jedes Überholen unzulässig bei unklarer Lage (Rz 34, 35) und im Bereich von durch VZ angeordneten Überholverboten (Rz 36–38). Sie bezwecken nicht den Schutz aus einem Grundstück Einfahrender (§ 10), Sa VM **80** 39. Überholverbot zum Schutz von Fußgängern besteht gem § 26 III an Fußgängerüberwegen (§ 26 Rz 20). Überholverbote **gelten für jede Phase des Überholens,** auch für den Beginn, Dü VRS **70** 292. Beginn und Ende des Überholverbots durch VZ: Rz 36. **33**

4a. Unklare Verkehrslage (III Nr 1), gleichgültig aus welchem Grund (Bay NZV **90** 318), verbietet jedes Überholen (Zw VRS **40** 441). Der Begriff der unklaren VLage richtet sich nach den objektiven Umständen, nicht nach dem Gefühl des Überholwilligen, der im Zweifel aber zurückzustehen hat (Kö VersR **02** 1167, Dü NZV **97** 491, Zw VM **79** 38, abw Hb VM **67** 95). *Unklar ist die Lage,* wenn nach allen Umständen mit gefahrlosem Überholen nicht gerechnet werden darf (Bay NZV **90** 318, Ko NZV **05** 413, Sa VRS **106** 171, MDR **03** 506, Jn VRS **105** 449, KG DAR **02** 557, ZfS **02** 519, Kö VersR **02** 1167, Kar NZV **99** 166). Bezieht sich die Unklarheit nur auf das Erkennen etwaigen (also auch bei Überholbeginn noch nicht sichtbaren) Gegenverkehrs und von dessen Verhalten, so gilt nur II S 1, nicht III Nr 1 („unklare Verkehrslage"); denn diese Bestimmung meint nur den QuerV und den zu Überholenden (Begr, Rz 4, Mü NZV **05** 544, KG VRS **101** 56, Ko VRS **72** 463), aber wohl auch den nachfolgenden V (s auch BGH VersR **68** 578). Da II S 1 nur den GegenV schützt, ist es zu eng, die unklare VLage (III Nr 1) nur auf Unklarheiten aus VVorgängen zu beschränken (so aber Ko VRS **61** 280), nicht aber auch bei **Unübersichtlichkeit aus Gründen der Örtlichkeit** oder der Beleuchtungsverhältnisse anzunehmen (EinbahnStr, getrennte Fahrbahnen). Unklare VLage daher auch zB bei sichtbehindernder StrFührung (BGH NZV **96** 27, Sa VRS **106** 171, MDR **03** 506, Kar VersR **04** 776, Kö VersR **02** 1167, Dü VRS **65** 64). Unklare Lage, wenn der Kf die anderen VT oder die Fahrbahn wegen natürlicher Beschaffenheit, der **Witterungs- und Beleuchtungsverhältnisse** wie Regen, Schneegestöber, Nebel (Ko VRS **47** 31), Dunkelheit oder Dämmerung nicht ausreichend genau sehen kann (Bay VRS **21** 378, Ha VRS **62** 216), bei zu geringer Scheinwerferreichweite (Bay 6 St 88/72), bei starker Sonnenblendung (Ha VRS **25** 443, Stu DAR **63** 225) oder längerer Blendung durch Scheinwerfer (Stu DAR **65** 103), wenn Rauch die Fahrbahn stark verhüllt (Sa VM **58** 53), gleich mit Lokomotivqualm zu rechnen ist (Br VRS **5** 68), bei dichtem Nebel (Ko VRS **47** 31), auch auf breiter Straße (Bay VM **56** 28), bei größerer Geschwindigkeit und Wasserstaub (Schl VM **57** 73). Unklare VLage, wenn ein Wartepflichtiger gefährdet werden könnte (Kö VersR **02** 1167, Kar VRS **43** 306, Ko VRS **72** 463) oder wenn sich nicht verlässlich beurteilen lässt, was der **Vorausfahrende** jetzt sogleich tun wird (Ko NZV **05** 413, Sa VRS **106** 171, MDR **03** 506, KG VRS **106** 173, DAR **02** 557, Mü NZV **93** 232, Schl NZV **94** 30), wenn er sich unklar verhält (Kar NZV **99** 166, Kö DAR **77** 192, s aber Rz 35), wenn er in seiner Fahrweise unsicher erscheint (Ha DAR **72** 195), wenn es den Anschein hat, er wolle abbiegen, ohne dass dies deutlich wird (Kar NZV **99** 166, KG NZV **93** 272, Kö VRS **89** 432, Schl VersR **76** 975 [Radfahrer]) oder er suche eine Parkmöglichkeit (Kö VRS **96** 407), wenn es scheint, der Vorausfahrende wolle soeben seinerseits überholen (BGH VRS **21** 404, Ko DAR **73** 105) oder auf Grund der Umstände damit zu rechnen ist (Kar DAR **01** 34, Mü NZV **93** 232 [ausgenommen den Fall zulässigen Zweitüberholens, **34**

Rz 30]), wenn Umstände dafür sprechen, der Vorausfahrende werde unter Ausbiegen an einem Hindernis vorbeifahren (Ha VkBl **57** 465), bei unklarer Einordnung des Vorausfahrenden ohne deutliches RichtungsZ (BGH VRS **15** 463, Bay MDR **66** 169, VM **64** 35 [EinbahnStr], Ko VRS **47** 211, Ha VM **77** 78, KG VM **74** 75, Dü VRS **33** 310 [s aber Rz 35]), bei linkem BlinkZ des Vorausfahrenden ohne Linkseinordnen (Bay DAR **66** 82, KG ZfS **02** 519, NZV **93** 272, Hb VersR **61** 1145, Zw VRS **31** 383, KG VM **90** 52, 91 [aber kein Überholverbot auf AB bei hoher Geschwindigkeit und Blinken des zu Überholenden bei schon dicht aufgerücktem Überholer]), wenn der Vorausfahrende offensichtlich ein falsches RichtungsZ zeigt (Bay VkBl **66** 119), wenn der Vorausfahrende aus unklarem Grund auf der StrMitte anhält (BGH VRS **15** 463, Ko VRS **47** 211, Ha VRS **41** 37), zB vor einer Linkseinmündung (Ko VRS **50** 74) oder innerorts auf wenig befahrener BundesStr unter Einordnen zur Mitte hin auffällig verlangsamt (Ha VM **77** 78; Dü NJW-Spezial **08** 490; s aber Rz 35). Unklare Lage durch einen Rechtsabbieger in ein Grundstück, der vorher nach links ausbiegen muss und deshalb zunächst links blinkt (Sa VM **78** 95), durch hinter ihm auf dem linken Fahrstreifen wartende Fz, die seinen Fahrtrichtungsanzeiger verdecken (KG VM **85** 67) oder wenn ein vorausfahrender Lastzug links blinkt; entweder will er überholen oder auf Gegenverkehr aufmerksam machen (LG Ro ZfS **03** 498); umgekehrt kann Rechtsblinken in solchen Fällen Rechtsabbiegen oder aber freie Überholbahn ankündigen (LG Ro ZfS **03** 498). Unklare VLage, wenn ein **vorausfahrender Radfahrer** auf sehr schlechter Fahrbahn von rechts nach links und dort weiterfährt (BGH VRS **21** 53), wenn sich ein rechts vorausfahrender Radfahrer einem rechts haltenden Fz nähert und unklar ist, ob er davor anhalten oder nach links abbiegen werde (KG VRS **53** 271), wenn Rad fahrende Kinder sich unbesonnen verhalten (Dü VM **65** 93). Unklare VLage, wenn eine **Kolonne vorausfährt**, deren Spitze unsichtbar ist und möglicherweise ein Hindernis umfahren muss (Schl VersR **74** 867, Ha DAR **72** 134), links abbiegen will (Kar NZV **99** 166, Fra NZV **89** 155) oder ein anderes Fz aus der Kolonne (Bay NJW **68** 2157, Bra DAR **93** 345), überhaupt Kolonnenspringen ohne sichere Lücke vorn (Kar VRS **45** 315, VM **75** 23). Unklare VLage jedoch nicht stets für den letzten einer Kolonne hinter einem langsam fahrenden Fz, weil bei fehlender Überholabsicht der Vorausfahrenden sonst jedes Überholen und damit Auflösung der Kolonne ausgeschlossen wäre (Kar VersR **02** 1434, *Hentschel* NJW **93** 1175; s auch Rz 40; zu sehr verallgemeinernd daher KG VM **92** 28). Die VLage ist unklar bei Überholen einer soeben bei Grün anfahrenden FzKolonne von 8–10 Fz unter vollständiger Benutzung der Gegenfahrbahn (Fra VersR **82** 1008). Unklare VLage für Überholer einer rechtsfahrende Kolonne, wenn ein Fz anhält, um einem Linkseinbieger von rechts her durch eine **Kolonnenlücke** das Kreuzen zu ermöglichen (Bay DAR **89** 361, NJW **65** 1341, KG VM **85** 25, DAR **78** 107, VersR **74** 370, Kö VRS **28** 452), nicht aber, wenn in der überholten Kolonne eine Lücke für ein parkendes Fz freigehalten wird, um diesem das Einfädeln zu ermöglichen (Bay VRS **65** 152, s auch Rz 41). Unklare VLage ferner nach einem AB-Warnschild „**Unfall**", weil die Unfallstelle auch den Überholstreifen einbeziehen könnte (Dü VM **57** 73), bei erheblicher, nicht nur ganz vorübergehender **Sichtbehinderung durch andere Fz** (Kar VersR **04** 776), zB bei einem sichtversperrenden Vorausfahrenden auf enger Str (Bay JR **60** 26 m Anm *Hartung*, DAR **59** 333), wenn ein vorausfahrender Überholer die Sicht nimmt (Nü VersR **61** 1024, Bra DAR **93** 345).

35 **Keine unklare Verkehrslage** besteht allein wegen durchgezogener **Mittellinie** (Z 295) in einer Kurve (Ha DAR **60** 366, Kö VRS **21** 453), auch nicht, wenn diese sich im Bereich einer Abzweigung befindet (Ha DAR **92** 31), nicht allein wegen GegenV auf breiter, übersichtlicher Straße (Ha VRS **48** 377), wegen **kurzer Sichtbehinderung** durch kleine Hindernisse (Bay DAR **62** 272), auch nicht allein wegen großer Aufbauten des Vorausfahrenden (Dü VM **76** 62). Allein die Tatsache, dass der Überholvorgang nicht mehr rechtzeitig vor **Erreichen von Z 276** (Überholverbot) beendet werden kann, führt nicht zu unklarer VLage (Dü VRS **65** 64). Relatives **Langsamfahren des Vorausfahrenden** ohne sonstige Auffälligkeit schafft für sich allein keine unklare Lage, doch deutet „Schleichen" meist auf Parklückensuche und, je nach Örtlichkeit, auch möglicherweise unvermitteltes Ausscheren nach links hin, wodurch eine unklare Lage entstünde (aM wohl Kar VRS **54** 68). Unklare VLage nicht durch bloßes Rechts-Langsamfahren des Vorausfahrenden auf ausreichend breiter Str (Fra VM **73** 96, Ko VRS **105** 418). Die Lage wird auch nicht allein dadurch unklar, dass ein Vorausfahrender vor einer linken Abzweigung auffallend langsam fährt, ohne sich aber nach links einzuordnen (Bay VRS **72** 295, **61** 61, 63, KG VRS **106** 173, ZfS **02** 519, Ko VRS **70** 467, OLGR Ce **08** 274; aM Schl NZV **94** 30). Selbst wenn der Vorausfahrende dabei zur Fahrbahnmitte hin oder an der Mittellinie fährt, entsteht eine das Überholen verbietende VLage nur, wenn Umstände hinzutreten, die für *unmittel-*

Überholen § 5 StVO 2

bar folgendes Linksabbiegen sprechen können (Bay VRS **61** 63, Kö VRS **60** 222, **65** 392, Ha VRS **53** 138), zB Fahrtrichtungsanzeige (Ko NZV **05** 413, KG DAR **02** 557, NZV **06** 309, aM Bay VRS **69** 53, **72** 295), in Fällen, in denen das Abweichen vom Rechtsfahrgebot nicht gem § 7 erlaubt ist. Keine unklare VLage, weil ein vorausfahrender Pkw einen langsam vorausfahrenden Lastzug oder Traktor **nicht überholt** (Zw VRS **48** 127, Bay VRS **72** 295), auch nicht nach dem Ende eines Überholverbots (Bay VRS **71** 382, Jn VRS **105** 449), dass ein Kradf ohne Verringerung des Abstands zum vorausfahrenden Lkw auf dem rechten AB-Fahrstreifen links fährt (Ha NZV **95** 194), nicht allein dadurch, dass sich der Abstand zwischen zwei vorausfahrenden Lastzügen verkürzt (Kar DAR **61** 231), überhaupt nicht allein deshalb, weil ein Vorausfahrender zum Vordermann aufschließt und unauffällig ohne Blinken hinter ihm herfährt (Bay NJW **74** 1912, Kar VersR **02** 1435 [Überholen einer FzKolonne, s Rz 34], nicht bei bloßem **Überholen** auf einer Kreuzung ohne Anzeichen für Linksabbiegen (Brn VRS **106** 18, 23, Nü NZV **03** 89, Kar VRS **34** 232), nicht dadurch, dass der Eingeholte, der soeben überholt hat, noch nicht völlig zur Normalspur zurückgelenkt hat (BGH VersR **67** 557). Aus der Tatsache, dass der Vorausfahrende ungewöhnlich früh durch Einordnen und **Fahrtrichtungsanzeige** Linksabbiegeabsicht ankündigt, folgt für den gem VII S 1 rechts Überholenden keine unklare VLage (Bay NZV **90** 318). Keine unklare VLage allein wegen **Anhalteabsicht** des Vorgängers (Ha 5 Ss OWi 1385/72). Dass ein Vorausfahrender in Höhe eines Feldwegs anhält und zurückstößt, schafft noch keine unklare Lage (kein Abbiegezeichen; Bay VRS **59** 225). Keine unklare VLage, wenn der Vorausfahrende sein Fz nach rechts in eine Bucht neben der Fahrbahn lenkt (Ce MDR **05** 569). Links-Blinken eines **am rechten Fahrbahnrand Haltenden** schafft allein keine unklare Verkehrslage (Stu VRS **65** 66; zumeist wird nicht Überholen vorliegen, sondern ein Fall von §§ 6, 10). Wer ein soeben vom rechten Fahrbahnrand unter Betätigen des linken Fahrtrichtungsanzeigers anfahrendes Kfz überholt, muss ohne besondere Anzeichen nur mit dessen Sicheinordnen in die Fahrlinie rechnen, nicht mit sofortigem Linksabbiegen (Bay VRS **70** 40, Zw VRS **57** 135). Keine unklare VLage allein durch vor Rotlicht haltende FzSchlange auf Parallelfahrstreifen (BGH NJW **85** 1950).

Lit: *Seib,* Überholen an unübersichtlichen Stellen, DAR **64** 159. *Weigelt,* Überholverbot für Lkw, DAR **58** 327.

4 b. Überholverbote durch Verkehrszeichen (III Nr 2) begründen die Z 276, 277, sofern **36** ein mehrspuriges Kfz oder ein Beiwagenkrad überholt werden soll (§ 41 II Nr 7, Streckenverbote). Beim Z 276 dürfen **einspurige Kfz** (Kräder, Mopeds, Mofas) nur andere einspurige Fz überholen, beim Z 277 auch mehrspurige Fz. Ein Überholverbot (Z 276) betrifft stets nur die auf derselben Fahrbahn fahrenden Fz untereinander, Kö NZV **92** 415. AB-Standspur: § 18 Rz 14b. Der Irrtum, das Überholverbot gelte nicht für überholende Kräder, ist ein vermeidbarer Verbotsirrtum (Ha VRS **10** 468), denn jeder Kf muss besonders die für seine VArt geltenden Vorschriften kennen (**E** 142; zur Frage eines Art 3 I GG-Verstoßes § 41 Rz 248 i); zum Verbotsirrtum in solchen Fällen § 24 StVG Rz 35. Die Z 276, 277 gelten nicht bei Anbringung an der KfzRückseite, Bay VRS **19** 147, und nicht für das Überholen einer Straba, da sie kein Kfz (§ 1 StVG) ist, Br NJW **64** 1193. Der Gesetzgeber hat § 41 II Nr 7 in Kenntnis dieses Sachverhalts formuliert. Die VZ 276, 277 gelten auch bei **Aufstellung auf nur einer StrSeite,** wenn Aufstellung auf beiden nahegelegen hätte, Ha VRS **15** 376, Schl VM **64** 23. Bei MehrstreifenV kann Übersehen eines nur rechts aufgestellten GebotsZ durch Linksfahrer aber entschuldbar sein, weil andere Fz es verdeckt haben können, Ha VRS **54** 301; deshalb sind solche Zeichen dort auch links aufzustellen. Einschränkung des Z 276 durch ein **Zusatzschild** „Ausgenommen Kfz unter 2 km" betrifft solche, die der Überholer nach dem äußeren Eindruck beim Fahren dahin beurteilen darf, dass sie bauartbedingt nicht schneller fahren können, abw Kö VM **56** 46, VRS **11** 67. Fährt hinter einem Fz, das durch ZusatzZ vom Überholverbot ausgenommen ist, ein anderes mehrspuriges Fz, so dürfen nicht beide Fz durch ein nachfolgendes überholt werden, Dü DAR **05** 217. Überholverbote für Busse und Wohnwagengespanne: Z 276 mit Zusatztafel. **Beim Z 276** muss das Überholen im Wesentlichen mit richtigem Abstand und mit zulässiger Geschwindigkeit abgeschlossen sein, Kar VRS **53** 291, s Rz 37, auch vor vorausliegendem Fahrstreifenwegfall, andernfalls ist es, soweit gefahrlos möglich, sofort abzubrechen, BGHSt **25** 293 = NJW **74** 1205 (zw *Booß* NJW **74** 1879), BGHSt **26** 73 = NJW **75** 1330, Dü VRS **59** 152, VM **75** 88, Ha VRS **46** 387. Bis zum Z 276 muss der Überholer ausreichenden Abstand zum Überholten hergestellt haben, auch wenn er sich nicht wieder nach rechts einordnen muss, BGHSt **25** 293 = NJW **74** 1205, BGHSt **26** 73 = NJW **75** 1330, Dü VRS **65** 64. Das Verbot beginnt sofort, wenn oben das Z 276 angebracht ist, darunter das Z 120 (verengte Fahrbahn) und an diesem der Zusatz „100 m", Ce VRS **30** 220, bei anderer Anordnung bestehen Zweifel über den Verbotsbeginn, Ha VRS **30** 76. Das **Z 276 endet,** auch wenn es hinter Einmündungen nicht wiederholt wird, erst bei den Z 280 bis 282 (§ 41 Rz 248 i nach Z 276), abgesehen von Streckenkennzeichnung durch ein Zusatzschild oder bei deutlicher Beschränkung auf eine Gefahrstelle. Beim Z 276 darf ein Vorausfahrender auch dann nicht überholt werden, wenn er gleich nach rechts abbiegen will (Ha VRS **53** 466) oder wenn er zur Hälfte die Standspur befährt (Ha VOR **73** 473). Benutzung von Seitenstreifen: § 41 Rz 248 i. Das Überholverbot gem Z 276 gilt grundsätzlich für jede Art des Überholens, erfasst also auch das Rechtsüberholen (Bay VRS **72** 301, Ko NZV **92** 198, Kö NZV **92** 415, Hb DAR **83** 332, *Janiszewski* NStZ **84** 548, str). Bei mehreren Fahrstreifen verbietet es das Überholen verkehrsbedingt **wartender FzSchlangen** (Kar NZV **03** 493). An Kreuzungen und Einmündungen von links verbieten die Z 276, 277 jedoch nicht, **links eingeordnete, wartende (§ 9 III) Linksabbieger** zu überholen, da dies den GeradeausV sinnwidrig und gefährlich stoppen würde (Bay DAR **87** 94, Ko NZV **92** 198, Mü VersR **81** 866, offen gelassen von Hb DAR **83** 332); das gilt nicht, wenn der Überholende selbst links abbiegt (Bay DAR **87** 94). Wo das Z 276 (Überholverbot) steht, dürfen **vor Rot Wartende** trotz § 37 IV nicht überholt werden, denn VZ gehen den allgemeinen Regeln vor (Rz 17; BGHSt **25** 293 = NJW **74** 1205, BGHSt **26** 73 = NJW **75** 1330, Fra VRS **51** 376, Kö VRS **67** 289, Dü VRS **70** 41, *Bouska* VD **72** 325, *Mühlhaus* VD **72** 327, aM Ha NJW **72** 652, Dü VRS **44** 374, Bay VRS **45** 70 [Bahnschranke]), auch nicht zwecks Linksabbiegens (Kö VM **75** 83), auch nicht bei Zögern des Wartenden nach Aufleuchten des Grünlichts infolge Unaufmerksamkeit (Kö VRS **67** 289) oder nach Unterbrechung des Überholens durch Anhalten vor der LZA (Dü VRS **70** 41). Kann der Vordermann bei beginnendem Grün aus technischem Grund nicht anfahren, so darf der Nachfolgende, sofern nachstehend behindert wird, auch im Überholverbot an ihm vorbeifahren, denn der Vordermann hält jetzt nicht mehr verkehrsbedingt an (Rz 14, 16; aM Ce VRS **35** 149). Erweitert sich die Anzahl der Fahrstreifen kurz vor der LZA um einen durch Pfeile (Z 297) gekennzeichneten **Linksabbieger-Fahrstreifen**, so wird eine an den Verkehrsbedürfnissen orientierte Auslegung jedoch ergeben, dass bei FzStau auf dem Fahrstreifen für Geradeausfahrer das Überholen auf dem Linksabbiegerfahrstreifen trotz Z 276, 277 nicht verboten ist; Entsprechendes gilt für den umgekehrten Fall (Stau des links abbiegenden Verkehrs bei freiem Fahrstreifen für den GeradeausV (Kö NZV **92** 415, *Bouska* VD **75** 119). Für berechtigte Benutzer eines durch die Linie 295 gebildeten Fahrstreifens für Linksabbieger gilt das Z 276 nicht (Kö VRS **35** 216). Zum Z 276 s auch § 41 Rz 248 i.

37 Überholen darf nur, wer es spätestens **vor Beginn der Verbotsstrecke abschließen** kann (BGHSt **25** 293 = NJW **74** 1205, Kö ZfS **03** 132, NVersZ **01** 169). Nach Möglichkeit muss sich der Kf vorher vergewissern, dass nahe voraus kein Streckenverbot besteht (Ce DAR **63** 360 [mitunter unerfüllbar]). Wer innerhalb einer Überholverbotsstrecke wendet, muss auch bei der Rückfahrt mit einem Überholverbot rechnen (Ha VRS **50** 75). Wer vor dem Abbiegen nach links einen Lkw überholen will, muss zunächst so fahren, dass er sich über etwaige ÜberholverbotsZ unterrichten kann (Ha VM **72** 39). Die **Fahrstreifenbegrenzung** (Z 295) erlaubt das Überholen, wenn der Überholer sie nicht berühren muss (§ 41 Rz 248 l). Befahren eines für den GegenV durch Z 297 (Pfeile) gekennzeichneten Fahrbahnteils beim Überholen ist nicht verboten, bei Abgrenzung durch Fahrstreifenbegrenzung (Z 295) kommt jedoch Verstoß gegen § 41 III Nr 3 in Betracht (Kö DAR **92** 31, VRS **64** 292).

38 **Überholverbote für Lkw** bestimmten Gewichts betreffen das zulässige Gesamtgewicht, Fra DAR **65** 159. SattelFz stehen Lkw gleich, Dü VRS **27** 297. Darauf, dass Lkw auf der AB Überholverbote beachten, soll ein Kf nicht vertrauen dürfen, Dü VM **65** 70.

38a 4 c. Bei Sichtweiten von weniger als 50 m infolge **Nebels, Schneefalls oder Regens** besteht Überholverbot für die Führer von Fz mit einem zulässigen Gesamtgewicht von **mehr als 7,5 t.** Anders als das durch VZ 276, 277 begründete Überholverbot ist das des Abs III a nicht auf das Überholen mehrspuriger Kfz und mit Beiwagen fahrender Kräder beschränkt. Es gilt also grundsätzlich auch für einspurige Fz. Überholt werden auch Fußgänger und Radf, Begr zu Abs IV (Rz 5) sowie zu Abs IV S 2 (Rz 13 a), s auch Rz 19. Eine sinnvolle Auslegung wird jedoch ergeben, dass auch unter den Voraussetzungen des Abs III a jedenfalls Fußgänger überholt werden dürfen, weil andernfalls rasch FzKolonnen mit Schrittgeschwindigkeit entstehen müssten. Solche wollte der VOGeber aber gerade vermeiden, wie die Begr zeigt: Weil solche Kolonnenbildung als nicht ungefährlich erscheint, wurde davon abgesehen, das Überholverbot des Abs III a auch auf Pkw und Lkw bis 7,5 t auszudehnen (VkBl **91** 703). Eine ausdrück-

Überholen § 5 StVO **2**

liche Ausnahme für das Überholen von Radf wäre unter diesem Aspekt folgerichtig gewesen, eventuell auch eine dem Überholverbot gem Z 276, 277 entsprechende Regelung. Höchstgeschwindigkeit bei Sichtweiten von weniger als 50 m durch Nebel, Regen oder Schneefall: § 3 I S 3.

4d. Überholverbot an Fußgängerüberwegen: § 26 Rz 20, bei Warnblinklicht von **Li-** 39 **nien- und Schulbussen:** § 20 Rz 7.

5. Pflichten des Überholenden (IV, IV a). Der Überholende muss **auf die Fahrweise des** 40 **Eingeholten achten** und darf ihn nicht gefährden (BGH VersR 65 82, Kö VRS 90 339 [auch auf AB], Kar DAR **74** 79, Ol VM **66** 38), etwa wenn dieser nach links ausweichen muss (BGH VRS **18** 87). Mit Ausscheren des Vorausfahrenden wegen eines erkennbaren Hindernisses auf dessen Fahrstreifen muss er uU rechnen (Dü VRS 63 339). Er muss sich auch auf die Möglichkeit geringfügiger seitlicher Fahrbewegungen des zu Überholenden innerhalb von dessen Fahrstreifen einstellen (Nau DAR **01** 223, Ha VRS **92** 182). **Überholen mehrerer Fz (Kolonne)** ist grundsätzlich nicht verboten (KG DAR **02** 557). Jedoch trifft denjenigen, der bei hoher Geschwindigkeit, auch auf der AB, mehrere Kfz überholt, eine erhöhte Sorgfaltspflicht, ihm steht die sog Schrecksekunde nicht zu (BGH VM **67** 25, Dü ZfS **81** 161). Wer eine Kolonne überholen will, muss nach der Örtlichkeit sicher sein, dass kein Vorausfahrender links abbiegen will (Bra DAR **93** 345, Ce VersR **80** 195, Kar VRS **49** 210, s Rz 34), braucht damit aber bei Fz, deren Fahrtrichtungsanzeiger er sehen kann, mangels Anzeige nicht zu rechnen (Bay VRS **72** 295, s auch Rz 61). Wer einen **Radfahrer** überholt, muss dessen häufig leicht schwankende Fahrlinie berücksichtigen (§ 2 Rz 66; Ha NZV **04** 631). Bei Radf, die um die Wette fahren, muss der Kf verlangsamen und warnen (Ol RdK **54** 125), ebenso auf sehr schmaler Fahrbahn (Ha NZV **04** 631). Auch ein auf dem Radweg überholender Radf braucht mit plötzlichem Linksabbiegen des vorausfahrenden Radf ohne Richtungszeichen nicht zu rechnen (Mü VRS **69** 254). Wer als Kf auf recht schmaler Str ein auf dem Seitenstreifen **Rad fahrendes Kind** von 7 Jahren überholt, muss verlangsamen und warnen (Ol VM **79** 45), ebenso bei einer Gruppe Rad fahrender schulpflichtiger und kleinerer Kinder auf schmaler WohnStr (Ol NZV **94** 111). Besondere Sorgfalt ist beim Überholen eines Rad fahrenden Kindes auf schmaler Str mit GegenV geboten (Ha NZV **89** 270). Ohne gegenteilige Anhaltspunkte darf der Kf aber auf ordnungsmäßiges Fahren selbst einer 7jährigen Radf vertrauen (BGH NJW-RR **87** 1432). Der Kf muss sich daher auch nach Einfügung des § 3 II a nur unter besonderen Umständen darauf einstellen, dass ein unauffällig rechts Rad fahrendes Kind von 9 Jahren oder mehr plötzlich nach links lenken oder unversehens nach links abbiegen werde (Bay NJW **82** 346 [krit *Booß* VM **82** 28], Ba VersR **86** 791 [jeweils 9 Jahre], Bay VRS **59** 217 [11 Jahre], KG VM **88** 12 [10 Jahre, krit *Booß*], Nau VersR **02** 999 [14 Jahre]). Das gilt nach Ol VRS **45** 389 bei einem 9jährigen trotz WarnZ 138 40 m vor Beginn eines linken Radwegs. Vor dem Überholen eines zu weit links fahrenden 10jährigen Radf ist jedoch WarnZ zu geben (Sa VM **82** 69). Der Überholende darf weder zu früh **ausscheren** noch zu lange auf der Überholspur bleiben (BGH VRS **10** 291; s auch Begr zu IV, Rz 13c). Bis zum Ausscheren muss er den Mindestabstand zum Vorausfahrenden einhalten (§ 4), um überraschende Fahrmanöver zu vermeiden (Bay VM **70** 91, Ha VRS **49** 58, **40** 69, Kö VRS **40** 436, § 4 Rz 6). Nähert sich von hinten ein Fz und diesem ein schnelleres, so hat **Überholvortritt**, wer sich dem Vordermann so genähert hat, dass er zwecks Überholens ausscheren muss (Bay NJW **74** 1912, KG NZV **02** 229). Wollen aber mehrere hintereinander fahrende Fz überholen, so hat das Vortritt, das zuerst korrekt dazu ansetzt (Bay VRS **64** 55, Dü DAR **05** 217, Kar VersR **02** 1434, KG VM **95** 38), nicht idR das vorderste (aM Ha NJW **69** 2156, Schl VersR **74** 1090), denn wenn dessen Fahrer trotz Überholmöglichkeit zuwartet, entsteht hinter ihm Unklarheit und er hält den Verkehr auf. Aus einer FzSchlange heraus darf idR zuerst derjenige überholen, der zuerst unter Anzeige ordnungsmäßig dazu angesetzt hat (BGH NJW **87** 322), jedoch dann nicht, wenn Vorausfahrende ihre Überholabsicht ebenfalls bereits anzeigen, wobei er mit solcher Anzeige erst rechnen darf, sobald der Vorausfahrende den nötigen Überblick gewinnt, weil eine frühere, gleichsam vorsorgliche Anzeige IV a widerspräche („das Ausscheren ... ist anzukündigen"; s Rz 47). Einen Grundsatz, wonach bei drei oder mehr hintereinander fahrenden Kfz stets die vorderen Vorrang hätten („bessere Rechtsposition"), kann es beim gegenwärtigen Mischverkehr nicht geben (Dü DAR **05** 217, Ha VM **86** 6, aM Ha VM **72** 11, Schl DAR **75** 76). Maßgebend sind vielmehr stets VLage und Überholweg. Keine Schreckzeit für den sich mit hoher Geschwindigkeit Nähernden, der damit rechnen muss, dass der Vorausfahrende zuerst überholen werde (Ha VM **86** 6)

König

2 StVO § 5 I. Allgemeine Verkehrsregeln

41 **Wer bereits klar überholt,** braucht währenddessen nicht auf seine Nachfolger zu achten, die auch überholen wollen (KG NZV **02** 229, Kar DAR **74** 79), einem Schnelleren muss er nicht weichen (Bay VRS **34** 470, DAR **76** 170, Ce VRS **40** 218) und seine Überholabsicht muss er nicht weiterhin nach hinten anzeigen (Bay VRS **57** 209). Ist eine Lücke rechts größer als zwei Sicherheitsabstände (§ 4), dann muss er einscheren und Schnellere vorbeilassen, anders, wenn er dabei verlangsamen müsste (Rz 53). Je relativ langsamer jemand fährt, umso eher hat er in Lücken einzuscheren. Wer eine **wartende FzSchlange** überholt, muss für den QuerV freigelassene Lücken an Kreuzungen und Einmündungen beachten und dort mit QuerV rechnen (Bay NZV **88** 77, KG DAR **01** 399, VRS **104** 21, NZV **03** 182, **92** 486 [Überholen unter verbotswidriger Benutzung eines Sonderfahrstreifens für Busse], LG Berlin NJW-RR **03** 678 [rechts überholender Radf]), außer bei LichtZ (Bay VM **88** 76, KG VRS **103** 406), auch mit querenden Fußgängern im Einmündungsbereich (KG VM **85** 25, s auch Rz 34). Wer eine wartende FzReihe links überholt, muss aber nicht mit Fz rechnen, die nach Parken auf dem Gehweg eine Kolonnenlücke kreuzen (KG VRS **60** 137), an einer Kolonnenlücke vor einer Grundstücksausfahrt im Hinblick auf die erhöhten Sorgfaltspflichten gem § 10 idR auch nicht mit QuerV durch die Lücke (KG VRS **103** 406, DAR **01** 399, NZV **98** 376, *Hentschel* NJW **93** 1175, abw Bay VRS **65** 152, VM **71** 28, Ha NZV **92** 238 [Tankstelle]). Abweichendes kann uU für den Linksüberholenden gelten, wenn ein Fz der *fahrenden* Kolonne erkennbar hält, um einem von rechts aus einer Ausfahrt Kommenden das Einbiegen zu ermöglichen (Ko VersR **81** 1136). Dagegen braucht sich der eine FzKolonne rechts Überholende nicht auf das Einbiegen Entgegenkommender durch eine Kolonnenlücke in eine Grundstückseinfahrt einzustellen (KG NZV **03** 182, **07** 524, aM Kar NZV **98** 472); dies gilt erst recht für den die Kolonne rechts auf der Busspur überholenden Bus gegenüber dem entgegenkommenden in die Einfahrt Einbiegenden (Sa NZV **92** 234).

42 **5a. Rückschaupflicht** besteht zwar nicht in allen Fällen des Überholens ausnahmslos (Begr, Rz 5), zB nicht, wenn zum Überholen des Vorausfahrenden (Radfahrer) nur leicht nach links ausgebogen werden muss und die Straße breit ist. Jedoch ist sie vor dem *Ausscheren* stets geboten, zumal IV S 1 **äußerste Sorgfalt** gegenüber dem nachfolgenden V verlangt, soweit das Überholen ein Ausscheren erfordert (Kar VersR **02** 1434). Bedeutung der Formulierung „Gefährdung ausgeschlossen": Rz 25, **E** 150. Die Feststellung konkreter Gefährdung (Beinaheunfall!; s § 1 Rz 35) setzt idR Angaben zu den Geschwindigkeiten der beteiligten Fz voraus (zur Beweisführung eingehend *Heinrich* SVR **08** 165; s auch § 315c Rz 31), nicht jedoch bei Kollision durch mangelnde Sorgfalt des Ausscherenden (Dü NZV **94** 488). **Ausscheren:** Verlegen der Fahrlinie über die linke Begrenzung des eigenen Fahrstreifens hinaus, wenn auch nur teilweise. Wer den Fahrstreifen nicht verlässt, sondern nur wenig ausbiegt, schert nicht aus (Ce DAR **99** 453; *Bouska* VD **71** 193). Wer ausscheren will, muss sich *vorher vergewissern*, dass er dies ohne wesentliche Behinderung oder Gefährdung aufgerückter Hintermänner tun kann (Rückspiegel; KG NZV **02** 229, Dü NZV **94** 488), als Führer eines langsamen Fz (Lkw) auch gegenüber schnell herannahenden Fz auf demselben Fahrstreifen (Ha DAR **01** 165), und zwar auf allen Str, nicht nur auf AB (Begr, Rz 13c), auch wenn er nur einen Teil der Überholspur zum Überholen braucht (Kö MDR **65** 483) oder nur Raum bis zur Fahrbahnmitte. Wo keine Geschwindigkeitsbeschränkung besteht, ist mit hohen Geschwindigkeiten Nachfolgender zu rechnen (KG NZV **02** 229, Ha DAR **01** 165). **Unzulässig ist das Ausscheren** zwecks Überholens, wenn es nachfolgende Fz zu scharfem Bremsen oder anderen ungewöhnlichen Fahrmanövern zwingen würde (BGH VersR **71** 1063, Dü VersR **97** 334, Kar NZV **92** 248, VRS **74** 166, Ko DAR **80** 182), zB bei dichter FzKolonne auf der AB-Überholspur (Jn NZV **06** 147). Dagegen verbietet IV S 1 das Ausscheren zum Überholen nicht immer schon dann, wenn dadurch eine nur leichte Behinderung (geringfügiges Abbremsen) verursacht wird (Bay VRS **62** 61, Jn NZV **06** 147, Dü NZV **94** 488); entscheidend wird die VDichte sein. Ist ÜberholV nahe aufgerückt, so ist das Ausscheren aufzuschieben (BGH VersR **62** 254, Nü VersR **70** 644, Schl VM **64** 91 [Rückschaupflicht am Ende eines Überholverbots]), keinesfalls darf der Nachfolgende zu kräftigem Bremsen gezwungen werden. Nähert sich auf der Überholspur (200m) Schnellverkehr, so darf ein LkwF mit nur 53 km/h nicht zum Überholen noch ausscheren, zumal dann nicht, wenn er alsbald noch weiter verlangsamen will (Ko VRS **59** 36). Stets ist allmählich auszuscheren, niemals abrupt. Wer kurz vor einem Aufgerückten zwecks Überholens ausschert, handelt **grobfahrlässig** (KG NZV **02** 229, VersR **78** 1072 [30m bei „140"], Kar VRS **74** 166 [50m bei „160", Alleinhaftung]).

43 Je stärker die Sicht nach hinten eingeschränkt ist, zB durch einen Anhänger oder den **toten Winkel** des Spiegels, den jeder Kf kennen muss, umso länger muss er nach hinten beobachten

Überholen   § 5 StVO **2**

(Dü DAR **05** 217, KG VRS **66** 152, Ha VM **66** 85, Ce VRS **32** 384). Ein LkwF muss **auf der AB** vor dem Ausscheren auch auf von hinten auf demselben Fahrstreifen sich nähernde Fz achten und mit deren Überholen rechnen (Ha DAR **01** 165). Wer **in die AB einfährt,** muss sich, bevor er überholt, zunächst einmal in den VFluss auf dem rechten Fahrstreifen einfügen (§ 18 Rz 16), erst recht darf er nicht alsbald nahe vor einem Schnelleren zur Überholspur hinüberfahren (Kö VRS **25** 23).

Die Rückschaupflicht besteht auch **innerorts,** die dazu ergangene Rspr zur StVO 1937 ist **44/45** durch IV S 1 überholt.

5 b. Rechtzeitiges und deutliches Zeichengeben mit dem Fahrtrichtungsanzeiger außer **46** rechtzeitiger sorgfältiger Rückschau ist die zweite notwendige Voraussetzung vor dem Ausscheren (IV a). Die Ankündigungspflicht besteht in erster Linie gegenüber dem Nachfolger, Dü NZV **94** 488, Ha DAR **75** 53, aber auch gegenüber Vorausfahrenden, weil diese vor Fahrstreifenwechsel oder Richtungsänderung eine Rückschaupflicht haben, Ha VRS **47** 58, Ce VM **27**, aM Bay DAR **72** 338, dessen Ansicht aber § 1 widerspräche und eine gefährliche Lücke des § 5 öffnen würde. Die Zeichen sind zu geben, bis sich der Verkehr darauf einstellen konnte, und rechtzeitig genug, um zu warnen, Dü DAR **05** 217. Rechtzeitiges Zeichengeben entbindet nicht von weitergehenden VPflichten (§ 1). Verspätete Anzeige steht dem Unterlassen gleich, Sa VM **57** 73. Deutlich und klar wahrnehmbar muss das Zeichen sein, Stu DAR **55** 67.

Erst wenn das Ausscheren nach Erfüllung der Pflichten gem IV 1 möglich ist, darf es ange- **47** zeigt werden; **verfrühtes Betätigen des Fahrtrichtungsanzeigers** irritiert den nachfolgenden V, Ce DAR **99** 453. Zeichengeben verschafft keinen Vorrang gegenüber aufgerückten FzFührern (häufiger Verstoß).

Ohne rechtzeitiges Zeichen darf niemand ausscheren, Bay VRS **64** 55, Dü NZV **94** 488, **48** Kar VRS **74** 166, auch nicht bei Nichtbenutzung der Überholspur, Kö DAR **57** 81, Ha VRS **17** 66 (Lastzug), auch nicht nach rechts in Fällen erlaubten Rechtsüberholens (Abs VII S 1). Der Nachfolgende darf idR darauf **vertrauen,** dass der Vorausfahrende vor dem Überholen Zeichen gibt, Bay VRS **64** 55; s aber Rz 40 (Überholen von Kolonnen). Erlischt der Blinker des Vorausfahrenden ohne Ausscheren wieder, so darf der Nachfolgende mit Wegfall der Überholabsicht rechnen, Bay MDR **60** 698, Dü NZV **94** 488, umso sorgfältiger muss jeder Kf etwaiges verfrühtes automatisches Zurückstellen (Lenkbewegung) berücksichtigen. **Das Wiedereinscheren** nach dem Überholen ist ebenfalls rechtzeitig und deutlich mit dem Fahrtrichtungsanzeiger anzukündigen (IV a), also bereits, wenn der Überholte es wahrnehmen kann. Wiedereinscheren wegen Abbruchs des Überholvorgangs ist nachfolgenden FzFührern, die inzwischen aufgeschlossen haben, anzukündigen (§ 1), nicht jedoch „Anschlussüberholern", die ebenfalls schon ausgeschert sind, insoweit aM Sa VM **81** 37 mit abl Anm *Booß*. Nach jedem Wiedereinscheren ist das Zeichen alsbald deutlich zurückzunehmen, um nicht Rechtsabbiegen vorzutäuschen. Wer alsbald nach dem Überholen links abbiegen will, muss nicht zurückscheren und hat deshalb nicht dieses, sondern das Linksabbiegen rechtzeitig und deutlich anzukündigen. Beim erlaubten Fahrstreifenfahren (§§ 7, 37 IV, 42 VI) entfällt mit der Pflicht zum Zurückscheren auch die Anzeigepflicht.

Innerorts ist das Ausscheren, einer Weltregel entsprechend, ebenso anzukündigen, obwohl es **49** je nach den örtlichen Verhältnissen mit demjenigen zwecks Abbiegens in ein Grundstück oder in eine andere Straße verwechselt werden kann. Diese Gefahr kann nur durch erhöhte Aufmerksamkeit des Überholers und Folgeverkehrs ausgeglichen werden (präzises Zurückstellen des Blinkers beim Überholer, Annahme unklarer Lage beim Nachfolger).

Lit: *Möhl,* Richtungszeichen nach geltendem und künftigem Recht, DAR **65** 197.

Warnzeichen (§ 16) zur Ankündigung des Überholens: Rz 59, 60. **50**

5 c. Wieder rechts einordnen muss sich der Überholer sobald wie möglich (IV). Damit ist **51** das Überholen beendet (Rz 23). Das Blockieren des Überholens durch unzulässiges Linksfahren, wo Sicheinordnen nach rechts geboten wäre, ist ein erheblicher Verstoß, weil es zu gefährdendem Aufrücken oder Rechtsüberholen anreizt. Dass der Nachfolgende nur unter Überschreiten der zulässigen Höchstgeschwindigkeit überholen konnte, berechtigt nicht zur Beibehaltung des Überholfahrstreifens (*Bouska* DAR **85** 137; näher § 1 Rz 40). Das Einordnen als Rechtspflicht ergibt sich, vom Fahrstreifenfahren abgesehen, schon aus § 2 (Rechtsfahren; s Begr, Rz 8) und wird hier als Gebot wiederholt. Es erfordert erneute Fahrtrichtungsanzeige (Rz 48) und setzt etwa den nötigen Sicherheitsabstand (§ 4) voraus, damit es den Überholten weder gefährdet noch behindert (Bay VRS **23** 388, Ko DAR **67** 25, Bra VRS **32** 372, KG NZV **07** 305) einen Abstand, der etwa der 1 s-Fahrstrecke entspricht (Ko VRS **45** 209). Wer nach dem Überholen auf der Gegenfahrbahn bleibt, kann bei einem Unfall nicht grobe VWidrigkeit des anderen Beteiligten einwenden (Ha VRS **48** 192). Im Fahrstreifenverkehr gehört zum Überholen kein Wiedereinordnen nach dem Vorbeifahren (BGH NJW **74** 1205, 1879 m Anm *Booß*).

52 Bei richtig eingestelltem **Rückspiegel** verhält sich der Überholer korrekt, der sich nach dem Überholen erst wieder nach rechts einordnet, wenn der Überholte im Rückspiegel erscheint (Ba VersR **71** 769, KG NZV **07** 305). Zu dichtes Einscheren bei Nässe oder Matsch mit Beschmutzen der Frontscheibe des Überholten: § 1 Rz 36. Hat sich der Überholer richtig eingeordnet, so muss nun wieder der Überholte für richtigen Abstand sorgen (Nü VersR **61** 574). Nach beendetem Überholen muss sich der Überholer nicht weiterhin nach rückwärts orientieren (Dü VRS **48** 134). **Schneiden** mit Bremszwang ist grob verkehrswidrig (Dü VRS **64** 7, Ol VRS **15** 336), bei Fremdgefährdung § 315c I Nr 2b StGB (dort Rz 11 ff). Wer kurz nach dem Überholen rechts abbiegt und den Überholten deshalb stark schneidet, handelt rücksichtslos und haftet bei Unfall überwiegend (Mü VersR **76** 693, Ko VRS **47** 31). Auch ein überholender Radf darf den Überholten nicht schneiden (Schl SchlHA **56** 319). Schneiden kann Nötigung sein (§ 240 StGB Rz 24). Die BG des Überholten tritt bei Kollision dann zurück (Mü VersR **66** 1015), ihn trifft bei Unfall keine Schuld (Ko DAR **67** 25). Plötzliches Bremsen dessen, der geschnitten wird, ist nicht fahrlässig (Dü VM **76** 87).

53 Beim **Überholen mehrerer Vorausfahrender** kurz hintereinander muss der Überholende nicht dazwischen jeweils wieder rechts einscheren, um § 2 zu genügen, Bay NJW **55** 1041, besonders nicht, wenn er die Geschwindigkeit hierzu vermindern, Dü VM **65** 46, und gestreckte Schlangenlinien fahren müsste, BGH VRS **6** 200, Bay DAR **66** 56. Eine 500 m-Lücke wird er aber auch bei erheblicher Geschwindigkeit idR zum Einscheren benützen müssen, Ce DAR **68** 278. Auf der AB zwingt eine Lücke von nur 200 m zwischen mit „100" Fahrenden den mit „120" Überholenden nicht zum Einscheren, Kar VRS **53** 373. Wer nicht wenigstens 20 sec ohne Verminderung der Geschwindigkeit in einer Lücke auf dem rechten Fahrstreifen weiterfahren kann, braucht idR nicht in diese einzuscheren, Bay DAR **90** 187. Überholen auf der **Autobahn**, s auch § 18 Rz 20.

54 **5 d. Ausreichenden Seitenabstand** zum Überholen muss der Überholer zu jedem VT bis zur Beendigung einhalten (BGH NJW **75** 312, Ha VersR **87** 670, Kar NZV **90** 199), besonders zu Fußgängern und Radf (IV), auch beim Rechtsüberholen. Er richtet sich nach der eigenen FzArt und Fahrgeschwindigkeit, den Fahrbahnverhältnissen, dem Wetter und nach der Eigenart des Eingeholten (BGH VRS **10** 252, Bay MDR **87** 784, Sa VM **74** 85). Die Seitenabstände zum Überholen und zum GegenV müssen so ausreichend groß sein, dass sie Schreckreaktionen anderer VT ausschließen (Ko VRS **59** 116). Bei ausreichendem Seitenabstand muss auf gerader Str mit Gefährdung nicht gerechnet werden (BGH VersR **62** 1156). Der Seitenabstand darf *nicht bedrängend gering* sein (BGH VersR **65** 87, Kar VersR **02** 1434, Ha VRS **35** 430 [Lastzug]), so dass er den Eingeholten erschreckt (Kar VersR **02** 1434), besonders auf der AB (BGH VRS **22** 279), und Fehlreaktion (**E** 86) heraufbeschwört. Könnte ein Lastzug nur bedrängend dicht überholen, weil die Fahrbahn relativ schmal ist, so darf er nicht überholen (Kar VersR **78** 749). Sieht sich auch ein erfahrener Überholter unwillkürlich zu einer Ausweichbewegung nach rechts veranlasst, so hat der Überholer zu geringen Seitenabstand eingehalten (Ha VRS **52** 145). Würde der Sicherheitsabstand zu einer überholten Kolonne bei GegenV zu knapp, ist der Überholvorgang bei Auftauchen Entgegenkommender sofort abzubrechen (Kö VersR **82** 585). Bleibt *auf schmaler Straße* oder bei Überholen eines beim Linksabbiegen ausscherenden landwirtschaftlichen Zuges (OLGR Schl **08** 314) nur geringer Seitenabstand, muss der Überholer entweder zurückbleiben (zB bei nahem GegenV) oder, wenn dies ungefährlich ist, angepasst verlangsamen (Ha VRS **21** 375). Er muss dann die Überholabsicht ankündigen und sich mit dem Eingeholten verständigen (Rz 59). Der Eingeholte wird sich hier uU auf geringeren seitlichen Abstand einrichten müssen und scharf rechts fahren (Ba VersR **78** 351). IdR reicht **1 m Seitenabstand** beim Überholen aus (KG NZV **07** 626 [Reinigungsfz]), auch gegenüber einem Mopedf auf feuchter Straße (Ol VersR **62** 814, Stu VersR **67** 69), außer gegenüber Radf (Rz 55), bei schlechter Fahrbahn, bei ungünstigem Wetter, hoher Überholgeschwindigkeit, unsicherem Verhalten des zu Überholenden (Bay MDR **87** 784, Kar VersR **02** 1434, Dü VM **75** 79), stets zum Eingeholten gemessen. Bei unruhigen Zugtieren ist besondere Vorsicht nötig, ebenso beim Überholen von Reitern (Ha NZV **94** 190). Beim Rechtsüberholen eines eingeordnet haltenden Linksabbiegers ist ein Seitenabstand von 50 cm jedenfalls ausreichend (Kö VRS **63** 142).

Überholen **§ 5 StVO 2**

Beim **Überholen von Radf** ist stets deren Ausschwenken zu berücksichtigen (KG ZfS **02** 55
513), vor allem bei Glätte (KG VersR **74** 36), Wind und in Steigungen (BGH VRS **27** 196, Fra
DAR **81** 18, Ha VRS **30** 77 [Moped], Neust VRS **15** 129 [Gewitterregen], Kö VRS **31** 158
[Eiskrusten]). Radf, die sich auf WarnZ hin umsehen, schwanken oft nach links (Ha DAR **56**
335). Beim Überholen mehrerer Radf nebeneinander (§ 2 IV) ist besondere Vorsicht nötig. Bei
einer Gruppe Rad fahrender kleinerer Kinder ist mit Unbesonnenheiten zu rechnen (Ha
VRS **47** 266). I Ü ist mit Unsicherheit des Radf und besonders großem Schwanken bei Über-
holen durch gewöhnliche Fz nicht zu rechnen (Stu VersR **67** 69); denn daran müssen Radf
auch außerorts gewöhnt sein. Wer als Kf einen Radf überholt, muss je nach dessen Fahrweise
und seiner eigenen Fahrgeschwindigkeit ausreichenden Seitenabstand einhalten, **mindestens
1,5–2 m** (KG ZfS **02** 513, Ha NZV **95** 26, Sa VM **80** 79). Auf freier LandStr bei einwand-
freier Fahrweise reichen etwa 1,90 m Abstand aus (Kö VRS **26** 356). UU (Unsicherheiten des
Radf, schwierige Fahrbahn- oder Witterungsverhältnisse) sind etwa 2 m Seitenabstand nötig
oder das Überholen ist zurückzustellen (Sa VM **71** 93, Schl VM **66** 54). 2 m Abstand ist auch
beim Überholen eines Radf notwendig, wenn auf dem Rad ein Kind befördert wird (Nau
VersR **05** 1601, Kar DAR **89** 299 [4jähriges Kind auf Gepäckträger]). Benutzen Radf einen
Sandstreifen mit Stufe zur Fahrbahn hin, so muss ein Überholender mit Sturz rechnen und mit
großem Abstand überholen (2 m; Schl VM **73** 60). Rechtsüberholen des zum Linksabbiegen zur
Mitte hin eingeordneten Radf mit 2 m Seitenabstand ist ordnungsgemäß (Stu VersR **71** 1178).
Ein Seitenabstand des überholenden Pkw beim Radf von nur 60 cm ist zu gering, vor allem auf
einer Steigung (Ko VRS **39** 343). Diese Grundsätze gelten nicht ohne weiteres auch bei **Mofa-
fahrern** (Bay MDR **87** 784). Jedoch ist auch beim bergauf fahrenden Mofa mit Schwankungen
nicht zu rechnen (Dü VM **75** 79). Auf das **Überholen von Radf durch Radf** sind die für Kf
geltenden Grundsätze zum Mindest-Seitenabstand nicht übertragbar, weil die sonst ungleich
größere Masse und Geschwindigkeit des überholenden Fz sowie Beeinträchtigung durch Luft-
zug und Motorgeräusch dann keine Rolle spielen (Fra NZV **90** 188). Auch auf nur 1,70 m brei-
tem Radweg darf ein Radf daher einen anderen Radf überholen, jedenfalls nach Ankündigung
durch Klingeln (Fra NZV **90** 188). Auf sehr schmalen Radwegen, die nur geringen Seitenab-
stand ermöglichen, darf ein Radf aber nicht überraschend überholen (Mü VRS **69** 254). Dem
Kradf, der überholt wird, steht ein ganzer Fahrstreifen zu, er muss nicht zum StrRand fah-
ren, auch nicht bei markierten Fahrstreifen auf der AB und auf anderen Straßen. Auch **Fuß-
gänger**, die innerorts rechts oder links, außerorts überwiegend links zu gehen haben (§ 25),
müssen beim Überholen ungefährdet bleiben (Ko VRS **42** 29, Bra VRS **4** 294). Ein Seitenab-
stand von 0,50 m reicht höchstens aus, wenn ein offensichtlich erfahrener Fußgänger auf der
Fahrbahn steht und auf den Verkehr achtet (§ 2 Rz 41, § 6 Rz 11, § 20 Rz 9, § 25 Rz 18).

Gefährdender Seitenabstand. Was die Annahme von konkreter Gefahr iS von § 1 II an- 56
geht, dürfte wegen des hierzu ergangenen RsprWandels **stets ein Beinaheunfall zu fordern
sein** (§ 1 Rz 35). Die nachfolgend referierte Rspr. kann daher nur noch mit Vorsicht herange-
zogen werden. Nur wenige cm bei hoher Geschwindigkeit auf der AB (Dü VM **59** 2), nur 1 m
bei überholendem Langholzfuhrwerk (anders bei Pkw; BGH VRS **31** 404), so knappes Über-
holen eines Mopeds mit „60–70", dass schon leichtes Schwanken zur Kollision führen muss
(BGH VRS **21** 170), nur 75–80 cm Seitenabstand (BGH MDR **58** 113, VRS **6** 437, Bra
VRS **1** 197), nur 50 cm zwischen Straba und Radf (BGH VRS **34** 412 [kein Vortritt der nach-
folgenden Straba in einer Engstelle]), zwischen überholendem Krad und Pkw (Ha VersR **87**
692), nur 40 cm zu einer ganz rechts reitenden Gruppe bei lautem Lastzuggeräusch (Dü
VersR **70** 771), nur 40 cm zum rechts auf einem unabgegrenzten Gehstreifen gehenden Fuß-
gänger, der erschreckt werden kann (BGH VRS **13** 216).

Überholen mit nur 32 cm seitlichem Abstand ist idR **grobfahrlässig** (Zw VersR **78** 66), 57
auch wenn das überholte Kfz an sich spurtreu ist.

Seitenabstand beim Vorbeifahren an haltenden Fz: § 6 Rz 11, § 20 Rz 9. 58

6. Warnzeichen vor dem Überholen sind nur außerorts zulässig (V), innerorts im Inte- 59
resse der VBeruhigung (Begr, Rz 10) nur bei Gefahr. Bei ungestörtem Überholverlauf ist ein
WarnZ entbehrlich (BGH VRS **20** 254, Fra NZV **00** 211, Sa VM **75** 93), so etwa bei VT, die
offensichtlich korrekt scharf rechts fahren (BGH VersR **64** 777) oder bei Unaufmerksamkeit (Dü VM **65** 93, Ha VRS **28** 45). Auf schmalen Str
darf, vor allem bei Sichtbehinderung, erst nach Verständigung überholt werden (Bay VM **60** 24,
Sa VM **81** 89, Fra VM **63** 78, Ha NZV **04** 631 [Radf], DAR **60** 121). Wer auf schmalem
Radweg einen anderen Radf durch Überholen gefährden würde, kann zur Abgabe eines Klin-

gelZ verpflichtet sein, nicht jedoch, um dadurch einem verkehrswidrigen plötzlichen Linksabbiegen des Eingeholten entgegenzuwirken (Mü VRS **69** 254). Zur Warnung von Radf vor dem Überholen s auch Rz 40. Wer die **Überholspur unberechtigt benutzt** (§ 2), darf durch kurzes Hupen oder Blinken zum Einscheren aufgefordert werden (BGH VersR **68** 672, Bay VRS **62** 218, Kö VRS **28** 287, Ha VM **62** 58 m Anm *Booß*), doch nicht auf bedrängende Weise, denn diese kann uU nötigen (Rz 72), besser von vornherein durch Linksblinken, sofern dies, wie auf der AB, nicht irreführen kann (KG VRS **65** 220, *Janiszewski* NStZ **82** 240).

60 Das **Ankündigen** geschieht durch kurze, „stoßweise", insgesamt nur wenige Sekunden dauernde Schall- oder LeuchtZ (Begr, Rz 11), wobei Entgegenkommende **nicht geblendet** werden dürfen. Die Ankündigung ist nicht schon unzulässig, wenn sie nur geblendet werden „könnten", sondern nur, wenn sie durch das Z tatsächlich geblendet würden (Begr, Rz 11).

61 **7. Pflichten des zu Überholenden.** Mit Überholversuchen an gefährlichen Stellen muss ein Vorausfahrender nicht rechnen (BGH VRS **59** 326). I Ü muss er das Überholtwerden möglichst erleichtern, vor allem durch **korrektes Rechtsfahren** (§ 2 II; BGH VersR **61** 347, Nau DAR **01** 223), aber nicht durch Ausweichen aufs Bankett (BGH VkBl **58** 35, Ol DAR **56** 283), wenn er das bei Tragfähigkeit auch darf (BGH VRS **21** 170). Wer überholt wird, darf **nicht unerwartet nach links ausbiegen** (Nau DAR **01** 223, Ha VersR **87** 692). IdR darf der Überholer mit verkehrsgemäßem Verhalten des zu Überholenden rechnen. Der mit Überholgeschwindigkeit ausgerückte Aufgerückte muss nicht mit vorschriftswidrigem Ausscheren des Vordermanns ohne Rückblick noch kurz vor ihm rechnen (Bay VRS **59** 224). Nicht rechnen muss der Überholende mit plötzlicher Seitwärtsbewegung des Eingeholten (BGH NJW **75** 312, VersR **67** 557, Bay VM **69** 2, Ha VRS **48** 268, Stu DAR **67** 26), nicht mit unvermitteltem Linksabbiegen (BGH VkBl **54** 37, Fra NZV **00** 211), erst recht nicht, wenn der Eingeholte vorher ersichtlich Platz gemacht hat (RG RdK **49** 58). Damit, dass ein am rechten Fahrbahnrand fahrender **Radf** plötzlich auf die linke Fahrbahnhälfte lenken werde, braucht der Überholende nicht zu rechnen (LG Mühlhausen NZV **04** 359 [Alleinhaftung des Radf]). Berücksichtigung von Lenkbewegungen durch (jugendliche) Radf: Rz 40. Mit Rücksicht auf den Überholer **abblenden** muss der Überholte nicht (Bay NJW **64** 213), es sei denn bei Hinterherfahren mit geringerem Abstand (Blendung durch Rückspiegel, § 1). **Verhindern des Überholtwerdens** als Nötigung: § 240 StGB Rz 16-20.

62 **7 a. Beschleunigungsverbot** (VI). Der Überholte darf ab Beginn des Überholvorgangs (idR Ausscheren, nicht vom „Eingeholtsein" ab) nicht mehr beschleunigen, weil dies den Überholweg verlängern und nicht mehr abschätzbar machen würde, Bay VM **78** 42, und zwar auch auf Straßen mit mehreren Fahrstreifen (zB der AB). Auch wer bei Grün anfährt und dabei links überholt wird, darf kein Wettfahren beginnen, er darf bis zur zulässigen Höchstgeschwindigkeit beschleunigen, doch so, dass das Überholen nicht wesentlich verlängert wird. Zwar muss, wer beschleunigen will, nicht vorher wegen etwaiger Überholer zurückblicken, Bay DAR **68** 166, merkt er aber, dass er überholt werden soll, so muss er sich darauf einrichten, Dü VM **70** 77, Ha NJW **72** 2096 (seitliches Auftauchen) und darf nicht weiter beschleunigen, Ha VRS **8** 227, auch nicht bei rechtswidrigem Überholtwerden (Gefährlichkeit!), Bay DAR **68** 166, auch nicht durch Selbstbeschleunigung in langem Gefälle, aM Ha VM **67** 8; denn auch dies verlängert den Überholweg. Das Beschleunigungsverbot kann auch durch Unachtsamkeit verletzt werden, Ha NJW **72** 2096. Bei unerlaubtem Beschleunigen darf der Überholer, uU schneller als an sich erlaubt, weiter überholen, wenn das Abbrechen jemanden gefährden würde, Dü NJW **61** 424, dann haftet der Überholte für die Folgen, BGH VersR **64** 414, wenn sein Verhalten auch nicht Voraussehbarkeit der Folgen beweist, Bay DAR **57** 361. **Die Geschwindigkeit vermindern** wird er müssen, wenn sonst Gefahr entstünde, BGH VersR **60** 925, zB wenn sich Gefahr ersichtlich anbahnt, auch kann die Rücksicht (§ 1) auf den Überholer fordern, dass er jedenfalls seinen bisherigen Abstand nach vorn (§ 4) nicht verkürzt, Ce NRpfl **62** 70, es sei denn, er würde andernfalls durch einen zu dicht vor ihm Einscherenden gefährdet, Ce NZV **90** 239. Wer überholt wird, darf aus triftigem Grund abbremsen, darf dadurch jedoch den Überholer nicht gefährden, etwa dessen Versuch, das Überholen abzubrechen und sich hinter dem zu Überholenden wieder einzuordnen, aM Fra VersR **79** 725. Wartepflicht der Langsamfahrer: Rz 63.

63 **7 b. Langsamere Fahrzeuge** (= langsamer fahrende) jeder Art, die (zB wegen dauernden Gegenverkehrs) nicht überholt werden können, müssen verlangsamen, an geeigneter Stelle notfalls warten, um „mehreren unmittelbar folgenden Fz" das Überholen zu ermöglichen (Abs VI S 2, 3). Die wichtige Vorschrift entspricht einer Weltregel, sie fördert den VFluss, vermeidet Schlangenbildung und gefährdendes Überholen (Begr, Rz 12). Ein **„langsameres" Kfz** führt,

Überholen

wer nur erheblich langsamer fahren kann oder will als die gerade beteiligten anderen Kfz, Kar NZV **92** 122, Stu DAR **77** 276, auch wenn er triftige Gründe dafür hat, Kar NZV **92** 122. Dass er bauartbedingt langsam fährt, ist nicht Voraussetzung, Kar NZV **92** 122. Wer auf 6 km mit 65 km/h fährt, obwohl 100 km/h möglich und zulässig sind, unterliegt der Pflicht des VI S 2 (Kar NZV **92** 122). **Mehrere Fz** folgen unmittelbar, wenn wenigstens drei Fz (*Cramer* Rz 108) mit dem gebotenen oder auch etwas größerem Abstand zu dem Langsamfahrer aufgeschlossen haben. **An nächster geeigneter Stelle** müssen Langsamfahrer verlangsamen oder anhalten, also nicht, wo Auffahrgefahr drohen kann. Bei Dunkelheit ist dies problematisch, da Anhalten trotz Beleuchtung hier gefährden kann. Dazu dürfen und sind ggf **Seitenstreifen** (Abgrenzung zur Fahrbahn durch Breitstrich, § 41 III 3 b) zu benutzen, um das Ausweichen und Warten zu erleichtern (VI), sofern sie erkennbar so ausreichend breit und befestigt sind, dass sie das fahrende Ausweichen (uU Mitbenutzung) und Warten des langsamen Kfz ermöglichen. Dass dies nicht auch für die Standspur der AB gilt (s dazu § 18 Rz 14 b), stellt Abs VI S 3, Halbsatz 2 ausdrücklich klar. Das Ausweichen oder Mitbenutzen des Seitenstreifens durch das wartende Kfz darf den auf den Streifen verwiesenen SonderV (§ 41 III 3 b) nicht gefährden, ihn aber uU durch kurzes Warten behindern, ohne dann § 1 zu verletzen. An Stellen mit häufigen Überholstörungen und Schlangenbildung sieht die Vwv zu VI 2 Haltebuchten vor.

8. Rechtsüberholen ist in den in VII bezeichneten Fällen zulässig (Rz 67–70), außerdem **64** gemäß § 7 II bis III (dort Rz 10–15), § 41 III Nr 5. Rechtsüberholen bei Schlangenbildung: § 7, unter Benutzung einer Sperrfläche: Rz 19 a. Die wenigen Ausnahmen zulässigen Rechtsüberholens **auf AB** sind im Sicherheitsinteresse eng auszulegen, Bay DAR **79** 47, KG VRS **62** 139. Würde das Rechtsüberholverbot des § 5, zusammen mit der Ausnahme des § 7 (Nebeneinanderfahren), aber eng wörtlich genommen, so blieben Fälle fremden unrichtigen Verhaltens übrig, in denen Rechtsüberholen verboten und der Verkehr dadurch unzumutbar behindert wäre. ZB ist kein unzulässiges Rechtsüberholen anzunehmen, wenn jemand auf der AB-Normalspur gleichschnell weiterfährt, obwohl auf der Überholspur ein Fz, das ihn bereits etwas hinter sich gelassen hatte, mangels Motorkraft wieder zurückfällt, Bay NJW **64** 781, JR **64** 189 (*Hartung*), Ce VM **63** 77. Ihn zum Verlangsamen zu zwingen, wäre unangemessen und uU gefährlich behindernd. Rechtsüberholen **an einer auf der Überholspur stockenden Kolonne**, § 7 II a (§ 7 Rz 12 a). Rechtsüberholen, insbesondere auf AB und KraftfahrStrn, ist auch erlaubt, wenn das überholte Fz auf der durchgehenden Fahrbahn bleibt, während der Überholende einen durch breite Leitlinie getrennten **Abzweig-Fahrstreifen** befährt, § 42 VI Nr 1 f, vorausgesetzt, dass der rechts Überholende beabsichtigt, der seinem Fahrstreifen zugeordneten abweichenden Richtung zu folgen, so schon Fra NJW **83** 128 (Anm *Booß* VM **83** 6). S dazu § 7 Rz 15. Im **Ampelbereich** mit markierten gleichgerichteten Fahrstreifen darf vor Rot rechts aufgefahren (= insoweit überholt) und innerorts auch (bei Übergang zu Grün) rechts fliegend überholt werden (§ 7 III), s aber Rz 36. Außerorts könnte – soweit nicht die Voraussetzungen des § 7 II a erfüllt sind – der Wortlaut des § 37 IV dafür sprechen, dass im Ampelbereich (auch ohne Fahrstreifenmarkierung) nur Nebeneinanderauffahren bei Rot (= insoweit überholen) erlaubt ist, nicht jedoch (bei Farbwechsel) fliegendes Rechtsüberholen. Aus Gründen der VFlüssigkeit lässt aber Bay NJW **80** 1115 inner- wie außerorts bei Farbwechsel auch fliegendes Rechtsüberholen zu, auch bei nicht markierten Fahrstreifen (str, zum Problem: Ha MDR **70** 66, Ce VRS **54** 144, *Booß* VM **80** 42, *Demuth* JurA **71** 389, BGHSt **26** 73). Die Lösung des BayObLG dürfte den Vorzug verdienen, weil sie den Verkehr flüssig hält, ohne dass wesentliche Nachteile zu befürchten wären, s *Mersson* DAR **83** 281. Die Streitfrage ist nach Einfügung von § 7 II a nur noch von geringer Bedeutung. **Hindurchfahren mit einem Krad zwischen wartenden Kolonnen** ist unerlaubtes Rechtsüberholen (Stu VRS **57** 361, 364, Ha NZV **88** 105 [Alleinhaftung bei Kollision mit einem aus der linken Kolonne ausscherenden Fz]), KG NZV **07** 305 [Alleinhaftung des KRadf bei Kollision nach Wiederanfahren eines wartenden Lkw] ebenso zwischen fahrenden (Dü NZV **90** 319, Stu VRS **57** 364, Schl VRS **60** 306); daran hat die Einfügung weder von Abs 8 noch von § 7 II a etwas geändert (*Felke* DAR **88** 74), weil erlaubtes Rechtsüberholen, abgesehen von der Ausnahme des Abs 8, grundsätzlich einen freien Fahrstreifen für den Überholenden voraussetzt, KG NZV **96** 365, Dü NZV **90** 319, VM **90** 38, VRS **68** 134, *Weigel* DAR **00** 394. Ein solches Verhalten ist gefährlich, weil es zu Kollisionen führen kann, wenn die überholten Fz sich innerhalb der von ihnen beanspruchten Fahrstreifen nach rechts oder links bewegen.

Radfahrer und **Mofafahrer** dürfen Fz, die auf dem rechten Fahrstreifen warten (zB LZA), **65** mit mäßiger Geschwindigkeit und besonderer Vorsicht rechts überholen, falls ausreichender

Raum dazu vorhanden ist, Abs VIII, nicht aber auch unter Benutzung anderer Fahrstreifen solche, die dort warten, Ha NZV **01** 39 (Linksabbiegerstreifen). Die durch ÄndVO 1988 eingefügte Bestimmung legalisiert eine schon vorher geübte Praxis und entspricht den Verkehrsbedürfnissen. Ausreichender Raum ist nur vorhanden, wenn die verbleibende Fahrbahnfläche ein gefahrloses Befahren durch den ZweiradF ohne Gefahr der Kollision mit den wartenden Fz oder einem rechts verlaufenden Bordstein gewährleistet (*Felke* DAR **88** 74: mindestens 1 m, krit zu Abs 8 *Gahrau* VD **87** 248, *Berr* DAR **88** 100). Nur *wartende* Fz dürfen gem Abs 8 rechts überholt werden, dh solche, die zum Stillstand gekommen sind, nicht fahrende, auch nicht langsam rollende, bei denen iÜ das Erfordernis ausreichenden Raums infolge Veränderung der Fahrlinie nicht abschätzbar wäre. Die erlaubte „mäßige" Geschwindigkeit richtet sich nach den konkreten VVerhältnissen und der sich daraus ergebenden Beherrschbarkeit der beim Überholen entstehenden Gefahren, Ha NZV **00** 126. Die Führer wartender Fz haben die Möglichkeit rechts überholender Radf und Mofas beim Anfahren und – im Hinblick auf den Vorrang geradeaus fahrender Radf und FmH (§ 9 III S 1) – vor allem beim Rechtsabbiegen zu berücksichtigen. Entsprechendes gilt für das Öffnen der Tür durch Fahrgäste, Ha NZV **00** 126.

66 **Seitenstreifen** (Z 295) sind keine Sonderwege, s § 41 Rz 248l Z 295. Benutzung zum Zwecke des „Rechtsüberholens" verstößt gegen § 2 I 1, nicht auch gegen § 5 I (die abw Rspr ist durch § 2 I S 2 überholt, ebenso die Rspr, die § 7 II bis III für anwendbar hielt; zum abw Überholbegriff bei § 315c StGB s dort Rz 33), Dü NZV **93** 359, NJW **94** 1809. Benutzung durch langsame Fz zur Erleichterung des Überholens: Rz 63. sowie gemäß § 41 III 3 b, aa: § 41 Rz 248l zu Z 295. Befahren des Seitenstreifens als Fahrstreifen (Z 223.1): § 41 Rz 248 b.

Lit: *Gahrau*, Rechtsüberholen durch Radf?, VD **87** 248. *Lehne*, Das Rechtsvorbeifahren an nach links eingeordneten Fahrzeugen, DAR **60** 9. *Merrson*, Zur Problematik des Rechtsüberholens, DAR **83** 280. *Weigel*, Dürfen sich MotorradF ... „durchschlängeln"?, DAR **00** 393.

67 **8 a. Der korrekte Linksabbieger** (§ 9) ist rechts zu überholen (VII S 1). Er muss sich richtig links eingeordnet haben und seine Abbiegeabsicht (noch) ankündigen (Begr, Rz 13), Kö VRS **84** 330, Stu VersR **77** 88, Ha VersR **78** 470. Weitere Voraussetzungen verlangt VII S 1 nicht, insbesondere nicht unmittelbares Bevorstehen des Linksabbiegens, Bay NZV **90** 318. VII S 1 geht I vor, Bay DAR **77** 139. Wer den eingeordneten Linksabbieger trotz dessen rechtzeitiger Anzeige noch links überholt, haftet überwiegend, Ko VersR **78** 576 (zust *Fuchs-Wissemann* DAR **94** 148). Die Rechtsüberholpflicht besteht erst recht, wenn sich der Vorausfahrende noch weiter als bis zur Mitte nach links hin eingeordnet hat, Bay DAR **77** 139. Ist bei richtiger Kundgabe der Abbiegeabsicht Rechtsüberholen wegen Enge nicht möglich, so muss der Überholer warten, Ol VersR **63** 864. Solange sich der Linksabbieger noch nicht ordnungsgemäß eingeordnet hat, gilt Abs VII S 1 nicht, Ol NZV **93** 233, Kö VRS **84** 330, Ko VRS **65** 464, ebenso wenig bei bloßem Linkseinordnen ohne linke Fahrtrichtungsanzeige, KG VM **85** 67, Kö VRS **84** 330. Hat der Vorausfahrende das Blinken wieder eingestellt, außer nach dem Einordnen auf der Linksabbiegespur (§ 41 III Nr 5, s Rz 68), gilt VII S 1 nicht (Begr, Rz 13); es besteht eine unklare VLage, und das Überholen erfordert größte Vorsicht oder ist zurückzustellen (Rz 34). VII Satz 1 gilt bis zum Beginn des eigentlichen Abbiegens beim an sich zulässigen **paarweisen Abbiegen** (§ 7 Rz 16) auch im Verhältnis mehrerer Linksabbieger untereinander, Bay DAR **87** 94, VRS **58** 448, VM **75** 19, jedoch nicht mehr *während* des Abbiegens, Bay VRS **58** 448, Ce VRS **66** 374, wenn nicht die Voraussetzungen des § 7 II bis III vorliegen. Umgekehrt gilt bei erlaubtem paarweisen Abbiegen nach links das Verbot des Linksüberholens (VII S 1) mit Beginn des eigentlichen Abbiegevorgangs nicht, Ce VRS **66** 374.

68 Mit **Ausschwenken** des eingeordneten Linksabbiegers in den benachbarten Fahrstreifen braucht der ordnungsgemäß rechts Überholende nicht zu rechnen, KG VM **04** 61 (Sattelzug, unklare VLage?). Bloßes Einordnen des Vorausfahrenden zur Mitte ohne linkes RichtungsZ oder Linksblinken ohne Einordnen als „unklare VLage" Rz 34, 35. Wer sich auf dem **Linksabbiegepfeil (Z 297)** eingeordnet hat, darf rechts überholt werden (§ 41 III Nr 5), *Mersson* DAR **83** 281. Solange er sich dort nicht vollständig eingeordnet hat, darf er weder nach § 5 VII S 1 noch nach § 41 III Nr 5 rechts überholt werden, Ko VRS **65** 464. **Wer links abbiegen will,** darf einen bereits eingeordneten anderen Linksabbieger (Z 297 zwischen Leitlinien) rechts überholen (§ 41 III Nr 5), falls er sich ohne Behinderung (§ 1 II) mit zulässigem ausreichendem Abstand noch vor ihn setzen kann, Kö VM **74** 7 *(Booß)*, **78** 61, VRS **51** 453.

69 **8 b. Schienenfahrzeuge** sind rechts zu überholen (VII S 2–4), links, wenn die Schienen zu weit rechts liegen, auf Fahrbahnen für eine Richtung rechts oder links. Vorbeifahren an Haltestellen: § 20. Linksüberholen der Straba ist zulässig, wenn „die **Schienen zu weit rechts** lie-

Überholen § 5 StVO 2

gen", so dass überhaupt kein zweispuriges Fz rechts überholen könnte, wobei es auf andere VT zwischen Schienen und Bordstein nicht ankommt, oder wenn wegen einer Baustelle rechts nicht überholt werden kann, Dü MDR **73** 933. Ein öffentliches VMittel hält beim Ein- oder Aussteigen oder fahrplanbedingtem Warten nicht verkehrsbedingt, es wird daher nicht überholt, an ihm wird vorbeigefahren, BaySt **62** 306.

Auf Fahrbahnen für eine Richtung (**Einbahnstr**, Z 220) dürfen SchienenFz rechts oder links **70** überholt werden, soweit möglich jedoch rechts (Rechtsfahrgebot). Ist auf einer Einbahnstr die linke Spur durch Pfeil 297 den Linksabbiegern, die rechte den Rechtsabbiegern vorbehalten, so darf ein Linksabbieger nicht auf der unrichtigen Spur überholen, Dü VM **68** 85. Auch in „unechten" Einbahnstr, wo die Straba auch entgegenkommt, darf sie links oder rechts überholt werden, doch mit größter Sorgfalt, BGHSt **16** 133 = NJW **61** 1779, Bay NJW **61** 576.

9. Ordnungswidrig (§ 24 StVG) sind Verstöße gegen § 5 I–IV a, V S 2, VI, VII (§ 49 I **71** Nr 5). Verstöße von Radf und Mofaf gegen Abs VIII sind als solche nicht bußgeldbewehrt, können aber zugleich Zuwiderhandlungen gegen Abs I (zB bei nicht „ausreichendem Raum"), gegen § 3 I (keine „mäßige Geschwindigkeit") oder § 1 II darstellen. **Irrtum** über die Bedeutung das Überholen verbietender VZ: Rz 36. Verstoß gegen Abs II S 1 ist bereits **vollendet**, wenn mit dem Ausscheren begonnen wird, obwohl Behinderung des GegenV nicht absehbar ist, Dü VRS **70** 292 (s aber Rz 22). Wird das Überholen abgebrochen, weil es erst auf einer unübersichtlichen Strecke beendet werden könnte, so ist sein Beginn für sich allein nur dann nicht ow, wenn das nicht vorhersehbar war, Rz 25. Beendigung des Überholens mit überhöhter Geschwindigkeit als einziges Gefahrabwehrmittel, Bay Fahrl **67** 97 (**E** 117). Auch wenn ein Vorausfahrender freie Straße anzeigt, bleibt der Überholer verantwortlich, Schl DAR **63** 254, Fra NJW **65** 1335. **Zusammentreffen**: Bei Gefährdung des Nachfolgenden ist Abs IV S 1 gegenüber § 1 II speziell, Kar NZV **92** 248, TE jedoch bei Schädigung, Dü NZV **94** 488. Wer trotz unklarer Lage überholt und danach, um dem Gegenverkehr auszuweichen, den Überholten schneidet, verletzt III Nr 1, IV S 4 zugleich, Ko VOR **72** 472. TE zwischen § 5 III und § 1 ist möglich, Zw VRS **31** 383. Zum Verhältnis des II 1 zum § 1 II, Ha VRS **59** 273. Wird der Überholte nur behindert, so tritt § 1 gegenüber § 5 IV S 4 zurück, weil diese Vorschrift Behinderung voraussetzt, Bay DAR **75** 164, Ha DAR **72** 81. TE mit § 1 bei Gefährdung des Überholten, Ha DAR **72** 81, Bay DAR **75** 164. Wer unzulässigerweise überholt, verletzt nicht zugleich das Rechtsfahrgebot, denn das Überholverbot geht als Sonderregel vor, Dü VRS **52** 210, Sa VRS **42** 149. Bei Überholen trotz Unüberblickbarkeit des Überholwegs geht II S 1 dem Abs III Nr 1 vor, Bay VM **72** 51, VRS **70** 292, Mü NZV **05** 544, Ha VRS **59** 271, s Rz 34. Wer unter Überfahren einer **durchgehenden Linie** (Z 295) überholt und es sonst nicht könnte und zurückstehen müsste, verletzt nur § 41 III 3 a, nicht auch § 2, Kö VM **72** 69, auch nicht immer § 5, weil Z 295 nicht das Überholen regelt, Rz 37.

10. Strafvorschriften. Gefährdung im StrV: § 315 c I Nr 2 b, III StGB, s dort Rz 11 ff. Zu **72** § 240 StGB dort Rz 10 ff, 16 ff, 24 f.

11. Zivilrecht. III Nr 1 ist **SchutzG** gegen gefährdende Überholer, Schl VersR **74** 867; III **73** Nr 2 auch zugunsten des nachfolgenden Verkehrs, BGH VersR **68** 578. **Schuldhaft handelt,** wer den mit „75" Vorausfahrenden auf nur 4,5 m breiter, stark gewölbter Straße überholt, BGH VersR **67** 710, wer als Anschlussüberholer (Rz 31) den V vor sich nicht übersehen kann, Bra DAR **93** 345, wer in unübersichtlicher Kurve überholt, BGH VersR **63** 1207, Kö ZfS **86** 278 (grobfahrlässig iS von § 61 VVG), wer auf der AB als Lastzug mit zu geringer Differenzgeschwindigkeit überholt, Bay NJW **61** 1078, Stu DAR **62** 190, Bra VRS **21** 461, AG Lüdinghausen NZV **06** 492, oder auf den Überholfahrstreifen ausschert, ohne sich vergewissert zu haben, dass dieser nach vorn frei ist, Ha NJWE-VHR **96** 210 (grobfahrlässig). Im Stadtverkehr muss kein Kf damit rechnen, dass aus dem verdeckten Raum vor dem Überholten heraus plötzlich Fußgänger auf die Fahrbahn treten, BGH VersR **63** 239, auch nicht an Kreuzungen ohne Fußgängerüberweg, BGH VersR **66** 685, anders beim Überholen eines neben parkenden Kfz soeben anfahrenden Lkw bei regem Fußgängerverkehr (?), Ha VRS **31** 197. Auch bei Glatteis muss ein Überholer nicht damit rechnen, dass ein mit „50" Vorausfahrender die FzHerrschaft verliert, Schl VM **72** 62. **Äußerste Sorgfalt** (§ 17 III StVG, **E** 150) des Überholers, wenn er sich rechtzeitig vor dem Ausscheren um den rückwärtigen Verkehr kümmert, BGH VersR **68** 1041, Kar VersR **02** 1434. Zur **groben Fahrlässigkeit** iS von § 61 VVG (§ 81 II VVG 08) bei Zusammenstoß mit Entgegenkommendem unmittelbar nach Überholen (BGH VersR **82** 892), bei Überholen einer FzKolonne, Ha VersR **91** 294, beim teilweisen Ausscheren in die Gegenfahrbahn in nicht einsehbarer Rechtskurve, Ha VersR **96** 181, bei Überholen in durch VZ gekennzeichneter gefährlicher Kurve unter Überfahren einer durchgehenden Linie, Kö NVersZ **01** 169. Grob fahrlässig (**E** 149) handelt, wer auf der AB so knapp vor einem Schnelleren ausbiegt, dass dieser gefahrbremsen muss, BGH VersR **67** 347, auch wenn der so Behinderte 160 km/h fährt, Kar VRS **74** 166 (Alleinhaftung), wer trotz durch VZ gekennzeichneter Engstelle ohne Sicht auf GegenV versucht, einen Lkw mit Anhänger zu überholen, Kar VersR **92** 1507, wer einen links blinkenden Lkw überholt, Ro ZfS **03** 498, wer nach Überholen vor Rechtskurve im Kurvenbereich auf die Gegenfahrbahn gerät, Ha NJW-RR **98** 1555, aber nicht, wer den Windschatten des überholten Lastzugs nicht berücksichtigt, BGH VersR **69** 77. **Haftungsverteilung:** Wer schneller als zulässig fährt, ist am Begegnungszusammenstoß **mitschuldig,** wenn der Unfall sonst unterblieben wäre, Mü NJW **66** 1270. Mitschuld des Überholenden, der den Überholvorgang fortsetzt, obwohl er mit Ausscheren des Vorausfahrenden wegen Hindernisses rechnen musste, Dü VRS **63** 339 (Mithaftung zu $^1/_3$), insbesondere nach Überschreiten der zulässigen Höchstgeschwindigkeit, Kö VersR **91** 1301 (Mithaftung zu $^1/_2$ im Baustellenbereich), der bei geringfügiger Überschreitung der zulässigen Höchstgeschwindigkeit mit dem ohne ausreichende Rückschau zwecks Überholens ausscherenden Vordermann kollidiert, Ha VM **86** 6. Zur Mithaftung bei Überschreiten der AB-Richtgeschwindigkeit: § 17 StVG Rz 16. Auch im Verhältnis zum Überholten trägt der Überholer idR die Verantwortung, jedoch schließt das dessen etwaige Mitverantwortung nicht aus (Ausbiegen des Überholten; KG VersR **71** 547, Bra DAR **93** 345). Weit überwiegende Schuld dessen, der extrem weit links überholt bei Kollision mit einem entgegenkommenden, schlecht beleuchteten Moped (Mü VRS **55** 409). Verschulden des bei unklarer VLage Überholenden übersteigt das des die doppelte Rückschaupflicht verletzenden Überholten bei weitem (LG Kar ZfS **08** 82). Kein deutlich höheres Verschulden dessen, der die Fahrertür seines geparkten Fz öffnet, gegenüber dem aus der Gegenrichtung kommenden Kf, der beim Überholen eines anderen Fzs mit zu geringem Abstand an dem parkenden Wagen vorbeifährt (BGH DAR **81** 148 m abl Anm *Schmid* DAR **81** 256). Tatfrage, ob die **BG des Überholers** die des Überholten übersteigt (Ha VersR **78** 47, **76** 1071, s § 17 StVG Rz 8, 13). Bei Unfall zwischen Überholendem und Entgegenkommendem ohne FzBerührung und ohne Verschulden auf beiden Seiten Haftung 70:30 zu Lasten des Überholers (Brn DAR **95** 327). Überholen auf dem Überholstreifen der AB erhöht die BG idR nicht (Hb VersR **75** 911). Erhöhte BG bei Überholen mehrerer hintereinander fahrender Fz auf unbeleuchteter AB bei Nacht mit 200 km/h (Dü ZfS **81** 161). Weicht ein Radf beim Überholtwerden unvorhersehbar plötzlich weit nach links ab, so haftet er allein, die **KfzBG tritt zurück** (Dü VersR **72** 1031, LG Mühlhausen NZV **04** 359). Gegenüber riskanten Überholversuchen kann die BG des Überholten ganz zurücktreten (Kö VersR **88** 277, Fra VersR **79** 725, Mü VersR **78** 285, Dü VersR **77** 60), zB bei grobfahrlässigem Rechtsüberholen auf schmaler Fahrbahn (Mü VersR **79** 747) oder bei waghalsigem Überholmanöver vor nicht einsehbarer Rechtskurve selbst bei Zu-Schnell-Fahren des Überholten (Ce DAR **07** 152). Wer einen korrekt eingeordneten Linksabbieger grob verkehrswidrig noch links zu überholen sucht (Überholverbot, zu schnell), haftet allein (Mü VersR **75** 1058); dazu auch § 9 Rz 55). Alleinhaftung des Überholenden, der den Entgegenkommenden zu gefährlicher Bremsung mit Unfallfolge veranlasst (Ko VersR **96** 1427). S auch § 17 StVG Rz 17.

74 Für Verletzungen dessen, der infolge verkehrswidrigen Überholens zu einer Notbremsung veranlasst wird, kann **auch ohne FzBerührung** Haftung des Überholenden nach § 7 StVG und § 823 BGB gegeben sein (BGH VersR **83** 985). Wer jemand durch verkehrswidriges Überholen zum Notbremsen zwingt, haftet auch für Schleuderfolgen (BGH VersR **62** 83). Bei Kollision spricht der **Anschein** nicht stets für Sorgfaltsmangel des Überholenden (BGH NJW-RR **87** 1048, NJW **75** 312, Ol NZV **91** 156, Ha VersR **76** 1071, KG NJW-RR **87** 1251), zB dann nicht, wenn sich Überholter unter Verstoß gegen Rückschaupflicht in dichte FzKolonne auf AB-Überholspur einzwängt (Jn NZV **06** 147), uU aber gegen diesen, wenn er den Überholten streift, je nach Anstoßstelle und Fahrbewegung (Stu VersR **67** 69, LG Sa ZfS **03** 175), er spricht gegen ausreichenden Abstand, wenn beim Vorbeifahren ein Fz gestreift und ein dicht daneben Stehender verletzt wird (BGH VRS **5** 266, Kö VM **64** 37). Bei Zusammenstoß mit Entgegenkommendem auf dessen Fahrbahnseite unmittelbar nach Überholen eines sichtbehindernden Fz spricht die Lebenserfahrung für unmittelbar adäquate Verursachung durch den Überholenden (BGH VersR **82** 892). Kein Anscheinsbeweis für Schuld dessen, der in die Gegenfahrbahn gerät, weil ein Großtier plötzlich vor ihm auftaucht (BGH VersR **64** 1102).

Vorbeifahren § 6 StVO 2

Vorbeifahren

6 ¹Wer an einem haltenden Fahrzeug, einer Absperrung oder einem sonstigen Hindernis auf der Fahrbahn links vorbeifahren will, muß entgegenkommende Fahrzeuge durchfahren lassen. ²Muß er ausscheren, so hat er auf den nachfolgenden Verkehr zu achten und das Ausscheren sowie das Wiedereinordnen – wie beim Überholen – anzukündigen.

Begr zu § 6: Die Vorschrift ist neu. Sie bringt die Lösung der Frage, welcher Verkehrsrichtung der Vor- 1
rang gebührt, wenn die Fahrbahn durch ein Hindernis vorübergehend verengt ist. Sie gibt den Vorrang derjenigen Verkehrsrichtung, deren Fahrstreifen frei ist. Diese Lösung entspricht der einhelligen Verkehrsübung, übrigens auch in anderen europäischen Ländern. Diese Verkehrsübung zu legalisieren, erscheint umso dringlicher, als die Verkehrsübung bei dauernder (baulicher) Verengung der Fahrbahn ebenso einhellig dem den Vorrang gewährt, der zuerst den Engpass erreicht hat; der dadurch gegebene Anreiz zur Beschleunigung wird so den Beteiligten für die übergroße Zahl der Begegnungsfälle genommen. Der erwähnte Fall der Begegnung vor einer dauernden Fahrbahnverengung wird nicht ausdrücklich behandelt; dieser Fall ist auch in der StVO (alt) nicht geregelt und hat bisher in der Praxis noch zu keinen Zweifeln Anlass gegeben.

… Die strengen Normen für die Zulässigkeit des Überholens dürfen nicht auf das Vorbeifahren über- 2
tragen werden. … Dass der Vorbeifahrende sich im Übrigen wie der Überholende zu verhalten hat, ist in Satz 2 ausdrücklich gesagt.

Vwv s § 5 **Rz 14**

1. **Hindernisse auf der Fahrbahn** iS dieser Vorschrift sind haltende Fz, Absperrungen 3
(§ 43) und sonstige Hindernisse (§ 32, herabgestürztes Ladegut, Schneeverwehung; Schl MDR **85** 327), also der Substanz nach *vorübergehende* Verengungen der Fahrbahn (Begr), soweit ihr Umfahren die Fahrbahn des GegenV zumindest teilweise einbezieht und diesen daher behindern kann (Kö VRS **53** 374). Zu den Absperrungen iS von § 6 S 1 gehören auch solche vorübergehenden Baustellen, die nicht durch festere Einrichtungen (Bauzaun), sondern nur durch Absperrgeräte (§ 43) von der übrigen Fahrbahn getrennt sind (KG VRS **62** 63). Eine Engstelle ist stets nur ein begrenztes Stück einer sonst für Begegnungen ausreichend breiten Str (Schl VersR **82** 1106, Mü VersR **77** 550). Sie besteht nur, wenn am Hindernis nur links vorbeigefahren werden kann und für unbehinderten GegenV dabei kein Raum bleibt (Kar DAR **04** 648, Dü DAR **80** 187, Schl VersR **82** 1106, Kö VRS **53** 374). Reicht der verbleibende Platz für Begegnung, so gelten §§ 1 und 2 (Kar DAR **04** 648). Wer an parkenden Fz vorbeifahren will, ohne die Gegenfahrbahn mitbenutzen zu müssen, muss dennoch zurückstehen, wenn mit GegenV zu rechnen ist, der sich vermutlich oder bereits erkennbar nicht scharf rechts hält und die Mittellinie berührt (KG VRS **91** 465, Ce VersR **80** 772). § 6 regelt, welche Verkehrsrichtung bei vorübergehender Fahrbahnverengung durch Hindernisse **Vortritt** hat (KG VRS **54** 217; Rz 5). Satz 1 regelt nur das Verhältnis zu dem beim Beginn des Vorbeifahrens bereits sichtbarem GegenV (Bay VRS **45** 63, Ha NZV **95** 27), nicht den Fall bloß möglichen, später sichtbar werdenden GegenV (Ha NZV **95** 27). Den Gegensatz bilden dauerne bauliche Verengungen (Rz 8–10; Dü DAR **72** 338). § 6 räumt dem aus einer wartepflichtigen SeitenStr Einbiegenden keinen Vorrang gegenüber dem zum Zwecke des Vorbeifahrens Ausscherenden ein (Dü VRS **63** 60). Die Vorschrift ist unzulänglich, weil sie das Verhalten vor Engstellen nicht allgemein und einheitlich regelt. Des Zusammenhangs wegen wird der Vortritt bei dauernder baulicher Verengung in Rz 8 mitbehandelt, zumal ihn auch die Begr zu § 6 erwähnt. Mangels GegenV darf eine **Fahrstreifenbegrenzung (Z 295) überfahren** werden, wenn Gefährdung ausgeschlossen und an dem Hindernis sonst nicht vorbeizukommen ist (§ 41 Rz 2481 [Z 295]). § 6 betrifft nicht den Fall des **Wegfalls eines gleichlaufenden Fahrstreifens** (Hb VRS **44** 313, KG VRS **45** 61). Vortritt des gleichgerichteten V bei Fahrbahnverengung (parkendes Fz, Baustelle, Wegfall eines Fahrstreifens): § 2 Rz 65, § 7 Rz 18 ff. Reißverschlussverfahren: § 7.

Vor einer **unübersichtlichen Engstelle** muss der Wartepflichtige besonders vorsichtig prü- 4
fen, ob Vorbeifahren den GegenV behindern würde (Bay VRS **45** 63, Kar DAR **89** 106, KG ZfS **08** 12). Ist an einer unübersichtlichen Engstelle GegenV nicht erkennbar, so darf mit größter Vorsicht an einem Hindernis unter Benutzung der Gegenfahrbahn vorbeigefahren werden (§ 1; Bay VRS **58** 450, LG Hagen ZfS **03** 121, s Rz 3), uU ist dann WarnZ erforderlich (Schl MDR **85** 327). Wer das Hindernis vor einer Kurve ohne sichtbaren GegenV links umfährt, muss diesen sichern (Ol VM **66** 47) und WarnZ geben (Ha DAR **71** 111, AG Lobenstein ZfS **00** 482), insbesondere Schrittgeschwindigkeit einhalten und bei Auftauchen eines entgegen-

kommenden Fz sofort anhalten (Ba VersR **82** 583). Kann beim Vorbeifahren am Hindernis an unübersichtlicher Stelle jederzeit Gegenverkehr auftauchen, so muss der Vorbeifahrende sofort anhalten oder die Gegenfahrbahn räumen können (Bay VM **73** 73, Ha NZV **95** 27). Mit Ausweichen oder scharfem Rechtsfahren Entgegenkommender darf er nicht rechnen (BGH VRS **27** 35), muss sich aber auch nicht auf völlig falsche Reaktion einstellen (Bay DAR **78** 190). **Mithaftung des Entgegenkommenden**, der wegen parkender Fz auf der anderen Fahrbahnseite oder wegen anderer Hindernisse mit GegenV auf seiner Fahrbahnseite rechnen muss und sich nicht darauf einstellt (Fahren auf Sicht; Ha NZV **95** 27; KG ZfS **08** 12 [Mithaftung zu 25%]).

Lit: *Berz*, Zum Vorrang an Engstellen, DAR **74** 147. *Mühlhaus*, BegegnungsV in der oberstrichterlichen Rspr, DAR **65** 321.

5   **2. Durchfahrvorrang des Gegenverkehrs,** soweit erkennbar, Schl VM **96** 14, MDR **85** 327, Hb VRS **84** 169, besteht bei **vorübergehender Verengung** der rechten Fahrbahn, die keine Begegnung ohne Mitbenutzung der Gegenfahrbahn ermöglicht (Rz 3, 4). Anders als bei dauernder baulicher Verengung (Rz 8–10) kommt es nicht darauf an, wer die Engstelle zuerst erreicht, denn § 6 will jeden Anreiz zur Beschleunigung vor vorübergehenden Hindernissen ausschließen (Begr). Vorrang hat der Gegenverkehr vielmehr schon, wie bei Vorfahrt (§ 8), wenn er am zügigen, wenn auch notfalls angepasst langsamen Durchfahren nennenswert gehindert wäre. Der Wartepflichtige muss warten, wenn der Gegenverkehr sonst nennenswert verlangsamen oder erst Gewissheit darüber abwarten müsste, ob sein Vorrang beachtet wird. Wie bei der Vorfahrt (§ 8) muss sich der Wartepflichtige vor dem Hindernis klar als solcher verhalten. Er muss durch sein Verhalten anzeigen, dass er warten werde, sonst haftet er, KG VM **80** 44. Befindet er sich in der Engstelle, so muss er diese bei herannahendem GegenV idR rasch räumen, nicht aber darin anhalten, Ko NZV **93** 195. **Bei Nichtbeachtung des Vorrechts** (Ordnungswidrigkeit) muss der Bevorrechtigte zurückstehen, KG VRS **91** 468, Kar DAR **89** 106, Ha VRS **52** 213, sonst Mithaftung, Ko NZV **93** 195. Bei **beiderseitiger Einengung** gilt nicht § 6, sondern § 1, Zw DAR **80** 54, KG VRS **91** 465. Können einander begegnende Fz trotz der Engstelle **gleichzeitig passieren,** so müssen sie verlangsamen und sich den Raum unter äußerstem Ausweichen teilen. Ist der Raum dafür zu eng, muss warten, wer die Gegenfahrbahn mitbenutzen muss, müssten dies beide, so hat der näher Herangefahrene Vortritt, andernfalls ist Verständigung nötig, Bay VRS **63** 215, Zw DAR **80** 54, Dü DAR **80** 187, Ha VRS **52** 213. Parken beiderseits Fz, so dass zu vorsichtigen Begegnungen zweier Fz Raum bleibt, so müssen beide äußerst langsam fahren und sich den freien Raum gleichmäßig teilen, Bay VM **70** 92, Zw DAR **80** 54.

6   **3. Rückschaupflicht** hat nach S 2, wer zum Umfahren des Hindernisses zur Gegenfahrbahn hin ausscheren muss, KG VRS **53** 271. Beachtung des nachfolgenden Verkehrs: Er muss sich vor dem Ausscheren vergewissern, dass dadurch schon nahe aufgerückte, sich von hinten nähernde FzF nicht gefährdet werden, ohne dass diesen allerdings ein Vorrang zustünde, s dazu *Bouska* VD **74** 113. Wer vor der Engstelle wegen Gegenverkehrs gewartet hat, darf nur nach Rückschau und Zeichengeben zum Durchfahren ansetzen, sofern nachfolgender Verkehr noch ausreichend weit zurück ist, Kö VM **71** 94. Der vor dem Hindernis Wartende darf nicht darauf vertrauen, dass ihn seine Hintermänner nach Beendigung des Gegenverkehrs zuerst anfahren lassen, Kö DAR **62** 21, wenn dies auch ihre Pflicht ist. Die Rückschaupflicht gilt inner- wie außerorts, auch wenn der nachfolgende Verkehr das Hindernis rechtzeitig sieht, Stu VRS **28** 40, Hb VM **66** 53, Ha DAR **61** 93. Bloßes Zeichengeben genügt in keinem Fall des Linksausbiegens, Ha DAR **61** 93. Näheres zur Rückschaupflicht: § 5 Rz 42–45. Der Sorgfaltsmaßstab ist beim Ausscheren vor dem Überholen allerdings höher als in § 6 (§ 5 IV S 1 „Gefährdung ausgeschlossen").

7   **4. Rechtzeitiges Zeichengeben** gehört neben der Rückschaupflicht zur gebotenen Sorgfalt dessen, der ein Hindernis unter Ausscheren zur Gegenfahrbahn links umfahren will, KG VRS **53** 271, Kö VRS **41** 456. Anzeigepflicht: § 5 Rz 46–49. Auch der Kehrmaschinenfahrer muss rechtzeitig Zeichen geben und vorher zurückblicken, er darf auf Beachtung nicht vertrauen, aM Br MDR **63** 241. Bei Abwarten längeren Gegenverkehrs ist das Zeichen spätestens rechtzeitig vor dem Anfahren zu geben. Umfahren eines Hindernisses ohne Verlassen des eigenen Fahrstreifens muss idR nicht angezeigt werden, weil es kein Ausscheren ist, § 5 Rz 42. Rechtzeitig und deutlich anzukündigen ist, wo erforderlich, auch das Rückscheren nach Umfahren des Hindernisses.

5. Dauernde bauliche Verengung, die zur Begegnung von Fz höchstzulässiger Breite **8** nicht ausreicht (etwa 5 m), kommt außerorts nur selten und unter besonderen Umständen vor, die sich nur schwer beseitigen lassen mögen (Brücke), anders neuerdings innerorts (sog „Straßenrückbau"). Hier hat **Vortritt,** wer die Engstelle mit deutlich ausreichendem Vorsprung vor dem Gegenverkehr erreicht, BGH DAR **54** 307, Ha NZV **97** 479, Dü DAR **72** 338, Sa VM **78** 72, *Kettler* SVR **05** 92; er darf darauf vertrauen, Bay DAR **61** 177, muss aber auf den Gegenverkehr Rücksicht nehmen, Schl VM **62** 51. Ein die Fahrbahn einengender Bauzaun beschränkt die Fahrbahn auf den freibleibenden Teil und ist deshalb kein vorübergehendes Hindernis auf der Fahrbahn iS von § 6, Bay VRS **61** 463, **68** 139, KG VRS **62** 63, Ha VRS **59** 296, anders bei Absperrgeräten (§ 43), KG VRS **62** 63, Bay VRS **68** 139. Ist eine Straße so schmal, dass Fz einander nur durch Bankettausweichen oder anderswie begegnen können, so besteht ausnahmslos Verständigungspflicht, Mü VersR **77** 550, s dazu auch § 3 Rz 16. In **unübersichtlicher Engstelle** ist beiderseits besondere Vorsicht nötig, Ha VRS **30** 376. Ist auch unter Mitbenutzung befahrbarer Seitenstreifen, Bay VRS **31** 224, zB zur ansteigenden Böschung hin, Sa VM **75** 36, bei größter Vorsicht **Vorbeifahren unmöglich,** Br DAR **57** 363, so muss einer so weit zurückfahren, bis es sich ermöglichen lässt, Bay DAR **67** 336 (steile Engstelle), und zwar der, dem es nach Örtlichkeit, Beweglichkeit und Rückfahrweg am ehesten zuzumuten ist. Öffentlichen VMitteln ist Umkehren und Rückwärtsfahren idR nicht zuzumuten. **Verengt sich eine zunächst ausreichend breite Str** so, dass reibungsloses Begegnen im verengten Teil der Str nicht möglich ist, so ist der aus dem breiten StrTeil sich Nähernde gegenüber dem aus dem schmalen StrStück Kommenden wartepflichtig; darauf, dass er dies vor der Verengung tun werde, darf der andere vertrauen, Bay VRS **63** 215.

6. Ausweichen (Rechtsausweichen) ist an sich eine Folge des Rechtsfahrgebots (§ 2). Es **9** wird hier mitbehandelt, weil es nur bei so enger Fahrbahn in Betracht kommt (vorübergehender wie Dauerverengung), dass Fz höchstzulässiger Breite einander ohne Ausweichen nicht begegnen können. Auszuweichen ist rechtzeitig nach rechts, uU beiderseits, je nach Fahrbahn- und Seitenstreifenbeschaffenheit, auch wenn der Entgegenkommende zu weit links fährt, Mü VersR **61** 45, Kö VRS **20** 146. Ein zweifelsfrei tragfähiges Bankett ist, soweit nötig, mitzubenutzen, Bay VM **66** 52, VRS **34** 76, Ha VRS **33** 364, auch mit einem SchwerFz, Ha VM **73** 31, nicht mit einem Lastzug, der absinken würde, BGH VRS **21** 170, Bay VRS **31** 224, Ko VersR **76** 1051, Sa VM **75** 36, Ha VRS **33** 364.

Der Rechtsfahrende darf vor und beim Ausweichen damit rechnen, dass auch Entgegen- **10** kommende scharf rechts fahren und rechtzeitig ausweichen (soweit sie das können), BGH VersR **62** 616, 1056, Nü VersR **60** 912, Ha VRS **21** 271, und dass Entgegenkommende einander nicht noch vor der Engstelle überholen, BGH VRS **18** 121. Er muss berücksichtigen, dass Züge oder Langholzfuhrwerke nicht ganz rechts fahren können und in Kurven ausschwenken. Gestattet eine vereiste Engstelle kein gefahrloses Begegnen, so ist Verständigung nötig, Mü VersR **60** 862. Genügt Ausweichen im Fahren nicht oder ist es örtlich unmöglich, so ist an geeigneter Stelle anzuhalten und der Entgegenkommende vorbeizulassen, auch wenn er sich vorher unrichtig verhalten haben sollte, Hb JR **61** 74, Ha VM **62** 75, zB seinerseits keine Anstalten zum Ausweichen macht. Mitschuld dessen, der in eine Engstelle einfährt, wo er einem rasch Entgegenkommenden allenfalls im Schritt ausweichen kann, BGH VRS **36** 356. Bankettmitbenutzung zum Ausweichen: § 2.

7. Ausreichender Seitenabstand ist auch beim Vorbeifahren an haltenden Fz einzuhalten, **11** doch wird er nicht stets 1 m betragen müssen (§ 2 Rz 41; Bay NJW **56** 1767, KG VRS **91** 465, Hb VRS **84** 169), andererseits so viel, dass Fußgänger sich hinter dem haltenden Fz gefahrlos orientieren können (mindestens 50 cm?; Ha VRS **21** 60, Ce NRpfl **62** 9, s § 14). Im Zweifel ist der Seitenabstand groß zu nehmen oder zu warten. An rechts parkenden, **ersichtlich leeren Fz** wird auch mit weniger als 1 m seitlichem Abstand vorbeigefahren werden dürfen, anders auf breiter Fahrbahn ohne GegenV (KG VM **85** 76 [Breite 12,20 m]); bei sehr schmaler Str können uU weniger als 50 cm Abstand vom parkenden Fz genügen (Mü VRS **75** 249). Kann das haltende Fz besetzt sein, so ist etwaiges Türöffnen zu berücksichtigen (BGH DAR **81** 148). 35 cm bei „50" sind dann zu wenig (BGH VRS **11** 249, KG DAR **06** 149 [30 cm]), nicht aber dann, wenn schwerer Lkw sonst mittig fahren müsste (§ 2 Rz 41; Kar NZV **07** 81). Der Vorbeifahrende muss **Personen am haltenden Kfz** berücksichtigen, die sich an diesem zu schaffen machen (Ha NZV **04** 408, Zw VersR **76** 74). Beugt diese sich in das Fz, so muss mit einer Vergrößerung des Öffnungswinkels gerechnet werden (Ha NZV **04** 408); dann ist ein Abstand des Vorbeifahrenden von 10 cm zu der teilweise geöffneten Tür zu gering (Nü DAR **01** 130), beim

Vorbeifahren an einer in der geöffneten FzTür stehenden Person auch ein Abstand von nur 1 m (LG Berlin VersR **02** 864). Kein Mitverschulden des in sein Fz Einsteigenden, der 50 cm neben seinem Fz von Vorbeifahrendem erfasst wird (Kar VersR **89** 269; s auch Br NJW-RR **08** 1203). Beim Vorbeifahren an einem in gleicher Fahrrichtung haltenden *Müllfz* ist höhere Sorgfalt geboten als beim Vorbeifahren an parkenden Fz (KG VRS **108** 24). 90 cm Abstand bei sich zum Führerhaus begebendem Müllwerker sind zu gering (KG aaO); iÜ genügt auch bei Glätte idR 1 m Abstand (Ha VRS **39** 198). Vorbeifahren an haltendem **Bus:** § 20 Rz 9.

12   8. **Ordnungswidrig** (§ 24 StVG) verhält sich, wer vorsätzlich oder fahrlässig gegen eine Vorschrift über das Vorbeifahren nach § 6 verstößt (§ 49 I Nr 6). Wer die Gegenfahrbahn mitbenutzt, um ein Hindernis links zu umfahren, unterliegt dabei nicht der gesteigerten, äußersten Sorgfalt wie der Überholende (Begr), anders, wer an solcher Stelle nach Aufhören des GegenV trotz des Hindernisses seinen Vordermann überholt (§ 5), auch wenn dieser noch nicht angefahren ist, denn Teilnehmer des FahrbahnV, die sich in gleicher Richtung weiterbewegen wollen, aber verkehrsbedingt warten müssen, werden begrifflich überholt (§ 5 Rz 14).

Benutzung von Fahrstreifen durch Kraftfahrzeuge

7 (1) ¹Auf Fahrbahnen mit mehreren Fahrstreifen für eine Richtung dürfen Kraftfahrzeuge von dem Gebot, möglichst weit rechts zu fahren (§ 2 Abs. 2), abweichen, wenn die Verkehrsdichte das rechtfertigt. ²Fahrstreifen ist der Teil einer Fahrbahn, den ein mehrspuriges Fahrzeug zum ungehinderten Fahren im Verlauf der Fahrbahn benötigt.

(2) Ist der Verkehr so dicht, daß sich auf den Fahrstreifen für eine Richtung Fahrzeugschlangen gebildet haben, so darf rechts schneller als links gefahren werden.

(2a) Wenn auf der Fahrbahn für eine Richtung eine Fahrzeugschlange auf dem jeweils linken Fahrstreifen steht oder langsam fährt, dürfen Fahrzeuge diese mit geringfügig höherer Geschwindigkeit und mit äußerster Vorsicht rechts überholen.

(3) ¹Innerhalb geschlossener Ortschaften – ausgenommen auf Autobahnen (Zeichen 330) – dürfen Kraftfahrzeuge mit einem zulässigen Gesamtgewicht bis zu 3,5 t auf Fahrbahnen mit mehreren markierten Fahrstreifen für eine Richtung (Zeichen 296 oder 340) den Fahrstreifen frei wählen, auch wenn die Voraussetzungen des Absatzes 1 Satz 1 nicht vorliegen. ²Dann darf rechts schneller als links gefahren werden.

(4) Ist auf Straßen mit mehreren Fahrstreifen für eine Richtung das durchgehende Befahren eines Fahrstreifens nicht möglich oder endet ein Fahrstreifen, so ist den am Weiterfahren gehinderten Fahrzeugen der Übergang auf den benachbarten Fahrstreifen in der Weise zu ermöglichen, daß diese Fahrzeuge unmittelbar vor Beginn der Verengung jeweils im Wechsel nach einem auf dem durchgehenden Fahrstreifen fahrenden Fahrzeug einordnen können (Reißverschlußverfahren).

(5) ¹In allen Fällen darf ein Fahrstreifen nur gewechselt werden, wenn eine Gefährdung anderer Verkehrsteilnehmer ausgeschlossen ist. ²Jeder Fahrstreifenwechsel ist rechtzeitig und deutlich anzukündigen; dabei sind die Fahrtrichtungsanzeiger zu benutzen.

1   **Begr** (VkBl **75** 673):
...
Absatz 4* enthält die Vorschriften des bisherigen § 7 Satz 2 (1. Halbsatz) und Satz 3. Er stellt zudem klar, dass denjenigen, der den Fahrstreifen wechseln will, ein Höchstmaß an Sorgfaltspflicht trifft: eine Gefährdung anderer Verkehrsteilnehmer muss hierbei ausgeschlossen sein. Das gilt für alle Arten des Nebeneinanderfahrens.

1a   *Im geltenden Recht ist nicht geregelt, auf welche Weise dann, wenn ein Fahrstreifen endet, den auf diesem Streifen fahrenden Fahrzeugen ein Einordnen in die weiterführenden Fahrstreifen ermöglicht werden soll. Die VO will die Abwicklung des Verkehrs weiterhin der Verständigung zwischen den Beteiligten überlassen. Demgegenüber hält es der Bundesrat für unerlässlich, dass im Interesse der Rechts- und der Verkehrssicherheit eine klare Verhaltensvorschrift erlassen wird. Hierbei bietet sich das Reißverschlussverfahren an. Dies gilt in erster Linie für den innerörtlichen Verkehr; es ist jedoch auch für den außerörtlichen Verkehr im Hinblick darauf, dass Engstellen auf freier Strecke verhältnismäßig selten sind, vertretbar. ...*

2   **Begr** zur ÄndVO v 22. 3. 88:
Zu Abs 1 und 3: *Die zulässigen Abweichungen vom Rechtsfahrgebot und die freie Fahrstreifenwahl innerhalb geschlossener Ortschaften werden auf alle Arten von Kraftfahrzeugen ausgedehnt. Kritik gegen die*

---
* Jetzt Abs. 5.

bisherige Beschränkung auf „mehrspurige Kraftfahrzeuge" bzw. Pkw sowie Lkw bis zu einem zulässigen Gesamtgewicht von 2,8 t** gab es insbesondere von Seiten der sich hierdurch benachteiligt fühlenden Motorradfahrer.

... Es ist geprüft worden, ob man die Mopeds und Mofa 25 von dieser Regelung ausnehmen sollte. Der Verordnungsgeber hat hiervon abgesehen, weil von diesen langsameren Kraftfahrzeugen erwartet werden kann, dass sie schon im Interesse ihrer eigenen Sicherheit sich möglichst rechts auf der Fahrbahn halten. Sollten sich diese Erwartungen nicht erfüllen, wird eine entsprechende Rechtsänderung in Betracht zu ziehen sein.

Zu Abs 2 a: Nach der Rechtsprechung ist das Rechtsüberholen auf Autobahnen und autobahnähnlich ausgebauten Straßen auch dann zulässig, wenn sich nicht auf **allen** Fahrstreifen für eine Richtung Fahrzeugschlangen gebildet haben (BGH VRS 35 S. 141, OLG Hamm VRS 47 S. 216, BayObLG VRS 54 S. 212).

Die Voraussetzungen *hierfür sind folgende:*
– *Auf dem linken Fahrstreifen stehender Verkehr oder eine Geschwindigkeit von höchstens 60 km/h,*
– *Fahren auf dem rechten Fahrstreifen, bei stehendem Verkehr auf dem linken Fahrstreifen, mit einer Geschwindigkeit von nicht mehr als 20 km/h,*
– *Fahren auf dem rechten Fahrstreifen, bei fließendem Verkehr auf dem linken Fahrstreifen, mit nicht höherer Differenzgeschwindigkeit als 20 km/h (bis max. 80 km/h),*
– *äußerste Vorsicht bei diesem Überholvorgang.*

Auch der überwiegende Teil der Literatur hält dieses Rechtsüberholen für zulässig (vgl. Zitate in der erwähnten Entscheidung des BayObLG). Diese von der Rechtsprechung entwickelte Regelung wird jetzt im Grundsatz in die StVO übernommen werden. Es wurde davon abgesehen, die Höchstgeschwindigkeiten im Einzelnen aufzuführen. Durch die Formulierung, dass die linke Fahrzeugschlange „steht oder langsam fährt", wird deutlich, dass es sich um eine Geschwindigkeit handeln muss, die – auch auf Autobahnen – sich dem stehenden Verkehr nähert, jedenfalls aber deutlich unterhalb von 60 km/h liegen muss. ...

Begr zur ÄndVO v 7. 8. 97 (VkBl **97** 688): § 3 Rz 10a.

Begr zur ÄndVO v 11. 12. 2000 (VkBl **01** 7): **Zu Abs 4:** Bei endenden Fahrstreifen ist das Reißverschlussverfahren bereits rechtlich eindeutig geregelt. Vielfach wird es jedoch durch die Verkehrsteilnehmer, indem sie sich zu früh auf den weiterführenden Fahrstreifen einordnen, fehlerhaft praktiziert. Die Änderung verdeutlicht dem Fahrzeugführer, dass der Übergang auf den durchgängig befahrbaren Fahrstreifen erst am Beginn der Engstelle vorzunehmen ist.

Vwv zu § 7 Benutzung von Fahrstreifen durch Kraftfahrzeuge

Zu den Absätzen 1 bis 3

1   I. *Ist auf einer Straße auch nur zu gewissen Tageszeiten mit so dichtem Verkehr zu rechnen, dass Kraftfahrzeuge vom Rechtsfahrgebot abweichen dürfen oder mit Nebeneinanderfahren zu rechnen ist, empfiehlt es sich, die für den gleichgerichteten Verkehr bestimmten Fahrstreifen einzeln durch Leitlinien (Zeichen 340) zu markieren. Die Fahrstreifen müssen so breit sein, dass sicher nebeneinander gefahren werden kann.*   3

2   II. *Wo auf einer Straße mit mehreren Fahrstreifen für eine Richtung wegen ihrer baulichen Beschaffenheit nicht mehr wie bisher nebeneinander gefahren werden kann, ist durch geeignete Markierungen, Leiteinrichtungen, Hinweistafeln oder dergleichen zu zeigen, welcher Fahrstreifen endet. Auf Straßen mit schnellem Verkehr ist zu prüfen, ob eine Geschwindigkeitsbeschränkung erforderlich ist.*

Zu Absatz 3

3   *Werden innerhalb geschlossener Ortschaften auf Straßen mit mehreren Fahrstreifen für eine Richtung Leitlinien markiert, so ist anzustreben, dass die Anzahl der dem geradeausfahrenden Verkehr zur Verfügung stehenden Fahrstreifen im Bereich von Kreuzungen und Einmündungen nicht dadurch verringert wird, dass ein Fahrstreifen durch einen Pfeil auf der Fahrbahn (Zeichen 297) nur einem abbiegenden Verkehrsstrom zugewiesen wird. Wenn das Abbiegen zugelassen werden muss, besondere Fahrstreifen für Abbieger aber nicht zur Verfügung stehen, so kommt u. U. die Anbringung kombinierter Pfeile, z. B. Geradeaus/Links, in Frage.*   4

1. Allgemeines. Das Fahrstreifenfahren gehört zu den wichtigsten Erfordernissen des Massenverkehrs (Ha VRS **54** 301). Die StVO enthält ein recht verwickeltes Regelsystem über das   5

** Jetzt 3,5 t.

2 StVO § 7 I. Allgemeine Verkehrsregeln

Nebeneinanderfahren: Wesentliche Regeln stehen in § 7 (Nebeneinanderfahren und Rechtsüberholerlaubnis bei VDichte, Fahrstreifenwahl innerorts bei mehreren markierten Fahrstreifen und innerörtliche Rechtsüberholerlaubnis, Rechtsüberholen langsam fahrender FzSchlangen, Beschränkung des Fahrstreifenwechsels in allen Fällen), weitere in § 5 VIII (Rechtsüberholen wartender Fz durch Radf und Mofaf), § 37 IV (Nebeneinanderfahren im Bereich von LichtZ), in § 41 III Nr 5 (Nebeneinanderfahren über Pfeilen), in § 42 VI Nr 1 d (drei markierte Richtungsfahrstreifen außerorts; dazu Rz 8) und in § 42 VI Nr 1 f (Nebeneinanderfahren und Rechtsüberholen im Bereich von Abzweigfahrstreifen). Dabei variieren die Voraussetzungen erlaubten Nebeneinanderfahrens, so dass zwar aufeinander abgestimmte, aber kaum sinnfällige Regeln vorliegen. Sachlich handelt es sich um Ausnahmen vom Rechtsfahrgebot (§ 2) zur besseren Fahrbahnausnutzung (Ha DAR **76** 276).

5a Der Begriff des Fahrstreifens ist in I S 2 legal definiert. Maßgebend ist allein die von einem *mehrspurigen* Fz benötigte Breite. Der von einem Motorrad in Anspruch genommene geringere Raum bildet demgemäß keinen Fahrstreifen (Dü ZfS **90** 214). Eine Fahrbahnmarkierung ist nicht vorausgesetzt (BGH NZV **07** 185, KG VRS **109** 10, NZV **03** 182).

Lit: *Haarmann,* Der Fahrstreifenwechsel, DAR **87** 139. *Kramer,* Rechtsfahrgebot auf BAB ..., VD **00** 1. *Kuckuk,* Der V auf mehreren Fahrstreifen, DAR **80** 97. *Möhl,* Die „freie" Wahl des Fahrstreifens, DAR **76** 292. *Mühlhaus,* Der mehrspurige V nach der neuen StVO, VOR **72** 27. *Ders.,* Durchbruch zum mehrreihigen StadtV, VD **77** 2. *Seidenstecher,* Fahrbahnbenutzung und Fahren in Fahrstreifen, DAR **93** 83.

6 2. Abs 1 S 1 lässt das Fahrstreifenfahren von Kfz bei Verkehrsdichte (Rz 7) in Abweichung vom Rechtsfahrgebot (§ 2 II) zu. Voraussetzung ist, dass in Fahrtrichtung mindestens zwei Fahrstreifen (I S 2) von je etwa 3 m Breite vorhanden sind, die nicht markiert sein müssen (Rz 5a). Die Regelung gilt inner- wie außerorts. wird jedoch innerorts unter den dort bestimmten Voraussetzungen durch III überlagert (Rz 9, 13; zu den weiteren konkurrierenden Regelungen Rz 5). Anders als III enthält I S 1 keine Beschränkung auf bestimmte Fz. Nach Aufgabe der früheren Beschränkung auf *mehrspurige* Kfz durch ÄndVO v 22. 3. 88 sind auch Moped- und Mofaf einbezogen (krit *Felke* DAR **88** 76). Diese sollten jedoch nicht nur im Interesse des VFlusses, sondern im Interesse ihrer eigenen Sicherheit auf dem rechten Fahrstreifen bleiben (Begr Rz 2). Führen zwei Mofaf mit 25 km/h je eine FzSchlange nebeneinander an, so wird trotz I S 1 uU ein Verstoß gegen § 1 II (Behinderung „mehr als nach den Umständen unvermeidbar") in Betracht kommen. Überholen: Rz 10. Fahrstreifenwechsel: Rz 16, 17.

7 Verkehrsdichte im Sinn von I besteht, wenn derjenige, der mit erlaubter Geschwindigkeit fahren will (§ 3), beim Rechtsfahren (§ 2) entweder aus Abstandsgründen (§ 4) verlangsamen oder aber ein Überholen (§ 5) an das andere reihen müsste, so dass die Ausnutzung weiter links vorhandener Fahrstreifen vernünftig ist. Der Begriff stellt geringere Anforderungen als derjenige der Fahrzeugschlange in II (Rz 11). *Nebeneinanderfahren im Bereich von Lichtzeichen:* § 37 IV.

8 3. Bei drei Richtungsfahrstreifen außerorts, einschließlich AB (§ 42 Rz 181), markiert durch Z 340, darf der *mittlere Fahrstreifen* durchgängig befahren werden, soweit auch nur hin und wieder rechts davon ein Fz, auch ein einspuriges oder NichtKfz, hält oder fährt (§ 42 VI Nr 1d). Auf VDichte kommt es hier nicht an. Eine im Verhältnis zu den rechts fahrenden Fz höhere Geschwindigkeit verlangt § 42 VI Nr 1 d nicht ausdrücklich, jedoch gehen insoweit die Vorschriften des § 7 I, III und des § 37 IV vor, soweit sie das Nebeneinanderfahren regeln (*Booß* VM **90** 44, s aber Dü NZV **90** 39). Einzelne Überholvorgänge oder das Vorbeifahren (§ 6) sollen nicht zum Fahren gestreckter Schlangenlinien zwingen (Dü NZV **90** 39). Fährt oder hält auf dem rechten Fahrstreifen über eine längere Strecke hin niemand, so gilt das Rechtsfahrgebot (§ 2), weil der rechte Fahrstreifen keine ungenutzte Kriechspur ist. Die Länge der Strecke, auf der kein Fz den rechten Fahrstreifen befährt, ist dabei allein nicht entscheidend; vielmehr kommt es auf die Dauer des möglichen Fahrens auf dem rechten Fahrstreifen an, die von den gefahrenen Geschwindigkeiten abhängt (Ce VRS **64** 382). Erlaubt die Benutzung des rechten Fahrstreifens trotz vorausfahrender Fz die Beibehaltung der Geschwindigkeit auf längere Zeit (deutlich mehr als 20 sec), so gilt das Rechtsfahrgebot (Dü NZV **90** 39). I Ü ist auch auf einer AB mit drei gleichgerichteten Fahrstreifen nach dem Überholen grundsätzlich wieder auf den mittleren Fahrstreifen einzuscheren (Ce DAR **68** 278), bei VStille und nicht auf den rechten. Ist bei drei gleichgerichteten Fahrstreifen *der rechte geschwindigkeitsbeschränkt,* so dürfen VT, die schneller fahren (dürfen), den mittleren Fahrstreifen benutzen (Fra VM **76** 56 [AB]). Bei **vier gleichgerichteten Fahrstreifen** darf unter den Voraussetzungen des § 42 VI Nr 1d durchgängig der zweite von rechts befahren werden. Überholen: Rz 10. Fahrstreifenwechsel: Rz 16, 17.

4. Abs 3 regelt innerorts Ausnahmen vom Rechtsfahrgebot und vom Gebot des Links- 9
überholens (Ha DAR **76** 276, Hb VRS **51** 450, Dü VRS **74** 289). Bei mindestens zwei durch
VZ 340 oder 296 markierten Fahrstreifen für eine Richtung besteht nach III S 1 **freie Fahrstreifenwahl** für Kfz mit zulässigem Gesamtgewicht bis zu 3,5 t. VDichte (Rz 6) ist hier nicht
erforderlich. Die Vorschrift gilt für Pkw und Kräder, ebenso für Lkw und Wohnmobile, sofern
deren zulässiges Gesamtgewicht 3,5 t nicht übersteigt. Bei Überschreiten der Gewichtsgrenze
gilt das Rechtsfahrgebot. III gilt auch für KraftfahrStr (Z 331; Kö VM **80** 30), jedoch nicht für
eine innerörtliche AB (Z 330). Bei fehlender Ortstafel entscheiden Beginn und Ende der deutlich geschlossenen Bauweise (Kö VM **80** 30). *Überholen* (III S 2): Rz 10, 13, *Fahrstreifenwechsel*:
Rz 16, 17.

5. Rechts überholt werden (= rechts schneller fahren als links, Abs 2, 3 S 2: BGH NJW **75** 10
1330, Dü VRS **74** 289 m Anm *Booß* VM **88** 45; s auch § 5 Rz 64–69) darf beim Fahrstreifenfahren *nur in vier gesetzlich bezeichneten Fällen* und stets nur bei Beachtung der zulässigen Fahrgeschwindigkeit (§ 3; BGHSt **22** 137 = NJW **68** 1533, Schl VRS **78** 418) und (trotz deren
höchster Sorgfaltspflicht bei Fahrstreifenwechsel: Rz 17) sorgfältiger Beobachtung der auf benachbarten Fahrstreifen Vorausfahrenden (Kö VRS **36** 131). Auch im FahrstreifenV darf vom
Z 276 ab nicht mehr überholt werden (Kö VRS **53** 139, Bay VRS **72** 301, s aber § 5 Rz 36).
Beim Fahren nach III (Rz 9, 13) gelten das Erfordernis höherer Überholgeschwindigkeit des
Überholers und das Verbot der Beschleunigung gegenüber dem zu Überholenden nicht (Ha
DAR **76** 276). Entsprechendes gilt für II a. Die **vier Fälle erlaubten Rechtsüberholens** beim
Fahrstreifenfahren sind:

a) aa) **Schlangenbildung auf den gleichgerichteten Fahrstreifen (Abs 2).** Die Fahr- 11
streifen müssen ausreichend breit sein. Markiert sein müssen sie nicht (Dü VRS **74** 216). Die
Regelung gilt inner- wie außerorts auf Straßen jeder Art für Fz jeder Art. Der Begriff der
FzSchlange stellt keine allzu hohen Anforderungen (Bay VM **72** 78). Sie besteht schon dann,
wenn mindestens drei (Sa VRS **48** 187, *Seidenstecher* DAR **93** 85; offengelassen von Bay VM **72**
78) Kfz mit nicht mehr als dem Doppelten der erforderlichen Mindestabstände fahren (je etwa
2,5 s/Fahrstrecke; Bay VM **72** 78, *Möhl* DAR **71** 31). Außerorts, besonders auf der AB, wird
wegen der durchschnittlich höheren Fahrgeschwindigkeit die erforderliche FzZahl höher sein
müssen (*Seidenstecher* DAR **93** 85, Bay VM **72** 78).

Weist die Richtungsfahrbahn **mehr als zwei Fahrstreifen** auf, so müssten sich nach dem 12
Wortlaut von II („auf den") auf allen Streifen Schlangen gebildet haben. Das überfordert jedoch die Kf und verhindert die Raumausnutzung. Bei mehr als zwei Fahrstreifen kann kein Kf,
am wenigsten auf dem rechten oder ganz linken, die FzDichte auf allen Fahrstreifen gleichzeitig ständig beobachten, es muss ausreichen, wenn sie sich nach seinem allgemeinen Eindruck
nicht wesentlich ändert. Es muss vor allem auf Beobachtung des eigenen und des benachbarten Fahrstreifens ankommen (Hb VRS **43** 386), denn andernfalls könnten gerade die Rechtsfahrenden mehr als bei nur zwei gleichgerichteten Fahrstreifen gehemmt werden (aM möglicherweise Ha NJW **72** 782). Außerdem hätte bei drei gleichgerichteten Fahrstreifen die Auflösung der linken Schlange die Wirkung, dass die Benutzer des rechten Fahrstreifens von nun
an nicht schneller fahren dürften als die des mittleren. Das ist nicht vollziehbar und kann deshalb nicht gemeint sein (*Seidenstecher* DAR **93** 85). Wäre nur der linke (Abbieger) und der
Mittelstreifen (Geradeausfahrer) stark besetzt, so dürften EinzelFz auf dem rechten Fahrstreifen
nicht überholen. Dies muss jedoch bei gehöriger Vorsicht nach wie vor erlaubt sein (KG VM **71**
237).

bb) **Schlangenbildung auf dem linken Fahrstreifen (Abs 2 a)** erlaubt Rechtsüberholen. 12a
Die Vorschrift beruht auf der früheren Rspr zur Zulässigkeit des Rechtsüberholens langsam
fahrender FzSchlangen auf AB (Begr Rz 2). Die FzSchlange (Rz 11) muss entweder stehen oder
langsam fahren. Langsam ist eine Geschwindigkeit von weniger als 60 km/h (Begr Rz 2: „deutlich unterhalb von 60 km/h"). Zu überholen ist die FzSchlange mit äußerster Vorsicht und nur
mit geringfügig höherer Geschwindigkeit. Entsprechend der genannten älteren Rspr wird die
Mehrgeschwindigkeit nicht mehr als 20 km/h betragen dürfen (KG NZV **03** 182, LG Görlitz
NZV **02** 563, *Bouska* DAR **89** 163, *Seidenstecher* DAR **93** 85). II a erlaubt nicht das Rechtsüberholen durch einzelne FzF, die zu diesem Zweck aus der langsamen Kolonne nach rechts ausscheren, um sich weiter vorn wieder links einzudrängen; auch insoweit gilt die Rspr zur früheren Rechtslage fort (zB Bay VRS **56** 120, Dü VRS **63** 69). II a gilt nur im Verhältnis mehrerer
Fahrstreifen zueinander, nicht im Verhältnis zu VFlächen, die vom FzV nicht benutzt werden
dürfen (Dü NZV **90** 241 [Sperrfläche, Z 298], abl insoweit *Booß* VM **90** 60; LG Görlitz

2 StVO § 7   I. Allgemeine Verkehrsregeln

NZV **02** 563), weil zulässiges Rechtsüberholen außer in Fällen des § 5 VIII (Radf, Mofaf) grundsätzlich einen freien Fahrstreifen für den Überholenden voraussetzt (§ 5 Rz 64) und weil die Bestimmung nicht ein Rechtsüberholen erlauben kann, das nur unter Verletzung anderer Vorschriften möglich wäre. Soweit die Voraussetzungen des IIa vorliegen, gilt die Erlaubnis, langsame oder stehende FzSchlangen zu überholen, auf allen Str mit mehreren gleichgerichteten Fahrstreifen.

13   **b) Unter den Voraussetzungen von Abs 3 S 1** (Rz 9) dürfen auch EinzelFz rechts überholen (Dü VRS **74** 289, Hb DAR **76** 304, Ha DAR **76** 276), auch wenn der rechte Fahrstreifen durch einen unterbrochenen Breitstrich abgetrennt ist (kein Seitenstreifen; abw insoweit Ce VRS **54** 144). Mangels Fz-bezogener Einschränkung des III S 2 dürfen jedoch auch schwerere Lkw als die in III S 1 genannten rechts schneller fahren. Die erhöhten Anforderungen des IIa („mit äußerster Vorsicht"; Rz 12a) gelten für das Rechtsüberholen gem III S 2 nicht (Ha NZV **00** 85). Zweiradfahrer dürfen nicht die Trennlinie zwischen den Fahrstreifen als weiteren Fahrstreifen benutzen und zwischen den FzKolonnen hindurchfahren; darauf, dass dies beachtet wird, darf der den Fahrstreifen wechselnde Kf vertrauen (Schl VRS **60** 306, s dazu auch § 5 Rz 64).

14   **c) Fahrzeuge, die sich gemäß Abbiegepfeil (§ 41 III Nr 5) links eingeordnet haben,** dürfen rechts überholt werden.

15   **d) Auf rechts abzweigenden Fahrstreifen**, durch breite Leitlinie getrennt (Z 340), insbesondere auf AB und KraftfahrStr, dürfen Abbieger schneller fahren als die auf den durchgehenden Fahrstreifen bleibenden Fz, also rechts überholen, und zwar ab Beginn der Leitlinie (§ 42 VI Nr 1 f). IdR sind abzweigende Fahrstreifen durch Vorwegweiser gekennzeichnet. Die Regelung gilt nur für solche FzF, die der Abzweigung folgen wollen („Abbieger"). Rechtsüberholen unter Benutzung des abzweigenden Fahrstreifens, um sich später wieder auf dem durchgehenden Fahrstreifen einzuordnen, erlaubt die Vorschrift nicht (Dü NZV **90** 281, **95** 162 [anders bei irrtümlicher Einordnung auf der Abzweigung], VRS **82** 139). Sie dient der ungehinderten „Vorsortierung" der Verkehrsströme durch verkehrslenkende Beschilderung und Fahrstreifenführung (Begr VkBl **88** 227). Für Verzögerungsstreifen (Ausfahrstreifen) gilt sie nicht (§ 42 VI Nr 1 f S 2; dazu § 18 Rz 20).

16   **6. Fahrstreifenwechsel** widerspricht wegen seiner latenten Gefahren (BVerwG JZ **70** 67) dem Grundsatz des Fahrstreifenfahrens und soll deshalb nur bei verkehrsbedingter Notwendigkeit stattfinden, nicht schon, um nur einige Sekunden zu gewinnen. Häufiger Fahrstreifenwechsel, nur um schneller voranzukommen, bringt nichts ein und gefährdet häufig den VFluss sowie einzelne VT. Soweit die Voraussetzungen des Abs 5 für einen Fahrstreifenwechsel nicht erfüllt sind, darf der Verkehr daher auf strikte Beibehaltung des Fahrstreifens vertrauen (KG VM **88** 50, Ha VRS **60** 141). Jedoch ist der Fahrstreifenwechsel nur durch Abs 5 eingeschränkt; nicht gefährdender Fahrstreifenwechsel zB zwecks erlaubten Rechtsüberholens ist zulässig (Ha DAR **76** 276). Bei dichtem Verkehr oder Schlangenbildung wird Abs 5 das Wechseln in aller Regel auf das Ausnutzen größerer Lücken beschränken, die ausreichenden Abstand nach hinten und vorn ermöglichen (Ha VersR **92** 624) oder auf den Fall des besonderen Hindernisses (Kollision, Langsamfahren). Bei lockerem Verkehr dagegen darf unter äußerster Sorgfalt (Rz 17) gewechselt werden. Die Pflicht zur besonderen Sorgfalt beim Fahrstreifenwechsel räumt dem nachfolgenden Verkehr kein Vorrecht ein. Ordnungsgemäß angezeigten und sorgfältig durchgeführten Fahrstreifenwechsel **muss der nachfolgende Verkehr ermöglichen** (§ 1; Bay VRS **56** 114, VM **73** 39, Kar VRS **58** 56, Ha VersR **92** 624, Kö VM **74** 23, VRS **36** 131). Jedoch darf er nicht erzwungen werden (Kö VM **74** 23). Beabsichtigen auf **dreistreifiger Fahrbahn** zwei Kfz von rechts und links her auf den mittleren Fahrstreifen zu fahren, so hat das Kfz mit deutlichem Vorsprung den Vortritt, im Zweifel ist (außer den Blinkzeichen) Verständigung durch Handzeichen geboten. **Kein Fahrstreifenwechsel** iS von Abs V ist das Wechseln auf einen *nach einer Sperrfläche beginnenden neuen Fahrstreifen* unmittelbar nach Passieren der Sperrfläche (LG Dortmund NJW-RR **03** 1260). Wer als **Linksabbieger** mehrere gleichgerichtete Fahrstreifen der Straße, in die er abbiegt, kreuzen muss, um auf den angestrebten rechten Fahrstreifen zu gelangen, wechselt die Fahrstreifen nicht iS von V. Beim an sich zulässigen **gemeinsamen Linksabbiegen** enden die Fahrstreifen (wenn sie nicht für den AbbiegeV als fortlaufend markiert sind) an der Einmündung oder Kreuzung bzw beginnen danach neu. Fortsetzung der Fahrt nach dem Abbiegen in einem anderen als dem zuvor benutzten Fahrstreifen ist daher kein Fahrstreifenwechsel iS von § 7 (BGH NZV **07** 185, Bay NStZ **88** 121, KG DAR **05** 24, NZV **91**

194, AG Wiesbaden NJW-RR **03** 1678). Genauso liegt es beim **gemeinsamen (parallelen) Rechtsabbiegen**; biegt der auf dem rechten Fahrstreifen Fahrende ohne Rücksicht (§ 1) auf den links vor ihm Fahrenden ab, so gilt der Vorrang des sich auf der rechten Fahrbahn befindlichen Abbiegers nicht, weswegen er das Rechtsfahrgebot (§ 2 II 1) verletzt und für einen Unfall alleine haftet (BGH NZV **07** 185, s auch § 9 Rz 27). Mehrere durch breiten **Grünstreifen** getrennte Fahrbahnen für die gleiche Richtung: § 8 Rz 34a.

Äußerste Sorgfalt (**E** 150) fordert jeder Fahrstreifenwechsel (KG VRS **109** 10, Bra VersR **03** 1566, Ha VersR **92** 624), auch wenn er nur teilweise vollzogen wird (KG VM **96** 21, Dü VM **87** 79). Gleichgültig ist, ob die Fahrstreifen markiert sind oder nicht (KG VM **96** 21, **86** 53, Dü VRS **74** 216). Trotz der Formulierung „in allen Fällen" gilt V nur für die Fälle der Absätze I bis IV (*Booß* VM **73** 78, **83** 84), allerdings auch (erst recht) dann, wenn die dort bezeichneten Voraussetzungen verletzt sind, also für *unzulässiges* Fahrstreifenfahren (*Drees/Kuckuk* Rz 18). Entgegen Kö VersR **03** 1186 wird V auch gegenüber dem nur verkehrsbedingt wartenden FzF (LZA) zu beachten sein. **V gilt jedoch nicht** bei Fahrstreifenwechsel im Zusammenhang mit **Überholen und Abbiegen**; vielmehr gelten dann die Sonderbestimmungen der §§ 5, 9 (Nau DAR **01** 223, diff. *Haarmann* DAR **87** 144, abw wohl Jn NZV **06** 147). Auch im Verhältnis der parallel zur durchgehenden Fahrbahn verlaufenden **Verteilerfahrbahn im Bereich von ABKreuzen** zu den tangential in diese einmündenden Zufahrten gilt V nicht (Dü NZV **89** 404 [Rücksichtnahme- und Verständigungspflicht nach § 1 II, zust *Booß* VM **89** 95], NZV **07** 141 [für gesetzliche Regelung], Kö NZV **07** 141). Ebenso wenig gilt V im Verhältnis **zwischen fließendem und ruhendem Verkehr** (Anfahren; KG DAR **04** 387, NZV **06** 369, **08** 413; Mü NJW-RR **94** 1442, LG Berlin NZV **04** 635, LG Duisburg ZfS **02** 573, *Haarmann* VersR **86** 667, DAR **87** 145, aM Kö VersR **86** 666). Nicht nur behinderndes oder gefährdendes Wechseln ist untersagt, sondern jeder Wechsel, bei dem fremde **Gefährdung nicht ausgeschlossen** ist (KG MDR **03** 1228, Kar VRS **58** 56, Hb DAR **76** 304). Der Maßstab ist also strenger als der des § 1. Äußerste Sorgfalt setzt **ausreichende Rückschau** voraus (KG VRS **109** 10, **106** 23), bei mehreren gleichgerichteten Fahrstreifen überall dorthin, wo Gefährdung eintreten könnte (Bay VRS **40** 466, Kar VRS **78** 322), Berücksichtigung des nachfolgenden Verkehrs und ausreichenden Abstand zu ihm auf den angestrebten Fahrstreifen, uU, bei längerem Ablauf, auch eine zweite Rückschau unmittelbar vor dem beabsichtigten Wechseln. Der berechtigte Spurwechsler muss sich vergewissern, dass er keinen Nachfolgenden gefährdet (Anzeige, Rückblick; KG VM **80** 23). Das Erfordernis äußerster Sorgfalt ist idR erfüllt, wenn der Kf vor dem Fahrstreifenwechsel nach links in den Innen- und Außenspiegel blickt, sich nach links umsieht und rechtzeitig den Fahrtrichtungsanzeiger betätigt (Stu VRS **60** 306). Jeder Fahrstreifenwechsel ist **rechtzeitig und deutlich anzuzeigen** (KG VRS **109** 10, **106** 23, Kar VRS **58** 56). Kein Verhalten entgegen dieser Anzeige (Fra DAR **77** 81), auch bei fehlender Markierung. Fahrstreifenwechsel ohne rechtzeitige Anzeige ist (bei nachfolgendem Verkehr) stets unzulässig (Kar VRS **58** 56). Die Anzeigepflicht schützt nur Teilnehmer des gleichgerichteten V, nicht auch verkehrswidrig Entgegenkommende (KG VRS **57** 402, VersR **79** 1031). Plötzliches, nicht rechtzeitig angekündigtes Wechseln, zB verspätetes Einordnen unter Schneiden rückwärtiger VT (Dü VRS **37** 303, Sa NJW **73** 2216), ist stets unsorgfältig, nicht nur wegen der Unvorhersehbarkeit für andere (BGH VRS **33** 362), und kann Alleinhaftung begründen (§ 17 StVG Rz 16). Auf rechtzeitige Anzeige wird der V idR vertrauen dürfen (Kar VRS **78** 322, Hb VM **62** 50, Kö VRS **39** 267, KG VRS **35** 304). Wer das Einordnen nicht rechtzeitig und äußerst sorgfältig vorbereitet und durchführt, kann einen Umweg fahren müssen. *Setzt sich eine wartepflichtige Str als rechter Fahrstreifen der VorfahrtStr fort* (Z 295 oder 340), so dürfen nunmehr die Benutzer der VorfahrtStr nur mit besonderer Vorsicht (V) auf diesen Fahrstreifen hinüberwechseln (Bay VRS **56** 114). Der Einmündende darf in solchen Fällen zügig auf dem bisher von ihm benutzten, sich auf der VorfahrtStr fortsetzenden Fahrstreifen weiterfahren; anderenfalls wäre der Zweck einer solchen StrFührung vereitelt (§ 8 Rz 27). Fremde **Mitschuld** oder Mitverursachung: **E** 150. Bei Kollision mit dem Nachfolgenden unmittelbar nach Fahrstreifenwechsel spricht der **Anschein** für Missachtung der Sorgfaltspflicht nach V (KG VRS **109** 10, **106** 23, DAR **03** 317, Mü DAR **05** 684, Ha VersR **01** 206, Nau VRS **100** 173, Br VersR **97** 253, Kö VRS **93** 46), nicht aber gegenüber Einfahrendem (§ 10 Rz 11).

7. Reißverschlussverfahren. Enden markierte Fahrstreifen, so sollen Leiteinrichtungen anzeigen, welche(r) Fahrstreifen weiterführen (Vwv Rn 2, Rz 3). Solche „Leitlinien" können nur klärend wirken, allgemeine Vortrittsregeln aber nicht ersetzen, weil die StVO mit Ausnahme der

2 StVO § 7   I. Allgemeine Verkehrsregeln

Halt- und Wartelinie (Z 294, 341) in Zusammenhang mit § 8 keine anderen Wartemarkierungen auf der Fahrbahn kennt. Bei vorübergehender Sperrung des linken Fahrstreifens darf der dort Fahrende nicht darauf vertrauen, dass der den rechten Fahrstreifen Befahrende einer Hinweistafel folgt, auf den Seitenstreifen zu wechseln (LG Ol NZV **05** 196).

19   **Kein Vortrittsproblem** entsteht vor Engstellen, Baustellen, Unfallsperren, versetzten StrWeiterführungen und dem Ende breiteren Ausbaus, wenn die Fz bei lockerem Verkehr noch jeweils mit Abstand (§ 4) hintereinander auf den verschiedenen Fahrstreifen herannahen (KG VM **87** 70). Da Gegenverkehr hier ausscheidet, hat jeder mit Vorsprung Eintreffende Vortritt und kann sich nach rechts oder links hin auf den weiterführenden Fahrstreifen einordnen (BGH VRS **30** 105).

20   **Das Reißverschlussverfahren** gilt zwingend (IV), sobald der Abstand der auf den mehreren Fahrstreifen ankommenden Fz kein Einordnen auf den durchgehenden Fahrstreifen mit ausreichendem Abstand (§ 4) mehr zulässt (LG Hanau ZfS **04** 205, Fra ZfS **04** 207), was nicht voraussetzt, dass vorher schon in Schlangen gefahren worden sein müsste (Fra ZfS **04** 207). Bei so dichtem Verkehr hat der Rechtsfahrer nur noch als Benutzer des (der) weiterführenden Fahrstreifens **Vortritt** (KG VRS **68** 339, LG München I DAR **02** 458). Mit ihm beginnt der Reißverschluss (KG VM **96** 21, **87** 70, VRS **68** 339, Schl VersR **80** 490, Stu VRS **64** 296, LG München I DAR **02** 458). Welcher Fahrstreifen als „durchgehend" anzusehen ist, kann sich auch ohne Fahrbahnmarkierung und ohne Z 121 aus dem StrVerlauf ergeben (KG VRS **68** 339, Stu VRS **64** 296). Die am Durchfahren gehinderten Fz müssen sich auf dem (den) durchgehenden Fahrstreifen unter besonderer Rücksichtnahme und bei angemessen herabgesetzter Fahrgeschwindigkeit (§§ 1, 3) im Wechsel 1:1 (entsprechend je nach Zahl der ankommenden wie weiterführenden Fahrstreifen) einordnen (einschr. *Seidenstecher* DAR **93** 86). Der auf dem durchgehenden Fahrstreifen Fahrende darf seinen **Vorrang nicht erzwingen** (KG VRS **68** 339 [krit zur Haftungsquote 50 *Fuchs-Wissemann* DAR **94** 147], LG München I DAR **02** 458, *Seidenstecher* DAR **93** 86 [kein Vorrang im Rechtssinn]). Wer bei Reißverschlussbildung die Spur wechselt, darf **nicht darauf vertrauen**, dass ihm dies ermöglicht wird (LG Hanau ZfS **04** 205), er muss den Spurwechsel rechtzeitig anzeigen, zurückschauen und allmählich hinüberfahren. Dies bringt Abs 5 deutlich zum Ausdruck (KG VM **96** 21, Fra ZfS **04** 207, AG Rüsselsheim NZV **01** 308). **Abs 4 gilt** auch bei Fahrbahnverengung durch parkende Fz (KG VM **87** 70) oder andere Hindernisse, und zwar auch dann, wenn die dadurch entstehende Sperrung eines Fahrstreifens jenseits einer Kreuzung beginnt (KG VRS **54** 215), ebenso bei versetzter und zugleich verengter StrFortführung nach einer Kreuzung (Stu VRS **64** 296). Entspricht die Örtlichkeit dem Z 121 (Verengung rechts), so haben sich nach dem Wortlaut von IV die Rechtsfahrenden unter Vortritt des ersten Linksfahrers ohne Überholversuch nach links hin einzuordnen (KG VM **90** 91 m abl Anm *Booß*, **84** 23 [weil IV dem zum Fahrstreifenwechsel Genötigten keine Wartepflicht auferlege; gegen ihn *Fuchs-Wissemann* DAR **94** 147], VRS **57** 321, DAR **80** 186, Schl VersR **80** 490), ebenso umgekehrt im Fall des seitenverkehrten Z 121 (Verengung links; Stu VRS **64** 296). Entspricht die Örtlichkeit dem Z 120 oder steht dieses Zeichen, so muss als klare Regel bei gleichauf fahrenden Kfz der Rechtsvortritt mit nachfolgendem Sicheinordnen aus beiden Fahrstreifen her gelten, und zwar unter Beachtung von § 1 (KG DAR **80** 186, Schl VersR **80** 490). Das **Einfädeln** auf dem weiterführenden Fahrstreifen erfolgt nach IV erst *unmittelbar am Beginn der Verengung*. Bis dahin darf der endende Fahrstreifen auch zum Überholen genutzt werden. Zu einem (den VFluss behindernden) früheren Fahrstreifenwechsel besteht kein Anlass; abw Verhalten kann zwar nicht als Verstoß gegen § 7 geahndet werden (Rz 21), uU aber nach § 1 II ow sein. FzF, die sich früher eingeordnet haben, müssen denjenigen, die den endenden Fahrstreifen weiter befahren haben, nach Maßgabe von IV den Fahrstreifenwechsel ermöglichen; Verhindern des Einfädelns nach Maßgabe von IV ist als Verstoß gegen § 1 II ow (Rz 21). Zur Förderung richtigen Verhaltens kann das durch das BMV (VkBl **01** 47) bekannt gegebene Zusatzschild „Reißverschluss erst in 200 m" aufgestellt werden. **BW-Verbände** (§ 27) haben unter den Voraussetzungen von § 35 I an Engstellen nach Warnung Vortritt (VkBl **71** 538). Zu den **Haftungsanteilen** bei falscher Reißverschlussbildung KG VRS **57** 324. Mithaftung des im „Reißverschluss" Vortrittsberechtigten zu $1/3$: KG VM **84** 23.

21   **8. Ordnungswidrigkeiten:** Bußgeldbewehrt sind nur Verstöße gegen V (§§ 24 StVG, 49 I Nr 7 StVO). Verstöße gegen IV, zB Verhindern des Einfädelns (*Bouska* DAR **01** 27) sind nach § 1 zu ahnden, da § 49 *insoweit* keine Bußgeldvorschrift enthält (*Haarmann* DAR **87** 143). Unachtsames Wechseln auf den Schutzstreifen für Radf (§ 42 VI Nr 1g) verstößt nicht gegen Abs 5 (§ 42 Rz 182).

Vorfahrt

8 (1) ¹An Kreuzungen und Einmündungen hat die Vorfahrt, wer von rechts kommt. ²Das gilt nicht,
1. wenn die Vorfahrt durch Verkehrszeichen besonders geregelt ist (Zeichen 205, 206, 301, 306) oder
2. für Fahrzeuge, die aus einem Feld- oder Waldweg auf eine andere Straße kommen.

(2) ¹Wer die Vorfahrt zu beachten hat, muß rechtzeitig durch sein Fahrverhalten, insbesondere durch mäßige Geschwindigkeit, erkennen lassen, daß er warten wird. ²Er darf nur weiterfahren, wenn er übersehen kann, daß er den, der die Vorfahrt hat, weder gefährdet noch wesentlich behindert. ³Kann er das nicht übersehen, weil die Straßenstelle unübersichtlich ist, so darf er sich vorsichtig in die Kreuzung oder Einmündung hineintasten, bis er die Übersicht hat. ⁴Auch wenn der, der die Vorfahrt hat, in die andere Straße abbiegt, darf ihn der Wartepflichtige nicht wesentlich behindern.

Begr zu § 8:
Diese Vorschrift wendet sich an den Fahrverkehr ...   1

Zu Absatz 1: *Der Absatz bestimmt, wer die Vorfahrt an Kreuzungen und Einmündungen hat. Er bringt keine Änderung des bestehenden Rechtszustandes.*   2

Mit Recht hat es die Rechtsprechung für erforderlich gehalten, dort, wo ein unbedeutender Seitenweg einmündet, zwar keine Ausnahme von dem Grundsatz „Rechts vor Links" zu machen, aber dem Benutzer eines solchen Seitenweges ein Verhalten vorzuschreiben, das eine Gefährdung der Benutzer der querenden Straße ausschließt. Diese Rechtsprechung, die sich auf § 1 stützt, kann und soll auch künftig bestehen bleiben, obwohl nun in Anlehnung an das Weltabkommen den Benutzern von Feld- und Waldwegen die Vorfahrt genommen wird. Dass damit Wiesen-, Sand- und Moorwege gleichfalls gemeint sind, kann nicht zweifelhaft sein. Die übergroße Zahl der Benutzer eines Feldweges kennt diesen als solchen, so dass schon aus diesem Grunde die Bestimmung dem Verkehr auf der anderen Straße weitgehend Schutz gewähren wird. Dennoch dürfen auch Ortsfremden, wenn dem Verkehr wirklich gedient sein soll, keine komplizierten Überlegungen zugemutet werden. Daher darf überall dort, wo nicht auf den ersten Blick erkennbar ist, dass es sich um einen Feld- oder Waldweg handelt, die Beschilderung nicht fehlen. Das wird die Vwv vorschreiben.   3

Zu Absatz 2: *... In Satz 1 erscheint zunächst der Rechtsgedanke wieder, der bisher in § 9 Abs. 2 StVO (alt) nur einen unzulänglichen Niederschlag gefunden hatte. „Wer in eine Vorfahrtstraße. ... einbiegen oder diese überqueren will, hat mäßige Geschwindigkeit einzuhalten" fordert von etwa – die Wartepflicht setzt einen anderen, der die Vorfahrt hat, voraus – Wartepflichtigen zu viel und gibt dem anderen zu wenig. Ist eine Kreuzung nach beiden Seiten weithin übersehbar und nähert sich dort kein Fahrzeug, dann besteht kein Anlass, die Fahrgeschwindigkeit zu ermäßigen. Dagegen erfordert es die Flüssigkeit des Verkehrs nicht nur auf Kreuzungen, wo die Vorfahrt durch Verkehrszeichen geregelt ist, sondern auch überall dort, wo an Kreuzungen „Rechts vor Links" gilt, dass der Wartepflichtige demjenigen, der die Vorfahrt hat, rechtzeitig zu erkennen gibt, dass er warten wird. Das gilt nicht bloß dort, wo die gegenseitige Annäherung auf weite Strecken zu erkennen ist, sondern und vor allem dort, wo dies erst auf kürzere Entfernung möglich ist. Das geforderte „Fahrverhalten" besteht vor allem darin, die Geschwindigkeit rechtzeitig zu mäßigen. Je später sich die beiden sehen können, umso geringer muss die Geschwindigkeit des Wartepflichtigen sein. Die Vorschrift will der verbreiteten, den Verkehrsfluss hemmenden und denjenigen, der die Vorfahrt hat, irritierenden Unsitte Wartepflichtiger steuern, an die Kreuzung forsch heranzufahren und erst auf den letzten Metern scharf zu bremsen.*   4/5

Der zweite Satz gibt die Anforderungen wieder, welche an den Wartepflichtigen unmittelbar vor der Kreuzung gestellt werden. Sie sind im Hinblick auf das Weltabkommen gegenüber den sehr strengen Anforderungen, die die Rechtsprechung bisher stellte, geringfügig gelockert worden. Das Weltabkommen verbietet dem Wartepflichtigen nur dann, seine Fahrt fortzusetzen, wenn er dadurch den Vorfahrtberechtigten zwingen könnte, Richtung oder Geschwindigkeit unvermittelt zu ändern. Damit nimmt das Weltabkommen jedenfalls eine nicht besonders erhebliche Behinderung des Vorfahrtberechtigten in Kauf. Das ist sachgerecht. Es kann dem Vorfahrtberechtigten sehr wohl zugemutet werden, auch einmal zugunsten eines Wartepflichtigen wenigstens den Fuß vom Gashebel zu nehmen, obwohl er dadurch schon behindert wird.   6

Die Wiederholung der schon in § 5 Abs. 2 verwendeten Formulierung „übersehen kann" unterstreicht, dass auch hier eine angestrengte Beobachtung des Verkehrs auf der anderen Straße gefordert wird. Ob sich dieser Verkehr auf der richtigen oder auf der falschen Straßenseite bewegt, ist ebenso belanglos, wie ob dieser eine angemessene Geschwindigkeit einhält. Jedes Verschätzen geht auch hier zu Lasten des Wartepflichtigen.   7

8   In Satz 2 wird für das Verhalten des Wartepflichtigen vorausgesetzt, dass dieser den Verkehr auf der anderen Straße übersehen kann. Dann muss man ihm bei Unübersichtlichkeit solches „Übersehen" auch ermöglichen. In solchen Fällen erlaubt daher Satz 3 dem Wartepflichtigen, sich vorsichtig in die Kreuzung hineinzutasten, bis er die Übersicht hat. Der plastische Ausdruck „hineintasten" wurde der Rechtsprechung entnommen.

9   Der letzte Satz übernimmt die Rechtsprechung, wonach der Abbiegende seine Vorfahrt nicht durch das Abbiegen verliert und ein Vorfahrtfall auch schon dann vorliegt, wenn die Fahrlinien der beiden Fahrzeuge sich nicht kreuzen, sondern sich nur nähern.

10   **Begr** zur ÄndVO v 22. 3. 88 (VkBl **88** 22):

Die in § 8 Abs. 3 Satz 2 normierte Wartepflicht für Fußgänger, die sich mit Fahrzeugen auf der Fahrbahn bewegen, hat häufig zu theoretischen Erörterungen darüber geführt, wie sie sich zu der Regelung in § 9 Abs. 3 letzter Satz (Wartepflicht des abbiegenden Fahrzeugführers gegenüber Fußgängern) verhalten. In der Praxis spielt diese Vorschrift keine Rolle. Sie kann gestrichen werden. Es gibt also insoweit keine besondere Vorfahrtregel mehr. Im Verhältnis der Fußgänger, die sich mit einem Fahrzeug auf der Fahrbahn bewegen, und den Fahrzeugführern gilt an Kreuzungen und Einmündungen der Grundsatz der gegenseitigen Verständigung.

Auch der Satz 1 des § 8 Abs. 3 ist entbehrlich. Es ist selbstverständlich, dass die Vorschriften über die Vorfahrt nur für Fahrzeuge gelten können sowie für die Verkehrsteilnehmer, die den Fahrzeugen gleichgestellt sind (§ 27 Abs. 1, § 28 Abs. 2).

Vwv zu § 8 Vorfahrt

Zu Absatz 1

11   *Verkehrsregelung an Kreuzungen und Einmündungen*

1   I. 1. Kreuzungen und Einmündungen sollten auch für den Ortsfremden erkennbar sein. Wünschenswert ist es, dass sie schon durch ihre bauliche Beschaffenheit auffallen. Wenn das nicht der Fall ist, sollten bei der Straßenbaubehörde bauliche Veränderungen angeregt werden. Ist eine ausreichende Erkennbarkeit nicht gewährleistet, sollten die zu der Kreuzung oder Einmündung gehörenden Verkehrszeichen (positive und negative Vorfahrtzeichen oder Gefahrzeichen 102 „Kreuzung") in der Regel auf beiden Seiten der Straße und ausnahmsweise auch über der Fahrbahn angebracht werden. Auch ergänzende Maßnahmen, wie Veränderung des Unterbrechungsverhältnisses der Leitlinien in der untergeordneten Straße, verzerrte Wiedergabe der aufgestellten Schilder auf der Fahrbahn (vgl. § 42 Abs. 6 Nr. 3) in ausreichender Entfernung oder eine besondere Beleuchtung können sich empfehlen.

11a   2   2. Bei schiefwinkligen Kreuzungen und Einmündungen ist zu prüfen, ob für den Wartepflichtigen die Tatsache, dass er an dieser Stelle andere durchfahren lassen muss, deutlich erkennbar ist, und ob die Sicht aus dem schräg an der Straße mit Vorfahrt wartenden Fahrzeug ausreicht. Ist das nicht der Fall, so ist mit den Maßnahmen zu Nummer I 1 und II zu helfen; des öfteren wird es sich empfehlen, bei der Straßenbaubehörde eine Änderung des Kreuzungswinkels anzuregen.

12   3   II. Die Verkehrsregelung an Kreuzungen und Einmündungen soll so sein, dass es für den Verkehrsteilnehmer möglichst einfach ist, sich richtig zu verhalten. Es dient der Sicherheit, wenn die Regelung dem natürlichen Verhalten des Verkehrsteilnehmers entspricht. Unter diesem Gesichtspunkt sollte, wenn möglich, die Entscheidung darüber getroffen werden, ob an Kreuzungen der Grundsatz „Rechts vor Links" gelten soll oder eine Regelung durch Verkehrszeichen vorzuziehen ist und welche Straße dann die Vorfahrt erhalten soll. Bei jeder Regelung durch Verkehrszeichen ist zu prüfen, ob die Erfassbarkeit der Regelung durch Längsmarkierungen (Mittellinien und Randlinien, die durch retroreflektierende Markierungsknöpfe verdeutlicht werden können) im Verlauf der Straße mit Vorfahrt verbessert werden kann.

13   4   1. Im Verlauf einer durchgehenden Straße sollte die Regelung stetig sein. Ist eine solche Straße an einer Kreuzung oder Einmündung mit einer Lichtzeichenanlage versehen oder positiv beschildert, so sollte an der nächsten nicht „Rechts vor Links" gelten, wenn nicht der Abstand zwischen den Kreuzungen oder Einmündungen sehr groß ist oder der Charakter der Straße sich von einer Kreuzung oder Einmündung zur anderen grundlegend ändert.

14   5   2. Einmündungen von rechts sollte die Vorfahrt grundsätzlich genommen werden. Nur wenn beide Straßen überwiegend dem Anliegerverkehr dienen (z. B. Wohnstraßen) und auf beiden nur geringer Verkehr herrscht, bedarf es nach der Erfahrung einer Vorfahrtbeschilderung nicht.

3. An Kreuzungen sollte der Grundsatz „Rechts vor Links" nur gelten, wenn
   a) die kreuzenden Straßen einen annähernd gleichen Querschnitt und annähernd gleiche, geringe Verkehrsbedeutung haben,
   b) keine der Straßen, etwa durch Straßenbahngleise, Baumreihen, durchgehende Straßenbeleuchtung, ihrem ortsfremden Benutzer den Eindruck geben kann, er befinde sich auf der wichtigeren Straße,
   c) die Sichtweite nach rechts aus allen Kreuzungszufahrten etwa gleich groß ist und
   d) in keiner der Straßen in Fahrstreifen nebeneinander gefahren wird.

4. Müßte wegen des Grundsatzes der Stetigkeit (Nummer 1) die Regelung „Rechts vor Links" für einen ganzen Straßenzug aufgegeben werden, weil für eine einzige Kreuzung eine solche Regelung nach Nummer 3 nicht in Frage kommt, so ist zu prüfen, ob nicht die hindernde Eigenart dieser Kreuzung, z. B. durch Angleichung der Sichtweiten, beseitigt werden kann.

5. Der Grundsatz „Rechts vor Links" sollte außerhalb geschlossener Ortschaften nur für Kreuzungen und Einmündungen im Verlauf von Straßen mit ganz geringer Verkehrsbedeutung gelten.

6. Scheidet die Regelung „Rechts vor Links" aus, so ist die Frage, welcher Straße die Vorfahrt zu geben ist, unter Berücksichtigung des Straßencharakters, der Verkehrsbelastung, der übergeordneten Verkehrslenkung und des optischen Eindrucks der Straßenbenutzer zu entscheiden. Keinesfalls darf die amtliche Klassifizierung der Straßen entscheidend sein.
   a) Ist eine der beiden Straßen eine Vorfahrtstraße oder sind auf einer der beiden Straßen die benachbarten Kreuzungen positiv beschildert, so sollte in der Regel diese Straße die Vorfahrt erhalten. Davon sollte nur abgewichen werden, wenn die Verkehrsbelastung der anderen Straße wesentlich stärker ist oder wenn diese wegen ihrer baulichen Beschaffenheit dem, der sie befährt, den Eindruck vermitteln kann, er befände sich auf der wichtigeren Straße (z. B. Straßen mit Mittelstreifen oder mit breiter Fahrbahn oder mit Straßenbahngleisen).
   b) Sind beide Straßen Vorfahrtstraßen oder sind auf beiden Straßen die benachbarten Kreuzungen positiv beschildert, so sollte der optische Eindruck, den die Fahrer von der von ihnen befahrenen Straße haben, für die Wahl der Vorfahrt wichtiger sein als die Verkehrsbelastung.
   c) Wird entgegen diesen Grundsätzen entschieden oder sind aus anderen Gründen Missverständnisse über die Vorfahrt zu befürchten, so muss die Wartepflicht entweder besonders deutlich gemacht werden (z. B. durch Markierung, mehrfach wiederholte Beschilderung), oder es sind Lichtzeichenanlagen anzubringen. Erforderlichenfalls sind bei der Straßenbaubehörde bauliche Maßnahmen anzuregen.

7. Bei Kreuzungen mit mehr als vier Zufahrten ist zu prüfen, ob nicht einzelne Kreuzungszufahrten verlegt oder gesperrt werden können. In anderen Fällen kann die Einrichtung von der Kreuzung wegführender Einbahnstraßen in Betracht kommen.

8. Bei der Vorfahrtregelung sind die Interessen der öffentlichen Verkehrsmittel besonders zu berücksichtigen; wenn es mit den unter Nummer 6 dargelegten Grundsätzen vereinbar ist, sollten diejenigen Kreuzungszufahrten Vorfahrt erhalten, in denen öffentliche Verkehrsmittel linienmäßig verkehren. Kann einer Straße, auf der eine Schienenbahn verkehrt, die Vorfahrt durch Verkehrszeichen nicht gegeben werden, so ist eine Regelung durch Lichtzeichen erforderlich; keinesfalls darf auf einer solchen Kreuzung die Regel „Rechts vor Links" gelten.

III. 1. Als Vorfahrtstraßen sollen nur Straßen gekennzeichnet sein, die über eine längere Strecke die Vorfahrt haben und an zahlreichen Kreuzungen bevorrechtigt sind. Dann sollte die Straße solange Vorfahrtstraße bleiben, wie sich das Erscheinungsbild der Straße und ihre Verkehrsbedeutung nicht ändern. Bei der Auswahl von Vorfahrtstraßen ist der Blick auf das gesamte Straßennetz besonders wichtig.
   a) Bundesstraßen, auch in ihren Ortsdurchfahrten, sind in aller Regel als Vorfahrtstraßen zu kennzeichnen.
   b) Innerhalb geschlossener Ortschaften gilt das auch für sonstige Straßen mit durchgehendem Verkehr.
   c) Außerhalb geschlossener Ortschaften sollten alle Straßen mit erheblichem Verkehr Vorfahrtstraßen werden.

2. Im Interesse der Verkehrssicherheit sollten im Zuge von Vorfahrtstraßen außerhalb geschlossener Ortschaften Linksabbiegestreifen angelegt werden, auch wenn der abbiegende Verkehr nicht stark ist. Linksabbiegestreifen sind umso dringlicher, je schneller die Straße befahren wird.

2 StVO § 8   I. Allgemeine Verkehrsregeln

23   20   *3. Über die Beschilderung von Kreuzungen und Einmündungen vgl. Nummer VII zu den Zeichen 205 und 206 (Rn. 11 ff.), von Vorfahrtsstraßen vgl. zu den Zeichen 306 und 307, von Bundes- und Europastraßen vgl. zu den Zeichen 401 und 410.*

24   21   *IV. Über die Verkehrsregelung durch Polizeibeamte und Lichtzeichen vgl. zu § 36 Abs. 2 und 4; Rn. 3 ff. sowie Nummer IV zu den Nummern 1 und 2 zu § 37 Abs. 2; Rn. 12.*

Übersicht

Abknickende Vorfahrt 43
Anhaltepunkt 56
Anscheinsbeweis 69
Ausfahrt 35
Ausnahmen 73
Autobahn, Vorfahrt 65/66

Beobachtung des Wartepflichtigen 47
Berechtigter, Fahrgeschwindigkeit 48
–, verkehrswidriges Verhalten 30
–, Vertrauensgrundsatz 49–54
Beschleunigungsstreifen 34 b
Bordstein, versenkter 35
Breite Fahrbahn 62

Einmündung 2, 11 ff, 32, 34–35
Erzwingen der Vorfahrt 47

Fahrbahn, breite 62
Fahrgeschwindigkeit des Berechtigten 48
Fahrlinien 27
Fahrtrichtungsanzeige des Berechtigten 54
Fahrverhalten des Berechtigten 9, 63
– des Wartepflichtigen 4/5, 56
Fehlerhafte Verkehrszeichen 45
Feldweg 3, 46, 56
Fußgänger mit Fahrzeugen 10, 66

Gehweg, abgesenkter 35

Haftung des Wartepflichtigen 68 ff
„Halbe" Vorfahrt 38
„Hineintasten" 58

Kolonnenverkehr 47, 54 a
Kraftfahrstraße, Vorfahrt 65/66
Kreisverkehr 37
Kreuzung 2, 11, 11 a, 32, 33

Lastzug, langsamer 62
Lichtzeichen 44
Linksabbieger, wartepflichtiger 63

Mehrzweckstreifen s Seitenstreifen
Mittelstreifen 34 a, 62 f

Nichtbeachtung der Vorfahrt 48

Ordnungswidrigkeiten 74–76

Parkplatz, Platz 31 a

Radwege 28, 30, 42, 52
Rechtsabbieger, wartepflichtiger 55, 64
Richtungsanzeige, abknickende Vorfahrt 43
Rückwärtsfahren 29

Schadensverteilung 69 f, 72
Seitenstreifen 34 a
Sichtbarkeit des Berechtigten 55
Sorgfalt des Wartepflichtigen 6–8, 57
Stoppstraße 60, 61
Strafrecht 77

„T-Einmündung" 14, 37, 51

Überschnelles Fahren 48, 53, 56, 69 a
Unabwendbares Ereignis 71
Unklare Verkehrslage 47
Unklares Verhalten 56

Verkehrszeichen, Vorfahrt 11 ff, 39–46
Vertrauensgrundsatz 49–54
Verzicht 31
Vorfahrt 1, 25, 29
– ohne Verkehrszeichen 38
– kraft Verkehrszeichen 11 ff, 39–46
–, abknickende 43
–, „halbe" 38
–, kein Erzwingen 47
–, keine, bei verbotswidrigem Befahren der Straße oder des Radweges 30, 52
–, Zurückstehen, Verzicht 31, 47, 48
–, Nichtbeachtung 48
– auf AB und Kraftfahrstraßen 65/66
Vorfahrtberechtigter, Pflichten 47, 48
–, Fahrweise 9, 63
Vorfahrtbereich 28
Vorfahrtstraße 39–43

Waldweg 3, 46, 56
–, stets wartepflichtig 46
Warnposten 58, 62
Wartepflichtiger, Pflichten 4–8, 55–59
–, Sorgfalt 6–8, 57
–, Vertrauensgrundsatz 49–54
–, Beobachtung des 47
–, nicht sichtbarer 55
–, Haftung 68 ff

Zivilrecht 67–72

25   **1. Vorfahrt** hat mangels abweichender VZRegelung, wer von rechts gefahren kommt (I), Rz 38, mit Fzen aller Art (§ 24). Die **Vorfahrtregelung gilt** nur für das Verhältnis von Fzen zueinander, BGH VersR **70** 328, Bay VRS **65** 154, Ce VM **75** 58, und für solche VT, die FzF gleichgestellt sind (zB Reiter, Viehtreiber, § 28 II), s Begr Rz 10. **Für Fußgänger mit Fahrzeugen** (zB mit geschobenen Fahrrädern, Mopeds, Krädern, Handwagen, Schubkarren) gilt die Regelung des § 8 nicht, s Rz 10, ebenso wenig für marschierende Kolonnen mangels polizeilicher Regelungen; erst nach dem Einrücken auf die Kreuzung erlangen sie das Vorrecht nach § 27. Kein Vorrang des Fußgängers, der ein Fahrrad schiebt oder Pferd führt, BGH VM **63** 3,

Vorfahrt § 8 StVO **2**

NJW **58** 259 (*Hartung*), Bay VRS **65** 154. Kein Vorfahrtfall daher, wenn ein wartepflichtiger Radf die VorfahrtStr zu Fuß überquert und erst in der neuen Fahrtrichtung wieder aufsteigt, BGH VersR **70** 328. § 8 gilt **nur für beiderseits öffentliche Straßen** (§ 1 Rz 2, 13–16), BGH VM **72** 76, nicht im Verhältnis zu einmündenden Fußgängerwegen – auch nicht bei beschränkt zugelassenem FzV –, Bay VRS **71** 304, Schl NZV **93** 233, oder Grundstückseinfahrten, BGH VRS **12** 414, KG VRS **35** 458. Ist unklar, ob von rechts her nur eine Einfahrt (Rz 35) einmündet, so muss jeder Beteiligte § 1 beachten, Kö NJW **64** 311, Ol VM **67** 52. Unterschiedliche VDichte, BGH VM **72** 76, Kar VRS **44** 229, Gewohnheitsrecht oder Verwaltungsanordnungen ändern die Vorfahrt nach I nicht, BGH VRS **10** 413, Kö VRS **11** 301. Vorfahrt setzt grundsätzlich das Recht voraus, den betreffenden StrTeil zu befahren, Fra DAR **99** 39 (Rz 30). Vorfahrt besteht auch gegenüber den VT auf einer **für den Fahrverkehr gesperrten Straße,** Mü VersR **59** 215, aM Hb VM **62** 69, bei Sperrung für den Durchgangsverkehr, wie für einzelne VArten oder für alle Fze, wenn sie verkehrswidrig trotzdem befahren wird, BGH VRS **24** 175, Dü VRS **31** 457. Sie haben also zu warten, auch wenn sie von rechts kommen, aM Dü VersR **68** 905, Kar NZV **92** 189, aM auch Kar VRS **35** 154 jedenfalls bei nur teilweisem oder vorübergehendem VVerbot (als VRegel unpraktikabel). Wer eine EinbahnStr verbotswidrig oder erlaubterweise (§ 35) gegenläufig befährt, muss warten, s Rz 30. Kein Vorfahrtsrecht auch für auf dem Gehweg fahrende Radf, Rz 30. Denn ein Vorfahrtsrecht setzt begrifflich das – zumindest grundsätzlich bestehende – Recht des Fahrens voraus, BGH NJW **86** 2651, Ha VersR **87** 1246. Anders, wenn jedenfalls überhaupt FzV in der betreffenden Fahrtrichtung zulässig ist. Daher ändert zB Beschränkung auf AnliegerV die Vorfahrt nicht, Ce ZfS **01** 492, Dü VRS **73** 299, Ha VersR **87** 1246. Maßgebend ist die Widmung für den öffentlichen Verkehr oder dessen Stattfinden unter Duldung durch den Berechtigten (§ 1 Rz 13 ff), dann gelten die Vorfahrtregeln auch für PrivatStr und deren Kreuzungen und Einmündungen. Versenkter Bordstein: Rz 35. Vertrauensgrundsatz: Rz 49 ff.

Dem **Fahrer** obliegt die Beachtung der Vorfahrtregeln. Bei mangelnder Einsicht des Busfahrers nach rechts in die vorfahrtberechtigte Str wegen der Bauart des Busses kann es ausreichen, wenn der Fahrer eine zuverlässige Auskunft von Fahrgästen über die VSituation auf der VorfahrtStr einholt, Bay VRS **60** 305. Jeder Kolonnenfahrer ist für die Vorfahrt selbst verantwortlich, unabhängig vom Vorausfahrenden, Kö VRS **8** 228, s aber § 27 (Verbände). **26**

Wenn die Fahrlinien sich schneiden, berühren oder einander hemmend nähern, kommt ein Vorfahrtfall in Betracht, Kar VRS **93** 102, Zw VRS **57** 310, Kö VRS **84** 426. Der Regelung in § 8 unterliegt daher auch der Fall, dass ein FzF aus wartepflichtiger Str in die bevorrechtigte Str und ein anderer aus der bevorrechtigten in die untergeordnete Str einbiegt, BGH NJW **56** 1798, sofern sich der Wartepflichtige dem Berechtigten dabei zumindest hemmend nähert. Der Berechtigte muss zügig und unbehindert durchfahren können, BGH VM **65** 27, VersR **64** 1195, Bay VkBl **66** 118, Mü VRS **30** 20, Ha VRS **30** 130, Br VRS **30** 172, auch noch in Kreuzungsnähe, KG VersR **77** 82, DAR **76** 240, Kö NZV **89** 437 (Kollision 30 m nach Einbiegen in VorfahrtStr), wobei geringes Gaswegnehmen, Ausweichen (aM BGH VM **71** 67) und andere **unwesentliche Behinderungen** als unvermeidbar außer Betracht bleiben, KG NZV **00** 43, VM **96** 5. Dass sich der Wartepflichtige nach dem Einbiegen bereits vollständig auf der VorfahrtStr eingeordnet hat, schließt bei Kollision einen Vorfahrtsfall nicht aus, Bay VRS **29** 472, Stu VRS **97** 15. Könnte der Berechtigte mühelos überholen oder seine Fahrgeschwindigkeit derjenigen des vor ihm eingebogenen Wartepflichtigen anpassen, so ist seine Vorfahrt nicht verletzt (anders bei erheblicher Geschwindigkeitsdifferenz), Bra VRS **82** 422, Mü VersR **73** 947, Ha VOR **73** 486. Bloßes achtloses Einfahren in die VorfahrtStr ohne fremde Beeinträchtigung verletzt § 8 nicht, Zw VM **80** 4. **Kein Vorfahrtfall** bei klarem, behinderungsfreiem Vorsprung des einen Fz, BGH VersR **57** 529, Ha VOR **74** 486, oder wenn der sonst Berechtigte die VorfahrtStr schon verlassen hat, Bay VRS **27** 230, s aber Rz 28. Nicht § 8, sondern § 9 V gilt, wenn der Berechtigte nach Inanspruchnahme seines Vorfahrtsrechts wendet und mit dem nun einfahrenden Wartepflichtigen kollidiert, KG NZV **04** 355. Kein Vorfahrtfall auch, wenn sich ein Fahrstreifen der wartepflichtigen Str als zusätzlicher rechter Fahrstreifen der VorfahrtStr fortsetzt und der Vorfahrtberechtigte auf diesen hinüberwechselt, Bay VRS **56** 114, s Rz 64, § 7 Rz 17. Keine Vorfahrtverletzung, wenn der Wartepflichtige auf seiner rechten Fahrbahnseite noch vor dem Kreuzungsbereich kollidiert, Ha VRS **26** 462, s Rz 28. **27**

1 a. Den Vorfahrtbereich bildet das „Einmündungsviereck" und die linke Fahrbahnhälfte der untergeordneten Str, dh die **gesamte Kreuzungsfläche,** BGH NJW **74** 949, BGHSt **34** **28**

2 StVO § 8   I. Allgemeine Verkehrsregeln

127 = NJW **86** 2651, KG NZV **02** 79, Ha NZV **98** 26, **in ganzer Fahrbahnbreite,** BGH VersR **75** 38, Kar DAR **00** 570, Ha NZV **98** 26, VRS **101** 81, Dü NZV **94** 328, Kö NZV **89** 437, KG VRS **85** 270, bei rechtwinkligen Kreuzungen begrenzt durch die Fluchtlinien beider Fahrbahnen einschließlich der Radwege, BGHSt **20** 238, **34** 127 = NJW **86** 2651, Fra VM **04** 37, DAR **88** 279, KG VRS **54** 255, Kar VRS **53** 301, bei **trichterförmiger Erweiterung** der bevorrechtigten Str einschließlich der Fläche bis zu den Endpunkten des Trichters, BGH NJW **71** 843, Bay VkBl **71** 493, Ha NZV **97** 180, Dü VersR **76** 1181, Zw VRS **43** 222, Schl VM **72** 79. Die Vorfahrt steht auch Benutzern von **Seitenstreifen** (§ 41 III Nr 3b) im Verhältnis zu anderen Strn zu, falls ihre allgemeinen Voraussetzungen gegeben sind. Diese Grundsätze gelten auch bei Kombination mit abknickender Vorfahrt, BGH NJW **74** 949, **83** 2939, Ba VRS **43** 402, einschließlich der Fahrbahn zur Weiterfahrt, Hb VM **68** 15. **Beim Abbiegen** umfasst der Vorfahrtbereich auch die rechte Fahrbahn der anderen Straße, KG DAR **78** 20, Ha VRS **26** 462, nicht auch der linken Fahrbahnseite der untergeordneten Str, in die eingebogen wird, KG VRS **85** 270, VM **84** 44, DAR **78** 20, Dü VRS **58** 269. Schneidet der linkseinbiegende Vorfahrtberechtigte jedoch die Kurve, indem er die für ihn linke Fahrbahnseite der untergeordneten Str befährt, so kann der Wartepflichtige, wenn er bei guter Übersicht bis zur Schnittlinie der Einmündung vorfährt, gegen § 1 II verstoßen, falls er sich auf solche Fahrweise des Berechtigten nicht einstellt, Fra DAR **88** 279 (zw), s Ha NZV **98** 26. Bei **trichterförmig** erweiterter, vorfahrtberechtigter Einmündung hat der links abbiegende Berechtigte Vorfahrt auf der gesamten, bis zu den Endpunkten des Trichters erweiterten Fahrbahn der VorrechtsStr, BGHSt **20** 238 = NJW **65** 1772, VersR **63** 279, Ha NZV **98** 26, VersR **75** 1127, Fra NZV **90** 472. Münden zwei durch VZ wartepflichtige Straßen in einem kurzen gemeinsamen Stück in die VorfahrtStr ein, so hat der in eine dieser Straßen abbiegende Berechtigte Vorfahrt bis zur vollständigen Einordnung auf deren rechter Fahrbahn, Ha VRS **53** 412. Bei **platzartiger Fahrbahnerweiterung** hat, mangels Vorfahrtregelung durch VZ (Ha NZV **97** 180), Vorfahrt, wer von rechts in die erweiterte Fahrbahn einfährt. Eine durchgezogene Linie auf der VorfahrtStr, Ol DAR **68** 329, oder unterbrochene Leitlinien engen den Vorfahrtbereich nicht ein, BGH NJW **83** 2939, Ha NZV **97** 180 (jeweils abknickende Vorfahrt), Hb DAR **68** 250, LG Aachen ZfS **01** 251. Im Übrigen gilt das Vorfahrtsrecht auf der bevorrechtigten Str auch bei **vorschriftswidrigem Linksfahren,** Rz 30, aber **nicht für Sperrflächen** (Z 298), Ha VRS **59** 5, Dü DAR **80** 119. Vorfahrtverletzung bei gefährdender oder behindernder Annäherung der Fahrlinien auch **außerhalb des Kreuzungsbereichs,** solange das Verhalten des Wartepflichtigen noch unmittelbar einwirkt, Kö VRS **94** 249, KG VersR **77** 82, s Rz 27, 55.

29   **Die Vorfahrt besteht** beim Abbiegen bis zum vollständigen Verlassen der VorfahrtStr, Dü VersR **66** 1056, auch beim **Rückwärtsfahren,** BGH NJW **58** 672, BGHSt **13** 368 = NJW **60** 395, Kar VRS **55** 246, Dü DAR **84** 123, aber mit besonderer Rücksicht auf Wartepflichtige, Bay VM **66** 65, KG VRS **106** 343, wenn der Berechtigte alsbald nach Überqueren der anderen Straße in ein Grundstück einfahren will, Bay VM **66** 65, BGHSt **13** 368 = NJW **60** 395, oder wenn der Wartepflichtige schon auf der Kreuzung ist, dort aber anhält, Ce VRS **16** 150, denn es gibt keinen Übergang der Vorfahrt auf den Wartepflichtigen, BGH VRS **4** 429, sondern nur deren Verlust, wenn sie streitig gemacht wird, weil sie nicht erzwungen werden darf (Rz 47). Anhalten des Rückwärtsfahrenden auf Warnzeichen des an sich Wartepflichtigen kann Verzicht bedeuten (Ha VRS **52** 299).

30   **1 b. Verkehrswidriges Verhalten des Berechtigten** beseitigt seine Vorfahrt grundsätzlich nicht (BGHSt **34** 127 = NJW **86** 2651, VRS **30,** 23, KG NZV **02** 79, Kö VRS **99** 322, Fra NZV **90** 472). Er verliert sie weder durch Unterlassen von WarnZ, noch durch unerlaubt schnelles Fahren (BGH DAR **86** 142, KG NZV **02** 79, Kö VRS **99** 322, Kar ZfS **86** 130, Stu DAR **89** 387 [aber uU Mitschuld], Nü ZfS **86** 65 [Mitschuld bei 30% Überschreitung verneint]) noch durch unerlaubtes Überholen (BGH VRS **11** 117, KG VersR **75** 909, Ha VM **75** 62) noch durch falsches Abbiegen nach links in engem Bogen (Kurvenschneiden; BGH VersR **66** 294, **64** 1195, Sa VRS **30** 229, Dü VRS **31** 475, Fra NZV **90** 472 [soweit der Wartepflichtige den Vorfahrtbereich – Einmündungsviereck und *linke* Fahrbahnhälfte der untergeordneten Str – befährt, s Rz 28]) noch dadurch, dass er zu weit links fährt (KG NZV **06** 202, Jn DAR **00** 570, Ha NZV **98** 26, Dü NZV **94** 328, Kö NZV **89** 437, VRS **66** 255) oder links von einer Fahrstreifenbegrenzung (Ol DAR **64** 142) noch durch falsche Richtungsanzeige (BGH DAR **66** 25, Ha NZV **03** 414, KG VM **93** 2, Dü VersR **76** 546, s aber Rz 52, 54). Nur bei Missbrauch des Vorfahrtsrechts (§ 1 II) trifft den Berechtigten ein Vorwurf (BGH VersR **77** 524). Wer allerdings verbotswidrig eine Str **in falscher Richtung** befährt (EinbahnStr, falsche

Richtungsfahrbahn), hat niemals ein Vorfahrtsrecht, weil das fehlende Recht, die Str in dieser Richtung zu befahren, begrifflich ein Vorfahrtsrecht ausschließt (s Rz 25; BGH NJW **86** 2651, **82** 334, Bay NStZ **86** 543, KG VM **90** 35, Fra VersR **82** 554). Keine Vorfahrt hat daher auch, wer aus für ihn gesperrter Str von rechts kommt (str, s Rz 25). Str, ob Vorfahrt haben kann, wer **verbotswidrig den linken Radweg** befährt (§ 2 IV S 3). Man wird dies aus den gleichen Gründen wie bei Befahren einer Einbahnstr in falscher Richtung verneinen müssen (Br VersR **97** 765, Ce VRS **68** 471, Hb VersR **87** 106 [Kradf], *Hentschel* NJW **86** 1310; **aM** BGH NJW **86** 2651, krit *Weinberger* DNP **87** 189), weil Befahren eines Radwegs in verbotener Richtung dem Befahren einer Einbahnstr in verbotener Richtung nicht vergleichbar sei; wie BGH Fra VM **04** 37 [aber Mithaftung], Dü NZV **00** 506, Ha NZV **92** 364 [selbst bei Str mit begrüntem Mittelstreifen], **97** 123, ZfS **96** 284 [mit haftungsrechtlich unbefriedigender Konsequenz]). Jedenfalls muss der Wartepflichtige mit Befahren des Radwegs in falscher Richtung rechnen und handelt schuldhaft, wenn er sich nicht darauf einstellt (Rz 52). Auch Führer anderer Fz, die nicht berechtigt sind, den Radweg zu befahren, können begrifflich auf diesem kein Vorfahrtsrecht haben (aM Kö VersR **88** 834 [Kleinkraftrad]), ebenso wenig, wie einem den **Gehweg** befahrenden Radf jemals ein Vorfahrtsrecht zustehen kann (Ce MDR **01** 1236, Dü VersR **96** 1121, KG VM **90** 35, Ha VersR **87** 1246, AG Stralsund NZV **03** 290 [je Alleinhaftung], Fra DAR **99** 39); hier gilt für den Radf allein § 10. Auf Halten des Berechtigten an Bahnübergängen nach **Aufleuchten von Blinklicht oder LichtZ** iS von § 19 II Nr 2 darf der Wartepflichtige nicht vertrauen (Kö VRS **62** 307), ebenso wenig idR auf Beachtung einer nahe gelegenen Fußgänger-LZA (BGH VersR **90** 739, Ha NZV **98** 246, Hb VRS **49** 394, Kö VRS **62** 307, Dü VersR **77** 85, Stu VRS **69** 304, aM Bay VRS **64** 385, Kö VersR **02** 1302, Ce VersR **86** 919, Ko VRS **42** 33), auf Beachtung solcher und sonstiger nicht den Verkehr im Verhältnis zu der betreffenden Einmündung regelnder LZA nur dann, wenn diese erkennbar und unmissverständlich vom Schutzbereich der LZA mitumfasst ist (Bay VRS **35** 383, Kö VRS **62** 307, Ha VM **73** 22; dazu auch Rz 44).

Lit: *Dannert,* Das Einbiegen nach links ..., NZV **95** 132. *Kürschner,* Vorrangs- und Vorfahrtsprobleme ..., NZV **89** 174. *Mayr,* Rechts vor links, DAR **73** 227. *Mühlhaus,* Die Bedeutung von VVerstößen ..., DAR **69** 1. *Ries,* Vorfahrt bei gesperrten Str und Einbahnstraßen, DAR **67** 179.

1 c. Verzicht auf Vorfahrt darf der Wartepflichtige nur annehmen, wenn der Berechtigte dies unmissverständlich anzeigt, BGH DAR **60** 137, Ha NZV **00** 415, KG VRS **106** 440, Ko NZV **93** 273, Sa VM **82** 4. Vertrauen auf Verzicht nur nach Verständigung, BGH VersR **77** 154, KG VRS **106** 440, Ko NZV **93** 273. An den Nachweis eines Vorfahrtverzichts sind **strenge Anforderungen** zu stellen, KG VRS **106** 440, Ha NZV **00** 415, die Beteiligten müssen sich nachweisbar verständigt haben, wozu missbräuchliches **Blinken mit den Scheinwerfern** (§ 16) nicht ausreicht, weil es missverständlich ist, KG VM **93** 67, Ko NZV **91** 428, **93** 273, MDR **00** 415, aM Ha NZV **88** 24. **Kein Verzicht** liegt in bloßem kurzem Abstoppen zwecks Umblicks oder verkehrsbedingtem Halten des Berechtigten, BGH VersR **66** 690, Kö DAR **57** 135, nicht in nur zögerlichem Fahrverhalten, KG VersR **73** 257, nicht darin, dass der Berechtigte scharf rechts fährt und verlangsamt, Ha VRS **6** 397. Wer als Berechtigter anhält, zB weil er nach rechts hin wartepflichtig ist, verzichtet dadurch nicht auf die Vorfahrt nach links hin, sondern nur bei deutlicher Geste, Sa VM **82** 4, KG DAR **73** 157. Es müssen Umstände hinzutreten, die eindeutig zeigen, dass er gerade wegen des Wartepflichtigen angehalten hat; der Berechtigte darf nach solchem Anhalten nur mit besonderer Vorsicht in die kreuzende Straße einfahren; er muss dabei auf das Verhalten des Wartepflichtigen achten, BGH NJW **58** 259, KG DAR **73** 157. Ein Radf behält Vorfahrt, auch wenn er als Berechtigter mit Rücksicht auf andere bremst, sichtlich zögert oder sogar anhält und sich auf der Fahrbahn abstützt; Wartepflichtige müssen ihm durch ihr Verhalten anzeigen, dass sie ihn vorfahren lassen, es sei denn, er verzichtet durch deutliche Geste. Hatte der Berechtigte (aus einer T-Einmündung kommend) vor dem Abbiegen angehalten, so muss er berücksichtigen, dass dies von einem Wartepflichtigen **als Vorfahrtverzicht missdeutet** werden und diesen zum Durchfahren verleiten könnte, Ha VRS **58** 382, Sa VM **80** 70, desgleichen überhaupt bei längerem Zögern des Berechtigten, der seinerseits in anderer Richtung wartepflichtig ist, Sa VM **82** 4. Ein **Verzicht auf Vorfahrt gilt** stets nur für den Verzichtenden (s aber E 146), Kö VersR **73** 1074, KG DAR **71** 237, BGH VRS **11** 171, auch beim Durchfahren einer Lücke im zweispurigen Kolonnenverkehr (Hindurchtasten), KG VM **92** 75, Mü VersR **67** 67, wo der Berechtigte beim unerlaubten Rechtsüberholen an den Kolonnenlücken uU auf die Vorfahrt verzichten muss, Nü VersR **74** 1007. Einen Verzicht auf die Vorfahrt muss der Wartepflichtige **beweisen,** KG VM **80** 87. Die

Wartepflicht entfällt ausnahmsweise, wenn alle Vorfahrtberechtigten gemäß § 11 I zweifelsfrei warten.

31a **2. Auf Plätzen und anderen größeren Verkehrsflächen ohne irgendwelche Fahrbahneinteilung** ist Verständigung nötig (§ 1 II), BGH NJW **63** 152 (Großmarkt), KG VRS **106** 343 (Betriebsgelände), Dü NZV **88** 231, Kö NZV **94** 438 (jeweils Tankstelle), Dü DAR **00** 175, Ha VRS **99** 70, Fra ZfS **94** 5 (jeweils Parkplatz ohne „Fahrbahnnetz"), Stu VM **73** 62, s § 1 Rz 5, weil weder Kreuzungen noch Einmündungen vorhanden sind. Dabei kann aber der Rechtsgedanke des Abs I ergänzend Berücksichtigung finden, Kö NZV **94** 438. Auf **Parkplätzen** markierte Fahrspuren sind keine dem fließenden Verkehr dienenden Straßen und gewähren deshalb **keine Vorfahrt,** Dü DAR **00** 175, Ko DAR **99** 405, Kar VM **89** 7, AG Bad Bramstedt ZfS **99** 55, auch keinen Vorrang gegenüber dem Ausparkenden gem § 10, Ol VRS **63** 99, **82** 419, aM KG VM **84** 32 (Vorrang des durchgehenden Verkehrs), so dass auch im Verhältnis zwischen ihnen Verständigungspflicht (§ 1) besteht, weil sie nur dem Suchverkehr nach Stellplätzen dienen, Ko VRS **48** 133, mag der von rechts Kommende vielleicht auch Vortritt erwarten, Sa NJW **74** 1099, ähnlich wohl Stu VRS **45** 313. Die Vorfahrt- und Vorrangregeln gelten dort nur, wo die angelegten Fahrspuren eindeutigen Straßencharakter haben, Dü DAR **00** 175, Ce DAR **00** 216, Ol VRS **63** 99, **82** 419. Demgegenüber wollen Dü VRS **56** 294, KG VM **77** 23, DAR **78** 20, Nü NJW **77** 1888, Ha DAR **76** 110, NJW **74** 1913, Br VM **75** 48 (ohne Vertrauen darauf), Ce VersR **75** 265, *Bouska* VD **75** 185 im Verhältnis baulich oder sonstwie bezeichneter Fahrspuren (Wege) auf Parkplätzen untereinander Vorfahrtgrundsätze anwenden, weil bloße Verständigungspflicht nicht ausreiche, Dü VRS **56** 294. Mit Rücksicht auf Rangierende muss der die Fahrspuren zwischen den Parktaschen Befahrende **stets bremsbereit** sein, KG VRS **104** 24. 25 km/h sind jedenfalls zu schnell, OL VRS **63** 99, KG VRS **64** 104, VM **84** 32 (angemessen im Allgemeinen nicht mehr als 10 km/h), AG Bad Bramstedt ZfS **99** 55. Auch auf Fahrspuren mit StrCharakter innerhalb von Parkplätzen kann Schrittgeschwindigkeit geboten sein (Mithaftung des Vorfahrtberechtigten), Fra NZV **01** 36 (s § 3 Rz 16), nicht ohne Weiteres auch auf Betriebsgelände, KG VRS **109** 10. Auf Parkplätzen ohne bezeichnete Fahrstreifen und Stellflächen gilt § 1, wobei vor allem das Ausfahren ermöglicht werden muss, um optimale Nutzung zu erreichen, Ha NJW **76** 2359. Da Parkplätze und Parkhäuser dem *ruhenden* V dienen, Ha VRS **99** 70, KG VRS **104** 24, **64** 104, 106, trifft der dort **rückwärts Ausparkende** nicht auf fließenden Verkehr, sondern auf Benutzer der Parkplatzfahrbahn, die gegenseitigen Rücksichtspflichten sind deshalb (verglichen mit den Pflichten aus den §§ 9, 10) erhöht und einander angenähert, Ha VRS **99** 70, Stu NJW-RR **90** 670, Kö MDR **95** 152, einen Vertrauensgrundsatz zugunsten des „fließenden" Vs gegenüber dem wartepflichtigen Ausfahrenden gibt es nicht, Dü VRS **61** 455, Stu NJW-RR **90** 670 (Haftung des rückwärts Ausparkenden zu ²/₃), Ol VRS **82** 419, Kö MDR **95** 152, VRS **96** 412. Wenngleich § 10 für das Verhalten des Ausparkenden nicht gilt, ist doch der **Rechtsgedanke des § 10** bei der Beurteilung seiner Pflichten zu berücksichtigen, Ol VRS **63** 99, aM Ol VRS **82** 419. Ausnahmsweise kann § 10 auch unmittelbar gelten, wenn nämlich die Fahrfläche zwischen den Parktaschen durch optische Abgrenzungen und Fahrstreifenbegrenzung in der Mitte als dem FahrV dienende Fahrbahn ausgestaltet ist, Kar VM **89** 7, s Kö VRS **96** 412 (§ 10 entsprechend, Haftung des Ausparkenden zu ³/₄). Zu den Sorgfaltsregeln beim Befahren eines Werkparkplatzes, für den die StVO gelten soll, Kö DAR **80** 344.

32 **3. Nur für Kreuzungen und Einmündungen** gilt die Vorfahrtregel nach § 8; das gilt grundsätzlich für Abs I S 1 und S 2 gleichermaßen, wie auch die Begr (Rz 2) zeigt, aM insoweit *Kürschner* NZV **92** 216, s aber § 41 Rz 248 Z 205. Beschaffenheit und Kennzeichnung von Kreuzungen und Einmündungen: Vwv Rn 1 (Rz 11). Nur wenn der kreuzende oder einmündende Weg dem *FahrV* gewidmet ist, handelt es sich um eine Kreuzung oder Einmündung iS von Abs I, Dü NZV **88** 231. Die Vorfahrtregeln gelten daher nicht beim Einfahren in eine nur über abgesenkten Bordstein und Gehweg erreichbare Str; diese bildet keine Einmündung, Kar VersR **94** 362 (Anm *v. Rosenberg*), s § 10 sowie § 9 Rz 45. Die StrBenennung ist für den Kreuzungs- oder Einmündungsbegriff ohne Bedeutung, Ha VersR **79** 357, Kar VRS **55** 246. VZRegelungen sollen dem natürlichen psychologischen Verhalten der VT möglichst entsprechen, so dass Einmündungen von rechts möglichst die Vorfahrt zu nehmen ist, um den natürlichen VFluss nicht zu hemmen (Vwv Rn 5). Durchgehende StrStrecken sollen möglichst zügige Regelungen erhalten (Vwv Rn 4).

33 **Kreuzungen** sind die Schnittflächen zweier oder mehrerer sich schneidender Fahrbahnen verschiedener Str (Ha DAR **69** 279, Ba VRS **43** 402), die sich jenseits, uU seitlich versetzt, fortsetzen (BGH NJW **74** 949, Dü DAR **00** 175). Kreuzungsbereich: Rz 28, 30. StrStücke außerhalb der Schnittflächen gehören nicht zur Kreuzung (Ha VkBl **57** 79); doch kann es die Vorfahrt auch verletzen, wenn Fz *erst außerhalb der Kreuzung zusammenstoßen* (Rz 55). Ob ein StrZug mehrere dicht nebeneinander liegende Straßen in einer einzigen Kreuzung quert, hängt von der Örtlichkeit ab (Hb DAR **73** 82).

Einmündung ist jedes Zusammentreffen von Str mit nur einer Fortsetzung (BGH NJW **74** 949, Dü DAR **00** 175), rechtwinklig oder schräg (Bay DAR **66** 250), oder auch platzähnlich (Kar VRS **55** 246). Sie sollten aus psychologischen Gründen (*Undeutsch* DAR **66** 321) und solchen des VFlusses keine Vorfahrt haben (Rz 14). Wer in Richtung der einheitlichen Fortsetzung fährt, hat die Vorfahrtregeln zu beachten (BGH DAR **64** 223). Eine Einmündung bildet auch eine als Einbahnstr geregelte Fahrbahn derselben Str, die nach Umfahrung einer Grünfläche in die Gegenrichtung einmündet (KG VRS **59** 48). Wer beim Zufahren auf eine **StrGabel** bisher eine VorfahrtStr befuhr, muss darauf achten, in welchem Ast sie sich fortsetzt. Mündet eine Str in der Weise in eine andere, dass sie sich in zwei Äste gabelt, so gilt im Verhältnis des auf die Gabelung Zufahrenden zu dem aus einem der Äste Entgegenkommenden I S 1 (rechts vor links; Ko VRS **62** 464, aM Bay VM **69** 81), wonach in solchen Fällen kein Vorfahrts- sondern ein Begegnungsfall vorliegt. Münden von derselben Seite her **zwei NebenStr an derselben Stelle** in die VorfahrtStr ein, so gilt im Verhältnis der auf die VorfahrtStr Zufahrenden rechts vor links, einerlei wie sie weiterfahren wollen (Stu NZV **94** 440, Kö VersR **92** 249). Hat sich bei um einige Meter getrennten Einmündungen der von der linken Zufahrt Kommende in die VorfahrtStr bereits eingegliedert, so hat er Vorfahrt (Kö VersR **92** 249, Br DAR **65** 179). Wer **als Wartepflichtiger vor einer breiten VInsel bereits nach links in die VorfahrtStr eingebogen ist,** hat nunmehr gegenüber solchen VT Vorfahrt, die aus der Gegenrichtung kommend auf einer durch diese Insel abgetrennten Fahrbahn nach rechts in die VorfahrtStr einbiegen (Bay DAR **78** 282, Dü VM **77** 5, aM *Kullik* DAR **85** 336).

Lit: *Kullik,* Vorfahrtsregelung und Regelung des BegegnungsV an planglexichen VKnoten mit sog „Abbiegestreifen", DAR **85** 334.

Die Verschmelzung zweier Fahrstreifen zu einem gibt keine Vorfahrt iS von § 8 (§ 7 Rz 18, 20). Laufen bisher baulich **getrennte Fahrbahnen derselben Straße** spitzwinklig zu einer Fahrbahn zusammen, so gilt § 8 nicht, aber mangels notwendiger Regelung durch VZ rechts vor links, soweit nicht § 7 IV eingreift. Das gilt nicht für denjenigen, der auf einer EinbahnStr mit zwei durch einen mehrere Meter breiten bepflanzten Grünstreifen getrennten Fahrbahnen unter Benutzung einer Mittelstreifenunterbrechung die linke Fahrbahn aufsucht, um dort in gleicher Richtung weiterzufahren, Hb VRS **68** 293 (dann nach Hb aaO § 7 V, richtig wohl § 10, s *Booß* VM **85** 44, weil der Mittelstreifendurchbruch ein „anderer StrTeil" ist). Einmündungen von Feld- und Waldwegen: Rz 36. Einmündungen über versenkte Bordsteine: Rz 35. Ausfahrten: Rz 25, 35.

Beschleunigungsstreifen dienen ausschließlich, soweit möglich, dem zügigen Einfädeln in den durchgehenden V, dieser hat stets Vortritt, auf der AB kraft § 18 III, auf anderen Str, weil Beschleunigungsstreifen ihrer Zweckbestimmung nach nicht zu Kreuzungen (Einmündungen) gerechnet werden können (Kö VRS **62** 303, aM *Mühlhaus* DAR **75** 64). Zwar erstreckt sich das Vorfahrtsrecht (außerhalb von BAB und KraftfahrStrn, dort Sonderregelung des § 18 III) auch auf den Beschleunigungsstreifen als Bestandteil der Gesamtfahrbahn, idR darf der den Beschleunigungsstreifen zweckentsprechend benutzende Wartepflichtige aber mangels entsprechender Anzeichen darauf vertrauen, dass der fließende V auf den durchgehenden Fahrstreifen den Beschleunigungsstreifen für den einmündenden V freihalten werde.

Keine Einmündungen iS von § 8 sind **Ausfahrten**, die zwar dem öffentlichen V (aus Parkplätzen, Tankstellen, Parkhäusern, Betriebshöfen) dienen, aber nicht dem durchgehenden (BGH VersR **85** 835, Ol ZfS **92** 332, Nau VRS **112** 199). Wer sie in Richtung der Str benutzt, muss sich nach § 10 (Einfahren) verhalten. Dazu gehören auch von der durchgehenden Str abzweigende erkennbar nur der Anschließung an den V dienende gemeinsame Zufahrten zu einer Häusergruppe (Bay VRS **65** 223, Fra VersR **92** 331). Keine Vorfahrt von Rechtseinmündungen, die über einen **abgesenkten Bordstein** herausführen. Nach § 10 S 1 hat sich der über den abgesenkten Bordstein Einfahrende vielmehr so zu verhalten, dass eine Gefährdung anderer ausgeschlossen ist, dh, er hat dem fließenden V den Vorrang zu gewähren (§ 10 Rz 6a). Die vor Änderung des § 10 durch ÄndVO v 22. 3. 88 teilweise abw Rspr ist überholt. Auf den Vorrang darf auch vertrauen, wer als Benutzer der durchgehenden Str die Bordsteineinmündung kennt (Ce VersR **77** 1032). Ausfahren durch eine Kolonnenlücke: § 10. Keine Einmündung ist eine

2 StVO § 8 I. Allgemeine Verkehrsregeln

durch gepflasterte Fortsetzung des Gehwegs von der Fahrbahn deutlich getrennte Zufahrt (Dü DAR **75** 187). Ausschließlich die sich dem herannahenden Kf bietenden **baulichen Verhältnisse,** nicht die VFrequenz, entscheiden über Einmündung oder Ausfahrt (§ 10 Rz 5). Maßgebend ist unabhängig von Eigentumsverhältnissen und Widmung das sich dem VT bietende äußere Erscheinungsbild (§ 10 Rz 5).

36 4. **Feld- und Waldwege** (Wiesen-, Sand- und Moorwege, Begr, und vergleichbare Pfade, nicht auch Radwege) gewähren, außer untereinander (Zw VRS **45** 388), keine Vorfahrt (I Nr 2). Hier müssen VZ nur aufgestellt werden, wenn Ortsfremde nach Örtlichkeit, Breite und Ausbau des Nebenwegs Zweifel haben können (Begr). Dann wird die Bezeichnung idR Amtspflicht sein. Der Begriff Feld- oder Waldweg richtet sich allein nach dem **äußeren Anschein** (Beschaffenheit), nicht nach der VBedeutung (Ko VRS **69** 101, NZV **06** 308, Dü VRS **47** 61, *Schneider* DAR **76** 63, s auch Begr Rz 3, **aM** BGH NJW **76** 1317, KG VM **99** 18, Mü VersR **81** 561, Dü VersR **81** 862, VRS **73** 299, Kö VRS **66** 378, Ro VRS **112** 256: ausschließlich die VBedeutung des Wegs, also die Benutzung, zumindest überwiegend, zu land- oder forstwirtschaftlichen Zwecken und das Fehlen überörtlicher Bedeutung). Die Verkehrsbedeutung wird den beteiligten VT vielfach nicht bekannt sein und ist daher für die rasch zu treffende Entscheidung über mögliche Wartepflicht kein geeignetes Kriterium (Ko VersR **03** 1454 [zu § 10 S 1]). Feste Decke schließt allein die Eigenschaft als Feld- oder Waldweg nicht aus (BGH NJW **76** 1317, Fra VersR **92** 331, aM Ha VRS **49** 147, Zw VRS **45** 395, *Booß* VM **84** 62). Wer weiß, dass er einen durch VZ nur für land- und forstwirtschaftliche Fz freigegebenen Weg befährt, hat jedenfalls I S 2 Nr 2 zu beachten, auch wenn der Charakter des Wegs für Ortsunkundige nicht ohne Weiteres erkennbar ist (Fra VersR **92** 331). Zufahrtswege zu Einzelhäusern oder Häusergruppen sind idR keine Feldwege (BGH NJW **76** 1317, KG VM **99** 18, Dü VRS **73** 299), aber uU „Ausfahrten" (Rz 35). Feldweg iS von I S 2 Nr 2 ist auch ein nur für AnliegerV freigegebener, mit Schranke versehener unbefestigter Parzellenweg in Kleingartengebiet (Br NJW-RR **91** 858). Wer nach Sachlage zweifeln muss, ob Feldweg oder Str, muss die strengere Sorgfalt beachten (BGH NJW **76** 1317, **77** 632) und sich auf Wartepflicht einrichten (Bay DAR **75** 190, Ha VRS **49** 147), andernfalls Mithaftung (Ko VRS **69** 101 [40%]). Wer als Berechtigter aus einem dem Anschein nach unbedeutenden Nebenweg kommt, braucht erhöhte Sorgfalt (§ 1, KG VM **99** 18, Mü DAR **76** 104, Ro VRS **112** 256 [40% Mithaftung]; s auch Ko NZV **06** 308 zur notwendigen Beachtung des von links kommenden Verkehrs an Kreuzung von Weinbergswegen).

37 5. **Kreisverkehr** hat nur dann Vorfahrt, wenn an der Einmündung in den Kreis die VZ 215 und 205 **nach Maßgabe von § 9 a** angebracht sind. In allen anderen Fällen muss, wer sich im KreisV befindet, von rechts Kommende vorfahren lassen. Doch wurde vor Einführung von § 9 a durch die 33. ÄndVStVR v 11. 12. 00 vielfach durch das Z 205 bei den Einmündungen und entsprechend durch die Z 301, 306 im Kreisel dem KreisV Vorfahrt gewährt. Diese Regelungen gelten nach wie vor, soweit Beschilderung gem § 9 a fehlt. Bei kleinen Kreisverkehren ist entsprechend der bis zum 31. 1. 01 geltenden früheren Vwv zu Z 209–214 Rn 12 (S 3) zumeist nur an den Einmündungen in den Kreis das „negative" VorfahrtZ (205) angebracht, nicht aber im Kreis das „positive" Z 301. Diese Regelung ist problematisch, weil sie mit I S 1 nicht in Einklang steht und daher dem im Kreis Fahrenden Vorfahrt nur als „Reflex" aus dem „negativen" VorfahrtZ gewährt (Rz 45; *Kramer* VD **99** 156), sie sollte überall rasch durch eine Beschilderung gem § 9 a ersetzt werden.

Lit: *Kramer,* Die Renaissance der Kreisverkehrsplätze …, VD **99** 145.

38 6. **Wo vorfahrtregelnde Verkehrszeichen fehlen,** hat Vorfahrt, wer von rechts gefahren kommt (I), auch mehrere Fze hintereinander zugleich. Wegen der Zunahme vorfahrtregelnder VZ tritt diese Grundregel an Bedeutung zurück. Bedeutsam bleibt sie idR nur noch bei beiderseits verkehrsarmen Straßen (Vwv Rn 6). Ungeregelte, nach rechts jeweils unübersichtliche Kreuzungen verpflichten den Berechtigten zu besonderer Beachtung der §§ 1, 3, vor allem zu angepasster Fahrgeschwindigkeit als nach rechts hin Wartepflichtiger **(„halbe Vorfahrt")** und schützen damit insoweit auch den ihm gegenüber Wartepflichtigen, der als von links Kommender auf angepasste Fahrweise vertraut, BGHZ **14** 240 (VGS), VersR **67** 283, VM **77** 91 (Mithaftung des zu schnell fahrenden Vorfahrtberechtigten zu $^{1}/_{4}$), BGHSt **17** 302, Kar DAR **96** 56, Sa VersR **81** 580, Ha DAR **02** 508 (Mithaftung des Berechtigten zu $^{1}/_{4}$), **00** 64, KG NZV **88** 65, Zw NZV **90** 476. Treffen Fz aus allen Richtungen ohne ausreichenden Vorsprung in der Kreuzung zusammen, so müssen sie sich über Vorfahrt und Wartepflicht verständigen (§ 1), s

Vorfahrt   § 8 StVO **2**

auch § 11 II, KG VM **90** 76. Vorfahrtregelung bei Ausfahrt aus **verkehrsberuhigtem Bereich**
und Einfahrt in einen solchen: § 42 Rz 181.

Lit: *Mühlhaus,* Zur Vorfahrt an VInseln, VD **72** 101, 161.

7. Vorfahrt kraft Verkehrszeichen verschaffen, und zwar je für sich allein, BGH NJW **77** **39**
632, die Z 301 (Vorfahrt) und 306 (VorfahrtStr), aufgestellt auf der zu bevorrechtigenden Straße,
nicht auch die Z 401 (BundesStr) und 410 (EuropaStr). Das Z 301 gibt nur an der nächsten
Kreuzung (Einmündung) Vorfahrt, Mü DAR **76** 104, das Z 306 dagegen bis zum nächsten
Z 205, 206 oder 307, BGH NJW **77** 632, Ba VersR **77** 182, auch wenn es versehentlich nicht
an jeder Kreuzung (Einmündung) steht, BGH NJW **76** 1317, Kar VersR **84** 1077, Mü DAR **76**
104. Schon aus Abschirmungsgründen (sonst Amtspflichtverletzung) müssen in der wartepflich-
tigen Straße zwar stets auch die Z 205 oder 206 stehen (I Nr 1), doch beeinträchtigt ihr ver-
sehentliches Fehlen die durch die Z 301/306 für sich allein eingeräumte Vorfahrt in der bevor-
rechtigten Straße nicht, BGH VersR **77** 58, NJW **76** 1317, Kar VersR **84** 1077, Dü VersR **76**
1180, Mü DAR **76** 104. Haftung wegen Fehlens entsprechender VZ in der untergeordneten Str
bei abknickender Vorfahrt: § 45 Rz 51. Stehen die Z 205 oder 206 versehentlich allein, so ver-
pflichten sie dennoch zum Warten (Anhalten), s Rz 45. Ein Verkehrsspiegel ist kein amtliches
VZ, sondern nur ein Hilfsmittel zur VSicherheit, Kar VersR **80** 1172. Mit richtiger Beschilde-
rung darf der Verkehr rechnen, BGH VRS **25** 53. Wer **fehlerhafte Zeichensetzung** (Fehlen
negativer VorfahrtZ trotz Z 306) kennt, darf auf scheinbares Vorfahrtsrecht nicht vertrauen, son-
dern muss auf Verständigung fahren, Mü DAR **76** 104. Anderseits wird fehlerhafte Zeichen-
setzung den Ortsunkundigen, der ihr oder dem örtlichen Bild vertrauen muss, idR entschuldi-
gen, BGH VRS **50** 169. Jede VZ-Regelung sollte **psychologischen und fahrtechnischen
Bedürfnissen** entsprechen und Vorfahrt einräumen, wo die Örtlichkeit zügige Weiterfahrt
ermöglicht und nahe legt, jedoch Warten vorschreiben, wo wegen der StrFührung oder aus
anderen beachtlichen Gründen verlangsamt werden muss, sonst ist sie unfallfördernd (Vwv
Rn 3ff, Rz 12–14).

„**An**" **der Kreuzung** oder Einmündung ist die Regelung geboten (I), innerorts also unmit- **40**
telbar davor (§ 42 II), außerorts wegen der größeren Fahrgeschwindigkeit 150–250 m davor
(§ 42 II). Doch sind auch VZ verbindlich, die noch deutlich und nicht irreführend kurz dahin-
ter stehen, KG VRS **11** 217. Steht ein VZ nur in einer Fahrtrichtung, so gilt es in der Gegen-
richtung nicht, Bay VRS **28** 117, Hb VkBl **51** 91. Allgemeines über VZ: §§ 39–41. Anbrin-
gung der VZ: § 45.

Die Regelung durch Verkehrszeichen gilt inner- wie außerorts gleichermaßen. An **41**
Feld- oder Waldwegen sind vorfahrtregelnde VZ nur noch nötig, wenn örtliche oder bauliche
Verhältnisse irreführen können (Vwv zu Z 205, 206 Rn 11).

Wer die VorfahrtStr befährt, hat **Vorfahrt gegenüber links und rechts** beim Geradeausfah- **42**
ren und Abbiegen in wartepflichtige Straßen, BGHSt **12** 320, NJW **59** 638. Beim Z 301 oder
306 hat auch Vorfahrt, wer erst wenige Meter vorher als Wartepflichtiger in die VorfahrtStr ein-
gefahren ist, Ha VRS **52** 215, s aber BGH NJW **74** 949 (abknickende Vorfahrt). Das Z 205
verpflichtet zum Warten und verschafft dem Berechtigten kraft Gesetzes Vorfahrt, Bay VM **78**
74, Bra VersR **74** 267. Die Z 205 (Vorfahrt gewähren) und 206 (Halt! Vorfahrt gewähren)
regeln, wie die Wartepflicht auszuüben ist, untereinander sind sie gleichrangig, so dass insoweit
rechts vor links gilt, BGH NJW **74** 949, Bay VM **78** 57, Ba VRS **43** 402. **Radwege** gehören
zur Straße, auch wenn das VorfahrtZ zwischen Fahrbahn und Radweg steht, Hb DAR **63** 273,
nicht aber solche, die, vor der Kreuzung (Einmündung) einige m von der bevorrechtigten Str
weggeführt, in die untergeordnete Str münden, Ha NZV **00** 468 (Anm *Bouska*), auch nicht die
Gehwege, soweit sie etwa von Kindern unter 10 Jahren mit Fahrrädern befahren werden (§ 2
StVO Rz 29a), Dü VRS **63** 66. Ist ein zur Fahrtrichtung des FzVerkehrs links verlaufender
Radweg durch VZ freigegeben, so kann zur Warnung des wartepflichtigen Verkehrs das Zu-
satzZ zu Z 205 gem Abs II Nr 1b angebracht werden. Das an einer SeitenStr vor einem Rad-
weg stehende HaltZ (206) gilt auch für den in den Radweg der VorfahrtStr abbiegenden Radf,
Ha VRS **16** 73.

Bei abknickender Vorfahrt werden durch vorfahrtregelnde VZ mit Zusatzschild zu Z 306, **43**
Ba VersR **77** 182, zwei an einer Kreuzung/Einmündung zusammentreffende Straßen entspre-
chend der Hauptverkehrsrichtung zu einem bevorrechtigten StrZug zusammengefasst, Fra
DAR **83** 81. Wer ihr folgt, muss dies rechtzeitig und deutlich ankündigen (§ 42 II), BGHZ **44**
257 = NJW **66** 108, Ol DAR **99** 179. Wer eine nach rechts abknickende VorfahrtStr geradeaus
verlässt, ist wartepflichtig gegenüber dem von rechts auf der VorfahrtStr herankommenden Ver-

kehr, Ha VRS **51** 73, Ce VM **66** 39. Wer eine nach rechts abknickende VorfahrtStr nach links verlässt, hat Vorfahrt vor dem aus der gradlinigen Verlängerung seiner bisherigen Fahrtrichtung ihm Entgegenkommenden, Ha VRS **28** 54, ist aber wartepflichtig gegenüber Fz, die von rechts aus der VorfahrtStr kommen, Ha VM **70** 47, Ce VRS **29** 145. Auch wer bei links abknickender Vorfahrt geradeaus weiterfährt, hat vor von rechts Kommenden im gesamten, auch trichterförmigen, Kreuzungsbereich Vorfahrt, weil sich der Verkehr auf der VorfahrtStr sonst stauen könnte, BGHZ **56** 1 = NJW **71** 843, Hb VRS **35** 220. Auch bei abknickender Vorfahrt gilt für die beiden untergeordneten Schenkel untereinander rechts vor links, auch wenn einer mit StoppZ 206 (294) gekennzeichnet ist, der andere nur mit Z 205 (Vorfahrt gewähren), BGH NJW **74** 949, Bay VM **78** 57. Im Bereich der abknickenden Vorfahrt musste nach Einführung dieser Regelung zunächst wegen der für viele FzF anfangs bestehenden Schwierigkeiten mit falschen **Fahrtrichtungsanzeigen** gerechnet werden, Zw DAR **74** 166; die Rspr versagte dem davon betroffenen VT daher bislang in solchen Fällen den Vertrauensschutz hinsichtlich richtiger Blinkzeichen, Bay DAR **86** 126, **74** 302, Dü NJW **77** 1245, Zw MDR **75** 77. Dies dürfte jedoch heute nicht mehr gerechtfertigt sein, Ol DAR **99** 179, Zw VRS **80** 48 (abl Berr DAR **91** 69). Wer abknickender Vorfahrt folgt, ändert seine Fahrtrichtung, wer sie geradeaus verlässt, ändert sie nicht, vielmehr ist der tatsächliche Verlauf der Str entscheidend; eine Pflicht zur Fahrtrichtungsanzeige besteht dann nicht (§ 9 Rz 19). Wer eine nur in ihrem „natürlichen" Verlauf ohne Bezeichnung durch das Zusatzschild zu Z 306 abknickende VorfahrtStr geradeaus verlässt, ändert die Fahrtrichtung nicht und muss deshalb nicht blinken, folgt er dagegen der abknickenden Vorfahrt, so muss er Zeichen geben, Ha VRS **51** 141. Wer sein beabsichtigtes Abbiegen gemäß abknickender Vorfahrt nicht anzeigt, schafft erhöhte Gefahr und haftet überwiegend, Dü NJW **77** 1245. Zeitweilige **Regelung durch Pol oder LichtZ** hebt abknickende Vorfahrt solange auf, BGH VRS **30** 23.

Lit: *Bouska*, Rechtsprobleme der „abknickenden Vorfahrt", DAR **61** 328.

44 **Lichtzeichen** gehen der Vorfahrtregel vor (§ 37 I), Ha VRS **49** 455, sofern sie sich auf dieselbe StrStelle beziehen und intakt sind. Dh, Grün geht dem Z 205 vor, Ha VRS **23** 63. Jedoch kein Vorfahrtverlust durch Rotlicht an einer Engstelle hinter der Kreuzung mit Schild, bei Rot sei schon vor der Kreuzung anzuhalten, Bay VM **70** 67. Auf eine 40 m entfernte Rotampel der VorfahrtStr darf sich der Wartepflichtige nicht verlassen, er muss die gesamte VorfahrtStr beobachten, Ha VM **73** 22. Kein Vorfahrtverlust durch LichtZ, die nur eine **Fußgängerfurt** sichern (Ha NZV **01** 261, DAR **97** 277, Ce OLGR **06** 543 (jeweils aber Mithaftung des „Rotlichtfahrers" zu 2/3), Kar VRS **100** 460, s auch Rz 30), und kein Außerkraftsetzen des Z 205 (Vorfahrt gewähren) durch Grün zur Sicherung einer Furt (Bay VM **63** 89, Hb VM **75** 50). Die LichtZ einer von der Kreuzung/Einmündung entfernten Fußgängerampel ändern die Vorfahrt an der Kreuzung nicht (Ha NZV **98** 246, Stu VRS **57** 251), weswegen auch aus einer Grundstücksausfahrt Einfahrende das Vorfahrtsrecht zu beachten hat (Ko NZV **07** 589). Auf abschirmendes Rot einer Fußgängerampel in der VorfahrtStr darf sich der Wartepflichtige idR nicht verlassen (Rz 30). Bei **Ampelausfall** gelten die allgemeinen Vorfahrtregeln, insbesondere die (regelmäßig für solche Fälle aufgestellten) vorfahrtregelnden VZ, einschr Kö VRS **59** 454 (nur bei willentlichem Abschalten). Zeigt die LZA infolge eines Defektes ständig Grün, so wird der Fehler dem sich der Ampel nähernden FzF oft nicht erkennbar sein mit der Folge, dass es für ihn idR bei der Berechtigung bleibt, in den durch die LZA geschützten Bereich einzufahren (§ 37 II Nr 1 S 1), Kö VersR **66** 1060. Zur Pflicht, bei Ampelversagen, auf Vorrecht zu verzichten, § 11 Rz 6. Bei infolge Versagens dauernd leuchtendem Rot darf nur äußerst vorsichtig in die Kreuzung eingefahren werden, weil mit Dauer-Grün des QuerV zu rechnen ist, § 37 Rz 50; die vorfahrtregelnde Beschilderung gilt dann nicht („extremer Misstrauensgrundsatz"), Kö VRS **59** 454, VersR **66** 1060 (selbst bei Weisung durch PolB, soweit dieser nicht den gesamten KreuzungsV regelt). Befindet sich bei Ampelausfall ein an sich Wartepflichtiger schon auf der Kreuzung, so muss der Berechtigte darauf Rücksicht nehmen, Mü VersR **70** 232.

45 **Abgeschirmt** muss die durch VZ gewährte Vorfahrt (Rz 39) allein schon aus Sicherheitsgründen durch die Z 205 oder 206 werden (Begr zu § 42, zu Z 301, 306), BGH NZV **00** 412. Das zeigt auch die Fassung von I Nr 1. Stehen die Letzteren versehentlich allein (sog „vereinsamtes" VZ 205/206), so verpflichten sie dennoch zu warten (anzuhalten) und „Vorfahrt" zu gewähren, BGH NJW **77** 632, Bay VRS **58** 150, Kö VRS **86** 9, Mü DAR **76** 104. Kraft gebotener Wartepflicht (Haltepflicht) verschaffen sie, gleichsam als Reflex, der anderen Straße praktisch Vorfahrt, die dort jedoch nicht angezeigt ist und deshalb, weil sich derart Berechtigte bei Orts-

Vorfahrt § 8 StVO 2

unkundigkeit nach rechts hin für wartepflichtig halten werden, nur gemäß Verständigung praktiziert werden kann, BGH VersR **69** 832. Die Inanspruchnahme des nur scheinbaren Vorrechts auf Grund Erkennens des für den anderen geltenden Z 205 oder 206 wird idR nicht vorwerfbar sein, BGH VRS **15** 123, s aber Bra NJW **56** 1650. Derart mangelhafte Beschilderung ist eine Amtspflichtverletzung.

Gefährlicher ist für Ortsunkundige der umgekehrte Fall bloßer Kennzeichnung als VorfahrtStr **46** (Rz 39) ohne die vorgeschriebene Abschirmung durch die Z 205/206, weil hier der Berechtigte (Rz 39), idR auf Beachtung seiner Vorfahrt durch Wartepflichtige vertrauend und entsprechend fahrend, an der Kreuzung (Einmündung) auf für ihn von rechts kommende, ungewarnte VT trifft, die sich ihrerseits irrig für vorfahrtberechtigt halten, BGH VersR **77** 58, VRS **26** 253, und halten dürfen, BGH NZV **00** 412, Kar VersR **84** 1077. Auch hier liegt Amtspflichtverletzung vor, Kar VersR **84** 1077. Wer die fehlerhafte Beschilderung kennt, muss als Berechtigter den möglichen Irrtum der Wartepflichtigen berücksichtigen, als Wartepflichtiger die Vorfahrt einräumen.

8. Pflichten des Vorfahrtberechtigten. Auch der Berechtigte hat die §§ 1, 11 zu beachten **47** und muss den Wunsch nach zügigem Fahren zurückstellen gegenüber Leben, Gesundheit und Eigentum der anderen VT, BGH VM **59** 8, Ko VRS **105** 414, Kö VersR **97** 465, 640, Ha VersR **89** 755; s auch § 11 (besondere VLagen). Er darf nicht regelwidrig fahren und kann sich dann nicht damit entlasten, er habe keinen Unfall voraussehen können, Kar VRS **100** 460, KG DAR **74** 297. Der **vorfahrtberechtigte Linksabbieger** muss in die für ihn rechte Fahrbahnhälfte der untergeordneten Straße abbiegen, ohne deren linke Fahrbahnhälfte zu schneiden, Dü VRS **58** 269, s Rz 28. Zwar darf der Vorfahrtberechtigte **vor Linkseinmündungen** noch **überholen** und dabei, mit Abstand zum linken Fahrbahnrand, die linke StrSeite mitbenutzen, BGH VersR **75** 38, Ha VRS **101** 81, auch wenn er die Einmündung nicht überblicken kann, Neust MDR **62** 842, doch kann Mitschuld in Betracht kommen, Ha VM **75** 62, KG DAR **74** 297. Er darf nicht zum Überholen auf die Gegenfahrbahn ausscheren, wenn ein Wartepflichtiger von links kommend rechts einbiegt, weil diese Fahrbahnseite im Übrigen frei ist, Bay DAR **68** 189, **76** 108, Kö VRS **86** 33, aM Dü VRS **60** 416, s Rz 54a. Grundloses unfallursächliches Linksfahren des Berechtigten, das dem Entlastungsbeweis nach § 17 III StVG entgegensteht, kann seinen Ersatzanspruch mindern, Sa VM **77** 16. An nicht einsehbaren Einmündungen muss er den **Abstand zum Fahrbahnrand einhalten,** den ein Wartepflichtiger benötigt, um sich in die vorfahrtberechtigte Straße hineinzutasten (Rz 58), BGH DAR **81** 86, Nü ZfS **98** 373 (hälftige Mithaftung). Ist die Einmündung unübersichtlich, so kann der Berechtigte Anlass haben, mit Vorfahrtverletzung zu rechnen, Kö VersR **97** 640, Ce VersR **76** 345. Wer **von rechts aus einer Einmündung** in eine breite DurchgangsStr **einbiegt,** der nach den Vwv eigentlich Vorfahrt gebührt, wird bei Unübersichtlichkeit mit Nichtbeachtung seiner Vorfahrt rechnen und diese mit besonderer Sorgfalt ausüben müssen. Erkennbar bestrittene **Vorfahrt** darf der Berechtigte **nicht erzwingen,** BGH VersR **63** 282, KG NZV **02** 79, Kö VersR **97** 465, Ha VRS **48** 136, erst recht nicht bei Zweifel über die Vorfahrt, BGH NJW **77** 632, Stu NZV **94** 440, Kar Justiz **73** 172, es sei denn, er konnte die Vorfahrtverletzung nicht rechtzeitig erkennen, BGH VersR **66** 164. Blind darf er sich auf fremde Wartepflicht nicht verlassen, er muss aufmerksam fahren, besonders, wenn er die Gefährlichkeit der Kreuzung kennt, Bra VRS **13** 286, Stu VM **59** 73, oder bei LZAusfall, Rz 51 a. Den Wartepflichtigen muss er möglichst beobachten, BGH VersR **59** 900 (keine Schreckzeit bei Unaufmerksamkeit), KG VM **63** 86, Ol MDR **59** 389, besonders Radf, die fremde Vorfahrt oft nicht genügend beachten, BGH VRS **6** 440, und Wartepflichtige, die sich in die bevorrechtigte Str „hineintasten" (Rz 58), Ko VRS **105** 417. Zur Mitschuld des Berechtigten Rz 70. Wer als Berechtigter eine **Kolonne links überholt,** muss nicht vor jeder Lücke so langsam fahren, dass er notfalls sofort anhalten kann, Kö VersR **73** 1074, aber mit ausreichendem seitlichem Abstand oder so langsam, dass ein Ausfahrender sich ungefährdet bis zum Überblick vortasten kann, Bay VM **88** 76, DAR **85** 234, KG VRS **105** 104, DAR **01** 399, Nü VersR **78** 1046, s aber § 5 Rz 34, 41. Dies gilt nicht auch bei einem einzelnen vor der Einmündung haltenden Fz, KG DAR **01** 399. Nach Dü MDR **80** 406 soll der Kolonnenüberholer vor jeder Lücke in der stehenden Kolonne mit einem Querfahrer rechnen und entsprechend anhaltebereit fahren müssen, s dagegen Dü VersR **81** 556 (Rz 69). Auch Benutzer eines Sonderfahrstreifens für Busse oder Taxis sind beim Überholen von Kolonnen an Lücken im Einmündungsbereich zu besonderer Sorgfalt verpflichtet, KG NZV **92** 486 (Mithaftung). **Langsam beweglichen VT** muss der Berechtigte ermöglichen, schon begonnenes Überqueren zu beenden (§ 11), Ko VRS **105** 414 (Traktor mit Anhängern), Hb VM **57** 67,

2 StVO § 8   I. Allgemeine Verkehrsregeln

wenn die Vorfahrt gegenüber schwer beweglichen Lastzügen an sich auch bestehen bleibt, BGH DAR **56** 328. „Halbe Vorfahrt": Rz 38.

48   **8 a. Fahrgeschwindigkeit des Vorfahrtberechtigten.** Dieser muss die VLage und vorgeschriebene Höchstgeschwindigkeiten (§§ 3, 41) berücksichtigen. Doch darf er damit rechnen, dass nicht sichtbare Wartepflichtige seine Vorfahrt beachten, BGH VersR **77** 524, VM **66** 34, Mü VersR **78** 973, Kar VRS **30** 69, und braucht seine zulässige Fahrgeschwindigkeit daher mangels Gegenanzeige, BGH VM **66** 34, nicht zu vermindern, BGH VersR **77** 524, BGHSt **7** 118 (VGS), VRS **15** 346, KG NZV **02** 79, Kö VRS **90** 343, auch nicht hohe Geschwindigkeit („120"), doch ist eine Kollision dann für ihn kein unabwendbares Ereignis (§ 17 III StVG), BGH VersR **67** 883. Der Berechtigte muss nicht so langsam fahren, dass er vor einem von rechts her unvermutet auftauchenden Wartepflichtigen noch anhalten kann, Kö VersR **73** 1075. Vor Feld- und Waldwegen (Rz 36) ist grundsätzlich kein Verlangsamen nötig. Wer als Berechtigter eine Kreuzung nicht überblicken kann, muss aber seine Fahrgeschwindigkeit auf plötzlich dort auftauchende Wartepflichtige einrichten, Ko VersR **93** 1169, Ce VersR **76** 345, Dü VM **71** 64. Wer als Berechtigter wegen eines Hindernisses die VorfahrtStr ganz links befahren muss, muss trotz seiner Vorfahrt an der Kreuzung so langsam fahren, dass er dort keinen sich **herantastenden Wartepflichtigen** anfährt, Ko VRS **46** 189. Der besonders sorgfältige Berechtigte wird vor unübersichtlichen Kreuzungen mit wartepflichtigen Fz rechnen, die sich langsam vortasten, Kö VRS **50** 114, KG VM **74** Nr 93. **Bei Anhalt für Nichtbeachtung der Vorfahrt** muss der Berechtigte verlangsamen, notfalls zurückstehen, BGH VRS **4** 32, Ha VersR **89** 755, Kar VRS **30** 69, s Rz 47. Der nach links hin Vorfahrtberechtigte darf nur so schnell fahren, dass er nach rechts hin seine Wartepflicht erfüllen kann („halbe Vorfahrt"), Rz 38. Konnte der Berechtigte die Kollision nur durch Beschleunigen zu vermeiden hoffen, darf ihm unterlassenes Bremsen nicht vorgeworfen werden, BGH DAR **56** 328. Wer **als Berechtigter zu schnell fährt,** kann mithaften, Rz 69 a.

49   **9. Vertrauensgrundsatz.** Vorfahrtverletzungen sind häufig und oft folgenreich. Der Vertrauensgrundsatz spielt deshalb hier eine besondere Rolle.

50   **Der Berechtigte** darf idR auf Vorfahrtbeachtung vertrauen, BGH DAR **03** 308, VersR **77** 524, KG NZV **02** 79, VRS **104** 21, Kö NZV **89** 437, VRS **99** 327, auch als besonders sorgfältiger Fahrer (§ 17 III StVG), BGH NJW **85** 2757, VersR **67** 283 (zu § 7 II StVG alt), auch gegenüber nicht sichtbaren Wartepflichtigen, BGH NJW **85** 2757, KG NZV **02** 79, VRS **104** 21, Mü VersR **78** 973, soweit er mit angepasster Geschwindigkeit fährt, BGHSt **7** 118, VM **66** 338, 1157, Kar VRS **30** 69 (anders VersR **77** 883), dann – bei freier Sicht nach rechts – auch bei „halber" Vorfahrt (Rz 38), BGH NJW **85** 2757, KG NZV **02** 79, auch als Linksabbieger, Mü VersR **67** 265, auch gegenüber Kf, welche soeben die AB verlassen, Bay DAR **62** 190, obgleich diese häufig zu schnell fahren; er muss ohne Gegenanzeichen nicht verlangsamen, Sa VM **81** 4, s Rz 48. Er darf damit rechnen, dass eine EinbahnStr nicht gegenläufig befahren wird, Ha VRS **6** 159, Hb VRS **47** 453, dass auch ein rasch heranfahrender Wartepflichtiger anhalten und warten werde, solange das als möglich erscheint, BGH GA **65** 297, KG VersR **72** 466, Dü VRS **73** 299 (Rz 56), oder er nicht offensichtlich achtlos ist, Kar VOR **74** 64, dass der schon haltende Wartepflichtige nicht wieder anrollt, BGH VersR **63** 952, Br DAR **64** 133, Ol VersR **63** 296; ein solches plötzliches Wiederanfahren wäre für ihn ein unabwendbares Ereignis, KG VM **71** 3. Auf breiter Str darf er uU auch dann noch auf Beachtung seines Vorfahrtsrechts vertrauen, wenn der von links kommende Wartepflichtige bis zur StrMitte langsam vorfährt (Rz 62), Bay VRS **67** 137, Sa VM **72** 68. Auf Vorfahrtbeachtung darf er auch rechnen, wenn der Wartepflichtige die VorfahrtStr nur schwer überblicken kann, BGH NJW **85** 2757 (Hecke), Dü VersR **77** 139, zumal da sich die Übersichtlichkeit für ihn anders darstellen mag, es sei denn, die Kreuzung/Einmündung ist auch für ihn unübersichtlich, aM Sa VM **74** 60, abl *Booß*. Sieht der Berechtigte vor sich einen Lkw einbiegen, so muss er nicht damit rechnen, dass dieser nur das Zugfz eines (noch dazu ungekennzeichneten) Abschleppzuges sei, KG VRS **104** 21, Ha VersR **80** 685. Zur Einschränkung des Vertrauensgrundsatzes an sog „T-Einmündungen": Rz 51.

51   **Nicht vertrauen** darf der Berechtigte auf Vorfahrtbeachtung bei eigener VWidrigkeit BGHSt **13** 172 (**E** 136, § 1 Rz 22), zB Überschreitung der zulässigen Höchstgeschwindigkeit, Stu NZV **94** 194, KG VM **82** 94, Ol VersR **85** 1096, obgleich er auch dann die Vorfahrt behält (Rz 30). Regelwidriges Linksfahren allein beseitigt den Vertrauensgrundsatz nicht, weil das Rechtsfahrgebot nicht den QuerV schützt (§ 2 Rz 33), Kö VRS **66** 255. Kein Vertrauen auf Vorfahrtbeachtung, wenn die Umstände gegen Beachtung sprechen, BGH VM **66** 34, BGHSt **7**

118 (VGS), **13** 173, Bay NZV **89** 121, Ha VersR **89** 755, Dü DAR **75** 330, VersR **81** 862, KG VM **83** 40, Kö VRS **66** 255, während die nur allgemeine Möglichkeit von Vorfahrtverletzungen das Vertrauen auf Beachtung nicht ausschließt, BGHSt **17** 301. Zu diesen Umständen gehören die **örtlichen Verhältnisse,** zB unklare Beschilderung, Glatteis, dichter Nebel, die Beschaffenheit eines Fahrbahntrichters, Zweifel über eine Einmündung als Einfahrt oder Feldweg, BGH NJW **77** 632, Bay NZV **89** 121, Nü DAR **89** 107, Dü VersR **81** 862, Stu VersR **83** 252, Ko VRS **69** 101, Umleitungen und Sperren bei Bauarbeiten, Stu VRS **29** 46, Zweifel über die Regelung bei Begegnung mit einem Fz aus einem optisch „untergeordnet" erscheinenden Fahrweg heraus, BGHZ **20** 290, Ce DAR **75** 273, längeres Zögern des Berechtigten vor dem Wiederanfahren wegen eigener Wartepflicht in anderer Richtung („halbe Vorfahrt"), Sa VM **82** 4, ein kurzzeitig sichtversperrendes Hindernis (zB Müllwagen), das zum Vorbeitasten zwingt, Kö DAR **72** 193, VRS **43** 214, KG VM **77** 70, Stu VersR **80** 1078; erschwerte Sicht in die vorfahrtberechtigte Str auf Grund der allgemeinen örtlichen Verhältnisse erschüttert das Vertrauen in die Beachtung des Vorfahrtsrechts allein dagegen nicht, Rz 50. Wer in die VorfahrtStr soeben erst einbiegt, darf auf Beachtung seiner (künftigen) Vorfahrt noch nicht vertrauen, Bay VRS **55** 456. Einmündungen von rechts her („T-Einmündungen") ist aus psychologischen Gründen die Vorfahrt zu nehmen (Vwv Rn 5, Rz 14), Ko DAR **04** 272, wer sie befährt, darf auf Vorfahrt nicht vertrauen, BGHSt **17** 301, Bay NStZ **87** 548, Ko DAR **04** 272, *Möhl* DAR **73** 228.

Fremdes Verhalten kann das Vertrauen in die Vorfahrt ebenfalls ausschließen, zB ist bei unklarer Lage mit Behinderung zu rechnen, Kar Justiz **73** 172, KG DAR **74** 297, VersR **75** 51, Kö VM **75** 7, bei erkennbar unsicherer Fahrweise oder Ablenkung, Kö VersR **97** 640, bei missverständlichem Zeichen von PolB, bei Versuchen Wartepflichtiger, bei starkem Verkehr auch geringe Lücken auf der VorfahrtStr auszunutzen, BGH VersR **76** 343, gegenüber einem offensichtlich unachtsamen Radf unmittelbar vor der VorfahrtStr, Kar VRS **46** 68, gegenüber Radf oder anderen Fzen, welche bei Ampelausfall die VorfahrtStr kreuzen oder kreuzen wollen, BGH VRS **45** 168, Ha VersR **89** 755. **51a**

Der Wartepflichtige kann sich auf den Vertrauensgrundsatz nur beschränkt berufen, BGH NZV **96** 27, Bay DAR **75** 277, VM **75** 58, **79** 10, Fra NZV **90** 472. Er darf idR nur auf das Unterbleiben atypischer, grober Verstöße des Berechtigten vertrauen, Rz 54a. Der Wartepflichtige darf nicht darauf vertrauen, dass eine durch VZ nur vorübergehend gesperrte, im Übrigen bevorrechtigte Str nicht verbotswidrig befahren werde, Kö VRS **66** 51 (s dazu auch Rz 25, 30). Da der Wartepflichtige häufig nicht erkennen kann, ob ein **Radweg** der vorfahrtberechtigten Str für beide Richtungen freigegeben ist (§ 2 IV 3, Z 237), insbesondere, wenn eine Kenntlichmachung durch VZ fehlt (§ 2 Rz 67a), muss er idR mit Radf-V aus beiden Richtungen rechnen, BGHSt **34** 127 = NJW **86** 2651, Ha ZfS **96** 284, NZV **97** 123, NZV **99** 86, AG Kö VRS **65** 7, VRS **70** 334, s KG VRS **68** 284, *Bouska* DAR **82** 111, ebenso mit Befahren des Radweges entgegen der EinbahnStr-Richtung (aM Hb VRS **47** 453); ihn trifft daher ein Verschulden, wenn er es unterlässt, auf solche Radf zu achten, BGH NJW **82** 334 (bei Radwegbenutzung entgegen der Einbahnstr, weil häufig zu beobachtende Disziplinlosigkeit), Br VersR **97** 765 (Mithaftung des Kf zu 2/3), Ha 13 U 227/82 (Mithaftung zu 1/3), NZV **97** 123 (Mithaftung zu 2/3), ZfS **96** 284 (Mithaftung des Kf zu 3/4 gegenüber dem vorsätzlich verkehrswidrig fahrenden Radf!), NZV **99** 86, AG Köln NJW **82** 345, aM Hb VRS **47** 453. Verstoß kann – soweit nicht OW gem § 8 angenommen wird (str, s Rz 30) – jedenfalls gem § 1 II geahndet werden. **52**

Rechnen muss er vor allem mit häufigen Verstößen Berechtigter, Dü VRS **50** 228, zB dass dieser vorschriftswidrig **nicht rechts fährt** oder sogar links, BGH VRS **10** 19, GA **65** 297, NZV **96** 27, Fra NZV **90** 472, Dü NZV **94** 328, dass er **schneller als erlaubt** fährt, KG DAR **00** 260, Kö ZfS **95** 250, auch außerorts, Ko DAR **73** 278, wobei sich das einzukalkulierende Maß der Überschreitung nicht generell festlegen lässt, Kö VM **60** 71, sondern von den Verhältnissen abhängt, BGH NJW **84** 1962. Daher können hier keine starren Zahlen gelten. UU müssen aber auch Geschwindigkeitsüberschreitungen um **mehr als 60%** in Rechnung gestellt werden, BGH NJW **84** 1962 (100%), DAR **86** 142, Schl VRS **80** 5 (mehr als 100%), Kar ZfS **86** 130 (150 km/h innerorts), Stu DAR **89** 387, aM Ha DAR **65** 248 (innerorts), VRS **93** 253 (nicht 80% innerorts). Es kommt entscheidend auf die Erkennbarkeit der Überschreitung für den Wartepflichtigen an, Schl VRS **80** 5. Grundsätzlich darf jedoch der Wartepflichtige darauf vertrauen, dass sich kein Vorfahrtberechtigter aus nicht einsehbarer Position mit wesentlich überhöhter Geschwindigkeit nähert, BGH VersR **66** 936, KG DAR **00** 260, Nü NZV **91** 353 (s Rz 55). Rechnen muss er damit, dass der Berechtigte eine überhöhe Geschwin- **53**

digkeit, die er hätte erkennen müssen, beibehalten werde, BGH VersR **66** 164, uU (aber nicht idR, s Rz 54a) auch, dass er **trotz Überholverbots überholt.** Darf auf der VorfahrtStr überholt werden, so darf sich der Wartepflichtige nicht auf Abschirmung durch einen Fußgängerüberweg verlassen, Dü VRS **50** 228, oder durch eine nicht zur Kreuzung/Einmündung gehörige **Ampel,** Rz 30, 44. Der Wartepflichtige muss damit rechnen, dass Berechtigte auf der VorfahrtStr nicht bereits an der vor der Einmündung befindlichen Haltelinie einer LZA anhalten, sondern erst vor der jenseits der Einmündung einen Überweg sichernden Rotampel, Bay VRS **58** 150. Rechnen muss er damit, dass der **abbiegende Berechtigte** nach links keinen weiten Bogen nimmt, Kö VRS **60** 61, insbesondere, wenn er aus einer trichterförmigen rechten Einmündung nach links abbiegt, BGH VersR **63** 279, dass der Berechtigte der vorgeschriebenen **Pfeilrichtung** (Z 297 zwischen Z 340) nicht folgen werde, Dü VM **72** 47. Auf Vorfahrtverzicht darf er nur bei klarer Verständigung bauen, und nur für jeden Berechtigten einzeln, Rz 31.

54 **Der Fahrtrichtungsanzeige** des Berechtigten darf der Wartepflichtige vertrauen, BGH VM **74** 67, KG NZV **90** 155, VersR **91** 934, Bay VRS **63** 289, Ha DAR **91** 270, VRS **61** 52, Dü NStZ **82** 117, Dr VersR **95** 234, Ol NZV **92** 454, Mü DAR **98** 474, Ko VRS **64** 297, Zw VRS **80** 48 (str), auch wenn die vorher erkannte Anzeige in der letzten Annäherungsphase durch ein vorausfahrendes Kfz verdeckt wird, Bay VRS **59** 365, jedoch nicht blindlings, Hb DAR **75** 278, Ko VRS **64** 297, vor allem nicht bei abweichender Fahrweise des Berechtigten (Einordnen, Verlangsamen), auf welche er achten muss, Ce DAR **04** 390, Ha NZV **03** 414, DAR **91** 270, KG NZV **90** 155, Stu VRS **46** 215, oder anderen dagegen sprechenden Umständen, Ha VRS **56** 378, sowie bei Mehrdeutigkeit der Fahrtrichtungsanzeige (Ankündigung des Wiedereinscherens nach Überholen, mehrere Abbiegemöglichkeiten), Ol NZV **92** 454, Ha VRS **61** 52, Kö DAR **78** 138, zB auch wenn dieser soeben unter Anzeige ein Hindernis umfahren hatte, Ha VRS **47** 59, KG VersR **75** 52 (Fahrweise). Soweit aber Zweifel in dieser Hinsicht nicht gerechtfertigt sind, darf auf das angekündigte Abbiegen vertraut werden, ohne dass **zusätzliche Anzeichen** zu verlangen wären, Ha VRS **61** 52, aM Ha NZV **03** 414, Kar DAR **01** 128, KG VM **93** 2, LG Halle VersR **02** 1525. Eine gewisse Problematik dieser Auffassung könnte allerdings darin gesehen werden, dass vergessenes Zurückstellen vor Überholen oder Abbiegen häufig und auch nach längerem Fahren von der gewollten Anzeige kaum zu unterscheiden ist. Auch bei **abknickender Vorfahrt** darf nunmehr wohl idR auf richtige Anzeige vertraut werden, Rz 43.

54a **Vertrauen** darf der Wartepflichtige ohne vorherige Gegenanzeichen auch auf **ungestörten Motorlauf** seines Fz, Neust DAR **57** 302 und auf richtiges Verhalten ihm gegenüber Wartepflichtiger, Bay VM **75** 58, s aber Rz 51. Er darf darauf vertrauen, dass Berechtigte sich **nicht grob verkehrswidrig** verhalten, also nicht außergewöhnliche Verstöße begehen werde, BGHSt **13** 173, **20** 238, KG DAR **78** 20, **74** 297, Bay DAR **75** 277, VRS **58** 152, Ko VRS **42** 440, Dü DAR **77** 161, Kar DAR **77** 248, vor allem, wenn sie noch nicht sichtbar sind, BGHSt **20** 238 (s Rz 55), dass ihn ein linksabbiegender Berechtigter nicht auf seiner rechten Fahrbahn schneidet, KG VRS **54** 255, Mü VRS **59** 81, dass der Berechtigte den nötigen Abstand zum Fahrbahnrand hält, Sa VM **76** 40. Mit Vorfahrt aus der falschen Richtung einer EinbahnStr braucht er nicht zu rechnen, Hb VRS **47** 453, anders allenfalls bei ersichtlich (!) nur vorübergehend angebrachtem VZ, Sa VM **70** 47, s auch Rz 25, 30. Wer als Wartepflichtiger durch eine **Kolonnenlücke** auf die Gegenseite der VorfahrtStr fahren will, muss idR nicht mit Befahren des gesperrten (Z 295) Gleisbereichs in StrMitte rechnen, Bay VM **74** 33, und darf im Allgemeinen darauf vertrauen, dass ihn durch FzF, die die Kolonne überholen, das Vortasten ermöglicht wird, Bay VM **88** 76. Überschnelles Fahren des Berechtigten: Rz 53. Der Wartepflichtige darf idR damit rechnen, dass **Überholverbote** und Fahrstreifenbegrenzungen auf der VorfahrtStr beachtet werden, Bay VM **74** 33, Br VRS **32** 473, dass ein Berechtigter, der **keine Fahrtrichtungsänderung anzeigt,** sich nicht einordnet und nicht verlangsamt, geradeaus weiterfahren werde, Bay VRS **63** 289, Ce VM **71** 72, VRS **41** 309. Der Wartepflichtige darf **beim Rechtsabbiegen** idR darauf vertrauen, dass von rechts kommende vorfahrberechtigte Fz auf der rechten Fahrbahnhälfte bleiben und nicht plötzlich zum Überholen nach links ausscheren, BGH NJW **82** 2668, Bay DAR **76** 108, Dü VersR **02** 1168, Ha VRS **101** 81, Kö VRS **86** 33, s Rz 64, aM Dü VRS **60** 416, Ol VRS **78** 25, *Haarmann* NZV **93** 379, sofern kein FzF ihre Überwechselabsicht auf den anderen Fahrstreifen anzeigt, Ha VRS **60** 141, *Maase* DAR **72** 323. Andernfalls wäre ihm bei starkem VAufkommen von rechts und freier Fahrbahn von links das Einbiegen häufig praktisch unmöglich. Anders aber, wenn wegen des StrVerlaufs die Sicht auf nachfolgende Fz durch das erste sich von rechts nähernde Fz verdeckt ist, BGH

Vorfahrt § 8 StVO 2

NZV **96** 27, abw Bay DAR **76** 108, oder wenn auf Grund der Umstände mit Fahrstreifenwechsel ohne Ankündigung zu rechnen ist, Ha VRS **60** 141 (Wechsel auf freien Fahrstreifen vor Rotlicht-Ampel). Der Wartepflichtige darf auf Beachtung der **Beleuchtungspflicht** vertrauen, KG DAR **83** 82, Dü VRS **5** 317.

10. Pflichten des Wartepflichtigen (II S 1, 2). Die Wartepflicht besteht **nur gegenüber** **55** **sichtbaren Berechtigten,** also nicht, soweit diese auf Grund des StrVerlaufs (Kuppe, Kurve) noch nicht erkennbar sind, BGH NZV **94** 184 (zust *Dannert* NZV **95** 132), VersR **84** 1147, **85** 246, Dü VersR **02** 1168, Kö NZV **99** 126, VRS **94** 249, Ha NZV **01** 171, **94** 277, Mü ZfS **97** 245, Ko VersR **89** 1310, s auch Rz 53. Das Gleiche gilt bei fehlender Wahrnehmbarkeit aus anderen Gründen, zB Nebel, Schl NZV **94** 439, also immer dann, wenn sich der Wartepflichtige auf das **für den Berechtigten geltende Sichtfahrgebot** berufen kann. Wer bei dichtem Nebel ganz langsam in eine VorfahrtStr abbiegt, verhält sich gegenüber einem schnellfahrenden Berechtigten nicht fahrlässig, Ha VRS **7** 226, Ce VRS **27** 476, Nü DAR **89** 107. Ist der Berechtigte noch nicht zu sehen (Sicht 75 m bis Kurve), dann darf der Wartepflichtige idR zügig in die VorfahrtStr einbiegen, BGH NZV **94** 184, Ce VersR **79** 380, abw (Hineintasten) Kö NZV **94** 126; im Hinblick auf das für etwaige Vorfahrtberechtigte geltende Sichtfahrgebot braucht er sich dann nicht eines Einweisers zu bedienen, BGH NZV **94** 184, Nü NZV **91** 353 (Ausnahmen: Rz 58). Die **Wartepflicht** gilt für die Kreuzungsfläche (Rz 28, 29) und darüber hinaus bis zur vollständigen Einordnung des Wartepflichtigen auf der VorfahrtStr, Dü VersR **76** 1179, auch **wenn sich die Fahrlinien erst jenseits der Kreuzung berühren,** Bay VRS **25** 224, Kar VRS **103** 21, KG DAR **76** 240, Hb VRS **26** 143, Mü VRS **30** 20, s auch Rz 33. Erst mit richtiger Eingliederung in den Querverkehr ist die Wartepflicht erfüllt, Ce VersR **72** 468 (zu weites Rechtsabbiegen), Kö VRS **94** 249. Wartepflicht besteht auch, wenn der Wartepflichtige schon auf der Kreuzung ist, dort aber hält, Ce VM **58** 51, aber nicht mehr nach Beendigung des Einbiegens und Befahren der VorfahrtStr bei ausreichendem Vorsprung, BGH VersR **67** 178 (Rz 57). Ist der vorher Wartepflichtige bereits 100 m auf der VorfahrtStr gefahren, so behindert er deren Benutzer nicht mehr, dann idR auch nicht § 1, Fra VRS **50** 134. Ist ein nach links abgebogener Radf auf der VorfahrtStr schon 25 m gefahren, bevor der „Berechtigte" ihn erreicht, so kann er die Vorfahrt nicht verletzt haben, BGH VersR **64** 653, s auch Fra VRS **50** 134. Der Wartepflichtige muss idR **zügig abbiegen,** damit er den vorher etwa noch nicht sichtbaren Verkehr nicht beeinträchtigt, Ha NZV **94** 277, VRS **36** 444, Kö VRS **90** 343, Ko VRS **62** 305. Warten in der Mitte zwischen den beiden Fahrbahnhälften der VorfahrtStr: Rz 62. Keine Wartepflicht, wenn bei **Verkehrsstockungen (§ 11)** alle Vorfahrtberechtigten zweifelsfrei warten, der Weg des Wartepflichtigen aber frei ist.

10a. Deutlich auf Wartepflicht fahren muss der Wartepflichtige, nämlich durch sein **56** Fahrverhalten anzeigen, dass er warten werde (II S 1). Er darf an die Vorfahrtstelle nicht forsch heranfahren und dann erst bremsen, sondern muss, wo nötig, rechtzeitig deutlich verlangsamen (Begr) und anhalten. Mäßige Geschwindigkeit bedeutet solches Fahren, dass Anhalten ohne starkes Bremsen möglich bleibt, Dü NZV **88** 111, aM möglicherweise Ha VOR **74** 61. Die Vorfahrt ist verletzt, wenn sich der Wartepflichtige so verhält, dass der Berechtigte Verletzungen befürchten muss und sich deshalb nunmehr unfallverhütend verhält, Ha DAR **00** 63, VRS **53** 294, Dü NZV **88** 111. Die Vorfahrt ist vor der Vorfahrtstelle zu beachten, nicht in ihr, Bay DAR **75** 277, Dü NZV **88** 111, KG VRS **26** 132, Ko VRS **73** 70, denn auch der Berechtigte muss die Voraussetzungen der Vorfahrt rechtzeitig verlässlich abschätzen können, Bay VRS **24** 238. Durchfahren ohne Verlangsamung darf der Wartepflichtige nur, wenn ein Vorfahrtfall nach Lage ausgeschlossen ist. Wartepflichtverletzung auch, wenn der überhöht schnell fahrende Berechtigte stark bremsen muss, Ha VRS **50** 467, Ce VRS **49** 25, Kö VRS **31** 271. An der Haltlinie (Z 294) muss (Rz 60), an der Wartelinie (Z 341) sollte der Wartepflichtige **anhalten,** sonst dort, wo er auch abbiegenden Vorfahrtverkehr nicht behindert, Stu DAR **68** 337, doch ist geringfügiges Hineinragen in die VorfahrtStr unschädlich, wenn es niemand behindert oder verunsichert, Ha VRS **13** 374. Besteht dort keine ausreichende Übersicht, so ist dort anzuhalten, wo diese besteht. Wer bis zur Sichtlinie vorrollt, verletzt die Vorfahrt nicht (uU aber § 1 II, falls er erkennen kann, dass ihn ein Linksabbieger dort schneiden könnte), Dü VRS **58** 269. Die Sichtlinie kann sich durch länger andauernde Sichtbehinderung vorübergehend ändern, Kar VRS **43** 306. Besteht auf dem Mittelstreifen der VorfahrtStr ein Sichthindernis, so ist die Wartepflicht, unter Berücksichtigung des von links kommenden Verkehrs auf der VorfahrtStr, auf der **Durchfahrt des Mittelstreifens** dort zu erfüllen, wo der vorfahrtberechtigte Verkehr überblickt werden kann, Ha VRS **48** 59. Ist das Fz des wartepflichtigen Linksabbiegers länger als der

2 StVO § 8   I. Allgemeine Verkehrsregeln

Mittelstreifendurchbruch der VorfahrtStr, so darf er dort nicht warten, Kö DAR **76** 17, s aber Rz 62.

57   **10 b. Weder gefährden noch wesentlich behindern** darf der Wartepflichtige den Berechtigten (II S 2), Dü VRS **75** 413. Jedes Verschätzen, soweit zurechenbar, geht zu Lasten des Wartepflichtigen (Begr, Rz 7), Kö DAR **75** 214, Ha VersR **80** 685, wenn auch nicht jede Wartepflichtverletzung grobfahrlässig sein muss, Kö VersR **76** 71. Er darf nur weiterfahren, wenn gewiss ist, dass er keinen Berechtigten nennenswert behindert, KG NZV **99** 85, Kö VRS **81** 417, auch nicht durch Anfahren nach vorherigem Warten. Kommt kein bevorrechtigter Verkehr heran, so darf der „Wartepflichtige" in die VorfahrtStr einfahren. Der Berechtigte darf **weder gefährdet noch „besonders erheblich behindert"** werden (Begr), er darf nicht „gezwungen werden, Richtung oder Geschwindigkeit unvermittelt zu ändern" (Begr), kurzes Gaswegnehmen und (oder) geringes Ausbiegen ist ihm zuzumuten (Begr, Rz 6), s Rz 27. Der Berechtigte wird nicht dadurch behindert, dass er den Wartepflichtigen kurz nach dem Abbiegen überholen muss, Ha VkBl **57** 79, oder dass dieser ihn schon beim Abbiegen überholt, Ha VRS **25** 310. Damit anerkennt § 8 das VBedürfnis. **Vorfahrtverletzung** liegt vor, wenn sich die Fahrlinien nahe berühren, Bay VkBl **66** 118, so dass dem Berechtigten wenig Spielraum bleibt, BGH VersR **64** 619 („keinerlei Spielraum") und er Kollision befürchtet, BGH VersR **63** 282, Bay VRS **26** 227, Nü VersR **65** 772, Kö DAR **63** 171, unsicher wird, BGH VersR **59** 792, und sich so verhält, wie es ihm in der Bedrängnis nötig erscheint, Kö VersR **75** 913, auch wenn sich später zeigt, dass es nicht nötig war, Bay VRS **24** 238, Fra VRS **29** 465, Br VRS **30** 72. Sieht der Wartepflichtige auf der VorfahrtStr (Z 306) in etwa 180 m Entfernung eine Straba halten, deren Gleisbereich er beim Sicheinordnen in die VorfahrtStr mitbenutzen muss, so darf er im Gleisbereich nicht warten und ihn allenfalls dann zum Sicheinordnen benutzen, wenn er die Fahrweise der Straba dadurch nicht wesentlich behindert (zutr *Booß* VM **79** 39 gegen Zw VRS **56** 469).

58   **Bei beschränkter Sicht auf Vorfahrtberechtigte** besteht nur in Ausnahmefällen die Pflicht zur **Einweisung** durch Hilfspersonen, BGH NZV **94** 184 (zust *Dannert* NZV **95** 134), Bay NZV **90** 81, Dü VersR **60** 224. Auch bei Nebel mit 40 m Sicht und stellenweisem Glatteis muss ein LkwF beim Linksabbiegen keinen Warnposten aufstellen, aber sorgfältig beobachten, Ha VRS **27** 19, Schl NZV **94** 439 (30 m Sicht, Mithaftung des Wartepflichtigen nur aus BG mit 30%). Bei Unübersichtlichkeit und Schwerbeweglichkeit ist jedoch uU ein Warnposten notwendig, BGH VersR **65** 188, Fra VRS **97** 94, Ha VersR **80** 685. Daher kann der Führer eines langsamen Traktors mit Anhänger bei Nebel verpflichtet sein, vor dem Überqueren der vorfahrtberechtigten Str Warneinrichtungen aufzustellen, Ko VersR **89** 1310. Selbst bei Einsehbarkeit der bevorrechtigten Str auf 100 m und trotz des Sichtfahrgebots muss sich der Fahrer eines besonders langen und schwerfälligen Lastzuges uU eines Warnpostens bedienen (Dunkelheit), § 1 II StVO, BGH VersR **84** 1147 (Haftung 7:3 zu Lasten des Lastzugf; krit *Dannert* NZV **95** 135, Bay VRS **61** 386, regelmäßig aber nicht bei klaren Sichtverhältnissen am Tage, BGH NZV **94** 184. IdR darf sich der Wartepflichtige bei Unübersichtlichkeit so in die VorfahrtStr **hineintasten,** dass er notfalls sofort anhalten kann, BGH DAR **81** 86, VersR **77** 524, Bay NZV **90** 81, KG NZV **02** 79, Ko VersR **93** 1169, Dü VRS **60** 224, Sa VM **77** 16. Wird ein Vorfahrtberechtigter sichtbar, so muss der Wartepflichtige, wenn ein zügiges Freimachen des Einmündungsbereichs nicht möglich ist, sofort anhalten, BGH NZV **94** 184 (abl *Dannert* NZV **95** 136). Vortasten bedeutet **zentimeterweises Vorrollen** bis zum Übersichtspunkt mit der Möglichkeit, sofort anzuhalten, BGH NJW **85** 2757, Ce ZfS **01** 492, Ha NZV **93** 477, Ko VersR **93** 1169, KG NZV **06** 369, DAR **03** 481, Schrittgeschwindigkeit genügt dazu nicht, KG NZV **99** 85, **02** 79. Dabei muss er sich soweit wie möglich rechts halten, nicht des besseren Überblicks wegen weit links (§ 2), *Booß* VM **74** 70, aM KG VM **74** 69. Ist die VorfahrtStr wegen einer wartenden **FzKolonne** nicht einsehbar, so darf sich der Wartepflichtige vorsichtig durch eine frei gehaltene Lücke vortasten, Bay NZV **88** 77, muss aber notfalls sofort anhalten können, BGH VRS **28** 435, Ha VRS **40** 115. Bei **nur ganz vorübergehender Sichtsperre** kein Hineintasten, sondern Abwarten, BGH VersR **77** 524, Stu VM **69** 6, Bay NJW **69** 2296, Fra VersR **75** 957, so etwa bei sichtversperrenden Fz, die sich ihrerseits vortasten, KG VM **82** 65. **Kein Hineintasten** bei Unübersichtlichkeit, wenn der Wartepflichtige ein bevorrechtigtes Kfz kommen sieht oder am Lichtkegel erkennen müsste, Bay DAR **76** 82.

59   Auf infolge der **Vegetation am StrRand** (Buschwerk, hohes Gras) spät erkennbare vorfahrtberechtigte Einmündungen hat der Wartepflichtige seine Geschwindigkeit einzustellen, Fra NZV **90** 472. Nur wenn die *Gewissheit* besteht, dass er durch ein **sichtversperrendes neben**

ihm fahrendes Fz gegenüber etwaigen Bevorrechtigten zuverlässig abgeschirmt ist, darf der Wartepflichtige in dessen „Schatten" ohne ausreichende Sicht in die bevorrechtigte Str einfahren, Bay VRS **70** 33 (zB neben schwerem Lkw). Zur **Sichtbeschränkung durch die Bauart** des geführten Fz Rz 26.

10 c. Bei **Stoppstraßen,** die ausschließlich durch Kennzeichnung mit Z 206 (Halt! Vorfahrt **60** gewähren), genügt kurzes Anhalten, Ha VRS **31** 287, Dü VM **62** 35, der innere Vorgang des Beurteilens ist nicht zu prüfen. **Zu halten ist** an der Haltlinie (§ 41 Rz 248k, Z 294, *Bouska* VD **76** 269), mangels Übersicht dort an der Stelle der besten Übersicht (BGH VersR **73** 39, Bay VM **64** 4). Der Wartepflichtige darf dann bis zur Fluchtlinie vorfahren, deshalb darf ein linksabbiegender Berechtigter ihn dort nicht schneiden (KG VRS **54** 255). **Fehlt eine Haltelinie,** so ist zu halten, wo die bevorrechtigte Str ausreichend weit eingesehen werden kann; das kann uU auch schon in einer gewissen Entfernung von der Fluchtlinie der Fall sein (Bay VRS **70** 51). Anfahren erst, wenn fremde Vorfahrt nicht beeinträchtigt wird. Haltgebot nach BGH NJW **52** 985 grundsätzlich auch, wenn vorher schon hinter dem Vordermann angehalten werden musste (s aber Rz 61 und § 41 Rz 248k; Z 294). Sind die Fahrbahnen der VorfahrtStr baulich getrennt (Parkplatz, Grünanlage), so gilt das HaltZ nur für die Fahrbahn, an der es steht (KG VRS **11** 373). S auch § 41 Rz 248 Z 206.

HaltZ sollten wie WechsellichtZ nur bei dringendem VBedürfnis angebracht werden (§§ 39 I, **61** 45 IX). Sie dürfen nicht zu bloßen Fleißübungen der VT auf leerer Straße führen (**E** 122, 124).

10 d. Zügig und ohne vermeidbare Verzögerung überqueren muss der Wartepflichtige **62** die VorfahrtStr, wenn der überblickbare Teil frei ist, aber nur kurz, Fra VM **77** 32, Ce VersR **79** 380. Unnötiges Langsamfahren, zB im 2. Gang, Ha VRS **24** 146, kann die Vorfahrt verletzen, wenn der Berechtigte nicht vorbeikam, BGH VRS **15** 346. Ein offensichtliches Hängenbleiben des Wartepflichtigen auf der Kreuzung muss der Berechtigte berücksichtigen, Ha VersR **76** 372. Grundsätzlich darf der Wartepflichtige erst in die bevorrechtigte Str einfahren, wenn aus beiden Richtungen kein vorfahrtberechtigter V naht, Kar VersR **93** 123. **Sehr breite Fahrbahnen** darf der Wartepflichtige derart kreuzen, dass Berechtigte unbehindert davor oder dahinter vorbeifahren können (er darf aber keine unklare Lage schaffen), Bay DAR **75** 277, Ha VRS **35** 219, uU darf er also bis zur Mitte fahren, wenn dem von rechts Kommenden auf seiner Fahrbahnseite genügend Platz zum Vorbeifahren bleibt, BGH VRS **23** 181, Bay VRS **67** 137, dies jedoch nur, wenn der in Aussicht genommene Warteplatz in der StrMitte nicht noch durch ein anderes wartendes Fz blockiert ist, Ko VRS **62** 305. Eine VorfahrtStr mit breitem Mittelstreifen darf er idR in Etappen überqueren, Bay DAR **75** 277, Kö VRS **26** 375, KG VM **66** 59.

10 e. Wer sich als **Linksabbieger** vollständig in die VorfahrtStr eingeordnet hat, hat Vorfahrt **63** vor einem erst nach dem Einordnungspunkt von rechts her kommenden Rechtsabbieger, Dü VersR **76** 1180. Hält sich der Linksabbieger auf der VorfahrtStr weiterhin links, so ist es ein Vorfahrtfall, wenn ein Berechtigter ihn dort alsbald rechts passiert, Bay VM **70** 4. Der nach links abbiegende Radf verletzt die Vorfahrt eines anderen Radf bereits, wenn dieser ausweichen muss, BGH VersR **71** 909 (Geringfügigkeit?). Wird aus einer durch einen **Mittelstreifen** in zwei Richtungsfahrbahnen geteilten Straße in eine kreuzende, nicht vorfahrtberechtigte Str links eingebogen, so ist der Eingebogene, der sich bereits auf der kreuzenden Str in **Mittelstreifendurchbruch** befindet, gegenüber dem auf der anderen Richtungsfahrbahn sich nähernden V wartepflichtig (soweit nicht nach § 9 III, jedenfalls nach § 8 I S 1), Ha VRS **29** 231. Biegt der Benutzer einer Straße, die durch eine breite Mittelanlage in zwei gleichartige Fahrbahnen geteilt ist, nach links in eine bevorrechtigte Straße ein, so erlangt er den VT gegenüber, die die andere gleichartige Fahrbahn in entgegengesetzter Richtung benutzen, Vorfahrt, weil sein in die bevorrechtigte Straße eingebogenes Fz beim Kreuzen des Mittelstreifens den Benutzern der anderen Fahrbahn wie ein Fz erscheint, das auf der VorfahrtStr herangekommen ist, BGH NJW **60** 816, BGHSt **16** 19 = NJW **61** 1075, aM *Kullik* DAR **85** 336, auch wenn die beiden Fahrbahnen durch breite Inseln getrennt sind, Bay VRS **25** 468, Hb VRS **24** 234. Befindet sich der auf einer durch Mittelstreifen geteilten Fahrbahn Wendende im Mittelstreifendurchbruch auf der kreuzenden Fahrbahn, so gelten im Verhältnis zu den ihm dort entgegenkommenden Fzen nicht die Vorfahrtregeln, sondern die des § 9 (§ 9 Rz 50), LG Berlin VersR **01** 78.

10 f. Auch die **Wartepflicht des Rechtsabbiegers** besteht nur gegenüber bereits sichtbaren **64** Fzen, Rz 55, für später erst sichtbar werdende gelten die Begegnungsregeln, Bay DAR **76** 108. Der Rechtsabbieger darf nur abbiegen, wenn er den Vorfahrtverkehr nicht behindert, mag dieser geradeaus weiterfahren oder abbiegen, BGH VRS **11** 409, NZV **96** 27, Fra NZV **90** 472.

Kein Rechtsabbiegen, solange er sich dadurch zu knapp vor einen Berechtigten setzen würde, Bay VM **63** 36, 69, Kar VersR **77** 673, es sei denn, dieser kann alsbald überholen, BGH VersR **61** 178, also idR nicht auf relativ schmaler VorfahrtStr oder bei Gegenverkehr dort. Vor allem muss die rechte Fahrbahn der VorfahrtStr für ihn frei sein. Wer ohne Vorfahrtverletzung abgebogen ist, aber behindernd langsam weiterfährt, kann allenfalls noch § 3 II verletzen, Ce VRS **36** 222. Wer als Wartepflichtiger nach rechts auf den rechten Fahrstreifen der VorfahrtStr abbiegen will, darf eine Lücke ausnutzen, wenn kein anderer Berechtigter anzeigt, auf den rechten Fahrstreifen überwechseln zu wollen, *Maase* DAR **72** 323. Wer als Wartepflichtiger auf den rechten Fahrstreifen der VorfahrtStr einbiegt, verletzt die Vorfahrt eines von links auf dem Überholstreifen herankommenden Berechtigten nur durch eine Fahrweise, die diesem objektiv Grund gibt, Behinderung zu befürchten, Ha VRS **55** 144. Setzt sich die wartepflichtige (Z 205) nach der Einmündung als **selbständiger rechter Fahrstreifen** (Z 295 oder 340) der VorfahrtStr fort, so darf der an sich Wartepflichtige zügig einfahren und mangels Gegenanzeichen damit rechnen, dass ihn die Benutzer der VorfahrtStr auf diesem Fahrstreifen nicht „schneiden", Bay VRS **56** 114. **Von rechts kommenden Verkehr** (auf der anderen Seite der VorfahrtStr) muss der Wartepflichtige nur berücksichtigen, wenn dieser möglicherweise nicht rechts bleibt (Überholen, Linksabbiegen), BGH NZV **96** 27, NJW **82** 2668, Bay DAR **76** 108, Dü VersR **02** 1168, Ha VRS **30** 130, Kö VersR **92** 68 (Ausbiegen), VM **70** 40, str, s Rz 54a.

65/66   **11. Auf Autobahnen und Kraftfahrstraßen** haben die durchgehenden Fahrbahnen Vorfahrt (§ 18 III). Beschleunigungsstreifen sind wartepflichtig, Rz 34b, § 18 Rz 17.

67   **12. Zivilrecht. Amtspflichtverletzung,** wenn innerorts einander kreuzende Straßen beide als VorfahrtStr gekennzeichnet sind, BGH DAR **63** 130, oder bei einem zugewachsenen VZ „Vorfahrt gewähren", BGH VersR **65** 1096, ebenso bei Fehlen eines „negativen" VorfahrtZ (205, 206) bei Einmündung in eine VorfahrtStr, Rz 39, 46. „Vereinsamtes" Z 205 (206): Rz 45.

68   **Haftung des Wartepflichtigen** und etwaige Schadensverteilung mit Berechtigten ist im Licht von II S 2 zu sehen, der dem Wartepflichtigen die Folgen unrichtigen Verhaltens überwiegend auferlegt (Kö VRS **99** 249). Verschätzen geht zu dessen Lasten (Rz 7, 57). Außerhalb des **Schutzzwecks** des § 8 liegen Gesundheitsschäden des Berechtigten infolge Aufregung, die nicht durch den Unfall, sondern durch das Verhalten des Wartepflichtigen nach dem Unfall ausgelöst wurde, BGHZ **107** 359 = NZV **89** 391 (zust *v Bar* JZ **89** 1071, *Dunz* JR **90** 115, abl *Börgers* NJW **90** 2535). Der Wartepflichtige hat den **Anschein** (**E** 157 a) schuldhafter Vorfahrtverletzung gegen sich, BGH NJW **76** 1317, KG NZV **02** 79, VRS **105** 104, Ha ZfS **01** 105, Kö VRS **99** 249, Ko NZV **93** 273, Stu NZV **94** 440. Das gilt jedoch nicht, wenn der wartepflichtige Rechtsabbieger nach dem Einbiegen auf der rechten Fahrbahnseite mit einem vorfahrtberechtigten Entgegenkommenden zusammenstößt, BGH NJW **82** 2668 (Haftung zu gleichen Teilen), Kö VersR **92** 68, s Rz 64, 54a. Der Anscheinsbeweis kann nur durch bewiesene Tatsachen entkräftet werden, zB solchen, aus denen folgt, dass der Berechtigte auch bei größter Sorgfalt nicht gesehen werden konnte, BGH VersR **64** 639, Mü ZfS **97** 245, Kö VRS **94** 249, VersR **78** 830, Nü VRS **87** 22, Stu VersR **82** 782, Schl VRS **80** 5, Fra VRS **80** 111, sowie durch den Nachweis von Tatsachen, aus denen sich die Möglichkeit eines **atypischen Geschehnisablaufs** ergibt, Kö VersR **81** 340 (Schleudern des Berechtigten gegen das bis zur Sichtlinie vorgezogene Fz des Wartepflichtigen), VRS **90** 343, **74** 109, Ko VersR **89** 1310 (überhöhte Geschwindigkeit und Nebel), KG VRS **65** 333, durch den Nachweis überhöhter Fahrgeschwindigkeit des Berechtigten, BGH DAR **86** 142, Ha ZfS **01** 105 (bei nur 10% abgelehnt), Bra VRS **82** 422, Ce VersR **73** 1147, Stu VersR **82** 1175, s dazu aber Rz 53, 69a, des Fahrens ohne Beleuchtung bei Dunkelheit, KG DAR **83** 82, oder durch Hineintasten bei Unübersichtlichkeit, Dü VRS **47** 87. Hat sich der wartepflichtige Rechtsabbieger auf der VorfahrtStr noch nicht ohne Behinderung Berechtigter eingeordnet, so spricht der Anschein der Vorfahrtverletzung gegen ihn, Kar VersR **77** 673. Bei Auffahren des auf der VorfahrtStr Fahrenden auf ein eingebogenes, wartepflichtiges Fz außerhalb des Einmündungsbereichs spricht der Anschein für Vorfahrtverletzung, wenn der Eingebogene die Normalgeschwindigkeit noch nicht erreicht hatte, Mü NZV **89** 438, KG NZV **04** 355 (aber nicht nach Wenden des Berechtigten, Rz 27).

69   Bei Vorfahrtverletzung **tritt die BG des Berechtigten idR zurück**, (KG NZV **02** 79, VRS **104** 21, Ce ZfS **01** 492, Ha ZfS **01** 105, Kö VRS **90** 346, Sa NZV **95** 23, uU auch erhöhte BG, Kar VersR **77** 673, Zw VersR **77** 1059, s aber Kö NZV **91** 429), auch bei Überschreiten der AB-Richtgeschwindigkeit, Kö VM **98** 87, im Einzelfall selbst bei Überschreiten der zulässigen Höchstgeschwindigkeit durch den Berechtigten, Nü ZfS **86** 65 (um 30%), s aber Rz 69a. Auch die BG des soeben überholenden Berechtigten kann gegenüber der Vorfahrt-

verletzung des Wartepflichtigen außer Betracht bleiben, Hb VersR **76** 893. Den Schaden trägt auch allein, wer als Wartepflichtiger durch eine Lücke einer auf der VorfahrtStr befindlichen FzKolonne in diese einfährt und dabei mit einem diese Kolonne überholenden Fz kollidiert, Dü VersR **81** 556 (s aber Rz 47). Der Radfahrer, der an einer Einmündung unter Missachtung des VZ 205) vom Radweg auf die Fahrbahn fährt, haftet bei einer Kollision mit einem Kfz allein (Kö NZV **08** 100). Auch bei Misslingen des Entlastungsbeweises gem § 17 III StVG wird die Schuld des Wartepflichtigen idR Mithaftung des Berechtigten beseitigen, BGH VersR **63** 163 („kann"), KG VersR **70** 909, Ha VRS **31** 298, KG VersR **73** 1145, Ol VersR **73** 1127. Linksfahren des Berechtigten entlastet den Wartepflichtigen nicht, weil das Rechtsfahrgebot nicht seinen Schutz bezweckt, Ce VRS **52** 59, Sa VM **77** 16, Kar VersR **77** 673 (zw, s Rz 54a, § 2 Rz 33), aM KG DAR **06** 151, NZV **88** 65, Kö NZV **91** 429; Entsprechendes gilt für verbotswidriges Befahren einer AnliegerStr durch den Berechtigten, Ce ZfS **01** 492. Die **BG des Berechtigten** wird bei extremer Unvorsichtigkeit des Wartepflichtigen und sehr geringer Schuld des Wartepflichtigen ins Gewicht fallen können, Kar VersR **77** 673, etwa, wenn der Berechtigte nicht ausweicht, obwohl er dies gefahrlos kann, Ce VersR **68** 904. Überhöhte Geschwindigkeit des Berechtigten: Rz 69a. Dagegen begründet geringe Mitschuld des Berechtigten nicht stets Mithaftung, KG VersR **72** 466. Bei mangelnder Aufmerksamkeit des Berechtigten (Rz 47) kommt Mitschuld in Betracht, BGH VersR **65** 37, Ol VersR **63** 296, Stu NZV **94** 440, Kö VersR **97** 640. Mithaftung des Vorfahrtberechtigten zu 30% bei Verstoß gegen das Rechtsfahrgebot, Kö VRS **99** 249, zu 50% bei zu weit Linksfahren durch Kurvenschneiden beim Linksabbiegen, KG DAR **06** 151 (s aber § 2 Rz 33). Mithaftung des Berechtigten zu 60%, der in einer infolge hohen Graswuchses schwer erkennbaren Einmündung links fährt, Fra NZV **90** 472, zu 50% bei Nichteinhalten der rechten Fahrbahnseite trotz schlecht einsehbarer untergeordneter Einmündung links, Stu VRS **97** 15, zu 25% bei erlaubtem Überholen auf der Gegenfahrbahn und Kollision mit dort Einbiegendem (erhöhte BG), Ha VRS **101** 81. Mithaftung des Berechtigten auch, wenn dieser erheblich zu spät auf eine Vorfahrtverletzung reagiert, Kö VRS **81** 417. Stellt sich der Vorfahrtberechtigte bei LZA-Ausfall auf erkennbare Vorfahrtverletzung nicht ein, kommt Mithaftung von 1/3 in Betracht, Ha VersR **89** 755. Wer als Vorfahrtberechtigter einen eingeordneten Linksabbieger verbotswidrig noch links überholt und deshalb mit einem einbiegenden Wartepflichtigen kollidiert, ist mitschuldig, Ha VRS **48** 136. Wer auf Beachtung seines Vorfahrtsrechts gegenüber dem aus rechts einmündendem Feld- oder Waldweg kommenden Wartepflichtigen vertraut, kann überwiegend haften müssen, Ko VRS **69** 101 (60 : 40), s Rz 36. Bei **grob verkehrswidrigem Verhalten des Berechtigten** kann die Schuld des Wartepflichtigen ganz zurücktreten, Sa VRS **47** 49. Keine Haftung des Wartepflichtigen, der einen groben Verstoß des Berechtigten nicht erkennen konnte, Ha VRS **31** 298. Fährt der Berechtigte trotz Ankündigung des Abbiegens unversehens geradeaus weiter, so kann er allein haften müssen, KG NZV **90** 155, VersR **91** 934, DAR **75** 41, Dü DAR **77** 161, s aber Dr VersR **95** 234 (30% Mithaftung des Wartepflichtigen), Mü DAR **98** 474 (40%), Ha NZV **03** 414 (2/3), KG VM **93** 2 (Alleinhaftung des Wartepflichtigen, wenn nicht zusätzliche Umstände für Abbiegen sprechen), s dazu Rz 54, ebenso bei Fahren ohne Beleuchtung trotz Dunkelheit, KG DAR **83** 82.

Erhebliches **Zuschnellfahren** begründet, sofern es für den Schaden mitursächlich ist, KG **69a** VRS **107** 22, DAR **00** 260, **04** 524, beträchtliche **Mithaftung des Vorfahrtberechtigten,** KG VRS **104** 193, NZV **99** 85 (zu 3/4), **03** 481, DAR **04** 524 (zu 1/2), Kö VRS **96** 344 (zu 1/4), ZfS **95** 250, Kar DAR **88** 26, VersR **87** 290 (zu 2/5), Nü VersR **99** 247 (zu 1/3), Stu DAR **97** 26, Ol DAR **94** 29 (jeweils zu 1/2), Schl NZV **93** 113 (zu 4/5) oder sogar Alleinhaftung, KG VM **82** 94, DAR **92** 433 (Überschreitung um 100% und Verstoß gegen das Sichtfahrgebot), Stu NZV **94** 194 (78% Überschreitung, Gefälle, nasse Fahrbahn, BerufsV), Ha VRS **93** 253 (80% innerorts), LG Berlin VRS **107** 13 (Krafd, nahezu 100%), AG Kö VRS **87** 95. Schadensquote von 2/3 zu Lasten des Berechtigten bei Überschreitung der zulässigen Höchstgeschwindigkeit um mehr als 100% und Benutzen der linken Fahrbahnhälfte, KG VRS **65** 333. Nach teilweise vertretener Ansicht sollen selbst geringfügige Geschwindigkeitsüberschreitungen durch den Berechtigten zu beachtlicher Mithaftung führen, Stu VersR **82** 782 (1/4 Mithaftung bei 105 statt zulässiger 100km/h!), Kö VersR **92** 110 (1/4 Mithaftung bei 65 statt zulässiger 60km/h), KG VRS **107** 22, s dagegen Ha ZfS **01** 105 (Überscheiten um 10%), Nü ZfS **86** 65 (keine Mitschuld trotz Überschreitung um 30%). S dazu auch Rz 48. Missachtung der Vorfahrt „rechts vor links" rechtfertigt auch bei 45km/h statt erlaubter 30km/h nicht stets den Vorwurf grober Fahrlässigkeit, Dü VersR **97** 56. Zuschnellfahren bei sog „halber Vorfahrt": Rz 38.

Überfahren eines Stoppschildes ist nicht stets **grobfahrlässig** (Kö ZfS **05** 445, Br DAR **02 70** 308, KG DAR **01** 211, Ha VersR **93** 826, Nü NJW-RR **96** 988). Nach einem Teil der Rspr

2 StVO § 8   I. Allgemeine Verkehrsregeln

soll es *idR* grobfahrlässig iS von § 61 VVG (§ 81 II VVG 08) sein (Kö ZfS **02** 388, LG Zw VersR **91** 804, Ha NZV **93** 480, Zw NZV **92** 76); dies wird aber wie bei Rotlichtverstößen von den Umständen abhängen. Grobe Fahrlässigkeit jedenfalls bei zügigem Durchfahren des Wartepflichtigen, insbesondere aber bei Nichtbeachtung des Stoppschildes, obwohl zuvor durch andere VZ auf die Kreuzung und das Stoppschild hingewiesen wurde, Br DAR **02** 308, Zw NZV **92** 76, Ha NZV **93** 480, ZfS **98** 262, Ol r+s **97** 324, ähnlich Nü NJW-RR **96** 988, wenn es an einer „T-Einmündung" steht, auf die durch eine Tafel hingewiesen wird, Kö ZfS **05** 445, ferner, wenn es beidseitig aufgestellt war, Kar NZV **03** 420, Ha r+s **00** 54, Kö ZfS **02** 388, oder bei gelbem Blinklicht einer abgeschalteten LZA, Kö NZV **02** 374.

71   Wer sich bei Verletzung seiner Vorfahrt auf **unabwendbares Ereignis** (§ 17 III StVG) beruft, muss nachweisen, dass auch ein besonders umsichtiger Kf den Unfall nicht hätte abwenden können, BGH NJW **76** 1317, VersR **64** 48. Auch bei sog „halber" Vorfahrt (Rz 38) kann die Vorfahrtverletzung für den Berechtigten unabwendbar sein, BGH NJW **85** 2757. Unabwendbarkeit für den Berechtigten, wenn ein Wartepflichtiger so unklar fährt (Bremsen, dann Abbiegen), dass der Berechtigte stark bremsen muss und sich verletzt, BGH VersR **67** 779. Keine Unabwendbarkeit, wenn der Berechtigte die Unfallgefahr berücksichtigen konnte, Kö DAR **60** 136, zB Annäherung des Wartepflichtigen auf abschüssiger, durch Schneematsch glatter Str, Stu VersR **83** 252.

72   Zur **Haftung der vorfahrtberechtigten Straba,** BGH VersR **67** 138. Schadensverteilung zwischen wartepflichtigem Radf und Straba (Bahn 1/5), BGH VersR **67** 138.

73   **13. Ausnahmen** von den Vorfahrtregeln: Vortritt vor den Vorfahrtberechtigten haben **Sonderrechtsfze,** soweit sie nach § 35 I von den Vorschriften der StVO befreit sind, und Wegerechtsfze (§ 38 I), weil die Anordnung, ihnen sogleich freie Bahn zu schaffen, auch den bevorrechtigten Querverkehr betrifft (*Schmidt* DAR **53** 57). Steht ein SonderrechtsFz verdeckend vor der Kreuzung, so ist es vorsichtig zu passieren, bis die Vorfahrtverhältnisse klar sichtbar werden, KG VM **77** 70. Unter den Voraussetzungen von § 35 I dürfen geschlossene **BW-Verbände** Vorrang beanspruchen, VkBl **71** 538, sonst sind sie wartepflichtig, nur darf der Verkehr sie nicht unterbrechen (§ 27).

74   **14. Ordnungswidrig** (§ 24 StVG) handelt, wer die Vorfahrt verletzt oder nicht rechtzeitig durch sein Fahrverhalten anzeigt, dass er warten werde (§ 49 I Nr 8). Unwesentliche Behinderung (kurzes Gaswegnehmen) ist als idR unvermeidbar hinzunehmen (Rz 27, 58). Kein Vorwurf gegen Wartepflichtigen bei StoppZ, das unrichtig aufgestellt oder kaum sichtbar ist (BGH VRS **5** 309). **Tatbestandsirrtum**, falls Umstände erkannt werden, die für die Vorfahrt bedeutsam sind. Irrtum über die Vorfahrtvorschriften ist **Verbotsirrtum** (BGH VRS **25** 53). Bei Irrtum über zweifelhaftes VZ wird idR Tatbestandsirrtum gegeben sein (eingehend zum Irrtum über VZ KK OWiG-*Rengier* § 11 Rz 111 ff). Ha DAR **58** 250 hält unvermeidbaren Verbotsirrtum für möglich. Im Zweifel muss der Kf die vorsichtigere Fahrweise wählen. Bei entschuldigtem Verbotsirrtum ist die Fahrweise eines wirklich Berechtigten zuzubilligen (BGH VRS **15** 123, Bra NJW **56** 1650, *Weigelt* DAR **58** 238). Entsprechend darf der Irrende auf seine vermeintliche Vorfahrt nicht vertrauen, wenn er ihre (vermeintliche) Nichtbeachtung erkennt oder erkennen muss (Ol DAR **60** 364). Wer die Vorfahrt beansprucht, behindert den Wartepflichtigen nicht iS von § 1 (Bay VM **66** 91), aber wohl doch, wenn er die Vorfahrt erzwingt oder behindernd zu erzwingen versucht (dann Verstöße einerseits gegen § 8 I, anderseits gegen § 1).

75   Zur **Feststellung einer Vorfahrtverletzung** gehört Darlegung der beiderseitigen Sichtverhältnisse und Geschwindigkeit (keine Behinderung des Berechtigten, wenn er nur überhohe Geschwindigkeit herabsetzen muss; KG VRS **30** 383). Zur Begründung des Vorwurfs zu schnellen Heranfahrens des Wartepflichtigen müssen alle erforderlichen Tatsachen überprüfbar im Urteil stehen (Ha VRS **53** 59). Die Verteidigung des Wartepflichtigen, er habe den Berechtigten nicht sehen können, muss geprüft werden (Ha DAR **61** 91). Eine Vorfahrtverletzung an ganz anderem Ort als dem bezeichneten, wenn auch unter gleichen Umständen und Beteiligten, ist nicht dieselbe Tat iS von § 264 StPO (Neust VRS **27** 361).

76   Die **Nichtbeachtung der Z 205, 206** gehört zum Tatbestand der Vorfahrtverletzung, sie geht darin auf, gegenüber § 41 II Nr 1b ist I S 1 Nr 1 speziell (Dü NZV **91** 161, Zw VM **77** 43). Gesetzeseinheit daher auch zwischen Nichtbefolgen des Haltgebots eines StoppZ und Vorfahrtverletzung (KG VRS **26** 132, Ce VM **64** 7, aM Bay DAR **59** 50, Dü VM **65** 53). Bei **Gefährdung, Behinderung oder Belästigung** des Berechtigten geht § 8 dem § 1 vor (Spezialität), bei **Schädigung** besteht TE mit § 1 (Dü NZV **91** 161, VRS **74** 288, Ha VRS **74** 36). Fährt der Wartepflichtige so schnell, dass er die Vorfahrt nicht einräumen kann, so besteht **TE**

zwischen I und § 3 I, weil Vorfahrtverletzung Geschwindigkeitsüberschreitung nicht voraussetzt (Bay NJW **86** 860, Ha VRS **53** 294).

15. Strafrecht. Zu **§ 229 StGB** beim zu schnellen Heranfahren an Kreuzung §§ 222, 229 StGB Rz 20. Zu Vorfahrtverletzung und **Nötigung** § 240 Rz 7. Vorfahrtverletzung als StrV-Gefährdung: § 315c I Nr 2a StGB, dort Rz 29ff.

Abbiegen, Wenden und Rückwärtsfahren

9 (1) ¹**Wer abbiegen will, muß dies rechtzeitig und deutlich ankündigen; dabei sind die Fahrtrichtungsanzeiger zu benutzen.** ²Wer nach rechts abbiegen will, hat sein Fahrzeug möglichst weit rechts, wer nach links abbiegen will, bis zur Mitte, auf Fahrbahnen für eine Richtung möglichst weit links einzuordnen, und zwar rechtzeitig. ³Wer nach links abbiegen will, darf sich auf längs verlegten Schienen nur einordnen, wenn er kein Schienenfahrzeug behindert. ⁴**Vor dem Einordnen und nochmals vor dem Abbiegen ist auf den nachfolgenden Verkehr zu achten; vor dem Abbiegen ist es dann nicht nötig, wenn eine Gefährdung nachfolgenden Verkehrs ausgeschlossen ist.**

(2) ¹Radfahrer, die auf der Fahrbahn abbiegen wollen, müssen an der rechten Seite der in gleicher Richtung abbiegenden Fahrzeuge bleiben, wenn dort ausreichender Raum vorhanden ist. ²Radfahrer, die nach links abbiegen wollen, brauchen sich nicht einzuordnen. ³Sie können die Fahrbahn hinter der Kreuzung oder Einmündung vom rechten Fahrbahnrand aus überqueren. ⁴Dabei müssen sie absteigen, wenn es die Verkehrslage erfordert. ⁵Sind Radverkehrsführungen vorhanden, so haben Radfahrer diesen zu folgen.

(3) ¹Wer abbiegen will, muß entgegenkommende Fahrzeuge durchfahren lassen, Schienenfahrzeuge, Fahrräder mit Hilfsmotor und Radfahrer auch dann, wenn sie auf oder neben der Fahrbahn in der gleichen Richtung fahren. ²Dies gilt auch gegenüber Linienomnibussen und sonstigen Fahrzeugen, die gekennzeichnete Sonderfahrstreifen benutzen. ³**Auf Fußgänger muß er besondere Rücksicht nehmen; wenn nötig, muß er warten.**

(4) ¹**Wer nach links abbiegen will, muß entgegenkommende Fahrzeuge, die ihrerseits nach rechts abbiegen wollen, durchfahren lassen.** ²Führer von Fahrzeugen, die einander entgegenkommen und jeweils nach links abbiegen wollen, müssen voreinander abbiegen, es sei denn, die Verkehrslage oder die Gestaltung der Kreuzung erfordern, erst dann abzubiegen, wenn die Fahrzeuge aneinander vorbeigefahren sind.

(5) **Beim Abbiegen in ein Grundstück, beim Wenden und beim Rückwärtsfahren muß sich der Fahrzeugführer darüber hinaus so verhalten, daß eine Gefährdung anderer Verkehrsteilnehmer ausgeschlossen ist; erforderlichenfalls hat er sich einweisen zu lassen.**

Begr zu § 9 ...

Auch § 9 wendet sich nur an den Fahrverkehr.

§ 11 der geltenden StVO verwendet den Begriff der Fahrtrichtungsänderung als eine Zusammenfassung dessen, was sie in § 8 Abs. 3 unter „Einbiegen in eine andere Straße" und unter „Einfahren (in ein Grundstück)" (§ 17 Abs. 1) versteht. An Stelle dieser drei Begriffe (Fahrtrichtungsänderung, Einbiegen, Einfahren), von denen sich keiner umfassender verwenden lässt, wird der des „Abbiegens" gesetzt.

Zu Abs 1: *Der Absatz bringt im Wesentlichen geltendes Recht. Allerdings verlangt er, abweichend von § 11 Abs. 1 StVO (alt), das Blinken auch dann, wenn weit und breit niemand im Weg ist. Das wird von umsichtigen Fahrern schon heute so geübt und hat den Vorzug, den Fahrer an automatische Betätigung des Blinkers zu gewöhnen.*

Eine gewisse sachliche Änderung liegt ferner darin, dass Linksabbiegern das Ausfahren eines weiten Bogens nicht ausdrücklich befohlen wird ...

Die Entwicklung geht andere Wege. Das lAusfahren des weiten Bogens würde stärkeren Verkehr selbst auf großräumigen Kreuzungen hemmen; auf engen Kreuzungen kämen die Fahrzeuge überhaupt nicht aneinander vorbei, so dass der Einzelne, in Zeiten des Spitzenverkehrs eine ganze Reihe von Fahrzeugen, warten müsste. Der Verkehr muss eben in solchen Fällen das Minus an gesetzlicher Regelung durch größere Vorsicht ausgleichen und tut es auch. Straßenbauer und Verkehrsbehörden gehen immer mehr dazu über, durch bauliche Maßnahmen oder durch Markierung von Leitlinien den Abbiegeverkehr in flachen Bogen über Kreuzungen zu lenken. Auch das wird je länger je mehr Einfluss auf die Fahrweise der Linksabbieger haben ... .

Satz 3 will das Problem lösen, wie sich die Vorschrift des § 2 Abs. 3 zu dem Gebot des Einordnens „bis zur Mitte" verhält. Die Rücksicht auf die Schienenbahn soll danach dann zurücktreten, wenn eine Schienenbahn noch nicht sichtbar herankommt.

7–10 Der letzte Satz dient dem Schutz des nachfolgenden Verkehrs. Während die Pflicht zur Rückschau vor dem Einordnen heute schon völlig unbestritten ist, und eine nochmalige Rückschau (vor dem Abbiegen) nur für den Fall gefordert wird, dass die Verkehrslage sie erfordert (vgl. die Zusammenstellung der Rechtsprechung bei Floegel-Hartung 18. Aufl. 16b zu § 8 StVO), befreit die Verordnung nun, im Sicherheitsinteresse weitgehend, von der zweiten Rückschau nur für den Fall, dass eine Gefährdung nachfolgenden Verkehrs ausgeschlossen ist, z. B. beim Einordnen an den linken Fahrbahnrand … .

11 **Zu Abs 5:** Die Worte „darüber hinaus" verweisen auf die in den vorhergehenden Absätzen begründeten Pflichten und machen deutlich, dass bei diesen besonders gefährlichen Fahrmanövern ein Übriges zu tun ist. Wie weit die „darüber hinaus" bestehenden Pflichten je nach den Umständen gehen können, wird durch die ausdrücklich erwähnte Pflicht, sich erforderlichenfalls einweisen zu lassen, aufgezeigt.

Während das Gefährdungsverbot hier erwähnt werden muss, weil dafür strengere Anforderungen an Vorsicht und Aufmerksamkeit des Wartepflichtigen gestellt werden, als § 1 Abs. 2 verlangt („ausgeschlossen ist"; vgl. zu § 5 zu Absatz 2), kann von der Wiedergabe der übrigen in § 1 Abs. 2 enthaltenen Verbote abgesehen werden.

Begr zur ÄndVO v 21. 7. 80 (VkBl **80** 514):

11a **Zu Abs 3 Satz 2:** Nach Maßgabe verkehrspolitischer Zielsetzung hat der Verordnungsgeber dem öffentlichen Personennahverkehr Priorität vor dem Individualverkehr eingeräumt und das in mehreren Vorschriften der StVO verankert. Mit Rücksicht darauf ist auch der Eigenart der in § 9 Abs. 3 StVO behandelten Verkehrsart Rechnung getragen und den in gleicher Richtung fahrenden Schienenfahrzeugen Vorrang eingeräumt worden. Die gleiche Interessenlage wie bei Schienenfahrzeugen ist nach Einführung des Zeichens 245 auch für Linienomnibusse auf Sonderfahrstreifen gegeben … .

11b **Begr** zur ÄndVO v 22. 3. 88 (VkBl **88** 221):

Zu Abs 2: … Insbesondere bei starkem Fahrzeugverkehr auf der Fahrbahn wurden manche Radfahrer unsicher, wenn sie sich zwischen dem Fahrzeugverkehr zur Fahrbahnmitte einordnen sollten.

Schon seit einigen Jahren wird deshalb in der Verkehrsaufklärung den Radfahrern empfohlen, „indirekt" nach links abzubiegen. Der Radfahrer soll zunächst die Fahrbahn der von rechts einmündenden Straße überqueren und sodann, wie ein Fußgänger, im rechten Winkel die Fahrbahn der Straße kreuzen, die er verlassen will. Die Möglichkeit des indirekten Linksabbiegens wird jetzt in die Verordnung übernommen. Verfehlt wäre es gewesen, den Radfahrern ein derartiges Verhalten beim Linksabbiegen in allen Fällen auch vorzuschreiben … .

11c **Begr** zur ÄndVO v 19. 3. 92 (VkBl **92** 186):

Zu Abs 4 Satz 2: Die Vorschrift bestimmt für das jeweilige Linksabbiegen zweier entgegenkommender Fahrzeuge das in der Praxis bereits häufig angewendete und in der ehemaligen StVO-DDR vorgeschriebene sogenannte tangentiale Abbiegen als Regelfall. Diese Form des Abbiegens hat sich für die Mehrzahl dieser Begegnungsfälle bewährt. Für Fälle, in denen diese Abbiegeform, z. B. aus Platzgründen ungeeignet ist, ist aber auch das Abbiegen nach der Vorbeifahrt zuzulassen.

11d **Begr** zur ÄndVO v 7. 8. 97 (VkBl **97** 688): **Zu Abs 2 Satz 5:** Folgeänderungen zur Benutzungspflicht für Radwege. Damit wird klargestellt, dass an Kreuzungen und Einmündungen einer vorhandenen Radwegeführung immer dann zu folgen ist (Verhaltenspflicht), wenn diese im Zuge eines Radweges markiert wurde. Auf die Kennzeichnung des Radweges mit Zeichen 237, 240 oder 241 oder die Freigabe für gegenläufigen Radverkehr kommt es insofern nicht an. Weiterhin wird damit klargestellt, dass mehrere Radwegeführungen (z. B. nur Wahlmöglichkeit für indirektes und direktes Abbiegen) markiert sein können.

Vwv zu § 9 Abbiegen, Wenden und Rückwärtsfahren

Zu Absatz 1

12 1 I. Wo erforderlich und möglich, sind für Linksabbieger besondere Fahrstreifen zu markieren. Auf Straßen innerhalb geschlossener Ortschaften mit auch nur tageszeitlich starkem Verkehr und auf Straßen außerhalb geschlossener Ortschaften sollte dann der Beginn der Linksabbiegestreifen so markiert werden, dass Fahrer, die nicht abbiegen wollen, an dem Linksabbiegestreifen vorbeigeleitet werden. Dazu eigenen sich vor allem Sperrflächen; auf langsamer befahrenen Straßen genügen Leitlinien.

12a 2 II. Es kann sich empfehlen, an Kreuzungen Abbiegestreifen für Linksabbieger so zu markieren, dass aus entgegengesetzten Richtungen nach links abbiegende Fahrzeuge voreinander vorbeigeführt

Abbiegen, Wenden und Rückwärtsfahren § 9 StVO **2**

werden (tangentiales Abbiegen). Es ist dann aber immer zu prüfen, ob durch den auf dem Fahrstreifen für den nach links abbiegenden Gegenverkehr Wartenden nicht die Sicht auf den übrigen Verkehr verdeckt wird.

Zu Absatz 2

3   I. Die Radverkehrsführung ist eine Markierung, welche z. B. die Linienführung eines Radweges 13
über Kreuzungen und Einmündungen hinwegführt. Die Radverkehrsführung kann, muss aber nicht, mit dem Zeichen 237, 240 oder 241 gekennzeichnet sein. Der auf einem Radweg herankommende Radverkehr hat deshalb der markierten Radverkehrsführung auch dann zu folgen, wenn für den Radweg keine Radwegebenutzungspflicht besteht.

II. An Kreuzungen und Einmündungen   13a

4   1. Zur Radwegeführung dienen vor allem Radfahrerfurten, Radfahrerschleusen, aufgeweitete Radaufstellstreifen und Abbiegestreifen. Die Radfahrerfurten geben gleichzeitig das indirekte Abbiegen, die Radfahrerschleusen, aufgeweitete Radaufstellstreifen und Abbiegestreifen gleichzeitig das direkte Abbiegen vor.

5   2. Radfahrerfurten sind stets im Zuge von gekennzeichneten Vorfahrtsstraßen (vgl. Nummer III zu § 8 Abs. 1; Rn. 15 ff.) und an Lichtzeichenanlagen zu markieren. Die Markierung besteht aus 2 unterbrochenen Quermarkierungen in Breitstrich (0,25 m), die in der Regel 2,00 m Abstand haben. Davon abweichend beträgt der Abstand bei der Freigabe linker Radwege für die Gegenrichtung in der Regel 3,00 m und bei gemeinsamen Fuß- und Radwegen mindestens dessen Breite.

6   3. Radfahrerschleusen und aufgeweitete Radaufstellstreifen können zusätzlich an Lichtzeichenanlagen dann markiert werden, wenn dem Radverkehr die Wahlmöglichkeit zwischen dem indirekten und direkten Abbiegen eröffnet werden soll. Dies setzt eine sorgfältige Überprüfung voraus, welche die besonderen örtlichen und verkehrlichen Gegebenheiten zu berücksichtigen hat. Bei Radfahrerschleusen wird das Einordnen zum Abbiegen durch vorgeschaltete Lichtzeichen ermöglicht. Voraussetzung ist, dass der Radweg mit Radwegebenutzungspflicht neben der Fahrbahn verläuft und die vorgeschalteten Lichtzeichen für den Kraftfahrzeugverkehr auf der Fahrbahn und den Radverkehr auf dem Radweg mindestens 30 m vor dem Hauptlichtzeichen entfernt sind. Das Haltgebot für den Kraftfahrzeugverkehr auf der Fahrbahn wird an dem vorgeschalteten Lichtzeichen und das Haltgebot für den gesamten Verkehr wird an dem Hauptlichtzeichen zusätzlich mit Zeichen 294 „Haltlinie" gekennzeichnet.

7   Bei aufgeweiteten Radaufstellstreifen wird das Einordnen zum Abbiegen im Gegensatz zur Radfahrerschleuse nur mit dem Hauptlichtzeichen und durch zwei Zeichen 294 „Haltlinie" ermöglicht, wobei das Haltgebot für den Kraftfahrzeugverkehr auf der Fahrbahn durch ein vorgeschaltetes Zeichen 294 mit räumlichem und verkehrlichem Bezug zur Lichtzeichenanlage angeordnet wird.

Radfahrerschleusen ist in der Regel der Vorzug vor aufgeweiteten Radaufstellstreifen zu geben.

8   4. Abbiegestreifen können in besonders gelagerten Einzelfällen an Lichtzeichenanlagen, aber auch an gekennzeichneten Vorfahrtstraßen, markiert werden, wenn eine Radwegeführung mit der Möglichkeit des direkten Abbiegens unabdingbar ist und die Anlage insbesondere von Radfahrerschleusen ausscheidet.

9   Bei Abbiegestreifen werden auf der Fahrbahn neben den Abbiegefahrstreifen für den Kraftfahrzeugverkehr mit Zeichen 295 „Fahrstreifenbegrenzung" eigene Abbiegefahrstreifen für den Radverkehr markiert.

10 Der Radverkehr muss dazu den Radweg unter Beachtung der allgemeinen Verhaltensregeln des § 10 Satz 1 verlassen und auf die Fahrbahn einfahren. Bei Radwegen mit Radwegebenutzungspflicht ist die Möglichkeit zum Verlassen des Radweges mit Zeichen 297 „Pfeil links und Pfeil gerade" zu kennzeichnen und zusätzlich mit einem Zusatzschild deutlich zu machen. Bei Radfahrstreifen kann Zeichen 296 „einseitige Fahrstreifenbegrenzung" genügen.

11 5. Das direkte Abbiegen darf mit einer Radwegeführung nur dann vorgegeben werden, wenn
a) an Kreuzungen und Einmündungen mit Lichtzeichenanlage die Verkehrsbelastung an der (an allen) Knotenpunktzufahrt(en) bei höchstens 1200 Kfz/Std. liegt und nicht mehr als 2 Fahrstreifen zu überqueren sind;

| | 12 | b) an Kreuzungen und Einmündungen mit durch Verkehrszeichen bevorrechtigten Knotenpunktzufahrten die Verkehrsbelastung bei bis zu 800 Kfz/Std. liegt und nur ein Fahrstreifen je Fahrtrichtung zu überqueren ist;
| | 13 | c) in wartepflichtigen und nicht mit Lichtzeichen signalisierten Knotenpunktzufahrten dann, wenn hierfür ein besonderes und unabweisbares Bedürfnis besteht.
| | 14 | 6. Die Verkehrsfläche innerhalb der Markierung kann rot eingefärbt sein. Davon soll nur in besonderen Konfliktbereichen im Zuge gekennzeichneter Vorfahrtstraßen Gebrauch gemacht werden. An Lichtzeichenanlagen und Kreuzungen mit „Rechts vor Links-Regelung" ist von einer Rot-Einfärbung abzusehen.
| 13b | 15 | III. Eine bauliche Unterstützung der Radwegeführung (z. B. Radfahrerfurt auf Aufpflasterung) ist nicht ausgeschlossen. Die Zuordnung der Aufpflasterung zur Fahrbahn sollte dann auch baulich (z. B. durch entsprechende Materialien) zum Ausdruck kommen. Bauliche Maßnahmen können bei der Straßenbaubehörde angeregt werden.

Zu Absatz 3

| 14 | 16 | I. Darüber, ob Radfahrer noch neben der Fahrbahn fahren, wenn ein Radweg erheblich von der Straße abgesetzt ist, entscheidet der optische Gesamteindruck. Können Zweifel aufkommen oder ist der abgesetzte Radweg nicht eindeutig erkennbar, so ist den Radfahrern durch ein verkleinertes Zeichen 205 eine Wartepflicht aufzuerlegen.
| 15 | 17 | II. Über Straßenbahnen neben der Fahrbahn vgl. Nummer VII zu Zeichen 201; Rn. 17–19.

Übersicht

Abbiegen 16–49
–, unterbrochenes 18
–, mehrmaliges kurz hintereinander 18, 24
–, zweimaliges 18, 24
– in Fahrstreifen 27, 33
– bei Lichtzeichen 40
– in ein Grundstück 3, 44–49
–, Rücksicht auf Fußgänger 28, 39, 43
Abbieger, Ankündigungspflicht 4, 17–21, 46
Abknickende Vorfahrt 16, 19, 39

Bogen
– voreinander 30
–, weiter 30

Deutliches Ankündigen 4, 17–21, 46
Doppelte Rückschau 7–10, 25, 26, 48

Einbahnstraße 35, 51
Einordnen zur Mitte 6, 31, 32
–, Rückschaupflicht vorher 7–10, 24
–, rechtzeitig und deutlich 27, 31, 47
– auf Schienen 36
–, kein „Schneiden" 24
Entgegenkommende Rechtsabbieger, Vorrang 37

Fahrstreifen, Abbiegen in 27, 33
Fahrstreifenverkehr 33
Feldweg, Abbiegen in 45
Fußgänger, Rücksicht auf 28, 39, 43

Grundstück, Abbiegen in 3, 44–49

Kolonnenlücke 41
Kradfahrer 19
Kreisverkehr 19

Längsverkehr, Richtungsänderung 16
–, Warten bei 28, 29, 39, 40, 43
–, Vorrang 28, 39–43, 49
Lichtzeichen, Abbiegen bei 40
Linksabbiegen voreinander 30
Linksabbieger 5, 6, 29

Mehrfaches Abbiegen 18, 24

Ordnungswidrigkeiten 54

Paarweises Abbiegen 27, 33, 35

Radfahrer 13 ff, 19, 21, 28, 39, 42
–, abbiegende 38
–, Vorrang 28, 39
Radverkehrsführung 13 ff, 38
Rechtsabbieger 27, 42
–, Vorrang entgegenkommender 37
–, nachfolgender Verkehr 27, 28
Rechtseinordnen 27
Rechtzeitiges Ankündigen 4, 17–21, 46
Richtungsänderung im Längsverkehr 16
Rückschau, zweite 7–10, 25, 26, 48
Rückschaupflicht vor dem Einordnen 7–10, 24
Rücksicht auf Fußgänger 28, 39, 43
Rückwärtsfahren 51 f

Schienen 36, 49
„Schneiden", kein – beim Einordnen 24
Sonderfahrstreifen, Vorrang vor Abbiegern 11 a 39
Sorgfalt 22
–, höchste 11, 52, 53
Straßenbahn, herankommende 36

Tangentiales Abbiegen 30
Toter Winkel 24, 25

Unterbrochenes Abbiegen 18

Vertrauensgrundsatz 19, 20, 34, 36, 41
Vorfahrt, abknickende, 16, 19
Vorrang des Längsverkehrs 28, 39–43, 49
– entgegenkommender Rechtsabbieger 37

Wenden 11, 50, 52

Zivilrecht 55
Zweimaliges Abbiegen 18, 24

Abbiegen, Wenden und Rückwärtsfahren § 9 StVO 2

1. Abbiegen. § 9 erfasst alle Richtungsänderungen im fahrenden Längsverkehr, also jede 16
Fahrtrichtungsänderung, die aus dem gleichgerichteten Verkehr herausführt (Begr). Abbiegen
bedeutet, die Fahrbahn seitlich verlassen (außer auf einen Park- oder Seitenstreifen) oder im
Bogen die Gegenrichtung oder die andere StrSeite ansteuern, Bay VM **73** 43. Bloßer Fahrspurwechsel ist kein Abbiegen, Ha DAR **74** 195, KG NZV **94** 159. Das Abbiegen ist als Ganzes zu
sehen, es beginnt daher (uU mit höchster Sorgfalt, **E** 150) bereits mit der Rückschaupflicht,
dem Blinken und Einordnen, nicht erst mit dem Bogenfahren, aM Fra VersR **73** 845. Bloße
Verlegung der Fahrbahnlinie beim Vorbeifahren: §§ 2, 6, beim Überholen: § 5. Kein Abbiegevorgang, außer bei VStille, kann ohne Rücksichtspflicht des Abbiegenden wie des Längs- und
Querverkehrs ablaufen. Der Längsverkehr, entgegenkommender wie gleichgerichteter (III), hat
Vorrang vor dem Abbieger (Rz 39–43, 49). Dies ist ein wesentlicher Grundsatz, Stu VersR **80**
363. Die Pflichten des Abbiegers steigern sich, je nach dem Abbiegeziel, von erhöhter Vorsicht
(Rückschau, Ankündigungspflicht, Einordnen) bis zur höchsten Sorgfalt, welche Gefährdung
anderer ausschließt (Rz 11, 52, **E** 150). Je weniger erkennbar im Fahrverkehr das Abbiegeziel ist
(Nebenweg, Grundstückseinfahrt, mehrere Einfahrten hintereinander), umso sorgfältiger muss
sich der Abbieger verhalten, Dü DAR **74** 192, Ha VRS **15** 137. Die Abbiegevorschriften gelten
auch für das Rückwärtsabbiegen. Richtungspfeile auf der Fahrbahn: Rz 35, § 41. Richtungsänderung ist auch das Abbiegen in ein Grundstück, Kar VRS **47** 105. Fahren gemäß abknickender Vorfahrt ist kein Abbiegen iS von § 9, Bay VRS **65** 233, DAR **86** 126, und erfordert daher
Rechtsfahren, Bay VM **72** 49. Jedoch Pflicht zur Fahrtrichtungsanzeige, § 42 II, s Rz 19. Bei
Wegegabeln ist anzeigepflichtig, wer aus einer der Gabelungen in die andere oder aus der gemeinsamen Verlängerung in eine der Gabelungen fährt, es sei denn, diese ist bei vernünftiger
Verkehrsauffassung als Fortsetzung der bisherigen Fahrtrichtung anzusehen, BGH NJW **66** 108.
Bei mehreren Abzweigungen ist neben der Richtungsanzeige besondere Sorgfalt nötig, Dü
VRS **18** 461.

Lit: *Möhl*, Das Abbiegen nach geltendem und künftigem Recht, DAR **66** 197, 225.

2. Rechtzeitig und deutlich ankündigen muss der Abbieger sein Vorhaben, und zwar mit 17
dem Fahrtrichtungsanzeiger (§ 54 StVZO; KG NZV **03** 182), sonst behelfsweise, damit alle
Beteiligten sich danach richten können (Ha VRS **44** 46), auch bei an sich unerlaubtem Abbiegen (Zw VM **77** 45, Bay NZV **90** 318). Das Zeichen richtet sich auch an verkehrsregelnde
Beamte, die es bei ihren Anweisungen berücksichtigen. Anzuzeigen sind auch durch VZ zwingend gebotene Richtungsänderungen (zB durch Z 209; Ce VRS **52** 219). Deutlich ist das Zeichen, wenn jeder Beteiligte es klar wahrnehmen kann (Stu DAR **55** 67). Auch die Straba muss
das Abbiegen anzeigen (§§ 40 III, 51 VIII BOStrab; Bay NJW **67** 407). Das Zeichen ist während der gesamten Wartezeit vor dem Abbiegen so lange zu geben, bis die Abbiegeabsicht allgemein erkennbar geworden ist. Sofort nach dem Abbiegen ist es zurückzunehmen.

Wer das **Abbiegen unterbricht,** muss das Zeichen zurücknehmen und erneut geben (KG 18
VRS **17** 142 [sonst unklare Lage]). **Zweimaliges Abbiegen** kurz hintereinander erfordert besondere Vorsicht (§ 1). Hier muss das Zeichen, mit deutlicher Unterbrechung, zweimal gegeben
werden (KG VM **79** 23). Der Blinker darf nicht ununterbrochen anzeigen, weil das nach dem
ersten Abbiegen missverstanden werden kann. Auch wer zunächst den Fahrstreifen wechseln
und kurz danach links abbiegen will, muss die Anzeige deutlich unterbrechen (Ko VOR **73**
489). Kein *deutliches* Ankündigen des Linksabbiegens aus einem Überholvorgang, bei dem ununterbrochen der linke Fahrtrichtungsanzeiger betätigt wird (Bay VRS **71** 380). I S 1 schreibt
die Benutzung des Fahrtrichtungsanzeigers unabhängig davon vor, ob sich andere VT, an die
sich die Ankündigung richten könnte, in der Nähe befinden oder nicht (Begr; Ce VRS **52**
219). Bei Ausfall des linken Blinkers des vorausfahrenden Anhängers hängt ein Schuldvorwurf
gegen einen Linksüberholer davon ab, wann dieser den linken Blinker des Zugfz erkennen und
ob er dann noch gefahrlos zurückbleiben konnte (Zw VRS **48** 127). Ist der Fahrtrichtungsanzeiger verdeckt (Ladung), so sind die Zeichen behelfsmäßig deutlich zu geben (Schl VM **56** 76),
beim Fuhrwerk jedoch nicht durch bloßes seitliches Hinausstrecken der Peitsche, weil das auch
anderen Zwecken dienen kann (KG DAR **38** 169).

Wer **abknickender Vorfahrt** (Z 306 mit ZusatzZ) folgt, muss das anzeigen (§ 42 II; Ko 19
VRS **55** 294, Bay VM **72** 49, Ha VRS **51** 141). Zur Geltung des Vertrauensgrundsatzes insoweit: § 8 Rz 43. Wer bei abknickender Vorfahrt geradeaus weiterfährt, muss dies nicht anzeigen
(Ha VM **74** 54, VRS **51** 73, 143, Zw DAR **74** 166, Bay DAR **86** 126, aM *Möhl* NJW **63**
1096). Betätigt der Kf in solchen Fällen gleichwohl den Fahrtrichtungsanzeiger, so verhält er
sich nur dann verkehrswidrig, wenn er dadurch dem Gebot des § 1 II zuwiderhandelt (Ha

VM **74** 54, aM Bay DAR **86** 126 [„darf nicht"], Ol NZV **94** 26 und uU Zw VRS **80** 48 [„Verbot missverständlichen Zeichengebens"] m abl Anm *Berr* DAR **91** 69). Wird ein anderer Kf dadurch irritiert, kann er sich jedenfalls nicht nach § 17 III StVG entlasten (Fra MDR **77** 671 [zu § 7 II StVG alt]). Wer eine nur im „natürlichen" Verlauf, ohne Bezeichnung durch das Zusatzschild zu Z 306, gekrümmte VorfahrtStr geradeaus verlässt, ändert die Fahrtrichtung nicht und darf deshalb nicht blinken (Ha VRS **51** 141). Wer auf einer autobahnmäßig ausgebauten BundesStr mit deutlicher rechter Fahrbahnbegrenzung vor einer rechts beginnenden schmalen Abzweigung links blinkt, weil er der BundesStr folgen will, schafft unklare Verhältnisse, weil er den Anschein des Fahrstreifenwechsels erweckt (Ko VersR **77** 1110). Der in einen **nicht durch VZ 215 und 205 gekennzeichneten Kreisverkehr** (§ 9a) nach rechts Einbiegende muss, obwohl er dem natürlichen StrVerlauf folgt (KG NZV **94** 159), RichtungsZ geben (*Kramer* VD **99** 148), auch wenn Z 211 aufgestellt ist (*Harthun* DAR **71** 255), muss nicht zu benutzende Ausfahrten ohne linke Fahrtrichtungsanzeige passieren (Ce VersR **80** 562) und hat sein Ausfahren erneut anzuzeigen (Kö DAR **63** 388, KG VRS **114** 119, *Kramer* VD **99** 148). Bei kleinsten, verkehrsinselartigen Kreisverkehren kann indessen die rechte Fahrtrichtungsanzeige wegen der unmittelbar folgenden nächsten „Ausfahrt" zu gefährlichen Missverständnissen führen, so dass (wie bei Kreisverkehren nach § 9a) nur das Verlassen des KreisV anzuzeigen ist (*Kramer* VD **99** 148). KG VRS **65** 219, wonach das Verbleiben im KreisV mit mehreren Fahrstreifen durch linke Fahrtrichtungsanzeige verdeutlicht werden dürfe, begegnet Bedenken, weil dies, wie der entschiedene Fall zeigt, als Ankündigung des Fahrstreifenwechsels nach links (§ 7 IV 2) missdeutet werden kann (§ 1 II). Im KreisV darf aus technischem Grund (Zurückstellen) niemand darauf vertrauen, dass ein rechts blinkender Vorausfahrender die nächste Ausfahrt benutzen werde (KG VM **79** 56). **Kreisverkehr mit VZ 215, 205: § 9a. Auch Kradf** ohne Fahrtrichtungsanzeiger und **Radf** haben bis zur deutlichen Durchführung des Abbiegens Anzeigepflicht (BGH VRS **15** 462, Kö VRS **8** 73), der Handzeichen gebende Krad- oder Radfahrer aber nicht mehr während des Abbiegens (Kö NJW **52** 950, Ha NZV **90** 26). Hat der Kradbeifahrer das Zeichengeben übernommen, haftet er neben dem Fahrer (Ol DAR **54** 134). Auf BlinkZ, die nicht offensichtlich auf Irrtum beruhen, darf idR vertraut werden (Dü VM **67** 6, s auch § 8 Rz 54). Bei paarweisem Rechtsabbiegen jedoch kein Vertrauen des Linksfahrenden in die Fahrtrichtungsanzeige des Rechtsfahrenden (KG VRS **69** 305). Der LängsV darf darauf vertrauen, dass der Linksabbieger seine Absicht rechtzeitig deutlich anzeigt (BGH VersR **66** 188).

20   **Rechtzeitig** ist das Zeichen, wenn sich der V auf das Abbiegen einstellen kann (BGH VersR **62** 1203, Bay NZV **90** 318, Brn VRS **106** 18, KG NZV **05** 413, VRS **114** 119, Dü VRS **89** 278). Dafür ist weniger die Entfernung zum Abbiegepunkt maßgebend, als vielmehr die Zeit zwischen Anzeigebeginn und Abbiegen unter Berücksichtigung der Fahrgeschwindigkeit (BGH VM **63** 11, Bay NZV **90** 318, KG NZV **05** 413, **06** 310). Wird das Zeichen zu früh und (oder) zu kurz gegeben, so kann das zu Irrtum führen. Anzeigen 80 m vor dem Abbiegen ist nicht verfrüht (Hb VM **66** 23), wenn es nicht nach der Örtlichkeit missverständlich ist. 5 s vor dem Abbiegen bei Tempo „30" reichen zusammen mit richtigem Einordnen aus (BGH VRS **25** 264). Reichen Schreckzeit plus Anhalteweg des Nachfolgers nicht aus, war das Zeichen verspätet gegeben (Ha VRS **17** 68), normale Reaktion vorausgesetzt. Wer sich auf mehrspuriger Fahrbahn als Linksabbieger besonders frühzeitig links einordnet, muss schon früher Zeichen geben, wenn er langsamer als zulässig fährt (Bay DAR **69** 53). Wer vor einer Kreuzung verkehrsbedingt anhalten muss, muss schon vor dem Anfahren anzeigen, ob er abbiegt (Ha VRS **17** 147). Auf rechtzeitiges Zeichengeben soll, weil es oft unterlassen wird, nicht vertraut werden dürfen (BGH VRS **31** 37, aM BGH VRS **6** 326, Ha VRS **34** 137 bei Linksblinken und Linkseinordnen). Wer das Linksabbiegen nicht anzeigt, kann sich nicht darauf berufen, der Überholer habe schon einen links blinkenden Hintermann unerlaubt überholt (Mü VRS **32** 88).

21   Abbiegen eines **Radfahrers** ohne Richtungszeichen ist grob verkehrswidrig (BGH DAR **52** 10, **54** 19, Bay VRS **4** 421). Völliges Zurücktreten der BusBG bei plötzlichem Linksabbiegen eines Radf unter Benutzung einer Fußgängerfurt bei Rot (KG VM **87** 22). Ein Kf braucht nicht darauf gefasst zu sein, dass ein Radf, der ihm auf der StrMitte entgegenkommt, plötzlich ohne Richtungsanzeige in eine Einfahrt abbiegt (BGH VersR **61** 423). Er darf idR darauf vertrauen, dass ein 12 jähriger entgegenkommender Radf nicht verkehrswidrig vor ihm links abbiegen werde (Ol VRS **66** 258). Überholen jugendlicher Radf: § 5 Rz 40. Der Kf braucht nicht damit zu rechnen, ein Radf, der bei Dunkelheit auf einer LandStr links fährt, werde überraschend rechts abbiegen (BGH VRS **6** 294). Hat der Hintermann den abbiegenden Radf nicht bemerkt, so soll es unerheblich sein, dass dieser kein Zeichen gegeben hat (BGH VersR **67** 808, JZ **68** 103 m zust Anm *Deutsch*). Abbiegen von Radf i Ü: Rz 38.

Abbiegen, Wenden und Rückwärtsfahren **§ 9 StVO 2**

Rechtzeitiges Zeichengeben befreit nicht von den **weiteren Sorgfaltspflichten**. Der Ab- 22
bieger muss sich außerdem rechtzeitig deutlich einordnen (Rz 27, 31, 32), verlangsamen und
vorher, meist zweimal, Rückschau halten (Rz 24–26, 29, 48). Außerdem bestehen die Pflichten
nach § 1. Wer das Linksabbiegen aufgibt, um den Hintermann noch links überholen zu lassen,
muss seine Richtungsanzeige zurücknehmen, BGH VM **66** 1. Ist die Abbiegestelle des Voraus-
fahrenden nach der Örtlichkeit unklar, so muss dieser durch seine Fahrweise anzeigen, wo er
abbiegen werde (rechtzeitige Bremsverzögerung außer Anzeige und Linkseinordnen), Kö
VM **72** 63. Je weniger klar das Abbiegeziel für andere VT ist, umso größer sind die Anfor-
derungen an die Sorgfalt des Abbiegenden, Brn VRS **106** 18. Ein in stark befahrener Straße ab-
biegender überlanger Zug ist uU seitlich besonders zu sichern, Hb VM **61** 28, vor allem im
Dunkeln, BGH VRS **19** 434, Kar VRS **46** 27.

Hat der Linksabbieger seine Absicht korrekt angezeigt, so muss sich **der nachfolgende Ver-** 23
kehr darauf einstellen und bei richtigem Einordnen rechts überholen (§ 5), nötigenfalls warten,
BGH VRS **37** 351. Durfte der Abbieger überzeugt sein, dass sich der nachfolgende Verkehr auf
das Abbiegen eingerichtet habe, so trifft ihn keine Schuld, Ha DAR **74** 79. Wer Abbiegen an-
zeigt, aber geradeaus weiterfährt, verwirrt andere und muss dies durch besondere Sorgfalt aus-
gleichen (uU § 1), KG VRS **57** 173.

Lit: *Herwig*, Faktor Fahrzeug und Häufigkeit des Unterlassens der Richtungsanzeige, ZVS **69** 270. *Kramer*,
Die Renaissance der Kresiverkehrsplätze ..., VD **99** 145. *Kullik*, Der KreisV, PVT **01** 70.

3. Rückschaupflicht besteht ausnahmslos rechtzeitig vor dem Einordnen und neben der 24
Ankündigungspflicht. I hat die Rückschaupflicht des Linksabbiegers verschärft, so dass es auf
frühere Rspr insoweit nicht mehr ankommt, Ko VRS **51** 454. **Rückschau und Anzeige ver-
schaffen keinen Vorrang gegenüber nahe aufgerücktem Verkehr.** Zur Rückschau ist der
Außen- und Innenspiegel zu benutzen, Ko DAR **62** 339, Kö VRS **89** 432, unter Berücksichti-
gung des toten Winkels, Fr VersR **70** 1037, s Rz 25. Die Sichtverhältnisse aus seinem Kfz (toter
Winkel) muss jeder Kf kennen und berücksichtigen, Fra VM **78** 94, Kö NZV **95** 74, KG
VM **95** 51. Je länger das abbiegende Fz ist, umso größere Sorgfalt und Rücksicht auf den Ver-
kehr ist notwendig, Dü VRS **64** 409. Keinesfalls darf sich der Linksabbieger zu knapp vor den
auf der linken Fahrspur Fahrenden setzen, Bay NJW **64** 1632. Wer verspätet auf eine rechts
gleichlaufende Abbiegespur einschwenkt, muss rechtzeitig zurückblicken und den nachfolgen-
den Verkehr berücksichtigen, Ha VRS **34** 304. Wer außerorts ohne Rückschau (bei im Übrigen
ungeklärter Sachlage) links abbiegt, haftet überwiegend, Ko VRS **52** 324, Kö DAR **77** 192.
Unterlassene Rückschau des Linksabbiegers erhöht dessen BG im Verhältnis zum Linksüber-
holer, Kö VersR **79** 166. Wer ohne Einordnen und Rückschau nach links in ein Grundstück
abbiegt, haftet allein, Fra VersR **77** 772. Wer kurz nach dem Abbiegen nochmals abbiegen will,
muss vorher erneut zurückschauen, Ha VRS **26** 457. Linksabbiegende Radf, die unmittelbar
vorher noch links überholt werden, müssen berücksichtigen, dass hinter dem überholenden Kfz
noch weitere folgen können.

Zweite Rückschau unmittelbar vor dem Abbiegen **nach links und rechts**, Dü VM **75** 25
80, inner- wie außerorts ist in aller Regel geboten, Bay DAR **74** 303, Dü VM **75** 7. Der rich-
tige Zeitpunkt der nach Abs I S 4 erforderlichen zweiten Rückschau bestimmt sich nach den
Geschwindigkeits- und Abstandsverhältnissen des Einzelfalls, Ce VersR **86** 349. Die Regelung
will allgemein zur zweiten Rückschau anhalten, Ausnahmen nur innerhalb enger Grenzen, kei-
ne Ausnahme zB bei Z 276, Stu VM **78** 78; s auch Fra VM **78** 94, Bay VRS **61** 382, VM **75**
45. Die Pflicht zur zweiten Rückschau vor dem Abbiegen verhütet Unfälle und überfordert
nicht. Sie sollte deshalb möglichst uneingeschränkt gelten. I Satz 4 sollte also eng auf die Fälle
beschränkt werden, dass Gefährdung nachfolgenden Verkehrs aus baulichen Gründen ausge-
schlossen ist, nicht schon aus rechtlichen (wie zB Z 295), Ce VersR **86** 349, Bay VRS **58** 451,
aM möglicherweise BGH NJW-RR **87** 1048, bei welchem Ausnahmen (§ 35) und Verstöße
nicht selten sind, Bay VRS **58** 451, ebenso jedenfalls in Fällen von Staubildung Bay VRS **61**
382 (krit *Janiszewski* NStZ **81** 473), anders jedoch Zw VM **77** 46, Ba VM **74** 76, KG VM **77**
55. Jedenfalls entfällt sie nur bei technischer Unmöglichkeit des Linksüberholtwerdens oder
wenn dies besonders grob verkehrswidrig wäre und deshalb auch bei größter Sorgfalt nicht vor-
aussehbar ist, Bay VRS **58** 451, DAR **74** 303, VRS **61** 382, Dü VRS **59** 49, **64** 409, Ko
VRS **51** 455, KG VM **77** 55, Fra NZV **89** 155, oder bei Gewissheit, dass der nachfolgende
Verkehr das Abbiegen nach links erkannt hat und berücksichtigt, Ko VOR **73** 489, Dü VRS **95**
184. Zweite Rückschau ist nur entbehrlich, wenn jede Gefährdung nachfolgenden Verkehrs und
durch diesen ausgeschlossen ist (= höchste Sorgfaltsstufe, **E** 150). Inner- wie außerorts kommen

dafür bei der Geräuschlosigkeit mancher Pkw und ihrer erheblichen Fahrgeschwindigkeit praktisch nur noch Fälle absoluter VStille in Betracht, außerdem diejenigen, in denen sich der Abbieger so weit links eingeordnet hat, dass er dort aus baulichen Gründen oder nur unter besonders grobem VVerstoß (Linksumfahren eines Fahrbahnteilers oder einer besonders abgesicherten Linksabbiegerspur) nicht versehentlich überholt werden kann, Bay VM **75** 45, VRS **47** 462. Der Linksabbieger muss bei nahe aufgerücktem Nachfolgeverkehr mit dem Abbiegen warten, Fra DAR **77** 81, Kö DAR **77** 192. Bei der zweiten Rückschau vor dem Linksabbiegen sind auch VT zu beachten, die sich auf der rechten Seite von hinten nähern, Bay VM **75** 45, KG VM **04** 61, Mü VersR **81** 560, wobei der „tote Winkel" nicht entlastet, Brn VRS **102** 28, Mü VersR **81** 560. Wer mit einem langen, hinten weit **ausschwenkenden Fz** (Ladung) abbiegt, muss sich äußerst sorgfältig verhalten, KG VRS **108** 190, VM **04** 61, Ko VRS **105** 418 (Egge), auch nach links, wenn das FzHeck nach links ausschwenkt, KG VRS **107** 18 (Hinweis „Fz schwenkt aus" entlastet nicht), NZV **91** 193 (Bus), Ha NZV **94** 399 (Sattelauflieger); notfalls muss er Warnposten aufstellen, Stu DAR **74** 163, Kö VRS **48** 427. Wer erst nach links ausbiegen muss, um rechts abbiegen zu können, muss besonders sorgfältig auf den Verkehr achten, Kö VRS **48** 427, Bay NZV **91** 162, und ein von hinten herankommendes Fz rechts vorbeilassen, Sa VM **78** 95, Ol VersR **78** 1027, Dü DAR **76** 248, wenn das Abbiegen sonst nicht gefahrlos wäre, insbesondere wenn er den linken Fahrtrichtungsanzeiger betätigt hatte, Ol NZV **93** 233. Mit äußerster Sorgfalt handelt ein Rechtsabbieger nicht, der das nicht berücksichtigt, Stu DAR **74** 163, Bay NZV **91** 162. Auch nach rechts müssen Rechtsabbieger vor dem Abbiegen nochmals zurückschauen, insbesondere mit Rücksicht auf Zweiradfahrer zwischen Kfz und Bordstein, Br VM **76** 23, Bay NZV **91** 162, es sei denn, angesichts des zu geringen Abstands zum rechten Fahrbahnrand brauchte mit solchen nicht gerechnet zu werden, Bay VRS **60** 308, NZV **91** 162. Bloßes korrektes Einordnen und Zeichengeben befreit von der zweiten Rückschau nicht, Ha VersR **76** 1094, KG MDR **08** 1032, weil unrichtiges Links- wie Rechtsüberholen erfahrungsgemäß nicht selten ist und diese Erfahrung bei höchster Sorgfalt des Abbiegens nahezu stets zweite Rückschau erfordert. Kein Verstoß des eine Kolonne von ca 20 Fz anführenden Linksabbiegers jedoch, wenn Motorradfahrer grob verkehrswidrig mit überhöhter Geschwindigkeit und unter Umfahrung einer Verkehrsinsel die Kolonne überholt (LG Erfurt NZV **07** 307). Der höchst sorgfältige Abbieger wird unmittelbar vor dem Abbiegen ausnahmslos nochmals zurückschauen, ausgenommen er kann der rückwärtigen VLage völlig gewiss sein (wie zB in getrennt geführter Abbiegespur). Bei Pkw ist diese gesteigerte Pflicht relativ leicht erfüllbar, bei Lastzügen uU schwerer, Dü VRS **49** 29, was der Verkehr berücksichtigen muss, schwerer auch bei Radfahrern und solchen Kradf, die noch mit der Hand anzeigen und Gleichgewicht halten müssen. Auch bei ihnen kann eine zweite Rückschau uU unzumutbar sein, etwa bei sehr engen StrVerhältnissen. Auch darauf muss sich der nachfolgende Verkehr einstellen. Auf schmalen Straßen, die nur undeutliches Einordnen ermöglichen, können Linksabbieger uU auch nach der zweiten Rückschau zur weiteren Beobachtung des Nachfolgenden verpflichtet sein, besonders vor schwer erkennbaren Feldwegen (Fra VM **77** 46), ebenso bei schwer erkennbarem Abbiegen mit langsamem Treckergespann, Ha NZV **93** 396.

26 Wer bei zweiter Rückschau erkennt, dass er als Linksabbieger noch links überholt werden soll, muss zurückstehen, Fra VM **77** 46, Dü VRS **64** 409, Kö VRS **89** 432, und warten, ohne sein Fz wieder nach rechts zu lenken, Ha VersR **82** 1055. *Krause*, Zur nochmaligen Rückschaupflicht, DAR **74** 208. *Lamby*, Doppelte Rückschaupflicht beim Abbiegen, DAR **94** 211.

27 **4. Rechtsabbieger** müssen sich so rechtzeitig möglichst weit rechts einordnen, dass sich der Folgeverkehr darauf einstellen kann (Ha NZV **91** 268). Vorherige Rückschau- und Ankündigungspflicht: Rz 17 bis 21, 24, 25. Richtungspfeile auf der Fahrbahn (Z 297): § 41 Rz 248n. **Gleichzeitiges Rechtsabbiegen in mehreren Fahrstreifen** ist trotz des Einordnungsgebots zulässig (Bay VRS **60** 391, KG DAR **05** 24, VRS **69** 305), bei entsprechender Fahrbahnbreite im Interesse besserer Ausnutzung des großstädtischen VRaums, soweit ohne Verstoß gegen das Verbot vermeidbarer Behinderung anderer möglich, auch über das paarweise Abbiegen hinaus (dreispurig; KG NZV **89** 363); bei Sichtbehinderung auf einen Fußgängerüberweg jedoch nur mit großer Vorsicht (Dü VM **65** 54). Beim paarweisen Rechtsabbiegen darf die linke Reihe die rechte nicht einengen und muss ihr notfalls Vortritt lassen (BGH NZV **07** 185, Bay DAR **74** 304, KG DAR **05** 24, NZV **91** 194, VRS **69** 305 [auch wenn der rechts Fahrende entgegen zuvor erfolgter Fahrtrichtungsanzeige geradeaus weiterfährt]). Jedoch ist der sich am weitesten rechts Einordnende durch das Rechtsfahrgebot verpflichtet, die ihm mögliche rechte Spur einzuhalten und (§ 1 II) auf die auf der linken Abbiegespur befindlichen Fz zu achten (BGH NZV

Abbiegen, Wenden und Rückwärtsfahren § 9 StVO 2

07 185, s auch § 7 Rz 16). Hat eine vor Rot wartende Schlange an einer rechten Einmündung eine Lücke freigelassen, so darf ein Rechtsabbieger links überholen und durch die Lücke rechts abbiegen, sofern dies niemand beeinträchtigt (Dü VM **77** 78 [nur ganz ausnahmsweise bei einwandfreier Übersicht]). **Längere Fz** werden oft links ausbiegen müssen und können dann uU die linke Fahrbahnhälfte berühren. Dabei dürfen sie durch Ausscheren oder herausragende Ladung niemand gefährden (Bay VM **70** 66). Auch muss der FzF nach dem Linksausbiegen, bevor er sein Fz nach rechts lenkt, besonders sorgfältig prüfen, ob andere VT seine Absicht erkennen konnten (Ha NZV **91** 268). Wer als Busfahrer rechts abbiegen will, zunächst aber warten und einigen Abstand zum rechten Fahrbahnrand halten muss, darf sich beim Abbiegen, jedenfalls bei lebhaftem RadfahrV, nicht auf Blinker und rechten Rückspiegel verlassen, sondern muss den toten Winkel selber einsehen oder einsehen lassen (Ha DAR **73** 195). S iÜ Rz 28. Der Rechtsabbieger muss damit rechnen, dass ein rechts verlaufender „Mehrzweckstreifen" (Begr zu Z 295), den er überqueren muss, gleichlaufend befahren wird (Vorrecht des Längsverkehrs, Rz 39 ff).

SchienenFz, FmH und Radf, die auf oder neben der Fahrbahn in gleicher Richtung **28** fahren, haben Vorrang (III S 1). Den Vorrang haben auch Radf, die einen Radweg, einen kombinierten Geh- und Radweg (Z 240, 241) oder einen für Radfahrer freigegebenen Gehweg (Z 239 mit ZusatzZ 1022–10) benützen. Das Gleiche gilt für Linienbusse und sonstige Fz auf ihnen vorbehaltenen Sonderfahrstreifen (III S 2; Rz 39) sowie auf gleicher Höhe befindliche geradeaus gehende Fußgänger (III S 3; Rz 43 und § 25). Der Rechtsabbieger darf sie nicht behindern, wenn sie sich vor oder auf gleicher Höhe mit ihm befinden oder nahe aufgerückt sind (Kö VRS **59** 456). Der Bestimmung kommt nach Einfügung des § 5 VIII (Rechtsüberholen wartender Fz durch Radf und Mofaf) verstärkte Bedeutung zu. Dies bereitet namentlich LkwF technische Schwierigkeiten. Gleichwohl ist von dem wartenden LkwF zu verlangen, dass er sich entweder vor dem Rechtsabbiegen vergewissert, dass sich rechts neben seinem Fz keine Radf eingeordnet haben, etwa durch ständige Beobachtung des rechten Außenspiegels (bei den in § 56 II Nr 2 StVZO genannten Kfz vor allem des Weitwinkel- oder Nahbereichsspiegels auf der Beifahrerseite) während des Wartens (Ha VRS **73** 280, Bay VRS **74** 137 [zust *Janiszewski* NStZ **88** 122, Anm *Berr* DAR **88** 99], KG NZV **89** 122) oder dass er sich beim Abbiegen sehr langsam (zentimeterweise) vortastet (Mü NZV **89** 394, Br NZV **92** 35, KG VM **95** 51). Das gilt vor allem, wenn der Lkw unmittelbar links neben einem Radweg (Bay VRS **74** 137, KG NZV **89** 122) oder Seitenstreifen (Ha VRS **73** 280) wartet. Die frühere Rspr, wonach der LkwF darauf vertrauen durfte, dass rechts neben ihm in den „toten Winkel" einfahrende Radf sein RichtungsZ beachten (Kö VRS **59** 425, Ha VRS **55** 349; wN 39. Aufl) ist insoweit überholt. Eine Pflicht zur ständigen Beobachtung des rechten Spiegels während des Wartens wird allerdings dann verneint werden müssen, wenn Radf nur dadurch neben den Lkw gelangen können, dass sie sich in einen dazu an sich zu schmalen Raum zwischen Lkw und Fahrbahnrand drängen (Bay VRS **74** 137).

5. Der Linksabbieger muss rechtzeitig zurückschauen (Rz 24, 25), das Abbiegen ankündi- **29** gen (Rz 17–21), verlangsamen, sich nach links einordnen (Rz 31–36), und nötigenfalls warten, um das Vorrecht des Längsverkehrs zu beachten (Rz 39–43), alles sinnvoll kombiniert. Er darf erst abbiegen, nachdem er sich Gewissheit verschafft hat, dass er Nachfolgende nicht gefährdet, Brn VRS **102** 28. Vor dem Anfahren braucht der wartende LkwF nicht damit zu rechnen, dass sich ein verbotswidrig rechts überholender Radf unsichtbar vor seinem Fz eingeordnet hat, Ha NZV **01** 39. Der Linksabbieger braucht besondere (nicht „höchste") Sorgfalt, s aber Kö DAR **77** 192. Er muss die linke Fahrbahn auf kürzestem Weg überqueren und schnellstmöglich wieder freigeben, Sa ZfS **03** 537, Ha VRS **76** 253, NZV **94** 318, um noch nicht sichtbaren GegenV nicht zu beeinträchtigen. Entgegenkommender Verkehr: Rz 39. Wer als Linksabbieger aus einer Einbahnstr keine Übersicht hat, darf sich uU nicht vorher links einordnen oder muss sich einweisen lassen, Dü VersR **77** 139. Mit dem Einweiser muss der Fahrer ständig (Blick-) Verbindung haben, Ko VRS **58** 256. Der Linksabbieger muss Fußgänger berücksichtigen, die ihn etwa am zügigen Abbiegen über die Gegenfahrbahn hinweg hindern könnten, KG VM **76** 21 (jedoch müssen sich auch Fußgänger in solchen Fällen kooperativ verhalten, § 1). Pflichten gegenüber Nachfolgenden: Rz 24, 25. Wer aus einer Kolonne nach links abbiegt, muss dies rechtzeitig anzeigen und bei langsamer Kolonnenfahrt mit Überholtwerden durch einspurige Kfz rechnen, Kö VRS **44** 315. Pflichten gegenüber Entgegenkommenden: Rz 39 ff.

Abzubiegen ist in verkehrsangemessener Weise unter gesteigerter Vorsicht (Begr). Der **30** Linksabbieger hat den Linksbogen so anzulegen, dass er § 1 beachtet und anschließend das

Rechtsfahrgebot beachten kann, Bay DAR **76** 51, Zw VRS **48** 294. Er darf beim Abbiegen die gerade Linie nicht überfahren, welche die Mitte der verlassenen Straße am Beginn des Kreuzungsbereichs mit der Mitte der Straße nach dem Kreuzungsbereich verbindet, in welche abgebogen wird, Bay VRS **51** 373, auch nicht bei trichterförmig erweiterter Einmündung, aus der abgebogen wird, Fra NZV **90** 472, Ha NZV **98** 26. Ein **weiter Linksbogen** ist stets zu nehmen, wenn die Sicherheit es erfordert, Zw VRS **48** 294, zB beim Linksabbiegen in eine spitzwinklig einmündende Straße, Ha VRS **45** 457. Der Linksbogen muss so weit bleiben, dass von links kommender oder dort wartender Verkehr nicht beeinträchtigt wird, KG DAR **78** 20, Zw VRS **48** 294, Bay VRS **51** 373, Kö NZV **92** 279. Der vorfahrtberechtigte Linksabbieger muss einen weiten Bogen fahren, wenn er sonst einen entgegenkommenden Rechtsabbieger behindern würde, Dü VersR **79** 381, **76** 1181, Stu VRS **42** 438. Ist der Einblick nach links behindert, so ist der Linksbogen weiter zu nehmen und mit Sichtgeschwindigkeit zu fahren (§ 3), Bay DAR **76** 51, Dü VersR **76** 1181, notfalls im Schritt, Kö VRS **51** 72. Beim Linksabbiegen in Einbahnstr braucht mangels Beeinträchtigung erlaubten Gegen- oder Überholverkehrs (s § 2 Rz 33) kein weiter Bogen gefahren zu werden, Stu VRS **71** 302. Linksabbiegen auf kurvenreicher Straße setzt idR weite Linksbogen voraus, weil sonst der vorherige zweite Rückblick erschwert ist, Ha VRS **40** 68. Wer nach links in eine trichterförmig verbreiterte Straße abbiegen will, muss den Mittelpunkt der Trichterbreite rechts umfahren, jedenfalls aber so, dass er unmittelbar auf die rechte Fahrbahn der angestrebten Straße gelangt, Bay VRS **59** 369, s auch BGHSt **16** 255 = NJW **61** 2358. Das Rechtsfahrgebot (§ 2) bleibt auch für Linksabbieger im Trichter verbindlich, Fra NZV **90** 472. Der Wegfall des ausdrücklichen Gebots, weite Linksbogen zu fahren, zwingt außerdem zur Verständigung mit allen anderen Beteiligten. Kommt dem Linksabbieger ein Fz entgegen, dessen Fahrer ebenfalls erkennbar links abbiegen will, so muss er grundsätzlich vor der Fahrlinie des anderen („tangential") abbiegen. **Tangentiales Abbiegen** ist nunmehr gem Abs IV S 2 für den Regelfall vorgeschrieben. Es war auch vor Einfügung der neuen Bestimmung ohnehin seit Jahrzehnten bewährter Brauch. Die Vorschrift legalisiert diese Praxis und bildet eine Ausnahme von der Regel des § 2 II (Rechtsfahrgebot). Nur wenn die VLage oder die Ausgestaltung der Kreuzung tangentiales Abbiegen nicht erlaubt, dürfen die einander begegnenden Linksabbieger umeinander herumfahren; wird in solchen Fällen trotzdem tangential abgebogen, so wird dies aber nicht als Verstoß gegen Abs IV S 2 ow sein, *Bouska* DAR **92** 283 (uU aber § 1 II).

Lit: *Göhler*, Sorgfaltspflicht des Linksabbiegers gegenüber nachfolgendem Verkehr, DAR **59** 94. *Koch*, Der überforderte Linksabbieger, DAR **65** 40. *Maase*, Linksabbieger auf Ampelkreuzungen, DAR **67** 212. *Möhl*, (Die) Sorgfaltspflicht des Linksabbiegers gegenüber dem nachfolgenden V, DAR **59** 120, **61** 129. *Mühlhaus*, Linkseinbiegen auf trichterförmig erweiterten Einmündungen, DAR **73** 281.

31 **5a. Einordnen bis zur Mitte,** nicht darüber hinaus (Ce VersR **80** 195), muss sich der Linksabbieger rechtzeitig und dabei verlangsamen, in Einbahnstr möglichst weit links, außer auf dem Linksabbiegen vorbehaltenen Fahrbahnteilen (Kö VRS **51** 453). Die Regel hält den V fließend, denn der nachfolgende V darf bei richtigem Linkseinordnen rechts überholen (§ 5). Das Einordnen muss unmissverständlich in klarer Fahrweise (Hb VM **66** 39), nicht abrupt (Sa VRS **46** 212) und rechtzeitig, nämlich möglichst frühzeitig geschehen (KG NZV **05** 413, Kö DAR **77** 192), in engen Str nicht zu früh, innerorts idR nicht früher als 100 m vor dem Abbiegen (Ha DAR **58** 225), „angemessen" vorher (Dü VM **62** 58), auf breiten Str, besonders wenn V nachfolgt, uU auch bis zu 500 m vorher (Bay VM **69** 1), doch dann auch mit frühem Zeichengeben (Bay VM **69** 1), auch außerorts, sofern sonst andere gefährdet werden (BGHSt **11** 357, NJW **58** 1245), und vor dem Abbiegen in ein Grundstück. Einordnen außerorts mit schnellem V erst 30 m vor der Abbiegestelle reicht nicht aus; idR ist eine mehrfach größere Entfernung erforderlich (Dü VersR **83** 40); ist dies wegen kurz zuvor erfolgten Einbiegens nicht möglich, ist der nachfolgende V erst vorbeizulassen (Dü VersR **83** 40). Besitzt die Fahrbahn einen durch Z 297 gekennzeichneten Fahrstreifen für Linksabbieger, müssen diese sich dort einordnen (Ko VRS **65** 464). S i Ü: § 41 Rz 248n. Das Einordnen entfällt nicht schon dann, wenn dadurch kein ausreichender Platz zum Rechtsüberholen durch Nachfolgende (§ 5 VII S 1) geschaffen wird (Bay VRS **64** 57), sondern erst dann, wenn geringe Fahrbahnbreite es nicht deutlich erlaubt, dann ist scharf rechts eine VLücke abzuwarten. Bei 6,7 m Breite ist es deutlich möglich (Ha VRS **28** 228), ebenso bei 6 m (Bay VRS **64** 57). Kein Vorwurf, wenn dazu erst eine Messung nötig wäre (E **130**; Ha DAR **60** 241).

32 Die **Fahrbahnmitte** bemisst sich nicht nach Berechnung, sondern so, wie sie sich im Verkehr darstellt, Hb VM **63** 70, Ha VM **66** 32, KG VersR **73** 234. Maßgebend ist die etwaige

Fahrbahnkennzeichnung, Ha VM **66** 32, außer bei stellenweiser Schneeverengung; ihr Überfahren ist fahrlässig, Kö VersR **75** 543, Br VRS **28** 50, außer bei ganz geringfügigem Überfahren, BGH NJW **59** 1367, Mü VersR **66** 787. Naher Gegenverkehr darf durch Überfahren der Mitte nicht beirrt werden, Ce DAR **56** 102, Ha DAR **59** 51 (Straße 6 m breit), oder gar behindert, BGH NJW **59** 1367. Ist bei Z 296 die unterbrochene Linie nur so entfernt worden, dass Reste sichtbar sind, so bleibt das Abbiegen erlaubt, Dü DAR **76** 214.

Bei drei **gleichgerichteten Fahrstreifen** (Z 340 bei § 42 VI) Einordnen auf der linken Spur 33
links, KG VM **66** 59, Hb VM **65** Nr 125, auf Straßen mit insgesamt drei Fahrstreifen auf dem mittleren, Ha VM **66** 32, Hb VRS **27** 231, ein sehr langes Fz so weit links, dass das Abbiegen noch gefahrlos möglich wird (nachfolgender Verkehr), KG VRS **31** 381. **Mehrstreifiges Aufreihen von Linksabbiegern** ist bei entsprechender Örtlichkeit zulässig, die Abbieger müssen beim Abbiegen Rücksicht aufeinander nehmen, Ha VRS **21** 290, AG Wiesbaden NJW-RR **03** 1678, rechts darf dann, wo paarweises Abbiegen nicht durch Fahrbahnmarkierung ausdrücklich vorgesehen ist, nicht überholt werden, vielmehr haben die eingeordneten Linksabbieger Vortritt, Bay VM **75** 18, 19; paarweises Linksabbiegen und Überholen: § 5 Rz 67. Einbahnstr: Rz 35. Will jemand sein Fz auf einem **links gelegenen Parkplatz** abstellen, so darf er sich erst zur Mitte einordnen, wenn er sicher ist, dort eine Parklücke zu finden, Ce VRS **21** 141.

Der **Entgegenkommende** darf darauf **vertrauen,** dass der Linksabbieger nur bis zur Fahr- 34
bahnmitte vorfährt (BGH VRS **61** 180, KG VM **85** 19), solange kein Anlass für das Gegenteil besteht (BGH VRS **29** 335, VersR **65** 899, Ha NZV **02** 367 [für den Abbiegenden schwer erkennbare eigene hohe Geschwindigkeit]). Der Linksabbieger braucht idR nicht damit zu rechnen, dass ein Entgegenkommender ohne erkennbaren Grund fast die Straßenmitte benutzt (BGH DAR **57** 106, Hb VRS **20** 307), es sei denn, er erkennt vorschriftswidrige Fahrweise oder hätte sie bei pflichtmäßiger Aufmerksamkeit erkennen können (Hb VRS **20** 307). Einordnen auf Schienen: Rz 36. Zur Feststellung eines nachprüfbaren Sachverhalts gehört bei dem Vorwurf, sich nicht ordnungsmäßig eingeordnet zu haben, die Angabe, wie breit die Fahrbahn ist und wie der Fahrer gefahren ist, wie sein Abstand zur linken Bordsteinkante zuvor gewesen ist und wie sich dieser vor der Kreuzung geändert hat, KG VRS **23** 222.

In **Einbahnstraßen** hat sich der Linksabbieger möglichst weit links einzuordnen, soweit dies 35
andere nicht gefährdet (Neust DAR **60** 122, Stu NZV **94** 440). Auch hier ist mehrspuriges, vorsichtiges Linksabbiegen je nach den Umständen zulässig (Ha VRS **47** 389, **48** 59, Bay NJW **59** 2127). Auf „unechten" Einbahnstr mit Strabagegenverkehr müssen alle Fzf diesen berücksichtigen (BGH NJW **61** 1779, Bay NJW **61** 576, VRS **22** 226). Gegen Strabaverkehr in beiden Richtungen auf Einbahnstr: Vwv Rn 6 zu Z 220.

5 b. Auf Schienen dürfen sich Linksabbieger nur einordnen, wenn keine Straba „sichtbar 36
herankommt" (Begr) und bei Berücksichtigung der VLage auch nicht alsbald herankommen kann, KG NZV **05** 416, VRS **106** 356, Hb VersR **74** 38, **92** 108, nur dann behindern sie kein Schienenfz. Ist rückwärts in näherer Entfernung, verglichen mit der vermutlichen Wartezeit des Abbiegers, keine Straba in Sicht, obwohl ein längerer Streckenteil überblickbar ist, so dürfen Linksabbieger das Gleis zum Einordnen mitbenutzen und dort bleiben, auch wenn später eine Straba herankommt, Dü VersR **73** 639, Ha NZV **91** 313. Bei **Auffahren** ist die Bahn dann allein verantwortlich, § 17 StVG Rz 44. Ist die rückwärts überblickbare Strecke nur kurz (Gleisknie), so wird das Gleis frei bleiben müssen, Ha VersR **92** 108. Folgt eine Straba nach, darf sich ein Linksabbieger (Einfahrender) nicht behindernd auf den Schienen einordnen (doch uU Mitschuld des auffahrenden Strabaf), BGH NJW **62** 860, DAR **76** 271, Kö VersR **71**, 1069, Hb VersR **76** 1139, Dü VersR **81** 784, Ha VersR **81** 961, s auch § 17 StVG Rz 44. Wer sich bei nachfolgender Straba kurz vor dieser zum Linksabbiegen auf die Schienen einordnet, aber warten muss, hat diese wieder zu verlassen oder geradeaus weiterzufahren, Ha VersR **72** 962, **81** 961. Vor allem darf niemand unvermittelt vor der Bahn auf die Gleise fahren, Br VersR **69** 929, dann entfällt jede Bahnhaftung, § 17 StVG Rz 44, der Behindernde hat deren Auffahren dann verschuldet, und für ihn streitet kein Anscheinsbeweis gegen die auffahrende Straba, Dü NZV **94** 28, Ha VRS **73** 338. Kollisionsmitschuld des Linksabbiegers, der den Fahrbereich der entgegenkommenden Straba nicht ganz freilässt, Ha VersR **74** 1228. Stets muss der Bahn genügend lichter Raum zum Durchfahren bleiben, BGH DAR **76** 271, Hb VersR **68** 975, auch bei Fahrbahnverengung, Kar VRS **33** 381. Der Linksabbieger muss dem Gleisbereich so fernbleiben, dass der Strabaf keine Kollision befürchten muss, BGH DAR **76** 271. Müsste sich ein Linksabbieger wegen starken Gegenverkehrs auf Strabaschienen einordnen, so darf er die voran-

fahrende Straba nicht kurz vorher noch überholen, Br VersR **69** 929. Keinen Unterschied macht es, ob das Gleis nur gelegentlich befahren wird, Dü VM **61** 77. **Der Strabaf** muss den zur Durchfahrt nötigen Profilraum berücksichtigen, Dü VersR **74** 1111. Dass ihm jemand auf den Schienen vorausfährt, nötigt ihn (je nach Entfernung und Örtlichkeit) im Allgemeinen noch nicht zu starkem Bremsen, Hb VersR **71** 1177, Dü VersR **66** 764. Fährt ein Pkw in einiger Entfernung vor ihm auf die Schienen, so nötigt ihn dies nicht zu sofortiger Vollbremsung, wenn er mit rechtzeitigem Verlassen der Schienen rechnen kann, Ha NZV **91** 313. Der Strabaf darf sich darauf verlassen, dass niemand kurz vor der fahrenden Bahn das Gleis besetzt, BGH VersR **65** 885, Dü VRS **47** 384, **81** 14, NZV **94** 28, auch nicht bei Fahrbahnverengung, Dü VersR **66** 764, Bay VRS **6** 55, es sei denn, er erkennt dies rechtzeitig. RsprÜbersicht bei *Filthaut* NZV **06** 634.

37 **5 c. Entgegenkommende Rechtsabbieger** haben Vortritt vor dem eingeordneten Linksabbieger. Der Linksabbieger, der zwar gleichzeitig, aber in so großem Abstand von der rechten Bordkante abbiegt, dass er den entgegenkommenden Rechtsabbieger nicht hemmt, verletzt dessen Vorrecht nicht (Bay VRS **28** 230). Auf das Rechtsbleiben des Rechtsabbiegers darf er dabei aber nicht vertrauen (Hb DAR **68** 187, Kar DAR **97** 26). Wer nach links in eine mehrstreifige VorfahrtStr abbiegt, darf nicht darauf vertrauen, ein ihm entgegenkommender, vorfahrtberechtigter Rechtsabbieger werde nur in den für ihn rechten Fahrstreifen abbiegen (Bay VRS **55** 456). IV S 2 gilt nur für den Fall gemeinsamen Links- bzw Rechtsabbiegens in dieselbe gemeinsame Fahrtrichtung. Die Bestimmung gilt dagegen nicht, wenn der entgegenkommende Rechtsabbieger über eine durch VInsel abgetrennte besondere Rechtsabbieger-Fahrbahn mit Z 205 in die QuerStr geleitet wird, auf der der Linksabbieger dann schon einige Meter bis zur Einmündung des entgegenkommenden Rechtsabbiegers zurückgelegt hat (§ 8 Rz 34).

38 **6. Abbiegende Radfahrer** bleiben beim Rechtsabbiegen rechts eingeordnet. Beim Linksabbiegen haben sie sich entweder rechts von anderen Linksabbiegern einzuordnen (Kar VRS **46** 217), vorausgesetzt, es ist ausreichend Raum dazu vorhanden (II S 1), dürfen diese dazu aber nicht rechts überholen, wenn nicht die Voraussetzungen des § 5 VIII gegeben sind (§ 5 Rz 65), oder sie müssen die Fahrbahn hinter der Kreuzung oder Einmündung vom rechten Fahrbahnrand aus überqueren (II S 2, 3). Beide Möglichkeiten bestehen wahlweise, auch wenn genügend Raum zum Einordnen (rechts neben links abbiegenden Fz) zur Verfügung steht. Der Radf darf sich auch dann vor dem Linksabbiegen gem I S 2, II S 1 auf der Fahrbahn einordnen, wenn Radwege vorhanden sind (Ha NZV **90** 26 m zust Anm *Hentschel*, Brn VersR **96** 517), anders nur bei Radwegeführung (II S 5). Beim sog „indirekten Linksabbiegen" bleibt der Radf zunächst rechts, überquert die Kreuzung oder Einmündung und biegt erst dann nach links ab. Wegen des geradeausfahrenden V ist besonders sorgfältig auf nachfolgende Fz zu achten (I S 4) und notfalls abzusteigen (II S 4). Einer womöglich vorhandenen Radverkehrsführung (Vwv Rn 4 ff, Rz 13 ff) ist stets zu folgen (II S 5), gleichgültig, ob es sich dabei um eine Radwegeführung im Zusammenhang mit einem durch VZ gekennzeichneten Radweg handelt oder nicht (Rz 11 d; *Kettler* NZV **97** 500). Radwegeführung ist eine Fahrbahnmarkierung, die den Radweg erkennbar auf der Kreuzung weiterführt (Brn VersR **96** 517, *Hentschel* NZV **90** 28). I Ü bleibt der Radf beim indirekten Abbiegen „Abbieger" und unterliegt nicht etwa den für den QuerV oder querenden FußgängerV geltenden Regeln.

39 **7. Vorrang des entgegenkommenden und des gleichgerichteten Längsverkehrs** (III). Gegenverkehr aller Art, auch Radf, Mopeds und Mofas, muss der Linksabbieger ohne wesentliche Behinderung vor dem Abbiegen durchfahren lassen (Kar VRS **51** 376), der Rechtsabbieger, der sich nicht ganz rechts einordnen konnte, uU auch nachfolgende Fz; war er rechts eingeordnet, darf er erst abbiegen, wenn dies den rechts verlaufenden Radf- und FmH-Verkehr sowie SchienenFz und Fußgänger (Rz 28) nicht behindert. **Sonderfahrstreifen** (Z 245) gewähren berechtigten Benutzern (Linienomnibussen, gekennzeichneten Taxen) Durchfahrvorrang vor dem *gleichgerichteten* (*Booß* VM **91** 21) abbiegenden Individualverkehr, links wie rechts. Sie dienen, wie die Straba, dem öffentlichen Nahverkehr und haben deshalb Rechts- wie Linksabbiegern gegenüber keine Wartepflicht, sondern dürfen ungehindert durchfahren. Unberechtigte Benutzer von Sonderfahrstreifen dürfen nicht kraft III 2 geradeaus durchfahren (KG VM **91** 20, **92** 75, VRS **87** 411, KG VM **00** 78 [paralleles Abbiegen]). Sie verdunkeln die Sachlage. Ihnen gegenüber muss der Abbiegeverkehr besondere Vorsicht zeigen (KG VRS **87** 411, 414). Sie behalten i Ü ihren Vorrang gem III 1 (Stu DAR **95** 32, zust *Janiszewski* NStZ **95** 273; *Booß* VM **91** 21). Die von KG VM **91** 20, NZV **92** 486, VRS **87** 411 vertretene Gegenauffassung ist

aufgegeben (KG NZV **08** 297). Wer die rechts **abknickende Vorfahrtstr** geradeaus weiterfahrend verlässt, ist „Linksabbieger" iS von III (nicht von I, daher keine Anzeigepflicht), also gegenüber dem auf der VorfahrtStr „entgegen" kommenden V wartepflichtig (Ha VRS **51** 73). Entsprechendes („Rechtsabbieger" iS von III) gilt für den umgekehrten Fall des Geradeausfahrens bei links abknickender VorfahrtStr (Bay DAR **86** 126, Ol DAR **99** 126). Den Vorrang haben auch **entgegenkommende Radf, Mopedf** und schwerer bewegliche Fz (Kö VRS **31** 229). III S 1 gilt auch für Radf, die einen Radweg, einen kombinierten Geh- und Radweg (Z 240, 241) oder einen für Radfahrer freigegebenen Gehweg (Z 239 mit ZusatzZ 1022–10) benützen. Der Linksabbieger muss demnach darauf achten, ob er etwa einen Radweg kreuzt und einen Radf am Durchfahren hindert; dass das Z für ihn nicht erkennbar ist, ändert daran nichts (Bay VRS **56** 48). Wegen der vorrangigen Bedeutung der Durchfahrregel gilt diese auch bei pflichtwidrigem Verhalten des Entgegenkommenden. Kein Vorrang jedoch, wenn Radf verbotswidrig den Gehweg benutzen (KG VM **90** 35, Fra DAR **99** 39). Der Linksabbieger muss auch nicht damit rechnen, dass ihm ein Radf ohne Licht entgegenkommt (Kö VRS **31** 229; s aber BGH NZV **05** 249 [§ 17 Rz 14], wonach der **Vorrang des Entgegenkommenden gegenüber dem Linksabbieger** wegen der Gefahr folgenschwerer Unfälle sorgfältig zu beachten ist, vor allem bei erschwerten Bedingungen (zB Sichtbehinderung), was alle zumutbaren Anstrengungen erfordert, auch vorschriftswidrig fahrenden GegenV wahrzunehmen). Das „vereinsamte" VZ 206 (§ 8 Rz 45) schließt den **Vorrang des Entgegenkommenden gegenüber dem Linksabbieger** nicht aus (BGH VersR **63** 660). Der GegenV darf grundsätzlich auf seinen Vorrang vertrauen (BGH NZV **05** 249), aber sein Vorrecht vor dem Linksabbieger nicht erzwingen, wenn er erkennen muss, dass es missachtet wird (BGH VersR **63** 633); er ist von eigener Sorgfalt nicht freigestellt (Kö MDR **56** 165). Wer vor einer Rechtseinmündung anhält und aussteigt, muss einen entgegenkommenden Linksabbieger erst abbiegen lassen, bevor er wieder anfährt (Ha DAR **73** 24). Der eingeordnete Linksabbieger muss den gesamten entgegenkommenden Geradeausverkehr durchfahren lassen (Kar VersR **74** 1209, VRS **51** 376, VRS **47** 464, Dü VM **74** 23), auch etwa zu weit links Fahrende (Kar VersR **78** 971). Mit Beibehaltung des Fahrstreifens durch entgegenkommende Fz darf er nicht rechnen (Ha NZV **95** 29). Die Wartepflicht besteht nur gegenüber erkennbarem GegenV, nicht gegenüber Fz, die wegen des StrVerlaufs (Biegung, Kuppe) noch gar nicht sichtbar sind (Sa ZfS **03** 537, Ha VRS **76** 253). Wer jedoch wegen eines Hindernisses den GegenV nicht sehen kann, muss sich beim Linksabbiegen wie ein Wartepflichtiger verhalten (Bay VRS **19** 312) und sich vorsichtig vortasten (BGH NZV **05** 249 [Pflanzenwuchs auf Mittelstreifen]), zB wegen entgegenkommender Linksabbieger (einschr insoweit, trotz III und § 5 VII S 1, Ce NZV **94** 193). Keine Wartepflicht, wenn der Abbieger die Fahrbahn des Entgegenkommenden mit Gewissheit rechtzeitig sicher kreuzen kann (BGH VRS **18** 265). Ein einzelner Entgegenkommender, der ihm Vortritt einräumen will, entbindet ihn nicht von der Wartepflicht (Fall gefährdender Höflichkeit; Dü VM **73** 63 m krit Anm Booß, Sa NZV **92** 234, KG NZV **03** 182), auch nicht gegenüber solchen Entgegenkommenden, die unberechtigt einen Sonderfahrstreifen befahren (Z 245; KG VersR **82** 583 [betr. Wenden]). Lässt ein Geradeausfahrer dem Linksabbieger Vortritt, so gilt das nicht auch für den übrigen Längsverkehr (KG VM **74** 27). Der Vorrang besteht auch gegenüber der abbiegenden Straba (Bay DAR **65** 184). In Gegenrichtung stehende Fz muss der Linksabbieger nicht beobachten, ob sie etwa anfahren werden (Ha VRS **39** 233). Der Linksabbieger darf darauf vertrauen, dass ein Entgegenkommender, der sich auf einem Linkspfeil mit Z 295 eingeordnet hat, auch so abbiegen werde (Ha VRS **48** 144). Der Führer eines entgegenkommenden Fz verliert sein Vorrecht gegenüber dem Linksabbieger, wenn er selbst durch Betätigen des linken Fahrtrichtungsanzeigers und Abbremsen zum Stillstand den Anschein erweckt, links abzubiegen (Dü DAR **81** 40). In Bezug auf *Vorrang*verzicht gelten die gleichen Grundsätze wie für Verzicht auf Vorfahrt (§ 8 Rz 31). Linksabbieger müssen sich vor dem Abbiegen über die **Fahrgeschwindigkeit der Entgegenkommenden** vergewissern, mit nur mäßiger Geschwindigkeit dürfen sie nicht rechnen (BGH VRS **41** 426, Zw DAR **00** 312). Nach zT vertretener Ansicht sollen sie idR mit Verletzung der 50 km/h-Grenze innerorts um bis zu 60% durch den durchfahrenden Geradeausverkehr rechnen müssen (Ha VRS **46** 389, VM **71** 87 m krit Anm Booß, Kö VRS **41** 460, aM Ha DAR **71** 218, Fra VRS **34** 303). Welche Höhe möglicher Geschwindigkeitsüberschreitungen zu berücksichtigen ist, hängt von den Verhältnissen ab; soweit erkennbar, ist auch Überschreitungen um mehr als 60% Rechnung zu tragen (BGH NJW **84** 1962 [100%], Ko NJW-RR **04** 392 [40%], KG VM **01** 19). Der Entgegenkommende verliert durch Überschreitung der zulässigen Höchstgeschwindigkeit nicht seinen Vorrang (BGH DAR **03** 308, Ha NZV **01** 520, **02** 367, KG VM **01** 19 [100% Überschreitung], Zw DAR **00**

312 [57% Überschreitung], Ko NJW-RR **04** 392). Lässt der Linksabbieger den Gegenverkehr nicht durchfahren, so trifft ihn *idR volle Haftung* (Rz 55).

Lit: *Kullik,* Vorfahrtsregelung und Regelung des Begegnungsverkehrs an planglеichen VKnoten mit sog „Abbiegefahrstreifen", DAR **85** 334.

40 **Bei Grün** muss der Linksabbieger in die Kreuzung einfahren und abbiegen, sobald der Gegenverkehr es erlaubt, BGH NZV **92** 108, Kar VRS **51** 376, oder ein Grünpfeil, BGH NZV **92** 108, Hb VM **67** 54, aber nicht blindlings, BGH VM **79** 9, sondern unter Beobachtung der allgemein erforderlichen Sorgfalt unter Berücksichtigung etwaiger Nachzügler, BGH NZV **92** 108. Wer die Kreuzung als Linksabbieger für den Längsverkehr räumen muss, der muss mit V von rechts mit fliegendem Start rechnen, BGH VRS **34** 358 (zu knapp eingestellte Ampel ist uU ein Milderungsgrund), Kö VRS **54** 101. Konnte er bis zum Beginn der nächsten Grünphase für den LängsV die Kreuzung nicht räumen, so muss ihm der entgegenkommende LängsV dies unter Verzicht des ihm sonst gem Abs III zustehenden Vorrangs ermöglichen (§ 11 II), Ha NZV **91** 31 (bei Kollision mangels notwendiger Verständigung Haftung zu je 1/2). Mit verdeckten Gelbdurchfahrern muss der Linksabbieger rechnen, auch noch mit solchen zu Beginn der Rotphase, BGH VM **79** 9, Ha VersR **80** 722, NZV **89** 191, KG VM **92** 82, **93** 67. Überhaupt muss er damit rechnen, dass entgegenkommende bei Gelb oder sogar beginnendem Rot noch durchfahren, Dü VRS **104** 122, VM **87** 11, Ha VRS **89** 23. Die Wartepflicht des Linksabbiegers gegenüber entgegenkommenden Fzen besteht daher grundsätzlich auch im Verhältnis zu solchen FzFn des GegenV, die **verbotswidrig noch bei Rot in den Kreuzungsbereich einfahren,** KG VRS **103** 412, NZV **91** 271, Dü VRS **104** 122, Ce NZV **94** 40, VRS **102** 325, Ha NZV **01** 520, VRS **89** 23, aM Hb VRS **58** 58, Zw VRS **66** 150. Fehlt eine besondere LZA für Linksabbieger, so gilt für den bei Grün in die Kreuzung eingefahrenen, dort den GegenV abwartenden FzF keinerlei Ampelregelung, Dü VRS **59** 408, sondern Abs III, Ha NZV **01** 520. Regelmäßig kann er nämlich dann die Phase der für den GegenV maßgeblichen LZA nicht kennen (von Umständen, die er nicht kennen kann, kann die Zulässigkeit, die Fahrt fortzusetzen, aber niemals abhängen). Etwas anderes mag gelten, wenn *sichere* Anzeichen dafür vorliegen, dass die LZA für den GegenV Rot zeigt, Ol DAR **64** 20, Dü VM **87** 11, Ha VRS **89** 23, Bra NZV **95** 408 (Fußgänger-LZA). Dazu genügt das Anfahren des QuerV (häufig schon bei Gelbem) nicht, vor allem dann nicht, wenn der Linksabbieger nicht überblicken kann, welche Fz noch geradeaus durchfahren; denn aus dem Verhalten des QuerV lässt sich kein Vertrauen auf das des GegenV herleiten, BGH VM **79** 9, Dü VM **87** 11. Auch das Anhalten einiger Fz des GegenV reicht allein nicht, weil manche FzF sogleich bei Beginn der Gelbphase anhalten, andere noch bei „spätem" Gelb und sogar bei Rot durchfahren, Ha NZV **01** 520, Dü VM **87** 11, KG VM **93** 67, aM Bay DAR **75** 135, Hb VRS **58** 58. Anders, wenn weitere Umstände hinzukommen: neben dem Anhalten von Fzen des GegenV bereits in Bewegung befindlicher QuerV und keine entgegenkommenden Fz auf den von anhaltenden Fzen noch freien Fahrstreifen, KG VRS **62** 261, VM **93** 67, Dü VM **87** 11, Ce NZV **94** 40. Auf Beachtung einer jenseits der Kreuzung oder Einmündung befindlichen **Fußgängerampel** durch den GegenV, die für beide Richtungen Rotlicht abstrahlt, wird sich der Linksabbieger verlassen dürfen, BGH NJW **82** 1756, aM Fra VRS **34** 303. Wer in der Kreuzung hängen bleibt (Motoraussetzer), muss sein weiteres Verhalten mit dem dann fahrberechtigten Verkehr abstimmen, KG VRS **58** 61. Ist das Linksabbiegen durch einen **Grünpfeil** geregelt, so ist es nur bei dessen Aufleuchten erlaubt, auch bei Grün für Geradeausfahrer ist zu warten, VG Hannover VRS **53** 398. Vertrauen auf Grünpfeil für Linksabbieger: § 37 Rz 47. Wer als Linksabbieger bei Grünpfeil keine Kollision mit durchlaufendem Verkehr befürchten musste, dessen BG kann ganz zurücktreten, KG NJW **75** 695, DAR **74** 190, denn der durchlaufende Verkehr muss dann Rot haben, Ol VM **66** 27, KG NJW **75** 695. Das soll nach KG VRS **62** 261 selbst dann gelten, wenn Grünpfeil fehlt, der Linksabbieger aber aus anderen Umständen den zutreffenden Schluss zieht, dass die LZA für den GegenV Rot zeigt (zw, s oben).

41 Wer als Entgegenkommender links **durch eine Kolonnenlücke** hindurch abbiegen will, muss sich anhaltebereit vortasten, um keinen Geradeausfahrer zu behindern, Dü VersR **80** 634, Bay VRS **60** 133. Er darf nicht darauf vertrauen, dass keine durch entgegenkommende Fz (Kolonne) verdeckten Moped- oder Radf am Fahrbahnrand/Radweg mit Vorrang geradeaus fahren, besonders, wenn eine in Gegenrichtung stockende Kolonne eine Einmündung für Linksabbieger freilässt, im Zweifel muss er auch insoweit zurückstehen, abw *v. Blumenthal* VersR **75** 1160. Ist der trennende Mittelstreifen so bewachsen, dass ein **Linksabbieger den GegenV nicht sehen kann,** so muss er sich mit größter Vorsicht hineintasten (Verletzung der VSicherungspflicht?),

Abbiegen, Wenden und Rückwärtsfahren   **§ 9 StVO 2**

KG VM **66** 41, bei vollständig fehlender Sicht aus baulichen Gründen sogar einweisen lassen, KG VM **85** 19. Verdeckt eine entgegenkommende Straba die Sicht, so ist damit zu rechnen, dass sie überholt werden könnte, Hb VkBl **52** 163. Der durchgehende Gegenverkehr darf **auf Beachtung seines Vorrangs vertrauen,** Kar VRS **45** 112, KG VRS **61** 210, solange nichts dagegen spricht, Mitschuld aber bei überhöhter Fahrgeschwindigkeit oder Erkennbarkeit gefährdenden Abbiegens, BGH VersR **72** 459, bei erheblicher Geschwindigkeitsüberschreitung uU überwiegende Haftung, BGH NJW **84** 1962 (Überschreitung um 100%), s Rz 55. Auf Schnellverkehrsstraßen (nur auf diesen?) muss niemand damit rechnen, dass ein Entgegenkommender plötzlich links abbiegt, BGH VersR **66** 188, wohl aber, dass er sich zur Mitte einordnet, BGH NJW **59** 1367. Der Strabaf, der vor einer Bedarfshaltestelle bremst, aber weiterfährt, muss mit Missverständnis eines eingeordneten, entgegenkommenden Linksabbiegers rechnen, Stu VRS **15** 273.

Auch beim **Rechtsabbiegen** kann es vorkommen, dass die Fahrlinie des LängsV gekreuzt   42 werden muss, zB wenn der Entgegenkommende auf der für ihn linken Seite einen Radweg benutzt. Auch hier hat der entgegenkommende Längsverkehr Vorrang, ebenso der in III genannte schon aufgerückte, entgegengerichtete LängsV auf oder neben der Fahrbahn. Wer als Rechtsabbieger einen Radweg kreuzt, muss dort den Radfahrern aus beiden Richtungen Vorrang lassen (Ce NRpfl **58** 165). Rechtsabbiegen nur ohne Beeinträchtigung des gleichgerichteten V (Überholen einer stehenden Kolonne und Rechtsabbiegen durch offengelassene Lücke, Dü VRS **52** 210). Wer mit einem Lkw gleich nach dem Anfahren rechts abbiegen will, muss auf rechts etwa aufgerückte Radf achten (Rz 28), erst recht, wenn er wegen der FzLänge durch anfängliches Linksausbiegen eine unklare Lage geschaffen hat, notfalls muss er kurz anhalten (Ol DAR **57** 52; Rz 25). Ist nachfolgender V schon nahe, muss die Straba mit dem Rechtsabbiegen warten; andernfalls muss der Längsverkehr bis zum Anhalten abbremsen (Bay NJW **67** 407). Ein Radweg an der Außenseite eines Verteilerkreises hat Vorrang (Kö VRS **25** 228). Verlässt ein Radf den abbiegenden Radweg, um auf der Fahrbahn geradeaus weiterzufahren, so besteht jedenfalls dann keine Anzeigepflicht, wenn er seine Fahrlinie nicht nach links verlegen muss; gegenüber Rechtsabbiegern hat er Vorrang (Dü VM **65** 92). Aus § 10 (von anderen StrTeilen auf die Fahrbahn einfahren) wird aber zu folgern sein, dass in solchen Fällen Anzeigepflicht (links) besteht, wenn der Radf nach links auf den rechten Fahrbahnrand hinüberlenken muss (s auch § 10 Rz 6, 16). Radf neben der Fahrbahn: Rz 13, 28, 39. Straba neben der Fahrbahn: § 41 Rz 16–22 (Vwv).

8. Auf Fußgänger, die geradeaus gehen oder entgegenkommen, muss der Abbieger links   43 wie rechts besondere Rücksicht nehmen, sie vorbeilassen und notfalls anhalten (III, Ha NZV **05** 94, Kö VRS **59** 456, *Bouska* VD **76** 108, 109), auch die Straba (Mü VRS **32** 249, s aber § 11). Diese Pflicht besteht nicht erst gegenüber Fußgängern, die schon sichtbar sind, sondern stets dann, wenn mit solchen Fußgängern gerechnet werden muss (Bay VRS **65** 233, NZV **89** 281, Ha NZV **05** 94). Ist Mutter mit Kleinkind im Arm sichtbar, muss (erst recht) mit weiterem (uU verdecktem) Kleinkind gerechnet werden (Mü DAR **06** 394). Fußgänger brauchen nicht rückwärts auf abbiegende Fz zu achten (Hb VRS **10** 466, *Kuckuk* VersR **78** 1101). Jedoch dürfen sie beim Überqueren nicht zögern (§ 25). Verhalten sie sich ersichtlich unaufmerksam, so ist besondere Aufmerksamkeit und Vorsicht geboten (Kö VM **80** 67). Wer äußerst langsam nach links abbiegt, muss idR nicht damit rechnen, dass ein Fußgänger, der bereits auf der für den Kf linken Fahrbahnseite ist, erschrickt und zurückspringt (Kar VRS **46** 392). Die besondere Rücksichts- und Wartepflicht auch gegenüber Fußgängern anzunehmen, die die Fahrbahn nur nahe dem Kreuzungs- oder Einmündungsbereich überschreiten, ist bedenklich, weil sich solche Fußgänger unsorgfältig verhalten und dieses Verhalten auch nicht so typisch ist, dass allgemein damit gerechnet werden müsste; für solche Fußgänger gelten vielmehr die zu § 25 III entwickelten Regeln (*Greger* NZV **90** 411, aM VM **75** 1). Die Pflichten des III S 3 bestehen auch gegenüber VT, die im FußgängerV besondere Fortbewegungsmittel iS von § 24 I (zB Greifreifenrollstühle) oder Krankenfahrstühle (§ 24 II) benutzen, sowie gegenüber den Gehweg befahrenden bis zu 10 Jahre alten Radf, die allerdings absteigen müssen (§ 2 V 3, dazu Bay NZV **89** 281 m Anm *Booß* VM **89** 68). III S 3 gilt ferner gegenüber Inline-Skatern (§ 24 Rz 6, Kar NZV **99** 44), wobei aber zu berücksichtigen ist, dass diese Bestimmung (wie auch § 2 V S 3 zeigt) auf Fußgänger, also VT zugeschnitten ist, die sich mit Schrittgeschwindigkeit bewegen und nicht auf mit 15–20 km/h (*Vieweg* NZV **98** 3) herannahende VT. Die Pflichten nach III S 3 bestehen nicht gegenüber Fußgängern, die auf der Fahrbahn Fahrzeuge mitführen (insoweit Verständigungspflicht, § 8 Rz 10). Rücksicht auf Fußgänger bei abknickender Vorfahrt: § 42 II.

9. Abbiegen in ein Grundstück (V). Es gelten die allgemeinen Abbiegeregeln (BGH VersR **72** 459, KG VM **95** 51). Gefährdung muss dabei ausgeschlossen sein (Rz 52, 53, **E** 150; Dü VersR **75** 429, Sa VM **78** 95, Ol VersR **78** 1027). V dient dem Schutz des fließenden Verkehrs, nicht auch der VT auf dem Grundstück, in das abgebogen wird (Dü NZV **88** 231, **93** 198, abl *Booß* VM **93** 28) oder der aus dem Grundstück Ausfahrenden (Kar VRS **77** 45, Dü NZV **91** 392, Ha NZV **94** 154, LG Kar VM **03** 48). Jedoch soll V nach Mü DAR **05** 287 trotz § 10 auch dem Schutz des vom Fahrbahnrand Anfahrenden dienen. Wegen der ihm abverlangten äußersten Sorgfalt trägt der in ein Grundstück Abbiegende die Gefahr nahezu allein, bei Kollision mit durchgehendem V spricht der Anschein gegen ihn (Ha VersR **79** 266, Sa NZV **92** 234). I Ü hat auch der Abbieger in ein Grundstück die Ankündigungs- und Einordnungspflicht, er muss idR zweimal zurückschauen (Ol VersR **78** 1027), den Vorrang des LängsV beachten (III), auch den der Radf (KG VM **95** 51 [Radweg]), und Rücksicht auf Fußgänger nehmen. Die Pflicht zu äußerster Vorsicht beginnt bereits mit der Rückschau, der Wahl der Fahrlinie, dem Zeichengeben und Verlangsamen zwecks Abbiegens, diese Vorgänge gehören zum einheitlichen Abbiegevorgang und lassen sich nicht in Vorbereitung und eigentliches Abbiegen trennen, wie Bra VM **76** 37 meint. Die Pflichten aus V gelten für alle Fz. In **verkehrsberuhigten Bereichen** (Z 325/326) gilt V nicht (LG Sa DAR **08** 216).

Der **Grundstücksbegriff** richtet sich nicht nach dem Eigentum; nach der Widmung für den öffentlichen V (§ 1 Rz 13–16) nur insofern, als Grundstücke iS des § 9 alle VFlächen sind, die nicht dem fließenden Verkehr dienen (Dü NZV **88** 231, **93** 198; abl *Booß* VM **93** 28). Die Unterscheidung ist funktionell bestimmt: Maßgebend ist, ob das Fz den fließenden V verlässt (Gegenteil bei § 10 StVO: Einfahren; Fra DAR **88** 243, aM Dü NZV **93** 360); denn dieser Vorgang, weniger die bloße FzBewegung auf einem Parkplatz oder anderen Grundstück, birgt die eigentliche Gefahr für den Abbieger und den übrigen Verkehr (KG VM **82** 8, Dü NZV **88** 231). Nach ihr muss daher auch die Unterscheidung und das Anwendungsgebiet der höchsten Sorgfalt gemäß V richten. Grundstücke sind: Vorplätze ohne besondere Ein- und Ausfahrt (Bra NJW **65** 1095), Parkstreifen außerhalb der Fahrbahn, deutlich von ihr getrennt (Ha VersR **76** 1094, Kö VRS **99** 39, aM Kö VRS **58** 222, Dü NZV **93** 360, KG VM **74** 35; zust *Booß*; **82** 8 [das aber V entsprechend anwendet], *Booß* VM **93** 28), öffentliche Parkplätze (Ce DAR **73** 306), Privatparkplätze, Zufahrt zu Übungsgelände auch bei gutem Ausbau (Ol VRS **33** 90), Zufahrt zu einem Grundstück (Fra DAR **88** 243), Zufahrt zur Tankstelle (Stu DAR **56** 117, Dü NZV **88** 231, *Martin* JR **63** 193), Grünstreifen neben der Fahrbahn, AB-Parkplätze und der von der AB aus befahrbare Teil einer stillgelegten Ausfahrt als Halteplatz, ebenso Parkplätze an AutoStr. Verlassen der Fahrbahn und Einfahren in eine nur über abgesenkten Bordstein und Gehweg erreichbare Str ist Abbiegen in ein Grundstück (Kar VersR **94** 362). V gilt für das Ausfahren auf einen Mittelstreifen zwischen getrennten Fahrbahnen zwecks Parkens ohne Rücksicht auf dessen *Grundstücks*eigenschaft (KG VM **80** 44). **Feldwege** sind keine Grundstücke iS von V (Nü DAR **01** 170, VersR **81** 288); die Umstände können aber gesteigerte Vorsicht erfordern (Brn VRS **02** 28, Nü DAR **01** 170). Höchste Sorgfalt des Abbiegers: Rz 52, 53.

Rechtzeitig anzukündigen (Rz 20) durch Verlangsamen und Zeichengeben hat der Abbieger in ein Grundstück seine Absicht (I), KG ZfS **02** 519, Hb VersR **68** 504, Schl VM **65** 16. Wer mit einem langen Fz bei ungünstiger Sicht in ein Grundstück abbiegen will, muss den Verkehr besonders sichern, Kö VM **63** 39, VRS **25** 312. Wer wegen seiner Ladung nach hinten nichts sieht und sich auch nicht nach links einordnen kann, muss sich einweisen lassen und eine verlässliche Auskunft ohne Zögern befolgen, bevor sich die VLage ändern kann, Dü VM **73** 72.

Rechtzeitig deutlich einordnen (Rz 27, 31 ff) muss sich der Abbieger (I), BGHSt **11** 296, VRS **18** 95, KG ZfS **02** 519, Dü VersR **83** 40, damit der Verkehr links Eingeordnete rechts überholen kann, Ha DAR **60** 23. Erlaubt die schmale Straße kein Einordnen, so ist größte Sorgfalt unter Rückschau nötig. V enthält keine bloße „Schockvorschrift" mit Ankündigungsbedeutung, vielmehr muss der Linksabbieger in ein Grundstück jeden möglicherweise kollidierenden Folge- oder Gegenverkehr durch zweiten Umblick feststellen und berücksichtigen, Falschüberholer also uU vor dem Abbiegen durchfahren lassen, aM Schl VersR **79** 1036. Wer auf schmaler Straße ohne die Möglichkeit des Rechtsüberholens nach links in ein Grundstück abbiegen will, muss nahe aufgerückten Verkehr, der sonst scharf bremsen müsste, vor dem Abbiegen erst überholen lassen, Kar VRS **47** 105. Wer nach rechts nicht in engem Bogen einfahren kann, darf nach links nur ausholen, wenn er keinen Hintermann beeinträchtigt, Stu NJW **61** 41. Wer erst nach links ausbiegen muss, um nach rechts in ein Grundstück abbiegen zu können, muss sich äußerst sorgfältig vergewissern, ob er etwa rechts überholt wird, Bay NZV **91** 162,

Abbiegen, Wenden und Rückwärtsfahren § 9 StVO 2

insbesondere, wenn er den linken Fahrtrichtungsanzeiger betätigt hatte, Sa VM **78** 95. Wer derart rückwärts in ein Grundstück abbiegen will, dass er zunächst zum linken Fahrbahnrand hinüberfährt, um dann zurückzusetzen, beginnt das Abbiegen in das Grundstück mit höchster Sorgfaltspflicht bereits mit dem Linkshinüberfahren, nicht erst mit dem Zurücksetzen, denn das einheitliche, insgesamt gefährliche Fahrmanöver kann nicht, noch dazu unter teilweise geringerer Sorgfaltsanforderung, in zwei angeblich unterschiedliche gefährliche Teile zerlegt werden (aM Ha VRS **57** 35).

Doppelte Rückschaupflicht (Rz 25) hat der Abbieger in ein Grundstück, nämlich rechtzeitig vor dem Einordnen und erneut vor dem Abbiegen, Bay NZV **91** 162, KG ZfS **02** 519, Ol VersR **78** 1027. Der Linksabbieger muss sich vergewissern, dass die Nachfolger sein Richtungszeichen verstanden haben, Hb VM **66** 40. Nach I ist nochmalige Rückschau vor dem Abbiegen nur dann nicht nötig, wenn Gefährdung des nachfolgenden Verkehrs ausgeschlossen ist. Wem die StVO höchste Sorgfalt (**E** 150) auferlegt, Stu VM **72** 69, VRS **44** 149, dem kann die zweite Rückschau allenfalls in den in Rz 25 bezeichneten Fällen erlassen sein, KG VRS **62** 95, Ha VersR **76** 1094 (BGHSt **15** 178, VersR **61** 188 sind durch Neufassung überholt); aM aber Ce OLGR **07** 129. Wer als Pkwf rechtzeitig Rechtsabbiegen ankündigt, deutlich verlangsamt (bis zu „10") und mit nur 0,90 m Seitenabstand in ein Grundstück abbiegt, muss nicht nochmals zurückschauen und mit einem absolut unvernünftigen Rechtsüberholversuch eines Krad nicht rechnen, Dü DAR **80** 157. Wer bei Rückschau oder 2. Rückschau als richtig eingeordneter Linksabbieger bemerkt, dass das Abbiegen einen nahe aufgerückten Überholer gefährden würde, muss diesen vorbeilassen, Schl VersR **74** 703 (zu § 9 V).

Das **Vorrecht des beiderseitigen Längsverkehrs** (III, Rz 28, 39, 40) auf oder neben der Fahrbahn und der Fußgänger (Rz 43) hat auch der in ein Grundstück Abbiegende zu beachten, KG VM **95** 51. Gemäß I darf er sich vorher auf längs verlegten Schienen nur einordnen, wenn kein Schienenfz sichtbar herankommt, Kö VersR **71** 1069 (Rz 36).

9 a. Wenden ist das Umdrehen des Fz in die Gegenrichtung auf derselben Str, BGH NZV **02** 376, gleichviel wie und zu welchem Zweck (aber nicht auch ungewolltes, BGH NZV **02** 376, Kö VRS **74** 139 [Schleudern]), auch ohne Fahrabsicht, in die Gegenrichtung, BGHSt **27** 233 = NJW **77** 2085, BGHSt **31** 71 = NJW **82** 2454, NZV **02** 376, Bay NZV **97** 489, **01** 526, Dü VM **91** 84, Ko DAR **86** 155, Kö VRS **74** 139. Denn der Wendevorgang selbst ist gefährlich, nicht das spätere Weiterfahren, aM Ce DAR **76** 111. Das Wenden ist mit dem Erreichen der Gegenrichtung vollendet, Bay PVT **96** 255, Ce VM **83** 87. Zu wenden ist an günstigster Stelle und auf die schonendste Art, bei starkem Verkehr ist stattdessen ein Umweg zu fahren, Ha VersR **01** 1169. Vor, an und hinter unübersichtlichen Stellen muss es unterbleiben, Ha VersR **01** 1169, Ce VRS **100** 289. Wenden unmittelbar hinter einer Kurve erhöht die BG, Kö VRS **57** 401. I S 2 (Einordnen) gilt nicht, der Wendende darf vom rechten StrRand aus dazu ansetzen, wenn das nach Lage zweckmäßig ist, Schl VRS **53** 143, Dü VRS **64** 10. Wenden geschieht stets als Fahr-(Rangier-)Vorgang, es genügt, dass das Fz in die Gegenrichtung gedreht wird (Bay NJW **77** 1416, aM Ce DAR **76** 111, das Fahrabsicht in Gegenrichtung verlangt und verkennt, dass auch ein Umdrehmanöver auf der Standspur und dem anschließenden äußeren Grünstreifen der AB „auf der AB" stattfindet, mag es auch im Einzelfall ausnahmsweise weniger gefährlich für andere sein). Im Übrigen Wenden nur bei Mitbenutzung der bisher befahrenen Fahrbahn, BGHSt **31** 71 = NJW **82** 2454, aM KG VersR **76** 474. Daher **kein Wenden,** sondern zweifaches Linksabbiegen, wenn Kf von AB-Einfahrt über eine mehr als 100 m lange VerbindungsStr (Notfahrbahn) die AB-Ausfahrt erreicht und auf dieser zurückfährt, BGHSt **31** 71 = NJW **82** 2454, Bay VRS **61** 146, aM Ce VM **80** 78. Einzelheiten in Bezug auf AB: § 18 Rz 21. Kein Wenden auf der bisher befahrenen Straße, wenn nicht nur eine Kreuzung (Einmündung) zum Wenden mitbenutzt, sondern nach dem Rechtsabbiegen in eine andere Straße gewendet und dann nach links in die bisher befahrene Straße abgebogen wird, Dü VRS **50** 232. Bei durch **Mittelstreifen** getrennten Fahrbahnen ist dessen Breite von Bedeutung. Ist die Gegenfahrbahn erreichbar, ohne dass zuvor, nach Einbiegen in den Mittelstreifendurchbruch, eine gewisse Strecke geradeaus gefahren wird, so ist Wenden (Abs V) anzunehmen, Dü VRS **97** 269, Ha NZV **97** 438, insbesondere, wenn ein Anhalten in der Mittelstreifenunterbrechung nicht möglich wäre. Das gilt jedenfalls wenn der Mittelstreifen schmaler als die Länge des wendenden Fz, BGHSt **31** 71 = NJW **82** 2454, KG VM **81** 61. Ähnelt er dagegen baulich einer Kreuzung oder Einmündung in dem Sinne, dass bis zur Gegenfahrbahn nach dem Einbiegen in den Mittelstreifen erst eine Geradeausfahrt erforderlich ist, so gewinnt der Kf die Gegenfahrbahn nicht durch Wenden im Rechtssinn, sondern durch zweimaliges Linksabbiegen (wobei Ha NZV **97**

438, Dü VRS **97** 269 eine „nicht ganz unbedeutende" Strecke verlangen, ohne dies zu präzisieren). Dann gelten I–IV, KG ZfS **04** 505, VM **77** 55, DAR **75** 129, Ha NZV **97** 438, Kar VRS **60** 143 (jedenfalls bei Benutzung einer den Mittelstreifen kreuzenden bevorrechtigten Straße). Die Gegenmeinung von *Booß* DAR **75** 36 und KG VM **75** 78 überzeugt nicht, weil ein durchbrochener breiter Mittelstreifen zugleich als Kreuzung (Einmündung) mit anderen Straßen dienen kann und dann kein überzeugender Grund für Ungleichbehandlung Kreuzender und „Wendender" besteht. Ohne Rücksicht auf die Breite des Mittelstreifens hat derjenige, der dem Wendenden aus einer dem Mittelstreifendurchbruch gegenüberliegenden Str entgegenkommt, den Vorrang (auch bei VZ 205!), Hb DAR **81** 327, LG Berlin VersR **01** 78, LG Kar DAR **00** 123. Wer zum Wenden mit ganzer FzLänge rechts heran oder auf einen rechten Parkstreifen fährt und zunächst anhält, ist gemäß seiner Fahrweise Anfahrender nach § 10. Wenden derart, dass unter vollständigem Verlassen der Fahrbahn eine **Grundstücksausfahrt** benutzt wird, unterliegt den Regeln für Abbiegen in ein Grundstück und anschließendes Einfahren aus diesem in die Fahrbahn, § 10 Rz 5, denen für das Wenden nur, wenn die Fahrbahn nicht vollständig verlassen wird, BGH NZV **02** 375, Bay NZV **96** 161, Ko DAR **86** 155, Kö DAR **00** 120, KG VM **74** 19. Wenden erfordert **äußerste Sorgfalt** (**E** 150), Schl VRS **53** 143, was Berufung auf den Vertrauensgrundsatz nicht völlig ausschließt, Fra VM **76** 92, KG VRS **66** 152. Zur äußersten Sorgfalt des Wendenden gehört es, dass er nicht in der Nähe einer unübersichtlichen Kurve, sondern in gut überblickbaren Verkehrsbereichen wendet, Ce VRS **100** 289, Kö VersR **79** 678, und dass er, auch unter Benutzung von Parkraum, nur wendet, wenn er auf der Fahrbahn niemanden gefährden kann, Ce VRS **100** 289, Sa MDR **05** 1287, Kö VRS **57** 7. Der Wendende trägt die Hauptverantwortung, Sa VM **77** 23, Kö VersR **79** 41, was fremde Mitschuld nicht ausschließt, dazu Rz 52. Gegen ihn spricht der **Anschein**, BGH DAR **85** 316, KG NZV **02** 230. Die Feststellung einer erheblichen Überschreitung der zulässigen Höchstgeschwindigkeit durch den mit dem Wendenden kollidierenden FzF ist geeignet, den Anscheinsbeweis zu erschüttern, BGH DAR **85** 316. Jedoch muss der Wendende grundsätzlich auch mit Überschreitung der zulässigen Geschwindigkeit in gewissem Maße rechnen, Ce VRS **100** 289, nach Fra VM **76** 92, aber nicht mit im Rückspiegel nicht erkennbarem Zuschnellfahren des Berechtigten um 60% innerorts, s aber Rz 39. Äußerste Sorgfalt erfordert idR Umblick, Rückschau nicht nur durch den Rückspiegel und ständige Beobachtung nach beiden Richtungen, Ko DAR **74** 276. Soweit Fz des fließenden Verkehrs durch andere Fz verdeckt werden können, sind die Grundsätze über den „toten Winkel" heranzuziehen (§ 5 Rz 43), KG VRS **66** 152. IÜ gelten die in Rz 44 ff, 52 über das Abbiegen in ein Grundstück dargelegten Grundsätze entsprechend, Dü NZV **06** 415. Wird eine Einmündung benutzt, muss die Umschau auch den dortigen Verkehr einbeziehen. Wer mit einem Tanklastzug unter Benutzung einer Grundstückseinfahrt wenden will, muss unmittelbar vor dem Abbiegen nochmals auf rückwärtigen Verkehr achten, Ko VRS **42** 113. Aus dem Grundsatz äußerster Sorgfalt folgt nicht zwingend, dass auf verkehrsreichen Fahrbahnen nicht auch durch Zurücksetzen gewendet werden dürfte, maßgebend ist die Lage, KG VM **73** 16. Wer durch Linksabbiegen und Zurücksetzen wenden will, muss sich idR vorher zur StrMitte hin einordnen und das Abbiegen rechtzeitig anzeigen, Schl VRS **53** 143. Wer wenden will, muss fließenden Verkehr aus beiden Richtungen vorher vorbeilassen (III), Schl VRS **53** 143, und darf ihn nicht mehr als unvermeidbar (§ 1) behindern. Verzichtet ein (oder mehrere) Entgegenkommender auf sein Vorrecht, so bleibt der Wendende anderen Entgegenkommenden gegenüber wartepflichtig (auch wenn diese unberechtigt einen Sonderfahrstreifen benutzen, Z 245), KG VersR **82** 583. Im Dunkeln muss das Wenden uU unterbleiben, wenn es bei starkem Verkehr nicht zügig möglich ist, Ha VRS **24** 230. Solange sich der rückwärts Wendende auf Einweiser verlassen muss, ist er entlastet, wenn er keinen Grund hat, deren Verlässlichkeit anzuzweifeln, Dü VM **76** 91. Wer es beim Wenden darauf ankommen lässt, dass der Verkehr ausweichen werde, handelt grobfahrlässig, BGH VersR **60** 755. Auf der AB und auf KraftfahrStr ist Wenden ausnahmslos verboten: § 18 StVO, § 315 c I Nr 2 f StGB. Wer einen Lastzug auf dunkler BundesStr wenden will, muss besondere Sicherungen treffen (Warnleuchten, Posten; Schl VM **63** 88, BGH VRS **27** 117). **Auf Wendeplätzen** haben bereits wendende Kfz Vortritt (AG Br VersR **74** 475). Wird in einer Stichstr der Verkehr auf einem Wendeplatz baulich in die Gegenrichtung zurückgelenkt, so greift V nicht ein (sind dort mehrere Fahrtrichtungen möglich, kommt aber Anzeigepflicht wegen Linksabbiegens in Betracht; Ce VRS **54** 367, Kö VRS **96** 345). Wenden s auch § 41 Rz 248n zu VZ 297.

Lit: *Booß*, Zweifelsfragen zum Wenden auf Straßen mit zwei getrennten Richtungsfahrbahnen, DAR **75** 36. *Mühlhaus*, Das Wenden, DAR **77** 7.

9 b. Rückwärtsfahren ist gewolltes Fahren in Heckrichtung (Bay NZV **97** 489, Ce VM **83** 87, Stu NJW **76** 2223, VRS **58** 203, Kö VRS **74** 139, Dü VM **91** 84), nicht Vorwärtsfahren in falscher Richtung (s auch § 18 Rz 22 a). Demgegenüber dürfte es entgegen der wohl hM (zB Dü VRS **81** 467; NZV **00** 303; *Jagow/Burmann/Heß* Rz 67) kein essentielles Begriffselement des Rückwärtsfahrens sein, dass der FzF den Rückwärtsgang einlegt; deswegen liegt Rückwärtsfahren vor, wenn er auskuppelt und das Fz unter *bewusster* Ausnutzung der Schwerkraft nach hinten abrollen lässt. Rückwärtsfahren ist nach Abs 5 nur zulässig, wenn eine Gefährdung anderer ausgeschlossen ist (**E** 150; Kar VersR **77** 1012, Fra NJW **98** 548, Nü NZV **91** 67, Dü VRS **87** 47, Ha NZV **98** 372), gleichgültig, ob das Fz mit Rückfahrscheinwerfern ausgerüstet ist oder nicht (§ 52 a StVZO Rz 3). Die erhöhte Sorgfaltspflicht des V gilt auch für den rückwärts Abbiegenden (Sa VM **78** 51). Die Vorschrift regelt primär die besondere Sorgfaltspflicht gegenüber dem fließenden (deshalb idR rascheren) Verkehr (Stu NJW **04** 2255, Jn VRS **108** 294, Dr NZV **07** 152, Ko DAR **00** 84, Fra DAR **80** 247), schützt aber auch den FußgängerV (Kö DAR **01** 222). Sie ist aber auf Parkplätzen und in Parkhäusern, in denen „fließender" V nicht stattfindet (§ 8 Rz 31a), nur mit Einschränkungen anzuwenden (Stu NJW **04** 2255, KG VRS **64** 104, Fra VRS **57** 207, s aber Hb DAR **00** 41) und gilt auch nicht für das Rückwärtsrangieren innerhalb einer Parklücke am Fahrbahnrand im Verhältnis zu den parkenden Fz (Stu NJW **04** 2255, Ko DAR **00** 84), nach Jn VRS **108** 294 überhaupt nicht im Verhältnis zum ruhenden V (ebenso Dr NZV **07** 152 [Tankstellengelände]). Zur Tragweite des Maßstabs äußerster Sorgfalt beim Rückwärtsfahren Bay VRS **58** 396 und § 10 Rz 10 ff. Vorherige und ständige Rückschau ist hier unerlässlich. Rückwärts zu fahren ist auf der rechten Fahrbahnseite iS des Vorwärtsfahrens, möglichst weit rechts, ständig bremsbereit, bei rückwärtigem Verkehr ist sofort anzuhalten (Bay VRS **31** 374). Der zurückstoßende Kf muss darauf achten, dass der Gefahrraum hinter dem Kfz frei ist und von hinten wie von den Seiten her freibleibt (Ol VRS **100** 432, Dü VRS **87** 47), er muss andernfalls sofort anhalten können; auf bloße Annäherungen an diesen Raum kann und muss er daneben nicht auch noch achten (Bay VM **77** 17). Auf eine Einparkhilfe darf er sich nicht vollständig verlassen (AG Mü NZV **08** 35). Nur überblickbarer und mit Gewissheit freier Raum darf rückwärts befahren werden, *sonst ist ein Einweiser erforderlich* und der Vertrauensgrundsatz gilt nicht (BGH VRS **31** 440, Ce VRS **50** 194, Kar VersR **77** 1012, NZV **88** 185, Ol VRS **100** 432 [toter Winkel hinter Lkw], Ha NZV **98** 372 [Sichtbehinderung durch Kopfstütze], Nü NZV **91** 67 [hinter Pkw befindliches Kind], Dü VRS **87** 47 [Lkw]), auch bei einem Omnibus (BGH VRS **15** 438), beim Rückwärtsfahren in eine Toreinfahrt (Mü VersR **60** 645), aus einem Grundstück auf die Fahrbahn (§ 10 Rz 13) oder aus einer wartepflichtigen Str (Z 205) mangels Einsicht in die VorfahrtStr (KG VRS **69** 457). Kann sich der Kf nicht selbst überzeugen und hat er keinen Einweiser, so darf er nicht rückwärts fahren (BGH VRS **29** 275, Dü VRS **54** 219). Eine Hilfsperson haftet für höchste Sorgfalt straf- und zivilrechtlich (Dü VM **62** 12, BGH VRS **20** 161), aber neben dem Fahrer, der sich auch selbst vergewissern muss, dass er beim Zurückfahren niemanden gefährdet (BGH VersR **60** 635). Wer sein Fz rückwärts in einer **Haltverbotszone** anhält, um zurückzusetzen, verletzt dadurch nicht ein bestehendes Haltverbot (BGH DAR **63** 250, Ce VRS **20** 158, OVG Lüneburg VkBl **05** 631, aM Ha DAR **64** 115 [auch das Rechtsfahrgebot]). Zum Rückwärtsfahren **auf der AB** § 18 Rz 22. Wer rückwärts in einen **Parkplatz** einfährt, muss sich ständig über den freien Raum vergewissern und auf Aussteigende achten (Mü VersR **60** 189). Da die Fahrstreifen von Parkplätzen und Parkhäusern als Einrichtungen, die nicht dem fließenden, sondern dem ruhenden V dienen, vorsichtig und bremsbereit zu befahren sind, ist das sich grundsätzlich aus Abs V ergebende hohe Risiko des Rückwärtsfahrenden beim rückwärts Ausparkenden gegenüber dem an den Parktaschen Vorbeifahrenden geringer (Fra VRS **57** 207, KG VRS **64** 104). Der auf Parkplätzen rückwärts Ein- oder Ausparkende muss stets mit anderen VT (Fz und Fußgängern) hinter seinem Fz rechnen (Ha VRS **99** 70). Zur Sorgfalt des Rückwärtsausparkenden gegenüber Benutzern der Parkplatzfahrbahn s i Ü § 8 Rz 31a. **Auf Werkstatthöfen** (BGH VRS **9** 406), Werkstraßen und Baustellen gelten die Rückwärtsfahrregeln entsprechend (Kar VRS **48** 197, Hb VM **66** 27). Zurücksetzen, auch in privatem Hofraum, nur mit äußerster Sorgfalt, ggf unter verlässlicher Einweisung (Dü VRS **54** 219, **55** 412, Ha VersR **78** 749). Der in eine **Richtungsfahrbahn** Einbiegende muss idR nicht mit entgegen der vorgeschriebenen Fahrtrichtung Rückwärtsfahrenden rechnen (KG VersR **93** 711). Rückwärtsfahren auf Richtungsfahrbahnen gegen die Fahrtrichtung über mehrere Meter zwecks Erreichens einer Parklücke ist (anders als bloßes Rückwärtseinparken) unzulässig (KG VRS **60** 382, DAR **96** 366, Hb DAR **00** 41, aM [selbst auf EinbahnStr] *Jagow/Burmann/Heß* Rz 67). Wer in eine EinbahnStr abbiegt, muss nicht mit plötzlichem Rückwärtsrollen eines dort ungeparkt haltenden (wartenden) Kfz rechnen (Ha

2 StVO § 9 I. Allgemeine Verkehrsregeln

VM **77** 95). Rückwärtsbewegung zwecks Einparkens ist auch in EinbahnStr zulässig, jedoch kein Rückwärtsfahren über mehr als nur ganz kurze Strecken (§ 41 Rz 248b [Z 220]). Wer rückwärts fährt, besonders auf einer EinbahnStr, wo dies niemand erwartet, muss den rückwärtigen Verkehr ständig äußerst sorgfältig beobachten und sofort anhalten können (Einparken), bei Unfall spricht der Anschein gegen ihn (Dü VRS **55** 412). Wer verbotswidrig eine EinbahnStr rückwärts in Gegenrichtung befährt, kann sich nicht auf den Vertrauensgrundsatz berufen (querende Fußgänger; Kö VRS **35** 181). **Ungewolltes Zurückrollen** ist nicht Rückwärtsfahren iS von V (Stu VM **73** 61, Dü NZV **00** 303, VRS **63** 471 [aber uU § 1 II]). Muss der Kf beim Anfahren mit Rückwärtsrollen rechnen, so muss er sich vorher vergewissern, dass dies niemanden schädigt (Sa VM **79** 12).

52 **9c. Ausgeschlossen** muss Gefährdung anderer beim Abbiegen in ein Grundstück, beim Wenden oder Rückwärtsfahren sein (V). § 9 fordert höchstmögliche Sorgfalt bzw größtmögliche Vorsicht (**E** 150; Bay VRS **58** 451), beim Abbiegen neben den übrigen Abbiegepflichten (Rz 16–43; Kar VRS **48** 196, Schl VM **73** 55, Stu VM **72** 69, VersR **76** 73, **78** 420, Ce DAR **73** 306, Fra VRS **51** 120), jedoch nur im Verhältnis zum fließenden V, nicht auch gegenüber einem aus demselben Grundstück Ausfahrenden (LG Aachen NZV **89** 118, aM Kö VersR **92** 332, einschr auch Kö NZV **94** 321; s Rz 44). Ob der Abbieger in ein Grundstück äußerste Sorgfalt gewahrt hat, richtet sich nach allen darzulegenden Umständen (Ha DAR **74** 79). Diese Sorgfalt muss den gesamten entgegenkommenden wie nachfolgenden Verkehr einbeziehen. In aller Regel schließt sie Schreckzeit des Abbiegers aus (Schl VM **61** 62). Der Abbieger in ein Grundstück, Wendende, Rückwärtsfahrer **trägt die Verantwortung praktisch allein** (Sa MDR **05** 1287, Kö VersR **99** 993, Dü VersR **83** 40, NZV **92** 238, KG VM **91** 2, NZV **02** 230, Stu VRS **78** 420, Ha NZV **97** 438, LG Regensburg NZV **05** 49), fremde Mitschuld ausgenommen (Ce VRS **100** 289 [Geschwindigkeitsüberschreitung], Ko MDR **95** 475, Fra VRS **51** 120, Dü DAR **74** 192, VersR **82** 553). **Keine äußerste Sorgfalt** erbringt, wer sich nicht möglichst deutlich einordnet, nicht verlangsamt oder kein deutliches RichtungsZ gibt (BGH VersR **64** 681, Hb VM **66** 40), wer durch zu spätes Einordnen und Zeichengeben Auffahren des Nachfolgenden verursacht (Dü VersR **83** 40), wer vor dem Rechtseinbiegen nach vorherigem Linksausholen nicht mit Rechtsüberholtwerden durch Kradf rechnet (Bay NZV **91** 162), wer vor einer schwer erkennbaren Einfahrt seine Absicht nicht deutlich anzeigt (Kö DAR **58** 197, Ha DAR **60** 23), wer nach dem Einordnen wegen zu nahe aufgerückten Folgeverkehrs erst noch beschleunigt und dadurch eine unklare Lage schafft (BGH VersR **69** 900), wer mit einem Bus auf einer BundesStr ohne Warnposten wendet (Ko VRS **49** 31), wer im Dunkeln mit Lastzug wendet und quer zur Fahrbahn stecken bleibt (Ha VersR **04** 1618), wer den Verkehr durch Querstehen blockiert, weil er sich vorher keine Klarheit über die Einfahrmöglichkeit verschafft hat (Dü VRS **64** 10, aM Ha DAR **61** 285 [deutliche Sichtbarkeit innerorts auf 90m]), Schuld des Blockierenden auch bei Unaufmerksamkeit des Auffahrende (Kö DAR **66** 306; wohl Tatfrage), wer im Dunklen mit einem Lastzug längere Zeit zum Abbiegen braucht, ohne Sicherungsleuchten aufzustellen oder Warnlicht einzuschalten (Kö VRS **25** 312, Ha DAR **93** 347), wer als Abbieger überhöhte Fahrgeschwindigkeit anderer nicht berücksichtigt, Fra VM **76** 92 (zur Höhe der zu berücksichtigenden Geschwindigkeitsüberschreitung, Rz 39).

53 **Gleicht eine StrEinmündung äußerlich einer Einfahrt,** so ist äußerste Sorgfalt geboten, Ol VM **67** 52. Nach Ansicht von Stu VersR **76** 73 erfordert **Unabwendbarkeit** (§ 17 III StVG) eine Umsicht, die über die höchste Sorgfalt gemäß der StVO noch hinausgeht.

54 **10. Ordnungswidrig** (§ 24 StVG) sind Verstöße gegen die Vorschriften über das Abbiegen, Wenden und Rückwärtsfahren nach § 9 I, II S 1, 4 und 5 sowie II bis V (§ 49 I Nr 9). Linkseinordnen ohne Abbiegeabsicht verletzt § 2, bei Behinderung oder Belästigung anderer § 1, bei Gefährdung anderer § 9 I, bei deren Schädigung die §§ 1, 9 I in TE, Hb VM **66** 40. Abbiegen ohne Rückschau oder, wo erforderlich, ohne zweite Rückschau verletzt § 9 I. Nichteinordnen vor dem Abbiegen verletzt nur § 9, nicht auch § 2 (Ha VRS **31** 303). Bei fremder Behinderung oder Gefährdung tritt § 1 gegenüber § 9 zurück (KG VRS **63** 380, Dü NZV **89** 317), TE nur bei Schädigung (s o). Wer ohne RichtungsZ abbiegt, handelt erst durch das Abbiegen ow (Bay DAR **61** 94). Vorzeitiges Anzeigen der Richtungsänderung verletzt bei Irreführung, Behinderung oder Gefährdung anderer § 1 (Ha VRS **17** 68), ebenso, wenn der Kf trotz des RichtungsZ geradeaus weiterfährt (Hb VRS **28** 196). Versehentlich unrichtiges Anzeigen ohne Nachteil ist in aller Regel belanglos. Wer sich vor FarbZ ohne Abbiegeabsicht **unrichtig einordnet** und dadurch behindert, verletzt § 1 (Schl VM **66** 28 [Verengung]). Jedoch muss der

Abbiegen, Wenden und Rückwärtsfahren § 9 StVO **2**

schuldlos unrichtig Eingeordnete nicht deshalb in falscher Richtung weiterfahren, weil er sonst behindert würde (Bay NJW **59** 1788). Wer als Ortsfremder den Verkehr durch unrichtiges Einordnen versehentlich kurz behindert, hat geringe Schuld (Hb VM **65** 30), bei schlechter Wegweisung uU überhaupt keine. Wer kurz vor dem Abbiegen noch überholt und sich dann unter Verlangsamung einordnet, den Überholten aber nicht behindert, handelt nicht verkehrswidrig (BGH VRS **24** 15). Behinderndes Einordnen auf Gleise verletzt nur § 9 I; § 1 tritt zurück.

11. Zivilrecht (soweit nicht schon in den vorhergehenden Rz mitbehandelt): Hat der **55** durch Verstoß eines anderen VT gegen V Geschädigte die zulässige Höchstgeschwindigkeit um 20% überschritten, haftet er zu $^1/_4$ mit (Kar VersR **82** 807). Bei **Kollision mit dem geradeausfahrenden GegenV** haftet der Linksabbieger grundsätzlich allein (BGH NZV **05** 249, **07** 294, KG VRS **103** 412, NZV **91** 274, DAR **94** 153, Stu VersR **80** 363, Ko VD **93** 135, Kö VRS **101** 352) oder jedenfalls ganz überwiegend (BGH NZV **05** 249), auch wenn das entgegenkommende Fz bei Grün in fliegendem Start an noch stehenden Fzen rechts vorbei in den Einmündungsbereich einfährt (KG VM **82** 66). Linksabbiegen vor schnell herannahendem Längsverkehr lässt dessen etwaige Schuld und BG uU ganz zurücktreten, BGH VersR **64** 514, Ko NJW-RR **04** 392, Stu VersR **80** 363, Kö VRS **89** 352, auch bei Grün, BGH VersR **63** 633. Anders bei erheblicher Geschwindigkeitsüberschreitung, Ko NJW-RR **04** 392. Schadensteilung bei für den Linksabbieger erkennbarer Überschreitung um mehr als 50% außerorts, Zw DAR **00** 312. Jedoch überwiegende Mithaftung des überschnell Entgegenkommenden bei Kollision mit einem Linksabbieger, der die überhöhte Fahrgeschwindigkeit nicht erkennen konnte, BGH VersR **80** 943, Ha NZV **94** 318, BGH NJW **84** 1962, oder der, zu langsam abbiegend, diesen bei Beginn des Abbiegens infolge des StrVerlaufs noch nicht sehen konnte (2:1), Ha VRS **76** 253. $^1/_3$ Mithaftung des Entgegenkommenden bei Überschreitung der innerörtlichen Höchstgeschwindigkeit von 50 km/h um 20 km/h, Ce MDR **97** 1120, $^2/_3$ Mithaftung bei 100 statt 50 km/h innerorts, KG VM **01** 19. Alleinhaftung bei Überschreiten um 30 km/h innerorts, Kar VersR **80** 1148, bei Überschreitung um 40 km/h, AG Ludwigshafen NZV **03** 45. Alleinhaftung des Entgegenkommenden, wenn der Linksabbieger **bei grünem Abbiegepfeil** eingebogen ist, KG VersR **87** 37, NZV **94** 31, **99** 512, DAR **94** 153; bleibt dies ungeklärt, Schadensteilung 1:1, BGH NZV **92** 108, **96** 231, **97** 350, Kö VRS **108** 86, Fra NZV **00** 212, KG NZV **99** 512, VRS **103** 412, VersR **99** 1509, Dü NZV **95** 311, wegen der im Rahmen von § 17 StVG geltenden Beweisgrundsätze (s § 17 StVG Rz 31) und weil LichtZ die allgemeinen Vorrangregeln verdrängen, aM (2:1 zu Lasten des Linksabbiegers) KG VM **90** 51, **93** 67, NZV **91** 271, **94** 31, **95** 312, *Klimke* DAR **87** 321. Dagegen bleibt es bei der Alleinhaftung des Linksabbiegers, wenn bei Kreuzung **ohne Grünpfeil** ungeklärt bleibt, ob der GegenV bei Rot (oder jedenfalls verbotswidrig bei Gelb) gefahren ist, KG VM **87** 37, Ha NZV **89** 191, Ko VD **93** 135. Ist ein solcher Ampelverstoß des GegenV festgestellt, so kommt Mithaftung des Geradeausfahrenden gegenüber dem ohne Grünpfeil Abbiegenden in Betracht, Dü VRS **104** 122 (60 : 40 zu Lasten des Linksabbiegers), KG VM **84** 37 (1 : 1), **93** 67, **99** 91, Fra VersR **81** 578, Ha NZV **89** 191 (1:1), VRS **89** 23 (60 : 40 zu Lasten des Geradeausfahrenden), ebenso gegenüber dem vor Aufleuchten des Grünpfeils Abbiegenden, KG VM **92** 82, Ce VRS **102** 325 ($^2/_3$: $^1/_3$ zu Lasten des Abbiegenden). Wer bei Grün links abbiegt, aber durch einen Überweg aufgehalten wird, ist für seitliches Angefahrenwerden von rechts her nicht verantwortlich, Dü VRS **35** 311. **Ein Kf muss nicht damit rechnen,** dass ein Radf plötzlich ohne Zeichen links abbiegt, dass ein Kradf ohne Ankündigung links in einen Feldweg abbiegt (BGH VersR **57** 787). **Haftungsverteilung zwischen Abbieger und nachfolgendem V:** Wer ohne Rücksicht auf überholendes Fz plötzlich **links abbiegt**, kann den Schaden allein zu tragen haben (Nü NZV **03** 89, Ce MDR **05** 569, KG ZfS **02** 519, Fra NZV **00** 211). Jedoch nur überwiegende Haftung des grob verkehrswidrig links Abbiegenden bei Kollision mit einem trotz unklarer VLage Überholenden (KG VM **90** 52 [$^2/_3$], Bra DAR **93** 345 [60%[). Lässt sich nicht aufklären, ob ausnahmsweise Rechtsüberholen geboten war, so haftet bei Kollision der Linksabbiegende überwiegend (Ko VersR **78** 676, Ha NZV **93** 397). Schadenshalbierung zwischen Mopedf, der ohne Zeichen und deutliches Linkseinordnen links abbiegt, und einem Kf, der ihn überschnell von hinten anfährt (BGH VersR **70** 466), ebenso bei Nichtbeachten des Fahrtrichtungsanzeigers eines links Abbiegenden (Grundstück) durch Überholenden und Nichtbeachten des vom Überholenden gegebenen Hupsignals durch den Abbiegenden (KG VRS **62** 95). Schadensteilung bei Auffahren auf links abbiegendes Kfz bei Fahrlässigkeit beider Kf (Sa r + s **81** 100, KG NZV **93** 272, Schl VersR **96** 866), ebenso bei fehlender zweiter Rückschau des Linksabbiegers und Überholen durch Nachfolgenden

König

trotz Überholverbots innerorts (Dü VRS **64** 409) oder bei unklarer VLage (KG VRS **95** 406, Kar NZV **99** 166, Kö VRS **96** 407, **99** 39 [Abbiegen in ein Grundstück]), bei Ausschwenken des FzHecks nach links während des Rechtsabbiegens und Kollision mit links Geradeausfahrendem, der dies nicht berücksichtigt (Ha NZV **94** 399, s aber LG Mü I NZV **98** 74 [keine Haftung des abbiegenden Busf]). ²/₃-Haftung des ohne ausreichende zweite Rückschau links einbiegenden Führers eines landwirtschaftlichen Gespanns bei Kollision mit nachfolgendem Krad (Kö VRS **93** 277). Haftung des links Überholenden zu ²/₃, wenn er den eingeordneten, links blinkenden Abbieger nur rechts hätte überholen dürfen, dieser aber die zweite Rückschau unterlässt (Ko NZV **05** 413, KG NZV **93** 272). ²/₃-Haftung des in einer Rechtskurve eine Kolonne mit doppelter Geschwindigkeit Überholenden, der das Blinkzeichen eines Vorausfahrenden, in ein Grundstück Abbiegenden wegen des StrVerlaufs nicht sieht (Ha NZV **93** 313). Jedoch Alleinhaftung des ohne Fahrtrichtungsanzeige und rechtzeitiges Einordnen in ein Grundstück Abbiegenden bei Kollision mit ordnungsgemäß Überholendem (KG DAR **02** 557, NJW-RR **87** 1251, Ce VRS **89** 24). Alleinhaftung des mit hoher Geschwindigkeit herannahenden Kradf, der das BlinkZ des seiner Rückschaupflicht genügenden, links abbiegenden TraktorF schuldhaft übersieht (Nü VRS **88** 107), ebenso bei Kollision mit ordnungsgemäß abbiegendem Pkw und Geschwindigkeitsüberschreitung durch den Kradf (Dü NZV **98** 72) oder bei grob verkehrswidrigem Überholen unter Umfahrung einer Verkehrsinsel (LG Erfurt ZfS **07** 78). Haftungsverteilung 60:40 zu Lasten des mit einer Zgm mit 2 Anhängern ohne richtiges Einordnen und ohne Fahrtrichtungsanzeige **rechts Abbiegenden** bei Kollision mit zu schnell fahrendem, rechts überholendem Pkw (Fra VRS **78** 339). Keine Mithaftung *aus Verschulden* des durch einen Rechtsabbiegenden Geschädigten allein wegen unberechtigten Befahrens eines Sonderfahrstreifens (KG VRS **87** 411, 414); zur Haftungsverteilung in solchen Fällen i Ü KG VM **00** 78. Verhält sich der nach rechts in ein Grundstück Abbiegende korrekt, so haftet ein achtlos von hinten Auffahrender allein (KG DAR **76** 74). Gegenüber unvorhersehbarem groben Verschulden des Pkwf tritt die BG eines nach links in ein Grundstück abbiegenden Lkw uU ganz zurück (Dü VersR **81** 68). Alleinhaftung eines den Linksabbieger und 6 hinter ihm fast zum Stehen gekommene Fz grob verkehrswidrig Überholenden (Fra NZV **89** 155). Wer mit einem langen, schwerfälligen Fz bei schlechter Sicht ohne Sicherung durch Warnposten in eine BundesStr abbiegt, kann sich nicht auf ein unabwendbares Ereignis berufen (Ha VRS **19** 462, Ol DAR **61** 310, Dü VM **62** 57). Wer sich unter solchen Umständen nicht in die Gegenfahrbahn hineintastet und Gegenverkehr nicht vorbeilässt, gegen den spricht **der Anschein** (BGH VersR **66** 1074, VM **67** 3). Kein Anscheinsbeweis gegen die Straba beim Auffahren auf einen Linksabbieger (Dü VersR **69** 334, Ha NZV **91** 313) oder gegen den, der auf einen Rechtsabbieger rückwärts seitlich auffährt (Ce NJW **66** 2020 [Grundstückseinfahrt]). Der Anschein spricht gegen den Linksabbieger, der mit einem ihn ordnungsgemäß Überholenden kollidiert (KG NZV **05** 413, DAR **02** 557, einschr OLGR Ce **08** 274), der nicht blinkt (Sa VersR **75** 1132) oder der mit einem Entgegenkommenden in dessen Fahrbahn kollidiert (BGH NZV **05** 249, **07** 294, Ko NZV **03** 182, Ko NJW-RR **04** 392, Ha VersR **96** 645, KG **89** 191, Stu VersR **80** 363, Kö VRS **73** 179), nicht jedoch, wenn ungeklärt ist, ob der Grünpfeil für Linksabbieger leuchtete (Ha NZV **90** 189). Der Anscheinsbeweis ist erschüttert, wenn der Entgegenkommende trotz Dunkelheit ohne Licht fährt (Kö VRS **73** 179) oder wesentlich zu schnell (Sa ZfS **03** 537, Ol ZfS **95** 168). **Wenden:** Die BG eines im fließenden V mit dem Wendenden kollidierenden Motorrads tritt zurück, wenn der Wendende den V durch Querstehen blockiert, weil er sich vorher keine Klarheit verschafft hat (Dü VRS **64** 10) oder weil er an unübersichtlicher Stelle gewendet hat (Ha VersR **01** 1169). Kein Mitverschulden eines zwei stehende FzKolonnen überholenden Kradf bei Kollision mit einem FzF, der unter Ausnutzung einer Lücke in der linken Kolonne wendet (aber Anrechnung der BG des Kradf; Mü DAR **81** 356). Anschein für Alleinschuld des unter Inanspruchnahme des benachbarten (gleichgerichteten) Fahrstreifens Wendenden bei Unfall mit ordnungsgemäß Überholendem (KG NZV **07** 306). Wer mit einem Pkw nur etwa 15 m vor dem nachfolgenden Lkw plötzlich wendet, so dass der Lkw notbremsen muss, soll nach KG DAR **72** 20 dennoch ein Auffahren des Lkw-Hintermannes auf den Lkw nur zum geringeren Teil verursacht haben; dies widerspricht jedoch der Pflicht zu äußerster Sorgfalt. Regelmäßiges Zurücktreten der BG des an der Kollision schuldlosen Kf, in dessen Fahrbahn der Wendende gerät (Rz 52). Mit- oder Alleinhaftung des mit dem Überholer Kollidierenden jedoch zB bei mitursächlicher Geschwindigkeitsüberschreitung (KG NZV **02** 230). Bei **Kollision während des Zurücksetzens** spricht der Anschein für Verschulden des Rückwärtsfahrenden (KG VRS **108** 190, VM **88** 32 [Alleinhaftung]). Der Anschein spricht für Alleinschuld des rückwärts vom Parkstreifen in die Fahrbahn

Einfahrenden bei Kollision mit dem fließenden V; idR keine Mithaftung des anderen in solchen Fällen (Fra VersR **82** 1079). Erhebliches Mitverschulden dessen, der sich in Kenntnis baldigen Zurücksetzens eines Lkw hinter diesen begibt (Ol VRS **100** 432 [$^2/_3$ Mithaftung]). Schadensteilung, falls zwei rückwärts aus ihren Parkboxen ausfahrende Kfz zusammenstoßen (LG Bad Kreuznach ZfS **07** 559).

Lit: *Klimke,* Schadensausgleich des Linksabbiegers bei ungeklärter Ampelstellung, DAR **87** 321. *Menken,* Die Haftungsverteilung zwischen einem mit Grünpfeil geführten Linksabbieger und einem entgegenkommenden Geradeausfahrer bei nicht aufgeklärter Ampelfarbe, DAR **89** 55.

Kreisverkehr

9a (1) ¹Ist an der Einmündung in einen Kreisverkehr Zeichen 215 (Kreisverkehr) unter Zeichen 205 (Vorfahrt gewähren!) angeordnet, hat der Verkehr auf der Kreisfahrbahn Vorfahrt. ²Bei der Einfahrt in einen solchen Kreisverkehr ist die Benutzung des Fahrtrichtungsanzeigers unzulässig. ³Innerhalb des Kreisverkehrs ist das Halten auf der Fahrbahn verboten.

(2) ¹Die Mittelinsel des Kreisverkehrs darf nicht überfahren werden. ²Ausgenommen davon sind Fahrzeuge, denen wegen ihrer Abmessungen das Befahren des Kreisverkehrs sonst nicht möglich wäre. ³Mit ihnen darf die Mittelinsel überfahren werden, wenn eine Gefährdung anderer Verkehrsteilnehmer ausgeschlossen ist.

Begr zu § 9a (VkBl **01** 7):

Der Kreisverkehr als eine besondere Knotenpunktform erfährt in Deutschland eine „Renaissance". Dies wirft verkehrsrechtliche Fragen auf, die aus Gründen der Verkehrs- und Rechtssicherheit beantwortet werden müssen. **1**

An die Kombination des neuen Zeichens 215 „Kreisverkehr" (blaue Ronde mit drei gekrümmten weißen Pfeilen entgegen dem Uhrzeigersinn) mit Zeichen 205 (Vorfahrt gewähren!) an allen Einmündungen des Kreisverkehrs werden besondere Verhaltensregeln für den Kreisverkehr geknüpft; insbesondere die Vorfahrt für den Verkehr im Kreis sichert die Leistungsfähigkeit der Kreisverkehre. Dadurch wird das vorfahrtgebende Zeichen im Kreisverkehr entbehrlich. Zeichen 205 bleibt jedoch erforderlich, da von dem neuen Zeichen 215 keine vorfahrtregelnde Anordnung ausgehen kann.

Zu Abs 1: *Mit Absatz 1 Satz 2 wird bei Einfahrt in einen Kreisverkehr mit der o.g. Zeichen-Kombination die Pflicht zur Setzung des Fahrtrichtungsanzeigers nach rechts aufgegeben. Damit soll die in der Praxis vor allem in kleinen Kreisverkehren immer wieder aufgetretene Unsicherheit zur Zeichensetzung ausgeräumt werden. Kleine Kreisverkehrsplätze zeichnen sich durch eine dichte Abfolge von Ein- und Ausfahrten aus. Hier ist das Setzen des „Blinkers" bei der Einfahrt in den und das Zurücknehmen des Blinkers im Kreisverkehr sowie das erneute Setzen vor Verlassen des Kreisverkehrs kaum noch praktikabel. Vor allem kann ein bei der Einfahrt „rechts" gesetzter Fahrtrichtungsanzeiger Risiken eröffnen, da andere Verkehrsteilnehmer irrtümlich annehmen können, dass der Kreisverkehr bereits an der nächsten Ausfahrt wieder verlassen werden soll.* **2**

Bei der Ausfahrt aus dem Kreisverkehr muss es aus Verkehrssicherheitsgründen bei der allgemeinen Blinkpflicht bleiben. Hier ist die Blinkpflicht zur Orientierung des in den Kreisverkehr einbiegenden Verkehrsteilnehmers unverzichtbar, der dem Verkehr im Kreisverkehr die Vorfahrt zugewähren hat.

Zu Abs 2: *Absatz 2 behandelt besondere Regelungen für Kreisverkehre, die wegen ihrer geringen Abmessung mit einer überfahrbaren Mittelinsel ausgestaltet sind. Nach Satz 3 gilt für das nur im Ausnahmefall erlaubte Überfahren der Mittelinsel der höchste Sorgfaltsmaßstab der Straßenverkehrs-Ordnung.* **3**

…

Vwv zu § 9a Kreisverkehr

1   I. *Die Zeichen 205 und 215 sind an allen einmündenden Straßen anzuordnen (vgl. zu Zeichen 215).* **4**

2   II. *Der Fahrradverkehr ist entweder wie der Kraftfahrzeugverkehr auf der Kreisfahrbahn zu führen oder auf einem baulich angelegten Radweg (Zeichen 237, 240, 241). Ist dieser baulich angelegte Radweg eng an der Kreisfahrbahn geführt (Absatzmaß max. 4–5 m), so sind in den Zufahrten die Zeichen 215 (Kreisverkehr) und 205 (Vorfahrt gewähren!) vor der Radfahrerfurt anzuordnen. Ist der baulich angelegte Radweg von der Kreisfahrbahn abgesetzt oder liegt der Kreisverkehr außerhalb bebauter Gebiete, so ist in der Regel für den Radverkehr Zeichen 205 anzuordnen.* **5**

2 StVO § 9a   I. Allgemeine Verkehrsregeln

6 3   III. Zur Anordnung von Fußgängerüberwegen auf den Zufahrten vgl. R-FGÜ.

7 4   IV. Ein Kreisverkehr darf nur angeordnet werden, wenn die Mittelinsel von der Kreisfahrbahn baulich abgegrenzt ist. Dies gilt auch, wenn die Insel wegen des geringen Durchmessers des Kreisverkehrs von großen Fahrzeugen überfahren werden muss.

8 5   V. Zeichen 295 als innere Fahrbahnbegrenzung ist in Form eines Breitstrichs auszuführen (vgl. RMS).

9 6   VI. Außerhalb geschlossener Ortschaften ist der Kreisverkehr mit Vorwegweiser (Zeichen 438) anzukündigen.

10 **Anwendungsbereich.** § 9a gilt nur für Kreisverkehre, an deren Einmündung die Kombination der VZ 215 (Kreisverkehr) und 205 (Vorfahrt gewähren!) nach Maßgabe von I S 1 angebracht ist. Fehlen VZ oder steht nur das Z 205 oder das Z 215, so gelten die allgemeinen Vorschriften, zB hinsichtlich der Fahrtrichtungsanzeige § 9, s § 9 Rz 19, hinsichtlich der Vorfahrt § 8, s § 8 Rz 37.

11 **1. Vorfahrt.** Die Kombination der VZ 205 (Vorfahrt gewähren!) mit dem neu in § 41 II Nr. 2 aufgenommenen Z 215 (Kreisverkehr) gewährt dem V auf der Kreisfahrbahn Vorfahrt. Anders als nach der vor dem 1. 3. 1971 geltenden früheren StVO (VZ Bild 27b) gewährt das VZ (Kreisverkehr) unmittelbar keine Vorfahrt, sondern nur dann, wenn es unter dem Z 205 (Vorfahrt gewähren!) angeordnet ist, und zwar für denjenigen, der es bereits passiert hat und sich im Kreis befindet, gegenüber denjenigen, die ihrerseits in den Kreisverkehr einbiegen. Wer an einer Stelle in den Kreis eingefahren ist, an der die Kombination der Z 215 und 205 aufgestellt ist, darf sich darauf verlassen, dass an den weiteren Einmündungen in den Kreis ebenfalls diese Z angebracht sind; selbst ihr Fehlen (Amtspflichtverletzung, s § 8 StVO Rz 39) würde aber sein Vorfahrtsrecht nicht beseitigen, BGH VersR **76** 1317; Ka VersR **84** 1077 (für den Fall eines positiven Vorfahrtzeichens bei Fehlen eines entsprechenden negativen Zeichens an der einmündenden Straße). Für andere Kreisverkehre, bei denen an der Einmündung nur das Z 205 aufgestellt ist, gilt Abs I nicht. Dort folgt die Wartepflicht des in den KreisV Einfahrenden aus dem Z 205, ein Vorfahrtsrecht für den die Kreisbahn Befahrenden bei Fehlen positiver VorfahrtZ im Kreis allerdings im Hinblick auf § 8 I S 1 („rechts vor links"), abweichend von der Regel des § 8 I S 1, gewissermaßen nur als „Reflex" aus dem für den Einbiegenden geltenden negativen Vorfahrtzeichen, § 8 Rz 37. Bleibt offen, wer als erster in den Kreis eingefahren ist, so gilt bei Kollision kein Anscheinsbeweis für Vorfahrtverletzung, LG Detmold DAR **05** 222.

12 **2. Fahrtrichtungsanzeige.** Vor der Einfahrt in einen Kreisverkehr, der durch die Kombination der VZ 205 und 215 gekennzeichnet ist, darf der Fahrtrichtungsanzeiger nicht benutzt werden (I S 2). Die Regelung trägt dem Umstand Rechnung, dass die Fahrtrichtungsanzeige beim Einbiegen in die in letzter Zeit zunehmend eingerichteten kleinen und kleinsten Kreisverkehre mit zum Teil äußerst geringem Radius zu Missverständnissen führen sollte. Bei derartigen Mini-Kreisverkehren ist das Setzen des „Blinkers" bei der Einfahrt in den und das Zurücknehmen des Blinkers im Kreisverkehrs sowie das erneute Setzen vor Verlassen des Kreisverkehrs kaum noch praktikabel und kann andere Verkehrsteilnehmer irritieren (s Begr, Rz 2). Hinsichtlich des Verlassens des Kreises gilt die allgemeine Regelung über die Fahrtrichtungsanzeige; dh der den Kreisverkehr Verlassende hat, weil er im Sinne des § 9 I S 1 abbiegt, dies rechtzeitig und deutlich anzukündigen. Für den Vorrang des RadfVerkehrs auf **neben der Fahrbahn des Kreises verlaufenden Radwegen** im Verhältnis zu aus dem Kreis Abbiegenden gilt § 9 III (§ 9 Rz 39).

13 **3. Haltverbot.** I S 3 enthält im Interesse des VFlusses ein Haltverbot innerhalb des Kreisverkehrs auf der Fahrbahn, soweit der Kreisverkehr durch die in I S 1 genannte VZ-Kombination gekennzeichnet ist.

14 **4. Verbot des Befahrens der Mittelinsel.** Gem II S 1 darf die Mittelinsel des Kreisverkehrs nicht überfahren werden. Dass bei kleinen Kreisverkehren vielfach zu beobachtende Schneiden der durch die Kreisfahrbahn beschriebenen Kurve unter Mitbenutzung der Mittelinsel ist also grundsätzlich verboten, Ha DAR **04** 90. Dies gilt auch, wo entgegen der Vwv Rn 5 (Rz 8) eine Kennzeichnung der Mittelinsel durch eine durchgehende Linie (Z 295) fehlt, wie aus der Ausnahmebestimmung des § 41 III Nr 3b S 5 folgt. Eine Verurteilung wegen Überfahrens der Mittelinsel ist nur möglich, wenn diese unter Berücksichtigung der herrschenden Verkehrs-, Witterungs- und Beleuchtungsverhältnisse eindeutig erkennbar ist, nicht zB, wenn die Grenze

zwischen der eigentlichen Fahrbahn und der Mittelinsel nur durch schlecht wahrnehmbare Unterschiede in der Pflasterung oder kaum das Niveau der Fahrbahn übersteigende Andeutungen von Flachbordsteinen nur zu erahnen ist. Soweit in Rn 4 der Vwv (Rz 7) „bauliche Abgrenzung" vorgeschrieben ist, wird dies nicht näher beschrieben. Im Übrigen gilt auch im KreisV das **Rechtsfahrgebot** des § 2, Ha DAR **04** 90.

Die Regelung in II S 2 trägt dem Umstand Rechnung, dass **längere Fahrzeuge**, zB Busse, kleine Kreisverkehre oft nur unter Benutzung der Mittelinsel befahren können. Führern solcher Fahrzeuge ist dies ausdrücklich erlaubt, wenn eine Gefährdung anderer Verkehrsteilnehmer ausgeschlossen ist. Das bedeutet, dass, soweit ein Ausnahmefall gegeben ist, der Fahrzeugführer beim Überfahren der Mittelinsel einem gesteigerten Sorgfaltsmaßstab unterliegt; er hat also über die allgemein geforderte Sorgfalt hinaus ein Höchstmaß an Vorsicht obwalten zu lassen (s **E** 150). Die Ausnahme des Abs 2 S 2 gilt auch, wenn beim Befahren der Mittelinsel eine diese begrenzende durchgezogene Linie überfahren werden muss, § 41 III Nr 3b) S 5. **15**

Ordnungswidrig gem §§ 49 I Nr 9 a StVO, 24 StVG ist das Betätigen des Fahrtrichtungsanzeigers entgegen I S 2, das Halten auf der Fahrbahn innerhalb des nach I S 1 beschilderten Kreisverkehrs, das Überfahren der Mittelinsel entgegen Abs II. Unterlassen der Fahrtrichtungsanzeige beim Verlassen des Kreisverkehrs ist ow gem § 9 I S 1 (§ 49a Nr 9). Verletzung des dem im Kreis befindlichen FzF gem I S 1 gewährten Vorfahrtrechts ist als Verstoß gegen die sich aus § 8 ergebenden Pflichten ow (§§ 8, 49 I Nr 8). **16**

Lit: *Bouska*, KreisV, NZV **01** 27. *Hentschel*, KreisV, NJW **01** 465. *Huppertz*, Haltverbot im KreisV, VD **03** 155. *Kullik*, Der KreisV, PVT **01** 70.

Einfahren und Anfahren

10 ¹Wer aus einem Grundstück, aus einem Fußgängerbereich (Zeichen 242 und 243), aus einem verkehrsberuhigten Bereich (Zeichen 325/326) auf die Straße oder von anderen Straßenteilen oder über einen abgesenkten Bordstein hinweg auf die Fahrbahn einfahren oder vom Fahrbahnrand anfahren will, hat sich dabei so zu verhalten, daß eine Gefährdung anderer Verkehrsteilnehmer ausgeschlossen ist; erforderlichenfalls hat er sich einweisen zu lassen. ²Er hat seine Absicht rechtzeitig und deutlich anzukündigen; dabei sind die Fahrtrichtungsanzeiger zu benutzen. ³Dort, wo eine Klarstellung notwendig ist, kann Zeichen 205 stehen.

Begr zu § 10: *Die geltende StVO fordert in ihrem § 17 mit Recht für das Ausfahren aus Grundstücken das Äußerste an Sorgfalt. Schon der Vorentwurf (DAR 1963 S. 29 ff.) sah vor, man dürfe nicht weniger von denen verlangen, die von anderen Straßenteilen auf die Fahrbahn einfahren. Das sind Fahrzeuge, die auf Gehwegen, Seitenstreifen oder von der Fahrbahn abgesetzten Parkplätzen gehalten haben oder die auf Straßen mit mehr als zwei Fahrbahnen einen Fahrbahnwechsel vornehmen. Auch ihnen ist im Interesse der Sicherheit des Verkehrs anzusinnen, sich erforderlichenfalls einweisen zu lassen ... Zu den von anderen Straßenteilen Einfahrenden gehören schließlich auch die Radfahrer, die von Radwegen oder Seitenstreifen auf die Fahrbahn einbiegen. Auch sie müssen mehr als besondere Rücksicht, wie sie bisher § 27 Abs. 3 StVO verlangt, nämlich das Äußerste an Sorgfalt aufbieten. Sie werden sich zwar kaum je einweisen lassen müssen; dafür haben sie aber eben die Unübersichtlichkeit abzusitzen.* **1**

Die Verordnung geht noch weiter. Sie fordert dieses Äußerste an Sorgfalt auch von dem, der vom Fahrbahnrand anfahren will. Auch diese verschärften Anforderungen an den Fahrverkehr sind geboten, weil ein Schwerpunkt unfallträchtiger Fahrstreifenänderungen im plötzlichen Ausscheren nach links beim Anfahren liegt ... **2**

Begr zur ÄndVO v 21. 7. 80 (VkBl **80** 514): **3**

Zu Satz 1: *In der StVO fehlt eine Regelung über das Verhalten des Fahrzeugführers, der einen gekennzeichneten, verkehrsberuhigten Bereich verlässt. Durch die vorgeschlagene Regelung wäre sichergestellt, dass niemand den verkehrsberuhigten Bereich unter Inanspruchnahme einer im Interesse der allgemeinen Verkehrssicherheit nicht wünschenswerten Vorfahrt verlassen kann. Anderenfalls müsste diese Regelung durch eine entsprechende Beschilderung ersetzt werden ...*

Begr zur ÄndVO v 22. 3. 88 (VkBl **88** 221): *Nach geltendem Recht muss derjenige, der aus einem Grundstück usw. auf eine Straße einfährt, sich so verhalten, dass eine Gefährdung anderer Verkehrsteilnehmer ausgeschlossen ist. Von ihm wird also ein ganz besonderes Maß an Sorgfalt, das Äußerste an Sorgfalt, verlangt. Dies muss ferner nicht nur dann gelten, wenn jemand aus einem verkehrsberuhigten Bereich (Zei-* **3a**

chen 325/326) hinausfährt, sondern auch dann, wenn jemand aus einem Fußgängerbereich hinausfährt. Denn auch aus diesen Bereichen kommen während der Ladezeiten Kraftfahrzeuge. Dasselbe gilt, wenn z. B. eine Wohnstraße, in der Anliegerverkehr zugelassen ist, über einen abgesenkten Bordstein auf eine andere Straße geführt wird.

Alle diese Fälle sind gleich zu behandeln. Die Ergänzung des § 10 trägt dem Rechnung.

Zur Klarstellung wird bemerkt, dass in all diesen Fällen nicht der Grundsatz rechts vor links gilt, sondern dem Ausfahrenden die besondere Sorgfaltspflicht des § 10 gegenüber jeglichem Verkehr auf der Straße obliegt, in die er einfährt.

3b **Begr** zur ÄndVO v 7. 8. 97 (VkBl **97** 688): *Ausnahme von dem Grundsatz, dass Zeichen 205/ 206 nur an Kreuzungen und Einmündungen von Fahrbahnen zur Regelung der Vorfahrt aufgestellt werden (§ 8 Abs. 1). Davon soll nur im Einzelfall dort Gebrauch gemacht werden, wo besondere Umstände dies aus Gründen der Verkehrssicherheit dringend erfordern. Es soll dabei die negative Beschilderung mit Zeichen 205/206 (abweichend von BGH, Urteil vom 24. März 1988 – DAR S. 269) genügen, da die Zeichen nur die allgemeine Verhaltensregel des § 10 Satz 1 klarstellen und verdeutlichen sollen. Allerdings wird wegen des Vorrangs der Verkehrszeichenregelung (§ 39 Abs. 2) der Gefährdungsausschluss anderer abgeschwächt. Bereits deshalb ist eine zurückhaltende Anwendung angebracht.*

Entscheidend ist der optische Gesamteindruck, die räumliche Nähe zur Vorfahrtsstraße und die Gefahrenabwägung im Einzelfall.

Übersicht

Abgesenkter Bordstein 3 a, 6 a
Andere Straßenteile 6
Anfahren 7
– vom Fahrbahnrand 7
– ohne Überblick 7
– rückwärts 7
–, äußerste Sorgfalt 2, 10–16
Anzeigepflicht 16
Äußerste Sorgfalt 2, 10–16
Deutliches Anzeigen 16
Dunkelheit 13
Einfahren 4
– aus Grundstück auf die Straße 5
– rückwärts 13 f
–, Haltepunkt beim 11
–, äußerste Sorgfalt 2, 10–16
Einweiser 13
Fahrbahnrand, Anfahren vom 7
Fließender Verkehr, Vorrang 8
–, Rücksichtspflicht 9

Fußgänger 4, 4 a, 10, 14
Fußgängerbereich 3 a, 6 a
Gehweg 4, 14
Grundstück 5, 11
Kolonnenlücke 9
Ordnungswidrigkeiten 17
Richtungsanzeige 16
Rückschau 7, 10–16
Rücksichtspflicht des fließenden Verkehrs 9
Rückwärtsanfahren 7
Rückwärtseinfahren 13 f
Sorgfalt, äußerste 2, 10–16
Überblick beim Anfahren 7
Umblick 15
Verkehrsberuhigter Bereich 3, 6 a
Vertrauen 12
Vorrang des fließenden Verkehrs 8
Warnposten 13

4 **1. Allgemeines.** § 10 regelt die gesteigerten Sorgfaltspflichten (Rz 10 ff) desjenigen, der sich in den fließenden Verkehr einreihen will, also des Einfahrenden (Rz 4a ff) und des Anfahrenden (Rz 7 ff). Die Vorschrift beinhaltet den Vorrang des fließenden Verkehrs (Rz 8) und geht als Spezialregelung den Bestimmungen über die Vorfahrt (§ 8) vor, weswegen nicht etwa rechts vor links gilt *(Jagow/Burmann/Heß* Rz 2). Geschützt sind über den fließenden Verkehr (Begriff: § 142 StGB Rz 69) hinaus nach dem eindeutigen Wortlaut der Vorschrift alle Teilnehmer am öffentlichen StrV (§ 1 Rz 17 ff; KG VM **86** 86, *Jagow/Burmann/Heß* Rz 2, *Mühlhaus* DAR **75** 238; aM Ha VRS **45** 461, KG VRS **107** 96, hier bis 39. Aufl Rz 7, *Cramer* Rz 23; einschr. Ha NZV **95** 72), also (insoweit im Grundsatz soweit ersichtlich nicht str.) zB auch Radf und Fußgänger auf Geh- und Radwegen (Rz 4 a, 14). Demgegenüber ist der Verkehr im nichtöffentlichen VRaum (§ 1 Rz 13 ff) nicht in den Schutzbereich einbezogen. Auch im Verhältnis des Einfahrenden gegenüber einem auf der anderen StrSeite noch Einfahrenden gilt nicht § 10, sondern § 1 (Rz 10; Ha VRS **45** 461).

4a **2. Einfahren** ist die Fahrbewegung aus einem Grundstück, einem Fußgängerbereich oder einem verkehrsberuhigten Bereich (Rz 3, 6 a), aber auch über einen abgesenkten Bordstein auf eine öffentliche Str (insoweit Gegenstück zu § 9, Abbiegen in ein Grundstück), außerdem die Fahrbewegung von anderen, nicht dem FahrV dienenden StrTeilen, zB einer markierten Park-

Einfahren und Anfahren § 10 StVO **2**

fläche (Ha VersR **78** 261), auf die dem durchgehenden Verkehr dienende Fahrbahn. Betroffen sind Fahrvorgänge. Demgemäß dürften Fußgänger, die zB Handwagen mit führen, ein Fahrrad oder (ohne Einsatz der Motorkraft) ein Moped schieben (s auch § 23 Rz 8, 10; § 316 StGB Rz 2ff, 6), nicht von § 10 erfasst sein (aM hier bis 39. Aufl). Je nach Gefährdungslage können sich jedoch aus § 1 ähnliche Sorgfaltspflichten ergeben (s auch Schl VM **65** 29). Viehtreiben quer über die Straße: § 28. § 10 normiert für sämtlichen Einfahrvorgänge einheitliche Grundsätze. Deshalb ist (anders als bei § 9) im Rahmen des § 10 die Unterscheidung zwischen Grundstücken (§ 9 Rz 45) und anderen StrTeilen entbehrlich (KG VM **83** 53). Zur Straße gehört beim Einfahren (etwa aus einem Grundstück) nicht nur die Fahrbahn, sondern (wie aus der abw Formulierung in der 2. Alt. von I S 1 folgt) auch Geh- und Radweg (Rz 4, 14). Bei äußerlich als Fahrwegen erscheinenden Flächen wird Zugehörigkeit zur Fahrbahn anzunehmen sein, solange nicht deutlich erkennbare bauliche Merkmale (Tore, Schilder) dagegen sprechen (*Möhl* VOR **73** 40, abw Bay DAR **72** 219). Außerdem ergeben sich einige sachbedingte Unterschiede bei der Anzeigepflicht (Rz 16). Der Vorgang des Einfahrens ist erst dann beendet, wenn sich das Fz endgültig in den fließenden V eingeordnet hat oder wenn es auf der Str wieder verkehrsgerecht abgestellt ist (Dü VRS **60** 420, Ce NZV **06** 309) und jede Auswirkung des Anfahrvorgangs auf das weitere Verkehrsgeschehen ausgeschlossen ist (KG VRS **113** 33, NZV **07** 359, **08** 413), nicht schon dann, wenn das ausfahrende Fz etwa 2 bis 3 Minuten in der Position gestanden hat, in der sich die Kollision ereignet hat (KG NZV **07** 359). Zum Anscheinsbeweis Rz 11.

Aus einem Grundstück fährt zB auf eine öffentliche Str ein, wer einen Hofraum verlässt **5** (Kö VRS **21** 301 [Autobus], BGH VRS **20** 126) oder sonst ein nicht dem öffentlichen V dienendes Grundstück (Kar VRS **44** 229), etwa einen Tankstellenbereich (Bay VRS **34** 226, Kar VRS **77** 45, LG Kar VM **03** 48), eine Buszufahrt zum Busbahnsteig (Stu VersR **70** 846), ein Anwesen, einen Acker (Ha NZV **97** 267, KG VAE **39** 373), Grünstreifen, ein noch nicht freigegebenes Teilstück eines StrNeubaus (Fra NZV **94** 280) oder wer zwecks Wendens in eine Grundstückseinfahrt völlig zurückgesetzt hatte (BGH NJW **57** 100, VRS **22** 131, Kö DAR **00** 120, Ko DAR **86** 155 [**E** 59], aM KG VM **74** 19, das auf diesen Fall § 9 V anwendet). Maßgebend für die verkehrsrechtliche Einordnung als Str oder Ausfahrt sind die äußerlich erkennbaren Merkmale (BGH VersR **77** 58, NJW **87** 435, Bay VRS **65** 223, NZV **94** 279, Ko DAR **04** 272, Kö NZV **94** 279, VRS **85** 15, Br NJW-RR **91** 958, Sa VM **81** 70, Ol DAR **83** 31, teilweise abw BGH NJW-RR **87** 1237 [die nach außen in Erscheinung tretende Verkehrsbedeutung als nicht dem fließenden V dienender Zugang zu einem Grundstück], Ol ZfS **92** 332, s § 8 Rz 35). Im Zweifel ist Verständigung geboten (Kö VRS **85** 15). Ist nach dem Gesamtbild Täuschung zu besorgen, muss der Vorfahrtberechtigte äußerste Sorgfalt walten lassen; andernfalls gewichtiger Verursachungsbeitrag (BGH NJW **87** 435). Die Länge der Zufahrt ist für die Qualifikation als öffentliche Str oder Grundstücksausfahrt ohne Bedeutung (Sa VM **81** 70, Kö VRS **85** 15).

Andere Straßenteile gehören zur Straße im verkehrsrechtlichen Sinn, sie dienen jedoch **6** nicht dem durchgehenden V (BGH VRS **85** 835, KG VM **83** 53, Bay VRS **65** 223, Stu VRS **69** 390, Kar VRS **55** 246), zB Parkstreifen neben der Fahrbahn (Ha VersR **78** 261, Kö VersR **86** 666), Parkplätze (Ce DAR **00** 216, Ha VersR **75** 1033, NZV **93** 436 (AB), KG VM **83** 53), Zufahrten zu Parkplätzen (Dü VM **70** 69, Kar VM **89** 7, Nau VRS **112** 199), der Gehweg (Ha VRS **16** 387, Schl SchlHA **58** 344), wenn darauf geparkt worden war, die Seitenstreifen rechts und links (BGH VersR **63** 438), ein von der Fahrbahn abzweigender, parallel mit ihr verlaufender und später wieder in sie einmündender Fahrweg zu Häusern (Dü DAR **73** 301), eine von der Str abzweigende und wieder in sie einmündende, dem Schienen- und BusV vorbehaltene Wendeschleife (Dü VRS **63** 3), die Anschlussstellen der AB (§ 18). Entscheidend ist die auf Grund äußerer Merkmale erkennbare Absonderung von den StrTeilen, die dem fließenden V dienen (BGH NJW **87** 435, KG VM **83** 53, Kar VM **89** 7, Nau VRS **112** 199, Ro VRS **112** 335). Bei täuschendem Gesamtbild muss der Vorfahrtberechtigte äußerste Sorgfalt walten lassen, darf sein Recht daher nicht durchsetzen (§ 1 II; Ro VRS **112** 335 [33% des Vorfahrberechtigten; zw., s BGH NZV **08** 193]). Daher ist grundsätzlich auch der für andere Fz nicht befahrbare parallel zur Fahrbahn verlaufende **Bahnkörper** innerhalb einer öffentlichen Straße, wenn er nicht dem durchgehenden Verkehr dient, ein anderer StrTeil iS von S 1 (kein Vorrang der Straba gem § 2 III; LG Bochum VM **84** 88, *Filthaut* NZV **92** 397, aM *Maur* NZV **90** 220). Die Einsehbarkeit des Bahnkörpers für andere VT ist kein gegen diese Qualifikation sprechendes Kriterium (so aber *Maur* NZV **90** 221); denn diese ist in den Fällen von § 10 S 1 idR gegeben (*Filthaut* NZV **92** 397). Unter Berücksichtigung der VBedürfnisse und der in § 2 III getroffenen Regelung wird § 10 S 1 aber dann nicht für den StrbaF zu gelten haben, wenn der besondere Bahnkörper durch Kreuzungen oder Einmündungen unterbrochen ist oder die Gleise am Ende des besonderen Bahnkörpers ohne Änderung der Fahrlinie in der Fahrbahn weitergeführt werden (AG Bonn 13 C 260/87). Aus einem anderen StrTeil fährt auch eine Straba in die Str ein, die aus einem i Ü nur Fußgängern vorbehaltenen Bereich in die Fahrbahn einmündet (LG Kar NZV **92** 241). **Sonderfahrstreifen für Busse und Taxis** (§ 2 Rz 24) sind nicht andere StrTeile; insoweit gilt für den Fahrstreifenwechsel § 7 (LG Fra DAR **93** 393). Von einem anderen StrTeil iS von § 10 fährt auch der einen **Radweg** verlassende Radf auf die Fahrbahn (Begr Rz 1; KG ZfS **02** 513, Kö VRS **96** 345, Dü VM **65** 92, LG Münster ZfS **06** 79, abw Kö VRS **78** 349, das bei Verlassen des Radwegs und Aufsuchen der anderen StrSeite § 9 III entsprechend anwendet). Das gilt auch für Radwege einer vorfahrtberechtigten Str, die, vor einer Einmündung (Kreuzung) von der bevorrechtigten Str einige m weggeführt, in die untergeordnete Str münden (*Bouska* NZV **00** 469, abw Ha NZV **00** 468, das § 25 III anwenden will). Eine Ausnahme wird man machen müssen, wenn der Radf bei einer Unterbrechung oder am Ende eines Radwegs geradeaus weiterfährt (s auch Rz 16; § 9 Rz 42). Vortritt auf **Parkplätzen:** § 8 Rz 31a. Rückwärtsausfahren aus einer Parknische auf die Fahrbahn nur unter Beachtung der §§ 9 V, 10 (KG VersR **77** 1103).

6a **Verkehrsberuhigte Bereiche** (VZ 325, 326, Begriff: § 42 IVa) sind rechtlich weder Grundstücke noch andere StrTeile iS von § 10, sondern VBereiche mit eigenen Verhaltensregeln in § 42 IVa. Aufgrund der gleichgelagerten Interessenlage sind sie hinsichtlich des Einfahrens in den fließenden V den Grundstücken und „anderen StrTeilen" gleichgestellt. Auch bei ihnen erfordert das Verlassen, also Einfahren in den fließenden V ein Zurückstehen unter Beachtung höchster Sorgfalt (**E** 150). Sie gewähren unter keinen Umständen Vorfahrt (§ 8). Die Teilnehmer des fließenden V, auch Fußgänger, haben Vortritt. Entsprechendes gilt für Fußgängerbereiche (VZ 242, 243, Begriff: § 41 II Nr 5). Abw Regelung durch VZ: § 41 Rz 248 f 205. Aus einem verkehrsberuhigten Bereich auf eine Str wird auch eingefahren, wenn das Z 326 (Ende) nicht unmittelbar an der Einmündung (Fahrbahnrand) der aus dem Bereich herausführenden Str, sondern bereits an der Fluchtlinie der Bebauung angebracht ist; in solchen Fällen ist entscheidend, ob das Einfahren in eine andere Str objektiv noch als Verlassen des verkehrsberuhigten Bereichs iS von § 10 erscheint, was idR zu bejahen, wenn das Z 326 nicht mehr als 30 m vor der Einmündung oder Kreuzung aufgestellt ist (VwV Rn 1 zu § 42 IVa, § 42 Rz 35) und keine konkreten Anhaltspunkte eine abweichende Beurteilung rechtfertigen (BGH NZV **08** 193, LG Gießen DAR **96** 25; s aber Ha NStZ **97** 270 [J], LG Ko NJWE-VHR **98** 260). Jedoch muss der Vorfahrtberechtigte bei unklarem Gesamtbild besondere Sorgfalt walten lassen; bei Verstoß überwiegt Verursachungsbeitrag des Vorfahrtverletzers uU nicht (BGH NZV **08** 193). Vorfahrt bei Einfahren in verkehrsberuhigten Bereich: § 42 Rz 181. Ob im **Fußgängerbereich** FzVerkehr durch Zusatzschild zugelassen ist, hat für § 10 keine Bedeutung (LG Kar NZV **92** 241). Zufahrten, die über einen **abgesenkten Bordstein** auf eine Str führen, sind von geringer VBedeutung, dienen insbesondere nicht dem fließenden V und sind daher Grundstücksausfahrten gleichgestellt, auch wenn sie keine solchen im Rechtssinne sind. Damit ist zugleich geklärt, dass FzF, die sie befahren, keine Vorfahrt zustehen kann, wenn sie eine andere Str über den abgesenkten Bordstein erreichen; § 8 I S 1 (rechts vor links) gilt nicht (Begr Rz 3a; Ko VersR **03** 1454, Zw VRS **82** 51). Das gilt unabhängig von der tatsächlichen VBedeutung der Zufahrt (Ko VersR **03** 1454). Auf die Breite oder Beschilderung mit einem StrNamen kommt es nicht an (Zw VRS **82** 51). Der Begriff des „abgesenkten Bordsteins" entspricht dem der „Bordsteinabsenkung" in § 12 III Nr 9 (§ 12 Rz 57a). S 1 gilt erst recht, wenn die Einmündung über einen *nicht* abgeflachten Bordstein führt (Zw VRS **82** 51, *Kürschner* NZV **89** 177). Zum umgekehrten Fall des Verlassens einer Str über einen Bordstein und Gehweg in eine in die Fahrbahn mündende Zufahrt iS von S 1: § 8 Rz 32, § 9 Rz 45; Kar VersR **94** 362.

7 **2. Das Anfahren** vom rechten oder linken Fahrbahnrand aus ist das Inbewegungsetzen des Fz nach nicht verkehrsbedingtem Halten (KG NZV **04** 637, LG Berlin NZV **04** 635) zwecks Wiedereingliederung in den Fahrverkehr, nicht bloßes Zurechtrücken in einer Parklücke ohne Wegfahrabsicht (aM KG VM **75** 92). Es steht dem Einfahren an Gefährlichkeit gleich und setzt daher wie jenes rechtzeitige Rückschau, Ankündigung (Rz 15, 16) und äußerste Sorgfalt (**E** 150) voraus. Der Anfahrende muss Gewissheit haben, dass seine Fahrbahn frei ist (Rz 10), vor allem beim schrägen Rückwärtsanfahren, bei dem fremde BG uU ganz zurücktreten kann (BGH VersR **63** 358), beim Anfahren vom linken StrRand aus (Ha VRS **16** 387), wobei der Gegenverkehr zu kreuzen ist, beim Hervorfahren hinter einem abgestellten Fz (Ol MDR **57** 547), beim Anfahren, um sogleich nach links abzubiegen, weil das RichtungsZ als bloßes Ein-

Einfahren und Anfahren § 10 StVO **2**

ordnungszeichen verkannt werden kann (Dü VersR **72** 404, Bay VRS **70** 40, Dü VersR **87** 909) oder beim Anfahren eines Busses aus der Haltebucht ohne Sicht nach hinten (Hineintasten; Schl VM **67** 22 [doch hat der Bus ab Haltestelle im Linienverkehr Vorrang, § 20]). Wer trotz nachfolgenden Verkehrs nach links an- und die Fahrbahn sperrt, verursacht eine höhere BG als ein Fz des fließenden Verkehrs (Fra VersR **74** 92). Gegen die Pflicht zu äußerster Sorgfalt verstößt bei großer VDichte im Hinblick auf die unerlässliche gegenseitige Rücksichtnahme nicht, wer nach Richtungsanzeige anfährt, wenn der nachfolgende Verkehr noch weit genug entfernt ist, um sich darauf einzustellen (Bay DAR **58** 277); das gilt auch bei geringer Behinderung, Gaswegnahme erfordert (Hb DAR **56** 281 [Schrägstellen zwecks besseren Rückblicks], Hb VM **69** 14, Kö VRS **10** 223, Ha VRS **60** 469 [vorsichtiges Hineintasten, um Sicht zu gewinnen]). Allein aus der Verursachung einer Gefahrenlage durch das Anfahren kann kein Verstoß gegen die Pflichten aus § 10 abgeleitet werden (Ha VRS **60** 469). Der an sich vorrangige Verkehr muss dem Anfahrenden ermöglichen, eine ausreichend große Lücke zum Eingliedern auszunutzen (§ 11); jedoch genügen dazu 50 m bei „70" des Herankommenden nicht (Zw VRS **30** 317). Wer von links aus anfährt, darf sich nicht auf Rechtsfahren anderer verlassen. Er muss sich vergewissern und im Zweifel zurückstehen. § 10 gilt nicht bei Anfahren nach Halten in 2. Reihe, dieses richtet sich nach § 1 (Dü VRS **64** 458 [Müllfz]). Das **Wiederanfahren nach verkehrsbedingtem Anhalten** fällt nicht unter § 10, sondern unter § 1 (Zw VM **77** 53, Bay DAR **84** 31, VRS **67** 461, KG VRS **106** 173). Zu den Sorgfaltspflichten des anfahrenden FzF, der den **Raum unmittelbar vor dem Fz** nicht übersehen kann, § 1 Rz 36.

Der fließende Fahrbahnverkehr hat Vorrang gegenüber den Benutzern nicht zur Fahrbahn **8** gehörender Flächen (BGH VRS **56** 203, Kar VRS **44** 229, LG Kar VM **03** 48). Ob das im fließenden Verkehr befindliche Fz weiterfahren oder alsbald halten oder parken will, ist unerheblich (Zw VRS **51** 144, Ha DAR **97** 275), desgleichen, ob es seinerseits in das Grundstück einfährt, aus dem der Wartepflichtige ausfährt (Kar VRS **77** 45, Dü NZV **91** 392). Dem nach § 10 bevorrechtigten „fließenden" V ist auch ein mit laufendem Motor in 2. Reihe Müll ladendes Müllfz zuzurechnen (KG VM **01** 27, **83** 54, **96** 21; s aber Dü DAR **00** 477 sowie Rz 10). Der fließende Verkehr darf idR auf Beachtung seines Vorrangs vertrauen (BGH VRS **56** 203, Bay VRS **30** 128, KG DAR **04** 387, Kar VersR **75** 1034, Ha VRS **31** 294, DAR **95** 24, Hb VM **66** 39, LG Kar VM **03** 48), auch wenn der Anfahrende links blinkt, es sei denn, der Teilnehmer des fließenden Verkehrs war dem Anfahrenden erst kurz vorher sichtbar geworden (Bay VRS **31** 128). Er darf den Vorrang aber nicht erzwingen, muss mäßige Behinderung hinnehmen und das Ein- oder Anfahren erleichtern (§ 1 Rz 7; zB durch Verlangsamen Rz 7, 9). Mit unvermutetem Anfahren eines parkenden Fz braucht der Verkehr ohne besonderen Grund nicht zu rechnen (Bay DAR **66** 83, Dü VM **66** 69, LG Duisburg ZfS **02** 573), doch kann dies je nach Sachlage zum Zurückbleiben zwingen (Ha VRS **30** 126). Wer sich jedoch einem Linien- oder Schulbus an dessen Haltestelle nähert, muss mit dessen Anfahren nach Anzeige rechnen und ihm Vorrang geben (§ 20; Dü VM **64** 26, Ha VRS **31** 294, Sa VRS **24** 457). § 10 bestätigt diese Grundsätze der älteren Rspr nicht ausdrücklich. Sie sind jedoch sachgemäß und waren dem VOGeber bekannt, weswegen davon auszugehen ist, dass er sie in seinen Willen aufgenommen hat.

Rücksicht zu nehmen im Rahmen der §§ 1, 11 hat trotz des grundsätzlichen Vorrangs der **9** fließende (und unrichtig parkende; KG VM **80** 85) Verkehr auf den Ein- oder Anfahrenden (BGH VRS **56** 202, Stu VersR **78** 977, Mü VersR **74** 676 [seitlicher Abstand], Kar VersR **75** 1034) und mäßige Behinderung durch das Ein- oder Anfahren in Kauf zu nehmen (Kar VersR **75** 1034, KG DAR **61** 172, Ol DAR **61** 202), jedenfalls bei an sich ausreichend großer Einscherlücke (Rz 7). Sonst käme bei dichtem Verkehr jedes Ein- oder Anfahren zum Erliegen, soweit nicht eine benachbarte Ampel für Lücken sorgt. Der fließende Verkehr darf den Vorrang daher nicht erzwingen und muss das Ein- und Anfahren durch Gaswegnehmen oder auch durch leichteres Abbremsen ermöglichen (Ol DAR **60** 366, Dü VM **64** 39, Mü VRS **84** 206). Andererseits verhält sich der Anfahrende nicht äußerst sorgfältig, der auf solche Rücksicht vertraut oder zu geringe Lücken ausnutzt und dadurch gefährlich kurze Abstände (§ 4) erzwingt. Das Ein- und Anfahren erfordert in besonderem Maß Zusammenwirken der Beteiligten. War der Hintermann beim Anfahren noch weit genug entfernt und konnte er es rechtzeitig sehen, so kann jede ursächliche Schuld des Anfahrenden entfallen (BGH VM **57** 57). Wer den Anfahrenden überholt, muss seinen Seitenabstand darauf einrichten, dass dieser der ordentlichen Fahrlinie zustreben werde (Mü VersR **74** 676). Der fließende V muss im Hinblick auf noch nicht sichtbare Einfahrende so fahren, dass er rechtzeitig anhalten kann, auf schmaler Fahrbahn auf halbe Sichtstrecke (Bay VM **73** 17, 52, abw Kö VersR **64** 77). Innerorts sind „70" auf schmaler, unübersichtlicher OrtsStr grob verkehrswidrig (Ce VRS **51** 305). Das Einfahren aus einem Grundstück zwecks Linksabbiegens **durch eine Kolonnenlücke** hindurch ist idR so gefährlich, dass es unterbleiben muss, der Verkehr muss mit solchen Versuchen nicht rechnen (Ha NZV **06** 204, KG DAR **76** 213). Die Grundsätze über die Vorsichtsmaßnahmen beim Überholen einer stehenden FzKolonne, in der eine Lücke für den QuerV freigelassen ist (§ 8 Rz 47, § 11 Rz 6), gelten hier nicht, ebenso wenig vor solchen Lücken, die zugunsten parkender Fz zum Zwecke des Einfädelns freigehalten werden (Bay VRS **65** 152, KG NZV **06** 371). Auch VorfahrtStr-Benutzer, die eine in Gegenrichtung stehende Kolonne mit Lücken (Tankstellenausfahrt) passieren, müssen jedoch dort ausreichend seitlichen Abstand einhalten oder so langsam fahren, dass ein Ausfahrender sich gefahrlos bis zum Überblick vortasten kann (Bay DAR **71** 221).

10   **3. Ausgeschlossen sein muss** Gefährdung des fließenden Verkehrs durch den Ein- oder Anfahrenden. Von ihm wird äußerste Sorgfalt (**E** 150) gefordert (BGH VersR **85** 835, Bay VM **73** 51, Sa BA **04** 553, Ce NZV **91** 195, Kar DAR **77** 109, KG NZV **06** 369, VRS **68** 284, Dü VM **74** 6, Zw VRS **71** 220), auch nach nur kurzem Anhalten (Dü VM **78** 60). Der Ein- oder Anfahrende muss sich vergewissern, dass die Fahrbahn für ihn im Rahmen der gebotenen Sicherheitsabstände (§ 4) frei ist (Bay DAR **58** 278) und dass er niemand übermäßig behindert. Auch mit rückwärts fahrenden Fz muss er rechnen, wo dies erlaubt ist (Kö NZV **94** 321). Die Verantwortung für die Sicherheit des Vorgangs trifft vor allem ihn (BGH VRS **56** 203, Kö DAR **06** 27, Schl VersR **79** 362, Kar VersR **75** 1034), was aber fremde Mitschuld nicht ausschließt (Bay VRS **45** 211, VM **76** 33, Kö DAR **06** 27, Hb NZV **92** 281, Ko VRS **48** 350), und zwar gegenüber dem Verkehr von rechts und links und, je nach Sachlage, dem nachfolgenden wie entgegenkommenden Verkehr bis zur vollen Eingliederung (Ha DAR **73** 24, Sa VRS **43** 64, Kö VersR **86** 666). Auf Beibehaltung des Fahrstreifens durch den fließenden V darf er sich nicht verlassen (KG DAR **04** 387, NZV **06** 369, **08** 413, Kö VersR **86** 666, LG Duisburg ZfS **02** 573 [Alleinhaftung]), auch nicht auf Befahren der rechten Fahrbahnseite (BGH NZV **91** 187, Ce NZV **91** 195) oder Einhaltung der zulässigen Höchstgeschwindigkeit (Dü VersR **87** 909, Ce NZV **91** 195, Fra NZV **94** 280). Diese Pflicht zur höchsten Sorgfalt setzt Umblick, gegebenenfalls Rückschau und rechtzeitiges, deutliches Zeichengeben voraus (Rz 16) und schließt Beachtung der Sichtverhältnisse ein (Kar DAR **77** 109). Sie besteht in allen Fällen des Ein- und Anfahrens (Rz 4–7) und gilt auch für Sonderrechtsfz (Müllfz, Dü VM **78** 60; s aber Rz 8). Beim Anfahren nach Halten oder (verbotenem) Parken in 2. Reihe kann aus § 1 ein gleich hohes Maß der Sorgfaltspflicht folgen (KG NZV **04** 637, VM **86** 68, **96** 21 [Müllfz], **01** 27). Der Sorgfaltsmaßstab für Einfahrende schließt die Alleinverursachung durch den Teilnehmer am fließenden V nicht aus (Dü VM **79** 20, Ko VRS **48** 350, Bay VM **74** 53), vor allem nicht fremde atypische grobe Verstöße (Bay VM **74** 33, **E** 150). Die äußerste Sorgfaltspflicht gilt nach KG VRS **107** 96 nicht im Verhältnis zu einem VT, der Fz und Motor abgestellt hat und in der Tür seines Fz steht (s aber Rz 4). Sie gilt nicht gegenüber einem auf der anderen StrSeite noch Einfahrenden (Ha VRS **45** 461) und nach Ha NZV **95** 72 nicht gegenüber einem am Fahrbahnrand wartenden Fußgänger, der die Fahrbahn überqueren will (zw; s Rz 4, 14). Ob der Parkplatz, aus dem eingefahren wird, öffentlich ist, ist für die notwendige äußerste Sorgfalt unerheblich (KG DAR **71** 292), jedoch uU Mithaftung des Vorfahrtberechtigten, weil bei zB bei Großparkplätzen auch vor Einkaufsmärkten erhöhte Aufmerksamkeit geboten ist (Nau VRS **112** 199). Ist ausnahmsweise zur Klarstellung das Z 205 (Vorfahrt gewähren) aufgestellt, so gilt für das Sorgfaltsverhalten § 8 II, der dann gem § 39 III der (strengeren) Regel des § 10 vorgeht (Rz 3b, *Bouska* DAR **97** 338).

11   Kommt es in unmittelbarem zeitlichen und räumlichen Zusammenhang mit Ein- bzw Anfahren zu einer Kollision mit dem fließenden Verkehr, so spricht der **Anschein** gegen den Einfahrenden (Ce NJW-RR **03** 1536, Sa BA **04** 553, MDR **03** 506, Kö NZV **96** 365, **98** 376, **07** 358, Ha VRS **72** 344, Kö DAR **96** 464, Mü NZV **90** 394, Ol ZfS **92** 332, VRS **96** 14) und den vom Fahrbahnrand aus Anfahrenden (Kö DAR **06** 27, Brn DAR **02** 307, KG VM **01** 27, Fra VersR **99** 864), und zwar auch gegenüber dem Fahrstreifenwechsler (KG NZV **08** 413), ebenso gegen den von der AB-Standspur auf den Fahrstreifen Einfahrenden (LG Gießen ZfS **00** 335 [Alleinhaftung]). Eine Strecke von 10 bis 15 m nach dem Anfahren wahrt den räumlichen und zeitlichen Zusammenhang mit dem Ein- bzw Ausfahren (KG VRS **113** 33, NZV **08** 413; zum Abschluss des Einfahrens Rz 4a). Fährt ein Radf plötzlich unachtsam vom Seitenstreifen auf die Fahrbahn, kann Haftung des Kf entfallen (BGH VersR **63** 438). Besonders erhöhte Sorgfaltspflicht besteht beim Einfahren **im Dunkeln** (BGH VM **56** 15), womöglich mit einem Zug (Kö DAR **63** 301), und beim **Rückwärtseinfahren** auf eine Str (BGH NJW **52** 796, Dü

Einfahren und Anfahren § 10 StVO **2**

VM **66** 47, Ha DAR **62** 90). Wer durch eine Lücke in einer wartenden **Kolonne** einfährt, muss mit links vorfahrenden Fz rechnen (KG VM **65** 63, Ha VkBl **67** 480, dazu Rz 9). Der in eine **Einbahnstr** oder Richtungsfahrbahn (§ 2 I) Einfahrende muss nicht mit FahrV aus verbotener Richtung rechnen (Kö VRS **20** 230, Ol NZV **92** 487 [Alleinhaftung des anderen]), auch nicht mit unerlaubtem Rückwärtsfahren (KG VRS **60** 382, DAR **96** 366, Kö VersR **92** 332). Zur **Haftungsverteilung** bei Kollision des Einfahrenden mit dem fließenden V § 17 StVG Rz 10, 18.

Der Einfahrende muss höchstmögliche Sorgfalt anwenden, darf aber grundsätzlich auf Beachtung der VRegeln durch den fließenden Verkehr vertrauen (Bay DAR **73** 250, VRS **45** 211, einschr Brn VRS **93** 28 [Rückwärtseinparken]), wie auch dieser auf Beachtung seines Vorrangs (Rz 8). Der Einfahrende darf darauf vertrauen, dass der fließende Verkehr nicht schneller als auf Sicht fährt (Ce VRS **51** 305, Zw VRS **71** 220), mit häufigen Verstößen des Fahrverkehrs muss er aber rechnen, zB auch mit Geschwindigkeitsüberschreitungen (Rz 10) oder dem Überfahren von Haltlinien (Hb VersR **77** 1033). Zur Frage, inwieweit mit Überschreitung der zulässigen Höchstgeschwindigkeit zu rechnen ist, s iÜ § 8 Rz 53. Wer aus einer Tankstelle nach rechts hin ausfährt, muss nicht mit überholendem Gegenverkehr auf der für diesen linken StrSeite rechnen (Bay DAR **68** 189). 12

Eines **Einweisers** (E 146) muss sich der aus einem Grundstück Einfahrende bedienen, wenn im Hinblick auf die örtlichen Verhältnisse selbst vorsichtiges Hineintasten in die Fahrbahn ohne Gefährdung des fließenden Verkehrs nicht möglich wäre (KG VM **01** 27, Mü NZV **90** 274, **94** 106). Dies ist aber nicht stets dann der Fall, wenn er die Fahrbahn nicht genügend überblicken kann, sondern nur in Ausnahmefällen (Bay NStZ **87** 548, Ce VRS **51** 305). Einweisung ist nur bei besonderer Sachlage nötig (Fra VM **76** 48, Zw VRS **71** 220), zB bei mangelnder Sichtmöglichkeit infolge der Besonderheiten des benutzten Fz (BGH NZV **91** 187 [Schaufellader]), dagegen auch bei sehr schmaler Straße nicht, wenn der Ausfahrende auch als Entgegenkommender (ohne einzubiegen) kein geringeres Hindernis wäre (Fahren auf Sicht; Bay VM **73** 51, Ce VRS **51** 305). Entscheidend sind immer die örtlichen Verhältnisse (Ha VRS **33** 467, Ce VM **69** 32). Insbesondere hängt die Pflicht zur Inanspruchnahme eines Einweisers auch davon ab, ob die Einfahrt für den fließenden V gut erkennbar ist, dieser also Fz rechtzeitig wahrnehmen kann, die sich in die Fahrbahn hineintasten (Ce VRS **51** 305, Bay VRS **61** 386, **68** 295, NStZ **87** 548, Fra VM **76** 48). Wenngleich auch für den Rückwärtsfahrenden diese Pflicht nur ausnahmsweise besteht (Ha VRS **33** 467, Bay VRS **68** 295, KG VM **87** 45), werden bei versperrter Sicht vor allem ihn die Verhältnisse oft dazu zwingen, sich einweisen zu lassen (Hb VM **66** 39, Ko VRS **67** 284, KG VM **87** 45) oder einen Warnposten hinzuzuziehen (Ha VRS **30** 233 [zur Warnung von Fußgängern]). Einweisen lassen muss sich idR, wer mit einem schwerfälligen oder langen Fz längere Zeit zum Einfahren braucht (Ba VersR **77** 821, Sa VM **80** 88, Ha VRS **38** 222, Ce VRS **51** 305, Dü VersR **96** 1386) oder wer bei Nebel (Mü VersR **66** 1082) oder Dunkelheit mit einem langen Fz oder Zug einfährt (BGH VersR **68** 1162 [Warnposten, Warnlampen], Dü VM **68** 95 [Zugm mit Anhänger], VersR **96** 1386 [Mähdrescher mit Anhänger], Br VRS **11** 72 [Warnposten mit Laterne], Ce DAR **61** 279, Ha VRS **25** 372, NZV **97** 267 [Traktor mit 2 Anhängern ohne seitliche Beleuchtung], Mü NZV **94** 106). Sonst muss er das Tageslicht abwarten (BGH VersR **68** 1162, Dü VM **68** 95). Wer zum Einfahren länger braucht (schweres Zugfz, Anhänger), ist uU auch bei übersichtlicher Straße zu besonderer Sicherung (Einweiser, Warnposten) verpflichtet (Sa VM **80** 88). Geringe Sichtweite wegen Straßenkrümmung oder Kuppe macht im Hinblick auf das Sichtfahrgebot für den fließenden V keinen Einweiser oder Warnposten erforderlich (Bay ZfS **85** 94, VRS **61** 386, Ol VRS **96** 14, Zw VRS **71** 220), anders bei ungünstigen Sichtverhältnissen, zB Dunkelheit (BGH VersR **84** 1147, s aber Mü NZV **90** 274). Auch auf schneeglatter Straße und nur 35 m Sicht muss sich der Einfahrende nicht unbedingt einweisen lassen; denn der fließende Ortsverkehr muss den Wetter- und Sichtverhältnissen entsprechend langsam fahren (Bay VM **73** 17, s aber KG VM **87** 46 [Hinzukommen von Sichtbehinderung durch parkende Fz]). Wer aus einem Parkplatz mit einem Lastzug mit Warnblinkern langsam (rund 20 s) nach links auf eine BundesStr einfährt, braucht nach Maßgabe der Sichtverhältnisse und der VDichte keinen Warnposten (Bay 6 St 194/71). Wer als Einfahrender wegen parkender Fz, Hecken, Zäune, Mauern ua Hindernisse wenig Überblick hat, darf sich ohne Einweiser **bis zum Sichtpunkt vortasten**; wird er trotz größter Sorgfalt angefahren, kann er schuldlos sein (Bay VRS **61** 384, ZfS **85** 94, NStZ **87** 548, aM ohne Begr Ce NZV **91** 195). Eines Einweisers muss er sich jedoch dann bedienen, wenn sich Mauer oder Zaun (nicht auch Fz!) unmittelbar am Fahrbahnrand befinden und die Ausfahrt verdecken (Bay VRS **61** 386, ZfS **85** 94). Geringe Sicht, Glätte und FzLänge können den vom 13 rechten Parkstreifen her Einfahrenden uU zwingen, sich einweisen zu lassen (Ha DAR **70** 333). Soweit die eigene mögliche höchste Sorgfalt des Kf beim Einfahren reicht, bleibt er neben einem Einweiser verantwortlich, muss sich über dessen Warnbereitschaft auch bei eingespielter Zusammenarbeit also vorher vergewissern (Kö VRS **12** 298). Erst recht darf er sich nicht auf einen Fremden verlassen, soweit er selbst beobachten kann (Kö VRS **24** 398) und nur mangels eigener Beobachtungsmöglichkeit auf einen zuverlässigen Helfer (Ha DAR **58** 252, Bra DAR **56** 247 [Tankwart], Br VM **65** 7). Der Einweiser darf die Str, außer bei Gefahr, für den fließenden Verkehr nicht sperren oder zu sperren versuchen, weil dieser im Rahmen des § 1 Vorrang hat (Rz 8, 9). Außer Sichtverbindung können Zurufe des Einweisers ausreichen (Ha DAR **62** 61).

14 Die erforderliche äußerste Sorgfalt schließt **Fußgänger auf dem Gehweg** ein (Dü VM **78** 43, KG VRS **68** 284, aM AG Augsburg ZfS **01** 446 [abl *Diehl*]; s auch Rz 4, 10), ebenso **Radwegbenutzer** (Dü VM **79** 20, KG VRS **68** 284, DAR **93** 257, Ha NJWE-VHR **98** 179 [Alleinhaftung des KfzF]), grundsätzlich auch solche, die unerlaubt den „linken" Radweg befahren (KG DAR **93** 257, entgegen KG aber wohl keine „Vorfahrt", § 8 Rz 30]). Äußerste Sorgfalt schließt auch die besondere Beachtung Rad fahrender Kinder auf dem Gehweg und den Gehweg rechtswidrig (auch in „Gegenrichtung") Befahrender ein (Dü VRS **63** 66, NZV **96** 119, KG DAR **93** 257, Hb NZV **92** 281 m Anm *Grüneberg*, LG Freiburg NZV **08** 101). Hälftige Mithaftung eines Radfahrers, der in Gegenrichtung und mit schadhafter Bremse den Gehweg befährt (LG Freiburg ZfS **07** 621). Rad fahrende bis zu 8jährige fahren idR mit entwicklungsbedingtem Bewegungsdrang, so dass der Ein- oder Ausfahrende nicht mehr nur mit Fußgängergeschwindigkeiten rechnen darf. Im Verhältnis zu schnellfahrenden Kindern kann aber Mitschuld des Kindes in Betracht kommen, im Verhältnis zu rechtswidrig den Gehweg Befahrenden (vor allem in Einbahnstraßen in Gegenrichtung), uU sogar deren Alleinschuld (§ 2 Rz 29). Je nach Örtlichkeit darf der aus einem Grundstück Einfahrende uU quer über den Radweg vor der Fahrbahn anhalten, falls der Radweg frei ist, um Überblick zu gewinnen, ein später herannahender Radwegbenutzer muss dann warten, der Einfahrende muss vor ihm nicht zurücksetzen (Dü VM **79** 20). Der rückwärts auf die Straße Einfahrende muss damit rechnen, dass Fußgänger noch hinter ihm vorbeigehen (Dü VM **78** 43, Ha VRS **30** 233, Hb VM **66** 39).

15 **4. Umschau und Rückblick** gehören beim Anfahren wie beim Einfahren von einem anderen StrTeil aus zur gebotenen höchsten Sorgfalt, weil sich die Lage sonst nicht beurteilen lässt (Dü VM **78** 60, Ha VRS **46** 222, Ko VRS **38** 56), auch wenn das Anfahren ausnahmsweise nicht zur Verlegung der Fahrlinie nach links führt; denn ein Hintermann könnte alsbald rechts anhalten wollen (BGH VRS **13** 220, Zw VM **76** 88, Bay NJW **67** 1769, Ha DAR **61** 93). Rückschaupflicht: § 9 Rz 24–26. Die Umschau bezieht sich beim An- wie Einfahren auf den Verkehr aus beiden Richtungen, auch auf herannahende Radf und Mopedf (Ha VRS **46** 222). Besonders wichtig ist die Rückschau, wenn das RichtungsZ des Anfahrenden wegen der Nähe abzweigender Straßen mehrdeutig ist (Ce VRS **15** 136). Wer sich gleich nach dem Anfahren zur StrMitte einordnet und links abbiegen will, muss vorher nochmals zurückschauen (Dü VersR **70** 1161).

16 **5. Rechtzeitig und deutlich anzukündigen** sind An- wie Einfahren (dazu § 5 Rz 46–49, § 9 Rz 17–20). Das gehört zur äußersten Sorgfalt, entbindet also nicht von ihr (Fr VersR **74** 92). Keine äußerste Sorgfalt beim Ausfahren aus einer Parklücke ohne Blinken, wenn zudem in Schräglage noch gewartet werden muss (KG VM **74** 75). Die Benutzung der Fahrtrichtungsanzeiger ist im Grundsatz ohne Einschränkung vorgeschrieben und gilt deshalb auch für Fälle, in denen die Fahrlinie nur wenig oder gar nicht verlegt wird (aM *Mühlhaus* DAR **75** 238). Der Einfahrende muss durch Blinken anzeigen, wohin er fahren will (Hb VM **66** 40), was freilich nur bei abknickbarer Fahrlinie und nur denjenigen VT erkennbar ist, denen der anzeigende Blinker zugewandt ist. In allen anderen Fällen (zB beim geradeaus weiterfahrenden Einfahrenden) muss die unzulängliche oder unmögliche Anzeige durch äußerste Umsicht des Einfahrenden ersetzt werden (Ce VRS **15** 136). Der Anfahrende darf sich nicht auf Beachtung seines RichtungsZ verlassen, zumal er den rückwärtigen Verkehr vorbeilassen muss. Er wird trotz rechtzeitigen Blinkens (Bay VRS **30** 128, VkBl **66** 119) nochmals zurücksehen müssen, sonst keine äußerste Sorgfalt. Wer vom rechten StrRand her anfährt, aber sogleich rechts abbiegen will, muss zuerst links, dann sogleich rechts blinken. Auch der wieder anfahrende Linien- oder Schulbus muss trotz seines Vorrangs (§ 20) rechtzeitig links blinken. Ein Radf, der an einer Kreuzung den rechts abbiegenden Radweg verlässt und mit Vorrang (§ 9) geradeaus weiterfährt, muss jedenfalls dann kein Zeichen geben, wenn er seine Fahrlinie nicht nach links verlegen muss (s auch Rz 6), sonst aber wohl nach § 10 (§ 9 Rz 42; Dü VM **65** 92 ist insoweit teilweise überholt).

6. Ordnungswidrig (§ 24 StVG) sind Verstöße gegen eine Vorschrift des § 10 über das Einfahren oder Anfahren (§ 49 I Nr 10), soweit öffentlicher VRaum in Betracht kommt oder einbezogen ist. Wer beim Einfahren in den V noch auf nichtöffentlichem VGrund aus Unachtsamkeit mit einem anderen Fz kollidiert, verletzt nach Bay DAR **73** 109 jedenfalls § 1 II (Verstoß gegen § 10 offengelassen; sehr zw.: näher § 1 Rz 18 a). Ist zur Klarstellung Z 205 aufgestellt (S 3), so ist Nichtbeachtung Verstoß gegen § 8 II (Rz 10). Behinderung des fließenden V durch Ein- oder Anfahren: § 1 Rz 40 ff. **17**

Lit: *Bouska*, Der „abgesenkte Bordstein" in der StVO, DAR **98** 385. *Kürschner*, Vorrangs- und Vorfahrtsprobleme ..., NZV **89** 174. *Ders*, Vorrang für in und aus Fußgängerbereichen fahrende Schienenbahnen ..., NZV **92** 215.

Besondere Verkehrslagen

11 (1) **Stockt der Verkehr, so darf trotz Vorfahrt oder grünem Lichtzeichen niemand in die Kreuzung oder Einmündung einfahren, wenn er auf ihr warten müßte.**

(2) **Stockt der Verkehr auf Autobahnen und Außerortsstraßen mit mindestens zwei Fahrstreifen für eine Richtung, so müssen Fahrzeuge für die Durchfahrt von Polizei- und Hilfsfahrzeugen in der Mitte der Richtungsfahrbahn, bei Fahrbahnen mit drei Fahrstreifen für eine Richtung zwischen dem linken und dem mittleren Fahrstreifen, eine freie Gasse bilden.**

(3) **Auch wer sonst nach den Verkehrsregeln weiterfahren darf oder anderweitig Vorrang hat, muß darauf verzichten, wenn die Verkehrslage es erfordert; auf einen Verzicht darf der andere nur vertrauen, wenn er sich mit dem Verzichtenden verständigt hat.**

Begr zu § 11: *Den modernen Massenverkehr in Fluss zu halten, ist nur möglich, wenn jeder Einzelne sich auf die jeweilige Verkehrslage einstellt. Jedem ist daher aufgegeben, sein Augenmerk auch darauf zu richten, ob er nicht durch sein Verhalten dazu beitragen kann und muss, verwickelte Verkehrslagen zu entwirren. Da sich der Massenverkehr auf die Dauer nur durch Mithilfe aller aufrechterhalten lässt, bedarf es auch der Möglichkeit, grobe Störenfriede zur Rechenschaft zu ziehen. Bisher konnte lediglich auf Grund des allgemeinen Verbots vermeidbarer Behinderung eingeschritten werden. Richtig gesehen ist diese Regelung lückenhaft. Denn es ist jedenfalls zweifelhaft, ob Verkehrsteilnehmer, denen die Verordnung ausdrücklich Vorrang einräumt, dieses Verbot verletzen können. Die Rechtsprechung hat zwar Vorfahrtberechtigte, die, auf ihr „Recht" pochend, einen Unfall herbeigeführt haben, wegen Verletzung des bisherigen § 1 bestraft. Dabei ging es aber jeweils um Schädigungstatbestände. Es ist schwerlich aus § 1 zu entnehmen, dass die Beanspruchung eines Vorrangs, welche die Behinderung Wartepflichtiger zur Folge hat, etwa verboten sein könnte. Denn der, dem der Vorrang im Interesse der Flüssigkeit des Verkehrs eingeräumt ist, behindert zwangsläufig den Wartepflichtigen, und zwar nach den Umständen durchaus vermeidbar. Er soll im Regelfall sogar behindern; denn der Verkehrsfluss würde schon in bedenklichem Maße gehemmt, wenn auch nur ein erheblicher Teil der mit Vorrang Ausgestatteten davon keinen Gebrauch machte. § 1 passt insoweit für Vorrangfälle nicht. Es ist daher notwendig, ausdrücklich zu normieren, dass auch Verkehrsteilnehmer, denen Vorrang eingeräumt ist, u. U. darauf verzichten müssen ...* **1**

Absatz 2* konkretisiert in gewissem Umfang den § 1 Abs. 1 ... . Beispielhaft sind auch folgende Verkehrssituationen: Ein an sich wartepflichtiger Lastzug ist auf eine nach beiden Seiten nur auf kurze Strecken übersehbare Straße bis zur Mitte eingefahren, um dann auf diese Straße nach links einzubiegen. Auf der von ihm blockierten Straßenseite sammelt sich eine Reihe von Fahrzeugen; wenn in diesem Augenblick einzelne Fahrzeuge von rechts herankommen, so haben sie zu warten, bis dieser Zug die Kreuzung freigemacht hat. Dasselbe gilt, wenn auf einer schmalen Straße ein Linksabbieger auf einzelne entgegenkommende, geradeaus fahrende Fahrzeuge warten müsste, und sich hinter ihm schon eine Fahrzeugschlange gebildet hat; dann haben die entgegenkommenden Fahrzeuge gegebenenfalls zu warten. Dasselbe gilt an Straßenengpässen. Aber auch Fußgänger oder Radfahrer, auf die von abbiegenden Fahrzeugen ja besondere Rücksicht zu nehmen ist, haben stehen zu bleiben, wenn die abbiegenden Fahrzeuge durch das ihnen vorgeschriebene Warten den Verkehrsfluss auf der anderen Straße behindern würden. Fußgänger müssen auch davon abgehalten werden, einen Fußgängerüberweg gerade dann zu betreten, wenn ein ganzer Pulk von Kraftfahrzeugen herankommt. **2**

---

* Jetzt Absatz 3.

3 *Ohne gegenseitige Rücksicht geht es in solchen Fällen nicht. Die Norm ist freilich in anderer Richtung gewollt eng gefasst. Die Formel „wenn die Verkehrslage es erfordert" will Fälle ausnehmen, in denen es nur zweckmäßig und nicht eindeutig geboten ist, auf den Vorrang zu verzichten. Nur wirkliche Störenfriede werden erfasst.*

4 *Der zweite Halbsatz des Absatzes 2* ist notwendig. Fehlte er, so wäre jedenfalls problematisch, inwieweit der Vertrauensgrundsatz hier Geltung hat. Ihn in den hier behandelten Fällen einzuschränken, ist im Interesse der Sicherheit geboten. Im Übrigen zeigt der halbe Satz ausdrücklich, dass die Verordnung den Vertrauensgrundsatz im Prinzip nicht antasten will.*

4a **Begr** zur ÄndVO v 19. 3. 92 (VkBl **92** 186):

Zu Abs 2: Die Vorschrift dehnt die Verpflichtung zur Bildung einer freien Gasse auch auf Außerortsstraßen mit mehreren Fahrstreifen für eine Richtung aus. Eine Beschränkung dieser Verpflichtung nur auf Autobahnen trägt dem gestiegenen Verkehrsaufkommen nicht mehr Rechnung.

5 **1. Abstehen vom Vorrang bei untypischer Verkehrslage** (III). Erfordert es die VLage, nicht bloße Zweckmäßigkeit, so sollen Vorrangberechtigte in sinnvoller Weise zurückstehen, also auf Weiterfahren oder anderweitigen Vorrang verzichten (Begr). III konkretisiert die Grundpflicht ständiger Vorsicht und gegenseitiger Rücksicht (Begr). § 11 verpflichtet jeden, verwickelte Lagen durch angepasstes Verhalten mit zu entwirren oder sie jedenfalls nicht durch unvernünftiges Verhalten zu verstärken, BGH VersR **77** 154. Sicherheit geht starrer Regelanwendung vor, Dü VersR **77** 139. Wenn § 11 III auch keine bußgeldbewehrten Rechtspflichten begründet, so kann Nichtbeachtung im Einzelfall doch andere VRegeln verletzen. Droht bei wörtlicher Regelbeachtung Gefahr, so ist sinnvolles Vermeiden der Gefahr, soweit möglich, sogar Pflicht (§ 1 II, **E** 122). Als letzter Ausweg zur Unfallvermeidung sind auch Verkehrswidrigkeiten in Kauf zu nehmen, Br VRS **3** 414, *Fuchs-Wissemann* DAR **95** 280.

6 **Einzelfälle:** Wer beim Nebeneinander- oder gestaffelten Fahren den Fahrstreifen beibehält, muss den Vorausfahrenden den Fahrstreifenwechsel ermöglichen (Begr). Der Rechtsfahrende auf der AB soll, sofern er keinen Hintermann behindert, nach links ausbiegen, um Einfahrenden das Einfädeln zu erleichtern (Begr). Wer als Abbieger eine Fahrbahnseite blockiert, dem sollen bevorrechtigte VT zügiges Abbiegen ermöglichen (Begr). Wer als Linksabbieger andere übermäßig aufhält, den soll der an sich vorrangige Geradeausverkehr abbiegen lassen (Begr). Behindert ein wartepflichtiger Abbieger den Verkehr ungewöhnlich, so sollen Fußgänger und Radf, die mit Vorrang geradeaus gehen (fahren) dürfen, zurückstehen (Begr). III kann einen Radwegbenutzer uU zum Warten verpflichten, falls ein aus einem Grundstück Ausfahrender den Radweg versperren muss, weil er sonst keinen Überblick gewinnen kann, Dü VM **79** 20, s auch § 10 Rz 14. An Fußgängerüberwegen bevorrechtigte Fußgänger sollen durch ihr Vorrecht nicht ganze Autopulks aufhalten, wenn sie keinen besonderen Grund zur Eile haben (Begr). Steht auf der VorfahrtStr die rechte Kolonne still, so müssen sich Fze, die links überholen, auf Querverkehr aus rechts frei gelassenen Lücken einrichten, Fra VersR **75** 957, Hb VM **68** 82. Stehen Fze zu nahe am Gleisbereich, so muss die Straba warten (§ 2 III). Fahren bei Betriebsschluss aus Großbetrieben große Radfahrergruppen aus, so muss der Verkehr dies berücksichtigen (§ 2 IV). Kommen in einem unüberschaubaren Engpass Fze aneinander nicht vorbei, so muss der zurückfahren, dem es geringere Mühe macht. Der fließende Verkehr muss auf Ein- oder Anfahrende Rücksicht nehmen, § 10 Rz 9, ebenso der Vorfahrtverkehr auf lange wartende Wartepflichtige (§§ 8, 10). Bei Ampelversagen muss sich der Verkehr unter größter Vorsicht selbst helfen (§ 37). Bei verkehrsreichen Kreuzungen muss der nach Ampelversagen bevorrechtigte V dem QuerV für Zeitintervalle, die etwa einer Ampelphase entsprechen, das Passieren der Kreuzung durch Verzicht auf das eigene Vorrecht ermöglichen, Dü DAR **83** 379 (krit *Fuchs-Wissemann* DAR **95** 281). Ist jeder von mehreren FzF jeweils einem anderen gegenüber wartepflichtig, so ist zur Entwirrung der Lage nach Verständigung einem die Fortsetzung der Fahrt zu ermöglichen, KG VM **90** 76 (s auch § 8 Rz 38).

7 Der **Vertrauensgrundsatz**, den die StVO an sich unberührt lässt (Begr), wird durch § 11 II sinngemäß eingeschränkt, Stu VRS **69** 390. Da § 11 stets regelwidrige VLagen betrifft, darf niemand auf Verzicht des Bevorrechtigten vertrauen, bevor er sich mit ihm verständigt hat (Handzeichen). Verständigen bedeutet Einigkeit über das weitere Verhalten, Vieldeutigkeit oder Unschlüssigkeit genügen nicht. Ohne deutliche Erkennbarkeit darf ein Wartepflichtiger nicht darauf vertrauen, dass ein an sich Bevorrechtigter eine Einmündung zur Durchfahrt freilassen werde, Bay VRS **58** 153, VM **80** 49.

---

* Jetzt Absatz 3.

Besondere Verkehrslagen   § 11 StVO **2**

2. Kein Vorrang bei Verkehrsstockung. I behandelt zur Verdeutlichung einen Beispielsfall **8** der allgemeinen Regel in III, Ha NZV **88** 24, **93** 405. Der Verkehr kann sich so verdichten, dass auch von Vorrangberechtigten (Vorfahrt, Grün) gefordert werden muss, zur Entwirrung oder wenigstens nicht zur weiteren Verstopfung beizutragen (Begr). Das Behinderungsverbot des § 1 reicht dazu nicht aus, weil Bevorrechtigte idR schon durch Vorrangausübung andere behindern (Begr). Deshalb schränkt I einen an sich gegebenen Vorrang bei Stockung ein. I ist Ausfluss des übergeordneten Grundsatzes ständiger Vorsicht und gegenseitiger Rücksicht (§ 1) und ein Beispiel (Begr) für das sachbedingte Erfordernis, VRegeln nicht ins Gegenteil des Bezweckten umschlagen zu lassen (§ 1 Rz 6). Er ist also keine eng auszulegende Ausnahmevorschrift, wie Ha VRS **45** 395 meint, sondern Teil einer übergeordneten Grundregel (E 122–124). Doch kann eine Generalklausel sinnvoller Regelanwendung wegen Unbestimmtheit kein OW-Tatbestand sein. Ow sind deshalb nur Verstöße in den in I bezeichneten Fällen, Stu VRS **69** 304. Wo PolB den Verkehr durch Licht- oder HandZ regeln, wird nicht § 11 gelten, sondern die Sorgfaltspflicht der VT nach § 36 I.

Der Verkehr stockt iS von I bei solcher Überfüllung der Kreuzung/Einmündung mit **9** wartenden Fzen in der beabsichtigten Richtung – nicht auch solchen des QuerV, Ha NZV **93** 405 –, dass sie diesen Bereich bei freier Fahrt mit einiger Gewissheit nicht alle werden verlassen können, KG VM **77** 24, VRS **48** 462, Dü NZV **94** 491, *Möhl* DAR **70** 231, *O. H. Schmitt* VOR **72** 46, nicht schon, wenn auf geräumiger Kreuzung bereits mehrere Fze warten (meistens Abbieger) und Platz für weitere ohne Anhalt für späteres Zurückbleiben besteht, Br VM **76** 93, Dü DAR **73** 81, **89** 112, und auch nicht, wenn ein Abbieger bei an sich dichtem Verkehr und Grün nur deshalb nicht weiterfahren kann, weil ein Vorausfahrender unvorhersehbar hängen bleibt, Bay VRS **56** 126. Überhaupt begründet die *bloße Möglichkeit* einer nach dem Einfahren entstehenden Stockung nicht das Verbot des Abs I, Dü NZV **94** 491. Auch das Einfahren und Warten mehrerer Linksabbieger in einer Kreuzung bis zum Abfluss des Längsverkehrs bleibt erlaubt, *Möhl* DAR **70** 231, *O. H. Schmitt* VOR **72** 48. Vorfahrt oder Grün erlauben nur dann keine Einfahrt, wenn der Kf sieht, dass er sie nicht rechtzeitig wieder verlassen kann, Stu VRS **38** 378, Ha VRS **45** 395, Dü DAR **89** 112. Ob der Verkehr stockt, richtet sich außerdem nach der bei der Ankunft beurteilbaren Frequenz des Fahrstreifens, welcher nach der Kreuzung befahren werden soll, es kann also, Raum zum richtig eingeordneten Warten vorausgesetzt, für den Geradeausfahrenden anders als für Links- oder Rechtsabbieger liegen. Reicht auf einer VorfahrtStr eine vor Rot oder aus anderem Grund haltende FzSchlange noch über die nächste zurückliegende Kreuzung oder Rechtseinmündung hinweg, so müssen Berechtigte, ähnlich wie an Bahnübergängen (§ 19 IV), diesen Kreuzungs- oder Einmündungsbereich für den Querverkehr (geradeaus, Linksabbiegen) freilassen, nicht auch für wartepflichtige Rechtsabbieger, die sich in die Schlange einordnen wollen, Ha NZV **88** 24. Diesen gegenüber muss nicht jeder Bevorrechtigte warten, nur weil er in Kolonne fährt. Sie müssen nur ab und zu Gelegenheit zum Einordnen erhalten (§ 1). Wer in einer vorfahrtberechtigten Kolonne fährt, darf Kreuzungen und Rechtseinmündungen also nur befahren, wenn er sie zügig passieren kann, so auch *Meyer* JR **71** 32, aM Bay VRS **39** 457. Stockt der Verkehr auf der Kreuzung, so braucht ein dort Wartender nur gegenüber solchen Kfz zurückzusetzen, die mit Hilfe dieser Lücke in anderer Richtung weiterfahren könnten, und nur, wenn das Zurücksetzen niemand beeinträchtigt (§ 1), Ko VRS **43** 215.

§ 11 birgt insoweit Ungewissheit in sich, als der Abfluss von in einer Kreuzung Wartenden von vorher nicht sichtbaren Umständen abhängen und daher vom Berechtigten nicht stets vorher verlässlich beurteilt werden kann (Panne, Ungeschicklichkeit, verspätetes Anfahren, störendes Vorkommnis im Längsverkehr). In solchen Fällen verhält sich der noch Einfahrende nicht ow. Überhaupt kommt es bei dem Vorrechtsverzicht nicht auf das an sich zweckmäßige Verhalten an, sondern darauf, was die VLage unbedingt, für jeden erkennbar, erfordert (Begr), Ha VRS **45** 395. Die Vorschrift soll nur offensichtliche Störenfriede erfassen (Begr). Auch im Fall von I darf auf Verzicht nur nach Verständigung vertraut werden, Fra VRS **55** 64, s Bay VRS **58** 153, Ha NZV **88** 24.

Lit: *Fuchs-Wissemann*, Anmerkungen zu § 11 Abs 3 Halbs 1 StVO, DAR **95** 278. *Möhl*, „Generalklauseln" der StVO, DAR **75** 60. *Naumann*, Sozialethische Lernziele im StrV, BA **80** 234 (243: zu Flexibilitätsschwierigkeiten deutscher VT). *O. H. Schmitt*, Verhalten bei VStockungen (auch zu den §§ 19, 26 StVO), VOR **72** 42.

3. Durchfahrt für Hilfsfahrzeuge ist bei längerer Stockung auf der AB und auf außerört- **10** lichen Strn mit mindestens zwei Fahrstreifen, nicht schon bei kurzen Stockungen infolge Zähflüssigkeit, dadurch zu gewähren, dass die Kf vom Beginn der Schlange (dem Hindernis) her in der Mitte durch Ausweichen nach rechts und links unter Benutzung befahrbarer Seitenstreifen eine Gasse bilden. Polizeifz, Krankenwagen, Arzt- und Abschleppfz müssen durchfahren können, Kö VM **70** 63. Bei drei Fahrstreifen derselben Richtung müssen sich Benutzer des linken Fahrstreifens nach links, die der anderen Fahrstreifen so weit nach rechts einordnen, dass zwischen dem linken und dem mittleren Fahrstreifen ausreichender Raum für HilfsFze entsteht; bei 4 Fahrstreifen derselben Richtung ist die Gasse über der mittleren Trennlinie („in der Mitte") zu bilden. Keinesfalls darf die Gasse zum Sichvordrängen missbraucht werden. Die Vorschrift überträgt die frühere, nur auf AB und KraftfahrStrn geltende Regelung des § 18 IX (alt) auch auf andere Strn, sofern sie außerhalb geschlossener Ortschaften (Z 310, 311) liegen und mindestens zwei Fahrstreifen (Begriff: § 7 I 2) für eine Richtung aufweisen. Ob die Fahrstreifen markiert sind, ist ohne Bedeutung, § 7 Rz 5 sowie die Begr zu § 18 IX (alt), VkBl **88** 222 f.

11 4. Ordnungswidrig (§ 24 StVG) sind nur Verstöße gegen I und II (§ 49 I Nr 11). Wegen der komplexen Lage bei großer VDichte wird sich die Verfolgung auf eindeutige Verstöße beschränken müssen, *O. H. Schmitt* VOR **72** 55. III enthält keinen OW-Tatbestand, trotz der nur didaktisch gemeinten Wendungen „muss" und „darf". Wäre, abgesehen von I, das Abweichen von einer Regel der Sicherheit dienlicher gewesen als starre Befolgung, so wird einem Kf die Befolgung doch nicht zum Vorwurf gereichen können, Bay JR **59** 390 (zust *Hartung*). Wer gegen § 11 I verstößt und dadurch andere behindert, verletzt in TE auch § 1, denn Behinderung gehört nicht zum Tatbestand des § 11.

Halten und Parken

12 (1) Das Halten ist unzulässig
1. an engen und an unübersichtlichen Straßenstellen,
2. im Bereich von scharfen Kurven,
3. auf Beschleunigungsstreifen und auf Verzögerungsstreifen,
4. auf Fußgängerüberwegen sowie bis zu 5 m davor,
5. auf Bahnübergängen,
6. soweit es durch folgende Verkehrszeichen oder Lichtzeichen verboten ist:
    a) Haltverbot (Zeichen 283),
    b) eingeschränktes Haltverbot (Zeichen 286),
    c) Fahrbahnbegrenzung (Zeichen 295 Buchstabe b, bb),
    d) Richtungspfeile auf der Fahrbahn (Zeichen 297),
    e) Grenzmarkierung für Halteverbote (Zeichen 299),
    f) rotes Dauerlicht (§ 37 Abs. 3),
7. bis zu 10 m vor Lichtzeichen und den Zeichen „Dem Schienenverkehr Vorrang gewähren!" (Zeichen 201), „Vorfahrt gewähren!" (Zeichen 205) und „Halt! Vorfahrt gewähren!" (Zeichen 206), wenn sie dadurch verdeckt werden und
8. vor und in amtlich gekennzeichneten Feuerwehrzufahrten,
9. an Taxenständen (Zeichen 229).

(1 a) Taxen ist das Halten verboten, wenn sie einen Fahrstreifen benutzen, der ihnen und den Linienomnibussen vorbehalten ist, ausgenommen an Bushaltestellen zum sofortigen Ein- und Aussteigenlassen von Fahrgästen.

(2) Wer sein Fahrzeug verläßt oder länger als drei Minuten hält, der parkt.

(3) Das Parken ist unzulässig
1. vor und hinter Kreuzungen und Einmündungen bis zu je 5 m von den Schnittpunkten der Fahrbahnkanten,
2. wenn es die Benutzung gekennzeichneter Parkflächen verhindert,
3. vor Grundstücksein- und ausfahrten, auf schmalen Fahrbahnen auch ihnen gegenüber,
4. bis zu je 15 m vor und hinter Haltestellenschildern (Zeichen 224),
5. *(aufgehoben)*
6. vor und hinter Andreaskreuzen (Zeichen 201)
    a) innerhalb geschlossener Ortschaften (Zeichen 310 und 311) bis zu je 5 m,
    b) außerhalb geschlossener Ortschaften bis zu je 50 m,

Halten und Parken § 12 StVO

7. über Schachtdeckeln und anderen Verschlüssen, wo durch Zeichen 315 oder eine Parkflächenmarkierung (§ 41 Abs. 3 Nr. 7) das Parken auf Gehwegen erlaubt ist,
8. soweit es durch folgende Verkehrszeichen verboten ist:
   a) Vorfahrtstraße (Zeichen 306) außerhalb geschlossener Ortschaften,
   b) Fahrstreifenbegrenzung (Zeichen 295 Buchstabe a) oder einseitige Fahrstreifenbegrenzung (Zeichen 296 Buchstabe b),
   c) Parken auf Gehwegen (Zeichen 315), auch mit Zusatzschild,
   d) Grenzmarkierung für Parkverbote (Zeichen 299) und
   e) Parkplatz (Zeichen 314) mit Zusatzschild,
9. vor Bordsteinabsenkungen.

(3a) ¹Mit Kraftfahrzeugen mit einem zulässigen Gesamtgewicht über 7,5 t sowie mit Kraftfahrzeuganhängern über 2 t zulässiges Gesamtgewicht ist innerhalb geschlossener Ortschaften

1. in reinen und allgemeinen Wohngebieten,
2. in Sondergebieten, die der Erholung dienen,
3. in Kurgebieten und
4. in Klinikgebieten

das regelmäßige Parken in der Zeit von 22.00 bis 06.00 Uhr sowie an Sonn- und Feiertagen unzulässig. ²Das gilt nicht auf entsprechend gekennzeichneten Parkplätzen sowie für das Parken von Linienomnibussen an Endhaltestellen.

(3b) ¹Mit Kraftfahrzeuganhängern ohne Zugfahrzeug darf nicht länger als zwei Wochen geparkt werden. ²Das gilt nicht auf entsprechend gekennzeichneten Parkplätzen.

(4) ¹Zum Parken ist der rechte Seitenstreifen, dazu gehören auch entlang der Fahrbahn angelegte Parkstreifen, zu benutzen, wenn er dazu ausreichend befestigt ist, sonst ist an den rechten Fahrbahnrand heranzufahren. ²Das gilt in der Regel auch für den, der nur halten will; jedenfalls muß auch er dazu auf der rechten Fahrbahnseite rechts bleiben. ³Taxen dürfen, wenn die Verkehrslage es zuläßt, neben anderen Fahrzeugen, die auf dem Seitenstreifen oder am rechten Fahrbahnrand halten oder parken, Fahrgäste ein- oder aussteigen lassen. ⁴Soweit auf der rechten Seite Schienen liegen sowie in Einbahnstraßen (Zeichen 220) darf links gehalten und geparkt werden. ⁵Im Fahrraum von Schienenfahrzeugen darf nicht gehalten werden.

(4a) Ist das Parken auf dem Gehweg erlaubt, so ist hierzu nur der rechte Gehweg, in Einbahnstraßen der rechte oder linke Gehweg zu benutzen.

(5) ¹An einer Parklücke hat Vorrang, wer sie zuerst unmittelbar erreicht; der Vorrang bleibt erhalten, wenn der Berechtigte an der Parklücke vorbeifährt, um rückwärts einzuparken oder wenn er sonst zusätzliche Fahrbewegungen ausführt, um in die Parklücke einzufahren. ²Satz 1 gilt entsprechend für Fahrzeugführer, die an einer freiwerdenden Parklücke warten.

(6) Es ist platzsparend zu parken; das gilt in der Regel auch für das Halten.

Begr zu § 12 ...

Zu Absatz 2: ... *Was auf einer Parkverbotsstrecke unbedenklich gestattet werden kann, ist in Absatz 2 gesagt. Der Gesetzgeber darf sich, wenn er eine sachgerechte Lösung finden will, nicht darauf beschränken, bei der Parkdefinition eine obere zeitliche Grenze des Haltens zu ziehen. Denn auch das Verlassen des Fahrzeugs ist von Bedeutung. Überall, wo das Parken verboten ist, verlangt das Verkehrsinteresse auch bei kürzerem Halten einen jederzeit abfahrtbereiten Fahrzeugführer. Dass dieser, sobald das haltende Fahrzeug zum Hindernis wird, dann auch wirklich wegfahren muss, gehört zu jenen Selbstverständlichkeiten, die der Verkehrsgesetzgeber nicht aussprechen darf. Das ergibt sich aus § 1.*

Die Verordnung zieht die Zeitgrenze, bei der das Halten zum Parken wird, strikt bei 3 Minuten. Der Vorentwurf hatte flexibler von „wenigen Minuten" gesprochen. Mag solche Regelung auch eine der jeweiligen Örtlichkeit besser angepasste Handhabung der Vorschrift gestatten, so liegt es doch wohl im Interesse der Verkehrsteilnehmer, eine klare Regelung zu erhalten.

... Was unter dem Verlassen des Kraftfahrzeugs zu verstehen ist, das ist der ausgedehnten, sachlich zutreffenden Rechtsprechung zu § 35 StVO (alt) allgemein verständlich zu entnehmen.

Zu Absatz 3: ... **Zu Nr. 6:** *Das bisher in § 16 Abs. 1 Nr. 3 enthaltene Verbot wird sachgerecht konkretisiert. Die Bundesbahn strebt an Übergängen ein freies Sichtdreieck vom 50-m- Punkt an. Innerhalb geschlossener Ortschaften lässt sich wegen der Parkraumnot das Parkverbot nicht aufrechterhalten; erforderlichenfalls ist dort durch Verkehrszeichen abzuhelfen ...*

3   **Zu Absatz 4:** Der Absatz bringt in Übereinstimmung mit dem Weltabkommen Vorschriften darüber, wo auf der Straße und wie dort zu parken und zu halten ist. Ob ein Seitenstreifen zum Parken geeignet ist, kann für den Verkehrsteilnehmer zweifelhaft sein. In solchen Fällen kann durch Aufstellung des Unterrichtungszeichens 388 das Notwendige gesagt werden. Es liegt im Interesse der Verkehrssicherheit, Fahrzeuge auch zu kurzem Halten, wie es der zweite Satz verlangt, an den Fahrbahnrand zu verweisen; das Halten „in zweiter Reihe" wird damit untersagt. Die Vorschrift darf freilich nur als Regelsatz aufgestellt werden, der Ausnahmen duldet. Wenn Verkehrslage und Örtlichkeit es zulassen, genügt es durchaus, „auf der rechten Seite" zu halten; dadurch wird zugleich häufig schwieriges Einordnen zwischen parkenden Fahrzeugen und stets das nicht ungefährliche Anfahren vom Fahrbahnrand (vgl. § 10) vermieden.

Satz 3* übernimmt jegliches Recht; es dient lediglich der Klarstellung, wenn neben Halten auch das Parken ausdrücklich erwähnt wird.

4   **Zu Absatz 5**:** Diese Vorschrift ist durch die herrschende Parkraumnot diktiert. Wie man vom Verkehr verlangen muss, daß er sich in den Verkehrsfluss einfügt, so kann man ihn dazu verpflichten, auch beim Parken das Allgemeininteresse nicht zu vernachlässigen und nicht mit dem knappen Parkraum verschwenderisch umzugehen. Der Satz ist kein Programmsatz, sondern enthält ein durch § 24 StVG bußgeldbewehrtes Gebot (§ 49 Abs. 1 Nr. 12). Daß er sich nicht mehr konkretisieren läßt, braucht kaum gesagt zu werden. Der Pflichtbewußte weiß sehr wohl, wie er sich zu verhalten hat, derjenige, dem die erforderliche Verkehrsgesittung fehlt, bedarf der Erziehung. Es ist sachgemäß, für den, der nicht parken (sondern nur halten) will, die Vorschrift nur als Regelsatz aufzustellen.

5   **Begr zu Abs 3 Nr 2** (VkBl **75** 674): *Weder die Generalklausel des § 1 StVO noch das Verbot des Parkens in zweiter Reihe (§ 12 Abs. 4 Satz 1) bietet für die Praxis eine ausreichende Handhabe, um das Parken an den Stellen zu verhindern, an denen es die Benutzung ausgewiesener Parkflächen unmöglich macht. Die vorgesehene Vorschrift will ... eine verständliche Regelung schaffen. Sie wirkt der unerwünschten Schilderanhäufung entgegen ...*

6   **Begr zu Abs 4 a** (VkBl **75** 674): *Aus Gründen der Verkehrssicherheit ist das Parken auf der Fahrbahn entgegen der Fahrtrichtung, ausgenommen in Einbahnstraßen oder wenn rechts Schienen liegen, verboten. Die Ergänzung dient der Klarstellung, dass dies auch für das Parken auf Gehwegen gilt.*

7   **Begr** zur ÄndVO v. 21. 7. 80 (VkBl **80** 516):

Zu Abs 3 a: *S Begr zu § 6 StVG ... Das Parkverbot wird beschränkt auf die reinen, allgemeinen und besonderen Wohngebiete, auf die Sondergebiete, die der Erholung dienen (z. B. Wochenendhausgebiete, Ferienhausgebiete, Campingplatzgebiete), auf Kurgebiete und Klinikgebiete.*

Diese Begriffe sind der Baunutzungsverordnung vom 15. September 1977 (BGB. I S. 1763) entnommen. Sie sind dort auch näher definiert. Bei Auswahl der Gebiete, in denen das Parkverbot gelten soll, ist der Bundesminister für Verkehr von folgenden Erwägungen ausgegangen:

Im Interesse des Schutzes der Nachtruhe der Wohnbevölkerung vor Lärm- und Abgasbelästigungen durch ankommende und abfahrende Lkw ist das Nachtparkverbot dort unerlässlich, wo die Wohn- und Erholungsfunktion eines Gebietes eindeutig im Vordergrund steht. Da es sich auf der anderen Seite um einen nicht ganz unerheblichen Eingriff in den Gewerbebetrieb eines Unternehmers handelt, sollen die Gebiete vom Parkverbot ausgenommen sein, die nicht in erster Linie dem Wohnen oder der Erholung dienen, z. B. Kerngebiete, Gewerbegebiete, Industriegebiete, aber auch die sogenannten Mischgebiete.

...

Der Verordnungsgeber ist sich darüber im klaren, dass die Auslegung des unbestimmten Rechtsbegriffs „regelmäßig" nicht ganz einfach ist. Gleichwohl wurde auf eine Konkretisierung in der Verordnung verzichtet. Zur Verdeutlichung sei bemerkt, dass nicht gewollt ist, das Parken im Einzelfall zu verbieten. Das wäre zu weitgehend.

Nicht der Unternehmer soll getroffen werden, der selbst oder dessen Fahrer den Lkw ein- oder zweimal, d.h. in Ausnahmefällen, in den betroffenen Gebieten parkt. Das Parkverbot soll sich vielmehr auf den Unternehmer beziehen, der die Straße dadurch als Betriebshof missbraucht, dass er Nacht für Nacht oder an den Wochenenden, und damit regelmäßig, seinen Lkw dort parkt oder parken lässt. Dabei würde ein gelegentliches Aussparen einiger Nächte oder einiger Wochenenden der Regelmäßigkeit nicht entgegenstehen.

...

---

* Jetzt Satz 4.
** Jetzt Abs. 6.

Halten und Parken § 12 StVO **2**

Zu Abs 4 Satz 1: *Ebensowenig wie es hingenommen werden kann, dass auf einem in Fahrtrichtung links gelegenen Seitenstreifen gehalten oder geparkt wird, kann dies auf einem Parkstreifen geduldet werden. Die Ergänzung stellt dies klar.* 8/9

Änderung durch den Bundesrat. Begr: Die Änderung dient der dringend notwendigen Klarstellung der in Rechtsprechung und Literatur strittigen Frage, ob sog. Parkstreifen, die entlang der Fahrbahn für das Parken von Fahrzeugen in Längsrichtung angelegt sind, unter die Vorschrift des § 12 Abs. 4 Satz 1 StVO fallen. ...

Begr zur ÄndVO v 22. 3. 88 (VkBl **88** 221): 10

Zu Abs 1 Nr. 8: ... *Das Fehlen eines derartigen Haltverbots hat zu Schwierigkeiten in der Praxis, zu ärgerlichen Auseinandersetzungen mit Autofahrern und auch zu Behinderungen der Feuerwehr geführt. Es ist selbstverständlich, dass es für den Verkehrsteilnehmer erkennbar sein muss, dass es sich um eine Feuerwehrzufahrt handelt. Erforderlichenfalls ist ein entsprechendes Schild aufzustellen.*

Zu Abs 3 b: − *Begründung des Bundesrates* − ... *Das Problem der Belästigung, insbesondere ein „Überwintern" von Wohnwagenanhängern sowie der Wegnahme von Parkraum, ist vor allem aus den Ballungsgebieten bekannt; dem sollte entgegengewirkt werden.* 11

Zu Abs 5 und 6: − *Begründung des Bundesrates* − *Angesichts der erheblichen Parkraumnot und der nicht eindeutigen, lediglich auf die Vorschriften über verbotene Behinderung (§ 1 Abs. 2) gestützten Rechtsprechung soll der Vorrang an einer Parklücke deutlich geregelt werden. Dabei gilt der Grundsatz, dass Vorrang an einer Parklücke derjenige hat, der sie zuerst unmittelbar, also nicht z. B. auf der gegenüberliegenden Fahrbahnseite, erreicht. Da in der Regel rückwärts einzuparken ist, muss der Berechtigte meist an der Parklücke vorbeifahren, um rückwärts einzuparken. Diese Situation wird nicht selten von nachfolgenden Fahrzeugen dazu benutzt, ihrerseits zu versuchen, in die Lücke einzufahren. Deshalb wird bestimmt, dass der Vorrang des Berechtigten bei Fahrbewegungen, die notwendig sind, um sachgerecht in die Parklücke einzufahren, erhalten bleibt.* 12

Ist eine Parklücke noch nicht vorhanden, bereitet sich jedoch der Fahrer eines geparkten Fahrzeugs erkennbar auf die Abfahrt vor und wartet unmittelbar an dieser Stelle ein anderes Fahrzeug, so soll der Fahrer dieses Fahrzeugs Vorrang beim Besetzen der Parklücke in gleicher Weise haben, als wenn die Parklücke bereits vorhanden wäre.

Begr zur ÄndVO v 19. 3. 92 (VkBl **92** 186): 13/14

Zu Abs 3 Nr. 9: *Städte und Kommunen richten vermehrt sogenannte Rollstuhlabsenkungen an Bordsteinkanten ein, um den Rollstuhlfahrern die Auf- und Abfahrt zu erleichtern. Diese Bordsteinabsenkungen werden leider häufig zugeparkt. Mit Ausnahme der 5-m-Zone an Straßenecken und an Aus- und Einfahrten kann dieses Parken bisher wegen mangelnder Rechtsgrundlagen nicht geahndet werden. Es wird daher gefordert, das Parken an allen abgesenkten Bordsteinen in der StVO zu verbieten.*

Zu Abs 4 Satz 2: *In § 12 Abs. 4 Satz 2 StVO ist nur der zweite Halbsatz bußgeldbewehrt. Hält ein Fahrzeugführer auf einem Gehweg oder einem Radweg, ohne zu parken, so ist bisher strittig, ob dieses Verhalten geahndet werden kann. Durch die Änderung wird klargestellt, dass selbst dann, wenn der Regelfall des Halbsatzes 1 nicht zutrifft, jedenfalls auf der Fahrbahn gehalten werden muss, während andere Straßenteile nicht zum Halten benutzt werden dürfen.*

Zu Abs 4 Satz 5: *Das Halten und Parken im Fahrraum von Schienenfahrzeugen ist bisher nur nach den allgemeinen Regeln des Verhaltensrechts (§ 1 Absatz 2 StVO) unzulässig. Ein ausdrückliches Verbot erscheint jedoch zweckmäßig. Die Vorschrift übernimmt die bisherige Regelung aus der ehemaligen StVO-DDR.*

Begr zur ÄndVO v 14. 12. 93 (VkBl **94** 172): 15

Zu Abs 1 Nr 9: *Begründung des Bundesrats zu Buchstaben a, b:*
Im Interesse eines möglichst reibungslosen Taxiverkehrs müssen die rechtlichen Voraussetzungen für das Freihalten der Taxenstände von unberechtigt haltenden und parkenden Fahrzeugen verbessert werden.

Zu Abs 4 Satz 3: *Begründung des Bundesrats zu Buchstabe c:*
Unter Berücksichtigung der Rechtsprechung zu dem Begriff des Ein- oder Aussteigens bei Zeichen 286 (eingeschränktes Haltverbot) soll es ermöglicht werden, dass Taxifahrer z. B. ältere oder behinderte Fahrgäste mit Gepäck in der Wohnung abholen oder in die Wohnung zurückbegleiten dürfen. Da damit das Fahrzeug verlassen wird, reicht dazu die bisherige Fassung der Vorschrift nicht aus.

2 StVO § 12 I. Allgemeine Verkehrsregeln

Vwv zu § 12 Halten und Parken

Zu Absatz 1

16 1 Halten ist eine gewollte Fahrtunterbrechung, die nicht durch die Verkehrslage oder eine Anordnung veranlasst ist.

Zu Absatz 3 Nr. 1 und Nr. 8 Buchst. d)

16a 2 Wo an einer Kreuzung oder Einmündung die 5-m-Zone ausreichende Sicht in die andere Straße nicht schafft oder das Abbiegen erschwert, ist die Parkverbotsstrecke z. B. durch die Grenzmarkierung (Zeichen 299) angemessen zu verlängern. Da und dort wird auch die bloße Markierung der 5-m-Zone zur Unterstreichung des Verbots ratsam sein.

Zu Absatz 3 a

17 3 I. Die Straßenverkehrsbehörden sollten bei den Gemeinden die Anlage von Parkplätzen anregen, wenn es für ortsansässige Unternehmer unmöglich ist, eigene Betriebshöfe zu schaffen. Bei Anlage derartiger Parkplätze ist darauf zu achten, dass von ihnen keine Störung der Nachtruhe der Wohnbevölkerung ausgeht.

17a 4 II. Wirkt sich das regelmäßige Parken schwerer Kraftfahrzeuge oder Anhänger in anderen als den aufgeführten Gebieten, z. B. in Mischgebieten, störend aus, kommen örtliche, zeitlich beschränkte Parkverbote in Betracht (§ 45 Abs. 1).

Zu Absatz 4

18 5 Wo es nach dem äußeren Anschein zweifelhaft ist, ob der Seitenstreifen für ein auf der Fahrbahn parkendes Fahrzeug fest genug ist, darf wegen Nichtbenutzung des Seitenstreifens nicht eingeschritten werden. Über die Kennzeichnung unzureichend befestigter Seitenstreifen vgl. zu Zeichen 388.

Übersicht

Abgesenkter Bordstein 57a
Abgrenzung des Parkbegriffs 1, 42, 42a
Abschleppen aus Parkverboten 64ff
Andreaskreuz, Parkverbot 2, 50
Anhänger 42a, 60a, 60aa
Anzeige des Haltens 20
Aufstellen beim Parken 4, 58–58c, 60
Ausnahme vom Parkverbot 43
Aussteigen 30, 31

Bahnübergang, Haltverbot 27
Behinderndes Parken 44ff
Behinderte 60b
Beladen, Halten zum 30, 32–34
Beschleunigungsstreifen, Haltverbot 25
Betriebsstörung 19
Bewachung der Fahrzeuge 57
Bewohner 60b
Bordsteinabsenkungen 57a

Dauer des Ladens 32–34
Dauerlicht, rotes 37
Dauerparken 42, 42a, 61
DDR, Länder der ehemaligen 68

Einbahnstraße, Parken 58b
Eingeschränktes Haltverbot 30–34
Einmündung 45
Einsteigen 30, 31
Engstelle 22, 23, 42
Entladen 30, 32–34
–, Nebenverrichtungen 31, 33, 34

Fahrbahnen, mehrere, Parken 58b
Fahrbahnrand, Halten 38, Parken 58b
Fahrräder 38, 42, 55
Fahrstreifenbegrenzung, Haltverbot 35
–, Parkverbot 54

Feiertagsparkverbot 60a
Feuerwehrzufahrt 37b
Fußgängerüberweg, Haltverbot 26

Gebührenpflichtiger öffentlicher Parkplatz 57
Gefährdendes Parken 44
Gegenstände, Laden 32–34
Gehweg, Mitbenutzung beim Halten 41
–, Mitbenutzung beim Parken 55, 61
Gemeingebrauch 42f
Grenzmarkierung für Haltverbote 36a
Grenzmarkierung für Parkverbote 56
Grundstücksein- und -ausfahrt, Parkverbot 47

Halten 1, 9, 16, 19
–, Anzeige 20
– zum Ein- und Aussteigen 30, 31
– zum Be- und Entladen 30, 32–34
– wo? 3, 38, 40, 41
–, Taxen 37e, 40a
– in zweiter Reihe 3, 9, 40, 40a
–, unzulässiges 21ff, 35ff, 41a
Haltestelle, Parkverbot 48
Haltverbote 22–37e, 41a
–, Verbotsstrecken 28, 29
–, Kennzeichnung 28
–, VZ 283 29
–, VZ 286 30–34

Kennzeichnung von Verbotsstrecken 28, 44
Kreuzung, Parkverbot 45
Kurve, scharfe, Haltverbot 24

Lastzug, Entladen 33, 34
Lieferverkehr 32, 33
Liegenbleiben 19
Linksparken 58a, b

Halten und Parken § 12 StVO **2**

Markierung auf Parkplätzen 57, 58 c, d
Mehrere Fahrbahnen, Parken 58 b
Nachtparkverbot 60 a
Nebenverrichtungen beim Ladegeschäft 31, 33, 34
Nicht öffentlicher Verkehrsraum 58, 58 b, 58 d
Nötigung 62
Ordnungswidrigkeit 61
Parken 1, 42 ff
– wo? 3 f, 58–60
–, platzsparendes 4, 58 c
–, nicht behinderndes 44, 46
–, Gehwegmitbenutzung 55
– in zweiter Reihe 40 a, 60
Parklücke, Vortritt 59
Parkplatz 57
Parksonderberechtigungen 60 b
Parkverbote 2 f, 7, 44–54, 57, 60 a
–, Grenzmarkierungen 56
–, Ausnahmen 43
Parkverbotsstrecke 44
Platzsparendes Parken 4, 58 c
Post, Ausnahmegenehmigung 29, 40
Rechter Seitenstreifen, Halten 38
Rechts parken 3, 58 ff
Richtungspfeile auf der Fahrbahn, Haltverbot 36
Rotes Dauerlicht, Haltverbot 37
Schachtdeckel, Parkverbot 51
Schienen 37 d, 58 b, 64

Schräg- und Querparken 58 d
Schwerbehinderte, Parkerleichterung 60 b
Schwerfahrzeuge 60 a
Seitenstreifen, Halten 38
–, Parken 3, 8, 58 ff
Stelle, unübersichtliche 22, 23
Strafrecht 62
Taxen 37 e, 40 a
Taxenstand, Haltverbot 37 c
Unübersichtliche Stelle 22, 23
Verbotsstrecke 28, 29, 44
Verdecken von Verkehrszeichen 37 a
Verkehrsbehinderung, unvermeidbare 34
Verkehrsinsel, Parken an 58 b
Verkehrszeichen
–, Parkverbot durch 52–54
–, Haltverbot 28
–, Verdecken von 37 a
Verschlüsse, Parkverbot über 51
Verwaltungsrecht 65 f
Verzögerungsstreifen, Haltverbot 25
Vorfahrt auf Parkplätzen 57
Vortritt an Parklücken 59
Warten, verkehrsbedingtes 16, 19, 39
Widmung 57
Zivilrecht 63 f, 67
Zweiräder 38, 42, 55
Zweite Reihe, Halten 3, 40
–, Parken 40 a, 60

1. Halten ist jede gewollte, nicht durch die VLage oder eine Anordnung (§§ 36, 37, 38, 41) **19** veranlasste Fahrtunterbrechung (Vwv Rn 1, s Rz 16), Kar NZV **03** 493, Dü VRS **98** 299, Kö VRS **92** 362, auf der Fahrbahn, uU auch auf Seitenstreifen, Fra NJW **88** 1803, also nicht das Anhaltenmüssen oder Liegenbleiben wegen wirklicher oder vermeintlicher Betriebsstörung (§ 15), Kö VM **74** 15 (aber die Zeit verzögerter Pannenbehebung, s weiter unten), auch nicht, wenn bis zum Eintreffen technischer Hilfe Besorgungen gemacht werden, KG VRS **66** 153, nicht das Warten bei Rot, Warnlichtanlage oder geschlossener Schranke, BGHSt **14** 149, DAR **60** 149, Kar NZV **03** 493, Dü DAR **60** 26, oder auf Weisung, das Warten vor LZA auch dann nicht, wenn der FzF nach Aufleuchten des Grünlichts infolge Unaufmerksamkeit zögert, Kö VRS **67** 289, nicht das verkehrsbedingte Abwarten des Gegenverkehrs beim (auch unzulässigen) Abbiegen, Kö DAR **76** 139, nicht das Warten in FzStau vor Zufahrten zu Parkhäusern, Tankstellen uä (verkehrsbedingt durch das Warten des jeweiligen Vordermannes), *Berr/H/Schäpe* 10, aM *Hauser* DAR **84** 272, auch nicht das Warten vor geschlossener Grenzabfertigungsanlage oder am Ende einer dort wartenden FzSchlange, Bay VRS **60** 146, Kar NZV **03** 493, aber das Halten zum Ein- und Aussteigen, Be- und Entladen (zweckbedingtes Halten) ohne Rücksicht auf das Abstellen des Motors, ebenso das Warten bis zum Öffnen eines Einfahrttores bei Mitbenutzung der Fahrbahn, Kö DAR **57** 111. Ungewolltes Liegenbleiben wegen **Betriebsstörung** wird jedoch von dem Augenblick an (freiwilliges) Halten, in dem die Behebung des Fehlers oder Abschleppen möglich gewesen wäre, Fra NJW **88** 1803, Kö VM **74** 15. Liegenbleiben an einer Stelle, wo Halten oder Parken verboten ist, verpflichtet zur unverzüglichen Entfernung des Fz, OVG Münster NZV **00** 310 (in Großstädten idR innerhalb 1 Std.). Die Zeit spielt für den Begriff des Haltens nur insofern eine Rolle, als der Haltende, der sein Fz verlässt oder länger als drei Minuten hält, auch zum Be- oder Entladen, parkt (§ 12 II) (zeitbestimmtes Halten), BGHSt **28** 143, Bay VRS **55** 66, aM KG VRS **51** 384, so dass nunmehr auch die Parkvorschriften (III–VI) für ihn gelten. Das Halten setzt die Bewegung mit Fz voraus, zu denen die „besonderen Fortbewegungsmittel" (§ 24) nicht zählen. Halten und Parken werden nur in § 12 geregelt, nicht auch in § 2, Ce VersR **76** 1068.

1 a. Anzeige des Haltens (§ 11 I S 1 alt) schreibt die StVO nicht mehr vor (Fra VRS **72** **20** 419). Rechtzeitiges und deutliches Aufleuchtenlassen der Bremslichter ist jedoch sachgerecht;

2 StVO § 12 I. Allgemeine Verkehrsregeln

auch mehrfaches Betätigen der Bremse zu diesem Zweck kann uU – etwa auf Schnellstraßen – geboten sein (§ 1), damit der nachfolgende V nicht durch überraschendes Anhalten gefährdet wird (BGH VersR **86** 489, Ha NZV **94** 28 [Halten auf freier Strecke wegen Taube]). Überholen kurz vor dem Anhalten ohne Anzeige ist grob verkehrswidrig (VGH Ka VRS **29** 392). Haltende oder parkende Kfz sind nicht nach § 15 zu sichern, bei schwerer Erkennbarkeit aber nach § 1; außerdem gilt § 17 (§ 15 Rz 2, 3).

21 **2. Halten ist unzulässig** an den in I Nr 1 bis 9 sowie IV S 5 bezeichneten Stellen und im Geltungsbereich der in Nr 6 genannten Z 283, 286, 295, 297, 299 und roten Dauerlichts (§ 37) nach deren Maßgabe. Haltverbote sind zugleich Parkverbote, KG VRS **51** 384, Stu VRS **71** 457, Kö VersR **90** 100. Auf der AB und den KraftfahrStr ist Halten und Parken außerhalb der bezeichneten Parkplätze verboten (§ 18). Jeder FzF muss auch unabhängig von VZ nach der Örtlichkeit, uU auch nach der VLage (abgestellte Fz) prüfen, ob er halten darf, Bay DAR **78** 190, etwa in Engstellen (§ 1 II); zB hält ein besonders sorgfältiger Kf (§ 17 III StVG) auf einer BundesStr an geeigneter Stelle außerhalb der Fahrbahn, Stu DAR **74** 298. Soweit Übersicht, Ausweichmöglichkeit, Zufahrt und Zugang zur Fahrbahn es erfordern, gelten Haltverbote für Fahrbahn und Seitenstreifen, s Rz 22, 24, 26–28, 30 ff, *Bouska* VD **73** 129. Im Bereich von Parkverboten darf gehalten (§ 12 II) werden, es sei denn, in unmittelbarer Nähe bestünde eine Parkmöglichkeit, dann kann ein Verstoß gegen § 1 II in Betracht kommen. Zur Frage, wann kurzes Halten an unverbotener Stelle § 1 II verletzt, s Rz 44 sowie § 1.

22 **2 a. Haltverbot an engen und an unübersichtlichen Straßenstellen** (I Nr 1). Die Vorschrift betrifft enge wie unübersichtliche Stellen, beide Merkmale brauchen nicht zusammenzutreffen, Dü JMBlNRW **83** 106. Sie dient der Sicherstellung ausreichenden Raums für den fließenden V, Dü NZV **90** 201, VRS **98** 299, VGH Ma DAR **02** 284. Wegen des Überblicks und der etwaigen Ausweichmöglichkeit gilt das Verbot auch für den Seitenstreifen, *Bouska* VD **73** 130. Eng ist die StrStelle idR, wenn der zur Durchfahrt insgesamt freibleibende Raum für ein Fz höchstzulässiger Breite (§ 32 I Nr 1 StVZO) zuzüglich 50 cm Seitenabstand bei vorsichtiger Fahrweise nicht ausreichen würde, Bay NJW **60** 1484, Dü NZV **90** 201, VRS **98** 299, Ha NZV **95** 402, Nü NZV **07** 301, VG Mü NZV **91** 88, VG Berlin NZV **98** 224, ohne dass es dann auf die wirkliche Breite des behinderten Fz ankommt, BGH VersR **66** 365. Die Gegenfahrbahn ist dabei mitzurechnen, weil andernfalls 8 m breite Straßen Engstellen wären, VG Mü NZV **91** 88. Nicht mitzurechnen ist jedoch eine auf der anderen Seite der Fahrbahn gekennzeichnete, nicht belegte Parkfläche, Dü VRS **98** 299. Die StrBreite im übrigen StrVerlauf ist ohne Bedeutung („StrStelle"), Ol VersR **66** 365. Die Engstelle kann baulich bedingt sein, zB durch eine VInsel oder Eishöcker oder Schneehaufen, Bay VRS **31** 129, Mü VersR **60** 569, durch abgestellte Fz, BGH VersR **66** 365, Ce VersR **76** 1068, Dü VM **65** 48 (dann Haltverbot für Hinzukommende, solange der Zustand dauert), Ha VRS **9** 226 (auf der anderen StrSeite verengend abgestelltes Fz), selbst durch unerlaubt abgestellte oder parkende Fz, Kar VRS **45** 316. Bleiben 3,4 m zur Durchfahrt frei, so ist eine StrStelle nicht eng iS von I Nr 1, Bay VRS **59** 376. Auf Straßen mit beschränktem Fahrverkehr (Z 253) wird uU schmalerer Durchfahrraum ausreichen, Bay VRS **27** 232. Durch eine Trennlinie (Z 295, 296 Fahrstreifen A) wird eine StrStelle nicht eng iS von § 12 I Nr 1, weil die Sondervorschriften des § 41 III Nr 3a, 4b dort nur das Parken einschränken, Sa VM **81** 84. Halten kann hier nach § 1 II unzulässig sein, aber Rz 44. Das Anhalten auf einem Überholstreifen ist idR als gefährlich zu unterlassen, Dü VersR **74** 1112. Das Haltverbot ist streng auszulegen. Wer in steiler Engstelle versperrend hängen bleibt, muss sie durch Zurückstoßen alsbald freimachen, er darf nicht von dort aus zu Fuß liefern, Bay VRS **31** 129.

23 **Unübersichtlich** ist eine Stelle, wenn ungenügender Überblick es hindert, den Verkehr vollständig zu überblicken und Gefahr zu vermeiden, Bay DAR **78** 190, Dü JMBlNRW **83** 106, VM **88** 43, auch Kreuzungen/Einmündungen, Ce VRS **32** 474, Dü JMBlNRW **83** 106, verdeckende Kuppen, auch wenn dort stehende Fz von beiden Seiten aus gut sichtbar sind, Bay VRS **35** 392. Darunter fällt auch Sichtverkürzung durch abgestellte Fz, Geräte, Bauzäune, ausgenommen bei ganz vorübergehender Sichtbehinderung. Weitere Fälle: § 5 Rz 34, 35. Zusätzliche Erschwerungen und Gefährdung durch haltende Fz sollen von an sich schon unübersichtlichen Stellen ferngehalten werden.

24 **2 b. Im Bereich von scharfen Kurven** (I Nr 2) ist jedes Halten auf Fahrbahnen oder Seitenstreifen unzulässig, weil Haltende dort unvermutete Hindernisse bilden können, auch bei Übersichtlichkeit. Kurve ist gekrümmter Straßenverlauf bezogen auf eine einheitliche Fahrbahn,

Halten und Parken § 12 StVO **2**

Brn VRS **106** 307; die Schnittstelle zweier Straßen an Einmündungen und Kreuzungen fallen nicht hierunter, Dü JMBlNRW **83** 106. Wendeschleifen am Ende einer Sackgasse („Wendehammer") sind nicht „Kurve" iS von I S 2, eine analoge Anwendung scheidet aus, Brn VRS **106** 307. Scharfe Kurven sind nicht nur solche mit geringer Überblickbarkeit und Fahren auf „halbe Sicht", sondern überhaupt solche mit geringem Radius, ohne dass Schleudergefahr bestehen muss, Ce NJW **60** 1485. „Im Bereich" scharfer Kurven gilt das Verbot, also für beide Fahrbahnseiten, BGH NJW **71** 474, und je nach Art und Beschaffenheit der Straße bereits angemessen weit vor der Kurve, in ihr und ausreichend weit hinter ihr, bis keine Gefährdung durch verengendes Halten mehr in Betracht kommt.

2 c. Das Haltverbot auf Beschleunigungs- und Verzögerungsstreifen (I Nr 3) dient 25 dem ungefährdenden Beschleunigen zwecks Einfädelns in den durchgehenden Verkehr und dem entsprechenden Verzögern vor dem Ausfahren oder Abbiegen, Ko ZfS **05** 120 (Verzögerungsstreifen). Beides darf nicht durch Hindernisse auf diesen Fahrstreifen behindert werden. Für Seitenstreifen gilt dies nicht. Beschleunigungs- wie Verzögerungsstreifen dienen dem Ein- bzw Ausgliedern aus durchgehenden Fahrbahnen, § 2 Rz 25 a. Das Haltverbot dient daher nicht dem Schutz des unter Überqueren eines Beschleunigungs- oder Verzögerungsstreifens auf die Fahrbahn Einfahrenden, Ko ZfS **05** 120. Verbindungsstreifen zwischen Ein- und Ausfahrspuren („3. Fahrspur") gehören nicht hierher, hierzu § 18.

2 d. Auf Fußgängerüberwegen und bis zu 5 m davor (I Nr 4) darf auch auf Seitenstrei- 26 fen nicht gehalten werden, weil haltende Fz die Sicht auf Wartende verdecken können. Demselben Sicherungszweck dient das Überholverbot bei vor Fußgängerüberwegen wartenden Fz, hierzu § 26. Auch an Haltestellen muss die Straba den Fußgängerüberweg freilassen, BGH MDR **75** 833. Näher: § 26 Rz 18. Ein Z 283 mit Beschränkung auf bestimmte Zeiten durch Zusatzschild in diesem Bereich ist widersprüchlich, ein Missverständnis durch VT nicht vorwerfbar, Bay VRS **64** 383. Fußgängerüberwege iS des Abs I Nr 4 sind nur solche, die durch Z 293 („Zebrastreifen") gekennzeichnet sind, Bay VRS **65** 299 (§ 26 Rz 10). Abs I Nr 4 verbietet daher nicht das Halten und Parken im Bereich von Fußgängerfurten mit LZA (§ 37 Rz 58); dort kann jedoch Abs I Nr 7 in Frage kommen, soweit die LZA verdeckt wird, im Übrigen § 1 II StVO (s aber Rz 44).

2 e. Auf Bahnübergängen (§ 19), auch solchen ohne Bahnvorrang, darf niemals gehalten 27 werden, weil sonst Gefahr besteht, dass der Übergang bei Bedarf nicht sofort freigemacht werden kann (I Nr 5), Fra VersR **88** 295. Auch bei Stockung ist daher stets vor dem Andreaskreuz anzuhalten, § 19 Rz 28. Parken an Bahnübergängen: Rz 50.

3. Haltverbot durch Verkehrszeichen (I Nr 6) besteht im Geltungsbereich der in Nr 6 28 bezeichneten Verkehrs- und LichtZ (Rz 29–37). Haltverbotsstrecken: § 41 II Nr 8 c. Der Geltungsbereich von VerbotsZ muss so klar sein, dass jeder Kf beim Fahren weiß, was gefordert wird (Kö VRS **36** 462; s § 39). Das Haltverbot beginnt bei den Z 283, 286 für die StrSeite, auf der das Zeichen steht, und gilt bis zur nächsten Kreuzung oder Einmündung auf derselben StrSeite (§ 41 II Nr 8 b). Es endet uU vorher, wenn sein erkennbarer Zweck nicht mehr fortbesteht (Bay NZV **93** 409 [idR keine Fortgeltung nach Z 250 mit ZusatzZ]) oder wenn im Verlauf der Str angebrachte VZ oder VEinrichtungen (zB Parkuhr, s § 13) eine abw Regelung treffen (VG Meiningen DAR **01** 89). Auf VBedeutung oder Breite der Einmündung kommt es nicht an; mangels Wiederholung des VZ endet das Haltverbot auch an einer über einen abgesenkten Bordstein führenden Einmündung (Bay NZV **88** 154 [Begr zT durch § 10 nF überholt]). Eine wirksame Ausdehnung des durch Z 283, 286 begründeten Haltverbots auch auf die andere StrSeite durch Zusatzschild ist nicht möglich (Ha MDR **92** 278). Längere Verbotsstrecken können durch Pfeile auf dem VZ gemäß § 41 II Nr 8 c gekennzeichnet werden. Die VZ sind in angemessenen Abständen zu wiederholen, ungekennzeichnete Zwischenstrecken von 300 m sind zu lang (Ha JMBlNRW **63** 292). Über die Anfangs- und EndZ hinaus kann die Verbotsstrecke durch Pfeile nicht ausgedehnt werden (Ce VRS **26** 74, Bay VM **76** 10, Dü VM **73** 24). Ist durch Pfeile ein EndZ angekündigt, so wirkt das Verbot für Befahrer der bisherigen Verbotsstrecke auch über Kreuzungen oder Einmündungen hinaus fort, an denen es nicht wiederholt ist (Bay VRS **26** 62); denn die Sonderregel in § 41 II 8 c dürfte als Ausnahme von 8 b zu gelten haben. Auf GroßstadtStr ohne haltende Fz ist mit Halt- oder Parkverboten zu rechnen und danach auszuschauen (Ha VRS **29** 139).

3 a. Das Haltverbot (Z 283) untersagt jedes, auch kürzestes, Halten auf der Fahrbahn 29 (BVerwG NZV **93** 44), nicht auch auf dem Seitenstreifen (Ha VRS **47** 63, Jn NZV **08** 215), bei entsprechendem Zusatzschild auch auf dem Seitenstreifen (Hb DAR **76** 305, Bay VRS **45** 141, *Bouska* VD **77** 165). Die Z 283/286 gelten ohne Zusatzschild nur für die Fahrbahn, nicht auch für Park- und Ladebuchten (§ 41 Rz 248j). Sind die VZ 283/286 mit dem Zusatzschild „auf dem Seitenstreifen" versehen, so ist das Halten (Parken) nur auf diesem untersagt. Park- und Ladebuchten gehören zu den Seitenstreifen (Rz 58; *Bouska* VD **78** 17, 367). Um Missverständnisse zu vermeiden, sollte das Zusatzschild aber gleichwohl den Parkstreifen als solchen bezeichnen (VG Mü NZV **91** 488). Untersagt ist, ausgenommen Notfälle (**E** 117 ff.), auch Halten zum Ein- oder Aussteigen, das Halten von Taxen (Hb VRS **14** 293) und das Halten zum Be- oder Entladen (Neust DAR **58** 55). Das Zusatzschild „ausgenommen BauFz" berechtigt den Bauleiter zum Halten (Ce VRS **30** 232). Pfeile auf dem Zeichen: Rz 28. 100 m nach HaltverbotsZ wird der Kf, wenn dazwischen keine Einmündung liegt, noch mit Haltverbot rechnen und sich danach umsehen müssen (Dü VM **66** 47). Das Z 283 mit oder ohne Zusatzschild „In der Bucht" verbietet das Halten auf der Abbiegespur ins Parkhaus (Bay DAR **74** 166). Wer im Haltverbot (Z 283) hält und dort schwer erkennbar ist, haftet für Auffahrunfälle (Ha VersR **78** 470). Das absolute Haltverbot des I Nr 6 a dient auch dem Schutz die Fahrbahn überquerender Fußgänger (BGH NJW **83** 1326, Kö NJW-RR **87** 478, Bay NZV **93** 409), nach Mü NJW **85** 981 auch das eingeschränkte (I Nr 6 b; zw, s *Weber* DAR **84** 174, aM Schl NJW-RR **91** 34). Gegenüber einer Grundstücksausfahrt bzw Parkplätzen dient es auch dem Schutz Ein- und Ausfahrender (Kö NJW-RR **87** 478, AG Lörrach VersR **06** 384). Ob es dem Schutz des fließenden V vor Auffahren auf haltende Fz dient, hängt von den Umständen ab, die zu seiner Anordnung führten (Bay NZV **89** 201). Nach hM ist I Nr 6 a iVm Zusatzschild „Bauarbeiten" **kein SchutzG** zugunsten des in den Arbeiten behinderten Bauunternehmers (BGH NJW **04** 356, AG Fra NJW-RR **90** 730, *Grüneberg* NJW **92** 947, *Janssen* NJW **95** 626), weil Zweck der zur Aufstellung des VZ ermächtigenden Bestimmung des § 45 (I, VI) Erleichterung des V und Verhütung von VGefahren ist (§ 45 Rz 42) und es sich bei den durch das VZ bewirkten Vorteilen für den Bauunternehmer nur um einen Reflex der im Allgemeininteresse getroffenen Maßnahme handelt (aM LG Mü I NJW **83** 288, AG Waiblingen NZV **02** 272, *H. Weber* DAR **94** 251). Zum Z 283 s auch § 41 Rz 248j. Ausnahmegenehmigung für **PostFz** zum kurzfristigen Halten zwecks Briefkastenentleerung: VkBl **03** 783.

30   **3 b. Das eingeschränkte Haltverbot** (Z 286) ist eigentlich ein *Parkverbot,* denn es untersagt Halten auf der Fahrbahn über 3 Minuten (§ 41 II Nr 8), also Parken (II), ohne Zusatzschild dagegen nicht auf dem Seitenstreifen oder in einer Parkbucht (Hb DAR **76** 305), ausgenommen zum Ein- und Aussteigen und zum Be- oder Entladen ohne vermeidbare Verzögerung. Diese vier erlaubten Zwecke berechtigen stets zum Halten ohne vermeidbare Behinderung (Rz 38–41). Halten zu anderem Zweck ist unerlaubt, soweit es länger als 3 Minuten dauert (= Parken, II), zB vermeidbares Ausdehnen des Ein- oder Aussteigens oder Be- und Entladens (Bay NJW **67** 120), sobald der vertretbare Rahmen überschritten ist (Kö VM **62** 27), aber nicht schon von Anbeginn deshalb, weil Überschreitung geplant war (Stu VM **67** 95 [keine Gesinnungsahndung]). Halten bis zu 3 Minuten, gleichgültig zu welchem Zweck, ist bei eingeschränktem Haltverbot stets erlaubt, soweit nicht andere Gründe (§ 1) entgegenstehen. Das Z 286 ohne Zusatzschild gilt nur für die Fahrbahn, nicht auch für Seitenstreifen oder eine Parkbucht (Hb DAR **76** 305). Das Z 286 wird in Großstädten zu häufig aufgestellt mit der Folge, dass es von den VT vielfach nicht mehr beachtet wird; sparsamere Verwendung empfiehlt sich (*Spoerer* VGT **84** 192). Zu Z 286 s auch § 41 Rz 248j. Zum Umfang des Schutzzwecks Rz 29. Mithaftung des verbotswidrig fahrbahnverengend „im eingeschränkten Haltverbot" Parkenden, wenn sein Fz beim Vorbeifahren gestreift wird (LG Nü-Fürth NZV **91** 434). Zonenhaltverbot § 41 Rz 248j.

Lit: *Hauser,* Das eingeschränkte Haltverbot, VD **90** 4. *Huppertz,* Die Einrichtung von Lkw-Ladezonen, VD **98** 112.

31   **Halten zum Ein- oder Aussteigen** muss sich darin einschließlich geringer Nebenverrichtungen erschöpfen, Ha 2 Ss 886/65, zB Warten auf den Fahrgast nicht länger als wenige Minuten, Ha VRS **36** 77, Benachrichtigung sofort bereiter Fahrgäste, Fra NJW **52** 675, Zimmernachfrage und Gepäckausladen vor dem Hotel. Ist mit dem Erscheinen des Fahrgasts in Kürze zu rechnen, darf das Warten auf ihn über drei Minuten hinaus auch das Abholen in der Wohnung oder einen entsprechenden Zeitraum einschließen, den ein anderswo wartender Fahrgast ohne unnötige Verzögerung zum Erreichen des Fz und Einsteigen braucht, Bay VRS **57** 140 (6 Min noch erlaubt), *Bouska* VD **79** 125, *Berr/H/Schäpe* 81. Im Bereich des eingeschränkten

Halten und Parken   § 12 StVO 2

Haltverbots (Z 286) darf auch über drei Minuten hinaus gehalten werden, wenn zum Aussteigenlassen noch unvermeidbare Nebenverrichtungen gehören (Kind wird in Tagesstätte verbracht), KG VRS **59** 230, *Bouska* VD **81** 113. Unerlaubtes Halten, wenn der Fahrer 10 Minuten weggeht, Ha 2 Ss 886/65, bei längerem Warten, weil die Fahrgäste säumen, Ce DAR **57** 277, Br VRS **7** 469, oder Warten auf unbestimmte Zeit, Ha NJW **59** 255, oder bei langwierigen Erkundigungen, Fra VM **61** 90, Verabredungen, Ha DAR **58** 339, oder Mitgehen des Fahrers zum Bahnhof, Kar VkBl **60** 628. Denn wer sein Fz verlässt oder länger als 3 Minuten hält, parkt (II). Diese Frist wird auch für die Zeitdauer des Ein- oder Aussteigens durchschnittlichen Anhalt bieten, wenn sie darauf auch nicht unmittelbar zutrifft, wie sich aus der Nichtanwendbarkeit beim Be- und Entladen ergibt.

Halten zum Be- oder Entladen ist für sachnotwendige Dauer erlaubt, doch darf es durch ein Zusatzschild zeitlich beschränkt werden, wenn auch entgegen § 41 II Nr 8 bei Z 286 nicht ausgeschlossen werden. Be- oder Entladen setzt außerhalb des geschäftlichen Lieferverkehrs Güter von einiger Größe oder einigem Gewicht voraus, deren Tragen über weitere Strecke nicht zumutbar ist, Kar VM **75** 21, Ha VM **75** 21, KG VRS **33** 314, zB Handgepäck, Ha DAR **53** 138, Gemüsekörbe, Br VRS **19** 151, DAR **60** 185, größere Pakete, Dü VRS **6** 315, auch bei Auflieferung bei der Post, Br VM **58** 5, oder bei nur einem einzigen Kunden, Neust DAR **60** 242, Ha VRS **20** 314, Hartgeld nur bei größerem Gewicht, nicht schon aus Sicherheitsgründen, Ha VM **75** 21, *Berr/H/Schäpe* 93, aM Kö VRS **21** 381. Im geschäftlichen Lieferverkehr lässt die Rspr teilweise aber auch leichte Gegenstände ausreichen, zB Lesemappen, Ce VRS **10** 72, kleinere Pakete, BGH NJW **60** 54, Bay VM **66** 82, Br VM **63** 24, oder besonders hohen Wert oder Empfindlichkeit des Gutes, Kö VRS **21** 381, beim Verkaufsfahrer auf Lieferfahrt sogar bloße Nachfrage beim Kunden, Br DAR **58** 226.   32

Zum Be- oder Entladen rechnen übliche, damit unmittelbar verbundene **Nebenverrichtungen**, OVG Münster NZV **96** 87, wo bloße Übergabe an den Empfänger nicht ausreicht, zB bei schweren Gütern Verbringen an den endgültigen Standort, Br VRS **31** 133, kurze Wartezeit zur Abnahme, Neust NJW **52** 1228, alles, was üblicherweise zum Liefern gehört, sofern es nicht überlange dauert, Bay VM **66** 82, Br VM **58** 5, zB zügiges Kaufen und Aushändigen, Bezahlen, Einfüllen, Kontrolle von Ware und Leergut, Nachbestellen und sofortiges Laden des Nachbestellten, Transport entladener Gegenstände zum Lagerort, Hb VM **60** 26. Der sachlich nötige Zeitaufwand hängt von Art und Gewicht des Guts ab und muss dem Üblichen entsprechen, Br VRS **23** 60, Dü VM **68** 86.   33

Kein Be- oder Entladen ist hiernach das Kaufen leichter Gegenstände, Br RdK **53** 85, Schl SchlHA **43** 297, Ha VRS **4** 630, Ko DAR **57** 276, das Abholen eines verpackten Anzugs, das Überbringen einer Rolle Zeichenpapier, Kö VRS **8** 75, dazu BGH NJW **60** 54, das Abholen von Schließfachpost, Br VRS **15** 198, das Abliefern oder Abholen von Gerichtspost, Kar VM **75** 21, von Geld oder Schecks, KG VRS **33** 314, das Auf- und Einstellen eines Fernsehgeräts, Kö VM **69** 64 (jedoch bloße Übergabe), halbstündiges Warten auf Verpacken, Dü VM **68** 16, längeres Warten auf Annahmebereitschaft, Dü VM **69** 96, auf Warenprüfung, Neust VRS **9** 371, auf längere Kontrolle umfangreicher Lieferungen, auf Aussondern von Waren, Ha VRS **23** 75, Sa VRS **36** 229 (s aber Bay NJW **67** 120, VRS **32** 59), auf Abrechnen und Bezahlen, Ol RdK **53** 158, Dü VRS **23** 389, auf das Schlagen von Tannenbäumen zwecks Abtransports, Sa DAR **59** 136, Warten während geschäftlicher Besprechung und während des Anbietens, Br VRS **9** 228, überhaupt nicht Warten auf längere Nebenverrichtungen, Bay NJW **67** 120, oder 20 minütiges Auffüllen eines Automaten, Kö DAR **61** 346, überhaupt Warten, obwohl noch längere Zeit bis zum Laden vergehen wird (Kö VRS **6** 77), 15 minütiges Warten ohne Ladetätigkeit, Ha VRS **35** 394, weiteres Warten nach beendetem Laden, Ko DAR **69** 133, Waschen und Umziehen nach Beendigung der Ladetätigkeit, Dü DAR **91** 431. Gelegentliches Abholen von Gerät und Material am haltenden Werkstattwagen ist kein Entladen iS des Z 286, Kö VRS **28** 59. Irrtum über den Begriff des Be- und Entladens kann ein unvermeidbarer Verbotsirrtum sein, da der Begriff umständebezogen ist. Halten in zweiter Reihe: Rz 40. Das Abstellen eines Sattelaufliegers auf Stelzen ist kein Entladen, sondern idR Parken eines Anhängers, *Thubauville* VM **96** 31, abw (in anderem Zusammenhang) Fra VM **96** 30. Allerdings kann das Abstellen des entladenen Lkw-Anhängers im Bereich des Z 286 während der Entladezeit des Motorwagens zum Ladegeschäft gehören, BGH NJW **71** 384, s aber Kö VM **67** 96. Soweit Halten zum Ein- oder Aussteigen oder zum Be- oder Entladen zulässig und das Fz ordnungsgemäß aufgestellt ist (Rz 38 bis 41), muss der Verkehr die unvermeidbare Behinderung hinnehmen, auch wenn anderswo entladen werden könnte (Hof, Einfahrt), Br VRS **22** 309, Bay VRS **31** 129, Dü VM **62** 91. Vermeidbare Behinderung durch Nichtbenutzung anderer Haltemöglichkeiten verstößt für sich allein nicht   34

2 StVO § 12   I. Allgemeine Verkehrsregeln

gegen § 1, Ladegeschäfte verstoßen nur noch bei unsachgemäßer Aufstellung und Behinderung, Gefährdung oder Schädigung gegen § 1 (Dü VM **69** 14, Bay VM **66** 81); s Rz 38 ff.

35 **3 c. Bei Fahrbahnbegrenzung** (Z 295) ist Halten nach Maßgabe von § 41 III Nr 3 b bb unzulässig (I Nr 6 c): Links von ihr, auf der Fahrbahn, darf nicht gehalten werden, wenn rechts von ihr ausreichend befestigter StrRaum zur Verfügung steht oder, wie daraus zu folgern ist, soweit solcher Raum ausreicht, so dass nötigenfalls auch auf der Linie zu halten ist.

36 **3 d. Wo Richtungspfeile auf der Fahrbahn** zwischen Leitlinien (Z 340) oder Fahrstreifenbegrenzungen (Z 295) markiert und damit die Fahrtrichtungen an der folgenden Kreuzung oder Einmündung vorgeschrieben sind, darf im Bereich der Markierungen auf der Fahrbahn (§ 41 III Nr 5) nicht gehalten werden, auch nicht zum Ein- oder Aussteigen oder Be- oder Entladen. Halten würde das zügige Einordnen und Abbiegen erschweren, den Verkehr zu gefährlichem Fahrstreifenwechsel zwingen, oder ihn ungebührlich aufhalten, Ha NZV **99** 291.

36a **3 e. Grenzmarkierungen für Haltverbote** (Z 299) bezeichnen, verlängern oder verkürzen vorgeschriebene Haltverbote (§ 41 III Nr 8).

37 **3 f. Rotes Dauerlicht** über einem Fahrstreifen (§ 37 III) wird durch rote gekreuzte Schrägbalken dargestellt. Es untersagt die Benutzung dieses Fahrstreifens und jedes Halten auf der Fahrbahn vor dem LichtZ.

37a **3 g. Verdeckend** innerhalb 10 m vor LichtZ (§ 37) und den Z 201 (Dem Schienenverkehr Vorrang gewähren), 205 (Vorfahrt gewähren!) und 206 (Halt! Vorfahrt gewähren!) ist Halten untersagt (I Nr 7). Mehr als 10 m vor solchen Zeichen besteht kein Haltverbot, innerhalb der 10 m-Strecke besteht es bei Sichtbehinderung auf das Zeichen, gegebenenfalls auch beim Halten auf Seitenstreifen. Abs I Nr 7 ist SchutzG iS von § 823 II BGB, Kö VersR **90** 100.

37b **3 h. Feuerwehrzufahrten** können ihren Zweck nicht erfüllen, wenn sie durch haltende oder parkende Fz blockiert sind. Vor und in solchen Zufahrten besteht daher gem Abs I Nr 8 Haltverbot, sofern sie durch ein amtliches, also auf Veranlassung der nach Landes- oder Gemeinderecht zuständigen Behörde, aufgestelltes Schild, KG NZV **92** 291, gekennzeichnet sind. Private Kennzeichnung genügt nicht, KG NZV **92** 291, Kö NZV **94** 121. Auf den baurechtlichen Hintergrund der Einrichtung der Feuerwehrzufahrt kommt es nicht an, KG NZV **92** 291. Freizuhalten ist die Zufahrt in einer Breite, die das ungehinderte Ein- und Ausfahren, auch von LöschFzen, gewährleistet, *Hauser* VD **91** 199, nicht auch der Raum unmittelbar daneben, Ha MDR **98** 281. Ein Haltverbot auch gegenüber der Zufahrt entsprechend dem Parkverbot gegenüber von Grundstückseinfahrten auf schmalen Strn besteht nicht; wird dort geparkt, so gilt Abs III Nr 3. Das Halten *in* einer amtlich gekennzeichneten Feuerwehrzufahrt, die nicht öffentlicher VRaum ist, kann von Nr 8 nicht erfasst werden, weil Halten und Parken außerhalb öffentlichen VRaums in der StVO nicht geregelt ist (Rz 58), Ha NZV **90** 440, Kö NZV **94** 121, *Vogel* NZV **90** 421. Das Verbot des Abs I Nr 8 ist einer Ausdehnung auf sonstige Feuerwehrflächen, die nicht Zufahrt iS der Bestimmung sind, nicht zugänglich, KG NZV **94** 407. Wer in einer Feuerwehrzufahrt iS von Abs I Nr 8 nicht nur hält, sondern parkt, verstößt zugleich gegen Abs III Nr 3, *Vogel* NZV **90** 420.

Lit: *Vogel,* ... Halten vor und in amtlich gekennzeichneten Feuerwehrzufahrten, NZV **90** 419. *Hauser,* Parkfreie Zonen zugunsten der Feuerwehr, VD **91** 198.

37c **3 i. An Taxenständen** (Z 229) dürfen, auch auf Seitenstreifen, nur betriebsbereite Taxen halten, Hb VM **66** 64, kein als Taxi und Mietwagen zugelassener Pkw, dessen Fahrer keine FE zur Personenbeförderung hat, Ha VRS **21** 465. Die Neufassung hat das früher insoweit nur bestehende Parkverbot durch ein Haltverbot ersetzt (ÄndVO v 14. 12. 93). Damit ist die Streitfrage, inwieweit Be- und Entladen erlaubt ist (BGHSt **39** 119) überholt. Bei markierten Taxenhalteplätzen muss das Z 229 nicht unbedingt am Beginn des allgemeinen Parkverbots stehen, Ha VRS **50** 469. Ein Zusatzschild kann die Zahl der zugelassenen Taxen angeben oder Z 299 die Länge der Verbotsstrecke bezeichnen. S § 41 zu Z 229.

37d **3 j. Im Fahrraum von Schienenfahrzeugen** darf nicht gehalten werden, IV S 5. Das Verbot erstreckt sich nicht nur auf den eigentlichen Gleisbereich, sondern („Fahrraum") auch auf den Raum daneben, soweit er von der Bahn benötigt wird. Der Bahn muss genügend lichter Raum zur Durchfahrt bleiben. Verkehrsbedingtes Anhalten und Warten ist nicht „Halten" iS von Abs IV S 5, Ha VRS **100** 438 (Rz 19). Insoweit gelten § 2 III und § 9 I S 3.

Halten und Parken § 12 StVO **2**

3 k. Haltverbot für Taxen besteht auf Sonderfahrstreifen für Linienomnibusse (Z 245), um 37e diese nicht zu behindern, ausgenommen an freien Bushaltestellen ganz kurzfristig zum sofortigen Ein- und Aussteigen von Fahrgästen (I a). Nähert sich ein Linienbus, so wird die Taxe unverzüglich Platz machen müssen.

4. Möglichst auf dem rechten Seitenstreifen oder unter dessen Mitbenutzung bei Tragfähigkeit ist zu halten, sonst jedenfalls auf der rechten Fahrbahnseite rechts, Kar VRS **48** 63, NZV **90** 189, und stets platzsparend. Seitenstreifen verlaufen in unterschiedlicher Länge, ohne Sonderwege zu sein, neben der Fahrbahn. Ist der Seitenstreifen ausreichend tragfähig, das Halten nicht nur ganz kurz, Ha 4 Ss 827/72, und der Verkehr lebhaft, so muss er mitbenutzt werden. Nicht tragfähige Seitenstreifen können durch Z 388 gekennzeichnet sein. Bei Zweifel über die Tragfähigkeit besteht keine Benutzungspflicht. Der Ort des Haltens und Parkens richtet sich nur nach § 12 IV, nicht (auch) nach § 2 I, KG VRS **45** 66, *Mühlhaus* DAR **74** 30, aM Dü VRS **43** 381, es sei denn, ein Fz hätte in nennenswertem Umfang andere StrTeile als die Fahrbahn befahren, *Bouska* DAR **72** 255, KG VRS **45** 66, aM Ko VRS **45** 48. Mangels tragfähiger Seitenstreifen ist idR am äußersten **Fahrbahnrand** zu halten, BGHSt **17** 240 = NJW **62** 1405, *Booß* VM **74** 13, s dazu Rz 13/14, parallel zum Fahrbahnrand, für den Fahrverkehr möglichst unbehindernd, Bay VRS **31** 129, Dü VM **66** 46, KG VM **56** 26, auch zum Be- oder Entladen, Schl DAR **62** 213, Ce VRS **15** 142, mit Pferdefuhrwerken in ausreichendem Abstand von Gehwegen (50 cm), Nü VersR **82** 174. Daraus, dass der Haltende die Fahrbahnmitte nicht überragt, folgt nicht schon, dass er „auf der rechten Fahrbahnseite rechts" steht, denn hierzu muss er sich, soweit der Raum reicht, soweit rechts wie möglich halten, aM KG NJW **77** 65. Busf haben an Haltestellen scharf rechts heranzufahren, dürfen dabei aber Fahrgäste nicht gefährden, Ha VRS **15** 61. Wer nicht scharf rechts oder auf der falschen StrSeite hält, gegen den spricht bei einem Auffahrunfall der Anschein der Ursächlichkeit, BGH VersR **69** 715. Rechter Fahrbahnrand: s auch Rz 58 b. **Unbeleuchtete Kleinkrafträder,** FmH, Fahrräder, Handfz und unbespannte Fuhrwerke müssen auch bei erlaubtem Halten im Beleuchtungsfall von der Fahrbahn entfernt werden (§ 17 IV). Solche Kleinfz werden stets anderwärts Platz finden. Dass rechts (benutzte) **Schienen** liegen, schließt Parken und Halten rechts außerhalb des Schienenbereichs bei Beachtung von Abs IV S 5 und § 1 II nicht aus. Links darf nur gehalten werden, wenn sonst Schienenfze behindert würden, nicht lediglich wegen Be- oder Entladens. In **Einbahnstr** (Z 220) darf scharf rechts oder scharf links gehalten werden (IV), Bay DAR **76** 277, auch bei Strabaverkehr in Gegenrichtung, ohne dessen Behinderung, BGHSt **16** 133, NJW **61** 1779, Bay NJW **61** 576.

Lediglich **verkehrsbedingtes Warten** ist kein Halten (Rz 16, 19) und geschieht daher in der 39 Fahrlinie, Dü DAR **66** 26, Bay VM **66** 52, BGHSt **19** 149, auch in der Form des Nebeneinanderaufstellens, soweit zulässig, BGHSt **14** 149, Dü VM **58** 18.

Halten in zweiter Reihe, halten neben parkenden Fzen (nicht neben anderen Hindernissen, 40 zB Schneewällen, Bay VRS **64** 380), ist im Regelfall untersagt, denn Haltende müssen jedenfalls auf der rechten Fahrbahnseite rechts halten (IV S 2; Begr), bei kurzem Halten wie beim Halten zum Ein- oder Aussteigen oder zum Be- oder Entladen. Hinzunehmen nach § 1 ist es in Ausnahmefällen, je kürzer und dringlicher es ist (Ladegeschäfte bestimmter Art) und je weniger es den Verkehr behindert, Dü VM **88** 43, näher *Bouska* VD **79** 6. Halten in zweiter Reihe über 3 Minuten zwecks Ladegeschäfts ist vorschriftswidriges Parken (IV) und auch nicht durch Z 286 erlaubt, BGHSt **28** 143 = NJW **79** 224, *Bouska* VD **79** 4, aM KG NJW **77** 65. Unabweisbaren Interessen kann dadurch genügt werden, dass es 3 Minuten nicht übersteigt, ferner durch VZ oder Ausnahmegenehmigung (§ 46), BGHSt **28** 143 = NJW **79** 224. Halten in zweiter Reihe nur, wenn das Interesse hieran gegenüber dem des fließenden Verkehrs überwiegt, Bay DAR **76** 277, Hb VM **76** 79. Nur wenn Örtlichkeit oder VLage nicht entgegensteht (geringer Verkehr, breite Fahrbahn, gering behinderndes Durchfahren), darf ausnahmsweise in zweiter Reihe gehalten werden, etwa ganz kurz, Bay VM **72** 52, KG VersR **80** 85, uU auch bei fehlender Haltemöglichkeit in Fahrzielnähe, KG VM **74** 13, VRS **51** 383. Jedoch sind sehr strenge Anforderungen zu stellen, die Bequemlichkeit des Einzelnen hat gegenüber dem Interesse des fließenden Verkehrs zurückzustehen, *Hauser* DAR **84** 276. Unzulässig wird es stets sein, wenn in erreichbarer Nähe eine Parklücke oder andere Abstellmöglichkeit besteht, Bay VM **72** 52. Halten auf schmaler Fahrbahn „in zweiter Reihe" zwecks Lieferung ist jedenfalls dann unzulässig, wenn es stark behindert und sogar zum Mitbefahren des gegenüberliegenden Gehwegs zwingt, Dü VM **79** 7. Sieht sich ein Kf innerorts auffällig gewarnt, so ist baldiges Rechtsheranfahren und -halten, uU sogar in zweiter Reihe, zwecks Nachschau sachgemäß, KG VM **73** 36. Um einen

2 StVO § 12   I. Allgemeine Verkehrsregeln

Gebrechlichen aufzunehmen, darf vorübergehend in zweiter Reihe störend gehalten werden, jedoch nicht unter Mitbenutzung der anderen StrSeite, Sa VRS **46** 69. Bei nennenswerter Behinderung ist es unzulässig, ohne weitere Güterabwägung zugunsten von Liefertätigkeit. Diese beschränkt sich auf Fälle nur geringer Behinderung (Begr). Bei stärkerer Behinderung durchgehenden Verkehrs ist dem, der halten will, schwierigeres, umständliches Einordnen in eine Lücke zuzumuten (Begr). Wer in zweiter Reihe hält, muss sein Recht hierzu nachweisen, KG VM **80** 85. Halten in 2. Reihe zum Zwecke des Rückwärtseinparkens ist grundsätzlich erlaubt, KG VM **85** 26. Ausnahmegenehmigung für **PostFz** zum kurzfristigen Halten in zweiter Reihe zwecks Briefkastenentleerung: VkBl **03** 783.

     Lit: *Bouska,* Halten und Parken in zweiter Reihe, VD **69** 261.

40a   **Taxen** dürfen ausnahmsweise in zweiter Reihe halten und in den engen Grenzen von Abs IV S 3 auch parken, also nur zum Zwecke des Ein- oder Aussteigenlassens von Fahrgästen. Der Begriff ist hier in gleicher Weise zu verstehen wie beim Z 286 (Rz 31). Dazu gehören kurzes, aber uU auch mehr als 3 Minuten dauerndes Warten auf Fahrgäste sowie notwendige Nebenverrichtungen wie Abrechnen und Ausladen des Gepäcks, aber auch Abholen in der Wohnung, im Hotel, Restaurant usw (also auch kurzes Verlassen des Fz), *Hentschel* NJW **94** 637. Im Übrigen gilt § 1 II auch für Taxen.

41   **Mitbenutzung des Gehwegs** zum Halten und Be- oder Entladen sieht IV nicht vor, zumal Fz über 2,8 t (§ 42 IV) dessen Tragkraft übersteigen oder Schachtabschlüsse beschädigen könnten. Ist es nicht durch VZ 315 ausdrücklich erlaubt, so ist es (außer in notstandsähnlichen Fällen, KG VRS **45** 66) verboten, wie die Formulierung von IV S 2 („Fahrbahnseite") nunmehr ausdrücklich klarstellt (Rz 13/14). Verstoß gegen IV S 2 *Halbsatz 2* ist (anders als Halbsatz 1) bußgeldbewehrt. Gehweg: § 2 Rz 29, § 25 Rz 12.

42   **5. Parken** (II). Parken ist als **Gemeingebrauch** (**E** 50, *Berr/H/Schäpe* 582 ff) überall erlaubt und nur durch die §§ 1 II, 12, 13 eingeschränkt, BGH VRS **58** 225, Dü DAR **86** 157, Ha DAR **87** 158, VG Neustadt ZfS **02** 311. Auch das Abstellen von **Zweirädern** ist grundsätzlich Parken im Rechtssinn, OVG Lüneburg VkBl **03** 650, VG Lüneburg VRS **104** 236, *Berr/H/Schäpe* 613; jedoch gelten nicht alle in § 12 getroffenen Regelungen (einige dem Wortlaut nach, andere nach Sinn und Zweck) zB auch für Fahrräder, VG Lüneburg VRS **104** 236, *Berr/H/Schäpe* 615, *Kettler* NZV **03** 212, s Rz 55. Auch Parken auf Gehwegen ist keine Sondernutzung, seine Zulässigkeit richtet sich ausschließlich nach StrVRecht (Rz 55; VG Berlin VRS **63** 234). Parken ist Gemeingebrauch (**E** 50) an öffentlichen Straßen im Rahmen ihrer Widmung und der VVorschriften, nämlich das Aufstellen zugelassener betriebsfähiger Fz zur Benutzung bei Bedarf auf beliebige Zeit, BVerwG DAR **66** 193, OVG Münster NJW **05** 3162, Ha DAR **87** 158, Dü VRS **74** 285 (krit *Kullik* PVT **88** 98), *Booß* VOR **74** 100, nicht mit jeweils zwecks Fahrens erst zu befestigendem rotem Kennzeichen, Bay VM **77** 17, aber auch Dauerparken nachts und feiertags (Laternengarage), BVerwG NJW **70** 962, *Walter* DÖV **83** 233. Es ist **bundesrechtlich abschließend geregelt**, auch längeres Parken zugelassener und betriebsbereiter Kfz kann nur durch nach der StVO zulässige Maßnahmen beschränkt werden, BVGE **44** 193 = NJW **74** 761, DÖV **78** 886, VRS **40** 468, NJW **66** 1190. Eine landesrechtliche Regelung, die das regelmäßige FzEinstellen in Wohnungs- oder Arbeitsplatznähe zu Sondernutzung erklärt, ist daher nichtig, **E** 46, 49. Die in der StVO getroffenen Regelungen des Parkens sind grundgesetzkonform, BVerfG VRS **68** 1. Wer sein Fz ohne die Möglichkeit sofortigen Eingreifens und Wegfahrens verlässt, Bay DAR **76** 277, *Hauser* DAR **84** 273, oder länger als 3 Minuten hält, vom Einparken ab gerechnet, auch zum Ein- oder Aussteigen oder zum Be- oder Entladen, der parkt (Rz 40), Bay VRS **55** 66. Zum Problem des Haltens zwecks Ladegeschäfts über 3 Minuten als Parken *Bouska* VD **77** 49, **78** 177, **79** 4 (dem BGH zust). Sein **Kfz verlässt** idR nicht, wer es nach dem Aussteigen so im Auge behält, dass er nötigenfalls sofort damit wegfahren kann, Dü VM **79** 7, Ce VRS **72** 80, Ol NZV **93** 491, anders aber, wenn andere Berechtigte dies nicht erkennen können (Behindertenparkplatz), Dü NZV **96** 161. Das Fz verlässt nicht, wer das Steuer einer anderen fahrbereiten Person übergibt, Ce VRS **72** 80, enger Dü DAR **95** 499 in Fällen der Benutzung von Flächen, die Parksonderberechtigten vorbehalten sind (Behindertenparkplatz). Aussteigen auf weniger als 3 Minuten bei sofortiger Wegfahrbereitschaft macht das Halten nicht zum Parken, Bay VRS **51** 459. II will das Parken als Unterfall des Haltens und Hauptfall des ruhenden Verkehrs umschreiben (Begr). Der ruhende Verkehr ist lediglich Unterbrechung des fließenden, Bay VM **77** 17, BVGE **34** 320. Durch die VLage, durch Anordnung (Rz 16, 19) oder Panne **erzwungenes Warten** ist kein Parken, auch nicht, wenn der FzF, solange Weiter-

Halten und Parken § 12 StVO **2**

fahrt nicht möglich ist, sein Fz verlässt, Kar NZV **03** 493, Dü NZV **89** 81. Vorschriftsgerechtes Parken wird nicht dadurch unzulässig, dass später andere Parkende die Stelle unpassierbar machen, Dü VM **73** 78. An sich zulässiges Parken kann § 1 verletzen, wenn es dem Zweirichtungsverkehr keine zwei Fahrstreifen mehr lässt, obwohl in nächster Nähe günstiger geparkt werden konnte, Bay VM **70** 33, (Parkbeginn ist maßgebend), s aber Rz 44.

Entscheidend für die Frage, ob Gemeingebrauch oder Sondernutzung vorliegt, ist der **Zweck** **42a**
der StrBenutzung mit dem Fz; überwiegt der Verkehrszweck des im öffentlichen VRaum stehenden Fz, so handelt es sich um Gemeingebrauch und damit um Parken, Dü NZV **91** 40, OVG Hb VRS **98** 396, anders dagegen, wenn der öffentliche VRaum vorrangig für andere Zwecke in Anspruch genommen wird, OVG Münster NJW **05** 3162, DAR **01** 183. Das Abstellen eines **nicht zugelassenen oder abgemeldeten Fz** gehört nicht zum Gemeingebrauch, Bay VM **77** 17, OVG Münster NZV **04** 428, und ist deshalb im öffentlichen VRaum unzulässig. Abgestellt sind Fz, die aus dem Verkehr gezogen sind und daher aus der Geltung des StrVR herausfallen, entweder, weil sie nicht zugelassen oder nicht fahrbereit sind oder praktisch nicht als VMittel benutzt werden, Bay VM **77** 17, BVerwG MDR **60** 533, VkBl **70** 351. Unzulässig ist daher das Abstellen ausschließlich **zu Werbezwecken,** BVerwG DAR **66** 193, OVG Münster NJW **05** 3162 („mobile Litfasssäule"), OVG Hb VRS **107** 73, **98** 396, VG Fra NVwZ-RR **04** 375, Dü NZV **91** 40, LG Fra NVwZ-RR **03** 387, krit *Manssen* DÖV **01** 154 Fn 37, auch bei gelegentlichem Standortwechsel mit eigener Kraft; eines **nicht betriebsfähigen Fz,** auch wenn zugelassen, eines Fz mit verkehrsbeeinträchtigendem Mangel zur späteren Reparatur, Ha VRS **41** 74. Parken eines vorschriftswidrigen, verkehrsunsicheren Fz, das (wenn auch ow) zum Fahren benutzt wird, ist keine Sondernutzung, insbesondere kein Lagern von Abfall, Bay VRS **66** 227, aM *Dovarak* NVwZ **86** 103. Das Aufstellen von **Anhängern ohne ZugFz** ist grundsätzlich Parken und bei Beachtung der Vorschriften des § 12 erlaubt, BVerwG NJW **86** 337, VG Fra NVwZ-RR **04** 375, und zwar ohne einschränkende VZ-Regelung auch auf AB-Parkplätzen, Fra NStZ-RR **96** 250. Dies folgt aus Abs III a und III b, die ausdrückliche Regeln für das Parken von Anhängern enthalten, BVerwG NJW **86** 337, Kar VRS **65** 465 (Segelflugzeuganhänger); die gegenteilige Ansicht, zB Ko DAR **83** 302 (Wohnanhänger), ist jedenfalls durch Einfügung des Abs III b überholt. Zur Frage einer Möglichkeit von Beschränkungen durch VZ *Huppertz* VD **98** 232. Parken von Kfz-Anhängern ohne ZugFz für mehr als 2 Wochen ist gem Abs III b verboten, Rz 60 aa. Dient das Abstellen eines **Wohnmobils** in erster Linie dem Wohnen, so liegt kein Gemeingebrauch mehr vor, Bra VRS **61** 226, Schl VM **03** 4, *Berr/H/Schäpe* 596. Das Ruhen oder Übernachten in Wohnwagen/Campinganhängern im öffentlichen VRaum auf Reisen zum Zwecke der Wiederherstellung der körperlichen Fahrtüchtigkeit ist erlaubter Gemeingebrauch, darüber hinaus aber genehmigungspflichtige Sondernutzung, Schl VM **03** 4 (einschr), *Bouska* VD **78** 211, *Berr* 472 ff sowie DAR **84** 253, DAR **90** 11. Soweit das Übernachten in Wohnmobilen dem ruhenden V zuzurechnen ist, kann es nicht durch Landesbestimmungen eingeschränkt werden, (**E** 46 f), dies übersieht AG Eutin DAR **84** 263 (abl *Berr* DAR **84** 253). **Bereitstellung von Miet-Lkw** für Kunden auf der Straße übersteigt den Gemeingebrauch, weil die Straße kein Abstellplatz für Mietgegenstände ist, Bay VRS **57** 318, *Wendrich* DVBl **87** 509, aM VG Meiningen NZV **96** 88, zw *Jagow/Burmann/Heß* Rz 37. Die Tatsache, dass es sich um betriebsbereite Fz handelt, deren möglichst baldige Inbetriebnahme durch den Kunden erstrebt wird, ändert nichts daran, dass es sich um Lagerung gewissermaßen einer Ware handelt und nicht um (ruhenden) Verkehr, **aM** BVerwG NJW **82** 2332, VGH Mü BayVBl **79** 688, Dü NZV **91** 40, *Jagow* VD **81** 129, *Steiner* JuS **84** 7. Solche Fz bilden dann uU VHindernisse (§ 32), *Mühlhaus* VD **70** 163, *Kullik* VD **70** 171. Entsprechendes gilt für die Bereitstellung (auch zugelassener) Kfz mit dem **vorrangigen Zweck des Verkaufs,** Bay VRS **63** 476, *Berr/H/Schäpe* 589, aM Ko DAR **83** 302, *Bismark* BayVBl **83** 456, zw *Manssen* DÖV **01** 154 Fn 37, nicht jedoch, wenn ein Fz in erster Linie am ruhenden V teilnimmt und lediglich während des Parkens mit einer Verkaufsofferte versehen ist, Ha DAR **87** 158, OVG Münster DAR **01** 183, wiederum anders, wenn es in erheblicher Entfernung vom Wohnort des Betroffenen, in belebter Str und über längeren Zeitraum ohne erkennbaren verkehrsbezogenen Grund abgestellt ist, KG VRS **111** 452.

Ausgenommen von den Parkverboten des § 12 (Rz 44–57), auch des Z 286 (Rz 30 ff), **43**
ist – weil er nicht im Rechtssinne „parkt" – gemäß II, wer wegfahrbereit bis zu 3 Minuten im Parkverbot hält. Maßgebend ist in solchen Fällen allein die Dreiminutengrenze, nicht der Zweck des Haltens, doch muss der Fahrer wegfahrbereit in FzNähe sein. Spätestens nach 3 Minuten muss er wegfahren (Begr). Be- oder Entladen über 3 Minuten wird von den Parkverboten erfasst, Ce NZV **91** 81.

2 StVO § 12   I. Allgemeine Verkehrsregeln

44   **6. Parkverbote** (III bis III b enthalten abschließende Regelungen, Fra DAR **78** 83, KG VRS **65** 299) bestehen in den Fällen gemäß III Nr 1 bis 7 und soweit Parken durch die in III Nr 8 bezeichneten Z 306, 295, 296, 315, 299 und 314 mit Zusatzschild untersagt ist, weil es dann erfahrungsgemäß den Verkehr gefährdet oder besonders behindern kann. Selbstverständlich darf erst recht in Haltverboten (I) nicht geparkt werden, Dü VRS **98** 299. Ein Parkverbot innerhalb verkehrsberuhigter Bereiche enthält § 42 IV a Nr 5. Außerdem ist Parken allgemein untersagt, wo es gefährdet oder mehr als unvermeidbar behindert oder belästigt (§ 1), Bay DAR **78** 190, Ce VM **67** 53. Ausnahme: § 35 VI (Sonderrechte). Im Hinblick auf den umfangreichen Verbotskatalog sind an ein Halt- oder **Parkverbot nach § 1 II** strenge Anforderungen zu stellen, Bay VM **80** 84, Kö VRS **92** 282, VG Mü NZV **91** 88, *Berr/H/Schäpe* 628; es ist daher auf wirkliche Ausnahmesituationen beschränkt, BGH VersR **86** 489, Bay VRS **64** 380, Kö VRS **60** 467. Durch Parken verursachtes Erfordernis des Ausweichens oder kurzen Anhaltens ist von anderen VT hinzunehmen, Kö VRS **60** 467. Haltverbotsstrecken, Beginn und Ende: Rz 28, § 41. Soweit Übersicht, Ausweichmöglichkeit, Zufahrt oder Zugang zur Fahrbahn es erfordern, gelten **Parkverbote des Abs III** außer für die Fahrbahn auch für Seitenstreifen, Rz 45–54, *Bouska* VD **73** 129. Da das Parken ein Unterfall des Haltens ist, gehen die Haltverbote (I) den Parkverboten (III) vor. Ist die Straße innerorts von Parkfzen frei, muss der Kf nach HaltverbotsZ ausschauen, Rz 28.

44a   Da polizeiliche **Weisungen** (§ 36) den VRegeln und VZ vorgehen, darf die Weisung auch ein an sich rechtmäßiges Verhalten, zB erlaubtes Parken, modifizieren, zB können erlaubt Parkende aus polizeilich vorrangigem Grund weg- oder an eine andere Stelle gewiesen werden. Umgekehrt darf ein Beamter vorübergehend Parken im Parkverbot gestatten.

45   **6 a. Vor und hinter Kreuzungen und Einmündungen** besteht Parkverbot auf Fahrbahnen und Seitenstreifen bis zu je 5 m von den Schnittpunkten der Fahrbahnkanten (III Nr 1), um Übersicht und Abbiegen nicht zu behindern, BGH VRS **18** 206, Kö VRS **70** 468, Kar DAR **89** 113, OVG Münster VRS **99** 380. Im Hinblick auf § 25 III S 1 dient das Parkverbot aber auch die Fahrbahn überquerenden Fußgängern, OVG Münster VRS **99** 380, aM Schl NJW-RR **91** 34. Bei **abgerundeten Einmündungen** mit bogenförmiger Bordsteinkante ist der gedachte Schnittpunkt maßgebend, Bay VRS **59** 377, **61** 463, Ha VRS **7** 227, Kar DAR **89** 113. III Nr 1 gilt auch an Einmündungen mit besonders großen Einmündungsbögen, bei denen der gedachte Schnittpunkt der verlängerten Fahrbahnkanten mehr als 5 m vom Beginn des Bogens entfernt ist; dann verstößt das Parken am Beginn der Biegung nicht gegen III Nr 1, Bay VRS **59** 375, *Cramer* Rz 69, *Rüth/Berr/Berz* Rz 63, abw *Hermanns* NZV **03** 562. Das gilt uU sogar für das Parken in der Mitte des Bogens, wenn ein dort parkendes Fz mindestens 5 m vom gedachten Schnittpunkt der verlängerten Fahrbahnkanten entfernt ist, Bay VRS **59** 377; in diesen Fällen ist aber § 1 zu beachten. Maßgebend ist die tatsächliche, auch vorübergehend (Bauzaun!) bestehende Fahrbahnbegrenzung, Bay VRS **61** 463. Einmündung iS von Abs III Nr 1 setzt stets voraus, dass die Fahrbahnkante einen Winkel bildet; die von links abknickender VorfahrtStr geradeaus abzweigende Str ist keine Einmündung, Kar DAR **89** 113. Das Verbot betrifft auch Einmündungen von Straßen mit vollständiger FzSperre (Z 250), weil § 35 (Sonderrechte) zu beachten bleibt, Ol VRS **48** 146, Dü VM **88** 23 (Anm *Booß*). Bewirkt vorschriftswidriges Parken zu dicht an der Kreuzung Unübersichtlichkeit, so kommt Mitverursachung durch den Falschparker in Betracht, Fra VersR **74** 440, KG VersR **78** 140. Wer unerlaubt weniger als 5 m vor einer Einmündung/Kreuzung dicht vor einem geparkten Kfz parkt, darf nicht damit rechnen, dass dieses später nach hinten wird ausparken können, KG VRS **55** 228. Das Verbot gilt nicht für die der Einmündung gegenüberliegende StrSeite, Kar DAR **89** 113. Parken auf Kreuzungen verstößt nicht gegen III Nr 1, sondern gegen IV S 1, KG NZV **91** 163.

     Lit: *Hermanns*, Praktische Probleme der Anwendung der 5-m-Zone des § 12 III Nr 1 StVO, NZV **03** 561.

46   **6 b. Parkflächenbenutzung** darf durch Parkende nicht ver- oder behindert werden. Wer so parkt, dass eine gekennzeichnete Parkfläche (Z 314, 315, Parkstreifen oder -bucht, auch auf Gehweg, *Berr/H/Schäpe* 164) nicht ordnungsgemäß zum Ein- oder Ausparken benutzt werden kann, verletzt III 2, Dü VRS **98** 299. Verhindert iS von Nr 2 ist die Parkflächenbenutzung nicht erst bei Unmöglichkeit, sondern schon dann, wenn sie für weniger geschickte Kf mit so großen Schwierigkeiten verbunden ist, dass sie davon Abstand nehmen, Dü VRS **98** 299, Ha VRS **64** 231. III S 2 ist nicht verletzt, wenn die Behinderung erst durch das Hinzukommen weiterer Fz entsteht, Dü VRS **64** 300, zw *Berr/H/Schäpe* 167. Eintritt einer konkreten Behinderung (dann

Halten und Parken § 12 StVO **2**

§ 1) ist nicht Voraussetzung für Verstoß gegen Nr 2, Dü VM **95** 95, Ha VRS **64** 231; s Rz 5. Aufstellen auf Parkplätzen: Rz 57.

6 c. Vor Grundstücksein- und -ausfahrten besteht Parkverbot, auf schmaler Fahrbahn 47 auch ihnen gegenüber (III Nr 3) und bei Behinderung dann auch auf den Seitenstreifen. Dies ist auch bei der Einrichtung einer Linienbus-Endhaltestelle zu beachten (OVG Saarlouis NJW **04** 2995). III S 3 ist Schutzgesetz **zugunsten der Berechtigten** (Kar VRS **55** 249). Es schützt den Anlieger und dessen Besucher vor Behinderung oder Belästigung beim Aus- und Einfahren (Kar NJW **78** 274, Nü NJW **74** 1145, Bay VM **75** 51, NZV **94** 288, Kö DAR **83** 333, KG VRS **68** 297, Dü VRS **78** 367). Der Berechtigte darf vor seiner Einfahrt parken und anderen das Parken dort gestatten, denn das Verbot dient nur ihm selbst (Bay DAR **75** 221, **92** 270, Kö DAR **83** 333, Dü VRS **81** 379, NZV **94** 162). Parken darf dort auch, wer jederzeit bereit und fähig ist, die Einfahrt freizumachen, Ko DAR **59** 251 (Sitzenbleiben im Fz), Dü NZV **94** 288. Der Begriff der **Grundstücksein- und -ausfahrt** richtet sich nach den gesamten baulichen Umständen, KG VRS **68** 297, einen versenkten Bordstein setzt er nicht voraus, BGH NJW **71** 851, enger Ce VM **69** 38. Grundstück: § 10 Rz 5. Grundstücke iS von Nr 3 können auch öffentliche VFlächen sein, die dem ruhenden Verkehr dienen, denn das Parkverbot vor Einfahrten will unbehindertes Ein- und Ausfahren sichern, *Hauser* VD **82** 342, s auch Ce DAR **73** 306 (zu § 9 V), aM Schl VM **85** 30. Auch zB Zufahrten zu Tankstellen, Gaststättenparkplätzen uä gehören daher dazu. Gegen Nr 3 verstößt auch, wer den Verkehr nicht behindert, weil niemand die Einfahrt benutzen will, Ce VM **69** 38, KG VRS **68** 297 (Feuerwehrzufahrt), oder wer einen Ausfahrenden behindert, der das Grundstück widerrechtlich befährt, Ha MDR **69** 601, aber nicht vor einer offensichtlich jetzt unbenutzbaren „Einfahrt", KG VRS **62** 142, wohl auch dann nicht, wenn die Unbenutzbarkeit nur dem Parkenden bekannt ist, KG VRS **62** 142. Beharrliches Blockieren der Ausfahrt kann nötigen (§ 240 StGB Rz 32). Kurzparkzonen (Z 290 oder 314 mit Zusatzschild) gelten nicht für den unmittelbaren Bereich von Grundstückseinfahrten, die von parkenden Fzen freizulassen sind und dem Berechtigten oder dem von diesem Ermächtigten zum Parken unbeschränkt offen stehen, *Bouska* VD **66** 65. Für das Parken auf privaten, dem öffentlichen Verkehr nicht gewidmeten Flächen (Hof, Garagenzufahrt) gilt III S 3 nicht, Fra DAR **75** 27, VG Stu DAR **99** 282. Maßgebend ist die Benutzbarkeit der Einfahrt, nicht der Benutzungsgrad, KG VRS **68** 297. Grundsätzlich besteht Parkverbot **in der Breite einer normalen Toreinfahrt,** OVG Münster DAR **05** 169, jedoch derart, dass das unbehinderte Ein- und Ausfahren unter den örtlichen Verhältnissen möglich sein muss, Kar Justiz **79** 237, OVG Br VRS **57** 230. Freizuhalten ist die Einfahrt in der Breite der Gebäudeöffnung, also idR auf etwa 3 m, Ol VRS **32** 153, bei breiteren Einfahrten, wie etwa bei Parkhäusern oder Doppelgaragen, in deren Breite, KG VRS **53** 302, während es bei einer **Garagenreihe** oder einem Vorhof genügen wird, wenn das Einfahren und Ausfahren dort parkender Fz ohne schwierige Fahrmanöver möglich bleibt, Kö VRS **25** 151, Fra NJW **69** 1074, *Hauser* VD **82** 344, *Berr/H/Schäpe* 180. Überlänge des Garagenfzs oder andere außergewöhnliche Besonderheiten bleiben bei der Auslegung von Nr 3 außer Betracht, Fra VRS **58** 368. Parkverbot besteht vor geradliniger Zufahrt über die Freifläche zur Einfahrt (Garage); ein Einfahrender braucht sich nicht auf andere Teile der Freifläche, die Zufahrt über Bürgersteig oder Nachbargrundstück verweisen zu lassen, Dü VRS **78** 367. Wer auf seinem Grundstück außer der Garagen- oder Hofeinfahrt einen **Fz-Stellplatz** einrichtet, schafft zusätzlichen Parkraum und hat Anspruch auf ausreichende Bewegungsfreiheit zum kenntlichen Stellplatz. Keinen Anspruch hat der Grundstückseigentümer darauf, dass weiterer StrRaum vor seiner Grundstücksfront von parkenden Fzen freigehalten werde, OVG Münster DAR **05** 169. **Parken neben Ausfahrten,** wenn es III S 3 entspricht, wird die Sicht und Bewegungsmöglichkeit des Ein- oder Ausfahrenden bei dichtem Verkehr zwar idR beeinträchtigen, muss bei Abwägung der beteiligten Interessen und nach § 1 aber als nahezu unvermeidlich hingenommen werden, Ko ZfS **05** 120, Kö DAR **60** 184, aM aber Kö VersR **71** 427. Parken auf dafür nicht freigegebenen **Gehwegen** vor Grundstückseinfahrten verstößt nicht gegen Abs III, sondern gegen Abs IV, KG VRS **73** 473, VG Saarlouis ZfS **00** 275, *Rüth/Berr/Berz* 67, s Rz 55. **Schmal** ist die Fahrbahn, wenn ein Fz von der Breite der Einfahrt bei beiderseitigem Parken nicht ohne schwieriges Rangieren ein- oder ausfahren kann, KG VRS **48** 464, *Hauser* VD **82** 350, wenn es bei Ausnutzung des nutzbaren VRaums nur mäßig rangieren müsste, Ha VM **78** 69, Sa NZV **94** 328, OVG Ko DAR **99** 421, VG Neustadt ZfS **02** 311, aM Kar VRS **55** 249 (Pkw muss ohne Rangieren ausfahren können). Mäßiges Rangieren ist dem durchschnittlich geübten Berechtigten zuzumuten, dreimaliges nicht, Fra VRS **58** 368, VG Neustadt ZfS **02** 311. Zur Frage eines Anspruchs des

Anliegers auf Maßnahmen der VB: § 45 Rz 28a. Abschleppen: Rz 64ff. Bei andauernder oder drohender Störung kommt Unterlassungsklage gemäß § 1004 BGB in Betracht, Kar NJW **78** 274. Straf-, zivil- und verwaltungsrechtliche Aspekte: *Molketin* NZV **00** 149ff.

48   **6 d. An Haltestellenschildern** (Z 224) besteht Parkverbot bis zu je 15 m vor und hinter ihnen (III Nr 4), des Zugangs der Fahrgäste wegen auch auf dem Seitenstreifen. Die **Grenzmarkierung** Z 299 kann das Verbot bezeichnen, verlängern oder verkürzen (s dort). Sie muss so lang sein, dass öffentliche VMittel an den StrRand heranfahren können. Haltestellenschilder stationierter fremder Truppen begründen kein Parkverbot, da sie in der StVO nicht enthalten sind, aM Br VRS **5** 62. III Nr 4 gilt aus wohl beachtlichen Gründen auch außerhalb der üblichen Betriebszeiten, *Mühlhaus* VD **75** 2. Wird durch Halten (bis zu 3 Min, Abs II) in der Parkverbotszone des Abs III Nr 4 das Erreichen der Haltestelle durch einen Omnibus behindert, kann Verstoß gegen § 1 vorliegen (Ermöglichen des Abfahrens: § 20 V).

49   **6 e. An Taxenständen** (Z 229) war das Parken gem Abs III Nr 5 (alt) verboten. Die Nr wurde durch ÄndVO v 14. 12. 93 gestrichen. Jetzt besteht gem Abs I Nr 9 Haltverbot (Rz 37 c).

50   **6 f. Vor und hinter Andreaskreuzen** muss der Überblick auf die Bahnstrecke durch Parkverbote freigehalten werden (III Nr 6), innerorts (Z 310, 311) wegen des beschränkten Parkraums bis zu je 5 m vom Andreaskreuz, außerorts gemäß dem von der Bahn angestrebten Sichtdreieck bis zu je 50 m (Begr), auch auf Seitenstreifen.

51   **6 g. Über Schachtdeckeln und andern Verschlüssen** (III Nr 7) darf auf Gehwegen auch dann nicht geparkt werden, wenn es im Übrigen durch Z 315 oder Parkflächenmarkierung erlaubt ist, Kö VRS **72** 382, VkBl **69** 516 (Begr).

52   **7. Parkverbote durch Verkehrszeichen** (III Nr 8) werden außer durch sämtliche Haltverbote durch die VZ 295, 296, 299, 306, 314, 315 gemäß dort bezeichneter Maßgabe begründet (Rz 53–57), Bay VM **80** 27. Der Geltungsbereich einschließlich des Zusatzschildes muss klar und zweifelsfrei sein, Kö VRS **36** 462, Dr DAR **97** 160 (unklare Kombination mehrerer ZusatzZ). Unklarheit geht zu Lasten der VB, Bay DAR **61** 259. S § 39 Rz 31a, 33, 34. Die genannten VZ verbieten auch die Fortsetzung eines schon bestehenden Parkvorgangs, wenn sie **erst nach Beginn des Parkens** erkennbar oder erst danach **aufgestellt** werden, BVerwG DAR **97** 119 (Anm *Berr,* zust *Hendler* JZ **97** 782, *Hansen/Meyer* NJW **98** 284 mit Entgegnung *Mehde* NJW **99** 767), Kö NZV **93** 406, OVG Hb DAR **04** 543, OVG Münster DAR **95** 377, VM **96** 63, VG Berlin DAR **01** 234, einschränkend VGH Ma DÖV **91** 163, *Bitter/Konow* NJW **01** 1391, s Rz 61, 66, sowie § 41 Rz 247. Ein Pannenfz muss schnellstmöglich aus dem Verbotsbereich entfernt werden, Schl VM **65** 25, s Rz 19. Parkverbote sind **zeitlich oder sachlich beschränkbar**, doch nicht durch Ausnahmen, die das Verbot praktisch wieder aufheben, BVerwG NJW **67** 1627, und nur im Rahmen von § 45, also zB nicht für einzelne StrBenutzer, etwa Behörden, Konsuln oder andere Anlieger. Näher: § 45 Rz 28. Bewusstes Parken im Bereich solcher angezeigter Ausnahmen ist bis zur erfolgreichen Anfechtung jedoch unzulässig (§ 41 Rz 247). Parken an verbotener Stelle verstößt nur bei mehr als normaler Behinderung auch gegen § 1, Dü VM **64** 30. Das Parkverbot **Z 314** mit Zusatzschild entsteht durch das Zusatzschild, Ha VRS **42** 148, Bay VM **80** 27. Das **Z 286** ist als Parkverbot auch zu beachten, wenn es für eine nicht zur durchgehenden Fahrbahn gehörige Fläche gilt, Zw VRS **45** 468. Für von der Fahrbahn deutlich getrennte, in den Gehweg eingeschnittene Park- und Ladebuchten gelten die **Z 283/286** nur bei deutlicher Einbeziehung durch ein Zusatzschild (Rz 29, 30). Haltverbot vor und in amtlich gekennzeichneten Feuerwehrzufahrten: Abs I Nr 8.

53   **7 a. Das VZ Vorfahrtstraße** (Z 306) untersagt außerorts (Z 310, 311) Parken solange, wie es Vorfahrt gewährt, Ko DAR **77** 325, nämlich bis zum nächsten Z 205 (Vorfahrt gewähren!), 206 (Halt! Vorfahrt gewähren!), oder Z 307 (Ende der VorfahrtStr), aber nur auf der Fahrbahn (§ 42 II bei Z 306) und soweit Parken nicht ausnahmsweise durch Z 314 erlaubt wird. Das VorfahrtZ 301 untersagt das Parken nicht. Wer außerorts an Z 205 oder 206 vorbei in eine andere Straße abbiegt, muss damit rechnen, dass dies eine VorfahrtStr sein könnte, Bay DAR **76** 277. Die Vorschrift dient dem Schutz des fließenden Verkehrs in *beiden* Richtungen, BGH VRS **72** 38. Sie gilt nicht bei geschlossener Bebauung ohne Z 310, BGH VRS **72** 38.

54   **7 b. Fahrstreifenbegrenzung** (Z 295) oder **einseitige Fahrstreifenbegrenzung** (Z 296 Buchst b) bedingt ein Parkverbot auf der Fahrbahn, wenn zwischen dem parkenden Fz und der Linie nicht ein Fahrstreifen von mindestens 3 m verbleibt (§ 41 III Nr 3, 4). Ist die durchge-

zogene Linie als Fahrbahnbegrenzung verwendet (Z 295), so darf links von ihr weder gehalten (Rz 35) noch geparkt werden, soweit rechts von ihr ausreichend befestigter StrRaum zum Halten und Parken verfügbar ist (Rz 35). Mit dieser Maßgabe darf auch auf BundesStr geparkt werden, soweit es nicht gegen § 1 verstößt.

7 c. Parken auf oder unter Mitbenutzung des Gehwegs ist auch nach Wortlaut und **55** Sinn der Neuregelung (§ 42 IV zu Z 315) nur gemäß Z 315 und außerdem über Parkflächenmarkierungen (§ 41 III Nr 7) erlaubt (Bay VM **75** 43, Kö VRS **102** 469, *Hauser* VD **91** 35, aM AG Langenfeld DAR **07** 532, *Seebald* NZV **90** 138), stets ausgenommen über Schachtdeckeln und anderen Verschlüssen (Rz 51), und nur Fz mit zulässigem Gesamtgewicht bis zu 2,8 t; außerhalb der genannten Kennzeichnungen ist es auch dem Grundstückseigentümer im Bereich der eigenen Grundstücksausfahrt nicht erlaubt (Fra DAR **84** 230 m abl Anm *Angersbach*, KG VRS **73** 473, Dü VRS **81** 379). Begriff des Gehwegs: § 25 Rz 12. Abs 4 verbietet nicht das *Überfahren* des Gehwegs zum Parken auf unbebautem Grundstück, Hb DAR **85** 292. Das **Z 315** (mit Varianten) ordnet an, wie parkende Fz aufzustellen sind und **untersagt das Fahrbahnparken** (s III Nr 8 c; hM: BGHSt **26** 348 = VRS **51** 232, KG VRS **53** 303, Kö VRS **72** 382, *Cramer* § 42 Anm C zu Z 315, aM *Harthun* DAR **71** 256, *Bouska* DAR **72** 258, *Lewin* PVT **96** 258). Dagegen enthält **Parkflächenmarkierung auf dem Gehweg** durch parallel zur Bordsteinkante verlaufende weiße Linie ohne Z 315 **kein Parkverbot auf der Fahrbahn** (Kö VRS **72** 382; s aber III Nr 2). Erlaubtes Gehwegparken stets nur, außer auf Einbahnstr, auf dem rechten Gehweg (IV a, Rz 6). Soweit Gehwegparken unerlaubt ist, gilt dies auch für Eigentümer oder Pächter des Grundstücks, dessen Teil der Gehweg ist (Ko VRS **45** 48), anders aber, soweit die Duldung öffentlichen V durch den Eigentümer ohne Weiteres widerrufen werden könnte (Bay VRS **64** 140, Dü NZV **94** 490, Jn NZV **97** 448, VG Saarlouis ZfS **00** 275). Kein Verstoß gegen das Verbot des Parkens auf Gehwegen, wenn nicht ein an den Gehweg angrenzender, von diesem jedoch erkennbar abgegrenzter Grundstücksteil zum Parken benutzt wird, der vom Eigentümer eigens zu diesem Zweck gepflastert wurde (Bay VRS **64** 140, KG NZV **92** 416). Richtlinien über Freigabe von Gehwegen zum Parken und Kennzeichnung solcher Flächen: VkBl **60** 551. Ein Anspruch des Anliegers auf ermessensfehlerfreie Zulassung des Gehwegparkens vor seinem Betriebsgrundstück besteht nicht (BVerwG DÖV **80** 916). Solche Parkflächen sind von der Fahrbahn aus anzusteuern, nicht über den Gehweg (KG VRS **53** 303, Dü VM **69** 94), und auch hier gilt die 5 m-Grenze zur StrEcke (Rz 45; Ha DAR **69** 25). Auch auf breiten Gehwegen ohne Fußgängerbehinderung ist die Mitbenutzung des Gehwegs außerhalb der Kennzeichnung durch Z 315 unzulässig (Dü VRS **43** 381, Ko VRS **45** 48, KG VRS **45** 66 [außer in notstandsähnlichen Fällen], auch nur mit den richtigen Rädern (Bay VM **75** 43, *Hauser* VD **91** 35, aM insoweit *Mühlhaus* DAR **74** 34), auch zwischen Bäumen (Dü NZV **94** 372, Ha DAR **94** 409). Schwerbehinderung von 100% begründet nach Dü DAR **82** 336 allein noch keine notstandsähnliche Situation. Das grundsätzliche Verbot des Parkens auf Gehwegen wird im Hinblick auf Platzbeanspruchung, fehlende Beweglichkeit und dem FußgängerV drohende Gefahren (Umstürzen) trotz § 17 IV S 4 auch für **Motorräder** zu gelten haben (*Berr/H/Schäpe* 339, OVG Lüneburg VkBl **03** 650, Kö VRS **92** 362), nicht jedoch (soweit nicht § 1 entgegensteht, OVG Lüneburg VkBl **03** 650) für **Fahrräder** (die nach Maßgabe von § 25 II S 1 auch auf Gehwegen geschoben werden dürfen; OVG Lüneburg VkBl **03** 650, VG Lüneburg VRS **104** 236, *Berr/H/Schäpe* 339, 616, *Kettler* NZV **03** 211, *Schulze-Werner* VD **06** 236). Zum Problem der OW des Gehwegparkens *Seebald* DAR **78** 240, NZV **90** 138, des Abstellens von Fahrrädern auf Gehwegen s auch § 41 Rz 248 c [zu Z 239], *Kettler* NZV **03** 209.

Lit: *Hauser*, Parken auf Gehwegen, VD **91** 34. *Koch*, Parken auf nicht gekennzeichneten Gehwegen, DAR **59** 149. *Kullik* (Zum Verbot des Gehwegparkens) PVT **88** 98. *Lewin*, Die Rechtsbedeutung des Z 315 StVO, PVT **96** 258. Derselbe, Parken auf Gehwegen, PVT **97** 24. *Schulze-Werner*, Möglichkeiten der Reglementierung des Fahrradparkens, VD **06** 236. *Seebald*, Das Parken auf Seitenstreifen und Gehwegen, NZV **90** 138.

7 d. Grenzmarkierungen für Parkverbote (Z 299) bezeichnen, verlängern oder verkürzen **56** vorgeschriebene Parkverbote (§ 41 III Nr 8, Rz 48).

7 e. Auf Parkplätzen (Z 314) darf nicht entgegen den Zusatzschildern geparkt werden, die **57** die Parkerlaubnis zeitlich oder sachlich einschränken (§ 42 zu Z 314), Bay VM **80** 27, NZV **92** 83, Kö DAR **91** 173 (Mithaftung des verbotswidrig auf LkwParkplatz parkenden PkwF bei Beschädigung durch Lkw). Parksonderberechtigungen zugunsten von Behinderten, Blinden, Bewohnern: Rz 60 b. Außerdem ist entsprechend den Markierungen zu parken, die anordnen, wie die Fz aufzustellen sind (§ 41 III Nr 7). **Parkplatzmarkierungen:** § 41 Rz 248 p [vor Z 299]. **Öffentliche Parkplätze** sind die durch Z 314 bezeichneten Flächen, außerdem solche, die mit Duldung des Eigentümers üblicherweise zum Parken benutzt werden (§ 1 Rz 13 ff), zB der Parkplatz für Gäste einer Gastwirtschaft, BGHSt **16** 7, NJW **61** 1124, allgemein zugängliche Parkhausstellflächen, Kar VM **78** 12. Private FzBewachung auf öffentlichen VFlächen ist Sondernutzung und daher unzulässig, BVerwG VM **70** 70. Auf öffentlichem VGrund dürfen daher keine gebührenpflichtigen Parkplätze eingerichtet werden, Bewachung ist dort nur auf Wunsch des Benutzers zulässig, BVerwG VM **70** 70, s MDR **57** 149 *(Bettermann, Blomeyer), Bouska* VD **70** 129. Ein Privatgrundstück kann zum Parken derart allgemein freigegeben werden, dass es während der Dienststunden nur Bediensteten offensteht, Bay VRS **41** 42. Eine widerruflich dem Verkehr überlassene Fläche darf wieder abgetrennt und als Behördenparkplatz verwendet werden, OVG Münster VRS **42** 397. Zur Verkleinerung eines dem öffentlichen V tatsächlich überlassenen Parkplatzes, BVerwG NJW **74** 1916. Ist ein Parkplatz nur über den Gehsteig erreichbar, so darf dieser überquert werden, Mü NJW **51** 123. Geschwindigkeit auf Parkplätzen: § 8 Rz 31 a. Verstellte Einfahrt: Rz 46, 47. Unwirksame Haftungsfreizeichnung des Parkplatzeigentümers, LG Hb VersR **67** 1163. Zur Verkehrssicherungspflicht und Haftung des Unternehmers auf einem Betriebsparkplatz, BAG JZ **75** 675. Besondere Kennzeichnung von Stadtrandparkplätzen im Park-and-ride-System, VZ 316. Vorfahrt auf Parkplätzen: § 8 Rz 31 a. *Wiethaup,* Lärmstörungen durch einen öffentlichen Parkplatz, DAR **73** 93.

57a **8. Vor Bordsteinabsenkungen** (III Nr 9) darf nicht geparkt werden. Die Vorschrift gilt nur für die Fahrbahn („*vor*" Bordsteinabsenkungen; VG Schwerin DAR **98** 405, *Huppertz* DNP **94** 302), ist aber bereits dann verletzt, wenn das Fz teilweise auch auf dem Bordstein oder dem Gehweg steht (VG Schwerin DAR **98** 405). Ist der Bordstein auf längere Strecke flach (oder das Fahrbahnniveau angehoben), so handelt es sich nicht um eine „Bordsteinabsenkung" (Kö DAR **97** 79, *Huppertz* DNP **94** 302); das Verbot gilt vielmehr nur dort, wo ein vom übrigen Bordsteinverlauf deutlich abgegrenzter Bereich abgesenkt ist (Kö DAR **97** 79, *Berr/H/Schäpe* 246 c). Nur diese Auslegung entspricht dem Begriff der „Absenkung" und dem Gesetzeszweck (Begr, Rz 13/14; LG Paderborn NZV **03** 40, *Bouska* DAR **98** 385 [jeweils zu § 10]), wobei allerdings eine Eingrenzung auf nur etwa 1 PkwLänge (Kö DAR **97** 79) zu eng sein dürfte (*Huppertz* DAR **97** 505). Ob die Absenkung die Zufahrt zu einer Grundstückseinfahrt bildet, ist ohne Bedeutung (*Hentschel* NJW **92** 2062). Die Regelung dient der erleichterten Auf- und Abfahrt von Rollstuhlfahrern (Begr, Rz 13/14). Das an sich erlaubte Parken vor Grundstückseinfahrten durch den Berechtigten (s Rz 47) verstößt bei abgesenktem Bordstein gegen III Nr 9, der für diesen Fall keine Ausnahme enthält (*Berr/H/Schäpe* 246 d, *Huppertz* DNP **94** 302, *Lewin* PVT **94** 199, aM *Bouska* DAR **92** 284), jedoch wird weitestgehend von § 47 OWiG Gebrauch zu machen sein (*Hentschel* NJW **92** 2062).

Lit: *Huppertz,* Verbotswidriges Parken vor Bordsteinabsenkungen, DNP **94** 302. *Derselbe,* Parken vor Bordsteinabsenkungen, DAR **97** 504. *Lewin,* Parken vor Bordsteinabsenkungen, PVT **94** 193.

58 **9. Rechte Seitenstreifen** sind bei ausreichender Tragfähigkeit zum Parken zu benutzen (Abs IV S 1), nicht aber rechts verlaufende Radwege, Ce VRS **45** 469, Gehwege (Rz 55) oder ersichtlich nur dem Gehen gewidmete Grundstücke, Ol VRS **25** 369. Seitenstreifen sind befahrbare Flächen unmittelbar neben der Fahrbahn, § 2 Rz 25, auch **Park- und Ladebuchten und -streifen** für den ruhenden Verkehr (IV Satz 1), Bay VRS **68** 139, Kö VRS **102** 469, Dü VRS **75** 224, *Bouska* DAR **72** 255, nicht Flächen jenseits von Sonderwegen, Grünstreifen, die durch Anlage oder Bewuchs dem Verkehr offensichtlich entzogen oder durch unversenkte Bordsteine von Fahrflächen getrennt sind, Kö VRS **65** 156, Kar NZV **91** 39, Dü NZV **93** 161 (krit *Kullik* PVT **93** 70), NZV **97** 189, *Hauser* DAR **84** 273; Parken außerhalb öffentlichen VRaums ist in der StVO nicht geregelt, Kö VRS **65** 156, Hb VM **88** 94, Kar NZV **91** 39, Dü NZV **93** 161, s auch Rz 58 d, 61. Ein Trennstreifen zwischen Fahrbahn und Radweg, nicht durch eine Bordschwelle von der Fahrbahn getrennt, aber benutzbar und breit genug, muss auch bei Aufstellung des Z 283 ohne Zusatzschild zum Parken benutzt werden, Ce VRS **45** 469. Ist der Seitenstreifen zum Parken nicht breit genug, so verletzt der in die Fahrbahn hineinragende Parkende nicht § 12, Sa VM **75** 60, anders bei Z 283 (Verstoß gegen Abs I Nr 6 a), Ce VRS **45** 469. Das Zusatzschild „auf dem Seitenstreifen" zu Z 286 gilt auch für Parkbuchten als Teile des Seitenstreifens, Rz 29. Auf dem Seitenstreifen ist so scharf rechts wie möglich zu parken (Rz 58 c); teilweise Mitbenutzung der Fahrbahn bei ausreichendem Platz auf dem Seitenstreifen (Parkbucht) verstößt gegen Abs IV S 1, Dü VRS **75** 224, erst recht das Parken vollständig neben

Halten und Parken § 12 StVO **2**

dem Seiten-(Park-)streifen, KG NZV **90** 200 (anders bei nicht nur vorübergehender Unbenutzbarkeit, zB infolge lagernden Baumaterials). Kein Verstoß gegen die Pflicht zur Benutzung des Seitenstreifens, wenn dieser unterbrochen ist und neben der Unterbrechung am Fahrbahnrand geparkt wird, KG VRS **60** 392. Ausnahmen von den Halt- und Parkverboten des Abs IV: § 46 I Nr 3.

Linke Seitenstreifen dürfen nur noch benutzt werden, wenn rechts auf der Fahrbahn Schienen liegen, in EinbahnStr (§ 12 IV S 4) und wenn die linke Parkbucht zum Schräg- oder Querparken (ohne Rücksicht, in welcher Richtung schräg) eingerichtet ist, auch wenn ihre Tiefe dies erlaubt, entsprechende Parkleitlinien aber (noch) fehlen. Das Fahrbahnüberqueren zu solchen Parkflächen ist zulässig. Das Linksparken entgegen der Fahrtrichtung ist unzulässig, laut Begr (Rz 6) aus Sicherheitsgründen, obgleich uU nicht ungefährliche Wendemanöver zum Parkstreifen hin erlaubt bleiben, Ol VM **78** 40, Ha DAR **74** 109. **58a**

Am rechten Fahrbahnrand ist zu parken, Kar VRS **48** 63, wenn Seitenstreifen fehlen oder nicht ausreichend tragfähig sind („sonst"), in Einbahnstr und auf ABParkplätzen, die von der Normalspur ableiten und später wieder in sie einmünden, auch links, Bay DAR **76** 277, NJW **62** 407, *Lütkes* MDR **63** 184, links auch, wenn rechts behindernd Schienen liegen (IV). Das Parken auf nicht am Fahrbahnrand gelegenen Fahrbahnteilen ist unzulässig (Rückschluss aus IV 1), KG VRS **62** 63, Dü VRS **72** 296. Nur durch Absperrgeräte (§ 43) gekennzeichnete Baustellenabgrenzungen bilden keinen Fahrbahnrand (anders bei Bauzäunen), KG VRS **62** 63 (krit *Hauser* VRS **84** 274), Bay VRS **68** 139. Die Fahrbahn verengende Schneewälle können ihrerseits einen Fahrbahnrand bilden (Parken aber uU Verstoß gegen § 12 I Nr 1 oder § 1 II), Bay VRS **64** 380. Rechter Fahrbahnrand ist auch der quer verlaufende Abschluss einer Sackgasse bei Parken in linker Fahrtrichtung, Bay VRS **63** 297. Dagegen verstößt Parken in Mittelstreifendurchlässen gegen Abs IV S 1, KG VRS **72** 127, auch bei Durchlässen im Bereich von Einmündungen und Kreuzungen, weil diese keine selbstständigen Fahrbahnen, sondern Teil der Kreuzung (Einmündung) sind, KG NZV **91** 163. Am Fahrbahnrand zum Gehweg darf auch geparkt werden, wenn diese Stelle nur kurz ist und im Übrigen vollgeparkte Parkstreifen vorhanden sind, Bay VRS **59** 233. Zum Seitenabstand bei Parken mit Pferdefuhrwerken s Rz 38. Kein erlaubtes Fahrbahnparken neben einer Parkbucht, Ha VRS **57** 367. Bei zwei oder mehr **baulich voneinander getrennten Fahrbahnen** (§ 2 Rz 26, 27) mit VZRegelung ist nach denselben Grundsätzen scharf rechts zu parken, soweit zulässig, ebenso an **VInseln** (Begriff: Dü VM **67** 80, VRS **33** 315, Ce DAR **63** 362). An links vom Fahrstreifen liegenden VInseln darf, soweit Parken überhaupt erlaubt ist, nicht geparkt werden (Linksparken), auch nicht zwecks Abladens am Mittelstreifen, KG VersR **75** 1103, nie auf der StrMitte, auch nicht bei Schienen auf der linken und rechten StrSeite, Kar VRS **48** 63. Abs IV S 1 betrifft nur das Verhältnis zu anderen StrTeilen, besagt also nichts über die Zulässigkeit des Parkens außerhalb des öffentlichen VRaums, Stu VRS **63** 388. **Verkehrsberuhigte Bereiche** sind keine *Fahrbahnen,* s § 42 Rz 181 f 325/326, Abs IV gilt daher nicht, Kö NZV **97** 449. **58b**

Platzsparend ist bei jeder Aufstellungsweise zu parken (Abs VI), idR parallel zur Fahrbahn, Rz 58 d, so scharf wie möglich rechts (bzw links), unter Ausnutzung ausreichend großer Parklücken bei teilweise belegtem oder teilweise unbenutzbarem Randstreifen (§ 1). Parkleitlinien sind zu beachten. Platzsparend parkt, wer den Abstand nach vorn, hinten und uU seitlich je nach Sachlage so gering wie möglich hält, Dü VM **73** 78, wobei der Zustand beim Einparken maßgebend ist und spätere Veränderungen hierüber uU täuschen können. Das Ausparken des jeweiligen FzTyps (unterschiedlicher Wendekreis) durch einen durchschnittlichen Fahrer muss möglich bleiben, KG VRS **55** 228, wozu bei griffigem Untergrund ein Gesamtabstand nach vorn und hinten von etwa 2 m ausreichen wird, bei Eiskrusten nicht, Ha DAR **62** 303. Hat der parkende Vordermann weniger Abstand als 1 m zu seinem Vordermann, so muss der Hinzukommende dies in etwa ausgleichen. Wer beim Parken zu einem abgestellten Fz ohne triftigen Grund mehr als 1 m, aber weniger als 7 m Abstand lässt, wird VI meist verletzen, Dü VM **73** 78. Einiges Manövrieren beim Wegfahren kann nötig sein, Kunstleistungen dürfen jedoch weder beim Zugang zum geparkten Fz vorausgesetzt werden, KG DAR **66** 305, noch beim Ausparken. Wer in diesem Sinn korrekt parkt, dem kann Nichtbenutzung nahe gelegener freier Parkflächen nicht vorgeworfen werden. **58c**

Schräg- oder Querparken ist nur ausnahmsweise, zB uU auf breiten Strn zur besseren Parkraumausnutzung, BGHSt **17** 240 = NJW **62** 1405, KG NZV **92** 249, *Jagow/Burmann/Heß* Rz 75, und auf breiten Parkstreifen ohne Hineinragen in die Fahrbahn erlaubt, unter Beachtung etwa vorhandener Aufstellmarkierungen und nur so, dass nicht zwei Stellflächen zugleich besetzt werden, doch muss es bei ungünstiger Aufstellung bereits parkender Fz auch hier auf günstigste **58d**

König 571

Raumausnutzung ankommen (Rz 58 c). Beim Nebeneinanderparken ist beiderseits ein Zwischenraum von 70 cm zum nächsten Fz zum Aus- und Einsteigen geboten. Obwohl § 12 das Quer- und Schrägparken nicht ausdrücklich untersagt, wird dem Abs IV S 1, wonach „an den rechten Fahrbahnrand heranzufahren" ist, das grundsätzliche Gebot des Parallelparkens zu entnehmen sein, *Berr/H/Schäpe* 315 f, *Huppertz* VD **02** 214. Dies gilt auch für Motorräder, KG NZV **92** 249, und Pkw geringer Länge („Mikroklasse"), s *Huppertz* VD **02** 213 (unter Hinweis auf erschwertes Ein- und Ausparken längsparkender FzF wegen Hinausragens quer parkender Fz über die Fluchtlinie), aM (bei markiertem Seitenstreifen) *Wagner* NZV **02** 257. Bei einer Reihe längs parkender Fz rechnet der fließende V nicht mit dem Verlassen einer Parklücke quer in die Fahrbahn hinein, zumal der so Ausparkende seiner Pflicht nach § 10 S 2 (Fahrtrichtungsanzeige) nicht nachkommen kann. Gegen Ausnahmen vom grundsätzlichen Verbot des Quer- und Schrägparkens *Hauser* DAR **84** 275. § 12 verbietet nicht Quer- oder Schrägparken unter Mitbenutzung nichtöffentlichen VRaums neben der Fahrbahn, soweit es platzsparend ist, Stu VRS **63** 388, oder unter Mitbenutzung des durch weiße Linie (ohne Z 315) zum Parken freigegebenen Gehwegs, Kö VRS **72** 382.

Lit: *Huppertz,* Klein-Pkw: Ein Smart parkt quer, VD **02** 213. *Wagner,* ... Die Zulässigkeit des Parkens quer zur Fahrtrichtung ..., NZV **02** 257.

59 Eine Parklücke entsteht erst mit der Freigabe durch den Benutzer. **Vortritt** hat, wer sie, unmittelbar einfahrbereit, zuerst erreicht, Abs V S 1, auch bei Rückwärts- Einrangieren, V S 1, Hs 2, nicht dessen Hintermann, dem es, gelingt, zuerst vorwärts einzufahren. Auch durch weitere Rangiermanöver, die zum Einparken erforderlich sind, geht der Vorrang dessen, der die Parklücke zuerst erreicht hat, nicht verloren, auch wenn er sich dabei von ihr zunächst entfernen muss. Allerdings muss er sie zuvor „unmittelbar" erreicht haben, *Fuchs-Wissemann* DAR **94** 147; wer sich auf der gegenüberliegenden StrnSeite befindet, erfüllt diese Voraussetzung noch nicht. Ist die Parklücke noch besetzt, wird sie jedoch erkennbar alsbald frei werden, so hat der Wartende vor dem erst Hinzukommenden den Vortritt, Abs V S 2. Voraussetzung ist, dass der FzF, dessen Fz die Lücke noch besetzt hält, erkennbar Anstalten macht, diese zu verlassen; Warten in der bloßen Hoffnung, ein Platz werde demnächst frei werden, genügt nicht, Dü NZV **92** 199, *Fuchs-Wissemann* DAR **89** 54, *Berr/H/Schäpe* 605. Da Abs V 2 nicht ow Verhalten honorieren will, kann er nicht demjenigen Vorrang einräumen, dessen Warten einen Bußgeldtatbestand erfüllt, *Fuchs-Wissemann* DAR **89** 54. Die Vorschrift des Abs V gewährt nur dem FzF selbst Vorrang; andere Personen können diesem die Parklücke nicht „reservieren", Bay NZV **95** 372. Lit: Rz 60 c.

60 **Parken in zweiter Reihe** neben Fzen, die auf dem Seitenstreifen, Ha NZV **92** 115, am Fahrbahnrand oder teilweise am Fahrbahnrand parken, Bay VRS **64** 380, ist im Gegensatz zu kurzem, nicht behinderndem Halten (Rz 40) nach IV S 1 ausnahmslos unzulässig (Rz 58 b), BGHSt **28** 143 = NJW **79** 224, Dü VM **79** 7, Ha NZV **91** 271, **92** 115 (Laden), denn es dauert idR einige Zeit, s auch Rz 40. Soweit es, insbesondere in Ladefällen, den V nicht nennenswert behindern kann, kommt jedoch gem § 47 I, II OWiG Absehen von einer Ahndung als OW in Frage, E 72, § 24 StVG Rz 67 (Opportunitätsgrundsatz), *Hauser* DAR **84** 275, 277, *Berr/H/Schäpe* 326. **Parken am Fahrbahnrand neben Fzen,** die vollständig auf nicht dem FzVerkehr dienenden Flächen (zB Gehweg) stehen, ist kein Parken in 2. Reihe, Bay VRS **59** 233, **64** 380, Kö VRS **72** 382, kann jedoch gegen Abs III Nr 2 verstoßen, Kö VRS **72** 382, *Berr/H/Schäpe* 164, s Rz 46. Ladegeschäft: Rz 40. Haftungsfragen: Rz 63.

60a **Nacht- und Feiertagsparkverbote für Schwerfahrzeuge und schwerere Anhänger in geschützten Gebieten** (III a). Die Parkverbotsvorschrift enthält im Interesse des Schutzes der Einwohner der in ihr bezeichneten Gebiete räumliche, zeitliche und sachliche Parkbeschränkungen für Kfz mit zulässigem Gesamtgewicht über 7,5 t und KfzAnhänger über 2 t. Entscheidend ist das im FzSchein eingetragene zulässige Gesamtgewicht, Bay NZV **97** 530. Die Vorschrift gilt auch für SattelZgm ohne Auflieger, weil es gleichgültig ist, ob das zulässige Gesamtgewicht durch Ladung oder durch die Sattellast eines Aufliegers erreicht wird, Bay NZV **97** 530. Die Verbote des Abs III a gelten innerorts für die in den Ziffern 1 bis 4 bezeichneten Gebiete, täglich für die bezeichneten Nachtstunden und außerdem sonn- und feiertags. Der **Feiertagsbegriff** ist wie in § 30 IV zu verstehen, *Bouska* VD **80** 205, *Berr/H/Schäpe* 276. Begriffsbestimmung nach dem Feiertagsrecht der Bundesländer würde zu unterschiedlichen Feiertagsbegriffen innerhalb der StVO führen, *Hauser* VD **82** 8. Wegen der Gewichtsbeschränkung für Anhänger bleiben die meisten Wohnwagen und Verkaufsanhänger parkberechtigt, weil sie nicht unter III a fallen (zum Parken von Anhängern Rz 42 a, 60 aa). Das Parkverbot knüpft nicht an den Begriff des besonderen Wohngebiets (§ 4a BaunutzungsVO) an, sondern an den Begriff **„reines und allgemeines**

Halten und Parken § 12 StVO **2**

Wohngebiet" aus der BaunutzungsVO, Bay NZV **90** 282, Ha VRS **66** 53. Er ist für Fremde örtlich oft nicht erkennbar. Jedoch ist nur „regelmäßiges" Parken untersagt. Halter und Fahrer müssen sich bei der Absicht regelmäßigen Parkens bei der VB nach dem Verbotsbereich erkundigen. Dies ist ihnen zuzumuten, krit *Beck* DAR **80** 237. Nach Hinweis durch die Pol kann sich niemand mehr auf Unkenntnis berufen, *Bouska* VD **80** 205, *Berr* DAR **82** 314. Vielfach wird ein reines oder allgemeines Wohngebiet auf Grund der tatsächlichen Bebauung der betreffenden Str und der unmittelbaren Nachbarschaft als solches erkennbar sein, Ha VRS **66** 53. Kein Parkverbot nach Abs III a jedoch, wenn das Gebiet im Bebauungsplan nicht als reines oder allgemeines Wohngebiet festgesetzt ist (§ 8 BBauG, § 1 III, 3, 4 BaunutzungsVO), wie aus den in Abs III a Nr 1 gebrauchten Begriffen folgt (Begr, Rz 7), aM Bay NZV **90** 282, Ha VRS **66** 53, *Berr/H/Schäpe* 284, wonach allein das äußere Erscheinungsbild entscheidend sein soll. **Regelmäßig parkt,** wer nicht nur ab und zu (Begr), sondern mehrfach, wenn auch mit gelegentlichen Unterbrechungen, irgendwo in einer Schutzzone oder einer benachbarten parkt, etwa mangels eigener Abstellflächen oder bei der Wohnung des Fahrers oder Halters. Der Begriff setzt eine gewisse Häufigkeit voraus, aber nicht „fast jeden Tag". Wöchentlich einmal dürfte darunter fallen, Ha VRS **66** 53, *Berr/H/Schäpe* 288, *Berr* DAR **82** 314. Aber auch größere Abstände können bei ständiger Wiederholung zur Annahme von „Regelmäßigkeit" ausreichen, Ha VRS **66** 53. Gegensatz: gelegentlich (*Bouska* VD **80** 205). Parken solcher Fz nur in Ausnahmefällen bleibt zulässig (Begr). Kann in Härtefällen auch die VB keine Parkmöglichkeit bereitstellen, kommt uU eine Ausnahmegenehmigung in Betracht. **„Entsprechend gekennzeichnete Parkplätze"** iS der Ausnahmebestimmung des Abs III a S 2 sind nicht etwa solche, die nur durch Z 314 gekennzeichnet sind; vielmehr ist eine besondere Kennzeichnung erforderlich, aus der sich die Berechtigung ergibt, *Berr/H/Schäpe* 286, aM *Bouska* VD **80** 205.

Auch das Aufstellen von **Anhängern ohne ZugFz** im öffentlichen StrRaum ist im Rahmen des § 12 erlaubtes Parken, soweit diese Fz betriebsbereit sind, s Rz 42a. Werden Anhänger jedoch für Wochen und Monate (zB Überwintern von Wohnanhängern) aus dem V genommen und abgestellt, so kann auch von *ruhendem V* keine Rede mehr sein. Abs III b verbietet daher das Parken von KfzAnhängern ohne ZugFz, soweit es länger als 2 Wochen dauert, und zwar nicht etwa nur in den in Abs III a genannten Gebieten, sondern auf allen öffentlichen VFlächen, außer auf entsprechend gekennzeichneten Parkplätzen (dazu Rz 60a). Verstöße sind durch § 49 Nr 12 bußgeldbewehrt; jedoch kann die Vorschrift dadurch umgangen werden, dass der Anhänger nach Ablauf der 2-Wochenfrist versetzt wird; dann beginnt die Frist von neuem, *Hauser* DAR **90** 11, einschränkend *Berr/H/Schäpe* 299. Wird der Parkplatz für die Dauer einer Fahrt für andere Fz freigegeben, so kann die Unterbrechung der 2-Wochenfrist entgegen Fra DAR **93** 305 nicht vom Zweck der Fahrt abhängen; auch wenn eine 30 minütige Fahrt nur der Umgehung der Vorschrift des Abs III b dient, beginnt die Frist von neuem, *Berr* DAR **93** 305. Bloßes Verbinden mit einem ZugFz ohne Standortveränderung unterbricht das Parken nicht, *Darr* NZV **89** 298, *Hauser* DAR **90** 10. Ein auf fahrzeugfremde Stützen (Steine, Holz) aufgebockter Wohnanhänger ist nicht betriebsbereit und parkt nicht im Rahmen des Gemeingebrauchs, *Hauser* DAR **90** 10. Das *Wohnen* im Wohnanhänger ist auch innerhalb der 2-Wochenfrist kein zulässiges Parken, sondern Sondernutzung, Rz 42a.

Parksonderberechtigungen (Zusatzschilder zu den Z 286, 314 und 315). Durch die Zusatzschilder „Rollstuhlfahrersymbol" Nr 1044–10, 1020–11, 1044–11 bzw die Zusatzschilder Nr 1020–32, 1044–30 zu den VZ 286, 290, 314 und 315 können Parkflächen für **Schwerbehinderte, Blinde oder Bewohner städtischer Quartiere** reserviert werden, auch mit zeitlicher Begrenzung (zB Parkschein), VGH Ma NZV **02** 54. Dabei ist die Parkerlaubnis nicht davon abhängig, dass der Behinderte das von ihm benutzte Fz selbst führt, Bay DAR **85** 355, *Berr/H/Schäpe* 553. Jedoch ist die Berechtigung des Behinderten nicht übertragbar, VG Berlin NZV **96** 48. Kennzeichnung einer Zone mit Beschilderungen wie etwa Z 286 mit Zusatz „Anwohnerparkgebiet" ist unwirksam; die Kennzeichnung muss vielmehr § 41 II Nr 8 entsprechen, Dü NZV **96** 248 (Anm *Thubauville* VM **96** 69). Zum veralteten Zusatzschild „Anwohner" 38. Aufl. Ein eingeschränktes Haltverbot mit Ausnahme für Bewohner mit Parkausweis gilt nach sinnvoller Regelauslegung nicht vor der Grundstücksausfahrt für den Berechtigten, Dü NZV **94** 162. Zur Frage der Zulässigkeit einer Parkplatzreservierung für Bewohner in Strn, die für Nichtanlieger gesperrt sind, *Fuchs-Wissemann* DAR **86** 307. **Benutzung entgegen dem Zusatzschild** verstößt gegen Abs I Nr 6b bzw III Nr 8e (§ 49 I Nr 12) oder § 42 IV (§ 49 III Nr 5). Sonderberechtigungen müssen am Kfz überprüft werden können, deshalb ist der amtliche Parkausweis im oder am Kfz von außen gut lesbar anzubringen, § 41 II Nr 8, § 42 IV. Wo genau der Ausweis anzubringen ist, ist nicht näher geregelt und durch Auslegung zu ermitteln. In der

60b

Begr heißt es dazu: *Die Parksonderberechtigung des angesprochenen Personenkreises muss für die Überwachungsorgane erkennbar sein* (VkBl **80** 517, zu § 12 IV b aF). „Gut lesbar ausgelegt" ist der Ausweis danach jedenfalls nicht, wenn erst ein Absuchen des Fz erforderlich ist. IdR wird der Parkausweis hinter der Windschutz- oder Seitenscheibe dieses Erfordernis erfüllen. Auslegen auf der Hutablage wurde von Kö NZV **92** 376 als ausreichend angesehen. Nichtanbringung durch einen Berechtigten ist zwar ein solches nicht ow, jedoch gilt dann die Ausnahme vom eingeschränkten Haltverbot bzw die Park-Ausnahmegenehmigung nicht, VGH Ma DAR **92** 273, so dass OW gem Abs I Nr 6 b, III Nr 8 c oder e (§ 42 IV) in Frage kommt.

60c Lit: *Berr,* Parkverbot in Wohngebieten und von Anhängern, DAR **82** 314. *Derselbe,* Zur Zulässigkeit des Übernachtens in einem Wohnmobil auf einem öffentlichen Parkplatz, DAR **84** 253. *Berr/Hauser/Schäpe,* Das Recht des ruhenden V. *Darr,* Das Anhängerparkverbot nach § 12 III b StVO, NZV **89** 297. *Fuchs-Wissemann,* Vorrang an Parklücken, DAR **89** 52. *Grüneberg,* Schadensersatzpflicht bei verkehrsbehindernd abgestellten Kfzen, NJW **92** 945. *Hauser,* Parkerleichterungen für Behinderte, VD **89** 21, 32. *Derselbe,* Wohnmobile und Wohnanhänger im ruhenden V, DAR **90** 9. *Schmitz,* Rechtmäßigkeit der bereichsbezogenen Einführung von Anwohnerparkrechten, NVwZ **88** 602. *Walter,* Die Gebührenpflicht der „Laternengarage" …, DÖV **83** 233.

Lit zum Abschleppen falsch parkender Fz: Rz 66.

61 **10. Ordnungswidrigkeit. Strafrecht.** Ow handelt, wer vorsätzlich oder fahrlässig eine Vorschrift über das Halten oder Parken nach § 12 I, I a, III, III a, III b S 1, IV S 1, S 2 Hs 2, S 3 oder 5 oder IV a bis VI verletzt (§ 49 I Nr 12). Parken auf nicht ausreichend befestigtem Seitenstreifen (Abs IV) ist aber nicht bußgeldbewehrt, selbst dort nicht, wo Z 388 aufgestellt ist, weil kein VorschriftsZ, Kö VRS **65** 156. Wer parken will, muss in der Nähe auf VorschriftZ achten, Ha DAR **58** 338, auch wenn er sich gewendet hat, Br VRS **10** 337, aber er muss nicht nach ihnen suchen. Dauerparker müssen kontrollieren, ob Umstände eintreten, die ein zulässigerweise begonnenes Parken verbieten und dieses ggf beenden, Kö NZV **93** 406, Jn NZV **95** 289, OVG Hb DAR **04** 543, wobei die Anforderungen nicht überspannt werden dürfen, *Janiszewski* NStZ **95** 587; bloße (nicht nahe liegende) **Möglichkeit einer VZÄnderung** verpflichtet aber idR nicht zur Entfernung des Fz vor Antritt einer Reise von wenigen Wochen, Kö NZV **93** 406 m Anm *Notthoff* ZfS **95** 81 (Überlassung der FzSchlüssel an Dritten nur, wenn zuverlässige Vertrauensperson zur Verfügung steht), s auch *Janiszewski* NStZ **95** 587, abw OVG Hb DAR **04** 543 sowie Rz 66. Wer seine Geschäftsräume zwecks Ladegeschäfts nur unter Verletzung von VVorschriften oder der baulichen Vführung erreichen kann, darf sich über diese nicht hinwegsetzen, sondern muss eine Erlaubnis oder Ausnahmegenehmigung erwirken, Kö VM **80** 47. Parkverstöße können auch durch **Unterlassen** begangen werden, Ha VRS **61** 130 (Halter), Kö NZV **93** 406, Jn NZV **95** 289. **Teilnahme:** E 91–95. Außer dem Fahrer kann der Halter oder Weisungsberechtigte Täter sein, der unzulässiges Parken veranlasst oder trotz Kenntnis, soweit ihm möglich, nicht verhindert oder beendet, Bay VM **63** 15, Dü VRS **61** 64, Kö VRS **47** 39, Ha VRS **47** 465, Stu VRS **30** 78, Kar DAR **05** 104. Wer das Steuer übernimmt, das Kfz aber im Parkverbot stehen lässt, wo der frühere Fahrer es geparkt hat, ist von nun an verantwortlich, Stu VRS **39** 373. Jedoch keine Pflicht des Halters, sich nach Benutzung des Fz durch eine andere Person darüber zu vergewissern, dass es ordnungsgemäß geparkt ist, Ha VRS **61** 131. Bei mehreren FzHaltern ist jeder von ihnen nach FzGebrauch für richtiges Parken allein verantwortlich, Kar VRS **58** 272, NJW **79** 2259. **Parken entgegen** einer Anordnung gem **Zusatzschild** zu Z 314, 315 ist ow gem §§ 42 IV, 49 III Nr 5, s Rz 60b. Im Übrigen geht § 12 anderen Vorschriften (§§ 2, 41, 42) als die **speziellere** vor, Kö VRS **50** 236, Ce VersR **76** 1068, Dü VRS **69** 56, TE mit § 1 aber bei VBehinderung oder -Gefährdung, Ha DAR **60** 239 (Abstellen von Lastfzen in enger DurchgangsStr), aM Bay VM **66** 81 (§ 1). Verstoß gegen § 1 II durch Parken: Rz 44. Unerlaubtes Gehwegparken verletzt § 12 IV, Bay VM **75** 43, Ha VRS **59** 298, KG VRS **45** 66, Dü VRS **61** 64, **82** 209, Kö VRS **71** 214, BVerwG NZV **93** 44, *Berr/H/Schäpe* 337, aM Ko VRS **45** 48, Dü VRS **43** 381 (aufgegeben, s VRS **61** 64), DAR **82** 336, *Kullik* PVT **88** 98, *Seebald* NZV **90** 138 (nach dessen Ansicht die StVO das Gehwegparken überhaupt nicht verbietet). Gehwegparken von Fzen über 2,8 t verstößt auch dann gegen IV (nicht gegen III Nr 8c), wenn Z 315 aufgestellt ist, *Lewin* PVT **97** 24. Halten auf Gehwegen ist gem IV S 2 (§ 49 I Nr 12) ow, s Rz 13/14. Gehwegbenutzung zum Halten und Parken ist idR vorsätzlich, Dü NZV **96** 251. Verstöße gegen das Z 315 durch Parken entgegen seiner bildlichen Anordnung über die Art der FzAufstellung ist ow gem §§ 12 III 8 c, 49 I 12, KG VRS **53** 303. Parken in Fußgängerbereichen: § 2 Rz 30. Da Verstoß gegen Abs III a „Regelmäßigkeit" voraussetzt, sind mehrere Fälle des verbotswidrigen Parkens gem Abs III a nur *eine* Tat, Ha VRS **66** 53. Das Aufstellen eines Arbeitsfz auf dem Gehweg ist kein unerlaubtes Parken, es ver-

Halten und Parken § 12 StVO 2

letzt vielmehr § 32, wenn es unerlaubt geschieht, Ha VRS **59** 298, ebenso Abstellen eines betriebsunfähigen Fz, Dü VRS **74** 285. Parken auf **Grünanlagen**, die nicht dem öffentlichen *Verkehr* dienen, kann nach landesrechtlichen oder kommunalen Bestimmungen ow sein, Dü NZV **97** 189 (s **E** 46). Behinderndes Parken außerhalb von Parkverboten verletzt § 1, BGH VersR **66** 364, Dü VM **62** 91, Ce VM **67** 53, Sa VRS **21** 62 (störender Geruch), s aber Rz 44. **Rechtfertigender Notstand** (§ 16 OWiG) des verkehrsbehindernd parkenden Schulbusf, Kö VRS **64** 298. Bloßes polizeiliches Dulden rechtfertigt Parken im Verbotsbereich nicht (**E** 128), Hb DAR **66** 275. Halten unter **Mitbenutzung der anderen Fahrbahnhälfte** ist stets ow, BGHSt **28** 143 = NJW **79** 224. Halten ist auch an einer an sich erlaubten Stelle unzulässig, wenn es gefährden oder mehr als unvermeidbar behindern kann, Bay DAR **78** 190, s aber Rz 44. Halten „**in zweiter Reihe**" verletzt IV S 2 Hs 1, ist aber gem § 49 I Nr 12 nur als Verstoß gegen § 1 II bußgeldbewehrt, Bay DAR **78** 204, *Hauser* DAR **84** 276. Verbotenes Parken ist **DauerOW,** Bay DAR **71** 304, Jn DAR **06** 162, die nur einmal geahndet werden kann („ne bis in idem"). Fortsetzen unerlaubten Parkens (Parkuhr) **trotz** wirksam gewordener (§ 26 Rz 29), s aber Jn DAR **06** 162, **Verwarnung,** kann (nochmals) geahndet werden, Bay DAR **71** 304, Dü VRS **91** 129. Wird dem Betroffenen irrtümlich vorgeworfen, mit einem fremden, von einem anderen geführten Fz einen Parkverstoß begangen zu haben, so ist der am gleichen Ort zu gleicher Zeit begangene Parkverstoß mit dem eigenen Fz nicht **dieselbe Tat (§ 264 StPO),** Bay VRS **67** 362. Werden im Rahmen der **Überwachung von Parkverstößen** Reifen mit Kreidestrichen markiert, so ist dies vom FzEigentümer zu dulden, VG Freiburg NZV **98** 47. Zur Überwachung durch Private § 26 StVG Rz 2.

Zur Nötigung im „Streit um die Parklücke" § 240 StGB Rz 27 ff. Das unberechtigte Anbringen einer Plakette („Arzt") am Kfz, um sich Parkerleichterung zu erschleichen, fällt nicht unter § 132a StGB (Bay NJW **79** 2359). 62

11. Zivil- und Verwaltungsrecht. Haltverbot als SchutzG: Rz 29, 37a. Es haftet, wer ein negatives VorfahrtZ durch unzulässiges Halten verdeckt; jedoch Mitverschulden des Wartepflichtigen, der, obwohl die Umstände für die Möglichkeit eines solchen VZ sprechen, ohne Weiteres annimmt, es gelte „rechts vor links" (Kö VersR **90** 100). Wer Halten oder Liegenbleiben an der AB an verbotener Stelle zu vertreten hat, haftet für Auffahren auch mangels Auf-Sicht-Fahrens des Auffahrenden (Kö VRS **37** 195). Mithaftung des verbotswidrig Haltenden bei Kollision mit dem fließenden V, wenn das Haltverbot dem fließenden V dient (Ha NZV **99** 291 [I Nr 6 d], LG Kar VRS **100** 387 [III Nr 4]). Die BG eines haltenden Fz kann durch Halten auf der falschen StrSeite erhöht sein (Kar NZV **90** 189). Zweidrittelhaftung dessen, der mit einem Lkw im Dunklen auf der linken StrSeite mit Abblendlicht hält, im Verhältnis zum auffahrenden GegenV (Sa VM **71** 96). Gegenüber achtlosem Auffahren auf ein geparktes Kfz (Unfallhilfe) kann geringe Schuld des unrichtig Parkenden ganz zurücktreten (Ko VersR **77** 1034). Wer unerlaubt in 2. Reihe hält und dadurch die Sicht des aus einer Grundstücksausfahrt in die Fahrbahn einbiegenden FzF behindert, verursacht den bei einer Kollision zwischen dem Ausfahrenden und dem fließenden V entstehenden Schaden adäquat mit (KG VM **80** 85). Entsprechendes gilt bei verkehrswidrigem, sichtbehinderndem Parken im Einmündungs- oder Kreuzungsbereich und dadurch bedingter Vorfahrtverletzung durch einen Dritten (Kar DAR **92** 220 [40%]). Zurücktreten der Pkw-BG, wenn der PkwF gegen eine ungesicherte, waagerecht in den VRaum ragende Ladeklappe eines verbotswidrig in 2. Reihe parkenden Lkw fährt (Ha NZV **92** 115 m zust Anm *Greger*). Der Mithaftung für einen durch Parken in 2. Reihe mitverursachten Unfall kann nicht mit dem Hinweis begegnet werden, der Unfall habe sich auch bei zulässigem kurzem *Halten* in zweiter Reihe ereignen können (Ha NZV **91** 271). Mithaftung kraft BG bei Parken zwecks Entladens dicht neben einer Garagenausfahrt mit erheblicher Sichtbehinderung des Ausfahrenden, obwohl solches Parken erlaubt ist (Kö VersR **71** 427). Halten/Parken mit betriebswarmem Diesel und eingelegtem Rückwärtsgang kann die BG erhöhen (Bra VersR **76** 448). Keine Mithaftung des verbotswidrig auf Gehweg Parkenden, wenn verbotswidrig den Radweg befahrender Radfahrer gegen ein Hindernis prallt, weil er dem verbotswidrig geparkten Kfz ausweichen will; das Parkverbot will nicht den verbotswidrig fahrenden Radfahrer schützen (LG Nü-Fürth DAR **07** 709 m Anm *Köck*). RsprÜbersicht zur Mithaftung bei falschem Parken: *Berr* DAR **93** 418. VSicherungspflicht auf Parkplätzen: § 45 Rz 51, 64. 63

Parken auf einem nicht öffentlichen Privatparkplatz ist **verbotene Eigenmacht** (Stu VRS **78** 205, AG Essen DAR **02** 131, AG Mü DAR **93** 30), deren sich der Berechtigte gemäß § 859 BGB erwehren darf, wenn polizeiliche Maßnahmen unterbleiben (*Schünemann* DAR **97** 270), jedoch nicht durch Blockieren des rechtswidrig parkenden Fz (OVG Ko NJW **88** 929, OVG Saarlouis 64

NZV **93** 336), auch nicht durch Verwendung einer sog Parkkralle (*Metz* DAR **99** 392 [uU Nötigung]), sondern indem er es sofort **abschleppen** lässt (OVG Saarlouis NZV **93** 336, AG Essen DAR **02** 131, AG Fürstenfeldbruck DAR **85** 257). Dabei ist die Bedeutung des Begriffs „sofort" in § 859 III BGB str. Nach einem Teil der Lehre ist der Begriff rein zeitlich zu verstehen ohne Rücksicht auf die Kenntniserlangung von der Besitzentziehung, *Palandt/Bassenge* § 859 Rz 6, *Schünemann* DAR **97** 267 (innerhalb von 30 Min), während es nach aA genügt, dass der Berechtigte das Abschleppen veranlasst, sobald er nach den Umständen gegen die Besitzstörung vorgehen kann (LG Fra NJW-RR **03** 312 [so schnell wie nach objektiven Maßstäben möglich], NJW **84** 183, AG Mü DAR **93** 30 [2 bis 3 Std später]), uU erst bei Entdeckung am selben Abend (Kar Justiz **78** 71), nach zT vertretener Ansicht auch noch am folgenden Tag (LG Fra NJW-RR **03** 312, NJW **84** 183, AG Essen DAR **02** 131, *Schneider* ZAP F 2 S 470), nach AG Deggendorf DAR **84** 227, *Berr/H/Schäpe* 620, gem §§ 858, 859 I BGB ohne die zeitliche Begrenzung des § 859 III (aM Br DAR **84** 224 [nur, solange der Parkende sein Fz noch nicht verlassen hat], AG Mü NJW **96** 853 [nicht mehr $7^1/_2$ Std nach dem Abstellen des Fz], abl *Schneider* ZAP F 2 S 470). Entgegen § 859 III BGB verlangen AG Fra NJW-RR **89** 83 und AG Berlin-Wedding NJW-RR **91** 353 zuvor angemessene Wartezeit, abl *Berr/H/Schäpe* 621, *Janssen* NJW **95** 626. Die Besitzwehr durch Abschleppen setzt konkrete Behinderung nicht voraus, AG Freising DAR **87** 156. Kostenerstattungsanspruch gegen den Parkenden: § 823 II iVm § 858 BGB (AG Mü DAR **93** 30, *Schwarz/Ernst* NJW **97** 2552f), gegen den Halter: § 683 BGB (AG Fra NJW **90** 917, AG Mainz r+s **85** 57, *Jagow/Burmann/Heß* Rz 97, *Berr/H/Schäpe* Rz 621, *Schwarz/Ernst* NJW **97** 2551, aM AG Darmstadt NJW-RR **03** 19). Standgebühren sind nicht ersatzfähig, wenn Versetzen auf einen anderen Parkplatz möglich ist (AG Erkelenz NZV **07** 467). Zum Anspruch von Abschleppunternehmen gegen widerrechtlich Parkende nach Abschleppen auf Grund eines ihm durch den Berechtigten erteilten Generalvertrags: *Woitkewitsch* MDR **05** 1023, *Allmannsberger* DAR **07** 393. Nach AG Mü DAR **07** 392 kein Anspruch auf Personaleinsatz- und allgemeine Parkraumüberwachungskosten eines von Eigentümer beauftragten Parkraumüberwachungsunternehmens gegen den Halter eines abgeschleppten Fz (Ersatzfähigkeit der Abschleppkosten bejaht, krit Anm *Allmannsberger*). **Sperrendes Parken:** Wer ausfahrtversperrend parkt, verletzt ein Schutzgesetz (Nü NJW **74** 1145, *Grüneberg* NJW **92** 946, *Hauser* VD **82** 353), verletzt bei Blockieren eines Fz aber auch fremdes Eigentum iS von § 823 I BGB (AG Kö DAR **88** 98, *Dörner* DAR **79** 11, *Grüneberg* NJW **92** 945, s BGHZ **55** 153 = NJW **71** 886 [Sperrung eines Schiffs]) und verwirkt dadurch Schadensersatz (§ 823 BGB). Die Einschränkungen gemäß § 859 II, III BGB liegen tatbestandlich nicht vor. Der Behinderte darf sich der verbotenen Eigenmacht gegen seine Besitzausübung mit der dazu ausreichenden Gewalt erwehren (§ 859 I BGB; VG Saarlouis NZV **91** 47), durch Abschleppenlassen auf Kosten des Störers dann, wenn mildere ausreichende Mittel (zB rasche Umfrage, Wegschieben, uU Benutzung öffentlicher VMittel oder einer Taxe) nicht in Betracht kommen. Der Behinderte ist nach den Grundsätzen der GoA berechtigt, das seine Garagenausfahrt versperrende Fz abschleppen zu lassen (*Palandt/Sprau* § 677 Rz 6), mit Anspruch auf Aufwendungsersatz gem § 683 BGB (AG Essen DAR **02** 131, AG Fra NJW **90** 917, AG München DAR **81** 358, AG Neumünster DAR **87** 387 [Privatparkplatz], AG Tüb DAR **84** 231 [Lagerraum], *Grüneberg* NJW **92** 948 [Baustellenzufahrt]; aM wegen fehlenden Interesses und mutmaßlichen Willens des Geschäftsherrn AG Br DAR **84** 224, AG Berlin-Wedding NJW-RR **91** 353, AG Hb DAR **08** 92, *Stöber* DAR **06** 486, **08** 72). Wer sich verbotener Eigenmacht durch Abschleppen des widerrechtlich parkenden Fz erwehrt, dem steht bis zur Erstattung der dadurch entstandenen Kosten grundsätzlich ein Zurückbehaltungsrecht an dem Fz zu, Stu VRS **78** 205. Zum Zurückbehaltungsrecht des Abschleppunternehmers bei Abschleppen in privatem Auftrag Wien DAR **01** 62f. zur Schadensersatzpflicht bei einfahrtversperrendem Parken AG Charlottenburg ZfS **81** 1, *Grüneberg* NJW **92** 947 (nur gegenüber dem Grundstückseigentümer bzw -besitzer), zur (fehlenden) Schadensersatzpflicht des Kfz-Halters LG Hb NJW **06** 1601, zur Schadensminderungspflicht gegenüber Falschparken (einfahrtversperrend) AG Schöneberg MDR **78** 493, *Hoffstetter* NJW **78** 256, *Dörner* DAR **79** 10, *Grüneberg* NJW **92** 947, AG Kar NJW **77** 1926, abw AG Heidelberg NJW **77** 1541. Zum kostenpflichtigen Abschleppen eines Arbeitnehmerkfz vom Betriebshof LAG Dü Betr **77** 1754. Zum Schadensersatzanspruch des Straba-Betreibers bei Blockieren der Schienen durch Fz *Grüneberg* ZfS **91** 254, NJW **92** 948, AG Bonn NZV **92** 450. Bei andauernder oder drohender Störung durch denselben Störer kommt auch Unterlassungsklage (§ 1004 BGB) in Betracht (Kar NJW **78** 274, AG Suhl DAR **02** 461, AG Augsburg DAR **08** 91, aM *Stöber* DAR **08** 72). Zum Anspruch eines Bauunternehmers auf Erstattung der Abschleppkosten bei **Behinderung von Bauarbeiten** durch Parken trotz Haltverbots verneinend AG Fra NJW-RR **90** 730 (krit *Janssen* NJW **95** 625; s auch Rz 29).

Halten und Parken § 12 StVO **2**

Bei **Gefahr für die öffentliche Sicherheit und Ordnung** darf die Pol uU das gefährdende 65
Fz entfernen lassen. Ob Bedienstete sog kommunaler Parküberwachungen oder PolHostessen
für derartige polizeiliche Maßnahmen zuständig sind, ist str (bejahend [für Bayern] *Jahn* NZV **89**
301, *Biletzki* NZV **96** 306, BayVBl **90** 428, *Perrey* BayVBl **00** 614, einschr VGH Mü NZV **90**
47, **92** 207, DÖV **90** 483, BayVBl **91** 433, *Pitschas/Aulehner* BayVBl **90** 422 [Anordnung durch
die Pol, jedoch bei genauer Kenntnis der örtlichen Verhältnisse auch auf Grund telefonischer
Benachrichtigung durch solche Bedienstete ohne persönlichen Augenschein, krit hierzu *Jahn*
NZV **89** 300, *Biletzki* NZV **96** 305, BayVBl **90** 424], verneinend VG Mü NZV **89** 327). Voraussetzung für die Abschleppanordnung ist Unaufschiebbarkeit der Maßnahme unter Beachtung
des Übermaßverbots (**E** 2, VG Würzburg NVwZ-RR **89** 138, VG Berlin DAR **99** 90, *Bouska*
DAR **83** 147). Die Maßnahme wird **unverhältnismäßig** sein, wenn der FzF ohne größere
Nachforschungen in unmittelbarer Nähe erreichbar ist (BVerwG DAR **02** 470 [im entschiedenen Fall verneint], VGH Ka NZV **90** 408, OVG Hb NJW **05** 2247, OVG Br DAR **85** 127,
OVG Ko DAR **05** 291, **99** 421, OVG Saarlouis SVR **06** 235) oder die Entfernung des Fz durch
ohne Schwierigkeiten mögliche Benachrichtigung des Halters erreicht werden kann (VG Gießen NJW **01** 2346 [Taxi]), zB wenn der nahe gelegene Aufenthaltsort auf einem Zettel angegeben ist, wobei Anwohnerparkausweis nach VG Hb NVwZ-RR **05** 37 nicht ausreichen soll
(obwohl die Beendigung des störenden Zustands durch Abschleppauftrag vielfach wesentlich
verzögert wird!). Unverhältnismäßigkeit uU, wenn nicht einmal der Versuch unternommen
wird, den sich in unmittelbarer Nähe aufhaltenden FzF unter der unübersehbar im Fz zurückgelassenen Telefonnummer zu erreichen (VG Hb ZfS **01** 570 [abl *Haus*, aufgehoben durch OVG
Hb NJW **01** 3647], *Schwabe* DVBl **02** 1561, VG Kar VM **02** 63 [kein Absehen von der nach
dem VwVG B/W grundsätzlich erforderlichen Androhung des Zwangsmittels], einschr insoweit
BVerwG NZV **02** 285, OVG Hb NJW **01** 3647, VRS **108** 470, VG Gießen NZV **04** 54, VG
Berlin NZV **04** 55), anders, wenn sofortige Rückkehr zum Fz ausgeschlossen erscheint (VG
Berlin DAR **02** 189, VGH Ma DAR **03** 329). Keine Pflicht der VB zur Ermittlung des nicht
ohne Weiteres feststellbaren Aufenthaltsorts des FzF oder Halters (BVerwG DAR **02** 470, VGH
Ka NVwZ-RR **99** 23, OVG Schl NVwZ-RR **03** 647, DAR **02** 330). Bewohner mit Parkausweis genießen bei unzulässigem Parken gegenüber Abschleppmaßnahmen keinen besonderen
Schutz (VGH Ma NJW **03** 3363, VG Hb NVwZ-RR **05** 37). Abschleppen auf einen (entfernten) Sammelplatz ist unverhältnismäßig, wenn Umsetzen auf benachbarte Parkfläche möglich ist
(BVerwG DAR **02** 470). Abschleppen stets nur durch zuverlässige Abschlepper (BGH NJW **77**
628). Die **Rechtsgrundlage** ist dem Polizeiaufgabenrecht der Länder zu entnehmen (OVG
Münster VRS **100** 234, *Fischer* JuS **02** 446, *Bouska* DAR **83** 147). Soweit spezielle landesgesetzliche Regelungen (wie etwa § 14 I HbSOG) fehlen, werden von der Rspr als rechtliche Grundlage die polizeirechtlichen landesgesetzlichen Generalklauseln (VGH Ka NVwZ-RR **95** 29,
VGH Mü DAR **83** 239, OVG Münster VRS **100** 234, NJW **81** 478, VG Freiburg DVBl **79**
745) oder auch die Vorschriften zur Sicherstellung nach den Landespolizeigesetzen angesehen
(Bay NZV **92** 289, OVG Schl NVwZ-RR **03** 647, OVG Münster VRS **100** 234, NJW **82**
2277, *Köhler* BayVBl **84** 630, *Schwabe* NJW **83** 371, *Kierse* DAR **95** 400, jedenfalls bei Abschleppen zur polizeilichen Verwahrstelle: VGH Mü DAR **89** 154, DÖV **90** 483, NZV **90** 47,
gegen Abschleppen als „Sicherstellung" *Steinhilber* NJW **83** 2429, VGH Ka NVwZ **87** 909,
OVG Greifswald VRS **109** 151, OVG Lüneburg ZfS **94** 468, diff: VGH Mü NJW **84** 2962,
NZV **92** 207 [keine Sicherstellung, wenn das Fz nicht in polizeilichem Gewahrsam bleibt],
Helle-Meyer/Ernst DAR **05** 496, offengelassen von OVG Münster NZV **90** 407). Die Rechtmäßigkeit des Abschleppens als **Ersatzvornahme** (VGH Ma NJW **03** 3363, DAR **03** 329,
OVG Ko DAR **05** 291, OVG Schl NVwZ-RR **03** 647, OVG Hb VRS **108** 470) ist nach dem
Vollstreckungsrecht der Länder zu beurteilen (BVerwG NJW **82** 348, ZfS **94** 189, OVG Greifswald VRS **109** 151, OVG Münster VRS **100** 234). Abschleppen im Wege der Ersatzvornahme
ohne vorherige Androhung nach *PolG B/W*: VGH Ma NJW **90** 2270, DVBl **91** 1370, ZfS **95**
237, *BremPolG*: OVG Br DAR **85** 127, *HbVwVG*: OVG Hb PVT **90** 331, *SchlHVwG*: OVG
Schl NVwZ-RR **03** 647, *PolG NRW*: VG Münster VRS **73** 319, *PVG Rh.Pfalz*: OVG Ko
DÖV **86** 37, NVwZ **88** 658, *SOG Sa-Anh*: OVG Magdeburg DAR **98** 403, *HessSOG*: VGH
Ka NVwZ-RR **99** 23, Rechtslage in *Mecklenburg-Vorpommern*: OVG Greifswald VRS **109** 151
(§ 80 (II Nr 2 VwGO analog). Abschleppen im Wege **unmittelbarer Ausführung** (bei Fehlen
einer Grundverfügung in Form eines VZ oder einer Parkuhr) nach HessSOG: VGH Ka
NVwZ-RR **95** 29, **99** 23. **Sofortiges Abschleppen ist zulässig,** wenn besondere Umstände
für sofortige Störungsbeseitigung sprechen. Es muss erforderlich und verhältnismäßig sowie für
den Betroffenen zumutbar sein (BVerwG ZfS **94** 189, OVG Hb VRS **104** 468, OVG Münster

NJW **98** 2465, VGH Ka NVwZ-RR **99** 23). Dabei soll die Behörde nach BVerwG NZV **02** 285, OVG Greifswald VRS **109** 151, VG Gießen NZV **04** 54 mit der Abschleppmaßnahme auch spezial- und **generalpräventive Zwecke** verfolgen dürfen (abl insoweit *Schwabe* DVBl **02** 1562; dezidiert gegen Abschleppen zu generalpräventiven Zwecken OVG Hb NJW **05** 2247 m Bspr *Waldhoff* JuS **06** 1042). Jedenfalls darf die Abschleppmaßnahme aber nicht allein auf eine negative Vorbildwirkung verbotswidrigen Parkens für andere gestützt werden (BVerwG NZV **93** 44, **02** 285, VGH Ma ZfS **95** 237, OVG Hb ZfS **03** 320, Greifswald VRS **109** 151, OVG Lüneburg ZfS **94** 468, s aber BVerwG NZV **90** 205 (krit *Jahn* NZV **90** 379f), VGH Ka NZV **90** 408, VGH Mü BayVBl **91** 433, NZV **92** 207). Der Eintritt einer **konkreten Behinderung** anderer VT ist **nicht** Voraussetzung (BVerwG VRS **101** 239, OVG Hb ZfS **03** 320), rechtfertigt jedoch idR ein Abschleppen (BVerwG NZV **02** 285, OVG Hb ZfS **03** 320). Es ist eine Prognose zu treffen, ob möglicherweise mit dem Eintritt einer Behinderung zu rechnen ist, also eine gefahrgeneigte Situation heraufbeschworen werden kann (VGH Mü BayVBl **07** 249 m Anm *Geiger* SVR **07** 197). Beispiele: Ganz versperrter Gehweg, BVerwG NZV **93** 44, **02** 285, OVG Münster NJW **81** 478, OVG Lüneburg ZfS **94** 468, oder Radweg, OVG Hb VRS **99** 381, VG Berlin NZV **93** 368 (bei Behinderung von Radf auch teilweise Radwegblockierung, OVG Hb VRS **99** 381); Blockieren einer StrEinmündung, OVG Berlin VM **82** 64; Abstellen in einer durch Z 286 gekennzeichneten Feuerwehr-Bewegungszone, Dü VersR **82** 246, BVerwG NZV **02** 285, VGH Mü BayVBl **91** 433, VG Hb NVwZ-RR **05** 37, VGH Ma (Z 283, „Brandschutzzone"); auf einer als Taxistand gekennzeichneten Verkehrsfläche, OVG Hb VRS **111** 231, VGH Mü BayVBl **07** 249, Blockieren eines Sonderfahrstreifens für Linienbusse (Z 245), VGH Ka NJW **84** 1197, ZfS **93** 359; Fahrzeugabstellen in Fußgängerzone, BVerwG NZV **93** 44, Bay NZV **92** 289, OVG Greifswald VRS **109** 151, OVG Münster NJW **82** 2277, VGH Mü NJW **84** 2962 (zust *Köhler* BayVBl **84** 630), NZV **90** 47, OVG Ko NVwZ **88** 658, aber nicht in Nachtstunden ohne Fußgängerverkehr, OVG Lüneburg NVwZ-RR **89** 647; Beeinträchtigung der Funktion eines verkehrsberuhigten Bereichs durch Parken außerhalb gekennzeichneter Flächen, OVG Münster VRS **94** 159; unberechtigtes Parken auf Behindertenparkplatz, BVerwG NZV **02** 285, VGH Ma DAR **03** 329, VGH Mü NJW **96** 1979, OVG Ko DAR **05** 291, OVG Schl NVwZ-RR **03** 647, OVG Münster NZV **00** 310, OVG Magdeburg DAR **98** 403, Busparkplatz, OVG Münster DAR **99** 185, oder Bordsteinabsenkung, VG Schwerin DAR **98** 405, oder auf Bewohnerparkplatz, VG Ma NJW **90** 2270, VGH Ma ZfS **95** 237, auch ohne konkrete Behinderung eines Berechtigten, VGH Mü NJW **89** 245, VGH Ma ZfS **95** 237, OVG Schl DAR **02** 330, OVG Münster NZV **00** 310; mehr als $\frac{1}{2}$ stündiges Parken in zentral gelegener Ladezone in innerstädtischem Geschäftsviertel (VZ 286 mit Hinweis „Ladezone"), OVG Münster NJW **98** 2465; verbotswidriges Parken über mehr als 1 Std, VG Gießen NZV **04** 54; Sperren der Durchfahrt nach Bauzaunerrichtung, OVG Ko DÖV **86** 37; Versperren einer Parkplatzausfahrt, OVG Ko NJW **86** 1369; Parken entgegen Abs I Nr 1 an enger StrStelle, VG Berlin NZV **98** 224; verbotswidriges Halten in wenig übersichtlichem Einmündungsbereich, VGH Ma NZV **90** 286 (Anm *Jahn*); Parken im 5 m-Bereich einer Einmündung entgegen Abs 3 Nr 1, OVG Münster VRS **99** 380; Hineinragen des Fz in die Fahrbahn. Auch in Fällen der genannten Art kann sofortiges Abschleppen jedoch dann unverhältnismäßig sein, wenn im konkreten Fall keine oder nur eine ganz vorübergehende Störung eintritt, VGH Mü NZV **90** 47. Genügt zur Beseitigung der Verkehrsbehinderung die Entfernung eines von **mehreren** vorschriftswidrig parkenden **Fz,** so ist das Abschleppen mehrerer Fz ermessensfehlerhaft und rechtswidrig, VG Gelsenkirchen 8 K 192/83. Tritt eine VBehinderung erst durch das Parken zweier Fz ein, so ist nur der als zweiter Hinzukommende verantwortlich; werden, weil dies nicht feststellbar ist, beide abgeschleppt, so haftet der ordnungsgemäß als erster Parkende nicht für die Kosten, OVG Münster NZV **01** 94. Im absoluten Haltverbot liegende Fz können bei VGefährdung abgeschleppt werden, falls Halter oder Fahrer nicht umgehend erreichbar sind, OVG Lüneburg VRS **58** 233, nach VGH Ka NVwZ-RR **95** 29 stets, auch ohne Hinzutreten weiterer Umstände. In anderen Fällen unzulässigen Parkens und Abstellens ist berechtigter sofortiger Vollzug Voraussetzung, OVG Hb NJW **01** 3647, OVG Münster DÖV **78** 59, VRS **69** 475, dessen Voraussetzungen aber zu Unrecht (Maßgebot, E 2) teilweise schon durch den **bloßen Parkverstoß** als erfüllt betrachtet werden; wie hier: BVerwG NZV **02** 285, **93** 44, VGH Mü NVwZ **88** 657 (unzulässiges Gehwegparken ohne Behinderung, zust *Jahn* NZV **89** 301), OVG Greifswald VRS **109** 151, OVG Lüneburg NVwZ-RR **89** 647, ZfS **94** 468, VGH Ma ZfS **95** 237, *Kottmann* DÖV **83** 500, *Biletzki* NZV **96** 305, **aM** BVerwG NJW **78** 656, BayVBl **83** 632, DAR **83** 398 (abl *Berr*), VGH Mü DAR **89** 154 (Gehwegparken bei ca 4 m verbleibender Restbreite), OVG Br VRS **54** 395, VGH Ka NZV **90** 408, NVwZ-RR **99** 23,

Halten und Parken § 12 StVO **2**

OVG Schl DAR **01** 475, OVG Münster NZV **90** 407. Denn keineswegs jeder Formalverstoß beeinträchtigt bereits die öffentliche Sicherheit oder Ordnung, VGH Mü NVwZ **88** 657, OVG Hb NJW **01** 3647, Berr DAR **82** 307, Jahn BayVBl **90** 425, NZV **90** 378 (aM zB *Wiethaup* DAR **73** 264), so sehr, dass Verwarnung oder Geldbuße nicht ausreichen, BVerwG NZV **93** 44 (Gehwegparken), VG Freiburg NJW **00** 2602 (bloßes Nichtauslegen des Bewohnerparkausweises). Verstoß gegen das Übermaßverbot daher idR Abschleppen bei bloßem, auch mehrstündigem, Überschreiten der Parkzeit, aM BVerwG MDR **84** 255, DAR **83** 398 (abl *Berr*), VGH Mü NJW **99** 1130, OVG Hb DAR **82** 306 (bei mehr als 3 Std, abl *Berr*), PVT **90** 331 (bei mehr als 1 Std). Berechtigtes Abschleppen nach fast 30 stündigem Parken an unbetätigter Parkuhr, davon 15 Stunden während der Parkzeitbeschränkung, BVerwG VRS **74** 397. Zum Abschleppen, wenn das Fz vor der Aufstellung des Haltverbots-VZ geparkt wurde Rz 66, OVG Hb DAR **04** 543 (Kostenanspruch der VB). Berechtigtes Abschleppen aus Parkscheibenzone am folgenden Tag: VG Mü M 5870 XVII 28. Gegen den Blockierer eines rechtswidrig auf einem Privatgrundstück parkenden Fz darf die Pol einschreiten, wenn er seinerseits als Berechtigter um mögliche polizeiliche Hilfe nicht nachgesucht hat, OVG Ko NJW **88** 929, OVG Saarlouis NZV **93** 366 (abl *Gornig* JuS **95** 208). Zum Abschleppen von **Fahrrädern:** *Kettler* NZV **03** 209.

Anspruch auf Ersatz der **Abschleppkosten** nach den landesgesetzlichen Bestimmungen setzt **66** Rechtmäßigkeit der Maßnahme voraus (VGH Mü NZV **90** 47, **92** 207, OVG Schl NVwZ-RR **03** 647, OVG Münster VRS **100** 234, OVG Br DAR **86** 159). Kein Abschleppkostenersatz bei nichtigem VZ (OVG Münster ZfS **07** 56, VG Aachen ZfS **06** 177, s § 41 Rz 246). Dabei kommt es nur auf die Wirksamkeit des Halt- oder Parkverbots an, nicht auch auf die Rechtmäßigkeit der VZ-Regelung (OVG Hb VRS **104** 474, s § 41 Rz 247). Heranziehung der PolPflichtigen gem PolG BW nach pflichtgemäßem Ermessen der Pol (VGH Ma DÖV **91** 163, DVBl **91** 1370). Gesetzliche Regelungen, die die Heranziehung des Eigentümers zu den Abschleppkosten vorsehen, verstoßen nicht ohne Weiteres gegen Art 14 GG (BVerwG NJW **92** 1908). Anspruch gegenüber dem FzEigentümer gem SOG Hb nur, soweit es diesem möglich war, auf das Fz einzuwirken (OVG Hb NJW **92** 1909, abw insoweit OVG Br DAR **86** 159 für die Rechtslage in Br). Speziell zur Rechtslage in Hb: OVG Hb VRS **108** 470, in Hessen: VGH Ka NVwZ **88** 655, NZV **90** 406, NVwZ-RR **95** 29, VG Fra/M. NVwZ-RR **94** 90 (zu HessSOG nF), *Schild* NVwZ **85** 170, *Graulich* NVwZ **88** 604, *Dienelt* NVwZ **94** 664, in NRW: OVG Münster VRS **100** 234, in Sa-Anh: OVG Magdeburg DAR **98** 403. Ob Verwahrungsgebühren (ohne verwaltungsrechtliche Spezialregelung) analog §§ 689, 690 BGB geltend gemacht werden können, ist str. (bejahend VGH Ka DÖV **91** 699, verneinend VGH Ma NJW **07** 1376). Eine für die Pol nicht erkennbare Notstandssituation des Störers im Zeitpunkt des Abstellens des Fz schließt seine Inanspruchnahme für die Abschleppkosten nicht aus (VG Saarlouis ZfS **00** 88). Wird der Abschleppvorgang abgebrochen, so ist die Kostenerhebung unverhältnismäßig, wenn unmittelbar darauf ein benachbartes Fz abgeschleppt wird (OVG Hb VRS **99** 381). Zum Verwaltungsrechtsweg bei Streit über durch behördliche Ersatzvornahme veranlasste Abschleppkosten OVG Münster NJW **80** 1974, VGH Ka VM **81** 11. Der Anspruch auf Erstattung von Abschleppkosten richtet sich gegen den Fahrer als Verhaltensverantwortlichen (VGH Mü NJW **84** 1196, BayVBl **87** 404, **89** 438 (vorrangig), OVG Ko NJW **86** 1369 (ausnahmsweise), OVG Br DAR **86** 159) oder gegen den Halter als Zustandsverantwortlichen (VGH Mü NJW **79** 2631, NVwZ **87** 912, BayVBl **87** 119 [jedenfalls bei Überlassung des Fz an einen anderen in Kenntnis früherer Parkverstöße durch diesen], BayVBl **87** 404, **89** 438 [subsidiär bei Nichterreichen eines Verhaltensstörers], VGH Ma ZfS **95** 437, OVG Ko NJW **86** 1369 [grundsätzlich], DAR **05** 291, OVG Hb NJW **92** 1909, OVG Br DAR **86** 159, VG Münster VRS **73** 319, VG Berlin NZV **01** 56 [bei im Ausland wohnendem FzF], *Wegmann* BayVBl **84** 685, *Kränz* BayVBl **85** 301, *Schwab* VD **86** 228 [wahlweise nach Ermessen]). Zur Frage Verantwortlichkeit des früheren Halters, die die Anzeigepflicht aus § 13 FZV nicht erfüllt hat, § 13 FZV Rz 13. Da auch das Dauerparken im Grundsatz zulässig ist (§ 12 kennt keine zeitliche Höchstgrenze; BVerwG DAR **79** 251, VGH Ka NJW **97** 1023), ist eine Kostenerstattungspflicht des Abgeschleppten, der das Fz **vor Aufstellung des HaltverbotsZ** geparkt hat, für den Regelfall abzulehnen (VGH Ma DÖV **91** 163, *Berr* DAR **97** 120, diff *Perrey* VkBl **00** 617). Die Rspr hat diesen Grundsatz jedoch erheblich eingeschränkt. Danach ist die Kostenbelastung des FzHalters jedenfalls dann nicht unverhältnismäßig, wenn zwischen dem Aufstellen des VZ und dem Abschleppen des bis dahin ordnungsgemäß parkenden Fz drei volle Tage verstrichen sind (BVerwG NJW **97** 1021 m Anm *Hansen/Meyer* NJW **98** 284, abl *Berr* DAR **97** 120, krit *Mehde* NJW **99** 767, zust *Hendler* JZ **97** 782; ebenso VGH Ka NJW **97** 1023 m Anm *Michaelis* NJW **98** 122; VG Berlin DAR **01** 233 OVG Hb DAR **04** 543, VGH Ma NJW **07** 2058 m krit Anm *Weber* NZV **08** 263; VGH Mü DÖV **08**

732, s auch OVG Hb DAR **95** 264 m Anm *Berr*, [mindestens 3 Werktage und ein Sonn- oder Feiertag zwischen dem Aufstellen des VZ und seinem Wirksamwerden], OVG Münster DAR **95** 377, VM **96** 63 m Anm *Thubauville* [48 Stunden] sowie VGH Ma DVBl **91** 1370 [überklebtes HaltverbotsZ, bei dem mit alsbaldiger Änderung und Störungseintritt zu rechnen war]; gegen abstrakte Festlegungen VG Sa ZfS **08** 417). Muss ein VT damit rechnen, dass eine mobile Haltverbotszone für Filmarbeiten mit Wochenbeginn wieder in Geltung gesetzt wird, bedarf es keiner Vorlaufzeit (OVG Hb NZV **08** 313). Zum Anspruch des Landes auf Ersatz des Aufwands für Tätigwerden eines PolB im Zusammenhang mit dem Abschleppen, VGH Mü DAR **83** 239 (verneinend), OVG Hb VRS **72** 226 (bejahend). Keine Kostenersatzpflicht des Eigentümers eines gestohlenen Kfz, das die Pol auf einem öffentlichen Parkplatz auffindet und ohne Notwendigkeit sofortigen Vollzugs abschleppen lässt, OVG Münster NJW **78** 720. Zur Kostenerstattung für AbschleppFz, wenn das verkehrswidrig parkende Fz vor dessen Eintreffen entfernt wird, VGH Ka NJW **84** 1197, VGH Ma DAR **02** 473. Zur Kostentragung bei Abschleppen aus einem zugunsten Privater eingerichteten Haltverbotsbereich, *Emde/Kreuter* NZV **94** 420. Zum Ersatzanspruch einer *Privatperson*, die ein in einer Haltverbotszone parkendes Fz abschleppen lässt, AG Schöneberg NJW **84** 2954. Ein **Zurückbehaltungsrecht** wegen der Abschleppkosten steht der StrVB jedenfalls dann nicht zu, wenn das betreffende Landespolizeigesetz ein solches nicht ausdrücklich regelt (*Fischer* JuS **02** 449, *Würtenberger* DAR **83** 155, s VGH Ka VM **81** 15). Dagegen wird ein solches Zurückbehaltungsrecht der das Abschleppen anordnenden Stelle in den Ländern überwiegend bejaht, deren Polizeigesetze es (wie zB § 14 III HbSOG) gestatten, die Herausgabe sichergestellter Sachen von der Erstattung der Sicherstellungs- und Verwahrungskosten abhängig zu machen (OVG Münster VRS **65** 317, OVG Magdeburg DAR **98** 403, OVG Hb NJW **07** 3513, *Wien* DAR **01** 61, *von Mallinckrodt* Polizei **83** 389 [abw zu PolG NRW aber LG Aachen VM **01** 15]). Danach scheitert das Zurückbehaltungsrecht nicht an dem zunächst noch fehlenden Leistungsbescheid (abw *Steinhilber* NJW **83** 2430). Soweit ein Zurückbehaltungsrecht der anordnenden Behörde anzuerkennen ist, kann es dem Betroffenen in deren Auftrag durch das Abschleppunternehmen mitgeteilt werden (OVG Münster VRS **65** 317, s aber Dü NZV **99** 299, wonach jedenfalls das Einziehen der Kosten durch das Abschleppunternehmen unzulässige Rechtsausübung ist). Die Ausübung des Zurückbehaltungsrechts verstößt nur im Ausnahmefall gegen des Übermaßverbot, wenn Kostenpflichtiger die Kosten nicht begleichen kann und Fz aus zwingenden Gründen dringend und unverzüglich benötigt (OVG Hb NJW **07** 3513). Die polizeiliche Abschleppanordnung eines verkehrswidrig geparkten Kfz ist im Verhältnis zum Halter und Fahrer **hoheitliche Amtsausübung,** während ihre Geschäfte mit dem Abschleppunternehmer privatrechtlicher Natur sind, BGH NJW **77** 628, NZV **93** 223, Kö VersR **84** 762, Dü VersR **97** 239. Lässt die Pol ein Fz im Rahmen der Eingriffsverwaltung (als Ersatzvornahme) abschleppen, so wird der von ihr beauftragte Abschleppunternehmer gewissermaßen als ihr „Erfüllungsgehilfe" tätig und handelt trotz Beauftragung auf privatrechtlicher Grundlage sowohl gegenüber dem Eigentümer als auch gegenüber anderen VT hoheitlich, BGH NZV **93** 223 – Bergung eines UnfallFz – (iErg zust *Kreissl* NVwZ **94** 349, „Verrichtungsgehilfe"), Ha NJW **01** 375, aM zB Nü VersR **66** 1016. Für Schäden beim Abschleppen haftet dem FzEigentümer daher nur die anordnende Körperschaft (§ 839 BGB, Art 34 GG, BGH NJW **93** 1258, Ha NJW **01** 375, Sa NJW-RR **07** 681, anders noch BGH NJW **78** 2502 (§ 328 BGB), abw aber auch VGH Mü NJW **99** 1130). Nach Ha NJW **01** 375, jedoch keine Amtshaftung der das Abschleppen anordnenden Stelle für Schäden, die erst während der Verwahrung des Fz beim Abschleppunternehmer entstehen, weil dieser insoweit nicht mehr als „Werkzeug" der auftraggebenden Körperschaft anzusehen sei (aM *Lampert* NJW **01** 3526). Das Haltverbot (I Nr 6) schützt nicht die Interessen des Abschleppunternehmers (§ 254 BGB), BGH NJW **78** 2502. Zur Haftung des Abschleppunternehmers *Würtenberger* DAR **83** 158.

Lit: *Baldringer/Jordans,* Beurteilung des Abschleppfalles nach bürgerlichem Recht, NZV **05** 75. *Biletzki,* Rechtsprobleme beim Abschleppen unerlaubt geparkter Kfz, NZV **96** 303. *Fischer,* Das polizeiliche Abschleppen von Kfz, JuS **02** 446. *Geiger,* Die Haftung des Kfz-Halters für polizeiliche Abschleppkosten, BayVBl **83** 10 (mit Entgegnung von *Samper* BayVBl **83** 333). *Haus,* Das Abschleppen von Kfz, ZfS **99** 135. *Helle-Meyer/Ernst,* Abschleppen von Kfz nach Verstößen gegen Park- und Haltverbote, DAR **05** 495. *Jahn,* Abschleppen von Kfz zur Gefahrenabwehr – Eine der Pol vorbehaltene Aufgabe?, NZV **89** 300. *Derselbe,* Negative Vorbildwirkung als Abschleppgrund?, NZV **90** 377. *Derselbe,* Pol Abschleppmaßnahmen ... durch Einsatz sog kommunaler Parküberwacher, BayVBl **90** 424. *Janssen,* Abschleppen im bürgerlichen Recht, NJW **95** 624. *Jung,* Abschleppen von Kfz (zivil- und haftungsrechtliche Fragen), VGT **83** 307 = DAR **83** 151. *Kettler,* Das Abschleppen von Fahrrädern, NZV **03** 209. *Kierse,* Die Kostenpflicht des Störers bei Abschleppen eines Kfz ..., DAR **95** 400. *Lampert,* Schäden an Kfz als Folge behördlich veranlaßter Abschleppmaßnahmen. *Metz,* Verwendung von Parkkrallen auf Kundenparkplätzen, DAR **99** 392. *Michaelis,* Kostenpflicht beim Abschleppen von Kfz aus einer erst nachträglich eingerichteten Halteverbotszone, NJW **98** 122. *Perrey,* Abschleppen von Kfz, BayVBl **00** 609. *Pitschas/Aulehner,* Pol Gefahrenabwehr durch kommunale Parküberwachung?, BayVBl **90** 417. *Remmert,* Rechtsdogmatische Probleme des Umsetzens VZ-widrig geparkter Kfz, NVwZ **00** 642. *E. Schneider,* Besitzschutz gegen Falschparker, ZAZ F 2 S 469. *Schünemann,* Privates Abschleppen von Kfz – contra legem?, DAR **97** 267. *Schwab,* Das Abschleppen von Kfzen, VD **86** 225. *Schwabe,* ... Abschleppen verbotswidrig abgestellter Fz, NJW **83** 369. *Schwarz/Ernst,* Ansprüche des Grundstücksbesitzers gegen „Falschparker", NJW **97** 2550. *Steinhilber,* Sicherstellung verbotswidrig abgestellter Fz?, NJW **83** 2429. *Stollenwerk,* Abschleppmaßnahme der Pol zum Schutz privater Rechte, VD **96** 81. *Wilksen/Brenneisen,* Das Abschleppen von Fz vor dem BVerwG, PVT **98** 4. *Woitkewitsch,* Kostenerstattung – Die Freihaltung privater Parkfläche durch Abschleppunternehmen, MDR **05** 1023. *Würtenberger,* Zurückbehaltungsrechte und Schadensersatzansprüche beim Abschleppen verbotswidrig parkender Kfz, VGT **83** 291 = DAR **83** 155.

Lit zum Abschleppen unverschlossener Fz **zwecks Eigentumssicherung:** § 14 Rz 21.

Haftung für Beschädigungen des **verbotswidrig in Feuerwehranfahrtzone** abgestellten Fz 67
nur für grobe Fahrlässigkeit (§ 680 BGB), LG Mü I NJW **76** 898. Zur **Auflage an einen Gastwirt,** den Gehweg vor seinem Betrieb von Fz freizuhalten, Ha DVBl **75** 584. Ein **Anliegeranspruch** auf Zulassung des Gehwegparkens besteht nicht, BVerwG VRS **59** 312.

12. Überleitungsbestimmungen für die neuen Bundesländer: 68
Anl I Kap XI B Nr 14 d) zum Einigungsvertrag

d) Das Zeichen 401 – Bundesstraßennummernschild – im Sinne des § 12 Abs. 3 Nr. 8 Buchstabe a steht dem Zeichen 306 – Vorfahrtstraße – gleich.

Einrichtungen zur Überwachung der Parkzeit

13 (1) ¹An Parkuhren darf nur während des Laufens der Uhr, an Parkscheinautomaten nur mit einem Parkschein, der am oder im Fahrzeug von außen gut lesbar angebracht sein muß, für die Dauer der zulässigen Parkzeit gehalten werden. ²Ist eine Parkuhr oder ein Parkscheinautomat nicht funktionsfähig, so darf nur bis zur angegebenen Höchstparkdauer geparkt werden. ³In diesem Fall ist die Parkscheibe zu verwenden (Abs. 2 Satz 1 Nr. 2). ⁴Die Parkzeitregelungen können auf bestimmte Stunden oder Tage beschränkt sein.

(2) ¹Wird im Bereich eines eingeschränkten Haltverbots für eine Zone (Zeichen 290 und 292) oder beim Zeichen 314 oder 315 durch ein Zusatzschild die Benutzung einer Parkscheibe (Bild 291) vorgeschrieben, so ist das Halten nur erlaubt,
1. für die Zeit, die auf dem Zusatzschild angegeben ist, und
2. wenn das Fahrzeug eine von außen gut lesbare Parkscheibe hat und wenn der Zeiger der Scheibe auf den Strich der halben Stunde eingestellt ist, die dem Zeitpunkt des Anhaltens folgt.

²Wo in dem eingeschränkten Haltverbot für eine Zone Parkuhren oder Parkscheinautomaten aufgestellt sind, gelten deren Anordnungen. ³Im übrigen bleiben die Halt- und Parkverbote des § 12 unberührt.

(3) ¹Die in den Absätzen 1 und 2 genannten Einrichtungen zur Überwachung der Parkzeit müssen nicht betätigt werden, soweit die Entrichtung der Parkgebühren und die Überwachung der Parkzeit auch durch elektronische Einrichtungen oder Vorrichtungen, insbesondere Taschenparkuhren oder Mobiltelefone, sichergestellt werden kann. ²Satz 1 gilt nicht, soweit eine dort genannte elektronische Einrichtung oder Vorrichtung nicht funktionsfähig ist.

(4) Einrichtungen und Vorrichtungen zur Überwachung der Parkzeit brauchen nicht betätigt zu werden
1. beim Ein- oder Aussteigen sowie
2. zum Be- oder Entladen.

Begr zu § 13: Zu Absatz 1: *Durch die Neufassung sollen zunächst zwei Streitfragen gelöst werden. Da die Parkzeit auf die Dauer des Laufs der Uhr beschränkt wird, ist die Ausnutzung der Restparkzeit erlaubt. Wenn der zweite Satz sagt, dass die längste auf der Uhr angegebene Parkzeit nicht überschritten werden dürfe, so ist es damit erlaubt, dann nachzuwerfen, wenn bei einer Uhr, die für mehrere Parkzeiten eingerichtet ist, die höchstzulässige Parkzeit noch nicht ausgenutzt worden ist ....* 1

Zu Absatz 2: *Die Parkscheibe soll legalisiert werden. Ein Bedürfnis dazu ist anzuerkennen. Nur darf sie die Parkuhr, die sich bewährt hat, nicht verdrängen. Dort, wo der Parkraum so knapp ist, dass für einen* kurzfristigen Umschlag der parkenden Fahrzeuge gesorgt werden muss, ist die Parkscheibe nicht verwendbar. Gewollt oder ungewollt ungenaue Einstellung der Scheibe auf den Zeiger – es geht um Millimeter – würde das auskalkulierte Parkumschlagprogramm durcheinander bringen. Eine wirksame Überwachung wäre in solchen Fällen nicht möglich. Wo nur eine Parkdauer von einer viertel oder einer halben Stunde erlaubt werden kann, lässt sich das Ziel bloß mit Hilfe der Parkuhr erreichen. Nur dort, wo man großzügig sein kann, und etwa nur das sogenannte Dauerparken, vor allem von Beschäftigten, die ihre Wagen von Geschäftsbeginn am Morgen bis zum Geschäftsschluss am Abend vor ihrer Arbeitsstätte stehen lassen, unterbunden werden muss, genügt die Parkscheibe, um diesen Zweck zu erfüllen.... Außer im Bereich eines Zonenhaltverbots wird die Verpflichtung zur Verwendung der Parkscheibe auf Parkplätzen zugelassen, die durch Zeichen 314 mit entsprechendem Zusatzschild gekennzeichnet sind.*

2 **Begr** zur ÄndVO v 21. 7. 80 (VkBl **80** 514): **Zu Abs 1–3:** Die StrVB sollen die Möglichkeit erhalten, die höchstzulässige Parkzeit auch mit Hilfe eines sogenannten Parkscheinautomaten zu überwachen. Sie werden zu prüfen haben, ob dies im Einzelfall sachgerecht ist. Der Vorteil dieses Automaten liegt darin, dass man anstelle vieler Parkuhren mit nur einer Einrichtung für eine Parkfläche auskommt (z. B. Erhaltung eines kulturhistorisch wertvollen Stadtbildes; Mehrfachnutzung eines Platzes als Park- und Marktplatz).

3 **Begr** zur ÄndVO v 22. 3. 88 (VkBl **88** 221 f): **Zu Abs 1:** Die Änderung stellt klar, dass es nicht ausreicht, den Parkschein so im Auto zu platzieren, daß man ihn von außen sehen kann. Er muss vielmehr von außen auch „lesbar" sein.... (zu Satz 2 und 3): – Begründung des Bundesrats – Damit wird der Rspr gefolgt (vgl. BGH, Beschl. v. 25. 1. 83 – VM S. 57), wonach das Parken an einer defekten Parkuhr nur für die auf der Uhr angegebene höchstzulässige Parkdauer erlaubt ist. Zur Kontrolle ist die Parkscheibe zu verwenden.

Begr zur ÄndVO v 9. 11. 89 (VkBl **89** 780): **Zu Abs 2:** – Begründung des Bundesrates – Die Verhaltensvorschriften des § 13 Abs. 2 werden der neuen Bedeutung der Zeichen 290, 292 angepasst. Dabei wird, in Übereinstimmung mit der Bedeutung des Zeichens 290 als eingeschränktes Haltverbot, künftig nicht mehr das „Parken", sondern das „Halten" geregelt. Gegenüber der bisherigen Rechtslage bringt dies keine Einschränkung der Möglichkeiten des ruhenden Verkehrs, weil das eingeschränkte Haltverbot nunmehr – zusätzlich zum zweckgebundenen Halten zum Ein- oder Aussteigen bzw. Be- oder Entladen – auch ein nicht zweckgebundenes Halten bis zu drei Minuten zulässt.

3a **Begr** zur ÄndVO v 28. 11. 07 (VkBl. **08** 4) **zu Abs 3:** ... Da die technische Entwicklung... an der Parkbewirtschaftung nicht spurlos vorbei ging, trat am 12. 2. 05 die 11. AusnahmeVO zur StVO in Kraft. Diese ließ als Ergänzung zu den herkömmlichen Einrichtungen elektronische Einrichtungen und Vorrichtungen zur Parkraumbewirtschaftung zu. Entscheidender Vorteil der elektronischen Parkraumbewirtschaftung ist insbesondere die minutengenaue Abrechnung, die eine Prognose der zu erwartenden Parkzeit für den Parkenden entbehrlich macht. Aber auch der nicht mehr notwendige Gang zum Parkscheinautomaten und wieder zurück zum Fz sowie das wegfallende Suche nach dem passenden Kleingeld waren Grund dafür, dass die elektronische Parkraumbewirtschaftung in den letzten zwei Jahren von den Verkehrsteilnehmern angenommen wurde. Einer flächendeckenden Einführung der elektronischen Parkraumbewirtschaftung stand aber entgegen, dass die 11. AusnahmeVO zur StVO am 31. 12. 07 außer Kraft tritt und damit dauerhafte Investitionen von den Straßenverkehrsbehörden und der Industrie in solche Systeme vorerst gescheut wurden. Durch die Überführung als Dauerrecht in die StVO herrscht nun Rechtssicherheit, so dass sich der VOGeber in Zukunft eine vermehrte Investition in solche alternative Systeme zur elektronischen Parkraumbewirtschaftung verspricht. ... Die elektronische Parkraumbewirtschaftung kann auch weiterhin Parkuhr, Parkscheinautomaten und Parkscheibe nicht ersetzen, da ansonsten der Gemeingebrauch der dem öffentlichen Verkehr gewidmeten Straßen in einem nicht hinnehmbaren Maß eingeschränkt würde. Materielle Änderungen ergeben sich durch die Überführung nicht.

Vwv zu § 13 Einrichtungen zur Überwachung der Parkzeit

Zu Absatz 1

4 1 *I. Wo Parkuhren aufgestellt sind, darf das Zeichen 286 nicht angebracht werden.*

2 *II. Parkuhren sind vor allem dort aufzustellen, wo der Parkraum besonders kostbar ist und daher erreicht werden muss, dass möglichst viele Fahrzeuge nacheinander für möglichst kurze, nach oben genau begrenzte Zeit, parken können. Die Parkzeiten sind dort nach den örtlichen Bedürfnissen festzulegen. Vor Postämtern kann z. B. eine Höchstparkdauer von 15 Minuten genügen, vor an-*

---

* Seit der MaßnVO v 27. 11. 75 (BGBl I 2967) auch durch Z 315 (VBl **75** 674).

Einrichtungen zur Überwachung der Parkzeit § 13 StVO **2**

deren öffentlichen Gebäuden und Kaufhäusern je nach Art der dort geleisteten Dienste oder der Art der Warenangebote eine solche von 30 Minuten bis zu 1 Stunde. Wo das Parken für längere Zeit erlaubt werden kann oder nur das Dauerparken unterbunden werden muss, können Parkuhren mit einer Höchstparkdauer von mehr als einer Stunde aufgestellt werden.

3 III. Vor dem Aufstellen von Parkuhren sind die Auswirkungen auf den fließenden Verkehr und auf benachbarte Straßen zu prüfen. **5**

4 IV. Parkuhren sind wirksam zu überwachen. Es empfiehlt sich, dafür Hilfskräfte einzusetzen.

5 V. Unerlaubt haltende Fahrzeuge können nach Maßgabe der polizeilichen Vorschriften kostenpflichtig abgeschleppt werden.

6 VI. Über Parkuhren in Halteverbotszonen vgl. Nummer II zu den Zeichen 290 und 292; Rn. 2.

7 VII. Parkscheinautomaten kommen insbesondere in Betracht, wo Parkuhren nicht aufgestellt werden können, weil die Parkflächen mehrfach genutzt werden (z. B. als Markt- und als Parkplatz). **6**

8 Der Parkschein soll mindestens folgende gut lesbare Angaben enthalten:

   1. Name des Parkplatzes,

9 2. Datum und

10 3. Ende der Parkzeit.

Zu Absatz 2

11 I. Parken mit Parkscheibe darf nur in Halteverbotszonen (Zeichen 290) oder dort vorgeschrieben werden, wo das Zeichen 314 oder 315 aufgestellt ist. **7**

12 II. Auf der Vorderseite der Parkscheibe sind Zusätze, auch solche zum Zwecke der Werbung, nicht zulässig.

Übersicht

Allgemeinverfügung 8
Anbringung der Parkscheibe 11 a
Aussteigen 9
Beladen 9
Einsteigen 1, 9
Einstellung der Parkscheibe 12
Elektronische Parkraumbewirtschaftung 7 a, 12 a
Entladen 9
Haltezeiten 1, 4, 8
Kleinfahrzeug 8
Modell der Parkscheibe 11 a
Ordnungswidrigkeiten 13

Parkscheibe 1, 7, 11–12
–, Anbringung 11 a
–, Einstellung 12
Parkscheinautomat 2, 6, 8 a
Parkuhr 8
–, defekte 8
–, unrichtiger Lauf 8
–, Rechtsbedenken gegen 10
Parkzeit, Verlängerung 1, 8
Platztausch 8
Rechtsbedenken gegen Parkuhren 10
Restparkzeit, Ausnutzung 1, 8
Verhältnismäßigkeitsgrundsatz 10
Verlängerung der Parkzeit 1, 8

1. Parkuhren sind Allgemeinverfügungen, nicht Verkörperung von Rechtsnormen (BVerfG NJW **65** 2395; abl *Hoffmann* NJW **66** 875, Hb DAR **89** 475, Dü ZfS **82** 127, VG Meiningen DAR **01** 89), die ein eingeschränktes Haltverbot aussprechen, verbunden mit dem Gebot des Wegfahrens bei Nichtvorliegen oder Wegfall der Voraussetzungen von I (Rz 8a; zur polizeirechtlichen Problematik *Rupp* JuS **67** 165). An nicht laufenden Parkuhren darf zum Ein- oder Aussteigen und Be- oder Entladen (näher § 12) gehalten werden (III), außerdem in Zeitspannen, in denen das Haltverbot gemäß Uhraufschrift nicht gilt. Im Übrigen darf nur während des Laufs der Uhr bis zur Höchstparkdauer gehalten werden. Verlängerung der Parkzeit bis zur zugelassenen Höchstparkdauer durch Nachwerfen ist zulässig (Begr; Ce DAR **76** 305). Restparkzeit („während des Laufes der Uhr") darf ohne weiteres Einwerfen ausgenutzt werden (Begr). Parkflächenmarkierungen (§ 41 III Nr 7) sind einzuhalten (s aber § 12 Rz 57) und dürfen nicht von außerhalb der Parkuhrflächen haltenden (parkenden) Fz eingeengt werden (§ 12 III Nr 2 und § 1). Im Zwischenraum kein Parken (Bay NJW **62** 1686), jedoch gilt die Regelung auch ohne Leitlinien (Ce VRS **38** 361). Haben zwei Kleinfz im vorgeschriebenen Parkraum derselben Parkuhr gemeinsam Platz, so wäre es Raumverschwendung, wenn sie nicht gemeinsam parken dürften, denn der Sinn der Parkuhr ist Rationierung (*Berr/H/Schäpe* 398). **8**

Fz, die wegen ihrer Größe die einzelne Parkfläche überschreiten, dürfen nicht aufgestellt werden (*Hauser* DAR **90** 9). Ist die **Parkuhr defekt,** so ist eine Parkscheibe zu verwenden; es darf auch dann nur bis zur Höchstparkdauer geparkt werden (I S 2, 3). Unbenutzbar ist sie, wenn nicht ordnungsgemäß eingeworfen werden kann oder der Zeiger bei Einwurf nicht anzeigt. Der Benutzer muss das Einwerfen versucht haben (BGH NJW **83** 1071. Wer kein geeignetes Geldstück hat, um die Uhr in Gang zu setzen, darf dort nicht parken (Ha NZV **06** 323, AG Lahr NJW **85** 3090, *Berr/H/Schäpe* 394, aM *Gern* NJW **85** 3058, *Allgaier* DAR **86** 306, s auch Rz 8a). Läuft die Parkuhr zu schnell, ist die richtige Zeitdauer maßgebend (Hb VM **69** 31). Ist das Uhrwerk mit Toleranz eingestellt, so dass der Zeiger mehr als die gewählte Parkzeit anzeigt, so endet die Parkzeit erst mit dem Stillstand der Uhr (Ce DAR **76** 305). Darüber hinaus steht dem Benutzer eine „Karenzzeit" nicht zu (Ha NJW **84** 746); anders jedoch, falls sie durch das Überwachungspersonal zugebilligt wird (Hb VM **69** 31). Zur Bedeutung des ZusatzZ „werktags" § 39 Rz 31a. Ein durch VZ begründetes Haltverbot endet an einer im weiteren Verlauf der Str aufgestellten Parkuhr (VG Meiningen DAR **01** 89). Sind im Bereich von Parkuhren VZ 283 (Haltverbot) mit ZusatzZ aufgestellt, wonach das Haltverbot außerhalb der auf der Parkuhr verzeichneten Zeit gilt, so ist dies widersprüchlich (Ce VRS **65** 67). Vereinbarter Platztausch nach Ende der Höchstparkzeit ist auch bei Neueinwurf als Verstoß gegen das angeordnete Kurzparken unzulässig (Hb MDR **69** 244; aM *Cramer* 23, zw *Rutkowsky* NJW **69** 626). Andererseits darf der Kf nach Ablauf der Höchstparkzeit einen benachbarten, soeben freiwerdenden Platz wieder auf Höchstdauer benutzen. Mit Recht stellt *Cramer* JurA **71** 365 darauf ab, ob inzwischen andere VT in die Stellfläche hätten einfahren können. Zu- und Abfahrten zu Parkflächen mit Parkuhren müssen freibleiben (§ 12 III Nr 2; Dü VM **70** 48). Parkgebühren: § 6a VI StVG.

8a **Parkscheinautomaten** (I) sind amtliche VEinrichtungen (§ 43 I). Ihr Geltungsbereich muss durch VZ 314 oder 315 mit ZusatzZ „mit Parkschein" unmissverständlich gekennzeichnet sein. Sie sprechen ein modifiziertes Haltverbot aus, verbunden mit dem Gebot, bei Nichtvorliegen oder Wegfall der Voraussetzungen von I, das Fz wegzufahren (BVerwG VRS **74** 397, VGH Ka NVwZ-RR **99** 23, OVG Hb VRS **100** 478). Geeignet sind sie vorwiegend für Parkplätze, aber auch für längere Parkstreifen. Haben mehrere Fz in einer markierten „Parktasche" Platz, so ist für jedes Fz ein Parkschein zu lösen (Ko DAR **04** 108, *Berr/H/Schäpe* 418). Der Parkschein kann auch dann iS von I S 1 „gut lesbar" angebracht sein, wenn er durch die Heckscheibe gelesen werden kann (Bay VRS **90** 64); anderslautende Hinweise auf dem Schein sind unbeachtlich (s auch § 12 Rz 60b). Nachlösen über die Höchstparkzeit hinaus ist unzulässig (*Hauser* VD **82** 143). Für das Ende der Parkzeit ist ausschließlich die auf dem Parkschein ausgedruckte Zeit maßgebend; keine Addition bei gleichzeitigem Auslegen mehrerer Parkscheine (Br DAR **97** 454). Der Parkschein ist eine *Urkunde*, die die Entrichtung der Parkgebühr bestätigt (Kö NZV **01** 481). Ist der *Parkscheinautomat defekt*, so darf mit Parkscheibe bis zur Höchstparkdauer geparkt werden (I S 2, 3). Ein (ansonsten funktionsfähiger) Parkscheinautomat ist jedoch nicht bereits defekt, wenn das Gerät eine ihrer Art nach (zB 50-Cent-Stück) grundsätzlich geeignete Münze nicht akzeptiert; der Betroffene muss verschiedene Münzen einwerfen (Ha NZV **06** 323, s auch Rz 8). Ist die Funktionstüchtigkeit jedoch in der Weise eingeschränkt, dass die Münzen für die gewünschte (kurze) Parkdauer nicht angenommen werden, so darf für diese Zeit unter Verwendung der Parkscheibe geparkt werden (Zw NZV **91** 362).

9 **1a.** Zum **Ein- und Aussteigen, Be- und Entladen** (§ 12) darf auch an nicht laufender Parkuhr und ohne Benutzung eines Parkscheinautomaten gehalten werden (III), das allgemeine Haltverbot gilt insoweit nicht (Begr). Das Ein- und Aussteigen wird 3 Minuten übersteigen dürfen, schließt aber längeres Warten nicht ein. Be- und Entladen darf länger als drei Minuten dauern (Dü DAR **91** 432), ist aber ohne vermeidbares Zögern durchzuführen (§ 12 Rz 32–34). Bei sachlicher Berechtigung darf es die Höchstparkdauer überschreiten (*Cramer* JurA **71** 364, *David* VD **82** 81, *Hauser* VD **82** 107, 139, *Berr/H/Schäpe* 412, aM *Bouska* DAR **72** 258). **Halten bis zu 3 Minuten** ohne die Zwecke des III ist stets nur bei ordnungsgemäßer Betätigung der nach I bzw II vorgeschriebenen Überwachungseinrichtung erlaubt (*Bouska* DAR **72** 258, *Berr/H/Schäpe* 412). Die abw Ansicht von Ol NZV **93** 491 („Halten" bedeutet in II „Parken") unterstellt dem VOGeber die Verwendung ein und desselben Begriffs („Halten") mit unterschiedlichem Inhalt entgegen der Legaldefinition des § 12 II. Dass Zuwiderhandlungen insoweit nicht gem § 12 III Nr 8e ow sind, steht nicht entgegen, sie sind ow gem § 49 I Nr 13.

Lit: *Gern/Schneider*, Die Bedienung von Parkuhren mit ausländischem Geld, NZV **88** 129. *Hauser*, Parkuhren – Parkscheinautomaten – Parkscheiben, VD **82** 98, 139. *Holzkämper*, Die Bemessung von Parkgebühren unter Berücksichtigung umweltpolitischer Gesichtspunkte, DÖV **93** 475. *Kodal,* Die Parkuhr und die Parkgebühr, NJW **62** 480.

1 b. Zu **Rechtsbedenken** gegen die Einrichtung der Parkuhr und des Parkscheinautomaten **10** unter dem Aspekt des Übermaßverbots (**E** 6; BVerfGE **19** 349, **20** 155, 186, **21** 181): 32. Aufl. Die Rspr sieht überwiegend den Grundsatz der Verhältnismäßigkeit durch die dem Kf auferlegte Pflicht zur Gebührenzahlung ausdrücklich als nicht verletzt an, weil die Parkuhr das wirksamere Mittel zur Beschleunigung des Umschlags der parkenden Fz bei knappem Parkraum und zur Beeinflussung der Wahl des VMittels sei (BVerwG NJW **80** 851, Bay NJW **78** 1274, VGH Mü BayVBl **94** 753, *Hauser* VD **82** 101; nicht aber, mit der Begründung, dass Parkuhr, Automat und Parkscheibe in § 13 gleichwertig nebeneinander stünden, weswegen gem dem Gebot des Mindesteingriffs die den VT weniger beeinträchtigende Parkscheibe zu wählen sei, VGH Ma NJW **78** 1278, Zw NZV **91** 362, *Hebrank* NVwZ **96** 977; zu umweltpolitischen Erwägungen *Holzkämper* DÖV **93** 477, *Jahn* NZV **94** 10, *Fechner* DVBl **97** 14, 39. Aufl.)

2. Parkscheiben sind für den Bereich von **Zonenhaltverboten** (Z 290, 292) und für Park- **11** plätze (Z 314 oder 315 mit Zusatzschild) zugelassen. Zonenhaltverbote können nur durch die Z 290, 292 gemeinsam angeordnet werden (§ 41 Rz 248j). Das Z 290 wird nur durch das Z 292 aufgehoben und gilt, anders als Z 286, nicht nur für die Fahrbahn, sondern auch für Seitenstreifen, Parkstreifen und alle anderen öffentlichen VFlächen (§ 41 II Nr 8 Z 290–292 S 2). Die allgemeinen Halt- und Parkverbote gelten auch in Bereichen, in denen mit Parkscheibe geparkt werden darf (II S 3). Die Pflicht zur Parkscheibenbenutzung gilt für alle Fz, nicht dagegen für „besondere Fortbewegungsmittel" (§ 24; Ko VRS **54** 302).

Die Parkscheibe ist im Fz so anzubringen, dass sie von außen einwandfrei ablesbar ist (II). Ist **11a** dies gewährleistet, so ist es gleichgültig, ob die Scheibe vorn oder hinten, auf der dem Gehweg oder der Fahrbahn zugewandten FzSeite, ausgelegt ist, Nau NZV **98** 168. Der Kf braucht die Parkscheibe bei Dunkelheit nicht zu beleuchten. Der Kontrollierende muss sie aber anleuchten können. Beim Zonenhaltverbot muss das Z 290 an allen Zufahrten stehen. Maßgebend ist die auf dem Z 290 aF (s § 53 VII) oder dem Zusatzschild zu Z 290 oder 314 (Parkplatz) bezeichnete erlaubte Parkzeit. Be- oder Entladen im Zonenhaltverbot kann nicht auf dessen Parkhöchstdauer beschränkt sein, es ist vielmehr durch die Ladedauer begrenzt, Bay DAR **79** 27, *Berr/H/ Schäpe* 429, *Cramer* Rz 25, JurA **71** 366.

Einzustellen ist die Parkscheibe auf den Strich der halben Stunde, die dem Parkbeginn folgt, **12** so dass die volle Parkzeit zur Verfügung steht. Als Masseneinrichtung zur Parkraumrationierung wird diese Vorschrift formal zu handhaben sein: wer versehentlich den Strich der laufenden halben Stunde einstellt, muss sich daran festhalten lassen; wer eine schon verstrichene halbe Stunde einstellt oder erst die übernächste, parkt unerlaubt. Wer auf einen Zwischenraum zwischen zwei Strichen einstellt, muss sich so behandeln lassen, als hätte er den nächstfolgenden Strich eingestellt. Wer drei auf unterschiedliche Ankunftszeiten eingestellte Parkscheiben auslegt, verhindert wirksame Kontrolle und parkt unerlaubt, Kö VRS **58** 154. Eine „Karenzzeit" nach Ablauf der Parkzeit steht dem Parkenden nicht zu, Ha NJW **84** 746. Sieht ein Zusatzschild zu Z 314 zwei zeitlich getrennte Kurzparkzeitabschnitte vor und beginnt das Parken während der freien Zeit, so ist der Zeiger der Parkscheibe zumindest auf den Strich der ersten halben Stunde nach Beginn des folgenden Kurzzeitabschnitts einzustellen, sofern dieser zum Parken beansprucht werden soll (aber unvermeidbarer Verbotsirrtum), Bay NJW **78** 1275. Sind innerhalb von Zonenhaltverboten (Z 290) Parkuhren aufgestellt, so gelten diese (Rz 8–10; Vwv Rn 6 und Vwv Rn 2 zu Z 290).

3. Elektronische Parkraumbewirtschaftung. III überführt die Regelungen der 11. Aus- **12a** nahmeVO zur StVO in Dauerrecht; zugelassen wird der Einsatz elektronischer Systeme zur Parkraumüberwachung, die eine minutengenaue Abrechnung ermöglichen (Rz 3a). Das Gesetz gibt nicht vor, dass die entsprechenden Bereiche durch Zusatzzeichen zu kennzeichnen sind; andere Kundgebungen (zB Aufkleber auf Parkscheinautomat, Internet) genügen (*Schubert* DAR **08** 130; aM *Wohlfahrt* NJW **05** 2646). Gleichfalls nicht vorgegeben ist die Art der „Vorrichtungen"; außer Taschenparkuhr oder Mobiltelefon (Rz 3a) ist deshalb auch die „Elektronische Parkscheibe" zulässig (hierzu VkBl **07** 245; *Schubert* DAR **08** 130). Zur Erhebung personenbezogener Daten bedarf der Systembetreiber einer Einwilligungserklärung des VT, der von dem elektronischen Gerät (zB) Gebrauch machen will (*Marquardt* VD **05** 4). Bei einer Funktionsstörung des elektronischen Systems muss der VT die herkömmlichen Einrichtungen zur Parkzeitüberwachung (Parkscheinautomaten oder Parkuhren) betätigen (III S 2).

2 StVO § 14   I. Allgemeine Verkehrsregeln

13   **4. Ordnungswidrig** (§ 24 StVG) sind Verstöße gegen die Vorschriften über Parkuhren, Parkscheinautomaten, Parkscheiben oder die elektronische Parkraumbewirtschaftung (§ 49 I Nr 13). Dies gilt auch für privat bewirtschaftete Parkhäuser, sofern dort öffentlicher V herrscht und die Überwachungseinrichtungen auf amtlicher Anordnung beruhen (§ 41 Rz 247; Fra NZV **94** 408). Irrtum über die Parkuhr als Verbotsirrtum: Hb DAR **67** 114. Wer die Parkzeit nach Verwarnung weiter überschreitet, ohne dass der verwarnende Beamte dies voraussehen konnte, kann wegen dieser Dauertat (nochmals) belangt werden (Bay DAR **71** 304). Wer bei Parkscheibengebot ohne Parkscheibe parkt, verletzt § 13 auch, wenn er sich an die zeitliche Beschränkung hält (Bay NJW **65** 60, Dü DAR **89** 392). Bloßes **Dulden** macht das der Behörde bekannte vorschriftswidrige Verhalten nicht rechtmäßig, solange keine Ausnahme durch bekanntgegebene behördliche Entschließung bewilligt ist; stillschweigende Genehmigung einer Ausnahme ist schon wegen § 46 III nicht möglich. Verbotsirrtum darüber wäre mangels Erkundigung vermeidbar. Keine **Strafbarkeit** wegen Betrugs oder Erschleichens von Leistungen bei Einwurf geringwertiger ausländischer Münzen, Metallscheiben oder ähnlicher Gegenstände (Sa VRS **75** 345, Bay NZV **91** 317, zust *Graul* JR **91** 435, *Berr/H/Schäpe* 394, aM *Gern/Schneider* NZV **88** 130, *Wenzel* DAR **89** 455). Auslegen eines bezüglich des Parkzeitendes verfälschten Parkscheins ist kein Betrug, aber Urkundenfälschung (Kö NZV **01** 481 m Anm *Hecker* JuS **02** 224). Abschleppen bei Parkzeitüberschreitung: § 12 Rz 65.

Sorgfaltspflichten beim Ein- und Aussteigen

14 (1) Wer ein- oder aussteigt, muß sich so verhalten, daß eine Gefährdung anderer Verkehrsteilnehmer ausgeschlossen ist.

(2) ¹Verläßt der Führer sein Fahrzeug, so muß er die nötigen Maßnahmen treffen, um Unfälle oder Verkehrsstörungen zu vermeiden. ²Kraftfahrzeuge sind auch gegen unbefugte Benutzung zu sichern.

Vwv zu § 14 Sorgfaltspflichten beim Ein- oder Aussteigen

Zu Absatz 2

1–4   1   *Wenn der Führer eines Kraftfahrzeugs sich in solcher Nähe des Fahrzeugs aufhält, dass er jederzeit eingreifen kann, ist nichts dagegen einzuwenden, wenn eine besondere Maßnahme gegen unbefugte Benutzung nicht getroffen wird. Andernfalls ist darauf zu achten, dass jede vorhandene Sicherung verwendet, insbesondere auch bei abgeschlossenem Lenkradschloss das Fahrzeug selbst abgeschlossen wird; wenn die Fenster einen Spalt offen bleiben oder wenn das Verdeck geöffnet bleibt, ist das nicht zu beanstanden.*

Übersicht

Abrollsicherung 11, 12, 16
Abziehen des Zündschlüssels 14–16
Anscheinsbeweis 8, 9, 11
Aussteigen 5
–, Abziehen des Zündschlüssels 14–16
Bewachung 1–4, 13, 15
Einsteigen 5
Fuhrwerk 12
Halter, Sorgfaltspflicht 19
–, Haftung, Schwarzfahrt 20
Höchste Sorgfalt 9
Kraftrad 15
Lenkschloss 14, 15
Moped 15
Ordnungswidrigkeiten 21
Rückschau 6
Rückspiegel 6

Schwarzfahrt 20
Seitenabstand des Vorbeifahrenden 8
Sicherung gegen unbefugte Benutzung 1–4, 13–19
Sorgfaltspflicht des Halters 19
Trecker 16
Türen 14
Türöffnen nach links 6
– nach rechts 7
–, spaltweise 6
–, höchste Sorgfalt 9
Umschau 6
Unbefugte, Sicherung gegen 1–4, 13–19
Verkehrssicherung 1–4, 10–12
Vertrauensgrundsatz 8
Verlassen des Fahrzeugs 1–4, 10 ff
Verschließen, Türen und Lenkschloss 14, 15
Vorbeifahrender, Seitenabstand 8
Zündschlüssel abziehen 14–16

5   **1. Ein- und Aussteigen** aus einem Fz, vor allem Kfz, darf niemanden gefährden (I). Unfälle durch unvorsichtiges Türöffnen sind häufig, aber nahezu immer vermeidbar (Begr). I schreibt

Sorgfaltspflichten beim Ein- und Aussteigen § 14 StVO 2

höchste Sorgfalt (**E** 150) des Aus- oder Einsteigenden vor, Ha DAR **00** 64, so dass Unfälle hierbei, eigene wie fremde, häufig zu Lasten des Ein- oder Aussteigenden gehen (Rz 8, 9). Von innen sollte die linke Tür stets mit der rechten Hand, die rechte mit der linken Hand geöffnet werden, weil dies den Öffnenden an rechtzeitigen Rückblick erinnert und diesen durch Körperdrehung erleichtert.

Wer die **linke Wagentür öffnen** will, muss zunächst nach hinten beobachten; reicht der 6
Rückblick nicht weit genug, darf er die Tür langsam spaltweise öffnen (Kö VM **92** 93, VRS **72** 293, KG DAR **06** 149, VM **90** 58 [bis zu 10 cm]), weiter erst, wenn mit Gewissheit niemand kommt (KG DAR **06** 149). Soweit – wie bei modernen Pkw idR – Beobachtung nach hinten auch ohne spaltweises Türöffnen möglich ist, ist auch dieses ohne vorherige Rückschau unzulässig (BGH DAR **81** 148). Türöffnen ohne vorherigen Rückblick ist unzulässig (Ha VRS **40** 60), auch bei möglicher Brandgefahr (KG VM **74** 96), auch bei Unkenntnis eines links der Tür befindlichen Radwegs (Kö VM **92** 93 [falsches Parken]). Rückspiegel und geöffnete Fenster sind zum Rück- und Umblick zu benutzen, bevor etwa die Tür geöffnet wird (Dü DAR **76** 215, KG VRS **32** 138, Ha DAR **66** 137). Bemerkt der Kf, dass von hinten ein Fz naht, so muss er dieses im Auge behalten und darf seine Tür nicht gefährdend öffnen (BGH NJW **71** 1095). Kein rasches und zu weites Öffnen ohne ausreichende vorherige Umschau (BGH VRS **19** 404, DAR **81** 148, Ce VRS **76** 105, 107), auch wenn der Kfz-Bug weiter von der Fahrbahnkante entfernt steht als das Heck; denn der Abstand des Vorbeifahrenden dient vor allem dem Schutz gegen Türöffnen (Bay VM **69** 94). Beim Halten nach schräg rechts darf, falls V von hinten nahe ist, die linke Tür zum Aussteigen oder Umblick nicht weiter als in einer Linie mit dem linken Wagenheck geöffnet werden. Auch auf GegenV ist zu achten (BGH VersR **86** 1231, **87** 37, Ha DAR **00** 64). Herrscht FahrV auf der Fahrbahnseite des haltenden oder parkenden Kfz, so gehört es zur Gefahrminderungspflicht des nach links hin Aussteigenden, dass er die Tür nicht länger als unbedingt nötig offen lässt und sich dort auch nicht länger als notwendig aufhält (KG NZV **08** 245; aM wohl KG DAR **73** 156). Wer sich nach dem Aussteigen zur Fahrbahnseite nochmals in das Fz beugt, muss sich zuvor erneut über herannahenden V vergewissern (Bay VRS **78** 60). Unnötig langes Offenlassen der Wagentür zur Fahrbahn, etwa zum Lüften beim Parken, kann gefährden oder belästigen (§ 1). I richtet sich an jeden FzInsassen, der FzF ist nicht verpflichtet, Fahrgäste auf ihre Pflicht gem I besonders hinzuweisen (KG VM **86** 20), einem Kind muss er jedoch das Öffnen verbieten (Ha DAR **63** 306). Der zur Fahrbahn Ausgestiegene darf diese nicht plötzlich und ohne Umschau überqueren; mit Derartigem muss ein Kf nicht rechnen (Kö VM **80** 46, Ce NJW **57** 513). Kein Ein- oder Aussteigender darf den fließenden V vermeidbar behindern; dieser hat Vorrang (§ 1, Begr; Br DAR **63** 329).

Türöffnen nach rechts unterliegt denselben strengen Regeln. Es kann Radf (Radweg oder 7
rechter Fahrbahnrand) und Fußgänger auf dem Gehweg gefährden, Ha NZV **00** 126, Mü VersR **96** 1036. Zum Radweg hin darf die Tür, wenn überhaupt, nur langsam und „zentimeterweise" geöffnet werden, Ha VM **70** 15. Ein Taxif muss den Fahrgast auf den Radweg hinweisen, wenn die Tür in diesen hineinragt, Bay NJW **61** 615, Kö VM **92** 93. Im Übrigen aber besteht insoweit regelmäßig keine Garantenpflicht des Fahrers gegenüber dem rechts aussteigenden Mitfahrer, Mü VersR **96** 1036, Ha NZV **00** 126. Auf Radwegen brauchen Radf nicht, um Unfällen durch vorschriftswidriges Türöffnen zu begegnen, Abstand von am Bordstein parkenden Pkw zu halten, Ha VM **70** 15; das entbindet jedoch nicht von Rücksichtnahme (§ 1) auf VT auf der unmittelbar benachbarten Fahrbahn.

2. Vertrauen darf der fließende Verkehr nur darauf, dass Wagentüren nicht plötzlich weit 8
geöffnet werden (BGH DAR **81** 148, VRS **19** 404, **20** 122, Hb VersR **74** 267), und auch darauf, dass der FzF nicht auf die Fahrbahn springt (BGH NZV **07** 451 m Anm *Diehl* ZfS **07** 437). IÜ muss er mit spaltweisem Türöffnen rechnen und entsprechenden Seitenabstand einhalten, sofern das Fz nicht erkennbar leer ist (BGH DAR **81** 148, KG VRS **69** 98). Der notwendige Mindestabstand richtet sich nach den Umständen (Sa VRS **37** 274). Wird er nicht eingehalten, so überwiegen das Verschulden des Vorbeifahrenden (Br NJW-RR **08** 1203). Ein Abstand zu einem haltenden Pkw, in dem sich eine Person aufhält, von weniger als 50 cm ist jedenfalls idR zu knapp (KG VRS **69** 98, DAR **06** 149). Bei dichtem V darf ein Radf jedoch ohne Mitschuld mit 35 cm Zwischenraum an einem parkenden Transporter vorbeifahren (Sa VM **73** 14). Mitschuld des Radf, der zu dicht neben einem haltenden, besetzten Kfz vorbeifährt (KG VM **72** 57, Mü VersR **96** 1036). Alleinhaftung des Radf, der infolge zu geringen Abstands gegen eine nur 10 cm geöffnete FzTür fährt (KG VM **90** 58). Keine Mitschuld des Radf, der an verbotswidrig teilweise auf dem Radweg haltendem Pkw vorbeifährt, ohne sich auf Türöffnen einzu-

König

stellen (Kö VM **92** 93). Das Gebot äußerster Sorgfalt des I für den Aussteigenden wird ein Vertrauen in ausreichenden Seitenabstand des fließenden V weitgehend ausschließen (KG VRS **69** 98, aM noch Ha DAR **70** 212 zur a. F.). Stürzt ein Radf dicht neben der soeben geöffneten FzTür, so spricht der Anschein für Ursächlichkeit des Türöffnens (KG VM **72** 57).

9 **3. Ausgeschlossen** (E 150) muss die Gefährdung, nicht notwendigerweise auch Behinderung (§ 1) anderer VT (Ha DAR **00** 64) durch das Türöffnen und Ein- oder Aussteigen sein (Dü DAR **76** 215). Wer ein- oder aussteigt oder die Tür öffnen will, von innen wie von außen, hat den V vorher mit äußerster Sorgfalt zu beobachten und sich danach einzurichten. Naht V von hinten, der vor Beendigung des Ein- oder Aussteigens herangekommen sein kann, so bedingt äußerste Sorgfalt, dass so lange jedes Türöffnen unterbleibt (KG VRS **69** 98). Wer von hinten einen Radf kommen sieht, muss sich beim Türöffnen und Aussteigen so verhalten, dass ein Unfall ausgeschlossen ist, vor allem muss er den Radf bis zur Vorbeifahrt beobachten (Dü VM **73** 31). Auf Ausweichbewegungen anderer darf nicht vertraut werden, obwohl sie, soweit angängig, nach § 1 zu fordern sind. Wird beim Ein- oder Aussteigen ein anderer VT geschädigt, so spricht der **Beweis des ersten Anscheins** für fahrlässige Sorgfaltspflichtverletzung des Ein- bzw Aussteigenden (Ha DAR **00** 64, KG VRS **108** 24, DAR **06** 149, NZV **08** 245). Kommt es erst nach dem Aussteigen beim Weggehen zum Unfall, so beruht dieser nicht auf einer Verletzung von I (*Booß* VM **86** 21, LG Berlin ZfS **01** 353 m Anm *Diehl*, abw KG VM **86** 20).

10 **4. Beim Verlassen des Fahrzeugs** (Kfz, Anhänger, Zug, Fuhrwerk) muss der Fahrer den rollenden Verkehr so sichern, dass niemand gefährdet werden kann. Wer sein Kfz aus den Augen lässt, verlässt es von diesem Zeitpunkt ab, KG VRS **59** 228. Verlassen iS von Abs II ist das Fz immer, wenn sofortiges Eingreifen (zB gegen unbefugte Benutzung) nicht mehr möglich ist, Dü VRS **70** 379. Kein Stehenlassen, wenn das Fz andere gefährden kann (Auffahren, Abrollen, unruhige Pferde). Maßgebend sind die Umstände. Der Gefahr des Anspringens eines noch betriebswarmen Dieselmotors infolge Anstoßes durch ein anderes Fz ist mittels Feststellbremse zu begegnen, Kö ZfS **94** 361 (andernfalls Haftung). Der Fahrer darf sich vom Fz erst entfernen, wenn er den Verkehr ausreichend gesichert und das Notwendige gegen mögliche Störung getan hat.

11 Beim Parken **im Gefälle** ist das Kfz uU außer durch die Handbremse auch anderweitig gegen Abrollen zu sichern (Gangeinlegen, Keil, Stein, Einschlagen der Vorderräder hangwärts), BGH NJW **62** 1164, 1971, Ko VRS **50** 336, AG Fra NZV **03** 242 (zust *Mecklenbrauck* NZV **03** 387). Rollt ein Kfz ab, so spricht der Anschein für mangelnde Sicherung, Kö DAR **74** 299, LG Hanau NJW-RR **92** 1251, Ko FRA NZV **03** 242. Zur Frage grober Fahrlässigkeit bei unbeabsichtigtem Wegrollen Rz 20. Die in § 41 XIV StVZO bezeichneten Fz haben Unterlegkeile mitzuführen und zu benutzen. Beleuchtung stehender Fz: § 17.

12 **Fuhrwerke** (von Tieren gezogene Landfze) dürfen bespannt unbeaufsichtigt im öffentlichen VRaum nur stehen bleiben, wenn das Gespann überhaupt ausreichend gesichert werden kann. Steht das Gespann neben der Straße auf dem Acker, so gilt § 14 ebenfalls, wenn VBeeinträchtigung möglich ist. Der Fahrer darf die Aufsicht über das Fz einem verlässlichen Dritten übertragen.

13 **5. Kraftfahrzeuge sind gegen Benutzung durch Unbefugte zu sichern** (II, SchutzG, s Rz 20). II 2 begründet eine Garantiepflicht gegen Rechtsbrecher (BGH VRS **56** 4, 6, OVG Ko DÖV **89** 173). Wer einen zuverlässigen Wächter bestellt oder selbst sofort eingreifen kann, braucht aber nicht noch weiter zu sichern (Vwv; BGH VM **61** 10, Jn DAR **04** 144). Nach Ba VM **75** 6 soll der Zündschlüssel auch bei zuverlässiger Bewachung stets abzuziehen sein. Beobachtung von der Wohnung aus oder aus dem Friseurladen während des Haareschneidens genügt nicht, Schl VM **66** 56, 64. Wer sich am FzHeck zu schaffen macht, kann nicht sofort eingreifen und muss daher den Schlüssel abziehen (Jn DAR **04** 144 [Verstoß fahrlässig, aber nicht grobfahrlässig]). Geschütztes Rechtsgut in II ist die Verkehrssicherung gegen KfzBenutzung durch Unbefugte, insbesondere solche ohne FE, s. auch Rz 20.

14 Befindet sich das abgestellte Kfz unbewacht auf einer öffentlichen Verkehrs- oder doch jedermann zugänglichen (privaten) Fläche, so sind **alle vorgeschriebenen und vorhandenen Sicherungen** zu betätigen (BGH VM **70** 15, Ce VD **07** 49, Dü VRS **70** 379, Kö NJW-RR **96** 601), auch bei Lkw (Zw VersR **80** 435) sowie bei PolFz, sofern PolB nicht § 35 I zur Seite steht (Ce VD **07** 49). Sicherungen: § 38a StVZO. Die vorgeschriebenen Sicherungen können unbefugte Benutzung nicht ganz ausschließen, sie aber erschweren (BGH NJW **81** 113). Fenster und Türen sind zu verschließen, der Zündschlüssel ist abzuziehen und das Lenkradschloss zu verriegeln, BGH VM **71** 75. Gegen spaltweit geöffnete Fenster hat die Vwv (I)

Sorgfaltspflichten beim Ein- und Aussteigen **§ 14 StVO 2**

nichts einzuwenden, AG Norden DAR **86** 325. Verschließen des Lenkschlosses, BGH Betr **71** 233, der Fenster und Türen genügt (Vwv; Rz 1–4), anders, wenn dabei die FzSchlüssel im Wageninnern bleiben, BGH NJW **81** 113, Fra VersR **83** 464, Abziehen des Zündschlüssels allein genügt auch bei verschlossenen Türen nicht, BGHSt **17** 289 = NJW **62** 1579, Ha VRS **31** 283, Schl VM **66** 56, Ol NJW **66** 942, auch nicht bei Abstellen auf einem Privatgrundstück, BGH VersR **64** 300, Ol NJW **66** 942. Verschließen bei laufendem Motor genügt nicht, BGH VM **70** 15, auch nicht verschlossene Türen bei unverriegelter Lenkung, Hb MDR **70** 336 (Verlust des Versicherungsschutzes), enger Ha VersR **73** 121, 242, **70** 313 (auch lediglich leichte Fahrlässigkeit möglich). Liegt ein FzSchlüssel im Handschuhfach, so sind die übrigen Sicherungen idR nutzlos, weil diese Nachlässigkeit die unbefugte FzBenutzung erheblich erleichtert, BGH NJW **81** 113. Beim Taxi genügen bei geschlossener Trennscheibe verschlossene Vordertüren, Ol VRS **36** 316. In der verschlossenen **Garage** genügt Abziehen des Zündschlüssels, Hb DAR **61** 28, KG VRS **61** 244, doch ist dabei Sicherheitsschloss zu verlangen, Nü VRS **66** 188. Entsprechendes gilt für in gleicher Weise gesicherte **Hallen, Höfe** usw, Nü VRS **66** 188. Im verschlossenem Hofraum müssen der Zündschlüssel abgezogen und die Türen versperrt werden, wenn Benutzung durch Personen mit Zutritt zu befürchten ist, Bay VRS **23** 76, VM **62** 44. Andernfalls sind die üblichen Sicherungsvorkehrungen am Fz bei Abstellen auf Privatgrund entbehrlich, soweit dieses dort auf andere Weise ausreichend vor fremder Benutzung geschützt ist, KG VersR **81** 244. Halbe Mitschuld des Fahrers, der das Kfz in einer bewachten Sammelgarage offen mit Zündschlüssel lässt, damit rangiert werden kann (?), KG VersR **68** 440. Bei einer **Tankstelle** darf das Kfz zum Waschen mit Einverständnis des Personals offen mit Schlüssel abgestellt werden, wenn dem Kunden keine abweichende Handhabung bekannt ist, Dü DAR **75** 328, BAG VersR **68** 266. Dagegen genügt nach dem Tanken beim Verlassen des Fz zum Bezahlen an der Kasse Einrasten des Lenkradschlosses ohne Verschließen der Türen nicht, KG VM **83** 60. Wer Fz und Schlüssel der **Werkstatt** zur Wartung übergibt, darf auch ohne Absprache auf sichere Verwahrung gegen Schwarzfahrt vertrauen, Dü VersR **76** 151, auch bei frei zugänglichem Werkstatthof, Kö VersR **73** 285. Solange Reparaturfz in einer Werkstatt noch nicht zum Abholen abgestellt sind, wird auf Betriebsgelände der Zündschlüssel stecken bleiben dürfen, BGH VM **71** 75, enger Br VersR **75**. Ohne konkreten Anlass muss der Kf bei kurzer Abwesenheit nicht damit rechnen, dass sich einer seiner **Mitfahrer** des stecken gelassenen Schlüssels bedienen wird, BGH VersR **84** 1152, s auch Rz 17. Bleibt das Verdeck eines **Kabrioletts** geöffnet, was die Vwv (Rz 1–4) zulässt, so wird durch Abschließen der Tür keine nennenswerte weitere Sicherung erreicht, sie darf dann unterbleiben, *Müller* VD **03** 245; mit geschlossenem Verdeck ist das Fz dagegen ebenso zu sichern wie eine Limousine, Dü VRS **70** 379; Entsprechendes gilt für Fz mit abnehmbarem Dach. Wegen der Gefährlichkeit von Schwarzfahrten sind an die Sicherungspflicht strengste Anforderungen zu stellen, Zw VersR **80** 435. Ein völlig ungesichertes Fz kann uU im Rahmen **polizeilicher Gefahrenabwehr** auf Kosten des Verhaltens- oder Zustandsverantwortlichen abgeschleppt werden, OVG Ko DÖV **89** 173, VG Mü NZV **99** 487 (im Ergebnis abgelehnt); jedoch erscheint, wenn die Maßnahme dem Interesse des Eigentümers widersprechen könnte, Zurückhaltung geboten (*Hebeler* NZV **02** 161). Erscheint Sicherstellung zwecks Eigentumssicherung geboten, so muss der Eigentümer die damit verbundene Kostenbelastung hinnehmen (BVerwG NZV **00** 514, VGH Mü NJW **01** 1960 [Rechtmäßigkeit des Abschleppens bejaht], VG Mü NZV **99** 487, VG Stu NVwZ-RR **00** 591, VG Fra NJW **00** 3224 [Rechtmäßigkeit der Maßnahme je abgelehnt]). Die Sicherungspflicht gegen unbefugten Gebrauch schützt nicht das Interesse des Abschleppunternehmers bei schädigendem Abschleppen (BGH VersR **78** 1071).

Bei **Krafträdern** und Mopeds sind, da sie Kfz sind, dieselben strengen Anforderungen zu **15** stellen. Abschließen der Zündung und Lenkung genügt (BGH NJW **59** 629, Ol DAR **60** 177). Wer auf bewachtem Parkplatz das Lenkschloss nicht sperrt, verletzt jedenfalls § 14 (gegen grobe Fahrlässigkeit aber Dü DAR **56** 47), ebenso bei ungesichertem Abstellen des Krads an einer Hauswand hinter anderen Rädern, die erst weggeräumt werden müssten. Bei kurzer Abwesenheit und geeigneter Aufsicht darf der Zündschlüssel stecken bleiben (Stu VkBl **59** 275), anders bei Beauftragung eines Unbekannten (AG Siegen MDR **59** 666).

Wird ein beim **Lkw** vorhandenes, aber nicht vorgeschriebenes Lenkradschloss (§ 38a **16** StVZO) nicht benutzt, so liegt darin keine versicherungsrechtliche grobe Fahrlässigkeit, BGH NJW **74** 48. Bei einem abgestellten **Trecker** ist die Andrehkurbel zu entfernen, BGH VRS **19** 411. Wird ein Trecker abschüssig abgestellt, so genügen Anziehen der Fußbremse und Einschalten eines Ganges nicht, wenn zu befürchten ist, dass Unbefugte diese Sicherungen unwirksam machen, Ce VRS **21** 253.

2 StVO § 14   I. Allgemeine Verkehrsregeln

17   Verstoß gegen § 14, wenn der Kf den Zündschlüssel einem **Mitfahrer** überlässt, der keine FE hat, ohne Gewähr zu haben, dass dieser das Kfz nicht fährt, Kö DAR **57** 83, Ha NJW **83** 2456. Der Fahrer hat vorzusorgen, dass sein Kfz oder das ihm anvertraute Kfz nicht durch Personen ohne FE oder durch Fahrunsichere (Alkohol) gefahren wird, BGH VersR **71** 350, Ha NJW **83** 2456, er darf das Fz auch nicht für kurze Zeit in der „Obhut" betrunkener Fahrgäste lassen, ohne den Zündschlüssel mitzunehmen, BGH VM **58** 49. Der Lkwf soll bei Fahrtunterbrechung den Zündschlüssel vor einem Beifahrer sicher verwahren müssen, den er nicht näher kennt, BGH VM **60** 71.

18   **Schlüsselverwahrung** zur Verhinderung unbefugter FzBenutzung: § 7 StVG Rz 55.

19   An die Sorgfalt des **Halters** werden strengste Anforderungen gestellt, Zw VersR **80** 435, Ol NZV **99** 294. Vorkehrungen gegen Benutzung durch jugendliche Familienangehörige: § 7 StVG Rz 55.

20   **6.** Die Vorschrift ist auch von Bedeutung für den **Ausschluss der Haftbarkeit des Halters für Schwarzfahrten** (§ 7 III StVG). Schwarzfahrten bewirken besonders häufig Unfälle; daher ist das Sicherungsgebot des § 14 berechtigt (BGH Betr **71** 233, Ol NZV **99** 294). Ermöglicht der Kf entgegen § 14 eine Schwarzfahrt, so kann er nach § 823 BGB für einen Unfall haften müssen (BGH VersR **61** 446, Kö NJW **57** 346, KG VM **83** 60), auch bei Fluchtversuch vor der Pol (BGH NJW **81** 113). Wer sein Kfz als Halter nicht ausreichend sichert, haftet auch für Vorsatz bei der Schwarzfahrt (BGH NJW **71** 459). Für den angestellten Fahrer haftet der Halter (§ 831 BGB). Die Halterhaftung für Schwarzfahrt entfällt bei vorschriftsmäßiger Sicherung (§ 7 III StVG). § 14 ist **Schutzgesetz** (§ 823 II BGB; BGH NJW **81** 113, VRS **56** 6, Betr **71** 234, Jn DAR **04** 144, KG VM **92** 82, Zw VersR **80** 435), aber nur hinsichtlich des Schutzes vor den mit der KfzBenutzung durch Unbefugte verbundenen erhöhten Gefahren im StrV (Kar VRS **83** 34), nicht aber in Bezug auf Schäden, die der Schwarzfahrer erleidet (Ce VD **07** 49). Hinsichtlich des Schwarzfahrers deshalb auch keine Amtspflichtverletzung bei unzureichender Sicherung eines PolFz durch PolB; für Schäden am Fz Ausgleich nach den Regeln der gestörten Gesamtschuld (Ce VD **07** 49 [Haftungsanteil des Landes gegenüber trunkenem Schwarzfahrer 20%]). **Grobe Fahrlässigkeit (§ 61 VVG alt, § 81 II VVG 08)**, wenn der Fahrer unbeabsichtigtes Rollen des Fz dadurch fördert, dass er es mit laufendem Motor abstellt, ohne die Handbremse zu betätigen oder den Wahlhebel in Position D zu bringen (Ha VersR **96** 225), wenn er ein Kfz im Gefälle abstellt, ohne die Handbremse zu betätigen und ohne den ersten Gang einzulegen (Dü ZfS **02** 438, Kar NJW-RR **07** 830 [10% Gefälle], zust *Mecklenbrauck* DAR **08** 89), anders, wenn sich ein Fz bei leichtem Gefälle wegen unzureichend angezogener Handbremse erst nach 10 Min in Bewegung setzt (Dü ZfS **01** 173; s auch LG Kar NZV **08** 33). Grobe Fahrlässigkeit des Fahrers, wenn er das Fz auf einer städtischen Str mit laufendem Motor außer Sichtweite stehen lässt (Ko ZfS **04** 367), ebenso idR, wenn er im unverschlossenen Pkw den Zündschlüssel zurücklässt (Fra MDR **03** 632 [verneint bei Hilfeleistung], Ce VersR **86** 1013, Ha NZV **91** 195, VersR **98** 489, Ko r +s **08** 11) oder den steckenden Zündschlüssel im verschlossenen Kfz, wenn ein Öffnen der Lenkradsperre sonst nur schwer möglich wäre (LG Kö VersR **66** 331) oder den Schlüssel an einem serienmäßig eingerichteten „Versteck" am Fz zurücklässt (Nü NZV **95** 154), ebenso, wenn er das Lenkradschloss nicht einrasten lässt (Kö VersR **65** 1066, einschr Jn NJW-RR **96** 352) sowie bei offenem Stehenlassen mit steckendem Zündschlüssel vor der Werkstatt zur Reparatur (Ha VersR **82** 1137) oder außer Sichtweite auf ungesichertem Gelände vor Gewerbebetrieb (Ko ZfS **01** 122). Anders bei versehentlichem Zurücklassen des Schlüssels im Fz (Mü NJW-RR **94** 1446) sowie uU bei versehentlichem Steckenlassen im Kofferraumschloss (Dü NVersZ **99** 386 [Tiefgarage], abw Ha VersR **00** 1233 [Parkplatz]). Keine grobe Fahrlässigkeit nach Sa ZfS **08** 96, wenn das Kfz während kurzen Besuchs der Eltern in dörflich geprägter Umgebung unverschlossen und mit nicht eingerastetem Lenkradschloss abgestellt wird. Zurücklassen des Zündschlüssels im Fz beim Bezahlen an Tankstelle ist jedenfalls dann nicht grobfahrlässig, wenn das Fz zwischen anderen „eingekeilt" ist und eine Person am Fz bleibt (Fra VersR **03** 319). Abstellen fabrikneuer, unverschlossener Kfz mit Schlüssel im Handschuhfach im verschlossenen Werkhof kann hinsichtlich der Kaskoversicherung grobfahrlässig sein (Nü VersR **71** 311). Zurücklassen des Fz auf frei zugänglichem Betriebsgelände und Einwerfen des FzSchlüssels in ungesicherten Außenbriefkasten ist grob fahrlässig, anders bei Briefkasten in der Eingangstür oder Hauswand (Ce NZV **05** 479, Kö DAR **01** 312). Keine grobe Fahrlässigkeit bei verschlossenen Türen und abgezogenem Zündschlüssel ohne Lenkschlossverriegelung in bewachtem Parkhaus (Kö VersR **68** 561). Grob fahrlässig handelt, wer zwar Lenkung und Türen abschließt, den Schlüssel aber sichtbar im Kfz hängen lässt, auch wenn er sich angetrunken im Schlafteil des Fz aufhält, Hb VersR **71** 165. Grobe Fahrlässigkeit, wenn ein Kfz nachts offen im verschlossenen Hotelhof mit dem Reserveschlüssel abgestellt wird (§ 61 VVG; Hb VersR **70** 362). Verwahren des Zündschlüssels im Handschuhfach ist idR grobfahrlässig (Kar VersR **76** 454, Kö VersR **96** 1360 [Cabriolet]), auch im verschlossenen Handschuhfach (Ce VersR **80** 425, Ha VersR **81** 724, **84** 151, aM BGH NJW **86** 2838, diff Jn ZfS **99** 23 [nur, wenn es für den Versicherungsfall mitursächlich ist]). Grobe Fahrlässigkeit bei Zurücklassen des Schlüssels in einem im Wagen verbliebenen Kleidungsstück (Fra ZfS **86** 374) oder in der verschlossenen Mittelkonsole eines Cabriolets (Kar ZfS **96** 458). Zum Schuldnachweis bei im Kfz zurückgelassenem FzSchlüssel BGH NJW **81** 113. Keine grobe Fahrlässigkeit bei Zurücklassen des Zündschlüssels in einem nicht zugelassenen geringwertigen Fz, das auf einem gegen unbefugten Zutritt mit Stacheldraht besonders gesicherten Betriebshof für eine Nacht abgestellt wird, Fra VersR **82** 566. Ablage des Zweitschlüssels im verschlossenen Handschuhfach des verschlossenen geparkten Kfz ist in der Kaskoversicherung grobfahrlässig, Ce VersR **80** 425, Ha VersR **84** 151, Fra VersR **88** 1122, nicht dagegen stets, wenn ein besonderes Versteck im Wagen verwendet wird, LG Ravensburg VersR **83** 948, Kö NZV **93** 32, auch nicht bei Verstecken des Zweitschlüssels im Wohnmobil, Fra ZfS **83** 311, oder bei Liegenlassen des Schlüssels auf einem Tisch während des Lüftens, Kar ZfS **07** 92. Nicht grob fahrlässig ist das Zurücklassen des FzScheins im Handschuhfach des ordnungsgemäß verschlossenen Fz, weil der Versicherungsfall dadurch nicht gefördert wird, BGH VersR **96** 621, Ha VersR **84** 229, NZV **91** 116, Fra DAR **84** 150, Kö VersR **83** 847, Kar ZfS **95** 260, LG Stu MDR **92** 1133, aM LG Mü I VersR **81** 545, LG Dortmund ZfS **85** 85. Entsprechendes gilt für das Zurücklassen des FzBriefs im Handschuhfach (Kö ZfS **04** 221, *Lücke* r + s **95** 286, *Rixecker* ZfS **00** 209, aM Kö r + s **95** 203, LG Stu MDR **92** 1133). Der kaskoversicherte Eigentümer eines Motorrollers handelt nicht grobfahrlässig, wenn er diesen nachts auf der Str abstellt und das Vorderrad durch Abschließen der Lenkung blockiert (LG Berlin NJW **60** 680).

Lit: *Hebeler*, Die Sicherstellung von Kfz im Wege des Abschleppens ..., NZV **02** 158. *Hohenester*, Die Sorgfaltspflichten des Kf beim Verlassen seines Fz, DAR **58** 5. *Müller*, § 14 StVO: Vernachlässigte Verhaltenspflichten?, VD **03** 237. *H. W. Schmidt*, Sicherung des verlassenen Kfz, DAR **66** 124. *Schnitzerling*, Das Kfz auf und vor dem Privatgrundstück, DAR **62** 229.

7. Ordnungswidrig (§ 24 StVG) handelt, wer beim Ein- oder Aussteigen oder Verlassen des Fz eine der in § 14 bestimmten Pflichten verletzt (§ 49 I Nr 14). Wer ein Kfz auf einem Privatgrundstück ungenügend gesichert verlässt, handelt ow, wenn er mit fremder Benutzung im Verkehr rechnen muss (BGHSt **15** 357 = NJW **61** 686). Bei Belassen eines ungesicherten Kfz auf der Straße muss der Fahrer uU auch mit tödlichem Unfall durch Unbefugte rechnen (BGH VRS **20** 282). Die Sicherungspflicht des § 14 obliegt unterwegs immer dem Fahrer (Kö VRS **36** 228 [es sei denn, der Halter fährt oder fährt mit]). (Alkoholbedingtes) Unterlassen von Sicherung gegen Abrollen kann § 315 b StGB verletzen (Bereiten von Hindernissen), idR aber nicht (mehr) die §§ 315 c I Nr 1, 316 StGB; denn Vorgänge nach Abschluss der Fahrbewegung rechnen nach neuerer Rspr nicht zum „Führen" des Fz (§ 316 StGB Rz 3).

Liegenbleiben von Fahrzeugen

15 ¹Bleibt ein mehrspuriges Fahrzeug an einer Stelle liegen, an der es nicht rechtzeitig als stehendes Hindernis erkannt werden kann, so ist sofort Warnblinklicht einzuschalten. ²Danach ist mindestens ein auffällig warnendes Zeichen gut sichtbar in ausreichender Entfernung aufzustellen, und zwar bei schnellem Verkehr in etwa 100 m Entfernung; vorgeschriebene Sicherungsmittel, wie Warndreiecke, sind zu verwenden. ³Darüber hinaus gelten die Vorschriften über die Beleuchtung haltender Fahrzeuge.

1. Die Vorschrift (**Begr**: VkBl **70** 809) betrifft nur **mehrspurige Fz**, die nicht ohne Weiteres aus dem VBereich entfernt werden können. *Mehrspurig sind* Fz, bei denen an mindestens einer Achse zwei Räder laufen. Umfasst sind mehrspurige Fz aller Art, also auch Fuhrwerke und Anhänger (*Rüth/Berr/Berz* Rz 3). *Einspurige Fz* (Fahrräder, KRäder, auch dann, wenn sie einen Beiwagen führen) fallen hingegen nicht unter § 15. Sie müssen sofort von der Fahrbahn entfernt oder an den Rand geschoben werden (§ 17 IV 4, § 23 II). § 15 gilt auch für *ausländische Fz* (BGH VM **68** 89), und zwar auch für Fz von Angehörigen der ausländischen Streitkräfte (Art 57 V) Das Zusatzabkommen zum Natotruppenstatut steht nicht entgegen (Ba VersR **81** 987). Beleuchtungspflicht: § 17 IV 1–3. Warnblinklicht bei Stau: § 16 II 2. Sicherungspflicht nach Unfall: § 34 I 1.

2. Liegenbleiben ist durch *Unfreiwilligkeit* geprägt (Ce OLGR **08** 147). Es ist gegeben, wenn ein Fz auf der Fahrbahn wegen technischen Versagens, infolge Unfalls, Treibstoffmangels oder aus sonstigen Gründen (starke Steigung, Glatteis, Schnee usw) gegen den Willen des FzF zum Halten kommt oder der FzF nach einem gewollten Anhalten aus solchen Gründen nicht mehr weiterfahren kann (Zw VM **77** 43; Dü VM **74** 87, Stu DAR **82** 400, KG VRS **58** 61, Dü VRS **63** 70, Ce OLGR **08** 147, *Jagow/Burmann/Heß* Rz 4). **Bsp:** Motor- (BGH VRS **40** 177, Kö VM **19** 15) oder Getriebeschaden (BGH NJW-RR **87** 1235), Reifenwechsel (BGH VM **69** 41), Verstopfung der Brennstoffleitung (BGH VM **68** 89), Benzinmangel (Kar VRS **49** 264, Ha VRS **57** 215), Unfall (Sa VM **74** 66), ausgefallene Zündanlage (Sa VM **74** 48), geplatzter Reifen (Ha VRS **47** 65). Aufhebung der Fahrfähigkeit des Fz ist nicht erforderlich, weswegen das Merkmal erfüllt ist, wenn wichtige Betriebseinrichtungen so beeinträchtigt sind, dass die weitere VTeilnahme unter den bestehenden Verhältnissen andere gefährden würde (Zw VM **77** 43 [bejaht für Beleuchtungsausfall bei Dunkelheit; verneint für Dauerrot der Blinker]). Ein nach einem Unfall im VRaum stehendes Kfz ist liegen geblieben, selbst wenn sich später Fahrfähigkeit herausstellt (BGH VersR **77** 36). Liegenbleiben kann auch durch in der Person des FzF liegende Umstände (zB Herzanfall) bedingt sein (KG VRS **58** 61, *Jagow/Burmann/Heß* Rz 4, *Rüth/Berr/Berz* Rz 1, *Cramer* JurA **71** 370). Liegenbleiben nur bei einem Zustand von gewisser Dauer; kein Liegenbleiben deshalb bei nur kurzer Verzögerung der Weiterfahrt, innerhalb derer zB nur wenige Start- oder Rangierversuche erfolgen (KG VRS **58** 61, Schl NZV **92** 488). Abwürgen des Motors kann zu Liegenbleiben führen, falls mehrere Startversuche erfolglos bleiben (Dü VM **74** 87, krit KG VRS **58** 61). Liegen geblieben ist nur ein stehendes Kfz, nicht ein solches, das ohne Motorkraft noch ausrollt (Ko DAR **72** 219; s aber BGH VM **73** 5 zum Ausrollen nach Motorschaden). Allerdings ist schon beim ersten Anzeichen für Liegenbleiben (blockierender Motor) sofort unter ausreichender VSicherung rechts heran- oder hinauszufahren (KG VM **74** 96, Sa VM **74** 48). Das Liegenbleiben dauert so lange, wie nach allen technischen Gegebenheiten unvermeidlich; später ist es gewolltes Halten (Kö VM **74** 15). Liegenbleiben endet jedenfalls, wenn das Fz wieder in Bewegung gesetzt wird, und zwar auch, falls es geschoben wird (Sa VM **77** 75). **Kein Liegenbleiben** und deshalb auch keine Sicherungspflicht nach § 15 bei *haltenden oder parkenden* Kfz; jedoch besteht bei schlechter Erkennbarkeit Beleuchtungspflicht nach §§ 17, 1 II (BGH VersR **86** 489, NJW **75** 1834, Ce VM **72** 68, Ko DAR **77** 325; nach Stu DAR **82** 400 analog § 15, zB Fz von Hilfeleistenden [AB, Dunkelheit]). Bei einem Stau hat der Fahrer des jeweils letzten Kfz keine Sicherungspflicht nach § 15 (*Martin* VersR **72** 384); jedoch wird er alsbald das Warnblinklicht einschalten (§ 16 Rz 15). Wer vor einer geschlossenen Grenzabfertigung stundenlang warten muss, bleibt nicht liegen; denn ihn hindert lediglich eine administrative, nicht verkehrsbedingte Maßnahme am Weiterfahren (aM beiläufig Bay VM **81** 12). Zum Liegenbleiben auf der **AB** s auch § 18 Rz 24.

3. Nur wenn das Fz **nicht rechtzeitig als stehendes Hindernis erkannt werden kann**, setzt die Sicherungspflicht ein. Das ist nach den Umständen des Einzelfalls (Sicht-, StrVerhältnisse, Standort des Fz) zu beurteilen (Ha DAR **74** 138). Nicht rechtzeitige Erkennbarkeit wird insbesondere anzunehmen sein an unübersichtlichen Stellen, an Stellen, an denen nicht oder nicht so (Schrägstellung [vgl BGH VRS **11** 1], große Entfernung vom Fahrbahnrand, Hineinragen in die Fahrbahn) gehalten werden darf, generell an Stellen, an denen der durchgehende V nicht mit stehenden Fz rechnet; bei Dunkelheit bzw schlechten Witterungsverhältnissen kommt es zusätzlich darauf an, ob die eigene Beleuchtungsanlage ausreicht (*Jagow/Burmann/Heß* Rz 5, *Rüth/Berr/Berz* Rz 4, 5). Kann das Fz bei einer Panne beiseitefahren oder -geschoben werden, bildet es kein Hindernis, wenn es völlig außerhalb des VBereichs steht, es sei denn, Arbeiten am Fz beziehen den Fahrbahnrand mit ein. § 15 stellt auf *rechtzeitiges* Erkennen ab. Demgemäß kommt den auf der Str üblicherweise gefahrenen Geschwindigkeiten maßgebende Bedeutung zu; im Hinblick darauf, dass im Schnellverkehr (AB, Kraftfahrstr) mit stehenden Fz idR nicht gerechnet wird, wird die Sicherungspflicht dort früher eingreifen als im innerörtlichen V (*Rüth/Berr/Berz* Rz 4). Zur Sicherungspflicht auf der *Standspur der AB* s Ha VRS **47** 65, Dü VRS **58** 281 sowie § 18 Rz 24 f.

4. Sicherungsmaßnahmen

a) **Warnblinklicht** (S 1; § 53 a StVZO) ist sofort (S 1) und als erstes einzuschalten; sonst Verstoß gegen § 15 (BGH VM **63** 51, Dü VM **74** 87, Sa VM **74** 70, Brn SP **08** 100). Ein Ausfall des Warnblinklichts durch Erschöpfung der Batterie ist in Betracht zu ziehen (BGH NJW-RR **88** 406). Das Warnblinklicht ist auch nach Aufstellen weiterer Zeichen (S 2) eingeschaltet zu lassen (Hb VRS **61** 294). Vom Wiederanfahren ab braucht ein Kf nach Liegenbleiben seines Lkw das Warnblinklicht nicht mehr zu betätigen, wenn dies vorübergehend auch noch zweckmäßig sein mag (Br VersR **80** 1147). Sofern das Fz nicht über eine Warnblinkanlage verfügt, muss es mit den sonstigen zu seiner Ausrüstung vorgeschriebenen Mitteln gesichert werden. ZB bei einem Fuhrwerk kommen Warndreiecke oder Laternen in Betracht.

b) Warnzeichen (S 2). Nach Einschalten des Warnblinklichts ist gem S 2 Hs 1 „mindestens 5 ein auffällig wirkendes Zeichen" aufzustellen, wobei S 2 Hs 2 die Verwendung der vorgeschriebenen Sicherungsmittel anordnet und das Warndreieck beispielhaft erwähnt. Daraus ergibt sich zunächst, dass *nicht alle* Warnzeichen aufgestellt werden müssen, wenn das Mitführen mehrerer Warnzeichen vorgeschrieben ist; der Betroffene hat insoweit in gewissem Maße eine Wahlmöglichkeit, wobei er aber das am deutlichsten warnende verwenden sollte (*Rüth/Berr/Berz* Rz 7; BGHSt **16** 89 [zur StVO aF] ist überholt). Ist wie namentlich bei Pkw nur *das Warndreieck* mitzuführen (§ 53a StVZO), so muss es auch verwendet werden; die Benützung beliebiger anderer Zeichen genügt nicht (*Jagow/Burmann/Heß* Rz 6a). Kein Vorwurf wegen eines nicht aufgestellten Warndreiecks aber, wenn es nach den Umständen und dem Warnzustand nicht verbessert hätte (Kar DAR **02** 34 [Verkehr ist bereits durch anderes Warndreieck ausreichend gesichert], VersR **79** 1034 [Unfallfz steht gedreht mit leuchtenden Scheinwerfern]). Sind die in § 15 genannten Sicherungsmaßnahmen *nicht möglich*, so ist je nach Ausmaß der durch das Liegenbleiben verursachten Gefahr auf andere Weise zu warnen (Sa VM **74** 48, Fra ZfS **04** 303 [nachts unbeleuchtet auf der AB-Überholspur quer stehendes Fz]). Denkbar ist die Aufstellung von Warnposten mit Fahne oder Lampe (*Rüth/Berr/Berz* Rz 8). Hingegen ist das Aufstellen eines Plastikbierkastens mit vollen Flaschen hinter dem abgestellten Pannenfz zwecks Warnung unsachgemäß und gefährdend (Kö VersR **78** 771). Warneinrichtungen auf der Innenseite von Kofferraumdeckeln genügen gleichfalls nicht (BMV StV 7–8034 W/66), auch nicht auf etwa aufzustellenden Kraftstoffkanistern (VkBl **64** 18).

Die Pflicht zur Aufstellung von Warnzeichen **ist unverzüglich zu erfüllen** (vgl BGH 6 NJW **75** 1834; NJW-RR **87** 1235, VersR **68** 196, 199). Das beinhaltet zugleich, dass dem FzF ein gewisser Zeitraum eingeräumt werden muss, um die Pflicht zu erfüllen (Brn SP **08** 100). Jedoch darf er nicht abwarten bis er zB durch Rauchentwicklung zum Aussteigen gezwungen wird (KG VM **74** 96), und sich auch nicht zuvor den Schaden besehen (vgl Kö NJW **66** 933), ihn zu beheben versuchen (LG Neuruppin NZV **04** 527) oder zu versuchen, den Wagen wegzuschaffen (BGH VM **63** 81). Ein FzF, der von anderen auf einen Beleuchtungsmangel hingewiesen wird, muss das Warndreieck nicht aufstellen, solange er nicht weiß, ob er nicht sogleich weiterfahren kann (Bay VRS **70** 461). Entschuldbar kann es sein, wenn der verunglückte Kf nach Einschalten des Warnblinklichts das Warndreieck erst aufstellt, nachdem er sich mit anderen Unfallbeteiligten befasst hat (BGH VersR **77** 36, Nü VersR **76** 643), zB sich um den Unfallschock des Mitfahrers kümmert (BGH VersR **77** 36, Sa VM **74** 70).

Hinsichtlich des **Orts der Aufstellung** enthält § 15 keine spezifizierten Vorgaben. Das 7 Warnzeichen muss gut sichtbar ausreichend weit hinter dem Pannenfz aufgestellt werden (BGH NJW-RR **87** 1235). Die Entfernung richtet sich nach der Geschwindigkeit des zu erwartenden Verkehrs. Bei schnellem Verkehr sind „etwa" 100 m Mindestentfernung nötig, auf der AB mindestens 150 m = 200 Schritte (Stu VRS **80** 181). Bewegliche rückwärtige Sicherungsmittel (Blinkleuchte) sind stets am rechten Fahrbahnrand aufzustellen, nicht auf der Fahrbahn (Kar DAR **02** 34, Sa VM **80** 40). Steht das Pannenfz in oder hinter einer Kurve, so gehört das WarnZ ausreichend weit vor die Kurve. Kann das Pannenfz so weit außerhalb von Fahrbahn und Randstreifen aufgestellt werden, dass die Fahrbahn auch bei Arbeiten am Fz nicht mitbenützt wird, braucht kein WarnZ aufgestellt zu werden. Wird das Warndreieck vom Verkehr zerstört, so muss der Kf den Verkehr anderweit vorläufig sichern (Blinken, Kofferraumdeckel öffnen, Ablegen ungefährdender Gegenstände neben der Fahrbahn; Sa VM **74** 40). uU ist auch der Gegenverkehr behelfsmäßig zu warnen. Vorbeifahren an liegen gebliebenen Fz: § 6 Rz 3, 4. Autobahn: § 18 Rz 23–25. Die vorgeschriebenen Warnzeichen sind sofort aufzustellen und unmittelbar vor dem Weiterfahren wieder einzusammeln (BGH NJW **75** 1834).

c) Nach S 3 sind Fz neben diesen Sicherungsmaßnahmen **zu beleuchten**, und zwar unter 8 den Voraussetzungen des § 17 und gemäß dieser Vorschrift. Sicherungsmaßnahmen und Beleuchtung stehen also nebeneinander (*Rüth/Berr/Berz* Rz 8).

5. Zivilrecht. Nimmt der Kf pflichtwidrig zu wenig Treibstoff oder nicht die vorgeschriebe- 9 nen Sicherungsmittel mit (§ 53a StVZO), so kann das auffahrursächlich sein (BGH DAR **58** 218, Ha VRS **16** 35). Die Sicherungsmittel sind leicht erreichbar mitzuführen (Stu DAR **58** 222 [AB]). Das Unterlassen gebotener Sicherung spricht für Unfallursächlichkeit (Dü DAR **77**

2 StVO § 15a I. Allgemeine Verkehrsregeln

186) Geschieht trotz ordnungsmäßiger Sicherung ein Unfall, so ist die abgesicherte Gefahr nicht mehr ursächlich (BGH VersR **69** 895, Jn VersR **98** 251; näher: **E** 103, 147). Wer das Warndreieck nicht sofort aufstellt, handelt schuldhaft (BGH NJW-RR **87** 1235). Haftungsverteilung zwischen dem nachts auf AB nicht auf Sicht fahrenden Kf und dem dadurch verletzten Fahrer eines unbeleuchteten und ohne jede Warnung auf der Überholspur quer stehenden Fz ³/₄ zu ¹/₄ zu Lasten des Liegengebliebenen (Fra ZfS **04** 303). In einem ähnlichen Fall, allerdings bei Tag, nimmt Brn SP **08** 100 60% zulasten des Liegengebliebenen an, dessen Fz auf der Überholspur der AB steht und das Warnblinklicht nicht eingeschaltet hat. Für die Zeit zwischen dem Zurückholen des Sicherungsmittels nach Behebung der Panne und dem Wiederabfahren kann der Kf nicht haften (BGH NJW **75** 1834, *Booß* VM **72** 53). Wer bei der Behebung einer Panne die Fahrbahn betreten muss, unterliegt dabei nicht den Regeln für Fußgänger (Jn VersR **98** 250 [AB]). Wer ein liegengebliebenes Kfz auf der Fahrbahn anschieben hilft, muss sich Fehler des Fahrers nicht zurechnen lassen (Sa VM **77** 75). Die nötige Sicherung ist, besonders nach einem AB-Unfall, so umsichtig vorzunehmen, dass der Sichernde dabei nicht selber zu Schaden kommt (sonst § 254 BGB; BGH VersR **77** 36, Ha NZV **94** 394). Die Berufung auf Unabwendbarkeit (§ 17 III StVG) kann versagt bleiben, wenn der Führer eines auf der AB liegen gebliebenen, im Ausland zugelassenen Kfz von mehr als 3,5 t zulässigem Gesamtgewicht in Deutschland nicht vorsorglich die hier vorgeschriebene (§ 53 a StVZO) Warnleuchte mitgeführt hat, um das Fz zu sichern (Stu VRS **80** 181).

Lit: Böhmer, Unbeleuchtete Hindernisse auf der Fahrbahn bei Dunkelheit, MDR **60** 100.

10 6. **Ordnungswidrig** (§ 24 StVG) handelt, wer als FzF, uU aber auch als Beifahrer oder mitfahrender Halter, das liegen gebliebene Fz nicht gemäß § 15 sichert und, wenn nötig, beleuchtet (§ 49 I Nr 15, 17). Kein Schuldvorwurf gegen den Fahrer, der sich vor an sich dringend nötigen Sicherungsmaßnahmen erst vergewissert, ob Beteiligte verletzt sind (Rz 6; BGH VersR **77** 36). Wer ein Fahrhindernis bereitet, dessen Mitverantwortlichkeit (**E** 147) endet erst, wenn nach ausreichender Sicherung wieder ein ordnungsgemäßer Zustand eingetreten ist (Kö VRS **45** 183). Keine analoge Anwendung der Bußgeldbestimmung auf unzureichende Sicherung eines nicht liegen gebliebenen, sondern bewusst und gewollt abgestellten Fz (Dü VRS **63** 70 [aber eventuell § 1 II]). Ein liegen bleibendes Fz hält (parkt) nicht iS des § 12, der Fahrer verletzt diese Vorschrift daher nicht (§ 12 Rz 19). **Strafvorschriften:** §§ 315b I Nr 2, 315c I Nr 2g StGB (dort Rz 21).

Abschleppen von Fahrzeugen

15a (1) Beim Abschleppen eines auf der Autobahn liegengebliebenen Fahrzeugs ist die Autobahn (Zeichen 330) bei der nächsten Ausfahrt zu verlassen.

(2) Beim Abschleppen eines außerhalb der Autobahn liegengebliebenen Fahrzeugs darf nicht in die Autobahn eingefahren werden.

(3) Während des Abschleppens haben beide Fahrzeuge Warnblinklicht einzuschalten.

(4) Krafträder dürfen nicht abgeschleppt werden.

1 **Begr** zur ÄndVO v 21. 7. 80 (VkBl **80** 514):

Zu den §§ 15 a, 16 II Satz 2: Das Abschleppen liegengebliebener Fahrzeuge mittels einer Behelfsvorrichtung (Kabel, Seil usw.) auf Autobahnen ist im Hinblick auf die erhebliche Geschwindigkeitsdifferenz zwischen dem fließenden Verkehr und dem abgeschleppten Fahrzeug besonders gefährlich und sollte deshalb auf das unumgänglich notwendige Maß beschränkt werden. Die Ergänzung entspricht im Übrigen einer CEMT-Empfehlung.

1a **Begr** zur ÄndVO v 22. 3. 88 (VkBl **88** 222):

Zu Abs 4: Das Abschleppen von liegengebliebenen Krafträdern ist gefährlich. Ein entsprechendes Verbot wurde bisher aus einer entsprechenden Anwendung des § 23 Absatz 3 Satz 1 hergeleitet. Angesichts der Tatsache jedoch, dass die Vorschriften über das Abschleppen von Fahrzeugen in einem besonderen Paragraphen zusammengefasst sind, ist es aus rechtssystematischen Gründen notwendig, dieses Verbot ausdrücklich in die Abschleppvorschrift zu übernehmen.

2 1. **Allgemeine Grundsätze für das Verhalten beim Abschleppen.** Die Vorschrift betrifft nur das *Abschleppen,* nicht auch das *Schleppen. Abschleppen:* § 6 I S 3 FeV, § 33 StVZO

Rz 6 ff. Die Führer des schleppenden und der Lenker des abgeschleppten Fz müssen vereinbaren, wie sie sich während des Schleppens verständigen werden (Ko VRS **42** 424, Ba VersR **60** 672). Der Abgeschleppte muss sich der Fahrweise des Abschleppenden anpassen (weiches Bremsen; Ko VRS **42** 447). Auf einer Gefällstrecke muss der Fahrer des schleppenden Fz, wenn er beschleunigt, darauf gefasst sein, dass der Fahrer des geschleppten Fz Fehler macht (BGH VRS **15** 268). Beim Abschleppen muss der Fahrer des schleppenden Fz das geschleppte ständig im Rückspiegel beobachten; Abstimmung der Fahrweise ist unerlässlich (Ce DAR **61** 280). Die Abschleppvorrichtung muss den Umständen entsprechen (Schleppstange bei 8,4 t Schleppgewicht und längerem Schleppweg; Ha VRS **30** 137). **Fahrlässig** handelt, wer ohne jede Abschleppererfahrung auf schneeglatter Str ein mittels Seils abgeschlepptes Fz lenkt (Schl VRS **82** 259).

2. Das Abschleppverbot auf Autobahnen beruht auf der Schutzerwägung, Abschleppvorgänge auf der AB wegen der dort üblichen hohen Fahrgeschwindigkeit auf das absolut Notwendige zu beschränken. Bleibt ein Kfz auf der AB liegen, ist es bei der nächsten Ausfahrt hinauszuschleppen. I Ü sind alle Abschleppvorgänge von der AB (VZ 330), nicht auch von den KraftfahrStr (VZ 331), ausgeschlossen. Kein Einfahren in die AB zwecks bequemeren Abschleppens. Ob das liegen gebliebene Fz mit allen Rädern auf der Fahrbahn rollt oder nur mit einer Achse, ist unerheblich (Schl VRS **64** 234). § 15 a gilt für jedes abschleppende Kfz, für nichtgewerbliche wie für gewerbliche Abschlepp- oder Pannenhilfsfz. Jedes Abschleppfz muss während des Abschleppvorgangs **Warnblinklicht** betätigen. Gelbes Blinklicht ist daneben im Rahmen von § 38 III zulässig. Ist das Warnblinklicht beim Abschleppfz ausgefallen, bleibt das Abschleppen trotzdem zulässig, weil Instandsetzung auf oder neben der Fahrbahn gefährlich oder unmöglich sein kann, ebenso wie längeres Liegenbleiben im Verkehr. Die Pflicht zur Betätigung des Warnblinklichts besteht bei jedem Abschleppvorgang auch außerhalb der AB und für das abschleppende wie das Pannenfz. Bei eingeschaltetem Warnblinklicht sind Richtungsänderungen uU behelfsmäßig anzuzeigen. **Das Abschleppen von Krafträdern** ist unzulässig (IV). 3

3. Ordnungswidrigkeit: § 49 I Nr 15 a. Verbotswidriges Abschleppen auf AB (I) ist für sich allein nicht zugleich Verstoß gegen Verbot des Fahrens mit nicht zugelassenem Anhänger (Bay DAR **92** 362). 4

Lit: s § 33 StVZO Rz 6 ff.

Warnzeichen

16 (1) Schall- und Leuchtzeichen darf nur geben
1. wer außerhalb geschlossener Ortschaften überholt (§ 5 Abs. 5) oder
2. wer sich oder andere gefährdet sieht.

(2) ¹**Der Führer eines Omnibusses des Linienverkehrs oder eines gekennzeichneten Schulbusses muß Warnblinklicht einschalten, wenn er sich einer Haltestelle nähert und solange Fahrgäste ein- oder aussteigen, soweit die Straßenverkehrsbehörde für bestimmte Haltestellen ein solches Verhalten angeordnet hat.** ²Im übrigen darf außer beim Liegenbleiben (§ 15) und beim Abschleppen von Fahrzeugen (§ 15 a) Warnblinklicht nur einschalten, wer andere durch sein Fahrzeug gefährdet oder andere vor Gefahren warnen will, zum Beispiel bei Annäherung an einen Stau oder bei besonders langsamer Fahrgeschwindigkeit auf Autobahnen und anderen schnell befahrenen Straßen.

(3) Schallzeichen dürfen nicht aus einer Folge verschieden hoher Töne bestehen.

Begr zu § 16

Zu Abs 1: *Der Absatz begnügt sich damit, aus § 12 StVO (alt) den Rechtsgedanken zu übernehmen, dass jede Abgabe von Warnzeichen als missbräuchlich verboten ist, die nicht zur (erlaubten) Ankündigung des Überholens gestattet ist oder zur Warnung konkret gefährdeter Verkehrsteilnehmer geschieht. Dabei ist nicht mehr von der Gefahr durch das herannahende Fahrzeug die Rede, weil Warnzeichen u. U. auch aus einem haltenden Fahrzeug geboten sind, z. B. dann, wenn ein unachtsamer anderer Verkehrsteilnehmer aufzufahren droht. ...* 1/2

Zu Abs 2: *Fahrzeugführer, deren Fahrzeuge mit Warnblinkanlage (§ 53 a Abs. 4, § 72 Abs. 2 – zu § 53 a Abs. 4 – StVZO) ausgerüstet sind, neigen zu deren übertriebenen Benutzung; deshalb sind eingehende Benutzungsvorschriften geboten.* 3

2 StVO § 16 I. Allgemeine Verkehrsregeln

4 **Zu Abs 3:** *Das Verbot muss bestehen bleiben, weil die Ausrüstungsvorschriften (hier: § 55 StVZO) nicht für Ausländer im internationalen Verkehr gelten, die deshalb mit ihren Mehrklanghupen zu uns einreisen dürfen.*

4a **Begr** zur ÄndVO v 18. 7. 95 (VkBl **95** 531):

Zu Abs 2 Satz 1: *Die Vorschrift legt fest, wann der Führer eines Schulbusses oder eines Linienbusses das Warnblinklicht im Interesse der Sicherheit der Fahrgäste dieser Beförderungsmittel einschalten muss. Dabei legen die Straßenverkehrsbehörden fest, für welche Haltestellen dies erfolgen soll. Näheres regelt die VwV-StVO.*

4b **Begr** zur ÄndVO v 7. 8. 97 (VkBl **97** 689): **Zu Abs 2 Satz 2:** *– Begründung des Bundesrates – Die wissenschaftliche Auswertung schwerer Unfälle auf Autobahnen hat ergeben, dass Fahrzeuge, die im Verhältnis zum allgemeinen Verkehrsablauf extrem langsam fahren, eine besondere Gefahr darstellen. Deshalb hat sich bei den Benutzern der Autobahn mit Recht die Übung herausgebildet, bei Annäherung an einen erkennbaren Stau Warnblinklicht einzuschalten. Dadurch werden nachfolgende Fahrzeuge wirksam gewarnt. Eine ähnliche Gefahrensituation besteht dann, wenn Fahrzeuge auf schnell befahrenen Straßen extrem langsam fahren, z. B. an Steigungen oder auf Grund technischer Probleme. Hier ist allerdings die Übung, Warnblinklicht einzuschalten, noch nicht verbreitet. Um die genannten Gefahren soweit möglich zu vermindern, sollen in § 16 Abs. 1 Nr. 2 StVO beide Sachverhalte als Beispiele aufgeführt werden, ohne dass dadurch die Vorschrift materiell verändert wird. Die beispielhafte Nennung ist geeignet, sachgerechtes Verhalten zu fördern. Ebenso besteht die Möglichkeit, diese Fälle im Rahmen der Ausbildung und Prüfung von Fahrerlaubnisbewerbern noch deutlicher als bisher zu behandeln.*

Vwv zu § 16 Warnzeichen

Zu Absatz 1 Nr. 2

5 1 *Gegen missbräuchliche Benutzung des Warnblinklichts ist stets einzuschreiten. Das ist immer der Fall, wenn durch ein Fahrzeug der Verkehr nicht gefährdet, sondern nur behindert wird, z. B. ein Fahrzeug an übersichtlicher Stelle be- oder entladen wird.*

Zu Absatz 2

5a 2 *Die Straßenverkehrsbehörden haben sorgfältig zu prüfen, an welchen Haltestellen von Schulbussen sowie von Omnibussen des Linienverkehrs der Fahrer des Busses das Warnblinklicht einzuschalten hat. Maßgebliches Kriterium sind dabei die Belange der Verkehrssicherheit.*
 3 *Dort, wo sich in der Vergangenheit bereits Unfälle zwischen Fahrgästen und dem Kraftfahrzeugverkehr an der Haltestelle ereignet haben, ist die Anordnung, das Warnblinklicht einzuschalten, indiziert. Andererseits spricht das Nichtvorkommen von Unfällen, vor allem bei Vorhandensein von Querungshilfen für Fußgänger (z. B. Fußgängerüberweg, Lichtsignalanlage) in unmittelbarer Nähe der Haltestelle, gegen eine entsprechende Anordnung. Auch die Höhe des Verkehrsaufkommens, das Vorhandensein baulich getrennter Richtungsfahrbahnen, insbesondere bei mehrstreifiger Fahrbahnführung, sowie die bauliche Ausgestaltung der Haltestelle selbst (z. B. Absperrgitter zur Fahrbahn) sind in die Entscheidung einzubeziehende Abwägungskriterien. Die Lage der Haltestelle in unmittelbarer Nähe einer Schule oder eines Altenheimes spricht für das Einschalten des Warnblinklichts. Unter Umständen kann es auch in Betracht kommen, das Einschalten des Warnblinklichtes nur zu bestimmten Zeiten, gegebenenfalls auch für bestimmte Tagesstunden, anzuordnen.*
 4 *Maßgeblich für die Entscheidung, an welcher Haltestelle die Anordnung, das Warnblinklicht einzuschalten, erforderlich ist, ist in jedem Fall die Sachkunde und die Ortskenntnis der Straßenverkehrsbehörden. Entsprechendes gilt für die Anordnung, in welcher Entfernung von der Haltestelle das Warnblinklicht eingeschaltet werden soll.*
 5 *Die Anordnung, wo das Warnblinklicht eingeschaltet werden muss, ist gegenüber den Busbetreibern und den Fahrern der Busse auszusprechen.*

6 **1. Schall- und Leuchtzeichen** darf nur geben, wer außerhalb geschlossener Ortschaft überholt (§ 5) oder sich oder andere („konkret") gefährdet sieht. Warnpflicht besteht, wenn sonst Gefahr entstünde oder Gefahr sonst nicht beseitigt werden kann (§ 1, Begr zu § 16; Rz 8– 11). Hupen, um einen anderen VT zur Freigabe der Fahrbahn zu veranlassen, ist nur unter den Voraussetzungen von I Nr 1 oder 2 erlaubt (Kö VRS **65** 468). Schall- und LeuchtZ stehen einander gleich. Ein LeuchtZ darf nicht blenden. Längeres Aufblenden ist kein WarnZ und daher unzulässig, durch Blenden kann es gefährden und muss schon deshalb unterbleiben. § 16 betrifft alle VT, soweit sie Warnvorrichtungen führen, auch die Bahn bei StrMitbenutzung (Bay

Warnzeichen § 16 StVO **2**

VRS **14** 217). Ist der Beteiligte schon gewarnt, so ist kein WarnZ mehr zulässig (Ol VRS **15** 353). SchallZ: §§ 55, 64a StVZO. Soweit zur Warnung sachgemäß, ist die Lichthupe auch innerorts zulässig.

2. Wer überholt, darf, soweit nötig, Schall- und LeuchtZ geben, jedoch nur außerorts (§ 5 V). Ist die AB-Normalspur frei, darf der Überholende kurz zur Freigabe der Überholspur auffordern, Nichtfreigabe verletzt § 2 (BGH VersR **68** 672, Ha VM **62** 58 *(Booß)*, DAR **62** 191, Bay VRS **62** 218). WarnZ beim Überholen: § 5 Rz 59, 60. **7**

3. Wer sich oder andere gefährdet sieht (subjektives Element), gleichgültig wodurch, darf, soweit nötig, ein WarnZ geben und muss es tun, wenn sich die Gefahr anders nicht beseitigen lässt (Dü VRS **56** 2, Schl DAR **71** 273, Kar VRS **49** 210, Kö NZV **92** 33). **Beispiele:** Warnpflicht des Lastzugf, der sich bei Bremsversagen nur durch Befahren des Gehwegs retten kann, Fra VRS **41** 32, bei gefährdendem Langsamfahren auf AB, Fra NJW **85** 1353 (zum Einschalten des Warnblinklichts: Rz 15). Wer sein und ein anderes Kfz durch Kollision gefährdet sieht, muss Warnz geben (§ 1), Schl VM **72** 67. Fährt Kf links an verkehrsbedingt vor LZA haltender FzKolonne vorbei und überfährt er hierbei verbotswidrig eine Sperrfläche, so muss er den von rechts aus einer Grundstücksausfahrt kommenden, mit seinem Pkw in einer Lücke auf der rechten Fahrspur stehenden VT, der erkennbar durch die Lücke nach links einbiegen will und dabei nur nach rechts schaut, durch Schallzeichen warnen, Ha NZV **06** 204. Ausgiebigeres Hupen bei einem unaufmerksam in Schlangenlinie entgegenkommenden Radf, Kö VRS **50** 200, WarnZ vor Überholen eines zu weit links fahrenden 10jährigen Radf: § 5 Rz 40. Wer im haltenden Fz bemerkt, dass er ein rangierendes Kfz gefährdet (und dieses ihn), aber kein Warnz gibt, macht sich idR mitschuldig, abw uU Fra VRS **56** 45. Das Überqueren eines Fußgängerüberwegs begründet für sich allein keine Pflicht des Strabaf zur Abgabe eines WarnZ (Kö NZV **92** 32). **Nur bei Gefahr** für sich oder andere, also wenn ein VVorgang nach verständiger Beurteilung unmittelbar in Schaden umzuschlagen droht („konkrete" Gefahr), im Unterschied zu Vorgängen, die erfahrungsgemäß nicht selten zu Schäden führen, ist ein WarnZ zulässig, aus fahrendem wie stehendem Fz (bei Gefahr fremden Auffahrens, Begr), also zB nicht Warnblinklicht, um allgemein vor Glatteis zu warnen, wie auch II ergibt, Rz 9, anders aber zwecks Warnung bei einer AB-Falschfahrt (§ 18). Ob Gefahr besteht, hat der Warnende von seinem Blickpunkt aus zeitlich rasch nach pflichtgemäßem Ermessen zu beurteilen (BRDrucks 420/70 Nr 6). Er darf im Verkehr mangels Gegenanzeichens erwarten, dass sich Erwachsene nicht völlig unbedacht verhalten. Bei am StrRand wartenden Fußgängern muss ohne besondere Anzeichen nicht mit Gefahr gerechnet werden, Bay NJW **78** 1491. Fußgänger, die von einer VInsel aus die Fahrbahn weiter überqueren wollen, brauchen nicht schon deshalb gewarnt zu werden, wenn sie dort abgewandt, aber ohne ein Anzeichen für Weitergehen stehen, Dü VersR **73** 40. Maßgebend sind die örtlichen und Vverhältnisse. Das **Betätigen der „Lichthupe",** um Vorrangverzicht zu signalisieren, ist gem Abs I unzulässig (und ow), insoweit zumindest missverständlich BGH NJW **77** 1057, Ha NZV **88** 24. Reicht ein Schallzeichen nach der Gesamtlage nicht aus (auch nicht der Fahrtrichtungsanzeiger), so ist, soweit wirksamer, durch Lichthupe zu warnen und umgekehrt, uU sogar auch durch die Warnblinkanlage, Fra NJW **85** 1353; zu wählen ist, wofür oft ein Augenblicksentschluss in Betracht kommen muss, die wirksamste Art der Warnung, Sa VM **78** 51. Wer unnütz mit Lichthupe „warnt" (Blickverbindung), muss mit Missverständnis rechnen, BGH NJW **77** 1057, krit *Mühlhaus* VD **78** 1, *Kindermann* DAR **78** 173. Ein geistesgegenwärtiger Kf (§ 17 III StVG) verbindet, soweit bei Gefahr nötig, Hupen, Bremsen und Ausweichen miteinander, BGH DAR **66** 50, s aber BGH VersR **75** 1121. **8**

4. Nur allgemein mögliche Gefährdung genügt nach § 16 nicht, zB genügt nicht die allgemeine Möglichkeit, dass auf enger Straße Fußgänger auf die Fahrbahn treten könnten, Schl MDR **56** 504, s Rz 8. **9**

Andere Gefahren als die beiden in I genannten berechtigen nach § 16 nicht zu WarnZ, wie aus I und der Begr hervorgeht. Jedoch gibt es **gefahrähnliche Lagen** an der Grenze von Gefahrfällen, die bei sinnvollem Verhalten zumindest nach § 1 zum Warnen verpflichten müssen. So hat ein schwerer Lkw in enger Kurve bei Mitbenutzung der Gegenfahrbahn vorsorglich zu warnen, BGH VersR **66** 541, Ol VM **66** 47, Ha VRS **39** 461, Dü VM **58** 33, sofern nicht sogar ein Warnposten nötig ist, ebenso bei Nebel, wenn nicht ganz rechts gefahren werden kann, Neust VRS **10** 170, Dü VM **66** 56, es sei denn, Motorgeräusch und Beleuchtung machen das Fz deutlich sichtbar und wahrnehmbar, aM Nü VM **61** 90. Drohende Gefährdung anderer wird schon bei Einbiegen bei Nebel in eine VorfahrtStr mit einem schweren Kfz (Bus) **10**

König 597

angenommen werden dürfen, Dü VersR **73** 967. Der Busf, der beim Anfahren an der Haltestelle (s § 10 Rz 7) etwaige Personen vor seinem Fz im „toten Winkel" nicht sehen kann, muss WarnZ geben, Kar VersR **81** 579, Mü NZV **91** 389.

11   Die **Gefährdung von Eigentum und anderen Rechtsgütern** berechtigt nach § 16 nicht zu WarnZ („andere gefährdet"), aber nach § 1 (keinen anderen schädigen) und als Notwehr oder Nothilfe (**E** 113, 114). So darf ein Kf, der die Tür geöffnet hält oder dessen Fz die Durchfahrt verengt, der aber selbst bei Durchfahrt nicht gefährdet werden kann, gemäß § 1 durch HupZ an verkehrsgerechtes Verhalten gemahnt werden.

12   **5. Rechtzeitig und deutlich** ist zu warnen, so dass sich der Verkehr auf den Vorgang einrichten kann, BGH VRS **6** 264, Dü DAR **56** 54. Je nach Lage ist zugleich mit dem WarnZ nachher oder schon vorher zu verlangsamen, uU so, dass sofortiges Anhalten möglich ist, BGH DAR **57** 152, Ha VRS **12** 368.

13   **6. Würde das Warnzeichen nichts nützen oder die Gefahr vergrößern** (Begr) bzw erst schaffen, so ist es unzulässig, BGH VRS **22** 425, besonders wenn Fußgänger erschrecken oder unsicher werden könnten, BGH VM **56** 13 (Anhupen aus nächster Nähe). S Rz 8 (Lichthupe). Tiere sind bei WarnZ unberechenbar, wenn Kühe oft auch ausweichen.

14   **7. Eine Folge verschieden hoher Töne** ist als WarnZ unerlaubt (III). Ausländer dürfen solche Hupen im StVO-Bereich nicht benutzen (Rz 4). WarnZ gemäß § 16 müssen sie gleichwohl abgeben können.

15   **8. Warnblinklicht** muss eingeschaltet werden von Führern eines Linien- oder Schulbusses nach Maßgabe von II S 1; wenn ein Kfz unterwegs liegen bleibt, nach Maßgabe von § 15; allgemein, wenn der Kfzf nur so, nicht durch andere Warnzeichen, damit rechnen kann, Gefahr für sich oder andere abzuwenden (§ 1), insbesondere beim Abschleppen (§ 15 a). **Linienbus- und Schulbusf** müssen das Warnblinklicht nur an bestimmten Haltestellen einschalten; um welche Haltestellen es sich handelt, wird den Busbetreibern von der StrVB bekannt gegeben. An diesen Haltestellen ist das Warnblinklicht nicht nur während des Fahrgastwechsels, sondern schon beim Annähern an die Haltestelle einzuschalten. Schulbus: § 20 Rz 4. Der Busf „nähert" sich der Haltestelle, wenn er, für andere VT und wartende Fahrgäste erkennbar, unmittelbar die Haltestelle ansteuert; bei eingeschaltetem Warnblinklicht besteht ein Überholverbot (§ 20 III). Die StrVB kann (II S 1: „soweit") eine bestimmte (oder ungefähre, *Bouska* DAR **95** 398) Entfernung festsetzen. Haltestelle: Z 224. Vor der Abfahrt darf der Busf das Warnblinklicht abschalten, wenn niemand mehr ein- oder aussteigt. Das Aussteigen ist idR mit dem Verlassen des Busses beendet, *Bouska* DAR **95** 398, jedenfalls mit dem Erreichen einer sicheren Position nach Verlassen des Busses, *Hentschel* NJW **96** 239, nach *D. Müller* VD **04** 187 erst nach etwa beabsichtigter StrÜberquerung. **In allen anderen Fällen** möglicher Gefahr darf das Warnblinklicht benutzt werden, wie nunmehr II S 2 ausdrücklich klarstellt, auch zur Warnung vor Gefahren im StrBereich (Unfall, Hindernis; Kö VRS **68** 354, Bay DAR **86** 59). Von einem Verband von MilitärFz können Gefahren ausgehen, die das Einschalten von Warnblinklicht rechtfertigen oder sogar geboten erscheinen lassen (Ha DAR **91** 338; i Erg abl *Booß* VM **92** 17). Entsprechendes gilt für einen bei Dunkelheit mit 6 km/h fahrenden Bagger (Dü DAR **99** 543 [Mithaftung]). Die Fassung von II S 2 (ÄndVO v 7. 8. 97) nennt beispielhaft Annäherung an einen Stau und besonders langsames Fahren auf AB und SchnellStr. Eine Pflicht, auf diese Weise vor Stau zu warnen, besteht aber idR nicht (Zw NZV **98** 24, Ba DAR **07** 82 [„künstlicher Stau"]). Auch zur Warnung vor einem entgegenkommenden Falschfahrer darf Warnblinklicht eingeschaltet werden. Bei erlaubtem Halten in zweiter Reihe (§ 12 Rz 40) kann nach II S 2 nF („andere vor Gefahren warnen") uU Warnblinklicht zulässig sein (*Booß* VM **88** 43). IÜ ist übermäßige Verwendung jedoch zu vermeiden (Rz 3) und grundsätzlich unzulässig, sofern allenfalls Behinderung des V gegeben ist, wobei unzulässiges Einschalten den FahrV nicht zu einer Verminderung der zulässigen Geschwindigkeit anzuhalten vermag (BGH NZV **07** 451).

16   **9. Ausnahmen:** § 46 II. Blaues und gelbes Blinklicht: § 38.

17   **10. Zivilrecht.** Rechtzeitige WarnZ befreien den Kf nicht von weitergehenden Sorgfaltspflichten (BGH NJW **60** 1524). Ersatzpflicht, wenn ein Fußgänger wegen unangebrachter WarnZ verunglückt (BGH Fahrl **68** 412), uU aber Mitschuld des Fußgängers (BGH VersR **67** 348). Wer einen vorschriftsmäßig eingeordneten Abbieger durch unrichtige Warnzeichen verwirrt und zu unrichtiger Reaktion veranlasst, haftet (Ha DAR **61** 24). Keine erhöhte BG deshalb, weil ein Kf auf unvorhersehbares Überqueren der Fahrbahn durch Fußgänger nur mit

Beleuchtung § 17 StVO 2

Notbremsung oder Warnzeichen reagiert, BGH VM **75** 89. Keine Mithaftung des VT, der bei einem durch die Pol künstlich verursachten Stau die Warnblinkanlage nicht betätigt (Ba DAR **07** 82). Hingegen soll nach LG Memmingen DAR **07** 709 idR von Mithaftung wegen BG des Geschädigten anzunehmen sein, wenn er bei Annäherung an einen (gewöhnlichen) Stau die Warnblinkanlage nicht betätigt.

11. Ordnungswidrig (§ 24 StVG) handelt, wer entgegen § 16 WarnZ gibt (§ 49 I Nr 16), **18** zB um jemand, der abgeholt wird, zu benachrichtigen oder um vor PolKontrollen (Radarmessung usw) zu warnen, Zw VRS **64** 454, Ce NZV **89** 405 (jedoch keine Bußgelderhöhung wegen Behinderung der Arbeit der Pol). Nichteinschalten des Warnblinklichts durch Linien- oder Schulbusf gem II S 1 ist ow. Belästigendes, bedrängendes Hupen, um zum Weiterfahren zu veranlassen, nötigt den stehenden Vordermann nicht, Schl VM **74** 14, Dü NZV **96** 288. Nötigung durch dichtes Auffahren unter Abgabe von Schall- oder LichtZ: § 240 StGB Rz 10 ff. Bei unzulässigem Lärm durch SchallZ tritt § 117 OWiG zurück (*Rüth* DAR **75** 10).

Beleuchtung

17 (1) ¹Während der Dämmerung, bei Dunkelheit oder wenn die Sichtverhältnisse es sonst erfordern, sind die vorgeschriebenen Beleuchtungseinrichtungen zu benutzen. ²Die Beleuchtungseinrichtungen dürfen nicht verdeckt oder verschmutzt sein.

(2) ¹Mit Begrenzungsleuchten (Standlicht) allein darf nicht gefahren werden. ²Auf Straßen mit durchgehender, ausreichender Beleuchtung darf auch nicht mit Fernlicht gefahren werden. ³Es ist rechtzeitig abzublenden, wenn ein Fahrzeug entgegenkommt oder mit geringem Abstand vorausfährt oder wenn es sonst die Sicherheit des Verkehrs auf oder neben der Straße erfordert. ⁴Wenn nötig, ist entsprechend langsamer zu fahren.

(2a) Krafträder müssen auch am Tage mit Abblendlicht fahren.

(3) ¹Behindert Nebel, Schneefall oder Regen die Sicht erheblich, dann ist auch am Tage mit Abblendlicht zu fahren. ²Nur bei solcher Witterung dürfen Nebelscheinwerfer eingeschaltet sein. ³Bei zwei Nebelscheinwerfern genügt statt des Abblendlichts die zusätzliche Benutzung der Begrenzungsleuchten. ⁴An Krafträdern ohne Beiwagen braucht nur der Nebelscheinwerfer benutzt zu werden. ⁵Nebelschlußleuchten dürfen nur dann benutzt werden, wenn durch Nebel die Sichtweite weniger als 50 m beträgt.

(4) ¹Haltende Fahrzeuge sind außerhalb geschlossener Ortschaften mit eigener Lichtquelle zu beleuchten. ²Innerhalb geschlossener Ortschaften genügt es, nur die der Fahrbahn zugewandte Fahrzeugseite durch Parkleuchten oder auf andere zugelassene Weise kenntlich zu machen; eigene Beleuchtung ist entbehrlich, wenn die Straßenbeleuchtung das Fahrzeug auf ausreichende Entfernung deutlich sichtbar macht. ³Auf der Fahrbahn haltende Fahrzeuge, ausgenommen Personenkraftwagen, mit einem zulässigen Gesamtgewicht von mehr als 3,5 t und Anhänger sind innerhalb geschlossener Ortschaften stets mit eigener Lichtquelle zu beleuchten oder durch andere zugelassene lichttechnische Einrichtungen kenntlich zu machen. ⁴Fahrzeuge, die ohne Schwierigkeiten von der Fahrbahn entfernt werden können, wie Krafträder, Fahrräder mit Hilfsmotor, Fahrräder, Krankenfahrstühle, einachsige Zugmaschinen, einachsige Anhänger, Handfahrzeuge oder unbespannte Fuhrwerke dürfen bei Dunkelheit dort nicht unbeleuchtet stehen gelassen werden.

(4a) ¹Soweit bei Militärfahrzeugen von den allgemeinen Beleuchtungsvorschriften abgewichen wird, sind gelb-rote retroreflektierende Warntafeln oder gleichwertige Absicherungsmittel zu verwenden. ²Im übrigen können sie an diesen Fahrzeugen zusätzlich verwendet werden.

(5) Führen Fußgänger einachsige Zug- oder Arbeitsmaschinen an Holmen oder Handfahrzeuge mit, so ist mindestens eine nach vorn und hinten gut sichtbare, nicht blendende Leuchte mit weißem Licht auf der linken Seite anzubringen oder zu tragen.

(6) Suchscheinwerfer dürfen nur kurz und nicht zum Beleuchten der Fahrbahn benutzt werden.

Begr zu § 17

Zu Absatz 1: *Der Absatz wendet sich an den fließenden wie an den ruhenden Verkehr und an alle* **1** *Arten von Verkehrsteilnehmern, denen Beleuchtungseinrichtungen vorgeschrieben sind. Welche Beleuchtungseinrichtungen das sind, erfahren die Kraftfahrer, Radfahrer und Fuhrleute aus der StVZO, die Führer geschlossener Verbände aus § 27 und die Viehtreiber aus § 28.*

Wenn die Verordnung an der bisherigen Formel der StVO (alt) (z. B. § 23 Abs. 1) „vom Hereinbre- **2** *chen der Dunkelheit" nicht festhält und statt dessen „während der Dämmerung, bei Dunkelheit ..." sagt, so soll damit nur deutlich gemacht werden, für welche Zeiten die Beleuchtung vorgeschrieben ist. Da die*

Dunkelheit in unseren Breitengraden nicht hereinbricht, sondern allmählich eintritt und weicht, erscheint eine solche Klarstellung als notwendig. Eine Rechtsänderung ist damit nicht beabsichtigt.

3   In Anlehnung an die Weltregeln wird die Vorschrift der Beleuchtung bei Tage („wenn die Witterung es erfordert" § 23 Abs. 1 alt) sachgerecht erweitert. Nicht nur die Witterung kann das erfordern, sondern auch sonstige Beeinträchtigung der Sicht, so z. B. örtliche Gegebenheiten, wie ein unbeleuchteter Tunnel.

4   **Zu Absatz 2:** Der erste Satz verlangt von den Kraftfahrern außerhalb wie innerhalb geschlossener Ortschaften unter den Voraussetzungen des Absatzes 1 Satz 1 beim Fahren stets die Benutzung mindestens des Abblendlichts. Zunächst konnte das nicht verlangt werden, weil die CEMT-Regeln entgegenstanden. Die Verkehrsübung war in den europäischen Ländern so verschieden, dass es in einigen Ländern freigestellt wurde, ob man während der Dämmerung oder auf beleuchteten Straßen mit Abblendlicht oder nur mit Standlicht fährt. Gerade das aber ist unter dem Gesichtspunkt der Verkehrssicherheit fast unerträglich. Fährt ein Kraftfahrzeug mit Abblendlicht und ein anderes in der Nähe mit Standlicht, so besteht die Gefahr, dass das letztere gar nicht von anderen Verkehrsteilnehmern, insbesondere von querenden Fußgängern, gar nicht wahrgenommen wird. Ein solches Verkehrsbild verleitet auch zu Fehlschätzungen über die Fahrgeschwindigkeit der verschieden beleuchteten Fahrzeuge ...

5   **Zu Absatz 3:** Auch dieser Absatz wendet sich nur an Kraftfahrer. Er bringt im Wesentlichen das, was heute schon gilt. Das Weltabkommen erlaubt die Benutzung der Nebelscheinwerfer nicht bloß bei Nebel und Schneefall, sondern auch bei „starkem Regen". Da der Begriff „starker Nebel" in § 33 Abs. 4 StVO (alt) der Rechtsprechung Schwierigkeiten bereitet hat, wählt die Verordnung sachgerecht für alle drei Niederschlagsarten das praktikablere Kriterium der erheblichen Sichtbehinderung. Die Benutzungsvorschrift für Nebelschlussleuchten ... ist ähnlich motiviert wie die für Warnblinklicht (§ 16 Abs. 2). Bei der Nebelschlussleuchte kommen überzeugende Sicherheitsgründe hinzu. Ihre Lichtstärke liegt an der Blendstörgrenze ... Deshalb wird die durch Nebel gezogene Grenze der Sichtweite auf 50 m festgesetzt ...

6   **Zu Absatz 5:** Der Inhalt des Paragraphen 24 Abs. 1, Abs. 2 und Abs. 5 StVO (alt) über die Beleuchtung von Fuhrwerken wird in die StVZO verwiesen und in Ausrüstungsvorschriften umformuliert ...

Aus der Begr zur MaßnVO 75 (VkBl 75 674):

7   **Zu Abs 4:** Das Parken von Fahrzeugen mit einem zulässigen Gesamtgewicht von mehr als 2,8 t* und von Anhängern ist gefahrträchtiger als das Parken von Personenkraftwagen. Die genannten Fahrzeuge sind trotz verhältnismäßig guter Aufhellung durch die Straßenbeleuchtung oft erst auf geringe Entfernung erkennbar. Die Sicherheit ... erfordert daher diese Beleuchtungsregel. Die Ergänzung stellt an die Führer der betroffenen Fahrzeuge auch keine übertriebenen Anforderungen. Sachgerecht wird die Vorschrift auf die auf der Fahrbahn haltenden Fahrzeuge beschränkt.

Die Neufassung stellt klar, dass alle unbeleuchteten kleineren Fahrzeuge, die der Führer ohne große Schwierigkeiten von der Fahrbahn entfernen kann, bei Dunkelheit dort nicht stehen gelassen werden dürfen.

8   **Begr** zur ÄndVO v 21. 7. 80 (VkBl 80 514):

Zu Abs 4 Satz 3: Die Ergänzung ist erforderlich, weil

a) aus dem bisherigen Wortlaut nicht klar hervorgeht, dass sich Satz 3 nur auf Fahrzeuge bezieht, die innerorts abgestellt sind,
b) damit die durch die Zulassung von retroflektierenden Warntafeln anstelle ‚eigener Lichtquelle' im Wege einer Verlautbarung des Bundesministers für Verkehr (vgl. VkBl S. 264) geschaffene Rechtsunsicherheit beseitigt und weitergehende technische Entwicklungen der Beleuchtung ermöglicht werden.

9   **Begr** zur ÄndVO v 22. 3. 88 (VkBl 88 222):

Zu Abs 2 a: Nach amerikanischen und schwedischen Untersuchungen kann die Verkehrssicherheit der Krafträder ganz wesentlich dadurch erhöht werden, dass sie auch bei Tage mit Abblendlicht fahren. Sie sind dann für den übrigen Verkehr eher erkennbar. Insbesondere geht die Zahl der Zusammenstöße mit dem entgegenkommenden abbiegenden Verkehr zurück.

Die Europäische Konferenz der Verkehrsminister hat deshalb empfohlen, in der nationalen Gesetzgebung vorzusehen, dass Krafträder auch am Tage mit Abblendlicht fahren müssen (Empfehlung des Ministerrats vom 27. 11. 1980).

...

---

* Jetzt 3,5 t.

Beleuchtung § 17 StVO **2**

Zu Abs 4a: *Wenn Militärfahrzeuge bei Manövern Sonderrechte nach § 35 StVO in Anspruch nehmen und bei Dunkelheit ohne Beleuchtung fahren, kann das insbesondere bei Panzern zu schweren Verkehrsunfällen führen. Durch eine Kennzeichnung mit gelb-roten retroreflektierenden Warntafeln, wie sie schon heute teilweise verwendet werden oder durch gleichwertige Absicherungen wird der Gefahr von Auffahrunfällen vorgebeugt.*

Begr zur ÄndVO v 7. 8. 97 (VkBl **97** 688): S § 3 Rz 10a.

Vwv zu § 17 Beleuchtung

Zu Absatz 1

1 Es ist zu beanstanden, wenn der, welcher sein Fahrzeug schiebt, Beleuchtungseinrichtungen durch seinen Körper verdeckt; zu den Beleuchtungseinrichtungen zählen auch die Rückstrahler (§ 49a Abs. 1 Satz 2 StVZO).   **10**

Zu Absatz 2

2 I. Es ist darauf hinzuwirken, dass der Abblendpflicht auch gegenüber Radfahrern auf Radwegen sowie bei der Begegnung mit Schienenfahrzeugen und gegenüber dem Schiffsverkehr, falls die Führer dieser Fahrzeuge geblendet werden können, genügt wird. Einzelner entgegenkommender Fußgänger wegen muss dann abgeblendet werden, wenn sie sonst gefährdet wären (§ 1 Abs. 2).   **11**

3 II. Nicht nur die rechtzeitige Erfüllung der Abblendpflicht und die darauf folgende Pflicht zur Mäßigung der Fahrgeschwindigkeit sind streng zu überwachen; vielmehr ist auch darauf zu achten, dass nicht   **11a**

4 1. Standlicht vorschriftswidrig verwendet wird,
5 2. Blendwirkung trotz Abblendens bestehen bleibt,
6 3. die vordere Beleuchtung ungleichmäßig ist,
7 4. Nebelscheinwerfer, Nebelschlussleuchten oder andere zusätzliche Scheinwerfer oder Leuchten vorschriftswidrig verwendet werden.

Zu Absatz 4

8 Andere zugelassene lichttechnische Einrichtungen zur Kennzeichnung sind Park-Warntafeln nach § 43 Abs. 4. Einzelheiten über die Verwendung ergeben sich aus § 51c Abs. 5 StVZO. Die Park-Warntafeln unterliegen einer Bauartgenehmigung nach § 22a StVZO.   **12**

Zu Absatz 4a

9 Machen Militärfahrzeuge, insbesondere Panzer, von den Sonderrechten nach § 35 Gebrauch und fahren ohne Beleuchtung, so sind sie mit gelb-roten retroreflektierenden Warntafeln oder gleichwertigen Absicherungsmitteln zu kennzeichnen.   **12a**

Übersicht

Abblenden, rechtzeitiges 11, 11a, 22–25
Abblendlicht 4, 18a, 20, 24–27
–, Reichweite 24
Angepasste Fahrgeschwindigkeit 11a, 26
Arbeitsmaschine 36
Aufblenden beim Überholen 23
Ausnahmen 39
Ausnutzung der Straßenbeleuchtung 33
Außerorts, Beleuchtung 31

Beleuchtung haltender Fahrzeuge 7, 8, 30–35
– durch eigene Lichtquelle 7, 8, 30–33
– außerorts 31
– innerorts 7, 8, 32, 33
– liegen bleibender Fahrzeuge 34
Beleuchtungseinrichtungen 10, 15, 19
Beleuchtungspflicht 13
Blenden von rückwärts 23

Dämmerung 2, 16
Dunkelheit 2, 16

Fahrgeschwindigkeit 12, 26
Fahrzeuge, haltende 7, 8, 30–35
–, liegen bleibende 34
Fernlicht 20, 23
Fußgänger 36

Handfahrzeug 7, 36

Kennzeichnung, seitliche 14
Kleinfahrzeug, unbeleuchtetes 7, 35
Krafträder 18a

Liegenbleibendes Fahrzeug 34

Militärfahrzeuge 18b

Nebel 5, 27–29
Nebelscheinwerfer 28
Nebelschlussleuchte 29

Ordnungswidrigkeiten 40
Örtliche Verhältnisse 18

Parkleuchte 32

Rechtzeitiges Abblenden 11, 11a, 22–25
Regen 5, 27–29
Reichweite des Abblendlichts 24
Rekonstruktion des Beleuchtungszustands 41

Sanktion 40/41
Schneefall 5, 27–28
Sichtbehinderung, Wetter 5, 27–29
Standlicht 4, 20
Stehenlassen, Kleinfahrzeug 7, 35

Straßenbeleuchtung 33
Suchscheinwerfer 37

Überholen, Aufblenden 23
Unsichtiges Wetter 3, 17, 27

Verdeckt 10, 19
Verkehr, fließender, ruhender 1, 13
Verschmutzt 10, 19
Vertrauensgrundsatz 14

Zivilrecht 38

13   **1. Beleuchtungspflicht** gilt unter den Voraussetzungen von I für alle VT des fließenden und ruhenden Verkehrs (Kfz, Radf, Fuhrwerke, Viehtreiber, Verbände), für die Beleuchtungseinrichtungen vorgeschrieben sind (Begr). Verstöße bewirken erfahrungsgemäß leicht Unfälle, BGH NZV **05** 249, Dü VersR **75** 143, **72** 377. Die Beleuchtungspflicht dient dem eigenen Schutz wie dem des fließenden und ruhenden Verkehrs, *Bouska* VD **73** 315. Für fahrende Kfz gilt sie ausnahmslos, für ruhende Kfz überall, wo Kollision, auch mit Fußgängern, Dü VRS **14** 376 (zu § 23 alt), *Bouska* VD **73** 313 (insoweit aM Kar NZV **00** 86), möglich ist. Außer auf Fahrbahnen und Randstreifen gilt sie deshalb auch für solche Parkbuchten, wo nach örtlichen Verhältnissen Fahr- oder FußgängerV möglich ist, Stu VRS **44** 369, *Bouska* VD **73** 311, außerdem auf Gehwegen, auf welchen Parken erlaubt ist, auf als Fahrstreifen von der Fahrbahn abzweigenden Parkplätzen (AB), Bay NJW **62** 407, Hb VRS **32** 121, *Lütkes* MDR **63** 184, auf Verbindungsstreifen von AB-Anschlussstellen, Ha VRS **26** 317, nicht aber auf gesonderten Abstellflächen neben durchgehenden Parkplätzen, *Bouska* VD **73** 318; sie gilt sodann für gekennzeichnete oder als solche deutlich erkennbare Fahrflächen öffentlicher Parkplätze, *Bouska* VD **73** 311, nicht aber auf den Abstellflächen öffentlicher Parkplätze inner- oder außerorts, ohne Rücksicht auf Leitlinien. Dort muss jeder Einfahrende mit parkenden, unbeleuchteten Fz rechnen, die den fließenden Verkehr nicht beeinträchtigen können, aM insoweit Stu VRS **44** 369. Auf Privatparkplätzen außerhalb des öffentlichen Verkehrs besteht keine Beleuchtungspflicht, Stu VRS **44** 369. Ein Fahrrad ohne Beleuchtung darf geschoben werden, es rechnet zum FußgängerV, Ce VersR **60** 562, BGH VM **59** 16 (abl *Booß*). Verantwortlich für die Beleuchtung ist der Fahrer (§ 23), eine innerbetriebliche Anordnung tritt zurück (**E** 48), Dü VM **73** 22. Beleuchtungseinrichtungen und -pflicht anderer VT: § 66a StVZO, §§ 27, 28 StVO. Zum Fahren mit Licht am Tag *Dauer* VD **06** 255.

14   Der Verkehr darf mangels Gegenanzeichen **auf Beachtung der Beleuchtungspflicht vertrauen,** BGH NZV **05** 249, VRS **22** 137, Ha VRS **28** 303, KG DAR **83** 82, auch durch Radf trotz häufiger Verstöße, *Blumberg* NZV **94** 255, Kö VRS **31** 229, abw Bay VkBl **57** 607, Ol VRS **32** 270 (Radf ohne Licht auf BundesStr), nicht aber bei Dämmerung, solange viele Fz offensichtlich noch ohne Licht fahren, BGH NZV **05** 249, Ha VRS **28** 303, und nicht bei Verstoß gegen das Sichtfahrgebot (§ 3 I), BGH aaO, oder sonstigem eigenem verkehrswidrigem Verhalten (Rz 22), BGH aaO (Fehler beim Linksabbiegen). Eine Schreckreaktion wegen Begegnung mit einem unbeleuchteten Kfz bei Dunkelheit wird idR nicht vorwerfbar sein (**E** 86). Zur Sicherung muss ein Zug uU auch seitlich beleuchtet werden, Hb VM **65** 4. Zur Verwendung von Sicherungsleuchten, wenn ein Lkw nachts zwecks Einfahrens in ein Grundstück auf offener LandStr hält, Kö VRS **25** 312. Sicherungspflicht beim Liegenbleiben: § 15.

15   **1a. Vorgeschriebene lichttechnische Einrichtungen:** §§ 17, 27, 28 StVO, §§ 49a, 50, 51, 51a, b, 52, 53, 53b, 53c, d, 54b, 60 IV, 66a, 67 StVZO.

16   **1b. Während der Dämmerung, bei Dunkelheit oder wenn die Sichtverhältnisse es sonst erfordern,** ist die vorgeschriebene Beleuchtung nötig (I). Dämmerung, Dunkelheit: auf genaue Definition oder Abgrenzung kommt es nicht an. Auch astronomische Daten geben allenfalls Anhaltspunkte. Maßgebend sind die Sichtverhältnisse. Daher ist Beleuchtung im Zweifel nötig, wenn das natürliche Licht Umriss und Ende des Fz für schnell fahrende VT auf größere Entfernung (300 m?) nicht mehr deutlich erkennen lässt, Ha VRS **28** 303, Dü VersR **75** 143, also bereits bei Zwielicht, Ha VRS **62** 214. Maßgebend ist nicht der allgemeine Stand der Dämmerung, sondern die Sichtminderung am Ort des Fz, Dü VersR **70** 1160. Nur bei besonders schwieriger Beurteilung wird ein Lichtgutachten einzuholen sein, Ko DAR **74** 276. Beleuchtung ist bei beginnender Dämmerung spätestens einzuschalten, wenn nachfolgende Fz bereits beleuchtet sind, weil unbeleuchtete Fz vor beleuchteten schwerer wahrgenommen wer-

Beleuchtung § 17 StVO **2**

den. Da deutliches Sehen bei Dämmerung schwieriger als bei Dunkelheit ist, wo die anderen VT beleuchtet sind, BGH VersR **59** 513, ist Beleuchtung schon frühzeitig beim geringsten Zweifel einzuschalten, Ha VRS **62** 214, nicht erst, wenn die meisten anderen VT beleuchtet fahren. Fährt die übergroße Mehrzahl der Kf beleuchtet, außer bei Tageslicht, so ist das ein Indiz für die Notwendigkeit beleuchteten Fahrens, Ha VM **73** 8.

Bei **unsichtigem Wetter** gilt im Grundsatz dasselbe, vor allem bei Nebel (Rz 27) und **17** starkem Regen oder Schneetreiben. Nebel mit geringen Sichtweiten erfordert Beleuchtung, Rz 27, ebenso auch beim Durchfahren häufiger Nebelbänke (Abblendlicht, niemals Standlicht!). Ist die Sichtweite geringer als der doppelte Anhalteweg, so ist auch auf der AB Beleuchtung (Abblendlicht) einzuschalten, Ha VRS **59** 379.

Auch die **örtlichen Verhältnisse** können Beleuchtungpflicht begründen, wenn die Sicht **18** sonst zu schlecht ist, zB ein Tunnel oder dichter, hoher Wald (Begr).

Lit: *Aulhorn,* Der Dunkelheitsunfall, k + v **69** 70. *Bodmann,* Zur Bewertung der Beleuchtungsverhältnisse im nächtlichen StrV, k + v **69** 78. *Dauer,* Fahren mit Licht am Tag, VD **06** 255. *Eckert,* Der Fußgängerunfall in der Dunkelheit und seine Rekonstruktion, NZV **92** 474. *Füchsel/Förster,* Die Beleuchtung der Kfz und ihrer Anhänger, DAR **70** 10. *Fürst,* Der Dunkelheitsunfall, k + v **69** 91. *Gaisbauer,* Über den Begriff der Dunkelheit, VersR **67** 740. *Hartmann,* Sehen, Wahrnehmen und Erkennen im StrV, DAR **76** 326. *Hölcke,* VUnfälle während der Dämmerung, DRiZ **62** 17. *Kramer,* Pro und Contra zum Fahren mit Licht auch am Tag, VD **02** 279. *Maas,* Dämmerungszeit und Dämmerungshelligkeit im Zusammenhang mit der Beleuchtungspflicht, DAR **69** 29. *Oswald,* Die Beleuchtung der Kfz bei Nebel, Schnee und Regen, DAR **74** 295. *Schmidt-Clausen,* Das lichttechnische Gutachten bei Dunkelheitsunfällen, DAR **82** 3.

1 c. Krafträder müssen auch am Tag mit Abblendlicht fahren (II a), weil sie dadurch für den **18a** übrigen V besser erkennbar sind (Rz 9; BGH NZV **05** 249). Von einer Beleuchtungspflicht für alle Fz wurde bewusst abgesehen, weil die bessere Erkennbarkeit der Kräder dadurch wieder in Frage gestellt wäre. Die Beleuchtungspflicht des II a gilt für alle motorisierten Zweiräder, also auch für Mopeds und Mofas (die gem § 50 VI a StVZO mit einem Scheinwerfer für Dauerabblendlicht ausgerüstet sein müssen), nicht jedoch für Leichtmofas, die nur Fahrradbeleuchtung haben (§ 67 StVZO, § 2 LeichtmofaAusnVO), also nicht über „Abblendlicht" iS von II a verfügen.

1 d. Militärfahrzeuge sind uU von der Beleuchtungspflicht befreit (§ 35 I, V). Fahren sie **18b** abw von § 17 – etwa im Manöver – bei Dunkelheit ohne Beleuchtung (Panzer), so besteht erhöhte Unfallgefahr. Sie müssen daher in solchen Fällen mit gelbroten retroreflektierenden Tafeln oder gleichwertigen Absicherungsmitteln gesichert werden (Abs IV a S 1), die auch zusätzlich zu den Beleuchtungseinrichtungen verwendet werden dürfen, Abs IV a S 2.

2. Nicht verdeckt oder verschmutzt sein dürfen Rückstrahler und lichttechnische Ein- **19** richtungen, damit die Beleuchtung gut sichtbar ist. Vor allem nach längeren Fahrten bei Schmutzwetter oder auf schmutzigem Gelände (Baufz) ist das bedeutsam. Bei Verdeckung durch Anbaugeräte gilt die spezielle Vorschrift des § 53b IV StVZO, Bay VRS **70** 381. Eine Ausnahme vom Verdeckungsverbot gilt für Zgm und deren Anhänger bei Brauchtumsveranstaltungen nach Maßgabe von § 1 I a der 2. VO über Ausnahmen von straßenverkehrsrechtlichen Vorschriften.

3. Mit Abblendlicht oder Fernlicht (soweit zulässig) ist zu fahren. III (Abblendlicht) dient **20** vor allem der Erkennbarkeit des Fz, gemessen an der jeweiligen Fahrgeschwindigkeit. **Standlicht (Begrenzungsleuchten)** ist im Fahrbetrieb während der Dauer der Beleuchtungspflicht *unzulässig*, nicht auch zB bei Warten vor Rot, denn II untersagt nur das Fahren mit Standlicht, nicht auch das Warten (*Booß* VM **75** 86, *Knippel* DAR **76** 153, aM Kö VRS **49** 395), im Gegensatz zu anderen Ländern, die Standlicht noch erlauben oder sogar vorschreiben. Es ist jedoch gefährlich, weil es im gemischten V vom Abblendlicht überstrahlt werden kann (Rz 27), auch lässt es schwer erkennen, ob ein Fz näher kommt und wie schnell (Ha VRS **42** 108). Außerdem ist es im Schnellverkehr, vor allem auf der AB, und erst recht bei Nebel unzureichend. Auch auf der AB kann es auf rechtzeitige Erkennbarkeit des Kfz von vorn ankommen (Einfahren, Unfall, Parkplatz; Bay NJW **70** 1141). Ausnahme: Standlicht neben Nebelscheinwerfern (Rz 28).

4. Fernlicht, sonst von den VVerhältnissen abhängig, ist auf Straßen mit durchgehender, aus- **21** reichender Beleuchtung unzulässig (II). Wer ein Hindernis zu spät erkennt, weil er zulässiges Fernlicht nicht eingeschaltet hatte, muss sich dies im Schadensfall als Verschulden entgegenhalten lassen (Ha NZV **01** 348). Jedoch gibt es keine Pflicht, bei Dunkelheit auf Landstraßen *stets* mit Fernlicht zu fahren (Ha NZV **08** 411).

2 StVO § 17   I. Allgemeine Verkehrsregeln

22   **5. Rechtzeitig abzublenden** ist, wenn ein Fz entgegenkommt oder mit geringem Abstand vorausfährt oder wenn die Sicherheit auf oder neben der Straße es sonst erfordert (II). Abblendlicht: § 50 StVZO. Rechtzeitig abgeblendet ist, wenn der Entgegenkommende nicht ins Scheinwerferlicht gerät. Deshalb wird idR vor Kurven abzublenden sein, es sei denn, es kommt in naher Entfernung niemand entgegen. Abzublenden ist auch, wenn der Entgegenkommende nicht abblendet (Ol DAR **54** 24). Abzublenden ist auch gegenüber Radf auf Radwegen, Schienenfz und Schiffen, soweit die Fahrer geblendet werden können (Vwv Rn 2), ebenso gegenüber Verbänden aller Art, gegenüber einzelnen Fußgängern, falls sie sonst gefährdet wären (Vwv Rn 2). Keine Blendung auf der AB bei hoch bepflanzten Mittelstreifen, wenn die Fz jeweils die rechten Fahrstreifen benutzen (Dü VM **65** 46), auch nicht bei gerader Trasse. Wer so unsachgemäß überholt, dass er danach wegen Blendung abrupt bremsen muss und den Überholten dadurch schädigt, ist nicht entschuldigt (Sa VRS **42** 37).

23   **Blenden von rückwärts** ist unerlaubt (II S 3, **E** 114), doch nur bei Hinterherfahren mit unverändert geringem Abstand (Dü NJW **61** 1783, 1745 m Anm *Baumann,* Sa VRS **42** 37), nicht beim Überholen. Sicheres Überholen würde wegen der bei Abblendlicht gebotenen geringeren Fahrgeschwindigkeit (Rz 26) sonst unmöglich werden. Daher muss es, soweit nicht GegenV geblendet wird, mit Fernlicht zulässig sein (Ha DAR **70** 132); darauf muss sich der Überholte einstellen (Ha DAR **61** 148, einschr BGH VersR **00** 736 [nur kurzes Aufblenden zu Beginn des Überholens]). Auch der Überholte braucht idR nicht aus Rücksicht auf den Überholer abzublenden (Bay NJW **64** 213), es sei denn, es kommt jetzt zum gleich bleibend nahen Hinterherfahren. Zur Blendung erg § 3 Rz 32 ff. *Maase,* Blendung von rückwärts, DAR **61** 9.

24   **Abgeblendetes Licht** reicht meist 50 m und darüber (BGH VRS **24** 287, **27** 40, Ha DAR **93** 347). Im Zweifel muss die Reichweite individuell ermittelt werden. Die Mindestsichtweite mit abgeblendeten Scheinwerfern nimmt mit dem senk- und waagerechten Abstand eines Gegenstandes von der Fahrbahn ab (BGH VRS **15** 276).

25   Auch Abblendlicht kann blenden (Vwv Rn 5), entweder wegen ungleichmäßiger Vorderbeleuchtung (Vwv Rn 6) oder wegen überlasteter Hinterachse ohne Niveauausgleich. Trotz Abblendens ist im Übrigen Blendung überempfindlicher Personen möglich. Einem geblendeten Kf kann bei besonderen Straßen- und VVerhältnissen verlängerte Reaktionszeit zustehen, BGH VRS **27** 107.

26   **6. Die Fahrgeschwindigkeit** (näher § 3) ist der verkürzten Sichtweite anzupassen. Bei Dunkelheit kann das Auge nur einen geringen Bruchteil der am Tage möglichen Informationen aufnehmen, *Hartmann* DAR **76** 326. An der äußeren Hell/Dunkelgrenze der Scheinwerfer beträgt die Leuchtdichte und damit die Sehschärfe nur noch 5% und weniger des Tageswertes, *Hartmann* DAR **76** 328. Die dämmerungsbedingte retinale Verzögerung (**E** 130) verlängert die Reaktionszeit jedes Kf und muss durch langsameres Fahren ausgeglichen werden (II S 4), idR durch Fahren auf Sicht (Begr). AB: § 18. Die Anpassung muss beendet sein, wenn der Kf das Ende der vorher überblickten Strecke erreicht, BGH VRS **29** 417, Bay NJW **65** 1493. Mit Hindernissen, die nach dem Abblenden von der Seite her in die Fahrbahn geraten, muss er auch außerhalb der AB nicht rechnen, Bay VRS **24** 310, s auch § 3 Rz 25.

27   **7. Erhebliche Sichtbehinderung durch Nebel, Schneefall oder Regen,** uU auch durch Smog, erfordert auch am Tag Fahren mit Abblendlicht (III). Fahren bei Nebel oder stark unsichtigem Wetter mit Standlicht ohne Nebelscheinwerfer, ein grober, häufiger Fehler (Rz 20), ist gefährlich und verboten, weil Standlicht zu spät erkannt wird, Bay VM **70** 34. Andererseits wird Scheinwerferlicht vom Nebel reflektiert und lässt ihn als Wand erscheinen. Unter den Voraussetzungen des III S 1 (erhebliche Sichtbehinderung) ist auch Fernlicht zwar nicht unzulässig, weil in § 17 nicht ausdrücklich verboten, Bay NJW **64** 1912 (zu der sachlich gleich lautenden Vorschrift des § 33 IV aF aM Ha NStZ **88** 266), regelmäßig aber wohl unangebracht. Bei welcher Sichtweite die Voraussetzungen des Abs III S 1 vorliegen, hängt von der Art der Straße ab (zulässige Geschwindigkeit, GegenV oder getrennte Fahrbahnen, Erlaubtsein des Überholens, innerorts oder außerorts usw), Ko VRS **64** 305. Gelegentliche Einschränkung der Sichtweite durch Spritzwasser des Vorausfahrenden begründet nicht die Pflicht aus III S 1, Kö VRS **98** 321. Abblendlicht ist idR nötig auf der AB und auf KraftfahrStr bei weniger Sicht als etwa 150 m (Ce DAR **82** 28, nicht schon bei 150 m Sichtweite), auf anderen Straßen außerorts als etwa 120 m (Ko VRS **64** 305: auf gut ausgebauter BundesStr außerorts schon bei 100 m), innerorts unter 70 m, *Bouska* VD **80** 13, andererseits Ce VRS **31** 387, Bay NJW **70** 1141. Ragt ein Fz erheblich über die StrMitte hinaus, so darf es bei erheblicher Sichtbehinderung nur fahren, wenn die

Beleuchtung

vordere Seitenbeleuchtung des hinausragenden FzTeils vorschriftsmäßigem Abblendlicht gleichkommt, Ha VM **63** 95.

7 a. Nebelscheinwerfer dürfen nur bei erheblicher Sichtbehinderung durch Nebel, Schneefall oder Regen (III) benützt werden und zwar neben Abblendlicht. Zwei Nebelscheinwerfer dürfen zusammen mit Standlicht benutzt werden, bei einspurigen Fz für sich allein. Im Abblendlicht geht die Wirkung von Nebelscheinwerfern leicht unter und verbessert die Sichtweite nicht wesentlich, anders als neben Standlicht (Begrenzungsleuchten). Der Gegenverkehr wird durch zwei Nebelscheinwerfer ebenso wie durch Abblendlicht gewarnt. Bei Nebelbänken dürfen Nebelscheinwerfer brennen, bis mit Sicherheit kein Nebel mehr auftreten wird, Schl VM **70** 88, Kar DAR **57** 249. Dabei ist einige Prüfzeit zuzubilligen, Sa DAR **62** 26.

7 b. Nebelschlussleuchten (§ 53 d StVZO) dürfen inner- und außerorts nur bei sehr starkem Nebel (Sicht unter 50 m) benutzt werden (III). Um Missbrauch zu verhindern, ist die geringe Sichtweite vorgeschrieben. Anhaltspunkte: Leitpfostenentfernung idR 50 m; 4 Striche des Z 340 auf Straßen, 3 Striche auf der AB entsprechen etwa 50 m. Die Lichtstärke der Nebelschlussleuchte liegt an der Blendstörgrenze. Sie darf daher nur benutzt werden, wenn sie den nachfolgenden Verkehr bei normalem Abstand nicht blendet und den Gegenverkehr nicht überstrahlt. Die Zulässigkeit sollte auf die Fälle dichten Schneetreibens und starken Regens ausgedehnt werden; vor allem auf AB führen dann Nässeschleier hinter den Fz dazu, dass deren Schlussleuchten erst auf kurze Entfernung erkennbar sind.

8. Mit eigener Lichtquelle zu beleuchten sind haltende Fz aller Art ausnahmslos überall, soweit sie verkehrsbedingt anhalten (Rz 13), außerdem außerorts (IV), andere lichttechnische Einrichtungen und retroreflektierende Warntafeln genügen, außer im Falle des Abs IV a (MilitärFz), außerorts nicht. Ferner innerorts alle auf der Fahrbahn haltenden Fz mit zulässigem Gesamtgewicht von mehr als 3,5 t und Anhänger gleich welchen Gewichts, auch wenn sie unzulässigerweise Radwege besetzen, endlich alle Kleinfz (IV S 4), die pflichtwidrig nicht von der Fahrbahn und von Radwegen entfernt worden sind, Pkw innerorts nur, sofern die StrBeleuchtung das Fz nicht auf ausreichende Entfernung deutlich sichtbar macht (IV S 2). Innerorts auf der Fahrbahn haltende Fz über 3,5 t (außer Pkw) und Anhänger dürfen und müssen vorn und hinten auf der der Fahrbahn zugewandten Seite mit amtlich geprüften Warntafeln (Z 630, § 43 IV) gekennzeichnet sein, § 51 c StVZO, sofern sie nicht mit eigener Lichtquelle oder einer anderen zugelassenen lichttechnischen Einrichtung beleuchtet bzw versehen sind. Für die Beleuchtungspflicht gelten strenge Anforderungen, BGH VersR **61** 851. Mondlicht ersetzt keinerlei vorgeschriebene Beleuchtungsquelle, Dü VM **57** 74. Auf Parkplätzen (außer AB) geparkte Fz aller Art dürfen unbeleuchtet sein, Rz 13. AB-Parkplatz: Rz 31.

8 a. Außerorts muss jedes Fz, gleich welcher Art, ausnahmslos durch eigene Lichtquellen beleuchtet sein. Die eigene Beleuchtung muss nach vorn und hinten das Fz auf ausreichende Entfernung deutlich kenntlich machen. Zu benutzen sind die vorgeschriebenen Beleuchtungseinrichtungen, soweit intakt, notfalls mitzuführende Leuchten (§§ 49 a, 66 a StVZO). Für Ausfall aller eigenen Lichtquellen (zu denen die Innenbeleuchtung nicht zählt) wird man zumindest bei Lkw das Mitführen einer gebrauchsfertigen Laternenausrüstung und bei Halten auf der Fahrbahn deren sofortige Benutzung fordern müssen, und zwar neben dem Aufstellen des Warndreiecks bzw der Warnleuchte in ausreichender Entfernung hinter dem Kfz/Anhänger (§ 1 II), aM Zw VM **77** 43. Andere Fz werden von der Fahrbahn zu entfernen sein, falls sie nicht anderweit verkehrssicher abgestellt werden können. Auch ein bei Dunkelheit geschobenes Moped ist zu beleuchten, Ce NJW **61** 1169, Sa VM **70** 55, anders bei Fahrrädern, s Rz 13. Auch auf durchgehenden AB-Parkplätzen sind Kfz durch eigene Einrichtungen zu beleuchten, Hb DAR **67** 196, Bay NJW **62** 407, Stu NZV **93** 436, ebenso abgestellte Anhänger, Hb DAR **67** 196. Wer bei Dunkelheit einen Anhänger auf der Straße abstellt, muss für andauernde ausreichende Beleuchtung durch eigene Lichtquelle und gereinigte Rückstrahler sorgen, BGH VM **71** 45. Wer unter den Voraussetzungen des § 17 auf dem Haltestreifen einer BundesStr parkt, muss sein Fz vorschriftsgemäß beleuchten, Dü VM **72** 48, auch bei Breitstrich-Abtrennung, Stu VRS **44** 369.

8 b. Innerorts sind ganz oder teilweise auf der Fahrbahn haltende Fz von mehr als 3,5 t Gesamtgewicht (außer Pkw) und Anhänger, sowie dort nicht fortgeräumte Kleinfz (Rz 30) mit eigener Lichtquelle zu beleuchten (s aber Rz 30, 35). Bei Pkw bzw Fzen bis 3,5 t einschließlich genügt ausreichende Straßenbeleuchtung (IV) bzw Kenntlichmachung der Fahrbahnseite des Fz

2 StVO § 17   I. Allgemeine Verkehrsregeln

durch Parkleuchten oder andere zugelassene reflektierende Mittel, zB in amtlich genehmigter Bauart (Prüfzeichen) ausgeführte Park-Warntafeln (Z 630, § 42 IV), Ce NZV **99** 469, und zwar auch auf Parkstreifen neben der Fahrbahn. Stets ist bei rechts stehendem Fz die linke hintere FzBegrenzung deutlich zu kennzeichnen. Die Schlussleuchten müssen funktionieren, Ha VM **63** 96. IV 3 ist für Fz über 3,5 t und Anhänger gegenüber IV 2 speziell; daher genügt Park-Warntafel auch, wo zusätzliche StrBeleuchtung fehlt, Ce NZV **99** 469. Ob die OrtsStr Teil einer BundesStr ist, darauf kommt es nicht an, Ha DAR **64** 26. Das Fz darf nicht unbeleuchtet bleiben, wenn es später dunkel oder unsichtig wird, Hb VersR **62** 387, Stu VRS **21** 89. Kein Vertrauen darauf, dass die Witterung günstig bleibt, BGH NJW **53** 996.

33   **Macht die Straßenbeleuchtung** (nicht andere fremde Lichtquellen) **den Pkw** (bzw das Fz bis zu 3,5 t) **auf ausreichende Entfernung deutlich sichtbar,** so ist Eigenbeleuchtung entbehrlich (IV S 2). Ausschließlich auf die StrBeleuchtung kommt es jetzt an, helle Reklame, Schaufenster usw reichen nicht aus. Die Straßenbeleuchtung muss für die ganze Dauer der Beleuchtungspflicht ausreichen. Innenbeleuchtung des Fz reicht nicht aus, Ha VRS **7** 390, auch nicht Anstrahlung durch andere Kfz, BGHSt **11** 389, VRS **15** 222, KG VRS **17** 285. Die StrBeleuchtung muss die Umrisse des Fz zumindest zur VSeite hin deutlich zeigen, KG VRS **17** 284, Hb VRS **32** 121, Ha VRS **13** 306, zumindest auf 40 m, Hb VM **56** 6, Ce VRS **63** 72. Erkennbarkeit als Schatten auf nur 20 m ist zu wenig, Ha VRS **22** 56. Beleuchtung durch eine StrLaterne auf der anderen StrSeite genügt nicht (Tatfrage), BGH VRS **19** 280. Auch vom Parkstreifen in die Fahrbahn hineinragende Großfze (Rz 30) sind mit eigener Lichtquelle zu beleuchten (s aber Rz 30). Der Kf muss sich unterrichten, ob die StrBeleuchtung ausreichende Zeit brennt, Bra NJW **57** 1848.

34   **9. Liegenbleibende Fahrzeuge** sind nach Maßgabe der §§ 15 und 17 zu beleuchten und zu sichern, BGH NJW-RR **88** 406, vor allem, wenn die eigenen Beleuchtungseinrichtungen ausfallen oder wenn das Fz durch seine Stellung den Verkehr ungewöhnlich behindert (Schrägstellung) oder wenn die FzBeleuchtung wegen der FzStellung schlecht oder nicht erkennbar ist, Neust VRS **15** 200. Wer im Hinblick auf zu erwartende Erschöpfung der Batterie eintretenden Ausfall von Warnblinklicht und Beleuchtung nicht berücksichtigt, handelt fahrlässig, BGH NJW-RR **88** 406. Ein Kfz, das nachts auf der linken Fahrbahnseite liegen bleibt, muss das Signalbild nicht umstellen; es wird durch Abblendlicht nach vorn genügend gesichert, Bay NJW **56** 1041. Bei **Ausfall der FzBeleuchtung** ist die Fahrt zu unterbrechen und der Verkehr zu sichern, Zw VM **77** 43. Bei Ausfall einer Schlussleuchte auf einer BundesStr kann kurze Weiterfahrt zwecks Reparatur zulässig sein, Mü VersR **66** 858 (anders auf der AB, auf FernverkStr oder bei größerer Entfernung).

35   **10. Das Stehenlassen unbeleuchteter Kleinfahrzeuge auf der Fahrbahn** ist unzulässig, Zw VRS **48** 298. Sie müssen unter den Voraussetzungen von IV schon bei Dämmerung oder anderer starker Sichtbehinderung von Fahrbahnen und Sonderwegen entfernt werden. Die Vorschrift betrifft nur die aufgezählten Fz, Krafträder, FmH, Fahrräder, Krankenfahrstühle, einachsige Zugmaschinen, einachsige Anhänger, Handfz und unbespanntes Fuhrwerk, auch beladen (Erntewagen). Auch kurzfristiges Belassen im Verkehr unter Aufsicht ist unzulässig, denn es würde die Gefahr nicht beseitigen. Die Vorschrift gilt auch auf geringer befahrenen Straßen. Pflichtwidrig nicht weggeräumte Kleinfz dieser Art sind mit eigener Lichtquelle zu beleuchten. Der Radf, der im Dunkeln eine Panne behebt, muss dies abseits von der Straße tun, Bay VRS **16** 307.

36   **11. Von Fußgängern mitgeführte Handfahrzeuge und einachsige Zug- oder Arbeitsmaschinen** sind gemäß V zu beleuchten. Ein Anhänger hinter einem unbeleuchteten, geführten Fahrrad muss vorschriftsmäßig beleuchtet sein, Ol VRS **25** 458. S auch Rz 13, 31.

37   **12. Suchscheinwerfer** (§ 52 StVZO) dürfen nur kurz und nicht zur Fahrbahnbeleuchtung benutzt werden (VI). Das Anstrahlen eines PolFz, um es dem Fahrgast zu zeigen, soll unerlaubt sein (§ 56 OWiG?), KG VRS **36** 374.

38   **13. Zivilrecht.** IV (Beleuchtung haltender Fz) ist SchutzG (BGHZ **69** 895, Kar VersR **83** 90). Stößt ein beleuchtetes Fz bei Dämmerung mit einem unbeleuchteten zusammen, so kann die BG des unbeleuchteten überwiegen, KG DAR **83** 82 (trotz Vorfahrtberechtigung). **Fährt ein Kf auf ein unbeleuchtetes Hindernis auf,** so spricht der **Anscheinsbeweis** für schuldhafte Fahrweise, BGH DAR **60** 16, NJW-RR **88** 406, Zw VersR **71** 575, Ha VersR **87** 491, Kar VersR **89** 302, *Weber* DAR **84** 173, nicht jedoch bei Hindernissen im Luftraum über

Beleuchtung § 17 StVO **2**

der Fahrbahn, BGH VM **73** 5, auch nicht beim Auffahren auf ein Kfz, das in ein Grundstück einfährt, Ce NJW **66** 2020, oder bei Ablenkung durch gefährdende Art der Warnung, Zw VersR **71** 575. **Ursächlichkeit:** E 97 ff. Keine Unfallursächlichkeit mangelhafter Fremdbeleuchtung, wenn der Unfall auch bei ausreichender Beleuchtung geschehen wäre, Hb DAR **72** 188. Bei Beleuchtungsverstößen spricht der **Anschein** für Unfallursächlichkeit, BGH NZV **05** 249, VersR **64** 296, Fra NZV **06** 36, Dü DAR **76** 215, KG DAR **83** 82, Ha NZV **90** 312, Kö VRS **73** 176; auch gegen den, der im Dunkeln ein Fz mit verschmutzten Rückstrahlern am Fahrbahnrand abstellt, BGH VRS **21** 171, 328, oder außerorts sein haltendes Fz nur mit Parkleuchte sichert, Mü VersR **83** 1064 (Mithaftung zu $^1/_2$ bei Auffahren eines von hinten kommenden Kf). Fehlt Sicherung, so muss der Sicherungspflichtige beweisen, dass es auch bei ausreichender Sicherung zum Auffahren gekommen wäre, BGH VersR **68** 646, Ha NZV **90** 312. Fall der Nichtursächlichkeit fehlender rückwärtiger Beleuchtung für einen Aufprallunfall, Bay VM **81** 10. Ursächlicher Zusammenhang zwischen dem Abstellen unbeleuchteter Panzerfz und Auffahren, wenn der Auffahrende die Fz nicht rechtzeitig sehen konnte, BGH VersR **61** 851. Fehlende Fuhrwerksbeleuchtung als Unfallursache: BGH VersR **62** 566. Verstoß gegen die Beleuchtungspflicht führt vielfach zu **überwiegender Haftung** oder Alleinhaftung, BGH NZV **05** 249. Haftungsverteilung 70 : 30 zu Lasten des grobfahrlässig ohne Beleuchtung fahrenden Mofafahrers bei Kollision mit entgegenkommendem, vor ihm links einbiegenden Pkw, Kö VRS **73** 176. Alleinhaftung des bei Dunkelheit unbeleuchtet 65 km/h fahrenden Kradf bei Kollision mit entgegenkommendem Pkw, Ha VersR **99** 898. Haftungsverteilung bei Auffahren auf einen unbeleuchtet auf der AB stehenden Anhänger, der sich wegen verschlissener Anhängerkupplung unbemerkt vom ZugFz gelöst hat, Bra VersR **83** 157 ($^4/_5$: $^1/_5$ zugunsten des Auffahrenden), bei Auffahren auf einen unbeleuchtet in die Fahrbahn ragenden Anhänger, Ha VersR **87** 491 ($^2/_3$: $^1/_3$ zugunsten des Auffahrenden), DAR **93** 247 (Alleinhaftung des Halters des Lkw mit Anhänger), 70:30 zugunsten des nachts auf einen unbeleuchtet und in mehrfacher Hinsicht verbotswidrig auf einer Gemeindeverbindungsstraße abgestellten landwirtschaftlichen Anhänger Auffahrenden trotz Verstoßes des Auffahrenden gegen das Sichtfahrgebot, Nü NZV **07** 301. S auch § 17 StVG Rz 9. Wer bei Dunkelheit und Nebel auf einem unbeleuchteten Moped mitfährt, hat keinen Ersatzanspruch gegen den schuldhaft handelnden Fahrer, Sa VM **78** 62. Mitschuld ist zu prüfen, wenn unzureichende Beleuchtung Mitursache sein kann, BGH DAR **56** 78. Wer die Sicherungspflicht übernommen hat, kann mitverantwortlich sein, wenn ein unbeleuchteter Anhänger nachts auf einer BundesStr steht, BGH VersR **63** 1026. Ein Kfz fremder Streitkraft, das den deutschen Beleuchtungsvorschriften nicht genügt, ist besonders gesichert abzustellen, BGH VersR **66** 493. Die Erfahrung spricht nicht dafür, dass jemand wegen Blendung durch ein entgegenkommendes Kfz mit dem eigenen Kfz nach links gerät, Dü DAR **74** 74.

14. Ausnahmen: §§ 35, 46 II StVO, § 53 c StVZO. **39**

15. Sanktion. Ordnungswidrig (§ 24 StVG) handelt, wer gegen die Vorschriften über die **40** Beleuchtung und gegen das Stehenlassen unbeleuchteter Fz im Verkehr (§ 17) verstößt und wer entgegen § 27 V (IV) als Führer eines geschlossenen Verbandes nicht dafür sorgt, dass der Verband die Beleuchtungsvorschrift des § 17 befolgt (§ 49 I Nr 17, II Nr 1). Beleuchtungsausfall ist nicht vorwerfbar, wenn er während der Fahrt auftritt, ohne dass der FzF darauf hätte aufmerksam werden müssen, Dü ZfS **83** 95. Wer ein Fz bei Beleuchtung mit eigener Lichtquelle zurücklässt, muss dafür sorgen, dass sie funktionstüchtig bleibt, BGH VRS **15** 468, Ha VRS **4** 8, Schl SchlHA **58** 344. Abblendlicht am abgestellten Fz ist keine Belästigung, Ha DAR **63** 23. Ob bei einem Fz ein Scheinwerfer durch Panne so verstellt ist, dass er trotz Abblendens noch blendet, kann nur ein Sachverständiger beurteilen, Ol DAR **58** 244. Irrtum über Sichtweite bei Nebel ist Tatbestandsirrtum, Stu DAR **57** 167.

Gegen § 315 c I Nr 2g, III StGB verstößt, wer unter den dort genannten Voraussetzungen **41** haltende oder liegen gebliebene Fz nicht auf ausreichende Entfernung kenntlich macht. Bei Pflichtenkollision (E 119) kein Vorwurf, wenn der Pflichtige über der Versorgung der Verletzten die Gefahr weiterer Unfälle übersieht, Stu DAR **58** 222. **Rekonstruktion des Beleuchtungszustands** ist nach Unfällen häufig durch technisches Sachverständigengutachten möglich, *Frei-Sulzer* Krim **71** 291, *Benicke* DAR **89** 57, Verkehrsunfall **89** 234. Bei der Feststellung, ob eine Biluxbirne beim Unfall gebrannt hat, ist das Rasterelektronenmikroskop dem Lichtmikroskop idR überlegen, Kar VRS **50** 47, *Benicke* DAR **89** 64.

Autobahnen und Kraftfahrstraßen

18 (1) ¹Autobahnen (Zeichen 330) und Kraftfahrstraßen (Zeichen 331) dürfen nur mit Kraftfahrzeugen benutzt werden, deren durch die Bauart bestimmte Höchstgeschwindigkeit mehr als 60 km/h beträgt; werden Anhänger mitgeführt, so gilt das gleiche auch für diese. ²Fahrzeug und Ladung dürfen zusammen nicht höher als 4 m und nicht breiter als 2,55 m sein. ³Kühlfahrzeuge dürfen nicht breiter als 2,6 m sein.

(2) Auf Autobahnen darf nur an gekennzeichneten Anschlußstellen (Zeichen 330) eingefahren werden, auf Kraftfahrstraßen nur an Kreuzungen oder Einmündungen.

(3) Der Verkehr auf der durchgehenden Fahrbahn hat die Vorfahrt.

(4) (aufgehoben)

(5) ¹Auf Autobahnen darf innerhalb geschlossener Ortschaften schneller als 50 km/h gefahren werden. ²Auf ihnen sowie außerhalb geschlossener Ortschaften auf Kraftfahrstraßen mit Fahrbahnen für eine Richtung, die durch Mittelstreifen oder sonstige bauliche Einrichtungen getrennt sind, beträgt die zulässige Höchstgeschwindigkeit auch unter günstigsten Umständen

1. für Kraftfahrzeuge mit einem zulässigen Gesamtgewicht von mehr als 3,5 t, ausgenommen Personenkraftwagen,
für Personenkraftwagen mit Anhänger, Lastkraftwagen mit Anhänger, Wohnmobile mit Anhänger und Zugmaschinen mit Anhänger
sowie für Kraftomnibusse ohne Anhänger oder mit Gepäckanhänger   80 km/h,

2. für Krafträder mit Anhänger und selbstfahrende Arbeitsmaschinen mit Anhänger,
für Zugmaschinen mit zwei Anhängern sowie für Kraftomnibusse mit Anhänger oder Fahrgästen, für die keine Sitzplätze mehr zur Verfügung stehen   60 km/h,

3. für Kraftomnibusse ohne Anhänger, die
   a) nach Eintragung in der Zulassungsbescheinigung Teil I für eine Höchstgeschwindigkeit von 100 km/h zugelassen sind,
   b) hauptsächlich für die Beförderung von sitzenden Fahrgästen gebaut und die Fahrgastsitze als Reisebestuhlung ausgeführt sind,
   c) auf allen Sitzen sowie auf Rollstuhlplätzen, wenn auf ihnen Rollstuhlfahrer befördert werden, mit Sicherheitsgurten ausgerüstet sind,
   d) mit einem Geschwindigkeitsbegrenzer ausgerüstet sind, der auf eine Höchstgeschwindigkeit von maximal 100 km/h (Vset) eingestellt ist,
   e) den Vorschriften der Richtlinie 2001/85/EG des Europäischen Parlaments und des Rates vom 20. November 2001 über besondere Vorschriften für Fahrzeuge zur Personenbeförderung mit mehr als acht Sitzplätzen außer dem Fahrersitz und zur Änderung der Richtlinien 70/156/EWG und 97/27/EG (ABl. EG 2002 Nr. L 42 S. 1) in der jeweils zum Zeitpunkt der Erstzulassung des jeweiligen Kraftomnibusses geltenden Fassung entsprechen und
   f) auf der vorderen Lenkachse nicht mit nachgeschnittenen Reifen ausgerüstet sind,
oder für nicht in Mitgliedstaaten der Europäischen Union oder in Vertragsstaaten des Abkommens über den Europäischen Wirtschaftsraum zugelassene Kraftomnibusse, wenn jeweils eine behördliche Bestätigung des Zulassungsstaates in deutscher Sprache über die Übereinstimmung mit den vorgenannten Bestimmungen und über jährlich stattgefundene Untersuchungen mindestens im Umfang der Richtlinie 96/96/EG des Rates vom 20. Dezember 1996 zur Angleichung der Rechtsvorschriften der Mitgliedstaaten über die technische Überwachung der Kraftfahrzeuge und Kraftfahrzeuganhänger (ABl. EG 1997 Nr. L 46 S. 1) in der jeweils geltenden Fassung vorgelegt werden kann,   100 km/h.

(6) Wer auf der Autobahn mit Abblendlicht fährt, braucht seine Geschwindigkeit nicht der Reichweite des Abblendlichts anzupassen, wenn

1. die Schlußleuchten des vorausfahrenden Kraftfahrzeugs klar erkennbar sind und ein ausreichender Abstand von ihm eingehalten wird oder

2. der Verlauf der Fahrbahn durch Leiteinrichtungen mit Rückstrahlern und, zusammen mit fremdem Licht, Hindernisse rechtzeitig erkennbar sind.

(7) Wenden und Rückwärtsfahren sind verboten.

(8) Halten, auch auf Seitenstreifen, ist verboten.

(9) ¹Fußgänger dürfen Autobahnen nicht betreten. ²Kraftfahrstraßen dürfen sie nur an Kreuzungen, Einmündungen oder sonstigen dafür vorgesehenen Stellen überschreiten; sonst ist jedes Betreten verboten.

Autobahnen und Kraftfahrstraßen § 18 StVO **2**

(10) ¹Die Ausfahrt von Autobahnen ist nur an Stellen erlaubt, die durch die Ausfahrttafel (Zeichen 332) und durch das Pfeilschild (Zeichen 333) oder durch eins dieser Zeichen gekennzeichnet sind. ²Die Ausfahrt von Kraftfahrstraßen ist nur an Kreuzungen oder Einmündungen erlaubt.

Begr zu § 18:

Nach dem Weltabkommen unterscheidet sich die Autobahn von den Kraftfahrstraßen im Wesentlichen nur noch dadurch, dass jene kreuzungsfrei sein müssen, diese es nicht zu sein brauchen. Die Benutzungsvorschriften für beide Arten von Autostraßen sind dieselben. Die nationalen Gesetzgebungen sind hinsichtlich gewisser Zulassungsvorschriften (bauartbedingte Mindestgeschwindigkeiten) und bei der Anordnung von Höchstgeschwindigkeiten frei … 1–3

Zu Absatz 3: *Die Vorfahrtregel des § 13 Abs. 5 (alt) wird auf Kraftfahrstraßen ausgedehnt. Die „durchgehende Fahrbahn" umfasst alle Fahrstreifen für den durchgehenden Verkehr einschließlich der sogenannten Kriechspuren, nicht aber die Beschleunigungsstreifen, die der zügigen Einfädelung des in die Autobahn einfahrenden Verkehrs dienen.* 4–9

Begr zur ÄndVO v 22. 3. 88 (VkBl **88** 222): 10

Zu Abs. 5: *– Begründung des Bundesrates – … Der Begrenzung der Höchstgeschwindigkeit auf 60 km/h in § 3 Abs. 3 Nr. 2 Buchstabe b StVO liegt der Gedanke zugrunde, dass eine höhere Geschwindigkeit auf normalen Außerortsstraßen die Verkehrssicherheit beeinträchtigen könnte. Diese Überlegungen treffen für autobahnähnliche Kraftfahrstraßen nicht zu.*
Aus diesem Grund sollten derartig ausgebaute Kraftfahrstraßen, wenigstens was die zulässige Höchstgeschwindigkeit angeht, Autobahnen gleichgestellt werden ….
… das Wohnmobil als solches fällt unter keine der in § 18 Abs. 5 Satz 2 Nr. 1 bis 3 StVO genannten Fahrzeugarten. Es ist insbesondere kein Pkw. Deshalb unterliegt ein Wohnmobil bis zu einem zulässigen Gesamtgewicht von 2,8 t* mit Anhänger ebenfalls keiner Geschwindigkeitsbeschränkung. Die StVO enthält insoweit eine wohl unbeabsichtigte Lücke, die zu schließen ist. Es gibt keinen hinreichenden Grund, Wohnmobile mit Anhänger auf Autobahnen schneller fahren zu lassen als Personenkraftwagen mit Anhänger ….

Zu Abs 8: *Es hat sich als notwendig erwiesen, klarzustellen, dass auch das Halten auf dem sogenannten Pannenstreifen der Autobahnen und Kraftfahrstraßen verboten ist. Diese sind keine Mehrzweckstreifen.* 11

Begr zur ÄndVO v 19. 3. 92: VkBl **92** 186; zur ÄndVO v 25. 10. 94: BRDrucks 782/94. 12

Begr zur ÄndVO v 7. 8. 97 (VkBl **97** 688): S § 3 Rz 10a.

Begr zur ÄndVO v 28. 11. 07 (VkBl. **08** 4) **zu Abs 5 Nr 3:** *Ziel der Änderung ist es, das Verfahren insbesondere für im Ausland zugelassene Kom, die auf Grund ihrer technischen Ausstattung auf AB eine Geschwindigkeit von maximal 100 km/h fahren können, zu vereinfachen. Um die Berechtigung einer derartigen Tempo 100-Zulassung zu bekommen, entfällt künftig für im Ausland zugelassene Kom sowohl die Vorführung bei einem amtlich anerkannten Sachverständigen in Deutschland als auch die bisher notwendige Erteilung einer Ausnahmegenehmigung nach § 46 II S 1. Eine Tempo 100-Plakette muss – unabhängig davon, wo der Kom zugelassen ist – künftig nicht mehr an der Rückseite angebracht werden. Damit wird ein aufwändiges behördliches Verwaltungsverfahren in Deutschland hinfällig, bei gleichzeitiger Wahrung der Verkehrssicherheit. …*
Die Neufassung gilt künftig sowohl für im Inland als auch für im Ausland zugelassene Kom. Damit entfällt für im Ausland zugelassene Kom die Beantragung einer Ausnahmegenehmigung nach § 46 II S 1. Auf die Anbringung einer Tempo 100-Plakette auf der Rückseite des Kom kann in Zukunft verzichtet werden, da sie sich für Kontrollzwecke nicht als tauglich erwiesen hat. Die Echtheit der Plakette kann nur an dem Siegel der ausgebenden Zulassungsstelle erkannt werden. Wird der Kom bei einer Kontrolle aber nicht angehalten, ist weder mit Videotechnik noch auf einem Kontrollfoto einer automatischen Überwachungsanlage das Siegel sichtbar. Die nun aufgezählten technischen Voraussetzungen sind – mit Ausnahme der Regelung betreffend nachgeschnittener Reifen – nur im Hinblick auf Kom aus nicht EU/EWR-Staaten erforderlich. Deutsche und in EU/EWR-Staaten zugelassene Kom müssen diese Voraussetzungen bereits heute erfüllen, um auf öffentlichen Straßen in Betrieb gesetzt zu werden.
Mit dem Wegfall der Tempo 100-Plakette und der Ausnahmegenehmigung nach § 46 II S 1 können alle Kom, die die genannten Voraussetzungen erfüllen, ohne ein behördliches Verfahren in Deutschland zu durchlaufen, auf Autobahnen und autobahnähnlich ausgebauten Kraftfahrtstraßen 100 km/h fahren. 12a

---

* Jetzt 3,5 t.

Insbesondere ist bezüglich der technischen Voraussetzungen noch auf Folgendes hinzuweisen:

zu a): Es ist sicherzustellen, dass der Bus nicht nur 100 km/h Höchstgeschwindigkeit fahren kann, sondern insgesamt von seiner Bauart auch dafür ausgelegt ist.

zu b) und c): Nach der Klasseneinteilung gemäß § 30d StVZO bzw. der Richtlinie 2001/85/EG sind dies Reisebusse (Klasse III) oder sog. „Kombibusse" (Überlandlinienbusse, Klasse II): vgl dazu § 35a VI StVZO. Die genannten Busse müssen mit Sicherheitsgurten ausgerüstet sein; dies gilt auch für sog. „Kombibusse", wenn sie eine Genehmigung sowohl für Klasse III als auch für Klasse II haben.

Die Forderung nach Reisebestuhlung ergibt sich daraus, dass Busse > 3,5 t zul. Gesamtmasse (nur) mit Beckengurten ausgerüstet werden müssen und bei einem Frontalcrash bei den Insassen der sog. Klappmessereffekt eintritt. Hohe Rückenlehnen können dann als Aufprallkörper für die dahinter sitzenden Insassen genutzt werden.

Weiterhin soll sichergestellt werden, dass mitreisende Rollstuhlfahrer mit Sicherheitsgurten gesichert werden können und nicht nur – wie dies in Klasse I (Linienbusse) und Klasse II-Bussen üblich und genehmigungsfähig ist – durch gepolsterte Aufprallflächen.

zu e): Über diese Forderung sollen zB die durch die Richtlinie 2001/85/EG vorgeschriebenen Notausstiegssysteme (Öffnen der Fahrgasttüren in Notfällen, Nottüren, Notfenster, Notluken) bei Bussen aus Nicht-EU-/EWR-Staaten verlangt werden können.

Begr des Bundesrats zu Abs 5 Nr 3 e: *Die vom VOGeber vorgesehene Fassung von § 18 V Nr 3 e StVO nF könnte im Falle einer Änderung der dort genannten EG-Richtlinie für Bestandsomnibusse aufwändige – oft wirtschaftlich nicht darstellbare – Nachrüstungen erforderlich machen. Um dies zu verhindern, wird eine Formulierung vorgeschlagen, nach der die jeweils zum Zeitpunkt der Erstzulassung des Kom geltende Fassung der EG-Richtlinie ausschlaggebend sein soll.*

12b **Begr zu § 53 Abs 17:** *Kom, die vor dem Inkrafttreten der VO erstmals in den V gekommen sind und noch nicht über eine Tempo 100 km/h-Zulassung verfügen, könnten nach der Fassung des neuen § 18 V Nr 3 keine Tempo 100 km/h-Zulassung mehr bekommen, da sie die technischen Anforderungen der Richtlinie 2001/85/EG vielfach nicht erfüllen könnten bzw sich eine Nachrüstung wirtschaftlich nicht lohnen würde. Verfügen diese Kom aber bereits über eine Tempo 100 km/h-Zulassung genießt diese Bestandskraft. Folge wäre, dass nicht der technische Zustand des Kom über eine Tempo 100 km/h-Zulassung entscheiden würde, sondern der Zeitpunkt der Erteilung der Zulassung. Deshalb ist sowohl für im Inland als auch für im Ausland zugelassene Kom, die vor dem Inkrafttreten der VO erstmals in den Verkehr gekommen sind, das bisherige Erteilungsverfahren gem § 18 V Nr 3 (alt) bzw. § 46 II anzuwenden.*

Vwv zu § 18 Autobahnen und Kraftfahrstraßen

13 1 *Vgl. zu den Zeichen 330, 331, 332, zu den Zeichen 332 und 333, zu Zeichen 334, zu den Zeichen 330, 332 bis 334 und 448 bis 453, zu Zeichen 336 und zu den Zeichen 330, 331, 334 und 336.*

Übersicht

Abblendlicht 19
Anhalten, unerlaubtes 25
Ausfahren 28
Ausnahmen 23, 31
Autobahn 1–3, 14
–, Einfahren 16
–, Ausfahren 28
–, Vorfahrt 4, 17
–, Abblendlicht 19

Bauartbedingte Mindestgeschwindigkeit 15
Breite von Fahrzeug und Ladung 15a

Durchfahrt, Hilfsfahrzeuge 12, 26
Durchgehender Verkehr, Vorfahrt 4, 17

Einfahren 16, 17
Erleichtern des Einfahrens 17

Fahrgeschwindigkeit 19
–, Fahrstreifen mit unterschiedlicher Geschwindigkeitsbeschränkung 19
Fahrzeugmaße 15a
Falschfahrer 22a

FerienreiseVO 15a
Fußgängerverbot 27

Geschwindigkeit 19

Halten, Verkehrssicherung 24
–, unerlaubtes 25
Haltverbot 23–25
Hilfsfahrzeuge 12, 26
Höhe der Fahrzeuge und Ladung 15a

Kraftfahrstraße 1–3, 14, 19
Kraftomnibus 19
Kraftstoffmangel 25
Kriechspur 14a, 17, 20
Kühlfahrzeuge 15

Ladungshöhe 15
Langsamfahren 14

Mindestgeschwindigkeit, bauartbedingte 15
Mittelstreifen 21

Nötigung 20, 29

Ordnungswidrigkeiten 29

Autobahnen und Kraftfahrstraßen

Randstreifen 14 b
Rückwärtsfahren verboten 21, 22
Spurwechsel 20
Standspur 14 b
Stockung 12, 26
Überholen 20
Überqueren des Mittelstreifens 21
Unerlaubtes Anhalten 25

Verkehrssicherung beim Anhalten und Liegenbleiben 24
Verzögerungsstreifen 20
Vorfahrt des durchgehenden Verkehrs 4, 17
Wenden verboten 21, 22
Wohnmobil 13 b, 19
Zeichengeben 18
Zivilrecht 30

Neunte Verordnung über Ausnahmen
von den Vorschriften der Straßenverkehrs-Ordnung (9. Ausnahmeverordnung zur StVO)

Vom 15. Oktober 1998 (BGBl. I 3171), zuletzt geändert am 25. 4. 2008 (BGBl. I 780)

§ 1. [1] Abweichend von § 18 Abs. 5 Nr. 1 der Straßenverkehrs-Ordnung beträgt auf Autobahnen (Zeichen 330) und Kraftfahrstraßen (Zeichen 331) die zulässige Höchstgeschwindigkeit auch unter günstigsten Umständen für Personenkraftwagen mit Anhänger (Kombination) und für sonstige mehrspurige Kraftfahrzeuge mit einer zulässigen Gesamtmasse bis zu 3,5 t mit Anhänger (Kombination), für Kraftomnibus-Anhänger-Kombinationen jedoch nur, wenn der Kraftomnibus mit einer zulässigen Gesamtmasse bis zu 3,5 t als Zugfahrzeug eine Tempo-100 km/h-Zulassung nach § 18 Abs. 5 Nr. 3 der Straßenverkehrs-Ordnung hat, 100 km/h, wenn

1. das Zugfahrzeug mit einem automatischen Blockierverhinderer ausgestattet und die zulässige Gesamtmasse des Anhängers ≤ X mal Leermasse des Zugfahrzeugs ist, dabei gelten folgende Bedingungen:

    a) für alle Anhänger ohne Bremse und für Anhänger mit Bremse, aber ohne hydraulische Schwingungsdämpfer: $X = 0,3$;

    b) für Wohnanhänger mit starrem Aufbau und hydraulischen Schwingungsdämpfern: $X = 0,8$;

    c) für andere Anhänger mit hydraulischen Schwingungsdämpfern: $X = 1,1$, wobei als Obergrenze in jedem Fall der jeweils kleinere Wert der beiden folgenden Bedingungen gilt:

    aa) zulässige Gesamtmasse Anhänger ≤ zulässige Gesamtmasse Zugfahrzeug,
    bb) zulässige Gesamtmasse Anhänger ≤ zulässige Anhängelast;

    d) für Anhänger, die den Anforderungen des § 30 a Abs. 2 der Straßenverkehrs-Zulassungs-Ordnung entsprechen, eine Erhöhung des Faktors nach Nummer 1 Buchstabe b auf $X = 1,0$ und nach Nummer 1 Buchstabe c auf $X = 1,2$, wenn

    aa) der Anhänger mit einer Zugkugelkupplung mit Stabilisierungseinrichtung für Zentralachsanhänger (gemäß ISO 11 555–1 in der Fassung vom 1. Juli 2003*)
    oder
    bb) mit einem anderen Bauteil oder einer selbstständigen technischen Einheit ausgestattet ist, wodurch der Betrieb einer Kombination bis Tempo 120 km/h im Vergleich zur Nichtausstattung verbessert wird; nachgewiesen werden muss dies mit einem Teilegutachten nach Anlage XIX zur Straßenverkehrs-Zulassungs-Ordnung, einer Allgemeinen Betriebserlaubnis nach § 22 der Straßenverkehrs-Zulassungs-Ordnung oder einer Betriebserlaubnis nach § 20 oder § 21 der Straßenverkehrs-Zulassungs-Ordnung oder einem Nachtrag dazu;

2. im Falle einer nachträglichen Berichtigung der Fahrzeugpapiere des Anhängers ein amtlich anerkannter Sachverständiger oder Prüfer oder ein amtlich anerkannten Überwachungsorganisation mit einem Formblatt, das vom Bundesministerium für Verkehr, Bau und Stadtentwicklung im Verkehrsblatt bekannt gegeben wird, einen Vorschlag für die Berichtigung nach § 13 Abs. 1 der Fahrzeug-Zulassungsverordnung in den Fällen der Nummer 1, ausgenommen Nummer 1 Buchstabe d Doppelbuchstabe bb, erstellt, oder, wenn eine Änderung nach Nummer 1 Buchstabe d Doppelbuchstabe bb vorliegt, er den vom Fahrzeugführer nach § 19 Abs. 4 Satz 1 Nr. 2 der Straßenverkehrs-Zulassungs-Ordnung mitzuführenden Nachweis erstellt und bestätigt, dass die Voraussetzungen dieser Verordnung vorliegen und dem Verfügungsbe-

---

* **Amtl. Anm.:** Als Fundstelle und Bezugsquelle der ISO-Norm 11 555-1 gilt § 37 der Straßenverkehrs-Zulassungs-Ordnung mit folgendem Wortlaut:

§ 37
Technische Festlegungen
Soweit in dieser Verordnung auf DIN- oder ISO-Normen Bezug genommen wird, sind diese im Beuth Verlag GmbH, Burggrafenstr. 6, 10 787 Berlin, VDE-Bestimmungen auch im VDE-Verlag, Bismarckstr. 33, 10 625 Berlin, erschienen. Sie sind beim Deutschen Patent- und Markenamt archivmäßig gesichert niedergelegt.

rechtigten ein Informationsblatt für die Einhaltung der Bedingungen nach § 4 dieser Verordnung ausgehändigt worden ist;
3. die nach Landesrecht zuständige untere Verwaltungsbehörde auf der Grundlage einer Bestätigung nach Nummer 2 mit einem Eintrag in die Fahrzeugpapiere des Anhängers, im Falle des Satzes 2 auch des Zugfahrzeugs, die zulässige Höchstgeschwindigkeit einer Kombination unter Berücksichtigung der Bedingungen dieser Verordnung von 100 km/h bescheinigt;
4. die von der nach Landesrecht zuständigen unteren Verwaltungsbehörde gemäß § 5 ausgegebene und gesiegelte Tempo-100 km/h-Plakette an der Rückseite des Anhängers angebracht ist.

²Im Falle des Satzes 1 Nr. 1 Buchstabe d ist die Erhöhung der Faktoren auch zulässig, wenn das Zugfahrzeug mit einem speziellen fahrdynamischen Stabilitätssystem für den Anhängerbetrieb ausgestattet ist und eine Bestätigung des Herstellers für die in Satz 1 Nr. 1 Buchstabe d Doppelbuchstabe bb genannten Bedingungen vorliegt und dies in den Fahrzeugpapieren eingetragen ist.

§ 2. Der Bestätigung eines amtlich anerkannten Sachverständigen oder Prüfers oder eines Prüfingenieurs einer amtlich anerkannten Überwachungsorganisation nach § 1 Nr. 2 dieser Verordnung ist die Bestätigung einer in anderen Mitgliedstaaten der Europäischen Union oder der Türkei oder in anderen Vertragsstaaten des Abkommens über den Europäischen Wirtschaftsraum zugelassenen Stelle gleichwertig, wenn die der Bestätigung dieser Stellen zugrunde liegenden technischen Anforderungen, Prüfungen und Prüfverfahren denen der deutschen Stellen gleichwertig sind und die Bestätigung in deutscher Sprache erstellt wurde oder eine amtlich beglaubigte Übersetzung in deutscher Sprache vorgelegt und während der Fahrt mitgeführt und zuständigen Personen auf Verlangen zur Prüfung ausgehändigt wird.

§ 3. Die Reifen des Anhängers müssen zum Zeitpunkt der jeweiligen Fahrt, erkennbar am eingeprägten Herstellungsdatum, jünger als sechs Jahre und mindestens mit der Geschwindigkeitskategorie L (= 120 km/h) gekennzeichnet sein.

§ 4. Die Stützlast der Kombination ist an der größtmöglichen Stützlast des Zugfahrzeugs oder des Anhängers zu orientieren, wobei als Obergrenze in jedem Fall der kleinere Wert gilt.

§ 5. Die Ausführung der großen Tempo-100 km/h-Plakette nach § 1 Nr. 4 bestimmt sich nach § 58 Abs. 2 der Straßenverkehrs-Zulassungs-Ordnung.

§ 6. Bei allen Veränderungen, die dazu führen, dass den Anforderungen dieser Verordnung nicht mehr entsprochen wird, richtet sich die zulässige Höchstgeschwindigkeit nach der Straßenverkehrs-Ordnung.

§ 7. Bescheinigungen, die nach § 1 Nr. 5 in der bis zum 21. Oktober 2005 geltenden Fassung ausgestellt worden sind, behalten in Bezug auf die darin zum Anhänger der Kombination enthaltenen Angaben weiterhin ihre Gültigkeit.

§ 8 Diese Verordnung tritt am Tage nach der Verkündung in Kraft. Sie tritt mit Ablauf des 31. Dezember 2010 außer Kraft.

Begr: VkBl **98** 1312; zur ÄndVO v 23. 3. 01: VkBl **01** 204; zur ÄndVO v 27. 10. 03: VkBl **03** 782; zur ÄndVO v 7. 10. 05: VkBl **05** 762; zur ÄndVO v 15. 4. 2008: VkBl **08** 331.

13b Zwölfte Verordnung über Ausnahmen von den Vorschriften der Straßenverkehrs-Ordnung (12. Ausnahmeverordnung zur StVO)

Vom 18. März 2005 (BGBl. I 866)

§ 1. Abweichend von § 18 Abs. 5 Satz 2 Nr. 1 der Straßenverkehrs-Ordnung beträgt die zulässige Höchstgeschwindigkeit für Kraftfahrzeuge mit einem zulässigen Gesamtgewicht von über 3,5 t bis 7,5 t, die im Fahrzeugschein als Wohnmobil bezeichnet sind, auf Autobahnen (Zeichen 330) und Kraftfahrstraßen (Zeichen 331) 100 km/h.

§ 2. Aus den Fahrzeugpapieren von im Ausland zugelassenen Wohnmobilen im Sinne des § 1 muss eindeutig zu ersehen sein, dass diese das zulässige Gesamtgewicht von 7,5 Tonnen nicht überschreiten.

§ 3. ¹Diese Verordnung tritt am Tage nach der Verkündung in Kraft. ²Sie tritt mit Ablauf des 31. Dezember 2009 außer Kraft.

Begr: VkBl **05** 364.

1. Autobahnen und Kraftfahrstraßen. § 18 enthält gemeinsame Regeln für die Benutzung von AB (Z 330) und KraftfahrStr (Z 331), die sich im Wesentlichen nur dadurch unterscheiden, dass die AB kreuzungsfrei ist, wohingegen dies bei der Kraftfahrstr nicht zwingend notwendig ist (Rz 1–3). Die Eigenschaft als AB oder KraftfahrStr wird ausschließlich durch die rechtsgestaltenden Z 330, 331 begründet und nicht begrifflich oder nach dem Ausbau der Str; Beginn und Ende richten sich demgemäß nach dem Standort der Z 330, 331, 334, 336 (Dü VRS **94** 232, Ha VRS **48** 65). AB-Nebenfahrbahnen wie die Zu- und Abfahrten an AB-Tankstellen und die Verbindungsfahrbahnen zwischen den Aus- und Einfahrten der Anschlussstellen, Verbindungsfahrbahnen zwischen der durchgehenden Fahrbahn und einem Parkplatz sowie dessen Ausfahrverbindung zur durchgehenden Fahrbahn, sind Bestandteile der AB, weil diese ABTeile zwischen den konstituierenden Z 330 und 334 liegen (Bay VRS **58** 154, Dü VRS **94** 232, *Booß* VM **79** 30, offengelassen v Dü VM **79** 29). *Parkplätze, Tank- und Raststättengelände* gehören zwar zur AB, unterliegen jedoch nicht durchgehend den strengen Regeln des § 18 (BGHSt **47** 252 = NZV **02** 376, Bay VRS **58** 154, Fra VRS **57** 311, Ko NZV **94** 83, abl *Booß* VM **94** 16), weil sie jedenfalls zT anderen Zwecken als dem Schnellverkehr dienen (*Jagow/Burmann/Heß* Rz 1). **14**

Die **AB-Kriechspur** (§ 2 Rz 63) ist kein Sonderweg, sondern Teil der Gesamtfahrbahn (BGHSt **30** 85 = NJW **81** 1968, Kö VRS **62** 303). „Schnelle" Kfz müssen sie nicht benutzen, VZ sind jedoch zu beachten (BGHSt **23** 128 = NJW **70** 62). Wegfall der Kriechspur: Rz 17. **14a**

Die sog **Standspur** (rechter Seitenstreifen oder „Pannenstreifen", Begr zu VIII) gehört, wie auch der linke Randstreifen zum Grünstreifen hin, zur AB, ist jedoch, soweit nicht durch VZ 223.1 abw geregelt, nicht Bestandteil der Fahrbahn (§ 2 I 2; BGHSt **30** 85 = NJW **81** 1968, Fra VRS **46** 71, Kö VRS **50** 370, Ol VRS **60** 312, Dü VRS **68** 141, Ha VersR **91** 83, Ba DAR **08** 218 [L]). Der Fahrbahnbelag der Standspur entspricht oft demjenigen der übrigen AB, optische Trennung wird idR durch Z 295 (Fahrbahnbegrenzung) erreicht. Die Standspur dient nicht dem normalen FahrV. Zweck: KfzAbstellen bei Not- oder Unfällen (§ 16 OWiG; Ha VersR **91** 83, VRS **59** 228, Dü VRS **47** 214, Ol VRS **60** 312), bei Pannen ohne Weiterfahrmöglichkeit oder -recht (Rz 23, 24), bei Kraftstoffmangel, überhaupt zwecks Sicherung bei Liegenbleiben (Bra ZfS **94** 197, Ba VersR **78** 256). Befahren der Standspur ist (soweit nicht durch Z 223.1 angeordnet) nur in Ausnahmefällen, stets mit äußerster Vorsicht (Mü NVZ **94** 399), zulässig, etwa, um PannenFz möglichst rasch und ohne unnötige Behinderung des fließenden V von der AB zu entfernen oder durch Pol- und RettungsFz (§ 35; BGHSt **30** 85 = NJW **81** 1968, Ol VRS **60** 312, *Seidenstecher* DAR **93** 83), soweit erforderlich auch zur Bildung einer freien Gasse zwischen den Fahrstreifen für HilfsFz (§ 11 II), sowie bei völlig irregulären Verhältnissen, zB Glatteis, Unfall oder entgegenkommendem Falschfahrer. Trotz Trennung durch Z 295 gilt für die Standspur § 41 III 3b aa nicht. Die Standspur ist kein Mehrzweckstreifen, Begr zu VIII (Rz 11). Langsamfahrer (Panne) im DurchgangsV dürfen sie nicht mitbenutzen, Halten ohne zwingenden Grund ist unzulässig (VIII; Rz 23), ebenso Rückwärtsfahren (VII; Ol VRS **60** 312, Dü VRS **68** 141, Ba DAR **08** 218 [L], s auch Rz 29). Soweit die frühere Rspr die Standspur als Bestandteil der Richtungsfahrbahn ansah (zB BGHSt **30** 85), ist sie mit der Einfügung von § 2 I S 2 durch die 12. StVO-ÄndVO v 22. 12. 92 (BGBl I 2482) gegenstandslos geworden. Das bedeutet, dass der Kf, der *unter Benutzung der Standspur Fz „überholt"*, die den regulären Fahrstreifen befahren, *nur gegen § 2 I, nicht aber auch gegen § 5 I verstößt* (§ 5 Rz 66, s auch Begr zur 12. StVO-ÄndVO, § 2 Rz 16b). Ohne polizeiliche Weisung darf auch bei Stau auf den Fahrstreifen nicht auf der Standspur an der stockenden Fz Kolonne vorbeigefahren werden, um die nächste Ausfahrt zu erreichen (BGHSt **30** 85 = NJW **81** 1968, Dü VRS **47** 214, *Bouska* VD **77** 205). Ein solches Verhalten kann zu erheblichen Gefahren für diejenigen führen, die ordnungsgemäß den Fahrstreifen benutzen und von diesem in die Ausfahrt einbiegen. Allgemein zum Seitenstreifen (Bankett): § 2 Rz 25. An Eng- oder Baustellen kann die Standspur, durch VZ (Markierung, Markierungsknopfreihen) gekennzeichnet, **vorübergehend als Fahrstreifen** dienen (Bay DAR **79** 111). Auch soweit dies nicht durch VZ 223.1 geschieht, ist Benutzung dann jedenfalls nicht vorwerfbar (Verbotsirrtum; *Bouska* NZV **00** 29). Anordnung der Benutzung als Fahrstreifen: § 41 Rz 248b [zu Z 223.1]. **14b**

Lit: *Bouska*, ... Zur verkehrsrechtlichen Einordnung der sog „Standspur" ..., VD **79** 43. *Hentschel*, Freigabe des Seitenstreifens als Fahrstreifen, NJW **02** 1238. *Mühlhaus*, Über die Standspur der AB, DAR **78** 162.

2. Zugelassene Fahrzeuge (Abs 1). AB und KraftfahrStr dienen dem SchnellV. Zugelassen sind Kfz, deren bauartbedingte Höchstgeschwindigkeit durch den FzSchein ausgewiesen mehr als 60 km/h beträgt; das gilt ebenso für Anhänger (I S 1). Zugelassen ist also auch, wer die Min- **15**

destgeschwindigkeit erreichen kann, tatsächlich aber langsamer fährt (Dü DAR **59** 134). Jedoch kann dies gegen § 3 II verstoßen (näher Rz 19). Außerdem ist dann erhöhte Aufmerksamkeit gegenüber dem SchnellV zu fordern (Mü VersR **62** 459). Wer wegen eines Defekts sehr langsam fahren muss, hat bei nächster Gelegenheit beiseite zu fahren, sonst haftet er bei Auffahrunfall (Kö NJW **65** 2310). Außerdem muss er äußerst rechts bleiben (Ce VersR **66** 966). Bei nächster Gelegenheit muss er ausfahren. Wer wegen Motorschadens verlangsamen muss, muss durch mehrfaches Antippen der Bremsen warnen (Lkw; BGH VM **73** 4). Auch zulassungsfreie Kleinkräder und Motorroller sind zugelassen, sofern sie die Mindestgeschwindigkeit bauartbedingt erbringen. Demgegenüber sind FmH ausgeschlossen. Soweit § 18 nicht Sonderregeln vorsieht, gelten die allgemeinen Regeln. Rechtsfahren: §§ 2, 7. Fahrstreifenfahren, Fahrstreifenwechsel, Wegfall eines Fahrstreifens, Fahrstreifenverengung: § 7. Allgemeine Fahrgeschwindigkeit: Rz 19 und § 3. Abstand: § 4. Nebeneinanderfahren: §§ 7, 37, 42 VI. Parken: § 12. Richtlinien für AB-Wildschutzzäune: VkBl **75** 478.

15a **Höhe und Breite von Fahrzeug und Ladung (Abs 1 S 2)** entsprechen den in § 22 II 1 vorgeschriebenen Maßen (4 m und 2,55 m). Daran haben sich auf allen AutoStr auch mit land- oder forstwirtschaftlichen Erzeugnissen beladene Fz zu halten. Die **Sonderregelung des I S 3** für KühlFz (2,6 m Breite) beruht auf der in § 32 I Nr 4 StVZO enthaltenen Regelung. Die **FerienreiseVO** verbietet in der Zeit vom 1. 7. bis 31. 8. Lkw-Verkehr auf bestimmten AB an allen Samstagen zwischen 7 und 20 Uhr. Sie ist verfassungskonform (§ 6 StVG Rz 14).

16 **3. Einfahren (Abs 2)** darf der Verkehr auf die AB nur an den gekennzeichneten Anschlussstellen (Z 330) und nur in der baulich gekennzeichneten, erlaubten Fahrtrichtung (Rz 18a), nicht auf benutzbaren anderen Wegen, auch wenn dort kein VerbotsZ steht (Bay DAR **57** 21), weil das den durchgehenden Verkehr gefährden und das gefahrlose Einfädeln meist erschweren würde. Das Einfahren über einen auch vom allgemeinen StrNetz aus erreichbaren Raststättenbereich ist nach I allenfalls Gästen erlaubt, weil die von diesem Bereich aus benutzbaren AB-Zufahrten dem allgemeinen Verkehr nicht eröffnet und für die Aufnahme bloßen durchgehenden Durchgangsverkehrs nicht bestimmt sind. Erst recht darf nicht über das Raststättengelände auf die AB eingefahren werden, wenn die Zufahrt zu diesem nur für Zulieferer freigegeben ist (Z 250 mit Zusatz; Ko VRS **65** 468). Einfahren idR nur hintereinander (Hb NZV **00** 507), außer bei sehr ruhigem Durchgangsverkehr, weil sonst erhebliche Behinderungsgefahr entstehen kann (Ce VersR **73** 928, aM wohl Ha VersR **78** 674 mit zw Begr). Ein einfahrender Lastzug muss alsbald so weit wie möglich beschleunigen, um den fließenden Verkehr nicht zu gefährden oder zu behindern (Ce VersR **73** 352). Bei schlechter rückwärtiger Übersicht muss die Beschleunigungsspur voll ausgenutzt und an deren Ende notfalls eine ausreichende Lücke abgewartet werden (Fra VM **76** 15). Benutzer der durchgehenden Fahrstreifen müssen nicht mit unvermitteltem Einfahren vom Seitenstreifen aus kurz vor ihnen rechnen (Fra VM **75** 93). Der Einfahrende darf nicht in einem Zug sofort auf den Überholfahrstreifen fahren, sondern muss sich vor dem Überholen im Hinblick auf die hohen Geschwindigkeiten auf AB zunächst in den VFluss auf dem rechten Fahrstreifen einfügen, um sich unter Beachtung einer gesteigerten Sorgfaltspflicht in Ruhe über den nachfolgenden V zu orientieren (BGH NJW **86** 1044). Wer beim Einfahren sofort auf den Überholstreifen und anderen Fz in den Weg fährt, ist idR allein verantwortlich (Ha NZV **92** 320, **94** 229), insbesondere bei starkem Abbremsen (Ce VersR **79** 916). Ein ÜberholverbotsZ beim Z 331 (Einfahrt zu einer KraftfahrStr) gilt mindestens bis zur vollen Einordnung des Einfahrenden auf der durchgehenden Fahrbahn (Ha VRS **55** 62).

17 **4. Vorfahrt (Abs 3)** vor dem Einfahrenden hat der durchgehende V auf der AB und den KraftfahrStr. Auf Beachtung darf er vertrauen (Kö VM **98** 87). Der einfahrende V ist wartepflichtig und darf nur so einfahren, dass er den durchgehenden V nicht gefährdet oder behindert (Ko VersR **94** 361, Kö NZV **06** 420, KG DAR **01** 399, Kar NZV **96** 319). Durchgehende Fahrbahn: alle Fahrstreifen für durchgehenden V einschließlich der Kriechspuren (Begr). Bei freier Überholspur sollten Durchfahrende vorübergehend rechtzeitig und deutlich dorthin ausbiegen, um das Einfahren zu erleichtern (§ 11, Kö VRS **28** 143, Ko VersR **94** 361), jedoch nur, wenn eine Behinderung Überholender ausgeschlossen ist. Einfahrende dürfen darauf nicht vertrauen (Kö VRS **28** 143, Ko VersR **94** 361). Anschlussstellen zum Einfahren im Sinn dieser Regelung sind auch Ausfahrten aus ABParkplätzen (Schl VM **61** 84). Gemeinsame Verzögerungs- und Beschleunigungsstreifen in AB-Kreiseln gehören zum durchgehenden Verkehr und verschaffen Vorfahrt (Ha VkBl **70** 188). Benutzer der **Kriechspur** (§ 2 Rz 63) haben vor dem Einfahrenden Vorfahrt, wenn sie schon nahe an die Einfädelstelle herangekommen sind (Begr). Das ist besonders für Fz mit langem Bremsweg bedeutsam. Der Einfahrende darf nur Lücken benutzen, die entweder den durchgehenden V nicht zu wesentlichem Verlangsamen zwingen oder diesem ermöglichen, gefahrlos auf den Überholstreifen auszuweichen (Ko DAR **87** 158). Muss der durchgehende V vor dem Einfahrenden abbremsen, so hat dieser seine Wartepflicht verletzt (Ha VRS **99** 332, ZfS **93** 365, Kar NZV **96** 319, KG VRS **112** 187; NZV **08** 244). Wer in eine zu geringe Lücke zwischen einem AB-Stau und einem heranahenden Lastzug noch auf die Fahrbahn einfährt, trägt überwiegende Schuld (Kö VersR **73** 91). Die Vorfahrt des durchgehenden V ist besonders sorgfältig zu beachten, doch kann dieser, wenn er hinter dem Vorfahrtverletzer nicht nach Möglichkeit abbremst, mithaften müssen (Mü VersR **78** 651, KG VRS **112** 187) oder uU auch den Schaden allein zu tragen haben (Kar NZV **96** 319.) Am Ende der **Kriechspur** hat wiederum, wie aus ihrem Zweck folgt, der Schnellverkehr auf der Normalspur im Verhältnis zu ihr Vorrang (Bay VM **72** 51), auch wenn dies nicht durch VZ angeordnet ist; jedoch hat er soweit möglich das Zurückgliedern durch Linksausweichen zu ermöglichen (§ 11). Alle Einfahrenden müssen sich mit größter Sorgfalt eingliedern. Vom durchgehenden V ist auch ohne diesbezügliche Rechtspflicht zu erwarten, dass er das Einfahren durch rechtzeitiges deutliches Linksausbiegen fördert (§ 11; Ha VRS **99** 332, Kö VM **65** 23), jedoch nur, wenn dies mit Sicherheit niemand gefährdet oder behindert (Stu VRS **45** 437). Hierauf darf aber der Wartepflichtige selbst dann nicht vertrauen, wenn der Vorfahrtberechtigte den linken Fahrtrichtungsanzeiger betätigt (Ha ZfS **93** 365). Sog. **Verteilerfahrbahnen**, die im Bereich von ABKreuzen parallel zu den durchgehenden Fahrbahnen verlaufen, dienen im Verhältnis zu den tangential in sie einmündenden Zufahrten nicht iS von III dem durchgehenden V (Dü VRS **67** 375, NZV **89** 404: Verständigungspflicht [zust *Booß* VM **89** 95, *Bouska* NZV **00** 31]). **Beschleunigungsstreifen** (§ 8 Rz 34b) gehören nicht zu den „durchgehenden Fahrbahnen", von dort Einfahrende sind daher wartepflichtig (BGH NJW **86** 1044, Nau NZV **08** 25, Ko DAR **87** 158, Kar NZV **96** 319). Doch ist ihnen gegenüber Rücksicht zu üben, weil sie sonst nicht mit höherer Geschwindigkeit einfahren können. Einfahrende Lkw sind wegen Schwerfälligkeit und geringer Beschleunigungsfähigkeit auf Entgegenkommen der Vorfahrtberechtigten angewiesen, weswegen BG des vorfahrtberechtigten Auffahrenden nicht völlig zurücktritt (Ha NZV **93** 436 [20%], KG VRS **112** 187 [30%], Nau NZV **08** 25 [30%]). Das Nichtausnutzen eines Einfädelstreifens (Beschleunigungsstreifens) beim Einfahren in die durchgehende Fahrbahn kann unfallursächlich sein (Ha VersR **75** 542). Wer vom Beschleunigungsstreifen auf die durchgehende Fahrbahn mit solcher Geschwindigkeit und solchem Abstand vom Nachfolgenden einfährt, dass dieser nicht verlangsamen muss, weil die AB iÜ frei ist und der Abstand alsbald wieder größer wird, beeinträchtigt die Vorfahrt nicht (Abstand beim Einfahren halber Tachoabstand, Ha 3 Ss OWi 1110/72). Hat ein soeben langsam eingefahrener Lastzug die AB schon etwa 40 m auf der Normalspur befahren, so kommt idR auch gegenüber einem mit „140" auf 250 m Aufgerückten keine Vorfahrtsverletzung mehr in Betracht (Ha VRS **40** 297). Wer als zweiter FzF früher als der Vorausfahrende vom Beschleunigungsstreifen auf den rechten Fahrstreifen nach links ausschert (s aber Rz 16), erlangt ein Vorfahrtsrecht gegenüber dem auf dem Beschleunigungsstreifen Verbleibenden (Bay VM **70** 60, Ko DAR **87** 158), muss aber mit dessen Einfädeln rechnen und uU zurückstehen (§ 11 III, Ol DAR **80** 343). Ihn trifft besondere Sorgfaltspflicht und bei Kollision Mitschuld (Ko DAR **87** 158, Ol DAR **80** 343 [Haftung zu ³/₄]). Zur Haftungsverteilung s auch Rz 30.

4a. Zeichengeben. Wer in die AB an einer Anschlussstelle einfährt, kommt aus einem anderen StrTeil, ändert seine Fahrlinie nach links hin, braucht äußerste Sorgfalt (§ 10) und muss daher links blinken (§ 10). Auch Beschleunigungsstreifen sind *in diesem Sinn* andere StrTeile (s iÜ aber § 8 Rz 34b). Treffen zwei ABFahrbahnen in einer zusammen (Wartepflicht kraft VZ der von rechts kommenden Fahrbahn), so liegt weder Richtungsänderung noch Einfahren aus einem anderen StrTeil vor, so dass die §§ 9, 10 nicht gelten. Blinkpflicht besteht hier aber gem § 7 V S 2 vor Fahrstreifenwechsel. Vorher ist nach hinten zu beobachten, dabei der tote Winkel zu berücksichtigen und rechtzeitig zu blinken (Dü VM **73** 77). Zeichengeben bei Ausfahren: Rz 28.

5. Fahrgeschwindigkeit (Abs 5, 6). Innerorts darf auf der AB (nicht auf der KraftfahrStr) schneller als 50 km/h gefahren werden; § 3 III Nr 3 gilt insoweit nicht. Allgemein zur Fahrgeschwindigkeit, bei Glätte, schlechter Sicht, Nebel, Blendung, Unübersichtlichkeit, Fahrbahnhindernissen, über Geschwindigkeitsbeschränkungen durch VZ, AB-Richtgeschwindigkeit, Abstand zum Vordermann, Auffahrunfälle, Nötigung durch dichtes Aufschließen, behinderndes Langsamfahren: §§ 3, 4 sowie zu § 240 StGB. Benutzung von Fahrstreifen mit unterschiedlicher Geschwindigkeitsbeschränkung: § 2 Rz 40. Fahren mit Fern- und Abblendlicht: § 17 (zu VI

Rz 19b). Bei Platzregen und überhaupt **bei Nässe** oder wassergefüllten Spurrillen droht allen Kfz bei höherer Geschwindigkeit Wasserglätte (§ 3 Rz 18), so dass sie große Abstände halten und angemessen langsam fahren müssen (Kö VRS **44** 276). Fahren mit „110" bei lediglich regnerischem Wetter ohne besondere Umstände muss nicht grobfahrlässig sein (Nü VersR **77** 659 [Kaskoversicherung]). Fahren mit 120 km/h auf regennasser AB bei Dunkelheit ist für sich allein kein schuldhaftes Verhalten (Kö VersR **82** 708); denn die besonderen Verhältnisse auf der AB erlauben auch bei Dunkelheit regelmäßig höhere Geschwindigkeiten als auf anderen Str (Fra ZfS **93** 45). Auch auf der AB darf aber idR niemand damit rechnen, dass sich keine oder nur ausreichend beleuchtete **Hindernisse auf der Fahrbahn** befinden (§ 3 Rz 25, 27). Sichtgeschwindigkeit ist nötig, weil niemand darauf vertrauen darf, jenseits von Kuppen oder Kurven freie Fahrt zu haben (§ 3 Rz 15; Ce VersR **75** 264, *Lippold* NZV **92** 63, s aber Rz 19b). **Fahrgeschwindigkeit an Unfallstellen:** § 3 Rz 27. Korrektes **Langsamfahren** (s auch Rz 15) mit einem Lkw verpflichtet nicht, den übrigen Verkehr zu warnen („40–50"; Kar VersR **79** 775, **75** 668). Mit einem nachts auf einer Steigung mit nur 50 km/h fahrenden Lkw muss ein Kf rechnen (Fra NZV **01** 169). I Ü müssen aber ABBenutzer mit grundloser erheblicher Unterschreitung der Mindestgeschwindigkeit des I S 1 (60 km/h) nicht ohne Weiteres rechnen (Fra VersR **96** 1553 [35 km/h zu Orientierungszwecken]). Bei Gefahr des Auffahrens Nachfolgender sind WarnZ (insbesondere Warnblinkanlage) zu geben (Fra NJW **85** 1353 [20–30 km/h], VRS **86** 89 [Rundumleuchten bei Militärkolonne mit 15–25 km/h]). Besonders im Bereich von Überholverboten wird grundloses Langsamfahren stets gegen § 3 II, uU auch gegen § 1 verstoßen (Rz 15). Wer ohne anzuerkennenden Grund auf AB als PkwF nur 60 km/h fährt, handelt schuldhaft (AG Wilhelmshaven NZV **03** 181). Ein wegen Steigung nur 25 km/h fahrender LkwF kann Anlass haben, besonders auf den nachfolgenden Verkehr zu achten (Fra VersR **99** 771 [keine Entlastung nach § 17 III StVG bei Auffahrunfall]). Zur Mithaftung des auf der AB zu langsam Fahrenden § 3 Rz 47. Fährt eine Militärkolonne (bei Dunkelheit) ungewöhnlich langsam, so ist der Verkehr ausreichend zu warnen (Warnblinken; Ce VersR **77** 454).

19a **Abs 5 S 2 normiert** Geschwindigkeitsbegrenzungen für bestimmte Arten von Kfz. Die Regelung der *auch* (nicht „nur", BGH NJW **06** 896, 898) unter günstigsten Umständen zulässigen Höchstgeschwindigkeit der in V S 2 bezeichneten Kfz auf der AB weicht von derjenigen für KraftfahrStr ab (Begr). Autobahnähnliche KraftfahrStr sind jedoch außerorts der AB gleichgestellt. Voraussetzung ist Trennung der Richtungsfahrbahnen durch Grünstreifen, Bordsteine, Leitplanken oder ähnliche Einrichtungen, durch die das Überfahren der Fahrbahnbegrenzung erschwert wird; Fahrstreifenmarkierungen, auch in Form einer Doppellinie, reichen für sich genommen nicht aus (Dü NStZ-RR **07** 214 [jedoch soll vermeidbarer Verbotsirrtum in Betracht kommen, zw], *Bouska* DAR **89** 164). **Lkw-Begriff:** § 21 Rz 10. Die Eintragung im FzSchein ist nicht entscheidend (s auch § 30 Rz 10); V S 2 Nr 1 gilt daher, wenn das Fz trotz Eintragung als Pkw nach Bauart und Einrichtung zum Gütertransport bestimmt ist (Bay NJW **04** 306 [zust *Kramer* VD **03** 267, *Blümel* DAR **04** 39, abl *Zwiehoff* ZfS **05** 272], Ha NJW **06** 241, 245, Brn VRS **108** 377, Kar DAR **04** 715, Jn NJW **04** 3579, abw AG Freiburg NZV **04** 265 [aufgehoben], AG Elmshorn SVR **07** 275 [zu § 30 III]). Denn nur bei Zugrundelegung der tatsächlichen Eigenschaften und der konkreten Einsatzart eines Fz kann der Zweck der in § 18 getroffenen Geschwindigkeitsregelungen erreicht werden (Bay NJW **04** 306, Ha NJW **06** 241, Kar DAR **04** 715 [alle zu den sog. „Sprintern"]). Europarechtlich ist dies unbedenklich (EuGH NJW **06** 2539 [hierzu **E 15**], zust *Marquardt* VD **06** 264). Irrtum ist Verbotsirrtum (Bay NJW **04** 306, Ha NJW **06** 241, 245, Kar DAR **04** 715, Jn NJW **04** 3579 [vermeidbarer Verbotsirrtum jedenfalls nach FzUmbau]). Soweit unvermeidbarer Verbotsirrtum (**E** 157) abgelehnt wird (Bay NJW **04** 306, Brn VRS **108** 377), erscheint dies jedenfalls für die Zeit vor Bekanntwerden von Bay NJW **04** 306 sehr streng (s auch Ha NJW **06** 241, Jn NJW **04** 3579, AG Freiburg NZV **04** 265, AG Elmshorn SVR **07** 275 [zu § 30 III; unvermeidbarer Verbotsirrtum bejaht], *Kramer* VD **03** 270). Für **Wohnmobile** (die rechtlich weder Pkw noch Lkw sind) mit einem zulässigen Gesamtgewicht von mehr als 3,5 t gilt grundsätzlich V S 2 Nr 1 (80 km/h). Nach Maßgabe von §§ 1, 2 der 12. StVO-AusnahmeVO (Rz 13b) dürfen sie aber, wenn sie 7,5 t zulässiges Gesamtgewicht nicht überschreiten, (zunächst befristet bis 31. 12. 09) auf AB und KraftfahrStrn 100 km/h fahren. Wohnmobile mit Anhänger: V S 2 Nr 1 (80 km/h). **Kombinationen** (Gespanne, also Pkw mit Anhänger, mehrspurige Kfz bis 3,5 t mit Anhänger) dürfen nach Maßgabe der 9. StVO-AusnahmeVO (Rz 13a) zunächst befristet bis 31. 12. 10, auf AB und KraftfahrStr 100 km/h fahren; an der Rückseite des Anhängers müssen gem § 1 Nr 4 der AusnVO Tempo-100-Plaketten angebracht sein. Vor Inkrafttreten der ÄndVO v 7. 10. 05 am 22. 10. 05 nach der früheren Fassung von § 1 Nr 5 und der Anl zur 9. StVO-AusnahmeVO von

Autobahnen und Kraftfahrstraßen　　　　　　　　　　　　　　§ 18 StVO 2

der StrVB ausgestellte Bescheinigungen behalten in Bezug auf die darin enthaltenen Angaben zum Anhänger der Kombination ihre Gültigkeit (VkBl **05** 765). Für **Busse** (Kom) bis 3,5 t mit Anhänger gilt die 100 km/h-Regelung der 9. StVO-AusnahmeVO nach deren § 1 nur, wenn der Bus als Zugfz eine Tempo 100 km/h-Zulassung nach V Nr 3 hat. Nach Maßgabe von V Nr 3 beträgt für die dort genannten Busse die AB-Höchstgeschwindigkeit 100 km/h. Über die technische Eignung des einzelnen Kom für eine solche Geschwindigkeit unter Berücksichtigung der VSicherheit entscheidet die ZulB (§ 6 FZV; *Bouska* DAR **83** 263). Bei Vorliegen der Eignung ist die Eintragung im FzSchein auf Verlangen des Halters vorzunehmen (Rechtsanspruch; Text der Eintragung: „Für 100 auf AB-geeig."; BMV – StV 11/36. 17. 06 –, VkBl **84** 161). Bei wahlweise als Kom oder Lkw zugelassenen Fz kommt es auf die Art des Einsatzes bei der konkreten Fahrt an (Bay VRS **101** 457). V S 2 Nr 3 ist seit 8. 12. 07 neugefasst, wobei die Neuregelung wesentliche Verfahrensvereinfachungen für ausländische Kom erbringt; eine Ausnahmegenehmigung nach § 46 StVO ist damit nicht mehr erforderlich, gleichfalls keine „100-Plakette" (Begr Rz 12a; Ko ZfS **07** 230 ist damit im Wesentlichen überholt). Für Alt-Fz, also solche, die vor dem 8. 12. 07 in den V gebracht wurden, gilt die alte Regelung fort (§ 53 XVII, Begr, Rz 12b). Ausnahmegenehmigung durch die oberste Landesbehörde: § 46 II. Für selbstfahrende Arbeitsmaschinen über 2,8 t ohne Anhänger gilt V S 2 Nr 1 (Dü VRS **98** 53).

Abs 6 gilt nur für die AB, nicht für die nicht kreuzungsfreien Kraftfahrstr (Begr; Stu DAR **74** 189). Die Vorschrift enthält für das **Fahren mit Abblendlicht** keine Ausnahme (BGH NJW **84** 2412, **87** 1075, Fra ZfS **02** 425, Ha NZV **00** 369, Ba NZV **00** 49; Gesetzeskritik bei *Bohnert* DAR **86** 11), sondern eine Eingrenzung des Sichtfahrgrundsatzes (§ 3): **a)** Der Kf muss ohne besonderen Anlass (Dü VM **79** 69 [liegen gebliebenes Fz]) nicht damit rechnen, dass zwischen den klar erkennbaren Schlussleuchten des auf demselben Fahrstreifen (Kö NZV **93** 271) Vorausfahrenden und ihm bei ausreichendem Abstand (nicht auch bei 300 m und mehr, Schl VersR **95** 476) von der Seite her plötzlich ein Hindernis entsteht (BGH NJW **84** 2412, Ba NZV **00** 49 [nicht dagegen auch *vor* dem Vorausfahrenden]), etwa durch einen verbotswidrig auf der Fahrbahn gehenden Fußgänger (Mü NZV **93** 26). **b)** andere Lichtquellen (Scheinwerfer des Gegenverkehrs, kurzes Aufblenden, Mondschein, helle Fahrbahn, rückstrahlende Leiteinrichtungen) können den Fahrbahnverlauf und Hindernisse auf der Fahrbahn, auch wenn niemand vorausfährt, uU schon auf erhebliche Entfernung deutlich zeigen und erlauben daher höhere Fahrgeschwindigkeit.

6. Überholen darf nur, wer gewiss sein kann, dass, falls er dazu ausscheren muss (§ 5 Rz 42), Gefährdung des nachfolgenden V (§ 5 IV 1; Dü VersR **97** 334, Ko DAR **80** 182, Kar VRS **74** 166), auf KraftStr in allen Fällen des Überholens auch Gefährdung des GegenV (§ 5), ausgeschlossen ist, und bei ausreichendem Geschwindigkeitsunterschied (§ 5 II). Zum „nachfolgenden Verkehr" iS von § 5 IV S 1 gehört (vgl § 5 IV 4) nicht auch der soeben Überholte, den der Überholer schneidet (so schon zu 18 IV aF Zw VRS **53** 466). Geboten ist äußerste Sorgfalt des Überholenden (E 150, § 5, Kö VersR **78** 143). Eine nur leichte Behinderung (geringfügiges Abbremsen) hat der Nachfolgende trotz § 5 IV S 1 uU hinzunehmen (§ 5 Rz 42, dort zur Sorgfaltspflicht gegenüber dem Nachfolgenden). Wer bei Dunkelheit mit hoher Geschwindigkeit (zB „140") eine erheblich langsamere Kolonne überholt, muss besonders sorgfältig auf etwa Ausscherende achten (Dü VersR **78** 429), ist aber selbst bei Annäherungsgeschwindigkeit von 180 km/h nicht allgemein zum Verlangsamen verpflichtet (Bay VRS **59** 224, Ha DAR **71** 193, KG VM **85** 63, Kö VersR **78** 143). Mit plötzlichem Ausscheren auf geringe Entfernung muss er nicht rechnen (KG VRS **56** 264, Stu NZV **89** 437), auch nicht bei hoher Fahrgeschwindigkeit („170"; Ko VRS **42** 310), hat aber bei Erkennbarkeit solchen Verhaltens sofort zu verlangsamen (Stu NZV **89** 437, Kö VersR **91** 1301). Mit hoher Fahrgeschwindigkeit von hinten Aufrückender muss ein Vorausfahrender rechnen (BGH NJW **88** 1044, Kö VersR **78** 143). Deshalb darf der Einfahrende nicht unmittelbar auf den Überholfahrstreifen wechseln (Rz 16). **Anzeigepflicht** besteht vor dem Ausscheren, vor Fahrstreifenwechsel und vor dem Wiedereinscheren nach dem Überholen (§ 5 IV a), nicht auch während längeren Überholens mehrerer Fz hintereinander. Auf zweispuriger AB ist Zweitüberholen unzulässig (§ 5). Der auf dem linken Fahrstreifen Überholende darf erst überholt werden, wenn er diesen vollständig verlassen hat (Fra VRS **88** 112). Der Kf muss sich vor dem Ausscheren auf den Überholfahrstreifen vergewissern, dass dieser vor ihm frei ist (Ha NJWE-VHR **96** 210). Auf der AB darf bei ausreichendem Geschwindigkeitsunterschied bei vollbesetztem rechtem Fahrstreifen auch überholen, wer zunächst noch keine Wiedereinscherlücke erkennt. Nach dem Überholen ist wieder **rechts einzuscheren** (§ 5 IV 3). Die Einscherlücke ist groß genug, wenn der Einscherende bei beibehaltener

19b

20

Fahrgeschwindigkeit etwa 10 s in ihr verbleiben kann (aM Kar VRS **55** 352 [20 s]; die Einscherregel verdient jedoch strenge Beachtung, weil ihre korrekte Befolgung vorbildlich wirkt und weil sperrendes Linksfahren bei den hohen AB-Fahrgeschwindigkeiten gefährliche Aggressionen auslösen und zum verbotenen Rechtsüberholen verleiten kann). Übersteigt die Überholgeschwindigkeit diejenige des Überholten erheblich und ist die Lücke ausreichend, so muss der Überholer alsbald nach Erreichen des Sicherheitsabstands zum Überholten nach rechts einscheren, da der Abstand der VSicherheit genügt und sich außerdem sofort weiter zu vergrößern beginnt (aM Kar VRS **55** 352 [doppelter Abstand]). Wer bei unverminderter Geschwindigkeit alsbald wieder ausscheren müsste, muss nicht nach rechts einscheren, um sich überholen zu lassen (Kar VRS **55** 352). Ordnet sich der Überholer, obwohl möglich, nicht alsbald wieder nach rechts ein, so kann er sich vor späterem Zurückscheren über den nachfolgenden Verkehr auf dem rechten Fahrstreifen orientieren müssen (Bay NJW **75** 2076 m Anm *Booß)*. Es ist links zu überholen. **Rechtsüberholen** von Kolonnen auf der AB: § 7 IIa, s auch § 5 Rz 64, § 7 Rz 10 ff. Wer mit Fernlicht oder Lichthupe mit hoher Geschwindigkeit dicht aufschließt, zu verdrängen, nötigt uU (§ 240 StGB Rz 10 ff). Ein **Überholverbot** (Z 276) gilt nur zwischen Benutzern der Normalspur(en), verbietet dagegen nicht das Überholen eines die Standspur befahrenden Fz (Bay DAR **79** 111; s aber Rz 14b). **Zweigen ein oder mehrere Fahrstreifen nach rechts in eine andere Richtung ab,** so ist es Abbiegern nach § 42 VI Nr 1 f nunmehr ausdrücklich erlaubt, dort ab Beginn einer breiten Leitlinie „schneller als auf der durchgehenden Fahrbahn" zu fahren, also rechts zu überholen (dazu § 7 Rz 15). Das gilt jedoch nach S 2 der Bestimmung nicht für **Verzögerungsstreifen** (Ausfahrstreifen). Danach dürfte auf ihnen, wenn nicht die Voraussetzungen des § 7 IIa vorliegen (*Bouska* DAR **89** 163), anders als auf Einfahrstreifen, der durchgehende Verkehr grundsätzlich (Ausnahmen: § 7 II, IIa) nicht überholt werden (*Seidenstecher* DAR **89** 412; krit zu einer unterschiedlichen Behandlung von Beschleunigungs- und Verzögerungsstreifen *Felke* DAR **88** 77, **89** 180). Gegen eine Gleichstellung des Ausfahrstreifens mit dem Beschleunigungsstreifen hinsichtlich des Rechtsüberholens könnte sprechen, dass dies zu gefährlichen Situationen führen kann, wenn der Nachfolgende früher als der Vorausfahrende auf den Verzögerungsstreifen wechselt. Trotz § 42 VI Nr 1 f letzter Satz wird aber der Verzögerungsstreifen (ebenso wie der Beschleunigungsstreifen) wohl überwiegend als selbstständige Fahrbahn angesehen; dann jedoch stellt das Schnellerfahren auf ihm kein Überholen im Rechtssinne dar (§ 2 Rz 25 a, § 5 Rz 20; Dü VRS **107** 109, Ha DAR **75** 277, *Janiszewski* DAR **89** 410, *Mersson* DAR **83** 283). Stockt der V auf den durchgehenden Fahrstreifen, so muss der Ausfahrende jedenfalls nicht warten, sondern darf nach Maßgabe des § 7 IIa vorsichtig rechts auf dem Verzögerungsstreifen (nicht schon vor dessen Beginn auf der Standspur!) vorbeifahren (bzw überholen). Der durchgehende V darf **nicht unter Benutzung anderer ABTeile** (Raststättengelände, Parkplätze) „überholt" werden (§ 5 Rz 19 a). **Kriechspuren** sind Teile der Gesamtfahrbahn (§ 2 Rz 63) und dürfen daher nicht zum Überholen benutzt werden (Bay VM **72** 51).

Lit: *Janiszewski,* Zur Zulässigkeit des Schnellerfahrens auf abgehenden Fahrstreifen, DAR **89** 410. *Mersson,* Zur Problematik des Rechtsüberholens, DAR **83** 280. *Seidenstecher,* Zur Unzulässigkeit des Rechtsüberholens auf dem Verzögerungsstreifen ..., DAR **89** 412.

21   **7. Wenden und Rückwärtsfahren** sind auf AB und KraftfahrStr verboten, weil sie gefährden (Bay VRS **58** 154) und führen unter den Voraussetzungen des § 315 c StGB zur Strafbarkeit (§ 315 c StGB Rz 19). Begriff des Wendens: § 9 Rz 50. Das Wendeverbot gilt auch bei (vorübergehender) Vollsperrung eines AB-Teilstücks (Ha NZV **98** 40). Wendeverbot auch auf KraftfahrStr mit breitem Mittelstreifen und QuerV (Ha VRS **45** 256). Wenden auf einer KraftfahrStr kann jedoch uU relativ ungefährlich sein und dann eine niedrigere als die katalogbuße rechtfertigen (Bay DAR **73** 307). Bei Wenden innerhalb einer AB-Baustelle mit „50"-Gebot hält Schl VM **74** 63 geringere Geldbuße für angebracht (zw: welche wirkliche Geschwindigkeit hatten Baustellen- und Gegenverkehr?). Unzulässig ist Wenden (§ 9) auf der bisherigen Fahrbahn wie das Überqueren des Grünstreifens (BGHSt **27** 233 = NJW **77** 2085, Bay VRS **52** 146) oder Befahren eines Notübergangs, auch ohne SperrZ (BGH VRS **6** 59, Bay DAR **53** 199), um zur Gegenfahrbahn zu gelangen. **Kein Wenden** iS von VII, wenn dazu die dem fließenden V dienenden Flächen einschließlich Verzögerungs- und Beschleunigungsstreifen sowie Ein- und Ausfahrten, mit den dazu gehörigen Seitenstreifen und Mittelstreifen, verlassen werden und die Gegenrichtung nach Durchfahren von Parkplätzen und anschließendem Einbiegen erreicht wird (BGHSt **47** 252 = NZV **02** 376, Stu VRS **99** 376 [Durchfahren zweier gegenüber liegender Parkplätze einer KraftfahrStr], aM Bay NZV **01** 526). Denn für die Definition des Wendens gilt

nicht der straßenrechtliche Begriff der „Straße" (BGHSt **47** 252). Nach diesen Kriterien ist auch die Rspr (zB Bay VRS **62** 143, Kö NZV **92** 406) überholt, nach der verbotenes Wenden angenommen wurde, wenn es unter Inanspruchnahme *eines* rechts oder links der Fahrbahn gelegenen Parkplatzes geschieht (näher 36. Aufl). Erst recht kein Wenden auf der KraftfahrStr, wenn dieses auf einer daneben befindlichen nicht öffentlichen Fläche geschieht (Dü DAR **83** 90 [aber Verstoß gegen X und II]). Verbotenes Wenden jedoch bei Inanspruchnahme eines zur Haltebucht erweiterten Seitenstreifens (Bay DAR **03** 128). Wer die AB-Einfahrt nach links verlässt und über eine mehr als 100 m lange VerbindungsStr (Notfahrbahn) die AB-Ausfahrt erreicht, um auf dieser zurückzufahren, wendet nicht, sondern biegt zweimal links ab (BGHSt **31** 71 = NJW **82** 2454, Bay VRS **61** 146, ähnlich Dü VRS **59** 380 für einen nur 13 m langen Notübergang; aM Ce VM **80** 78). Eine derartige Fahrweise ist gefährlich und widerspricht der erkennbaren VFührung auf AB, verstößt jedoch nach Bay VRS **63** 291 mangels besonderer VZ nicht gegen die StVO, auch nicht gegen X (zw, weil der so Fahrende die in X genannten VZ, die für ihn die Erlaubnis zum Verlassen der AB begründen, nicht passiert; *Hentschel* NJW **83** 1646). In Betracht kommt ggf § 1. Wer auf ABKnoten nach verpasster Abbiegespur eine als Zufahrt von einem anderen AB-Teilstück dienende Verbindungstangente befährt, um wieder auf die verpasste Spur zu gelangen, wendet nicht (Fra VM **73** 46, VRS **45** 72; Rz 22a). Abbiegen im spitzen Winkel in eine von rechts einmündende AB-Tangente ist nicht Wenden (Bay VRS **67** 142 [das aber ow „Ausfahren" iS von X annimmt]). Wer unter Benutzung einer Ausfahrt (Stu VRS **58** 203) oder nach Überfahren einer ununterbrochenen Linie, in gleicher Richtung weiterfahrend (Kö VRS **60** 221), die AB gegenläufig befährt („Geisterfahrer"), wendet nicht (AB-Falschfahrt: Rz 22a). **Dagegen wendet**, wer vom Beschleunigungsstreifen im Linksbogen über die durchgezogene Linie hinweg auf die Gegenfahrbahn fährt, um dort in Gegenrichtung zu fahren (Ko VRS **50** 135; einschr Bay VM **96** 60 für den Fall des Überquerens der durchgehenden Richtungsfahrbahnen und Weiterfahren auf der gegenüberliegenden Ausfahrt; zw, weil im entschiedenen Fall offenbar auch Beschleunigungs- und Verzögerungsstreifen Bestandteile der KraftfahrStr waren und diese Straßenteile dem fließenden V dienen). Verlust von Ladegut kann Wenden unter größter Vorsicht **rechtfertigen**, sofern es das sicherste Mittel zur Gefahrbeseitigung ist (Notstand; Kö DAR **56** 131). Auch wo es aus anderen Gründen notwendig ist (Baufz) oder wenn ein Fahrer versehentlich in die Gegenfahrbahn eingefahren ist, wird er unter größter Vorsicht wenden dürfen, wenn dies die am wenigsten gefährliche Maßnahme zur Beseitigung der von der Falschfahrt ausgehenden Gefahr ist (Kar VRS **65** 470 [i Erg zust *Hruschka* JZ **84** 241], Kö NZV **95** 160). Rückwärtiger Verkehr ist soweit möglich stets vorher zu sichern (Nü VersR **63** 276), zB durch Posten mit Warnlicht oder Warnflagge (Ha VM **61** 21, VRS **21** 388). Die Befürchtung, Mischbeton im Fz könne verhärten, rechtfertigt Wenden auf einer KraftfahrStr (Z 331) nicht (Zw VRS **57** 357). Wer auf einen unzulässigerweise Wendenden auffährt, muss sich in aller Regel seine BG nicht anrechnen lassen (Mü VersR **60** 188, Ko NZV **92** 406). Oft wird Wenden für den Auffahrenden ein unabwendbares Ereignis sein (BGH VRS **14** 89, VersR **57** 787, Ko MDR **59** 843). Grobe Fahrlässigkeit des Auffahrenden wird jedenfalls ausscheiden (BGH VersR **60** 802). Der **Anschein** spricht für Schuld dessen, der den Mittelstreifen überquert (Ko NZV **92** 406). Dieser haftet auch bei gerade noch vermiedener Kollision für einen Kollaps des Hintermanns (Nü VersR **63** 644).

Auch **Rückwärtsfahren** (= gewolltes Fahren in Heckrichtung; § 9 Rz 51) auf AB wie KraftfahrStr ist unzulässig, weil damit eine Behinderung oder Gefährdung des nachfolgenden V verbunden ist (Dü VM **66** 71, VRS **37** 302). Alle Str zwischen den Z 330 und 334 (durchgehende Fahrbahnen wie Zu- und Abfahrten) gehören zur AB und unterliegen, mit Ausnahme des Tankstellen- und Raststättengeländes mit seinen Parkplätzen (Rz 14, anders aber Zu- und Abfahrten: Ce VM **81** 28), dem Rückwärtsfahrverbot (Bay VRS **58** 154, Fra VRS **46** 71, Stu VRS **71** 459), ebenso auch die sog Standspur (Ol VRS **60** 312, Dü VRS **68** 141, **70** 35, Stu VRS **71** 459, Ba DAR **08** 218 [L], s auch Rz 29). Wer von der KraftfahrStr in eine Str, einen Weg oder ein Grundstück abbiegt und von dort rückwärts in die KraftfahrStr zurückfährt, um in Gegenrichtung weiterzufahren, verstößt gegen das Verbot des Rückwärtsfahrens (Bay NZV **96** 161). Wer versehentlich als Ausfahrender in eine AB-Einfahrt gerät und dies alsbald bemerkt, wird ausnahmsweise unter größter Vorsicht zurückstoßen dürfen (§ 16 OWiG), weil Falschfahren in verbotener Richtung die Gefahr idR ebenso vergrößern würde wie Abstellen des Kfz auf dem Fahrstreifen (Rz 29, Kö VRS **56** 63; AB-Falschfahrt: Rz 22a).

Falschfahrt entgegen der vorgeschriebenen Richtung ist weder Wenden noch Rückwärtsfahren iS von VII (Bay NZV **97** 489, VRS **67** 142, Stu VRS **58** 203, Kö VRS **60** 221, Ce VM **83** 87), aber Verstoß gegen § 2 I (Dü VM **91** 84) und zumeist § 1 II, unter den Vorausset-

2 StVO § 18   I. Allgemeine Verkehrsregeln

zungen des § 315c I Nr 2f StGB (dort Rz 20) oder des § 315b StGB (dort Rz 21) auch strafbar. **Nur vorwärts** und nicht abweichend von den VZ und der Wegweisung durch die offensichtliche bauliche Gestaltung der AB-Knoten und -dreiecke darf die AB befahren werden. Die AB und KraftfahrStr mit ihren Ein- und Ausfahr- und Kreuzungssystemen einschließlich des Nebengeländes an Raststätten bilden zwischen den VZ 330/331 und 334/336 in sich geschlossene Einbahnsysteme (Bay VRS **58** 154, Stu VRS **52** 33, NJW **76** 2223, VRS **71** 459, Ko NZV **92** 406 [ausgenommen lediglich das Rangieren auf AB-Parkplätzen]), diese dürfen nur in der durch VZ und bauliche Gestaltung angeordneten Weise und Richtung befahren werden. Bei gemeldetem „Falschfahrer" ist scharf rechts zu fahren, jedes Überholen zu unterlassen und Betätigung der Warnblinkanlage gem § 16 II S 2 zulässig und angebracht. Verbindungsspuren zwischen Aus- und Einfahrten dürfen nicht rückwärts (Ce VM **80** 78) oder so befahren werden, dass Spitzen zwischen Fahrstreifen oder Sperrflächen durchfahren werden, um zur verpassten Ausfahrt zurückzugelangen (Bay VRS **58** 154, Ha DAR **73** 221, Fra VRS **45** 72, Booß VM **73** 46). Mit gegenläufigem Verkehr müssen ABBenutzer idR nicht rechnen (Fra VersR **78** 187; s dazu „Untersuchungen zur Verhinderung von Falschfahrten auf AB", BASt, 1981).

23   **8. Abs 8 verbietet das Halten** auf der AB und den KraftfahrStr. In zwingenden Notfällen (Panne, Unfall, drohendes Hindernis, Fahruntüchtigkeit) kann es erlaubt sein (BGH NJW **75** 1024; 1834, Schl NZV **93** 109, Ce NRpfl **70** 46, Sa DAR **88** 382 [nicht wegen Kleintier auf der Fahrbahn]), auch bei notwendiger Hilfeleistung (BGH VM **75** 89, Fra VersR **88** 750, Schl NZV **93** 109). Das Haltverbot schließt ein Parkverbot außerhalb der bezeichneten Parkplätze ein (Kö NJW **66** 934) und gilt ohne VZ oder Ankündigung für den gesamten AB-Bereich einschließlich der Anschlussstellen (BGHSt **18** 188 = NJW **63** 597, Fra DAR **01** 504, Stu VersR **78** 430), der Verzögerungs- und Beschleunigungsstreifen (Kar DAR **02** 34), der Zu- und Abfahrten an Parkplätzen (Bay VRS **59** 54) und der Seitenstreifen („Standspur"; Ha VersR **91** 83), ausgenommen AB-Teile, die der Sicherheit und Leichtigkeit des Verkehrs nicht dienen (Stichweg von Parkplatzzufahrt zum Raststättenhof; Bra VRS **32** 475; Ko NZV **94** 83 [Tankstellengelände], abl Booß VM **94** 16). Heftiger Regen berechtigt auch den Krad nicht zum Halten auf dem Seitenstreifen (Ce VersR **03** 658). **Beispiele berechtigten Anhaltens**: Betriebsunfähigkeit des Kfz (BGH VersR **61** 322), plötzlich vereiste Windschutzscheibe (Ce DAR **56** 16), abgesprungener Reifen, der von der Fahrbahn entfernt werden muss (Ce NRpfl **70** 46, Jn VersR **98** 250), herabgefallenes Koffergestell (BGH VRS **26** 325), nicht auszuschließender schwerer FzDefekt nach Unfall (Kar DAR **02** 34), Abwarten der Pol nach Unfall (BGH VersR **61** 330, Kar VRS **7** 415), notwendige Unfallhilfe (BGH NJW **01** 149 [Abschleppen eines PannenFz], NJW **75** 1834, Fra VersR **88** 750). Die Berechtigung besteht stets nur für die unbedingt notwendige Zeit (Ha VRS **28** 145).

24   **Sofortige Verkehrssicherung** ist bei unvermeidbarem Anhalten (ausgenommen Stau) erstes Gebot (BGH NJW **75** 1834, Fra VersR **88** 750 [Warndreieck]). Das gilt auch für den Pannenhelfer (Fra VersR **88** 750), es sei denn, er bildet kein zusätzliches Hindernis (BGH NJW **01** 149). Die Sicherung des Verkehrs geht einer Schadensbeseitigung vor (BGH VRS **15** 374, Ba VersR **78** 256, Fra VersR **88** 750). Sicherung bei **Liegenbleiben**: § 15 StVO, § 53a StVZO; Zw NZV **01** 387, Ha VRS **47** 65. Ist im Hinblick auf die Fahrbahnverhältnisse mit Schleudern anderer Fz zu rechnen, kann es schuldhaft sein, bei Notfall auf der Standspur im Kurvenbereich zu halten (Ha VersR **91** 83). Sicherung besteht außerdem im sofortigen Beiseitefahren vom rechten Fahrstreifen aus nach rechts vollständig, ohne Hineinragen in den Fahrstreifen (Ba VersR **78** 256), auf den Seitenstreifen (Begr; BGH VersR **68** 196, Kö NJW **66** 934, Ce NRpfl **70** 46, Fra VersR **88** 750), soweit er ausreichend befestigt ist (BGH VRS **15** 374), nicht auch auf eine nicht tragfähige Grasnarbe (BGH VersR **63** 1159, Ha MDR **60** 1012). Das gilt auch nach Unfall mit bedeutendem Schaden; aus § 34 II Nr 2 ergibt sich nichts Gegenteiliges (Zw NZV **01** 387). Wer auf der Überholspur fahrunfähig wird, muss möglichst auf den Grünstreifen (Mittelstreifen) ausweichen (BGH VM **67** 49, Mü NZV **97** 231, Zw NZV **01** 387), soweit wie möglich zur Leitplanke hin. Das von Zw NZV **01** 387 geforderte Entfernen eines auf der Überholspur entgegen der Fahrtrichtung zum Stehen gekommenen Fz über den rechten Fahrstreifen zur Standspur ohne polizeiliche Hilfe wird auf AB freilich zumeist um ein Vielfaches gefährlicher sein als bestmögliche Sicherung bis zum Eintreffen der Pol. Schuldhaft handelt, wer das havarierte Fz auf der Fahrbahn anhält, obwohl er es im Gefälle bis zu einer vorher erkennbaren Abstellbucht rollen lassen könnte (BGH VRS **23** 92). Ist gesichertes Anhalten rechts nicht möglich, aber in kurzer Entfernung voraus, so muss der Kf auch um den Preis eines Felgenschadens dorthin fahren (BGH VersR **79** 323). Ein liegengebliebenes Kfz muss so schnell wie tech-

nisch möglich flottgemacht oder von der AB entfernt werden, sonst insoweit unerlaubtes Halten (VIII; Dü VRS **58** 281, Kö VM **74** 15). Wer mit Motorschaden hängen bleibt, muss das Kfz von der Fahrspur schnellstens vollständig entfernen (Ba VersR **78** 256), uU auch durch Zurückrollen, selbst wenn das nicht ungefährlich ist (Bay 2 St 645/71 OWi). Ein auf der linken Spur der StadtAB in einer Linkskurve haltendes Löschfz ist durch Blaulicht und FzBeleuchtung nach hinten nicht ausreichend gesichert, Warnlampen müssen bis zur Abfahrt stehen bleiben (KG VRS **42** 91). Bildet sich rasch ein Stau, so hat der Fahrer des jeweils auf ganz kurze Zeit letzten Kfz keine Sicherungspflicht gemäß § 15 (dort Rz 2). Unterbleibt ausreichende Sicherung, so spricht der **Anschein** für den Auffahrenden, widerlegbar durch den Nachweis von dessen Unachtsamkeit (BGH NJW **71** 431). Wer einen Lastzug ohne zwingenden Grund mangelhaft gesichert auf der AB abstellt, verursacht Auffahren auch dann adäquat, wenn der Auffahrende fahrlässig fährt (BGH VersR **61** 150). Wer auf der AB schuldhaft bewirkt, dass ein anderes Kfz halten muss, *haftet für Auffahrschaden* (BGH VersR **61** 330, **63** 342, Dü VersR **78** 142), uU bei Mitschuld des mit Abblendlicht Auffahrenden (BGH VersR **67** 49) auch für Auffahren bei eigenem verschuldetem Liegenbleiben, wenn der Auffahrende nicht auf Sicht gefahren war (Kö VM **69** 56), aber nicht für Schleudern und Auffahren dessen, der das weithin sichtbare Hindernis zu spät bemerkt (Ha VRS **25** 58). Keine adäquate Unfallursache setzt, wer sein PannenFz ordnungsgemäß gesichert rechts abstellt und dadurch einen Hintermann nur zum Ausweichen auf die Überholspur nötigt (BGH VersR **61** 322).

Da Halten immer eine gewollte, nicht durch die VLage oder eine Anordnung gebotene **25** Fahrtunterbrechung ist (§ 12 Rz 19), verstößt das Liegenbleiben wegen **Kraftstoffmangels** und ähnlicher Störungen (Reifenpanne) auch bei Vorhersehbarkeit nicht gegen VIII (Ha VRS **57** 215 [zust *Bouska* VD **80** 307], *Janiszewski* NStZ **88** 546). In Betracht kommen aber § 15 oder 1 II (Ha VRS **57** 215, DAR **61** 176) sowie § 23 II (dort Rz 18, 28); bei Ursächlichkeit des Liegenbleibens infolge schuldhaft nicht vorhergesehener Betriebsstörung für Auffahrunfall kann auch Strafbarkeit nach §§ 222, 229 StGB gegeben sein (Kö VRS **50** 110). Zur zivilrechtlichen Haftung in solchen Fällen BGH VRS **20** 11, Ha NZV **94** 75.

9. Durchfahrt für Hilfsfahrzeuge ist bei längerer Stockung durch Bilden einer freien **26** Gasse zu gewähren. Diese Pflicht ist nunmehr gem § 11 II nicht mehr auf AB und KraftfahrStr beschränkt (dazu § 11 Rz 10). Zur vorschriftswidrigen Benutzung der Standspur bei Stockung s Rz 14b.

10. Fußgängerverbot (Abs 9) für AB und KraftfahrStr: § 25 Rz 20, 21. Bei Stockungen ist **27** Aussteigen zwecks Orientierung nur mit größter Vorsicht zur fahrstreifenabgewandten Seite zulässig. Nur mit Vorsicht ist auch das Betreten der Fahrbahn oder der Standspur in Ausnahmefällen nach Unfällen, Pannen usw zulässig, etwa um die Pol oder ABMeisterei zu benachrichtigen (Mü NZV **94** 399, **97** 231).

11. Das Ausfahren aus der AB ist nur an den gemäß X bezeichneten Stellen erlaubt (Z 332, **28** 333, Ausfahrttafel, Pfeilschild; Ha VRS **48** 65, *Booß* VM **73** 46), aus KraftfahrStr nur an Kreuzungen und Einmündungen. Innerhalb eines AB-Knotens, der einen ABStrang mit anderen verbindet, jedoch nicht mit dem übrigen StrNetz, gibt es keine Ausfahrt im Sinn von X (Ha VRS **48** 65, *Booß* VM **73** 46, aM Fra VM **73** 46, **84** 66, Bay VRS **67** 142 [wonach jedes Verlassen der durchgehenden Fahrbahn „Ausfahren" sein soll, was doch dann auch für Zufahrten zu AB-Parkplatzgelände gelten müsste]). Die Einfahrregeln gelten entsprechend (Rz 16, 18). Wer ausfährt, ändert seine Fahrtrichtung und hat dies rechtzeitig durch **Rechtsblinken** anzuzeigen (§ 9; LG Berlin NZV **00** 45). Gabelt sich die AB in der Weise, dass von bisher vier Fahrstreifen zwei links und zwei rechts weitergeführt werden, so liegt kein Abbiegen iS von § 9 vor, gleichgültig, ob der linke oder rechte Ast der Gabel unter Beibehaltung des Fahrstreifens weiterbefahren wird. Andernfalls wäre Zeichen zu geben, das bei Befahren der beiden mittleren Fahrstreifen als Ankündigung eines Fahrstreifenwechsels missverstanden und zu erheblichen Störungen führen würde. Auf die **Ausfahrspur** muss sich der Kf so rechtzeitig einordnen, dass er niemanden beeinträchtigt (§ 1), nicht notwendigerweise schon an ihrem Beginn, keinesfalls mehr nach Beginn der durchgezogenen Trennlinie (Dü VM **76** 87). Wer seine Fahrgeschwindigkeit zu früh vor der Ausfahrt zu sehr herabsetzt („50"), erhöht seine BG und kann bei Kollision überwiegend verantwortlich sein (Ce VersR **75** 56). Unmittelbar vor dem Ausfahrbeginn (nicht des Ausfahrstreifens) muss der Ausfahrende so verlangsamt haben, dass er die Schnecke gefahrlos befahren kann (bewusstes Bremsen). Wer auf der AB-Ausfahrt stark verlangsamt und rechts herausfährt, darf nicht ohne VBeachtung wieder zur Mitte lenken (Nü VersR **66** 1085). Vorbeifahren mit „80" auf der Normalspur mit 1,5 m Abstand an einer auf der Ausfahrspur haltenden Kolonne ist richtig, mit plötzlichem Heraustreten aus der Kolonne muss dann niemand rechnen (Kö VRS **36** 197). Wer sich irrig und unwiderruflich zum Ausfahren eingeordnet hat, darf über das Verbindungsstück zur Einfahrt korrekt wieder einfahren. Bei Falschfahrt auf der Gegenfahrbahn kann das Verlassen unter Benutzung einer Einfahrt gem § 16 OWiG gerechtfertigt sein (Bay DAR **92** 368).

29   **12. Ordnungswidrig** (§ 24 StVG) sind Verstöße gegen die Vorschriften über die Benutzung der AB und KraftfahrStr nach § 18 I bis III, V S 2 (Höchstgeschwindigkeit), VI bis X (§ 49 I Nr 18). Benutzen der AB entgegen der vorgeschriebenen Fahrtrichtung: Rz 22 a. Wer den langsamen KolonnenV auf der mittleren Spur durch Anhalten behindert, um alsbald durch Ausfahrens in eine Lücke des auf der rechten Spur wartenden V zu gelangen, mag die §§ 3 II, 7 verletzen, § 18 VIII jedoch nicht (*Booß* VM **74** 23, aM Kö VM **74** 23, VRS **47** 57). V S 2 Nr 1 geht § 3 III Nr 2 vor (Bay VRS **58** 432, Dü VRS **84** 302). Bei Gefährdung, Behinderung oder Belästigung des nach III Berechtigten geht § 18 III dem § 1 vor (Spezialität; Bay DAR **82** 245). III geht dem § 8 vor (Dü VRS **85** 112). Bloßes Anhalten in der Absicht des Wendens rechtfertigt nicht Ahndung als Verstoß gegen VII (Bay VRS **92** 37). Bei Verstoß gegen VIII TE mit § 23 I a möglich (Dü v 3. 6. 08, 2 Ss 84–08, BeckRS 08 20757). Ausnahmsweise gerechtfertigtes **Zurücksetzen** (§ 16 OWiG) wegen eines FzDefekts beim Befahren des Beschleunigungsstreifens: Kö VRS **59** 53. Übelkeit der schwangeren Ehefrau rechtfertigt kein Rückwärtsfahren auf dem AB-Seitenstreifen, um die AB zu verlassen (Dü VM **80** 95). Rückwärtsfahren auf Seitenstreifen, Verzögerungsstreifen sowie Beschleunigungsspur fällt, da Nebenfahrbahnen in Frage stehen (Rz 14, 14 b, 17, 22), unter Nr 83.2 des BKat; FV deshalb nur bei besonderen erschwerenden Umständen (Ba DAR **08** 218 [L]; s auch Dü VRS **70** 35, Dü VRS **71** 459). **Nötigung** durch dichtes, bedrängendes Auffahren: § 240 StGB Rz 10 ff.

30   **13. Zivilrecht** (soweit nicht schon in den anderen Anmerkungen erwähnt): Mitschuld des überhöht schnell Fahrenden bei Kollision mit einem Einfahrenden (Ha VersR **80** 92). Erhöhte BG bei Ausscheren eines Lastzugs zwecks Überholens, weil er die AB-Überholspur für schnellere Fz vorübergehend sperrt (BGH VersR **71** 1063). Wer auf der AB verkehrsgefährdend anhält, um das vom Vordermann verlorene Reserverad zu bergen, besorgt dessen Geschäft (BGH VersR **70** 620). Wer die AB gegenläufig befährt, haftet für alle Folgen idR allein und kann den rechtmäßig Entgegenkommenden nicht deren Rechtsfahrpflicht entgegenhalten (Fra VersR **78** 187). Gerät ein Kfz über den Mittelstreifen hinweg auf die Gegenfahrbahn, so spricht der Anschein für Schuld, wenn technisches Versagen ausscheidet (§ 2 Rz 74). Fahren mit **ungenügendem Abstand** im AB-Kolonnenverkehr ist schuldhaft (Nü VersR **72** 447). Auch im AB-Kolonnenverkehr spricht der Anschein gegen den von hinten Auffahrenden (Kö VersR **78** 143), außer bei Gegenbeweis oder Nachweis eines atypischen Verlaufs (§ 4 Rz 17; Kö VersR **71** 945). Beim Auffahren auf ein soeben **vom Beschleunigungsstreifen** auf die durchgehende Fahrbahn eingeschertes Fz durch ein Fz des durchgehenden V spricht der Anschein gegen den Einscherenden (Ha VRS **99** 322, Ko VersR **94** 361, Kö NZV **06** 420, KG DAR **01** 399, NZV **08** 244; § 8 Rz 68), es sei denn, der Bevorrechtigte hätte den Unfall vermeiden können (dann idR Schadensteilung; KG NZV **08** 244). Das gilt aber nicht, wenn der Vorfahrtberechtigte mit einem Dritten kollidiert (Ausweichen; KG NZV **00** 43). Zur Haftungsverteilung s auch Rz 17. Als Schädiger haftet auch, wer den Schaden mittelbar durch eine von ihm zu vertretende Kettenreaktion anderer herbeiführt (AB-Auffahrunfall; Dü DAR **77** 186). Bei einer Massenkarambolage (Nebel) kann es uU unmöglich sein, die Unfallkausalität zwischen eingepferchten Fz durch Anscheinsbeweis zu ermitteln (Kö DAR **73** 190; Nü VersR **78** 1174; s auch § 4 Rz 17). Schadensschätzung bei ungeklärtem Verlauf eines doppelten Auffahrunfalls: BGH NJW **73** 1283. Wer auf der AB auf einen langsam bergauf fahrenden Lastzug von hinten auffährt, kann im Verhältnis zum Lastzug Alleinschuld haben (Zw VersR **73** 166). Wer seinen Lastzug infolge eines Fahrfehlers umwirft und alle Fahrspuren sperrt, bleibt für einen Auffahrunfall mitverantwortlich, solange nicht nach allen Umständen ausreichend gewarnt worden ist und der Verkehr nicht ordnungsgemäß steht (**E** 101, 103, 109, 110, 147; Kö VRS **45** 183). Zur Ursächlichkeit des Umkippens eines Lastzugs auf glatter AB für eine Massenkollision Ce VersR **77** 258. Gegenüber der BG eines Lastzugs, der bei Dunkelheit auf AB wendet, tritt die BG eines Pkw zurück, dessen Fahrer bei Abblendlicht die Geschwindigkeit (Fahren auf Sicht) um nur 14 km/h überschreitet (Kö NZV **95** 400). Alleinhaftung des unberechtigt auf der **Standspur** am FzStau Vorbeifahrenden, der mit einem nach Unfall Ausgestiegenen kollidiert (Mü NZV **94** 399) oder der die Standspur beim Auffahren als „Verlängerung" des Beschleunigungsstreifens missbraucht und mit einem dort berechtigt halten-

Bahnübergänge § 19 StVO **2**

den Fz kollidiert (LG Gießen NZV **03** 576). Kein Mitverschulden dessen, der ein liegengebliebenes Fz mit eingeschalteter Warnblinkanlage auf der Standspur zur nahe gelegenen Ausfahrt schiebt, wenn ein anderes Fz von hinten auffährt (Bra NZV **01** 517).

14. Ausnahmen: § 46 I, II. Ausnahme für bestimmte Busse hinsichtlich der Höchstgeschwindigkeit: Rz 19. **31**

Bahnübergänge

19 (1) ¹Schienenfahrzeuge haben Vorrang
1. auf Bahnübergängen mit Andreaskreuz (Zeichen 201),
2. auf Bahnübergängen über Fuß-, Feld-, Wald- oder Radwege und
3. in Hafen- und Industriegebieten, wenn an den Einfahrten das Andreaskreuz mit dem Zusatzschild „Hafengebiet, Schienenfahrzeuge haben Vorrang" oder „Industriegebiet, Schienenfahrzeuge haben Vorrang" steht.
²Der Straßenverkehr darf sich solchen Bahnübergängen nur mit mäßiger Geschwindigkeit nähern.

(2) ¹Fahrzeuge haben vor dem Andreaskreuz, Fußgänger in sicherer Entfernung vor dem Bahnübergang zu warten, wenn
1. sich ein Schienenfahrzeug nähert,
2. rotes Blinklicht oder gelbe oder rote Lichtzeichen gegeben werden,
3. die Schranken sich senken oder geschlossen sind oder
4. ein Bahnbediensteter Halt gebietet.
²Hat rotes Blinklicht die Form eines Pfeiles, so hat nur zu warten, wer in die Richtung des Pfeiles abbiegen will. ³Das Senken der Schranken kann durch Glockenzeichen angekündigt werden.

(3) Lastkraftwagen mit einem zulässigen Gesamtgewicht über 7,5 t und Züge haben in den Fällen des Absatzes 2 Nr. 2 und 3 außerhalb geschlossener Ortschaften auf Straßen, auf denen sie von mehrspurigen Fahrzeugen überholt werden können und dürfen, schon unmittelbar nach der einstreifigen Bake (Zeichen 162) zu warten.

(4) Kann der Bahnübergang wegen des Straßenverkehrs nicht zügig und ohne Aufenthalt überquert werden, ist vor dem Andreaskreuz zu warten.

(5) Wer einen Fuß-, Feld-, Wald- oder Radweg benutzt, muß sich an Bahnübergängen ohne Andreaskreuz entsprechend verhalten.

(6) ¹Vor Bahnübergängen ohne Vorrang der Schienenfahrzeuge ist in sicherer Entfernung zu warten, wenn ein Bahnbediensteter mit einer weiß-rot-weißen Fahne oder einer roten Leuchte Halt gebietet. ²Werden gelbe oder rote Lichtzeichen gegeben, gilt § 37 Abs. 2 Nr. 1 entsprechend.

(7) Die Scheinwerfer wartender Kraftfahrzeuge dürfen niemand blenden.

Begr zu § 19 ...

Zu Absatz 2: *Auch er enthält geltendes Recht. Die Erwähnung der gelben und roten Lichtzeichen ist notwendig geworden, weil sie schon da und dort auch an Bahnübergängen von Eisenbahnen des öffentlichen Verkehrs statt des roten Blinklichts Verwendung finden. Neben Nummer 1 ist Nummer 4 deshalb so notwendig, weil es Fälle geben kann, in denen sich zwar ein Schienenfahrzeug noch nicht nähert, aber ein Bahnbediensteter auf Grund innerdienstlicher Anordnung bereits niemand mehr auf den Übergang lassen darf.* **1/2**

Dagegen will die Verordnung ein Haltgebot nicht allein durch „hörbare Zeichen" (§ 3a Abs. 4 Buchst. b StVO alt) aufrechterhalten, obwohl das Weltabkommen das vorsieht. Abgesehen davon, dass sich dann wohl in aller Regel „ein Schienenfahrzeug nähert", wird sonst nirgends im Straßenverkehrsrecht an akustische Zeichen allein ein Gebot geknüpft; das ist, nicht allein der Schwerhörigen wegen, unmöglich. Statt dessen wird der Verkehrsteilnehmer durch den letzten Satz dieses Absatzes belehrt, dass das Senken von Bahnschranken durch Glockenzeichen angekündigt werden kann. Kann dem Verkehrsteilnehmer nachgewiesen werden, dass er die Glockenzeichen trotz des Lärms seines Fahrzeugs gehört hat oder hätte vernehmen können, so hat er gewusst, dass sich ein Schienenfahrzeug nähert oder er hätte das wissen müssen. Die Rechtslage ist deshalb doch die gleiche wie sie das Weltabkommen vorsieht. **3**

Zu Absatz 3: *Die Vorschrift ist neu, aber dringend erforderlich. Läßt man schwere Lastfahrzeuge mit den übrigen Fahrzeugen unmittelbar vor dem Andreaskreuz warten, so halten sie durch ihre Schwerfälligkeit* **4–6**

die spätere Wiederanfahrt der angesammelten Fahrzeuge in unerträglicher Weise auf. Sie sollen daher weiter hinten warten. Diese Norm wird auf Bahnübergängen mit Blinklicht, Lichtzeichen oder Schranken beschränkt, weil sich Bahnübergänge ohne technische Sicherung nur auf Straßen von untergeordneter Verkehrsbedeutung finden und eine wesentliche Beeinträchtigung des Verkehrsflusses bei der Wiederanfahrt in solchen Fällen nicht zu besorgen ist ...

7 **Zu Absatz 7:** *§ 33 Abs. 1 Satz 3 StVO (alt) verlangt nur das Abblenden. Je nach den Ortsverhältnissen, insbesondere bei ansteigender Straße, können aber auch Abblendlichter blenden; dann verlangt die Neufassung das Abschalten der Scheinwerfer. „Niemand" dürfte geblendet werden, heißt: weder der Lokomotivführer noch der Gegenverkehr.*

Übersicht

Andreaskreuz 10, 11, 13
Anhalten der Schranken 19
Annäherung mit mäßiger Geschwindigkeit 15
Aufgehende Schranken 21
Bahn, Betriebsgefahr 36, 37
–, Verkehrssicherungspflicht 29
Bahnpersonal, Pflichten an Bahnübergängen 30
Bahnübergang, Verhalten vor 3, 14–28
–, beschrankter 17 ff
–, mit Warnlicht 24
–, unbeschrankter 16
–, ohne Vorrang 27
–, Warten vor 4–6, 25, 26, 28
Bahnvorrang 8–13
Betriebsgefahr der Bahn 36, 37
Blendverbot für Kraftfahrzeuge 34
Dunkelheit, Warnung bei 33
Fahrzeuge
–, schwere, warten 4–6, 26
Feld- und Fußwege 11
Fußgänger 25
Geschwindigkeit, mäßige vor Bahnübergängen 15
Gleisbereich, Haltverbot 28
Hafengebiet 12
Herabgehende Schranke 18, 19
Industriegebiet 12

Kraftfahrzeuge, Blendverbot 34
Lastzüge, Wartepunkt 4–6, 26
Öffnen der Schranken 31, 32
Ordnungswidrigkeiten 39
Radwege 11
Rechtzeitiges Schließen und Öffnen der Schranken 19, 31, 32
Schienenfahrzeuge, Vorrang 8, 9
Schließen der Schranken 18, 19, 31
Schranken, aufgehende 21
–, herabgehende 18, 19
–, nicht bahnbediente 23
Schrankenwärter 31
–, Zeichen des 22
Strafrecht 40
Verhalten vor Bahnübergängen 3, 14–28
Verkehrssicherungspflicht der Bahn 29
Vorrang der Schienenfahrzeuge 8, 9
–, Bahnübergänge ohne 27
Waldweg 11
Warnlicht 24
Warnung bei Dunkelheit 33
Warten vor Bahnübergängen 4–6, 25, 26, 28
Zeichen des Schrankenwärters 22
Zivilrecht 35–38

8 **1. Vorrang der Schienenfahrzeuge.** Für StrBenutzer an Bahnübergängen gilt ausschließlich § 19, Bay VM **77** 65, Dü NZV **89** 482. Die EBO enthält keine Vorschriften für Straßenverkehrsteilnehmer. Bay VRS **46** 58 beanstandet jedoch einen Bußgeldbescheid der Bahn nach § 64b EBO wegen Nichtbeachtung geschlossener Schranken nicht als nichtig.

9 Schienenfz haben auf höhengleichen Übergängen mit Straßen Vorrang, wenn das Andreaskreuz (Z 201) aufgestellt ist, und in Hafengebieten, an deren Eingängen das Andreaskreuz mit dem Zusatzschild „Hafengebiet, Schienenfahrzeuge haben Vorrang" steht, entsprechend in Industriegebieten (I 3), ferner auf Bahnübergängen über Fuß-, Feld-, Wald- und Radwege auch ohne Andreaskreuz. In allen anderen Fällen besteht kein Bahnvorrang nach § 19. Dieselbe Regelung gilt zB auch für die Straba und für Bahnen des nichtöffentlichen Verkehrs, etwa Industrie- und Zechenbahnen. Der Vorrang setzt voraus, dass die Bahn auf besonderem Bahnkörper fährt und den Verkehrsweg höhengleich kreuzt, BGH VRS **8** 438. Er gilt auch für die noch haltende Bahn nach dem Fahrgastwechsel, Dü NZV **89** 482. § 19 gilt nur für Bahnübergänge im Zuge öffentlicher Straßen (auch Sackstraßen), andernfalls gelten § 11 III 1, 2 Nr 3, § 62 EBO, Bay DAR **72** 221, Kö NZV **97** 365. Bahnvorrang besteht auch, wenn die Straße auf die Gleise führt (Warnkreuz) und diese zur Weiterfahrt mitbenutzt werden müssen, Kö VM **57** 35, *Filthaut* NZV **92** 395. Muss nach den Umständen damit gerechnet werden, dass ein auf den Gleisen zum Stehen gekommenes Kfz diese nicht rechtzeitig verlassen wird, so entfällt der Bahnvorrang (§ 11 II), Kar VersR **92** 370.

Bahnübergänge § 19 StVO **2**

1 a. Das **Andreaskreuz** (Z 201), soweit vorgeschrieben, begrenzt den Bahnvorrang, BGH 10
NJW **60** 2009 (Straba), KG VM **98** 51, Bay VRS **48** 270. Dieser geht jedem anderen vor (Vorfahrt), Bay VM **59** 50, KG VM **98** 51. Das Andreaskreuz ist ein VorschriftZ. Nichtbeachtung ist Sorgfaltsverletzung, BGH VM **58** 49. Für den Vorrang der Straba genügt es, dass sie nur an einer Seite des verkreuzten Übergangs auf besonderem Bahnkörper verläuft, BGH VM **61** 10.

1 b. An **Fuß-, Feld-, Wald- und Radwegen,** also unbedeutenden, häufig verkehrsarmen 11
Nebenwegen hat die Bahn auch ohne Andreaskreuz Vorrang (I Nr 2). Der Geh- und Fahrverkehr auf solchen Wegen muss sich vor Bahnübergängen wie vor Andreaskreuzen verhalten. Er darf nur mäßig schnell herannahen und hat die Warte- und Verhaltenspflichten gemäß I–IV, VI und VII (V). Die Eigenart als Nebenweg wird idR augenfällig sein, so nicht, werden als Amtspflicht (§ 45) Andreaskreuze aufzustellen sein. Auf die straßenrechtliche Klassifizierung allein kann es nicht ankommen, da unbeschrankte Bahnübergänge gefährlich sind und die Regelung auch für Ortsfremde ausreichend sicher sein muss. Zu den Details: § 11 III 2, 3 EBO (s auch Rz 29).

1 c. Hafengebiet, Industriegebiet: Vwv Rz 6 zu VZ 201 (s bei § 41 Rz 13). 12

1 d. Kein Bahnvorrang aus § 19 besteht, wo I nicht vorliegt (s aber VI). Dann gilt für die 13
etwaige Vorfahrt § 8, KG VM **98** 51, Hb VM **65** 47, Ha VRS **27** 468, auch für die Straba innerhalb öffentlicher Straßen auf besonderem Bahnkörper, Bay VM **59** 50, KG VRS **104** 35. Bahn und Straße, auch BundesStr, sind dann gleichberechtigt, Vorfahrt hat, sofern nicht VorfahrtZ (Z 205, 206, 301, 306, 307) aufgestellt sind, wer von rechts kommt (außer aus Feld-, Fuß- und Waldwegen). Fährt die Straba aus einem verkehrsberuhigten Bereich in die Str ein, gilt § 10 (dort Rz 6). Ebenfalls § 10 ist anzuwenden auf die auf unabhängigem Bahnkörper verkehrende Eisenbahn (*Rüth/Berr/Berz* Rz 4). Dieselben Grundsätze gelten für die Bahnen des nichtöffentlichen Verkehrs (Privatanschluss-, Werks-, Gruben- und Feldbahnen). Für Hafen- und Industriegebiete gilt I S 3. Liegen Bahngleise auf öffentlichen Straßen ohne besonderen Bahnkörper, so gelten die allgemeinen VZ und Weisungen der PolB (§§ 36 ff). Keine Kreuzung ist es, wenn Strabagleise auf längerer Strecke schräg von der StrMitte nur zur StrSeite geführt sind, BGH VRS **10** 413, *Filthaut* NZV **92** 395.

2. Verhalten vor Bahnübergängen. Für alle VT gilt ausschließlich § 19, das Eisenbahn- 14
recht enthält keine straßenverkehrsrechtlichen Vorschriften mehr, Bay VM **77** 65, Schl VM **57** 43. An allen Bahnübergängen besteht erhöhte Gefahr, Bay VRS **100** 466. Die Bahn kann nicht ausweichen. Ihr Bremsweg ist lang. Deshalb stehen vor Bahnübergängen GefahrZ (Z 150, 151, 153, 156, 159, 162).

2 a. Nur mit mäßiger Geschwindigkeit darf sich der StrV dem Übergang nähern (I). Sie 15
muss ausreichen, die vorgeschriebene Wartepflicht zu erfüllen. Das ergibt sich auch ohne Bahnvorrang aus § 1. Was „mäßig" ist, hängt von den Umständen, insbesondere der Art des Bahnübergangs, ab, Bay NJW **85** 1568, Stu VRS **80** 410. Bei mit automatischem Warnlicht gesichertem Übergang innerorts müssen 50 km/h nicht zu schnell sein, Bay NJW **85** 1568, Schl DAR **85** 291 (abl *Booß* VM **86** 20), nach Stu VRS **80** 410 auch nicht ohne weiteres bei erkennbar außer Betrieb gesetzter LZA. Bei Beschränkung der zulässigen Höchstgeschwindigkeit vor Bahnübergängen durch VZ darf sich der Kf mangels besonderer Umstände mit der durch VZ zugelassenen Geschwindigkeit dem Bahnübergang nähern, Bay DAR **81** 153, Schl DAR **85** 291 (krit *Booß* VM **86** 20). **Überholen** vor Bahnübergängen ist zwar nicht verboten, doch wegen der Geschwindigkeitsbeschränkung und mangelnder Übersicht meist unüblich. Ist Überholen zulässig und vor dem Andreaskreuz noch Platz, so darf an wartenden Lkw vorbei gefahren werden (Rz 26). Ist der Bahnübergang durch das ÜberholverbotsZ 276 gesichert, so darf niemand bei geschlossener Schranke an wartenden Fz vorbei vorfahren, auch nicht bei ausreichend breiter Fahrbahn, BGHSt **25** 293 = NJW **74** 1205, Ha VRS **46** 387, aM Bay VM **73** 17.

2 b. Vor unbeschrankten Bahnübergängen ist größte Aufmerksamkeit Rechtspflicht, 16
BGH VM **62** 8, Ko NZV **02** 184, Fra VersR **86** 707, Sa NZV **93** 31, Nau NZV **98** 326. Der Kf muss stets mit Bahnverkehr rechnen, Ol VRS **103** 354, Fra VersR **88** 295. Je unübersichtlicher die Strecke, umso größer muss die Vorsicht sein, es ist dann so zu fahren, dass der Kf auf kürzeste Entfernung anhalten kann, Ol NZV **99** 419, VRS **103** 354, Fra VRS **12** 12, jedenfalls solange er die Sicherungen des Übergangs nicht ausmachen kann, Ol NZV **99** 419, VRS **23** 150, notfalls mit Schrittgeschwindigkeit, BGH VRS **21** 356, KG VM **98** 51, Ol NZV **99** 419, VRS **103** 354, uU muss der Kf vor dem Übergang anhalten und sich vergewissern, Bay VRS **5** 51, Ol NZV **99** 419, VRS **103** 354, oder auch den Motor abstellen (Nebel, starker Schneefall,

König 625

Glatteis), einen Beobachter aussenden, Schl VM **57** 43, Ha VRS **20** 218, sein Radiogerät abschalten und ein Einfahrsignal der Bahn am Übergang beachten, BGH NJW **52** 713, wenn er Pfeif- und Läutesignale sonst nicht hören kann, BGH VRS **13** 244. Einzige Ausnahme: klare Übersicht, dass sich kein Zug nähert. Wer an einem unbeschrankten Bahnübergang einen abfahrbereiten Zug stehen sieht, darf sich nicht darauf verlassen, dessen Abfahrt werde durch Warnposten angezeigt werden, auch wenn dies bisher geschehen ist, Ha VRS **41** 122. Eine Bahn „nähert" sich nur dann noch nicht, wenn sie vom Übergang noch so weit entfernt ist, dass jede Beeinträchtigung des Schienenverkehrs durch Fze auf dem Übergang offensichtlich noch ausgeschlossen ist, Bay DAR **72** 221, VM **72** 58. Grobfahrlässig handelt, wer vor einem erkanntermaßen nahe herangekommenen Triebwagen noch durchfährt, Schl VRS **12** 15. Wenden auf einem Bahnübergang ist leichtfertig, Kö MDR **54** 38.

17   **2 c.** Auch **beschrankten Bahnübergängen** darf sich der Kf nur mit mäßiger Geschwindigkeit nähern (Rz 15), so dass er in den Fällen des II an richtiger Stelle anhalten kann, Mü NZV **02** 43, Ha VRS **29** 49. Schranken und Halbschranken sind VEinrichtungen (§ 43), durch die die Bahn neben dem Andreaskreuz ihr Vorrecht anzeigt. Bei geöffneter, unbewegter Schranke darf der Kf mangels Gegenanzeichen darauf vertrauen, dass kein Zug kommt, auch bei Unübersichtlichkeit, BGH GA **58** 51. Zwar muss er auf Läutezeichen achten, die die Bahn übrigens nicht geben muss (II), Ha VRS **29** 49, erforderlichenfalls das Fenster öffnen und das Radio abschalten, Bay VRS **62** 144, doch braucht er den Motor nicht abzustellen. Mäßig wird bei Übergängen mit Blinklicht und Schranken idR nur weniger als „40" sein, Kö VRS **58** 455. Mit „50–60" darf der Kf nur fahren, wenn die Schranken offen stehen und keinerlei Anzeichen für ein bevorstehendes Schließen sprechen, Bay NJW **60** 1264. Der Fahrer eines langsamen Zugs (Kran) muss sich auch bei Polizeibegleitung uU vorher an den Bahnwärter wenden, BGH VersR **60** 1049. Glockenzeichen gebieten für sich allein nicht Halt, sie verpflichten jedoch, mit äußerster Sorgfalt auf die unmittelbar bevorstehenden Haltgebote gemäß II zu achten und sich demgemäß zu verhalten, Bra VRS **54** 222.

18   **2 d. Senken sich die Schranken,** so ist vor dem Andreaskreuz anzuhalten (Rz 25, 26). Keine Schreckzeit, wenn das Z 150 aufgestellt ist, Schl VM **65** 48. Wer beim Beginn des Senkens noch gefahrlos anhalten kann, muss es tun, Kö VRS **58** 455, auch wenn die Schranke ruckend niedergeht, Bay VRS **11** 69. Das Wartegebot setzt ein, sobald der erste Schrankenbaum sich zu senken beginnt, jede abweichende Auslegung wäre gefährlich, Fra VRS **44** 231. Wer das Läutewerk nicht hören kann, muss seine Fahrgeschwindigkeit auf sofortiges Anhalten einrichten, Ce VRS **38** 307, Bay VRS **62** 144. Die Haltgebote in II 1–4 gelten auch für Fz im Bereich zwischen dem Andreaskreuz und der Schranke, Bra VRS **54** 222. Kann der Kf bei beginnendem Senken nicht mehr anhalten, so darf er durchfahren und sich darauf verlassen, dass die Schranke nicht überraschend fällt, Dü VM **61** 72.

19   Bei **Anhalten der Schranke** eindeutig zwecks Durchlassens darf der Kf durchfahren, auch wenn das Anhalten unerlaubt war, Ha VRS **21** 368, doch nur solche Kf, die Gewissheit haben, dass sich das Anhalten auf sie bezieht, andere müssen warten, kein Raum für Verbotsirrtum, Kö VRS **17** 304.

20   Wer wegen fehlerhaften Fahrens die **Schranken durchbricht,** handelt schuldhaft. Durchfahren einer unbeleuchteten Schranke muss nicht grobfahrlässig sein (Schaden Kf $^2/_3$, Bahn $^1/_3$), BGH VersR **67** 132.

21   Bei **aufgehender Schranke** darf der Kf mit Sorgfalt anfahren, Schl VM **61** 76, BGH VersR **61** 950, 1016 *(Böhmer).*

22   Über **Handzeichen des Schrankenwärters** muss sich der Kf vor der Schranke Gewissheit verschaffen.

23   **Nicht bahnbediente Schranken** an Übergängen von Privatwegen müssen verschließbar und verschlossen sein, BGH DAR **55** 199.

24   **3. Bahnübergänge mit Warnlicht.** Leuchtet an einem Bahnübergang (Straba auf besonderem Bahnkörper) das Warnlicht nicht auf, so darf der Verkehr mangels Übersicht darauf vertrauen, dass keine Bahn kreuzen wird, Bay NJW **75** 840, **85** 1568, aM Schl VM **65** 16. Ist Halten vor dem Andreaskreuz nur durch Gewaltbremsung möglich, darf der Bahnübergang nach Aufleuchten des Lichtzeichens noch überquert werden, Bay DAR **81** 153, NJW **85** 1568, Kar VRS **62** 219. Zumutbar ist eine **mittelstarke Bremsung** (Bremsverzögerung 4 m/s^2), Kar VRS **62** 219, Schl DAR **85** 291. Rotes Blinklicht bedeutet unbedingtes Haltgebot, auch noch, wenn der Zug passiert hat, Ha DAR **62** 59. Am Bahnübergang mit Warnlicht kann erhöhte

Bahnübergänge § 19 StVO 2

Bahn-BG durch **grobe Fahrlässigkeit** des Kf uU als unfallursächlich zurücktreten, s § 17 StVG Rz 42. Einen Bahnübergang bei rotem Blinklicht zu überqueren, wird selbst bei geringfügigem Versagen des Kf idR grob fahrlässig sein, BAG VRS **21** 156, Ol ZfS **90** 135, Fra VRS **70** 321, nach Ol ZfS **90** 135, Kö VRS **93** 40 wegen der besonders hohen Anforderungen an die Aufmerksamkeit beim Überqueren eines Bahnübergangs auch bei Blendung oder Reflexion durch tief stehende Sonne, abw Ha VersR **83** 465. Besondere Vorsicht des Kf ist geboten, wenn das Warnlicht durch Laub, Äste uä erkennbar verdeckt ist, Ha NZV **93** 28. Lichtzeichenregelung nach II 2 ist auch an **Bahnübergängen ohne Bahnvorrang** zulässig (VI S 2).

4. Wartepflicht des StrV besteht in den Fällen von II, V, VI für Fußgänger deutlich vor der Schranke oder in sicherer Entfernung vom Gleisbereich, für Fze nach Maßgabe von II, III, spätestens vor dem Andreaskreuz. Die Wartepflicht gemäß II ist streng auszulegen, denn sie will schon die Entstehung möglicherweise gefährdender Situationen verhindern, Bay DAR **72** 221.

Lkw über 7,5 t und alle Züge haben bei LichtZ sowie bei sich senkender oder geschlossener Schranke auf Strn außerorts, wo sie nach der Örtlichkeit von mehrspurigen Kfz überholt werden dürfen und können, bei der einstreifigen Bake (Z 162) zu warten, damit schnellere Fz die Wartezeit zum Vorfahren nutzen können. Erkennen solche Lkwf das HaltZ erst später, so haben sie sinngemäß jetzt sofort anzuhalten. Pkw mit Wohnwagen sind Züge. Wohnmobile sind keine Lkw, *Berr* 1, 455.

5. Auch an **Bahnübergängen ohne Vorrang** ist stets mit Bahnverkehr zu rechnen, es sei denn, es kommt offensichtlich kein Zug, Stu VRS **26** 68.

6. Zügig überqueren müssen FzF den Bahnübergang (IV). Auch ohne Zugankündigung dürfen sie nicht auf dem Bahnübergang stehen bleiben (Kö NZV **90** 152). Bei stockendem, dichtem Verkehr über den Bahnübergang muss vermieden werden, dass bei Zugankündigung (II) Fz im Gleisbereich anhalten (FzSchlange). Daher darf nur einfahren, wer jenseits des Gleisbereichs mit Gewissheit genügend Platz zum Anhalten oder Weiterfahren hat (IV; Fra VersR **88** 295, Ko OLGR **08** 302), also zB nicht, solange ein Fz oder VPosten jenseits des Übergangs die Fahrtrichtung sperrt (Ol VRS **15** 459). Bei beschränkter Sicht muss Gewissheit bestehen, den Gleisbereich rechtzeitig verlassen zu können (Bay DAR **72** 221). Kommt ein Fz wegen Defekts auf den Gleisen zum Stillstand, so dass der FzF des hinter ihm fahrenden Fz ebenfalls anhalten muss, so kein Verstoß gegen IV durch den Letzteren (LG Limburg DAR **06** 330, s auch Rz 35). Irrt der Kf darüber, den Gleisbereich zügig überqueren zu können, so muss er ihn sofort räumen, auch wenn sich keine Bahn nähert (Ha VersR **73** 864). Wer mit einer Panne auf dem Übergang liegen bleibt, muss damit rechnen, dass jederzeit ein Zug kommen kann (BGH LM § 1 HaftpflG Nr 5, Kö MDR **54** 38).

7. Verkehrssicherungspflicht der Bahn auf höhengleichen Übergängen besteht nach § 14 EKrG 1971 (BGBl I 337), § 11 EBO. Die Regelung in § 14 EKrG hinsichtlich der Erhaltungslast (Kostentragung durch die Bahn, soweit Eisenbahnanlage) ist verfassungsgemäß, BVerwG VkBl **75** 104. Zur Sicherung verwendet die Bahn Blinklichtanlagen mit oder ohne Halbschranken, Schranken, Hörsignale, Drehkreuze, Abschlüsse und Posten. Die Art der Sicherung richtet sich nach der VBedeutung des Übergangs. § 11 EBO idF v. 8. 5. 91 (BGBl I 1098) unterscheidet schwachen (täglich idR höchstens 100 Kfz), mäßigen (mehr als 100 bis 2500 Kfz) und starken Verkehr (mehr als 2500 Kfz neben anderem Verkehr). Diesen Umständen entsprechend ist der Übergang zu sichern, späterer VSteigerung anzupassen, BGH NJW **54** 640, Fra VersR **88** 295, zu beleuchten, BGH VersR **67** 132. Die Maßnahmen müssen Sicherung gewährleisten, BVerwG VkBl **67** 69. Eigenverantwortlich muss die Bahn prüfen, ob aufsichtsbehördlich angeordnete Maßnahmen (noch) genügen, BGH VRS **13** 244, **6** 92. Je gefährlicher der Übergang baulich ist, desto strengere Anforderungen sind zu stellen, BGH VersR **65** 84, Ol NZV **99** 419, Kö NZV **90** 152, Fra NZV **95** 443. Führte Übersehen des Blinklichts schon mehrfach zu Unfällen, so sind durch die Bahn weitere Sicherungsmaßnahmen zu treffen, Ol NZV **99** 419. Verletzung der VSicherungspflicht, wenn der Fahrbahnrand auf dem Übergang nicht markiert und nicht abgeschrägt ist, Mü NZV **00** 207 (Steckenbleiben eines Kf im Schotterbett nach Abkommen von der Fahrbahn bei Nebel). Bei Zusammentreffen einer stark befahrenen StrKreuzung, die auch Linksabbiegen erlaubt, mit einem Bahnübergang, muss die Bahn trotz Beschrankung zusätzliche Sicherheitsvorkehrungen treffen, Kö NZV **90** 152. Verletzung der VSicherungspflicht der Bahn, wenn die Beschilderung nicht der (vorübergehend erhöhten) VBedeutung der Str entspricht, Mü NZV **00** 206. Bei ganz unübersichtlichen, unbeschrankten Übergängen sind Warnposten nötig, Ha VRS **31** 379. Wird ein „Schlängelgitter" für Fußgänger erkennbar umgangen, muss die Bahn Vorkehrungen dagegen treffen, Nau NZV **98** 326. Neben der Bahn kann der Träger der Baulast der kreuzenden Str verkehrssicherungspflichtig sein, BGH NZV **94** 148 (Beschränkung der Sicht auf WarnZ durch Zweige). Richtlinien über Abhängigkeit zwischen der technischen Sicherung von Bahnübergängen und der VRegelung an benachbarten StrKreuzungen und -einmündungen, VkBl **72** 547, **77** 90, **84** 38 = StVRL Nr 1.

30 **8. Pflichten des Bahnpersonals an Übergängen.** Der Lokführer, der den Übergang befährt, unterliegt an sich § 1 (BGH VRS **5** 304, Nü VersR **85** 891, Sa NZV **93** 31). Doch braucht er bei Bahnvorrang nicht so langsam zu fahren, dass er vor einem Wartepflichtigen jederzeit anhalten kann (KG VM **98** 51, Nü VersR **85** 891, Sa NZV **93** 31). Er darf darauf vertrauen, dass Kfz mit noch hinreichendem Anhalteweg vor Rot anhalten (Ko VRS **48** 267, Kö VRS **93** 40). Allein wegen Zuschnellfahrens eines Kfz vor einem unbeschrankten Bahnübergang muss ein Triebwagen noch nicht verlangsamen (Ce VersR **77** 361). Nur wenn er bemerkt, dass ein StrFz nicht anhält, oder dies bemerken müsste, muss er versuchen, den Zusammenstoß zu vermeiden (BGH VersR **67** 1197 [unbeschrankt, 15 km/h], KG VM **98** 51, Sa NZV **93** 31). Auf Bestürzung kann er sich dabei nicht berufen (BGH VRS **21** 14). Die Strecke muss er ständig beobachten und seine Sicherheitsvorschriften einhalten (BGH VRS **7** 54, Nü VersR **85** 891). Nach Vorschrift hat er zu läuten und darf mangels Gegenanzeichen auf Beachtung des Läutezeichens vertrauen (Kö MDR **54** 38). Der Strabaf, der auf besonderem Bahnkörper mit Vorrecht eine Straße kreuzt, darf auf das Vorrecht auch vertrauen, wenn er vorher an einer Bedarfshaltestelle nicht gehalten hat (Bay VkBl **61** 609). Auf die Beachtung des Andreaskreuzes darf er vertrauen (Ha NJWE-VHR **97** 83), auch wenn die Warnlichtanlage ausgefallen ist (Ko VRS **84** 416.

31 Der **Schrankenwärter** muss die Schranke rechtzeitig schließen, BGH VRS **25** 197, nicht nur nach seinem Zeitgefühl, BGH VRS **20** 58, wenn ihm für das Schließen und Öffnen auch ein Spielraum zusteht, BGH VRS **19** 405, 408. Bei belebtem Übergang darf er an sich gebotenes Schließen nicht für ein langsames Fz unterbrechen und nicht darauf rechnen, er werde die folgende Kolonne noch anhalten können, BGH VRS **11** 430.

32 Zu früh öffnen darf er die Schranke auch nicht, BGH VRS **25** 197. Auf mehrgleisigen Strecken darf er erst öffnen, wenn er weiß, dass auf dem anderen Gleis kein Zug und keine verspätete Durchfahrt gemeldet ist, BGH VRS **10** 105, und nicht schon, wenn der letzte Wagen noch auf dem Übergang ist, obwohl er dann mit vorzeitigem Losfahren eines Kf nicht rechnen muss, Ha VRS **13** 138.

33 Bei Dunkelheit ist durch geschwenktes Rotlicht zu warnen, Weißlicht führt irre, Ha VRS **31** 379.

34 **9. Niemanden blenden,** weder den Lokf noch den Gegenverkehr, dürfen die Scheinwerfer wartender Kfz (VII). Nach der Örtlichkeit kann dazu uU gänzliches Ausschalten der Scheinwerfer gehören (Rz 7).

35 **10. Zivilrecht (Haftung).** Das Schrankenbedienen gehört zur VSicherungspflicht der Bahn, BGH VRS **6** 943, Bra VkBl **54** 369. Der Schrankenwärter ist Verrichtungsgehilfe (§ 831 BGB), Ko VRS **9** 321. Verletzung der VSicherungspflicht, wenn die Aufsichtsbehörde gesteigerter Verkehrsfrequenz des Übergangs nicht Rechnung trägt, BGH NJW **54** 640, wenn die Bahn gegen Verdecken des Warnlichts durch Laub keine Maßnahmen ergreift, Ha NZV **93** 28. Haftung der Bahn gem § 823 BGB, wenn sie es unterlässt, auf Beseitigung von Sichtbehinderungen auf die Warnanlage durch Zweige hinzuwirken, BGH NZV **94** 146. Zur Haftung, wenn das Warnblinklicht, auf dessen Funktion ein Kf vertrauen darf, möglicherweise verspätet aufgeleuchtet hat, Stu VersR **79** 1129, KG VM **80** 56. Kommt ein Fz wegen Defekts auf den Gleisen zum Stillstand und lässt der hinter ihm fahrende FzF sein Fz im Schrankenbereich stehen, um zu helfen, so ist der FzF des ersten Fz dem des zweiten zum Schadensersatz verpflichtet, wenn das zweite Fz durch die sich schließenden Schranken beschädigt wird, LG Limburg DAR **06** 330.

36 **Zur Betriebsgefahr der Bahn:** § 17 StVG Rz 39 ff.

37 Selbst erhöhte BG der Bahn kann gegenüber grobem Verschulden des Kf zurücktreten, s § 17 StVG Rz 42.

38 Die bevorrechtigte Straba haftet mit Ausnahme höherer Gewalt, auch bei verkehrsgerechtem Verhalten des Fahrers, BGH VersR **67** 138. Der **Anschein** spricht gegen den, der trotz rechtzeitig geschlossener Schranke vom Zug erfasst wird, BGH VRS **10** 22, Ce NZV **88** 22, oder auf einem sonst ordnungsgemäß gesicherten Übergang, Kö DAR **64** 111, Ko VRS **84** 416, KG VM **98** 51. Zum Anscheinsbeweis für verkehrsbedingtes Halten vor dem Bahnübergang Fra VersR **81** 841. Grobe Fahrlässigkeit: Rz 24.

Öffentliche Verkehrsmittel und Schulbusse § 20 StVO **2**

11. Ordnungswidrig (§ 24 StVG, § 49 StVO) handelt, wer die Regeln über die Fahrge- 39
schwindigkeit (§ 19 I S 2, V) verletzt, wer entgegen § 19 II bis VII an unrichtiger Stelle wartet
oder andere blendet, sodann der Verbandsführer, der nicht dafür sorgt, dass der Verband die
§§ 19 II, IV, VI (Vorränge) beachtet. Neben Abs I finden andere Bestimmungen über Vorfahrt
und Vorrang keine Anwendung, Dü NZV **89** 482, Kö NZV **97** 365, neben II S 1 Nr 2 insbesondere
auch nicht § 37, Bay VRS **100** 465, Kö NZV **97** 365. TE mit Verstoß gegen § 37
allerdings, wenn die LZA sowohl den V auf den Schienen als auch die unmittelbar davor befindliche
Einmündung oder Kreuzung schützt, Bay VRS **100** 465. Zur Aufnahme des Umfahrens
von geschlossenen Schranken (weil nur vorsätzlich begehbar) in den Tatbestandskatalog: § 24
StVG Rz 64, 65. Zur Verschärfung der Regelsätze bei Verstößen gegen Abs I und II durch
ÄndVO v 22. 12. 05 VkBl **06** 39. Weitere Verschärfungen werden voraussichtlich am 1. 1. 09 in
Kraft treten.

12. Strafrecht. Greift § 315 StGB ein, so tritt § 19 StVO zurück (§ 21 OWiG). Zur Trag- 40
weite des § 315 StGB an Bahnübergängen BGH NJW **60** 2009, außerdem VRS **19** 442 sowie
LK-*König* § 315 Rz 35, 107. Gefährdung durch unsachgemäßes Bedienen der Schranken (uU
§ 315b StGB): Ha VkBl **66** 68. Beschädigung eines Lastzugs durch zu spätes Schrankenschließen
als Hindernisbereiten iS von § 315b StGB (BGH VRS **19** 452). Ist die Bahn an Kreuzungen
mit Fahrbahnen nach § 19 vom StrV abgeschirmt, so nimmt sie nicht iS von § 315d StGB
am StrV teil (Stu VM **72** 93). Erhöhte Fahrlässigkeit als Strafschärfungsgrund bei Kenntnis der
Gefährlichkeit des Übergangs; Mitschuld des Bahnbediensteten bei Nichtbeachtung von Fahrdienstvorschriften
als Milderungsgrund beim Kf (BGH VRS **21** 356).

Lit: *Böhmer*, Unbeschrankte Eisenbahnübergänge …, MDR **56** 654. *Filthaut*, Rechte und Pflichten des 41
Verkehrs an den Übergängen von besonderen Bahnkörpern und allgemeinen Fahrbahnen, NZV **92** 395.
Kodal/Krämer, Straßenrecht, Kap 20. *Stiegler*, Eisenbahnrechtliche Planfeststellung und VSicherungspflicht an
schienengleichen Bahnübergängen, MDR **58** 71.

Öffentliche Verkehrsmittel und Schulbusse

20 (1) An Omnibussen des Linienverkehrs, an Straßenbahnen und an gekennzeichneten Schulbussen, die an Haltestellen (Zeichen 224) halten, darf, auch im Gegenverkehr, nur vorsichtig vorbeigefahren werden.

(2) Wenn Fahrgäste ein- oder aussteigen, darf rechts nur mit Schrittgeschwindigkeit und nur in einem solchen Abstand vorbeigefahren werden, daß eine Gefährdung von Fahrgästen ausgeschlossen ist. ²Sie dürfen auch nicht behindert werden. ³Wenn nötig, muß der Fahrzeugführer warten.

(3) Omnibusse des Linienverkehrs und gekennzeichnete Schulbusse, die sich einer Haltestelle (Zeichen 224) nähern und Warnblinklicht eingeschaltet haben, dürfen nicht überholt werden.

(4) ¹An Omnibussen des Linienverkehrs und an gekennzeichneten Schulbussen, die an Haltestellen (Zeichen 224) halten und Warnblinklicht eingeschaltet haben, darf nur mit Schrittgeschwindigkeit und nur in einem solchen Abstand vorbeigefahren werden, daß eine Gefährdung von Fahrgästen ausgeschlossen ist. ²Die Schrittgeschwindigkeit gilt auch für den Gegenverkehr auf derselben Fahrbahn. ³Die Fahrgäste dürfen auch nicht behindert werden. ⁴Wenn nötig, muß der Fahrzeugführer warten.

(5) ¹Omnibussen des Linienverkehrs und Schulbussen ist das Abfahren von gekennzeichneten Haltestellen zu ermöglichen. ²Wenn nötig, müssen andere Fahrzeuge warten.

(6) Personen, die öffentliche Verkehrsmittel benutzen wollen, müssen sie auf den Gehwegen, den Seitenstreifen oder einer Haltestelleninsel, sonst am Rand der Fahrbahn erwarten.

Begr zur ÄndVO v 18. 7. 95 (VkBl **95** 532): 1

Zu Abs 1 bis 4: Die Neufassung des § 20 Abs. 1 und 1a erfolgt im Interesse der Sicherheit sowohl der Fahrgäste in Schulbussen als auch in Omnibussen des Linienverkehrs.

Schüler werden in Schul-, zumeist aber in Linienbussen zur Schule befördert. Darüber hinaus benutzen sie die Linienbusse auch in ihrer Freizeit. Die jungen Fahrgäste sind altersbedingt aber nicht in jedem Fall in der Lage, die Gefahren des Straßenverkehrs zutreffend einzuschätzen und sich insoweit richtig zu verhalten. Beim Erreichen bzw. beim Verlassen des Busses bringen sie nicht immer die erforderliche Achtsamkeit auf.

Nach der bisherigen Regelung sollte diesem Sachverhalt durch Anordnung einer „mäßigen Vorbeifahrgeschwindigkeit" an Schulbussen Rechnung getragen werden. Mit der neuen Verhaltensvorschrift soll die Zahl

2 StVO § 20   I. Allgemeine Verkehrsregeln

der verletzten und getöteten Schüler bei ihrer Beförderung in Schul- und in Linienbussen – bei letzteren war bisher lediglich ein „vorsichtiges Vorbeifahren" vorgeschrieben – weiter verringert werden.

Die angeordnete Schrittgeschwindigkeit gewährleistet in Gefahrensituationen ein sofortiges Anhalten durch den Kfz-Verkehr und trägt damit der Sicherheit aller Fahrgäste in Schul- und Linienbussen ausreichend Rechnung ....

2   **Begr** zur ÄndVO v 22. 3. 88 (VkBl **88** 223):

Zu Abs 5: *Der Vorrang vor dem übrigen Verkehr beim Abfahren von einer Haltestelle soll nicht nur den Linienbussen, sondern auch den Schulbussen zukommen. Auch diese fahren nach einem Fahrplan, und es ist gerechtfertigt, sie vor dem Individualverkehr zu bevorzugen.*

Vwv zu § 20 Öffentliche Verkehrsmittel und Schulbusse

Zu Absatz 4

3   1   I. *Vor der Festlegung von Haltestellen von Schulbussen sind von der Straßenverkehrsbehörde neben Polizei und Straßenbaubehörde auch Schule, Schulträger und Schulbusunternehmer zu hören. Dabei ist darauf zu achten, dass die Schulbusse möglichst – gegebenenfalls unter Hinnahme eines Umwegs – so halten, dass die Kinder die Fahrbahn nicht überqueren müssen.*

3a   2   II. *Es ist vorzusehen, dass Schulbusse nur rechts halten. Die Mitbenutzung der Haltestellen öffentlicher Verkehrsmittel ist anzustreben.*

4   **1. Öffentliche Verkehrsmittel** sind Straßenbahnen, Kraftomnibusse und Obusse, nicht Taxen. Straba sind Schienenbahnen, die ausschließlich oder überwiegend der Personenbeförderung im Orts- oder Nachbarschaftsbereich dienen (§ 4 PBefG). Beförderungsmittel, die am StrV nicht teilnehmen, scheiden für § 20 aus. Omnibusse sind nach Bauart und Einrichtung zur Beförderung von Personen bestimmte Kfz mit mehr als 8 Fahrgastplätzen (§ 30d I StVZO). Darunter fallen auch Oberleitungsomnibusse, weil im Rahmen des § 20 die auf dem StVG beruhende Begriffsbestimmung gilt und nicht die des § 4 (IV) PBefG (*Filthaut* NZV **96** 59, DAR **95** 277, *Hentschel* NJW **96** 239, aM *Seidenstecher* DAR **95** 427). LinienV ist eine zwischen bestimmten Ausgangs- und Endpunkten eingerichtete regelmäßige VVerbindung, auf der Fahrgäste an bestimmten Haltestellen ein- und aussteigen können (§ 42 PBefG). **Schulbusse** sind Fz, die für die Schülerbeförderung besonders eingesetzt und nach Maßgabe von § 33 IV BOKraft kenntlich gemacht sind.

5   **2. Vorbeifahren an Haltestellen.** Haltestellen: Z 224 (Straba und Linienbusse). Schulbushaltestelle: Z 224 mit Zusatzschild. § 20 I–IV gelten nur für öffentliche Haltestellen (Bay DAR **73** 332, Ha MDR **01** 387), nämlich für die durch diese beiden HaltestellenZ gekennzeichneten StrStellen in der ganzen Länge des jeweils haltenden Zuges (Obusses) einschließlich einiger Meter davor und dahinter (Dü VM **70** 8, enger *D. Müller* VD **04** 183), bei Doppelhaltestellen nur für den StrTeil, an welchem öffentliche VMittel gerade halten, nicht für Fahrstreifenwechsel auf freier Strecke (Ha MDR **01** 387). Hält das VMittel rechts am Bordstein oder so nahe an diesem, dass nur links vorbeigefahren werden kann, so ist vorsichtig vorbeizufahren (I). Haltestellen an VInseln: Rz 8. Nach Sa MDR **08** 261 wird die An- und Abfahrtphase vom Begriff des „Haltens" (noch) umfasst (zw., s auch Rz 17). Die Pflicht zu vorsichtigem Vorbeifahren gilt seit 1. 8. 95 auch gegenüber gekennzeichneten Schulbussen, ferner gegenüber allen in I genannten VMitteln auch für den GegenV, soweit diesem nicht eine durch Mittelstreifen getrennte Richtungsfahrbahn zur Verfügung steht (*Bouska* DAR **95** 398, *Filthaut* NZV **96** 59). „Vorsichtiges" Vorbeifahren wird idR eine mäßige Geschwindigkeit voraussetzen. Ist mit unbesonnenem Hervortreten von Kindern zu rechnen, so kann, auch wenn die Voraussetzungen von I und IV nicht vorliegen, Schrittgeschwindigkeit geboten sein (Ol NZV **88** 103).

6   **Nur mit Schrittgeschwindigkeit** darf an den in Abs I genannten VMitteln rechts wie links („vorsichtig") vorbeigefahren werden, **wenn Fahrgäste ein- oder aussteigen,** weil diese erfahrungsgemäß nicht immer auf Fze achten, BGH VM **57** 69, Ce ZfS **88** 188, Fra JR **94** 77, obwohl sie dies müssen, auch von VInseln aus, BGH VRS **15** 466. Einsteigende müssen, solange keine Straba nahe herangekommen ist, das Vorrecht des Fahrverkehrs beachten, ebenso Fußgänger, die eine VInsel betreten oder verlassen. Schrittgeschwindigkeit: § 42 Rz 181 Z 325/326 sowie *Hentschel* NJW **96** 240. Abs II gilt auch für Radf auf Radwegen, s Begr. Je lebhafter der Fußgängerverkehr beim Ein- und Aussteigen ist, umso mehr Vorsicht ist geboten. **Eingeschaltetes Warnblinklicht** eines an einer Haltestelle haltenden Linien- oder gekennzeichneten Schulbusses verpflichtet auch ohne Fahrgastwechsel stets zu Schrittgeschwindigkeit beim Vorbei-

Öffentliche Verkehrsmittel und Schulbusse **§ 20 StVO 2**

fahren, und zwar auch den GegenV auf derselben Fahrbahn (nicht bei Trennung der Richtungsfahrbahnen durch Mittelstreifen). Die erhöhte Sorgfaltspflicht beim Vorbeifahren besteht aber nur, solange das Warnblinklicht in Betrieb ist, Ol NZV **88** 103, NZV **91** 468 (jeweils Schulbus). Die Verhaltensvorschriften der Abs I–IV dienen nicht nur den Benutzern von Omnibussen, Straba, gekennzeichneten Schulbussen usw, sondern allen Fußgängern, die im räumlichen Bereich eines solchen Verkehrsmittels unachtsam die Fahrbahn überqueren; **§ 20 ist in diesem Umfang SchutzG iS von § 823 Abs II BGB** (§ 16 StVG Rz 6), eingehend BGH NJW **06** 2110 (zust *Schröder* SVR **06** 380), ebenso schon Kö VRS **102** 436 (zust *D. Müller* VD **04** 182), s auch AG Prüm NJW-RR **07** 91, aM Ce ZfS **88** 188, LG Mü I NZV **00** 473 (zust *Bouska*), hier bis 38. Aufl, s auch Rz 18.

3. Nähert sich ein öffentliches VMittel oder ein gekennzeichneter Schulbus der Haltestelle, 7 so greift die erhöhte Sorgfaltspflicht (II) bereits ein, sobald die Fahrgäste die Fahrbahn zwecks Einsteigens zu betreten beginnen (Ha MDR **74** 1018, KG NJW **63** 1065). Erfahrungsgemäß beachten sie den FahrV dann nicht mehr sorgfältig (BGH VRS **17** 43, Br VM **66** 7). Wer sich als Kf zugleich mit einer Straba einer Haltestelle nähert und den Vorausfahrenden bremsen sieht, muss mit überquerenden Fußgängern rechnen (Ha VRS **40** 439). Fahrgäste, die sich allzu früh auf der Fahrbahn aufstellen, handeln schuldhaft. Der FahrV muss auf sie Rücksicht nehmen, doch nicht nach dem Maßstab des § 20. Naht noch keine Straba, so gelten für die Sorgfalt des FahrV an Haltestellen die §§ 1, 3 I (BGH NJW **55** 510). Nähert sich ein Linien- oder gekennzeichneter Schulbus **mit eingeschaltetem Warnblinklicht** der Haltestelle, so darf er nicht mehr überholt werden (III; s § 16 II S 1). Das wird auch bei kurzer Unterbrechung des Annäherungsvorgangs durch verkehrsbedingtes Anhalten des Busses zu gelten haben, obwohl sich der Bus dann nicht mehr im Wortsinne „nähert" (*Bouska* DAR **95** 399, *Filthaut* NZV **96** 60, *Hentschel* NJW **96** 240). Wird das Warnblinklicht verfrüht eingeschaltet, so dass für andere FzF ein Zusammenhang mit einem bevorstehenden Halten noch nicht erkennbar ist, so fehlt es an den Voraussetzungen des III (sich „nähern"; § 16 Rz 15). Verstoß gegen III ist seit der ÄndVO v 14. 2. 96, BGBl I 216, bußgeldbewehrt (Rz 17).

An **Haltestelleninseln** darf der Kf darauf vertrauen, dass Wartende und Aussteigende nicht un- 8 verhofft auf die Fahrbahn treten (BGH NJW **67** 981, VM **59** 9). Er muss sich angemessen sorgfältig verhalten (Dü VM **74** 16). Doch gilt die strenge Regel des II nicht (*Bouska* DAR **95** 399).

4. Der **Seitenabstand** beim Vorbeifahren rechts am haltenden VMittel muss *während des Ein- 9 und Aussteigens von Fahrgästen* so bemessen sein, dass er Gefährdung ausschließt (Rz 10), und zwar auf dem gesamten Vorbeifahrweg (Stu NJW **65** 644, Ce NJW **61** 2117). Das Gleiche gilt für das Vorbeifahren an Linienbussen und gekennzeichneten Schulbussen, die an einer Haltestelle **mit eingeschaltetem Warnblinklicht** halten (IV). Vorbeifahren an einem haltenden Linienbus oder gekennzeichneten Schulbus während des Fahrgastwechsels (II) mit **mindestens 2 m seitlichem Abstand** (Kö VRS **102** 436, Fra JR **94** 77 m Anm *Lampe*, Ol NZV **88** 103) oder so langsam, dass sofortiges Anhalten möglich ist (BGH JZ **69** 742, Bay DAR **73** 332, Fra JR **94** 77, KG DAR **76** 300), ebenso während eingeschalteten Warnblinklichts (IV). Muss auf schmaler Str an einem haltenden Bus (mit totem Winkel) vorbeigefahren und können 2 m seitlicher Abstand nicht eingehalten werden, so ist mit sofortiger Anhaltemöglichkeit vorbeizufahren (BGH VersR **73** 1045, Kö VRS **102** 436, Kar NZV **89** 393). Der Kf muss nicht damit rechnen, dass ihm vorne haltende, anfahrende oder in Gegenrichtung haltende Bus Personen unachtsam die Fahrbahn überqueren, aber damit, dass sie unvorsichtig hervortreten, um sich zu orientieren (BGH NJW **68** 1532, Ha VRS **47** 222, Stu VRS **40** 292, Bay VRS **40** 214, Kö VRS **64** 434), uU auch damit, dass Kinder und Jugendliche von rechts unachtsam die Fahrbahn überqueren (Ce NZV **91** 228). Wer mit zulässigen „60" an einem *in Gegenrichtung* haltenden Bus mit 5 m Seitenabstand vorbeifährt, verhält sich richtig, sofern er mit besonders verkehrsungewandten Fußgängern (Kindern, alten Leuten) nicht rechnen muss (Hb VRS **41** 261; s aber § 3). 2 m Abstand vom in Gegenrichtung haltenden Bus sind idR ausreichend (Kö VRS **64** 434). Die strenge Regel des II S 1 gilt hier nicht, weil nicht rechts vorbeigefahren wird, der FzVerkehr also nicht zwischen dem haltenden öffentlichen VMittel und dem Gehweg durchfährt (Ha NZV **95** 75).

5. Ausgeschlossen muss die Gefährdung in allen Fällen von II S 1 und IV S 1 sein. Der Kf 10 muss hinsichtlich Fahrgeschwindigkeit und Abstand die durchschnittlich erdenkliche Sorgfalt angewendet haben, näher: **E** 150. Dieser strenge Maßstab ist jedoch nur gerechtfertigt, wenn die übrigen Merkmale von II und IV nicht überdehnt werden (Rz 9).

2 StVO § 20   I. Allgemeine Verkehrsregeln

11   **6. Anhalten und warten** muss der Kf, wenn das Weiterfahren Fahrgäste, die ein- oder aussteigen, gefährden oder auch nur behindern würde. Das gilt nach Abs II während des Ein- und Aussteigens an allen Haltestellen und darüber hinaus an den Haltestellen, an denen gem § 16 II 1 Warnblinklicht eingeschaltet ist, schon ab dem Aufleuchten des Warnblinklichts. Das bedeutet andererseits nicht, dass Fußgänger, die dem Bus zustreben oder nach dem Verlassen einer Straba die Fahrbahn überschreiten, nicht auf den FahrV zu achten hätten. II S 2 und IV S 3 enthalten keine eigentliche Vorrangregelung, *Bouska* DAR **95** 399. Im Zweifel muss ein sorgfältiger Kf aber in solchen Fällen anhalten, wenn sogar Schrittfahren riskant wäre.

12   **7. Abfahrende Omnibusse des Linienverkehrs und Schulbusse (V).** V enthält eine Sonderregelung des Anfahrens, weil ein „einzelnes" Fz kein fahrplangebundenes Massenverkehrsmittel aufhalten soll (BGHSt **28** 218 = NJW **79** 1894, Dü VRS **82** 378). Omnibusse iS von V sind auch Oberleitungsomnibusse (Rz 4; *Filthaut* DAR **84** 277). Begriffsbestimmung des LinienV: Rz 4. Auch bezüglich der Schulbusse gilt Abs V nur an gekennzeichneten Haltestellen. V schränkt den Vorrang des fließenden Verkehrs (§ 10) dahin ein, dass dieser eine Behinderung durch rechtzeitig angezeigtes Abfahren des Linien- bzw Schulbusses durch Verlangsamen bei mittelstarker Bremsung (keine Notbremsung; Bay NZV **90** 402, Dü DAR **90** 462) und notfalls Warten hinnehmen muss. Der Busf darf bei rechtzeitiger Anzeige des Abfahrens mit Beachtung durch den fließenden Verkehr, auch Kolonnenverkehr, rechnen (BGHSt **28** 218 = NJW **79** 1894; bedenklich deshalb, weil dies bei auf 2 m aufgerücktem Fließverkehr zweifelhaft bleiben muss und auf Erzwingen des Vortritts hinausläuft; Bay NZV **90** 402, Dü DAR **90** 462, VRS **82** 378, *Filthaut* DAR **84** 279), aber nicht *blindlings* darauf vertrauen (Dü VRS **65** 336, DAR **90** 462). Trotz seines Vortritts unterliegt der Linienbus der allgemeinen Sorgfaltspflicht (Br VersR **76** 545, Dü VRS **65** 156, **82** 378, DAR **90** 462), jedoch nicht der gesteigerten nach § 10 S 1 (Fra VRS **54** 368, Dü DAR **90** 462, *Rüth/Berr/Berz* § 10 Rz 17, aM Dü VM **74** 14). Er darf seinen Vorrang nicht erzwingen (BGHSt **28** 218 = NJW **79** 1894, Hb VersR **76** 1138, Dü VRS **65** 156, 336, *Filthaut* DAR **84** 280). Das Busvorrecht besteht auch, wenn er vom Fahrbahnrand abfahren will und dabei die linke Spur benutzen muss (Hb VersR **76** 1138, Dü VRS **82** 378); sonst gilt es nur für das Weiterfahren auf dem rechten Fahrstreifen. Das Anfahrvorrecht des Busf (V) gilt nicht auch für das sofortige Ansteuern des linken Fahrstreifens, dafür gilt § 7 V, der nahe aufgerückte Verkehr hat dort Vortritt (Bay VRS **58** 457, Ha VRS **53** 377, Dü VRS **64** 409). Im Verhältnis zum Entgegenkommen gilt das Vorrecht nicht (aM *Filthaut* DAR **84** 279, offengelassen von Kö VRS **64** 434). Muss der Bus beim Anfahren wegen Hindernisses auf der rechten Fahrbahnseite auf die Gegenfahrbahn ausweichen, so gilt § 6 S 1. Das Vorrecht darf nicht gefährdend ausgeübt werden, wie etwa bei verspäteter oder Nichtanzeige (BGHSt **28** 218 = NJW **79** 1894, Bay NZV **90** 402, Dü VM **74** 14, VRS **60** 225, **65** 336, **82** 378, DAR **90** 462, Kö VRS **67** 59), zB nicht gegenüber einem nahe aufgerückten Pkw, der notbremsen müsste; vielmehr darf der Busf nur eine mittelstarke Bremsung (3–4 m/sec²) erwarten (Kö VRS **67** 59, *Kürschner* NZV **89** 175). Zum Ganzen *Filthaut* DAR **84** 277.

13   **8. Ein- und Aussteigen.** Fahrgäste müssen auf dem Gehweg, dem Seitenstreifen oder auf Haltestelleninseln, mangels dessen am Fahrbahnrand warten (VI). Vor Inseln darf der Kf darauf vertrauen, dass Wartende die Fahrbahn freilassen, BGH NJW **67** 981. Der Kf darf darauf vertrauen, dass an einer leeren Haltestelle wartende Fahrgäste, deren Verhalten er klar überblicken kann, ihn unbehindert vorbeifahren lassen, Ha VRS **40** 439. Ist die Bahn herangekommen, brauchen die Wartenden nicht bis zum Anhalten zu warten, ehe sie auf die Fahrbahn treten, BGH VM **55** 5. Der Busf darf an der Haltestelle dicht **an den Bordstein heranfahren,** uU muss er dabei Wartende jedoch warnen, wenn sie allzu dicht am Fahrbahnrand stehen, Sa VM **80** 88. Wer zu nahe der Bordsteinkante wartet und deshalb mit dem Bus kollidiert, hat einen erheblichen Schadensanteil selber zu tragen, Ha VersR **78** 876. **Auf- und Abspringen** während der Fahrt, auch wenn es sonst niemand gefährdet, schließt die Bahnhaftung idR aus, BGH VkBl **56** 330, auch wenn versehentlich die Tür offensteht, BGH VRS **22** 249. Wer verbotswidrig aufspringt, haftet dafür, wenn er jemand dadurch zu Fall bringt, Stu VersR **62** 1117.

14–15   **Ausgestiegene Fahrgäste** und solche, die einsteigen wollen, müssen die Fahrbahn auf kürzestem Weg quer zur Fahrtrichtung mit Vorsicht und ohne Aufenthalt überschreiten (Mü NZV **91** 389, Ha NZV **95** 75 [zu § 25], Rz 8, 9, 11).

16   **9. Zivilrecht.** § 20 StVO ist SchutzG iS von § 823 BGB in Bezug auf alle Fußgänger, die im räumlichen Bereich eines solchen Verkehrsmittels unachtsam die Fahrbahn überqueren (Rz 6). Bei Zusammenstoß zwischen einem anfahrenden Linienbus und einem Fz, das im gleichgerich-

Personenbeförderung   § 21 StVO 2

teten V das Vorfahrtsrecht des Abs V missachtet, erachtet AG Hb v 10. 10. 06, 518 C 167/06, juris, eine Haftungsverteilung von ²/₃ (Kfz) zu ¹/₃ (Linienbus) für sachgerecht.

10. Ordnungswidrig (§§ 24 StVG, 49 StVO) sind alle Zuwiderhandlungen gegen § 20 (§ 49 I **17** Nr 19b), seit 23. 2. 96 (ÄndVO v 14. 2. 96, BGBl I 216) auch Verstöße gegen III (Überholverbot). Das Überholen eines sich mit Warnblinklicht einer Haltestelle nähernden Linien- oder Schulbusses wurde vorher zunächst als Verstoß gegen III nicht von § 49 I Nr 19b („*an Haltestellen*" und „*haltenden Schulbussen*") erfasst (*Seidenstecher* DAR **95** 428, *Bouska* DAR **95** 399), konnte daher nur nach anderen Bestimmungen (§§ 1 II, 5 III Nr 1) ow sein. Verstoß gegen II S 2 setzt konkrete Behinderung voraus (Dü DAR **97** 408). Wer als Linienbusf ohne Rücksicht auf nahe aufgerückten FolgeV anfährt, verletzt uU §§ 1, 10 in TE (Dü VM **74** 14; s aber Rz 12).

11. Strafrecht. Verletzt der Kf unter Verstoß gegen das Gebot des § 20 IV beim Vorbeifah- **18** ren an einem Schulbus einen *erwachsenen* Fußgänger, der in Höhe des Schulbusses die Fahrbahn überquert, so liegt dieser Erfolg nach der neueren Rspr des BGH (Rz 6) innerhalb des Schutzbereichs der verletzten Norm (**E** 100), mit der Folge, dass eine Bestrafung nach § 229 StGB in Betracht kommt (§§ 222, 229 StGB Rz 20; aM noch Ha VRS **60** 38).

Personenbeförderung

21 (1) ¹In Kraftfahrzeugen dürfen nicht mehr Personen befördert werden, als mit Sicherheitsgurten ausgerüstete Sitzplätze vorhanden sind. ²Abweichend von Satz 1 dürfen in Kraftfahrzeugen, für die Sicherheitsgurte nicht für alle Sitzplätze vorgeschrieben sind, so viele Personen befördert werden, wie Sitzplätze vorhanden sind. ³Die Sätze 1 und 2 gelten nicht in Kraftomnibussen, bei denen die Beförderung stehender Fahrgäste zugelassen ist. ⁴Es ist verboten, Personen mitzunehmen
1. auf Krafträdern ohne besonderen Sitz,
2. auf Zugmaschinen ohne geeignete Sitzgelegenheit oder
3. in Wohnanhängern hinter Kraftfahrzeugen.
(1 a) ¹Kinder bis zum vollendeten 12. Lebensjahr, die kleiner als 150 cm sind, dürfen in Kraftfahrzeugen auf Sitzen, für die Sicherheitsgurte vorgeschrieben sind, nur mitgenommen werden, wenn Rückhalteeinrichtungen für Kinder benutzt werden, die den in Artikel 2 Abs. 1 Buchstabe c der Richtlinie 91/671/EWG des Rates vom 16. Dezember 1991 über die Gurtanlegepflicht und die Pflicht zur Benutzung von Kinderrückhalteeinrichtungen in Kraftfahrzeugen (ABl. EG Nr. L 373 S. 26), die durch Artikel 1 Nr. 3 der Richtlinie 2003/20/EG des Europäischen Parlaments und des Rates vom 8. April 2003 (ABl. EU Nr. L 115 S. 63) neu gefasst worden ist, genannten Anforderungen genügen und für das Kind geeignet sind. ²Abweichend von Satz 1
1. ist in Kraftomnibussen mit einer zulässigen Gesamtmasse von mehr als 3,5 t Satz 1 nicht anzuwenden,
2. dürfen Kinder ab dem vollendeten dritten Lebensjahr auf Rücksitzen mit den vorgeschriebenen Sicherheitsgurten gesichert werden, soweit wegen der Sicherung anderer Kinder mit Kinderrückhalteeinrichtungen für die Befestigung weiterer Rückhalteeinrichtungen für Kinder keine Möglichkeit besteht,
3. ist
   a) beim Verkehr mit Taxen und
   b) bei sonstigen Verkehren mit Personenkraftwagen, wenn eine Beförderungspflicht im Sinne des § 22 des Personenbeförderungsgesetzes besteht,
auf Rücksitzen die Verpflichtung zur Sicherung von Kindern mit amtlich genehmigten und geeigneten Rückhalteeinrichtungen auf zwei Kinder mit einem Gewicht ab 9 kg beschränkt, wobei wenigstens für ein Kind mit einem Gewicht zwischen 9 und 18 kg eine Sicherung möglich sein muss; diese Ausnahmeregelung gilt nicht, wenn eine regelmäßige Beförderung von Kindern gegeben ist.
(1 b) ¹In Fahrzeugen, die nicht mit Sicherheitsgurten ausgerüstet sind, dürfen Kinder unter drei Jahren nicht befördert werden. ²Kinder ab dem vollendeten dritten Lebensjahr, die kleiner als 150 cm sind, müssen in solchen Fahrzeugen auf dem Rücksitz befördert werden. ³Die Sätze 1 und 2 gelten nicht für Kraftomnibusse.
(2) ¹Die Mitnahme von Personen auf der Ladefläche oder in Laderäumen von Kraftfahrzeugen ist verboten. ²Dies gilt nicht, soweit auf der Ladefläche oder in Laderäumen mitgenommene Personen dort notwendige Arbeiten auszuführen haben. ³Das Verbot gilt ferner nicht für die Beförderung von Baustellenpersonal innerhalb von Baustellen. ⁴Auf

der Ladefläche oder in Laderäumen von Anhängern darf niemand mitgenommen werden. ⁵Jedoch dürfen auf Anhängern, wenn diese für land- oder forstwirtschaftliche Zwecke eingesetzt werden, Personen auf geeigneten Sitzgelegenheiten mitgenommen werden. ⁶Das Stehen während der Fahrt ist verboten, soweit es nicht zur Begleitung der Ladung oder zur Arbeit auf der Ladefläche erforderlich ist.

(3) Auf Fahrrädern dürfen nur Kinder unter 7 Jahren von mindestens 16 Jahre alten Personen mitgenommen werden, wenn für die Kinder besondere Sitze vorhanden sind und durch Radverkleidungen oder gleich wirksame Vorrichtungen dafür gesorgt ist, daß die Füße der Kinder nicht in die Speichen geraten können.

1 **Begr** zur ÄndVO v 22. 3. 88 (VkBl **88** 223):

Zu Abs 1 a: … Die Kinderhalteeinrichtungen sind amtlich genehmigt, wenn sie entsprechend der ECE-Regelung Nr. 44 gebaut, geprüft, genehmigt und gekennzeichnet sind. Die Eignung der Kinderhalteeinrichtungen zur Verwendung auf Vordersitzen ergibt sich aus der Genehmigung sowie der Einbauanweisung, die von den Herstellern den Kinderhalteeinrichtungen beizufügen ist ….

2 **Begr** zur ÄndVO v 22. 12. 92 (BRDrucks 786/92):

Zu Abs 1 a: Zu Satz 1. Die Vorschrift legt die allgemeine Sicherungspflicht für Kinder unter Verwendung amtlich genehmigter und für das Kind geeigneter Rückhalteeinrichtungen fest. Ab einer Körpergröße von 150 cm sind keine besonderen Rückhalteeinrichtungen für Kinder erforderlich; sie müssen dann mit dem Erwachsenen-Gurt gesichert werden (§ 21 a Abs. 1 Satz 1 StVO).

Zu Satz 3. Die Regelung stellt klar, dass eine Sicherungspflicht auf Rücksitzen auch für Kinder nur insoweit gefordert werden kann, als Befestigungsmöglichkeiten für Rückhalteeinrichtungen vorhanden und benutzbar sind. Für den Fall, dass bei Ausnutzung der Rückhalteeinrichtungen ausnahmsweise die Mitnahme eines weiteren Kindes möglich ist, sollte dies nicht untersagt werden. Dies entspricht auch der Regelung der Richtlinie 91/671/EWG. Es kommt hinzu, dass es sich schon aus technischen Gründen um seltene Fälle und dabei um kurze Beförderungsstrecken handeln dürfte.

2a **Begr** zur ÄndVO v 25. 6. 98 (VkBl **98** 599): **Zu Abs 1 a Satz 2:** *Die nunmehr in Satz 2 enthaltene Neuregelung besteht darin, dass die Kindersicherungspflicht in speziellen Kinderrückhaltesystemen – die bisher uneingeschränkt alle Arten von Kraftfahrzeugen betraf – künftig nicht in Kraftomnibussen über 3,5 t zulässige Gesamtmasse gilt. Kinder sollen in diesen Kraftomnibussen vielmehr mit den vorhandenen Beckengurten gesichert werden. Die Verpflichtung hierzu ergibt sich aus § 21 a Abs. 1 Satz 1 StVO.*

…

Der Überschlag des Kraftomnibusses ist der Unfalltyp, der die schwerwiegendsten Folgen für die Insassen hat. Auf Grund der Massenverhältnisse treten demgegenüber die Folgen eines Frontalaufpralls („Klappmessereffekt") zurück. Das Herausschleudern oder Umherschleudern kann durch die Sicherung mit dem Beckengurt auch ohne Kinderrückhaltesystem wirkungsvoll verhindert werden, wenn das Kind mehr als ca. 10 kg wiegt und aufrecht sitzend befördert werden kann.

…

Für die Erstreckung der Ausnahme auch auf Kraftomnibusse bis einschließlich 3,5 t zulässige Gesamtmasse sowie auf andere Kfz über 3,5 t zulässige Gesamtmasse besteht keine Veranlassung, weil bei Ausrüstung mit Sicherheitsgurten diese in der Regel mit Dreipunktgurten erfolgen muss.

2b **Begr** zur ÄndVO v 22. 12. 05 (VkBl **06** 39): **Zu Abs 2:** *Der Mitnahme von Personen auf der Ladefläche oder in Laderäumen von Kraftfahrzeugen stehen wegen des Fehlens geeigneter Sitzgelegenheiten und Haltemöglichkeiten und der auf die Personen einwirkenden Kräfte durch Beschleunigung, Bremsverzögerung, Kurvenlaufverhalten der Fahrzeuge, Fahrbahnunebenheiten und bei Befahren von Gefäll- und Steigungsstrecken erhebliche Verkehrssicherheitsbedenken entgegen. Es ist kein Grund ersichtlich, die Mitnahme auf der Ladefläche von Kraftfahrzeugen anders zu behandeln, als die der generell untersagten Mitnahme von Personen auf der Ladefläche von Anhängern. Dabei ist die Ladefläche die Fläche des Fahrzeugs, die der Beförderung von Gütern und Gegenständen dient. Nicht erfasst werden von dem Verbot daher z. B. die hinteren „Standplätze" von Müllfahrzeugen.*

Nach Angaben des Zentralverbandes des Deutschen Baugewerbes und des Zentralverbandes des Deutschen Handwerks hat die Mitnahme von Personen auf der Ladefläche von Kraftfahrzeugen aber nach wie vor Praxisrelevanz, soweit die mitgenommenen Personen dort notwendige Arbeiten auszuführen haben oder es sich um die Beförderung von Baustellenpersonal innerhalb von Baustellen handelt. Diesem Umstand tragen die Ausnahmetatbestände Rechnung.

2c **Begr** zur ÄndVO v 11. 5. 06 (VkBl **06** 488): **Zu Abs 1 (S 1 bis 3):** *Abs 1 S 1: Nach deutschem Recht gibt es für Fahrzeuge der Klassen M1 und N1 bisher keine ausdrückliche Verpflichtung, nur*

Personenbeförderung § 21 StVO **2**

so viele Personen zu befördern, wie Sicherheitsgurte vorhanden sind. Zwar fordert die Richtlinie 2003/ 20/EG dies nicht ausdrücklich; aus dem Sachzusammenhang ist der Artikel 6b aber so zu verstehen, dass nach Ablauf einer Frist, in der Ausnahmen erteilt werden können, dieser Grundsatz gilt. Dies liegt auch im Interesse der Verkehrssicherheit. Unfälle von Fahrzeugen, in denen die Zahl der Insassen über der mit Sicherheitsgurten ausgestatteten Zahl von Sitzplätzen lag, haben in der Vergangenheit zu schwer wiegenden Folgen für die Insassen geführt. Eine eindeutige Regelung dürfte die Akzeptanz dieser Regelung erhöhen.

Die Straßenverkehrsbehörden können jedoch innerhalb des von der Richtlinie vorgesehenen Zeitraums (sechs Jahre ab dem 8. April 2003) Ausnahmen von diesem Grundsatz erteilen, um keine unzumutbaren Härten auftreten zu lassen. Allerdings muss bei der Entscheidung zwischen dem Interesse des Einzelnen und der allgemeinen Verkehrssicherheit abgewogen werden.

Abs 1 S 2 dient der Klarstellung. In Kraftfahrzeugen, die keine vorgeschriebenen Gurte aufgrund der Tatsache haben, dass sie wegen ihres Alters noch nicht von der Ausrüstungsverpflichtung mit Sicherheitsgurten erfasst wurden (z. B. Oldtimer), dürfen nur so viele Personen befördert werden, wie Sitzplätze vorhanden sind.

Abs 1 S 3 dient der Klarstellung.

Zu Abs 1a S 1: *Aufgrund europaweiter Harmonisierung ist nur noch eine Genehmigung nach der Regelung 44/03 der Wirtschaftskommission für Europa der Vereinten Nationen oder nach der Richtlinie 77/541/EWG und den nachfolgenden Änderungen dieser Regelung oder Richtlinie möglich. Von daher ist eine andere amtliche Genehmigung, wie sie bisher in der Straßenverkehrs-Zulassungs-Ordnung vorgesehen war, nicht mehr möglich.*

Zu Abs 1a S 3: *Die Änderung ist durch die Richtlinie 2003/20/EG bedingt, die nur noch erlaubt, dass ein drittes Kind im Alter von drei Jahren und darüber und mit einer Körpergröße von weniger als 150 cm durch einen Sicherheitsgurt für Erwachsene gesichert wird, wenn die Verwendung von zwei Kinderrückhalteeinrichtungen auf den Rücksitzen von Fahrzeugen der Klasse M1 und N1 aus Platzgründen die Verwendung einer dritten Kinderrückhalteeinrichtung nicht zulässt.*

Zu Abs 1b: *Die Änderung ist durch die Richtlinie 2003/20/EG bedingt, die eine Beförderung von Kindern unter drei Jahren in nicht mit Gurten ausgerüsteten Fahrzeugen der Klassen M1, N1, N2 und N3 nicht gestattet, bzw. für Kinder ab drei Jahren eine Beförderung nur auf den Rücksitzen gestattet. Die Vorschrift gilt nicht für Kraftomnibusse (Klassen M2 und M3). Von dieser zwingend erforderlichen Anpassung der StVO an das EG-Recht wird nur eine geringe Fallzahl von Kraftfahrzeugen betroffen sein, da in Deutschland die Ausrüstung solcher Fahrzeuge mit Gurten spätestens seit Mitte der 70er Jahre in Pkw sowie sukzessive auch in Lkw vorgeschrieben worden ist. Die Regelung ist aus Verkehrssicherheitserwägungen erforderlich.*

Begr zur ÄndVO v 18. 12. 06 (VkBl **07** 23): **Zu Abs 1a:** *Seit dem 1. 4. 93 gilt der Grundsatz* **2d** *des § 21 Abs. 1a Satz 1 Straßenverkehrs-Ordnung (StVO), dass Kinder bis zum vollendeten 12. Lebensjahr, die kleiner als 150 cm sind, in Kraftfahrzeugen auf Sitzen, für die Sicherheitsgurte vorgeschrieben sind, nur mitgenommen werden dürfen, wenn amtlich genehmigte und für Kinder geeignete Rückhalteeinrichtungen benutzt werden. Dadurch sollte die Sicherung von Kindern in Kraftfahrzeugen (Kfz) verbessert werden. Für Taxis bestand bis zum 31. 12. 1997 eine Übergangsregelung in § 21 Abs. 1a Satz 2 StVO. Diese beschränkte die Pflicht auf regelmäßige Beförderungen von Kindern, da nicht in allen Taxis für alle Altersgruppen und für mehrere Kinder eine ausreichende Anzahl von Rückhalteeinrichtungen mitgeführt werden konnte. Es wurde die Erwartung gehegt, dass während der fünfjährigen Übergangszeit technische Lösungen entwickelt werden, die eine altersgerechte Sicherung aller Kinder zu jeder Zeit in Taxis sicherstellen können. Technische Lösungen, die Kinderrückhalteeinrichtungen unter dem Gesichtspunkt einer Platz sparenden Unterbringung in die vorhandenen Sitze im Taxi integrieren, konnten aber nur für die Gewichtsklassen I (9 bis 18 kg, ab ca. einem Alter von 9 Monaten bis 4 Jahren), II (15 bis 25 kg, ab ca. einem Alter von 3 bis 7 Jahren) und III (22 bis 36 kg, ab ca. einem Alter von 6 bis 12 Jahren) der maßgeblichen ECE-Regelung Nr. 44 entwickelt werden. Nach dem Auslaufen der Übergangsregelung in § 21 Abs. 1a Satz 2 StVO am 31. 12. 97 wurde daher eine 7. Ausnahmeverordnung zur StVO erlassen, die die Verpflichtung, Kinder in Kfz mit geeigneten Rückhaltesystemen zu sichern, bei Taxis auf diese Gewichtsklassen und auf die Sicherung von zwei Kindern beschränkte. In der Erwartung, dass eine technische Lösung, integrierte Kinderrückhaltesysteme auch für die Gewichtsklassen 0 (weniger als 10 kg, bis zu einem Alter von ca. 9 Monaten) und 0⁺ (weniger als 13 kg, bis zu einem Alter von ca. 2 Jahren) zu entwickeln, in den nächsten Jahren gefunden werde, wurde die 7. AusnahmeVO zur StVO befristet. Da sich diese Erwartungen nicht erfüllten, wurde die 7. Ausnahmeverordnung zur StVO zweimal verlängert. Die 7. AusnahmeVO zur StVO läuft nun am 31. 12. 06 endgültig aus, technische Lösungen sind auch in den nächsten Jahren nicht zu erwarten. Dennoch haben sich die Regelungen der 7. AusnahmeVO zur StVO in der*

Praxis im Großen und Ganzen bewährt. Sowohl die Taxiunternehmer/-fahrer als auch die Fahrgäste, die mit Kindern in Taxis fahren, haben sich auf die bestehenden Regelungen eingestellt. Probleme, Beschwerden oder Unfälle, die auf eine mangelnde Kindersicherung in Taxis zurückzuführen sind, sind seit 1993 nicht bekannt geworden. Fahrten mit Kindern der Gewichtsklassen 0 und 0^+ sind sehr selten. Außerdem wird bei diesen Fahrten von den Eltern in der Regel die eigene Kinderrückhalteeinrichtung (Babyschale) mitgebracht. Sollte dies ausnahmsweise nicht der Fall sein, werden geeignete Kinderrückhalteeinrichtungen für die Gewichtsklassen 0 und 0^+ in den Taxizentralen vorgehalten und bei vorheriger Anmeldung von den Fahrern mitgebracht. Die Voraussetzungen für eine Überführung der 7. AusnahmeVO zur StVO in die StVO liegen damit vor. Die Überführung der bislang befristeten Ausnahme in die StVO wird zum Anlass genommen, eine Öffentlichkeitskampagne mit dem Ziel zu initiieren, zusammen mit den Taxi- und Verkehrssicherheitsverbänden für eine optimale Kindersicherung in Taxis zu werben. Auf eine nachhaltige Vermittlung der bestehenden Bestimmungen und Verantwortlichkeiten bei Taxiunternehmern/-fahrern und Eltern soll dabei besonders Wert gelegt werden.

Zu Abs 1 S 4 Nr 3: *Wohnanhänger sind unabhängig von der Anzahl der Achsen nicht dafür ausgelegt, Personen zu befördern. Geeignete Sicherungseinrichtungen für Personen sind in Wohnanhängern nicht vorhanden. Die Mitnahme von Personen in Wohnanhängern stellt daher generell eine besondere Gefahr dar, so dass auf die Nennung der Achsenzahl verzichtet werden kann. Durch die Verwendung des Begriffs „Wohnanhänger" wird klargestellt, dass das Beförderungsverbot nicht für Wohnmobile gilt, die – anders als Wohnanhänger – nicht nur dem Wohnen, sondern auch dem Befördern von Personen dienen können.*

Zu Abs 1a: *Durch die Überführung der 7. AusnahmeVO zur StVO in § 21 Abs. 1a StVO werden die Sätze 2 und 3 des § 21 Abs. 1a durch den neuen Satz 2 ersetzt. Die Ausnahmen zu dem in Satz 1 formulierten Grundsatz werden jetzt in Satz 2 zusammengefasst und mit Gliederungsnummern strukturiert. Mit der Überführung wird auf die Bezugnahme auf die einschlägige ECE-Regelung Nr. 44 Revision 1 (Sonderdruck zum Verkehrsblatt Nr. B 3692) und die darin festgelegten Gewichtsklassen verzichtet und stattdessen auf eine allgemein verständliche Formulierung zurückgegriffen. Materielle Änderungen ergeben sich dadurch nicht; insbesondere muss weiterhin wenigstens für ein Kind eine Sicherung mit einer Rückhalteeinrichtung der Gewichtsklasse I (von 9 kg bis 18 kg) möglich sein. Grund für die Beschränkung ist insbesondere, dass amtlich genehmigte und geeignete Rückhalteeinrichtungen für Kinder mit einem Gewicht unter 9 kg nicht Platz sparend im Taxi vorgehalten werden können und in aller Regel von den Begleitpersonen selbst mitgebracht werden.*

Begründung des Bundesrats zu Abs 1a: *Grund für die Ausnahmeregelung beim Verkehr mit Taxis ist, dass dieser grundsätzlich der Beförderungspflicht nach dem Personenbeförderungsgesetz (PBefG) unterliegt und Kinder in Kraftfahrzeugen nur mit amtlich genehmigten und geeigneten Rückhalteeinrichtungen mitgenommen werden dürfen, die aber nicht in allen Taxis für alle Altersgruppen und in ausreichender Anzahl vorgehalten werden können. Ohne Ausnahmeregelung müssten Taxis auch die sperrigen Kinderrückhalteeinrichtungen (Babyschalen) für Kinder bis 9 kg mitführen. Dieses Problem taucht jedoch nicht nur beim Verkehr mit Taxis gemäß § 47 PBefG auf, sondern auch bei allen anderen mit Pkw durchgeführten Verkehren, bei denen die Beförderungspflicht nach § 22 PBefG gilt. Insbesondere Linienersatzverkehre, Anmeldelinienverkehre und die Verkehre mit Anrufsammeltaxis sind davon betroffen. Da für eine Ungleichbehandlung zwischen diesen Verkehren kein sachlicher Grund vorhanden ist, müssen auch diese Linienverkehre in den Genuss der Ausnahmeregelung kommen. Der Verordnungsentwurf ist deshalb entsprechend anzupassen. Auch zukünftig soll die Ausnahmeregelung des Satzes 2 Nr. 3 nicht gelten, wenn eine regelmäßige, d.h. planbare Beförderung von Kindern, die an sich der Sicherung in geeigneten Rückhalteeinrichtungen bedürfen, vorliegt. In solchen Fällen kann sich der Verkehrsunternehmer nämlich auf die Beförderung dieser Kinder einstellen, so dass es der Ausnahmeregelung nicht bedarf.*

Vwv zu § 21 Personenbeförderung

Zu den Absätzen 1 und 2

3 1 „Besonderer Sitz" ist eine Vorrichtung, die nach ihrer Bauart dazu bestimmt ist, als Sitz zu dienen, mag diese Zweckbestimmung auch nicht die ausschließliche sein. Geeignet ist eine Sitzgelegenheit nur dann, wenn man auf ihr sicher sitzen kann; bei Anhängern, die für land- oder forstwirtschaftliche Zwecke verwendet werden, kann das auch die Ladefläche sein.

Zu Absatz 1a

4 2 Geeignet sind Rückhalteeinrichtungen für Kinder, die entsprechend der ECE-Regelung Nr. 44 (BGBl. 1984 II S. 458, mit weiteren Änderungen) gebaut, geprüft, genehmigt und entweder mit dem nach ECE-Regelung Nr. 44 vorgeschriebenen Genehmigungszeichen oder mit dem nationalen

Prüfzeichen nach der Fahrzeugteileverordnung gekennzeichnet sind. Dies gilt entsprechend für Rückhalteeinrichtungen für Kinder der Klasse 0 (geeignet für Kinder bis zu einem Gewicht von 9 kg), wenn für sie eine Betriebserlaubnis nach § 22 StVZO vorliegt.

3 Die Eignung der Rückhalteeinrichtungen für Kinder zur Verwendung auf Vordersitzen ergibt sich aus der Genehmigung sowie der Einbauanweisung, die vom Hersteller der Rückhalteeinrichtung für Kinder beizufügen ist.

Zu Absatz 2 – aufgehoben –

3. VO über Ausnahmen von straßenverkehrsrechtlichen Vorschriften 5

Vom 5. Juni 1990
(BGBl I 999), geändert durch VO v. 22. 12. 1992 (BGBl I 2480)
(Auszug)

§ 1. Abweichend von § 22a Abs. 1 Nr. 27 der Straßenverkehrs-Zulassungs-Ordnung brauchen besondere Rückhalteeinrichtungen für behinderte Kinder in Kraftfahrzeugen nicht in einer amtlich genehmigten Bauart ausgeführt zu sein, wenn
1. die Konstruktion dem Stand der Technik entspricht,
2. der Rückhalteeinrichtung eine Einbau- und Gebrauchsanweisung beigegeben ist, in der die Kraftfahrzeuge und Kraftfahrzeugtypen angegeben sind, für die sie verwendbar ist.

§ 2. Abweichend von § 21 Abs. 1a der Straßenverkehrs-Ordnung dürfen behinderte Kinder in Kraftfahrzeugen mitgenommen werden, wenn eine besondere Rückhalteeinrichtung im Sinne des § 1 benutzt wird und in einer ärztlichen Bescheinigung, die auf den Namen des behinderten Kindes ausgestellt ist, bestätigt wird, dass anstelle einer bauartgenehmigten Rückhalteeinrichtung nach § 22a Abs. 1 Nr. 27 der Straßenverkehrs-Zulassungs-Ordnung nur eine besondere Rückhalteeinrichtung verwendet werden kann. Die ärztliche Bescheinigung darf nicht älter als 4 Jahre sein. Sie ist mitzuführen und zuständigen Personen auf Verlangen zur Prüfung auszuhändigen.

Begr: VkBl **90** 445. **Die 7. VO über Ausnahmen von den Vorschriften der StVO** ist außer Kraft getreten mit Ablauf des 31. 12. 06 (Rz 2d). Begr zur 7. AusnVO: VkBl **98** 98, **03** 3; zur ÄndVO v 21. 12. 05: VkBl **06** 35.

1. Allgemeines. § 21 enthält grundlegende Bestimmungen über die Personenbeförderung. **5a** Dabei betrifft I die Beförderung von Personen in Kfz und Wohnanhängern, I a und I b die Beförderung von Kindern in Kfz bzw Fz, II die Personenbeförderung auf Ladeflächen sowie in Laderäumen und III die Personenbeförderung auf Fahrrädern. I–II sind in hohem Maße durch europarechtliche Vorgaben beeinflusst (Rz 6 ff). Die Bestimmungen werden ergänzt durch § 23 StVO sowie § 35 a StVZO und das PBefG.

2. Personenbeförderung in Kfz und Wohnanhängern (Abs 1). I S 1 verknüpft für **6** Kraftwagen (zu Krafträdern Rz 7) die *höchstzulässige Zahl der mitgenommenen Personen* mit der Zahl der mit Sicherheitsgurten ausgerüsteten Sitze (vgl § 35 a StVZO). Vor Schaffung der Norm war die Überschreitung der Personenzahl gegenüber der im Kfz-Schein angegebenen Zahl der Sitzplätze nicht verboten (§ 23 Rz 22). Es ist allerdings dabei geblieben, dass Verstöße gegen I S 1, 2 nicht bußgeldbewehrt sind (Rz 15). Der VOGeber beruft sich für die Notwendigkeit des Verbots auf den Geist der EG-Richtlinie 2003/20 sowie auf Gründe der VSicherheit und verweist auf Ausnahmegenehmigungen (Rz 13), die durch die StrVB zur Vermeidung unzumutbarer Härten in Übereinstimmung mit der EG-Richtlinie noch bis 8. 4. 09 getroffen werden können, dies allerdings nach strengen Maßstäben (Rz 2c). Auch nach diesem Zeitpunkt werden Ausnahmebestimmungen nach § 46 nicht ausgeschlossen sein. Die Ausnahmebestimmung nach **I S 2** betrifft Fz, die von der Ausrüstungsverpflichtung mit Gurten erfasst werden, also vor allem Oldtimer (Rz 2c; § 35 a StVZO Rz 7). Der Anwendungsbereich ist demnach gering. In einschlägigen Fällen ist die Zahl der Sitzplätze (unabhängig von der Gurtpflicht) maßgebend. **I S 3** stellt schließlich klar, dass das Verbot des I S 1 nicht für die Personenmitnahme in Kom gilt, in denen die Beförderung stehender Fahrgäste zulässig ist (nach *Schubert* DAR **06** 371 überflüssig).

Mitnahmeverbote (Abs 1 S 4). In den in I S 4 Nr 1–3 bezeichneten Fällen ist die Mit- **6a** nahme von Personen wegen der damit verbundenen Gefahren strikt verboten. Die Bestimmung ist anders als I S 1, 2 (Rz 6) mit Geldbuße bewehrt (Rz 15).

2 StVO § 21   I. Allgemeine Verkehrsregeln

7   Auf **Krafträdern ohne besonderen Sitz** dürfen Personen nicht mitgenommen werden (I S 4 Nr 1). Sitz ist eine Vorrichtung, die der Bauart nach zum Sitzen dient, wenn auch nicht ausschließlich (Vwv Rn 1; BGHSt **16** 160 = NJW **61** 1828). § 61 I, II StVZO schreibt außerdem vor, dass für die Beifahrer beiderseits Fußstützen und ferner ein Handgriff vorhanden sein müssen. Ein Verstoß allein dagegen ist jedoch nicht nach I S 4 Nr 1 iVm § 49, sondern nach §§ 61, 69a III Nr 27 StVZO) ahndbar. Ein nur auf das Schutzblech geschnalltes Kissen (Ol DAR **57** 364) genügt nicht, gleichfalls nicht eine Kuhle zwischen dem Sitz und dem aufsteigenden Motorradtank (vgl Ko OLGR **06** 759), das Bodenbrett eines Kraftrollers oder ein Gleiskettenschutz. I S 4 Nr 1 verbietet jedoch nur die Personenmitnahme auf einem Krad ohne besonderen Sitz. Ist hingegen ein Sitz vorhanden, wird die Person aber in gefährlicher Weise transportiert (zB nicht auf dem *vorhandenen* Sitz), so ist der Normbefehl der Vorschrift wohl entgegen der ganz hM nicht verletzt. Denn er spricht ein *Mitnahmeverbot* auf einem nicht hinreichend ausgerüsteten Krad aus, nicht ein *Benutzungsgebot* des besonderen Sitzes. Die gegenteilige Auffassung dürfte die Grenzen zulässiger Interpretation überschreiten. Jedoch kann sich der FzF wegen Verstoßes gegen § 23 I S 2 ahndbar machen (s im Einzelnen dort Rz 23), der Beifahrer uU nach § 1 II (s auch *Jagow/Burmann/Heß* Rz 2).

8   Auf **Zugmaschinen** *ohne geeignete Sitzgelegenheit* darf niemand mitgenommen werden (**I S 4 Nr 2**), zB nicht auf dem Schutzblech oder Kettenschutz (Ha VRS **2** 195). Geeignet ist eine Sitzgelegenheit, wenn man auf ihr sicher sitzen kann (Vwv Rn 1). Auch Nr 2 enthält kein Benutzungsgebot (Rz 7). Beförderung auf Anhängern von Zugm: Rz 11.

9   **In Wohnwagen hinter Kraftfahrzeugen** darf niemand mitgenommen werden (**I S 4 Nr 3**). Seit 1. 1. 07 kommt es auf die Achsenzahl nicht mehr an (Begr Rz 2d). *Wohnmobile*, die auch dem Befördern von Personen dienen können, sind jedoch nicht unter den Begriff des „Wohnanhängers" zu subsumieren (Rz 2d).

9a   **3. Beförderung von Kindern in Kfz (Abs 1a).** Kinder bis zum vollendeten 12. Jahr, die kleiner als 150 cm sind, dürfen in Kfz auf allen Sitzen, für die Sicherheitsgurte vorgeschrieben sind (§ 35a IV, V StVZO), grundsätzlich nur mitgenommen werden, wenn amtlich genehmigte, geeignete Kinder-Rückhalteeinrichtungen benutzt werden (I a S 1). Die 1993 in Kraft getretene Vorschrift setzte die EWG-Richtlinie v 16. 12. 91 (ABl EG Nr. L 373 S. 26) um (näher *Kramer* VD **03** 124). Die Kinder-Rückhalteeinrichtung muss entsprechend der ECE-Regelung Nr 44 (BGBl II 1984, 458) gebaut, geprüft, genehmigt und durch Prüfzeichen gekennzeichnet sein (§ 22a I Nr 27 StVZO). Geeignet ist sie nur, wenn sie gem der Einbauanweisung montiert ist (Begr). Seit der am 8. 4. 08 in Kraft getretenen Fassung des Ia S 1 (Art 2 der ÄndVO v 11. 5. 06; s Rz 2c) müssen alle Rückhalteeinrichtungen der neuen ECE-Regelung Nr 44/03 entsprechen; bislang noch auf dem Markt befindliche, nach der alten Regelung Nr 44/02 genehmigte und nicht mehr den Sicherheitserfordernissen entsprechende Einrichtungen dürfen seither nicht mehr verwendet werden (VkBl **06** 490). In Kfz integrierte Rückhalteeinrichtungen für Kinder müssen der Richtlinie 2000/3/EG (ABl EU Nr L 79 S 6) entsprechen (§ 35a XII StVZO). Bis zu 12jährige Kinder, die größer als 150 cm sind, müssen vorgeschriebene Sicherheitsgurte für Erwachsene anlegen. Der FzF hat auch während der Fahrt darauf zu achten, dass das Kind angeschnallt bleibt (AG Kö NZV **05** 598). **Ausnahmestimmungen** enthält Satz 2. **S 2 Nr 1** betrifft die Beförderung von Kindern in **Kom** mit mehr als 3,5 t Gesamtmasse; in diesen Fz genügt Sicherung mit vorhandenen Beckengurten (§ 21a I). Der durch die ÄndVO v 11. 5. 06 verschärfte **S 2 Nr 2 („Familienprivileg")** erlaubt die Sicherung eines Kindes iS des S 1 durch einen Sicherheitsgurt für Erwachsene nur noch dann, wenn es sich um das dritte Kind handelt, das neben zwei anderen Kindern iS des S 1 befördert werden soll, die durch Rückhalteeinrichtungen gesichert sind, und wenn für eine weitere Rückhalteeinrichtung kein Raum mehr zur Verfügung steht. Die Ausnahmebestimmung ist demnach zB nicht erfüllt, wenn für die Rückhalteeinrichtung wegen der Beförderung von einem oder zwei Erwachsenen kein Platz mehr ist (*Schubert* DAR **06** 374). Für die gelegentliche Mitnahme von Kindern **auf den Rücksitzen von Taxen** und anderen beförderungspflichtigen Verkehren mit Pkw (insoweit auf Initiative des BR, Rz 2d) gilt das Beförderungsverbot des S 1 bei Nichtbenutzung von Kinder-Rückhalteeinrichtungen nur eingeschränkt. Nach **S 2 Nr 3** (sachlich aus der am 31. 12. 06 ausgelaufenen 7. AusnahmeVO übernommen, Rz 2d) genügt das Mitführen von insgesamt zwei Rückhalteeinrichtungen der Gewichtsklassen I, II und III iS der ECE-Regelung Nr 44 und die dadurch ermöglichte Sicherung von wenigstens zwei beförderten Kindern. Die Regelung geht davon aus, dass die Beförderung von mehr als zwei Kindern in Taxen selten ist. Im Hintergrund steht, dass Nachrüstungsmöglichkeiten für den großen Altbestand von Taxen nicht bestehen (*Albrecht*

SVR **06** 46). Die ECE-Regelung Nr 44 unterscheidet 5 Gewichtsklassen nach dem Körpergewicht des Kindes: 0 = weniger als 10 kg, 0⁺ = weniger als 13 kg, I = 9 bis 18 kg, II = 15 bis 25 kg, III = 22 bis 36 kg. Die Ausnahmeregelung gilt aber nur für die gelegentliche, *nicht für regelmäßige* Kinderbeförderung. Um regelmäßige Beförderung handelt es sich vor allem, wenn Kinder überwiegend mit dem Taxi zB zur Schule oder zum Kindergarten gefahren werden (Begr, BRDrucks 786/92 S 5), auch wenn dies mit wechselnden Fz geschieht (Bay VerkMin PVT **93** 110, *Bormuth* DAR **93** 122). In Kfz, die nach dem Zulassungsverfahren für die Stationierungsstreitkräfte zugelassen sind, dürfen abw von I a nach den Vorschriften der Heimatländer zugelassene Kinder-Rückhalteeinrichtungen benutzt werden (§ 1 der 5. StVOAusnV; BGBl I **94** 623). **Behinderte Kinder** dürfen abw von I a mitgenommen werden, wenn eine besondere Rückhalteeinrichtung iS von § 1 der 3. VO über Ausnahmen von straßenverkehrsrechtlichen Vorschriften (s Rz 5) benutzt wird (§ 2 der AusnahmeVO). Eine nicht mehr als 4 Jahre alte ärztliche Bescheinigung über die Notwendigkeit der Verwendung einer besonderen Rückhalteeinrichtung ist mitzuführen. Die Regelung trägt dem Umstand Rechnung, dass die Mitnahme behinderter Kinder auf den Rücksitzen insbesondere bei zweitürigen Fz Schwierigkeiten bereiten kann (Begr, VkBl **90** 446). Eine Ausdehnung der Ausnahmevorschrift auf die Rücksitze und damit Anpassung an die Neufassung von § 21 I a ist durch VO v 22. 12. 92 (BGBl I 2480) erfolgt (Rz 5; Begr: VkBl **94** 142). Zur Mitnahme eines Kleinkinds auf dem Beifahrersitz eines Lkw *Kar* VRS **50** 413. Zur Beförderung von Kindern in Wohnmobilen *Berr* 515 ff.

4. Beförderung von Kindern in Fz (Abs 1 b). Auch mit I b ist EG-Recht umgesetzt 10 worden (Rz 2 c). Danach ist die Beförderung von Kindern unter drei Jahren in nicht mit Gurten ausgerüsteten Fz nicht mehr und von Kindern ab drei Jahren nur auf den Rücksitzen gestattet, sofern sie kleiner als 150 cm sind (S 1, 2). Das Gebot des S 2 ist nicht mit Geldbuße bewehrt. Der Anwendungsbereich der Regelung wird im Hinblick auf die seit langem bestehende Gurtpflicht in Deutschland gering sein (Begr). Kom sind ausgenommen (S 3).

5. Personenbeförderung auf Ladeflächen und in Laderäumen (Abs 2). Auf der Lade- 11 fläche und in Laderäumen von Kfz dürfen seit der am 1. 1. 06 in Kraft getretenen Neufassung des II S 1 durch ÄndVO v 22. 12. 05 (Rz 2 b), grundsätzlich keine Personen mehr mitgenommen werden. Wegen der mit einer solchen Beförderung verbundenen Gefahren hat der VO-Geber die Rechtslage weitgehend an die zur (seit langem verbotenen) Mitnahme auf Ladeflächen von Anhängern (Rz 12) angeglichen. Ladefläche ist die Fläche zur Beförderung von Gütern und Gegenständen, weswegen die hinteren „Standplätze" auf MüllFz nicht erfasst werden (Begr). Das Beförderungsverbot gilt auch für rings umschlossene Ladeflächen mit Sitzen (Fra VM **68** 88). **II S 2 erlaubt** die Mitnahme von Personen nur noch dann, wenn diese auf der Ladefläche oder im Laderaum arbeiten müssen. Es genügt zB nicht mehr, wenn sie bei oder nach der Lieferung Arbeiten auszuführen haben (zur alten Rechtslage *Ko* NJW **57** 1529). Beim KfzTransport auf der Ladefläche eines Pannenfz hat der Fahrer des transportierten Kfz keine Sicherungsaufgabe und darf deshalb nicht im beförderten Fz sitzen (Ha VRS **53** 384, VRS **56** 127). **Nach II S 3** ist außerdem die Beförderung von *Baustellenpersonal* innerhalb von Baustellen erlaubt; die Bauwirtschaft hatte hierfür ein Bedürfnis angemeldet (Begr Rz 2 c). **II S 6** (Verbot des Mitfahrens im Stehen, Rz 12) gilt auch für die Beförderung in Kfz.

Auf Anhängern (aufgesattelte Anhänger: Rz 11), auch solchen, die nicht von motorisierten 12 Fz gezogen werden (Br DAR **81** 265), darf auf der Ladefläche gleichfalls niemand mitgenommen werden (Schleudergefahr), auch nicht auf Fahrradanhängern (Br DAR **81** 265, *Jagow/Burmann/ Heß* Rz 5, *Rüth/Berr/Berz* Rz 10). Eine Analogie zu III in Bezug auf die Beförderung von Kindern unter 7 Jahren bei *Ausstattung des Anhängers mit Sitzen* erscheint wegen des eindeutigen Verbots des II S 5 problematisch, der insoweit eine Ausnahme ausdrücklich nur für die dort genannten Anhänger macht (i Erg. bejahend jedoch *Huppertz* PVT **93** 54, *Seidenstecher* NZV **94** 342, *Ternig* DAR **02** 108; verneinend wegen Sicherheitsbedenken *Kullik* PVT **92** 296, **93** 55). Lehnt man die Anwendbarkeit von II S 4 schon wegen Fehlens des Merkmals „Ladefläche" bei solchen Anhängern ab (so *Huppertz* und *Seidenstecher* aaO), so müsste dies zur Erlaubnis der Beförderung auch älterer Personen auf Anhängern mit Sitzen führen (s aber *Seidenstecher* NZV **94** 342). Das BMV geht offensichtlich von der Zulässigkeit der Kinderbeförderung in Fahrradanhängern aus, die mit geeigneten Sitzen und Rückhaltesystemen ausgestattet sind (BMV VkBl **99** 703 [Merkblatt für das Mitführen von Anhängern hinter Fahrrädern]). Ausnahmen vom Beförderungsverbot auf Ladeflächen von Anhängern: Auf für *land- oder forstwirtschaftliche Zwecke* verwendeten Anhängern dürfen auf der Ladefläche Personen (**II S 5**) mitgenommen werden, sofern sie „geeignete Sitzgelegenheiten" benutzen. Dazu genügt in diesem Fall die Ladefläche (Vwv Rn 1).

Sitze müssen nicht fest eingebaut sein. **Mitfahren im Stehen** (auf der Ladefläche sowohl des ZugFz [Rz 11] als auch des Anhängers) ist nur erlaubt, wenn es zur Begleitung der Ladung oder zur Arbeit auf der Ladefläche nötig ist (**II S 6**). Auf örtlichen Brauchtumsveranstaltungen dürfen unter den Voraussetzungen des § 1 III, IV der 2. VO über Ausnahmen von straßenverkehrsrechtlichen Vorschriften (s § 3 FZV Rz 8) auf Anhängern hinter land- oder forstwirtschaftlichen Zgm Personen auch stehend befördert werden.

13   **6. Aus anderen als den in II bezeichneten Gründen** dürfen Personen auf Ladeflächen nur mit besonderer Erlaubnis mitgenommen werden. Ausnahmenerteilung durch die StrVB: § 46 I Nr 5 a. I Ü können die in § 46 I S 2 bezeichneten Dienststellen für die dort bezeichneten Dienstbereiche Ausnahmen bewilligen. Daneben tritt die allgemeine Ausnahmebefugnis der obersten Landesbehörden oder des BMV gemäß § 46 II.

14   **7. Beförderung auf Fahrrädern (Abs 3).** Auf Fahrrädern dürfen keine Personen mitgenommen werden. Bei mehrsitzigen Tandems mit einem Fahrer je Sitz sind *beide Personen Fahrer* (arbeitsteiliges Führen; § 316 StGB Rz 5) und werden nicht iS von III *mitgenommen* (abw *Kettler* NZV **04** 63). Für den Betrieb sog Fahrradtaxen („Velotaxis"), die unzweifelhaft den Begriff des Fahrrads (§ 2 Rz 66) erfüllen, gelangt Dr DAR **05** 99 (zust *Braun*, krit *Kettler* NZV **04** 63, abl *D. Müller* VD **05** 143) im Wege einer teleologischen Reduktion (hierzu *König/Seitz* DAR **06** 125) zu dem Ergebnis, dass III auf sie nicht anwendbar sei (anders aber BMV, „Empfehlungen für die Entscheidung über Anträge auf Zulassung des Betriebs von Fahrradtaxen", VkBl **03** 429 = StVRL § 41 Nr 12, *Jagow/Burmann/Heß-Janker* Rz 8 a, *Kramer* VD **02** 144; i Erg. wie Dr aaO *Huppertz* NZV **06** 299). Die Vorschrift habe die Sicherheit der mitgenommenen Person, nicht die Gewährleistung eines ungehinderten Verkehrsflusses im Auge (hierzu auch *Huppertz* NZV **06** 301). Fahrer ab 16 Jahren dürfen Kinder unter 7 Jahren auf besonderen Sitzen mitnehmen, wenn die Speichen des Rads so verkleidet sind (III), dass die Füße keinesfalls hineingeraten können (Begr). *Besonderer Sitz:* Vwv Rn 1 sowie Rz 7. Bei Verstoß Ahndung nach § 23 I 2 (s Rz 7). Das Kind darf weder auf dem Rahmen sitzen, noch auf der Lenkstange, noch im Arm gehalten werden. Richtlinien für Kindersitze an Fahrrädern (VkBl **80** 788 = StVRL § 30 StVZO Nr 6).

Lit: *Braun*, Personenbeförderung mit Fahrradtaxen, NJW **05** 396. *Huppertz* Verkehrsrechtliche Einordnung von Rikschas, NZV **06** 299; *Kramer*, Velotaxi: Zur rechtlichen Einordnung von Fahrradtaxen, VD **02** 143. *D. Müller*, Die Fahrradrikscha – doch kein Fahrrad?, VD **05** 143.

15   **8. Ordnungswidrig** (§ 24 StVG) handelt, wer entgegen einer Vorschrift des § 21 I S 4, Ia, II oder III Personen mitnimmt oder wer unterwegs unberechtigt (II S 6) steht (§ 49 I Nr 20). Verstöße gegen I S 1, 2 und I b S 2 sind hingegen nicht bußgeldbewehrt. **Normadressat** der bewehrten Ge- und Verbote ist mit Ausnahme des II S 6 (s u) durchgehend *der FzF*, weswegen Sonderdelikte vorliegen. Demgemäß setzt die Ahndung etwaiger Verstöße eine Verletzung der Pflichten gerade durch ihn voraus. Unter der Prämisse, dass der FzF vorsätzlich handelt, können jedoch auch die ihrerseits vorsätzlich handelnden Mitgenommenen als Täter einer OW belangt werden (§ 14 I 2 OWiG; **E** 93–95). Der Gedanke der notwendigen Beteiligung steht dem schon deswegen nicht entgegen, weil § 21 nicht nur ihrem Schutz, sondern auch dem Schutz der VSicherheit dient. Greifen die Mitgenommenen in die Fahrweise ein, so sind sie FzF und können die Vorschriften selbst verletzen (Ol DAR **57** 364, **61** 309). Ow wegen Verstoßes gegen I a ist sowohl die Sicherung von Kindern mit amtlich nicht genehmigten Rückhalteeinrichtungen als auch das Nicht*benutzen* (I a S 1) vorhandener, amtlich genehmigter Einrichtungen (s auch Begr zu S 1, Rz 2; insoweit abw *Petersen* NZV **96** 393). Der FzF handelt ow, wenn er es pflichtwidrig (Rz 9a) unterlässt, dafür Sorge zu tragen, dass das Kind angeschnallt bleibt (AG Kö NZV **05** 598). Kinder handeln nicht vorwerfbar (§ 12 OWiG). **Normadressat des II S 6** (Verbot des Stehens) ist hingegen nach dem insoweit eindeutigen Gesetzeswortlaut *der Mitgenommene (Booß* Anm. 4; **aM** Bay VRS **65** 226 m abl Anm *Booß* VM **83** 65, *Jagow/Burmann/Heß* Rz 10). Allerdings kann der FzF bei doppeltem Vorsatz ebenso wie bei den anderen Ge- und Verboten (s o) als Täter nach § 14 OWiG belangt werden; daneben ist § 23 I 2 (s dort § 23 Rz 22) erfüllt (insoweit ebenso *Booß* Anm 4, *Jagow/Burmann/Heß* Rz 10; s auch § 23 Rz 22). Im Fall der Konkurrenz tritt der Auffangtatbestand des § 23 zurück (§ 23 Rz 38). Die verbotswidrige Mitnahme von Kindern auf einem Motorrad darf nicht im Wege der „Selbstjustiz" verhindert werden, namentlich greift § 127 StPO nicht ein (Ko OLGR **06** 759). Für die Verletzung des § 21 kommt es auf Gefährdung des unerlaubt Beförderten nicht an (Ha VRS **7** 202).

16   **9. Zivilrecht.** SchutzG (§ 823 BGB) ist § 21, soweit die Beförderten in Betracht kommen. Für schuldhafte Verletzung der Beförderten haften Kfzf und -halter nach den allgemeinen Be-

stimmungen (OGH NJW **50** 143, Kar VkBl **51** 107). Gefahrerhöhung bei Mopedüberladung durch einen Beifahrer: BGH VersR **67** 493. Haftung zu gleichen Teilen zwischen dem Führer des Krads und dem Sozius, wenn jener ohne Warnung plötzlich stark beschleunigt und der Beifahrer wegen ungenügenden Festhaltens vom Krad fällt (KG VersR **96** 76). Mitschuld dessen, der auf einem Krad ohne Beifahrersitz mitfährt (Nü DAR **57** 267, Ba VersR **88** 585), jedoch nur, soweit der Verstoß ursächlich für den Eintritt des Schadens ist und zwischen diesem und dem Schaden ein Rechtswidrigkeitszusammenhang besteht (**E** 107). Eine Körperverletzung desjenigen, der einen seine Kinder ow auf dem Motorrad mitnehmenden Motorradfahrer an der Weiterfahrt hindern will, fällt mangels Verhältnismäßigkeit nicht in den Schutzbereich der Haftungsnorm (Ko OLGR **06** 759). Zum Ganzen auch *Etzel* DAR **94** 301.

Sicherheitsgurte, Schutzhelme

21a (1) ¹Vorgeschriebene Sicherheitsgurte müssen während der Fahrt angelegt sein. ²Das gilt nicht für
1. Taxifahrer und Mietwagenfahrer bei der Fahrgastbeförderung,
2. Personen beim Haus-zu-Haus-Verkehr, wenn sie im jeweiligen Leistungs- oder Auslieferungsbezirk regelmäßig in kurzen Zeitabständen ihr Fahrzeug verlassen müssen,
3. Fahrten mit Schrittgeschwindigkeit wie Rückwärtsfahren, Fahrten auf Parkplätzen,
4. Fahrten in Kraftomnibussen, bei denen die Beförderung stehender Fahrgäste zugelassen ist,
5. das Betriebspersonal in Kraftomnibussen und das Begleitpersonal von besonders betreuungsbedürftigen Personengruppen während der Dienstleistungen, die ein Verlassen des Sitzplatzes erfordern,
6. Fahrgäste in Kraftomnibussen mit einer zulässigen Gesamtmasse von mehr als 3,5 t beim kurzzeitigen Verlassen des Sitzplatzes.

(2) ¹Wer Krafträder oder offene drei- oder mehrrädrige Kraftfahrzeuge mit einer bauartbedingten Höchstgeschwindigkeit von über 20 km/h führt sowie auf oder in ihnen mitfährt, muss während der Fahrt einen geeigneten Schutzhelm tragen. ²Dies gilt nicht, wenn vorgeschriebene Sicherheitsgurte angelegt sind.

Begr (VkBl **75** 675 ff): 1
... Es ist erwiesen, dass durch die Benutzung von Sicherheitsgurten die Zahl der Unfalltoten und Schwerverletzten erheblich gesenkt werden kann. ... Maßgebende Unfallforscher sind der Ansicht, dass von 4 Autofahrern 2 noch am Leben und von 4 Schwerverletzten 3 nur leicht oder gar nicht verletzt wären, wenn sie Gurte getragen hätten ....

Die Verpflichtung zum Anlegen vorgeschriebener Sicherheitsgurte stellt keinen verfassungsrechtlich unzulässigen Eingriff in die allgemeine Handlungsfreiheit dar. Es steht außer Frage, dass der Gesetzgeber auch Vorschriften erlassen kann, die nur dem Schutz des Betroffenen dienen. Man denke hierbei z. B. an die Vorschriften über Personenbeförderung (§ 21). Danach dürfen keine Personen in einachsigen Wohnwagen mitgenommen werden; auf der Ladefläche von Anhängern dürfen grundsätzlich keine Personen befördert werden.

Bei der Anschnallpflicht kommt jedoch noch folgender Gesichtspunkt hinzu: Eine angeschnallte Person wird im Falle eines Unfalls nicht nur selbst vor Schaden bewahrt; sie ist vielmehr häufig in der Lage, noch sachgerecht zu reagieren. So kann u. U. eine weitere Schädigung dritter Personen vermieden werden. Ferner: Verletzungen können bei Autokollisionen auch dadurch verursacht oder verschlimmert werden, dass bei der Kollision ein Insasse gegen einen anderen geschleudert wird. Nach neueren amerikanischen Untersuchungen der Michigan-Universität war dies in 22% von 4000 untersuchten Autozusammenstößen der Fall.

Die beabsichtigte Vorschrift dient also nicht nur dem Schutz der Betroffenen, sondern der Verkehrssicherheit allgemein ...

In Übereinstimmung mit den geltenden oder beabsichtigten gesetzlichen Regelungen in der Schweiz und in Schweden sind bestimmte Ausnahmen von der Anlegepflicht vorgesehen, die den Bedürfnissen der Praxis Rechnung tragen. Die Taxifahrer und Mietwagenfahrer sind von der Anlegepflicht ausgenommen wegen der persönlichen Gefährdungen, denen sie in Ausübung ihres Berufes ausgesetzt sind. Schon wiederholt konnten Taxifahrer oder Mietwagenfahrer einem Anschlag auf ihr Leben nur dadurch entgehen, dass sie sich aus der geöffneten Tür fallen ließen.

Von Lieferanten oder Handelsvertretern im Haus-zu-Haus-Verkehr, die nur kürzeste Entfernungen in langsamer Fahrgeschwindigkeit zurücklegen, kann das jedes Malige Anlegen des Sicherheitsgurtes im Auslieferungsbezirk billigerweise nicht verlangt werden.

Bei Fahrten mit Schrittgeschwindigkeit kann auf die Pflicht zum Anlegen des Sicherheitsgurtes verzichtet werden.

Schutzhelme können die Folgen von Kraftradunfällen erheblich mindern und damit zur Erhaltung von Menschenleben beitragen. Die Verwendung eines geeigneten Kopfschutzes ist damit für Kraftfahrer von entscheidender Bedeutung. ...

1a **Begr** zur ÄndVO v 28. 2. 85 (VkBl **85** 228): ... *Die Zweckmäßigkeit einer Helmtragepflicht für Mofa-Fahrer ist unbestritten. Das Verkehrssicherheitsprogramm 1984 der Bundesregierung (BTDrucksache 10/1449 S. 19 Nr. 34) spricht sich für diese Maßnahme aus, nachdem Untersuchungen des HUK-Verbandes und der Bundesanstalt für Straßenwesen ergeben haben, dass dadurch die Unfallfolgen erheblich reduziert werden können. 1982 sind 357 Mofa-Fahrer getötet, 7493 schwer und 15094 leicht verletzt worden. Nach den genannten Untersuchungen haben Mofa-Fahrer in über 50% der Unfälle auch Kopfverletzungen; bei einer 100%igen Helmtragequote würden sich die kopfbezogenen Unfallfolgen um ca. 25% und der Anteil der Kopfverletzungen an tödlichen und schweren Unfallfolgen sogar um 70% reduzieren.* ...

1b **Begr** zur ÄndVO v 22. 3. 88 (VkBl **88** 223): **Zu Abs 1:** – *Begründung des Bundesrates –* ... *Es ist nicht zu rechtfertigen, Taxi- und Mietwagenfahrer, wenn sie keine Fahrgäste befördern, bei der Gurtanlegepflicht anders zu behandeln als andere Kraftfahrer, die sich nicht angurten. Auf der Leerfahrt sind sie den Gefahren, die ihnen von Fahrgästen drohen können, nicht ausgesetzt. Deshalb sollte auf den Sicherheitsgewinn für den Fahrer nicht verzichtet und bei der Leerfahrt der Sicherheitsgurt angelegt werden.* ...

Zu Abs 2: *Bisher war die Art des Schutzhelms nicht vorgeschrieben. Inzwischen gibt es hierüber eine ECE-Regelung. Deren Einhaltung wird nunmehr zur Pflicht gemacht.* ...

1c **Begr** zur ÄndVO v 22. 12. 92 (BRDrucks 786/92): ... *Die Auswertung der Unfallstatistiken hat gezeigt, dass Kinder bei Straßenverkehrsunfällen häufiger als Mitfahrer im Pkw (41%) getötet werden als Fußgänger (36%) oder als Radfahrer (19%). Eltern schätzen dieses Risiko falsch ein. Die meisten Eltern sind der Auffassung, dass die Kinder beim Radfahren (ca. 56%) und beim Spielen außer Haus (ca. 35%) am stärksten gefährdet sind. Mit der Einführung einer allgemeinen Sicherungspflicht auch für Kinder wird deren Verletzungsrisiko spürbar verringert werden.* ...

1d **Begr** zur ÄndVO v 25. 6. 1998 (BRDrucks 328/98 S 14): **Zu Abs 1 S 2 Nr 4–6:** *Die Einführung weiterer Ausnahmen von der Gurtanlegepflicht trägt dem Umstand Rechnung, dass nach § 35a StVZO neuerdings auch bestimmte Busse mit Sicherheitsgurten ausgerüstet sein müssen. Diese Ausrüstungspflicht führt in Verbindung mit § 21a Abs. 1 Satz 1 StVO („Vorgeschriebene Sicherheitsgurte müssen während der Fahrt angelegt sein.") zugleich zu einer uneingeschränkten Gurtanlegepflicht. Diese Konsequenz ließe sich aber nicht in vollem Umfang vertreten:*

– *Problematisch ist zunächst der Fall, dass ein Bus, der der Ausrüstungsvorschrift der StVZO unterliegt, auf einer Fahrt mit zugelassenen Stehplätzen eingesetzt wird. Den Busreisenden auf einem Sitzplatz der bußgeldbewehrten Anschnallpflicht zu unterwerfen, während gleichzeitig stehende Fahrgäste befördert werden, wäre unverhältnismäßig. Daher ist für solche Fahrten der Katalog der Ausnahmen von der Anschnallpflicht um eine neue Nummer 4 zu erweitern.* ...

– *Eine weitere Ausnahme von der Anschnallpflicht gewährt die neue Nummer 5 für das Betriebspersonal in Kraftomnibussen bei Fahrten, für die eine Anschnallpflicht gilt. Der moderne Reisebusverkehr würde erheblich an Attraktivität verlieren, wenn die heute zum Standard gehörenden Serviceleistungen wie das Servieren von Getränken am Platz und die individuelle Betreuung der Reisenden durch eine ausnahmslose Anschnallpflicht auch für das Betriebspersonal unterbunden würden.*

... Das Betriebspersonal ist im Fall eines Unfalls in gleichem Maß wie die Fahrgäste gefährdet. Die Ausnahme war daher auf diejenigen Fälle zu beschränken, die in Nummer 5 aufgeführt sind. Überlegt wurde des Weiteren, ob der Begriff „Betriebspersonal" durch den Terminus „Begleitpersonal" ersetzt werden sollte. Dies war abzulehnen, weil dann auch Personen erfasst worden wären, für die die Ausnahme von vornherein nicht zu rechtfertigen ist (Stadtführer, Reiseleiter u. ä.). Der Begriff „Betriebspersonal" hat auch den Vorteil, in der BOKraft definiert zu sein, was die Auslegung erleichtert. Hierunter fällt nämlich das im Fahrdienst (Anwendung des Ausnahmetatbestandes scheidet logisch aus) oder zur Bedienung von Fahrgästen eingesetzte Personal (§ 8 Abs. 1 BOKraft).

1e **Begr** zur ÄndVO v 22. 12. 05 (VkBl **06** 39): **Zu Abs 1 S 2 Nr 2:** *Der Begriff des Lieferanten, der nach allgemeinem Sprachgebrauch eine Person ist, die Waren im Sinne eines Handelsgutes überbringt, greift für den Sinn und Zweck der Regelung zu kurz. Bereits nach der Begründung zur bislang geltenden Vorschrift war die Ausnahmeregelung getroffen worden, weil von „Lieferanten und Handelsvertretern im Haus-zu-Haus-Verkehr, die nur kürzeste Entfernungen in langsamer Fahrgeschwindigkeit zurücklegen, das* jedesmalige Anlegen des Sicherheitsgurtes im Auslieferungsbezirk billigerweise nicht verlangt werden kann". Mit Blick auf den Regelungszweck kann es damit zunächst keinen Unterschied machen, ob die mittels Kfz gelieferten Sendungen im Rahmen des wirtschaftlichen Warenverkehrs oder aus anderen Gründen befördert werden. Nicht ausschlaggebend kann zudem sein, ob überhaupt eine Ware oder Sendung angeliefert oder abgeholt wird. Entscheidend ist vielmehr, ob in Ausübung einer bestimmten Tätigkeit nach jeweils sehr kurzen Fahrstrecken, die in der Regel mit nur geringen Geschwindigkeiten gefahren werden, immer wieder aus- und eingestiegen werden muss, so dass das An- und Ablegen des Sicherheitsgurtes infolge dieser kurzen Zeitabstände nicht zugemutet werden kann. So wird unter Anwendung des Opportunitätsgrundsatzes heute z. B. bereits das Nichtanlegen des Sicherheitsgurtes bei Schornsteinfegern im Haus-zu-Haus-Verkehr nicht verfolgt. Diese Praxis wird nunmehr rechtlich abgesichert.

Nicht unter den Begriff des Haus-zu-Haus-Verkehrs und damit nicht unter den Ausnahmetatbestand fallen auch künftig die Fahrt hin zum Leistungs- oder Auslieferungsbezirk, die Fahrt zwischen solchen Bezirken oder die anschließende Fahrt weg von diesem Bezirk.

Zu Abs 2: *Die Änderung dient lediglich der Erweiterung des Adressatenkreises auf die Führer von und Beifahrer in oder auf so genannten Quads oder Trikes. Eine materielle Änderung der Vorschrift erfolgt dadurch nicht. Durch Aufnahme dieser Kraftfahrzeugtypen in die StVO wird unabhängig von der Fahrzeugart bei einem Unfall das Verletzungsrisiko im Kopfbereich für die Benutzer der bisherigen Gepflogenheit entsprechend gemindert.* **1f**

Bisher wurden offene, kraftradähnliche dreirädrige Kraftfahrzeuge (z. B. Trikes – tricycles) oder offene vierrädrige Kraftfahrzeuge (z. B. Quads – quadricycles) mit Einzelbetriebserlaubnis oder nationaler Allgemeiner Betriebserlaubnis zugelassen. Die Konstruktion dieser Fahrzeuge ist in der Regel kraftradähnlich mit Lenker, Kraftradsitzbank, Fußstützen usw., was bei Unfällen zu kraftradähnlichen Abläufen führt. Durch ihre nationale Einstufung meist als „Pkw offen" oder „Zugmaschine" unterlagen sie formal der Ausrüstungspflicht mit Sicherheitsgurten. Durch die offene, kraftradähnliche Konstruktion war aber weder ein sinnvoller Gurteinbau möglich, noch war ohne Knautschzone/Überrollschutz ein Passagierschutz zu gewährleisten. Deshalb wurden Ausnahmegenehmigungen nach § 70 StVZO erteilt, die zugleich als Grundlage zur Eintragung einer Helmtragepflicht in die Fahrzeugpapiere (Auflage aus Verkehrssicherheitsgründen) dienten. Da neuerdings eine erhebliche Anzahl dieser Fahrzeuge in den Geltungsbereich der Rahmenrichtlinie 2002/24/EG für zweirädrige oder dreirädrige Kraftfahrzeuge fallen, können sie nunmehr eine EG-Typgenehmigung erhalten und stellen eine eigene EG-Fahrzeugklasse dar. Die Möglichkeit, durch eine in die Fahrzeugpapiere eingetragene Auflage die Schutzhelmtragepflicht durchzusetzen, ist nicht mehr gegeben.

Diesem Umstand trägt die Ergänzung der Fahrzeugkategorien Rechnung. Die Festlegung der Mindestgeschwindigkeit ist erforderlich, um z. B. zugelassene Kleintraktoren oder leichte Arbeitsmaschinen (Mähmaschinen etc.) bis 20 km/h nicht zu erfassen.

Diese Änderungen machen die 6. Ausnahmeverordnung entbehrlich ....

Die Ersetzung des Begriffs „amtlich genehmigt" durch „geeignet" spiegelt ebenfalls die derzeit bereits geltende Rechtslage wider. § 1 der 2. Ausnahmeverordnung zur StVO vom 19. März 1990 (BGBl. I S. 550), geändert durch die erste Verordnung zur Änderung der 2. Ausnahmeverordnung vom 22. Dezember 1992 (BGBl. I S. 2481), lässt die Verwendung von Kraftrad-Schutzhelmen unbefristet zu, auch wenn sie nicht in amtlich genehmigter Bauart ausgeführt sind. Die Begründung des Verordnungsgebers hat nach wie vor Bestand (VkBl. 1990 S. 230), so dass es geboten ist, diese Regelung dauerhaft in die StVO zu übernehmen. Bislang wurde in der die Vorschrift begleitenden Verwaltungsvorschrift erläutert, was „geeignet" im Sinne der Vorschrift ist, obwohl Adressat der Verwaltungsvorschrift weder der Verkehrsteilnehmer, noch die Verkehrspolizeien der Länder sind. Diese Verwaltungsvorschrift wird ersatzlos gestrichen werden. Es bleibt aber nach wie vor dabei: Geeignet sind amtlich genehmigte Schutzhelme sowie Kraftrad-Schutzhelme mit ausreichender Schutzwirkung. Amtlich genehmigt sind Schutzhelme, die entsprechend der ECE-Regelung Nr. 22 (BGBl. 1984 II S. 746, mit weiteren Änderungen) gebaut, geprüft, genehmigt und mit dem nach ECE-Regelung Nr. 22 vorgeschriebenen Genehmigungszeichen gekennzeichnet sind. Geeignet sind zudem Kraftrad-Schutzhelme mit ausreichender Schutzwirkung. Diese liegt z. B. bei Bauarbeiter-, Feuerwehr-, Radfahr- oder Stahlhelmen der Bundeswehr keineswegs vor.

Die 2. Ausnahmeverordnung wird entsprechend entbehrlich ....

Vwv zu § 21a Sicherheitsgurte, Schutzhelme

Zu Absatz 2 *– aufgehoben –* **1g**

2 StVO § 21a   I. Allgemeine Verkehrsregeln

8. AusnahmeVO zur StVO v 20. 5. 1998 (BGBl I 1130)

1h § 1. Abweichend von § 21a Abs. 2 der Straßenverkehrs-Ordnung vom 16. November 1970 (BGBl. I S. 1565, 1971 I S. 38), die zuletzt durch die Verordnung vom 7. August 1997 (BGBl. I S. 2028) geändert worden ist, brauchen die Führer von Krafträdern während der Fahrt keinen Schutzhelm zu tragen, wenn
1. das Kraftrad den Anforderungen der Anlage zu dieser Verordnung entspricht und
2. die vorhandenen Rückhaltesysteme angelegt sind.

Begr (VkBl **98** 559): *Um den immer dichter werdenden Straßenverkehr in Ballungsgebieten wirksam zu bewältigen, wurde von der Industrie ein Kraftfahrzeug entwickelt, das die positiven Eigenschaften eines Personenkraftwagens – wie Sicherheit, Komfort, Wetterschutz und Emissionsverhalten – mit den Vorteilen eines motorisierten Einspurfahrzeugs – nämlich geringer Verkehrsflächenbedarf beim Fahren und Parken, geringe Anschaffungs- und Unterhaltskosten sowie geringer Kraftstoffverbrauch – vereint (im folgenden Alternativfahrzeug genannt). Bei diesem neuartigen Zweiradkonzept sitzt der Fahrer aufrecht wie auf einem Motorroller. Ein spezielles Rückhaltesystem in Verbindung mit einer Rahmenkonstruktion mit Überrollbügeln und ein Frontcrashelement bieten dem Fahrer im Kollisionsfall einen, dem Personenkraftwagen ähnlichen Überlebensraum. Bei angelegtem Rückhaltesystem soll deshalb das Tragen eines Schutzhelmes entbehrlich sein.*
Bei Vorliegen der konstruktiven Beschaffenheit eines Kraftrades entsprechend den Anforderungen der Anlage zu dieser Verordnung wird dem Fahrzeugführer beim Unfall ein dem Personenkraftwagen ähnlicher Überlebensraum zur Verfügung gestellt. Hat der Kraftradführer die vorhandenen Rückhaltesysteme angelegt, ist er insbesondere vor Kopfverletzungen so geschützt, dass das Tragen eines Schutzhelmes für ihn entbehrlich ist. Dem trägt diese Verordnung durch die Befreiung von der Schutzhelmtragepflicht des § 21a Abs. 2 der Straßenverkehrs-Ordnung Rechnung. ...

Übersicht

Airbag 5	Mietwagen 8
Amtlich genehmigt (Schutzhelm) 1 f, 1 g, 16	Normadressat 19
Anlegen (des Gurts) 6	Omnibus 11
Anscheinsbeweis 21, 23	Ordnungswidrigkeiten 19
Aufopferungsanspruch 27	
Ausnahmegenehmigung (§ 46) 12, 13, 18, 20	Radfahrer 14, 24
Ausnahmetatbestände (I S 2) 7–11	
	Schrittgeschwindigkeit 10
Beifahrer (Hinweispflicht) 19	Schutzhelmtragepflicht 2, 14–18, 19, 23
Beteiligung 19	Sicherheitsgurt 2, 4–13, 19, 20 ff
Betriebspersonal 1 d, 11	– Anlegen 6
Betrunkene 27	– beschädigter 6
Beweislast 20 f, 23	– vorgeschriebener 5
Fahrt (Begriff) 3	Taxifahrer 8
Fahrlässigkeit, grobe 26	
Fahrrad 14, 24	Unterlassungsdelikt 19
Gesundheitsschädigung 12, 13, 18, 20	Verfassungsmäßigkeit 2
	Versicherungsrecht 26
Haus-zu-Haus-Verkehr 9	
Kind 1 c, 2, 4, 24	Zivilrecht 20–27
Lohnfortzahlung 26	Zumutbarkeit 13

2   **1. Allgemeines.** § 21a enthält die zentralen Gebote, während der Fahrt (Rz 3) die vorgeschriebene Sicherheitsgurte anzulegen (I S 1; Rz 4ff) und auf Krädern amtlich genehmigte Schutzhelme zu tragen (II S 1; Rz 14ff). Die Schutzwirkung von Sicherheitsgurten und Schutzhelmen ist nicht bestreitbar. Zweckmäßig ausgewählt, richtig angepasst und angelegt mindern jedenfalls Dreipunktgurte in Verbindung mit richtig konstruierten FzSitzen, mit Kopfstützen sowie Frontscheiben aus Sicherheitsglas in der großen Breite der Fälle die Verletzungsfolgen bei Kollisionen, weil sie erhebliche Teile der Bewegungsenergie aufnehmen (*Friedel* ua ÄrzteBl **86** 243, *Ernst/Brühning* ZVS **90** 2). Dem stehen Nachteile in überaus seltenen Ausnahmekonstellationen gegenüber (*Friedel* ua ÄrzteBl **86** 243: höchstens 0,5 bis 1% der Fälle). Ähnliche Erwägungen gelten für Schutzhelme. Sie bieten Schutz gegen Kopfverletzungen, ohne dass mit ihrem

Tragen zusätzliche Gefahren verbunden wären. Vor dem Hintergrund dieser augenfälligen Vorteile dienen die Gebote des § 21a nicht nur dem Gesundheitsschutz des Kf, sondern auch der Allgemeinheit (Sozialversicherungssysteme, Vermeidung des Einsatzes von Rettungsdiensten usw). Zudem wird die VSicherheit verbessert, weil der infolge Gurtanlegens oder Helmtragens handlungsfähig gebliebene FzF nach einem Unfall oft weitere Schäden abwenden kann (Begr, Rz 1; BVerfG NJW **87** 180, BGH NJW **79** 1363, Ha NJW **85** 1790). Gleichwohl wurde bei der Einführung des § 21a im Jahre 1975 sowie bei der Einführung der Bußgeldbewehrungen 1980 (Schutzhelme) und 1986 (Anschnallpflicht) ein heftiger Streit namentlich unter dem Aspekt unzulässigen gesetzgeberischen Paternalismus (Verletzung der Handlungsfreiheit nach Art 2 I GG) geführt. Gegen §§ 21a, 49 I Nr 20a gerichtete Verfassungsbeschwerden hat das BVerfG jedoch in sehr knapp begründeten Beschlüssen mit Recht verworfen (BVerfG NJW **82** 1276 [Schutzhelmtragepflicht]) bzw gar nicht zur Entscheidung angenommen (BVerfG NJW **87** 180 [Anschnallpflicht]; s auch BGH NJW **79** 1363, Stu NJW **85** 3085; wNw 39. Aufl). Die Auseinandersetzungen um die Anlege- bzw Tragpflicht (zu Befürwortern und Gegnern 38. Aufl) können mittlerweile als erledigt angesehen werden. § 21 wird ergänzt durch § 21 I a und I b für Kinder (§ 21 Rz 9a, 10). Ausrüstungsvorschriften über Sicherheitsgurte enthält § 35a StVZO.

2. Während der Fahrt (Abs 1 S 1, Abs 2 S 1). Sowohl die Anschall- als auch die Schutz- **3**
helmtragepflicht besteht *nur während der Fahrt*. „Fahrt" meint den Gesamtvorgang der Benutzung des Kfz als Beförderungsmittel, weswegen *auch kurzzeitige verkehrsbedingte Fahrtunterbrechungen umfasst sind* (BGH NJW **01** 1485, Ce NJW **06** 710 [LZA], KG VRS **70** 299, LG Hannover NJW-RR **89** 1510, *Janiszewski* NStZ **87** 274, *Kramer* VD **01** 121; aM Ce DAR **86** 28 [aufgegeben in NJW **06** 710], Dü VRS **72** 211, Ba VersR **85** 344, hier bis 38. Aufl, *Hentschel* NJW **01** 1471, jedenfalls in Bezug auf OW auch *Halm/Scheffler* DAR **01** 333). Diese hM, die sowohl mit Wortlaut als auch mit Sinn und Zweck der Vorschrift in Einklang steht, entspricht ersichtlich dem Verständnis des VOGebers vom Begriff der Fahrt (zu § 5 KG VRS **70** 299). Andernfalls hätte es auch der Ausnahmebestimmung in § 23 I a S 2 nicht bedurft. Die Anschnall- und Helmtragepflicht besteht demgemäß vom Beginn der Fahrt (In Bewegungsetzen des Fz, aber noch nicht dem Ansetzen dazu, Ba VRS **68** 333; s auch § 316 StGB Rz 3) und dauert bis zu deren Beendigung fort. Nicht verkehrsbedingtes Halten ist ausgenommen. Nicht zu verkennen ist, dass verkehrsbedingte Halts in der Realität von Kf häufig für Verrichtungen genutzt werden, zu denen sie den Gurt lösen. In solchen, nicht denknotwendig stets gefährlichen Fällen wird eine Ahndung vielfach nicht notwendig sein (§ 47 OWiG; *Jagow/Burmann/Heß* Rz 2). Die haftungsrechtlichen Konsequenzen (vgl BGH NJW **01** 1485) bleiben allerdings unberührt.

Lit: *Friedel* ua, Auswirkungen der Gurtanlegepflicht – Ärztliche Aspekte, ÄrzteBl **86** 243. *Hentschel*, Gurtanlegepflicht trotz Unterbrechung der Fahrt?, NJW **01** 1471. *Löhle*, Zu den Schutzwirkungen der Sicherungssysteme Airbag und Sicherheitsgurt …, DAR **96** 8. *Notthoff*, Anschnallpflicht für Kinder in Pkw, DAR **92** 292. *Sefrin*, Die Befreiung von der Gurttragepflicht …, Deutsches Ärzteblatt **83** 44. *Weber*, Nachweis der Kausalität zwischen Nichtanschnallen des KfzInsassen …, NJW **86** 2667. *Zimmer*, Der Sicherheitsgurt als Rückhaltesystem in Fz, Verkehrsunfall **85** 336. Weitere NW 39. Aufl.

3. Anschnallpflicht (Abs 1). I S 1 normiert die Gurtanlegepflicht für Kfz, für die Sicher- **4**
heitsgurte vorgeschrieben sind (allgemein: Rz 2, „während der Fahrt": Rz 3). I S 2 enthält Ausnahmebestimmungen für bestimmte Bewegungsvorgänge (Rz 7 ff). Sind diese Ausnahmetatbestände nicht erfüllt, so gilt die Anschnallpflicht, sofern nicht eine Ausnahmegenehmigung nach § 46 erteilt wird (Rz 12f), *für alle Kf*, zB für Fahrlehrer (Kö VRS **69** 307), Krankenwagenfahrer (KG VRS **70** 294) und auch für Frauen, da Anhaltspunkte für größere gesundheitliche Risiken nicht vorliegen (BGH VersR **81** 548; s auch Rz 12). Zur Sicherung von Kindern sind allerdings die Sonderbestimmungen nach § 21a Ia, Ib zu beachten (s dort Rz 9a, 10). Zum Problem des Entfallens der Anschnallpflicht ohne Ausnahmegenehmigung Rz 13. Zur Frage der Hinweispflicht des FzF an seinen Mitfahrer, die Gurtpflicht zu erfüllen, Rz 19.

a) Vorgeschriebene Sicherheitsgurte, seit 1984 auch solche für Rücksitze (aber keine Nach- **5**
rüstungspflicht), müssen angelegt werden. I S 1 knüpft an § 35a III–VII StVZO nebst Anhang zu dieser Vorschrift an (näher § 35a StVZO Rz 7). Das Vorhandensein eines Airbag macht weder Sicherheitsgurte noch jemals die Anlegung entbehrlich (§ 35a StVZO Rz 7). Vorgeschrieben und damit anzulegen sind auch Sicherheitsgurte *in ausländischen Kfz* nach Maßgabe der (früher in § 3 II IntVO aF eingestellten) Regelung des § 31d II StVZO (aM *Jagow/Burmann/Heß* Rz 3).

b) Anlegen ist nach ganz hM nicht schon dann erfüllt, wenn der Gurt im Gurtschloss veran- **6**
kert wird; vielmehr ist das Merkmal danach nur gegeben, wenn der Gurt *ordnungsgemäß* angelegt

und auf diese Weise die durch § 35a StVZO erstrebte Rückhaltewirkung vollständig erfüllt wird (Ha NJW **86** 267, VRS **69** 460, DAR **08** 34, Ol DAR **86** 28, Dü NZV **91** 241). Nur diese Interpretation steht mit dem Normzweck in Einklang (zB Ol DAR **86** 28, Dü NZV **91** 241), ohne allerdings im Wortlaut des I S 1 einen eindeutigen Ansatz zu finden. Im Hinblick auf die Bußgeldbewehrung, für das Gesetzlichkeitsprinzip gilt, erscheint eine Klarstellung durch den VOGeber (zB „... ordnungsgemäß angelegt sein") wünschenswert. (Ordnungsgemäßes) Anlegen ist nach der Rspr zB *nicht gegeben*, wenn der Schultergurt nicht fest am Körper anliegt, bei Automatikgurten mit der Hand körperfern gehalten (Ha NJW **86** 267) oder unter der Achsel hindurchgeführt wird (Ha VRS **69** 460, DAR **08** 34, Ol DAR **86** 28, Dü VRS **80** 291), gleichfalls nicht, wenn ein Statikgurt so lose getragen wird, dass er wirkungslos ist (KG VRS **62** 247; s auch Rz 20). *Beschädigte oder verschlissene* Gurte haben keine ausreichende Sicherungswirkung, ebenso solche, die nach einem Unfall überdehnt sind (vgl AG Goslar DAR **84** 295). Bei Verwendung eines solchen Gurts während der Fahrt dürfte eine Ahndung als OW nach I S 1 iVm § 49 die Grenzen zulässiger Auslegung jedoch überschreiten. Denn der Betroffene hat einen (vorgeschriebenen) Sicherheitsgurt angelegt. Denkbar ist aber eine OW nach § 35a VII, § 69a III Nr 7 StVZO, uU auch nach dem (subsidiären) § 23 I S 2 StVO (s dort Rz 38). Einen funktionsunfähigen Gurt muss (kann) der FzInsasse nicht anlegen, weswegen I S 1 nicht verletzt ist; erneut können aber § 35a VII, § 69a III Nr 7 StVZO, § 23 StVO einschlägig sein (Bay NZV **90** 360). Mitfahren im Liegen befreit den Beifahrer nicht von der Anschnallpflicht (Kar VersR **85** 788, hierzu auch OVG Münster VRS **112** 235).

7   c) **Ausnahmetatbestände (Abs 1 S 2 Nr 1–6).** Die Regelungen tragen namentlich dem Übermaßgebot und dem Gedanken der Zumutbarkeit Rechnung, I S 2 Nr. 1 auch Gefährdungsaspekten (Rz 1). Sie sollten aufgrund der zentralen Bedeutung der Anschnallpflicht eng ausgelegt werden.

8   aa) **I S 2 Nr 1** nimmt **Taxifahrer und Mietwagenfahrer** von der Anlegepflicht aus. Das gilt allerdings nur für die Berufsausübung, nicht für private Fahrten mit dem Taxi (*Weber* DAR **86** 5), und seit der Gesetzesänderung im Jahre 1988 (Rz 1b) ausdrücklich nur noch bei der Fahrgastbeförderung, nicht also bei Leerfahrten (Dü DAR **98** 450; so schon zur alten Rechtslage Ce DAR **88** 140 [zu § 254 BGB]). Als Ausnahmebestimmung ist die Vorschrift *nicht analogiefähig* (BGH NJW **01** 1485).

9   bb) **Personen im Haus-zu-Haus-Verkehr** (I S 2 Nr 2) sind nicht nur Überbringer von Waren, sondern auch Personen, die Sachen anderer Art bringen oder abholen und dabei innerhalb eines bestimmten Bereichs das Fz nach Zurücklegen kürzester Entfernungen immer wieder verlassen müssen, wie zB Postzusteller, Amtsboten usw (Bay NJW **87** 855). Nach der 2005 (Rz 1e) neugefassten Vorschrift ist jedoch überhaupt nicht mehr maßgebend, ob Gegenstände angeliefert oder abgeholt werden. Entscheidend ist vielmehr, ob in Ausübung der Tätigkeit (zB Schornsteinfeger) nach jeweils *sehr kurzen* Fahrstrecken, die idR mit nur geringen Geschwindigkeiten gefahren werden, immer wieder aus- und eingestiegen wird, so dass das An- und Ablegen des Gurts infolge kurzer Zeitabstände nicht zumutbar erscheint (Begr, Rz 1e). Fahrstrecken von jeweils mehr als 500 m überschreiten das zulässige Maß gewiss (Fra VRS **77** 302). Aber auch Strecken von 300 m werden idR nicht als sehr kurze Fahrstrecken angesehen werden können (Rz 1, 1e; Dü NZV **91** 482, **92** 40). Die Befreiung gilt nur innerhalb des Bezirks, in dem die Fahrt laufend unterbrochen wird, nicht auch auf der Hin- und Rückfahrt (Bay NJW **87** 855, Dü NZV **91** 482).

10   cc) Bei **Fahrten mit Schrittgeschwindigkeit** braucht der Gurt nicht angelegt zu werden (I S 2 Nr 3). Rückwärtsfahren und Fahren auf Parkplätzen sind dabei nur beispielhaft genannt (Stu VRS **70** 49, Dü VRS **72** 211). Auch für andere Fälle des Schrittfahrens können daher Ausnahmen anzuerkennen sein. Jedoch sollte ein enger Maßstab angelegt werden (Rz 7). Gemeint sind Verkehrsvorgänge, die *von vornherein* nur auf das Fahren mit Schrittgeschwindigkeit angelegt und außerdem weniger gefahrenträchtig sind, weil sie sich abseits des fließenden Verkehrs oder im Übergangsbereich zwischen fließendem und ruhendem Verkehr abspielen (BGH NJW **01** 1485, KG, VRS **70** 299). Bei *verkehrsbedingtem* Schrittfahren, zB Fahren im Stau, gilt die Bestimmung demgemäß nicht (Dü VRS **72** 211). Gleichfalls erlaubt sie nicht Schrittfahren über längere Strecken hinweg (Stu VRS **70** 49, KG VRS **70** 299). Zum Begriff der *Schrittgeschwindigkeit*: § 42 Rz 181 Z 325/326.

11   dd) **I S 2 Nr 4 bis 6** enthalten Ausnahmen von der Anschnallpflicht für bestimmte Fälle bei **Fahrten in Kom**. Serviceleistungen iS von **I S 2 Nr 5** sind dabei nur solche, die ein Verlassen des Sitzplatzes notwendig machen, so das Bringen von Erfrischungen oder die Versorgung von

Fahrgästen mit einem Medikament und ähnliche Dienste. Die Ausnahme gilt nur für das in Nr 5 ausdrücklich genannte *Betriebspersonal* (hierzu Begr, Rz 1 d; § 8 I BOKraft: Personal, das im Fahrdienst oder zur Bedienung von Fahrgästen eingesetzt ist). Das Stehen des Stadtführers oder Reiseleiters während der Abgabe von Erläuterungen ist daher von der Ausnahme nicht umfasst (Begr, Rz 1 d). **I S 2 Nr 6** erlaubt Fahrgästen nur das *kurzfristige* Verlassen des Platzes, etwa um den Platz zu wechseln, ein Gepäckstück zu öffnen, ein Getränk zu holen, eine Toilette aufzusuchen, und zwar nur, soweit es zur Erledigung solcher Verrichtungen erforderlich, nicht aber zB, um eine Unterhaltung mit einem anderen Fahrgast zu führen. *Kinder bis zum 12. Lebensjahr:* § 21 Rz 9 a.

d) Ausnahmegenehmigungen von der Gurtanlegepflicht (soweit I S 2 Nr 1 bis 6 nicht zutreffen) sehen § 46 I S 1 Nr 5 b und S 3 vor. Nach Vwv Rn 93 ff zu § 46 Nr 5 b (§ 46 Rz 13) sind Ausnahmen aus gesundheitlichen Gründen möglich sowie dann, wenn die Körpergröße weniger als 150 cm beträgt. Die VwV ist jedoch nicht abschließend, schließt also eine Ausnahmegenehmigung in dort nicht genannten Fällen nicht strikt aus (VG Düsseldorf VM **81** 21 [Fahrlehrer], VG Fra NJW **89** 1234) und bindet die Gerichte als VwV ohnehin nicht. Richtlinien für Ausnahmegenehmigungen: VkBl **76** 437, **86** 508, Muster eines Ausweises über nach § 46 erteilte Ausnahmegenehmigung: VkBl **86** 206, 558, **88** 183. An die Erteilung einer Ausnahmegenehmigung sind *strenge Anforderungen* zu stellen (BGHZ **119** 268 = NJW **93** 53; VG Augsburg DAR **01** 233; weiter Fra NJW **89** 1234). Eine Ausnahme aus gesundheitlichen Gründen kommt nur dann in Betracht, wenn bei Anlegen des Gurts ernsthafte Gesundheitsschäden zu besorgen sind; das ist nur selten der Fall, weil die meisten Hinderungsgründe durch geeignete Maßnahmen ausgeräumt werden können (BGH NJW **93** 53, BMV VkBl **86** 508). Vielfach genügt eine spezielle Gurtbeschaffenheit, um körperlichen Besonderheiten gerecht zu werden (zB Gurtpolsterung bei Trägern von Herzschrittmachern, Herzkranken und Personen nach Brust- oder Bauchoperationen, Hosenträgergurt bei Menschen mit künstlichem Darmausgang [s hierzu aber Fra NJW **89** 1234], Beckengurt bei Asthmatikern und schmerzempfindlichen Rheumatikern, spezielle Gurtschlösser bei Personen mit Fesselungsangst oder Zwangsneurosen; BMV VkBl **86** 508). Depressive neurotische Persönlichkeitsentwicklung oder Unruhezustände und Vernichtungsgefühle sowie andere psychische oder physische Beeinträchtigungen, die infolge des Gurtanlegens auftreten, genügen grundsätzlich nicht (BGH NJW **93** 53). Auch atemabhängiges Druckgefühl nach Rippenbruch macht Gurtanlegen nicht ohne Weiteres unzumutbar (Fra VRS **73** 171). Die Befürchtung von Nachteilen des Gurtanlegens für Schwangere oder Träger von Herzschrittmachern ist aus medizinischer Sicht nicht begründet (*Sefrin* ÄrzteBl **83** 44, *Friedel ua* ÄrzteBl **86** 243, *Luff ua* ZVS **85** 121 [Schrittmacher]). Je nach Art der gesundheitlichen Beeinträchtigung kann die Ausnahmegenehmigung auch dann zu erteilen sein, wenn das Attest eine *zwingende* Notwendigkeit nicht *ausdrücklich* (vgl VwV zu § 46 Rn 97 S 2 [§ 46 Rz 13]) bescheinigt (VG Fra NJW **89** 1234). Bei unbehebbaren Dauerzuständen keine Befristung der Ausnahmegenehmigung (vgl VwV zu § 46 Rn 99 S 2 [§ 46 Rz 13]).

Ist das Gurttragen aus gesundheitlichen Gründen **unzumutbar**, so kann dies den Betroffenen *haftungsrechtlich* auch dann entlasten, wenn **keine Ausnahmegenehmigung** erteilt ist; Voraussetzung ist allerdings, dass dieser einen Anspruch auf Erteilung hat (Rz 20, BGH NJW **93** 53; aM hier bis 39. Aufl.). *Ahndungsrechtlich* kann das Fahren ohne Gurt bei schweren Beeinträchtigungen und unbedingter Notwendigkeit der Fahrt nach § 16 OWiG gerechtfertigt sein. Ob der Gedanke der *Unzumutbarkeit normgemäßen Verhaltens* objektiv ordnungswidriges Verhalten erlauben kann, ist nicht abschließend geklärt (dazu Bay **87** 116; 130; *Göhler-König* vor § 1 Rz 29; KK OWiG-*Rengier* vor § 15 Rz 63 f; strikt ablehnend für die Gurtanlegepflicht Dü NZV **91** 240). Näher liegt es, in einschlägigen Fälle auf § 47 OWiG zurückzugreifen (*Göhler-König* vor § 1 Rz 29; KK OWiG-*Rengier* vor § 15 Rz 63 f).

4. Schutzhelmtragepflicht (Abs 2). II S 1 gebietet das Tragen von Schutzhelmen (allgemein: Rz 2, „während der Fahrt": Rz 3). Nichttragen durch Kradf wie Beifahrer ohne triftigen Grund gesundheitlicher Art (Rz 18) begründet Mitschuld (Rz 23) und stellt uU auch eine Obliegenheitsverletzung in der Unfallversicherung dar (§ 9 StVG Rz 17). Religiöse Kleidungsvorschriften entbinden nicht von der Helmtragepflicht (*Kreutel* DAR **86** 41). Zur Frage der Hinweispflicht des FzF an seinen Mitfahrer, die Tragepflicht zu erfüllen, Rz 19. **Radfahrer** trifft keine Tragepflicht (näher Rz 24).

a) Die Vorschrift gilt für **Kräder mit bauartbedingter Höchstgeschwindigkeit von über 20 km/h**. Ausgenommen sind damit zB zugelassene Kleintraktoren und leichte Arbeits-

2 StVO § 21a I. Allgemeine Verkehrsregeln

maschinen (zB Mähmaschinen). Demgegenüber gilt die Tragepflicht für Mofafahrer (Rz 1 b), es sei denn, es handelt sich um Leichtmofas iS der Anlage zur Leichtmofa-AusnVO (§ 2 Leichtmofa-AusnVO, Buchteil **11**). Mit der am 1. 1. 06 in Kraft getretenen Neufassung des II S 1 (Rz 1 e) wurden die Führer von „Trikes" und „Quads" (§ 3 FZV 14, 16) in die Schutzhelmtragepflicht einbezogen (im Einzelnen Begr, Rz 1 f). II S 2 normiert *eine Ausnahme* für den Fall, dass vorgeschriebene Sicherheitsgurte angelegt sind (weitere Ausnahmen Rz 18).

16 b) Vorgeschrieben sind **geeignete Schutzhelme**. Mit der Änderung (früher: „amtlich genehmigte") wurde der Regelungsgehalt von § 1 der 2. StVOAusnV v 19. 3. 90 (BGBl I 550) unter Aufhebung derselben in II übernommen (Rz 1 e). Amtlich genehmigt und damit auch geeignet sind entsprechend der ECE-Regelung Nr 22 gebaute und mit Prüfzeichen versehene Helme (Begr, Rz 1 f). Bis auf Weiteres dürfen auch nicht genehmigte Schutzhelme verwendet werden, soweit sie ausreichende Schutzwirkung aufweisen (Begr, Rz 1 f; s auch Dü VRS **75** 226, VG Augsburg DAR **01** 233). *Ungeeignet sind* nach diesen Maßstäben Helme irgendwelcher Art wie zB Bauarbeiterhelme (Dü VRS **75** 226), Feuerwehr-, Radfahrhelme oder Helme der Bundeswehr (Begr, Rz 1 f, VwV Rn 1 [Rz 1]), weswegen Fahrten mit solchen Helmen verboten sind. Ungeeignet ist ein Schutzhelm auch dann, wenn er zwar amtlich genehmigt (geeignet) ist, aber nicht für die Kopfgröße des Betroffenen passt oder andere seine Schutzwirkung beeinträchtigende Mängel aufweist.

17 c) II S 1 gebietet das **Tragen** des Schutzhelms. Wie beim Merkmal des Anlegens des Sicherheitsgurts (Rz 6) liest die ganz hM ein Gebot des *ordnungsgemäßen* Tragens in die Vorschrift hinein; danach sei zB die Fahrt mit nicht oder nicht ordnungsgemäß geschlossenem Kinnriemen ow (*Jagow/Burmann/Heß* Rz 8, *Kreutel* DAR **86** 40; s aber Ha MDR **00** 1190 [Z]). Wie dort erscheint eine Klarstellung des Gewollten dringend notwendig. Denn aus dem Wortlaut ergibt sich das Erfordernis nicht eindeutig.

18 d) **Ausnahmen.** Nach Maßgabe von § 1 der 8. AusnahmeVO zur StVO sind Führer von Krädern, die den Anforderungen der Anlage zur AusnahmeVO entsprechen, von der Helmtragepflicht befreit (vgl Rz 1 f). Soweit gesundheitliche Gründe (hierzu Rz 12 f) das Tragen des Schutzhelms ausschließen, kann eine Ausnahmegenehmigung nach § 46 I S 1 Nr 5 b erteilt werden (Vwv Rn 96 zu § 46 [§ 46 Rz 13], BGH NJW **83** 1380, einschr. VG Augsburg DAR **01** 233 [nur bei Angewiesensein auf das Krad und geringen Fahrstrecken]). Passt ein Helm wegen einer vom Betroffenen getragenen Brille nicht, so ist es diesem zuzumuten, sich eine geeignete Brille (zB Sportbrille) zu beschaffen und bis dahin auf das Motorradfahren zu verzichten (BGH NJW **83** 1380).

19 **5. Ordnungswidrigkeit.** I S 1 und II S 1 sind in § 49 I Nr 20 a seit vielen Jahren (s Rz 2) in vollem Umfang bußgeldbewehrt. Die Bußgeldbewehrung ist verfassungskonform (Rz 2). Dem Deliktscharakter nach handelt es sich um echte Unterlassungsdelikte (str., s *Göhler-König* § 8 Rz 1 a). Zu Bedenken hinsichtlich der Auslegung einzelner Merkmale (Anlegen, Tragen, geeigneter Helm) s Rz 6, 16, 17. **Normadressaten** sind alle FzInsassen sowie die Beifahrer auf Krädern. Bei Mitnahme eines Mitfahrers, der gegen I S 1 oder II S 1 verstößt, kann **Beteiligung (§ 14 OWiG)** in Betracht kommen (Ha JMBlNRW **82** 212). Allerdings ist nach hM allein wegen des FzFührers noch keine Beteiligung iS von § 14 OWiG anzunehmen, weil dadurch nur die Anschnall- bzw Tragepflicht *begründet* werde (KG VRS **70** 294, 469, Bay NZV **93** 491, zust *Seidenstecher* VD **91** 134, näher *Bouska* DAR **84** 265, s auch BMV v 28. 8. 86 VkBl **86** 508). Dies erscheint wenig überzeugend. Denn das Fahren unter bewusster Tolerierung des Verstoßes stellt nach allgemeinen Regeln aktive psychische Unterstützung (in strafrechtlicher Terminologie Beihilfe) dar; um den Vorwurf zu vermeiden muss der FzF den Mitfahrer zum Anlegen des Gurts auffordern; nach einer erfolglosen Aufforderung muss er die Mitnahme allerdings nicht ablehnen (zutr. KK OWiG-*Rengier* § 14 Rz 61; s Rz 20, im gleichen Sinn *Janiszewski* NStZ **86** 257). Eine spezialgesetzliche Hinweispflicht enthält § 8 II a S 2 BOKraft für den *Busfahrer* (bei Verstoß OW nach § 45 II Nr 1 BOKraft). Keine vorwerfbare OW dessen, der sich zum Schlafen auf den Beifahrersitz gesetzt hat und den Fahrtbeginn nicht bemerkt (vgl Ko VRS **68** 167, Ha NZV **98** 155, je zu § 254 BGB). Zum **Notstand** und zur Frage der Unzumutbarkeit normgemäßen Verhaltens Rz 13. Verstoß gegen I und II ist **DauerOW** (Ro VRS **107** 461, Dü VRS **73** 387). Nach hM ist **TE** mit während der Fahrt begangenen anderen Verstößen gegen die StVO gegeben, wie Geschwindigkeitsverstößen oder Abstandsunterschreitungen (§ 24 StVG Rz 58 ff). Nach Jn NStZ-RR **06** 319 eine prozessuale Tat bei Alkoholfahrt und Nichtanlegen des Sicherheitsgurts. Bei **fahrlässiger Tötung** (Körperverletzung) kann Nichtbenutzung des Gurts durch den Getöteten (Verletzten) uU Strafmilderungsgrund sein (Bay DAR **79** 81, Ha VRS **60** 32, abl. HK-*Jäger* Rz 22 ff).

6. Zivilrecht. Einen Fz-Insassen, der den vorgeschriebenen **Sicherheitsgurt** nicht anlegt, **20** trifft grundsätzlich ein **Mitverschulden** (§ 254 I BGB) an seinen infolge der Nichtanlegung des Gurts erlittenen Unfallverletzungen; ausgenommen sind aber Fälle, in denen eine Gurtanlegepflicht nicht besteht (BGH NJW **79** 1363 **82** 985, **93** 53, **01** 1485, Kar NZV **89** 470, Mü NJW-RR **99** 820). **Kein Mitverschulden** demnach, wenn einer der Ausnahmetatbestände nach I S 2 Nr 1–6 (Rz 7–11) erfüllt ist sowie wenn eine Ausnahmegenehmigung nach § 46 erteilt ist (Rz 12) oder jedenfalls die Voraussetzungen für eine solche vorlagen (Rz 13; BGHZ **119** 268 = NJW **93** 53). Kein Mitverschulden auch, wenn das Kfz im Unfallzeitpunkt weder aus- noch nachrüstungspflichtig war (BGH NJW **79** 1366, Sa NZV **99** 510). Sind jedoch vorhandene, aber *noch nicht vorgeschriebene* Gurte nicht benutzt worden, so wird angesichts des inzwischen vorhandenen allgemeinen Bewusstseins über den Nutzen des Gurtanlegens nunmehr der Mitverschuldensvorwurf gerechtfertigt sein (Kar VRS **65** 96, Fra ZfS **86** 1, abw noch BGH VRS **56** 431, Sa VM **81** 70 bei Unfall vor 1976). Vor dem 1. 8. 84 (Inkrafttreten der Änderung von I S 1, Anschnallpflicht auf Rücksitzen) noch kein Mitverschulden bei Nichtanschnallen auf dem Rücksitz, auch wenn das Fz entsprechend ausrüstungspflichtig war (Ko VersR **83** 568, Ce VersR **85** 787, *Weber* DAR **86** 162). **Mitfahrt** in einem vorschriftswidrig nicht mit Gurten ausgestatteten Fz rechtfertigt ebenfalls keinen Mitschuldvorwurf (BGH VRS **64** 107). Das Gleiche muss für die Mitfahrt bei einem Beifahrersitz gelten, dessen Gurt defekt ist (s aber KG VersR **87** 78), oder wenn ohne Verstoß gegen geltende Bestimmungen mehr Personen mitfahren als Sitzplätze und Gurte vorhanden sind (Kar NZV **99** 422 [Mitverschulden jedoch aus anderen Gründen bejaht, dazu § 23 Rz 22], zw *Seidenstecher* VD **91** 135 f). Kein Mitverschulden dessen, der sich zum Schlafen auf den Beifahrersitz gesetzt hat und den Fahrtbeginn nicht bemerkt (Ko VRS **68** 167, Ha NZV **98** 155; s auch Rz 26). **Sonst grundsätzlich Mitverschulden**, und zwar auch eines erst 15jährigen (Ce VersR **83** 463). Nichtanschnallen während eines *verkehrsbedingten Halts* begründet Mitverschulden (Rz 3; BGH NJW **01** 1485; abw noch Ce ZfS **81** 326). Nicht-Nachstellen eines zu lockeren und daher wirkungslosen Statikgurtes ist wie Nichtanlegen zu behandeln (Rz 6; KG VRS **62** 247, VM **84** 87), bei nur teilweiser Wirkungslosigkeit jedoch geringere Mithaftung als bei Nichtanschnallen (Sa VM **84** 23). Der Mitverschuldensvorwurf entfällt nicht deswegen, weil der Gurt infolge pflichtwidrigen Unterlassens einer Reparatur funktionsuntüchtig war (Fra ZfS **86** 1). Mitverschulden auch bei Nichtangurten in Ländern ohne entsprechende Pflicht (KG VM **82** 62).

Nichtangurten kann die durch denselben Unfall veranlassten Körperschäden unterschiedlich **21** (oder überhaupt nicht) beeinflussen; deshalb kommen Mitschuldkürzungen nur hinsichtlich des gerade dadurch veranlassten (Mehr-) **Schadens** in Betracht (BGH NJW **80** 2125). Im Bereich gurtunabhängiger Verletzungen scheidet ein Mitschuldvorwurf aus (Schl VersR **80** 656, Ha VersR **97** 593). Stets ist demgemäß zu prüfen, ob ein angelegter Gurt nach Unfallart (zB bei hoher Geschwindigkeit) genützt hätte (BGH VersR **79** 528, Kö VersR **02** 908), in besonderen Fällen mag Nichtanschnallen keine Mitschuld begründen (BGHZ **74** 25 = NJW **79** 1363, Kar NZV **89** 470, *Schlund* DAR **79** 216). Kein Ersatz für Platzwunden auf der Stirn, die bei Angurtung vermieden worden wären (Ha VRS **59** 5). Bei *typischen* Verläufen können die Grundsätze des **Anscheinsbeweises** für den Schädiger streiten (BGH NJW **80** 2125, NZV **90** 386, Ba VersR **82** 1075, Kar VersR **85** 788, NZV **89** 470, Ha VM **86** 21, NZV **98** 155, Fra ZfS **86** 289, Ko ZfS **91** 294, Stu VRS **97** 18 [Helm]), krit *Ludolph* NJW **82** 2595; gegen ihn mit Recht *Weber* NJW **86** 2670). Auch für die Behauptung des Schädigers, der Verletzte sei nicht angeschnallt gewesen, kann der Anscheinsbeweis gelten, wenn Art und Ausmaß der Verletzungen bei Unfällen der festgestellten Art nach allgemeinen Erfahrungssätzen regelmäßig nur bei Nichtangeschnallten zu beobachten sind (BGH NZV **90** 386, Kö VersR **02** 908, Ko DAR **91** 294, Zw VRS **84** 177). Insbesondere schwere Gesichtsverletzungen können den Anscheinsbeweis begründen, dass der Verletzte nicht angeschnallt war (Ba VersR **82** 1075, **85** 786, Fra ZfS **86** 289), ebenso der Umstand, dass ein FzInsasse aus dem sich überschlagenden Fz herausgeschleudert wurde (LG Fra NZV **05** 524). Dagegen spricht der Anschein idR nicht für Ursächlichkeit des Nichtanschnallens bei seitlichem Aufprall mit erheblicher Deformierung der FzSeite, wo der Verletzte saß (Ha VRS **76** 112), ebenso nicht bei Frontalkollisionen etwa ab „50" sowie bei Schrägkollisionen, beim Unterfahren und Überrolltwerden (Schl VersR **80** 656, Kar MDR **79** 845), namentlich wenn der Verletzte in den Airbag geprallt ist (Nau MDR **08** 1031).

22 **Hilft der Anscheinsbeweis (Rz 21) nicht**, so hat der Schädiger die Voraussetzungen der Mitschuld des Verletzten in vollem Umfang zu beweisen, desgleichen die Ursächlichkeit des Nichtanschnallens bzw Nichttragens des Helms für die Verletzungen; verbleibende Zweifel gehen zu seinen Lasten (BGH NJW **80** 2125, VersR **81** 548, Kö VersR **02** 908, KG VRS **62** 247, VM **84** 87, **86** 35, Kar NZV **89** 470, krit *Landscheidt* NZV **88** 7, dazu *Weber* NJW **86** 2671 ff). Der Nachweis wird auch mit Hilfe eines unfallmedizinischen Gutachtens oft schwierig sein (*Ludolph* NJW **82** 2595). Geringere Verletzungen des angeschnallten Fahrers können darauf hinweisen, dass die schwereren des nichtangeschnallten Beifahrers auf dem Nichtanschnallen beruhen (BGH NJW **80** 2125). Kann sich das Gericht nicht davon überzeugen, dass das Anschnallen zu insgesamt geringeren Verletzungen geführt hätte (§ 286 ZPO), so ist keine Mitschuld erwiesen (BGHZ **53** 256, KG VersR **79** 1032). Der Mitschuldvorwurf besteht nur in Höhe des nachweisbaren Gurtnutzens bei Berücksichtigung der jeweiligen Umstände (Schl VersR **80** 656, Kar MDR **79** 845). Für die Behauptung des Geschädigten, er würde angegurtet andere, ebenso schwere Verletzungen davongetragen haben, ist dieser beweispflichtig (Dü DAR **85** 59, Kar NZV **89** 470). FzSchäden werden durch das Gurtproblem wohl nur ausnahmsweise beeinflusst.

23 **Nichttragen des Schutzhelms** durch Kradf und deren Beifahrer begründet bei Unfällen mit adäquater Kopfverletzung Mitschuld (BGH NJW **65** 1075, **83** 1380, Mü NJW **78** 324, VersR **81** 560, Sa VM **81** 70 [Mithaftung zu ³/₁₀], Br VersR **78** 469, Nü VRS **77** 23 [Mithaftung zu 30%], Ko VRS **78** 414, Schl NZV **91** 233). Kein Mitschuldvorwurf aber allein wegen zu lockeren Kinnriemens (Ha MDR **00** 1190; s aber Rz 17). Bei Verletzungen, vor denen der Helm allgemein schützen soll, spricht der Anscheinsbeweis für Ursächlichkeit (BGH NJW **83** 1380, Nü VRS **77** 23). Die Grundsätze unter Rz 21 f können herangezogen werden.

24 **Für Radf** besteht keine Rechtspflicht zum Helmtragen (Rz 14). Auch mangels diesbezüglicher Verkehrsanschauung kein Mitverschulden des erwachsenen Radf, der keinen Schutzhelm trägt (Ha NZV **01** 86, **02** 189, s auch Nü DAR **99** 507 [abl *Thubauville* VM **00** 20], ZfS **91** 40, Stu VRS **97** 18 sowie BGH NJW **79** 980). Das gilt jedenfalls dann, wenn er als „normaler" Radfahrer unterwegs ist, der sein Zweirad ohne sportliche Ambitionen als gewöhnliches Fortbewegungsmittel einsetzt (Dü NZV **07** 614 m Bspr *Kettler* NZV **07** 603; Sa NZV **08** 202). **Anders** soll es nach Dü NJW **07** 3075 (im Anschluss an MK BGB-*Oetker* § 254 Rz 42; krit *Hufnagel* DAR **07** 458; gegen ihn *Mecklenbrauck* DAR **07** 646; bekräftigt durch Dü NZV **07** 614, ebenso Sa NZV **08** 202, s auch *Ternig* ZfS **08** 69) wegen ihrer besonderen Gefährdung **für Radsport treibende Radf** liegen, wobei die Kfz-BG (Traktor mit überbreitem Heuwender) wegen groben Eigenverschuldens sogar vollständig zurücktreten können soll (dazu *Kettler* NZV **07** 603: „Fehlurteil"). Diese Rspr ist namentlich wegen der durch sie aufgeworfenen Abgrenzungsschwierigkeiten durchgreifenden Bedenken ausgesetzt (*Kettler* NZV **07** 603; insoweit auch *Schubert* DAR **08** 212). Gewiss kein Mitverschulden eines (11-jährigen) Kindes beim Radfahren auf Privatgelände (Dü NZV **07** 38 m zust Anm *Kettler* und Bspr *Hufnagel* DAR **07** 289; aM LG Krefeld NZV **06** 205 [Vorinstanz]). Keine grobe Fahrlässigkeit, wenn ein Kind ohne Fahrradhelm im Kindersitz eines Fahrrads transportiert wird (Ce NJW **08** 2353). Zur gesetzlichen Tragepflicht in Österreich ZVS **06** 209.

25 **§ 254-Kürzungen** betreffen stets nur den durch Nichtanschnallen verursachten Kostenanteil bei Körper- und FzSchäden. Feste Quoten lassen sich nicht bilden; die Umstände des Einzelfalls (Unfallhergang, Verschulden des Schädigers, Ausmaß des Mitverschuldens des Geschädigten unter Berücksichtigung der Art der Verletzungen) sind entscheidend (BGH VRS **60** 94, KG VRS **62** 247, Kar NZV **89** 470, Ha VersR **97** 593 [Schadensverursachung durch absolut fahruntüchteren Kf], *Landscheidt* NZV **88** 9 f, *Häublein* VersR **99** 163. Händel NJW **79** 2289). Wenn der Schädiger nur nach § 7 StVG haftet, kann die Mithaftung höher sein als bei Verschuldenshaftung (Kar NZV **90** 151, KG VM **90** 92). Je nach Ausmaß des Verursachungsbeitrags, BG und Schuldgrad sowie BG des Schädigers und Ausmaß der eigenen Sorgfalt des Geschädigten (§ 17 III StVG) kann sich der Mitschuldvorwurf milder darstellen oder auch ganz zurücktreten (BGH NZV **98** 148, Ha VersR **97** 593, Mü NJW-RR **99** 820, LG Stu NZV **04** 409, *Fuchs-Wissemann* DRiZ **83** 314, abw [nur bei Vorsatz] *Häublein* VersR **99** 166 f). Obwohl das Nichtanschnallen mehrere zugleich eintretende Körperschäden unterschiedlich beeinflussen kann, darf eine durchschnittlich angemessene einheitliche Mitschuldquote angenommen werden (BGH NJW **80** 2125, VRS **60** 94). Zur Kürzung bei Nichtanschnallen: *in Durchschnittsfällen*: 20 bis 25% (KG VRS **57** 402, Ce DAR **79** 305, Mü DAR **79** 306, Dü ZfS **86** 130, abw *Häublein* VersR **99** 165 f), *bei schweren Verletzungen*: 30% (Dü DAR **85** 59, krit *Häublein* VersR **99** 165 Fn 27; Sa VRS **72** 412, Kar NZV **90** 151). In Einzelfällen kann eine Mithaftungsquote von

50% und mehr in Frage kommen (Fra VRS **73** 171), etwa bei besonders schwerem Verschulden des Verletzten gegen sich selbst (Mü VersR **85** 868 m Anm *Dunz* VersR **85** 1196 [Gesichtsverletzungen einer Kosmetikerin]) oder bei Haftung des Schädigers nur nach § 7 StVG (BGH VRS **60** 94, KG VRS **62** 247, Fra ZfS **86** 130), uU aber auch bei Deliktshaftung (KG VM **86** 35, LG Meiningen DAR **07** 708).

Nichtanschnallen begründet idR **kein Verschulden iS des § 3 EFZG**, weil dies einen groben Verstoß gegen eigene Interessen voraussetzen würde (LAG Dü DAR **81** 94, *Frank* DAR **82** 118, *Kuckuk* Betr **80** 302; **aM** BAG NJW **82** 1013, LAG Berlin NJW **79** 2327, *Weber* DAR **83** 9), der selbst bei risikoreichen Sportarten wie zB Drachenfliegen verneint wird (BAG NJW **82** 1014). Unfallverursachung durch Gurtanlegen erst während der Fahrt ist nicht ohne Weiteres **grobfahrlässig** (§ 61 VVG [§ 81 II VVG 08]; Sa VersR **84** 1185). **Der Fahrer kann dem Beifahrer für solche Verletzungen haften müssen**, die dieser dadurch erlitten hat, dass er nicht angeschnallt im Fz schlief und vor Fahrtantritt vom Fahrer nicht geweckt wurde (Kar VersR **85** 788; s auch Rz 20). Ihm obliegt die Fürsorgepflicht, für das Anschnallen seines alkoholisierten mitfahrenden Ehegatten zu sorgen (Fra ZfS **86** 289), nach Ha NZV **96** 33 überhaupt gegenüber alkoholisierten Insassen. **26**

Für **Gurtschäden** wird der Ersatzpflichtige (§ 7 StVG, § 823 BGB, Vertragshaftung) zu haften haben, weil sie, als bloßes Gurttrauma wie als Verschlimmerung durch den Gurt, aus jedenfalls zulässiger und statistisch überwiegend positiver Vorsorge in ursächlicher Verbindung mit dem Unfall erwachsen (aM *Allgaier* VersR **93** 676). Ein **Aufopferungsanspruch** gegen die BRep im Fall von Gurtschäden, für die kein Ersatzanspruch gegen Dritte besteht, soweit ohne den Gurt weder diese noch statt ihrer vergleichbare Schäden eingetreten wären, ist nicht gegeben; denn die nach § 21 a I S 1 gebotene Verhaltensweise dient ganz überwiegend dem Einzelnen selbst (*Greger* § 22 Rz 84, *Schlund* VGT **78** 79, *Schwabe* NJW **83** 2370; aM *Müller* NJW **83** 593, *Allgaier* VersR **93** 676). **27**

Ladung

22 (1) ¹Die Ladung einschließlich Geräte zur Ladungssicherung sowie Ladeeinrichtungen sind so zu verstauen und zu sichern, dass sie selbst bei Vollbremsung oder plötzlicher Ausweichbewegung nicht verrutschen, umfallen, hin- und herrollen, herabfallen oder vermeidbaren Lärm erzeugen können. ²Dabei sind die anerkannten Regeln der Technik zu beachten.

(2) ¹Fahrzeug und Ladung dürfen zusammen nicht breiter als 2,55 m und nicht höher als 4 m sein. ²Fahrzeuge, die für land- oder forstwirtschaftliche Zwecke eingesetzt werden, dürfen, wenn sie mit land- oder forstwirtschaftlichen Erzeugnissen oder Arbeitsgeräten beladen sind, samt Ladung nicht breiter als 3 m sein. ³Sind sie mit land- oder forstwirtschaftlichen Erzeugnissen beladen, dürfen sie samt Ladung höher als 4 m sein. ⁴Kühlfahrzeuge dürfen nicht breiter als 2,6 m sein.

(3) ¹Die Ladung darf bis zu einer Höhe von 2,5 m nicht nach vorn über das Fahrzeug, bei Zügen über das ziehende Fahrzeug hinausragen. ²Im Übrigen darf der Ladungsüberstand nach vorn bis zu 50 cm über das Fahrzeug, bei Zügen bis zu 50 cm über das ziehende Fahrzeug betragen.

(4) ¹Nach hinten darf die Ladung bis zu 1,5 m hinausragen, jedoch bei Beförderung über eine Wegstrecke bis zu einer Entfernung von 100 km bis zu 3 m; die außerhalb des Geltungsbereichs dieser Verordnung zurückgelegten Wegstrecken werden nicht berücksichtigt. ²Fahrzeug oder Zug samt Ladung darf nicht länger als 20,75 m sein. ³Ragt das äußerste Ende der Ladung mehr als 1 m über die Rückstrahler des Fahrzeugs nach hinten hinaus, so ist es kenntlich zu machen durch mindestens

1. eine hellrote, nicht unter 30 × 30 cm große, durch eine Querstange auseinandergehaltene Fahne,
2. ein gleich großes, hellrotes, quer zur Fahrtrichtung pendelnd aufgehängtes Schild oder
3. einen senkrecht angebrachten zylindrischen Körper gleicher Farbe und Höhe mit einem Durchmesser von mindestens 35 cm.

⁴Diese Sicherungsmittel dürfen nicht höher als 1,5 m über der Fahrbahn angebracht werden. ⁵Wenn nötig (§ 17 Abs. 1), ist mindestens eine Leuchte mit rotem Licht an gleicher Stelle anzubringen, außerdem ein roter Rückstrahler nicht höher als 90 cm.

(5) ¹Ragt die Ladung seitlich mehr als 40 cm über die Fahrzeugleuchten, bei Kraftfahrzeugen über den äußeren Rand der Lichtaustrittsflächen der Begrenzungs- oder Schlußleuchten hinaus, so ist sie, wenn nötig (§ 17 Abs. 1), kenntlich zu machen, und zwar seit-

lich höchstens 40 cm von ihrem Rand und höchstens 1,5 m über der Fahrbahn nach vorn durch eine Leuchte mit weißem, nach hinten durch eine mit rotem Licht. ²Einzelne Stangen oder Pfähle, waagerecht liegende Platten und andere schlecht erkennbare Gegenstände dürfen seitlich nicht hinausragen.

1 **Begr** zur ÄndVO v 11. 12. 00 (VkBl **01** 7): **Zu Abs 2:** *Die Änderung zur Ladungsbreite beim Transport land- oder forstwirtschaftlicher Arbeitsgeräte vollzieht die maximal zulässige Breite von 3 m für land- und forstwirtschaftliche Arbeits- oder Anbaugeräte gemäß § 32 Abs. 1 Nr. 2 StVZO nach. So wird der Transport von Arbeits- oder Anbaugeräten mit einer Breite von mehr als 2,55 m zur landwirtschaftlichen Arbeitsstelle erleichtert, die bislang nur in Längsrichtung verladen werden konnten. Aus Verkehrssicherheitsgründen muss es für die Arbeits- oder Anbaugeräte weiter bei der maximal zulässigen Höhe von 4 m bleiben. Die Änderung macht die redaktionelle Anpassung der ganzen Vorschrift notwendig.*

2 **Zu Abs 3:** *... Satz 1 legt fest, dass dieses Verbot des Ladungsüberstandes nach vorn nur noch bis zu einer Höhe von 2,5 m gilt. Bis zu dieser Höhe gebietet es die Verkehrssicherheit zum Schutze vorausfahrender Kraftfahrzeugführer, Fußgänger und Radfahrer, den Raum über der Fahrbahn freizuhalten.*

Unter dem Gesichtspunkt der Verkehrssicherheit ist es vertretbar, ab einer Höhe von 2,5 m einen geringfügigen Ladungsüberstand von bis zu 50 cm zuzulassen. Die Änderung in Satz 2 trägt dem Rechnung.

3 **Zu Abs 4:** *Die Erweiterung der Länge von bislang höchstzulässigen 20 m auf 20,75 m für Fahrzeug oder Zug samt Ladung vollzieht die Erweiterung der höchstzulässigen Länge von bislang 18 m auf 18,75 m in § 32 Abs. 4 S. 1 Nr. 4 i. V. m. Absatz 7 StVZO nach.*

4–9 **Begr** zur ÄndVO v 22. 12. 05 (VkBl **06** 39): **Zu Abs I:** *Mit der Änderung werden die Anforderungen des § 22 Abs. 1 StVO an das verkehrssichere Verstauen der Ladung weiter präzisiert. Die mangelhafte Ladungssicherung gibt im Rahmen von Kontrollen im Güterkraftverkehr häufig Anlass zu Beanstandungen. Da gerade hier immer wieder eklatante Mängel bis hin zum Fehlen jeglicher Sicherung festgestellt werden, ist es neben einer besseren Schulung der Kraftfahrzeugführer erforderlich, den für den Ladevorgang verantwortlichen Personen in der Verordnung selbst durch die Aufzählung besonders gefahrenträchtiger Verkehrssituationen vor Augen zu führen, gegen welche Gefahren die Ladung zu sichern ist.*

Darüber hinaus wird nunmehr auch ausdrücklich in der Verordnung selbst auf die anerkannten Regeln der Ladungssicherungstechnik verwiesen. Das sachgerechte Verstauen und Sichern der Ladung erfordert die Beachtung der in der Praxis anerkannten Regeln des Speditions- und Fuhrbetriebes. Dies sind vor allem DIN- und EN-Normen sowie VDI-Richtlinien, gegenwärtig z. B. die VDI-Richtlinie 2700 „Ladungssicherung auf Straßenfahrzeugen".

Vwv zu § 22 Ladung

Zu Absatz 1

10 1   *I. Zu verkehrssicherer Verstauung gehört sowohl eine die Verkehrs- und Betriebssicherheit nicht beeinträchtigende Verteilung der Ladung als auch deren sichere Verwahrung, wenn nötig Befestigung, die ein Verrutschen oder gar Herabfallen unmöglich machen.*

2   *II. Schüttgüter, wie Kies, Sand, aber auch gebündeltes Papier, die auf Lastkraftwagen befördert werden, sind in der Regel nur dann gegen Herabfallen besonders gesichert, wenn durch überhohe Bordwände, Planen oder ähnliche Mittel sichergestellt ist, dass auch nur unwesentliche Teile der Ladung nicht herabfallen können.*

11 3   *III. Es ist vor allem verboten, Kanister oder Blechbehälter ungesichert auf der Ladefläche zu befördern.*

4   *IV. Vgl. auch § 32 Abs. 1.*

12 **1. Verkehrssicher zu verstauen** sind Ladung einschließlich Geräten zur Ladesicherung sowie Ladeeinrichtungen (I). Die Neufassung von Abs 1 durch die ÄndVO v 22. 12. 05 steht vor dem Hintergrund in der Praxis immer wieder festgestellter, beträchtlicher Defizite bei der Ladungssicherung und der damit verbundenen Gefahren (Rz 4–9, s auch *Albrecht* SVR **06** 43). **Die Vorschrift schützt** außer dem VT auch dem Verkehr benachbarte Personen und Gegenstände, die durch die Beförderung der Ladung gefährdet, verletzt oder beschädigt werden könnten, wie zB auch Häuser, Brücken, Durchfahrten, VAnlagen (Ha VRS **27** 300, Dü VRS **77** 369, VM **93** 70, Ce NStZ-RR **07** 215), wegen ihrer Beschaffenheit (Explosivstoffe, Chemikalien) oder des Verstauens (Anstoßen, Lärm, Herunterfallen, Wegsprühen, Rz 16). Die Ladung

Ladung § 22 StVO 2

darf niemanden behindern, etwa durch vorschriftswidrigen Umfang oder Herunterfallen, und niemanden mehr als unvermeidbar belästigen, etwa durch Klappern bei schlechter Befestigung oder Beschmutzen anderer Fz oder von Passanten (Ha VRS **7** 213). Abtropfendes Wasser: § 32. **Normadressat ist** nicht nur der FzF, sondern jeder, der für die ordnungsgemäße Verstauung der Ladung verantwortlich ist (BGH Betr **70** 1314 [Transportunternehmer], Stu VRS **64** 308 [Leiter der Ladearbeiten], Ce NStZ-RR **07** 215 [Versender], s auch Rz 27).

1 a. Sachgerechtes Verstauen setzt Beachtung der in der Praxis anerkannten Regeln der 13 Technik voraus; das ist in Abs I seit 2005 (Rz 4–9), nunmehr ausdrücklich verankert. Dazu zählen die Regeln des Speditions- und Fuhrbetriebs. Dü VRS **77** 369. Der Inhalt der **VDI-Richtlinie** 2700 „Ladungssicherung auf Strfz" umfasst gegenwärtig die technisch anerkannten Beladungsregeln und ist deshalb allgemein zu beachten (Begr, Rz 4–9, Bay DAR **02** 562, Dü VM **93** 70, Ko VRS **82** 53, Sa ZfS **06** 101, *Glembotzki/Kaps* VD **06** 105, *Egger* VD **79** 97), unterliegt aber der richterlichen Nachprüfung (Bay DAR **02** 562, Ko VRS **82** 53). Branchenübliche Abweichung von den VDI-Richtlinien schließt grobe Fahrlässigkeit nicht aus (Sa ZfS **06** 101). Gegen Herabfallen und vermeidbares Lärmen (Rz 15) der Ladung ist der Verkehr stets zu sichern (BRDrucks 420/70 Nr 10; Dü NZV **92** 494, Kö VRS **88** 171). I S 1 zählt besonders gefahrträchtige Situationen auf, gegen die die Ladung zu sichern ist. So muss die Sicherung der Ladung auch einer durch verkehrswidriges Verhalten eines Dritten erforderlich werdenden Notbremsung standhalten (Dü MDR **84** 945, VRS **77** 369, VM **93** 70, Ko VRS **82** 53). Beim Bremsen drängt die Ladung nach vorn, beim Beschleunigen nach hinten, beim Kurvenfahren nach außen. Der gemeinsame Schwerpunkt der Ladung soll in der Mittellinie des Kfz möglichst niedrig liegen. Gegen die Vorderwand soll die Ladung abgestützt sein. Jeder Lkwf muss wissen, dass ungleichmäßige Verteilung schwerer Lasten die Lenkfähigkeit beeinträchtigt, die Schleudergefahr erhöht, das Bremsen erschwert, sogar zur Blockierung einzelner Räder führen kann; der Bremskraftregler kann fehlerhafte Lastverteilung nicht ausgleichen (Ha VRS **20** 462). Ladungsverteilung auf Triebwagen und Anhänger: § 42 StVZO, Bay BGH VRS **19** 348). Jede Ladung ist nach ihrer Eigenart zu befestigen, Schüttgüter müssen ausgeglichen und dürfen nicht wesentlich höher als die Seitenborde sein (Herunterfallen; Dü NZV **92** 494). Bis zur Bordwandkante reichende Sand- oder Kiesladungen sind abzudecken, falls andere Sicherung nicht ausreicht (Kö VersR **88** 171). Die Aufbauten müssen dicht und das Schüttgut gegen Verstreuen bedeckt sein (KG VRS **49** 295, Kö NZV **94** 484). Lange Ladungsteile sind zu bündeln und fest zu verspannen. Schwere Teile sind reißfest gegen Rutschen und Kippen festzuspannen (Bra VersR **03** 1567). Eine Verschiebeplane stellt idR keine geeignete Sicherungsmaßnahme dar (AG Eggenfelden DAR **06** 165). Ladung und mitfahrende Personen dürfen die Betriebssicherheit nicht beeinträchtigen. Vermeidbare Transportgeräusche müssen vermieden werden (Rz 15). Die Ladung ist den besonderen Fahrtverhältnissen gemäß zu befestigen (schlechte Str; Kö VRS **8** 381). Bei hohen und schweren Lasten (Kippgefahr) kann ein Tieflader zu verwenden sein (BGH VRS **16** 192). Ist das Ladegut gegen Erschütterung empfindlich, muss der Fahrer die Befestigung in Abständen, zumindest nach holprigen Stellen prüfen (BGH VRS **17** 462). Langholz ist durch Spannketten und Eisenklammern zu befestigen (Tüb VkBl **51** 74), weitere Befestigung ist erforderlich, wenn die Stämme glitschig sind (BGH VRS **10** 75). Feuchte Abfälle dürfen nicht seitlich herausspritzen und andere behindern oder gefährden (Ol VRS **42** 59). Dass eine Vorsichtsmaßnahme nicht üblich ist, schließt nicht aus, dass sie im Einzelfall getroffen werden muss (BGH VRS **10** 75). Auch eine nicht gegen § 22 verstoßende Ladung (gebündelte Stahlmatten) kann uU zur weiteren Sicherung nötigen, jedoch nicht derart, dass auch völlig achtloses fremdes Verhalten abgeschirmt wäre (Bay VM **74** 68). Die Weisung, einen Transport mit einem vorschriftswidrig beladenen Fz durchzuführen, bindet nicht (BGH VersR **79** 417). **Dachlasten** und voll beladene Kofferräume verändern die Pkw-Fahreigenschaften wesentlich (Anzugsvermögen, Überholweg, Kurvenstabilität, Windempfindlichkeit, Brems- und Lenkeigenschaften), dies muss ein sorgfältiger Kf berücksichtigen. Zur zulässigen Dachlast *Niklitsch* PVT **86** 71. Trotz Beachtung der Bedienungsanleitung nicht sichere Befestigung auf Fahrradträger muss nicht fahrlässig sein (Bra NZV **95** 406). Zur Ladungssicherung auf Dachlastträgern, in KombiFz (§ 23 VI a StVZO aF) und Pkw-Anhängern *Bläsius* Verkehrsunfall **86** 337.

1 b. Zur **Ladung** iS von § 22 gehören alle Sachen, die das Fz im Einzelfall befördern soll 14 (Bay NZV **99** 479), zB auch Gepäck und Werkzeugkisten, soweit diese nicht zur FzAusrüstung gehören. Inwieweit Zubehörgegenstände Ladung sind, ist zw (*Huppertz* DNP **91** 215). Ein sinnvolles Ergebnis ist erreichbar, wenn man zur eigentlichen Ladung nur die Sachen rechnet, zu deren Beförderung das Fz eingesetzt wird (zB *Müller*, StrVR, 20. Aufl, S 901, *Cramer* Rz 8), auch nach späterem Wegfall der Beförderungsabsicht (Schüttgutreste; Bay DAR **94** 381). Auf den beabsichtigten Verbleib des Guts am Zielort kommt es nicht an (Bay NZV **99** 479). Keine Ladung wären danach zB idR Reserve-Kraftstoffbehälter, Ersatzrad usw (aM *Huppertz* DNP **91** 215 [Mitführungspflicht als negatives Kriterium]). Nicht zur Ladung gehören nachlaufende TrägerFz für austauschbare Ladungsbrücken (VGH Mü Bay VkBl **91** 243) oder ein abgeschlepptes Fz (Fra DAR **57** 192). Gelegentlich am FzHeck befestigte, zu Ladezwecken mitgeführte Gabelstapler sind Ladung (Bay NZV **99** 479). Maßgebend ist die Ladung in ihrem konkreten Zustand zum Zeitpunkt des Ladevorgangs und Transports; bei einer geladenen Arbeitsmaschine (zB Bagger) rechnen hierzu auch Lehmanhaftungen, die demgemäß gegen Herabfallen zu sichern sind (Ha v 2. 2. 06, 4 Ss OWi 32/06, juris). In gleicher Weise wie die eigentliche Ladung sind gem I Spannketten, Planen, Geräte und sonstige Ladeeinrichtungen zu sichern. Austauschbare Ladungsträger, die Fz miteinander verbinden oder Zugkräfte übertragen, sind FzTeile (§ 4 III S 2 StVZO aF, Bay NZV **89** 284, Dü NZV **92** 84 [zur Übergangsregelung]). Mitfahrende Personen: §§ 21, 23. Gewicht der Ladung, Überladen: § 34 StVZO.

Lit: *Hillmann*, Verstöße gegen VVorschriften über ordnungsgemäße Ladung …, ZfS **03** 387.

15 **1 c. Vermeidbarer Transportlärm** ist unzulässig (I). Das ausdrückliche Verbot hatte eine Streitfrage geklärt (Begr). Neben dem sachgerechten Verstauen (Verwahren, Verteilen, Befestigen, Abdecken) sind bei Gefahr vermeidbaren Lärms Vorkehrungen geboten, sofern Befestigen allein nicht ausreicht.

16 **1 d. Kies- und Sandfahrzeuge** verursachen, neben der möglicherweise gefährdenden StrVerschmutzung (§ 32), häufig erhebliche Gefahr durch fliegenden Sand und kleine Steine, die zur Zertrümmerung der Frontscheiben überholender und besonders entgegenkommender Kfz und zu Lackbeschädigungen führen. Durch die in der Vwv Rn 2 (Rz 10) genannten Vorkehrungen ist sicherzustellen, dass auch das Herabfallen nur unwesentlicher Mengen verhindert wird. Bloßes Befeuchten einer Sandladung genügt allenfalls bei ganz kurzer, langsamer Fahrt (Ha DAR **75** 249).

17 **1 e. Vieh** aller Art in Kfz zu befördern ist nur zulässig, wenn nachgewiesen ist, dass die über den Versand von Vieh erlassenen Anordnungen eingehalten sind, oder dass solche Anordnungen nicht bestehen. Merkblatt über Aufbauten von Viehtransportfz und Fundstellen der Rechtsvorschriften: VkBl **92** 615.

18 **2. Bis zu 2,55 m breit und 4 m hoch** dürfen Fz und Ladung zusammen sein (II). II S 4 wurde im Hinblick auf die höchstzulässige Breite von KühlFz (jetzt § 32 I Nr 4 StVZO) eingefügt. Kein Ladungsteil darf verkehrsgefährdend hinausragen (Ausnahme: Rz 22). Kommt es dennoch vor, so sind solche Teile bei den zulässigen Maßen einzurechnen. Richtlinien für Kenntlichmachung überbreiter/überlanger Strfz und bestimmter hinausragender Ladungen (VkBl **74** 2, **76** 477, **83** 23 = StVRL § 32 StVZO Nr 1). Bei einem Lkw mit 4 m hohem Aufbau ist auch auf den Luftraum über der Fahrbahn zu achten (Ha VM **72** 13). Der Fahrer eines überbreiten beladenen Lastzugs kann mit Sicherung durch ein vorausfahrendes Begleitfz nicht rechnen, wenn die Verbindung zu ihm abgerissen ist (Bay VRS **17** 52).

19 **2 a. Fahrzeuge bei Verwendung für land- oder forstwirtschaftliche Zwecke** dürfen ohne Rücksicht auf Eigentum und Haltereigenschaft bei Beladung mit land- oder forstwirtschaftlichen Erzeugnissen oder mit Arbeitsgeräten samt Ladung höher als 4 m, aber nicht breiter als 3 m sein. Die Einbeziehung von Arbeitsgeräten durch die Neufassung des Abs II durch ÄndVO v 11. 12. 00 soll den Transport von Arbeits- oder Anbaugeräten mit einer Breite von mehr als 2,55 m zur landwirtschaftlichen Arbeitsstelle erleichtern. Sie entspricht der Regelung in § 32 I Nr. 2 StVZO, wonach die höchstzulässige Breite bei land- oder forstwirtschaftlichen Arbeitsgeräten 3 m beträgt. Die Ausnahme gilt nicht für die AB und für KraftfahrStr (§ 18 I 2). Sie setzt *unmittelbar* der Ausübung der Landwirtschaft dienende Tätigkeiten voraus, in aller Regel also Fahrten zwischen dem landwirtschaftlichen Betrieb und den Wirtschaftsflächen (Bay VM **86** 28). Für Transporte von land- oder forstwirtschaftlichen Erzeugnissen oder von Arbeitsgeräten außerhalb land- und forstwirtschaftlicher Zwecke (Händler, Fuhrunternehmer) gilt die Erleichterung nicht (Bay VM **86** 28), allgemein auch nicht für die Fz- und Zuglänge. Langholzfuhren: Rz 13, 22, 26. Die Höchstbreite gilt auch für Sitzbretter im forstwirtschaftlichen Holzfuhrbetrieb (Tüb DAR **52** 112).

Ladung   § 22 StVO **2**

3. Nach vorn gilt das Verbot des Hinausragens der Ladung über das ziehende Fz gem III nur   20
bis zu einer Ladungshöhe von 2,5 m, weil es die Verkehrssicherheit zum Schutz vorausfahrender
Kraftfahrzeugführer, Fußgänger und Radfahrer nur erfordert, den Raum über der Fahrbahn bis
zu dieser Höhe frei zu halten. Ab einer Höhe von 2,5 m ist ein geringfügiger Ladungsüberhang
bis zu 50 cm zugelassen (s Begr Rz 2).

4. Nach hinten darf die Ladung ohne Rücksicht auf die Entfernung bis zu 1,5 m hinaus-   21
ragen, bei Beförderung bis zu 100 km bis zu 3 m (IV), wobei Wegstrecken außerhalb des StVO-
Geltungsbereichs nicht zählen (IV). Maßgebend ist die insgesamt geplante Strecke, vorzeitiger
Abbruch ist ohne Einfluss (Ha VRS **61** 389, *Janiszewski* NStZ **81** 473). Dass das Hinausragen
durch die zu geringe Länge der Ladefläche bedingt ist, setzt Abs IV (trotz eines entsprechenden
Zwecks der Bestimmung) nicht voraus (Bay NZV **99** 479).

Ragt das äußerste Ende der Ladung bis zu 1 m über die Rückstrahler des Fz hinaus, so   22
braucht es nicht besonders gekennzeichnet zu werden. Bei ungleichmäßiger Länge ist der längste
Ladungsteil maßgebend (Ol VRS **7** 317). Ragt das äußerste Ladungsende mehr als 1 m über die
FzRückstrahler hinaus, so ist es nach Maßgabe von IV besonders zu kennzeichnen (hellrote,
gespreizte Fahne bestimmter Größe, hellrotes, pendelnd aufgehängtes Schild oder entsprechende
zylindrische Körper, rote Leuchte, Rückstrahler). Diese besondere Sicherung muss andauern,
solange sich das Fz mit der überstehenden Ladung im Verkehr befindet (Bay VRS **4** 146). Für
Hubladebühnen gilt die Vorschrift des § 53 b V StVZO, nicht § 22 IV (LG Bonn VersR **04** 79).
Die bei Dunkelheit anzubringende rote Leuchte muss nicht pendeln (Ha VRS **22** 381). Be-
findet sich die rote Leuchte an der linken hinteren Runge des abgestellten Anhängers statt am
äußersten überstehenden Ladungsende, so braucht der Auffahrende die Ursächlichkeit der un-
richtigen Anbringung nicht zu beweisen (BGH DAR **56** 300).

5. Nicht länger als 20,75 m darf ein Fz oder Zug samt Ladung sein, auch bei Verwendung   23
für land- oder forstwirtschaftliche Zwecke (IV S 2). Verantwortlichkeit: § 23 StVO, § 31
StVZO.

6. Seitlich mehr als 40 cm hinausragende Ladung ist bei eingeschränkter Sicht iS von   24
§ 17 I durch Leuchten gemäß V besonders zu kennzeichnen. Zu messen ist von den FzLeuchten
ab, bei Kfz vom äußersten Rand der Lichtaustrittsfläche der Begrenzungsleuchten ab (V). Die
Vorschrift erlaubt nur das Hinausragen gekennzeichneter größerer Ladungsteile. Einzelne Stan-
gen, Platten oder schlecht erkennbare Gegenstände dürfen auch bei Kennzeichnung nicht hin-
ausragen (V S 2).

7. Anbaugeräte an Kfz sind wie hinausragende Ladung zu sichern. Begr, § 53 b StVZO   25
und Rz 22, 24.

8. Ausnahmen: §§ 46 II, 47. Richtlinien für Ausnahmegenehmigungen für überlange,   26
überbreite, überhohe oder überstehende Ladungen, VkBl **69** 146.

9. Ordnungswidrig (§ 24 StVG) sind alle in § 49 I Nr 21 mit § 22 bezeichneten Zuwider-   27
handlungen. Fahrlässigkeit bei nicht ausreichend gesicherter Ladung nur bei Vorhersehbarkeit des
Herabfallens (Bra NZV **95** 406). Zur Frage des Verschuldens des FzF bei mangelhafter Ladungs-
sicherung *Hillmann* ZfS **03** 388 f. Verstoß gegen IV 1, 2. Alt., ist bereits bei Beginn der Fahrt ow,
nicht erst nach 100 km (Ha VRS **61** 389, Rz 21). Überladen: §§ 31, 34 StVZO. Normadressat
des I ist insbesondere der FzF (Dü VM **94** 52), daneben aber auch jede für die Ladung verant-
wortliche Person (Stu VRS **64** 308 [Leiter der Ladearbeiten], Ce NStZ-RR **07** 215 [Versender
der Ware; zw.], Bay VRS **24** 300 [zu § 19 StVO aF], *Cramer* Rz 38, *Rüth/Berr/Berz* Rz 24, aM
Hillmann ZfS **03** 391). Beachtung der VDI-Richtlinie 2700 (Rz 13) entlastet idR, es sei denn,
dem Betroffenen ist die Notwendigkeit eines abw Verhaltens im konkreten Fall bekannt (Bay
DAR **02** 562). Verantwortlichkeit des FzF iÜ: § 23 StVO, des Halters: § 31 II StVZO und hier-
zu Ko ZfS **07** 108. TE mit § 1 II ist möglich (Dü NZV **92** 494), konkrete Gefahr bzw Schaden
muss jedoch festgestellt sein (§ 1 Rz 39, *D. Müller/Köhler* SVR **06** 407). Verstöße gegen § 22
sind auch ow, wenn niemand geschädigt, gefährdet behindert oder belästigt wird (Bay VM **61**
34, VRS **24** 300, Ha VRS **27** 300, Dü NZV **92** 494). Wer I zuwiderhandelt, verstößt nicht
zugleich gegen § 23, der insoweit nur Auffangbestimmung ist (§ 23 Rz 9, 38; Dü VRS **67** 145).
Gefährdung allein durch die Beschaffenheit der Ladung trotz richtigen Verstauens (Ce DAR **57**
245). Die II–V weisen keinen Normadressaten aus; sie enthalten bloße Zustandsbeschreibungen.
§ 49 I Nr 21 läuft deshalb insoweit leer. Bußgeldbewehrung nur über § 23 I 2 StVO, § 31 II
StVZO.

Sonstige Pflichten des Fahrzeugführers

23 (1) ¹Der Fahrzeugführer ist dafür verantwortlich, daß seine Sicht und das Gehör nicht durch die Besetzung, Tiere, die Ladung, Geräte oder den Zustand des Fahrzeugs beeinträchtigt werden. ²Er muß dafür sorgen, daß das Fahrzeug, der Zug, das Gespann sowie die Ladung und die Besetzung vorschriftsmäßig sind und daß die Verkehrssicherheit des Fahrzeugs durch die Ladung oder die Besetzung nicht leidet. ³Er muß auch dafür sorgen, daß die vorgeschriebenen Kennzeichen stets gut lesbar sind. ⁴Vorgeschriebene Beleuchtungseinrichtungen müssen an Kraftfahrzeugen und ihren Anhängern sowie an Fahrrädern auch am Tage vorhanden und betriebsbereit sein, sonst jedoch nur, falls zu erwarten ist, daß sich das Fahrzeug noch im Verkehr befinden wird, wenn Beleuchtung nötig ist (§ 17 Abs. 1).

(1 a) ¹Dem Fahrzeugführer ist die Benutzung eines Mobil- oder Autotelefons untersagt, wenn er hierfür das Mobiltelefon oder den Hörer des Autotelefons aufnimmt oder hält. ²Dies gilt nicht, wenn das Fahrzeug steht und bei Kraftfahrzeugen der Motor ausgeschaltet ist.

(1 b) ¹Dem Führer eines Kraftfahrzeuges ist es untersagt, ein technisches Gerät zu betreiben oder betriebsbereit mitzuführen, das dafür bestimmt ist, Verkehrsüberwachungsmaßnahmen anzuzeigen oder zu stören. ²Das gilt insbesondere für Geräte zur Störung oder Anzeige von Geschwindigkeitsmessungen (Radarwarn- oder Laserstörgeräte).

(2) Der Fahrzeugführer muß das Fahrzeug, den Zug oder das Gespann auf dem kürzesten Weg aus dem Verkehr ziehen, falls unterwegs auftretende Mängel, welche die Verkehrssicherheit wesentlich beeinträchtigen, nicht alsbald beseitigt werden; dagegen dürfen Krafträder und Fahrräder dann geschoben werden.

(3) ¹Radfahrer und Führer von Krafträdern dürfen sich nicht an Fahrzeuge anhängen. ²Sie dürfen nicht freihändig fahren. ³Die Füße dürfen sie nur dann von den Pedalen oder den Fußrasten nehmen, wenn der Straßenzustand das erfordert.

1   **Begr** zur ÄndVO v 21. 7. 80: VkBl **80** 514.

2   **Begr** zur ÄndVO v 22. 3. 88 (VkBl **88** 224): **Zu Abs 2:** *Die Möglichkeit, liegengebliebene Zweiräder zu schieben, wird auf alle Krafträder ausgedehnt.*

3   **Begr** zur ÄndVO v 11. 12. 00 (VkBl **01** 8): **Zu Abs 1:** *Die Änderung trägt dem Umstand Rechnung, dass nach der Einfügung des § 90a BGB Tiere nicht mehr unter den Begriff „Sachen" zu subsumieren sind.*

4   **Zu Abs 1a:** *Die Vorschrift regelt die Benutzung eines Mobil- oder Autotelefons durch den Fahrzeugführer, also auch den Radfahrer. Sie gewährleistet, dass der Fahrzeugführer während der Benutzung des Mobil- oder Autotelefons beide Hände für die Bewältigung der Fahraufgabe frei hat. Die Benutzung schließt neben dem Gespräch im öffentlichen Fernsprechnetz sämtliche Bedienfunktionen wie das Anwählen, die Versendung von Kurznachrichten oder das Abrufen von Daten im Internet etc. ein.*

Der Fahrzeugführer darf das Mobil- oder Autotelefon benutzen, wenn er dazu das Telefon oder den Telefonhörer nicht aufnehmen oder halten muss. Insoweit soll es der Verantwortung des Fahrzeugführers überlassen bleiben, ob er in Kenntnis der auch dann noch bestehenden Risiken der mentalen Überlastung und Ablenkung von der eigentlichen Fahraufgabe ein Telefongespräch führt. Gleiches gilt für das Betätigen der weiteren Bedienfunktionen, die unter der genannten Bedingung ebenfalls weiter erlaubt bleiben. Auch insoweit obliegt es der Verantwortung des Fahrzeugführers, die davon ausgehenden Beeinträchtigungen so gering wie möglich zu halten, z. B. durch die Anwahl mittels Sprachsteuerung oder zumindest durch die Eingabe von Kurzwahlnummern, um den Wählvorgang möglichst wenig ablenkend zu gestalten.

…

Eine Untersuchung der Bundesanstalt für Straßenwesen (BASt) aus dem Jahr 1997 hat ergeben, dass 1996 20 Tote, 100 Schwer- und 450 Leichtverletzte dem Telefonieren am Steuer zumindest mitursächlich zuzurechnen waren. Hinzu kam eine nicht abschätzbare Dunkelziffer.

…

Wissenschaftliche Untersuchungen haben ergeben, dass sich durch die Benutzung einer Freisprecheinrichtung während des Telefongesprächs sowohl die Unsicherheits-Fehler (spätes Bremsen, Nichteinhalten der Fahrspur etc.) als auch die Fahrfehler (Übersehen von Verkehrszeichen, Fahrten in die falsche Richtung etc.) im Vergleich zu einem Gespräch ohne Freisprecheinrichtung um mehr als 50% reduzieren lassen.

…

Während des Gesprächs selbst bietet eine Freisprecheinrichtung jedoch, weil beide Hände für die eigentlichen Fahraufgaben zur Verfügung stehen, entscheidende Sicherheitsvorteile. Dies gilt für den Kraftfahr-

zeugverkehr, ist aber auch für den Fahrradverkehr so offenkundig, dass es zur Rechtfertigung des Verbotes auch für diese Art der Verkehrsteilnahme keiner weiteren Untersuchung bedarf.
...
Satz 2 erlaubt die Benutzung eines Mobil- oder Autotelefons durch den Fahrzeugführer unter den dort genannten Voraussetzungen. Damit bleibt die Benutzung bei längerem Stillstand wie z. B. im Stau oder bei längerem Halt vor einer geschlossenen Bahnschranke mittels Aufnehmen oder Halten des Telefons oder Telefonhörers weiter erlaubt ....

Begr zur ÄndVO v 14. 12. 01 (VkBl **02** 140, 142): **Zu Abs 1 b:** ... Die Neuregelung soll der Intention des Gesetzgebers folgend, vor allem zur Sicherung einer erfolgreichen Bekämpfung von Geschwindigkeitsverstößen und anderen Verkehrszuwiderhandlungen beitragen. Sie soll verhindern, dass sich Kraftfahrer durch technische Vorkehrungen im Kraftfahrzeug Maßnahmen der Verkehrsüberwachung entziehen können. Darüber hinaus dient sie der Rechtsklarheit.
...
Nicht nur einzelne technische Geräte wie die derzeit am meisten verbreiteten Radarwarngeräte und Laserstörgeräte werden von dem Verbot erfasst, sondern auch andere technische Lösungen, die einen vergleichbaren Effekt erreichen. Das gilt insbesondere für die Verknüpfung der Warnung vor stationären Überwachungsanlagen mit modernen Zielführungssystemen; die entsprechenden Geräte geben die Warnung ebenfalls automatisiert und ortsbezogen ab.
...
Im Interesse des Vollzugs wird neben dem tatsächlichen Betreiben auch das betriebsbereite Mitführen untersagt. Anderenfalls müsste für den Nachweis eines Verstoßes in jedem Einzelfall belegt werden, dass das Gerät tatsächlich betrieben worden ist; dies wäre nicht praktikabel. Durch die Beschränkung auf das betriebsbereite Mitführen erfolgt zugleich die Abgrenzung gegenüber dem gewerblichen Transport solcher Geräte, etwa im grenzüberschreitenden Güterverkehr, der nicht verboten werden soll.
...

Vwv zu § 23 Sonstige Pflichten des Fahrzeugführers

Zu Absatz 1

1 I. Bei Kraftwagen, die neben dem Innenspiegel nur einen Außenspiegel haben, ist gegen sichtbehinderndes Bekleben und Verstellen der Rückfenster mit Gegenständen einzuschreiten. Zu beanstanden ist das Fehlen eines zweiten Außenspiegels auch dann, wenn ein mitgeführter Anhänger die Sicht beim Blick in den Außen- oder Innenspiegel wesentlich beeinträchtigt. Auch der sichtbehindernde Zustand der Fenster (z. B. durch Beschlagen oder Vereisung) ist zu beanstanden.

2 II. Fußgänger, die Handfahrzeuge mitführen, sind keine Fahrzeugführer.

Übersicht

Ablenkung von den Fahraufgaben 14
Außenspiegel 12
Autotelefon 4, 30–33, 40

Begleitperson 10
Beleuchtung 23 b, 27
Besetzung des Fahrzeugs 9, 15, 22, 40
Betrunkene, Mitnahme von 22, 23, 40
Bremsanlage 17 f, 25 f, 40

Fahrerplatz 12
Fahrtbeginn, Prüfung vor 16, 17, 18, 25, 26, 40
Fahrrad 37
Fahrzeug 11
–, Vorschriftsmäßigkeit, Verkehrssicherheit 15–19, 24–29
Fahrzeugführer 10
–, Verantwortlichkeit 16, 24
Freihändiges Fahren 14, 37
Freie Sicht 12, 14

Gefahrerhöhung 40
Gehör 13
Gespann 15

Handy 4, 30–33
Hund, Beförderung im Fahrzeug 20

Kennzeichen 23 a
Kopfhörer 1, 13
Kupplung 26
Kraftrad 23, 40

Ladung 9, 12, **15**, 19, **20**, 27
Luftdruck 25, 26, 29

Mängel s Unterwegsmängel
–, nicht gefährdende 29
Mobiltelefon 4, 30–33

„Notrecht" 25, 26

Ordnungswidrigkeiten 38

Personenbeförderung 22
Prüfung vor Fahrtbeginn 16

Radarwarngeräte 5–7, 34–36
Radfahrer 13, 21, 30, 37

Sicht, freie 12, 14
Sonderpflichten, Rad- und Kradfahrer 37
Strafrecht 39

2 StVO § 23 I. Allgemeine Verkehrsregeln

Tanken, Tankfüllung s Treibstoffvorrat
Technische Geräte zur Anzeige von
 Überwachungsmaßnahmen 5–7, 34–36
Telefonieren 4, 30 ff
Treibstoffvorrat 18, 28

Unterwegsmängel 2, 24–29

Verantwortlichkeit des Fahrzeugführers
 s Fahrzeugführer
Verkehrssicherheit des Fahrzeugs 15–19,
 24–29

Zivilrecht 40
Zug 11

9 **1. Allgemeines.** § 23, der auch für außerdeutsche KfzF gilt (Art 8 I IntAbk [**E** 16], Rz 15; Kö VRS **57** 381, KG VRS **69** 309), fasst in I, II und III die nicht in anderen Regelungen normierten („sonstigen") allgemeinen Verhaltens- und Sorgfaltspflichten des FzF zusammen und ist insofern Auffangbestimmung (Rz 38; BGH NJW **74** 1663). Die später eingefügten Abs 1 a (Telefonbenutzungsverbot) und Abs 1 b (Störgeräte) enthalten spezielle Verbote. Der umfängliche Pflichtenkatalog namentlich des I ist Ausdruck des Umstandes, dass erstrangiger Normadressat der StVO der FzF ist. Dies wiederum trägt der Tatsache Rechnung, dass der FzF mit dem Bewegen von Fz eine Gefahrenquelle für die Rechtsgüter anderer setzt, für deren Beherrschung nach allgemeinen Regeln in erster Linie er die Verantwortung trägt. Die Vorschrift füllt hinsichtlich der Verantwortlichkeit des FzF für den ordnungsgemäßen Zustand des Fz usw jedoch nicht in Form einer Generalklausel sämtliche Lücken, die andere Vorschriften lassen. Sie ist nur anwendbar, wenn die dort im Einzelnen aufgeführten Ge- und Verbote verletzt sind. ZB (weitere Bsp. Rz 12, 14, 37) verwirklicht § 23 mangels spezifischen Verbotstatbestands nicht, wer mit ungeeignetem Schuhwerk (BGH VM **57** 32, Ce NJW **07** 2505 [Birkenstock-Schuhe], Ba DAR **07** 340 [nach hinten offene Sandalen]) oder barfuß fährt (Ba NStZ-RR **07** 90); er begeht allenfalls eine OW nach § 209 SGB VII (Ba NStZ-RR **07** 90, DAR **07** 340, Ce NJW **07** 2505) und haftet uU wegen Sorgfaltsverstoßes nach § 1 II. Andererseits entspricht es dem Charakter als Auffangtatbestand, dass Spezialvorschriften vorgehen. Dies wird besonders relevant bei den Pflichten in Bezug auf die VSicherheit des Fz, der Ladung und Besetzung. Hier greifen vielfach die §§ 21, 22 StVO und §§ 30, 32 ff StVZO ein und lassen für § 23 I S 2 keinen großen Raum mehr (Rz 15, 38). Die Gebote des I, II unterliegen nach der Rspr strengen Anforderungen (zB Rz 16; Bay VRS **46** 395, Ha VRS **74** 218, Dü VM **97** 21). Das Erfordernis jederzeitiger (körperlicher, geistiger und fahrerischer) *Eignung des FzF selbst* ist demgegenüber in §§ 31 I, 69a V Nr 2 StVZO, §§ 2, 75 Nr 1 FeV geregelt (s im Einzelnen dort). Überschneidungen namentlich mit I S 1 bestehen nicht. I 1 betrifft die Beeinträchtigung von Sicht und Gehör speziell durch Besetzung, Ladung usw und geht insofern dem § 2 FeV vor (Rz 38). Das allgemeine Pflichtenprogramm *des Halters* enthält § 31 II StVZO.

10 **2.** Normadressat des § 23 **ist der Fahrzeugführer**. Zur Auslegung des Begriffs können die zu den §§ 315c, 316 StGB und zu § 21 StVG entwickelten Grundsätze herangezogen werden (§ 316 StGB Rz 2 ff; § 21 StVG Rz 10 f). Der Fußgänger mit HandFz ist kein FzF (Rz 8; zum Mitführen von Fortbewegungsmitteln s auch § 316 StGB Rz 6). Zur Verantwortlichkeit des Lenkers eines abgeschleppten Fz: § 33 StVZO Rz 6 ff, § 21 StVG Rz 11. Allgemeine Sorgfaltspflicht des FzF im Verkehr: § 1, des KfzF: § 2 StVG. Der Fahrer, auch der nur aushilfsweise fahrende (BGH VM **62** 9, NJW **59** 2062, Ha VRS **43** 426), ist unbeschadet der FzZulassung und regelmäßigen Pflichtuntersuchungen (§ 29 StVZO) verantwortlich für die Betriebssicherheit (BGH NJW **52** 233, VRS **8** 211). Bei *Fahrerwechsel* trifft die Verantwortlichkeit denjenigen, der gerade fährt (Mü VersR **66** 858) oder der den Betriebsvorgang beherrscht (BGH NJW **59** 1979), ohne Entlastungsmöglichkeit durch den pausierenden Beifahrer (BGHSt **1** 112, VRS **3** 161, Mü VersR **66** 858), anders bei Unterstützung durch den Beifahrer bei einem einzelnen VVorgang. Mängel hat der Fahrer dem Halter zu melden, falls er sie nicht selber behebt. Mitnahme einer Begleitperson ist nur unter besonderen Umständen nötig (BGH DAR **64** 322). Eine Begleitperson hat nur Pflichten bei VVorgängen, die der FzF allein nicht ohne Gefahr bewältigen kann, wobei sich der Fahrer idR (Tatfrage) nicht mit Störung durch einen Beifahrer entschuldigen kann (BGH VRS **33** 431). Fahrlehrer bei Ausbildungsfahrt: § 2 StVG Rz 41 ff; § 316 StGB Rz 5.

11 **3. Fahrzeuge** sind zur Ortsveränderung bestimmte Fortbewegungsmittel zwecks Beförderung von Personen oder Gütern (Bay NZV **00** 509). Andere sinngleiche Definitionen: „alle technischen Vorrichtungen zum ortsverändernden Fahren" (hier bis 39. Aufl); „Gegenstände, die zur Fortbewegung auf dem Boden bestimmt und geeignet sind" (*Jagow/Burmann/Heß* § 2 Rz 3). Die in § 24 genannten „besonderen Fortbewegungsmittel" (Schiebe- und Greifreifenrollstühle, Rodelschlitten, Kinderwagen, Roller uä) erfüllen zwar die Begriffsbestimmung des Fz,

Sonstige Pflichten des Fahrzeugführers § 23 StVO **2**

werden jedoch namentlich wegen der von ihnen ausgehenden geringeren Gefahren durch § 24 aus dem FzBegriff der StVO ausdrücklich ausgenommen (§ 24 Rz 6). Zu den Fz rechnen vor allem Kfz, auch Mofas (Hb VM **76** 39), Straba, Omnibusse, Fuhrwerke, Fahrräder, FmH, land- und forstwirtschaftliche fahrende Arbeitsgeräte, andere fahrende Arbeitsgeräte (Schneepflüge, Bagger, Straßenbaumaschinen, Kräne). Auch HandFz sind Fz, werden jedoch dem Fußgängerverkehr zugeordnet (Rz 8; § 25 II). Luft- und WasserFz und Schienenbahnen *auf ausschließlich eigenem Gleiskörper* fallen nicht in den Bereich der StVO (s aber § 19). Ein *Zug* ist eine Mehrheit verbundener Fz, bei Kfz also ein Zugfz mit einem Anhänger (Br NJW **63** 726). Zuglänge: § 32 StVZO. Mehrere Anhänger: § 32a StVZO. Anhänger hinter Omnibus oder SattelFz: § 32a StVZO. Abschleppen: § 33 StVZO Rz 6ff, Schleppen: § 33 StVZO Rz 3ff.

4. Freie Sicht und unbeeinträchtigtes Gehör (Abs 1 S 1). I S 1 gebietet dem FzF für **12** freie Sicht und unbeeinträchtigtes Gehör Sorge zu tragen. Unter Beachtung dieses Gebots hat er seinen Platz einzunehmen. Bei Kfz gewährleisten die Bauvorschriften die nötige Sicht vom Fahrerplatz aus bei Links- wie Rechtslenkung. Dass der Fahrer das Kfz vom Fahrersitz (§ 35a StVZO) aus lenkt, unterstellt die StVO. Jedoch ist weder in § 23 noch anderswo ein entsprechendes bußgeldbewehrtes Gebot normiert, weswegen der FzF, der das Kfz unter Beeinträchtigung der VSicherheit auf andere Weise lenkt, nur nach allgemeinen Regeln (insbesondere § 1 II) zivil-, straf- und bußgeldrechtlich haftet (Bay VRS **56** 194, AG Menden VM **00** 7 [Fahrlehrer lenkt mit Hilfe der Doppelbedienungseinrichtung vom Beifahrersitz aus]). Die zu befahrende Strecke muss bei jeder FzBewegung voll überblickbar sein, vorwärts wie rückwärts (Ko VRS **58** 256). Bei nur einem **Außenspiegel** dürfen Rückfenster nicht durch Ladung oder andere Gegenstände verstellt (Begr) sowie Fenster nicht mit Plaketten verklebt sein, die die Sicht einschränken (Begr und Vwv). Behindert ein Anhänger die Sicht nach hinten, so ist ein zweiter Rückspiegel nötig (Vwv). Der Innenspiegel muss stets benutzbar bleiben (Ha DAR **59** 55, Ol VRS **16** 297), es sei denn, die Unbenutzbarkeit (Gepäckstücke) werde durch einen zusätzlichen rechten Außenspiegel ausgeglichen (*Weigelt* DAR **59** 125). Die Höhe und Breite der Ladung (§ 22) darf nicht so beschaffen sein, dass die Sicht nach hinten unter Zuhilfenahme der Spiegel unmöglich ist (Ha VRS **19** 69). **Verschmutzung der Windschutzscheibe** fördert Streulicht und damit Blendung (*Hartmann* DAR **76** 332). Es genügt nicht, nur etwa 40 cm der Windschutzscheibe zu enteisen oder an den Seitenfenstern nur ein Loch freizumachen (Br VRS **30** 226, NJW **66** 266). Ob die Sicht in solchen Fällen ausgereicht hat, kann das Gericht ohne Sachverständigen feststellen (BGH VRS **28** 362). Fahren mit vereister oder beschlagener Heckscheibe verstößt nicht gegen § 23, wenn zwei Außenspiegel ausreichende Sicht nach hinten gewähren (Kar DAR **86** 327, Dü VRS **80** 376). Zu § 2 III a s dort Rz 72c. Dem durch Fensterholme bedingten **toten Winkel** nach vorn (dazu *Straub* VersR **88** 1008) hat der Kf Rechnung zu tragen. Wer sich beim Lenken umdreht, sich im Kfz anderweit zu schaffen macht und deswegen die Fahrbahn nicht genügend beachtet, verletzt nicht I S 1, handelt aber iS der Kaskoversicherung grobfahrlässig (Fra VersR **73** 610; näher § 3 Rz 67).

Der FzF ist nach I S 1 auch für **unbeeinträchtigtes Gehör** verantwortlich. Überlaute Be- **13** nutzung von Tonübertragungsgeräten oder Kopfhörern im Kfz schafft künstliche „Schwerhörigkeit" (Kö VRS **73** 148) und beeinträchtigt die VSicherheit, weil ein wichtiger Sinn für die Wahrnehmung von Geräuschen, die für das eigene Verhalten in der Gesamtschau der Eindrücke aus den Verkehrsabläufen von Bedeutung sein können (Begr VkBl **80** 514), ausgeschaltet ist (LG Aachen VersR **92** 843 [1/3 Mithaftung bei Kollision mit SonderrechtsFz], *Bouska* VD **79** 317, *Corinth* PVT **93** 8). Das gilt zB für Warnsignale, fremdes Fahrgeräusch, Pannenanzeichen usw. Radf mit Kopfhörer („Walkman", MP 3-Player) verstoßen gegen I S 1, sobald die Lautstärke des Geräts die akustische Wahrnehmung nicht nur ganz unwesentlich beeinträchtigt (Kö VRS **73** 148). Nach- und Vorteile des Musikhörens bei Orts- und Überlandfahrten: VkBl **71** 665; unter bestimmten Umständen wird die Fahrsicherheit beeinträchtigt (*Corinth* PVT **93** 8).

Lit: *Bouska,* Darf der Führer eines Kfz Rundfunksendungen oder Kassettenmusik über Kopfhörer anhören?, VD **79** 315. *Corinth,* Untersuchungen über die Wahrnehmbarkeit von Sondersignalen im Auto mit und ohne gleichzeitigem Musikhören, PVT **93** 8.

I S 1 bezieht sich nur auf die Beeinträchtigung der Sicht und des Gehörs durch die dort be- **14** zeichneten Umstände. Gefährliche **Ablenkung von den Fahraufgaben** aus anderen Gründen erfasst er hingegen nicht (s auch Rz 9; Bsp. in § 3 Rz 67). Ein Sonderfall ist allerdings in I a (Benutzung von Telefonen) geregelt (Rz 30ff). Schon der **Blick auf FzArmaturen** hat signifikanten Einfluss auf die Unfallhäufigkeit (*Wierwille/Tijerina* ZVS **97** 67). Entsprechendes gilt für den Umgang mit Navigationsgeräten (*Hagemeister/Kettler* NZV **02** 481). Beim Fernsehen oder

Betrachten von Filmen (*Gasser* SVR **08** 201) während der Fahrt sind die Gefahren offensichtlich. Der AK VII des 46. VGT (VGT **08** 12) empfiehlt ua Vertriebsverbote sowie Verwendungsverbote in § 23. **Rauchen** oder Anzünden einer Zigarette beim Fahren kann zu einer Sicherheitsbeeinträchtigung führen, ist aber grundsätzlich nicht verboten und ohne Hinzutreten besonderer Umstände in der Kaskoversicherung nicht grob fahrlässig (Stu VersR **86** 1119), auch nicht falsche Reaktion auf unvorhergesehenes Herunterfallen von Glut (KG VersR **83** 494) oder eine kurze Handbewegung, um ein Insekt zu verscheuchen (Ba NZV **91** 473). Fahren mit brennender Zigarette im Mund kann aber bei schwierigen VVerhältnissen grob fahrlässig sein (Dü NJW **80** 2262; im Einzelnen § 3 Rz 67). **Freihändiges Fahren** durch Führer von Pkw und Lkw, selbst bei gleichzeitiger Inanspruchnahme beider Hände für andere Tätigkeiten während der Fahrt, ist zwar pflichtwidrig (§ 1 I) und bei dadurch verursachter Schädigung vielfach grob fahrlässig, aber für sich allein (ohne dadurch bewirkte Beeinträchtigung von Sicht oder Gehör) weder in § 23 (Rückschluss aus I b und III) noch, soweit es nicht zu konkreter Gefährdung führt, durch § 1 II ausdrücklich verboten, insbesondere nicht ow iS von § 24 StVG (s auch Rz 30). Eine Ergänzung des § 23 insoweit wäre zu begrüßen.

15 **5. Vorschriftsmäßigkeit und VSicherheit (Abs 1 S 2).** Vorschriftsmäßig müssen Fz, Zug, Gespann, Ladung und Besetzung sein, außerdem darf die VSicherheit durch Besetzung und Ladung nicht beeinträchtigt werden. Die Bau- und Betriebsvorschriften der StVZO (insbesondere §§ 30, 32 ff StVZO) müssen gewahrt sein (Kö VM **88** 61), gleichfalls muss den Bestimmungen über die Personenbeförderung (§ 21) und die Ladung (§ 22) genügt sein (Begr). *Im Ausland zugelassene Fz* sind vorschriftsmäßig, wenn sie §§ 31 d, 31 e StVZO, § 20 III, § 21 FZV und Anh. 5 des Wiener Übereinkommens über den StrV (**E** 16) entsprechen (§ 20 FZV Rz 14). Zu beachten ist, dass die bußgeldbewehrten Spezialvorschriften der StVZO sowie die §§ 21, 22 StVO dem § 23 vorgehen (Rz 9, 38). Über das Merkmal der Vorschriftsmäßigkeit wird auch **die VSicherheit des Fahrzeugs** usw gewährleistet. Denn auch ein den Bau- und Betriebsvorschriften der StVZO an sich entsprechendes Fz wird dann vorschriftswidrig, wenn es gefährdende Mängel aufweist (vgl § 30 StVZO Rz 2) oder unterwegs liegen bleiben kann (§ 15). Ein Kfz usw ist demgemäß vorschriftsmäßig, wenn es entsprechend der StVZO gebaut und ausgerüstet und außerdem betriebssicher ist (Hb NJW **66** 1277, Schl VM **67** 13, Ce VkBl **61** 997, Dü VRS **67** 289). *Die VSicherheit ist beeinträchtigt,* wenn durch Steigerung der normalen vom Fz ausgehenden Gefahr der Eintritt einer konkreten Gefahr für andere (auch beförderte Personen) wahrscheinlicher wird (Dü DAR **00** 223, Kö VM **88** 61).

16 Der FzF (auch der deutsche Fahrer bei den Stationierungsstreitkräften; Dü VM **59** 6) muss sich **vor Antritt der Fahrt** im Rahmen des ihm Möglichen und Zumutbaren von der Vorschriftsmäßigkeit und VSicherheit des Fz überzeugen (Ha VRS **74** 218, Stu NZV **91** 68, Dü VM **93** 23), auch wenn er das Fz zur weiteren Führung übernimmt (BGH VRS **29** 26), und zwar einschließlich des Abladens, da auch hierbei noch Schäden entstehen können (BGH VRS **29** 26). Zu **Unterwegsmängeln** Rz 24 ff. Die Gebote sind iS einer Schutzpflicht gegenüber den übrigen VT gegen erhöhte Gefahr ernst zu nehmen (BGH VersR **76** 147, Bay DAR **00** 223) und unterliegen nach der Rspr strengen Anforderungen (Bay VRS **46** 395, Ha VRS **74** 218, Dü VM **97** 21). Verantwortlich ist der Fahrer für alle FzMängel, die er kennt oder bei zumutbarer Aufmerksamkeit kennen müsste (BGH VRS **8** 211, KG VRS **101** 291), zB weil er den Mangel bei zumutbarer Prüfung bemerkt hätte (Bay VRS **4** 623, KG VRS **5** 465, Ce VRS **39** 33). Das Maß der aufzuwendenden Sorgfalt hängt dabei maßgebend von Typ und Zustand des Fz und der Bedeutung der jeweiligen Funktion für die VSicherheit ab, wobei die Rspr gelegentlich dazu neigt, die Anforderungen zu überspannen. Duldungs- und Mitwirkungspflicht des Fahrers bei Kontrollen: § 36 V StVO, § 31 b StVZO. Zur Untersagung des Betriebs vorschriftswidriger Fz *Kreutel,* Polizei **83** 335, *Geppert* DAR **88** 15. Wird ein Fz zur Überprüfung der VSicherheit durch die Pol sichergestellt, so haftet für Schäden der Staat (Amtshaftung; Mü VersR **95** 1054).

17 Der Käufer eines **neuen Kfz** darf nach Übergabedurchsicht auf Betriebssicherheit vertrauen, braucht also zB nicht die Radmuttern nachzusehen (Ha MDR **63** 216), anders bei Kauf eines sehr alten Fz von unbekannter Privatperson (Überprüfung durch Fachwerkstatt geboten; BGH NZV **95** 310, Ce VersR **97** 202), wie überhaupt bei Übernahme eines Fz älterer Bauart (Ol VRS **21** 354 [Lenkung, Bremsen]) oder bei erstmaliger Benützung eines gebrauchten Kfz (Dü VersR **70** 802). Bei verwahrlosten Kfz ist besondere Sorgfalt geboten (Kö VRS **14** 32). Wird das Fz **regelmäßig fachmännisch gewartet**, so darf sich der Fahrer hierauf verlassen, sofern ihm kein besonderer Mangel auffällt (BGH VersR **76** 147, Bay VRS **46** 395, VM **74** 53; sehr

Sonstige Pflichten des Fahrzeugführers § 23 StVO **2**

streng demgegenüber Ce VRS **37** 67 [Überprüfung des Bremszustands bei regelmäßig gewartetem Pkw). Wartung durch die Betriebswerkstatt (Ol VRS **13** 378, VM **58** 6) oder einen KfzMeister genügt, es sei denn, der gleichwohl vorhandene Fehler ist für den Fahrer leicht bemerkbar (BGH NJW **64** 1631, Bay VRS **46** 395, VM **74** 53). Ein neuer Fahrer muss mit einem regelmäßig gewarteten Kfz nur Bremsversuche anstellen, andere Untersuchungen nur, wenn er mit einem verborgenen Mangel zu rechnen hat (Bay DAR **78** 199). Andererseits besteht erhöhte Sorgfaltspflicht bei einem älteren Fz, das nach Kenntnis des FzF lange nicht mehr gewartet worden ist (BGH VersR **66** 565 [Lenkungsschaden], Ha NZV **90** 36 [Bremsausfall]).

Kasuistik: Der Kf muss alle vorgeschriebenen FzEinrichtungen funktionell ausreichend benutzen können (BGHSt **15** 386 = NJW **61** 886, Ol VRS **16** 297). Die **Funktionsfähigkeit der Bremsanlage** ist für die VSicherheit von essentieller Bedeutung. Dementsprechend bestehen hohe Sorgfaltspflichten (Rz 16). Lastzuge müssen vor Fahrantritt Bremsproben machen, aber auch dann, wenn sie unterwegs den Bremskraftregler umstellen (Ko VRS **51** 98, **41** 267, Sa VM **70** 96) und nach jeder längeren Fahrpause (Fra VersR **80** 196, LG Göttingen ZfS **92** 245). Nach jedem Eingriff in die Bremsanlage eines Kfz ist stets eine Bremsprobe erforderlich (BGH VRS **65** 140). Das unterwegs nötige gelegentliche Bremsen genügt zur Prüfung nicht (Ko VRS **51** 98). Führt Unterlassen zum Liegenbleiben (§ 15), so kann es für Auffahrunfälle ursächlich sein (BGH DAR **58** 218, Ha DAR **61** 176), jedoch nicht dann, wenn der Verkehr so sorgfältig gesichert worden ist, dass das Auffahren bei auch nur geringer Sorgfalt des Auffahrenden vermeidbar war (E 147). Bremsmängel unterwegs: Rz 26. Den Verschluss von **Ersatzkanistern** muss der Fahrer nur aus besonderem Anlass vor der Fahrt prüfen (Dü VM **77** 22). Verwendung für den FzTyp nicht zugelassener **Reifen** ist vorschriftswidrig (Hb DAR **72** 16). Bei VUnsicherheit darf das Fz so lange nicht benutzt werden (KG VRS **49** 295). Unzulässig großes **Lenkradspiel** bei GebrauchtFz zu erkennen, erfordert Erfahrung (BGH VersR **72** 267). Ein Lenkradspiel bis zu 5 cm reicht noch aus (BGH VersR **72** 267). Mit **Motorversagen** muss der Fahrer nur bei einem darauf hindeutendem Anlass rechnen (Neust DAR **57** 302). Weiß er, dass der Motor beim Gaswegnehmen leicht stehen bleibt, darf er in lebhaftem Verkehr nicht fahren (Ampel). Ohne besonderen Anlass besteht keine Pflicht zur ständigen Beobachtung der Ölkontrolllampe (Ba VRS **72** 88). **Ausreichender Treibstoffvorrat** gehört nicht zur Vorschriftsmäßigkeit (Rz 28). Bei handelsüblichem Dieseltreibstoff muss der Kf allenfalls bei extremem Klimaunterschied die VSicherheit prüfen (Kälteverdickung; BGH VM **68** 89). Zu störenden Paraffinausscheidungen bei Dieselmotoren *Seifert* PVT **80** 524.

Weitere Beispiele: Der Fahrer ist verantwortlich für geschlossene Wagentüren (Stu VM **68** 45, VRS **35** 307), für ordnungsgemäßes Verschließen der Plane eines Lkw (Kö VM **02** 43), für unverdeckte Fahrtrichtungsanzeiger (Schl VM **56** 76 [Ladung]), für den Reifenzustand, auch wenn der Halter Ordnungsmäßigkeit versichert hat (§ 36 StVZO; BGH NJW **62** 1523, Bra VRS **30** 300), für ordnungsmäßige Scheinwerfer und Scheinwerferstellung (Rz 27), für richtiges Abblendlicht und funktionierende Schluss- und Bremsleuchten (Rz 26, 27), für äußerlich erkennbare Mängel der Anhängerkupplung, ohne dass sie freilich zur Prüfung regelmäßig auseinandergebaut werden müsste (Ha VRS **21** 352), für mehr als nur behelfsmäßige Reparatur eines wiederholt schadhaften FzTeils (Nü VersR **61** 622). Dieselben Prüfpflichten gelten für Anhänger, besonders wenn sie lange nicht gewartete sind (BGH VM **60** 1, VRS **17** 388). Bei Anzeichen eines schwerwiegenden elektrischen Defekts am Lkw (Funkensprühen, selbstständiges Anfahren) darf der Kf nicht weiterfahren (Ha VM **73** 86). Ihm bekannte schwache Scheibenwischerleistung muss er beim Fahren berücksichtigen (Sa VM **71** 92).

Lit: *Bachmann*, Bau- und Ausrüstungsvorschriften für ausländische Fze, VD **93** 101. *Dvorak*, Liegenbleiben mit einem Kfz wegen Kraftstoffmangels, DAR **84** 313. *Kreutel*, Untersagung/Beschränkung des Betriebs von Fzen durch PolBe, Polizei **83** 335. *Mühlhaus*, Ursächlichkeitsprüfung bei mangelhaftem Zustand des Fzs, DAR **72** 174.

Die Ladung muss verkehrssicher verstaut sein (§ 22). Betriebssicherheit in beladenem Zustand setzt voraus, dass das Kfz die Ladung unter normalen Umständen gefahrlos befördern kann (nicht bei Kopflastigkeit; Sa VM **76** 53). Dafür ist der Fahrer verantwortlich, auch wenn andere, die er nicht beaufsichtigt, das Fz beladen (Dü VM **67** 87), oder wenn er das Fz zur weiteren Führung übernimmt (BGH VRS **29** 26). Bei Lastzuganhängern soll der FzF sogar dann verantwortlich sein, wenn nur ein Sachkundiger den Verladefehler feststellen und beseitigen kann (Kö VRS **24** 74); jedoch sind an die Sorgfalt des Fahrers zwar strenge, aber keine unzumutbaren Anforderungen zu stellen (Rz 16). Der FzF haftet für Mängel, die sich aufdrängen und für solche, die bei hinreichender Sorgfalt ohne spezielle Verladeerfahrung erkennbar sind. Überladen:

2 StVO § 23   I. Allgemeine Verkehrsregeln

§ 34 StVZO, § 31 II StVZO. Vorschriftsmäßiges Verstauen befreit nicht von der allgemeinen Sorgfaltspflicht beim Fahren (veränderte Fahreigenschaften des Fz). Bei *Beförderung eines Hundes* ist sicherzustellen, dass die sichere FzBeherrschung durch das Tier nicht beeinträchtigt wird (Nü NZV **90** 315, **98** 286, VM **94** 17 [jeweils grobe Fahrlässigkeit bei Mitführen eines Hundes ohne Sicherungsmaßnahmen]).

21   **Radfahrer** dürfen Gegenstände mitführen, die ihre Bewegungsfreiheit beim Fahren, das Zeichengeben und andere Personen oder Sachen nicht beeinträchtigen, und zwar dann auch einhändig oder in einer Tasche an der Lenkstange (Neust VRS **5** 428, Ha NZV **92** 318), am zweckmäßigsten auf dem Gepäckträger. Das Mitführen einer durch Arbeitsgerät beschwerten fast 2 m langen Leiter ist mit den Sicherheitsbedürfnissen des modernen V nicht mehr vereinbar (aM noch Neust VRS **9** 472). Benutzung von Kopfhörern („Walkman") durch Radf: Rz 13.

22   **Personenbeförderung** in Omnibussen: § 34a StVZO, auf Lkw-Ladeflächen: § 21. **Besetzung** meint die *außer* dem Fahrer (Bay NJW **85** 2841, Ba NStZ-RR **07** 90, Ce NJW **07** 2505) im Kfz beförderten Personen (Bay DAR **79** 45), weswegen zB auch das Fahren eines Kradfahrers nur auf dem Hinterrad I S 2 nicht erfüllt (Bay NJW **85** 2841; s auch Rz 37). Nicht vorschriftsmäßig ist die Besetzung, wenn sie die VSicherheit beeinträchtigt, zB durch Überzahl, Zustand oder die Art der Unterbringung der Mitfahrenden (Bay DAR **79** 45, Kö VM **88** 61). Nicht unter I 2 fällt dagegen vorschriftswidriges Verhalten beförderter Personen, soweit es nicht die VSicherheit beeinträchtigt, wie zB Nichtanlegen des Gurts (Bay NZV **93** 491, KG VRS **70** 297, 469 [TaxiF], Ha JMBlNRW **82** 212, *Janiszewski* NStZ **82** 505, *Bouska* DAR **84** 265, aM KG VM **82** 62 m abl Anm *Booß*, Ha NZV **96** 33, Kar NZV **99** 292). Beförderung von Personen im Kofferraum, die die Beine heraushängen lassen, beeinträchtigt die VSicherheit, auch wegen der Gefahr des Herausfallens und durch Ablenkung des Fahrers (Kö VM **88** 61). Im Rahmen des zulässigen Gesamtgewichts und der VSicherheit dürfen mehr Personen im Pkw mitfahren, als Sitzplätze im KfzSchein angegeben sind (Dü NJW **76** 683, Kar VM **81** 36, NZV **99** 422, Bay VRS **66** 280, Sa NZV **90** 161, *Seidenstecher* VD **91** 134). Durch Mitfahrer (Beifahrer) darf sich der Kf nicht ablenken lassen (BGH VRS **7** 68, *Bode* DAR **75** 86). Erkennbar Betrunkene oder Angetrunkene dürfen nur auf Rücksitzen mitfahren (BGHSt **9** 335, NJW **56** 1603, VRS **26** 34, Ha VRS **54** 197, VRS **48** 200, Kö NJW **67** 1240 [auf dem Nebensitz keine Schreckzeit], AG Hameln VersR **02** 776 [anspruchsausschließendes Mitverschulden des FzF bei Beförderung auf dem Beifahrersitz]), auch im Taxi (Ha VersR **77** 139), es sei denn, der Fahrer kann einer Belästigung sicher begegnen (Ha VRS **54** 197). Lit.: *Jagow* VD **87** 193. *Seidenstecher* VD **91** 133.

23   **Der Kraftradfahrer** darf Personen nur bei Vorhandensein eines besonderen Sitzes mitnehmen (§ 21 I 4 Nr 1). Ist ein besonderer Sitz vorhanden, wird der Beifahrer aber in gefährlicher Weise transportiert, so greift nicht § 21, sondern § 23 (§ 21 Rz 7). Verstoß gegen I S 2, wenn ein Kind auf dem Schoß des Beifahrers mitgenommen wird (vgl BGH NJW **61** 1828) oder auf einer Kuhle zwischen dem Sitz und dem aufsteigenden Motorradtank (vgl Ko OLGR **06** 759; dazu auch Rz 15, 16), gleichfalls, wenn ein Kind mitgenommen wird, das den Anforderungen nicht gewachsen ist (vgl *Jagow/Burmann/Heß* § 21 Rz 2) oder ein Angetrunkener (BGH DAR **60** 58), ebenso bei Ängstlichkeit und Ungeschicklichkeit des Beifahrers, die der Kradf durch vorsichtige Fahrweise ausgleichen muss (BGH VersR **63** 577). Beifahrer auf Krädern dürfen nicht im gefährlichen Damenreitsitz mitgenommen werden, sondern müssen mit dem Gesicht in Fahrtrichtung sitzen. Obwohl hierzu eine ausdrückliche Bestimmung (in § 21; s *Booß* § 21 Anm 4) fehlt, ist ein solches Verhalten nach § 23 ahndbar, weil hierdurch die VSicherheit leidet (aM *Booß* § 21 Anm 4 [nur § 1 II]). Beifahrer müssen sich, vor allem bei zu erwartender Beschleunigung, ausreichend festhalten, wofür der FzF sorgen hat (KG NZV **96** 490). Er muss dem Umstand ferner durch seine Fahrweise Rechnung tragen (BGH NJW **51** 673).

23a   **6. Die vorgeschriebenen Kennzeichen sind nach Abs 1 S 3** bei fahrendem wie ruhendem Verkehr stets gut lesbar zu halten, unterwegs, solange es nach der Witterung möglich ist (spritzender Schmutz). Vor dem Führen eines fremden Kfz, auch mit FzSchein, muss sich der Fahrer vom Vorhandensein gestempelter amtlicher Kennzeichen überzeugen (Ha VRS **58** 64; s § 10 FZV).

23b   **7. Nach Abs 1 S 4** hat der Fahrer bei Kfz, deren Anhängern und an Fahrrädern die **vorgeschriebenen lichttechnischen Einrichtungen** auch bei Tag betriebsfertig mitzuführen, sonst nur, falls FzBetrieb bei Beleuchtungspflicht (§ 17) zu erwarten ist. Dafür ist er verantwortlich. Auch tagsüber kann aus Witterungsgründen Beleuchtung des Fz vorübergehend nötig werden. Vorgeschriebene lichttechnische Einrichtungen: §§ 49 a, 50–53, 53 a–d, 54 a, b, 60, 66 a, 67

Sonstige Pflichten des Fahrzeugführers   § 23 StVO 2

StVZO. Zug- oder Arbeitsmaschinen an Holmen und HandFz: § 17 V. Nicht für Beleuchtung mitverantwortlich sind Beifahrer bei Lkw und Krad (Mü VersR **66** 858) oder andere Hilfspersonen bei der Fahrt (Hb VRS **1** 296).

8. Unterwegsmängel (Abs 2). Unterwegs auftretende die VSicherheit wesentlich beeinträchtigende Mängel sind nach II Halbs. 1 sofort zu beseitigen, andernfalls das Fz auf kürzestem Weg aus dem Verkehr zu ziehen ist (Bay VM **88** 67, KG VRS **101** 291, Dü VRS **50** 238). Die Vorschrift umfasst alle motorisierten Zweiräder vom Mofa bis zum schweren Krad (Begr), enthält aber für Krafträder insoweit eine Erleichterung, als sie bei einer Panne geschoben werden dürfen (II Halbs. 2). *Verantwortlich für Behebung* ist der Fahrer, nicht auch der Beifahrer (Mü VersR **66** 858). Bemerkt der Kf eine gefährdende Betriebsstörung oder Anzeichen für eine solche, so muss er sofort beiseite fahren, anhalten und sie beheben oder beheben lassen, ebenso bei auffälligen Zurufen oder Zeichen anderer VT, die auf Mängel hindeuten (Ha VRS **31** 464, VM **66** 96). Wer das PannenFz auf der AB nicht unverzüglich auch von der Standspur entfernt, verstößt nicht gegen §§ 23, 49 I Nr 22, weil II nur vor den Gefahren schützen will, die von verkehrsunsicheren Fz ausgehen (uU aber Verstoß gegen § 18 VIII; Fra VRS **58** 281).

II gewährt dem FzF ein „**Notrecht**" zur vorübergehenden Weiterbenutzung des mangelhaften Fz je nach Art (Gefährlichkeit) des Mangels (BGH VRS **65** 140, Bay DAR **84** 325). Soweit dieses Notrecht reicht, handelt der FzF nicht ow wegen Verstoßes gegen Beschaffenheitsvorschriften (Bay DAR **84** 325, VRS **69** 465), bei Ausübung des Notrechts ohne die im Hinblick auf den Mangel gebotene besondere Vorsicht auch nicht nach §§ 23, 49 I Nr 22 (Bay DAR **84** 325). Mitbenutzung der AB ist dabei nur gemäß § 15a erlaubt (Abschleppen). Das Notrecht gilt nur bei *unvorhersehbar* aufgetretenem Mangel (Hb VRS **50** 145, Stu NZV **94** 243). Diese Voraussetzung ist bei erneutem Auftreten eines zuvor unsachgemäß reparierten Mangels nicht gegeben (Dü VRS **69** 233). Unvorhersehbar sind nur Schadensumstände außerhalb verständiger Erwägung (nicht schlechte Bremsen; BGH VRS **37** 271). Wer sein ausgeliehenes Kfz mit abgefahrenen Reifen zurückerhält und alsbald damit fährt, kann sich nicht auf II berufen (Hb DAR **75** 279). Zum Notrecht bei Reifenpanne: § 36 StVZO. Vorhandene Prüfeinrichtungen muss der Kf aus Anlass unterwegs benutzen (Luftdruckmesser, Lenkungsspiel, Bremsversuch; BGH VRS **6** 298, VM **55** 25), bei Anzeichen für einen Mangel uU auch wiederholt (Bay DAR **55** 120). Kö Betr **72** 528 sieht in dem Wort „alsbald" anstatt bisher „unverzüglich" eine geringfügige Erweiterung des Notrechts. Ob und inwieweit ein solches Notrecht zum Weiterfahren zur nächsten Werkstatt besteht, hängt entscheidend von der Art des Mangels und der daraus entstehenden Beeinträchtigung der VSicherheit ab (Rz 16; BGH VRS **65** 140, Bay DAR **84** 325, Dü VRS **69** 233).

Die **Bremswirkung** (§ 41 StVZO) ist während der Fahrt zu beobachten, besonders bei Lkw (BGH VRS **22** 211, Fra VersR **80** 196). Ziehen die Bremsen ungleich, ist mit Bremsmangel und Ausbrechen des Fz bei Vollbremsung zu rechnen und entsprechend vorsichtig zu fahren (Dü VM **70** 78). Versagen beide Bremssysteme, ist die Weiterfahrt unzulässig (Ha VkBl **67** 343). Kein Notrecht zur Werkstattfahrt bei Wirkungslosigkeit der Bremsanlage (BGH VRS **65** 140), auch nicht mit praktisch nicht mehr funktionstüchtiger Handbremse (Ha VRS **56** 135). Bei einem Omnibus muss in bergigem Gelände auch die Handbremse funktionieren (BGH VRS **10** 282), vor längerem Gefälle muss bei einem schweren Lkw oder Lastzug beachtet werden, ob der Luftdruck in den Bremsbehältern ausreicht (BGHSt **7** 307, VRS **8** 456, **6** 298). Versagen bei verkehrswidrigem Fahren die Bremsen, so beseitigt dies nicht den adäquaten Zusammenhang zwischen Fahrweise und Unfall (BGH VersR **65** 1048). Versagt das **Bremslicht**, darf nur weitergefahren werden, wenn bei notwendigem Verlangsamen oder Anhalten niemand gefährdet werden kann, idR also nur bei besonders ruhigem Verkehr. **Lenkungsmängel** unterwegs werden oft für mangelhafte Wartung sprechen (BGH VM **55** 25). Der Fahrer muss unverzüglich auf kürzestem Weg vorsichtig zur nächsten Werkstatt fahren (Ha VRS **5** 639, Schl VM **57** 74), ebenso, wenn überhaupt, bei **Kupplungsschaden**, besonders auf der AB (Bra VRS **16** 211 [uU ist Abschleppen nötig]). Versagen die **Scheibenwischer**, so hängt vorsichtiges Weiterfahren von Fahrgeschwindigkeit und Regendichte ab. Schwache Wischerleistung ist durch angepasstes Fahren auszugleichen (Sa VM **71** 92). Zu § 2 IIIa s dort Rz 72c. Bei Ausfall des **Fahrtrichtungsanzeigers** müssen AB und verkehrsdichte BundesStr verlassen werden, bis zur nächsten Reparaturgelegenheit sind WinkZ zu geben.

Erlischt die Beleuchtung, ist sofort möglichst beiseite zu fahren oder rechts anzuhalten und zuerst der Verkehr zu sichern (§ 15; BGH VersR **64** 621, Mü VersR **66** 1082). Der Kf braucht damit idR nicht zu rechnen (KG VRS **39** 29, Bay DAR **55** 120, Ce VM **56** 54). Versagen des linken Scheinwerfers ist wegen irreführender Signalwirkung besonders gefährlich und wird ungesichertes Weiterfahren idR ausschließen (Dü VM **59** 82). Der Fahrer ist verantwortlich bei auffällig weitreichendem Abblendlicht oder wenn Entgegenkommende Blendung anzeigen (Kö VRS **16** 468), obwohl insoweit regelmäßige zuverlässige Überwachung genügt (Kar DAR **65** 108). Fällt die **rückwärtige Beleuchtung** aus, ist erst der Verkehr zu sichern, dann zu reparieren (BGH VersR **63** 342). Die Rücklichter dürfen nicht durch die Ladeklappe verdeckt (BGHSt **15** 386 = NJW **61** 888), schadhaft sein (BGHSt **10** 339, VRS **13** 297) oder ganz fehlen (Bay NJW **63** 1886), bei Ausfall erhöhte BG (Ol VRS **6** 89). Innerbetriebliche Regelungen, zB über die Beleuchtung abgestellter Kfz, beseitigen die Fahrerpflichten aus § 23 nicht (Ko VRS **58** 460, Dü VM **73** 22; s Rz 36). **Vereisung der Scheiben**: Rz 7, 12. Die verstaute **Ladung** (§ 22) ist auch unterwegs zu beobachten (Kö VRS **8** 381), auch wenn der Kf ein anderweitig beladenes Fz (Dü VM **67** 87) zur weiteren Führung übernimmt (BGH VRS **29** 26). Langsamfahren eines **schadhaften Lkw** auf der AB: § 18 Rz 14

28 Wer **nicht ausreichend tankt**, besonders vor Nachtfahrten (BGH GA **59** 53, Kar NJW **75** 838) oder vor ABFahrten (BGH VRS **15** 38, Ha DAR **61** 176), wer verkehrsgefährdend anhalten müsste (Kar VRS **49** 264), um den Reservetank umzuschalten (Ha VRS **36** 220), oder nicht auf festen Tankverschluss achtet (Ha DAR **66** 106), handelt fahrlässig und hat einen Auffahrunfall bei Liegenbleiben idR zu vertreten (Kar VRS **49** 264, Stu VRS **27** 269), außer bei ausreichender VSicherung (§ 15 Rz 4ff). *Allein* durch Ausgehen des Treibstoffs unter nicht gefährdenden Umständen wird das Fz aber nicht vorschriftswidrig (Ce VRS **11** 227, Ha VRS **57** 215 [zust *Bouska* VD **80** 307], aM KG VRS **47** 315, *Dvorak* DAR **84** 313, *Huppertz* VD **99** 253). Dies gilt auch auf der AB, weil die Frage der Vorschriftsmäßigkeit eines Fz nicht von der Art der benutzten VWege, der Entfernung des Fahrtziels und der Dichte des Tankstellennetzes abhängen kann (einschr. Dü DAR **00** 223 [Verstoß gegen § 23 bejaht bei gefährdendem Liegenbleiben]). Unterwegs **auslaufendes Dieselöl** kann verschuldetes Liegenbleiben begründen, aber auch ein Hindernis mit Beseitigungspflicht (§ 32; BGH VRS **6** 439).

29 **Nicht verkehrsgefährdende Mängel** zwingen nicht zu sofortigem Verlassen des Verkehrs, doch sind sie nach Fahrtbeendigung zu beheben. Bei Auspuffschaden ist Weiterfahrt zur Werkstatt zulässig (Ha VkBl **67** 343). Bei unterwegs auftretender Unbenutzbarkeit des Sicherheitsgurts darf die Fahrt fortgesetzt werden (Bay NZV **90** 360). Zu geringer **Luftdruck** der Reifen kann die VSicherheit des Fz erheblich beeinträchtigen (*Thumm* NZV **01** 59). Zur Frage der Fahrlässigkeit bezüglich eines dadurch verursachten Unfalls BGH VersR **83** 399, NZV **95** 310, Ce VRS **64** 322, Kar VersR **87** 1097, Ha ZfS **96** 409, *Weber* DAR **84** 171. Unterlassene Luftdruckprüfung begründet allein weder Haftung noch den Anschein für Schadensursächlichkeit zu geringen Drucks (Stu NZV **91** 68). Gerät ein Pkw wegen ungleichen Reifenluftdrucks ins Pendeln, so muss der Kf dies durch Langsamerfahren ausgleichen (Dü VersR **72** 282). Einen für das Kfz nicht zugelassenen Ersatzreifen darf der Kf nach einer Panne allenfalls dazu benutzen, das Kfz auf kürzestem Weg aus dem Verkehr zu ziehen und abzustellen, jedoch nicht für eine Fahrt zur Werkstatt (Ha VRS **55** 378). Wagenklima und VSicherheit: VkBl **72** 61. **Fuhrwerkslenker** dürfen unter normalen Umständen bei verkehrsgewöhnten Pferden aufsitzen, auch auf BundesStr (Kar NJW **63** 498), anders nur, wenn sie ihre VPflichten vom Bock aus nicht erfüllen können (Kar NJW **62** 1064 [BundesStr mit dichtem LkwVerkehr])

30 **9. Benutzungsverbot für Mobil- und Autotelefone (Abs 1a).** Telefonieren während der Fahrt einschließlich „Vor- und Nachbereitungshandlungen" kann die Beherrschung des Fz einschränken (LG Kiel NZV **05** 477, *Corinth* PVT **93** 46, *Händel* PVT **96** 262, *Graß/Staak* NZV **98** 189, *Niendorf* VGT **99** 76) und ist nach Ia verboten, wenn der FzF dazu das Telefon oder den Hörer aufnimmt oder hält. Das Verbot, für Führer von *Fz jeder Art* gilt (auch für Radf), will gewährleisten, dass der FzF während der Benutzung des Mobil- oder Autotelefons beide Hände für die Bewältigung der Fahraufgabe frei behält (Begr, Rz 4). Telefonieren mit Freisprecheinrichtung während der Fahrt ist demnach grundsätzlich erlaubt; die auch damit verbundenen Gefahren (zu einer Untersuchung, nach der es genauso gefährlich sein soll wie FzFühren unter 0,8‰ BAK, BA **06** 305) stellt der VOGeber in die Eigenverantwortung des FzF (Begr Rz 4, s aber Rz 32). Ia ist aber nicht als „Telefonierverbot" formuliert; untersagt ist *die Benutzung* (Rz 32). Die Norm wirft je nach Interpretation im Vergleich zu ähnlich gefährlichen Verhaltensweisen (Bsp. in Rz 12, 14) mehr oder weniger gewichtige Wertungswidersprüche auf, die auch durch die nahezu rasende technische Entwicklung im Bereich einschlägiger elektronischer Geräte bedingt werden. Eine gegen Ia gerichtete Verfassungsbeschwerde hat BVerfG DAR **08** 387 nicht zur Entscheidung angenommen. Zu Haftungsfragen Rz 40.

Sonstige Pflichten des Fahrzeugführers **§ 23 StVO 2**

a) **Der Begriff des „Mobil- oder Autotelefons"** ist soweit ersichtlich nicht gesetzlich definiert. Maßgebendes Merkmal des Telefons ist es, dass es den Benutzer durch Übermittlung von Tönen in die Lage versetzt, mit einem anderen in Echtzeit sprachlich zu kommunizieren. Elektronische Geräte, die diese Funktion nicht aufweisen (zB Funkmeldeempfänger, auch „Pager" oder „Piepser" genannt, Diktiergeräte, PDA, Navigationsgeräte, usw), unterfallen Ia demnach nicht. Andererseits dürfte nicht entscheidend darauf abzustellen sein, ob das Telefonieren die Hauptfunktion des Geräts ist. Angesichts der ständig voranschreitenden Ausstattung gängiger „Handys" mit weiteren Funktionen (Internet, Organizer, Radio, MP3-Player, Fotografie usw) könnte schon für diese nicht allgemein beurteilt werden, welche Funktion dem Gerät das Gepräge gibt. Wortlaut und Wortsinn sowie Normzweck lassen eine Interpretation dahingehend zu, dass das jeweilige Gerät die Möglichkeit sprachlicher Kommunikation *zumindest auch* gewährleistet. Demgemäß werden etwa auch *Organizer (PDA)* umfasst, die diese Funktion zur Verfügung stellen (*Smartphones*; Kar NJW **07** 240). Nicht eindeutig erscheint die **Beurteilung von Funkgeräten**. Ihre Benützung während der Fahrt ist nicht weniger gefährlich als die von „Handys", wobei sie wie „Handys" „funken". Allerdings benötigen Funkgeräte (ieS) ua kein Mobilfunknetz und ermöglichen nicht gleichzeitiges Sprechen und Hören, so dass Abgrenzungsmerkmale gegeben sind. Demgemäß wäre zu erwarten gewesen, dass der VOGeber Funkgeräte in diesem Sinn ausdrücklich genannt hätte, wenn er sie hätte einbeziehen wollen. Sie werden demnach nicht als „Mobiltelefone" iS des Gesetzes gelten können (hM, abw. uU *Humberg* SVR **06** 247, 249). **31**

b) **Das Merkmal des Benutzens** wird von der Rspr weit ausgelegt. Dies entspricht zumindest im Grundsatz dem Willen des VOGebers (Begr Rz 4). Danach gilt das Verbot für alle Handhabungen bei der Bedienung des Geräts, zu denen der FzF das Gerät aufnimmt oder hält. Man wird dies jedoch dahin einschränken müssen, dass die Handhabungen zumindest „im weitesten Sinn mit Kommunikation zu tun haben" (Ha ZfS **08** 51). Erfasst ist (naturgemäß) das Telefonieren (Kö NZV **05** 547), und zwar unabhängig davon, ob eine Verbindung zustande kommt (Ha NStZ **06** 358). Einbezogen sind Tätigkeiten von der Aufnahme des Geräts bis zum Beiseitelegen nach Abschluss des Telefonierens (Ha NZV **07** 483, AG Ratzeburg NZV **05** 431). Der Tatbestand kann daher auch erfüllt sein, wenn der FzF das Gerät aufnehmen oder halten muss, um sodann per Headset frei sprechen zu können (*Hufnagel* NJW **06** 3665), nach Ba NJW **08** 599 nicht aber, wenn er nicht das Telefon, sondern *die Freisprecheinrichtung* aufnimmt oder hält; jene kann nach dem noch möglichen Wortsinn nicht als unselbstständiger Teil des Mobil- oder Autotelefons angesehen werden (ebenso Stu v 16. 6. 08, 1 Ss 187/08, juris). Tatbestandserfüllung, wenn FzF eine auf seinem privaten „Handy" gespeicherte Telefonnummer abliest, um sie dann in die „dienstliche" Freisprechtelefoneinrichtung einzugeben und damit telefonieren zu können (Ha NJW **06** 2870) und beim Hin- und Herschieben der Telefonkarte, um das Telefon funktionsfähig zu machen (Ha NJW **06** 1078 zust. *Hufnagel* DAR **07** 401). Aus der Formulierung des Ia S 1 folgt, dass etwa das Wählen der Telefonnummer durch Betätigen der Tasten eines auf der Mittelkonsole oder gar auf dem Beifahrersitz liegenden Mobiltelefons trotz der damit verbundenen Ablenkung und Inanspruchnahme einer Hand nicht unter das Verbot fällt (*Bouska* NZV **01** 28), während zB das Telefonieren mit zwischen Kopf und Schulter gehaltenem Hörer trotz zu dieser Zeit freibleibenden Händen untersagt ist; denn zuvor musste der Hörer aufgenommen werden (zust *Janker* NZV **06** 70). Nach der Intention des VOGebers (Rz 30) soll der Gebrauch sämtlicher Bedienfunktionen einbezogen werden, so die Versendung von Kurznachrichten (SMS) oder das Abrufen von Daten im Internet (Rz 4) und auch die Verwendung als Navigationshilfe (Kö NZV **08** 466). Namentlich unter Bezugnahme auf die Begr., wonach gewährleistet werden soll, dass beide Hände am Lenkrad verbleiben, sieht die Rspr den Tatbestand als erfüllt an zB bei der Benutzung als Diktiergerät (Jn NJW **06** 3734 [herausgenommene SIM-Karte], beim Abfragen von Daten auf einem „Palm-Organizer" (Kar NJW **07** 240 [jedenfalls bei eingelegter Mobilfunkkarte]), beim Lesen einer Notiz (Ha NZV **03** 98) oder einer Telefonnummer (Ha DAR **07** 402), wenn das Telefon ans Ohr gehalten wird (Ha NZV **07** 483), um zur Kontrolle, ob es eingeschaltet ist, einen Signalton abzuhören (Ha NZV **08** 49). Benutzung nach Ha NJW **05** 2469 sogar beim Ablesen der Uhrzeit (abw. aber wohl nunmehr Ha ZfS **08** 51, wonach ein Zusammenhang mit Kommunikation gegeben sein muss, dazu schon oben; abl *Scheffler* NZV **06** 129, *Hufnagel* NJW **06** 3665, *Seibel* NZV **07** 176, einschr. *Schäpe* DAR **05** 697, *Janker* NZV **06** 71 [„Benutzung" nur bei Aktivierung durch Tastendruck]). Das Greifen des Telefons zum alleinigen Zweck, es wegzulegen, ist keine Benutzung (Kö NZV **05** 547; zust *Scheffler* NZV **06** 128; Dü NZV **07** 95, Ha NJW **06** 2870), genauso wenig die (allerdings als abwegige Einlassung zu be- **32**

2 StVO § 23 I. Allgemeine Verkehrsregeln

zeichnende) Nutzung als „Wärme-Akku" für ein schmerzendes Ohr (vgl. Ha ZfS **08** 51). Zum Merkmal „Benutzung" *Keerl* NZV **06** 181, *Hufnagel* NJW **06** 3665, *Scheffler* NZV **06** 128, *Hentschel* NJW **06** 479, *Seibel* NZV **07** 176. Zur Würdigung einer Einlassung des FzF, er habe nicht telefoniert, sondern sich mit dem Akkurasierer rasiert Ha NZV **07** 96.

33 c) **Eine Ausnahme von dem Verbot** enthält I a S 2 für den Fall, dass das Fz steht, wobei bei Kfz hinzukommen muss, dass der Motor ausgeschaltet ist. Unter diesen Voraussetzungen wollte der VOGeber die Benützung weiterhin erlauben, wobei er vor allem das Warten an einer LZA, an einer geschlossenen Bahnschranke oder im Stop-and-go-Verkehr (Stau) im Auge hatte (Rz 4). Insofern wurden zT Vorgänge ausgegliedert, die noch dem FzFühren (Rz 11) zugeordnet werden könnten. Nutzt der FzF einen Halt für die Benützung des Telefons und hatte er bei einem Kfz zuvor den Motor abgeschaltet, so ist sein Verhalten nicht nach I a S 1 verboten und ahndbar (so auch mit einem angesichts der eindeutigen Rechtslage freilich beträchtlichen Begründungsaufwand Ba NJW **06** 3732 m Anm *Ebner* SVR **07** 155, Ha VRS **113** 379). Setzt der FzF seine Fahrt danach verspätet fort, so kann uU eine OW nach § 1 II in Frage kommen (*Janker* NZV **06** 70, s auch Ba NJW **06** 3732 und *Ebner* SVR **07** 155). Solange das Fz andererseits in Bewegung oder der Motor, etwa vor Rotlicht (Ce NJW **06** 710, Ha NStZ **06** 358), auch auf einem Seitenstreifen der AB (Dü v 3. 6. 08, 2 Ss (OWi) 84, 39/08, BeckRS 2008 15 680 [außerdem Verstoß gegen § 18 VIII]) in Betrieb ist, ist die Benutzung untersagt und ow. Nach dem insoweit eindeutigen Wortlaut der Vorschrift ist die Ausnahmebestimmung auch dann nicht anwendbar, wenn sich der Kf im ruhenden V befindet (offen gelassen von Dü aaO).

Lit: *Corinth,* Orientierende Versuche zur Beeinflussung der Reaktionszeit durch das Autotelefon, PVT **93** 46. *Kramer, Maisch, Niendorf,* Telefonieren im Auto, VGT **99** 44, 55, 73. *Graß/Staak,* Einschätzung der VGefährdung durch Nutzung von Mobiltelefonen im internationalen Vergleich, NZV **98** 189. *Hagemeister/Kettler,* Ablenkung durch moderne Navigationsgeräte, NZV **02** 481. *Hufnagel,* Mehr Verkehrssicherheit durch das „Handy-Verbot"?, NJW **06** 3665. *Janker,* „Benutzung" eines Mobil- oder Autotelefons ..., NZV **06** 69. *Kärger,* Das Mobiltelefon im Auto ..., DAR **98** 266. *Keerl* Mobiltelefone im StrV, NZV **06** 181. *Scheffler,* Hände weg vom Handy?, NZV **06** 128.

34 **10. Verwendungs-, Mitführverbot des Abs 1 b.** I b beruht auf der 2001 geschaffenen Ermächtigungsgrundlage des § 6 I Nr 3 i) StVG. Er untersagt die Verwendung und das betriebsbereite Mitführen von technischen Geräten, die dazu bestimmt sind, dem wirksamen Schutz gegen VÜberwachung zu dienen, insbesondere dem Zweck, sich Geschwindigkeitskontrollen zu entziehen. Darunter fallen vor allem sog Radarwarngeräte, „Gegenblitzgeräte" und Laserstörgeräte. I b S 2 enthält nur Beispiele zur Verdeutlichung, ist aber nicht abschließend. **Verkehrsüberwachungsmaßnahmen** iS von I b sind alle Maßnahmen der für die VÜberwachung zuständigen Stellen (§ 26 StVG Rz 2) zur Feststellung von Zuwiderhandlungen gegen straßenverkehrsrechtliche Vorschriften (zB StVO, FZV, StVZO, FeV), nicht aber zB statistische Erhebungen oder VBeobachtungen zur Datengewinnung für wissenschaftliche Zwecke oder zur Vorbereitung von verkehrsregelnden Maßnahmen der StrVB.

35 Verboten sind alle technischen Geräte, **die dazu bestimmt sind**, solche Überwachungsmaßnahmen anzuzeigen oder zu stören. Ob sie den Zweck tatsächlich erfüllen, ist nicht maßgebend (Begr, Rz 5–7). Als technische Geräte wird man im Hinblick auf die außerordentliche Weite dieses Begriffs (s *Albrecht* DAR **06** 481) auch Reflektoren zur Störung von Blitzanlagen ansehen können (zur Frage der Sachbeschädigung Rz 39). Nicht verboten sind Geräte, die lediglich geeignet sind, VÜberwachungen anzuzeigen. Andernfalls fielen auch Autoradios darunter, soweit zB in Rundfunksendungen Hinweise auf die Standorte konkreter Geschwindigkeitskontrollen erfolgen. Für das Verbot des I b genügt es andererseits, dass bei Geräten mit verschiedenen Funktionen eine davon speziell zur Anzeige oder Störung von VÜberwachungen dient, etwa auch die Ausstattung eines Autoradios oder eines Navigationsgeräts mit einem zur Anzeige von Überwachungsmaßnahmen bestimmten Zusatzgerät (Begr, BRDrucks 751/01 S 12, *Albrecht* SVR **05** 133; DAR **06** 481). Auch Navigationsgeräte, Organizer oder Personal Digital Assistants (PDA) fallen unter I b, wenn sie mit einer Software ausgestattet sind, die stationäre Überwachungsanlagen anzeigen (als sog. „points of interest", POI), selbst wenn diese nicht in Betrieb sind (*Albrecht* DAR **06** 481; aM *Thiele* NZV **06** 66, *Hufnagel* NJW **08** 621).

36 Untersagt sind der **Betrieb** und das **betriebsbereite Mitführen** eines verbotenen Geräts; auf die Absicht des Einsatzes des mitgeführten Geräts kommt es nicht an. Betriebsbereit ist ein Gerät, wenn es in der Weise mitgeführt wird, dass es während der Fahrt jederzeit ohne größere technische Vorbereitungen eingesetzt werden kann (*Hentschel* NJW **02** 1238), namentlich montiert ist (VGH Mü DAR **08** 103), nicht aber zB, wenn es ohne eine solche Einsatzbereitschaft,

Sonstige Pflichten des Fahrzeugführers **§ 23 StVO 2**

etwa verpackt zu Verkaufszwecken, nur im Fz transportiert wird (Begr, Rz 5–7), wenn es funktionsuntüchtig, zB fehlerhaft ist, wenn sich kein Stromversorgungskabel (Adapter) im Fz befindet (vgl VGH Mü DAR **08** 103, AG Lüdinghausen DAR **08** 407, aM VG Chemnitz v 2. 11. 04, 3 K 1239/01, juris) oder wenn die erforderlichen Daten (als „POI") noch nicht eingepflegt sind (*Albrecht* DAR **06** 481). Dass das i Ü betriebsbereite Gerät nicht eingeschaltet oder der Stecker herausgezogen ist, ändert hingegen nichts am Verbot des I b (s o). Zur Verwendung von Gegenblitzanlagen und Reflektoren zwecks Störung von Verkehrsüberwachungsanlagen als strafbare Sachbeschädigung Rz 39, zur Sittenwidrigkeit eines Kaufvertrags über ein Radarwarngerät BGH NJW **05** 1490.

Lit: *Albrecht,* Radarwarngeräte und andere verbotene Geräte ...; DAR **06** 481; *Hufnagel,* Mobile Navigationsgeräte als verbotene „Radarwarner"?, NJW **08** 621. *Thiele,* Radarwarnung durch neue Technik ...; NZV **06** 66.

11. Radfahrer und Kradf dürfen sich nicht an Fz anhängen, nicht freihändig fahren und die **37** Füße nicht von den Pedalen oder Fußrasten nehmen, es sei denn, schlechter Wegzustand erfordert es ausnahmsweise (III). Die Vorschrift bezieht Krad- und KleinkradF ein (Begr). Schieben eines Fz durch einen Radf oder Kradf kann zwar die VSicherheit ähnlich beeinflussen wie Anhängen, wird aber von III S 1 nicht erfasst; sprachlich bezeichnet „Anhängen" nämlich das Gegenteil von „Schieben". Eine Änderung der Bestimmung wäre wünschenswert. Zur Rechtmäßigkeit der Einwilligung in eine Körperverletzung in Fällen des Anhängens §§ 222, 229 StGB Rz 26. Freihändigkeit bedeutet Loslassen der Lenkstange mit beiden Händen. Loslassen mit einer Hand ist nicht verboten und zB beim Zeichengeben oder Mitführen von Gegenständen mitunter nötig (KG VM **81** 88). Sofern der Radfahrer durch den Transport eines Gegenstands am Zeichengeben gehindert ist, kann uU I S 2 erfüllt sein (*Jagow/Burmann/Heß* Rz 28). Fahren eines Krads nur auf dem Hinterrad verletzt weder III noch I S 2, evt. aber § 3 (Bay VRS **69** 146).

12. Ordnungswidrigkeiten. Ow (§ 24 StVG) handelt, wer gegen eine Vorschrift des § 23 **38** verstößt (§ 49 I Nr 22). *Normadressat* der Ge- und Verbote ist durchgehend der FzF (Rz 9); es handelt sich demnach um ein Sonderdelikt, an dem sich Nicht-Sonderpflichtige unter den Voraussetzungen des § 14 OWiG beteiligen können (**E** 93–95). Verstoß gegen Abs 1 a ist regelmäßig vorsätzlich (Jn NStZ-RR **05** 23. Ha NZV **07** 483); deshalb enthält die BKatV, deren Regelsätze von fahrlässiger Begehung ausgehen, derzeit (Änderung aber voraussichtlich am 1. 1. 09, s § 24 StVG Rz 64) keinen Regelsatz mehr (Begr zur ÄndVO v 22. 1. 02, BRDrucks 843/03 S 18). Vielmehr ist ein (die Gerichte nicht bindender, § 24 StVG Rz 64) Regelsatz von 40 € in TBNr 123500 des bundeseinheitlichen Tatbestandskatalogs des KBA enthalten (s auch Ha NJW **06** 2670, NZV **07** 483, KG NJW **06** 3080, Jn VRS **111** 205, *Janker* NZV **06** 72; zur Problematik § 24 StVG Rz 64). Anders liegt es beim Verbot des Abs 1 b (*Albrecht* DAR **06** 484 [zB überlassenes, MietFz]). Zweiradfahren nur auf dem Hinterrad als solches nicht ow (Bay DAR **85** 263 [evt jedoch Verstoß gegen § 3 I 1]). Keine Befreiung von gesetzlichen Fahrerpflichten durch betriebliche Anordnungen; Abhängigkeit vom Arbeitgeber kann aber Milderungsgrund darstellen (Ko VRS **58** 460). Zur **inneren Tatseite** des Abs 1 und 2 gehört, dass der Fahrer wusste oder bei gehöriger Sorgfalt hätte wissen müssen, dass das Fz nicht verkehrssicher war (Ol VRS **16** 297 [Rückspiegel]). Dagegen ist es unerheblich, ob die VSicherheit durch das Verhalten anderer gegen seinen Willen beeinträchtigt wird (Kö VM **88** 61 [Mitfahrer]). Fzführen durch Nichtgeeignete: § 31 I, § 69 a V Nr 2 StVZO, § 2 I, 75 Nr 1 FeV, § 315 c I Nr 1, § 316 StGB. **Konkurrenzen:** Wer ein Fz in vorschriftswidrigem Zustand fährt, verletzt, soweit vorhanden, die einschlägige Sondervorschrift (insbesondere §§ 30, 32 ff StVZO), nicht zugleich auch § 23 (BGH NJW **74** 1663, Bay VM **72** 25, DAR **74** 173, **92** 388, NZV **90** 360, Ce VM **76** 40, Kar VRS **47** 294, Ha VRS **74** 218, Dü DAR **86** 92, VRS, **90** 200, KG VRS **82** 149, abl *Bouska* VD **74** 230). Dies folgt aus seinem Charakter als Auffangtatbestand (Rz 9). Der Charakter als Auffangtatbestand darf andererseits nicht dazu führen, dass § 23 in allen Fällen zur Anwendung kommt, in denen ein Verstoß gegen Vorschriften der StVZO zur FzBeschaffenheit nicht speziell in § 69 a StVZO sanktioniert ist; denn der VOGeber kann von einer Bußgeldbewehrung *bewusst* abgesehen haben, was einen Rückgriff auf § 23 I 2 ausschließen würde (*Janiszewski* NStZ **84** 406; gegen Dü VRS **67** 289 [fehlende Genehmigung für Rundumleuchte, § 52 IV StVZO]). Verhältnis zu § 21: dort Rz 15, zu § 22: dort Rz 27. TE, wenn jemand in verkehrsuntüchtigem Zustand mit einem nicht verkehrssicheren Fz am Verkehr teilnimmt (BGHSt **6** 229, Neust VRS **27** 28), wenn auf einer „Drogenfahrt" mit dem Handy telefoniert wird (§ 24 StVG Rz 58 a) oder wenn dieselbe Kontrolle mehrere technische Mängel am selben

2 StVO § 23   I. Allgemeine Verkehrsregeln

Fz aufdeckt (Fra VM **55** 37, Bay NJW **58** 1833). TE von Ia mit § 18 VIII: § 18 Rz 29. Fährt der Halter sein Kfz selber, so geht § 23 dem § 31 II StVZO vor (Ha VRS **47** 467, Dü VM **73** 64, Ko VRS **63** 150, KG VRS **69** 309). Gehörbeeinträchtigung durch Geräte (zB Kopfhörer) verletzt nicht zugleich § 2 FeV; § 23 StVO ist insoweit speziell (Kö VRS **73** 148). Bei Mitnahme zu vieler Personen im Führerhaus verletzt nur der Fahrer § 23, wie § 49 I Nr 22 ergibt.

39 **13. Strafrecht.** Seit Außerkrafttreten des § 15 FAG (hierzu BGHSt **30** 50 = NJW **81** 831; näher 34. Aufl) durch das TKG v 25. 7. 96 (BGBl I 1120) nicht (mehr) mit Strafe bedroht ist das gem Ib ow *Betreiben eines Radarwarngeräts* (LG Berlin DAR **97** 501, *Goll* PVT **96** 327, *Albrecht* DAR **99** 145, *Möller* NZV **00** 116, aM, freilich unter Überdehnung des Tatbestandsmerkmals des „Abhörens von Nachrichten" in § 89 TKG, LG Cottbus DAR **99** 466). Jedoch ist *Sicherstellung und Vernichtung* zur Gefahrenabwehr rechtmäßig (VGH Mü NZV **98** 520 [zust *Möller* NZV **00** 118]; DAR **08** 103, VG Hannover ZfS **02** 160, VG Berlin ZfS **99** 544, DAR **00** 282, VG Hb VD **01** 239, VGH Ma VM **03** 8, VG Schl NZV **00** 103 [jedenfalls Sicherstellung]). Die Beeinträchtigung des Messfotos durch eine *Gegenblitzanlage bzw Reflektoren* erfüllt als bloßes Verhindern einer zu Beweiszwecken verwendbaren technischen Aufzeichnung nicht den Tatbestand des § 268 StGB (Mü NJW **06** 2132, LG Flensburg DAR **00** 132, *Geppert* DAR **00** 106, aM AG Tiergarten DAR **99** 182, abl *Rahmlow* JR **00** 388). Der Betrieb von Reflektoren stellt jedoch nach Mü NJW **06** 2132 Sachbeschädigung nach § 303 StGB dar (abl. *Geppert* JK 1/07, StGB § 303, *Mann* NStZ **07** 271, der § 23 Ib freilich übersieht). Zur Verantwortlichkeit des Verkäufers von Radarwarngeräten etc hinsichtlich eines Verstoßes nach I b *Albrecht* DAR **06** 485. Zu **§§ 222, 229 StGB** wegen Verstößen gegen § 23: § 222, 229 StGB Rz 6.

40 **14. Zivilrecht.** Keine Mitschuld, wenn ein ungewöhnliches Motorgeräusch noch eine kurze Strecke fahrend abgehört wird (Kö NJW **65** 109). Führt verkehrswidriges Fahren zusammen mit einem verborgenen Mangel zum Unfall, so haftet der Fahrer bei gewöhnlichem Verschleiß (Nichtwartung!) oder wenn gerade ein solcher Mangel bei solchem Verstoß erfahrungsgemäß nicht auszuschließen ist (BGHSt **12** 75 = NJW **58** 1980). Kein Anscheinsbeweis gegen den Fahrer, wenn die verölte Handbremse zu schwach wirkt und ein Bremspedal aus ungeklärtem Grund klemmt (BGH VRS **11** 414). Wer ein Fz im Dunkeln anhält, um zur Gefährdung wegen fehlender Schlussleuchte hinzuweisen, führt ein Geschäft des gewarnten Fahrers und der unfallbedrohten Hintermänner (Berufung auf § 680 BGB; BGH NJW **65** 1271). Telefonieren beim Fahren entgegen Ia kann Mitschuldvorwurf begründen (LG Kiel NZV **05** 477) und dürfte nunmehr (entgegen früherer Rechtslage, s Kö ZfS **00** 545) grob fahrlässig sein, vor allem bei längerer Blickabwendung durch Greifen des Geräts oder Wählen (*Kärger* DAR **98** 268f) und bei hohen Geschwindigkeiten (Ko VersR **99** 503 [170 km/h], AG Berlin-Mitte NJW **05** 442 [Kurvenbereich], diff *Hufnagel* NJW **06** 3665) sowie durch Herunterbücken und Suchen des Handys im Fußraum bei erschwerten Bedingungen (Fra NVersZ **01** 322). Keine Haftung des FzF aus Verschulden, wenn der auf dem Beifahrersitz Beförderte infolge nicht ohne weiteres erkennbarer starker Trunkenheit ins Steuer greift und dadurch zu Schaden kommt (AG Lübeck NZV **93** 316). Grobe Fahrlässigkeit (§ 61 VVG alt [§ 81 II VVG 08]) bei Beförderung eines erkennbar stark Betrunkenen auf dem Beifahrersitz (LG Frankenthal VersR **00** 721). **Gefahrerhöhung** ist die bewusste, gewollte Änderung der gefahrerheblichen Umstände (BGHZ **50** 385, NJW **75** 978, Nü ZfS **87** 180). Sie liegt vor (alle Rspr-Nw zu § 23 VVG alt) bei fortgesetztem wissentlichem Gebrauch eines nicht verkehrssicheren Fz (BGH VersR **77** 341, Kö VersR **75** 999, Ha NZV **88** 226, Nü ZfS **92** 202). Zur Gefahrerhöhung gehört Kenntnis vom mangelhaften Zustand des Kfz (BGH VersR **77** 341, **75** 1017, Dü DAR **04** 391, VersR **04** 1408, Kö VersR **90** 1226, Hb VersR **96** 1095). Kenntnis der gefahrerhöhenden Auswirkung des Mangels ist nicht erforderlich (Kö VersR **90** 1226). Willkürliche Gefahrerhöhung iS von § 23 VVG aF ist aber auch bei arglistiger Nichtkenntnis des gefahrerhöhenden Umstands gegeben (BGH VersR **69** 747, 987, **71** 558, Dü DAR **04** 391, VersR **04** 1408). Der Kenntnis verschließt sich arglistig nur, wer immerhin mit mangelhaftem Zustand rechnet, leichtfertige Gedankenlosigkeit in dieser Beziehung genügt nicht (BGH VersR **71** 407, 539). Er muss die Nachprüfung unterlassen, um sich einen Rechtsvorteil zu sichern (BGH VRS **63** 188, Kö VersR **90** 1226, ZfS **97** 306, Hb VersR **96** 1095, s auch § 36 StVZO Rz 12). Gefahrerhöhung bei wiederholter Überbesetzung eines Kleinkraftrads (BGH DAR **67** 246), bei Benutzung eines überschnellen Mopeds (BGH VersR **70** 412 [78 km/h]), eines auf 50 km/h Höchstgeschwindigkeit veränderten Mofas (Sa ZfS **90** 60), bei Weiterbenutzung auch, wenn das Kfz schon beim Versicherungsantrag wesentlich verkehrsunsicher war (BGH NJW **67** 1758, 2207, abl *Hohenester*). Drängt sich der wesentliche Mangel (Auswandern der Räder) auch dem unerfahrenen Kf auf, so spricht eine widerlegbare Vermutung für dessen Kenntnis vom gefahrerhöhenden Umstand (Kö VersR **75** 999, Sa ZfS **90** 60 [augenfällige Veränderungen an Mofa]). Gefahrerhöhung ist möglich bei mehrfachem erheblichem Überladen (Ha NZV **90** 315), bei fehlerhafter Ladeklappe, wenn der Halter diesen Zustand kennt (Fra VersR **70** 266), bei Überführung eines Anhängers mit schlechten Bremsen (Dü VersR **61** 991), überhaupt bei mangelhaftem Zustand der Bremsanlage (BGH VersR **86** 255; § 41 StVZO Rz 8), bei antragswidriger Beförderung einer unzulässigen Personenzahl (BGH VersR **64** 156).

Besondere Fortbewegungsmittel

24 (1) **Schiebe- und Greifreifenrollstühle, Rodelschlitten, Kinderwagen, Roller, Kinderfahrräder und ähnliche Fortbewegungsmittel sind nicht Fahrzeuge im Sinne der Verordnung.**

(2) **Mit Krankenfahrstühlen oder mit anderen als in Absatz 1 genannten Rollstühlen darf dort, wo Fußgängerverkehr zulässig ist, gefahren werden, jedoch nur mit Schrittgeschwindigkeit.**

Begr zur ÄndVO v 22. 3. 88 (VkBl **88** 224): 1–4
Durch die Aufnahme der Schiebe- und Greifreifenrollstühle, die als Ersatz für die Beine dienen, wird eine Erleichterung bei der Ausstattung dieser Fortbewegungsmittel erzielt. Eine vergleichbare Regelung wird in die StVZO aufgenommen.
Die neue Fassung des Absatzes 2 wird eine Erhöhung der Verkehrssicherheit für Rollstuhlfahrer ermöglichen. Diese Regelung bedeutet, dass die Rollstuhlfahrer (Fahrer von Krankenfahrstühlen nach der StVZO) rechtlich wie Fußgänger behandelt werden.
Dabei wird davon ausgegangen, dass es sich in der Regel um die Benutzung von nicht zulassungspflichtigen Rollstühlen (Krankenfahrstühlen) handelt, die mit Schrittgeschwindigkeit bewegt werden.

Vwv zu § 24 Besondere Fortbewegungsmittel

Zu Absatz 1

1   *I. Solche Fortbewegungsmittel unterliegen auch nicht den Vorschriften der StVZO.* 5

2   *II. Schieberollstühle sind Rollstühle mit Schiebeantrieb nach Nr. 2.1.1, Greifreifenrollstühle sind Rollstühle mit Greifreifenantrieb nach Nr. 2.1.2 der DIN 13 240 Teil 1.*

3   *III. Kinderfahrräder sind solche, die üblicherweise zum spielerischen Umherfahren im Vorschulalter verwendet werden.*

Zu Absatz 2

4   *Krankenfahrstühle sind Fahrzeuge.*

1. Besondere Fortbewegungsmittel erfüllen an sich die Definition des Fz (§ 23 Rz 11). 6
§ 24 gliedert sie jedoch ausdrücklich aus dem FzBegriff (§ 23 Rz 11) aus. Ihnen ist gemeinsam, dass sie ohne wesentliche Gefährdung von Fußgängern dem Gehwegverkehr zugeordnet werden können (Mü VM **77** 38) und dass deren Benutzer bei Unterwerfung unter die Regeln für Fz nicht nur den FzV behindern würden, sondern dass sie im FzV auch erhöhten Gefahren ausgesetzt wären (BGHZ **150** 201 = NJW **02** 1955). Die in I bezeichneten und die ihnen ähnlichen Fortbewegungsmittel sind idR geprägt durch geringe Größe, geringes Eigengewicht und durch ihre bau- und benutzungsbedingte, relativ geringe Fahrgeschwindigkeit. Sie werden, jedenfalls im öffentlichen Verkehr, zumeist nur mit Schrittgeschwindigkeit oder wenig darüber bewegt (Kö VRS **87** 61) und oftmals ohne Steigerung der Bewegungsenergie durch Schieben, Ziehen, Stoßen oder Abstoßen bewegt (Mü VM **77** 38). Die Fortbewegungsmittel iS des § 24 unterliegen nicht den Vorschriften der StVZO; sie brauchen keine Rückstrahler zu führen und müssen nicht beleuchtet sein (Vwv Rn 1). Auf ihren etwaigen Transportinhalt kommt es nicht an, auch nicht auf die Benutzungsart.

a) Besondere Fortbewegungsmittel sind zunächst die in I ausdrücklich bezeichneten 7 Schiebe- und Greifreifenrollstühle, Rodelschlitten, Kinderwagen, Roller (Stu VkBl **59** 372), auch wenn sie von Erwachsenen benutzt werden (Ol NZV **96** 464, zust *Janiszewski* NStZ **97** 270; Begr zu § 16 StVZO, VkBl **03** 744), und Kinderfahrräder. *Kinderfahrräder* (auch mit Stützrädern) sind nur solche Fahrräder, die für die Körpermaße von Kindern im Vorschulalter gebaut sind und zum spielerischen Umherfahren benutzt werden (Kar NZV **91** 355). Von allen Fahrrädern mit größeren Baumaßen, gleich wer sie benutzt, geht höhere Gefahr aus, weswegen sie als Fz einzustufen sind (Dü VersR **75** 863, *Berr* DAR **92** 161). Fz und nicht besondere Fortbewegungsmittel sind daher auch die sog BMX-Räder (*Mai* PVT **83** 282, § 67 StVZO Rz 7). Zur Gehwegbenutzung von Fahrrädern durch Kinder unter 10 Jahren s ao § 2 V. *Roller* iS von I sind auch die sog Miniroller („Kickboards", „Skooter"; näher § 16 StVZO Rz 3). Falls Fahrräder oder Roller motorisiert sind, ist § 24 nicht anwendbar. Sie unterliegen dann der Zulassungs- (§ 16 StVZO Rz 3), ggf auch der FE-Pflicht (§ 4 FeV Rz 5).

8 **b)** Zu den den in I genannten (Rz 7) **ähnlichen Fortbewegungsmitteln** rechnen ua Rollschuhe, Skier, kleine Schiebkarren, kleine Handwagen (Kö VRS **87** 61) sowie als Kinderspielzeug hergestellte Dreiräder mit Elektroantrieb (bis 6 km/h; *Ternig* VD **01** 32). **Inline-Skates** sind nach hM trotz erheblicher Abweichungen gegenüber den in I bezeichneten Gegenständen, namentlich der mit ihnen erreichbaren und in der Realität auch erzielten höheren Geschwindigkeiten (vgl. Ol NZV **00** 470 m Anm *Bouska, Grams* NZV **97** 67, *Seidenstecher* DAR **97** 105, *Schmid* DAR **98** 9) den ähnlichen Fortbewegungsmitteln iS von I zuzuordnen (BGHZ **150** 201 = NJW **02** 1955, Ko DAR **01** 167, Kar NZV **99** 44, Ce NZV **99** 509, *Seidenstecher* DAR **97** 105, *Schmid* DAR **98** 8, *Kramer* VGT **98** 252, aM insoweit Ol NZV **00** 470 m abl Anm *Bouska, Grams* NZV **97** 67, *Vogenauer* VersR **02** 1347 ff (1484), unklar *Frommhold* NZV **02** 359, diff. *Vieweg* NZV **98** 5 f). Dafür maßgebend ist vor allem der Gedanke, dass „auf diese Weise ... den für Inline-Skater bestehenden und von ihnen ausgehenden Gefahren derzeit noch am ehesten begegnet werden" kann (BGH NJW **02** 1955). Dass sie in der Realität sowohl sportlichen als auch Fortbewegungszwecken dienen, steht nicht entgegen. Ähnliche Erwägungen gelten für **Skate-Boards** (Rollbretter). Auch sie sind Fortbewegungsmittel iS von § 24 (*Jagow/Burmann/Heß* Rz 3, *Scheffen* NZV **92** 387, *Jung* PVT **93** 78, *Grams* NZV **94** 173; aM [Sportgeräte] hier bis 39. Aufl., *Kramer* VGT **98** 253). Bei unzulässigem Motorantrieb (*Bouska* VD **77** 109) kann ein der Fortbewegung dienendes Rollbrett Kfz iS der StVO und StVZO sein, ohne dass eine Zulassung zum öffentlichen Verkehr vorgesehen wäre (*Grams* NZV **94** 172).

9 **2.** Die besonderen (und ähnlichen) Fortbewegungsmittel **sind dem Fußgängerverkehr zugeordnet** (s schon Rz 1 ff; *Seidenstecher* DAR **97** 105). Sie sind deshalb auf dem Gehweg mitzuführen, nicht auf Fahrbahnen oder Seitenstreifen (Stu VkBl **59** 372 [Kinderroller]). Wo Gehwege fehlen, haben Fußgänger mit ihnen außerorts idR äußerst links zu gehen, nur nach Maßgabe von § 25 I auch rechts. Fußgänger mit Handfz sind nicht FzF (§ 23 Rz 8; Mü DAR **84** 89). Fortbewegungsmittel iS von § 24 dürfen auf EinbahnStr (Z 220) auch in Gegenrichtung bewegt oder mitgeführt werden, weil sie nicht Fz sind.

10 Aus der Einordnung von **Inline-Skates** als (ähnliche) Fortbewegungsmittel (Rz 8) folgt, dass deren Benützung als Fortbewegungsmittel dem Fußgängerverkehr unterworfen ist (Rz 9). Die Benutzung von Fahrbahnen, deren Seitenstreifen und dem Fahrverkehr zugänglichen Plätzen ist Inline-Skatern deshalb grundsätzlich (§ 25 I; s BGH NJW **02** 1955), die von Radwegen ist ihnen ausnahmslos untersagt; Skater müssen auf dem Gehweg, in der Fußgängerzone und den verkehrsberuhigten Bereichen unter Rücksichtnahme auf Fußgänger fahren, bei Gefährdung oder Behinderung von Fußgängern muss Schrittgeschwindigkeit eingehalten werden (§ 25 Rz 12, 15, 16; Kar NZV **99** 44). Bei Begegnung eines Radfahrers mit einem Inline-Skater ergibt sich das Gebot des Rechtsausweichens aus § 1 (Ha r + s **01** 241; s auch KG VM **07** Nr 79 [gemeinsamer Rad- und Gehweg; keine einseitige besondere Rücksichtnahmepflicht des Radf]). Dass der Zustand von Gehwegen den besonderen Sicherheitsbedürfnissen von Inline-Skatern Rechnung trägt, dürfen sie nicht erwarten (§ 45 Rz 53, Stichwort Inline-Skatern). Als *Sport- und Spielgeräte* dürfen sie nach Maßgabe des § 31 (s dort) auf bezeichneten Spielstraßen benützt werden (*Beck* S 39, *Scheffen* NZV **92** 387). Im Wesentlichen dieselben Grundsätze gelten für **Skate-Boards** (Rz 8). Es gilt das Benützungsverbot von Fahrbahnen usw. Auf Gehwegen und in Fußgängerzonen außerhalb zugelassenen Lieferverkehrs (aM *Jung* PVT **93** 79, *Seidenstecher* DAR **97** 106, *Wendrich* NZV **02** 215) dürfen sie als Spiel- und Sportgerät (§ 31) mit geringer Bewegungsgeschwindigkeit, also allenfalls behindernd, benutzt werden, nicht jedoch mit erheblicher Bewegungsgeschwindigkeit, zB auch im Gefälle, weil dies andere VT in aller Regel gefährdet (§ 1 II).

Lit: *Frommhold,* Verhaltenspflichten von Inlineskatern im StrV, NZV **02** 359. *Grams,* Was sind „Skater": Fz oder Spielzeuge?, NZV **97** 65. *Kramer,* Inline-Skates und Skateboards, VGT **98** 250. *Dieselbe,* Aktuelle Rechtsfragen zum Inlineskaten, VD **01** 255. *Nakas,* Inline-Skating aus unfallanalytischer Sicht, NZV **99** 278. *Robatsch,* Geschwindigkeiten, Bremsweg und Breitenbedarf von Inline-Skatern, ZVS **98** 25. *Schmid,* „Inlineskater" – Mobilität in der rechtlichen Grauzone, DAR **98** 8. *Seidenstecher,* „Inline-Skates", DAR **97** 104. *Ternig,* Wie sollte man Kickboards und Elektro-Dreiräder einordnen?, VD **01** 29. *Vieweg,* Inline-

Skating ..., NZV **98** 1. *Vogenauer,* Die zivilrechtliche Haftung von Inlineskatern im StrV, VersR **02** 1345, 1478. *Derselbe,* Die rechtliche Einordnung von Inline-Skates im StrV, NZV **02** 537. *Wendrich,* Inline-Skating und Skateboarding in Fußgängerbereichen und auf Gehwegen aus straßenrechtlicher Sicht, NZV **02** 212. *Wiesner,* Inline-Skates und Skateboards im StrV – Haftungs- und versicherungsrechtliche Fragen, NZV **98** 177.

2. Krankenfahrstühle jeder Breite, Fahrgeschwindigkeit und Betriebsart und nicht in I genannte Rollstühle sind Fz (Bay DAR **00** 532) und dürfen daher die Fahrbahn benutzen. Abw von § 2 I dürfen sie jedoch nach § 24 II auch überall dort gefahren werden, wo FußgängerV zulässig ist, also auf Gehwegen, in Fußgängerbereichen oder auf Seitenstreifen. Sie müssen dann jedoch Schrittgeschwindigkeit einhalten. Auf Fahrbahnen und Seitenstreifen müssen sie rechts fahren. § 25 II gilt für die Benutzer von Krankenfahrstühlen nicht, denn diese werden nicht „mitgeführt".

3. Ordnungswidrigkeit, soweit Fußgänger solche Kleinfortbewegungsmittel nicht auf Gehwegen oder entgegen § 25 II mitführen: § 25. Unrichtiges Fahren mit Krankenfahrstühlen: §§ 2, 3, 24 II (§ 49 I Nr 23).

Fußgänger

25 (1) ¹Fußgänger müssen die Gehwege benutzen. ²Auf der Fahrbahn dürfen sie nur gehen, wenn die Straße weder einen Gehweg noch einen Seitenstreifen hat. ³Benutzen sie die Fahrbahn, so müssen sie innerhalb geschlossener Ortschaften am rechten oder linken Fahrbahnrand gehen; außerhalb geschlossener Ortschaften müssen sie am linken Fahrbahnrand gehen, wenn das zumutbar ist. ⁴Bei Dunkelheit, bei schlechter Sicht oder wenn die Verkehrslage es erfordert, müssen sie einzeln hintereinander gehen.

(2) ¹Fußgänger, die Fahrzeuge oder sperrige Gegenstände mitführen, müssen die Fahrbahn benutzen, wenn sie auf dem Gehweg oder auf dem Seitenstreifen die anderen Fußgänger erheblich behindern würden. ²Benutzen Fußgänger, die Fahrzeuge mitführen, die Fahrbahn, so müssen sie am rechten Fahrbahnrand gehen; vor dem Abbiegen nach links dürfen sie sich nicht links einordnen.

(3) ¹Fußgänger haben Fahrbahnen unter Beachtung des Fahrzeugverkehrs zügig auf dem kürzesten Weg quer zur Fahrtrichtung zu überschreiten, und zwar, wenn die Verkehrslage es erfordert, nur an Kreuzungen oder Einmündungen, an Lichtzeichenanlagen innerhalb von Markierungen oder auf Fußgängerüberwegen (Zeichen 293). ²Wird die Fahrbahn an Kreuzungen oder Einmündungen überschritten, so sind dort angebrachte Fußgängerüberwege oder Markierungen an Lichtzeichenanlagen stets zu benutzen.

(4) ¹Fußgänger dürfen Absperrungen, wie Stangen- oder Kettengeländer, nicht überschreiten. ²Absperrschranken (§ 43) verbieten das Betreten der abgesperrten Straßenfläche.

(5) Gleisanlagen, die nicht zugleich dem sonstigen öffentlichen Straßenverkehr dienen, dürfen nur an den dafür vorgesehenen Stellen betreten werden.

Begr zu § 25

Zu Absatz 1: *Der Absatz bringt kaum Neues. Wenn Fußgänger außerhalb geschlossener Ortschaften an den linken Fahrbahnrand nur dann verwiesen werden, wenn das „zumutbar" ist, so entspricht das der Interessenlage. Für den Fahrverkehr genügt es zu wissen, dass er auch auf der rechten Straßenseite mit (unbeleuchteten) Fußgängern zu rechnen hat; aus welchen Gründen diese sich dort und nicht links bewegen, ist für ihn gleichgültig. Zur Unterrichtung der Fußgänger die Ausnahmefälle deutlicher abzugrenzen, ist nicht möglich; dafür sind sie zu verschiedenartig. Es gibt zunächst Fälle der Unmöglichkeit: ein Blinder, dessen Hund auf Rechtsgehen dressiert ist; aber auch einem Gehbehinderten, dem wegen der Art seiner Körperschäden das Linksgehen schwerfällt, muss gestattet sein, rechts zu gehen. Vor allem aber ist es oft die Örtlichkeit, die das Linksgehen unzumutbar machen kann. So ist von Fußgängern z. B. nicht zu verlangen, entlang einer linksaufragenden Felspartie oder einer dort befindlichen Mauer in einer scharfen Linkskurve links zu gehen, wenn sie rechts bei Gefahr durch einen bloßen Schritt in einen danebenliegenden Acker die Straße verlassen können. Es ist auch mindestens sehr problematisch, ob solche Fußgänger, sobald die Mauer aufhört und sie nun auch links ins Freie ausweichen könnten, etwa verpflichtet wären, alsbald die Straßenseite zu wechseln, etwa auch dann, wenn sie nur eine kurze Strecke danach rechts die Straße verlassen wollen; das Verlangen einer solch doppelten Fahrbahnüberquerung wäre offenkundig verkehrsabträglich. Die Ausnahmefälle lassen sich also konkreter nicht abgrenzen. Es genügt, wenn der Fußgänger für das Abweichen von der Regel triftige und vernünftige Gründe hat. Die Lösung ist umso erträglicher, als es* *sich bei diesem Gebot um eine reine Schutznorm für die Fußgänger selbst handelt, die dem Fahrverkehr keine Erleichterung bringt ...*

4 **Zu Absatz 3:** *Der Absatz übernimmt weithin § 37 Abs. 2 StVO (alt), will aber die Anforderungen an die Fußgänger im Interesse von deren Sicherheit noch etwas erhöhen. Mit dem zusätzlichen Gebot, die Fahrbahn „zügig" zu überschreiten, ist wohl nur etwas ausdrücklich gesagt, was heute schon gilt. Damit soll nur kürzer gesagt werden, was in § 37 Abs. 2 (alt) als „in angemessener Eile" bezeichnet wird. Die Eile muss den persönlichen Fähigkeiten und der Verkehrslage angemessen sein (so schon Müller zu dem inzwischen aufgehobenen § 37 a StVO). Das weitere Gebot, die Fahrbahn nur an Kreuzungen oder Einmündungen, an Lichtzeichenanlagen innerhalb von Markierungen (sogenannten Fußgängerfurten) oder auf Fußgängerüberwegen zu überschreiten, wenn die Verkehrslage dies erfordert, ist ein dringendes Erfordernis der Verkehrssicherheit. Noch weitergehend Fußgänger in der Nähe von Fußgängerüberwegen stets auf diese zu verweisen, ist abzulehnen; ein solches Gebot hätte zwar eine gewisse erzieherische Bedeutung, erschiene aber in ruhigen Verkehrszeiten als überspannt.*

5–8 *Der Hauptanwendungsfall des letzten Satzes ist die Kreuzung, an der nicht alle Zufahrten für Fußgänger markiert sind. Hier muss dem Fußgänger unter Umständen ein Umweg zugemutet werden ...*

Vwv zu § 25 Fußgänger

Zu Absatz 3

9 **1** *I. Die Sicherung des Fußgängers beim Überqueren der Fahrbahn ist eine der vornehmsten Aufgaben der Straßenverkehrsbehörden und der Polizei. Es bedarf laufender Beobachtungen, ob die hierfür verwendeten Verkehrszeichen und Verkehrseinrichtungen den Gegebenheiten des Verkehrs entsprechen und ob weitere Maßnahmen sich als notwendig erweisen.*

2 *II. Wo der Fahrzeugverkehr so stark ist, dass Fußgänger die Fahrbahn nicht sicher überschreiten können, und da, wo Fußgänger den Fahrzeugverkehr unzumutbar behindern, sollten die Fußgänger entweder von der Fahrbahn ferngehalten werden (Stangen- oder Kettengeländer) oder der Fußgängerquerverkehr muss unter Berücksichtigung zumutbarer Umwege an bestimmten Stellen zusammengefasst werden (z. B. Markierung von Fußgängerüberwegen oder Errichtung von Lichtzeichenanlagen). Erforderlichenfalls ist bei der Straßenbaubehörde der Einbau von Inseln anzuregen.*

3 *III. 1. Die Markierungen an Lichtzeichenanlagen für Fußgänger, sogenannte Fußgängerfurten, bestehen aus zwei in der Regel 4 m voneinander entfernten, unterbrochenen Quermarkierungen. Einzelheiten ergeben sich aus den Richtlinien für die Markierung von Straßen (RMS). Vgl. zu § 41 Abs. 3.*

4 *2. Wo der Fußgängerquerverkehr dauernd oder zeitweise durch besondere Lichtzeichen geregelt ist, sind Fußgängerfurten zu markieren. Sonst ist diese Markierung, mit Ausnahme an Überwegen, die durch Schülerlotsen, Schulweghelfer oder sonstige Verkehrshelfer gesichert werden, unzulässig.*

5 *3. Mindestens 1 m vor jeder Fußgängerfurt ist eine Haltlinie (Zeichen 294) zu markieren; nur wenn die Furt hinter einer Kreuzung oder Einmündung angebracht ist, entfällt selbstverständlich eine Haltlinie auf der der Kreuzung oder Einmündung zugewandten Seite.*

10 **6** *IV. Über Fußgängerüberwege vgl. zu § 26.*

7 *V. Wenn nach den dort genannten Grundsätzen die Anlage von Fußgängerüberwegen ausscheidet, der Schutz des Fußgängerquerverkehrs aber erforderlich ist, muss es nicht immer geboten sein, Lichtzeichen vorzusehen oder Über- oder Unterführungen bei der Straßenbaubehörde anzuregen. In vielen Fällen wird es vielmehr genügen, die Bedingungen für das Überschreiten der Straße zu verbessern (z. B. durch Einbau von Inseln, Haltverbote, Überholverbote, Geschwindigkeitsbeschränkungen, Beleuchtung).*

8 *VI. Die Straßenverkehrsbehörde hat bei der Straßenbaubehörde anzuregen, die in § 11 Abs. 4 der Straßenbahn-Bau- und Betriebsordnung vorgesehene Aufstellfläche an den für das Überschreiten durch Fußgänger vorgesehenen Stellen zu schaffen; das bloße Anbringen einer Fahrstreifenbegrenzung (Zeichen 295) wird nur ausnahmsweise den Fußgängern ausreichenden Schutz geben.*

Zu Absatz 5

11 **9** *Das Verbot ist bußgeldbewehrt durch § 63 Abs. 2 Nr. 1 der Straßenbahn-Bau- und Betriebsordnung; wenn es sich um Eisenbahnanlagen handelt, durch § 64 b der Eisenbahn-Bau- und Betriebsordnung.*

Fußgänger

Übersicht

Abbiegende Fußgänger 50
Abgelenkte Personen 25 ff
Absperrung 51
Anscheinsbeweis 54 f
Ausnahmen 56
Äußerster Fahrbahnrand, Gehen 14, 17, 19
Außerorts, Linksgehpflicht 15–17
Autobahn, Fußgängerverbot 20

Beachtung des Fahrverkehrs 14 f, 22 ff, 33–37
Behindern von Fußgängern 46–48
Benutzen von Fußgängerüberwegen 4, 45
Beschmutzen 40
Betagte 23
Betrunkene 24

Dichter Verkehr, Überschreiten durch Fußgänger 4, 43

Einbahnstraße 49

Fahrbahn, Überschreiten 4, 9, 10, 22 ff, 41, 42
Fahrbahnrand, Gehen 1–3, 14, 17, 19
Fahrgeschwindigkeit 23–32
Fahrtrichtung, Überschreiten quer zur 42
Fahrverkehr, Beachtung durch Fußgänger 14 f, 22 ff, 33–37
–, Rücksicht auf Fußgänger 38–40
Fußgänger, Beachtung des Fahrverkehrs 14 f, 22 ff, 33–37
–, mit Fahrzeugen abbiegende 50
–, mit Fahrzeugen oder sperrigen Gegenständen 46–48
Fußgängerüberweg 4, 45

Gebrechliche 23
Gegenstände, sperrige 46–48
Gehen am Fahrbahnrand 14, 17, 19
–, Linksgehpflicht 15–17
–, verkehrswidriges 17
Gehwegbenutzung, Pflicht 12
Gehweise 14–19
Gleise, Überschreiten 11, 52, 57
Grün, Überschreiten bei 35

Inline-Skater 12, 15

Jogging 15

Kinder, Rücksicht auf 26 ff
–, Anscheinsbeweis gegen Kf bei Unfall mit – 55
–, Rad fahrende 31
–, spielende 26 ff, 30
Kraftfahrstraße, Gehverbot 21

Lichtzeichen, Überschreiten bei 4, 44
Linksgehen, unzumutbares 16
Linksgehpflicht außerorts 15–17

Menschengruppe 25 ff

Ordnungswidrigkeiten 57

Rechtwinkliges Überschreiten der Fahrbahn 22, 42
Rücksicht auf Kinder 26 ff
–, Fußgänger 38–40
–, den Fahrverkehr 14 f, 22 ff, 33–37

Seitenabstand, Vorbeifahren 18
Seitenstreifen, begehbarer 13
Spielende Kinder 26 ff, 30

Überschreiten der Fahrbahn 9, 10, 22 ff, 41, 42
–, zügig und rechtwinklig 4, 22, 41, 42
–, stückweises 34, 37
– bei Grün 35
– bei dichterem Verkehr 4, 43
– bei Lichtzeichen 4, 44
– wo? 4, 22, 43–45
– von Gleisen 11, 52, 57
Unbeholfene, Unachtsame 23, 24

Vertrauensgrundsatz 14, 15, 18, 19, 27, 33, 34, 36–39
– gegenüber Kindern 27

Zivilrecht 53
Zügiges Überschreiten 4, 22, 41, 42

1. Wo Gehwege vorhanden sind, wenn auch nur auf einer StrSeite, Stu VRS **37** 197, **12** BGH NJW **57** 223, VM **64** 25 (Fußweg in Unterführung), VRS **17** 420, müssen Fußgänger sie inner- wie außerorts benutzen (I). **Inline-Skater** (§ 24 Rz 8, 10) unterliegen im StrV den Regeln für Fußgänger (BGHZ **150** 201 = NZV **02** 225, krit *Frommhold* NZV **02** 359, *Vogenauer* VersR **02** 1481 f; Ko DAR **01** 167, Ha NZV **99** 509, aM Ol NZV **00** 470 (differenzierend *Bouska* NZV **00** 472), sie dürfen daher weder die Fahrbahn benutzen noch Radwege (Kar NZV **99** 44); auf Gehwegen müssen sie besondere Rücksicht auf Fußgänger nehmen (BGH NZV **02** 225) und uU Schrittgeschwindigkeit einhalten, nämlich immer dann, wenn dies zum Schutz anderer Fußgänger nötig ist (Kar NZV **99** 44, Ce NZV **99** 509, *Kramer* VD **01** 256). **Gehwege** sind solche öffentlichen VFlächen, die zur Benutzung durch Fußgänger bestimmt und eingerichtet sowie durch Trennung von der Fahrbahn auf Grund ihrer Gestaltung (Pflasterung, Plattenbelag, Bordstein oder andere Trennlinie) äußerlich als solche erkennbar sind, Kö VRS **102** 469, Kar NZV **04** 271, DAR **00** 307, Dü VRS **82** 211, 363, NZV **94** 372, VersR **96** 1121, VRS **91** 309, Ha DAR **94** 409. Unbefestigtes, mit Bäumen bepflanztes Gelände am Rande ist Bestandteil des Gehwegs, wenn es nicht von der Fläche, die betreten werden darf, erkennbar abgegrenzt ist (Bepflanzung, Stahlrohr), Kar NZV **04** 271, Kö VRS **93** 452, Dü NZV **94** 372. Kombinierter Geh- und Radweg: § 41 Z 237. Die Fahrbahn dürfen Fußgänger nur benutzen, wenn kein begehbarer Gehweg und auf keiner Seite ein gegenwärtig begehbarer Seitenstreifen vorhanden ist, Ha VM **72** 16, Dü VersR **72** 793, auf andere Möglichkeiten (Sommerweg, Pfad im Gelände) müssen sie sich nach dem klaren Wortlaut des § 25 I nicht verweisen lassen (str), s Rz 14. Gehwege pflegen baulich von der Fahrbahn deutlich abgegrenzt zu sein, vor allem durch Bordsteine, uU auch durch Randlinien. Auch Ortsfremden müssen sie bei Sorgfalt erkennbar sein. Für den Fz- (auch Anlieger-) Verkehr gesperrte Straßen stehen Gehwegen gleich. Mangelhafte Gehwege braucht der Fußgänger nicht zu benutzen, wenn das besonders mühevoll ist oder die Schuhe verdirbt, Schl VM **64** 8 (Kiesschotter). Bankette sind zu benutzen, wenn sie als Gehweg vorgesehen und geeignet sind, BGH VRS **14** 296. Einbeziehung eines Sommerwegteils in die Fahrbahn macht den Rest nicht ohne weiteres zum Gehweg, Ol DAR **57** 18. Auf dem Gehweg darf sich der Fußgänger vor Fahrverkehr sicher fühlen, Ha VRS **19** 358, Hb VM **59** 23 (Ausnahme: § 2 V), doch muss er, wie der Fahrverkehr, BGH VRS **13** 20 (Radf), **Abstand zur Bordsteinkante** halten (§ 1), Hb VRS **17** 155, BGH NJW **65** 1708 (Mitverschulden bei Gehen am äußersten Gehwegrand ohne zwingenden Grund), Dü VRS **67** 1 (Warten am Rande einer VInsel im Profilbereich der Straba, Alleinhaftung des Fußgängers), aM Dü NZV **92** 232 (Mitverschulden im Ergebnis aber wohl zu recht verneint). Mit 25 cm in den Gehweg ragenden FzTeilen vorbeifahrender Fz braucht der Fußgänger jedoch idR nicht zu rechnen, Dü NZV **92** 232. Richtlinien zur sicheren Führung des FußgängerV: VkBl **64** 223. Wer als Schädiger einem Fußgänger Nichtbenutzung des Gehwegs als Mitschuld vorwirft, muss Begehbarkeit des Gehwegs zur Unfallzeit nachweisen (Schlackenweg), Ce VersR **79** 451.

13   **Begehbare Seitenstreifen** sind in derselben Weise wie Gehwege zu benutzen, wo Gehwege fehlen, BGH VRS **17** 420. Seitenstreifen (Bankette) sind StrTeile, die erkennbar nicht zur Fahrbahn gehören (s Abs I S 2 sowie § 2 Rz 3), aber nicht als Gehweg ausgebaut sind. Ungepflegte (unpassierbare) Seitenstreifen müssen nicht benützt werden, BGH VM **67** 33. Innerhalb des Seitenstreifens muss der Fußgänger nicht äußerst links gehen, Fra VRS **82** 255 (kein Mitverschulden). Wer nachts außerorts trotz eines begehbaren Seitenstreifens 1,60 m neben dem Fahrbahnrand auf der Fahrbahn geht, handelt grob verkehrswidrig, Ha VersR **72** 308.

Lit: *Greger,* Haftungsfragen beim Fußgängerunfall, NZV **90** 409. *Kielhorn,* Tödliche StrVUnfälle von Fußgängern, ZBlVM **72** 129. *Martin,* Vertrauensgrundsatz und Kinder im StrV, DAR **63** 117. *Mittelbach,* Kraftfahrer und Fußgänger, DAR **61** 244. *Schleiermacher,* Auffällige Beziehungen in der Statistik von Fußgängerunfällen, ZVS **71** 48. *Schnitzerling,* Die Gefährdung des Minderjährigen im StrV …, DAR **72** 318. *Weis,* Strafrechtliche Haftung bei VUnfällen von Fußgängergruppen, NJW **61** 1662.

14   **1a. Am äußeren Fahrbahnrand** ist zu gehen, wo begehbare Gehwege oder Seitenstreifen fehlen, **innerorts** nach Wahl links oder rechts (I S 3), beim Rechtsgehen aber unter besonders sorgfältiger VBeachtung, BGH VersR **67** 257, denn auf der Fahrbahn hat der Fahrverkehr Vorrang, BGH VRS **32** 206. Überhaupt ist bei jeder Fahrbahnbenutzung, auch am äußersten Rand, der **Fahrverkehr zu beachten,** auch wenn er gering ist, BGH VRS **6** 87, Ha VRS **19** 129, besonders bei Regen und Dunkelheit, BGH DAR **63** 193. Nachts muss ein Fußgänger vor Fz rechtzeitig zur äußersten Fahrbahnseite ausweichen, bei drohender Gefährdung auch auf den Randstreifen, BGH VersR **72** 258, Dü VersR **75** 1052, Ha VersR **85** 357, NZV **95** 483 (auch außerorts, andernfalls Mitverschulden), s Rz 15. Wer innerorts am äußersten Rand geht, muss vor einem langsamen Kfz nicht beiseite treten, er darf darauf vertrauen, dass der Kf gehörigen Abstand (§ 5 IV) hält, Ol DAR **62** 256. Ist lebhafter Verkehr oder wird überholt, so kann er uU auch einmal beiseite treten müssen, BGH VRS **32** 206, Dü VersR **75** 1052, Ce DAR **84** 124 (Erkennbarkeit der Gefährdung durch ein von hinten nahendes Fz – Anm *Berr*), doch darf der Fahrverkehr darauf nicht vertrauen. Nach Meinung von BGH DAR **60** 72, Ha VM **72** 16 soll aus Gründen der VSicherheit uU sogar ein begehbarer Pfad neben der Straße benutzt werden müssen, ebenso *Greger* NZV **90** 411 (unter Hinweis auf § 1 II, jedoch gehen § 25 insoweit als speziellere Regelung vor). Diese Auffassung widerspricht Abs I S 2, der zur Benutzung des Fahrbahnrandes berechtigt (Rz 12). Ausweichen bei begegnenden Fz: Rz 15. Sind **Gehstreifen unbenutzbar** (Eis, hoher Schnee, Krusten), so darf der Fußgänger auf der Fahrbahn gehen, BGH NZV **95** 144, muss sich aber so verhalten, dass ein Fz nicht seinetwegen bremsen muss, BGH VM **63** 1. Dann sind Fahrverkehr wie Fußgänger zu äußerster Sorgfalt und Rücksichtnahme verpflichtet, BGH NZV **95** 144, Sa VRS **23** 302. Fahrgeschwindigkeit bei Fußgängern auf der Fahrbahn: § 3. Mit entgegenkommenden Fußgängern braucht der Kf nur im Bereich des Fahrbahnrands zu rechnen, Bay VRS **60** 384. Kf müssen nicht damit rechnen, dass ein Fußgänger vom Fahrbahnrand **plötzlich auf die Fahrbahn** tritt, BGH VRS **32** 437, Bay VRS **55** 183, Kö VRS **56** 29, Ha NZV **99** 374, Dü VersR **76** 152, idR auch nicht zwischen stehenden Fz hervor, Ha NZV **93** 314 (FzStau), uU jedoch mit seitlichem Ausweichen vom Bankett oder Grasstreifen, um am Fahrbahnrand weiterzugehen, BGH NZV **89** 265 (krit Anm

Fußgänger § 25 StVO **2**

Kääb). Wer unmittelbar vor einem Bus achtlos die Fahrbahn betritt, kann auch bei erhöhter BusBG den Schaden allein tragen müssen, Dü VersR **73** 40. Gehen Fußgänger innerorts verkehrswidrig, so muss der Kf deshalb nicht mit weiteren derartigen Verstößen rechnen, Stu VRS **37** 197. Wer ein defektes Kfz auf der Fahrbahn anschieben hilft, unterliegt nicht § 25, Sa VM **77** 75. *Bender,* Dürfen Fußgänger bei zulässiger Fahrbahnbenutzung nebeneinander gehen? MDR **60** 462.

1 b. Außerorts besteht Linksgehpflicht, soweit zumutbar (I S 3). Der links gehende Fuß- **15** gänger kann sich auf den FahrV (GegenV) besser einstellen und ist deshalb idR dort weniger gefährdet. Die Vorschrift schützt den Fußgänger- wie Fahrverkehr, BGHSt **10** 369 = NJW **57** 1526, VRS **32** 206. Geschlossene Ortschaft: § 3. Es ist äußerst links zu gehen, es sei denn, die Straße ist hinreichend breit und der Fahrverkehr nicht dicht (BGH VRS **11** 89, VersR **64** 633 [nachts]). Läufer („Jogging") sind „Fußgänger" und unterliegen den Bestimmungen des § 25; sie verhalten sich verkehrsgerecht, wenn sie außerorts am linken Fahrbahnrand laufen (Kö VRS **65** 169 [kein Mitverschulden bei Unfall mit entgegenkommenden Krad]). Entsprechendes gilt für Rollschuhfahrer und Inline-Skater (Rz 12; s auch § 24 Rz 8, 10; BGH NZV **02** 225, *Wiesner* NZV **98** 180, Empfehlung des VGT 98 NZV **98** 146, aM Ol NZV **00** 470 [abl *Bouska*], AG Bersenbrück ZfS **99** 375 [II S 2 entsprechend], *Vogenauer* VersR **02** 1486 [weil „immer" iS von I S 3 unzumutbar]). Das Linksgehgebot **verpflichtet den Fußgänger nicht grundsätzlich zum Platzmachen**, wenn ein Fz grundlos allzu scharf rechts fährt (BGH VRS **16** 186, 270, 276, VersR **62** 1086 [nachts]). Ein entgegenkommender Fußgänger muss idR nicht auf die Grasnarbe ausweichen (Kö VRS **50** 193), auch nicht nachts, wenn er dunkel gekleidet ist (Mü VersR **08** 799 [kein Anscheinsbeweis für Mitverschulden, wenn Fußgänger alkoholisiert ist] m Anm *Uyanik*). Überhaupt braucht derjenige, der ordnungsgemäß am Fahrbahnrand geht, grundsätzlich begegnenden Fz nicht von der Fahrbahn weg Platz zu machen, er darf auf ausreichenden Abstand vertrauen, BGH VersR **67** 706. Auch nachts auf unbeleuchteten Strn hat er zwar auf Fz Rücksicht zu nehmen, es trifft ihn jedoch keine *allgemeine* Pflicht zum Beiseitetreten und Abwarten, BGH DAR **60** 72, Ce VersR **70** 187, Kö VRS **65** 169. UU kann er allerdings verpflichtet sein, auszuweichen und Fz vorbeizulassen, vor allem **bei erkennbar drohender Gefährdung,** wenn dies gefahrlos und ohne Schwierigkeiten möglich ist, BGH VersR **72** 258, Ha DAR **01** 166, Kö VRS **65** 169. Dies gilt zB auch, wenn die Sicht bei Dunkelheit zusätzlich durch Regen oder Nebel stark beeinträchtigt ist, Ce VersR **70** 187, Mü VersR **70** 628, Ha VersR **85** 357 (Mitverschulden). Ungeordnet gehende **Personengruppen** aller Art gelten nicht als geschlossene Verbände und haben deshalb bei Zumutbarkeit äußerst links zu gehen, uU auch scharf links hintereinander, BGH VRS **27** 40, **32** 206. Ist Raum für unbehinderte FzBegegnung, dürfen Fußgänger auch nebeneinander gehen. Bei guter Begehbarkeit sind Seitenstreifen zu benutzen, Ol VM **68** 87.

Ist Linksgehen außerorts unzumutbar, so darf der Fußgänger rechts gehen. Das gilt auch **16** für Inline-Skater, BGHZ **150** 201 = NZV **02** 225 (linker Fahrbahnrand uneben). Beispiele: Begr (Rz 1–3). Es müssen nach allen Umständen triftige, vernünftige Gründe dafür bestehen, rechts zu gehen. Solche Umstände sind zB: Unmöglichkeit des Zurücktretens von der Fahrbahn (Felswand, Mauer, Abgrund, Graben), Körperbehinderung (Oberschenkelamputierte, Blinde), *Booß* VM **60** 11, BMV VkBl **58** 515. Auch in unübersichtlichen Kurven ohne genügend Ausweichmöglichkeit nach links oder ohne Übersicht über den entgegenkommenden Fahrverkehr, der sich an solchen Stellen äußerst rechts halten muss, darf äußerst rechts gegangen werden, BGH VM **64** 84. Wer aus triftigem Grund rechts gehen durfte, muss nicht bei geänderten Verhältnissen alsbald wieder nach links zurückkehren. Er muss nicht fortwährend, um sich „anzupassen", die Fahrbahn überqueren (Begr), es sei denn, Linksgehen wäre auf längere Strecke wieder möglich.

Verkehrswidrig geht, wer sich mehrere Meter **vom Fahrbahnrand entfernt** hält oder gar **17** achtlos auf der Fahrbahnmitte, Bay DAR **59** 19. Wer andere Fußgänger zur Mitte hin „überholt", muss alsbald danach wieder zum Rand gehen und während des Überholens besonders auf Fz achten, BGH VRS **6** 264, ebenso wer eine Fahrbahnverengung (Baustelle) passiert, BGH VersR **62** 89.

Gemäß dem Linksgehgebot außerorts müssen Kf damit rechnen, dass ihnen auf ihrer Fahr- **18** bahnseite **Fußgänger entgegenkommen,** sie müssen auf sie besondere Rücksicht nehmen, dürfen sie nicht abdrängen, sondern müssen notfalls zur Mitte hin ausweichen oder anhalten. Der Anschein spricht gegen den, der einen am rechten Fahrbahnrand entgegenkommenden Fußgänger anfährt, es sei denn, er war unvorhersehbar geblendet, BGH VRS **50** 15. Der vorschriftsmäßig beleuchtete Kradf braucht nicht damit zu rechnen, dass ihm auf der StrMitte ein Fußgänger entgegenkommt, Ha VRS **16** 122. IdR mindestens 1 m **Seitenabstand** zu entgegenkommenden Fußgängern, Kö VRS **50** 193, Ko VRS **41** 115, bei höherer Fahrgeschwindigkeit mehr. Hält der Pkwf, der mäßig schnell fährt, von einem rüstigen Fußgänger, der ihm zügig entgegenkommt, 70 cm Abstand, so braucht er nicht damit zu rechnen, dass dieser falsch reagieren werde, BGH VRS **30** 101. Doch wird der Kf auch weiterhin darauf gefasst sein müssen, dass Fußgänger **auf der Fahrbahn rechts gehen,** Ko VRS **41** 115, weil er meist nicht überblicken kann, ob sie nicht Grund dazu haben, Zw VRS **44** 275. Beim Vorbeifahren an rechts willkürlich „geordnet" gehenden Halbwüchsigen, auf deren Achtlosigkeit nichts hindeutet, können bei 50 km/h 1,20 m Seitenabstand ausreichen, Kö VRS **47** 182. Mindestabstand von 1 m zu einem achtlosen Fußgänger auf der Fahrbahn, Sa VM **79** 87. Wer ein unklares Hindernis auf der Fahrbahn sieht, muss damit rechnen, dass dies ein Mensch sein könne, BGHSt **10** 3, VRS **12** 54. Der geblendete Kf muss mit Menschen auf der Fahrbahn rechnen, BGH VRS **32** 266.

19   **Einzeln hintereinander gehen** müssen bei Dunkelheit, schlechter Sicht oder dichtem Verkehr alle Fußgänger, soweit sie die Fahrbahn mitbenutzen (I), und zwar inner- wie außerorts und ohne Rücksicht auf die erlaubte Gehseite. Doch wird der Fahrverkehr, so wichtig diese Regel auch ist, darauf nicht vertrauen dürfen.

20   **2. Die Autobahn** dürfen Fußgänger, von Notfällen abgesehen, aus VGründen nicht betreten (§ 18), außer dienstlich. Für die ABParkplätze gilt das Verbot nicht, Stu VM **61** 90 *(Booß)*. Kommt auf der AB ein Fußgänger winkend entgegen, so muss der Kf verlangsamen (Unfall), BGH VRS **26** 325.

21   **Kraftfahrstraßen** (Z 331) dürfen Fußgänger nicht betreten, Radf nicht befahren, aber an Kreuzungen und Einmündungen zügig überqueren (§§ 18, 25).

22   **3. Überschreiten der Fahrbahn (III)** fordert von Fußgängern erhöhte Sorgfalt (Begr, Rz 33). Sicherheitsanweisungen an die Pol: Vwv Rn 1. Vor und beim Überschreiten ist der Fahrverkehr zu beachten (Rz 33). Es muss zügig und rechtwinklig zur Fahrtrichtung geschehen (Rz 41, 42). Wo der Fußgänger die Fahrbahn überquert, steht ihm frei, ausgenommen den Fall dichteren Verkehrs („wenn die VLage es erfordert") (Rz 43–45). Er muss nicht die schmalste Stelle aussuchen, Ce NJW **56** 1044, ohne die VInsel. Überschreiten der Fahrbahn 50 m neben einer Fußgänger-LZA unter Überqueren eines bepflanzten, durch Leitplanken gesicherten Mittelstreifens kann grobfahrlässig sein (Mü DAR **01** 407, KG VRS **104** 1 [25 m]). Mit verkehrswidrigem Fahren braucht der Fußgänger idR nicht zu rechnen (BGH NJW **66** 1211). Näher zu den *Pflichten des Fußgängers* beim Überschreiten der Fahrbahn Rz 33 ff. Fz sollen *an überquerenden Fußgängern möglichst hinten vorbeifahren* (BGH VRS **17** 276, **29** 437, **59** 165, VersR **65** 1054, NJW **87** 2377, KG VRS **69** 417, VM **89** 23), vor allem wenn diese von rechts kommen (BGH VM **73** 3, KG VRS **69** 417), außer auf EinbahnStr, wo auch links gefahren wird, Ha DAR **60** 360, oder wenn der von links kommende Fußgänger noch weit links ist. Dass ein Kf nicht hinter einem überquerenden Fußgänger vorbeigefahren ist, ist ihm nicht vorzuwerfen, wenn dies hätte irritieren können, Dü DAR **76** 190. Der Versuch, noch knapp vor dem Fußgänger vorbeizukommen, kann zu dessen Schreckreaktion führen, BGH GA **55** 367, VM **69** 91, BGH VRS **59** 165. Wer hinter dem Fußgänger vorbeifährt, muss ihn beobachten, Ce VRS **37** 300. Mit schwerhörigen Fußgängern muss kein Kf rechnen (?), Bra VRS **30** 447 (doch wird ihn uU Achtlosigkeit zur Vorsicht mahnen).

23   Auf **gebrechliche, betagte, unbeholfene, unsichere oder unachtsame Leute** muss der Verkehr, auch nach Blickkontakt, Hb VRS **57** 187, besondere Rücksicht nehmen, weil sie sich nicht oder nur schwer anpassen können oder sich achtlos verhalten, Hb VM **66** 44, BGH VRS **17** 204, **20** 326, Ce VRS **41** 392, Ko VRS **42** 278, KG VRS **70** 463. Insoweit kein Vertrauensgrundsatz, Kö VRS **52** 276, Kar NJW-RR **87** 1249, s aber § 3 Rz 29 a. Doch ist VUnsicherheit nur bei *offensichtlich* **hohem Alter** oder **Gebrechlichkeit** vorauszusetzen, nicht zB schon bei jeder alten Frau, BGH VRS **17** 204, Hb VM **66** 44, Ce VRS **41** 392, aber bei jedem erkennbaren Anzeichen von Unsicherheit, Kö VRS **52** 276, BGHZ **20** 336, Hb VM **66** 44. Auch bei älteren Fußgängern braucht aber nicht stets mit verkehrswidrigem Überqueren der Fahrbahn gerechnet zu werden; die Umstände sind maßgebend, Bay VRS **65** 461 (krit *Krümpelmann, Lackner*-F 303). S auch § 3 II a. Wer einen Fußgänger zügig und achtlos kreuzen sieht, muss sich auf **Unaufmerksamkeit** und Schreckreaktion einstellen, Dü VM **70** 38. Auf Fußgänger auf der Fahrbahn, die sich offensichtlich verkehrswidrig verhalten (Pullover über den Kopf gezogen), ist äußerste Rücksicht zu nehmen, Ko VRS **42** 278. Weicht ein Kf vor einem

Fußgänger § 25 StVO **2**

die Fahrbahn unachtsam betretenden Fußgänger nach links aus, so ist ihm daraus idR kein Vorwurf zu machen, Zw VersR **72** 593.

Auch auf **Betrunkene** und Angetrunkene muss der Verkehr jede mögliche Rücksicht nehmen, BGH VRS **21** 341 (beschlagene Windschutzscheibe), Ce NRpfl **61** 157, notfalls anhalten, Ce DAR **57** 73, und auf verkehrswidriges Verhalten beim Überschreiten der Fahrbahn gefasst sein, Kö VRS **52** 186, **75** 87, BGH VRS **18** 52, **60** 429, **68** 897, VM **68** 89 (Silvester). Doch müssen Anzeichen für Angetrunkenheit sprechen, Dü NZV **94** 70. Ein Kf muss die Wirtshausheimkehrer vom Vormittag des Osterfeiertags nicht für angetrunken halten, BGH VRS **18** 123, auch nicht einen nächtlichen Fußgänger nur wegen Gasthausnähe, BGH VM **76** 9, Ha NZV **99** 374, oder freitags Nacht („Zahltag"), KG VM **87** 40. Anders nach Kö VRS **75** 87 samstags Nacht zur Sperrstundenzeit, anders auch, wenn in der Nacht nach Fastnacht ein Fußgänger auf der Fahrbahn steht, BGH VM **65** 25. **Zurücktreten der BG:** § 9 StVG Rz 13ff. **Mitschuld betrunkener Fußgänger:** § 9 StVG Rz 15. 24

An einer **Menschengruppe** auf der Fahrbahn, die irgendwie **abgelenkt** ist, ist besonders 25 vorsichtig vorbeizufahren, BGH VersR **60** 737 (Theater), Kö VRS **99** 401 (Jugendliche). Kein Vertrauensgrundsatz, Kö VRS **52** 186. Bei mehreren Fußgängern, welche die Fahrbahn überqueren wollen, muss sich der Kf nach dem achtlosesten richten, Sa VM **75** 13. Bewegt sich auf der Fahrbahn eine größere Menschenmenge, so ist mit äußerster Vorsicht zu fahren, Tüb VkBl **53** 294, der Vertrauensgrundsatz gilt dann nicht, Ko VRS **44** 192.

Besondere Rücksicht ist auf Kinder zu nehmen, weil sie sich infolge Unerfahrenheit 26 dem StrV nicht anpassen können, s auch § 3 II a. Die Abgabe von WarnZ mit der Hupe ist bei ihnen ein besonders geeignetes Mittel zur Gefahrenabwehr, Sa VM **82** 69. **Kleineren Kindern** erscheinen parkende Autos wegen ihrer geringen Augenhöhe hoch, sie haben geringe Körperbeherrschung und neigen zu Spontanreaktionen, vermischen Realität und Phantasie, *Limbourg* VGT **01** 40, sie können sich kaum konzentrieren, *Limbourg* VGT **01** 40, können Geräusche schlecht orten und trennen, Fahrgeschwindigkeiten nicht schätzen, Schl NZV **03** 188. Insbesondere bei kleineren Kindern muss mit jeder Unbesonnenheit gerechnet werden, *Limbourg* VGT **98** 211, *Scheffen* DAR **91** 124, BGH VRS **4** 128, Ha VersR **98** 898, Stu NZV **92** 196, Ko VRS **48** 201, Dü VRS **63** 257, Sa VRS **80** 164, Schl VRS **75** 282. Trotz § 3 II a muss der Kf aber nur dann besondere Vorkehrungen (zB Verringerung der Geschwindigkeit) zur Gefahrenabwehr treffen, **wenn das Verhalten der Kinder und die Situation den Eintritt einer Gefahr befürchten lassen,** BGH NZV **01** 35, NJW **86** 184, VersR **92** 890, Ol VRS **87** 17, Ha NZV **00** 259, **01** 302. Von **Schulkindern** mit zunehmendem Alter kann erwartet werden, dass sie ihr Verhalten auf die Gefahren des V einstellen, Ha NZV **90** 473 (8½ Jahre), Bay DAR **89** 114 (10 Jahre), Hb NZV **90** 71, Ha VRS **80** 261 (12 Jahre). Ein Kf braucht nicht damit zu rechnen, dass ein 10jähriger trotz Beobachtung des V plötzlich auf die Fahrbahn tritt, Bay DAR **89** 114, Ce NZV **05** 261, Ha NZV **96** 70 (13jähriger). Der Möglichkeit plötzlicher Fahrbahnüberquerung durch ein 10½jähriges Kind muss aber durch rechtzeitiges Verlangsamen begegnet werden, wenn dieses startbereit, quer vor Fahrbahn auf dem Fahrradsattel sitzend, nur auf die gegenüberliegende StrSeite blickt, Ol DAR **04** 706, Ha VersR **96** 906. Droht verkehrswidriges Verhalten eines 9jährigen, so muss ein Kf warnen und notfalls sehr langsam fahren, Dü VM **76** 55. Bei einem 8jährigen, der auf der Fahrbahnmitte kurz verhält, darf nicht auf Stehenbleiben und Abwarten vertraut werden, Stu VRS **59** 260. Damit, dass ein 8½jähriger blindlings auf die Fahrbahn läuft, braucht nicht ohne Anhaltspunkte stets gerechnet zu werden, Dü VM **76** 61, Ce VersR **87** 360, ebenso nach KG NJW-RR **87** 284 bei 8jährigem, anders uU bei Kindergruppe (s Rz 28) auf dem Gehweg im Bereich einer das Überqueren erleichternden VInsel, Ha NZV **00** 259. Auch bei einem sich verkehrsgerecht verhaltenden über 9 Jahre alten Kind muss nicht ohne weiteres mit plötzlichem, achtlosem Überqueren der Fahrbahn gerechnet werden, Kar VersR **86** 770, Stu NZV **92** 196 (Strabaschienen). S aber § 1 Rz 24.

Beim Vorbeifahren an **Kleinkindern** muss der Kf jederzeit anhalten können, er darf sie nicht 27 aus den Augen lassen, Ko VRS **48** 201, Mü VersR **75** 672, Dü VersR **76** 595, Sa VRS **80** 282, Ha NZV **91** 194, Schl NZV **95** 24. Rollt ein Ball auf die Fahrbahn, so muss ein Kf darauf gefasst sein, dass jemand dem Ball nachläuft, BGH VRS **18** 45, MDR **60** 239. Ein Ball auf der Fahrbahn mahnt zur Vorsicht und Verlangsamung, Hb VRS **31** 358. Bei Kleinkindern, die vom Gehweg aus ein Reklameluftschiff beobachten, muss ein Kf damit rechnen, dass sie unüberlegt auf die Fahrbahn laufen, Ha VRS **17** 436, oder dorthin zurücklaufen, Sa VRS **36** 218. Ein Junge von 10 Jahren ist nicht mehr Kleinkind in diesem Sinne, BGH VM **63** 1, Ba NZV **93** 268. Dass unbeaufsichtigte kleine Kinder unüberlegt handeln, muss jeder Kf mit äußerster Vorsicht berücksichtigen (WarnZ, Verlangsamung, § 3 IIa), BGH VRS **21** 4, **23** 445 NJW **68** 249, Ha

König 677

VRS **40** 120, Sa VRS **30** 352, Dü VersR **77** 160, Ce FRZ **66** 107, Kö MDR **66** 325, VersR **82** 154, Kar VRS **48** 91, VRS **79** 653, Kö VRS **70** 373, Schl VRS **75** 282, besonders bei Kindergruppen auf beiden Fahrbahnseiten, BGHZ **63** 89, Ol VM **66** 39, VRS **87** 17, Sa VRS **40** 53, Ha VRS **40** 267. Der **Vertrauensgrundsatz** gilt gegenüber ersichtlich verkehrserfahrenen Kindern, Dü VRS **63** 66, Fra VersR **84** 1093 (11 Jahre), auch nach Einfügung des § 3 II a, s § 1 Rz 24, aber nicht gegenüber unbehüteten Kleinkindern, BGH VRS **46** 114, Bay VM **74** 45, Kö VersR **82** 154, VRS **70** 373, *Beck* S 28, *Pardey* ZfS **02** 267 f, zB nicht bei einem 6jährigen Kind an der Fahrbahnkante, Kö VRS **34** 113, Ha VM **73** 70, auch nicht bei zwar schulpflichtigen, aber unter 8 Jahre alten an der Fahrbahn wartenden Kindern, Dü VRS **63** 257, Kar VRS **71** 62. Gibt ein 8jähriges Kind dem abbiegenden Kf ein Freizeichen, so muss dieser nicht befürchten, das Kind werde sich jetzt unachtsam verhalten, BGH VRS **4** 175. Wer auf schmaler Straße (5,5 m) mit „50" fährt, muss nicht damit rechnen, dass sich von zwei einem Schaufenster zugewandten Kindern (10 und 5 Jahre) das kleinere plötzlich umdreht und auf die Fahrbahn läuft, Zw VRS **41** 113. Nur gegenüber Kleinkindern soll die Versagung des Vertrauensgrundsatzes keiner besonderen Begr bedürfen, Hb VersR **76** 945 (?, s Rz 26). Fehlt jedes Anzeichen für eine VWidrigkeit, so soll nach Sa VRS **47** 343 ausnahmsweise der Vertrauensgrundsatz auch bei kleineren Kindern gelten (s aber Rz 26). **Warnzeichen „Kinder":** § 40 Rz 102. Besondere Vorsicht und uU ein WarnZ ist nötig, wenn ein unbeaufsichtigtes 7jähriges Kind unaufmerksam abgewandt neben der Fahrbahn steht, BGH VersR **68** 475. Besondere Umstände können es ausnahmsweise notwendig machen, das Kind auch während des Vorbeifahrens noch seitlich im Auge zu behalten, BGH VersR **92** 202. Auf ein **abgewandt stehendes oder in Fahrtrichtung laufendes Kind** muss sich ein Kf sofort einstellen (WarnZ, Verlangsamung), Kö VersR **78** 853, KG VersR **79** 137, VRS **56** 425, Ha VersR **79** 653, Kö VRS **70** 373, s aber Ha VM **86** 22 (keine Warnpflicht bei abgewandt stehendem 8½jährigem). Läuft ein 8jähriges Kind anstatt auf dem Gehweg auf dem Radweg neben der Fahrbahn her, muss der Kf mit Unbesonnenheit rechnen und warnen, Ha VRS **45** 428. Zur **Aufsichtspflicht** über kleinere Kinder: Rz 32 a.

28   **Kindergruppen** (7–10 Jahre) neigen zu unberechenbarem Verhalten; besonders sorgfältiges Vorbeifahren ist geboten, BGH DAR **68** 244, Ha NZV **00** 259, Kar VersR **83** 252, Ol VersR **94** 116, Schl NZV **95** 24 (6 Jahre). Bei Scharen von Schulkindern beiderseits und Reifglätte höchstens „15" und mehr als 1 m seitlicher Abstand, Dü VM **68** 79. Bei einer bewegten Kindergruppe 40 m voraus ist WarnZ und Bremsbereitschaft nötig, Kar VRS **35** 212. Ein Kf muss damit rechnen, dass ein kleines Kind aus einer Gruppe größerer plötzlich über die Straße zu anderen Kindern läuft, Schl SchlHA **59** 55, dass, nachdem eines von zwei Kindern die Str in Richtung einer anderen Kindergruppe überquert hat, das andere folgen wird, Ol VRS **87** 17. Dem Kf, der sich auf enger Straße einer Kindergruppe nähert, die er durch SchallZ gewarnt hat, ist Reaktionszeit zuzubilligen, wenn aus der 5 bis 6 m vom Fahrbahnrand entfernten Gruppe plötzlich ein Kind auf die Fahrbahn zuläuft, BGH VersR **59** 615. Beachtet von zwei 10jährigen am Bordstein an einer Übergangsstelle nur einer den Verkehr, so muss sich der Kf auf Hinüberlaufen einrichten, Kö VM **74** 47. Ist von mehreren Kindern eins verkehrswidrig über die Fahrbahn gelaufen, ist mit weiteren VWidrigkeiten zu rechnen, KG VersR **74** 368.

29   Besondere Vorsicht ist in der Nähe von **Schulen** erforderlich, wenn sich die Kinder auf dem Schulweg befinden, da sie dann abgelenkt sind und zu Unbesonnenheiten neigen, Bra DAR **56** 303, Dü VM **59** 3, Ol VM **66** 39, Mü VersR **84** 395. Auch in Schulnähe und trotz Z 136 braucht jedoch mit unachtsamem Überqueren der Str durch einen sich unauffällig verhaltenden 10jährigen nicht gerechnet zu werden, Bay DAR **83** 241 (bei *Rüth*). Auch in der Nähe einer ihm bekannten Schule bei Schulbeginn muss ein Kf nicht mit achtlosem Kreuzen einer BundesStr durch einen vorher verdeckten Radf rechnen, Ha VRS **35** 271. Stehen nach Schulschluss 8- bis 9jährige Kinder beisammen, so muss ein Kf darauf gefasst sein, dass eins plötzlich über die Straße läuft, Dü VM **65** 70, Ol DAR **04** 706 (10½jähriges mit Rad). Ein Pkwf handelt aber nicht ohne weiteres fahrlässig, wenn er mit „40 bis 50" an einer Schule vorbeifährt, obwohl 3 oder 4 Schüler auf dem Gehweg stehen, Dü NJW **65** 2401. Andererseits können mehr als 20 km/h bei Vorbeifahren an Schülergruppen (10–12 Jahre) auf dem Gehweg an Schulen zu schnell sein, Mü VersR **84** 395. Die Pflicht, auf Kinder Rücksicht zu nehmen, gilt auch für die Straba und geht der Pflicht vor, zum reibungslosen Verkehr beizutragen, Dü VM **59** 3. Bei Annäherung an eine Gruppe von Kindern, die aus einem Schulgebäude kommen, muss die Straba mit Schrittgeschwindigkeit und WarnZ fahren, BGH VersR **61** 908. Der **Bus (Schulbus),** der auf einen Platz mit wartenden Kindern fährt, muss im Schritt fahren und anhalten, sobald Kinder in den toten Winkel geraten, Kö VersR **73** 847, Ko NJW **77** 60 (Schulbus), uU Mitschuld

Fußgänger § 25 StVO **2**

von Kindern. Drängen sich Kinder dem herannahenden Schulbus entgegen, so kann Annäherung an die Haltestelle mit Schrittgeschwindigkeit geboten sein, Kö VersR **90** 434 (13 km/h zu schnell!), VRS **89** 93, s auch BGH VersR **80** 270. Keine allgemeine Pflicht des Linienbusf jedoch, sich mit Schrittgeschwindigkeit der Haltestelle zu nähern, weil sich unter den Wartenden auch Schüler befinden, Kö VRS **89** 93. Werden nebenherlaufende Kinder durch einen Bus unmittelbar gefährdet, so muss der Busf anhalten; kann er die Gefährdung nicht bemerken, so werden an einer Haltestelle (Schulbus) Schutzgitter anzubringen sein, Ko NJW **77** 60. Zur Sorgfaltspflicht des Schulbusf, der vor der Haltestelle anhält und danach bei wartenden Kindern zur Haltestelle vorfahren muss, s auch Ko VRS **50** 198. An Kindern, die einen Kindergarten verlassen, ist im Schritt mit sofortiger Anhaltemöglichkeit vorbeizufahren, Stu VersR **79** 1039.

Spielende Kinder, besonders kleinere, sind achtlos, damit muss der Kf rechnen, BGH VersR **70** 286, MDR **61** 42, NZV **88** 102, KG VersR **75** 770 (Schneeballwerfen), er darf sie nicht aus den Augen lassen und muss jederzeit halten oder ausweichen können, Dü VersR **77** 160, Sa VRS **30** 53, **70** 106, Kö MDR **66** 325. In für den Durchgangsverkehr gesperrten Straßen in der Nähe einer Siedlung muss sich der Kf darauf einrichten, dass spielende Kinder sich plötzlich verkehrswidrig verhalten, BGH VersR **67** 607, VM **55** 39. Auf in Fahrbahnnähe rollschuhfahrende Kinder ist besonders zu achten, Fra VersR **84** 1093 (11 Jahre), s auch Rz 32. Umfährt ein Pkwf auf schmaler Straße ein parkendes Auto, so dass er bis dicht an den linken Bordstein fahren muss, und befinden sich dort spielende Kinder, so muss er so verlangsamen, dass er notfalls sofort halten kann, Sa VRS **30** 52. Befinden sich spielende Kinder auf der Fahrbahn oder am Fahrbahnrand, Ce VersR **72** 494, so ist WarnZ und Verlangsamung nötig, BGH VRS **12** 326, auch bei 10 jährigen, Ha VRS **51** 101, nicht aber bei spielenden auf dem Gehweg befindlichen größeren Kindern (mindestens 12–13 jährige) ohne konkrete Anhaltspunkte für verkehrswidriges Verhalten, BGH NJW **82** 1149. Dagegen können mehr als 20 km/h bei Vorbeifahren an 8 jährigen in Fahrbahnnähe spielenden Kindern zu schnell sein, Ha NZV **88** 102. Konnte ein spielendes Kind erst zu spät bemerkt werden, kein Vorwurf, Ko VRS **46** 437, BGH VRS **23** 371, Kar VRS **48** 91. Auf schmaler, ruhiger Straße muss der Kf auch Kinder auf den Gehwegen im Auge behalten, BGH VersR **74** 138. Bei **Kindern von 6 bis 7 Jahren** ist vorsichtige Fahrweise auch geboten, wenn sie sich am Fahrbahnrand befinden, BGH VRS **26** 348, KG VM **97** 52, Fra VM **01** 86 (7½ Jahre, 50 km/h innerorts zu schnell). Besondere Vorsicht gegenüber Kindern, die um die Wette laufen, BGH VRS **18** 358.

Damit, dass ein **bisher unsichtbares Kind** plötzlich auf die übersichtliche Fahrbahn läuft, **31** braucht ein Kf nur bei triftigem Grund zu rechnen, BGH NJW **85** 1950, NZV **90** 227, Schl VersR **99** 334, Kö DAR **01** 510, VersR **82** 154, Dü VRS **72** 29, Mü VRS **75** 249, Kar VM **75** 15, auch bei Geschwindigkeitsbegrenzungen auf 30 km/h, Schl VRS **97** 100, etwa wenn er weiß, dass an bestimmter verdeckter Stelle Kinder zu spielen pflegen, Ce VM **67** 23. Keine Vorwerfbarkeit daher, wenn sich der Kf nicht darauf eingestellt hat, dass 7,5 m hinter einem Bus ein bis dahin nicht sichtbar gewesenes Kind im Laufschritt die Fahrbahn überquert, Kar DAR **84** 18. Ein Kf muss nicht damit rechnen, dass ein Kind mit einem Kinderfahrrad plötzlich aus einer Grundstücksausfahrt auf die Fahrbahn fährt, BGH NZV **90** 227, dass hinter einem eingezäunten Vorgarten ein Kind **unversehens hervortritt** und vor den Wagen läuft, Ha DAR **56** 23, oder aus einer Grundstücksausfahrt auf die Fahrbahn fährt oder läuft, Ol NZV **90** 153, oder **zwischen parkenden Fz** hervor, BGH NJW **85** 1950, Kö DAR **01** 510, Dü VRS **72** 29, KG VM **97** 52 (trotz Z 136), **99** 11, Ha DAR **89** 148, NZV **91** 194, auch nicht bei spielenden Kindern auf der anderen StrSeite, Kar VRS **38** 187, anders uU in Wohnsiedlungen, wo Kinder häufig achtlos spielen, BGH VM **70** 74, Sa VRS **70** 106 (mehr als 30 km/h zu schnell), Ha NZV **88** 102, s aber Ha DAR **89** 148 (48 km/h nicht beanstandet). Auf unbesonnenes Hervortreten eines Kindes zwischen parkenden Fz muss sich der Kf jedoch einstellen, wenn er ein quer in die Fahrbahn ragendes Kinderfahrrad sieht, BGH VersR **81** 1054, VersR **84** 67, wenn Personen am Fz auf die Möglichkeit eines in FzNähe befindlichen Kindes hindeuten, Mü VRS **93** 256, oder wenn er das Kind zuvor auf dem Gehweg gesehen hatte, Ha NZV **91** 194. Auch in ländlichen Gegenden braucht ein Kf nicht ohne weiteres darauf gefasst zu sein, dass ein Kind auf die Fahrbahn läuft, BGH VRS **20** 132, so nicht auf schmaler Weinbergstraße aus dichtem Gebüsch hervor, Kar VersR **67** 195. Läuft in dörflicher Gegend ein Kind über die Straße (Roller), wird der Kf idR mit weiteren Kindern rechnen müssen, Kö VM **69** 6, VRS **36** 201. Wer als Kf ein **Rad fahrendes Kind** den Gehweg befahren sieht, vor allem unter riskanten Umständen (Fußgängerverkehr, Hindernisse auf schmalem Gehweg), muss seine Fahrweise anpassen, Dü VersR **78** 768, Ha NZV **91** 152. Kommen ihm auf dem (schmalen) rechten Gehweg zwei unter 8 Jahre alte Kinder mit Kinderfahrrädern entgegen, die sich einer Haltestelle mit dort auf dem Gehweg wartender Person nähern, so muss er damit rechnen, dass eines der Kinder auf die Fahrbahn gerät, BGH NJW **86** 184, ähnlich Stu VRS **74** 401. Kommt ihm auf seiner Fahrbahnseite am Fahrbahnrand ein 13jähriger Radf entgegen, der zuvor den Gehweg befahren hatte, muss er sich darauf einstellen, dass dieser vor ihm auf die andere (richtige) Fahrbahnseite wechseln werde, wo andere Kinder fahren, Ha NZV **00** 167. Ein Kf, dem auf dem Gehweg ein Neunjähriger im Go-Cart entgegengefahren kommt, muss nicht damit rechnen, dass der Junge unvermittelt auf die Fahrbahn und ihm in den Weg fahren werde, Stu VRS **42** 31.

32 Auf **Halbwüchsige** auf dem Gehweg, die sich verkehrsmäßig benehmen, braucht der Kf idR keine besondere Rücksicht zu nehmen, Ha VRS **47** 266, **46** 112, **80** 261, BGH VRS **46** 114, Kar VRS **46** 122. Der Grundsatz besonderer Rücksicht gilt nicht, wenn gute Gründe dafür bestehen, das Kind sei einer bestimmten VLage gewachsen, BGH VM **62** 64. Der Kf, der eine Gruppe größerer (*mindestens 12–13jähriger*) Kinder auf dem Gehweg wahrnimmt, muss nur dann mit verkehrswidrigem, unvorsichtigem Verhalten rechnen und vorbeugende Maßnahmen treffen, wenn konkrete Umstände befürchten lassen, eines der Kinder werde unversehens auf die Fahrbahn laufen, BGH NJW **82** 1149, Hb NZV **90** 71, s aber Ha NZV **93** 397. Von einem 12jährigen Gymnasiasten kann idR umsichtiges, verkehrsgerechtes Verhalten erwartet werden, Mü VersR **84** 395, Ha VersR **90** 986. Mit plötzlichem Überqueren der Fahrbahn durch einen 12jährigen parallel zur Fahrbahn auf dem Gehweg laufenden Jungen muss ein Kf nicht ohne weiteres rechnen, Ha VRS **80** 261. Bei einem zwölfjährigen Mädchen auf einer BundesStr auf dem Schulweg kann angenommen werden, dass es nicht mehr verkehrsunerfahren ist (Lkw), BGH VRS **24** 47. Dass ein Schulkind auf dem Grünstreifen auf ein vorsorgliches WarnZ nicht deutlich reagiert, nötigt nicht zu der Annahme, es könne unvermittelt auf die Fahrbahn treten, Ol DAR **63** 194. Doch muss der Kf auch bei größeren Kindern darauf gefasst sein, dass sie bei Ablenkung plötzlich auf die Fahrbahn laufen, BGH VRS **46** 114, **24** 200, Stu VRS **27** 125, Kar VRS **46** 122, Hb NZV **90** 71. Bewegen sich in Fahrbahnnähe rollschuhlaufende 12jährige Kinder auf die Fahrbahn zu, ohne auf Hupzeichen zu reagieren, muss sich der Kf auf die Notwendigkeit des Anhaltens oder Ausweichens einstellen, Stu VM **77** 25, s auch Dü VersR **78** 768 (auf dem Gehweg Rad fahrender 9jähriger).

32a Der **Aufsicht eines Erwachsenen** über ein Kleinkind darf der Kf idR vertrauen (BGHSt **9** 92, NJW **56** 800, VRS **10** 381, Bay VM **74** 45, VRS **47** 53, KG NZV **03** 483). Er muss befürchten, ein Kind in Begleitung Erwachsener werde plötzlich auf die Straße laufen (BGH VersR **92** 890, KG NZV **03** 483, Kö VRS **28** 266) oder nach Warten in der Fahrbahnmitte plötzlich von den Erwachsenen weglaufen, um die Fahrbahn vollends zu überqueren (Kar VersR **82** 450, Stu NZV **92** 185). Zum Ersatzanspruch des Kf gegen den Aufsichtspflichtigen eines 7jährigen, dem er ausweicht, wobei er verunglückt (Ce DAR **76** 73). Die Eltern verletzen ihre Aufsichtspflicht, wenn sie nicht stets in der Lage sind zu verhindern, dass ihr sie begleitendes 2jähriges Kind auf die Fahrbahn läuft (Dü VersR **92** 1233), ebenso, wenn sie ein 4jähriges Kind auf dem Gehweg einer verkehrsreichen VorfahrtsStr unbeaufsichtigt mit Murmeln spielen lassen (KG VM **89** 52), ihm gestatten, auf dem Roller fahrend, einen verkehrsreichen Fußgängerüberweg zu überqueren (Ha NZV **95** 112), oder einem 2½jährigen Kind das unbeaufsichtigte Spielen auf Strn (Gehweg) mit lebhaftem Fz- und FußgängerV gestatten (Fra ZfS **93** 116). Außerhalb von besonders gefährlichen Situationen genügt es auch bei einem 2jährigen Kind, wenn die Aufsichtsperson jederzeit eingreifen kann; ständiges an der Hand Halten ist nicht erforderlich (Sa NJW **07** 1888 [zw.], krit *Bernau* DAR **07** 651, LG Kö NJW **07** 2563). Keine Aufsichtspflichtverletzung, wenn die Eltern ein 6jähriges Kind nach den ersten Wochen nicht weiterhin auf dem Schulweg begleiten, AG Gummersbach MDR **86** 237, Ce NJW-RR **88** 216, den 4½ und 6½ Jahre alten Geschwistern den gemeinsamen Heimweg vom 150 m entfernten Kindergarten gestatten (Kar DAR **89** 25) oder ein 5½jähriges Kind auf einer wenig befahrenen Str im dörflichen Bereich nicht begleiten (AG Prüm NJW-RR **07** 91). Nach AG Fra NJW-RR **97** 1314 keine Aufsichtspflichtverletzung der Eltern, wenn sie einem 6jährigen den Schulbesuch mit dem Fahrrad gestatten (abw AG Traunstein NZV **05** 261, s auch § 2 Rz 66). Ein 8jähriges Kind bedarf jedenfalls idR beim Radfahren im öffentlichen StrV auf dem Schulweg oder anderen ihm bekannten Wegen nicht mehr der Überwachung durch die Eltern (Ol DAR **05** 343). Aus der durch § 828 II BGB eingeführten eingeschränkten Haftung für Kinder unter 10 Jahren ist keine verschärfte Haftung der Eltern wegen Aufsichtspflichtverletzung herzuleiten (Ol DAR **05** 343, *Bernau* NZV **05** 234). Der Aufsicht eines 13jährigen über ein Kleinkind darf ein Kf nur vertrauen, wenn er ausreichender Beaufsichtigung gewiss sein darf (Bay VM **74** 45). Dass ein 4jähriges Kind an der Hand eines 11jährigen ruhig auf dem Gehweg

Fußgänger § 25 StVO **2**

einer Dorfstraße geht, rechtfertigt nicht das Vertrauen, es werde auch dort bleiben (BGH VersR **61** 614).

Lit: *Beck*, Kinder, Jugendliche und StrV, 1982. *Bernau*, Führt die Haftungsprivilegierung des Kindes in § 828 II BGB zu einer Verschärfung der elterlichen Aufsichtshaftung aus § 832 I BGB?, NZV **05** 234. *Fuchs*, Die deliktsrechtliche Verantwortung der Eltern für Schäden von und an Kindern im StrV, NZV **98** 7. *Haberstroh*, Haftungsrisiko Kind – Eigenhaftung des Kindes und elterliche Aufsichtspflicht, VersR **00** 806. *Limbourg*, Psychologische Grundlagen der Lern- und Leistungsmöglichkeiten von Kindern im StrV, VGT **01** 39. *Limbourg, Steffen, H. Müller*, Kinder im StrV – Fragen der Haftung, VGT **98** 211. *Scheffen*, Schadensersatzansprüche bei Beteiligung von Kindern und Jugendlichen an VUnfällen, VersR **87** 116. *Pardey*, Aufsichts- und Schutzpflichten zur Teilnahme von Kindern am StrV, DAR **01** 1. Älteres Schrifttum s 39. Aufl.

3 a. Beachtung des Fahrverkehrs durch Fußgänger vor und beim Überschreiten der **33** Fahrbahn nach beiden Richtungen ist geboten (III). Außerhalb von Fußgängerüberwegen hat der **FzV grundsätzlich Vorrang**, weil die Fahrbahn in erster Linie dem FzV dient (BGH NJW **00** 3069, **84** 50, Fra NZV **01** 218, KG NZV **03** 483, VRS **104** 1, Kö ZfS **93** 258, Ba VersR **92** 1531, Ol NZV **94** 26) und nur besonders sorgfältig überquert werden darf (BGH NJW **00** 3069, **84** 50, Bay NJW **78** 1491, KG VRS **107** 27, **104** 1, VM **99** 11, Ha VRS **82** 12, Kö ZfS **93** 258, Ba VersR **92** 1531). Dass Fußgänger sich vorher umschauen, bezeichnet die Begr als selbstverständlich. Wer die Fahrbahn überschreiten will, darf idR **auf Abbiegeanzeigen vertrauen**, auch hinter Kreuzungen und Einmündungen (KG VRS **57** 173). Wegen der Dauer des Fahrbahnüberschreitens muss er jedoch auch Kfz mit Abbiegeanzeige weiterhin beachten (KG VRS **57** 173). Niemand darf eine Fahrbahn betreten, ohne sich **vorher nach links** (bei EinbahnStr in Fahrtrichtung, Rz 36) **zu vergewissern,** dass kein Fz naht (BGH VersR **64** 168, KG NZV **03** 483, Ba VersR **92** 1531). Ist die Fahrbahn nach links hin unübersichtlich (Linkskurve), so kann es mangels entgegenstehender Umstände geboten sein, auch nach dem Betreten der Fahrbahn weiterhin zunächst noch nach links zu sehen, s den allerdings abweichend liegenden Fall BGH VRS **59** 163. Damit, dass Kfz von links aus einer Kurve überschnell herankommen, muss der überquerende Fußgänger nicht rechnen, BGH VRS **59** 165. Umblick ist geboten, auch bei Grün, BGH NJW **66** 1211, VRS **31** 3 (Rz 35). Auf den bevorrechtigten Fahrverkehr ist Rücksicht zu nehmen, also **bei Annäherung eines Fz zu warten,** BGH NJW **00** 3069, Ha NZV **03** 181, VersR **66** 877, KG VRS **104** 1, VM **99** 50, Kö ZfS **93** 258. Kurz vor einem Kfz darf ein Fußgänger die Fahrbahn nicht zu überqueren versuchen; darauf darf der Kf vertrauen, KG VRS **107** 27, VersR **72** 104, Mü VersR **86** 6. Auch der nach links hin Ausgestiegene darf die Fahrbahn nicht achtlos überqueren; damit braucht niemand zu rechnen, Ce NJW **57** 513, auch nicht damit, dass jemand im Dunkeln **unvermittelt auf die Fahrbahn springt** (BGH VRS **19** 282; s auch Rz 14), auch nicht nach einer soeben beendeten Veranstaltung (BGH VRS **35** 117). Der Fußgänger darf sich **hinter einem haltenden Fz hervor** vorsichtig orientieren, Bay VRS **40** 214, Kö VRS **41** 368, muss aber auf etwaiges Zurücksetzen achten, Fra VM **59** 6. Wer die Straße vor einer haltenden Straba überschreitet, muss auf Fahrverkehr von links achten, auch wenn noch ausgestiegen wird, BGH VRS **4** 494. Wer vor einem haltenden Lkw hervortritt, muss auf möglicherweise vorbeifahrende/überholende Fz achten, Kö VRS **96** 335. Wer verkehrsunsicher ist, sollte die Straße nur auf Überwegen, an VInseln oder Ampeln überschreiten. Ein rüstiger Fußgänger darf 200 m vor einem Kfz eine 6,30 m breite vereiste Straße überschreiten, Bay DAR **65** 82. Auch der **Strabaf** darf damit rechnen, dass Fußgänger auf den Gleisen auf den Fahrverkehr achten, BGH VRS **25** 251, **20** 331. Stehenbleiben auf Gleisen ist erhöht schuldhaft (Fra VRS **51** 81). Die Sorgfaltspflichten beim Überschreiten der Fahrbahn gelten auch für das **Überschreiten von Radwegen** (Ce NZV **03** 179, Ha NZV **99** 418, *Janiszewski* NStZ **85** 115; s auch § 41 Rz 248c); darauf darf der Radf vertrauen (Dü NZV **07** 614). Fußgänger, die die Fahrbahn nicht mit besonderer Vorsicht überqueren, trifft Mitschuld: Rz 53. *Grobe Fahrlässigkeit* des Fußgängers beim Überschreiten der Fahrbahn: Rz 53.

Bleibt ein Erwachsener **auf der Fahrbahn stehen** und sieht er zum Fz hin, so darf der Kf **34** idR annehmen, er werde ihn vorbeifahren lassen, BGH VM **58** 31, VRS **26** 28, Dü VM **76** 59, Ha VRS **42** 202, Fra ZfS **85** 317, KG VRS **70** 463, VM **93** 85, Stu VRS **66** 92, wenn nichts dagegen spricht; doch gehört dazu zumindest auf schmalerer Fahrbahn Blickverbindung, sonst ist WarnZ und Verlangsamen nötig, Kö VRS **45** 432, KG VersR **68** 259. Verharrt ein Fußgänger, der das Kfz kommen sieht, nach dem Überqueren von drei Fahrstreifen, so darf der Kf annehmen, er werde ihn vorbeilassen, Ha VRS **35** 24. IdR darf ein Kf nur auf breiten Fahrbahnen und klarem Verhalten des Fußgängers unter Blickverbindung damit rechnen, dass dieser auf der

Fahrbahnmitte das Vorbeifahren abwartet, Ha VRS **59** 260. Bei Blickverbindung mit einem auf der Fahrbahnmitte verkehrsgerecht wartenden Fußgänger darf der Kf idR auf dessen Abwarten vertrauen, BGH NJW **77** 1057, KG VM **93** 85, anders uU bei einer Personengruppe, Rz 25. Die Fahrgeschwindigkeit ist möglicher Unbesonnenheit des in der Mitte stehen gebliebenen Fußgängers anzupassen, BGH VersR **68** 848, NJW **60** 831, Ha VersR **00** 1515, KG VM **93** 85, auch ist ein angemessener Seitenabstand einzuhalten, BGH NJW **62** 25, KG VM **93** 85. Bleibt ein Fußgänger außerorts auf einer Bundesstraße auf der Mitte der linken Fahrbahn stehen, obwohl er zum Überqueren der Fahrbahn genügend Zeit hatte, so gilt der Vertrauensgrundsatz nicht; der Kf muss dann seine Geschwindigkeit deutlich herabsetzen und darf nicht mit 80 km/h am Fußgänger vorbeifahren, Ro VersR **06** 1703. Die Lichthupe ist meist ein missverständliches und deshalb gefährliches Verständigungszeichen, § 16 Rz 8. Zwar ist feste Blickverbindung nicht stets möglich, aber kurzes Stutzen des Fußgängers reicht nicht aus, nur deutliches Verharren gibt dem Vertrauensgrundsatz zugunsten des Kf Raum, Kö VRS **52** 276, KG VRS **70** 463. Stehenbleiben auf der Fahrbahn ist nämlich oft auch nur eine plötzliche Reaktion und erlaubt keinen Schluss auf weiteres verkehrsgerechtes Verhalten, Ha VRS **16** 287, vor allem nicht, wenn zwei Fz zugleich auf den Stehengebliebenen zukommen, die vor und hinter ihm vorbeifahren wollen, Ol VRS **15** 289. Tritt ein überquerender Fußgänger vor dem nahenden Kfz zwei Schritte zurück, darf der Kf idR annehmen, er dürfe vorbeifahren, aber nicht, wenn er den Fußgänger vorher durch Lichthupe und „Kompressorhorn" erschreckt hat, Ko VRS **41** 184. Bei unklarem Stehenbleiben auf der Fahrbahn (betagt, eifriges Gespräch) muss der Kf notfalls sofort anhalten können, Kö VRS **35** 179. Bei einem auf der Fahrbahnmitte stehenden, erkennbar hochbetagten Fußgänger ist auch nach Blickkontakt noch mit falscher Reaktion zu rechnen, Hb DAR **79** 335 (78 J), Kar NJW-RR **87** 1249 (71 J). Verhält ein 8jähriges Kind kurz auf der Fahrbahnmitte, so ist sein weiteres Verhalten idR ungewiss, Ha MDR **80** 598.

35 Beim **Umspringen auf Grün** oder auf ein entsprechendes FreigabeZ muss der Fußgänger mit Vorsicht queren; doch muss er nicht mit Nachzüglern rechnen, BGH NJW **66** 1211. Wer beim Umspringen auf Rot noch auf der Fahrbahn ist, muss beschleunigt, aber umsichtig weitergehen (§ 37 II Nr 5), s § 37 Rz 58. Verhalten an Fußgängerfurten mit LZA, s auch Rz 44 sowie § 37 Rz 58.

36 Spätestens **ab Straßenmitte** muss der Fußgänger **nach rechts sehen**. Von rechts kommende Fz darf er im Weiterfahren nicht behindern, auch nicht zu anderem Fahren nötigen, BGH DAR **57** 235, Ha NZV **03** 181, und sich nicht darauf verlassen, dass sie hinter ihm vorbeifahren, Ha DAR **58** 339, abw Dü VRS **83** 100. Ist die Straße schmal, muss er warten, bis weder von links noch von rechts ein Fz kommt, BGH NJW **84** 50, Ha NZV **03** 181. Wer als Fußgänger, zusammen mit gleichgerichtetem Querverkehr, die Fahrbahn an einer Kreuzung bis zur Mitte überquert hat, darf sich darauf verlassen, dass er nicht von links her angefahren wird, BGH VRS **34** 18. Wer von rechts her die Mitte bereits überschritten hat, muss nicht mehr damit rechnen, ein von links kommendes Fz werde noch vor ihm vorbeifahren wollen, obwohl die Fahrbahn hinter dem Fußgänger frei ist, BGH VRS **17** 276, oder unter Missachtung einer durchgehenden Linie, Mü VersR **95** 1596. Hat ein Fußgänger eine breite Straße von rechts her bereits bis über die Mitte hinaus überquert, so darf ein Kf mit ausreichendem Seitenabstand (1,5 m) hinter ihm vorbeifahren, Ha VRS **56** 27. **Auf EinbahnStrn** müssen Fußgänger von vornherein in Fahrtrichtung sehen, BGH VRS **23** 333, VersR **62** 1012, Kö VRS **34** 436, Ba VersR **71** 136. Wer eine EinbahnStr überschreitet, braucht auf Verkehr aus der Gegenrichtung nicht gefasst zu sein, Nü VersR **61** 644, KG VRS **108** 417 (durch Mittelstreifen getrennte Fahrbahn).

37 Wer eine breite, belebte Straße so überschreitet, dass er, soweit es der von links kommende Verkehr gestattet, **zunächst bis zur Mitte geht** und dort wartet, bis er auch die andere Fahrbahnhälfte überqueren kann, verhält sich richtig, BGH VersR **66** 873, NJW **60** 2255, Nü DAR **01** 170, Mü NZV **94** 188; das kann auf innerörtlicher, beleuchteter Str uU auch bei Dunkelheit gelten, Hb VRS **87** 249, Kö VRS **92** 241. Damit muss auf breiten Fahrbahnen ein Kf rechnen und darauf darf er vertrauen, sofern er sicher ist, dass der Fußgänger ihn gesehen hat (ausreichender Seitenabstand), s Rz 39. Auf außerörtlichen schmalen Strn mit höherer zulässiger Geschwindigkeit (70 km/h) darf dagegen bei Dunkelheit nicht in der Mitte gewartet werden, BGH NJW **84** 50, vor allem nicht, wenn sie schlecht ausgeleuchtet sind, auch nicht am Tage bei belebter BundesStr, die nur durch Überklettern von Leitplanken betreten werden kann, Kar VRS **74** 86. Verkehrswidrig ist das Warten des Fußgängers *in* einem markierten Fahrstreifen, vor allem bei hoher VDichte, Ha NZV **97** 123. Wer auf einer nur 6 m breiten Str, ein Fahrrad führend, in der Mitte stehen bleiben muss, verhält sich nicht verkehrsgerecht, Ha NZV **03** 181. Etappenweises Überqueren einer innerörtlichen, nur ca 7 m breiten Fahrbahn bei Dunkelheit

Fußgänger **§ 25 StVO 2**

kann grobfahrlässig sein, Ha VRS **78** 5 (Nässe, künstliche Beleuchtung, dunkle Kleidung). Wer die Straße **in einer Dunkelzone** (Mitte zwischen zwei Leuchten) überquert und demgemäß im Scheinwerferlicht schwer zu erkennen ist, muss besonders sorgfältig auf den Fahrverkehr achten (Wirkung der Dunkelzone darf nicht als allgemein bekannt vorausgesetzt werden), BGH VersR **61** 856, 996, NJW **84** 50. Vorsicht ist besonders bei nächtlichem Überqueren einer BundesStr geboten, BGH VRS **15** 432. Damit, dass dem herannahenden langsamen Kfz **verdeckte Überholer** folgen könnten, muss der Fußgänger rechnen, BGH NJW **84** 50, Hb VM **60** 20, selbst wenn Überholen dort verboten ist, BGH VersR **56** 571. Wer ein Fahrrad 50 m von einer Ampelfurt entfernt durch vor Rot wartende FzReihen schiebt und dabei übersieht, dass von links her ein Kraftrad überholen könnte, verhält sich fahrlässig, denn dieser Vorgang ist häufig, *Booß* VM **79** 70, aM KG VM **79** 70.

3 b. Umgekehrt ist auch der Fahrverkehr trotz Vorrangs dem überquerenden 38 **Fußgänger Rücksicht schuldig,** BGH VersR **69** 1115, Mü r + s **86** 6, KG VRS **74** 257. Er muss die gesamte Fahrbahnbreite zwecks rechtzeitigen Erkennens querender Fußgänger beobachten, Nü DAR **01** 170, Kö VRS **92** 241, Dr NZV **99** 293, KG NZV **88** 104, und außerorts, wo Gehwege fehlen, auf Fußgänger achten, die auf dem Bankett gehen, BGH NZV **89** 265, oder sich dort aufhalten, BGH NZV **99** 242, ebenso auf am Fahrbahnrand wartende, „auf der Stelle laufende" Jogger, Kö VersR **02** 1167. Auf beobachtete oder bei genügender Sorgfalt wahrnehmbare Unachtsamkeit oder VSchwäche muss er sich durch rücksichtsvolle Fahrweise einstellen (Rz 23), Kö VRS **52** 276, 186, Dü VersR **77** 160, Ha VM **70** 7 (Überqueren durch mehrere Fußgänger zugleich), Mü r + s **86** 6, KG VRS **74** 257. Bei starkem Regen ist auf Fußgänger auf der Fahrbahn besondere Rücksicht zu nehmen, Dü VM **75** 70. Wer innerorts eine stehende Kolonne auf der Gegenfahrbahn überholt, muss mit überquerenden Fußgängern rechnen, die nur auf den GegenV achten, Kö VersR **02** 1167, KG DAR **78** 107, VRS **49** 262, Mü VersR **96** 1506. Halten Fz auf einem von mehreren Fahrstreifen an, so muss ein Kf, der diese überholt, damit rechnen, dass dies geschieht, um einem Fußgänger das Überqueren der Fahrbahn zu ermöglichen, KG VRS **62** 326 (Haftung des Kf zu $^2/_3$). Wer innerorts erheblich zu schnell fährt, verunsichert überquerende Fußgänger und muss auch mit Zurückspringen von der Fahrbahnmitte aus rechnen, Ha VRS **59** 114. Ein in Überraschung zurückspringender Fußgänger muss nicht unbedingt Mitschuld haben, BGH VersR **70** 818. Mit der Schreckwirkung von HupZ oder seines Fahrgeräusches auf den Fußgänger muss er je nach Lage rechnen, BGH VersR **67** 348. Bei sonst verkehrsfreier Fahrbahn gewöhnlicher Breite darf sich ein Kf nicht darauf verlassen, dass ein von links überquerender Fußgänger auf der Fahrbahnmitte seine Vorbeifahrt abwarten werde, Ol VRS **42** 436. Dass ein auf der StrMitte verharrender Fußgänger weiterhin stehen bleiben werde, darf ein Kf annehmen, Rz 34. Es besteht kein Erfahrungssatz, dass Fußgänger auf HupZ hin stehen bleiben oder zurücktreten, BGH VRS **27** 346. Bei Dunkelheit können sie sich leicht verschätzen, BGH VRS **38** 44, NJW **87** 2377. Mit Unaufmerksamkeit ist zu rechnen, wenn jemand mit einem schweren Sack auf die Fahrbahn zugeht, Ha VRS **32** 119. Will der Kf hinter einem **von links kommenden Fußgänger** vorbeifahren, so muss er damit rechnen, dass dieser meint, das Fz fahre auf ihn zu, und zurückspringt, Kö VRS **28** 264, Ha VRS **29** 191, Dü VersR **79** 649, KG VM **85** 68. Solches Linksvorbeifahren wird idR falsch sein, BGH VersR **70** 818. Ein Kf, der ein auf dem mittleren von 3 Fahrstreifen einer Richtungsfahrbahn fahrendes Fz links überholt, muss damit rechnen, dass ein von links gekommener, auf dem mittleren Fahrstreifen verharrender Fußgänger umkehren werde, KG VM **82** 36. Auf schmaler Straße darf ein Kf nicht darauf vertrauen, ein von links kommender und bisher nur nach links blickender Fußgänger werde rechtzeitig noch nach rechts schauen, Bay VRS **25** 460.

Im Übrigen darf der Kf **auf verkehrsgemäßes Verhalten Erwachsener beim StrÜber-** 39 **queren mangels Gegenanzeichen vertrauen,** Ha VRS **56** 27, Kö VRS **91** 264, Stu VRS **66** 92, Mü r + s **86** 6, KG VM **93** 85. Ein Kf darf idR darauf vertrauen, dass ein wartender Fußgänger die Fahrbahn nicht achtlos überquert, jedoch nur, wenn er mit angepasster Geschwindigkeit fährt (hier: zu schnell vor dem Ortsendeschild), Bay VRS **58** 221. Außerorts darf der Kf mit achtsamem Fahrbahnüberqueren durch Fußgänger rechnen, seine Bremspflicht beginnt, sobald er unachtsames Verhalten bemerken muss, Kö VRS **59** 118. Vertrauen darf der Fahrverkehr darauf, dass wartende Fußgänger bei FzAnnäherung nicht auf die Fahrbahn treten, Bay NJW **78** 1491, auch nicht von einer rechts verlaufenden Parkbucht aus, Kö VRS **56** 29, Ha NZV **99** 418, auch nicht an Fußgängerfurten bei Ampelausfall, Ol VRS **69** 252, oder wenige m hinter einer für den FahrV Grün zeigenden LZA, KG VRS **104** 1, dass ein Fußgänger die

2 StVO § 25 · I. Allgemeine Verkehrsregeln

Straße mit nötiger Vorsicht betritt und überquert, BGH NJW **66** 1211, Bay VRS **58** 221, KG VM **99** 11, dass Fußgänger eine FernVStr nicht ohne Beachtung des Fahrverkehrs überqueren, BGH VRS **26** 203, KG VRS **83** 98, dass sie nicht aus nächster Nähe von der Seite her im Scheinwerferlicht auftauchen, BGH VRS **25** 47, NZV **89** 265, Br DAR **63** 253, Stu VRS **40** 292, nicht gedankenlos oder plötzlich vor das Kfz laufen, BGH VersR **64** 826, **62** 638, VRS **20** 129, **23** 177, 373, Kö VRS **52** 186, **91** 264, Bra VRS **30** 447, KG VRS **70** 463, auch nicht nachts vorher nicht sichtbare betrunkene, Kö VRS **99** 163, dass sie beim Durchqueren zweier FzKolonnen zwischen diesen nicht stehen bleiben, Bay VM **70** 4, aus einem sichtversperrenden Hauseingang nicht blindlings auf die Fahrbahn treten, BGH NJW **61** 1622, nicht plötzlich hinter einem haltenden und von diesem verdeckten Fz auf die Fahrbahn laufen, Ol VersR **81** 289 (Milchsammelwagen), zwischen parkenden Kfz hindurch nicht ohne Umblick auf die Fahrbahn treten, Ce DAR **02** 309, Kö VRS **52** 186, KG VRS **83** 98, auch nicht in Kleinstädten, BGH VRS **30** 192, Ha VRS **30** 77, auch nicht zwischen verkehrsbedingt wartenden Fz, Dü VRS **72** 29. Dass Fußgänger zwischen parkenden Fz bis zum benutzbaren Fahrstreifen vortreten und sich orientieren, ist zweckmäßig und zwingt den Kf noch nicht zur Annahme unachtsamen Weitergehens, Bay DAR **71** 109, Kö VRS **41** 368. Der Kf darf idR darauf vertrauen, dass ein HupZ aus genügender Entfernung beachtet wird, BGH GA **56** 293, Ha VRS **12** 368. Ohne Anhaltspunkt muss kein Kf damit rechnen, dass ein abgewandt stehender Erwachsener sich plötzlich umdreht und rasch auf die Fahrbahn tritt, Stu DAR **71** 332. Wer mit seitlichem Abstand von 1,3 m an einem zwischen den Rädern eines Treckers stehenden Fußgänger vorbeifährt, muss nicht damit rechnen, dass ihm der Fußgänger plötzlich vor den Kühler läuft, Ba VersR **79** 475. Hat ein Fußgänger die Fahrbahn von links her bereits mehr als zur Hälfte überquert, so braucht ein Kf ohne besonderen Anhalt nicht mit Umkehr und Zurückgehen zu rechnen, Bay DAR **72** 163, KG DAR **86** 323, s aber Rz 38. Der Kf braucht nicht damit zu rechnen, dass in der Fahrbahnmitte wartende Fußgänger plötzlich loslaufen, um die Fahrbahn vollends zu überqueren, Kar VersR **82** 450, Fra ZfS **85** 317, s Rz 34. Der Strabaf darf darauf vertrauen, dass ein Fußgänger nicht ungeachtet seiner Signale achtlos auf das Gleis tritt, BGH VersR **61** 475, Fra VRS **51** 81. **Kein Vertrauensgrundsatz** gegenüber Fußgängern, die sich offensichtlich nicht umsehen, Ko VRS **42** 278, KG VRS **69** 417; dann ist mit Weitergehen zu rechnen und sofort zu bremsen, KG VRS **69** 417 (Haftung des Kf zu 1/2).

40 Der Kf verletzt die Sorgfalt, wenn er so schnell fährt, dass **spritzender Straßenschmutz** Fußgänger besudelt (§ 1 Rz 34).

41 **3 c. Zügig** ist die Fahrbahn zu überschreiten, ohne vermeidbares Zögern (Begr), mit der individuell zumutbaren Eile, BGH GA **56** 293, KG VRS **107** 27. Alter, Körperzustand und VVerhältnisse sind zu berücksichtigen. Betont langsames Gehen ist ow, doch darf der Kf keine schnellere Gangart verlangen, Hb VM **55** 8. Eine schmale Str ist grundsätzlich in einem Zuge zu überqueren, wenn gewährleistet ist, dass weder von links noch von rechts nahende Fz behindert werden, Ha NZV **03** 181. Im Übrigen verstößt durch den V veranlasstes Stehenbleiben auf der Fahrbahn nicht gegen III S 1, Ha NZV **98** 372, Nü DAR **01** 170, s Rz 37. Durch den Verkehr nicht bedingter Aufenthalt auf der Fahrbahn ist unzulässig, BGH VM **58** 26. Sehr Gehbehinderte werden nach Möglichkeit Fußgängerüberwege benutzen (Rz 43, 44). Auch achtlos zu schnelles Überqueren ist ow (Rz 33).

42 **3 d. Auf dem kürzesten Weg quer zur Fahrtrichtung** ist die Fahrbahn zu überqueren, nicht sehr schräg, BGH GA **56** 293, KG VRS **107** 27, Kö DAR **78** 17. Die Beurteilung darf aber nicht kleinlich sein. Zur Schuldabwägung nach Überfahren eines angetrunkenen Fußgängers, der die Fahrbahn im Bereich einer unübersichtlichen Kurve schräg überquert, Kö DAR **78** 17.

43 **3 e. Bei dichterem Verkehr** („wenn die VLage es erfordert") darf die Fahrbahn nur an Kreuzungen und Einmündungen, innerhalb der Markierungen von LZA (Rz 44) oder auf Fußgängerüberwegen (Rz 45) überschritten werden, nicht mehr auf anderen StrTeilen, Abs III S 1. Diese Regel bündelt den Fußgängerübergangsverkehr zu den Zeiten dichteren Fahrverkehrs an bestimmten Stellen und schaltet dadurch auf den übrigen Strecken Gefahr aus, Ha VRS **49** 297. Sicherheitsanweisungen an die Polizei: Vwv Rn 1. Den Begriff „VLage" den jeweiligen Gesamtumständen gleichzusetzen, würde seine mögliche Wortbedeutung überschreiten, bei seiner Auslegung wird es deshalb nur auf VDichte, Fahrgeschwindigkeit und die örtlichen Sichtverhältnisse ankommen können, von welchen Beobachtung und richtige Beurteilung der VLage abhängen, Kö DAR **78** 17 (offen in BGH DAR **77** 98, aM Bay VM **72** 21, Ha VRS **49** 297,

Fußgänger § 25 StVO 2

Greger NZV **90** 410. Welche der drei Möglichkeiten der Fußgänger zum Überqueren benutzt, steht ihm an sich frei, Mü NZV **94** 188. Sind an **Kreuzungen oder Einmündungen** jedoch Fußgängerüberwege eingerichtet, so muss er sie benutzen, Abs III S 2. Auf verkehrsarmer Straße braucht jedoch nicht der nächste Fußgängerüberweg aufgesucht zu werden, BGH VersR **61** 84, VRS **19** 401. Das wäre bei ruhigem Verkehr, so ausdrücklich die Begr, überspannt. Die Vorschrift des Abs III S 1 greift ein, wenn der Fahrverkehr so stark ist, dass der Fußgänger bei korrektem Verhalten erhebliche Zeit auf eine Lücke warten müsste, BGH VersR **69** 1115: wenn Überqueren „bedrohlich" wäre; KG VM **89** 61: wenn es mit besonderen Schwierigkeiten und Gefahren verbunden wäre. Zum Begriff „an der Kreuzung" Ce VRS **32** 63. 15 m daneben sind nicht mehr „an" der Kreuzung/Einmündung, KG VersR **78** 450, offen BGH VRS **52** 245. Wer an einer Kreuzung quert, muss nicht rückwärts auf abbiegenden Verkehr achten, dieser ist zur Rücksicht verpflichtet und muss notfalls halten (§ 9 III), Hb VRS **10** 466, Ol NJW **66** 1236. Unter den Voraussetzungen von Abs III S 1, 2 darf die Straße nicht 30 m neben einem Fußgängerüberweg überquert werden (Mitschuld), BGH VRS **26** 327, KG VersR **63** 837, Ha VRS **49** 297, oder 40 m entfernt vom nächsten Ampelübergang, BGH NJW **00** 3069 (39–43 m), KG VM **89** 61, VRS **104** 1, **83** 98 (33,5 m). Das Überqueren belebter Stadtstr 50 m von einem Ampelübergang entfernt zwischen parkenden und haltenden Fz hindurch ist verkehrswidrig, KG DAR **78** 107. Wer als Fußgänger innerorts bei Dunkelheit und lebhaftem Verkehr die Fahrbahn 20 m neben dem Ampelübergang überquert, kann seinen Schaden anteilig oder allein tragen müssen, KG VRS **57** 9, Fra VersR **79** 920. Ein zusätzlicher Weg von 200 m (LZA 100 m entfernt) ist dem Fußgänger idR nicht zuzumuten, Hb VRS **87** 249. Fußgängerüberwege an Kreuzungen sind auch zu benutzen, wenn dann uU nur an dieser die Fahrbahn mehr überquert werden muss, KG VM **69** 17. Bei Dunkelheit und besonders schlechter Sicht sind Ampelübergänge oder Fußgängerüberwege zu benutzen, wenn dies keinen größeren Umweg erfordert, KG DAR **77** 70, VM **82** 16, BGH DAR **77** 98, Ce DAR **90** 179 (Mithaftung zu $^2/_3$). Liegen mehrere Kreuzungen/Einmündungen so dicht beisammen, dass ein Ampelübergang oder Fußgängerüberweg zwischen ihnen nur wenige m von beiden entfernt ist, so liegt er „an" jeder der Kreuzungen/Einmündungen und ist deshalb ausschließlich zu benutzen, die kurze Strecke zwischen dem Übergang und jeder der Kreuzungen/Einmündungen zum Überschreiten dagegen nicht, Bay VM **72** 21 (die Länge der Entscheidung zeigt Regelundeutlichkeit, so dass die innere Tatseite wohl hätte verneint werden sollen). Das Gebot des Abs III, die Fahrbahn unter den dort genannten Umständen nur an bestimmten Stellen zu überqueren, gilt nicht für **Radwege,** KG VM **84** 94, abl *Janiszewski* NStZ **85** 115. Zu den beiderseitigen Pflichten an Fußgängerüberwegen: § 26.

3 f. An Lichtzeichenanlagen ist die Straße nur bei Grün innerhalb der Markierungen zu 44 überqueren, III S 1 (Vwv Rn 2), und zwar stets, nicht nur, wenn die VLage es erfordert, BGH NZV **90** 150. Wer außerhalb der Markierung der LichtzAnlage oder des Fußgängerüberwegs geht, aber in deren Nähe, hat trotzdem die FarbZ oder Zeichen der PolB zu befolgen. Hat der Fußgänger Grün, so braucht er mit schnellfahrenden Nachzüglern nicht zu rechnen (Rz 35), muss aber auf solche achten. Der FahrV muss damit rechnen, dass Fußgänger die Übergangsmarkierungen nicht genau einhalten (Kar VM **75** 56 [dann aber Mitschuld]). Auch bei Grün müssen Fußgänger in der Furt auf abbiegende Kfz achten, sonst Mitschuld (Ha VersR **78** 380), die jedoch gegenüber der BG des einbiegenden Kfz zurücktreten kann, zB zu spätes Reagieren auf einbiegenden Bus (KG VM **81** 75). Wer bei Grün alsbald achtlos die Fahrbahn betritt, ohne den FahrV zu berücksichtigen, handelt unsorgfältig (BGH NJW **60** 2235). Eine offensichtlich für Fußgänger bestimmte Ampel ist auch zu beachten, wenn das Fußgängersymbol fehlt oder der Vwv nicht genau entspricht (Dü VRS **17** 296). Keine Mitschuld, wenn der Fußgänger die Markierung auf der dem herannahenden V abgewandten Seite der Fußgängerfurt nicht beachtet (BGH NZV **90** 150), anders jedoch uU bei Kollision mit *abbiegendem* Fz, wenn diesem ein Verstoß gegen § 9 III 3 zur Last gelegt wird (s aber Kö VersR **75** 477 [Mitschuld bei 3–5 m außerhalb der Markierung verneint]). Das Vorbeifahren der Straba mit 25–30 km/h und Warnzeichen an einer **Fußgängerinsel** im Zuge eines Ampelüberganges ist idR zulässig (Fra VersR **76** 1135). Auf VInseln darf ein Fußgänger nicht gefährdend nahe am Bordstein stehen (Fra VersR **76** 1135). Ampelübergänge sollen stets als Fußgängerfurten ausgebildet sein, nie als Fußgängerüberwege (Z 293), weil deren Regeln während des Ampelbetriebs nicht gelten. Druckknopf-Ampeln: § 37 Rz 58.

4. Fußgängerüberwege: § 26. Wer die Straße an einer Kreuzung oder Einmündung über- 45 quert, hat sie stets zu benutzen, auch bei ruhigem V (III S 2). Außerhalb dieser Bereiche wird

46 **5. Fußgänger mit Fahrzeugen oder sperrigen Gegenständen** (II) haben kein Wahlrecht zwischen Fahrbahn oder Gehweg (Begr). Fußgänger mit „besonderen Fortbewegungsmitteln" (§ 24) sind schlicht Fußgänger. Schiebe- und Greifreifenrollstühle, Rodelschlitten, Kinderwagen, Roller und ähnliche Gegenstände sind keine Fz iS der StVO (§ 24) und dürfen daher nur dort auf der Fahrbahn mitgeführt werden, wo der Fußgänger sie mangels Gehwegs oder begehbaren Seitenstreifens benutzen muss, und auf der Gehseite, die er zu benutzen hat (Rz 14–19). Mit **Krankenfahrstühlen** und solchen Rollstühlen, die nicht in § 24 I genannt sind, darf der Gehweg im Schritt benützt werden (§ 24 II), jedoch, wie daraus hervorgeht, wahlweise auch die Fahrbahn, dann aber stets der rechte Fahrbahnrand (II). Unbenutzbare Fz iS der StVO und sperrige Gegenstände sind im Interesse des Fahrverkehrs auf Gehwegen und Seitenstreifen mitzuführen (Abs I), wenn dies die anderen Fußgänger nicht „erheblich behindert", wenn der Gehweg (Seitenstreifen) nur schmal und (oder) stark begangen ist. Trifft dies nicht zu, so ist das Mitführen auf dem Gehweg oder Seitenstreifen Pflicht und Fahrbahnbenutzung unzulässig. **Pflicht zur Gehwegbenutzung** besteht auch, wenn ab und zu dort Fußgängern ausgewichen werden muss. Die Vorschrift ist sinnvoll als Entlastung des Fahrverkehrs zu verstehen, solange dies den Fußgängern zugemutet werden kann. Kinderwagen, Kinderroller sind daher stets auf dem Gehsteig (Seitenstreifen) zu schieben, Fahrräder, Mopeds, Kräder, Schiebkarren, kleine Handwagen nur mangels erheblicher Behinderung des Fußgängerverkehrs. Bei allen Fz iS der StVO und sperrigen Gegenständen kommt es nur noch auf das Merkmal der erheblichen Behinderung der Fußgänger auf dem Gehweg an.

47 **Behindern mitgeführte sperrige Gegenstände** den Fußgängerverkehr auf dem Gehweg (Seitenstreifen), so ist die Fahrbahn zu benutzen, und zwar die gebotene Gehseite (Rz 14–19, 46). Dabei kann das Mitführen des sperrigen Gegenstands (Leiter, Stange, Sportgerät) das an sich gebotene Linksgehen außerorts wegen Gefahr ausschließen.

48 **Behindern mitgeführte Fahrzeuge** iS der StVO, vor allem geschobene Fahrräder, den Gehweg- oder Seitenstreifenverkehr, so ist zwingend ausschließlich der rechte Fahrbahnrand zu benutzen (II S 2), Ha VRS **28** 45, bei Fahrverkehr hintereinander, Bay VRS **25** 452. Das Linksgehgebot für Fußgänger außerorts gilt insoweit nicht.

49 **Einbahnstraßen** ohne Gehweg dürfen mit Fortbewegungsmitteln, die iS der StVO keine Fz sind (§ 24), auch in Gegenrichtung benutzt werden, mit Krankenfahrstühlen und anderen Fz iS der StVO nur in Fahrtrichtung (Z 220), Ce NJW **61** 1169, Ha VRS **28** 45.

50 **Fußgänger mit Fahrzeugen, die links abbiegen** wollen (§ 9), dürfen sich auf der Fahrbahn abweichend von der allgemeinen Regel nicht links einordnen, weil sie, rechts von der StrMitte wartend, mehr als Fz gefährdet wären und VHindernisse bilden würden (II). Sie müssen aber die Richtungsänderung anzeigen.

51 **6. Absperrungen** (Stangen- und Kettengeländer, § 43), soweit amtlich angebracht, dürfen Fußgänger nicht überschreiten und die von Absperrschranken (§ 43) eingefassten Flächen nicht betreten (IV).

52 **7. Gleisanlagen** auf besonderem Bahnkörper, die nicht zugleich dem öffentlichen Verkehr dienen, dürfen nur an den vorgesehenen, besonders kenntlichen Stellen betreten werden (V), um die Gefahr des Bahnbetriebs zu verringern (Begr). Bei Überschreiten an unerlaubter Stelle kann jede Haftung für die BG der Bahn entfallen, BGH VersR **63** 874, **64** 88 *(Böhmer)*. Auch Kf brauchen mit solchen Überschreitungen nicht zu rechnen, Kö VRS **29** 31.

53 **8. Zivilrecht.** Zivilrechtliche Fragen werden nachfolgend nur erörtert, soweit sie nicht wegen des Zusammenhangs schon in den vorstehenden Rz oder bei § 9 StVG behandelt werden. Wer mit angepasster Geschwindigkeit auf Sicht fährt und beim plötzlichen Auftauchen eines Fußgängers von der Seite sofort reagiert, handelt ohne Verschulden, Ha VRS **82** 12. § 25 ist **SchutzG** (§ 823 II BGB), LG Kar VRS **6** 165. **Mitverschulden** eines Fußgängers setzt nicht regelwidriges Verhalten voraus, § 9 StVG Rz 5. Wer zu spät vor einem Kfz sein Fahrrad über die Straße schiebt, ist bei Dunkelheit mitschuldig, BGH VersR **65** 294. Mitschuld bei Fahrbahnbenutzung anstatt des Gehwegs, BGH VRS **18** 85, VersR **68** 1092, Ol VRS **72** 410, auch bei Gehwegwechsel auf die andere StrSeite und trotz Rückstrahlern an den Schuhabsätzen, BGH VersR **64** 1203. Mitschuld dessen, der außerorts auf der unrichtigen Seite geht, Zw VersR **68** 905. Fußgänger, die die Fahrbahn nicht mit besonderer Vorsicht überqueren, trifft Mitschuld, KG VM **01** 10, VRS **104** 1, Ba VersR **92** 1531, Ko VRS **64** 250, Kar VRS **78** 329.

Fußgänger § 25 StVO **2**

Wer die Fahrbahn bei besonders ungünstiger Sicht überquert, ist mitschuldig, wenn er ohne „größeren" Umweg einen Ampelübergang hätte benutzen können, KG VM **01** 10, VersR **77** 1162, Ce DAR **90** 179. Mitschuld bei Überschreiten der Fahrbahn an der breitesten Stelle, wenn die Breite wenige m entfernt nur einen Bruchteil beträgt, Ol NZV **94** 26 (5,6 m statt 25 m). Erhebliches Mitverschulden dessen, der ohne zwingenden Grund am äußersten Rand des Gehwegs geht und angefahren wird, BGH VRS **28** 362, NJW **65** 1708. Mitschuld verletzter Fußgänger: § 9 StVG Rz 13–15. **Schadensverteilung** 60:40 zu Lasten eines vorher nicht wahrnehmbaren die Fahrbahn bei Rot überquerenden Kindes, Hb VersR **81** 558. Das Mitverschulden eines iS von § 3 II a schutzbedürftigen Fußgängers kann geringer zu veranschlagen sein, Fra NZV **01** 218. Wer quert, ohne zuerst nach links zu sehen, auf unechter EinbahnStr nach beiden Seiten, muss seinen Schaden allein tragen, BGH VersR **66** 1142. Ein grob unachtsam überquerender Fußgänger, zB an einer Kreuzung bei Rot, BGH VersR **61** 357, kann seinen Schaden allein zu tragen haben, § 9 StVG Rz 13, oder jedenfalls zur Hälfte, Ce VersR **77** 1131, oder anteilig, Kö DAR **78** 17. Hat sich ein Kf gegenüber einem unvorsichtigen Fußgänger ausreichend sorgfältig verhalten, so kann seine BG ganz zurücktreten, § 9 StVG Rz 13. Wer mit Abblendlicht zu schnell ist und einen Fußgänger anfährt, kann Alleinschuld haben, BGH VersR **60** 348. Haftungsanteile bei Kollision eines den Radweg unachtsam überschreitenden Fußgängers mit zu schnell fahrendem Radf, KG VM **84** 94 ($^2/_3$: $^1/_3$ zu Lasten des Radf), bei Kollision eines zwischen parkenden Fz hervortretenden Fußgängers mit zu schnell fahrendem Radf, Kar VRS **78** 329 (hälftig). Näher zu Haftungsfragen beim Fußgängerunfall: *Greger* NZV **90** 409 mit tabellarischer RsprÜbersicht zur Haftungsabwägung. Das Betreten der Fahrbahn ohne Beachtung des FzV ist idR **grob fahrlässig** (KG VM **99** 50, **01** 10). Grobe Fahrlässigkeit dessen, der in der Rotphase der für ihn geltenden Fußgängerampel plötzlich auf die Fahrbahn tritt (KG VersR **08** 795), der kurz vor einem nahenden Fz die Fahrbahn zu überqueren versucht (KG VRS **107** 27, Ce MDR **04** 994), der achtlos mit gesenktem Kopf auf die Fahrbahn tritt (BGH VersR **64** 846) oder den Blick nach rechts vor dem Überqueren unterlässt, (Ha NZV **93** 314), der eine in unmittelbarer Nähe befindliche LZA-geregelte Fußgängerfurt nicht benutzt (KG VRS **104** 1), der bei dunklem, unsichtigem Wetter auf dem knapp 1 m breiten Streifen zwischen Fahrbahn und Strabagleis (Fra VersR **70** 1162) oder nachts bei Regen und spiegelnder Fahrbahn in dunkler Kleidung in der Mitte einer nur ca 7 m breiten Str Fz abwartet (Ha VRS **78** 5. Leichtfertig handelt, wer als Fußgänger die Fahrbahn im Dunkeln so überquert, dass er für den FahrV verdeckt ist und diesen auch selber teilweise nicht sieht (KG VM **78** 56), der bei Dunkelheit mit dunkler Kleidung, ohne auf Fz zu achten, die Fahrbahn überquert (Ha VRS **80** 256), der bei Dunkelheit, aus dem Wald kommend, achtlos seinem Hund auf die Fahrbahn nachläuft (Kö VRS **89** 105) oder nachts betrunken, in dunkler Kleidung trotz vorhandenen Gehwegs auf der Fahrbahn geht (Nü VRS **104** 200). **Zur Amtshaftung für Schülerlotsen** Kö VersR **68** 676, abl *Martens* NJW **70** 1029.

Der **Anscheinsbeweis** (E 157a) spricht gegen den Fußgänger, der mit 1,95‰ BAK (reaktionsgestört) die Straße überquert, Ha VersR **77** 762, **68** 86 (s aber § 9 StVG Rz 15), gegen den Fußgänger, der von einem von links kommenden Kfz auf dessen rechter Fahrbahnseite angefahren wird, BGH NJW **53** 1066, **54** 185, Dü DAR **77** 268, *Greger* NZV **90** 413, Nü VRS **66** 3, einschränkend BGH VM **57** 64, Fra VM **57** 67, gegen den, der ohne besondere Umstände nur wegen eines herankommenden Kfz erschrickt und hinfällt, BGH VersR **74** 196 (Mitschuld), gegen den Kf, der bei Dunkelheit und schlechter Sicht einen Fußgänger am StrRand anfährt, Mü VersR **70** 628, BGH VM **76** 189, nicht jedoch, wenn dieser betrunken war, Mü VersR **87** 317 (1,67‰), gegen den Kf, der bei Dunkelheit mit einem Fußgänger kollidiert, den er bei Beachtung des Gebots des Fahrens auf Sicht hätte sehen müssen (Fußgänger hat schon 5 m auf der Fahrbahn zurückgelegt) KG VRS **69** 417, (Fußgänger überquert die Fahrbahn von links) BGH VersR **83** 1039 (zust *Greger* NZV **90** 413), Kö ZfS **93** 258, Hb VRS **87** 249. **54**

Kein Anscheinsbeweis spricht gegen den Fahrer, wenn ein Fußgänger überraschend auf die Fahrbahn tritt, BGH DAR **68** 239, oder stets gegen den Kf nur deswegen, weil der Fußgänger die Fahrbahn von links überquert hat, KG VM **89** 61, oder gegen den Radf, wenn ein Fußgänger bei Morgendämmerung so unvermittelt quert, dass auch aufmerksame Fahrer kollidiert wären, BGH VersR **68** 804, oder gegen den Fußgänger, der erst nach Überschreiten der StrMitte auf breiter Fahrbahn von links angefahren wird, BGH VRS **19** 401, oder gegen den außerorts links Gehenden, der von vorn angefahren wird, aM Mü VersR **66** 620. Zum Anscheinsbeweis, wenn ein Fußgänger im Dunkeln am rechten Fahrbahnrand angefahren wird, BGH VersR **67** 257. Da bei verkehrserfahrenen **Kindern** – mit Einschränkung – auf verkehrsgerechtes Verhalten mangels entgegenstehender konkreter Anhaltspunkte auch nach Einfügung **55**

von Abs II a in § 3 vertraut werden darf, Bay NJW **82** 346, spricht der Anschein bei Unfällen mit solchen Kindern nicht grundsätzlich gegen den Kf, Kar VersR **86** 770, im Ergebnis ebenso Ha NJW-RR **87** 1250, aM AG Kö NJW **82** 2008, VersR **84** 767, VRS **72** 256. Zur eingeschränkten Haftung von **Kindern unter 10 Jahren** gegenüber dem motorisierten V, s § 828 II BGB (dessen Kommentierung nicht Gegenstand des vorliegenden Buches ist). Soweit sich jene Bestimmung auf die Mithaftung nach § 9 StVG auswirkt, s dort Rz 12.

56   9. **Ausnahmen:** § 46 I Nr 2, II.

57   10. **Ordnungswidrig** (§ 24 StVG) handelt, wer gegen § 25 I–IV verstößt (§ 49 I Nr 24). Verstoß gegen Abs V: Rz 11. Geht ein Ausländer auf der unrichtigen Fahrbahnseite, so ist ein Verbotsirrtum in den ersten Monaten seines Hierseins entschuldigt, Ha DAR **58** 307. Der Vorwurf, einen **Fußgänger fahrlässig überfahren** zu haben, setzt die Feststellung voraus, dass sich der Fußgänger so lange erkennbar auf der Fahrbahn befunden hat, dass der Unfall bei gehöriger Sorgfalt des Kf vermeidbar gewesen wäre, Zw VRS **48** 94. Berücksichtigung des Mitverschuldens eines ohne zwingenden Grund am äußersten Gehwegrand gehenden Fußgängers bei der Strafzumessung im Rahmen von § 222 StGB, BGH VRS **28** 362.

Fußgängerüberwege

26 (1) ¹An Fußgängerüberwegen haben Fahrzeuge mit Ausnahme von Schienenfahrzeugen den Fußgängern sowie Fahrern von Krankenfahrstühlen oder Rollstühlen, welche den Überweg erkennbar benutzen wollen, das Überqueren der Fahrbahn zu ermöglichen. ²Dann dürfen sie nur mit mäßiger Geschwindigkeit heranfahren; wenn nötig, müssen sie warten.

(2) Stockt der Verkehr, so dürfen Fahrzeuge nicht auf den Überweg fahren, wenn sie auf ihm warten müßten.

(3) **An Überwegen darf nicht überholt werden.**

(4) Führt die Markierung über einen Radweg oder einen anderen Straßenteil, so gelten diese Vorschriften entsprechend.

1   **Begr** zur ÄndVO v 22. 3. 88 (VkBl **88** 224):

Zu Abs 1 Satz 1: Durch diese Ergänzung der Vorschrift werden die Rollstuhlfahrer in die Regelung für Fußgänger einbezogen (vgl. auch zu Nr. 19).

Zu Abs 1 Satz 2: Durch die Änderung wird klargestellt, dass ein Kfz dann mit mäßiger Geschwindigkeit an einen Fußgängerweg heranfahren muss, wenn ein Fußgänger den Übergang erkennbar überschreiten will …

Zu Abs 3: – Begründung des Bundesrates – Die bisherige Regelung, nach der ein Überholen in bestimmten Fällen zulässig war, hat zu gefährlichen Situationen und teilweise schweren Unfällen geführt. Im Interesse der Verkehrssicherheit an Überwegen ist ein generelles Überholverbot angebracht.

Vwv zu § 26 Fußgängerüberwege

2   *I. Örtliche Voraussetzungen*

3   1   1. *Fußgängerüberwege dürfen nur innerhalb geschlossener Ortschaften und nicht auf Straßen angelegt werden, auf denen schneller als 50 km/h gefahren werden darf.*

     2   2. *Die Anlage von Fußgängerüberwegen kommt in der Regel nur in Frage, wenn auf beiden Straßenseiten Gehwege vorhanden sind.*

     3   3. *Fußgängerüberwege dürfen nur angelegt werden, wenn nicht mehr als ein Fahrstreifen je Richtung überquert werden muss. Dies gilt nicht an Kreuzungen und Einmündungen in den Straßen mit Wartepflicht.*

     4   4. *Fußgängerüberwege müssen ausreichend weit voneinander entfernt sein; das gilt nicht, wenn ausnahmsweise zwei Überwege hintereinander an einer Kreuzung oder Einmündung liegen.*

     5   5. *Im Zuge von Grünen Wellen, in der Nähe von Lichtzeichenanlagen oder über gekennzeichnete Sonderfahrstreifen nach Zeichen 245 dürfen Fußgängerüberwege nicht angelegt werden.*

     6   6. *In der Regel sollen Fußgängerüberwege zum Schutz der Fußgänger auch über Radwege hinweg angelegt werden.*

7	**II. Verkehrliche Voraussetzungen**	4

Fußgängerüberwege sollten in der Regel nur angelegt werden, wenn es erforderlich ist, dem Fußgänger Vorrang zu geben, weil er sonst nicht sicher über die Straße kommt. Dies ist jedoch nur dann der Fall, wenn es die Fahrzeugstärke zulässt und es das Fußgängeraufkommen nötig macht.

	III. Lage	5
8	1. *Fußgängerüberwege sollten möglichst so angelegt werden, dass die Fußgänger die Fahrbahn auf dem kürzesten Wege überschreiten.*	
9	2. *Fußgängerüberwege sollten in der Gehrichtung der Fußgänger liegen. Wo Umwege für Fußgänger zum Erreichen des Überwegs unvermeidbar sind, empfehlen sich z. B. Geländer.*	
10	3. *Bei Fußgängerüberwegen an Kreuzungen und Einmündungen ist zu prüfen, ob es nicht ausreicht, über die Straße mit Vorfahrt nur einen Fußgängerüberweg anzulegen. Bei Einbahnstraßen sollte dieser vor der Kreuzung oder Einmündung liegen. An Kreuzungen und Einmündungen mit abknickender Vorfahrt darf ein Fußgängerüberweg auf der bevorrechtigten Straße nicht angelegt werden.*	
11	4. *Vor Schulen, Werksausgängen und dergleichen sollten Fußgänger nicht unmittelbar auf den Fußgängerüberweg stoßen, sondern durch Absperrungen geführt werden.*	
12	5. *Im Zuge von Straßen mit Straßenbahnen ohne eigenen Bahnkörper sollen Fußgängerüberwege nicht angelegt werden. Fußgängerüberwege über Straßen mit Schienenbahnen auf eigenem Bahnkörper sollen an den Übergängen über den Gleisraum mit versetzten Absperrungen abgeschrankt werden.*	
13	**IV. Markierung und Beschilderung**	6
14	1. *Die Markierung erfolgt mit Zeichen 293. Auf Fußgängerüberwege wird mit Zeichen 350 hingewiesen. In wartepflichtigen Zufahrten ist dies in der Regel entbehrlich.*	
15	2. *Vor Überwegen, die nicht an Kreuzungen oder Einmündungen liegen, ist in der Regel durch das Zeichen 134, gegebenenfalls mit Entfernungsangabe auf einem Zusatzschild, zu warnen.*	
16	**V. Beleuchtung**	7

Durch Beleuchtung muss dafür gesorgt werden, dass auf dem Fußgängerüberweg befindliche und am Gehwegrand wartende Fußgänger bei Dunkelheit auch bei ungünstigen Verhältnissen (z. B. bei nasser Straße) vom Kraftfahrer rechtzeitig wahrgenommen werden können.

17	**VI. Richtlinien**	7a

Das Bundesministerium für Verkehr gibt im Einvernehmen mit den zuständigen obersten Landesbehörden Richtlinien für die Anlage und Ausstattung von Fußgängerüberwegen (R-FGÜ) im Verkehrsblatt bekannt.

1. Vorrang der Fußgänger und Rollstuhlfahrer besteht an vorschriftsmäßig durch das 8 Z 293 gekennzeichneten Fußgängerüberwegen (I). Fußgängern und Rollstuhlfahrern, welche erkennbar die Fahrbahn überqueren wollen, müssen Fz (außer Schienenbahnen) dies ermöglichen. Schiebe- und Greifreifenrollstühle sind durch § 24 I ohnehin Fußgängern gleichgestellt; nach § 24 II dürfen jedoch auch Benutzer anderer Rollstühle und von Krankenfahrstühlen statt der Fahrbahn den Gehweg befahren; wollen sie den Überweg benutzen, so gilt der Vorrang auch für sie. Fußgänger, welche ein **Fahrrad** führen, haben Vorrang, auch wenn sie den Fußgängerüberweg mit einem Fuß auf dem Pedal rollend überqueren, KG VRS **107** 256. Wer den Überweg als Radf (auf dem Rad sitzend) überquert, hat keinen Vorrang, Ha NZV **93** 66, **96** 449, Dü NZV **98** 296, *Hentschel* NJW **88** 1124, *Grüneberg* NZV **97** 420, aM (entgegen dem insoweit eindeutigen Text von Abs 1 S 1) Dü MDR **87** 1029. Nach Jn NZV **05** 192 darf der Fußgängerüberweg überhaupt nicht von Radf zum Queren der Fahrbahn befahren werden. Entscheidend ist die Fußgängereigenschaft zu dem Zeitpunkt, in dem sich für den FzF die Pflichten des § 26 ergeben, unerheblich, ob der ein Rad mitführende Fußgänger *nach* Verlassen des VRaums neben der Fahrbahn das Rad besteigt, Stu DAR **88** 101. Anlage von Fußgängerüberwegen, örtliche und verkehrliche Voraussetzungen, Lage, Markierung, Beschilderung, Beleuchtung: Vwv Rn 17 (Rz 7a). Richtlinien für Anlage und Ausstattung von Fußgängerüberwegen (R-FGÜ 2001), VkBl **01** 474.

2 StVO § 26   I. Allgemeine Verkehrsregeln

9   Zwar wirken die Vwv den durch Fußgängerüberwege neben ihrer Schutzwirkung entstehenden Gefahren teilweise entgegen. Doch sind an verkehrsreichen Kreuzungen Ampelanlagen sicherer und zweckmäßiger. Fußgängerüberwege schützen allein die Fußgänger beim Überqueren, sie bezwecken nicht auch den Schutz die VorfahrtStr überquerender Fz, KG bei *Darkow* DAR **74** 235.

10   **Fußgängerüberwege** iS von § 26 entstehen ausschließlich durch deutliche Anbringung des Z 293 (Zebrastreifen) auf der Fahrbahn, Bay NJW **68** 313, Ha NJW **69** 440, Dü VRS **78** 140, in deren ganzer Breite, KG bei *Darkow* DAR **78** 89 (andernfalls ist aber Vorsicht geboten). Ampelregelung: Rz 12. Ist das Zebramuster so abgefahren, dass objektiv Zweifel möglich sind, so besteht auch für Ortskundige kein Fußgängerüberweg, Bay VM **72** 4, VRS **41** 307, Ha VRS **39** 340, Fra NJW **68** 312, *Bouska* VD **71** 277. Maßgebend muss das Bild sein, das der herankommende fremde Kf hat. Doch hat er Grund zu besonderer Sorgfalt, wenn er Zebrastreifenreste entdeckt (§ 1), Ko VRS **46** 450, DAR **73** 50. Der Fahrverkehr darf dann auf Beachtung seines Vorrangs aber nur vertrauen, wenn zuverlässig feststeht, dass Fußgänger nicht auf die Fahrbahn treten werden, Bay VM **72** 4, VRS **40** 215, Ha VRS **39** 340. Fußgängerüberwege müssen stets so markiert sein, dass sie rechtzeitig einwandfrei erkennbar sind; lässt sich das nicht erreichen, zB im Winter, so sind sie solange aufzuheben, BGH NJW **71** 1213 (abgefahrene Markierung), auch bei Unkenntlichkeit wegen Schnees; das GefahrZ 134 allein konstituiert keinen Fußgängerüberweg (Sichtbarkeitsgrundsatz), *Booß* VM **80** 6, *Knippel* DAR **80** 243, aM Ol VRS **58** 285. Das Z 134 ist nur ein WarnZ, Bay NJW **68** 313, Ha NJW **69** 440, das Z 350 nur ein nicht konstitutives HinweisZ, das jedoch von Bedeutung für das Überholverbot des Abs 3 ist, Rz 20. Überwege werden so häufig ungenau und einige Meter daneben begangen, dass Kf dies berücksichtigen müssen, Kar VRS **44** 370, **45** 140, Stu VRS **41** 265. Der Fußgängerschutzbereich des Z 293 reicht mindestens 4 m seitlich über die Markierung hinaus, Ha VRS **54** 223. Damit, dass ein Fußgänger 9 m neben dem Überweg zwischen Autos hindurch unaufmerksam schnell die Fahrbahn betritt, muss ein Kf idR nicht rechnen, Kar VRS **45** 140. 14 Schritte neben dem Überweg ist ein Fußgänger außerhalb des Überwegbereichs, Ko VRS **49** 140.

11   **Angemessen schnell** („zügig") sind Fußgängerüberwege zu begehen. Die Regel des § 25 III gilt auch hier. Doch behält auch der aus Gebrechlichkeit oder Vorsatz (zu) langsam gehende Fußgänger das Vorrecht. Er verstößt, wenn er zügiger gehen könnte, gegen § 25.

12   Wo **Lichtzeichen** den Verkehr regeln, gilt § 26 (auch an Zebrastreifen, Z 293) nicht, es gelten nur die FarbZ (§ 37 I), Ha NZV **96** 449, Kö VM **80** 68; zw BGH NZV **08** 528 m Bspr *König* NZV **08** 492; aM Ko VM **76** 12. Mit dem Z 293 bezeichnete Überwege gelten während des Betriebs der LichtZ als nicht vorhanden, Hb VRS **45** 398. Es gelten die Regeln für LichtZ (§ 37). S dazu § 37 Rz 58 und § 25 Rz 44. Kombination von Zebrastreifen mit LZA: § 25 Rz 9, § 37 Rz 45b, 58. Fußgängerfurten ohne Zebrastreifen sind auch bei Ampelausfall keine Fußgängerüberwege iS von § 26, Kö VRS **51** 72, Hb VRS **45** 398, VM **74** 16, Dü VRS **78** 140, auch nicht bei etwaigem Vorhandensein der Z 134 oder 350. Auch bei Grün an der vorausliegenden Kreuzung darf der Kf einen markierten Fußgängerüberweg davor nur bei völliger Übersichtlichkeit befahren, Bay VM **75** 91.

    Lit: *Hoppe,* Kraftfahrer und Fußgänger am Zebrastreifen, DAR **68** 173. *Möhl,* Kraftfahrer und Fußgänger nach der Novelle zur StVO v. 30. April 1964, JR **64** 332. *Mühlhaus,* Verhalten an Fußgängerüberwegen, DAR **70** 197. *H. W. Schmidt,* Verhalten an Fußgängerüberwegen, DAR **67** 100. *Sprenger,* Fußgänger im StrV.

13   **1 a. Erkennbar** für den Fahrverkehr muss die Absicht des Fußgängers oder Rollstuhlfahrers sein, den Überweg jetzt zu benutzen. Maßgebend ist die objektive Erkennbarkeit. Das Gesamtverhalten des Fußgängers ist hierbei entscheidend, einer ausdrücklichen, an den FzF gerichteten Anzeige bedarf es nicht, BGHSt **20** 215 = NJW **65** 1236, Schl VM **76** 38, KG NZV **92** 40. Kf müssen daher auch mit durch Fz verdeckten Fußgängern, und vor allem Rollstuhlfahrern, rechnen, nur nicht mit solchen, die aus baulichen Gründen niemand vorher sehen kann, *Mühlhaus* DAR **70** 199, zB nicht mit aus einer Seitenstr kommenden, Ce VM **75** 71, 72. Die Fußgänger haben beim geringsten Zweifel Vorrang, Schl VM **76** 38, Ha VRS **47** 468, DAR **81** 154, KG NZV **92** 40, Dü DAR **98** 318, nicht nur bei offensichtlicher Benutzungsabsicht, wie Hb VM **66** 55 meint, so dass sich stets Verständigung durch Blickverbindung und Handzeichen empfiehlt, keinesfalls durch die missverständliche Lichthupe. Sofortige Benutzungsabsicht ist bereits anzunehmen, wenn ein Fußgänger zügig auf den Überweg zugeht oder dort wartet, Kö DAR **75** 17, Schl VM **76** 38, KG NZV **92** 40, Kar NZV **92** 330, Dü DAR **98** 318, sogar auch, wenn er dabei nach rechts sieht, anstatt auf den herannahenden Verkehr, Ha GA **74** 249, KG NZV **92** 40. Obwohl der Vorrang nicht von ausdrücklichen Zeichen des Fußgängers gegenüber

dem FzV abhängt, s oben, sollten Fußgänger ihre Benutzungsabsicht deutlich machen. Zügiges Gehen in einiger Entfernung rechtwinklig zum Überweg (parallel zur Fahrbahn) genügt dazu nicht, Hb VM **70** 79, Ha DAR **81** 154, auch nicht, wenn sich der Fußgänger dabei dem Überweg nähert, Ce VM **88** 13, Kar NZV **92** 330. Mit dem plötzlichen Überschreiten des Überwegs durch solche Fußgänger, die ohne erkennbare entsprechende Absicht parallel zur Fahrbahn gehen, braucht der Kf nicht zu rechnen, Ha ZfS **04** 446, DAR **81** 154. Wer sich, rechtwinklig zum Überweg stehend, zu einer Kinderkarre hinabbeugt, gibt keine Überquerungsabsicht zu erkennen, Hb VRS **59** 300. I ist verletzt, wenn der Kf weiterfährt, weil er die deutliche Anzeige eines Schulkindes, den Überweg benutzen zu wollen, aus Unachtsamkeit nicht wahrnimmt, Ol VRS **58** 286. **Verzicht** des Fußgängers nur bei eindeutiger Anzeige, Ha VRS **51** 309. Bloßes Kopfnicken genügt nicht, Ol ZfS **81** 388. Durchgefahren werden darf bei wartenden Fußgängern nur bei eindeutigem, nicht durch forsches Heranfahren erzwungenem Verzicht der (des) Fußgänger(s), Dü DAR **82** 407, KG NZV **92** 40. Wer als Fußgänger auf dem Zebrastreifen nur stehen bleibt, weil ein Kfz rasch herannaht, verzichtet nicht auf sein Vorrecht (er will sich nur schützen), Ha VRS **56** 380. Kurzes Verharren ist kein eindeutiger Verzicht, BGH VRS **38** 278, s auch BGHSt **20** 215 = NJW **65** 1236, Kö DAR **75** 17, ebenso wenig das Zurückkehren auf den Gehweg beim Herannahen eines Fz, Bay VRS **62** 466. Der angezeigte Verzicht eines Fußgängers gilt nicht auch für andere; anders bei Kleinkindern, deren Verhalten der Verzichtende erkennbar beherrscht, Dü DAR **82** 407. Vor größeren Autopulks sollten Fußgänger warten (§ 11 III). Sie dürfen ihren Vorrang weder erzwingen noch achtlos auf den Überweg treten, KG bei *Darkow* DAR **74** 235.

An Fußgängerüberwegen herrscht weder für Kf noch für Fußgänger der Vertrauensgrundsatz, **14** Ce NZV **01** 79, Hb DAR **66** 251, Ha VRS **49** 397, VersR **69** 139, aM BGH NJW **66** 1211. Der **Überwegbenutzer** hat den Fahrverkehr mit Sorgfalt zu beachten, Ce NZV **01** 79, KG VersR **77** 1008, besonders im Dunkeln bei Regen, Kar VersR **71** 177. Er darf sich nicht bedingungslos darauf verlassen, dass ihm FzF den Vorrang einräumen werden, Ce NZV **01** 79, und muss sich daher nach links und rechts umsehen und bei erkennbarer Gefährdung durch nahe Fze warten, BGH NJW **82** 2384, VRS **65** 94. Ist ein mit 50 km/h fahrendes Fz noch 70 m entfernt, so darf er jedoch davon ausgehen, dass ihm das Überqueren ermöglicht werde, BGH NJW **82** 2384. Auch ein besonders sorgfältiger Kf muss nicht damit rechnen, dass nicht sichtbare Erwachsene einen Überweg achtlos betreten (außer beaufsichtigte Kleinkinder), BGH VersR **68** 356, Ce VM **88** 13, aM Kö VersR **66** 836. Führt der Fußgängerüberweg über einen Mittelstreifen, so muss ein Fußgänger auch vor dem Betreten der Gegenfahrbahn die nötige Sorgfalt zeigen, KG VersR **77** 1008. Verharrt ein Fußgänger auf der Mittelinsel und wartet bereits ein Kfz, so ist idR anzunehmen, dass er sich nur vergewissern will, ob alle Kfz anhalten, Ha VRS **51** 309. **Der Kf** muss beide Enden des Überwegs beobachten, BGHSt **36** 200, die beiderseitigen Gehwegzonen, Fra VM **77** 77, den Überweg und Passanten in dessen Nähe, Kar VRS **45** 40, Ce VM **75** 71, 72, Ha DAR **81** 154. Versperrt ein parkendes Fz die Sicht auf den Überweg, oder wird er in Gegenrichtung soeben befahren, so muss der Kf von beiden Seiten mit achtlosen Benutzern rechnen, kein Vertrauensgrundsatz, Ko VRS **44** 99, Kar VRS **44** 370, **45** 40, Ha DAR **60** 363, VRS **32** 377, er muss so fahren, dass er notfalls sofort anhalten kann, Ce VRS **39** 234, Kö VRS **41** 111 (Rz 20, Überholverbot), gleichgültig, was den Überweg teilweise verdeckt, Kö VRS **41** 121. Wer den Überweg nicht vollständig überblicken kann, muss sich so verhalten, als ob Fußgänger ihn begehen wollten, Stu VRS **41** 265. S auch Rz 16. Hält ein Bus unmittelbar hinter einem Fußgängerüberweg, so ist die Lage so gefährlich, dass sich Kf an den Überweg nur herantasten dürfen, Kö VRS **41** 368 (behördliche Mitschuld?). Haltverbot vor und auf Fußgängerüberwegen: § 12 I 4.

1 b. Gegenüber Schienenfahrzeugen besteht der Fußgängervorrang an Zebrastreifen **15** nicht. Als Massenverkehrsmittel sollen sie möglichst unbehindert bleiben. Außerdem ist ihr Bremsweg zu lang. Daher dürfen Fußgänger einen Überweg erst benutzen, wenn die Straba erkennbar zum Halten abbremst, Br VM **65** 5. Trotz des Vortritts muss der Strabaf aber vor nicht einsehbaren Fußgängerüberwegen entweder unter geringfügiger Geschwindigkeitsermäßigung läuten oder deutlich verlangsamen, BGH NJW **76** 2014, Dü VersR **83** 861. Dies gilt jedoch nicht in gleichem Maße in den Fällen, in denen ein Fußgängerüberweg einen besonderen Bahnkörper kreuzt, Dü VersR **83** 861.

2. Mit mäßiger Geschwindigkeit (I) ist an Fußgängerüberwege heranzufahren, sobald die **16** Absicht eines Fußgängers oder Rollstuhlfahrers, den Überweg zu benutzen, erkennbar ist („dann", s Begr Rz 1), nicht stets, Kar NZV **92** 330, so schon für die vor dem 1. 10. 88 geltende

Fassung zB Ha VM **72** 70 (abl *Booß*). Wer trotz am Überweg wartender Fußgänger nicht mäßig schnell heranfährt, setzt sich außerstande, zu warten und zwingt dadurch die bevorrechtigten Fußgänger zum Warten, behindert sie also in aller Regel, abw möglicherweise Dü VRS **56** 64. Die Art des Heranfahrens, idR mit deutlicher Verlangsamung, muss dem Fußgänger zeigen, dass ihm das Vorrecht belassen wird, Kar VRS **45** 40, und es soll dem Kf rechtzeitiges Anhalten ermöglichen, Dü VM **66** 64, Ha VRS **31** 462. Welche Geschwindigkeit „mäßig" ist, richtet sich nach der Beobachtungsmöglichkeit, der Breite der Fahrbahn, dem Fußgängerverkehr und der Fahrlinie, Ce VM **75** 71. Mäßig schnell fährt heran, wer ohne hartes Bremsen sofort anhalten kann (Lastzug mit 20 km/h 30 m vor Überweg), Ha VRS **51** 310, Dü VM **67** 56, DAR **74** 160. Heranfahren mit „40" erlaubt kein rechtzeitiges Anhalten, KG VersR **77** 1008, Dü VM **74** 37, DAR **74** 160. „25" sind idR mäßig, Fra DAR **68** 247, auch „30", Schl VM **76** 38, vor allem wenn der Fußgänger den Überweg überraschend betritt, Fra DAR **68** 247. „50" sind zu hoch, wenn dem Überweg mehrere Fußgänger zustreben und auf der anderen StrSeite ein abfahrbereiter Bus steht, BGH VersR **66** 269. Schrittgeschwindigkeit ist dann idR aber zulässig, Dü VM **67** 80. Im Übrigen kann sich die Pflicht zur Einhaltung geringer Geschwindigkeit vor Fußgängerüberwegen aber auch aus der Grundregel des § 3 I ergeben. Wer den Überweg mit den angrenzenden Gehwegzonen nicht überblicken kann, darf nur sofort anhaltebereit an ihn heranfahren, Fra VM **77** 77, Kar VOR **73** 501, auch wenn sichtbare Fußgänger dem Kfz Vortritt einräumen, Ha VRS **54** 223, auch die Straba (§ 1), BGH NJW **76** 2014. Die Fahrgeschwindigkeit muss auch verdeckte Fußgänger berücksichtigen, KG VRS **36** 202, Dü VersR **69** 380, MDR **69** 392.

17   **3. Notfalls warten** muss der Fahrverkehr, wenn Fußgänger, die den Vorrang ausüben, sonst beeinträchtigt, zB erschreckt oder verwirrt würden, zB ältere oder gebrechliche Personen, Schl VM **76** 38. Sieht der Kf, dass Fußgänger den Überweg betreten, BGH NJW **66** 1211, Dü VRS **84** 306, oder sonst durch ihr Gesamtverhalten Benutzungsabsicht anzeigen, so muss er sofort anhalten, es sei denn, er kann bei normalem Weitergehen der Fußgänger vorsichtig weiterfahren, entweder bei langem oder bei in der Mitte geteiltem Überweg (VInsel) oder sonst nach Verständigung. Ausweichen und vor dem Fußgänger in einem Bogen Vorbeifahren genügt nicht, wenn der Fußgänger dadurch verunsichert oder behindert wird, Dü VRS **84,** 306. Bei langen Überwegen und von links kommenden Fußgängern muss nicht jedes Durchfahren auch behindernd wirken (§ 1), Ol VRS **58** 286, Kö VRS **64** 310, Dü VRS **84** 309, DAR **93** 273. Beeinflusst das Befahren eines bereits betretenen Fußgängerüberwegs den Fußgänger ausnahmsweise überhaupt nicht, so ist § 26 nicht verletzt, Dü VRS **59** 381, NZV **93** 39, VRS **84** 306, **88** 211, Stu VRS **61** 67, Kö VRS **64** 310, Ce NZV **92** 122, KG NZV **92** 40, Ha DAR **95** 501, ZfS **96** 276. Dies gilt umso mehr, wenn der Fußgänger die Fahrbahn noch gar nicht betreten hat, Dü VRS **84** 460, Ha DAR **95** 501. Dagegen soll der FzF nach Dü VRS **84** 307 stets schon dann gegen Abs I verstoßen, wenn seine Weiterfahrt den Fußgänger nur zu besonderer Aufmerksamkeit veranlasst (Vorbeifahren in 2,5 m Abstand). Anhalten muss auch, wer in einer Kolonne fährt (rechtzeitige deutliche Bremsanzeige nach hinten), es sei denn bei Selbstgefährdung wegen zu nahe aufgerückten Nachfolgers.

18   **4. Das Halten** oder Parken ist „auf" dem Fußgängerüberweg und „bis zu 5 m davor" verboten (§ 12 I Nr 4), um die Sicht auf ihn freizuhalten. Dies beseitigt eine wesentliche Gefahrenquelle. Denn aus verdecktem Raum auftauchende Fußgänger sind besonders gefährdet. Halten bedeutet hier jedes Stehenbleiben oder Abstellen aus anderen als verkehrsbedingten Gründen, ausgenommen also das Warten von Fz bei benutztem Überweg, BGH VRS **49** 243, *Breugst* NJW **64** 1359. Derartiges unzulässiges Halten auf oder vor dem Fußgängerüberweg ist unfallsächlich, wenn der andere Kf den Überweg sonst rechtzeitig erkannt hätte, Ha DAR **69** 216. Dieses Haltverbot betrifft auch die Straba, auch bei abweichender Dienstanweisung, BGH VRS **49** 243. Halten hinter dem Überweg fällt nicht unter das Haltverbot, BGH VRS **49** 243, obwohl dies bei öffentlichen VMitteln gefährden kann (beschränkter Überblick, achtloses Verhalten von Fahrgästen).

19   **5. Freizuhalten** ist der Fußgängerüberweg bei stockendem Verkehr (Schlange) von wartenden Fz (II), damit Fußgänger ihn weiterhin benutzen können. Dieses Gebot, das sich zuvor aus § 1 ergeben hatte, entspricht § 11 (besondere VLagen). Doch wird auf den Überweg gefahren werden dürfen, wenn er vermutlich noch mit ganzer FzLänge oder nahezu ganz passiert werden kann, *O. H. Schmitt* VOR **62** 46, Ol VRS **58** 286.

20   **6. Überholen** an Fußgängerüberwegen ist verboten (III). Das Überholverbot besteht nur im Bereich des eigentlichen Überwegs, dh, soweit keine VZ 350 aufgestellt sind, auf der entspre-

chenden Fahrbahnmarkierung (Zebrastreifen), andernfalls ab dem Z 350. Ein vorher begonnener Überholvorgang muss bis dahin beendet sein; ist dies nicht möglich, so ist er abzubrechen. Das GefahrZ 134 steht *vor* dem Fußgängerüberweg und löst das Überholverbot des Abs 3 noch nicht aus; jedoch wird ein sorgfältiger Kf zwischen Z 134 und dem Fußgängerüberweg idR nicht überholen (*Bouska* DAR **89** 164). III gilt nicht für die Straba, dient also nur der Erfüllung der Wartepflicht nach I (BGH NJW **76** 2014, s auch Rz 15). Haltende Fz werden nicht überholt (§ 5 Rz 18). Sie verdecken jedoch meist einen Teil des Überwegs, so dass das Vorbeifahren an ihnen besondere Vorsicht voraussetzt. Eine an den Verkehrsbedürfnissen orientierte Auslegung wird ergeben, dass bei FzStau auf einem von mehreren Fahrstreifen der freie Fahrstreifen äußerst vorsichtig weiter befahren werden darf (= Überholen, *Bouska* DAR **89** 164).

7. Zivilrecht. Zeichen eines Schülerlotsen am Zebrastreifen entlasten den Kf nicht von gesetzlicher Sorgfalt, Dü VM **69** 15. Stößt ein angetrunkener Kf auf dem Zebrastreifen mit einem Fußgänger zusammen, so soll der Anschein für alkoholbedingte Unaufmerksamkeit des Kf sprechen, Ha VersR **65** 863 (häufige Überwegunfälle mit nüchternen Kf sprechen dagegen). Den Fußgänger, der trotz eines nahe an den Fußgängerüberweg herangefahrenen Fz sein Vorrecht erzwingen will, trifft ein Mitverschulden, BGH VRS **65** 94. Keine Mitschuld des Fußgängers auf einem beleuchteten Überweg, den ein unbeleuchtetes Kfz dort anfährt, KG DAR **69** 323, eines Fußgängers, der durch ein mit 50 km/h fahrendes Fz bei beleuchtetem Fußgängerüberweg angefahren wird, das bei Betreten der Fahrbahn noch 70 m entfernt war, BGH NJW **82** 2384. Mitschuld verletzter Fußgänger: s auch § 9 StVG. **21**

8. Ordnungswidrigkeit: § 49 I Nr 24 b. Erschrecken, Verwirren oder gar Gefährden des Fußgängers setzt OW nicht voraus, Dü VRS **84** 306. Zurücktreten von § 1, Fra DAR **68** 247, KG VRS **35** 287, DAR **67** 223, Ko VOR **73** 503, VRS **46** 154, anders bei Schädigung. Mitschuld des Fußgängers kommt in Betracht und ist stets zu prüfen, KG VRS **36** 202. Keine OW, wenn das Befahren des Überwegs keinen bevorrechtigten Fußgänger behindert oder belästigt, Ha VRS **48** 148, DAR **95** 501, Kö VRS **64** 310, Ce NZV **92** 122, Dü NZV **93** 39, DAR **00** 176, VRS **84** 309, s Rz 17. **22**

9. Strafrecht. § 315 c I Nr 2 c StGB: falsches Fahren an Fußgängerüberwegen (näher § 315 c StGB Rz 15). Mitschuld des Fußgängers ist stets zu prüfen, KG VRS **36** 202. Gefährdender, vorschriftswidriger Zustand der Markierung Z 293 kann strafrechtliche Verantwortlichkeit des verantwortlichen Bediensteten begründen (§§ 222, 229 StGB), ebenso *Bouska* VD **71** 281. Belästigendes Hupen, damit der vor dem Überweg wartende Vordermann weiterfährt, ist keine Nötigung (§ 240 StGB Rz 33). **23**

Verbände

27 (1) ¹Für geschlossene Verbände gelten die für den gesamten Fahrverkehr einheitlich bestehenden Verkehrsregeln und Anordnungen sinngemäß. ²Mehr als 15 Radfahrer dürfen einen geschlossenen Verband bilden. ³Dann dürfen sie zu zweit nebeneinander auf der Fahrbahn fahren. ⁴Kinder- und Jugendgruppen zu Fuß müssen, soweit möglich, die Gehwege benutzen.

(2) Geschlossene Verbände, Leichenzüge und Prozessionen müssen, wenn ihre Länge dies erfordert, in angemessenen Abständen Zwischenräume für den übrigen Verkehr frei lassen; an anderen Stellen darf er sie nicht unterbrechen.

(3) ¹Geschlossen ist ein Verband, wenn er für andere Verkehrsteilnehmer als solcher deutlich erkennbar ist. ²Bei Kraftfahrzeugverbänden muß dazu jedes einzelne Fahrzeug als zum Verband gehörig gekennzeichnet sein.

(4) ¹Die seitliche Begrenzung geschlossen reitender oder zu Fuß marschierender Verbände muß, wenn nötig (§ 17 Abs. 1), mindestens nach vorn durch nicht blendende Leuchten mit weißem Licht, nach hinten durch Leuchten mit rotem Licht oder gelbem Blinklicht kenntlich gemacht werden. ²Gliedert sich ein solcher Verband in mehrere deutlich voneinander getrennte Abteilungen, dann ist jede auf diese Weise zu sichern. ³Eigene Beleuchtung brauchen die Verbände nicht, wenn sie sonst ausreichend beleuchtet sind.

(5) Der Führer des Verbandes hat dafür zu sorgen, daß die für geschlossene Verbände geltenden Vorschriften befolgt werden.

(6) **Auf Brücken darf nicht im Gleichschritt marschiert werden.**

Vwv zu § 27 Verbände

Zu Absatz 1

1   1   Abweichend von den (nur sinngemäß geltenden) allgemeinen Verkehrsregeln ist darauf hinzuwirken, dass zu Fuß marschierende Verbände, die nach links abbiegen wollen, sich nicht nach links einordnen, sondern bis zur Kreuzung oder Einmündung am rechten Fahrbahnrand geführt werden.

Zu Absatz 2

2   2   Leichenzügen und Prozessionen ist, soweit erforderlich, polizeiliche Begleitung zu gewähren. Gemeinsam mit den kirchlichen Stellen ist jeweils zu prüfen, wie sich die Inanspruchnahme stark befahrener Straßen einschränken lässt.

Zu Absatz 3

3   3   Bei geschlossenen Verbänden ist besonders darauf zu achten, dass sie geschlossen bleiben; bei Verbänden von Kraftfahrzeugen auch darauf, dass alle Fahrzeuge die gleichen Fahnen, Drapierungen, Sonderbeleuchtungen oder ähnlich wirksamen Hinweise auf ihre Verbandszugehörigkeit führen.

Zu Absatz 4

4   4   Bedarf ein zu Fuß marschierender Verband eigener Beleuchtung, so ist darauf zu achten, dass die Flügelmänner des ersten und des letzten Gliedes auch dann Leuchten tragen, wenn ein Fahrzeug zum Schutze des Verbandes vorausfährt oder ihm folgt.

5   **1. Geschlossener Verband** ist eine geordnete, einheitlich geführte und als Ganzes erkennbare Personen- oder FzMehrheit (bei Radf ab 16 Radf). Maßgebend sind einheitliche Führung, geschlossene Bewegung, bei Fz, außer Radf, auch einheitliche Kennzeichnung (Wimpel, Schilder, FzArt und -farbe, uU Beleuchtung) und Fahren mit vorgeschriebenem Abstand, weil die geschlossene Gliederung bei ihnen sonst nicht ohne Weiteres erkennbar ist, Bay VM **74** 67, Kar NZV **91** 154. Im Rahmen der StVO ist er wie *ein* VT zu behandeln mit der Folge, dass zB nach berechtigtem Einfahren in eine Kreuzung oder Passieren einer Einmündung durch das erste Fz der Kolonne die einzelnen dem Verband angehörigen Fz trotz nunmehr auftauchender bevorrechtigter VT (rechts vor links, VZ- oder LZA-Regelung) nicht wartepflichtig werden, Mü VRS **72** 170, Kar NZV **91** 154, LG Verden NZV **89** 324, *Riecker* VersR **82** 1034, LG Rottweil VersR **86** 1246 (Linksabbiegen des Verbands bei später nahendem GegenV). Jedoch dürfen FzF im Verband nicht blind dem Vorausfahrenden folgen und das Verbandsvorrecht erzwingen, Kar NZV **91** 154. Ein geschlossener Verband kann auch aus wenigen Fz bestehen, Nü VersR **78** 1045, Kar NZV **91** 154, LG Verden NZV **89** 324 (mindestens 3). Solange der Zusammenhang der Kfz erkennbar ist (Kennzeichnung, FzTyp, Abstände), ist der Verband geschlossen und unterliegt den Regeln des § 27, auch wenn er Lücken für den übrigen Verkehr zum Überholen oder Durchqueren freihält, wie II es vorschreibt, Ha DAR **91** 338, LG Verden NZV **89** 324 (30 m Abstand), Kar NZV **91** 154 (100 m Abstand), *Riecker* VersR **79** 236, aM Nü VersR **78** 1045. Nach KG DAR **07** 84 müssen die einzelnen Fz zueinander einen so geringen Abstand einhalten, dass sie den erforderlichen Sicherheitsabstand gerade erreichen oder nur geringfügig überschreiten; mehrere PolFz, die innerorts mit ca. 35 km/h in einem Abstand von fast 50 m hintereinander fahren, stellen danach keinen für den QuerV erkennbaren geschlossenen Verband dar. Weitere Beispiele: geführte Kinder- und Jugendgruppen, Schulklassen, die mangels Gehwegs geordnet zu Fuß die Fahrbahn benutzen müssen (bei vorhandenen Gehwegen sind diese zu benutzen, dann kein geschlossener Verband); mehr als 15 Radf, die geordnet auf der Fahrbahn fahren, dürfen zu zweit nebeneinander fahren, wenn sie den Verkehr nicht behindern (Begr zu § 2; § 2 Rz 70); auf Radwegen gelten sie stets als Einzelpersonen. Da das Verbandsvorrecht andere VRegeln zurückdrängt, muss die Verbandszugehörigkeit jedes einzelnen Fz unmissverständlich erkennbar sein, ohne weitere Überlegungen zu erfordern, einheitliche Bauweise und Abblendlicht bei Tage reichen nicht aus, Bay VM **74** 67 (abl *Booß*). Eine FzKolonne bei Stauung ist kein geschlossener Verband, Schl VM **63** 46. Bilden sich größere Lücken im Verband, so entfällt das Merkmal des geschlossenen Verbandes und Querfahren ist zulässig, sonst würde der Verkehr übermäßig behindert, aM Dü VersR **69** 1027 (allein Kennzeichnung sei maßgebend). Ein einzelnes Fz, das dem Verband nachfährt, hat kein Vorrecht. S § 35 (Sonderrechte).

Lit: *Bouska*, Vorrang von Verbänden …, VD **71** 313. *Riecker*, Das „Kolonnenvorrecht" der Bundeswehr, VersR **82** 1034. *Schweinoch*, Zum Vorrecht geschlossener Verbände …, DAR **61** 265.

Verbände

2. Die allgemeinen Verkehrsregeln und polizeilichen Anordnungen und Weisungen gelten für geschlossene Verbände sinngemäß (Begr), vor allem die §§ 2, 3, 5, 6, 8 bis 12, 15, 17 bis 19, 20, 26, 36 ff. Ein marschierender Verband, der links abbiegen soll, ordnet sich vorher nicht nach links ein, da das nicht deutlich möglich wäre; er wird bis zum Abbiegen auf der rechten Fahrbahnseite geführt und biegt nach RichtungsänderungsZ ab (Begr), anders ein FzVerband. Vorfahrt steht Verbänden grundsätzlich nur nach den allgemeinen Regeln des § 8 zu; s aber Rz 7. Ausfahren eines Verbandes überbreiter Kfz von der AB in eine Bundesstraße, BGH VRS **44** 12. Demonstrationszüge müssen die VRegeln beachten, soweit diese die Versammlungsfreiheit nicht beengen (sonst gilt das VersammlG), *Bleckmann-Hilf*, Demonstration und StrV, 1970 S 37.

3. Unterbrechungsverbot (II). Geschlossene Verbände (ausgenommen Wegerechtsfz, § 35), Leichenzüge und Prozessionen haben weder Vorrecht noch Vorrang, doch darf der übrige Fahr- wie Gehverkehr sie nicht unterbrechen und nur in freigelassenen Zwischenräumen passieren. Niemand darf das Durchfahren oder Durchgehen also erzwingen. Nur insoweit besteht ein Verbot, ihre einheitliche Bewegung zu hemmen. Beachtet der Verkehr das Hemmungsverbot nicht, darf der Verband es nicht erzwingen, Ol VM **71** 5. Wer sich beim Überholen eines fahrenden Verbands wegen Gegenverkehrs vorübergehend in eine Lücke einordnen muss, hemmt oder behindert ihn nicht. Eine geschlossen über die Straße geführte Schulklasse darf nicht durchfahren werden, Dü VM **58** 15 (wohl nur auf § 1 zu stützen). Leichenzug ist die Gesamtheit der Personen und Fz, die dem Verstorbenen das Trauergeleit geben (Bestattung, Überführung). Prozessionen sind rituelle Umzüge der Geistlichkeit und Gemeindemitglieder aus festlichen Anlässen um Kirchen oder auf öffentlichen Straßen. Andere Umzüge fallen nicht unter § 27, auch nicht als geschlossene Verbände und nicht kraft gesonderter PolVorschrift, weil für solche gemäß der erschöpfenden StVO kein Raum ist. Zum Vorrang geschlossener militärischer und nichtmilitärischer Verbände § 1 StrVerkSiV (BGBl I **80** 1795). Verhalten gegenüber geschlossenen BW-Verbänden, VkBl **71** 538, **87** 282 (Geltung der Verhaltenshinweise auch gegenüber amerikanischen, britischen, belgischen, niederländischen und kanadischen Streitkräften). Demonstrationen: Rz 6.

Bei längeren Verbänden usw haben die Verbandsführer (V) oder die Polizei (bei Leichenzügen und Prozessionen) **angemessene Zwischenräume freizuhalten.** Diese Lücken dienen dem Überholtwerden wie dem Querverkehr (II). Das gilt sinngemäß auch, wenn die Polizei Umzüge leitet, die nicht unter § 27 fallen. Selbsthilfe des übrigen Verkehrs ist gefährlich und unzulässig. Ist der Verband auseinandergerissen und als solcher nicht mehr ohne Weiteres erkennbar (Rz 5), so entfällt das Hemmungsverbot, LG Verden NZV **89** 324. Zur Haftungsverteilung bei Kollision innerhalb der Kolonne mit einem anderen Kfz, Nü VersR **78** 1045.

4. Der Verbandsführer (Aufsichtsführende) ist für Beachtung sämtlicher Regeln des § 27 verantwortlich (Rz 12), bei Leichenzügen und Prozessionen idR die Pol. Der Verbandsführer ist für die VSicherheit bei Beachtung der VVorschriften verantwortlich, Ol VM **71** 5, seine Hilfspersonen hat er nach Zuverlässigkeit auszuwählen und zu überwachen, Ol VM **71** 5.

5. Brücken (Fahr- wie Fußgängerbrücken) dürfen nicht stabilitätsgefährdend schwingen, daher ist auf ihnen Marschmusik mit Gleichschritt unzulässig (VI, Begr).

6. Beleuchtung. Unter den Voraussetzungen des § 17 (bei Dämmerung, Dunkelheit oder wenn die Sicht es sonst erfordert) sind marschierende oder reitende Verbände vorn durch weiße, hinten durch rote Leuchten oder gelbes Blinklicht so zu kennzeichnen, dass ihre seitliche Begrenzung deutlich sichtbar ist. Diese Leuchten sind also jeweils vom vorderen und hinteren linken und rechten Flügelmann (Reiter) auf der verkehrszugewandten Seite zu tragen, auch wenn ein Leit- oder Warnfz vorausfährt (Vwv Rn 4). Rückstrahlende Armbinden, andere WarnZ, geschwenkte Taschenlampen genügen allein nicht. Marschiert der Verband in deutlich getrennten Abteilungen (= mehrere Verbände), so ist jede Abteilung so zu beleuchten. Beleuchtung ist nur entbehrlich, wenn der Verband auf der gesamten Strecke durch andere Lichtquellen deutlich und rechtzeitig sichtbar beleuchtet ist. Neben den vorgeschriebenen Leuchten sind weitere Kennzeichnungsmittel zugelassen.

7. Ordnungswidrig (§§ 24 StVG, 49 StVO) handelt der Verbandsführer in den in § 49 II Nr 1 bezeichneten Fällen, der Führer einer Kinder- oder Jugendgruppe, der diese entgegen § 27 I nicht den Gehweg benutzen lässt (§ 49 II Nr 2), wer entgegen § 27 VI auf Brücken gemeinschaftlich mit anderen im Gleichschritt marschiert (§ 49 I Nr 24) und wer entgegen II einen geschlossenen Verband unterbricht (§ 49 II 1 a). In anderen Fällen handeln Verbandsangehörige nicht ow, weil § 49 dies nicht vorsieht.

Tiere

28 (1) ¹Haus- und Stalltiere, die den Verkehr gefährden können, sind von der Straße fernzuhalten. ²Sie sind dort nur zugelassen, wenn sie von geeigneten Personen begleitet sind, die ausreichend auf sie einwirken können. ³Es ist verboten, Tiere von Kraftfahrzeugen aus zu führen. ⁴Von Fahrrädern aus dürfen nur Hunde geführt werden.

(2) ¹Für Reiter, Führer von Pferden sowie Treiber und Führer von Vieh gelten die für den gesamten Fahrverkehr einheitlich bestehenden Verkehrsregeln und Anordnungen sinngemäß. ²Zur Beleuchtung müssen mindestens verwendet werden:
1. beim Treiben von Vieh vorn eine nicht blendende Leuchte mit weißem Licht und am Ende eine Leuchte mit rotem Licht,
2. beim Führen auch nur eines Großtieres oder von Vieh eine nicht blendende Leuchte mit weißem Licht, die auf der linken Seite nach vorn und hinten gut sichtbar mitzuführen ist.

1   **Begr** zu § 28: VkBl **70** 814.

Vwv zu § 28 Tiere

Zu Absatz 1

2   1   *I. Die Halter von Federvieh sind erforderlichenfalls dazu anzuhalten, die notwendigen Vorkehrungen zur Fernhaltung ihrer Tiere von der Straße zu treffen.*

3   2   *II. Wenn Hunde auf Straßen mit mäßigem Verkehr nicht an der Leine, sondern durch Zuruf und Zeichen geführt werden, so ist das in der Regel nicht zu beanstanden.*

4   3   *III. Solange Beleuchtung nicht erforderlich ist, genügt zum Treiben einer Schafherde in der Regel ein Schäfer, wenn ihm je nach Größe der Herde ein Hund oder mehrere zur Verfügung stehen.*

5   **1. Haus- und Stalltiere. Verkehrsverbot.** Zu den Haus- und Stalltieren gehören alle üblicherweise oder individuell in Europa in Stall oder Haus gehaltenen Tiere, auch Federvieh (Hausgeflügel), aber nicht Tauben und Katzen, weil sich diese nicht dauernd einsperren lassen (Begr), Ol MDR **58** 604. Hunde sind Haustiere, Ko DAR **99** 505, Dü VM **86** 96.

6   **1a. Von der Straße fernzuhalten** sind Haus- und Stalltiere (Rz 5), die den Verkehr gefährden können. Wo das zutrifft, müssen Tierhalter die Halteplätze genügend hoch einzäunen (Vwv Rn 1). Weidetiere: § 17 StVG. Auf einer Dorfstr, zumal bei Dunkelheit, braucht niemand mit führerlosen Pferden zu rechnen, BGH VersR **62** 45. Koppeltiere, die auf ungeklärte Weise in den Verkehr gelangen, Hb MDR **69** 73. Haftungsfragen: § 17 StVG Rz 34.

7   **1b. Zugelassen** im Verkehr sind Haus- und Stalltiere (Rz 5) bei ausreichender Beaufsichtigung, also idR nicht autoscheue Pferde, ungerittene oder übernervöse Reitpferde. Verkehrsungewohnte Rennpferde müssen im StrV transportiert oder geführt werden, Ha VM **71** 56. Die Einwirkungsmöglichkeiten richten sich nach der Art des Tiers, müssen aber mit Gewissheit bestehen. Die Aufsichtsperson muss dazu geeignet sein (Erfahrung, Geschicklichkeit, Kraft). Bei nur unzulänglicher Aufsicht ist das Tier im Verkehr nicht zugelassen (Sonntagsreiter auf ungebärdigem Pferd, kleines Kind, das mit einem Hund spielt). Ein 13jähriger ist nicht grundsätzlich ungeeignet, einen Hund zu führen, Fra NZV **03** 486. Bei Kutschern darf die VB das Eignungszeugnis eines Arztes oder Sachverständigen einholen. Ungeeigneten kann das Tierführen untersagt oder unter Auflage erlaubt werden (§ 3 FeV). Die StrVB hat angemessene (Verhältnismäßigkeit) Maßnahmen zu treffen (Scheuklappen, Hilfszügel, Beißkörbe, Warntafeln an „Schlägern"). Angemessen ist jeweils die am wenigsten beeinträchtigende, noch ausreichende Maßnahme (keine Verwendung als Reit-, aber als Spannpferd). Untersagung weiterer Verwendung kommt nur äußerstenfalls in Betracht.

8   Zugtiere werden idR durch Zügel vom Fz oder Sattel aus gelenkt, bei ganz ruhigen Pferde- oder Ochsengespannen uU auch durch Zuruf im Nebenhergehen.

9   Strengste Anforderungen an Pferdehalter hinsichtlich Auswahl und Beaufsichtigung des Fahrers und der Gerätschaften, BGH VersR **61** 346. Pferdeführer müssen links vom Tier gehen, 2 Pferde dürfen sie ungekoppelt nicht führen, gekoppelt bis zu 4 Pferde (Begr). Ein Reiter kann

Tiere § 28 StVO **2**

nur 2 Handpferde führen, mehr kann er weder vom Sattel aus noch abgesessen sicher beisammenhalten. An Fuhrwerken darf rechts am Zugpferd oder hinten am Fz ein kurz angekoppeltes Tier mitgeführt werden. Saugfohlen dürfen nicht unangekoppelt gehen, Sommer- oder Reitwege sind zu benutzen (Z 238), sonst die Fahrbahn. Pferde dürfen nicht getrieben werden. Ein Kf darf mit verkehrsgewohnten Zugtieren rechnen, jedoch nicht bei unangeschirrten Pferden, BGH VRS **20** 255, VersR **61** 346. Schafe: Vvw Rn 3 und Rz 12.

Hunde, wenn auf Zuruf gehorsam, brauchen (unbeschadet spezieller landesgesetzlicher **10** Regelungen) auf Straßen mit mäßigem Verkehr idR nicht an der Leine geführt zu werden (Vwv Rn 2), Bay VRS **72** 366, Kö NZV **03** 485, Fra NZV **03** 486, Ko DAR **99** 505, Mü DAR **99** 456. Eine entsprechende Verpflichtung ergibt sich weder aus § 28 noch aus § 1 StVO, BGHSt **37** 366 = NZV **91** 277. Die nach Abs I S 2 erforderliche Einwirkungsmöglichkeit ist nur gegeben, solange sich der Hund im Blickfeld der Begleitperson befindet, Bay VRS **72** 366. Dann braucht ein solcher Hund, weil ein Radf naht, nicht zurückgerufen zu werden, Br VRS **23** 41, und auch nicht festgehalten. Anders bei einem schwerhörigen Hund, Mü HRR **39** 418, oder bei einem, der zu Beißerei neigt, Br VRS **24** 461. Das Verhalten des Hundes in der Vergangenheit ist für die Beurteilung seiner VSicherheit entscheidend, Dü VRS **68** 144, Bay VRS **74** 360. Auch wenn man einen Hund gefahrlos über die Straße schicken kann, kann der Verkehr es verbieten, ihn frei zurückzurufen, Kö VRS **24** 143. Hat sich ein Hund losgerissen und ist über die Fahrbahn gelaufen, so kann es ein Verschulden begründen, ihm nicht zu folgen, sondern lediglich zu versuchen, ihn zurückzurufen, Ha DAR **00** 406. Lässt der Halter den Hund entgegen Abs I S 2 ohne Begleitung im öffentlichen VRaum herumlaufen, kann er für Unfallfolgen strafrechtlich verantwortlich sein, Dü VM **86** 96. Ein Jagdhund darf nicht auf Suche geschickt werden, wenn er ohne Einwirkungsmöglichkeit auf die Straße laufen könnte, Ol DAR **62** 212, Ba NJW-RR **90** 735. Gemeindesatzungen über Anleinen von Hunden: E 46.

In ländlichen Gegenden wird der Kf mit **Geflügel** auf der Straße rechnen müssen, AG **11** Winsen MDR **58** 604, AG Bramsche MDR **58** 515 (Vwv Rn 1), uU auch mit Enten, Ol DAR **61** 344.

Für **Schafherden** außerhalb der Beleuchtungszeit genügt idR ein Schäfer mit, je nach Größe **12** der Herde, ausgebildeten Hunden (Vwv Rn 3). Der Schafhalter muss geprüfte Hütehunde verwenden, Ol DAR **57** 16. S auch Rz 16.

Lit: *Asmus,* Viehtreiben im StrV, DAR **63** 161. *H. W. Schmidt,* Hunde im StrV, DAR **62** 232. *Derselbe,* Weidesicherung und StrV, DAR **65** 174. *Stollenwerk,* Tiere im StrV, DNP **95** 189.

2. Von Kraftfahrzeugen und Fahrrädern aus ist jedes Tierführen untersagt, sowohl ange- **13** bunden als auch von Hand oder gar durch Mitlaufen lassen auf Zuruf (I). Es verträgt sich nicht mit dem Lenken des Fz, kann Tierquälerei und VGefährdung durch das mitlaufende Tier sein (§ 1 TierSchG) (Begr). Einzige Ausnahme: Führen von Hunden durch Radf (I S 4). Größere, schnell laufende Hunde dürfen von Fahrrädern aus geführt werden, soweit mit dem TierSchG vereinbar, Kö NZV **03** 485.

3. Die Verkehrsregeln und Anordnungen für den Fahrverkehr gelten für Reiter, Pfer- **14** deführer, Treiber und Viehführer sinngemäß (II). Sie müssen deshalb die Fahrbahn und, soweit Sonderwege bezeichnet sind (Z 238), ausschließlich diese benutzen. Von Gehwegen sind sie ausgeschlossen. Feld- und Waldwege, die gleichzeitig, wenn auch beschränkt, zum Fahren mit mehrspurigen Fz dienen, dürfen auch Reiter benutzen (§ 2 I), ebenso durch bloße Benutzung entstandene Pfade, wenn sie nicht offensichtlich dem Fußgängerverkehr vorbehalten sind, s VkBl **73** 770. Landesrechtliche Regelungen des Reitens im Walde: E 46. Auf Reitwegen ist Pferdeführen erlaubt (Z 238).

An **allgemeinen Verkehrsregeln** (außer Anordnungen, § 36) kommen in Betracht: die **15** Grundregel (§ 1), die Vorschriften über Benutzung der Fahrbahn (§ 2), soweit keine Reitwege bestehen, das Einhalten der äußersten Seite (§ 2), das Abbiegen (§ 9), die Benutzung der rechten Fahrbahn, das Anzeigen der Richtungsänderung (§ 9), über besondere VLagen (§ 11), das Ein- und Anfahren (§ 10), etwa beim Reiten, aber auch beim Viehtreiben, Mü VRS **84** 206. Für die Beleuchtung gilt II. Nach Streichung des § 8 III durch ÄndVO v 22. 3. 88 (§ 8 Rz 10) kann es nicht mehr zw sein, dass auch die Vorfahrtregeln des § 8 für die in Abs II genannten VT wie zB Reiter gelten, so schon für die frühere Rechtslage *Rüth/Berr/Berz* Rz 16. Reiter auf öffentlichen Waldwegen müssen die Gangart so wählen, dass sie niemanden behindern oder gefährden, Bay VM **71** 53.

16 Beim **Viehtreiben** hat der Treiber auf den Verkehr, dieser auf die Herde Rücksicht zu nehmen (§ 1), Mü VRS **84** 206 (Alleinhaftung des FzF trotz Verstoßes des Treibers gegen § 10). Die Zahl der Treiber richtet sich nach den Umständen (Zahl der Tiere, Weglänge, Art und Breite der Straße, Tageszeit, VDichte, uU StrFührung), Bay VRS **57** 211. Einige Behinderungen über kürzere Strecke muss der FahrV zumindest auf Nebenstr in Kauf nehmen, Bay VRS **57** 211. Kann das Treiben nach den Umständen den Verkehr gefährden, sind an die Zahl der Treiber, die Art und Zeit des Treibens strengere Anforderungen zu stellen als bei nur ganz vorübergehender Behinderung, Bay VRS **57** 211. Ausreichende Beaufsichtigung nach vorn und hinten ist nötig. Auf ländlichen OrtsStr genügen für 10 Kühe 2 Treiber, Nü VersR **68** 285, 458 *(Schmidt)*, Ce VRS **9** 412. Bei nicht schwieriger VLage genügen für 8 Kühe 3 Treiber, Schl VM **61** 84. Kinder können größeres Vieh idR nicht sicher treiben. 13jährige aus der Landwirtschaft können geeignete Treiber sein, Bay VRS **57** 211. Viehtreibrahmen hinter Schleppern: § 46 Rz 14 (Vwv). Bei VBehinderung ist auf dem Sommerweg zu treiben, Ol DAR **57** 16. Auf der Fahrbahn müssen Treiber ausreichend einwirken können, Ol VRS **3** 417. Ist die Benutzung der gesamten StrBreite durch eine Schafherde unvermeidbar, so ist für ausreichende und rechtzeitige Warnung des Gegenverkehrs zu sorgen, Bay NZV **89** 482. Entlang einer Fahrstreifenbegrenzung (Z 295, 296) darf in aller Regel kein Vieh getrieben, ist es unvermeidlich, müssen Warner vorgeschickt werden (Begr). Für das Viehtreiben quer über die Straße gelten die §§ 1, 10, Bay DAR **73** 110. Es ist äußerste Sorgfalt (**E** 150) geboten, um den Verkehr zu warnen, uU müssen die Tiere einzeln geführt werden, wenn der Fahrverkehr sonst gefährdet werden kann, Bay DAR **73** 110, VRS **44** 366. Über das Sichtfahrgebot hinaus braucht sich der Kf auch in ländlichen Gegenden nicht auf die Möglichkeit einer auf seiner Fahrbahnhälfte entgegenkommenden Viehherde einzustellen, Bay DAR **82** 242 (bei *Rüth*).

17 **4. Zu beleuchten** sind geführte Pferde und getriebenes Vieh entsprechend II (Begr). Beleuchtungszeit: § 17. Die Mindestbeleuchtung ist in II S 2 getrennt für das Treiben und Führen vorgeschrieben. Die Beleuchtungspflicht gilt auch für Schafherden, so dass zum Tragen der zweiten Leuchte dann eine weitere Person nötig ist, auch beim Treiben quer über eine BundesStr, Fra VM **62** 60. II gilt auch beim Zusammenkoppeln verschiedenartiger größerer Tiere. Die vorgeschriebenen Leuchten müssen von den Treibern so getragen werden, dass die Begrenzung des Viehtriebs nach links für den Fahrverkehr von vorn und hinten deutlich erkennbar ist, Bay DAR **73** 110. Treiben vorschriftswidrigen oder nicht beleuchteten Viehs kann einen Anscheinsbeweis begründen, BGH VersR **59** 805. Großtiere sind auch exotische Tiere (Begr). Die Beleuchtungspflicht der Reiter ergibt sich jetzt aus § 1 (Begr). Die Beleuchtungsvorschrift des II Nr 1 regelt nur den Längsverkehr durch Viehtrieb, nicht auch das Treiben quer über die Straße, Bay DAR **73** 110, Ko ZfS **88** 200. Ein im Dunkeln quer über die Fahrbahn geführtes Großtier muss beiderseits ausreichend beleuchtet sein, KG VM **78** 56, Ko ZfS **88** 200.

18 **5.** Verstoß gegen § 28 kann zur **Haftung** für Schäden führen; die Vorschrift ist SchutzG iS von § 823 II BGB, Fra NZV **03** 486, Mü MDR **00** 393. **Tierhalterhaftung:** § 833 BGB. Unfälle zwischen Kfz und Tier: § 17 StVG.

19 **6. Ordnungswidrigkeit** (§§ 24 StVG, 49 StVO). Tierhalter und Verantwortliche: § 49 II Nr 3, Reiter, Tierführer und -treiber: § 49 II Nr 4.

Übermäßige Straßenbenutzung

29 (1) Rennen mit Kraftfahrzeugen sind verboten.

(2) ¹**Veranstaltungen, für die Straßen mehr als verkehrsüblich in Anspruch genommen werden, bedürfen der Erlaubnis.** ²Das ist der Fall, wenn die Benutzung der Straße für den Verkehr wegen der Zahl oder des Verhaltens der Teilnehmer oder der Fahrweise der beteiligten Fahrzeuge eingeschränkt wird; Kraftfahrzeuge in geschlossenem Verband nehmen die Straße stets mehr als verkehrsüblich in Anspruch. ³Der Veranstalter hat dafür zu sorgen, daß die Verkehrsvorschriften sowie etwaige Bedingungen und Auflagen befolgt werden.

(3) ¹**Einer Erlaubnis bedarf der Verkehr mit Fahrzeugen und Zügen, deren Abmessungen, Achslasten oder Gesamtgewichte die gesetzlich allgemein zugelassenen Grenzen tatsächlich überschreiten.** ²Das gilt auch für den Verkehr mit Fahrzeugen, deren Bauart dem Führer kein ausreichendes Sichtfeld läßt.

Übermäßige Straßenbenutzung § 29 StVO **2**

Begr zur ÄndVO v 22. 3. 88 (VkBl **88** 224): 1

Zu Abs 3: Hier wird klargestellt, dass trotz einer Ausnahmegenehmigung nach § 70 StVZO es einer Erlaubnis nach § 29 Abs. 3 StVO nicht bedarf, wenn im Einzelfall die nach den §§ 32 und 34 StVZO zulässigen Abmessungen, Achslasten oder Gewichte tatsächlich nicht überschritten werden.

VwV zu § 29 Übermäßige Straßenbenutzung

Zu Absatz 1

1   I. Rennen sind Wettbewerbe oder Teile eines Wettbewerbes (z. B. Sonderprüfung mit Renncharakter) sowie Veranstaltungen zur Erzielung von Höchstgeschwindigkeiten oder höchsten Durchschnittsgeschwindigkeiten mit Kraftfahrzeugen (z. B. Rekordversuch). Auf die Art des Starts (gemeinsamer Start, Gruppen- oder Einzelstart) kommt es nicht an. 1a
Indizien für das Vorliegen eines Wettbewerbs sind die Verwendung renntypischer Begriffe, die Beteiligung von Sponsoren, gemeinsame Start-, Etappen- und Zielorte, der nahezu gleichzeitige Start aller Fahrzeuge, Startnummern, besondere Kennzeichnung und Werbung an den Fahrzeugen sowie vorgegebene Fahrtstrecken und Zeitnahmen (auch verdeckt) und die Verbindung zwischen den einzelnen Teilnehmern bzw. zwischen den Teilnehmern und dem Veranstalter (per Funk, GPS o. ä.). Die Einhaltung der geltenden Verkehrsregeln oder das Fahren im Konvoi widerspricht dem Renncharakter nicht.

2   II. Das Verbot gilt auch für nichtorganisierte Rennen.

3   III. Zur Ausnahmegenehmigung vgl. § 46 Abs. 2 Satz 1 und Satz 3, 2. Halbsatz StVO sowie VwV zu § 46 Abs. 2.

Zu Absatz 2

   I. Erlaubnispflichtige Veranstaltungen 1b

   1. Motorsportliche Veranstaltungen

4   Mit erteilter Ausnahmegenehmigung nach Absatz 1 in Verbindung mit § 46 Abs. 2 wird ein Rennen nach Absatz 1 zur erlaubnispflichtigen Veranstaltung nach Absatz 2.

5   Darüber hinaus sind nicht genehmigungsbedürftige motorsportliche Veranstaltungen dann erlaubnispflichtig, wenn 30 Kraftfahrzeuge und mehr am gleichen Platz starten oder ankommen oder

6   unabhängig von der Zahl der teilnehmenden Fahrzeuge, wenn wenigstens eines der folgenden Kriterien gegeben ist:
   – vorgeschriebene Durchschnitts- oder Mindestgeschwindigkeit,
   – vorgeschriebene Fahrtzeit (auch ohne Bewertung der Fahrtzeit),
   – vorgeschriebene Streckenführung,
   – Ermittlung des Siegers nach meistgefahrenen Kilometern,
   – Durchführung von Sonderprüfungen,
   – Fahren im geschlossenen Verband.

7   Ballon-Begleitfahrten, Fahrten mit Motorschlitten, Stockcarrennen, Autovernichtungs- oder Karambolagerennen sowie vergleichbare Veranstaltungen dürfen nicht erlaubt werden.

8   Eine Veranstaltung nach Rn. 4 erfordert die Sperrung der in Anspruch genommenen Straßen für den allgemeinen Verkehr. Dies kommt nur für Straßen mit untergeordneter Verkehrsbedeutung in Betracht und setzt eine zumutbare Umleitungsstrecke voraus.

   2. Weitere Veranstaltungen

9   Erlaubnispflichtig sind
   a) Radrennen, Mannschaftsfahrten und vergleichbare Veranstaltungen,
   b) Radtouren, wenn mehr als 100 Personen teilnehmen oder wenn mit erheblichen Verkehrsbeeinträchtigungen (in der Regel erst ab Landesstraße) zu rechnen ist,

10   c) Volkswanderungen und Volksläufe, wenn mehr als 500 Personen teilnehmen oder das überörtliche Straßennetz (ab Kreisstraße) beansprucht wird,

11   d) Umzüge bei Volksfesten u. ä., es sei denn, es handelt sich um ortsübliche Prozessionen und andere ortsübliche kirchliche Veranstaltungen sowie kleinere örtliche Brauchtumsveranstaltungen.

12   e) Nicht erlaubnispflichtig sind Versammlungen und Aufzüge im Sinne des § 14 des Versammlungsgesetzes.

II. Allgemeine Grundsätze

13 Die Erlaubnisbehörde ordnet alle erforderlichen Maßnahmen an und knüpft die Erlaubnis insbesondere an folgende Auflagen und Bedingungen:

14 1. Veranstaltungen sollen grundsätzlich auf abgesperrtem Gelände durchgeführt werden. Ist eine vollständige Sperrung wegen der besonderen Art der Veranstaltung nicht erforderlich und nicht verhältnismäßig, dürfen nur Straßen benutzt werden, auf denen die Sicherheit oder Ordnung des allgemeinen Verkehrs nicht beeinträchtigt wird. Zu Rennveranstaltungen vgl. Rn. 4 und 8.

15 2. Die Erlaubnispflicht erstreckt sich auch auf Straßen mit tatsächlich öffentlichem Verkehr; für deren Benutzung ist zusätzlich die Zustimmung des Verfügungsberechtigten erforderlich.

16 3. Auf das Erholungs- und Ruhebedürfnis der Bevölkerung ist besonders Rücksicht zu nehmen. Veranstaltungen, die geeignet sind, die Nachtruhe der Bevölkerung zu stören, dürfen für die Zeit von 22.00 bis 6.00 Uhr nicht erlaubt werden.

17 4. Eine Erlaubnis darf nur Veranstaltern erteilt werden, die die Gewähr dafür bieten, dass die Veranstaltung entsprechend den Bedingungen und Auflagen der Erlaubnisbehörde abgewickelt wird. Diese Gewähr bietet ein Veranstalter in der Regel nicht, wenn er eine erlaubnispflichtige Veranstaltung ohne Erlaubnis durchgeführt oder die Nichtbeachtung von Bedingungen und Auflagen einer erlaubten Veranstaltung zu vertreten hat.

18 5. Die Erlaubnisbehörde hat sich vom Veranstalter schriftlich seine Kenntnis darüber bestätigen zu lassen, dass die Veranstaltung eine Sondernutzung i. S. d. § 8 des Bundesfernstraßengesetzes bzw. der entsprechenden Bestimmungen in den Straßengesetzen der Länder darstellt. In der Erklärung ist insbesondere die Kenntnis über die straßenrechtlichen Erstattungsansprüche zu bestätigen, wonach der Erlaubnisnehmer alle Kosten zu ersetzen hat, die dem Träger der Straßenbaulast durch die Sondernutzung entstehen. Das zuständige Bundesministerium gibt ein Muster einer solchen Erklärung nach Anhörung der obersten Landesbehörden im Verkehrsblatt bekannt. Diese ist bei allen Veranstaltungen mit der Antragstellung zu verlangen. Im Übrigen bleiben die gesetzlichen Vorschriften über die Haftpflicht des Veranstalters unberührt. Hierauf ist im Erlaubnisbescheid hinzuweisen.

19 6. In den Erlaubnisbescheid ist zudem aufzunehmen, dass der Straßenbaulastträger und die Erlaubnisbehörde keinerlei Gewähr dafür übernehmen, dass die Straßen samt Zubehör durch die Sondernutzung uneingeschränkt benutzt werden können und den Straßenbaulastträger im Rahmen der Sondernutzung keinerlei Haftung wegen Verletzung der Verkehrssicherungspflicht trifft.

20 7. Die Erlaubnisbehörde hat den Abschluss von Versicherungen zur Abdeckung gesetzlicher Haftpflichtansprüche (vgl. Rn. 18) mit folgenden Mindestversicherungssummen zu verlangen:

21 – Bei Veranstaltungen mit Kraftwagen und bei gemischten Veranstaltungen
500 000 € für Personenschäden (für die einzelne Person mindestens 150 000 €),
100 000 € für Sachschäden,
20 000 € für Vermögensschäden;

22 – bei Veranstaltungen mit Motorrädern und Karts
250 000 € für Personenschäden (für die einzelne Person mindestens 150 000 €),
50 000 € für Sachschäden,
5000 € für Vermögensschäden;

23 – bei Radsportveranstaltungen, anderen Veranstaltungen mit Fahrrädern (Rn. 9) und sonstigen Veranstaltungen (Rn. 10)
250 000 € für Personenschäden (für die einzelne Person mindestens 100 000 €),
50 000 € für Sachschäden,
5000 € für Vermögensschäden.

24 8. Unabhängig von Nummer 7 muss bei motorsportlichen Veranstaltungen, die auf nicht abgesperrten Straßen stattfinden, für jedes Fahrzeug der Abschluss eines für die Teilnahme an der Veranstaltung geltenden Haftpflichtversicherungsvertrages mit folgenden Mindestversicherungssummen verlangt werden:
– bei Veranstaltungen mit Kraftwagen 1 000 000 € pauschal;
– bei Veranstaltungen mit Motorrädern und Karts 500 000 € pauschal.

25 9. Es ist darauf hinzuweisen, dass bei Rennen und Sonderprüfungen mit Renncharakter Veranstalter, Fahrer und Halter für die Schäden, die durch die Veranstaltung an Personen und

Sachen verursacht worden sind, nach Maßgabe der gesetzlichen Bestimmungen über Verschuldens- und Gefährdungshaftung herangezogen werden. Haftungsausschlussvereinbarungen sind zu untersagen, soweit sie nicht Haftpflichtansprüche der Fahrer, Beifahrer, Fahrzeughalter, Fahrzeugeigentümer sowie der Helfer dieser Personen betreffen. Dem Veranstalter ist ein ausreichender Versicherungsschutz zur Deckung von Ansprüchen aus vorbezeichneten Schäden aufzuerlegen. Mindestversicherungssummen sind:

26 – für jede Rennveranstaltung mit Kraftwagen
500 000 € für Personenschäden pro Ereignis,
150 000 € für die einzelne Person,
100 000 € für Sachschäden,
20 000 € für Vermögensschäden;

27 – für jede Rennveranstaltung mit Motorrädern und Karts
250 000 € für Personenschäden pro Ereignis,
150 000 € für die einzelne Person,
50 000 € für Sachschäden,
10 000 € für Vermögensschäden.

28 Außerdem ist dem Veranstalter der Abschluss einer Unfallversicherung für den einzelnen Zuschauer in Höhe folgender Versicherungssummen aufzuerlegen:
15 000 € für den Todesfall,
30 000 € für den Invaliditätsfall (Kapitalzahlung je Person).

29 Hierbei muss sichergestellt sein, dass die Beträge der Unfallversicherung im Schadensfall ohne Berücksichtigung der Haftungsfrage an die Geschädigten gezahlt werden. In den Unfallversicherungsbedingungen ist den Zuschauern ein unmittelbarer Anspruch auf die Versicherungssumme gegen die Versicherungsgesellschaften einzuräumen.

30 Dem Veranstalter ist ferner aufzuerlegen, dass er Sorge zu tragen hat, dass an der Veranstaltung nur Personen als Fahrer, Beifahrer oder deren Helfer teilnehmen, für die einschließlich etwaiger freiwilliger Zuwendungen der Automobilklubs folgender Unfallversicherungsschutz besteht:
7500 € für den Todesfall,
15 000 € für den Invaliditätsfall (Kapitalzahlung je Person).
Die Nummern 7 und 8 bleiben unberührt.

31 10. Bei Bedarf ist im Streckenverlauf, insbesondere an Gefahrenstellen, der Einsatz zuverlässiger, kenntlich gemachter Ordner (z. B. durch Armbinden oder Warnwesten) aufzuerlegen. Diese sind darauf hinzuweisen, dass ihnen keine polizeilichen Befugnisse zustehen und dass sie den Weisungen der Polizei unterliegen.

32 11. Soweit es die Art der Veranstaltung zulässt, ist zudem zu verlangen, Anfang und Ende der Teilnehmerfelder durch besonders kenntlich gemachte Fahrzeuge (Spitzen- und Schlussfahrzeug) oder Personen anzuzeigen.

33 12. Dem Veranstalter kann aufgegeben werden, in der Tagespresse und in sonst geeigneter Weise rechtzeitig auf die Veranstaltung hinzuweisen.

34 13. Im Erlaubnisbescheid ist darauf hinzuweisen, dass die Teilnehmer an einer Veranstaltung kein Vorrecht im Straßenverkehr genießen und, ausgenommen auf gesperrten Straßen, die Straßenverkehrsvorschriften zu beachten haben.

III. Erlaubnisverfahren

35 1. Allgemeines
a) Für das Verfahren werden im zuständigen Bundesministerium nach Anhörung der zuständigen obersten Landesbehörden Formblätter (z. B. für die Erklärungen) herausgegeben und im Verkehrsblatt veröffentlicht.

36 b) Autorennen, Motorradrennen und Sonderprüfungen mit Renncharakter betreffende Anträge sind nur zu bearbeiten, wenn zugleich Gutachten von Sachverständigen insbesondere die Geeignetheit der Fahrtstrecken und die gebotenen Sicherungsmaßnahmen betreffend vorgelegt werden. Streckenabnahmeprotokolle von bundesweiten Motorsportdachorganisationen (z. B. DMSB, DAM und DASV) sind Gutachten in diesem Sinne.

37 c) Es sind die Polizei, die Straßenverkehrsbehörden, die Behörden der Straßenbaulastträger, die Forstbehörden und die Naturschutzbehörden zu hören, soweit ihr Zuständigkeitsbereich berührt wird. Werden Bahnstrecken höhengleich (Bahnübergänge) gekreuzt, sind die betroffenen Eisenbahninfrastrukturunternehmen anzuhören.

38	d) Werden Forderungen von den nach Buchstabe c gehörten Stellen erhoben, sollen diese im Erlaubnisbescheid durch entsprechende Bedingungen und Auflagen berücksichtigt werden. Forderungen des Straßenbaulastträgers und des Eisenbahninfrastrukturunternehmens sind zwingend zu berücksichtigen. Können Behörden die Erstattung von Aufwendungen für besondere Maßnahmen aus Anlass der Veranstaltung verlangen, so hat sich der Antragsteller schriftlich zu deren Erstattung zu verpflichten (vgl. Rn. 18). Eine vom Straßenbaulastträger geforderte Sondernutzungsgebühr ist im Erlaubnisbescheid gesondert festzusetzen.
39	e) Die Erlaubnis soll erst dann erteilt werden, wenn die beteiligten Behörden und Stellen gegen die Veranstaltung keine Bedenken geltend gemacht haben.

2. *Rennen mit Kraftfahrzeugen*

40	a) Rennen nach Nr. I zu Abs. 1 (Rn. 1) dürfen nur auf abgesperrten Straßen erlaubt werden.
41	b) Bevor die Erlaubnis erteilt wird, müssen – die Ausnahmegenehmigung von § 29 Abs. 1, – das Gutachten (Rn. 36) über die Eignung der Strecke für das Rennen und – der Nachweis des Abschlusses der in den Nummern II.7, 8 und 9 (Rn. 20 ff.) genannten Versicherungen vorliegen. Ein Gutachten ist entbehrlich bei Wiederholung eines Rennens auf gleicher Strecke. Dann genügt eine rechtsverbindliche Erklärung des Gutachters (vgl. Rn 36), dass sich die Strecke seit der letzten rennbedingten Streckenabnahme weder in baulicher noch in rennmäßiger Hinsicht verändert hat. c) Die Erteilung der Erlaubnis ist insbesondere an folgende Bedingungen und Auflagen zu knüpfen: aa) zur Vorbereitung/Durchführung des Rennens
42	– Dem Rennen hat ein Training vorauszugehen, das Teil des Wettbewerbs ist; das gilt nicht für Sonderprüfungen mit Renncharakter.
43	– Beginn und Ende des Rennens sind bekannt zu geben, damit die erforderlichen Sicherheitsmaßnahmen der zuständigen Behörden oder Stellen eingeleitet und wieder aufgehoben werden können.
44	– Vor und während des Rennens ist eine Verbindung mit der Polizeieinsatzleitung herzustellen und zu halten. Besondere Vorkommnisse während des Rennens sind dieser Einsatzleitung sofort bekannt zu geben. Dabei ist zu berücksichtigen, dass der Veranstalter für die Sicherheit der Teilnehmer, Sportwarte und Zuschauer innerhalb des Sperrbereichs zu sorgen hat. Die Polizei hat lediglich die Aufgabe, verkehrsregelnde Maßnahmen außerhalb des Sperrbereichs – soweit erforderlich – zu treffen, es sei denn, dass ausnahmsweise (z. B. weil die Zuschauer den Anordnungen der Ordner nicht nachkommen) auf ausdrückliche Weisung ihres Leiters ein Einsatz innerhalb des Sperrbereichs erforderlich ist.
45	– Auf Verlangen ist eine Lautsprecheranlage um die Rennstrecke aufzubauen und während des Rennens in Betrieb zu halten; diese Anlage und andere vorhandene Verständigungseinrichtungen müssen der Polizei zur Verfügung gestellt werden, falls das im Interesse der öffentlichen Sicherheit oder Ordnung notwendig ist.
46	– Entlang der Absperrung ist eine ausreichende Zahl von Ordnern vorzuhalten. Umfang, Art und Beschaffenheit der Sicherungen ergeben sich aus den örtlichen Verhältnissen. Dabei sind die Auflagen im Gutachten (vgl. Rn. 36) zu beachten. Insbesondere sind die bei der Abnahme der Rennstrecke festgesetzten Sperrzonen abzugrenzen, zu beschildern und mit eigenen Kräften zu überwachen.
47	– Es ist ein Sanitätsdienst mit den erforderlichen Ärzten, Unfallstationen und Krankentransportwagen einzurichten. Zudem ist für ausreichenden Feuerschutz zu sorgen und die notwendigen hygienischen Anlagen sind bereitzustellen.
48	– Vor dem Start des Rennens ist die Rennstrecke durch den Veranstalter freizugeben.
49	– Die Rennstrecke darf während des Wettbewerbs nicht betreten werden. Ausgenommen davon sind Sportwarte mit besonderem Auftrag der Rennleitung und Personen, die von der Rennleitung zur Beseitigung von Ölspuren und sonstigen Hindernissen sowie für den Sanitäts- und Rettungsdienst eingesetzt werden; sie müssen eine auffällige Warnkleidung tragen.
50	– Die Fahrzeuge der Rennleitung sind deutlich kenntlich zu machen.

bb) zu den an dem Rennen teilnehmenden Fahrern und Fahrzeugen

51 — Die Fahrer müssen eine gültige anerkannte Fahrerlizenz (z. B. des DMSB, DAM, DAS V oder einer vergleichbaren ausländischen Organisation) besitzen und an dem Pflichttraining (vgl. Rn. 42) teilgenommen haben.

52 — Die Rennfahrzeuge dürfen nur im verkehrssicheren Zustand an dem Rennen teilnehmen. Dazu sind sie durch Sachverständige insbesondere hinsichtlich der Fahrzeugteile, die die Verkehrssicherheit beeinträchtigen können, zu untersuchen.

3. Sonstige motorsportliche Veranstaltungen

Die Erteilung der Erlaubnis ist insbesondere an folgende Bedingungen und Auflagen zu knüpfen:

a) zur Vorbereitung/Durchführung der Veranstaltung

53 — Jedem Teilnehmer ist eine Startnummer zuzuteilen, die deutlich sichtbar rechts oder links am Fahrzeug anzubringen ist. Von dieser Auflage kann abgesehen werden, wenn die Art der Veranstaltung diese Kennzeichnung entbehrlich macht. Die Startnummernschilder dürfen erst bei der Fahrzeugabnahme (vgl. Rn. 60) angebracht und müssen nach Beendigung des Wettbewerbs oder beim vorzeitigen Ausscheiden sofort entfernt werden.

54 — Der Abstand der Fahrzeuge beim Start darf eine Minute nicht unterschreiten.

55 — Im Rahmen einer Veranstaltung dürfen je 30 km Streckenlänge je eine, insgesamt jedoch nicht mehr als fünf Sonderprüfungen mit Renncharakter auf öffentlichen Straßen durchgeführt werden. Der Veranstalter kann nach Maßgabe landesrechtlicher Vorschriften abseits öffentlicher Straßen weitere Sonderprüfungen mit Renncharakter abhalten. Sonderprüfungsstrecken auf öffentlichen Straßen dürfen in der Regel während einer Veranstaltung nur einmal durchfahren werden.

56 — Kontrollstellen dürfen nur abseits von bewohnten Grundstücken an geeigneten Stellen eingerichtet werden. Der allgemeine Verkehr darf durch die Kontrollstellen nicht beeinträchtigt werden.

57 — Die Fahrzeugbesatzung muss aus mindestens zwei Personen bestehen, wenn die Art der Veranstaltung (z. B. Suchfahrt) dies erfordert. Bei Wettbewerben, die ohne Fahrerwechsel über mehr als 450 km geführt werden oder die mehr als acht Stunden Fahrzeit erfordern, muss eine Zwangspause von mindestens 30 Minuten eingelegt werden.

58 — Die Fahrzeiten sind unter Berücksichtigung der Straßenverhältnisse so zu bemessen, dass jeder Teilnehmer in der Lage ist, die Verkehrsvorschriften zu beachten. Der Veranstalter hat die Teilnehmer zu verpflichten, Bordbücher oder -karten auf Verlangen der Polizeibeamten zur Eintragung festgestellter Verstöße gegen straßenverkehrsrechtliche Bestimmungen auszuhändigen. Bei Feststellung solcher Eintragungen sind die betreffenden Teilnehmer aus der Wertung zu nehmen.

b) zu den an der Veranstaltung teilnehmenden Fahrern und Fahrzeugen

59 — Es dürfen nur solche Fahrer zum Start zugelassen werden, die eine gültige Fahrerlaubnis besitzen und nachweisen können, dass ihr Fahrzeug ausreichend versichert ist.

60 — Fahrzeuge, die nicht den Vorschriften der StVZO entsprechen oder nicht für den öffentlichen Verkehr zugelassen sind, sind von der Teilnahme auszuschließen. Werden nach dem Start Veränderungen an Fahrzeugen vorgenommen oder werden während der Fahrt Fahrzeuge verkehrs- oder betriebsunsicher, führt dies unverzüglich zum Ausschluss aus dem Wettbewerb.

4. Radrennen, Mannschaftsfahrten und vergleichbare Veranstaltungen

61 a) Sie sollen möglichst nur auf Straßen mit geringer Verkehrsbedeutung erlaubt werden.

62 b) Die Zahl der zur Sicherung der Veranstaltung erforderlichen Begleitfahrzeuge ist im Erlaubnisbescheid festzulegen, sie sind besonders kenntlich zu machen.

63 c) Die jeweiligen Streckenabschnitte müssen in der Regel vom übrigen Fahrverkehr freigehalten werden. Dies ist entweder durch Sperrungen oder durch Weisungen der Polizei sicherzustellen.

5. Sonstige Veranstaltungen

64 a) Volkswanderungen, Volksläufe und Radtouren sollen nur auf abgelegenen Straßen (Gemeindestraßen, Feld- und Waldwegen) zugelassen werden.

65 b) Vom Veranstalter ist ausreichender Feuerschutz (wegen evtl. Waldbrandgefahr), die Vorhaltung eines Sanitätsdienstes und von hygienischen Anlagen zu verlangen.

66 c) In der Regel ist zu verlangen, dass die Teilnehmer in Gruppen starten.

Randnummern 67–78 aufgehoben

2 StVO § 29   I. Allgemeine Verkehrsregeln

Zu Absatz 3 Großraum- und Schwerverkehr

1c   79   *I. Fahrzeuge und Fahrzeugkombinationen, deren Abmessungen, Achslasten oder Gesamtgewichte die nach den §§ 32 und 34 StVZO zulässigen Grenzen überschreiten oder bei denen das Sichtfeld (§ 35b Abs. 2 StVZO) eingeschränkt ist, bedürfen einer Ausnahmegenehmigung nach § 70 StVZO.*

80   *II. Die Abmessungen eines Fahrzeugs oder einer Fahrzeugkombination sind auch dann überschritten, wenn die Vorschriften über die Kurvenläufigkeit (§ 32d StVZO) nicht eingehalten werden.*

81   *III. Eine Erlaubnis ist nicht erforderlich, wenn*

     1. nicht das Fahrzeug oder die Fahrzeugkombination, sondern nur die Ladung zu breit oder zu hoch ist oder die Vorschriften über die Abmessungen nur deshalb nicht eingehalten werden, weil die Ladung nach vorn oder nach hinten zu weit hinausragt; in diesem Fall ist nur eine Ausnahme von den in Betracht kommenden Vorschriften des § 22 und gegebenenfalls des § 18 Abs. 1 Satz 2 erforderlich (vgl. Nummer I bis V zu § 46 Abs. 1 Nr. 5; Rn. 13ff.),

82   *2. eine konstruktiv vorgesehene Verlängerung oder Verbreiterung des Fahrzeugs, z. B. durch Ausziehen der Ladefläche oder Ausklappen oder Anstecken von Konsolen usw., nicht oder nur teilweise erfolgt und das Fahrzeug in diesem Zustand den Bestimmungen des § 32 StVZO entspricht,*

83   *3. bei einem Fahrzeug, dessen Zulassung einer Ausnahmegenehmigung nach § 70 StVZO bedarf, im Einzelfall das tatsächliche Gesamtgewicht und die tatsächlichen Achslasten nicht die in § 34 Abs. 3 StVZO festgelegten Grenzen überschreiten.*

IV. Voraussetzungen der Erlaubnis

1. Eine Erlaubnis darf nur erteilt werden, wenn

84   *a) der Verkehr nicht – wenigstens zum größten Teil der Strecke – auf der Schiene oder auf dem Wasser möglich ist oder wenn durch einen Verkehr auf dem Schienen- oder Wasserweg unzumutbare Mehrkosten (auch andere als die reinen Transportmehrkosten) entstehen würden und*

85   *b) für den gesamten Fahrtweg Straßen zur Verfügung stehen, deren baulicher Zustand durch den Verkehr nicht beeinträchtigt wird und für deren Schutz keine besonderen Maßnahmen erforderlich sind, oder wenn wenigstens die spätere Wiederherstellung der Straßen oder die Durchführung jener Maßnahmen vor allem aus verkehrlichen Gründen nicht zu zeitraubend oder zu umfangreich wäre.*

86   *2. Eine Erlaubnis darf außerdem nur erteilt werden:*

     a) Für die Überführung eines Fahrzeugs oder einer Fahrzeugkombination, dessen tatsächliche Abmessungen, Achslasten oder Gesamtgewichte die nach den §§ 32 und 34 StVZO zulässigen Grenzen überschreiten oder

87   *b) für die Beförderung folgender Ladungen:*

     aa) **Einer** *unteilbaren Ladung*
       Unteilbar ist eine Ladung, wenn ihre Zerlegung aus technischen Gründen unmöglich ist oder unzumutbare Kosten verursachen würde.
       Als unteilbar gilt auch das Zubehör von Kränen.

88   *bb) Einer aus* **zwei Teilen** *bestehenden Ladung, wenn die Teile aus Festigkeitsgründen nicht als Einzelstücke befördert werden können und diese unteilbar sind.*

89   *cc)* **Mehrerer** *einzelner Teile, die je für sich wegen ihrer Länge, Breite oder Höhe die Benutzung eines Fahrzeugs mit einer Ausnahmegenehmigung nach § 70 StVZO erfordern und unteilbar sind, jedoch unter Einhaltung der nach § 34 StVZO zulässigen Gesamtgewichte und Achslasten.*

90   *dd) Zubehör zu unteilbaren Ladungen; es darf 10 Prozent des Gesamtgewichts der Ladung nicht überschreiten und muss in dem Begleitpapier mit genauer Bezeichnung aufgeführt sein.*

91   *3. Hat der Antragsteller vorsätzlich oder grob fahrlässig zuvor einen Verkehr ohne die erforderliche Erlaubnis durchgeführt oder gegen die Bedingungen und Auflagen einer Erlaubnis verstoßen, so soll ihm für einen angemessenen Zeitraum keine Erlaubnis mehr erteilt werden.*

V. Das Verfahren

92   *1. Der Antragsteller ist darauf hinzuweisen, dass die Bearbeitung der Anträge in der Regel zwei Wochen erfordert und bei statischer Nachrechnung von Brückenbauwerken längere Fristen erforderlich sind. Von diesem Hinweis kann nur dann abgesehen werden, wenn der Antragsteller nachweist, dass die Beförderung eilbedürftig ist, nicht vorhersehbar war und geeigneter Eisen-*

bahn- oder Schiffstransportraum nicht mehr rechtzeitig zur Verfügung gestellt werden kann; dabei ist ein strenger Maßstab anzulegen.

93 Aus dem Antrag müssen mindestens folgende technische Daten des Fahrzeugs oder der Fahrzeugkombination einschließlich der Ladung ersichtlich sein:

94 Länge, Breite, Höhe, zulässiges und tatsächliches Gesamtgewicht, zulässige und tatsächliche Achsenlasten, Anzahl der Achsen, Achsabstände, Anzahl der Räder je Achse, Motorleistung, Art der Federung, Kurvenlaufverhalten, Abmessungen und Gewicht der Ladung, Höchstgeschwindigkeit des Transports, amtliches Kennzeichen von Zugfahrzeugen und Anhängern sowie die Bodenfreiheit.

95 2. Außer in den Fällen der Nummer 4 hat die zuständige Straßenverkehrsbehörde die nach § 8 Abs. 6 des Bundesfernstraßengesetzes oder den entsprechenden landesrechtlichen Bestimmungen zu beteiligenden Straßenbaubehörden sowie die Polizei und, wenn Bahnstrecken höhengleich (Bahnübergänge) oder nicht höhengleich (Überführungen) gekreuzt oder Bahnanlagen berührt werden, auch die Bahnunternehmen zu hören. Geht die Fahrt über den Bezirk einer Straßenverkehrsbehörde hinaus, so sind außerdem die Straßenverkehrsbehörden zu hören, durch deren Bezirk der Fahrtweg führt; diese verfahren für ihren Bezirk nach Satz 1. Die zuständige Erlaubnisbehörde hat im Anhörverfahren ausdrücklich zu bestätigen, dass die Abwicklung des Transports auf dem Schienen- oder Wasserweg unmöglich oder unzumutbar ist.

96 Ist die zeitweise Sperrung einer Autobahn-Richtungsfahrbahn erforderlich, bedarf es der Zustimmung der höheren Verwaltungsbehörde. Den beteiligten Behörden sind die in Nummer V 1 aufgeführten technischen Daten des Fahrzeugs oder der Fahrzeugkombination mitzuteilen.

97 3. Geht die Fahrt über das Gebiet eines Landes hinaus, so ist unter Mitteilung der in Nummer V 1 aufgeführten technischen Daten des Fahrzeugs oder der Fahrzeugkombination die Zustimmung derjenigen höheren Verwaltungsbehörde einzuholen, durch deren Bezirk die Fahrt in den anderen Ländern jeweils zuerst geht. Auch für diese Behörden gilt Nummer 2 Satz 1. Auf die Anhörung der Polizei kann im Rahmen des Zustimmungsverfahrens in der Regel verzichtet werden. Eine Unterrichtung der Polizei über die Erteilung von Erlaubnissen für Großraum- und Schwertransporte ist jedoch unbedingt sicherzustellen. Die Zustimmung der genannten Behörden darf nur mit der Begründung versagt werden, dass die Voraussetzung nach Nummer IV 1 Buchstabe b (Rn. 85) in ihrem Bezirk nicht vorliegen. Die zuständigen obersten Landesbehörden können die für das Anhörverfahren bei der Erteilung von Dauererlaubnissen ohne festgelegten Fahrtweg zuständigen höheren Verwaltungsbehörden bestimmen. Führt die Fahrt nur auf kurze Strecken in ein anderes Land, so genügt es, statt mit der dortigen höheren Verwaltungsbehörde unmittelbar mit der örtlichen Straßenverkehrsbehörde und der örtlichen Straßenbaubehörde des Nachbarlandes Verbindung aufzunehmen.

98 4. Von dem in Nummer 2 und 3 angeführten Anhörungsverfahren ist abzusehen, wenn folgende tatsächliche Abmessungen, Achslasten und Gesamtgewichte im Einzelfall nicht überschritten werden und Zweifel an der Geeignetheit des Fahrtweges, insbesondere der Tunnelanlagen und an der Tragfähigkeit der Brücken, nicht bestehen:

a) Höhe über alles   4 m
b) Breite über alles   3 m

99 c) Länge über alles:
– Einzelfahrzeuge (ausgenommen Sattelanhänger)   15 m
– Sattelkraftfahrzeuge   20 m
wenn das Kurvenlaufverhalten in einer Teilkreisfahrt unter Anwendung des § 32 d StVZO eingehalten wird   23 m
– Züge   23 m

100 d) Achslasten
– Einzelachsen   11,5 t
– Doppelachsen
Achsabstand:
1 m bis weniger 1,3 m   17,6 t
1,3 m bis 1,8 m   20,0 t

101 e) Gesamtgewicht
aa) Einzelfahrzeuge
– Fahrzeuge mit zwei Achsen
(ausgenommen Sattelanhänger)   18,0 t
– Kraftfahrzeuge mit drei Achsen   27,5 t

	– Anhänger mit drei Achsen	25,0 t
	– Kraftfahrzeuge mit zwei Doppelachsen, deren Mitten mindestens 4,0 m voneinander entfernt sind, sowie Sattelzugmaschinen und Zugmaschinen mit vier Achsen	33,0 t

102   bb) Fahrzeugkombinationen (Züge und Sattelkraftfahrzeuge)

– mit drei Achsen	29,0 t
– mit vier Achsen	38,0 t
– mit mehr als vier Achsen	41,8 t

103   Dies gilt auch, wenn das Sichtfeld eines Kraftfahrzeugs (§ 35 b Abs. 2 StVZO) eingeschränkt ist.

104   5. a) An den Nachweis der Voraussetzungen der Erlaubniserteilung nach Nummer IV sind strenge Anforderungen zu stellen. Über das Verlangen von Sachverständigengutachten vgl. § 46 Abs. 3 Satz 2. Die Erteilungsvoraussetzungen dürfen nur dann als amtsbekannt behandelt werden, wenn in den Akten dargelegt wird, worauf sich diese Kenntnis gründet. Haben Absender und Empfänger Gleisanschlüsse, ist eine Erlaubniserteilung nur zulässig, wenn sich aus einer Bescheinigung der für den Versandort zuständigen Güterabfertigung ergibt, dass eine Schienenbeförderung nicht möglich oder unzumutbar ist. Von dem Nachweis darf nur in dringenden Fällen abgesehen werden.

105   b) Die Straßenverkehrsbehörde hat, wenn es sich um einen Verkehr über eine Wegstrecke von mehr als 250 km handelt, nach Nummer V 2 und 3 ein Anhörverfahren vorgeschrieben ist und eine Gesamtbreite von 4,20 m oder eine Gesamthöhe von 4,80 m (jeweils von Fahrzeug und Ladung) nicht überschritten wird, sich vom Antragsteller vorlegen zu lassen:

106   aa) eine Bescheinigung der für den Versandort zuständigen Güterabfertigung darüber, ob und gegebenenfalls innerhalb welcher Fristen und unter welchen Gesamtkosten die Schienenbeförderung bzw. die gebrochene Beförderung Schiene/Straße möglich ist,

107   bb) im gewerblichen Verkehr eine Bescheinigung des Frachtführers oder des Spediteurs über die tarifmäßigen Beförderungsentgelte und die Entgelte für zusätzliche Leistungen,

108   cc) im Werkverkehr den Nachweis über die gesamten Beförderungskosten; wird der Nachweis nicht erbracht, kann das tarifmäßige Beförderungsentgelt zuzüglich der Entgelte für zusätzliche Leistungen als Richtwert herangezogen werden.

109   c) Die Straßenverkehrsbehörde hat, wenn es sich um einen Verkehr über eine Wegstrecke von mehr als 250 km handelt und eine Gesamtbreite von 4,20 m oder eine Gesamthöhe von 4,80 m (jeweils von Fahrzeug und Ladung) oder ein Gesamtgewicht von 72 t überschritten wird, sich vom Antragsteller vorlegen zu lassen:

110   aa) eine Bescheinigung der nächsten Wasser- und Schifffahrtsdirektion darüber, ob und ggf. innerhalb welcher Fristen und unter welchen Gesamtkosten die Beförderung auf dem Wasser bzw. die gebrochene Beförderung Wasser/Straße möglich ist,

111   bb) im gewerblichen Verkehr eine Bescheinigung des Frachtführers oder des Spediteurs über die tarifmäßigen Beförderungsentgelte und die Entgelte für zusätzliche Leistungen,

112   cc) im Werkverkehr den Nachweis über die gesamten Beförderungskosten; wird der Nachweis nicht erbracht, kann das tarifmäßige Beförderungsentgelt zuzüglich der Entgelte für zusätzliche Leistungen als Richtwert herangezogen werden.

113   In geeigneten Fällen kann die Straßenverkehrsbehörde die Bescheinigung auch für Transporte mit weniger als 250 km Wegstrecke verlangen. Die Vorlage der Bescheinigungen nach den Doppelbuchstaben aa, bb oder cc ist nicht erforderlich, wenn ein Transport auf dem Wasserweg offensichtlich nicht in Betracht kommt.

114 VI. Der Inhalt des Erlaubnisbescheides

     1. Der Fahrtweg ist in den Fällen festzulegen, in denen nach Nummer V 2 und 3 (Rn. 95 ff.) ein Anhörungsverfahren vorgeschrieben ist. Dabei müssen sämtliche Möglichkeiten des gesamten Straßennetzes bedacht werden. Eine Beeinträchtigung des Verkehrsflusses in den Hauptverkehrszeiten muss vermieden werden. Auch sollte der Fahrweg so festgelegt werden, dass eine Verkehrsregelung nicht erforderlich ist.

115   2. Erforderlichenfalls ist auch die Fahrzeit festzulegen. Jedenfalls in den Fällen, in denen nach Nummer V 2 und 3 (Rn. 95 ff.) ein Anhörungsverfahren vorgeschrieben ist, soll für Straßenabschnitte, die erfahrungsgemäß zu bestimmten Zeiten einen erheblichen Verkehr aufweisen, die Fahrzeit in der Regel wie folgt beschränkt werden:

Übermäßige Straßenbenutzung § 29 StVO **2**

116 *a) Die Benutzung von Autobahnen ist in der Regel von Freitag 15 Uhr bis Montag 9 Uhr zu verbieten und, falls diese Straßen starken Berufsverkehr aufweisen, auch an den übrigen Wochentagen von 6 Uhr bis 8.30 Uhr und von 15.30 Uhr bis 19 Uhr. Vom 1. Juli bis 31. August sowie von Gründonnerstag bis Dienstag nach Ostern und von Freitag vor Pfingsten bis Dienstag danach sollte solchem Verkehr die Benutzung der Autobahnen möglichst nur von 22 Uhr bis 6 Uhr erlaubt werden. Gegebenenfalls kommt auch ein Verbot der Autobahnbenutzung an anderen Feiertagen (z. B. Weihnachten) sowie an den Tagen davor und danach in Betracht.*

117 *b) Auf Bundesstraßen samt ihren Ortsdurchfahrten und auf anderen Straßen mit erheblichem Verkehr außerhalb geschlossener Ortschaften darf solcher Verkehr in der Regel nur von Montag 9 Uhr bis Freitag 15 Uhr erlaubt werden. Die Benutzung von Straßen mit starkem Berufsverkehr ist in der Regel werktags von 6 Uhr bis 8.30 Uhr und von 15.30 Uhr bis 19 Uhr zu verbieten.*

Zu Buchstabe a und b:

118 *Ist die Sperrung einer Autobahn, einer ganzen Fahrbahn oder die teilweise Sperrung einer Straße mit erheblichem Verkehr notwendig, so ist das in der Regel nur in der Zeit von 22 Uhr bis 6 Uhr zu erlauben.*

119 *3. Von der Fahrzeitbeschränkung nach Nummer VI 2 Buchstabe a Satz 2 kann abgesehen werden, wenn Last- und Leerfahrten mit Fahrzeugen oder Fahrzeugkombinationen durchgeführt werden, deren transportbedingte und nach der Ausnahmegenehmigung gemäß § 70 StVZO bzw. nach der Erlaubnis gemäß § 29 Abs. 3 zulässige Höchstgeschwindigkeit 80 km/h beträgt, sofern sie die in Nummer V 4 Buchstabe a bis c (Rn. 98, 99) aufgeführten Abmessungen nicht überschreiten. Von der Fahrzeitbeschränkung nach Nummer VI 2 kann ferner abgesehen werden, wenn der Antragsteller nachweist, dass die Beförderung eilbedürftig ist und bei einer Beschränkung der Fahrzeit die termingerechte Durchführung des Transportauftrags nicht gewährleistet ist. Dies gilt jedoch nicht, wenn die Eilbedürftigkeit durch Verschulden des Antragstellers entstanden ist.*

120 *Ein Abweichen soll nicht zugelassen werden, wenn es erhebliche Einschränkungen des allgemeinen Verkehrs zu Verkehrsspitzenzeiten oder auf Strecken mit starkem Verkehrsaufkommen zur Folge haben würde. In diesen Fällen muss der Transport auf weniger bedeutende Straßen ausweichen.*

121 *4. Um einen reibungslosen Ablauf des Großraum- und Schwerverkehrs sicherzustellen, kann die zuständige Polizeidienststelle im Einzelfall von der im Erlaubnisbescheid festgesetzten zeitlichen Beschränkung abweichen, wenn es die Verkehrslage erfordert oder gestattet.*

122 *5. a) Soweit es die Sicherheit oder Ordnung des Verkehrs erfordert, sind Bedingungen zu stellen und Auflagen zu machen; insbesondere werden die von den Straßenverkehrsbehörden, den Straßenbaubehörden und Bahnunternehmen mitgeteilten Bedingungen, Auflagen und Sondernutzungsgebühren grundsätzlich in die Erlaubnis aufgenommen. Erforderlichenfalls ist für den ganzen Fahrtweg oder für bestimmte Fahrstrecken die zulässige Höchstgeschwindigkeit zu beschränken.*

123 *b) Es ist vorzuschreiben, dass die Fahrt bei erheblicher Sichtbehinderung durch Nebel, Schneefall oder Regen oder bei Glatteis zu unterbrechen und das Fahrzeug möglichst außerhalb der Fahrbahn abzustellen und zu sichern ist.*

124 *c) Die Auflage, das Fahrzeug oder die Fahrzeugkombination besonders kenntlich zu machen, ist häufig geboten, etwa durch Verwendung von Kennleuchten mit gelbem Blinklicht (§ 38 Abs. 3) oder durch Anbringung weiß-rot-weißer Warnfahnen oder weiß-roter Warntafeln am Fahrzeug oder Fahrzeugkombination selbst oder an einem begleitenden Fahrzeug. Auf die „Richtlinien für die Kenntlichmachung überbreiter und überlanger Straßenfahrzeuge sowie bestimmter hinausragender Ladungen" (VkBl. 1974 S. 2) wird verwiesen.*

125 *d) Außerdem ist die Auflage aufzunehmen, dass vor Fahrtantritt zu prüfen ist, ob die im Erlaubnisbescheid festgelegten Abmessungen, insbesondere die vorgeschriebene Höhe, eingehalten werden.*

126 *6. Der Antragsteller hat bei der Antragstellung folgende Haftungserklärung bzw. folgenden Haftungsverzicht abzugeben: „Soweit durch den Transport Schäden entstehen, verpflichte ich mich, für Schäden an Straßen und deren Einrichtungen sowie an Eisenbahnanlagen, Eisenbahnfahrzeugen, sonstigen Eisenbahngegenständen und Grundstücken aufzukommen und Straßenbaulastträger, Polizei, Verkehrssicherungspflichtige und Eisenbahnunternehmer von Ersatzansprüchen Dritter, die aus diesen Schäden hergeleitet werden, freizustellen. Ich verzich-*

ferner darauf, Ansprüche daraus herzuleiten, dass die Straßenbeschaffenheit nicht den besonderen Anforderungen des Transportes entspricht."

127 7. Es kann geboten sein, einen Beifahrer, weiteres Begleitpersonal und private Begleitfahrzeuge mit oder ohne Wechselverkehrszeichen-Anlage vorzuschreiben. Begleitfahrzeuge mit Wechselverkehrszeichen-Anlage sind gemäß „Merkblatt über die Ausrüstung eines privaten Begleitfahrzeuges" auszurüsten. Ein Begleitfahrzeug mit Wechselverkehrszeichen-Anlage darf nur vorgeschrieben werden, wenn wegen besonderer Umstände das Zeigen von Verkehrszeichen durch die Straßenverkehrsbehörde anzuordnen ist. Diese Voraussetzung liegt bei einem Großraumtransport insbesondere vor, wenn bei einem Transport

128 a) auf Autobahnen und Straßen, die wie eine Autobahn ausgebaut sind
– bei zwei oder mehr Fahrstreifen plus Seitenstreifen je Richtung die
Breite über alles   4,50 m
– bei zwei Fahrstreifen ohne Seitenstreifen je Richtung die Breite über alles   4,00 m
(bei anderen Querschnitten ist die Regel sinngemäß anzuwenden)
oder

129 b) auf anderen Straßen in der Regel
die Breite über alles von   3,00 m
die Länge über alles von   27,00 m
überschritten wird,

130 c) auf allen Straßen
der Sicherheitsabstand bei Überführungsbauwerken von 10 cm nicht eingehalten werden kann.
Die Voraussetzungen liegen ebenfalls vor, wenn im Richtungsverkehr auf Grund des Gewichtes des Transportes nur eine Einzelfahrt oder die Fahrt mit Pkw-Verkehr über Brücken durchgeführt werden darf.

131 *Eine polizeiliche Begleitung ist grundsätzlich nur erforderlich, wenn*
a) bei Autobahnen und Straßen, die wie eine Autobahn ausgebaut sind
– bei zwei oder mehr Fahrstreifen plus Seitenstreifen je Richtung die Breite über alles von 5,50 m,
– bei zwei Fahrstreifen ohne Seitenstreifen je Richtung die Breite von 4,50 m oder
b) auf anderen Straßen
– die Breite über alles von 3,50 m
überschritten wird.

132 *Polizeiliche Maßnahmen aus Anlass eines Transportes sind nur erforderlich, wenn*
a) der Gegenverkehr gesperrt werden muss,
b) bei einer Durchfahrt durch ein Überführungsbauwerk oder durch sonstige feste Straßenüberbauten der Transport nur in abgesenktem Zustand erfolgen kann
oder
c) bei sonstigen schwierigen Straßen- oder Verkehrsverhältnissen
oder
d) eine besondere Anordnung für das Überfahren bestimmter Brückenbauwerke auf Grund der Länge des betreffenden Bauwerkes erforderlich ist.

133 *Sofern eine polizeiliche Begleitung/polizeiliche Maßnahme erforderlich ist, ist der Transport frühzeitig, in der Regel spätestens 48 Stunden vor Fahrtantritt, bei der für den Ausgangsort zuständigen Polizeidienststelle anzumelden.*

134 8. Entfällt nach Nummer V 4 (Rn. 98 ff.) das Anhörverfahren, so ist dem Erlaubnisnehmer die Auflage zu erteilen, vor der Durchführung des Verkehrs in eigener Verantwortung zu prüfen, ob der beabsichtigte Fahrtweg für den Verkehr geeignet ist.

VII. Dauererlaubnis

135 1. Einem Antragsteller kann, wenn die Voraussetzungen nach Nummer IV (Rn. 84 ff.) vorliegen und er nachweist, dass er häufig entsprechenden Verkehr durchführt, eine auf höchstens drei Jahre befristete Dauererlaubnis für Großraum- und Schwerverkehr erteilt werden.

136 2. Eine Dauererlaubnis darf nur erteilt werden, wenn
a) polizeiliche Begleitung nicht erforderlich ist und
b) der Antragsteller Großraum- und Schwertransporte schon längere Zeit mit sachkundigen, zuverlässigen Fahrern und verkehrssicheren Fahrzeugen ohne Beanstandung durchgeführt hat.

137   3. Die Dauererlaubnis ist auf Fahrten zwischen bestimmten Orten zu beschränken; statt eines bestimmten Fahrtwegs können dem Antragsteller auch mehrere zur Verfügung gestellt werden. Eine Dauererlaubnis kann auch für alle Straßen im Zuständigkeitsbereich der Erlaubnisbehörde und der benachbarten Straßenverkehrsbehörden erteilt werden. Für Straßenverkehrsbehörden mit kleinen räumlichen Zuständigkeitsbereichen können die obersten Landesbehörden Sonderregelungen treffen.

138   4. In die Dauererlaubnis ist die Auflage aufzunehmen, dass der Antragsteller vor der Durchführung des Verkehrs in eigener Verantwortung zu überprüfen hat, ob der beabsichtigte Fahrtweg für den Verkehr geeignet ist. Die Maße und Gewichte, die einzuhalten sind, und die Güter, die befördert werden dürfen, sind genau festzulegen.

139   5. Für die Zustellung und Abholung von Eisenbahnwagen zwischen einem Bahnhof und einer Versand- oder Empfangsstelle kann eine befristete Dauererlaubnis erteilt werden, wenn der Verkehr auf der Straße und deren Zustand dies zulassen.

140   6. Die höhere Verwaltungsbehörde, die nach § 70 Abs. 1 Nr. 1 StVZO eine Ausnahmegenehmigung von den Vorschriften der §§ 32 und 34 StVZO erteilt, kann zugleich eine allgemeine Dauererlaubnis für eine Überschreitung bis zu den in Nummer V 4 aufgeführten Abmessungen, Achslasten und Gesamtgewichten erteilen. Dies gilt auch, wenn das Sichtfeld (§ 35b Abs. 2 StVZO) eingeschränkt ist. Die Dauererlaubnis ist auf die Geltungsdauer, höchstens jedoch auf drei Jahre, und den Geltungsbereich der Ausnahmegenehmigung nach § 70 Abs. 1 Nr. 1 StVZO zu beschränken.

141   7. Eine Dauererlaubnis darf nur unter dem Vorbehalt des Widerrufs erteilt werden. Sie ist zu widerrufen, wenn der Verkehrsablauf unzumutbar beeinträchtigt wird oder sonstige erhebliche Belästigungen oder Gefährdungen der Verkehrsteilnehmer eingetreten sind. Die Dauererlaubnis kann widerrufen werden, wenn der Erlaubnisinhaber eine Auflage nicht erfüllt.

142   8. Im Übrigen sind die Vorschriften in Nummer I bis VI sinngemäß anzuwenden.

VIII. Sonderbestimmungen für Autokräne

143   1. Die Vorschriften in Nummer IV 1 Buchstabe a (Rn. 84) sowie in Nummer V 5 Buchstabe b und V 5 Buchstabe c (Rn. 105 ff.) sind nicht anzuwenden.

144   2. Die Vorschriften in Nummer VI 2 (Rn. 115 ff.) sind nicht anzuwenden, wenn folgende Abmessungen, Achslasten und zulässigen Gesamtgewichte nicht überschritten werden:
   a) Höhe über alles   4 m
   b) Breite über alles   3 m
   c) Länge über alles   15 m
   d) Einzelachslast   12 t
   e) Doppelachslast   24 t
   f) Zulässiges Gesamtgewicht   48 t

145   3. Im Übrigen sind die Vorschriften in Nummer I bis VII sinngemäß anzuwenden.

1. Rennen mit Kfz (zB Geschicklichkeitsfahrten, Zuverlässigkeits- oder Leistungsprüfungsfahrten) sind im öffentlichen VRaum verboten (I), nicht organisierte („wilde"; Vwv Rn 2), aber auch motorsportlich organisierte (BVerwG NZV **97** 372; krit *Krampe* DAR **97** 377), auch Motorradrennen (Jn DAR **05** 43), auch wenn die Teilnehmer einzeln oder pulkweise abgelassen werden (Kar VRS **66** 56, OVG Münster DAR **96** 369) oder Rekordversuche einzelner Kfz, auch sog Sprintprüfungen (Dü VM **01** 5, Bra NZV **95** 38), Sternfahrten als Zeitfahren, erst recht nichtorganisierte („wilde") Rennen (Ha NZV **97** 515). Maßgebend sind die Fahrregeln. Rennen: wenn zur Siegerermittlung, unter Rücksicht auf Streckenlänge, also auch bei Kurzstreckenprüfungen, *die Höchstgeschwindigkeit zumindest mitbestimmend ist* (Vwv Rn 1, Rz 1a; BGHZ **154** 316 = NZV **03** 321, BVerwG NZV **97** 372, Jn DAR **05** 43, Bra NZV **95** 38, Nü NZV **08** 300 [zu § 2b AKB]), uU auch ohne vorherige Absprache (Ha NZV **97** 367, 515), nicht aber bei ganz unbedeutendem Einfluss auf das wesentlich von der Geschicklichkeit abhängende Ergebnis (Ha NZV **89** 312 [Funksignalsuchfahrt, „Fuchsjagd"]). Rennen iS von I ist auch ein Wettbewerb, bei dem die höchste Durchschnittsgeschwindigkeit bei der Zurücklegung der Strecke zwischen Start und Ziel ermittelt wird (BGHZ **154** 316, Kar VRS **66** 56 [Rallye mit Start in Dänemark und Ziel in Spanien], Kö NZV **07** 75). Bei Rallyes unterliegen nur die Fahrtstrecken dem Verbot des I (und damit einer Genehmigungspflicht), auf denen eine Wertung erfolgt (OVG Münster DAR **96** 369). Das grundsätzliche Verbot von Rennen ist durch die Ermächtigungsnorm des § 6 I Nr 3 StVG gedeckt (BVerwG NZV **97** 372). Ist eine Ausnahme

2 StVO § 29 I. Allgemeine Verkehrsregeln

(Rz 3) erteilt, so haben Rennteilnehmer keinerlei Vorrechte im Verkehr. Der Hinweis des Veranstalters, dass die VRegeln einzuhalten seien, ist für die rechtliche Einordnung eines Wettbewerbs als Rennen bedeutungslos (Kar VRS **66** 56). Dü DAR **76** 305 hält eine Orientierungsfahrt von etwa 6 Kfz unter Beachtung aller VRegeln bei Verbot des Zuschnellfahrens unter Zeitkontrolle, ohne dass es auf die *Geschwindigkeit* ankommt, für genehmigungspflichtig, ohne darzutun, inwiefern Zahl, Verhalten oder Fahrweise der Teilnehmer sich von der üblichen und erlaubten StrBenutzung unterscheiden; der Hinweis auf die Vwv reicht zur Begr nicht aus, soweit die Vwv über § 29 II hinausgeht (**E** 4a). Zuverlässigkeitsfahrten zur Erprobung des Dauerbetriebs von Kfz sind keine Rennen (RGZ **130** 162). Auf *nichtöffentliche* Straßen (Rennbahnen) bezieht sich I nicht (zu einem Sicherheitstraining auf dem Hockenheimring BGH NJW **08** 1591), jedoch auf Strecken, die zugleich als Rennstrecken dienen. Das mit dem Befreiungsvorbehalt des § 46 II ausgestaltete grundsätzliche Verbot des I ist verhältnismäßig und verstößt nicht gegen Art 9 GG (OVG Lüneburg DVBl **96** 1441).

3 **Ausnahmen** von I (Vwv Rn 3) kann die oberste Landesbehörde genehmigen (§ 46 II; BVerwG NZV **97** 372; krit *Thubauville* VM **98** 22, OVG Münster DAR **96** 369). Formblätter für erlaubnispflichtige Veranstaltungen nach § 29 StVO: VkBl **79** 746. Auf eine Ausnahmegenehmigung vom Rennverbot besteht kein Rechtsanspruch, BVerwG VRS **53** 236. Um ein Unterlaufen der gesetzlichen Regel des Abs I zu vermeiden, sind an die Ausnahmeerteilung strenge Anforderungen zu stellen (OVG Münster VM **94** 55 m abl Anm *Seidenstecher* DAR **95** 95; gegen zu repressive Rspr *Ronellenfitsch* DAR **95** 246f). Andererseits widerspräche eine generelle Ablehnung aus grundsätzlichen, jede Rennveranstaltung betreffenden Erwägungen der bei der Ermessensausübung gebotenen Abwägung im Einzelfall, OVG Münster DAR **96** 369. Die Ausnahmeerteilung setzt auch nicht voraus, dass ein dringendes öffentliches Interesse an der Durchführung der Veranstaltung besteht (BVerwG 3 C 2.97 [insoweit in NZV **97** 372 nicht abgedruckt]). Bei der Ermessensentscheidung ist der Lärmschutz der Anlieger durch Auflagen sicherzustellen, BVerwG VRS **53** 236. Die Interessen Erholungssuchender gehen dem Interesse des um eine Ausnahmegenehmigung nachsuchenden Rennveranstalters idR vor, BVerwG NZV **94** 374, einschränkend *Ronellenfitsch* DAR **95** 247. Die Versagung der beantragten Ausnahme kann auch auf Gründe des Naturschutzes gestützt werden, OVG Lüneburg DVBl **96** 1441, VG Freiburg NZV **89** 207. Versagung der Ausnahmegenehmigung aus Gründen der Gefährlichkeit und des Landschaftsschutzes kann auch dann ermessensfehlerfrei sein, wenn bisher jahrelang für die gleiche Veranstaltung Genehmigungen erteilt wurden, OVG Lüneburg ZfS **92** 142, OVG Münster VM **94** 55 (krit *Ronellenfitsch* DAR **95** 246).

4 **2. Veranstaltungen als Sondernutzung** öffentlicher VFlächen sind erlaubnispflichtig (II). Sondernutzung: **E** 51. II S 2 regelt die Grenze des noch Verkehrsüblichen abschließend, Dü VM **77** 20. Kraft ausdrücklicher Vorschrift nehmen Kfz im geschlossenen Verband (§ 27) die Straße stets mehr als verkehrsüblich in Anspruch (Erlaubnispflicht: Vwv Rn 5ff). Zum Begriff der Veranstaltung gehört ein gewisser organisatorischer Aufwand und Umfang, Hb VM **62** 49, dessen Wirkungen den allgemeinen Verkehr stören. Merkmale sind nach II die Zahl der Teilnehmer einschließlich der Zuschauer, *Ronellenfitsch* DAR **95** 245, das Verhalten der Teilnehmer oder die Fahrweise der beteiligten Fz, zB bei Sportveranstaltungen, Schaustellungen, Jahrmärkten und anderen Märkten. Zur Genehmigungspflicht von Wallfahrten *Rebler* BayVBl **02** 661. Dass die Veranstaltung mit der Benutzung zu Verkehrszwecken zusammenhängt, ist also nicht erforderlich, vielmehr fallen auch „stationäre" Veranstaltungen unter Abs II, BVerwG NZV **89** 325, aM Kar VRS **53** 472, *Manssen* DÖV **01** 157. Hierher gehören auch öffentliche Veranstaltungen mit Rollbrettern (§ 31). Filmaufnahmen auf Straßen sind erlaubnispflichtig, Hb VRS **15** 371. Motorzuverlässigkeitsfahrten auf öffentlichen Straßen mit Kontrollposten und Zeitnahme fallen unter II S 1, Dü VRS **56** 356. Radfahrveranstaltungen: Vwv Rn 8. Durch die Erlaubniserteilung kann die VB nicht zugleich eine verschuldensunabhängige Veranstalterhaftung begründen, Kö VersR **92** 470. Anbringung notwendiger VZ und VEinrichtungen: § 45 V.

5 Keine Veranstaltung iS von § 29 sind öffentliche Versammlungen und Aufmärsche im Freien (§§ 14ff VersammlG; BVerwG NZV **89** 325); sie sind lediglich anmeldepflichtig und können nur bei Gefahr für die öffentliche Sicherheit und Ordnung verboten werden. Auch das Aufstellen eines Propagandastands kann jedoch nach II erlaubnispflichtig sein (BVerwG NZV **89** 325, aM Kar VRS **53** 472). Bloßes verkehrserhebliches Verhalten Einzelner ist nicht schon eine Veranstaltung, es kann aber gegen § 1 (VBeeinträchtigung) verstoßen.

6 **Ausnahmen:** Vwv und § 46. Erlaubnisverfahren, Bedingungen und Auflagen: Vwv Rn 35ff. Antragsmuster für die Erlaubnis von Zuverlässigkeitsfahrten, Rallyes und Sonderprü-

fungen, VkBl **71** 618. Die **Erlaubniserteilung** ist nicht allein deswegen fehlerhaft, weil die Veranstaltung mit gewissen Beeinträchtigungen für die Anlieger verbunden ist (eingeschränkte Anfahrmöglichkeit, Lärm, Abgase; VG Ko DAR **92** 394). Kosten bei Mitwirkung von StrBauB im Erlaubnisverfahren: *Rott* VD **75** 53.

2 a. Sorgfaltspflicht des Veranstalters. KfzRennen auf öffentlichen Str, die eigens für die 7 Veranstaltung gesperrt werden, bedürfen besonderer Sicherungsvorkehrungen, BGH VM **82** 17. Der Veranstalter muss kompetent und zuverlässig sein. Er hat für Beachtung der VVorschriften und etwaiger Bedingungen und Auflagen zu sorgen (II). Er kann eine juristische Person sein, Ha DAR **75** 51. Veranstalter und Rennleiter haften den Zuschauern, die durch ein wegen unterlassener Sicherungsmaßnahmen von der Bahn abkommendes Fz verletzt werden, BGH NJW **75** 533. Neben dem Sportwart haftet auch der Vereinsvorsitzende, wenn er mit der Durchführung von Auflagen befasst gewesen ist oder bemerkt hat, dass der Auflagen bei der Veranstaltung unbeachtet bleiben, Ha DAR **75** 51. Verantwortlich für Anordnung und Einhaltung der besonderen Sicherungsvorkehrungen sind alle mit Genehmigung, Veranstaltung und Durchführung in irgendeiner Weise befassten Personen, BGH VM **82** 17. Veranstaltender Radsportverein und dessen für die Organisation eines Radrennens verantwortlicher 1. Vorsitzender haften aus Verletzung der VSicherungspflicht, wenn die Absicherung der Rennstrecke unzureichend ist, Fra NZV **05** 41, Ha NZV **00** 256, wenn nicht für ausreichenden Streckendienst gesorgt ist, Stu VRS **67** 172, oder gegen Regelverstöße nicht eingeschritten wird, Kö VersR **92** 470. Der Ausrichter ist für die Ausschaltung solcher Gefahren verantwortlich, die über das mit dem Rennen unvermeidliche Risiko hinausgehen, Ha NZV **00** 256. Die Zuschauer sind vor den mit dem Rennen verbundenen typischen Gefahren zu schützen, soweit möglich und zumutbar, Stu VersR **87** 1153. Die VSicherungspflicht obliegt dem Veranstalter auch gegenüber den *Teilnehmern* des Rennens (Fra NZV **05** 41, Kar VersR **86** 662, Ha NZV **00** 256), allerdings nur, soweit Gefahren zu begegnen ist, die über die dem Rennsport typischerweise innewohnenden Gefahren hinausgehen, BGH VersR **86** 705. Kein Mitverschulden des Radsportlers, der bei einem StrRennen dort vorhandene, für den normalen V angebrachte geschwindigkeitsbegrenzende VZ nicht beachtet, Ha NZV **00** 256. Grobe Fahrlässigkeit des Rennleiters, der ein beim Training liegengebliebenes Kfz nicht alsbald von der Piste entfernen lässt, KG DAR **77** 295. Grobe Fahrlässigkeit kann der Rennleiter auch gegenüber anderen Rennteilnehmern nicht abbedingen, KG DAR **77** 295. Gerät ein RennFz in die Zuschauer, so haftet das genehmigende Land höchstens aus Amtspflichtverletzung, nicht wegen Verletzung der VSicherungspflicht, BGH VersR **62** 618. Die **Teilnehmer** genehmigter Veranstaltungen haften nach StVO/StVG auch auf abgesperrten Straßen (RGZ **150** 73, Ko NJW-RR **94** 1369). Haftung untereinander idR *nur für schuldhaftes, regelwidriges Verhalten*, iÜ (stillschweigender) Haftungsverzicht (BGHZ **154** 316 [Autorennen], BGH NJW **08** 1591, Zw VRS **94** 1366 [Rad-Trainingsfahrt]; s auch § 16 StVG Rz 9). Diese Grundsätze gelten entsprechend für ungenehmigte („wilde") Rennen (Ha NZV **97** 515, LG Duisburg NJW-RR **05** 105). Einem Zuschauer, der die Absperrung auf öffentlicher Straße durchbrochen hat, muss der Rennfahrer, wenn er kann, ausweichen und darf seine Gewinnaussicht nicht über das fremde Leben stellen. Zur Anwendbarkeit der Ausschlussklausel des § 2b Nr 3b AKB (s §§ 4 Nr 4, 5 I KfzPflVV) bei polizeilich genehmigter Rallye (BGH VersR **76** 381, dazu *Bentlage* VersR **76** 1118; s auch Nü NZV **08** 300) oder bei einem Fahrtraining auf einer Rennstrecke Kö NZV **07** 75.

Lit: *Krampe,* Rennen mit Kfz sind verboten?, DAR **97** 377. *Ronellenfitsch,* Die Zulassung von Automobilsportveranstaltungen, DAR **95** 241. *Ders.,* Zur Abwägung bei der Zulassung von Automobilveranstaltungen, DAR **95** 274.

3. Groß- und Schwerverkehr auf öffentlichen Straßen ist erlaubnispflichtig, jetzt im Rah- 8 men der authentischen Definition von III. Im Verkehr dürfen Großraum- und SchwerFz nur mit Erlaubnis gemäß III eingesetzt werden. Gegen europäisches Recht verstößt dies nicht (Ba NZV **07** 638). Zuständige Behörde für die Erlaubniserteilung nach III: § 44 IIIa, § 47 I S 3. Antragsteller und Transporteur müssen nicht identisch sein, Inhaber der Erlaubnis kann auch werden, wer den Transport nicht selbst durchführt (OVG Münster VRS **83** 298 [„Genehmigungs-Service"]). Die Regelung bezieht die Kfz ein, deren Führer bauartbedingt kein ausreichendes Sichtfeld haben (III S 2), zB gewisser Bagger und Kranwagen (Begr). Werden die nach den §§ 32, 34 StVZO zulässigen Grenzen überschritten oder wird die Vorschrift über Kurvenläufigkeit (§ 32d StVZO) nicht eingehalten, so ist eine Ausnahmegenehmigung nach § 70 StVZO nötig, die jedoch (fahrzeugbezogen) nur die *allgemeine* VZulassung betrifft und die (streckenbezogene) Erlaubnis nach III S 1 für den Einsatz des Fz im konkreten Fall (mit örtlichen und zeitlichen Maßgaben, s Vwv Rn 114 ff) nicht ersetzen kann (vgl Ba NZV **07** 638, *Rebler* NZV **04** 450). Wird die Ausnahmegenehmigung nach § 70 StVZO nur iVm Genehmigung nach III erteilt, so stellt Letzteres entgegen Ba NZV **07** 638 (s auch Rz 11) keine selbstständige den Bestand der Genehmigung nach § 70 StVZO unberührt lassende Auflage dar, sondern eine Bedingung (*Rebler/Borzym* SVR **08** 133; *Rebler* SVR **08** 148). Ist nur die Ladung zu breit, zu hoch oder ragt sie nach vorn oder hinten vorschriftswidrig hinaus, so genügt anstatt der Erlaubnis nach § 29 eine Ausnahmegenehmigung nach §§ 18 I, 22 (Vwv Rn 79 zu III; Dü NZV **90** 321, VRS **79** 131). Dadurch ist das Verhältnis der Erlaubnis nach § 29 zu den Ausnahmegenehmigungen nach der StVZO geklärt. III schützt die StrDecken gegen Überbelastung. Die Maße und Gewichte gemäß der StVZO (§§ 32, 34) gelten als unbedenklich. Erlaubnispflicht nach III nur, wenn das tatsächliche Fz-Gesamtgewicht die allgemein zugelassene Grenze überschreitet, wie die Fassung des III ausdrücklich klarstellt (Begr Rz 1; so schon für die vor dem 1. 10. 88 geltende Fassung Ha VRS **54** 304). Eine Erlaubnis nach III darf nur erteilt werden, wenn nachgewiesenermaßen eine unteilbare Ladung zu befördern ist oder das Sonderfz überführt werden muss oder wenn von mehreren Frachtstücken bereits jedes für sich allein nur in einem Großraumfz befördert werden kann, nicht aber, wenn das Sonderfz konkurrenzwidrig zum Großtransport teilbarer Güter verwendet wird (*Klewe* VD **78** 377). Kann ein Transport nach Art und Beschaffenheit besondere VGefahr bewirken, sind **Sicherheitsanweisungen** des Unternehmers nötig (BGH VRS **10** 252). Polizeibegleitung nur ausnahmsweise in den in der Vwv Rn 131 zu III genannten Fällen (Begr zur Vwv – alt –, VkBl **92** 196). Über Amtspflichtverletzung bei solcher Begleitung BGH VRS **20** 405, VersR **61** 438. Richtlinien für Großraum- und Schwertransporte VkBl **92** 199, **03** 786. Merkblatt über die Ausrüstung von privaten BegleitFz zur Absicherung von Großraum- und Schwertransporten VkBl **92** 218, **03** 786.

9 Voraussetzungen der Erlaubnis, Verfahren, Anhörung von Behörden, Erlaubnisbescheid, Bedingungen, Auflagen, Dauererlaubnis: Vwv. Sie bezweckt, durch verschärfte Genehmigungspraxis einen wesentlichen Teil der Schwer- und Großtransporte im Fernverkehr auf Bahn und Binnenschiff zu verlagern und die verbleibenden vom Stoßverkehr (Berufs- und Reiseverkehr) fernzuhalten, Ha VRS **54** 304. Zur Erlaubniserteilung für Beförderung mehrerer einzelner Ladungsstücke Stu VRS **62** 220. Örtliche Zuständigkeit für Erlaubnisse: § 47. Zur Zuständigkeit für die Erlaubniserteilung (§ 44 III a) s *Saller* VD **90** 150.

Lit: *Rebler,* Das System von Ausnahmegenehmigungen und Erlaubnissen …, dargestellt am Beispiel der Großraum- und Schwertransporte, NZV **04** 450. *Derselbe,* Die Begleitung von Großraum- und Schwertransporten, VD **05** 204. *Saller,* Die Sicherung von Großraum- und Schwertransporten …, PVT **95** 291. *Schulz/Saller,* Schlichte Überladung oder Fahren ohne Zulassung?, VD **05** 324.

10 **4. Ausnahmen:** S oben und §§ 35, 46. Die Erlaubnisbescheide sind mitzuführen, § 46 III S 3, jedoch genügt das Mitführen fernkopierter Bescheide, § 46 III S 4.

11 **5. Ordnungswidrig** (§ 24 StVG) handelt, wer sich als Kf entgegen § 29 I an einem Kfz-Rennen beteiligt (§ 49 II Nr 5), wer entgegen § 29 II eine unerlaubte Veranstaltung durchführt oder als Veranstalter entgegen § 29 II 3 nicht dafür sorgt, dass die in Betracht kommenden VVorschriften oder Auflagen befolgt werden (§ 49 II Nr 6), und wer entgegen § 29 III ein dort genanntes Fz oder einen dort genannten Zug führt (§ 49 II Nr 7). Zur Bußgeldbemessung bei Zuwiderhandlung gegen I, die, weil praktisch nur vorsätzlich verübbar, in den Tatbestandskatalog aufgenommen worden ist (Dü DAR **04** 712, näher § 24 StVG Rz 64, 65). Wer zwar nicht als Veranstalter auftritt, aber als Sportleiter die Endkontrolle der Zuverlässigkeitsfahrt vornimmt (oder eine andere Funktion wahrnimmt), ist Beteiligter (Dü VRS **56** 365). Wer an einem Rennen (Rallye) iS von I als sog „Co-Driver" teilnimmt, ist an der OW des FzF iS des § 14 OWiG beteiligt (Kar VRS **66** 56). Zur Beteiligung bei verbotenen Veranstaltungen s auch KK OWiG-*Rengier* § 14 Rz 65, *Göhler-König* § 14 Rz 10 d. Normadressat von III ist, wie § 49 II Nr 7 zeigt, *nur der Fzf* (Bay VRS **58** 458, Bay VRS **92** 440, Dü NZV **90** 321, Ko VRS **76** 395). Ein (unzutr.; s aber Rz 8) auf einen Verstoß gegen § 70 StVZO gestützter Bußgeldbescheid rechtfertigt eine Verurteilung wegen Verstoßes nach § 29 III, da derselbe Lebenssachverhalt zugrunde liegt (Ba NZV **07** 638). Zur Rechtfertigung des Fahrers eines Schwertransports, der entgegen der Auflage ohne Beifahrer fährt, weil er sonst seinen Arbeitsplatz gefährdet glaubt, Ol NJW **78** 1869. Beteiligung an einer OW gemäß III: Bay VRS **58** 458, Bay VRS **92** 440, Ko VRS **76** 395, Dü NZV **90** 321. TE zwischen Verstoß gegen III und Zuwiderhandlung gegen die Bestimmungen der StVZO über Abmessungen, Achslasten und Gesamtgewichte ist möglich (Bay VRS **92** 440, s

Umweltschutz und Sonntagsfahrverbot § 30 StVO 2

Rz 8). Ist eine Ausnahmegenehmigung nach § 70 II StVZO in Bezug auf Abmessungen und Gewichte erteilt, wird aber eine tageszeitliche Beschränkung der Erlaubnis nach III missachtet, so liegt nicht zugleich ein Verstoß gegen §§ 32, 34 StVZO vor (AG Brühl DAR **97** 412).

Umweltschutz und Sonntagsfahrverbot

30 (1) ¹Bei der Benutzung von Fahrzeugen sind unnötiger Lärm und vermeidbare Abgasbelästigungen verboten. ²Es ist insbesondere verboten, Fahrzeugmotoren unnötig laufen zu lassen und Fahrzeugtüren übermäßig laut zu schließen. ³Unnützes Hin- und Herfahren ist innerhalb geschlossener Ortschaften verboten, wenn andere dadurch belästigt werden.

(2) Veranstaltungen mit Kraftfahrzeugen bedürfen der Erlaubnis, wenn sie die Nachtruhe stören können.

(3) ¹An Sonntagen und Feiertagen dürfen in der Zeit von 0 bis 22 Uhr Lastkraftwagen mit einem zulässigen Gesamtgewicht über 7,5 t sowie Anhänger hinter Lastkraftwagen nicht verkehren. ²Das Verbot gilt nicht für
1. kombinierten Güterverkehr Schiene-Straße vom Versender bis zum nächstgelegenen geeigneten Verladebahnhof oder vom nächstgelegenen geeigneten Entladebahnhof bis zum Empfänger, jedoch nur bis zu einer Entfernung von 200 km,
1 a. kombinierten Güterverkehr Hafen-Straße zwischen Belade- oder Entladestelle und einem innerhalb eines Umkreises von höchstens 150 Kilometern gelegenen Hafen (An- oder Abfuhr),
2. die Beförderung von
    a) frischer Milch und frischen Milcherzeugnissen,
    b) frischem Fleisch und frischen Fleischerzeugnissen,
    c) frischen Fischen, lebenden Fischen und frischen Fischerzeugnissen,
    d) leichtverderblichem Obst und Gemüse.
3. Leerfahrten, die im Zusammenhang mit Fahrten nach Nummer 2 stehen,
4. Fahrten mit Fahrzeugen, die nach dem Bundesleistungsgesetz herangezogen werden. Dabei ist der Leistungsbescheid mitzuführen und auf Verlangen zuständigen Personen zur Prüfung auszuhändigen.

(4) Feiertage im Sinne des Absatzes 3 sind

Neujahr,
Karfreitag,
Ostermontag,
Tag der Arbeit (1. Mai),
Christi Himmelfahrt,
Pfingstmontag,
Fronleichnam,
    jedoch nur in Baden-Württemberg, Bayern, Hessen, Nordrhein-Westfalen, Rheinland-Pfalz und im Saarland,
Tag der deutschen Einheit (3. Oktober),
Reformationstag (31. Oktober),
    jedoch nur in Brandenburg, Mecklenburg-Vorpommern, Sachsen, Sachsen-Anhalt und Thüringen,
Allerheiligen (1. November),
    jedoch nur in Baden-Württemberg, Bayern, Nordrhein-Westfalen, Rheinland-Pfalz und im Saarland,
1. und 2. Weihnachtstag.

Begr zur ÄndVO v 22. 3. 88 (VkBl **88** 224): 1–4

Zu Abs 3: *In Anlehnung an die Ausnahmeregelung in der Ferienreise-Verordnung vom 13. Mai 1985 (BGBl. I S. 774) werden jetzt auch der kombinierte Verkehr Schiene-Straße, Beförderung von frischer Milch, frischem Fleisch, frischen Fischen, leicht verderblichem Obst und Gemüse sowie die damit in Zusammenhang stehenden Leerfahrten und Fahrten mit Fahrzeugen, die nach dem Bundesleistungsgesetz herangezogen werden, vom Sonn- und Feiertagsfahrverbot ausgenommen. Für diese Transporte wurden bisher Ausnahmegenehmigungen erteilt. Durch den Wegfall wird in erheblichem Umfang die Verwaltung entlastet. Mehr als 50 000 Ausnahmegenehmigungen im Jahr werden dadurch entbehrlich. Diese StVO-Änderung dient der Verwaltungsvereinfachung.*

2 StVO § 30   I. Allgemeine Verkehrsregeln

Im Übrigen werden auch weiterhin in dringenden Fällen Einzel- oder Dauerausnahmegenehmigungen erteilt, z. B. zur Aufrechterhaltung des Betriebes öffentlicher Versorgungseinrichtungen sowie Lebendviehtransporte zur Versorgung der Bevölkerung mit frischem Fleisch.

5   **Begr** Zur ÄndVO v 19. 3. 92: VkBl **92** 186; zur ÄndVO v 18. 7. 95: VkBl **95** 532.

Begr zur ÄndVO v 7. 8. 97 (VkBl **97** 689): **Zu Abs 3:** *Es besteht kein sachlicher Grund, den kombinierten Verkehr Hafen – Straße, also von und zu den Seehäfen und Häfen der Binnenwasserstraßen, anders als den kombinierten Verkehr Schiene – Straße zu behandeln. Die Entfernungsangabe – 150 km Luftlinie im Umkreis um den Binnen- bzw. Seehafen – trägt dabei den Festlegungen gemeinsamer Regeln im kombinierten Güterverkehr zwischen den Mitgliedstaaten der EU Rechnung (Richtlinie 92/106/EWG).*

Vwv zu § 30 Umweltschutz und Sonntagsfahrverbot

Zu Absatz 1

6 1   *I. Unnötiger Lärm wird auch verursacht durch*
          1. unnötiges Laufenlassen des Motors stehender Fahrzeuge,
   2   *2. Hochjagen des Motors im Leerlauf und beim Fahren in niedrigen Gängen,*
   3   *3. unnötig schnelles Beschleunigen des Fahrzeugs, namentlich beim Anfahren,*
   4   *4. zu schnelles Fahren in Kurven,*
   5   *5. unnötig lautes Zuschlagen von Wagentüren, Motorhauben und Kofferraumdeckeln.*
   6   *II. Vermeidbare Abgasbelästigungen treten vor allem bei den in Nummer 1 bis 3 aufgeführten Ursachen auf.*

Zu Absatz 2

7 7   *I. Als Nachtzeit gilt die Zeit zwischen 22.00 und 6.00 Uhr.*
   8   *II. Nur Veranstaltungen mit nur wenigen Kraftfahrzeugen und solche, die weitab von menschlichen Behausungen stattfinden, vermögen die Nachtruhe nicht zu stören.*
   9   *III. Die Polizei und die betroffenen Gemeinden sind zu hören.*

Zu Absatz 3

8 10   *Vom Sonntagsfahrverbot sind nicht betroffen Zugmaschinen, die ausschließlich dazu dienen, andere Fahrzeuge zu ziehen, ferner Zugmaschinen mit Hilfsladefläche, deren Nutzlast nicht mehr als das 0,4fache des zulässigen Gesamtgewichts beträgt.*
  11   *Das Sonntagsfahrverbot gilt ebenfalls nicht für Kraftfahrzeuge, bei denen die beförderten Gegenstände zum Inventar der Fahrzeuge gehören (z. B. Ausstellungs-, Filmfahrzeuge).*

9   **1. Veranstaltungen mit Kraftfahrzeugen** zur Nachtzeit (22 bis 6 Uhr, Vwv Rn 7), sind erlaubnispflichtig, soweit sie die allgemeine Nachtruhe stören können. Störung der Nachtruhe, Anhörung der Polizei und der betroffenen Gemeinden: Vwv Rn 8, 9. Schon wenn die Möglichkeit der Störung der Nachtruhe mehr als einiger weniger Personen besteht, ist Erlaubnispflicht gegeben. Der Schutz der Nachtruhe geht motorsportlichen Veranstaltungen zur Nachtzeit idR vor. *Wiethaup,* Rspr zum StrVLärm, DAR **74** 152.

10   **2. Feiertagsfahrverbot.** Die grundgesetzkonforme (BVerfG NJW **56** 1673 [zu § 4a, aF]) Regelung beschränkt den StrSchwerverkehr an Sonn- und gesetzlichen Feiertagen zugunsten des Personenverkehrs und des gleichmäßigen Vflusses sowie im Interesse der Lärm- und Abgasverringerung (OVG Münster NZV **95** 43). Begriff des Lastkraftwagens: § 21 Rz 10. Die Eintragung im FzSchein ist nicht entscheidend (Bay NZV **97** 449, Ha NZV **97** 323 [aber möglicherweise unvermeidbarer Verbotsirrtum]; Dü NZV **91** 483, aM [entgegen hM] AG Elmshorn SVR **07** 275 [„Sprinter"-Klasse; hierzu § 18 Rz 19). Das Verbot betrifft alle öffentlichen Str, auch Sattelfz zur Güterbeförderung, Leerfz und Züge, ferner alle Anhänger ohne Rücksicht auf das Gewicht des ziehenden Lkw (Fra DAR **83** 332) und Zgm mit Hilfsladefläche, deren Nutzlast 40% des zulässigen Gesamtgewichts übersteigt (s Vwv Rn 10, zu Abs III; Ce VM **87** 71, Dü NZV **91** 483). Zgm mit geringerer Hilfsladefläche gelten nicht als Lkw iS von III (Bay NZV **97** 530 [abw Bay VM **73** 76, jedoch aufgegeben in Stellungnahme v 12. 5. 87 an Ce VM **87** 71]). Zgm ohne eigene Transportfläche, die lediglich dazu eingerichtet sind, andere Fz (Anhänger) zu ziehen, sind keine Lkw (Rz 8, *Huppertz* NZV **05** 351), auch wenn sie im FzSchein als solche bezeichnet sind (Dü NZV **91** 483, Kö NZV **94** 164). Das gilt zB auch für SattelZgm ohne Sattelanhänger (Bay DAR **93** 369). Anhänger hinter Lkw sind auch Wohnwagen (Wohnanhän-

ger; Stu VM **81** 56, s BMV VkBl **80** 678). Wohnmobile sind aber keine Lkw (*Berr* 1, 533). Feiertäglicher Gütertransport mit Kfz bleibt auf Fz unter 7,5 t ohne Anhänger beschränkt, bei denen der Fahrlärm und der wirtschaftliche Anreiz zur Benutzung geringer sind. Ein Kfz unter 2,8 t, das sich konstruktiv als Lkw darstellt und nicht nach Art der früheren Kombinationsfz (§ 23 VI a StVZO aF) in einen Pkw verwandelt werden kann, ist ein Lkw iS von III, auch wenn es mehrere Sitzplätze aufweist, und fällt beim Mitführen eines Anhängers unter III (Ha VRS **47** 469, Bay NZV **97** 449).

2 a. Feiertage iS von § 30 sind außer den Sonntagen ausschließlich alle in IV bezeichneten Tage. Die Liste enthält alle bundesgesetzlichen oder kraft übereinstimmenden Landesrechts gebotenen Feiertage (Begr). Anderweitige landesrechtliche Feiertagsregelung wäre unerheblich, maßgebend bliebe IV.

2 b. Ausgenommen vom Feiertagsfahrverbot sind die Fz des StrDienstes der öffentlichen Verwaltungen (§ 35 VI), außerdem der kombinierte GüterV Schiene-Straße und Hafen-Straße nach Maßgabe von Abs III Nr 1, 1 a, die in Nr 2 genannten Beförderungen bestimmter frischer oder leicht verderblicher Lebensmittel einschließlich der damit in Zusammenhang stehenden Leerfahrten (Nr 3) sowie schließlich Fahrten mit Fz, die nach dem BundesleistungsG herangezogen werden. Die Voraussetzungen für die Ausnahme sind nur erfüllt, wenn es sich bei den in Ziff. 2 a) bis d) aufgeführten Gegenständen um Produkte handelt, deren baldiger Transport wegen ihrer geringen Haltbarkeit notwendig ist, OVG Lüneburg NRpfl **97** 270. Liste des BMV mit unter Abs III Nr 2 fallenden Produkten: VkBl **98** 844. Die Entfernungsangabe in III Nr 1 betrifft nicht die Luftlinie, sondern Straßenkilometer, Bay NStZ-RR **98** 247. Die Ausnahmeregelung in III Nr 1 greift nicht ein, wenn von Entladebahnhof über einen Umweg ein Zwischenlager, etwa der Wohnort oder Betriebssitz des Spediteurs, angefahren und die Fahrt von dort zum Empfänger fortgesetzt wird, Bay NStZ-RR **98** 247 (jedenfalls bei dadurch bedingtem Überschreiten der 200 km-Entfernung). Die Streckenbegrenzungen in III Nr 1 und 1 a verstoßen weder gegen die Wettbewerbsfreiheit noch gegen den Gleichheitsgrundsatz, OVG Münster NZV **95** 43 (zu III Nr 1). Beförderung der in III Nr 2 genannten Produkte iS der Ausnahmeregelung liegt nicht schon dann vor, wenn solche Produkte zu anderen Gütern zugeladen werden; vielmehr muss die Fahrt in erster Linie der Beförderung von Lebensmitteln gem III Nr 2 dienen (RundErl VerkMin NRW III C 2–22–30 v 23. 5. 89: Zuladung anderer Güter bis höchstens 10% des Ladungsvolumens). Ausgenommen sind ferner Kfz, bei denen die beförderten Güter das Inventar bilden (Ausstellungs- und Filmfz, Vwv Rn 11).

Lit: Rebler, Sonntagsfahrverbot für Lkw auf deutschen Strn, VD **04** 259; *Wiederhold* Erläuterungen zum Sonn- und Feiertagsfahrverbot, VD **05** 115.

3. Das **Lärmverbot** (I) betrifft nur „unnötiges", über sachgemäße Benutzung hinausgehendes Lärmen, Bay VM **74** 34, Kö VRS **56** 471, Ko VRS **47** 444, im öffentlichen StrV, sonst uU § 117 OWiG, Bay VM **76** 51, von Fz aller Art, nicht dagegen Geräuschverstärkung durch technisch sachgerechte, wenn auch im Einzelfall gegen andere Vorschriften der StVO verstoßende Benutzung, Bay VRS **65** 300 (Überschreiten der zulässigen Höchstgeschwindigkeit). Die Vorschrift bedient sich in nicht unbedenklicher Weise allgemeiner Begriffe. Einzelfälle: Laufenlassen des Motors bei stehendem Fz ohne technischen Grund, Bay VM **74** 34, KG VRS **63** 390, Kö VRS **72** 384, „Hochjagen" des Motors im Leerlauf und beim Fahren in niedrigen Gängen, Kö VRS **56** 471, überschnelles Beschleunigen beim Anfahren, aber nach Meinung des Gesetzgebers auch sonst, Kurvenquietschen, wie es auftritt, wenn die Profiltiefe der Reifen für die Kurvengeschwindigkeit zu gering ist, „unnötig" lautes Zuschlagen von Türen und anderen FzVerschlüssen (Vwv Rn 1 ff). Die Bedenklichkeit der einzelnen Kriterien ergeben schon Begriffe wie „unnötig", „zu schnelles Beschleunigen" und „Hochjagen". Wird die Vorschrift nicht zurückhaltend angewendet, so kann sie unbeabsichtigt schikanös wirken, Ko VRS **46** 158. Unnötiges Lärmen kann darin bestehen, dass ein innerörtlicher Platz in belästigender Fahrweise umrundet wird (Abbremsen vor Kurven und volles Gasgeben beim Beschleunigen), Ko VRS **47** 444. „Kurvenquietschen", Kö VRS **63** 379. Wer ohne Schalldämpfer oder mit defektem Auspuff weithin hörbar knallend fährt, außer zur Werkstatt oder um das Kfz aus dem Verkehr zu nehmen, lärmt unnötig, aM wohl Zw VRS **53** 56. Ob die Geräuschverursachung „unnötig" ist, hängt von einer Abwägung der Interessen des Verursachers und etwaiger Lärmbetroffener unter Berücksichtigung der örtlichen und zeitlichen Gegebenheiten ab, Bay VRS **63** 219, **66** 295 (Warmlaufenlassen), Kö VRS **72** 384. Wenn gegen technisch nicht erforderliches **Laufenlassen der Motoren** stehender Fz eingeschritten wird, besonders von Dieselmotoren beim Ladegeschäft, so

2 StVO § 30   I. Allgemeine Verkehrsregeln

ist das zu begrüßen. Ergreift ein Firmeninhaber keine ausreichenden Maßnahmen gegen unnötiges störendes Laufenlassen der Motoren ihn beliefernder Lkw, so steht dem hierdurch gestörten Nachbarn ein Unterlassungsanspruch nach § 1004 I S 2 BGB zu, BGH Zeitschrift für Lärmbekämpfung **82** 64. Bei unnötigem Laufenlassen genügt auch schon geringer Lärm, BGHSt **26** 340 = NJW **76** 1699. Bei leisem Leerlaufgeräusch kommt es auf alle Umstände (Geräuschkulisse) an, BGHSt **26** 340 = NJW **76** 1699. Bei I S 1 und 2 kommt es auf Belästigung bestimmter Personen nicht an, BGHSt **26** 340, das Verhalten muss aber belästigen können, BGHSt **26** 340, Ha VRS **48** 149. Betriebsbedingtes kurzes Laufen im Stand (wenig über 1 min) ist kein unnützes Lärmen, Ko VRS **46** 158, Bay VM **74** 34. Laufenlassen des Taxidieselmotors auf einige Minuten, um das Fz zu heizen, auf einem Taxenstandplatz mit erheblichem Lärm verletzt § 30 nicht, Fra VM **77** 19, Bay VRS **63** 219. Nächtliches Laufenlassen eines LkwDieselmotors in einer WohnStr zwecks Füllens des Bremsdruckluftbehälters wird nur unter besonderen Umständen zulässig sein, wenn Auffüllen zu anderer Zeit oder an nicht störenden Orten unzumutbar ist, Dü VRS **47** 381, ähnlich Bay VRS **66** 295 (vor 7 Uhr). Lärm durch Lautsprecherbetrieb an Krädern oder Fahrrädern: § 33 Rz 5, 14.

13a   **Abgasbelästigung** ist untersagt, soweit unnützes Laufenlassen des Motors andere durch Abgas belästigen „kann", BGHSt **26** 340 = NJW **76** 1699, und insoweit über konkretes Belästigen hinaus, das bereits kraft § 1 II unzulässig war und weiterhin ist, KG VRS **63** 390, Kö VRS **72** 384. Das Vorliegen von Umständen, die das Laufenlassen als *geeignet* erscheinen lassen, andere zu belästigen, genügt. Ob ein solches Belästigtwerdenkönnen bereits darin liegen kann, dass das Abgas in solchen Fällen nur die Luft verschlechtert oder dass jederzeit Personen hinzukommen können, ist offen und wird Tatfrage sein müssen. Ein besserer aktiver Schutz gegen vermeidbare Abgase liegt in flüssiger VRegelung durch gut geregelte Grüne Wellen und sorgfältig ausgewogene Ampelschaltung. Laufenlassen eines Taximotors zum Zweck des Heizens: Rz 13. Laufenlassen eines Lkw-Motors bei kurzem, aber länger als 1 min dauerndem Verlassen des Fz mit Gefahr der Abgasbelästigung, um das FzInnere warm zu halten, ist dagegen „unnötig" iS von Abs I S 2, KG VRS **63** 390, ebenso während des Parkens bei 10 Grad Außentemperatur, Kö VRS **72** 384.

14   Das **Verbot „unnützen" Hin- und Herfahrens** innerorts bei Belästigung anderer (I S 3) ist unter dem Aspekt der Ermächtigungsgrundlage des § 6 StVG problematisch (AG Cochem VM **86** 47: nicht gedeckt) und liegt hinsichtlich des Bestimmtheitsgebots zumindest an der Grenze des Vertretbaren (Art 103 II GG); jedoch ist der weitere Spielraum bei Bußgeldbestimmungen zu beachten, dazu *Göhler-König* § 3 Rz 5. Der Begriff „unnütz" steht in Spannung mit dem Prinzip der VFreiheit und des erlaubten Gemeingebrauchs. Wer sich, allein oder gemeinsam mit anderen, bei ruhigem oder dichtem Verkehr gemäß den VRegeln und VZ bewegt, verhält sich rechtmäßig und belästigt durch seine VTeilnahme nicht im Rechtssinn. Einziger VZweck ist Ortsveränderung von Personen und Gütern, auch beim Spazierenfahren oder bei sportlicher Betätigung, BVerwG VRS **40** 396. Behördliche Nützlichkeitsbeurteilung ist über den Rahmen von § 6 StVG hinaus ausgeschlossen, *Cramer* Rz 16, ausgenommen Fälle vorübergehender Sicherheits- oder Ordnungsgefährdung. Das berücksichtigt die Rspr zu I S 3 wohl nicht hinreichend, zB Stu VRS **43** 311, Ha VRS **46** 396, **48** 149, offengelassen von Kö VRS **56** 471, s aber AG Cochem VM **86** 47. Jedenfalls setzt ein Verstoß die Feststellung einer konkreten Belästigung voraus, Stu VRS **43** 311, Br DAR **97** 282. Vermeidbare Belästigung/ Behinderung anderer, auch von Anliegern, bleibt ow. Die in I S 3 gemeinten VVorgänge lassen sich in drei Gruppen erfassen: a) Radfahrergruppen umkreisen ständig Häuserblocks oder Plätze; die dadurch bewirkte VVerdichtung ist nicht verbietbar, gegen Fahrverstöße greift § 2 IV und ggf § 1 II ein; ein Lärmproblem entsteht hier meist nicht; b) bei vermeidbarem, belästigendem Fahrgeräusch (s Stu VRS **43** 311) durch einen einzigen Kf greifen die § 30 I S 1, § 1 II ein, bei frisiertem Motor/Auspuff auch die §§ 30 I, 69a III Nr 1 StVZO; c) übermäßiges Fahrgeräusch allein wegen VVerdichtung ist nicht verbietbar, Abhilfe nur durch lenkende oder beschränkende Maßnahmen möglich, s auch *Cramer* 16: nur bei vermeidbarer Belästigung. Der Beschränkung von I S 3 auf geschlossene Ortschaften ist nicht zu entnehmen, dass Lärmbelästigungen durch „unnützes" **Hin- und Herfahren außerorts** erlaubt wären, Bay DAR **01** 84.

15   **4. Ausnahmen:** § 46 I Nr 7, II. Bei unterschiedlicher Feiertagsregelung in den Ländern kann die Ausnahme vom Sonntagsfahrverbot (Abs III) auch für bestimmte Strn oder Strecken erteilt werden. Zu den (fehlenden) Voraussetzungen für eine landesweite Ausnahme betreffend den Transport von Zuckerrüben eingehend OVG Magdeburg v 8. 12. 06, 1 M 234/06, juris. Die allgemeine Ausnahme für Kfz im österreichischen Durchgangsverkehr zwischen Salzburg und Lofer, soweit ein bestimmter deutscher Straßenzug benutzt wird, VO v 25. 7. 56 (betref-

fend § 4 a alt), BAnz **56** Nr 145 S 1, wurde durch VO v 25. 9. 92, BAnz **92** Nr 186 S 8077, mit Wirkung v 3. 10. 92 aufgehoben.

5. Ordnungswidrigkeit: § 49 I Nr 25. Gegen das Feiertagsfahrverbot des Abs III kann auch der Halter durch Anordnen oder Ermöglichen verstoßen, Bay VRS **70** 471. Wer selbst fährt, ordnet nicht an, die nach BKatV für Anordnen oder Zulassen vorgesehene erhöhte Buße gilt daher nicht für den fahrenden Halter, Ce NZV **04** 368, AG Schwabach DAR **00** 180 (zust *Eckardt*). Bei Verstößen ist sicherzustellen, dass das Fz die Fahrt während der Sperrzeit nicht fortsetzt. Bei landesrechtlicher Abschaffung eines der in Abs IV genannten Tage als gesetzlicher Feiertag (Rz 11) wird uU unvermeidbarer Verbotsirrtum in Frage kommen. Ow gilt auch das Nichtmitführen oder Nichtaushändigen des Leistungsbescheids in Fällen der Heranziehung nach dem BundesleistungsG. I S 1 geht § 1 II vor, Ha VRS **48** 149, s aber Bay DAR **01** 84 (das bei Lärmbelästigung OW gem § 1 II angenommen hat). I S 1 und 3 können in TE stehen, Ha VRS **48** 149. § 117 OWiG tritt als bloßer Auffangtatbestand trotz seiner höheren Bußgeldandrohung zurück, *Göhler-König* § 117 Rz 17. Ausländische Fz sind während der Sperrzeiten an der Grenze zurückzuweisen. I S 3 ist im Hinblick auf § 6 StVG problematisch (Rz 14). 16

Sport und Spiel

31 Sport und Spiele auf der Fahrbahn und den Seitenstreifen sind nur auf den dafür zugelassenen Straßen erlaubt (Zusatzschilder hinter Zeichen 101 und 250).

Begr zu § 31: VkBl **70** 815.   1

Vwv zu § 31 Sport und Spiel

1   I. Gegen Spiele auf Gehwegen soll nicht eingeschritten werden, solange dadurch die Fußgänger nicht gefährdet oder wesentlich behindert oder belästigt werden.   2

2   II. 1. Die Straßenverkehrsbehörden sollten, selbst in stärker bewohnten Innenbezirken von Großstädten, die Schaffung von Spielplätzen anregen. Auch wenn Spielplätze und sonstige Anlagen, wo Kinder spielen können, zur Verfügung stehen, muss geprüft werden, wie Kinder auf denjenigen Straßen geschützt werden können, auf denen sich Kinderspiele erfahrungsgemäß nicht unterbinden lassen.

3   Eine Möglichkeit hierzu kann die Einrichtung von Spielstraßen sein. Sie kommt aber nur dann in Frage, wenn es möglich ist, die Straße auch für den Anliegerverkehr zu sperren. Dann ist Zeichen 250 mit dem Zusatzschild „Spielstraße" aufzustellen.

4   2. Wohnstraßen und auch andere Straßen ohne Verkehrsbedeutung, auf denen der Kraftfahrer mit spielenden Kindern rechnen muss, brauchen nach der Erfahrung nicht zu „Spielstraßen" erklärt zu werden. Auch das Zeichen 136 ist dort in der Regel entbehrlich. Gegen Kinderspiele sollte dort nicht eingeschritten werden.

5   III. 1. Die Freigabe von Straßen zum Wintersport, besonders zum Rodeln, ist auf das unbedingt notwendige Maß zu beschränken. Vor allem sind nur solche Straßen und Plätze dafür auszuwählen, die keinen oder nur geringen Fahrzeugverkehr aufweisen.   3

6   2. Wo die Benutzung von Skiern oder Schlitten ortsüblich ist, ist nicht einzuschreiten. Wenn es aus Gründen der Verkehrssicherheit erforderlich ist, sind in solchen Orten verkehrsrechtliche Anordnungen zu treffen (Zusatzschild hinter Zeichen 101, Zusatzschild hinter Zeichen 250).

1. Die Vorschrift sucht den notwendigen Ausgleich zwischen den Gefahren des wachsenden Verkehrs und der Spielplatznot der Jugend, zu deren gesundem Aufwachsen ausreichende Spiel- und Sportmöglichkeiten gehören. § 31 dürfte die Grenzen im Prinzip richtig ziehen.   4

2. § 31 ordnet ein allgemeines **Sport- und Spielverbot mit Erlaubnisvorbehalt** auf der Fahrbahn und den Seitenstreifen an, auch auf Fahrbahnen und Seitenstreifen außerorts, weil Sport und Spiele dort behindernd und gefährdend wären. Die Vorschrift gilt nicht für Gehwege, dort ist auch behinderndes Spielen erlaubt, jedoch kein gefährdendes (§ 1 II; *Seidenstecher* DAR **97** 106).   5

3. Sport. Dazu gehören vor allem Mannschaftsspiele und gewertete Sportübungen (Bay DAR **01** 84). Wintersport: Vwv Rn 5 f. Freigabe von Straßen und Plätzen für Sportzwecke: 6

2 StVO § 32   I. Allgemeine Verkehrsregeln

Vwv. Sie ist auf das unbedingt Notwendige und auf verkehrsarme Flächen zu beschränken (Vwv Rz 5). Ausnahmen werden ausschließlich durch VZ angeordnet, zB auf durch Z 250 für den FzV gesperrten Str durch Z 101 mit Zusatzschild „Sport", „Wintersport". Rodeln ist im StrBereich idR nur gemäß durch VZ angezeigten Erlaubnissen zulässig, außer- wie innerorts. Wo die Benutzung von Skiern oder Schlitten ortsüblich ist (Wintersportplätze), darf jeder sie auch auf öffentlichen Straßen benützen, soweit das nicht durch VZ mit Zusatzschild untersagt ist (BRDrucks 428/70 Nr 14, s Vwv Rn 6). Als VT unterliegt er den allgemeinen Vorschriften der StVO (Mü VM **84** 46 [Rodler]). Wer als Kf auf abschüssiger Straße abfahrenden Rodelschlitten begegnet, muss ihnen ausweichen oder anhalten, braucht aber, wenn das Rodeln nicht ausdrücklich erlaubt ist, seinem Fz keinen Warnposten vorauszuschicken (Mü VM **84** 46 m Anm *Booß*). Organisierte Rollbrettveranstaltungen auf öffentlichen VFlächen: § 29. *Grams,* NZV **94** 172. *Lauton* PTV **77** 334. **Rollschuhe, Inline-Skates und Skate-Boards**: § 24 Rz 8, 10.

7   **4. Spiel:** Grundsätzlich gilt für Fahrbahnen und Seitenstreifen inner- wie außerorts ein Spielverbot mit Erlaubnisvorbehalt. Die Kinder müssen vor VGefahr geschützt werden, der Verkehr vor kindlicher Unbesonnenheit und Gefährdung durch Spielen auf den Straßen. Das Spielverbot betrifft auch Erwachsene und Jugendliche und, wo keine Erlaubnis angezeigt ist, alle Straßen mit einiger Verkehrsfrequenz. Auf Gehwegen innerorts sind Spiele nach § 1 II zu beurteilen.

8   Die VB sollen, soweit irgend möglich, Spielplätze schaffen, wo sich die Jugend ungefährdet bewegen kann (Vwv Rn 2). Soweit das nicht möglich ist und es sich nicht um ruhige Wohnstr handelt (Vwv Rn 3), ist zu prüfen, ob SpielStr eingerichtet werden können (VZ 250 mit Zusatzschild). Hat eine solche an sich geeignete Straße zu viel Verkehr, so ist zu prüfen, ob das Z 136 aufzustellen und Geschwindigkeitsbeschränkung anzuordnen ist. In Sackgassen kann das Z 357 mit Zusatzschild in Betracht kommen. Auf durch VZ bezeichneten SpielStr dürfen Kinder überall spielen. Kf, soweit überhaupt zugelassen, müssen dort stets (ohne Vertrauen auf verkehrsgerechtes Verhalten) mit dem Auftauchen bisher nicht sichtbarer Kinder rechnen (Bra DAR **63** 353, Kö VRS **36** 360).

9   **5. Weitere Ausnahmen:** § 46 I Nr 8, II. Zuständigkeit: § 47.

10   **6. Ordnungswidrig** (§ 24 StVG) handelt, wer entgegen § 31 Sport treibt oder spielt (§ 49 I Nr 26). Eingezogen werden können Rollbretter bei ow Verwendung nicht (§ 22 OWiG, § 24 StVG), bei Gefahr im Verzug ist aber polizeiliche Sicherstellung möglich.

Verkehrshindernisse

32 (1) ¹Es ist verboten, die Straße zu beschmutzen oder zu benetzen oder Gegenstände auf Straßen zu bringen oder dort liegen zu lassen, wenn dadurch der Verkehr gefährdet oder erschwert werden kann. ²Der für solche verkehrswidrigen Zustände Verantwortliche hat sie unverzüglich zu beseitigen und sie bis dahin ausreichend kenntlich zu machen. ³Verkehrshindernisse sind, wenn nötig (§ 17 Abs. 1), mit eigener Lichtquelle zu beleuchten oder durch andere zugelassene lichttechnische Einrichtungen kenntlich zu machen.

(2) **Sensen, Mähmesser oder ähnlich gefährliche Geräte sind wirksam zu verkleiden.**

1/2   **Begr** zur ÄndVO v 22. 3. 88 (VkBl **88** 224): *Bisher mussten Hindernisse auf der Fahrbahn entweder durch Leuchten mit rotem Licht oder, falls sich das Hindernis nicht über die gesamte Breite der Fahrbahn erstreckt, mit einem gelben Licht kenntlich gemacht werden. Die Verordnung verlangt nunmehr entweder eine eigene Lichtquelle oder andere zugelassene lichttechnische Einrichtungen. Hier kommt insbesondere die weiß-rot-schraffierte vollreflektierende Warntafel in Betracht.*

Vwv zu § 32 Verkehrshindernisse

Zu Absatz 1

3   1   *I. Insbesondere in ländlichen Gegenden ist darauf zu achten, dass verkehrswidrige Zustände infolge von Beschmutzung der Fahrbahn durch Vieh oder Ackerfahrzeuge möglichst unterbleiben (z. B. durch Reinigung der Bereifung vor Einfahren auf die Fahrbahn), jedenfalls aber unverzüglich beseitigt werden.*

4   2   *II. Zuständige Stellen dürfen nach Maßgabe der hierfür erlassenen Vorschriften die verkehrswidrigen Zustände auf Kosten des Verantwortlichen beseitigen.*

Verkehrshindernisse § 32 StVO **2**

3   III. *Kennzeichnung von Containern und Wechselbehältern*   5
     Die Aufstellung von Containern und Wechselbehältern im öffentlichen Verkehrsraum bedarf der Ausnahmegenehmigung durch die zuständige Straßenverkehrsbehörde.
4   *Als „Mindestvoraussetzung" für eine Genehmigung ist die sachgerechte Kennzeichnung von Containern und Wechselbehältern erforderlich.*
5   *Einzelheiten hierzu gibt das Bundesministerium für Verkehr im Einvernehmen mit den zuständigen obersten Landesbehörden im Verkehrsblatt bekannt.*

1 a. Hindernisse auf der Straße (I). Zur **Straße** gehören außer der Fahrbahn auch Seiten-   6/7
streifen, Rad- und Gehwege, VG Dü NVwZ **01** 1191, sowie der Luftraum über der Str. **Hindernisse** bilden: auf der Fahrbahn verlorene Ersatzreifen (Ce NRpfl **70** 46), abgestellte Baumaschinen, die weggebracht werden sollen (Ko NJW **61** 2021, Kö VRS **27** 64), Baugerüste und -geräte, ein Bagger an ungesicherter Stelle (Kö VRS **27** 64), ein in die Fahrbahn ragendes Förderband (Ha VRS **17** 309), eine Seilwinde (Ko VRS **72** 128), Baumaterial aller Art auf Fahrbahn, Seitenstreifen oder Gehsteig (BGH VRS **20** 337, Ha VRS **27** 63, Kö VRS **63** 76, Stu VersR **67** 485, Fra NJW **66** 1040, OVG Münster VRS **21** 478, Ol VRS **12** 135 [Container], Dü NJWE-VHR **96** 161), eine verlorene Pflugschar (Ko VersR **77** 627), behindernde Wasserstaubwolke (Dü NJW **61** 2224), längere, breite Dieselölspur (Dü VM **77** 22), verschmierte Fahrbahn durch Ackerschmutz, Seifenlauge oder Öl (BGH NJW **58** 1450, BGH NZV **07** 352 [„nasse Kleie", Bay VRS **30** 135, Ha VRS **30** 225, Schl VM **55** 44, Ol VRS **34** 244, Ba VRS **72** 88, Kö VersR **96** 207 [Nichtbeseitigung kann uU § 315b I Nr 3 StGB verletzen, Kö VRS **49** 183]), durch PanzerFz (Stu NJW **59** 2065), auch auf ländlichen Straßen geringerer Bedeutung (aM Ko VersR **71** 745 [Beseitigung nach Arbeitsschluss], Sa VM **79** 56 [Ackererde]); keine Beseitigungspflicht jedoch bei der im Rahmen des Üblichen liegenden Verschmutzung durch landwirtschaftlichen Betrieb auf Wirtschaftswegen (Dü VersR **81** 659, Kö VersR **96** 207, s Rz 11), breiige Rückstände und Schlamm auf der Fahrbahn (Ha DAR **64** 26, Bay VRS **30** 135, OVG Lüneburg VRS **14** 224), Lehmverunreinigung nach Ernteeinsatz (Ce SVR **07** 22), auf der Fahrbahn liegen gebliebenes Wild nach Kollision mit Fz (*Baum* PVT **91** 139), Leitern zum Obstpflücken (bei Dunkelheit und unsichtigem Wetter unzulässig), Glatteis in der Nähe von Kühltürmen oder durch abtropfendes Wasser (Kö VkBl **56** 701, Bay VRS **49** 62, Ha VRS **71** 232), Abrollsteine (VkBl **49** 129) oder zerkleinertes Holz (Stu VersR **61** 646), ein umgeworfener Telegrafenmast (Nü DAR **61** 336), Überqueren einer Str mit langer Gerüststange ohne genügende Sicherung (BGH VRS **26** 166), Viehkot (Kö VM **68** 79), Aufstellen betriebsunfähiger oder abgemeldeter Kfz auf der Str oder zu anderen verkehrsfremden Zwecken (Reklame; Bay NJW **56** 961, KG VRS **22** 223, Ko VRS **62** 145, Zw VRS **72** 130, Dü VRS **74** 285, DAR **96** 415 [Krad], VGH Mü VkBl **65** 669, BVerwG NJW **66** 1190 [dazu § 33 I]), sofern sie (Tatfrage) den V behindern oder erschweren können, zB durch Parkbehinderung anderer (Kar VRS **59** 153), Abschrankung eines bisher dem V gewidmeten Grundstücks (Bay VRS **20** 441, NZV **92** 455), ebenso Sperrung eines nicht gewidmeten Wegs auf dem öffentlicher V geduldet wird, durch Flatterleinen (VGH Mü NuR **05** 463), in den schmalen Gehsteig ragender Warenautomat (Bay VM **69** 4), außer bei Geringfügigkeit (Bay VRS **36** 464), eine in die Fahrbahn ragende Markise (Ha VRS **17** 309), eine über die Fahrbahn gespannte Messschnur, weil sie zu gefährdendem Bremsen veranlassen kann (KG VRS **51** 388). Wer ein Kabel über der Fahrbahn aufhängt, muss kontrollieren, ob es nicht mit weniger als 4 m lichter Höhe (Fahrzeughöhe) durchhängt (Ha VRS **41** 396). Wer ein auf seinem Grundstück abgestelltes Kfz auf die Straße schiebt und dort störend und nicht zu VZwecken stehen lässt, verletzt I (Bay VRS **57** 60). Wohnwagenaufstellung ohne ZugFz: § 12 Rz 42a, 60aa.

1 b. Keine Hindernisse iS von § 32 sind betriebsfähige, nicht zu verkehrsfremden Zwecken   8
auf der Str stehende oder in diese hineinragende Fz oder FzTeile (Kar NZV **00** 86, Dü DAR **82** 29), mit Panne oder durch Unfall liegengebliebene Fz; doch ist (§ 15) der Verkehr zu sichern (BGH VM **61** 23, Mü VersR **60** 187), auch nicht bloße Rauchschwaden, da kein Gegenstand (aM Ko DAR **65** 334). Auf rechtzeitig erkennbare Feldberieselung muss sich der Kf einstellen (kurze Sichtbehinderung, Dü DAR **77** 188). Die bloße Gefahr, ein Gegenstand könne auf die Straße geraten, genügt nicht (Tüb VkBl **50** 255). Ein eingebauter Kanaldeckel fällt nicht unter I (Bay VM **76** 75, VRS **51** 387), auch nicht das Aufbringen eines schlüpfrigen Bindemittels beim StrBau (s § 45, Stu VRS **54** 147), sog StrRückbau durch Fahrbahnverengung (Dü VersR **96** 518) oder fest in die Fahrbahndecke eingebaute Aufpflasterungen oder Fahrbahnschwellen (Ko MDR **00** 451, VGH Ma NZV **92** 462, OVG Lüneburg VM **97** 55, aM

2 StVO § 32   I. Allgemeine Verkehrsregeln

wohl *Gall* NZV **91** 135), ebenso wenig Sperrpfosten iS von § 43 zur Verhinderung verbotenen KfzV (*Ro* DAR **01** 408, LG Stralsund VRS **101** 17). Dagegen sind „Möblierungen" von Fahrbahnen mit Blumenkübeln, Betonhindernissen oder das Aufbringen transportabler, etwa aus Metallteilen zusammengesetzter Fahrbahnschwellen zum Zweck der „Verkehrsberuhigung" idR verkehrsgefährdende Hindernisse iS von § 32 I (*Fra* NZV **91** 469, *Dü* NJW **93** 865, *Greger* § 31 Rz 71 f, *Stollenwerk* VersR **95** 21, s auch *Hentschel* NJW **90** 683, **92** 1080, **95** 632, *Berr* DAR **91** 281, 283, **92** 377, aM *Dü* NJW **96** 731, *Sa* MDR **99** 1440, OVG Münster 13 B 3506/92 [Blumenkübel in geschwindigkeitsbeschränkter Zone], *Ha* NZV **94** 400 [Blumenkübel auf der Fahrbahn *ohne* gleichzeitige Geschwindigkeitsbegrenzung durch VZ!], *Landscheidt/Götker* NZV **95** 92). Abs 1 S 1 ist eindeutig und lässt in seiner derzeitigen Fassung keine Ausnahme für *gewollte* VBehinderung zum Zwecke der „VBeruhigung" zu (aM *Ha* NZV **94** 400). Kein Hindernis iS von Abs 1 sind allerdings Blumenkübel auf Sperrflächen (VZ 298, *Dü* NJW **93** 865, OVG Saarlouis ZfS **02** 364). Auch verstößt zwar die Ausstattung öffentlicher Parkplätze mit Blumenkübeln zur Begrenzung von Park- und Fahrflächen nicht gegen § 32 (*Ko* DAR **80** 357), kann aber, falls diese beim Rangieren nur schlecht sichtbare Hindernisse bilden, eine Verletzung der VSicherungspflicht darstellen. Blumenkübel uä in verkehrsberuhigten Bereichen: § 42 Rz 181 zu Z 325/326. Betonpoller auf Gehwegen, um das Parken zu verhindern: *Dü* NJW **95** 2172. Warnschwellen sind keine VHindernisse (§ 43 Rz 21 a).

9   2. **Nur wenn der Verkehr durch das Hindernis gefährdet oder erschwert werden kann,** greift § 32 ein. „Erschwert" besagt, dass nur geringfügige Behinderung außer Betracht bleibt (Begr). Der Gegenstand muss den Verkehr nicht konkret erschweren oder gefährden, es genügt, dass dies möglich und nicht nur ganz unwahrscheinlich ist, *Bay* DAR **78** 278, *Ce* NJW **79** 227, *Dü* VRS **52** 377, **77** 303, *Kar* VRS **53** 472, KG VRS **51** 388, *Ko* VRS **62** 145, **72** 128, *Zw* VRS **72** 130, *Dü* VRS **74** 285, *Fra* NZV **91** 469, OVG Münster NJW **75** 989, BVerwG DAR **74** 55. Das Belegen eines Parkplatzes durch ein nicht zugelassenes Kfz kann behindern oder erschweren, *Dü* VM **75** 69, VG Br NVwZ-RR **00** 593. Propagandaständer, *Kar* DÖV **76** 535 (klargestellt VRS **53** 472), Vielzahl geplanter Informationsstände auch geringer Größe (VGH Ma v 11. 3. 05, 5 S 2421/03, juris). Vom Haustier (Hund) auf dem Gehweg abgelegter Kot fällt wegen des Erfordernisses der VGefährdung oder -erschwerung wohl nicht unter I, obgleich Ausgleiten möglich ist, *Ce* NJW **79** 227. Zu bejahen jedoch bei erheblicher Verschmutzung der Fahrbahn durch Viehkot, *Wiederhold* VD **84** 154.

    Lit: *Franzheim,* Strafrechtliche Verantwortlichkeit für durch StrRückbau verursachte Unfälle, NJW **93** 1837. *Landscheidt/Götker,* Veränderungen der Fahrbahn durch Aufstellen von Blumenkübeln …, NZV **95** 91. *Weigelt,* Hindernisse auf der Fahrbahn, DAR **60** 226. *Wiederhold,* Verunreinigung der Fahrbahn durch Vieh, VD **84** 154.

10   3. **Unverzügliche Beseitigung** des Hindernisses ist geboten (I), und zwar im Rahmen des Zumutbaren (*Ba* VRS **72** 88). Jede mögliche Gefahr ist alsbald zu beseitigen. Verantwortlich ist zunächst, wer die Gefahrquelle geschaffen hat (*Ha* VRS **52** 375, *Ce* NRpfl **70** 46 [verlorener Reifen]), er muss die Folgen seines Verhaltens abwenden (E 90; BVerwG **14** 304, *Schl* NJW **66** 1269), zB durch KettenFz verursachten Schmutz beseitigen (*Ce* VersR **65** 574, *Schl* NJW **66** 1269), auf die Fahrbahn geratenen Ackerlehm (*Schl* NZV **92** 31) oder Sand (*Ko* DAR **02** 269, den V vor einer Ölspur sichern (*Ha* VRS **30** 225, *Fra* DAR **55** 282, *Ba* VRS **72** 88). Neben dem Fahrer können auch der Halter, Besteller und Anlieger verantwortlich sein oder werden, uU unter Ausschluss weiterer Fahrerverantwortlichkeit (*Ha* VRS **52** 375). Für die Folgen von Fahrbahnverschmutzungen nach Ernteeinsatz haftet auch der Auftraggeber des Ernteeinsatzes (*Ce* SVR **07** 22 [*Schwab*]). Die Reichweite der Fahrerverantwortlichkeit in Betrieben hängt ua von der Betriebsorganisation ab (Leihcontainer; *Ha* VRS **52** 375). Für richtigen Tankverschluss ist der Fahrer verantwortlich (*Ha* VRS **30** 225). Doch ist nur räumpflichtig, wem das mit seinen Mitteln möglich und zumutbar ist (nicht der Fahrer bei Schmutzmassen, dann aber sofortige Warn- und Meldepflicht, *Fra* VRS **35** 224). Innerhalb gekennzeichneter Baustellen wird während der Bauzeit die durchlaufende Fahrbahn nur besenrein zu halten sein, vollständige tägliche Entfernung eines Schmutzfilms kann nicht erwartet werden (*Sa* VM **74** 63, s *Dü* DAR **01** 401). Beseitigungspflicht unabhängig davon, ob die Sicherung noch anderen Personen oder Behörden obliegt (*Fra* VM **61** 69). Die Rechtspflicht zur Beseitigung umfasst auch Überwachung des Hindernisses gegen gefährdende Eingriffe Unbefugter, falls es nicht sogleich beseitigt werden kann.

Verkehrshindernisse § 32 StVO 2

4. Sofortige Kennzeichnungspflicht in ausreichender Weise besteht, wenn das Hindernis 11 nicht sofort beseitigt werden kann (Begr; Dü DAR **01** 401). Verpflichtet ist auch hier der für das Hindernis Verantwortliche, zB beim Kabelziehen der Vorarbeiter (Hb VM **58** 30, Ha VRS **41** 396), beim Vermessen der Messtruppleiter (KG VRS **13** 472), bei Fahrbahnverschmutzung der Fahrer (Ha VRS **30** 225) oder Einheitsführer. Kenntlichmachung entsprechend § 15 (Warndreieck an richtiger Stelle, ggf Beleuchtung). Ausreichend kenntlich gemacht ist das Hindernis, wenn sich der V rechtzeitig darauf einstellen kann (BGH NJW **55** 1837, Hb VM **58** 30). Z 123 genügt bei Verschmutzung nicht (BGH VersR **75** 714). Kann Unrat nach Viehtrieb nicht sofort entfernt werden, so ist ein WarnZ aufzustellen (BGH NJW **62** 34), und zwar, von unwesentlicher Verschmutzung abgesehen, auf allen Str. Auf BundesStr muss mangels Anzeichens niemand mit Erdverschmutzung rechnen (Mü VersR **66** 1082), aber auf ländlichen Str geringerer Bedeutung (Ko VersR **71** 745). Wöchentlich dreimalige Fahrbahnreinigung während der Rübenernte genügt (Fra VersR **78** 158), wenn nicht das Ausmaß der Verschmutzung zusätzliche Maßnahmen erforderlich macht (Schl NZV **92** 31). Bei starker Verschmutzung mit Schleudergefahr ist neben VZ 114 durch Zusatzschild auf die verschmutzte Fahrbahn hinzuweisen (Schl NZV **92** 31). Bei einem befahrbaren Wirtschaftsweg für landwirtschaftliche Zwecke ist höhere Verschmutzung hinzunehmen, der Benutzer muss seine Fahrweise darauf einstellen (Dü VersR **73** 945, Kar VersR **73** 972, Kö VersR **96** 207). Unter den Voraussetzungen des § 17 I ist **Beleuchtung** durch eigene Lichtquelle oder Kenntlichmachung durch andere lichttechnische Einrichtungen geboten, zB durch weiß-rote vollreflektierende Warntafeln (Fra VRS **82** 282). Diese Verpflichtung gilt nicht nur für bewegliche Hindernisse, sondern auch für VHindernisse, die zur VBeruhigung auf der Fahrbahn eingerichtet werden (LG Ko DAR **91** 456).

Unberührt bleibt die **polizeirechtliche Befugnis,** ein Hindernis auf Kosten des Verpflichte- 12 ten zu entfernen (Vwv Rn 2). Zur Beseitigung auf Kosten des Verpflichteten BGHZ **65** 354 = NJW **76** 619, VGH Ma ZfS **02** 203 (Ölspur), VG Br NVwZ-RR **00** 593, BGHZ **65** 384. Verwaltungsrechtliche Beseitigungspflicht: § 7 III BFernStrG (OVG Münster VkBl **72** 288). Abschleppen und Verschrotten eines schrottreifen Fz ist rechtmäßig (VGH Ka NJW **99** 3650, LG Duisburg VersR **82** 177 [seit 2 Jahren abgestelltes Fz ohne gültige Kennzeichen nach vergeblichem Versuch der Eigentümerfeststellung]). Bemerkt die Pol ein Hindernis (Ölspur), so muss auch sie den Verkehr alsbald sichern (Ce VersR **63** 48). Zum Ganzen auch *Huttner* NZV **98** 56.

5. Gefährliche Geräte sind auf Straßen wirksam zu verkleiden, nicht nur die in II angeführ- 13 ten (Begr), auch bei Zulassung als selbstfahrendes Arbeitsgerät, Kö VRS **15** 292 (Mähbalken). II ist Ausfluss der allgemeinen Verkehrssicherungspflicht, Bay DAR **78** 278. Damit dürfte die von Bay VRS **70** 381 vertretene Auffassung nur schwer vereinbar sein, wonach die Anwendung der Vorschrift auf die Ladung und mitgeführte Gegenstände beschränkt sein soll, während auf gefährliche Zubehörteile eines Fz ausschließlich § 30c StVZO anzuwenden sei (abl auch *Janiszewski* NStZ **86** 158). „Ähnlich gefährliche Geräte" sind solche, welche wegen ihrer Konstruktion und/oder Transportart gefährliche, auch stumpfe Verletzungen bewirken können (ungeschützte Bootsschraube), Bay DAR **78** 278. „Ährenteiler" (Spitzen von Holmteilen beiderseits von Mähbalken) sind „ähnlich gefährliche Geräte", Ha VRS **48** 385. Als Sicherung sind Futterale oder Umwicklungen zu verwenden, die vorstehende Haspel am Mähdrescher reicht als Schutzvorrichtung nicht aus, Ha VRS **48** 385.

6. Zivilrecht. Die Vorschrift ist SchutzG iS von § 823 II BGB (BGH VRS **20** 337, NZV **07** 14 352, Ce NJW **79** 227, Dü NJWE-VHR **96** 161, Ba VRS **72** 88, Fra NZV **91** 469, VRS **82** 282). Sie schützt die VSicherheit, nicht spielende Kinder vor umherliegenden Gegenständen (Dü NJW **57** 1153, LG Ulm MDR **59** 302). Verkehrssicherungspflicht beim StrBau: § 45, Schaffung von Hindernissen zur „VBeruhigung": § 45. Amtspflichtverletzung der Pol, die, statt ein gefährliches Hindernis auf der AB zu beseitigen, abwartet, bis StrWärter dies tun (Fra VersR **04** 1561). Wer durch Hindernisbereiten andere zur Notbremsung veranlasst, haftet. Zur Haftung bei Unfall durch ein über die Fahrbahn gespanntes, nicht kenntlich gemachtes Seil bei Bauarbeiten BGH VRS **59** 91. Ortsübliches, vorübergehendes Stehenlassen einer Mülltonne auf dem Gehweg im Rahmen der Entsorgung verstößt nicht gegen die VSicherungspflicht (Ha NZV **91** 152 [mehr als 2 Std]). Der Tierhalter als solcher haftet nicht für Kotverschmutzung nach Viehtrieb (LG Kö MDR **60** 924), aber nach § 32. Mithaftung des FzF bei verschmutzter Str nicht ohne Weiteres, wenn der FzF die StrStelle als gefährliche kennt; vielmehr sind konkrete Feststellungen erforderlich, dass er die Rutschgefahr wegen Verschmutzung hätte erkennen können (BGH NZV **07** 352). Der Tierhalter haftet, wenn sein überfahrenes Tier auf der Fahrbahn liegenbleibt und alsbald zur Ursache eines Ausweichunfalls wird (Ce VersR **80** 430). Mithaftung des Bushalters zu ¼ bei Unfall durch Schleudern infolge erkennbar verschmutzter Fahrbahn und bei nicht ausreichendem Abbremsen (Schl NZV **92** 31). Haftungsverteilung 1:1 bei Unfall nach Fahrbahnverschmutzung durch Ernteeinsatz (Ce SVR **07** 22). Haftungsverteilung 3:2 zu Lasten eines PkwF, der auf einen ungenehmigt und ungesichert auf beleuchteter Fahrbahn abgestellten Container auffährt (Dü NJWE-VHR **96** 161). Kein Anspruch gegen die Gemeinde, die ein 2½ Monate auf der Str abgestelltes UnfallFz verschrotten lässt, wegen überwiegenden Verschuldens des Eigentümers (LG Duisburg VersR **83** 471; näher *Biletzki* NJW **98** 282).

15 **7. Ausnahmen:** §§ 46 I Nr 8, II, 35 (Sonderrechte). Mindestanforderungen an die Kennzeichnung von Containern bei Ausnahmeerteilung: VkBl **82** 186, **84** 23 sowie Vwv Rn 3 ff (Rz 5). Zur Aufstellung von Informationsständen VGH Ma v 11. 3. 05, 5 S 2421/03, juris. Kein Anspruch auf Erteilung einer Sondernutzungserlaubnis zwecks Aufstellens eines Containers für Altkleidersammlung (VG Dü NVwZ **01** 1191). Über Ausnahmegenehmigung bei beeinträchtigenden Baustellen VGH Mü BayVBl **08** 276, *Rott* VD **72** 107. Örtliche Zuständigkeit: § 47.

16 **8. Ordnungswidrig** handelt, wer einer Bestimmung des § 32 zuwiderhandelt (§ 49 I Nr 27). Soweit FzWaschen § 32 verletzt, ist eine entsprechende örtliche VO, die das FzReinigen im öffentlichen VRaum verbietet, ungültig (Dü VRS **77** 303). Eine Zuwiderhandlung gegen § 32 kann zugleich auch als ungenehmigte Sondernutzung nach landesrechtlichen Bestimmungen geahndet werden, weil diese Bestimmungen, anders als das StrVR, nicht der Abwehr von Gefahren für den StrV dienen (**E 1**, 49; BGHSt **47** 181 = NZV **02** 193, Kar NJW **76** 1360; anders die früher wohl herrschende Rspr, zB Dü VM **75** 69, Kö VRS **63** 78, wN 38 Aufl). Dies hat praktische Bedeutung auch deswegen, weil für die konkurrierende OW die kurze Verjährung nach § 26 StVG nicht gilt. TE zwischen I S 1 und § 1 II (KG VRS **51** 390). TE mit § 1 II bei konkreter Gefährdung (Dü VM **77** 22, Ha VRS **52** 376). Die Fortsetzung der OW kann durch Beseitigungsanordnung aufgrund sicherheitsrechtlicher Generalklausel unterbunden werden (VGH Mü NuR **05** 463).

17 **9. Strafrecht.** S die §§ 315 b (dort Rz 10), 316 a StGB.

Verkehrsbeeinträchtigungen

33 (1) ¹Verboten ist
1. der Betrieb von Lautsprechern,
2. das Anbieten von Waren und Leistungen aller Art auf der Straße,
3. außerhalb geschlossener Ortschaften jede Werbung und Propaganda durch Bild, Schrift, Licht oder Ton,

wenn dadurch Verkehrsteilnehmer in einer den Verkehr gefährdenden oder erschwerenden Weise abgelenkt oder belästigt werden können. ²Auch durch innerörtliche Werbung und Propaganda darf der Verkehr außerhalb geschlossener Ortschaften nicht in solcher Weise gestört werden.

(2) ¹Einrichtungen, die Zeichen oder Verkehrseinrichtungen (§§ 36 bis 43) gleichen, mit ihnen verwechselt werden können oder deren Wirkung beeinträchtigen können, dürfen dort nicht angebracht oder sonst verwendet werden, wo sie sich auf den Verkehr auswirken können. ²Werbung und Propaganda in Verbindung mit Verkehrszeichen und Verkehrseinrichtungen sind unzulässig.

(3) Ausgenommen von den Verboten des Absatzes 1 Satz 1 Nr. 3 und des Absatzes 2 Satz 2 sind in der Hinweisbeschilderung für Nebenbetriebe an den Bundesautobahnen und für Autohöfe Hinweise auf Dienstleistungen, die unmittelbar den Belangen der Verkehrsteilnehmer auf den Bundesautobahnen dienen.

1 **Begr** zu § 33: VkBl **70** 816.

Begr zur ÄndVO v 6. 8. 05 **(zu Abs 3):** VkBl **05** 649.

Vwv zu § 33 Verkehrsbeeinträchtigungen

Zu Absatz 1 Nr. 1

2 *1 Lautsprecher aus Fahrzeugen erschweren den Verkehr immer.*

Verkehrsbeeinträchtigungen § 33 StVO **2**

Zu Absatz 1 Nr. 2

2   Das Ausrufen von Zeitungen und Zeitschriften wird den Verkehr nur unter außergewöhnlichen Umständen gefährden oder erschweren.

Zu Absatz 2

3   I. Schon bei nur oberflächlicher Betrachtung darf eine Einrichtung nicht den Eindruck erwecken, dass es sich um ein amtliches oder sonstiges zugelassenes Verkehrszeichen oder eine amtliche Verkehrseinrichtung handelt. Verwechselbar ist eine Einrichtung auch dann, wenn (nur) andere Farben gewählt werden.

4   II. Auch Beleuchtung im Umfeld der Straße darf die Wirkung der Verkehrszeichen und Verkehrseinrichtungen nicht beeinträchtigen.

5   III. Wenn auf Grundstücken, auf denen kein öffentlicher Verkehr stattfindet, z. B. auf Fabrik- oder Kasernenhöfen, zur Regelung des dortigen Verkehrs den Verkehrszeichen oder Verkehrseinrichtungen gleiche Einrichtungen aufgestellt sind, darf das auch dann nicht beanstandet werden, wenn diese Einrichtungen von einer Straße aus sichtbar sind. Denn es ist wünschenswert, wenn auf nichtöffentlichem Raum sich der Verkehr ebenso abwickelt wie auf öffentlichen Straßen.

Zu Absatz 3

6   I. Die Hinweise auf Dienstleistungen erfolgen durch Firmenlogos der Anbieter von Serviceleistungen auf Zusatzschildern an Hinweisschildern bewirtschafteter Rastanlagen an Bundesautobahnen sowie Autohöfen.

7   II. Hinsichtlich der Beschaffenheit, Gestaltung und Anbringung der Zusatzschilder für bewirtschaftete Rastanlagen sind die Vorschriften der Richtlinien für die wegweisende Beschilderung auf Autobahnen (RWBA 2000) vom 28. 12. 2000 zu beachten. Das Zusatzschild richtet sich nach der Breite der Ankündigungstafel und hat eine Höhe von 800 mm.

8   III. Hinsichtlich der Größe und Anzahl der auf dem Zusatzschild erscheinenden Firmenlogos gelten die Vorschriften der Richtlinie für die wegweisende Beschilderung auf Autobahnen (RWBA 2000) vom 28. 12. 2000 für graphische Symbole entsprechend.

1. Verkehrsbeeinträchtigungen durch Lautsprecherbetrieb (Rz 6), das gewerbliche Anbieten von Waren und Leistungen aller Art auf der Str (Rz 7; beides inner- wie außerorts) und außerorts jede Werbung und Propaganda (Bild, Schrift, Licht, Ton; Rz 8) untersagt § 33 I S 1 für den Fall, dass sie verkehrsgefährdende oder –erschwerende Wirkung haben können (Rz 9 f). Die bußgeldbewehrte (Rz 14) Norm ist damit abstraktes Gefährdungsdelikt (VGH Ma VBlBW **05** 391). Ausgenommen von dem Verbot des I S 1 Nr 3 sind nach III in gewissem Umfang Hinweise auf Dienstleitungen für Nebenbetriebe an den AB und für Autohöfe (Rz 11, 13). Ferner sind Ausnahmegenehmigungen möglich (§ 46 I Nr 9, 10, II; Rz 13). Ob ein allgemeines Werbeverbot mit Art 5 GG in Einklang steht, ist noch offen (BVerfG NJW **76** 559). § 33 schließt landesrechtliche Vorschriften aus anderen Gesichtspunkten als denen der VSicherheit nicht aus (Dü NJW **75** 1288, Hb DAR **84** 325 [Lärmbekämpfung bei Lautsprecheranlage an Krad], Bay NZV **88** 188). Eine landesrechtliche Bauerlaubnis hat keinen Einfluss auf die Vereinbarkeit einer Anlage mit § 33, enthält insbesondere keine Ausnahmebewilligung in Bezug auf diese Bestimmung (OVG Fra/O NZV **97** 53). Allerdings kann die eingehende Erörterung der Vereinbarkeit eines Vorhabens mit § 33 im Baugenehmigungsverfahren Vertrauenswirkung entfalten; die Nichtbeteiligung der für die Ausnahmegenehmigung zuständigen Behörde ändert daran nichts (VGH Mü BayVBl **06** 220 m Anm *Jäde*).

1 a. Der Betrieb von Lautsprechern, also Schalltrichtern *mit* elektrischem Verstärker (OVG Münster VkBl **72** 539) wird auch dann von I S 1 Nr 1 erfasst, wenn er aus einem Grundstück heraus auf den öffentlichen VRaum einwirkt. I S 1 Nr 1 ist auch insoweit mit Art 5 und 8 GG vereinbar, als schon die Möglichkeit der Belästigung von VT (Rz 9) zum Verbot politischer Lautsprecherwerbung ausreicht (BVerwG VRS **57** 68, OVG Münster VkBl **72** 539, Dü NZV **90** 282, Ha NJW **76** 2172). Geht die Störungswirkung eines bei einer Demonstration mitgeführten Lautsprechers über die von der Kundgebung ohnedies verursachte Störung nicht hinaus, so greift das Verbot nicht ein (BVerwG VRS **57** 68, VG Schl DÖV **91** 256). § 15 VersammlG (bzw die korrespondierenden Landesgesetze) verdrängt die Erlaubnispflicht nach § 33 jedenfalls dann, wenn die Versammlung oder deren Vorbereitung ohne Lautsprecher undurchführbar wäre (Kar VRS **51** 391, s auch BVerwG VRS **57** 68). Zu Ausnahmen Rz 13.

2 StVO § 33   I. Allgemeine Verkehrsregeln

7   **1 b. Das Verbot des unmittelbares Anbieten von Waren und Leistungen** auf der Str ist durch § 6 StVG gedeckt und verletzt Art 12 GG nicht (BVerwG NJW **74** 1781, NZV **94** 126, OVG Münster VRS **41** 472), auch nicht Art 5 III GG, soweit es sich um Produkte aus dem Bereich der Kunst handelt (BVerwG VRS **60** 398). *Anbieten* ist jede Kundgabe der Bereitschaft zur Warenlieferung oder Leistungserbringung, gleichgültig wer diese Kundgabe veranlasst (BVerwG NJW **74** 1781, Bay VRS **54** 75, OVG Münster VRS **41** 472) und ob die Ware sofort ausgehändigt werden kann (OVG Berlin VM **66** 78). *„Auf der Straße"* umfasst wesentliches Hineinwirken in den öffentlichen VRaum von einem Standort neben der Str her (BVerwG NZV **94** 126, Bay VM **73** 25, VGH Ka NVwZ-RR **92** 3). Jedoch ist der erforderliche Zusammenhang bei einem 100 m neben der Str befindlichen Verkaufsstand zumindest zweifelhaft, zumal, wenn am Verkaufsort selbst (ausreichend) Kfz-Stellplätze vorhanden sind (VGH Ma DÖV **07** 663). I S 1 Nr 2 hindert verwaltungsrechtliche Benutzungsregelungen nicht, die sich nicht vorwiegend auf VTeilnahme (Sicherheit und Leichtigkeit des V) beziehen, zB über Gemüsehandel auf öffentlichen VFlächen (Ha NJW **77** 687) oder Sondernutzung durch Eisverkauf aus Kfz (Stu VRS **67** 60).

8   **1 c. Wirtschaftswerbung und Propaganda** aller (auch nicht gewerblicher) Art sind *außerorts* unzulässig, weil sie nach Ansicht des Gesetzgebers dort den V zu sehr beeinträchtigen würden. Innerorts sind sie nur verboten, soweit sie den außerörtlichen V zumindest erschweren könnten (I S 2; OVG Münster VRS **48** 389), zB Werbung für Diskothek durch Lichtstrahlen am Himmel (VGH Mü BayVBl **96** 343 [12 × 9m große Werbeprismenanlage auf 20 m hohem Pylon in AB-Nähe], OVG Fra/O NZV **97** 53). Ansonsten ist das Bedürfnis nach Wirtschaftswerbung innerorts so stark, dass das Gesetz keine Einschränkung vorsieht; der V muss hier stets mit ablenkenden Einwirkungen rechnen. Die Werbung auf abgestellten Anhängern fällt unter das Verbot (vgl VG Ansbach v 26. 10. 98, AN 10 S 98.01585, juris). Hingegen ist die Werbung auf *fahrenden* Fz nicht durch I S 1 Nr 3 verboten (vgl BVerfG NJW **76** 559). Die Vorschrift untersagt nur, dies an den ausnahmslos, für den StrV abträgliche Werbung (BVerwG NJW **74** 1781). Das wird bei der sog. „Entscheidungswerbung" (zB Hinweise auf konkrete Verkaufsmöglichkeiten) idR der Fall sein; bei der sog. „Erinnerungswerbung" nicht unbedingt (OVG Münster NZV **93** 248; *Huppertz/Rebler* S 316; Bsp. aus der Rspr: Rz 10). Die Zulässigkeit von Werbeanlagen außerorts richtet sich abschließend nach I S 1 Nr 3 (VGH Mü BayVBl **75** 79, **96** 343). § 6 I Nr 3 g StVG hindert Landesrecht über Außenwerbung innerorts nicht (BVerfG NJW **72** 859; OVG Münster NJW **65** 267).

9   **2. Nur bei möglicher Verkehrsgefährdung oder -erschwerung** durch Ablenkung oder Belästigung von VT sind die in I S 1 Nr 1–3 aufgeführten Handlungen verboten. Erforderlich, aber auch genügend ist die **abstrakte Gefahr einer Beeinträchtigung der Sicherheit und Leichtigkeit des V**; sie liegt vor, wenn angesichts des jeweiligen Verhaltens oder Zustands nach generalisierender Betrachtung mit hinreichender Wahrscheinlichkeit eine Störung aufzutreten pflegt (BVerwGE **35** 326, BVerwG NZV **94** 126, OVG Münster NZV **00** 310, Bay NZV **88** 188, Dü NZV **90** 282, VGH Mü BayVBl **75** 79, **96** 343, OVG Lüneburg SchlHA **80** 46, VG Ol NVwZ-RR **08** 467, VGH Ma VM **74** 12, VBlBW **05** 391, OVG Fra/O NZV **97** 53, *Rebler* BayVBl **03** 233). Der Eintritt konkreter Gefahr ist danach nicht erforderlich (eingehend BVerwGE **35** 326, st Rspr).

10   **Beispiele:** *Lautsprechereinsatz* (I S 1 Nr. 1; dazu schon Rz 6) wird vielfach abstrakt gefährlich iS von Rz 9 sein (vgl OVG Lüneburg SchlHA **80** 46, VG Ol NVwZ-RR **08** 467, s auch Vwv Rn 1, die § 33 allerdings nicht ausdehnen kann, BVerwG MDR **70** 533). Zum Einsatz im Rahmen der Wahlwerbung Rz 13. *Waren- oder Leistungsangebot* nach I S 1 Nr 2 (dazu schon Rz 7) kann sowohl den FahrV als auch den FußgängerV beeinträchtigen (Bay VRS **54** 75, Br NJW **76** 1359). Bei breitem Aufstellen von Kisten mit Waren auf dem Gehsteig kann dies der Fall sein (Ha VRS **17** 463), gleichfalls bei Verteilen von Werbezetteln (BVerwGE **35** 319) und beim Aufbau einer Vielzahl von Informationsständen in einer Fußgängerzone (VGH Ma VBlBW **05** 391; zur Frage des Gemeingebrauchs s auch BGH NJW **79** 1610 sowie **E** 50, 51). Abstrakte Gefahr ist in aller Regel zu verneinen bei Kfz, das mit einem Verkaufszettel aufgestellt ist (Bay VRS **54** 75, KG VRS **34** 383; s auch Bay DÖV **77** 905), jedenfalls bei Aufstellung im Rahmen des Gemeingebrauchs (Hb VRS **42** 449) oder bei bloßer Verkaufsbereitschaft eines fliegenden Händlers ohne störendes Anpreisen (**aM** Kö VRS **43** 471) sowie bei einem fliegenden Zeitungsstand (**aM** Kö MDR **68** 947). Das Ausrufen von Zeitungen, Zeitschriften und Extrablättern ist idR nicht beeinträchtigend (Vwv Rn 2; Br NJW **76** 1359), soweit doch, wird eher die Nachricht als das Ausrufen der mögliche Erschwerungsgrund sein; Art 5 GG ist dabei

zu beachten. Zur Erlaubnispflichtigkeit der Straßenverteilung politischer Schriften *Crombach* DVBl **77** 277. *Werbung und Propaganda* nach I S 1 Nr 3 (dazu schon Rz 8): Werbeanlagen mit blinkendem oder farbigem Licht sind unzulässig (VkBl **62** 112, OVG Fra/O NZV **97** 53), ebenso 40 m hohe Prismenwerbeanlage in 130 m Abstand von der AB (OVG Münster NZV **00** 310), Werbetafel von 5 m mal 2,5 m 40 m neben Bundesstr (VG Augsburg v 11. 10. 05, 3 K 04.01597, juris) oder eine „Mega-Light-Anlage" (VG Gelsenkirchen BauR **05** 1813). Zur Zulässigkeit einer unbeleuchteten Werbeschrift innerhalb der AB-Schutzzone in unmittelbarer Nähe eines AB-Knotens OVG Münster VRS **55** 471.

3. III ermöglicht auf Bundesautobahnen Hinweise auf Dienstleistungen in der Hinweisebeschilderung für Nebenbetriebe an den AB und für Autohöfe, die unmittelbar den Belangen der VT dienen. Die im Jahr 2005 getroffene Neuregelung ermöglicht rechtzeitige Information über die Art der angebotenen Dienstleistungen und verhindert verkehrsgefährdenden DurchgangsV auf bewirtschafteten Rastanlagen (Begr VkBl **05** 649). Die Hinweise werden auf Zusatztafeln mit dem jeweiligen Firmenlogo an den Hinweisschildern bewirtschafteter Rastanlagen an AB und Autohöfen angebracht (VwV zu III: Rz 4a sowie VkBl **07** 115). Die Ausnahmeregelung gilt nicht für andere Bundesfernstraßen. **11**

Lit: *Nedden,* Der Handel auf den öffentlichen Strn, NJW **56** 81. *Pappermann,* Die Verteilung politischen Werbematerials auf öffentlichen Str, NJW **76** 1341. *Rebler,* Die Behandlung von Werbeanlagen im öffentlichen StrRaum, BayVBl **03** 233. *Schmidt-Töphoff,* Die VMittelreklame, DÖV **68** 313. *Ders.,* Reklame und VSicherheit, DVBl **62** 461. *Steinberg,* Meinungsfreiheit und StrNutzung, NJW **78** 1898. *Stollenwerk,* Häufung von Werbeanlagen im StrV, VD **04** 97.

4. Schutz der Verkehrszeichen und -einrichtungen (II). Amtliche VZ und -einrichtungen dürfen nur nach Maßgabe von § 45 von den dort bezeichneten Behörden aufgestellt und angebracht werden. Jedoch ist es erwünscht, dass der V auch auf privaten Grundstücken nach den allgemeinen VRegeln abläuft und durch entsprechende Zeichen beeinflusst wird. Sie dürfen aber nicht so verwendet werden, dass sie sich auf den öffentlichen V auswirken (Begr; II). Maßgebend ist, ob die privaten Zeichen den amtlichen (§§ 40–43) gleichen, nach Art, Farbe, Größe oder Anbringung mit ihnen verwechselt werden oder sie sonst in ihrer VWirkung beeinträchtigen können (BVerwG VRS **17** 239, VGH Ma VM **82** 14; zu VZ an privaten Einfahrten s Begr). Nicht auf die Sichtbarkeit der Str her kommt es an, sondern darauf, ob das Zeichen den V stören kann (Beispiel: Begr, Vwv Rn 4, zu II), weil es bei oberflächlichem Sehen missverstanden werden kann. Auch Beleuchtung im Umfeld der Str kann VZ oder -einrichtungen beeinträchtigen (Vwv Rn 4). Die *Möglichkeit* der Beeinträchtigung genügt (Rz 9; OVG Münster VRS **15** 79). Das an der Einmündung eines Privatwegs in eine BundesStr privat aufgestellte Z 250, wird den V idR beeinflussen (Ce VM **77** 24). Ob Verwechslungs- oder Beeinträchtigungsgefahr besteht, ist Tatfrage; maßgebend ist das Gesamtbild des flüchtigen Betrachters (VGH Ka VM **70** 75, Ko VRS **66** 222). Große Werbetafel als Beeinträchtigung eines VerbotsZ: VGH Ka VM **76** 67. Farblich und grafisch von VZ völlig abweichende, jedoch in Form von VZ gestaltete private Wegweiser unterliegen nicht dem Verbot des II (VGH Ma VM **82** 14). Gelbe Rundumleuchten an Gaststätteneingang können uU zur Verwechslung mit Blinklichtanlagen (Verkehrseinrichtungen gem § 43 I) führen (Ko VRS **66** 222 [das allerdings auf Verwechslungsgefahr mit Rundumlicht nach § 52 IV StVZO abstellt, auf den sich § 33 II nicht bezieht]). Landesrechtliche Generalklauseln über Gefahrabwehr bleiben unberührt (OVG Münster NJW **65** 267). Werbung und Propaganda aller Art an („in Verbindung mit") amtlich aufgestellten VZ und VEinrichtungen ist unzulässig, weil sie den V verunsichern könnte. Doch dürfen, wo diese Gefahr nicht besteht, Modelle und Abbildungen der VZ in Verbindung mit Werbung verwendet werden. Zur Anbringung eines Zusatzschilds mit der Internetadresse einer Gemeinde unter einem Ortsschild *Kralik* KommunalPraxis BY **05** 17. **12**

Lit: *Bouska,* Verwendung amtlicher VZ an der Nahtstelle zwischen privaten und öffentlichen VFlächen, VD **77** 353. *Kralik,* Ortstafeln und werbende Zusätze, KommunalPraxis BY **05** 17; *Welt,* Untersagung farbiger Lichtreklame-Anlagen wegen Farbübereinstimmung mit VZ? BB **65** 1210.

5. Ausnahmen von II sind über III (dazu Rz 11) hinaus möglich (Begr). Rechtsgrundlage ist § 46 I Nr 9, 10, II (örtliche Zuständigkeit: § 47). Es gelten strenge Voraussetzungen (BVerwG VRS **49** 77, OVG Münster VkBl **72** 539). Eine Ausnahme vom Verbot des Warenanbietens auf öffentlichen Str wird nur in Betracht kommen, wenn das Anbieten den Normzweck des VSchutzes nicht nennenswert beeinträchtigt (VGH Ma VD **79** 155). Dies wird allerdings kaum je der Fall sein, weil damit die abstrakte Gefährdung des V, deren Ausschluss die Vorschrift **13**

2 StVO § 34   I. Allgemeine Verkehrsregeln

gerade bezweckt, in Kauf genommen würde (VG Ansbach VM **99** 71). Wird die Ausnahme erteilt, so ersetzt sie zugleich eine nach BFStrG erforderliche Sondernutzungserlaubnis (VGH Ka NVwZ-RR **92** 3). Lautsprecherübertragung von Schallzeichen iS von § 16 darf nicht genehmigt werden (Dü NZV **90** 282). Sonstiger Lautsprechereinsatz ist bei Veranstaltung „von außergewöhnlicher Bedeutung oder aus höherwertigen Gründen" wie zB Katastrophenschutz zulässig (OVG Münster VkBl **72** 539). Außerhalb der Zeiten unmittelbarer Wahlvorbereitung muss den Parteien keine Sondernutzungserlaubnis zur Aufstellung von Plakatständern im innerörtlichen VRaum erteilt werden (BVerwGE **56** 56, VGH Ma VBlBW **05** 391), desgleichen nicht für Lautsprechereinsatz (vgl VG Ol NVwZ-RR **08** 467). In der „heißen" Wahlkampfphase können VBeeinträchtigungen hingegen hinzunehmen sein (OVG Ko NJW **69** 1501 [6 Wochen vor der Wahl]; VGH Ma VBlBW **05** 391, VG Ol NVwZ-RR **08** 467). Ausnahmegenehmigung für Lautsprechereinsatz (Megaphon) jedenfalls nicht allein deswegen, weil er der Meinungskundgabe dienen soll (BVerwG VRS **49** 77, OVG Münster VkBl **72** 539).

14   **6. Ordnungswidrigkeit** (§ 24 StVG): § 49 I Nr 28. § 23 III Nr 2 des WegeG Hb (Feilbieten von Fz zum Verkauf auf öffentlichen Wegen) tritt gemäß Art 31 GG hinter § 33 I Nr 2 StVO zurück (Hb VRS **42** 447). Jedoch schließt eine Zuwiderhandlung gegen § 33 die gleichzeitige Anwendung landesrechtlicher Bestimmungen über die Ahndung ungenehmigter Sondernutzung nicht aus (BGH NZV **02** 193). § 117 OWiG tritt als Auffangtatbestand trotz seiner höheren Bußgeldandrohung zurück (*Göhler-König* § 117 Rz 17). Bei verkehrsbeeinträchtigendem Lärm geht § 33 entsprechenden Ländernormen (LärmVO, ImmSchG) vor (Ha NJW **75** 1897 [zu § 2 LärmbekämpfungsVO alt], Hb DAR **84** 325 [zu § 2 LärmVO Hb]).

Unfall

34 (1) Nach einem Verkehrsunfall hat jeder Beteiligte

1. unverzüglich zu halten,
2. den Verkehr zu sichern und bei geringfügigem Schaden unverzüglich beiseite zu fahren,
3. sich über die Unfallfolgen zu vergewissern,
4. Verletzten zu helfen (§ 323 c des Strafgesetzbuches),
5. anderen am Unfallort anwesenden Beteiligten und Geschädigten
   a) anzugeben, daß er am Unfall beteiligt war und
   b) auf Verlangen seinen Namen und seine Anschrift anzugeben sowie ihnen Führerschein und Fahrzeugschein vorzuweisen und nach bestem Wissen Angaben über seine Haftpflichtversicherung zu machen,
6. a) solange am Unfallort zu bleiben, bis er zugunsten der anderen Beteiligten und der Geschädigten die Feststellung seiner Person, seines Fahrzeuges und der Art seiner Beteiligung durch seine Anwesenheit ermöglicht hat oder
   b) eine nach den Umständen angemessene Zeit zu warten und am Unfallort Namen und Anschrift zu hinterlassen, wenn niemand bereit war, die Feststellung zu treffen,
7. unverzüglich die Feststellungen nachträglich zu ermöglichen, wenn er sich berechtigt, entschuldigt oder nach Ablauf der Wartefrist (Nummer 6 Buchstabe b) vom Unfallort entfernt hat. Dazu hat er mindestens den Berechtigten (Nummer 6 Buchstabe a) oder einer nahe gelegenen Polizeidienststelle mitzuteilen, daß er am Unfall beteiligt gewesen ist, und seine Anschrift, seinen Aufenthalt sowie das Kennzeichen und den Standort seines Fahrzeugs anzugeben und dieses zu unverzüglichen Feststellungen für eine ihm zumutbare Zeit zur Verfügung zu halten.

(2) Beteiligt an einem Verkehrsunfall ist jeder, dessen Verhalten nach den Umständen zum Unfall beigetragen haben kann.

(3) Unfallspuren dürfen nicht beseitigt werden, bevor die notwendigen Feststellungen getroffen worden sind.

1   **Begr** (VkBl **75** 676): *Durch das 13. StrRÄndG ist der § 142 StGB reformiert und in § 6 Abs. 1 Nr. 4a StVG die Ermächtigung geschaffen worden, das Verhalten nach einem Verkehrsunfall umfassend zu regeln. Nachdem § 142 StGB nunmehr das strafwürdige Verhalten genau beschreibt, ist es erforderlich, in Entsprechung dazu dem Verkehrsteilnehmer positiv im Einzelnen aufzuzeigen, wie er sich nach einem Verkehrsunfall zu verhalten hat. ...*

Sonderrechte § 35 StVO **2**

1. Das Verhalten der Beteiligten nach Unfällen, nicht auch unbeteiligter Personen, Kar NJW **85** 1480, regelt § 34 (Rechtsgrundlage: § 6 I Nr 4a StVG) durch Aufstellung eines selbständigen Pflichtenkatalogs im Anschluss an § 142 StGB. Der Unfallbegriff ist derselbe wie in § 142 StGB (Kar VRS **54** 462), setzt also Fremdschaden voraus (Ce VRS **69** 394). Nach einem VUnfall (§ 142 StGB) muss jeder Beteiligte (II, § 142 StGB) sofort halten, den V sichern, jedoch nur im Rahmen des Zumutbaren (Stu VRS **113** 86), sich über die Unfallfolgen vergewissern, Verletzten helfen (§ 323c StGB), sich den anderen Beteiligten oder Geschädigten, nicht bloßen Hilfswilligen, als Beteiligter vorstellen, auf Verlangen seine Person und das Bestehen der Haftpflichtversicherung durch Belege nachweisen, die nötigen Feststellungen am Unfallort abwarten, nach vergeblichem Warten Namen und Anschrift am Unfallort hinterlassen, endlich nach berechtigtem oder entschuldigtem Sichentfernen oder nach Sichentfernen nach ausreichendem Warten die nötigen Feststellungen durch Mitteilung an die Berechtigten oder an eine nahe gelegene PolDienststelle ermöglichen, außerdem darf er in keinem dieser Fälle Unfallspuren vor den notwendigen Feststellungen verwischen oder beseitigen. Das Entfernen des unfallbeteiligten, unbeschädigten Fz fällt nicht unter III (Stu NZV **92** 327). Auch III wendet sich nur an Unfallbeteiligte (Kar NJW **85** 1480). § 34 will aufzeigen, wie sich ein VT nach einem VUnfall zu verhalten hat, er bezweckt nicht, den nur bei Vorsatz eingreifenden § 142 StGB dahin zu ergänzen, dass auch fahrlässiges Nichtbemerken des Unfalls als OW geahndet wird (Bay VRS **56** 205). Trotz des Wortlauts des § 49 I Nr 29 genügt daher fahrlässige Unkenntnis des Unfalls nicht; der Täter muss zumindest damit rechnen und in Kauf nehmen, dass sich ein VUnfall ereignet hat (BGHSt **31** 55 = NJW **82** 2081 m Anm *Hentschel* JR **83** 216, Bay VRS **56** 205, **61** 154, *Spiegel* DAR **83** 193, aM Ol VRS **57** 62; *Mitsch* NZV **08** 217). Ein Schaden von 613 € ist nicht geringfügig, sondern so erheblich, dass der Geschädigte vor dem Beiseitefahren zumindest die Feststellung des Unfallstandorts seines Fz abwarten darf (Kö DAR **79** 226 [1200 DM]).

2. Das Verhältnis der Vorschrift zu § 142 StGB richtet sich danach, dass § 34 teils Hilfspflichten für andere Pflichten vorsieht, teils solche, die sich mit Begehungsweisen der Unfallflucht völlig decken oder decken können, teils darüber hinausgehende. Demgemäß sind **nicht bußgeldbewehrt** (§ 49 I Nr 29): die Vergewisserungspflicht (I Nr 3; Kar VM **78** 20), die Pflicht, Verletzten zu helfen (I Nr 4), weil § 323c StGB vorgeht, die bloße Wartepflicht am Unfallort (I Nr 6a) und die Pflicht, in gewissen Fällen nachträgliche Feststellungen zu ermöglichen (I Nr 7; Bay DAR **79** 233). Die Vergewisserungspflicht ist bloße Hilfspflicht zur Klärung des Unfallbegriffs; alle hier angeführten Pflichten dienen der Unterrichtung der Beteiligten über richtiges Verhalten. Ihr rechtliches Verhältnis zu Vorschriften des StGB ist mangels Bußgeldbewehrung ohne Bedeutung.

Stets zurücktretend gegenüber § 142 StGB verhalten sich mehrere andere Pflichtverstöße. Eine OW tritt zurück, wenn eine Handlung gleichzeitig Straftat und OW ist (§ 21 OWiG). Auszugehen ist hierbei davon, welches konkrete Verhalten als Straftat abgeurteilt wird. Gegenüber § 142 StGB tritt hiernach zurück die Pflicht, nach einem VUnfall sofort zu halten (I Nr 1; § 142 StGB Rz 24–26, 32; LG Flensburg DAR **78** 279), die Wartepflicht (Kar VM **78** 20), die Versäumung der Vorstellungspflicht (I Nr 5a, b; § 142 StGB Rz 11, 33–38, 45, 48); uU, je nach rechtlicher Beurteilung bei § 142 StGB (dort Rz 37), das pflichtwidrige Beseitigen von Unfallspuren vor den nötigen Feststellungen (Rz 5). Bei Absehen von Strafe gem § 142 IV StGB gilt § 21 II OWiG (Ahndung als OW möglich, *Göhler-König* § 21 Rz 27, *Bönke* NZV **00** 131, *Böse* StV **98** 513).

Tatmehrheit mit § 142 StGB kann vorliegen bei Nichtsicherung des Verkehrs und Nichtbeiseitefahren bei geringfügigem Schaden (I Nr 2), weil § 142 solche Pflichten nicht umfasst, uU bei Sichentfernen nach ausreichendem Warten ohne Feststellungen oder bei Nichthinterlassen von Name und Anschrift am Unfallort (I Nr 6b), endlich in den Fällen der Spurenbeseitigung vor den notwendigen Feststellungen (III), sofern man nicht annimmt, dass die Vorstellungspflicht, soll sie Sinn haben, von vornherein die Pflicht einschließt, alles unverändert zu lassen (zw, s § 142 StGB Rz 37; Rz 33: Rolle als Beteiligter, 34: korrektes Sichausweisen, 35–37: Ermöglichen der FzFeststellung und der Art der Beteiligung). Nimmt man dies an, so treten Verstöße gegen III hinter § 142 StGB zurück.

Sonderrechte

35 (1) Von den Vorschriften dieser Verordnung sind die Bundeswehr, die Bundespolizei, die Feuerwehr, der Katastrophenschutz, die Polizei und der Zolldienst befreit, soweit das zur Erfüllung hoheitlicher Aufgaben dringend geboten ist.

(1a) Absatz 1 gilt entsprechend für ausländische Beamte, die auf Grund völkerrechtlicher Vereinbarungen zur Nacheile oder Observation im Inland berechtigt sind.

(2) Dagegen bedürfen diese Organisationen auch unter den Voraussetzungen des Absatzes 1 der Erlaubnis,

1. wenn sie mehr als 30 Kraftfahrzeuge im geschlossenen Verband (§ 27) fahren lassen wollen,
2. im übrigen bei jeder sonstigen übermäßigen Straßenbenutzung mit Ausnahme der nach § 29 Abs. 3 Satz 2.

(3) Die Bundeswehr ist über Absatz 2 hinaus auch zu übermäßiger Straßenbenutzung befugt, soweit Vereinbarungen getroffen sind.

(4) Die Beschränkungen der Sonderrechte durch die Absätze 2 und 3 gelten nicht bei Einsätzen anläßlich von Unglücksfällen, Katastrophen und Störungen der öffentlichen Sicherheit oder Ordnung sowie in den Fällen der Artikel 91 und 87a Abs. 4 des Grundgesetzes sowie im Verteidigungsfall und im Spannungsfall.

(5) Die Truppen der nichtdeutschen Vertragsstaaten des Nordatlantikpaktes sind im Falle dringender militärischer Erfordernisse von den Vorschriften dieser Verordnung befreit, von den Vorschriften des § 29 allerdings nur, soweit für diese Truppen Sonderregelungen oder Vereinbarungen bestehen.

(5a) Fahrzeuge des Rettungsdienstes sind von den Vorschriften dieser Verordnung befreit, wenn höchste Eile geboten ist, um Menschenleben zu retten oder schwere gesundheitliche Schäden abzuwenden.

(6) ¹Fahrzeuge, die dem Bau, der Unterhaltung oder Reinigung der Straßen und Anlagen im Straßenraum oder der Müllabfuhr dienen und durch weiß-rot-weiße Warneinrichtungen gekennzeichnet sind, dürfen auf allen Straßen und Straßenteilen und auf jeder Straßenseite in jeder Richtung zu allen Zeiten fahren und halten, soweit ihr Einsatz dies erfordert, zur Reinigung der Gehwege jedoch nur, wenn das zulässige Gesamtgewicht bis zu 2,8 t beträgt. ²Dasselbe gilt auch für Fahrzeuge zur Reinigung der Gehwege, deren zulässiges Gesamtgewicht 3,5 t nicht übersteigt und deren Reifeninnendruck nicht mehr als 3 bar beträgt. ³Dabei ist sicherzustellen, daß keine Beschädigung der Gehwege und der darunterliegenden Versorgungsleitungen erfolgen kann. ⁴Personen, die hierbei eingesetzt sind oder Straßen oder in deren Raum befindliche Anlagen zu beaufsichtigen haben, müssen bei ihrer Arbeit außerhalb von Gehwegen und Absperrungen auffällige Warnkleidung tragen.

(7) Meßfahrzeuge der Regulierungsbehörde für Telekommunikation und Post (§ 66 des Telekommunikationsgesetzes) dürfen auf allen Straßen und Straßenteilen zu allen Zeiten fahren und halten, soweit ihr hoheitlicher Einsatz dies erfordert.

(8) Die Sonderrechte dürfen nur unter gebührender Berücksichtigung der öffentlichen Sicherheit und Ordnung ausgeübt werden.

Begr zur ÄndVO v 22. 3. 88 (VkBl **88** 224):

Zu Abs 5a: *Die Ergänzung des Satzes 1 ermöglicht z. B. auch Sonderrechtsfahrten mit Blutkonserven.*

Die Vorschriften des § 38 werden entsprechend angepasst.

Bisher können Einsatzfahrzeuge des Rettungsdienstes Sonderrechte nur in Anspruch nehmen, wenn sie blaues Blinklicht und Einsatzhorn benutzen. Das bedeutet, dass z. B. in der Nacht bei geringem Verkehr ein Rettungsfahrzeug im Einsatz nur dann schneller als erlaubt fahren darf, wenn es blaues Blinklicht und Einsatzhorn benutzt. Eine Inanspruchnahme der Sonderrechte nur mit Blaulicht ist nicht zulässig.

Durch die vorgesehene Änderung wird es möglich, dass Fahrzeuge des Rettungsdienstes, wenn höchste Eile geboten ist, um Menschenleben zu retten, Sonderrechte in Anspruch nehmen können, ohne das Einsatzhorn zu benutzen. Blaues Blinklicht allein darf nach § 38 Abs. 2 nur an der Einsatzstelle verwendet werden.

Zu Abs 6: *Die Regelung des Satzes 1 zur Absicherung der Fahrzeuge wird dem technischen Stand angepasst.*

§ 35 Abs. 6 beschränkt das zulässige Gesamtgewicht der Fahrzeuge, die zur Gehwegreinigung eingesetzt werden dürfen, auf 2,8 t. Der Zweck dieser Vorschrift besteht darin, Schäden an unterirdisch verlegten Leitungen zu verhindern. Dieser Zweck wird auch dann erreicht, wenn zwar schwerere Fahrzeuge zum Reinigen der Gehwege eingesetzt werden, deren Bodendruck aber nicht größer ist als bei einem vergleichbaren 2,8 t-Fahrzeug.

Die Ergänzung des Absatzes 6 trägt dieser Überlegung Rechnung.

Begr zur ÄndVO v 19. 3. 92 (VkBl **92** 187):

Zu Abs 1 a: Bei dieser Änderung handelt es sich um eine Umsetzung des Schengener Zusatzübereinkommens in Bezug auf die zur Nacheile berechtigten Beamten der Vertragsstaaten dieses Übereinkommens.

Begr zur ÄndVO v 11. 12. 00 (VkBl **01** 9): *Zu Abs 1 a:* Die Änderung trägt dem Umstand Rechnung, dass in internationalen Verträgen über polizeiliche Zusammenarbeit die Gewährung von Vorrechten im Straßenverkehr über die Nacheile hinaus auch bei der Observation vorgesehen ist.
 Der Kreis der berechtigten Beamten ergibt sich aus dem jeweiligen völkerrechtlichen Vertrag. Dazu können neben Polizeibeamten auch Beamte des Zollfahndungsdienstes gehören ... .

Zu Abs 7: Bislang umfasst Absatz 7 Satz 1 potenziell alle Postunternehmen, die Universaldienstleistungen nach dem Postgesetz (PostG) erbringen. Das PostG sieht die Auferlegung von Grundversorgungspflichten nur für den Fall vor, dass das in § 11 PostG umschriebene Mindestangebot an Postdienstleistungen nicht bereits durch den Markt erbracht wird oder zu erwarten ist, dass entsprechende Leistungsstörungen eintreten werden. Eine entsprechende Grundversorgungspflicht ist aber bisher keinem Unternehmen auferlegt worden.
 Mithin geht die geltende Fassung des § 35 Abs. 7 Satz 1 entweder ins Leere oder führt bei extensiver Auslegung zu der nicht vertretbaren Konsequenz, dass alle Postdienstleister Sonderrechte im Straßenverkehr in Anspruch nehmen könnten.
 Sonderrechte im Straßenverkehr werden durch § 35 StVO aber nur Institutionen zugestanden, die hoheitlich tätig sind (Polizei, Feuerwehr) oder die hoheitliche Aufgaben erfüllen (Rettungsdienst). Privaten Dienstleistern standen hingegen nie Sonderrechte im Straßenverkehr zu. Würden solche eröffnet, könnten entsprechende Forderungen anderer Wirtschaftsbereiche kaum mehr abgelehnt werden, ohne den Anschein der Willkür zu erwecken. Die Vielzahl der dann potenziell Sonderberechtigten wäre wegen der damit einhergehenden Beeinträchtigung des allgemeinen Verkehrs nicht hinnehmbar.
 Die Streichung des Satz 1 in Absatz 7 trägt diesem Umstand Rechnung. Für die Messfahrzeuge der Regulierungsbehörde für Telekommunikation und Post muss es auch künftig im Hinblick auf ihre hoheitliche Tätigkeit bei den Sonderrechten im Straßenverkehr bleiben. Die in der Neuregelung erfolgte redaktionelle Anpassung verfolgt diesen Zweck.

Vwv zu § 35 Sonderrechte

Zu den Absätzen 1 und 5

1. I. Bei Fahrten, bei denen nicht alle Vorschriften eingehalten werden können, sollte, wenn möglich und zulässig, die Inanspruchnahme von Sonderrechten durch blaues Blinklicht zusammen mit dem Einsatzhorn angezeigt werden. Bei Fahrten im Geschlossenen Verband sollte mindestens das erste Kraftfahrzeug blaues Blinklicht verwenden.

2. II. Das Verhalten geschlossener Verbände mit Sonderrecht
   Selbst hoheitliche Aufgaben oder militärische Erfordernisse rechtfertigen es kaum je und zudem ist es mit Rücksicht auf die öffentliche Sicherheit (Absatz 8) auch dann wohl nie zu verantworten, dass solche geschlossenen Verbände auf Weisung eines Polizeibeamten (§ 36 Abs. 1) nicht warten oder Kraftfahrzeugen, die mit blauem Blinklicht und Einsatzhorn (§ 38 Abs. 1) fahren, nicht freie Bahn schaffen.

Zu Absatz 2

3. I. Die Erlaubnis (§ 29 Abs. 2 und 3) ist möglichst frühzeitig vor Marschbeginn bei der zuständigen Verwaltungsbehörde zu beantragen, in deren Bezirk der Marsch beginnt.

4. II. Die zuständige Verwaltungsbehörde beteiligt die Straßenbaubehörden und die Polizei. Geht der Marsch über den eigenen Bezirk hinaus, so beteiligt sie die anderen zuständigen Verwaltungsbehörden. Berührt der Marsch Bahnanlagen, so sind zudem die Bahnunternehmen zu hören. Alle beteiligten Behörden sind verpflichtet, das Erlaubnisverfahren beschleunigt durchzuführen.

5. III. Die Erlaubnis kann auch mündlich erteilt werden. Wenn es die Verkehrs- und Straßenverhältnisse dringend erfordern, sind Bedingungen zu stellen oder Auflagen zu machen. Es kann auch geboten sein, die Benutzung bestimmter Straßen vorzuschreiben.

6. IV. Wenn der Verkehr auf der Straße und deren Zustand dies zulassen, kann eine Dauererlaubnis erteilt werden. Sie ist zu widerrufen, wenn der genehmigte Verkehr zu unerträglichen Behinderungen des anderen Verkehrs führen würde.

Zu Absatz 3

2c 7 In die Vereinbarungen sind folgende Bestimmungen aufzunehmen:

1. *Ein Verkehr mit mehr als 50 Kraftfahrzeugen in geschlossenem Verband (§ 27) ist möglichst frühzeitig – spätestens 5 Tage vor Marschbeginn – der zuständigen Verwaltungsbehörde anzuzeigen, in deren Bezirk der Marsch beginnt. Bei besonders schwierigen Verkehrslagen ist die zuständige Verwaltungsbehörde berechtigt, eine kurze zeitliche Verlegung des Marsches anzuordnen.*

8 2. *Ein Verkehr mit Kraftfahrzeugen, welche die in der Vereinbarung bestimmten Abmessungen und Gewichte überschreiten, bedarf der Erlaubnis. Diese ist möglichst frühzeitig zu beantragen. Auflagen können erteilt werden, wenn es die Verkehrs- oder Straßenverhältnisse dringend erfordern. Das Verfahren richtet sich nach Nummer II zu Absatz 2 (Rn. 4).*

Zu Absatz 4

2d 9 *Es sind sehr wohl Fälle denkbar, in denen schon eine unmittelbar drohende Gefahr für die öffentliche Sicherheit oder Ordnung einen jener Hoheitsträger zwingt, die Beschränkungen der Sonderrechte nicht einzuhalten. Dann darf das nicht beanstandet werden.*

Zu Absatz 5

2e 10 I. *Das zu Absatz 2 Gesagte gilt entsprechend.*

11 II. *In Vereinbarungen über Militärstraßen nach Artikel 57 Abs. 4 Buchstabe b des Zusatzabkommens zum NATO-Truppenstatut (BGBl. 1961 II S. 1183), zuletzt geändert durch Artikel 2 des Gesetzes vom 28. September 1994 (BGBl. 1994 II S. 2594), in der jeweils geltenden Fassung, sind die zu Absatz 3 erwähnten Bestimmungen (Rn. 7 und 8) aufzunehmen.*

12 III. *Die Truppen können sich der zuständigen militärischen Verkehrsdienststelle der Bundeswehr bedienen, welche die erforderliche Erlaubnis einholt oder die erforderliche Anzeige übermittelt.*

Zu Absatz 6

2f 13 I. *Satz 1 gilt auch für Fahrzeuge des Straßenwinterdienstes, die zum Schneeräumen, Streuen usw. eingesetzt sind.*

14 II. *Die Fahrzeuge sind nach DIN 30 710 zu kennzeichnen.*

15 III. *Nicht gekennzeichnete Fahrzeuge dürfen die Sonderrechte nicht in Anspruch nehmen.*

16 IV. *Die Warnkleidung muss der EN 471 entsprechen. Folgende Anforderungsmerkmale der EN 471 müssen hierbei eingehalten werden.*

17 *1. Warnkleidungsausführung (Absatz 4.1) mindestens die Klasse 2 gemäß Tabelle 1,*

18 *2. Farbe (Absatz 5.1) fluoreszierendes Orange-Rot oder fluoreszierendes Gelb gemäß Tabelle 2,*

19 *3. Mindestrückstrahlwerte (Absatz 6.1) die Klasse 2 gemäß Tabelle 5.*

20 *Warnkleidung, deren Warnwirkung durch Verschmutzung, Alterung oder Abnahme der Leuchtkraft der verwendeten Materialien nicht mehr ausreicht, darf nicht verwendet werden.*

Übersicht

Abwägung 4–6, 8
Anlagen im Straßenraum 13
Atlantikpakt 2a, 7, 23
Ausübung der Sonderrechte, Voraussetzungen 4, 5, 8
Erlaubnis zur übermäßigen Straßenbenutzung 9, 10
Feuerwehr 3, 23
Gefahr für den Bestand der Bundesrepublik 2a, 11
Katastrophe 2a, 3, 11
Müllabfuhr 13, 23
Nachprüfbarkeit 5, 6
Nato-Truppenstatut 7, 23
Ordnung und Sicherheit 5, 8, 11
Ordnungswidrigkeiten 22

Postfahrzeuge 15–21
Privatfahrzeug 3, 5
Rettungsdienst 3, 12
Sicherheit und Ordnung 7, 8, 11
Sonderrechte 1–4
Spannungsfall 11
Straßenbenutzung, übermäßige 9–11
Straßenwartungsfahrzeuge 1, 13
Unglücksfall 1, 11
Verband 2a
Verteidigungsfall 11
Warnkleidung 13, 14, 22
Warnanstrich 13
Wegerechtsfahrzeuge 3, 12
Zivilrecht 5, 23

Sonderrechte **§ 35 StVO 2**

1. Sonderrechte stehen unter den in § 35 geregelten Voraussetzungen zu: den Rettungs- 3
dienstfz (auch schon bei der Hinfahrt zum Gefährdeten), der Bundeswehr, der BundesPol, der
Feuerwehr, den Organen des Katastrophenschutzes, der Pol, dem Zolldienst (I) sowie den auf
Grund völkerrechtlicher Vereinbarungen zur Nacheile oder zur Observation (Begr Rz 2) im
Inland berechtigten ausländischen Polizeibeamten (I a, dazu Rz 1, 2). Welche Beamten die Son-
derrechte nach § 35 I a in Anspruch nehmen dürfen, ist dem jeweiligen völkerrechtlichen Ver-
trag zu entnehmen. Als Ausnahmevorschrift ist § 35 **eng auszulegen** (Stu NZV **02** 410). Zu
den **Rettungsdienstfz** gehören alle Fz, die ihrer Bestimmung nach der Lebensrettung dienen,
auch wenn sie private Halter haben (BGH NJW **92** 2882, Kö VRS **59** 382). Trotz unterschied-
licher Definition in den Rettungsdienstgesetzen der Länder (OVG Münster NZV **00** 514) ergibt
sich aus Inhalt und Zweck von V a, dass es sich um Fz zur Rettung bei Notfällen handeln muss
(s auch § 52 StVZO Rz 6). Sonderrechte auch für das nur mit einem Fahrer besetzte NotarztFz,
das ein mit Notarzt besetztes RettungsdienstFz begleitet (*Cimolino/Dickmann* NZV **08** 118, dort
auch zu weiteren Sonderfällen). Soweit Fz der in I genannten Institutionen im Rettungsdienst
eingesetzt sind, gilt I, nicht V a (Bay VRS **65** 227, *Cimolino/Dickmann* NZV **08** 118). Zur
Feuerwehr gehören die Feuerschutzpolizei, die freiwillige Feuerwehr, Stu NZV **02** 410, und
die freiwilligen Pflicht- und Werkfeuerwehren. Aufgabe der Feuerwehren ist idR außer Brand-
löschung auch Rettung von Menschen, Bergen von Habe und Hilfe bei sonstigen Notfällen
(BGHZ **37** 336 = NJW **62** 1767, VkBl **72** 29, KG VRS **32** 291, Bay VRS **65** 227). Bei Vorlie-
gen eines konkreten Einsatzbefehls wird ein Angehöriger der Feuerwehr grundsätzlich, soweit
zur Gefahrenabwehr „dringend geboten" (I), auch auf der zur Durchführung des Einsatzes er-
forderlichen Fahrt mit privatem Pkw zur Feuerwehrstation oder Sammelstelle Sonderrechte in
Anspruch nehmen dürfen, wenn die übrigen Voraussetzungen vorliegen (Stu NZV **02** 410, zust
Jäcksch NZV **02** 412, *Kullik* PVT **02** 105, abl *Otto* NZV **02** 522, *Kullik* NZV **94** 61, *Dickmann*
NZV **03** 220), im Hinblick auf das Fehlen von Einsatzhorn und Blinklicht jedoch nur besonders
zurückhaltend (Stu NZV **02** 410: nur mäßige Geschwindigkeitsüberschreitung; insoweit krit
Jäcksch NZV **02** 412, einschr. Fra StVE 6: nur mit speziellem FeuerwehrFz), anders aber bei
bloßer Vorbereitung eines zu erwartenden Einsatzes (Rz 5). Im Grundsatz stehen der Feuerwehr
die Sonderrechte auch auf Rück- und Übungsfahrten zu (BGHZ **20** 290 = NJW **56** 1633; s
aber Rz 5, 6, 8; *Hartung* NJW **56** 1625). Eine Befugnis, wegen einer Feuerwehrübung eine
öffentliche Str durch Aufstellen des VZ 250 oder Z 600 zu sperren, verleiht Abs 1 nicht (VGH
Mü v 13. 9. 05, 11 CS 05.987, juris). Der Begriff **Polizei** in I ist weit auszulegen. Darunter
fallen alle Dienststellen und Beamten, die nach den Polizeiaufgabengesetzen oder auf Grund
anderer Bestimmungen Polizeiaufgaben hoheitlicher Art zu erfüllen haben, zB auch die Bun-
desPol, uU auch Vollzugsbeamte der Ordnungsämter als OrtsPolB und Hilfspolizeibeamte,
denen nach LandesG (zB POG Rh/Pf) polizeiliche Befugnisse zustehen (s aber Rz 5). Zur Pol
zählen auch die Jagd-, Forst- und Fischereiaufseher (*Kullik* NZV **94** 59). Bei ihnen ist jedoch
das Übermaßverbot (Rz 5, 6, 8) besonders bedeutsam. Pol iS von I sind auch Steuerfahnder,
soweit sie polizeiliche Befugnisse ausüben (§ 404 AO, KG VRS **63** 148, Ce VRS **74** 220). Die
BundesPol als Bahnpolizei ist nur auf Bahnbetriebsgrundstücken zuständig, nicht auf Grund-
stücken, die der Bahn nur gehören (Ce VRS **27** 440). Das Vorrecht des I steht auch dem PolB
zu, der außerhalb der Dienstzeit einschreitet (Ha VRS **20** 378, Stu NZV **92** 123, AG Siegen
VM **96** 40). Geschlossener Verband: § 27. Wegerechtsfz, Krankenwagen: § 38. Polizeiliche
Zeichen und Weisungen (§ 36) gehen stets vor.

§ 35 **befreit nur von StVO-Pflichten**, ändert die VRegeln und -gebote jedoch nicht, zB 4
nicht die Vorfahrt. Er schränkt die Rechte anderer jedoch zugunsten des Sonderrechtsfz ein, so
dass der Sonderrechtsinhaber unter Anwendung größtmöglicher Sorgfalt (Abs 8) jene Rechte
„missachten" dürfen (BGHZ **63** 327 = NJW **75** 648, s auch *Pießkalla* NZV **07** 438). Unter den
Voraussetzungen des Abs I stehen dem FzF die Sonderrechte (Befreiung von den Vorschriften
der StVO) auch zu, wenn das Fz weder Horn noch Blaulicht führt oder wenn diese nicht be-
tätigt werden, KG NZV **03** 481, VRS **108** 417, Kö NZV **96** 237, Dü VM **75** 70, *Bouska*
VD **79** 161, zB wo das Einsatzhorn die Aufgabenerfüllung gefährden würde, abw KG VRS **56**
241, Dü VRS **63** 3; nur die Inanspruchnahme des Wegerechts setzt gem § 38 I Einsatz beider
Warnvorrichtungen voraus. IdR ist Nichtbeachtung von VRegeln, soweit zulässig, im Sicher-
heitsinteresse aber durch Blaulicht und Einsatzhorn anzuzeigen (Vwv Rn 1, OVG Lüneburg
ZfS **97** 397). Abs I befreit aber uU auch von der Vorschrift des § 38 II über die Benutzung
von blauem Blinklicht allein, KG VRS **68** 299. Verhältnis geschlossener Verbände mit Sonder-
recht zu Wegerechtsfz und gegenüber Weisungen von PolB: Vwv Rn 2. Befreiung von der
allgemeinen Sorgfaltspflicht des § 1 oder des § 11 kommt allenfalls in Betracht, soweit der

übrige Verkehr nur belästigt oder behindert wird, **nicht aber gefährdet oder gar geschädig**t (Nü NZV **01** 430, Bra NZV **90** 198, Stu NZV **92** 123, KG NZV **92** 456, Ko VersR **81** 1136, *Kullik* NZV **94** 58, *Jagow/Burmann/Heß* Rz 14). Soweit BGH VRS **32** 321 (m Anm *Deutsch* JZ **67** 639) mit der Annahme einer Befreiung vom allgemeinen Gefährdungsverbot sowie Ce VRS **61** 287, Bay VM **83** 9, KG VRS **68** 299 mit der Befreiung vom Schädigungsverbot weitergehen, ist das nicht zu billigen. Vielmehr hat auch der Sonderrechtsfahrer die Pflicht, andere VT vor Schäden zu bewahren (BGH VersR **63** 662), auch bei Verfolgung von Straftaten (VG Fra/O vom 23. 6. 05, 2 K 1055/00, juris). In Katastrophenfällen mag es vielleicht anders liegen (BGH VRS **32** 321), uU kommt § 16 OWiG in Betracht. Keine Gefährdung anderer bei Geschwindigkeitskontrollen (Kö VRS **32** 468), auch nicht mit Blaulicht und Horn (§ 38). Das Übermaßverbot wird fremde Schädigung kaum jemals rechtfertigen. In Betracht kommen wird vor allem: Schnellerfahren als sonst erlaubt (Ha VRS **20** 378), Nichteinhaltung der Wartepflicht, Rechtsüberholen, Linksfahren, Nichtbeachtung von LichtZ, Fahren entgegen einem Fahrverbot, Halten und Parken im Haltverbot, auf Grünflächen, faktische Sperrung einer Str während eines Feuerwehreinsatzes (VGH Mü v 13. 9. 05, 11 CS 05.987, juris). Ob Verfolgung mit Blaulicht und Horn zu riskanter Fahrweise berechtigt, hängt vom Gewicht des Verdachts und den VVerhältnissen ab (Kar NJW **61** 2362. *Weigelt,* DAR **60** 286). Zum Verhältnis der Sonderrechte des § 35 zur straßenrechtlichen Sondernutzung *Eiffler* NZV **00** 319.

1a. Nur soweit es zur Erfüllung hoheitlicher Aufgaben dringend geboten ist, besteht das Sonderrecht gemäß I, und auch dann nur unter gebührender Berücksichtigung der öffentlichen Sicherheit und Ordnung (Rz 8). Eine Dienstfahrt allein genügt nicht, sondern die öffentliche Aufgabe muss, abgesehen von gewissem sachlichem Gewicht, bei Beachtung der VRegeln oder einzelner VRegeln nicht, nicht ordnungsgemäß oder nicht so schnell wie zum allgemeinen Wohl erforderlich erfüllt werden können („dringend geboten"), Kö VM **77** 52, KG VRS **63** 148, *Riecker* VersR **82** 1034. Davon hängt der jeweilige Umfang der Befreiung von den Vorschriften der StVO ab, Ha DAR **91** 338. Gewicht, Bedeutung und die Frage der Aufschiebbarkeit der Dienstaufgabe sind gegen die Folgen bei etwaiger Nichtbeachtung einer VRegel in der jeweiligen Lage unterwegs abzuwägen, KG NZV **00** 510 (Observierung einer Person), Ba VM **76** 94, Ce VRS **74** 220. Sofortige Erfüllung der Dienstaufgabe muss von richtig verstandenen Gemeininteresse aus wichtiger sein als der etwaige Nachteil bei Regelnichtbeachtung, Stu NZV **92** 123. Bei bloßen **Übungsfahrten** bevorrechtigter Institutionen (selbst soweit sie als Erfüllung hoheitlicher Aufgaben anzusehen sind), wird es an diesem Erfordernis vielfach fehlen, zB bei der faktischen Sperrung einer Str während einer Feuerwehrübung, VGH Mü v 13. 9. 05, 11 CS 05.987, juris. Daran scheitert die Inanspruchnahme von Sonderrechten auch, wenn die Dienstaufgabe ohne Nachteil später oder bei Beachtung der StVO ebenso erfüllt werden kann. Deshalb steht das Sonderrecht vor allem in dringenden Not- oder Eilfällen bei entsprechend vorrangiger öffentlicher Aufgabe zu, zB zur Beseitigung größerer Gefahr, zur Lebensrettung, zur Abwendung besonders schweren Schadens, bei der **Verfolgung von OW** idR nur, wenn dies niemand gefährdet oder schädigt (Rz 8, enger AG Tiergarten DAR **65** 182), also zB nicht, wenn der Opportunitätsgrundsatz die Verfolgung nicht erfordert. Das **Sonderrecht besteht nicht,** um einen Zeugen unter fremder Gefährdung (Durchfahren bei Rot) rechtzeitig zum Gericht zu bringen, Dr DAR **01** 214, *Jagow/Burmann/Heß* Rz 8, oder eine Sportmannschaft zum Stadion, einen Sportler ins Funkhaus, einen Politiker oder Staatsgast rechtzeitig zum Empfang oder Flugplatz, oder bei einem bloßen Ausflug der Feuerwehr im Gegensatz zur Einsatzfahrt oder der Fahrt zur Rückkehr zum Depot, sofern ein Folgeeinsatz ansteht, *D. Müller* SVR **06** 250, in aller Regel auch nicht, um einem gefährdend schnell, ohne Sicherheitsabstand oder sonst regelverletzend fahrenden Dienstfz hinterher- oder vorausfahrend durch riskante Fahrmanöver den Weg zu „bahnen". Keine Sonderrechte für Fahrten, die nicht unmittelbar hoheitlichen oder Rettungsaufgaben dienen, sondern nur deren Vorbereitung, AG Groß-Gerau NZV **92** 333 (zust *Göhler* NStZ **93** 72, abl *Kullik* PVT **93** 73, NZV **94** 59, 61, DAR **95** 126), Fra 2 Ws (B) 421/91 OWiG (s NZV **92** 334, abl *Kullik* PVT **98** 11, krit *Dickmann* NZV **03** 221), Fra StVE 6, s aber Rz 3. Zur Beurteilung, ob das Abweichen von den Regeln der StVO in diesem Sinne „dringend geboten" ist, steht dem FzF ein **Beurteilungsspielraum** zu, Ce VRS **74** 220, Stu NZV **92** 123, Fra ZfS **95** 85, KG VersR **98** 780, NZV **00** 510 (Anm *Müller* VD **01** 203). Beim Aufstellen des Sonderrechtsfz trotz Haltverbots hat die VSicherheit bei minderen Aufgaben mehr Vorrang als bei bedeutungsvollen, KG VM **77** 70. Zu § 35 bei Geschwindigkeitskontrollen aus links parkenden Fz der unteren StrVBehörde *Debus*

Sonderrechte § 35 StVO **2**

NZV **06** 561. Beim Abstellen eines PolFz durch wegen Sachbeschädigung zum Einsatzort gerufenen PolB wird das durch § 14 verfolgte Sicherungsinteresse vor unbefugter FzBenutzung Vorrang haben, Ce VD **07** 49, s auch § 14 Rz 20. Der Sonderrechtsfahrer muss sich nach dem Inhalt des Fahrbefehls und der ihm bekannten Lage richten. Ob für die Fahrer eines **Rettungsdienstes** höchste Eile iS von Va geboten ist, richtet sich nach dem Einsatzbefehl und dessen Glaubwürdigkeit, nicht nach späterer objektiver Betrachtung, die der Einsatzf nicht anstellen konnte (Kö VRS **59** 382, OVG Lüneburg ZfS **97** 397). Nach Va kann auch der Transport von Blutkonserven oder medizinischem Material die Inanspruchnahme von Sonderrechten rechtfertigen, wenn dieser unmittelbar den genannten Zwecken dient (Begr, Rz 1; OVG Lüneburg ZfS **97** 397). Ist höchste Rettungseile geboten oder darf der Fahrer hierauf jedenfalls nach den Umständen verständigerweise schließen, so darf er auch dann mit Blaulicht und Einsatzhorn fahren, wenn aus besonderen Gründen kein förmlicher Einsatzbefehl hierfür vorliegt (Bay VRS **59** 385, hierzu *D. Müller* VD **06** 199). Am hoheitlichen Charakter der Fahrt ändert sich in solchen Fällen auch dann nichts, wenn die Einsatzfahrt objektiv nicht erforderlich war (KG VM **89** 77). Zur Beurteilung im sog. Rendezvoussystem des Rettungsdienstes *Schröder* NZV **08** 281. Wer das Sonderrecht missbräuchlich beansprucht, handelt widerrechtlich und haftet straf- wie zivilrechtlich (Dü VersR **71** 185, *D. Müller* SVR **06** 250). Der VT darf nicht nachprüfen, ob das Sonderrecht befugt beansprucht wird, außer bei offensichtlicher Widerrechtlichkeit (zB freiwillige Feuerwehr auf Vergnügungsfahrt).

Gerichtlich nachprüfbar ist, ob das Fz überhaupt in den Kreis der Sonderrechtsträger nach I fällt, ob es eine vorrangig dringende öffentliche Aufgabe erfüllt hat, ob das Sonderrecht zu fremder Gefährdung berechtigte, ob das Abweichen von einer VRegel ermessensmissbräuchlich war, KG VersR **98** 780, Ba VM **76** 94. Soweit das Übermaßverbot (Rz 8) mitspricht, besteht stets Nachprüfbarkeit, denn es bestimmt die Grenzen der behördlichen Befugnis im Einzelfall verfassungskräftig. 6

1 b. Die nichtdeutschen Truppen des Nordatlantikpakts haben mit allen ihren Fz die StVO zu beachten, außer im Fall dringenden militärischen Erfordernisses (V), doch auch dann unter Berücksichtigung der öffentlichen Sicherheit und Ordnung (VIII), BGH NZV **90** 112. Von § 29 (übermäßige StrBenutzung) sind sie nur im Rahmen von Sonderregelungen oder Vereinbarungen befreit. Für diese Truppen regelt sich die StrBenutzung nach dem **Nato-Truppenstatut** 1951 (BGBl **61** II 1190) mit Zusatzvertrag 1959 (BGBl **61** II 1215). Der Vertrag sichert den stationierten Streitkräften und ihren Mitgliedern samt zivilem Gefolge die Benutzung der öffentlichen VWege zu. Deutschland erkennt die Fahrerlaubnisse und Führerscheine der Truppenangehörigen nebst zivilem Gefolge der Entsendestaaten an oder erteilt den bezeichneten Personen deutsche Fahrerlaubnisse zur Führung von Dienst- und Privatfz. Alle bezeichneten Personen haben die deutschen VRegeln zu beachten. Die Fahrer von Truppenfz, nicht Personen des zivilen Gefolges, dürfen nur bei dringendem militärischem Erfordernis unter Berücksichtigung der öffentlichen Sicherheit und Ordnung, soweit unvermeidbar, von VRegeln abweichen (Art 57 IVa ZA). Art 57 IVa ZA verdrängt die deutschen VVorschriften, BGH NZV **90** 112. StrBenutzung mit übergroßen oder überschweren Kfz und Anhängern (§ 29 III) ist nur gemäß Vereinbarung mit den StrVB zulässig, außerhalb solcher Vereinbarungen nur bei Unglücksfällen, Katastrophen oder „im Falle des Staatsnotstandes" (Art 57 IV b ZA). Die Pflicht, selbstgeschaffene VGefahren wieder abzuwenden, trifft auch die verbündeten Streitkräfte, BVGE **14** 304, JZ **66** 785. Diese können sich zwar bei der Erfüllung der ihnen obliegenden Sicherungsaufgabe Dritter bedienen, bleiben aber verkehrssicherungspflichtig, soweit die Aufgabe von dritter Seite nicht ausreichend erfüllt wird, BGH NZV **90** 112. Blaulicht und gelbes Rundumlicht vor überbreitem Panzer (3,75 m) mit über 1 m nach innen versetzten Scheinwerfern auf 7,5 m breiter Str bei Dunkelheit reicht nicht aus, BGH NZV **90** 112. Ob dringende militärische Erfordernisse gebieten, von VVorschriften abzuweichen, entscheidet die militärische Dienststelle, Bay NJW **60** 1070. *Bouska* DAR **63** 291. *Kodal* DAR **56** 229. Vereinbarungen über MilitärStr: Vwv Rn 7 f. Zur Frage eines Weisungsrechts von BW-Feldjägern oder ausländischer MilitätPol § 36 Rz 17. 7

1 c. Nur gemäß dem auch den Gesetzgeber bindenden **Übermaßverbot** (E 2) und unter Berücksichtigung der öffentlichen **Sicherheit und Ordnung** (VIII) dürfen die Sonderrechte beansprucht werden. Dabei zwingt das absolut vorrangige Übermaßverbot zur Wahl des jeweils am geringsten in die VOrdnung eingreifenden, andere weder gefährdenden noch gar schädigenden Mittels. Auch Gesichtspunkte der Wahrung der öffentlichen Ordnung werden übrigens fremde Gefährdung kaum und Schädigung nie rechtfertigen können und die öffentliche Sicher- 8 heit, zB bei der Verbrechensbekämpfung, allenfalls ganz ausnahmsweise (Rz 4). Die Ansicht, VIII „konkretisiere" das Übermaßverbot abschließend, also einengend, verkennt dessen Verfassungsrang als Teil des Rechtsstaatsprinzips (E 2). Sonderrechte dürfen **nur unter größtmöglicher Sorgfalt** wahrgenommen werden (BGH NJW **75** 648, Nü VRS **103** 321, KG VRS **108** 417, VersR **89** 268, Schl VersR **96** 1096, Kar VRS **72** 83). Es ist abzuwägen, welches Maß an Wagnis nach Dienstzweck und VLage zulässig ist (Ba VM **76** 94). Das Vorrecht rechtfertigt idR nicht das Durchfahren bei Rot mit einem begleiteten Schwertransport (Kar VersR **74** 38). Über **fremden Vorrang** darf sich der Wegerechtsfahrer nur hinwegsetzen, wenn er nach ausreichender Ankündigung sieht, dass der Verkehr ihm Vorrang einräumt (BGH NJW **71** 616, Jn DAR **00** 65, Fra VersR **81** 239, Ha VersR **82** 250, KG VM **89** 77, VersR **89** 268, VRS **82** 412, NZV **92** 456, Dü NZV **92** 489, Bra NZV **90** 198). Daher darf er nicht drauflosfahren (KG VM **89** 77), nicht in eine unübersehbare Lage hinein, ohne anhalten zu können (Kö VRS **9** 373 [Löschfz]), nicht ohne rechtzeitiges WarnZ (BGH VRS **9** 305), nicht bei Glatteis mit 40 km/h in eine Kreuzung bei Rot (KG VM **85** 77), nicht bei auf Grün umspringendem Ampelsignal einen Linksabbieger überholen, der ihn (mangels Signalhorn) evt. nicht bemerkt hat (KG NZV **08** 147 [wegen Verletzung 2. Rückschau des Abbiegers 50%]). Je mehr der Sonderrechtsfahrer von VRegeln abweicht, umso höhere Anforderungen sind an seine Sorgfalt zu stellen (KG VRS **108** 417, NZV **08** 147; 149), umso mehr muss er WarnZ geben und sich vergewissern, dass der Verkehr sie befolgt (BGH VRS **36** 40, VersR **74** 577, KG NZV **03** 126, VRS **105** 174, **100** 329, Dü NZV **92** 489). Besonders bei regelmäßigem Verkehr darf der Vorrechtsfahrer nicht auf allgemeine Berücksichtigung seines Vortritts vertrauen, er muss sich hiervon überzeugen (Nü VersR **77** 64, Dü VersR **88** 813). **Weiterfahrt bei Rot** nur bei Gewissheit, dass sich der Verkehr hierauf eingestellt hat (BGH NJW **75** 648, Bay VM **83** 9, Nü NZV **01** 430, VRS **103** 321, Ha VersR **97** 1547, KG VRS **105** 174, NZV **92** 456, **08** 149, Dü VM **89** 77, Bra NZV **90** 198), andernfalls Mithaftung des Halters des WegerechtsFz (Ha VersR **97** 1547, KG VM **89** 77 [jeweils zu ²/₃], **88** 321 [zu ³/₄], **81** 95 [Alleinhaftung], NZV **08** 149 [Alleinhaftung, Blaulicht bei nicht rechtzeitig und nicht lange genug eingeschaltetem Signalhorn], Nü DAR **00** 69 [Alleinhaftung, Blaulicht ohne Einsatzhorn], Schl VersR **96** 1096 [60%]). Innerorts wird der Wegerechtsfahrer darauf vertrauen dürfen, dass Kfz, die das Einsatzfz mit Blaulicht und Horn wahrnehmen müssen und noch ausreichend weit entfernt sind, ihn durchfahren lassen (Kö DAR **77** 324). In aller Regel darf nur die Rücksicht auf Behinderung oder Belästigung des Verkehrs zurücktreten (§ 1; s Rz 4). Auch stationierte **Streitkräfte** müssen VGefahr vermeiden (BVGE **14** 304). Nehmen überbreite Fz mehr als eine Fahrbahnseite ein, so ist die Straße entweder für den allgemeinen Verkehr zu sperren, oder an den einmündenden Straßen sind Warnposten aufzustellen, Sicherung durch Rundumlicht am Anfang und Ende der Kolonne genügt nicht (Mü VersR **76** 1165). Bei Manöverfahren der Bundeswehr befreit I von den Vorschriften der StVO, soweit dringende militärische Notwendigkeit dies erfordert (Ha DAR **91** 338 [was entgegen Ha bei Rückfahrt nach beendetem Manöver idR nicht erforderlich sein wird, *Booß* VM **92** 19]). Unter den Voraussetzungen von § 35 I dürfen BW-Verbände (§ 27) an Kreuzungen, Einmündungen und Engstellen unter ausreichender Warnung Vorrang beanspruchen (VkBl **71** 538). Auch die Vorrangbeanspruchung durch militärische FzVerbände unterliegt jedoch den Einschränkungen des VIII (Mü VRS **72** 170, *Janiszweski* NStZ **87** 404). Die Abwägung nach VIII ist gerichtlich nachprüfbar.

9   **2. Eine Erlaubnis** bleibt unter den organisatorischen und sachlichen Voraussetzungen des I erforderlich bei jeder übermäßigen StrBenutzung (§ 29) und bei Kolonnen von mehr als 30 Kfz im geschlossenen Verband (Abs II iVm § 27). Erlaubnisverfahren, Dauererlaubnis, Bedingungen, Auflagen: Vwv Rn 3 ff. Kolonnen bis zu 30 Fz benutzen die Straße nach der Fassung von II nicht übermäßig.

10   Auch die **Bundeswehr** darf Straßen nur im Rahmen des Gemeingebrauchs nutzen, sonst bedarf sie grundsätzlich der Erlaubnis (II). Im Rahmen von Vereinbarungen darf sie für den Militärverkehr ausgebaute und freigegebene Straßen auch ohne Erlaubnis nutzen (III). BW-Vereinbarungen: Vwv Rn 7. Richtlinien hierfür, VkBl **59** 90, **65** 319. Sie betreffen ein Fernstraßensystem, das der BW Bewegungsfreiheit verschafft, und Straßen zwischen Garnisonsorten, die der Truppe die Bewegung zwischen Werkstätten, Unterbringungs- und Übungsplätzen ermöglichen. Darüber hinausgehende Benutzung öffentlicher Wege (Manöver uä) nur gegen Entschädigung (BundesLeistungsG). Sperrbefugnisse der BW: § 2 UZwGBw mit AV (VMBl **65** 381). Ausübung der BW-Sonderrechte, VMBl **59** 387, **60** 77. *Haeger* NJW **61** 764.

Sonderrechte § 35 StVO **2**

3. Unglücksfälle, Katastrophen, Störung der öffentlichen Sicherheit oder Ordnung, **11** **Spannungs- und Verteidigungsfall, Abwehr von Gefahren für den Bestand des Bundes.** In diesen Fällen dürfen die Sonderrechte gemäß I ohne die Beschränkungen in II, III ausgeübt werden (IV). Übermäßige StrBenutzung und Großkolonnen sind hier also ohne Erlaubnis oder Vereinbarung unbeschränkt zulässig. Abweichen von der StVO auch hier nur unter Berücksichtigung der öffentlichen Sicherheit und Ordnung (VIII). Geschlossener Verband: § 27. Abwehr von Gefahren für den Bestand des Bundes: Art 91, Art 87 IV GG. VRegelung und Objektschutz durch die Streitkräfte im Spannungs- und Verteidigungsfall: Art 87a III GG.

4. Wegerechtsfahrzeuge. Anzeigen des Vorrechts: § 38 StVO. Wegerechtsfz: Abs V a **12** (Rettungsdienstfz) und § 52 III, § 55 StVZO. Wegerechtsfz nicht in I genannter Organisationen dürfen das Vorrecht des Fahrens mit Blaulicht und Horn ausüben (Warnung) und sind unter den Voraussetzungen von V a von den Vorschriften der StVO befreit (§ 38 Rz 10). Kennzeichnung von Arztfz bei ärztlicher Hilfe § 46 Rz 19.

5. Straßenwartungsfahrzeuge, Müllabfuhr, Warnkleidung. Alle in VI bezeichneten **13** Wartungs- und Reinigungsfz sind durch rot-weiße Warnmarkierungen zu kennzeichnen (Vwv Rn 14 ff). Nur bei entsprechender Kennzeichnung dürfen sie, soweit die Verwendung dies erfordert, ohne Beachtung der VRegeln, jedoch unter Beachtung von § 1, Hb VM **57** 17 (Straßenbeleuchtung), Ko VersR **94** 1320, überall und in jeder Richtung fahren und halten (VI, Begr). Lediglich auffällige anderweitige Kennzeichnung (orangefarbener Anstrich und gelbe Rundumleuchte) genügt nicht, Ol VM **80** 52. Das Hineinragen eines mit Warnanstrich versehenen Baufz in die Fahrbahn um 0,50 m auf übersichtlicher Strecke ist nicht pflichtwidrig, Ko VersR **80** 239. VI befreit im Rahmen von VIII vom Haltverbot (Z 283), KG VM **77** 70. In aller Regel werden Randstreifen (Bankette) im Rechtsfahren abzuräumen sein, im Linksfahren entgegen der Fahrtrichtung nur, wenn ganz besondere Umstände dies erfordern, weniger eng möglicherweise Ba VM **76** 94. Eine allgemeine Befreiung von den VVorschriften im Umfang des Abs I gewährt Abs IV nicht, Ko VersR **94** 1320, Jn DAR **00** 65. StrDienstfz sind nach § 8 wartepflichtig und müssen auch bei Rot (§ 37) warten, weil ihr Einsatz ein Abweichen von der Wartepflicht nicht fordert, Jn DAR **00** 65. Ein nach Aufleuchten von Grün begonnener Kehrvorgang im Kreuzungsbereich darf aber auch dann beendet werden, wenn die LZA inzwischen erneut umgeschaltet hat und nunmehr dem QuerV freie Fahrt gewährt, Jn DAR **00** 65, Dü VersR **82** 656. Auch **Fz im StrWinterdienst** fallen unter VI (Vwv Rn 13). Befahren des linken AB-Fahrstreifens mit nur 15 km/h durch SchneeräumFz mit Rundumleuchte erfordert keine zusätzlichen Sicherungsmaßnahmen, Bra NZV **02** 176 (jedoch – wie der Fall zeigt – zu empfehlen). **Anlagen im StrRaum** iS von VI S 1 sind nicht nur solche mit unmittelbarer Bedeutung für den Verkehr, sondern zB auch Abwasser- und Versorgungsleitungen sowie im Boden verlegte Kabel; Abs VI gilt daher unter den übrigen Voraussetzungen von S 1 auch zB für Fz der Wasser- Gas-, Stromversorgungsunternehmen und der Telekommunikation. An einsammelnden Fz der **Müllabfuhr** ist langsam und mit ausreichendem Zwischenraum vorbeizufahren, Ha VRS **35** 58, Dü VRS **64** 458, Zw VM **82** 6, idR mit Schrittgeschwindigkeit oder 2 m Mindestabstand, Ha NJW-RR **88** 866, LG Münster ZfS **02** 422. Ihnen ist, auch im Hinblick auf zu erwartendes Anfahren, besondere Aufmerksamkeit zu widmen, KG VM **96** 21. Besondere Verantwortlichkeit der Müllwagenfahrer und entsprechende Überwachungspflicht des Unternehmers, Dü VersR **71** 573. Bei der Abwägung hinsichtlich des Sonderrechts fällt Müllabfuhr als bedeutungsvolle Aufgabe ins Gewicht, KG DAR **76** 268. Nach Sinn und Zweck des Abs VI wird der Begriff „Müll" weit auszulegen sein und nicht nur unverwertbaren Abfall, sondern auch andere von den Haushalten der Entsorgung zugeführte Stoffe umfassen, die einer Wiederverwertung zugeführt werden können. Verdeckende Aufstellung eines Müllfz vor einer Kreuzung mit Z 206 kann uU rechtmäßig sein (aber Mithaftung aus BG), KG VersR **77** 723. **Fz zur Gehwegreinigung** sind an die Gesamtgewichtsgrenze von VI S 1 und 2 gebunden, die Führer solcher Fz haben sicherzustellen, dass dabei weder die Gehwege noch darunter liegende Versorgungsleitungen beschädigt werden (VI S 3).

Auffällige Warnkleidung müssen außerhalb von Gehwegen und Absperrungen alle Perso- **14** nen tragen, die bei den in VI bezeichneten Fz tätig sind oder die Straßen und StrAnlagen beaufsichtigen, Müllwerker, auf die der Verkehr stets Rücksicht zu nehmen hat, und Bedienstete der StrReinigung. Warnkleidung muss bei jeder Witterung und unter allen Sichtverhältnissen auffällig wirken, um hinreichend zu sichern (zB rückstrahlendes Orange, Vwv Rn 18, s Rz 2a), übliche Berufskleidungsfarben, zB Weiß, reichen dazu nicht aus, Dü VM **75** 8, Booß VM **75** 8, Berr DAR **84** 12, zur Warnwestenpflicht Dauer VD **05** 283. Arbeiten nahe beim vorschriftsmäßig gekennzeichneten Wartungsfz entbinden nicht von der Pflicht zum Tragen von Warnkleidung, Ha VM **58** 71 (Weichenreinigen).

15 **6. Messfahrzeuge der Regulierungsbehörde für Telekommunikation.** Nach der Neufassung von Abs VII durch ÄndVO v 11. 12. 00 dürfen nur *Messfahrzeuge* der Regulierungsbehörde für Telekommunikation und Post Sonderrechte in Anspruch nehmen, indem sie auf allen Straßen und Straßenteilen zu allen Zeiten fahren und halten dürfen, soweit ihr hoheitlicher Einsatz dies erfordert. Besondere Kennzeichnung der privilegierten Fz ist Voraussetzung. Im Gegensatz zur bis zum 31. 1. 01 geltenden früheren Fassung von Abs VII (36. Aufl) unterliegt es nun keinem Zweifel mehr, dass die Fz von **Postunternehmen,** sei es der Post AG oder privater Unternehmen, bei der Zustellung von Postsendungen oder im Zusammenhang mit dem Leeren von Briefkästen nach § 35 VII nicht von den Vorschriften der StVO befreit sind. Daher wurde am 15. 5. 00 eine **Ausnahmegenehmigung** zugunsten der Post AG (und der von ihr beauftragten Subunternehmen) zum Befahren von Fußgängerbereichen und zum Halten trotz HaltverbotsZ im Bereich von 10 m vom zu leerenden Briefkasten erteilt (VkBl **03** 783).

16 **Nur soweit es der hoheitliche Einsatz erfordert,** steht das Sonderrecht zu, und zwar stets unter Berücksichtigung der öffentlichen Sicherheit und Ordnung (VIII), Ha NZV **95** 402, LG Mü I NJW-RR **04** 238. Maßstab ist das auf die jeweilige Dienstaufgabe ausgerichtete, gerichtlich insoweit nachprüfbare Ermessen. Das Erfordernis ist zB bei Befahren des Geh- oder Radweges mit Kfz erfüllt, wenn das anderenfalls in kürzesten Abständen notwendige Einordnen in den fließenden V zu erheblichen Schwierigkeiten und Gefahren führen würde, LG Bielefeld VersR **81** 938.

17 **Auf allen Straßen und Straßenteilen** im Rahmen des Unumgänglichen steht das Sonderrecht zu, also auch auf Geh- und anderen Sonderwegen (für Fz bis zu 2,8 t), auf für den Fahrverkehr gesperrten StrFlächen (Z 250, Fußgängerzonen). Zur Berechtigung, mit Postfz auch dem KfzVerkehr entwidmete Strn zu befahren, BVerwG NZV **89** 445 ("autofreie Ferieninsel"). Näher zum Verhältnis der Sonderrechte des § 35 zum StrRecht *Lorenz* DÖV **90** 517.

18 **Ohne zeitliche Beschränkung** steht es zu, es befreit daher die bezeichneten MessFz auch vom Lkw-Sonn- und Feiertagsverbot (§ 30 III).

19 **Auf das Fahren und Halten (Parken)** ist im Übrigen das Sonderrecht beschränkt, alle anderen VRegeln sind einzuhalten. Es befreit vor allem von Halt- und Parkbeschränkungen, auch von etwaigen Sperrzeiten beim Halten und Parken (§ 12). Die Befreiung betrifft die Z 250, 251, 253, 286, 290, 299, nicht zB die Z 262 bis 277, aber zB, bei Beachtung von Abs VIII, auch den Bereich des Z 283. In zweiter Reihe darf, wenn anders nicht möglich, bei nur geringer Behinderung kurz gehalten werden, AG Berlin-Tiergarten VersR **74** 508 (dann auch kein Verstoß gegen § 1). Bei Unvermeidbarkeit dürfen Fz bis zu 2,8 t mit besonderer Vorsicht auch Geh- und andere Sonderwege benutzen.

20 **Keine Befreiung** besteht zB vom Rechtsfahr-, Rechtspark- und -haltegebot, von den allgemeinen Geschwindigkeitsbeschränkungen, von § 1, den Überhol- und Vorfahrtregeln, von der Pflicht zur äußersten Sorgfalt beim Einfahren, Anfahren und Abbiegen in Grundstücke, Kö 7 U 122/74. Das Fahren gegen den Einbahnverkehr oder fahrbahnverengendes Parken oder Halten bei Dunkelheit wird idR VIII verletzen.

21 **Die öffentliche Sicherheit und Ordnung** setzt auch dem Sonderrecht nach Abs VII Grenzen und ist gebührend zu berücksichtigen (vgl Rz 8). Das setzt sorgfältige Abwägung voraus, denn jedes Abweichen von VRegeln fordert erhöhte Sorgfalt, Dü VRS **64** 458. Ordnungswidrig ist das Gefährden von Sachen, zB des Gehwegs durch zu schwere Last, das unnötige Behindern von Bauarbeiten, gefährdend jedes Fahren, Halten oder Parken, das Dritte schädigen oder vermeidbar behindern kann, idR auch zeichenverdeckendes Halten oder Parken, überhaupt Nichtbeachtung der in § 12 I Nr 1 bis 5, 6 d, 6 e und 7 bezeichneten Sachlagen. Vermeidbare Behinderung oder Belästigung ist unzulässig, soweit verständigerweise vorhersehbar, während unvermeidbare geringe Behinderungen oder Belästigungen hingenommen werden müssen. Verstöße gegen diese Grundsätze machen das Verhalten rechtswidrig.

22 **7. Ordnungswidrig** (§ 24 StVG, § 49 StVO) handelt, wer entgegen VI 1, 2 oder 3 auf Gehwegen mit Fz über 2,8 t bzw 3,5 t bei zu hohem Reifendruck reinigt oder dabei die Vermeidung von Schäden nicht sicherstellt (§ 49 IV Nr. 1), wer entgegen VI S 4 keine auffällige Warnkleidung trägt (§ 49 IV Nr. 1a), wer entgegen § 35 VIII Sonderrechte ausübt, ohne die öffentliche Sicherheit und Ordnung gebührend zu berücksichtigen (§ 49 IV Nr. 2), dann – so-

weit Abs 1 eingreift – nicht auch OW wegen Verstoßes gegen andere Vorschriften der StVO (Bay VM **83** 9, KG VRS **68** 299, NZV **00** 510 m Anm *D. Müller* VD **01** 203). Wer dagegen Sonderrechte unbefugt ausübt (sich anmaßt), oder seinen Beurteilungsspielraum überschreitet und deswegen ein nicht bestehendes Sonderrecht ausübt, fällt, soweit § 49 den Tatbestand ausdrücklich bezeichnet, unter die verletzte StVO-Vorschrift (*D. Müller* VD **01** 206). Unverschuldeter Verbotsirrtum über das Sonderrecht: Ha VRS **19** 198. Die Verletzung des § 35 bzw. der verletzten StVO-Regel kann unter dem Aspekt von §§ 222, 229 StGB **Strafbarkeit** auslösen (*Pießkalla* NZV **07** 438), in seltenen Ausnahmefällen (aM wohl *Pießkalla* aaO) auch eine solche nach § 315c StGB.

8. Zivilrecht. Einhaltung der VVorschriften ist **Amtspflicht** des Kfzf und des Streifenführers bei Einsatzfahrten gegenüber jedem VT, KG VRS **56** 241, VM **82** 37, Ol VersR **63** 1087. Bei einem Unfall der Feuerwehr auf Dienstfahrt können Ansprüche auch nach § 839 BGB, Art 34 GG entstehen, BGH VersR **58** 688. Einsatzfahrt eines KatastrophenschutzFz ist hoheitliche Tätigkeit, Haftung nach § 839 BGB, Art 34 GG neben § 7 StVG, KG VM **82** 37. Bei schuldhaft ermöglichter missbräuchlicher Fahrt uU Amtshaftung, Dü VersR **71** 185. Zur Amtshaftung bei nicht durch § 35 gedecktem Verstoß gegen § 14 Abs II s dort Rz 20. Nichtbeachtung dienstlicher Anweisung oder Befehle über das Verhalten im StrV begründet Amtspflichtverletzung, Mü VersR **76** 1165. Städtische Müllabfuhr als hoheitliche oder privatrechtliche Tätigkeit: § 16 StVG Rz 17. Anwendbarkeit von § 839 I 2 BGB bei schuldhafter Schadensverursachung unter Inanspruchnahme von Sonderrechten: § 16 StVG Rz 20. Die Befreiung von der Beachtung deutscher Vorschriften berührt die Haftung der Natotruppe nicht, Mü VersR **76** 1165. Wer sich auf ein Sonderrecht des die Fahrbahn eines bevorrechtigten Pkw kreuzenden UnfallrettungsFz beruft, muss die seine Vorfahrt begründenden Umstände beweisen, BGH NJW **62** 1767, KG VRS **105** 174. Vor dem Durchfahren einer Kurve auf enger Str muss die Besatzung eines Panzers den GegenV **wirksam warnen**, Schl NZV **93** 113. Wird vor einem Verband überbreiter Kfz ausreichend gewarnt, so muss der GegenV auch unter übersichtlichen Verhältnissen damit rechnen, dass solche Fz beim Abbiegen in eine BundesStr vorübergehend die andere Fahrbahn einengen, BGH VersR **73** 35. Zur **anteiligen Haftung** bei Kollision des bei Rot durchfahrenden EinsatzFz Rz 8; Fra VersR **79** 1127, KG VRS **105** 107, VM **82** 37, Jn SVR **07** 299. Konnte der Vorfahrtberechtigte blaues Blinklicht und Einsatzhorn nicht wahrnehmen, kommt Alleinhaftung des Halters des EinsatzFz in Frage, KG VersR **89** 268. Die BG des SonderrechtsFz kann völlig zurücktreten, wenn ein FzF kurz vor dessen Herannahen unverhofft den Fahrstreifen wechselt, Dü VersR **88** 813. Dass ein **verfolgender Streifenwagen** verunglückt, hat der mit 120km/h Flüchtender zu vertreten (Nü VM **80** 45, dazu § 16 StVG Rz 5, § 142 StGB Rz 78). Ein Unfall des verfolgenden PolWagens ist durch den Verfolgten nur adäquat verursacht, wenn die Rechtsverletzung durch den Verfolgten noch andauert, nicht auch bei bloßem Überfahren von Rot, wenn gegen den Verfolgten ein Steckbrief besteht, Dü VersR **70** 713. Kein Schadensersatzanspruch bei Schädigung durch das verfolgende PolFz, wenn der Geschädigte die Verfolgung herausgefordert hat und das Verhalten der PolBen rechtmäßig war, Ce VRS **100** 248. Zur Haftung bei rechtmäßigem Verhalten nach §§ 59, 60 ASOG Berlin: KG NZV **05** 417.

Lit: *Cimolino/Dickmann* Die Sonder- und Wegerechte von NotarzteinsatzFz im StrV, NZV **08** 118. *Dickmann,* Sonderrechte mit dem Privat-Pkw? – Problematiken des § 35 StVO für Mitglieder der Freiwilligen Feuerwehren, NZV **03** 220. *Eiffler,* Zum Verhältnis von straßenverkehrsrechtlichen Sonderrechten und strafrechtlichen Sondernutzungen, NZV **00** 319. *Krumme,* Sonderrecht und Wegerecht der Feuerwehr bei Übungsfahrten, DAR **75** 151. *Kullik,* „Sonderrecht" (§ 35 I StVO) und „Wegerecht" (§ 38 I StVO) – eine Gegenüberstellung, NZV **94** 58. *Lorenz,* Die Bedeutung der Sonderrechte gem § 35 StVO in ihrem Verhältnis zum StrRecht, DÖV **90** 517. *D. Müller,* Sonderrechte und Wegerecht für Rückfahrten vom Einsatzort?, SVR **06** 250; *ders.,* Rückfahrten vom Einsatzort…, VD **06** 199. *Riecker,* Das „Kolonnenvorrecht" der Bundeswehr, VersR **82** 1034.

II. Zeichen und Verkehrseinrichtungen

Zeichen und Weisungen der Polizeibeamten

36 (1) ¹Die Zeichen und Weisungen der Polizeibeamten sind zu befolgen. ²Sie gehen allen anderen Anordnungen und sonstigen Regeln vor, entbinden den Verkehrsteilnehmer jedoch nicht von seiner Sorgfaltspflicht.

(2) **An Kreuzungen ordnet an:**
1. Seitliches Ausstrecken eines Armes oder beider Arme quer zur Fahrtrichtung:
„Halt vor der Kreuzung".
Der Querverkehr ist freigegeben.
Hat der Beamte dieses Zeichen gegeben, so gilt es fort, solange er in der gleichen Richtung winkt oder nur seine Grundstellung beibehält.
Der freigegebene Verkehr kann nach den Regeln des § 9 abbiegen, nach links jedoch nur, wenn er Schienenfahrzeuge dadurch nicht behindert.
2. Hochheben eines Armes:
„Vor der Kreuzung auf das nächste Zeichen warten",
für Verkehrsteilnehmer in der Kreuzung:
„Kreuzung räumen".
(3) Diese Zeichen können durch Weisungen ergänzt oder geändert werden.
(4) **An anderen Straßenstellen**, wie an Einmündungen und an Fußgängerüberwegen, haben die Zeichen entsprechende Bedeutung.
(5) [1]Polizeibeamte dürfen Verkehrsteilnehmer zur Verkehrskontrolle einschließlich der Kontrolle der Verkehrstüchtigkeit und zu Verkehrserhebungen anhalten. [2]Das Zeichen zum Anhalten kann der Beamte auch durch geeignete technische Einrichtungen am Einsatzfahrzeug, eine Winkerkelle oder eine rote Leuchte geben. [3]Mit diesen Zeichen kann auch ein vorausfahrender Verkehrsteilnehmer angehalten werden. [4]**Die Verkehrsteilnehmer haben die Anweisungen der Polizeibeamten zu befolgen.**

Begr zu § 36

1 **Zu Absatz 1:** *Weisungen und Zeichen der Polizeibeamten unterscheiden sich grundsätzlich dadurch, dass jene sich nur an einzelne bestimmte Verkehrsteilnehmer richten (Einzelverfügung), diese aber an alle, die es angeht (Allgemeinverfügung). Die Unterscheidung ist nötig, weil nach Absatz 3 die Weisungen den Zeichen der Polizeibeamten vorgehen sollen. Da beide Arten von Anordnungen praktisch ineinander übergehen, will die Verordnung Klarheit dadurch schaffen, dass sie allein bestimmte Handbewegungen der Polizeibeamten in Absatz 2 als sogenannte Zeichen heraufstellt. Alle übrigen Anordnungen der Polizeibeamten sind sonach Weisungen. Sie können sowohl durch Winken als auch durch Zuruf oder Pfeifen gegeben werden und müssen nur deutlich genug sein, um rechtliche Bedeutung zu erlangen.*

2–9 *Satz 2 klärt das Verhältnis dieser Weisungen und Zeichen zu anderen Anordnungen und sonstigen Regeln. Was der Polizeibeamte anordnet, soll „allen" anderen Anordnungen und Regeln vorgehen. Anordnungen sind sowohl die durch die allgemeinen Verkehrsregeln gegebenen wie die folgenden Sonderanordnungen; sonstige Regeln finden sich gleichfalls in den allgemeinen Verkehrsregeln, aber auch unter den Richtzeichen (z. B. das positive Vorfahrtzeichen). Dass auch die Zeichen und Weisungen der Polizeibeamten Anordnungen sind, ergibt das Wort „andere" ...*

10 **Begr** zur ÄndVO v 19. 3. 92 (VkBl **92** 187):
Zu Abs 5: *Für eine effiziente Überwachung durch die Polizei und für die Sicherheit der Polizeibeamten ist es erforderlich, dass Verkehrsteilnehmer auch von einem nachfolgenden Polizeifahrzeug angehalten werden können. Hierdurch werden lange Verfolgungsfahrten und riskante Überholmanöver bei der Verfolgung von Straftätern vermieden. Die neue Regelung verringert die bei dem bisherigen Verfahren auftretenden Gefahren für die anhaltenden Polizeibeamten, die eventuellen Straftätern z. B. im Scheinwerferlicht ausgesetzt waren ....*

Ergänzende Begründung des Bundesrates zu Satz 1
Die Änderung soll klarstellen, dass die Polizei berechtigt ist, auch ohne konkreten Anlass eine Verkehrskontrolle zu dem Zweck durchzuführen, die Fahrtüchtigkeit von Fahrzeugführern festzustellen. Dies hat insbesondere Bedeutung für Kontrollen zur Feststellung von Fahrzeugführern, die durch Alkoholgenuss fahruntüchtig sind. Eine Verpflichtung der kontrollierten Verkehrsteilnehmer, etwa an einem Atemalkoholtest aktiv mitzuwirken oder eine Blutentnahme (§ 81a StPO) ohne konkreten Verdacht zu dulden, wird dadurch nicht begründet.

Vwv zu § 36 Zeichen und Weisungen der Polizeibeamten

Zu Absatz 1

11 1   I. *Dem fließenden Verkehr dürfen nur diejenigen Polizeibeamten, die selbst als solche oder deren Fahrzeuge als Polizeifahrzeuge erkennbar sind, Zeichen und Weisungen geben. Das gilt nicht bei der Verfolgung von Zuwiderhandlungen.*

Zeichen und Weisungen der Polizeibeamten § 36 StVO **2**

2   II. *Weisungen müssen klar und eindeutig sein. Es empfiehlt sich, sie durch Armbewegungen zu geben. Zum Anhalten kann der Beamte eine Winkerkelle benutzen oder eine rote Leuchte schwenken.*

Zu den Absätzen 2 und 4

3   I. *Ist der Verkehr an Kreuzungen und Einmündungen regelungsbedürftig, so sollte er vorzugsweise durch Lichtzeichenanlagen geregelt werden; selbst an besonders schwierigen und überbelasteten Kreuzungen werden Lichtzeichenanlagen im Allgemeinen den Anforderungen des Verkehrs gerecht. An solchen Stellen kann es sich empfehlen, Polizeibeamte zur Überwachung des Verkehrs einzusetzen, die dann erforderlichenfalls in den Verkehrsablauf eingreifen.*   12

4   II. *Wenn besondere Verhältnisse es erfordern, kann der Polizeibeamte mit dem einen Arm „Halt" anordnen und mit dem anderen abbiegenden Verkehr freigeben.*   13

5   III. *Bei allen Zeichen sind die Arme so lange in der vorgeschriebenen Haltung zu belassen, bis sich der Verkehr auf die Zeichen eingestellt hat. Die Grundstellung muss jedoch bis zur Abgabe eines neuen Zeichens beibehalten werden.*   14

6   IV. *Die Zeichen müssen klar und bestimmt, aber auch leicht und flüssig gegeben werden.*   14a

Zu Absatz 5

7   I. *Verkehrskontrollen sind sowohl solche zur Prüfung der Fahrtüchtigkeit der Führer oder der nach den Verkehrsvorschriften mitzuführenden Papiere als auch solche zur Prüfung des Zustandes, der Ausrüstung und der Beladung der Fahrzeuge.*   15

8   II. *Straßenkontrollen des Bundesamtes für den Güterverkehr (§ 12 Abs. 1 und 2 GüKG) sollen in Zusammenarbeit mit der örtlich zuständigen Polizei durchgeführt werden.*   16

Übersicht

Achtungszeichen 23
Anhalten, zur Verkehrskontrolle 10, 15, 16, 24 f
Anordnungen 1, 2–9, 20

Befolgung, sinngemäße 21

Erkennbarkeit von Zeichen und Weisungen 11, 14a, 17

Haltzeichen 10, 13, 22

Militärpolizei 17

Ordnungswidrigkeiten 27

Polizeibeamter 1, 2–9, 18–20

Schülerlotse s. Verkehrshelfer
Sinngemäße Befolgung 21
Strafrecht 28

Verkehrserhebungen 24 f
Verkehrshelfer 17, 26
Verkehrskontrolle 15, 16, 24
Verkehrsregeln 2–9, 20
Vorrang der Zeichen und Weisungen 2–9, 20
Weisungen 1, 2–9, 11, 18–20
–, Vorrang 2–9, 11
Zeichen der Polizeibeamten 1, 2–9, 18–20
– Vorrang 2–9, 20
Zivilrecht 26

1. Zu befolgen sind die Zeichen und Weisungen der PolB von allen VT in dieser Eigenschaft, Ha MDR **76** 781, auch von Fußgängern außerhalb bezeichneter Übergänge, aber noch innerhalb der Kreuzungsbereiche, Bay VRS **17** 297, oder von Schienenfz im allgemeinen VBereich, Neust DAR **52** 44. Die Weisung muss **erkennbar von einem PolB** ausgehen, Ha JZ **72** 372. Sind PolB in Zivil nicht als solche deutlich erkennbar, so muss die Weisung nicht befolgt werden, Herausstrecken einer Kelle aus einem als solches nicht kenntlichen PolFz genügt nicht, Bay VRS **48** 232. Im fließenden Verkehr müssen Beamte, die Zeichen und Weisungen erteilen, durch Kleidung oder durch ihr PolFz erkennbar sein (Vwv Rn 1), Sa VRS **47** 387. Weisungen darf jeder für den allgemeinen Verkehr zuständige Beamte erteilen, auch bei innerdienstlicher Unzuständigkeit, Ha JZ **72** 371. Sie sind nicht allein deswegen unwirksam, weil sie gegen interne Vwv verstoßen, also zunächst zu befolgen, Bay DAR **75** 137. Es genügt, dass die Weisung zwecks Verkehrsregelung gegeben und vom PolB nach pflichtgemäßem Ermessen für erforderlich gehalten wird, Ha VRS **54** 70. Nur nichtige oder rechtlich oder tatsächlich unausführbare Weisungen brauchen nicht befolgt zu werden, Ha VRS **54** 70, *Bouska* DAR **84** 35. Die Weisung, Glassplitter zu durchfahren, ist allenfalls bei polizeilichem Notstand rechtmäßig, andernfalls nichtig und muss nicht befolgt werden, jedoch muss der Kf auf Weisung beiseitefahren, Kö NJW **79** 2161, zw *Stelkens* NJW **80** 2174. Telefonische Weisung genügt, wenn sie erkannter-   17 maßen von der Pol ausgeht, Ha JZ **72** 372, zw *Möhl* JR **72** 431, abl *Booß* VM **72** 71. **Verkehrshelfer** (zB Schülerlotsen) sind nicht Beamte, ihre Zeichen sind warnende Hinweise, Dü VRS **36** 30. Sie haben keine obrigkeitlichen Befugnisse, § 42 Rz 164–179. Nichtbefolgen ihrer Hinweise ist nicht ow, *Bormuth* NZV **92** 298. Die Nichtbeachtung von Zeichen oder Weisungen von **BW-Posten** zur VWarnung oder Vorrangregelung ist für sich allein nicht ow, s VkBl **71** 538, jedoch kann sie gegen eine andere Vorschrift verstoßen. **BW-Feldjäger** üben keine verkehrsregelnde Funktion aus und haben keine Weisungsbefugnis im zivilen StrV. Das Gleiche gilt für **ausländische MilitärPol,** auch in überwiegend oder ausschließlich von Angehörigen der Truppe und ihren Familien bewohnten Gebieten außerhalb militärischer Bereiche; jedoch empfiehlt sich die Beachtung von Warnsignalen und Hinweisen bei StrBenutzung durch Militär-FzKolonnen sowie bei Unfällen und Gefahr.

Lit: *Bouska,* Weisungen der Pol nach § 36 StVO, DAR **84** 33. *Dvorak,* Polizeiliches Haltegebot zur VKontrolle …, JR **82** 446. *Geppert,* Zur Einführung verdachtsfreier Atemalkoholkontrollen aus rechtlicher Sicht, *Spendel*-F S 655. *Kullik,* Kontrollbefugnisse der Pol im StrV, BA **88** 360. *Weigelt,* Kein blinder Gehorsam gegenüber PolB, DAR **61** 11.

18   **1a. Die Zeichen der PolB** richten sich stets an alle VT, die es angeht, weil sie am gerade zu regelnden VVorgang teilnehmen (Allgemeinverfügungen, Begr). Darin unterscheiden sie sich von individuellen Weisungen, die ein zuständiger PolB aus triftigem Grunde überall im Verkehr an einzelne VT oder Gruppen von solchen im Rahmen von § 6 StVG geben darf. Nur zwei Zeichen sieht die StVO vor, deren Nichtbeachtung ow ist, nämlich das seitliche Ausstrecken eines oder beider Arme (II Nr 1, Rz 22) und das Hochheben eines Armes (II Nr 2, Rz 23). Individuelle Weisungen (Rz 19, 20) gehen diesen Zeichen vor (Begr).

19   **1b. Weisungen** richten sich stets an einzelne VT oder klar begrenzte Gruppen von solchen (Begr), regeln eine konkrete Lage, BVerwG DAR **75** 250, Kö VRS **57** 143, **64** 59, Ha VRS **52** 208, Dü DAR **94** 330, und unterscheiden sich dadurch von den Zeichen (Rz 18), denen sie vorgehen. Eine Weisung ist ein sofort vollziehbarer Verwaltungsakt (§ 80 II VwGO), Dü DAR **80** 378. Sie kann in beliebiger Form ergehen, unmittelbar oder durch Zuruf, Wink, Pfiff, eindeutige Handbewegung (Begr), muss jedoch deutlich anordnen, was geschehen soll, Kö VM **77** 53, wobei Unklarheit den Betroffenen nicht belastet, Kö VM **77** 54, Kar VM **96** 8. Maßgebend ist ihr erkennbarer Inhalt, bezogen auf die Sachlage. Die Weisung muss **unmittelbar einen VVorgang regeln** wollen, BGHSt **32** 248 = NJW **84** 1568, BVerwG DAR **75** 250, Ha MDR **76** 781, Kö VRS **57** 143, **64** 59, Ko VRS **71** 70, Dü VM **86** 72, *Janiszewski* NStZ **83** 513, *Bouska* DAR **84** 33, auch des ruhenden Verkehrs, Br VkBl **59** 260, Kö VRS **20** 300, auch wenn der Betroffene danach einen geringen Umweg fahren muss, Ha VRS **54** 70. Nach hM meint § 36 I nur unmittelbar verkehrsregelnde Verfügungen, nicht dagegen solche Anordnungen, die nur die Beseitigung oder Verhütung eines vorschriftswidrigen Zustands oder Verhaltens bezwecken, BVerwG VM **75** 75, Ha DAR **78** 27, Dü VRS **60** 149, DAR **94** 330, Ko VRS **61** 68, Kö VRS **67** 62, *Bouska* DAR **84** 33, aM Ha VRS **52** 208 (Aufforderung zur Unterlassung belästigenden Parkens), Ha VRS **46** 397 (Anordnung, die Fahrt wegen Überschreitung der Tageslenkzeit nicht fortzusetzen), Stu NJW **84** 1572 (Anhalten eines Kf, um Geschwindigkeitsüberschreitung zu beenden). **Keine Weisung** iS von § 36 I daher die Aufforderung, ein abgestelltes Fz zu verschließen, Ce VM **66** 94, die gesperrte Fläche einer Str zu verlassen, Ha DAR **78** 27, oder die Auflagen einer Ausnahmegenehmigung einzuhalten, Kö VRS **67** 62, auch nicht die Weisung einer Streifenwagenbesatzung, die ergeht, um ein rascheres Eintreffen am Einsatzort zu ermöglichen, Stu VRS **61** 223 (Nichtbefolgen möglicherweise aber Verstoß gegen § 1 II) krit Anm *Dvorak* PVT **83** 38. Keine Weisung iS von Abs I, wenn sich der PolB ersichtlich auf einen bloßen Hinweis beschränken, aber keine Anordnung treffen will, Ce VM **66** 166, Ol VM **56** 35 (Hinweis auf VSperre, die zu beachten sei). Ein bloßes HupZ kann keine Weisung sein, Dü VM **65** 46. Die Weisung, ein Kfz heranzufahren, ersetzt keine FE, Bay VM **62** 9. **Beispiele für Weisungen** dagegen: die im Hinblick auf zu erwartendes VAufkommen vorausschauend erteilte Anordnung, an bestimmter Stelle nicht zu parken, Dü VRS **60** 150, und ähnliche Anordnungen die zugleich mit der Beseitigung eines vorschriftswidrigen Zustands, vor allem aber zur Verhütung einer aus resultierenden Behinderung oder Gefährdung des Verkehrs getroffen werden, s auch *Bouska* DAR **84** 33, die Aufforderung, ein den fließenden V behinderndes Fz wegzufahren, Dü NZV **94** 330, auch Weisungen, die zur Beseitigung einer andauernden Beeinträchtigung der VSicherheit ergehen (Untersagen der weiteren VTeilnahme durch fahrunsicheren Fahrer oder mit verkehrsunsicherem Fz), BGHSt **32**

Zeichen und Weisungen der Polizeibeamten **§ 36 StVO 2**

248 = NJW **84** 1568, *Dvorak* Polizei **84** 242. Nach § 3 II darf ein Langsamfahrer zum angemessenen Schnellerfahren angewiesen werden. Haltgebot nach Abs V: Rz 24. Die Weisung muss von einem **zuständigen PolB** ausgehen, also nicht von einem BahnpolB außerhalb des Bahnbereichs, Ce NJW **67** 944, VRS **32** 150. Weisungen können nachträglich nicht gerichtlich nachgeprüft werden, weder auf Notwendigkeit noch auf Zweckmäßigkeit; auch wer sie für rechtswidrig hält, muss sie idR zunächst angepasst befolgen, Dü VM **67** 72, Br VkBl **59** 260, Bay VRS **48** 232, anders nur bei Nichtigkeit oder Unausführbarkeit der Weisung, Dü DAR **80** 378. Die Ablehnung der Weisung beiseitezufahren, kann wegen erheblicher Interessenverletzung gerechtfertigt sein (§ 16 OWiG), Kö VRS **57** 143. Zur Rechtswidrigkeit der Weisung eines Außendienstmitarbeiters der StrVB, aus Gründen der Gefahrenabwehr ein nach StVO zulässiges Parken zu beenden, *Dvorak* PVT **84** 402.

1 c. Vorgehen müssen die Zeichen und Weisungen der PolB allen „anderen Anordnungen **20** und sonstigen Regeln", wenn sie ihren Zweck erreichen sollen (I S 2). Allgemeine VRegeln, Sonderregeln und auch die VZ treten daher insoweit zurück (Begr), Ha VRS **23** 63, Fra DAR **65** 331, erst recht innerbetriebliche Vorschriften des Kf, Kö VM **75** 86 (Busunternehmen). So etwa kann der zuständige PolBeamte gestatten, eine EinbahnStr in Gegenrichtung zu befahren, oder untersagen, an sonst erlaubter Stelle zu parken.

1 d. Stets sinngemäß sind Zeichen und Weisungen vom Kf oder Halter zu befolgen, ange- **21** passt und ungefährdend, Dü VersR **74** 1112, VM **86** 72, sie entbinden nicht von eigener Sorgfaltspflicht (I), KG VM **80** 7, Ha DAR **73** 277. Nicht befolgt wird eine erkennbar wegen gestörten VFlusses durch Schaulustige erteilte Aufforderung zur Weiterfahrt bei erneutem Anhalten nach wenigen 100 m, Dü VM **86** 72. Zeigt sich, dass ein Zeichen oder eine Weisung der Lage offensichtlich nicht entspricht, sondern gefährden könnte, so ist es sinngemäß zu befolgen oder durch anderes verkehrsgerechtes Verhalten zu ersetzen, Dü VersR **74** 1112. Auf spezielles Einwinken darf der Abbieger nicht vertrauen, KG bei *Darkow* DAR **74** 238. Eine polizeiliche Weisung (das Kfz zurückzusetzen) entbindet den Kf nur dann von eigener Sorgfalt, ob dies gefahrlos möglich sei, wenn er nach den Umständen gewiss sein kann, dass der PolB dies gewährleistet, Bay VRS **59** 234. Wer auf polizeiliche Weisung in belästigender oder gefährdender Weise anhält, kann § 1 II verletzen, Kö VRS **59** 462. Auch auf WarnZ von Verkehrshelfern (Schülerlotsen) (Rz 17) ist sinngemäß zu reagieren.

2. Das Haltzeichen (II) ist das erste der beiden einzigen in § 36 vorgesehenen polizeilichen **22** Zeichen. Es besteht im seitlichen Ausstrecken eines oder beider Arme quer zur Fahrtrichtung und bedeutet „Halt vor der Kreuzung (Einmündung, Überweg)", soweit Fz noch nicht in sie eingefahren sind. Zugleich ist der Querverkehr dadurch freigegeben; er fährt in eigener Verantwortung, nicht auf Anordnung (Begr) weiter oder biegt nach den Regeln des § 9 ab, solange er Schienenfz dadurch nicht stört (II Nr 1). Die Regelung gilt für andere StrStellen (Einmündungen, Fußgängerüberwege) entsprechend (II, IV) und kann durch Weisungen (Rz 19), auch eines zweiten Beamten, ergänzt werden (Begr), zB bei verstopfter Kreuzung im Stoßverkehr (§ 11). Hält ein Eingreifposten im Stoßverkehr den entgegenkommenden Verkehr durch Hochheben des Armes an und weist er einen Linksabbieger zum Verlassen der Kreuzung an, so darf sich dieser hierauf trotz seiner grundsätzlichen Sorgfaltspflicht auch dann verlassen, wenn er nicht den gesamten entgegenkommenden Geradeausverkehr überblicken kann, KG VM **76** 90. Das HaltZ gibt dem Querverkehr Erlaubnis, nicht Anweisung zum Weiterfahren (Rz 21), doch verhält sich nur verkehrsgerecht, wer diesen nicht durch Zögern oder sinnwidriges Verharren stört (§§ 1, 3 II). Nach links darf nur ohne Störung des Längsverkehrs, auch der Schienenfze, abgebogen werden (§ 9). Daher werden Linksabbieger bis zur Kreuzungsmitte vorfahren und dort nach Abreißen des Längsverkehrs auf der freigegebenen Straße abbiegen. Das HaltZ gilt, solange der Beamte in derselben Richtung winkt oder seine Grundstellung beibehält.

3. Das Achtungszeichen besteht im Hochheben eines Arms. Die Begr bezeichnet es als **23** Zwischenbefehl, weil es VT außerhalb des Kreuzungsbereichs anweist, vor diesem das nächste Zeichen abzuwarten, während VT in der Kreuzung diese verlassen müssen. Das Achtungszeichen gilt außer an Kreuzungen auch an anderen StrStellen (II, IV) und kann durch Weisungen ergänzt werden (III).

4. Anhalten zur Verkehrskontrolle und Verkehrserhebungen dürfen PolB die VT (V). **24** Ermächtigung: § 6 I Nr 3 StVG. VKontrollen dienen der Sicherheit oder Ordnung des StrV

König 741

(Fahrtüchtigkeit, FzPapiere, Betriebssicherheit), Stu VRS **59** 464. V erfasst Weisungen und Zeichen zwecks Anhaltens an fahrende Fz und solche an haltende Fz zwecks Stehenbleibens, Ce VRS **17** 150, VM **61** 76. Anhalteweisung kann auch das Verfolgen unter Verwendung von Blaulicht und Einsatzhorn sein, Kö VRS **67** 295. Auch diese HaltZ sind sinnvoll und angepasst zu befolgen, Kö VRS **37** 306, Bay VRS **4** 620, durch Anhalten an nächster, geeigneter Stelle, nicht zB durch gefährdendes, abruptes Bremsen, Ha DAR **73** 277. Verkehrskontrolle: Vwv Rn 7. Kontrollen müssen das Übermaßverbot berücksichtigen, sich also im Wesentlichen auf Stichproben beschränken; s aber *Legat* BA **88** 374. Sie sind aber auch ohne konkreten Anlass zulässig (Rz 10). Außer bei Gefahr im Verzug darf die Pol zur Absicherung von Kontrollen keine VZ aufstellen, dennoch aufgestellte sind jedoch zu beachten, Stu VRS **59** 464. Anhalten nur wegen Straftatverdachts, also zwecks Strafverfolgung, ist durch § 6 StVG nicht gedeckt und nur kraft StPO und Polizeirechts zulässig, BGHSt **32** 248 = NJW **84** 1568, Ha VRS **51** 226, Zw VM **81** 83, Kö VRS **67** 293, *Janiszewski* NStZ **83** 513. Ob und ggf unter welchen Voraussetzungen Anhalten **wegen einer konkreten VStraftat oder VOW** Weisung nach I, V ist, wird unterschiedlich beurteilt. Für Annahme einer bußgeldbewehrten Weisung in solchen Fällen: Zw VM **81** 83, Ha VRS **65** 230, NStZ **83** 513, Dü VRS **73** 387, NZV **96** 458 (krit *Seier/Rohlfs*), *Dvorak* JR **82** 448, *Bouska* DAR **84** 33; aM Kö VRS **59** 462, **64** 59, Ko VRS **71** 70, Bay VRS **72** 132, *Albrecht* DAR **03** 541, *Janiszewski* NStZ **83** 513. Dient das Anhaltegebot *ausschließlich* der Ahndung einer zuvor begangenen VOW, so handelt es sich weder um eine Weisung nach Abs I noch um Anhalten „zur Verkehrskontrolle", BGHSt **32** 248 = NJW **84** 1568. In aller Regel wird der PolB in solchen Fällen aber auch die mitzuführenden Papiere kontrollieren. Dann aber dient es zugleich der *Verkehrskontrolle* iS von Abs V, s Vwv Rn 7 (Rz 15), Dü VRS **73** 387, NZV **96** 458 (krit *Seier/Rohlfs*), *Janiszewski* NStZ **83** 514, *Hentschel* NStZ **84** 271, und ist gem §§ 36 V, 49 III Nr 1 bußgeldbewehrt, *Huppertz* PVT **90** 48, aM Bay VRS **72** 132, wonach VKontrolle nach Abs V nur vorliegt, wenn das Anhalten *in erster Linie* der allgemeinen Vorbeugung dient (zust *Geppert*, *Spendel*-F 663, krit *Janiszewski* NStZ **87** 116). Dem fließenden Verkehr dürfen nur Beamte Zeichen und Weisungen geben, die **durch Uniform** oder Polfz **erkennbar** sind (Vwv Rn 1), Sa VRS **47** 387. Ein kontrollierender uniformierter PolB muss sich nicht noch gesondert ausweisen, Sa VM **75** 63. Bedienstete kommunaler Ordnungsbehörden fallen grundsätzlich nicht unter den Begriff des PolB iS von I S 1, *Albrecht* DAR **03** 541, SVR **05** 133. Zur Frage einer Anhaltebefugnis solcher Personen auf anderweitiger Rechtsgrundlage *Albrecht* DAR **03** 541. Anhalten von Fz durch **Beauftragte des Bundesamtes für Güterverkehr,** § 12 GüKG, VkBl **05** 99.

25 **Polizeiliche Anhaltezeichen** bei VKontrollen sind individuell zu vollstreckende Verfügungen (§ 113 StGB), ihre Durchsetzung ist eine Vollstreckungshandlung, BGHSt **25** 313 = NJW **74** 1254, Ce NJW **73** 2215, Dü NZV **96** 458. Kontrollierende PolB haben kraft Amtspflicht für verkehrssichere Aufstellung jedes angehaltenen Kfz zu sorgen, LG Wuppertal VersR **80** 1034. Gefährdende Durchführung der Kontrolle ist Amtspflichtverletzung auch hinsichtlich der Kosten eines ergebnislosen Verfahrens auf Grund einer auf die Kontrolle gestützten Anzeige, BGH VRS **16** 167. Weisungen zwecks Kontrolle dürfen nicht gefährden, deshalb ist das Stoppen auf einer Überholspur idR als gefährlich zu unterlassen, Dü VersR **74** 1112. Das AnhalteZ kann auch durch technische Einrichtungen am PolFz, und zwar auch gegenüber vorausfahrenden VT, zB durch Leuchtschrift auf dem Fz, Lautsprecher usw, gegeben werden (Rz 10). Wird ein Kf aus 100 m Entfernung durch deutliches Kellenschwenken **zum Anhalten aufgefordert,** obwohl er vorher zulässigerweise abbiegen will, so muss er dort anhalten, wo dies gefahrlos möglich ist, jedoch in Sichtweite des PolB, *Booß* VM **77** 54, abw Kö VRS **53** 215. Wer zur Kontrolle aus der Nähe zum Anhalten aufgefordert wird, muss anhalten und sich kontrollieren lassen, erforderlichenfalls eine angemessene Zeit warten, Kö VRS **67** 293, er darf weder weiterfahren noch vor dem PolB abbiegen noch wenden und zurückfahren, Bay NJW **78** 1537, aM Fra VRS **54** 451, und für den Fall, dass der Kf das HaltZ vorwurfsfrei übersehen durfte, weil er sich auf die VLage beim Abbiegen zu konzentrieren hatte, auch Dü VRS **55** 379. Je nach Lage genügt es, in Sicht- oder Rufweite des PolB anzuhalten, Kö VM **77** 54, aM *Huppertz* PVT **90** 49 im Hinblick auf Abs V S 4. Ob die weitergehende deutliche Weisung zum Heranfahren bis zum PolB nach V zu befolgen ist, ist zw, offen gelassen von Bay NJW **78** 1537 (rechte Spalte), dürfte aber wohl trotz Abs V S 4 zu verneinen sein, so (für die frühere Fassung) *Booß* VM **77** 54, Ko VRS **61** 68, aM Kö VM **77** 53. Denn **weitergehende Weisungen** als die zum Anhalten und die unmittelbar mit der Durchführung der Kontrolle erforderlichen Anweisungen sind durch Abs V nicht gedeckt, so zB nicht die Aufforderung zu wenden und dem PolB zu folgen, Ko VRS **61** 68, zwecks Blutprobenentnahme zum Streifenwagen zu gehen, Ko VRS **61**

392, oder auf die andere StrSeite zum PolFz zu fahren, Kö VRS **64** 59, ebenso *Jagow/Burmann/ Heß* Rz 4, 12. Dagegen hat der zum Zwecke der Verkehrskontrolle angehaltene FzF solchen **Anweisungen gem Abs V S 4** nachzukommen, die unmittelbar der Ermöglichung der Kontrolle dienen. Dazu gehört etwa die Anweisung auszusteigen, um dem PolB die Überprüfung des Fz oder der VTüchtigkeit des FzF zu ermöglichen, Dü NZV **96** 458 (Anm *Seier/Rohlfs*), oder die Aufforderung, Beleuchtungseinrichtungen zu Überprüfungszwecken zu betätigen, nicht aber das Ersuchen, im Rahmen von Verkehrserhebungen Angaben zu machen. Abs V ermächtigt nicht zur Anordnung von Blutentnahmen ohne konkreten Verdacht und verpflichtet nicht zur Mitwirkung an einem Atemalkoholtest (Rz 10), *Geppert, Spendel*-F 664 ff, *Hentschel* NJW **92** 2064, *Salger* DRiZ **93** 313. Die Mitwirkung an Umfrageaktionen bei Verkehrserhebungen ist freiwillig. S im Übrigen zu den Mitwirkungs- und Duldungspflichten des Fahrers bei Kontrollen: § 31 b StVZO. Zur **Untersagung des Betriebs vorschriftswidriger Fz** durch die Pol *Kreutel*, Polizei **83** 335, *Dvorak*, Polizei **84** 240.

5. Zivilrecht. Wer als PolB einen Kf durch Zeichen zum Befahren einer unübersichtlichen **26** Kreuzung veranlasst, muss ihm das Befahren ermöglichen und andere Fz uU stoppen, BGH VersR **61** 253. Amtshaftung bei polizeilicher Weisung zur Weiterfahrt trotz erkennbarer Gefahrenlage, Kö NZV **93** 64 (Nichtberücksichtigung roten LichtZ durch PolB). Zur Amtshaftung für Verkehrshelfer (Schülerlotsen) Kö NJW **68** 655, abl *Martens* NJW **70** 1029. Zur Amtshaftung für WarnZ eines PolB bei Glatteis BGH VersR **66** 447.

6. Ordnungswidrig (§ 24 StVG) handelt, wer entgegen § 36 I bis IV ein Zeichen oder eine **27** Weisung oder entgegen Abs V S 4 ein Haltgebot oder eine zur Ermöglichung einer VKontrolle oder -erhebung dienende Anweisung (Rz 25) nicht befolgt (§ 49 III Nr 1). Die Einfügung des Hinweises auf den Satz 4 des § 36 Abs V in § 49 III Nr 1 ist zwar missverständlich, weil S 4 nur das Befolgen von Anweisungen, S 1 aber das Anhalten regelt; aus der ausdrücklichen Erwähnung des Haltgebots folgt aber, dass auch die „Anweisung" anzuhalten ow bleibt, *Hentschel* NJW **92** 2064, *Geppert, Spendel*-F 661, 670. Nichtbefolgung einer Weisung ist nur im Bereich der Betätigung als VT ow, nicht aus Gründen der allgemeinen Strafverfolgung, BGHSt **32** 248 = NJW **84** 1568, Kö VRS **53** 473, VM **81** 39, Ha MDR **76** 781, VRS **51** 226, Zw VM **81** 83 (Rz 24). Kann der VT nach den Umständen (Zivilstreife) eine polizeiliche Weisung nicht als solche erkennen, so ist er schuldlos, Bay DAR **75** 137, aber Fahrlässigkeit genügt, Ha VM **69** 47. Der Fahrer eines haltenden Fz, der, anstatt – wie ihm von der Pol aufgegeben – zu wenden, dem PolFz zu folgen und an anderer Stelle zwecks Ahndung einer OW zu halten, lediglich wegfährt, handelt weder nach I noch nach V ow, ebenso wenig, wer der Aufforderung, sich zwecks Entnahme einer Blutprobe zum Streifenwagen zu begeben, nicht nachkommt, Rz 25. Irrtum über den Sinn eines Handzeichens ist Tatbestandsirrtum, Kö VRS **26** 107, über die Rechtmäßigkeit des Zeichens Verbotsirrtum, Ha VRS **5** 634. TE des Verstoßes gegen § 36 mit demjenigen gegen die Vorschriften der StVO oder StVZO, auf deren Beachtung die Weisung gerichtet war, Ha VRS **7** 221. Zur Notwendigkeit auch der Berufsangabe nach VOWen, Ce VRS **53** 458, Bay VRS **57** 53. Zeichen von BW-Feldjägern oder -Posten: Rz 17. Warnung anderer vor einer VKontrolle verletzt keine Vorschrift, § 1 Rz 40, sofern sie nicht behindert, sonst § 1, dort Rz 40, sowie § 3 Rz 59. Warnung vor PolKontrolle, Radarmessung usw mittels Lichthupe: § 16 Rz 18.

7. Strafrecht. Der Versuch, den Halt gebietenden VPosten umzufahren, kann versuchte vor- **28** sätzliche Tötung sein (§§ 212, 211 StGB; zB BGH VRS **16** 202, **61** 262). Zu Straftaten des Widerstands nach § 113 StGB zB Ha NJW **73** 1240, Ko DAR **80** 348, Fra DAR **72** 48, ferner § 315 b StGB Rz 32. Zufahren auf kontrollierenden PolB ist nur noch bei Schädigungsvorsatz gefährlicher Eingriff in den StrV (§ 315 b StGB Rz 18).

Wechsellichtzeichen, Dauerlichtzeichen und Grünpfeil

37 (1) Lichtzeichen gehen Vorrangregeln, vorrangregelnden Verkehrsschildern und Fahrbahnmarkierungen vor.

(2) ¹**Wechsellichtzeichen haben die Farbfolge Grün – Gelb – Rot – Rot und Gelb (gleichzeitig) – Grün. ²Rot ist oben, Gelb in der Mitte und Grün unten.**

1. ¹**An Kreuzungen bedeuten:**
    Grün: „Der Verkehr ist freigegeben".
    ²**Er kann nach den Regeln des § 9 abbiegen, nach links jedoch nur, wenn er Schienenfahrzeuge dadurch nicht behindert.**

³Grüner Pfeil: „Nur in Richtung des Pfeiles ist der Verkehr freigegeben".
⁴Ein grüner Pfeil links hinter der Kreuzung zeigt an, daß der Gegenverkehr durch Rotlicht angehalten ist und daß Linksabbieger die Kreuzung in Richtung des grünen Pfeils ungehindert befahren und räumen können.
⁵Gelb ordnet an: „Vor der Kreuzung auf das nächste Zeichen warten".
⁶Keines dieser Zeichen entbindet von der Sorgfaltspflicht.
⁷Rot ordnet an: „Halt vor der Kreuzung".
⁸Nach dem Anhalten ist das Abbiegen nach rechts auch bei Rot erlaubt, wenn rechts neben dem Lichtzeichen Rot ein Schild mit grünem Pfeil auf schwarzem Grund (Grünpfeil) angebracht ist. ⁹Der Fahrzeugführer darf nur aus dem rechten Fahrstreifen abbiegen. ¹⁰Er muß sich dabei so verhalten, daß eine Behinderung oder Gefährdung anderer Verkehrsteilnehmer, insbesondere des Fußgänger- und Fahrzeugverkehrs der freigegebenen Verkehrsrichtung, ausgeschlossen ist.
¹¹Schwarzer Pfeil auf Rot ordnet das Halten, schwarzer Pfeil auf Gelb das Warten nur für die angegebene Richtung an.
¹²Ein einfeldiger Signalgeber mit Grünpfeil zeigt an, daß bei Rot für die Geradeaus-Richtung nach rechts abgebogen werden darf.

2. An anderen Straßenstellen, wie an Einmündungen und an Markierungen für den Fußgängerverkehr, haben die Lichtzeichen entsprechende Bedeutung.

3. Lichtzeichenanlagen können auf die Farbfolge Gelb – Rot beschränkt sein.

4. ¹Für jeden von mehreren markierten Fahrstreifen (Zeichen 295, 296 oder 340) kann ein eigenes Lichtzeichen gegeben werden. ²Für Schienenbahnen können besondere Zeichen, auch in abweichenden Phasen, gegeben werden; das gilt auch für Linienomnibusse und Taxen, wenn sie einen vom übrigen Verkehr freigehaltenen Verkehrsraum benutzen.

5. ¹Gelten die Lichtzeichen nur für Fußgänger oder nur für Radfahrer, so wird das durch das Sinnbild eines Fußgängers oder eines Fahrrades angezeigt. ²Für Fußgänger ist die Farbfolge Grün – Rot – Grün; für Radfahrer kann sie so sein. ³Wechselt Grün auf Rot, während Fußgänger die Fahrbahn überschreiten, so haben sie ihren Weg zügig fortzusetzen.

6. Radfahrer haben die Lichtzeichen für Fußgänger zu beachten, wenn eine Radwegfurt an eine Fußgängerfurt grenzt und keine gesonderten Lichtzeichen für Radfahrer vorhanden sind.

(3) ¹Dauerlichtzeichen über einem Fahrstreifen sperren ihn oder geben ihn zum Befahren frei.
²Rote gekreuzte Schrägbalken ordnen an:
„Der Fahrstreifen darf nicht benutzt werden, davor darf nicht gehalten werden".
³Ein grüner, nach unten gerichteter Pfeil bedeutet:
„Der Verkehr auf dem Fahrstreifen ist freigegeben".
⁴Ein gelb blinkender, schräg nach unten gerichteter Pfeil ordnet an:
„Fahrstreifen in Pfeilrichtung wechseln".

(4) Wo Lichtzeichen den Verkehr regeln, darf nebeneinander gefahren werden, auch wenn die Verkehrsdichte das nicht rechtfertigt.

1–11 **Begr** zur ÄndVO v 21. 7. 80: VkBl **80** 518. **Begr** zur ÄndVO v 22. 3. 88 (VkBl **88** 225):

12 **Zu Abs 2 Nr 6:** – *Begründung des Bundesrates* – *Radwege werden häufig unmittelbar neben einer Fußgängerfurt angeordnet. In diesen Fällen ist es aus Gründen der Verkehrssicherheit nicht vertretbar, dass für Radfahrer die Lichtzeichen für den Kraftfahrzeugverkehr gelten, die in der Regel eine längere Grünphase haben als die für Fußgänger. Wenn Radfahrer bei „Rot für Fußgänger" noch die Straße überqueren, üben sie eine unerwünschte Sogwirkung auf Fußgänger aus. Außerdem besteht die Gefahr, dass abbiegende Kraftfahrer sich an dem „Rot für Fußgänger" orientieren und dabei den Vorrang von Radfahrern nicht beachten.*
...

13 **Begr** zur ÄndVO v 19. 3. 92: VkBl **92** 187.

Begr zur ÄndVO v 14. 12. 93 (VkBl **94** 172): **Zu Abs 2 Nr 1 Sätze 8 bis 10:** ... *Die Grünpfeil-Regelung gilt gegenwärtig auf Grund der Verordnung über die vorübergehende Weiterverwendung des grünen Pfeilschildes an Lichtzeichenanlagen vom 20. Dezember 1991 (BGBl. I S. 2391) in den neuen Bundesländern und im Land Berlin. Eine dort durchgeführte Untersuchung der BASt hat festgestellt, dass die Leistungsfähigkeit bei Einsatz der Schilder an geeigneten Knotenpunkten nicht unwesentlich erhöht wird.* ...

Wechsellichtzeichen, Dauerlichtzeichen und Grünpfeil **§ 37 StVO 2**

Sicherheitsbedenken bestehen bei Anbringung der Schilder an dafür geeigneten Knotenpunkten nicht. Die Untersuchung der BASt hatte in den neuen Bundesländern wesentliche Beeinträchtigungen der Sicherheit für Fußgänger und Fahrzeuge nicht nachweisen können, ebenso wenig negative Folgen für die Verkehrsunfallentwicklung ....

Ein zusätzlicher Sicherheitsgewinn wird mit der Einführung des ausdrücklichen Haltgebotes vor dem Abbiegen erwartet, da der Fahrzeugführer in stärkerem Maße als beim Rechtsabbiegen, das ohne Fahrtunterbrechung erfolgt, die freigegebenen Verkehrsrichtungen beobachten kann und muss.

Das Übereinkommen über Straßenverkehrszeichen vom 8. November 1968 sowie das europäische Zusatzübereinkommen vom 1. Mai 1971 (BGBl. II 1977 S. 809; BGBl. II 1979 S. 923) stehen der Regelung nicht entgegen.

Hauptvoraussetzung für das Rechtsabbiegen bei Lichtzeichen Rot ist das an der Lichtzeichenanlage angebrachte Schild mit grünem Pfeil auf schwarzem Grund. Weitere Voraussetzung ist, dass beim Abbiegen der Fußgänger- und Fahrzeugverkehr der freigegebenen Verkehrsrichtungen nicht behindert wird und eine Gefährdung ausgeschlossen ist ....

Fußgänger und Fahrzeugführer müssen sich darauf verlassen können, dass bei freigegebener Verkehrsrichtung die Fahrbahn gefahrlos überquert oder befahren werden kann.

...

– Begründung des Bundesrates – Das Rechtsabbiegen bei Rot ist ein atypischer Verkehrsvorgang, der eine gesteigerte Sorgfaltspflicht des Abbiegenden erfordert. Infolgedessen muss der Gefährdungsausschluss gegenüber dem Mitverkehr, ähnlich wie beim Wenden oder Rückwärtsfahren, stärker ausgeprägt sein, und zwar z. B. auch gegenüber den Rad- oder Mofafahrern, denen nach § 5 Abs. 8 StVO ausdrücklich das Rechtsüberholen gestattet ist ....

Begr zur ÄndVO v 14. 12. 01: **Zu Abs 3:** VkBl **02** 142, 143 f.

Vwv zu § 37 Wechsellichtzeichen, Dauerlichtzeichen und Grünpfeil

1   Die Gleichungen der Farbgrenzlinien in der Farbtafel nach DIN 6163 Blatt 5 sind einzuhalten.   14

Zu Absatz 1

2   So bleiben z. B. die Zeichen 209 ff. „Vorgeschriebene Fahrtrichtung" neben Lichtzeichen gültig, ebenso die die Benutzung von Fahrstreifen regelnden Längsmarkierungen (Zeichen 295, 296, 297, 340).   15

Zu Absatz 2

3   I. Die Regelung des Verkehrs durch Lichtzeichen setzt eine genaue Prüfung der örtlichen Gegebenheiten baulicher und verkehrlicher Art voraus und trägt auch nur dann zu einer Verbesserung des Verkehrsablaufs bei, wenn die Regelung unter Berücksichtigung der Einflüsse und Auswirkungen im Gesamtstrassennetz sachgerecht geplant wird. Die danach erforderlichen Untersuchungen müssen von Sachverständigen durchgeführt werden.   16

4   II. Wechsellichtzeichen dürfen nicht blinken, auch nicht vor Farbwechsel.   17

5   III. Die Lichtzeichen sind rund, soweit sie nicht Pfeile oder Sinnbilder darstellen. Die Unterkante der Lichtzeichen soll in der Regel 2,10 m und, wenn die Lichtzeichen über der Fahrbahn angebracht sind, 4,50 m vom Boden entfernt sein.   18

6   IV. Die Haltlinie (Zeichen 294) sollte nur soweit vor der Lichtzeichenanlage angebracht werden, dass die Lichtzeichen aus einem vor ihr wartenden Personenkraftwagen noch ohne Schwierigkeit beobachtet werden können (vgl. aber III 3 zu § 25; Rn. 5). Befindet sich z. B. die Unterkante des grünen Lichtzeichens 2,10 m über einem Gehweg, so sollte der Abstand zur Haltlinie 3,50 m betragen, jedenfalls über 2,50 m. Sind die Lichtzeichen wesentlich höher angebracht oder muss die Haltlinie in geringerem Abstand markiert werden, so empfiehlt es sich, die Lichtzeichen verkleinert weiter unten am gleichen Pfosten zu wiederholen.   19

Zu den Nummern 1 und 2

7   I. An Kreuzungen und Einmündungen sind Lichtzeichenanlagen für den Fahrverkehr erforderlich,   20
   1. wo es wegen fehlender Übersicht immer wieder zu Unfällen kommt und es nicht möglich ist, die Sichtverhältnisse zu verbessern oder den kreuzenden oder einmündenden Verkehr zu verbieten,

8   2. wo immer wieder die Vorfahrt verletzt wird, ohne dass dies mit schlechter Erkennbarkeit der Kreuzung oder mangelnder Verständlichkeit der Vorfahrtregelung zusammenhängt, was jeweils durch Unfalluntersuchungen zu klären ist,

9   3. wo auf einer der Straßen, sei es auch nur während der Spitzenstunden, der Verkehr so stark ist, dass sich in den wartepflichtigen Kreuzungszufahrten ein großer Rückstau bildet oder einzelne Wartepflichtige unzumutbar lange warten müssen.

10 II. Auf Straßenabschnitten, die mit mehr als 70 km/h befahren werden dürfen, sollen Lichtzeichenanlagen nicht eingerichtet werden; sonst ist die Geschwindigkeit durch Zeichen 274 in ausreichender Entfernung zu beschränken.

11 III. Bei Lichtzeichen, vor allem auf Straßen, die mit mehr als 50 km/h befahren werden dürfen, soll geprüft werden, ob es erforderlich ist, durch geeignete Maßnahmen (z. B. Blenden hinter den Lichtzeichen, übergroße oder wiederholte Lichtzeichen, entsprechende Gestaltung der Optik) dafür zu sorgen, dass sie auf ausreichende Entfernung erkennbar sind. Ferner ist die Wiederholung von Lichtzeichen links von der Fahrbahn, auf Inseln oder über der Straße zu erwägen, weil nur rechts stehende Lichtzeichen durch voranfahrende größere Fahrzeuge verdeckt werden können.

12 IV. Sind im Zuge einer Straße mehrere Lichtzeichenanlagen eingerichtet, so empfiehlt es sich in der Regel, sie aufeinander abzustimmen (z. B. auf eine Grüne Welle). Jedenfalls sollte dafür gesorgt werden, dass bei dicht benachbarten Kreuzungen der Verkehr, der eine Kreuzung noch bei „Grün" durchfahren konnte, auch an der nächsten Kreuzung „Grün" vorfindet.

13 V. Häufig kann es sich empfehlen, Lichtzeichenanlagen verkehrsabhängig so zu schalten, dass die Stärke des Verkehrs die Länge der jeweiligen Grünphase bestimmt. An Kreuzungen und Einmündungen, an denen der Querverkehr schwach ist, kann sogar erwogen werden, der Hauptrichtung ständig Grün zu geben, das von Fahrzeugen und Fußgängern aus der Querrichtung erforderlichenfalls unterbrochen werden kann.

14 VI. Lichtzeichenanlagen sollten in der Regel auch nachts in Betrieb gehalten werden; ist die Verkehrsbelastung nachts schwächer, so empfiehlt es sich, für diese Zeit ein besonderes Lichtzeichenprogramm zu wählen, das alle Verkehrsteilnehmer möglichst nur kurz warten lässt. Nächtliches Ausschalten ist nur dann zu verantworten, wenn eingehend geprüft ist, dass auch ohne Lichtzeichen ein sicherer Verkehr möglich ist. Solange die Lichtzeichenanlagen, die nicht ausnahmsweise in Betrieb sind, nachts abgeschaltet sind, soll in den wartepflichtigen Kreuzungszufahrten gelbes Blinklicht gegeben werden. Darüber hinaus kann es sich empfehlen, negative Vorfahrtzeichen (Zeichen 205 und 206) von innen zu beleuchten. Solange Lichtzeichen gegeben werden, dürfen diese Vorfahrtzeichen dagegen nicht beleuchtet sein.

15 VII. Bei der Errichtung von Lichtzeichenanlagen an bestehenden Kreuzungen und Einmündungen muss immer geprüft werden, ob neue Markierungen (z. B. Abbiegestreifen) anzubringen sind oder alte Markierungen (z. B. Fußgängerüberwege) verlegt oder aufgehoben werden müssen, ob Verkehrseinrichtungen (z. B. Geländer für Fußgänger) anzubringen oder ob bei der Straßenbaubehörde anzuregende bauliche Maßnahmen (Verbreiterung der Straßen zur Schaffung von Stauraum) erforderlich sind.

16 VIII. Die Schaltung von Lichtzeichenanlagen bedarf stets gründlicher Prüfung. Dabei ist auch besonders auf die sichere Führung der Abbieger zu achten.

17 IX. Besonders sorgfältig sind die Zeiten zu bestimmen, die zwischen dem Ende der Grünphase für die eine Verkehrsrichtung und dem Beginn der Grünphase für die andere kreuzende Verkehrsrichtung liegen. Die Zeiten für Gelb und Rot-Gelb sind unabhängig von dieser Zwischenzeit festzulegen. Die Übergangszeit Rot und Gelb (gleichzeitig) soll für Kraftfahrzeugströme eine Sekunde dauern, darf aber nicht länger als zwei Sekunden sein. Die Übergangszeit Gelb richtet sich bei Kraftfahrzeugströmen nach der zulässigen Höchstgeschwindigkeit in der Zufahrt. In der Regel beträgt die Gelbzeit 3 s bei zul. $V = 50$ km/h, 4 s bei zul. $V = 60$ km/h und 5 s bei zul. $V = 70$ km/h. Bei verkehrsabhängigen Lichtzeichenanlagen ist beim Rücksprung in die gleiche Phase eine Alles-Rot-Zeit von mindestens 1 s einzuhalten, ebenso bei Fußgänger-Lichtzeichenanlagen mit der Grundstellung Dunkel für den Fahrzeugverkehr. Bei Fußgänger-Lichtzeichenanlagen soll bei Ausführung eines Rücksprungs in die gleiche Fahrzeugphase die Mindestsperrzeit für den Fahrzeugverkehr 4 s betragen.

18 X. Pfeile in Lichtzeichen
    1. Solange ein grüner Pfeil gezeigt wird, darf kein anderer Verkehrsstrom Grün haben, der den durch den Pfeil gelenkten kreuzt; auch darf Fußgängern, die in der Nähe den gelenkten Ver-

kehrsstrom kreuzen, nicht durch Markierung eines Fußgängerüberwegs Vorrang gegeben werden. Schwarze Pfeile auf Grün dürfen nicht verwendet werden.

19 2. Wenn in einem von drei Leuchtfeldern ein Pfeil erscheint, müssen auch in den anderen Feldern Pfeile gezeigt werden, die in die gleiche Richtung weisen. Vgl. X 6.

20 3. Darf aus einer Kreuzungszufahrt, die durch ein Lichtzeichen geregelt ist, nicht in allen Richtungen weitergefahren werden, so ist die Fahrtrichtung durch die Zeichen 209 bis 214 vorzuschreiben. Vgl. dazu Nummer VI zu den Zeichen 209 bis 214 (Rn. 7 und 8). Dort, wo Missverständnisse sich auf andere Weise nicht beheben lassen, kann es sich empfehlen, zusätzlich durch Pfeile in den Lichtzeichen der vorgeschriebene Fahrtrichtung zum Ausdruck zu bringen; dabei sind schwarze Pfeile auf Rot und Gelb zu verwenden.

21 4. Pfeile in Lichtzeichen dürfen nicht in Richtungen weisen, die durch die Zeichen 209 bis 214 verboten sind.

22 5. Werden nicht alle Fahrstreifen einer Kreuzungszufahrt zur gleichen Zeit durch Lichtzeichen freigegeben, so kann auf Pfeile in den Lichtzeichen dann verzichtet werden, wenn die in die verschiedenen Richtungen weiterführenden Fahrstreifen baulich so getrennt sind, dass zweifelsfrei erkennbar ist, für welche Richtung die verschiedenen Lichtzeichen gelten. Sonst ist die Richtung, für die die Lichtzeichen gelten, durch Pfeile in den Lichtzeichen zum Ausdruck zu bringen.

23 Hierbei sind Pfeile in allen Lichtzeichen nicht immer erforderlich. Hat z. B. eine Kreuzungszufahrt mit Abbiegestreifen ohne bauliche Trennung ein besonderes Lichtzeichen für den Abbiegeverkehr, so genügen in der Regel Pfeile in diesen Lichtzeichen. Für den anderen Verkehr sollten Lichtzeichen ohne Pfeile gezeigt werden. Werden kombinierte Pfeile in solchen Lichtzeichen verwendet, dann darf in keinem Fall gleichzeitig der zur Hauptrichtung parallel gehende Fußgängerverkehr freigegeben werden (vgl. XI; Rn. 27 ff.).

24 6. Wo für verschiedene Fahrstreifen besondere Lichtzeichen gegeben werden sollen, ist die Anbringung der Lichtzeichen besonders sorgfältig zu prüfen (z. B. Lichtzeichenbrücken, Peitschenmaste, Wiederholung am linken Fahrbahnrand). Wo der links abbiegende Verkehr vom übrigen Verkehr getrennt geregelt ist, sollte das Lichtzeichen für den Linksabbieger nach Möglichkeit zusätzlich über der Fahrbahn angebracht werden; eine Anbringung allein links ist in der Regel nur bei Fahrbahnen für eine Richtung möglich, wenn es für Linksabbieger lediglich einen Fahrstreifen gibt.

25 7. Wo der Gegenverkehr durch Rotlicht aufgehalten wird, um Linksabbiegern, die sich bereits auf der Kreuzung oder Einmündung befinden, die Räumung zu ermöglichen, kann das diesen durch einen nach links gerichteten grünen Pfeil, der links hinter der Kreuzung angebracht ist, angezeigt werden. Gelbes Licht darf zu diesem Zweck nicht verwendet werden.

26 8. Eine getrennte Regelung des abbiegenden Verkehrs setzt in der Regel voraus, dass für ihn auf der Fahrbahn ein besonderer Fahrstreifen mit Richtungspfeilen markiert ist (Zeichen 297).

XI. Grünpfeil

27 1. Der Einsatz des Schildes mit grünem Pfeil auf schwarzem Grund (Grünpfeil) kommt nur in Betracht, wenn der Rechtsabbieger Fußgänger- und Fahrzeugverkehr der freigegebenen Verkehrsrichtungen ausreichend einsehen kann, um die ihm auferlegten Sorgfaltspflichten zu erfüllen. Es darf nicht verwendet werden, wenn
28 a) dem entgegenkommenden Verkehr ein konfliktfreies Abbiegen nach links signalisiert wird,
29 b) für den entgegenkommenden Linksabbieger der grüne Pfeil gemäß § 37 Abs. 2 Nr. 1 Satz 4 verwendet wird,
30 c) Pfeile in den für den Rechtsabbieger gültigen Lichtzeichen die Fahrtrichtung vorschreiben,
31 d) beim Rechtsabbiegen Gleise von Schienenfahrzeugen gekreuzt oder befahren werden müssen,
32 e) der freigegebene Fahrradverkehr auf dem zu kreuzenden Radweg für beide Richtungen zugelassen ist oder der Fahrradverkehr trotz Verbotes in der Gegenrichtung in erheblichem Umfang stattfindet und durch geeignete Maßnahmen nicht ausreichend eingeschränkt werden kann,
33 f) für das Rechtsabbiegen mehrere markierte Fahrstreifen zur Verfügung stehen oder
34 g) die Lichtzeichenanlage überwiegend der Schulwegsicherung dient.

35 2. An Kreuzungen und Einmündungen, die häufig von seh- oder gehbehinderten Personen überquert werden, soll die Grünpfeil-Regelung nicht angewandt werden. Ist sie ausnahmsweise an

> Kreuzungen oder Einmündungen erforderlich, die häufig von Blinden oder Sehbehinderten überquert werden, so sind Lichtzeichenanlagen dort mit akustischen oder anderen geeigneten Zusatzeinrichtungen auszustatten.

36 3. *Für Knotenpunktzufahrten mit Grünpfeil ist das Unfallgeschehen regelmäßig mindestens anhand von Unfallsteckkarten auszuwerten. Im Falle einer Häufung von Unfällen, bei denen der Grünpfeil ein unfallbegünstigender Faktor war, ist der Grünpfeil zu entfernen, soweit nicht verkehrstechnische Verbesserungen möglich sind. Eine Unfallhäufung liegt in der Regel vor, wenn in einem Zeitraum von drei Jahren zwei oder mehr Unfälle mit Personenschaden, drei Unfälle mit schwerwiegendem oder fünf Unfälle mit geringfügigem Verkehrsverstoß geschehen sind.*

37 4. *Der auf schwarzem Grund ausgeführte grüne Pfeil darf nicht leuchten, nicht beleuchtet sein oder nicht retroreflektieren. Das Schild hat eine Breite von 250 mm und eine Höhe von 250 mm.*

Zu Nummer 2

31 38 Vgl. für verengte Fahrbahn Nummer II zu Zeichen 208 (Rn. 2); bei Festlegung der Phasen ist sicherzustellen, dass auch langsamer Fahrverkehr das Ende der Engstelle erreicht hat, bevor der Gegenverkehr freigegeben wird.

Zu Nummer 3

32 39 Die Farbfolge Gelb-Rot darf lediglich dort verwendet werden, wo Lichtzeichenanlagen nur in größeren zeitlichen Abständen in Betrieb gesetzt werden müssen, z. B. an Bahnübergängen, an Ausfahrten aus Feuerwehr- und Straßenbahnhallen und Kasernen. Diese Farbfolge empfiehlt sich häufig auch an Wendeschleifen von Straßenbahnen und Oberleitungsomnibussen. Auch an Haltebuchten von Oberleitungsomnibussen und anderen Linienomnibussen ist ihre Anbringung zu erwägen, wenn auf der Straße starker Verkehr herrscht. Sie oder Lichtzeichenanlagen mit drei Farben sollten in der Regel da nicht fehlen, wo Straßenbahnen in eine andere Straße abbiegen.

Zu Nummer 4

33 40 I. Vgl. Nummer X 6 bis 8 zu den Nummern 1 und 2; Rn. 24 bis 26.

41 II. Besondere Zeichen sind die der Anlage 4 der Straßenbahn-Bau- und Betriebsordnung aufgeführten. Zur Markierung vorbehaltener Fahrstreifen vgl. zu Zeichen 245.

Zu Nummer 5

34 42 I. Im Lichtzeichen für Fußgänger muss das rote Sinnbild einen stehenden, das grüne einen schreitenden Fußgänger zeigen.

43 II. Lichtzeichen für Radfahrer sollten in der Regel das Sinnbild eines Fahrrades zeigen. Besondere Lichtzeichen für Radfahrer, die vor der kreuzenden Straße angebracht werden, sollten in der Regel auch Gelb sowie Rot und Gelb (gleichzeitig) zeigen. Sind solche Lichtzeichen für einen abbiegenden Radfahrverkehr bestimmt, kann entweder in den Lichtzeichen zusätzlich zu dem farbigen Sinnbild des Fahrrades ein farbiger Pfeil oder über den Lichtzeichen das leuchtende Sinnbild eines Fahrrades und in den Lichtzeichen ein farbiger Pfeil gezeigt werden.

Zu Nummer 6

35 44 In den Fällen, in denen Radfahrer- und Fußgängerfurten nebeneinander liegen, bieten sich folgende Lösungen an:

1. Für Radfahrer wird kein besonderes Lichtzeichen gegeben. Durch ein Zusatzschild kann deutlich gemacht werden, dass die Radfahrer die Lichtzeichen für Fußgänger zu beachten haben.

45 2. In den roten und grünen Lichtzeichen der Fußgängerlichtzeichenanlage werden jeweils die Sinnbilder für Fußgänger und Radfahrer gezeigt.

46 3. Über der Lichtzeichenanlage für Fußgänger wird Zeichen 241 angebracht.

47 4. Neben dem Lichtzeichen für Fußgänger wird ein zweifarbiges Lichtzeichen für Radfahrer angebracht.
Beide Lichtzeichenanlagen müssen jeweils die gleiche Farbe zeigen.

Zu Absatz 3

36 48 I. Dauerlichtzeichen dürfen nur über markierten Fahrstreifen (Zeichen 295, 296, 340) gezeigt werden. Ist durch Zeichen 223.1 das Befahren eines Seitenstreifens angeordnet, können Dauer-

lichtzeichen diese Anordnung und die Anordnungen durch Zeichen 223.2 und Zeichen 223.3 unterstützen, aber nicht ersetzen (vgl. Nummer V zu den Zeichen 223.1 bis 223.3; Rn. 5).

49 **II.** Die Unterkante der Lichtzeichen soll in der Regel 4,50 m vom Boden entfernt sein. 36a

50 **III.** Die Lichtzeichen sind an jeder Kreuzung und Einmündung und erforderlichenfalls auch sonst in angemessenen Abständen zu wiederholen. 36b

51 **IV.** Umkehrstreifen im Besonderen 37
Wird ein Fahrstreifen wechselweise dem Verkehr der einen oder der anderen Fahrtrichtung zugewiesen, müssen die Dauerlichtzeichen für beide Fahrtrichtungen über allen Fahrstreifen gezeigt werden. Bevor die Fahrstreifenzuweisung umgestellt wird, muss für eine zur Räumung des Fahrstreifens ausreichende Zeit das Zeichen gekreuzte rote Balken für beide Richtungen gezeigt werden.

Übersicht

Abbiegen 45, 45 b, 66 f
Ampeldefekt 50
Amtshaftung 63
Anhalten 48
Ausnahmen 60

Beachtung von Nachzüglern 45
Befolgung, sinnvolle 44, 45

Dauerlichtzeichen 36, 59
Durchfahren 48, 48 a

Fahrstreifen, markierte, Lichtzeichen 33, 55
–, Dauerlichtzeichen 36, 59
Farbanordnung 41
Farbfolge 32, 42
– Gelb-Rot 32, 54
„Feindliches" Grün 63
Fliegender Start 45
Fußgängerlichtzeichen 34, 35, 45 b, 58

Gelb 29, 32, 34, 48, 49
Gelbes Blinklicht 25, 39, 43
Gelbpfeil 52
Gelb-Rot 32, 54
Grün 23 f, 28 ff, 45–47
–, Verhalten bei 45 ff
–, Wartepflicht trotz 45 a
Grünpfeil 29, 30, 47, 53 f

Halten 50

Kreuzung verlassen 49, 45, 45 a, 64

Lichtzeichen 38
–, Vorrang 39
–, sinnvolle Befolgung 44, 45
–, Nebeneinanderfahren bei 57
– für Radfahrer 34, 58
– für markierte Fahrstreifen 33, 55

–, Dauerlichtzeichen 36, 59
–, Wechsellichtzeichen 16 ff, 40–43
Linienbus 56

Markierte Fahrtstreifen, Lichtzeichen für 32, 33, 36, 37, 55
Mittelstreifen 45

Nachzügler 45, 45 a, 64
Nebeneinanderfahren 57
Neue Bundesländer 65

Ordnungswidrigkeiten 61

„Qualifizierter" Rotlichtverstoß 61

Radfahrer 34, 38
Radfahrerlichtzeichen 34, 58
Rot 28 f, 32, 34 f, 50
Roter Schrägbalken 37, 59
Rotpfeil 51

Schienenbahn, besondere Lichtzeichen 33, 56
Schrägbalken, rote 37, 59
Schwarzpfeil auf Rot 29, 51
– auf Gelb 29, 52
Sinnvolle Befolgung der Lichtzeichen 44, 45
Sonderfahrstreifen (Linienbusse, Taxen) 33, 56

Umgehen einer LZA-Regelung 50, 61
Umkehrstreifen 37, 59

Vorrang der Lichtzeichen 39
Vorrangregeln 39 a
Vorrangregelnde Verkehrszeichen 39 b
– Fahrbahnmarkierungen 39 c

Wartepflicht trotz Grün 45
Wechsellichtzeichen 16 ff, 40–43
Wechselweise Fahrstreifenfreigabe 37, 59

Zivilrecht 62 ff
Zusatzzeichen 50

Richtlinien für Signalanlagen 1992 (RiLSA 1992), s VkBl **92** 356, **94** 602, **99** 409. 37a

1. Lichtzeichen sind zulässig, wo mehrere VStröme einander berühren oder schneiden, vor 38 allem an Kreuzungen, Einmündungen, Engstellen, Markierungen für Fußgängerverkehr, Bahnübergängen und uU an gefährlichen Grundstücksausfahrten. Überwiegend sind sie WechsellichtZ (II). Die zulässigen Lichtsignale sind ausschließlich in II geregelt, KG VRS **47** 317. Jede Lichtzeichenanlage regelt nur die Kreuzung (Einmündung), an der sie angebracht ist, nicht auch eine 20 m weiter liegende, KG VM **73** 7, Kö NZV **97** 269. Zwei durch Mittelstreifen getrennte Richtungsfahrbahnen gehören aber in diesem Sinne zu derselben Kreuzung, Kö NZV **97** 269 (Mittelstreifen 20 m breit). Ob ein StrZug mehrere dicht nebeneinander liegende Straßen in einer einzigen Kreuzung quert, hängt von der Örtlichkeit ab, Hb DAR **73** 82.

39	**1a. Vorrang** haben die LichtZ vor den allgemeinen Vorrangregeln, den vorrangregelnden VZ und Farbmarkierungen, BGHSt **26** 73 = NJW **75** 1330, Kö VRS **72** 212, Stu VRS **52** 216. Den Zeichen und Weisungen der PolB stehen sie nach (§ 36). Gelbes Blinklicht setzt Gebots- und VerbotsZ an der Kreuzung nicht außer Kraft, Dü DAR **60** 25. Das Z 205 (Vorfahrt gewähren) an der Kreuzung wird nicht durch eine Ampel aufgehoben, die 35 m vorher eine Fußgängerfurt sichert, Bay VRS **26** 58 (§ 8 Rz 30).
39a	**Vorrangregeln,** einschließlich der dazu entwickelten RsprGrundsätze, sind zB: die §§ 6 S 1 (Vortritt bei Verengung und Dauerhindernissen), 5 (Vortritt beim Überholen), 8 (Vorfahrt, Bay VM **66** 36), 9 III, IV (Vorrang des gleichgerichteten Verkehrs gegenüber Abbiegern), 10 Satz 1 (Vorrang des fließenden Verkehrs), 26 (Vorrang der Fußgänger auf Überwegen), theoretisch auch § 18 III (Vorfahrt des durchgehenden AB-Verkehrs), 19 I (Vorrang der Schienenbahnen), 20 II, IV (Fußgänger-„Vorrang" an Haltestellen, s aber § 20 Rz 11). Ein grüner Pfeil gewährt auch dem (im Übrigen verkehrsgerecht) Wendenden Vorrang vor dem Entgegenkommenden, LG Berlin DAR **00** 409.
39b	**Vorrangregelnde VZ** sind die Halt- und Wartegebote Z 201 (Andreaskreuz), 205 (Vorfahrt gewähren! – auch mit Zusatzschild „Verlauf der VorfahrtStr"), 206 (Halt! Vorfahrt gewähren!), 208 (Dem Gegenverkehr Vorfahrt gewähren!) und die RichtZ 301 (Vorfahrt), 306 (VorfahrtStr – auch mit Zusatzschild „Verlauf der VorfahrtStr"), 308 (Vorrang vor dem Gegenverkehr).
	Unberührt von Abs I bleiben die vorgeschriebenen Fahrtrichtungen (Z 209, 211, 214, 220, 222), die Fahrbahnlängsmarkierungen (Z 295–297, 340, Vwv Rn 2, Rz 15), alle Nichtvorrangregeln und -zeichen wie Überholverbote, BGHSt **26** 73 = NJW **75** 1330 (zu Z 276), Geschwindigkeitsbeschränkungen und die allgemeine Sorgfaltspflicht des § 1, aus der uU die Verständigungspflicht folgt.
39c	**Vorrangregelnde Fahrbahnmarkierungen** sind die Z 293 (Fußgängerüberweg) und 294 (Haltlinie).
40	**2. Wechsellichtzeichen** (II) sind Allgemeinverfügungen (Begr; BGHSt **20** 128, BGH NJW **87** 1945, BVerwG VRS **33** 149, Ce NZV **99** 244, Ha VRS **50** 316, Kö VRS **59** 454), verfassungskonform (Hb VRS **24** 193), und auch bei mechanischer Auslösung durch Bodenschwellen oder Knopfdruck an Fußgängerfurten zu beachten (BGHSt **20** 128, Ce VRS **15** 219). Sind sie undeutlich, irreführend oder gefährdend („feindlichend" Grün), so sind sie ohne Rücksicht auf rechtmäßiges Verhalten der für die VB handelnden Person rechtswidrig (BGHZ **99** 249 = NJW **87** 1945). Eine ständig auf Rot geschaltete LZA mit der Funktion eines Verbots der Einfahrt (Z 267) ist weder WechsellichtZ iS von II noch DauerlichtZ iS von III, Missachtung daher kein Verstoß gegen § 37 (Bay NZV **96** 81, abl *Friehoff*; Jn NZV **97** 86). WechsellichtZ gelten jeweils nur für den ihnen zugeordneten StrTeil (Fahrbahn, Sonderweg, Fahrstreifen), uU nicht für den Gehweg (bei Benutzung als Parkflächenzufahrt; Dü VRS **54** 149). Je nach den örtlichen Gegebenheiten kann eine mittig über der Fahrbahn befindliche LZA für den baulich getrennten **Radweg** unbeachtlich sein, wenn auf diesem überdies keine Haltlinie angebracht ist, Ha VRS **107** 134 (Unklarheit). Umfahren auf anderen StrnTeilen: Rz 50. Die Ampel regelt nur den Fahrbahnverkehr, sie gilt nicht für jemanden, der sein Moped (wegen Aussetzens des Motors) auf dem Gehweg schiebt (und nach erneutem Startversuch weiterfährt), Dü VRS **59** 235. Durch die LZA geschützter Bereich: Rz 50.
41	Die **Farbanordnung** trägt auch farbenblinden VT Rechnung: Rot ist stets oben.
42	Die **Farbfolge** ist durch II festgelegt. Gleichzeitig lässt sie nur noch Rot/Gelb zu, um auf den Wechsel auf Grün besser vorzubereiten und den Verkehr flüssiger zu halten. Die Kombinationen Grün/Gelb oder blinkendes Grün oder gelbes Blinklicht, Ha VRS **50** 318, zur Vorbereitung auf Gelb sind unzulässig, die dazu ergangene Rspr ist gegenstandslos (BGH NJW **61** 780).
43	**Zulässigkeit** von WechsellichtZ, Verkehrsabhängigkeit, Schaltung, Abstimmung (grüne Welle), Phasenregelung: Vwv Rz 12 ff. WechsellichtZ dürfen nicht blinken (Vwv Rz 4). Eine Ampel mit gelbem Sekundenblinklicht vor Dauergelb und folgendem Rot führt irre; einem Kf kann nicht vorgeworfen werden, er habe das bevorstehende Umschalten schon mit beginnendem Dauergelb bemerken müssen, Bay VM **74** 45. Bei der Farbfolge Gelb/Rot oder Grün/Gelb/Rot darf dem Gelb kein gelbes Blinklicht vorgeschaltet sein, weil ortsfestes gelbes Blinklicht (s § 38) nur Warnfunktion außerhalb des regulären Ampelbetriebs hat, Kö DAR **77** 332. Eine Ampel, die vor Gelb zunächst gelb blinkt, ist vorschriftswidrig, aber nicht nichtig und deshalb zu beachten, Ha VRS **50** 316 (innere Tatseite zw).

Sinnvoll und verkehrsangepasst sind die WechsellichtZ zu befolgen, BGH VRS **5** 586, wie 44 auch die Zeichen und Weisungen der PolB (§ 36), unter Beachtung der Grundregeln der §§ 1, 11, BGH DAR **53** 238, Bay DAR **68** 83, VM **66** 36. II Nr 1 S 6 begründet keine selbstständige Sorgfaltspflicht über § 1 hinaus, KG DAR **74** 190. **Nicht leuchtende Bedarfsampeln** (Druckknopf – III Nr 3: Gelb – Rot) für den kreuzungs- und einmündungsfreien DurchgangsV verpflichten für sich allein nicht zur Geschwindigkeitsreduzierung, Dü NZV **02** 90. Wer als Kf in eine Kreuzung einfährt, während die Regelung durch PolB soeben durch Wiederinbetriebnahme der Ampeln ersetzt wird, muss mit in der Kreuzung verbliebenen Fz des QuerV rechnen, und er darf die Kreuzung auch nur mit besonderer Vorsicht wieder verlassen, KG VRS **59** 331. Fußgänger: Rz 58. § 11 (besondere VLagen) ist zu beachten.

2 a. Grün bedeutet: der Verkehr ist in der geregelten Richtung freigegeben (Nr 1). Auch 45 nach dem Vorbeifahren am LichtZ darf nur in der freigegebenen Richtung weitergefahren werden, Ha VRS **54** 71. Die Rechtslage ist wie beim FreifahrtZ des § 36. Der Verkehr darf weiterfahren, uU auch abbiegen, jedoch in eigener Verantwortung unter Beachtung der Lage, BGH VersR **75** 858 (Fußgänger), Dü VM **76** 38, Ol NJW **66** 1236, und mit angepasster Geschwindigkeit, Sa VRS **44** 456, Kö VRS **45** 358. Bei links und rechts **versetzt aufgestellten Ampelmasten** erlaubt Grün des ersten nicht Durchfahren bei Rot des zweiten, Ha VRS **53** 474. Eine **unübersichtliche Kreuzung** (Nachzügler) darf auch bei Grün nur vorsichtig mit Anhaltebereitschaft durchfahren werden, Kö NZV **97** 269, Ol DAR **96** 404, KG DAR **78** 339, Dü VersR **78** 1173, VRS **71** 261, Zw VersR **81** 581. Im Übrigen darf mangels besonderer Umstände vor Grün weder wesentlich verlangsamt noch angehalten werden, sonst **Behinderung Nachfolgender,** Dü DAR **92** 109, KG VRS **47** 316, Dü VRS **65** 62. Solange die Ampel Grün zeigt, muss der Kf seine Geschwindigkeit nicht schon auf Anhalten vor Gelb einstellen, BGH NJW **05** 1940, Kar VM **75** 61, auch nicht bei ortsfestem, gelbem Blinklicht in einigen m vor der LZA, BGH NJW **05** 1940, s Rz 48a, § 38 Rz 13. Steht die Ampel ungewöhnlich weit vor der durch die Fluchtlinien gebildeten Kreuzung (gefährdende Anlage?), so muss der bei Grün noch Durchfahrende bei Anfahren des Querverkehrs, den er beachten muss, vor der Kreuzung warten; er darf die Kreuzung nicht vor diesem durchfahren, Kö NZV **97** 269, Ha VRS **49** 455. Eine **Pflicht zum Weiterfahren** bei Grün ergibt sich lediglich aus den §§ 1, 3 II, Dü VM **76** 39. Daher darf bei Grün nicht in eine Kreuzung usw einfahren, wer sieht, dass er sie nicht wieder rechtzeitig wird verlassen können (§ 11), Ol DAR **96** 404, Stu VRS **38** 378. Nach dem **Anfahren** bei Grün ist alsbald auf ausreichenden Abstand zum Vorausfahrenden zu achten, KG VersR **79** 234, VRS **56** 241. Grün entbindet nicht von der Sorgfaltspflicht, BGH NZV **92** 108, VersR **76** 858, Kö NZV **97** 269, Mü VersR **76** 268 (s Abs II S 6). Der bei Grün Anfahrende darf nicht auf freie Kreuzung vertrauen, KG VRS **106** 165, Mü VersR **75** 268. Er muss **Nachzüglern** das Verlassen ermöglichen und auf Rücksicht nehmen, BGHZ **56** 146 = NJW **71** 1407, **77** 1394, KG VRS **106** 165, NZV **03** 43, Dü VersR **87** 468, VRS **71** 261, Kö VRS **72** 212, Zw VersR **81** 581, aM *Booß* VM **93** 35 (kein Nachzüglervorrang), auch solchen in Mitteldurchbrüchen, BGHZ **56** 146 = NJW **71** 1407, **77** 1394, Kö NZV **97** 269, KG VRS **48** 462, nicht auch solchen, die zwar die LZA passiert haben, sich aber noch nicht im eigentlichen Kreuzungsbereich befinden, Ha NZV **05** 411, Dü NZV **97** 481, Ko NJWE-VHR **98** 156 (unter Aufgabe der früheren, abw Ansicht in VRS **68** 419), Kö VRS **72** 212, s auch Rz 45a. Bei Missachtung des Nachzüglervorrangs idR überwiegende Verursachung: Rz 64. Kein „Nachzügler" mit Vorrang ist der in der Kreuzung Wendende, KG ZfS **04** 505, VM **85** 44. Im Übrigen darf aber der bei Grün Anfahrende darauf vertrauen, dass der **Querverkehr** Rot hat und stillsteht, BGH NZV **92** 108, Kö VRS **96** 237, KG VM **81** 47, Dü VersR **76** 1180, Kar VRS **50** 196. Je weiter der Farbwechsel auf Grün zurückliegt, umso mehr darf der bei Grün An- oder Durchfahrende idR auf freie Kreuzung ohne weitere Linksabbieger aus dem QuerV der vorhergehenden Phase vertrauen, Kö VRS **88** 25, Br VM **76** 93. Wer Grün hat, muss nicht mit noch seitlich in die Kreuzung Einfahrenden rechnen, BGHZ **56** 150 = NJW **71** 1407, **77** 1394, NZV **92** 108, und nicht mit Fußgängern, die entgegen Rot unvermittelt vor ein Fz treten, Hb VersR **81** 558, Kar VRS **51** 434. Kann er übersehen, dass Nachzügler nicht behindert werden, darf er unmittelbar nach dem Umschalten auf Grün mit **fliegendem Start,** Ha NZV **05** 411, KG DAR **03** 515, in die Kreuzung einfahren, KG VM **85** 44. Kein Einfahren jedoch in eine unübersichtliche Ampelkreuzung mit fliegendem Start, BGH VM **68** 58, Dü VRS **71** 261, sonst Mitschuld, Bay VRS **34,** 42, Stu VRS **33** 376, Kö NZV **97** 269 (Mithaftung zu ²/₃), VRS **54** 101, auch wenn der von rechts Kommende bei Gelb nicht angehalten hat, Stu VM **67** 78, s KG VRS **39** 266, Schl VersR **76** 674. Wer bei Grün „fliegend" in die Kreuzung einfährt, kann sich nicht auf den Vertrauensgrundsatz berufen, BGH NJW **61** 1576, Bay VRS **20** 153, KG DAR **03** 515, Zw VersR **81** 581, Schl VersR **75** 674, Kö VRS **54** 101. Zwar muss er nicht mit verbotswidrigem QuerV rechnen, BGHZ **56** 150, Kar VRS **51** 434, Hb VM **65** 51, Mü DAR **68** 268, aber mit Nachzüglern, KG DAR **03** 515, Ha NZV **03** 573 (80% Mithaftung bei überhöhter Geschwindigkeit), Dü VRS **71** 261, Kar VersR **76** 96, auch solchen, die unberechtigt in die Kreuzung gelangt sind, Zw VersR **81** 581, Schl VersR **75** 674.

45a Wer bei Grün Haltelinie und LZA passiert hat, muss dennoch vor dem durch die Flucht- oder Fahrlinien gebildeten Kreuzungsraum anhalten, wenn er die Fahrt infolge **stockenden Verkehrs** nicht zügig fortsetzen kann und bei beginnendem QuerV damit rechnen muss, dass die LZA für seine Fahrtrichtung inzwischen auf Rotlicht umgeschaltet hat, Ha NZV **05** 411, Hb DAR **01** 217 (abl *Burghart*), NZV **94** 330, Dü NZV **97** 481, Ko NZV **98** 465 (unter Aufgabe von VRS **68** 419), Kö VRS **72** 212. Wer im Kreuzungsbereich aufgehalten worden ist, hat ihn bei Farbwechsel vorsichtig, Stu VRS **27** 464, Dü VersR **87** 468, unter sorgfältiger Beachtung des einsetzenden Gegen- oder Querverkehrs (§ 11) mit Vorrang (Rz 45) zu verlassen, BGH NJW **77** 1394, Dü VersR **78** 1173, VRS **71** 261, Kö VRS **54** 101, **72** 212, KG VM **81** 75, **93** 21, Ha NZV **93** 405, anders, wenn er den eigentlichen Kreuzungsbereich noch nicht erreicht hat (s oben). Je länger er im Kreuzungsbereich aufgehalten worden ist, umso mehr muss er mit Phasenwechsel und anfahrendem QuerV rechnen, KG DAR **03** 515. Zögern im Kreuzungsbereich kann zur Mithaftung (uU auch Alleinhaftung) des Nachzüglers führen (Rz 64). Bevorrechtigter Nachzügler in diesem Sinne ist auch, wer in der vorausgegangenen Grünphase als entgegenkommender Linksabbieger in der Kreuzung aufgehalten worden ist, KG VM **83** 84. Stehenbleiben von vorausfahrenden Fz trotz Grün bewirkt unklare Lage und verpflichtet zu besonderer Sorgfalt, Ha VRS **47** 107. Wer in einer weiträumigen Kreuzung trotz Grün aufgehalten wird, muss damit rechnen, dass Fußgänger, sobald sie Grün erhalten, die Fahrbahn alsbald betreten werden, Kar VRS **48** 386. Wer in eine weiträumige Kreuzung bei Grün zu langsam einfährt, muss damit rechnen, dass der jenseits kreuzende Überweg inzwischen Grün erhält und sich auf Anhalten einrichten, jedoch müssen die Fußgänger ihm das Verlassen der Kreuzung ermöglichen, Dü VM **66** 54, KG VRS **32** 218, Ol NJW **66** 1236, Ce VersR **67** 289.

45b Wer bei Grün an eine **Fußgängerfurt** heranfährt, aber aufgehalten wird, muss bei Rot vor der Markierung warten; befindet er sich bereits auf dieser, darf er mit aller Vorsicht weiterfahren, Ha VRS **57** 451. Grün an Kreuzung befreit nicht von der Sorgfalt beim Befahren eines vorher liegenden markierten Fußgängerüberwegs, Bay VM **75** 91 (gefährdende Anlage?). Wer an einer Kreuzung bei Grün einfährt, muss auf Fußgänger achten, die die Fahrbahn noch überschreiten (§ 37 II Nr 5), Kö MDR **59** 488, doch muss er ohne Anzeichen nicht damit rechnen, dass jemand bei Rot noch auf die Fahrbahn (Gleise) tritt, Fra VersR **76** 1135, Ha VRS **34** 114, **68** 321 (auch nicht, wenn sich in einer wartenden Fußgängergruppe 12- bis 14jährige Kinder befinden). Wer sich bei Grün einer Fußgängerfurt nähert, muss seine Geschwindigkeit nicht im Hinblick auf Fußgänger herabsetzen, die die Fahrbahn bei Rot überqueren und vorher nicht zu sehen waren, Hb VersR **81** 558. Wer beim Wechsel auf Grün durchfährt, muss jedoch auf etwa noch überquerende Fußgänger besonders achten, Sa VM **80** 28. Verhalten an Fußgängerfurten mit LZA: s auch § 25 Rz 35, 44. Ist ein Ampelübergang zugleich als Fußgängerüberweg (Z 293) ausgebildet, so darf ein Kf hier bei Grün nicht darauf vertrauen, dass sich keine Fußgänger, achtlose oder verzögerte, auf der Fahrbahn befinden, KG VM **77** 39, *Booß* VM **77** 39. Der bei Grün in die Kreuzung Einfahrende darf zunächst auf eine mögliche nahe liegende Gefahr achten (Fußgänger), erst danach auch auf das Verhalten der bei Rot Wartepflichtigen, Kar VRS **50** 196, VersR **78** 968. Bei Grün muss der **Linksabbieger** entgegenkommenden Geradeausverkehr durchfahren lassen, § 9 Rz 40, mit Durchfahren bei Rot muss er bei diesem noch rechnen, § 9 Rz 40. Wer mit fliegendem Start bei Grün an noch stehenden Fz in den Einmündungsbereich einfährt, muss nicht mit noch entgegenkommenden Linksabbiegern rechnen, KG VM **82** 66.

46 Beim Zusammentreffen von Fz mit **Grün aus verschiedenen Richtungen,** vor allem beim Weiterfahren in derselben Richtung gilt § 1 (Verständigungspflicht), nicht § 8 I (wegen § 37 I), s aber Dü VersR **76** 1180. **Fußgängerüberwege** gelten bei Ampelregelung als nicht vorhanden (Abs I), Kfz brauchen also bei Grün nicht verlangsamt (§ 26 I S 2) heranzufahren, Bay NJW **67** 406, s aber Rz 58 sowie § 26 Rz 12.

47 **2 b. Der grüne Pfeil** (Abs II Nr 1 S 3, 12) erlaubt Weiterfahrt nur in der angezeigten Richtung und untersagt sie in anderen Richtungen, BGH NZV **98** 119, Br VRS **37** 305, Ha VRS **54** 72, NZV **98** 255. Befindet sich der Grünpfeil 30 m von der Kreuzung entfernt, so hat

Wechsellichtzeichen, Dauerlichtzeichen und Grünpfeil § 37 StVO **2**

er diese die Fahrtrichtung einschränkende Wirkung nicht, weil das Merkmal „An Kreuzungen" iS von Abs II Nr 1 S 1 und 3 nicht gegeben ist; es handelt sich dann um eine LZA „an anderen Straßenteilen" iS von Abs II Nr 2, Bay NJW **83** 2891. Gibt ein Farbpfeil das Linksabbiegen frei, so muss der entgegenkommende Geradeausverkehr solange gesperrt sein (sonst Amtspflichtverletzung), BGH NJW **72** 1806, NZV **92** 108, Ol VM **66** 27, Ha NZV **90** 189 (Vwv Rn 18). Darauf darf der Linksabbieger vertrauen, BGH NZV **92** 108, Bay VRS **58** 149, Kö VRS **108** 86, KG DAR **94** 153, VM **93** 67, NZV **91** 271, VRS **89** 280, Schl VersR **84** 1098, Ha NZV **90** 189, einschränkend KG NZV **94** 31, auch auf gesperrten QuerV, Bay VRS **58** 147. Er darf aber nicht blindlings abbiegen, sondern nur unter Beobachtung der im V allgemein erforderlichen Sorgfalt, BGH NZV **92** 108, VM **79** 9, Abs II Nr 1 S 6; erkennt er jedoch weder Nachzügler noch eine drohende Rotdurchfahrt, so darf er im Vertrauen auf freie Kreuzung abbiegen, KG VRS **59** 365, Dü NZV **95** 311, auch bei durch Kfz verstellter Sicht auf den GegenV, BGH NZV **92** 108. Bei Grünpfeil darf in dieser Richtung mit zulässiger Geschwindigkeit gefahren werden, ohne Rücksicht auf etwaigen Farbwechsel, Ha VRS **41** 75. Eine andere Bedeutung als der grüne Pfeil als LichtZ hat das grüne Pfeilschild gem Abs II Nr 1 S 8 bis 10, Rz 53 f. Haftungsfragen: § 9 Rz 55.

2 c. Gelb ordnet an, an der Haltlinie (Kar VRS **107** 292, Kö VM **77** 6, NJW **77** 819) das **48** nächste FarbZ abzuwarten (Nr 1), entweder Rot (Halt) oder Grün (Verkehr freigegeben). Steht Rot bevor, so muss der Kf anhalten, der dies noch mit normaler Betriebsbremsung (3,5 bis 4 m/s^2) tun kann (BGH NJW **05** 1940, Bay VRS **70** 384, Ha NZV **03** 574, KG VRS **67** 63, Br VRS **79** 38, Kö NJW **77** 819), und zwar an der Haltelinie, andernfalls vor der Ampel, auch wenn eine „Räumampel" im Kreuzungsbereich für Linksabbieger noch Grün zeigt (Ha VRS **51** 147), spätestens vor dem eigentlichen Kreuzungsbereich (Kö VM **77** 6, NJW **77** 819, Stu NJW **61** 2361, Kar DAR **75** 220, Ha VersR **75** 757, Bay DAR **74** 174, Zw VRS **48** 460). Auch bei erheblich zurückliegender Ampel und Haltlinie (Z 294) ist bei Gelb, wenn gefahrlos möglich, spätestens vor dem Kreuzungsbereich anzuhalten (Ce VRS **55** 70), weil Durchfahren in solchen Fällen wegen der größeren Entfernung zwischen Ampel und Kreuzungsbereich erhöhte Gefahr für den QuerV brächte. Dabei darf ein Kf mit ausreichender Gelbphase nach Maßgabe der Richtlinien für Lichtsignalanlagen rechnen (Ce DAR **77** 220, *Menken* NJW **77** 794, aM Kö NJW **77** 819), weil sich sein Anhalteweg sonst überraschend verkürzt (Rz 48 a). Die Richtlinien (VkBl **92** 356, **94** 602) sehen bei zulässiger Fahrgeschwindigkeit von „50, 60, 70" eine Gelbphase von 3, 4 bzw 5 s nach Grün bei zumutbarer mittlerer Bremsverzögerung (bei „70" 3 m/s^2, sonst 3,5 m/s^2) vor, deren schalttechnische Beachtung der Kf unterstellen darf (s auch Vwv Rn 17) und auf die er sich einzustellen hat (Br VRS **79** 38). Hiernach betragen die Anhaltewege bei zusätzlich 1 s Reaktions-, Bremsansprech- und Schwellzeit 42 bzw 56 bzw 83 m. Soweit diese Anhaltewege bis spätestens zum Kreuzungsbereich ausreichen, muss und darf der Kf bremsen und dann anhalten, ohne vorher auf ausreichenden Abstand nach hinten zu achten, für den der Nachfolger verantwortlich ist (BGH NZV **92** 157, KG VRS **40** 264, VM **83** 13, Fra DAR **72** 83, Bay VRS **60** 381, Ha DAR **63** 309, Kö VRS **56** 118, Dü NZV **92** 201, Kar VM **96** 8), nach Meinung von Zw VRS **48** 460 sogar bei dessen Gefährdung (dazu auch § 4 Rz 11). Das gilt selbst dann, wenn er die Gelbphase übersehen hat und bei Rot noch vor Erreichen der Kreuzung anhält (Bay VRS **60** 381), anders aber bei an sich zulässiger Normalbremsung bei Gelb in der verkehrsfeindlichen Absicht, den erkennbar zum Durchfahren entschlossenen Nachfolgenden auffahren zu lassen (§ 315 b StGB Rz 12). Notstand durch dicht aufgeschlossenen Nachfolgenden: Rz 61. Eine 3 sec-Gelbphase reicht bei zulässiger Höchstgeschwindigkeit von 50 km/h jedenfalls zum gefahrlosen Anhalten vor der Haltlinie aus (Br VRS **79** 38). Der Führer eines Fz mit längerem Bremsweg muss ggf. seine Geschwindigkeit schon in der Grünphase vermindern, um innerhalb der Gelbphase anhalten zu können (Ol VRS **114** 471 [Gefahrguttransport]).

Reicht der Bremsweg bei mittlerem Bremsen bis zum Kreuzungsbereich nicht aus, **48a** wäre vielmehr starkes oder sogar Gewaltbremsen mit Blockierspur nötig, also gefährdendes Bremsen, so darf der Kf unter Beachtung des QuerV zügig und vorsichtig durchfahren (BGH NJW **05** 1940, NZV **92** 157, Kar VRS **107** 292, Ha NZV **03** 574, KG NZV **92** 251, VersR **08** 797, Br VRS **79** 38). UU kann er dann sogar zur Weiterfahrt zwecks Vermeidung von Unfällen verpflichtet sein (KG VM **89** 37). Ein als „Vorampel" 150 m vor der LZA installiertes gelbes Blinklicht verpflichtet nicht zu einer Reduzierung der i Ü trotz LZA angemessenen Geschwindigkeit (BGH NJW **05** 1940). Keine Anhaltepflicht bei „50" und nur 20 m vor Gelb (Ko VRS **55** 147). Wer mit „40" erst 10 m vor der Ampel Gelb erhält, darf durchfahren und kann

2 StVO § 37 II. Zeichen und Verkehrseinrichtungen

außerdem nicht bei Rot durchgefahren sein (Kö VRS **55** 295). Bei „50" darf mit 3s Gelbphase gerechnet werden (Ce DAR **77** 220, Kö VRS **33** 456, KG VRS **67** 63); bei erlaubten „70" und 65 m Annäherung will Kö NJW **77** 819 eine Gelbphase von 3,26s noch ausreichen lassen (str, *Grosser* Verkehrsunfall **85** 7). Nur 2s Gelb erlauben bei großer Annäherung mit 50 km/h idR kein Anhalten vor Rot mehr (Kö VRS **52** 148); ein Rotverstoß wird dann nicht vorwerfbar sein (*Menken* NJW **77** 794, DAR **75** 262, **76** 235).

49 **Für Verkehrsteilnehmer in der Kreuzung** kann Gelb keine Bedeutung haben, weil sie es nicht sehen können (Begr zur ÄndVO v 21. 7. 80, VkBl **80** 518). Wer die Kreuzung als Linksabbieger verlässt, hat etwaigen QuerV von rechts mit fliegendem Start zu beachten (kein Vertrauensgrundsatz), aber uU zu knapp eingestellte Ampel als Milderungsgrund (BGH VRS **34** 358). VT, die inzwischen Grün haben, müssen denen Vorrang lassen, die die Kreuzung verlassen müssen (Rz 45).

50 **2 d. Rot ordnet an:** Halt vor der Kreuzung (Nr 1), und zwar ohne Rücksicht darauf, ob mit erlaubtem QuerV zu rechnen ist (Ce NRpfl **96** 129). Wer sich einer LZA nähert, darf nicht so dicht hinter einem Fz herfahren, dass ihm die Sicht auf die LZA genommen wird und er den Phasenwechsel auf Rot nicht sehen kann (Kö VRS **61** 152). Halten hinter der Haltlinie Rz 61. Die Straba muss ihre Fahrgeschwindigkeit so einrichten, dass sie vor Rot rechtzeitig anhalten kann (Dü VRS **57** 144, NZV **94** 408), desgleichen Führer eines Fz mit längerem Bremsweg (Ladung, Fahrgäste usw; Dü VRS **65** 62). Zu dem **durch die LZA geschützten Bereich** der LZA gehören nicht nur die eigentliche Fahrbahn, sondern auch parallel verlaufende Randstreifen oder Parkstreifen (Bay NZV **94** 80, Kö VRS **67** 232, Kar NZV **89** 158, Dü NZV **98** 41) sowie Gehwege, wenn der FzF nach Umfahren der LZA auf die Fahrbahn zurückkehrt (Kö VRS **61** 291, Ha VRS **103** 135, Dü NZV **93** 243, **98** 41, VRS **63** 75 [auch nach Abbiegen], **68** 377 [Ausweichen über Radweg], Kar NZV **89** 158, aM Dü DAR **94** 247 [nur die Fahrbahn]). Geschützt ist bei Kreuzungen jedenfalls der innerhalb der Haltelinien liegende Verkehrsraum (Fra VM **87** 14, Dü NZV **98** 41). Falls der geschützte Bereich nicht tangiert ist, liegt uU Verstoß gegen § 2 I vor (zB Kar NZV **89** 158, Dü NZV **98** 41, Ha NZV **07** 428; Bemessung der Geldbuße: § 24 StVG Rz 64). Bei besonderen LZA für Radwege umfasst umgekehrt der geschützte Bereich auch die Fahrbahn (kein Umfahren durch Ausweichen auf die Fahrbahn; Ce VRS **67** 294). Das wichtige Gebot des II Nr 1 S 7 setzt verkehrsgerechte Verwendung des WechsellichtZ und sinnvolle Phasen voraus, wenn es den V nicht unzumutbar stören soll (**E** 55, 56). Schützt die LZA Kreuzung und davor befindliche Fußgängerfurt, so verstößt gegen II Nr 1 und 2, wer zwar vor der Kreuzung, aber nach Einfahren in den Bereich der Fußgängerfurt hält, weil auch diese zu dem durch die LZA geschützten VRaum gehört (Bay VRS **67** 150, Ce NRpfl **96** 129), anders nach Ce ZfS **97** 355, solange andere Fahrstreifen derselben Fahrbahn noch Grün haben und die Fußgängerfurt daher durch Rot gesperrt ist (zw; abw AG Celle VM **00** 23). Wer beim Aufleuchten von Rot die Haltlinie bereits überfahren hat, muss, soweit noch gefahrlos möglich, dennoch vor dem Kreuzungsbereich anhalten (Ha VRS **48** 68, Kö NZV **98** 297, Ce VM **83** 12). Regelt die LZA den V an einer Engstelle, so soll der FzF mangels Haltelinie bei Rot an der Ampel vorbei fahren und vor Erreichen der Engstelle abbiegen dürfen, wenn der GegenV dadurch nicht behindert wird (Bay DAR **82** 245 [bei *Rüth* mit berechtigter Kritik]). Einzelne geradeaus Fahrende dürfen bei Rot auch **auf Strabaschienen halten** (KG VM **59** 44), Abbieger nicht, weil sie bei Grün erst den Gegenverkehr durchfahren lassen müssen und diese behindern würden (§ 9 I). Auf den Schutz durch Rot darf sich der **Querverkehr** idR verlassen (Kö NJW **67** 785), auch Fußgänger (KG DAR **76** 159, aM bei weiträumiger Kreuzung KG VRS **32** 218). **Dauerrot bei Ampeldefekt** enthält kein absolutes Weiterfahrverbot, jedoch sind äußerste Vorsicht und Rücksichtnahme auf den QuerV geboten (Kö VRS **59** 454, Ha NStZ **99** 518 [Irrtum über Funktionsfähigkeit ist Tatbestandsirrtum]). Nach Ha NStZ **99** 518 (zust *Schulte* DAR **99** 515) darf aber ein Funktionsfehler erst nach „erheblich" längerem Zeitraum als 3 Minuten Rotlichtdauer angenommen werden. Bei derart ungewöhnlich langer Rotphase sollte ein Hinweis für Ortsunkundige durch Zusatzschild erfolgen (VSicherungspflicht). Pflicht zum Verzicht des Bevorrechtigten bei Ampelversagen: § 11 Rz 6. Weist ein PolB bei gestörtem Rotlicht (Dauerlicht) zum Überqueren der Kreuzung an, ist besondere Vorsicht geboten (QuerV; Kö VersR **66** 1060). Ein **Schild vor einer Ampel** „Bei Rot bitte hier halten" ist kein GebotsZ (Ha VRS **49** 220). Auch wenn die entsprechende Aufforderung durch das Zusatzschild Nr 1012–35 (also durch Verkehrszeichen, s § 39 II 2) erfolgt, ist Nichtbeachtung nicht als solche bußgeldbewehrt (LG Berlin ZfS **01** 8 [uU aber § 1 II oder § 41 III Nr 2 mit Z 294 „Haltlinie", falls diese in Bezug auf ihre Entfernung von dem durch die

Wechsellichtzeichen, Dauerlichtzeichen und Grünpfeil **§ 37 StVO 2**

LZA geschützten Bereich diesem zugeordnet werden kann], LG Berlin NZV **00** 472, *Hentschel* NJW **92** 2064, *Kullik* PVT **94** 33, **98** 53, *Huppertz* PVT **96** 79). **Vor Überwegen** bedeutet Rot: Halt vor dem Überweg bzw vor der dazugehörigen Haltlinie (Stu VRS **52** 216, Dü VRS **78** 140). Befindet sich eine weitere Haltlinie an einer vor dem Übergang befindlichen Einmündung oder Kreuzung, so ist an dieser zu halten (Ha NZV **92** 409), soweit sie zweifelsfrei der LZA zuzuordnen ist (*Kullik* PVT **94** 36). Rechtsabbiegen trotz Rotlichts bei **grünem Pfeilschild**: Rz 66 f.

2 e. Schwarze Pfeile auf Rot ordnen Halt für die angegebene Richtung an (Nr 1), Zw 51 NZV **97** 324, Ha VRS **54** 71, Kö VRS **38** 151, Dü VM **68** 14. Rote Pfeile statt schwarzer Pfeile auf Rot sind seit 1. 1. 06 nicht mehr gültig, s § 53 XII. Wer bei Grün für den GeradeausV in die Kreuzung einfährt und erst dort den Fahrstreifen wechselt, um in die durch Rotlicht gesperrte Richtung abzubiegen, verstößt – wenn es sich nicht um eine LZA nach II Nr 4 handelt (dazu Rz 55) – gegen Abs II Nr 1 S 11, KG VRS **73** 75; Entsprechendes gilt für den umgekehrten Fall, Zw NZV **97** 324. Wer trotz des Rotlichts in die gesperrte Richtung abbiegt, um dann jedoch nach Umfahren einer VInsel wieder in die Geradeausspur einzubiegen, handelt ow, Kö VRS **56** 472. Wer auf einer durch Z 297 gekennzeichneten Abbiegerspur bei Rot für den abbiegenden V (Pfeil) geradeaus weiterfährt, verstößt nicht gegen § 37, sondern gegen § 41 III Nr 5, es sei denn, es handelt sich um eine LZA nach II Nr 4, BGH NZV **98** 119 (120), Bay DAR **81** 241 (bei *Rüth*), dazu *Hentschel* NJW **89** 1842.

2 f. Schwarze Pfeile auf Gelb ordnen für die angegebene Richtung Warten an (Nr 1). 52 Gelbe Pfeile statt schwarzer Pfeile auf Gelb sind seit 1. 1. 06 nicht mehr gültig, s § 53 XII. Gelb blinkende, schräg abwärts gerichtete Pfeile ordnen den rechtzeitigen Wechsel von künftig gesperrten Fahrstreifen auf weiterführende an, zB wenn über Umkehrstreifen rote gekreuzte Schrägbalken folgen (§ 37 III) oder vor sonstigen Dauerverengungen, zB Tunneleinfahrten. Schwarze Pfeile auf Grün sind unzulässig (Vwv Rn 18).

2 g. Ein **Grünpfeil als nicht leuchtendes Pfeilschild** erlaubt das Rechtsabbiegen trotz 53 Rotlicht zeigender LZA nach Maßgabe von II Nr 1 S 8 bis 10. Bei LZA vor KreisV erlaubt es aber nicht das Einbiegen in den Kreis mit anschließender Weiterfahrt im Kreis, sondern nur sofortiges Ausfahren bei der ersten Möglichkeit (KG NZV **94** 159, **02** 159). Das grüne Pfeilschild ist weder Wechsel- noch DauerlichtZ iS von § 37 (*Lewin* PVT **91** 117); insbesondere ist es in seiner rechtlichen Bedeutung nicht identisch mit dem LichtZ „grüner Pfeil" iS von II S 5. Gestaltungsmerkmale: BMV VkBl **94** 294. Bei grünem Pfeilschild ist das Rechtsabbiegen trotz Rotlichts nur erlaubt, wenn der FzF zuvor angehalten hat. Hierdurch soll ein zusätzlicher Sicherheitsgewinn erreicht werden, weil der FzF durch das Anhalten in stärkerem Maße die freigegebenen VRichtungen beobachten kann als beim Abbiegen ohne Fahrtunterbrechung. Für das Anhalten gelten ähnliche Maßstäbe wie für das Halten beim Stoppschild (Z 206). Zu halten ist dort, wo der Schutz der durch die LichtZ-Regelung bevorrechtigten VT (Fußgänger, Radf, QuerV) gewährleistet ist, also zB vor einer Fußgängerfurt (Kar NZV **04** 654, VG Berlin NZV **97** 327), bei Kreuzungen und Einmündungen ohne querende Radweg- oder Fußgängerfurt dort, wo der V der freigegebenen Richtungen zu übersehen ist. Ist dies nicht schon an der Haltlinie der Fall, so wird diese überfahren werden dürfen, weil dann ein Halten an der Haltlinie entsprechend § 41 III Nr 2 (mit Z 294) seinen Zweck verfehlen würde (KG NZV **97** 199, *Schulz-Arenstorff* NZV **08** 67; aM *Minjoth* DAR **05** 237). Das Abbiegen mit Grünpfeil bei Rotlicht zeigender LZA ist nur auf dem äußersten rechten Fahrstreifen erlaubt. Der FzF hat sich dabei so zu verhalten, dass eine Behinderung oder Gefährdung anderer VT, insbesondere des Fußgänger- und FzV der freigegebenen VRichtung, ausgeschlossen ist. Gefordert ist eine über die allgemeine Sorgfaltspflicht des § 1 StVO hinausgehende äußerste Sorgfalt (E 150). Dies erfordert vom Abbiegenden äußerste Umsicht, insbesondere Umblick und zuverlässige Beobachtungsmöglichkeit hinsichtlich der durch die LZA freigegebenen Richtung und der Fußgänger.

Die Grünpfeilregelung des II Nr 1 S 8 bis 10 übernimmt den wesentlichen Inhalt der früheren GrünpfeilVO in die StVO, wobei sie jedoch im Verhältnis zur früheren Regelung strengere Anforderungen an den Abbiegenden stellt. Die VRegel ist mit Recht auf Kritik gestoßen (*Seidenstecher* NZV **91** 315, **92** 345, VD **93** 153, *Bouska* DAR **91** 164, **92** 282), vor allem im Hinblick auf Sicherheitsbedenken (abw *Vock* NZV **92** 173 f, freilich unter Bezugnahme auf Dresdner Untersuchungen aus dem Jahr 1975!), aber auch mit Blick auf die schwierige Rezeption des FzF sowie die Ahndungspraxis (*Schulz-Arenstorff* NZV **08** 67; hierzu auch Rz 61 a). Auch der 53 a

2 StVO § 37 *II. Zeichen und Verkehrseinrichtungen*

VOGeber hat noch in der Begr zur 3. StVO-AusnahmeVO (VkBl **91** 7) eine dauerhafte Beibehaltung der Grünpfeilregelung aus Gründen der VSicherheit dezidiert abgelehnt und betont, vordringliches Ziel müsse es bleiben, das Zusatzschild „schnell und überall zu entfernen". Entgegen der dann in der Begr ausdrücklich vertretenen Auffassung (Rz 13) dürfte die Grünpfeilregelung im Widerspruch zum ÜbStrV v 8. 11. 68 stehen (ratifiziert durch G v 21. 9. 77, BGBl II 809, 932; *Seidenstecher* NZV **91** 215, **92** 345, VD **93** 158, NZV **94** 96, *Bouska* DAR **91** 164, **92** 283, aM *Albrecht* DAR **94** 90). Jedenfalls läuft die aus der StVO/DDR (§ 3 IV mit Bild 23) übernommene VRegel dem dringenden Gebot weitestgehender internationaler Harmonisierung der Verhaltensvorschriften im StrV zuwider.

Lit: *Albrecht*, Die bundesweite Einführung des Grünpfeils ..., DAR **94** 89. *Bouska*, Grünpfeil-VO, DAR **91** 282. *Hentschel*, Grünpfeil, NJW **94** 637. *Lewin*, Rechtsbedeutung des Grünpfeils der DDR-StVO, PVT **91** 115. *Schulz-Arenstorff* Die Tücken des grünen Rechtsabbiegepfeils, NZV **08** 67. *Minjoth*, Die Rechtsnatur des nicht leuchtenden Grünpfeils ..., DAR **05** 236. *Seidenstecher*, Rechtsabbiegen bei „Rot"?, NZV **91** 215, **92** 345. *Derselbe*, Der grüne Pfeil an LZA, VD **93** 153. *Derselbe*, Die Grünpfeil-Regelung in der StVO, NZV **94** 96. *Vock*, Rechtsabbiegen bei „Rot"?, NZV **92** 173.

54 **2h. Beschränkung auf die Farbfolge Gelb-Rot** (Nr 3) ist bei Übergängen von Eisen- und Straßenbahnen zulässig, um für die meiste Zeit Dauergrün zu vermeiden (Begr). Weitere Verwendungsmöglichkeiten: Vwv Rn 39. Hier erscheint Gelb nicht nach Grün, sondern unvermittelt, das kann dafür sprechen, den Kf eine um die Überraschungszeit verlängerte Reaktionszeit beim Übergang auf Rot zuzubilligen, *Bowitz* DAR **80** 15.

55 **3. Lichtzeichen für markierte Fahrstreifen** (Z 295, 296, 340) sind zulässig. Voraussetzung ist Fahrstreifenmarkierung wie vorgeschrieben, s auch Vwv Rn 26. Sind gleichgerichtete, markierte Fahrstreifen in dieser Weise mit eigenen LichtZ versehen, so hat jeder Kf das seines Fahrstreifens zu beachten, gleichgültig wie er später weiterfahren will, Bay NZV **01** 311, VRS **65** 301, Kö VRS **56** 472, ZfS **01** 318, *Rüth/Berr/Berz* Rz 47. Verbietet schon der iS von II S 2 Nr 4 einer Abbiegespur zugeordnete grüne Pfeil die Weiterfahrt in einer anderen als der angezeigten Richtung (Rz 47) und damit auch die Geradeausfahrt, so muss dies erst recht gelten, wenn der Abbiegestreifen durch schwarzen Pfeil auf Rot (oder roten Pfeil) gesperrt ist, BGH NZV **98** 119, aM Dü DAR **88** 100, Ha VM **97** 29 (krit *Thubauville*), dazu *Hentschel* NJW **89** 1842. Benutzt der FzF bewusst zum Zweck der Umgehung einen Fahrstreifen, für den eine diesem zugeordnete LZA Grün zeigt, um im Einmündungs- oder Kreuzungsbereich, statt der vorgeschriebenen Richtung zu folgen, in den durch Rot gesperrten Fahrstreifen für eine andere Richtung zu wechseln, so liegt ein Rotlichtverstoß vor, wie auch sonst bei bewusstem Umfahren der LZA (Rz 61), BGH NZV **98** 119 (120), Bay NZV **96** 120; Ha Verkehrsrecht aktuell **05** 193. Das soll nach Bay NZV **00** 422 (Anm *Herrmann* NZV **01** 386) selbst dann gelten, wenn der Entschluss, in die gesperrte Richtung zu fahren, erst im Kreuzungsbereich gefasst wird. Wechselt ein FzF hinter der Haltlinie, aber noch vor Erreichen der Kreuzung vom durch Rot gesperrten in den freigegebenen Fahrstreifen, um dessen Fahrtrichtung zu folgen, so wird kein Verstoß gegen Abs II (Nr 4), sondern nur gegen § 41 III Nr 5 vorliegen, Ce ZfS **94** 306. Solche LichtZ gelten auch dann nur für denjenigen Fahrstreifen, dem sie zugeordnet sind, wenn sie in Pfeilform die Richtung angeben, Bay NJW **83** 2891.

56 **4. Besondere Zeichen für Schienenbahnen und Linienomnibusse auf eigenen Fahrstreifen** sind nach Maßgabe von Nr 4 zulässig und durch § 6 I Nr 3 StVG gedeckt, KG VRS **47** 316, *Fromm* VM **72** 7, *Booß* VM **72** 7, *Schaaff* ZVS **70** 118, *Marschall* DAR **73** 283, aM *Harthun* DAR **71** 177, Dü DAR **71** 276. Die besonderen LichtZ sind in Anl 4 zur BOStrab aufgeführt, Vwv Rn 41 (Rz 33). Zuwiderhandlung: Rz 61. *Twiehaus,* Busspuren aus verkehrstechnischer Sicht, DAR **73** 285. Mitbenutzung durch gekennzeichnete Taxis: Z 245. Für FzF, die den Sonderfahrstreifen unberechtigt benutzen, gelten nicht die besonderen LichtZ, sondern diejenigen für den allgemeinen FzV auf den übrigen Fahrstreifen, Bay DAR **05** 288, VRS **67** 436, Hb VRS **100** 205; denn die besonderen LichtZ sind, anders als im Fall des Abs II Nr 4 S 1, nicht bestimmten Fahrstreifen, sondern nach Abs II Nr 4 S 2 bestimmten Fz (Schienenbahn, Bus, Taxi) zugeordnet, aM Dü VRS **68** 70. Die besonderen Zeichen der Straba (LinsenZ, BOStrab) gehen im Kreuzungsbereich ebenso wie farbige WechsellichtZ vorrangregelnden VZ vor (Abs I), Hb VersR **67** 814. Weißlicht für Busfahrstreifen ist zulässig; erlischt das Weißlicht, so muss der Busf, sofern ohne Gefahrbremsung möglich, anhalten, Dü VM **76** 48, soweit nicht eine für alle Fahrstreifen geltende Grünphase die Weiterfahrt erlaubt, LG Mainz NZV **95** 33.

Wechsellichtzeichen, Dauerlichtzeichen und Grünpfeil **§ 37 StVO 2**

5. Nebeneinander fahren dürfen Kfz auch bei geringem Verkehr, wo LichtZ inner- wie 57
außerorts den Verkehr regeln (IV). Die Vorschrift sanktioniert die Übung, dass sich bei gleichgerichteten Fahrstreifen oder ausreichend breiter rechter Fahrbahn ein Fz bei Rot links oder rechts neben ein schon wartendes setzt und dann „gestaffelt" weiterfährt (Begr), Fra NJW **66** 2421, **67** 406. Sie gilt auch für Kräder. Fahrbahnmarkierung wird die Regel sein, ist aber nicht Voraussetzung. Soweit LichtZ für mehrstreifigen Verkehr gelten, nämlich vom Einflussbereich der ersten Ampel bis zur letzten, darf der Kf idR den Fahrstreifen frei wählen, BGHSt **26** 73 = NJW **75** 1330, Dü VM **76** 96. Nach dem Ende der ampelgeregelten Strecke gilt wieder das Rechtsfahrgebot (§ 2) oder nach vorübergehendem Ausschalten aller Ampeln derselben Strecke, sofern vorher erkennbar. Bei ausgeschalteten Ampeln ist mangels der Voraussetzungen des § 7 rechts zu fahren (§ 2). IV enthält zwar keine ausdrückliche **Überholregelung,** lässt Rechtsüberholen im Flüssigkeitsinteresse aber auch außerorts zu, Bay NJW **80** 1115, BGHSt **25** 298 = VRS **47** 218 (zum Problem § 5 Rz 64). Das Z 276 (KfzÜberholverbot) schließt Nebeneinanderfahren mit Überholen aus, denn es geht der allgemeinen Regel des § 37 IV vor (§ 39 III), s § 5 Rz 36.

6. Fußgänger- und Radfahrer-Lichtzeichen zeigen entsprechende Sinnbilder (Nr 5, § 25 58
Rz 44). Form dieser LichtZ: Vwv Rn 42, 43. Die besonderen LichtZ für **Radf** sind auch für Radf maßgebend, die statt des Radwegs die Fahrbahn neben dem Radweg benutzen, weil diese LichtZ nicht dem Sonderweg, sondern der FzArt zugeordnet sind, Abs II Nr 5 S 1, Kö VM **87** 53, Ce VRS **67** 294. Fehlen besondere LichtZ für Radf und befindet sich *unmittelbar* neben einer Fußgängerfurt eine Radwegfurt, so gelten gem Abs II Nr 6 für dort fahrende Radf die LichtZ für Fußgänger. Voraussetzung ist deutliche Markierung der Radwegfurt auf der kreuzenden Fahrbahn (unterbrochene weiße Linie), andernfalls keine „Radwegfurt" (krit *Felke* DAR **88** 75). Bei gemeinsamem Geh- und Radweg sollten sich die Radf (erst recht) entsprechend verhalten, fahren sie in solchem Fall bei Grün für den FahrV und Rot für Fußgänger weiter, dürfte jedoch Ahndung als OW gegen das Analogieverbot verstoßen (zw). Ferner dürfte es häufig am Vorsatz fehlen; vom Opportunitätsprinzip (§ 47 OWiG) sollte Gebrauch gemacht werden. **FußgängerLichtZ** haben nur die Farbfolge Grün-Rot-Grün. Rot bedeutet hier: Halt vor dem Überweg, Stu VRS **52** 216. Daher haben Fußgänger, die bei Grün mit dem Überqueren der Fahrbahn begonnen haben, mit Vorsicht zügig weiterzugehen, BGH NZV **91** 114, KG VM **77** 39. Darauf hat der Fahrverkehr Rücksicht zu nehmen (§ 25). Wird ein überquerender Fußgänger von Rot überrascht und kann er die Fahrbahn auch bei angemessener Eile nicht mehr ganz überschreiten, so muss er auf einer Mittelinsel verharren, Sa VM **80** 28, s aber Ol NJW **66** 1236, 2026 (krit *Ganschezian-Finck*). Gehbehinderte werden breite Fahrbahnen ohne Mittelinseln zweckmäßigerweise nur zu Beginn der Grünphase betreten (Begr). Doch ist spätes Betreten kein Verstoß. Der Verkehr schuldet Alten und Gebrechlichen jede Rücksicht, § 3 IIa StVO. Verhalten des FzV: Rz 45b, 50. Überqueren der Fahrbahn im Allgemeinen: §§ 25 (Fußgänger), 26 (Fußgängerüberwege). Ampelfurten (rechtlich zu unterscheiden von den Fußgängerüberwegen, § 26) schützen nur die Fußgänger, nicht auch kreuzende wartepflichtige Kfz, Kar VRS **100** 460, KG VersR **77** 377. Im Bereich einer Fußgängerampel, die nur nach Druckknopfbetätigung Grün zeigt, sonst dagegen ständig auf Rot geschaltet ist, gilt Abs II Nr 1 in Verbindung mit Nr 2 uneingeschränkt; daraus folgt, dass an diesen Stellen die Fahrbahn nur nach Betätigen der Anlage überquert werden darf. Anders bei LZA, die ohne Druckknopf-Betätigung kein Rotlicht zeigen, sondern dunkel sind. Bei **Ampelausfall** an *Fußgängerfurten* gilt § 25 III, Ol VRS **69** 252 (Vorrang des fließenden Verkehrs), s § 25 Rz 33, 39, an *Fußgängerüberwegen* (Z 293) wieder Z 293 und § 26, Kö DAR **75** 17 (besondere Vorsicht).

7. Dauerlichtzeichen über markierten Fahrstreifen sperren Fahrstreifen oder lassen den 59
Verkehr in der freigegebenen Richtung zu (III). Sie gehen Vorrangregeln, Vorrang regelnden VZ und Fahrbahnmarkierungen vor, KG VRS **57** 402. Anwendung ist vorgesehen bei sog. Umkehrstreifen (wechselweise Freigabe für die eine oder andere Richtung) auf Straßen, auf denen zu bestimmten Zeiten einseitiger Richtungsverkehr stark überwiegt (Stoßverkehr), außerdem bei vollständiger Sperrung einzelner Fahrstreifen zwecks Wartung (Tunnels) oder bei Unfällen (Begr) und schließlich als unterstützende Maßnahme bei Anordnung des Befahrens des Seitenstreifens durch Z 223.1 (Vwv Rn 48). Dient das DauerlichtZ der Sperrung eines Fahrstreifens in beiden Richtungen, Dü VRS **63** 70, können Zusatzschilder eine bestimmte VArt, zB öffentliche VMittel, ausnehmen, Bay VRS **54** 73. **Rote Schrägbalken** ordnen hier an: Die Spur darf nicht benutzt, davor darf nicht gehalten werden. Ein **grüner, nach unten**

gerichteter Pfeil ordnet an: Diese Spur ist freigegeben und eigenverantwortlich, wenn auch im Vertrauen auf die Freigabe, zu benutzen. Solche DauerlichtZ sind nur über markierten Fahrstreifen (Z 295, 296, 340) zulässig (Vwv Rn 48). Anbringungsweise: Vwv Rn 49, 51. Farb- und Symbolwechsel findet bei wechselweiser Freigabe nur bei Umstellung eines Fahrstreifens statt. Vor der Umstellung sind ausreichend lange nach beiden Richtungen zugleich gekreuzte rote Balken zu zeigen, bis der Verkehr aus der künftig gesperrten Richtung abgeflossen ist (Vwv Rn 51). Erst dann darf die Fahrspur auf der anderen Seite durch den grünen Pfeil geöffnet werden.

60 **8. Ausnahmen:** § 46 II. Vorrang vor Grün haben Sonderrechtsfz unter den Voraussetzungen des § 35 I, und Wegerechtsfz (§ 38 I), weil ihnen vor allem auch der QuerV freie Bahn schaffen, sein Durchfahrrecht bei Grün also zurückstellen muss (*Schmidt* DAR **73** 57), beide jedoch ohne Vertrauen hierauf, weil feststehen muss, dass alle anderen VT die WarnZ bemerkt haben und beachten.

61 **9. Ordnungswidrig** (§ 24 StVG) sind Verstöße gegen § 37 (§ 49 III Nr 2). Wer nur auf seinem Fahrstreifen Grün hat (§ 37 II Nr 4) und deshalb weiterfährt, aber entgegen dem Z 297 (Geradeauspfeil) links abbiegt, verletzt nicht die Lichtzeichen-, sondern nur die Pfeilregel, Ha VRS **51** 149, Bay VRS **64** 148 (zw), anders nach BGH NZV **98** 119 (120) bei grünem Pfeil im Hinblick auf II S 2 Nr 3, anders iÜ wohl auch bei zielgerichteter Umgehung, Rz 55. Verstoß gegen die besonderen LichtZ für Straba, Bus oder Taxi ist ow gem Abs II Nr 2 iVm Anl 4 zur BOStrab und § 49 Nr 2 StVO, § 24 StVG, Kö DAR **01** 87. Aufnahmen einer automatischen **Rotlichtkamera** sind zulässige Beweismittel, KG NZV **92** 251, Ha VRS **84** 51, Kar NZV **93** 323, Hb DAR **95** 500, OVG Berlin DAR **00** 328. Ist das mit der Kamera gekoppelte Zeitmessgerät nicht geeicht (§ 25 I Nr 3 EichG), s Kar VRS **85** 467, so bleiben die Lichtbilder mit eingeblendeter Zeit seit Beginn der Rotphase verwertbar, jedoch ist ein Sicherheitsabschlag vorzunehmen, KG NZV **92** 251 (0,2s), Ha NZV **93** 361 (idR durch Sachverständigen), **93** 492, Kar NZV **93** 323, VRS **85** 467, Ce NZV **96** 419. **Bei qualifizierten Rotlichtverstößen** muss das Urteil Angaben über den verwendeten Gerätetyp und ggf. zu berücksichtigende Messtoleranzen enthalten, sofern die Rotlichtzeit auch nach Abzug des für den Betroffenen günstigsten Toleranzwerts von 0,4s nicht wenigstens 1s Sekunde angedauert hat (Bay DAR **94** 123, Bre DAR **02** 225, Dü DAR **03** 86, Kar NJW-RR **06** 1167; zum standardisierten Messverfahren § 3 Rz 56b). Zur Frage der Toleranzen gilt nach Bra NJW **07** 391 (auf der Grundlage von Auskünften der PTB; Bspr *Krumm* SVR **07** 286) Folgendes: **1.** Alle spätestens seit 2004 von der PTB zugelassenen Geräte müssen die dem Betroffenen vorwerfbare Rotzeit automatisch ermitteln, weshalb kein zusätzlicher Abzug erforderlich ist. **2.** Bei früher zugelassenen Geräten ist die Fahrzeit von der angezeigten Rotzeit zu subtrahieren, die das Fz vom Überfahren der Haltlinie bis zu der Position benötigt, die auf dem (ersten) Messfoto abgebildet ist. **3.** Bei den Geräten Traffipax TraffiPhot II, Rotlichtüberwachungsanlage von Truvelo Deutschland und Multfot ist zusätzlich zum Abzug unter Ziff. 2 eine weitere gerätespezifische Toleranz von 0,2s zu berücksichtigen. Zu Problemen bei der Berechnung der Rotlichtzeit aufgrund der Überwachungsfotos, *Löhle/Beck* DAR **00** 3, 7. Wer bei Rot nicht schon **an der Haltlinie** hält, sondern im Raum bis zur Fluchtlinie der Kreuzung/Einmündung, verletzt nicht § 37 II (BGH NZV **98** 119, Br DAR **02** 225), weil er den geschützten QuerV nicht beeinträchtigt, aber § 41 III Nr 2 (Z 294), ow nach § 49 III Nr 4 und ggf auch § 1 II (Bay NZV **94** 200, ZfS **94** 467, Kö NZV **95** 327, Ha VRS **85** 464, Ol NZV **93** 446, Ce ZfS **94** 306). Fehlt eine Haltlinie, darf jedenfalls die Fluchtlinie der Kreuzung/Einmündung nicht überfahren werden, Rz 50. Zusatzschild Nr 1012–35: Rz 50. Beim Durchfahren bei Rot sind Feststellungen nötig, **wo sich der Kf beim Umspringen auf Rot befand**, insbesondere, wie weit er von der Haltlinie entfernt war (KG DAR **05** 634, VRS **113** 300) und ob er unter Berücksichtigung der zulässigen Geschwindigkeit und der Dauer der Gelbphase noch gefahrlos anhalten konnte (KG DAR **05** 634, Hb DAR **93** 395, Jn NZV **99** 304, Br VRS **79** 38 [nicht auch Entfernung beim Umschalten auf Gelb], Kö VM **84** 83). Dazu gehört auch die Dauer der Gelbphase (Hb DAR **93** 395, Kar NZV **93** 323), nur uU (zB bei Vorsatz, KG VRS **101** 228) die Geschwindigkeit (zumal diese in aller Regel nicht zu ermitteln sein wird). Nach Ha SVR **07** 270 (zust *Ebner*), Dr DAR **02** 82 müssen bei der automatischen Rotlichtüberwachung (Traffiphot III) trotz ihres Charakters als standardisiertes Verfahren (§ 3 Rz 56b) die Entfernung der (1.) Induktionsschleife von der Haltelinie und soweit vorhanden auch die Entfernung einer 2. Induktionsschleife von der ersten sowie der jeweils auf den 2 Messfotos eingeblendeten Messzeiten mitgeteilt werden. Nach Bra NZV **06** 219 kein qualifizierter Rotlichtverstoß, wenn Gelbphase bei

zulässiger Höchstgeschwindigkeit von 60 km/h nicht 4 s (R 28), sondern 3 s umfasst und Betroffener um 1,29 s überschreitet (Abzug von 1 s im Hinblick auf Vertrauensschutz wegen VwV). Solche Feststellungen sind jedoch bei innerörtlichem Verstoß (50 km/h zulässige Höchstgeschwindigkeit, 3 s Gelbphase) idR entbehrlich (Ha VRS **91** 67, Hb DAR **95** 500, Dü NZV **96** 81, VRS **95** 439, **99** 294), dies nach Jn DAR **06** 164 jedoch nicht, wenn das Urteil von „kurzer Gelbphase" ausgeht; dann ist Ampelschaltplan erforderlich. Der Vorwurf, trotz ausreichender Entfernung bei Gelb nicht angehalten zu haben, setzt zuverlässige Messung voraus, Entfernungsschätzung durch PolB genügt nicht (KG VRS **67** 63). Nichterkennen des Rotlichts infolge zu dichten Auffahrens auf ein vorausfahrendes Fz bei Annäherung an eine LZA entschuldigt nicht (Kö VRS **61** 152). Überschreitung der zulässigen Höchstgeschwindigkeit entlastet nicht (BGH NZV **05** 409, Kö VM **84** 83, Br VRS **79** 38). Hat der Betroffene die LZA nicht beachtet, so setzt bedingter **Vorsatz** voraus, dass er jedenfalls mit Rotlicht rechnete; dafür genügt entgegen Ce NZV **01** 354 (abl *Scheffler* BA **01** 469, *Wrage* NZV **02** 196, *Korte* NStZ **02** 584) nicht allein schon der Umstand, dass das Übersehen des Rotlichts auf Ablenkung durch verbotenes Telefonieren beruhte. Schon längeres Andauern der Rotphase rechtfertigt nicht die Feststellung von Vorsatz (KG VRS **107** 214), auch nicht der Umstand, dass der Kf jederzeit verkehrsgerecht hätte bremsen können; denn er kann darauf vertrauen, „es gerade noch zu schaffen" (KG DAR **06** 158). Fahrlässigkeit erfordert mangels besonderer Umstände jedenfalls bei innerörtlichem Rotlichtverstoß keine besonderen Feststellungen, Jn DAR **06** 225. Unter Berücksichtigung der Str- und Witterungsverhältnisse, der Ladung oder Besetzung (Glätte, Fahrgäste) zu hohe Geschwindigkeit (Rz 50, § 3 I 2) rechtfertigt nicht Durchfahren bei Rot (Dü DAR **92** 109 [Glätte]). Jedoch kann Gefährdung durch dicht aufgeschlossenen Nachfolgenden uU **Durchfahren bei Rot rechtfertigen** Dü NZV **92** 201: § 16 OWiG), nicht aber ohne Weiteres das bloße schnelle Annähern eines Nachfolgenden ohne Hinzutreten weiterer Gefahrenmomente (KG NZV **93** 362). Plötzliche Kolik rechtfertigt jedenfalls bei Querverkehr kein Rechtsabbiegen bei Rot (Ha VRS **53** 365). Durchfahren bei Gelb rechtfertigt nicht ohne besondere Begründung den für Nichtbeachtung von Rot festgesetzten Katalogsatz (Hb VRS **58** 397).

Die Ampelsignale betreffen nur Fz im Kreuzungs- oder Einmündungsbereich, das **Umfahren** außerhalb des durch die LZA geschützten Bereichs (Rz 50) verletzt § 37 nicht, aber uU andere Vorschriften, zB § 2 (Bay VRS **61** 289, Ha VRS **103** 135, Dü DAR **84** 156, NZV **93** 243, **98** 41, Kö DAR **85** 229, Ol NJW **85** 1567), aber auch diese nicht, wenn zum Umfahren nur Fahrflächen benutzt werden (dann § 1 möglich; § 2 Rz 73). Bei Ausweichen über öffentlichen Parkplatz hängt Verstoß gegen § 2 davon ab, ob die Fläche ausschließlich Parkzwecken dient (VZ; Bay VRS **61** 289, OW abgelehnt von Ol NJW **85** 1567 bei Durchfahrt durch Kundenparkplatz). Wird die Ampel lediglich durch Ausweichen auf den Gehweg umgangen, so bleibt der FzF in dem durch die LZA geschützten Bereich und verstößt gegen II Nr 1 S 7 (Kö VRS **61** 291, Dü VRS **63** 75, Ha NStZ-RR **02** 250, Kar NZV **89** 158, aM Dü DAR **94** 247), ebenso bei Ausweichen über Radweg (Dü VRS **68** 377) oder Tankstellengelände zwecks Umfahrens der LZA bei fortdauerndem Rot und Wiedereinfahren in den geschützten Bereich (Bay NZV **94** 80); anders, wenn der Kf den hierdurch geschützten Kreuzungsbereich überhaupt nicht berührt (Dü DAR **84** 156 [Umfahren des Einmündungsbereichs über Gehweg vor der Ampel, eine daran anschließende Fläche und Abbiegen in die einmündende Str über deren Gehweg], Dü NZV **93** 243 [zulässiges Abbiegen vor der LZA, Wenden und Einbiegen in die zuvor befahrene Str], Kö DAR **85** 229 [Umfahren über Tankstellengelände und anschließendes Abbiegen in QuerStr], Kar NZV **89** 158). Umfahren sollte zur Prüfung Anlass geben, ob die Ampel das Abbiegen verkehrs- und umweltfreundlich regelt, was vielfach nicht zutrifft. Umfahren einer Radfahrer-LZA durch Ausweichen vom Radweg auf die Fahrbahn: Rz 50. Verstöße gegen die **Grünpfeilregelung** (II Nr 1 S 8 bis 10) sind ow, zB Rechtsabbiegen aus einem anderen als dem rechten Fahrstreifen, Nichtbeobachtung der äußersten Sorgfalt und darauf beruhende Behinderung oder Gefährdung des Fz- oder FußgängerV der freigegebenen Richtung; bei Verletzung oder Sachschaden TE mit § 1 II. Abbiegen ohne vorgeschriebenes Anhalten (II Nr 1 S 8) soll nach BKatV nicht als Verstoß gegen S 8, sondern gegen S 7 (Nichtbeachten des Rotlichts) geahndet werden (KG NZV **95** 199, VG Berlin NZV **97** 327, *Minjoth* DAR **05** 237; aM eingehend *Schulz-Arenstorff* NZV **08** 67: § 41 III Nr 2 iVm § 49 III Nr 4).

Bei **Bußgeldbemessung** für Durchfahren bei Gelb darf nicht ohne besondere Begr der für die Nichtbeachtung von Rot vorgesehene Katalogsatz zugrunde gelegt werden (Hb VRS **58** 397). Die in der BKatV normierten Rechtsfolgen gelten auch für auf Gelb – Rot beschränkte

Bedarfsampeln (II Nr 3; Ha DAR **05** 642). Bei Verstoß gegen II Nr 4 S 2 (besondere LichtZ) können die für Rotlichtverstöße geltenden Sätze der BKatV entsprechend herangezogen werden (Kö DAR **01** 87). Soweit für die Ahndung (Bußgeldhöhe, FV) der Zeit zwischen Beginn der Rotphase und dem Verstoß entscheidende Bedeutung zukommt (**„qualifizierter" Rotlichtverstoß**), ist das Überfahren der Haltlinie ausschlaggebend (BGHSt **45** 135 = NJW **99** 2978, Bay NZV **95** 497, Ha NZV **02** 577, Dü NJW **04** 3439, Kö NZV **98** 472 KG DAR **96** 503, Stu NZV **97** 450). Nach Kö NZV **98** 297 daher kein qualifizierter Verstoß bei verkehrsbedingtem Halt nach Überfahren der Haltlinie und Weiterfahrt nach *erneuter,* mindestens 1 s andauernder Rotphase (**aM** BGH NJW **99** 2978, Stu DAR **03** 574 [FV jedoch abgelehnt]). Vielfach wird es in solchen Fällen an einem *subjektiv* groben Verstoß fehlen (Mitzieheffekt; Kö NZV **98** 389). Bei Fehlen einer Haltlinie soll es nach teilweise vertretener Ansicht auf das Einfahren in den geschützten Bereich ankommen (zB Bay NZV **95** 497, Ha ZfS **01** 232, NStZ-RR **96** 216, Dü NZV **00** 134, DAR **97** 322), nach aM auf das Vorbeifahren an der LZA (Kar NZV **95** 289, Dü DAR **97** 116, VRS **93** 462, Kö VRS **98** 389). Auch Verurteilung wegen qualifizierten Verstoßes kann auf *Geständnis* gestützt werden (Fra NStZ-RR **03** 314), wobei zB zw. ist, ob man eine Rotlichtdauer von exakt 1,54 s „gestehen" kann (KG VRS **113** 296). Bloße *Schätzungen durch Zeugen* werden häufig nicht ausreichen (Bay NZV **02** 518, Ro VRS **109** 27, Kö NJW **04** 3439, Dü DAR **03** 85, Ha NZV **98** 169, KG DAR **96** 503, Jn NZV **99** 304, s aber Dü VRS **93** 462). Im Bereich bis zu 2 s genügt auch Zählen („21, 22, …") idR nicht (Bay NZV **95** 497, Ha NZV **01** 177, DAR **96** 415, aM Dü VRS **93** 462, Kö VRS **106** 214), anders uU bei gezielter Überwachung, wenn hinzutretende Umstände die Schätzung erhärten und bei Zählen über diesen Bereich hinaus (Dü DAR **03** 85, NZV **00** 134, Ha DAR **08** 35, Brn DAR **99** 512) oder wenn konkrete Fakten die Schätzung bestätigen (Kö NJW **04** 3439, KG NZV **02** 50 [Phasenwechsel der zugehörigen Fußgänger-LZA, Anfahren des QuerV], Hb DAR **05** 165, Ha NZV **02** 577 [das Beiziehung des Schaltplans verlangt], Jn DAR **06** 225 [Zeuge hält wegen Umschaltens auf Rot an, Betr passiert ihn geraume Zeit später]). Auch Messung mittels Armbanduhr im Messbereich bis 2 s begegnet Bedenken (KG VRS **107** 214, NZV **95** 240, Ha ZfS **00** 513). Bei Feststellung des Verstoßes mittels automatischer Überwachungsanlage müssen im Urteil Gerätetyp und Messtoleranz angegeben werden, wenn der Grenzbereich von 1 s nur knapp überschritten wurde (Br DAR **02** 225, Ol DAR **96** 368). Abzug bei Messung mit geeichter Stoppuhr: 0,3 s zuzüglich eines weiteren Abzugs in Höhe der Verkehrsfehlergrenze der Stoppuhr (§ 33 IV EichO, Anl 19 Nr 3.1; Bay NZV **95** 368, KG VRS **102** 227, Dü VRS **99** 294). Feststellung schon länger als 1 s andauernder Rotphase auf Grund der Entfernung des Fz zur Haltlinie beim Phasenwechsel setzt Angaben im Urteil über die Geschwindigkeit voraus (Kö NJW **04** 3439, NZV **93** 119, **95** 327; s auch Bra NZV **06** 219 [dazu Rz 61]). Zum Nichtvorliegen eines qualifizierten Verstoßes auf Grund besonderer Umstände und zum **Regel-FV** bei qualifiziertem Rotlichtverstoß § 25 StVG Rz 22.

62 **10. Zivilrecht.** Ob die StrVB Ampeln anbringt, ist idR Ermessensfrage, nicht aber, wenn sonst Gefahr entstehen kann (BGH VersR **67** 602). Ampeln sind sachgemäß und unfallverhütend aufzustellen und zu betreiben (Br VersR **77** 530, Dü VersR **77** 455, 823). Jeder VT darf auf verkehrsgerechte und ungefährdende Phasierung vertrauen (Dü VersR **77** 455, 823). Eine wegen einer Baustelle nötige Umphasierung darf auch unter ungünstigen Umständen keinen VT gefährden (Dü VersR **77** 455). Eine vom Bauunternehmer ungenehmigt aufgestellte LZA ist nichtig und unbeachtlich (Ha VRS **52** 150; s § 41 Rz 247). Eine „fußgängerfreundlichere" Ampelschaltung zur gewollten Behinderung des FahrV, um ihm die Innenstadt zu verleiden, ist nicht durch § 6 StVG gedeckt. Mittel des in der StVO normierten StrVRechts stehen in Form des Missbrauchs verkehrslenkender Lichtzeichen nicht zur Verfügung.

63 **Ordnungsgemäße Einrichtung**, Anbringung, richtige Programmierung und Schaltung der LZA sind Amtspflicht der StrVB, BGH NJW **72** 1806, VersR **90** 739, Ha NZV **01** 379, Fra VM **84** 30, Unterhaltung der eingerichteten Anlage, technische Wartung und Vorsorge gegen Funktionsstörungen dagegen sind Gegenstand der VSicherungspflicht, BGHZ **91** 48 = VersR **84** 759, BGHZ **99** 249 = NJW **87** 1945, Fra VM **84** 30, Zw NZV **89** 311, *Rinne* NVwZ **03** 9, auch unterlassene Maßnahmen zur Gewährleistung der Standfestigkeit des Ampelmastes, Ko NZV **94** 192 (Verdrehen durch Wind). Die Pflicht zur Unterhaltung von LZA ist in NRW hoheitlich geregelt, Kö VM **77** 52, ebenso in Rheinl/Pfalz, Zw NZV **89** 311, Ko NZV **94** 192. Nicht bei jeder Änderung der Phasenfolge besteht die Amtspflicht der StrVB, hierauf besonders hinzuweisen, Fra VM **84** 30. Haftung gem §§ 823, 839 BGB setzt Schuld voraus, BGH NJW **71** 2220, VRS **43** 81, *Jox* NZV **89** 134, auch bei unrichtiger Ampelaufstellung, Versagen,

Dü MDR **76** 842, oder unrichtiger Schaltung, Dü VersR **76** 1180, Ce VersR **82** 76. Für Beweislastumkehr zu Lasten der StrVB insoweit bei Unfall auf Grund unrichtiger Signale: VGT 1988 sowie *Jung* VGT **88** 74. Keine Haftung wegen der VSicherungspflicht bei **„feindlichem" Grün,** wenn entsprechende Sicherungseinrichtung vorhanden und Wartungsvertrag geschlossen war, mangels Verschuldens (Ce VersR **82** 76). An den Nachweis des Auftretens von feindlichem Grün sind im Fall doppelter elektronischer Sicherung der Phasensteuerung hohe Anforderungen zu stellen; bestätigt Sachverständiger ordnungsgemäße Funktion, wird dies durch Zeugenbeweis idR nicht entkräftet werden können (LG Dre VersR **07** 1385 m. Bspr. *Schwake* VersR **07** 1620). Nach den Ordnungsbehörden- und PolVerwaltungsgesetzen der Länder Haftung ohne Verschulden bei feindlichem Grün als „rechtswidriger Maßnahme", BGHZ **99** 249 = NJW **87** 1945 (NRW; zust. *Peine* JZ **87** 824, *Jox* NZV **89** 135 f), Ha DAR **03** 520 (NRW), Zw NZV **89** 311 (Rh/Pf), Ce NZV **99** 244 (Nds), nicht auch bei gleichzeitigem Dauerlicht Rot und Rotgelb, weil diese Phasen das Fahren nicht erlauben, Dü VersR **89** 57. Fehlt eine landesrechtliche Haftungsgrundlage, so kommt bei widersprüchlichen LichtZ Haftung aus enteignungsgleichem Eingriff in Frage, Kar NZV **93** 187. Unterlässt der Betreiber einer quarzuhrgesteuerten Baustellen-LZA die erforderliche tägliche Überprüfung, so spricht der Anscheinsbeweis dafür, dass „feindliches" Grün auf der Unterlassung beruht, Kö NZV **92** 364. Keine Amtspflichtverletzung, wenn bei einer Fußgänger-LZA nach Ende der Grünphase die für den ,FzVerkehr geltenden LichtZ für die verschiedenen Richtungen zeitversetzt auf Grün schalten, BGH VersR **90** 739 (krit *Menken* NZV **91** 148). Grün für Fußgängerfurt ist nicht Amtspflichtverletzung, wenn sich in der Mitte der Str eine Straba-Haltestelle befindet und ein gelbes Warnlicht das Nahen einer Straba anzeigt, Ha NZV **01** 379; anders, wenn eine mit LZA ausgestattete Fußgängerfurt über Bahngleise führt und vor dem trotz Grünlichts der Fußgänger-LZA möglichen Herannahen einer Straba nicht durch besonderes (nur beim Nahen der Straba leuchtendes) Signal gewarnt wird, Kö VM **01** 76. Eine „70er"-Grüne Welle bis kurz vor einem beampelten Bahnübergang gefährdet, BGH DAR **77** 16. Der Pflicht zur Unterhaltung der Ampelanlage ist genügt, wenn sie regelmäßig gewartet wird, doppelte Signalgeber besitzt und bei Ausfall aller Rotlichter automatisch auf gelbes Blinklicht schaltet, Kö DAR **77** 323. Fehlerhafte Handbedienung ist Amtspflichtverletzung, KG bei *Darkow* DAR **74** 225. Die Pflicht eines PolB, im Rahmen der Gefahrenabwehr die Beseitigung einer LZA-Störung zu veranlassen, ist Amtspflicht; auf sie findet das Haftungsprivileg des § 839 I 2 BGB Anwendung, BGHZ **91** 48 = VersR **84** 759.

Lit: *Berger,* Mängel der Ampelregelung haftungsrechtlich, VersR **72** 715. *Bull,* Ampelversagen als Schicksalsschläge?, DÖV **71** 305. *Füchsel,* Ersatzpflicht der StrVB bei gestörter Signalanlage, DAR **69** 197. *Heuß,* Haftung bei fehlerhafter Anzeige von VAmpeln, VersR **62** 689. *Jox,* Zur Haftung bei fehlerhafter Ampelschaltung, NZV **89** 133. *Jung,* Die Haftung der öffentlichen Hand bei VUnfällen, VGT **88** 69. *Ossenbühl,* Enteignungsgleicher Eingriff und Gefährdungshaftung im öffentlichen Recht, JuS **71** 575.

In der Rspr zu § 61 VVG alt (nunmehr § 81 II VVG) wird überwiegend angenommen, dass **64** das Durchfahren bei Rotlicht *idR* (auch bei Ortsunkundigen) **grobfahrlässig** sei (Ce SVR **07** 27, Ko NZV **04** 255, Jn VersR **04** 463, Fra VersR **01** 1276, Kar NJW-RR **04** 389, Kö NZV **03** 138, Ha VersR **02** 603, ZfS **02** 82 [je für den konkreten Fall verneint], Nü ZfS **94** 216, aM Sa VersR **83** 28, KG VersR **75** 1041, Mü DAR **84** 18). Dies unterliegt **tatrichterlicher Würdigung** und wird von den Umständen abhängen (BGH VersR **03** 364 Hb DAR **05** 86, Dü VersR **92** 1086, Nü NJW-RR **96** 986). ZB zu bejahen bei Nichtbeachten trotz schon länger währender Rotzeit (BAG NZV **90** 66, Stu NZV **92** 322 [jeweils ca 6 s], BGHZ **119** 147 = NZV **92** 402), anders aber kurz nach Phasenwechsel, wenn nicht besonders grobe Unaufmerksamkeit (Ha NJW-RR **87** 609, Hb DAR **86** 328, Kar ZfS **90** 134, *Rocke* VGT **87** 112). Dass Rotlichtverstoß nicht stets grobfahrlässig ist, wird von BGH VersR **03** 364 ausdrücklich betont (ebenso Ro ZfS **03** 356, *Römer* NVersZ **01** 539). Grobfahrlässig ist das Nichtbeachten des Rotlichts infolge Ablenkung durch Telefonieren (BAG NZV **99** 164 [zu § 15 II AKB]), durch im Fz lärmende Kinder (Kö ZfS **01** 318) oder durch persönliche Sorgen (Jn VersR **04** 463). Grobe Fahrlässigkeit eines Kf, der mit 30 km/h auf eine 40 m entfernte Rot zeigende LZA zufährt und mit gleich bleibender Geschwindigkeit trotz des Rotlichts in die Kreuzung fährt (Kar VersR **83** 76), der sich bei Wechsel auf Gelb 50 m vor der LZA entschließt, mit 60 km/h noch durchzufahren (Dü VersR **93** 432), der wegen zu hoher Geschwindigkeit und mangelnder Beachtung von VZ vor der LZA nicht mehr rechtzeitig bremsen kann (Hb VersR **84** 377), der seine Aufmerksamkeit Gegenständen auf dem Beifahrersitz zuwendet und dadurch die LZA übersieht

(BAG NVersZ **00** 136), sich zur Orientierung auf Hinweisschilder konzentriert (Ro ZfS **03** 356), der bei günstigsten Verhältnissen drei die Kreuzung sichernde Ampeln und eine Vorampel nicht wahrnimmt (Ha NJW-RR **87** 609), der nachts zu verkehrsarmer Zeit das schon einige Sek leuchtende Rotlicht nicht beachtet (LG Mü I ZfS **85** 213). Irritation durch starke Sonneneinstrahlung entlastet nach wohl überwiegender Ansicht nicht von grober Fahrlässigkeit (Kö ZfS **04** 523, Ha NZV **98** 467, ZfS **99** 200, Dr VersR **96** 577; abw Kö NVersZ **99** 331, Mü DAR **84** 18, Fra VersR **93** 826, *Römer* VersR **92** 1189). Auch völliges Übersehen der LZA muss nicht stets grobfahrlässig sein, vor allem *bei schwer erkennbarer oder verdeckter LZA und bei überraschend eintretender schwieriger VSituation* (BGH VersR **03** 364, Kö DAR **07** 647). Neben mangelnder Aufmerksamkeit können auch physikalisch, physiologisch und psychologisch begründete Kommunikationsstörungen beim Übersehen einer LZA eine Rolle spielen, *Lewrenz* VGT **89** 23 f. Grobe Fahrlässigkeit kann auch bei Kf zu verneinen sein, der bei Rot anhält oder bremst, dann jedoch infolge unbewusster Fehlreaktion (zB Irreführung durch nicht maßgebliche LZA) trotz fortdauernden Rotlichts an- bzw weiterfährt (BGH VersR **03** 364, Mü NZV **96** 116, Jn VersR **97** 961, Ha NZV **94** 442 [verneint bei Ablenkung durch Fußgänger-LZA *quer* zur Fahrtrichtung], Fra DAR **92** 432, Kö MDR **98** 594, Ko NZV **04** 255 [Hupsignal], einschr Hb DAR **05** 86, Ha ZfS **00** 346, Kö ZfS **02** 293, *Römer* VersR **92** 1190, aM Kar NJW-RR **04** 389, Stu MDR **99** 1384, Kö ZfS **01** 550). Das gilt aber nicht für den, der, ohne nochmals auf die LZA zu achten, nur auf Grund eines Hupsignals losfährt (Ha ZfS **01** 416, s aber Ha NZV **05** 95). Das Haltgebot des II Nr 1 S 7 dient auch dem Schutz des entgegenkommenden Linksabbiegers (BGH NJW **81** 2301). **Haftungsverteilung** bei Kollision zwischen Linksabbieger und geradeausfahrendem GegenV an LZA-gesicherter Kreuzung: § 9 Rz 55. Wer bei Rot durchfährt und mit einem Kfz kollidiert, das bei Rot/Gelb in die Kreuzung gelangt ist, haftet zu ³/₄ (KG VRS **57** 3). Haftungsverteilung von ¼ zu Lasten des mit „fliegendem Start" bei Grün in die Kreuzung Einfahrenden und ³/₄ zu Lasten des vorschriftswidrig die Kreuzung noch befahrenden Nachzüglers im QuerV (Zw VersR **81** 581), zu 80% zu Lasten des mit fliegendem Start schnell Fahrenden bei Kollision mit berechtigtem Nachzügler (Ha NZV **03** 573). Bei Missachtung des Nachzüglervorrangs idR überwiegende Verursachung (KG VRS **106** 165 [²/₃], VM **93** 35, abl *Booß*, DAR **78** 48) oder sogar Alleinschuld (KG VRS **106** 165, DAR **03** 515, VM **93** 21, Dü VRS **71** 261, VersR **87** 468). Räumt der Nachzügler die Kreuzung nicht mit der gebotenen Sorgfalt, so haftet er mit (Kö NZV **97** 269 [¹/₃], KG VM **81** 75 [¹/₃], DAR **03** 515 [¹/₂], **93** 21 [uU Alleinhaftung]). Bei Kreuzungsunfall mit ungeklärter LZA-Schaltung kommt idR Schadensteilung in Betracht (KG VM **85** 53; bei Kollision mit Linksabbieger: § 9 Rz 55). **Alleinhaftung** des bei Rot durchfahrenden Kf gegenüber einem Fußgänger, der bei Grün nur nicht nach links gesehen hat (KG VersR **76** 1047), gegenüber dem bei Grünpfeil vor ihm links Abbiegenden (KG VM **86** 62), überhaupt regelmäßig gegenüber dem in dieselbe Kreuzung bei Grün Einfahrenden (KG VM **86** 62). Alleinhaftung des vorschriftswidrig in die Kreuzung noch einfahrenden Nachzüglers gegenüber dem bei Grün Anfahrenden (Ko NZV **98** 465, Hb DAR **01** 217). Wer als Fußgänger trotz Rot die stark befahrene Fahrbahn überquert, haftet allein, fremde BG tritt zurück (Kö VersR **76** 1095, Br VersR **81** 735), anders uU bei Kradf mit extrem hoher Beschleunigung (KG VM **86** 34). **Straba,** die bei Rot über die Kreuzung fährt: BGH VersR **64** 164. Keine äußerste Sorgfalt des StrabaF, der bei nur kurzer Grünphase anfährt, ohne Kfz im Schienenbereich zu beachten (Ce VersR **67** 289). Für eine Signalanlage, die der Straba nahezu zusammen mit Linksabbiegern freie Geradeausfahrt gibt, haftet der StrabaUnternehmer bei Kollision allein (Signalanlage als Teil der Gesamtanlage; Kar VersR **79** 60). Von den Kosten einer Lichtsignalanlage mit Straba-Sondersignalen hat der StrabaUnternehmer nur die durch seine StrSondernutzung veranlassten zu tragen (BVerwG VersR **80** 347).

Lit: *Römer*, Überfahren einer roten Ampel und Leistungsfreiheit des Versicherers, NVersZ **01** 539.

65 **11. Überleitungsbestimmungen für die neuen Bundesländer** s 39. Aufl.

Blaues Blinklicht und gelbes Blinklicht

38 (1) ¹Blaues Blinklicht zusammen mit dem Einsatzhorn darf nur verwendet werden, wenn höchste Eile geboten ist, um Menschenleben zu retten oder schwere gesundheitliche Schäden abzuwenden, eine Gefahr für die öffentliche Sicherheit oder Ordnung abzuwenden, flüchtige Personen zu verfolgen oder bedeutende Sachwerte zu erhalten.

Blaues Blinklicht und gelbes Blinklicht § 38 StVO 2

²Es ordnet an:
„Alle übrigen Verkehrsteilnehmer haben sofort freie Bahn zu schaffen."
(2) Blaues Blinklicht allein darf nur von den damit ausgerüsteten Fahrzeugen und nur zur Warnung an Unfall- oder sonstigen Einsatzstellen, bei Einsatzfahrten oder bei der Begleitung von Fahrzeugen oder von geschlossenen Verbänden verwendet werden.
(3) ¹Gelbes Blinklicht warnt vor Gefahren. ²Es kann ortsfest oder von Fahrzeugen aus verwendet werden. ³Die Verwendung von Fahrzeugen aus ist nur zulässig, um vor Arbeits- oder Unfallstellen, vor ungewöhnlich langsam fahrenden Fahrzeugen oder vor Fahrzeugen mit ungewöhnlicher Breite oder Länge oder mit ungewöhnlich breiter oder langer Ladung zu warnen.

Begr zur ÄndVO v 22. 3. 88 (VkBl **88** 225): *Die Ergänzung ermöglicht z. B. auch Fahrten mit Blutkonserven unter Einsatzbedingungen.* 1/2

Begr zur ÄndVO v 19. 3. 92 (VkBl **92** 187): 3

Zu Abs 2: *Die gegenwärtige Rechtslage lässt die Verwendung des blauen Blinklichts allein bei Einsatzfahrten nicht zu.*
In der Praxis ist jedoch für Rettungsdienste, Feuerwehr sowie Polizei die Möglichkeit, das blaue Blinklicht alleine benutzen zu dürfen (z. B. Nachtzeit, einsatztaktische Gründe), sinnvoll. Für diesen Fall ist allerdings das Wegerecht nicht gegeben.

Zu Abs 3: *Die Vorschrift dient der Klarstellung, dass gelbes Blinklicht auch stationär eingesetzt werden kann.*

Vwv zu § 38 Blaues Blinklicht und gelbes Blinklicht

Zu den Absätzen 1 bis 3

1   Gegen missbräuchliche Verwendung von gelbem und blauem Blinklicht an damit ausgerüsteten Fahrzeugen ist stets einzuschreiten. 4

Zu Absatz 3

2   I. Gelbes Blinklicht darf auf der Fahrt zur Arbeits- oder Unfallstelle nicht verwendet werden, während des Abschleppens nur, wenn der Zug ungewöhnlich langsam fahren muss oder das abgeschleppte Fahrzeug oder seine Ladung genehmigungspflichtige Übermaße hat. Fahrzeuge des Straßendienstes der öffentlichen Verwaltung dürfen gelbes Blinklicht verwenden, wenn sie Sonderrechte (§ 35 Abs. 6) beanspruchen oder vorgebaute oder angehängte Räum- oder Streugeräte mitführen. 5

3   II. Ortsfestes gelbes Blinklicht sollte nur sparsam verwendet werden und nur dann, wenn die erforderliche Warnung auf andere Weise nicht deutlich genug gegeben werden kann. Empfehlenswert ist vor allem, es anzubringen, um den Blick des Kraftfahrers auf Stellen zu lenken, die außerhalb seines Blickfeldes liegen, z. B. auf ein negatives Vorfahrtzeichen (Zeichen 205 und 206), wenn der Kraftfahrer wegen der baulichen Beschaffenheit der Stelle nicht ausreichend klar erkennt, dass er wartepflichtig ist. Aber auch auf eine Kreuzung selbst kann so hingewiesen werden, wenn diese besonders schlecht erkennbar oder aus irgendwelchen Gründen besonders gefährlich ist. Vgl. auch Nummer VI zu § 37 Abs. 2 Nr. 1 und 2; Rn. 14. Im gelben Blinklicht dürfen nur schwarze Sinnbilder für einen schreitenden Fußgänger, ein Fahrrad, eine Straßenbahn, einen Kraftomnibus, einen Reiter oder ein schwarzer Pfeil gezeigt werden. 6

4   III. Fahrzeuge und Ladungen sind als ungewöhnlich breit anzusehen, wenn sie die gesetzlich zugelassenen Breiten überschreiten (§ 32 Abs. 1 StVZO und § 22 Abs. 2). 7

1. Blaues Blinklicht und Einsatzhorn zusammen bedeuten für andere VT, auch für Fußgänger (Rz 11), „höchste Eile und größte Gefahr" (I), auch wenn diese Voraussetzungen im Einzelfall objektiv nicht vorliegen. Sie müssen dann sofort freie Bahn schaffen. Normadressaten sind alle VT, auch nach den VRegeln, zB bei Grün (KG VersR **76** 193), an sich bevorrechtigte, BGHZ **63** 327 = NJW **75** 648. Die Regelung betrifft die Wegerechtsfz. Einsatzhorn: § 55 StVZO. Mit blauem Rundumblinklicht ausgerüstete Fz: § 52 III StVZO. Beide Zeichen dürfen zusammen nur verwendet werden, wenn höchste Eile geboten ist, um Menschenleben zu retten 8

2 StVO § 38 II. Zeichen und Verkehrseinrichtungen

oder schwere gesundheitliche Schäden abzuwenden (Begr Rz 1/2), eine Gefahr für die öffentliche Sicherheit oder Ordnung abzuwenden, flüchtige Personen zu verfolgen oder bedeutende Sachwerte zu erhalten (Ko DAR **59** 334, Dü NZV **92** 489). Missbrauch: Vvw Rn 1. Transport eines Zeugen zum gerichtlichen Termin fällt nicht unter Abs 1, Dr DAR **01** 214. Ob die genannten Voraussetzungen vorliegen, richtet sich nach dem Grundsatz der Verhältnismäßigkeit (**E** 2) von Wegerechtsausübung und Zweck (*Leibholz/Rinck/Hesselberger*, GG Art 20 Rz 776). Missbrauch ist widerrechtlich (hierzu auch *D. Müller* VD **06** 199). Doch muss die anordnende Dienststelle die Inanspruchnahme des Wegerechts oft auf Grund des vorläufigen Meldungsbildes anordnen, ohne die Dringlichkeit im Einzelnen schon voll übersehen zu können, Bra VRS **19** 230. Insoweit ist sachgemäße Vorwegbeurteilung maßgebend. Ob die Voraussetzungen im Einzelfall vorgelegen haben, ist gerichtlich nachprüfbar, s aber Rz 11, und im Schadensfall vom Wegerechtsfahrer zu beweisen, Dü NZV **92** 489, KG VRS **100** 329. Nichtvorliegen der Voraussetzungen muss sich der Schädiger im Schadensersatzprozess entgegenhalten lassen, Dr DAR **01** 214.

Lit: *Krumme,* Sonderrecht und Wegerecht der Feuerwehr bei Übungsfahrten, DAR **75** 151. *D. Müller,* ... Rechtsprobleme beim Wegerecht, VD **02** 368. *Pießkalla,* Zur Fahrlässigkeitsstrafbarkeit nach §§ 223 ... StGB bei Unfällen im Rahmen von Einsatzfahrten, NZV **07** 438. *Ternig,* Sonderrechte und Wegerechte nach §§ 35, 38 StVO VD **06** 183.

9 **Nur beide Warnvorrichtungen zusammen schaffen Vorrecht** (Kö NZV **96** 237, KG NZV **06** 307 [i.Erg. zust *Ternig* VD **06** 183], NZV **03** 481, VRS **104** 355, Nau VM **95** 23, VGH Mü BayVBl **97** 374), doch mahnt Blaulicht ohne Einsatzhorn immerhin zur Vorsicht, Rz 12. Die Regelung in § 38 besagt aber nicht, dass im Einsatz befindlicher Pol ohne Blinklicht und Einsatzhorn entgegen einer konkreten Aufforderung freie Bahn verweigert werden dürfte, Stu VRS **61** 223 (evt Verstoß gegen § 1 II).

10 **Das Wegerechtsfahrzeug bleibt grundsätzlich an die Verkehrsregeln gebunden,** nur dürfen andere VT, die freie Bahn schaffen müssen, ihren Vortritt, zB bei Grün (KG DAR **76** 15, VM **89** 77, VersR **89** 268, Ha DAR **96** 93) oder bei Vorfahrt (Ol VersR **77** 1162) ausnahmsweise nicht wahrnehmen (BGH NJW **75** 648, Ha VRS **19** 198, KG VersR **24** 70, Ce DAR **05** 283, NJW **70** 432). Befreiung von den Vorschriften der StVO nur unter den Voraussetzungen des § 35 I, Va (OVG Lüneburg ZfS **97** 397). Der Einsatzfahrer schuldet dem Verkehr Rücksicht (Dü VersR **88** 813), uU muss er sich beim Linksabbiegen bei Rot vortasten (KG NZV **03** 126, **92** 456, Dü VersR **75** 266), bei Einfahren in unübersichtliche Kreuzung während der Rotphase Schrittgeschwindigkeit fahren (KG NZV **03** 126, VRS **105** 174, Ha DAR **96** 93, VersR **97** 1547, Kö VersR **85** 372). Über fremden Vorrang darf sich der Wegerechtsfahrer nur hinwegsetzen, wenn er nach ausreichender Ankündigung sieht, dass der Verkehr ihm Vorrang einräumt (§ 35 Rz 8). 10 Sek vor Einfahren in Kreuzung ist idR rechtzeitig (KG NZV **08** 149). Nach vorübergehendem Aussetzen des Einsatzhorns muss er annehmen, dass andere VT Verzicht auf das Vorrecht annehmen (KG VM **81** 95, NZV **08** 149). Nur wenn der Vorrechtsfahrer nach den Umständen annehmen darf, dass alle VT seine Zeichen wahrgenommen haben, darf er mit freier Bahn rechnen (BGH VRS **28** 208, VersR **63** 662, Nü NZV **01** 430, KG NZV **03** 126, **08** 149, VRS **100** 329, Dü NZV **92** 489, Ha DAR **96** 93, Jn SVR **07** 299, s aber Stu VRS **32** 291 sowie § 35 Rz 8). Er muss den VT eine gewisse Zeit einräumen, um auf die Zeichen zu reagieren (KG NZV **03** 126, DAR **03** 376, VRS **105** 174, VGH Mü BayVBl **97** 374). Der Vorrechtsfahrer darf annehmen, dass Fz in der Nähe (50 m) die Zeichen wahrnehmen (BGH NJW **59** 339, KG VRS **100** 329). Schaffen alle VT ersichtlich freie Bahn, so darf das WegerechtsFz auch bei Rot oder wartepflichtig machenden VZ durchfahren und auf freie Durchfahrt vertrauen (BGH NJW **75** 648, KG VRS **100** 329, Fra VersR **81** 239, OVG Hb DAR **01** 470). Krankenwagen dürfen zur Rettung mit Blaulicht und Horn fahren (§ 35; Dü VRS **73** 945), bei anzunehmender Leibes- oder Lebensgefahr auch schon auf der Hinfahrt zum Kranken oder Verunglückten. Rechtsüberholen kurz nach Einschalten des Einsatzhorns kann fahrlässig sein, weil das Horn die Vorausfahrenden idR zum scharfen Rechtsfahren veranlassen wird (KG VM **77** 55). Will der Wegerechtsfahrer Grün abwarten, so führt Blaulicht irre und ist deshalb missbräuchlich (KG DAR **76** 78). Kennzeichnung von Arztfz bei ärztlicher Hilfe: Vvw Rn 139f zu § 46, s dort Rz 19.

11 **Sofort freie Bahn** haben alle VT auf die Zeichen hin zu schaffen, auch Fußgänger, Ha NJWE-VHR **98** 233, ohne Prüfung der Berechtigung, KG NZV **06** 307, VM **98** 90, VRS **100** 329, Kar VersR **74** 39, Kö VRS **67** 295, so dass sie das Vorrechtsfz möglichst nicht behindern.

Blaues Blinklicht und gelbes Blinklicht § 38 StVO 2

Das Gebot, freie Bahn zu schaffen, gilt unabhängig davon, ob die objektiven Voraussetzungen für die Verwendung von Blinklicht und Einsatzhorn auch tatsächlich gegeben waren, KG VM **82** 37, 41 (Anm *Booß*), **85** 77, NZV **98** 27, Kö VRS **67** 295, Dü NZV **92** 489. Zur Auswirkung missbräuchlicher Verwendung auf die Haftpflicht KG VM **82** 41. Alle Fz, in Bewegung oder haltend, müssen beiseite oder rechts heran oder scharf rechts ganz langsam fahren, nötigenfalls (aber nicht immer, Kö VRS **67** 295) anhalten, bis sie beurteilen können, ob sie das Vorrechtsfz behindern, Bay VRS **16** 393, Dü VersR **88** 813, NZV **92** 489, Ha NJWE-VHR **98** 233, ZfS **99** 55, auch wenn das WegerechtsFz noch nicht sichtbar ist, Dü VersR **85** 669. Bleibt die beabsichtigte Fahrtrichtung unklar, ist zu warten, KG VM **81** 87. Wer nicht ausmachen kann, woher das Vorrechtsfz kommt, darf an Ort und Stelle anhalten und sich zunächst orientieren, BGH NJW **62** 797, VRS **22** 191. Beim Beiseitefahren sind Fahrgeschwindigkeit und Beweglichkeit des Vorrechtsfz zu berücksichtigen, Bay VRS **16** 393. Ein Fahrverhalten, das andere schädigen könnte, ist dabei zu vermeiden, KG VM **89** 78. In eine Kreuzung oder Einmündung darf nur abbiegen, wer sich vergewissert hat, dass das WegerechtsFz nicht von dort kommt, Dü NZV **92** 489, Ha VersR **97** 1547. Ungewöhnlicher Fahrweise anderer VT in Erfüllung ihrer Pflicht aus Abs I S 2 ist durch Vorsicht und Bremsbereitschaft zu begegnen, Dü VersR **87** 1140. Bildung einer Gasse für HilfsFz: § 11 II. Wer auf einer EinbahnStr links fährt, wird dort bleiben dürfen, wenn rechts genügend Platz zum Vorbeifahren ist, Dü VM **60** 39, VersR **88** 813. FzF müssen dafür Sorge tragen, dass sie das Einsatzhorn hören können, KG NZV **92** 456. Wer mit starkem Innengeräusch fährt und deshalb das Einsatzhorn nicht hören kann, muss dies durch besondere Aufmerksamkeit ausgleichen, Nü VersR **77** 64. Der Vorrang mehrerer Vorrechtsfz untereinander lässt sich nicht regeln und hängt von den Umständen ab (Begr). S § 35 (Sonderrechte).

2. Blaues Blinklicht allein gewährt keinen Vorrang (Rz 9) und darf nur als WarnZ in den in II bezeichneten Fällen verwendet werden, KG NZV **06** 307; dazu gehören nunmehr auch Einsatzfahrten, Rz 3. Die VT müssen sich nicht damit rechnen, dass ein Einsatzfz nur mit blauem Blinklicht ohne Betätigung des Einsatzhorns bei Rot durchfahren wird, KG VRS **56** 241, Kö NZV **96** 237. Ausrüstung mit blauem Blinklicht: § 52 III. Gibt blaues Blinklicht auch keinen Vorrang, so mahnt es doch zu erhöhter Vorsicht, BGH VM **69** 43, Ko DAR **04** 146, KG VRS **104** 355 (Herabsetzung der Geschwindigkeit), Kö NZV **96** 237, Dü VersR **78** 744. Da von einem haltenden Fz ausgehendes Blaulicht vor allem auch vor Unfallstellen warnt (Abs II), Dü VersR **95** 232, ist dort mit Hindernissen oder Verletzten auf der gesamten Fahrbahnbreite zu rechnen, die Geschwindigkeit daher erheblich zu verringern, Ko DAR **04** 146. Wer in eine so gesicherte Unfallstelle hineinfährt und eine Kollision herbeiführt, handelt grob fahrlässig, Ko DAR **04** 146. Einem Kf, dessen gesamte Aufmerksamkeit durch den Blick nach vorn in Anspruch genommen wird, ist kein Vorwurf zu machen, wenn er ein hinter ihm fahrendes PolFz mit Blaulicht (ohne Einsatzhorn) nicht bemerkt, Kar VRS **72** 83. Befreiung von der Vorschrift des Abs II: § 35 Rz 4.

3. Gelbes Blinklicht ist ein GefahrZ (III). Nur die in § 52 IV bezeichneten Fz dürfen es führen. Es darf ausschließlich in den in III bezeichneten Fällen verwendet werden. Verwendung auf Fahrt; Missbrauch: Vwv Rn 1. III ist keine Ausrüstungsnorm. Doch werden aus Betriebsgründen ungewöhnlich langsam fahrende Kfz meist nach § 52 IV mit gelbem Blinklicht auszurüsten sein, *List* VD **71** 37. Gelbes Blinklicht gibt kein Vorrecht. Gezeigt darf es nur werden, wenn das Fz zu seinem Sonderzweck gemäß III verwendet wird, von Abschleppwagen zB nicht auf der Fahrt zur Bergungsstelle, aber während der Bergung, bei der Rückfahrt nur, soweit III zutrifft (ungewöhnliches Langsamfahren, überbreites, überlanges oder sonst übergroßes Fz). Es warnt nur vor den Gefahren, die von dem Fz und den von diesem aus durchgeführten Arbeiten ausgehen, Dü VRS **82** 94, und veranlasst andere VT zu besonderer Sorgfalt, Ko VRS **105** 417, KG VM **93** 27. Ortsfestes gelbes Blinklicht (Vwv Rn 14 zu § 37, zu § 38 Rn 2f) hat nur Warnfunktion und geht den allgemeinen Regeln und VZ nicht vor, BGH NJW **05** 1940, sondern mahnt zu deren Beachtung, BGH NJW **05** 1940, Kö NZV **02** 374. Auch als „Vorampel" hat es keinen Einfluss auf die sich aus § 37 ergebenden Verhaltenspflichten, BGH NJW **05** 1940.

4. Ordnungswidrig (§ 24 StVG) handelt, wer entgegen § 38 I, II oder III S 3 blaues Blinklicht zusammen mit dem Einsatzhorn oder allein oder gelbes Blinklicht verwendet, oder entgegen § 38 I S 2 nicht sofort freie Bahn schafft (§ 49 III Nr 3). Nichtbeachten des LichtZ setzt zumindest Fahrlässigkeit voraus. Von schwerhörigen oder tauben VT muss erwartet

König 765

werden, dass sie ihr Verhalten nach der erkennbaren Reaktion der übrigen VT einrichten (Rz 11).

Verkehrszeichen*

39 (1) Angesichts der allen Verkehrsteilnehmern obliegenden Verpflichtung, die allgemeinen und besonderen Verhaltensvorschriften dieser Verordnung eigenverantwortlich zu beachten, werden örtliche Anordnungen durch Verkehrszeichen nur dort getroffen, wo dies aufgrund der besonderen Umstände zwingend geboten ist.

(1 a) Innerhalb geschlossener Ortschaften ist abseits der Vorfahrtstraßen (Zeichen 306) mit der Anordnung von Tempo 30-Zonen (Zeichen 274.1) zu rechnen.

(2) ¹Verkehrszeichen sind Gefahrzeichen, Vorschriftzeichen und Richtzeichen. ²Auch Zusatzzeichen sind Verkehrszeichen. ³Die Zusatzzeichen zeigen auf weißem Grund mit schwarzem Rand schwarze Zeichnungen oder Aufschriften, soweit nichts anderes bestimmt ist. ⁴Sie sind dicht unter den Verkehrszeichen angebracht. ⁵Verkehrszeichen können auf einer weißen Trägertafel aufgebracht sein. ⁶Abweichend von den abgebildeten Verkehrszeichen und Zusatzzeichen können die weißen Flächen schwarz und die schwarzen Sinnbilder und der schwarze Rand weiß sein, wenn diese Zeichen nur durch Lichter erzeugt werden.

(2 a) ¹Verkehrszeichen können auf einem Fahrzeug angebracht werden. ²Sie gelten auch, während das Fahrzeug sich bewegt. ³Sie gehen den Anordnungen der ortsfest angebrachten Verkehrszeichen vor.

(3) Regelungen durch Verkehrszeichen gehen den allgemeinen Verkehrsregeln vor.

(4) Werden Sinnbilder auf anderen Verkehrsschildern als den in §§ 40 bis 42 dargestellten gezeigt, so bedeuten die Sinnbilder:

* Varianten s Katalog der Verkehrszeichen (VzKat 1992), BAnz 92 Nr 66a und Rz 31.

Verkehrszeichen § 39 StVO **2**

Kraftfahrzeuge und Züge, die nicht schneller als 25 km/h fahren können oder dürfen   **Krafträder, auch mit Beiwagen, Kleinkrafträder und Mofas**   **Mofas**

Begr zur ÄndVO v 21. 7. 80: VkBl **80** 514; zur ÄndVO v 22. 3. 88: VkBl **88** 225. **1**

Begr zur ÄndVO v 19. 3. 92 (VkBl **92** 187): **2**

Zu Abs 2a: Die Ergänzung ... wurde notwendig, da die StVO im Grundsatz davon ausgeht, daß Verkehrszeichen auf eine Standort und/oder auf eine feste Strecke bezogen angeordnet und die Verkehrszeichen hierfür ortsfest aufgestellt werden. Die vorgesehene Ergänzung ist für die Anordnung von Verkehrszeichen auf Fahrzeugen bei der Firmenbegleitung von Großraum- und Schwertransporten erforderlich. Einsätze entsprechender beweglicher Verkehrszeichen durch die Polizei werden denkbar; in Baustellenbereichen werden sie bereits eingesetzt.

Begr zur ÄndVO v 7. 8. 97 (VkBl **97** 689): **Zu Abs 1:** – Begründung des Bundesrates – *In* **3** *der Bundesrepublik Deutschland war in der zurückliegenden Zeit ein zunehmender Trend zur Regelung aller Verkehrssituationen durch Verkehrszeichen festzustellen. Sie gehört inzwischen zu den Ländern mit der höchsten Verkehrszeichendichte. Diese übermäßige Beschilderung im Straßenverkehr führt zu einer allgemeinen Überforderung und Ablenkung der Verkehrsteilnehmer sowie zu Akzeptanzproblemen bei der Beachtung von Verkehrsvorschriften. Zugleich hat dies zu einer unerwünschten Abwertung der grundlegenden gesetzlichen Verhaltensvorschriften im Straßenverkehr im Bewußtsein der Verkehrsteilnehmer und damit zu einer Minderung der Bereitschaft zu einer eigenverantwortlichen Beurteilung der Verkehrssituation und der sich daraus ergebenden Verhaltensweise geführt. Die Verkehrsministerkonferenz hatte daher am 21./ 22. März 1996 beschlossen, daß eine effektive Reduzierung der Verkehrszeichenbeschilderung vor allem aus Gründen der Verkehrssicherheit dringend geboten sei.*
Der neue Absatz 1 von § 39 trägt dem Rechnung. Er verdeutlicht den Verkehrsteilnehmern die vorrangige Bedeutung der allgemeinen und besonderen Verhaltensvorschriften und daraus folgend die Subsidiarität der Verkehrszeichenanordnung. Zugleich verweist er auf die Verpflichtung der Kraftfahrer zum eigenverantwortlichen Verhalten im Straßenverkehr.

Begr zur ÄndVO v 11. 12. 00 (VkBl **01** 9): **Zu Abs 1a:** *Die Änderung ist Teil mehrerer Neure-* **4** *gelungen zu den Tempo 30-Zonen, durch die dieser durch Verkehrszeichen angeordneten zonenbezogenen Höchstgeschwindigkeit ein größeres Gewicht beigemessen wird.*
...
Durch die Änderung wird hervorgehoben, dass der Fahrzeugführer abseits der Vorfahrtstraßen grundsätzlich mit der Anordnung von Tempo 30-Zonen rechnen muss. Der Fahrzeugführer kann sich damit kaum mehr darauf berufen, dass er eine konkrete Tempo 30 km/h-Anordnung übersehen habe.
Die Neuregelung dient zudem der Rechtssicherheit. § 39 Abs. 1 weist die Verkehrsteilnehmer darauf hin, dass sie örtliche Anordnungen durch Verkehrszeichen nur dort antreffen werden, wo dies auf Grund der besonderen Umstände „zwingend geboten" ist. Da die Anordnung von Tempo 30-Zonen nicht nur zur Sicherheit und Ordnung des Verkehrs, sondern z. B. auch zur Unterstützung einer geordneten städtebaulichen Entwicklung erfolgen kann, werden etwaige Rechtsunsicherheiten, ob auch in diesen Fällen eine Zonen-Anordnung als „zwingend geboten" im Sinne der Vorschrift anzusehen ist, ausgeschlossen.

Begr zur ÄndVO v 22. 12. 05 (VkBl **06** 39): **Zu Abs II:** *Die Änderung gewährleistet eine* **4a** *einheitliche Begriffsbestimmung. ... Soweit die Verwendung einer Trägertafel durch die die Vorschrift begleitende Verwaltungsvorschrift auf eine Kombination von in der Regel mindestens zwei Verkehrszeichen gleichzeitig beschränkt wird, ist dies im Wesentlichen der zu beachtenden Tendenz geschuldet, zunehmend einzelne Verkehrszeichen mit einer Trägertafel zu versehen, ohne dass dafür nachvollziehbare Gründe erkennbar wären. Eine Aufbringung eines einzelnen Verkehrszeichens auf einer Trägertafel bleibt auf die Fälle des Vorliegens ungünstiger Bedingungen (z. B. schlechter Kontrast zum Umgebungshintergrund) beschränkt.*
Einer gesonderten Erwähnung von Zusatzzeichen in der Vorschrift bedarf es nicht (vgl. § 39 Abs. 2 Satz 2 StVO).

Begründung des Bundesrates:
In den letzten Jahren sind im Straßenbild in zunehmendem Maß besonders auffällig gestaltete Verkehrszeichen, z. B. Streckenverbote, auf Trägertafeln festzustellen. Dementsprechend wird von Seiten der Bevölkerung auch vermehrt die Anordnung dieser auffällig gestalteten Verkehrszeichen gefordert, um z. B. im Einzugsbereich von Krankenhäusern, Schulen oder Kindergärten den Beachtungsgrad von Ge- und Verboten zu erhöhen. Die Straßenverkehrs-Ordnung (StVO) enthält bislang noch keine Vorgaben zur Farbe der Trägertafeln. Die auffälligen Verkehrszeichen wurden daher bisher häufig auf gelb-grün fluoreszierenden Trägertafeln aufgebracht.

Die Mehrheit der Länder und auch der Bund haben die Verwendung der gelb-grün fluoreszierenden Trägertafeln bei der Sitzung des Bund-Länder-Fachausschusses für den Straßenverkehr und die Verkehrspolizei 1/2005 in Freiburg abgelehnt und aus wohl erwogenen Gründen für die im ursprünglichen Verordnungsentwurf enthaltene Festschreibung der Farbe „weiß" in der StVO votiert.

Wissenschaftliche Untersuchungen zur Entstehung von Gewöhnungseffekten haben gezeigt, dass sich Menschen an veränderte Umweltbedingungen gewöhnen. So wurde z. B. in einer Studie von Meseberg (Dissertation an der TU Darmstadt) aus dem Jahre 1997 festgestellt, dass Fluoreszenzfarben zwar auffälliger sind und daher generell eine höhere Warnwirkung als herkömmliche Farben haben, bei häufiger Verwendung oder auch bei vermehrter Wahrnehmung (z. B. bei häufigem Vorbeifahren) aber Gewöhnungseffekte auftreten.

Den – wenn überhaupt – nur kurzfristig positiven Effekten am Aufstellort stünde ein nicht hinnehmbarer Sicherheitsverlust für anderenorts mit herkömmlichen Verkehrszeichen geschützte Verkehrsteilnehmer gegenüber. Durch eine „Zwei-Klassen-Gesellschaft" der ohnehin bereits hervorgehobenen Verkehrszeichen auf Trägertafeln bei Verwendung fluoreszierender Farbe einerseits und herkömmlicher Farbe andererseits könnten die Verkehrsteilnehmer zu dem Trugschluss verleitet werden, dass herkömmliche Verkehrszeichen nicht so wichtig und daher in geringerem Maße zu beachten sein. Eine Gefährdung der Verkehrssicherheit durch einen Bedeutungsverlust der nicht besonders auffällig gestalteten Verkehrszeichen kann aber nicht akzeptiert werden.

4b ÄndVO v 10. 10. 06 (BGBl I S. 2218), **Begründung des Bundesrats** zu Abs. II S 3 (BR-Drucks 162/06 [Beschluss], s dazu zunächst § 41 Rz 245 e): *Die farbliche Gestaltung widerspricht der allgemeinen Regelung des § 39 Abs. 2 Satz 3 StVO, wonach auf Zusatzzeichen die Zeichnungen schwarz sind. Dies ist hier jedoch mit Blick auf die im fließenden Verkehr erforderliche schnelle Wahrnehmbarkeit sowie die Bestimmtheit erforderlich. Nur so kann sichergestellt werden, dass auch ein Ortsunkundiger die Bedeutung ohne weitere Überlegung sofort eindeutig erkennen kann. Deshalb wird auch die allgemeine Regelung des § 39 Abs. 2 Satz 3 StVO angepasst. Gleichzeitig wird damit die bereits jetzt farbige Gestaltung der Zusatzzeichen 1040–32 „Parkscheibe 2 Stunden", 1040–33 „Parken mit Parkscheibe in gekennzeichneten Flächen 2 Stunden", 1052–30 „Streckenverbot für den Transport von gefährlichen Gütern auf Straßen" und 1052–31 „Streckenverbot für Fahrzeuge mit Wasser gefährdender Ladung" (vgl. Katalog der Verkehrszeichen 1992) gesetzlich verankert. Die gezeigte bildliche Darstellung ist nur beispielhaft; es können auch weniger Plaketten gezeigt werden. Die Größe der dargestellten Plaketten hat sich an der Wahrnehm- und Lesbarkeit im Einzelfall zu orientieren (vgl. Nr. 1.3 des Teil 1 des Katalogs der Verkehrszeichen 1992).*

Zu den §§ 39 bis 43 Allgemeines über Verkehrszeichen und Verkehrseinrichtungen

5 **1** *I. Die behördlichen Maßnahmen zur Regelung und Lenkung des Verkehrs durch Verkehrszeichen und Verkehrseinrichtungen sollen die allgemeinen Verkehrsvorschriften sinnvoll ergänzen. Dabei ist nach dem Grundsatz zu verfahren, so wenig Verkehrszeichen wie möglich anzuordnen.*

   2 *Verkehrszeichen, die lediglich die gesetzliche Regelung wiedergeben, sind nicht anzuordnen. Dies gilt auch für die Anordnung von Verkehrszeichen einschließlich Markierungen, deren rechtliche Wirkung bereits durch ein anderes vorhandenes oder gleichzeitig angeordnetes Verkehrszeichen erreicht wird. Abweichungen bedürfen der Zustimmung der obersten Landesbehörde.*

   3 *1. Beim Einsatz moderner Mittel zur Regelung und Lenkung des Verkehrs ist auf die Sicherheit besonders Bedacht zu nehmen.*
   Verkehrszeichen, Markierungen, Verkehrseinrichtungen, sollen den Verkehr sinnvoll lenken, einander nicht widersprechen und so den Verkehr sicher führen.
   Die Wahrnehmbarkeit darf nicht durch Häufung von Verkehrszeichen beeinträchtigt werden.

   4 *2. Die Flüssigkeit des Verkehrs ist mit den zur Verfügung stehenden Mitteln zu erhalten.*
   Dabei gehört der Förderung der öffentlichen Verkehrsmittel besondere Aufmerksamkeit.

6 **5** *II. Soweit die StVO und diese Allgemeine Verwaltungsvorschrift für die Ausgestaltung und Beschaffenheit, für den Ort und die Art der Anbringung von Verkehrszeichen und Verkehrseinrichtungen*

Verkehrszeichen § 39 StVO 2

nur Rahmenvorschriften geben, soll im einzelnen nach dem jeweiligen Stand der Wissenschaft und Technik verfahren werden, den das Bundesministerium für Verkehr nach Anhörung der zuständigen obersten Landesbehörden im Verkehrsblatt erforderlichenfalls bekannt gibt.

6   III. Allgemeines über Verkehrszeichen:
   1. Es dürfen nur die in der StVO abgebildeten Verkehrszeichen verwendet werden oder solche, die   7
   das Bundesministerium für Verkehr nach Anhörung der zuständigen obersten Landesbehörden durch Verlautbarung im Verkehrsblatt zuläßt.
   Die Formen der Verkehrszeichen müssen den Mustern der StVO entsprechen.

7   2. Allgemeine Regeln zur Ausführung der Gestaltung von Verkehrszeichen einschließlich der   8
   verkehrsrechtlichen erforderlichen Anforderungen an ihre Materialien sind als Anlage zu dieser Verwaltungsvorschrift im Katalog der Verkehrszeichen (VzKat) – (BAnz Nr. 66a vom 3. April 1992) – ausgeführt.

8   3. Größe der Verkehrszeichen   9
   a) Die Ausführung der Verkehrszeichen und Verkehrseinrichtungen ist auf das tatsächliche, individuelle Erfordernis zu begrenzen; unnötig groß dimensionierte Zeichen sind zu vermeiden.

9   b) Sofern in dieser Vorschrift nichts anderes bestimmt wird, erfolgt die Wahl der benötigten Verkehrszeichengröße – vor dem Hintergrund einer sorgfältigen Abwägung – anhand der folgenden Tabellen:

Verkehrszeichen	Größe 1 (70%)	Größe 2 (100%)	Größe 3 (125 bzw. 140%)
Ronde (ø)	420	600	750 (125%)
Dreieck (Seitenl.)	630	900	1260 (140%)
Quadrat (Seitenl.)	420	600	840 (140%)
Rechteck (H · B)	630 · 420	900 · 600	1260 · 840 (140%)

Maße in mm

Zusatzzeichen	Größe 1 (70%)	Größe 2 (100%)	Größe 3 (125%)
Höhe 1	231 · 420	330 · 600	412 · 750
Höhe 2	315 · 420	450 · 600	562 · 750
Höhe 3	420 · 420	600 · 600	750 · 750

Maße der Zusatzzeichen in mm

10   c) Größenangaben für Sonderformen (z. B. Zeichen 201 „Andreaskreuz"), die in dieser Vorschrift nicht ausgeführt werden, finden sich im VzKat.

11   d) In der Regel können die Verkehrszeichen folgenden Geschwindigkeitsbereichen zugeordnet werden:

Größen der Verkehrszeichen für Dreiecke, Quadrate und Rechtecke

Geschwindigkeitsbereich (km/h)	Größe
20 bis weniger als 50	1
50 bis 100	2
mehr als 100	3

Größen der Verkehrszeichen für Ronden

Geschwindigkeitsbereich (km/h)	Größe
0 bis 20	1
mehr als 20 bis 80	2
mehr als 80	3

12   e) Übergrößen der Verkehrszeichen können verwendet werden, wenn das an wichtigen Straßenstellen zur besseren Sichtbarkeit aus größerer Entfernung zweckmäßig ist.

13   f) Auf Autobahnen und autobahnähnlich ausgebauten Straßen ohne Geschwindigkeitsbeschränkung werden Verbote und vergleichbare Anordnungen zunächst durch Verkehrszeichen der Größe 3 angekündigt, Wiederholungen erfolgen in der Regel in der Größe 2.

König

	14	g) In verkleinerter Ausführung dürfen nur diejenigen Verkehrszeichen angebracht werden, bei denen das in dieser Verwaltungsvorschrift ausdrücklich zugelassen ist. Das Verhältnis der vorgeschriebenen Maße soll auch bei Übergrößen und Verkleinerungen gegeben sein. Im übrigen sind bei allen Verkehrszeichen kleine Abweichungen von den Maßen zulässig, wenn dieses aus besonderen Gründen notwendig ist und keine auffällige Veränderung der Zeichen bewirkt wird.
10	15	4. Die Ausführung der Verkehrszeichen darf nicht unter den Anforderungen anerkannter Gütebedingungen liegen.
11	16	5. Als Schrift ist die Schrift für den Straßenverkehr DIN 1451, Teil 2 zu verwenden.
12	17	6. Die Farben müssen den Bestimmungen und Abgrenzungen des Normblattes „Aufsichtsfarben für Verkehrszeichen – Farben und Farbgrenzen" (DIN 6171) entsprechen.
13	18	7. Alle Verkehrszeichen dürfen rückstrahlen oder von außen oder innen beleuchtet sein, soweit dies nicht ohnehin vorgeschrieben ist.
	19	a) Vor allem bei Gefahrzeichen (§ 40) und Vorschriftzeichen (§ 41) empfiehlt sich in der Regel solche Ausführung (vgl. aber Nummer I zu Zeichen 283 und 286; Rn. 1).
	20	b) Bei Verkehrszeichen, die rückstrahlen oder beleuchtet sind, ist darauf zu achten, daß die Wirkung der übrigen Verkehrszeichen nicht beeinträchtigt wird und Verkehrsteilnehmer durch die beleuchteten Verkehrszeichen nicht geblendet werden. Wo Verkehrszeichen von innen oder außen beleuchtet sind, müssen in der Nähe befindliche Verkehrszeichen, durch die eine Wartepflicht angeordnet oder angekündigt wird, mindestens ebenso wirksam beleuchtet sein.
	21	c) Im Interesse der Gleichheit des Erscheinungsbildes der Verkehrszeichen bei Tag und Nacht ist in der Regel eine voll retroreflektierende Ausführung einer nur teilweise retroreflektierenden vorzuziehen.
	22	d) Vgl. Nummer 16 Satz 2 und 3; Rn. 44.
	23	e) Ein Verkehrszeichen ist nicht schon dann von außen beleuchtet, wenn es von einer Straßenleuchte, vielmehr nur dann, wenn es von einer eigenen Lichtquelle angestrahlt ist.
	24	f) Verkehrszeichen können auch als Wechselverkehrszeichen in Wechselzeichengebern dargestellt werden. Solche Zeichen können zeitweise gezeigt, geändert oder aufgehoben werden. Für die Wechselzeichengeber haben sich verschiedene Techniken als zweckmäßig erwiesen. Einzelheiten enthalten die „Richtlinien für Wechselverkehrszeichen an Bundesfernstraßen (RWVZ)", die das Bundesministerium für Verkehr im Einvernehmen mit den zuständigen obersten Landesbehörden im Verkehrsblatt bekanntgibt.
14	25	8. Die Verkehrszeichen müssen fest eingebaut sein, soweit sie nicht nur vorübergehend aufgestellt werden. Pfosten und Rahmen sollen grau oder weiß sein.
15	26	9. Verkehrszeichen sind gut sichtbar in etwa rechtem Winkel zur Verkehrsrichtung auf der rechten Seite der Straße anzubringen, soweit nicht in dieser Verwaltungsvorschrift anderes gesagt ist.
	27	a) Links allein oder über der Straße allein dürfen sie nur angebracht werden, wenn Mißverständnisse darüber, daß sie für den gesamten Verkehr in einer Richtung gelten, nicht entstehen können und wenn sie so besonders auffallen und im Blickfeld des Fahrers liegen.
	28	b) Wo nötig, vor allem an besonders gefährlichen Straßenstellen, können die Verkehrszeichen auf beiden Straßenseiten, bei getrennten Fahrbahnen auf beiden Fahrbahnseiten aufgestellt werden.
16	29	10. Es ist darauf zu achten, daß Verkehrszeichen nicht die Sicht behindern, insbesondere auch nicht die Sicht auf andere Verkehrszeichen oder auf Blinklicht- oder Lichtzeichenanlagen verdecken.
17	30	11. Häufung von Verkehrszeichen Weil die Bedeutung von Verkehrszeichen bei durchschnittlicher Aufmerksamkeit zweifelsfrei erfaßbar sein muß, sind Häufungen von Verkehrszeichen zu vermeiden. Es ist daher stets vorrangig zu prüfen, auf welche vorgesehenen oder bereits vorhandenen Verkehrszeichen verzichtet werden kann.
	31	Sind dennoch an einer Stelle oder kurz hintereinander mehrere Verkehrszeichen unvermeidlich, so muß dafür gesorgt werden, daß die für den fließenden Verkehr wichtigen besonders auffallen. Kann dies nicht realisiert werden oder wird ein für den fließenden Verkehr bedeutsames Ver-

kehrszeichen an der betreffenden Stelle nicht erwartet, so ist jene Wirkung auf andere Weise zu erzielen (z. B. durch Übergröße oder gelbes Blinklicht).

32   a) Am gleichen Pfosten oder sonst unmittelbar über- oder nebeneinander dürfen nicht mehr als drei Verkehrszeichen angebracht werden.

33   aa) Gefahrzeichen stehen in der Regel allein. Sie können mit Verkehrsverboten und Streckenverboten kombiniert werden, wenn durch das Gefahrzeichen vor der Gefahr gewarnt wird, deretwegen die Verbote ausgesprochen werden. Solche Kombinationen (z. B. Zeichen 103, 274 und 276, Zeichen 110 und 277, Zeichen 120, 264 und 274) sind zweckmäßig, weil das Gefahrzeichen dem Verkehrsteilnehmer klarmacht, warum die Vorschriften gegeben werden. Dann sind die Verkehrszeichen in möglichst geringer Entfernung vor der Gefahrstelle aufzustellen.

34   bb) Mehr als zwei Vorschriftzeichen sollen an einem Pfosten nicht angebracht werden. Sind ausnahmsweise drei solcher Verkehrszeichen an einem Pfosten vereinigt, dann darf sich nur eins davon an den fließenden Verkehr wenden.

35   cc) Vorschriftzeichen für den fließenden Verkehr dürfen in der Regel nur dann kombiniert werden, wenn sie sich an die gleichen Verkehrsarten wenden und wenn sie die gleiche Strecke oder den gleichen Punkt betreffen.

36   dd) Verkehrszeichen, durch die eine Wartepflicht angeordnet oder angekündigt wird, dürfen nur dann an einem Pfosten mit anderen Verkehrszeichen angebracht werden, wenn jene wichtigen Zeichen besonders auffallen.

37   ee) Dasselbe gilt für die Kombination von Vorschriftzeichen für den fließenden Verkehr mit Haltverboten.

38   ff) Die Zeichen 201, 278 bis 282 und 350 dürfen mit anderen Verkehrszeichen nicht kombiniert werden.

39   b) Dicht hintereinander sollen Verkehrszeichen für den fließenden Verkehr nicht folgen. Zwischen Pfosten, an denen solche Verkehrszeichen gezeigt werden, sollte vielmehr ein so großer Abstand bestehen, daß der Verkehrsteilnehmer bei der dort gefahrenen Geschwindigkeit Gelegenheit hat, die Bedeutung der Verkehrszeichen nacheinander zu erfassen.

40   12. An spitzwinkligen Einmündungen ist bei der Aufstellung der Verkehrszeichen dafür zu sorgen, daß Benutzer der anderen Straße sie nicht auf sich beziehen, auch nicht bei der Annäherung; erforderlichenfalls sind Sichtblenden oder ähnliche Vorrichtungen anzubringen.   **18**

41   13. a) Die Unterkante der Verkehrszeichen sollte, soweit nicht bei einzelnen Zeichen anderes gesagt ist, in der Regel 2 m vom Boden entfernt sein, über Radwegen 2,20 m, an Schilderbrücken 4,50 m, auf Inseln und an Verkehrsteilern 0,60 m.   **19**

42   b) Verkehrszeichen dürfen nicht innerhalb der Fahrbahn aufgestellt werden. In der Regel sollte der Seitenabstand von ihr innerhalb geschlossener Ortschaften 0,50 m, keinesfalls weniger als 0,30 m betragen, außerhalb geschlossener Ortschaften 1,50 m.

43   14. Verkehrszeichen sollen nur dort angebracht werden, wo dies nach den Umständen geboten ist. Über die Anordnung von Verkehrszeichen darf in jedem Einzelfall nur nach gründlicher Prüfung entschieden werden; die Zuziehung ortsfremder Sachverständiger kann sich empfehlen. Hierbei ist auch zu prüfen, ob sich anstelle der Verkehrszeichen oder zusätzlich eine bauliche Umgestaltung oder das Anbringen von Leiteinrichtungen empfiehlt; das ist bei der Straßenbaubehörde anzuregen.   **20**

44   15. Sollen Verkehrszeichen nur zu gewissen Zeiten gelten, dürfen sie sonst nicht sichtbar sein. Nur die Geltung der Zeichen 229, 245, 250, 251, 253, 255, 260, 261, 270, 274, 276, 277, 283, 286, 290, 314 und 315 darf statt dessen auf einem Zusatzschild, z. B. „8–16 h", zeitlich beschränkt werden. Verkehren öffentliche Verkehrsmittel zu gewissen Tageszeiten oder an bestimmten Wochentagen nicht, so kann auch das Parkverbot an ihren Haltestellen durch ein Zusatzschild zu dem Zeichen 224 beschränkt werden, z. B. „Parken Sa und So erlaubt". Vorfahrtregelnde Zeichen vertragen keinerlei zeitliche Beschränkungen, weder auf diese noch auf jene Weise.   **21**

45   16. Auf Straßen mit Straßenbeleuchtung ist darauf zu achten, daß die Verkehrszeichen von ihr erhellt werden; es empfiehlt sich daher, Verkehrszeichen entweder hinter den Leuchten aufzustellen oder sie an den Lichtmasten so anzubringen, daß sie vom Licht getroffen werden. Ist das nicht möglich, so müssen die Schilder rückstrahlen oder erforderlichenfalls (§ 17 Abs. 1) von innen oder außen beleuchtet sein. Das gilt nicht für die Zeichen 224, 229, 237, 239, 240, 241, 242, 243, 244, 244a, 283, 286, 314, 315, 355, 357 bis 359, 375 bis 377, 385, 388, 394 und 437.   **22**

22a	46	17. Zusatzzeichen im besonderen
		a) Sie sollten, wenn irgend möglich, nicht beschriftet sein, sondern nur Sinnbilder zeigen. Wie Zusatzzeichen auszugestalten sind, die in der StVO oder in dieser Vorschrift nicht erwähnt, aber häufig notwendig sind, wird das Bundesministerium für Verkehr nach Anhörung der zuständigen obersten Landesbehörden in einem Verzeichnis im Verkehrsblatt bekanntgegeben. Abweichungen von den in diesem Verzeichnis aufgeführten Zusatzzeichen sind nicht zulässig; andere Zusatzzeichen bedürfen der Zustimmung der zuständigen obersten Landesbehörde oder der von ihr bestimmten Stelle.
	47	b) Mehr als zwei Zusatzzeichen sollten an einem Pfosten, auch zu verschiedenen Verkehrszeichen, nicht angebracht werden. Die Zuordnung der Zusatzzeichen zu den Verkehrszeichen muß eindeutig erkennbar sein.
	48	c) Zusatzzeichen zu beleuchteten oder retroreflektierenden Verkehrszeichen müssen wie diese beleuchtet sein oder retroreflektieren.
	49	d) Entfernungs- und Längenangaben sind auf- oder abzurunden. Anzugeben sind z. B. 60 m statt 63 m, 80 m statt 75 m, 250 m statt 268 m, 800 m statt 750 m, 1,2 km statt 1235 m.

(Fortsetzung der Vwv: Rz 24)

23 **Zusatzzeichen** (BAnz 92 Nr 66a S 53–80):

Teil 8: Zusatzzeichen
– 8.1 Einteilung –

Die Zusatzzeichen werden in vier Hauptgruppen mit Untergruppen eingeteilt und den Nummern entsprechend zugeordnet:

1000–1019	**Gruppe der allgemeinen Zusatzzeichen**
1000	Richtungsangaben durch Pfeile
1001	Länge einer Verbotsstrecke
1002/1003	Hinweise auf den Verlauf von Vorfahrtstraßen
1004/1005	Entfernungsangaben
1006/1007	Hinweise auf Gefahren
1008/1009	Hinweise auf geänderte Vorfahrt, Verkehrsführung u. ä.
1010/1011	sonstige Hinweise mit grafischen Symbolen
1012/1013	sonstige Hinweise durch verbale Angaben
1020–1039	**Gruppe der „frei"-Zusatzzeichen**
1020/1021	Personendarstellungen (auch verbal)
1022/1023	Fahrzeugdarstellungen: Fahrzeuge ohne Motor und Krafträder
1024/1025	Fahrzeugdarstellungen: Fahrzeuge mit Motor außer Krafträder
1026/1027	Taxi, Krankenfahrzeuge u. ä. „frei" (verbale Angabe)
1028/1030	sonstige Verkehrsteilnehmer „frei" (verbale Angabe)
1040–1059	**Gruppe der beschränkenden Zusatzzeichen**
1040/1041	Zeitangaben: Stunden ohne Beschränkung auf Wochentage
1042/1043	Zeitangaben: mit Beschränkung auf Wochentage
1044/1045	Personendarstellungen
1046/1047	Fahrzeugdarstellungen: Fahrzeuge ohne Motor und Krafträder
1048/1049	Fahrzeugdarstellungen: Fahrzeuge mit Motor außer Krafträder
1050/1051	Fahrzeugdarstellungen: verbale Bezeichnung von Fahrzeugen mit Motor außer Krafträder
1052/1053	Fahrzeuge mit besonderer Ladung und sonstige Beschränkungen
ab 1060 …	**Gruppe der besonderen Zusatzzeichen**
	z. B. Zusatzzeichen 1060–10: Gefahrzeichen für Wohnwagengespanne an Gefällestrecken mit starkem Seitenwind auf Autobahnen

Verkehrszeichen § 39 StVO **2**

– 8.2 Ausführung (Gestaltung) –

Zusatzzeichen 1000–1019 Gruppe der allgemeinen Zusatzzeichen
Zusatzzeichen 1000/1001: Richtungsangaben durch Pfeile

mit zugehörigen Unternummern

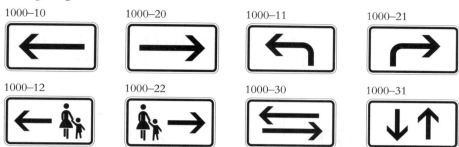

Zusatzzeichen 1000–1019 Gruppe der allgemeinen Zusatzzeichen
Zusatzzeichen 1001: Länge einer Verbotsstrecke

mit zugehörigen Unternummern

Zusatzzeichen 1000–1019 Gruppe der allgemeinen Zusatzzeichen
Zusatzzeichen 1002/1003: Hinweise auf den Verlauf von Vorfahrtstraßen

mit zugehörigen Unternummern

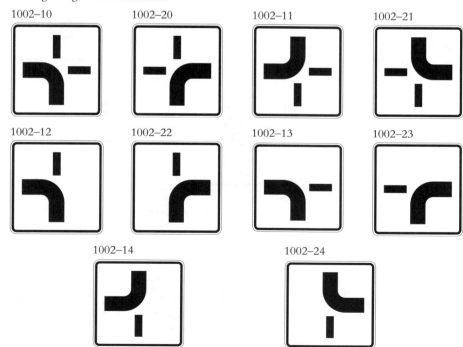

Zusatzzeichen 1000–1019 Gruppe der allgemeinen Zusatzzeichen
Zusatzzeichen 1004/1005: Entfernungsangaben

mit zugehörigen Unternummern

1004–30 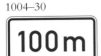 1004–31  1004–32 1004–33

1004–34 1004–35

Zusatzzeichen 1000–1019 Gruppe der allgemeinen Zusatzzeichen
Zusatzzeichen 1006/1007: Hinweise auf Gefahren

mit zugehörigen Unternummern

1006–30 Ölspur 1006–31 Rauch 1006–32 Rollsplitt 1006–33 Baustellenausfahrt

1006–34  Straßenschäden 1006–35 Verschmutzte Fahrbahn 1006–36   1006–37

1006–38   1006–39   1007–30

Zusatzzeichen 1000–1019 Gruppe der allgemeinen Zusatzzeichen
Zusatzzeichen 1008/1009: Hinweise auf geänderte Vorfahrt, Verkehrsführung u.ä.

mit zugehörigen Unternummern

1008–30 Vorfahrt geändert 1008–31 Verkehrsführung geändert 1008–32 Industriegebiet Schienenfahrzeuge haben Vorrang 1008–33 Hafengebiet Schienenfahrzeuge haben Vorrang

Verkehrszeichen § 39 StVO **2**

Zusatzzeichen 1000–1019 Gruppe der allgemeinen Zusatzzeichen
Zusatzzeichen 1010/1011: Hinweise mit grafischen Symbolen

mit zugehörigen Unternummern

1010–10   1010–11   1010–12   1010–13

1010–14

Zusatzzeichen 1000–1019 Gruppe der allgemeinen Zusatzzeichen
Zusatzzeichen 1012/1013: sonstige Hinweise durch verbale Angaben

mit zugehörigen Unternummern

1012–30   1012–31   1012–32   1012–33

| Anfang | Ende | Radfahrer absteigen | keine Mofas |

1012–34   1012–35

| Grüne Welle bei 60 km/h | bei Rot hier halten |

Zusatzzeichen 1020–1039 Gruppe der „frei"-Zusatzzeichen
Zusatzzeichen 1020/1021: Personendarstellungen (auch verbal)

mit zugehörigen Unternummern

1020–11   1020–12   1020–30   1020–31

| | | Anlieger frei | Anlieger oder Parken frei |

1020–32

| Anwohner mit Parkausweis Nr. ||||||||| frei |

Zusatzzeichen 1020–1039 Gruppe der „frei"-Zusatzzeichen
Zusatzzeichen 1022/1023: Fahrzeugdarstellungen: Radfahrer, Krafträder, auch mit Beiwagen, Kleinkrafträder und Mofas

mit zugehörigen Unternummern

1022–10   1022–11   1022–12

König

2 StVO § 39 II. Zeichen und Verkehrseinrichtungen

Zusatzzeichen 1020–1039 Gruppe der „frei"-Zusatzzeichen
Zusatzzeichen 1024/1025: Fahrzeugdarstellungen: mehrspurige Fahrzeuge

mit zugehörigen Unternummern

1024–10   1024–11   1024–12   1024–13

1024–14   1024–15   1024–16 (entfällt künftig)   1024–17

Zusatzzeichen 1020–1039 Gruppe der „frei"-Zusatzzeichen
Zusatzzeichen 1026/1027: Taxi, Krankenfahrzeuge u. ä. „frei" (verbale Angaben)

mit zugehörigen Unternummern

1026–30   1026–31   1026–32   1026–33

| TAXI frei | Mofas frei | Linien- verkehr frei | Einsatz- fahrzeuge frei |

1026–34   1026–35   1026–36   1026–37

| Kranken- fahrzeuge frei | Liefer- verkehr frei | Landwirt- schaftlicher Verkehr frei | Forstwirt- schaftlicher Verkehr frei |

1026–38   1026–39

| Land- und forstwirtsch. Verkehr frei | Betriebs- und Versorgungsdienst frei |

Zusatzzeichen 1020–1039 Gruppe der „frei"-Zusatzzeichen
Zusatzzeichen 1028/1029: sonstige Verkehrsteilnehmer „frei" (verbale Angaben)

mit zugehörigen Unternummern

1028–30   1028–31   1028–32   1028–33

| Baustellen- fahrzeuge frei | bis Baustelle frei | Anlieger bis Baustelle frei | Zufahrt bis ‖‖‖‖‖‖‖‖‖‖‖‖ frei |

Verkehrszeichen § 39 StVO **2**

1028–34

Fähr- benutzer frei

Zusatzzeichen 1040–1059 Gruppe der beschränkenden Zusatzzeichen
Zusatzzeichen 1040/1041: Zeitangaben: Stunden ohne Beschränkung auf Wochentage

mit zugehörigen Unternummern

1040–10	1040–30	1040–31	1040–32
10-16h	16-18 h	8-11h 16-18h	2 Std.

1040–33

Parken mit [P] in gekennzeichneten Flächen 2 Std.

Zusatzzeichen 1040–1059 Gruppe der beschränkenden Zusatzzeichen
Zusatzzeichen 1042/1043: Zeitangaben: mit Beschränkung auf Wochentage

mit zugehörigen Unternummern

1042–30	1042–31	1042–32	1042–33
werktags	werktags 18-19h	werktags 8³⁰-11³⁰ h 16-18h	Mo-Fr 16-18 h

1042–34	1042–35	1042–36	1042–37
Di,Do,Fr 16-18h	6-22h an Sonn- und Feiertagen	Schulbus werktags 7-9h 11-13h	Parken Sa und So erlaubt

Zusatzzeichen 1040–1059 Gruppe der beschränkenden Zusatzzeichen
Zusatzzeichen 1044/1045: Personendarstellungen

mit zugehörigen Unternummern

1044–10   1044–11   1044–30

 | Anwohner
mit Parkausweis
Nr. ||||||||| |

2 StVO § 39 II. Zeichen und Verkehrseinrichtungen

Zusatzzeichen 1040–1059 Gruppe der beschränkenden Zusatzzeichen
Zusatzzeichen 1046/1047: Fahrzeugdarstellungen: Krafträder, auch mit Beiwagen, Kleinkrafträder und Mofas

mit zugehörigen Unternummern

1046–11

1046–12

Zusatzzeichen 1040–1059 Gruppe der beschränkenden Zusatzzeichen
Zusatzzeichen 1048/1049: Fahrzeugdarstellungen: mehrspurige Fahrzeuge

mit zugehörigen Unternummern

1048–10  1048–11 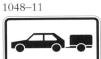 1048–12  1048–13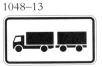

1048–14  1048–15   1048–16 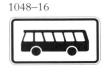 1048–17

1048–18  1048–19 (entfällt künftig) 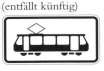 1049–10  1049–11

1049–12  1049–13

Zusatzzeichen 1040–1059 Gruppe der beschränkenden Zusatzzeichen
Zusatzzeichen 1050/1051: Fahrzeugdarstellungen: verbale Bezeichnungen von Fahrzeugen

mit zugehörigen Unternummern

1050–30  1050–31

Verkehrszeichen § 39 StVO 2

Zusatzzeichen 1040–1059 Gruppe der beschränkenden Zusatzzeichen
Zusatzzeichen 1052/1053: Fahrzeuge mit besonderer Ladung und sonstige Beschränkungen

mit zugehörigen Unternummern

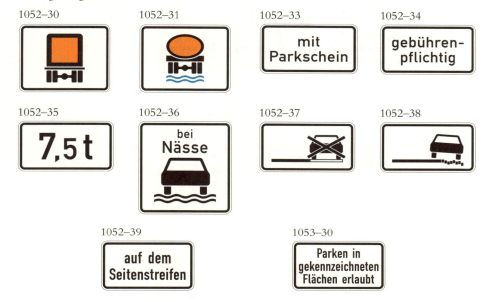

Zusatzzeichen 1060: besondere Zusatzzeichen

mit zugehörigen Unternummern

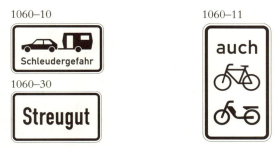

Weitere Zusatzzeichen, s. Rz 41.

Fortsetzung der Vwv zu §§ 39 bis 43 (Nr. I–III: s Rz 5–22a):

    IV. Allgemeines über Markierungen (§ 41 Abs. 3 und 4 und § 42 Abs. 6)   24

50   1. Die Markierungen sind weiß (vgl. aber Nummer 3 vor Zeichen 350). Als weiße Markierungen sind auch metallfarbene Markierungsknöpfe anzusehen. Gelbe Markierungsknöpfe und gelbe Markierungen dürfen nur im Falle des § 41 Abs. 4 verwendet werden.

51   2. Anstelle von Markierungen dürfen Markierungsknöpfe nur verwendet werden, wenn dies in der   25
StVO zugelassen ist und das auch nur dann, wenn es zweckmäßig ist, z. B. auf Pflasterdecken.

52   3. Dagegen können Markierungen aller Art durch das zusätzliche Anbringen von Markierungs-   26
knöpfen in ihrer Wirkung unterstützt werden; geschieht dies an einer ununterbrochenen Linie, so dürfen die Markierungsknöpfe nicht gruppenweise gesetzt werden. Zur Kennzeichnung gefährlicher Kurven und überhaupt zur Verdeutlichung des Straßenverlaufs an unübersichtlichen Stellen kann das Anbringen von Markierungsknöpfen auf Fahrstreifenbegrenzungen, auf

König   779

27	53	*Fahrbahnbegrenzungen und auf Leitlinien nützlich sein. Sperrflächen lassen sich auf solche Weise verdeutlichen. Markierungsknöpfe können an Fußgängerüberwegen von Nutzen sein.*
		4. *Markierungsknöpfe ohne und mit Rückstrahlern müssen in Grund- und Aufriß eine abgerundete Form haben. Der Durchmesser soll nicht kleiner als 120 mm und nicht größer als 150 mm sein. Die Markierungsknöpfe dürfen nicht mehr als 25 mm aus der Fahrbahn herausragen.*
28	54	V. *Allgemeines über Verkehrseinrichtungen*
		Für Verkehrseinrichtungen gelten die Vorschriften der Nummer III 1, 2, 4, 5, 6, 7a bis c, 7e, 8, 10, 13 und 14 sinngemäß; Rn. 6 ff.

Vwv zu § 39 Verkehrszeichen

Zu Absatz 1

29   1   *Auf Nummer I zu den §§ 39 bis 43 wird verwiesen; Rn. 1.*

Zu Absatz 2

30   2   *Verkehrszeichen, die als Wechselverkehrszeichen aus einem Lichtraster gebildet werden (sogenannte Matrixzeichen), zeigen die sonst schwarzen Symbole, Schriften und Ziffern durch weiße Lichter an, der sonst weiße Untergrund bleibt als Hintergrund für die Lichtpunkte schwarz. Diese Umkehrung für Weiß und Schwarz ist nur solchen Matrixzeichen vorbehalten.*

Übersicht

Anbringung der Verkehrszeichen 6, 13 ff, 31–33, 35	Unkenntlichkeit 32–34, 36
Befestigung 13, 31, 32	Unklarheit 14, 16, 20, 32–34
Größe 6, 9, 31	Verkehrszeichen 5 ff, 31
Neue Länder 41	Zeichenänderung 37, 38
Ordnungswidrigkeit 40	Zeichenhäufung 20, 21, 23, 36
Phantasiezeichen unzulässig 7, 31, 32	Zeichenkenntnis 37
Schilder 37	Zusatzzeichen 31 a
Sichtbarkeit der Verkehrszeichen 14, 16, 19, 32–34	

31   1. **Verkehrszeichen. Allgemeines.** VZ dienen der sicheren, flüssigen VFührung (Vwv Rn 1 ff zu §§ 39 bis 43). Rechtsnatur: § 41 Rz 247. Einzelheiten: §§ 40–42. Die VRegelung geschieht nur durch VZ und VEinrichtungen (§ 45 Rz 41) gemäß Anordnung der StrVB (§ 45 Rz 42). Art der Anbringung und Ausgestaltung der VZ: § 45 Rz 43. Beschaffen, Anbringen, Unterhalten, Betrieb der VZ und VEinrichtungen: § 45 Rz 44. Zulässig sind ausschließlich in der StVO vorgesehene oder vom BMV im VkBl **zugelassene VZ und Sinnbilder,** OVG Münster Betr **70** 1878, KG VRS **65** 299, Kö NZV **90** 483 (Vwv zu §§ 39 bis 43 Rn 6, dort Näheres über Formen und Muster, Maße, Übergröße, Verkleinerung, Schrift, Farben, Beleuchtung, rückstrahlend, Anbringung, Sichtbarkeit, Notwendigkeit, ZusatzZ, Häufung, Kombination, Sinnbilder). Sinnbild „Gespannfuhrwerke": VkBl **04** 542 = StVRL Nr 10. Dass die StVO die VZ und VEinrichtungen abschließend regelt (**E** 6), schließt sinn- und zweckgerechte Auslegung der Einzelregelung nicht aus, BGH VRS **51** 232. Abweichende VZ in den **neuen Bundesländern**: Rz 41. „PhantasieZ": § 41 Rz 246. Maße der VZ einschließlich der Varianten, VzKat 1992 (BAnz **92** Nr 66a). Bei Übergrößen wie Verkleinerungen ist das Maßverhältnis einzuhalten. Die Verwendung sog. Matrixzeichen (auch durch Fernsteuerung wandelbare Zeichen mit technisch notwendiger Farbumkehr) ist nunmehr ausdrücklich zulässig (II S 6), jedoch nur bei Erzeugung der Zeichen durch Licht. Verbindlich sind auch solche VZ, die nicht unmittelbar in der StVO enthalten sind, sich jedoch aus in dieser vorgesehenen Elementen zusammensetzen oder bloße spiegelbildliche **Abwandlungen** darstellen und in dieser Form vom BMV formell verlautbart sind (zB das Z 104 oder das Z 250 mit einem Sinnbild gemäß § 39, nicht aber zB ein auf den Boden gemaltes VZ 237 oder 239, das lediglich geeignet ist, auf ein entsprechendes VZ hinzuweisen, Bay DAR **84** 236 (bei *Rüth*). Geringe Abweichungen beeinflussen die Gültigkeit des VZ nicht, Bay VRS **71** 309, **72** 306, s aber § 41 Rz 246. Die Darstellung mehrerer VZ auf einer **gemeinsamen Trägertafel** lässt II S 5 ausdrücklich zu; diese VZ entfalten die gleiche Wirkung wie solche auf einzelnen Schildern, Bay NZV **01** 220. Die Neufassung der Vorschrift durch ÄndVO v 22. 12. 05 verdeutlicht, dass die Aufbringung eines einzelnen VZ auf einer Trägertafel nur im Ausnahmefall in Betracht kommt, Begr, Rz 4a. Die Trägertafel

muss weiß sein, um Abstumpfungseffekte zu vermeiden, Begr des Bundesrats, Rz 4a (zw). Markierungen: Vwv zu §§ 39 bis 43 Rn 49 ff und §§ 41, 42. Ein Verkehrsspiegel ist kein VZ, sondern ein Sicherheitshilfsmittel, Kar VersR **80** 1172. Im öffentlichen VRaum dürfen VZ **nur auf Anordnung der zuständigen StrVB** aufgestellt werden, Brn VRS **93** 28. Durch Unbefugte aufgestellte VZ sind **nichtig**, Kö VRS **92** 282; das gilt etwa für die Anbringung ohne Genehmigung der zuständigen VB durch Private, Brn VRS **93** 28, zB einen Gastwirt (Z 250), Ha VkBl **65** 15, oder durch einen Bauunternehmer, VG Berlin NZV **90** 258; anders, wenn die VB der Anbringung durch einen Bauunternehmer wenigstens zugestimmt hat, BVerwG NJW **70** 2075, oder die Aufstellung von der Anordnung der StrVB zwar abweicht, aber von der Pol (in Überschreitung ihrer sachlichen Zuständigkeit) veranlasst wurde, Bay VRS **61** 138, oder wenn die Abweichung nur unwesentlich ist, OVG Münster NZV **01** 279. Nichtig sind VZ auch bei Aufstellung durch unzuständige Behörden, Bay NJW **65** 1973 (Flurbereinigungsamt), DAR **84** 121 (Forstverwaltung), so zB auch ein vom StrBauamt aufgestelltes VZ nur zur Sicherung von VKontrollen vor Zustimmung der StrVB, Fra NJW **68** 2072. S iÜ § 41 Rz 247.

Zusatzzeichen (II S 2, 3, Rz 22 a, 23, VzKat, BAnz **92** Nr 66 a) müssen grundsätzlich weiß **31a** mit schwarzem Rand sein, Bay VRS **71** 309, **72** 306. Jedoch gilt dies seit In-Kraft-Treten der ÄndVO v 10. 10. 06 (KennZVO) nicht mehr uneingeschränkt (Abs II S 3, „soweit nichts anderes bestimmt ist"); zu den Gründen s Rz 4b sowie § 41 Rz 245 e. Zusatzzeichen können beliebige Anordnungen durch Zeichen oder Aufschriften enthalten, Kar VM **80** 28, müssen aber **hinreichend klar** sein, BGHSt **27** 318 = VRS **54** 151, Bay VRS **68** 287, **69** 64, NZV **92** 83, Kar VM **80** 28, Ce VM **77** 51, VRS **53** 128 („bei Nässe" s § 41 Z 274), Kö NZV **92** 200, vor allem bei Kombination mehrerer ZusatzZ, Dr DAR **97** 160. VZ mit und ohne ZusatzZ müssen inhaltlich bestimmt und widerspruchsfrei sein, Bay VM **78** 29, VRS **69** 64, NZV **89** 38. Die StVO zählt die ZusatzZ nicht abschließend auf; durch Vwv zur StVO (Vwv Rn 46, Rz 22a) kann diese Rechtslage nicht eingeschränkt werden, Bay VM **77** 50, VRS **61** 157, **68** 287, NZV **92** 83, BGH VRS **54** 151, Ce VM **77** 51, Dü VM **93** 43, VGH Ma VRS **107** 149, OVG Münster NZV **97** 414, aM Dü VM **95** 95 (Anm *Thubauville*), dazu *Cramer* DAR **86** 207, *Bouska* DAR **92** 287. **Werktag** iS des ZusatzZ „werktags" ist auch der Sonnabend, Ha NZV **02** 245, Dü DAR **91** 310, Hb DAR **84** 157, AG Rosenheim DAR **96** 70, zw *Ortbauer* DAR **95** 463. Der Zusatz „Mo–Fr" gilt nicht auch für gesetzliche Feiertage, *Janker* NZV **04** 120. Das ZusatzZ Nr 1026–35 **„Lieferverkehr frei"** gestattet den Transport von Waren zu und von im gesperrten Bereich liegenden Geschäften oder von Waren durch Gewerbetreibende an Private im Rahmen der Geschäftsausübung, BVerwG NZV **94** 125, nicht das Abholen und Bringen von Fahrgästen durch Reisebüro, Dü VRS **67** 151, nicht die Ablieferung von Geld durch Bankkunden an eine Bank, OVG Lüneburg VM **81** 54 (Anm *Booß*), nicht privaten Transport von Kleidung oder Wäsche zur Reinigung bzw Wäscherei, KG VRS **62** 65, überhaupt nicht die Zufahrt zu Geschäften durch Kunden, krit *Booß* VM **81** 55. **„Linienverkehr"** iS des ZusatzZ Nr 1026–32 liegt nur bei fahrplanmäßigen Fahrten vor, nicht bei Leerfahrten. Begriffsbestimmung iÜ: §§ 42, 43 PBefG. Der Zusatz gestattet die Durchfahrt unabhängig davon, ob das Befahren der Str im Rahmen des Fahrplans notwendig ist, Kö VRS **85** 143. **„Landwirtschaftlicher Verkehr"** iS von ZusatzZ Nr 1026–36 umfasst nicht auch hobbygärtnerische Landbestellung, OVG Münster DAR **02** 474. Der Zusatz **„Frei für den Forstbetrieb"** entspricht inhaltlich dem Z Nr 1026–37, Bay VRS **61** 392. Ein ZusatzZ **„Zufahrt zu den markierten Parkplätzen"** erlaubt nicht das Verweilen in dem gesperrten Bereich, um abzuwarten, ob gelegentlich ein Parkplatz frei werde, Ce VRS **74** 66 (anders aber wohl, wenn ein bestimmter Parkplatz gerade geräumt wird). Dagegen untersagt das Schild 1028–33 („Zufahrt bis … frei") nicht ohne weiteres das Parken im Zufahrtbereich, Dü VM **93** 43. Nur **Pkw oder Lkw** kennzeichnende ZusatzZ (zB Nr 1048–10, –11, –13) gelten nicht auch für Wohnmobile, Schl NZV **91** 163, KG NZV **92** 162, *Berr* 462; ZusatzZ 1048–10 (Pkw) umfasst nicht auch Pkw mit Wohnanhänger, anders jedoch Nr 1048–11 (Pkw mit Anhänger), *Berr* 800. Da ZusatzZ Nr 1048–12 (anders als zB 1048–13) nicht nur Lkw betrifft, sondern Kfz über 3,5 t, ausgenommen Pkw (Abs IV sowie Definition VZKat, BAnz **92** Nr 66 a S 93 mit VkBl **97** 702), gilt es auch für Wohnmobile über 3,5 t, Bay VRS **92** 437, *Kullik* PVT **94** 333, aM Ha PVT **94** 332, Entsprechendes gilt für Z 1049–13, Bay NZV **97** 405. ZusatzZ mit **erläuternden Hinweisen** über den Zweck eines durch VZ angeordneten Gebots oder Verbots haben keine konstitutive Bedeutung für dessen Wirksamkeit, Stu NZV **98** 422 („Luftreinhaltung"). Ein ZusatzZ „Lärmschutz" besitzt keinerlei Regelungsgehalt und unterliegt daher nicht den Anforderungen an ZusatzZ, Sa NZV **89** 159. Zum Inhalt von ZusatzZ zu Z 250 s auch § 41 Rz 248 e. ZusatzZ sind **dicht unter dem zugehörigen VZ** anzubringen, auch gemeinsam mit diesem auf *einer* Tafel (II S 5, insoweit ist Bay VRS **71** 309, **72** 306 überholt); bei Zeichenhäufung am selben Pfosten muss ihre Zuordnung deutlich erkennbar sein, Bay VM **78** 29. Ein unter mehreren VZ angebrachtes ZusatzZ bezieht sich nur auf das unmittelbar darüber befindliche VZ, wie aus II S 4 folgt (Bay NZV **01** 220, NJW **03** 2253, BVerwG NJW **03** 1408, OVG Hb VRS **104** 468, abl *D. Müller* VD **04** 124). Ein von einem VVerbot befreiendes ZusatzZ behält seine Gültigkeit für den, der es kennt, auch wenn es **unleserlich** geworden ist (Schl VM **87** 3 m Anm *Booß*).

Lit: *Huppertz,* Die Verwendung von ZusatzZ im öffentlichen StrV, PVT **93** 229. *Janker,* Zur Geltung von Haltverboten (Z 283 und 286) mit Zusatzschild „Montag–Freitag" an Wochentags-Feiertagen, NZV **04** 120. *D. Müller,* Mißverstandenes Parken im Haltverbot, VD **04** 124. *Rebler,* Verwaltungsrechtliche Aspekte einer Verkehrs-Anordnung, VD **06** 176. *Ortbauer,* Der Begriff „Werktag" im StrV, DAR **95** 463.

32 **Deutlich sichtbare Anbringung** gehört zur Gültigkeit des VZ, BGH VersR **65** 1096 (VSicherungspflicht!), Bay VRS **16** 197, Stu VersR **78** 1075, VRS **95** 441. Haftung des VSicherungspflichtigen bei schuldhafter Nichtbeseitigung der Sichtbarkeitsbeeinträchtigung des VZ, Jn VM **98** 71. Das VZ gilt für die Richtung, in der es aufgestellt ist, Ce DAR **00** 578, Ol NRpfl **95** 135. VZ sind so anzubringen und VZ-Kombinationen so zu gestalten, dass auch ein Ortsunkundiger ihre Bedeutung ohne weitere Überlegung sofort eindeutig erkennen kann, Bay VM **78** 28, s Rz 33. An die Befestigung sind höchste Anforderungen zu stellen (AB), Kö DAR **65** 211. Hat der Sicherungspflichtige nicht für genügende Sichtbarkeit des VZ gesorgt, so haftet er, BGH VRS **29** 339 (Verletzung der Wartepflicht). Sind behelfsmäßige VZ mehrfach missbräuchlich entfernt worden, muss der Sicherungspflichtige sie fest verankern, Kar VersR **76** 95. Notwendigerweise lose aufgestellte VZ sind behelfsmäßig zu befestigen, Dü VM **66** 47, und je nach Örtlichkeit (Vergnügungsviertel) und Umständen (Wochenende) streng zu überwachen, Kö VM **67** 13. **Aufstellungsmängel** bei Wahrnehmbarkeit des VZ beeinträchtigen seine Geltung nicht, Ha VRS **29** 139 (parallel zur Straße anstatt quer, jenseits des Gehwegs statt am Fahrbahnrand, Tatfrage), Bay VRS **40** 379, Stu VersR **78** 1075. Ein unbefugterweise aus Sicht gedrehtes VZ bleibt objektiv gültig (uU jedoch bei Verstoß Verneinung der inneren Tatseite), Ha JMBlNRW **71** 166. Wird ein bewegliches VZ (Haltverbot) von Unbefugten so umgedreht, dass der fließende Verkehr es nicht erkennen kann, so ist ein Verstoß nur dem vorzuwerfen, der diesen Eingriff kennt, so wohl auch Ha VM **71** 6, aM OVG Münster DAR **97** 366 (abl *Hentschel* NJW **98** 652), VG Mü DAR **90** 193, wonach der VT verpflichtet sein soll, sich über den Inhalt zu informieren (zust *Hauser* DAR **91** 326). VZ sind außerhalb ihres gesetzlich definierten Geltungsbereichs unzulässig und unbeachtlich, es sei denn, ihre Nichtbeachtung könnte andere behindern oder gefährden (Verständigung nötig). VZ auf Privatgrundstücken ohne öffentlichen Verkehr: § 33 Rz 12. Größen- oder Befestigungsabweichungen beeinträchtigen die rechtliche Geltung idR nicht (Vwv Rn 12ff zu §§ 39–43), Bay VM **71** 23, KG VRS **12** 128, s aber Dü VM **66** 15 (zu kleines Z 205), auch nicht geringfügige Abweichungen, die den Sinngehalt nicht berühren, Bay VRS **40** 379. Unwirksam sind **unkenntlich gewordene VZ,** die beim Fahren mit beiläufigem Blick nicht mehr richtig erfasst werden können, Ol VRS **35** 250 (verrostete weiße Fläche), Bay VRS **46** 307, Kö NZV **93** 406, VRS **31** 305, Ha JMBlNRW **82** 93, OVG Münster DAR **05** 169 (Z 299), dazu *Härlein* NZV **89** 257, wobei die Umstände entscheiden, vor allem die Beurteilung im Fahren oder Halten. Dies gilt auch bei vorübergehender, etwa witterungsbedingter Unkenntlichkeit, Bay JZ **84** 683 (verschneit), Stu VRS **95** 441 (Zweige); die darauf beruhende Unkenntnis seines Inhalts kann den VT aber zu besonderer Vorsicht verpflichten (§ 1 I, II), Bay NJW **84** 2110. Ein vorübergehend nicht erkennbares VZ entfaltet seine Wirksamkeit nach Erkennbarwerden, also auch seine etwaige Gebots- oder Verbotswirkung, Kö NZV **93** 406. Phantasiezeichen sind nichtig, § 41 Rz 246.

33 Auf **ordnungsmäßige Beschilderung** darf der VT **vertrauen** und muss daher nicht nach VZ suchen (KG DAR **57** 81). Beim Zeichenaufstellen haben die StrVB auf den heutigen SchnellV und ohne übermäßige Anforderungen auf den „durchschnittlichen VT" abzustellen (BGH NJW **70** 1126, Ha NZV **01** 379). VEinrichtungen und VZ müssen so beschaffen sein, dass ihre Anordnungen bei zumutbarer Aufmerksamkeit vom durchschnittlichen VT (BVerwG v 13. 3. 08, 3 C 18/07, juris = DVBl **08** 869 [L]) im Fahren **durch beiläufigen Blick erfasst,** verstanden und befolgt werden können (BGH NJW **66** 1456, Bay VM **78** 29, NJW **84** 2112, BVerwG NJW **08** 2867, VGH Mü DAR **07** 223 m Bspr *Rebler* BayVBl **07** 230 [je Mautausweichverkehr, s Rz 36], Brn VRS **102** 336, Dü DAR **97** 283, Stu VRS **95** 441, Ha PVT **94** 332), ohne irrezuführen (BGH NJW **66** 1456), ohne jeden auch nur optischen Widerspruch zu einer anderen Lenkungsmaßnahme (BGH NZV **00** 412; Vwv Rn 3 zu §§ 39 bis 43). Dabei sind an die Erkennbarkeit von VZ für den fließenden V höhere Anforderungen zu stellen als an solche für den ruhenden (OVG Münster DAR **05** 169).

Verkehrszeichen § 39 StVO **2**

Unklarheit bei VZ oder Schildern (s auch Rz 31 a) verletzt die Amtspflicht, Kar VersR **78** 34 1173, und geht nicht zu Lasten des VT, Bay VM **78** 29, Ha DAR **05** 523, PVT **94** 332, Kar VersR **78** 1173, Sa VRS **47** 387, *Booß* VM **73** 87, doch hat dieser im Zweifel das vorsichtigere Verhalten zu wählen, Stu VRS **36** 134, KG NZV **99** 85 (im Ergebnis zw). Eine unklare Regelung kann unvermeidbaren Verbotsirrtum begründen, Bay VM **78** 29, Sa VRS **47** 387, jedoch auch Tatbestandsirrtum. Stehen vor einer weiträumigen Kreuzung mehrere VZ, von denen eines in der Kreuzung wiederholt wird, so hebt dies die übrigen nicht auf, Stu VRS **36** 134. Zum Ganzen *Moser* VOR **72** 409.

Die VZ sind **idR rechts anzubringen** (§ 41 II S 1), Ha VRS **107** 134, uU aber auch links 35 oder auf beiden StrSeiten (Vwv Rn 26 zu §§ 39 bis 43), Bay VRS **16** 197, und niemals überhäuft (Vwv Rn 3, 30 zu §§ 39 bis 43). Bei nur einem Fahrstreifen je Richtung genügt idR Aufstellung auf der rechten Seite, BGH Betr **70** 2265. Ein rechts aufgestelltes VZ ist verbindlich, auch wenn es außerdem auch links hätte stehen sollen, Dü VM **70** 69, NZV **91** 204. *In der Regel* 2 m über dem Boden soll das VZ angebracht sein (Vwv zu §§ 39–43 Rn 41). Abweichungen sind, wenn die Wahrnehmbarkeit nicht beeinträchtigt wird, unschädlich, Brn VRS **102** 336. Sind VZ auf einem stehenden oder fahrenden Fz angebracht (zB bei Baustellen-, Arbeits-, PolFz, bei Großraumtransporten), Abs II a, so gehen sie ortsfest angebrachten VZ vor.

Lit: *Härlein*, Zu viele alte Schilder?, NZV **89** 257. *Hauser*, Mobile VZ, DAR **91** 324. *Lewin*, Vorübergehend aufgestellte VZ, PVT **98** 87.

Mehr als drei VZ zugleich überschreiten die individuelle Wahrnehmungsgrenze, verzögern 36 die Reaktion und können dadurch gefährdend wirken (*Undeutsch* DAR **66** 324). Aber auch 3 VZ können gleichzeitig nicht von allen VT erfasst werden (*Spoerer* VGT **84** 189, *Latzel*, PVT **93** 165). Zu sieben übereinander angebrachten Z betreffend den MautausweichV BVerwG NJW **08** 2867, BayVGH DAR **07** 223 m Bspr *Rebler* BayVBl **07** 230, hierzu § 41 Rz 248 f (zu VZ 253). Mit der zugelassenen höheren Fahrgeschwindigkeit muss die Zahl der VZ relativ abnehmen. Bei mehreren VZ am selben Pfosten ist ein Irrtum darüber, zu welchem Zeichen ein Zusatzzeichen gehört, nur unter besonderen Umständen vorwerfbar (Bay VM **78** 29, abw Bay NJW **03** 2253, dazu auch Rz 31 a).

Lit: *Cohen*, VZ als gestörtes Kommunikationssystem, ZVS **95** 73. *Latzel*, Syntaktische Aspekte der Aufstellung und des Ablesens von VZ, PVT **93** 165. *Spoerer*, Mehr oder weniger VZ?, VGT **84** 187.

Jeder VT darf damit rechnen, dass **verkehrserhebliche Anordnungen** durch VZ getroffen 37 werden; andere Schilder muss er nur lesen, wenn sie schon äußerlich offensichtlich etwas Verkehrserhebliches enthalten können, Bay VM **70** 67 (Schild: „bei Rot vor der Kreuzung halten!", dazu § 37 Rz 50). Beachtung angefochtener VorschrZ: § 41. Jeder VT muss die Bedeutung der wesentlichen VZ kennen, BGH VersR **69** 832, auch die Fußgänger im Verhältnis zum FahrV, sonst bei Ursächlichkeit der Unkenntnis Schuld oder Mitschuld (E 141 a, 142). **Zurückhaltende Verwendung von VZ** gebietet Abs I; Anordnungen durch VZ sind nur dort zu treffen, wo dies zwingend geboten ist. Liegen solche Umstände nicht vor, so verstößt die VZ-Anbringung gegen § 45 IX 1. Die einschränkenden Bestimmungen des Abs I und des § 45 IX 1 gelten grundsätzlich für *alle* VZ (bzw VEinrichtungen), zB auch solche, die den ruhenden V betreffen, *Kettler* NZV **02** 62, nach Sinn und Zweck der Regelung (Begr, Rz 3) aber in erster Linie für VZ, die Verhaltensvorschriften begründen, und wohl nicht für solche, deren Inhalt und Zweck offensichtlich von dem Erfordernis des Abs I nicht abhängen kann, wie etwa bei manchen RichtZ, insoweit einschränkend *Kettler* NZV **02** 64. Jedoch kann nicht nur die VSicherheit, sondern auch die im Interesse der Leichtigkeit und Flüssigkeit erforderliche **Ordnung des Verkehrs** (§ 45 I S 1) dessen Regelung durch VZ gebieten, zB durch Entmischung (Radwegbenutzung), *Bouska* NZV **01** 320. Die Regelung (ÄndVO v 7. 8. 97) ist zu begrüßen, weil sparsameres Anbringen von VZ deren Beachtung fördert und eigenverantwortliches Verhalten der VT unter Besinnung auf die Regeln der StVO stärkt. Freilich kann andererseits zB der Verzicht von vorfahrtregelnden VZ zugunsten der allgemeinen Vorfahrtregel (rechts vor links) den VFluss erheblich beeinträchtigen oder etwa das Fehlen von ÜberholverbotsZ an gefährlichen Stellen trotz eines sich schon aus § 5 ergebenden Verbots beim Kf zu einer falschen Einschätzung führen und die Bereitschaft zu gefährlichem Überholen fördern. Abs I a hinsichtlich der Aufstellung von **VZ 274.1 (Tempo 30-Zonen)** enthält einen Hinweis ohne eigentlichen konkreten Regelungsgehalt, soll aber nach der amtlichen Begr (Rz 4) die begrüßenswerte Einschränkung von verkehrsbeschränkenden VZ teilweise wieder zurücknehmen und in der Weise konstitutiv wirken, dass sich eine Prüfung des nach Abs I vorgeschriebenen Erfordernisses erübrige, *Kramer* DAR **01** 104 (was der Wortlaut freilich nicht ergibt),

König

s iÜ § 45 Rz 37. Für die **Beurteilung des Verschuldens** bei Übersehen des VZ lässt sich Abs I a nur sehr eingeschränkt instrumentalisieren, weil zum einen ohnehin mit VZ immer zu rechnen ist und zum anderen Abs I a an dem Regel-Ausnahme-Verhältnis zwischen dem unangetastet gebliebenen Grundsatz des § 3 III Nr 1 und der Beschränkung der danach geltenden 50 km/h-Regel durch VZ nichts ändern kann, *Hentschel* NJW **02** 726, abw *Kramer* DAR **01** 105, VD **01** 52.

Lit: *Kettler,* § 45 IX StVO – ein übersehener Paragraph?, NZV **02** 57.

38   Mit **Zeichenänderung** muss gerechnet werden, BGH NJW **70** 1126, Brn VRS **102** 336, doch muss sie deutlich sein, BGH NJW **70** 1126 (Vorfahrtänderung). In solchen Fällen empfehlen sich deutliche Hinweistafeln, Vwv Rn 3 zu § 41 (§ 41 Rz 4), *Ganschezian-Finck* NJW **70** 1843. Bei Änderung der Vorfahrtregelung kann das Unterlassen besonderer Hinweise zu Haftung der StrVB führen, LG Marburg DAR **97** 279, s auch BGH NJW **70** 1126 (im Ergebnis wegen auffälligen Verhängens der alten VZ verneint), einschränkend Brn VRS **102** 336 (nur wenn Umfang des VAufkommens, Unübersichtlichkeit, Schnelligkeit des V Unaufmerksamkeit nahe legen). Wird eine langjährig bestehende Verkehrsführung geändert, so kann die StrVB uU verpflichtet sein, die Anwohner besonders darauf hinzuweisen, LG Bonn NZV **93** 34 (Umkehrung einer EinbahnStrRichtung).

39   Deutschland ist dem Europäischen **Übereinkommen über Straßenmarkierungen** vom 13. 12. 57 (G v 29. 6. 62, BGBl II 841) beigetreten; es ist am 3. 4. 63 in Kraft getreten (Bekanntmachung v 30. 8. 63, BGBl II 1293). Seinen Vorschriften ist in der StVO entsprochen. Richtlinien für die Markierung von Strn: VkBl **93** 667. Alle Brücken werden mit militärischen **Tragfähigkeitsschildern** versehen (runde Schilder auf gelbem Grund, schwarze Aufschriften). Für den zivilen Verkehr haben sie keine Bedeutung, VkBl **56** 706. S dazu auch VkBl **60** 377 (Mustervereinbarung über militärische Straßen- und Brückenbeschilderung) sowie VkBl **83** 13 (Befahren von Brücken durch GleiskettenFz im KolonnenV).

40   2. § 39 enthält keine OW-Norm (§ 49). Maßgebend sind insoweit die übrigen StVO-Vorschriften einschließlich der §§ 41, 42. Soweit VZ in der StVO weder unmittelbar noch als Varianten vorgesehen sind, erlauben sie keine OW-Sanktion; als zu den Gesamtumständen des jeweiligen VVorgangs gehörig können sie jedoch je nach Inhalt zivil- oder strafrechtlich bedeutsam sein.

41   3. **Überleitungsbestimmungen für die neuen Bundesländer:**
Anl I Kap XI B III Nr 14 h) zum Einigungsvertrag

h) **Neben den in den §§ 39 bis 43 geregelten Verkehrszeichen bleiben diejenigen Verkehrszeichen der Anlage 2 der Straßenverkehrs-Ordnung vom 26. Mai 1977 (GBl. I Nr. 20 S. 257), zuletzt geändert durch Verordnung vom 9. September 1986 (GBl. I Nr. 31 S. 417), gültig, die in ihrer Ausführung dem Sinn der in §§ 39 bis 43 geregelten Verkehrszeichen entsprechen. Es gelten die Bestimmungen der §§ 39 bis 43.**

Die bis zum Wirksamwerden des Beitritts aufgestellten Verkehrszeichen gemäß Anlage 2 zur Straßenverkehrs-Ordnung der Deutschen Demokratischen Republik, die nicht in den §§ 39 bis 43 geregelt sind, bleiben mit hinweisendem Charakter gültig.

Anl II Kap XI B III Nr 4 e) zum Einigungsvertrag

e) **Die Verkehrszeichen der Anlage 2 Bilder 215 (Wendeverbot), 419 (nicht gültig für abgebildete Fahrzeugart), 421 (nicht gültig für Schwerst-Gehbehinderte mit Ausnahmegenehmigung) und 422 (gültig bei Nässe) behalten ihre bisherige Bedeutung.**

Zusatzzeichen nach Anl 2 der StVO/DDR

Bild 419
nicht gültig
für abgebildete Fahrzeugart

Bild 421
nicht gültig
für Schwerst-Gehbehinderte
(mit Ausnahmegenehmigung)

Bild 422
gültig bei Nässe

Der rechtliche Inhalt der nach Anl I Kap XI B III Nr 14 h fortgeltenden VZ der StVO/DDR entspricht demjenigen der vergleichbaren VZ der StVO, dazu *Bouska* DAR **91** 162 f. Das Nicht-

Gefahrzeichen § 40 StVO **2**

beachten von VZ der StVO/DDR, die nur mit Hinweischarakter fortgelten, begründet keinen OW-Tatbestand. Im Übrigen gilt für die Ahndung des Nichtbefolgens von fortgeltenden VZ der StVO/DDR Anl II Kap XI B Nr 4f zum Einigungsvertrag (abgedruckt bei § 49 StVO Rz 4).

Gefahrzeichen*

40 (1) Gefahrzeichen mahnen, sich auf die angekündigte Gefahr einzurichten.

(2) ¹Außerhalb geschlossener Ortschaften stehen sie im allgemeinen 150 bis 250 m vor den Gefahrstellen. ²Ist die Entfernung erheblich geringer, so kann sie auf einem Zusatzschild angegeben sein, wie

(3) Innerhalb geschlossener Ortschaften stehen sie im allgemeinen kurz vor der Gefahrstelle.

(4) Ein Zusatzschild wie

kann die Länge der Gefahrstrecke angeben.

(5) Steht ein Gefahrzeichen vor einer Einmündung, so weist auf einem Zusatzschild ein schwarzer Pfeil in die Richtung der Gefahrstelle, falls diese in der anderen Straße liegt.

(6) ¹Gefahrzeichen im einzelnen:

Zeichen 101

Gefahrstelle

²Ein Zusatzschild kann die Gefahr näher bezeichnen. ³So warnt das

Zusatzschild

vor schlechtem Fahrbahnrand. ⁴Das

Zusatzschild

erlaubt, auf dieser Straße Wintersport zu treiben, gegebenenfalls zeitlich beschränkt, wie „9–17 h".

Vwv zu § 40 Gefahrzeichen

1 *I. Soweit bei den einzelnen Gefahrzeichen nichts anderes bestimmt ist, dürfen sie außerhalb geschlossener Ortschaften nur dann mehr als 250 m oder weniger als 150 m von der Gefahrstelle entfernt aufgestellt werden, wenn dies zur ausreichenden Unterrichtung der Kraftfahrer dienlich ist. Innerhalb geschlossener Ortschaften empfiehlt es sich, auf einem Zusatzschild die Entfernung anzugeben, wenn die Schilder auf Straßen mit erheblichem Fahrverkehr weniger als 30 m oder mehr als 50 m vor der Gefahrstelle stehen.*

---

* Varianten s Katalog der Verkehrszeichen (VzKat 1992), BAnz 1992 Nr 66a und § 39 Rz 31.

7   2   II. Die Entfernung zur Gefahrstelle und die Länge der Gefahrstrecke auf Zusatzschildern mit Umstandswörtern wie „nach …", „auf …" bekanntzugeben, ist unzulässig. Solche Zusatzschilder müssen vielmehr den in der StVO angegebenen Beispielen entsprechen.

8   3   III. Wegen der Aufstellung von Gefahrzeichen an Autobahnen vgl. Nummer II zu den Zeichen 330, 332 bis 334 und 448 bis 453; Rn. 5 ff.

Vwv zu Zeichen 101 Gefahrstelle

9   1   I. Das Zeichen darf nicht anstelle der anderen amtlichen Gefahrzeichen verwendet werden, es sei denn, daß in Notfällen das andere Zeichen nicht zur Verfügung steht. Auch die nähere Kennzeichnung der Gefahr auf einem Zusatzschild sollte nur in solchen Fällen unterbleiben. Vgl. auch Nummer I zu § 44 Abs. 2; Rn. 7 und 8.

10 2   II. Vor Schienenbahnen ohne Vorrang darf nur durch dieses Zeichen samt einem Zusatzschild z. B. mit der Abbildung des Sinnbildes im Zeichen 151 gewarnt werden, bei nicht oder kaum benutzten Gleisen auch durch das Zeichen 112.

11 3   III. Der Warnung vor „schlechtem Fahrbahnrand" bedarf es nur, wenn die Straße sonst gut ausgebaut ist und die Schadhaftigkeit des Randes schlecht erkennbar ist und bei erheblicher Geschwindigkeit gefährlich werden kann.

12

Zeichen 102

Kreuzung oder Einmündung mit Vorfahrt von rechts

Vwv zu Zeichen 102 Kreuzung oder Einmündung mit Vorfahrt von rechts

13 1   Das Zeichen darf nur aufgestellt werden vor schwer erkennbaren Kreuzungen und Einmündungen von rechts, an denen die Vorfahrt nicht durch Vorfahrtzeichen geregelt ist. Innerhalb geschlossener Ortschaften ist das Zeichen im allgemeinen entbehrlich.

14
14a

Zeichen 103

Kurve (rechts)

Zeichen 105

Doppelkurve (zunächst rechts)

Vwv zu den Zeichen 103 und 105 Kurve

15 1   I. Die Zeichen für „Linkskurve" und „Doppelkurve (zunächst links)" sind als symmetrisches Gegenstück zu den Zeichen 103 und 105 auszuführen. Nur diese vier Ausführungen von Kurvenzeichen dürfen gezeigt werden; es ist unzulässig, etwa durch Änderung des Pfeils zu versuchen, den näheren Verlauf der Kurve darzustellen.

16 2   II. Mehr als zwei Kurven hintereinander sind durch ein Doppelkurvenzeichen mit einem Zusatzschild, das die Länge der kurvenreichen Strecke angibt, anzukündigen. Vor den einzelnen Kurven kann dann eine Warnung in der Regel unterbleiben.

17 3   III. *Gefährliche Kurven*
Wenn der Fahrer bei der Annäherung an eine Kurve den weiteren Straßenverlauf nicht rechtzeitig sehen kann und deshalb oder aus anderen Gründen nicht den richtigen Eindruck von der in der

Gefahrzeichen § 40 StVO 2

Kurve gefahrlos zu fahrenden Geschwindigkeit erhält, ist durch Zeichen 103 oder 105 oder durch Richtungstafeln (§ 43 Abs. 3 Nr. 3 Buchst. b) oder auf beide Weisen zu warnen:

4 1. Das Zeichen 103 ist anzubringen, wenn die in der Kurve mögliche Geschwindigkeit erheblich unter derjenigen liegt, die in der davor liegenden Strecke gefahren wird, und dies bei der Annäherung nicht ohne weiteres erkennbar ist. 18

5 2. Richtungstafeln kommen in Frage, 19
   a) wenn eine Kurve überhaupt nicht erwartet wird,
6   b) wenn nicht rechtzeitig zu erkennen ist, ob es sich um eine Rechts- oder Linkskurve handelt,
7   c) wenn sich die Krümmung der Kurve in deren Verlauf wesentlich ändert oder
8   d) wenn die Kurve bei gleichbleibender Krümmung eine größere Richtungsänderung bringt, als bei der Einfahrt in die Kurve zu vermuten ist.

9 In den Fällen a) und b) ist die Tafel so aufzustellen, daß sie vom Blick des Geradeausschauenden bei der Annäherung erfaßt wird, in den Fällen c) und d) dort, wo die Kurve gefährlich wird, gegebenenfalls an mehreren Stellen.

10 3. Zusätzlich zu einer Richtungstafel ist das Zeichen 103 immer dann notwendig, wenn die Richtungsänderung größer ist als vermutet oder wenn die Krümmung der Kurve zunimmt, sonst dann, wenn eine Richtungstafel nicht rechtzeitig erkennbar ist. Die zusätzliche Anbringung einer Richtungstafel zu den Gefahrzeichen kann notwendig sein, wenn es sich um eine besonders gefährliche Kurve handelt. 20

11 4. Handelt es sich nicht um eine, sondern um zwei oder mehrere unmittelbar hintereinander liegende Kurven, so ist statt des Zeichens 103 gegebenenfalls das Zeichen 105 anzubringen. Es kann erforderlich sein, auch vor der zweiten Kurve oder auch nur von dieser unter den obengenannten Voraussetzungen durch Richtungstafeln zu warnen. 21

12 In jedem Fall ist außerdem bei der Straßenbaubehörde eine Prüfung anzuregen, ob durch bauliche Maßnahmen eine Verbesserung erreicht werden kann.

13 IV. Läßt sich durch die Wahl des Aufstellungsorts nicht erreichen, daß das Zeichen zweifelsfrei auf die gefährliche Kurve bezogen wird (z. B. wenn vor dieser eine andere Kurve liegt), so ist durch geeignete Maßnahmen (z. B. Richtungstafeln in der gefährlichen Kurve, entsprechende Fahrbahnmarkierungen oder Wiederholung des Kurvenzeichens) dafür zu sorgen, daß die Warnung richtig verstanden wird. 22

14 V. Vgl. auch Nummer II zu Zeichen 114; Rn. 2. 23

Zeichen 108   **Zeichen 110**   24
   25

Gefälle   **Steigung**

Vwv zu Zeichen 108 Gefälle und 110 Steigung

1 I. Die Zeichen unterscheiden sich dadurch, daß im Zeichen „Gefälle" die angegebene Prozentzahl schräg abwärts steht, im Zeichen „Steigung" schräg aufwärts. 26

2 II. Es dürfen nur volle Prozentzahlen angegeben werden. 26a

3 III. Die Zeichen sollen nur dann aufgestellt werden, wenn der Verkehrsteilnehmer die Steigung oder das Gefälle nicht rechtzeitig erkennen oder wegen besonderer örtlicher Verhältnisse oder des Streckencharakters die Stärke oder die Länge der Neigungsstrecke unterschätzen kann. Im Gebirge kann selbst bei starker und langer Neigung oft auf solche Warnung verzichtet werden, während im Flachland unter Umständen schon Neigungen von 5 Prozent dazu Veranlassung geben können, dies namentlich dann, wenn auf der Gefäll- oder Steigungsstrecke sich Kurven oder Engstellen befinden, die nur mit mäßiger Geschwindigkeit durchfahren werden dürfen. 27

4 IV. In der Regel ist die Länge der Gefahrstrecke auf einem Zusatzschild anzugeben. 28

5 V. Vgl. auch Nummer V 3 zu Zeichen 275; Rn. 7. 29

Zeichen 112

Unebene Fahrbahn

Vwv zu Zeichen 112 Unebene Fahrbahn

31 1 I. Das Zeichen ist vor allem aufzustellen, wenn Unebenheiten bei schneller Fahrt gefährlich werden können. Es darf aber nur an sonst gut ausgebauten Straßen aufgestellt werden, wenn deren Unebenheiten schlecht erkennbar sind.

31a 2 II. Die Entfernung zwischen dem Standort des Zeichens und dem Ende der Gefahrstelle anzugeben, ist häufig empfehlenswert, dies namentlich dann, wenn vor einer unebenen Fahrbahn von erheblicher Länge gewarnt werden muß.

32 3 III. Auch kann es zweckmäßig sein, kurz vor einer besonders unebenen Stelle das Zeichen zu wiederholen; auf einem Zusatzschild ist dann die Entfernung anzugeben, z. B. „20 m".

32a 4 IV. Vgl. auch Nummer II zu Zeichen 101; Rn. 2.

Zeichen 113

Schnee- oder Eisglätte

Vwv zu Zeichen 113 Schnee- oder Eisglätte

33a 1 An Straßen, die nach allgemeiner Erfahrung zu Glatteisbildung neigen, z. B. auf Brücken, auf ungeschützten Dämmen, in kurzen Waldstücken, braucht das Gefahrzeichen „Schnee- oder Eisglätte" in der Regel nicht angebracht zu werden, vielmehr nur dann, wenn die Brücke, der Damm usw. nicht ohne weiteres zu erkennen ist. Muß aber an einer Gefahrstelle solcher Art das Gefahrzeichen aufgestellt werden, so darf es an entsprechenden Gefahrstellen im Verlauf der gleichen Straße nicht fehlen. Die Zeichen sind im Frühjahr zu entfernen.

Zeichen 114

Schleudergefahr bei Nässe oder Schmutz

Vwv zu Zeichen 114 Schleudergefahr bei Nässe oder Schmutz

35 1 I. Das Zeichen ist nur aufzustellen, wo der Verkehrsteilnehmer die bei Nässe oder Verschmutzung (z. B. durch angeschwemmtes Erdreich in Einschnitten) mangelnde Griffigkeit des Fahrbahnbelags trotz angemessener Sorgfalt nicht ohne weiteres erkennen kann. Ein Wechsel des Fahrbahnbelags gibt in der Regel dazu noch keinen Anlaß. Geht aber ein griffiger Belag in einen bei Nässe rutschgefährlichen über, so bedarf es jedenfalls außerhalb geschlossener Ortschaften der Warnung.

Gefahrzeichen § 40 StVO **2**

2   II. Wo Schleudergefahr nicht wegen mangelnder Griffigkeit des Fahrbahnbelags bei Nässe oder 36
Schmutz entstehen kann, sondern wegen der Anlage oder der Führung der Straße, ist mit anderen Mitteln zu helfen, z. B. durch Beschränkung der Geschwindigkeit (Zeichen 274) oder durch Aufstellen eines Zeichens „Kurve" (Zeichen 103 ff.).

3   III. Vor der Beschmutzung durch Vieh oder Ackerfahrzeuge ist in der Regel nicht zu warnen; vgl. 37/38
Nummer I zu § 32 Abs. 1; Rn. 1.

Zeichen 115   39

Steinschlag

Vwv zu den Zeichen 115, 117, 133 bis 144

1   Nur diese Zeichen dürfen spiegelbildlich gezeigt werden und nur dann, wenn sie links wiederholt 40
werden; vgl. jedoch Nummer I zu Zeichen 117; Rn. 1.

Vwv zu Zeichen 115 Steinschlag

1   Wo mit Steinbrocken auf der Fahrbahn zu rechnen ist, so, wenn sich eine steile Felswand unmittelbar 41
neben der Straße erhebt, bedarf es dieses Zeichens in der Regel nicht.

Zeichen 116   41a

Splitt, Schotter

Zeichen 117   42

Seitenwind

Vwv zu Zeichen 117 Seitenwind

1   I. Droht Seitenwind in der Regel von der rechten Seite, so empfiehlt es sich, das Zeichen spiegel- 43
bildlich auszuführen.

2   II. Droht auf einer längeren Strecke Seitenwind, so kann das Zeichen wiederholt werden.

Zeichen 120   **Zeichen 121**   44
                                                   45

Verengte Fahrbahn   **Einseitig (rechts) verengte Fahrbahn**

König

2 StVO § 40   II. Zeichen und Verkehrseinrichtungen

Vwv zu den Zeichen 120 und 121 Verengte Fahrbahn

46 1 I. Das Zeichen 120 darf bei einseitig verengter Fahrbahn nur dann aufgestellt werden, wenn das Zeichen 121 in Notfällen nicht zur Verfügung steht.

47 2 II. Verengt sich die Fahrbahn nur allmählich – z. B. um 1 m auf 20 m – oder ist die Verengung durch horizontale und vertikale Leiteinrichtungen ausreichend gekennzeichnet, so bedarf es eines Zeichens nur dann, wenn die Straße sehr schnell befahren wird.

48 3 III. Auf Fahrbahnen für beide Richtungen ist das Zeichen aufzustellen, wenn sich die Fahrbahn auf weniger als zwei Fahrstreifen verengt. Dessen bedarf es auf verkehrsarmen engen Ortsstraßen nicht, wenn bereits bei der Einfahrt in die Straße zu erkennen ist, daß diese den Erfordernissen des modernen Verkehrs nicht genügt.

49 4 IV. Vgl. auch Nummer IV. Zu Zeichen 208; Rn. 4.

50

Zeichen 123

Baustelle

51

Zeichen 124

Stau

52

Zeichen 125

Gegenverkehr

Vwv zu Zeichen 125 Gegenverkehr

53 1 I. Das Zeichen ist stets aufzustellen, wenn eine Fahrbahn für eine Richtung vorübergehend (z. B. wegen Bauarbeiten) in beiden Richtungen befahren wird. In übrigen geeigneten Fällen ist von diesem Zeichen nur sehr sparsam Gebrauch zu machen. Auf längeren Strecken kann sich eine Wiederholung des Zeichens empfehlen. Das Zusatzschild nach § 40 Abs. 4 darf dem Zeichen nicht beigegeben werden.

54 2 II. Vgl. auch Nummer I 5 zu Zeichen 220; Rn. 5.

55

Zeichen 128

Bewegliche Brücke

Gefahrzeichen § 40 StVO **2**

Vwv zu Zeichen 128 Bewegliche Brücke

1   Zur Sicherung des Verkehrs genügt die Aufstellung des Zeichens allein keinesfalls. Vor der Brücke sind vielmehr Lichtzeichen zu geben, Schranken anzubringen oder dergleichen.   56

Zeichen 129 57

Vwv zu Zeichen 129 Ufer

1   Das Zeichen ist nur anzubringen, wenn eine Straße auf ein unbeschranktes oder unzulänglich gesichertes Ufer zuführt, vor allem auf Schiffsanlegestellen. Vor solchen Gefahrstellen ist in der Regel zu warnen; das gilt nicht in Hafengebieten. Erforderlichenfalls ist der Verkehr ergänzend durch Beschränkung der Fahrgeschwindigkeit (Zeichen 274) zu sichern.   58

Zeichen 131   **Zeichen 133**   59
60

Zeichen 134 61

⁵Die Zeichen 128 bis 134 stehen auch innerhalb geschlossener Ortschaften in angemessener Entfernung vor der Gefahrstelle. ⁶Die Entfernung kann auf einem Zusatzschild angegeben sein (Absatz 2 Satz 2).

Vwv zu den Zeichen 131 Lichtzeichenanlage

1   I. Das Zeichen kommt dann in Betracht, wenn der Fahrverkehr die Lichtzeichen, z. B. wegen einer Kurve, nicht rechtzeitig sehen kann. Es kann sich empfehlen, dieses Zeichen auch bei Lichtzeichenanlagen an Baustellen oder bei der Inbetriebnahme einer neuen Lichtzeichenanlage vorübergehend zu verwenden.   62

2   II. Auch vor Lichtzeichenanlagen, die nur Gelb und dann Rot geben (§ 37 Abs. 2 Nr. 3) kann durch dieses Zeichen gewarnt werden.

Vwv zu den Zeichen 133 bis 144

1   Eines dieser Zeichen spiegelbildlich zu zeigen, empfiehlt sich allenfalls dann, wenn es zusätzlich links angebracht ist und wenn die Gefahr gleichermaßen von beiden Seiten droht.   63

Vwv zu Zeichen 134 Fußgängerüberweg

Vgl. Nummer V 2 zu § 26; Rn. 16.   63a

2 StVO § 40   II. Zeichen und Verkehrseinrichtungen

64

Zeichen 136

Kinder

Vwv zu Zeichen 136 Kinder

65   1   I. Wo erfahrungsgemäß Kinder häufig auf die Fahrbahn laufen, vor allem dort, wo eine Schule, ein Kindergarten oder ein Spielplatz in unmittelbarer Nähe ist, sollte das Zeichen aufgestellt werden. Zuvor ist aber immer zu prüfen, ob Kinder nicht durch Absperrungen ferngehalten werden können.

66   2   II. Vgl. auch Nummer II zu § 31; Rn. 2 bis 4.

67

Zeichen 138

Radfahrer kreuzen

Vwv zu Zeichen 138 Radfahrer kreuzen

68   1   Das Zeichen soll vor Stellen warnen, an denen Radfahrer häufig oder unvermutet die Fahrbahn kreuzen oder in sie einfahren. Kommen die Radfahrer von einer einmündenden oder kreuzenden Straße, so bedarf es einer Warnung nicht, und zwar auch dann nicht, wenn die Radfahrer dort durch eine Radfahrerfurt (vgl. Nummer II zu § 9 Abs. 2; Rn. 4ff.) gelenkt werden. Das gleiche gilt, wenn eine Radfahrerfurt in unmittelbarer Nähe einer Kreuzung oder Einmündung angebracht ist. Dagegen ist das Zeichen erforderlich, wenn außerhalb einer Kreuzung oder Einmündung ein für beide Richtungen gemeinsamer Radweg beginnt oder endet oder dort ein Radweg für eine Richtung endet und ein für beide Richtungen gemeinsamer Radweg auf der anderen Seite beginnt.

     2   Das Zeichen mit dem Zusatzschild „Zwei gegengerichtete Pfeile" warnt vor Radwegen mit Radfahrverkehr in beiden Richtungen. Es soll aber nur ausnahmsweise an solchen Radwegen aufgestellt werden. An Kreuzungen und Einmündungen ist das Zeichen mit diesem Zusatzschild, z. B. in den untergeordneten Straßen, in der Regel nicht erforderlich, es sei denn, es handelt sich um eine Straßenstelle mit Unfallhäufung oder einen in Gegenrichtung freigegebenen linken Radweg (vgl. zu § 2 Abs. 4 Satz 3; Rn. 30ff.).

69

Zeichen 140

Viehtrieb, Tiere

Vwv zu Zeichen 140 Viehtrieb, Tiere

70   1   Das Zeichen darf nur auf Straßen mit schnellerem Verkehr aufgestellt werden, auf denen häufig Vieh über die Fahrbahn oder ihr entlang getrieben wird (z. B. Schafherden, Auftrieb zur Weide).

Gefahrzeichen § 40 StVO **2**

Zeichen 142

Wildwechsel

Vwv zu Zeichen 142 Wildwechsel

1   I. Dieses Zeichen darf nur auf Straßen mit schnellerem Verkehr aufgestellt werden. Auf ihnen muß es aber überall dort stehen, wo Schalenwild häufig über die Fahrbahn wechselt. Diese Gefahrstellen sind in Besprechungen mit den unteren Jagdbehörden und den Jagdausübungsberechtigten festzulegen. Führt die Straße durch einen Wald oder neben einem Wald vorbei, der von einem Forstamt betreut wird, so ist auch diese Behörde zu beteiligen.

2   II. Die Länge der Gefahrstrecke ist in der Regel auf einem Zusatzschild anzugeben; ist die Gefahrstrecke mehrere Kilometer lang, so empfiehlt es sich, auf Wiederholungsschildern die Länge der jeweiligen Reststrecke anzugeben.

Zeichen 144

Flugbetrieb

Vwv zu Zeichen 144 Flugbetrieb

1   Das Zeichen dient der Warnung des Kraftfahrers vor überraschendem Flugverkehr. Es sollte daher auf Straßen mit schnellerem Verkehr dort aufgestellt werden, wo in der Nähe entweder ein Flugplatz liegt (vor Aufstellung des Zeichens und vor der Festlegung der Länge der Gefahrstrecke auf einem Zusatzschild sind die Flugschneisen zu ermitteln) oder militärische Tiefflugschneisen festgelegt sind.

⁷Vor anderen Gefahrstellen kann durch Gefahrzeichen gleicher Art mit geeigneten Sinnbildern gewarnt werden.

(7) ¹Besondere Gefahrzeichen vor Übergängen von Schienenbahnen mit Vorrang:

Zeichen 150   **Zeichen 151**

Bahnübergang mit Schranken   **Unbeschrankter Bahnübergang**
oder Halbschranken

2 StVO § 40   II. Zeichen und Verkehrseinrichtungen

oder folgende drei Warnbaken

etwa 240 m vor dem Bahnübergang

77
78

       Zeichen 153   Zeichen 156

dreistreifige Bake (links)   dreistreifige Bake (rechts)
– vor beschranktem Bahnübergang –   – vor unbeschranktem Bahnübergang –

etwa 160 m vor dem Bahnübergang   **etwa 80 m vor dem Bahnübergang**

79
80

       Zeichen 159   Zeichen 162

zweistreifige Bake (links)   einstreifige Bake (rechts)

[2] Sind die Baken in erheblich abweichenden Abständen aufgestellt, so ist der Abstand in Metern oberhalb der Schrägstreifen in schwarzen Ziffern angegeben.

Vwv zu den Zeichen 150 bis 162 Bahnübergang

81–83   1   I. Die Zeichen sollen rückstrahlen.

         2   II. Die Zeichen sind in der Regel auf beiden Straßenseiten aufzustellen.

         3   III. Die Zeichen dürfen nur vor Übergängen von Schienenbahnen mit Vorrang verwendet werden. Vgl. auch Nummer II zu Zeichen 101; Rn. 2.

         4   IV. In der Regel sind die Zeichen 153 bis 162 anzubringen. Selbst auf Straßen von geringer Verkehrsbedeutung genügen die Zeichen 150 und 151 nicht, wenn dort schnell gefahren wird oder wenn der Bahnübergang spät zu erkennen ist.

Begr zu § 40:

84/85   **Zu Absatz 2 bis 5:** *Die Entfernung zur Gefahrenstelle wird z. B. mit 100 m angegeben. Zu der Länge der Strecke, für die die Gefahr besteht, wird die Entfernung zur Gefahrstelle hinzugerechnet und diese Gesamtstrecke auf dem Zusatzschild, wie es im Absatz 4 gezeigt wird, angegeben. Auch das ist weltweit vereinbart.*

86   **Zu Absatz 6:** *Es folgen die verkleinerten Abbildungen der Gefahrzeichen. Von der Wiedergabe der Maße wurde abgesehen. Darüber enthält das weltweite Verkehrszeichenabkommen eingehende Empfehlungen (Art. 6 Abs. 4 Buchst. c: kleine, normale, große und sehr große Maße). Sie werden, soweit angebracht, als Weisungen an die Behörden in die Vwv übernommen. Die abgebildeten Gefahrzeichen sind ausnahmslos weltweit vereinbart. Für die Reihenfolge gab die Bedeutsamkeit der einzelnen Zeichen kein brauchbares Kriterium ab. Vorausgestellt sind die Schilder, die vor Gefahren aus den Straßenverhältnissen, es folgen die, die vor Gefahren, die von außen drohen, warnen.*

Gefahrzeichen §40 StVO 2

Zu Zeichen 101: Es ist zwar erwünscht, daß die Gefahr auf einem Zusatzschild näher bezeichnet wird; das kann aber schon deshalb nicht immer verlangt werden, weil vor allem bei vorübergehender Gefahr, z. B. an Unfallstellen oder bei Katastrophen, die eingesetzten Beamten die erforderlichen Zusatzschilder nicht stets zur Hand haben. In der Vwv wird angeordnet, daß keines der übrigen amtlichen Gefahrzeichen durch das allgemeine Gefahrzeichen ersetzt werden darf. 87

In den gezeigten Zusatzschildern sind die Aufschriften durch Sinnbilder ersetzt. Es ist zweckmäßig, dem Zusatzschild Wintersport daneben die Bedeutung zu geben, daß hier Wintersport erlaubt sei. 88

Zu Zeichen 102: Der Verkehrsteilnehmer wird besser unterrichtet und damit dient es auch der Verkehrssicherheit, wenn das Zeichen künftig, entsprechend der Weltregelung, nur vor Kreuzungen und Einmündungen warnt, an denen die Vorfahrt des von rechts Kommenden zu beachten ist. Vor Kreuzungen und Einmündungen mit besonderer Vorfahrregelung warnen andere Zeichen, wie schon der Text zu den Zeichen 205, 206 und 301 dartut. 89

Zu Zeichen 103 und 105: Die beiden Zeichen und ihre zwei Gegenstücke sind im Weltabkommen vorgesehen. In der Vwv wird ausdrücklich gesagt werden, daß es nur die vier Kurvenzeichen gibt. Es ist also untersagt, den Versuch zu unternehmen, den näheren Verlauf der Kurve durch Variationen der Pfeilrichtung kenntlich zu machen. Das wäre der Verkehrssicherheit abträglich nicht bloß, weil ein genaues Nachzeichnen des Verlaufs kaum möglich wäre, und zudem damit für das Fahrverhalten, insbesondere die einzuhaltende Geschwindigkeit, noch nicht alles gesagt wäre; hierfür sind vielmehr auch die Sichtverhältnisse in der Kurve wie auch die Kurvenlage von wesentlicher Bedeutung. 90

Zu Zeichen 108 und 110: Sie unterscheiden sich nur dadurch, daß im Zeichen „Gefälle" die Zahlen schräg abwärts stehen, im Zeichen „Steigung" dagegen schräg aufwärts. Wirklich mißlich ist das nicht, weil das Gelände in aller Regel keinen Zweifel läßt, was der Fahrzeugführer zu erwarten hat. 91

Zu Zeichen 112: Es ist zweckmäßig, dieses Zeichen nicht nur zur Warnung vor einzelnen Unebenheiten zu verwenden, sondern auch vor einer Fahrbahn in schlechtem Zustand. Im zweiten Fall muß die Länge der Gefahrstrecke auf einem Zusatzschild angegeben werden. 92

Zu Zeichen 114: Das Zeichen mit seiner bisherigen Bedeutung „Schleudergefahr" ärgert den Verkehrsteilnehmer, wenn er ihm bei trockenem Wetter an ersichtlich gut ausgebauten Straßen begegnet. Dieser Ärger gibt dem Fahrzeugführer Anlaß, das Zeichen eben auch dann nicht ernst zu nehmen, wenn er allen Grund hat, das zu tun. Das Zeichen erhält daher den Namen „Schleudergefahr bei Nässe oder Schmutz". Die Vwv wird ausdrücklich die Verwendung des Zeichens dort verbieten, wo Schleudergefahr nicht wegen Nässe entstehen kann, sondern wegen der Anlage oder der Führung der Straße; in solchen Fällen, wird dort gesagt werden, ist mit anderen Mitteln zu helfen, z. B. durch Aufstellung des Zeichens „Kurve" oder durch Geschwindigkeitsbeschränkung. 93

Zu Zeichen 113, 116, 124: Bisher wurde auf Gefahren durch Glätte, durch hochfliegenden Splitt oder Schotter und durch Stau durch Zusatzschild zum Zeichen 101 hingewiesen. Da diesen Gefahrhinweisen immer mehr Bedeutung zukommt, sollen diese Gefahren durch „Gefahrzeichen" des § 40 zum Ausdruck gebracht werden. Die vorgesehenen Gefahrzeichen sind im Wiener Übereinkommen über Straßenverkehrszeichen vorgesehen. 94–98

Zu Zeichen 151: Es soll nur noch an Übergängen von Schienenbahnen mit Vorrang verwendet werden. Dadurch wird seine Bedeutung sachgemäß erhöht. Vor Industriegleisen wird künftig nur noch durch das Zeichen 101 mit einer Aufschrift auf einem Zusatzschild, wie Industriegleis, gewarnt werden oder durch Zeichen 112. 99

Begr zur ÄndVO v 7. 8. 97 (VkBl **97** 689): **Zu Abs 1:** – Begründung des Bundesrates – Durch die generelle, auf alle Verkehrszeichen bezogene Regelung in § 39 Abs. 1 und § 45 Abs. 9 (neu) ist der lediglich auf Gefahrzeichen bezogene Satz 2 von § 40 Abs. 1 entbehrlich geworden. 100

Gefahrzeichen sollen vor allem VT warnen, die mit den örtlichen Verhältnissen nicht vertraut sind, Kö MDR **58** 425. Sie sind Ausfluss der Sicherungspflicht des Trägers der StrBaulast (§ 45) gegenüber allen VT und Anliegern, BGH NJW **66** 1456, auch solchen, die die Straße zwar zweckgerecht, aber verkehrswidrig benutzen, BGH NJW **66** 1456 (nicht zugelassenes Kfz). Von wem, wo und wie GefahrZ aufzustellen sind, richtet sich auch nach § 45, Fra VersR **68** 1046. Zwischen VT und Sicherungspflichtigen gilt kein Vertrauensgrundsatz, Ol VRS **31** 161. Vor Besonderheiten der Straße, die ein sorgfältiger Kf mit beiläufigem Blick erfasst, muss nicht gewarnt werden, BGH VRS **18** 10 (näher: § 45 Rz 51), auch nicht bei offensichtlich nur beschränkter Benutzbarkeit eines Weges, Nü VM **62** 21, BGH VersR **61** 162. Ist auf einer Bun- 101 desStr und LandStr I. Ordnung bei regelmäßigem Viehtrieb sofortige Unratentfernung nicht gesichert, muss gewarnt werden, BGH NJW **62** 34. S § 32. Die GefahrZ müssen unmissverständlich sein und ausreichend weit vor dem Hindernis stehen (II–IV), Kar VRS **3** 86, Kö VersR **66** 857 (AB). Auf DurchgangsStr darf der Kf mit Warnung vor besonderer Gefahr rechnen, BGH VRS **18** 268, nach vorausgegangenen GefahrZ uU je nach Sachlage auch mit weiteren, BGH VersR **60** 235. Linksanbringung: Vwv zu §§ 39 bis 43 Rn 27 und Schl VM **64** 23. Die sich aus GefahrZ für den Kf ergebenden **Verhaltenspflichten** lassen sich nicht generell festlegen, sondern sind je nach Art der angezeigten Gefahr unterschiedlich, Dü VRS **60** 265. Der Kf muss sich aber auf die Gefahr einstellen und die gebotenen Vorkehrungen treffen, bevor sie sich tatsächlich für ihn erkennbar konkretisiert, Dü VRS **60** 265. Bei ordnungsgemäß angebrachten GefahrZ kommt idR keine Schreckzeit in Betracht, BGH VRS **15** 276. Sicherung der Bahnübergänge: § 19. Zur Verhütung von Unglücksfällen dienende **WarnZ iS von § 145 StGB** sind, sachgemäße Verwendung vorausgesetzt (§ 40 I), nicht schon alle diejenigen WarnZ der StVO, bei denen die im VZ bezeichneten Umstände ohnedies ersichtlich sind, sondern nur jene, bei welchen ein nach § 145 StGB tatbestandsmäßiger Eingriff eine Gefahrsteigerung bewirkt, zB idR die Z 101, 114, 115, 117, 128, 129, 136, 151, 153–162. Rechtsnatur der VZ: § 41 Rz 247. *Händel* DAR **75** 57.

102 **VZ 101** (Gefahrstelle) mahnt auch Vorfahrtberechtigte zur allgemeinen Wachsamkeit (keine Schreckzeit), BGH RdK **54** 140. Wo sich erfahrungsgemäß schon bei geringem Bodenfrost Glatteis bildet (hoher Grundwasserspiegel), ist zu warnen, BGH VersR **60** 930, an erfahrungsgemäß besonders glatteisgefährdeten Stellen auch auf der AB, BGH NJW **62** 1767 (unzulängliche Beschilderung), doch nur vor dem gefährdenden StrStück (Wald, Brücke), BGH VersR **62** 1082. Rechtzeitig erkennbare Fernstraßenbrücken sind stets frostgefährdet, wie jeder Kf wissen muss; daher besteht dort weder Streu- noch Warnpflicht, BGH NJW **70** 1682. Zur Streupflicht § 45 Rz 56 ff (62, 63). Ein Zusatzschild zum GefahrZ 101 stellt nur klar, aber gebietet nichts, Dü VersR **74** 389. ● Das **Z 102** (Kreuzung) mahnt zu besonderer Vorsicht gegenüber kreuzendem Verkehr, BGH VRS **23** 348, hat auf bestehende Vorfahrtregeln keinen Einfluss, Bay VRS **71** 304, verdeutlicht aber eine Wartepflicht nochmals besonders, Ko OLGR **06** 281. Der Kf darf darauf vertrauen, dass schlecht sichtbare Kreuzungen außerorts gekennzeichnet sind, BGH VM **72** 76. ● **Z 103**: Gefährliche Kurven sind zu kennzeichnen, sonst Amtspflichtverletzung, Kö DAR **79** 165. Bei Ortsdurchfahrten, in welchen bei Nässe und Schmutz Schleudergefahr besteht, genügen idR die WarnZ 103, 114, Ba VersR **81** 66. ● Das **Z 112** (unebene Fahrbahn) ersetzt die baldige Beseitigung der Querrinne nicht. Bei Bodenwellen mit Schleudereffekt muss das Z 112 uU mit einer Geschwindigkeitsbeschränkung kombiniert werden, die eine Gefährdung ausschließt, Schl VersR **80** 1150. ● **Z 114**: Gefährliche Stellen auf einer DurchgangsStr sind durch ein WarnZ vor ihrem Beginn (zB vor einem Waldstück) zu kennzeichnen (Fra VersR **76** 1138). Die Kombination des Z 114 mit Z 274 schränkt die Geschwindigkeitsbegrenzung nicht auf die Fälle von Nässe oder Schmutz ein; Z 114 weist vielmehr zusätzlich (auch bei Einhaltung der Höchstgeschwindigkeit) auf Schleudergefahr hin. Wer trotz des Z 114 bei Nässe schleudert, hat den Anschein gegen sich (BGH VersR **71** 439). ● Fahrbahnverengung ist durch die **Z 120, 121** zu kennzeichnen, wenn sonst Gefahr droht, BGH NJW **58** 1436. ● Beim **Z 123** hat der Kf in erster Linie auf die Bauarbeiter zu achten, nicht diese auf den Fahrverkehr, Kar VRS **48** 196. Das Z 123 warnt idR nicht ausreichend vor Fahrbahnverschmutzung und befreit auch nicht davon, solche zu beseitigen, BGH VersR **75** 714. Es ist auch mit ZusatzZ 1006/32 („Rollsplitt") ungeeignet, davor zu warnen, dass sich Bitumen von der Str lösen könnte, Jn NZV **06** 248. ● Das **Z 136 (Kinder)** zeigt nur die häufige Anwesenheit von Kindern an, es schließt das Vertrauen auf deren sachgerechtes Verhalten nicht schlechthin aus, BGH NZV **94** 149, KG VM **97** 52, **98** 84, Hb VersR **76** 945, Ha NZV **96** 70, § 1 Rz 24, § 25 Rz 27, und hat hinsichtlich des KfVerhaltens gegenüber von ihm wahrgenommenen Kindern keine Bedeutung, Ha NZV **96** 70. Es warnt nicht vor nur denkbarer abstrakter Gefahr (VStille), sondern nur beim Hinzutreten weiterer Umstände, vor allem vor möglichem plötzlichem Betreten der Fahrbahn durch Kinder, BGH NZV **94** 149, Bay VRS **59** 219. Es schreibt keine bestimmte Höchstgeschwindigkeit vor, Kar GA **70** 313, VRS **78** 166, Kö VersR **89** 206, KG VM **98** 84 (s aber § 3 II a), doch muss der Kf so vorsichtig fahren, dass er kein Kind gefährdet, das plötzlich auf die Fahrbahn tritt, BGH VRS **42** 362, NZV **94** 149 (Bremsbereitschaft), Ha VRS **59** 145, KG VersR **80** 928, Mü VersR **84** 395, Kar VRS **78** 166 (§ 25), was je nach Örtlichkeit und Umständen auch Herabsetzung der Geschwindigkeit erfordern kann, BGH NZV **94** 149, Kö VersR **89** 206. Mit plötzlichem Auftauchen von Kindern auf der Fahrbahn ist hier stets zu rechnen und daher anhaltebereit zu fahren, BGH VRS **42** 362, NZV **94** 149, Hb DAR **80** 184, KG VM **97** 52, **98** 84, Kö

Vorschriftzeichen **§ 41 Abs I, II Nr 1a StVO 2**

VersR **79** 166, **89** 206, Ko VRS **48** 465, und zwar grundsätzlich ohne Rücksicht auf die Tageszeit, BGH NZV **94** 149, aber wohl nicht mit spielenden Kindern bei bereits völliger Dunkelheit, Fra VersR **82** 152, offengelassen von BGH NZV **94** 149. Im Bereich von Schulen an Fußgängerüberwegen muss der FzF bei Z 136 so fahren, dass er auch bei Kindern, die er vorher nicht sehen konnte und die achtlos im Laufschritt auf die Str treten, rechtzeitig anhalten kann, Ko VRS **62** 335. Soweit bei Z 136 mit Kindern auf der Fahrbahn zu rechnen ist, keine Zubilligung von Schreckzeit, BGH VRS **33** 350, NZV **94** 149, KG VM **97** 52, **98** 84. Die durch Z 136 gekennzeichnete Schutzzone umfasst die Strecke zwischen den für beide Fahrtrichtungen aufgestellten VZ, hängt im Übrigen von Art und Ausdehnung der gefährlichen Stelle (Schul-, Kindergartengelände usw) ab und erstreckt sich idR nach dem erkennbaren Ende dieses Bereichs noch auf eine Strecke, die der Entfernung zwischen dem VZ und dem Beginn der Gefahrstelle entspricht, Kar VRS **71** 62. Schädigung eines die Fahrbahn überquerenden Erwachsenen fällt nicht in den Schutzbereich des VZ 136, KG VM **98** 84. ● **Z 138** verlangt neben erhöhter Aufmerksamkeit des Kf eine der Möglichkeit plötzlichen Kreuzens der Fahrbahn durch Radfahrer angepasste Geschwindigkeit, Dü VRS **60** 265, Ol VRS **71** 172. ● **Z 142**: Es mahnt, bestimmte Gefahrumstände zu berücksichtigen, die hier sehr wahrscheinlich vorliegen. Der Kf muss dem Fahrbahnrand erhöhte Aufmerksamkeit widmen und sich auf rasche Reaktion einrichten sowie seine Geschwindigkeit anpassen, wobei allerdings eine generelle Höchstgeschwindigkeit nicht festgelegt werden kann, BGHZ **108** 273 = NZV **89** 390, Kö DAR **76** 48, KG NZV **93** 313, dazu auch § 3 Rz 28. Kein Ausweichen vor Kleinwild, wenn dies Personen gefährden könnte, LG Verden VRS **55** 421, Baum PVT **91** 138, s auch § 4 Rz 11.

Nichtbeachtung von GefahrZ ist für sich allein nicht ow (§ 49), KG VRS **25** 363. **103**

Zur Fortgeltung von VZ nach Anl 2 der StVO/DDR in den **neuen Ländern**: Überleitungsbestimmung bei § 39 Rz 41. **104**

Vorschriftzeichen*

41 (1) Auch Schilder oder weiße Markierungen auf der Straßenoberfläche enthalten Gebote und Verbote.

(2) ¹Schilder stehen regelmäßig rechts. ²Gelten sie nur für einzelne markierte Fahrstreifen (Zeichen 295, 296 oder 340), so sind sie in der Regel darüber angebracht. ³Die Schilder stehen im allgemeinen dort, wo oder von wo an die Anordnungen zu befolgen sind. ⁴Sonst ist, soweit nötig, die Entfernung zu diesen Stellen auf einem Zusatzschild (§ 40 Abs. 2) angegeben. ⁵Andere Zusatzschilder enthalten nur allgemeine Beschränkungen der Gebote oder Verbote oder allgemeine Ausnahmen von ihnen. ⁶Besondere Zusatzschilder können etwas anderes bestimmen (zu Zeichen 237, 250, 283, 286, 290 und hinter Zeichen 277).

1. Warte- und Haltgebote

a) An Bahnübergängen:

Zeichen 201 **1**

(auch liegend)
Andreaskreuz
Dem Schienenverkehr Vorrang gewähren!

Es befindet sich vor dem Bahnübergang, und zwar in der Regel unmittelbar davor. Ein Blitzpfeil in der Mitte des Andreaskreuzes zeigt an, daß die Bahnstrecke elektrische Fahrleitung hat. Ein Zusatzschild mit schwarzem Pfeil zeigt an, daß das Andreaskreuz nur für den Straßenverkehr in Richtung dieses Pfeiles gilt.

---

* Varianten s Katalog der Verkehrszeichen (VzKat 1992), BAnz 1992, Nr 66a und § 39 Rz 31.

2 StVO § 41 Abs II Nr 1a   II. Zeichen und Verkehrseinrichtungen

Vwv zu § 41 Vorschriftzeichen

2   1   *I. Es empfiehlt sich vielfach, die durch Vorschriftzeichen erlassenen Anordnungen dem fließenden Verkehr zusätzlich durch bauliche Maßnahmen oder durch Markierungen nahezubringen.*

3   2   *II. Vgl. Nummer III 7 Buchstabe a und Nummer 9 zu den §§ 39 bis 43; Rn. 19, 26 ff. Vorschriftzeichen dürfen allein über der Straße nur dann angebracht sein, wenn sie von innen oder außen beleuchtet sind oder wenn sie so rückstrahlen, daß sie auf ausreichende Entfernung auch im Abblendlicht deutlich erkennbar sind. Sonst dürfen sie dort nur zur Unterstützung eines gleichen, rechtsstehenden Verkehrsschildes angebracht werden.*

4   3   *III. Bei Änderungen von Verkehrsregeln, deren Mißachtung besonders gefährlich ist, z. B. bei Änderung der Vorfahrt, ist für eine ausreichende Übergangszeit der Fahrverkehr zu warnen, z. B. durch Polizeibeamte, durch Hinweise auf der Fahrbahnoberfläche (Nummer 3 vor Zeichen 350) oder durch auffallende Tafeln mit erläuternder Beschriftung.*

5   4   *IV. Für einzelne markierte Fahrstreifen dürfen Fahrtrichtungen (Zeichen 209 ff.) oder Höchst- oder Mindestgeschwindigkeiten (Zeichen 274 und 275) vorgeschrieben oder das Überholen (Zeichen 276 oder 277) oder der Verkehr (Zeichen 250 bis 266) verboten werden.*

    5   *Es empfiehlt sich, Verbote oder Beschränkungen rechtzeitig vorher anzukündigen und, wenn einzelne Verkehrsarten ausgeschlossen werden, auf mögliche Umleitungen hinzuweisen.*

        1. Strecken- und Verkehrsverbote für einzelne Fahrstreifen werden auf folgende Weise bekanntgemacht:

    6   *Die Schilder sind in der Regel so über den einzelnen Fahrstreifen anzubringen, daß kein Zweifel darüber entstehen kann, für welche Fahrstreifen die einzelnen Schilder gelten; das wird in der Regel nur durch Fahnenschilder, Schilderbrücken oder Auslegermaste zu erreichen sein. Unter den Schildern Pfeile auf Zusatzschildern anzubringen, die auf die Fahrstreifen weisen, für die die einzelnen Schilder gelten, kann zweckmäßig sein.*

    7   *Kann ein Schild so nicht angebracht werden oder ist das Verbot nur vorübergehend, wie an Baustellen, notwendig, so ist auf der rechten Seite der Straße eine weiße Tafel aufzustellen, auf welcher die Fahrstreifen durch schwarze Pfeile wiedergegeben sind und das Verbotszeichen in der für Schilder vorgeschriebenen Größe in dem betreffenden Pfeilschaft dargestellt ist. Diese Art der Bekanntgabe ist nur zulässig, wenn Verbote für nicht mehr als zwei Fahrstreifen erlassen werden. Werden die Verbote so erlassen, so sind sie durch die gleichen Schilder mit Entfernungsangabe auf einem Zusatzschild anzukündigen.*

    8   *2. Bei Schildern der Zeichen 209 bis 214 kann es genügen, wenn die Schilder neben dem Fahrstreifen aufgestellt werden, für den sie gelten.*

6   9   *V. Soll die Geltung eines Vorschriftzeichens auf eine oder mehrere Verkehrsarten beschränkt werden, so ist die sinnbildliche Darstellung der Verkehrsart auf einem Zusatzschild unterhalb des Verkehrszeichens darzustellen. Soll eine Verkehrsart oder sollen Verkehrsarten ausgenommen werden, so ist der sinnbildlichen Darstellung das Wort „frei" anzuschließen.*

7–9   10   *VI. Wegen der Angabe von zeitlichen Beschränkungen auf Zusatzschildern vgl. Nummer III 15 zu den §§ 39 bis 43, Rn. 43.*

Vwv zu Zeichen 201 Andreaskreuz

10   1   *I. Das Zeichen muß voll rückstrahlen. Von einer solchen Ausführung darf nur abgesehen werden*

    2   *1. bei Andreaskreuzen, die nach Nummer III 7 Buchstabe e zu den §§ 39 bis 43 (Rn. 23) dieser Vorschrift beleuchtet sind,*

    3   *2. bei Andreaskreuzen an Feld- oder Waldwegen.*

11   4   *II. Die Andreaskreuze sind in der Regel möglichst nahe, aber nicht weniger als 2,25 m vor der äußeren Schiene aufzustellen.*

12   5   *III. Andreaskreuze sind am gleichen Pfosten wie Blinklichter oder Lichtzeichen anzubringen. Mit anderen Verkehrszeichen dürfen sie nicht kombiniert werden.*

13   6   *IV. Wo in den Hafen- und Industriegebieten den Schienenbahnen Vorrang gewährt werden soll, müssen Andreaskreuze an allen Einfahrten aufgestellt werden. Vorrang haben dann auch Schienenbahnen, die nicht auf besonderem Bahnkörper verlegt sind. Für Industriegebiete kommt eine solche Regelung nur in Betracht, wenn es sich um geschlossene Gebiete handelt, die als solche erkennbar sind und die nur über bestimmte Zufahrten erreicht werden können.*

V. Weitere Sicherung von Übergängen von Schienenbahnen mit Vorrang

1. Wegen der ständig zunehmenden Verkehrsdichte auf den Straßen ist die technische Sicherung der bisher nicht so gesicherten Bahnübergänge anzustreben. Besonders ist darauf zu achten, ob Bahnübergänge infolge Zunahme der Verkehrsstärke einer technischen Sicherung bedürfen. Anregungen sind der höheren Verwaltungsbehörde vorzulegen.

2. Auf die Schaffung ausreichender Sichtflächen an Bahnübergängen ohne technische Sicherung ist hinzuwirken. Wo solche Übersicht fehlt, ist die zulässige Höchstgeschwindigkeit vor dem Bahnübergang angemessen zu beschränken. Das Zeichen 274 sind über den ein- oder zweistreifigen Baken (Zeichen 159 und 162) anzubringen (vgl. jedoch Nummer 5; Rn. 11).

3. Auf Straßen mit nicht unerheblichem Fahrverkehr ist von den dreistreifigen Baken (Zeichen 153 und 156) ab dem für den Gegenverkehr bestimmten Teil der Fahrbahn durch Leitlinien (Zeichen 340) zu markieren, jedoch an gefährlichen Stellen, vor Halbschranken bei ausreichender Straßenbreite stets, von den zweistreifigen Baken (Zeichen 159) ab mindestens durch einseitige Fahrstreifenbegrenzungen (Zeichen 296) für den Fahrstreifen A.

Daneben kann es sich dann aber auch empfehlen, das Überholen durch Zeichen 276, die in der Regel über den zweistreifigen Baken (Zeichen 159) anzubringen sind, zu verbieten.

4. Vor technisch nicht gesicherten Übergängen von Schienenbahnen mit Vorrang ist jedes Überholen, wenn die Straße dazu breit genug wäre, durch Zeichen 276 zu verbieten oder durch Fahrstreifenbegrenzung (Zeichen 295 oder 296) unmöglich zu machen, und zwar auch dann, wenn der Fahrverkehr auf der Straße ganz unerheblich ist. Die Fahrstreifenbegrenzung sollte spätestens an der einstreifigen Bake beginnen, sonst mindestens 50 m lang sein; das Überholverbotszeichen ist spätestens über der zweistreifigen Bake anzubringen, sonst mindestens 100 m vor dem Bahnübergang.

5. Wo nach § 19 Abs. 3 Lastkraftwagen mit einem zulässigen Gesamtgewicht über 7,5 t und Züge schon unmittelbar nach der einstreifigen Bake warten müssen, empfiehlt es sich, die Überholverbotszeichen erst 30 m vor dem Übergang aufzustellen und Fahrstreifenbegrenzungen erst dort beginnen zu lassen; eine Geschwindigkeitsbeschränkung von den zweistreifigen Baken (Zeichen 159) ab dann ist unerläßlich.

6. Jedenfalls dort, wo Längsmarkierungen angebracht sind, empfiehlt es sich, auch eine Haltlinie (Zeichen 294), in der Regel in Höhe des Andreaskreuzes, zu markieren.

7. Vgl. auch zu den Zeichen 150 bis 162.

8. Bevor ein Verkehrsschild oder eine Markierung angebracht oder entfernt wird, ist das Bahnunternehmen zu hören.

VI. Straßenbahnen und die übrigen Schienenbahnen (Privatanschlußbahnen)

1. Über die Zustimmungsbedürftigkeit der Aufstellung und Entfernung von Andreaskreuzen vgl. Nummer III zu § 45 Abs. 1 bis 1 e; Rn. 3 ff. Außerdem sind, soweit die Aufsicht über die Bahnen nicht bei den obersten Landesbehörden liegt, die für die Aufsicht zuständigen Behörden zu beteiligen; sind die Bahnen Zubehör einer bergbaulichen Anlage, dann sind auch die obersten Bergbaubehörden zu beteiligen.

2. Der Vorrang darf nur gewährt werden, wenn eine solche Schienenbahn auf besonderem Bahnkörper verlegt ist, dies auch dann, wenn der besondere Bahnkörper innerhalb des Verkehrsraums einer öffentlichen Straße liegt. Eine Schienenbahn ist schon dann an einem Übergang auf besonderem Bahnkörper verlegt, wenn dieser an dem Übergang endet. Ein besonderer Bahnkörper setzt mindestens voraus, daß die Gleise durch ortsfeste, körperliche Hindernisse vom übrigen Verkehrsraum abgegrenzt und diese Hindernisse auffällig kenntlich gemacht sind; abtrennende Bordsteine müssen weiß sein.

VII.
1. Straßenbahnen auf besonderem Bahnkörper, der nicht innerhalb des Verkehrsraums einer öffentlichen Straße liegt, ist in der Regel durch Aufstellung von Andreaskreuzen der Vorrang zu geben. An solchen Bahnübergängen ist schon bei mäßigem Verkehr auf der querenden Straße oder wenn auf dieser Straße schneller als 50 km/h gefahren wird, die Anbringung einer straßenbahnabhängigen, in der Regel zweifarbigen Lichtzeichenanlage (vgl. § 37 Abs. 2 Nr. 3) oder von Schranken zu erwägen. Auch an solchen Bahnübergängen über Feld- und Waldwege sind Andreaskreuze dann erforderlich, wenn der Bahnübergang nicht ausreichend erkennbar ist; unzureichende Übersicht über die Bahnstrecke kann ebenfalls dazu Anlaß geben.

18   2. a) Liegt der besondere Bahnkörper innerhalb des Verkehrsraums einer Straße mit Vorfahrt oder verläuft er neben einer solchen Straße, so bedarf es nur dann eines Andreaskreuzes, wenn der Schienenverkehr für den kreuzenden oder abbiegenden Fahrzeugführer nach dem optischen Eindruck nicht zweifelsfrei zu dem Verkehr auf der Straße mit Vorfahrt gehört. Unmittelbar vor dem besonderen Bahnkörper darf das Andreaskreuz nur dann aufgestellt werden, wenn so viel Stauraum vorhanden ist, daß ein vor dem Andreaskreuz wartendes Fahrzeug den Längsverkehr nicht stört. Wird an einer Kreuzung oder Einmündung der Verkehr durch Lichtzeichen geregelt, so muß auch der Straßenbahnverkehr auf diese Weise geregelt werden, und das auch dann, wenn der Bahnkörper parallel zu einer Straße in deren unmittelbarer Nähe verläuft. Dann ist auch stets zu erwägen, ob der die Schienen kreuzende Abbiegeverkehr gleichfalls durch Lichtzeichen zu regeln oder durch gelbes Blinklicht mit dem Sinnbild einer Straßenbahn zu warnen ist.

19   b) Hat der gleichgerichtete Verkehr an einer Kreuzung oder Einmündung nicht die Vorfahrt, so ist es kaum je zu verantworten, der Straßenbahn Vorrang zu geben.

b) An Kreuzungen und Einmündungen:

23

Zeichen 205

Vorfahrt gewähren!

Das Schild steht unmittelbar vor der Kreuzung oder Einmündung. Es kann durch dasselbe Schild mit Zusatzschild (wie „100 m") angekündigt sein. Wo linke Radwege auch für die Gegenrichtung freigegeben sind und Radfahrer die Fahrbahn kreuzen, kann über dem Zeichen 205 das Zusatzschild

angebracht sein. Mit diesem Zusatzschild enthält das Zeichen das Gebot:

„Vorfahrt gewähren und auf kreuzenden Radverkehr von links und rechts achten!"
Wo Schienenfahrzeuge einen kreisförmigen Verkehr kreuzen, an Wendeschleifen oder ähnlich geführten Gleisanlagen von Schienenbahnen, enthält das Zeichen mit dem Sinnbild einer Straßenbahn auf einem darüber angebrachten Zusatzschild das Gebot: „Der Schienenbahn Vorfahrt gewähren!"

Vwv zu den Zeichen 205 und 206

24   1   I. Die Zeichen müssen unmittelbar vor der Kreuzung oder Einmündung stehen.

25   2   II. Als negatives Vorfahrtzeichen ist in der Regel das Zeichen 205 zu wählen. Das Zeichen 206 ist nur dann aufzustellen, wenn

3   1. die Sichtverhältnisse so schlecht sind oder die Straße mit Vorfahrt so stark befahren wird, daß die meisten halten,

4   2. wegen der Örtlichkeit (Einmündung in einer Innenkurve oder in eine besonders schnell befahrene Straße) schwierig ist, die Geschwindigkeit der Fahrzeuge auf der anderen Straße zu beurteilen, oder wenn es

5   3. sonst aus Gründen der Sicherheit notwendig erscheint, einen Wartepflichtigen zu besonderer Vorsicht zu mahnen (z. B. in der Regel an der Kreuzung zweier Vorfahrtstraßen).

6   Anhaltspunkte bieten oft die Unfalluntersuchungen. Ergeben diese, daß die Unfälle darauf zurückzuführen sind, daß die Wartepflichtigen die Kreuzung übersehen oder ihre Wartepflicht nicht

erfaßt haben, so ist eine Verbesserung der optischen Führung anzustreben. Haben die Unfälle andere Ursachen, so empfiehlt es sich häufig, das Zeichen 206 aufzustellen, wenn nicht die Errichtung einer Lichtzeichenanlage angezeigt ist.

7   III. Eine Beleuchtung der negativen Vorfahrtzeichen ist an Kreuzungen außer in den Fällen der Nummer VI zu § 37 Abs. 2 Nr. 1 und 2 (Rn. 14) immer dann geboten, wenn eine Straße mit Wartepflicht eine Straßenbeleuchtung hat, die den Eindruck einer durchgehenden Straße entstehen läßt. Eine Beleuchtung empfiehlt sich auch, wenn die Beleuchtungsverhältnisse in der Umgebung so sind, daß die Erkennbarkeit der Zeichen beeinträchtigt ist. Vgl. auch Nummer III 7 Buchstabe b zu den §§ 39 bis 43; Rn. 20.   26

8   IV. Übergrößen sind überall dort in Erwägung zu ziehen, wo der Verkehr, besonders wegen seiner Schnelligkeit, negative Vorfahrtzeichen nicht erwartet.   27

9   V. Wo eine Lichtzeichenanlage steht, sind die Zeichen in der Regel unter oder neben den Lichtzeichen am gleichen Pfosten anzubringen.   28

10   VI. Kreuzt eine Straße mit Wartepflicht eine Straße mit Mittelstreifen, so ist zu prüfen, ob zusätzlich zu den vor der Kreuzung stehenden Zeichen 205 oder 206 auf dem Mittelstreifen ein Zeichen 205 aufgestellt werden soll, um an die Wartepflicht vor der zweiten Richtungsfahrbahn zu erinnern.   29

     VII. Die Beschilderung von Kreuzungen und Einmündungen   30/31

11   1. Jede Kreuzung und Einmündung, in der vom Grundsatz „Rechts vor Links" abgewichen werden soll, ist sowohl positiv als auch negativ zu beschildern, und zwar sowohl innerhalb als auch außerhalb geschlossener Ortschaften. Ausgenommen sind nur Feld- und Waldwege; aber auch sie sind zu beschildern, wenn der Charakter des Weges für Ortsfremde nicht ohne weiteres zu erkennen ist; dabei wird häufig die negative Beschilderung genügen. Solch einseitige Beschilderung darf an sonstigen Kreuzungen und Einmündungen allenfalls dann erwogen werden, wenn sich Kreuzungen und Einmündungen häufen und darum positive und negative Vorfahrtzeichen so dicht aufeinander folgen, daß ortsfremde Verkehrsteilnehmer verwirrt würden. Zuvor ist in solchen Fällen zu erwägen, ob nicht auf andere Weise abgeholfen werden kann, z. B. durch Einführung wegführender Einbahnstraßen. Straßen, die wie Grundstücksausfahrten aussehen, sind einseitig mit Zeichen 205 zu versehen.

12   2. Endet eine Vorfahrtstraße oder kann einer weiterführenden Vorfahrtstraße (vgl. dazu Nummer 5 Buchstabe a zu Zeichen 306 und 307; Rn. 8) oder einer Straße, auf der an mehreren vorausgehenden Kreuzungen und Einmündungen hintereinander das Zeichen 301 aufgestellt ist, an einer Kreuzung oder Einmündung die Vorfahrt nicht gegeben werden, so ist stets ein negatives Vorfahrtzeichen aufzustellen. Dieses ist außerhalb geschlossener Ortschaften dann stets anzukündigen, innerhalb geschlossener Ortschaften jedenfalls dann, wenn der Verkehr nicht durch Lichtzeichen geregelt ist. Das negative Vorfahrtzeichen soll dann jeweils auf beiden Seiten der Straße aufgestellt und gegebenenfalls über der Fahrbahn wiederholt werden. Auch seine zusätzliche Wiedergabe auf der Fahrbahn (vgl. Nummer 3 vor Zeichen 350) kann in Frage kommen. Solch verstärkte Kennzeichnung sowie die Ankündigung der Wartepflicht durch negative Vorfahrtzeichen mit Entfernungsangabe ist darüber hinaus auf Straßen mit schnellerem und stärkerem Verkehr, insbesondere mit stärkerem Lastkraftwagenverkehr sowie dann in Erwägung zu ziehen, wenn der Verkehr eine solche Regelung nicht erwartet.

13   3. Vgl. auch Nummer II bis IV zu § 8 Abs. 1; Rn. 3 ff.

14   4. Zusatzschild „abknickende Vorfahrt"
     Über die Zustimmungsbedürftigkeit vgl. Nummer III 1 Buchstabe a zu § 45 Abs. 1 bis 1e (Rn. 4); über abknickende Vorfahrt vgl. ferner Nummer 4 zu den Zeichen 306 und 307 (Rn. 5 bis 7) und Nummer III zu Zeichen 301; Rn. 3.

Vwv zu Zeichen 205 Vorfahrt gewähren!

1   I. Das Zeichen muß mindestens voll rückstrahlen.   32

2   II. Ist neben einer durchgehenden Fahrbahn ein Fahrstreifen angebracht, welcher der Einfädelung des einmündenden Verkehrs dient (Beschleunigungsstreifen), darf das Zeichen nur vor dem Beginn des Beschleunigungsstreifens stehen. Vgl. Nummer I zu § 7 Abs. 1 bis 3; Rn. 1.   33

3   III. Über Kreisverkehr vgl. Nummer IX zu den Zeichen 209 bis 214; Rn. 11 ff.   34

35 4   IV. Außerhalb geschlossener Ortschaften muß das Zeichen auf Straßen mit schnellerem oder stärkerem Verkehr in einer Entfernung von mindestens 100 bis 150 m durch dasselbe Zeichen mit der Entfernungsangabe auf einem Zusatzschild angekündigt werden. Innerhalb geschlossener Ortschaften ist die Ankündigung in der Regel nicht erforderlich.

36

Zeichen 206

Halt! Vorfahrt gewähren!

Das unbedingte Haltgebot ist dort zu befolgen, wo die andere Straße zu übersehen ist, in jedem Fall an der Haltlinie (Zeichen 294).
Das Schild steht unmittelbar vor der Kreuzung oder Einmündung.
Das Haltgebot wird außerhalb geschlossener Ortschaften angekündigt durch das Zeichen 205 mit Zusatzschild

37

Innerhalb geschlossener Ortschaften kann das Haltgebot so angekündigt sein.

Vwv zu Zeichen 206 Halt! Vorfahrt gewähren!

38 1   I. Das Zeichen muß mindestens voll rückstrahlen.

39 2   II. In der Regel ist eine Haltlinie (Zeichen 294) anzubringen, und zwar dort, wo der Wartepflichtige die andere Straße übersehen kann. Ist es nicht möglich, die Linie dort anzubringen, so empfiehlt sich die Fahrbahnmarkierung „STOP" (Nummer 3 vor Zeichen 350) unmittelbar vor dem Rand der anderen Straße. Diese Fahrbahnmarkierung kann auch zusätzlich zu der Haltlinie zweckmäßig sein.

40 3   III. Das Zeichen muß außerhalb geschlossener Ortschaften mindestens 100 bis 150 m vor der Kreuzung oder Einmündung angekündigt werden.

Der Verlauf der Vorfahrtstraße kann durch ein Zusatzschild zu den Zeichen 205 und 206

41

bekanntgegeben sein.

42   **c) Bei verengter Fahrbahn:**

Zeichen 208

Dem Gegenverkehr Vorrang gewähren!

Vorschriftzeichen § 41 Abs II Nr 2 StVO **2**

Vwv zu Zeichen 208 Dem Gegenverkehr Vorrang gewähren!

1. I. Am anderen Ende der Verengung muß das Zeichen 308 aufgestellt werden. 43
2. II. Die Zeichen 208 und 308 dürfen nur verwendet werden, wo für die Begegnung mehrspuriger Fahrzeuge nicht genügend Raum und die Verengung beiderseits überschaubar ist. Sonst kommt z. B. die Errichtung einer Einbahnstraße (Zeichen 220) oder die Verkehrsregelung durch Lichtzeichen in Betracht. Lichtzeichen sind in der Regel dann nicht zu entbehren, wenn auch nur zu gewissen Tageszeiten starker Verkehr herrscht. 44
3. III. Welcher Fahrtrichtung der Vorrang einzuräumen ist, ist auf Grund der örtlichen Verhältnisse und der beiderseitigen Verkehrsmenge zu entscheiden. Bei einseitiger Straßenverengung sollte im Zweifel dieselbe Rechtslage geschaffen werden, die nach § 6 an vorübergehenden Hindernissen besteht. 45
4. IV. Der wartepflichtige Verkehr soll, der Verkehr mit Vorrang kann durch ein Gefahrzeichen für verengte Fahrbahn (z. B. Zeichen 120) gewarnt werden. 46
5. V. Das Zeichen muß mindestens voll rückstrahlen. 46a

2. Vorgeschriebene Fahrtrichtung

Zeichen 209   Zeichen 211   Zeichen 214   47
48
49

Rechts   Hier rechts   Geradeaus und rechts

Andere Fahrtrichtungen werden entsprechend vorgeschrieben.

Zeichen 215   49a

Kreisverkehr

Vwv zu Zeichen 209 bis 214 Vorgeschriebene Fahrtrichtung

1. I. Die Zeichen stehen an Kreuzungen und Einmündungen. Sie können auch an Grundstücksausfahrten und anderen Straßenteilen aufgestellt werden. 50
2. II. Sie dürfen nur aufgestellt werden, wo andere Fahrtrichtungen möglich sind, aber verboten werden müssen. 50a
3. III. In Abweichung von den abgebildeten Grundformen dürfen die Pfeilrichtungen dem tatsächlichen Verlauf der Straße, in die der Fahrverkehr eingewiesen wird, nur dann angepaßt werden, wenn dies zur Klarstellung notwendig ist. 51
4. IV. Die Zeichen „Hier rechts" und „Hier links" sind hinter der Stelle anzubringen, an der abzubiegen ist, die Zeichen „Rechts" und „Links" vor dieser Stelle. Das Zeichen „Geradeaus" und alle Zeichen mit kombinierten Pfeilen müssen vor der Stelle stehen, an der in eine oder mehrere Richtungen nicht abgebogen werden darf. 52
5. V. Die Zeichen „Hier rechts" und „Hier links" dürfen nur durch die Zeichen „Rechts" beziehungsweise „Links" angekündigt werden, die anderen Zeichen durch diese selbst. Erforderlichenfalls ist die Entfernung auf einem Zusatzschild anzugeben. 53
6. VI. Die Zeichen „Geradeaus" und „Geradeaus und links" dürfen vor Einmündungen bzw. Kreuzungen nur aufgestellt werden, wenn dort eine Vorfahrtsregelung durch Verkehrszeichen besteht. 54

2 StVO § 41 Abs II Nr 2   II. Zeichen und Verkehrseinrichtungen

55   7   VII. Die Zeichen müssen, wenn sie in Verbindung mit Lichtzeichen ohne Pfeile auf der rechten Straßenseite verwendet werden, bei Dämmerung und Dunkelheit von außen oder innen beleuchtet sein. Bei Zeichen auf der linken Straßenseite genügt es, wenn sie voll rückstrahlen.

     8   Sie sind über oder neben den Lichtzeichen anzubringen. Vgl. auch Nummer X 4 und 5 zu § 37 Abs. 2 Nr. 1 und 2; Rn. 21 und 22.

56   9   VIII. Abbiegeverbote, insbesondere das Verbot des Linksabbiegens, steigern nicht bloß die Leistungsfähigkeit von Kreuzungen, sondern können auch der Sicherheit dienen. Stets ist zuvor auch zu prüfen, ob nicht an anderer Stelle durch die Verlagerung des Verkehrs neue Schwierigkeiten auftreten. Es kann sich empfehlen, dem unterbundenen Abbiegeverkehr den zweckmäßigsten Weg zu zeigen, z. B. durch Zeichen 468.

57   10   IX. Vgl. auch Nummer IV 2 zu § 41 (Rn. 8) und über die Zustimmungsbedürftigkeit Nummer III 1 Buchstabe d zu § 45 Abs. 1 bis 1e; Rn. 7.

Vwv zu Zeichen 215 Kreisverkehr

58   1   I. An einem baulich angelegten Kreisverkehr soll in der Regel Zeichen 215 angeordnet werden. Diese Anordnung setzt voraus, dass an allen Zufahrten Zeichen 205 angeordnet wird. Ist eine abweichende Vorfahrtregelung durch Verkehrszeichen für den Kreisverkehr erforderlich, ist Zeichen 209 (Rechts) anzuordnen.

58a   2   II. Die Anordnung von Zeichen 215 macht in der Regel eine zusätzliche Anordnung von Zeichen 211 (Hier rechts) auf der Mittelinsel entbehrlich. Außerhalb geschlossener Ortschaften empfiehlt es sich in der Regel, auf baulich angelegten, nicht überfahrbaren Mittelinseln gegenüber der jeweiligen Einfahrt entweder Zeichen 625 (Richtungstafel in Kurven) oder Zeichen 211 (Hier rechts) anzuordnen.

58b   3   III. Wo eine Straßenbahn die Mittelinsel überquert, darf Zeichen 215 nicht angeordnet werden. Der Straßenbahn ist regelmäßig Vorfahrt zu gewähren; dabei sind Lichtzeichen vorzuziehen.

59   **Zeichen 220**

Es steht parallel zur Fahrtrichtung und schreibt allen Verkehrsteilnehmern auf der Fahrbahn die Richtung vor, Fußgängern jedoch nur, wenn sie Fahrzeuge mitführen. Ist in einer Einbahnstraße mit geringer Verkehrsbelastung die zulässige Höchstgeschwindigkeit durch Verkehrszeichen auf 30 km/h oder weniger begrenzt, so kann durch das Zusatzschild

Fahrradverkehr in der Gegenrichtung zugelassen werden. Das Zusatzschild ist dann auch bei Zeichen 353 anzubringen. Aus der entgegengesetzten Richtung ist dann bei Zeichen 267 das Zusatzschild „Radfahrer (Sinnbild) frei" anzubringen.

Vwv zu Zeichen 220 Einbahnstraße

60   I. Beschilderung von Einbahnstraßen

    1   1. Das Zeichen 220 ist stets längs der Straße anzubringen. Es darf weder am Beginn der Einbahnstraße noch an einer Kreuzung oder Einmündung in ihrem Verlauf fehlen. Am Beginn der Einbahnstraße und an jeder Kreuzung ist es in der Regel beiderseits aufzustellen, wenn aus beiden Richtungen der kreuzenden Straßen Verkehr kommen kann.

    2   2. Bei Einmündungen (auch bei Ausfahrten aus größeren Parkplätzen) empfiehlt sich die Anbringung des Zeichens 220 gegenüber der einmündenden Straße, bei Kreuzungen hinter diesen. In diesem Fall soll das Zeichen in möglichst geringer Entfernung von der kreuzenden Straße angebracht werden, damit es vom kreuzenden Verkehr leicht erkannt werden kann. Um Orts-

Vorschriftzeichen § 41 Abs II Nr 2 StVO **2**

fremden die Orientierung über die Vorfahrtverhältnisse zu erleichtern, kann es sich empfehlen, ein positives Vorfahrtzeichen vor einer Kreuzung oder Einmündung auch dann aufzustellen, wenn von dort kein Verkehr kommen kann, weil es sich um eine wegführende Einbahnstraße handelt.

3. *3. In den kreuzenden und einmündenden Straßen sind die Zeichen „Vorgeschriebene Fahrtrichtung" (z. B. Zeichen 209, 214) in der Regel nicht zu entbehren.*

4. *4. Das Zeichen 353 ist am Beginn der Einbahnstraße dann aufzustellen, wenn das Zeichen 220 dort nicht so angebracht werden kann, daß es für den Einfahrenden leicht erkennbar ist, im Verlauf der Einbahnstraße nur dort, wo deren Benutzern Zweifel auftauchen können, ob der Straßenzug noch immer Einbahnstraße ist.*

5. *5. Ist nur ein Teil eines Straßenzuges Einbahnstraße, so ist an deren Ende durch das Zeichen 125 zu warnen, in der Fortsetzung der Straße dem Gegenverkehr z. B. durch das Zeichen 209 die Fahrtrichtung vorzuschreiben; eine Unterstützung durch Fahrbahnmarkierungen (Leitlinien und Pfeile) empfiehlt sich. Wird dagegen die Einbahnstraße bis zum Ende der Straße weitergeführt, so ist der Benutzer der Einbahnstraße nur dann durch das Zeichen 125 zu warnen, wenn sich dies nicht aus der Gestaltung der Örtlichkeit von selbst versteht. Die Einfahrt aus der entgegengesetzten Richtung in die Einbahnstraße ist durch Zeichen 267 zu sperren. Soll auf Einbahnstraßen das Halten auf beiden Seiten untersagt werden, so sind die Zeichen 283 oder 286 beiderseits aufzustellen.*

6. *II. Straßenbahnverkehr in beiden Richtungen auf der Fahrbahn ist mit dem Sinn und Zweck von Einbahnstraßen nicht zu vereinbaren.* 61

7. *III. Die Einführung von Einbahnstraßen ist erwünscht, weil diese die Sicherheit und die Flüssigkeit des Verkehrs, vor allem auch der öffentlichen Verkehrsmittel fördern und übrigens auch Parkraum schaffen. Allerdings bedarf es in jedem Fall der Abwägung der durch die Einrichtung von Einbahnstraßen berührten Interessen. Es muß insbesondere vermieden werden, daß ortsfremden Kraftfahrern dadurch unangemessen erschwert wird, sich zurechtzufinden; Wegweiser können helfen. In jedem Fall ist darauf zu achten, daß für den Gegenverkehr eine gleichwertige (Einbahn-) Straßenführung in nicht zu großem Abstand zur Verfügung steht. Schließlich ist zu vermeiden, daß durch diese Maßnahmen die Verkehrsbehinderungen nur auf andere Straßen verlagert werden.* 62

8. *IV. 1. Die Öffnung von Einbahnstraßen für den Radverkehr in Gegenrichtung kommt nur in Betracht, wenn* 63

9. *a) nach der flächenhaften Radverkehrsplanung die Benutzung der bestimmten Straßenstrecke innerorts erforderlich ist,*

10. *b) die Anordnung der Einbahnstraße unter Berücksichtigung der Belange des Radverkehrs nicht aufgehoben oder nicht durch andere Maßnahmen (z. B. unechte Einbahnstraßen mit Zeichen 267, Einrichtung eines entlang der Einbahnstraße abgetrennten Radweges) ersetzt werden kann,*

11. *c) für den Fahrverkehr auf der Fahrbahn eine Breite von in der Regel 3,5 m, mindestens jedoch 3 m mit ausreichenden Ausweichmöglichkeiten, vorhanden ist; verkehren dort auch Omnibusse des Linienverkehrs oder besteht stärkerer Verkehr mit Lastkraftwagen, so muß die Breite mehr als 3,5 m betragen,*

12. *d) die Verkehrsführung im Streckenverlauf und an den Knotenpunkten (Einmündungen und Kreuzungen) übersichtlich und die Begegnungsstrecke nur von geringer Länge ist,*

13. *e) für den ruhenden Verkehr Vorsorge getroffen wurde und*

14. *f) für den Radverkehr dort, wo es orts- und verkehrsbezogen erforderlich ist, zum Einbiegen in die Einbahnstraße in Gegenrichtung ein abgetrennter Einfahrtbereich angeboten wird.*

15. *2. Die Verkehrszeichen sind in jedem Fall deutlich sichtbar aufzustellen. An Knotenpunkten (Einmündungen und Kreuzungen) ist insbesondere auch darauf zu achten, daß auf die Öffnung der Einbahnstraße für den Radverkehr in Gegenrichtung mit dem Zusatzschild zu Zeichen 353 deutlich hingewiesen wird.*

16. *3. Die Straßenverkehrsbehörde muß vor der Öffnung der Einbahnstraße für den Radverkehr in Gegenrichtung das Verkehrs- und Unfallgeschehen (z. B. Verkehrsdichte, Verkehrsstruktur, Art und Umfang der Unfälle) dokumentieren und deren Entwicklung nach der Öffnung beobachten, dokumentieren und auswerten. Bei einer Unfallhäufung im Zusammenhang mit der Regelung (z. B. zwei oder mehr Radfahrunfälle mit schwerem Sachschaden bzw. Personenschaden) ist die Regelung sofort aufzuheben.*

3. Vorgeschriebene Vorbeifahrt

Zeichen 222

Rechts vorbei

„Links vorbei" wird entsprechend vorgeschrieben.

Vwv zu Zeichen 222 Rechts vorbei

1 I. Ist das Zeichen von innen beleuchtet, so darf es innerhalb geschlossener Ortschaften in verkleinerter Ausführung aufgestellt werden, wenn dies zur Raumersparnis, z. B. an Fahrbahnteilern oder sonstigen Verkehrsinseln, geboten ist. Der Durchmesser muß dann aber mindestens 400 mm betragen.

2 II. Es ist wegen der Verwechslungsgefahr mit den Zeichen „Vorgeschriebene Fahrtrichtung" streng darauf zu achten, daß die Pfeile genau in einem Winkel von 45° schräg abwärts weisen.

3 III. Die Durchfahrt zwischen zwei in der Fahrbahn liegenden Haltestelleninseln sollte aus Sicherheitsgründen durch das Zeichen „Rechts vorbei" gesperrt werden.

4 IV. Sind in der Mitte der Fahrbahn Inseln oder Fahrbahnteiler errichtet, so ist an ihnen das Zeichen „Rechts vorbei" anzubringen. Diese Anordnungen durch Fahrstreifenbegrenzungen (Zeichen 295) oder Sperrflächen (Zeichen 298) zu unterstreichen, wird sich häufig empfehlen.

5 V. Das Zeichen soll nur verwendet werden, wenn zwischen ihm und dem Verkehrsteilnehmer, an den es sich wendet, Gegenverkehr nicht zugelassen ist.

6 VI. Es widerstrebt dem Sinn der Zeichen, wenn sowohl das Zeichen „Rechts vorbei" als auch das Zeichen „Links vorbei" an einem Hindernis auf der Fahrbahn angebracht werden, um damit darzutun, daß das Hindernis beiderseits umfahren werden darf. Das ist erforderlichenfalls durch geeignete Maßnahmen, wie durch Aufstellung von Absperrbaken mit nach beiden Seiten fallenden Streifen, Anbringung von Fahrbahnmarkierungen und dergleichen deutlich zu machen.

3 a. Befahren eines Seitenstreifens als Fahrstreifen

Zeichen 223.1

Seitenstreifen befahren

Das Zeichen ordnet das Befahren eines Seitenstreifens an; dieser ist dann wie ein rechter Fahrstreifen zu befahren. Das Zeichen mit Zusatzschild „Ende in ... m" kündigt die Aufhebung der Anordnung an.

Zeichen 223.2

Seitenstreifen nicht mehr befahren

Das Zeichen hebt die Anordnung „Seitenstreifen befahren" auf.

Vorschriftzeichen § 41 Abs II Nr 4 StVO **2**

Zeichen 223.3

Seitenstreifen räumen

Das Zeichen ordnet die Räumung des Seitenstreifens an.
Werden die Zeichen 223.1 bis 223.3 für eine Fahrbahn mit mehr als zwei Fahrstreifen angeordnet, zeigen die Zeichen die entsprechende Anzahl der Pfeile.

Vwv zu den Zeichen 223.1 bis 223.3 Befahren eines Seitenstreifens als Fahrstreifen

1. I. Die Zeichen dürfen nur für die Tageszeiten angeordnet werden, zu denen auf Grund der Verkehrsbelastung eine erhebliche Beeinträchtigung des Verkehrsablaufs zu erwarten ist. Sie sind deshalb als Wechselverkehrszeichen auszubilden. Die Anordnung darf nur erfolgen, wenn der Seitenstreifen von den baulichen Voraussetzungen her wie ein Fahrstreifen (vgl. § 7 Abs. 1 Satz 2 StVO) befahrbar ist. Vor jeder Anordnung ist zu prüfen, ob der Seitenstreifen frei von Hindernissen ist. Während der Dauer der Anordnung ist die Prüfung regelmäßig zu wiederholen.

2. II. Die Zeichen sind beidseitig anzuordnen. Die Abmessung der Zeichen beträgt 2,25 m × 2,25 m.

3. III. Das Zeichen 223.1 soll durch ein Zusatzschild „Seitenstreifen befahren" unterstützt werden. Das Zusatzschild soll dann zu jedem Zeichen angeordnet werden.

4. IV. Das Zeichen 223.1 darf nur in Kombination mit einer Beschränkung der zulässigen Höchstgeschwindigkeit (Zeichen 274) auf nicht mehr als 100 km/h angeordnet werden. Zusätzlich empfiehlt sich bei starkem Lkw-Verkehr die Anordnung von Zeichen 277.

5. V. Das Zeichen 223.1 ist je nach örtlicher Situation in Abständen von etwa 1000 bis 2000 m aufzustellen. Die Standorte sind mit einer Verkehrsbeeinflussungsanlage abzustimmen. Im Bereich einer Verkehrsbeeinflussungsanlage können die Abstände zwischen zwei Zeichen vergrößert werden.

6. VI. Das Zeichen 223.2 ist in der Regel im Bereich einer Anschlussstelle anzuordnen. Wenigstens 400 m vorher ist entweder Zeichen 223.3 oder 223.1 mit dem Zusatz „Ende in … m" anzuordnen. Die Anordnung von Zeichen 223.1 mit dem Zusatz „Ende in … m" empfiehlt sich nur, wenn der befahrbare Seitenstreifen in einer Anschlussstelle in den Ausfädelungsstreifen übergeht und nur noch vom ausfahrenden Verkehr benutzt werden kann. Zeichen 223.3 soll durch ein Zusatzschild „Seitenstreifen räumen" unterstützt werden.

7. VII. Im Bereich von Ausfahrten ist die Nutzung des Seitenstreifens als Fahrstreifen in der Wegweisung zu berücksichtigen. Vorwegweiser und Wegweiser sind dann fahrstreifenbezogen als Wechselwegweiser auszuführen.

8. VIII. Zur Markierung vgl. zu Zeichen 295 Buchst. b; Rn. 9.

9. IX. Die Zeichen können durch Dauerlichtzeichen unterstützt werden. Dies empfiehlt sich besonders für Zeichen 223.2; vgl. Nummer I zu § 37 Abs. 3; Rn. 48."

4. Haltestellen

Zeichen 224

Straßenbahnen oder Linienbusse

2 StVO § 41 Abs II Nr 5   II. Zeichen und Verkehrseinrichtungen

Das Zeichen 224 mit dem Zusatzschild „Schulbus (Angabe der tageszeitlichen Benutzung)" kennzeichnet eine Schulbushaltestelle.

Vwv zu Zeichen 224 Haltestellen

73	1	I. *Durch das Zeichen werden Haltestellen für Straßenbahnen und für Linienbusse gekennzeichnet.*
	2	*Auch Haltestellen für Fahrzeuge des Schüler- und Behindertenverkehrs können so gekennzeichnet werden.*
73a	3	II. *Über die Festlegung des Ortes der Haltestellenzeichen vgl. die Straßenbahn-Bau- und Betriebsordnung und die Verordnung über den Betrieb von Kraftfahrunternehmen im Personenverkehr.*
74	4	III. *Die Errichtung von Haltestelleninseln für Straßenbahnen und von Haltestellenbuchten für Busse und Oberleitungsbusse ist anzustreben.*
	5	*Wo eine Insel errichtet ist, sollte das Zeichen auf ihr angebracht werden.*
74a	6	IV. *An Haltestellen von Straßenbahnen ist zu prüfen, ob die Parkverbotsstrecke durch Zeichen 299 verkürzt werden kann.*
75	7	V. *Muß an Bushaltestellen die Verbotsstrecke durch Zeichen 299 markiert werden, so ist sie so zu bemessen, daß der Omnibus mühelos an- und abfahren kann.*
75a	8	VI. *Im Orts- und Nachbarorts-Linienverkehr gehört zu dem Zeichen ein Zusatzschild mit der Bezeichnung der Haltestelle (Haltestellenname). Darüber hinaus kann die Linie angegeben werden.*
	9	*Bei Bedarf können dazu das Symbol der Straßenbahn bzw. des Kraftomnibusses gezeigt werden.*
76	10	VII. *Schulbushaltestellen werden mit einem Zusatzschild „Schulbus (Angabe der tageszeitlichen Benutzung)" gekennzeichnet.*
77		

Zeichen 229

Taxenstand

Ein Zusatzschild kann die Anzahl der vorgesehenen Taxen angeben.

Vwv zu Zeichen 229 Taxenstand

78	1	I. *Das Zeichen steht am Beginn der Verbotsstrecke. Ist diese für mehr als 5 Taxen vorgesehen, so ist das Zeichen auch am Ende der Verbotsstrecke aufzustellen.*
79	2	II. *Verbotsstrecken mit nur einem Zeichen (bis zu fünf Taxen) sind zu markieren (Zeichen 299). Verbotsstrecken für mehr als fünf Taxen brauchen nur auf besonders langen oder unübersichtlichen Strecken gekennzeichnet zu werden. Für jedes Taxi sollen dabei 5 m zugrunde gelegt werden.*

5. Sonderwege

80	Zeichen 237	Zeichen 238	Zeichen 239
81			
82			

    Radfahrer   **Reiter**   **Fußgänger**

Diese Zeichen stehen rechts oder links. Die Sinnbilder der Zeichen 237 und 239 können auch gemeinsam auf einem Schild, durch einen senkrechten weißen Streifen getrennt, gezeigt werden. Ein gemeinsamer Rad- und Gehweg kann durch ein Schild gekenn-

Vorschriftzeichen § 41 Abs II Nr 5 StVO **2**

zeichnet sein, das – durch einen waagerechten weißen Streifen getrennt – die entsprechenden Sinnbilder zeigt. Das Zeichen „Fußgänger" steht nur dort, wo eine Klarstellung notwendig ist. Durch ein Zusatzschild kann die Benutzung des Radweges innerhalb geschlossener Ortschaften durch Mofas gestattet werden.

Zeichen 240 — gemeinsamer Fuß- und Radweg

Zeichen 241 — getrennter Rad- und Fußweg

82a
82b

Die Zeichen bedeuten:
a) Radfahrer, Reiter und Fußgänger müssen die für sie bestimmten Sonderwege benutzen. Andere Verkehrsteilnehmer dürfen sie nicht benutzen;
b) wer ein Mofa durch Treten fortbewegt, muß den Radweg benutzen;
c) auf einem gemeinsamen Rad- und Gehweg haben Radfahrer und die Führer von motorisierten Zweiradfahrzeugen auf Fußgänger Rücksicht zu nehmen;
d) auf Reitwegen dürfen Pferde geführt werden;
e) wird bei Zeichen 239 durch Zusatzschild Fahrzeugverkehr zugelassen, so darf nur mit Schrittgeschwindigkeit gefahren werden;
f) wird bei Zeichen 237 durch Zusatzschild anderer Fahrzeugverkehr zugelassen, so darf nur mit mäßiger Geschwindigkeit gefahren werden.

Vwv zu den Zeichen 237, 240 und 241

1   I. Die Zeichen 237, 240 und 241 begründen einen Sonderweg und kennzeichnen die Radwegebenutzungspflicht. Sie stehen dort, wo der Sonderweg beginnt. Sie sind an jeder Kreuzung und Einmündung zu wiederholen. Zur Radwegebenutzungspflicht vgl. zu § 2 Abs. 4 Satz 2; Rn. 9 ff.   83

2   II. Wo mit dem Zeichen 237, 240 und 241 ein Sonderweg (auch) für Radfahrer und damit eine Radwegebenutzungspflicht begründet wird, dürfen die Radfahrer an Kreuzungen und Einmündungen im Zuge von gekennzeichneten Vorfahrtstraßen (vgl. Nummer III zu § 8 Abs. 1; Rn. 15 ff.) und an Lichtzeichenanlagen nicht sich selbst überlassen bleiben. Zur Radwegeführung sind hier Radfahrerfurten zu markieren. Zur Radwegeführung vgl. Nummer II 2 Buchstabe c zu § 2 Abs. 4 Satz 2 (Rn. 25 und 26) sowie zu § 9 Abs. 2 und 3; Rn. 3 ff. Zur Lichtzeichenregelung vgl. zu § 37 Abs. 2 Nr. 5 und 6; Rn. 42 ff.

3   III. Das Ende der Sonderwege bedarf keiner Kennzeichnung. In unklaren Fällen kann das Verkehrszeichen mit dem Zusatzschild „Ende" angebracht sein.

4   IV. Die Zeichen können abweichend von Nummer III 3 zu den §§ 39 bis 43 (Rn. 9) bei baulichen Radwegen immer, bei Radfahrstreifen in besonders gelagerten Fällen, in der Größe 1 aufgestellt werden.

Vwv zu Zeichen 237 Radfahrer

1   I. Baulich angelegte Radwege sind, wenn die Anordnung der Radwegebenutzungspflicht erforderlich und verhältnismäßig ist, in der Regel mit Zeichen 237 zu kennzeichnen; außerorts soll die Kennzeichnung stets erfolgen. Zur Radwegebenutzungspflicht und zum Begriff des Radfahrstreifens vgl. zu § 2 Abs. 4 Satz 2; Rn. 9 ff.   83a

2   II. 1. Die Abtrennung eines Radfahrstreifens von der Fahrbahn genügt nicht, wenn die Verkehrsbelastung an Straßen mit zwei Fahrstreifen mehr als 18 000 Kfz/24 Std. und an Straßen mit vier Fahrstreifen mehr als 25 000 Kfz/24 Std. aufweist. Sie scheidet immer aus in Kreisverkehren.

3   2. Die Kennzeichnung eines Radfahrstreifens setzt voraus, daß Vorsorge für den ruhenden Verkehr getroffen wurde.

4   3. Radfahrstreifen sind in regelmäßigen Abständen mit dem Zeichen 237 zu markieren.

2 StVO § 41 Abs II Nr 5 — II. Zeichen und Verkehrseinrichtungen

5   III. Manchmal ist es erforderlich, Radfahrer durch Verkehrsverbote (Zeichen 254) bzw. die Wegweisung für bestimmte Verkehrsarten (Zeichen 421, 442) auf andere Straßen zu verweisen. Davon soll dann Gebrauch gemacht werden, wenn dies aus Gründen der Verkehrssicherheit geboten und auf Grundlage des vorhandenen Straßennetzes möglich erscheint. Zur Wegweisung für bestimmte Verkehrsarten vgl. Nummer III 2 zu den Zeichen 421 und 442; Rn. 4.

6   IV. Auf Straßen ohne Gehweg und Seitenstreifen dürfen Radwege alleine nicht gekennzeichnet werden. Hier kann sich aber die Kennzeichnung als gemeinsamer Fuß- und Radweg (Zeichen 240) anbieten.

Vwv zu Zeichen 238 Reiter

83b 1   I. Da in der Regel wegen der Beschaffenheit der Reitwege weder zu besorgen ist, daß ihn Reiter nicht benutzen, noch daß ihn andere Verkehrsteilnehmer benutzen, wird sich vielfach die Aufstellung des Zeichens erübrigen.

Vwv zu Zeichen 239 Fußgänger

83c 1   I. Der Klarstellung durch das Zeichen bedarf es nur dort, wo die Zweckbestimmung des Straßenteils als Gehweg sich nicht aus dessen Ausgestaltung ergibt. Soll ein Seitenstreifen den Fußgängern allein vorbehalten werden, so ist das Zeichen zu verwenden.

2   II. Die Freigabe des Gehweges zur Benutzung durch Radfahrer durch das Zeichen mit Zusatzschild 1022–10 „Radfahrer frei" ist nicht ausgeschlossen. Damit wird dem Radverkehr ein Benutzungsrecht auf dem Gehweg eröffnet. Eine Benutzungspflicht besteht dagegen nicht.

3   III. 1. Die Freigabe bewirkt eine teilweise Entmischung des Fahrzeugverkehrs und eine teilweise Mischung von Radverkehr und Fußgängern auf einer gemeinsamen Verkehrsfläche. Es ist zu erwarten, daß von einem solchen Benutzungsrecht vornehmlich ungeübte oder unsichere Radfahrer Gebrauch machen werden.

4   2. Die Freigabe kann nur dann in Betracht kommen, wenn dem straßenrechtliche Bestimmungen nicht entgegenstehen, die Interessen der vorgenannten Radfahrer dies notwendig machen und wenn die Freigabe nach den örtlichen Gegebenheiten und unter Berücksichtigung der Belange der Fußgänger, insbesondere der älteren Menschen, der Kinder und der radfahrenden Kinder, im Hinblick auf die Verkehrssicherheit vertretbar erscheint.

5   3. Den Belangen der Fußgänger kommt dabei ein besonderes Gewicht zu, zumal der Radverkehr nach den Erläuterungen zu Zeichen 239 nur mit Schrittgeschwindigkeit fahren darf.

6   IV. Die Beschaffenheit und der Zustand des Gehweges soll dann auch die gewöhnlichen Verkehrsbedürfnisse des Radverkehrs (z. B. Bordsteinabsenkung an Einmündungen und Kreuzungen) berücksichtigen. Auch sind die allgemeinen Verkehrsregeln, insbesondere der §§ 9 und 10, aber auch des § 2 Abs. 5 Satz 1 Halbsatz 2, zu bedenken.

7   V. Soweit die Freigabe in einzelnen Ausnahmefällen erforderlich und verhältnismäßig ist, müssen die Zeichen an jeder Kreuzung und Einmündung wiederholt werden. Von der Markierung des Sinnbildes „Radfahrer" (§ 39 Abs. 4) auf dem Gehweg soll abgesehen werden.

Vwv zu Zeichen 240 gemeinsamer Fuß- und Radweg

83d 1   I. Gemeinsame Fuß- und Radwege müssen außerorts und können innerorts, wenn die Anordnung der Radwegebenutzungspflicht erforderlich und verhältnismäßig ist, mit Zeichen 240 gekennzeichnet werden. Zur Radwegebenutzungspflicht vgl. zu § 2 Abs. 4 Satz 2 (Rn. 9ff.) und zur Freigabe linker Radwege für die Gegenrichtung vgl. Nummer II zu § 2 Abs. 4 Satz 3; Rn. 35ff.

2   II. 1. Ein gemeinsamer Fuß- und Radweg bewirkt eine Entmischung des Fahrzeugverkehrs und eine Mischung des Radverkehrs mit den Fußgängern auf einer gemeinsamen Verkehrsfläche.

3   2. Im Hinblick auf die mit der Kennzeichnung verbundene Radwegebenutzungspflicht kann dies nur dann in Betracht kommen, wenn die Interessen des Radverkehrs das notwendig machen und wenn es nach den örtlichen Gegebenheiten und unter Berücksichtigung der Belange der Fußgänger, insbesondere der älteren Verkehrsteilnehmer und der Kinder, im Hinblick auf die Verkehrssicherheit vertretbar erscheint.

4   III. 1. An Lichtzeichenanlagen kann zur Führung der Fußgänger eine zusätzliche Fußgängerfurt (vgl. Nummer III zu § 25 Abs. 3; Rn. 3 bis 5) entbehrlich sein.

Vorschriftzeichen § 41 Abs II Nr 5 StVO **2**

5   2. An den roten und grünen Lichtzeichen der Lichtzeichenanlage für Fußgänger werden in der Regel, wenn sich orts- und verkehrsbezogen keine andere Lösung anbietet, jeweils die Sinnbilder für Fußgänger und Radfahrer gezeigt. Zur Lichtzeichenregelung vgl. zu § 37 Abs. 2 Nr. 5 und 6; Rn. 42 ff.

Vwv zu Zeichen 241 getrennter Fuß- und Radweg

1   I. Radwege sollen, wenn die Anordnung der Radwegebenutzungspflicht erforderlich und verhältnismäßig ist, von einem Gehweg baulich oder mit durchgehender weißer Linie abgetrennt und mit Zeichen 241 gekennzeichnet werden. Zur Radwegebenutzungspflicht vgl. zu § 2 Abs. 4 Satz 2; Rn. 9 ff.   84

2   II. 1. An Lichtzeichenanlagen ist in der Regel auch eine Führung der Fußgänger durch eine Fußgängerfurt (vgl. Nummer III zu § 25 Abs. 3; Rn. 3 und 5) erforderlich. Zur Lichtzeichenregelung vgl. zu § 37 Abs. 2 Nr. 5 und 6; Rn. 42 ff.

3   2. Nebeneinanderliegende Radfahrer- und Fußgängerfurten sind durch eine gleichartige Markierung zu trennen. Entsprechendes gilt, wenn die Radfahrerfurt nicht weit von einer Fußgängerfurt angebracht ist.

Zeichen 242   **Zeichen 243**   84a/84b

Beginn eines   Ende eines
Fußgängerbereichs   Fußgängerbereichs

Innerhalb des Fußgängerbereichs gilt:
1. Der Fußgängerbereich ist Fußgängern vorbehalten. Andere Verkehrsteilnehmer dürfen ihn nicht benutzen.
2. Wird durch Zusatzschild Fahrzeugverkehr zugelassen, so darf nur mit Schrittgeschwindigkeit gefahren werden. Die Fahrzeugführer dürfen Fußgänger weder gefährden noch behindern; wenn nötig, müssen sie warten.

Vwv zu den Zeichen 242 (Beginn eines Fußgängerbereichs) und 243 (Ende eines Fußgängerbereichs)

1   Die Zeichen können innerhalb geschlossener Ortschaften für Bereiche aufgestellt werden, die Fußgängern vorbehalten bleiben sollen. Fahrzeugverkehr soll nur ausnahmsweise zugelassen werden, insbesondere als Anlieger- und Anlieferverkehr.   84c

Zeichen 244   **Zeichen 244a**   85/86

Auf Fahrradstraßen gelten die Vorschriften über die Benutzung von Fahrbahnen; abweichend davon gilt:
1. Andere Fahrzeugführer als Radfahrer dürfen Fahrradstraßen nur benutzen, soweit dies durch Zusatzschild zugelassen ist.
2. Alle Fahrzeuge dürfen nur mit mäßiger Geschwindigkeit fahren.
3. Radfahrer dürfen auch nebeneinander fahren.

Vwv zu den Zeichen 244 (Beginn einer Fahrradstraße) und 244a (Ende einer Fahrradstraße)

1   I. Fahrradstraßen können unter Beachtung der straßenrechtlichen Bestimmungen für bestimmte Straßen oder Straßenabschnitte zur Bündelung des vorhandenen oder zu erwartenden Radver-   86a

2 StVO § 41 Abs II Nr 5   II. Zeichen und Verkehrseinrichtungen

kehrs eingerichtet werden. Sie kommen dann in Betracht, wenn der Radverkehr die vorherrschende Verkehrsart ist oder dies alsbald zu erwarten ist. Ihre Anwendung ist deshalb vornehmlich im Verlauf wichtiger Hauptverbindungen des Radverkehrs gerechtfertigt.

2   II. Fahrradstraßen müssen entsprechend ihrer Zweckbestimmung auch für den Ortsfremden eindeutig erkennbar und durch ihre Beschaffenheit und ihren Zustand für den Radverkehr zumutbar sein. In Fahrradstraßen gelten einschließlich der Vorfahrtregelung alle Vorschriften über die Straßenbenutzung auf der Fahrbahn.

3   III. Durch die Kennzeichnung als Fahrradstraße wird anderer Fahrzeugverkehr als Radverkehr ausgeschlossen. Vor der Kennzeichnung sind deshalb die Verkehrsbedeutung für den Kraftfahrzeugverkehr sowie dessen Verkehrslenkung zu berücksichtigen.

4   IV. Anderer Fahrzeugverkehr als Radverkehr darf nur ausnahmsweise zugelassen werden. Dieser soll sich nach Möglichkeit auf den Anliegerverkehr beschränken. Die Einhaltung der mäßigen Geschwindigkeit für alle Fahrzeugführer soll dann, insbesondere wenn die Fahrradstraße als Vorfahrtstraße gekennzeichnet werden soll (vgl. Nummer III zu § 8 Abs. 1; Rn. 15 ff.), durch bauliche Maßnahmen (z. B. Aufpflasterungen) verdeutlicht werden. Auch ist dann Vorsorge für den ruhenden Verkehr (z. B. Besucher) zu treffen.

5   V. Der Beginn und das Ende einer Fahrradstraße sollte durch straßenbauliche Gestaltungselemente (z. B. Aufpflasterungen, Fahrbahnverengungen) hervorgehoben werden. Die Fläche für den ausnahmsweise ein- und ausfahrenden Kraftfahrzeugverkehr sollte dabei so klein wie möglich bemessen werden. Gleiches gilt im Verlauf der Fahrradstraße an jeder die Fahrradstraße begrenzenden Kreuzung und Einmündung.

86b   **Zeichen 245**

Linienomnibusse

Der so gekennzeichnete Sonderfahrstreifen ist Omnibussen des Linienverkehrs vorbehalten. Dasselbe gilt auch für Taxen, wenn dies durch das Zusatzschild „Taxi frei" angezeigt ist, sowie für Radfahrer, wenn dies durch das Zusatzschild

angezeigt ist. Andere Verkehrsteilnehmer dürfen den Sonderfahrstreifen nicht benutzen.

Vwv zu Zeichen 245 Linienomnibusse

86c   1   I. Durch das Zeichen werden markierte Sonderfahrstreifen den Omnibussen des Linienverkehrs vorbehalten.

2   Als Linienverkehr gilt auch der Verkehr mit gekennzeichneten Fahrzeugen des Schüler- und Behindertenverkehrs.

3   Sie sollen im Interesse der Sicherheit oder Ordnung des Verkehrs Störungen des Linienverkehrs vermeiden und einen geordneten und zügigen Betriebsablauf ermöglichen. Sonderfahrstreifen für Linienomnibusse sind damit besonders geeignet, den öffentlichen Personenverkehr gegenüber dem Individualverkehr zu fördern (vgl. Nummer I zu den §§ 39 bis 43; Rn. 1).

4   Sonderfahrstreifen können in Randlage rechts, in Einbahnstraßen rechts oder links, in Mittellage allein oder im Gleisraum von Straßenbahnen sowie auf baulich abgegrenzten Straßenteilen auch entgegengesetzt der Fahrtrichtung angeordnet werden.

5 Bevor die Anordnung des Zeichens erwogen wird, ist zu prüfen, ob nicht durch andere verkehrsregelnde Maßnahmen (z. B. durch Zeichen 220, 253, 283, 301, 306, 421) eine Verbesserung des Verkehrsflusses oder eine Verlagerung des Verkehrs erreicht werden kann.

6 *Voraussetzungen:*
1. Die Anordnung von Sonderfahrstreifen kommt nur dann in Betracht, wenn die vorhandene Fahrbahnbreite ein ausgewogenes Verhältnis im Verkehrsablauf des öffentlichen Personenverkehrs und des Individualverkehrs unter Berücksichtigung der Zahl der beförderten Personen nicht mehr zuläßt. Auch bei kurzen Straßenabschnitten (z. B. vor Verkehrsknotenpunkten) kann die Anordnung von Sonderfahrstreifen gerechtfertigt sein.

7 2. Die Breite des Sonderfahrstreifens soll in der Regel 3,50 m betragen. Verbleibt für den Individualverkehr derselben Richtung nur ein Fahrstreifen, darf dessen Breite 3,25 m nicht unterschreiten.

8 Besondere Sicherheitsvorkehrungen für etwa vorhandenen Radfahrverkehr, z. B. Radwege, sind in der Regel unerläßlich. Radfahrverkehr ist auszuschließen, wenn sich Radfahrer zwischen dem Linien- und Individualverkehr fortbewegen müßten.

9 3. Gegenseitige Behinderungen, die durch stark benutzte Zu- und Abfahrten (z. B. bei Parkhäusern, Tankstellen usw.) hervorgerufen werden, sind durch geeignete Maßnahmen, wie z. B. durch Verlegung der Zu- und Abfahrten in Nebenstraßen auf ein Mindestmaß zu beschränken. Ist dies nicht möglich, sollte auf den Sonderfahrstreifen verzichtet werden.

10 4. Sonderfahrstreifen ohne zeitliche Beschränkung in Randlage dürfen nur dort angeordnet werden, wo kein Anliegerverkehr vorhanden ist und das Be- und Entladen, z. B. in besonderen Ladestraßen oder Innenhöfen, erfolgen kann. Sind diese Voraussetzungen nicht gegeben, sind für die Sonderfahrstreifen zeitliche Beschränkungen vorzusehen.

11 Zur Befriedigung des Kurzparkbedürfnisses während der Geltungsdauer der Sonderfahrstreifen sollte die Parkzeit in nahegelegenen Nebenstraßen beschränkt werden.

12 5. Sonderfahrstreifen im Gleisraum von Straßenbahnen dürfen nur im Einvernehmen mit der Technischen Aufsichtsbehörde nach § 58 Abs. 3 der Straßenbahn-Bau- und Betriebsordnung angeordnet werden.

13 6. Die Anordnung von Sonderfahrstreifen kann sich auch dann anbieten, wenn eine Entflechtung des öffentlichen Personenverkehrs und des Individualverkehrs von Vorteil ist oder zumindest der Verkehrsablauf des öffentlichen Personennahverkehrs verbessert werden kann.

14 Sonderfahrstreifen in Randlage rechts sollen zeitlich beschränkt (vgl. Nummer III 15 zu den §§ 39 bis 43; Rn. 43), Sonderfahrstreifen in Mittellage zeitlich unbeschränkt angeordnet werden.

15 Die Geltungsdauer zeitlich beschränkter Sonderfahrstreifen sollte innerhalb des Betriebsnetzes einheitlich angeordnet werden.

16 7. Die Anordnung von Sonderfahrstreifen soll in der Regel nur dann erfolgen, wenn mindestens 20 Omnibusse des Linienverkehrs pro Stunde der stärksten Verkehrsbelastung verkehren.

17 II. 1. Das Zeichen ist möglichst über dem Sonderfahrstreifen anzubringen (vgl. Nummer IV 1 zu § 41; Rn. 4 bis 7); es ist an jeder Kreuzung und Einmündung zu wiederholen.

18 Zur Verdeutlichung kann die Markierung „BUS" auf der Fahrbahn aufgetragen werden.

19 2. Wo ein Sonderfahrstreifen ohne zeitliche Beschränkung angeordnet ist, soll er durch eine Fahrstreifenbegrenzung (Zeichen 295) abgetrennt werden; im Bereich von Haltestellen und Grundstückseinfahrten hat die Abtrennung durch eine Leitlinie (Zeichen 340) zu erfolgen.

20 Sonderfahrstreifen in Einbahnstraßen entgegen der Fahrtrichtung, die gegen die Fahrbahn des entgegengerichteten Verkehrs baulich abzugrenzen sind, sollen auch am Beginn der Einbahnstraße durch das Zeichen kenntlich gemacht werden. Es kann sich empfehlen, dem allgemeinen Verkehr die Führung des Busverkehrs anzuzeigen.

21 Zeitlich beschränkt angeordnete Sonderfahrstreifen sind durch eine Leitlinie (Zeichen 340) abzutrennen.

22 Die Ausführung der Markierungen richtet sich nach den Richtlinien für die Markierung von Straßen (RMS).

23 Kann durch eine Markierung eine Erleichterung des Linienverkehrs erreicht werden (Fahrstreifen in Mittellage, im Gleisraum von Straßenbahnen oder auf baulich abgesetzten Straßenteilen), empfiehlt es sich, auf das Zeichen zu verzichten (vgl. Nummer III 14 Satz 1 zu den §§ 39 bis 43; Rn. 42). Die Voraussetzungen für die Einrichtung eines Sonderfahrstreifens gelten entsprechend.

24 3. Die Flüssigkeit des Verkehrs auf Sonderfahrstreifen an Kreuzungen und Einmündungen kann durch Abbiegeverbote für den Individualverkehr (z. B. Zeichen 209 bis 214) verbessert werden. Notfalls sind besondere Lichtzeichen (§ 37 Abs. 2 Nr. 4) anzuordnen. Die Einrichtung von Busschleusen oder die Vorgabe bedarfsgerechter Vor- und Nachlaufzeiten an Lichtzeichenanlagen wird empfohlen.

25 4. Ist die Kennzeichnung des Endes eines Sonderfahrstreifens erforderlich, so ist das Zeichen mit dem Zusatzschild „Ende" anzuordnen.

26 5. Das Zeichen muß mindestens voll rückstrahlen. Eine Beleuchtung empfiehlt sich dann, wenn die Beleuchtungsverhältnisse in der Umgebung die Erkennbarkeit des Zeichens beeinträchtigen (vgl. auch Nummer III 7b zu den §§ 39 bis 43; Rn. 20).

27 III. 1. Taxen sollen grundsätzlich auf Sonderfahrstreifen für Linienomnibusse zugelassen werden. Dies gilt nicht, wenn dadurch der Linienverkehr, auch unter Berücksichtigung der besonderen Lichtzeichenregelung, gestört würde.

28 2. Auf Sonderfahrstreifen für Linienomnibusse im Gleisraum von Schienenbahnen dürfen Taxen nicht zugelassen werden.

29 IV. Radverkehr kann im Benehmen mit den Verkehrsunternehmen auf Sonderfahrstreifen für Linienomnibusse in Randlage dann zugelassen werden, wenn

30 1. die Flüssigkeit des Verkehrs mit Linienomnibussen nicht beeinträchtigt wird,

31 2. die Schaffung benutzungspflichtiger Radwege oder andere Maßnahmen, welche die Sicherheit des Radverkehrs auf der Fahrbahn gewährleisten, bei Einrichtung des Sonderfahrstreifens nicht möglich sind,

32 3. die Verkehrsstruktur und die unterschiedlichen Benutzungsansprüche dies im Einzelfall vertretbar erscheinen lassen.

33 Wird der Radverkehr ausnahmsweise zugelassen, dürfen auf dem Sonderfahrstreifen keine besonderen Lichtzeichen (§ 37 Abs. 2 Satz 3 Nr. 4 Satz 2) gezeigt werden, es sei denn, für den Radverkehr gelten eigene Lichtzeichen.

34 V. Die Funktionsfähigkeit der Sonderfahrstreifen hängt weitgehend von ihrer völligen Freihaltung vom Individualverkehr ab (vgl. Nummer V zu § 13 Abs. 1; Rn. 5).

6. Verkehrsverbote

Verkehrsverbote untersagen den Verkehr insgesamt oder teilweise. Soweit von Verkehrsverboten, die aus Gründen der Luftverunreinigung ergehen, für Kraftfahrzeuge Ausnahmen durch Verkehrszeichen zugelassen werden, ist dies durch Zusatzschild zu den Zeichen 251, 253, 255 und 260 angezeigt. Soweit Verkehrsverbote für Nutzfahrzeuge mit einem zulässigen Gesamtgewicht von mehr als 12 t nur für den Durchgangsverkehr gelten, ist diese Beschränkung durch das Zusatzzeichen „Durchgangsverkehr" zu dem Zeichen 253 mit dem Zusatzzeichen „12 t" angezeigt.

86d Das Zusatzschild

Freistellung vom Verkehrsverbot nach § 40 Abs. 2 Bundes-Immissionsschutzgesetz
nimmt Kraftfahrzeuge vom Verkehrsverbot aus,

a) die mit einer G-Kat-Plakette oder einer amtlichen Plakette gekennzeichnet sind, die nach dem Anhang zu § 40c Abs. 1 des Bundes-Immissionsschutzgesetzes in der Fassung der Bekanntmachung vom 14. Mai 1990 (BGBl. I S. 880), zuletzt geändert durch Artikel 2 des Gesetzes vom 18. April 1997 (BGBl. I S. 805) oder in den Fällen des § 40e Abs. 2 des Bundes-Immissionsschutzgesetzes in der Fassung des Artikels 1 Nr. 1 des Gesetzes vom 19. Juli 1995 (BGBl. I S. 930) erteilt worden ist, oder

b) mit denen Fahrten zu besonderen Zwecken im Sinne des § 40d Abs. 1 Nr. 1 bis 6 des Bundes-Immissionsschutzgesetzes in der Fassung des Artikels 1 Nr. 1 des Gesetzes vom 19. Juli 1995 (BGBl. I S. 930) oder zur sozialen Betreuung der Bevölkerung in dem Verbotsgebiet durchgeführt werden.

Vorschriftzeichen § 41 Abs II Nr 6 StVO **2**

Die Kombination der Zusatzzeichen

beschränkt das Verkehrsverbot auf den Durchgangsverkehr mit Nutzfahrzeugen mit einem zulässigen Gesamtgewicht von mehr als 12 t. Durchgangsverkehr liegt nicht vor, soweit die jeweilige Fahrt

a) dazu dient, ein Grundstück an der vom Verkehrsverbot betroffenen Straße oder an einer Straße, die durch die vom Verkehrsverbot betroffene Straße erschlossen wird, zu erreichen oder zu verlassen,

b) dem Güterkraftverkehr im Sinne des § 1 Abs. 1 des Güterkraftverkehrsgesetzes in einem Gebiet innerhalb eines Umkreises von 75 km, gerechnet in der Luftlinie vom Mittelpunkt des zu Beginn einer Fahrt ersten Beladeortes des jeweiligen Fahrzeugs (Ortsmittelpunkt), dient; dabei gehören alle Gemeinden, deren Ortsmittelpunkt innerhalb des Gebietes liegt, zu dem Gebiet, oder

c) mit in § 1 Abs. 2 des Autobahnmautgesetzes für schwere Nutzfahrzeuge bezeichneten Fahrzeugen durchgeführt wird.

Ausgenommen von dem Verkehrsverbot ist eine Fahrt, die auf ausgewiesenen Umleitungsstrecken (Zeichen 421, 442, 454 bis 459 oder Zeichen 460 und 466) durchgeführt wird, um besonderen Verkehrslagen Rechnung zu tragen.

Zeichen 250

Verbot für Fahrzeuge aller Art

Es gilt nicht für Handfahrzeuge, abweichend von § 28 Abs. 2 auch nicht für Tiere. Krafträder und Fahrräder dürfen geschoben werden.

Das Zusatzschild

erlaubt Kindern, auch auf der Fahrbahn und den Seitenstreifen zu spielen. Auch Sport kann dort durch ein Zusatzschild erlaubt sein.

Vwv zu den Zeichen 250 bis 253

1 I. Mehr als zwei Verbote dürfen auf einem Schild nicht vereinigt werden, wenn das Schild Bedeutung für den Kraftfahrzeugverkehr hat.

2 II. Vgl. Nummer IV zu § 41 (Rn. 4 bis 8) und über die Zustimmungsbedürftigkeit Nummer III 1b zu § 45 Abs. 1 bis 1e; Rn. 5.

Vwv zu Zeichen 250 Verbot für Fahrzeuge aller Art

1 I. Das Schild kann so gewölbt sein, daß es auch seitlich erkennbar ist.

2 II. Wo das Zeichen von der anderen Straße aus nicht rechtzeitig zu erkennen ist, empfiehlt es sich, auch durch ein Zeichen „Vorgeschriebene Fahrtrichtung" (z. B. Zeichen 214) das Einfahren zu verbieten.

2 StVO § 41 Abs II Nr 6   II. Zeichen und Verkehrseinrichtungen

3   III. Das uneingeschränkte Verbot jeglichen Fahrverkehrs rechtfertigt die Benutzung der ganzen Straße durch Fußgänger und spielende Kinder.

91
92

Zeichen 251

Verbot für Kraftwagen
und sonstige mehrspurige
Kraftfahrzeuge

Zeichen 253

Verbot für Kraftfahrzeuge mit einem
zulässigen Gesamtgewicht über 3,5 t,
einschließlich ihrer Anhänger,
und Zugmaschinen,
ausgenommen Personenkraftwagen
und Kraftomnibusse

93
94
95

Zeichen 254

Verbot
für Radfahrer

Zeichen 255

Verbot für Krafträder,
auch mit Beiwagen,
Kleinkrafträder und Mofas

Zeichen 259

Verbot für Fußgänger

a) Für andere Verkehrsarten, wie Lastzüge, Reiter, können gleichfalls durch das Zeichen 250 mit Sinnbild entsprechende Verbote erlassen werden.
b) Ist auf einem Zusatzschild ein Gewicht, wie „7,5 t", angegeben, so gilt das Verbot nur, soweit das zulässige Gesamtgewicht dieser Verkehrsmittel die angegebene Grenze überschreitet.
c) Mehrere dieser Verbote können auf einem Schild vereinigt sein.

96

Zeichen 260

Verbot für Krafträder, auch mit Beiwagen, Kleinräder* und Mofas
sowie für Kraftwagen und sonstige mehrspurige Kraftfahrzeuge

---

* Gemeint sind offensichtlich Kleinkrafträder.

Vorschriftzeichen § 41 Abs II Nr 6 StVO **2**

Zeichen 261

Verbot für kennzeichnungspflichtige Kraftfahrzeuge mit gefährlichen Gütern

Vwv zu Zeichen 261 Verbot für kennzeichnungspflichtige Kraftfahrzeuge mit gefährlichen Gütern

1 I. Gefährliche Güter sind die Stoffe und Gegenstände, deren Beförderung auf der Straße nach § 2 Abs. 1 Nr. 2 der Gefahrgutverordnung Straße (GGVS) in Verbindung mit den Anlagen A und B des Europäischen Übereinkommens über die internationale Beförderung auf der Straße (ADR) verboten oder nur unter bestimmten Bedingungen gestattet ist. Die Kennzeichnung von Fahrzeugen mit gefährlichen Gütern ist in Randnummer 10 500 des Teils I und den auf die Endziffern 500 lautenden Randnummern des Teils II der Anlage B zum ADR geregelt.

2 II. Das Zeichen ist aufzustellen, wenn zu befürchten ist, daß durch die gefährlichen Güter infolge eines Unfalls oder Zwischenfalls, auch durch das Undichtwerden des Tanks, Gefahren für das Leben, die Gesundheit, die Umwelt oder Bauwerke in erheblichem Umfang eintreten können. Hierfür kommen z. B. Gefällestrecken in Betracht, die unmittelbar in bebaute Ortslagen führen. Für die Anordnung entsprechender Maßnahmen erläßt das Bundesministerium für Verkehr im Einvernehmen mit den obersten Landesbehörden Richtlinien, die im Verkehrsblatt veröffentlicht werden.

Verbot für Fahrzeuge, deren

Zeichen 262 — tatsächliches Gewicht

Zeichen 263 — tatsächliche Achslast

Zeichen 264 — Breite

Zeichen 265 — Höhe

Zeichen 266 — Länge

je einschließlich Ladung eine bestimmte Grenze überschreitet.

Die Beschränkung durch Zeichen 262 gilt bei Zügen für das einzelne Fahrzeug, bei Sattelkraftfahrzeugen gesondert für die Sattelzugmaschine einschließlich Sattellast und für die tatsächlich vorhandenen Achslasten des Sattelanhängers. Das Zeichen 266 gilt auch für Züge.

Vwv zu den Zeichen 262 bis 266

1 Die betroffenen Fahrzeuge sind rechtzeitig auf andere Straßen umzuleiten (Zeichen 421 und 442).

Vwv zu den Zeichen 264 und 265

103 1 I. Bei Festlegung der Maße ist ein ausreichender Sicherheitsabstand zu berücksichtigen.

2 II. Muß das Zeichen 265 bei Brückenbauwerken angebracht werden, unter denen der Fahrdraht einer Straßenbahn oder eines Oberleitungsomnibusses verlegt ist, so ist wegen des Sicherheitsabstandes der Verkehrsunternehmer zu hören.

104

Zeichen 267

Verbot der Einfahrt

Das Zeichen steht auf der rechten Seite der Fahrbahn, für die es gilt, oder auf beiden Seiten dieser Fahrbahn.

Vwv zu Zeichen 267 Verbot der Einfahrt

105 1 I. Das Schild darf so gewölbt sein, daß es auch seitlich erkennbar ist.

2 II. Es muß und darf nur dort aufgestellt werden, wo die Einfahrt verboten, aber aus der Gegenrichtung Verkehr zugelassen ist. Es ist vor allem zu verwenden, um die Einfahrt in eine Einbahnstraße aus entgegengesetzter Richtung zu sperren.

3 III. Für Einbahnstraßen vgl. zu Zeichen 220.

106

Zeichen 268

Schneeketten sind vorgeschrieben

Vwv zu Zeichen 268 Schneeketten sind vorgeschrieben

107 1 Das Zeichen darf nur gezeigt werden, solange Schneeketten wirklich erforderlich sind.

108

Zeichen 269

Verbot für Fahrzeuge mit wassergefährdender Ladung

Vwv zu Zeichen 269 Verbot für Fahrzeuge mit wassergefährdender Ladung

109 1 I. Das Zeichen sollte in der Regel nur auf Anregung der für die Reinhaltung des Wassers zuständigen Behörde aufgestellt werden. Diese ist in jedem Fall zu hören.

2 II. Wassergefährdende Stoffe sind feste, flüssige und gasförmige Stoffe, insbesondere
3 – Säuren, Laugen,
4 – Alkalimetalle, Siliciumlegierungen mit über 30 Prozent Silicium, metallorganische Verbindungen, Halogene, Säurehalogenide, Metallcarbonyle und Beizsalze,

Vorschriftzeichen § 41 Abs II Nr 6 StVO **2**

5 – Mineral- und Teeröle sowie deren Produkte,
6 – flüssige sowie wasserlösliche Kohlenwasserstoffe, Alkohole, Aldehyde, Ketone, Ester, halogen-, stickstoff- und schwefelhaltige organische Verbindungen,
7 – Gifte,
8 die geeignet sind, nachhaltig die physikalische, chemische oder biologische Beschaffenheit des Wassers nachteilig zu verändern.
9 III. Vgl. auch zu Zeichen 354 und über die Zustimmungsbedürftigkeit Nummern III 1a zu § 45 Abs. 1 bis 1e; Rn. 4.
10 IV. Auf die zu Zeichen 261 erwähnten Richtlinien wird verwiesen.

Zeichen 270.1

Beginn eines Verkehrsverbots zur Verminderung schädlicher Luftverunreinigungen in einer Zone

Zeichen 270.2

Ende eines Verkehrsverbots zur Verminderung schädlicher Luftverunreinigungen in einer Zone

 109a

Mit den Zeichen 270.1 und Zeichen 270.2 werden die Grenzen einer Verkehrsverbotszone bestimmt. Sie verbieten den Verkehr mit Kraftfahrzeugen innerhalb einer so gekennzeichneten Verkehrsverbotszone im Falle der Anordnung von Maßnahmen zur Vermeidung von schädlichen Umwelteinwirkungen durch Luftverunreinigungen auf der Grundlage des § 40 Abs. 1 des Bundes-Immissionsschutzgesetzes. Das Zusatzzeichen zum Zeichen 270.1

Freistellung vom Verkehrsverbot nach § 40 Abs. 1 des Bundes-Immissionsschutzgesetzes nimmt Kraftfahrzeuge vom Verkehrsverbot aus,
a) die nach § 1 Abs. 2 der Verordnung zur Kennzeichnung der Kraftfahrzeuge mit geringem Beitrag zur Schadstoffbelastung vom 10. Oktober 2006 (BGBl. I S. 2218) ausnahmsweise zugelassen sind,
b) die mit einer auf dem Zusatzzeichen in der jeweiligen Farbe angezeigten Plakette nach § 3 Abs. 1 der Verordnung zur Kennzeichnung der Kraftfahrzeuge mit geringem Beitrag zur Schadstoffbelastung vom 10. Oktober 2006 (BGBl. I S. 2218) ausgestattet sind oder
c) die nach Anhang 3 (zu § 2 Abs. 3) der Verordnung zur Kennzeichnung der Kraftfahrzeuge mit geringem Beitrag zur Schadstoffbelastung vom 10. Oktober 2006 (BGBl. I S. 2218) keiner Plaketten-Kennzeichnung unterliegen.

Zeichen 272

Wendeverbot

 109b

König

2 StVO § 41 Abs II Nr 7 II. Zeichen und Verkehrseinrichtungen

109c

Zeichen 273

Verbot des Fahrens ohne einen Mindestabstand

Es verbietet dem Führer eines Kraftfahrzeuges mit einem zulässigen Gesamtgewicht über 3,5 t oder einer Zugmaschine, mit Ausnahme von Personenkraftwagen und Kraftomnibussen, den angegebenen Mindestabstand zu einem vorherfahrenden Kraftfahrzeug gleicher Art zu unterschreiten.
Durch Zusatzschilder kann die Bedeutung des Zeichens eingeengt werden.

Vwv zu Zeichen 273 Verbot des Fahrens ohne einen Mindestabstand

109d 1   I. Das Zeichen darf nur dort aufgestellt werden, wo Überbeanspruchungen von Brücken mit beschränkter Tragfähigkeit oder sonstigen Kunstbauten dadurch auftreten können, daß mehrere schwere Kraftfahrzeuge dicht hintereinanderfahren.

2   II. Das Zeichen wird in der Regel nur mit einem Zusatzschild (vgl. § 41 Abs. 2 Nr. 6 Buchstabe b) verwendet werden können.

7. Streckenverbote
Sie beschränken den Verkehr auf bestimmten Strecken.

110

Zeichen 274

Zulässige Höchstgeschwindigkeit

verbietet, schneller als mit einer bestimmten Geschwindigkeit zu fahren. Sind durch das Zeichen innerhalb geschlossener Ortschaften bestimmte Geschwindigkeiten über 50 km/h zugelassen, so gilt das für Fahrzeuge aller Art. Außerhalb geschlossener Ortschaften bleiben die für bestimmte Fahrzeugarten geltenden Höchstgeschwindigkeiten (§ 3 Abs. 3 Nr. 2 Buchstaben a und b und § 18 Abs. 5) unberührt, wenn durch das Zeichen eine höhere Geschwindigkeit zugelassen wird.

Das Zusatzschild

verbietet, bei nasser Fahrbahn die angegebene Geschwindigkeit zu überschreiten.

Vwv zu den Zeichen 274 bis 282

111 1   Über die teilweise Zustimmungsbedürftigkeit vgl. Nummer III und VI zu § 45 Abs. 1 bis 1e; Rn. 3 ff.

Vwv zu den Zeichen 274, 276 und 277

112 1   I. Geschwindigkeitsbeschränkungen und Überholverbote für nur kurze Strecken sind in der Regel nur Behelfsmaßnahmen. Sie sollten nur angeordnet werden, wenn die Gefahren, deretwegen diese Verkehrsbeschränkungen erwogen werden, nicht auf andere Weise zu beheben sind. So ist bei

Kurven immer zu prüfen, ob die Gefahr nicht durch Gefahrzeichen oder Richtungstafeln (vgl. Nummer III und IV zu Zeichen 103 und 105; Rn. 3ff.) ausreichend deutlich gemacht werden kann; genügt das nicht, so ist ein Umbau der Kurve anzuregen und die Geschwindigkeit vorläufig zu beschränken. In anderen Fällen sind bei vorläufiger Anordnung einer Verkehrsbeschränkung andere bauliche Maßnahmen, wie die Anlage von Geh- oder Radwegen, von Unter- oder Überführungen, anzuregen.

2 II. Häufig genügt es, die Verkehrsbeschränkungen für nur eine Fahrtrichtung zu erlassen. Auch wenn sie für beide Fahrtrichtungen gelten müssen, kann es den Gegebenheiten entsprechen, die Verbotsstrecken verschieden lang zu bemessen; sie brauchen sich nicht einmal räumlich zu überschneiden. Von diesen Möglichkeiten darf bei Geschwindigkeitsbeschränkungen allerdings nur für kurze Strecken Gebrauch gemacht werden. 113

3 III. Wenn längs einer Strecke sowohl eine Geschwindigkeitsbeschränkung als auch ein Überholverbot angeordnet werden muß, so sollten die entsprechenden Schilder an einem Pfosten angebracht werden: die Geschwindigkeitsbeschränkung oben, das Überholverbot unten. Nur dann, wenn eines dieser Verbote durch ein Zusatzschild auf bestimmte Verkehrsarten beschränkt werden muß, empfiehlt es sich, die Verbote hintereinander zu erlassen. 114

4 IV. Die Zeichen 274, 276 und 277 sollen hinter solchen Kreuzungen und Einmündungen wiederholt werden, an denen mit dem Einbiegen ortsunkundiger Kraftfahrer zu rechnen ist. Wo innerhalb geschlossener Ortschaften durch das Zeichen 274 eine Geschwindigkeit über 50 km/h zugelassen ist, genügt dagegen dessen Wiederholung in angemessenen Abständen. 115

5 V. Die Zeichen dürfen nicht in Höhe der Ortstafel (Zeichen 310) oder kurz hinter ihr angebracht werden. Darf eine Geschwindigkeitsbeschränkung unter 50 km/h oder ein Überholverbot nicht am Beginn der geschlossenen Ortschaften enden, so ist zu erwägen, ob die Ortstafel erst am Ende der Verbotsstrecke aufgestellt werden kann; dabei ist aber eingehend zu prüfen, ob sich das im Hinblick darauf verantworten läßt, daß eine Reihe von Vorschriften nur innerhalb oder außerhalb geschlossener Ortschaften gelten (z. B. § 5 Abs. 5 Satz 1, § 25 Abs. 1 Satz 3). 116

6 VI. Vgl. auch Nummer IV zu § 41 (Rn. 4 bis 8) und über die Zustimmungsbedürftigkeit Nummer III 1c und e zu § 45 Abs. 1 bis 1e; Rn. 6ff. 117

7 VII. Die Zeichen müssen mindestens voll rückstrahlen. 117a

Vwv zu Zeichen 274 Zulässige Höchstgeschwindigkeit

1 I. Gründe für Geschwindigkeitsbeschränkungen 118
Geschwindigkeitsbeschränkungen sollten, außer wenn unangemessene Geschwindigkeiten mit Sicherheit zu erwarten sind, nur auf Grund von Verkehrsbeobachtungen oder Unfalluntersuchungen dort angeordnet werden, wo diese ergeben haben, daß

2 1. für den Fahrzeugführer eine Eigenart des Straßenverlaufs nicht immer so erkennbar ist, daß er seine Geschwindigkeit von sich aus den Straßenverhältnissen anpaßt. Das kann vor allem der Fall sein,

3 a) wenn in Kurven, auf Gefällstrecken mit Kurven und an Stellen besonders unebener Fahrbahn häufiger Kraftfahrzeugführer die Gewalt über ihr Fahrzeug verlieren, ohne durch die Begegnung mit einem Verkehrsteilnehmer zu einer Änderung ihrer Fahrweise gezwungen worden zu sein. An solchen Stellen sollten Geschwindigkeitsbeschränkungen aber nur ausgesprochen werden, wenn Warnungen vor der Gefahrstelle (durch Zeichen 103 oder 105 oder durch Richtungstafeln – vgl. § 43 Abs. 3 Nr. 3 Buchst. b –, durch Zeichen 108 oder durch Zeichen 112) nicht ausreichen,

4 b) wenn an einer Kreuzung oder Einmündung auf der bevorrechtigten Straße so schnell gefahren wird, daß der Wartepflichtige die Fahrzeuge mit Vorfahrt nicht rechtzeitig sehen kann;

5 2. auf einer bestimmten Strecke eine Verminderung der Geschwindigkeitsunterschiede geboten ist. Das kann vor allem der Fall sein

6 a) außerhalb geschlossener Ortschaften auf einseitig oder beiderseits bebauten Straßen, wo durch den Anliegerverkehr häufiger Unfälle oder gefährliche Verkehrslagen entstanden sind,

7 b) auf Strecken, auf denen längs verkehrende Fußgänger oder Radfahrer häufiger angefahren oder gefährdet worden sind,

8 c) vor Stellen, an denen Verkehrsströme zusammengeführt oder getrennt werden (vgl. auch Nummer II zu § 7; Rn. 2),

d) auf Steigungsstrecken und Gefällstrecken, auf denen große Geschwindigkeitsunterschiede zwischen langsamer fahrenden Lastkraftwagen und schnellen Personenkraftwagen häufiger zu Unfällen oder gefährlichen Situationen geführt haben,

e) in bevorrechtigten Kreuzungszufahrten, wenn für Linksabbieger keine Abbiegestreifen markiert sind,

f) außerhalb geschlossener Ortschaften vor Lichtzeichenanlagen;

3. die tatsächlich gefahrenen Geschwindigkeiten von anderen Verkehrsteilnehmern unterschätzt oder nicht erwartet worden sind. Das kann außerhalb geschlossener Ortschaften vor allem der Fall sein

a) in bevorrechtigten Kreuzungszufahrten im Verlauf schnell befahrener Straßen,

b) an Kreuzungen und Einmündungen im Zuge von Fahrbahnen mit insgesamt vier oder mehr Fahrstreifen für beide Richtungen, wenn der auf die Fahrbahn einfahrende oder aus ihr ausfahrende Linksabbieger den durchgehenden Verkehr kreuzen muß oder sonstiger kreuzender Verkehr vorhanden ist,

c) auf Strecken, auf denen Fußgänger beim Überschreiten der Fahrbahn häufiger angefahren worden oder in Gefahr geraten sind.

II. Der Umfang der Geschwindigkeitsbeschränkung richtet sich nach der Art der Gefahr, nach den Geschwindigkeiten, die dort gefahren werden, und nach den Eigenarten der Örtlichkeit, vor allem nach deren optischem Eindruck. Es empfiehlt sich, die zulässige Höchstgeschwindigkeit festzulegen:

1. Im Falle Nummer I 1 a (Rn. 3) auf die Geschwindigkeit, die bei nasser Fahrbahn noch sicher gefahren werden kann;

2. im Falle Nummer I 1 b (Rn. 4) auf die nach den Sichtverhältnissen angemessene Geschwindigkeit;

3. die in den Fällen Nummer I 2a, b, d und 3a (Rn. 6, 7, 9, 13) auf diejenigen Geschwindigkeiten, die etwa 85 Prozent der Kraftfahrer von sich aus ohne Geschwindigkeitsbeschränkungen, ohne überwachende Polizeibeamte und ohne Behinderung durch andere Fahrzeuge nicht überschreiten. Erweist sich oder ist mit Sicherheit zu erwarten, daß diese Beschränkung nicht ausreicht, so ist die zulässige Höchstgeschwindigkeit noch weiter herabzusetzen. Dann bedarf es aber regelmäßiger Überwachung;

4. im Falle Nummer I 2c (Rn. 8) sind die Geschwindigkeiten der zusammenführenden oder zu trennenden Verkehrsströme einander anzugleichen;

5. in den Fällen Nummer I 2e, f und 3b (Rn. 10, 11, 14) auf höchstens 70 km/h;

6. in den Fällen Nummer I 3c (Rn. 15) in der Regel auf 50 km/h.
Liegt diese Geschwindigkeit erheblich unter der Übung von 85 Prozent der Kraftfahrer und ist eine regelmäßige Überwachung nicht möglich, so darf eine zulässige Geschwindigkeit über 50 km/h allenfalls dann erwogen werden, wenn zusätzlich ein Überholverbot ausgesprochen wird.

7. Als Höchstgeschwindigkeit dürfen nicht mehr als 120 km/h zugelassen werden.

8. Zulässige Höchstgeschwindigkeiten sollen nur auf volle Zahlen (z. B. 80, 60, 40 km/h) festgesetzt werden.

III. Beschilderung:
Das Zeichen 274 soll so weit vor der Gefahrstelle oder Gefahrstrecke stehen, daß die Fahrzeugführer auch dann noch rechtzeitig auf die vorgeschriebene Höchstgeschwindigkeit verzögern können, wenn sie das Zeichen, z. B. bei Nacht, erst aus geringer Entfernung erkannt haben. Außerhalb geschlossener Ortschaften kann sich eine erhebliche Entfernung empfehlen; sie kann bis zu 150 m betragen.

IV. Geschwindigkeitsbeschränkungen für längere Strecken

1. Sie können sich empfehlen, wenn es aus Sicherheitsgründen erforderlich ist, die Zahl der Überholvorgänge zu vermindern, ein Überholverbot aber einen zu starken Eingriff bedeuten würde (vgl. Nummer I 1 zu Zeichen 276; Rn. 1 und 2).

2. Eine dichte Aufeinanderfolge von Strecken mit und ohne Geschwindigkeitsbeschränkungen oder von Strecken mit solchen Beschränkungen in verschiedener Höhe sollte vermieden werden. Ist zu befürchten, daß wegen häufigen Wechsels der zugelassenen Geschwindigkeiten Unklarheiten auftreten, so ist zu prüfen, ob an einzelnen Stellen auf eine Geschwindigkeitsbeschrän-

Vorschriftzeichen § 41 Abs II Nr 7 StVO **2**

29 kung verzichtet werden kann. Ist das aus Gründen der Verkehrssicherheit nicht möglich, so empfiehlt es sich, für die Gesamtstrecke eine einheitliche Höchstgeschwindigkeit vorzuschreiben. In diesen Fällen ist allerdings durch regelmäßige Überwachung dafür zu sorgen, daß diese Höchstgeschwindigkeit auch eingehalten wird.

3. Gilt nach Nummer 1 und 2 die Geschwindigkeitsbeschränkung für eine längere Strecke, so sollte an jedem Zeichen 274 die jeweilige Länge der restlichen Verbotsstrecke auf einem Zusatzschild angegeben werden.

30 V. Auf Autobahnen und Straßen mit schnellem Verkehr empfiehlt es sich, bei starker Herabsetzung der zulässigen Fahrgeschwindigkeit diese stufenweise herabzusetzen (z. B. auf Autobahnen 100 km/h, dann 80 km/h und dann 60 km/h). Die Geschwindigkeitsstufen sollen je 20 km/h und der Mindestabstand zwischen ihnen dann je 200 m betragen. 122

31 VI. Ist durch das Zeichen 274 innerhalb geschlossener Ortschaften eine Geschwindigkeit über 50 km/h zugelassen, so darf das Zeichen nicht mit einem Gefahrenzeichen verbunden werden. Die Zulassung von Geschwindigkeiten über 50 km/h empfiehlt sich auf Straßen, die größere Verkehrsbedeutung haben (z. B. Ausfallstraßen) und baulich so gestaltet sind, daß sie dem Kraftfahrer den Eindruck vermitteln, sie dienten in erster Linie dem Kraftfahrzeugverkehr. Der Fußgängerquerverkehr ist durch Lichtzeichen zu schützen; Stangen- oder Kettengeländer können sich empfehlen. An anderen Stellen darf es keinen nennenswerten Fußgängerquerverkehr geben. Fußgängerüberwege (Zeichen 293) dürfen nicht angelegt werden, vgl. Nummer II 1 zu § 26; Rn. 2. Der Fahrverkehr muß an sämtlichen Kreuzungen und Einmündungen die Vorfahrt haben. Auch das Abbiegen sollte weitgehend durch Zeichen 209 ff. (vorgeschriebene Fahrtrichtung) oder auch durch Zeichen 295 (Fahrstreifenbegrenzung) auf der Fahrbahnmitte verboten werden, wenn nicht besondere Fahrstreifen für den Abbiegeverkehr angelegt sind. Höhere Geschwindigkeiten als 70 km/h sollten nicht erlaubt werden. Vgl. Nummer I zu § 37 Abs. 2 Nr. 1 und 2; Rn. 10. 123

32 VII. Wegen Verwendung des Zeichens an Bahnübergängen vgl. Nummer V zu Zeichen 201 (Rn. 7 ff.) und an Arbeitsstellen vgl. die Richtlinien für die Sicherung von Arbeitsstellen an Straßen (RSA), Ausgabe 1995 (VkBl. 1995 S. 221). 124

33 VIII. Zusatzschild bei Nässe 124a
Es soll mit dem Zeichen 274 aufgestellt werden, wo Zeichen 114 als Warnung vor der Gefahr nicht ausreicht, weil bei Nässe eine besondere Gefahr von Aquaplaning besteht, z. B. in abflußschwachen Bereichen einer Straße, oder wo sich Spurrinnen von größerer Tiefe gebildet haben.

Zeichen 274.1   Zeichen 274.2   124b
Beginn   Ende
der Tempo 30-Zone

Die Zeichen bestimmen Beginn und Ende der Tempo 30-Zone. Mit den Zeichen kann auch eine niedrigere Zonengeschwindigkeit, zum Beispiel verkehrsberuhigter Geschäftsbereich, angeordnet sein. Es ist verboten, innerhalb der Zone mit einer höheren Geschwindigkeit zu fahren als angegeben.

Vwv zu den Zeichen 274.1 und 274.2 Zone mit zulässiger Höchstgeschwindigkeit

1 Am Anfang einer Zone mit zulässiger Höchstgeschwindigkeit ist Zeichen 274.1 so aufzustellen, daß es bereits auf ausreichende Entfernung vor dem Einfahren in die Zone wahrgenommen werden kann. Dazu kann es erforderlich sein, daß das Zeichen von Einmündungen oder Kreuzungen abgesetzt oder beidseitig aufgestellt wird, so daß es z. B. nach dem Einbiegen in die Zone deutlich wahrgenommen wird. 124c

2 Das Ende der Zone ist durch Zeichen 274.2 zu kennzeichnen. Zeichen 274.2 ist entbehrlich, wenn die Zone in einen verkehrsberuhigten Bereich (Zeichen 325) übergeht.

2 StVO § 41 Abs II Nr 7 — II. Zeichen und Verkehrseinrichtungen

Zeichen 275

Vorgeschriebene Mindestgeschwindigkeit

verbietet, langsamer als mit einer bestimmten Geschwindigkeit zu fahren. Es verbietet Fahrzeugführern, die wegen mangelnder persönlicher Fähigkeiten oder wegen der Eigenschaften von Fahrzeug oder Ladung nicht so schnell fahren können oder dürfen, diese Straße zu benutzen. Straßen-, Verkehrs-, Sicht- oder Wetterverhältnisse können dazu verpflichten, langsamer zu fahren.

Vwv zu Zeichen 275 Vorgeschriebene Mindestgeschwindigkeit

1. I. Die vorgeschriebene Mindestgeschwindigkeit muß bei normalen Straßen-, Verkehrs- und Sichtverhältnissen völlig unbedenklich sein.

2. II. Auf Autobahnen mit nur zwei Fahrstreifen für eine Richtung und auf Kraftfahrstraßen sollen nicht mehr als 70 km/h, auf anderen Straßen nicht mehr als 30 km/h verlangt werden.

3. III. Innerhalb geschlossener Ortschaften sollten die Zeichen nicht aufgestellt werden.

4. IV. Soll der langsame Verkehr auf einer Fahrbahn mit drei oder mehr markierten Fahrstreifen für eine Richtung auf den rechten Fahrstreifen verwiesen werden, so kann das durch Anbringung des Zeichens über den anderen Fahrstreifen erreicht werden. Vgl. Nummer IV zu § 41; Rn. 4 bis 8.

5. V. 1. Für eine ganze Fahrtrichtung soll eine Mindestgeschwindigkeit nur vorgeschrieben werden, wenn dies aus Gründen der Leistungsfähigkeit der Straße oder aus Sicherheitsgründen (z.B. Unterbinden überflüssiger Überholvorgänge) besonders dringend ist. Dann muß auch die zulässige Höchstgeschwindigkeit beschränkt werden.

6. 2. Bevor eine Mindestgeschwindigkeit für eine ganze Fahrbahn angeordnet wird, ist zu bedenken, daß damit in jedem Fall ganze Verkehrsarten (z.B. Radfahrer) und schon bei mäßig hoch angesetzter Mindestgeschwindigkeit auch schwere und schwach motorisierte Kraftfahrzeuge abgedrängt werden. Das läßt sich nur dann vertreten, wenn es unter Berücksichtigung des Verkehrs auf der fraglichen Straße und der Verkehrsverhältnisse auf denjenigen Straßen, die für die Aufnahme des durch die vorgeschriebene Mindestgeschwindigkeit abgedrängten langsamen Verkehrs in Frage kommen, sinnvoll und zumutbar ist.

7. 3. Das Zeichen ist in der Regel im Vorwegweiser (Zeichen 438 und 439) oder in einer Planskizze (Zeichen 458) anzukündigen, wenn in solchen Fällen bestimmte Fahrzeugarten die Mindestgeschwindigkeit nicht einhalten können. Hat dieses Unvermögen in einer langen Steigung seinen Grund, so ist im Vorwegweiser oder in der Planskizze auch das Zeichen 110 mit zusätzlicher Angabe der Länge der Steigung wiederzugeben.

8. VI. Das Zeichen soll hinter jeder Kreuzung und Einmündung wiederholt werden.

9. VII. Über die Zustimmungsbedürftigkeit vgl. Nummer III 1a zu § 45 Abs. 1 bis 1e; Rn. 4.

Zeichen 276   Zeichen 277

Überholverbote verbieten Führern von

Kraftfahrzeugen aller Art,   Kraftfahrzeugen mit einem zulässigen Gesamtgewicht über 3,5 t, einschließlich ihrer Anhänger, und von Zugmaschinen, ausgenommen Personenkraftwagen und Kraftomnibussen,

mehrspurige Kraftfahrzeuge und Krafträder mit Beiwagen zu überholen.

Vorschriftzeichen § 41 Abs II Nr 7 StVO **2**

Ist auf einem Zusatzschild ein Gewicht, wie „7,5 t", angegeben, so gilt das Verbot nur, soweit das zulässige Gesamtgewicht dieser Verkehrsmittel die angegebene Grenze überschreitet.

Vwv zu Zeichen 276 Überholverbot

1. I. Das Zeichen sollte nur dort aufgestellt werden, wo die Gefährlichkeit des Überholens dem Fahrzeugführer nicht so erkennbar ist, daß er von sich aus nicht überholt, oder wo der störungsfreie Ablauf des Verkehrs es erfordert. Überholverbote kommen vor allem in Frage, wenn

2. 1. die Sichtweite geringer ist, als sie zu sein scheint oder der Gegenverkehr sehr schnell fährt und Überholvorgänge besonders gefährlich sind,

3. 2. die übersichtlichen Stellen einer kurvenreichen Strecke allenfalls zum Überholen langsamer Fahrzeuge ausreichen,

4. 3. an Kreuzungen oder Einmündungen außerhalb geschlossener Ortschaften kein besonderer Streifen für Linksabbieger vorhanden ist,

5. 4. eine Fahrbahn enger wird, etwa auch durch eine Mittelinsel,

6. 5. eine Fahrbahn für beide Richtungen häufig von Fußgängern überschritten wird und eine Geschwindigkeitsbeschränkung auf 50 km/h ausscheidet (vgl. Nummer VI zu Zeichen 274; Rn. 31), nicht wirksam ist oder nicht ausreicht; auf Fahrbahnen für eine Richtung helfen in solchen Fällen nur technische Sicherungen.

7. II. Das Zeichen sollte auf beiden Seiten der Fahrbahn aufgestellt werden.

8. III. Wird das Überholverbot nur wegen einer bestimmten Gefahrstelle angeordnet, so ist es in der Regel durch ein Gefahrzeichen zu „begründen".

9. IV. Gilt das Überholverbot für eine längere Strecke, so sollte, jedenfalls außerhalb geschlossener Ortschaften, an jedem Zeichen die jeweilige Länge der restlichen Verbotsstrecke auf einem Zusatzschild angegeben werden.

10. V. Wegen der Verwendung des Zeichens an Bahnübergängen vgl. Nummer V zu Zeichen 201; Rn. 7 ff.

Vwv zu Zeichen 277 Überholverbot für Kraftfahrzeuge mit einem zulässigen Gesamtgewicht über 3,5 t, einschließlich ihrer Anhänger und von Zugmaschinen, ausgenommen Personenkraftwagen und Kraftomnibusse

1. I. Das Zeichen sollte nur auf Straßen mit erheblichem und schnellem Fahrverkehr dort aufgestellt werden, wo der reibungslose Verkehrsablauf das erfordert. Das kommt z. B. vor Steigungs- und Gefällstrecken in Frage, auf denen Lastkraftwagen nicht mehr zügig überholen können; dabei sind maßgebend die Stärke und Länge der Steigung oder des Gefälles; Berechnungen durch Sachverständige empfehlen sich.

2. II. Nummer IV zu Zeichen 276 gilt auch hier; Rn. 9.

III. Aufgrund der bei Überholmanövern in Tunneln von Lkw ausgehenden Gefahr sollte in Tunneln mit mehr als einem Fahrstreifen in jeder Richtung ein Lkw-Überholverbot angeordnet werden. Von einer Anordnung des Zeichens kann abgesehen werden, wenn nachgewiesen wird, dass hiervon keine negativen Auswirkungen auf die Verkehrssicherheit ausgehen.

Die Länge einer Verbotsstrecke kann an deren Beginn auf einem Zusatzschild wie

angegeben sein.

Das Ende einer Verbotsstrecke ist nicht gekennzeichnet, wenn das Streckenverbotszeichen zusammen mit einem Gefahrzeichen angebracht ist und sich aus der Örtlichkeit zweifelsfrei ergibt, von wo an die angezeigte Gefahr nicht mehr besteht. Es ist auch nicht gekennzeichnet, wenn das Verbot nur für eine kurze Strecke gilt und auf einem Zusatzschild die Länge der Verbotsstrecke angegeben ist. Sonst ist es gekennzeichnet durch die

2 StVO § 41 Abs II Nr 8   II. Zeichen und Verkehrseinrichtungen

143
144
145
146

Zeichen 278   Zeichen 279   Zeichen 280   Zeichen 281

Wo sämtliche Streckenverbote enden, steht das

147
Zeichen 282

Diese Zeichen können auch alleine links stehen.

Vwv zu den Zeichen 278 bis 282 Ende der Streckenverbote

148   1   I. Soll ein Streckenverbot dort enden, wo es für den Gegenverkehr beginnt, so genügt es, das Zeichen am Pfosten des Verbotsschildes für den Gegenverkehr, also allein links anzubringen.

149   2   II. Ob das Endzeichen fehlen darf, weil sich zweifelsfrei ergibt, wo die Gefahr nicht mehr besteht, ist sehr gründlich zu prüfen.

150   3   III. Wo das Ende der Verbotsstrecke zu bestimmen ist, bedarf stets gründlicher Prüfung. Verfehlt ist es, die Endzeichen 278 oder 280 bis 282 schon dort aufzustellen, wo schon nach allgemeinen Vorschriften eine höhere Geschwindigkeit oder das Überholen verboten ist.

151   4   IV. Soll eine Geschwindigkeitsbeschränkung über das Ende einer Ortschaft hinaus weitergelten, so ist das betreffende Streckenverbotsschild hinter der Ortstafel nochmals aufzustellen.

152   5   V. Das Zeichen 278 darf nicht verwendet werden, wenn auf der folgenden Strecke die zulässige Höchstgeschwindigkeit anderweitig beschränkt ist (z. B. innerhalb geschlossener Ortschaften, bei Geschwindigkeitstrichtern); in solchen Fällen ist statt dessen das Zeichen 274 aufzustellen.

152a   6   VI. Die Zeichen dürfen nicht in Kombination mit anderen Zeichen gezeigt werden.

8. Haltverbote

153
Zeichen 283

Haltverbot

Es verbietet jedes Halten auf der Fahrbahn. Das Zusatzschild

154

verbietet es auch auf dem Seitenstreifen.

Vorschriftzeichen § 41 Abs II Nr 8 StVO **2**

Vwv zu Zeichen 283 Haltverbot

1. I. Wo das Halten die Verkehrssicherheit beeinträchtigt und es nicht schon nach § 12 Abs. 1 oder § 18 Abs. 8 verboten ist, kommt ein Haltverbot durch Zeichen 283 in Frage. Zeitliche Beschränkungen sind in diesen Fällen in der Regel nicht zulässig. — 155

2. II. Wo es die Flüssigkeit starken Verkehrs oder das Bedürfnis des öffentlichen Personenverkehrs erfordert, kommt ein Haltverbot durch Zeichen 283 mit tageszeitlicher Beschränkung in Frage. Das kann etwa auf die Zeiten des Spitzenverkehrs z. B. — 156

    7–9 h
    17–18 h

3. beschränkt werden. Bei unterschiedlicher Stärke der beiderseitigen Verkehrsströme am Morgen und am Abend kommen auch Haltverbote morgens für die eine, nachmittags für die andere Richtung in Betracht. Auch wochentägliche Beschränkungen wie

    Di., Do., Sa.
    6–8 h

    oder

    werktags
    18–19 h

4. sind zulässig. Sonstige Beschränkungen des Haltverbots, wie „Be- und Entladen 7–9 h erlaubt", sind unzulässig.

5. III. Haltverbote mit zeitlichen Beschränkungen können auch erforderlich sein für die Unterhaltung und Reinigung der Straße sowie für den Winterdienst. — 157

6. IV. Befindet sich innerhalb einer Haltverbotsstrecke eine Haltestelle von Kraftfahrlinien (Zeichen 224), so ist ein Zusatzschild, das Linienomnibussen das Halten zum Fahrgastwechsel erlaubt, überflüssig. — 158

Vwv zu den Zeichen 283 und 286

1. I. Die Zeichen sollen in der Regel weder beleuchtet sein noch rückstrahlen. — 159

2. II. Ergibt sich die Notwendigkeit, für dieselbe Verbotsstrecke beide Schilder zu verwenden, so ist das Zeichen 283 über dem Zeichen 286 anzubringen. — 159a

3. III. 1. Den Anfang an einer Haltverbotsstrecke durch einen zur Fahrbahn weisenden Pfeil zu kennzeichnen, ist zumindest dann zweckmäßig, wenn wiederholte Schilder aufgestellt sind oder wenn das Ende der Haltverbotsstrecke gekennzeichnet ist. — 160

4. 2. Das Ende der Haltverbotsstrecke ist stets zu kennzeichnen, wenn Haltverbotsschilder wiederholt aufgestellt sind oder wenn die Verbotsstrecke lang ist. Das gilt auch, wenn die Verbotsstrecke vor der nächsten Kreuzung oder Einmündung endet.

5. 3. Haltverbotsschilder mit Pfeilen im Schild sind schräg anzubringen.

Zeichen 286 — 161

Eingeschränktes Haltverbot

Es verbietet das Halten auf der Fahrbahn über 3 Minuten, ausgenommen zum Ein- oder Aussteigen oder zum Be- oder Entladen. Ladegeschäfte müssen ohne Verzögerung durchgeführt werden. Das Zusatzschild „auch auf Seitenstreifen" (hinter Zeichen 283) kann auch hier angebracht sein.
Das Zusatzschild mit den Worten „auf dem Seitenstreifen" verbietet das Halten nur auf dem Seitenstreifen.
Das Zusatzschild „(Rollstuhlfahrersymbol) mit Parkausweis Nr. … frei" nimmt Schwerbehinderte mit außergewöhnlicher Gehbehinderung und Blinde, jeweils mit besonderem Parkausweis, vom Haltverbot aus.

2 StVO § 41 Abs II Nr 8   II. Zeichen und Verkehrseinrichtungen

Das Zusatzschild „Bewohner mit besonderem Parkausweis frei" nimmt Bewohner mit besonderem Parkausweis von dem Haltverbot aus.
Die Ausnahmen gelten nur, wenn die Parkausweise gut lesbar ausgelegt sind.
a) **Haltverbote gelten nur auf der Straßenseite, auf der die Schilder angebracht sind.**
b) **Sie gelten auch nur bis zur nächsten Kreuzung oder bis zur nächsten Einmündung auf der gleichen Straßenseite.**
c) **Der Anfang der Verbotsstrecke kann durch einen zur Fahrbahn weisenden waagerechten weißen Pfeil im Schild, das Ende durch einen solchen von der Fahrbahn wegweisenden Pfeil gekennzeichnet sein. Bei in der Verbotsstrecke wiederholten Schildern weist ein waagerechter Pfeil zur Fahrbahn, ein zweiter von ihr weg.**

Vwv zu Zeichen 286 Eingeschränktes Haltverbot

162   1   *I. Das Zeichen 286 ist dort aufzustellen, wo das Parken die Sicherheit und Flüssigkeit des Verkehrs zwar nicht beeinträchtigt, ganztägiges Parken aber nicht zugelassen werden kann, vor allem weil der Raum für das Be- und Entladen freigehalten werden muß. Das Verbot kann häufig auf bestimmte Zeiten beschränkt bleiben (z. B. „9–12 h" oder „werktags").*

163   2   *II. Durch ein Zusatzschild können gewisse Verkehrsarten vom Haltverbot ausgenommen werden.*

164   3   *III. Ausnahmsweise können eingeschränkte Haltverbote auch vor Theatern, Filmtheatern, öffentlichen Gebäuden, großen Hotels usw. notwendig sein. Bei Prüfung dieser Frage ist wegen der Erhaltung des Parkraums jedesmal festzustellen, ob das aus Gründen der Sicherheit und Ordnung des Verkehrs erforderlich ist.*

164a 4   *IV. Zum Begriff „Bewohner" vgl. Nummer X. 7 zu § 45 zu Abs. 1 bis 1e; Rn. 35.*

165   **Anm:** S auch bei Zeichen 283. Zusatzschilder zu den Z 283, 286, VkBl **71** 163.

166   **Zeichen 290**

eingeschränktes Haltverbot
für eine Zone

Vwv zu den Zeichen 290 eingeschränktes Haltverbot für eine Zone und 292 Ende eines eingeschränkten Haltverbotes für eine Zone

167   1   *I. Sie sind auf beiden Straßenseiten aufzustellen.*

      2   *II. Vgl. Nummern I und II zu § 13 Abs. 2 (Rn. 11 und 12) und über die Zustimmungsbedürftigkeit Nummer III 1a zu § 45 Abs. 1 bis 1e; Rn. 4.*

168   **Bild 291**

Parkscheibe

Vwv zu Bild 291 Parkscheibe

168a 1   *Einzelheiten über die Ausgestaltung der Parkscheibe gibt das Bundesministerium für Verkehr im Einvernehmen mit den zuständigen obersten Landesbehörden im Verkehrsblatt bekannt.*

Vorschriftzeichen § 41 Abs III Nr 1 StVO **2**

Zeichen 292 169

Ende eines eingeschränkten Haltverbotes
für eine Zone

Mit diesen Zeichen werden die Grenzen der Haltverbotszone bestimmt.

Das Verbot gilt für alle öffentlichen Verkehrsflächen innerhalb des durch die Zeichen 290 und 292 begrenzten Bereichs, sofern nicht abweichende Regelungen durch Verkehrszeichen angeordnet oder erlaubt sind. Durch ein Zusatzschild kann die Benutzung einer Parkscheibe oder das Parken mit Parkschein vorgeschrieben oder das Parken auf dafür gekennzeichneten Flächen beschränkt werden, soweit es nicht dem Ein- oder Aussteigen oder dem Be- oder Entladen dient.

(3) **Markierungen**

Vwv zu Absatz 3 Markierungen

1	1. Markierungen sind nach den Richtlinien für die Markierung von Straßen (RMS) auszuführen.	169a
2	Die RMS enthalten Angaben zu Abmessungen und geometrischer Anordnung sowie Einsatzkriterien von Markierungszeichen.	
3	Das Bundesministerium für Verkehr gibt die RMS im Einvernehmen mit den zuständigen obersten Landesbehörden im Verkehrsblatt bekannt.	
4	2. Es empfiehlt sich, Markierungen, die den fließenden Verkehr angehen, jedenfalls dann retroreflektierend auszuführen, wenn dieser Verkehr stark oder schnell ist.	
5	3. Markierungen sollen auf Straßen mit stärkerem Verkehr in verkehrsarmer Zeit angebracht werden. Dauerhafte Markierungen sind dort vorzuziehen. Finanzielle Gründe allein rechtfertigen es in der Regel nicht, diese Empfehlungen nicht zu beachten. Markierungen sind, soweit technisch irgend möglich, laufend zu unterhalten. Nach Erneuerung oder Änderung der Markierung darf die alte Markierung nicht mehr sichtbar sein, wenn dadurch Zweifel entstehen können.	
6	4. Schmalstriche sollen 10 bis 15 cm, Breitstriche mindestens doppelt so breit wie die jeweils markierten Schmalstriche, mindestens aber 25 cm breit sein.	

1. Fußgängerüberweg

Zeichen 293 170

Vwv zu Zeichen 293 Fußgängerüberweg

Vgl. zu § 26. 171

2 StVO § 41 Abs III Nr 2, 3   II. Zeichen und Verkehrseinrichtungen

2. Haltlinie

172–174

Zeichen 294

Ergänzend zu Halt- und Wartegeboten, die durch Zeichen 206, durch Polizeibeamte oder Lichtzeichen gegeben werden, ordnet sie an: „Hier halten!" Dasselbe gilt vor Bahnübergängen für den, der warten muß (§ 19 Abs. 2).

3. Fahrstreifenbegrenzung und Fahrbahnbegrenzung

175

Zeichen 295

Sie besteht aus einer durchgehenden Linie.
a) Sie wird vor allem verwendet, um den für den Gegenverkehr bestimmten Teil der Fahrbahn oder mehrere Fahrstreifen für den gleichgerichteten Verkehr zu begrenzen. Die Fahrstreifenbegrenzung kann aus einer Doppellinie bestehen.
Sie ordnen an: Fahrzeuge dürfen sie nicht überqueren oder über ihnen fahren. Begrenzen sie den Fahrbahnteil für den Gegenverkehr, so ordnen sie weiter an: Es ist rechts von ihnen zu fahren.
Parken (§ 12 Abs. 2) auf der Fahrbahn ist nur erlaubt, wenn zwischen dem parkenden Fahrzeug und der Linie ein Fahrstreifen von mindestens 3 m verbleibt.
b) Die durchgehende Linie kann auch Fahrbahnbegrenzung sein. Dann soll sie den Fahrbahnrand deutlich erkennbar machen. Bleibt rechts von ihr ausreichender Straßenraum frei (befestigter Seitenstreifen), so ordnet sie an:
   aa) Landwirtschaftliche Zug- oder Arbeitsmaschinen, Fuhrwerke und ähnlich langsame Fahrzeuge müssen möglichst rechts von ihr fahren.
   bb) Links von ihr darf nicht gehalten werden.
Wird durch Zeichen 223.1 das Befahren eines Seitenstreifens angeordnet, darf die Fahrbahnbegrenzung wie eine Leitlinie zur Markierung von Fahrstreifen einer durchgehenden Fahrbahn (Zeichen 340) überfahren werden.
Begrenzt die durchgehende Linie die Mittelinsel eines Kreisverkehrs, darf sie nur im Fall des § 9a Abs. 2 Satz 2 überfahren werden.

Vwv zu Zeichen 295 Fahrstreifenbegrenzung und Fahrbahnbegrenzung

Allgemeines über Längsmarkierungen

176   1   *I. Außerhalb geschlossener Ortschaften ist auf ausreichend breiten Straßen mit erheblichem Kraftfahrverkehr der für den Gegenverkehr bestimmte Teil der Fahrbahn, möglichst auch der Fahrbahnrand, zu markieren. Ausreichend breit ist eine Straße dann, wenn die Fahrbahn je Fahrtrichtung mindestens einen Fahrstreifen hat.*

176a   2   *II. Der für den Gegenverkehr bestimmte Teil der Fahrbahn ist in der Regel durch Leitlinien (Zeichen 340) zu markieren, auf Fahrbahnen mit zwei oder mehr Fahrstreifen für jede Richtung durch Fahrstreifenbegrenzungen (Zeichen 295). Die Fahrstreifenbegrenzung sollte an Grund-*

Vorschriftzeichen   § 41 Abs III Nr 4, 5 StVO **2**

stückszufahrten nur dann unterbrochen werden, wenn andernfalls für den Anliegerverkehr unzumutbare Umwege oder sonstige Unzuträglichkeiten entstehen; wenn es erforderlich ist, das Linksabbiegen zu einem Grundstück zuzulassen, das Linksabbiegen aus diesem Grundstück aber verboten werden soll, kommt gegebenenfalls die Anbringung einer einseitigen Fahrstreifenbegrenzung (Zeichen 296) in Frage. Fahrstreifenbegrenzungen sind nicht zweckmäßig, wenn zu gewissen Tageszeiten Fahrstreifen für den Verkehr aus der anderen Richtung zur Verfügung gestellt werden müssen. Vgl. § 37 Abs. 3.

3   III. Bei Markierungsknopfreihen müssen mindestens drei Markierungsknöpfe je Meter angebracht werden. Längsmarkierungen dürfen durch Markierungsknopfreihen nur dort ersetzt werden, wo die zulässige Höchstgeschwindigkeit 50 km/h oder weniger beträgt. Vgl. aber zu § 41 Abs. 4 und Nummer IV 3 zu den §§ 39 bis 43; Rn. 51.   176b

Zu Buchstabe a)

I. Die Begrenzung des für den Gegenverkehr bestimmten Teils der Fahrbahn   177

4   1. Sie ist in der Regel als Schmalstrich auszuführen.
5   2. Sie soll außer auf breiten Straßen (vgl. Nummer II zu Zeichen 295; Rn. 2) nur bei gefährlichen Fahrbahnverengungen, vor und im Bereich gefährlicher Kuppen und Kurven und vor gefährlichen Kreuzungen und Einmündungen angebracht werden. Dann sollte ihrem Beginn eine Leitlinie von ausreichender Länge vorgeschaltet werden, deren Striche wesentlich länger sein müssen als ihre Lücken.

6   II. Die Begrenzung mehrerer Fahrstreifen für den gleichgerichteten Verkehr: 178
Sie ist als Schmalstrich auszuführen; vgl. aber Nummer II 2 zu Zeichen 245; Rn. 19 ff.

7   III. Es ist schon einzuschreiten, wenn die Aufbauten oder die Ladung in die Fahrstreifenbegrenzung   179
hineinragen.

8   IV. Wegen der Zustimmungsbedürftigkeit vgl. Nummer III 1c zu § 45 Abs. 1 bis 1e; Rn. 6.   180

Zu Buchstabe b)

9   Verbleibt rechts neben der Fahrbahnbegrenzung ein befestigter Seitenstreifen, ist die Markierung als   181
Breitstrich gemäß RMS auszuführen. Dies gilt auch dort, wo zu bestimmten Tageszeiten das Befahren des Seitenstreifens durch Zeichen 223.1 angeordnet wird (vgl. Nummer I zu den Zeichen 223.1 bis 223.3; Rn. 1). Nur in diesem Fall darf am rechten Rand des Seitenstreifens eine weitere durchgehende Linie (Schmalstrich) aufgebracht werden.

4. Einseitige Fahrstreifenbegrenzung

Zeichen 296   182

Fahrstreifen B   Fahrstreifen A

Sie besteht aus einer durchgehenden neben einer unterbrochenen Linie.
Für Fahrzeuge auf dem Fahrstreifen A ordnet die Markierung an:
a) Der Fahrverkehr darf die durchgehende Linie nicht überqueren oder über ihr fahren.
b) Parken (§ 12 Abs. 2) auf der Fahrbahn ist nur erlaubt, wenn zwischen dem parkenden Fahrzeug und der durchgehenden Linie ein Fahrstreifen von mindestens 3 m verbleibt.
Fahrzeuge auf dem Fahrstreifen B dürfen die Markierung überfahren, wenn der Verkehr dadurch nicht gefährdet wird.

5. Pfeile
Pfeile, die nebeneinander angebracht sind und in verschiedene Richtungen weisen, empfehlen, sich frühzeitig einzuordnen und in Fahrstreifen nebeneinander zu fahren. Fahrzeuge, die sich eingeordnet haben, dürfen hier auch rechts überholt werden.

Sind zwischen den Pfeilen Leitlinien (Zeichen 340) oder Fahrstreifenbegrenzungen (Zeichen 295) markiert,

Zeichen 297

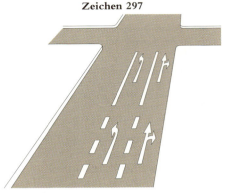

so schreiben die Pfeile die Fahrtrichtungen auf der folgenden Kreuzung oder Einmündung vor. Halten auf der so markierten Strecke der Fahrbahn ist verboten.

5 a. Vorankündigungspfeil

Zeichen 297.1

Der Vorankündigungspfeil kann eine Fahrstreifenbegrenzung ankündigen oder das Ende eines Fahrstreifens anzeigen.

6. Sperrflächen

Zeichen 298

Sie dürfen von Fahrzeugen nicht benutzt werden.

7. Parkflächenmarkierungen erlauben das Parken (§ 12 Abs. 2), auf Gehwegen aber nur Fahrzeugen mit einem zulässigen Gesamtgewicht bis zu 2,8 t. Sind Parkflächen auf

Vorschriftzeichen § 41 Abs III Nr 8, 9, Abs IV StVO **2**

Straßen durch durchgehende Linien abgegrenzt, so wird damit angeordnet, wie Fahrzeuge aufzustellen sind. Dazu genügt auf gekennzeichneten Parkplätzen (Zeichen 314, 315 und 316) und an Parkuhren eine einfachere Markierung.
Die durchgehenden Linien dürfen überquert werden.

Vwv zu Nummer 7 Parkflächenmarkierungen vor Zeichen 299

1 I. Wo gegen das Längsparken auf der Fahrbahn nichts einzuwenden ist, bedarf es außer an Parkuhren in der Regel einer Parkflächenmarkierung nicht, wohl aber dort, wo es wünschenswert ist, quer oder schräg parken zu lassen. Dann empfiehlt es sich, die Einzelparkflächen durch ununterbrochene Linien oder durch Markierungsknopfreihen zu begrenzen oder, insbesondere bei größerer Gesamtparkfläche, das Zeichen 314 „Parkplatz" aufzustellen und die Art der geforderten Aufstellung wenigstens durch Markierung der vier Ecken der Einzelparkflächen deutlich zu machen. 191–193

2 II. Das Parken auf Gehwegen darf nur zugelassen werden, wenn genügend Platz für Fußgänger, Kinderwagen und Rollstuhlfahrer bleibt, die Gehwege und die darunter liegenden Leitungen durch die parkenden Fahrzeuge nicht beschädigt werden können und der Zugang zu Leitungen nicht beeinträchtigt werden kann. Solches Parken sollte auch nur dort zugelassen werden, wo die Bordsteine abgeschrägt oder niedrig sind. Die Zulassung des Parkens durch Markierung auf Gehwegen ist dort zu erwägen, wo nur wenigen Fahrzeugen das Parken erlaubt werden soll; sonst ist die Aufstellung des Zeichens 315 ratsam. 194

8. Grenzmarkierung für Halt- und Parkverbote

Zeichen 299 195

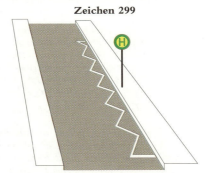

Die Markierung bezeichnet, verlängert oder verkürzt vorgeschriebene Halt- oder Parkverbote.

Vwv zu Zeichen 299 Grenzmarkierungen für Halt- und Parkverbote

1 I. Vgl. zu § 12 Abs. 3 Nr. 1 und Nr. 8 Buchstabe d (Rn. 2), Nummer IV und V zu Zeichen 224 (Rn. 6, 7) und Nummer II zu Zeichen 229; Rn. 2. 196

2 II. Die Markierung sollte auch vor und hinter Kreuzungen oder Einmündungen überall dort angebracht werden, wo das Parken auf mehr als 5 m verboten werden muß. Sie soll ferner eingesetzt werden, wo ein Halteverbot an für die Verkehrssicherheit bedeutsamen Stellen kenntlich gemacht oder verlängert werden muß, z. B. an Fußgängerüberwegen. Die Markierung soll jedoch nicht allgemeine Anwendung finden an Stellen, wo sich Halt- und Parkverbot sonst nicht durchsetzen lassen.

9. Alle Linien können durch gleichmäßig dichte Markierungsknopfreihen ersetzt werden. In verkehrsberuhigten Geschäftsbereichen (§ 45 Abs. 1 d) können Fahrbahnbegrenzungen auch mit anderen Mitteln, wie z. B. durch Pflasterlinien, ausgeführt werden.

Vwv zu Nummer 9

1 Markierungen sollen nur dort aus gleichmäßig dichten Reihen von Markierungsknöpfen hergestellt werden, wo dies zweckmäßig ist, z. B. auf Pflasterdecken. 197

2 Pflasterlinien zur Fahrbahnbegrenzung in verkehrsberuhigten Geschäftsbereichen müssen ausreichend breit sein, in der Regel mindestens 10 cm, und einen deutlichen Kontrast zur Fahrbahn aufweisen.

(4) Auffällige Einrichtungen wie gelbe Markierungen, gelbe Markierungsknopfreihen, Reihen von Markierungsleuchtknöpfen oder rot-weißen Leitmarken heben die durch Fahrstreifenbegrenzungen (Zeichen 295) und Leitlinien (Zeichen 340) gegebenen Anord-

nungen auf. Fahrzeuge dürfen sie nicht überqueren und nicht über ihnen fahren. Für Reihen von Markierungsleuchtknöpfen gilt dies nur, wenn sie eingeschaltet sind. Nur wenn die auffälligen Einrichtungen so aufgebracht sind, daß sie wie Leitlinien aussehen, dürfen sie überquert werden, wenn der Verkehr dadurch nicht gefährdet wird.

Vwv zu § 41 Absatz 4

198   1   Zur Kennzeichnung von Behelfsfahrstreifen an Baustellen sind in der Regel gelbe Markierungsknopfreihen zu bevorzugen. Abweichend von Nummer III zu Zeichen 295 (Rn. 3) kann in diesem Fall die zugelassene Höchstgeschwindigkeit höher als 50 km/h liegen. Bei vorübergehender Markierung auf Autobahnen genügt ein Markierungsknopf je Meter.

   2   Gelbe Markierungsleuchtknöpfe dürfen nur in Kombination mit Dauerlichtzeichen oder Wechselverkehrszeichen (z. B. Verkehrslenkungstafel, Wechselwegweiser) angeordnet werden. Als Fahrstreifenbegrenzung (Zeichen 295) sollte der Abstand der Leuchtknöpfe auf Autobahnen 6 m, auf anderen Straßen außerorts 4 m und innerorts 3 m betragen. Werden gelbe Markierungsleuchtknöpfe als Leitlinie angeordnet, muss der Abstand untereinander deutlich größer sein.

199/200   **Aus der Begr zu § 41:** ... Unter den Schildern werden im Prinzip die reinen Gebotszeichen vorangestellt; die Zeichen gemischten Charakters folgen und den Schluß bilden die reinen Verbotszeichen. Darüber hinaus werden diese Gruppen im Absatz 2 nach sachlichen Gesichtspunkten unterteilt. Gebotszeichen sind Warte- und Haltgebote (Nummer 1), die Zeichen für vorgeschriebene Fahrtrichtung (Nummer 2) und vorgeschriebene Vorbeifahrt (Nummer 3). Zeichen mit Mischcharakter sind die Haltestellenzeichen (Nummer 4) und die Zeichen für Sonderwege (Nummer 5). Verbotszeichen sind unterteilt in Verkehrsverbote (Nummer 6), in Streckenverbote (Nummer 7) und in Haltverbote (Nummer 8) ...

201   **Zu Zeichen 205:** Das Zeichen, das bisher die Bezeichnung „Vorfahrt achten!" hatte, ist mit Rücksicht auf die Schwierigkeiten, die die Rechtsprechung mit dem sogenannten vereinsamten Dreieckszeichen hat, „aufgewertet" worden. Das Zeichen ordnet nunmehr in Übereinstimmung mit dem Weltabkommen an, daß Vorfahrt zu „gewähren" sei. Die bisherige Regelung, die die Gültigkeit des Gebots von zureichender Doppelbeschilderung abhängig gemacht hat, kann nicht aufrechterhalten werden; praktisch wird es auch übrigens in Zukunft nur solche Doppelbeschilderung geben. Die neue Regelung sichert besser.

202   **Zu Zeichen 206:** Auch hier wird, wie bei Zeichen 205, das Gebot „Vorfahrt achten!" zu dem Gebot „Halt! Vorfahrt gewähren!" erweitert.

203   Das Ankündigungszeichen fällt als einziges aus dem System, wonach Zeichen und Ankündigungszeichen gleich sein müssen. Es ist international vereinbart und muß außerhalb wie innerhalb geschlossener Ortschaften so aussehen. Die Entfernungsangabe auf dem Zusatzschild ist nur ein Beispiel; die sonst übliche Diktion (wie „100 m") mußte hier aus redaktionellen Gründen wegbleiben.

204   **Zu Zeichen 209 bis 214:** Die Zeichen 209 und 211 erhalten zur Verdeutlichung zweierlei „Namen"; diese besagen, daß die Zeichen 209 und 214 schon vor der Stelle stehen, an der abzubiegen ist, u. U. sogar erheblich vor ihr, das Zeichen 211 an oder hinter ihr.

205   **Zu Zeichen 220:** Das Zeichen des Weltabkommens enthält eine Inschrift nicht; es ist aber gestattet, die Beschriftung „Einbahnstraße" einzufügen. Davon wird Gebrauch gemacht, weil sich so den an die Inschrift gewohnten deutschen Verkehrsteilnehmern besser klarmachen läßt, was das Zeichen bedeutet.

206–208   **Zu Zeichen 222:** Um deutlich zu machen, daß ein schräg abwärts weisender Pfeil eine andere Bedeutung hat als die in andere Richtungen weisenden, ist dieses Zeichen von den Zeichen 209 bis 214 deutlich abgesetzt worden. Die Namensänderung verdeutlicht es.

209   **Zu Zeichen 229:** Das Weltabkommen bringt kein Zeichen „Taxenstand". Das Zeichen hält sich aber im System jenes Abkommens und ist durch die Aufschrift auch Ausländern verständlich.

210   **Zu Zeichen 237 bis 241:** Nach den Erläuterungen über den Standort der Zeichen und über zulässige Varianten folgen zunächst unter a) bis c) die durch sie gegebenen Anordnungen. Dann folgt eine Erlaubnis.

211   Es erscheint geboten, dem Fußgänger auf einem gemeinsamen Rad- und Gehweg als schwächerem Verkehrsteilnehmer gegenüber dem Fahrrad und dem motorisierten Zweiradfahrer den Vorrang einzuräumen. Die Änderung entspricht auch einer Forderung des 17. Deutschen Verkehrsgerichtstags ... Damit soll insbesondere das Geschwindigkeitsverhalten in Fußgängerbereichen entsprechend den Erfordernissen der Verkehrssicherheit geregelt werden (VkBl 80 518).

212   Daß Pferde auf Reitwegen geführt werden dürfen, ist nicht selbstverständlich.

212a   **Zu Zeichen 242, 243:** – Begründung des Bundesrates – ...
Die Kennzeichnung eines Fußgängerbereichs mit zonenwirksamen Verkehrszeichen erscheint sinnvoll. Dies hätte den Vorteil, daß statt zahlreicher einzelner Verkehrszeichen nach Zeichen 241 entsprechend dem

Vorschriftzeichen **§ 41 StVO 2**

Sichtbarkeitsprinzip nur Beginn und Ende einer Fußgängerzone gekennzeichnet werden müßten ... (VkBl 88 225).

Zu Zeichen 250 bis 264: *Bei den Verkehrsverboten ist kaum etwas geändert.* 213
Die Bemerkung, das Verbot des Zeichens 250 gelte nicht für Tiere, ist notwendig, weil nach § 28 214 *Abs. 2 für den Tierverkehr die für den gesamten Fahrverkehr einheitlich bestehenden Anordnungen sinngemäß gelten. Hier soll er durch das Verbot nicht betroffen werden.*
Unter den anderen Verkehrsarten, von denen in a) hinter den Zeichen 251 und 253 die Rede ist, werden auch ... Reiter erwähnt; das Zeichen 250 kann also auch für andere Verkehrsarten als den Fahrzeugverkehr erforderlichenfalls verwendet werden. 215
Die Sattelkraftfahrzeuge müssen, obwohl sie Lastkraftwagen sind (vgl. zu § 3 Abs. 3 zu Nr. 2), bei 216 *Zeichen 263 erwähnt werden, das verlangt die Eigenart ihrer technischen Konstruktion.*

Zu Zeichen 261: *In zunehmendem Maße wird es nötig, die Beförderung kennzeichnungspflichtiger gefährlicher Güter auf Brücken oder in Tunneln zu verbieten. Die Einführung dieses neuen Verbotszeichens ist erforderlich, da mit dem bisherigen Instrumentarium der StVO nicht auszukommen ist ...* 216a

Zu Zeichen 268: *Das Zeichen ist dem weltweiten Abkommen entnommen. Es kann in den Alpen,* 217 *aber auch in Mittelgebirgen von Nutzen sein.*

Zu Zeichen 269: *– Begründung des Bundesrates – Nach der Richtlinie für Trinkwasserschutzgebiete* 218 *„DVGW-LAWA-Arbeitsblatt W 101" ist der Transport wassergefährdender Stoffe in der Schutzzone II und damit auch in der Schutzzone I gefährlich und in der Regel nicht tragbar. Dementsprechend enthalten die Rechtsverordnungen für die Festsetzung von Wasserschutzgebieten regelmäßig Verbote für Transporte wassergefährdender Stoffe in der Schutzzone II.*
Eine solche Beschilderung ist derzeit nach der StVO nicht möglich. Der Sinngehalt des Zeichens 269 sollte daher in einem generellen Verbot des Transports wassergefährdender Stoffe bestehen; durch Zusatzbeschilderung könnte dann eine höhere Ladung zugelassen werden (VkBl 88 226) ...

Zu Zeichen 270: *Auf Grund des § 40 des Bundes-Immissionsschutzgesetzes sind die Länder ermächtigt, Verordnungen zur Verhinderung schädlicher Umwelteinwirkungen bei austauscharmen Wetterlagen (Smog-Verordnungen) zu erlassen, durch die der Kraftfahrzeugverkehr in festzulegenden Sperrgebieten zeitlich beschränkt oder verboten werden kann.* 218a
Diese Verkehrsverbote werden nur wirksam, wenn entsprechende Zeichen der Straßenverkehrs-Ordnung nach Bekanntgabe einer austauscharmen Wetterlage durch die hierfür zuständigen Behörden aufgestellt sind.
Es war erwogen worden, für diese Maßnahme des Zeichen 250 StVO mit Zusatzschild (etwa „Berechtigte Kraftfahrzeuge nach Maßgabe der Smog-Verordnung frei" oder ähnlich) zu verwenden. Wegen des Sichtbarkeitsgrundsatzes hätten diese Zeichen 250 aber in den Sperrgebieten der Smog-Verordnungen an jeder Kreuzung und Einmündung wiederholt werden müssen. Dieser Aufwand erschien unangemessen hoch. Zweckmäßiger war deshalb die Einführung eines neuen, das Verkehrsverbot für einen ganzen Bezirk festlegenden Zeichens. Es ähnelt in seiner Auswirkung dem Zeichen 290, braucht also nur an den Zufahrten zu den Smog-Gebieten aufgestellt zu werden. Seine Ausgestaltung ist so, daß sie auch für den Ausländer verständlich ist (VkBl 76 472).
Sperrbezirke und Ausnahmevorschriften werden in den landesrechtlichen Smog-Verordnungen festgelegt. Um unterschiedlichen Besonderheiten der Länder gerecht zu werden, wurde die neue Formulierung des erläuternden Textes gewählt (VkBl 88 226).
(Zur Ergänzung durch Hinweis auf Luftverunreinigungen:)
Die Ergänzung wurde notwendig, um das Zeichen 270 auch in den Fällen des § 40 Abs. 2 Bundes-Immissionsschutzgesetz anwenden zu können.

Zu Zeichen 272: *Mit dem bisherigen Zeichen für das erlaubte Linksabbiegen (weißer Pfeil auf rundem* 218b *blauen Schild) ist kein Verbot des Wendens verbunden. Eine flüssige und sichere Verkehrsführung verlangt aber immer wieder ein entsprechendes Wendeverbot. Das Richtzeichen ist im Wiener Übereinkommen über Straßenverkehrszeichen vorgesehen (VkBl 92 188).*

Zu Zeichen 273: *Die Tragfähigkeit von Brücken ist nach ... DIN 1072 festzulegen. In Anbetracht* 218c *des zulässigen Gesamtgewichts für Lastzüge und Sattelkraftfahrzeuge von 38 t werden manche Brücken, ... dann überbeansprucht, wenn sich mehrere 38-t-Fahrzeuge dicht hintereinander auf solchen Brücken befinden ...*

Zu Zeichen 274 bis 282: *Die diese Zeichen zusammenfassende Nummer 7 erhält die Überschrift* 219 *„Streckenverbote". Der Begriff ist neu, aber wohl ohne weiteres verständlich; es handelt sich um Verbote, die für eine bestimmte Strecke gelten, für die „Verbotsstrecke", wie sie im Text genannt wird. Im Vorent-*

wurf waren, an sich sachgerecht, hier auch die nunmehr unter der folgenden Nummer 8 erwähnten Haltverbote eingereiht. Die Notwendigkeit, sie, übrigens wie im Weltabkommen, besonders zu behandeln, ergibt sich daraus, daß die Bedeutung beider Schildergruppen, namentlich die Strecken, für die sie Verbote anordnen, verschieden sind und deshalb ein gemeinsamer Text nur noch schwer lesbar wäre.

Soweit die Schilder neu sind, sind sie dem Weltabkommen entnommen.

220 *Zu Zeichen 274:* Durch das Zeichen werden entsprechend Satz 2 alle in § 3 Abs. 3 zugelassenen Höchstgeschwindigkeiten heraufgesetzt, auch die der Nummer 2. Doch dürfen die Fahrzeuge, denen durch Vorschriften der StVZO eine Höchstgeschwindigkeit vorgeschrieben ist, diese auch unter den Voraussetzungen des Satzes 2 nicht überschreiten.

220a *Zu Zeichen 274.1 und 274.2:* ...
- Die Anordnung von geschwindigkeitsbeschränkten Zonen kommt insbesondere in Wohngebieten in Betracht. Daneben gibt es jedoch weitere schutzwürdige Bereiche, wie z. B. Kurgebiete, Schulzentren etc., in denen Zonen-Geschwindigkeits-Beschränkungen ebenfalls sinnvoll sind. Die Formulierung der Verordnung schließt dies nicht aus.
- Die Anordnung stützt sich in der Regel auf alle in der Verordnung genannten Gründe (Sicherheit der Ordnung des Verkehrs, Schutz der Bevölkerung vor Lärm und Abgasen, Unterstützung einer geordneten städtebaulichen Entwicklung). Die Verordnung differenziert daher bei der Forderung nach Einvernehmen zwischen Straßenverkehrsbehörde und Gemeinde nicht nach dem jeweils im Vordergrund stehenden Motiv für eine Zonenanordnung, sondern stellt darauf ab, daß die Einrichtung geschwindigkeitsbeschränkter Zonen regelmäßig Auswirkungen auf alle drei genannten Bereiche hat. Den Gemeinden wird damit kein gegenüber dem bisherigen Zustand (Zonengeschwindigkeits-Verordnung) erweitertes Mitspracherecht eingeräumt.
- Die „angemessene Berücksichtigung der Belange des öffentlichen Personennahverkehrs" bedeutet keinesfalls, daß z. B. Bussen in Tempo-30-Zonen eine höhere Fahrgeschwindigkeit zugestanden werden soll (VkBl 89 783).

221 *Zu Zeichen 275:* Das Verhältnis dieses Gebots zu dem des § 3 Abs. 1 Satz 1 klärt der Text. Das Zeichen ist, weltweit vereinbart, für uns neu. ... Ein beschränktes Bedürfnis für solche Möglichkeit, einen gleichmäßigen Verkehrsfluß zu erzwingen, ist anzuerkennen.

222 *Zu Zeichen 277:* Dieses Zeichen aus dem Weltabkommen zu übernehmen, ist schon darum ratsam, weil dadurch die namentlich auf Autobahnen bekannten, Ausländern nur schwer verständlichen Riesenplakate entbehrlich werden.

223 *Zu Zeichen 278 bis 281:* Die vier neuen Verkehrszeichen für das Ende von Verbotsstrecken zu übernehmen, ist geboten, weil die jetzt übliche Beschilderung durch Wiederholung des Verbotszeichens mit dem Zusatzschild „Ende" nicht mehr zulässig ist.

224 *Zu Zeichen 282:* Schwierigkeiten sind daraus nicht zu besorgen, daß das bisherige Zeichen nach Bild 21a der Anlage zur StVO (alt) leicht abgeändert nun eine erweiterte Bedeutung haben soll.

225 *Zu Zeichen 283 und 286:* So sehen gemäß dem Weltabkommen künftig die bisher so genannten Haltverbots- und Parkverbotszeichen aus.

226 *Mit der Vorschrift, daß Ladegeschäfte ohne Verzögerung durchzuführen seien, wird geltendes Recht übernommen. Oben ist zu § 12 schon dargelegt, daß die zweckbeschränkte Halteerlaubnis ohne Rücksicht auf die Dauer des Ladegeschäfts gegeben werden muß. Vor allem in sogenannten Ladestraßen muß aber dafür gesorgt werden, daß die Verrichtung nicht über Gebühr verzögert wird.*

226a *Bisher darf im eingeschränkten Haltverbot nur zum Ein- und Aussteigen oder zum Be- oder Entladen gehalten werden. Es ist – mit Recht – kritisiert worden, daß auch ein kurzfristiges Halten aus anderen Gründen nicht zulässig ist. Es sei nicht einzusehen, daß im Bereich des eingeschränkten Haltverbots zwar ein Möbelwagen beim Be- oder Entladen stundenlang dort stehen dürfe, daß es aber verboten sei, ein oder zwei Minuten dort zu halten, um einen Blick in den Autoatlas zu werfen, u. ä. Die Bedeutungsänderung des eingeschränkten Haltverbots zieht daraus die Folgerung, daß auch im eingeschränkten Haltverbot bis zu 3 Minuten gehalten werden darf.*

Auch dies steht in Übereinstimmung mit den internationalen Übereinkommen über den Straßenverkehr (Artikel 1 Buchstabe k) und über Straßenverkehrszeichen (Artikel 1 Buchstabe i) vom 8. November 1968 (VkBl 88 226).

227 *Zu a) bis c) hinter Zeichen 286:* Daß die Haltverbote nur auf der Straßenseite gelten, auf der die Schilder stehen, ist eine hervorhebenswerte Eigenart dieser Schilder. Im Gegensatz zu den Streckenverboten sollen die Haltverbote im Prinzip nur bis zur nächsten Kreuzung oder bis zur nächsten Einmündung auf der gleichen Straßenseite gelten.

Vorschriftzeichen § 41 StVO 2

Zu Zeichen 290 und 292: Dieses Zonenhaltverbot bricht mit dem für alle anderen Schilder geltenden 228
Sichtbarkeitsgrundsatz, der dem modernen Verkehrsrecht zugrunde liegt. ...
Die Ergänzung entspricht einem Beschluß des Bund-Länder-Fachausschusses für den Straßenverkehr und die Verkehrspolizei vom 8./9. März 1979 und dient der Klarstellung, daß das Zeichen 290 StVO für alle tatsächlich öffentlichen Verkehrsflächen innerhalb des Zonenbezirks gilt (VkBl **80** 518).

Zu Bild 291: Die Europäische Konferenz der Verkehrsminister hat sich für den Bereich der CEMT- 229
Länder auf eine einheitliche Parkscheibe für die CEMT-Länder geeinigt (CEMT-Ministerratsempfehlung vom 30./31. Mai 1979; vgl. VkBl-Verlautbarung vom 24. November 1981, S. 447) (VkBl **88** 226) ...

Zu Absatz 3: 230/231

Zu Zeichen 294: Hier wird das Weltrecht übernommen.

Zu Zeichen 295: Hier muß schon durch die Überschrift darauf hingewiesen werden, daß die ununter- 232
brochene Linie verschiedene Bedeutung hat, je nachdem sie den Fahrbahnrand markiert oder sonstwo auf der Fahrbahn angebracht ist.
Der neue Name „Fahrstreifenbegrenzung" ist international festgelegt. Da die beigegebene Skizze nur 233
einen der Anwendungsfälle wiedergibt und da auch das Charakteristische dieser Längsmarkierung noch der Unterstreichung bedarf, sind ihrer Bedeutung einige erläuternde Sätze vorausgeschickt.
Daß auch die Verordnung nur weiße Fahrbahnmarkierungen kennt, ist schon im ersten Satz dieses Para- 234
graphen vorausgeschickt. Die Linie verläuft in der Regel längs und ist im Gegensatz zur Leitlinie (Zeichen 340) nicht unterbrochen. Ihre Breite ist nicht mehr angegeben. Daraus ergibt sich, daß künftig nicht bloß, wie bisher, der 10 bis 15 cm breite Dünnstrich, sondern auch der 50 cm breite Dickstrich die Bedeutung einer Fahrstreifenbegrenzung haben soll.
Durch die Nennung der hauptsächlichen Anwendungsfälle wird klargestellt, daß die Linie sich nicht bloß, 235
wie in der Skizze, in der Fahrbahnmitte befinden kann, sondern auch sonst auf der Fahrbahn.
Die erste Anordnung gibt ein schon bestehendes Verbot wieder. Dem Weltabkommen entsprechend soll 236
aber nicht bloß, wie bisher, das Berühren der Linie durch die Räder verboten sein, sondern schon das Fahren über der Linie. Danach müssen sich Fahrzeuge soweit von ihr entfernt halten, daß sich auch die seitlich über die Räder hinausragende Karosserie oder Ladung nicht über der Linie befindet.
Begrenzt die Linie den Fahrbahnteil für den Gegenverkehr, so gebietet sie, was in der geltenden StVO 237
nicht ausdrücklich gesagt ist, daß nur rechts von ihr gefahren werden darf. Fehlte diese Anordnung, so wäre z. B. nicht einmal derjenige faßbar, der sich etwa beim Überholen auf der linken Fahrbahnhälfte befindet und trotz des Beginns einer ununterbrochenen Linie die Überholung fortsetzt. Die ununterbrochene Linie zwingt erst so zum Abbruch des Überholmanövers.
Das folgende Parkverbot ist ebenfalls dringend. Hier verbietet das Weltabkommen jedes Halten. Das er- 238
scheint als zu weitgehend. Wird durch solches nur kurzes Halten der Verkehr behindert, greift § 1 Abs. 2 ein.
Da nach dem Weltabkommen die Fahrbahnrandlinie im Gegensatz zur bisherigen deutschen Regelung 239
uneingeschränkt überquert werden darf, ist die Möglichkeit eröffnet, den sogenannten Mehrzweckstreifen zu sanktionieren. ... Diesen Mehrzweckstreifen sollen neben parkenden Fahrzeugen und neben Fußgängern und Radfahrern alle langsamen Fahrzeuge, also nicht etwa gewöhnliche Lastkraftwagen, benutzen. ...

Zu Zeichen 296: Die Verordnung bemüht sich, die Bedeutung der Markierung deutlicher als bisher her- 240
auszustellen. In der üblichen Gesetzessprache könnte man sich einfacher so ausdrücken, für die Fahrtrichtung A sei diese Markierung eine Fahrstreifenbegrenzung, für die Fahrtrichtung B eine Leitlinie.

Zu Zeichen 297: Pfeile allein sind, wie der Text zunächst klarstellt, reine Verkehrslenkungsmittel. Nur 241
wenn sie zwischen Leitlinien oder Fahrstreifenbegrenzungen angebracht sind, die die einzelnen Fahrstreifen für die gleiche Richtung markieren, enthalten sie das Gebot über das Verhalten an der nächsten Kreuzung oder Einmündung. Gerade dort darf der durch die Markierung bis dahin geordnete Verkehr keinesfalls durcheinander geraten.

Zu Zeichen 298: Da die ununterbrochenen Begrenzungslinien der Sperrflächen nicht notwendigerweise 242
längs verlaufen, könnte zweifelhaft sein, ob das Verbot, sie zu überqueren, auch auf sie zutrifft. Es wird daher ausdrücklich ausgesprochen.

Vor Zeichen 299 (Nr. 7): Parkflächen werden auf verschiedene Weise markiert. Ein Gebot, beim Auf- 243
stellen der Fahrzeuge sich nach ihren Abgrenzungslinien zu richten, kann nur an genügend deutliche Mar-

kierung geknüpft werden; lediglich dort, wo die Bedeutung der Markierung sich schon aus der Aufstellung eines Parkplatzschildes oder einer Parkuhr ergibt, können auch weniger deutliche Markierungen genügen. Der letzte Satz ist zweckmäßig, um klarzustellen, daß das besonders wichtige Verbot des Überquerens ununterbrochener Linien hier nicht gilt.

244   **Zu Zeichen 299:** Die Zick-Zack-Markierung des Zeichens 299 bezeichnet, verlängert oder verkürzt bisher nur vorgeschriebene Parkverbote. Sie hat sich als außerordentlich wirksam erwiesen. Die Verwendung dieser Zick-Zack-Markierung wird daher jetzt auf Haltverbote ausgedehnt (VkBl 88 227).

245   **Begr** zur ÄndVO v 7. 8. 97 (VkBl 97 689): **Zu Zeichen 205:** Der Einschub erfolgt im Interesse der Verbesserung der Sicherheit der Fahrradfahrer. Er verdeutlicht dem Kraftfahrzeugverkehr, daß er an dieser Stelle mit kreuzendem bzw. gegengerichtetem Radverkehr zu rechnen hat.

Zu Zeichen 244 und 245: Zur Förderung des Radverkehrs wird das Instrument der Fahrradstraße eingeführt. ... Dort gelten grundsätzlich alle allgemeinen Vorschriften über die Benutzung von Fahrbahnen, wie Geschwindigkeit (§ 3), Abstand (§ 4), Überholen (§ 5), Vorfahrt (§ 8), Halten und Parken (§ 12) und Fußgänger (§ 25). Fahrradstraßen kommen nur für bestimmte Straßenstrecken in Betracht, auf denen der Radverkehr die vorherrschende Verkehrsart ist oder dies alsbald zu erwarten ist. Fahrradstraßen sind nur für untergeordnete Straßen, nicht aber für Hauptverkehrsstraßen oder Sammelstraßen des Kraftfahrzeugverkehrs geeignet.

Zu Zeichen 245: Ist der Sonderfahrstreifen breit genug und der Verkehr mit Linienomnibussen nicht besonders dicht, so bestehen keine Bedenken, auch den Radverkehr auf den Sonderfahrstreifen zuzulassen. Die Benutzung des Sonderfahrstreifens ist dann in das Ermessen des einzelnen Radfahrers gestellt (Benutzungsmöglichkeit).

245a   **Begr** zur ÄndVO v 11. 12. 00 (VkBl 01 10): **Zu Zeichen 220:** Seit dem 1. 9. 1997 dürfen bestimmte Einbahnstraßen versuchsweise bis zum 31. 12. 2000 für den gegenläufigen Radverkehr geöffnet werden. Die bisher mit der Versuchsregelung in den Kommunen gewonnenen positiven Erfahrungen rechtfertigen es schon jetzt, eine weitere Befristung nicht mehr vorzusehen.

Zu Abs 2 Nr 6: Das Zusatzzeichen „Freistellung vom Verkehrsverbot nach § 40 Abs. 2 BImSchG bezog sich bislang auf die §§ 40 a ff. des Bundesimmissionsschutzgesetzes (BImSchG) (sog. Ozonregelung). Diese Vorschriften sind mit Ende des Jahres 1999 ausgelaufen. Die Anordnung von Ausnahmen von Verkehrsverboten für Kraftfahrzeuge wegen ihres hohen Standards bei der Schadstoffreinigung läuft damit ins Leere. Sie kann vor allem nicht mehr an die im Anhang zu § 40c Abs. 2 BImSchG aufgeführten Kraftfahrzeuge anknüpfen. Dasselbe gilt für die Ausnahmeregelung aus betrieblichen Gründen und bei Fahrten zu besonderen Zwecken, die sich auf die §§ 40 d, 40 e BImSchG beziehen.
...
Eine Vorabregelung des Teilbereichs betreffend Ausnahmen auf Grund des Standards bei der Schadstoffreinigung könnte die Gesamtregelung mit derzeit noch nicht abzusehenden Folgen präjudizieren. Aus diesem Grund soll die Anordnung von Ausnahmen vorläufig weiterhin an den Anhang zu § 40c Abs. 2 BImSchG anknüpfen.

245b   **Begr** zur ÄndVO v 14. 12. 01 (VkBl 02 144): **Zu Abs 2 Nr 3a:** – Begr des Bundesrates – ... Zwar hat die Bundesrepublik Deutschland als Träger der Straßenbaulast nach ihrer Leistungsfähigkeit die Bundesfernstraßen in einem dem regelmäßigen Verkehrsbedürfnis genügenden Zustand zu bauen, zu unterhalten, zu erweitern oder sonst zu verbessern. Das geschieht auch. Allerdings können diese langfristig zu planenden und mit hohen Kosten verbundenen Maßnahmen nicht überall mit der Verkehrsentwicklung Schritt halten.
Die vorübergehende Nutzung des Seitenstreifens als Fahrstreifen ist damit quasi eine Notmaßnahme bis zum bedarfsgerechten Ausbau. Im Hinblick auf die Sicherheitsrelevanz des Seitenstreifens muss dies sorgfältig geprüft werden. Die damit verbundenen Nachteile können nur dann in Kauf genommen werden, wenn die mit der Seitenstreifenfreigabe verbundene Leistungssteigerung des Autobahnquerschnitts zu einer spürbaren Verbesserung des Verkehrsflusses führen kann. Nach bisherigem Kenntnisstand führt das in gewisser Weise auch zu einem Sicherheitsgewinn, weil dann z. B. Auffahrunfälle an Stauenden entfallen. Die vorübergehende Seitenstreifenfreigabe macht deshalb für jeden Autobahnabschnitt eine sorgfältige Überprüfung und Abwägung aller Belange notwendig.
Eine solche Anordnung kommt in der Regel nur bei überdurchschnittlich belasteten Autobahnen in Betracht, bei denen häufig wegen dichten Verkehrsaufkommens nachhaltige Störungen im Verkehrsfluss auftre-

ten und diese mit der vorübergehenden Freigabe des Seitenstreifens als Fahrstreifen verhindert oder spürbar vermindert werden können. Die Anordnung setzt selbstverständlich voraus, dass der Seitenstreifen ebenso wie die Fahrstreifen zum ungehinderten Befahren durch mehrspurige Kraftfahrzeuge geeignet ist und dem vor allem straßenbauliche Belange wie die auf Dauer mangelnde Tragfähigkeit des Seitenstreifens, die uneinheitliche Querneigung der Fahrbahnoberfläche nicht entgegenstehen. Notwendige bauliche Maßnahmen an Knotenpunkten wie die Anlage neuer Beschleunigungs- und Verzögerungsstreifen und im Streckenverlauf wie der Bau von ausreichenden Nothaltebuchten sind vorher durchzuführen.

Um den vorübergehenden Charakter der Freigabe des Seitenstreifens zu unterstreichen, wurde darauf verzichtet, die Fahrbahnbegrenzungslinie (Zeichen 295) durch eine andere Markierung zu ersetzen. Denn der Seitenstreifen soll dem Grunde nach erhalten bleiben. Er wird nur zeitweise bei Vorliegen besonderer Umstände ausnahmsweise als Fahrstreifen genutzt. Den Verkehrsteilnehmern wird ausdrücklich gesagt, dass sie mit dem durch Zeichen 223.1 StVO angeordneten Befahren des Seitenstreifens die Fahrbahnbegrenzungslinie wie eine Leitlinie (Zeichen 340 StVO) überfahren dürfen. Auf dem als Fahrstreifen genutzten Seitenstreifen gelten während dieser Zeit die Vorschriften über die Benutzung von Fahrbahnen, namentlich das Rechtsfahrgebot. ...

Begr zur ÄndVO v 22. 12. 05 **Zu Abs 2 Nr 6:** VkBl 06 36, s § 45 Rz 8.   **245c**

Zur 10. AusnahmeVO zur StVO s 38. Aufl und Rz 248.   **245d**

ÄndVO v 10. 10. 06 (BGBl I S. 2218). **Zu Zeichen 270.1 und 270.2**: *Werden auf der Grundlage des § 40 Abs. 1 BImSchG iVm der 35. VO zur Durchführung des BImSchG Verkehrsverbote in einer Zone ausgesprochen, so ist es erforderlich, dass die Straßenverkehrsbehörden diese Verkehrsverbote durch Verkehrszeichen anordnen können. Daher wird für diese Zwecke ein eigenes Verkehrszeichen eingeführt. Dabei wird auf das bisherige Zeichen 270 zurückgegriffen, das bereits im Zusammenhang mit der Ozonproblematik in die StVO aufgenommen wurde und daher in der Bevölkerung bereits bekannt ist. Da verkehrsrechtliche Anordnungen zur Bekämpfung des Ozons wegen Wegfalls der diesbezüglichen Rechtsgrundlagen nicht mehr getroffen werden können, ist es möglich, dem bisherigen Verkehrszeichen 270 einen neuen Regelungsgehalt zuzumessen. Da das Zeichen 270.1 flächenhaften Anordnungen dient, ist das Zeichen an den jeweiligen Einfallstraßen des Gebietes aufzustellen. Durch Zeichen 270.2 ist das Ende der Verbotszone zu kennzeichnen.*   **245e**

Da die 35. VO zur Durchführung des BImSchG eine Kennzeichnung von Kfz mit Plaketten vorsieht, ist es erforderlich, durch Zusatzzeichen Regelungen treffen zu können, mit denen weniger umweltschädliche Fahrzeuge von den Verkehrsverboten ausgenommen werden können. Daher ist vorgesehen, dass auf Zusatzzeichen die Plaketten dargestellt werden, die die entsprechend gekennzeichneten Fahrzeuge vom Verkehrsverbot ausnehmen.

Begründung des Bundesrats (BR-Drucks 162/06 [Beschluss]): *Das 1976 zur Kennzeichnung des Verkehrsverbotes in den durch die VO zur Verhinderung schädlicher Umwelteinwirkungen bei austauscharmen Wetterlagen (Smog-Verordnungen) festgelegten Sperrgebieten eingeführte Zeichen 270 konnte in neuerer Zeit nur dazu genutzt werden, in bestimmten Straßen oder Gebieten ein Verkehrsverbot zur Einhaltung von Immissionswerten für Schadstoffe, die nicht EG-rechtlich, sondern in einer Rechtsverordnung nach § 48a Abs. 1a BImSchG geregelt sind, anzuordnen (vgl. § 40 Abs. 2 BImSchG, Anlage 2 (zu B. Artikel 1 zu Nummer 3) der BT-Drs 14/8450 vom 6. 3. 02). Mit der Änderung wird es ermöglicht, das Zeichen auch in Gebieten zu verwenden, in denen von den zuständigen Straßenverkehrsbehörden Verkehrsverbote auf Grundlage des § 40 Abs. 1 BImSchG anzuordnen sind, weil ein Luftreinhalte- oder Aktionsplan nach § 47 Abs. 1 oder 2 BImSchG dies vorsehen.*

Von diesen Verboten sollen gekennzeichnete Kfz mit geringem Beitrag zur Schadstoffbelastung ganz oder teilweise ausgenommen werden können. Dazu wird das Zusatzzeichen „Freistellung vom Verkehrsverbot nach § 40 Abs. 1 BImSchG" eingeführt. Dieses Zusatzzeichen muss gerade bei der Verwendung in Ballungsräumen mit deren massenhaftem Verkehr auch für Ortsunkundige in ihrer inhaltlichen Bedeutung hinreichend klar und bestimmt sein. Eine nur verbale Beschreibung in der Verordnung reicht dazu nicht aus. Die Gestaltung des Zusatzzeichens lehnt sich an dem ebenfalls in der StVO verankerten Zusatzzeichen „Freistellung vom Verkehrsverbot nach § 40 Abs. 2 BImSchG" an. Auf dem Zusatzzeichen sind alle Plaketten der ausgenommenen Kfz in der jeweils zutreffenden Farbe darzustellen. Es kann von einem Fahrzeugführer nicht verlangt werden, zu wissen, welche Bedeutung andere Plaketten haben. Beispielsweise kann nicht erwartet werden, dass ein ortsfremder Urlauber oder Besucher im fließenden städtischen Verkehr ad hoc wissen muss, ob er beispielsweise mit „seiner" roten (2) Plakette ansonsten bei einem mit der weißen (1) oder der gelben (3) Plakette gekennzeichneten Sperrbezirk fahren darf. ... (s ergänzend § 39 Rz 4b).

Das Zusatzzeichen stellt von dem Verkehrsverbot alle nach § 3 Abs. 1 der Verordnung zur Kennzeichnung der Kfz mit geringem Beitrag zur Schadstoffbelastung gekennzeichneten Kfz frei, solange und soweit das kennzeichnungspflichtige Kfz auch mit der im Zusatzzeichen bildlich dargestellten Plakette gekennzeichnet ist.

Das Zusatzzeichen stellt weiter alle Kfz frei, welche nach Anhang 3 (zu § 2 Abs. 3) ... der VO zur Kennzeichnung der Kfz mit geringem Beitrag zur Schadstoffbelastung nicht der Kennzeichnung unterliegen. Das ist notwendig, weil das Verkehrsverbot des Zeichens 270.1 den (gesamten) Verkehr mit Kfz, und damit auch die nicht kennzeichnungspflichtigen Kfz, erfasst. Die Regierungsvorlage ist in der Begründung zu § 1 Abs. 2 der Verordnung zur Kennzeichnung der Kfz mit geringem Beitrag zur Schadstoffbelastung irrig der Annahme, mit dem Verzicht auf die Kennzeichnung wäre gleichzeitig eine Ausnahme vom Verkehrsverbot des Zeichen 270.1 verbunden. Dem ist nur so, wenn es auch hier ausdrücklich gesagt wird. Insofern darf beispielsweise auf die Regelungen zum Wintersmog (§ 40 Abs. 1 BImSchG (alt) in Verbindung mit § 45 Abs. 1f StVO) und zur Sicherung von Bahnübergängen (das Andreaskreuz (Zeichen 201 StVO) ist sowohl im Eisenbahnrecht als auch im StVRecht verankert) verwiesen werden. Wie sich die (Straßen-) VT zu verhalten haben, ergibt sich vorrangig aus dem StVRecht. Es ist davon auszugehen, dass die insoweit betroffenen Fahrzeugführer im Rahmen der Verkehrsüberwachung das Vorliegen dieser gesetzlichen „Ausnahme" glaubhaft machen können.

Das Zusatzzeichen stellt im Übrigen alle Kfz frei, welche nach § 1 Abs. 3 der VO zur Kennzeichnung der Kfz mit geringem Beitrag zur Schadstoffbelastung nicht gekennzeichnet oder in einer zu niedrigen Schadstoffgruppe eingeteilt sind, aber im öffentlichen Interesse vom Verkehrsverbot des § 40 Abs. 1 BImSchG ausnahmsweise nach § 40 Abs. 3 Satz 2 BImSchG zugelassen sind. Soweit die Zulassung durch die zuständigen Behörden, und nicht durch die Polizei, erfolgt, soll in der Regel ausnahmsweise Zulassung zur Erleichterung der Verkehrsüberwachung glaubhaft gemacht werden können; dies geschieht sinnvollerweise durch eine schriftliche, auch elektronische, Zulassung. Die Bestimmung der zuständigen Behörde erfolgt durch die Länder. Dagegen offen bleiben kann, ob darüber hinaus die Erteilung von Ausnahmegenehmigungen auf Grundlage des § 46 Abs. 1 Satz Nr. 11 StVO (Ausnahme vom Verbot des Zeichen 270.1) durch die Straßenverkehrsbehörden alleine möglich ist. Die Klärung dieser Frage kann der Abstimmung auf Ebene der zuständigen Bund-Länder-Fachausschüsse überlassen werden.

Übersicht

Ahndung bei späterer Zeichenentfernung oder -änderung 249
Allgemeinverfügung 247
Anbringung von Vorschriftzeichen 4, 246
– durch unzuständige Stelle 246
Anfechtbarkeit 247
Anfechtungsberechtigung 247
Anfechtungsklage 250
Anlieger 247
Anliegerverkehr 248 (VZ 250)
Aufschiebende Wirkung, keine 247, 250

Geltungsbereich von Streckenverboten 248
Größe der Vorschriftzeichen 2, 246

Interessenabwägung 247

Neue Länder 251
Nichtigkeit 247
Ordnungswidrigkeiten 249, 250
Phantasiezeichen 246
Rechtsprechung (Nummernfolge der Vorschriftzeichen) 248
Schilder 246
Streckenverbote, Geltungsbereich 248
Vorschriftzeichen 2–4, 246, 247
Wirkung, keine aufschiebende 247, 250
Zeichenänderung 249
Zeichenentfernung 249
Zusicherung 247

246 **1. Vorschriftzeichen** enthalten Gebote oder Verbote für alle von ihnen erfassten VT; deren Kreis kann je nach Art des Zeichens begrenzt sein. Gebots- und VerbotsZ gebieten dem Zuwiderhandelnden auch, den verbotswidrigen Zustand, zB unerlaubtes Parken, wieder zu beenden, BVerwG ZfS **94** 189, DAR **97** 119, VGH Ma NJW **03** 3363, DAR **03** 329, VM **04** 7, VGH Mü DÖV **90** 483, OVG Hb VRS **108** 470, OVG Schl NVwZ-RR **03** 647, DAR **02** 330, OVG Münster NZV **93** 407, OVG Magdeburg DAR **98** 403, Kö NZV **93** 406, krit *Wilksen/Brenneisen* PVT **98** 6, diff. *Hansen/Meyer* NJW **98** 284. Da ein VerbotsZ von seinem Standort ab zu befolgen ist, muss es auch **sofort und aus sich selbst heraus verständlich** sein, BGHSt **25** 299 = NJW **74** 1205, **75** 1330, Ha VRS **107** 134. Allgemeines über VZ und Markierungen bei § 39. Ausnahmen von VorschriftZ können nur in den durch die §§ 40, 41 vorgeschriebenen Formen angeordnet werden, sachlich nur im Rahmen von § 45. Ein VZ mit eindeutig umschriebener Bedeutung (zB mit bloßer Wegweiserfunktion) kann nicht durch den offensichtlich abweichenden Willen der StrVB zu einem VorschriftZ werden, Bay VM **80** 27 (zu § 42 IV Z 314 Nr 3 aF). VorschriftZ **müssen eindeutig sein,** auch für den durchschnittli-

Vorschriftzeichen **§ 41 StVO 2**

chen Kf bei zumutbarer Aufmerksamkeit während des Fahrens, BGHSt **27** 318, Bay VM **78** 29, Dü NZV **96** 329. Maßgebend ist, wie sich das Gebots- oder VerbotsZ darbietet, nicht die etwaige Kenntnis eines VT, was die VB mit ihm bezweckt, Dü DAR **76** 214. Dem Erfordernis der Eindeutigkeit entspricht es nicht, wenn Fahrbahnmarkierungen nach Aufhebung nicht deutlich entfernt worden sind, Dü VersR **81** 960. Zweifel über die Zeichenregelung gehen nicht zu Lasten des VT, Bay VM **78** 29. Ist ein VorschriftZ, vom Benutzer her gesehen, zweckmäßig, gut sichtbar und nicht irreführend aufgestellt, so ist es auch verbindlich, wenn nicht jeder Anbringungsvorschrift genügt ist, BGH NJW **66** 1456, Ha VRS **30** 76. Ausschließlich sachliche Zuständigkeit zur Aufstellung von VZ: §§ 44, 45. Regelung **ausschließlich durch in der StVO vorgesehene VZ** und VEinrichtungen: § 45, Stu NZV **01** 274. Ungültig (nichtig) sind daher in der StVO nicht vorgesehene Zeichen, Sinnbilder oder Schilder (Phantasiezeichen), Bay VM **71** 23, Hb VRS **48** 297, Dü VM **73** 79, KG VRS **65** 299 (ausgenommen ZusatzZ, § 39 Rz 31a, und Übergrößen: Vwv zu §§ 39 bis 43 Rn 12), zB ein gem § 53 nicht mehr gültiges Z 274 mit Zusatz „km", Stu NZV **01** 274, aM AG Ce DAR **01** 137, ein Schild mit der Aufschrift „Schrittgeschwindigkeit", Ha NJW **53** 1886, bei Kombination auch hinsichtlich des, allein betrachtet, vorschriftsgemäßen Teils, Bay VM **71** 23, oder ein von einem Umzugsunternehmen (wenngleich im Prinzip befugt) auf einer in der Firmenfarbe des Unternehmens gehaltenen und mit dem Firmenlogo versehenen Trägertafel angebrachtes, verkleinertes VZ 283, das demgemäß den Eindruck einer Werbung erweckt, VG Aachen ZfS **06** 177, bestätigt durch OVG Münster ZfS **07** 56. Geringfügige Abweichungen sind unschädlich, § 39 Rz 31. Abweichende VZ in den neuen Ländern § 39 Rz 41. Ungültig sind auch ohne **Anordnung der StrVB** aufgestellte VZ, Rz 247. Eine Baufirma darf nur die nach Anordnung der zuständigen Behörde vorgeschriebenen VZ wirksam aufstellen, keine anderen, mögen solche auch zweckmäßig sein, Zw VRS **51** 138, VG Berlin NZV **90** 248. Ab Billigung durch die zuständige Behörde kann auch ein an sich unbefugterweise aufgestelltes VZ verbindlich sein, Bay VRS **53** 220, BVGE **35** 343. VorschriftZ werden nicht allein dadurch unwirksam, dass ein **Zusatzzeichen** nicht der StVO entspricht (Inhaltsfrage), Bay VM **73** 53, § 39 Rz 31. ZusatzZ müssen eindeutig gefasst sein, § 39 Rz 31a. Verbotszeichen, auch solche mit Zusatztafeln, sind nur rechtswirksam, wenn sie die durch sie verkörperte Anordnung klar und zweifelsfrei ausdrücken (verneint für Z 314 mit Zusatzschild Omnibus), Kar VRS **59** 378, Dü NZV **96** 329, bejaht für Z 276 mit Zusatzschild 1048–12 „dürfen überholt werden": Bay VRS **68** 287 (wenngleich mit Recht für unzweckmäßig und bedenklich erachtet), aM AG Kaufbeuren OWi 34 Js 8663/84, weil das zulässige Gesamtgewicht des zu überholenden Lkw vom Nachfolgenden vielfach nicht sicher beurteilt werden könne. Wer nach der Sachlage triftigen Grund hat, **mit einem Gebotsoder VerbotsZ zu rechnen** (zB Verlassen einer Str mit Streckenverbot über abzweigenden Weg und später Fortsetzung auf derselben Str oder Wenden), muss sich über die Rechtslage vergewissern, BGHSt **11** 10, Ha VRS **57** 137, **50** 75, OVG Münster NZV **90** 407, mangels konkreter Umstände im Fall des Wendens abgelehnt von Ce DAR **00** 578, Ol NRpfl **95** 135, s aber Rz 249. Auch wer aus einem Grundstück ausfährt, braucht sich idR ohne Erkundigung nur nach den für ihn sichtbaren oder bei der Herfahrt sichtbar gewesenen VZ zu richten, Ha VM **72** 96 (außer bei Ein- und Ausfahrt an getrennten Straßen). VT dürfen sich darauf verlassen, dass Gebots- und VerbotsZ idR **rechts stehen** (*Booß* VersR **75** 453), § 39 Rz 35, jedoch gelten auch Zeichen, die wahrnehmbar anderweit angebracht sind, zB bei Bauarbeiten nur links. Abs II S 3 betrifft nicht die Fahrbahnseite, sondern die Stelle im Verhältnis zur Fahrtrichtung, an der die Anordnung zu befolgen ist, BGH NJW **05** 2923, Dü NZV **91** 204 (gedachte quer zur Fahrbahn verlaufende Linie). Zur Verhütung von Unglücksfällen dienende **VerbotsZ (§ 145 StGB)** sind VZ nicht allein wegen ihrer Ordnungsfunktion, sondern nur, wenn ein tatbestandsmäßiger Eingriff zu gefahrerhöhendem Verhalten von VT führen kann (s auch § 40 Rz 101), wie zB bei den Z 201, 205, 206, 209–214, 220, 222, 237–239, 250, 251–267, 268, 269, 274, 276, 283, 295, 296, bei den RichtZ die Z 308, 310, 330, 331, 354, 394, 454, 460, 500, bei den GefahrZ (§ 40 Rz 101). Veränderung des Inhalts eines VZ (Z 274) ist keine Urkundenfälschung (Kö NZV **99** 134 m krit Anm *Dedy*).

Verwaltungsrechtliche **Allgemeinverfügungen** sind VorschriftZ nach hM und der Verwaltungsklage unterworfen, die jedem zusteht, dessen Handlungsfreiheit sie beschränken (BVerwGE **27** 181 = NJW **67** 1627, BVerwG **04** 52, **93** 284 [Busspur], DAR **97** 119, BGHSt **20** 125 = NJW **65** 308, BaySt **99** 172 = DAR **00** 172, Ko DAR **99** 419, Dü DAR **99** 82, Stu NZV **01** 274, **98** 422, VGH Ka NJW **99** 2057, VGH Mü VRS **82** 388, VGH Ma NZV **97** 532, OVG Hb NZV **03** 351, *Manssen* NZV **92** 466f; aM VGH Mü NJW **78** 1988, **79** 670, *Obermayer* NJW **80** 2386 [Anordnungen der VB seien Rechtsnormen] sowie *Schwabe* NVwZ **94** 630 in 247

Bezug auf Z 242, das keine Allgemeinverfügung enthalte, sondern nur einen Hinweis auf ein *wegerechtliches* Benutzungsverbot sei; s aber § 49 III Nr 4). Die Aufstellung eines VZ als Verwaltungsakt kann durch die zuständige Behörde grundsätzlich wirksam zugesichert werden (BVerwG NZV **95** 244). Der **durch das VZ verkörperte Verwaltungsakt** wird durch Bekanntgabe in Form der Aufstellung des VZ wirksam (BVerwG DAR **97** 119, VGH Ka NJW **99** 1651, OVG Hb VRS **104** 476, Stu NZV **01** 274, aM Bay VM **76** 10). Ein VT wird davon betroffen, sobald er in den Wirkungsbereich des VZ gelangt und von dem VZ Kenntnis nehmen *kann* (*Sichtbarkeitsgrundsatz*; BGHSt **20** 125 = NJW **65** 308, Bay NJW **84** 2110, Stu VRS **95** 441, VGH Mü VRS **82** 388, VGH Ma ZfS **95** 437, *Geißler* DAR **99** 349, *Bitter/Konow* NJW **01** 1388). Zur wirksamen Bekanntgabe des Verwaltungsakts durch VZ genügt Aufstellung in einer Weise, die dem Adressaten die Wahrnehmung bei Zugrundelegung des Sorgfaltsmaßstabs des § 1 ermöglicht (BVerwG DAR **97** 119 m Anm *Hansen/Meyer* NJW **98** 284; Erwiderung *Mehde* NJW **99** 767; OVG Münster NZV **90** 407, Kö NZV **93** 406). Die durch das VZ begründete **Anordnung gilt** auch für den, der das VZ kennt, in seinen Wirkungsbereich aber von einer Stelle aus gelangt, an der es nicht angebracht ist (Bay VRS **69** 461, **73** 76, Kar DAR **03** 182), sowie grundsätzlich auch für den, der sich **bereits bei Aufstellen des VZ** in dessen Wirkungsbereich befand (BVerwG DAR **97** 119 [zust *Hendler* JZ **97** 782], Kö NZV **93** 406, OVG Hb DAR **04** 543; einschr. VGH Ma DÖV **91** 163, *Bitter/Konow* NJW **01** 1391 f, *Ronellenfitsch* SVR **04** 164; s auch § 12 Rz 52). IÜ kennt die StVO mit Ausnahmen von dem für VZ grundsätzlich geltenden **Sichtbarkeitsgrundsatz** (KG VRS **74** 141), zB Z 242, 270, 274.1, 290, 325 (s Rz 218 a, 228). Wer ein Fz innerhalb einer durch VZ gekennzeichneten **Zone** übernimmt, ist nicht verpflichtet, Nachforschungen nach ihm nicht bekannten Zonen-VZ (zB Z 274.1) anzustellen (Dü DAR **97** 283; s auch Ha SVR **06** 142 und hierzu Rz 249). Die in Gebots- oder VerbotsZ verkörperten Verwaltungsakte dürfen durch *Verwaltungszwang ohne vorherige Androhung* unmittelbar durchgesetzt werden (BVerwG NJW **78** 656, OVG Br DAR **77** 276; zur Ersatzvornahme durch Abschleppen verbotswidrig parkender Fz § 12 Rz 65 ff). Eine durch Gebots- oder VerbotsZ angeordnete Regelung gilt bis zur Entfernung des VZ; diese ist ein kraft Gesetzes sofort vollziehbarer Verwaltungsakt (VGH Ma NJW **78** 1279 [Entfernung des Z 229], VGH Mü BayVBl **87** 372, VRS **82** 388). Ein VZ, dessen Aufstellung befristet angeordnet worden ist, bleibt mangels Entfernung nach Ablauf der Frist verbindlich, auch wenn die Anordnung nicht verlängert worden ist (Dü VRS **63** 257, VG Meiningen DAR **01** 89). VorschrZ sind nur bei offensichtlicher Willkür oder Sinnwidrigkeit (zB EinbahnstrRegelung in Sackgasse; Kö NZV **90** 483, VRS **92** 282, Dü DAR **99** 282) oder bei objektiver Unklarheit, die sich durch Auslegung nicht beheben lässt (Bay DAR **00** 172, VM **78** 29, NZV **89** 38, Ha VRS **107** 134, Kö VRS **62** 310, NZV **92** 200, KG NZV **90** 441, Dü NZV **91** 204, DAR **99** 82), **nichtig** und damit unbeachtlich. Ansonsten sind sie nur **anfechtbar und bis zur Beseitigung zu befolgen** (BVerwG NJW **67** 1627, OVG Hb VRS **104** 476, Bay DAR **68** 287, Kö VM **72** 94, Dü NZV **91** 204, DAR **99** 82, Ko DAR **81** 126, NZV **95** 39, KG VRS **107** 217, NZV **90** 441). Die Fälle nichtiger Verwaltungsakte schränkt § 44 VwVfG dahin ein, dass der Akt an einem besonders schwerwiegenden Fehler leidet und dies bei verständiger Würdigung aller Umstände offenkundig ist (Bay DAR **00** 172). Ein Verwaltungsakt ist nichtig und unbeachtlich, wenn sich die Fehlerhaftigkeit bei Kenntnis aller für sein Zustandekommen wesentlichen Tatsachen ohne Weiteres aufdrängt (Zw VRS **51** 138). Ein VZ, das in deutlichem Widerspruch zu einem anderen, denselben StrBereich betreffenden steht, ist nichtig (Z 250 nach vorherigem Hinweis auf Parkplatz durch Z 314; Kö VRS **62** 310). Nichtig sind VZ, die nicht auf Anordnung der zuständigen StrVB aufgestellt worden sind (§ 39 Rz 31). Nichtig sind PhantasieZ, die die StVO nicht vorsieht (Rz 246), außer bei geringfügigen Abweichungen, zB sachlich bedingter Größenabweichung oder abweichender, aber für den Verkehr ausreichender Aufstellung oder Befestigung. Keine Nichtigkeit auch eines in vorgesehener Größe und Gestaltung auf einer weißen Tafel angebrachten VZ (Dü VRS **61** 467; näher § 39 Rz 31). Die StVO kennt nur weiße (I) und im Fall des IV gelbe Markierungen oder Markierungsleuchtknöpfe; andersfarbige sind unbeachtlich (BVerwG NZV **93** 246), auch zB blaue, obwohl sie zweckmäßig sein können (zB bei Z 315). Anforderungen an Markierungsleuchtknöpfe: BMV VkBl **01** 487 = StVRL Nr 9. **Anfechtungsberechtigt** ist jeder, dessen Bewegungsfreiheit das VZ beschränkt, auch wenn er es zunächst befolgt hat (BVerwG NZV **04** 52, **93** 284, OVG Br VRS **66** 232, VGH Ka VRS **85** 150, NZV **97** 135, NJW **99** 2057, VG Ko DAR **93** 310, VG Schleswig NZV **07** 270 [Parkflächenmarkierung] zust *Kettler* SVR **07** 158, s auch vor Z 299, *Lorz* DÖV **93** 137 f), vor allem also VT und Anlieger (BVerwG NZV **95** 165, VGH Ka VRS **83** 229, VGH Mü DAR **96** 112), ohne Rücksicht darauf, ob ein VT von der durch das VZ getroffenen Regelung regelmäßig oder nachhaltig betroffen wird (BVerwG NZV **04** 52, zust *Kettler* NZV **04** 541, abw OVG Hb NZV **03** 351, abl *Dederer*). Nach OVG Br VRS **66** 232 soll bereits die Anordnung der Aufstellung des VZ anfechtbar sein. **Die Anfechtungsfrist** (§§ 70 II, 58 II 1 VwGO) beginnt nicht mit dem Aufstellen des VZ, sondern erst, wenn der VT erstmals in den Wirkungsbereich des VZ gelangt (BVerwG NZV **04** 52, zust *Kettler* NZV **04** 541, VRS **58** 314, 317, OVG Hb NZV **03** 351, VGH Ka NZV **08** 423; *Dederer* NZV **03** 318, *Bitter/Konow* NJW **01** 1386, *Bitter* NZV **03** 304, *Ronellenfitsch* SVR **04** 164, *Geißler* DAR **99** 349; aM VGH Ka NJW **99** 1651, **99** 2057 [abl *Rinze* NZV **99** 399]). Maßgebend für den Bestand des VZ ist das sachliche Verwaltungsrecht einschließlich der StVO. Zu prüfen ist: Anordnung durch die zuständige Behörde (§ 45); Zulässigkeit des VZ nach der StVO; Abwägung der beachtlichen Interessen des Anfechtenden mit den beachtlichen VInteressen (Maßgebot); Beachtung der Rechtsgrundsätze der Sicherheit und Leichtigkeit des Verkehrs (§ 45; BVerwG NJW **67** 1627) und Vorliegen der anderen in § 45 genannten Voraussetzungen (*Manssen* NZV **92** 468, *Geißler* DAR **99** 350). Nur innerhalb dieses Rahmens wird in Betracht kommen, ob das VorschrZ im gegebenen Zusammenhang zweckgerecht ist. Können nach den VUmständen in überschaubarer Zukunft Schadensfälle eintreten, die sich durch eine einheitliche Konzeption mit Linksabbiegeverbot vermeiden lassen, so kann ein Linksanlieger dieses behördliche Ermessen nicht mit Erfolg angreifen (OVG Br VRS **59** 317). Auch wer (insbesondere als Anlieger) eine Verletzung seiner Rechte durch die Aufhebung einer durch VZ getroffenen VRegelung geltend machen kann, ist anfechtungsberechtigt (OVG Münster NZV **97** 414). Widerspruch und Klage gegen ein VZ haben **keine aufschiebende Wirkung** (BVerwG NZV **04** 52, **88** 38, OVG Saarlouis VM **03** 46, OVG Br DAR **77** 276, OVG Münster NZV **94** 414, VGH Ma Justiz **74** 103, NZV **94** 207, VGH Mü BayVBl **87** 372, NZV **92** 166, OVG Hb VRS **104** 477, OVG Saarlouis ZfS **92** 106). Die Anordnung aufschiebender Wirkung ist aus Gründen der VSicherheit nur ausnahmsweise zulässig (VGH Ma Justiz **74** 103, NZV **95** 45, OVG Münster VRS **39** 392), zB bejaht von VGH Ka NZV **97** 135 bei rechtswidriger Kennzeichnung eines Stadtviertels als Bewohnerparkzone. Vorbeugender Rechtsschutz im Wege einstweiliger Anordnung nur im Ausnahmefall bei andernfalls entstehenden unzumutbaren Nachteilen (VGH Ma NZV **94** 207). Zum Eintritt der Unanfechtbarkeit von VZ VGH Ka VRS **83** 229. VorschriftZ verkörpern Schutzgesetze iS von § 823 BGB (BGH VersR **72** 558, Fra VM **71** 85). Sie können bestimmte Personen uU rechtlich begünstigen; ihre Änderung oder Entfernung unterliegt jedoch nicht den Grundsätzen über den **Widerruf** rechtlich begünstigender Verwaltungsakte (BVerwG DÖV **77** 105). Bringt die StrVB ein im Interesse eines Anliegers angebrachtes, anderweitig entferntes VerbotsZ (hier Z 286) nicht wieder an, so ist dies kein Widerruf eines begünstigenden Verwaltungsakts; vielmehr kann Verpflichtungsklage erhoben werden (OVG Münster NJW **77** 597; dazu BVerwG VRS **52** 316. *Rott* VD **78** 207).

Lit: *Bitter/Konow*, Bekanntgabe und Widerspruchsfrist bei VZ, NJW **01** 1386. *Dederer*, Rechtsschutz gegen VZ, NZV **03** 314. *Fritz*, Die Rechtsnatur der VZ, Diss. Kiel 1966. *Haarkötter*, Die Rechtsnatur der durch amtliche VZ getroffenen Anordnungen, Diss. Frankfurt 1966. *Hansen/Meyer*, Bekanntgabe von Verkehrsschildern, NJW **98** 284. *Lorz*, Der Rechtsschutz einfacher VT gegen VZ und andere verkehrsbehördliche Anordnungen, DÖV **93** 129. *Manssen*, Öffentlichrechtlich geschützte Interessen bei der Anfechtung von VZ, NZV **92** 465. *Mehde*, Bekanntgabe von VSchildern ..., NJW **99** 767. *Obermayer*, Das Dilemma der Regelung eines Einzelfalles nach dem VwVfG, NJW **80** 2386. *Podlech*, Die Rechtsnatur der VZ und die öffentlich-rechtliche Dogmatik, DÖV **67** 740. *Renck*, Die Rechtsnatur von VZ, NVwZ **84** 355. *Ronellenfitsch*, Dauerthema Verkehrszeichen, SVR **04** 161. *Scheffler*, Müssen unsichtbare VZ erahnt werden?, NZV **99** 363. *Stern*, Die Bindungswirkung von VZ im Ordnungswidrigkeitsverfahren, R. Lange-F 859.

2. Rechtsprechung in der Nummernfolge der VZ: ● **Z 205 (Vorfahrt gewähren!)**. Das VZ räumt der anderen Straße schlechthin Vorfahrt ein ohne Rücksicht darauf, wo dort die Z 301/306 stehen, Bay VM **78** 74. Es muss auf der rechten Fahrbahnseite stehen, sonst Amtspflichtverletzung, Dü VersR **69** 261. Vorfahrtregelnde VZ sind so aufzustellen, dass auch Ortsunkundige ihre Bedeutung ohne nähere Überlegung sofort erkennen, Bay DAR **73** 82. Untereinander sind Z 205 und 206 gleichrangig, dh, Z 205 gewährt kein Vorrecht gegenüber einer mit Z 206 versehenen Einmündung, § 8 Rz 43. Steht das Z 205 mit Zusatzschild „Straßenbahn" (Sinnbild) an Wendeschleifen und ähnlichen Gleisanlagen, so geht es auch der Regel des § 10 S 1 vor, BGH NZV **88** 58, *Kürschner* NZV **92** 215, aM LG Kar NZV **92** 241. Entsprechendes gilt für Z 205 am Ende von verkehrsberuhigten Bereichen, Fußgängerbereichen usw iS von § 10 S 3. Würde man die insoweit in Abs II Nr 1b zu Z 205 getroffene Regelung nur auf Einmündungen und Kreuzungen beziehen, so hätte es ihrer nicht bedurft. Der Gegenmeinung ist zuzugeben, dass der Begriff „Vorfahrt" in solchen Fällen nicht zutrifft (*Vorrang*). ● **Z 206 (Halt! Vorfahrt gewähren!)** verpflichtet zur Prüfung der VLage und schützt auch überquerende Fußgänger, Dü VersR **78** 744. Von der Haltlinie (Z 294) aus muss diese Prüfung möglich sein. Steht kurz hinter dem Z 205 (Vorfahrt beachten!) das Z 206 (Stop), so kann kein Zweifel bestehen, dass dieses zu beachten ist, Sa VRS **47** 387, 472. Dem Z 206 ist durch kurzes Anhalten genügt, wer danach vorfahrtverletzend weiterfährt, verletzt § 8, Fra VRS **39** 460. Grobes Nichtbeachten zB bei zügiger Weiterfahrt oder wenn das Z 206 an unübersichtlicher Stelle steht, Ha VRS **51** 294, einschränkend Dü DAR **88** 102. Das Urteil muss das grobe Nichtbeachten bei Ahndung als OW nachprüfbar belegen, Ha VRS **51** 294, Dü DAR **88** 102. Überfahren eines Stoppschilds ist nicht stets grobfahrlässig, § 8 StVO Rz 70. Das Übersehen des am linken Fahrbahnrand stehenden Z 206 ist bei lebhaftem Verkehr idR nicht vorwerfbar, KG VM **77** 70. S auch § 8 Rz 60. ● **Z 208 (Dem Gegenverkehr Vorrang gewähren!)** verschafft dem Gegenverkehr unbehindertes Vorrecht, Bay VRS **31** 224, Sa VM **69** 72, auch einspurigen Fz, Sa VM **76** 38, Ko VRS **48** 142, und uU Fußgängern, auch wenn der Wartepflichtige die Engstelle früher als der Berechtigte erreicht, Bay VRS **26** 315. Das Z 208 ist verletzt, wenn sich der Wartepflichtige so verhält, dass der Berechtigte den Vortritt nicht gefahrlos ausüben kann, Ko VRS **48** 143, Bay VRS **25** 365.

248a ● **Z 209** ist kein AnkündigungsZ, *Booß* VM **73** 88, es regelt nur die Weiterfahrt, es hindert nicht das Einfahren in ein Grundstück am VZ in anderer Richtung, Fra VRS **46** 64. Soweit es nicht gem. Abs II S 2 einem bestimmten markierten Fahrstreifen zugeordnet ist, gilt es für die gesamte Fahrbahn, Dü NZV **91** 204. Schreibt es Fahrtrichtung nach links vor, so ist Wenden nicht grundsätzlich verboten (anders § 214, s dort), s auch § 297. Kriechspurbenutzung ist keine Fahrtrichtungsänderung und darf deshalb durch die VZ 209, 211 nicht angeordnet werden, aM Ha DAR **73** 275, sondern nur durch Z 275, *Booß* VM **73** 88. Das Z 209 darf mit einer Ampelanlage (anstatt eines unzulässigen Grünpfeils) nur so verbunden werden, dass jeder aufmerksame VT es rechtzeitig erkennen kann, Br VersR **80** 680. ● **Z 211 (Hier rechts)** untersagt nicht, nach dem Abbiegen zu wenden und entgegengesetzt zu fahren, KG VM **60** 17. Abzubiegen ist vor dem Z 211, Ha VM **64** 53. ● Das **Z 214** untersagt das Wenden, aber bloßes Linkseinordnen hierzu verletzt nicht II 2, sondern das Rechtsfahrgebot, KG VRS **55** 219. Das VZ verletzt, wer trotz Verbots des Linksabbiegens im Kreuzungsbereich nach rechts ausbiegt, dann aber umkehrt und die bisherige Fahrtrichtung kreuzen will, Ha VRS **48** 235, er darf, soweit erlaubt, erst in klarer Entfernung vom Kreuzungsbereich wenden. ● **Z 215 (Kreisverkehr)** entfaltet nur rechtliche Wirkungen (§ 9 a), wenn es unter Z 205 angebracht ist. Es darf nur aufgestellt werden, wenn an allen Zufahrten zum KreisV das Z 205 steht, Vwv zu Z 215 Rn 1 (Rz 58). Einzelheiten, § 9 a.

248b ● **Z 220 (Einbahnstraße):** Es muss an *allen* Kreuzungen und Einmündungen angebracht sein, sonst Amtspflichtverletzung (Fra VersR **88** 914). Nur bei geringer VBelastung und höchstzulässiger Geschwindigkeit von 30 km/h kann bei ausreichender Breite unter strengen Voraussetzungen (Vwv Rn 8, s Rz 63) FahrradV in entgegengesetzter Richtung durch ZusatzZ (II Nr 2 Z 220) zugelassen werden. Dies sollte im Interesse der VSicherheit auf seltene Ausnahmefälle beschränkt bleiben (*Grupe* VGT **93** 88; gegen Freigabe von EinbahnStr für Radf auch Empfehlung des 31. VGT, NZV **93** 103 = VGT **93** 8, s aber *Werle* PVT **93** 104). Nach VG Lüneburg setzt Zulassung Erforderlichkeit voraus (aM *Kettler* SVR **07** 436). Strabaverkehr auf Einbahnstr in beiden Richtungen ist nicht mehr zulässig (Rz 61). Soweit solche „unechten" Einbahnstr (*David* VD **97** 224) noch bestehen und die Straba weiterhin in Gegenrichtung verkehrt, ist auf den GegenV in geeigneter Weise hinzuweisen, sonst Amtspflichtverletzung, Kar VersR **82** 1156. I Ü ist keine Einschränkung durch Zusätze zulässig (Kar VM **76** 16). Auch das FzFühren von Hand auf der Fahrbahn in Gegenrichtung ist nicht zulässig (§ 25 Rz 49), auf dem Gehweg nur, soweit es Fußgänger nicht wesentlich behindert (§ 1 II). Eine EinbahnStr in verkehrter Richtung zu befahren, bedeutet meist grobes Verschulden (Nü VersR **61** 644, KG VRS **60** 382). Verbotswidriges Befahren einer EinbahnStr in falscher Richtung auch, wenn zwar Z 267 fehlt, das Einfahren aber durch andere Z untersagt ist (Z 295, Z 222; Fra VersR **82** 554). Rückwärtsfahren entgegen der vorgeschriebenen Richtung ist grundsätzlich verboten (§ 9 Rz 51; Ha VM **77** 95, Kar VM **78** 13, Kö VersR **92** 332, aM *Jagow/Burmann/Heß* § 9 Rz 67). Unzulässig auch Rückwärtsfahren, um zu parken (Sa VM **76** 64, KG VRS **60** 382 [10–15 m]), das technisch günstigere Rückwärtseinparken unter ständiger Rückwärtsbeobachtung bei sofortiger Anhaltebereitschaft ist jedoch erlaubt (Fra VersR **73** 968, Ha VM **77** 95, Kar VM **78** 13). Befindet sich Z 220 nicht *gegenüber* einer Parkplatzausfahrt, sondern 15–20 m versetzt, so kann der FzF, der die Ausfahrt verlässt, davon ausgehen,

Vorschriftzeichen § 41 StVO **2**

dass für die entgegengesetzte Richtung bis zur nächsten Einmündung keine Einbahnregelung besteht, wenn auch dort das Zeichen fehlt (Ko DAR **81** 95), zumal die Vwv zu Z 220 Rn 2 (Rz 60) Anbringung *gegenüber* der Parkplatzausfahrt empfiehlt. Keine Verletzung der VRegelungspflicht, wenn das Z 220 nicht auch an Tankstellenausfahrten wiederholt wird, der Einbahnstrcharakter sich jedoch für die Ausfahrenden aus anderen VEinrichtungen ergibt (BGH VersR **85** 838). Wird eine Einbahnstr vorübergehend zur Sackstr (Bauarbeiten), so gilt das Z 220 solange nicht (Bay VM **76** 10). ● **Z 222 (Rechts vorbei):** das VZ ordnet nur Rechtsvorbeifahren am Standort an, nicht auch die Fahrtrichtung danach, Bay DAR **78** 193. ● **Z 223.1–223.3 (Seitenstreifen befahren):** Das Z 223.1 schafft die Rechtsgrundlage für eine temporäre Anordnung des Befahrens des Seitenstreifens wie einen Fahrstreifen, etwa zum Zweck der Stauvermeidung, vor allem auf AB. Die Zeichen werden als WechselVZ für bestimmte Tageszeiten (stets in Kombination mit Geschwindigkeitsbegrenzung auf 100 km/h, Vwv Rn 4, s Rz 71 c) aktiviert, zu denen wegen hohen VAufkommens eine erhebliche Beeinträchtigung des VAblaufs zu erwarten ist (Vwv Rn 1; BMV, Umnutzung des Standstreifens für den fließenden V, VkBl **02** 691). Das VZ gibt den Seitenstreifen nicht nur frei, sondern ordnet dessen Befahren an. Im Geltungsbereich des Z 223.1 entspricht der Seitenstreifen rechtlich dem rechten Fahrstreifen; es gelten somit die Regeln der § 2 (Rechtsfahrgebot) und § 7 (Fahrstreifenbenutzung); die den Seitenstreifen von der eigentlichen Fahrbahn trennende Fahrbahnbegrenzung gilt als Leitlinie und darf nach beiden Seiten überfahren werden (s zu Z 295). Fortsetzung der Fahrt auf dem Seitenstreifen nach Passieren des Z 223.1 (Seitenstreifen nicht mehr befahren) ist Verstoß gegen die Fahrbahnbenutzungspflicht (§ 2 I), soweit nicht Benutzung nach Maßgabe von Abs III Nr 3b erlaubt ist; insbesondere auf AB darf der Standspur dann nicht mehr befahren werden (§ 18 Rz 14b). Das Z 223.3 (Seitenstreifen räumen) entspricht inhaltlich etwa dem gelb blinkenden, schräg nach unten gerichteten Pfeil als Dauerlichtzeichen (§ 37 III 4). Gegenüber § 7 IV StVO (Reißverschlussverfahren) ist die durch Z 223.3 getroffene Anordnung daher jedenfalls insoweit speziell, als der Fahrstreifenwechsel nicht erst „unmittelbar vor Beginn der Verengung", also vor dem Z 223.2 vorzunehmen ist, sondern sobald der Verkehr auf dem links verlaufenden Fahrstreifen dies zulässt. Erfordert die Verkehrsdichte zunächst ein Weiterbefahren des Seitenstreifens zwischen den Z 223.3 und 223.2, muss dem FzF jedoch spätestens dort das Einscheren nach links gem. § 7 IV StVO ermöglicht werden, näher: Hentschel NJW **02** 1238. Die Aufstellung des Z 223.1 auf einer BAB im Nahbereich einer Anschlussstelle (weniger als 400 m) zur Absicherung einer Baustelle ist unzulässig; deswegen Schadensersatzanspruch des VT aus Amtspflichtverletzung, der dem Z folgt und dadurch im unmittelbaren Bereich der Anschlussstelle einen Verkehrsunfall verursacht, Ce DAR **06** 267.

● **Z 224 (Straba oder Linienbusse):** Das Z 224 muss auf das Anliegerrecht abgestimmt sein (VGH Mü VRS **56** 72). Eine Bushaltestelle darf eine Grundstückseinfahrt nicht beeinträchtigen (VGH Mü VRS **56** 72, OVG Saarlouis NJW **04** 2995). Das Z 224 ist ein Gebotszeichen, kein bloßer Hinweis auf eine Haltestelle, sonst hätte das öffentliche VMittel dort nicht Vorrang, die Einordnung in § 41 wäre unsystematisch und das Z 299 (Bay VRS **55** 69) könnte dann kein Parkverbot voraussetzen (OVG Münster VRS **57** 396, aM VGH Mü VRS **56** 72). Halten im Bereich von Z 224, 226 alt (§ 12 III Nr 4; s § 12 Rz 48). Ausschließliche Schulbus-Haltestellen sind, soweit aus Sicherheitsgründen erforderlich, unter Ausschluss anderer Kennzeichnungen durch das Z 224 mit Zusatzschild 1042–36 (Schulbus) mit Betriebszeit zu kennzeichnen. Während dieser Zeiten besteht dort Parkverbot (§ 12 III 4; VkBl **80** 526). ● **Z 229 (Taxenstand):** Das Warten von Taxen auf Standplätzen ist unentgeltlicher Gemeingebrauch (BGH NJW **69** 791, VG Freiburg NJW **78** 660). Ist der Platz von einer Gruppe von Taxiunternehmern gemietet worden, so können andere Unternehmer aus dem Z 229 kein Benutzungsrecht herleiten (BGH NJW **69** 791. *Sigl* VD **71** 161, *Bouska* VD **72** 65). ● **Z 237 (Radf):** Mofaf sind innerorts ohne ausdrückliche Zulassung durch ZusatzZ von Radwegen ausgeschlossen, es sei denn, sie fahren ohne Motorkraft mit Pedalbetätigung, dann müssen sie den Radweg benutzen (Rz 82–82b). „Gestattet" (II Nr 5 S 5) ein ZusatzZ die Benutzung durch Mofas, so besteht keine Benutzungspflicht (*Bouska* DAR **89** 165). Durch Z 237 gekennzeichnete Sonderwege (Begr VkBl **88** 225: „Fahrradstraßen") können durch ZusatzZ auch für andere FzArten zugelassen werden; alle FzF müssen dann mit mäßiger Geschwindigkeit fahren (II Nr 5f). Ein ZusatzZ gem § 39 II S 2 (Mofa-Symbol) berechtigt nicht zur Radwegbenutzung mit einem Kleinkrad (Kö VM **74** 60 m Anm *Booß*;. s § 2). Nach Dü MDR **78** 1025 soll das Ende eines Radwegs deutlich gekennzeichnet werden müssen; dagegen bestehen Bedenken, weil einem Radf, anders als dem Kf, an Kreuzungen und Überwegen ohne Weiteres zuzumu-

248c

ten ist, sich hinsichtlich der Weiterfahrt Gewissheit zu verschaffen, die für den schnelleren FahrV notwendige Regel der Erkennbarkeit der VZ mit einem Blick passt für die viel langsameren Radf in dieser Strenge nicht (Ha NVwZ-RR **99** 619; Vwv Rn 3, Rz 83). ● **Z 239 (Fußgänger):** Durch ZusatzZ zugelassener FahrV darf ausnahmslos, auch in Fußgängerbereichen, nur im Schritt fahren, auch LastFz und Radf, um Gefahr möglichst auszuschließen. Zum Begriff der Schrittgeschwindigkeit § 42 Rz 181 zu Z 325/326. Nicht die Fußgänger müssen die Fz, über ihre Pflichten gemäß § 1 II hinaus, „durchfahren lassen", also beiseite treten, sondern die Fahrer müssen auf die Fußgänger jede Rücksicht nehmen, sie ggf im Schritt umfahren, sie dürfen sie nicht durch Klingeln erschrecken, ggf müssen sie vorübergehend anhalten oder absteigen. Wird durch ZusatzZ zu Z 239 die Benutzung eines Fußgängerbereichs zu bestimmten Zwecken erlaubt, so verstößt auch der *Verbleib* (Parken) mit dem Fz gegen II Nr 5 a S 2 (Benutzungsverbot), wenn der erlaubte Zweck nicht verfolgt wird bzw nicht erreichbar ist (Ce VRS **74** 66). Das Z 239 mit dem ZusatzZ „Abstellen von Fahrrädern (Symbol) max. 15 Min" darf nur aufgestellt werden, wenn die Örtlichkeit eine solche Regelung zur Klarstellung der verkehrsrechtlichen Situation erfordert, woran es in aller Regel fehlen wird (VG Lü NJW **06** 1609; zust *Kettler* SVR **06** 277, *Schulze-Werner* VD **06** 236, s auch § 12 Rz 55). Zur Fußgängerzone i Ü: § 2 Rz 30. ● **Z 240 (gemeinsamer Fuß- und Radweg):** Besondere Regeln für den BegegnungsV zwischen Radf und Fußgänger auf gemeinsamem Fuß- und Radweg enthält die StVO nicht; jedoch schuldet der ZweiradF dem Fußgänger Rücksichtnahme (II Nr 5 c hinter Z 241; Nü NZV **04** 358, Ol NZV **04** 360, Dü NZV **07** 614). Den Radf treffen auf gemeinsamem Fuß- und Radweg höhere Sorgfaltspflichten als den Fußgänger (Ol NZV **04** 360, LG Hannover NZV **06** 200 [Fahren auf Sicht, s auch § 3 Rz 15]); diese können ihn zur Herstellung von Blickkontakt, Verständigung und notfalls Schrittgeschwindigkeit zwingen (Ol NZV **04** 360). Radf haben auf kombinierten Geh- und Radwegen keinen Vorrang, Fußgänger müssen sie aber vorbeifahren lassen; dabei müssen die Radf jede Gefährdung vermeiden (KG VM **77** 72). Fußgänger dürfen aber den gemeinsamen Fuß- und Radweg auf der ganzen Breite benutzen und dort auch stehen bleiben (LG Hannover NZV **06** 200 [volle Haftung des Radf]). ● **Z 241 (getrennter Fuß- und Radweg):** Nach Dü NZV **07** 614 gilt das besondere Rücksichtnahmegebot nach II Nr 5 c nicht für den *getrennten* Fuß- und Radweg; deshalb nur allgemeines Rücksichtnahmegebot (§ 1 II) und Geltung des Vertrauensgrundsatzes für den Radf mit Blick auf uU den Radweg überschreitende Fußgänger (abw. uU Ol NZV **04** 360).

248d ● **Z 242/243 (Fußgängerbereich):** Z 242 gestattet die Benutzung des Fußgängerbereichs nur Fußgängern und verbietet sie zugleich allen anderen VT, auch Radf, soweit nicht FzV durch Zusatzschild zugelassen ist. Mitführen von Fahrrädern (Schieben) ist erlaubt (§ 2 Rz 29). Fahrer von Krankenfahrstühlen und Rollstuhlfahrer stehen Fußgängern gleich (§ 24 I, II; dort Rz 7). Das Verbot gilt für alle öffentlichen VFlächen innerhalb des Zonenbereichs zwischen den Z 242 und 243; der Sichtbarkeitsgrundsatz (dazu Rz 228, 247) gilt also nicht. Soweit FzV durch Zusatzschild zugelassen ist, dürfen Fußgänger weder behindert noch gar gefährdet werden; die FzF müssen Schrittgeschwindigkeit (dazu § 42 Rz 181 zu Z 325/326) einhalten und, soweit nötig, warten. Während der durch Zusatzschild bezeichneten Dauer zugelassenen FzVerkehrs dürfen Fz grundsätzlich auch parken (Zw VRS **80** 380). Durch Zusatzschild gewährte Ausnahmen sind eng auszulegen; zugelassener LieferV muss daher den Fußgängerbereich auf dem kürzest möglichen Weg durchfahren (Bay NZV **91** 164) andernfalls OW, Rz 249. Wer aus einem Fußgängerbereich auf die Fahrbahn einfahren will, hat sich gem § 10 zu verhalten (äußerste Sorgfalt, E 150). Vorübergehende Ausnahmeregelung für Geldtransporte im Auftrag der Kreditinstitute oder der Deutschen Bundesbank im Rahmen der Einführung des Euro: 38. Aufl, Rz 245 d. Zum Fußgängerbereich iÜ: § 2 Rz 30, § 45 Rz 28 b. ● **Z 244 (Fahrradstraße)** bezeichnet einen Sonderweg (§ 2 Rz 28) und schließt andere Fz (soweit nicht durch ZusatzZ zugelassen) von der Benutzung aus. Alle Fz dürfen nur mit *mäßiger* Geschwindigkeit fahren, dh einer solchen, die den durch die durchschnittliche RadfGeschwindigkeit geprägten Verkehrsverhältnissen entspricht, also idR mit maximal 30 km/h, eingehend Kar NZV **07** 47, *Bouska* DAR **97** 338; das Merkmal „mäßige Geschwindigkeit ist hinreichend bestimmt, Kar aaO. Das Z 244 erlaubt entgegen § 2 IV S 1 das Nebeneinanderfahren von Radf; auch hier gilt allerdings die Grundregel des § 1 I der gegenseitigen Rücksicht und des § 1 II, zB gegenüber Fußgängern und dem durch ZusatzZ erlaubten FzVerkehr, *Hentschel* NJW **98** 346. Auch sonst gelten die Vorschriften über die Fahrbahnbenutzung, insbesondere (abgesehen vom erlaubten Nebeneinanderfahren) über das Rechtsfahrgebot, aber auch die Bestimmungen über Geschwindigkeit, Abstand, Überholen, Fußgänger usw. Fehlen Gehwege, so gilt für Fuß-

Vorschriftzeichen   § 41 StVO 2

gänger § 25 I S 2–4. ● **Z 245 (Linienomnibusse):** Ein Sonderstreifen für Omnibusse entsteht nur durch das Z 245, nicht bereits durch die Beschriftung „Bus", Bay VRS **59** 236, Dü NZV **98** 41, die allein ein Befahren auch bei unterschiedlichem Fahrbahnbelag und Abgrenzung durch Nagelreihe nicht verbietet, Bay VRS **63** 296. Der Sonderstreifen soll (Vwv zu Z 245 Rn 19, s Rz 86 c), muss aber nicht durch Fahrstreifenbegrenzung abgetrennt sein, LG Mainz VRS **88** 181. Als Streckenverbot endet er auch dann nicht ohne Weiteres an der nächsten Einmündung, wenn das Z entgegen der Vwv (Rn 17) nicht wiederholt wird, LG Mainz VRS **88** 181. Das Z dient ausschließlich dem flüssigen Linien- (bzw Taxi- oder Fahrrad-) Verkehr; Abs II Nr 5 in Verbindung mit Z 245 ist daher kein SchutzG zugunsten anderer VT (zB bei Kollision mit verbotswidrig den Sonderfahrstreifen benutzendem Pkw), KG VersR **82** 583, **91** 20, NZV **92** 486, VRS **87** 411 (414), Ha NZV **01** 428. Zur Haftungsverteilung zwischen Rechtsabbieger und unbefugtem Sonderstreifen-Benutzer § 9 Rz 55. Vorrangfragen: § 9 Rz 39.

● **Z 250 (Verbot für Fz aller Art):** Das VZ betrifft, wo es zeitlich unbeschränkt gilt, 248e jedes Einfahren und Parken im Sperrbezirk. Abzweigungen, die nur über die gesperrte Str erreichbar sind, werden ohne besonderes VZ mitumfasst, Bay VRS **69** 461. Da Z 250 ein „Verkehrsverbot" anordnet (Überschrift!), erstreckt es sich aber auch bei zeitlicher Beschränkung auf **Fahrverkehr und ruhenden V** mit der Folge, dass parkende Fz vor Beginn der Sperrzeit aus dem gesperrten Bereich entfernt werden müssen, Kö VM **77** 47, Ha VRS **47** 475, **48** 229, Kar VRS **54** 309, OVG Münster VRS **71** 467, *Booß* VM **77** 19, **81** 24, *Bouska* VD **77** 105, *Bick* NZV **92** 86, Dü NZV **92** 85 (zust *Janiszewski* NStZ **92** 274), **aM** BGHSt **34** 194 = NJW **87** 198 (dagegen überzeugend *Janiszewski* NStZ **87** 116), Kar VRS **87** 19 (aufgegeben: VRS **54** 309), VGH Ka VM **81** 22 (abl *Booß*), Dr NZV **96** 80. Soweit Ladegeschäft erlaubt ist, gelten die Grundsätze wie zu § 12, Ha VM **75** 21. Die gesperrte Straße bleibt öffentlich, es gelten die Vorfahrtsregeln, Neust JR **57** 433. Zu beachten bleibt, dass FahrV herauskommen kann, BGH VRS **24** 175. Zw, ob das Verbot auch für **Reiter** gilt: Tiere sind nach dem Wortlaut (Abs II Nr 6 S 1) davon ausgenommen; andererseits gelten für Reiter die für den *Fahr*verkehr bestehenden Regeln analog (§ 28 II S 1). Da § 41 II Nr 6 S 1 nur Tiere erwähnt, der dort genannte § 28 II aber außer Pferden und Vieh („Tiere") ausdrücklich auch Reiter aufführt, wird nur das Führen von Pferden verboten, nicht aber das Reiten auf ihnen unter Bezugnahme auf eine Stellungnahme des BMV *Kullik* PVT **92** 362. Eine Zufahrtsperre auch für **Anlieger** ist uU mit dem GG vereinbar, Ha DAR **58** 73. Bei Zusatz: „Nur für Anlieger": SchutzG bezüglich der Anlieger nur, wenn speziell diese geschützt werden sollen und nicht nur VErleichterung bezweckt ist, BGH NJW **70** 421, Kö VersR **82** 154. Das **Zusatzschild** „Anlieger frei" hat dieselbe Bedeutung wie das Schild „Anliegerverkehr frei", Zw NJW **89** 2483; es erlaubt nicht nur eigentlichen Anliegern die Durchfahrt, also Personen mit durch rechtliche Beziehung zu den Grundstücken begründeter Anliegereigenschaft, sondern auch den Verkehr mit ihnen und damit die Zufahrt zu ihrem Grundstück, BVerwG NJW **00** 2121, Zw NJW **89** 2483. Anlieger sind auch unmittelbar Nutzungsberechtigte, Zw VM **78** 38, Dü NZV **92** 85. Anlieger ist auch, wer vor der gesperrten Straße aus einen Bach oder dessen Windungen bedingte schmale Geländestreifen bis zu seinem Grundstück hin überqueren muss, Zw VM **78** 38. Zum Anliegerbegriff, den die StVO nicht definiert (BVerwG NJW **00** 2121), *Jäger* DAR **96** 471. Ob eine Straße für den Durchgangsverkehr oder für Kfz mit Ausnahme der Anlieger gesperrt ist, macht keinen Unterschied, in beiden Fällen dürfen Dritte zu den Anliegern fahren, Bay VM **78** 75, VRS **69** 64, Ha VRS **55** 382, Zw NJW **89** 2483, jedoch nur, wenn das aufgesuchte Grundstück einen Ein- oder Zugang zur gesperrten Straße hat, Ha VRS **52** 304. Ziel oder Ausgangspunkt müssen an der gesperrten Straße liegen; ob der Anlieger auch auf anderem Weg erreichbar ist, ist ohne rechtliche Bedeutung (Bahnhof), Bay DAR **75** 250. Anliegerverkehr ist die erlaubte Zufahrt zu Grundstücken mit Zugang zur gesperrten Straße, Ha VRS **52** 304, Dü VM **93** 43 (zust *Booß*), es sei denn, die Zufahrt zu ihnen ist rechtlich überhaupt gesperrt, Ha DAR **74** 81. Maßgebend für das Ein- oder Ausfahren muss die gewollte Beziehung zu einem Anlieger oder Anliegergrundstück sein, Ha VM **69** 47. Befugter Anliegerverkehr muss nicht den kürzesten Weg wählen, Br DAR **60** 268, Schl VRS **9** 58, Dü NZV **92** 85. Besucher müssen nach Beendigung ihres Besuchs den nur für Anlieger freigegebenen Bereich verlassen; weiteres Parken nach ursprünglich erlaubter Nutzung der VFläche ist ow, Dü NZV **92** 85 (zust *Bick*). Das Zusatzschild „Anwohner frei" besagt im *StrV* dasselbe wie „Anlieger frei", Bay DAR **81** 18, VRS **69** 64, Dü NZV **92** 85; aM *Booß* VM **81** 9. Beispiele: das Aufsuchen eines Automaten in der Sperrzone, AG Dillingen MDR **68** 605, eines Bauunternehmers, der dort baut, Bay VRS **27** 381, das Einfahren, um mit ausdrücklicher oder stillschweigender Duldung des Anliegers ein dort liegendes Grundstück zu benutzen, BGHSt **20** 242 = NJW **65** 1870, Zw NJW **89** 2483 (Baggersee) oder um zum Fischwasser zu gelangen (Fischereierlaubnisschein, Pacht), Zw VRS **54** 311, Kö VRS **25** 367, *Drossé* DAR **86** 269, aM Ce VRS **25** 364. **Nicht zum erlaubten Anliegerverkehr** gehört es, wenn von einem Punkt außerhalb der Sperrstrecke ein anderer Punkt außerhalb dieser Strecke durch die gesperrte Straße erreicht werde soll, Zw VRS **45** 388, Ha VRS **53** 310, Br DAR **60** 268, Ol NJW **64** 606, einschränkend BVerwG NJW **00** 2121, oder bloße Ausübung eines Gemeingebrauchs, Schl VM **65** 37, zB das Befahren einer gesperrten ForstStr zwecks späteren Skilaufs, Bay DAR **69** 106, VM **69** 35 (s aber oben BGH über Grundstücksbenutzung), oder Zufahrt zu einem Gebäude, dessen Einfahrt in einer anderen Straße liegt, Kö VRS **17** 387. Das **Zusatzschild** „Ausgenommen Taxen und Linienbusse" bezieht Mietwagen nicht ein, Schl VM **76** 24. „Krankenfahrzeuge frei" umfasst auch private Fz, mit denen Kranke befördert werden, Ko VRS **70** 302. Zusatzschild Nr 1026–38 „Landwirtschaftlicher Verkehr frei" stellt nicht auf bestimmte FzArten oder Halter ab, sondern auf den landwirtschaftlichen Zweck der Wegbenutzung, schließt daher die Benutzung durch landwirtschaftlichen Fachberater mit Privat-Pkw zu entsprechendem Zweck nicht aus, Bay VRS **62** 381, das Befahren durch Elektrizitätswerkspersonal zum Zweck der Reparatur eines Hochspannungsmasts dagegen auch dann, wenn auch die Stromversorgung eines landwirtschaftlichen Betriebes betroffen ist, Ko VRS **68** 234. Das Befahren muss dem Zweck der Bewirtschaftung iS landwirtschaftlicher Erzeugung tierischer oder pflanzlicher Art dienen, Kö DAR **86** 298. Bewirtschaftung eines Binnengewässers im Rahmen der Fischerei ist in diesem Sinne als „landwirtschaftliche" Tätigkeit anzusehen, *Drossé* DAR **86** 271, nicht jedoch bloßes Sport- oder Hobby-Angeln, Kö DAR **86** 298 (Anm *Drossé* NStZ **87** 82), Bay DAR **89** 362. Auf das Fahrtziel kommt es nicht an, landwirtschaftlicher V darf die im Übrigen gesperrte Str also auch zur bloßen Durchfahrt benutzen, Ce NZV **90** 441. Das Zusatzschild „Ausgenommen Forstwirtschaft" uÄ erlaubt auch Fahrten, die der Jagdausübung dienen. Der forstwirtschaftliche Anliegerverkehr ist jedenfalls im StrV (Zusatzschilder) keine Unterart des landwirtschaftlichen, dessen Freigabe schließt also den forstwirtschaftlichen Verkehr nicht ein, Bay DAR **78** 283. Zum Inhalt sonstiger Zusatzschilder s auch § 39 Rz 31a. Wer dem Z 250 zuwider einfährt, **haftet nach § 823 BGB** nur für Unfälle innerhalb des rechtlichen Schutzbereichs des VZ, BGH VersR **70** 159, NJW **70** 421. Verantwortlichkeit für eine Körperverletzung, wenn das Befahren zu der Gefahr führt, der die Sperrung entgegenwirken soll, Stu NJW **59** 1550.

248f • **Z 251 (Verbot für Kraftwagen und sonstige mehrspurige Kfz, Kräder):** Zu den mehrspurigen Kfz gehören zB Zgm (Begr VkBl **88** 225), nicht dagegen Kräder mit Beiwagen (Abs II Nr 7 Z 276, 277 S 1). Das Zusatzschild „Traktor" betrifft jetzt Kfz, die nicht schneller als 25 km/h fahren können, § 3 II S 1 Nr 2a FZV. Ausnahme durch Zusatzschild für bestimmte Kfz bei VVerbot aus Gründen der Luftverunreinigung: Rz 86 d. • **Z 253 (Verbot für Kfz mit mehr als 3,5 t zulässigem Gesamtgewicht):** Die Kombination der ZusatzZ „DurchgangsV" und „12 t" beschränkt das aus Z 253 folgende VVerbot nach Maßgabe von II Nr 6 auf den DurchgangsV mit NutzFz mit zulässigem Gesamtgewicht von mehr als 12 t und dient dem Schutz der Wohnbevölkerung vor den durch Ausweichen auf nicht mautpflichtige Straßen verursachten Immissionen, „**Mautausweichverkehr**" (zur Anordnung § 45 Rz 28a). Die Schilderkombination ist auf den MautausweichV beschränkt. Lediglich für Zwecke des § 40 I BImSchG wird sie gleichfalls herangezogen werden können. Die Kombination mit einer geringeren Gewichtsgrenze (zB 3,5 t) ist nicht zulässig. Zur unzulässigen Häufung von 7 übereinander angebrachter Z s § 39 Rz 33, 36. Bekanntgabe durch VZ erforderlich (§ 45 Rz 41). Die grundsätzliche Widmung einer Str auch für den DurchgangsV ist von der Regelung nicht betroffen. Nicht zum DurchgangsV gehört der regionale WirtschaftsV innerhalb eines Umkreises von 75 km vom ersten Beladeort nach Maßgabe der in II Nr 6 enthaltenen Ausnahmeregelung. Darunter fallen auch Leerfahrten im Zusammenhang mit dem GüterkraftV (Begr, § 45 Rz 8). Eine weitere Ausnahme enthält die Regelung für nicht mautpflichtige Fz und für Fahrten auf ausgewiesenen Umleitungsstrecken. Zur Frage der Ausnahme nach § 46 BVerwG NJW **08** 2867. • **Z 254 (Verbot für Radfahrer)** ist bei schmaler Fahrbahnbreite und hoher Verkehrsbelastung gerechtfertigt (§ 45 IX), um Gefahren abzuwenden (VG Stu bei *Stollenwerk* VD **07** 12). • **Z 261 (Verbot für kennzeichnungspflichtige Kfz mit gefährlichen Gütern).** Richtlinien für die Anordnung von verkehrsregelnden Maßnahmen für den Transport gefährlicher Güter auf Straßen: VkBl **87** 857. • **Z 262 (Gewichtsbeschränkung)** ist auf allen Teilen der Sperrstrecke zu beachten, BGHSt **11** 7 = NJW **57** 1934. Die ausnahmsweise Freigabe für landwirtschaftliche Anlieger

Vorschriftzeichen § 41 StVO **2**

bezieht sich nur auf Benutzung für landwirtschaftliche Zwecke (nicht zB auch für forstwirtschaftliche Zwecke eines Anliegerlandwirts), Bay DAR **78** 283. Militärische Tragfähigkeitsschilder an Brücken: § 39 Rz 39. ● **Z 264 und 265 (Breite, Höhe):** Die angegebenen Maße beziehen sich nach ihrem Sinn und Zweck auf die tatsächliche Breite bzw Höhe, nicht auf die im FzBrief angegebenen, LG Münster 9 S 26/03. § 41 II Nr 6 mit Z 265 ist SchutzG iS von § 823 II BGB; das Verbot dient auch den Schutz des Eigentums der infolge Missachtung geschädigten VT und des Eigentümers des Fz, dessen Fahrer das VZ nicht beachtet (BGH NZV **05** 457). Der FzF eines 3,08 m hohen Wohnmobils, der unter Missachtung dreier VZ in eine Brückenunterführung einfährt und dadurch sein Fz beschädigt, handelt grobfahrlässig, soweit nicht schuldmindernde Umstände von erheblichem Gewicht vorliegen; kein Augenblicksversagen Ol DAR **06** 213. RsprÜbersicht zu Schäden an Miet-Lkw wegen „Hängenbleibens" (zu geringe Durchfahrtshöhe) bei *Kärger* DAR **07** 169.

● **Z 267 (Verbot der Einfahrt)** steht dort, wo Einfahren untersagt, Gegenverkehr aber **248g** zugelassen ist, Kar VM **76** 16. Es untersagt jedes Fortbewegen an ihm vorbei mit Fz in der gesperrten Richtung, zum Fahren wie zum Parken hinter dem Zeichen, Kar VM **76** 16, auch auf dem Gehweg, Hb VRS **30** 382. Steht es unerlaubt schräg, so dass nur Linksabbieger es sehen, ist es unwirksam, Bay VM **69** 29. Ist FahrradV zugelassen, so ist das ZusatzZ 1022–10 angebracht. Verbotenes Einfahren in EinbahnStr trotz Fehlens von Z 267: bei Z 220. ● **Z 268 (Schneeketten)** ist ein Gebotszeichen und vom Standort ab ausnahmslos zu befolgen, auch bei vorerst belagfreier Straße. Es soll gewährleisten, dass Antriebsräder nicht durchdrehen und das Kfz im Gefälle nicht rutscht. Zu führen haben Schneeketten nur mehrspurige Kfz, und zwar nur auf den Antriebsrädern, *Bouska* VD **78** 13. ● **Z 269 (Verbot für Fz mit wassergefährdender Ladung)** bringt nicht nur in der Nähe von Talsperren ein entsprechendes Verbot deutlich zum Ausdruck, Kö NJW **68** 464. Richtlinien für die Aufstellung des VZ: VkBl **87** 857. ● **Z 270 (Smog):** Aufgehoben durch VO v 10. 10. 06 (KennzVO). Hierzu Begr, Rz 245e. Zum Z 270 (alt) 38. Aufl. Verkehrsverbote bei erhöhten Ozonkonzentrationen: Buchteil **10**. ● **Z 270.1, 270.2 („Feinstaub"):** Zur KennzVO betreffend die Feinstaubbelastung Rz 245e, § 39 Rz 4b, § 45 Rz 29, § 47 StVZO Rz 7a. Das Verkehrsverbot umfasst nach seinem Sinn und Zweck (Verhinderung des Freisetzens von Feinstaub) beim Halten und Parken in der Verbotszone (*Sandherr* DAR **08** 409 unter Hinweis auch auf Nr. 153 BKat), weswegen der auf den ruhenden V beschränkte § 25a StVG keine Anwendung findet (s dort Rz 5). ● **Z 272 (Wendeverbot)** untersagt nur das Wenden, nicht auch das Abbiegen, *Bouska* DAR **91** 163.

● **Z 274 (zulässige Höchstgeschwindigkeit)** ist ein SchutzG auch zugunsten der Fuß- **248h** gänger (BGH VersR **72** 558). Ein innerörtlicher Verstoß gegen Z 274 verletzt § 3 III Nr 1 (§ 3 Rz 56). Z 274 mit Zusatzschild „Bei Nässe" ist wirksam und gilt dann, wenn die gesamte Fahrbahn einen Wasserfilm aufweist (BGH NJW **78** 652, Ha NZV **01** 90, 178, Ko DAR **99** 419). „Nässe" besteht hiernach dann, wenn Struktureinzelheiten der Fahrbahnoberfläche nicht mehr erkennbar sind (s auch Bay VRS **53** 144, *Bouska* VD **77** 74, 161, 193, **78** 9, aM Ce VRS **53** 128). Voraussetzung ist deutliche Nässe der gesamten Fahrbahn (BGH NJW **78** 652), diese darf nicht nur feucht oder stellenweise nass sein (Spurrillen; Ha VRS **53** 220, Ko DAR **99** 419). Kombination mit Z 114: § 40 Rz 102. Zusätze wie „Lärmschutz", „Luftreinhaltung" uÄ über den Grund der Anordnung haben keine Bedeutung für die Beachtlichkeit der Beschränkung (§ 39 Rz 31a). Geschwindigkeitsbeschränkungen aus Lärmschutzgründen sind nunmehr auch tagsüber zulässig (§ 45 I Nr 3); VGH Mü NJW **78** 1988 ist überholt. **Geltungsbereich der Streckenverbote:** Das durch Z 274 angeordnete Streckenverbot endet nach Maßgabe von II Nr 7. Ist es zusammen mit einem GefahrZ angebracht, so endet es, wo die angezeigte Gefahr erkennbar nicht mehr besteht (Rz 142), sonst bei Z 278 bis 282, also nicht ohne Weiteres an der nächsten Kreuzung (Einmündung; Ha NZV **96** 247, NJW **74** 749; zum Überholverbot Dü VRS **75** 65, Ko VRS **48** 57; unzutreffend wegen der eindeutigen Regel in II Nr 7: LG Bonn NZV **04** 98). Damit steht auch die Vwv (Rz 115) in Einklang, wonach die Z hinter Kreuzungen und Einmündungen wiederholt werden *sollen*, an denen mit dem Einbiegen ortsunkundiger Kf zu rechnen ist. Ergibt sich die Länge eines Streckenverbots nicht aus einem Zusatzschild, so endet sie trotz fehlender Wiederholung an einer folgenden Einmündung oder Kreuzung erst mit Z 278 bis 282 (Ha NZV **96** 247, NJW **74** 759, VRS **61** 353). Auch auf Strecken ohne Einmündungen ist den Grenzen der Merkfähigkeit des Kf durch Wiederholung des VZ Rechnung zu tragen (zB AB; Bay VRS **73** 76, Ha VRS **56** 59). **Fehlen wiederholte VZ ebenso wie Z 278–282,** so wird entgegen Ha VRS **56** 59 das Streckenverbot zwar nicht wegen Unklarheit unbeachtlich sein, jedoch kann dann, wenn das VZ viele km zurückliegt, bei Nichtbeachtung durch den Kf der Fahrlässigkeitsvorwurf entfallen. Die ein Streckenverbot anordnenden VZ gelten auch für denjenigen VT, der zwar an einer Stelle in die Verbotsstrecke einfährt, wo das VZ nicht steht, der das Verbot aber kennt, Bay VRS **73** 76, Bra VRS **11** 295, s Rz 247. Ein Streckenverbot (Z 274, 276) endet idR nicht mit dem Punkt, wo die **angezeigte Gefahr** nach der Örtlichkeit nicht mehr besteht, sondern erst mit einem der Aufhebungszeichen 278–282, wenn dieses in erkennbarer Nähe hinter der Gefahrstelle steht, Ha VRS **55** 148. Bei Kombination mit GefahrZ endet es nur dann ohne Weiteres nach Ende der Gefahr, wenn sich dieses zweifelsfrei aus der Örtlichkeit ergibt und in erkennbarer Nähe hierzu kein AufhebungsZ folgt, Ha NJW **74** 759. Eine durch Z 274 angeordnete Geschwindigkeitsbegrenzung endet auch durch **neues Z 274** mit abw Angabe (insoweit einschränkend KG NZV **99** 85 [Baustelle]) sowie innerorts am Ortsausgangsschild, Bay NZV **93** 363, nicht aber bei abw VZ 274, das nur unter bestimmten Bedingungen gilt (zB „bei Nässe" oder für bestimmte Tageszeiten). ● **Z 274.1/274.2 (Tempo 30-Zone):** Beide Z zusammen ordnen eine Tempo 30-Zone oder (in verkehrsberuhigten Geschäftsbereichen, § 45 Rz 38) eine Zone mit noch niedrigerer Geschwindigkeit an (II Nr 7 zu Z 274.1 S 2, § 45 I d). Der für die meisten VZ herrschende Sichtbarkeitsgrundsatz gilt hier ausnahmsweise nicht; das Z 274.1 braucht (und darf) daher innerhalb der Zone nicht wiederholt zu werden. Die Z dürfen nur innerhalb geschlossener Ortschaften aufgestellt werden; dies folgt aus dem Zweck der Regelung (Begr Rz 220a und Rz 6 zu § 45) sowie aus § 45 I b S 2. Im Hinblick auf die Nichtgeltung des Sichtbarkeitsgrundsatzes ist die Beachtung der Vwv (Rz 124c) besonders wichtig. Bei zu großer Zonenausdehnung (mehrere km), insbesondere zusätzlichem Fehlen äußerer Merkmale (Aufpflasterungen, Fahrbahnverengungen) ist einem Kf, der irrig annimmt, die Zone bereits verlassen zu haben, uU kein Vorwurf zu machen (Dü DAR **97** 283, *Bouska* DAR **89** 442, *Berr* ZAP F 9 S 1094). Zu den Voraussetzungen der Anordnung einer Tempo 30-Zone s i Ü § 45 Rz 37, *Hentschel* NJW **90** 681. Zum Schuldvorwurf Rz 247, 249.

248i ● **Z 276: Das Zusatzschild „Lkw mit Anhänger"** betrifft nicht auch Zgm (mit Anhänger), *Bouska* VD **71** 249. Das Überholverbots Z 276 mit Zusatzschildern „Pkw mit Anhänger" und „Lkw über 4t" gilt nicht für Lkw bis zu 4t mit Anhänger, auch nicht für Bagger- und KranFz, Kö VM **81** 29, es ist hinsichtlich der Lkw vielmehr unklar, aM Dü VRS **44** 227, *Schneider* VOR **72** 409, wie hier *Booß* VM **73** 87. Das Zusatzschild Sinnbild „Lkw mit zulässigem Gesamtgewicht über 7,5 t bei Abbildung je eines zweiachsigen Lkw und Lkw-Anhängers" schließt alle schweren Lastfz und Züge vom Überholen aus, auch Züge mit nur einer oder mit einer Tandemachse, Ko VRS **59** 388. Das Zusatzschild „Traktor" erlaubt nicht das Überholen anderer Fz, die lediglich wegen einer technischen Störung nicht schneller als „25" fahren können (?), Bay VRS **57** 213. Z 276 untersagt das Nebeneinander-, Vor- und Auffahren von Fz vor einer geschlossenen Bahnschranke, auch bei ausreichend breiter Fahrbahn, *Booß* VM **73** 18, aM, unter Verkennung des Überholbegriffs, Bay VM **73** 17. Das an einspurige Kfz gerichtete Überholverbot (es entspricht einer Weltregel *Booß* VM **80** 48) ist nicht nach Art 3 I GG nichtig, denn es behandelt nicht Gleiches unsachgemäß ungleich; ein Kradf, der einen Pkw oder Lkw überholen will, hat in aller Regel zunächst weniger Sichtfeld als andere Kfz, er ist meist auch für den Gegenverkehr schwerer erkennbar als großvolumige Kfz (Ko VRS **59** 467, DAR **81** 126, Kö DAR **81** 61, Fra VRS **60** 139, Dü NJW **81** 2478, aM AG Düren VM **80** 48). ● **Nach Z 276:** Die Strecken-Überholverbote der Z 276/277 enden nach Maßgabe von II 7, also (auch innerorts) nicht ohne Weiteres an der nächsten Kreuzung (Einmündung; Dü VRS **75** 65, Ko DAR **76** 110, VRS **48** 57). Näher zum **Geltungsbereich der Streckenverbote:** Rz 248h (Z 274). ● **Z 277:** Beim Mitführen eines Anhängers ist das zulässige Gesamtgewicht der FzKombination maßgebend. Das Überholverbot gilt auch für Wohnmobile mit zulässigem Gesamtgewicht über 3,5 t (Bra DAR **93** 478, *Jagow* VD **82** 21, *Berr* 430), für Pkw aber auch dann nicht, wenn sie einschließlich Anhänger 3,5 t zulässiges Gesamtgewicht überschreiten (Bay DAR **00** 483). Es kann nicht wirksam durch Zusatzschild nach § 39 II S 2 auf Pkw mit Anhänger erstreckt werden (Fra VRS **66** 60).

248j ● **Z 283 (Haltverbot):** Steht das VZ allein mit einem von der Fahrbahn wegweisenden Pfeil, so ist es mangels Gebotswirkung unbeachtlich (BVerwG VRS **49** 306). Die Z 283 und 286, auch mit Zusatzschildern, dürfen für Gehwege nicht verwendet werden, weil sie sich nur an den Fahrverkehr wenden (BVerwG NJW **04** 1815, OVG Lüneburg VkBl **03** 650, *Bouska* DAR **72** 261). Sie entfalten dort keine rechtliche Wirkung (VG Lüneburg VRS **104** 236). Sie

Vorschriftzeichen § 41 StVO **2**

dürfen durch ein formgerechtes Zusatzschild auf Seitenstreifen erstreckt werden, gelten mangels eines solchen dort aber nicht (§ 12 Rz 28; zum Sonderfall eines temporären Haltverbots s aber VGH Mü v 27. 8. 2007, 24 ZB 06.1689, juris). Mangels eines eindeutigen Zusatzschildes gelten die Z 283 und 286 nicht für in den Gehweg eingeschnittene, von der Fahrbahn abgegrenzte Lade- und Parkbuchten (Bay VM **73** 54, Hb VRS **48** 297, Ha VRS **47** 63). Zu Z 283 s auch § 12 Rz 28, 29. ● **Z 286 (eingeschränktes Haltverbot):** Das Z 286 beginnt am Standort; seine Verbindung mit einem Endpfeil wirkt nicht in die vorhergehende Strecke zurück, Bay VM **76** 10, Ha VRS **50** 469, KG VRS **47** 313. Behördenausnahmen sind unzulässig (§ 45 Rz 28). Eine dem Inhalt des Z 286 widersprechende Einschränkung auf reine Ladetätigkeit durch ZusatzZ (Ladezone) ist rechtlich nicht möglich, *Huppertz* VD **98** 112. ● **Z 290, 292:** Nur beide VZ gemeinsam ordnen ein Zonenhaltverbot an, Bay VRS **57** 450, Dü NZV **96** 329. Im Gegensatz zur Regelung bis zum 31. 12. 89 (Z 290 aF), OVG Br DAR **87** 394, ist nunmehr das eingeschränkte Haltverbot für eine Zone auch ohne Zusatzregelung des Parkens mit Parkscheibe (oder Parkschein) möglich, Abs II Nr 8 Z 290–292 S 3 („*kann*"). Das Z hat dann innerhalb der Zone auf allen öffentlichen VFlächen die Bedeutung von Z 286, verbietet also das Halten über 3 Minuten, ausgenommen zum Ein- oder Aussteigen sowie zum Be- oder Entladen, *Jagow* VD **89** 246, *Bouska* DAR **89** 443, *Hentschel* NJW **90** 683. Zu diesen im Text zu Z 290, 292 ausdrücklich genannten Zwecken darf auch bei Beschränkung des Parkens auf besonders gekennzeichneten Flächen außerhalb dieser Flächen länger als 3 Min gehalten (= geparkt) werden, *Bouska* DAR **92** 286. Das Zonenhaltverbot gilt für alle dem FahrV dienenden Flächen, außer für die Fahrbahn besonders für Seitenstreifen, Parkstreifen, Park- und Ladebuchten und freie Plätze, Ce NZV **89** 202, *Bouska* VD **80** 215, es sei denn, durch VZ sei eine abw Regelung angeordnet (§ 41 II Nr 8 Z 290–292 S 2, Halbsatz 2), zB durch Z 314, *Booß* VM **89** 84 (abw Ce NZV **89** 202); es erstreckt sich aber (ebenso wenig wie Z 286) nicht auf Gehwege (Fahrräder!), BVerwG NJW **04** 1815, OVG Lüneburg VkBl **03** 650, VG Lüneburg VRS **104** 236 (Verbot des Parkens von Fahrrädern auf Gehwegen: § 12 Rz 55). Vor Grundstückseinfahrten, an die sich beiderseits Parkstreifen anschließen, verbietet es nach Sinn und Zweck nicht auch das Parken des Berechtigten, Bay DAR **92** 270. Der Sichtbarkeitsgrundsatz für VZ gilt bei Z 290 ausnahmsweise nicht, OVG Hb VRS **104** 476, OVG Lüneburg VkBl **03** 650, Rz 228.

248k ● **Z 294 (Haltlinie)** ergänzend zu anderen Halt- und Wartegeboten oder polizeilichen Zeichen oder Weisungen ist ein VorschriftZ, Bay VRS **58** 150, Hb VM **67** 79. Nur in Verbindung mit den in III Nr 2 genannten Zeichen erlangt die Haltlinie Bedeutung, ist sie zB einer nicht in Funktion befindlichen LZA zugeordnet, so ist sie unbeachtlich, *Bouska* NZV **00** 498, *Minjoth* DAR **05** 235. „An" der Haltlinie bedeutet unmittelbar vor ihr, Kö NZV **98** 297, Dr VM **98** 54; Haltlinien auf benachbarten Fahrstreifen sind unbeachtlich, Dü VRS **94** 371. Hat ein Kf schon hinter einem Vordermann angehalten und ließ sich die VLage auf der VorfahrtStr von dort aus zweifelsfrei überblicken, so braucht er an der Haltlinie nicht nochmals anzuhalten, weil deren einziger Sinn dann erfüllt ist, E 122, 124 (str, s § 8 Rz 60, 61). Ist die Haltlinie irrig so angebracht, dass noch keine ausreichende Sicht besteht, so ist erst an der tatsächlichen Sichtlinie zu halten, weil die Haltlinie ihren Zweck offensichtlich verfehlt, zweimaliges Anhalten ist, weil sinnlos, nicht geboten, aM *Bouska* VD **76** 219. Bei Rotlichtverstoß tritt das Überfahren der Haltlinie hinter die OW gem § 37 II Nr 1 S 7 zurück, BGHSt **45** 2978 = NJW **99** 2978.

248l ● **Z 295 (durchgehende Linie),** auch durch eine gleichmäßig dichte Markierungsknopfreihe darstellbar (III Nr 9; Vwv Rn 3), darf als **Fahrstreifenbegrenzung,** anders als Fahrbahnbegrenzung, weder befahren noch überquert werden (Jn DAR **01** 323, Ha VRS **48** 65, Ko VRS **48** 71), auch nicht zwecks Linksabbiegens (Schl VM **61** 36, Ha VRS **16** 136, Dü VRS **26** 140), links von ihr darf, wenn sie den Fahrbahnteil für den GegenV abgrenzt, grundsätzlich nicht vorbeigefahren werden (Jn DAR **01** 323, Ha VRS **21** 67, Dü VM **61** 68, Ko VRS **48** 71), anders jedoch in Ausnahmefällen, wenn mit alsbaldiger Behebung eines Hindernisses nicht zu rechnen, Weiterfahrt auf andere Weise nicht möglich und Gefährdung des GegenV ausgeschlossen ist (Ha VRS **21** 67, Dü VRS **63** 61, Bay VRS **70** 55). LkwAufbauten oder Ladung dürfen über sie nicht hinausragen (BGH NJW-RR **87** 1048, Stu NZV **91** 393, Ha DAR **92** 31), es sei denn, die ordnungsgemäß verstaute Ladung würde sonst rechts den Verkehr gefährden, jedoch keinen Gegenverkehr (Ha NJW **59** 2323, Schl VM **67** 48). Erreicht ein Kf die Linie beim Überholen, so muss er es abbrechen (Nau VRS **100** 173, Schl VM **65** 71). Wer links von einer Trennlinie (Z 295) oder auf dieser überholt und ohne Überfahren oder Berührung der Trennlinie nicht überholen könnte, verletzt nicht auch § 2 (Ha DAR **92** 31, Ko VM **72** 69), auch nicht in jedem Fall § 5 III; denn Z 295 enthält kein Überholverbot (BGH NJW-RR **87** 1048, Ha DAR **01** 309, KG NZV **98** 376, Dü VRS **62** 302, Kö VRS **64** 292, abw Ha NZV **95** 316). Begrenzt sie den Fahrbahnteil für den GegenV, so ist rechts von ihr zu fahren (III Nr 3a); sie dient dann dem Schutz des GegenV (Jn DAR **01** 323. Stu NZV **07** 533), sichert nur diesen, nicht auch den, der überholen will (Dü DAR **76** 214, einschr KG VRS **113** 402; krit *Weber* DAR **88** 193). Trifft Verstoß gegen § 5 III Nr. 1 (gegenüber QuerV) mit Verstoß gegen Z 295 zusammen. so darf nicht unter Bezug auf Nr. 19.1, 19.1.1 BKat auf FV erkannt werden (Stu NZV **07** 533). **Trennt Z 295 gleichgerichtete Fahrstreifen**, so darf, wenn sie berechtigterweise (Hindernis) nach links überquert wurde, links von ihr weitergefahren werden (Bay VRS **70** 55 [zu Z 296]). Die durchgehende Trennlinie zwischen zwei gleichgerichteten Fahrstreifen schafft keine getrennten Fahrbahnen und erlaubt für sich allein also nach Maßgabe von § 7 das Schnellerfahren rechts oder links (Überholen), jedoch nicht das Überqueren, bei Z 276 jedoch unzulässiges Überholen auch, wenn kein Fahrstreifenwechsel stattfindet (Kö NZV **92** 415, aM Dü NJW **80** 1116, wonach kein Überholen im Rechtssinn vorliegen soll; krit *Hentschel* NJW **80** 1077, ebenso (kein Überholen) Sa NZV **92** 234 für Schnellerfahren auf Busspur). Wird durch Z 223.1 das **Befahren des Seitenstreifens angeordnet**, so verliert die links des Seitenstreifens verlaufende durchgezogene Linie ihre Eigenschaft als Fahrbahnbegrenzung, gewinnt dann aber nicht die Bedeutung einer Fahrstreifenbegrenzung iS von III Nr 3a, sondern gem III Nr 3b S 4 die einer Leitlinie (unterbrochene Linie, Z 340), darf also nach beiden Seiten, auch zum Überholen, überfahren werden. Die durchgehende Linie kann auch als Doppellinie ausgeführt sein. Sind Knopfmarkierungen undeutlich, weil sie einer unterbrochenen Linie (Z 340) ähnlich sehen, so geht dies nicht zu Lasten des VT (Kö VRS **18** 463), ebenso nicht undeutliche Reste der Linie im Kurvenbereich (Ha DAR **63** 310). Eine abgefahrene und daher nicht ausreichend erkennbare Fahrstreifenbegrenzung ist ohne rechtliche Bedeutung (Sa VM **81** 37). Als **Fahrbahnbegrenzung** darf die durchgehende Linie nach rechts überfahren werden (Ce VRS **63** 381, Ha VRS **48** 65, Ko VRS **48** 71, Dü VRS **72** 296, Kö NZV **92** 415), nach links als Begrenzung der Mittelinsel eines KreisV iS von § 9a nur durch Fz, deren Ausmaße ein Befahren des Kreises sonst nicht zulassen würden (III Nr 3b, § 9a II 2). Teilt die durchgehende Linie einen durch Z 237 gekennzeichneten rechts verlaufenden **Radweg** optisch als Sonderweg von der dem übrigen FzV verbleibenden Fahrbahn ab, so gilt das **Haltverbot des § 41** III Nr 3b bb nicht (Kö VRS **71** 223, zust *Jagow* VD **87** 99). Der durch Z 295 getrennte **Seitenstreifen** (III 3 b) ist (soweit nicht das Befahren gem Z 223.1 angeordnet ist) nicht Bestandteil der Fahrbahn. Die gegenteilige Rspr ist durch § 2 I S 2 (ÄndVO v 22. 12. 92, BGBl I S 2482) überholt. Der Seitenstreifen dient den in III 3b aa genannten langsamen Fz (Ha VM **72** 15, Dü VRS **69** 456), trotz § 2 IV 5 auch Mofas (*Bouska* DAR **89** 162), die dort dem übrigen stockenden V auch vorfahren dürfen. Anderen Fz ist die Benutzung grundsätzlich verwehrt (§ 2 I 1; *Booß* VM **82** 53); anders zB Radf, § 2 IV 4, bei Z 223.1 oder in Fällen des § 5 VI zum Zweck des Überholenlassens. Lkw und Wohnmobile dürfen (und sollten) durch Ausweichen auf den Seitenstreifen Schnelleren das Überholen ermöglichen (s § 5 VI S 2, 3; *Berr* 406). Wird ein Überholverbot gem Z 276, 277 durch „Überholen" auf dem Seitenstreifen umgangen, so stellt dies zwar kein verbotenes Rechtsüberholen (§ 5 I) im Rechtssinn dar (§ 5 Rz 19a), verstößt aber gegen § 2 I (§ 5 Rz 66). Langsame Fz, die den Seitenstreifen benutzen, dürfen auch im Bereich von Überholverboten gem Z 276, 277 durch Fz auf der Fahrbahn „überholt" werden; denn ein eigentliches Überholen liegt nicht vor, weil der Seitenstreifen nicht Bestandteil der Fahrbahn ist (§ 2 I S 2; s auch § 5 Rz 16c). Nimmt jedoch ein Kfz, gleichgültig mit welcher Fahrgeschwindigkeit, den Seitenstreifen und zugleich einen Fahrbahnteil in Anspruch, so gilt für Fahrbahnbenutzer das Überholverbot (§ 5 Rz 66), höchstens könnte sich dann fragen, ob ein solches Verbot sinnvoll ist, soweit ohne Befahren des durchgehenden Mittelstrichs überholt werden könnte.

248m ● **Z 296 (einseitige Fahrstreifenbegrenzung)** dient zwei verschiedenen Zwecken: **a)** Es grenzt an unübersichtlichen Stellen vom GegenV ab, der seinerseits Übersicht hat und deshalb seine grundsätzliche Überholmöglichkeit behalten soll. Hier darf die durchgehende Linie in der unübersichtlichen Fahrtrichtung weder befahren noch nach links hin überquert werden; Linksfahrende müssen an ihrem Beginn sofort nach rechts fahren und dort bleiben, weil sonst anstatt der Schutzwirkung Gefahr entstünde (Bay VM **76** 83). **b)** Trennt es mehrere gleichgerichtete Fahrstreifen vor dem Wegfall des rechten (Kriechspur), so schützt es dessen Benutzer beim Sicheinordnen nach links hin dadurch, dass die Benutzer des linken Fahrstreifens auf der Ver-

Vorschriftzeichen **§ 41 StVO 2**

botsstrecke wegen der durchgehenden Linie dort bleiben müssen (Bay VM **76** 83, *Bouska* VD **76** 271). Z 296 darf nur von der Seite der unterbrochenen Linie her überfahren werden (Ol VM **68** 23), außerdem von links oder rechts her, um sich wieder einzuordnen, von dem, der sie unberechtigterweise überfahren hatte. Ist beim Z 296 die unterbrochene Linie nur unvollkommen entfernt, so dass Reste von ihr verbleiben, so bleibt Abbiegen erlaubt (Dü DAR **76** 214).

● **Z 297: Richtungspfeile auf der Fahrbahn** unmittelbar vor einer Kreuzung (Einmündung) schreiben die künftige Fahrtrichtung *auf der folgenden Kreuzung oder Einmündung* vor, wenn zwischen ihnen Fahrstreifenbegrenzungen (Z 295) oder Leitlinien (Z 340) angebracht sind (§ 41 III Nr 5), Ha VRS **48** 144, *Booß* NJW **75** 1666, Schl VM **66** 28. Andernfalls bilden sie Empfehlungen, KG DAR **05** 24 (s aber Kar NJW **75** 1666), deren Nichtbeachtung nicht ow § 41 ist, aber § 1 verletzen kann, Dü VM **72** 47. Sie begründen weder Vorrang- noch besondere Sorgfaltsregeln, KG DAR **05** 24. Das Haltverbot auf so markierten Fahrbahnteilen gilt unabhängig von der Breite des Fahrstreifens und etwaiger Behinderung des V, Dü DAR **81** 329. Der Bereich, in dem das Halten verboten ist, beginnt frühestens mit dem ersten Pfeil, sofern gleichzeitig Leitlinien oder Fahrstreifenbegrenzungen markiert sind, Dü DAR **84** 158. Sind gleichgerichtete Fahrstreifen durch Leitlinien getrennt, aber nur einer mit einem Richtungspfeil gekennzeichnet, so besteht lediglich eine Empfehlung, keine Richtungsanordnung und auch kein Haltverbot nach III Nr 5, Bay DAR **74** 305. Sonst ist auf der folgenden Kreuzung (Einmündung) die Fahrtrichtung gemäß den Pfeilen zu nehmen; wer dem Geradeaus- oder dem Rechtspfeil zu folgen hat, darf deshalb im Kreuzungsbereich nicht wenden, anders der, unter Beachtung fremden Vortritts, der dem Linkspfeil zu folgen hat, Dü VRS **54** 465, *Bouska* VD **74** 157, *Mühlhaus* DAR **77** 10, aM *Booß* DAR **75** 38, *Kullik* DAR **78** 70. Richtungspfeile untersagen vorsichtiges Überholen nicht, KG VRS **33** 220, Br VM **93** 42. Auch Weiterfahrt entgegen der durch Z 297 vorgeschriebenen Richtung beim Überholen ist nicht für sich allein zugleich ein falsches Überholen, Dü NZV **96** 208. Überholen unter Benutzung eines für den GegenV durch Z 297 gekennzeichneten Fahrbahnteils: § 5 Rz 37. Wer noch *vor* Erreichen der Kreuzung den seiner Fahrtrichtung zugeordneten Fahrstreifen aufsucht, verstößt nicht gegen Abs III Nr 5, Bay NJW **83** 2891, Br VM **83** 42, Dü VM **95** 46, aM Kar NJW **75** 1666 bei verspätetem Einordnen. Weiterfahren in Pfeilrichtung ist auch geboten, wenn nicht mehrere Pfeile hintereinander angebracht sind, wenn rechts von einem Pfeil keine Markierung, sondern nur die Bordsteinkante ist (wie in Z 297), dazu *Harthun* DAR **71** 256. Abs III Nr 5 S 2 (Rechtsüberholen von Linksabbiegern) gilt erst, wenn der Linksabbieger sich vollständig auf dem mit Richtungspfeilen nach links versehenen Fahrstreifen eingeordnet hat, § 5 Rz 67. Ist Gefährdung ausgeschlossen, so darf der gemäß Z 297 eingeordnete Linksabbieger durch einen anderen Linksabbieger noch rechts überholt werden, Kö VRS **46** 219, str, s *Merssen* DAR **83** 282.

248n

● **Z 298: Sperrflächen** sind Bestandteil der Fahrbahn (Dü VM **90** 38, NZV **90** 241, zust *Booß* VM **90** 60) und gliedern, zB durch Eröffnung einer Abbiegespur, den fließenden V (Kö NZV **90** 483 [Z 298 auf dem ruhenden V dienenden Flächen aber jedenfalls nicht nichtig]). Die gesamte Fläche ist zu markieren (Kar VM **76** 16). Markierungen, die nicht dem Z 298 entsprechen, zB durchkreuztes Rechteck, entfalten nicht die rechtlichen Wirkungen des § 41 III Nr 6 (KG VRS **65** 297, Stu VRS **74** 222). Sperrflächen dürfen von Fz nicht benutzt werden (§ 41 III Nr 6; Zw NJW **66** 683, Kö VRS **92** 282), es sei denn, sie entsprächen nicht der Kennzeichnung nach Z 298 (Kar VM **81** 36). Soweit außer dem GegenV auch andere VT auf die Beachtung der Sperrflächen vertrauen dürfen und ihr Verhalten darauf einstellen, dient das Z 298 auch deren Schutz (BGH NZV **92** 150, Ha NZV **06** 204, Kö NZV **90** 72). Da Sperrflächen nicht befahren werden dürfen (Ha VRS **59** 5, Dü DAR **80** 217), verhindern sie uU das Überholen; wer sie dazu benutzt, verletzt jedoch nicht allein dadurch ohne Weiteres § 5, sondern § 41 III 6 (BGH NJW-RR **87** 1048, Ha VRS **54** 458), jedoch auch § 5 I bei Rechtsüberholen (§ 5 Rz 19 a). Darüber hinaus begründen Sperrflächen die gleichen Gebote und Verbote wie Z 295 (LG Ol DAR **93** 437). Die Sperrfläche ist kein für Fußgänger zugewiesener Bereich, weswegen keine VSicherungspflicht wie für Gehwege oder Fußgängerzonen besteht; das gilt auch, wenn sich die Sperrfläche in der Nähe eines Gesundheitszentrums befindet (Fra NZV **08** 159 [Sturz wegen versenkten Kanaldeckels], aM *Bruns* NZV **08** 123). Durch unterbrochene Linien entsprechend Z 340 dürfen Sperrflächen, wie Z 298 zeigt, nicht umgrenzt werden, geschieht dies, sind diese unbeachtlich. Sollen sie das Linksabbiegen aus Grundstücken ermöglichen, so müssen sie in ganzer FzBreite unterbrochen sein. Schmalere Unterbrechung wird wegen III 6 als unbenutzbar gelten müssen (*Kullik*, DAR **79** 31). Eine

248o

2 StVO § 41 II. Zeichen und Verkehrseinrichtungen

offensichtlich zur Trennung zweier Fahrstreifen angebrachte Sperrflächenmarkierung wird, wenn durch spätere Verengung einer der Fahrstreifen unbefahrbar wird, sinnwidrig und damit unbeachtlich (Kö VRS **92** 282).

248p ● **Vor Z 299: Parkflächenmarkierungen** (III Nr 7) regeln, wie zu parken ist; sie begründen allein keine Parkeinschränkung (Bay NJW **78** 1277, Dü VM **79** 18, Ol DAR **94** 370). Sie sind als VorschriftZ Verwaltungsakte und an den Voraussetzungen des § 45 IX zu messen; eine Markierung, die ohne danach hinreichende Rechtfertigung Lkw vom Parken ausschließt, ist rechtswidrig (VG Schl NZV **07** 270 zust *Kettler* SVR **07** 158). Im Rahmen des § 41 III Nr 7 erlauben sie das Parken auf Gehwegen auch ohne Z 315, § 12 Rz 55. Eine parallel zur Bordsteinkante verlaufende weiße Linie auf dem Gehweg genügt, Kö VRS **72** 382. Durch die bloße Aufschrift „Bus" in der markierten „Parktasche" ohne VZ mit Zusatzschild kann das Parken anderer Fz nicht wirksam untersagt werden, Zw VRS **68** 68. Entsprechendes gilt für andere Zusätze, Fra NZV **93** 243 („Arzt"). Auf öffentlichen Parkplätzen ist, soweit Markierungen vorhanden sind, diesen gemäß zu parken. Geringfügiges Hinausragen eines Kfz ohne Gefährdung oder Behinderung anderer verletzt Nr 7 nicht, Kar VRS **57** 455. Parken zur Hälfte in einer markierten Parktasche, deren Parkuhr ordnungsgemäß bedient wurde, und zur anderen Hälfte außerhalb verstößt für sich allein gegen keine Bestimmung des § 12, Kö DAR **83** 333. Parkmarkierungen dienen der Raumausnutzung und der unbehinderten Zu- und Abfahrt zu den Parkboxen, BGHSt **29** 180 = NJW **80** 845. Ist die Beachtung der Markierung wegen der FzGröße nicht möglich, darf nicht geparkt werden, *Hauser* DAR **90** 9. Auf Restflächen neben Parkmarkierungen ist Parken erlaubt, sofern es weder belästigt, noch behindert oder gefährdet, BGHSt **29** 180 = NJW **80** 845, Ha DAR **05** 523, VRS **64** 231, Kö DAR **83** 333, Dü VRS **64** 300, DAR **86** 157, VM **95** 95, Stu VRS **74** 222, Ol DAR **94** 370, *Bouska* VD **80** 123, aM Ol VRS **57** 218. Jedoch kann das Parken außerhalb der markierten Flächen wirksam durch Zusatzschild verboten werden, wenn dieses klar und der Parkplatz, auf dem es gelten soll, deutlich abgegrenzt ist (Aufstellung auf allen Zufahrten), Bay NZV **92** 83 (abw Dü VM **95** 95); bei Missachtung OW gem § 12 III Nr 8e. Dabei kann auch eine zwischen zwei „Parkboxen" befindliche Restfläche als „gekennzeichnete Fläche" iS eines Zusatzschilds erscheinen, Ha DAR **05** 523 (Z 283 mit Parkflächenmarkierung und Zusatzschild). Gegen Parken auf den Zu- und Abfahrten, auch wenn es nicht behindert, Hb VRS **58** 453. Parkflächenmarkierungen sind auch in öffentlichen Parkhäusern zu beachten, Kar NJW **78** 1277. Das Wort „Straßen" meint alle öffentlichen VFlächen, also auch Parkplätze abseits der Fahrbahn; Parkflächenmarkierungen sind daher zu beachten, Hb DAR **73** 251.

248q ● **Z 299: Grenzmarkierungen** begründen selber kein Halt- oder Parkverbot, sie grenzen ein bestehendes nur räumlich ab (Bay NJW **78** 1277, VRS **62** 145, DAR **92** 270, Kar Justiz **79** 237, Kö DAR **83** 333, NZV **91** 484, Dü VM **88** 23 m Anm *Booß*). Soll die Markierung ein Parkverbot verlängern, so muss sie den eigentlichen Verbotsbereich mit einbeziehen (Bay VRS **62** 145, Kö NZV **91** 484, aM Kar Justiz **79** 237). Das VZ kann ein nach § 12 III Nr 3 vorgeschriebenes Parkverbot (Toreinfahrt) seitlich verlängern (Bay VRS **62** 145, Kar Justiz **79** 237). Erstreckt es sich dabei über eine so große Länge, dass eine Zuordnung zum eigentlichen Parkverbot (Grundstücksausfahrt) nicht mehr erkennbar ist, so ist die Markierung unwirksam und nichtig (Kö NZV **91** 484).

249 **3. Ordnungswidrigkeit** (§§ 24 StVG, 49 III Nr 4 StVO). Geahndet wird nicht die Nichtbeachtung eines VZ, sondern der durch das VorschrZ gegebenen Anordnung, so dass deren Bestehen bei widersprüchlichen oder sinnwidrig erscheinenden VZ festgestellt werden muss (Z 280 bei einer 3 m weiterlaufenden durchgehenden Linie Z 295; Kar VRS **47** 134). Im Zweifel muss der Kf der strengeren Regel (VZ) genügen (Sa VRS **47** 387, 472). Wird ein VorschrZ wegen Änderung der Verhältnisse durch ein anderes ersetzt, so liegt ein ZeitG vor und die Möglichkeit der Ahndung bleibt bestehen (**E** 43). Die wesentlichen VZ muss jeder kennen (BGH VersR **69** 832). **Nur schuldhafte Verstöße** gegen § 41 sind ow (§ 24 StVG). Einen Erfahrungssatz des Inhalts, dass ordnungsgemäß und gut sichtbar aufgestellte VZ nicht übersehen werden könnten, Nichtbeachtung daher stets vorsätzlich wäre, gibt es nicht (Schl DAR **92** 311, Bay DAR **96** 288). Zu berücksichtigen ist bei Beurteilung des Schuldmaßstabs, dass die vorhandene Informationsmenge die Kapazität der Informationsaufnahme beim Kf häufig übersteigt (*Cohen* ZVS **95** 75, einschr. *Schneider* PVT **95** 225). Geringe Schuld, wenn jemand nach Gewöhnung an die alte Regelung ein neu aufgestelltes VZ übersieht (Tatfrage; LG Dortmund DAR **63** 24, dazu § 39 Rz 38). Bei schlechter **Sichtbarkeit** eines VZ kann auch Fahrlässigkeit entfallen (BGH VRS **5** 309, Stu VRS **95** 441), ebenso bei Nichtwahrnehmbarkeit infolge versperrter Sicht durch andere Fz (Brn DAR **00** 79 [haltender Lkw], Dü VRS **103** 25 [Überholen]). Ordnungsgemäß aufgestellte VZ gelten auch für denjenigen VT, der dort in die Verbotsstrecke einfährt, wo man keines der VZ sieht, der sie aber kennt (Rz 247). Ihm ist jedoch kein Vorwurf zu machen, wenn er sich trotz früheren Befahrens der Strecke nicht an das Verbot erinnert (Bay VRS **73** 76). Auch ist niemand verpflichtet, sich nach durch VZ getroffenen Streckenverboten zu erkundigen, die dort, wo er in die betreffende Str eingefahren ist, nicht wiederholt sind (Ha VM **72** 96). Erst recht trifft ihn kein Vorwurf, wenn ein veränderliches Wechsel-VZ (zB Geschwindigkeit auf AB) geändert wurde, *nachdem* er es passiert hat (**aM** Bay NZV **98** 386; abl *Thubauville* VM **98** 75, *Hentschel* NJW **99** 690); andernfalls Vernachlässigung des Sichtbarkeitsgrundsatzes (Rz 247, *Scheffler* NZV **99** 364), wenn der FzF die von ihm gar nicht wahrnehmbare, zwischenzeitlich erfolgte Änderung unter Orientierung am Fahrverhalten der anderen Kf beachten müsste (nach Bay aaO trotz Einhaltens der ihm bekannten Begrenzung FV!). Keine Erkundigungspflicht des ortsunkundigen Kf, der in einer Tempo 30-Zone die Fahrt antritt, in die er als Beifahrer (oder Fußgänger) gelangt ist, weil der Beifahrer (Fußgänger) nicht Adressat des VZ ist und als solcher auch keine Pflicht zur Wahrnehmung hat; Fahrlässigkeit kann aber gegeben sein, wenn die baulichen und räumlichen Gegebenheiten dem Kf die Erkenntnis aufdrängen, dass er sich innerorts innerhalb einer allgemein regulierten Geschwindigkeitszone befinden könnte (Ha SVR **06** 192 [*Krumm*]). Ausnahmen vom Sichtbarkeitsgrundsatz bei VZ: Rz 247. **TM** beim Durchfahren mehrerer Sperrstrecken, Bay DAR **57** 271. **Irrtum** über Vorschriften bei Vorschriftenwechsel: E 156, 157. Tatbestandsirrtum bei der Annahme, ein (gültiges) VZ sei unbeachtlich (Bay DAR **00** 172), das VZ sei von einer unzuständigen Behörde aufgestellt (aM Stu VRS **26** 378). Verbotsirrtum bei der Annahme, ein VZ sei nur bei Verkündung gültig (Stu VRS **26** 378), oder beim Vertrauen auf anwaltliche Auskunft über die Bedeutung (Fra DAR **65** 159), gleichfalls bei Vertrauen auf die Ansicht eines Amtsgerichts (Ha VRS **29** 357; dazu § 24 StVG Rz 35). Vermeidbarer Verbotsirrtum, ein durch (nicht rechtskräftiges) VG-Urteil für rechtswidrig erklärtes VZ brauche nicht befolgt zu werden (Ko NZV **95** 39). Kein unvermeidbarer Verbotsirrtum dessen, der entgegen VZ 239 mit Zusatzschild eine Fußgängerzone in dem Bewusstsein befährt, möglicherweise Unrecht zu tun, aber darauf vertraut, dass seine falsche Rechtsauffassung zur Bedeutung des Zusatzschilds richtig sei (Dü VRS **67** 151). Verkennt der Kf, dass sich das ZusatzZ „Bus" nur auf das unmittelbar darüber angebrachte Überholverbot, nicht aber auf die darüber befindliche Geschwindigkeitsbegrenzung bezieht, liegt nach AG Landau DAR **05** 702 vermeidbarer Verbotsirrtum vor. Zum Irrtum über die Bedeutung von Zusatzschildern auf gemeinsamer Trägerplatte auch Ba NJW **07** 3081. Befahren eines Fußgängerbereichs (Z 242) ist gem § 49 III Nr 4 ow, Dü VRS **67** 151, abw *Schwabe* NVwZ **94** 632 (nur *wegerechtliche* Ahndung).

Da eine durch VZ als sofort vollziehbaren Verwaltungsakt getroffene Regelung bis zur Entfernung des VZ gilt und daher **auch bei Anfechtbarkeit zu befolgen** ist (anders bei Nichtigkeit; Rz 247), kann eine durch Nichtbeachtung begangene OW auch nach Aufhebung des VZ durch die VB oder das VG nach Widerspruch bzw Klage des Betroffenen noch geahndet werden. Die spätere Aufhebung lässt die Ahndbarkeit der vorher erfolgten Zuwiderhandlung unberührt, BGHSt **23** 86 = NJW **69** 2023, BVerwG NZV **04** 52, Ko DAR **99** 419, Kö VM **72** 94, Dü VM **72** 6. Ein nach Verstoß eingelegter Widerspruch hemmt das Verfahren nicht, Bay VRS **35** 195 (s auch Rz 247). Nach aM soll ein Zuwarten bis zur Entscheidung über den Widerspruch oder die Anfechtung sachgerecht sein, weil nach einer daraufhin erfolgenden Aufhebung des VZ kein Ahndungsbedürfnis mehr bestehe, *Stern*, Lange-F 859, *Schreven* NJW **70** 155, *Strauß* DAR **70** 92, *Krause* JuS **70** 221, *Janicki* JZ **68** 94, *Schmaltz* JZ **68** 661, *Schenke* JR **70** 449. 250

4. Zur Fortgeltung von VZ nach Anl 2 der StVO/DDR in den **neuen Ländern** s Überleitungsbestimmung bei § 39 Rz 41. 251

Richtzeichen*

42 (1) **Richtzeichen geben besondere Hinweise zur Erleichterung des Verkehrs. Sie können auch Anordnungen enthalten.**

(2) **Vorrang**

---

* Varianten s Katalog der Verkehrszeichen (VzKat, BAnz 1992 Nr 66a und § 39 Rz 31).

2 StVO § 42 Abs II   II. Zeichen und Verkehrseinrichtungen

1

Zeichen 301

Vorfahrt

Das Zeichen gibt die Vorfahrt nur an der nächsten Kreuzung oder Einmündung. Außerhalb geschlossener Ortschaften steht es 150 bis 250 m davor, sonst wird auf einem Zusatzschild die Entfernung, wie „80 m", angegeben. Innerhalb geschlossener Ortschaften steht es unmittelbar vor der Kreuzung oder Einmündung.

Vwv zu den Zeichen 301 bis 308

2   1   *I.* Was in Nummer II zu § 41 „Vorschriftzeichen" (Rn. 2) für solche über der Fahrbahn vorgeschrieben ist, gilt auch für diese Zeichen.

3   2   *II.* Vgl. zu den Zeichen 205 und 206.

Vwv zu Zeichen 301 Vorfahrt

4   1   *I.* Es ist darauf zu achten, daß zwischen der Kreuzung und Einmündung, für die das Zeichen gelten soll, auch kein Feldweg einmündet.

5   2   *II.* An jeder Kreuzung und Einmündung, vor der das Zeichen steht, muß auf der anderen Straße das Zeichen 205 oder das Zeichen 206 angebracht werden.

6   3   *III.* Das Zusatzschild für die abknickende Vorfahrt (hinter Zeichen 306) darf dem Zeichen nicht beigegeben werden.

7   4   *IV.* Innerhalb geschlossener Ortschaften ist das Zeichen in der Regel nicht häufiger als an drei hintereinander liegenden Kreuzungen oder Einmündungen aufzustellen; sonst ist das Zeichen 306 zu verwenden. Eine Abweichung von dem Regelfall ist nur angezeigt, wenn die Bedürfnisse des Buslinienverkehrs in Tempo 30-Zonen dies zwingend erfordern.

8   5   *V.* Über Kreisverkehr vgl. zu Zeichen 215.

9

Zeichen 306

Vorfahrtstraße

Es steht am Anfang der Vorfahrtstraße und wird an jeder Kreuzung und an jeder Einmündung von rechts wiederholt. Es steht vor, auf oder hinter der Kreuzung oder Einmündung. Es gibt die Vorfahrt bis zum nächsten Zeichen 205 „Vorfahrt gewähren!", 206 „Halt! Vorfahrt gewähren!" oder 307 „Ende der Vorfahrtstraße". Außerhalb geschlossener Ortschaften verbietet es bis dorthin das Parken (§ 12 Abs. 2) auf der Fahrbahn.

Richtzeichen § 42 Abs II StVO **2**

Ein Zusatzschild 10

zum Zeichen 306 kann den Verlauf der Vorfahrtstraße bekanntgeben. Wer ihm folgen will, muß dies rechtzeitig und deutlich ankündigen; dabei sind die Fahrtrichtungsanzeiger zu benutzen. Auf Fußgänger ist besondere Rücksicht zu nehmen; wenn nötig, ist zu warten.

Vwv zu den Zeichen 306 und 307

1 *I. Innerhalb geschlossener Ortschaften ist die Vorfahrt für alle Straßen des überörtlichen Verkehrs (Bundes-, Landes- und Kreisstraßen) und weitere für den innerörtlichen Verkehr wesentliche Hauptverkehrsstraßen grundsätzlich unter Verwendung des Zeichens 306 anzuordnen (vgl. zu § 45 Abs. 1 bis 1 e [Rn. 34]).* 11

II. Bei der Anordnung von Vorfahrtstraßen ist folgendes zu beachten: 12

2 *1. Das Zeichen 306 muß an jeder Kreuzung und Einmündung stehen, und zwar innerhalb geschlossener Ortschaften in der Regel vor ihr, außerhalb geschlossener Ortschaften in der Regel hinter ihr.*

3 *Nummer VII 1 zu Zeichen 205 und 206 (Rn. 11) gilt auch hier. Unter Umständen kann es zweckmäßig sein, das Zeichen 306 auch gegenüber einer Einmündung von links anzubringen, um Linksabbieger vor dem Irrtum zu bewahren, an der Einmündung gelte der Grundsatz „Rechts vor Links".*

4 *2. An jeder Kreuzung und Einmündung, an der das Zeichen 306 steht, muß auf der anderen Straße das Zeichen 205 oder das Zeichen 206 angebracht werden.*

5 *3. Wäre das Zeichen 306, wenn es hinter der Kreuzung oder Einmündung stünde, nicht deutlich erkennbar, z. B. an weiträumigen Kreuzungen, so ist es vor oder in der Kreuzung anzubringen. Erforderlichenfalls kann das Zeichen dann hinter der Kreuzung oder Einmündung wiederholt werden. Vgl. auch Nummer 5 Buchstabe b; Rn. 9.*

6 *4. a) Das Zeichen 306 mit dem Zusatzschild „abknickende Vorfahrt" ist vor der Kreuzung oder Einmündung anzubringen. Im übrigen vgl. Nummer VII 4 zu den Zeichen 205 und 206; Rn. 14.*

7 *b) Die abknickende Vorfahrt darf nur ausnahmsweise gegeben werden, in der Regel nur dann, wenn der Verkehr in dieser Richtung so viel stärker ist, daß er sich ohnehin durchzusetzen beginnt. Die amtliche Klassifizierung der Straßen allein ist kein Grund zu solcher Kennzeichnung. Jedenfalls darf das Zusatzschild nur angebracht werden, wenn der Verkehr durch auffällige Markierungen unterstützt wird und, falls das nicht ausreicht, bauliche Änderungen durchgeführt sind. Ein Umbau ist anzustreben, der die beiden bevorrechtigten Straßenstrecken optisch als natürliche Fortsetzung erscheinen läßt. Ist das nicht möglich, so muß durch Bordsteinkorrekturen oder Einbau von Fahrbahnteilern erreicht sein, daß die Einfahrt aus anderen Richtungen erschwert ist. Vorwegweiser, Wegweiser und Lichtführung durch Straßenleuchten können helfen. Sollen auf Straßen aus anderen Richtungen kurz vor der Kreuzung oder Einmündung Längsmarkierungen angebracht werden, so ist zu prüfen, ob die Erkennbarkeit der Wartepflicht dadurch nicht beeinträchtigt wird.*

8 *c) Fußgängerquerverkehr über eine Vorfahrtstraße an der Kreuzung oder Einmündung mit abknickender Vorfahrt ist durch Stangen- oder Kettengeländer zu unterbinden. Gegebenenfalls kommt – jedoch in einiger Entfernung von der Kreuzung oder Einmündung – die Anbringung von Lichtzeichen für Fußgänger in Frage. Bei stärkerem Fußgängerverkehr wird es häufig erforderlich sein, den gesamten Kreuzungsverkehr durch Lichtzeichen zu regeln.*

2 StVO § 42 Abs II   II. Zeichen und Verkehrseinrichtungen

9   5. a) Wird eine weiterführende Vorfahrtstraße an einer Kreuzung oder Einmündung durch Zeichen 205 oder 206 unterbrochen, so darf das Zeichen 307 nicht aufgestellt werden. Im übrigen vgl. Nummer VII 2 zu Zeichen 205 und 206; Rn. 12.

10   b) Soll in diesem Falle das Parken auch hinter der Kreuzung verboten werden, so ist dort nicht das Zeichen 306, sondern das Zeichen 286 aufzustellen.

11   6. Endet eine Vorfahrtstraße außerhalb geschlossener Ortschaften, ist sowohl das Zeichen 307 als auch das Zeichen 205 oder das Zeichen 206 aufzustellen.

12   Innerhalb geschlossener Ortschaften ist Zeichen 307 in der Regel nicht aufzustellen.

13   7. Das Ende einer Vorfahrtstraße kann durch Zeichen 307 allein außerhalb einer Kreuzung oder Einmündung angezeigt werden. Dann ist folgendes zu beachten:

14   a) Zeichen 307 kann hinter einer Kreuzung oder Einmündung allein stehen, wenn der weitere Verlauf der Straße, z. B. als Feldweg, eine Beschilderung mit Vorfahrtzeichen nicht rechtfertigt und es nicht möglich ist, die Vorfahrtstraße bereits an der letzten Kreuzung oder Einmündung enden zu lassen.

15   b) Zeichen 307 kann hinter einer Kreuzung oder Einmündung mit abknickender Vorfahrt allein aufgestellt werden. An allen übrigen Kreuzungen und Einmündungen der Straße kann die Vorfahrt dann durch Zeichen 301 gegeben werden; vor der Kreuzung oder Einmündung mit abknickender Vorfahrt ist Zeichen 306 mit Zusatzschild, dahinter Zeichen 307 aufzustellen. So wird vermieden, daß ein ganzer Straßenzug zur Vorfahrtstraße erklärt werden muß, nur weil an einer Kreuzung oder Einmündung eine abknickende Vorfahrt eingerichtet werden soll.

16   c) Wird das Zeichen 307 allein aufgestellt, so ist darauf zu achten, daß der Grundsatz der Stetigkeit (vgl. zu § 8 Abs. 1 Nummer II 1; Rn. 4) beachtet wird. Auch wenn die Vorfahrtstraße durch Zeichen 307 endet, muß auf dem folgenden Straßenzug bis zur nächsten Kreuzung oder Einmündung mit Wartepflicht an allen Kreuzungen oder Einmündungen durch Zeichen 301 die Vorfahrt gegeben werden, wenn nicht der Abstand zwischen den Kreuzungen oder Einmündungen sehr groß ist oder der Charakter der Straße sich von einer Kreuzung oder Einmündung zur anderen grundlegend ändert.

17   8. Das Zeichen 307 muß mindestens voll rückstrahlen. Dasselbe gilt für Zeichen 306 außerhalb geschlossener Ortschaften.

13/14

Zeichen 307

Ende der Vorfahrtstraße

15

Zeichen 308

Vorrang vor dem Gegenverkehr

Das Zeichen steht vor einer verengten Fahrbahn.

Richtzeichen   § 42 Abs III StVO **2**

Vwv zu Zeichen 308 Vorrang vor dem Gegenverkehr
Vgl. zu Zeichen 208.

(3) **Die Ortstafel**

Zeichen 310	Zeichen 311
Vorderseite	Rückseite
Hier beginnt	Hier endet

bestimmt:

eine geschlossene Ortschaft.

Von hier an gelten die für den Verkehr innerhalb (außerhalb) geschlossener Ortschaften bestehenden Vorschriften. Der obere Teil des Zeichens 311 ist weiß, wenn die Ortschaft, auf die hingewiesen wird, zu derselben Gemeinde wie die soeben durchfahrene Ortschaft gehört.

Vwv zu den Zeichen 310 und 311 Ortstafel

1 I. Sie sind ohne Rücksicht auf Gemeindegrenze und Straßenbaulast in der Regel dort anzubringen, wo ungeachtet einzelner unbebauter Grundstücke die geschlossene Bebauung auf einer der beiden Seiten der Straße beginnt oder endet. Ist aus zwingenden Gründen ein anderer Standort zu wählen (vgl. z. B. Nummer V zu den Zeichen 274, 276 und 277; Rn. 5), so kann es sich, freilich in der Regel nur auf Einfallstraßen größerer Städte, empfehlen, den ortseinwärts Fahrenden durch das Zeichen 385 zu orientieren.

2 II. Die Zeichen sind auf der für den ortseinwärts Fahrenden rechten Straßenseite so aufzustellen, daß sie auch der ortsauswärts Fahrende deutlich erkennen kann. Ist das nicht möglich, so ist die Ortstafel auch links anzubringen.

3 III. Das Zeichen 310 soll voll rückstrahlen.

4 IV. Die Ortstafel darf auch auf unbedeutenden Straßen nicht fehlen. Nur an nicht befestigten Feldwegen braucht sie nicht aufgestellt zu werden.

5 V. Das Zeichen 310 nennt den amtlichen Namen der Ortschaft und den Verwaltungsbezirk. Die Zusätze „Stadt", „Kreisstadt", „Landeshauptstadt" sind zulässig. Die Angabe des Verwaltungsbezirks hat zu unterbleiben, wenn dieser den gleichen Namen wie die Ortschaft hat (z. B. Stadtkreis). Ergänzend auch den höheren Verwaltungsbezirk zu nennen, ist nur dann zulässig, wenn dies zur Vermeidung einer Verwechslung nötig ist.

6 Das Zeichen 311 nennt auf der unteren Hälfte den Namen der Ortschaft oder des Ortsteils. Dieser Teil des Zeichens 311 ist mit einem roten Schrägbalken, der von links unten nach rechts oben verläuft, durchstrichen. Angaben über den Verwaltungsbezirk sowie die in Absatz 1 genannten zusätzlichen Bezeichnungen braucht das Zeichen 311 nicht zu enthalten.

7 Die obere Hälfte des Zeichens 311 nennt den Namen der nächsten Ortschaft bzw. des nächsten Ortsteiles. An Bundesstraßen kann statt dessen das nächste Nahziel nach dem Fern- und Nahzielverzeichnis gewählt werden. Die Ziele werden auf gelbem Grund angegeben. Gehört das nächste Ziel zur selben Gemeinde wie die durchfahrene Ortschaft, so nennt das Zeichen den Namen des Ortsteils auf weißem Grund. Unter dem Ortsnamen ist die Entfernung in ganzen Kilometern anzugeben.

8 VI. Durch die Tafel können auch Anfang und Ende eines geschlossenen Ortsteils gekennzeichnet werden. Sie nennt dann am Anfang entweder unter dem Namen der Gemeinde den des Ortsteils in verkleinerter Schrift, z. B. „Stadtteil Pasing", „Ortsteil Parksiedlung" oder den Namen des Ortsteils und darunter in verkleinerter Schrift den der Gemeinde mit dem vorgeschalteten Wort: „Stadt" oder „Gemeinde". Die zweite Fassung ist dann vorzuziehen, wenn zwischen den Ortsteilen einer Gemeinde eine größere Entfernung liegt. Die erste Fassung sollte auch dann, wenn die Straße nicht unmittelbar dorthin führt, nicht gewählt werden.

9 VII. Gehen zwei geschlossene Ortschaften oder Ortsteile ineinander über und müssen die Verkehrsteilnehmer über deren Namen unterrichtet werden, so sind die Ortstafeln für beide etwa auf gleicher Höhe aufzustellen. Deren Rückseiten sind dann aber nicht nach dem Zeichen 311 zu beschriften, sondern – falls sie nicht freigelassen werden – gleich den Vorderseiten der rechts stehenden Tafeln (Zeichen 310).

10 VIII. Bundesstraßen-Nummernschilder (Zeichen 401) und Europastraßen-Nummernschilder (Zeichen 410) dürfen am Pfosten der Ortstafel nur dann angebracht werden, wenn an der nächsten Kreuzung oder Einmündung das Zeichen 306 „Vorfahrtstraße" steht.

11 IX. Andere Angaben als die hier erwähnten, wie werbende Zusätze und Stadtwappen, sind auf Ortstafeln unzulässig.

(4) Parken

Zeichen 314

Parkplatz

1. Das Zeichen erlaubt das Parken (§ 12 Abs. 2).
2. Durch ein Zusatzschild kann die Parkerlaubnis beschränkt sein, insbesondere nach der Dauer, nach Fahrzeugarten, zugunsten der mit besonderem Parkausweis versehenen Bewohner, Schwerbehinderten mit außergewöhnlicher Gehbehinderung und Blinden. Die Ausnahmen gelten nur, wenn die Parkausweise gut lesbar ausgelegt sind. Das Zusatzschild „nur mit Parkschein" kennzeichnet den Geltungsbereich von Parkscheinautomaten, das Zusatzschild „gebührenpflichtig" kennzeichnet einen Parkplatz für Großveranstaltungen als gebührenpflichtig (§ 45 Abs. 1b Nr. 1).
3. Der Anfang des erlaubten Parkens kann durch einen waagerechten weißen Pfeil im Schild, das Ende durch einen solchen in entgegengesetzte Richtung weisenden Pfeil gekennzeichnet werden.

Der Hinweis auf einen Parkplatz kann, soweit dies nicht durch Zeichen 432 geschieht, durch ein Zusatzschild mit schwarzem Pfeil erfolgen.

Vwv zu Zeichen 314 Parkplatz

1 I. Das Zeichen ist in der Regel an der Einfahrt des Parkplatzes aufzustellen. Am Beginn von Parkplätzen im Verlauf einer durchgehenden Fahrbahn ist es nur anzubringen, wenn das zur Klarstellung notwendig ist und Parkraum größeren Umfangs vorhanden ist. Sonst genügt es, die Parkflächen zu markieren.

2 II. Beschränkungen der Parkerlaubnis dürfen nur auf einem Zusatzschild angeordnet werden.

3 Es dürfen nur die im Verkehrsblatt bekanntgemachten Zusatzschilder verwendet werden. Zum Begriff „Bewohner" vgl. Nummer X. 7 zu § 45 Abs. 1 bis 1e; Rn. 35.

4 III. Zu größeren Parkplätzen und Parkhäusern, auch wenn sie von Privatpersonen betrieben werden, sollte gewiesen werden.

5 IV. Vgl. Nummer I zu Nummer 7 Parkflächenmarkierungen vor Zeichen 299; Rn. 1.

Zeichen 315

Parken auf Gehwegen

Richtzeichen § 42 Abs IVa StVO **2**

1. Das Zeichen erlaubt Fahrzeugen mit einem zulässigen Gesamtgewicht bis zu 2,8 t das Parken (§ 12 Abs. 2) auf Gehwegen.
2. Im Zeichen wird bildlich angeordnet, wie die Fahrzeuge aufzustellen sind.
3. Durch ein Zusatzschild kann die Parkerlaubnis beschränkt sein, insbesondere nach der Dauer, zugunsten der mit besonderem Parkausweis versehenen Bewohner, Schwerbehinderten mit außergewöhnlicher Gehbehinderung und Blinden. Die Ausnahmen gelten nur, wenn die Parkausweise gut lesbar ausgelegt sind. Das Zusatzschild „nur mit Parkschein" kennzeichnet den Geltungsbereich von Parkscheinautomaten.
4. Der Anfang des erlaubten Parkens kann durch einen waagerechten weißen Pfeil im Schild, das Ende durch einen solchen in entgegengesetzte Richtung weisenden Pfeil gekennzeichnet werden.

Vwv zu Zeichen 315 Parken auf Gehwegen
1   I. Vgl. Nummer 7 vor Zeichen 299.   **30**
2   II. Nummer II Satz 1 und 2 zu Nummer 7 vor Zeichen 299 (Rn. 2) gilt auch hier.
3   III. Anfang und Ende der Strecke, auf denen das Parken erlaubt ist, kann durch entsprechende weiße Pfeile im Schild kenntlich gemacht werden.

Zeichen 316   Zeichen 317   **31**
32

Parken und Reisen   Wandererparkplatz

Vwv zu Zeichen 317 Wandererparkplatz
1   I. Das Zeichen darf nicht auf Autobahnparkplätzen aufgestellt werden.   **32a**
2   II. Vgl. zu Zeichen 314.

(4a) **Verkehrsberuhigte Bereiche**

Zeichen 325   Zeichen 326   **33**
34

Beginn   Ende
eines verkehrsberuhigten Bereichs

Innerhalb dieses Bereichs gilt:
1. Fußgänger dürfen die Straße in ihrer ganzen Breite benutzen; Kinderspiele sind überall erlaubt.
2. Der Fahrzeugverkehr muß Schrittgeschwindigkeit einhalten.
3. Die Fahrzeugführer dürfen die Fußgänger weder gefährden noch behindern; wenn nötig müssen sie warten.
4. Die Fußgänger dürfen den Fahrverkehr nicht unnötig behindern.
5. Das Parken ist außerhalb der dafür gekennzeichneten Flächen unzulässig, ausgenommen zum Ein- oder Aussteigen, zum Be- oder Entladen.

Vwv zu den Zeichen 325 und 326 Verkehrsberuhigte Bereiche
1   I. Allgemeines   **35**
    Am Anfang solcher Bereiche ist Zeichen 325 so aufzustellen, daß es bereits auf ausreichende Entfernung vor dem Einbiegen in den Bereich wahrgenommen werden kann. Am Ende ist Zeichen 326 höchstens 30 m vor der nächsten Einmündung oder Kreuzung aufzustellen.

2 StVO § 42 Abs IVb — II. Zeichen und Verkehrseinrichtungen

35a 2   **II. Örtliche Voraussetzungen**
Die Kennzeichnung von verkehrsberuhigten Bereichen setzt voraus, daß die in Betracht kommenden Straßen, insbesondere durch geschwindigkeitsmindernde Maßnahmen des Straßenbaulastträgers oder der Straßenbaubehörde, überwiegend Aufenthalts- und Erschließungsfunktionen haben.

35b 3   **III. Bauliche Voraussetzungen**
1. Maßgebend für die Beschilderung von verkehrsberuhigten Bereichen sind – neben der damit angestrebten Erhöhung der Verkehrssicherheit – Gesichtspunkte des Städtebaus, insbesondere der Verbesserung des Wohnumfeldes durch Umgestaltung des Straßenraumes.

4   2. Die mit Zeichen 325 erfaßten Straßen müssen durch ihre Gestaltung den Eindruck vermitteln, daß die Aufenthaltsfunktion überwiegt und der Fahrzeugverkehr hier eine untergeordnete Bedeutung hat. Dies kann u. a. dadurch erreicht werden, daß der Ausbau der Straße sich deutlich von angrenzenden Straßen, die nicht mit Zeichen 325 beschildert sind, unterscheidet. In der Regel wird ein niveaugleicher Ausbau für die ganze Straßenbreite erforderlich sein.

5   3. Straßen, die mit Zeichen 325 beschildert sind, dürfen von Fußgängern zwar in ihrer ganzen Breite benutzt werden; dies bedeutet aber nicht, daß auch Fahrzeugführern ermöglicht werden muß, die Straße überall zu befahren. Daher kann es im Einzelfall zweckmäßig sein, Flächen für Fußgänger zu reservieren und diese in geeigneter Weise (z. B. durch Poller, Bewuchs) von dem befahrbaren Bereich abzugrenzen.

6   4. Die Straße muß ein Befahren für alle dort zu erwartenden Fahrzeugarten gestatten.

7   5. Der Parkraumbedarf sollte in angemessener Weise berücksichtigt werden.
8   Die zum Parken bestimmten Flächen innerhalb des verkehrsberuhigten Bereichs brauchen nicht durch Parkplatzschilder gekennzeichnet zu sein. Es genügt eine andere Kennzeichnung, z. B. eine Bodenmarkierung (§ 41 Abs. 3 Nr. 7) oder Pflasterwechsel.

35c 9   **IV.** Die Kennzeichnung von verkehrsberuhigten Bereichen kommt sowohl für alle Straßen eines abgegrenzten Gebietes als auch für einzelne Straßen und Straßenabschnitte in Betracht. Die Zeichen 325 und 326 dürfen nur angeordnet werden, wenn die unter Nummer II und III aufgeführten Voraussetzungen vorliegen. Dabei muß jede Straße oder jeder Straßenabschnitt diesen Voraussetzungen genügen, sofern nicht die örtlichen Gegebenheiten – auch im Hinblick auf die Verkehrssituation – einzelne Abweichungen zulassen.

35d 10   **V.** Innerhalb der durch die Zeichen 325 und 326 gekennzeichneten Bereiche sind weitere Zeichen, z. B. Gefahrzeichen und Verkehrseinrichtungen in der Regel entbehrlich.

35e 11   **VI. Sonstiges**
Neben der Einrichtung von verkehrsberuhigten Bereichen (Zeichen 325) kommen zur Verbesserung der Verkehrssicherheit und aus städtebaulichen Gründen u. a. folgende Maßnahmen in Frage:

12   1. Veränderungen des Straßennetzes oder der Verkehrsführung, um den Durchgangsverkehr zu verhindern, wie die Einrichtung von Sackgassen, Sperrung von „Schleichwegen", Diagonalsperre von Kreuzungen,

13   2. die Sperrung für bestimmte Verkehrsarten, ggf. nur für die Nachtstunden,

14   3. die Anordnung von Haltverboten und Geschwindigkeitsbeschränkungen an besonderen Gefahrenstellen (z. B. Zeichen 274 mit 136),

15   4. die Einrichtung von Einbahnstraßen,

16   5. Aufpflasterungen.

17   Erfahrungsgemäß verspricht nur die Kombination mehrerer dieser Maßnahmen Erfolg.

(4 b) **Tunnel**

Zeichen 327

König

Richtzeichen § 42 Abs IVc, V StVO **2**

Das Zeichen steht an jeder Tunneleinfahrt. Beim Durchfahren des Tunnels ist Abblendlicht zu benutzen. Das Wenden im Tunnel ist verboten. Im Falle eines Notfalls oder einer Panne sollen nur vorhandene Nothalte- und Pannenbuchten benutzt werden.

Vwv zu Zeichen 327 Tunnel

1 I. *Das Zeichen ist an jeder Tunneleinfahrt anzuordnen. Bei einer Tunnellänge von mehr als 400 m ist der Name des Tunnels und die Tunnellänge mit „... m (km)" anzugeben. In der Regel erfolgt dies durch Angabe im Zeichen unterhalb des Sinnbildes. Bei einer Tunnellänge von weniger als 400 m ist die Angabe des Namens nur notwendig, wenn besondere Umstände dies erfordern.*

2 II. *Bei einem Tunnel von mehr als 3000 m Länge ist alle 1000 m die noch zurückzulegende Tunnelstrecke durch die Angabe „noch ... m" anzuzeigen.*

3 III. *Das Zeichen kann zusätzlich in ausreichendem Abstand vor dem Tunnel mit einem Hinweis „Tunnel in ... m" in dem Zeichen oder durch Zusatzzeichen 1004 angeordnet werden.*

(4 c) **Nothalte- und Pannenbucht**

Zeichen 328

In einer Nothalte- und Pannenbucht darf nur im Notfall oder bei einer Panne gehalten werden.

Vwv zu Zeichen 328 Nothalte- und Pannenbucht

1 I. *Das Zeichen steht am Beginn einer Nothalte- und Pannenbucht. Bei besonderen örtlichen und verkehrlichen Gegebenheiten kann Zeichen 328 auch als Vorankündigung in ausreichendem Abstand (z. B. in Tunnel ca. 300 m) vor einer Nothalte- und Pannenbucht aufgestellt werden; dann ist zum Zeichen 328 das Zusatzzeichen 1004 (in ... m) anzubringen.*

2 II. *Hinsichtlich der Anordnung des Zeichens Notrufsäule (Zeichen 365–51) wird auf die Richtlinien für die Ausstattung und den Betrieb von Straßentunneln (RABT) verwiesen.*

(5) **Autobahnen und Kraftfahrstraßen**

Zeichen 330   Zeichen 331   36
                                                 37

Autobahn   Kraftfahrstraßen
Das Zeichen steht an den Zufahrten   Das Zeichen steht am Anfang, an jeder
der Anschlußstellen.   Kreuzung und Einmündung und wird,
                               wenn nötig, auch sonst wiederholt.

Vwv zu den Zeichen 330, 331, 334 und 336

1 Über die Zustimmungsbedürftigkeit vgl. Nummer III 1a zu § 45 Abs. 1 bis 1e; Rn. 3 bis 4. Ist die   38
oberste Landesbehörde nicht zugleich oberste Landesbehörde für den Straßenbau, so muß auch diese
zustimmen.

Vwv zu den Zeichen 330, 332 bis 334 und 448 bis 453

1 I. *Wegweisende Beschilderung auf Autobahnen*   39
      1. *Die wegweisende Beschilderung auf Autobahnen ist blau.*
2   2. *Die Zeichen müssen mindestens voll retroreflektierend ausgeführt sein.*

3   3. Die Ausgestaltung und Aufstellung richtet sich nach den Richtlinien für wegweisende Beschilderung auf Autobahnen (RWBA).

4   Das Bundesministerium für Verkehr gibt die RWBA im Einvernehmen mit den zuständigen obersten Landesbehörden im Verkehrsblatt bekannt.

II. Die sonstige Beschilderung

Abweichend von den allgemeinen Regeln gilt folgendes:

5   1. Gefahrzeichen und Vorschriftzeichen sind in der Regel beiderseits der Fahrbahn aufzustellen.

6   2. Alle Verkehrszeichen müssen mindestens voll rückstrahlen.

7   3. Gefahrzeichen sind in der Regel 400 m vor der Gefahrstelle aufzustellen. Diese Entfernung auf einem Zusatzschild anzugeben, kann sich häufig erübrigen. Dagegen kann sich an besonders gefährlichen Stellen eine Wiederholung der Gefahrzeichen 200 m vor der Gefahrstelle empfehlen oder sogar eine zusätzliche Vorwarnung auf 800 und 600 m; in diesen Fällen ist die jeweilige Entfernung auf Zusatzschildern anzugeben.

Vwv zu Zeichen 330 Autobahn

40 1   I. Das Zeichen ist sowohl am Beginn der Autobahn als auch an jeder Anschlußstellenzufahrt aufzustellen. In der Regel muß es am Beginn der Zufahrt angebracht werden.

2   II. Das Zeichen darf auch an Straßen aufgestellt werden, die nicht als Bundesautobahnen nach dem Bundesfernstraßengesetz gewidmet sind, wenn diese Straßen für Schnellverkehr geeignet sind, frei von höhengleichen Kreuzungen sind, getrennte Fahrbahnen für den Richtungsverkehr haben und mit besonderen Anschlußstellen für die Zu- und Ausfahrten ausgestattet sind. Voraussetzung ist aber, daß für den abgedrängten langsameren Verkehr andere Straßen, deren Benutzung zumutbar ist, und für die Anlieger anderweitige Ein- und Ausfahrten zur Verfügung stehen.

3   III. Das Zeichen braucht auch nicht an allen Straßen aufgestellt zu werden, die nach dem Bundesfernstraßengesetz als Bundesautobahnen gewidmet sind.

Vwv zu Zeichen 331 Kraftfahrstraße

41 1   I. Mindestens der weiße Rand und das weiße Sinnbild, im Zeichen 336 auch der rote Streifen, müssen rückstrahlen.

2   II. Das Zeichen ist nicht bloß hinter allen Kreuzungen und Einmündungen zu wiederholen, sondern auch überall dort, wo verbotenes Einfahren oder Betreten ohne Schwierigkeiten möglich ist.

3   III. An allen Kreuzungen und Einmündungen ist auf den zuführenden Straßen das Zeichen 205 oder das Zeichen 206 aufzustellen.

4   IV. Nummer II Satz 2 zu Zeichen 330 (Rn. 2) gilt auch hier.

5   V. Vgl. Nummer II und III zu § 2 Abs. 1; Rn. 3 bis 6.

42   Zeichen 332   Zeichen 333
43

Ausfahrt von der Autobahn

Vwv zu den Zeichen 332 und 333

44 1   I. Statt beider Ausfahrtszeichen braucht innerhalb geschlossener Ortschaften nur eines von ihnen aufgestellt zu werden, wenn Platzmangel das rechtfertigt.

2   II. Stehen die Zeichen 332 und 333 nicht an einer Autobahn, so haben sie gelben oder – sofern sie Bestandteil der innerörtlichen Wegweisung sind – weißen Grund. Schrift, Rand und Pfeil sind schwarz.

Richtzeichen § 42 Abs VI Nr 1 StVO **2**

Vwv zu Zeichen 332 Ausfahrt von der Autobahn

1   I. Die Tafel ist unmittelbar am Beginn der Ausfahrt der Anschlußstelle, in der Regel am rechten Fahrbahnrand, aufzustellen. Die Tafel kann dort auch in einer Schilderbrücke oder an einem Auslegermast über dem ausmündenden Fahrstreifen angebracht werden. 45

2   II. In der Regel sollten nur zwei Ziele angegeben werden, ein benachbartes Ziel links und ein solches rechts der Autobahn. Mehr als vier Ziele dürfen keinesfalls angeführt werden. Bei Zielangaben, die aus mehreren Worten bestehen, sollten nach Möglichkeit Kurzbezeichnungen gewählt werden.

Anm: S auch bei Zeichen 330. 46/47

Zeichen 334   Zeichen 336   48
49

Ende der Autobahn   Ende der Kraftfahrstraße

Das Ende kann auch durch dasselbe Zeichen mit einer Entfernungsangabe unter dem Sinnbild, wie „800 m", angekündigt sein.

Vwv zu Zeichen 334 Ende der Autobahn

1   I. Das Zeichen ist am Ende der Autobahn und an allen Ausfahrten der Anschlußstellen aufzustellen. Wo es aus Sicherheitsgründen nicht geboten ist, die Autobahnregeln für die ganze Ausfahrt aufrechtzuerhalten, darf es schon in deren Verlauf angebracht werden. 50

2   II. Das Ende der Autobahn ist stets anzukündigen.

Vwv zu Zeichen 336 Ende der Kraftfahrstraße

1   Über die Ausgestaltung vgl. Nummer I zu Zeichen 331; Rn. 1. 51

Anm: S auch bei Zeichen 330. 52

(6) Markierungen sind weiß, ausgenommen in den Fällen des § 41 Abs. 4.

1. Leitlinie

Zeichen 340   53

Sie besteht in der Regel aus gleich langen Strichen mit gleichmäßigen Abständen. Eine Leitlinie kann auch als Warnlinie ausgeführt werden; bei der Warnlinie sind die Striche länger als die Lücken.

Die Markierung bedeutet:
a) Leitlinien dürfen überfahren werden, wenn dadurch der Verkehr nicht gefährdet wird;
b) sind auf einer Fahrbahn für beide Richtungen insgesamt 3 Fahrstreifen so markiert, dann darf der linke Fahrstreifen nicht zum Überholen benutzt werden. Wer nach links abbiegen will, darf sich auf dem mittleren Fahrstreifen einordnen;
c) auf Fahrbahnen für beide Richtungen mit 4 so markierten Fahrstreifen sind die beiden linken ausschließlich dem Gegenverkehr vorbehalten; sie dürfen daher auch nicht zum Überholen benutzt werden. Dasselbe gilt auf 6-streifigen Fahrbahnen für die 3 linken Fahrstreifen;

d) sind außerhalb geschlossener Ortschaften für eine Richtung 3 Fahrstreifen so markiert, dann darf der mittlere Fahrstreifen dort durchgängig befahren werden, wo – auch nur hin und wieder – rechts davon ein Fahrzeug hält oder fährt. Dasselbe gilt auf Fahrbahnen mit mehr als drei so markierten Fahrstreifen für eine Richtung für den zweiten Fahrstreifen von rechts. Den linken Fahrstreifen dürfen außerhalb geschlossener Ortschaften Lastkraftwagen mit einem zulässigen Gesamtgewicht von mehr als 3,5 t sowie Züge, die länger als 7 m sind, nur benutzen, wenn sie sich dort zum Zwecke des Linksabbiegens einordnen;
e) sind Beschleunigungsstreifen so markiert, dann darf dort auch schneller gefahren werden als auf den anderen Fahrstreifen;
f) gehen Fahrstreifen, insbesondere auf Autobahnen oder Kraftfahrstraßen von der durchgehenden Fahrbahn ab, so dürfen Abbieger vom Beginn einer breiten Leitlinie rechts von dieser schneller als auf der durchgehenden Fahrbahn fahren. Das gilt nicht für Verzögerungsstreifen;
g) Wird am rechten Fahrbahnrand ein Schutzstreifen für Radfahrer so markiert, dann dürfen andere Fahrzeuge die Markierung bei Bedarf überfahren; eine Gefährdung von Radfahrern ist dabei auszuschließen. Der Schutzstreifen kann mit Fahrbahnmarkierungen (Sinnbild „Radfahrer", § 39 Abs. 3) gekennzeichnet sein.

Vwv zu Zeichen 340 Leitlinie

54 1 I. Eine Leitlinie kann auch als Warnlinie markiert werden; dann sind die Striche länger als die Lücken.

55 II. Schutzstreifen für Radfahrer
1. Allgemeines
2 Eine Leitlinie kann auch markiert werden, um die Fahrbahn in Fahrstreifen und einen oder zwei Schutzstreifen zu gliedern. Die Schutzstreifen liegen jeweils am rechten Fahrbahnrand.
3 Der Radverkehr muß den Schutzstreifen im Streckenverlauf benutzen. Dessen Benutzungspflicht ergibt sich aus dem Rechtsfahrgebot (§ 2 Abs. 4 Satz 3).
4 2. Innerorts
a) Innerorts kann die Markierung von Schutzstreifen auf der Fahrbahn dann in Betracht kommen, wenn
5 1. die Trennung des Fahrzeugverkehrs durch Kennzeichnung einer Radwegebenutzungspflicht erforderlich wäre, die Anlage des Sonderweges (baulich angelegter Radweg, Radfahrstreifen) aber nicht möglich ist oder
6 2. die Trennung des Fahrzeugverkehrs durch Kennzeichnung einer Radwegebenutzungspflicht nicht zwingend erforderlich wäre, dem Radverkehr aber wegen der nicht nur geringen Verkehrsbelastung (in der Regel mehr als 5000 Kfz/24 Std.) und der Verkehrsbedeutung ein besonderer Schonraum angeboten werden soll und
7 3. dies die Breite der Fahrbahn, die Verkehrsbelastung (in der Regel bis zu 10 000 Kfz/24 Std.) und die Verkehrsstruktur (in der Regel Anteil des Schwerverkehrs am Gesamtverkehr unter 5 Prozent bzw. unter 500 Lkw/24 Std.) grundsätzlich zuläßt.
8 Die besonderen örtlichen und verkehrlichen Umstände sind zu berücksichtigen.
b) Voraussetzung für die Markierung von Schutzstreifen innerorts ist, daß
9 1. bei beidseitigen Schutzstreifen die Breite der für den fließenden Fahrzeugverkehr zur Verfügung stehenden, im Gegenverkehr benutzbaren Fahrbahn mindestens 7 m und weniger als 8,5 m,
10 2. die Breite der Schutzstreifen für den Radverkehr 1,6 m, mindestens 1,25 m und
11 3. die restliche Fahrbahnbreite für den Kraftfahrzeugverkehr mindestens 4,5 m, höchstens 5,5 m
beträgt sowie
12 4. die Verkehrsbelastung und Verkehrsstruktur eine Mitbenutzung des Schutzstreifens durch mehrspurige Fahrzeuge nur in seltenen Ausnahmefällen notwendig macht und
13 5. der ruhende Verkehr auf der Fahrbahn durch Zeichen 283 ausgeschlossen wird.
14 c) Der Einsatz von Schutzstreifen in Kreisverkehren scheidet aus.
15 3. Außerorts scheidet die Markierung von Schutzstreifen aus.
16 4. a) Die Leitlinie ist im Streckenverlauf als unterbrochener Schmalstrich im Verhältnis 1 : 1 : 1 zu markieren. An Kreuzungen und Einmündungen soll von einer Markierung abgesehen werden.
17 b) Die Zweckbestimmung des Schutzstreifens kann in regelmäßigen Abständen mit dem Sinnbild „Radfahrer" (§ 39 Abs. 4) verdeutlicht werden.

Richtzeichen § 42 Abs VI Nr 2, 3, VII StVO **2**

18 III. Leitlinien sind nach den Richtlinien für die Markierung von Straßen (RMS) auszuführen. Vgl. zu § 41 Abs. 3. 56

19 IV. Vgl. auch Nummer I zu § 7 Abs. 1 bis 3; Rn. 1. 57/58

2. Wartelinie

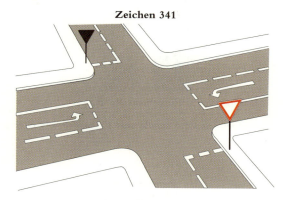

Zeichen 341 59

Sie kann angebracht sein, wo das Zeichen 205 anordnet: „Vorfahrt gewähren!" Sie kann ferner dort angebracht sein, wo abbiegende Fahrzeuge Gegenverkehr durchfahren lassen müssen. Sie empfiehlt dem, der warten muß, hier zu warten.

Vwv zu Zeichen 341 Wartelinie

1 Wartelinien sind nach den Richtlinien für die Markierung von Straßen (RMS) anzubringen und auszuführen. Vgl. zu § 41 Abs 3. 60–63

3. Schriftzeichen und die Wiedergabe von Verkehrsschildern auf der Fahrbahn dienen dem Hinweis auf ein entsprechendes Verkehrszeichen.

Vwv zu § 42 Abs. 6 Nr. 3 Schriftzeichen und Wiedergabe von Verkehrsschildern auf der Fahrbahn

1 I. Durch die Wiedergabe eines Verkehrsschildes auf der Fahrbahn wird der Fahrzeugverkehr auf eine besondere Situation aufmerksam gemacht. 64

2 Von der Möglichkeit, Verkehrsschilder auf der Fahrbahn darzustellen, sollte nur sehr sparsam Gebrauch gemacht werden.

3 In der Regel genügt es, das Sinnbild des Verkehrszeichens auf der Fahrbahn darzustellen (z. B. ein Fahrrad).

4 II. Bei der Ausführung der Darstellung sind die Richtlinien für die Markierung von Straßen (RMS) zu beachten. Vgl. zu § 41 Abs. 3. 65

5 III. Vgl. auch Nummer I 1 zu § 8 Abs. 1 (Rn. 1), Nummer II zu § 41 (Rn. 2), Nummer III zu Zeichen 206 (Rn. 3) sowie Nummer VII 2 zu den Zeichen 205 und 206; Rn. 12. 66

(7) Hinweise

Zeichen 350 67

Fußgängerüberweg

Das Zeichen ist unmittelbar an der Markierung (Zeichen 293) angebracht.

2 StVO § 42 Abs VII II. Zeichen und Verkehrseinrichtungen

Vwv zu Zeichen 350 Fußgängerüberweg

68 1 I. Das Zeichen darf nicht in Kombination mit anderen Zeichen aufgestellt werden.

2 II. Das Zeichen muß mindestens voll retroreflektierend ausgeführt sein.

69

Zeichen 353

Einbahnstraße

Es kann ergänzend anzeigen, daß die Straße eine Einbahnstraße (Zeichen 220) ist.

Vwv zu Zeichen 353 Einbahnstraße

70 1 Vgl. Nummer I zu Zeichen 220; Rn. 1 ff.

71

Zeichen 354

Wasserschutzgebiet

Es mahnt Fahrzeugführer, die wassergefährdende Stoffe geladen haben, sich besonders vorsichtig zu verhalten.

Vwv zu Zeichen 354 Wasserschutzgebiet

72/73 1 I. Es ist an den Grenzen der Einzugsgebiete von Trinkwasser und von Heilquellen auf Straßen aufzustellen, auf denen Fahrzeuge mit wassergefährdender Ladung häufig fahren. In der Regel ist die Länge der Strecke, die durch das Wasserschutzgebiet führt, auf einem Zusatzschild (§ 40 Abs. 4) anzugeben.

2 II. Nummer I zu Zeichen 269 (Rn. 1) gilt auch hier.

3 III. Vgl. auch Nummer II zu Zeichen 269, Rn. 2 bis 8.

4 IV. Es empfiehlt sich, das Zeichen voll retroreflektierend auszuführen.

74

Zeichen 355

Fußgängerunter- oder -überführung

Vwv zu Zeichen 355 Fußgängerunter- oder -überführungen

75 1 An Unterführungen sollte das Zeichen in der Regel aufgestellt werden, an Überführungen nur ausnahmsweise.

Richtzeichen § 42 Abs VII StVO **2**

Zeichen 356

Verkehrshelfer

Vwv zu Zeichen 356 Verkehrshelfer

1. I. Wo Schülerlotsen, Schulweghelfer oder sonstige Verkehrshelfer tätig werden, soll das Zeichen angebracht sein. Wo ein Fußgängerüberweg markiert ist, kann das Zeichen entbehrlich sein. Wenn der Einsatz z. B. von „Verkehrskadetten" es erfordert, soll durch ein mobiles Schild auf den Einsatz hingewiesen werden.
2. II. Es soll etwa 50 m vor der Einsatzstelle stehen.
3. III. Sollen Verkehrshelfer für ordnende Aufgaben, z. B. für Hinweise zum ordnungsgemäßen Parken auf Parkplätzen, eingesetzt werden, so ist dafür die Zustimmung der Straßenverkehrsbehörde erforderlich. Die Zustimmung kann mit Auflagen verbunden werden.

Zeichen 357

Sackgasse

Vwv zu Zeichen 357 Sackgasse

1. I. Das Zeichen sollte nur aufgestellt werden, wenn die Straße nicht ohne weiteres als Sackgasse erkennbar ist.
2. II. Vgl. Nummer II zu § 31; Rn. 2 bis 4.

Wintersport kann durch Zusatzschild (hinter Zeichen 101) erlaubt sein.

Zeichen 358 — Erste Hilfe
Zeichen 359 — Pannenhilfe
Zeichen 363 — Polizei

Durch solche Zeichen mit entsprechenden Sinnbildern können auch andere Hinweise gegeben werden, wie auf Fernsprecher, Tankstellen, Zeltplätze und Plätze für Wohnwagen.

Vwv zu Zeichen 358 Erste Hilfe

1. I. Das Zeichen zeigt stets das rote Kreuz ohne Rücksicht darauf, wer den Hilfsposten eingerichtet hat.
2. II. Es darf nur verwendet werden zum Hinweis auf regelmäßig besetzte Posten amtlich anerkannter Verbände.
3. III. Vgl. auch die Verlautbarung Nummer 115 vom 13. März 1967 (VkBl. 1967 S. 225).

2 StVO § 42 Abs VII   II. Zeichen und Verkehrseinrichtungen

Vwv zu Zeichen 359 Pannenhilfe

84 1 Liegt die nächste Werkstatt an der Straße, so ist der Hinweis entbehrlich. Es kann sich außerhalb geschlossener Ortschaften auf Straßen mit schnellerem oder stärkerem Verkehr empfehlen, wenn sich auf größere Entfernung nur eine Werkstatt abseits der Straße befindet, auf sie mittels Pfeils und Entfernungsangabe hinzuweisen.

Vwv zu Zeichen 363 Polizei

85 1 Das Zeichen sollte, mit zusätzlichen näheren Hinweisen, in der Regel nur außerhalb geschlossener Ortschaften auf Straßen mit schnellerem oder stärkerem Verkehr angebracht werden.

86
87
88

Zeichen 375   Zeichen 376   Zeichen 377

Autobahnhotel   **Autobahngasthaus**   **Autobahnkiosk**

Vwv zu den Zeichen 375 bis 377 Autobahnhotel usw.

89 1 I. Die Zeichen dürfen nur auf Autobahnen aufgestellt werden.

2 II. Sie dürfen nur für Betriebe verwendet werden, die von der Autobahn aus unmittelbar zu erreichen sind.

3 III. Durch das Zeichen 375 ist auf ein Autobahngasthaus mit, durch das Zeichen 376 auf ein solches ohne Übernachtungsmöglichkeit hinzuweisen, durch das Zeichen 377 auf kleine Erfrischungsstellen.

90

Zeichen 380

Richtgeschwindigkeit

Es empfiehlt, die angegebene Geschwindigkeit auch bei günstigen Straßen-, Verkehrs-, Sicht- und Wetterverhältnissen nicht zu überschreiten.

91

Zeichen 381

Ende der Richtgeschwindigkeit

Vwv zu den Zeichen 380 Richtgeschwindigkeit und Zeichen 381 Ende der Richtgeschwindigkeit

91a 1 I. Eine Richtgeschwindigkeit kann sich auf bestimmten Straßenstrecken dort empfehlen, wo es zweckmäßig ist, auf die Gefahren höherer Geschwindigkeiten hinzuweisen, eine Beschränkung durch Zeichen 274 aber noch nicht geboten ist (vgl. zu Zeichen 274).

Richtzeichen § 42 Abs VII StVO **2**

2   II. Richtgeschwindigkeiten sollten so festgelegt werden, daß sie vor ihrer Anordnung bei nasser Fahrbahn von nicht mehr als 15 Prozent der Fahrer überschritten werden.

3   III. Die Richtgeschwindigkeit darf nur für alle Fahrstreifen einer Fahrtrichtung, nicht für einzelne dieser Fahrstreifen empfohlen werden.

4   IV. Über die Zustimmungsbedürftigkeit vgl. Nummer III 1 zu § 45 Abs. 1 bis 1e; Rn. 3ff.

Zeichen 385   92

Ortshinweistafel

Es dient der Unterrichtung über Namen von Ortschaften, soweit keine Ortstafeln (Zeichen 310) aufgestellt sind.

Vwv zu Zeichen 385 Ortshinweistafel

1   I. Das Zeichen kann auch dann verwendet werden, wenn die Straße durch die genannte Ortschaft, nicht aber durch deren fest umrissenen Ortskern führt.   93

2   II. Vgl. auch Nummer I zu den Zeichen 310 und 311 (Rn. 1) sowie die Richtlinien für wegweisende Beschilderung außerhalb von Autobahnen (RWB), Ausgabe 1992 (VkBl. 1995 S. 218).

Zeichen 386   93a

Touristischer Hinweis

Es dient außerhalb der Autobahnen dem Hinweis auf touristisch bedeutsame Ziele und der Kennzeichnung von Touristikstraßen sowie an Autobahnen der Unterrichtung über Landschaften und Sehenswürdigkeiten.

Vwv zu Zeichen 386 Touristischer Hinweis

1   I. Das Zeichen wird in drei Formen und Funktionen verwendet: 93b
2   – als Hinweiszeichen im Nahbereich touristisch bedeutsamer Ziele mit wegweisender Funktion außerhalb der Autobahn,
3   – als Kennzeichnung von Touristikstraßen außerhalb der Autobahnen,
4   – als Unterrichtungstafel über Landschaften und Sehenswürdigkeiten entlang der Autobahnen.
5   Das Zeichen soll voll retroreflektierend ausgeführt werden.
6   Touristische Hinweiszeichen dürfen nur äußerst sparsam aufgestellt werden. Durch sie darf die Auffälligkeit, Erkennbarkeit und Lesbarkeit anderer Verkehrszeichen nicht beeinträchtigt werden.

II. Hinweiszeichen im Nahbereich touristisch bedeutsamer Ziele

7   1. Die Festlegung der Maße richtet sich nach den Vorgaben der Vorläufigen Richtlinie für Touristische Hinweise an Straßen (RtH 1988), Ausgabe 1988 (VkBl. 1988 S. 488), die das Bundesministerium für Verkehr mit Zustimmung der obersten Landesbehörden bekanntgibt.

8   2. In der Regel stehen solche Zeichen nur außerorts an Straßen von regionaler Bedeutung, innerorts kommen sie nur ausnahmsweise und nur dann in Betracht, wenn nicht mit anderen Zeichen auf die Ziele hingewiesen wird.

9   3. Auf die ausgewählten Ziele soll nur im unmittelbaren Nahbereich hingewiesen werden, wenn die übrige Wegweisung keine Hilfen mehr gibt.

10 4. Auf bedeutende touristische Ziele kann mit einem einheitlichen grafischen Symbol hingewiesen werden.

2 StVO § 42 Abs VII   II. Zeichen und Verkehrseinrichtungen

11 *III. Kennzeichnung von Touristikstraßen außerhalb von Autobahnen*
  1. siehe Nummer II Nr. 1; Rn. 7

12 *2. Die Zeichen enthalten den Namen der Straßen, z. B. „Burgenstraße" gegebenenfalls zusammen mit einem einheitlich auf diese Straße zu verwendenden grafischen Symbol.*

13 *3. Die Zeichen haben nur kennzeichnende und keine wegweisende Funktion.*

14 *4. Die Zeichen dürfen nicht zusammen mit der übrigen Beschilderung aufgestellt werden.*

15 *IV. Unterrichtungstafel über Landschaften und Sehenswürdigkeiten entlang der Autobahnen*
  1. siehe Nummer II Nr. 1; Rn. 7

16 *2. Die Tafel dient nur der Unterrichtung und darf weder selbst eine Wegweisungsfunktion haben noch eine Folgewegweisung an den Autobahnausfahrten nach sich ziehen. Entfernungsangaben, Pfeile u. ä. dürfen auf der Tafel nicht verwendet werden.*

17 *3. Die Unterrichtungstafel muß ein eigenständiges und einheitliches Erscheinungsbild aufweisen, es darf keine Verwechslungsgefahr mit anderen Verkehrszeichen auf der Autobahn bestehen.*

18 *4. Inhalt der Unterrichtungstafel sollen bevorzugt Landschaften oder von der Autobahn aus sichtbare bedeutsame Kultur- oder Baudenkmäler sein.*

19 *In einer Tafel darf nur ein Thema grafisch umgesetzt werden.*

20 *5. Die Tafel darf nicht innerhalb einer Wegweiserkette, d. h. zwischen Ankündigungstafel und Ausfahrt bzw. Entfernungstafel aufgestellt werden. Der Abstand zur wegweisenden Beschilderung muß mindestens 1 km betragen. Untereinander sollen die braun-weißen Tafeln in der Regel keinen geringeren Abstand als 20 km haben.*

21 *V. Richtlinien und Verzeichnisse*
  1. Die Auswahl der Sehenswürdigkeiten sowie die Ausstattung und Aufstellung der Zeichen sollen im einzelnen nach Richtlinien erfolgen, die das Bundesministerium für Verkehr im Einvernehmen mit den zuständigen obersten Landesbehörden im Verkehrsblatt bekanntgibt.

22 *2. Es wird empfohlen, für die ausgewählten Ziele, Kennzeichnungen und Inhalte der Unterrichtungstafeln bei den Ländern ein Verzeichnis anzulegen und fortzuschreiben.*

23 *3. Die Ziele, Kennzeichnungen und Unterrichtungen sollen unter Beteiligung von Interessenvertretern der Touristik und anderen interessierten Verbänden von der Straßenverkehrsbehörde festgelegt werden. Zu beteiligen sind von seiten der Behörden vor allem die Straßenbaubehörde, Denkmalschutzbehörde, Forstbehörde.*

94 **Zeichen 388**

Es warnt, mit mehrspurigen Kraftfahrzeugen den für diese nicht genügend befestigten Seitenstreifen zu benutzen.
Wird statt des Sinnbildes eines Personenkraftwagens das eines Lastkraftwagens gezeigt, so gilt die Warnung nur Führern von Fahrzeugen mit einem zulässigen Gesamtgewicht über 3,5 t und Zugmaschinen.

Vwv zu Zeichen 388 Seitenstreifen nicht befahrbar

95 1 *I. Der Warnung bedarf es nicht, wenn der Seitenstreifen ersichtlich unzureichend befestigt oder überhaupt ungeeignet ist.*

  2 *II. Dagegen sollte durch das Zeichen vor unzureichend befestigten Seitenstreifen gewarnt werden, die ähnlich wie die Fahrbahn aussehen oder sonst den Eindruck machen, als ob sie vor allem zum Halten oder Parken geeignet wären.*

  3 *III. Auf schmalen Straßen muß häufig vor unzureichend befestigten Seitenstreifen gewarnt werden, damit Kraftfahrer bei einer Begegnung nicht dorthin ausweichen.*

  4 *IV. Die Anbringung des Zeichens 101 über dem Zeichen 388 ist unzulässig.*

Richtzeichen § 42 Abs VII StVO **2**

Anm: Bekanntgabe von 95a

Zeichen 390

Mautpflicht nach dem Autobahnmautgesetz – ABMG

durch das BMV (13. 10. 04, VkBl **04** 687). Das Z soll in Abs VII eingestellt werden.

Zeichen 391

Mautpflichtige Strecke

durch das BMV (27. 6. 03, VkBl 03 430) unter Bezugnahme auf § 45 I e. Das Z soll in Abs VII eingestellt werden.

Zeichen 392 96

Es weist auf eine Zollstelle hin.

Vwv zu Zeichen 392 Zollstelle

1 *Das Zeichen sollte in der Regel 150 bis 250 m vor der Zollabfertigungsstelle aufgestellt werden. Die* 97
   Zollbehörden sind zu hören.

Zeichen 393 97a

Informationstafel an Grenzübergangsstellen

Vwv zu Zeichen 393 Informationstafel an Grenzübergangsstellen

1 I. *Das Zeichen informiert den in die Bundesrepublik Deutschland einreisenden Verkehrsteilnehmer* 97b
   über die bestehenden allgemeinen Geschwindigkeitsbegrenzungen und über die Richtgeschwindigkeit auf Autobahnen.

2 StVO § 42 Abs VIII Nr 1   II. Zeichen und Verkehrseinrichtungen

2   II. Die Informationstafel sollte hinter der Grenzübergangsstelle neben der Fahrbahn stehen, und zwar

3   – die **erste** Tafel nach Möglichkeit unmittelbar hinter der letzten Paßkontrollstelle in einem Bereich, in dem die Tafel bereits von den auf die Abfertigung wartenden Fahrzeugen aus gelesen werden kann, und

4   – die **Wiederholungstafel** stets hinter der Grenzübergangsstelle in einem Bereich ab 200 m bis 500 m (auf Autobahnen einheitlich 500 m) von der Stelle entfernt, an der der Querschnitt der durchgehenden Strecke beginnt.

5   An Grenzübergangsstellen außerhalb von Autobahnen kann, je nach den örtlichen Gegebenheiten, eine Informationstafel ausreichen.

98   **Zeichen 394**

Es kennzeichnet innerhalb geschlossener Ortschaften Laternen, die nicht die ganze Nacht brennen. Laternenpfähle tragen Ringe gleicher Farbe. In dem roten Feld kann in weißer Schrift angegeben sein, wann die Laterne erlischt.

Vwv zu Zeichen 394 Laternenring

99   1   Ringe und Schilder sind 70 mm hoch, Schilder 150 mm breit.

(8) **Wegweisung**
1. **Wegweiser**

100, 101, 101a, 101b	Zeichen 401	Zeichen 405	Zeichen 406	Zeichen 410
	35 (gelb)	**48** (blau)	**26** (blau)	**E 36** (grün)
	Bundesstraßen	**Autobahnen**	**Nummernschilder für Knotenpunkte der Autobahnen (Autobahnausfahrten, Autobahnkreuze und Autobahndreiecke)**	**Europastraßen**

Vwv zu den Zeichen 401 und 410

102   1   I. Allein dürfen diese Schilder nur im Verlauf von Bundesstraßen und Europastraßen, die Vorfahrtstraßen sind, aufgestellt werden. Vgl. auch Nummer III 11a zu den §§ 39 bis 43; Rn. 32 ff.

2   II. Vgl. auch Nummer VIII zu den Zeichen 310 und 311; Rn. 10.

3   III. Das Zeichen 401 darf auf neu gebauten Straßen, z. B. Umgehungsstraßen, schon vor deren Widmung angebracht werden.

Vwv zu Zeichen 405 Nummernschild für Autobahnen

103   1   I. Die Abmessungen richten sich nach der Höhe der Ziffern auf den Wegweisern.

2   II. Das Zeichen darf nur zugleich mit Vorwegweisern, Wegweisern und Entfernungstafeln gezeigt werden.

3   III. Nummer 1 zu den Zeichen 330, 332 bis 334 und 448 bis 453 (Rn. 1 bis 4) gilt sinngemäß.

Vwv zu Zeichen 406 Nummernschild für Knotenpunkte der Autobahnen

104   1   I. Das Zeichen darf nur zugleich mit Zeichen 448 und Zeichen 450 (300-m-Bake) gezeigt werden.

2   II. Alle Ankündigungstafeln der Autobahnausfahrten, Autobahnkreuze und Autobahndreiecke sollen für jeden Autobahnverlauf eine fortlaufende Nummer erhalten. Eine Wiederholung dieser Knotenpunktnummer soll nur für Anschlußstellen auf der 300-m-Bake (Zeichen 450) erfolgen.

Richtzeichen § 42 Abs VIII Nr 1 StVO **2**

Zeichen 415

auf Bundesstraßen

Diese Schilder geben keine Vorfahrt.

Vwv zu den Zeichen 415 bis 442 Wegweisung außerhalb von Autobahnen

1 I. *Die Wegweisung soll Ortsfremde unterrichten. Dabei soll auch angestrebt werden, den Verkehr unter Berücksichtigung der tatsächlichen Verkehrsbedürfnisse auf das vorhandene Straßennetz zu verteilen. Folgende Grundsätze sind einzuhalten:*

2 *1. Ein einmal in der Wegweisung angegebenes Ziel muß in jeder folgenden Wegweisung bis zu diesem Ziel wiederholt werden.*

3 *2. Wird an einer Kreuzung oder Einmündung auf ein über eine abzweigende Straße erreichbares Ziel hingewiesen, so empfiehlt es sich immer dann, an der gleichen Stelle auch einen Wegweiser für die Hauptrichtung anzubringen, wenn Zweifel über die Weiterführung der Hauptrichtung auftreten können.*

4 II. *Anzugeben ist die Entfernung bis zur Ortsmitte. Es sind nur volle Kilometer zu nennen. Innerhalb geschlossener Ortschaften ist die Entfernungsangabe häufig entbehrlich.*

5 III. *Ist an einer Kreuzung oder Einmündung ein beleuchteter oder ein retroreflektierender Wegweiser angebracht, so muß geprüft werden, ob nicht auch alle übrigen so auszuführen sind.*

6 IV. *Für Bundesfernstraßen gibt das Bundesministerium für Verkehr ein Verzeichnis der Fern- und Nahziele sowie der Entfernungen heraus. Diese sowie die entsprechenden Verzeichnisse der obersten Landesbehörden für die übrigen Straßen sind bei der Auswahl der Ziele zu beachten.*

7 V. *Soweit in den folgenden Ausführungen keine speziellen Regelungen getroffen sind, ist die Ausgestaltung und Aufstellung nach den „Richtlinien für wegweisende Beschilderung außerhalb von Autobahnen (RWB)" auszuführen. Das Bundesministerium für Verkehr gibt die RWB im Einvernehmen mit den zuständigen obersten Landesbehörden im Verkehrsblatt bekannt.*

Zeichen 418   Zeichen 419

mit größerer   auf sonstigen Straßen   mit geringerer
              Verkehrsbedeutung

Das Zusatzschild „Nebenstrecke" weist auf einen wegen seines schwächeren Verkehrs empfehlenswerten Umweg hin.

Zeichen 421

für bestimmte Verkehrsarten

Vwv zu den Zeichen 421 und 442

1 I. *Die Zeichen können zur Ableitung jeder Verkehrsart verwendet werden. In den Zeichen können erforderlichenfalls auch mehrere Sinnbilder gezeigt werden.*

2 II. *Die Aufstellung des Zeichens 442 ist dort zu erwägen, wo schnell gefahren wird und das Zeichen 421 deshalb nicht immer rechtzeitig erkannt werden kann. Außerdem empfiehlt sich die Aufstellung auf breiten Straßen, auf denen der abzuleitende Verkehr sich frühzeitig einordnen muß. Wo das Zeichen 442 steht, kann das Zeichen 421 oft entbehrt werden.*

III. *Die Ableitung bestimmter Verkehrsarten ist in der Regel geboten,*

3 *1. wenn für Verkehrsarten (z. B. für Lastkraftwagen) im weiteren Verlauf der Straße ein Verkehrsverbot besteht. In solchen Fällen ist auf das folgende Verkehrsverbot zusätzlich z. B.*

2 StVO § 42 Abs VIII Nr 1 II. Zeichen und Verkehrseinrichtungen

durch Aufstellung des Zeichens 253 mit Angabe der Entfernung auf einer Zusatztafel hinzuweisen,

4 2. wenn bestimmte Verkehrsarten von der Weiterbenutzung der Straße fernzuhalten sind (z. B. Ableitung von Lastkraftwagen vor engen Ortsdurchfahrten oder von Radfahrern auf weniger belastete Straßen). In solchen Fällen wird zu prüfen sein, ob ein Verkehrsverbot, etwa mit dem beschränkenden Zusatzschild „Anlieger frei", ausgesprochen werden kann,

5 3. wenn es für bestimmte Verkehrsarten zweckmäßig ist, die Umleitungsstrecke zu benutzen. So kann z. B. Personenkraftwagen eine schwächer befestigte Strecke zur Umgehung des Stadtkerns angeboten werden, wenn der Verkehr dort schneller vorankommt als auf der überlasteten Ortsdurchfahrt.

Vwv zu den Zeichen 421 und 442, 454 bis 466 Beschilderung von Umleitungen und Bedarfsumleitungen

111 1 *I. Die Ausgestaltung und Aufstellung richtet sich, soweit im folgenden keine speziellen Regelungen getroffen sind, nach den „Richtlinien für Umleitungsbeschilderung (RUB)". Das Bundesministerium für Verkehr gibt die RUB im Einvernehmen mit den zuständigen obersten Landesbehörden im Verkehrsblatt bekannt.*

111a 2 *II. Umleitungen, auch nur von Teilen des Fahrverkehrs, und Bedarfsumleitungen sind in der Regel in einem Umleitungsplan festzulegen. Die zuständige Behörde hat sämtliche beteiligten Behörden und die Polizei, gegebenenfalls auch die Bahnunternehmen, Linienverkehrsunternehmen und die Versorgungsunternehmen zur Planung heranzuziehen. Dabei sind die Vorschriften des Straßenrechts, insbesondere des § 14 des Bundesfernstraßengesetzes und die entsprechenden Vorschriften der Landesstraßengesetze zu berücksichtigen. Bei allen in den Verkehrsablauf erheblich eingreifenden Umleitungsplänen empfiehlt es sich, einen Anhörungstermin anzuberaumen.*

112 3 *III. Als Umleitungsstrecken sollten solche ausgewählt werden, die für die Verkehrsteilnehmer einen möglichst geringen Umweg bedeuten, die für die Art und Menge des umzuleitenden Verkehrs genügen und die, wenn notwendig, mit zumutbaren Aufwendungen für die Umleitung hergerichtet werden können. Genügt die Umleitungsstrecke dem verstärkten Verkehr nicht, so ist durch zusätzliche Maßnahmen dafür zu sorgen, daß sie für den verstärkten Verkehr verkehrssicher wird und sich dieser möglichst reibungslos abwickeln kann. Hierzu können Baumaßnahmen (z. B. Verbesserung der Fahrbahndecke, Schaffung von Ausweichstellen), die bei der Straßenbaubehörde anzuregen sind, und verkehrsregelnde Maßnahmen (z. B. Anordnung von Haltverboten, Geschwindigkeitsbeschränkungen, Schaffung von Einbahnstraßen) notwendig sein. Die Umleitungsstrecke und die zu ihrer Herrichtung gebotenen Maßnahmen sind in dem Umleitungsplan darzustellen. Die Umleitungsschilder dürfen erst aufgestellt werden, wenn die festgelegten Maßnahmen durchgeführt sind.*

112a 4 *IV. Bedarfsumleitungen des Autobahnverkehrs werden durch Zeichen 460 gekennzeichnet.*

113 5 *V. Umleitungen, die innerhalb eines Landes besonders bedeutsam sind, sowie Einrichtungen und Inanspruchnahme von Bedarfsumleitungen müssen den Landesmeldestellen, die für die Unterrichtung der Kraftfahrer durch Rundfunk eingerichtet sind, bekanntgemacht werden.*

113a 6 *VI. Nebenstrecken sind außerhalb geschlossener Ortschaften zu bevorrechtigen.*

114 Zeichen 430 Zeichen 432
115

Berlin 🛣 2

zur Autobahn

Bahnhof

zu innerörtlichen Zielen
und zu Einrichtungen mit
erheblicher Verkehrsbedeutung

Wird aus verkehrlichen Gründen auf private Ziele hingewiesen, so kann die Ausführung des Zeichens mit braunem Grund und weißen Zeichen erfolgen.

Vwv zu Zeichen 432 Wegweiser zu innerörtlichen Zielen

116 1 *I. Innerörtliche Ziele, zu denen zu weisen ratsam ist, können sowohl Ortsteile (z. B. Parksiedlung, Innenstadt, Kurviertel), als auch öffentliche Anlagen und Gebäude sein (z. B. Flughafen, Bahn-*

Richtzeichen § 42 Abs VIII Nr 1 StVO **2**

hof, Messegelände, Universität, Stadion, Autohof). Wenn auch in der Regel durch das weiße Pfeilschild nur der Weg zu Zielen innerhalb der geschlossenen Ortschaft gewiesen werden sollte, wird empfohlen, es auch als Wegweiser auf einen außerhalb gelegenen Flugplatz, Bahnhof oder ähnliche Einrichtungen zu verwenden.

2 Zusätzlich ein Sinnbild des angegebenen Zieles zu zeigen, empfiehlt sich.

3 II. Zu privaten Unternehmen darf nur dann so gewiesen werden, wenn das wegen besonders starken auswärtigen Zielverkehrs dorthin unerläßlich ist und auch nur, wenn allgemeine Hinweise wie „Industriegebiet Nord" nicht ausreichen.

4 III. Auf Autobahnen dürfen Wegweiser zu privaten Unternehmen, zu Industrie- oder Gewerbegebieten und zu öffentlichen Einrichtungen nicht aufgestellt werden. Hinweise auf Flughäfen, die in weißen Einsätzen mit dem Sinnbild eines Flugzeuges (entsprechend Zeichen 144) auf den blauen Autobahnwegweisern angezeigt werden, bleiben davon unberührt.

Zeichen 434   117

Wegweisertafel

Sie faßt alle Wegweiser einer Kreuzungszufahrt zusammen. Die Tafel kann auch als Vorwegweiser dienen.

Vwv zu Zeichen 434 Wegweisertafel

1 Vgl. auch Nummer II zu den Zeichen 332 und 333; Rn. 2.   118

Innerorts können Wegweiser auch folgende Formen haben:

Zeichen 435   Zeichen 436   119
   119a

Zeichen 437   120

Straßennamensschilder

2 StVO § 42 Abs VIII Nr 2   II. Zeichen und Verkehrseinrichtungen

An Kreuzungen und Einmündungen mit erheblichem Fahrverkehr sind sie auf die oben bezeichnete Weise aufgestellt.

Vwv zu Zeichen 437 Straßennamensschilder

121   1   I. Die Schilder haben entweder weiße Schrift auf dunklem Grund oder schwarze Schrift auf hellem Grund.

       2   II. Die so aufgestellten Straßennamensschilder sind beiderseits zu beschriften. Werden zusätzlich Hausnummern angegeben, so ist dafür zu sorgen, daß die Schilder lesbar bleiben.

       3   III. An Kreuzungen und Einmündungen sollen sie auf die gezeigte Weise angebracht und angeordnet werden; bei erheblichem Fahrverkehr sind sie stets so anzubringen und anzuordnen.

2. Vorwegweiser

122
123

Zeichen 438   Zeichen 439

124   Es empfiehlt, sich frühzeitig einzuordnen.

Zeichen 440

zur Autobahn

125   Zeichen 442

für bestimmte Verkehrsarten

Vwv zu Zeichen 438 Vorwegweiser

126   1   I. Durch die schwarzen Pfeile den tatsächlichen Verlauf der Straße schematisch darzustellen, empfiehlt sich nur, wenn dadurch die Übersichtlichkeit der Wegweisung nicht leidet, z. B. vor einem Kreisverkehr.

2 II. Die Stärke der Pfeilstriche ist nicht nach der Klassifizierung der Straße zu wählen, sondern nach der Vorfahrtregelung, die an der angekündigten Kreuzung oder Einmündung gilt. Die Strichstärken sind in einem Verhältnis 4 (für die Vorfahrtstraße) : 3 (für die nachgeordnete Straße) darzustellen. Die Ankündigung der Wartepflicht durch Zeichen 205 mit Entfernungsangabe auf einem Zusatzschild, gegebenenfalls auch mit dem Sinnbild STOP (hinter Zeichen 206), am gleichen Pfosten kann empfehlenswert sein.

3 III. Im Vorwegweiser kann durch verkleinerte Wiedergabe auf den Strichen auf Verkehrsschilder hingewiesen werden, die im weiteren Verlauf der Straße stehen, z. B. durch Wiedergabe des Gefahrzeichens 150 oder 151 auf einen Bahnübergang, des Zeichens 205 auf die Wartepflicht an der folgenden Kreuzung (Ausführungsbeispiele siehe RWB). Als Einsätze sind nur Verkehrszeichen zulässig.

Vwv zu Zeichen 440 Vorwegweiser zur Autobahn

1 Die Nummer 1 zu den Zeichen 330, 332 bis 334 und 448 bis 453 (Rn. 1 bis 4) gilt auch für das Zeichen 440.   127

Vwv zu Zeichen 442 Vorwegweiser für bestimmte Verkehrsarten

1 Vgl. auch zu den Zeichen 421 und 442.   128

3. Wegweisung auf Autobahnen

Die „Ausfahrt" (Zeichen 332 und 333), ein Autobahnkreuz und ein Autobahndreieck werden angekündigt durch
– die Ankündigungstafel

Zeichen 448   129

in der die Sinnbilder hinweisen:

auf eine Autobahnausfahrt

auf ein Autobahnkreuz oder Autobahndreieck; es weist auch auf Kreuze und Dreiecke von Autobahnen mit autobahnähnlich ausgebauten Straßen des nachgeordneten Netzes hin.

130
130a

Die Nummer ist die laufende Nummer der Ausfahrten, Autobahnkreuze und Autobahndreiecke der jeweils benutzten Autobahnen.

Ein Autohof in unmittelbarer Nähe einer Autobahnanschlussstelle wird angekündigt durch die Hinweisbeschilderung   130b

Zeichen 448.1

Der Autohof wird einmal am rechten Fahrbahnrand 500 bis 1000 m vor der Ankündigungstafel (Zeichen 448) angekündigt. Auf einem Zusatzschild wird durch grafische Symbole der Leistungsumfang des Autohofs dargestellt.

Anm: Das Z ersetzt das in VkBl **94** 699 bekannt gegebene HinweisZ.

– den Vorwegweiser

130c

Zeichen 449

– sowie auf 300 m, 200 m und 100 m durch Baken wie

131

Zeichen 450

Auf der 300-m-Bake einer Ausfahrt wird die Nummer der Ausfahrt wiederholt.

Autobahnkreuze und Autobahndreiecke werden 2000 m vorher, Ausfahrten werden 1000 m vorher durch Zeichen 448 angekündigt. Der Vorwegweiser Zeichen 449 steht bei Autobahnkreuzen und Autobahndreiecken 1000 m und 500 m, bei Ausfahrten 500 m vorher.

132

Zeichen 453

Entfernungstafel

Sie gibt hinter jeder Ausfahrt, Abzweigung und Kreuzung die Entfernungen zur jeweiligen Ortsmitte an. Ziele, die über eine andere als die gerade befahrene Autobahn zu erreichen sind, werden in der Regel unterhalb des waagerechten Striches angegeben.

Richtzeichen § 42 Abs VIII Nr 3 StVO **2**

Vwv zu den Zeichen 448, 448.1, 449 und 453

1 Vgl. auch Nummer I zu den Zeichen 330, 332 bis 334 und 448 bis 453; Rn. 1 bis 4.   133

Vwv zu Zeichen 448.1 Autohof

1 I. Die Abmessung des Zeichens beträgt 2,0 m × 2,8 m.   133a

2 II. Zeichen 448.1 ist nur anzuordnen, wenn folgende Voraussetzungen erfüllt sind:
   1. Der Autohof ist höchstens 1 km von der Anschlussstelle entfernt.
   2. Die Straßenverbindung ist für den Schwerverkehr baulich und unter Berücksichtigung der Anliegerinteressen Dritter geeignet.
   3. Der Autohof ist ganzjährig und ganztätig (24 h) geöffnet.
   4. Es sind mindestens 50 Lkw-Stellplätze an schwach frequentierten (DTV bis 50 000 Kfz) und 100 Lkw-Stellplätze an stärker frequentierten Autobahnen vorhanden. Pkw-Stellplätze sind davon getrennt ausgewiesen.
   5. Tankmöglichkeit besteht rund um die Uhr; für Fahrzeugreparaturen werden wenigstens Fachwerkstätten und Servicedienste vermittelt.
   6. Von 11 bis 22 Uhr wird ein umfassendes Speiseangebot, außerhalb dieser Zeit werden Getränke und Imbiss angeboten.
   7. Sanitäre Einrichtungen sind sowohl für Behinderte als auch für die besonderen Bedürfnisse des Fahrpersonals vorhanden.

3 III. Die Abmessung des Zusatzschildes beträgt 0,8 m × 2,8 m, die der in einer Reihe anzuordnenden grafischen Symbole 0,52 m × 0,52 m. Sollen mehr als 4 (maximal 6) Symbole gezeigt werden, sind diese entsprechend zu verkleinern.

4 IV. Das Zusatzschild enthält nur grafische Symbole für rund um die Uhr angebotene Leistungen. Es dürfen die Symbole verwendet werden, die auch das Leistungsangebot von bewirtschafteten Rastanlagen beschreiben (vgl. RWBA 2000, Kap. 8.1.2). Zusätzlich kann auch das Symbol „Autobahnkapelle" verwendet werden, wenn ein jederzeit zugänglicher Andachtsraum vorhanden ist. Zur Verwendung des Symbols „Werkstatt" vgl. RWBA 2000, Kap. 15.1 (5).

5 V. Die Autohof-Hinweiszeichen, deren Aufstellung vor der Aufnahme des Zeichens 448.1 (Autohof) in die StVO erfolgte und deren Maße nicht den Vorgaben (2,0 m × 2,8 m) entsprechen, sind bis zum 1. Januar 2006 gegen die entsprechenden Zeichen auszutauschen.

Vwv zu Zeichen 449 Vorwegweiser auf Autobahnen

1 I. Über dem Pfeil für die Richtung „Geradeaus" darf nur der Name der nächsten Anschlußstelle für die Ausfahrt angegeben werden.   134

2 II. Der andere Pfeil hat zunächst halbrechts zu zeigen, darf dann aber den tatsächlichen Verlauf der Ausfahrt darstellen. Nummer II zu Zeichen 332 (Rn. 2) gilt auch hier.

3 III. Abweichend von Nummer I und II dürfen in Schilderbrücken an Autobahnkreuzen und Autobahndreiecken über oder neben beiden Pfeilen bis zu drei Ziele genannt werden.

4 IV. Wo es zur Orientierung geboten ist, namentlich an Ausfahrten, die so ausgebaut sind, daß sie Autobahnabzweigungen ähneln, dürfen bei den Ortsnamen über dem nach halbrechts weisenden Pfeil Nummernschilder für Bundesstraßen (Zeichen 401) angebracht werden, wenn diese Bundesstraßen als Vorfahrtstraßen gekennzeichnet sind.

Vwv zu Zeichen 450 Ankündigungsbake

1 Vgl. auch Nummer I zu den Zeichen 330, 332 bis 334 und 448 bis 453; Rn. 1 bis 4.   135

Vwv zu Zeichen 453 Entfernungstafel

1 An Autobahnen werden als Bestätigung der Ziele Fernziele in maximal vier Zielangaben auf der Entfernungstafel hinter den Knotenpunkten angezeigt.   135a

2 Liegt das angegebene Ziel nicht an der gerade befahrenen Autobahn, wird dieses Ziel unterhalb eines Trennstriches mit der zugehörigen Autobahnnummer aufgeführt, über die das Ziel zu erreichen ist. Die Anzahl von höchstens vier Zielangaben in der Entfernungstafel darf auch in diesen Fällen nicht überschritten werden. Wird die Zielangabe über mehrere Autobahnen geführt, wird nur die A-Nummer der nächsten Autobahnstrecke der Zielangabe vorangestellt.

4. Umleitungen des Verkehrs bei Straßensperrungen

136

Zeichen 454

Es ist am Beginn der Umleitung und, soweit erforderlich, an den Kreuzungen und Einmündungen im Verlauf der Umleitungsstrecke angebracht.

136a

Zeichen 455

Numerierte Umleitung

Die Umleitung kann angekündigt sein durch das

137

Zeichen 457

mit Zusatzschild, wie „400 m" oder „Richtung Stuttgart" sowie durch die Planskizze.

138

Zeichen 458

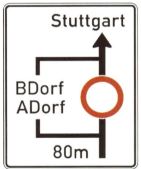

Müssen nur bestimmte Verkehrsarten umgeleitet werden, so sind diese auf einem Zusatzschild über dem Wegweiser (Zeichen 454) und über dem Ankündigungszeichen (Zeichen 457) angegeben, wie „Fahrzeuge über 7,5 t zulässiges Gesamtgewicht". Der Vorwegweiser und die Planskizze zeigen dann Verbotszeichen für die betroffenen Verkehrsarten, wie das Zeichen 262.

Das Ende der Umleitung wird mit dem

139

Zeichen 459

Ende einer Umleitung

angezeigt.

Richtzeichen § 42 Abs VIII Nr 5 StVO **2**

Vwv zu Zeichen 454 Umleitungswegweiser

1. I. Das Zeichen muß mindestens an jeder Kreuzung und Einmündung im Verlauf der Umleitungsstrecke aufgestellt werden, wo Zweifel über deren weiteren Verlauf entstehen können. 140

2. II. Es kann sich empfehlen, das Ende der Umleitungsstrecke durch Wegweisung kenntlich zu machen.

Vwv zu Zeichen 455 numerierte Umleitung

1. Das Zeichen kann anstelle Zeichen 454 eingesetzt werden, wo eine Unterscheidung mehrerer Umleitungsstrecken durch eine Numerierung erforderlich wird. Häufigste Einsatzfälle werden in städtischen Bereichen mit Großbaustellen liegen. Außerorts kann bei einfachen Verkehrsführungen Zeichen 454 angewendet werden. 141

Vwv zu den Zeichen 457 bis 469

1. I. Größere Umleitungen sollten immer angekündigt werden, und zwar in der Regel durch die Planskizze. 142

2. II. Kleinere Umleitungen bedürfen der Ankündigung nur, wenn das Zeichen 454 nicht schon auf größerer Entfernung gesehen werden kann. Dann sollte in der Regel das Zeichen 457 verwendet werden. 142a

3. III. Wegweiser und Vorwegweiser, die wegen einer Umleitung vorübergehend nicht gelten, sollten nicht entfernt oder völlig verdeckt werden, sondern nur mit sich kreuzenden Bändern versehen werden, damit der nach Straßenkarten reisende Verkehrsteilnehmer die Orientierung behält. 143

5. Numerierte Bedarfsumleitungen für den Autobahnverkehr

Zeichen 460 144

Bedarfsumleitung

Wer seine Fahrt vorübergehend auf anderen Strecken fortsetzen muß oder will, wird durch dieses Zeichen auf die Autobahn zurückgeleitet.

Zeichen 466 145

Bedarfsumleitungstafel

Kann der umgeleitete Verkehr an der nach Zeichen 460 vorgesehenen Anschlußstelle noch nicht auf die Autobahn zurückgeleitet werden, so wird er durch dieses Zeichen über die nächste Bedarfsumleitungsstrecke weitergeführt.

Vwv zu Zeichen 460 Bedarfsumleitung

146 1 *I. Für den Autobahnverkehr in nördlicher oder östlicher Richtung sind die Bedarfsumleitungen mit ungeraden Nummern und für den Autobahnverkehr in südlicher oder westlicher Richtung mit geraden Nummern zu bezeichnen. Die Nummern sollen so gewählt werden, daß sie in Fahrtrichtung zunehmen. Jedem Land stehen die Nummern 1 bis 99 zur Verfügung. Für eine sinnvolle Koordinierung sorgen die Länder.*

2 *II. Maßnahmen im und für den Bedarfsfall*
Wenn eine Bedarfsumleitung (z. B. wegen eines Unfalls oder wegen Überfüllung einer Strecke) in Anspruch genommen werden muß, ist der Verkehr, gegebenenfalls unter Zuhilfenahme von Absperrgeräten, durch Lichtzeichen, Verkehrszeichen oder Polizeibeamte abzuleiten. Es ist auch zu prüfen, inwieweit es notwendig ist, den auf die Autobahn zufließenden Verkehr rechtzeitig in die Bedarfsumleitungsstrecken oder andere Ausweichstrecken zu führen.

147 **Zeichen 467**

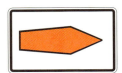

Umlenkungs-Pfeil

Streckenempfehlungen auf Autobahnen können durch den Umlenkungs-Pfeil gekennzeichnet werden.

Vwv zu Zeichen 467 Umlenkungspfeil

147a 1 *I. Das orangefarbene Pfeilzeichen ist ein Leitsymbol für eine empfohlene Umleitung innerhalb des Autobahnnetzes. Das Zeichen wird in allen Schildern gezeigt, die der Ankündigung, Vorwegweisung, Wegweisung und Bestätigung einer empfohlenen Umleitungsstrecke dienen. Sie sind zusätzlich zur blauen Autobahnwegweisung aufgestellt.*

2 *II. Die Umlenkungsbeschilderung zeigt den Umlenkungspfeil und etwaige schwarze Symbole und Aufschriften auf weißem Grund.*

3 *III. Der umzulenkende Verkehr wird am Beginn der Umlenkung durch entsprechende Ziele und den orangefarbenen Umlenkungspfeil geführt. Im Verlauf der Umlenkungsroute brauchen die Ziele nicht erneut ausgeschildert zu werden. Der Umlenkungspfeil als Leitsymbol übernimmt die weitere Wegführung.*

4 *IV. Bei Überschneidungen von umgelenkten Routen kann es zweckmäßig sein, die Routen regional zu numerieren. Die Nummer kann in schwarzer Schrift in dem Pfeilzeichen eingesetzt werden.*

5 *V. Einzelheiten werden in den „Richtlinien für Wechselverkehrszeichen an Bundesfernstraßen (RWVZ)" festgelegt, die das Bundesministerium für Verkehr im Einvernehmen mit den zuständigen obersten Landesbehörden im Verkehrsblatt bekannt gibt.*

6. Sonstige Verkehrslenkungstafeln

148 **Zeichen 468**

Schwierige Verkehrsführung

Es kündigt eine mit dem Zeichen „Vorgeschriebene Fahrtrichtung" (Zeichen 209 bis 214) verbundene Verkehrsführung an.

Richtzeichen § 42 StVO **2**

Zeichen 500

Überleitungstafel

Überleitungen des Verkehrs auf die Fahrbahn oder Fahrstreifen für den Gegenverkehr werden durch solche Tafeln angekündigt. Auch die Rückleitung des Verkehrs wird so angekündigt.

Anm: In VkBl **76** 793 sind darüber hinaus folgende Zeichen zur Zusammenführung von Verkehrsströmen wiedergegeben:

Zeichen 480   Zeichen 481   Zeichen 482

Zusammenführung von Verkehrsströmen

Zeichen 483   Zeichen 484   Zeichen 485

Zusammenführung von Verkehrsströmen

Aus der Begr zur MaßnVO 75 (VkBl **75** 678) und zur ÄndVO v. 29. 7. 80 (VkBl **80** 514):

Zu den Z 306/307: Nicht überall ist es erforderlich, am Ende einer Vorfahrtstraße das Zeichen 307 und die Zeichen 205 oder 206 aufzustellen. Aus Sicherheitsgründen kann von der Aufstellung der Zeichen

205 oder 206 aber nur in ganz bestimmten Ausnahmefällen abgesehen werden. Die Vwv wird hierzu das Erforderliche sagen ...

159 *Zu Z 314:* Parkscheinautomaten können sowohl auf Plätzen mit einem übersehbaren und auch zweifelsfrei zu bezeichnenden Geltungsbereich als auch für bestimmte Straßenzüge oder bestimmte Teile von Stadtgebieten Verwendung finden. In beiden Fällen ist es erforderlich, daß der Geltungsbereich jeweils für Benutzer erkennbar abgegrenzt wird. Dies soll dadurch erreicht werden, daß in diesen Fällen bundeseinheitlich Zeichen 314/315 StVO mit einem entsprechenden Zusatzschild verwendet wird.

160–162 *Zu Z 325/326:*
Zu den einzelnen Verhaltensvorschriften:

Zu 1. Diese Vorschrift hebt die Differenzierung der einzelnen Straßenteile nach Benutzungsarten (Gehweg, Radweg, Fahrbahn) auf. Es ist klar, daß eine solche Regelung ohne eine erhebliche bauliche Umgestaltung der Straße nicht möglich ist. Dies wäre im Interesse der Verkehrssicherheit nicht zu verantworten.

Zu 2. Der Begriff „Fahrzeugverkehr" stellt klar, daß hiermit nicht nur Kraftwagen gemeint sind. Auch Radfahrer, Mofas und Mopeds müssen Schritt fahren. Der Begriff „Schrittgeschwindigkeit" deckt sich mit dem in § 24 Abs. 2 aufgeführten gleichnamigen Begriff. Es ist dies eine sehr langsame Geschwindigkeit, die der eines normal gehenden Fußgängers entspricht; sie muß jedenfalls wesentlich unter 20 km/h liegen.

Zu 3. Hier wird im Ergebnis der Vorrang des Fußgängers – vor dem Fahrzeugverkehr – normiert. Dies kommt in der Formulierung zum Ausdruck „wenn nötig, müssen sie (die Fahrzeuge) warten". Dieselbe Formulierung findet sich in § 9 Abs. 3, § 20 Abs. 1, Abs. 1a und 2 sowie in § 26 Abs. 1.

Zu 4. Diese Vorschrift soll verhindern, daß die Fußgänger einen unangemessenen Gebrauch von ihrem Vorrang machen.

Zu 5. Die zum Parken bestimmten Flächen innerhalb des verkehrsberuhigten Bereichs brauchen nicht durch Parkplatzschilder gekennzeichnet zu sein. Es genügt auch eine Bodenmarkierung (§ 41 Abs. 3 Nr. 7) oder, wenn dies ausreichend deutlich möglich ist, eine besondere Art der Pflasterung (VkBl **80** 519).

Aus der Begr zur 9. StVO-ÄndVO v 22. 3. 88 (VkBl **88** 219):

163 *Zu Z 340:* Die Neufassung des Buchstaben f entspricht der Rechtsprechung (OLG Frankfurt VRS 63 S. 386). Danach ist das Rechtsüberholen im Bereich der fahrstreifengegliederten Vorwegweiser für zulässig erklärt worden ...
...
Es kann dahingestellt bleiben, ob die StVO in der geltenden Fassung in diesem Fall das Rechtsüberholen gestattete. Auf jeden Fall ist dem OLG Frankfurt dahin zu folgen, daß eine solche Regelung zweckmäßig ist. Sie wird deshalb jetzt in die StVO übernommen.

164–179 **Aus der Begr** zur 11. StVO-ÄndVO v 19. 3. 92 (VkBl **92** 186):

Zu Zeichen 356: Verkehrskadetten werden von der Deutschen Verkehrswacht in vielen Städten des Landes NRW und mit zunehmender Tendenz auch in anderen Bundesländern eingesetzt. Dabei handelt es sich um junge Menschen im Alter von 14 bis 20 Jahren, die die Polizei bei der Verkehrsregelung anläßlich von Großveranstaltungen unterstützen. Der Verkehrskadett darf weder den Verkehr auf öffentlichen Straßen noch den Verkehr auf öffentlichen Straßen und Kreuzungen anstelle der Polizei regeln.
Im Vergleich dazu hat auch der Schülerlotse keinerlei obrigkeitliche Befugnisse. Der Schülerlotse ist als ein Verkehrshelfer für die Schüler auf dem Schulweg an der ihm zugewiesenen Einsatzstelle anzusehen.
Beide Arten von Verkehrshelfern haben keine polizeilichen Befugnisse; sie weisen lediglich auf verkehrsrechtliche Pflichten und auf ein Verkehrsgeschehen hin. Dies ist zulässig und verstößt nicht gegen die Regeln der StVO.

180 **Begr** zur ÄndVO v 7. 8. 97 (VkBl **97** 690): **Zu Abs 6 Nr 1 g):** Häufig reicht die vorhandene Verkehrsfläche nicht aus, um Radwege baulich einzurichten oder durch Abmarkierung entsprechender Flächen von der Fahrbahn auszuweisen. Deshalb wird zugelassen, im jeweils rechten Randbereich der Fahrbahn in geeigneten Fällen für den Radverkehr Schutzstreifen abzumarkieren. Davon soll zunächst nur innerorts Gebrauch gemacht werden, weil für Außerortsstraßen noch umfangreiche Forschungsarbeiten abgewartet werden sollen. Eine Regelung enthält die VwV-StVO.
Der Radverkehr muß dann entsprechend dem Rechtsfahrgebot (§ 2 Abs. 2 Satz 3) den Schutzstreifen benutzen. Der Kraftfahrzeugverkehr wird solche Schutzstreifen von sich aus meiden und sich mehr auf den Fahrstreifen bewegen; er kommt damit seiner Verpflichtung, möglichst weit rechts zu fahren, nach. Für Ausweichvorgänge im Begegnungsverkehr kann der Schutzstreifen durch den Kraftfahrzeugverkehr mitbe-

nutzt werden, wenn auch unter besonderer Vorsicht. Die Abmarkierung solcher Schutzstreifen setzt deshalb aus Gründen der Verkehrssicherheit voraus, daß sich solche Ausweichvorgänge auf eher seltene Fälle beschränken. Auch muß der ruhende Verkehr auf den Schutzstreifen ausgeschlossen (z. B. Zeichen 283) werden können.

1. Richtzeichen sollen den Verkehr im Allgemeinen nur durch Hinweise erleichtern. Insoweit ist Nichtbeachtung nur bei Verstoß gegen § 1 StVO ow (BGH VM **54** 1, Ha VRS **14** 127). RichtZ ohne Anordnungscharakter sind keine Verwaltungsakte (VG Dü NZV **90** 288). Bußgeldbewehrte (§ 49 III Nr 5) Anordnungen enthält jedoch § 42 zusammen mit den RichtZ 306 (Vorfahrtstr), den Zusatzschildern zu den Z 306 oder 314 (Parkplatz) und den RichtZ 315 (Parken auf Gehwegen), 325 (Verkehrsberuhigter Bereich) und 340 (Leitlinie). Rspr zu den VZ des § 42, nach der Reihenfolge geordnet: ● **Z 301 (Vorfahrt):** Wird die Vorfahrtregelung einer BundesStr wegen Bauarbeiten kurzfristig geändert, so ist zwar keine besondere Warnung nötig (§ 39 Rz 38, aM LG Bra NJW **69** 880), doch empfehlen sich auffällige Hinweistafeln (*Ganschezian-Finck* NJW **70** 1843). ● **Z 306 (Vorfahrtstraße):** Es gewährt Vorfahrt im ganzen StrVerlauf bis zum nächsten Z 205, 206 oder 307, auch wenn es nicht an jeder Kreuzung (Einmündung) steht (BGH DAR **76** 76, Mü DAR **76** 104, Bay DAR **76** 277, Ba VersR **77** 182). Unübersichtlich zusammentreffende Straßen dürfen nicht beide Vorfahrt gewähren (BGH VkBl **67** 84). Auch ein nur links stehendes Z 306 gilt (KG VersR **75** 452). Zeichen für abknickende Vorfahrt: Die Pflicht zur Rücksichtnahme gegenüber Fußgängern (II S 10) gilt auch gegenüber noch nicht erkennbaren Fußgängern, mit denen zu rechnen ist (Bay VRS **65** 233). Soweit Bay VRS **65** 233 Abs II S 10 entgegen seinem Wortlaut nicht anwenden will, wenn die durch das ZusatzZ gekennzeichnete VorfahrtStr deutlich erkennbar in der Weise ihrem natürlichen Verlauf folgt, dass auch ohne das ZusatzZ nicht von einem Abbiegen gesprochen werden könnte, dürfte dies auch wegen der Abgrenzungsschwierigkeiten der VSicherheit widersprechen (abl auch *Janiszewski* NStZ **83** 549). S iÜ § 8 Rz 43. ● **Z 307 (Ende der Vorfahrtstraße):** Das Z muss dort stets aufgestellt sein, wenn die VorfahrtStr endet, innerorts fehlt es daher idR, s Vwv zu Z 306 und 307 Rn 12. ● **Z 308:** s Z 208. ● **Z 310 (Ortstafel):** Sie gibt keine Anordnung (Ol NJW **69** 2213, aM OVG Lüneburg VRS **51** 313), doch beginnt hier die innerörtliche Geschwindigkeitsbegrenzung (§ 3), wenn sie deutlich aufgestellt ist. Keine Verwaltungsklage des Bürgers gegen den Text der Tafel (OVG Lüneburg VRS **51** 313). Zur Anbringung der Internetadresse an einer Ortstafel § 33 Rz 12. ● **Z 311:** Als Orts(end)tafel ist seit dem 1978 nur noch das Z 311 zulässig. ● **Z 314:** Sonderparkplätze für gehbeeinträchtigte Schwerbehinderte und Blinde werden durch die Zusatzschilder 1044–10 (Rollstuhlfahrersymbol) und 1020–11 (Rollstuhlfahrersymbol mit Parkausweis Nr …) gekennzeichnet (VkBl **80** 527; näher § 12 Rz 60b). Bei Zusatzschild für Parksonderberechtigte dürfen andere Fz dort nicht parken, auch nicht zwecks Ladegeschäfts (Kar VM **80** 28, Kö VRS **88** 389). Zum durch die Ermächtigung gedeckten Umfang des Ausschlusses von Nicht-Bewohnern vom Parken § 45 Rz 36. Z 314 verbietet nicht, außerhalb der dadurch gekennzeichneten Fläche zu parken (Dü VRS **64** 300). Das Z 314 wird durch ein einschränkendes Zusatzschild zum VerbotsZ, sofern die Einschränkung klar und sinnfällig ist (Kar VRS **59** 378, Br VRS **49** 65, Dü VM **88** 80). Weiße Pfeile im Schild kennzeichnen Beginn und Ende des Parkplatzes; die zur Fassung vor dem 1. 7. 92 ergangene Rspr (zB Fra DAR **92** 231) ist überholt. Das Z 314 mit Zusatzschild „Nur Omnibusse" ist eindeutig und wirksam, ohne das „nur" jedoch wegen Unverständlichkeit unwirksam (Kar VRS **59** 378). Z 314 mit Zusatzschild am Ende eines Parkplatzes verbietet nicht unwirksam das Parken auf dem Parkplatz vor dem VZ (Dü VM **88** 80). Ein Zusatzschild „bei Veranstaltungen gebührenpflichtig" regelt mit hinreichender Klarheit, dass ab dem Zeitpunkt vor der Großveranstaltung, mit dem das Eintreffen von Besuchern zu erwarten ist, Gebührenpflicht besteht (Kö NZV **92** 200). ● **Z 315.** Soweit es die Art der FzAufstellung bestimmt, hat es Anordnungscharakter und untersagt das Fahrbahnparken (§ 12 Rz 55), ausgenommen Fz über 2,8 t. Auch Anfang und Ende von Gehwegparkstrecken dürfen durch zur Fahrbahn hin bzw von ihr wegweisende weiße Pfeile auf dem Z 315 gekennzeichnet werden (Abs 4 Nr 4 zu Z 315). Kennzeichnung von Sonderparkplätzen für Schwerbehinderte und Blinde: Z 314. ● **Z 325/326:** Verkehrsberuhigte Bereiche sind öffentliche VFlächen als Aufenthalts- und Bewegungsraum für alle VArten und VT, soweit sie zugelassen sind. Ihre Einrichtung bedarf keiner besonderen straßenrechtlichen Verfügung (§ 45 Rz 35). Sie sind auch im Rahmen eines Bebauungsplans zulässig, wobei sich der Satzungsgeber in tatsächlicher Hinsicht an den Voraussetzungen für eine derartige Anordnung durch die StrVB zu orientieren hat (VGH Ma BauR **06** 1271). Der sonst bewährte und im Sicherheitsinteresse wichtige Trennungsgrundsatz der VArten gilt hier nicht, auch keine Gleichberechtigung der zugelassenen VArten. Vielmehr haben die Fußgänger Vortritt mit der Pflicht (§ 1), den etwaigen FahrV nicht unnötig zu behindern (Ha NZV **01** 42). Dieser hat nur untergeordnete Bedeutung. Auch das Umherfahren mit Kinderfahrrädern ist erlaubt (Ha NZV **01** 42). Alle Fz, also auch Radf (Ha DAR **01** 458), haben ausnahmslos Schritt zu fahren, um fremde Gefährdung auszuschließen. Nach dem Sprachgebrauch wäre unter **Schrittgeschwindigkeit** die durchschnittliche Fußgängergeschwindigkeit zu verstehen (Kar NZV **04** 421, Kö VRS **68** 382 [4 bis 7 km/h], Brn DAR **05** 570 [bis zu 7 km/h], Stu VRS **70** 49 [zu § 21a], *Filthaut* NZV **96** 59, *D. Müller* VD **04** 184, *Berr* DAR **82** 138). Ha VRS **6** 222 erachtet den Begriff als nicht eindeutig und zieht die Grenze bei 10 km/h. Man wird jedoch nicht auf eine bestimmte km/h-Größe zwischen 4 und 10 km/h oder gar 4 bis 7 km/h abstellen dürfen, weil eine solche mittels Tacho gar nicht zuverlässig messbar wäre und zB Radf mit Fußgängergeschwindigkeit unsicher werden und zu schwanken beginnen; vielmehr dürfte unter Schrittgeschwindigkeit eine Geschwindigkeit zu verstehen sein, die jedenfalls deutlich unter 20 km/h liegt (LG Aachen ZfS **93** 114, AG Leipzig DAR **05** 703, s Begr Rz 160–162, *Händel* DNP **82** 255, *Geißler* DAR **99** 347), zumal solche Geschwindigkeiten vom Kf als „Schrittgeschwindigkeit" empfunden werden (Ha NZV **92** 484). Nach LG Dortmund DAR **06** 281 ist **das Überholen** eines (fahrenden) Fz durch ein anderes wegen des Gebots der Schrittgeschwindigkeit per se ausgeschlossen (s auch LG Sa DAR **08** 216). Wer aus technischen Gründen wegen Steigung eine Str im verkehrsberuhigten Bereich nicht mit der zulässigen Höchstgeschwindigkeit befahren kann, muss auf das Durchfahren in dieser Richtung verzichten (Stu VRS **73** 221). Eine Pflicht des FzF, sich auf plötzlich auftauchende Personen einzustellen, kann in verkehrsberuhigten Bereichen auch schon bestehen, wenn eine noch nicht erkennbare Gefahr für Fußgänger, insbesondere Kinder, aufgrund der Umstände zu befürchten ist (Kar NZV **04** 421, Fra DAR **99** 543, *Fuchs-Wissemann* DAR **99** 42, 544). Für FzF gilt der Grundsatz Rechts vor Links (*Berr* DAR **82** 138), auch im Verhältnis des von anderen öffentlichen Fahrbahnen in den verkehrsberuhigten Bereich *Einfahrenden* zu dem in diesem bleibenden FzF, weil insoweit eine dem § 10 S 1 entsprechende Regelung fehlt. Nicht gilt er für den, der von seinem privaten Grund auf die verkehrsberuhigte Fläche tritt; dieser hat die allgemeine Sorgfalt zu beachten (Hb OLGR **05** 343). An Ausfahrten aus dem verkehrsberuhigten Bereich gilt die Vorfahrtsregelung des § 8 I 1 nicht; hier hat sich der FzF vielmehr so zu verhalten, dass eine Gefährdung anderer VT ausgeschlossen ist (§ 10 Rz 6a), so dass Fußgänger, die die Ausfahrt queren, Vorrang haben (*Berr* DAR **82** 138, *Bouska* VD **80** 204). Der **Sichtbarkeitsgrundsatz** (dazu § 41 Rz 247, 228) gilt ausnahmsweise nicht (KG VRS **74** 142). Die Einrichtung verkehrsberuhigter Wohnbereiche ist in erster Linie Sache des StrBaulastträgers (s aber § 45 Rz 35). Der Beruhigungszweck kann außer durch bauliche Maßnahmen auch durch Fahrbahnmarkierungen und nicht ortsfeste Gestaltungen erreicht werden. Blumenkübel, Sitzbänke u Ä auf den Verkehrsflächen verkehrsberuhigter Bereiche sind nicht Hindernisse iS von § 32 (§ 32 Rz 8; Dü NJW **93** 865, LG Aachen ZfS **93** 114, *Steiner* NVwZ **84** 205, *Bouska* VGT **88** 287, *Geißler* DAR **99** 348), weil diese Flächen nicht Str mit in erster Linie dem V dienenden *Fahrbahnen* sind (Kö NZV **97** 449, s aber § 45 Rz 35). Anstelle von Parkplatzschildern können Parkflächen auch durch Bodenmarkierungen oder wechselnde Pflasterung gekennzeichnet werden (*Berr* DAR **82** 139). Verkehrsberuhigte Bereiche können auch einzelne Str oder Str-Abschnitte sein. Denn ihre Voraussetzungen können nach Größe, Eigenart, Bewohnerzahl und VVerhältnissen unterschiedlich zu beurteilen sein.

Lit: *Bouska*, Verkehrsberuhigung, VGT **88** 275. *Berr*, VBeruhigungsmaßnahmen in Mischflächen, DAR **82** 137. *Pfundt*, Probleme verkehrsberuhigter Wohngebiete, VGT **82** 338. *Gall*, Verkehrsberuhigung in Wohngebieten ..., VGT **82** 345. *Derselbe*, Aspekte der VBeruhigung für StrVB, VD **86** 128. *Steiner*, ... Rechtsfragen der Einrichtung Verkehrsberuhigter Bereiche, NVwZ **84** 201. *Fuchs-Wissemann*, Haftung des Autofahrers im verkehrsberuhigten Bereich, DAR **99** 41 (auch zu Beweisfragen).

● **Z 331 (Kraftfahrstraße):** Das Zeichen muss am Anfang der Kraftfahrstraße aufgestellt sein, Aufstellung an anderer Stelle mit Zusatz genügt nicht (Kar VRS **60** 227). ● **Z 332:** Kein Anspruch einer Gemeinde, auf dem AusfahrtZ genannt zu werden, ebenso wenig bei ermessensfehlerfreier Entscheidung insoweit, ebenso wenig bei Z 449 (OVG Ko DÖV **86** 36). ● **Z 334 (Ende der Autobahn):** Das Zeichen enthält nicht die Anordnung einer Geschwindigkeitsbeschränkung (Dü VRS **64** 460). ● **Z 340 (Leitlinie):** Wird der Verkehr nicht gefährdet oder niemand behindert, darf sie überfahren werden (BGH VersR **61** 536, Bra VM **76** 37), auch als Abgrenzung des Beschleunigungsstreifens durch den links vor ihr fahrenden FzF (Mü NZV **93**

Richtzeichen **§ 42 StVO 2**

26). Zum Fall fahrtechnischer Unmöglichkeit, rechts der Leitlinie zu bleiben (Bus bei Durchfahren von Kehren), s Bay VRS **61** 141. Fahrregeln bei mehreren so markierten Fahrstreifen: § 42 VI Nr 1b–f. VI Nr 1d **(Benutzung des linken von 3 Fahrstreifen durch schwere Lkw)** gilt auf allen Str außerorts einschließlich AB, und zwar auch, wenn einer der drei Fahrstreifen eine Kriechspur ist (§ 2 Rz 63; LG Gera VM **98** 93). Aus der Erwähnung von haltenden oder links abbiegenden Fz in Nr 1d ist nicht etwa zu folgern, dass Nr 1d auf AB keine Anwendung fände; diese Formulierungen waren notwendig, weil die Regelung eben *auch* auf anderen Str gilt. Fahren bei mehreren markierten Fahrstreifen in einer Richtung: § 7, Rechtsüberholen auf Ausfahrstreifen § 7 Rz 15. Z 340 bei drei Fahrstreifen für eine Richtung außerorts: § 7 Rz 8. Markiert die Leitlinie einen **Schutzstreifen für Radfahrer** rechts am Fahrbahnrand, so besteht Benutzungspflicht für Radf (§ 2 Rz 69). Auf den links vom Schutzstreifen langsam fahrende oder wartende Fz dürfen rechts überholt werden (*Bouska* DAR **97** 339, *Kettler* NZV **97** 499); dies dürfte aus Sinn und Zweck des Schutzstreifens und aus einer Analogie zu § 5 VIII folgen. Anders als ein durch Z 295 abgetrennter und durch Z 237 gekennzeichneter Radfahrstreifen (= Radweg) ist der Schutzstreifen kein Sonderweg (§ 2 Rz 28; *Janker* DAR **06** 69). Andere Fz sind daher nicht völlig von der Benutzung ausgeschlossen; vielmehr dürfen sie die Leitlinie zum Schutzstreifen überfahren, aber nur „bei Bedarf" (näher *Janker* DAR **06** 71): zB zum Ausweichen im BegegnungsV (Begr Rz 180) oder, um einen Linksabbieger zu überholen (§ 5 VII 1). Jedoch keine allgemeine Benutzung durch andere Fz; andernfalls verlöre die Einrichtung ihren Sinn (*Bouska* DAR **97** 339), wobei die Formulierung „*bei Bedarf*" freilich unklar und mehrdeutig ist (*Hentschel* NJW **98** 346). Keine Benutzung zB durch Kradf, um FzKolonnen zu überholen oder im FahrstreifenV gem § 7; denn der Schutzstreifen ist kein Fahrstreifen (§ 7 I 2). Seine Breite beträgt nur 1,25–1,60 m (Vwv Rn 10, s Rz 55). Der Schutzstreifen ist auch kein Seitenstreifen (§ 2 I 2), sondern Bestandteil der Fahrbahn (*Janker* DAR **06** 69). OW bei Nichtbenutzung durch Radf oder unerlaubter Benutzung durch andere FzF: Rz 182. ● **Z 341 (Wartelinie)** hat empfehlenden Charakter (Rz 59). Es handelt sich demgemäß nicht um ein verbindliches Gebot iS der StVO, wobei das Überfahren aber (leicht) haftungsverschärfend wirken kann, wenn dadurch eine Fehlreaktion provoziert wird (Ce NJW-RR **07** 22). ● **Z 380**: *Krebs/Lamm*, Bewertungskriterien zur Richtgeschwindigkeit, 1972. Richtgeschwindigkeiten scheinen nach Zahl und Schwere unfallvermindernd zu wirken (*Lamm/Klöckner* ZVS **72** 3, s auch *Jagusch* NJW **74** 881). ● **Z 385 (Ortshinweistafel):** Vorgeschriebene Ortsgeschwindigkeit endet auch beim Z 385, das nur außerhalb geschlossener Ortskerne stehen darf (Dü VM **73** 85, s aber Ha VkBl **64** 58). ● **Z 392 (Zollstelle):** Das Z dient als Hinweis, nicht als Haltgebot (aM noch Bay VRS **15** 462). ● **Z 394 (Brenndauer):** Fehlt das VZ, so darf die Laterne nachts nicht gelöscht werden (Bay VRS **12** 456), auch nicht bei Löschungsbeschluss des Gemeinderats, aber vor Kennzeichnung ((Bay VRS **12** 456). Andere Leuchtkörper als StrLaternen sind nicht kennzeichnungspflichtig, so nicht Lampen an einer ZugangsStr zur Bahn-Verladerampe (Ol VRS **25** 294). ● **Z 432 (Bahnhof):** Unternehmenswegweiser sind nur zulässig, sofern sonst mit Fehlleitung erheblichen Betriebsverkehrs zu rechnen wäre (*Stollenwerk* VD **99** 9), nur insoweit dürfen bei der Ermessensentscheidung auch wirtschaftliche Gesichtspunkte des Unternehmens berücksichtigt werden (OVG Münster, VRS **56** 472). Das Z muss im Einklang mit der übrigen VRegelung stehen, darf zB nicht zur Benutzung von für den DurchgangsV gesperrten Strn verleiten (BVerwG NJW **00** 2121, 2123). ● **Z 438:** Zur Ermessensabwägung der StrVB bei Aufstellung von Vorwegweisern (OVG Münster DVBl **77** 259, VRS **52** 238. *Ecke ua* ZVS **74** 123). ● Die **Z 480–485** sind nicht StVO-Bestandteile, sie beruhen auf Bekanntgabe durch das BMV VkBl **76** 756, 793.

2. Ordnungswidrig (§ 24 StVG) handelt, wer vorsätzlich oder fahrlässig entgegen § 42 eine durch Zusatzschilder zu den Z 306, 314 oder 315, die RichtZ 315, 325 oder 340 gegebene Anordnung nicht befolgt (§ 49 III Nr 5; s Rz 181). Nichtbenutzung des Schutzstreifens (Abs VI Nr 1g) durch Radf verstößt gegen § 2 II (*Janker* DAR **06** 70, 72); Benutzung durch andere FzF entgegen VI Nr 1g (nicht nur „bei Bedarf") dürfte an sich im Hinblick auf die unklare, mehrdeutige Formulierung (Rz 181) nicht gem § 49 III Nr 5 ow sein, weil das Bestimmtheitsgebot nicht erfüllt ist (zust *Janker* DAR **06** 72), kann aber andere Tatbestände erfüllen, etwa bei Überholen (§ 5) unter Benutzung des Schutzstreifens oder bei Gefährdung von Radf (§ 1 II). Unachtsamer Wechsel vom Fahrstreifen auf den Schutzstreifen ist kein „Fahrstreifenwechsel" (Rz 181) und verstößt daher nicht zugleich gegen § 7 V. **182**

3. Zur Fortgeltung von VZ nach Anl 2 der StVO/DDR in den **neuen Ländern:** Überleitungsbestimmung bei § 39 Rz 41. **183**

2 StVO § 43 — II. Zeichen und Verkehrseinrichtungen

Verkehrseinrichtungen

43 (1) ¹Verkehrseinrichtungen sind Schranken, Sperrpfosten, Parkuhren, Parkscheinautomaten, Geländer, Absperrgeräte, Leiteinrichtungen sowie Blinklicht- und Lichtzeichenanlagen. ²§ 39 Abs. 1 gilt entsprechend.

(2) Regelungen durch Verkehrseinrichtungen gehen den allgemeinen Verkehrsregeln vor.

(3) Verkehrseinrichtungen im einzelnen:

1. An Bahnübergängen sind die Schranken rot-weiß gestreift.
2. Absperrgeräte für Arbeits-, Schaden-, Unfall- und andere Stellen sind

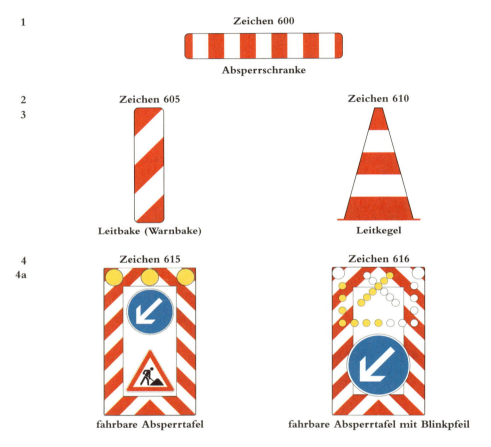

Die Absperrtafel weist auf eine Arbeitsstelle hin. Behelfsmäßig oder zusätzlich können weiß-rot-weiße Warnfahnen, aufgereihte rot-weiße Fahnen oder andere rot-weiße Warneinrichtungen verwendet werden. Zusammen mit der Absperrtafel können überfahrbare Warnschwellen verwendet werden, die quer zur Fahrtrichtung vor der Absperrtafel ausgelegt sind. Warnleuchten an Absperrgeräten zeigen rotes Licht, wenn die ganze Fahrbahn gesperrt ist, sonst gelbes Licht oder gelbes Blinklicht. Die Absperrgeräte verbieten das Befahren der abgesperrten Straßenfläche.

Verkehrseinrichtungen § 43 StVO 2

3. Leiteinrichtungen
   a) Um den Verlauf der Straße kenntlich zu machen, können an den Straßenseiten

Zeichen 620

Leitpfosten (links)   Leitpfosten (rechts)

in der Regel in Abständen von 50 m stehen.
   b) An gefährlichen Stellen können schraffierte Leittafeln oder Leitmale angebracht sein, wie

Zeichen 625

Richtungstafel in Kurven

(4) Zur Kennzeichnung nach § 17 Abs. 4 Satz 2 und 3 von Fahrzeugen und Anhängern, die innerhalb geschlossener Ortschaften auf der Fahrbahn halten, können amtlich geprüfte Park-Warntafeln verwendet werden.

Zeichen 630

Park-Warntafel

Vwv zu § 43 Verkehrseinrichtungen

Zu Absatz 1

1   Auf Nummer I zu den §§ 39 bis 43 (Rn. 1) wird verwiesen.

Zu Absatz 3 Nr. 2

2   I. Die Sicherung von Arbeitsstellen und der Einsatz von Absperrgeräten erfolgt nach den Richtlinien für die Sicherung von Arbeitsstellen an Straßen (RSA), die das Bundesministerium für Verkehr im Einvernehmen mit den zuständigen obersten Landesbehörden im Verkehrsblatt bekannt gibt.

3   II. Über die Ausgestaltung und Beschaffenheit der Absperrgeräte gelten die Vorschriften in Nummer II, III 1 bis 7 zu den §§ 39 bis 43 (Rn. 5ff.) entsprechend.

4   III. Absperrgeräte sind mindestens voll retroreflektierend auszuführen.

Zu Absatz 3 Nr. 3

5   Senkrechte Leiteinrichtungen unterstützen vor allem außerhalb geschlossener Ortschaften die Längsmarkierungen, geben Gefahrstellen, die durch Einschränkungen des Verkehrsraums oder durch Ände-

6   Als Leiteinrichtungen dienen vor allem Leitpfosten, Leittafeln und Leitmale.

7   1. Außerhalb geschlossener Ortschaften sollten auf Straßen mit stärkerem und schnellerem Verkehr zur Kenntlichmachung des Verlaufs der Straße Leitpfosten aufgestellt werden, jedenfalls auf solchen Teilstrecken, wo häufig Änderungen des Straßenquerschnitts und des Straßenverlaufs auftreten.

8   2. Leittafeln und Leitmale sind schraffiert. Sie sind rot-weiß und müssen rückstrahlen. Schräge Leitschraffen werden angebracht bei Hindernissen auf oder neben der Fahrbahn. Die Streifen fallen nach der Seite, auf der an dem Hindernis vorbeizufahren ist. Senkrechte Leitschraffen werden angebracht bei Hindernissen über der Fahrbahn, liegende Leitschraffen bei Hindernissen am Boden.

9   a) Leittafeln werden aufgestellt, wenn an Hindernissen nicht unmittelbar Leitmale angebracht werden können oder zur Verdeutlichung von Einengungen oder Richtungsänderungen der Fahrbahn. Als Leittafeln können verwendet werden Absperrbaken vorzugsweise vor Bauwerkskanten, Brückenpfeilern, Masten und zur Verdeutlichung von Engstellen und Kurven, Leitplatten vorzugsweise vor oder an Leuchtsäulen, Verkehrsschilderpfosten, Inselspitzen, Leitschranken vor allem vor Zäunen und Mauern sowie zur Kenntlichmachung des Endes von Fahrstreifen, Seitenstreifen und sehr engen Kurven, Richtungstafeln zur Verdeutlichung des Verlaufs einer Kurve (vgl. Nummer III und IV zu den Zeichen 103 und 105; Rn. 3 ff.).

10 b) Leitmale müssen angebracht werden an Hindernissen, die in das Lichtraumprofil hineinragen, wie Widerlager und Pfeiler bei Überführungen, Brüstungsmauern, Geländer an engen Brücken, im Bereich von Kurven, vorspringende Ecken von Bordsteinen, Gebäude, Felsen und Durchfahrten. Bäume können mit nur weißen Leitmalen erkennbar gemacht werden.

Zu Absatz 4

11 11 Die Park-Warntafeln müssen nach § 22a StVZO bauartgenehmigt und mit dem nationalen Prüfzeichen nach der Fahrzeugteileverordnung gekennzeichnet sein.

12 **Begr** zu § 43 ... **Zu Absatz 3: Zu Nummer 1:** *Die Schranken an Bahnübergängen werden zu amtlichen Verkehrseinrichtungen bestimmt. Deshalb wird sich die bisherige Rechtsprechung, die die Schrankenbedienung nicht als hoheitliche Aufgabe ansieht, nicht aufrechterhalten lassen, zumal der Schrankenwärter auch sonst bahnpolizeiliche Befugnisse hat ...*

13 **Begr** zur ÄndVO v 22. 3. 88 (VkBl **88** 228): **Zu Absatz 1:** *Die Aufnahme des „Sperrpfosten" bei den Verkehrseinrichtungen ist aus Kosten- und Rechtsgründen notwendig.* **Zu Absatz 3:** *Die Absperrschranken erhalten senkrechte Schraffen. Sie sind dadurch vielseitiger und kostensparender einsetzbar. Die Absperrgeräte und die Leiteinrichtungen erhalten aus Gründen der Verwaltungspraktikabilität Nummern.* **Zu Absatz 4:** *Zur Sicherung von auf der Fahrbahn haltenden Fahrzeugen, insbesondere von Anhängern, sind bereits (VkBl 1980 S. 737) Park-Warntafeln eingeführt worden. Sie werden jetzt aus Rechtsgründen in die StVO übernommen.*

14 **Begr** des Bundesrats zur ÄndVO v 28. 11. 07 (VkBl. **08** 4) **zu Abs 3 Nr 2:** *Der Einsatz von überfahrbaren Warnschwellen im StrRaum zusammen mit der Absperrtafel verspricht einen Sicherheitsgewinn für die VT und die im StrR tätigen Arbeitskräfte. Durch den Einsatz von zusätzlichen Warnschwellen kann unter Berücksichtigung der jeweiligen örtlichen und verkehrlichen Situation die VSicherheit an Arbeitsstellen von kürzerer Dauer (Tagesbaustellen) erheblich verbessert werden. Es kommt nicht selten zu Auffahrunfällen auf SicherungsFz mit angehängter/montierter Absperrtafel (Z 615, 616) ua mit zT erheblichen Beschädigungen und Verletzungen. Warnschwellen, vor der Absperrtafel auf die Fahrbahn aufgebracht, sollen FzF ergänzend zu den bisher im Vorfeld der Tagesbaustelle üblichen optischen Sicherungsmaßnahmen (Verkehrszeichen und Verkehrseinrichtungen) mechanisch vor der Tagesbaustelle „wachrütteln". Insbesondere soll der VT mit den überfahrbaren Warnschwellen darauf aufmerksam gemacht werden, dass sich auf dem von ihm befahrenen Fahrstreifen unmittelbar vor ihm ein Hindernis (hier eine mit Absperrtafel abgesperrte Arbeitsstelle) befindet, er deshalb den StrRaum nicht befahren darf und kann (§ 43 III Nr 2) und er deshalb der Absperrtafel (Signalbild: gelber Blinkpfeil links/rechts bzw. gelbes Blinkkreuz und Z 222 „vorgeschriebene Vorbeifahrt") folgend unter Beachtung von § 7 V auf einen anderen Fahrstreifen wechseln muss. Der Fahrstreifenwechsel muss deshalb nicht zwingend vor den überfahrbaren Warnschwellen erfolgen. Die überfahrbaren Warnschwellen fordern auch nicht zu einem vorzeitigen Fahrstreifenwechsel auf, wenn das Reißverschlussverfahren nach § 7 IV anzuwenden ist, beispielsweise durch das Zusatzschild „Reißverschluss erst in ... m" zur Einengungstafel (vgl VkBl **01** 47). Trotz insoweit eindeutiger Beschil-*

derung, die auf den Fahrstreifenwechsel hinweist, kommt es vor, dass unachtsame Fahrer die Aufforderung nicht befolgen. Um zu verhindern, dass diese Fahrer in die Arbeitsstelle hineinfahren, werden diese beim Überfahren der Warnschwellen mechanisch gewarnt, ohne dass hierbei das Fz beschädigt wird. Sie haben regelmäßig noch genügend Raum und Zeit, vor der Absperrtafel den Fahrstreifen zu wechseln oder im Extremfall noch rechtzeitig vor der Absperrtafel zum Halten zu kommen. Die Warnschwellen sind damit auch keine VHindernisse nach § 32 StVO. Warnschwellen werden seit Jahren in den Niederlanden mit Erfolg eingesetzt. Ausgehend von den in den Niederlanden gemachten positiven Erfahrungen mit Warnschwellen wurde ein Forschungsprojekt im Auftrag der Bundesanstalt für Straßenwesen von der RWTH Aachen (Einsatz neuer Methoden zur Sicherung von Arbeitsstellen kürzerer Dauer der RWTH Aachen vom Mai 2004) durchgeführt. Die Ergebnisse waren positiv und haben zu der Empfehlung geführt, Warnschwellen auch in Deutschland einzuführen. Praxistests in Deutschland haben gezeigt, dass sich die Warnschwellen schnell und unproblematisch verlegen und wieder abbauen lassen. Auch das Überfahren der Warnschwellen durch verschiedene FzArten (zB Lkw, Pkw, Motorräder) hat sich als unproblematisch erwiesen. Die positiven Erfahrungen einiger Länder bei Tests mit Warnschwellen, erfolgreich verlaufende Versuche bei der RWTH Aachen sowie die langjährige Einsatzpraxis von Warnschwellen in den Niederlanden bilden damit eine ausreichende Grundlage für deren Einführung.*

1. Verkehrseinrichtungen sind, soweit sie Gebots- oder Verbotswirkung entfalten, verwaltungsrechtliche Allgemeinverfügungen wie VorschriftZ (§ 41 Rz 247; OVG Saarlouis VM **03** 46). Absperrgeräte sind Absperrschranken, fahrbare Absperrtafeln, Leit- (Warn-) Baken und Leitkegel in der durch § 43 und die Vwv festgelegten Form, keine anderen Geräte und auch nicht Leiteinrichtungen. Diese können angebracht werden, der Verkehr darf auf ihr Vorhandensein aber nicht vertrauen, zumal I S 2 sparsame Verwendung vorsieht, nämlich nur, wo besondere Umstände diese zwingend gebieten. Leitplanken dienen der Sicherung, sie sind keine Sperreinrichtungen (VGH Ka VM **78** 76). Zum Warnschwellen Rz 14 sowie *Schubert* DAR **08** 130. Fehlen von Leitpfosten für Str von geringer VBedeutung verletzt idR nicht die VSicherungspflicht (Ce VRS **78** 9). Pfeilzeichen auf Leitpfosten als Hinweise auf Notrufsäulen: VkBl **80** 795. Sperrgeräte müssen die gesamte Sperrzone abschranken (Beginn, Ende, notfalls auch seitlich; Kar VM **76** 16). Zur Absperrung von Radwegen in gesamter Breite KG VM **81** 38. **15**

2. Ordnungswidrig (§ 24 StVG) handelt, wer vorsätzlich oder fahrlässig entgegen § 43 II und III Nr 2 durch Absperrgeräte abgesperrte StrFlächen befährt (§ 49 III Nr 6). Wer bei Erneuerung von StrMarkierungen Leitkegel umfährt, handelt daher ow. Beschädigung von Leit-, Warn- und Schutzeinrichtungen: §§ 145 II, 304 StGB; zum Ganzen auch *Händel* DAR **76** 57. **16**

III. Durchführungs-, Bußgeld- und Schlußvorschriften

Sachliche Zuständigkeit

44 (1) ¹Sachlich zuständig zur Ausführung dieser Verordnung sind, soweit nichts anderes bestimmt ist, die Straßenverkehrsbehörden; dies sind die nach Landesrecht zuständigen unteren Verwaltungsbehörden oder die Behörden, denen durch Landesrecht die Aufgaben der Straßenverkehrsbehörde zugewiesen sind. ²Die zuständigen obersten Landesbehörden und die höheren Verwaltungsbehörden können diesen Behörden Weisungen auch für den Einzelfall erteilen oder die erforderlichen Maßnahmen selbst treffen. ³Nach Maßgabe des Landesrechts kann die Zuständigkeit der obersten Landesbehörden und der höheren Verwaltungsbehörden im Einzelfall oder allgemein auf eine andere Stelle übertragen werden.

(2) ¹Die Polizei ist befugt, den Verkehr durch Zeichen und Weisungen (§ 36) und durch Bedienung von Lichtzeichenanlagen zu regeln. ²Bei Gefahr im Verzuge kann zur Aufrechterhaltung der Sicherheit oder Ordnung des Straßenverkehrs die Polizei an Stelle der an sich zuständigen Behörden tätig werden und vorläufige Maßnahmen treffen; sie bestimmt dann die Mittel zur Sicherung und Lenkung des Verkehrs.

(3) ¹Die Erlaubnis nach § 29 Abs. 2 und nach § 30 Abs. 2 erteilt die Straßenverkehrsbehörde, dagegen die höhere Verwaltungsbehörde, wenn die Veranstaltung über den Bezirk einer Straßenverkehrsbehörde hinausgeht, und die oberste Landesbehörde, wenn die Veranstaltung sich über den Verwaltungsbezirk einer höheren Verwaltungsbehörde hinaus erstreckt. ²Berührt die Veranstaltung mehrere Länder, so ist diejenige oberste Landesbehörde zuständig, in deren Land die Veranstaltung beginnt. ³Nach Maßgabe des Landesrechts kann die Zuständigkeit der obersten Landesbehörden und der höheren Verwaltungsbehörden im Einzelfall oder allgemein auf eine andere Stelle übertragen werden.

(3a) ¹Die Erlaubnis nach § 29 Abs. 3 erteilt die Straßenverkehrsbehörde, dagegen die höhere Verwaltungsbehörde, welche Abweichungen von den Abmessungen, den Achslasten, dem zulässigen Gesamtgewicht und dem Sichtfeld des Fahrzeugs über eine Ausnahme zuläßt, sofern kein Anhörverfahren stattfindet; sie ist dann auch zuständig für Ausnahmen nach § 46 Abs. 1 Nr. 2 und 5 im Rahmen einer solchen Erlaubnis. ²Dasselbe gilt, wenn eine andere Behörde diese Aufgaben der höheren Verwaltungsbehörde wahrnimmt.

(4) Vereinbarungen über die Benutzung von Straßen durch den Militärverkehr werden von der Bundeswehr oder den Truppen der nichtdeutschen Vertragsstaaten des Nordatlantikpaktes mit der obersten Landesbehörde oder der von ihr bestimmten Stelle abgeschlossen.

(5) Soweit keine Vereinbarungen oder keine Sonderregelungen für ausländische Streitkräfte bestehen, erteilen die höheren Verwaltungsbehörden oder die nach Landesrecht bestimmten Stellen die Erlaubnis für übermäßige Benutzung der Straße durch die Bundeswehr oder durch die Truppen der nichtdeutschen Vertragsstaaten des Nordatlantikpaktes; sie erteilen auch die Erlaubnis für die übermäßige Benutzung der Straße durch die Bundespolizei, die Polizei und den Katastrophenschutz.

1 **Begr** zur ÄndVO v 22. 3. 88 (VkBl **88** 228):

Zu Abs 1: – *Begründung des Bundesrates – Anpassung an § 44 Abs. 3 Satz 3 StVO. Hier ist für die Fälle des § 44 Abs. 3 Satz 1 StVO ausdrücklich bestimmt, dass „nach Maßgabe des Landesrechts" die Zuständigkeit der höheren Verwaltungsbehörde auf eine andere Stelle übertragen werden kann. Als Umkehrschluss ist zu entnehmen, dass dies in den Fällen des § 44 Abs. 1 Satz 2 StVO nicht möglich sein soll. Es ist nicht erkennbar, warum hier eine Beschränkung der Zuständigkeiten gegeben sein soll.*

Zu Abs 3 a: *Es handelt sich um eine Klarstellung der Zuständigkeiten.*

2 *Vwv zu § 44* Bekämpfung der Verkehrsunfälle: s BAnZ **98** Nr 246 b.

3 **1. Sachlich zuständig** zur Ausführung der StVO sind, soweit nichts anderes bestimmt ist, die StrVB (I). Sie haben alle Ausführungsmaßnahmen zu treffen, die nicht anderen Behörden zugewiesen sind (VSicherung, VBeobachtung, Aufstellung und Unterhaltung der VZ). Die zuständigen obersten LandesB und die höheren VB können den StrVB allgemeine und Einzelweisungen erteilen oder die erforderlichen Maßnahmen selbst treffen (I), wenn Einheitlichkeit oder Eile geboten ist. Die fachaufsichtliche Weisung nach I 2 ist nur dann als Verwaltungsakt anfechtbar, wenn sie Außenwirkung entfaltet, etwa indem sie in den Bereich der kommunalen Selbstverwaltung eingreift, BVerwG NZV **95** 243 (krit *Steiner* NZV **95** 211 f). Unfallstatistik, örtliche Untersuchung der VUnfälle, Unfallsteckkarten, Unfallblätter, Unfallstraßenkarteien, Kollisionsdiagramme, Entschärfung von Gefahrstellen: Vwv u **E** 158 ff. Für Vollstreckung der durch VorschrZ gegebenen Anordnungen (Ersatzvornahme) ist die für ihre Aufstellung zuständige Behörde zuständig, VGH Ma VM **04** 7, OVG Br DAR **77** 278. § 44 gilt auch für die Zuständigkeit bei der Untersagung des Betriebs von Anlagen, die gegen § 33 verstoßen, OVG Fra/O NZV **97** 53. *David,* Die Gemeinden als örtliche VB, VD **78** 161.

4 Die **Straßenverkehrsbehörden** bestimmt das Landesrecht (I).

5 **2. Zeichen und Weisungen** (§ 36) zur VRegelung zu geben steht der Pol zu, ebenso das Bedienen der LichtZAnlagen (§ 37). Polizei: PolBehörde wie Einzelbeamte (Begr), Zw NZV **89** 311, VGH Ma NZV **03** 301. LZA-Bedienung (Abs II S 1) betrifft nicht auch die Einrichtung und Programmierung von LZA, Zw NZV **89** 311.

6 **3. In Gefahrfällen** (II) kann und muss die Pol im Rahmen ihrer öffentlichen Schutzaufgabe im Interesse von Sicherheit oder Ordnung von sich aus geeignete vorläufige Maßnahmen treffen, Ha NZV **93** 192 (Ölspur auf der Fahrbahn), und die zuständige Behörde davon alsbald verständigen: Vwv Rn 7 ff. An Schadensstellen und bei Unfällen sind das vor allem Maßnahmen der Sicherung und VLenkung. II konkretisiert die allgemeine Polizeiklausel für den StrVBereich, Stu VRS **59** 464. Die Wahl der Mittel ist freigestellt, jedoch ist das mildeste, ausreichende erreichbare Mittel zu wählen (Übermaßverbot, **E** 2). Endgültige Maßnahmen kann nur die zuständige Behörde treffen. Zur Verbindlichkeit polizeilich aufgestellter VZ an Kontrollstellen ohne Gefahr in Verzug, Stu Justiz **80** 340. Für das Entfernen verkehrswidrig parkender Fz scheidet II S 2 als Rechtsgrundlage aus, weil die Befugnis der Pol insoweit nicht weiter gehen kann als die der StrVB, *an deren Stelle* sie nach II S 2 tätig wird; eine entsprechende Befugnis ist der StrVB aber in § 45 nicht eingeräumt, *Cramer* Rz 29, *Jagow/Burmann/Heß* Rz 3, *Perrey*

Verkehrszeichen und Verkehrseinrichtungen § 45 StVO **2**

BayVBl **00** 610, aM BGH VersR **78** 1070, *Biletzki* NZV **96** 304. Abschleppen von Fz als polizeiliche Maßnahme: § 12 Rz 65, 66.

Lit: *Laub*, Allgemeines Polizeirecht und VerkehrsR ..., SVR **06** 281. *Kaube*, Die Anordnungspflicht von Notbaumaßnahmen, VD **99** 149.

4. Übermäßige Straßenbenutzung. Schutz der Nachtruhe (III). S §§ 29, 30. Zur Erteilung der Erlaubnis für die dort bezeichneten Veranstaltungen ist die StrVB zuständig, bei überbezirklichen Veranstaltungen je nach Erstreckung nach Maßgabe von III die höhere oder die oberste LandesB. Zuständig ist jetzt stets die für den Veranstaltungsbeginn zuständige oberste LandesB, weil überregionale Veranstaltungen oft mehrere Schwerpunkte haben (Begr). Zuständigkeit für Großraum- und Schwertransporte: Abs III a; zur Zuständigkeit in NW: OVG Münster VRS **83** 298. Zur Erlaubnis für Tiefladeanhänger, BVerwG DVBl **66** 408. Zuständigkeit bei übermäßiger StrBenutzung durch BW- oder StationierungstruppenV, soweit keine Benutzungsvereinbarungen mit der BW oder Sonderregelungen für stationierte Truppen bestehen, und bei übermäßiger StrBenutzung durch Pol, BundesPol und Katastrophenschutz: V. Sonderregelung für ausländische Streitkräfte: § 35. 7

5. Vereinbarungen über Militärverkehr. Sonderregelungen für stationierte fremde Streitkräfte: IV, V und § 35 IV will die untere VB von der Zuständigkeit für solche Vereinbarungen ausschließen (Begr). 8

Verkehrszeichen und Verkehrseinrichtungen

45 (1) ¹Die Straßenverkehrsbehörden können die Benutzung bestimmter Straßen oder Straßenstrecken aus Gründen der Sicherheit oder Ordnung des Verkehrs beschränken oder verbieten und den Verkehr umleiten. ²Das gleiche Recht haben sie
1. zur Durchführung von Arbeiten im Straßenraum,
2. zur Verhütung außerordentlicher Schäden an der Straße,
3. zum Schutz der Wohnbevölkerung vor Lärm und Abgasen,
4. zum Schutz der Gewässer und Heilquellen,
5. hinsichtlich der zur Erhaltung der öffentlichen Sicherheit erforderlichen Maßnahmen sowie
6. zur Erforschung des Unfallgeschehens, des Verkehrsverhaltens, der Verkehrsabläufe sowie zur Erprobung geplanter verkehrssichernder oder verkehrsregelnder Maßnahmen.

(1 a) Das gleiche Recht haben sie ferner
1. in Bade- und heilklimatischen Kurorten,
2. in Luftkurorten,
3. in Erholungsorten von besonderer Bedeutung,
4. in Landschaftsgebieten und Ortsteilen, die überwiegend der Erholung dienen,
4 a. hinsichtlich örtlich begrenzter Maßnahmen aus Gründen des Arten- oder Biotopschutzes,
4 b. hinsichtlich örtlich und zeitlich begrenzter Maßnahmen zum Schutz kultureller Veranstaltungen, die außerhalb des Straßenraumes stattfinden und durch den Straßenverkehr, insbesondere durch den von diesem ausgehenden Lärm, erheblich beeinträchtigt werden,
5. in der Nähe von Krankenhäusern und Pflegeanstalten sowie
6. in unmittelbarer Nähe von Erholungsstätten außerhalb geschlossener Ortschaften,
wenn dadurch anders nicht vermeidbare Belästigungen durch den Fahrzeugverkehr verhütet werden können.

(1 b) ¹Die Straßenverkehrsbehörden treffen auch die notwendigen Anordnungen
1. im Zusammenhang mit der Einrichtung von gebührenpflichtigen Parkplätzen für Großveranstaltungen,
2. im Zusammenhang mit der Kennzeichnung von Parkmöglichkeiten für Schwerbehinderte mit außergewöhnlicher Gehbehinderung und Blinde,
2 a. im Zusammenhang mit der Kennzeichnung von Parkmöglichkeiten für Bewohner städtischer Quartiere mit erheblichem Parkraummangel durch vollständige oder zeitlich beschränkte Reservierung des Parkraums für die Berechtigten oder durch Anordnung der Freistellung von angeordneten Parkraumbewirtschaftungsmaßnahmen,

3. zur Kennzeichnung von Fußgängerbereichen und verkehrsberuhigten Bereichen,
4. zur Erhaltung der Sicherheit oder Ordnung in diesen Bereichen sowie
5. zum Schutz der Bevölkerung vor Lärm und Abgasen oder zur Unterstützung einer geordneten städtebaulichen Entwicklung.

²Die Straßenverkehrsbehörden ordnen die Parkmöglichkeiten für Bewohner, die Kennzeichnung von Fußgängerbereichen, verkehrsberuhigten Bereichen und Maßnahmen zum Schutze der Bevölkerung vor Lärm und Abgasen oder zur Unterstützung einer geordneten städtebaulichen Entwicklung im Einvernehmen mit der Gemeinde an.

(1 c) ¹Die Straßenverkehrsbehörden ordnen ferner innerhalb geschlossener Ortschaften, insbesondere in Wohngebieten und Gebieten mit hoher Fußgänger- und Fahrradverkehrsdichte sowie hohem Querungsbedarf, Tempo 30-Zonen im Einvernehmen mit der Gemeinde an. ²Die Zonen-Anordnung darf sich weder auf Straßen des überörtlichen Verkehrs (Bundes-, Landes- und Kreisstraßen) noch auf weitere Vorfahrtstraßen (Zeichen 306) erstrecken. ³Sie darf nur Straßen ohne Lichtzeichen geregelte Kreuzungen oder Einmündungen, Fahrstreifenbegrenzungen (Zeichen 295), Leitlinien (Zeichen 340) und benutzungspflichtige Radwege (Zeichen 237, 240, 241 oder Zeichen 295 in Verbindung mit Zeichen 237) umfassen. ⁴An Kreuzungen und Einmündungen innerhalb der Zone muss grundsätzlich die Vorfahrtregel nach § 8 Abs. 1 Satz 1 („rechts vor links") gelten. ⁵Abweichend von Satz 3 bleiben vor dem 1. November 2000 angeordnete Tempo 30-Zonen mit Lichtzeichenanlagen zum Schutz der Fußgänger zulässig.

(1 d) In zentralen städtischen Bereichen mit hohem Fußgängeraufkommen und überwiegender Aufenthaltsfunktion (verkehrsberuhigte Geschäftsbereiche) können auch Zonen-Geschwindigkeitsbeschränkungen von weniger als 30 km/h angeordnet werden.

(1 e) ¹Die Straßenverkehrsbehörden ordnen die für den Betrieb von mautgebührenpflichtigen Strecken erforderlichen Verkehrszeichen und Verkehrseinrichtungen auf der Grundlage des von dem Konzessionsnehmer vorgelegten Verkehrszeichenplans an. ²Die erforderlichen Anordnungen sind spätestens drei Monate nach Eingang des Verkehrszeichenplans zu treffen.

(1 f) *(weggefallen, s Rz 8b)*

(2) ¹Zur Durchführung von Straßenbauarbeiten und zur Verhütung von außerordentlichen Schäden an der Straße, die durch deren baulichen Zustand bedingt sind, können die Straßenbaubehörden – vorbehaltlich anderer Maßnahmen der Straßenverkehrsbehörden – Verkehrsverbote und -beschränkungen anordnen, den Verkehr umleiten und ihn durch Markierungen und Leiteinrichtungen lenken. ²Straßenbaubehörde im Sinne dieser Verordnung ist die Behörde, welche die Aufgaben der beteiligten Träger der Straßenbaulast nach den gesetzlichen Vorschriften wahrnimmt. ³Für Bahnübergänge von Eisenbahnen des öffentlichen Verkehrs können nur die Bahnunternehmen durch Blinklicht- oder Lichtzeichenanlagen, durch rot-weiß gestreifte Schranken oder durch Aufstellung des Andreaskreuzes ein bestimmtes Verhalten der Verkehrsteilnehmer vorschreiben. ⁴Alle Gebote und Verbote sind durch Zeichen und Verkehrseinrichtungen nach dieser Verordnung anzuordnen.

(3) ¹Im übrigen bestimmen die Straßenverkehrsbehörden, wo und welche Verkehrszeichen und Verkehrseinrichtungen anzubringen und zu entfernen sind, bei Straßennamenschildern nur darüber, wo diese so anzubringen sind, wie Zeichen 437 zeigt. ²Die Straßenbaubehörden bestimmen – vorbehaltlich anderer Anordnungen der Straßenverkehrsbehörden – die Art der Anbringung und der Ausgestaltung, wie Übergröße, Beleuchtung; ob Leitpfosten anzubringen sind, bestimmen sie allein. ³Sie können auch – vorbehaltlich anderer Maßnahmen der Straßenverkehrsbehörden – Gefahrzeichen anbringen, wenn die Sicherheit des Verkehrs durch den Zustand der Straße gefährdet wird.

(3 a) ¹Die Straßenverkehrsbehörde erläßt die Anordnung zur Aufstellung der Zeichen 386 nur im Einvernehmen mit der obersten Straßenverkehrsbehörde des Landes oder der von ihr dafür beauftragten Stelle. ²Die Zeichen werden durch die zuständige Straßenbaubehörde aufgestellt.

(4) Die genannten Behörden dürfen den Verkehr nur durch Verkehrszeichen und Verkehrseinrichtungen regeln und lenken; in dem Fall des Absatzes 1 Satz 2 Nr. 5 jedoch auch durch Anordnungen, die durch Rundfunk, Fernsehen, Tageszeitungen oder auf andere Weise bekanntgegeben werden, sofern die Aufstellung von Verkehrszeichen und -einrichtungen nach den gegebenen Umständen nicht möglich ist.

(5) ¹Zur Beschaffung, Anbringung, Unterhaltung und Entfernung der Verkehrszeichen und Verkehrseinrichtungen und zu deren Betrieb einschließlich ihrer Beleuchtung ist der Baulastträger verpflichtet, sonst der Eigentümer der Straße. ²Das gilt auch für die von der Straßenverkehrsbehörde angeordnete Beleuchtung von Fußgängerüberwegen. ³Werden Verkehrszeichen oder Verkehrseinrichtungen für eine Veranstaltung nach § 29 Abs. 2 er-

forderlich, so kann die Straßenverkehrsbehörde der Gemeinde, in der die Veranstaltung stattfindet, mit deren Einvernehmen die Verpflichtung nach Satz 1 übertragen.

(6) ¹Vor dem Beginn von Arbeiten, die sich auf den Straßenverkehr auswirken, müssen die Unternehmer – die Bauunternehmer unter Vorlage eines Verkehrszeichenplans – von der zuständigen Behörde Anordnungen nach Absatz 1 bis 3 darüber einholen, wie ihre Arbeitsstellen abzusperren und zu kennzeichnen sind, ob und wie der Verkehr, auch bei teilweiser Straßensperrung, zu beschränken, zu leiten und zu regeln ist, ferner ob und wie sie gesperrte Straßen und Umleitungen zu kennzeichnen haben. ²Sie haben diese Anordnungen zu befolgen und Lichtzeichenanlagen zu bedienen.

(7) ¹Sind Straßen als Vorfahrtstraßen oder als Verkehrsumleitungen gekennzeichnet, bedürfen Baumaßnahmen, durch welche die Fahrbahn eingeengt wird, der Zustimmung der Straßenverkehrsbehörde; ausgenommen sind die laufende Straßenunterhaltung sowie Notmaßnahmen. ²Die Zustimmung gilt als erteilt, wenn sich die Behörde nicht innerhalb einer Woche nach Eingang des Antrags zu der Maßnahme geäußert hat.

(7a) Die Besatzung von Fahrzeugen, die im Pannenhilfsdienst, bei Bergungsarbeiten und bei der Vorbereitung von Abschleppmaßnahmen eingesetzt wird, darf bei Gefahr im Verzug zur Eigensicherung, zur Absicherung des havarierten Fahrzeugs und zur Sicherung des übrigen Verkehrs an der Pannenstelle Leitkegel (Zeichen 610) aufstellen.

(8) ¹Die Straßenverkehrsbehörden können innerhalb geschlossener Ortschaften die zulässige Höchstgeschwindigkeit auf bestimmten Straßen durch Zeichen 274 erhöhen. ²Außerhalb geschlossener Ortschaften können sie mit Zustimmung der zuständigen obersten Landesbehörden die nach § 3 Abs. 3 Nr. 2 Buchstabe c zulässige Höchstgeschwindigkeit durch Zeichen 274 auf 120 km/h anheben.

(9) ¹Verkehrszeichen und Verkehrseinrichtungen sind nur dort anzuordnen, wo dies aufgrund der besonderen Umstände zwingend geboten ist. ²Abgesehen von der Anordnung von Tempo 30-Zonen nach Absatz 1c oder Zonen-Geschwindigkeitsbeschränkungen nach Absatz 1d dürfen insbesondere Beschränkungen und Verbote des fließenden Verkehrs nur angeordnet werden, wenn auf Grund der besonderen örtlichen Verhältnisse eine Gefahrenlage besteht, die das allgemeine Risiko einer Beeinträchtigung der in den vorstehenden Absätzen genannten Rechtsgüter erheblich übersteigt. ³Abweichend von Satz 2 dürfen zum Zwecke des Absatzes 1 Satz 1 oder 2 Nr. 3 Beschränkungen oder Verbote des fließenden Verkehrs auch angeordnet werden, soweit dadurch erhebliche Auswirkungen veränderter Verkehrsverhältnisse, die durch die Erhebung der Maut nach dem Autobahnmautgesetz für schwere Nutzfahrzeuge hervorgerufen worden sind, beseitigt oder abgemildert werden können. ⁴Gefahrzeichen dürfen nur dort angebracht werden, wo es für die Sicherheit des Verkehrs unbedingt erforderlich ist, weil auch ein aufmerksamer Verkehrsteilnehmer die Gefahr nicht oder nicht rechtzeitig erkennen kann und auch nicht mit ihr rechnen muß.

Begr zur ÄndVO v 22. 3. 88 (VkBl **88** 228): **Zu Abs 4:** *Klarstellung, dass auch die Verkehrsbeschränkungen bei Smog-Alarm durch Rundfunk, Fernsehen, Tageszeitungen oder auf andere Weise bekanntgegeben werden dürfen.* 1–3

Begr zur ÄndVO v 9. 11. 89 (VkBl **89** 783f): **Zu Abs 1c:** ... *Die Zonen dürfen nicht zu groß werden, damit Kraftfahrer das Fahren mit niedriger Geschwindigkeit akzeptieren und die Fußwege zu den am Rande der Zone verlaufenden Bus- und Straßenbahnlinien nicht zu lang werden.* 4

Straßen mit dominierender Verbindungsfunktion oder stärkerer Verkehrsbelastung sowie im Allgemeinen auch längere Straßenabschnitte mit Bus- oder Straßenbahnlinien sollen nicht in Tempo-30-Zonen einbezogen werden. ...

Begr zur ÄndVO v 7. 8. 97 (VkBl **97** 690): **Zu Abs 9:** – Begründung des Bundesrates – *Neben der Änderung des § 39 bedarf es auch einer korrespondierenden Ergänzung des § 45 durch einen neuen Absatz 9. Auf die Begründung zu § 39 I und § 43 I S 2 (neu) wird verwiesen. Während die genannten Normen an die Verkehrsteilnehmer adressiert sind, verpflichtet der neue Absatz 9 von § 45 die zuständigen Behörden, bei der Anordnung von Verkehrszeichen und Verkehrseinrichtungen restriktiv zu verfahren und stets nach pflichtgemäßem Ermessen zu prüfen, ob die vorgesehene Regelung durch Verkehrszeichen und/oder Verkehrseinrichtungen deshalb zwingend erforderlich ist, weil die allgemeinen und besonderen Verhaltensregeln der Verordnung für einen sicheren und geordneten Verkehrsablauf nicht ausreichen.* 5

Begr zur ÄndVO v 11. 12. 00 (VkBl **01** 6): **Zu Abs 1c:** *Nachdem mehr als 10 Jahre durchweg positive Erfahrungen mit der Anordnung von Tempo 30-Zonen gewonnen werden konnten, wird nunmehr dem Wunsch der Kommunen nach Reduzierung des bislang hohen Anforderungsniveaus für die Einrichtung von Tempo 30-Zonen Rechnung getragen.* 6

Die gesetzliche Innerortshöchstgeschwindigkeit nach § 3 Abs. 3 Nr. 1 der Straßenverkehrs-Ordnung (StVO) bleibt unverändert 50 km/h. Die Möglichkeit, abseits der Hauptverkehrsstraßen Tempo 30-Zonen einzurichten, wird jedoch wesentlich erleichtert. Gleichzeitig wird ein Beitrag zur einheitlichen Rechtsanwendung geleistet, indem die wesentlichen Voraussetzungen und Ausschlusskriterien für die Anordnung solcher Zonen in den Verordnungsrang erhoben werden (§ 45 Abs. 1c (neu) StVO). ...

Auch künftig wird der weit überwiegende Anteil der innerörtlichen Verkehrsleistungen auf Straßen mit der gesetzlichen Höchstgeschwindigkeit 50 km/h nach § 3 Abs. 3 Nr. 1 StVO erbracht werden. Gemessen an der Länge des innerörtlichen Straßennetzes kann aber künftig der Anteil, der mit einer Tempo 30-Zonen-Anordnung verkehrsberuhigt ist, überwiegen. Dies erfordert zusätzlich zu den Regelungen in § 45 Abs. 1c (neu) StVO eine Klarstellung in § 39 Abs. 1a (neu) StVO. ...

Der Einfluss der Kommunen auf die straßenverkehrsbehördliche Anordnung wird gestärkt. Zwar bleibt es in der StVO bei der bisherigen Regelung, dass die Anordnung nur im Einvernehmen mit der Kommune von der Straßenverkehrsbehörde vorgenommen werden kann. Ein zunächst von den Kommunalen Spitzenverbänden verfolgtes „kommunales Antragsrecht", das eine Anordnungspflicht der Straßenverkehrsbehörde zur Folge gehabt hätte, konnte nicht aufgenommen werden, da es sich bei der Straßenverkehrs-Ordnung um Bundesrecht handelt, das die Bundesländer als eigene Angelegenheit ausführen (Art. 84 Abs. 1 GG). In der Verwaltungsvorschrift zu § 45 Abs. 1c (neu) wird jedoch klar gestellt, dass einem auf Tempo 30-Zonen-Anordnung gerichteten Antrag der Kommunen zu entsprechen ist, wenn die einschlägigen Maßgaben der Verordnung und der entsprechenden Verwaltungsvorschrift erfüllt sind oder mit der Anordnung erfüllt werden können.

Die Kraftfahrzeugführer werden künftig die Straßen in Tempo 30-Zonen deutlich von Straßen außerhalb solcher Zonen unterscheiden können. Die Anordnung von Zeichen 274.1 wird durch die grundsätzliche Vorfahrtregel „rechts vor links", das ausnahmslose Fehlen von Lichtzeichen geregelten Kreuzungen und Einmündungen, Fahrstreifenbegrenzungen und Leitlinien sowie benutzungspflichtigen Radverkehrsanlagen unterstützt. Bauliche Veränderungen (Einengungen, Schwellen etc.) dürfen hingegen künftig nicht mehr erwartet werden. Statt dessen sollen erforderliche Verengungen des Fahrbahnquerschnitts durch Markierung von Parkständen und Sperrflächen ausreichen.

(VkBl 01 1): *Die bisher in Absatz 1b Nummer 3 enthaltene Zuständigkeit der Straßenverkehrsbehörden hinsichtlich der Anordnung von geschwindigkeitsbeschränkten Zonen wird entsprechend der in Teil 1 „Allgemeines" dargestellten Erwägungen nunmehr in einem gesonderten Absatz geregelt. Zugleich wird in der Straßenverkehrs-Ordnung selbst durch negative Abgrenzung klar gestellt, dass eine Tempo 30-Zonen-Anordnung innerhalb geschlossener Ortschaften nur für nicht klassifizierte Straßen in Betracht kommt, da Bundes-, Landes- und Kreisstraßen wegen ihrer Bestimmung für den überörtlichen Verkehr nicht Gegenstand gemeindlicher Verkehrsberuhigungsmaßnahmen sein können. Soweit im Einzelfall, insbesondere auf Kreisstraßen, aus Gründen der Verkehrssicherheit oder des Immissionsschutzes eine Absenkung der zulässigen Höchstgeschwindigkeit unter 50 km/h erforderlich ist, steht mit der Möglichkeit der streckenbezogenen Anordnung durch Zeichen 274 ein ausreichendes Instrument zur Verfügung.*

Der Ausschluss weiterer Vorfahrtstraßen ist erforderlich, um insbesondere in größeren Gemeinden und Städten ein leistungsfähiges Hauptverkehrsstraßennetz zu erhalten, auf dem der weit überwiegende Anteil des innerörtlichen Verkehrs erbracht wird. Sätze 3 und 4 enthalten zusätzliche Kriterien der Abgrenzung, die im Interesse des Verkehrsablaufs und der Rechtsklarheit für den kraftfahrenden Verkehrsteilnehmer erforderlich sind.

Weitere Kriterien für die Einrichtung von Tempo 30-Zonen sollen wie bisher in den Verwaltungsvorschriften geregelt werden.

Zu Abs 1a Nr 4b: *Kulturelle Veranstaltungen außerhalb des Straßenraums können nach geltendem Recht nicht ausreichend vor den vom Straßenverkehr ausgehenden Beeinträchtigungen geschützt werden. Bei herausragenden lärmsensiblen kulturellen Veranstaltungen (Musik- oder Theaterdarbietungen, insbesondere auf Freilichtbühnen) kann es aber im Einzelfall im öffentlichen Interesse angezeigt sein, die vom Straßenverkehr ausgehenden Beeinträchtigungen (Verkehrslärm) durch örtlich und zeitlich eng begrenzte Verkehrsbeschränkungen oder -verbote, vor allem durch Umleitungen des Schwerverkehrs zu mindern oder zu verhindern, wenn den Beeinträchtigungen anders nicht begegnet werden kann.*

7   **Begr** zur ÄndVO v 14. 12. 01 (VkBl 02 140): **Zu Abs 1b:** *Die Neuregelung füllt ebenfalls die durch Gesetz vom 19. März 2001 (BGBl. I S. 386) geänderte Verordnungsermächtigung des § 6 Abs. 1 Nr. 14 StVG aus. Damit wurde die Voraussetzung dafür geschaffen, über das bisherige Anwohnerparken hinaus auch großräumigere Bereiche mit Parkvorrechten für die Wohnbevölkerung zuzulassen, wenn dem Parkraummangel für die ansässige Wohnbevölkerung wegen fehlender privater Stellplätze und hohen „Parkdrucks" durch nicht quartiersansässige Pendler oder Besucher nur durch eine entsprechende Anordnung abgeholfen werden kann. ...*

Der Verordnungsgeber ist bei der Neuregelung auch weiterhin von den in der Begründung zur Einführung der gesetzlichen Ermächtigung zum Anwohnerparken im Jahr 1980 angeführten Erwägungen ausgegangen (vgl. VkBl. 80 S. 244). Es bleibt unverändert wesentliches Ziel der Parkvorberechtigung für Bewohner, der Abwanderung in das Stadtumland entgegen zu wirken, die auch dadurch gefördert wird, dass auf Grund eines Mangels an Stellflächen für ein privates Kraftfahrzeug bei hohem allgemeinem „Parkdruck" kein ausreichender Parkraum in Wohnungsnähe zur Verfügung steht.

Die Neuregelung des An-/künftig Bewohnerparkens trägt der Intention des Gesetzgebers Rechnung. Sie eröffnet maßgeschneiderte Lösungen für die jeweilige örtliche Situation, indem sie die unterschiedlichsten Anordnungen – angefangen von kleinräumigen bis hin zu weiträumigeren Anordnungen von Parkvorrechten für die Wohnbevölkerung – rechtlich absichert. Sie schafft damit auch für dicht bebaute (Groß-)Stadtquartiere bei bestehendem Parkraummangel einen zufrieden stellenden Ausgleich zwischen den unterschiedlichen Gruppen, die Parkraum in Anspruch nehmen. ...

In der Verwaltungsvorschrift wird der „Prozent-Vorgabe" des Bundesrates allerdings lediglich zeitlich begrenzt auf werktags von 9.00 bis 18.00 Uhr gefolgt. In der übrigen Zeit dürfen nicht mehr als 75 Prozent der zur Verfügung stehenden Parkfläche für Bewohner reserviert werden. Die vorgenommene Abweichung ist möglich, weil die Länder diese Lösung mehrheitlich zur Erfüllung der Vorgabe des Bundesrates als ausreichend erachten. Es besteht Einvernehmen, dass der höchste Bedarf für Bewohnerparkplätze im Allgemeinen in der Zeit nach den Kernarbeitszeiten, mithin in den Abend- und Nachtstunden, liegt, in denen der Parkraumbedarf von Pendlern und Besuchern geringer ist. Daher ist eine prozentual höhere Reservierung des Parkraums für Bewohner zur Abend- und Nachtzeit angemessen. ...

Bislang konnte die „Kennzeichnung von Parkmöglichkeiten für Anwohner" nur in der Weise erfolgen, dass Anwohner (durch Zusatzschild begrenzt auf bestimmte Tageszeiten) entweder von angeordneten eingeschränkten Haltverboten frei gestellt werden oder durch Zeichen 314/315 erlaubtes Parken auf Anwohner beschränkt wird, mithin eine „Reservierung" öffentlichen Parkraumes für die Berechtigten unter gleichzeitigem Ausschluss anderer Parkraumsuchender erfolgte. Die Neuregelung sichert nunmehr auch diese „Misch-Regelung" rechtlich ausdrücklich ab (§ 45 Abs. 1b Satz 1 Nr. 2a 2. Alternative (neu) StVO). ...

Vor allem in Innenstadtbereichen von Großstädten hat die Praxis aber gezeigt, dass die Voraussetzung für die Anordnung einer Parkvorberechtigung für die Wohnbevölkerung auch in einem Quartier vorliegen kann, dessen Größe die ortsangemessene Ausdehnung des Bewohnerparkbereiches eigentlich übersteigt. Für diesen Fall ist es geboten, in der begleitenden Verwaltungsvorschrift die Aufteilung des Gebietes in mehrere Bereiche mit Bewohnerparkrechten künftig ausdrücklich zuzulassen. Die Bereiche müssen dann aber unterschiedlich (durch Nummern oder Buchstaben) ausgewiesen werden. Damit wird das Parkvorrecht für berechtigte Bewohner auf ein abgegrenztes Quartier beschränkt. So wird klargestellt, dass der Verordnungsgeber nur auf konkrete Einzelmaßnahmen im Interesse der jeweils in dem Bereich wohnenden Bewohner abzielt.

Diese Ergänzung war erforderlich, weil das Bundesverwaltungsgericht in seiner genannten Entscheidung festgestellt hatte, dass die mosaikartige, flächendeckende Überspannung der ganzen Innenstadt in einer Großstadt durch Parkvorberechtigungszonen nicht von der Ermächtigungsgrundlage des § 6 Abs. 1 Nr. 14 StVG (a. F.) gedeckt ist. ...

Begr zur ÄndVO v 22. 12. 05 (VkBl **06** 36): **Zu Abs 9 Satz 3:** Mit Einführung der Autobahnmaut für schwere Nutzfahrzeuge durch das Autobahnmautgesetz für schwere Nutzfahrzeuge (ABMG) vom 1. 1. 2005 hat der Schwerlastverkehr mit Fahrzeugen über 12 t zulässiger Gesamtmasse nach Hinweisen von Bund und Ländern auf Bundesstraßen, Landes- und Kreisstraßen auf bestimmten Strecken oder Streckenabschnitten zugenommen. Es handelt sich dabei um schwere Nutzfahrzeuge, welche vorher erkennbar die Autobahn benutzt haben und nun auf das nachgeordnete Straßennetz ausweichen. 8

Die nach § 1 Abs. 4 ABMG mögliche Bemautung von Ausweichstrecken reicht als Instrument zur Bewältigung des Problems nicht aus. Diese Regelung gilt nur für Bundesstraßen, nicht aber für das nachgeordnete Straßennetz. Bei Bemautung der Ausweichstrecken sind daher weitere Ausweichverkehre auf dieses nachgeordnete Straßennetz zu befürchten. Ferner würde durch eine Bemautung auch der regionale Wirtschaftsverkehr mit zusätzlichen Kosten belastet; Wettbewerbsverzerrungen würden damit ausgelöst.

Die Anlieger, insbesondere in den Ortsdurchfahrten von Bundesstraßen, Landes- und Kreisstraßen, werden durch den um den Ausweichverkehr erhöhten Verkehr jedoch sofort und unnötig mit zusätzlichen Lärm- und Abgasimmissionen belastet. Zudem steigt die von den Bundesstraßen, Landes- und Kreisstraßen zu bewältigende Verkehrsbelastung und damit auch die Verkehrsdichte zum Teil stark an und hat ungünstige Auswirkungen auf Verkehrsablauf und Verkehrsverhalten.

Es ist daher sachgerecht, das bisherige Instrumentarium der StrVB zu ergänzen, um diese seit dem 1. 1. 05 bestehende Situation hinreichend durch verkehrsrechtliche Anordnungen zu entschärfen.

Es muss daher Ziel sein, den überörtlichen Durchgangsverkehr mit schweren Nutzfahrzeugen von mehr als 12 t zulässiger Gesamtmasse aus Gründen der Ordnung des Verkehrs – insbesondere auch zum Schutz der Wohnbevölkerung an Ortsdurchfahrten – und zur Verbesserung des Verkehrsablaufs und des Verkehrsverhaltens im nachgeordneten Straßennetz – zumindest an herausragenden Stellen – nicht ausweichen zu lassen. Wenn nötig, ist dieser Verkehr vom nachgeordneten Straßennetz, z. B. vor „sensiblen" Ortsdurchfahrten, wieder auf die Autobahn zu leiten. Nur auf diese Weise können die Belastungen, denen die Straßenanlieger ausgesetzt sind, sowie die negativen Auswirkungen auf den Verkehrsablauf und das Verkehrsverhalten auf diesen Straßen verringert werden. Auch die Eingriffe in das Wirtschaftsleben sind unter Abwägung der Interessen der Wohnbevölkerung und der ansässigen Betriebe zumutbar. Die Regionaltransporte, die schon bisher nicht auf die Autobahn ausweichen mussten, werden nicht belastet, da sie von der Regelung ausgenommen sind. ...

Zu § 41 Abs 2 Nr. 6: Zunächst wird klargestellt, dass im Sinne einer einheitlichen und allgemein bestimmten Regelung als Maßnahme zur Vermeidung des Mautausweichverkehrs mit schweren Nutzfahrzeugen von mehr als 12 t zulässiger Gesamtmasse nur ein Verkehrsverbot mit Zeichen 253 mit dem Zusatzzeichen „Durchgangsverkehr" sowie dem Zusatzzeichen „12 t" angezeigt werden darf.

Das Zusatzzeichen „Durchgangsverkehr" ermöglicht es zum Einen, den überörtlichen Durchgangsverkehr mit Lkw am vorzeitigen Verlassen der Autobahn zu hindern und damit auf der Autobahn zu belassen; derartige Zeichen können dazu an ausgewählten Autobahnanschlussstellen aufgestellt werden. Zum Anderen wird es ermöglicht, den überörtlichen Durchgangsverkehr im nachgeordneten Straßennetz vor ausgewählten „sensiblen" Ausweichstrecken wieder auf die Autobahn zu leiten; dies kommt im Zuge herausragender Ausweichstrecken an geeigneten Stellen, z. B. vor Ortsdurchfahrten, in Betracht. Im Übrigen ist bei der Verwendung dieser Schilderkombination im nachgeordneten Straßennetz zwingend eine geeignete Wegweisung bis zur nächstgelegenen geeigneten Autobahnanschlussstelle erforderlich.

Die Widmung der Bundesstraßen, Landes- und Kreisstraßen für den Durchgangsverkehr bleibt weiterhin unangetastet. An dem grundsätzlichen Gemeingebrauch am Straßenraum ändert sich nichts. Dies wird insbesondere durch die Definition des Durchgangsverkehrs sichergestellt. So werden insbesondere Verkehre, die auf die Nutzung des Straßenraums aufgrund der notwendigen Erschließungsfunktion der Straße angewiesen sind, und Lieferverkehre nicht als Durchgangsverkehr im Sinne der Vorschrift bezeichnet.

Eine weitere Ausnahme zur Sicherstellung des Gemeingebrauchs nimmt den regionalen Wirtschaftsverkehr vom Geltungsbereich aus. Da Durchgangsverkehr im Sinne der Vorschrift nicht vorliegt, wenn gewerblicher Güterkraftverkehr in einem Gebiet innerhalb eines Umkreises von 75 km vom ersten Beladeort der Fahrt des Fahrzeuges betrieben wird, bleibt insbesondere der ungehinderte Verkehr zwischen benachbarten Gemeinden bzw. benachbarten Landkreisen unberührt. Dies gilt auch für Leerfahrten, die im Zusammenhang mit Beförderungen des Güterkraftverkehrs nach § 1 Abs. 1 des Güterkraftverkehrsgesetzes durchgeführt werden.

Freigestellt von den Verboten bleiben ferner alle Fahrzeuge, die gemäß § 1 Abs. 2 ABMG nicht der Mautpflicht unterliegen sowie Fahrten, die auf verkehrsrechtlich ausgewiesenen Umleitungsstraßen durchgeführt werden.

Zu § 45 Abs 9 Satz 3: Da das nach geltendem Recht zur Verfügung stehende verkehrsrechtliche Instrumentarium zur wirksamen Eindämmung von Mautausweichverkehren in einigen Fällen nicht ausreicht, ist es geboten, in § 45 Abs. 9 StVO eine speziell für Mautausweichverkehre definierte abgesenkte Eingriffschwelle einzufügen, die den Straßenverkehrsbehörden verkehrsbeschränkende oder -verbietende Maßnahmen bereits dann erlauben, wenn dadurch die erheblichen Auswirkungen veränderter Verkehrsverhältnisse, die durch die Erhebung von Maut nach dem Autobahnmautgesetz hervorgerufen sind, beseitigt oder abgemildert werden können. Aufgrund der Formulierung ist sichergestellt, dass die Wohnbevölkerung erheblichen Belästigungen ausgesetzt sein muss, die auf Mautausweichverkehre zurückzuführen sind. An den hohen Eingriffschwellen des § 45 Abs. 9 StVO für die anderen in Absatz 1 genannten Fallgruppen wird festgehalten.

Der Vorteil für die Straßenverkehrsbehörde besteht insbesondere darin, dass der mit einer solchen Anordnung verbundene Verwaltungsaufwand im Vergleich zu den sonst in Betracht zu ziehenden Befugnisnormen der StVO geringer ist. So wird z. B. keine Lärmberechnung oder keine Abgasmessung vorausgesetzt. Selbstverständlich ist aber, dass vor Anordnung verkehrsbeschränkender oder -verbietender Maßnahmen vorher auf der Ausweichstrecke insbesondere die Verkehrsbelastung und die Verkehrsstrukturen erhoben werden und auf dieser Grundlage die Auswirkungen auf die Umwelt und die Gesundheit der Anlieger abgeschätzt, der Verkehrsablauf und das Verkehrsverhalten betrachtet sowie die wirtschaftlichen Belange abgeklärt werden.

8a **Begr** zur ÄndVO v 22. 12. 05 (VkBl **06** 39): *Zu Abs 7 a* Arbeiten von Pannendienstleistern sind meist mit Gefahren verbunden, weil sie idR ohne verkehrslenkende und -regelnde Maßnahmen der Polizei im Bereich des fließenden Verkehrs durchgeführt werden. Auch wenn sich die Mehrzahl der VT beim Annähern an eine Pannenstelle vorsichtig verhält, kommt es doch immer wieder zu Gefährdungssituationen durch unkonzentrierte, unvorsichtige oder unerfahrene VT. Dieser Gefahr trägt die Befugnis zur Selbstsicherung, zur Sicherung eines Havaristen sowie zur sicheren Vorbeiführung des Verkehrs an einer Pannenstelle durch das Aufstellen von Leitkegeln (Z 610) Rechnung. In den „Richtlinien über die Mindestanforderungen an Bauart oder Ausrüstung von PannenhilfsFz" (VkBl. **97** 472) ist heute bereits eine Pflicht zur Ausrüstung der EinsatzFz über 3,5 t zGG und alle Kastenwagen mit 5 Leitkegeln festgelegt. Zudem wird das Aufstellen von Leitkegeln durch die Besatzung anerkannter PannenhilfsFz iS von § 52 IV Nr. 2 StVZO heute bereits unter Anwendung des Opportunitätsgrundsatzes toleriert (vgl. auch Berufsgenossenschaftliche Information für Sicherheit und Gesundheit bei der Arbeit, BGl 800, vom 1. 4 01). Durch die Änderung wird diese Praxis nunmehr rechtlich abgesichert. Die berufsgenossenschaftliche Informationsschrift erwähnt zudem eine Reihe anderer SpezialFz. Hierzu zählen z. B. Lkw für Fahrzeugbeförderung, selbstfahrende Arbeitsmaschinen, Abschleppwagen, Berge- und KranFz, Mobilautokräne. Auch hier muss die Möglichkeit zur ordnungsgemäßen Absicherung der Einsatzstelle gegeben sein.

Der Begriff „Pannenstelle" ist umfassend zu verstehen und kann im Einzelfall auch eine Unfallstelle erfassen.

Begr zur ÄndVO v 28. 11. 07 (VkBl. **08** 4) **zu Abs 1 e:** Mit der Änderung des § 40 BImSchG **8b** im Jahr 2002 ist die Ermächtigung der Landesregierungen zum Erlass von Smog-VO entfallen. Die bereits auf dieser Grundlage von den Ländern erlassenen Smog-VO wurden aufgehoben oder besitzen keine praktische Relevanz mehr. Absatz 1f kann daher aufgehoben werden.

Vwv zu § 45 Verkehrszeichen und Verkehrseinrichtungen

Zu Absatz 1 bis 1f

1   I. Vor jeder Entscheidung sind die Straßenbaubehörde und die Polizei zu hören. Wenn auch andere **9** Behörden zu hören sind, ist dies bei den einzelnen Zeichen gesagt.

2   II. Vor jeder Entscheidung sind erforderlichenfalls zumutbare Umleitungen im Rahmen des Mög- **10** lichen festzulegen.

3   III. 1. Die Straßenverkehrsbehörde bedarf der Zustimmung der obersten Landesbehörde oder der von **11** ihr bestimmten Stelle zur Anbringung und Entfernung folgender Verkehrszeichen:

4   a) auf allen Straßen der Zeichen 201, 261, 269, 275, 279, 290, 292, 330, 331, 334, 336, 363, 380, 460 sowie des Zusatzschildes „abknickende Vorfahrt" (hinter Zeichen 306),

5   b) auf Autobahnen, Kraftfahrstraßen und Bundesstraßen: des Zeichens 250, auch mit auf bestimmte Verkehrsarten beschränkenden Sinnbildern, wie der Zeichen 251 oder 253 sowie der Zeichen 262 und 263,

6   c) auf Autobahnen, Kraftfahrstraßen sowie auf Bundesstraßen außerhalb geschlossener Ortschaften: der Zeichen 276, 277, 280, 281, 295 als Fahrstreifenbegrenzung und 296,

7   d) auf Autobahnen und Kraftfahrstraßen: der Zeichen 209 bis 214, 274 und 278,

8   e) auf Bundesstraßen: des Zeichens 274 samt dem Zeichen 278 dann, wenn die zulässige Höchstgeschwindigkeit auf weniger als 60 km/h ermäßigt wird.

9   2. Die obersten Landesbehörden sollten jedenfalls für Straßen von erheblicher Verkehrsbedeutung, die in Nummer 1 Buchst. b bis e nicht aufgeführt sind, entsprechende Anweisungen geben.

10 3. Der Zustimmung bedarf es nicht, wenn jene Maßnahmen zur Durchführung von Arbeiten im Straßenraum oder zur Verhütung außerordentlicher Schäden an den Straßen getroffen werden oder durch unvorhergesehene Ereignisse wie Unfälle, Schadenstellen oder Verkehrsstauungen, veranlasst sind.

11 4. Die Straßenverkehrsbehörde bedarf der Zustimmung der obersten Landesbehörde oder der von ihr beauftragten Stelle außerdem für die Anordnung des Schildes nach § 37 Abs. 2 Nr. 1 Satz 8 („Grünpfeil").

12 IV. Die Straßenverkehrsbehörde bedarf der Zustimmung der höheren Verwaltungsbehörde oder der **12** von ihr bestimmten Stelle zur Aufstellung und Entfernung folgender Verkehrszeichen auf allen Straßen: der Zeichen 293, 306, 307 und 354 sowie des Zusatzschilds „Nebenstrecke".

13	13	V. Die Straßenverkehrsbehörde bedarf der Zustimmung der obersten Landesbehörde oder der von ihr bestimmten Stelle zur Anordnung von Maßnahmen zum Schutz der Bevölkerung vor Lärm und Abgasen. Das Bundesministerium für Verkehr gibt im Einvernehmen mit den zuständigen obersten Landesbehörden „Richtlinien für straßenverkehrsrechtliche Maßnahmen zum Schutz der Bevölkerung vor Lärm (Lärmschutz-Richtlinien-StV)" im Verkehrsblatt bekannt.
13a	14	VI. Der Zustimmung bedarf es in den Fällen der Nummern III bis V nicht, wenn und soweit die oberste Landesbehörde die Straßenverkehrsbehörde vom Erfordernis der Zustimmung befreit hat.
14	15	VII. Unter Landschaftsgebieten, die überwiegend der Erholung der Bevölkerung dienen, sind z. B. Naturparks zu verstehen.
14a	16	VIII. Maßnahmen zum Schutz kultureller Veranstaltungen (z. B. bedeutende Musik- oder Theaterdarbietungen insbesondere auf Freilichtbühnen) kommen nur in Betracht, wenn diese erheblich durch vom Straßenverkehr ausgehende Lärmemissionen beeinträchtigt werden. Insbesondere kann sich für die Dauer der Veranstaltung eine Umleitung des Schwerverkehrs empfehlen.
15	17	IX. Parkmöglichkeiten für Schwerbehinderte mit außergewöhnlicher Gehbehinderung und Blinde. Der begünstigte Personenkreis ist derselbe wie in Nummer 2 zu § 46 Abs. 1 Nr. 11 aufgeführt.
	18	Wegen der Ausgestaltung der Parkplätze wird auf die DIN 18 024-1 „Barrierefreies Bauen, Teil 1: Straßen, Plätze, Wege, öffentliche Verkehrs- und Grünanlagen sowie Spielplätze; Planungsgrundlagen" verwiesen.
	19	1. a) Parkplätze, die allgemein dem erwähnten Personenkreis zur Verfügung stehen, kommen, gegebenenfalls mit zeitlicher Beschränkung, insbesondere dort in Betracht, wo der erwähnte Personenkreis besonders häufig auf einen derartigen Parkplatz angewiesen ist, z. B. in der Nähe von Behörden, Krankenhäusern, Orthopädischen Kliniken.
	20	b) Für die Benutzung dieser Parkplätze genügt die nach § 46 Abs. 1 Nr. 11 erteilte Ausnahmegenehmigung.
	21	c) Die Kennzeichnung dieser Parkplätze erfolgt in der Regel durch die Zeichen 314 oder 315 mit dem Zusatzschild „Rollstuhlfahrersymbol".
	22	Ausnahmsweise (§ 41 Abs. 3 Nr. 7) kann eine Bodenmarkierung „Rollstuhlfahrersymbol" genügen.
	23	2. a) Parkplätze für bestimmte Schwerbehinderte mit außergewöhnlicher Gehbehinderung und Blinde, z. B. vor der Wohnung oder in der Nähe der Arbeitsstätte, setzen eine Prüfung voraus, ob
	24	– ein Parksonderrecht erforderlich ist. Das ist z. B. nicht der Fall, wenn Parkraummangel nicht besteht oder der Schwerbehinderte in zumutbarer Entfernung eine Garage oder einen Abstellplatz außerhalb des öffentlichen Verkehrsraumes hat,
	25	– ein Parksonderrecht vertretbar ist. Das ist z. B. nicht der Fall, wenn ein Haltverbot (Zeichen 283) angeordnet wurde,
	26	– ein zeitlich beschränktes Parksonderrecht genügt.
	27	b) In diesen Fällen erteilt die zuständige Straßenverkehrsbehörde einen besonderen bundeseinheitlichen Parkausweis, den das Bundesministerium für Verkehr im Verkehrsblatt bekanntgibt.
	28	c) Die Kennzeichnung dieser Parkplätze erfolgt durch die Zeichen 314, 315 mit dem Zusatzschild „(Rollstuhlfahrersymbol) mit Parkausweis Nr. ..."
16	29	X. Sonderparkberechtigung für Bewohner städtischer Quartiere mit erheblichem Parkraummangel (Bewohnerparkvorrechte)
		1. Die Anordnung von Bewohnerparkvorrechten ist nur dort zulässig, wo mangels privater Stellflächen und auf Grund eines erheblichen allgemeinen Parkdrucks die Bewohner des städtischen Quartiers regelmäßig keine ausreichende Möglichkeit haben, in ortsüblich fußläufig zumutbarer Entfernung von ihrer Wohnung einen Stellplatz für ihr Kraftfahrzeug zu finden.
	30	2. Bewohnerparkvorrechte sind vorrangig mit Zeichen 286 oder Zeichen 290 mit Zusatzschild „Bewohner mit Parkausweis ... frei", in den Fällen des erlaubten Gehwegparkens mit Zeichen 315 mit Zusatzschild „nur Bewohner mit Parkausweis ..." anzuordnen. Eine bereits angeordnete Beschilderung mit Zeichen 314 (Anwohnerparkvorrecht nach altem Recht) bleibt weiter zulässig. Werden solche Bewohnerparkvorrechte als Freistellung von angeordneten Parkraumbewirtschaftungsmaßnahmen angeordnet (vgl. Nummer 6), kommen nur Zeichen 314, 315 in Betracht. Die Bezeichnung des Parkausweises (Buchstabe oder Nummer) auf dem Zusatzschild kennzeichnet zugleich die räumliche Geltung des Bewohnerparkvorrechts.

31	3. Die Bereiche mit Bewohnerparkvorrechten sind unter Berücksichtigung des Gemeingebrauchs (vgl. dazu Nummer 4), des vorhandenen Parkdrucks (vgl. dazu Nummer 1) und der örtlichen Gegebenheiten festzulegen. Dabei muss es sich um Nahbereiche handeln, die von den Bewohnern dieser städtischen Quartiere üblicherweise zum Parken aufgesucht werden. Die maximale Ausdehnung eines Bereiches darf auch in Städten mit mehr als 1 Mio. Einwohnern 1000 m nicht übersteigen. Soweit die Voraussetzungen nach Nummer 1 in einem städtischen Gebiet vorliegen, dessen Größe die ortsangemessene Ausdehnung eines Bereiches mit Bewohnerparkvorrechten übersteigt, ist die Aufteilung des Gebietes in mehrere Bereiche mit Bewohnerparkvorrechten (mit verschiedenen Buchstaben oder Nummern) zulässig.
32	4. Innerhalb eines Bereiches mit Bewohnerparkvorrechten dürfen werktags von 9.00 bis 18.00 Uhr nicht mehr als 50%, in der übrigen Zeit nicht mehr als 75% der zur Verfügung stehenden Parkfläche für die Bewohner reserviert werden. In kleinräumigen Bereichen mit Wohnbebauung, in denen die ortsangemessene Ausdehnung (vgl. Nummer 3) wesentlich unterschritten wird, können diese Prozentvorgaben überschritten werden, wenn eine Gesamtbetrachtung der ortsangemessenen Höchstausdehnung wiederum die Einhaltung der Prozent-Vorgaben ergibt.
33	5. Für die Parkflächen zur allgemeinen Nutzung empfiehlt sich die Parkraumbewirtschaftung (Parkscheibe, Parkuhr, Parkscheinautomat). Nicht reservierte Parkflächen sollen möglichst gleichmäßig und unter besonderer Berücksichtigung ansässiger Wirtschafts- und Dienstleistungsunternehmen mit Liefer- und Publikumsverkehr sowie des Publikumsverkehrs von freiberuflich Tätigen in dem Bereich verteilt sein.
34	6. Bewohnerparkvorrechte können in Bereichen mit angeordneter Parkraumbewirtschaftung (vgl. zu § 13) auch als Befreiung von der Pflicht, die Parkscheibe auszulegen oder die Parkuhr/den Parkscheinautomat zu bedienen, angeordnet werden. Zur Anordnung der Zusatzschilder vgl. Nummer 2.
35	7. Bewohnerparkausweise werden auf Antrag ausgegeben. Einen Anspruch auf Erteilung hat, wer in dem Bereich meldebehördlich registriert ist und dort tatsächlich wohnt. Je nach örtlichen Verhältnissen kann die angemeldete Nebenwohnung ausreichen. Die Entscheidung darüber trifft die Straßenverkehrsbehörde ebenfalls im Einvernehmen mit der Stadt. Jeder Bewohner erhält nur einen Parkausweis für ein auf ihn als Halter zugelassenes oder nachweislich von ihm dauerhaft genutztes Kraftfahrzeug. Nur in begründeten Einzelfällen können mehrere Kennzeichen in dem Parkausweis eingetragen oder der Eintrag „wechselnde Fahrzeuge" vorgenommen werden. Ist der Bewohner Mitglied einer Car-Sharing-Organisation, wird deren Name im Kennzeichenfeld des Parkausweises eingetragen. Das Bewohnerparkvorrecht gilt dann nur für das Parken eines von außen deutlich erkennbaren Fahrzeugs dieser Organisation (Aufschrift, Aufkleber am Fahrzeug); darauf ist der Antragsteller schriftlich hinzuweisen.
36	8. Der Bewohnerparkausweis wird von der zuständigen Straßenverkehrsbehörde erteilt. Dabei ist das Muster zu verwenden, das das Bundesministerium für Verkehr, Bau- und Wohnungswesen im Verkehrsblatt bekannt gibt.
37	**XI. Tempo 30-Zonen**
	1. Die Anordnung von Tempo 30-Zonen soll auf der Grundlage einer flächenhaften Verkehrsplanung der Gemeinde vorgenommen werden, in deren Rahmen zugleich das innerörtliche Vorfahrtstraßennetz (Zeichen 306) festgelegt werden soll. Dabei ist ein leistungsfähiges, auch den Bedürfnissen des öffentlichen Personennahverkehrs und des Wirtschaftsverkehrs entsprechendes Vorfahrtstraßennetz (Zeichen 306) sicherzustellen. Der öffentlichen Sicherheit und Ordnung (wie Rettungswesen, Katastrophenschutz, Feuerwehr) sowie der Verkehrssicherheit ist vorrangig Rechnung zu tragen.
38	2. Zonen-Geschwindigkeitsbeschränkungen kommen nur dort in Betracht, wo der Durchgangsverkehr von geringer Bedeutung ist. Sie dienen vorrangig dem Schutz der Wohnbevölkerung sowie der Fußgänger und Fahrradfahrer. In Gewerbe- oder Industriegebieten kommen sie daher grundsätzlich nicht in Betracht.
39	3. Durch die folgenden Anordnungen und Merkmale soll ein weitgehend einheitliches Erscheinungsbild der Straßen innerhalb der Zone sichergestellt werden:
40	a) Die dem fließenden Verkehr zur Verfügung stehende Fahrbahnbreite soll erforderlichenfalls durch Markierung von Senkrecht- oder Schrägparkständen, wo nötig auch durch Sperrflächen (Zeichen 298) am Fahrbahnrand, eingeengt werden. Werden bauliche Maßnahmen zur Geschwindigkeitsdämpfung vorgenommen, darf von ihnen keine Beeinträchtigung der

öffentlichen Sicherheit oder Ordnung, keine Lärmbelästigung für die Anwohner und keine Erschwerung für den Buslinienverkehr ausgehen.

41   *b) Wo die Verkehrssicherheit es wegen der Gestaltung der Kreuzung oder Einmündung oder die Belange des Buslinienverkehrs es erfordern, kann abweichend von der Grundregel ‚rechts vor links' die Vorfahrt durch Zeichen 301 angeordnet werden; vgl. zu Zeichen 301 Vorfahrt Rn. 4 und 5.*

42   *c) Die Fortdauer der Zonen-Anordnung kann in großen Zonen durch Aufbringung von ‚30' auf der Fahrbahn verdeutlicht werden. Dies empfiehlt sich auch dort, wo durch Zeichen 301 Vorfahrt an einer Kreuzung oder Einmündung angeordnet ist.*

43   *4. Zur Kennzeichnung der Zone vgl. zu den Zeichen 274.1 und 274.2.*

44   *5. Die Anordnung von Tempo 30-Zonen ist auf Antrag der Gemeinde vorzunehmen, wenn die Voraussetzungen und Merkmale der Verordnung und dieser Vorschrift vorliegen oder mit der Anordnung geschaffen werden können, indem vorhandene aber nicht mehr erforderliche Zeichen und Einrichtungen entfernt werden.*

45   *6. Lichtzeichenanlagen zum Schutz des Fußgängerverkehrs, die in bis zum Stichtag angeordneten Tempo 30-Zonen zulässig bleiben, sind neben den Fußgänger-Lichtzeichenanlagen auch Lichtzeichenanlagen an Kreuzungen und Einmündungen, die vorrangig dem Schutz des Fußgängerquerungsverkehrs dienen. Dies ist durch Einzelfallprüfung festzustellen.*

Zu Absatz 2
Zu Satz 1

18 46   *I. Die Straßenverkehrsbehörde ist mindestens zwei Wochen vor der Durchführung der in Satz 1 genannten Maßnahmen davon zu verständigen; sie hat die Polizei rechtzeitig davon zu unterrichten; sie darf die Maßnahmen nur nach Anhörung der Straßenbaubehörde und der Polizei aufheben oder ändern. Ist von vornherein mit Beschränkungen oder Verboten von mehr als drei Monaten Dauer zu rechnen, so haben die Straßenbaubehörden die Entscheidung der Straßenverkehrsbehörden über die in einem Verkehrszeichenplan vorgesehenen Maßnahmen einzuholen.*

47   *II. Schutz gefährdeter Straßen*

1. Straßenbau- und Straßenverkehrsbehörden und die Polizei haben ihr Augenmerk darauf zu richten, dass frostgefährdete, hitzegefährdete und abgenutzte Straßen nicht in ihrem Bestand bedroht werden.

48   *2. Für Verkehrsbeschränkungen und Verkehrsverbote, welche die Straßenbaubehörde zum Schutz der Straße außer wegen Frost- oder Hitzegefährdung erlassen hat, gilt Nummer I entsprechend. Die Straßenverkehrsbehörde darf Verkehrsbeschränkungen und Verkehrsverbote, welche die Straßenbaubehörde zum Schutz der Straße erlassen hat, nur mit Zustimmung der höheren Verwaltungsbehörde aufheben oder einschränken. Ausnahmegenehmigungen bedürfen der Anhörung der Straßenbaubehörde.*

49   *3. Als vorbeugende Maßnahmen kommen in der Regel Geschwindigkeitsbeschränkungen (Zeichen 274) und beschränkte Verkehrsverbote (z. B. Zeichen 262) in Betracht. Das Zeichen 274 ist in angemessenen Abständen zu wiederholen. Die Umleitung der betroffenen Fahrzeuge ist auf Straßen mit schnellerem oder stärkerem Verkehr in der Regel 400 m vor dieser durch einen Vorwegweiser, je mit einem Zusatzschild, das die Entfernung, und einem zweiten, das die betroffenen Fahrzeugarten angibt, anzukündigen. Auf Straßen, auf denen nicht schneller als 50 km/h gefahren wird, genügt der Vorwegweiser; auf Straßen von geringerer Verkehrsbedeutung entfällt auch er.*

50   *4. Für frostgefährdete Straßen stellt die Straßenbaubehörde alljährlich frühzeitig im Zusammenwirken mit der Straßenverkehrsbehörde und der Polizei einen Verkehrszeichenplan auf. Dabei sind auch Vertreter der betroffenen Straßenbenutzer zu hören. Auch die technischen Maßnahmen zur Durchführung sind rechtzeitig vorzubereiten. Die Straßenbaubehörde bestimmt bei eintretender Frostgefahr möglichst drei Tage zuvor den Tag des Beginns und der Beendigung dieser Maßnahmen, sorgt für rechtzeitige Beschilderung, teilt die Daten der Straßenverkehrsbehörde und der Polizei mit und unterrichtet die Öffentlichkeit (vgl. dazu Nummer IV zu den Zeichen 421 und 442, 454 bis 466; Rn. 4).*

Zu Satz 3

19 51   *I. Dazu müssen die Bahnunternehmen die Straßenverkehrsbehörde, die Straßenbaubehörde und die Polizei hören. Das gilt nicht, wenn ein Planfeststellungsverfahren vorausgegangen ist.*

52   *II. Für Übergänge anderer Schienenbahnen vgl. Nummer VII zu Zeichen 201; Rn. 17 ff.*

Verkehrszeichen und Verkehrseinrichtungen § 45 StVO **2**

Zu Absatz 3

53 I. Zu den Verkehrszeichen gehören nicht bloß die in der StVO genannten, sondern auch die nach Nummer III 1 zu den §§ 39 bis 43 (Rn. 6) vom Bundesministerium für Verkehr zugelassenen Verkehrszeichen.

54 II. Vor der Entscheidung über die Anbringung oder Entfernung jedes Verkehrszeichens und jeder Verkehrseinrichtung sind die Straßenbaubehörden und die Polizei zu hören, in Zweifelsfällen auch andere Sachverständige. Ist nach § 5b StVG ein Dritter Kostenträger, so soll auch er gehört werden.

55 III. Bei welchen Verkehrszeichen die Zustimmung nicht übergeordneter anderer Behörden und sonstiger Beteiligter einzuholen ist, wird bei den einzelnen Verkehrszeichen gesagt.

56 IV. Überprüfung der Verkehrszeichen und Verkehrseinrichtungen

1. Die Straßenverkehrsbehörden haben bei jeder Gelegenheit die Voraussetzungen für einen reibungslosen Ablauf des Verkehrs zu prüfen. Dabei haben sie besonders darauf zu achten, dass die Verkehrszeichen und die Verkehrseinrichtungen, auch bei Dunkelheit, gut sichtbar sind und sich in gutem Zustand befinden, dass die Sicht an Kreuzungen, Bahnübergängen und Kurven ausreicht und ob sie sich noch verbessern lässt. Gefährliche Stellen sind darauf zu prüfen, ob sie sich ergänzend zu den Verkehrszeichen oder an deren Stelle durch Verkehrseinrichtungen, wie Leitpfosten, Leittafeln oder durch Schutzplanken oder durch bauliche Maßnahmen ausreichend sichern lassen. Erforderlichenfalls sind solche Maßnahmen bei der Straßenbaubehörde anzuregen. Straßenabschnitte, auf denen sich häufig Unfälle bei Dunkelheit ereignet haben, müssen bei Nacht besichtigt werden.

57 2. a) Alle zwei Jahre haben die Straßenverkehrsbehörden zu diesem Zweck eine umfassende Verkehrsschau vorzunehmen, auf Straßen von erheblicher Verkehrsbedeutung und überall dort, wo nicht selten Unfälle vorkommen, alljährlich, erforderlichenfalls auch bei Nacht. An den Verkehrsschauen haben sie die Polizei und die Straßenbaubehörden zu beteiligen; auch die Träger der Straßenbaulast, die öffentlichen Verkehrsunternehmen und ortsfremde Sachkundige aus Kreisen der Verkehrsteilnehmer sind dazu einzuladen. Bei der Prüfung der Sicherung von Bahnübergängen sind die Bahnunternehmen, für andere Schienenbahnen gegebenenfalls die für die technische Bahnaufsicht zuständigen Behörden hinzuzuziehen. Über die Durchführung der Verkehrsschau ist eine Niederschrift zu fertigen.

58 b) Eine Verkehrsschau darf nur mit Zustimmung der höheren Verwaltungsbehörde unterbleiben.

59 c) Die zuständigen obersten Landesbehörden sorgen dafür, dass bei der Verkehrsschau überall die gleichen Maßstäbe angelegt werden. Sie führen von Zeit zu Zeit eigene Landesverkehrsschauen durch, die auch den Bedürfnissen überörtlicher Verkehrslenkung dienen.

60 V. Den obersten Landesbehörden wird empfohlen, in Übereinstimmung mit den Fern- und Nahzielverzeichnissen für die wegweisende Beschilderung an Bundesfernstraßen entsprechende Verzeichnisse für ihre Straßen aufzustellen.

61 VI. Von der Anbringung von Gefahrzeichen aus Verkehrssicherheitsgründen wegen des Straßenzustandes sind die Straßenverkehrsbehörde und die Polizei unverzüglich zu unterrichten.

Zu Absatz 5

62 Wer zur Unterhaltung der Verkehrszeichen und Verkehrseinrichtungen verpflichtet ist, hat auch dafür zu sorgen, dass diese jederzeit deutlich sichtbar sind (z. B. durch Reinigung, durch Beschneiden oder Beseitigung von Hecken und Bäumen).

Zu Absatz 6

63 I. Soweit die Straßenbaubehörde zuständig ist, ordnet sie die erforderlichen Maßnahmen an, im Übrigen die Straßenverkehrsbehörde. Vor jeder Anordnung solcher Maßnahmen ist die Polizei zu hören.

64 II. Straßenverkehrs- und Straßenbaubehörde sowie die Polizei sind gehalten, die planmäßige Kennzeichnung der Verkehrsregelung zu überwachen und die angeordneten Maßnahmen auf ihre Zweckmäßigkeit zu prüfen. Zu diesem Zweck erhält die Polizei eine Abschrift des Verkehrszeichenplans von der zuständigen Behörde.

65 III. Die Straßenbaubehörden prüfen die für Straßenbauarbeiten von Bauunternehmern vorgelegten Verkehrszeichenpläne. Die Prüfung solcher Pläne für andere Arbeiten im Straßenraum obliegt der

Straßenverkehrsbehörde, die dabei die Straßenbaubehörde, gegebenenfalls die Polizei zu beteiligten hat.

66 *IV. Der Vorlage eines Verkehrszeichenplans durch den Unternehmer bedarf es nicht*
   1. bei Arbeiten von kurzer Dauer und geringem Umfang der Arbeitsstelle, wenn die Arbeiten sich nur unwesentlich auf den Straßenverkehr auswirken,
67 *2. wenn ein geeigneter Regelplan besteht oder*
68 *3. wenn die zuständige Behörde selbst einen Plan aufstellt.*

Zu Absatz 7

23 69 *I. Zur laufenden Straßenunterhaltung gehört z. B. die Beseitigung von Schlaglöchern, die Unterhaltung von Betonplatten, die Pflege der Randstreifen und Verkehrssicherungsanlagen, in der Regel dagegen nicht die Erneuerung der Fahrbahndecke.*

70 *II. Notmaßnahmen sind z. B. die Beseitigung von Wasserrohrbrüchen und von Kabelschäden.*

Zu Absatz 8

24 71 Die Zustimmung der höheren Verwaltungsbehörde oder der von ihr bestimmten Stelle ist erforderlich. Nummer VI zu Absatz 1 bis 1e (Rn. 14) gilt auch hier.

Zu Absatz 9

25 72 *Auf Nummer I zu den §§ 39 bis 43 (Rn. 1) wird verwiesen.*

Übersicht

Abgasschutz 26, 29
Abwägung mit Gegeninteressen 26, 28 a, 29
Anbringung der Verkehrszeichen und Verkehrseinrichtungen 11, 19, 20, 42, 43, 44
Anlieger 28 a, 28 b, 58
Anspruch auf ermessensfehlerfreie Entscheidung 28 a
Arten der Beschränkung des Verkehrs 26, 28, 28 b, 29, 39
Aufgaben, städtebauliche 26, 36
Ausgestaltung der Verkehrszeichen 43, 44
Außerorts, Streupflicht 56, 62
Autobahn, Streupflicht 63

Bahnübergang 26, 40
Baulastträger 26, 44
Baustelle, Verkehrssicherung 23, 45–48
Baustellenregelung 23, 45–48
Bauunternehmer, Verkehrszeichenplan 23, 26, 45–48
Behörde, keine Parkausnahme für 28
Bekanntgabe der VRegelungen oder -verbote 41
Beschaffen, Baulastträgerpflicht 44
Beschränken des Verkehrs 9, 10, 26 ff, 28 a, 28 b
Besondere örtliche Verhältnisse iS von Abs 9 28 a
Bestimmte Straßen oder Straßenteile 27
Bestimmung der Verkehrszeichen 18–21, 42
Betrieb der Verkehrszeichen 22, 44
Bewohner 16, 36
Bundesstraße, Streupflicht 62, 63

Einzelfragen, Verkehrssicherungspflicht 53
Erhebliche Risikoüberschreitung iS von Abs 9 28 a
Erholungs- und Kurorte 14, 26, 33

Fahrbahn 53, 61, 62
Fahrbahneinengung 37 a, 49
Fahrbahnschwellen 37 a, 53
Fahrverbot, flächendeckendes 33, 41
Fußgängerbereich 35
Fußgängerüberweg 59 a

Gehweg 59
Gemeinden, Haftung 57
Genehmigung 23, 45
Geschwindigkeitsbeschränkte Zonen 37 ff
Gewässerschutz 12, 26, 30

Haftung, Verkehrssicherungspflicht 51, 54, 55
Haftungsgrundlagen, Verkehrssicherungspflicht 51, 54

Innerorts, Streupflicht 56–61

Kur- und Erholungsorte 14, 26, 33

Länder, Räum- und Streupflicht 56
Lärmschutz 26, 29, 36
Lenkungsmaßnahmen 15, 16, 26, 28 a, 39

Maßgebot 26, 28 a, 28 b, 29
Maßnahmen der Straßenbaubehörden 15, 26, 39
Mautausweichverkehr 28 a

Nachtfahrverbot 28 b, 29, 33
Nachtruhe 13, 26, 29, 33
Neue Bundesländer 54

Ordnung des Verkehrs 26, 28, 28 a, 28 b
Ordnungswidrigkeiten 50
Örtliche Verhältnisse, besondere iS von Abs 9 28 a

Pannendienst 49 a
Parkausnahmen, keine für Behörden 28
Parkplatz, gebührenpflichtiger 34
Parksonderrechte 14 a, 14 b, 36

Räum- und Streupflicht 56–66
Risikoüberschreitung, erhebliche iS von Abs 9 28 a

Sicherheit des Verkehrs 26, 28, 28 a, 28 b
Sicherheit, öffentliche 26, 31
Smog 8 b
Straßen, Straßenstrecken 26, 27
Straßenarbeiten, Straßenschäden 15, 16, 26, 29, 39, 53

Verkehrszeichen und Verkehrseinrichtungen   § 45 StVO 2

Straßenbauarbeiten 15, 16, 26, 29, 39, 45 ff
Straßenbaubehörden 15, 16, 26, 39
„Straßenrückbau" 37 a, 53
Straßenverkehrsbehörden 9 ff, 18–21, 26 ff, 42
Streupflicht 56–66
–, Wegfall 65, 66
Tempo 30-Zone 37
Übermaßverbot 26, 28 a, 28 b, 29
Umleiten des Verkehrs 9, 10, 15, 16, 26, 28 a, 29, 39
Unterhalten der Verkehrszeichen 22, 44
Untersuchungen zum Verkehr 32
Verbieten 9, 10, 26 ff, 28, 28 a, 28 b, 29, 39
Verkehr, Sicherheit oder Ordnung 26, 28, 28 a, 28 b
Verkehrsberuhigter Geschäftsbereich 38

Verkehrsberuhigung 29, 35, 53
Verkehrsbeschränkungen 9 ff, 15, 16, 26 ff
Verkehrseinrichtungen 18–20, 26, 39, 41 ff
Verkehrsregelung 41 ff, 51
Verkehrsregelungspflicht 41 ff, 51
Verkehrssicherung, Baustelle 23, 45–48
Verkehrssicherungspflicht 51–68
– in den neuen Bundesländern 54
–, Träger 55
–, Verletzung 54
Verkehrsverbote 9 ff, 15, 16, 26 ff, 29, 39
Verkehrszeichen 18–21, 26, 42
Verkehrszeichenplan des Bauunternehmers 23, 45–48
Verwaltungsinteressen 28
Widmungsbeschränkung 28 b, 35

1. § 45 (mit zu enger amtlicher Überschrift) regelt die **straßenverkehrsrechtlichen Be-** 26
fugnisse der StrVB, der StrBauB und hinsichtlich der Bahnübergänge der Bahnunternehmen, außerdem bestimmte Pflichten der Baulastträger oder der StrEigentümer und bei Bauarbeiten der Bauunternehmer. Die zuständige VB darf die Befugnis, den V beschränkende, verbietende oder umleitende VZ aufzustellen, nicht für den Bedarfsfall je nach VLage an Private oder Gemeindebedienstete delegieren; auf Grund solcher Delegierung aufgestellte VZ sind rechtsfehlerhaft (aber nicht nichtig, und daher zu befolgen), VGH Mü VRS **82** 386, NZV **94** 206. Maßnahmen gem § 45 setzen die Notwendigkeit dauerhafter („statischer", nicht „dynamischer", situationsbedingter) Regelung voraus, VGH Mü NZV **94** 206. Wesentlicher Oberbegriff für die Eingriffszuständigkeit der beteiligten Behörden ist trotz vielfacher Erweiterungen der Vorschrift nach wie vor die Sicherheit oder Ordnung des StrV; neben ihr bestehen jedoch weitere ausdrückliche Ermächtigungen (s § 6 StVG): zur Verhütung außerordentlicher StrSchäden (I 2 Nr 2), zur VSicherung bei Arbeiten im StrRaum (I 2 Nr 1), zwecks Lärm- und Abgasschutzes der Wohnbevölkerung über denjenigen der Anlieger hinaus (I 2 Nr 3, I b 1 Nr 5), zwecks Gewässer- und Heilquellenschutz gegen schädigende StrVEinwirkungen (I 2 Nr 4), zwecks Arten- und Biotopschutzes (I a Nr 4 a), zur Unterstützung von Maßnahmen zum Schutz der öffentlichen Sicherheit auch außerhalb von Verkehrsabläufen (I 2 Nr 5), zur Unterstützung von Maßnahmen zur Erforschung der StrVUnfälle, des VVerhaltens, von VAbläufen, zur Erprobung sichernder oder verkehrsregelnder Maßnahmen (I 2 Nr 6), zum Schutz von Erholungs- und Heilbereichen gegen vermeidbare Belästigungen durch den FahrV (I a), zur Erhebung besonderer Parkgebühren (I b 1 Nr 1), Zuteilung von Parkmöglichkeiten und Sonderparkberechtigungen (I b 1 Nr 2) und zur Unterstützung geostädtebaulicher Entwicklung (I b 1 Nr 5). Die zulässigen Maßnahmen bestehen in der VRegelung durch VZ und VEinrichtungen, in VBeschränkungen, -umleitungen und -verboten (I). Die Ermächtigungen der StrVB bezwecken idR die abgewogene Regelung der beteiligten Interessen in verkehrsrechtlicher Beziehung und nur innerhalb dieses Rahmens auch diejenigen Einzelner, Rz 28 a. § 45 gilt auch auf privaten Flächen, soweit es sich um **öffentlichen VRaum** handelt (tatsächlich-öffentliche Wege, § 1 Rz 13 f), VGH Ka VM **89** 55. VBeschränkungen müssen dem **Übermaßverbot, der Eigentumsgarantie, dem Grundrecht auf freie Persönlichkeitsentfaltung auch durch Ausübung des Gemeingebrauchs** und dem Grundsatz der Berufsfreiheit standhalten (BVerwG NJW **81** 184, VGH Mü BayVBl **86** 755, *Steiner* DAR **94** 344 ff, *Röthel* NZV **99** 65 ff). VBeschränkungen sind nur zulässig, soweit weniger weitgehende Maßnahmen nicht ausreichen (**E** 2), BVerwG NJW **01** 3139, **99** 184, NZV **93** 284, NJW **07** 3015, VGH Ka VD **04** 47 (Überholverbot), VGH Mü DAR **84** 62 (AB-Geschwindigkeitsbegrenzung auf 80 km/h), VG Mü M 1564 VI 84, VGH Mü BayVBl **86** 754 (Verbot für Motorräder), OVG Münster VRS **62** 154. Die Beantwortung der Frage, ob eine mildere Maßnahme gegenüber einer weitergehenden gleich wirksam ist, unterliegt nicht dem Ermessen der VB, BVerwG DAR **99** 184, **01** 424. Das Übermaßverbot ist verletzt, wenn die Sicherheit und Leichtigkeit des Verkehrs durch weniger weitgehende Maßnahmen gewährleistet werden können, BVerwG NJW **01** 3139, zB wenn im Hinblick auf eine Minderheit sich verkehrswidrig verhaltender Störer innerhalb einer bestimmten Gruppe von VT eine VBeschränkung gegen die gesamte Gruppe gerichtet wird, bevor mildere Mittel (Überwachung) ausgeschöpft sind, VGH Ka VD **04** 47, VGH Mü BayVBl **86** 754.

Einwände von Betroffenen gegen ein VorschriftZ (Z 226 alt) sind gegenüber den öffentlichen Belangen gewichtet **abzuwägen;** der Betroffene hat auch dann Verwaltungsrechtsschutz, wenn die VB die Einwendungen bereits vorbeschieden hatte, OVG Münster VRS **57** 396. Zum **Ermessensspielraum** der StrVB BVerwG VRS **46** 237, OVG Lüneburg VRS **55** 311, VGH Mü DAR **84** 62, VGH Ka NJW **89** 2767, *Steiner* NJW **93** 1361 f. Das Ermessen der StrVB kann nicht rechtswirksam durch eine einem Anlieger gemachte Zusicherung beschränkt werden, OVG Lüneburg NJW **85** 1043, aM OVG Münster NZV **94** 48. Zur Neufassung des § 45 durch ÄndVO v 21. 7. 80 *Steiner* NJW **80** 2342. StrVB: § 44. Die Anordnung eines VVerbots durch das Landratsamt als StrVB verletzt das gemeindliche Selbstverwaltungsrecht nicht, BVerwG NJW **76** 2175. Das Verbot oder Gebot entsteht durch die Anordnung der StrVB; für die VT verbindlich wird es jedoch erst durch die Aufstellung des entsprechenden gültigen VZ, BVerwG NJW **76** 2175, OVG Münster VRS **57** 396.

27   **2. Nur für bestimmte Straßen oder Straßenstrecken** sind Anordnungen nach I, Ia und Ib zulässig (VG Ko DAR **93** 310), für einen bestimmten VBereich oder Ortsteil nur, wenn eine der Ermächtigungen sie für die Gesamtheit dieser Bereiche rechtfertigt (BVerwG VRS **46** 237) und die Voraussetzungen der Beschränkung für jede im betroffenen Ortsteil befindliche Str vorliegen (BVerwG VRS **63** 232 [Kurort]). I und Ia ermächtigen nur zu Beschränkungen hinsichtlich **begrenzter, konkreter örtlicher VSituationen,** um besonderen, situationsbezogenen und im Verhältnis zu anderen Streckenabschnitten erhöhten Gefahren bzw Belästigungen zu begegnen (BVerwG NZV **96** 86, VG Mü DAR **05** 652, *Ronellenfitsch* DAR **84** 13, *Steiner* DAR **94** 341), uU auch auf längeren Strecken, jedoch nur, wenn diese Voraussetzungen, abw vom Regelfall, auf der gesamten Strecke erfüllt sind (BVerwG NZV **96** 86 [116 km AB], OVG Ko NZV **95** 123). Dabei muss (außer in Fällen von Ic) die durch die besonderen örtlichen Verhältnisse begründete Gefahrenlage oder das Belästigungsrisiko das ohne diese konkreten Besonderheiten allgemein bestehende Risiko *erheblich* übersteigen (VGH Ma DAR **02** 284 [Beschränkung des ruhenden V]), wie für den fließenden V aus IX folgt, Rz 28 a. I und Ia bilden daher in aller Regel keine geeignete Rechtsgrundlage für flächendeckende Sperrungen zwecks Erreichung einer „autofreien Innenstadt" (*Hermes* DAR **93** 93 f, *Lorz* DÖV **93** 138, *Jahn* NZV **94** 9). Beschränkungen mittels VZ durch einzelne Länder, die für (nahezu) das gesamte StrNetz des Landes oder als generelles Tempolimit auf AB eingerichtet werden, sind durch § 45 nicht gedeckt und als Umgehung der Gesetzgebungskompetenz des Bundes auf dem Gebiet des StrVRechts (**E** 46) jedenfalls anfechtbar (§ 41 Rz 247; VG Ko DAR **93** 310, *Cramer* DAR **86** 205 ff, BVerwG NZV **96** 86, OVG Ko NZV **95** 123 sowie *Jaxt* NJW **86** 2228, *Bouska* DAR **89** 442). Zu großräumigen StrBenutzungsverboten (= „Fahrverboten") wegen Schneefalls *Brosche* DVBl **79** 718: Allgemeinverfügungen zwecks Gefahrabwehr (dazu I S 2 Nr 5. Rz 31).

28   **3.** Soweit nach I S 1 **aus Gründen der Sicherheit oder Ordnung des Verkehrs** Anordnungen zulässig sind, müssen sie sich streng in diesem Rahmen halten (BVerwG VRS **46** 237, VM **71** 33, OVG Münster VRS **56** 472, *Ludovisy* DAR **93** 312), also aus diesem Grund notwendig sein (BVerwG NJW **71** 1419, NZV **93** 284, OVG Ko NZV **95** 123), sonst sind sie nach dem Übermaßverbot unzulässig, BVerwG NJW **67** 1627. Erhebliche Störungen der Flüssigkeit und Leichtigkeit des V reichen aus, um Maßnahmen zu rechtfertigen, OVG Br VRS **98** 53, VGH Ka VRS **104** 71. Die Leichtigkeit und damit die Ordnung des V ist beeinträchtigt, wenn zB durch parkende Fz die Nutzung einer Grundstücksausfahrt erheblich behindert wird, VGH Ka VRS **104** 71. Nur wenn die besonderen örtlichen Verhältnisse zu einer Steigerung des allgemeinen Risikos einer Beeinträchtigung führen, sind Verbote oder Beschränkungen des fließenden Verkehrs (mit Ausnahme der Einrichtungen von Tempo 30-Zonen) zulässig (Abs 9 S 2), Rz 28 a, insbesondere also niemals zum Zweck der Zurückdrängung des motorisierten Individualverkehrs durch „Schikanierung" (*Arndt* VGT **76** 327) oder zur Förderung der Bereitschaft, Fahrräder zu benutzen, OVG Br VRS **98** 52. Eine die Anordnung rechtfertigende Gefahr für die Sicherheit ist anzunehmen, wenn mit hinreichender Wahrscheinlichkeit Schadensfälle zu befürchten sind (BVerwG NZV **96** 86, VGH Mü VRS **97** 227, OVG Münster VRS **112** 223). Die Begriffe Sicherheit und Ordnung gelten alternativ, nicht kumulativ, *Booß* VM **72** 7. Abs 1 S 1 schützt nicht die Sicherheit und Ordnung allgemein, sondern ermächtigt nur zur Abwehr und Beseitigung von Störungen des *Verkehrs,* OVG Schl VM **92** 85 [zust *Steiner* NJW **93** 3162] (keine verkehrsbeschränkenden Maßnahmen zum Schutz der Bausubstanz von Gebäuden), VGH Mü DAR **99** 112, aM OVG Münster VRS **97** 149 (zum Verhältnis zwischen I S 1 und I S 2 Nr 3), anders aber zB I S 2 Nr 5 (Rz 31). Beschränkungen des IndividualV, die auch stadtplanerischen Absichten oder der Förderung des öffentlichen Nahverkehrs dienen sollen, sind im

Verkehrszeichen und Verkehrseinrichtungen § 45 StVO 2

Hinblick auf Abs 9 allenfalls dann durch Abs 1 gedeckt, wenn jedenfalls straßenverkehrsbezogene Gründe vorliegen, die für sich allein die Voraussetzungen des Abs 1 erfüllen (BVerwG NJW **81** 184, zust *Steiner* NJW **93** 3162, Dü VRS **69** 45, KG NZV **90** 441, OVG Br NZV **91** 125). Andere als die aufgezeigten Gründe rechtfertigen keine Beschränkung nach I, BVerwG NJW **67** 1627. Die StrVB neigen vielfach zu einer extensiven Anwendung von Abs 1 zwecks Durchsetzung allgemeiner verkehrspolitischer Ziele zu Lasten des privaten FzV mit der Folge, dass Beschränkungen häufig nicht von Abs 1 gedeckt sind, VG Berlin NZV **01** 395 (Parkraumbewirtschaftung zwecks Verdrängung des PkwVerkehrs), *Ludovisy* DAR **93** 312, *Lorz* DÖV **93** 138, *Steiner* NJW **93** 3165, und nach Einfügung von Abs 9 (ÄndVO v 7. 8. 97) nicht mit dessen Satz 2 in Einklang stehen, *Hentschel* NJW **98** 347 f. **Die VFlüssigkeit ist mit allen verfügbaren Mitteln zu erhalten** (Vwv zu den §§ 39 bis 43 Rn 4; OVG Lüneburg VRS **55** 311). Die beschränkende Maßnahme ist durch I S 1 gedeckt, wenn sie zur Wiederherstellung oder Verbesserung der Flüssigkeit und Leichtigkeit des V in innerstädtischen Ballungsgebieten notwendig und geeignet ist, BVerwG NZV **93** 284 m Anm *Lorz* NZV **93** 1165 (Busspur), VRS **59** 306, OVG Br NZV **91** 125, VGH Ka VRS **85** 157. Die StrVB muss den Verkehr durch sachgemäße und deutliche VEinrichtungen **vor Gefahr schützen,** jedoch darf sie dabei Aufmerksamkeit der VT voraussetzen (IX S 4), Fra VersR **76** 691. Erforderlich ist solche Sicherung, die ein verständiger, umsichtiger, in vernünftigen Grenzen vorsichtiger Mensch für ausreichend halten darf, BGH VersR **76** 149. Ist zB die beschränkte Eignung eines Wiesenwegs für den FahrV offensichtlich, so darf ein Hinweis hierauf fehlen, Fra VersR **79** 58. Näher zur VSicherungspflicht: Rz 51 ff. Mögen Anlieger, ebenso wenig wie andere VT, auch nicht Anspruch auf eine bestimmte Maßnahme haben, so können sie sich doch auf das Übermaßverbot berufen, BVerwG VRS **46** 237, OVG Ko VwRspr **71** 960, und haben die **Anfechtungsklage** (OVG Münster VRS **57** 396, NJW **67** 1630, VGH Ka VRS **85** 150, VG Br NZV **92** 335). Fall erfolgreicher Anfechtung des Z 220 wegen Verstoßes gegen § 45 I und das Übermaßverbot, VGH Ka VM **73** 91, einer AB-Geschwindigkeitsbegrenzung (VGH Mü DAR **84** 62). Parkverbote in kleineren Gemeinden sind nicht deshalb anfechtbar, weil in Großstädten uU auch in engen Straßen geparkt werden darf, VGH Ka VM **70** 75. VBeschränkungen aus Gründen der Sicherheit oder Ordnung können stets nur den Gesamtverkehr oder eine gesetzlich bestimmte VArt betreffen, **bestimmte VT dürfen dadurch nicht privilegiert werden,** grundsätzlich zB nicht durch bevorzugte „Zuteilung" öffentlichen Parkraums an Behörden und Anlieger zum Nachteil des Gesamtverkehrs (BVerwG NJW **67** 1627, NJW **73** 71 (KonsulatsFz), NZV **98** 427 (Anwohner), E 52). Ausnahmen: Abs 1 b Nr 2. Die abweichende Ansicht (zB Bay NJW **66** 682) versteht unter Sicherheit oder Ordnung des Verkehrs auch Verwaltungsinteressen verkehrsfremder Art. Jedoch können öffentliche VFlächen teilentwidmet und Sonderzwecken vorbehalten werden. Ausnahmen für die Postunternehmen: § 35 VII, für Schwerbehinderte und Ärzte: §§ 12, 46. Solange auf privatem oder verwaltungseigenem Boden öffentlicher Fahrverkehr (§ 1) stattfindet, gelten dieselben Grundsätze. Eine Parkausnahme zugunsten einer fremden Botschaft ist aus diesem Grund unzulässig und auch völkerrechtlich nicht gerechtfertigt (BVerwG NJW **71** 1419, OVG Münster Betr **70** 1972).

Beschränken, verbieten oder umleiten dürfen die StrVB den Verkehr aus den aufgezeigten Gründen durch VZ oder -einrichtungen (Rz 41). Anhörungspflicht vor Anordnung: Vwv Rn 1. Umleitungen: Vwv Rn 2. Zustimmungserfordernis der obersten LandesB oder höherer VB zur Anbringung oder Entfernung bestimmter VZ: Vwv Rn 3 ff und 12. Die Zustimmungserfordernisse sollen verhindern, dass beschränkende Anordnungen nur nach örtlichen Interessen ohne Rücksicht auf den Gesamtverkehr ergehen. Die Rechtsgrundlage des I S 1 für VBeschränkungen wird **durch IX iS einer Konkretisierung (Einschränkung) des Ermessensgebrauchs modifiziert** (BVerwG NJW **01** 3139, **07** 3015). Gem IX S 1, 2 muss die Beschränkung grundsätzlich im Hinblick auf die **Besonderheiten der örtlichen Verhältnisse** und der infolgedessen **das allgemeine Risiko erheblich überschreitenden Gefahrenlage notwendig** sein (BVerwG NJW **01** 3139, **07** 3015 [je Geschwindigkeitsbeschränkung], VGH Ka NJW **99** 2057, OVG Br VRS **98** 53, OVG Hb NZV **00** 346, OVG Münster VM **03** 69 [Geschwindigkeitsbegrenzung gegen Lärm], VG Schl DAR **99** 571). Bei der Anwendung dieser Bestimmung auf die Radwegbenutzungspflicht durch VZ 237 (VG Schl VRS **106** 223, VG Hb NZV **02** 288, zust *Kettler*, VG Berlin VRS **106** 153, NZV **01** 317, *Thubauville* VM **99** 21) ist aber zu berücksichtigen, dass zu den von IX S 2 umfassten Rechtsgütern auch die in I S 2 genannte **Ordnung des Verkehrs** gehört (*Bouska* NZV **01** 320 [Entmischung durch Radwegbenutzung], s aber VG Hannover NZV **05** 223 [unzureichend ausgebauter Radweg]). Der Zweck der durch § 2 IV 2 getroffenen Regelung (Begr, VkBl **97** 688; § 2 Rz 16 d) sowie Vwv zu § 2

IV 2 (§ 2 Rz 20), darf nicht unter Hinweis auf § 45 IX unterlaufen werden. **Besondere örtliche Verhältnisse** können zB bei einem AB-Abschnitt gegeben sein, der als innerstädtische SchnellStr dient und auf dem unterschiedliche VStröme in kurzen Abständen zusammengeführt und getrennt werden oder auf dem in kurzer Folge zahlreiche Zu- und Abfahrten mit einer Vielzahl von Hinweisschildern eingerichtet sind (BVerwG NJW **01** 3139). Die überdurchschnittliche Belastung eines AB-Abschnitts während der Hauptreisezeit rechtfertigt ein Lkw-Überholverbot (OVG Schl NordÖR **06** 300; aM VG Schl VRS **109** 202), nicht ohne Weiteres aber die Erwägung, dass Steigungs- und Gefällstrecken geeignet sind, Unfälle hervorzurufen (VGH Ma ZfS **08** 171 [lediglich abstrakte Gefahrenlage]). **Erhebliche Risikoüberschreitung** iS von IX setzt nicht die Ermittlung einer konkreten Prozentzahl in Bezug auf die Unfallhäufigkeit voraus, vielmehr genügt die Feststellung einer gegenüber durchschnittlichen Verhältnissen deutlich erhöhten Zahl (BVerwG NJW **01** 3139). Ob auf vergleichbaren AB-Abschnitten ähnliche oder andere Unfallzahlen auszumachen sind, ist nicht maßgebend (BVerwG NJW **05** 3015). Die Voraussetzung ist nach OVG Hb NZV **00** 346 jedenfalls erfüllt, wenn die Unfallhäufigkeit auf einer bestimmten AB-Strecke die durchschnittliche Unfallhäufigkeit auf dem gesamten AB-Netz um $1/3$ übersteigt. Auch vor Einfügung des Abs 9 getroffene Beschränkungen und Verbote des fließenden V sind nicht rechtmäßig, wenn sie dieser Bestimmung nicht entsprechen, VGH Ka NJW **99** 2057, *Bouska* VGT **99** 144, *Kettler* NZV **02** 291. Die auf AB häufig in kurzen Abständen wechselnden Geschwindigkeitsbeschränkungen entsprechen den Anforderungen von IX vielfach nicht (*Kullik* PVT **03** 70). Für die Einrichtung von Zonen-Geschwindigkeitsbeschränkungen gelten gem IX S 2 insoweit weniger strenge Anforderungen (Rz 37). Zur Bedeutung von IX für die Beschilderung von Radwegen mit Z 237 VG Berlin NZV **01** 317 (zust *Bitter*, krit *Bouska*), VG Hb NZV **02** 288, 533 (abl *Dederer* NZV **03** 316). Eine an die VT gerichtete Anordnung muss **zur Zweckerfüllung geeignet** sein; sie ist ungeeignet und rechtsfehlerhaft, wenn sie nicht durch rechtmäßiges Verhalten der VT befolgt werden kann oder rechtswidriges Verhalten geradezu provoziert, OVG Br VRS **66** 232. Eine von den strengen Voraussetzungen des IX S 2 abw Regelung enthält IX S 3 für den **„Mautausweichverkehr"**, soweit dadurch die Wohnbevölkerung erheblichen Beeinträchtigungen ausgesetzt ist; die Bestimmung ermächtigt zu VBeschränkungen iS von § 41 II Nr 6 (Kombination von ZusatzZ zu Z 253; hierzu § 41 Rz 248f) auf nicht mautpflichtigen Str durch schwere NutzFz (Im Einzelnen Begr, Rz 8, *Albrecht* SVR **06** 41, s auch *Stehr* NVwZ-RR **06** 645, *Rebler* NZV **06** 122). Die Beschilderung stellt die Behörde vor kaum lösbare Probleme (§ 39 Rz 33, 36; *Geiger* SVR **08** 235). Ist das Verbot wegen lückenhafter Beschilderung von vornherein nicht vollziehbar, so ist es ungeeignet und unverhältnismäßig (VGH Mü DAR **07** 223, Rn 46). Die Auswirkungen müssen *mautbedingt* sein; allgemeine Maßnahmen zur Verkehrsausdünnung werden durch die Norm nicht gedeckt. Jedoch schadet es nicht, wenn damit auch bisheriger DurchgangsV (vor Einführung der Autobahnmaut), also insbesondere sog. „Abkürzungsverkehr", gezwungen sein kann, die AB oder andere freie Strecken zu benützen (VG Ansbach ZfS **06** 717). Die Behörde ist nicht darauf beschränkt, nur den mautfluchtbedingten MehrV herauszufiltern (BVerwG NJW **08** 2867). *Erheblichkeit* ist gegeben bei einer deutlich über den allgemeinen Steigerungsraten liegenden Zunahme des SchwerlastV und dadurch verursachten Konsequenzen für Verkehrsablauf und Verkehrsverhalten und/oder die Lärm- und Abgassituation für die Wohnbevölkerung in Ortsdurchfahrten. Belegt werden muss die Steigerung (Vorher-Nachher-Vergleich). Lärmbelastung ist dann erheblich, wenn sie „wesentlich" iS von § 1 II S 1 Nr 2, S 2 der 16. BImSchV ist; Zunahme unterhalb der Wahrnehmbarkeitsschwelle von 3 db kann genügen, falls zuvor schon unzumutbare Situation (BVerwG NJW **08** 2867; VG Ansbach ZfS **06** 717; *Rebler* BayVBl **07** 230, aM VGH Mü DAR **07** 223 Rn 28 ff). Lärmmessungen uÄ sind nach der Begr (Rz 8) nicht erforderlich (BVerwG NJW **08** 2867; abw. VGH Ka NVwZ-RR **06** 832 [zu I 3], s Rz 29, zw VGH Mü DAR **07** 223, Rn 37). Herangezogen werden können die Ergebnisse der Modellrechnungen des Bundes (s BTDrucks 16/209) und der automatischen und manuellen Zählstellen (abrufbar von den Homepages der Innenministerien der Länder). Ein allgemeingültiger Gradmesser für die *erhebliche* Verkehrszunahme wird sich nicht aufstellen lassen (abw *Rebler* NZV **06** 122: ab Verdoppelung, *Rebler* BayVBl **07** 230: um 50%). Vielmehr entscheiden die örtlichen Verhältnisse. Eine zusätzliche Verkehrsbelastung von unter 2 Lkw des relevanten Mautausweichverkehrs nachts genügt jedenfalls nicht (VGH Mü DAR **07** 223, Rn 47, s aber VG Ansbach ZfS **06** 717 [Zunahme um 16% genügt]). Vollzugsprobleme werden sich wohl auch in Bezug auf die Ausnahmetatbestände nach § 41 II Nr 6 (dort Rz 248f) ergeben. **Anordnung von Tempo 30-Zonen:** Rz 37. Die beschränkende Anordnung muss das **Übermaßverbot** beachten, Rz 26, und die Interessen der Betroffenen berücksichtigen, BVerwG DVBl **61** 247,

Verkehrszeichen und Verkehrseinrichtungen § 45 StVO **2**

OVG Münster VRS **57** 396, BGH VkBl **64** 613, VGH Mü BayVBl **87** 372, zB auch das Interesse an der Nutzung des eigenen Grundstücks, OVG Br NZV **91** 125. Bei der Ermessensentscheidung, wie der Verkehr zu regeln ist (welche VZ aufzustellen oder VEinrichtungen anzubringen sind), sind gem den Rechtsgrundsätzen für gestaltende Verwaltungsentscheidungen (BVerwGE **34** 301) die beteiligten **Interessen gegeneinander abzuwägen** (BVerwG VRS **63** 232, NZV **93** 284, VGH Mü BayVBl **87** 372, VGH Ka VRS **85** 160, OVG Münster NZV **96** 87, 293, OVG Br NZV **91** 125, OVG Schl VM **99** 19, *Steiner* NJW **93** 1362, *Manssen* NZV **92** 469, abw OVG Br ZfS **83** 379). Das Maß der erforderlichen Sicherungsmaßnahmen richtet sich nach dem, was die VSicherheit gebietet und was dem Sicherungspflichtigen billigerweise an Maßnahmen zugemutet werden kann, KG VRS **55** 103, Ba VersR **79** 262. Bei jeder beabsichtigten VBeschränkung ist die Wirkung der Maßnahme auf die dadurch Betroffenen zu berücksichtigen, zB die Wirkung einer Fahrbeschränkung auf das VAufkommen in anderen Straßen, die den unterbundenen Verkehr aufnehmen müssen. Das Interesse des Einzelnen an Zeitgewinn hat bei Geschwindigkeitsbeschränkungen auf der AB, die aus Gründen der VSicherheit erfolgen, zurückzustehen, OVG Schl VM **99** 19 (Anm *Thubauville*), VG Schl NZV **91** 127. Zur Abwägung bei Anordnung einer Geschwindigkeitsbeschränkung auf AB-Gefällstrecke BVerwG VM **75** 65. Solange die Verbindung zwischen Grundstück und dem öffentlichen Wegenetz gewährleistet ist, muss der Anlieger verkehrsbeschränkende Regelungen vor seinem Grundstück hinnehmen (BVerwG VRS **60** 399, NVZ **94** 125 (zust *Peine* JZ **94** 522), OVG Br NZV **91** 125, OVG Saarlouis ZfS **96** 358, VGH Ma ZfS **93** 395, s auch Rz 28b). Der Grundsatz der Verhältnismäßigkeit ist verletzt, wenn die VSicherheit oder -leichtigkeit durch weniger weitgehende Anordnungen erreicht werden kann (Rz 26) oder wenn die Interessen Einzelner vor der Beschränkung Betroffener diejenigen der Allgemeinheit, zu deren Schutz die Beschränkung angeordnet ist, überwiegen, BVerwG VRS **63** 232. Ob die in Abs 1 genannten Gründe vorliegen, unterliegt in vollem Umfang der **verwaltungsgerichtlichen Nachprüfung** (BVerwGE **37** 118, OVG Br VRS **66** 232, ZfS **83** 379, VG Schl VRS **109** 207, VG Saarlouis ZfS **01** 287, VG Berlin NZV **91** 366, *Lorz* DÖV **93** 137 f); hinsichtlich des Ob und Wie des Eingreifens besteht dagegen ein nur beschränkt nachprüfbarer Ermessensspielraum (BVerwG NJW **81** 184, OVG Schl VM **92** 85, OVG Münster NVwZ-RR **98** 627, VG Saarlouis ZfS **01** 287). Die Lenkungsmöglichkeiten gemäß § 45 **sind auf den Schutz der Allgemeinheit abgestellt** (BVerwG VRS **60** 399, NJW **87** 1096, NZV **89** 486, VGH Ma DAR **02** 284, VRS **104** 71, VGH Ka NJW **93** 1090, OVG Lüneburg VkBl **04** 181, OVG Münster VM **03** 69, OVG Schl VM **01** 6). Sie schützen daneben nur in geringem Umfang auch die **Belange Einzelner**, soweit deren geschützte Individualinteressen berührt werden (BVGE **37** 112, DAR **03** 44, VGH Mü NZV **99** 269, VGH Ka VRS **83** 229, NJW **93** 1090, VGH Ma NZV **90** 406, OVG Schl VM **01** 6, VG Saarlouis ZfS **01** 287), und zwar soweit diese durch Einwirkungen des StrV in einer Weise beeinträchtigt werden, die das nach allgemeiner Anschauung zumutbare Maß übersteigt (VGH Ma DAR **02** 284, VRS **104** 71, OVG Münster VM **03** 69). Nur in diesem Umfang kann ausnahmsweise ein Anspruch auf ermessensfehlerfreie Entscheidung gegeben sein, ob und ggf welche Maßnahmen zu treffen sind (BVerwG **37** 112, BVerwG DAR **03** 44, NJW **87** 1096, NZV **89** 486, VGH Ma DAR **02** 284, VRS **104** 71, VGH Ka VM **77** 95 (Behinderung der Garagenbenutzung durch parkende Fz), NJW **89** 2767 (Schutz vor Lärm), VM **91** 24, VGH Ma NZV **97** 532 (Abgase, Lärm), VGH Mü NZV **91** 87 (Zugang zur Garage), NZV **99** 269 (Schutz vor Lärm), OVG Lüneburg VkBl **04** 181, OVG Schl VM **01** 6 (Schutz vor Lärm), OVG Münster NZV **96** 293 (Anliegerklage gegen Einrichtung einer LZA), NZV **97** 132 (Bewohnerparkausweis), VM **03** 69, VRS **112** 223 (Schutz vor Lärm und Abgasen), OVG Saarlouis ZfS **02** 361, VG Saarlouis ZfS **01** 287 (jeweils Maßnahmen gegen Parken vor dem Haus eines Rollstuhlfahrers). Soweit der Schutz vor Lärm und Abgasen betroffen ist, kommt den Grenzwerten nach § 2 I der 16. BImSchV besondere Bedeutung zu, wobei Dringlichkeit der Maßnahme und vermehrte Lärmbelastung gegeneinander abzuwägen sind (OVG Münster VRS **112** 223). Regelmäßig besteht dagegen ein solcher Anspruch des Anliegers nicht (BVerwG Buchholz **44** 2. 151, § 45 StVO Nr 9 [Zulassen des Gehweg-Parkens], Nr 10 (Beseitigung eines eingeschränkten eines eingeschränkten Haltverbots), OVG Br ZfS **83** 379, VGH Ka VM **91** 24 (Einrichtung einer Parkmöglichkeit für Lkw in Firmennähe), VGH Ma DAR **02** 284, VG Bra SVR **07** 35 m Anm *Geiger*, s auch *Stollenwerk* VD **07** 12 [je Einrichtung eines Haltverbots im Bereich einer Ausfahrt]). Demgegenüber wird teilweise bei schutzwürdigem Interesse an der Ausgestaltung einer Verkehrssituation uU auch ein Anspruch eines Einzelnen auf eine *bestimmte Anordnung* anerkannt, OVG Lüneburg NJW **85** 2966 (Einrichtung einer LZA), OVG Münster NZV **96** 87 (zur Gewährleistung des Anliegergebrauchs), BVerwG NJW **87** 1096, VG Neustadt ZfS **02** 311.

Soweit eine Individualisierung ausgeschlossen ist, gilt dieser Ausschluss auch gegenüber Gemeinden, BVerwG NVwZ **83** 610. Zur Zulässigkeit einer vorbeugenden Unterlassungsklage eines Anliegers gegen eine Umleitung, VGH Mü NZV **93** 207.

Lit: *Kettler*, § 45 IX – ein übersehener Paragraph?, NZV **02** 57. *Lorz*, Voraussetzungen und Konsequenzen von VBeschränkungen, NVwZ **93** 1165. *Manssen*, Öffentlichrechtlich geschützte Interessen bei der Anfechtung von VZ, NZV **92** 465. *Rebler*, Der Anspruch auf behördliches Einschreiten, VD **05** 59. *Ders.*, Das Verkehrszeichen und die Anordnungsmöglichkeiten nach § 45 StVO, NZV **06** 113; *Röthel*, Individuelle Mobilität in der Interessenabwägung, NZV **99** 63. *Stehr*, Mautpflicht und die Folgen, NVwZ **06** 645. *Steiner*, Innerstädtische VLenkung durch verkehrsrechtliche Anordnungen nach § 45 StVO, NJW **93** 3161.

28b **In Betracht kommen** Beschränkungen für bestimmte VArten (Fz, bestimmte Kfz, Schienenfz, Fahrräder, Reiter, Einrichtung von Sonderwegen, Sperrung des Durchgangsverkehrs), auf Zeit oder dauernd (bestimmte Tage oder Tageszeiten, z.B. während der Nachtstunden, OVG Ko DAR **85** 391, Sperrung eines Fahrstreifens für Fz zugunsten der Straba, OVG Br NZV **91** 125, Sperrung an Feiertagen, abweichende Regelungen für gerade und ungerade Tage) oder für bestimmte Vorgänge (Parkzonen, Aufstellung von Parkuhren, Überholverbote, EinbahnV, Geschwindigkeitsbeschränkung, Halt- und Parkverbote). Durch **Sperrung einzelner Straßen** können ganze Ortsteile im Rahmen des Übermaßverbots auch für Anlieger für bestimmte Arten des FahrV gesperrt werden (BVerwG NJW **81** 184, OVG Lüneburg DAR **73** 54, *Krämer* NVwZ **83** 336). Zum Mautausweichverkehr Rz 28a. Zur Berechtigung der Dauersperre eines Wegs für gewerbliche Kfz wegen VUnsicherheit BVerwG VRS **56** 300. Zur StrSperrung vor dem Fällen eines gefährlich überhängenden Baums, Fra VRS **56** 81. Zur Sperrung einer AB-Strecke wegen Nebels und zur Frage eines Amtshaftungsanspruchs bei unterlassener Sperrung *Fuchs-Wissemann* DAR **85** 303. Die Rechtmäßigkeit der **Anordnung einer Einbahnstr** infolge einer StrVerengung durch bauliche Veränderung hängt nicht davon ab, ob auch die zu Grunde liegende (nach dem StraßenR zu beurteilende) straßenbauliche Maßnahme rechtmäßig ist (OVG Hb NVwZ-RR **07** 496; OVG Münster VRS **112** 223). Ist ein zeitlich beschränktes Fahrverbot (Z 250) zur Gewährleistung der Sicherheit und Ordnung ausreichend, so ist es rechtswidrig, soweit es darüber hinausgeht, OVG Münster VRS **62** 154, VGH Mü BayVBl **86** 754 (generelle Sperre einer Bergstrecke für Motorräder). Völliger Ausschluss bisher zugelassener VArten von bestimmten Straßen oder StrZügen, die zusammen auch einen geschlossenen Ortsbereich bilden können (zB bei Einrichtung von Fußgängerzonen) kann straßenrechtlich auf **Teileinziehung der VFläche** hinauslaufen (E 49, BVerfG NJW **85** 371, VGH Ma NZV **91** 85, VGH Ka VRS **83** 229, NVwZ-RR **93** 389, *Cosson* DÖV **83** 536, *Steiner* VGT **94** 114f). Zur Abgrenzung straßenrechtlicher und straßenverkehrsrechtlicher Kompetenz in solchen Fällen VGH Ma NJW **82** 402, VGH Mü VRS **97** 229, VG Stu NZV **89** 46, *Manssen* DÖV **01** 153, *Krämer* NVwZ **83** 336, *Dannecker* DVBl **99** 145f. Das StrVRecht allein ist keine geeignete rechtliche Grundlage zur Einschränkung des Widmungsumfangs durch die StrVB (VGH Ma NJW **91** 85, **95** 45, VGH Ka VRS **83** 229, NVwZ-RR **93** 389, VGH Mü DAR **96** 112, OVG Lüneburg VRS **68** 476, OVG Münster NVwZ-RR **98** 627 (629), Dü VRS **69** 48). Außer dem Grundsatz der Verhältnismäßigkeit ist daher auch **straßenrechtliche Zulässigkeit** Voraussetzung. Insoweit unterliegt die Einrichtung von Fußgängerzonen *straßenrechtlichen* Kompetenzen (Teilentwidmung), BVerwG VM **76** 65, VGH Ma NZV **91** 85, *Steiner* JuS **84** 5, s auch Rz 35. Zwar dürfen die *Landes*StrVBen Anordnungen gem § 45 auch auf *Bundes*Str treffen, jedoch steht die VFunktion der Str dabei nicht zu ihrer Disposition, *Steiner* DAR **94** 342, 347; bei Beschränkung widmungsgemäßer Nutzung von BundesStrn müssen die Anordnungsgründe daher ein besonderes Gewicht haben, *Steiner* DAR **94** 342f. Faktische Widmungserweiterung durch eine straßenverkehrsrechtliche Maßnahme iS von § 45 I S 1 ist unzulässig (Sperrung mit gleichzeitiger Ausnahme für eine Verkehrsart, für die keine Widmung besteht), VGH Ma NJW **84** 819, Dü VRS **69** 48. Zum Verhältnis straßen*verkehrs*rechtlicher Maßnahmen gem § 45 zum Straßenrecht bei widmungsrechtlichen Auswirkungen *Steiner* JuS **84** 4, *Dannecker* DVBl **99** 145. Widmungsbeschränkung von OrtsStr auf eine Fußgängerzone ist zulässig, soweit der beschränkt fortbestehende **Anliegergebrauch** noch angemessene Nutzung der Anliegergrundstücke erlaubt, BVerwG NJW **75** 1528, näher *Wendrich* DVBl **73** 475. Aus dem eigentumsrechtlichen Schutz des Anliegergebrauchs folgt nicht notwendig die Gewährleistung der Erreichbarkeit des Grundstücks mit dem Kfz, sofern eine Verbindung zum öffentlichen StrNetz überhaupt besteht, BVerwG NZV **94** 125 (zust *Peine* JZ **94** 522), **95** 122, OVG Münster VRS **109** 378, erst recht nicht die Gewährleistung möglichst bequemer Art der Zufahrt, VGH Ma DAR **02** 284. Das Recht auf Anliegergebrauch steht der Beseitigung von Parkmöglichkeiten in unmittelbarer Nähe

Verkehrszeichen und Verkehrseinrichtungen § 45 StVO **2**

des Grundstücks nicht entgegen, BVerwG NJW **83** 770 (Schaffung einer Fußgängerzone), DÖV **85** 791, ZfS **92** 249, NZV **93** 284, OVG Münster VRS **109** 380, OVG Br VRS **66** 232, auch nicht der Einrichtung eines Sonderfahrstreifens für Linienbusse, sofern die Zufahrt durch entsprechende Fahrbahnmarkierung gestattet bleibt, BVerwG NZV **93** 284, VGH Mü VM **84** 27, VGH Ka VRS **85** 157. Erleichterungen von beschränkenden Maßnahmen kommen bereits bei erschwerter Zufahrt zur öffentlichen Str in Betracht, denn der Wert eines Grundstücks oder Geschäfts kann durch Umwandlung einer Fahrstr in eine Fußgängerzone erheblich gemindert werden, OVG Lüneburg VM **79** 77. Teilentwidmung in eine Fußgängerzone mit zeitlichem LieferfahrV schließt Erweiterung der Zufahrt aus Gründen der Existenzerhaltung eines Anliegers (Zusatzschild) insoweit aus, als dadurch die Teilentwidmung faktisch aufgehoben würde, BVerwG NJW **82** 840, s aber OVG Lüneburg VM **79** 77. Bei Sicherung der Belieferung innerhalb einer Kurzone (Borkum) kann das allgemeine Wohl uU sogar ein saisonales Fahrverbot für Anlieger rechtfertigen, BVerwG NJW **80** 354. Abs 1 S 1 ist keine geeignete Grundlage für VBeschränkungen im Zusammenhang mit der Einrichtung von **Fahrradparkplätzen** im Interesse einer Förderung des Verzichts auf das Kfz zugunsten des Fahrrads (Rz 32, OVG Br VRS **98** 53, VG Lü NJW **06** 1609).

4. Arbeiten im Straßenraum, Verhütung außerordentlicher Straßenschäden, Lärm- 29
und Abgasschutz der Wohnbevölkerung (I S 2 Nr 1–3). Diese Zwecke, die wie die übrigen im Katalog von I S 2 und I a genannten neben dem des Abs 1 S 1 stehen, OVG Schl VM **92** 85, rechtfertigen angemessen abgewogene VBeschränkungen (Rz 26). Zum Schutz gegen übermäßigen VLärm und gegen Abgase reichen Geschwindigkeitsbeschränkungen meist nicht aus. Die VB müssen Straßen für bestimmte VArten auch sperren können, sofern der Verkehr zumutbar umgeleitet werden kann (BRDrucks 420/70 Nr 23b), auch für bestimmte Tageszeiten, etwa die Nachtstunden. Dabei sind zwar die Auswirkungen auf andere Strn zu berücksichtigen; die Rechtmäßigkeit einer verkehrsberuhigenden Maßnahme hängt jedoch nicht davon ab, dass alle davon berührten Strn gleich stark belastet sind, VGH Ma NZV **89** 87. Zur Interessenabwägung bei Nachtfahrverbot VGH Mü BayVBl **87** 372, *Steiner* DAR **94** 341. Sperrung eines Taxistandplatzes während der Nacht bei Einrichtung eines in der Nähe gelegenen Ausweich-Standplatzes zum Schutz vor Lärm ist nicht ermessensfehlerhaft, OVG Ko DAR **85** 391. I S 2 Nr 3 rechtfertigt nur Maßnahmen gegen Kfz, nicht zB Geschwindigkeitsbeschränkungen für Straba, wie aus § 6 I Nr 3 d StVG folgt, BVerwG NZV **00** 309. **Schutz der Wohnbevölkerung**: VGH Ka NJW **89** 2767, VG Mü NZV **93** 286 (früher: in Wohngebieten); erfasst werden alle VFlächen, nicht nur Wohnstraßen, OVG Münster NVwZ-RR **98** 627, von denen unzumutbarer Lärm und unzumutbare Abgasemission für Anwohner ausgehen kann, zB auch an Wohngebiete angrenzende Zubringer- und Entlastungsstraßen, jedoch unter billiger Abwägung mit dem Interesse des fließenden Verkehrs, BVerwG NZV **00** 386. Die Entscheidung ist in das pflichtgemäße Ermessen der VB gestellt, BVerwG NZV **00** 386, VGH Ka NJW **89** 2767, OVG Münster NVwZ-RR **98** 627. Bei der Entscheidung, ob und ggf in welcher Weise der Lärmimmission entgegenzuwirken ist, hat die VB dem besonderen Anliegen der Wohnruhe und dem hohen Rang der Gesundheit Rechnung zu tragen, OVG Münster VkBl **81** 220. Zu dieser Abwägung bei AB *Bouska* VD **80** 219. Abzuwägen ist zwischen der Funktion der Straße (AB) im Rahmen der Freizügigkeit des Verkehrs einerseits und dem Schutz der Wohnbevölkerung andererseits, VGH Ka NJW **89** 2767, OVG Münster NVwZ-RR **98** 627, wobei Abs 9 zu beachten ist, VGH Ka NJW **99** 2057. Zur Verkehrsberuhigung s iÜ Rz 35. Einrichtung von Tempo 30-Zonen: Rz 37, von verkehrsberuhigten Geschäftsbereichen: Rz 38. Rechtsfehlerhaft ist eine Geschwindigkeitsbeschränkung auf AB aus Lärmschutzgründen, wenn gewichtige für eine geringere Beschränkung sprechende Belange unberücksichtigt blieben, VGH Mü DAR **84** 62. Begrenzung auf 80 km/h aus Gründen des Lärm- und Abgasschutzes ist nicht deswegen rechtsfehlerhaft, weil AB-Planung abgeschlossen war, bevor die Wohnbebauung bis dicht an die AB geplant war, VGH Mü DAR **84** 62. Die Begriffe „beschränken" und „verbieten" lassen sachliche und zeitliche Differenzierung zu und erfordern sie. I S 2 Nr 3 setzt keine bestimmten Schallpegel voraus, sondern gewährt Schutz vor solchen Lärmbelästigungen, die unter Berücksichtigung der Belange des Verkehrs ortsüblich nicht zumutbar sind, BVerwG NJW **00** 2121, VM **86** 90, VGH Mü BayVBl **87** 372, VGH Ka NJW **89** 2767, OVG Münster VM **03** 69, NVwZ-RR **98** 627 (629). Liegen diese vor, so dürfen Maßnahmen nicht deswegen abgelehnt werden, weil sie wegen bevorstehender Umbauarbeiten als Folge eines bereits weit fortgeschrittenen Planfeststellungsverfahrens zeitlich begrenzt wären, OVG Münster VRS **110** 63. Kein Anspruch auf Schutzmaßnahmen bei Überschreitung eines bestimmten Schallpegels, BVerwG

NZV **94** 244, VGH Mü NZV **99** 269, VRS **103** 40, OVG Münster VM **03** 69. Lärmschutz-Richtlinien-StrV, VkBl **90** 258, **92** 208, bieten lediglich ein Indiz, BVerwG NZV **94** 244, VGH Mü NZV **99** 269, *Stehr* NVwZ **06** 645. Beschränkungen der widmungsgemäßen Nutzung einer **BundesStr** durch LandesStrVB nach I S 2 Nr 3 setzen eine besonders schwerwiegende Lärmbelästigung voraus, OVG Münster VM **03** 69, NVwZ-RR **98** 627 (629), *Steiner* DAR **94** 343 (s auch Rz 28b), nach VGH Ka NVwZ-RR **06** 832 (krit *Krohn* ZUR **06** 250) bei einem Verkehrsverbot für den Lkw-Fernverkehr (Mautausweichverkehr über 3,5 t, s Rz 28a) dergestalt, dass die Lärm- und Abgasimmissionen eine relevante Gesundheitsgefährdung der Wohnbevölkerung auslösen müssen. Lärm, der nicht unmittelbar vom KfzV ausgeht, wird von I S 2 Nr 3 nicht erfasst, VGH Mü DAR **96** 112 (Bahn), OVG Münster VRS **97** 149 (Straba); die Ermächtigungsnorm (§ 6 I Nr 3d StVG) betrifft nur *durch Kfz* verursachte Immissionen. Kein jahreszeitlich uneingeschränktes Verbot für Motorräder auf einer 50 m von der Bebauung entfernt verlaufenden BundesStr an Sonn- und Feiertagen aus Gründen des Lärmschutzes, wenn die Werte dieser Richtlinien nicht erreicht werden, VG Mü M 1564 VI 84. Lärm- und Abgasschutz ist, außer nachts, uU auch ganztägig zulässig (§ 6 I Nr 3d StVG). Die Lärm- und Abgasschutzvorschriften dienen beschränkt auch dem Individualschutz (Rz 28a) und können (unter den Voraussetzungen des IX) einen Anspruch auf ermessensfehlerfreie Entscheidung der VB begründen, BVerwG NZV **94** 244, VGH Ka NJW **89** 2767, VGH Mü NZV **99** 269, VRS **103** 40, OVG Münster VM **03** 69, Rz 28a, der sich uU zu einem Anspruch auf verkehrsregelndes Einschreiten verdichten kann, VGH Ka VRS **105** 386 (400). Auch soweit **Ozon** durch KfzAbgase mitverursacht wird, kann I S 2 Nr 3 für VBeschränkungen ganz unabhängig von der Frage des Verhältnisses zu den Bestimmungen des BImSchG schon deswegen nicht als Grundlage dienen, weil diese Bestimmung flächendeckende Beschränkungen nicht erlaubt (Rz 27) und Beschränkungen innerhalb begrenzter Gebiete wegen der Verbreitung dieses Gases über große Entfernungen eine völlig ungeeignete Maßnahme wäre (BVerwG DAR **99** 469, aM VG Fra NVwZ-RR **97** 92); iÜ ist Ozon kein Abgas iS von I S 2 Nr 3 (BVerwG DAR **99** 469, s auch Rz 31). Eine Ermächtigung der StrVB zur VBeschränkung oder zum VVerbot für Kfz auf bestimmten Str oder in bestimmten Gebieten bei Überschreiten bestimmter **Schadstoffkonzentrationswerte in der Luft** enthält, ohne Einfluss auf die durch I S 2 Nr 3 begründete Ermächtigung (OVG Münster NVwZ-RR **98** 627), **§ 40 BImSchG.** Verkehrsverbote bei erhöhten Ozonkonzentrationen: Buchteil **10.** VBeschränkungen nach I S 2 Nr 3 und 5 zwecks Reduzierung der **Belastung durch Feinstaubpartikel** werden durch § 40 I S 1 BImSchG nicht generell ausgeschlossen (VGH Mü NVwZ **07** 230, aM VG Mü DAR **05** 652). Nach BVerwG NJW **07** 3591 soll ein Anspruch des Einzelnen auf planunabhängige Maßnahmen (Verbot des Lkw-Durchgangsverkehrs) bei Überschreiten der Grenzwerte bestehen; dass hierdurch das Problem (die Belastung durch Feinstaub) nur verlagert würde und ein Bedürfnis nach planerischer Bewältigung mit Hilfe eines Aktionsplans iS von § 47 II BImSchG und von Art 7 III der Richtlinie 96/62/EG besteht, soll dem nicht entgegenstehen (aM VGH Mü NVwZ **07** 230, i Erg. zust *Geiger* DAR **07** 181; krit *Willand/Buchholz* NVwZ **07** 171, s auch VGH Mü NVwZ **05** 1096, zust *Sparwasser* NVwZ **06** 369). Vorlage gem Art 234 EG zum EuGH durch BVerwG NVwZ **07** 695 zur Frage eines gemeinschaftsrechtlichen Anspruchs des Einzelnen auf Aufstellung eines Aktionsplans. Die Frage wird von EuGH NVwZ **08** 984 bejaht. Zur KennzVO § 47 StVZO Rz 1c, 6a, 7a. Zur Bestimmtheit bei der Einrichtung von Umweltzonen *Hellriegel/Hermanns* DAR **07** 629; zum Verhältnismäßigkeitsgrundsatz *Brenner* DAR **08** 262f.

Lit: *Brenner* Klagen im Zusammenhang mit Umweltzonen DAR **08** 260 *Geiger*, Aktuelle Rspr zur Feinstaubproblematik, DAR **07** 181. *Scheidler*, Verkehrsbeschränkungen aus Gründen der Luftreinhaltung – Ein Beitrag zur aktuellen Feinstaubdiskussion, NVwZ **07** 144. *Steiner*, Zulässigkeit und Grenzen der verkehrsrechtlichen Anordnung von Nachtfahrverboten zu Lasten des LkwV auf BundesStrn, DAR **94** 341. *Willand/Buchholz*, Feinstaub: Der VGH München, NVwZ **07** 171.

30 **5. Schutz der Gewässer und Heilquellen** (I S 2 Nr 4). Die Bestimmung beruht auf der inzwischen gestrichenen Ermächtigungsnorm des § 6 I Nr 5 StVG, die den Gewässerschutz „*bei der Beförderung wassergefährdender Stoffe*" im StrV betraf. Durch den Wegfall des § 6 I Nr 5 StVG (alt) wird der Fortbestand der Bestimmung nicht berührt, § 6 StVG Rz 2. VBeschränkungen zum Schutz von Gewässern bei Beförderung wassergefährdender Stoffe sind demnach von Abs 1 Nr 4 gedeckt. Begr: VkBl **70** 825. „Gewässer": § 1 WHG. S das VZ 354 (Wasserschutzgebiet).

31 **6. Maßnahmen zur Erhaltung der öffentlichen Sicherheit** (I S 2 Nr 5). Die Bestimmung ermöglicht VBeschränkungen nicht nur im Interesse des Verkehrs, sondern auch zum Schutz von Rechtsgütern außerhalb des V, BVerwG DAR **03** 44, **99** 471. Zur öffentlichen Si-

cherheit gehören außer der VSicherheit auch Maßnahmen außerhalb des Verkehrsbereichs, aber mit verkehrsbeeinflussenden Mitteln, nämlich der allgemeinen polizeilichen Prävention, wie zB bei einer Fahndung, bei Wetterkatastrophen oder Maßnahmen zum Objektschutz (StrSperrung). I S 2 Nr 5 ermächtigt zB auch zur Anordnung von Haltverboten zur Verhinderung von Bombenanschlägen mittels abgestellter Kfz (§ 6 StVG Rz 22 f), BVerwG NZV **93** 44 (unter Hinweis auf § 6 I Nr 17 StVG) oder zur Anordnung flächendeckender Fahrverbote bei außergewöhnlichen naturbedingten Verhältnissen (Begr VkBl **80** 519) und bildet damit unmittelbar eine Grundlage für notwendige Beschränkungen im Interesse der Erhaltung der öffentlichen Sicherheit, VG Mü NZV **93** 286, VG Göttingen NZV **95** 126 (127), einschränkend OVG Schl VM **92** 85. Eine dauernde Sperrung einer Str zu Zwecken des Objektschutzes, die einer Entwidmung bzw. Teilentziehung gleichkäme, ermöglicht die Vorschrift nicht (Rz 28 b); ist sie gewollt, so muss im Wege des StraßenR vorgegangen werden, VG Mü v 11. 10. 06, M 23 K 05.4173, juris. Die Bestimmung berechtigt zu VBeschränkungen auch zum Schutz der Gesundheit, BVerwG DAR **99** 471, oder des Eigentums, etwa von Anliegern, BVerwG DAR **03** 44 ((Erschütterung eines Gebäudes durch SchwerV). Landesrechtliche VBeschränkungen zur Vermeidung schädlicher Umwelteinwirkungen, E 47. Für Ozonbekämpfung durch VBeschränkungen, etwa flächendeckende oder landesweite Geschwindigkeitsbeschränkungen oder Fahrverbote bietet I S 2 Nr 5 keine Rechtsgrundlage, weil dieses Ziel außerhalb des durch die Ermächtigung des § 6 I Nr 17 StVG begrenzten Schutzzwecks dieser *straßenverkehrsrechtlichen* Norm liegt, BVerwG DAR **99** 469, aM VGH Mü NZV **94** 87, dazu auch VGH Mü NZV **94** 87, VG München NZV **93** 286, VG Göttingen NZV **95** 126, *Schmidt* NZV **95** 51 f. Verkehrsverbote bei erhöhten Ozonkonzentrationen waren bundesrechtlich durch die am 31. 12. 99 außer Kraft getretenen §§ 40 a bis 40 e, 62 a BImSchG geregelt. Verkehrsbeschränkende Maßnahmen nach § 40 BImSchG: Buchteil **10**, Maßnahmen zur Reduzierung der Feinstaubbelastung: Rz 29 aE.

7. Verkehrsdienliche Forschung, Erprobung verkehrlicher Maßnahmen (I S 2 Nr 6). **32**
Beschränkungen zu solchen Zwecken dienen nicht unmittelbar der VSicherheit oder -ordnung, daher diese Sonderermächtigung. Voraussetzung ist das Vorliegen einer konkreten Gefahr für die in § 45 genannten Schutzgüter; nicht insoweit dürfen Zweifel bestehen, sondern nur in Bezug auf die geeigneten Maßnahmen, OVG Münster NZV **96** 214. IdR wird es sich um kurz befristete Maßnahmen handeln müssen, VG Ko DAR **93** 310, *Ludovisy* DAR **93** 313. Nicht erforderlich ist im Falle der *1. Alt.* (Erforschung des Unfallgeschehens usw) rechtliche Zulässigkeit der zur Erforschung getroffenen Maßnahme als endgültige Regelung, OVG Münster NZV **96** 214. Daher kann hier mangels Verknüpfung mit der endgültigen Regelung die Erforschung auch die Eignung straßenrechtlicher Maßnahmen erkunden, VGH Ma NZV **95** 45 (9½-monatige Erprobung gebilligt), abw VG Stu NZV **89** 46. Im Fall der *2. Alt.* von I S 2 Nr 6 muss die Erprobung das Ziel einer im Rahmen der Widmung möglichen verkehrsrechtlichen Regelung verfolgen; bezieht sie sich ausschließlich auf eine straßenrechtliche Maßnahme, so ist I S 2 Nr 6 keine geeignete Grundlage, VGH Ma NZV **95** 45, VG Stu NZV **89** 46. Eine Beschränkung ist nach I S 2 Nr 6 nur dann rechtmäßig, wenn sie auch als endgültige Maßnahme rechtmäßig wäre (VGH Ma NZV **95** 45, OVG Münster NJW **96** 2049; VG Lü NJW **06** 1609 (unzulässige Aufstellung eines VZ zur Verhinderung von „Fahrradparkplätzen", hierzu auch Rz 32, § 41 Rz 248 c [zu Z 239]). Die Bewertung hat die VB in eigener fachlich fundierter verkehrsplanerischer Prüfung vorzunehmen, nicht auf Grund von Bürgerinitiativen oder -protesten (OVG Saarlouis VM **03** 46). Eine VBeschränkung kann uU gleichzeitig auf I S 1 und auf I S 2 Nr 6 gestützt werden (VGH Ma NZV **89** 87).

**8. Schutz der Erholungsgebiete, -orte und -stätten, der Kurorte, Arten- und Bio- 33
topschutz, Anstaltsschutz, Schutz kultureller Veranstaltungen** (I a). Auch insoweit sind Beschränkungen gemäß I durch die StrVB zulässig, jedoch nur hinsichtlich anders nicht vermeidbarer Belästigungen durch den Fahrverkehr. Die Beschränkung muss das einzig mögliche, zumutbare Schutzmittel sein. Geschützt sind auch die Erholung Suchenden in bestimmten Landschaftsgebieten (Naturparks, Landschaftsschutzgebiete) (Begr und Vwv Rn 15), VGH Mü NZV **02** 147. Zur Absperrung einer Str im Interesse Erholung suchender Fußgänger VGH Ka VM **81** 72. In Kurzonen sind Beschränkungen auch bei niedrigem Dauer-, aber hohem Spitzengeräusch zulässig, OVG Lüneburg GewA **79** 275. Keine Rechtsbedenken gegen Nachtfahrverbote, Ce NJW **67** 743, in Kurorten auch für ganze Ortsteile, wenn nur dadurch Belästigungen durch den FzV vermieden werden können, BVerwG VRS **63** 232. Insgesamt wird es hier vor allem auf Lärm- und Abgasdrosselung, auf Geschwindigkeitsbeschränkungen und be-

schränkte oder völlige Fahrverbote ankommen. Nur soweit andere Mittel nicht zur Verfügung stehen, kommen VBeschränkungen (etwa Umleitung des SchwerV) auch zum Schutz kultureller Veranstaltungen (Musik-, Theaterveranstaltungen im Freien) in Betracht, Abs 1a Nr 4b, Begr, Rz 6. Ein HupverbotsZ sieht die StVO nicht vor, Hupenlärm verletzt jedoch die §§ 1, 30 StVO.

34 **9. Einrichtung gebührenpflichtiger Parkplätze für Großveranstaltungen** (I b S 1 Nr 1). Die StrVB dürfen die notwendigen straßenverkehrsrechtlichen Anordnungen bei der Einrichtung solcher Parkplätze treffen. Das Problem einer straßenverkehrsrechtlichen Umwidmung von VFlächen zum gegen Gebühren nutzbaren öffentlichen Parkplatz erschien wegen möglicher Kollision mit dem StrVR über den ruhenden Verkehr zweifelhaft. Deshalb ermächtigt I b 1 Nr 1 dazu, nutzbare Parkflächen (Parkplätze, Parkstreifen) anlässlich von Großveranstaltungen gebührenpflichtig zu machen. Abs 1 b 1 Nr 1 ermächtigt auch zur Gebührenerhebung für die Zeit vor Beginn der Veranstaltung, in der mit dem Eintreffen von Besuchern zu rechnen ist, Kö NZV **92** 200.

35 **10. Kennzeichnung von Parksonderrechten für Bewohner, von Fußgängerbereichen und verkehrsberuhigten Bereichen einschließlich deren Sicherheit und Ordnung, Lärm- und Abgasschutz der Bevölkerung, Unterstützung städtebaulicher Entwicklung** (I b S 1 Nr 2–5). Soweit hierbei in den Umfang der wegerechtlichen Widmung eingegriffen wird, setzt die Kennzeichnung durch die StrVB zuvor entsprechende wegerechtliche Verfügungen voraus, BVerwG NJW **82** 840, NZV **98** 427 (428), *Manssen* DÖV **01** 153 (Fußgängerbereich), *Steiner* JuS **84** 4 (Fußgängerbereich), *Randelzhofer* DAR **87** 242, *Hillgruber* VerwA **98** 97, 101 (Bewohnerparkzone, s aber Rz 36). IÜ kommt der StrVB über bloße vollziehende Funktion hinaus auch inhaltliche Mitentscheidungsbefugnis zu, *Steiner* NVwZ **84** 202, *Randelzhofer* DAR **87** 241, aM zB *Dannecker* DVBl **99** 150. Im Einvernehmen mit der Gemeinde ordnet die StrVB die Maßnahmen an (I b S 2). Bei gegebenem Einvernehmen bleibt die Anordnung aber staatliche Angelegenheit ohne Bindung an Wünsche der Gemeinde, der lediglich ein Vetorecht gegen unerwünschte Anordnungen zusteht, BVerwG NZV **94** 493. Anspruch der Gemeinde auf ermessensfehlerfreie Entscheidung der StrVB nur, soweit sie wegen ihrer Planungshoheit in den Schutzbereich des I b S 1 Nr 5 („städtebauliche Entwicklung") einbezogen ist, BVerwG NZV **94** 493, **95** 243. Auch I b S 1 Nr 5 ermächtigt nicht zu flächendeckenden VBeschränkungen (Rz 27), *Steiner* NJW **93** 3163. **Fußgängerbereiche** sind idR straßenrechtlich zu Gehbereichen, uU mit Sonderfahrverkehr, umzustufen, *Meins* BayVBl **83** 641, *Randelzhofer* DAR **87** 242, *Dannecker* DVBl **99** 146, s auch Rz 28 b. Bei Fußgängerbereichen genügt das Z 242 mit entsprechenden Halt- oder Parkverboten. In derartigen Sonderbereichen gilt I S 1 ebenfalls. In **verkehrsberuhigten Bereichen** dauert der Fahrverkehr an (allgemeiner Mischverkehr); es gilt die Regelung gemäß Z 325 (326). Einer Widmungsbeschränkung oder Umstufung bedarf es daher regelmäßig nicht, *Steiner* NVwZ **84** 203, *Geißler* DAR **99** 347, aM *Randelzhofer* DAR **87** 243 wegen des Nachrangs der Fz gegenüber Fußgängern. Unzulässig ist die Einrichtung verkehrsberuhigter Bereiche, wenn damit in erster Linie allgemein der Individual-Kfz-V getroffen werden soll, *Randelzhofer* DAR **87** 244. Es ist darauf zu achten, dass zulässige Maßnahmen zur Verkehrsberuhigung nicht zu einer andere Gebiete unzumutbar belastenden Verlagerung des Verkehrs führen (s aber Rz 29), ferner darauf, dass nicht Feuerwehr und StraßendienstFz in einer ihren Einsatzzweck gefährdenden Weise behindert werden. Verkehrsberuhigung darf außerhalb der durch Z 325/326 gekennzeichneten Bereiche nicht durch Verbringen von Hindernissen (zB Betongegenstände verschiedener Art, Blumenkübel usw) gefördert werden (str); dies verstößt gegen § 32 StVO (dort Rz 8) und kann bei dadurch verursachter Gefährdung § 315 b I Nr 2 StGB erfüllen, § 315 b StGB ausnahmsweise (dort Rz 10) und bei Schädigung zum Schadensersatz verpflichten, Ce DAR **91** 25 (Anm *Berr*), Fra NZV **91** 469, *Franzheim* NJW **93** 1837. Zum verkehrsberuhigten Bereich iS von Z 325/326 im Besonderen § 42 Rz 181 mit Lit-Nachweisen. VBeschränkungen im Interesse der VSicherheit oder -ordnung obliegen der StrVB. Die Vorschrift in I b S 1 Nr 4, beruhend auf § 6 I Nr 15 StVG, stellt klar, dass die StrVB auch in Sonderbereichen sachgebotene Anordnungen durch VZ treffen dürfen, näher: *Bouska* VGT **88** 275. Die Parkmöglichkeiten für **Schwerbehinderte** mit außergewöhnlicher Gehbehinderung und Blinde regelt und kennzeichnet die StrVB selbstständig.

36 Die Einrichtung einer **Sonderparkzone für Bewohner** bedarf keiner straßenrechtlichen Teileinziehung, OVG Münster VRS **72** 391, VG Münster NJW **85** 3092, zw im Hinblick auf den Entzug des VRaumes für Nichtbewohner, *Manssen* DÖV **01** 156, aM daher zB *Hillgruber* VerwA **98** 101. Der Begriff „Sonderparkberechtigung" in der Vwv Rn 29 ff soll übertriebenen Hoffnungen auf künftige ausgedehnte „Parksonderrechte" entgegenwirken, VkBl **80** 523. Ib

Nr 2a ist in Bezug auf Bewohnerparkplätze durch § 6 I Nr 14 StVG gedeckt, BVerwG NZV **98** 427, VGH Ka VRS **87** 475 (zur früheren Fassung). Die durch Abs 1 b S 1 Nr 2 a ermöglichte Privilegierung der Bewohner verstößt nicht gegen Art 3 GG, BVerwG NZV **98** 427. Der vollständige Ausschluss vom Parken in einer Str zugunsten von Bewohnern ist auch ohne zeitliche oder örtliche Einschränkung durch § 6 I Nr 14 StVG gedeckt, VGH Mü NZV **95** 501, OVG Ko NVwZ-RR **95** 357, Dü VRS **63** 377, **69** 45, *Cosson* MDR **84** 105, aM *Wilde* MDR **83** 540 unter Hinweis auf die in § 6 I Nr 14 StVG gebrauchte Formulierung „Beschränkung"; durch eine solche Regelung wird das Parken *beschränkt*, indem es nur für Bewohner gestattet bleibt, damit hält sie sich im Rahmen der Ermächtigung. Nur in **städtischen Quartieren mit erheblichem Parkraummangel** ist die Anordnung von Bewohner-Parkzonen zulässig. Aus dem in der bis zum 31. 12. 01 geltenden Fassung des Abs 1 b S 1 Nr 2 verwendeten Begriff des „*Anwohners*" wurde durch die Rspr gefolgert, dass eine gewisse räumliche Nähe zwischen der Wohnung und der Parkfläche erforderlich sei, BVerwG NZV **93** 246, **98** 427; flächendeckende Parksonderberechtigungen für ganze Stadtviertel wurden daher nach Abs 1 b S 1 Nr 2 (alt) als nicht zulässig erachtet, BVerwG NZV **93** 246, **98** 427 (zust *Geißler* DAR **99** 347, Anm *Tettinger* NZV **98** 481), VGH Ka NZV **97** 135 (abl *Wedekind* NJW **98** 268), NJW **99** 1651, aM OVG Münster VM **97** 90 (Anm *Thubauville*), *Hillgruber* VerwA **98** 100, 110. Das galt auch für das Aneinanderfügen mehrerer Anwohnerparkzonen. Mit der Ersetzung des Begriffs des Anwohners in § 6 I Nr 14 durch den des „Bewohners städtischer Quartiere" ist der VOGeber dagegen jetzt ermächtigt, auch großflächigere Bereiche zugunsten der Bewohner zu privilegieren. Soweit mit der durch ÄndVO v 14. 12. 01 in Abs 1 b S 1 eingefügten Nr 2a von dieser Ermächtigung Gebrauch gemacht wurde, ist aber nach wie vor zu beachten, dass dem Ausnahmecharakter einer solchen Regelung (BVerwG NZV **98** 429) bei der Einrichtung von Bewohnerparkzonen Rechnung getragen wird, *Engelbrecht* VGT **01** 188. Eine mit diesem Ausnahmecharakter unvereinbare Erstreckung des Bewohnerparkens auf große Teile einer Stadt, deren **Ausdehnung mehr als 1000 m** beträgt (Begr zu § 6 I Nr 14, BRDrucks 751/01 S 7), oder auf großflächigere, zwar dem Bewohnerbegriff noch entsprechende Bereiche, in denen aber in den Tageszeiten des wesentlichen Besucher- und Pendlerverkehrs **mehr als 50 % des Parkraums** durch Reservierung nur den Bewohnern zur Verfügung stünde (BRDrucks 321/00 – Beschluss – S 5), wäre rechtlich nicht gedeckt, würde im Ergebnis zu einer weitgehenden Aussperrung motorisierter Besucher aus den Städten führen, missbräuchliche Inanspruchnahme der Parkmöglichkeiten durch die privilegierten Personen fördern, BVerwG NZV **98** 427, den *Ausnahmecharakter* der getroffenen Regelung in sein Gegenteil verkehren, BVerwG NZV **98** 427, und widerspräche der grundsätzlichen Privilegienfeindlichkeit des StrVRechts (BVerwG NZV **98** 427). Der BR hatte die BReg in seiner Stellungnahme zum ÄndEntwurf zu § 6 I Nr 14 (BRDrucks 321/00 [Beschluss] S 5, s § 6 StVG Rz 22 c) aufgefordert, die 50%-Quote in der StVO und in der Vwv ausdrücklich festzuschreiben. Diese Forderung ist zwar im Text des Abs 1 b S 1 Nr 2 a unberücksichtigt geblieben, hat aber im Wesentlichen in die Vwv (Rn 32) Eingang gefunden, wonach werktags von 9 bis 18 Uhr nicht mehr als 50%, in der übrigen Zeit nicht mehr als 75% der Parkfläche Bewohnern vorbehalten bleiben dürfen, mit der Einschränkung, dass nach Maßgabe von Vwv Rn 32 für **kleinräumige Bereiche** Überschreitungen dieser Zahlen möglich sein sollen. Bei der Berechnung dieser Quoten dürfen nur dem öffentlichen V gewidmete Flächen berücksichtigt werden. Die vollständige Reservierung des Parkraums für Bewohner in einem nur zwei oder drei Strn (entsprechend dem früheren „Anwohner"-Begriff) umfassenden Gebiet ist grundsätzlich von Abs 1 b S 1 Nr 2a (§ 6 I Nr 14 StVG) gedeckt. Soweit die genannte Mindestquote für nicht bevorrechtigte Parkplatzsuchende gewahrt ist, können auch **mehrere Bewohnerparkbereiche** mit einer Ausdehnung von insgesamt mehr als 1000 m eingerichtet werden, die dann aber mit unterschiedlichen Kennzeichnungen (Buchstaben, Nummern) zu versehen sind, mit der Maßgabe, dass die jeweilige Sonderparkberechtigung dann nur für den jeweiligen Bereich gilt (Begr, Rz 7). IÜ besteht die Möglichkeit nach Abs 1 b S 1 Nr 2 a nur für in dem betreffenden Bereich *Wohnende*, nicht für dort nur Arbeitende, BVerwG NZV **95** 122, **98** 427. Das Fz muss von Bewohner dauernd genutzt werden, braucht aber nicht auf ihn zugelassen zu sein, VGH Mü NZV **95** 501. Die Sonderparkerlaubnis darf (und sollte zweckmäßigerweise) befristet werden, VG Münster NJW **85** 3092, näher Vwv Rn 29 ff (Rz 16). Bewohnerparkausweis bei Fz einer Car-Sharing-Organisation: Vwv Rn 35 (Rz 16). Zweiter Bewohnerparkausweis bei Familien-Car-Sharing: VG Berlin NZV **03** 53. Zur Gebührenerhebung: § 6a StVG Rz 10. Die Sonderparkberechtigung kann den Bewohnern durch **Reservierung** von Parkraum (HaltverbotsZ mit ZusatzZ „Bewohner mit Parkausweis … frei", Vwv Rn 30) oder durch **Freistellung von angeordneten Parkraumbewirtschaftungsmaßnahmen** (zB

Parkschein) eingeräumt werden. In den Fällen der sog Misch-Regelung, in denen die Bewohner durch entsprechenden ZusatzZ von der Parkraumbewirtschaftung freigestellt sind, scheidet das Kriterium einer Mindestquote für nicht bevorrechtigte Parkraumsuchende aus. **Kein Rechtsanspruch** für Bewohner auf Einrichtung oder Erhaltung von Parkplätzen oder gar reservierten Parkplätzen nahe der Wohnung, BVerwG ZfS **92** 249, DAR **88** 391 m Anm *Berr* (verkehrsberuhigter Bereich), VGH Ka NJW **93** 1090, OVG Ko NJW **95** 1043 (bei Aufhebung der Bewohner-Sonderparkberechtigung aber Interessenabwägung), anders uU bei Ermessensreduzierung auf Null, OVG Münster NZV **97** 132, s auch Rz 28b. Der VB steht in Regelungsspielraum zu, in dessen Rahmen sie auch die Vergabe von Sonderparkberechtigungen auf Bewohner mit Hauptwohnsitz beschränken darf, VGH Ka NJW **93** 1091, OVG Münster NZV **97** 132, nach VG Freiburg SVR **06** 235 (Anm *Geiger*) uU sogar muss, wenn die Zahl der Bewohner mit Parkausweis die Zahl der festgesetzten Bewohnerparkplätze wesentlich, zB um mehr als das Dreifache übersteigt. Wegfall freier Parkmöglichkeiten zum Nachteil der Klientel eines Freiberuflers durch Sonderparkzone für Bewohner stellt keine Verletzung von dessen Anliegerrechten dar, VGH Ka NJW **93** 1090, OVG Ko NVwZ-RR **95** 357, s aber VG Gelsenkirchen 9 K 1984/82 (fehlerhafte Ermessensausübung zum Nachteil eines Gewerbetreibenden). Eine Umgehung des Abs 1b S 1 Nr 2a iS einer Ausdehnung auf andere Personengruppen durch Ausnahmegenehmigungen für alle einer solchen Gruppe Zugehörigen ist unzulässig, VGH Ka VRS **87** 475.

Die Vorschrift in Ib S 1 Nr 5 beruht auf § 6 I Nr 15 StVG und betrifft daher nur **Lärm- und Abgasschutz** in den dort genannten Fußgänger- und verkehrsberuhigten Bereichen, BVerwG DAR **99** 469. Soweit die StrVB die geordnete **städtebauliche Entwicklung** unterstützen sollen, erfüllen sie nicht nur mehr ordnungsrechtliche Verkehrsaufgaben, sondern planende, VGH Ka NJW **93** 1091, krit *Dannecker* DVBl **99** 145. Allerdings setzt eine Anordnung nach Ib S 1 Nr 5 zur Unterstützung städtebaulicher Entwicklung das Vorhandensein eines städtebaulichen Konzepts voraus, BVerwG NZV **94** 493, VGH Ma NZV **96** 253, zumindest iS einer allgemeinen Zielvorgabe, *Steiner* NJW **93** 3163. Eine Geschwindigkeitsbeschränkung auf 30 km/h auf einer innerörtlichen, dem DurchgangsV dienenden Str kann nur dann auf Ib S 1 Nr 5, 2. Alt. gestützt werden, wenn ein Konzept darüber vorliegt, auf welchen anderen Strn dieser V fließen soll, BVerwG NZV **94** 493, VGH Ma NZV **96** 253.

Lit: Gehrmann, Neue Rechtsgrundlagen für Anwohnerparkzonen in Innenstädten, ZRP **99** 60. *Geißler,* Innerstädtische VRegelung im Geflecht divergierender Gruppeninteressen, DAR **99** 345. *Hentschel,* Neuregelung des bisherigen Anwohnerparkens, NJW **02** 1239, *Hillgruber,* Das Anwohnerparken in der Gemengelage von Straßen- und StrVR, VerwA **98** 93. *Köckerbauer,* Sonderparkregelungen im innerstädtischen V, NJW **95** 621. *Meins,* Rechtsfragen fußgängerfreundlicher Maßnahmen, BayVBl **83** 641. *Randelzhofer,* Rechtsprobleme der VBeruhigung, DAR **87** 237. *Schmitz,* Rechtmäßigkeit der bereichsbezogenen Einführung von Anwohnerparkrechten, NVwZ **88** 602. *Steiner,* Autofreie Innenstädte?, VGT **94** 105. *Tettinger/Tettinger,* Möglichkeiten einer zukünftigen Handhabung des bisherigen Anwohnerparkens, NZV **98** 481.

37 **10a. Zonen-Geschwindigkeitsbeschränkungen** (Ic, Id). **Tempo 30-Zonen** (§ 41 Rz 248h Z 274.1/274.2) können in geschlossenen Ortschaften nach Maßgabe von Abs 1c eingerichtet werden. Trotz des auf eine gebundene Entscheidung hindeutenden Wortlauts des Abs 1c steht der StrVB Ermessensspielraum zu, den sie auch zu ausfüllen hat, VGH Mü KommunalPraxis BY **06** 150. Die Anordnung kann auf verschiedene in Abs 1, Ia, Ib genannte Zwecke gestützt werden (zB Sicherheit und Ordnung des Verkehrs, Schutz der Wohnbevölkerung vor Lärm und Abgasen, städtebauliche Entwicklung), VG Ol ZfS **04** 387, auch auf eines der in Abs 1b genannten Ziele allein, BVerwG NZV **95** 165. Die Neufassung von Ic durch ÄndVO v 11. 12. 00 ändert nichts daran, dass das Vorliegen der Voraussetzungen dieser Bestimmung für sich allein die Einrichtung einer Tempo 30-Zone nicht rechtfertigen kann. Vielmehr steht diese nur dann im Einklang mit § 45, wenn einer der in § 45 I, Ia, oder Ib genannten Zwecke (zB Sicherheit und Ordnung des Verkehrs, Schutz vor Lärm und Abgasen, städtebauliche Entwicklung) die Maßnahme erforderlich macht, OVG Lü NJW **07** 1609; *Bouska* NZV **01** 29, aM *Rebler* NZV **06** 113. Den Zielen von Abs 1 (Sicherheit und Ordnung des V) darf die Einrichtung einer geschwindigkeitsbeschränkten Zone niemals widersprechen, BVerwG NZV **95** 165. Ferner setzt die Anordnung von Tempo 30 Zonen nach IX S 1 voraus, dass die Maßnahme **auf Grund der besonderen Umstände zwingend geboten** ist. Das ergibt sich, wenn man herkömmlicher Methodik folgt, aus dem Zusammenspiel von Abs 9 S 1 und 2. Denn nur IX S 2, nicht aber IX S 1 nimmt Tempo 30-Zonen ausdrücklich von der getroffenen Regelung aus, aM, unter Hinweis darauf, dass die verkehrspolitische Zielsetzung des VOGebers andernfalls nicht erfüllbar sei, OVG Lü NJW **07** 1609; ebenso VG Ol ZfS **04** 387. Abw von VBeschränkungen anderer Art ist hier lediglich eine das allgemeine Risiko *erheblich übersteigende Gefahrenlage* gem IX S 2 nicht erforderlich, krit *Bouska* NZV **01** 29. Die oftmals sehr großzügige Ausweisung von Tempo 30-Zonen tritt mit der StVO demgemäß in Spannung. Unabhängig von dem jeweils in erster Linie verfolgten Zweck erfolgt die Anordnung gem Abs 1c S 1 durch die StrVB im **Einvernehmen mit der Gemeinde** (Rz 35), *Jahn* NZV **90** 213, der insoweit eine klagefähige Rechtsposition gegenüber der StrVB zukommt, und zwar nach VGH Ma DVBl **94** 348 (Anm *Steiner*) auch auf Berücksichtigung ihrer örtlichen Planung, einschr. *Jahn* NZV **94** 215. Nach der Vwv Rn 44 (Rz 17) muss die StrVB einem Antrag der Gemeinde entsprechen, wenn die Voraussetzungen von Abs 1c und die Maßgaben der Vwv erfüllt sind oder erfüllt werden können. Eine Widmungsbeschränkung ist nicht erforderlich, *Steiner* DAR **89** 403, *Berr* ZAP F 9 S 1092. **Nicht zulässig** ist die Einrichtung von Tempo 30-Zonen nach I c S 3 auf Str mit durch Lichtzeichen geregelten Kreuzungen oder Einmündungen sowie solchen mit Fahrstreifenbegrenzungen (durchgezogene Linie, Z 295), Leitlinien (Z 340) und benutzungspflichtigen Radwegen. An Kreuzungen und Einmündungen innerhalb der Tempo 30-Zone muss grundsätzlich die Vorfahrtregel des § 8 I S 1 („rechts vor links") gelten. Jedoch bleiben vor dem 1. 11. 00 angeordnete Tempo 30-Zonen mit LZA zum Schutz von Fußgängern zulässig, krit *Engelbrecht* VGT **01** 183. Str mit wesentlicher Verkehrsbedeutung wie zB Ortsdurchfahrten und Hauptverbindungsstraßen zu wichtigen Einrichtungen (Bahnhof) eignen sich nicht zur Einbeziehung in eine geschwindigkeitsbeschränkte Zone (Vwv Rn 38). Ein weitgehend einheitliches Erscheinungsbild (Vwv Rn 39 ff) muss dem Kf das Bewusstsein vermitteln, sich innerhalb der Zone zu befinden. Anders als nach früherer Rechtslage ist jedoch ein sog. **„Zonenbewusstsein"** (im Einzelnen BVerwG NZV **95** 165) nicht mehr erforderlich; vielmehr vermittelt sich dem Kf das notwendige Bewusstsein dadurch, dass die Voraussetzungen des I c erfüllt sind (OVG Lü NJW **07** 1609, VG Ol ZfS **04** 387, *Rebler* NZV **06** 113, aM hier bis 38. Aufl, *Bouska* NZV **01** 29); dies kommt auch in § 39 I a zum Ausdruck (vgl *Kramer* VD **01** 52).

Übertriebener **„Straßenrückbau"**, wie er vor allem vor der Neufassung von I c im Zusammenhang mit Zonen-Geschwindigkeitsbeschränkungen betrieben wurde, schafft vielfach neue Unfallgefahren und kann haftungsrechtliche und strafrechtliche Konsequenzen der dafür verantwortlichen Personen nach sich ziehen (§ 315b Rz 8). Auch können Fahrbahnschwellen gefährden, *Bouska* DAR **89** 442, *Berr* ZAP F 9 S 1094; sie stellen, wenn sie bei Überfahren mit 30 km/h zu FzSchäden führen können, einen Verstoß gegen die VSicherungspflicht dar, *Kuhn* VersR **90** 28 sowie Rz 53 („Unebenheiten"). Schließlich hat auch jede Art von **„Möblierung"** durch bewegliche Betonhindernisse, Blumenkübel auf der Fahrbahn zu unterbleiben (§ 32), *Steiner* DAR **89** 403, *Berr* DAR **91** 281, ZAP F 9 S 1099, *Hentschel* NJW **92** 1080, *Geißler* DAR **99** 349, *Stollenwerk* VersR **95** 22 (str, s § 32 Rz 8). Kein einklagbarer Anspruch eines VT auf Beseitigung von Aufpflasterungen, VGH Ma NZV **92** 462. Vor sachlich nicht begründeter **übermäßiger Einschränkung des Verkehrsflusses** in den Städten durch „verkehrsberuhigende" Maßnahmen einschließlich ausdehnender und extremer Geschwindigkeitsbeschränkungen mit der Folge der Herbeiführung von (energieverbrauchender, umweltbelastender) Zähflüssigkeit des Verkehrs mit Stau und Stillstand warnt aus verkehrsmedizinischer Sicht *Luff,* DAR **90** 372; er weist auf die Tatsache hin, dass Stress und Frustration beim Kf zu Aggression, vegetativer Spannung und herabgesetzter Anpassungsfähigkeit mit nachteiligen Folgen für die VSicherheit führen, s dazu *Hentschel* NJW **92** 1080, *Geißler* DAR **99** 349. Zur Beeinträchtigung von **Anliegerrechten** durch StrRückbau VG Gießen NVwZ-RR **05** 287.

Lit: *Berr,* Rechtsfragen zu geschwindigkeitsbeschränkten Zonen und verkehrsberuhigten Geschäftsbereichen, ZAP F 9 S 1091. *Bouska,* Tempo 30-Zonen, NZV **01** 29. *Engelbrecht,* Tempo 30, VGT **01** 179. *Franzheim,* Strafrechtliche Verantwortlichkeit für durch StrRückbau verursachte Unfälle, NJW **93** 1837. *Geißler,* Innerstädtische VRegelung im Geflecht divergierender Gruppeninteressen, DAR **99** 345. *Hentschel,* Tempo 30-Zonen, NJW **01** 467. *Jahn,* Rechtsprobleme bei der Einrichtung sog „Tempo-30-Zonen" und „verkehrsberuhigter Geschäftsbereiche" …, NZV **90** 209. *Derselbe,* Geschwindigkeitsbeschränkte Zonen im Spiegel der höchstrichterlichen Rspr, DAR **95** 315. *Kramer,* Mehr Tempo 30 in Städten und Gemeinden, DAR **01** 100. *Dieselbe,* Anforderungen an den Kf in einer Tempo 30-Zone, VD **01** 49. *Landscheidt/Götker,* Veränderungen der Fahrbahn durch Aufstellen von Blumenkübeln, Anbringen von Fahrbahnschwellen und Aufpflasterungen, NZV **95** 91. *Rebler,* Tempo-30-Zonen in Städten und Gemeinden, VD **05** 318. *Steiner,* Die Rechtsstellung der Gemeinden beim Vollzug des § 45 StVO, NZV **95** 209.

Verkehrsberuhigte Geschäftsbereiche (I d). Grundsätzlich ist in geschwindigkeitsbegrenzten Zonen die Geschwindigkeit auf 30 km/h zu beschränken (§ 41 Rz 248h [Z 274.1/274.2]). Jedoch ist gem § 41 II Nr 7 (zu Z 274.1/274.2) auch die Anordnung einer niedrigeren Zonengeschwindigkeit möglich, wobei nur beispielhaft der geschäftsberuhigte Bereich (I d) genannt wird, während Zonen-Geschwindigkeitsbeschränkungen auf weniger als 30 km/h in § 45 *ausschließlich* in I d (geschäftsberuhigter Bereich) genannt sind, krit *Bouska* NZV **01** 29. Auch die Einrichtung einer Zonen-Geschwindigkeitsbeschränkung auf weniger als 30 km/h setzt voraus, dass die Maßnahme zwingend geboten ist (IX S 1, *Bouska* NZV **01** 29; s Rz 37.) Soweit in zentralen Bereichen mit hohem Fußgängeraufkommen auch eine solche Geschwindigkeit zu hoch ist, die Einrichtung eines verkehrsberuhigten Bereichs (Schrittgeschwindigkeit!) jedoch wegen der Bedeutung als Geschäftsgebiet nicht vertretbar ist, kann auch eine niedrigere Geschwindigkeit angeordnet werden. Die Anordnung kann, ebenso wie die Einrichtung einer geschwindigkeitsbeschränkten Zone nach Abs 1b 1 Nr 3, auf die in I, I a, I b genannten Gründe gestützt werden (dazu BMV VkBl **90** 146, *Berr* ZAP F 9 S 1095).

39 **11. Maßnahmen der Straßenbaubehörden** (II). Zur Durchführung von StrBauarbeiten und zur Verhütung außerordentlicher, zustandsbedingter StrSchäden dürfen die StrBauB, vorbehaltlich vorrangiger Maßnahmen der StrVB, VGH Ka VM **78** 76, im Rahmen von II eingreifen und den Verkehr zu diesem Zweck lenken, beschränken, verbieten und umleiten, vor allem durch Absperrungen und VZ oder VEinrichtungen, nicht aber zB durch Leitplanken, VGH Ka VM **78** 76, und nicht zur Sicherung von VKontrollen, Fra NJW **68** 2072. Ein Überholverbot auf einer Brücke aus Gründen der Statik darf nicht auf der Grundlage des Abs 2 auf den sich anschließenden Bereich ausgedehnt werden, VGH Ka VD **04** 47. Etwa bei Frostaufbrüchen oder Fahrbahnschäden anderer Art dürfen die StrBaubehörden Geschwindigkeitsbeschränkungen anordnen, ebenso Gewichtsbeschränkungen, Straßenabschnitte sperren oder den Verkehr oder einzelne VArten, etwa den Lastverkehr, umleiten. Bei der Zustandsgefährdung handelt es sich um vorläufige Maßnahmen, bis die Straße wieder verkehrssicher ist. Sie besteht, wenn Bauzustand und Oberflächen- oder Unterbaubeschaffenheit der Straße den Verkehr beeinträchtigen oder bei Weiterbenutzung außergewöhnliche Schäden befürchten lassen, Fra VM **59** 73, s Vwv Rn 46 ff. Richtlinien für VBeschränkungen bei Frostschäden an BundesStr, VkBl **63** 618. Verständigung der StrVB: Vwv Rn 46.

40 **12.** Für **Bahnübergänge** von Eisenbahnen des öffentlichen V kann nur die Bahn ein bestimmtes Verhalten der VT vorschreiben, und nur durch Blinklicht- und LZA, Schranken und Andreaskreuze (II S 3). Beschaffung, Aufstellung und Unterhaltung dieser VZ und -einrichtungen obliegen der Bahn. Anhörung von StrVB und Pol: Vwv Rn 50. Für die übrigen WarnZ und Warnbaken bleibt die StrVB zuständig (III), Beschaffung, Aufstellung und Unterhaltung obliegen dem Träger der StrBaulast (§ 14 EKrG). Für Übergänge anderer Schienenbahnen ist die StrVB zuständig (III). VSicherungspflicht der Bahn an höhengleichen Übergängen: § 19.

41 **13. Nur durch Verkehrszeichen- und -einrichtungen** (§§ 37 ff) dürfen die zuständigen Behörden den V regeln und lenken (II S 4, IV), nicht durch andere, in Verkündungsblättern verlautbarte Rechtsnormen. Landesrechtliche VVorschriften neben der StVO sind unzulässig (**E** 46, 47); deswegen ist kein Rückgriff auf allg. Regeln zur Bekanntgabe von Verwaltungsakten möglich (BVerwG NJW **08** 2867 zum MautausweichV). Sachlich sind Anordnungen durch VZ oder -einrichtungen Gebote oder Verbote (OVG Lüneburg VRS **55** 311). LandeszentralB können VRegelungen nur durch StrVB im Rahmen von § 45 bewirken. Zu den in § 45 bezeichneten Behörden gehört die Pol nicht (§ 44 II; Begr). Erst die vom aufgestellten VZ ausgehenden Ge- oder Verbote sind als Verwaltungsakte verbindlich, nicht bereits die vorhergehende behördliche Entschließung (OVG Münster VRS **57** 396). Bei zwingenden Gründen außerverkehrlicher Art, zB Unwetterkatastrophen, welche und soweit diese die klassische Bekanntgabe straßenverkehrsrechtlicher Anordnungen durch VZ oder -einrichtungen ausschließen, dürfen solche Anordnungen auf jede andere taugliche Weise, zB **durch die Medien** bekanntgemacht werden, jedoch nur für die Dauer des Ausnahmezustands, IV mit I S 2 Nr 5. Auch Anordnungen auf diesem Weg sind Verwaltungsakte. Zuwiderhandlungen gegen durch die Medien nach IV Halbs 2 bekanntgegebene den V verbietende oder beschränkende Anordnungen ist **ow** (§ 49 III Nr 7). Ausnahmen von den Anordnungen nach IV, § 46 I Nr 11. Rechtsquellen allgemein: **E** I. Schutz der WarnZ, Sperreinrichtungen, Leiteinrichtungen: § 145 II, § 304, ggf auch § 316b StGB.

42 **14. Wo und welche Verkehrszeichen und -einrichtungen anzubringen oder zu entfernen sind,** bestimmen die StrVB (III), BGHZ **91** 489, **90** 739, NJW **04** 356, NZV **00** 412, Dü VersR **90** 423, VGH Ma NZV **95** 86 (Entfernung von Andreaskreuzen). StrVB: § 44. Diese tragen die Verantwortung, soweit nicht höhere Behörden zuständig sind. Ihre Anordnungen

gehen denen der StrBauB vor (II S 1), VGH Ka VM **78** 76, OVG Münster VRS **56** 472. Keine Mitverantwortung des StrBaulastträgers, BGH NZV **00** 412, Dü VersR **90** 423, dem auch nicht die Pflicht obliegt, die Anordnungen der StrVB auf Zweckmäßigkeit zu überprüfen, BGH NZV **00** 412, Brn VRS **102** 336 (341). In Ausnahmefällen kann der StrBaulastträger aus dem Gesichtspunkt der VSicherungspflicht gehalten sein, bei der StrVB auf Änderung der VRegelung durch VZ hinzuwirken, BGH NZV **00** 412, Brn VRS **102** 336. Private Richtungsangaben (Hinweis auf Geschäftslokal) sind keine VZ oder VEinrichtungen iS von III, VGH Ma VM **82** 14. Ein von der StVO vorgesehenes, von einer unzuständigen Behörde aufgestelltes VZ wird mit Zustimmung der zuständigen StrVB wirksam, Stu VRS **26** 378 (gerichtliche Prüfungspflicht). Die **Verkehrsregelungspflicht** betrifft die Erleichterung des Verkehrs und die Verhütung von Verkehrsgefahren durch VZ und Verkehrseinrichtungen, BGH NJW **04** 356, VersR **90** 739, Jn VM **98** 71, *Rinne* NVwZ **03** 9, s Rz 51, soweit notwendig und zumutbar; sie erstreckt sich nicht auch auf solche Gefahren, die vom VT bei gebotener Aufmerksamkeit ohne Weiteres erkannt und durch verkehrsgerechtes Verhalten abgewendet werden können, BGH VersR **88** 697, Stu VersR **89** 627. Das Ermessen der StrVB über die Anbringung von VZ und VEinrichtungen ist inhaltlich durch die Erfordernisse der Sicherheit des V eingeschränkt; soweit diese inhaltlichen Grenzen des Ermessens gewahrt sind, scheidet Amtspflichtverletzung aus, BGH EBE **90** 131. Der Anlieger kann bei Einrichtung einer Bushaltestelle durch VZ nicht die Prüfung von Alternativstandorten verlangen, die nicht mit dem genehmigten Fahrplan vereinbar wären, VGH Ma NZV **95** 333. Richtlinien für verkehrslenkende Aufgaben der StrVB, VkBl **68** 239. Verkehrsschau, Anhörungspflicht und spätere Überprüfung der Anordnungen: Vwv Rn 54 ff.

15. Die Art der Anbringung, Ausgestaltung (Übergröße, Beleuchtung) der VZ und **43** -einrichtungen regeln, soweit nicht von der StrVB vorgeschrieben (Vwv), die StrBauB (III S 2). Ob und wie Leitpfosten anzubringen sind (§ 43 III S 2), bestimmt die StrBauB wegen des baulichen Charakters dieser Leiteinrichtung allein (Begr). GefahrZ darf sie anbringen, soweit der StrZustand die Sicherheit gefährdet (III S 3), Ha NZV **05** 256. Benachrichtigung der StrVB und Pol bei Aufstellung von GefahrZ: Vwv Rn 61. Bei gefährlichen StrStellen ist das Aufstellen ausreichender WarnZ im Rahmen der *Verkehrsregelungspflicht* stets **Amtspflicht,** Dü VersR **63** 50, NJW-RR **94** 1443, Ol VM **66** 27, Stu VersR **89** 627, Jn VM **98** 71, auch gegenüber Anliegern und VT, BGH VersR **65** 516, Nü VM **62** 21, auch sich verkehrswidrig verhaltenden, BGH NJW **66** 1456, soweit die Gefahr auch bei Sorgfalt nicht rechtzeitig ohne Weiteres erkennbar ist, BGH VersR **65** 316. Warnpflicht besteht auch, wenn noch andere die Gefahr beseitigen müssen (ausgelaufenes Öl), BGH VersR **64** 925, Ce VersR **63** 48. Bei Änderung von VZ kann es ausnahmsweise Amtspflicht sein, die Anlieger auf die Änderung hinzuweisen, § 39 Rz 38. Die Anbringung sachgerechter VZ, besonders an schwierigen Stellen, ist Amtspflicht gegenüber allen VT, Dü VersR **90** 423, jedoch haften diese bei mangelnder Sorgfalt bei Schaden mit, Dü VersR **76** 51. **Deutliche Erkennbarkeit der Gefahr macht WarnZ entbehrlich** (IX S 3), BGH VersR **65** 516 (schweres Kfz auf gering befestigtem Bankett), BGH VRS **60** 251 (erkennbar unübersichtliche, aber durch VZ 205 gekennzeichnete Einmündung in Vorfahrtstraße), Dü VRS **8** 107 (deutliche Rutschgefahr bei Pflasterwechsel), Ol VRS **15** 322 (Aufhören des Seitenstreifens ohne Fahrbahnverengung), Stu VersR **89** 627 (auf Grund der übrigen Gegebenheiten deutlich geänderte Verkehrsführung). Das Ende einer Straße ist zu kennzeichnen, wenn die Gefährlichkeit des Weiterfahrens nicht ohne Weiteres ersichtlich ist, BGH NJW **59** 575, auch die geringe Höhe von Unterführungen, Ko VRS **6** 98, oder eine innerörtliche Kurve mit gewölbtem Blaubasaltpflaster, BGH VRS **16** 338 (Zeichen „Schleudergefahr"). „Gefährliche Stelle" in dem Sinne, dass VZ-Anbringung ohne verbleibendes Ermessen der StrVB *notwendig* ist, nur dann, wenn wegen nicht rechtzeitig erkennbarer Besonderheiten der StrVerhältnisse Unfallgefahr auch für einen sorgfältigen VT naheliegt, BGH VRS **60** 251. **Verstoß gegen die VRegelungspflicht,** wenn Fahrbahnmarkierungen, die wegen Baustelle erforderlich geworden sind, nach Beendigung der Arbeiten nicht ausreichend entfernt werden und zur Verwirrung des Kf führen, Dü VersR **81** 960. Haftung des Landes, wenn Wildwechsel nicht bezeichnet sind, Stu DAR **65** 49.

16. Beschaffen, Anbringen, Unterhalten, Betrieb, Beleuchten der VZ und -einrich- **44** tungen einschließlich der Beleuchtung von Fußgängerüberwegen obliegt dem Baulastträger, Jn VM **98** 71, sonst dem StrEigentümer (V). Deutliche, nicht irreführende Anbringung: § 39. Beleuchtung der Zebrastreifen: Begr zu V. Der Baulastträger hat auch für gute Sichtbarkeit der VZ und -einrichtungen zu sorgen, Jn VM **98** 71, sie also zu reinigen und verdeckenden Bewuchs zu entfernen (Vwv Rn 62). Kosten: § 5b StVG und EKrG 1971 (BGBl I 337). Die Zweckmäßigkeit von Aufstellungsanordnungen der StrVB oder StrBauB hat der Baulastträger nicht nachzuprüfen, Bay VRS **26** 380, Neust VRS **13** 227. Laternen, die nachts gelöscht werden, hat der Träger der Beleuchtungspflicht durch Z 394 zu kennzeichnen, sonst Haftung. Die Aufgabenverteilung in § 45 berührt die Rechtsgrundlagen der einschlägigen Behördenpflichten nicht, BGH NJW **65** 2104. Abs V S 3 (Übertragung der Pflichten nach S 1 auf die Gemeinde) trägt dem Umstand Rechnung, dass Veranstaltungen nach § 29 II oft an Sonntagen stattfinden (s Begr VkBl **94** 173).

45   **17. Baustellenregelung** (VI). Wer auf öffentlicher Straße Arbeiten ausführt oder ausführen lässt, muss den Verkehr ausreichend sichern (KG VM **77** 59, Kar VRS **79** 344, zu den Gefahren allgemein *Reitenspiess* NZV **07** 16). Auf neu anzulegende, noch gesperrte Straßen bezieht sich die Vorschrift nur hinsichtlich der Absperrungen (Zw VRS **32** 62, Fra VersR **73** 548), doch ist auf faktisch befahrenen Str vor überraschender Gefahr auch vorher schon zu warnen (Bay VRS **26** 35). Die Vorschrift betrifft nicht nur Arbeiten am StrKörper selbst, sondern alle Arbeiten im näheren Bereich der Str, sofern sie sich auf den StrV auswirken (zB durch Lagern von Baumaterialien, Aufstellen von Baumaschinen usw; Dü VRS **67** 377, *Janiszewski* NStZ **84** 257). VI ändert nichts an der allgemeinen Sicherungspflicht des Bauunternehmers (KG VM **77** 59). Die Sicherungspflicht des Bauunternehmers betrifft den Baustellenbereich (BGH VersR **77** 544, Nü VersR **75** 545). Die **VSicherungspflicht des Bauunternehmers** besteht neben derjenigen der StrVB (BGH VersR **77** 544, Ha DAR **01** 273, NJW-RR **87** 1507, Kar VersR **06** 855, KG VRS **65** 167, Kö NJW-RR **90** 862, NZV **95** 22 [s Rz 55]). Sie endet, sobald er nicht mehr die tatsächliche Herrschaft über die Baustelle ausübt (Schl MDR **82** 318, Ha NJW-RR **87** 1507, VersR **93** 1369), besteht also auch nach Abschluss der eigentlichen Arbeiten bis zu ihrem endgültigen Abbau fort (Ce VersR **89** 157, Kö NZV **95** 22), dauert jedoch über diesen Zeitpunkt hinaus fort, wenn sich die Baustelle in verkehrsunsicherem Zustand befindet (Rz 48 aE). Der Bauunternehmer hat eigenverantwortlich weitere zur Gefahrenabwehr erforderliche Maßnahmen zu ergreifen, soweit die behördlich angeordneten nicht ausreichen (Dü DAR **83** 356). Vor StrBauarbeiten hat der Bauunternehmer **Anordnungen gemäß VI** zur VSicherung einzuholen (Stu VRS **54** 147), andernfalls Haftung (Ol NZV **92** 405). Schriftform ist zweckmäßig, aber nicht zwingend vorgeschrieben (Jn VRS **105** 454). Bauarbeiten, die sich auf den StrV auswirken, dürfen erst begonnen werden, nachdem die vom Bauunternehmer vorzulegenden VZ-Pläne von der StrVB oder StrBauB genehmigt und vom Bauunternehmer ausgeführt worden sind (BGH VersR **77** 544, Ha DAR **73** 251). VI unterscheidet zwischen der behördlichen Anordnung der VSicherung und der Ausführungspflicht des Bauunternehmers (BRDrucks 420/70 Abs 23 d). Bloße Zustimmung der StrVB zu den Maßnahmen des Bauunternehmers genügt nicht, doch sind dessen VZ zu befolgen, soweit sonst Gefahr entstünde (BVerwG NJW **70** 2075). Die bloße Billigung unzureichender Maßnahmen durch die StrVB entlastet die den Bau unmittelbar Durchführenden nicht (BGH VersR **77** 544). Anzuzeigen sind alle Baumaßnahmen, die sich auf den V auswirken, auch wenn sie nur zum Absperren zwingen und keine GebotsZ erfordern (Ha JMBlNRW **74** 9). VBeschränkungen durch **VZ und VEinrichtungen** kann nur die zuständige Behörde anordnen, der Bauunternehmer darf die Anordnungen nur durchführen und dabei nicht von ihnen abweichen, sonst sind von ihm aufgestellte VorschrZ nichtig (Bay VRS **53** 219), auch wenn sie als sachgemäß erscheinen können (Zw VRS **51** 138, Ha DAR **62** 58), anders nur bei unwesentlichen Abweichungen (§ 39 Rz 31). VorschriftZ (hier Z 286), die dem Bauunternehmer nicht genehmigt worden sind, darf er nicht wirksam aufstellen, auch nicht bei sachlicher Erforderlichkeit (Zw VM **77** 4). Der Bauunternehmer muss sich vergewissern, welche VZ er aufzustellen hat und was sie bedeuten (Kar VersR **76** 668). **Inhalt und Ausführung der Anordnungen:** Begr. Anordnungen, die nicht VVerbote oder -beschränkungen sowie die Anbringung von VZ oder VEinrichtungen betreffen, werden von VI erfasst, ein Verstoß gegen sie ist nicht gem § 49 IV Nr 3 ow (Bay VRS **61** 158). Zur Pflicht, die Anordnungen der Behörde zu befolgen, gehört auch die Beseitigung von Absperrungen und Kennzeichnungen nach Ablauf einer etwa gesetzten Frist; bei Fortsetzung der Bauarbeiten ist Fristverlängerung zu beantragen (Dü VRS **63** 474). Geschwindigkeitsbeschränkungen sollen sich möglichst auf die Arbeitsdauer beschränken (Begr). VZPläne, Anhörung der Pol und Überwachung der VSicherung: Vwv Rn 63 ff. Nur vor unvermuteter und auch bei Sorgfalt nicht erkennbarer Gefahr ist zu warnen (Rz 46; Ba VersR **79** 262 [wegen Aufweichung dick bestreute Fahrbahn], Dü DAR **83** 356). Auf Baustellen sind die Sicherungseinrichtungen, zB VZ, Sperreinrichtungen und deren Beleuchtung regelmäßig zu kontrollieren (Br VersR **79** 1126

[AB], Ha DAR **02** 351). Die **behördliche Pflicht, GebotsZ anzubringen** und zu unterhalten, ist Amtspflicht und kann nicht mit entlastender Wirkung auf den Bauunternehmer übertragen werden (BGH NJW **74** 453). Beauftragung des Bauunternehmers mit VZKontrollen während der Bauzeit entbindet den Sicherungspflichtigen nicht von eigener regelmäßiger Prüfung (Kar VersR **76** 95). Die sicherungspflichtige Behörde haftet für ausreichende Maßnahmen (BGH VRS **18** 10), sie kann den Bauunternehmer von seiner Sicherungspflicht nicht entbinden (Bay VkBl **63** 299). Die Sicherungspflicht des Bauunternehmers beschränkt sich demgegenüber auf das Absperren und Kennzeichnen von Arbeitsstellen und auf das Kennzeichnen von gesperrten StrTeilen und Umleitungen (BGH NJW **74** 453). Richtlinien für die Sicherung von Str-Arbeitsstellen (RSA): VkBl **80** 276. Nach Kar VersR **06** 855 werden Art und Ausmaß der aus Gründen der VSicherung gebotenen Maßnahmen nicht durch die RSA, sondern durch das den konkreten örtlichen Verhältnissen innewohnende Gefahrenpotential bestimmt; die Einhaltung der RSA allein lässt deshalb nicht den Schluss zu, dass der VSicherungspflichtige die von den Verkehrsflächen ausgehenden Gefahren in geeigneter und zumutbarer Weise ausgeräumt hat.

Ausmaß und Art der Sicherung richten sich nach den Umständen des Einzelfalls, Kar VRS **79** 344, zB nach der Art und dem Stadium des Bauvorhabens sowie Art und Umfang des Verkehrs, Kar VRS **79** 344, ferner nach Ausmaß und Art der von der Baustelle ausgehenden Gefahr, insbesondere nach **Erkennbarkeit der Gefahr,** Dü DAR **83** 356, Kar VRS **79** 344, VersR **06** 855 (s Rz 45 aE). Innerhalb einer StrBaustelle besteht Warnpflicht nur vor solchen besonderen Gefahren, die der sorgfältige Kf auch nicht durch beiläufigen Blick erkennt, Mü VersR **77** 939. Innerhalb einer deutlich erkennbaren Baustelle muss nicht jede Unebenheit besonders gekennzeichnet sein, es sei denn, sie wäre unerkennbar, Ha NZV **99** 84, Ol VRS **29** 373, Dü MDR **62** 52 (Fußgänger), Kö VersR **69** 619, KG NJW **76** 1270, VRS **65** 167 (Bodenwelle bei Asphaltierungsarbeiten), Ko VersR **76** 739 (erhöhte Kanaldeckel), Kar VersR **71** 1022. Bei offensichtlich baubedingter Fahrbahnunebenheit kann die Aufstellung des WarnZ 112 genügen, Ha VersR **78** 64. Frisch verfülltes Bitumen in Straßenloch ist bei hochsommerlichen Temperaturen eine Gefahrenquelle (Ablösungsgefahr), vor der besonders gewarnt werden muss; Z 123 (Baustelle) genügt auch mit Zusatz 1006/32 („Rollsplitt") hierfür nicht, Jn NZV **06** 248 (aber Mitverschulden). Kennzeichnung eines Niveauunterschieds, der etwa Bordsteinhöhe entspricht, durch „Flatterband" zum Schutz von Fußgängern genügt idR, Dü VersR **96** 1166. Der Umfang der VSicherungspflicht im Baustellenbereich ist iÜ durch die notwendigerweise mit den Arbeiten verbundenen Einschränkungen des V begrenzt, Kö NJW-RR **90** 862 (Fahrbahnverschmutzung). Eine Baugrube auf einem Radweg ist durch Absperrschranken iS von § 43 III Nr 2 zu sichern, KG VM **81** 38 (Baken genügen nicht), ggf auch durch einen Bauzaun, Kar VersR **06** 855 (hierzu auch Rz 45 aE). Bei Arbeiten auf den in der Str verlegten Strabagleisen kann Aufstellung von Leitbaken (Z 605) in Abständen von 10 m ausreichen, Dü NZV **97** 437. Auch bei Arbeiten nur auf Seitenstreifen ist die Fahrbahn sachgerecht zu sichern, Sa VM **70** 39. Selbst eine den eigentlichen StrKörper überhaupt nicht berührende Baustelle verpflichtet zu Vorkehrungen gegen solche Gefahren, die wegen der besonderen StrFührung von ihr ausgehen können (zB durch die Baustelle hervorgerufene Unklarheit über den StrVerlauf), BGH NJW **82** 2187. Der Bauunternehmer muss bei einer Ampelreparatur außer dem warngekennzeichneten Arbeitsfz auch Absperrkegel aufstellen, KG DAR **77** 191. Der Sicherungspflichtige hat **Kontrollen der veranlassten Sicherungsmaßnahmen** durchzuführen, deren Abstände von den Umständen abhängen, Dü NZV **97** 437, Brn NZV **01** 373 (auf AB auch nachts). Die Befahrbarkeit und Tragfestigkeit von Kanaldeckeln, die während der Bauarbeiten vorübergehend befahren werden, muss gewährleistet sein, Ha VersR **77** 970. Umleitungsschilder entbinden nicht von der Sicherungspflicht. Geringe Fahrerschwerungen, wie in Baustellenbereichen oft unvermeidlich, muss der Bauunternehmer nicht beseitigen, Nü VersR **75** 545. **Halbseitige Sperrung** einer belebten Straße erfordert besondere Regelung des FahrV, wenn der Beginn der Sperrstrecke nicht deutlich erkennbar ist, Fra VersR **64** 1252. Der Bauunternehmer kann hier auf den FahrV aus beiden Richtungen besonders hinweisen müssen, KG VersR **78** 766. Lange, seitlich befahrene Baustellen sind am Anfang, am Ende und längs zu kennzeichnen, BGH VRS **22** 251. Ist zwar erkennbar, dass eine StrBaustelle nur einseitig befahrbar ist, der Fahrspurverlauf aber nicht, so muss dieser gegenüber dem gesperrten Fahrbahnteil deutlich abgegrenzt werden, Fra VM **73** 47 (seitlich aufgetragener Fahrbahnkleber ohne seitliche Absperrung). Warnung vor einem in der Fahrbahnmitte einer LandStr aufgestellten Teerbehälter durch einen Leitkegel reicht allein nicht, Ol NZV **92** 405. Sand- und Splitthaufen auf der Fahrbahn sind besonders zu kennzeichnen, Ce VersR **59** 859, Ol VRS **12** 135. Bei Dampf- oder Rauchentwicklung durch Abladen heißer Stoffe im Baustellenbereich von einem Lkw hat der LkwF unabhängig von der VSicherungspflicht des Bauunternehmers sein Fz entsprechend § 15 StVO zu sichern, Dü VRS **63** 248. Der **AB-Verkehr** ist rechtzeitig zu warnen, 320 m ab Sicht auf das erste WarnZ genügen, Kö VersR **66** 857. Zur seitlichen Absperrung gegenüber der befahrenen ABSpur genügt auch bei Nebel alle 25 m ein rotweißer Pfahl, nachts mit gelben Laternen (anfangs alle 25 m, dann alle 50 m, weiterhin alle 75 m), BGH VersR **66** 266. Zur Sperrung des linken Fahrstreifens der AB durch kurzfristige oder bewegliche Baustelle BGH VersR **81** 733. An die **Baustellenbeleuchtung** sind strenge Anforderungen zu stellen, Nü VersR **62** 1191, die allgemeine Arbeitsbeleuchtung genügt nicht, BGH VM **59** 29. Baustellen auf viel befahrenen Straßen sollen durch elektrische Warnlampen und rückstrahlende Baken gesichert sein, Lampen sind häufig zu kontrollieren, Br VersR **79** 126, Kö VersR **73** 1076. Auch an halbfertigen Kreuzungen sind VInseln durch zweckmäßige Beleuchtung und Leitlinien abzusichern, Ha VersR **78** 160.

47 **Bauunternehmer** sind die für den Bau und die Bauausführung Verantwortlichen, Zw VRS **32** 62, nicht deren Auftraggeber, aber auch zB Unternehmer, denen die in VI genannten Aufgaben vom Bauunternehmer zur eigenverantwortlichen Wahrnehmung übertragen wurden, Dü VRS **87** 53. Bedient sich ein Postunternehmen eines Arbeiters eines StrBaumeisters, so ist Bauunternehmer das Postunternehmen, Ha VRS **17** 153. Während Bauarbeiten auf öffentlicher Straße (AB) trifft die VSicherungspflicht die verantwortlichen Bauleiter, BGH VersR **77** 544, Fra VM **73** 47, Dü VM **67** 72, die des überwachenden Beamten reduziert sich auf Überwachung und Beaufsichtigung, Ha DAR **72** 22. Neben dem Bauleiter trifft die Pflicht zur Baustellensicherung auch den örtlichen Bauführer, BGH NZV **97** 390. Bestellt der Bauunternehmer einen örtlichen Bauführer, so ist dadurch seine Verantwortlichkeit für die VSicherung nicht beseitigt, BGH NJW **82** 2187.

48 **Haftungsfragen:** VI ist SchutzG (§ 823 BGB) für den fließenden V (BGH VersR **74** 780 [zu § 3 III a alt], aM LG Traunstein NJW **00** 2360). Der Schaden muss aus der Gefahr erwachsen sein, die die Vorschrift abwehren will; bezweckt ist Schutz gegen VHindernisse an der Baustelle, nicht gegen einen platzenden, schleudernden Druckluftschlauch (BGH VersR **74** 780; zw. weil Baugerät in Frage steht),. Nach Amtshaftung haftet die für Arbeiten gesetzlich zuständige Gemeinde bei falscher Aufstellung oder Sicherung von StrBaugerät (BGH VersR **64** 661). Die ABVerwaltung haftet für ungenügende rückwärtige Sicherung eines Arbeitsfz, das bei schlechter Sicht äußerst links auf der AB fährt (BGH VersR **65** 716, Ha VRS **29** 212). Keine Ursächlichkeit fehlender Warnlampen, wenn Unbekannte die Sperre entfernt haben und möglicherweise auch die Warnlampen entfernt haben würden (Ha NJW **59** 1551, VRS **17** 422). Bei ordnungsgemäß abgesperrter Baustelle und verwahrten Werkzeugen braucht der Bauunternehmer idR nicht damit zu rechnen, dass Kabeldiebe durch das Aufrichten einer Kabeltrommel den Verkehr gefährden (KG VM **72** 43). Trotz mangelhafter Baustellensicherung keine Haftung, wenn der Unfall durch eine den Str- und Sichtverhältnissen unangepasste Fahrweise verschuldet wurde (BGH NJW **82** 2187). Bei Unterbrechung von Bauarbeiten trifft die sicherungspflichtige Behörde wieder die volle Verantwortung (Ha DAR **72** 22). Nach geräumter Baustelle ist wieder die zuständige Verwaltung unabdingbar sicherungspflichtig (Mü VersR **80** 240), der Bauunternehmer haftet nur noch für einen etwa verbliebenen unsicheren Zustand (BGH VersR **60** 798, Br VersR **78** 873, Ko VersR **72** 1130, Hb VersR **63** 344, Jn NZV **06** 248). Allgemeines zur VSicherungspflicht: Rz 51–55.

Lit: *Berr,* Grundsätze der Baustellenabsicherung an Strn …, DAR **84** 6. *Bouska,* Rechtsfragen der Baustellenbeschilderung, VD **72** 261. *Hohenester,* Die Regelung der Vs an StrBaustellen durch die Bauunternehmer, DAR **59** 174. *Derselbe,* Zur Unverbindlichkeit von VRegelungsakten durch Kompetenzmängel, DAR **61** 190, 303. *Derselbe,* VRegelung an Baustellen, BB **62** 237. *Reitenspiess,* VSicherungspflicht bei StrBaustellen, NZV **03** 504. *Stollenwerk,* Verkehrsbeschränkende Anordnung für Arbeiten im StrRaum, VD **97** 200.

49 **18. Fahrbahneinengung wichtiger Straßen** (VII). Bei VorfahrtStr und Verkehrsumleitungen, deren Fahrbahn durch Baumaßnahmen eingeengt wird, ist nach Maßgabe von VII die vorherige Zustimmung der StrVB nötig. Planfeststellungsverfahren, laufende StrUnterhaltung, Notmaßnahmen: Vwv Rn 69f. Die Vorschrift dient dem möglichst unbehinderten Verkehrsfluss, nicht der Beurteilung geplanter Baumaßnahmen durch die StrVB. Diese haben Übersicht über alle Umleitungen ihres Bezirks und sollen verhindern, dass unabgestimmte Baumaßnahmen den Verkehr zu stark behindern. Ausgenommen sind die laufende StrUnterhaltung, weil sie idR weniger umfangreiche Arbeiten bedingt, bei denen die Pol den Verkehr regeln kann, und

Verkehrszeichen und Verkehrseinrichtungen § 45 StVO **2**

Notmaßnahmen, welche die öffentliche Versorgung gewährleisten (Wasserrohrbrüche, Kabelschäden).

18 a. Im Pannenhilfsdienst, bei Bergungsarbeiten und bei der Vorbereitung von Abschleppmaßnahmen dürfen bei Gefahr im Verzug zur Eigensicherung, zur Absicherung des havarierten Fz und zur Sicherung des übrigen V an der Pannenstelle (auch eine Unfallstelle) Leitkegel (Z 610) aufgestellt werden. Mit der durch ÄndVO v 22. 12. 05 eingeführten Regelung soll den Gefahren Rechnung getragen werden, die den in den genannten Bereichen tätigen Personen drohen; teils wird damit eine bereits zuvor gebräuchliche Praxis rechtlich abgesichert, Begr. Rz 8 a. 49a

19. Ordnungswidrig (§ 24 StVG) handelt, wer entgegen VI mit Arbeiten beginnt, ohne zuvor Anordnungen eingeholt zu haben oder diese Anordnungen nicht befolgt oder LZA nicht bedient, auch wer nach Ablauf einer von der Behörde gesetzten Frist für die Dauer von Absperrungen oder Kennzeichnungen diese Maßnahmen aufrecht erhält, Dü VRS **63** 474 (§ 49 IV Nr 3), wenn die Befristung in der behördlichen Anordnung unmissverständlich zum Ausdruck kommt, Stu NZV **93** 447. Wer als VT ein gemäß § 45 aufgestelltes VZ oder eine VEinrichtung nicht beachtet, verstößt im Rahmen von § 45 gegen die entsprechende Vorschrift, vor allem des § 41. Mangels Ausnahmegenehmigung gelten gemäß § 45 aufgestellte VZ auch gegenüber VT, die privat- oder verwaltungsrechtlich Anspruch auf Wegbenutzung haben, Stu NJW **57** 1686. Zu ordnungs- und strafrechtlichen Aspekten im Zusammenhang mit der Baustellensicherung *Berr* DAR **84** 12 ff. 50

20. Die **Verkehrssicherungspflicht** ist die Pflicht (Rz 54), den VT vor den Gefahren zu schützen, die ihm bei zwecksprechender Benutzung öffentlicher VFlächen aus deren *Zustand* entstehen (BGH VRS **60** 251, Kö DAR **02** 315, Ha DAR **02** 351, VersR **01** 1575, Sa NZV **98** 284), diese insoweit möglichst gefahrlos zu gestalten und zu erhalten (§ 823 BGB; BGHZ **60** 54, NZV **91** 385, Dü VersR **78** 851, Fra VersR **88** 519, **93** 988, Nau DAR **98** 18). Sie kann aber uU auch Berücksichtigung nahe liegenden Fehlverhaltens mit umfassen (Ha DAR **02** 351, Nau NZV **98** 326, Dü VersR **98** 1021 m Anm *Jaeger*; BGH NJW **78** 1629 [Schwimmbad], NJW **07** 1683 [unter Brücke aufgestellter, in Brand geratener Heuwagen]), insbesondere von Kindern (Mü VersR **88** 961 [Rz 52]) und sich uU auch auf Gefahren erstrecken, die durch vorsätzliche Eingriffe Dritter verursacht werden (Ko DAR **02** 269). Sie besteht spätestens ab Verkehrsfreigabe (Kar VersR **79** 165), auch auf Privatstraßen (Dü VersR **83** 544). Der VSicherungspflichtige muss in geeigneter und objektiv zumutbarer Weise (*nur*, s auch BGH NJW **06** 610, **07** 1683) alle die Gefahren beseitigen und nötigenfalls vor ihnen warnen, die ein sorgfältiger Benutzer **bei zwecksprechender Inanspruchnahme des VWegs nicht oder nicht rechtzeitig erkennen** kann (BGH NZV **89** 390, NJW **80** 2194, Fra DAR **04** 701, Ko NZV **05** 257, Stu NJW-RR **04** 104, NZV **03** 572, VersR **03** 876, Ro DAR **01** 408, Ce DAR **01** 212, Dr NZV **02** 92, Bra NVwZ-RR **03** 755, NZV **02** 93, 563), zB bei besonderer Auswirkung von Glätte (Ko VersR **79** 628). Ohne Rücksicht auf die Erkennbarkeit kann die **Gefahr besonders schwerer Unfallfolgen** Abhilfemaßnahmen fordern (Ha NZV **02** 129). Zu treffen sind grundsätzlich alle Maßnahmen, die zur Abwehr derjenigen von der Str ausgehenden Gefahren erforderlich und geeignet sind, mit denen der VSicherungspflichtige nach dem Inhalt der Widmung bei zwecksprechender StrBenutzung rechnen muss (BGH NZV **91** 385). Bei vom VSicherungspflichtigen selbst geschaffenen Gefahrenlagen gilt ein besonders strenger Maßstab (Ha NZV **02** 129). Der Vertrauensgrundsatz (§ 1 Rz 20) gilt im Verhältnis der VSicherungspflichtigen zum VT nicht (BGH NZV **94** 148, Fra NJW-RR **94** 1115). Die **Verkehrsregelungspflicht** ist dagegen die Amtspflicht (§ 839 BGB, Art 34 GG; Rz 43; BGH NJW **04** 356, Ha NZV **01** 379, *Rinne* NVwZ **03** 9), den V durch VZ und VEinrichtungen möglichst gefahrlos zu lenken, soweit dies gem IX zwingend geboten ist (Rz 42; BGH VersR **85** 835, **88** 697, **90** 739, Stu VersR **89** 627, Ha NJW-RR **94** 1443). Das unterlassene Aufstellen eines zur Gefahrenabwehr notwendigen VZ verletzt sowohl die VSicherungs- als auch die VRegelungspflicht (Mü NVwZ **93** 505 [Haftung des VSicherungspflichtigen und VRegelungspflichtigen als Gesamtschuldner], s aber BGH NZV **00** 412). Die VSicherungspflicht folgt nach hM nicht aus der Baulast, sondern aus dem Recht, über den StrKörper zu verfügen, das nicht identisch sein muss mit dem StrEigentum. Wer durch Widmung öffentlichen V eröffnet, muss dafür sorgen, dass dieser sicher ablaufen kann, und dass der StrZustand, soweit wie technisch möglich und zumutbar, niemand gefährdet. Der **Umfang der VSicherungspflicht** richtet sich nach dem VBedürfnis (BGHZ **108** 273 = NZV **89** 390, VersR **75** 812, Ce DAR **01** 51

212, Ha NZV **00** 169) gemäß dem Umfang der Widmung (Jn NZV **05** 192, Ro DAR **00** 311, **01** 408), der nicht ohne Weiteres der Beschilderung (Verbot für schwere Fz) entsprechen muss (BGH VersR **89** 847). VBedeutung, Art und Häufigkeit der Benutzung spielen eine wesentliche Rolle (Bra NVwZ-RR **03** 755, NZV **02** 563). Gelegentliche Benutzung über die erkennbar beschränkte Widmung hinaus erweitert die VSicherungspflicht nicht (BGH VersR **89** 847, Jn NZV **05** 192). Die öffentlichrechtliche Amtspflicht zur Sorge für die VSicherheit (im StrBau) entspricht inhaltlich der allgemeinen VSicherungspflicht (BGH NJW **79** 2043, BGHZ **60** 54, VersR **81** 733, Mü NJW-RR **90** 1121). Sie umfasst die Pflicht, den Verkehr, *soweit zumutbar* (BGH VersR **76** 149, Stu NZV **03** 572, VersR **03** 876, Dr NZV **02** 92, Ce DAR **01** 212, Brn NZV **01** 373, Jn DAR **01** 311, NZV **05** 578 (Räum- und Streupflicht), Ha VersR **01** 1575, Ko VRS **104** 421, *Burmann* NZV **03** 21, *Rinne* NVwZ **03** 12), möglichst gefahrlos zu gestalten und vor unvermuteten, nicht ohne Weiteres erkennbaren Gefahrstellen zu sichern, zumindest zu warnen (BGH VersR **66** 583, Dr NZV **02** 92, Ha NZV **93** 192, Nau DAR **98** 18). Die VSicherungspflicht erstreckt sich auch auf benachbarte Flächen und nicht zur Str gehörende Sachen, etwa Bäume und Sträucher, soweit von ihnen Gefahren für die StrBenutzer entstehen können (BGH NZV **94** 148, Ko NVwZ-RR **05** 276, Nau VRS **100** 261, Dr VRS **100** 263, Dü NJW-RR **94** 1443, Brn DAR **99** 403). Ihr ist genügt, wenn die Str (Parkplatzzufahrt) bei ausreichender Aufmerksamkeit des Benutzers sicher benutzbar ist (Kar VersR **79** 141, Dü NJW-RR **93** 597). Maßgebend sind Art und VBedeutung der Str oder des sonstigen VWegs (BGH VersR **63** 38, **64** 727, Kar VersR **77** 971, Dü VersR **93** 1029, Ko MDR **99** 39). Alle erdenklichen Sicherungen gegen Unaufmerksamkeit brauchen nicht angebracht zu werden (Stu NZV **03** 572, Ro DAR **01** 408, Dü VersR **66** 298, Kö VersR **92** 630). Die Beseitigung einer Gefahr, die nur bei verkehrswidrigem Verhalten entsteht, ist keine Anerkennung einer entsprechenden VSicherungspflicht (Jn NZV **05** 192). Die Pflicht zum Tätigwerden kann bei Gefahren entfallen, die ein sorgfältiger VT rechtzeitig erkennen und auf die er sich ohne Weiteres einrichten kann (s auch IX S 3; BGH VersR **83** 39, Stu NZV **03** 572 [für Radf erkennbarer Fahrbahnriss], Ro DAR **01** 408, Ko MDR **92** 1127, Dü NJW-RR **93** 597, VersR **93** 1029, Ha NZV **98** 500 [Niveauunterschied zwischen Rad- und Gehweg], **93** 67 [erkennbarer „Knick" quer zur Fahrbahn], Nau NZV **95** 231 [deutlich erkennbar buckliges Natursteinpflaster], LG Ro MDR **05** 396 [Schlaglöcher auf Radweg]). Der Plattenbelag eines dem öffentlichen V zugänglichen Vorplatzes muss Kfz ausreichend tragen können (Kar VersR **78** 770). Das Nichteinhalten technischer Bauvorschriften, die dem Abschluss von Bauverträgen zugrunde liegen, begründet allein nicht die Verletzung der VSicherungspflicht (Fra VersR **84** 473 [Ausbesserung bituminöser Fahrbahndecken]). Bei geringer StrBreite muss der Sicherungspflichtige mit Ausweichen auf den Seitenstreifen rechnen und diesen in gefahrlosem Zustand halten bzw vor dort unerkennbarer Gefahr warnen (Kar VersR **78** 573, 675). Als Mindestanforderung muss der Sicherungspflichtige die Straße oder den Weg **regelmäßig angemessen auf Gefahren überprüfen** (Fra DAR **84** 19, Ha NJW-RR **92** 1442 [Parkstreifen]), besonders Schnellstraßen (BGH VRS **45** 81). Fallen witterungsbedingt akute Maßnahmen zur VSicherung an (zB Beseitigung von Herbstlaub auf kombiniertem Rad-/Gehweg, zur Räum- und Streupflicht Rz 56ff), darf sich die verkehrssicherungspflichtige Gemeinde aber nicht auf die Durchführung der turnusmäßigen Dienste beschränken, wenn diese zur Sicherung nicht ausreichen, Ha NZV **06** 550. Mangels bekannter besonders gefährlicher Umstände ist der VSicherungspflicht durch regelmäßige Überwachung des StrZustands genügt (Oberflächenwasser bei Tauwetter; Dü VersR **80** 776). Maßgebend für etwa notwendige Maßnahmen ist die objektive Unfallhäufung an bestimmten StrStellen, woraus eine Rechtspflicht zur sorgfältigen Erfassung solcher Unfallstellen folgt (BGH VkBl **73** 898). Aber auch ohne vorausgegangene Unfälle ist vor Gefahren zu warnen, die unerwartet aus der Beschaffenheit der Str erwachsen (Fra DAR **84** 19 [Überflutungsgefahr]). Besonders nach Arbeiten, die die Standfestigkeit des StrKörpers beeinträchtigen können, muss der VSicherungspflichtige die Tragfähigkeit prüfen (BGH NJW **73** 277). **Hinweise** auf Gefahren **durch kompetente Stellen** (Pol) begründen idR die Pflicht, jedenfalls vorsorglich vor den Gefahren zu warnen (Nü VM **01** 28). Ausreichende Sicherung gegen unbegleitete blinde Fußgänger kann idR nicht gefordert werden (KG VersR **73** 1146). Zum Ganzen auch *Rebler* VD **07** 40, SVR **07** 129.

52 Der Schutz muss für **Kinder und Jugendliche** ausreichen (BGH FRZ **63** 244, Mü VersR **88** 961, Dü NJW-RR **94** 1443), aber nicht für Fahranfänger bei gut erkennbarem, vorübergehendem StrSchaden, den jeder andere gut meistert (Schl VersR **69** 527). Sieht man einer **ländlichen VerbindungsStr** nach ihrer Beschaffenheit ihre geringe VBedeutung an, so stellt die VSicherungspflicht geringere Anforderungen (BGH VersR **65** 260, Kar VersR **77** 971). Ist

Verkehrszeichen und Verkehrseinrichtungen **§ 45 StVO 2**

ein **unbefestigter Waldweg** für SchwerlastV offensichtlich ungeeignet, so haftet der Sicherungspflichtige für Unfälle solcher Art auch nicht, wenn er außer dem Lkw-FahrverbotsZ kein WarnZ aufstellt und das gelegentliche Befahren durch schwere Lkw geduldet hat (BGH VersR **71** 1061, Kar VersR **75** 957, Stu MDR **76** 44). Wer einen ersichtlich ungenügend befestigten Weg befährt, muss ihn so hinnehmen (Lastzug; Kar VersR **75** 957, Stu VersR **76** 395, OLGR Nau **07** 224 [Wald- und Wiesenweg in Naturpark]). Zur VSicherungspflicht auf **Wanderwegen** Nü MDR **76** 222, auf Wald-(Feld)wirtschaftswegen Dü VersR **97** 639, *Oswald* DAR **74** 266. Zwischen dem VT und VSicherungspflichtigen gilt der **Vertrauensgrundsatz** nicht (BGH NJW **80** 2194, Ol VRS **31** 161).

Einzelfragen, möglichst alphabetisch geordnet: **Abhänge, Abbrüche, Rampen** neben benutzten VFlächen sind zu sichern, BGH VersR **66** 562, **68** 399, Kar VersR **73** 355 (Abhang an Parkplatz), BGH VersR **63** 950 (Stützmauer zum Bach, keine Mitschuld eines bejahrten Fußgängers), BGH VersR **59** 711 (Geländer an Brückenrampe), Dü VersR **71** 967 (Steilabhang), bei einem StrGrundstück nicht durch den Eigentümer, sondern durch den VSicherungspflichtigen, BGHZ **24** 124 = NJW **57** 1065. Erst recht ist zumindest Warnung durch VZ notwendig, wo die Fahrbahn sich in einer absteigenden Treppe fortsetzt, abw Ko DAR **02** 168 bei enger Gasse. Bei Abbruch einer Brücke genügen Aufstellen mehrerer VZ 250 und bewegliche Sperrbake nicht, Ha DAR **01** 273. Geneigte Rampen (Kinderwagenspur) auf öffentlichen Treppen müssen sich, besonders wenn sich die Rampe rechts befindet, schon auf den ersten Blick deutlich von den Treppen abheben, Ce VersR **77** 671. **Ampelversagen:** § 37. Ein **Arbeitsgerüst** unter einer Eisenbahnbrücke, gegen das ein Kfz bei Dunkelheit stößt, legt den Anscheinsbeweis für Schuld des Sicherungspflichtigen nahe, BGH VersR **64** 1082. Ein Arbeitsgerüst auf einem Gehweg ist uU durch Absperrmaßnahmen zu sichern, Nü NZV **92** 31 (jedoch überwiegende Haftung des Fußgängers, der zur Umwegvermeidung durch den Gerüstrahmen steigt und dabei stürzt). **Aufpflasterungen:** s *Unebenheiten*. Vor Benutzern von Grundstücks-**Ausfahrten**, auch nicht erkennbaren, muss der für die öffentliche Straße Sicherungspflichtige nicht warnen, wohl aber uU der für die Ausfahrt Sicherungspflichtige, Dü VersR **78** 851. **Bankette,** von der Fahrbahn deutlich unterschieden, brauchen nicht die gleiche Tragfähigkeit aufzuweisen wie die Fahrbahn, BGH DAR **05** 210, VersR **89** 847, Nü DAR **04** 150, Bra NZV **02** 563, und müssen zumindest bei untergeordneten Straßen für Lkw nicht befahrbar sein, Bra NZV **02** 563, Ha VersR **73** 379. Sie brauchen nicht so beschaffen zu sein, dass sie mit derselben Geschwindigkeit befahren werden können wie die Fahrbahn, BGH DAR **05** 210. Ein unbefestigtes Bankett, das sich von der Fahrbahn deutlich abhebt, bedarf keiner Sicherung durch Kennzeichnung oder Warnung, BGH VersR **89** 847, **64** 617, Bra NZV **02** 563, auch nicht, wenn eine rechzeitig erkennbare Unebenheit ein zusätzliches Hindernis bildet, Dü VersR **81** 358 (Betonplatte), bei Strn mit geringer VBedeutung auch nicht bei Schneefall, Ce VRS **78** 9. Warnung vor einem hervorragenden Kanaldeckel kann geboten sein, Jn DAR **99** 71. Ist bei schmaler Fahrbahn LkwVerkehr zulässig, so müssen die Bankette so befestigt sein, dass ein Lkw ein Hindernis bei Sorgfalt umfahren kann, BGH VersR **69** 280, Kar VersR **78** 573, 675, Nü DAR **04** 150 (Ausnahme: überschwere Fz [48 t]), anders, wenn die mangelnde Standfestigkeit (schmaler Grasstreifen neben Böschung) ohne Weiteres erkennbar ist, BGH VersR **89** 847, Bra NZV **02** 563. Bei nicht ausreichend tragfähigem Seitenstreifen auf OrtsStr (Schachtabdeckung) sind SchwerFz zu warnen, Mü VersR **80** 293. Der Seitenstreifen neben einem Radweg muss so beschaffen sein, dass ein Radf, der kurzfristig auf ihn ausweicht, nicht stürzt, Ce VersR **88** 857. Der Kf, der das Bankett benutzt, handelt, sofern es erkennbar von der Fahrbahn deutlich abgesetzt war, idR auf eigene Gefahr; er darf es nur mit Vorsicht befahren, BGH DAR **05** 210, NJW **57** 1396, Brn VRS **102** 188, Dü VersR **94** 574. Daher kein Verstoß gegen die VSicherungspflicht bei Nichtbeseitigen oder Nichtbeleuchtung eines ca $1/2$ m hohen Erdhaufens auf dem Bankett oder Unterlassen eines Hinweises darauf, Ba VersR **81** 960, oder bei fehlender Warnung vor auf unbefestigtem Bankett aufgestellten 20 cm hohen, weiß gestrichenen Metallpfählen, Brn VRS **102** 188, s aber Rz 51 sowie Jn DAR **99** 71 (wonach das Bankett auch zum Fahren mit höheren Geschwindigkeiten geeignet sein muss). Erhöhte Anforderungen an die Standfestigkeit des Banketts, mindestens aber an Warnung vor dem Befahren sind uU an schmalen, kurvenreichen Straßen zu stellen, die von schweren Kfz viel befahren werden, BGH VersR **62** 574, Kar VersR **78** 675, Ko VersR **64** 1255, Ce VRS **78** 9. Die Grenze zwischen Fahrbahn und Bankett muss deutlich sein, BGH VRS **14** 105, auch die Markierung der Begrenzung zwischen Gehsteig und Fahrbahn, wenn der Gehsteig durch eine breite, nicht beleuchtete Grundstückseinfahrt unterbrochen war, BGH VersR **62** 665. Dass die Grenze zwischen Gehsteig und Bankett auch bei Schnee markiert wird, kann nicht erwartet werden, Bay VersR **61** 716. Aufstellen von

53

sog Lübecker Hüten auf dem schmalen zwischen Mittelstreifen und Überholspur der AB verlaufenden Randstreifen verletzt nicht die VSicherungspflicht, weil dieser Randstreifen nicht für den Normalfall zum Befahren bestimmt ist, Kö VersR **66** 834. Keine Verletzung der VSicherungs- oder -regelungspflicht bei fehlender Warnung vor deutlich erkennbarem Höhenunterschied zwischen Fahrbahnrand und (stellenweise bis zu 6 cm) tiefer liegendem Bankett, BGH DAR **05** 210, Ha VersR **83** 466, Stu VersR **90** 323 (Anm *Berr* DAR **90** 140), Ce VRS **78** 9 (10 cm bei erkennbar unbefestigtem Bankett). Nichtauffüllen einer 15 m langen, 14 cm tiefen Kante zwischen Fahrbahn und Bankett auf einer KreisStr kann die VSicherungspflicht verletzen, Schl NZV **95** 153, ebenso fehlender Warnhinweis auf 15 cm hohe Kante zum tiefer liegenden Bankett einer nur ca 5 m breiten Fahrbahn, Ha NZV **05** 43. Keine VSicherungspflicht auf zwar innerörtlicher, aber fast ländlicher Str, die Höhendifferenz von 6 cm zwischen Fahrbahnrand und Nebengelände auszugleichen, Dü VersR **82** 858, oder Maßnahmen zu ergreifen, wenn Baumstämme auf einem bewachsenen Streifen neben einem landwirtschaftlichen Weg durch Unkraut überwuchert sind, Kar DAR **89** 464. **Baustellen** sind zu sichern (Rz 45–48). Im Baustellenbereich ist eine dünne Sandschicht auf der Fahrbahn von den VT hinzunehmen, Kö NJW-RR **90** 862. Ein Splitthaufen im StrRaum ist zu beleuchten, Ce VersR **65** 1083. Kurzfristige Ablagerung gut erkennbaren Baumaterials tagsüber auf untergeordnetem Wirtschaftsweg verletzt dagegen nicht die VSicherungspflicht, Dü NJW-RR **93** 597. Wer auf dem Gehweg Steine ablagert, haftet dafür, dass sie nicht auf die Fahrbahn geraten, Kö VersR **74** 1186. Auf der AB gehört Splittentfernen zur VSicherungspflicht des Landes; eine links fahrende Kehrmaschine (3 m hoch, leuchtend bemalt, Rundumleuchten, Warnflagge) braucht auf übersichtlicher Strecke keine besondere Sicherung, BGH VersR **66** 589. Bei Rollsplittresten auf der Fahrbahn kann ein GefahrZ mit Zusatzschild „Rollsplitt" genügen, Ko MDR **97** 832. Das verkehrssicherungspflichtige Land muss die Sichtbarkeit von VZ überwachen, die vor Rollsplitt an einer Baustelle warnen, Ko NJWE-VHR **96** 70 (tägliche Kontrolle bei lose aufgestellten VZ), s auch Rz 46. Vorzeitiges Entfernen der Warnhinweise ist pflichtwidrig, Ce MDR **00** 769. Vor erkennbarem Rollsplitt auf innerörtlicher Fahrbahn mit höchstzulässigen 50 km/h braucht idR nicht gewarnt zu werden, Mü ZfS **85** 2. Kontrolle von lose aufgestellten Warnbaken zur Leitung des Verkehrs in AB-Baustellenbereich in Intervallen von 6 Std ist idR ausreichend, Brn VersR **98** 912. Auf noch unausgebauter Straße in einem Neubaugebiet, nur von BauFz und Anliegern benutzt, besteht eingeschränkte Verkehrssicherungspflicht, Benutzer müssen dort mit Gefahr rechnen und die Straße so benutzen, wie sie sich darbietet, Sa VersR **72** 207, Dü VersR **93** 1029. Unebenheiten im Baustellenbereich, s *Unebenheiten*. Str**Beleuchtung** ist innerorts auch in kleinen Gemeinden während der ortsüblichen Zeiten nötig, Neust VRS **5** 565, Ol MDR **58** 604; außerorts sind nur Gefahrenstellen auszuleuchten, soweit zur VSicherung notwendig, *Berz* DAR **88** 3. Zur Beleuchtungspflicht und deren Überprüfung Mü VersR **76** 740. Schaltet die Gemeinde nachts Laternen ab, die nicht das Z 394 tragen, so haftet sie, BGH VersR **62** 256, 632 *(Venzmer)*. Innerörtliche Gehwege sind, wo Hindernisse bei Dunkelheit nicht ausreichend erkennbar sind, grundsätzlich zu beleuchten, Ha NZV **05** 525. Keine Verletzung der VSicherungspflicht jedoch bei unterlassener Gehwegbeleuchtung, wo Ausweichen auf einen parallel verlaufenden, beleuchteten Gehweg zumutbar ist (Ha NZV **05** 525, s auch *Berz* DAR **88** 2, **95** 350). Bei Strn von erheblicher VBedeutung müssen Kabel mehr als 4 m hoch angebracht sein, Kö NZV **95** 22 (s auch *StrBäume*). **Bepflanzung,** besonders von Mittelstreifen innerorts, darf die Sicht nicht behindern, KG VM **66** 41, auch nicht an AB-Einfahrten, auf kreisförmigen Inseln in Kreuzungen oder am Fahrbahnrand, Dü NJW-RR **94** 1443. Vor dem Mähen muss der Boden nicht zentimeterweise abgesucht werden, um das Hochschleudern kleiner Steine auszuschließen, Stu DAR **02** 516, **03** 462, jedoch sind geeignete Maßnahmen gegen Schäden zu treffen (Auffangbehälter, Verwendung spezieller Rasenmäher, Warnvorrichtungen, Sperrung), BGH NZV **03** 125, LG Ko DAR **03** 526 (Schadensersatzanspruch jeweils bejaht). Die Anforderungen dürfen aber nicht überspannt werden; namentlich bei außerörtlichen Arbeiten an langen StrAbschnitten, sind Maßnahmen wie die StrSperrung oder das Aufspannen von Planen unzumutbar (Ce VR **07** 1006). Eine Hecke auf dem Mittelstreifen zwischen getrennten Fahrbahnen muss der VSicherungspflichtige an Durchfahrten so niedrig halten, dass sie die Sicht nicht behindert, BGH NJW **80** 2194. Die Sicht auf Warnanlagen an Bahnübergängen darf nicht durch Zweige eingeschränkt werden, BGH NZV **94** 146. Sichtbehindernder hoher Graswuchs an StrBöschungen und -gräben ist durch rechtzeitiges Mähen zu verhindern, Ko VRS **76** 251. Schutz einer Grünanlage neben der Fahrbahn durch Steine verstößt nicht gegen die VSicherungspflicht, wenn FzF nur durch Überfahren des Fahrbahnrandes zu Schaden kommen können, Ha NZV **96** 493. **Bordsteine** zur Abgrenzung der Fahrbahn gegen Rad- oder Gehwege sind vielfach gefährdend zu hoch und, anstatt abgerundet, scharfkantig, sogar teilweise an Ausfallstr mit zugelassener höherer Fahrgeschwindigkeit. Die Bordsteinkante darf keine gefährdenden Löcher oder Lücken haben (Ce VersR **74** 810). Zu hoher Randstein in Parkbox ist Verletzung der VSicherungspflicht (Ha NZV **08** 405). Kantsteine nahe der Fahrbahn müssen bewuchsfrei und deutlich erkennbar gehalten werden (Ha VersR **77** 970). Mit Niveauunterschied zwischen Radweg und durch Kantsteine von diesem getrenntem Gehweg muss ein Radf rechnen (Ha NZV **98** 500, Ce NZV **01** 346). Beim Überqueren einer Fahrbahn muss ein Fußgänger mit einem Bordstein auf der anderen Fahrbahnseite rechnen, keine Haftung des VSicherungspflichtigen bei ungenügender Ausleuchtung der Bordsteinkante (LG Görlitz VersR **98** 1122). Mit 4 cm Höhenunterschied zwischen zwei Bordsteinen muss ein Fußgänger rechnen (Ko MDR **99** 421). Die VSicherungspflicht gebietet nicht besondere Maßnahmen, wenn 16 cm vom Fahrbahnrand auf der **Böschung** ein grasüberwachsener Stein hervorragt (Nü NZV **91** 390). **Bushaltestellen** sind stolperfrei auszubauen (BGH VersR **70** 179, **73** 346). Die Vorschriften gegen **Dachlawinen** richten sich nicht danach, was ortsüblich, sondern, was erforderlich ist (Dachneigung, -größe, Material der Dacheindeckung, zB etwaige Glasur, *Hugger/Stallwanger* DAR **05** 667; LG Ko VersR **74** 892). Eine etwaige örtliche Übung ist aber für die Frage, ob das Unterlassen bestimmter Maßnahmen einen Pflichtverstoß darstellt, mit zu berücksichtigen (zB Üblichkeit von Schneefanggittern), Kar NJW **83** 2946, Ha NJW-RR **87** 412, AG Schönau MDR **00** 583. Bei außergewöhnlichen Schnee- und Wetterverhältnissen sind die Dächer gegen Schneelawinen außerdem regelmäßig zu beobachten, Ce VersR **80** 1028, *Birk* NJW **83** 2915. In Städten und größeren Orten in gewöhnlich schneereichen Gebieten werden auf den Hausdächern zu vielbenutzten Straßen hin Schneegitter gegen Dachlawinen anzubringen sein, Mü VersR **72** 1176, AG Schönau MDR **00** 583, AG Altötting DAR **71** 45, *Hugger/Stallwanger* DAR **05** 666, und Warnschilder aufzustellen, LG Ulm NZV **06** 589. Soweit in schneearmen Gebieten Fanggitter auf Hausdächern nicht üblich sind, besteht idR auch keine Pflicht des Eigentümers zur Beseitigung des Schnees vom Dach, zur Aufstellung von Warnstangen oder zu besonderen Hinweisen, Kö VersR **88** 1244, Ha NJW-RR **87** 412, Stu MDR **83** 316, Kar NJW **83** 2946, Sa VersR **85** 299, LG Krefeld VersR **81** 544, LG Limburg DAR **01** 171, *Birk* NJW **83** 2913, aM Dü VersR **78** 545. Außergewöhnliche Witterungsverhältnisse können allerdings auch außergewöhnliche Maßnahmen gegen die Gefahr herabfallenden Schnees erforderlich machen, Ce VersR **82** 775, 979, *Schlund* DAR **94** 50. Der Schneelawinengefahr von 17 m hohem Turm über BundesStr ist zu begegnen, Ko DAR **87** 86. Ob und ggf welche Vorkehrungen zu treffen sind, richtet sich nach den Umständen des Einzelfalles, wobei die Witterungsverhältnisse, Lage des Hauses, Verkehrsaufkommen und Dachneigung bedeutsam sind, Stu MDR **83** 316, Kar NJW **83** 2946, Sa VersR **85** 299, Dr DAR **97** 492, *Maaß* DAR **83** 316, *Birk* NJW **83** 2913. In erster Linie hat sich der FzF selbst dadurch vor Schaden zu bewahren, dass er sein Fz an Stellen mit Dachlawinengefahr nicht abstellt, Ha NZV **04** 34, NJW-RR **87** 412, Sa VersR **85** 299, Kö VersR **88** 1244. Zur Mitschuld bei einem im Dachlawinenbereich geparkten Kfz, BGH VRS **59** 241, AG Schönau MDR **00** 583, *Hugger/Stallwanger* DAR **05** 667, *Schlund* DAR **94** 52. Eine BG des durch Dachlawine beschädigten parkenden Fz wird idR keine Rolle spielen, § 7 StVG Rz 13, *Hugger/Stallwanger* DAR **05** 668, *Weber* DAR **81** 173. Zumutbare Vorkehrungen gegen herabfallende Eiszapfen werden vielfach nicht möglich sein, Ce NJW-RR **88** 663, s aber AG Darmstadt DAR **80** 276. Vor **Dampf und Qualm** haben Bahn und andere Sicherungspflichtige die AB-Benutzer zu warnen, BGH VersR **59** 1030. Bevor eine Str**Drehbrücke** geöffnet wird, muss sichergestellt sein, dass sich im Schrankenbereich keine Fußgänger befinden, BGH VRS **54** 104. Ist die **Fahrbahn** statt mit technisch bekannten griffigen Mischungen rutschgefährlich belegt, so kommt Verletzung der VSicherungspflicht in Betracht. Merkblatt über StrGriffigkeit und VSicherheit bei Nässe (Richtwerte), VkBl **69** 748, krit *Wendrich* NZV **01** 504 („völlig überholt"), s NZV **02** 112. Glatte Fahrbahnen sind rutschfest zu machen; bis dahin ist durch WarnZ auf die Gefahr hinzuweisen, BGH VersR **68** 1090, Warnung allein genügt nicht, BGH VersR **68** 1090. Überstreichen von Richtungspfeilen mit Farbe, die zu erhöhter Glätte führt, verletzt die VSicherungspflicht, Ha DAR **99** 70. Zur VSicherungspflicht in Bezug auf die Griffigkeit *Wendrich* NZV **01** 503. Bei Nässe völlig ungefährliche StrDecken gibt es kaum, BGH MDR **60** 32 (gemeint ist wohl eine Fahrbahn mit dünner Wasserschicht). Auf AB-ähnlich ausgebauter BundesStr mit technisch veralteter Fahrbahn verpflichten Wasseransammlungen bei Regen und Häufung von Aufschwimmunfällen zu Geschwindigkeitsbeschränkung oder Warnung, Nü VM **82** 10. Nach Abdeckung von infolge Hitze aufgeweichten Teerflächen mit grobem Splitt genügt Aufstellen eines VZ Nr 101, LG Weiden VRS **17** 405. Sandstreuung auf aufgeweichter Teeroberfläche ist nach BA VersR **79** 262 ohne Warnung und

2 StVO § 45   III. Durchführungs-, Bußgeld- und Schlußvorschriften

Sicherung hinzunehmen. Das Gleiche soll gelten, wenn mit Teerbelag ausgebesserte Stellen der Fahrbahn durch sommerliche Hitze weich geworden sind, Ba VersR **70** 845 (abzulehnen, da vermeidbare Gefährdung durch unzulängliche Mischung). Nach Jn NZV **06** 248 bei frisch mit Bitumen gefülltem Straßenloch aber besondere Warnung erforderlich wegen Ablösungsgefahr bei Hitze. Den aus einer Ölspur entstehenden Gefahren ist durch wirksame Maßnahmen zu begegnen, Abdecken mit Granulat in einer Kurve ohne Warnung reicht nicht aus, Ha NZV **93** 192. Rollsplitt, s unter *Baustellen*. Innerorts muss die Fahrbahnbegrenzung durch einen beiläufigen Blick erfassbar sein, BGH VersR **57** 777. **Fahrbahnschwellen:** *Unebenheiten*. Ein **Fußweg** darf idR ohne besondere Vorkehrung in die Fahrbahn einmünden, Ce VRS **23** 414. Bei Fußwegen in Grünanlagen ist die VSicherungspflicht nicht auf den eigentlichen Weg beschränkt, sie erstreckt sich auch auf unmittelbar angrenzende Flächen, die erfahrungsgemäß betreten werden, Kö VersR **92** 71. Wer auf schmalem **Gehweg** am hellen Tag beim Ausweichen vor Mülltonnen ohne ersichtliche Ursache hinfällt, hat keinen Ersatzanspruch, Ko VersR **72** 1129. Gut erkennbare Hindernisse auf Gehwegen wie Blumenkübel, Poller uÄ sind idR keine die Haftung des VSicherungspflichtigen begründende Gefahrenquelle, Dü VersR **91** 927; wie bei Unebenheiten (s dort) wird zu berücksichtigen sein, wie stark auf Grund der örtlichen Gegebenheiten mit Ablenkung der Fußgänger zu rechnen ist. Haftung aus Verletzung der VSicherungspflicht jedoch, wenn solche Gegenstände wegen zeitweiliger Abschaltung der StrBeleuchtung nicht mehr erkennbar sind (Ha NZV **07** 576 [aber ²/₃ Mitverschulden des Fußgängers]) oder mangels ausreichender Befestigung auf die Fahrbahn geraten (Brn DAR **99** 403). Unebenheiten auf Gehwegen, s *Unebenheiten*. Auf Rutschgefahr bei nassem Laub muss sich der Fußgänger einstellen, Nü NZV **94** 68, Fra MDR **97** 841, KG VersR **06** 947. Jedoch muss die verkehrssicherungspflichtige Gemeinde uU gefährlichen (schmierigen) Belag aufgrund Herbstlaubs auf kombiniertem Rad-/Gehweg analog zur Räum- und Streupflicht (Rz 56 ff) auch außerhalb üblicher Dienstzeiten entfernen, Rz 51, Ha NZV **06** 550. **Glatteisbildung** bei Kühltürmen, BGH VersR **85** 641, Kö VkBl **56** 701, NZV **95** 111. Räum- und Streupflicht: Rz 56 ff. Vor einem **Hausvorsprung,** der in 2,65 m Höhe in den Luftraum des befahrbaren Banketts ragt, muss nicht gewarnt werden, Bra VersR **62** 1068. **Hecke:** s *Beflanzung*. **Hindernisse** zwecks „Verkehrsberuhigung" (Fahrbahnverengung, Aufpflasterungen, Schwellen usw), soweit überhaupt zulässig (Rz 35), müssen nicht nur zweckdienlich sein, sie dürfen vor allem keine Quelle der VGefährdung bilden, BGH NZV **91** 385, Kö DAR **02** 315, Ha NZV **92** 483, NJW **96** 733, Dü VersR **95** 537 (Blumenkübel auf dem Seitenstreifen), VersR **96** 518, Sa NZV **98** 284 („Kölner Teller"), Fra MDR **03** 739 (Verletzung der VSicherungspflicht verneint bei „Kölner Teller" mit 1 m Abstand vom Fahrbahnrand), LG Kaiserslautern VM **97** 8 (Betonpflöcke als Eckbegrenzung einer Bepflanzung), AG Fulda NVwZ-RR **04** 477 (27 cm hoher Stein als Randmarkierung einer Grünanlage), LG Lübeck DAR **06** 282 (mit Granitsteinen eingefasstes Pflanzbeet). Hindernisse verletzen die VSicherungspflicht, wenn der von ihnen ausgehenden Gefahr nicht durch WarnZ und sichernde VEinrichtungen begegnet wird, Nü NZV **90** 433 (Poller), Ce DAR **91** 25 (Anm *Berr*), NZV **91** 353, Ha NJW **96** 733 (Blumenbeet mit Bordstein), LG Ko DAR **91** 456 (jeweils Blumenkübel), *Berr* DAR **91** 282. Eine auf einem für Radf freigegebenen Promenadenweg gut sichtbare, quer angebrachte Reihe Metallpfosten zur Verhinderung verbotenen KfzV ist grundsätzlich nicht zu beanstanden, Ro DAR **01** 408, LG Stralsund VRS **101** 17. Jedoch kann ein auf einer Gefällestrecke mitten auf einem Fuß- und Radweg aufgestellter, im Dunkeln im Hinblick auf die Umgebung schwer wahrnehmbarer Sperrpfosten eine abhilfebedürftige Gefahrenquelle bilden, Ha NZV **02** 129, ebenso eine nur durch Absperrschranke und VZ 250 gesicherte, quer über einen Radweg gelegte Rohrleitung, Ha DAR **02** 351. Nach Dü NJW **96** 731 sollen Sicherungs- und Warnmaßnahmen bei einem Blumenkübel auf Sperrfläche (Z 298) bei zulässiger Höchstgeschwindigkeit von 30 km/h entbehrlich sein, abl mit Recht *Greger* § 13 Rz 72. Von mehreren in Frage kommenden Einrichtungen ist gem dem Verhältnismäßigkeitsgebot bei Eignung stets die den FzV weniger stark behindernde Möglichkeit zu wählen, BGH NZV **91** 385 („geringste Eingriffsintensität"), Ha NZV **92** 483, zB „optische Bremsschwelle" oder Aufpflasterung mit sanft ansteigender Rampe statt Fahrbahnschwelle (s auch *Unebenheiten*). Vor ferngesteuerten, sich aus den Boden erhebenden Pollern ist besonders zu warnen, Brn DAR **04** 389. Die Einfahrt verbietende VZ reichen zur VSicherung bei derartigen Hindernissen nicht aus, Ha NJW-RR **99** 753. FzBeschädigung durch hydraulisch angehobenen Poller als „rechtswidrige Maßnahme" nach den Ordnungsbehörden- und PolVerwaltungsgesetzen, Kö NZV **04** 95, Dü VersR **97** 1234 (§ 39 Ib OBG NRW), LG Bonn VD **04** 223. Auf der Fahrbahn eingerichtete Mittelinseln müssen ausreichend kenntlich gemacht werden, vor allem neu eingerichtete vor der Bepflanzung (Warnbaken, Beleuchtung usw), andernfalls Haftung für Unfälle aus Verletzung der VSicherungspflicht, LG Aachen VersR **92** 1242. VZ 222 (Rechts vorbei) wird jedoch in der Rspr grundsätzlich als ausreichend erachtet, Dü VersR **89** 208, Ko NZV **05** 257. Verkehrswege (Fahrbahn, Radweg, Gehweg) müssen nicht den besonderen Bedürfnissen von **Inline-Skatern** (vgl § 24 Rz 8, 10) entsprechen (Ko VRS **104** 421, DAR **01** 167, Ce NZV **99** 509). Entsprechendes gilt für sog Skiroller (Bra NZV **05** 581). Auf freigegebenen Straßen dürfen **Kanaldeckel** nicht wesentlich hervorragen, Ha VersR **79** 1033, BGH JZ **79** 812, 1,5 cm sind unwesentlich, Dü VersR **83** 250. 5 cm im Baustellenbereich auf abgefräster Fahrbahn mit Warnung durch VZ sind nicht zu beanstanden, Kar VRS **79** 344, auf unfertiger BauStr in Neubaugebiet bei Erkennbarkeit auch nicht 10 cm und mehr, Ko VersR **93** 1246 (10 cm), Dü VersR **93** 1029 (40 cm). Fahrbahnanhebung von 7 cm um Kanaldeckel in Nebenstr von geringer VBedeutung ist ebenfalls kein Verstoß gegen VSicherungspflicht, Dü VersR **85** 397. Kanaldeckel dürfen nicht einbrechen, Ha VersR **77** 970, BVerwG NJW **61** 1495, BGH VersR **65** 483, Stu VersR **64** 1275. Beweislast der verkehrssicherungspflichtigen Gemeinde dafür, dass die unterbliebene regelmäßige Kontrolle für Schäden nach Einbruch eines brüchigen Kanaldeckels ursächlich ist, Fra VersR **81** 1185. Kanaldeckel dürften nicht wesentlich über den Gehweg hinausragen (BGH VRS **12** 407, VersR **54** 746, **67** 1155, KG VersR **77** 37, NJW **76** 1270, Ko VersR **76** 739, Mü ZfS **87** 354). UU können auch um nur 2 cm und weniger über das Fahrbahnniveau herausragende Kanaldeckel verkehrswidrig sein, wenn sie in besonderer Weise geeignet sind, *Fußgänger* zu gefährden (Kar MDR **84** 54, s aber Ha NJW-RR **87** 412 [*idR* nur bei über 2 cm]). Nach Kar VersR **93** 332 (Anm *Gaisbauer* VersR **93** 849) bedarf auf wenig befahrener Sackgasse ein 4 bis 5 cm erhöhter Kanaldeckel keiner besonderen Sicherung gegenüber dem FußgängerV. Zum Sturz eines Fußgängers wegen versenkten Kanaldeckels auf Sperrfläche mit Z 298: § 41 Rz 248 o. S auch unter „Unebenheiten". Alleinhaftung des Kf, der über einen ersichtlich hoch herausragenden Kanaldeckel fährt, weil er die Bodenfreiheit seines Kfz überschätzt, Ko VersR **76** 1163. Gullys, s *Unebenheiten*. Eine im Ort einmündende SeitenStr darf die Überhöhung der **Kurve** außen durchbrechen, Bra VRS **12** 8. Nicht abgerundete und nicht versenkte **Leitplanken**enden sind mit der VSicherungspflicht nicht vereinbar, Ce NZV **90** 432. Auf **Parkplätzen** hängt der Umfang der VSicherungspflicht von ihrem allgemeinen Zustand und den örtlichen Verhältnissen ab. Sie erstreckt sich auf den Schutz von Fußgängern, die als Fahrer oder FzInsassen den Parkplatz benützen müssen (Jn MDR **06** 1289 [gelockerte Gehwegplatte], s auch Rz 64 zur Streupflicht). Bei erkennbar provisorischen Parkplätzen muss der feste Untergrund die Kf Hindernisse hinnehmen (Ko VersR **82** 780, s auch LG Bonn NZV **07** 575). Mit aufgeweichtem Teerbelag auf einem Parkstreifen muss bei sommerlicher Hitze gerechnet werden (Dü NJWE-VHR **96** 69). Auf baumbestandenen öffentlichen Parkplätzen ist Überwachung der Bäume erforderlich (Mü DAR **85** 25, Umfang: s *Straßenbäume*). Der Fußgänger muss auf solchen Parkplätzen auch mit größeren Niveauunterschieden rechnen (Dü NJW-RR **95** 1114, Ha DAR **04** 525). **Radwege** müssen so gestaltet sein, dass ihr Verlauf auch bei Dunkelheit erkennbar bleibt, Ce VM **00** 60. Niveauunterschied zum benachbarten Fußweg, s *Bordsteine*. Zur Streupflicht auf Radwegen Rz 59, 61. Zu schmierigem Belag aufgrund Herbstlaubs s *Gehweg* und Rz 51. In Schneekatastrophenfällen braucht vor Fahrbahnverengungen infolge **Schneeverwehungen** und geräumten **Schnees** nicht durch Schilder gewarnt zu werden, Schl VersR **81** 581. **Schwellen** s Unebenheiten. Einrichtungen auf der Fahrbahn zur **Sperrung** einer Str dürfen keine Gefahr bilden, etwa durch fehlende reflektierende Flächen oder mangelnde Beleuchtung, Ha NZV **00** 169. Ein **Splitt**haufen auf einer OrtsStr muss beleuchtet sein, BGH VersR **60** 626. Splitt- und Granulatansammlungen am Fahrbahnrand nach winterlichem Streuen, die eine Gefahr für Radf bilden, sind zu beseitigen, sobald mit erneuter Glätte nicht mehr zu rechnen ist, Ha NZV **89** 235. **Seitenstreifen,** s *Bankette*. Vorsorge gegen **Steinschlag** nur bei nahe liegender Gefahr, BGH NJW **68** 246, Ko DAR **03** 522, Jn DAR **01** 166, Zw VersR **90** 401. Das Aufstellen des VZ 115 genügt dann nicht, Zw VersR **90** 401, *Rinne* NVwZ **03** 14. Welche Sicherungsmaßnahmen erforderlich sind, hängt auch vom Grad der Steilheit und Entfernung des Hangs von der Fahrbahn ab, Jn DAR **01** 166. Die VSicherungspflicht umfasst nicht auch die Vorsorge gegen herabfallende Steine, die auf angrenzenden Privatgrundstücken lagern, Dü NJW-RR **88** 1057. Wer wegen fehlerhaft verlegter **Straßenbahnschienen** geschleudert sein will, muss den ursächlichen Zusammenhang beweisen, Ha VRS **8** 410. Mit dem Überwechseln von StraBaSchienen in die Fahrbahn muss der Kf rechnen, Warnzeichen sind daher regelmäßig nicht erforderlich, Ha VersR **81** 389. Vor Gefahren durch in der Fahrbahn verlegten, abbiegenden Schienen wird durch Geschwindigkeitsbegrenzung auf 30 km/h mit erläuterndem Zusatzschild und GefahrZ 101 ausreichend gewarnt, Ha NZV **05** 256. Auch nach Einstellung des StraBaBetriebs haftet der Unternehmer für Verkehrssicherheit der verbleibenden Gleisbettung, Schl VersR **70** 870. **Straßenbäume** (§ 41 Rz 248 zu VZ 295) sollten nur noch in ausreichender Entfernung vom StrKörper angepflanzt werden. Gefahren schaffende Neuanpflanzung unmittelbar am Fahrbahnrand kann aber nur in Ausnahmefällen Verstoß gegen die VSicherungspflicht sein (*W. Schneider* VR **07** 743, s auch *Otto* NZV **02** 74, aM *Manssen* NZV **01** 152). Wo sie die Fahrbahn säumen, brauchen sie nicht entfernt zu werden (Ha NZV **05** 371, *Manssen* NZV **01** 151), außer bei besonderer Gefahr, wenn Kennzeichnung nicht ausreicht. Keine VSicherungspflicht in Bezug auf die Beseitigung von Zweigen, die über die Mittelleitplanke in den Bereich der Grünfläche neben der Fahrbahn einer AB ragen, da eine solche Grünfläche nicht zur Benutzung durch Fz vorgesehen ist (§ 2 Rz 25, Kar DAR **07** 335 m abl Anm *Woesch*). Der Verkehr hat sich auf solche Verhältnisse einzustellen (BGH NZV **04** 248). Zur StrVSicherungspflicht gehört auch die Sorge für die **Standfestigkeit** von StrBäumen einschließlich der Sicherung gegen Windbruch und Windwurf (BGH NZV **93** 386, Dr VRS **100** 263, Kö DAR **93** 351, Ha NZV **05** 371, **04** 140, Brn MDR **02** 93, NZV **98** 25, VRS **102** 341), sowie der Sicherung gegen herabfallende Äste, Ha VRS **105** 92, Brn VRS **102** 341. Bäume (Wald) an der Straße müssen fachgerecht überwacht werden (BGH VRS **46** 91, Ha NZV **05** 371, Kö VersR **90** 287, **92** 1370). VSicherungspflichtig ist bei Waldgrundstücken in erster Linie der Waldbesitzer (Nutzungsberechtigte, Fra NVwZ **83** 699), oder Eigentümer als Verfügungsberechtigter, BGH VRS **46** 91. Die Pflicht des StrBaulastträgers zur StrBaumschau besteht unabhängig vom Grundeigentum, Ol VersR **80** 778. Schon bei der Anlage zur Str hin sind Gefahren durch Windwurf und Windbruch zu berücksichtigen, Fra NVwZ **83** 699 (Wald). RsprÜberblick, *Orf* NZV **97** 201. Keine Pflicht zur Überprüfung von Waldbäumen zum Schutz unzulässigerweise im Wald parkenden Ausflugsverkehrs, Ko VersR **90** 1409. Der Sicherungspflichtige muss Gesundheit, Standfestigkeit und äußeren Zustand binnen angemessener Zeitabstände prüfen (Ha NZV **04** 140, ZfS **97** 203, Fra VersR **93** 988, Kö VersR **92** 1370, DAR **93** 351), idR zweimal jährlich (Ha NZV **05** 371, **04** 140, VRS **105** 92, Dü VersR **97** 463, Dr VRS **100** 263, Brn MDR **02** 93, VRS **102** 341 (offengelassen von BGH NZV **04** 248), krit *Otto* VersR **04** 878, *Hötzel* VersR **04** 1237). Ob eine strikt einzuhaltende Pflicht zu halbjährlicher Kontrolle statuiert werden kann, ist jedoch zw (für die differenzierten Intervalle nach der FLL Baumkontrollrichtlinie *Bauer/Braun/Hünnekes* DAR **08** 109; aM *Fürstenberg* DAR **07** 293). Der Sicherungspflichtige ist aber mangels dabei erkennbarer konkreter Anzeichen für Gefahr zu eingehender Prüfung idR nicht verpflichtet (Dü VersR **83** 61, Mü DAR **85** 25, Kö ZfS **91** 7, VersR **92** 1370, Dü VersR **92** 467, Fra VersR **93** 988, Brn DAR **99** 168, Ha VersR **98** 188 (Anm *Breloer*), ZfS **97** 203, NZV **06** 250) und braucht bei Waldrändern nicht jeden einzelnen Baum nach abgestorbenen Ästen abzusuchen (Fra VersR **88** 519, s aber Kö VersR **90** 287). Soweit Art und Höhe der Baumkrone ausreichende Kontrolle vom Boden aus nicht erlauben, sind Ferngläser oder Hubwagen einzusetzen, Ko DAR **02** 218. Sichtprüfung aus einem 20 km/h fahrenden Fz genügt idR nicht, Ha NZV **05** 372. Besondere Aufmerksamkeit hat krankheitsgefährdeten Arten zu gelten (Zw DAR **92** 302 Ulme) sowie, falls bei Kanalbauarbeiten Mindestabstand zum Stammfuß der Bäume nicht eingehalten wurde (Dü NZV **07** 572). Verdächtige Umstände bei der regelmäßigen Baumschau verpflichten zu näherer Prüfung, zB trockenes Laub, trockene Äste, Dr VRS **100** 263, Fra ZfS **89** 153, Ha DAR **03** 117, VersR **98** 188, Kö VersR **92** 1370, Brn NZV **98** 25, Faulstellen, Nass-Saftfluss und Pilzbefall, Ha NZV **04** 140, Rinden- und Schnittwunden (Pilzbefall), Brn DAR **99** 168, Stammschäden, Ha VRS **105** 92, starke Schrägstellung, Ko ZfS **93** 113, oder andere Abweichungen vom Normalbild, insbesondere bei hohem Alter, Kö ZfS **91** 7, Fra VersR **93** 988. Totholz ist zu entfernen, Dr VRS **100** 263, und kann, soweit Prüfung vom Boden wegen des Standortes des Baumes oder dichter Belaubung nicht ausreicht, genauere Kontrolle mittels Hubbühne erforderlich machen, Brn VRS **102** 341, DAR **00** 304. Verletzung der Sicherungspflicht, wenn Gefährdungsanzeichen verkannt oder übersehen werden, BGH VersR **74** 89, Ko ZfS **93** 113, oder Mängel nach Erkennen nicht unverzüglich beseitigt werden, Dr VRS **100** 363. Die Beweislast für die Erkennbarkeit des Baumschadens bei Baumschau trifft den Geschädigten, BGH NZV **04** 248, Ol VRS **53** 410. Zum Schutz vor Baumgefahr brauchen die StrWärter keine Spezialkenntnisse, doch muss die Dienstanweisung erläutern, worauf sie besonders zu achten haben, BGH NJW **65** 815. Abbrechen trockener Äste oder morscher Bäume, Ce VRS **7** 418, Kö VersR **63** 733, Dü VersR **83** 61, *Schmidt* DAR **63** 266. Auch bei städtischen Bäumen mit Baumscheiben von nur geringem Radius ist lange Trockenheit allein kein Anlass, ohne äußere Anzeichen mit dem Abbrechen von Ästen zu rechnen, Dü VersR **96** 249. Ständige Überwachung ist in dieser Hinsicht bei unbedeutenden Verbindungs- und Feldwegen nicht zu fordern, BGH VRS **16** 248, Mü VersR **59** 927. Keine Pflicht zur Warnung vor

Eisbruch bei erkennbar dick vereisten Ästen, Ko NZV **99** 165. Eine generelle Verpflichtung, den **StrRaum über der Fahrbahn** bis zur maximalen FzHöhe von 4 m (§ 32 StVZO) von Ästen freizuhalten, besteht nicht, Ro MDR **05** 31, Ce VersR **05** 1702, Mü VersR **03** 1676, Kö NZV **91** 426, Schl NZV **94** 71, Ha VersR **95** 1206, Dü VersR **96** 602, Dr VersR **97** 336, Nau DAR **98** 18, VRS **100** 261. Die Rspr hierzu ist mangels allgemein anerkannter Kriterien sehr unterschiedlich: Innerorts muss der Luftraum „in angemessener Höhe" frei von Baumästen sein, Mitschuld dessen, der einen gefährdenden Zustand (Ast 2,3 m über dem Boden) kennen muss, KG VRS **39** 408 (die Entscheidung betrifft eine NebenStr, Mitschuldannahme daher wohl zu billigen). Wesentlich sind VBedeutung, Fahrbahnbreite, sowie Höhe und Erkennbarkeit von Baumästen, Ce VersR **05** 1702. Beim Befahren von Wohn- und Nebenstraßen von geringer VBedeutung muss der Fahrer eines hohen Kfz auch selbst auf Baumäste im Luftraum über der Fahrbahn achten, Ro MDR **05** 31 (KreisStr), Kö VRS **59** 222 (Kollision eines MöbelFz mit 3,6 m hohem Ast), Schl NZV **94** 71, Ha VersR **95** 1206, erst recht auf Feldwegen, Mü VersR **03** 1676, beim Ausweichen uU auch mit niedrigen Ästen außerhalb des Fahrbahnluftraums, Schl VersR **77** 1037. Auf Str mit erheblicher VBedeutung, insbesondere BundesStr und städtischen AusfallStr muss der Luftraum idR mindestens bis zur maximal zulässigen FzHöhe frei sein, Ro MDR **05** 31, Ce VersR **05** 1702, Kö NZV **91** 426, **95** 22, Dr VersR **97** 336. Bei Str mit VBedeutung muss jedenfalls vor einem in 3,40 m Höhe in den Luftraum über der Fahrbahn ragenden Baumstamm durch VZ gewarnt werden, Ha NZV **92** 185 (Mithaftung des LkwF zu ¹/₂). Wo mit 4 m hohen Lastfz zu rechnen ist (Ortsdurchfahrt, Industrie- oder Gewerbegebiet), muss auch der Luftraum in solcher Höhe frei von Hindernissen sein, dass rechts gefahren werden kann, Dü VersR **74** 1114, Kö NZV **95** 22, Zw VersR **95** 111, einschr Brn VersR **95** 1051, aM Dü VersR **89** 273 für innerstädtische Str mit lebhaftem LkwVerkehr. Nach KG VersR **73** 187 haftet der Sicherungspflichtige auf einer städtischen Straße zumindest für Anliegerverkehr für freien Luftraum über der Fahrbahn über 3 m hinaus (Kollision eines Möbeltransportaufbaus mit einem StrBaum), *Wiethaup* VersR **73** 402. Auf Bäume, die sich zur Fahrbahn neigen, oder Äste, soweit Entfernung nicht zumutbar ist, die aber gefährden können, ist auf LandStr durch WarnZ hinzuweisen, Nau VRS **100** 261, Ol MDR **64** 1004. Der Sicherungspflichtige hat auch sichtbehindernde Äste zu entfernen, Ha NZV **93** 28 (verdecktes Warnlicht an Bahnübergang). Überblick zu Haftungsfragen bei Bäumen: *W. Schneider* VersR **07** 743. Zur Unfallhaftung bei wissenschaftlichen **StrBauversuchen** eines Hochschulinstituts, BGH NJW **73** 1650. **Trimmpfad:** zur Sicherungspflicht Dü VersR **79** 650. Ein **unbefestigter Forstweg** am Hang ist vom Benutzer in dem bestehenden Zustand hinzunehmen, Ko VersR **04** 257, und wird von Lkw auf eigene Gefahr benutzt, BGH VersR **64** 323. Damit, dass ein stark längs- und quergeneigter Holzabfuhrweg wegen Verschlammung zeitweise unbenutzbar sein kann, muss der Holzfahrer rechnen, Stu VersR **80** 726. **Unebenheiten der Fahrbahn und des Gehwegs,** sofern sie beträchtlich sind, BGH VkBl **61** 234, VersR **66** 290 (Unfallhäufung), Mü ZfS **87** 354, sind zu beseitigen, bis dahin ist, soweit sie nicht ohne Weiteres erkennbar sind (Rz 51), zu warnen, Mü MDR **58** 843, Fra VersR **59** 627, Kö MDR **59** 1011, Ce DAR **84** 290, Ha NJW-RR **92** 1442, NVwZ **97** 414 (Bodenwelle), Brn VersR **96** 478, 517; keine Haftung aus Verletzung der VSicherungspflicht jedoch bei Schlaglöchern geringer Tiefe, Bra NVwZ-RR **03** 755 (2 cm) oder bei Nichtbeseitigung einer gut erkennbaren Bodenwelle auf landwirtschaftlichen Wirtschaftsweg, Dü VersR **91** 1419, oder eines 12 cm tiefen Lochs auf einer Str, die im Wesentlichen als landwirtschaftlicher Wirtschaftsweg dient, Dü VersR **97** 639. Die *VSicherungspflicht für die Fahrbahn* muss (jedenfalls außerhalb von Fußgängerüberwegen und Fußgängerfurten) nur den Anforderungen des FzVerkehrs entsprechen, nicht denen querender Fußgänger, Ha NZV **05** 258 (Schlagloch). Sog „Elefantenhaut" (Netzrisse) zeigt die Gefahr der Ablösung von Stücken der Fahrbahndecke an und erfordert auf Strn mit hohem VAufkommen häufigere als nur wöchentliche Kontrolle, Ha NZV **05** 193, **06** 251. Ein Kf braucht nicht mit einer unter einer Wasserlache verborgenen quer verlaufenden, durch Baumaßnahmen verursachten Schwelle von 19 cm im Fahrbahnbelag zu rechnen (Jn DAR **03** 69), auch nicht mit Schlagloch von 20 cm auf stark befahrener DurchgangsStr, und zwar auch nicht bei Warnschildern für schlechten StrZustand und Geschwindigkeitsreduzierung, (Ce NZV **07** 596 [aber 50% Mitverschulden]). Mit 10 cm tiefen Schlaglöchern auf AB muss auch im Baustellenbereich mit Geschwindigkeitsbegrenzung auf 60 km/h nicht gerechnet werden, Nü DAR **96** 59, anders bei innerörtlicher, ersichtlich noch im Bau befindlicher, durch VZ 123 (Baustelle) gekennzeichneter Str, LG Trier NJW-RR **03** 1605, sowie im Baustellenbereich einer dort unbefestigten städtischen Str mit 30 km/h zulässiger Höchstgeschwindigkeit, Ro DAR **00** 311. Vor einer für Kradf gefährlichen Längskante einer 4,5 cm tiefen Auffräsung der Fahrbahndecke wird allein durch VZ 112 nicht ausreichend gewarnt, Ko VRS **104** 241. Eine scharfkantige Spurrille in Längsrichtung kann wegen Sturzgefahr für Kradf eine sicherungsbedürftige Gefahrenquelle sein, Ha NZV **06** 197. Die Vereinbarkeit von **Fahrbahnschwellen** außerhalb verkehrsberuhigter Bereiche (Z 325, 326; Schrittgeschwindigkeit!) mit der VSicherungspflicht ist zumindest zw, *Berr* DAR **89** 70, **91** 283, **92** 377, *Kuhn* VersR **90** 28, wird aber von der Rspr grundsätzlich bejaht, Ko MDR **00** 451, Dü NJWE-VHR **97** 94. Zumeist werden unter Beachtung des Verhältnismäßigkeitsprinzips weniger einschneidende und gefährdende Einrichtungen ausreichen, s oben *Hindernisse.* Jedenfalls müssen Schwellen, Aufpflasterungen und ähnliche VHindernisse auf der Fahrbahn so beschaffen sein, dass sie mit der zulässigen Geschwindigkeit schadlos passiert werden können, Kö VersR **92** 826 (zust *Berr* DAR **92** 377), Ha NZV **93** 231, VersR **94** 698, Mü VersR **94** 700, Dü VersR **96** 602, abw VGH Ma NZV **92** 462, Dü NJW **93** 1017, Ce MDR **00** 156 (krit *Peglau* MDR **00** 453). VZ 112 allein, 100 m vor einer Aufpflasterung, reicht bei zulässiger Höchstgeschwindigkeit von 30 km/h nicht, Ko MDR **00** 451. Anbringen einer Fahrbahnschwelle auf Parkplatzzufahrt ohne Hinweisschild kann zur Haftung führen, LG Sa ZfS **91** 79. Einrichtung knapp 20 cm hoher *Schwellen* auf der Fahrbahn kombiniert mit VZ 112 (unebene Fahrbahn) und 274 (30 km/h) gefährdet und verletzt die VSicherungspflicht, LG Aurich DAR **89** 69, ebenso Aufpflasterungen von mehr als 10 cm Höhe, Kö ZfS **92** 187, VersR **92** 826 (Alleinhaftung der Gemeinde). Bei innerstädtischen Strn, die ohne Beschränkung dem allgemeinen V gewidmet sind und daher von allen nach der StVZO zugelassenen Fz befahren werden dürfen, ist der Benutzung durch Fz mit geringer Bodenfreiheit Rechnung zu tragen, BGH NZV **91** 385 (unter Aufhebung von Ha NZV **90** 352 m krit Anm *Berr* DAR **90** 461 und abl Anm *Gall* NZV **91** 135), Kö ZfS **92** 187, Mü VersR **94,** 700, Dü VersR **96** 602, Ha NZV **92** 483, **93** 231, VersR **94** 698 (umklappbarer Sperrpoller), aM Ha NJW **90** 2474, VGH Ma NZV **92** 462, Dü NJW **93** 1017, dazu *Hentschel* NJW **92** 1081. Können auf solchen Str Fahrbahnschwellen auch mit Schrittgeschwindigkeit nicht von allen zugelassenen Fz gefahrlos überfahren werden, so haftet der VSicherungspflichtige für daraus entstehende Schäden, BGH NZV **91** 385 (anders nach BGH uU bei durch VZ gekennzeichneten verkehrsberuhigten Bereichen oder Fußgängerbereichen), Ha NZV **92** 483 (Haftung bei 7,3 cm hoher, 1,4 cm breiter Schwelle). Grundsätzlich sind auch in verkehrsberuhigten Bereichen Fahrbahnschwellen so zu gestalten, dass der zugelassene V bei der gebotenen Schrittgeschwindigkeit nicht zu Schaden kommt, Ha NZV **93** 231 (wonach aber mehr als 8 km/h jedenfalls nicht mehr als Schrittgeschwindigkeit soll angesehen werden können), und dass Zweiradf nicht gefährdet werden, Ha NZV **90** 352 (mindestens 80 cm Abstand vom Bordstein), Kö VersR **93** 1545 (60 cm Abstand für ausreichend erachtet), näher *Berr* DAR **91** 283 ff. Verletzung der VSicherungspflicht, wenn bei Aufbringen sog „Kölner Teller" auf die Fahrbahn kein ausreichend breiter Streifen für Radf frei gehalten wird, Sa NZV **98** 284. Gefährlichkeit einer flachen, etwa 20 cm tiefen, breiten Querrinne im StrBelag besonders für schwere Fz und bei wiederholten Unfällen, BGH VersR **71** 475. Der Belag von **Gehwegen** muss so beschaffen sein, dass er mit normalem Schuhwerk bei durchschnittlicher Aufmerksamkeit begangen werden kann, Mü VersR **89** 862, wobei der Fußgänger bei innerstädtischem Gehweg die Augen nicht ständig nach unten zu richten hat (BGH VersR **07** 1087). Der Gehweg muss nicht den Bedürfnissen von Inline-Skatern entsprechen (s *Inline-Skates).* Auf geringe Unebenheiten auf Straße, Gehweg und Privatgrundstücken muss sich ein Fußgänger einstellen, Hb VersR **78** 470, Ha VersR **86** 349, NJW-RR **87** 412, Ce VersR **89** 157, Schl VersR **89** 627, Ko MDR **92** 1127, Dü VersR **93** 1416, **97** 186, Dr VersR **97** 593, ebenso auf Erhebungen im Plattenbelag im Wurzelbereich von Bäumen, Dü VD **98** 23, Ko DAR **01** 167 (Inline-Skates), sowie uU auf Frostaufbrüche am Gehwegrand, Ko MDR **99** 39. Art und Ausmaß, insbesondere die Höhe des Niveauunterschiedes sowie die Örtlichkeit sind entscheidend, Ha NJW-RR **87** 412, **92** 1442, Kö ZfS **92** 75, NJW-RR **94** 350, Dü VersR **93** 1416, **95** 1440, NJW-RR **95** 1114, Fra NJW-RR **94** 348. Ohne konkreten Anlass keine Pflicht zur Untersuchung von Gehwegplatten auf Hohlräume, Ro VersR **98** 325. Je mehr Fußgänger von der Beobachtung des Gehweges abgelenkt werden (Geschäfte uä), desto mehr ist ihre Unaufmerksamkeit zu berücksichtigen, Mü ZfS **87** 354, Ce VersR **89** 157, MDR **98** 1031, Kö VersR **92** 630, Dü VersR **96** 603, Ko MDR **99** 39. An das Pflaster eines Nebenstraßengehwegs sind geringere Anforderungen zu stellen, Ol VRS **6** 82, Fra NJW-RR **94** 348, als an das einer HauptgeschäftsStr, Ha NJW-RR **87** 412. Scharfkantige Niveauunterschiede von mehr als 2 cm im Gewegbelag brauchen idR nicht hingenommen zu werden, Ha NJW-RR **92** 1442, Kö ZfS **91** 256, anders bei erkennbar holprigem Belag, Ha NJW-RR **87** 412, NZV **95** 484, Nau VM **96** 86**.** Entsprechendes kann uU für deutlich von der Fahrbahn abgesetzte Parkstreifen gelten, Ha NJW-RR **92** 1442. Auch Gehwegunebenheiten von nicht mehr als 2 cm können uU Ansprüche gegen den

VSicherungspflichtigen begründen, wenn dieser die Unebenheit durch unsachgemäße Baumaßnahmen selbst geschaffen hat, Schl MDR **03** 29, oder wenn der Gesamteindruck des Belags schwer erkennbare Kanten nicht vermuten lässt, Ha NJW-RR **05** 254. Nach aM sind Unebenheiten bis 2,5 cm auf Gehwegen idR ungefährlich, Ce VersR **89** 157. In Fußgängerzonen sind strengere Anforderungen zu stellen, Ol MDR **86** 411, Dü VersR **96** 603, LG Essen VD **05** 332 (Verletzung der VSicherungspflicht bei 3 cm herausragendem Pflasterstein), *Berr* DAR **91** 282. Verletzung der VSicherungspflicht bei scharfkantiger, 5 cm hoher „Stolperkante" am Übergang zwischen dem geschotterten und dem gepflasterten Teil eines Gehweges, Ha NZV **97** 43. Eine 13 cm hohe längs verlaufende Kante auf einem Gehweg ist im Hinblick auf zeitlich ungünstige Sichtverhältnisse (Dunkelheit) zu markieren, Ha NZV **04** 142 (Schadensersatzpflicht bei Unfall am Tage jedoch verneint). Haftung nach fortgeltendem *DDR-Recht* (Rz 54) abgelehnt bei 5 cm Niveauunterschied auf erkennbar nicht verkehrssicherem Gehweg: LG Magdeburg VersR **94** 1366, Nau VM **96** 86 (6 cm). Vertiefung von 8–10 cm auf Spazierweg im Kurpark ist zu beseitigen oder zu sichern, Ha NZV **04** 141. Wer auf unebenem Gehweg stürzt, muss gefährliche Vertiefung beweisen, auf Anschein kann er sich nicht berufen, Fra VersR **79** 58. Gehwegplatten dürfen nicht hochkippen, Bra VersR **66** 961. *Bordsteine,* s dort. *Kanaldeckel,* s dort. Gitterroste über Schächten in einer Kaufhauspassage sind gegen unbefugtes Abheben zu sichern, BGH VersR **76** 149. Zu weite, wenn auch den DIN-Vorschriften entsprechende Kanalrostschlitze im vielbenutzten Gehwegbereich können gefährden, Dü VersR **78** 768. Auf Wassereinlaufroste *(Gullys)* am Fahrbahnrand einer Str ohne Gehwege, die wenige cm tiefer liegen, muss ein Fußgänger selbst achten, Schl MDR **98** 104. Zur Beweislast bei fehlender Gullyabdeckung, Ce VersR **04** 860. Niveauunterschiede im **Straba-Gleisbereich** bei Fußgängerüberwegen, Ce VRS **69** 409 (Bordsteinkante zwischen den Gleisen). Strabagleise 4 cm über Fahrbahnniveau bei Kopfsteinpflaster auf AltstadtStr verletzen nicht die VSicherungspflicht, Mü ZfS **90** 295, LG Essen NZV **06** 252 (Fußgängerüberweg). Außerhalb von Fußgängerüberwegen und Fußgängerfurten müssen die Fahrbahn überschreitende Fußgänger Fahrbahnunebenheiten in stärkerem Maße hinnehmen als auf Gehwegen, Ce NZV **89** 72, Kar VersR **93** 332 (Anm *Gaisbauer* VersR **93** 849), Jn NZV **98** 71. Wo starker FußgängerV (Gehen im „Pulk") eine ausreichende Beobachtung des Bodens ausschließt, hat der VSicherungspflichtige in höherem Maße auf Niveauunterschiede zu achten, Kö NJW-RR **94** 350 (Haftung bei 4–5 cm im Straba-Gleisbereich). Gullys mit breiten längs verlaufenden Öffnungen dürfen keine Gefahr für **Radfahrer** bilden, BGH VersR **83** 39, Ha NZV **06** 35, ZfS **91** 41, s aber Stu VersR **03** 876 (Rennrad). IÜ müssen Radf auf Vertiefungen einer erkennbar beschädigten Fahrbahndecke selbst achten, Stu NZV **03** 572, Ko DAR **01** 460. Wer mit einem Rennrad mit zügiger Geschwindigkeit fährt, muss auf geringfügige Unebenheiten selbst achten, Bra NVwZ-RR **03** 755, Dü VersR **93** 1125. Radf müssen mit unter herabgefallenem Laub verborgenen Unebenheiten rechnen, Dü NJWE-VHR **97** 286, ebenso mit Asphaltrissen und -aufwerfungen durch Baumwurzeln auf durch Bäume gesäumten Radwegen, Bra NZV **02** 95, sowie auf Strn in erkennbar schlechtem Zustand mit unter Pfützen verborgenen Schlaglöchern, Dr NZV **02** 92. Das Gleiche gilt für durch Frost verfestigte Spurrillen auf zuvor aufgeweichtem, unbefestigtem Fuß- und Radweg, Ce NZV **05** 472. Weist der Radweg erkennbar zahlreiche Schlaglöcher auf, bedarf es keiner Warnung, LG Ro MDR **05** 396. Keine Haftung für Schäden aus nicht vorhersehbaren Hitzeaufbrüchen auf Beton-AB, Ha ZfS **97** 8, anders bei Untätigkeit trotz bekannter Hitzeschäden in der Umgebung, Ce DAR **84** 290. Haftung für gefährliche Frostaufbrüche, BGH VersR **60** 235, ungesicherte, BGH VersR **60** 235, LG Augsburg ZfS **91** 404, oder unbeleuchtete, BGH VersR **57** 202. Zur Fahrermitschuld bei Kollision mit hohem Frostaufbruch, Stu VersR **72** 868. Frostaufbrüche an StrabaSchienen von 2 m Länge sind alsbald zu beseitigen, Ol MDR **58** 843, ebenso andere Vertiefungen neben kreuzenden Schienen, nicht erst zusammen mit der nächsten planmäßigen Ausbesserung, BGH VRS **20** 164, auch schlecht erkennbare Vertiefung neben Strabagleisen, BGH VRS **20** 164. Ganz unerhebliche Unebenheiten bleiben außer Betracht, Mü VersR **62** 240 (ausgefüllter, aber noch nicht asphaltierter Kabelgraben), Fra VersR **84** 394 (flache Mulden in der Fahrbahndecke). Nach Probebohrung zur Prüfung des Erdreichs genügen die üblichen Kontrollgänge nicht, vielmehr sind spezielle Maßnahmen zur Überwachung (ordnungsgemäßes Verfüllen des Bohrlochs, Nachsacken des Erdreichs?) erforderlich, Dü VersR **82** 1076. Für die VFlächen *verkehrsberuhigter Bereiche* gelten, weil sie keine „Fahrbahnen" sind, bezüglich Unebenheiten (Aufpflasterungen, Schwellen) abweichende Grundsätze, Dü VersR **89** 1196. Bei **Unterführungen** mit bogenförmiger Decke (unterschiedlich hoch), deren Höhe schwer abschätzbar ist, sind idR Warnhinweise erforderlich, Stu NZV **04** 96. Auch auf unbedeutender GemeindeStr ist die VSicherungspflicht verletzt, wenn eine Unterführung von weniger als 4,50 m

2 StVO § 45   III. Durchführungs-, Bußgeld- und Schlußvorschriften

nicht durch VZ 265 gekennzeichnet ist, Ba VersR **94** 1470. Bei der Höhenangabe auf Z 265 ist ein Sicherheitszuschlag zu berücksichtigen (Vwv, s § 41 Rz 103), LG Osnabrück NZV **04** 534 (weniger als 20 cm zu gering). IÜ kein Grundsatz, dass der Luftraum bis zur höchstzulässigen FzHöhe frei sein müsste, Stu NZV **04** 96, s auch *Straßenbäume*. **Verkehrsspiegel** sind keine amtlichen VEinrichtungen (Stu NZV **94** 194), sie müssen weder beheizt noch auf Beschlagen, Verschneien oder Vereisen überwacht werden (Fra NJW-RR **89** 344). **Verkehrszeichen** müssen nur dann durch „Rüttelprobe" auf ihre Standfestigkeit überprüft werden, wenn Anhaltspunkte für Schäden vorhanden sind (Nü NZV **97** 308, DAR **00** 408 m Anm *Thubauville* VM **00** 94). Jedoch ist visuelle Kontrolle in mehrmonatigen Abständen notwendig; diese kann nicht von einem 40 km/h fahrenden Fz aus erfolgen (Nü DAR **00** 408). Vorübergehend aufgestellte VSchilder müssen nicht fest eingebaut oder angekettet werden (Hb NZV **99** 376). Jedoch müssen bewegliche VSchilder auch bei Sturm sicher sein, Sturmwarnungen muss der VSicherungspflichtige beachten (LG Berlin NZV **04** 524, NVwZ-RR **99** 362, AG Wiesbaden ZfS **08** 433; s aber Ko NVwZ-RR **04** 322 [Haftung bei Orkan abgelehnt]). Sie dürfen nicht so dicht am Fahrbahnrand aufgestellt werden, dass sie für den FzV eine Gefahr bilden (AG Eilenburg ZfS **02** 169). Nennenswerte **Verschmutzung der Fahrbahn** hat außer dem VSicherungspflichtigen auch der Verursacher alsbald zu beseitigen (Ackerschmutz, Dünger, Viehtrieb), s § 32. Zu *Baustellen* s dort. Geringfügige Reste von Glaspartikeln und Abstreumaterial in den Vertiefungen der Fahrbahndecke nach Unfall sind als im Toleranzbereich liegend hinzunehmen, Ko DAR **01** 362. Erkannter **Wasser**gefahr muss der Kf Rechnung tragen, LG Ma VersR **67** 46. Haftung, soweit zumutbar, auch für entwässerte Fahrbahn, BGH VersR **68** 555 (Rohrverstopfung), Dü VersR **69** 643 (LandesStr), doch kein Anscheinsbeweis dafür, dass eine Wasserlache nach einem Wolkenbruch auf Konstruktionsmangel oder unzulänglicher Wartung beruhe, BGH VersR **61** 806, Mü VersR **62** 995. Haftung des VSicherungspflichtigen, wenn dieser Überflutungsgefahr infolge mangelhafter Überwachung nicht erkannt hat, Fra DAR **84** 19, Ha VersR **01** 507. Größere Wasserlachen nach Regen und Schneeschmelze müssen technisch verhindert, zumindest muss vor ihnen gewarnt werden, Ha DAR **02** 313, VersR **01** 507, Mü VersR **80** 197. VZ „80 bei Nässe" genügt auf AB zur Warnung vor tiefer Wasserlache nicht, Brn ZfS **01** 102. Mängel der Entwässerung einer LandStr, die immer wieder auffallen, müssen sachkundig beseitigt werden, BGH VkBl **73** 898, VersR **70** 545. Überflutung einer Hauptstr von einem Feldweg her muss der VSicherungspflichtige durch ein Entwässerungssystem möglichst verhindern, Sa VM **73** 59. Behördenhaftung für die Folgen von StrUnterspülung, Ko VersR **73** 41 (§ 823 BGB). Über **Wildwechsel** muss sich die StrVB unterrichten und Stellen mit hoher Wilddichte oder häufigen Unfällen durch Wild kennzeichnen, BGHZ **108** 273 = NZV **89** 390, Ce VersR **67** 382, LG Stade DAR **04** 528, nicht schon bei weniger als 1 Wildunfall pro Jahr und km, Bra NZV **98** 501 (zu § 40 I 2 alt). In waldigem Gelände muss der Kf auch ohne Warnung durch VZ mit Wild rechnen, LG Coburg DAR **02** 129. Wildschutzzäune muss weder der Baulastträger noch der Verkehrssicherungspflichtige errichten, BGHZ **108** 273 = NZV **89** 390, VGH Ka VkBl **73** 851, Fra VRS **75** 82. Richtlinien für AB-Wildschutzzäune, VkBl **85** 453. *Leenen*, Verkehrssicherungspflicht und Wildgefahr, DAR **73** 317.

54 **21. Verletzung der Verkehrssicherungspflicht.** Der VSicherungspflicht kann privatrechtlich als Fiskus oder hoheitsrechtlich genügt werden, BGHZ **60** 54, 59, **52** 325, Fra DAR **04** 701, Ko NVwZ-RR **05** 276, Ha VersR **01** 1575. Die öffentlichrechtliche Amtspflicht zur Sorge für die VSicherheit entspricht inhaltlich der allgemeinen VSicherungspflicht, BGH NJW **80** 2195, VersR **81** 733, KG DAR **01** 497. IdR richten sich Ersatzansprüche wegen ihrer Verletzung nach den §§ 823 ff BGB (str), BGHZ **60** 54, 9 373, **54** 165, NJW **71** 43, **73** 460, VRS **34** 81, BVGE **14** 304, **35** 334, Hb MDR **64** 147, KG VersR **73** 187, Fra VersR **93** 988, hinsichtlich des § 823 BGB also beschränkt auf Ansprüche aus der Verletzung der dort bezeichneten absoluten Güter, BGHZ JZ **76** 606, NJW **73** 464, KG DAR **01** 497. Hat die verantwortliche Körperschaft die Erfüllung der Verkehrssicherungspflicht zur hoheitsrechtlichen Aufgabe gemacht, BGHZ **60** 54, so haftet sie gemäß § 839 BGB, Art 34 GG, aber nicht über den Rahmen von § 823 I BGB hinaus, also nicht auch für Vermögensschäden, BGHZ **66** 398, KG DAR **01** 497. Die Beweislast hinsichtlich der Ursächlichkeit der Pflichtverletzung für den Schaden trägt der Anspruchsteller, BGH NZV **04** 248. Bei Sturz eines Fußgängers im unmittelbaren Bereich einer gefährlichen Stelle spricht der **Anschein** für deren Ursächlichkeit, BGH NJW **05** 2454. Zum Anscheinsbeweis hinsichtlich der Ursächlichkeit für den Schaden **E** 157 a. Landesrechtlich kann die VSicherungspflicht jedoch auch einer öffentlichen Körperschaft als öffentliche Pflicht zugewiesen werden, BGHZ **60** 58, **40** 379 (mit Belegen), NJW **71** 43, **73** 460, JZ **76** 606, Fra

Verkehrszeichen und Verkehrseinrichtungen § 45 StVO **2**

VersR **93** 988. Die Länder haben die VSicherungspflicht in ihren Straßen- und Wegegesetzen überwiegend als hoheitliche Aufgabe ausgestaltet (Übersicht: *Kodal/Krämer* Kap 40 Rz 10). Trifft die Körperschaft daraufhin die erforderlichen organisatorischen Maßnahmen, so haftet sie bei Verletzung ausschließlich nach Amtshaftungsgrundsätzen (Art 34 GG, § 839 BGB), BGHZ **60** 62, NJW **71** 43, welche als Sonderregelung die Haftung nach allgemeinen Regeln meist ausschließen, BGHZ **34** 99, NJW **71** 43. Die Subsidiaritätsklausel in § 839 I 2 BGB greift bei Verletzung der hoheitlich obliegenden VSicherungspflicht nicht ein, weil verkehrssichere Straßen zum unfallfreien VAblauf ebenso wichtig sind wie die Beachtung der VRegeln, § 16 StVG Rz 20. **Rspr zu Landesrecht** (näher *Arndt,* Straßenverkehrssicherungspflicht, 1973): B/WStrG: Stu VersR **03** 876 (Amtspflicht), BayStrWG: BGH VersR **91** 665, Mü VersR **02** 455 (hoheitliche Ausgestaltung der VSicherungspflicht), BrnStrG: Brn DAR **04** 389, MDR **02** 93, VersR **98** 912 (Amtspflicht), HessStrG: BGH NJW **67** 1325, Fra ZfS **83** 129 (Streupflicht hoheitlich), DAR **04** 701, VersR **93** 988 (VSicherungspflicht privatrechtlich), StrWG M-V: LG Stralsund VRS **101** 17, LG Ro MDR **05** 39 (Amtspflicht), NdsStrG idF 1980: BGHZ **60** 54 = NJW **73** 460, NZV **04** 248, **03** 570, NJW-RR **90** 1500, Ce VersR **01** 1440 (Amtspflicht), StrWG NRW (1961/83): BGHZ **112** 74 = VersR **90** 1148, NZV **94** 148, Ha NZV **93** 192, VersR **01** 1575, Dü NJW **96** 731 (Amtspflicht), RhPfalzStrG: BGH NZV **95** 144, Ko VRS **104** 241, NVwZ-RR **05** 276 (VSicherungspflicht hoheitlich ausgestaltet), SächsStrG: Dr NZV **02** 92, VersR **97** 593, VRS **100** 263 (hoheitliche Aufgabe), StrG Sa-Anh: Nau DAR **98** 18, VRS **100** 261 (Amtspflicht), Schl-Holst StrWG: BGH VersR **85** 973 (StrReinigung ist hoheitliche Tätigkeit), Schl NZV **95** 153 (VSicherungspflicht Amtspflicht), ThürStrG: Jn DAR **99** 71, VM **98** 71 (Amtspflicht), NZV **06** 248. In Berlin ist die VSicherungspflicht grundsätzlich öffentlich-rechtlich ausgestaltet (§ 7 VI S 1 BerlStrG), BGHZ **123** 102 = NZV **93** 386, KG VRS **84** 403, s auch Rz 56. Als Überwachungspflicht bleibt die VSicherungspflicht auch bei Übertragung auf eine andere Behörde bestehen, Dü MDR **59** 302. In den **neuen Ländern** war hinsichtlich des Umfangs der VSicherungspflicht in Bezug auf Beseitigung von StrnSchäden und in Bezug auf Warnung vor solchen Schäden zunächst dem insgesamt noch unbefriedigenden StrnZustand in diesen Ländern Rechnung zu tragen, KG VRS **84** 403, NZV **93** 108, Nau NZV **95** 231, VM **96** 86, Dr VersR **97** 593, Jn NZV **98** 71, LG Halle VersR **96** 385, LG Berlin NZV **96** 603, LG Bautzen DAR **99** 26, *Rinne* NVwZ **03** 13, *Uecker* NZV **92** 300. Haftung für Schäden durch Schlaglöcher jedoch, wenn gebotener Hinweis durch WarnZ unterblieb, LG Leipzig NZV **94** 235, LG Chemnitz DAR **98** 144. Inzwischen werden aber insoweit die gleichen Maßstäbe zu gelten haben wie in den alten Ländern; soweit Beseitigung von Schäden noch nicht möglich war, sind jedenfalls ausreichende Warnhinweise zu verlangen, *Staab* VersR **03** 693. Auch in den neuen Ländern darf der Kf grundsätzlich darauf vertrauen, dass sein Fz nicht auf der Fahrbahndecke aufsetzt, Dr DAR **99** 122, oder auf einer neu gebauten AB in eine auf Grund Konstruktionsfehlers entstandene tiefe Wasserlache gerät, vor der nicht gewarnt wird, Brn ZfS **01** 102. Haftung auch bei 12 cm tiefem Schlagloch auf AB, LG Halle DAR **99** 28. Nach Brn NZV **97** 479, LG Dr DAR **94** 327 kann bei stark belasteter Strecke wöchentliche Überprüfung auf Schlaglöcher geboten sein. Zur Haftung bei Einschaltung privater Betreiber *H. Müller* VersR **06** 326.

22. Träger der Verkehrssicherungspflicht ist bei öffentlichen Str derjenige, der die von 55 der Str ausgehende Gefahrenlage durch Zulassung des öffentlichen V geschaffen hat und in der Lage ist, auf diese Gefahrenlage einzuwirken (BGH NJW **67** 246, NZV **94** 148, Ce VersR **89** 1194). Das ist ohne Rücksicht auf Eigentum und Kostenträgerschaft, wer die Str verwaltet, weil er allein für ordnungsgemäßen Zustand sorgen kann (BGH NJW **67** 246, Ce VRS **98** 260, *Arndt* DRiZ **62** 371), grundsätzlich, soweit er die Verfügungsgewalt über die Str besitzt, der Träger der StrBaulast (BGHZ **99** 249 = NJW **87** 1945, Ha NZV **00** 169, Ce VersR **01** 1440, VRS **98** 260, Brn DAR **99** 403, Dü VersR **96** 602, Nau VRS **100** 261, Jn VM **98** 71), aber nicht stets, dh in Ausnahmefällen müssen StrBaulastträger und VSicherungspflichtiger nicht identisch sein (BGH NZV **94** 148, Ce VersR **89** 1194). Bei Verschiedenheit von StrBaulastträger und der die Str verwaltenden Körperschaft obliegt dem Träger der Verwaltung die VSicherungspflicht (BGH NJW **67** 246, Ce VersR **89** 1194). VSicherungspflichtig sind auf öffentlichen Str außerhalb der Ortsdurchfahrten idR die Länder, bei BundesStr und der AB (trotz Baulast des Bundes) kraft Auftragsverwaltung (Art 90 II GG; BGH VersR **81** 733, Mü VersR **02** 455, Ce VersR **89** 246, Fra VersR **93** 988), in NRW die Landschaftsverbände (BGH VersR **85** 641, Kö VersR **66** 834). Das Gleiche gilt, wenn das Land die tatsächliche Verfügungsmacht über eine im Eigentum des Bundes stehende Str aufgrund einer freiwilligen Verwaltungsvereinbarung mit

2 StVO § 45   III. Durchführungs-, Bußgeld- und Schlußvorschriften

dem Bund übernommen und in dieser Eigenschaft nach einer Baumaßnahme den Verkehr wieder zugelassen hat (BGH DAR **06** 264). LandesStrG, Rz 54, 56. Träger der VSicherungspflicht für Ortsdurchfahrten: § 5 II, IIa BFernStrG und *Kodal/Krämer* Kap 13 Rz 19ff, Kap 40 Rz 37, Stu VersR **90** 323. Bei Ortsdurchfahrten von BundesStr in Gemeinden mit mehr als 80 000 Einwohnern ist die Gemeinde Trägerin der VSicherungspflicht (BGH VRS **12** 249 [hinsichtlich der dort abweichend angegebenen Einwohnerzahl überholt durch FStrG]). IÜ ist jeder, der Gefahrenquellen auf die Str schafft, zur Sicherung des V durch entsprechende Vorkehrungen zur Verhütung von Schäden verpflichtet, zB, wer Bauarbeiten ausführt (Rz 45; Kar VRS **79** 344) oder der Kraftwerkbetreiber (Glätte durch Kühltürme; Kö NZV **95** 111). Die sicherungspflichtige Gemeinde kann den Geschädigten nicht an den Bauunternehmer verweisen (LG Münster MDR **66** 586). Wird ein Bauunternehmer mit der Sicherung einer Baustelle betraut, so entledigt sich die Behörde dadurch idR nicht völlig ihrer eigenen VSicherungspflicht (BGH NJW **82** 2187, Dü VersR **93** 1125, Ha ZfS **98** 455, NZV **99** 84, Jn NZV **06** 248, Kar VersR **06** 855, s auch Rz 45). Bei Verschiedenheit der Träger der Unterhaltungs- und Verwaltungspflicht haftet der Letztere (BGH NJW **67** 246). Die VSicherungspflicht bleibt als Überwachungspflicht der Pflichtigen auch bestehen, wenn er sie übertragen hat (Dü MDR **59** 302, Ko NJWE-VHR **96** 70, Kar VersR **06** 855). Der StrMeister ist bei Erfüllung der VSicherungspflicht gesetzlicher Vertreter des Landes, nicht Verrichtungsgehilfe (BGH VRS **15** 81, Bay VkBl **55** 619, Kar VkBl **59** 550). Obliegt die Sicherungspflicht mehreren Personen, so trifft sie alle gemeinsam (Ha DAR **72** 22).

Lit: *Berr,* VSicherungspflichten in geschwindigkeitsbeschränkten Bereichen, DAR **91** 281. *Burmann,* Die VSicherungspflicht für den StrV, NZV **03** 20. *Edenfeld,* Grenzen der VSicherungspflicht, VersR **02** 272. *Gaisbauer,* Die VSicherungspflicht ... gegen das Abrutschen von Schnee vom Dach, VersR **71** 199. *Hötzel,* VSicherungspflicht für Bäume ..., VersR **04** 1234. *Hugger/Stallwanger,* Dachlawinen – VSicherungspflicht und Haftung, DAR **05** 665. *Jahn,* Das Verhältnis zwischen der VSicherungspflicht und der StrUnterhaltungspflicht, NJW **64** 2041. *Ders.,* Die Haftungsgrundlage bei Verletzung der VSicherungspflicht auf öffentlichen Str, JuS **65** 165. *Kärger,* VSicherungspflichten im StrV ..., DAR **03** 5. *Kleinewefers/Wilts,* Die VSicherungspflicht auf öffentlichen Str, VersR **65** 397. *Krell,* Die technische Ausgestaltung der StrVSicherungspflicht, VGT **82** 207. *Lang,* Die Haftung der öffentlichen Hand bei VUnfällen, VersR **88** 996. *Landscheidt/Götker,* StrVSicherungspflichten der Gemeinde, NZV **95** 89. *Maaß,* ... VSicherungspflicht ... bei sog. Dachlawinen, DAR **83** 313. *Manssen,* Der Schutz von Leben und körperlicher Unversehrtheit im StrV im Hinblick auf Baumunfälle, NZV **01** 149. *H. Müller,* Private Betreiber und die Amtspflicht zur StrVsicherung, VersR **06** 326. *Nedden,* Die VSicherungspflicht der Länder und Gemeinden auf öffentlichen Str, BB **67** 1230. *Rinne,* StrVRegelungs- und StrVSicherungspflicht in der ... Rspr des BGH, NVwZ **03** 9. *Schlund,* Die Dachlawine als Haftungstatbestand im Rahmen der VSicherungspflicht, DAR **94** 49. *Staab,* Der StrZustand und die VSicherungspflicht der öffentlichen Hand ..., VersR **03** 689. *Stollenwerk,* VBeruhigung und VSicherungspflicht, VersR **95** 21. *Tidow,* Die StrVSicherungspflicht in der Rspr der Zivilgerichte, VGT **82** 207. *Tschersich,* Der Waldbaum auf der Str ..., VersR **03** 172. *Vollmer,* Haftungsbefreiende Übertragung von VSicherungspflichten, JZ **77** 371. *Walldorf,* Die VSicherungspflicht auf öffentlichen Str, VersR **65** 1030.

56 23. Die **Räum- und Streupflicht** ist Teil der VSicherungspflicht, kann aber auch aus der Pflicht zur polizeimäßigen Reinigung folgen (BGH VersR **84** 890, NZV **97** 169, *Riedmaier* VersR **90** 1325) und ist auch in diesem Fall mit der aus der allgemeinen VSicherungspflicht abgeleiteten Pflicht zum Schutz der VT vor Gefahren deckungsgleich (BGH NZV **98** 199). Reinigungspflicht bei schmierigem Belag aufgrund Laubdecke auf kombiniertem Geh-/Radweg kann gleichstehen (Ha NZV **06** 550; hierzu Rz 51, Rz 53 [Gehweg]). Sie trifft an sich den Sicherungspflichtigen, ist aber landesrechtlich für **Ortschaften** meist anders geregelt, so zB in NRW durch das StrReinG als Amtspflicht (BGH VersR **88** 1047, BGHZ **112** 74 = VersR **90** 1148, NZV **92** 315, Ha NZV **04** 645, NVwZ-RR **01** 798), für Bayern durch das StrWG als Amtspflicht (BGH VersR **91** 665, Bay VersR **91** 666, KG DAR **01** 497), in Brn durch das BrnStrG als hoheitliche Aufgabe (Brn VersR **05** 243), in Hb durch das WegeG als Amtspflicht (Hb NJW **88** 3212), in Hessen durch das HessStrG als Amtspflicht (Hb NZV **99** 199, Fra NZV **05** 638, NJW **88** 2546), desgl. in Niedersachsen durch das NdsStrG (BGH NZV **03** 570, Ce MDR **05** 273, VersR **03** 1413, Ol MDR **03** 454) und Thüringen (ThStrG; Jn NZV **02** 319, nicht als hoheitliche Tätigkeit dagegen in Sachsen, Dr VersR **96** 1428, *Geigel/Wellner* **14** Rz 143, s aber Dr NZV **01** 80). Die in § 52 NdsStrG den Gemeinden auferlegte Reinigungs- und Streupflicht ist Amtspflicht der Gemeinde (BGH DAR **65** 49, Bra VersR **89** 95), ebenso in Rh/Pfalz (BGH VersR **84** 890, **85** 568, NZV **93** 387, **95** 144, **97** 169) und in NRW hinsichtlich der festgesetzten Ortsdurchfahrten (Kö MDR **66** 586, Dü VersR **88** 274), in Bln Wahrnehmung einer privatrechtlichen VSicherungspflicht (KG VRS **62** 161). Pflichtig ist in RhPfalz bei Bestehen einer Verbandsgemeinde die Ortgemeinde (BGH VersR **84** 890, NZV **97** 169). Außerorts obliegt die Streupflicht dem StrBaulastträger (Ko NZV **94** 108). Eine landesgesetzlich geregelte „polizeiliche" Reinigungspflicht steht nicht neben der dem Träger der StrBaulast obliegenden allgemeinen VSicherungspflicht, sondern verdrängt diese (BGH NZV **97** 169, Ce VersR **98** 604).

Soweit den **Gemeinden** hiernach die Räum- und Streupflicht obliegt, haben sie die erforderlichen organisatorischen Maßnahmen zu treffen und den Winterdienst zu überwachen (**Streuplan**; Ha NZV **03** 235, VersR **78** 547, Ba VersR **79** 262). **Inhalt und Umfang** der Räum- und Streupflicht bestimmen sich nach den Umständen des Einzelfalls (Art und Bedeutung des VWegs, Gefährlichkeit, VAufkommen usw) im Rahmen des Zumutbaren (BGHZ **112** 74 = VersR **90** 1148, **91** 665, NZV **03** 570, **98** 199, **95** 144, Bay VersR **91** 666, Mü ZfS **00** 10, NVwZ-RR **00** 653, Jn DAR **99** 262, **01** 80, s auch Rz 64). Zu denkbaren Auswirkungen der „Winterreifenpflicht" (§ 2 IIIa) auf den Umfang des Winterdienstes Bittner VersR **07** 462. Streuen gemäß einem sachgemäßen Streuplan reicht aus (Ha VersR **80** 684). Fehlt im Streuplan die Streuregelung für besonders gefährliche StrStellen, so liegt darin ein Mangel, der Haftung ohne Entlastungsmöglichkeit begründet (BGH VRS **23** 324). Die Streumenge muss den örtlichen Verhältnissen entsprechen (Reifglätte abwechselnd mit Eisglätte; Dü VersR **80** 360). Bei auf Grund Schneeräumung entstehender Glätte ist zu streuen (Kar NJW-RR **90** 1504). Vorbeugendes Streuen ist idR nicht geboten (Fra VersR **87** 204; s auch Rz 61), anders aber, falls Eintreten von Glätte sicher zu erwarten und die vorbeugende Maßnahme Erfolg versprechend ist (Ha VersR **82** 171, NZV **06** 587). Aus dem Streuplan, einer bloßen Vorsorgemaßnahme, ergibt sich für sich allein kein Anspruch auf Streuen (Jn ZfS **01** 11, Kar VersR **79** 358, Ko VersR **83** 568, Ha VersR **93** 1285, Hb NZV **89** 235). Hat die Gemeinde die erforderlichen Maßnahmen getroffen, verletzen aber ihre Beamten schuldhaft ihre Amtspflicht, für Durchführung oder Beaufsichtigung zu sorgen, so haftet die Gemeinde nach Art 34 GG, § 839 BGB, (BGHZ **27** 278, **32** 253 = NJW **60** 1810, VersR **63** 1047, Stu NJW **59** 2065, Kö VersR **65** 906, Dü VersR **88** 274). Die neben einer Reinigungspflicht der Anlieger bestehende Aufsichtspflicht der Gemeinde ist Amtspflicht iS von § 839 BGB (Rz 58; BGH VersR **65** 68, NJW **66** 2311). Bei Überwälzung der Streupflicht ist strenge Überwachung der Handhabung geboten (Fra VersR **80** 51). Hat anstelle der pflichtigen Gemeinde der Landschaftsverband eine Ortsdurchfahrt ständig gestreut und die Gemeinde ihren Streuplan darauf eingestellt, so kann der Verband haften müssen (BGH VersR **73** 825).

Überwälzung der Streupflicht durch die Gemeinde auf **Anlieger** ist, auch gewohnheitsrechtlich (BGH VersR **69** 377), möglich (BGH NJW **67** 246, Schl NJW-RR **04** 171, Dr NZV **01** 80, Ce NZV **04** 643, VersR **98** 604, Mü VersR **92** 591 [Schienengrundstück]). Aufgrund der erwähnten Gesetze oder von Gewohnheitsrecht ist die Streupflicht durch Ortsstatut oder PolVO meist auf die Anlieger abgewälzt, dann mit Überwachungspflicht der Gemeinde (sonst Amtshaftung; BGH NJW **66** 2311, Fra VersR **80** 51). Jedoch beschränkt sich deren Pflicht im Zweifel auf das Räumen und Bestreuen der Fußwege (BGH VRS **21** 12, Ha VkBl **52** 368) und nur, soweit zumutbar (Nü MDR **01** 390, Ba NJW **75** 1787). Auch die Verpflichtung des Grundstückseigentümers zur winterlichen Sicherung *aller* an das Grundstück angrenzenden Gehwege ist verfassungskonform, vorausgesetzt, dass die tatsächliche und rechtliche Möglichkeit besteht, von den mehreren Strn einen Zugang zum Grundstück zu schaffen (BVerwG NJW **88** 2121). Die den Anliegern obliegende Streu- und Räumpflicht erstreckt sich auch auf solchen Schnee, der beim Räumen der Str durch den Winterdienst der Gemeinden auf den Gehweg gelangt (Bay BayVBl **82** 636). Bei Übertragung der Räum- und Streupflicht auf die Anlieger haften diese stets aus § 823, nicht aus § 839 BGB; ebenso haftet in diesen Fällen die Gemeinde für Verletzung der Streupflicht, soweit sie selbst Anliegerin ist, niemals aus Amtspflicht, sondern gem § 823 BGB (BGH NZV **92** 315). Die Ortssatzung muss den Pflichtenumfang so genau beschreiben, dass beim Anlieger darüber keine Zweifel aufkommen können (Schl NJW-RR **04** 171, Ha VersR **01** 652, Kö VersR **88** 827). Ungenaue Angabe des Pflichtenumfangs bei Abwälzung der Winterwartung auf die Anlieger in der Satzung ist Amtspflichtverletzung (Kö VersR **88** 827). Besteht nach der Satzung die Verpflichtung zum Streuen ab einer bestimmten Uhrzeit, so erfüllt der Anlieger seine Pflicht, wenn er zu dieser Zeit mit dem Streuen beginnt (Schl NJW-RR **04** 171). Hat der nach Ortsstatut streupflichtige Anlieger das Streuen mit behördlicher Zustimmung (Ce VersR **98** 604) öffentlich-rechtlich einem anderen übertragen, so haftet er auch nicht wegen vernachlässigter Aufsichtspflicht (BGH NJW **72** 1321, KG NJW **68** 605). Die deliktische Einstandspflicht des Übernehmenden besteht auch dann, wenn der Vertrag mit dem primär VSicherungspflichtigen nicht wirksam zustande gekommen ist, der Übernehmende die Pflichten aber faktisch ausübt (BGH NJW **08** 1440). Art und Umfang der Streupflicht der Anlieger in NRW: BGH NJW **67** 2199. Zur Streupflicht der Eigentümer angrenzender Schienengrundstücke Bay DÖV **76** 178. Der Streupflichtige muss einen privatrechtlich Beauftragten streng überwachen (BGH VersR **75** 42). Wer wegen Krankheit nicht streuen kann, muss rechtzeitig einen Helfer beauftragen (BGH VersR **70** 182).

59 **Gehwege** mit nicht nur unbedeutendem V müssen gestreut werden (BGH NZV **03** 570). Dabei genügt es, einen Streifen zu bestreuen, der für 1 bis 2 Personen nebeneinander ausreicht (BGH NZV **03** 572, Nü MDR **01** 390, Ba NJW **75** 1787, *Schmid* NJW **88** 3182, abw Ce VRS **98** 323); an Fußgängerüberwegen muss jedoch eine Verbindung bis zum Fahrbahnrand geschaffen werden (Kö VersR **89** 101). Der gestreute Streifen muss zwei Fußgängern erlauben, vorsichtig aneinander vorbeizugehen (1 m–1,20 m; BGH NZV **03** 572, Nü MDR **01** 390, Ba NJW **75** 1787) und auf dem Gehweg deutlich sichtbar sein. Auch bei Fußgängerzonen genügt Streuen eines Streifens im Mittelbereich (Kar VersR **83** 188). Solange ein eisfreier Gehstreifen vorhanden ist, muss der Streupflichtige nicht daneben noch streuen (Schl VersR **73** 677). Zur Abwälzung der Streupflicht hinsichtlich des Gehwegs Rz 58. An **öffentlichen Bushaltestellen** ist der Gehweg am Fahrbahnrand zu streuen; dabei darf sich kein Streupflichtiger auf einen anderen verlassen (Busunternehmer), BGH Betr **67** 1543. Besondere Sorgfalt ist den für Fußgänger bestimmten Steigen eines Busbahnhofs zu widmen, BGH NZV **93** 387, NZV **95** 144, Ha VersR **06** 134 (jedenfalls an Haltestelle vor Veranstaltungsort nach der sicherungspflichtigen Gemeinde bekannter Sonderveranstaltung), NZV **05** 526 (Freihalten von allen Glattstellen erforderlich). IdR keine Streupflicht auf Gehwegen außerorts, BGH NZV **95** 144, Jn DAR **99** 262. In NRW besteht Streupflicht auf Gehwegen nur innerhalb der geschlossenen Ortslage, Dü VersR **89** 626. Verbleiben kleine Eisbuckel, so kann daraus kein Ersatzanspruch hergeleitet werden, Ha VersR **64** 1254, *Riedmaier* VersR **90** 1325. Einen schmalen Eisstreifen oder vereinzelte Glättestellen infolge Tropfeisbildung auf dem Gehsteig braucht der Pflichtige nicht dauernd abzustumpfen, wenn er den Gehweg iÜ genügend breit verkehrssicher hält, KG VersR **66** 855, Ha NJWE-VHR **96** 44. Besteht nur stellenweise Glätte, so muss binnen angemessener Zeit dort gestreut werden, Ha VersR **78** 1122. **Innerstädtische Gehwege** müssen nur gestreut werden, wenn sie verkehrswichtig sind, Ha NZV **04** 645, VersR **93** 1285, abw Jn NZV **05** 578 (ausgenommen nur entbehrliche Wege). Verkehrswichtig in diesem Sinne sind nur solche mit notwendiger Erschließungsfunktion, Ha NZV **04** 645. Keine Streupflicht der Gemeinde bei unwichtigen Fußwegen am Ortsrand, Bay VersR **67** 758. Ein nur Fußgängern vorbehaltener mit Betonplatten gepflasterter, beleuchteter Verbindungsweg muss nicht schon um 8.50 Uhr gestreut sein, vor allem nicht, wenn ein gefahrloserer Weg vorhanden ist, Ha VersR **82** 450. Auch außerhalb der in der Satzung bestimmten Zeiten ist ein Gehweg jedoch in den Nachtstunden zu streuen, soweit mit starkem FußgängerV zu rechnen und dies zumutbar ist, BGH VersR **85** 973. Parkwege ohne Erschließungsfunktion für bebaute Grundstücke brauchen nicht gestreut zu werden; entsprechende Hinweisschilder sind nicht erforderlich, Dü VersR **89** 1090.

59a Ein lückenloser Schutz des FußgängerV vor winterlicher Glätte ist nicht geboten (BGH EBE **91** 39, NZV **93** 387, Ha VersR **01** 1575, Jn DAR **99** 262). Keine Pflicht zur Ergreifung besonderer Maßnahmen, um der erhöhten Gefahr von Eisbildung auf **Kanaldeckeln** zu begegnen (Mü MDR **01** 156). Innerorts sind auf der Fahrbahn nur die belebten, im Rahmen des Verkehrsbedürfnisses unentbehrlichen **Fußgängerüberwege** zu streuen, aber auch diejenigen, die nicht als solche besonders gekennzeichnet sind (BGH VersR **91** 665, NZV **03** 570, **95** 144, **93** 387, Bay VersR **91** 666, Nü NZV **93** 231, Ha NZV **03** 235, Jn NZV **02** 319), und zwar morgens rechtzeitig zum Beginn des Berufsverkehrs (Fra VersR **95** 45), notfalls mehrfach am Tag (uU alle 3 Stunden; BGH VersR **87** 989). Nur an solchen Stellen sind auch durch Schneeräumung entstehende **Schneewälle** zu beseitigen (Nü NZV **93** 231). Bei nicht belebten Fahrbahnstellen, die von Fußgängern zum Überqueren benutzt werden, besteht nur in Ausnahmefällen bei besonderer Gefährlichkeit uU Streupflicht (BGH VersR **85** 568 [Gefälle], **91** 665 [abgelehnt bei Gehwegsperrung mit Hinweisschild auf den gegenüberliegenden Gehweg]). Bei Verwendung von Splitt ist eine festgefahrene Schneedecke vorher zu entfernen (Dü VersR **90** 319). Eine Stadt muss einen regelmäßig benutzten **Abkürzungsweg** über den Marktplatz, der unbeleuchtet ist, auch bei Dunkelheit nicht streuen (BGH VersR **63** 661). Außerörtliche **Radwege** müssen idR nicht gestreut werden (BGH NZV **95** 144, *Bittner* VersR **04** 441), innerörtliche *jedenfalls* nur in dem Umfang, der auch für Fahrbahnen gilt (BGH NZV **03** 570; Ol MDR **03** 454), also nur an verkehrswichtigen und gefährlichen Stellen (Rz 61; *Bittner* VersR **04** 441) und regelmäßig nicht auch zum Schutz von Fußgängern (Kö NVwZ-RR **00** 653). Auf Radwegen ist Verwendung abstumpfender Mittel ausreichend (*Jordan* VGT **89** 96). Soweit Räum- und Streupflicht besteht, gelten gegenüber Radf keine höheren Anforderungen als ge-

Verkehrszeichen und Verkehrseinrichtungen § 45 StVO **2**

genüber dem KfzV (BGH NZV **03** 570, Ce VRS **100** 8). Bei einem **kombinierten Rad- und Gehweg,** der nur im Hinblick auf seine Gehwegeigenschaft der Räum- und Streupflicht unterliegt, ist diese erfüllt, wenn den Belangen der Fußgänger Genüge getan ist (BGH NZV **03** 570 m Anm *Bittner* VersR **04** 440).

Hat eine Gemeinde nach Absprache mit der staatlichen StrBauverwaltung ihren Arbeitern **60** aufgetragen, auch die **Ortsdurchfahrt** einer BundesStr zu streuen, und ist entsprechend verfahren worden, so besteht insoweit Streupflicht der Gemeinde auch gegenüber den VT (BGH NJW **59** 34). Bloße **Übung** soll eine solche Pflicht den VT gegenüber nicht begründen können (Neust MDR **59** 842).

Die **Fahrbahn innerorts** ist nur an verkehrswichtigen (insoweit einschr für NRW Dü VersR **61** **88** 274, Ha NJW-RR **89** 611, abw aber BGHZ **112** 74 = VersR **90** 1148, Kö VersR **89** 1091) *und* gefährlichen Stellen von Schnee zu räumen und bei Glätte zu streuen (BGHZ **112** 74, VersR **91** 665, NZV **95** 144, **98** 199, Ce VersR **03** 1413, Mü VersR **94** 983, Stu VersR **90** 323, Brn VersR **95** 1439, Dr VersR **96** 1428, Jn DAR **99** 262, ZfS **01** 11, *Palandt/Sprau* § 823 Rz 226, *Geigel/Wellner* **14** Rz 148). Allerdings ist hierbei die Ortstafel (VZ 310), die nur straßenverkehrsrechtliche Bedeutung hat, nicht entscheidend (Kö VersR **85** 789). Die Aufnahme der Örtlichkeit in den Streuplan der Gemeinde ist ohne Bedeutung (Brn VersR **95** 1439, LG Kö VersR **02** 1436). **Verkehrswichtig** sind insbesondere die wichtigen Aus- und EinfallStrn, DurchgangsStrn und HauptverkehrsStrn mit bedeutendem VAufkommen (BGHZ **112** 74, Ce VersR **03** 1413, Jn ZfS **01** 11, LG Gera NZV **05** 639). Ob Ortsstr zu bestreuen sind, auch abschüssige, richtet sich vor allem auch nach ihrer VBedeutung (Kar VersR **79** 358, VRS **69** 163, Stu NJW **87** 1831). Keine Streupflicht auf innerörtlichen verkehrsunwichtigen Str (Mü ZfS **83** 161, NJW-RR **90** 1121, Fra NJW **88** 2546), anders aber uU im Kreuzungs- und Einmündungsbereich unmittelbar vor verkehrswichtigen Str, um den V auf dieser zu schützen (Hineinrutschen; Stu NJW **87** 1831, Mü VersR **92** 1371, abw Jn ZfS **01** 11, Fra NJW **88** 2546, Sa MDR **06** 1345 [weil einer zügigen Erledigung der Streupflicht hinderlich], *Schmid* NJW **88** 3180). Keine Streupflicht auf verkehrsunwichtiger, in erster Linie dem Parken dienender Wohnstraße (Ko VersR **83** 568, Dr VersR **96** 1428), idR auch nicht innerhalb 30 km/h-Zone (Hb VersR **89** 45). UU können aber selbst Str in verkehrsberuhigten Bereichen, bezogen auf Fußgänger und Radf, verkehrswichtig sein (Ha NZV **93** 394). **Gefährlich** sind verkehrswichtige StrStellen, an denen eine Änderung der Fahrtrichtung oder der Geschwindigkeit, Bremsen oder Ausweichen durch Kf notwendig sind (BGHZ **112** 74, BGH VersR **85** 189, Nü NZV **04** 641, Ol MDR **03** 454, Mü VersR **94** 983, Kö VersR **89** 1091, Ha NZV **93** 394, Brn VersR **95** 1439), ferner unübersichtliche Kreuzungen und Einmündungen, uU enge Kurven, starkes Gefälle (Ce VersR **03** 1413, Jn ZfS **01** 11), i Ü nur Fahrbahnstellen, die zu nicht erkennbarer Glätte neigen (Nü NZV **04** 641, Ce VersR **03** 1413, Hb NJW **88** 3212, Sa VersR **74** 202), nicht ohne Weiteres jede Kreuzung oder Einmündung (Nü NZV **04** 641, Ce VersR **89** 158, Kar VersR **89** 158). Eine besonders gefährdete Stelle besteht nicht, wo jeder sorgfältige Kf nach den Umständen mit Glätte rechnen muss (Zw VersR **79** 1039, Kö VersR **85** 789), anders uU, wenn starke VBelastung bei äußerst langsamem Fahren infolge der Glätte zu Verkehrsstau und damit zusätzlichen Risiken führt (Ce NJW **89** 3287 [Einmündung]). In Kreuzungs- und Einmündungsbereichen sind nach Dü VersR **88** 274 die Stellen der Fahrbahn, an denen Fußgänger diese überqueren müssen, auch dann zu streuen, wenn die Str von geringer Verkehrsbedeutung ist. Eine über bebautes Ortsgebiet auf Brücken hinführende Stadt-AB mit dem Z 311 an den Zufahrtsrampen liegt außerorts, so dass nur besonders gefährliche Stellen zu bestreuen sind (Dü VersR **79** 57). Gemeindliche Streupflicht besteht idR **nicht vorbeugend,** dies vielmehr nur bei auf Grund konkreter Umstände zu befürchtender Glättegefahr (BGH VersR **85** 189, **74** 910, Ha NZV **03** 235, **04** 646, **06** 587, Mü VersR **94** 983, Kö VersR **97** 506). Ist nicht mit Glätte zu rechnen, braucht die Gemeinde nicht zu prüfen, ob an einzelnen Stellen aus unvorhergesehenen Gründen entgegen der Erwartung doch StrGlätte aufgetreten ist (Ha VersR **82** 806). Auf Fahrbahnen innerörtlicher PrivatStr des öffentlichen V (StadtreinigungsG Bln) richtet sich die Streupflicht nach den Umständen, gefährliche und verkehrswichtige Stellen sind zu streuen (BGH NJW **75** 444). Parkende Fz dürfen beim Streuen umfahren werden (Stu VersR **70** 454), auch genügt Streuen in der Breite des Streufz (Stu VersR **70** 454). Ist am Unfalltag kein Schnee gefallen, so kann sich eine Haftung daraus ergeben, dass am Vortag geboten gewesenes Streuen unterblieben ist (BGH VersR **63** 1047). Bei Streuen mit **abstumpfendem Splitt** anstelle auftauender Mittel können Kontrollen und erforderlichenfalls erneutes Streuen notwendig sein (LG Hb 6 O 229/86). Regelmäßig werden jedoch auftauende Mittel erforderlich sein, um der Streupflicht zu genügen (*Jordan* VGT **89** 94). Zur Verwendung von Splitt statt

62 **Außerorts** sind die Fahrbahnen **nur an unerkennbar besonders gefährlichen Stellen zu streuen,** BGH NZV **95** 144, VersR **87** 934, Bra NZV **06** 586, Mü VersR **94** 983, Ha NVwZ-RR **01** 798, Kö VersR **87** 695, Hb NJW **88** 3212, Nü NZV **91** 311, s aber Kar VersR **80** 538, Zw VersR **79** 1039, wobei auch die Verkehrsbedeutung eine entscheidende Rolle spielt, Mü ZfS **84** 353, **85** 1, Nü NZV **91** 311. Besonders gefährlich in diesem Sinn sind nur Stellen, die wegen nicht rechtzeitig erkennbarer Beschaffenheit die Möglichkeit eines Unfalls auch bei sorgfältigem Fahren nahe legen, BGH VersR **87** 934, Brn VersR **05** 243, Ha NVwZ-RR **01** 798, Mü ZfS **83** 161, Kö VersR **86** 1128. Nach Nü NZV **91** 311 ist eine Gefällestrecke von 12% stets in diesem Sinne besonders gefährlich. Nicht dazu gehören bei Frost idR rechtzeitig erkennbare Brücken im Zug einer BundesStr, Dü VersR **79** 57: Straßenbrücken gelten nicht als besonders gefährlich iS der Streupflicht, denn inzwischen ist den VT die Glatteisbildung auf Brücken allgemein bekannt, BGH NJW **70** 1682 (AB), aM Dü VersR **77** 745, nicht ohne Weiteres auch Brückendurchfahrten, BGH NJW **66** 1162, **63** 37, Ha VersR **62** 1182, Stu VersR **61** 983, Kar VersR **61** 1064, Kö VersR **65** 906, Dü VersR **66** 740. Keine Streupflicht, wenn sich Glatteis auf kurvenreicher, leicht abfallender Strecke einer BundesStr im Mittelgebirge bei wechselndem Waldbestand infolge Nebels bildet, BGH NJW **63** 37, Hb NJW **88** 3212, gleichfalls nicht auf spiegelglattem Einmündungsbereich einer Nebenstraße in schneeglatte BundesStr, Bra NZV **06** 586. Dass die Stelle im Streuplan als besonders gefährliche Stelle gekennzeichnet ist, indiziert für sich allein nicht die Streupflicht, Kö DAR **90** 346 (Anm *Berr*). § 9 III StrWG NRW empfiehlt nur Streuen außerorts nach Möglichkeit und ist kein SchutzG, BGH VersR **73** 249. Mit einzelnen nicht gestreuten Stellen muss idR gerechnet werden, Dü VersR **75** 1009 (Koordination). Wird eine an sich nicht besonders gefährliche Stelle dennoch regelmäßig gestreut, so kann sich eine Streupflicht aus dem Umstand ergeben, dass aus dem für VT unerwarteten Unterlassen eine besondere Gefahrenlage entstehen würde, Brn VersR **05** 243.

63 Für **Bundesautobahnen** und **Bundesstraßen** bestimmt § 3 BFernStrG, dass die Träger der StrBaulast nach besten Kräften bei Schnee und Eisglätte räumen und streuen sollen. Streupflicht besteht aber nur an durch Glatteis besonders gefährdeten Stellen, BGH VRS **18** 166, Stu VkBl **60** 131, und sie setzt bei anhaltendem Schneefall erst innerhalb angemessener Frist nach dem Aufhören ein, Nü VersR **63** 293. Schnellstr-Ausfahrtbereich außerorts als besonders gefährliche, streupflichtige Stelle, BGH VRS **57** 330. Beim Fahren erkennbare FernstrBrücken (AB) begründen weder Warn- noch Streupflicht, denn jeder kennt ihre Frostgefährdung, BGH NJW **70** 1682, Dü VersR **65** 992, Kar VersR **80** 538, Mü ZfS **85** 1. Stadtautobahn: Rz 61.

64 Bei **ausreichendem Streuen** kann nicht noch verlangt werden, dass der Sicherungspflichtige jedes Mal auch Tropfeis beseitigt, BGH VersR **63** 946, oder den Gehweg auf kleine, glatte Tauwasserstellen hin untersucht, Kar VersR **76** 346. Nach dem Streuen kann je nach Witterung noch das Abstumpfen überfrierender Glätte in Betracht kommen, Dü VersR **79** 426. Zum Umfang der Streupflicht s auch Rz 57. Bei Glätte müssen auch öffentliche **Parkplätze** bestreut werden, wenn sie belebt sind und außerdem von den FzInsassen auf nicht nur ganz unwesentliche Entfernungen als Fußgänger benutzt werden müssen, BGH NJW **66** 202, Ha NZV **04** 646, Jn DAR **01** 80, Kar VersR **89** 45, Ce MDR **05** 273, NJW-RR **89** 1419, *Berr* DAR **89** 453. Vollständige Eisbeseitigung ist nicht Pflicht, KG VersR **65** 1105, insbesondere nicht Streuen bis in jede Parkbucht, Fra ZfS **83** 129. Strenge Maßstäbe gelten für Gaststättenparkplätze, BGH NJW **85** 482. Zur Streupflicht auf Parkuhrplätzen, Dü VersR **78** 63. Bei **Tankstellen** besteht idR keine Räum-, sondern nur Streupflicht, wobei Streuen des Bereichs genügt, in dem Fz- und FußgängerV stattfindet, Ha ZfS **84** 33. Keine Streupflicht des Tankstelleninhabers nach Betriebsschluss, auch nicht bei Münzautomat, Stu NJW **69** 1966.

65 Die Streupflicht hat **zeitliche und örtliche Grenzen,** da nicht überall gleichzeitig geräumt und gestreut werden kann, BGHZ **112** 74 = VersR **90** 1148 (1151), NZV **93** 387, Bay NJW **55** 105, Jn ZfS **01** 11, Ko DAR **99** 547, KG VersR **60** 41, Schl MDR **60** 226, Dü VersR **82** 101, Mü NVwZ-RR **92** 6. IdR hat die Streupflicht vor der Schneeräumung Vorrang, gleichzeitige Erfüllung beider Pflichten kann von den Gemeinden im Allgemeinen nicht verlangt werden, Dü VersR **82** 101. Es braucht erst mit Beginn des allgemeinen Tages- und Berufsverkehrs gestreut zu werden, BGH VersR **85** 271, Ha NZV **03** 235, NVwZ-RR **01** 798 (jedenfalls nicht vor 6 Uhr), Kö VersR **67** 506, jedoch rechtzeitig vor Einsetzen des Hauptberufsverkehrs, BGH VersR **85** 271 (idR zwischen 7 und 8 Uhr), **87** 989, Dü VersR **88** 274 (7 Uhr). An Sonn- und Feiertagen muss nicht vor 9 Uhr gestreut werden, Ol DAR **02** 128, Kö VersR **97** 506, Ha VersR **88** 693. Die Streupflicht endet abends mit dem Aufhören des allgemeinen Tagesverkehrs,

BGH VersR **84** 890, Jn ZfS **01** 11, Ha VersR **01** 1575. Nächtlichen Streudienst muss die Gemeinde nicht einrichten, BGH NJW **64** 814, Kar VersR **87** 1225, Kö VersR **90** 321. Amtspflichtverletzung, wenn mittags noch nicht gestreut ist, Ce VersR **75** 1009. Ist nach dem Ortsstatut „bis 8 Uhr" zu streuen, so kommt ein Verstoß für 7.15 Uhr nur unter besonderen Umständen in Betracht, Ce VersR **66** 67. Gemeindliche Streupflicht besteht an gefährlichen Stellen von HauptverkehrsStr bis etwa 20 Uhr, Jn ZfS **01** 11, Kar VersR **69** 191. Ha NZV **06** 587 zieht die Grenze bei 22 Uhr. Keine Fahrbahnstreupflicht innerorts zur „Nachtzeit" trotz sehr frühen Berufsverkehrs, Ha DAR **71** 15 (mit berechtigten Einwendungen von *Maase*, der auf den Beginn des Berufsverkehrs abstellt). Droht Glatteis im Berufsverkehr, so kann der Sicherungspflichtige schon gegen 5 Uhr morgens zu Kontrollfahrten verpflichtet sein, Dü VersR **79** 773. Organisationen mit ausgedehntem Streubereich haben angemessenen Zeitraum, Nü VersR **64** 1180, Ce VersR **66** 67, BGH VersR **87** 989, je nach den Umständen, BGH VRS **9** 250. Keine verschuldete Streupflichtverletzung, wenn ein sachgemäß organisierter Streudienst die Gefahr noch nicht bannen konnte, Dü VersR **77** 745. Eine Stadt muss nach Glatteis angemessene Zeit zum Streuen haben, Mü VersR **94** 983; Maß, Umfang und Zeit der Streupflicht richten sich nach den Bedürfnissen, BGHZ **112** 74 = VersR **90** 1148 (1151), Kö NJW **53** 1631, Zw VersR **77** 1135, ½ bis ¾ Std bleibt im Rahmen, BGH VersR **57** 756. Streuen von *Gehwegen* zur Nachtzeit, s Rz 59.

Die **Streupflicht entfällt** grundsätzlich, wenn Schneefall die Wirkung sehr bald wieder aufheben würde, BGH NJW **85** 482, VersR **87** 989, Sa VersR **00** 985, Nau MDR **00** 520, Fra ZfS **87** 35, Stu VersR **90** 323, Mü NVwZ-RR **92** 6, *Schmid* NJW **88** 3180, was vom Streupflichtigen zu beweisen ist, Ha NZV **05** 526. Nutzloses Streuen während anhaltenden Eisregens mit sich ständig erneuernder Glättebildung ist nicht erforderlich, BGH NJW **85** 482, NZV **93** 387, Ce NZV **04** 643, Ol VersR **01** 117, Sa VersR **00** 985, Brn MDR **00** 159, Mü ZfS **00** 10, Ha VersR **97** 68, ZfS **98** 6, *Schmid* NJW **88** 3180, Streupflicht anschießend erst nach angemesser Wartezeit, Brn MDR **00** 159, Ce NZV **04** 643, Sa VersR **00** 985. Anhaltender oder drohender neuer Schneefall befreit jedoch in Ausnahmefällen bei besonderer Glätte nicht vom Streuen oder Nachstreuen, BGH NJW **85** 482, NZV **93** 387, Sa VersR **00** 985. Bei leichtem Schneefall muss nicht in kurzem Abstand nachgestreut werden, KG NJW **70** 2110 (Tatfrage). Frischer Schnee muss nur bei Glättegefahr geräumt werden, und erst nach angemessener Wartefrist nach Aufhören des Schneefalls, Schl VersR **75** 431, Nau MDR **00** 520. Der Streupflichtige muss im Rahmen des Zumutbaren auf neue Glätte achten, wie oft, ist Tatfrage, viertelstündliche Kontrolle wird idR unzumutbar sein, BGH Betr **70** 2217. Außergewöhnliche Glätte kann **mehrmaliges Streuen** erfordern, BGH VersR **68** 1161, NZV **93** 387, Sa VersR **00** 985, Ha VersR **84** 194, uU tagsüber stündlich (Schulhausmeister, Nieselregen), Fra VersR **69** 740. 66

Bleibt unaufgeklärt, ob das Glatteis erst unmittelbar vor dem Unfall aufgetreten ist, so ist der **Schuldbeweis** nicht geführt, Dü MDR **61** 1013. Die eine Streupflicht begründenden Umstände muss der Geschädigte beweisen, BGH NZV **05** 578. Rutschen eines Kfz auf gestreuter Straße ist kein Anscheinsbeweis für mangelhaftes Streuen, Kar VersR **70** 822, *Riedmaier* VersR **90** 1325. Überhaupt bildet ein Glätteunfall allein keinen Anscheinsbeweis für Streupflichtverletzung, Ce VRS **105** 407. IÜ spricht der Anschein bei Glatteisunfällen, die sich *innerhalb* der Zeit pflichtwidrig verletzter Streupflicht ereignet haben, für Ursächlichkeit des unterlassenen Streuens, BGH NJW **84** 432, Fra NZV **05** 638 (nicht gestreuter Fußgängerübergweg), Ce NJW-RR **04** 1251, VRS **105** 407, KG DAR **01** 497, Nü MDR **01** 390. Bei Unfall nach Ende der Streupflicht muss der Geschädigte Ursächlichkeit unterlassenen Streuens innerhalb der zeitlichen Grenzen der Streupflicht beweisen, KG VersR **93** 1369. Ist gefährliche Glätte bewiesen, so muss der Pflichtige beweisen, dass Streuen nutzlos gewesen wäre (zB Schneefall), BGH NJW-RR **05** 1185, NJW **85** 484, DAR **66** 48, Sa VersR **00** 985, KG DAR **01** 497. 67

Wie weit **Mitschuld** die Haftung ausschließen kann, richtet sich nach bürgerlichem Recht (KG DAR **01** 497, Stu MDR **57** 675, Schl VkBl **60** 514, Kö VRS **21** 2). Auf Glätte muss sich der Kf bei winterlichem Wetter einstellen, notfalls Schritt fahren oder einen sichereren Weg wählen (Kar NZV **89** 147). Halbe Mithaftung des Geschädigten, der eine vorgesehene Glättestelle, obwohl er nach den Umständen hätte warten müssen, erkannterweise befahren hat (Dü VersR **68** 806, 973) oder der sich auf erkennbare Glätte nicht eingestellt hat (KG DAR **01** 497). Mithaftung des Geschädigten zu ²/₃, der auf ungestreuter abschüssiger Str infolge zu hoher Geschwindigkeit in eine Kreuzung hineinrutscht, obwohl er schon am Vorabend Glätte dort festgestellt hatte (Kar NZV **89** 147). Wer bei Befahren einer Kuppe auf glatter Fahrbahn infolge nicht angepasster Geschwindigkeit mit einem zuvor nicht sichtbaren verunglückten Fz auf der Gefällestrecke kollidiert, kann den Schaden allein zu tragen haben (Ha VersR **82** 171). Aus Eisfreiheit 68 darf im Winter nicht gefolgert werden, die Straße werde überall eisfrei sein (Ba VersR **66** 370, BGH NJW **66** 1162). Anspruchausschließendes grobes Mitverschulden eines Radf, der eine gefährlich glatte, leicht abfallende, kurvige FahrradStr befährt (LG Osnabrück VD **05** 21). Mithaftung dessen, der bei Ausführung einer ohne Weiteres aufschiebbaren Tätigkeit auf ungestreutem Gehweg stürzt (Dü VM **92** 1418 [Mülleimerentleerung], Ha NZV **99** 127 [Zurücktreten der Haftung des Streupflichtigen bei vermeidbarer Gehwegbenutzung trotz extremer Glätte]), in Kenntnis der Gefährlichkeit des Gehwegs diesen anstelle eines ungefährlicheren Wegs benutzt (Ol VersR **01** 117, Ha NZV **04** 646 [Parkplatz]), LG Darmstadt ZfS **00** 528 [keine Haftung des Streupflichtigen]) oder die eisglatte Wegstrecke ein zweites Mal geht, obwohl dies vermeidbar gewesen wäre (Mü VersR **04** 251, LG Ol VersR **06** 520 [keine Haftung des Streupflichtigen bei Benutzung glatten Wegs, der vom Streupflichtigen gerade geräumt wird, zust *Sitz*]). Zur Mithaftung bei schmierigem Belag aufgrund Laubdecke (Rz 51, 53; Ha NZV **06** 550).

Lit zur Räum- und Streupflicht: *Arndt,* Die Streupflicht für Straßen in der Rspr des BGH, DRiZ **73** 11. *Berr,* Zur Streupflicht auf Parkplätzen, DAR **89** 453. *Bittner,* Winterdienst zugunsten von FahrradF, VersR **04** 440. *Jordan,* Die Streupflicht zwischen VSicherung und Umweltschutz, VGT **89** 67. *Michaelis,* Gemeindliche Satzungen zur Bestimmung der Wegereinigungspflicht?, DVBl **65** 897. *Schlund,* Streupflicht als VSicherungspflicht, DAR **88** 6. *Schmid,* Der Umfang der Räum- und Streupflicht auf öffentlichen Strn und Wegen, NJW **88** 3177. *Tidow,* Die StrVSicherungspflicht in der Rspr der Zivilgerichte, VGT **82** 207, 216 ff.

Ausnahmegenehmigung und Erlaubnis

46 (1) ¹Die Straßenverkehrsbehörden können in bestimmten Einzelfällen oder allgemein für bestimmte Antragsteller Ausnahmen genehmigen

1. von den Vorschriften über die Straßenbenutzung (§ 2);
2. vom Verbot, eine Autobahn oder eine Kraftfahrstraße zu betreten oder mit dort nicht zugelassenen Fahrzeugen zu benutzen (§ 18 Abs. 1, 9);
3. von den Halt- und Parkverboten (§ 12 Abs. 4);
4. vom Verbot des Parkens vor oder gegenüber von Grundstücksein- und -ausfahrten (§ 12 Abs. 3 Nr. 3);
4 a. von der Vorschrift, an Parkuhren nur während des Laufens der Uhr, an Parkscheinautomaten nur mit einem Parkschein zu halten (§ 13 Abs. 1);
4 b. von der Vorschrift, im Bereich eines Zonenhaltverbots (Zeichen 290 und 292) nur während der dort vorgeschriebenen Zeit zu parken (§ 13 Abs. 2);
4 c. von den Vorschriften über das Abschleppen von Fahrzeugen (§ 15 a);
5. von den Vorschriften über Höhe, Länge und Breite von Fahrzeug und Ladung (§ 18 Abs. 1 Satz 2, § 22 Abs. 2 bis 4);
5 a. von dem Verbot der unzulässigen Mitnahme von Personen (§ 21);
5 b. von den Vorschriften über das Anlegen von Sicherheitsgurten und das Tragen von Schutzhelmen (§ 21 a);
6. vom Verbot, Tiere von Kraftfahrzeugen und andere Tiere als Hunde von Fahrrädern aus zu führen (§ 28 Abs. 1 Satz 3 und 4);
7. vom Sonntagsfahrverbot (§ 30 Abs. 3);
8. vom Verbot, Hindernisse auf die Straße zu bringen (§ 32 Abs. 1);
9. von den Verboten, Lautsprecher zu betreiben, Waren oder Leistungen auf der Straße anzubieten (§ 33 Abs. 1 Nr. 1 und 2);
10. vom Verbot der Werbung und Propaganda in Verbindung mit Verkehrszeichen (§ 33 Abs. 2 Satz 2) nur für die Flächen von Leuchtsäulen, an denen Haltestellenschilder öffentlicher Verkehrsmittel angebracht sind;
11. von den Verboten oder Beschränkungen, die durch Vorschriftzeichen (§ 41), Richtzeichen (§ 42), Verkehrseinrichtungen (§ 43 Abs. 1 und 3) oder Anordnungen (§ 45 Abs. 4) erlassen sind;
12. von dem Nacht- und Sonntagsparkverbot (§ 12 Abs. 3 a).

²Vom Verbot, Personen auf der Ladefläche oder in Laderäumen mitzunehmen (§ 21 Abs. 2), können für die Dienstbereiche der Bundeswehr, der auf Grund des Nordatlantik-Vertrages errichteten internationalen Hauptquartiere, der Bundespolizei und der Polizei deren Dienststellen, für den Katastrophenschutz die zuständigen Landesbehörden, Ausnahmen genehmigen. ³Dasselbe gilt für die Vorschrift, daß vorgeschriebene Sicherheitsgurte angelegt sein oder Schutzhelme getragen werden müssen (§ 21 a).

Ausnahmegenehmigung und Erlaubnis § 46 StVO **2**

(2) ¹Die zuständigen obersten Landesbehörden oder die nach Landesrecht bestimmten Stellen können von allen Vorschriften dieser Verordnung Ausnahmen für bestimmte Einzelfälle oder allgemein für bestimmte Antragsteller genehmigen. ²Vom Sonntagsfahrverbot (§ 30 Abs. 3) können sie darüber hinaus für bestimmte Straßen oder Straßenstrecken Ausnahmen zulassen, soweit diese im Rahmen unterschiedlicher Feiertagsregelung in den Ländern (§ 30 Abs. 4) notwendig werden. ³Erstrecken sich die Auswirkungen der Ausnahme über ein Land hinaus und ist eine einheitliche Entscheidung notwendig, so ist das Bundesministerium für Verkehr, Bau und Stadtentwicklung zuständig; das gilt nicht für Ausnahmen vom Verbot der Rennveranstaltungen (§ 29 Abs. 1).

(3) ¹Ausnahmegenehmigung und Erlaubnis können unter dem Vorbehalt des Widerrufs erteilt werden und mit Nebenbestimmungen (Bedingungen, Befristungen, Auflagen) versehen werden. ²Erforderlichenfalls kann die zuständige Behörde die Beibringung eines Sachverständigengutachtens auf Kosten des Antragstellers verlangen. ³Die Bescheide sind mitzuführen und auf Verlangen zuständigen Personen auszuhändigen. ⁴ Bei Erlaubnissen nach § 29 Abs. 3 genügt das Mitführen fernkopierter Bescheide.

(4) Ausnahmegenehmigungen und Erlaubnisse der zuständigen Behörde sind für den Geltungsbereich dieser Verordnung wirksam, sofern sie nicht einen anderen Geltungsbereich nennen.

Begr zur MaßnVO 75: VkBl **75** 679.

Begr zur ÄndVO v 22. 3. 88: VkBl **88** 228.

Vwv zu § 46 Ausnahmegenehmigung und Erlaubnis
Allgemeines über Ausnahmegenehmigungen

1 *I. Die Straßen sind nur für den normalen Verkehr gebaut. Eine Ausnahmegenehmigung zu erteilen, ist daher nur in besonders dringenden Fällen gerechtfertigt. An den Nachweis solcher Dringlichkeit sind strenge Anforderungen zu stellen. Erteilungsvoraussetzungen dürfen nur dann als amtsbekannt behandelt werden, wenn in den Akten dargetan wird, worauf sich diese Kenntnis gründet.*

2 *II. Die Sicherheit des Verkehrs darf durch eine Ausnahmegenehmigung nicht beeinträchtigt werden; sie ist erforderlichenfalls durch Auflagen und Bedingungen zu gewährleisten. Auch Einbußen der Flüssigkeit des Verkehrs sind auf solche Weise möglichst zu mindern.*

3 *III. Die straßenrechtlichen Vorschriften über Sondernutzungen sind zu beachten.*

4 *IV. Hat der Inhaber einer Ausnahmegenehmigung die Nichtbeachtung von Bedingungen und Auflagen zu vertreten, so soll ihm grundsätzlich keine neue Ausnahmegenehmigung erteilt werden.*

5 *V. Vor der Erteilung einer Ausnahmegenehmigung sollen die beteiligten Behörden gehört werden, wenn dies bei dem Zweck oder dem Geltungsbereich der Ausnahmegenehmigung geboten ist.*

6 *VI. Dauerausnahmegenehmigungen sind auf höchstens drei Jahre zu befristen. Sie dürfen nur widerruflich erteilt werden.*

Zu Absatz 1

Zu Nummer 1

7 *Aus Sicherheitsgründen werden in der Regel Bedingungen oder Auflagen geboten sein.*

Zu Nummer 2

8 *Sofern die Ausnahmegenehmigung sich auf dort nicht zugelassene Fahrzeuge bezieht, gilt Nummer VI 2a zu § 29 Abs. 3; Rn. 115 und 116.*

Zu Nummer 4

9 *Die betroffenen Anlieger sind zu hören.*

Zu Nummer 4a und 4b

10 *I. Ohnhänder (Ohnarmer) erhalten eine Ausnahmegenehmigung, um an Parkuhren und Parkscheinautomaten gebührenfrei und im Zonenhaltverbot bzw. auf Parkplätzen mit zeitlicher Begrenzung ohne Benutzung der Parkscheibe zu parken.*

11 *II. Kleinwüchsige Menschen mit einer Körpergröße von 1,39m und darunter erhalten eine Ausnahmegenehmigung, um an Parkuhren und Parkscheinautomaten gebührenfrei zu parken.*

12 *III. Nummer III zu § 46 Abs. 1 Nr. 11 gilt entsprechend.*

2 StVO § 46   III. Durchführungs-, Bußgeld- und Schlußvorschriften

Zu Nummer 5

8   13   *I. Fahrzeuge und Fahrzeugkombinationen, die auf Grund ihrer Ladung die Abmessungen der § 18 Abs. 1 oder § 22 Abs. 2 bis 4 überschreiten, bedürfen einer Ausnahmegenehmigung. Bei Überschreiten der Maße und Gewichte nach den §§ 32 bis 34 StVZO bedürfen diese Fahrzeuge zusätzlich einer Ausnahmegenehmigung nach § 70 StVZO und einer Erlaubnis nach § 29 Abs. 3 (vgl. zu § 29 Abs. 3; Rn. 79 ff.).*

9   14   *II. Voraussetzungen der Ausnahmegenehmigung*

1. Eine Ausnahmegenehmigung darf nur erteilt werden, wenn

15   *a) der Verkehr nicht – wenigstens zum größten Teil der Strecke – auf der Schiene oder auf dem Wasser möglich ist oder wenn durch einen Verkehr auf dem Schienen- oder Wasserweg unzumutbare Mehrkosten (auch andere als die reinen Transportkosten) entstehen würden;*

16   *b) für den gesamten Fahrtweg Straßen zur Verfügung stehen, deren baulicher Zustand durch den Verkehr nicht beeinträchtigt wird und für deren Schutz keine besonderen Maßnahmen erforderlich sind, oder wenn wenigstens die spätere Wiederherstellung der Straßen oder die Durchführung jener Maßnahmen vor allem aus verkehrlichen Gründen nicht zu zeitraubend oder zu umfangreich wäre;*

17   *c) die Beschaffung eines Spezialfahrzeugs für die Beförderung unmöglich oder unzumutbar ist;*

18   *d) die Ladung nach vorn nicht über 1 m hinausragt.*

19   *2. Eine Ausnahmegenehmigung darf außerdem nur für die Beförderung folgender Ladungen erteilt werden:*

20   *a) **Einer** unteilbaren Ladung*

21   *Unteilbar ist eine Ladung, wenn ihre Zerlegung aus technischen Gründen unmöglich ist oder unzumutbare Kosten verursachen würde.*

22   *b) Einer aus **zwei Teilen** bestehenden Ladung, wenn die Teile aus Festigkeitsgründen nicht als Einzelstücke befördert werden können und diese unteilbar sind.*

23   *c) **Mehrerer** einzelner Teile, die je für sich mit ihrer Länge, Breite oder Höhe über den im Fahrzeugschein (Muster 2a oder 2b zu § 24 StVZO [seit 1. 3. 07: § 11 FZV]) festgelegten Abmessungen des Fahrzeugs oder der Fahrzeugkombination hinausragen und unteilbar sind.*

24   *d) Beiladung ist gestattet, soweit Gesamtgewicht und Achslasten die nach § 34 StVZO zulässigen Werte nicht überschreiten.*

25   *3. Hat der Antragsteller vorsätzlich oder grob fahrlässig zuvor einen genehmigungspflichtigen Verkehr ohne die erforderliche Ausnahmegenehmigung durchgeführt oder gegen die Bedingungen und Auflagen einer Ausnahmegenehmigung verstoßen, so soll ihm für einen angemessenen Zeitraum keine Genehmigung mehr erteilt werden.*

10   *III. Das Verfahren*

26   *1. Der Antragsteller ist darauf hinzuweisen, dass die Bearbeitung der Anträge in der Regel zwei Wochen erfordert. Von diesem Hinweis kann nur dann abgesehen werden, wenn der Antragsteller nachweist, dass die Beförderung eilbedürftig ist, nicht vorhersehbar war und geeigneter Eisenbahn- oder Schiffstransportraum nicht mehr rechtzeitig zur Verfügung gestellt werden kann; dabei ist ein strenger Maßstab anzulegen.*

27   *Aus dem Antrag müssen mindestens folgende technische Daten des Fahrzeuges oder der Fahrzeugkombination einschließlich der Ladung ersichtlich sein:*

28   *Länge, Breite und Höhe des Fahrzeuges oder der Fahrzeugkombination, Abmessungen der Ladung, Höchstgeschwindigkeit des Transports, amtliches Kennzeichen von Zugfahrzeugen und Anhängern.*

29   *2. Außer in den Fällen der Nummer 4 hat die zuständige Straßenverkehrsbehörde die nach § 8 Abs. 6 des Bundesfernstraßengesetzes oder den entsprechenden landesrechtlichen Bestimmungen zu beteiligenden Straßenbaubehörden sowie die Polizei und, wenn Bahnstrecken höhengleich (Bahnübergänge) oder nicht höhengleich (Überführungen) gekreuzt oder Bahnanlagen berührt werden, auch die Bahnunternehmen zu hören. Geht die Fahrt über den Bezirk einer Straßenverkehrsbehörde hinaus, so sind außerdem die Straßenverkehrsbehörden zu hören, durch deren Bezirk der Fahrtweg führt; diese verfahren für ihren Bezirk nach Satz 1. Die zuständige Genehmigungsbehörde hat im Anhörverfahren ausdrücklich zu bestätigen, dass die Abwicklung des Transports auf dem Schienen- oder Wasserweg unmöglich oder unzumutbar ist. Ist die*

Ausnahmegenehmigung und Erlaubnis § 46 StVO **2**

zeitweise Sperrung einer Autobahn-Richtungsfahrbahn erforderlich, bedarf es der Zustimmung der höheren Verwaltungsbehörde. Den beteiligten Behörden sind die in Nummer III 1 aufgeführten technischen Daten des Fahrzeugs oder der Fahrzeugkombination und der Ladung mitzuteilen.

30 3. Geht die Fahrt über das Gebiet eines Landes hinaus, so ist unter Mitteilung der in Nummer III 1 aufgeführten technischen Daten des Fahrzeugs oder der Fahrzeugkombination und der Ladung die Zustimmung derjenigen höheren Verwaltungsbehörde einzuholen, durch deren Bezirk die Fahrt in den anderen Ländern jeweils zuerst geht. Auch für diese Behörden gilt Nummer 2 Satz 1. Auf die Anhörung der Polizei kann im Rahmen des Zustimmungsverfahrens in der Regel verzichtet werden. Eine Unterrichtung der Polizei über die Erteilung von Ausnahmegenehmigungen für Großraum- und Schwertransporte ist jedoch unbedingt sicherzustellen. Die Zustimmung der genannten Behörden darf nur mit der Begründung versagt werden, dass die Voraussetzungen nach Nummer II 1 Buchstabe b (Rn. 16) in ihrem Bezirk nicht vorliegen. Die zuständigen obersten Landesbehörden können die für das Anhörverfahren bei der Erteilung von Dauerausnahmegenehmigungen ohne festgelegten Fahrweg zuständigen höheren Verwaltungsbehörden bestimmen.

31 Führt die Fahrt nur auf kurze Strecken in ein anderes Land, so genügt es, statt mit der dortigen höheren Verwaltungsbehörde unmittelbar mit der örtlichen Straßenverkehrsbehörde und der örtlichen Straßenbaubehörde des Nachbarlandes Verbindung aufzunehmen.

32 4. Von dem in Nummer 2 und 3 angeführten Anhörverfahren ist abzusehen, wenn folgende Abmessungen im Einzelfall nicht überschritten werden:
33 a) Höhe (Fahrzeug/Fahrzeugkombination und Ladung) 4 m
34 b) Breite (Fahrzeug/Fahrzeugkombination und Ladung) 3 m
35 c) Länge (Fahrzeug/Fahrzeugkombination und Ladung) 22 m
36 d) Hinausragen der Ladung nach hinten 4 m
37 e) Hinausragen der Ladung über die letzte Achse 5 m
38 f) Hinausragen der Ladung nach vorn 1 m

39 5. a) An den Nachweis der Voraussetzungen der Erteilung einer Ausnahmegenehmigung nach Nummer II sind strenge Anforderungen zu stellen. Über das Verlangen von Sachverständigengutachten vgl. § 46 Abs. 3 Satz 2. Die Erteilungsvoraussetzungen dürfen nur dann als amtsbekannt behandelt werden, wenn in den Akten dargelegt wird, worauf sich diese Kenntnis gründet.

40 b) Die Straßenverkehrsbehörde hat, wenn es sich um einen Verkehr über eine Wegstrecke von mehr als 250 km handelt, nach Nummer III 2 und 3 ein Anhörverfahren vorgeschrieben ist und eine Gesamtbreite von 4,20 m oder eine Gesamthöhe von 4,80 m (jeweils von Fahrzeug und Ladung) nicht überschritten wird, sich vom Antragsteller vorlegen zu lassen:

41 aa) eine Bescheinigung der für den Versandort zuständigen Güterabfertigung darüber, ob und gegebenenfalls innerhalb welcher Fristen und unter welchen Gesamtkosten die Schienenbeförderung bzw. die gebrochene Beförderung Schiene/Straße möglich ist,

42 bb) im gewerblichen Verkehr eine Bescheinigung des Frachtführers oder des Spediteurs über die tarifmäßigen Beförderungsentgelte und die Entgelte für zusätzliche Leistungen,

43 cc) im Werksverkehr den Nachweis über die gesamten Beförderungskosten; wird der Nachweis nicht erbracht, kann das tarifmäßige Beförderungsentgelt zuzüglich der Entgelte für zusätzliche Leistungen als Richtwert herangezogen werden.

44 c) Die Straßenverkehrsbehörde hat, wenn es sich um einen Verkehr über eine Wegstrecke von mehr als 250 km handelt und eine Gesamtbreite von 4,20 m oder eine Gesamthöhe von 4,80 m (jeweils von Fahrzeug und Ladung) überschritten wird, sich vom Antragsteller vorlegen zu lassen:

45 aa) eine Bescheinigung der nächsten Wasser- und Schifffahrtsdirektion darüber, ob und ggf. innerhalb welcher Fristen und unter welchen Gesamtkosten die Beförderung auf dem Wasser bzw. die gebrochene Beförderung Wasser/Straße möglich ist,

46 bb) im gewerblichen Verkehr eine Bescheinigung des Frachtführers oder des Spediteurs über die tarifmäßigen Beförderungsentgelte und die Entgelte für zusätzliche Leistungen,

47 cc) im Werkverkehr den Nachweis über die gesamten Beförderungskosten; wird der Nachweis nicht erbracht, kann das tarifmäßige Beförderungsentgelt zuzüglich der Entgelte für zusätzliche Leistungen als Richtwert herangezogen werden.

48 In geeigneten Fällen kann die Straßenverkehrsbehörde die Bescheinigung auch für Transporte mit weniger als 250 km Wegstrecke verlangen.

| | 49 | *Die Vorlage der Bescheinigungen nach Doppelbuchstabe aa, bb oder cc ist nicht erforderlich, wenn ein Transport auf dem Wasserweg offensichtlich nicht in Betracht kommt.* |

11   *IV. Der Inhalt des Genehmigungsbescheides*

50   1. *Der Fahrtweg ist in den Fällen festzulegen, in denen nach Nummer III 2 und 3 ein Anhörverfahren vorgeschrieben ist. Dabei müssen sämtliche Möglichkeiten des gesamten Straßennetzes bedacht werden. Eine Beeinträchtigung des Verkehrsflusses in den Hauptverkehrszeiten muss vermieden werden. Auch sollte der Fahrtweg so festgelegt werden, dass eine Verkehrsregelung nicht erforderlich ist.*

51   2. *Erforderlichenfalls ist auch die Fahrzeit festzulegen. Jedenfalls in den Fällen, in denen nach Nummer III 2 und 3 ein Anhörverfahren vorgeschrieben ist, soll für Straßenabschnitte, die erfahrungsgemäß zu bestimmten Zeiten einen erheblichen Verkehr aufweisen, die Fahrzeit in der Regel wie folgt beschränkt werden:*

52   a) *Die Benutzung von Autobahnen ist in der Regel von Freitag 15.00 Uhr bis Montag 9.00 Uhr zu verbieten und, falls diese Straßen starken Berufsverkehr aufweisen, auch an den übrigen Wochentagen von 6.00 Uhr bis 8.30 Uhr und von 15.30 Uhr bis 19.00 Uhr. Vom 15. Juni bis 15. September sowie von Gründonnerstag bis Dienstag nach Ostern und von Freitag vor Pfingsten bis Dienstag danach sollte solchem Verkehr die Benutzung der Autobahnen möglichst nur von 22.00 Uhr bis 6.00 Uhr erlaubt werden. Gegebenenfalls kommt auch ein Verbot der Autobahnbenutzung an anderen Feiertagen (z. B. Weihnachten) sowie an den Tagen davor und danach in Betracht.*

53   b) *Auf Bundesstraßen samt ihren Ortsdurchfahrten und auf anderen Straßen mit erheblichem Verkehr außerhalb geschlossener Ortschaften darf solcher Verkehr in der Regel nur von Montag 9.00 Uhr bis Freitag 15.00 Uhr erlaubt werden.*

54   *Die Benutzung von Straßen mit starkem Berufsverkehr ist in der Regel werktags von 6.00 Uhr bis 8.30 Uhr und von 15.30 Uhr bis 19.00 Uhr zu verbieten.*

55   *Zu Buchstabe a und b:*
     Ist die Sperrung einer Autobahn, einer ganzen Fahrbahn oder die teilweise Sperrung einer Straße mit erheblichem Verkehr notwendig, so ist das in der Regel nur in der Zeit von 22.00 Uhr bis 6.00 Uhr zu erlauben.

56   3. *Von der Fahrzeitbeschränkung nach Nummer IV 2 kann abgesehen werden, wenn der Antragsteller nachweist, dass die Beförderung eilbedürftig ist und bei einer Beschränkung der Fahrzeit die termingerechte Durchführung des Transportauftrags nicht gewährleistet ist. Dies gilt jedoch nicht, wenn die Eilbedürftigkeit durch Verschulden des Antragstellers entstanden ist. Ein Abweichen soll nicht zugelassen werden, wenn es erhebliche Einschränkungen des allgemeinen Verkehrs zu Verkehrsspitzenzeiten oder auf Strecken mit starkem Verkehrsaufkommen zur Folge haben wird. In diesen Fällen muss der Transport auf weniger bedeutende Straßen ausweichen.*

57   *Von der Fahrzeitbeschränkung nach Nummer IV 2 Buchstabe a Satz 2 kann abgesehen werden, wenn Lastfahrten mit Fahrzeugen oder Fahrzeugkombinationen durchgeführt werden, deren zulässige Höchstgeschwindigkeit 80 km/h beträgt und die diese Geschwindigkeit transportbedingt einhalten können, sofern sie die in Nummer III 4 (Rn 32ff.) aufgeführten Abmessungen nicht überschreiten.*

58   4. *Um einen reibungslosen Ablauf des genehmigungspflichtigen Verkehrs sicherzustellen, kann die zuständige Polizeidienststelle im Einzelfall von der im Genehmigungsbescheid festgesetzten zeitlichen Beschränkung abweichen, wenn es die Verkehrslage erfordert oder gestattet.*

59   5. a) *Soweit es die Sicherheit oder Ordnung des Verkehrs erfordert, sind Bedingungen zu stellen und Auflagen zu machen; insbesondere werden die von den Straßeverkehrsbehörden, den Straßenbaubehörden und Bahnunternehmen mitgeteilten Bedingungen, Auflagen und Sondernutzungsgebühren grundsätzlich in die Ausnahmegenehmigung aufgenommen. Erforderlichenfalls ist für den ganzen Fahrtweg oder für bestimmte Fahrstrecken die zulässige Höchstgeschwindigkeit zu beschränken.*

60   b) *Es ist vorzuschreiben, dass die Fahrt bei erheblicher Sichtbehinderung durch Nebel, Schneefall oder Regen oder bei Glatteis zu unterbrechen und das Fahrzeug möglichst außerhalb der Fahrbahn abzustellen und zu sichern ist.*

61   c) *Die Auflage, das Fahrzeug, die Fahrzeugkombination oder die Ladung besonders kenntlich zu machen, ist häufig geboten, etwa durch Verwendung von Kennleuchten mit gelbem Blinklicht oder durch Anbringung weiß-rot-weißer Warnfahnen oder weiß-roter Warntafeln*

Ausnahmegenehmigung und Erlaubnis § 46 StVO **2**

am Fahrzeug oder Zug selbst oder an einem begleitenden Fahrzeug oder an der Ladung. Auf die „Richtlinien für die Kenntlichmachung überbreiter und überlanger Straßenfahrzeuge sowie bestimmter hinausragender Ladungen" wird verwiesen.

62 d) Außerdem ist die Auflage aufzunehmen, dass vor Fahrtantritt zu prüfen ist, ob die im Genehmigungsbescheid festgelegten Abmessungen, insbesondere die vorgeschriebene Höhe, eingehalten werden.

63 6. Erforderlichenfalls ist vorzuschreiben, dass sich solche Fahrzeuge wie Züge nach § 4 Abs. 2 und § 19 Abs. 3 zu verhalten haben.

64 7. a) Ragt die Ladung mehr als 50 cm nach vorn hinaus, so ist die Auflage zu erteilen, die Ladung durch eine rot-weiß gestreifte Schutzvorrichtung zu sichern, die bei Dunkelheit blendfrei zu beleuchten ist. Soweit möglich, ist dazu eine mindestens 50 cm lange Schutzkappe über das vordere Ende der Ladung zu stülpen und so zu befestigen, dass die Ladung nicht nach vorn verrutschen kann.

65 b) Ragt die Ladung nach hinten hinaus, dann sind folgende Auflagen zu erteilen:
66 aa) Die Ladung, insbesondere deren hintere Enden, sind durch Spannmittel oder sonstige Vorrichtungen ausreichend zu sichern.
67 bb) Es darf nur abgebogen werden, wenn das wegen des Ausschwenkens der Ladung ohne Gefährdung, insbesondere des nachfolgenden oder des Gegenverkehrs, möglich ist.
68 cc) Besteht die Gefahr, dass die Ladung auf der Fahrbahn schleift, so ist ein Nachläufer vorzuschreiben. Auf die „Richtlinien für Langmaterialzüge mit selbstlenkendem Nachläufer" wird verwiesen.

69 8. Der Antragsteller hat bei der Antragstellung folgende Haftungserklärung bzw. folgenden Haftungsverzicht abzugeben:
„Soweit durch den Transport Schäden entstehen, verpflichte ich mich, für Schäden an Straßen und deren Einrichtungen sowie an Eisenbahnanlagen, Eisenbahnfahrzeugen, sonstigen Eisenbahngegenständen und Grundstücken aufzukommen und Straßenbaulastträger, Polizei, Verkehrssicherungspflichtige und Eisenbahnunternehmer von Ersatzansprüchen Dritter, die aus diesen Schäden hergeleitet werden, freizustellen. Ich verzichte ferner darauf, Ansprüche daraus herzuleiten, dass die Straßenbeschaffenheit nicht den besonderen Anforderungen des Transportes entspricht."

70 9. Es kann geboten sein, einen Beifahrer, weiteres Begleitpersonal und private Begleitfahrzeuge mit oder ohne Wechselverkehrszeichen-Anlage vorzuschreiben. Begleitfahrzeuge mit Wechselverkehrszeichen-Anlage sind gemäß „Merkblatt über die Ausrüstung eines privaten Begleitfahrzeuges" auszurüsten. Ein Begleitfahrzeug mit Wechselverkehrszeichen-Anlage darf nur vorgeschrieben werden, wenn wegen besonderer Umstände das Zeigen von Verkehrszeichen durch die Straßenverkehrsbehörde anzuordnen ist. Diese Voraussetzung liegt bei einem Großraumtransport insbesondere vor, wenn ein Transport

71 a) auf Autobahnen und Straßen, die wie eine Autobahn ausgebaut sind,
– bei zwei oder mehr Fahrstreifen plus Seitenstreifen je Richtung die Breite über alles 4,50 m
72 – bei zwei Fahrstreifen ohne Seitenstreifen je Richtung die Breite über alles 4 m
(bei anderen Querschnitten ist die Regel sinngemäß anzuwenden)
oder
73 b) auf anderen Straßen in der Regel
die Breite über alles von 3 m
die Länge über alles von 27 m
überschritten wird,
74 c) auf allen Straßen der Sicherheitsabstand bei Überführungsbauwerken von 10 cm nicht eingehalten werden kann.
75 Eine polizeiliche Begleitung ist grundsätzlich nur erforderlich, wenn
76 a) bei Autobahnen und Straßen, die wie eine Autobahn ausgebaut sind,
– bei zwei oder mehr Fahrstreifen plus Seitenstreifen je Richtung die Breite über alles von 5,50 m
77 – bei zwei Fahrstreifen ohne Seitenstreifen je Richtung die Breite von 4,50 m
oder
78 b) auf anderen Straßen
– die Breite über alles von 3,50 m
überschritten wird.

	79	Polizeiliche Maßnahmen aus Anlass eines Transports sind nur erforderlich, wenn
	80	a) der Gegenverkehr gesperrt werden muss,
	81	b) bei einer Durchfahrt durch ein Überführungsbauwerk oder durch sonstige feste Straßenüberbauten der Transport nur in abgesenktem Zustand erfolgen kann oder
	82	c) bei sonstigen schwierigen Straßen- oder Verkehrsverhältnissen.
	83	Sofern eine polizeiliche Begleitung/polizeiliche Maßnahme erforderlich ist, ist der Transport frühzeitig, in der Regel spätestens 48 Stunden vorher, bei der für den Ausgangsort zuständigen Polizeidienststelle anzumelden.
	84	10. Entfällt nach Nummer III 4 (Rn. 32 ff.) das Anhörverfahren, so ist dem Genehmigungsinhaber die Auflage zu erteilen, vor der Durchführung des Verkehrs in eigener Verantwortung zu prüfen, ob der beabsichtigte Fahrtweg für den Verkehr geeignet ist.

12   *V. Dauerausnahmegenehmigung*

85   1. Einem Antragsteller kann, wenn die Voraussetzungen nach Nummer II (Rn. 14 ff.) vorliegen und er nachweist, dass er häufig entsprechenden Verkehr durchführt, eine auf höchstens drei Jahre befristete Dauerausnahmegenehmigung erteilt werden.

86   2. Eine Dauerausnahmegenehmigung darf nur erteilt werden, wenn
a) polizeiliche Begleitung nicht erforderlich ist und

87   b) der Antragsteller Großraum- und Schwertransporte schon längere Zeit mit sachkundigen, zuverlässigen Fahrern und verkehrssicheren Fahrzeugen ohne Beanstandung durchgeführt hat.

88   3. Die Dauerausnahmegenehmigung ist auf Fahrten zwischen bestimmten Orten zu beschränken; statt eines bestimmten Fahrtwegs können dem Antragsteller auch mehrere zur Verfügung gestellt werden. Eine Dauerausnahmegenehmigung kann auch für alle Straßen im Zuständigkeitsbereich der Genehmigungsbehörde und der benachbarten Straßenverkehrsbehörden erteilt werden. Für Straßenverkehrsbehörden mit kleinen räumlichen Zuständigkeitsbereichen können die obersten Landesbehörden Sonderregelungen treffen.

89   4. Eine allgemeine Dauerausnahmegenehmigung (vgl. Allgemeines über Ausnahmegenehmigungen Nummer VI) kann bis zu den in Nummer III.4 aufgeführten Abmessungen erteilt werden. Die höhere Verwaltungsbehörde, die nach § 70 Abs. 1 Nr. 1 StVZO eine Ausnahmegenehmigung von den Vorschriften der §§ 32 und 34 StVZO erteilt, kann zugleich eine allgemeine Dauerausnahmegenehmigung für eine Überschreitung bis zu den in Nummer III 4 (Rn. 32 ff.) aufgeführten Abmessungen erteilen. Die Dauerausnahmegenehmigung ist auf die Geltungsdauer, höchstens jedoch auf drei Jahre, und den Geltungsbereich der Ausnahmegenehmigung nach § 70 Abs. 1 Nr. 1 StVZO zu beschränken.

90   5. In die Dauerausnahmegenehmigung ist die Auflage aufzunehmen, dass der Antragsteller vor der Durchführung des Verkehrs in eigener Verantwortung zu überprüfen hat, ob der beabsichtigte Fahrtweg für den Verkehr geeignet ist. Die Abmessungen, die einzuhalten sind, und die Güter, die befördert werden dürfen, sind genau festzulegen.

91   6. Eine Dauerausnahmegenehmigung darf nur unter dem Vorbehalt des Widerrufs erteilt werden. Sie ist zu widerrufen, wenn der Verkehrsablauf unzumutbar beeinträchtigt wird oder sonstige erhebliche Belästigungen oder Gefährdungen der Verkehrsteilnehmer eingetreten sind. Die Dauerausnahmegenehmigung kann widerrufen werden, wenn der Genehmigungsinhaber eine Auflage nicht erfüllt.

92   7. Im Übrigen sind die Vorschriften in Nummer I bis IV sinngemäß anzuwenden.

Zu Nummer 5 b

13   93   I. Ausnahmen von der Anlegepflicht
Von der Anlegepflicht für Sicherheitsgurte können Personen im Ausnahmewege befreit werden, wenn

94   – das Anlegen der Gurte aus gesundheitlichen Gründen nicht möglich ist, oder

95   – die Körpergröße weniger als 150 cm beträgt.

96   II. Ausnahmen von der Schutzhelmtragepflicht
Von der Schutzhelmtragepflicht können Personen im Ausnahmewege befreit werden, wenn das Tragen eines Schutzhelmes aus gesundheitlichen Gründen nicht möglich ist.

97 III. Voraussetzungen
Die in Nummer I und II genannten Voraussetzungen gesundheitlicher Art sind durch eine ärztliche Bescheinigung nachzuweisen. In der ärztlichen Bescheinigung ist ausdrücklich zu bestätigen, dass der Antragsteller auf Grund des ärztlichen Befundes von der Gurtanlege- bzw. Helmtragepflicht befreit werden muss. Die Diagnose braucht aus der Bescheinigung nicht hervorzugehen.

98 IV. Geltungsdauer und Auflagen
Die Ausnahmegenehmigungen sind widerruflich und befristet zu erteilen.
99 Soweit aus der ärztlichen Bescheinigung keine geringere Dauer hervorgeht, ist die Ausnahmegenehmigung in der Regel auf ein Jahr zu befristen. Dort, wo es sich um einen attestierten nichtbesserungsfähigen Dauerzustand handelt, ist eine unbefristete Ausnahmegenehmigung zu erteilen.

100 Zu Nummer 6
Gegen das Führen von Rindvieh in Viehtriebrahmen hinter Schleppern bestehen keine grundsätzlichen Bedenken. In der Ausnahmegenehmigung ist die zulässige Geschwindigkeit auf weniger als 5 km/h festzusetzen. Die Zahl der zu führenden Tiere ist festzulegen. 14

101 Zu Nummer 7
I. Voraussetzung der Genehmigung 15
1. Eine Einzelgenehmigung darf nur unter folgenden Voraussetzungen erteilt werden:
102 a) In dringenden Fällen z. B. zur Versorgung der Bevölkerung mit leicht verderblichen Lebensmitteln, zur termingerechten Be- oder Entladung von Seeschiffen, zur Aufrechterhaltung des Betriebes öffentlicher Versorgungseinrichtungen; wirtschaftliche oder wettbewerbliche Gründe allein rechtfertigen eine Genehmigung keinesfalls,
103 b) für Güter, zu deren Beförderung keine Fahrzeuge bis zu 7,5 t zulässiges Gesamtgewicht verfügbar sind,
104 c) für Güter, deren fristgerechte Beförderung nicht wenigstens zum größten Teil der Strecke auf der Schiene möglich ist, sofern es sich um eine Beförderung über eine Straßenstrecke von mehr als 100 km handelt und
105 d) für grenzüberschreitenden Verkehr, wenn die deutschen und ausländischen Grenzzollstellen zurzeit der voraussichtlichen Ankunft an der Grenze Lastkraftwagenladungen abfertigen können.
106 2. Eine Dauerausnahmegenehmigung darf nur erteilt werden, wenn außerdem die Notwendigkeit regelmäßiger Beförderung feststeht.

107 II. Das Verfahren
1. Vom Antragsteller sind folgende Unterlagen zu verlangen:
a) Fracht- und Begleitpapiere,
108 b) falls es sich um eine Beförderung über eine Straßenstrecke von mehr als 100 km handelt, eine Bescheinigung der für den Versandort zuständigen Güterabfertigung über die Unmöglichkeit der fristgerechten Schienenbeförderung,
109 c) für grenzüberschreitenden Verkehr ein Nachweis über die Abfertigungszeiten der Grenzzollstelle für Ladungen auf Lastkraftwagen,
110 d) Kraftfahrzeug- und Anhängerschein. Für ausländische Kraftfahrzeuge, in deren Zulassungspapieren zulässiges Gesamtgewicht und Motorleistung nicht eingetragen sind, ist eine entsprechende amtliche Bescheinigung erforderlich.
111 2. Eine Dauerausnahmegenehmigung darf nur erteilt werden, wenn der Antragsteller die Dringlichkeit der Beförderung durch eine Bescheinigung der Industrie- und Handelskammer nachweist oder sonst glaubhaft macht.

112 III. Inhalt der Genehmigung
Für den Genehmigungsbescheid ist ein Formblatt zu verwenden, das das Bundesministerium für Verkehr nach Anhörung der obersten Landesbehörden im Verkehrsblatt bekanntgibt.
113 1. Der Beförderungsweg braucht nur festgelegt zu werden, wenn das aus verkehrlichen Gründen geboten ist.
114 2. Für grenzüberschreitenden Verkehr ist die Beförderungszeit so festzulegen, dass das Kraftfahrzeug an der Grenze voraussichtlich zu einem Zeitpunkt eintrifft, an dem sowohl die deutsche als auch die ausländische Grenzzollstelle zur Abfertigung von Ladungen besetzt ist.
115 3. Die für die Beförderung zugelassenen Güter sind einzeln und genau aufzuführen.

Zu Nummer 9

16 116 Von dem Verbot verkehrsstörenden Lautsprecherlärms dürfen Ausnahmen nur genehmigt werden, wenn ein überwiegendes Interesse der Allgemeinheit vorliegt.

Zu Nummer 10

17 117 Gegen die Erteilung einer Ausnahmegenehmigung für Werbung auf Flächen von Leuchtsäulen bestehen in der Regel keine Bedenken; Gründe der Sicherheit oder Leichtigkeit des Straßenverkehrs werden kaum je entgegenstehen.

Zu Nummer 11
Ausnahmegenehmigungen für Schwerbehinderte mit außergewöhnlicher Gehbehinderung sowie für Blinde

18 118 *I. Parkerleichterungen*

   1. Schwerbehinderten mit außergewöhnlicher Gehbehinderung kann gestattet werden,

119 *a) an Stellen, an denen das eingeschränkte Haltverbot angeordnet ist (Zeichen 286, 290), bis zu drei Stunden zu parken. Antragstellern kann für bestimmte Haltverbotsstrecken eine längere Parkzeit genehmigt werden. Die Ankunftszeit muss sich aus der Einstellung auf einer Parkscheibe (§ 13 Abs. 2 Nr. 2, Bild 291) ergeben,*

120 *b) im Bereich eines Zonenhaltverbots (Zeichen 290) die zugelassene Parkdauer zu überschreiten,*

121 *c) an Stellen, die durch Zeichen 314 und 315 gekennzeichnet sind und für die durch ein Zusatzschild eine Begrenzung der Parkzeit angeordnet ist, über die zugelassene Zeit hinaus zu parken,*

122 *d) in Fußgängerzonen, in denen das Be- oder Entladen für bestimmte Zeiten freigegeben ist, während der Ladezeiten zu parken,*

123 *e) an Parkuhren und bei Parkscheinautomaten zu parken, ohne Gebühr und zeitliche Begrenzung,*

124 *f) auf Parkplätzen für Anwohner bis zu drei Stunden zu parken,*

125 *g) in verkehrsberuhigten Bereichen (Zeichen 325) außerhalb der gekennzeichneten Flächen ohne den durchgehenden Verkehr zu behindern, zu parken,*

126 *sofern in zumutbarer Entfernung keine andere Parkmöglichkeit besteht. Die vorgenannten Parkerleichterungen dürfen mit allen Kraftfahrzeugen in Anspruch genommen werden.*

127 *Die höchstzulässige Parkzeit beträgt 24 Stunden.*

128 *2. Die Berechtigung ist durch einen Ausweis, der gut sichtbar hinter der Windschutzscheibe anzubringen ist, nachzuweisen.*

   II. Voraussetzungen der Ausnahmegenehmigung

129 *1. Als Schwerbehinderte mit außergewöhnlicher Gehbehinderung sind solche Personen anzusehen, die sich wegen der Schwere ihres Leidens dauernd nur mit fremder Hilfe oder nur mit großer Anstrengung außerhalb ihres Kraftfahrzeuges bewegen können.*

130 *Hierzu zählen:*
   Querschnittsgelähmte, Doppeloberschenkelamputierte, Doppelunterschenkelamputierte, Hüftexartikulierte und einseitig Oberschenkelamputierte, die dauernd außerstande sind, ein Kunstbein zu tragen, oder nur eine Beckenkorbprothese tragen können oder zugleich unterschenkel- oder armamputiert sind sowie andere Schwerbehinderte, die nach versorgungsärztlicher Feststellung, auch auf Grund von Erkrankungen, dem vorstehend angeführten Personenkreis gleichzustellen sind.

131 *2. Schwerbehinderten mit außergewöhnlicher Gehbehinderung, die keine Fahrerlaubnis besitzen, und Blinden, die auf die Benutzung eines Kraftfahrzeuges angewiesen sind und die sich nur mit fremder Hilfe bewegen können, kann ebenfalls eine Ausnahmegenehmigung (Nummer I 1; Rn. 118 ff.) erteilt werden.*

132 *In diesen Fällen ist den Behinderten eine Ausnahmegenehmigung des Inhalts auszustellen, dass der sie jeweils befördernde Kraftfahrzeugführer von den entsprechenden Vorschriften der StVO befreit ist.*

   III. Das Verfahren

133 *1. Der Antrag auf Ausnahmegenehmigung ist bei der örtlich zuständigen Straßenverkehrsbehörde zu stellen.*

134 2. Die Dauerausnahmegenehmigung wird für maximal fünf Jahre in stets widerruflicher Weise erteilt.
135 Antragstellern mit nichtbesserungsfähigen Körperschäden kann die Ausnahme unbefristet unter Widerrufsvorbehalt genehmigt werden.
136 3. Die Ausnahmegenehmigung soll in der Regel gebührenfrei erteilt werden.
137 *IV. Inhalt der Genehmigung*
Für den Genehmigungsbescheid und den Ausweis ist ein bundeseinheitliches Formblatt zu verwenden.
138 *V. Geltungsbereich*
Die Ausnahmegenehmigungen gelten für das ganze Bundesgebiet.

Parkerleichterungen für Ärzte

139 *I.* Ärzte handeln bei einem „rechtfertigenden Notstand" (§ 16 des Gesetzes über Ordnungswidrigkeiten) nicht rechtswidrig, wenn sie die Vorschriften der StVO nicht beachten. **19**
140 *II.* Ärzte, die häufig von dieser gesetzlichen Ausnahmeregelung Gebrauch machen müssen, erhalten von der zuständigen Landesärztekammer ein Schild mit der Aufschrift
„Arzt – Notfall –
Name des Arztes ...
Landesärztekammer",
das im Falle von I gut sichtbar hinter der Windschutzscheibe anzubringen ist.

Zu Nummer 12

141 Eine Ausnahmegenehmigung soll grundsätzlich erteilt werden, wenn die Betroffenen über keine eigenen Betriebshöfe oder Abstellflächen verfügen und sich solche Möglichkeiten auch nicht in zumutbarer Weise beschaffen können und wenn sich zugleich keine Parkplätze mit Abstellerlaubnis in der näheren Umgebung befinden und auch nicht geschaffen werden können. **20**

Zu Absatz 2

142 Die zuständigen obersten Landesbehörden oder die von ihnen bestimmten Stellen können von allen Bestimmungen dieser Allgemeinen Verwaltungsvorschrift Abweichungen zulassen. **21**

Zu Absatz 3

Zu Satz 3

143 Es genügt nicht, wenn eine beglaubigte Abschrift oder eine Ablichtung des Bescheides mitgeführt wird. **22**

1. Ausnahmen von bestimmten Vorschriften der StVO durch die StrVB sind im Rahmen von I Nr 1 bis 12 aus sachlich vertretbaren Gründen zulässig, und zwar in bestimmten Einzelfällen oder allgemein für bestimmte Antragsteller. Der VT, für den die Ausnahmegenehmigung gilt, muss bestimmt (nicht bloß bestimmbar) sein (BVerwG NZV **94** 244, NJW **08** 2867 [unzulässig: Ausnahmegenehmigung für Gewerbetreibenden *und dessen „Kunden"*]). Zuständigkeit: § 47 II. Die Erlaubnis spricht aus, dass keine verwaltungsrechtlichen Hindernisse bestehen. Zum Inhalt einer Ausnahmegenehmigung gem I Nr 11 Dü VRS **71** 71. Die Erlaubnis (Ausnahmebewilligung) setzt Gründe voraus, die das öffentliche Interesse an dem Verbot überwiegen, von dem dispensiert werden soll; sie darf das Schutzgut der Vorschrift nicht wesentlich beeinträchtigen (VGH Mü NZV **98** 390, VG Bra NZV **01** 140, VG Augsburg DAR **01** 233, *Tettinger* NZV **98** 486). Die mit dem Verbot verfolgten öffentlichen Belange sind unter Beachtung des Grundsatzes der Verhältnismäßigkeit gegen die besonderen Interessen des Antragstellers **abzuwägen** (BVerwG NZV **94** 244, VRS **73** 308, VGH Mü NZV **98** 390, OVG Münster VRS **99** 316, DAR **96** 369, VG Augsburg DAR **01** 233). Durch die Ausnahmegenehmigung uU eintretende Beeinträchtigungen von Anliegerinteressen sind zu berücksichtigen (Ol NZV **89** 22, VGH Mü NZV **98** 390). Anhörung der beteiligten Behörden vor Erteilung der Ausnahmegenehmigung ist geboten, wenn deren Zweck oder Geltungsbereich es erfordert (Vwv Rn 29 f, Pol, StrBauB), zB zum Schutz der Str. Soweit Ausnahmen von Verboten bereits nach § 16 OWiG gerechtfertigt sind, kann eine Ausnahmegenehmigung nach § 46 nicht erteilt werden (BVerwG NJW **88** 2317 [Anfahren einer Apotheke in dringenden Fällen]). Eine Ausnahmegenehmigung, die einen für den VT gefährlichen und unerträglichen Zustand schafft oder aufrechterhält, ist unzulässig (VGH Ka VM **79** 55). Die Ausnahmegenehmigung kann nicht für einen *unbestimmten* Personenkreis (zB Besucher eines StrAnliegers) erteilt werden (BVerwG NJW **08** 2867; OVG Ko NJW **85** 2045). Wen eine VRegelung daran hindert, seine Geschäfts- **23**

räume mit geeignetem Kfz zu erreichen, der muss sich um eine Ausnahmegenehmigung bemühen (Kö VRS **59** 47). Die StrVB können den Katalog des I nicht ausdehnen. Die §§ 1, 11 bleiben stets zu beachten. Einzelheiten zum Ausnahmekatalog nach Nr 1–12: Vwv. Allgemein über Ausnahmegenehmigungen: Vwv. Str ist, ob der Ermessensspielraum der VB zunächst jedenfalls das Vorliegen von Umständen voraussetzt, die einen Ausnahmefall begründen (so VGH Ma NZV **91** 485), oder ob das Bestehen einer Ausnahmesituation erst im Rahmen der Ermessensentscheidung zu prüfen ist (so BVerwG NZV **97** 372, OVG Münster VRS **99** 316, DAR **96** 369). Jedenfalls dürfen Ausnahmegenehmigungen nur bei **besonderer Dringlichkeit unter strengen Anforderungen** an den Nachweis der Ausnahmevoraussetzungen erteilt werden (Vwv Rn 1; BVerwG NJW **74** 1781, VGH Mü NZV **98** 390) und nur, wenn das genehmigte Verhalten den Verkehr weder erschweren noch gefährden kann (BVerwG NJW **74** 1781, VG Berlin VM **97** 87). Dabei ist die VSicherheit durch Bedingungen oder Auflagen zu berücksichtigen (Vwv Rn 2). Zur Ausnahmegenehmigung betreffend die Zulassung von „Segways" (§ 16 StVZO Rz 4) auf Fußgänger- und RadVFlächen krit *Kettler* NZV **08** 71. **Rspr zum Ausnahmekatalog:** Keine Ausnahme von der Radweg-Benutzungspflicht nur im Hinblick auf allgemeine, jeden Radf in gleicher Weise treffende Nachteile (VG Berlin NZV **89** 167). Keine Ausnahme vom Feiertagsfahrverbot für Lkw *allein* aus wirtschaftlichen oder wettbewerbsrechtlichen Gründen (OVG Münster NZV **95** 43). Dem FzEinsatz im grenzüberschreitenden V kann jedoch bei der Ermessensausübung wesentliches Gewicht zukommen (OVG Münster NZV **95** 43). Die Erlaubnis nach I Nr 8 ist eine freie Erlaubnis, sie muss nicht bei Vorliegen bestimmter Voraussetzungen erteilt werden (OVG Münster VRS **48** 389). Zur Frage, ob eine Ausnahmegenehmigung vom allgemeinen FV für Kfz auf Strn, die dem KfzV nicht gewidmet sind, eine verwaltungsrechtliche Sondernutzungserlaubnis voraussetzt, VGH Mü BayVBl **71** 273 (bejahend), OVG Münster VRS **99** 316, VGH Ka NZV **91** 405, NVwZ-RR **92** 2 (je verneinend). Der besondere Vorrang der Fußgängersicherheit in Fußgängerzonen wird vielfach einer Dauerausnahmegenehmigung zum Befahren mit Kfz entgegenstehen (VGH Mü NZV **98** 390). Eine derartige Ausnahmegenehmigung setzt besondere Dringlichkeit nach strengem Maßstab voraus (OVG Münster VRS **99** 316). Es ist rechtlich nicht zu beanstanden, dass zwar für das Befahren eines Fußgängerbereichs durch Taxen eine Ausnahmegenehmigung erteilt, eine solche für Mietwagen aber versagt wird (VG Bra NZV **01** 140). Die wesentliche Erhöhung des Risikos eines Überfalls auf Geldtransporte kann die Erteilung einer Ausnahmegenehmigung für das Befahren eines Fußgängerbereichs rechtfertigen (OVG Münster VRS **99** 316, VGH Ka NZV **91** 405). Zur Ausnahmegenehmigung für Anlieger bei Fahrverboten in Kurorten BVerwG VRS **52** 306, **73** 308, OVG Lüneburg DAR **73** 54. Versagung der Ausnahmegenehmigung zum Befahren der einzigen ZufahrtStr mit schweren Lkw als enteignungsgleicher Eingriff (BGH NJW **75** 1880). Kein Anspruch eines privaten Paketzustelldienstes auf Ausnahme von Halt- und Parkverboten (OVG Münster NZV **94** 86). Ausnahmen von der **Gurtanlegepflicht:** § 21a Rz 12. **Ärzte:** Unter den Voraussetzungen des § 16 OWiG ist Nichtbeachtung einer VRegel auch ohne Ausnahmegenehmigung gesetzlich gerechtfertigt. Die Vwv Rn 140 (Rz 19) sieht für Notstandsfälle ein „Notstandsschild" zur Glaubhaftmachung vor, das die Pol nicht bindet. Weitergehende Ausnahmegenehmigungen, abgestellt etwa auf Unzumutbarkeit anderweitigen Parkens, sind zulässig. Zur gegenseitigen Gewährung von **Parkerleichterungen** für Schwerbehinderte in den CEMT-Staaten bei Benutzung amtlicher Ausweise VkBl **79** 844. EU-einheitlicher Ausweis nach § 46 (Parkerleichterungen für Schwerbehinderte mit außergewöhnlicher Gehbehinderung sowie für Blinde; VkBl **00** 625). Muster des Genehmigungsbescheids für Schwerbehinderte nach § 46: VkBl **96** 76. Parkerleichterungen können vom Berechtigten nur mit dem Fz in Anspruch genommen werden, das dieser jeweils gerade benutzt, um den Zielort seines geschäftlichen oder privaten Anliegens zu erreichen; hingegen besteht auch dann kein Anspruch auf die Erteilung einer 2. Ausnahmegenehmigung, wenn er auf einer Wegstrecke zum Zielort 2 Kfz benutzt (VG Bra v 8. 2. 06, 6 A 340/05, juris). Zum Ganzen: *Hauser* VD **83** 2. *Bouska* VD **76** 233. *Stollenwerk* VD **98** 64. Kein Rechtsanspruch auf Parksondererlaubnis gem I Nr 4a, 4b für nicht behinderten Anwohner bei 1 km entferntem Dauerparkplatz (VGH Mü NZV **92** 503). Zur Erteilung und zum Widerruf von Ausnahmegenehmigungen zum Parken für Handwerksbetriebe *Rebler* NZV **02** 109. Zum Anwohnerparken mit Ausnahmegenehmigungen *Tettinger* NZV **98** 481. Übersicht über Länderregelungen zu Parkerleichterungen für Schwerbehinderte bei *Schubert* StVO aktuell S 477a ff. Zu Ausnahmegenehmigungen nach I Nr 9, 10 (**Lautsprechereinsatz, Werbung**): § 33 Rz 13. **Bloßes Dulden** vorschriftswidrigen Verhaltens ist keine gültige Ausnahmegenehmigung, wie sich bereits aus III ergibt. Erteilt ist eine Ausnahmegenehmigung erst mit der förmlich ausgedrückten behördlichen Entschließung, wobei offen bleiben kann, ob hierfür nur die Schriftform ausreicht. Kosten für Amtshandlungen im StVO-Vollzug bei Gemeindezuständigkeit: *Rott* VD **78** 291, **79** 83. Eine Ausnahmegenehmigung darf widerrufen werden, wenn sachliche Abwägung des Interesses des Betroffenen mit den öffentlichen Belangen dies rechtfertigt (OVG Lüneburg NJW **79** 1422).

2. Auf Ladeflächen und in Laderäumen von Lkw dürfen Personen nur im Rahmen von § 21 mitgenommen werden. Davon können die StrVB nunmehr, nach Änderung von Abs I Nr 5 a durch die 9. StVO-ÄndVO, Ausnahmen bewilligen (§ 21 Rz 2c, 6). Ebenso die in § 46 I S 2 bezeichneten Dienststellen für ihre Dienstbereiche. Auch sie müssen dabei die allgemeine VSicherheit und die Sicherheit der Beförderten gewährleisten (zB Stehverbot, bei mehr als 8 Personen fest eingebaute Sitze).

3. Ausnahmen von allen Vorschriften der StVO durch die obersten Landesbehörden oder das BMV sind im Rahmen von II für bestimmte Einzelfälle oder allgemein für bestimmte Antragsteller zulässig (**E** 128). Entsprechendes gilt gem Vwv Rn 142 für alle Bestimmungen der Vwv. Auch von der Bestimmung des § 35 V a (Sonderrechte für RettungsFz) kann eine Ausnahme erteilt werden (OVG Münster NZV **00** 514). II bezweckt, besonderen Ausnahmen Rechnung zu tragen, die bei strikter Rechtsanwendung nicht hinreichend berücksichtigt werden könnten (BVerfG VM **76** 43). Zuständig sind die obersten Landesbehörden ausnahmslos für Ausnahmen vom Verbot von Rennveranstaltungen nach § 29 I (§ 46 I S 3, 2. Halbs), sonst, soweit sich die Ausnahmegenehmigung nicht auf ein anderes Land auswirkt. II S 3, Halbs 2 ist eine reine Zuständigkeitsregelung; für die Bewertung im Rahmen des Ermessens kann daraus nichts hergeleitet werden (BVerwG NZV **97** 372). Das BMV ist zuständig, wenn die Ausnahmegenehmigung über ein Land hinauswirkt und (so dass?) eine einheitliche Entscheidung notwendig ist (II S 3). Vorher hört es die obersten Landesbehörden an. Seine Entscheidung ergeht idR durch VO. Entsprechende Regelung in § 70 StVZO.

4. Widerrufsvorbehalt, Bedingungen, Auflagen und Befristung sind bei Ausnahmegenehmigungen zu Erlaubnissen gemäß I, II zulässig (III). Die Befristung dient der VB zur Kontrolle des Fortbestehens der Ausnahmegründe; bei unveränderter Sachlage kann nach Fristablauf immer wieder erneut eine Ausnahmegenehmigung erteilt werden, BVerwG NZV **94** 244. Nichtbeachtung einer Auflage macht die Ausnahmegenehmigung nicht unwirksam, BGH VersR **61** 1044. Kann die Nichtbefolgung von Auflagen zu Schädigungen von Anliegern führen, so ist die Einhaltung streng zu kontrollieren (Ol NZV **89** 22 [Hausschäden durch schwere Fz]).

4 a. Mitzuführen sind die Originalbescheide, nicht nur beglaubigte Abschriften oder Ablichtungen (Vwv Rn 143). Nur bei Erlaubnissen nach § 29 III genügt gem Abs III S 4 das Mitführen fernkopierter Bescheide. Verlust des Bescheids oder Nichtmitführen beeinträchtigt die Gültigkeit der Ausnahmegenehmigung nicht.

Zuständigen Personen ist der Bescheid auf Verlangen zur Prüfung auszuhändigen (Bediensteten der StrVB, der Polizei, des Zollgrenzdienstes), Abs III S 3. Der Bedienstete hat sich als solcher auszuweisen. Er muss nicht Beamter sein. Dass der Bescheid auf Verlangen auszuhändigen ist, setzt keinen OW-Verdacht voraus. Zu prüfen ist vielmehr nach pflichtgemäßem Ermessen des Bediensteten und seiner Behörde. Der Bedienstete darf Fz zwecks Prüfung anhalten, da die Vorschrift sonst nur auf dem Papier stünde. Aushändigen bedeutet, zur Kontrolle, und nur zu dieser, übergeben. Der Bedienstete muss den Bescheid prüfen und sich Aufzeichnungen machen können (Dü VM **67** 23; s §§ 4 FeV, 24 StVZO). Vorzeigepflicht bei örtlichem und zeitlichem Zusammenhang auch noch nach der Fahrt (Bay VRS **3** 278, Ha VRS **24** 464), nicht mehr 1 Stunde später (Dü VM **69** 16).

5. Ordnungswidrig (§ 24 StVG) handelt, wer entgegen § 46 III eine vollziehbare Auflage seiner Ausnahmegenehmigung oder Erlaubnis nicht befolgt (§ 49 IV Nr 4) oder wer den Bescheid darüber schuldhaft nicht mitführt oder dem zuständigen Bediensteten auf dessen Verlangen nicht prüfungsfähig aushändigt (§ 49 IV Nr 5). Bloße Empfehlungen und Hinweise auf die Grundregeln des § 1 sind keine Auflagen iS von III S 1 (Dü VRS **78** 312). Täter können auch der Halter oder die ihm gem § 9 OWiG gleichgestellten Personen sein (Bay VRS **65** 398, Dü NZV **90** 321). Auch Beteiligung nach § 14 OWiG ist möglich (Dü NZV **90** 321). Andere OW-Tatbestände sieht § 49 nicht vor (Ko VRS **58** 460).

6. Sonderrechte von Fz des StrBaus, der StrUnterhaltung und -reinigung und der Müllabfuhr: § 35.

Örtliche Zuständigkeit

47 (1) ¹Die Erlaubnis nach § 29 Abs. 2 und nach § 30 Abs. 2 erteilt für eine Veranstaltung, die im Ausland beginnt, die nach § 44 Abs. 3 sachlich zuständige Behörde, in deren Gebiet die Grenzübergangsstelle liegt. ²Diese Behörde ist auch zuständig, wenn sonst erlaubnis- oder genehmigungspflichtiger Verkehr im Ausland beginnt. ³Die Erlaubnis nach § 29 Abs. 3 erteilt die Straßenverkehrsbehörde, in deren Bezirk der erlaubnispflichtige Verkehr beginnt, oder die Straßenverkehrsbehörde, in deren Bezirk der Antragsteller seinen Wohnort, seinen Sitz oder eine Zweigniederlassung hat.

(2) Zuständig sind für die Erteilung von Ausnahmegenehmigungen:
1. nach § 46 Abs. 1 Nr. 2 für eine Ausnahme von § 18 Abs. 1 die Straßenverkehrsbehörde, in deren Bezirk auf die Autobahn oder Kraftfahrstraße eingefahren werden soll. Wird jedoch eine Erlaubnis nach § 29 Abs. 3 oder eine Ausnahmegenehmigung nach § 46 Abs. 1 Nr. 5 erteilt, so ist die Verwaltungsbehörde zuständig, die diese Verfügung erläßt;
2. nach § 46 Abs. 1 Nr. 4a für kleinwüchsige Menschen sowie nach § 46 Abs. 1 Nr. 4a und 4b für Ohnhänder die Straßenverkehrsbehörde, in deren Bezirk der Antragsteller seinen Wohnort hat, auch für die Bereiche, die außerhalb ihres Bezirks liegen;
3. nach § 46 Abs. 1 Nr. 4c die Straßenverkehrsbehörde, in deren Bezirk der Antragsteller seinen Wohnort, seinen Sitz oder eine Zweigniederlassung hat;
4. nach § 46 Abs. 1 Nr. 5 die Straßenverkehrsbehörde, in deren Bezirk der zu genehmigende Verkehr beginnt oder die Straßenverkehrsbehörde, in deren Bezirk der Antragsteller seinen Wohnort, seinen Sitz oder eine Zweigniederlassung hat;
5. nach § 46 Abs. 1 Nr. 5b die Straßenverkehrsbehörde, in deren Bezirk der Antragsteller seinen Wohnort hat, auch für die Bereiche, die außerhalb ihres Bezirks liegen;
6. nach § 46 Abs. 1 Nr. 7 die Straßenverkehrsbehörde, in deren Bezirk die Ladung aufgenommen wird oder die Straßenverkehrsbehörde, in deren Bezirk der Antragsteller seinen Wohnort, seinen Sitz oder eine Zweigniederlassung hat. Diese sind auch für die Genehmigung der Leerfahrt zum Beladungsort zuständig, ferner dann, wenn in ihrem Land von der Ausnahmegenehmigung kein Gebrauch gemacht wird oder wenn dort kein Fahrverbot besteht;
7. nach § 46 Abs. 1 Nr. 11 die Straßenverkehrsbehörde, in deren Bezirk die Verbote, Beschränkungen und Anordnungen erlassen sind, für Schwerbehinderte mit außergewöhnlicher Gehbehinderung und Blinde jedoch jede Straßenverkehrsbehörde auch für solche Maßnahmen, die außerhalb ihres Bezirks angeordnet sind;
8. in allen übrigen Fällen die Straßenverkehrsbehörde, in deren Bezirk von der Ausnahmegenehmigung Gebrauch gemacht werden soll.

(3) Die Erlaubnis für die übermäßige Benutzung der Straße durch die Bundeswehr, die in § 35 Abs. 5 genannten Truppen, die Bundespolizei, die Polizei und den Katastrophenschutz erteilt die höhere Verwaltungsbehörde oder die nach Landesrecht bestimmte Stelle, in deren Bezirk der erlaubnispflichtige Verkehr beginnt.

1 Begr zur ÄndVO v 22. 3. 88: VkBl **88** 228.

VwV zu § 47 Örtliche Zuständigkeit

Zu Absatz 1 und Absatz 2 Nr. 1

2 *1 Über Anträge auf Dauererlaubnis und Dauerausnahmegenehmigung sollte in der Regel diejenige Straßenverkehrsbehörde entscheiden, in deren Bezirk der Antragsteller seinen Wohnsitz, seinen Sitz oder eine Zweigniederlassung hat. Will diese Behörde das Verfahren abgeben, so hat sie das eingehend zu begründen und über den Antragsteller ausführlich zu berichten.*

3 1. Der erlaubnispflichtige Verkehr beginnt dort, wo der Sondertransport erstmals in den öffentlichen VRaum gelangt. In den übrigen Fällen sind Sitz oder Zweigniederlassung des Antragstellers maßgebend. Für Anträge gemäß Vwv Rn 118 ff zu § 46 I Nr 11 (Parkausnahmegenehmigungen für Schwerbehinderte und Blinde) ist die für den Wohnsitz oder gewöhnlichen Aufenthaltsort des Antragstellers oder den FzStandort zuständige Behörde örtlich zuständig (Vwv Rn 133 zu § 46), auch wenn dort keine einschränkenden Anordnungen bestehen, oder die in deren Bereich die Ausnahmegenehmigung überwiegend benutzt werden soll. „Anordnungen erlassen sind" in II Nr 7 heißt: dort bestehen, gelten, dort zu beachten. Firmen haben ihren Sitz nicht notwendigerweise am Wohnort des Inhabers, sondern dort, von wo aus die Geschäfte betrieben werden. Antragsteller kann eine juristische Person oder ein Personenverband sein (Verein, §§ 21 ff BGB, Gesellschaft nach HGB, GmbHG und AktG, Genossenschaften

usw), eine Einzelfirma (§ 17 HGB) oder auch eine Verwaltungsdienststelle, OVG Münster VRS **83** 298. Bei ihnen kommt es für die örtliche Zuständigkeit auf Sitz, Niederlassung, Zweigniederlassung oder Dienstsitz an, auf den Ort, an dem sich die Leitung der juristischen Person, Firma oder Dienststelle dauernd befindet. Antragsteller ist, wer die behördliche Maßnahme im eigenen Namen (OVG Münster VRS **83** 298) begehrt, ohne Rücksicht darauf, ob er selbst Inhaber der Erlaubnis werden kann, OVG Münster VRS **83** 298. Einflussnahme des BR auf die Fassung von § 47: BRDrucks 420/70 Nr 25.

Verkehrsunterricht

48 Wer Verkehrsvorschriften nicht beachtet, ist auf Vorladung der Straßenverkehrsbehörde oder der von ihr beauftragten Beamten verpflichtet, an einem Unterricht über das Verhalten im Straßenverkehr teilzunehmen.

Begr zu § 48:
... Dass die Vorschrift verfassungsmäßig ist und durch die Ermächtigung gedeckt wird, ist ständige Rechtsprechung. Dass die Maßnahme sinnvoll sein, in einem angemessenen Verhältnis zu dem festgestellten Verkehrsverstoß stehen muss und keinesfalls schikanös oder willkürlich sein darf, ist unbestritten. Als Strafnorm enthielt § 6 (alt) eine zulässige Spezifizierung des Tatbestandes (BVerfassG 23. 5. 67 VerkMitt. 1967 Nr. 86). Nun bußgeldbewehrt (§ 49 Abs. 4 Nr. 6), enthält die Vorschrift einen „bestimmten Tatbestand" im Sinne des § 24 StVG. Die Fassung des § 6 (alt) wird deshalb beibehalten. 1

Vwv zu § 48 Verkehrsunterricht

1   I. *Zum Verkehrsunterricht sind auch Jugendliche von 14 Jahren an, Halter sowie Aufsichtspflichtige in Betrieben und Unternehmen heranzuziehen, wenn sie ihre Pflichten nicht erfüllt haben.* 2

2   II. *Zweck der Vorschrift ist es, die Sicherheit und Ordnung auf den Straßen durch Belehrung solcher, die im Verkehr Fehler begangen haben, zu heben. Eine Vorladung ist daher nur dann sinnvoll und überhaupt zulässig, wenn anzunehmen ist, dass der Betroffene aus diesem Grund einer Belehrung bedarf. Das trifft in der Regel nicht bloß bei Personen zu, welche die Verkehrsvorschriften nicht oder nur unzureichend kennen oder beherrschen, sondern auch bei solchen, welche die Bedeutung und Tragweite der Vorschriften nicht erfasst haben. Gerade Mehrfachtäter bedürfen in der Regel solcher Einwirkung. Aber auch schon eine einmalige Verfehlung kann sehr wohl Anlass zu einer Vorladung sein, dies vor allem dann, wenn ein grober Verstoß gegen eine grundlegende Vorschrift vorliegt, oder wenn der bei dem Verstoß Betroffene sich trotz Belehrung uneinsichtig gezeigt hat.* 3

3   III. *Die Straßenverkehrsbehörde soll in der Regel nur Personen zum Verkehrsunterricht heranziehen, die in ihrem Bezirk wohnen. Müssen Auswärtige unterrichtet werden, so ist die für deren Wohnort zuständige Straßenverkehrsbehörde zu bitten, Heranziehung und Unterrichtung zu übernehmen.* 4

4   IV. *Der Verkehrsunterricht kann auch durch Einzelaussprache erteilt werden, wenn die Betroffenen aus wichtigen Gründen am allgemeinen Verkehrsunterricht nicht teilnehmen können oder ein solcher nicht stattfindet.* 5

5   V. *Die Vorladung muss die beruflichen Verpflichtungen der Betroffenen berücksichtigen. Darum kann es unter Umständen zweckmäßig sein, den Unterricht auf einen Sonntag festzusetzen; dann sind die Unterrichtszeiten mit den kirchlichen Behörden abzustimmen; Betroffene, die sich weigern oder nicht erscheinen, dürfen dafür nicht zur Verantwortung gezogen werden und sind auf einen Werktag oder einen Samstag umzuladen.* 6

1. Verkehrsunterricht. § 48 bezweckt bessere VSicherheit durch Belehrung (Vwv Rn 2). Er ist nicht unproblematisch, weil er die Möglichkeit zwangsweiser Erwachsenenerziehung voraussetzt, denn als Strafe wäre die Maßnahme unzulässig (§ 24 StVG). Jede Strafwirkung muss bei ihrer Auslegung daher vermieden werden. Mit dem GG war die sachgleiche Vorschrift des § 6 StVO (alt) vereinbar, BVerfGE **22** 21 = NJW **67** 1221, BVerwG NJW **58** 1249. Es ist anzunehmen, dass das BVerfG auch § 48 so beurteilen würde, VGH Mü NZV **91** 207, abl *Geiger* DAR **76** 324, *Forsthoff,* Festschrift 45. DJT 53–57. Die Vorschrift richtet sich auch gegen den Halter oder dessen Beauftragten, VGH Ka VM **75** 76. 7

Lit: *Beck,* Anordnung des VUnterrichts, DAR **93** 405. *Böcher,* Das „Was" und „Wie" einer effektiven VBeratung, ZVS **69** 71,155. *Brune,* Fragen zu § 6 StVO (= § 48 n. F.), DAR **59** 314. *Mühlhaus,* VUnterricht für VSünder, VOR **73** 95. *Müller,* Stellenwert und Voraussetzungen des VUnterrichts, VD **01** 259. *Rebler,* Der VUnterricht zum Erhalt der Sicherheit, VD **05** 297. *Stollenwerk,* Anordnung zur Teilnahme am VUnterricht ..., VD **94** 211.

8   **2. Keine Strafe** darf der Verkehrsunterricht sein (Rz 7). Dem hat die Auslegung zu entsprechen, VGH Mü NZV **91** 207. Eine Vorladung ist nur zulässig, wo der Verkehrsunterricht sinnvoll der Sicherheit dienen kann, BVerwG NJW **71** 261, VGH Ka VM **74** 58, nicht nur als Freizeitbeschränkung, die auf Strafe hinausliefe. Das trifft nur zu, wo der Betroffene über etwas belehrt werden kann, das er nicht weiß, nicht versteht, in seiner Tragweite oder Bedeutung nicht begreift oder vergessen hat (Vwv Rn 2) und wenn die erzieherische Wirkung der Geldbuße nicht ausreicht, VGH Mü NZV **91** 207. Der Unterricht soll die Kenntnis der VVorschriften vertiefen oder auffrischen oder die möglicherweise schwerwiegenden Folgen von Verstößen vor Augen führen, VGH Ka VM **74** 58, BVerwG NJW **71** 261 (Anm *von Brunn* NJW **71** 636). Sinnvoll ist die Vorladung nur, wenn einer der Unterrichtszwecke bei dem Betroffenen erreichbar ist, VGH Ka VM **74** 58. Nach häufigen gleichartigen Verstößen kommt es weniger auf Regelkenntnis, als auf Stärkung des Verantwortungsbewusstseins an, VGH Ka VM **75** 76. Außerdem ist pädagogisch zweckmäßige Belehrung vorauszusetzen, und die Maßnahme muss im verständigen Verhältnis zum Verstoß stehen (Begr), Bay DAR **69** 167, BVerwG NJW **71** 261. Der Zweck, dem Betroffenen im Interesse der VSicherheit Regelkenntnis beizubringen, muss erreicht werden können, BVerfG NJW **67** 1221. Bei einem vorsätzlichen Verstoß trifft dies allenfalls zu, wenn dem Betroffenen die Einsicht in die Notwendigkeit der Beachtung einer bestimmten Vorschrift überzeugend vermittelt werden kann. In Betracht kommen werden vor allem wiederholte oder grobe Regelverstöße (Vwv Rn 3), VGH Mü NZV **91** 207. Zeigt sich der Betroffene berechtigter Belehrung unzugänglich, so kann aber ein einmaliger, kann ganz unerheblicher Verstoß genügen, OVG Br DAR **61** 95. Unter den erwähnten Voraussetzungen kann auch eine Geschwindigkeitsüberschreitung die Vorladung rechtfertigen, VG Mü DAR **65** 166.

9   **Unzulässig ist die Vorladung,** wenn der Betroffene (zB erfahrener Anwalt) die Vorschrift genau kennt, *Müller* VD **01** 263, und die möglichen Folgen ihrer Verletzung nach Beruf, Erfahrung und Fahrpraxis überblickt, OVG Ko NJW **65** 1733. Die Vorladung ist unzulässig bei einem Verstoß gegen eine bekannte Vorschrift nur zur Unachtsamkeit oder aus Gründen, die mit der Kenntnis der VRegeln nichts zu tun haben, BVerfG NJW **67** 1221, oder wegen „Unbotmäßigkeit" bei einer Radarkontrolle, OVG Ko VRS **35** 316. Das Bestreben, eine fahrlässig begangene erhebliche Geschwindigkeitsüberschreitung in einem günstigen Licht erscheinen zu lassen, rechtfertigt nicht ohne Weiteres VUnterricht, VGH Mü NZV **91** 207.

10   **Die Begehung von VVerstößen muss feststehen,** VGH Ka VM **75** 77, *Müller* VD **01** 260, sie ist Tatbestandsmerkmal und im Bußgeldverfahren zu prüfen, *Mühlhaus* VOR **73** 112, *Janiszewski* Rz 802, aM Kar NJW **72** 2097. Das Gericht entscheidet, ob der Verstoß die Vorladung rechtfertigt, Neust DAR **62** 24. Verteidigungsvorbringen darf nicht zum Nachteil des Betroffenen verwendet werden, OVG Ko DAR **68** 192.

11   **3. Durch Vorladung** wird die Teilnahmepflicht am Unterricht begründet, BVerfG NJW **67** 1221, nicht durch den VVerstoß. Sie setzt eine Entschließung der StrVB (Rz 13) und deren Zustellung (zwecks Nachweises) oder Bekanntgabe an den Betroffenen durch den von der StrVB Beauftragten voraus. Die Entschließung steht unübertragbar nur der Behörde zu. Die Vorladung ist als Verwaltungsakt gerichtlich nachprüfbar, BVerfG NJW **67** 1221, Kar NJW **72** 2097, Dü VM **65** 91. Die Anfechtung hat aufschiebende Wirkung, § 80 I S 1 VwGO. Vorgeladen werden kann auch der Halter oder im Betrieb Aufsichtspflichtige, der VVorschriften nicht beachtet oder zur Nichtbeachtung zumindest fahrlässig beigetragen hat (Vwv Rn 1), ebenso Jugendliche ab 14 Jahren (Vwv Rn 1).

12   Der **Zeitpunkt des VUnterrichts** muss die Berufspflichten des Betroffenen berücksichtigen (Vwv Rn 5) und wird daher auch sonn- oder feiertags liegen können (Vwv Rn 5), doch nur im Rahmen des Maßgebots und ohne Erzwingungsmöglichkeit (Vwv Rn 5), aM Ha DAR **57** 81 entgegen Art 4 II GG (Vorladung für Sonntag zur Kirchzeit). Zur Vorladungsgebühr *Rott* VD **70** 265.

13   **4. Zuständig** für die Entschließung (Rz 11) zur Vorladung ist die StrVB, nicht der Amtsrichter, Ko DAR **72** 50, nicht der Amtsvorsteher oder die OrtspolB, und auch kein von der StrVB Beauftragter (Rz 11). Dieser darf lediglich vorladen. Auf Teilnahme am Unterricht darf ein Jugendrichter nur im Rahmen einer Vollstreckungsanordnung (§ 98 I OWiG) erkennen, Kö VM **76** 36.

5. Ordnungswidrig (§ 24 StVG) handelt, wer entgegen § 48 einer Vorladung zum Unter- **14** richt nicht folgt (§ 49 IV Nr 6), dh trotz ordnungsgemäßer Vorladung zum Unterricht nicht erscheint. Aktive Teilnahme kann nicht erzwungen werden. OW nach § 48 nur bei Nichtbefolgung einer **vollziehbaren**, also unanfechtbar gewordenen oder für sofort vollziehbar erklärten Vorladung, Kar NJW **72** 2097, *Mühlhaus* VOR **73** 108, aM Bay DAR **69** 167, *Bouska* VD **69** 257. Dies folgt aus den allgemeinen Regeln des OWRechts. Danach ist nur ein vollziehbarer Verwaltungsakt mit Geldbuße bewehrbar. In neueren Bußgeldbestimmungen wird dies ausdrücklich zum Ausdruck gebracht. Zum Tatbestand der OW nach §§ 48, 49 IV Nr 6 gehören also nach richtiger Auffassung sowohl die Begehung des der Entschließung nach § 48 zugrunde liegenden VVerstoßes (Rz 10) als auch die Vollziehbarkeit der Vorladung, *Jagow/Burmann/Heß* Rz 5. Zum Verfahren bei Widerspruch gegen die Vorladung OVG Br DAR **75** 54. Anordnung sofortiger Vollziehung setzt ein *besonderes* öffentliches Interesse an der Vollziehung voraus; dieses muss über das allgemeine öffentliche Interesse nach strengem Maßstab hinausgehen, VGH Ka VM **74** 58. Bei offensichtlich aussichtslosen Rechtsmitteln geht das öffentliche Interesse an sofortiger Vollziehung vor, VGH Ka VM **74** 58. Auch wer zurzeit des Unterrichts keine FE hat, weil sie ihm entzogen worden ist, muss teilnehmen, aM Neust DAR **62** 24, da jeder VT die wesentlichen VVorschriften kennen muss. **Unmittelbarer Zwang** zur Teilnahme bei Nichtzahlung des Zwangsgeldes ist gegenüber der Pflicht zur Teilnahme an einem lediglich mehrstündigen Unterricht stets ein Verstoß gegen das Übermaßverbot; Ersatzzwangshaft (von bis zu 5 Tagen!) soll dagegen nach OVG Br VRS **43** 157, 160 als das mildere Zwangsmittel zulässig sein. Beide Entscheidungen nehmen als unbestreitbar an, die rechtskräftig gewordene Vorladung müsse auch mit Zwangshaft durchgesetzt werden können. Keine wägt Sinn, Bedeutung, Durchführung und Dauer des angeordneten Unterrichts, bei dem geistig mitzuarbeiten überdies nicht angeordnet werden kann, gegen das Übergewicht der Inhaftnahme nachprüfbar ab, s auch *Rebler* VD **05** 302.

Ordnungswidrigkeiten

49 (1) Ordnungswidrig im Sinne des § 24 des Straßenverkehrsgesetzes handelt, wer vorsätzlich oder fahrlässig gegen eine Vorschrift über

1. das allgemeine Verhalten im Straßenverkehr nach § 1 Abs. 2,
2. die Straßenbenutzung durch Fahrzeuge nach § 2,
3. die Geschwindigkeit nach § 3,
4. den Abstand nach § 4,
5. das Überholen nach § 5 Abs. 1 bis 4a, Abs. 5 Satz 2, Abs. 6 oder 7,
6. das Vorbeifahren nach § 6,
7. den Fahrstreifenwechsel nach § 7 Abs. 5,
8. die Vorfahrt nach § 8,
9. das Abbiegen, Wenden oder Rückwärtsfahren nach § 9 Abs. 1, 2 Satz 1, 4 oder 5, Abs. 3 bis 5,
9 a. das Verhalten bei der Einfahrt in einen Kreisverkehr oder im Kreisverkehr nach § 9 a,
10. das Einfahren oder Anfahren nach § 10,
11. das Verhalten bei besonderen Verkehrslagen nach § 11 Abs. 1 oder 2,
12. das Halten oder Parken nach § 12 Abs. 1, 1 a, 3, 3 a Satz 1, Abs. 3 b Satz 1, Abs. 4 Satz 1, 2 zweiter Halbsatz, Satz 3 oder 5 oder Abs. 4 a bis 6,
13. Parkuhren, Parkscheine oder Parkscheiben nach § 13 Abs. 1 oder 2,
14. die Sorgfaltspflichten beim Ein- oder Aussteigen nach § 14,
15. das Liegenbleiben von Fahrzeugen nach § 15,
15 a. das Abschleppen nach § 15 a,
16. die Abgabe von Warnzeichen nach § 16,
17. die Beleuchtung und das Stehenlassen unbeleuchteter Fahrzeuge nach § 17,
18. die Benutzung von Autobahnen und Kraftfahrstraßen nach § 18 Abs. 1 bis 3, Abs. 5 Satz 2 oder Abs. 6 bis 10,
19. das Verhalten
    a) an Bahnübergängen nach § 19 oder
    b) an und vor Haltestellen von öffentlichen Verkehrsmitteln und Schulbussen nach § 20,
20. die Personenbeförderung nach § 21 Abs. 1 Satz 4, 1 a, Abs. 2 oder 3,

20a. das Anlegen von Sicherheitsgurten nach § 21a Abs. 1 Satz 1 oder das Tragen von Schutzhelmen nach § 21a Abs. 2 Satz 1,
21. die Ladung nach § 22,
22. sonstige Pflichten des Fahrzeugführers nach § 23,
23. das Fahren mit Krankenfahrstühlen oder anderen als in § 24 Abs. 1 genannten Rollstühlen nach § 24 Abs. 2,
24. das Verhalten
    a) als Fußgänger nach § 25 Abs. 1 bis 4,
    b) an Fußgängerüberwegen nach § 26 oder
    c) auf Brücken nach § 27 Abs. 6,
25. den Umweltschutz nach § 30 Abs. 1 oder 2 oder das Sonntagsfahrverbot nach § 30 Abs. 3 Satz 1 oder 2 Nr. 4 Satz 2,
26. das Sporttreiben oder Spielen nach § 31,
27. das Bereiten, Beseitigen oder Kenntlichmachen von verkehrswidrigen Zuständen oder die wirksame Verkleidung gefährlicher Geräte nach § 32,
28. Verkehrsbeeinträchtigungen nach § 33 oder
29. das Verhalten nach einem Verkehrsunfall nach § 34 Abs. 1 Nr. 1, Nr. 2, Nr. 5 Buchstabe a, b oder Nr. 6 Buchstabe b – sofern er in diesem letzten Fall zwar eine nach den Umständen angemessene Frist wartet, aber nicht Name und Anschrift am Unfallort hinterläßt – oder nach § 34 Abs. 3,

verstößt.

(2) Ordnungswidrig im Sinne des § 24 des Straßenverkehrsgesetzes handelt auch, wer vorsätzlich oder fahrlässig

1. als Führer eines geschlossenen Verbandes entgegen § 27 Abs. 5 nicht dafür sorgt, daß die für geschlossene Verbände geltenden Vorschriften befolgt werden,
1a. entgegen § 27 Abs. 2 einen geschlossenen Verband unterbricht,
2. als Führer einer Kinder- oder Jugendgruppe entgegen § 27 Abs. 1 Satz 4 diese nicht den Gehweg benutzen läßt,
3. als Tierhalter oder sonst für die Tiere Verantwortlicher einer Vorschrift nach § 28 Abs. 1 oder Abs. 2 Satz 2 zuwiderhandelt,
4. als Reiter, Führer von Pferden, Treiber oder Führer von Vieh entgegen § 28 Abs. 2 einer für den gesamten Fahrverkehr einheitlich bestehenden Verkehrsregel oder Anordnung zuwiderhandelt,
5. als Kraftfahrzeugführer entgegen § 29 Abs. 1 an einem Rennen teilnimmt,
6. entgegen § 29 Abs. 2 Satz 1 eine Veranstaltung durchführt oder als Veranstalter entgegen § 29 Abs. 2 Satz 3 nicht dafür sorgt, daß die in Betracht kommenden Verkehrsvorschriften oder Auflagen befolgt werden oder
7. entgegen § 29 Abs. 3 ein dort genanntes Fahrzeug oder einen Zug führt.

(3) Ordnungswidrig im Sinne des § 24 des Straßenverkehrsgesetzes handelt ferner, wer vorsätzlich oder fahrlässig

1. entgegen § 36 Abs. 1 bis 4 ein Zeichen oder eine Weisung oder entgegen Abs. 5 Satz 4 ein Haltgebot oder eine Anweisung eines Polizeibeamten nicht befolgt,
2. einer Vorschrift des § 37 über das Verhalten an Wechsellichtzeichen, Dauerlichtzeichen oder beim Rechtsabbiegen mit Grünpfeil zuwiderhandelt,
3. entgegen § 38 Abs. 1, Abs. 2 oder 3 Satz 3 blaues Blinklicht zusammen mit dem Einsatzhorn oder allein oder gelbes Blinklicht verwendet oder entgegen § 38 Abs. 1 Satz 2 nicht sofort freie Bahn schafft,
4. entgegen § 41 eine durch ein Vorschriftzeichen gegebene Anordnung nicht befolgt,
5. entgegen § 42 eine durch die Zusatzschilder zu den Zeichen 306, 314, 315 oder durch die Zeichen 315, 325, 327, 328 oder 340 gegebene Anordnung nicht befolgt,
6. entgegen § 43 Abs. 2 und 3 Nr. 2 durch Absperrgeräte abgesperrte Straßenflächen befährt oder
7. einer den Verkehr verbietenden oder beschränkenden Anordnung, die nach § 45 Abs. 4 zweiter Halbsatz bekanntgegeben worden ist, zuwiderhandelt.

(4) Ordnungswidrig im Sinne des § 24 des Straßenverkehrsgesetzes handelt schließlich, wer vorsätzlich oder fahrlässig

1. dem Verbot des § 35 Abs. 6 Satz 1, 2 oder 3 über die Reinigung von Gehwegen zuwiderhandelt,
1a. entgegen § 35 Abs. 6 Satz 4 keine auffällige Warnkleidung trägt,

Besondere Kostenregelung **§§ 50, 51 StVO 2**

2. entgegen § 35 Abs. 8 Sonderrechte ausübt, ohne die öffentliche Sicherheit und Ordnung gebührend zu berücksichtigen,
3. entgegen § 45 Abs. 6 mit Arbeiten beginnt, ohne zuvor Anordnungen eingeholt zu haben, diese Anordnungen nicht befolgt oder Lichtzeichenanlagen nicht bedient,
4. entgegen § 46 Abs. 3 Satz 1 eine vollziehbare Auflage der Ausnahmegenehmigung oder Erlaubnis nicht befolgt,
5. entgegen § 46 Abs. 3 Satz 3 die Bescheide nicht mitführt oder auf Verlangen nicht aushändigt,
6. entgegen § 48 einer Vorladung zum Verkehrsunterricht nicht folgt oder
7. entgegen § 50 auf der Insel Helgoland ein Kraftfahrzeug führt oder mit einem Fahrrad fährt.

Begr zu § 49:

Die in § 24 Abs. 1 StVG geforderte Verweisung auf einen bestimmten Tatbestand geschieht ausreichend **1**
durch stichwortartige Angaben über den Gegenstand des paragraphenmäßig zitierten Ge- oder Verbots. Wo nötig, wird durch Angabe von Absatz, Satz oder Nummer noch weiter konkretisiert. So wird durch das „Stichwort" in Verbindung mit der in bezug genommenen Gesetzesstelle der Tatbestand der Ordnungswidrigkeit zweifelsfrei bestimmt. Deshalb wird der Normadressat in der Regel nur da genannt, wo Zweifel möglich sind.

Zur Erleichterung der Handhabung wird der notgedrungen umfangreiche Katalog in Absätze unterteilt. **2**
Innerhalb der Absätze wird nach der Paragraphenfolge geordnet ...

Eine bloße Empfehlung durch VZ (§ 41 III 5) ist keine Anordnung iS von III 4, Bay DAR **74** **3**
305. Zu **Tateinheit, Tatmehrheit und prozessualer Tat:** § 24 Rz 58 ff. Die verletzte Vorschrift gehört in den entscheidenden Urteilsteil, Ha VRS **48** 38. Das Urteil muss die **Schuldform** (Vorsatz oder Fahrlässigkeit) angeben, § 24 StVG Rz 24.

Überleitungsbestimmungen für die **neuen Bundesländer:** **4**

Anl. II Kap XI B III Nr 4 a) bis f) zum Einigungsvertrag

4. Straßenverkehrs-Ordnung – StVO – vom 26. Mai 1977 (GBl. I Nr. 20 S. 257), zuletzt geändert durch die Fünfte Verordnung vom 9. September 1986 (GBl. I Nr. 31 S. 417), mit folgenden Maßgaben:
   a) bis d) ...
   e) **Die Verkehrszeichen der Anlage 2 Bilder 215 (Wendeverbot), 419 (nicht gültig für abgebildete Fahrzeugart), 421 (nicht gültig für Schwerst-Gehbehinderte mit Ausnahmegenehmigung) und 422 (gültig bei Nässe) behalten ihre bisherige Bedeutung.**
   f) **Zuwiderhandlungen gegen die in den Buchstaben a bis d genannten Vorschriften und Zuwiderhandlungen gegen das mit Bild 215 angeordnete Verbot sowie gegen eine jeweils zusammen mit Bild 422 angeordnete Beschränkung stehen Ordnungswidrigkeiten im Sinne des § 24 des Straßenverkehrsgesetzes in der im Bundesgesetzblatt Teil III, Gliederungsnummer 9231–1, veröffentlichten bereinigten Fassung, zuletzt geändert durch Gesetz vom 28. Januar 1987 (BGBl. I S. 486), gleich.**

Sonderregelung für die Insel Helgoland

50 Auf der Insel Helgoland sind der Verkehr mit Kraftfahrzeugen und das Radfahren verboten.

Ordnungswidrigkeit: § 49 IV 7 StVO, § 24 StVG.

Besondere Kostenregelung

51 Die Kosten des Zeichens 386 trägt abweichend von § 5 b Abs. 1 des Straßenverkehrsgesetzes derjenige, der die Aufstellung dieses Zeichens beantragt.

Begr (VkBl **88** 228): *Von Seiten des Bundesrechnungshofes wird eine besondere Kostenregelung für die Aufstellung des Zeichens 386 gefordert. Die Kosten sollen auf die Initiatoren (z. B. Fremdenverkehrswirtschaft) abgewälzt werden. Dies ist nach § 5 b Abs. 3 StVG möglich.*

Zur Klarstellung wird bemerkt, dass unter Kosten die Kosten für Beschaffung, Anbringung, Unterhaltung und Entfernung der Verkehrszeichen zu verstehen sind.

2 StVO §§ 52, 53   III. Durchführungs-, Bußgeld- und Schlußvorschriften

Entgelt für die Benutzung tatsächlich-öffentlicher Verkehrsflächen

52 Diese Verordnung steht der Erhebung von Entgelten für die Benutzung von Verkehrsflächen, an denen kein Gemeingebrauch besteht, auf Grund anderer als straßenverkehrsrechtlicher Bestimmungen nicht entgegen.

1   **Begr** (VkBl **88** 229): *In zahlreichen Fällen ist es, auch aus wirtschaftlichen Gründen, notwendig und zweckmäßig, Entgelte für das Parken auf verkehrsrechtlich öffentlichen Flächen zu erheben, an denen kein Gemeingebrauch im straßenrechtlichen Sinne besteht. Es handelt sich hier insbesondere um nicht gewidmete Vorplätze von Bahnhöfen und Flughäfen sowie um Parkplätze (auch in Form von Parkhochhäusern oder Tiefgaragen), die von privaten oder kommunalen Trägern erstellt und betrieben werden. Da diese Verkehrsflächen nach einhelliger Rechtsprechung der Straßenverkehrs-Ordnung unterliegen, wäre es rechtlich zulässig, dass die zuständige Straßenverkehrsbehörde Parkuhren oder Parkscheinautomaten im Sinne des § 13 StVO anordnet, deren Mißachtung ordnungswidrig wäre. In einzelnen Fällen geschieht das auch, insbesondere im Bereich von Bahnhofsvorplätzen. In der Mehrzahl der Fälle erheben jedoch die Eigentümer dieser Flächen für das Parken Entgelte auf der Grundlage des Privatrechts oder des Kommunalrechts. Als Kontrolleinrichtungen werden dabei nicht selten Parkuhren oder Parkscheinautomaten oder ähnliche Einrichtungen verwendet, wobei die Gebühren allerdings in der Regel deutlich höher als in 6a StVG vorgesehen liegen.*

Das Bundesverwaltungsgericht hat mit Urteil vom 28. 11. 1969 (Verkehrsrechtliche Mitteilungen 1970, S. 70) entschieden, dass das Parken (Aufstellen eines Fahrzeugs unter Verkehrsbereitschaft) auf verkehrsrechtlich öffentlichen Flächen ausschließlich nach der StVO, nicht aber nach Straßenrecht zu beurteilen sei. Es hat weiter entschieden, dass im Rahmen der StVO Gebühren für das Parken nur im Rahmen der Vorschriften über Parkuhren zulässig sei (die Gebührenpflicht am Parkscheinautomaten und an Parkplätzen für Großveranstaltungen gab es damals noch nicht). Das Bundesverwaltungsgericht hat in den Gründen der Entscheidung u. a. folgendes ausgeführt:

„*Die StVO gestattet es nicht, bewachte oder sogar gebührenpflichtige Parkplätze zu schaffen …* "

Zwar betraf der seinerzeit entschiedene Fall eine Verkehrsfläche, die nicht nur straßenverkehrsrechtlich, sondern auch straßenrechtlich öffentlich war. Die Entscheidungsgründe zeigen allerdings deutlich, dass die rechtlichen Folgerungen über die ausschließliche Geltung der StVO für das Parken unabhängig von einer straßenrechtlichen Widmung zu sehen sind. Die Entscheidung des Bundesverwaltungsgerichts ist im Grunde auch folgerichtig und sachlich zu begrüßen, weil ein Verkehrsteilnehmer damit rechnen kann und muss, dass auf einer Fläche mit öffentlichem Verkehr sein Verhalten im öffentlichen Straßenverkehr ausschließlich nach der StVO zu beurteilen ist …

Wenn das Bundesverwaltungsgericht die Erhebung eines Entgelts für das Parken deshalb für unzulässig ansieht, weil die StVO eine solche Möglichkeit nicht zulasse, so soll jetzt innerhalb der StVO klargestellt werden, dass auf den genannten Flächen ungeachtet der Möglichkeit, auch amtliche Maßnahmen wie Parkuhren usw. zu treffen, privatrechtliche oder kommunalrechtliche Entgelte erhoben werden dürfen. Diese Regelung ist auf straßenrechtlich nichtöffentliche Flächen beschränkt.

2   Die Vorschrift betrifft solche Flächen, die straßenrechtlich nicht als öffentlicher VRaum gewidmet, jedoch tatsächlich als solcher genutzt wird, § 1 Rz 13 ff, mit der Folge, dass dort die Regeln der StVO gelten. Der Gemeinde steht es frei, die Benutzung solcher Flächen öffentlichrechtlich oder privatrechtlich zu gestalten, BayVerfGH NVwZ **98** 727. Nichtentrichtung des vom Eigentümer geforderten Entgelts oder Umgehung der zur Berechnung und Bezahlung des Entgelts installierten Einrichtungen (Schranken, Parkscheinautomaten) ist nicht ow iS von § 49 StVO, BayVerfGH NVwZ **98** 727.

Inkrafttreten

53 (1) Diese Verordnung tritt am 1. März 1971 in Kraft.

(2) **Die Straßenverkehrs-Ordnung vom 13. November 1937 (Reichsgesetzbl. I S. 1179) in der Fassung der Bekanntmachung vom 29. März 1956 (Bundesgesetzbl. I S. 271, 327) mit den Änderungen der Verordnung vom 25. Juli 1957 (Bundesgesetzbl. I S. 780), vom 7. Juli 1960 (Bundesgesetzbl. I S. 485), vom 29. Dezember 1960 (Bundesgesetzbl. 1961 I S. 8) und vom 30. April 1964 (Bundesgesetzbl. I S. 305) tritt mit dem gleichen Tage außer Kraft.**

(3) **Das Zeichen 226 der Straßenverkehrs-Ordnung vom 16. November 1970 (BGBl. I S. 1565, 1971 I S. 38) in der Fassung der Verordnung vom 28. April 1982 (BGBl. I S. 564)**

Inkrafttreten

hat bis zum 31. Dezember 1995 die Bedeutung des Zeichens 224 in der Fassung der vorstehenden Verordnung.

(4) ¹Die Zeichen 274, 278, 307, 314, 380, 385 und die bisherigen Absperrschranken mit schrägen Schraffen behalten die Bedeutung, die sie nach der vor dem 1. Oktober 1988 geltenden Fassung dieser Verordnung hatten, bis längstens zum 31. Dezember 1998. ²Bis längstens 31. Dezember 1998 können Fußgängerbereiche (Zeichen 242/243) auch weiterhin mit Zeichen 241 gekennzeichnet werden. ³Bild 291 behält die Bedeutung, die es nach der vor dem 1. Oktober 1988 geltenden Fassung dieser Verordnung hatte, bis längstens zum 30. April 1989.

(5) Das Zusatzschild mit der Aufschrift „bei Nässe" darf bis zum 31. Dezember 1988 verwendet werden.

(6) Schutzhelme, die nicht in amtlich genehmigter Bauart ausgeführt sind, dürfen nach dem 1. Januar 1990 nicht mehr verwendet werden.

(7) Die bisherigen Zeichen 290 und 292 behalten die Bedeutung, die sie nach der vor dem 1. Januar 1990 geltenden Fassung der Straßenverkehrs-Ordnung hatten, bis längstens zum 31. Dezember 1999.

(8) Die bisherigen Zeichen 448 und 450 (300-m-Bake) bei Autobahnausfahrten dürfen bis zum 31. Dezember 1995 verwendet werden.

(9) ¹Verkehrszeichen in der Gestaltung nach der bis zum 1. Juli 1992 geltenden Fassung dieser Verordnung behalten auch danach ihre Gültigkeit. ²Ab dem 1. Juli 1992 dürfen jedoch nur noch Verkehrszeichen und Verkehrseinrichtungen mit den neuen Symbolen angeordnet und aufgestellt werden.

(10) Die Kennzeichnung des Anfangs, des Verlaufs und des Endes einer Verbotsstrecke durch Zusatzschilder (§ 41 Abs. 2 Nr. 8 Buchstabe c Satz 3 in der bis 30. Juni 1992 geltenden Fassung) bleibt bis 30. Juni 1994 wirksam.

(11) Die Kennzeichnung des Anfangs, des Verlaufs und des Endes einer Strecke, auf der das Parken durch die Zeichen 314 oder 315 (§ 42 Abs. 4) erlaubt ist, durch Zusatzschilder bleibt bis 30. Juni 1994 wirksam.

(12) Rote und gelbe Pfeile in Lichtzeichenanlagen gemäß § 37 Abs. 2 Nr. 1 in der bis zum 30. Juni 1992 geltenden Fassung bleiben bis zum 31. Dezember 2005 gültig.

(13) Die bisherigen Zeichen 229 behalten die Bedeutung, die sie nach der vor dem 1. März 1994 geltenden Fassung der Straßenverkehrs-Ordnung hatten, bis längstens 31. Dezember 1994.

(14) Die bisherigen Zeichen 368, die zum Zeitpunkt des Inkrafttretens der Streichung des Zeichens 368 bereits angeordnet und aufgestellt worden sind, behalten bis zum 31. Dezember 2002 ihre Gültigkeit.

(15) Autohofhinweistafeln, die auf Grund der Verkehrsblattverlautbarung vom 24. Oktober 1994 (VkBl. 1994, S. 699) vor Inkrafttreten des Zeichens 448.1 angeordnet und aufgestellt worden sind, behalten bis zum 31. Dezember 2005 ihre Gültigkeit.

(16) Zusatzschilder, die bislang Anwohner mit besonderem Parkausweis vom eingeschränkten Haltverbot nach Zeichen 286 oder einem Haltverbot für die Zone nach Zeichen 290 ausgenommen haben, und Zusatzschilder zu den Zeichen 314 oder 315, die die Erlaubnis zum Parken bislang auf Anwohner beschränkt haben, sowie der mit Verkehrsblattverlautbarung vom 6. Januar 1998 (VkBl. 1998 S. 99) bekannt gegebene Parkausweis für Anwohner behalten bis zum 31. Dezember 2003 ihre Gültigkeit.

(17) Für Kraftomnibusse, die vor dem 8. Dezember 2007 erstmals in den Verkehr gekommen sind, ist § 18 Abs. 5 Nr. 3 in der vor dem 8. Dezember 2007 geltenden Fassung weiter anzuwenden.

Vwv zu § 53 Inkrafttreten

1   *Die bisherigen Regeln dieser Verwaltungsvorschrift zu § 37 „Wechsellichtzeichen, Dauerlichtzeichen und Grünpfeil" zu Absatz 2 zu den Nummern 1 und 2 IX behalten auch nach der bis zum 1. Juli 1992 geltenden Fassung dieser Vorschrift ihre Gültigkeit, jedoch längstens bis zum 31. Dezember 2005. Neue Lichtsignalanlagen sind nach dem 1. Juli 1992 nach den neuen Regeln auszuführen.*   1

2. AusnahmeVO zur StVO v 19. 3. 90 (BGBl I S 550) aufgehoben durch ÄndVO v 22. 12. 05, VkBl **06** 39 (s § 21a Rz 1 e).   2

4. AusnahmeVO zur StVO v 23. 6. 92 (BGBl I 1124)

§ 1. Abweichend von § 53 Abs. 9 Satz 2 der Straßenverkehrs-Ordnung vom 16. November 1970 (BGBl. I S. 1565, 1971 I S. 38), die zuletzt durch die Verordnung vom 19. März   2a

1992 (BGBl. I S. 678) geändert worden ist, können Verkehrszeichen und Verkehrseinrichtungen, die vor dem **1. Juli 1992 in der Gestaltung nach der bis zu diesem Zeitpunkt geltenden Fassung der Straßenverkehrs-Ordnung hergestellt worden sind, bis zum 1. Juli 1994** anstelle von Verkehrszeichen und Verkehrseinrichtungen mit den neuen Symbolen angeordnet und aufgestellt werden.

3   In den **neuen Ländern** ist die StVO am 1. 1. 1991 in Kraft getreten (Anl I Kap XI B Nr 14a zum Einigungsvertrag). Überleitungsbestimmungen (zB zu §§ 3, 12, 37, 39–43) s dort.

4   **VZ,** die nach einer der Bestimmungen des § 53 nur **noch befristet gültig** sind, verlieren nach Ablauf der Frist ihre Wirksamkeit, sind danach unbeachtlich, gleichgültig, welche der unterschiedlichen Formulierungen („wirksam", „gültig", „Bedeutung" usw) in den verschiedenen Absätzen des § 53 gewählt wurde (Stu NZV **01** 274).

5   Zu § 53 XVII s § 18 Rz 12b, 19.

3. Verordnung über die Zulassung von Personen zum Straßenverkehr (Fahrerlaubnis-Verordnung – FeV)

Vom 18. August 1998 (BGBl. I 2214),
zuletzt geändert durch VO vom 18. Juli 2008 (BGBl. I 1338)

Inhaltsübersicht

I. Allgemeine Regelungen für die Teilnahme am Straßenverkehr

§ 1 Grundregel der Zulassung
§ 2 Eingeschränkte Zulassung
§ 3 Einschränkung und Entziehung der Zulassung

II. Führen von Kraftfahrzeugen

1. Allgemeine Regelungen

§ 4 Erlaubnispflicht und Ausweispflicht für das Führen von Kraftfahrzeugen
§ 5 Sonderbestimmungen für das Führen von Mofas
§ 6 Einteilung der Fahrerlaubnisklassen

2. Voraussetzungen für die Erteilung einer Fahrerlaubnis

§ 7 Ordentlicher Wohnsitz im Inland
§ 8 Ausschluß des Vorbesitzes einer Fahrerlaubnis der beantragten Klasse
§ 9 Vorbesitz einer Fahrerlaubnis anderer Klassen
§ 10 Mindestalter
§ 11 Eignung
§ 12 Sehvermögen
§ 13 Klärung von Eignungszweifeln bei Alkoholproblematik
§ 14 Klärung von Eignungszweifeln im Hinblick auf Betäubungsmittel und Arzneimittel
§ 15 Fahrerlaubnisprüfung
§ 16 Theoretische Prüfung
§ 17 Praktische Prüfung
§ 18 Gemeinsame Vorschriften für die theoretische und die praktische Prüfung
§ 19 Unterweisung in lebensrettenden Sofortmaßnahmen, Ausbildung in Erster Hilfe
§ 20 Neuerteilung einer Fahrerlaubnis

3. Verfahren bei der Erteilung einer Fahrerlaubnis

§ 21 Antrag auf Erteilung einer Fahrerlaubnis
§ 22 Verfahren bei der Behörde und der Technischen Prüfstelle
§ 23 Geltungsdauer der Fahrerlaubnis, Beschränkungen und Auflagen
§ 24 Verlängerung von Fahrerlaubnissen
§ 25 Ausfertigung des Führerscheins
§ 25 a Antrag auf Ausstellung eines Internationalen Führerscheins
§ 25 b Ausstellung des Internationalen Führerscheins

4. Sonderbestimmungen für das Führen von Dienstfahrzeugen

§ 26 Dienstfahrerlaubnis
§ 27 Verhältnis von allgemeiner Fahrerlaubnis und Dienstfahrerlaubnis

5. Sonderbestimmungen für Inhaber ausländischer Fahrerlaubnisse

§ 28 Anerkennung von Fahrerlaubnissen aus Mitgliedstaaten der Europäischen Union oder einem anderen Vertragsstaat des Abkommens über den Europäischen Wirtschaftsraum
§ 29 Ausländische Fahrerlaubnisse
§ 29 a Aberkennung des Rechts, von einer ausländischen Fahrerlaubnis im Inland Gebrauch zu machen
§ 30 Erteilung einer Fahrerlaubnis an Inhaber einer Fahrerlaubnis aus einem Mitgliedstaat der Europäischen Union oder einem anderen Vertragsstaat des Abkommens über den Europäischen Wirtschaftsraum
§ 31 Erteilung einer Fahrerlaubnis an Inhaber einer Fahrerlaubnis aus einem Staat außerhalb des Abkommens über den Europäischen Wirtschaftsraum

6. Fahrerlaubnis auf Probe

§ 32 Ausnahmen von der Probezeit
§ 33 Berechnung der Probezeit bei Inhabern von Dienstfahrerlaubnissen und Fahrerlaubnissen aus Staaten außerhalb des Abkommens über den Europäischen Wirtschaftsraum
§ 34 Bewertung der Straftaten und Ordnungswidrigkeiten im Rahmen der Fahrerlaubnis auf Probe und Anordnung des Aufbauseminars
§ 35 Aufbauseminare
§ 36 Besondere Aufbauseminare nach § 2b Abs. 2 Satz 2 des Straßenverkehrsgesetzes
§ 37 Teilnahmebescheinigung
§ 38 Verkehrspsychologische Beratung
§ 39 Anordnung der Teilnahme an einem Aufbauseminar und weiterer Maßnahmen bei Inhabern einer Dienstfahrerlaubnis

7. Punktsystem

§ 40 Punktbewertung nach dem Punktsystem
§ 41 Maßnahmen der Fahrerlaubnisbehörde
§ 42 Aufbauseminare
§ 43 Besondere Aufbauseminare nach § 4 Abs. 8 Satz 4 des Straßenverkehrsgesetzes
§ 44 Teilnahmebescheinigung
§ 45 Punkterabatt auf Grund freiwilliger Teilnahme an einem Aufbauseminar oder an einer verkehrspsychologischen Beratung

8. Entziehung oder Beschränkung der Fahrerlaubnis, Anordnung von Auflagen

§ 46 Entziehung, Beschränkung, Auflagen
§ 47 Verfahrensregelungen

9. Sonderbestimmungen für das Führen von Taxen, Mietwagen und Krankenkraftwagen sowie von Personenkraftwagen im Linienverkehr und bei gewerbsmäßigen Ausflugsfahrten und Ferienziel-Reisen

§ 48 Fahrerlaubnis zur Fahrgastbeförderung

10. Begleitetes Fahren ab 17 Jahre

§ 48 a Voraussetzungen
§ 48 b Evaluation

III. Register

1. Zentrales Fahrerlaubnisregister und örtliche Fahrerlaubnisregister

§ 49 Speicherung der Daten im Zentralen Fahrerlaubnisregister
§ 50 Übermittlung der Daten vom Kraftfahrt-Bundesamt an die Fahrerlaubnisbehörden nach § 2 c des Straßenverkehrsgesetzes
§ 51 Übermittlung von Daten aus dem Zentralen Fahrerlaubnisregister nach §§ 52 und 55 des Straßenverkehrsgesetzes
§ 52 Abruf im automatisierten Verfahren aus dem Zentralen Fahrerlaubnisregister durch Stellen im Inland nach § 53 des Straßenverkehrsgesetzes
§ 53 Automatisiertes Anfrage- und Auskunftsverfahren beim Zentralen Fahrerlaubnisregister nach § 54 des Straßenverkehrsgesetzes
§ 54 Sicherung gegen Mißbrauch
§ 55 Aufzeichnung der Abrufe
§ 56 Abruf im automatisierten Verfahren aus dem Zentralen Fahrerlaubnisregister durch Stellen im Ausland nach § 56 des Straßenverkehrsgesetzes
§ 57 Speicherung der Daten in den örtlichen Fahrerlaubnisregistern
§ 58 Übermittlung von Daten aus den örtlichen Fahrerlaubnisregistern

2. Verkehrszentralregister

§ 59 Speicherung der Daten im Verkehrszentralregister
§ 60 Übermittlung von Daten nach § 30 des Straßenverkehrsgesetzes
§ 61 Abruf im automatisierten Verfahren nach § 30 a des Straßenverkehrsgesetzes
§ 62 Automatisiertes Anfrage- und Auskunftsverfahren nach § 30 b des Straßenverkehrsgesetzes
§ 63 Vorzeitige Tilgung
§ 64 Identitätsnachweis

IV. Anerkennung und Akkreditierung für bestimmte Aufgaben

§ 65 Ärztliche Gutachter
§ 66 Begutachtungsstelle für Fahreignung
§ 67 Sehteststelle
§ 68 Stellen für die Unterweisung in lebensrettenden Sofortmaßnahmen und die Ausbildung in Erster Hilfe
§ 69 Stellen zur Durchführung der Fahrerlaubnisprüfung
§ 70 Kurse zur Wiederherstellung der Kraftfahreignung
§ 71 Verkehrspsychologische Beratung
§ 72 Akkreditierung

V. Durchführungs-, Bußgeld-, Übergangs- und Schlußvorschriften

§ 73 Zuständigkeiten
§ 74 Ausnahmen
§ 75 Ordnungswidrigkeiten
§ 76 Übergangsrecht
§ 77 Verweis auf technische Regelwerke
§ 78 Inkrafttreten

Anlagen zur Fahrerlaubnis-Verordnung

1.* Mindestanforderungen an die Ausbildung von Bewerbern um eine Prüfbescheinigung für Mofas nach § 5 Abs. 2 durch Fahrlehrer (zu § 5 Abs. 2)
2.* Ausbildungs- und Prüfbescheinigungen für Mofas (zu § 5 Abs. 2 und 4)
3.** Umstellung von Fahrerlaubnissen alten Rechts und Umtausch von Führerscheinen nach bisherigen Mustern (zu § 6 Abs. 7)
4.** Eignung und bedingte Eignung zum Führen von Kraftfahrzeugen (zu den §§ 11, 13 und 14)
5.* Eignungsuntersuchungen für Bewerber und Inhaber der Klassen C, C1, D, D1 und der zugehörigen Anhängerklassen E sowie der Fahrerlaubnis zur Fahrgastbeförderung (zu § 11 Abs. 9, § 48 Abs. 4 und 5)
6.* Anforderungen an das Sehvermögen (zu den §§ 12, 48 Abs. 4 und 5)
7.* Fahrerlaubnisprüfung (zu § 16 Abs. 2, § 17 Abs. 2 und 3)
8.* Allgemeiner Führerschein, Dienstführerscheine, Führerschein zur Fahrgastbeförderung (zu § 25 Abs. 1, § 26 Abs. 1, § 48 Abs. 3)
8 a.* Muster der Prüfungsbescheinigung zum „Begleiteten Fahren ab 17 Jahre"
8 b.* Muster eines Internationalen Führerscheins nach dem Internationalen Abkommen über Kraftfahrzeugverkehr vom 24. April 1926
8 c.* Muster eines Internationalen Führerscheins nach dem Übereinkommen über den Straßenverkehr vom 8. November 1968
9.* Verwendung von Schlüsselzahlen für Eintragungen in den Führerschein (zu § 25 Abs. 3)
10.* Dienstfahrerlaubnisse der Bundeswehr (zu den §§ 26 und 27)
11.* Staatenliste zu den Sonderbestimmungen für Inhaber einer ausländischen Fahrerlaubnis (zu § 31)
12.** Bewertung der Straftaten und Ordnungswidrigkeiten im Rahmen der Fahrerlaubnis auf Probe (§ 2 a des Straßenverkehrsgesetzes) (zu § 34)
13.** Punktbewertung nach dem Punktsystem (zu § 40)
14.* Voraussetzungen für die amtliche Anerkennung als Begutachtungsstelle für Fahreignung (zu § 66 Abs. 2)
15.** Grundsätze für die Durchführung der Untersuchungen und die Erstellung der Gutachten (zu § 11 Abs. 5)

---

* Hier nicht abgedruckt.
** Abgedruckt im Anschluss an die FeV.

Vorbemerkung

Das Fahrerlaubnisrecht war bis 1998 im Abschnitt A der StVZO (Buchteil 5) geregelt. Mit der Verordnung über die Zulassung von Personen zum Straßenverkehr und zur Änderung straßenverkehrsrechtlicher Vorschriften vom 18. 8. 1998 (BGBl I 2214, Begr VkBl **98** 1049) wurde es aus der StVZO ausgegliedert und mit bisher in Verwaltungsvorschriften und Richtlinien enthaltenen Bestimmungen in der **Fahrerlaubnis-Verordnung (FeV)** zusammengefasst, die am 1. 1. 1999 in Kraft trat. Die **Anlagen 3, 4, 12, 13 und 15 zur FeV** sind im Anschluss an die FeV **abgedruckt**. Die bis dahin noch in der Verordnung über den internationalen Kraftfahrzeugverkehr (IntVO) enthaltenen fahrerlaubnisrechtlichen Bestimmungen wurden mit der Vierten Verordnung zur Änderung der Fahrerlaubnis-Verordnung und anderer straßenverkehrsrechtlicher Vorschriften vom 18. 7. 08 (BGBl I 1338, Begr BR-Drs 302/08 und BR-Drs 302/08 Beschluss) in die FeV übernommen; die IntVO wurde mit Wirkung vom 30. 10. 08 aufgehoben (BGBl I 1338, 1373).

Die FeV basiert auf der Richtlinie 91/439/EWG des Rates vom 29. 7. 1991 über den Führerschein (ABl Nr L 237/1 v 24. 8. 91), der **2. EG-Führerschein-Richtlinie** (StVRL § 6 FeV Nr 1). Diese wurde mit der Richtlinie 2006/126/EG des Europäischen Parlaments und des Rates v 20. 12. 2006 über den Führerschein (Neufassung), ABl Nr L 403/18 v 30. 12. 06, der **3. EG-Führerschein-Richtlinie,** neu gefasst. Sie ist am 19. 1. 2007 in Kraft getreten (Art 18 UAbs 1), ist bis 19. 1. 2011 in nationales Recht umzusetzen (Art 16 Abs 1) und ab 19. 1. 2013 anzuwenden (Art 16 Abs 2). Verschiedene Bestimmungen gelten erst ab 19. 1. 2009 (Art 18 UAbs 2). Die 2. FSRichtlinie wird mit Wirkung v 19. 1. 2013 aufgehoben (Art 17 UAbs 1). Beide Richtlinien haben somit eine Zeit lang nebeneinander Gültigkeit.

Die **3. FSRichtlinie** bringt im Wesentlichen die folgenden **Neuerungen** mit sich, die allerdings erst nach Umsetzung in deutsches Recht wirksam werden: Die in den EU-Mitgliedstaaten noch vorhandenen mehr als 110 verschiedenen FS-Muster sollen durch ein FS-Muster ersetzt werden, das für ab 19. 1. 2013 neu auszustellende FS ausschließlich zu verwenden ist. In die neuen FS kann ein Speichermedium (Mikrochip) integriert werden (Art 2 Abs 4 der 2. FSRichtlinie, der dies verbot, ist mit Wirkung vom 19. 1. 2007 aufgehoben worden). Die FS werden nur noch befristet, maximal bis zu 15 Jahren, ausgestellt. FS nach alten Mustern sind bis spätestens 19. 1. 2033 in dann befristete FS nach dem neuen Muster umzutauschen. Für Kleinkrafträder (Fz bis 25 km/h bauartbedingter Höchstgeschwindigkeit ausgenommen) wird die neue FSKlasse AM eingeführt. Der Grundsatz des stufenweisen Zugangs zur Motorrad-FE wird durch neue Klasseneinteilung und Altersregelungen verankert. Für Fahrprüfer werden erstmals Mindestanforderungen und die Pflicht zur regelmäßigen Weiterbildung festgelegt.

Dem sog **FS-Tourismus** soll durch Art 11 Abs 4 der 3. FSRichtlinie entgegengetreten werden, nach dem die Mitgliedstaaten es ablehnen, FS an Personen auszustellen, deren FE in einem anderen Mitgliedstaat „eingeschränkt, ausgesetzt oder entzogen wurde". (Nach Art 8 Abs 4 UAbs 2 der 2. FSRichtlinie *konnten* die Mitgliedstaaten dies ablehnen.) Die Anerkennung der Gültigkeit von FS, die unter Verletzung dieses Grundsatzes ausgestellt worden sind, wird abgelehnt (Art 11 Abs 4 UAbs 2). (Nach dem – allerdings vom EuGH eng ausgelegten – Art 8 Abs 4 UAbs 1 der 2. FSRichtlinie *konnten* die Mitgliedstaaten dies ablehnen.) Ob damit ein kurzfristig einsetzbares Instrument gegen den Missbrauch des EU-FE-Rechts zur Verfügung steht, ist offen. Gem Art 18 gilt Art 11 Abs 4 erst ab 19. 1. 2009. Die 3. FSRichtlinie ist nur auf FS anwendbar, die nach dem Beginn ihrer Anwendung ausgestellt wurden (Erwägung Ziff 5 im Vorspann der Richtlinie). Nach Art 13 Abs 2 darf eine vor dem 19. 1. 2013 erteilte FE aufgrund der Bestimmungen der 3. FSRichtlinie „weder entzogen noch in irgendeiner Weise eingeschränkt werden". Die Umsetzung von Art 11 Abs 4 der 3. FSRichtlinie in deutsches Recht war bei Abschluss dieser Auflage noch nicht erfolgt.

Lit zur 2. EG-FS-Richtlinie: *Brandt, Jagow, Neidhart,* VGT **91** 103, 110, 118. *Jagow* VD **92** 121, DAR **92** 453, **95** 360.

Lit zur 3. EG-FS-Richtlinie: *Berlin-Report,* Dritte EG-FS-Richtlinie, DAR **07** 297. *Geiger,* Neues Ungemach durch die 3. FS-Richtlinie der EG?, DAR **07** 126. *Hailbronner/Thoms,* Der FS im EU-Recht, NJW **07** 1089 (1093 f). *Thoms,* Ab wann gelten die 3. Europäischen FS-Richtlinien? DAR **07** 287.

I. Allgemeine Regelungen für die Teilnahme am Straßenverkehr

Grundregel der Zulassung

1 Zum Verkehr auf öffentlichen Straßen ist jeder zugelassen, soweit nicht für die Zulassung zu einzelnen Verkehrsarten eine Erlaubnis vorgeschrieben ist.

1   **1. Grundsatz der Verkehrsfreiheit.** § 1 geht von dem Grundsatz allgemeiner VFreiheit aus, mit drei Einschränkungen: VFreiheit besteht nicht, soweit für einzelne VArten eine Erlaubnis vorgeschrieben ist; verkehrsschwache Personen müssen den Mangel ausgleichen (§ 2); wer sich als ungeeignet erweist (Beweislast bei der VB), kann im Verkehr bei Benutzung von Fzen oder Tieren beschränkt oder davon ausgeschlossen werden (§§ 3, 46).

2   **2. Verkehr** ist hier nur der öffentliche StrV (§ 1 StVO), die Benutzung öffentlicher VFlächen in den Grenzen des Gemeingebrauchs (**E** 49, 50).

3   **3. Öffentliche Straßen:** §§ 1 StVO, 1 StVG.

4   **4. Zugelassen** zum öffentlichen StrV ist jedermann (VT, § 2) ohne besondere Einschränkungen: §§ 2, 3.

5   **5. Besondere Erlaubnis für die Zulassung zu einzelnen Verkehrsarten.** Eine besondere VErlaubnis brauchen Straßenbahnen (§ 2 I Nr 1 PBefG) und Kraftfahrzeuge: § 3 FZV. Die §§ 4 bis 47 regeln die Zulassung von Personen zum Führen von Kfzen, § 48 die Fahrgastbeförderung mit Kfzen.

Eingeschränkte Zulassung

2 (1) ¹Wer sich infolge körperlicher oder geistiger Beeinträchtigungen nicht sicher im Verkehr bewegen kann, darf am Verkehr nur teilnehmen, wenn Vorsorge getroffen ist, daß er andere nicht gefährdet. ²Die Pflicht zur Vorsorge, namentlich durch das Anbringen geeigneter Einrichtungen an Fahrzeugen, durch den Ersatz fehlender Gliedmaßen mittels künstlicher Glieder, durch Begleitung oder durch das Tragen von Abzeichen oder Kennzeichen, obliegt dem Verkehrsteilnehmer selbst oder einem für ihn Verantwortlichen.

(2) ¹Körperlich Behinderte können ihre Behinderung durch gelbe Armbinden an beiden Armen oder andere geeignete, deutlich sichtbare, gelbe Abzeichen mit drei schwarzen Punkten kenntlich machen. ²Die Abzeichen dürfen nicht an Fahrzeugen angebracht werden. ³Wesentlich sehbehinderte Fußgänger können ihre Behinderung durch einen weißen Blindenstock, die Begleitung durch einen Blindenhund im weißen Führgeschirr und gelbe Abzeichen nach Satz 1 kenntlich machen.

(3) Andere Verkehrsteilnehmer dürfen die in Absatz 2 genannten Kennzeichen im Straßenverkehr nicht verwenden.

Begr VkBl **98** 1060.

Begr zur ÄndVO v 18. 7. 08, BGBl I 1338 (BR-Drs 302/08 S 59): Zur Ersetzung des Wortes *Mängel* durch das Wort *Beeinträchtigungen* in **Abs 1 S 1:** *Insbesondere behinderte Menschen sind von der defizitorientierten Bezeichnung „Mangel" betroffen. Der Begriff „Mangel" sollte nicht in Bezug auf Menschen verwendet werden. Nicht nur im täglichen Sprachgebrauch sondern auch in den Regelungen des Bürgerlichen Gesetzbuches wird dieser Begriff verwendet, um den Mangel an einer Sache auszudrücken.*
Zur Ersetzung der Wörter Blinde Fußgänger durch die Wörter Wesentlich sehbehinderte Fußgänger in **Abs 2 S 3:** *Die Regelung in § 2 entspricht dem früheren § 3 StVZO und wurde in einer Zeit eingeführt, als es die heutigen Definitionen von „Blindheit", „hochgradiger Sehbehinderung" und „wesentlicher Sehbehinderung" noch nicht gab. Die heute in Deutschland geltende gesetzliche Begriffsbestimmung für „Blindheit" (AHP Nr. 23: Visus bis 0,02) ist enger als die internationale Klassifizierung der WHO (ICD.10: Visus bis 0,5). Im deutschen Sozialrecht werden die „blinden" mit den „hochgradig sehbehinderten" Menschen fast überall gleichgestellt. So sind sämtliche Blindenhilfsmittel (weißer Langstock sowie der Blindenführhund und das dazugehörige Mobilitätstraining) nach dem Hilfsmittelverzeichnis der GKV-Spitzenverbände ohne Unterschied auch den hochgradig sehbehinderten Versicherten zu gewähren. Demnach nehmen schon heute auch Personen, die nicht im Sinne des Gesetzes „blind" sind, mit den Verkehrsschutzzeichen im Sinne des § 2 am Verkehr teil. Zur Vermeidung von Rechtsunsicherheit wird der Personenkreis daher auf die „wesentlich sehbehinderten Fußgänger" erweitert.*

Eingeschränkte Zulassung **§ 2 FeV 3**

1. § 2 betrifft die **verkehrsschwachen Personen,** für deren Teilnahme am StrV Schutzmaßnahmen erforderlich sind. § 2 ist verfassungskonform, s Ce NRpfl **62** 263 (zu § 2 StVZO alt). Maßnahmen gegen ungeeignete FzF: §§ 3, 46, 47.

2. Körperliche oder geistige Beeinträchtigungen. Gemeint sind nicht Beeinträchtigungen iS der Ungeeignetheit zum Führen von Kfz (§§ 2, 3 StVG, 69 StGB), sondern körperliche Beeinträchtigungen, die die Sicherheit, sich im Verkehr zu bewegen, vermindern. Rein äußerliche Behinderung der eigenen und der VSicherheit entscheidet. Beispiele: Blindheit, Gelähmtheit, Schwachsinn höheren Grades, Geisteskrankheit, Neigung zu epileptischen Anfällen, vorübergehende Sehbehinderung, nicht abgeklungene Krankheitsfolgen, Übermüdung. Ob ein Gipsverband sicheres FzFühren ausschließt, hängt von den Umständen ab, s *Rothardt-Habel* DAR **93** 275. Bei allen, auch vorübergehenden, körperlichen Beeinträchtigungen hängt die Fahreignung von Art und Umfang der Funktionseinbuße im konkreten Fall und von ihrer Kompensationsmöglichkeit ab, *Pluisch* NZV **95** 175. Mängel bei KfzFührern und Einfluss des Alters auf deren VSicherheit: § 2, 3 StVG. Für angetrunkene Fußgänger gilt § 2. Wer infolge einer BAK von 1,98‰ verkehrsuntüchtig ist, darf sich nicht als Fußgänger im StrV bewegen, Ha NZV **99** 374. Zum Alkoholeinfluss auf Fußgänger: § 316 StGB Rz 116. KfzFühren unter Alkoholeinfluss: §§ 24a StVG, 315c, 316 StGB.

3. Verkehrsunsicherheit. Die körperliche oder geistige Beeinträchtigung muss derart sein, dass der Betroffene dem Verkehr ohne Hilfe oder Ausgleichsvorkehrung nicht gewachsen ist. Ein Fußgänger, der wegen an Blindheit grenzenden Augenleidens bei Dunkelheit einen Radf nicht rechtzeitig erkennen kann, vermag beim Überschreiten der Fahrbahn nicht sicher zu bewegen, KG VRS **10** 304. Kopfhörerbenutzung durch einen musikhörenden Fahrer, s § 23 StVO Rz 13, 38.

Der Kf muss Schwankungen seiner Leistungsfähigkeit ständig beobachten und berücksichtigen, BGH NJW **74** 948, zB Sehschwächen, Nü VersR **76** 643, auch vor Fahrtantritt, s E 141. Über biologische Rhythmus- und Leistungskurven und gegenläufige Einschlafgefahr am Steuer, *Müller-Limmroth* DAR **68** 302. Ein vegetativ-labiler Kf mit Blutdruck auf „niedrig-normalem" Niveau kann, außer bei Einfluss von Alkohol oder Beruhigungsmitteln, eine Bewusstseinstrübung vorher bemerken, Ha VRS **51** 355, NJW **76** 2307. Persönliche Fahrfähigkeit s auch E 141, § 31 StVZO Rz 10. Die Einnahme bestimmter Medikamente, *Händel* PVT **95** 43, vor allem aber Medikamentenmissbrauch, kann fahruntüchtig machen, s Ha VRS **52** 194. Unfall beim Fahren nach überstandenem Herzinfarkt entgegen ärztlicher Weisung, LG Heilbronn VRS **52** 188. *Müller-Limmroth/Schneble,* Neue Erkenntnisse zur Leistungsfähigkeit des Kf, BA **78** 226, s auch *Müller-Limmroth* VGT **77** 16. Kf-Leistungsminderung durch aktives und passives Rauchen, *Schmidt* ZVS **74** 109.

Übermüdung (s auch § 9 StVG Rz 23) (nicht schon Ermüdung geringeren Grades) führt meist zu fehlerhafter Fahrweise, BGH DAR **56** 106, VRS **10** 282, s *Zulley/Popp* VGT **04** 71, und verletzt dann die Sorgfaltspflicht, BGH VRS **5** 210, Ha NJW **53** 1077, DAR **53** 160. Wer sich nicht (mehr) fahrtüchtig fühlt (Übermüdung), muss das Steuer abgeben (auch Amtspflicht), Ce VersR **80** 482. Der körperliche Leistungstiefstand (Kurve) liegt idR nachts zwischen 2 und 3 Uhr (größte Gefahr des Einschlafens und von Fehlreaktionen), *Müller-Limmroth* DAR **68** 296, 302. **Grobe Fahrlässigkeit** idR nur, wenn sich der Kf über typische Ermüdungsursachen oder deutliche Ermüdungsvorzeichen hinwegsetzt, BGH NJW **74** 948, VersR **77** 619, Ce DAR **02** 310, Dü NZV **01** 81, Fra MDR **98** 215, Ko NVersZ **98** 122, Ol NZV **99** 212. Vorzeichen des Einschlafens müssen nicht stets so deutlich sein, dass ihre Nichtbeachtung sogar grobfahrlässig wäre, s BGH NJW **74** 948, Mü DAR **94** 201, Fra MDR **98** 215, Ha NZV **98** 210, s aber Fra NZV **93** 32. Fahren trotz Übermüdung ist grobfahrlässig, wenn der Kf nach den Umständen damit rechnen musste, Fra NZV **93** 32, Nü ZfS **87** 277, Ce VersR **69** 118, Kö VersR **66** 530, LG Stendal NJW-RR **03** 748, etwa auch nach erheblicher Überschreitung der höchstzulässigen Lenkzeit, Kö VersR **88** 1078, bei langer, nächtlicher AB-Fahrt nach Arbeitstag und nur 4 Std Schlaf, LG Mü I NZV **97** 523. Bei langer Fahrt muss der Kf der Ermüdung vorbeugen (Pausen, Körperbewegung, Lüftung), s *Zulley/Popp* VGT **04** 74, bei Ermüdungserscheinungen während des Fahrens Gesicht und Füße durch Frischluft abkühlen, s *Müller-Limmroth* BA **78** 236. Eindämmern auf der AB bei überschnellem Fahren wird idR grobfahrlässig sein, Kö VersR **66** 530, Beweis der Erkennbarkeit vorausgesetzt. Wer tagsüber gearbeitet hat und gegen Mitternacht nach nur 1 Stunde Schlaf eine mehrstündige Nachtfahrt macht, muss mit Übermüdung rechnen, Ce VersR **62** 843.

Hinsichtlich der **Wahrnehmbarkeit eigener Übermüdung** war die Rspr zunächst zurückhaltend: Übermüdung sei nicht stets voraussehbar und daher stets zu prüfen, Zw VRS **35**

Dauer

371, es gebe zur Wahrnehmbarkeit keinen Erfahrungssatz, BGH NJW **74** 948, LG Rostock DAR **01** 410, vor allem nicht bei besonderer Monotonie, Ce DAR **67** 109, s *Zulley/Popp* VGT **04** 68. Für plötzlichen, vorher nicht wahrnehmbaren Ausfall der Aufmerksamkeit sei der Kf nur bei Gesundheitsmängeln verantwortlich, die er kannte oder hätte kennen müssen, BGH VRS **14** 441. Zur Beurteilung, ob ein Kf ungewarnt von Übermüdung überfallen werden kann, fehle die gerichtliche Sachkunde, BGH VRS **14** 361, Ha VRS **25** 214. Dem Einnicken am Steuer gehen jedoch, abgesehen von Medikamentwirkungen, idR wahrnehmbare Anzeichen voraus, BaySt **03** 100 = DAR **03** 527, Fra NZV **93** 32, Ha NZV **98** 210, LG Mü I NZV **97** 523, LG Stendal NJW-RR **03** 748 (Erfahrungssatz), *Zulley/Popp* VGT **04** 70 f. Nach Ansicht von BGH VRS **38** 144, NJW **70** 520 kann ein gesunder, ausgeruhter Mensch ohne Alkohol-, Narkotika- oder Medikamenteinwirkung beim Fahren nicht ohne vorherige Anzeichen einnicken, auch nicht bei Herzleistungsschwäche, Hypotonie und Infekten, außer bei Narkolepsie. Zurückhaltender aber anscheinend *Böcher,* ZVS **70** 104 („im Allgemeinen" ist Einschlafen am Steuer „normalerweise" voraussehbar, außer bei Krankheitsfolge oder Medikamenteinfluss) und *Lewrenz,* k + v **70** 57 (bisher seien keine Tatsachen bekannt, die dafür sprechen, dass ein Kf bevorstehendes Einnicken nicht rechtzeitig bei sich bemerke). Zur Tagesmüdigkeit auf Grund nächtlicher Schlafstörungen (Schlafapnoe-Syndrom), *Böhning* NZV **97** 142.

7 Einschlafen am Steuer ist an sich kein Ausschließungsgrund iS der AVB-Unfall oder Kasko, auch kein gefahrerhöhender Umstand (§§ 23, 26 VVG), Mü VersR **64** 83, KG VersR **65** 558, aM Nü VersR **63** 470, Mü VersR **63** 1044, Gefahrerhöhung aber bei ständiger Überbeanspruchung (Übermüdung) des Fahrers, Ce VersR **69** 118, Kö VersR **97** 306. Gefahrerhöhung bei durch Schlafentzug und Alkoholkonsum ausgelöstem epileptischen Anfall nur bei Weiterbenutzung des Fzs in Kenntnis der gefahrerhöhenden Umstände, Nü NVersZ **99** 437. Der Geschäftsherr muss Vorsorge gegen Übermüdung seiner Kf zur Entlastung beweisen, BGH VRS **21** 328, VersR **61** 1015. Haftung bei Unfall in Übermüdung: § 9 StVG Rz 23. Unfallbedingte Teilamnesie ist kein Indiz für Übermüdung vor dem Unfall, Dü VM **78** 15.

Lit: *Böhning,* Das Schlafapnoe-Syndrom – ein wenig beachtetes Unfallrisiko, NZV **97** 142. *Gaisbauer,* Zusammenwirken von Alkohol und Übermüdung ..., NJW **68** 191. *Händel,* Der alte Mensch als Teilnehmer am StrV, DAR **85** 210. *Hell,* Auftreten und Prävention von Müdigkeitsunfällen im StrV, VGT **04** 55. *Müller-Limroth,* Fehlverhalten des Autofahrers aus der Sicht des Mediziners und Physiologen, DAR **68** 293. *Pluisch,* Das Führen von Kfzen bei vorübergehender Körperbehinderung, NZV **95** 173. *Pohl,* Die menschliche Leistungsfähigkeit als Risikofaktor im StrV, Verkehrsunfall **84** 9. *O. und L. Prokop,* Zum Problem des Einschlafens am Steuer, Deutsche Zeitschrift für die gesamte gerichtliche Medizin Bd. 45 (1956), 523. *Theda,* Versicherungsschutz bei Übermüdung eines Kfzfahrers, VP **68** 105. *Zulley/Popp,* Einschlafen am Steuer, VGT **04** 65.

8 **4. Eingeschränkte Zulassung.** Teilnahme am Verkehr: § 1 StVO. Wer sich nicht sicher im Verkehr bewegen kann, darf daran ohne Ausgleich nicht teilnehmen. Erfasst ist jedes verkehrserhebliche Verhalten, das körperlich unmittelbar auf den Verkehr einwirkt, Bay DAR **67** 142 (Drehung eines Baggerauslegers auf öffentlicher Straße).

9 **5. Ausgleich der Verkehrsschwäche.** VSchwache sollen weder sich noch andere gefährden. FzFührer müssen nötigenfalls Vorrichtungen am Fz anbringen, die ihre körperlichen Beeinträchtigungen ausgleichen. Wer führerscheinpflichtige Kfz im StrV führen will, wird im Zulassungsverfahren (§§ 4 ff) geprüft. Verfahren bei späteren Mängeln: § 46. Verantwortlich dafür, dass der Verkehrsschwache nicht ohne die erforderliche Vorsorge (Rz 10) am StrV teilnimmt, ist in erster Linie er selbst (Abs 2 S 2). Verletzung der Vorsorgepflicht ist ordnungswidrig (§ 75 Nr 1 FeV, 24 StVG).

Lit: *Bender,* Zur Auslegung des § 2 StVZO, DAR **60** 127 (zu § 2 StVZO alt).

10 **6. Beispiele für Vorsorgemaßnahmen** gibt Abs 2: Im Gegensatz zu § 2 StVZO alt sind aber nur noch Armbinden, Abzeichen, Blindenstock und Blindenhund ausdrücklich genannt. Auf weitere Einzelheiten verzichtet die Bestimmung, weil sich Art und Ausmaß der erforderlichen Vorsorgemaßnahmen nach den Umständen des Einzelfalls richten. In Frage kommen jedoch nach wie vor auch die in § 2 II StVZO (alt) genannten Hilfsmittel wie künstliche Gliedmaßen und Begleitung durch eine Hilfsperson, ferner zB Hörapparate, BGH NJW **57** 1400 und technische Einrichtungen am Kfz. Die Abzeichen dürfen nicht an Fzen angebracht sein (Abs 2 S 2). Die in Abs 2 S 3 genannten Verkehrsschutzzeichen können nicht nur von blinden, sondern auch von wesentlich sehbehinderten Fußgängern genutzt werden.

Einschränkung und Entziehung der Zulassung § 3 FeV 3

7. Ahndung von Verstößen. Untaugliche Fußgänger und Reiter fallen unter Abs 1, ebenso 11
alle FzF bei möglicher, aber unterlassener Vorsorge bei sich (zB vergessene Fahrbrille) oder am
Fz (zB Bedienungserleichterung), denn insoweit ist Abs 1 Spezialvorschrift gegenüber § 31 I
StVZO. Kommen Vorsorgemaßnahmen in Betracht (zB bei Übermüdung), so ist TE zwischen § 2 I FeV und § 31 I StVZO anzunehmen. Zuwiderhandlungen gegen § 2 sind, soweit
nicht § 316 StGB eingreift, ow (§§ 75 Nr 1, 2 FeV, 24 StVG). Verstoß gegen Abs 1 setzt keine
konkrete Gefährdung voraus, BGH VRS **7** 68. Der Betroffene muss sich bewusst oder fahrlässig
nicht bewusst gewesen sein, trotz des Mangels am Verkehr teilzunehmen. Zur Frage des Vorsatzes bei Fahren trotz Übermüdung, Ce VersR **80** 482. TE mit § 1 StVO ist möglich. Wer verkehrsuntüchtig mit einem Fz, das nicht verkehrssicher ist oder nicht den Vorschriften über die
Beschaffenheit entspricht, am Verkehr teilnimmt, begeht diese OWen in TE, BGHSt **6** 229,
DAR **54** 215. Missbrauch der für Körperbehinderte bestimmten Abzeichen (Abs 3) ist ow
(§§ 75 Nr 2 FeV, 24 StVG). Zur Blutprobenentnahme bei Fußgängern *Nimtz* DAR **08** 429.

Einschränkung und Entziehung der Zulassung

3 (1) ¹Erweist sich jemand als ungeeignet oder nur noch bedingt geeignet zum Führen
von Fahrzeugen oder Tieren, hat die Fahrerlaubnisbehörde ihm das Führen zu untersagen, zu beschränken oder die erforderlichen Auflagen anzuordnen. ²Nach der Untersagung, auf öffentlichen Straßen ein Mofa zu führen, ist die Prüfbescheinigung nach § 5
Abs. 4 Satz 1 unverzüglich der entscheidenden Behörde abzuliefern oder bei Beschränkungen oder Auflagen zur Eintragung vorzulegen. ³Die Verpflichtung zur Ablieferung
oder Vorlage der Prüfbescheinigung besteht auch, wenn die Entscheidung angefochten
worden ist, die zuständige Behörde jedoch die sofortige Vollziehung ihrer Verfügung angeordnet hat.

(2) Rechtfertigen Tatsachen die Annahme, daß der Führer eines Fahrzeugs oder Tieres
zum Führen ungeeignet oder nur noch bedingt geeignet ist, finden die Vorschriften der
§§ 11 bis 14 entsprechend Anwendung.

Begr (VkBl **98** 1061): *§ 3 gilt für Personen, die kein fahrerlaubnispflichtiges Kraftfahrzeug führen,* 1
*sondern in anderer Weise am Straßenverkehr teilnehmen, z. B. für Fahrrad- und Mofafahrer und Lenker
von Fuhrwerken. ... Der Eignungsbegriff ist im Straßenverkehrsgesetz selbst (§ 2 Abs. 4 StVG) definiert.*

Begr zur ÄndVO v 18. 7. 08, BGBl I 1338 (BR-Drs 302/08 Beschluss S 1): **Zu Abs 1 S 2** 2
und 3: *Die Untersagung, auf öffentlichen Straßen ein Mofa zu führen, wird gemäß § 28 Abs. 3 Nr. 4
StVG im Verkehrszentralregister (VZR) gespeichert, so dass die Polizei bei Kontrollen die Fahrberechtigung überprüfen kann. Ein Problem besteht jedoch darin, dass die Fahrerlaubnisbehörde rechtlich keine
Möglichkeit hat – entsprechend § 47 FeV – die Untersagung durch Einziehung der Mofa-Prüfbescheinigung zu vollstrecken. Die Prüfbescheinigung ist zwar keine Fahrerlaubnis und dient nur zum Nachweis,
dass die Prüfung bestanden wurde. Nach § 5 Abs. 4 Satz 2 FeV ist sie aber beim Führen des Mofas mitzuführen und zuständigen Personen zur Prüfung auszuhändigen. Durch das Vorweisen der Prüfbescheinigung erwecken die Betreffenden bei Kontrollen den Eindruck, sie seien (noch) fahrberechtigt. Durch die
Ergänzung kann dies weitgehend unterbunden werden.*

Um zu verhindern, dass eine Ersatz-Prüfbescheinigung für Personen ausgestellt wird, denen das Führen 3–5
*von Mofas untersagt wurde, holt die prüfende Stelle nach § 5 Abs. 1 Satz 3, Abs. 4 Satz 1 FeV auf
Kosten des Betreffenden eine Auskunft aus dem VZR ein oder lässt sich einen VZR-Auszug vorlegen, der
nicht älter ist als zwei Wochen.*

1. Anwendungsbereich. § 3 regelt die Maßnahmen, die der FEB die Möglichkeit geben, 6
den StrV gegen Gefährdung durch Personen zu schützen, die zum Führen von fahrerlaubnisfreien Fz, auch Kfz, oder Tieren (s § 28 StVO) ungeeignet oder nur noch bedingt geeignet sind.
Die Ermächtigungsgrundlage § 6 I Nr 1y StVG ist grundgesetzkonform (OVG Lüneburg
NJW **08** 2059). § 3 gilt zB für Fahrrad- oder Mofafahrer, nicht aber für Personen, die fahrerlaubnispflichtige Kfz führen. Die Bestimmung ermächtigt nicht zu behördlichen Maßnahmen
gegen Fußgänger, die ungeeignet oder nur noch bedingt geeignet zur Teilnahme am StrV sind.
§ 3 gilt auch für ausländische VTeilnehmer (§ 29 a S 3).

2. Ungeeignetheit oder bedingte Eignung. Es gilt der Eignungsbegriff des § 2 IV StVG 7
(Begr VkBl **98** 1061, VGH Mü Beschl v 27. 3. 06 11 ZB 06.41 juris Rz 22). §§ 11–14 sind
entsprechend anwendbar (Abs 2). Entsprechend anwendbar ist damit auch Anl 4 zu den §§ 11,
13 und 14 (OVG Hb VRS **109** 210, 213, VG Hannover Beschl v 21. 12. 07 9 B 4217/07

Dauer 971

3 FeV § 3 I. Allgemeine Regelungen für die Teilnahme am Straßenverkehr

juris, VG Mü Beschl v 19. 2. 08 M 6 b S 08.278 juris). Hinsichtlich des Sehvermögens ist § 12 mit Anl 6 entsprechend anwendbar (VGH Mü Beschl v 20. 3. 08 11 CS 07.2188 juris). Hier sind allerdings nur Mängel relevant, die sich auf das Führen von nicht fahrerlaubnispflichtigen Fz oder Tieren beziehen (*Geiger* SVR **07** 161, 162). – Das Führen eines Mofas unter Alkoholeinfluss kann die Untersagung des Führens fahrerlaubnisfreier Fz rechtfertigen (VG Stade NJW **87** 147 zu § 3 I StVZO alt). **Trunkenheitsfahrt mit einem Fahrrad** kann die Untersagung des Führens von Fahrrädern bzw von fahrerlaubnisfreien Fz rechtfertigen (VG Neustadt NJW **05** 2471, VG Mü Beschl v 19. 2. 08 M 6 b S 08.278 juris). Gelegentlicher **Cannabiskonsum** bei mangelndem Vermögen der Trennung zwischen Konsum und Führen eines Mofas (OVG Hb VRS **109** 210, VGH Mü Beschl v 27. 3. 06 11 ZB 06.41 juris, Beschl v 1. 9. 08 11 CS 08. 1188 juris) oder eines Fahrrades (OVG Lüneburg NJW **08** 2059) rechtfertigt die Untersagung des Führens fahrerlaubnisfreier Kfz.

8   **3. Maßnahmen.** Ist der Eignungsmangel erwiesen, ist die FEB zum Einschreiten nach Abs 1 verpflichtet. Sie hat dabei Auswahlermessen bezüglich Art und Umfang der zu treffenden Maßnahme auszuüben (VGH Mü Beschl v 27. 3. 06 11 ZB 06.41 juris, OVG Lüneburg NJW **08** 2059, s auch OVG Br NJW **90** 2081 zu § 3 I StVZO alt):

9   **3 a. Untersagung oder Beschränkung des Führens.** Die FEB kann dem Ungeeigneten untersagen, Fz oder Tiere im Verkehr zu führen oder das Recht hierzu (§ 1) beschränken. Das Übermaßverbot ist maßgebend (OVG Br NJW **90** 2081 zu § 3 I StVZO alt). Das Verbot, ein Rad oder Mofa im öffentlichen Verkehr zu fahren, setzt zwingend eine Ermessensprüfung voraus, ob der erstrebte Sicherungszweck auch durch ein milderes Mittel erreichbar ist, etwa durch ein sachlich, zeitlich oder örtlich eingeschränktes Verbot (OVG Br VRS **59** 398, NJW **90** 2081 jeweils zu § 3 I StVZO alt). Reicht dies nicht aus, so *muss* die FEB das FzFühren bei erwiesener Ungeeignetheit untersagen (Abs 1, VG Neustadt NJW **05** 2471). Die Maßnahme kann sich auch auf das Führen von Fz oder Tieren bestimmter Art beschränken. Auch zeitliche oder örtliche Beschränkungen sind zulässig (Rz 10).

10 **3 b. Anordnung von Auflagen.** Statt eines Verbots muss die FEB Teilnahme am Verkehr als Führer von Fz oder Tieren davon abhängig machen, dass bestimmte Auflagen erfüllt werden, falls das ausreicht, den Verkehr vor Gefahr zu schützen (OVG Br NJW **90** 2081 zu § 3 I StVZO alt). Nach dem Grundsatz der Verhältnismäßigkeit sind nur Maßnahmen aufzuerlegen, die erforderlich sind, den Schutz zu gewährleisten. Die Art der Auflage hängt von der Art des Eignungsmangels ab.

11 **4.** Die Maßnahme der FEB nach Abs 1 ist ein **Verwaltungsakt**. Die Anordnung der **sofortigen Vollziehung** darf wegen der Abwehr von Gefahren für Leben und Gesundheit anderer VTeilnehmer regelmäßig erfolgen und in allgemeiner Form mit der Ungeeignetheit des Betroffenen begründet werden (OVG Hb VRS **109** 210). Die Anordnung der sofortigen Vollziehung ist aber nur so weit zulässig, wie dies nach dem festgestellten Sachverhalt erforderlich ist (OVG Lüneburg NZV **89** 43 zu § 3 I StVZO alt).

12 **5. Vorbereitung der Entscheidung.** §§ 11–14 sind entsprechend anwendbar (Abs 2). Der FEB müssen konkrete Tatsachen bekannt sein, die entweder ohne weitere Überprüfung den Schluss auf Nichteignung zulassen (§ 11 VII) oder Anlass für eine Eignungsüberprüfung sind. Auch Mitteilungen der Polizei nach § 2 XII StVG können Anlass für die Überprüfung der Eignung zum Führen fahrerlaubnisfreier Fz oder Tiere sein (§ 2 StVG Rz 25). Aus der Anordnung der Beibringung eines Gutachtens muss sich eindeutig ergeben, ob die FEB nur die Eignung des Betroffenen für zweifelhaft hält, fahrerlaubnisfreie Fz oder Tiere im StrV zu führen, oder auch die Kraftfahreignung (VGH Mü Beschl v 15. 5. 08 11 CS 08.616 juris). Zu den nach Abs 2 entsprechend anwendbaren Vorschriften gehört auch § 11 X – Kurs zur Wiederherstellung der Eignung (VG Neustadt NJW **05** 2471).

13 **6. Zuständig** ist die FEB (§ 73). Bei VTeilnehmern ohne Wohn- oder Aufenthaltsort im Inland ist jede FEB zuständig, allerdings nur für Maßnahmen, die das Recht zum Führen von *Kfz* betreffen (§ 73 III). Die Maßnahme der FEB gilt nicht nur für ihren örtlichen Zuständigkeitsbereich, sondern für das gesamte Inland (§ 73 II 3).

14 **7.** Nach Erlass eines **Verbots**, ein Mofa im StrV zu führen, ist die **Mofa-Prüfbescheinigung** (§ 5 IV 1) unverzüglich der entscheidenden Behörde **abzuliefern**, nach der Verfügung von Beschränkungen oder Auflagen ist sie unverzüglich zur Eintragung bei der Behörde vorzulegen (Abs 1 S 2). Dies gilt in Parallele zu § 47 I 2 auch im Falle der Anfechtung der Verfügung,

Erlaubnispflicht und Ausweispflicht für das Führen von Kraftfahrzeugen **§ 4 FeV 3**

wenn die sofortige Vollziehung angeordnet wurde (Abs 1 S 3). Diese Verpflichtungen wurden durch ÄndVO v 18. 7. 08 (BGBl I 1338) eingeführt, damit bei Verkehrskontrollen nicht trotz eines Verbots der Anschein erweckt werden kann, zum Führen von Mofas berechtigt zu sein. Damit nach Ablieferung nicht eine Ersatz-Prüfbescheinigung durch die Stelle ausgestellt wird, die die Prüfung durchgeführt hat, sollte diese sich durch Auskunft aus dem VZR (Übermittlung zulässig nach § 30 I Nr 3 StVG) oder durch Vorlage eines VZR-Auszugs vergewissern, dass dem Betroffenen das Führen von Mofas nicht verboten wurde (s Begr Rz 3–5).

8. Datenspeicherung und -übermittlung. Unanfechtbare und sofort vollziehbare Verbote und Beschränkungen, ein fahrerlaubnisfreies Fz zu führen, werden in das **VZR** eingetragen (§ 28 III Nr 4 StVG, § 59 I Nr 11 FeV). Die Tilgungsfrist beträgt 5 Jahre (§ 29 I 2 Nr 2b StVG); sie beginnt 5 Jahre nach Ablauf oder Aufhebung des Verbots oder der Beschränkung (§ 29 V 2 StVG). Die Daten dürfen u.a für Verkehrskontrollen übermittelt werden (§ 30 III StVG, § 60 IV FeV). Verbote und Beschränkungen, ein Fz zu führen, dürfen auch in den **örtlichen FERegistern** gespeichert werden (§ 50 II Nr 2b StVG, § 57 Nr 22 FeV); für die Löschung gelten die gleichen Regeln wie für das VZR (§ 61 III 1 StVG). 15

9. Ordnungswidrigkeit: §§ 75 Nr 3 FeV, 24 StVG. 16

Lit: *Geiger*, Verbot des Führens nicht fahrerlaubnispflichtiger Fahrzeuge, SVR **07** 161.

II. Führen von Kraftfahrzeugen

1. Allgemeine Regelungen

Erlaubnispflicht und Ausweispflicht für das Führen von Kraftfahrzeugen

4 (1) ¹Wer auf öffentlichen Straßen ein Kraftfahrzeug führt, bedarf der Fahrerlaubnis. ²Ausgenommen sind

1. einspurige, einsitzige Fahrräder mit Hilfsmotor – auch ohne Tretkurbeln –, wenn ihre Bauart Gewähr dafür bietet, daß die Höchstgeschwindigkeit auf ebener Bahn nicht mehr als 25 km/h beträgt (Mofas); besondere Sitze für die Mitnahme von Kindern unter sieben Jahren dürfen jedoch angebracht sein,
2. motorisierte Krankenfahrstühle (einsitzige, nach der Bauart zum Gebrauch durch körperlich behinderte Personen bestimmte Kraftfahrzeuge mit Elektroantrieb, einer Leermasse von nicht mehr als 300 kg einschließlich Batterien jedoch ohne Fahrer, einer zulässigen Gesamtmasse von nicht mehr als 500 kg, einer bauartbedingten Höchstgeschwindigkeit von nicht mehr als 15 km/h und einer Breite über alles von maximal 110 cm),
3. Zugmaschinen, die nach ihrer Bauart für die Verwendung für land- oder forstwirtschaftliche Zwecke bestimmt sind, selbstfahrende Arbeitsmaschinen, Stapler und andere Flurförderzeuge jeweils mit einer durch die Bauart bestimmten Höchstgeschwindigkeit von nicht mehr als 6 km/h sowie einachsige Zug- und Arbeitsmaschinen, die von Fußgängern an Holmen geführt werden.

(2) ¹Die Fahrerlaubnis ist durch eine amtliche Bescheinigung (Führerschein) nachzuweisen. ²Der Führerschein ist beim Führen von Kraftfahrzeugen mitzuführen und zuständigen Personen auf Verlangen zur Prüfung auszuhändigen. ³Der Internationale Führerschein oder der nationale ausländische Führerschein und eine mit diesem nach § 29 Abs. 2 Satz 2 verbundene Übersetzung ist mitzuführen und zuständigen Personen auf Verlangen zur Prüfung auszuhändigen.

Begr zur ÄndVO v 7. 8. 02 (BRDrucks 497/02 S 57, 60): **Zu Abs 1 Nr 2:** *Die Regelungen zum Führen von motorisierten Krankenfahrstühlen werden aus Verkehrssicherheitsgründen und im Interesse der Leichtigkeit des Verkehrs neu gefasst. Für behinderte oder gebrechliche Personen werden Krankenfahrstühle bis 15 km/h mit Elektroantrieb unter den näher geregelten Voraussetzungen künftig von der Fahrerlaubnispflicht und auch von der Pflicht zum Erwerb einer Prüfbescheinigung ausgenommen. Bisher galt diese Erleichterung nur für Krankenfahrstühle bis 10 km/h. Den Mobilitätsinteressen behinderter Personen wird damit entsprochen. Die bisher für andere Krankenfahrstühle bis 25 km/h geltende Fahrerlaubnisfreiheit wird aufgehoben, da derartige Kraftfahrzeuge in der Praxis sowohl ein Erscheinungsbild eines Pkw besitzen als auch entsprechende Bedienungs- und Fahreigenschaften wie Pkw aufweisen …*

… Die bisherigen Regelungen haben dazu geführt, dass in der Praxis „Pkw-artige" Kraftfahrzeuge in Verkehr gebracht wurden. Das Fahrverhalten und die zum Führen erforderlichen Fertigkeiten und Kenntnisse dieser Kraftfahrzeuge rechtfertigen keinen Verzicht auf die Fahrerlaubnis. Auch im Interesse der Leich-

3 FeV § 4 II. Führen von Kraftfahrzeugen

tigkeit des Verkehrs ist die Neufassung der bisherigen Regelungen geboten. Solche langsam fahrenden von Pkw nicht zu unterscheidenden Fahrzeuge können zu erheblichen Beeinträchtigungen und Gefährdungen (z. B. beim Überholen; besondere Gefahr von Auffahrunfällen) des fließenden Verkehrs in Städten und Ballungsräumen, aber auch im ländlichen Bereich auf Bundes- und Landstraßen führen.

Begr zur VO v 25. 4. 06 (VkBl **06** 616): Begr des Bundesrates **zu Abs 1 S 2 Nr 2:** *Durch die Änderung wird die fahrerlaubnisrechtliche Definition an die zulassungsrechtliche Definition motorisierter Krankenfahrstühle in § 2 Nr. 13 der Fahrzeug-Zulassungsverordnung angepasst. Die Vorgabe, dass motorisierte Krankenfahrstühle eine Heckmarkierungstafel nach der ECE-Regelung 69 oben an der Fahrzeugrückseite aufweisen müssen, ist fahrerlaubnisrechtlich nicht gefordert. Dies ist eine Frage des Zulassungsrechts und dort ausreichend berücksichtigt (vgl. § 4 Abs. 4 der Fahrzeug-Zulassungsverordnung).*

Begr zur ÄndVO v 18. 7. 08, BGBl I 1338 **zu Abs 2 S 3**: BR-Drs 302/08 S 60.

1   **1. Erlaubnis- und Ausweispflicht.** Die Fahrerlaubnis (FE) ist ein begünstigender, nicht bedingter Verwaltungsakt, BGH NJW **69** 1213. Wer im Verkehr ein Kfz führen will, braucht eine FE, weil die Führung besondere Anforderungen an die körperliche und geistige Eignung stellt und Fertigkeiten voraussetzt, die nur durch Übung und Erfahrung erlangt werden. Gesetzliche Grundlage: § 2 StVG. Die §§ 4 bis 45 führen diese gesetzliche Bestimmung aus. Behördliche Entziehung der FE und Wiedererteilung: §§ 46, 20

2   **2. Kraftfahrzeug:** § 1 II StVG.

3   **3. Der Erlaubnis** bedarf, wer im öffentlichen V ein Kfz führen will. Führen: § 21 StVG. Öffentliche Straßen: § 1 Rz 13 ff.

4   **4. Zuständigkeit. Verfahren.** Die Erlaubnis erteilt die im § 73 bestimmte Behörde auf Antrag für eine bestimmte Art von Fzen und eine bestimmte Klasse. Einteilung der FEe: § 6. § 2 XV StVG regelt die Übungs- und Prüfungsfahrten der Bewerber. Mindestalter: § 10. Eignung und bedingte Eignung: §§ 11–14, Anl 4 (zu §§ 11, 13 und 14). Prüfung: §§ 15 ff. Verfahren: §§ 21–25. Das Verfahren endet mit der Aushändigung des FS als Ausweis (§ 4, § 22 IV S 7). FE zur Fahrgastbeförderung: § 48. Erlaubniserteilung: § 2 StVG. Zuständigkeit zur Erteilung eines ErsatzFS (oder internationalen FS) an Inhaber deutscher FEe, die im Ausland leben, VkBl **51** 476. Überleitungsbestimmung für die **neuen Bundesländer:** Anl I Kap XI B III Nr 2 (3) zum Einigungsvertrag.

5   **5. Ausgenommen von der Erlaubnispflicht** sind die in Abs 1 S 2 Nr 1–3 genannten FmH, Krankenfahrstühle sowie selbstfahrenden Arbeitsmaschinen und Zgm. Aber auch zum Führen dieser Kfz muss Eignung iSv § 2 IV StVG gegeben sein, ansonsten kann Untersagung ausgesprochen werden, s § 3. Eine allgemeine Ausnahme für Fze unterhalb einer bestimmten Höchstgeschwindigkeit (früher mehr als 6 km/h, § 4 I 1 StVZO alt) enthält § 4 I nicht. Damit soll dem „Drosseln" von Pkw auf 6 km/h entgegengewirkt werden, das früher zu Behinderungen des V und mangels rechtzeitiger Erkennbarkeit der Langsamkeit durch andere FzF zu Gefahren führte (s Begr, BRDrucks 443/98 S 215). **Elektroskooter** und **motorbetriebene Tretroller** (Kickboards, GoPeds) können, je nach technischer Beschaffenheit, fahrerlaubnispflichtig sein, zB Kleinkraftrad (s § 2 Nr 11 FZV): Kl M, s § 6 Rz 9. Auch bei bauartbedingter Höchstgeschwindigkeit von nicht mehr als 25 km/h wird es für die Einordnung als Mofa, so zB *Ternig* VD **03** 264, zumeist an den Fahrrad-Merkmalen (s zB Anl zur Leichtmofa-Ausnahme-VO) fehlen, s *Kullik* PVT **03** 177; fehlt ein Sitz, so ist die Fahrerlaubnispflicht jedenfalls analog § 4 I Nr 1 zu verneinen sein, insoweit aM *Ternig* VD **03** 264. Die Notwendigkeit einer FE für **Motorräder im Miniformat** („Pocketbikes") richtet sich danach, ob die Voraussetzungen von Abs I Nr 1 oder § 6 I (Kl M, A 1 oder A) vorliegen, s *Ternig* ZfS **06** 666 (669).

6   **5 a. Mofas:** Mofas sind fahrerlaubnisfrei (Abs 1 S 2 Nr 1), erforderlich ist aber eine Mofa-Prüfbescheinigung (§ 5). Im Hinblick auf die Eigenschaft des Mofas als Unterart des EG-Kleinkraftrades und die Rahmen-Richtlinie 2002/24/EG über die Typgenehmigung für 2- oder 3 rädrige Kfze (s § 30 a StVZO Rz 2), in der für geschwindigkeitsbegrenzte Kleinkrafträder Drehzahlbegrenzungen und das Vorhandensein von Tretkurbeln nicht vorgeschrieben ist, hängt die FE-Freiheit für Mofas nicht von einer Drehzahlbegrenzung oder von der Ausstattung mit Tretkurbeln ab. Beim Mofa dürfen Kindersitze für Kinder bis zu 7 Jahren vorhanden sein, ohne dass es dadurch „mehrsitzig" (Abs 1 S 2 Nr 1) wird (Begr VkBl **70** 830). S § 35 a StVZO. Technische Veränderungen am Mofa führen nur dann zur FE-Pflicht, wenn dadurch die Begriffsmerkmale dieser FzArt beeinträchtigt werden, zB eine größere Geschwindigkeit als 25 km/h erreicht wird (Bay VRS **67** 373, *Huppertz* VD **07** 191). Das Erlöschen der BE für sich allein

begründet dagegen noch keine FE-Pflicht. Dies ist durch den Wortlaut von Abs 1 Nr 1 S 2 klargestellt, indem dort die Erteilung einer BE als Voraussetzung für die FE-Freiheit nicht genannt ist. Die gegenteilige Rspr (zB Ha NJW **78** 332, DAR **82** 336) war schon durch die Neufassung von § 4 I Nr 1 StVZO v 23. 11. 82 überholt. Ein als Mofa zugelassenes FmH, das auch ohne technische Veränderung schneller als 25 km/h fahren kann, darf nur mit einer FE benutzt werden (Ha NJW **78** 332, VRS **54** 226). **Leichtmofas** (Buchteil **9**) sind fahrerlaubnisfrei; erforderlich bleibt jedoch die Prüfbescheinigung.

5 b. Motorisierte Krankenfahrstühle sind ebenfalls fahrerlaubnisfrei. Das galt für solche bis **7** 10 km/h schon nach § 4 I Nr 2 StVZO alt. Krankenfahrstühle bis 30 km/h durften vor Inkrafttreten der FeV nur mit FEKl 5 (alt) geführt werden. Die (mit § 2 Nr 13 FZV übereinstimmende) Definition des Krankenfahrstuhls in Abs I S 2 Nr 2 verhindert die Einordnung von Klein-Pkw unter den Begriff (s Begr, Rz 1), BaySt **00** 176 = NZV **01** 136. Dem wurde die bis zum 31. 8. 02 geltende Fassung nicht ausreichend gerecht. Die Kontroverse zur früheren Fassung über den Begriff des Krankenfahrstuhls ist durch die Neufassung weitgehend, im Hinblick auf die Übergangsvorschrift des § 76 Nr 2 aber nicht vollständig, erledigt: Zwar scheitert die rechtliche Einordnung des Fzs bei Vorliegen der in Abs I Nr 2 (aF) genannten Merkmale nicht an dem möglicherweise von einem Fahrstuhl abw Erscheinungsbild, BVerwG NZV **02** 246, VGH Mü NZV **01** 444, LG Mü NZV **01** 385 (zu § 76 Nr 2 a), AG Leutkirch NZV **00** 513, *Schäpe* DAR **99** 428, *Schlund* DAR **00** 562, offengelassen von Bay NZV **01** 136, abw VG Sigmaringen BA **02** 234. Jedoch ist Abs I S 2 Nr 2 als Ausnahmebestimmung eng auszulegen, VGH Mü NZV **01** 444, *Weibrecht* VD **02** 209. Nach vielfach vertretener Ansicht muss das Fz daher, um als FE-freier Krankenfahrstuhl anerkannt zu werden, **nach Konstruktion und Ausstattung speziell auf die Bedürfnisse körperlich Behinderter ausgerichtet** (Abs I S 2 Nr 2: „*bestimmt*") sein, VGH Mü NZV **01** 444. Weist das Fz keinerlei Einrichtungen auf, die speziell körperlich Behinderten oder Gebrechlichen dienen, so ist es daher nach dieser Auffassung (die sich auf Zweck und Wortlaut berufen kann) als FE-pflichtiger Klein-Pkw und nicht als Krankenfahrstuhl zu behandeln, BaySt **00** 176 = NZV **01** 136, LG Mü I NZV **00** 417, VG Sigmaringen BA **02** 234, VG Hb NZV **01** 143, VG Würzburg NZV **00** 104 (zust *Kramer* VD **00** 27, *Huppertz* VD **00** 150). Entgegen LG Mü NZV **01** 385 (krit Anm *Bouska*) reicht dazu allein die Ausstattung eines Klein-Pkw mit Automatikgetriebe nicht aus, VGH Mü NZV **01** 444. Dagegen soll es **nach Auffassung des BVerwG auf spezielle Ausstattung nicht ankommen**, weil es im Hinblick auf die Vielfalt von Behinderungen an brauchbaren Kriterien fehle; das BVerwG NZV **02** 246 ersetzt daher das in Abs I S 2 Nr 2 enthaltene Merkmal „*bestimmt*" im Wege der Auslegung durch den Begriff „*geeignet*" (s aber E 58), krit mit Recht *Weibrecht* NZV **02** 554, VD **02** 209, im Ergebnis wie BVerwG auch LG Mü NZV **02** 385, AG Leutkirch NZV **00** 513. Körperlich bedingt muss die Behinderung sein, s VG Sigmaringen BA **02** 234 (zur früheren Fassung), wie in der Neufassung (ÄndVO v 7. 8. 02) auch durch den Wortlaut klargestellt ist. Dass der Krankenfahrstuhl von einer behinderten oder gebrechlichen Person geführt wird, ist für die FE-Freiheit gem Abs I S 2 Nr 2 (anders als nach § 76 Nr 2) keine Voraussetzung, BVerwG NZV **02** 246 (zust *Weibrecht* VD **02** 208), VG Würzburg NZV **00** 104. **Krankenfahrstühle bis 25 km/h** und solche **bis 30 km/h** nach früherem Recht (§ 4 II S 2 Nr 2 alt und § 76 Nr 2 alt) dürfen gem § 76 Nr 2 von Inhabern einer Prüfbescheinigung (§ 5 IV alt) weiterhin geführt werden.

5 c. Eine weitere Ausnahme sieht Abs I S 2 Nr 3 für **selbstfahrende Arbeitsmaschinen 8** (§ 2 Nr 17 FZV), **land- und forstwirtschaftliche Zgm** sowie **Stapler** und andere **Flurförderzeuge bis 6 km/h** bauartbestimmter Höchstgeschwindigkeit vor. Die Formulierung in Abs I S 2 Nr 3 verdeutlicht, dass Stapler fahrerlaubnisrechtlich nicht den Lkw, sondern den Flurförderzeugen zuzuordnen sind. Begriff der „land- oder forstwirtschaftlichen Zwecke": § 6 V. *Huppertz*, Flurförderzeuge, VD **00** 78.

Lit: *Huppertz*, Fahrerlaubnisfreie Kfz, VD **00** 148. *Derselbe*, Motorbetriebene Tretroller, VD **03** 184. *Derselbe*, FEfreie motorisierte Krankenfahrstühle, NZV **03** 460. *Kramer*, Fahrerlaubnisrechtliche Anforderungen an einen motorisierten Krankenfahrstuhl, VD **00** 25. *Schäpe*, Der motorisierte Krankenfahrstuhl im FE-Recht, DAR **99** 426. *Schlund*, Motorisierter Krankenfahrstuhl als Umgehungstatbestand für Führerscheinlose?, DAR **00** 562. *Weibrecht*, Krankenfahrstuhl ..., VD **02** 207.

6. Führerschein. Soweit eine FE erforderlich ist, müssen sich KfzF darüber ausweisen. Der **9** FS ist die amtliche Bestätigung, dass der darin bezeichneten Person eine FE in dem genannten Umfang erteilt ist, BGH NJW **73** 474, Dü VRS **97** 250, OVG Weimar VRS **109** 314. Mit Aushändigung des FS (oder einer ersatzweise ausgestellten befristeten Prüfbescheinigung) wird die FE wirksam, § 22 IV 7. Er ist eine öffentliche Urkunde, BGHSt **34** 299 = NJW **87** 2243,

3 FeV § 4   II. Führen von Kraftfahrzeugen

BGHSt **37** 207 = NJW **91** 576, Dü VRS **97** 250, OVG Weimar VRS **109** 314, sowie iS des
§ 281 StGB ein Ausweispapier, Ha NJW **69** 625, auch ohne Lichtbild, Ha VRS **5** 619. Der FS
beurkundet nur a) die Erteilung der FE und b) die Identität des FSBesitzers mit der in ihm be-
zeichneten Person (insoweit aM *Ranft* JR **88** 383); darin erschöpft sich die Beweiskraft des FS,
BGHSt **25** 95 = NJW **73** 474, Dü VRS **97** 250, Ha NStZ **88** 26, s BGH NJW **85** 2654,
BGHSt **37** 207 = NJW **91** 576. Verwaltungsrechtlicher Widerruf oder bedingte Ausstellung
sind unzulässig, BGH GA **60** 148. Befristung bei bestimmten FEKlassen, s § 23 I 2 Nr 1–3. Ein
Verlust des FS berührt die FE nicht, BGH NJW **66** 1216. Der Irrtum über den FE-
Beginn kann entschuldbar sein, BGH NJW **66** 1216. Die Personalangaben (Name, Wohnsitz) müssen der
Sachlage bei der FEErteilung entsprechen; spätere Änderung darf nur behördlich erfolgen, sonst
kein amtlicher Ausweis mehr. Eine Pflicht des FS-Inhabers, Änderungen, etwa auch des Na-
mens, im FS vornehmen zu lassen, besteht nicht, aM bei Namensänderung *Jagow* VD **86** 221.
Die Bestimmung des § 25 II 1, wonach bei Änderung der Angaben auf dem FS ein neuer FS
auszufertigen ist, trägt nur dem Umstand Rechnung, dass handschriftliche Eintragungen auf
Scheckkarten-FSen nicht mehr möglich sind (s Begr zu § 25, BRDrucks 443/98 S 277). Um
Zweifel auszuschließen, sollte bei Namensänderung um Berichtigung nachgesucht werden. Der
FS gilt für alle Fz derselben Klasse ohne Rücksicht auf deren technische Besonderheiten. Er
entlastet den Inhaber nicht davon, das Führen eines ihm noch nicht vertrauten Fz mit beson-
derer Vorsicht erst zu üben (**E** 141a, 143). Sondervorschriften für das Führen von Kfzen im
öffentlichen Dienst: §§ 26, 27. FSe der Bundeswehr: Anl 8 (zu §§ 25 I, 26 I, 48 III). Erteilung
der deutschen FE an Inhaber einer ausländischen FE: §§ 30, 31. **FSe der ehemaligen DDR:**
Anl I Kap XI B III Nr 2 (12) zum Einigungsvertrag:

(12) **Führerscheine, die nach den bisherigen Mustern der Deutschen Demokrati-
schen Republik ausgefertigt worden sind, auch solche der Nationalen Volksarmee
bleiben gültig.**

10   Für die in der Bundesrepublik stationierten fremden **Truppen der Nato** bestimmt Art 9 des
Zusatzabkommens zum Nato-Truppenstatut:
   *„(1) Führerscheine …, die Mitgliedern einer Truppe oder eines zivilen Gefolges von einer Behörde eines
   Entsendestaates zum Führen dienstlicher … Fahrzeuge erteilt worden sind, berechtigen zum Führen solcher
   … Fahrzeuge im Bundesgebiet.*
   *(2) In einem Entsendestaat erteilte Führerscheine, die zum Führen privater Kraftfahrzeuge in diesem
   Staat ermächtigen, berechtigen Mitglieder einer Truppe oder eines zivilen Gefolges und Angehörige zum
   Führen solcher Fahrzeuge im Bundesgebiet …"* Mitglied der Streitkräfte: Art I 1 Nato-Truppen-
statut, VkBl **58** 515.

11   **7. Ausweispflicht.** Der FS ist beim Führen von Kfz mitzuführen (Abs 2 S 2), ebenso der FS
zur Fahrgastbeförderung (§ 48 III 2). Inhaber einer ausländischen FE müssen den Internationalen
FS oder den nationalen ausländischen FS und soweit nach § 29 II 2 erforderlich, eine mit diesem
verbundene Übersetzung mitführen (Abs 2 S 3, früher § 10 IntVO). Mitführen: gegenwärtiger
Besitz, der sofortiges Vorzeigen ermöglicht. Keine Mitführungspflicht beim Führen eines abge-
schleppten Fzs (§ 33 StVZO Rz 7). Der FS ist auf Verlangen zuständigen Personen unterwegs zur
Prüfung auszuhändigen, oder solange noch Zusammenhang mit der Fahrt besteht, Bay VRS **3**
278, Schl VM **60** 26, Ha VRS **24** 464, nicht mehr 1 Stunde nach Fahrtbeendigung, Dü VM **69**
16, Ko VRS **45** 398 (11 Stunden). Er ist so zu übergeben, dass der Beamte ihn prüfen kann, Dü
VM **67** 23, Ha 1 Ss OWi 1439/72. Ein vor Fahrtbeendigung geparktes Kfz ist noch in Benut-
zung, auch wenn sich der Führer zeitweise entfernt, Kar VRS **66** 461, daher noch Fortbestehen
der Aushändigungspflicht nach Abs 2. Bei abwechselnder Führung während derselben Lkw-
Fahrt muss auch der Beifahrer seinen FS zur Prüfung aushändigen, denn es besteht noch zeit-
licher Zusammenhang mit seiner Führung, Ce VRS **41** 462. Auf Fahrerwechsel bei Lastfzen ist
bei einem Beifahrer mit FS allein schon aus der Knappheit an Fahrpersonal, uU auch schon aus
Fahrziel und -dauer zu schließen, enger wohl Dü VM **75** 96. Auch TaxiF auf Taxenständen müs-
sen PolB den FS vorlegen, KG VRS **22** 385. Ein uniformierter Beamter muss sich bei der FS-
Kontrolle nicht gesondert ausweisen, Sa VRS **47** 474. Der FS ist vorzuzeigen, wenn der PolB
dies nach pflichtgemäßem Ermessen zwecks Kontrolle für erforderlich hält und erklärt, zB auch,
wenn er sich erst Gewissheit über die Notwendigkeit einer Verwarnung oder einer OW-Anzeige
verschaffen will, denn § 46 I OWiG gilt nur für das Bußgeldverfahren, nicht auch in Fällen mög-
licherweise sofort nötiger polizeilicher Gefahrabwehr, s *Hölzel* PTV **81** 264, *Hentschel* NJW **80**
1078, abw Dü VRS **58** 398.

8. Strafvorschriften. Ordnungswidrigkeiten. Nach § 21 StVG ist strafbar, wer ein Kfz im öffentlichen Verkehr ohne FE führt, weil er nie eine besessen hat, oder weil sie ihm entzogen worden ist, oder wer keine ausreichende FE (§ 6) hat, oder wer ein Kfz führt, das die gem § 23 II auf ihn bezogenen „besonderen Einrichtungen" nicht aufweist (beschränkte FE), s § 21 StVG Rz 4; wer ein Kfz führt, obwohl ihm das nach § 44 StGB oder § 25 StVG verboten ist; wer ein Kfz führt, obwohl sein FS nach § 94 StPO in Verwahrung genommen, sichergestellt oder beschlagnahmt ist. Nichtbeachtung einer persönlichen Auflage (zB Brillentragen, örtliche oder zeitliche Fahrbeschränkung, Geschwindigkeitsbeschränkung) berührt die FE nicht, s § 21 StVG Rz 3. Näheres: § 23.

Wer die erforderliche FE hat, den FS aber nicht mitführt (Rz 11) oder ihn nicht auf Verlangen zur Prüfung aushändigt, handelt ow (§§ 75 Nr 4 FeV, 24 StVG). Gleiches gilt für Inhaber ausländischer FE, wenn sie den Internationalen FS oder den nationalen ausländischen FS und soweit nach § 29 II 2 erforderlich, die mit diesem verbundene Übersetzung nicht mitführen oder sie nicht auf Verlangen zur Prüfung aushändigen. Wird die erforderliche Übersetzung nicht mitgeführt, etwa weil der Betroffene eine solche nicht hat, berührt das nicht den Bestand der ausländischen FE. In diesem Fall nur OWi nach § 75 Nr 4, nicht Fahren ohne FE nach § 21 StVG. Wer nur einen deutschen Internationalen FS mitführt, handelt gem Abs 2 S 2 ow, weil dieser nicht zum Führen von Kfz im Inland berechtigt (AG Ka NZV **92** 499, *Hentschel* NZV **92** 500). Nichtmitführen des FS steht mit VVerstößen auf der Fahrt in TE, Bay NJW **63** 360, Ce VRS **39** 381. § 4 verpflichtet nur zur Aushändigung des FS zwecks Prüfung der FE, wer sich weigert, ihn zwecks Beschlagnahme auszuhändigen, verletzt § 4 nicht, Schl DAR **68** 135. Kein Gebrauchmachen (§ 267 StGB) eines gefälschten oder verfälschten FS durch bloßes Beisichtragen ohne Vorzeigabsicht, anders bei freiwilligem Vorzeigen ohne oder auf Aufforderung. Das Vorzeigen ist eine Täuschung im Rechtsverkehr, soweit der kontrollierende Beamte über die Gültigkeit des Falsifikats getäuscht und dadurch von irgendeinem sonst rechtlich veranlassten Einschreiten abgehalten wird, zB von der Prüfung des Bestehens einer FE. Näher zum Gebrauchmachen *Meyer* MDR **77** 444. Wer sich durch einen hinsichtlich der FEKl verfälschten FS gegenüber einem kontrollierenden PolB ausweist, „gebraucht" auch dann iS des § 267 StGB eine verfälschte Urkunde, wenn er bei der Kontrolle ein Fz führte, zu dessen Führung ihn auch der unverfälschte Inhalt des FS berechtigt war, BGHSt **33** 105 = NJW **85** 924 (abl *Kühl* JR **86** 297), Dü VRS **66** 448, Kö NJW **81** 64, aM Ha NJW **76** 2222. Zur Beschlagnahme des FS nach polizeirechtlichen Vorschriften s *Laub* SVR **08** 81, 84 ff.

9. Zivilrechtliche Fragen. Eine ausreichende FE ist nach den AKB Voraussetzung für den Versicherungsschutz des VN, s § 21 StVG Rz 27. Die FSKlausel (§ 2b I 1c AKB alt = D.1.3 AKB 08, § 5 I Nr 4 KfzPflVV) begründet eine Obliegenheit des VN, deren Verletzung den Versicherer nach fristgerechter Kündigung zur Leistungsverweigerung berechtigt, s § 21 StVG Rz 27. KfzÜberlassung an den Nichtinhaber einer FE in der Annahme, sie sei vorhanden: § 21 StVG. Nichtbeachtung persönlicher Auflagen: Rz 12.

10. Ausnahmen: § 74.

Lit: Bundesanstalt für Straßenwesen, Fahrerlaubnisbesitz in Deutschland, Bericht M 187, 2007.

Sonderbestimmungen für das Führen von Mofas

5 (1) ¹Wer auf öffentlichen Straßen ein Mofa (§ 4 Abs. 1 Satz 2 Nr. 1) führt, muß in einer Prüfung nachgewiesen haben, daß er
1. ausreichende Kenntnisse der für das Führen eines Kraftfahrzeugs maßgebenden gesetzlichen Vorschriften hat und
2. mit den Gefahren des Straßenverkehrs und den zu ihrer Abwehr erforderlichen Verhaltensweisen vertraut ist.

²Die Prüfung muß nicht ablegen, wer eine Fahrerlaubnis nach § 4 oder eine zum Führen von Kraftfahrzeugen im Inland berechtigende ausländische Erlaubnis besitzt. ³Die zuständige oberste Landesbehörde oder die von ihr bestimmte oder nach Landesrecht zuständige Stelle bestimmt die prüfende Stelle.

(2) ¹Der Bewerber wird zur Prüfung zugelassen, wenn er von einem zur Ausbildung berechtigten Fahrlehrer entsprechend den Mindestanforderungen der Anlage 1 ausgebildet worden ist und hierüber der prüfenden Stelle eine Bescheinigung nach dem Muster in Anlage 2 vorlegt. ²Ein Fahrlehrer ist zur Mofa-Ausbildung berechtigt, wenn er die Fahr-

3 FeV § 5   II. Führen von Kraftfahrzeugen

lehrerlaubnis der Klasse A besitzt. ³§ 1 Abs. 4 Satz 1 des Fahrlehrergesetzes gilt entsprechend. ⁴Der Fahrlehrer darf die Ausbildungsbescheinigung nur ausstellen, wenn er eine Ausbildung durchgeführt hat, die den Mindestanforderungen der Anlage 1 entspricht.

(3) ¹Die zuständige oberste Landesbehörde oder die von ihr bestimmte oder nach Landesrecht zuständige Stelle kann als Träger der Mofa-Ausbildung öffentliche Schulen oder private Ersatzschulen anerkennen. ²In diesem Fall hat der Bewerber der prüfenden Stelle eine Ausbildungsbescheinigung einer nach Satz 1 anerkannten Schule vorzulegen, aus der hervorgeht, daß er an einem anerkannten Mofa-Ausbildungskurs in der Schule teilgenommen hat.

(4) ¹Die prüfende Stelle hat über die bestandene Prüfung eine Prüfbescheinigung nach Anlage 2 auszufertigen. ²Die Bescheinigung ist beim Führen eines Mofas mitzuführen und zuständigen Personen auf Verlangen zur Prüfung auszuhändigen. ³Für die Inhaber einer Fahrerlaubnis gilt § 4 Abs. 2 Satz 2 entsprechend.

(5) **Wer die Prüfung noch nicht abgelegt hat, darf ein Mofa auf öffentlichen Straßen führen, wenn er von einem zur Mofa-Ausbildung berechtigten Fahrlehrer beaufsichtigt wird; der Fahrlehrer gilt als Führer des Mofas.**

1   **Begr** (BRDrucks 443/98 S 238): *Die Vorschriften entsprechen in Bezug auf Mofas inhaltlich den bisher in § 4a enthaltenen Regelungen und sind lediglich redaktionell überarbeitet worden ... Die bisher in Anlage XXII zur StVZO enthaltenen Mindestanforderungen an die Ausbildung von Bewerbern um eine Prüfbescheinigung für Mofas sind ... in Anlage 1 der Verordnung enthalten. Wie bisher soll die theoretische Ausbildung in Kursform, das heißt für alle Teilnehmer gleichzeitig beginnend und endend, und getrennt vom theoretischen Unterricht für Bewerber um eine Fahrerlaubnis durchgeführt werden. In der Praxis ist allerdings ein starker Rückgang der Nachfrage nach Mofa-Ausbildungskursen zu verzeichnen. Für den Fall, dass ein solcher Kurs wegen zu geringer Teilnehmerzahl nicht zustande kommt, können die zuständigen Landesbehörden künftig zulassen, dass die Bewerber am theoretischen Unterricht für die Fahrerlaubnis in einer der Kraftradklassen (A, A 1 und M) teilnehmen.*
...

2   **1. Mofa-Prüfbescheinigung.** Mofa: § 4 I Nr 1. Ausnahmen: s Übergangsvorschrift § 76 Nr 3. Die Vorschrift will sachgerechtes Fahrverhalten der Mofafahrer gewährleisten. Sie bedürfen weiterhin keiner FE, müssen aber ausreichende Kenntnis der VVorschriften, besonders, aber nicht nur derjenigen für den Zweiradverkehr (s FEKl A, A1, M) und außerdem der Gefahrenlehre in einer Prüfung nachweisen und sich im öffentlichen Verkehr durch die Prüfbescheinigung hierüber ausweisen. Wird der Nachweis iS von Abs I S 1 erbracht, so besteht ein Rechtsanspruch auf Erteilung der Prüfbescheinigung. Zum Führen motorisierter **Krankenfahrstühle** gem § 4 I S 2 Nr 2 in der ab 1. 9. 02 geltenden Fassung bedarf es keiner Prüfbescheinigung mehr. Dagegen dürfen Krankenfahrstühle nach früherem Recht, soweit sie jetzt FEpflichtig sind, gem § 76 Nr 2 nur von Inhabern einer Prüfbescheinigung gem § 5 IV (alt) weiterhin ohne FE geführt werden. Weder FE noch Prüfbescheinigung ist gem § 76 Nr 2 S 2 erforderlich zum Führen von Krankenfahrstühlen bis 10 km/h bauartbestimmter Höchstgeschwindigkeit iS von § 4 I S 2 Nr 2 in der bis zum 1. 9. 02 geltenden Fassung, wenn das Fz bis zum 1. 9. 02 erstmals in den V gekommen ist. Soweit nach der Übergangsvorschrift eine Prüfbescheinigung erforderlich ist, berechtigen Prüfbescheinigungen für Mofas nicht zum Führen von Krankenfahrstühlen und umgekehrt, s *Schäpe* DAR **99** 427, wie auch aus dem unterschiedlichen Ausbildungsinhalt der Anl 1 (alt) folgt, aM für das Führen von Krankenfahrstühlen *Schlund* DAR **00** 564.

3   **2. Keiner Prüfbescheinigung** bedarf, wer eine FE (§ 4), auch eine beschränkte (§§ 23, 46 II), oder gültige ausländische Fahrerlaubnis (§§ 28, 29) hat. Dass eine ausländische Prüfbescheinigung nicht genügt, folgt schon aus I S 2. Auf das Mitführen des Führerscheins stellt Abs I S 2 nicht ab. Auch wer seinen FS also bei der Fahrt mit dem Mofa nicht mitführt, handelt daher nicht ow gem § 75 Nr 5 (unberechtigtes Führen eines Mofas), sondern nur nach § 75 Nr 4 in Verbindung § 5 IV S 3, § 4 II S 2 (Nichtmitführen des FS). Eine zwar *gültige*, aber im Inland zum Führen von Kfzen nicht mehr berechtigende ausländische FE (§ 29 I 3 FeV) ist (anders als nach § 4a I S 4 StVZO alt) nicht geeignet, die erforderliche Prüfbescheinigung zu ersetzen. Wer vor dem 1. 4. 80 das 15. Lebensjahr vollendet hat, braucht keine Prüfbescheinigung zum Führen von Mofas (§ 76 Nr 3). Diese Ausnahmeregelung gilt nicht auch für Krankenfahrstühle nach früherem Recht, soweit diese nur mit Prüfbescheinigung ohne FE geführt werden dürfen (s Rz 2), s *Weibrecht* VD **02** 208. **EdF** hat auf die Prüfbescheinigung keinen Einfluss; wer außer der entzogenen FE eine Prüfbescheinigung hat, darf nach EdF eben-

Sonderbestimmungen für das Führen von Mofas § 5 FeV **3**

so weiterhin Mofas führen wie derjenige, der gem § 76 Nr 3 keiner Prüfbescheinigung bedarf. Dagegen muss, wer gem Abs I S 2 keiner Prüfbescheinigung bedurfte (FEInhaber), nach EdF eine solche erwerben, um Mofas führen zu dürfen, s *Klüsener* DAR **91** 116, zw AG St Wendel VM **04** 40. Ggf Untersagung, ein fahrerlaubnisfreies Kfz zu führen, s § 3. Nach Erlass eines **Verbots**, ein Mofa im StrV zu führen, ist die Mofa-Prüfbescheinigung unverzüglich der entscheidenden Behörde **abzuliefern**, nach der Verfügung von Beschränkungen oder Auflagen ist sie unverzüglich zur Eintragung bei der Behörde vorzulegen (§ 3 I 2, s § 3 Rz 14). Ohne Prüfbescheinigung darf schließlich im öffentlichen StrV ein Mofa führen, wer von einem zur Mofa-Ausbildung berechtigten Fahrlehrer beaufsichtigt wird, Abs V. Als Führer des Mofas gilt in diesem Falle der Fahrlehrer. Zur Verantwortlichkeit des Fahrschülers, s § 2 StVG Rz 43.

3. Mitzuführen und zuständigen Personen auf Verlangen auszuhändigen ist die Prüfbescheinigung beim Führen eines Mofas. Nichtmitführen des FS in Fällen des Abs I S 2, s Rz 3. Zur Beschlagnahme der Prüfbescheinigung nach polizeirechtlichen Vorschriften, s *Laube* PVT **83** 116. **4**

4. Prüfung. Auf Zulassung zur Prüfung, die beliebig wiederholt werden darf, besteht ein Rechtsanspruch, wenn die Voraussetzungen des Abs II erfüllt sind, der Bewerber also die Bescheinigung eines zur Mofa-Ausbildung berechtigten Fahrlehrers (Rz 7) vorlegt, aus der hervorgeht, dass er an der Ausbildung gem Anl 1 (zu § 5 II) teilgenommen hat. Die Bescheinigung muss dem Muster in Anl 2 (zu § 5 II und IV) entsprechen. Mofa-Prüfbescheinigungen, die nach den bis 31. 12. 1998 vorgeschriebenen Mustern ausgestellt worden sind, bleiben gültig (§ 76 Nr 5). Bei Ausbildung durch eine Schule iS von Abs III genügt die Ausbildungsbescheinigung der Schule (Abs III S 2), s Rz 8. Zuständig für die Prüfung und Erteilung der Prüfbescheinigung ist jede von der zuständigen obersten Landesbehörde landesrechtlich bestimmte Stelle (Abs I S 3) ohne Beschränkung auf ihre örtliche Zuständigkeit. Näher *Bouska* VD **79** 354. Prüfungsstoff für Bewerber um eine Mofa-Prüfbescheinigung, VkBl **97** 134. **5**

Die Mindestanforderungen an die theoretische und praktische Ausbildung sind in Anlage 1 (zu § 5 II) geregelt. Danach umfasst die **theoretische Ausbildung** mindestens 6 Doppelstunden zu je 90 Minuten; Versäumung von nicht mehr als 1 Doppelstunde ist unschädlich. Kombination mit dem theoretischen Unterricht für FEBewerber ist grundsätzlich nicht gestattet. Jedoch können die Bewerber für den Fall, dass ein Kurs wegen zu geringer Teilnehmerzahl nicht zustande kommt, am theoretischen Unterricht für die FE einer der Kraftrad-FE-Klassen (A, A1, M) teilnehmen. Die **praktische Ausbildung** umfasst bei Einzelunterricht mindestens 1 Doppelstunde zu 90 Minuten, in der Gruppe mindestens 2 solche Doppelstunden. **6**

5. Der **Fahrlehrer** muss, soweit der Bewerber eine Mofa-Prüfbescheinigung anstrebt, gem Abs II S 2 die Fahrlehrerlaubnis der Kl A besitzen und darf nur zusammen mit einer Fahrschulerlaubnis oder im Rahmen eines Beschäftigungs- oder Ausbildungsverhältnisses bei einer Fahrschule ausbilden, II S 4 in Verbindung mit § 1 IV S 1 FahrlG. Nach der Übergangsbestimmung des § 76 Nr 4 genügt jedoch auch die Fahrlehrerlaubnis der früheren Klasse 3 oder einer dieser entsprechenden FE, wenn diese vor dem 1. 10. 85 erworben wurde und wenn der Fahrlehrer vor dem 1. 10. 87 an einem mindestens zweitägigen, vom Deutschen Verkehrssicherheitsrat durchgeführten Einführungslehrgang teilgenommen hat. In den **neuen Bundesländern** sind auch Fahrlehrer zur Mofa-Ausbildung berechtigt, die die FE der Klasse A nach früherem DDR-FERecht besitzen, s Anl I Kap XI B III Nr 2 (2) zum Einigungsvertrag. **7**

Neben den Fahrschulen können auch öffentliche Schulen oder private Ersatzschulen Träger der Mofa-Ausbildung sein, wenn sie für die Durchführung der Kurse von der obersten Landesbehörde oder der von dieser bestimmten oder nach Landesrecht zuständigen Stelle anerkannt worden sind (Abs III). Gemeinsames Muster der Länder für Ausbildungsbescheinigung über die Teilnahme an einem Mofa-Kurs in der Schule, s VkBl **86** 129 = StVRL § 5 FeV Nr 1. **8**

6. Ordnungswidrigkeiten: Ow ist **a)** das Führen eines Mofas oder Krankenfahrstuhls (§ 76 Nr 2) ohne Ablegung der Prüfung, § 75 Nr 5, **b)** das Nichtmitführen der Prüfbescheinigung oder, in Fällen des Abs IV S 3 (s Rz 3) des Führerscheins oder ausländischen FS, § 75 Nr 4, **c)** der Verstoß des Fahrlehrers gegen Abs II S 2, 3 (Ausbildung ohne die erforderliche Fahrlehrerlaubnis) sowie die Ausstellung einer Ausbildungsbescheinigung ohne vorherige Ausbildung, die den Mindestanforderungen der Anl 1 (s Rz 6) entspricht, § 75 Nr 6. S *Laube* PVT **83** 116. **9**

Dauer

3 FeV § 6   II. Führen von Kraftfahrzeugen

Einteilung der Fahrerlaubnisklassen

6 (1) ¹Die Fahrerlaubnis wird in folgenden Klassen erteilt:

Klasse A:	Krafträder (Zweiräder, auch mit Beiwagen) mit einem Hubraum von mehr als 50 cm³ oder mit einer durch die Bauart bestimmten Höchstgeschwindigkeit von mehr als 45 km/h
Klasse A1:	Krafträder der Klasse A mit einem Hubraum von nicht mehr als 125 cm³ und einer Nennleistung von nicht mehr als 11 kW (Leichtkrafträder)
Klasse B:	Kraftfahrzeuge – ausgenommen Krafträder – mit einer zulässigen Gesamtmasse von nicht mehr als 3500 kg und mit nicht mehr als acht Sitzplätzen außer dem Führersitz (auch mit Anhänger mit einer zulässigen Gesamtmasse von nicht mehr als 750 kg oder mit einer zulässigen Gesamtmasse bis zur Höhe der Leermasse des Zugfahrzeugs, sofern die zulässige Gesamtmasse der Kombination 3500 kg nicht übersteigt)
Klasse C:	Kraftfahrzeuge – ausgenommen Krafträder – mit einer zulässigen Gesamtmasse von mehr als 3500 kg und mit nicht mehr als acht Sitzplätzen außer dem Führersitz (auch mit Anhänger mit einer zulässigen Gesamtmasse von nicht mehr als 750 kg)
Klasse C1:	Kraftfahrzeuge – ausgenommen Krafträder – mit einer zulässigen Gesamtmasse von mehr als 3500 kg, aber nicht mehr als 7500 kg und mit nicht mehr als acht Sitzplätzen außer dem Führersitz (auch mit Anhänger mit einer zulässigen Gesamtmasse von nicht mehr als 750 kg)
Klasse D:	Kraftfahrzeuge – ausgenommen Krafträder – zur Personenbeförderung mit mehr als acht Sitzplätzen außer dem Führersitz (auch mit Anhänger mit einer zulässigen Gesamtmasse von nicht mehr als 750 kg)
Klasse D1:	Kraftfahrzeuge – ausgenommen Krafträder – zur Personenbeförderung mit mehr als acht und nicht mehr als 16 Sitzplätzen außer dem Führersitz (auch mit Anhänger mit einer zulässigen Gesamtmasse von nicht mehr als 750 kg)
Klasse E in Verbindung mit Klasse B, C, C1, D oder D1:	Kraftfahrzeuge der Klassen B, C, C1, D oder D1 mit Anhängern mit einer zulässigen Gesamtmasse von mehr als 750 kg (ausgenommen die in Klasse B fallenden Fahrzeugkombinationen); bei den Klassen C1E und D1E dürfen die zulässige Gesamtmasse der Kombination 12 000 kg und die zulässige Gesamtmasse des Anhängers die Leermasse des Zugfahrzeugs nicht übersteigen; bei der Klasse D1E darf der Anhänger nicht zur Personenbeförderung verwendet werden
Klasse M:	Zweirädige Kleinkrafträder (Krafträder mit einer durch die Bauart bestimmten Höchstgeschwindigkeit von nicht mehr als 45 km/h und einer elektrischen Antriebsmaschine oder einem Verbrennungsmotor mit einem Hubraum von nicht mehr als 50 cm³) und Fahrräder mit Hilfsmotor (Krafträder mit einer durch die Bauart bestimmten Höchstgeschwindigkeit von nicht mehr als 45 km/h und einer elektrischen Antriebsmaschine oder einem Verbrennungsmotor mit einem Hubraum von nicht mehr als 50 cm³, die zusätzlich hinsichtlich der Gebrauchsfähigkeit die Merkmale von Fahrrädern aufweisen)
Klasse S:	Dreirädige Kleinkrafträder und vierrädrige Leichtkraftfahrzeuge jeweils mit einer durch die Bauart bestimmten Höchstgeschwindigkeit von nicht mehr als 45 km/h und einem Hubraum von nicht mehr als 50 cm³ im Falle von Fremdzündungsmotoren, einer maximalen Nutzleistung von nicht mehr als 4 kW im Falle anderer Verbrennungsmotoren oder einer maximalen Nenndauerleistung von nicht mehr als 4 kW im Falle von Elektromotoren; bei vierrädrigen Leichtkraftfahrzeugen darf darüber hinaus die Leermasse nicht mehr als 350 kg betragen, ohne Masse der Batterien im Falle von Elektrofahrzeugen
Klasse T:	Zugmaschinen mit einer durch die Bauart bestimmten Höchstgeschwindigkeit von nicht mehr als 60 km/h und selbstfahrende Arbeitsmaschinen mit einer durch die Bauart bestimmten Höchstgeschwindigkeit von nicht mehr als 40 km/h, die jeweils nach ihrer Bauart zur Verwendung für

Einteilung der Fahrerlaubnisklassen § 6 FeV 3

land- oder forstwirtschaftliche Zwecke bestimmt sind und für solche Zwecke eingesetzt werden (jeweils auch mit Anhängern)

Klasse L: Zugmaschinen, die nach ihrer Bauart zur Verwendung für land- oder forstwirtschaftliche Zwecke bestimmt sind und für solche Zwecke eingesetzt werden, mit einer durch die Bauart bestimmten Höchstgeschwindigkeit von nicht mehr als 32 km/h und Kombinationen aus diesen Fahrzeugen und Anhängern, wenn sie mit einer Geschwindigkeit von nicht mehr als 25 km/h geführt werden sowie selbstfahrende Arbeitsmaschinen, Stapler und andere Flurförderzeuge jeweils mit einer durch die Bauart bestimmten Höchstgeschwindigkeit von nicht mehr als 25 km/h und Kombinationen aus diesen Fahrzeugen und Anhängern.

²Die Erlaubnis kann auf einzelne Fahrzeugarten dieser Klassen beschränkt werden. ³Beim Abschleppen eines Kraftfahrzeugs genügt die Fahrerlaubnis für die Klasse des abschleppenden Fahrzeugs.

(2) ¹Die Fahrerlaubnis der Klasse A berechtigt bis zum Ablauf von zwei Jahren nach der Erteilung nur zum Führen von Krafträdern mit einer Nennleistung von nicht mehr als 25 kW und einem Verhältnis von Leistung/Leergewicht von nicht mehr als 0,16 kW/kg. ²Abweichend von Satz 1 können Bewerber, die das 25. Lebensjahr vollendet haben, die Klasse A ohne diese Beschränkung erwerben. ³Leichtkrafträder mit einer durch die Bauart bestimmten Höchstgeschwindigkeit von mehr als 80 km/h und Zugmaschinen der Klasse T mit einer durch die Bauart bestimmten Höchstgeschwindigkeit von mehr als 40 km/h dürfen von Inhabern einer Fahrerlaubnis der entsprechenden Klasse geführt werden, die das 18. Lebensjahr vollendet haben; dies gilt nicht bei der Rückfahrt von der praktischen Befähigungsprüfung, sofern der Inhaber der Fahrerlaubnis dabei von einem Fahrlehrer begleitet wird, sowie bei Fahrproben nach den §§ 35 und 42 im Rahmen von Aufbauseminaren und auf Grund von Anordnungen nach § 46.

(3) Außerdem berechtigen

1. Fahrerlaubnisse der Klasse A zum Führen von Fahrzeugen der Klassen A1 und M,
2. Fahrerlaubnisse der Klasse A1 zum Führen von Fahrzeugen der Klasse M,
3. Fahrerlaubnisse der Klasse B zum Führen von Fahrzeugen der Klassen M, S und L,
4. Fahrerlaubnisse der Klasse C zum Führen von Fahrzeugen der Klasse C1,
5. Fahrerlaubnisse der Klasse CE zum Führen von Fahrzeugen der Klassen C1E, BE und T sowie D1E, sofern der Inhaber zum Führen von Fahrzeugen der Klasse D1 berechtigt ist und DE, sofern er zum Führen von Fahrzeugen der Klasse D berechtigt ist,
6. Fahrerlaubnisse der Klasse C1E zum Führen von Fahrzeugen der Klassen BE sowie D1E, sofern der Inhaber zum Führen von Fahrzeugen der Klasse D1 berechtigt ist,
7. Fahrerlaubnisse der Klasse D zum Führen von Fahrzeugen der Klasse D1,
8. Fahrerlaubnisse der Klasse D1E zum Führen von Fahrzeugen der Klassen BE sowie C1E, sofern der Inhaber zum Führen von Fahrzeugen der Klasse C1 berechtigt ist,
9. Fahrerlaubnisse der Klasse DE zum Führen von Fahrzeugen der Klassen D1E, BE sowie C1E, sofern der Inhaber zum Führen von Fahrzeugen der Klasse C1 berechtigt ist,
10. Fahrerlaubnisse der Klasse T zum Führen von Fahrzeugen der Klassen M, S und L.

(4) Fahrerlaubnisse der Klassen C, C1, CE oder C1E berechtigen im Inland auch zum Führen von Kraftomnibussen – gegebenenfalls mit Anhänger – mit einer entsprechenden zulässigen Gesamtmasse und ohne Fahrgäste, wenn die Fahrten lediglich zur Überprüfung des technischen Zustands des Fahrzeugs dienen.

(5) Unter land- oder forstwirtschaftliche Zwecke im Rahmen der Fahrerlaubnis der Klassen T und L fallen

1. Betrieb von Landwirtschaft, Forstwirtschaft, Weinbau, Gartenbau, Obstbau, Gemüsebau, Baumschulen, Tierzucht, Tierhaltung, Fischzucht, Teichwirtschaft, Fischerei, Imkerei sowie den Zielen des Natur- und Umweltschutzes dienende Landschaftspflege,
2. Park-, Garten-, Böschungs- und Friedhofspflege,
3. landwirtschaftliche Nebenerwerbstätigkeit und Nachbarschaftshilfe von Landwirten,
4. Betrieb von land- und forstwirtschaftlichen Lohnunternehmen und andere überbetriebliche Maschinenverwendung,
5. Betrieb von Unternehmen, die unmittelbar der Sicherung, Überwachung und Förderung der Landwirtschaft überwiegend dienen,

Dauer

3 FeV § 6 II. Führen von Kraftfahrzeugen

6. Betrieb von Werkstätten zur Reparatur, Wartung und Prüfung von Fahrzeugen sowie Probefahrten der Hersteller von Fahrzeugen, die jeweils im Rahmen der Nummern 1 bis 5 eingesetzt werden und

7. Winterdienst.

(6) Fahrerlaubnisse, die bis zum 31. Dezember 1998 erteilt worden sind (Fahrerlaubnisse alten Rechts), bleiben im Umfang der bisherigen Berechtigung vorbehaltlich der Bestimmungen in § 76 bestehen.

(7) ¹Fahrerlaubnisse, die bis zum 31. Dezember 1998 erteilt worden sind, werden auf Antrag des Inhabers auf die neuen Fahrerlaubnisklassen umgestellt. ²Über sie wird ein neuer Führerschein ausgefertigt. ³Der neue Umfang der Fahrerlaubnis ergibt sich aus Anlage 3. ⁴Nach der Umstellung dürfen Kraftfahrzeuge nur noch in dem neuen Umfang geführt werden, sofern sie der Fahrerlaubnispflicht unterliegen. ⁵Die Bestimmungen in § 76 zu den §§ 4 bis 6 bleiben unberührt.

1 **Begr** (BRDrucks 443/98 S 210): *Die Richtlinie* verpflichtet die Mitgliedstaaten zur Übernahme der internationalen Einteilung der Fahrerlaubnisklassen in die Klassen A bis E und gibt ihnen darüber hinaus die Möglichkeit zu zusätzlichen fakultativen Unterklassen. Eingeführt werden die obligatorischen Klassen A bis E:*
A: *Krafträder*
B: *Kraftfahrzeuge bis 3,5 t zulässige Gesamtmasse*
C: *Kraftfahrzeuge über 3,5 t zulässige Gesamtmasse*
D: *Kraftomnibusse*
E: *Kraftfahrzeuge der Klasse B, C, D mit Anhänger über 750 kg (Anhänger bis 750 kg sind in Grundklasse enthalten, bei Klasse B auch Anhänger mit zulässiger Gesamtmasse bis zur Leermasse des Zugfahrzeugs bei einer zulässigen Gesamtmasse des Zuges von höchstens 3,5 t).*

*Von den nach der Richtlinie **fakultativen Unterklassen** (Artikel 3 Abs. 2 EU-Richtlinie) werden eingeführt:*
A1: *Leichtkrafträder bis 125 cm³ und 11 kW. Die Mitgliedstaaten können weitere einschränkende Merkmale festlegen (Artikel 3 Abs. 5 EU-Richtlinie). In Deutschland ist die Klasse 1b durch die Zweiundzwanzigste Verordnung zur Änderung straßenverkehrsrechtlicher Vorschriften vom 14. Februar 1996 (BGBl. I S. 216) unter Beibehaltung der alten Klassenbezeichnung bereits angepasst worden. Dabei ist von der Ermächtigung der Mitgliedstaaten, den oben genannten Kriterien weitere einschränkende Merkmale hinzufügen zu können, durch die Begrenzung auf eine bauartbedingte Höchstgeschwindigkeit von 80 km/h für 16- und 17jährige Gebrauch gemacht worden.*
C1: *Kfz von mehr als 3,5 t bis 7,5 t zulässige Gesamtmasse*
C1E: *Kraftfahrzeuge der Klasse C1 mit Anhänger über 750 kg, wobei die zulässige Gesamtmasse des Anhängers die Leermasse des Zugfahrzeuges und die zulässige Gesamtmasse der Kombination 12 t nicht übersteigen darf*
D1: *Busse bis 16 Plätze*
D1E: *Kraftfahrzeuge der Klasse D1 mit Anhänger über 750 kg, wobei die zulässige Gesamtmasse des Anhängers die Leermasse des Zugfahrzeuges und die zulässige Gesamtmasse der Kombination 12 t nicht überschreiten und der Anhänger nicht zur Personenbeförderung benutzt werden darf.*

(BRDrucks 443/98 S 212):

2 *Die folgende Tabelle enthält eine Gegenüberstellung der alten und neuen Fahrerlaubnisklassen:*

Fahrerlaubnisklassen alt		Fahrerlaubnisklassen neu	
1: 1a:	*Leistungsunbeschränkte Krafträder Krafträder bis 25 kW, nicht mehr als 0,16 kW/kg Erwerb der Klasse 1 nur möglich nach mind. 2jährigem Besitz der Klasse 1a und ausreichender Fahrpraxis (mindestens 4000 km)*	A:	*Leistungsunbeschränkte Krafträder Berechtigung zum Führen leistungsunbeschränkter Krafträder erst nach mind. zwei Jahren Fahrerfahrung auf Krafträdern bis 25 kW, nicht mehr als 0,16 kW/kg*

---

* Richtlinie 91/439/EWG des Rates v. 29. Juli 1991 über den Führerschein (ABl. EG Nr. L 237 S. 1), sog. „Zweite EG-Führerscheinrichtlinie"

Einteilung der Fahrerlaubnisklassen   § 6 FeV 3

Fahrerlaubnisklassen alt	Fahrerlaubnisklassen neu	
1 b:	Krafträder bis 125 cm³, bis 11 kW; für 16- und 17 jährige 80 km/h bauartbedingte Höchstgeschwindigkeit	A1:	Inhalt unverändert
2:	Kfz über 7,5 t Züge mit mehr als 3 Achsen	C: CE:	Kfz über 3,5 t mit Anhänger bis 750 kg Kraftfahrzeuge über 3,5 t mit Anhänger über 750 kg
3:	Kfz bis 7,5 t Züge mit nicht mehr als 3 Achsen (d. h. es kann ein einachsiger Anhänger mitgeführt werden; Achsen mit einem Abstand von weniger als 1 m voneinander gelten als eine Achse)	B: BE:	Kraftfahrzeuge bis 3,5 t mit Anhänger bis 750 kg oder mit Anhänger über 750 kg, sofern die zulässige Gesamtmasse des Anhängers die Leermasse des Zugfahrzeugs und die zul. Gesamtmasse des Zuges 3,5 t nicht überschreiten Kombinationen aus einem Zugfahrzeug der Klasse B und einem Anhänger, die nicht in die Klasse B fällt
		C1: C1E:	Kfz zwischen 3,5 und 7,5 t mit Anhänger bis 750 kg Kfz der Klasse C1 mit Anhänger über 750 kg, sofern die zulässige Gesamtmasse des Anhängers die Leermasse des Zugfahrzeugs und die zulässige Gesamtmasse der Kombination 12 000 kg nicht überschreiten
2, 3	(je nach dem zulässigen Gesamtgewicht des Fahrzeugs) + Fahrerlaubnis zur Fahrgastbeförderung in Kraftomnibussen	D:	Kraftomnibusse mit mehr als 8 Plätzen
		D1: DE: D1E:	Kraftomnibusse mit mehr als 8, aber nicht mehr als 16 Sitzplätzen Kraftfahrzeuge der Klasse D mit Anhänger über 750 kg Kfz der Klasse D1 mit Anhänger über 750 kg, sofern die zulässige Gesamtmasse des Anhängers die Leermasse des Zugfahrzeugs und die zulässige Gesamtmasse der Kombination 12 000 kg nicht überschreiten. Der Anhänger darf nicht zur Personenbeförderung benutzt werden.

Nationale Fahrerlaubnisklassen für Fahrzeuge, die nicht unter die Richtlinie fallen:

4:	Kleinkrafträder und Fahrräder mit Hilfsmotor bis 50 cm³/50 km/h	M:	Kleinkrafträder und Fahrräder mit Hilfsmotor bis 50 cm³/45 km/h
5:	Krankenfahrstühle, Arbeitsmaschinen bis 25 km/h, Zugmaschinen bis 32 km/h, mit Anhängern bis 25 km/h	L:	selbstfahrende Arbeitsmaschinen bis 25 km/h; land- und forstwirtschaftliche Zugmaschinen bis 32 km/h, mit Anhängern bis 25 km/h
		T:	land- und forstwirtschaftliche Zugmaschinen bis 60 km/h, selbstfahrende land- und forstwirtschaftliche Arbeitsmaschinen bis 40 km/h (auch mit Anhängern)
Fahrerlaubnis zur Fahrgastbeförderung in Taxen, Mietwagen, Krankenkraftwagen sowie in Pkw bei gewerbsmäßigen Ausflugsfahrten und Ferienzielreisen		bleibt unverändert; zusätzlich für Pkw im Linienverkehr	

Fahrerlaubnisklassen alt	Fahrerlaubnisklassen neu
Mofa: Fahrrad mit Hilfsmotor bis 25 km/h	Mofa bleibt unverändert. Krankenfahrstühle bis 25 km/h werden Mofas gleichgestellt.

Dauer

(BRDrucks 443/98 S 214):

3 *Besonders hinzuweisen ist auf folgende Neuerungen:*
– *Bewerber um eine Fahrerlaubnis der Klasse A, die das 25. Lebensjahr vollendet haben, können künftig diese Klasse sofort ohne Leistungsbeschränkung erwerben und müssen nicht erst zwei Jahre Fahrerfahrung auf Krafträdern bis 25 kW sammeln.*
– *Die Grenze zwischen der Pkw-Klasse 3/B und der Lkw-Klasse 2/C wird von jetzt 7500 kg auf 3500 kg zulässige Gesamtmasse herabgesetzt. Für Fahrzeuge mit einer zulässigen Gesamtmasse zwischen 3500 und 7500 kg wird die Unterklasse C1 eingeführt.*
– *Für das Mitführen von Anhängern mit einer zulässigen Gesamtmasse von mehr als 750 kg ist künftig ein eigener Anhängerführerschein, die Klasse E, erforderlich. Eine Ausnahme besteht lediglich bei Klasse B: Ein Führerschein dieser Klasse reicht auch für das Mitführen von Anhängern mit einer zulässigen Gesamtmasse von mehr als 750 kg aus, sofern die zulässige Gesamtmasse des Anhängers die Leermasse des Zugfahrzeugs und die zulässige Gesamtmasse des Zuges 3500 kg nicht überschreiten.*
– *Das bisherige Nebeneinander einer allgemeinen Fahrerlaubnis der Klasse 2 oder 3 und der Fahrerlaubnis zur Fahrgastbeförderung in Kraftomnibussen entfällt zugunsten einer einheitlichen Fahrerlaubnis der Klasse D. Voraussetzung für den Erwerb einer Fahrerlaubnis der Klasse D ist künftig nur noch der Besitz der Klasse B. Der Besitz der Klasse C ist auch dann nicht erforderlich, wenn der Bus eine zulässige Gesamtmasse von mehr als 7500 kg hat.*
– *Land- und forstwirtschaftliche Zugmaschinen mit einer durch die Bauart bestimmten Höchstgeschwindigkeit von nicht mehr als 32 km/h (beim Mitführen von Anhängern bis 25 km/h) fallen künftig in die Klasse L, die der heutigen Klasse 5 entspricht. Darüber hinaus wird eine neue Klasse T für land- und forstwirtschaftliche Zugmaschinen bis 60 km/h sowie selbstfahrende land- und forstwirtschaftliche Arbeitsmaschinen bis 40 km/h (auch mit Anhängern) eingeführt. Innerhalb der Klasse T gibt es einen Stufenführerschein. Sie kann ab 16 Jahren erworben werden. Bis zur Vollendung des 18. Lebensjahres dürfen jedoch nur land- und forstwirtschaftliche Zugmaschinen bis 40 km/h (auch mit Anhängern) geführt werden. Mit Vollendung des 18. Lebensjahres erweitert sich die Klasse automatisch auf Zugmaschinen bis 60 km/h. Wer bei Erwerb der Klasse bereits 18 Jahre alt ist, unterliegt keinen Einschränkungen.*
…

(BRDrucks 443/98 S 242):

4 **Zu Abs 2:** *Absatz 2 regelt den Stufenführerschein für Motorräder. Danach dürfen unter 25 jährige Inhaber der Fahrerlaubnisklasse A wie bisher zwei Jahre nur leistungsbeschränkte Krafträder führen. Die Berechtigung zum Führen leistungsunbeschränkter Krafträder gilt nach diesem Zeitraum unmittelbar kraft Gesetzes …*

Das Abstellen auf den **Besitz** *der Fahrerlaubnis als Voraussetzung für das Führen von leistungsbeschränkten Krafträdern und der Verzicht auf bisher geforderte Fahrpraxis ist vertretbar, da kaum jemand die Fahrerlaubnis der Klasse A erwirbt, sie dann aber nicht nutzt. Außerdem wurde die Fahrpraxis bei der förmlichen Erweiterung der Klasse 1a auf die Klasse 1 bisher kaum kontrolliert. Die neue Regelung senkt den Verwaltungsaufwand und bedeutet sowohl für den Bürger als auch für die Verwaltung eine Vereinfachung.*

25 jährige und Ältere können sofort die Klasse A mit der Berechtigung zum Führen leistungsunbeschränkter Krafträder erwerben. Der Direkteinstieg ab diesem Alter erscheint unter dem Gesichtspunkt der Verkehrssicherheit vertretbar, da die Unfallkurve bei diesem Alter signifikant abfällt …

Der letzte Teilsatz von Absatz 2 soll sicherstellen, dass auch 16- und 17-jährige Inhaber einer Fahrerlaubnis der Klasse A1 oder T in den dort genannten Fällen das künftige Ausbildungs- und Prüfungsfahrzeug mit – bei Klasse A1 – einer durch die Bauart bestimmten Höchstgeschwindigkeit von mindestens 100 km/h und – bei Klasse T – mit einer durch die Bauart bestimmten Höchstgeschwindigkeit zwischen 33 und 60 km/h führen können. Die Ausnahme ist vertretbar, weil stets die Begleitung durch einen Fahrlehrer vorgeschrieben ist.

5 **Zu Abs 3:** *… Die Einschlussregelungen folgen dem Grundsatz, dass Ausbildung und Prüfung für die „höhere" Klasse auch zum Führen von Kraftfahrzeugen der „niedrigeren" Klasse mit geringeren Anforderungen befähigen und deshalb diese Klasse ohne die Erfüllung besonderer Anforderungen miterteilt wird. Wer leistungsunbeschränkte Krafträder führen kann, ist auch in der Lage, ein Leicht- oder Kleinkraftrad sicher im Verkehr zu bewegen. Dem widerspricht in gewisser Weise der – bisher schon bestehende – Einschluss der „Zweiradklasse" M/4 in die „Vierradklasse" B, da bei einem gesonderten Erwerb der Klasse M/4 eine zweiradspezifische Ausbildung und Prüfung vorgeschrieben sind und die dabei vermittelten Kenntnisse und Fähigkeiten nur begrenzt Gegenstand der Ausbildung und Prüfung für die Klasse B sind.*

Einteilung der Fahrerlaubnisklassen § 6 FeV **3**

Von daher wäre es folgerichtig, auch vom Inhaber einer Klasse B eine besondere Ausbildung und Prüfung zu fordern, wenn er ein Kleinkraftrad führen will. Mit dem bisherigen Einschluss von Klasse 4 in Klasse 3 sind jedoch keine Probleme aufgetreten, so dass dies als Überreglementierung erschiene.
...

Zu Abs 4: ... *Nach neuem Recht ist für das Führen von Kraftomnibussen nur noch die Fahrerlaubnis* **6** *der Klasse D erforderlich. Ob in dem Fahrzeug Fahrgäste befördert werden oder nicht, ist unerheblich. Dies würde bedeuten, dass z. B. Werkstattpersonal, das Busse nach Reparaturen überprüft, eigens zu diesem Zweck die Klasse D erwerben müsste. Dies erscheint unverhältnismäßig. Für die in Absatz 4 genannten Zwecke dürfen daher Busse (auch mit Anhängern) auch mit einer Fahrerlaubnis der Klasse C, C1, CE oder C1E geführt werden. Der Geltungsbereich dieser Ausnahme ist allerdings auf das Inland beschränkt.*

Zu Abs 6 und 7: *Die Einführung des internationalen Systems der Fahrerlaubnisklassen nach der* **7** *Zweiten EU-Führerscheinrichtlinie ist mit anderen Zuschnitten und Zuordnungen gegenüber dem bisherigen Klassensystem verbunden.* ...
Die alten Klassenzuschnitte und Besitzstände müssen auf das neue System umgestellt und sollen in diesem Zusammenhang im Interesse der Verwaltungsvereinfachung bereinigt werden. Wo immer vertretbar, soll dabei die vollständige Klasse zugeteilt werden, um möglichst wenige Erweiterungen oder Einschränkungen von Klassen im Führerschein eintragen zu müssen. Dies führt in vielen Fällen zu einer Erweiterung der bisherigen Berechtigung. Die Grenze ist dort erreicht, wo die ursprüngliche Berechtigung zu weit überschritten wird und nicht mehr unterstellt werden kann, dass der Betreffende auf Grund seiner Fahrerfahrung auch die höheren Anforderungen erfüllt.
Die Umstellung der alten Klassen und Besitzstände erfolgt nach Absatz 7 in Verbindung mit Anlage 3 bei einem Umtausch des Führerscheins. Der Umfang der Berechtigung ergibt sich aus Anlage 3. Bis zu einem solchen Umtausch bleiben die Fahrerlaubnisse grundsätzlich im bisherigen Umfang gültig. ...

Begr zur ÄndVO v 7. 8. 02 (BRDrucks 497/02 S 61): **Zu Abs 1 Satz 1:** *Die Ergänzung des* **7a** *Textes zur Klasse M stellt klar, dass im Fahrerlaubnisrecht unter die Klasse M nicht sämtliche Kleinkrafträder fallen, sondern nur die zweirädrigen Kleinkrafträder. Diese Klarstellung muss deshalb vorgenommen werden, weil nach der entsprechenden EU-Betriebserlaubnisrichtlinie 92/61/EWG des Rates vom 30. Juni 1992 über die Betriebserlaubnis für zweirädrige und dreirädrige Kraftfahrzeuge (ABl. EG Nr. L 225 S. 72) wie auch bei ihrer Umsetzung in das nationale deutsche Betriebserlaubnisrecht (§ 18 Abs. 2 Nr. 4 StVZO) unter Kleinkrafträder nicht nur zweirädrige, sondern auch dreirädrige Kleinkrafträder fallen. Der betriebserlaubnisrechtliche Begriff der Kleinkrafträder ist also weiter als der fahrerlaubnisrechtliche, der EU-rechtlich auf der Zweiten EU-Führerscheinrichtlinie 91/439/EWG vom 29. Juli 1991 beruht. Somit fallen fahrerlaubnisrechtlich nur zweirädrige Kleinkrafträder unter die Klasse M* ...

Begr zur ÄndVO v 9. 8. 04 (BRDrucks 305/04 S 16): **Zu Abs 1 Satz 1:** *In einem ... Ver-* **7b** *tragsverletzungsverfahren ... macht die Kommission geltend, dass in Deutschland die Voraussetzungen zum Führen von vierrädrigen Leichtkraftfahrzeugen mit einer durch die Bauart bestimmten Höchstgeschwindigkeit von bis zu 45 km/h (Artikel 1 Abs. 3 Buchstabe a der Richtlinie 2002/24/EG) als zu hoch anzusehen sind und daher gegen Artikel 28 und 30 des EG-Vertrages verstoßen.*
Derzeit ist zum Führen dieser Fahrzeuge in Deutschland eine Fahrerlaubnis der Klasse B (Pkw) erforderlich. Durch diese Verordnung wird eine neue Fahrerlaubnisklasse (Klasse S) eingeführt, mit der einerseits den Bedenken der Kommission und andererseits der Verkehrssicherheit Rechnung getragen wird. Dreirädrige Kraftfahrzeuge mit vergleichbarer Leistung (Artikel 1 Abs. 2 Buchstabe a Doppelbuchstabe ii der Richtlinie 2002/24/EG) werden ebenfalls in diese Fahrerlaubnisklasse einbezogen. ...

Begr zur ÄndVO v 14. 6. 06 (BRDrucks 212/06 Beschluss): **Zu Abs 5 Nr 2 und 7:** **7c** *Winterdienst stellt eine klassische Nebenerwerbstätigkeit von Landwirten dar bzw. wird von Landwirten im Rahmen der Nachbarschaftshilfe betrieben. Die bestehende Beschränkung der Fahrerlaubnisse der Klasse L und T auf den Winterdienst im Zusammenhang mit der Park-, Garten- und Friedhofspflege ist daher eine nicht nachzuvollziehende Einschränkung der Fahrerlaubnis. Insbesondere im Hinblick auf die Erfahrungen des vergangenen Winters erweist sich der Einsatz von Landwirten zum Winterdienst in regionalen Gebieten als erforderlich und geboten. Gründe der Verkehrssicherheit für eine Beschränkung können nicht ins Feld geführt werden, da ansonsten der Winterdienst generell untersagt sein müsste. Für das Fahrerlaubnisrecht ist jedoch ausschließlich die Verkehrssicherheit maßgeblich.*
Nach der bestehenden Rechtslage kann sich ein Landwirt nach § 21 des Straßenverkehrsgesetzes strafbar machen, wenn er z. B. zusätzlich zur eigenen Hoffläche auf dem Grundstück oder Gehweg des Nachbarn Schnee räumt oder bei Schneekatastrophen Notdienste leistet. Durch vorstehende Änderung wird die unverhältnismäßige Beschränkung beseitigt.

Gewerblich betriebener Winterdienst hat u. a. Auswirkungen auf das Kfz-Steuer- und ggf. auch auf das Versicherungsrecht, dies ist jedoch fahrerlaubnisrechtlich unerheblich.

Inhabern der Fahrerlaubnisklassen L und T wird es mit vorstehender Änderung ermöglicht, generell Tätigkeiten des Winterdienstes im Rahmen der bestehenden Fahrerlaubnisklassen durchzuführen.

7d **Begr** zur ÄndVO v 18. 7. 08, BGBl I 1338 (BR-Drs 302/08 S 60): **Zu Abs 1 S 1 Klasse L:** *Für die Fahrerlaubnis der Klasse L, bei der es sich um eine rein nationale, EU-rechtlich nicht geregelte Klasse handelt, wurden zahlreiche Vorgaben festgelegt, die als Beschränkung der Fahrerlaubnis zu werten sind. Hierzu gehört auch eine Kennzeichnungsverpflichtung nach § 58 StVZO. Wird gegen diese Beschränkung verstoßen, so ist das Führen eines solchen Gespanns durch die Fahrerlaubnis der Klasse L nicht mehr umfasst und der Fahrer verwirklicht den Tatbestand des Fahrens ohne Fahrerlaubnis, § 21 Straßenverkehrsgesetz (StVG).*

Ein Verstoß gegen die Kennzeichnungsvorschrift nach § 58 StVZO stellt eine Ordnungswidrigkeit nach § 69a Abs. 3 Nr. 26 StVZO in Verbindung mit § 24 StVG dar und ist bußgeldbewehrt. Die doppelte Sanktionierung zum einen als Ordnungswidrigkeit zum anderen als Straftat ist unverhältnismäßig. Der Zweck einer besseren Überwachungsmöglichkeit im fließenden Verkehr rechtfertigt jedenfalls nicht eine Sanktionierung als Straftat. In der Konsequenz würde nämlich ein Fahrer eines entsprechenden Gespanns, wenn er z. B. das erforderliche Geschwindigkeitsschild vergessen oder während der Fahrt verloren hat, den objektiven Tatbestand des § 21 StVG erfüllen und sich somit strafbar machen. Das das Mindestalter für den Fahrerlaubniserwerb der Klasse L 16 Jahre beträgt, hätte dies erhebliche Auswirkungen auf den jugendlichen Fahrer. Da keine Auswirkungen auf die Verkehrssicherheit zu erwarten sind, kann diese Vorschrift ersatzlos gestrichen werden. ...

8 **1. Einteilung der Fahrerlaubnisse.** Mit der Neuregelung in § 6 setzt die FeV den die Einteilung der Fahrerlaubnisklassen betreffenden Teil der „Zweiten EG-Führerscheinrichtlinie" (Richtlinie des Rates v 29. Juli 1991 über den Führerschein, ABl EG Nr. L 237 S. 1) in nationales Recht um. § 6 unterscheidet 9 Haupt-Fahrerlaubnisklassen (A, B, C, D, E, M, S, T, L mit 5 Unterklassen (A1, C1, C1E, D1, D1E), von denen die Klassen A bis E gem Art 3 I der Richtlinie obligatorisch sind. Neben den internationalen, durch die Richtlinie vorgeschriebenen Klassen sind in den von ihr ausgenommenen Fahrzeugbereichen nationale Klassen (M, S, T, L) eingeführt. Im Prinzip beibehalten wird der zum Schutz junger Motorradfahrer durch VO v 13. 12. 85 eingeführte Stufenführerschein (Begr, VkBl **86** 117), Abs II S 1.

9 **2. Kraftfahrzeugarten.** Den Fahrerlaubnisklassen sind jeweils bestimmte Kraftfahrzeugarten zugeordnet, teilweise unterschieden nach Gewicht (zulässige Gesamtmasse), Hubraum, Leistung, Höchstgeschwindigkeit oder Sitzplätzen.

a) Mofas = einspurige FmH – auch ohne Tretkurbeln – mit bauartbestimmter Höchstgeschwindigkeit auf ebener Bahn von nicht mehr als 25 km/h (§ 4 I Nr 1) sind fahrerlaubnisfrei, jedoch hat der Fahrer eine Prüfbescheinigung mitzuführen (§ 5).

b) Zweirädrige **Kleinkrafträder** = (gem Abs I S 1 – Kl M –) Krafträder mit bis zu 50 cm^3 Hubraum und bauartbestimmter Höchstgeschwindigkeit von nicht mehr als 45 km/h (Moped, Mokick) und **FmH** = Krafträder mit Fahrradgebrauchsmerkmalen, Hubraum bis 50 cm^3 und bauartbestimmter Höchstgeschwindigkeit von nicht mehr als 45 km/h (§ 2 Nr 11 FZV) gehören in die Klasse M. Dazu gehören nach der Übergangsbestimmung des § 76 Nr 8 auch Fahrzeuge der genannten Art **bis 50 km/h**, wenn sie bis zum 31. 12. 2001 erstmals in den V gebracht wurden sowie Kleinkrafträder und FmH iS der Vorschriften der ehemaligen DDR, wenn sie bis 28. 2. 92 erstmals in den V gebracht wurden. **Elektroskooter** werden (je nach technischer Ausstattung) idR Kleinkrafträder sein (s § 1 FZV Rz 4) und daher unter Kl M fallen, s *Huppertz* VD **03** 184, *Kullik* PVT **03** 182.

c) Dreirädrige Kleinkrafträder und vierrädrige Leichtkraftfahrzeuge jeweils mit einer durch die Bauart bestimmten Höchstgeschwindigkeit von nicht mehr als 45 km/h und einem Hubraum von nicht mehr als 50 cm^3 im Falle von Fremdzündungsmotoren, einer maximalen Nutzleistung von nicht mehr als 4 kW im Falle anderer Verbrennungsmotoren oder einer maximalen Nenndauerleistung von nicht mehr als 4 kW im Falle von Elektromotoren mit den in Abs I S 1 genannten technischen Merkmalen fallen unter die Kl S, wobei bei vierrädrigen Leichtkraftfahrzeugen die Leermasse nicht mehr als 350 kg betragen darf (ohne Masse der Batterien im Falle von Elektrofahrzeugen).

d) Leichtkrafträder = Krafträder mit Hubraum über 50 ccm und nicht mehr als 125 ccm und einer Nennleistung von nicht mehr als 11 kW sowie die in § 76 Nr 6 genannten bis zum 31. 12. 83 in den Verkehr gekommenen Kräder gehören in die FEKlasse A1.

Einteilung der Fahrerlaubnisklassen   **§ 6 FeV 3**

e) Krafträder = motorisierte Zweiräder, auch mit Beiwagen, mit mehr als 50 cm³ Hubraum oder einer bauartbestimmten Höchstgeschwindigkeit von mehr als 45 km/h gehören in FEKl A. Kann ein Krad mittels Umschalthebels auf eine niedrigere Motorleistung geschaltet werden, so darf es nur mit FEKl A geführt werden, wenn die höhere Leistungsstufe dieser Klasse unterliegt, BVerwG NZV **95** 246 (zust *Jagow* VD **95** 77).

f) Kraftomnibusse (Kom) = Kraftfahrzeuge zur Personenbeförderung mit mehr als 8 Sitzplätzen außer dem Führersitz (Abs I S 1 Kl D) gehören in Klasse D, bei nicht mehr als 16 Sitzplätzen außer dem Führersitz in Kl D1. Die Beschreibung der unter FEKl D fallenden Kfze entspricht dem Kom-Begriff in § 4 IV Nr 2 PBefG, s Bay VRS **101** 457. Ohne Fahrgäste dürfen Kom im Inland auch mit FEKl C oder C1 (je nach Gesamtmasse) geführt werden, wenn die Fahrt nur zum Zweck der Überprüfung des technischen Zustands des Fzs erfolgt, mit CE oder C1E auch mit Anhänger (Abs IV).

g) Land- und forstwirtschaftliche **Zugmaschinen** (Zgm) sind den FEKlassen T und L zugeordnet, je nach bauartbestimmter Höchstgeschwindigkeit. Solche bis 60 km/h dürfen, sofern sie für land- oder forstwirtschaftliche Zwecke eingesetzt werden, mit FEKl T geführt werden, und zwar auch mit Anhängern. Beträgt die bauartbestimmte Höchstgeschwindigkeit nur 32 km/h, so genügt bei Verwendung für die genannten Zwecke FEKl L. Bei Mitführen von Anhängern ist FEKl L aber nur ausreichend, wenn sie mit nicht mehr als 25 km/h geführt werden. Die bei höherer bauartbestimmter Höchstgeschwindigkeit des ziehenden Fz als 25 km/h früher erforderliche zusätzliche Kennzeichnung durch ein Geschwindigkeitsschild gem § 58 StVZO wurde durch ÄndVO v 18. 7. 08 (BGBl I 1338) mit Wirkung vom 30. 10. 08 abgeschafft (Begr Rz 7 d). Auf örtlichen **Brauchtumsveranstaltungen** dürfen Inhaber der FEKl L, die das 18. Lebensjahr vollendet haben, Zgm und Anhänger unter den Voraussetzungen des § 1 II (IV) der 2. VO über Ausnahmen von straßenverkehrsrechtlichen Vorschriften v 28. 2. 89 führen (s § 3 FZV Rz 3).

h) Selbstfahrende Arbeitsmaschinen = Fahrzeuge, die nach ihrer Bauart und ihren besonderen, mit dem Fahrzeug fest verbundenen Einrichtungen zur Leistung von Arbeit, nicht zur Beförderung von Personen oder Gütern bestimmt und geeignet sind (§ 2 Nr 17 FZV), sowie **Flurförderzeuge** (einschließlich **Stapler**), jeweils mit bauartbestimmter Höchstgeschwindigkeit bis 25 km/h, gehören ebenfalls in die Klasse L, gem ihrer Bauart für land- oder forstwirtschaftliche Zwecke eingesetzte selbstfahrende Arbeitsmaschinen in die Klasse T. Land- oder forstwirtschaftliche Zwecke: Abs V. *Huppertz,* Flurförderzeuge, VD **00** 78. *Lippert,* Sind Flurförderzeuge eine neue FzArt?, VD **00** 102. Erforderliche Fahrerlaubnisse für **Stapler** s. Merkblatt für Stapler, VkBl **04** 610.

3. Umstellung der Fahrerlaubnisklassen. Die Umstellung einer alten FE auf die neue **10** Klasseneinteilung erfolgt nur auf Antrag des FEInhabers (Abs 7). In diesem Fall wird ein neuer FS ausgestellt. Bei der Umstellung sind die **Einschränkungen der Übergangsbestimmung** des § 76 Nr 9 zu beachten, insbesondere die bei Umstellung von FEen der Klassen 2 (alt) oder entsprechender Klassen geltenden Befristungen: FEe erstrecken sich auf die **Klassen C und CE** nur bis zur Vollendung des 50. Lebensjahres befristet (§ 76 Nr 9 S 10). Dies ist grundgesetzkonform (OVG Hb DAR **07** 106). Für Verlängerungen nach Ablauf der Geltungsdauer findet § 24 entsprechende Anwendung. Wer bis zum 31. 12. 1998 das 50. Lebensjahr bereits vollendet hat, muss bei Umstellung der Kl 2 (alt) seine Eignung gem Anl 5 und 6 nachweisen. Eine Umgehung durch Nichtumstellung ist ausgeschlossen: In diesem Falle darf der Inhaber der bis zum 31. 12. 1998 erteilten FE der Kl 2 (alt) nach Vollendung des 50. Lebensjahrs keine Fze der Klassen C oder CE mehr führen. Diese Übergangsregelung ist grundgesetzkonform, verstößt im Hinblick auf die Erfordernisse der VSicherheit insbesondere nicht gegen das Übermaßverbot, VG Gießen NZV **00** 270 (zust *Weibrecht*), VG Mü NZV **02** 336. Andererseits wird Umstellung einer bis zum 31. 12. 98 erteilten FE der Kl 3 (alt) die FE der **Kl C1 und C1E** entgegen § 23 I S 1 Nr 1 unbefristet erteilt (§ 76 Nr 9 S 2). Nach erfolgter Umstellung durch Aushändigung eines neuen FS ist Rückgängigmachung und Aushändigung des alten (gem § 25 V S 1 ungültig zu machenden) FS ausgeschlossen, VG Mü NZV **02** 336. Zur Umstellungsregelung im Einzelnen, s die amtliche Begr zu Absätzen 6 und 7 (BRDrucks 443/98 S 247 ff), insoweit nicht in Rz 7 abgedruckt) sowie *Jagow* VD **98** 195.

Für den **Umfang der neuen FE** gilt die Anlage 3 (zu § 6 VII), abgedruckt im Anschluss an **11** die FeV.

4. Die neuen Fahrerlaubnisklassen. In Abs I sind die nach der Zweiten EG-FS-Richtlinie **12** obligatorischen Klassen A bis E, ferner die fakultativen Unterklassen A1, C1, C1E, D1 und D1E und die nationalen Klassen M, S, T und L eingeführt. Hinsichtlich des Begriffs der **durch die Bauart bestimmten Höchstgeschwindigkeit** wird es unter Zugrundelegung der neuen Rspr des BGH zu § 8 Nr 1 StVG (s § 8 StVG Rz 2) und zu § 2 PflVG (s vor § 23 FZV Rz 3) entgegen Brn VRS **101** 293, AG Eisenhüttenstadt NStZ-RR **01** 280 (beide ohne Auseinandersetzung mit der genannten Rspr des BGH), genügen, dass die Geschwindigkeitsgrenze jedenfalls auf Grund einer vorhandenen technischen Einrichtung ohne deren Beseitigung tatsächlich nicht überschritten wird, s § 1 FZV Rz 3. Die in Abs I verwendeten Begriffe **Gesamtmasse** und **Leermasse** entsprechen den in der StVZO gebrauchten Bezeichnungen Gesamtgewicht und Leergewicht. **FzKombinationen** bestehen aus einem Zugfz und einem Anhänger, Art 3 I der 2. EG-FSRichtlinie (ABl EG **91** L 237/1 = StVRL § 6 FeV Nr 1); **Anhänger** sind auch Sattelanhänger, Art 1q ÜbStrV (s § 1 StVG Rz 7), *Huppertz* PVT **01** 143, aM *Kullik* PVT **00** 39. Bei der **Berechnung der zulässigen Gesamtmasse** von Sattelzügen ist § 6 I maßgeblich, nicht § 34 VII Nr 3 StVZO, da es insoweit auf die in § 6 I umgesetzte Vorgabe von Art 3 II der 2. EG-FSRichtlinie ankommt, die von § 34 VII Nr 3 StVZO nicht modifiziert werden kann. Für die fahrerlaubnisrechtliche Beurteilung ist also bei der Ermittlung der zulässigen Gesamtmasse keine Subtraktion der höheren Aufliegelast vorzunehmen, dazu *Huppertz* PVT **06** 123 und VD **06** 206.

13   **a) Klasse A** (Krafträder, s Rz 9). Abw von der früheren Regelung fallen jetzt bereits Kräder mit bauartbestimmter Höchstgeschwindigkeit von mehr als 45 km/h (früher 50 km/h) in die FEKl A. Nur als **„Stufenführerschein"** wird die Kl A solchen FEBewerbern erteilt, die das 18. (§ 10 I Nr 3), aber noch nicht das 25. Lebensjahr vollendet haben (Abs II S 1); sie berechtigt dann in den ersten 2 Jahren nur zum Führen von Krädern bis 25 kW Nennleistung bei einem Verhältnis von Leistung/Leermasse bis 0,16 kW. Nach Vollendung des 25. Lebensjahres gilt die Berechtigung zum Führen leistungsunbeschränkter Kräder unmittelbar, ohne dass es eines besonderen Verwaltungsakts bedürfte. **Ohne Leistungsbeschränkung** wird die FE der Kl A – abw von § 5 I S. 3 StVZO alt – sofort erteilt, wenn das Mindestalter von 25 Jahren (§ 10 I Nr 1) erreicht ist; der vorherigen Fahrerfahrung mit Krafträdern bis 25 kW bedarf es dann nicht (Abs II S 2). Voraussetzung ist in diesem Falle aber Ausbildung und Prüfung auf einem Krad mit einer Motorleistung von mindestens 44 kW, s Anl 7 (zu §§ 16 II und 17 II, III) Nr 2.2.1. FEBewerber über 25 Jahre können zwischen dem Stufenführerschein und (bei entsprechender Ausbildung und Prüfung) der unbeschränkten Kl A wählen. Die Bestimmung dieses Mindestalters in II S 2 für den Zugang zum Führen schwerer Kräder verstößt nicht gegen Art 6 I b) der 2. EG-FSRichtlinie, EuGH NJW **05** 3128. Die FE der Kl A wird unbefristet erteilt (§ 23 I).

14   **b) Klasse A1** (Leichtkrafträder, s Rz 9). Die FEKl A1 entspricht der früheren Kl 1b. Von der Ermächtigung der EG-Mitgliedstaaten, den Leichtkraftrad-Kriterien weitere einschränkende Merkmale hinzuzufügen, hat der VOGeber (wie schon in § 5 I S 4 StVZO alt) Gebrauch gemacht, indem die Berechtigung zum Führen von Leichtkrafträdern mit FEKl A1 für FEInhaber, die das 16. (§ 10 I Nr 4), aber noch nicht das 18. Lebensjahr vollendet haben, auf Fze mit bauartbestimmter Höchstgeschwindigkeit bis 80 km/h begrenzt ist (Abs II S 3). Ausnahmen für die Rückfahrt von der praktischen Befähigungsprüfung, Fahrproben nach §§ 35, 42 (Aufbauseminare) und Anordnungen nach § 46 (Eignungsüberprüfung): Abs II S 3 Halbsatz 2. Vor dem 1. 4. 86 erteilte FEe der Kl 1 (alt) mit Beschränkung auf Leichtkrafträder gelten gem § 5 III S 1 StVZO alt als solche der Kl 1b (alt) und entsprechen jetzt der Kl A1. Die FE der Kl A1 wird unbefristet erteilt (§ 23 I).

15   **c) Klasse B** (Kfze – ausgenommen Kräder – bis 3,5 t Gesamtmasse). Die Kl B umfasst einen wesentlichen Teil der früheren Kl 3 und gilt vor allem für Pkw, für dreirädrige Kleinkrafträder nach Einführung der FEKl S durch ÄndVO v 9. 8. 04 nur, wenn sie den insoweit in Abs I S 1 genannten Erfordernissen nicht entsprechen. Das Gleiche gilt für die sog Quads, s Rz 19a. Sie gilt auch für Kombinationen aus einem Fahrzeug der Kl B mit einem Anhänger bis 750 kg Gesamtmasse oder bis zur Leermasse des ziehenden Fzs, sofern die Gesamtmasse der Kombination 3,5 t übersteigt. Ohne Bedeutung ist die Zahl der Achsen, ebenso die Frage der Zulassungsfreiheit des Anhängers. Werden die Gewichtsgrenzen überschritten, so bedarf es einer FE der Kl E. Die FE der Kl B wird unbefristet erteilt (§ 23 I).

16   **d) Klasse C** (Kfze – ausgenommen Kräder – mit mehr als 3,5 t Gesamtmasse). Mit der Kl C ist die Grenze zwischen dem früheren Pkw-FS (Kl 3 alt) und dem Lkw-FS (Kl 2 alt) von 7,5 t auf 3,5 t gesenkt. Sie gilt auch für Kombinationen aus einem in die Kl C fallenden Zugfz und einem Anhänger bis 750 kg Gesamtmasse. Hat das Fz mehr als 8 Sitzplätze außer dem Führersitz,

Einteilung der Fahrerlaubnisklassen § 6 FeV 3

so bedarf es der FEKl D („Omnibus-FS"), soweit nicht Abs IV gilt. Die FE der Kl C wird auf 5 Jahre befristet erteilt (§ 23 I Nr 2).

e) Klasse C1 (Kfze – ausgenommen Kräder – mit mehr als 3,5 t bis 7,5 t Gesamtmasse). Die Kl C1 umfasst einen Teil des Geltungsbereichs der früheren Kl 3, die bis 3,5 t reichte, weil erst ab 7,5 t die „Lkw-Klasse" 2 erforderlich war. Sie gilt auch für Kombinationen aus einem in die Kl C1 fallenden Zugfz und einem Anhänger bis 750 kg Gesamtmasse. Führen von Kom ohne Fahrgäste mit Kl C1, s Abs IV. Die FE der Kl C1 wird befristet erteilt bis zur Vollendung des 50. Lebensjahres, nach Vollendung des 45. Lebensjahres für 5 Jahre (§ 23 I Nr 1).

f) Klasse D (Kfze zur Personenbeförderung mit mehr als 8 Sitzplätzen außer dem Führersitz). Die FEKl D berechtigt zum Führen von Kom, auch mit Anhänger bis 750 kg Gesamtmasse, und zwar ohne das zusätzliche Erfordernis einer FE zur Fahrgastbeförderung in Kom. Jedoch kommt es auf die Bezeichnung als „Kom" in den FzPapieren nicht an, s *Huppertz* VD **99** 126. Die FE der Kl D wird auf 5 Jahre befristet erteilt (§ 23 I Nr 2). 17

g) Klasse D1 (Kfze zur Personenbeförderung mit mehr als 8 bis höchstens 16 Sitzplätzen außer dem Führersitz). Die FEKl D1 berechtigt zum Führen von Kom mit nicht mehr als 16 Sitzplätzen außer dem Fahrersitz, auch mit Anhänger bis 750 kg Gesamtmasse. Die FE der Kl D1 wird auf 5 Jahre befristet erteilt (§ 23 I Nr 2).

h) Klasse E (Fahrzeugkombinationen mit Anhängern von mehr als 750 kg Gesamtmasse). Sattelanhänger sind Anhänger iS des Abs I, s Rz 12. Die Klasse E gilt in Verbindung mit den Klassen B, C, C1, D oder D1, soweit Anhänger mit einer Gesamtmasse von mehr als 750 kg mitgeführt werden. Das gilt zB für sog „Minisattelzüge" (Zgm bis 3500 kg mit Sattelanhänger von mehr als 750 kg: Kl B, s *Huppertz* NZV **05** 352. Für leichtere Anhänger genügt die jeweilige Haupt-FE-Klasse (B, C, C1, D, D1). Jedoch ist die Berechtigung der Klassen C1E und D1E zum Mitführen von Anhängern auf solche Kombinationen beschränkt, deren zulässige Gesamtmasse 12 t nicht übersteigt, wobei darüber hinaus die zulässige Gesamtmasse des Anhängers die Leermasse des ziehenden Fzs nicht übersteigen darf. Für die Kl D1E gilt eine weitere Einschränkung insoweit, als der Anhänger nur zur Gepäckbeförderung, nicht aber zur Beförderung von Personen verwendet werden darf. Die FE der Kl BE wird unbefristet, die FE der Kl C1E bis zur Vollendung des 50. Lebensjahres, nach Vollendung des 45. Lebensjahres für 5 Jahre, die FE der Klassen CE, DE und D1E befristet auf 5 Jahre erteilt (§ 23 I). 18

Übergangsbestimmung für Inhaber einer FE der Kl 2 oder 3 alt hinsichtlich der Berechtigung zum Führen von Dienst-Kom bis zum 31. 12. 2000: § 76 Nr 7.

i) Klasse M (zweirädrige Kleinkrafträder, FmH). Die Kl M entspricht der früheren Kl 4. Kleinkraftrad, FmH. In die Kl M gehören ferner die in der Übergangsbestimmung des § 76 Nr 8 lit b) genannten Fze, darunter Lastendreiräder, wenn sie bis zum 31. 12. 2001 erstmals in den V gekommen sind. Die FE der Kl M wird unbefristet erteilt (§ 23 I). 19

j) Klasse S (Dreirädrige Kleinkrafträder und vierrädrige Leichtkraftfahrzeuge jeweils mit einer durch die Bauart bestimmten Höchstgeschwindigkeit von nicht mehr als 45 km/h und einem Hubraum von nicht mehr als 50 cm^3 nach Maßgabe von Abs I S 1). Darunter fallen auch die sog Quads (s § 3 FZV Rz 16), soweit sie den dort genannten technischen Merkmalen entsprechen, s dazu BMV VkBl **04** 27, *Ternig* ZfS **04** 4, *Huppertz* VD **04** 43, 210. Zur Einführung der Kl S, s Begr (Rz 7a), *Weibrecht* VD **04** 203. Änderung der Prüfungsrichtlinie wegen Einführung der Klasse S: VkBl **04** 613.

k) Klasse T (für land- oder forstwirtschaftliche Zwecke bauartbestimmte und verwendete Zgm bis 60 km/h sowie für diese Zwecke bestimmte und verwendete selbstfahrende Arbeitsmaschinen bis 40 km/h). Die Kl T entspricht den Bedürfnissen der Land- und Forstwirtschaft, auch soweit das Mindestalter gem § 10 Nr 4 nur 16 Jahre beträgt. Auch für die FEKl T gilt aber – ebenso wie für Kl A1 (Leichtkrafträder) eine Stufenregelung: Gem Abs II S 3 berechtigt die FE der Kl T nur dann zum Führen von Zgm mit bauartbestimmter Höchstgeschwindigkeit von mehr als 40 km/h, wenn der FEInhaber das 18. Lebensjahr vollendet hat, soweit die Fahrt nicht unter die Ausnahmeregelung des Abs II S 3, Halbsatz 2 fällt. Mit Vollendung des 18. Lebensjahres gilt die unbeschränkte Berechtigung automatisch. Die FE der Kl T wird unbefristet erteilt (§ 23 I). Nur bei Einsatz des Fzs für land- oder forstwirtschaftliche Zwecke (Legaldefinition: Abs V) genügt die Kl T. Ausnahme bei Feuerwehreinsätzen und -übungen, örtlichen Brauchtumsveranstaltungen sowie Altmaterialsammlungen und Landschaftssäuberungsaktionen: § 2 der 2. VO über Ausnahmen von verkehrsrechtlichen Vorschriften (s § 3 FZV Rz 3). Siehe zur FEKl T auch Rz 9. Zu Winterdienst Rz 7c. 20

Dauer 989

3 FeV § 6 II. Führen von Kraftfahrzeugen

21   l) **Klasse L** (land- und forstwirtschaftliche Zgm bis 32 km/h, Arbeitsmaschinen bis 25 km/h). Land- oder forstwirtschaftliche Zwecke: Abs V. Die Kl L entspricht der früheren Kl 5, gilt allerdings nicht mehr für Krankenfahrstühle, die jetzt fahrerlaubnisfrei sind (§ 4 I Nr 2). Abw von der früheren Regelung gilt die Kl L aber nicht auch für *nicht* land- oder forstwirtschaftliche Zgm, diese gehören in die Klassen B oder C. Kl L berechtigt aber nach Maßgabe von § 2 der 2. VO über Ausnahmen von verkehrsrechtlichen Vorschriften (s § 3 FZV Rz 3) zum Führen von Zgm bis 32 km/h einschließlich Anhänger bei Feuerwehreinsätzen und -übungen, örtlichen Brauchtumsveranstaltungen sowie Altmaterialsammlungen und Landschaftssäuberungsaktionen. In die FEKl L fallen auch Zgm und ihre Anhänger, die von land- oder forstwirtschaftlichen Lohnunternehmen anderen Betrieben vermietet oder auf andere Weise überlassen wurden und für land- oder forstwirtschaftliche Zwecke verwendet werden. Die FE der Kl L wird unbefristet erteilt (§ 23 I). Selbstfahrende Arbeitsmaschinen, s Rz 9. Winterdienst s Rz 7c.

22   **5. Erstreckung der Fahrerlaubnis auf Fahrzeuge anderer Klassen.** Abs III enthält die Einschlussregelungen hinsichtlich derjenigen Klassen, die mit der jeweils höheren Klasse im Hinblick auf die umfassendere Ausbildung miterteilt werden. Nicht ausdrücklich aufgeführt sind die Klassen, die den Erwerb der jeweils höheren Klasse voraussetzen wie etwa die Kl B, die gem § 9 Voraussetzung für die Erteilung der Klassen C, C1, D oder D1 ist. Siehe dazu ferner die Begr (Rz 5).

a) Die FEKl A berechtigt außerdem zum Führen von Fzen der Klassen A1 und M (Abs III Nr 1).

b) Die FEKl A1 berechtigt außerdem zum Führen von Fzen der Kl M (Abs III Nr 2).

c) Die FEKl B berechtigt außerdem zum Führen von Fzen der Klassen M, S und L (Abs III Nr 3).

d) Die FEKl C berechtigt außerdem zum Führen von Fzen der Klasse C1 (Abs III Nr 4).

e) Die FEKl D berechtigt außerdem zum Führen von Fzen der Klasse D1 (Abs III Nr 7).

f) Die FEKl T berechtigt außerdem zum Führen von Fzen der Klassen M, S und L (Abs III Nr 10).

g) Erstreckung der Kl E in Verbindung mit der jeweiligen Haupt-FEKl auf andere Klassen: s Abs III Nr 5, 6, 8, 9.

Anders als nach der bis zum 31. 1. 05 geltenden Fassung von Abs III Nr 6 berechtigt die FE der Kl C1E nicht mehr zum Führen von Fzen der Kl DE, s *Weibrecht* VD **04** 206.

22a   **6. Berufskraftfahrer-Qualifikation.** Fahrer, die Fahrten im Güterkraft- oder Personenverkehr zu gewerblichen Zwecken mit Kfz durchführen, für die eine FE der Klassen C1, C1E, C, CE, D1, D1E, D oder DE erforderlich ist, benötigen *zusätzlich zur FE* eine **Grundqualifikation** nach dem Berufskraftfahrer-Qualifikations-Gesetz (BKrFQG), sofern die FE der Klassen D1, D1E, D, DE ab dem 10. 9. 08 und die FE der Klassen C1, C1E, C, CE ab dem 10. 9. 09 erteilt wurde. Ausnahmen: § 1 II BKrFQG. Verpflichtung zur **Weiterbildung** alle 5 Jahre (auch bei FE-Erwerb vor den genannten Stichtagen) gem § 5 BKrFQG, § 4 BKrFQV. In Umsetzung der Richtlinie 2003/59/EG (StVRL § 6 FeV Nr 6) soll dadurch für Fahrer im gewerblichen Güterkraft- und Personenverkehr eine über die FE-Ausbildung hinausgehende Vermittlung besonderer tätigkeitsbezogener Fertigkeiten und Kenntnisse gewährleistet werden (Begr BR-Drs 259/06 S 12). Grundqualifikation und Weiterbildung werden durch Eintrag der Schlüsselzahl 95 nach Anl 9 auf dem FS nachgewiesen (§ 5 II BKrFQV). Die FEB nimmt diese Eintragung vor. Der Schlüsselzahl 95 wird dabei das Datum angefügt, bis zu dem der Qualifikationsnachweis erbracht ist. Mindestalter für Fahrten im Güterkraft- und Personenverkehr je nach Art der erworbenen Grundqualifikation: § 2 BKrFQG; es handelt sich dabei nicht um Anforderungen an das Mindestalter nach FE-Recht (dazu § 10). Verstöße gegen die Verpflichtungen aus dem BKrFQG sind ordnungswidrig nach § 9 BKrFQG, berühren die FE aber nicht und führen auch nicht zu Punkten im VZR.

Lit: *Glembotzki/Kaps*, Erforderliche Qualifizierung des Fahrpersonals ..., VD **08** 238.

23   **7.** Der **Hubraum** (in cm^3) bildet für einige FEKl ein Kriterium. Hubraum ist der durch den Kolbenhub im Zylinder verdrängte Raum. Zwecks Berechnung müssen bei Typprüfungen Zylinderdurchmesser und Kolbenhub gemessen werden; bei sonstigen Prüfungen darf diese Nachmessung nur unterbleiben, wenn der Sachverständige die Zugehörigkeit der Maschine zu einem

Einteilung der Fahrerlaubnisklassen § 6 FeV **3**

reihenmäßig hergestellten Typ, dessen Hubraum ihm bekannt ist, durch Erkennungsmerkmale der Bauart zweifelsfrei feststellen kann.

8. Beschränkung der Fahrerlaubnis auf einzelne Fahrzeugarten ist gem Abs I S 2 möglich. Maßgebend für die Beschränkbarkeit ist nicht ihre technische Besonderheit (Antrieb, Schaltung), sondern der Verwendungszweck, soweit er Bauartunterschiede bedingt, Stu DAR **75** 305. **24**

9. Fahrerlaubnis beim Abschleppen. Abschleppen: § 33 StVZO Rz 6ff. Beim Abschleppen braucht nur der Führer des ziehenden Kfz die FE der Klasse dieses, nicht des abgeschleppten Kfz (Abs I S 3). Beim *Schleppen* von Kfzen (§ 33 StVZO) dagegen muss außerdem der Führer des geschleppten Kfz die zu dessen Betrieb erforderliche FE haben, § 33 II Nr 1 S 2 StVZO; Ausnahme: § 33 II Nr 1 S 3 StVZO. Zum Anschleppen eines betriebsunfähigen Kfz s § 33 StVZO Rz 8, § 21 StVG Rz 11. **25**

10. Fortgeltung älterer Fahrerlaubnisse (Besitzstände). Die bis zum 31. 12. 1998 erteilten Fahrerlaubnisse alten Rechts bleiben gem Abs VI im Umfang ihrer bisherigen Berechtigung bestehen, jedoch mit den Einschränkungen nach Maßgabe der Übergangsbestimmung des § 76 (s Rz 10). Es bedarf **keiner Umstellung** auf die neue Klasseneinteilung; diese erfolgt vielmehr nur auf Antrag (s Rz 10). Bis zu einem Umtausch bleibt die alte FE also in ihrem bisherigen Umfang gültig. Das gilt auch für die frühere **FEKl 2 (Lkw).** Diese verliert jedoch mit Vollendung des 50. Lebensjahres des Inhabers ihre Gültigkeit (§ 76 Nr 9 S 13); hatte der Inhaber dieses Alter vor dem 31. 12. 1999 erreicht, so hat die FE der Kl 2 ab 1. 1. 2001 ihre Gültigkeit verloren (§ 76 Nr 9 S 15). Bei der Umstellung einer bis zum 31. 12. 98 erteilten FE der Kl 2 wird die FE der Kl C oder CE bis zur Vollendung des 50. Lebensjahres des Betroffenen befristet (§ 76 Nr 9 S 10); diese Regelung ist grundgesetzkonform (OVG Hb DAR **07** 106). Uneingeschränkten Besitzstandsschutz genießt insbesondere die **frühere** FEKl 3; sie umfasst die neuen Klassen B, BE, C1, C1E (diese begrenzt auf Kombinationen mit nicht mehr als 3 Achsen, s § 5 I S 1 alt zu Kl 2 und 3, anders insoweit nach Umtausch, s Anl 3, Rz 11), sie erstreckt sich ferner auf die Klassen L, M und S. Eine Übersicht enthält die amtliche Begr (BRDrucks 443/98 S 216): **26**

Besitzstände

Inhaber einer nach altem Recht erworbenen Fahrerlaubnis behalten grundsätzlich ihren Besitzstand. Bei einem Umtausch des Führerscheins werden die entsprechenden neuen Klassen erteilt. Die wichtigsten Besitzstandsregelungen ergeben sich aus der folgenden Tabelle, die Einzelheiten sind in § 6 Abs. 6 und 7 und in Anlage 3 der Fahrerlaubnis-Verordnung geregelt.

Klassen (alt)		Klassen (neu)
StVZO/D	StVZO/DDR	
1	A	A, A1, L, M
1 a		A beschränkt auf Krafträder bis 25 kW und einem Verhältnis Leistung/Leergewicht von nicht mehr als 0,16 kW/kg A1, L, M
1 b		A1, L, M
2	CE	C, CE, C1, C1E, B, BE, L, M, T
3	B, BE	C1, C1E, B, BE, L, M; auf Antrag CE mit Beschränkung auf bisher in Klasse 3 fallende Züge
4	M	L, M
5	T	L
Fahrerlaubnis zur Fahrgastbeförderung in Kraftomnibussen (unbeschränkt)	D	D, DE, D1, D1E
Fahrerlaubnis zur Fahrgastbeförderung beschränkt auf Kraftomnibusse bis 7,5 t zul. Gesamtgewicht und/oder 24 Plätze	D	D beschränkt auf Kraftomnibussen bis 7,5 t zulässiges Gesamtgewicht und/oder 24 Plätze, D1, D1E

3 FeV § 7 II. Führen von Kraftfahrzeugen

27 Soweit keine Umstellung erfolgt, sind weiterhin auch die **früheren Besitzstandsregelungen nach § 5 StVZO alt** (s: 34. Aufl Rz 26) sowie die Überleitungsbestimmungen des Einigungsvertrages, Anl I Kap XI B III Nr 2 (3) bis (10), – s: 34. Aufl § 5 StVZO Rz 30 – zu beachten. Zusammenstellung über die Besitzstands- und Einschlussregelungen bei nach den **Vorschriften der DDR** erteilten Fahrerlaubnisse: VkBl **94** 458 (459), abgedruckt: 34. Aufl § 5 StVZO Rz 31.

Lit: Bode, Der neue EU-Führerschein, Bonn 1998. *Gehrmann,* Die Neuregelungen im FSRecht ab 1. 1. 99, NJW **99** 455. *Huppertz,* Die FEKl D und die Übergangsregelung, VD **99** 125. *Derselbe,* Ausgewählte Problemstellungen des neuen FERechts, VD **99** 269, **00** 58, 78, 106, 148. *Derselbe,* Das SattelKfz in der FeV, PVT **01** 143. *Derselbe,* Minisattelzüge – mit kleinem FS …, NZV **05** 351. *Jagow,* Die neue FE-Verordnung – Übergangsvorschriften, VD **98** 193. *Janker,* Grundzüge des neuen FERechts, NZV **99** 26. *Kullik,* Das SattelKfz – Auslegungsprobleme im neuen FERecht, PVT **00** 39. *Petersen,* Erfahrungen mit der FeV, ZfS **02** 56. *Weibrecht,* Neue Führerscheinklasse S und Fahrerlaubnisrechtsänderungen, VD **04** 203. *Wiederholt,* Das neue FERecht, PVT **98** 163.

28 **11. Ausnahmen:** § 74.

29 **12. Strafvorschriften:** s § 21 StVG. Die Voraussetzungen der Strafbarkeit bei Schleppen ohne die erforderliche FE sind in § 6 I S 2 hinreichend bestimmt, Br NJW **63** 726 (zu § 5 II S 2 StVZO alt).

2. Voraussetzungen für die Erteilung einer Fahrerlaubnis

Ordentlicher Wohnsitz im Inland

7 (1) ¹Eine Fahrerlaubnis darf nur erteilt werden, wenn der Bewerber seinen ordentlichen Wohnsitz in der Bundesrepublik Deutschland hat. ²Dies wird angenommen, wenn der Bewerber wegen persönlicher und beruflicher Bindungen oder – bei fehlenden beruflichen Bindungen – wegen persönlicher Bindungen, die enge Beziehungen zwischen ihm und dem Wohnort erkennen lassen, gewöhnlich, das heißt während mindestens 185 Tagen im Jahr, im Inland wohnt. ³Ein Bewerber, dessen persönliche Bindungen im Inland liegen, der sich aber aus beruflichen Gründen in einem oder mehreren anderen Mitgliedstaaten der Europäischen Union oder Vertragsstaaten des Abkommens über den Europäischen Wirtschaftsraum aufhält, hat seinen ordentlichen Wohnsitz im Sinne dieser Vorschrift im Inland, sofern er regelmäßig hierhin zurückkehrt. ⁴Die Voraussetzung entfällt, wenn sich der Bewerber zur Ausführung eines Auftrags von bestimmter Dauer in einem solchen Staat aufhält.

(2) Bewerber, die bislang ihren ordentlichen Wohnsitz im Inland hatten und die sich ausschließlich zum Zwecke des Besuchs einer Hochschule oder Schule in einem anderen Mitgliedstaat der Europäischen Union oder einem anderen Vertragsstaat des Abkommens über den Europäischen Wirtschaftsraum aufhalten, behalten ihren ordentlichen Wohnsitz im Inland.

(3) ¹Bewerber, die bislang ihren ordentlichen Wohnsitz in einem anderen Mitgliedstaat der Europäischen Union oder einem anderen Vertragsstaat des Abkommens über den Europäischen Wirtschaftsraum hatten und die sich ausschließlich wegen des Besuchs einer Hochschule oder Schule im Inland aufhalten, begründen keinen ordentlichen Wohnsitz im Inland. ²Ihnen wird die Fahrerlaubnis erteilt, wenn die Dauer des Aufenthaltes mindestens sechs Monate beträgt.

1 **Begr** (BRDrucks 443/98 S 249): **Zu Abs 1:** Nach Artikel 7 Abs. 1 Buchstabe b der Zweiten *EU-Führerscheinrichtlinie dürfen die Mitgliedstaaten nur solchen Personen eine Fahrerlaubnis erteilen, die ihren ordentlichen Wohnsitz in ihrem Hoheitsgebiet haben. Grund für diese Regelung ist, dass der Fahrerlaubnisbewerber dort ausgebildet und geprüft und somit auf die Teilnahme am Straßenverkehr vorbereitet werden soll, wo er als Fahranfänger hauptsächlich fährt. Es ist damit auch ausgeschlossen, die Ausbildung und/oder Prüfung außerhalb des Wohnsitzstaates zu absolvieren und sich im letzteren auf dieser Grundlage die Fahrerlaubnis erteilen zu lassen, da dies dem Sinn der Regelung widerspräche. Außerdem soll das Wohnsitzerfordernis verhindern, dass eine Person in mehreren Mitgliedstaaten eine Fahrerlaubnis erwirbt und im Falle der Entziehung des einen Rechts auf das andere zurückgreift.*

Die Verordnung übernimmt in Absatz 1 die in Artikel 9 der Richtlinie enthaltene Definition des Begriffs „ordentlicher Wohnsitz".

…

Die Definition des Begriffs „ordentlicher Wohnsitz" in der Richtlinie ist dem Steuerrecht entnommen. Dort stehen regelmäßig in der Vergangenheit liegende Zeiträume zur Beurteilung an. Ob sich eine Person

Ordentlicher Wohnsitz im Inland § 7 FeV **3**

185 Tage in einem Staat aufgehalten hat, lässt sich im Nachhinein eindeutig feststellen ... Grundsätzlich wird die Fahrerlaubnis erst erteilt, wenn der Bewerber 185 Tage im Inland gelebt hat ... Im Wege einer Ausnahme nach § 74 Abs. 1 Nr. 1 kann die Fahrerlaubnis jedoch auch schon vorher erteilt werden, wenn der Antragsteller glaubhaft macht, dass er sich einen entsprechenden Zeitraum im Inland aufhalten wird ...

Zu Abs 2 und 3: *Eine Sonderregelung trifft die Richtlinie für Studenten und Schüler: Nach Artikel 9* hat der Besuch einer Hochschule oder Schule keine Verlegung des ordentlichen Wohnsitzes zur Folge ... Studenten und Schüler haben damit ein Wahlrecht. Sie können die Fahrerlaubnis sowohl in ihrem Heimatstaat als auch im Staat ihrer Ausbildung erwerben. Personen aus anderen Mitgliedstaaten, die sich mindestens sechs Monate ausschließlich zum Zwecke des Besuchs einer Hochschule oder Schule in der Bundesrepublik Deutschland aufhalten, können hier die Fahrerlaubnis erhalten ... Die Regelung gilt nur innerhalb der Europäischen Union bzw. des Europäischen Wirtschaftsraumes. Für Personen aus Drittstaaten, die hier eine Hochschule oder Schule besuchen, oder Personen aus der Bundesrepublik Deutschland, die dies in einem Drittstaat tun, beurteilt sich der Wohnsitz nach Absatz 1 ...* **2**

1. Ordentlicher Wohnsitz im Inland ist Voraussetzung für die Erteilung einer deutschen FE. § 7 I wiederholt damit ein sich aus § 2 StVG im Anschluss an Art 7 Ib der Zweiten EG-FS-Richtlinie ergebendes Erfordernis (s § 2 StVG Rz 3). Die detaillierte Beschreibung der Kriterien des Begriffs „ordentlicher Wohnsitz" folgt inhaltlich dem Art 9 der Richtlinie. Sie dient ausschließlich der Abgrenzung von In- und Ausland. Wo im Inland der Bewerber seinen Wohnsitz hat, ist im Rahmen des § 7 ohne Bedeutung. Die örtliche Zuständigkeit der FEB für die beantragte FEErteilung richtet sich nach § 73 II. **3**

2. Maßgeblicher Zeitpunkt. Im Zeitpunkt der Erteilung der FE muss der Bewerber seinen ordentlichen Wohnsitz im Inland haben. Bei Bestehen persönlicher und beruflicher Bindungen reicht bereits die Begründung eines Wohnsitzes gem § 7 BGB im Sinne einer auf Dauer (oder jedenfalls auf 185 Tage) angelegten Niederlassung aus. Der VOGeber vertritt jedoch, wie die Begr (VkBl **98** 1066, Rz 1) zeigt, die Auffassung, dass es der Formulierung in Art 9 der Richtlinie „während mindestens 185 Tagen ... wohnt" nicht widerspricht, wenn eine deutsche FE grundsätzlich erst erteilt wird, wenn der Bewerber für diesen Mindestzeitraum im Inland *gewohnt hat* (ebenso hier bis 39. Aufl, *Bode/Winkler* § 2 Rz 65). Dieser Auffassung kann nicht gefolgt werden, denn Art 9 der 2. EG-FS-Richtlinie geht nicht davon aus, dass ein ordentlicher Wohnsitz erst dann entsteht, wenn der Betroffene 185 im Jahr an einem Ort *gewohnt hat* (*Bouska/Laeverenz* § 7 Anm 2b, *Bouska* NZV **00** 321, 322, *Himmelreich/Halm/Mahlberg* Kap 35 Rz 307 ff, Bay NZV **00** 261). **4**

2 a. Erteilung der Fahrerlaubnis vor Ablauf der 185-Tages-Frist. Nach Ansicht des VOGebers (Begr, BRDrucks 433/98 S 250, insoweit nicht abgedruckt in Rz 1) ist nicht zu erwarten, dass jemand unmittelbar nach Wohnsitzverlegung ins Inland eine FE beantragen wird, zumal Ausbildung und Prüfungen idR eine gewisse Zeit in Anspruch nehmen. In Fällen, in denen die FEErteilung beantragt wird, bevor der Bewerber mindestens 185 Tage im Inland gelebt hat, wird auf die Möglichkeit einer Ausnahme gem § 74 I Nr 1 verwiesen (s Rz 1, krit dazu *Bouska* NZV **00** 321, 322). Da der Auslegung des VOGebers hier nicht gefolgt wird (Rz 4), bedarf es einer solchen Ausnahme jedoch nicht. In Fällen vorzeitiger Rückkehr ins Ausland kommt Rücknahme der FE durch die FEB in Frage (s Begr VkBl **98** 1066). **5**

3. Für Schüler und Studenten aus Mitgliedstaaten der Europäischen Union (EU) oder Vertragsstaaten des Abkommens über den Europäischen Wirtschaftsraum (EWR) in einem EU- oder EWR-Staat lebende inländische Studenten gilt gem der Fiktion des Art 9 II S 3 der Zweiten EG-FS-Richtlinie die in § 7 II und III getroffene Sonderregelung. Solange sie sich ausschließlich zwecks Schul- oder Hochschulbesuchs in dem jeweils anderen Land aufhalten, behalten sie ihren Heimatwohnsitz. **6**

Auch bei ständigem, 185 Tage überschreitendem Aufenthalt eines in Deutschland beheimateten Schülers oder Studenten in einem EU/EWR-Staat begründet dieser keinen ordentlichen Wohnsitz im Ausland, solange der Aufenthalt nur den genannten Zwecken dient. Ihm kann daher eine deutsche FE erteilt werden (Abs II). **7**

Obwohl umgekehrt ein Schüler oder Student aus einem EU/EWR-Staat, der sich ausschließlich zwecks Schul- bzw Hochschulbesuchs in Deutschland aufhält, gem Abs III S 1 in Deutschland keinen Wohnsitz begründet, auch wenn der Aufenthalt mehr als 185 Tage gedauert hat, **8**

---

* Art 9 der 2. EG-Führerscheinrichtlinie.

wird ihm, wenn die übrigen Voraussetzungen erfüllt sind, gem Abs III S 2 bei mindestens 6-monatiger Aufenthaltsdauer eine inländische FE erteilt. Der ausländische Schüler oder Student hat also die Wahl des FE-Erwerbs im Heimatland oder im Gastland.

9   Für Schüler und Studenten aus Drittstaaten (außerhalb der EU oder des EWR) gilt die Sonderregelung nicht. Bei ihnen bleibt es bei dem Grundsatz des Abs I. Entsprechendes gilt für deutsche Schüler und Studenten für die Zeit ihrer Ausbildung in einem Drittstaat. Da sie nach 185 Tagen ihren *ordentlichen Wohnsitz* im Inland verlieren, kann ihnen keine deutsche FE erteilt werden.

Lit: *Bouska*, Fahrberechtigung von Berufspendlern mit ausländischer FE im Inland, NZV **00** 321.

Ausschluß des Vorbesitzes einer Fahrerlaubnis der beantragten Klasse

8 Eine Fahrerlaubnis der beantragten Klasse darf nur erteilt werden, wenn der Bewerber keine in einem Mitgliedstaat der Europäischen Union oder einem anderen Vertragsstaat des Abkommens über den Europäischen Wirtschaftsraum erteilte Fahrerlaubnis (EU- oder EWR-Fahrerlaubnis) dieser Klasse besitzt.

1   **Begr** (BRDrucks 443/98 S 252): *Die Bestimmung setzt Artikel 7 Abs. 5 der Richtlinie um, wonach jeder nur im Besitz einer Fahrerlaubnis aus einem EU- oder EWR-Mitgliedstaat sein darf.*

2   Die Bestimmung wiederholt das bereits in § 2 II Nr 7 StVG enthaltene Erfordernis. Der FE-Bewerber muss darüber gem § 2 VI S 2 gegenüber der FEB eine Erklärung abgeben. Ermittlungen der FEB dazu: § 2 VII S 1 StVG, § 22 II FeV.

Vorbesitz einer Fahrerlaubnis anderer Klassen

9 ¹Eine Fahrerlaubnis der Klassen C, C1, D oder D1 darf nur erteilt werden, wenn der Bewerber bereits die Fahrerlaubnis der Klasse B besitzt oder die Voraussetzungen für deren Erteilung erfüllt hat; in diesem Fall darf die Fahrerlaubnis für die höhere Klasse frühestens mit der Fahrerlaubnis für die Klasse B erteilt werden. ²Satz 1 gilt auch im Fall des § 69a Abs. 2 des Strafgesetzbuches. ³Eine Fahrerlaubnis der Klasse E darf nur erteilt werden, wenn der Bewerber bereits die Fahrerlaubnis für das ziehende Fahrzeug besitzt oder die Voraussetzungen für deren Erteilung erfüllt hat; in diesem Fall darf die Fahrerlaubnis der Klasse E frühestens mit der Fahrerlaubnis für das ziehende Fahrzeug erteilt werden.

1   **Begr:** (VkBl **98** 1066): *Nach Artikel 5 Abs. 1 der Richtlinie kann eine Fahrerlaubnis der Klassen C und D nur Personen erteilt werden, die bereits zum Führen von Kraftfahrzeugen der Klasse B berechtigt sind; die Erteilung einer Fahrerlaubnis für die Klasse E setzt voraus, dass die Bewerber bereits zum Führen von Fahrzeugen der entsprechenden Soloklasse berechtigt sind.*

Die Richtlinie schreibt keine bestimmte Besitzdauer der niedrigeren Klasse vor. Auch ist nicht bestimmt, dass die Fahrerlaubnis – wie im deutschen Recht – durch Aushändigung des Führerscheins erteilt wird. Es soll deshalb genügen, dass der Bewerber vor Erwerb der höheren Klasse die Voraussetzungen für die niedrigere erfüllt hat. Auf die formelle Erteilung der niedrigeren Klasse durch Aushändigung des Führerscheins wird verzichtet.

2   **Begr** zur ÄndVO v 18. 7. 08, BGBl I 1338 (BR-Drs 302/08 S 60): **Zu S 2:** *Falls das Strafgericht die Fahrerlaubnis hinsichtlich aller Klassen entzieht, jedoch bestimmte Arten von Kraftfahrzeugen (z. B. Klasse D) von der Sperre gemäß § 69a Abs. 2 StGB ausnimmt, gilt hinsichtlich der Neuerteilung § 9 Satz 1, wonach eine Fahrerlaubnis der Klassen C, C1, D oder D1 nur erteilt werden darf, wenn der Bewerber bereits die Fahrerlaubnis der Klasse B besitzt. Eine „isolierte" Erteilung der Klasse C sollte auch nicht im Wege der Ausnahme möglich sein.*

3   **1.** § 9 setzt Art 5 I a und b der 2. EG-FS-Richtlinie in deutsches Recht um. Gesetzliche Ermächtigungsgrundlage ist § 2 II 2 StVG.

4   **2.** Wird bei strafgerichtlicher EdF gem § 69a II StGB von einer FESperre eine FzArt ausgenommen, **deren Führen eine Fahrerlaubnis der FEKl C, C1, D oder D1 voraussetzt** (z.B. Lkw, Kom), ist die FEB durch § 9 S 1 gehindert, diese zu erteilen (VG Berlin NZV **01** 139, *Dencker* DAR **04** 54, *Burmann* DAR **05** 61, 64, *Geiger* NZV **05** 623, 626, aA hier bis 39. Aufl, *Bouska/Laeverenz* § 69a StGB Anm 4, *Hentschel* Trunkenheit Rz 786, NZV **04** 285, 288,

Mindestalter § 10 FeV 3

Empfehlung des AK IV des 42. VGT 2004 Nr 4). Der durch ÄndVO v 18. 7. 08 neu eingefügte S 2 stellt dies ausdrücklich klar. Mit EdF gem § 69 StGB erlischt die FE komplett (§ 69 StGB Rz 24). Um wieder Kfz im öffentlichen StrV führen zu können, muss der Betroffene eine neue FE erwerben. Er kann dies nur, wenn er die dafür erforderlichen fahrerlaubnisrechtlichen Voraussetzungen erfüllt. Sofern er eine FE der Klassen C, C1, D oder D1 erwerben will, muss er entsprechend der EG-rechtlichen Vorgabe gem S 1 eine FE der Klasse B besitzen oder die Voraussetzungen für deren Erteilung erfüllen. Eine Person, der die FE gem § 69 StGB entzogen wurde, besitzt keine FE der Klasse B und kann auch nicht die Voraussetzungen für deren Erteilung erfüllen, so lange eine nach § 69a I StGB angeordnete Sperre für die Neuerteilung einer FE noch nicht abgelaufen ist. Es wäre mit Art 5 I a der 2. EG-FS-Richtlinie nicht vereinbar, einer Person, die nach gerichtlicher Beurteilung momentan ungeeignet zum Führen von Fz der Klasse B ist, gleichwohl eine FE der Klassen C, C1, D oder D1 zu erteilen (*Dencker* DAR **04** 54). Die Erteilung einer solchen FE im Wege der Ausnahme nach § 74 von § 9 I ist ebenfalls nicht möglich, weil auch dies nicht mit Art 5 I a der 2. EG-FS-Richtlinie vereinbar wäre. Die FEB ist nicht dadurch gebunden, dass das Strafgericht mit der Ausnahme bestimmter FzArten von einer Sperre gem § 69a II StGB zum Ausdruck bringt, dass der Betroffene nach strafgerichtlicher Beurteilung insoweit zum Führen von Kfz geeignet ist, denn eine Bindungswirkung der FEB gem § 3 IV StVG gibt es nur im Entziehungsverfahren, nicht im Neuerteilungsverfahren (VG Berlin NZV **01** 139, s § 3 StVG Rz 15). Die in § 69a II StGB vorgesehene Möglichkeit, bestimmte Arten von Kfz von der Sperre für die Neuerteilung der FE auszunehmen, läuft somit leer, soweit Arten von Kfz von der Sperre ausgenommen werden, die nur mit einer FE geführt werden können, für deren Erteilung der Besitz einer FE der Klasse B oder das Erfüllen der Voraussetzungen für deren Erteilung Voraussetzung ist (*Dencker* DAR **04** 54, 55). § 69a II StGB ist insoweit fahrerlaubnisrechtlich nicht umsetzbar. Zu den Konsequenzen für das Strafrecht § 69a StGB Rz 6a.

Lit: *Dencker*, Die Auswirkungen von § 9 FeV auf § 69a II StGB und § 111a I S 2 StPO, DAR **04** 54. *Hentschel*, Ausnahme von der FESperre für Lkw und Busse?, NZV **04** 285.

Mindestalter

10 (1) ¹Das Mindestalter für die Erteilung einer Fahrerlaubnis beträgt
1. 25 Jahre für Klasse A bei direktem Zugang oder bei Erwerb vor Ablauf der zweijährigen Frist nach § 6 Abs. 2 Satz 1,
2. 21 Jahre für die Klassen D, D1, DE und D1E,
3. 18 Jahre für die Klassen A bei stufenweisem Zugang, B, BE, C, C1, CE und C1E,
4. 16 Jahre für die Klassen A1, M, S, L und T.

²Die Vorschriften des Artikels 5 der Verordnung (EWG) Nr. 3820/85 des Rates vom 20. Dezember 1985 über die Harmonisierung bestimmter Sozialvorschriften im Straßenverkehr (ABl. EG Nr. L 370 S. 1) und des Artikels 5 des Europäischen Übereinkommens über die Arbeit des im internationalen Straßenverkehr beschäftigten Fahrpersonals (AETR) in der Fassung der Bekanntmachung vom 18. August 1997 (BGBl. II S. 1550) über das Mindestalter der im Güter- und Personenverkehr eingesetzten Fahrer bleiben unberührt.

(2) ¹Bei Erteilung der Fahrerlaubnis während oder nach Abschluss einer Berufsausbildung in
1. dem staatlich anerkannten Ausbildungsberuf „Berufskraftfahrer/Berufskraftfahrerin",
2. dem staatlich anerkannten Ausbildungsberuf „Fachkraft im Fahrbetrieb" oder
3. einem staatlich anerkannten Ausbildungsberuf, in dem vergleichbare Fertigkeiten und Kenntnisse zum Führen von Kraftfahrzeugen auf öffentlichen Straßen vermittelt werden,

beträgt das Mindestalter für die Klasse B 17 Jahre sowie für den entsprechenden Zugang zu den Klassen D, D1, DE und D1E 18 Jahre. ²Die erforderliche körperliche und geistige Eignung ist vor Erteilung der ersten Fahrerlaubnis, falls diese vor Vollendung des Mindestalters nach Absatz 1 erworben wird, durch Vorlage eines medizinisch-psychologischen Gutachtens nachzuweisen. ³Eine Erteilung einer Fahrerlaubnis der Klassen D, D1, DE und D1E vor Erreichen des nach Absatz 1 vorgeschriebenen Mindestalters setzt weiter voraus, dass der Bewerber seit mindestens einem Jahr die Fahrerlaubnis der Klasse B besitzt. ⁴Bis

zum Erreichen des nach Absatz 1 vorgeschriebenen Mindestalters ist die Fahrerlaubnis mit den Auflagen zu versehen, dass von ihr nur
1. bei Fahrten im Inland
2. im Rahmen des Ausbildungsverhältnisses und
3. für die Personenbeförderung im Linienverkehr nach den §§ 42, 43 des Personenbeförderungsgesetzes bei Linienlängen von bis zu 50 Kilometer, soweit es sich um eine Fahrerlaubnis der Klassen D und DE handelt,

Gebrauch gemacht werden darf. ⁵Die Auflage nach
1. Satz 4 Nr. 1 entfällt, wenn der Fahrerlaubnisinhaber das Mindestalter nach Absatz 1 erreicht hat,
2. Satz 4 Nr. 2 entfällt bei der Fahrerlaubnisklasse B, wenn der Fahrerlaubnisinhaber das Mindestalter nach Absatz 1 erreicht hat, und bei den Fahrerlaubnisklassen D, D1, DE und D1E, wenn der Fahrerlaubnisinhaber das Mindestalter nach Absatz 1 erreicht hat oder über eine abgeschlossene Ausbildung nach Satz 1 verfügt,
3. Satz 4 Nr. 3 entfällt bei Vollendung des 20. Lebensjahres.

(3) ¹Das Mindestalter für das Führen eines Kraftfahrzeugs, für das eine Fahrerlaubnis nicht erforderlich ist, beträgt 15 Jahre. ²Dies gilt nicht für das Führen eines motorisierten Krankenfahrstuhls (§ 4 Abs. 1 Satz 2 Nr. 2) mit einer durch die Bauart bestimmten Höchstgeschwindigkeit von nicht mehr als 10 km/h durch behinderte Menschen.

(4) Wird ein Kind unter sieben Jahren auf einem Mofa (§ 4 Abs. 1 Satz 2 Nr. 1) mitgenommen, muß der Fahrzeugführer mindestens 16 Jahre alt sein.

1 **Begr:** BRDrucks 443/98 S 218.

Begr zur ÄndVO v 7. 8. 02 (BRDrucks 497/02 S 62): **Zu Abs 2:** *Nach der Verordnung (EWG) Nr. 3820/85 des Rates vom 20. Dezember 1985 über die Harmonisierung bestimmter Sozialvorschriften im Straßenverkehr (Abl. EG Nr. L 370 S. 1) ist es möglich, dass im Güterverkehr eingesetzte Fahrer ab Vollendung des 18. Lebensjahres Fahrzeuge über 7,5 t zulässiges Gesamtgewicht fahren, falls der Fahrer Inhaber eines Befähigungsnachweises über den erfolgreichen Abschluss einer von einem Mitgliedstaat anerkannten Ausbildung für Fahrer im Güterverkehr gemäß den gemeinschaftlichen Rechtsvorschriften über das Mindestniveau der Ausbildung für Fahrer von Transportfahrzeugen im Straßenverkehr ist. Das Recht des Fahrers, ab dem 18. Lebensjahr unter den genannten Voraussetzungen tätig sein zu dürfen, lässt sich aber nur dann verwirklichen, wenn er seine Ausbildung als Berufskraftfahrer und die dazu gehörende Fahrerlaubnis mit dem 18. Lebensjahr erwerben kann. Da auch eine gewisse Fahrerfahrung nötig ist, muss der Erwerb der Fahrerlaubnis der Klasse C1 und C1E zwangsläufig zumindest kurze Zeit vor dem 18. Lebensjahr ermöglicht werden können. Im Personenverkehr eingesetzte Fahrer müssen nach der Verordnung (EWG) Nr. 3820/85 mindestens 21 Jahre sein, wenn sie eine anerkannte Ausbildung für Fahrer im Personenverkehr abgeschlossen haben. Auch in diesem Fall gelten die vorgenannten Gründe für eine geringfügige Absenkung des Mindestalters entsprechend. Aufgrund der 3-jährigen Berufsausbildung könnten die Berufskraftfahrer ansonsten erst besonders spät in ihrem Beruf tätig werden.*

… Die Fahrerlaubnis wird vor Erreichen des 18. bzw. 21. Lebensjahres nur unter Auflagen auf Fahrten im Rahmen des Ausbildungsverhältnisses und Fahrten im Inland erteilt. Fahrten, die auf Grund der Verordnung (EWG) Nr. 3820/85 nicht zulässig sind, dürfen nicht durchgeführt werden. …

Begr zur ÄndVO v 9. 8. 04 (BRDrucks 305/04 S 18): **Zu Abs 3:** *Bisher durften behinderte Kinder vor Vollendung des 15. Lebensjahres keine motorisierten Krankenfahrstühle führen. Sie waren auf Ausnahmegenehmigungen im Einzelfall angewiesen. Das generelle Verbot mit Ausnahmemöglichkeit wird aber weder der Situation der behinderten Kinder gerecht, noch ist es aus Verkehrssicherheitsgründen erforderlich.*

Begr zur ÄndVO v 14. 6. 06 (BRDrucks 212/06 S 3): **Zu Abs 2 Satz 1:** *Nach derzeit geltendem Recht beträgt das Mindestalter für den Erwerb einer Fahrerlaubnis der Klassen C1 und C1E 17 Jahre, wenn diese während oder nach Abschluss einer Berufsausbildung in dem staatlich anerkannten Ausbildungsberuf „Berufskraftfahrer/Berufskraftfahrerin" oder in einem staatlich anerkannten Ausbildungsberuf, in dem vergleichbare Fertigkeiten und Kenntnisse zum Führen von Kraftfahrzeugen auf öffentlichen Straßen vermittelt werden, erteilt wird (§ 10 Abs. 2).*

Der Europäische Gerichtshof hat mit Urteil vom 15. 9. 2005 (Rechtssache C-372/03) entschieden, dass diese Regelung nicht mit Artikel 6 Abs. 1 Buchstabe b dritter Gedankenstrich der Richtlinie 91/439/EWG vereinbar sei, nach der das Mindestalter für die Erteilung einer Fahrerlaubnis der Klassen C1 und C1E 18 Jahre betrage.

Mindestalter § 10 FeV **3**

§ 10 Abs. 2 ist daher entsprechend den Vorgaben des Europäischen Gerichtshofes anzupassen, so dass künftig eine Fahrerlaubnis der Klassen C1 und C1E erst ab dem vollendeten 18. Lebensjahr erteilt werden kann, auch wenn sie im Rahmen einer Ausbildung zum Berufskraftfahrer/Berufskraftfahrerin erworben wird.

Geringfügige Änderungen der Organisation der Ausbildung durch die Ausbildungsbetriebe sind nicht auszuschließen, denn:
– Im Rahmen der Berufsausbildung bleibt es auch weiterhin möglich, eine Fahrerlaubnis der Klasse B bereits nach Vollendung des 17. Lebensjahres zu erwerben und die Ausbildung für die Klassen C1, C1E, C und CE vor Vollendung des 18. Lebensjahres zu beginnen.
– Nach der Berufskraftfahrer-Ausbildungsverordnung ist Gegenstand der Ausbildung u.a. das verkehrssichere Führen einer Fahrzeugkombination der Klasse CE. Der vorherige Erwerb einer Fahrerlaubnis der Klasse C1 und C1E ist weder nach der Berufskraftfahrer-Ausbildungsverordnung noch nach der Fahrerlaubnis-Verordnung erforderlich. ...
– Entsprechend den Vorgaben des Europäischen Gerichtshofes wird die Möglichkeit, eine Fahrerlaubnis der Klassen C1 und C1E bereits mit Vollendung des 17. Lebensjahres zu erwerben, gestrichen. Die Möglichkeit, eine Fahrerlaubnis der Klasse B nach Vollendung des 17. Lebensjahres zu erwerben, bleibt erhalten.

Zu § 76 Nr. 8a: Für Personen, die zum Zeitpunkt der Verkündung dieser Verordnung ihre Berufsausbildung begonnen haben, gilt das bisherige Recht bis zum Abschluss ihrer Berufsausbildung fort.

Begr zur ÄndVO v 22. 8. 06 (BRDrucks 366/06 S 26): **Zu Abs 2:** Mit der Neufassung wird die im BKrFQG bereits getroffene Entscheidung, von der Option der Richtlinie 2003/59/EG zur Absenkung des Mindestalters für das Führen von Kraftfahrzeugen zur Personenbeförderung der Fahrerlaubnisklassen D, D1, DE und D1E auf 18 Jahre Gebrauch zu machen, in fahrerlaubnisrechtlicher Hinsicht nachvollzogen. Dazu werden die bislang vorgeschriebenen Auflagen für die im Bereich des Güterkraftverkehrs geltenden Ausnahmen (Fahrten im Inland, Fahrten im Rahmen des Ausbildungsverhältnisses) auf die neuen Regelungen übertragen. Dies gilt im Interesse der Verkehrssicherheit und der besonderen Verantwortung bei der Personenbeförderung auch für die Bedingung, die körperliche und geistige Eignung zunächst durch die Vorlage eines medizinisch-psychologischen Gutachtens nachzuweisen.

Anders als bisher für die Fahrerlaubnisklasse B vorgesehenen Ausnahme vom Mindestalter wird für die Ausnahme vom Mindestalter bei den Fahrerlaubnisklassen D, D1, DE und D1E vorgesehen, dass die Fahrerlaubnisinhaberinnen und -inhaber nicht nur im Rahmen des Ausbildungsverhältnisses die entsprechenden Fahrzeuge führen dürfen, sondern auch nach dem erfolgreichen Abschluss, auch wenn sie das sonst geltende Mindestalter noch nicht erreicht haben. Bei den Fahrerlaubnisklassen D und DE bleibt es aber bei der Beschränkung auf Personenbeförderung im Linienverkehr nach den §§ 42, 43 des Personenbeförderungsgesetzes bei Linienlängen von 50 Kilometern bis zum Erreichen des 20. Lebensjahres.

1. Der § 10 bestimmt das **Mindestalter** der KfzFührer. Ein Höchstalter ist nicht vorgeschrieben (dazu §§ 2, 3 StVG). Für die Erteilung von FEen im Rahmen der Ausbildung als **BerufsKf** gelten nach Maßgabe von Abs 2 herabgesetzte Altersstufen. Vor Erteilung der ersten FE im Rahmen einer Berufsausbildung vor Vollendung des Mindestalters nach Abs 1 ist die Eignung im Interesse der Verkehrssicherheit und der besonderen Verantwortung bei der Personenbeförderung (Begr BRDrucks 366/06 S 26) durch ein medizinisch-psychologisches Gutachten nachzuweisen (Abs 2 S 2); kein Ermessen für die FEB wie in § 11 III 1 Nr 2. Die FE wird in diesen Fällen für die Zeit vor Erreichen des Mindestalters mit den Auflagen erteilt, von ihr nur auf Fahrten im Inland, nur im Rahmen des Ausbildungsverhältnisses und im Falle der Kl D und DE nur für Personenbeförderung im Linienverkehr nur bis 50 km Gebrauch zu machen (Abs 2 S 4). Die Auflage, nur im Inland zu fahren, entfällt mit Erreichen des Mindestalters nach Abs 1 (Abs 2 S 5 Nr 1). Die Auflage, wonach von der FE nur im Rahmen des Ausbildungsverhältnisses Gebrauch gemacht werden darf, entfällt bei Kl B mit Erreichen des Mindestalters nach Abs 1 (Abs 2 S 5 Nr 2), bei den Klassen D, D1, DE und D1E mit Erreichen des Mindestalters nach Abs 1 (21 Jahre) oder bei Abschluss der Ausbildung vor Erreichen des Mindestalters nach Abs 1 (Abs 2 S 5 Nr 2). Die Auflage, von FE der Kl D und DE für Personenbeförderung nur bei Linienlängen bis zu 50 km Gebrauch zu machen, entfällt mit Vollendung des 20. Lebensjahres (Abs 2 S 5 Nr 3). Fahrten im Rahmen des Ausbildungsverhältnisses iSv Abs 2 S 4 Nr 2 können auch Alleinfahrten sein; einer Begleitung durch einen Ausbilder bedarf es nicht. Erteilung einer FE der Klasse B nach Abs 2 ist **gleichzeitig mit Teilnahme am Modellversuch Begleitetes Fahren ab 17** möglich. In diesem Fall wird nur *eine* FE erteilt; der Betroffene erhält einen KartenFS mit den entsprechenden Auflagen gem Abs 2 und eine Prüfungsbescheinigung

3 FeV § 10   II. Führen von Kraftfahrzeugen

gem § 48a III mit den entsprechenden Auflagen. Obwohl er im Rahmen seiner Ausbildung auch unbegleitet fahren darf, kann er außerhalb des Ausbildungsverhältnisses nur in Anwesenheit einer benannten Begleitperson fahren. – Soweit bis 27. 6. 06 (Inkrafttreten der ÄndVO v 14. 6. 06, BGBl I 1329) nach Maßgabe von Abs 2 alt FE der Kl C1 und C1E schon an 17jährige erteilt werden durften, verstieß dies gegen Art 6 I b), dritter Spiegelstrich der 2. EG-FSRichtlinie (EuGH NJW **05** 3128). Die Möglichkeit, FE der Klassen C1 und C1E im Rahmen einer Berufsausbildung bereits mit Vollendung des 17. Lebensjahres zu erwerben, wurde deswegen mit ÄndVO v 14. 6. 06 gestrichen. Übergangsvorschrift § 76 Nr. 8a.

3   Wer **noch nicht 15 Jahre alt ist,** darf auch kein führerscheinfreies Kfz (§ 4) führen (Abs 3), sonst Verletzung der FSKlausel (Ha VersR **80** 1038, **76** 141). Jugendlichen fehlen oft noch Einsicht, Besonnenheit, Verantwortungsbewusstsein und Erfahrung. Eine Ausnahme von diesem Grundsatz enthält Abs 3 S 2 für das Führen motorisierter **Krankenfahrstühle von nicht mehr als 10 km/h** durch behinderte Kinder. Soweit nach Art der Behinderung die Fähigkeit, sich sicher im V zu bewegen, beeinträchtigt ist, ist gem § 2 I Vorsorge zu treffen. Auch kann die zuständige B im Einzelfall Auflagen anordnen oder gem § 3 das Führen des Krankenfahrstuhls untersagen.

4   **2. Mindestalter für Erteilung der Fahrerlaubnis.** Für die Erteilung der Fahrerlaubnis unterscheidet § 10 I vier Altersstufen.

5   **Personen, die 16, aber noch nicht 18 Jahre alt sind,** darf die FE für Fze der Kl A1, L, M, S und T erteilt werden; jedoch beträgt das Mindestalter abw hiervon gem § 6 II S 3 bei Leichtkrafträdern mit bauartbestimmter Höchstgeschwindigkeit von mehr als 80 km/h 18 Jahre (s § 6 Rz 14). Entsprechendes gilt für Zgm der Kl T mit mehr als 40 km/h bauartbedingter Höchstgeschwindigkeit (s § 6 Rz 20). Ein Mofa iS von § 4 I Nr 1 ist fahrerlaubnisfrei (s aber § 5). Bei Mitnahme eines Kindes unter 7 Jahren muss der Führer mindestens 16 Jahre alt sein (Abs 4).

6   Wer das **18. Lebensjahr** vollendet hat, kann, sofern er die sonstigen Voraussetzungen erfüllt, die FE für Kfz der Klassen B, C1, BE, CE und C1E erhalten und die FE der Kl A als „StufenFS", also zunächst hinsichtlich der Nennleistung des Krades beschränkt (s § 6 Rz 13).

7   **Das 21. Lebensjahr** ist das Mindestalter für die Erteilung eines „OmnibusFS", also einer FE der Klassen D, D1, DE und D1E.

8   **Die Vollendung des 25. Lebensjahrs** ist die Voraussetzung für den direkten Zugang zu einer FE der Kl A ohne Leistungsbeschränkung (s § 6 Rz 13).

9   **3. Abweichende Regelungen** in den Vorschriften der VO EWG 3820/85 und des AETR über das Mindestalter bleiben gem Abs 1 S 2 unberührt. Das gilt zB für Art 5 I b) VO EWG 3820/85 und Art 5 I b) AETR, wonach Fze mit mehr als 7,5 t zulässigem Gesamtgewicht, die den Sozialvorschriften unterliegen, erst ab dem 21. Lebensjahr geführt werden dürfen, wenn nicht ein besonderer Befähigungsnachweis als Fahrer von TransportFzen erbracht wird (s BMV VkBl **00** 6).

10   **4. Ausnahmen vom Mindestalter** können die zuständigen Behörden nach § 74 I Nr 1 mit Zustimmung des gesetzlichen Vertreters (§ 74 II) zulassen. Auf eine solche Ausnahme besteht kein Rechtsanspruch. Im Rahmen des durch § 74 I Nr 1 eingeräumten Ermessens ist wegen des besonderen Risikos junger Fahranfänger und wegen der Bedeutung der körperlichen und geistigen Reife für das eigenverantwortliche Führen von Kfz **restriktiv** zu entscheiden. Ausnahme vom Mindestalter kommt nur in Betracht, wenn bei dem Antragsteller **außergewöhnliche, von der Situation Gleichaltriger wesentlich abweichende Umstände** vorliegen, die für ihn eine **unzumutbare Härte** darstellen (VG Bra NZV **08** 315 m Anm *Dauer*). Dies kann zB gegeben sein, wenn für Wege zum Ausbildungsort keine zumutbaren anderen Verkehrsmittel zur Verfügung stehen, auch keine Kfz, für deren Führen bereits das Mindestalter erreicht ist. Es ist zu berücksichtigen, ob es für andere Personen unzumutbar ist, den Antragsteller bis zum Erreichen des Mindestalters zu fahren. Ein bloßer organisatorischer Vorteil für die Familie begründet noch keine Härte (VG Augsburg Beschl v 24. 1. 03 Au 3 E 03.1 juris). Ausnahme vom Mindestalter setzt weiter die **Eignung** des Antragstellers zum eigenverantwortlichen Führen von Kfz vor Erreichen des Mindestalters voraus. Zur Klärung der Eignung *kann* die Beibringung eines medizinisch-psychologischen Gutachtens nach § 11 III 1 Nr 2 angeordnet werden. Dass die Gutachtenanordnung grundsätzlich zu erfolgen habe (VG Bra NZV **08** 315, *Bouska/Laeverenz* § 10 FeV Anm 4, § 11 FeV Anm 19 c), erscheint als zu weitgehend, da für die Entscheidung eine Berücksichtig aller Umstände des Einzelfalles zu erfolgen hat (*Dauer* NZV **08** 318). Ausnahmegeneh-

Eignung § 11 FeV **3**

migung vom Mindestalter ist nur so weit zu erteilen, dass die vorliegende Härte ausgeglichen wird. Sie ist also etwa mit **Auflagen** gem § 74 III zu versehen, wonach von der FE nur auf bestimmten Strecken (zB zur Ausbildungsstätte) Gebrauch gemacht werden darf.

Bei Teilnahme an dem Modellversuch **Begleitetes Fahren ab 17** bedarf es keiner Ausnahme- **11** genehmigung vom Mindestalter gem Abs 1 S 1 Nr 3, da insoweit das Mindestalter für den Erwerb der FE der Kl B, BE generell 17 Jahre beträgt (§ 48 a I 1). Dabei muss die Eignung nicht durch medizinisch-psychologisches Gutachten nachgewiesen werden (§ 48 a I 2). Wird Erlaubnis beantragt, im Rahmen des Modellversuchs Begleitetes Fahren ab 17 für bestimmte Strecken (zB zur Ausbildungsstätte) unbegleitet fahren zu dürfen, kann dafür Ausnahmegenehmigung nach § 74 I Nr 1 erteilt werden. Dabei handelt es sich nicht um eine Ausnahme vom Mindestalter, sondern um eine **Ausnahme von der Begleitauflage** des § 48a II 1. Da eine solche Ausnahmegenehmigung in der Sache einer Ausnahme vom Mindestalter für unbegleitetes Fahren gem Abs 1 S 1 Nr 3 gleichkommt, sind dabei die gleichen Maßstäbe anzulegen (*Dauer* NZV 08 318).

5. Ordnungswidrig (§ 24 StVG) handelt, wer einer Auflage gem Abs 2 S 4 zuwiderhandelt **12** (§ 75 Nr 9), wer entgegen Abs 3 ein Kfz, für dessen Führung keine FE nötig ist, vor Vollendung seines 15. Lebensjahres führt (§ 75 Nr 7). Ow handelt auch, wer dem Abs 4 zuwiderhandelt (§ 75 Nr 8).

Eignung

11 (1) ¹Bewerber um eine Fahrerlaubnis müssen die hierfür notwendigen körperlichen und geistigen Anforderungen erfüllen. ²Die Anforderungen sind insbesondere nicht erfüllt, wenn eine Erkrankung oder ein Mangel nach Anlage 4 oder 5 vorliegt, wodurch die Eignung oder die bedingte Eignung zum Führen von Kraftfahrzeugen ausgeschlossen wird. ³Außerdem dürfen die Bewerber nicht erheblich oder nicht wiederholt gegen verkehrsrechtliche Vorschriften oder Strafgesetze verstoßen haben, so daß dadurch die Eignung ausgeschlossen wird. ⁴Bewerber um die Fahrerlaubnis der Klasse D oder D1 oder die Fahrerlaubnis zur Fahrgastbeförderung gemäß § 48 müssen auch die Gewähr dafür bieten, daß sie der besonderen Verantwortung bei der Beförderung von Fahrgästen gerecht werden.

(2) ¹Werden Tatsachen bekannt, die Bedenken gegen die körperliche oder geistige Eignung des Fahrerlaubnisbewerbers begründen, kann die Fahrerlaubnisbehörde zur Vorbereitung von Entscheidungen über die Erteilung oder Verlängerung der Fahrerlaubnis oder über die Anordnung von Beschränkungen oder Auflagen die Beibringung eines ärztlichen Gutachtens durch den Bewerber anordnen. ²Bedenken gegen die körperliche oder geistige Eignung bestehen insbesondere, wenn Tatsachen bekannt werden, die auf eine Erkrankung oder einen Mangel nach Anlage 4 oder 5 hinweisen. ³Die Behörde bestimmt in der Anordnung auch, ob das Gutachten von einem

1. für die Fragestellung (Absatz 6 Satz 1) zuständigen Facharzt mit verkehrsmedizinischer Qualifikation,
2. Arzt des Gesundheitsamtes oder einem anderen Arzt der öffentlichen Verwaltung,
3. Arzt mit der Gebietsbezeichnung „Arbeitsmedizin" oder der Zusatzbezeichnung „Betriebsmedizin",
4. Arzt mit der Gebietsbezeichnung „Facharzt für Rechtsmedizin" oder
5. Arzt in einer Begutachtungsstelle für Fahreignung, der die Anforderungen nach Anlage 14 erfüllt,

erstellt werden soll. ⁴Die Behörde kann auch mehrere solcher Anordnungen treffen. ⁵Der Facharzt nach Satz 3 Nr. 1 soll nicht zugleich der den Betroffenen behandelnde Arzt sein.

(3) ¹Die Beibringung eines Gutachtens einer amtlich anerkannten Begutachtungsstelle für Fahreignung (medizinisch-psychologisches Gutachten) kann zur Klärung von Eignungszweifeln für die Zwecke nach Absatz 1 und 2 angeordnet werden,

1. wenn nach Würdigung der Gutachten gemäß Absatz 2 oder Absatz 4 ein medizinisch-psychologisches Gutachten zusätzlich erforderlich ist,
2. zur Vorbereitung einer Entscheidung über die Befreiung von den Vorschriften über das Mindestalter,
3. bei erheblichen Auffälligkeiten, die im Rahmen einer Fahrerlaubnisprüfung nach § 18 Abs. 3 mitgeteilt worden sind,
4. bei einem erheblichen Verstoß oder wiederholten Verstößen gegen verkehrsrechtliche Vorschriften,

5. bei einer erheblichen Straftat, die im Zusammenhang mit dem Straßenverkehr steht oder bei Straftaten, die im Zusammenhang mit dem Straßenverkehr stehen,
6. bei einer erheblichen Straftat, die im Zusammenhang mit der Kraftfahreignung steht, insbesondere wenn Anhaltspunkte für ein hohes Aggressionspotenzial bestehen oder die erhebliche Straftat unter Nutzung eines Fahrzeuges begangen wurde,
7. bei Straftaten, die im Zusammenhang mit der Kraftfahreignung stehen, insbesondere wenn Anhaltspunkte für ein hohes Aggressionspotenzial bestehen,
8. wenn die besondere Verantwortung bei der Beförderung von Fahrgästen nach Absatz 1 zu überprüfen ist, oder
9. bei der Neuerteilung der Fahrerlaubnis, wenn
   a) die Fahrerlaubnis wiederholt entzogen war oder
   b) der Entzug der Fahrerlaubnis auf einem Grund nach den Nummern 4 bis 7 beruhte.

²Unberührt bleiben medizinisch-psychologische Begutachtungen nach § 2a Abs. 4 und 5 und § 4 Abs. 10 Satz 3 des Straßenverkehrsgesetzes sowie § 10 Abs. 2 und den §§ 13 und 14 in Verbindung mit den Anlagen 4 und 5 dieser Verordnung.

(4) Die Beibringung eines Gutachtens eines amtlich anerkannten Sachverständigen oder Prüfers für den Kraftfahrzeugverkehr kann zur Klärung von Eignungszweifeln für die Zwecke nach Absatz 2 angeordnet werden,

1. wenn nach Würdigung der Gutachten gemäß Absatz 2 oder Absatz 3 ein Gutachten eines amtlich anerkannten Sachverständigen oder Prüfers zusätzlich erforderlich ist oder
2. bei Behinderungen des Bewegungsapparates, um festzustellen, ob der Behinderte das Fahrzeug mit den erforderlichen besonderen technischen Hilfsmitteln sicher führen kann.

(5) Für die Durchführung der ärztlichen und der medizinisch-psychologischen Untersuchung sowie für die Erstellung der entsprechenden Gutachten gelten die in der Anlage 15 genannten Grundsätze.

(6) ¹Die Fahrerlaubnisbehörde legt unter Berücksichtigung der Besonderheiten des Einzelfalls und unter Beachtung der Anlagen 4 und 5 in der Anordnung zur Beibringung des Gutachtens fest, welche Fragen im Hinblick auf die Eignung des Betroffenen zum Führen von Kraftfahrzeugen zu klären sind. ²Die Behörde teilt dem Betroffenen unter Darlegung der Gründe für die Zweifel an seiner Eignung und unter Angabe der für die Untersuchung in Betracht kommenden Stelle oder Stellen mit, daß er sich innerhalb einer von ihr festgelegten Frist auf seine Kosten der Untersuchung zu unterziehen und das Gutachten beizubringen hat; sie teilt ihm außerdem mit, dass er die zu übersendenden Unterlagen einsehen kann. ³Der Betroffene hat die Fahrerlaubnisbehörde darüber zu unterrichten, welche Stelle er mit der Untersuchung beauftragt hat. ⁴Die Fahrerlaubnisbehörde teilt der untersuchenden Stelle mit, welche Fragen im Hinblick auf die Eignung des Betroffenen zum Führen von Kraftfahrzeugen zu klären sind und übersendet ihr die vollständigen Unterlagen, soweit sie unter Beachtung der gesetzlichen Verwertungsverbote verwendet werden dürfen. ⁵Die Untersuchung erfolgt auf Grund eines Auftrages durch den Betroffenen.

(7) Steht die Nichteignung des Betroffenen zur Überzeugung der Fahrerlaubnisbehörde fest, unterbleibt die Anordnung zur Beibringung des Gutachtens.

(8) ¹Weigert sich der Betroffene, sich untersuchen zu lassen, oder bringt er der Fahrerlaubnisbehörde das von ihr geforderte Gutachten nicht fristgerecht bei, darf sie bei ihrer Entscheidung auf die Nichteignung des Betroffenen schließen. ²Der Betroffene ist hierauf bei der Anordnung nach Absatz 6 hinzuweisen.

(9) Unbeschadet der Absätze 1 bis 8 haben die Bewerber um die Erteilung oder Verlängerung einer Fahrerlaubnis der Klassen C, C1, CE, C1E, D, D1, DE oder D1E zur Feststellung ihrer Eignung der Fahrerlaubnisbehörde einen Nachweis nach Maßgabe der Anlage 5 vorzulegen.

(10) Hat der Betroffene an einem Kurs teilgenommen, um festgestellte Eignungsmängel zu beheben, genügt in der Regel zum Nachweis der Wiederherstellung der Eignung statt eines erneuten medizinisch-psychologischen Gutachtens eine Teilnahmebescheinigung, wenn

1. der betreffende Kurs nach § 70 anerkannt ist,
2. auf Grund eines medizinisch-psychologischen Gutachtens einer Begutachtungsstelle für Fahreignung die Teilnahme des Betroffenen an dieser Art von Kursen als geeignete Maßnahme angesehen wird, seine Eignungsmängel zu beheben, und
3. die Fahrerlaubnisbehörde der Kursteilnahme nach Nummer 2 zugestimmt hat.

Eignung § 11 FeV **3**

(11) ¹Die Teilnahmebescheinigung muß
1. den Familiennamen und Vornamen, den Tag und Ort der Geburt und die Anschrift des Seminarteilnehmers,
2. die Bezeichnung des Seminarmodells und
3. Angaben über Umfang und Dauer des Seminars

enthalten. ²Sie ist vom Seminarleiter und vom Seminarteilnehmer unter Angabe des Ausstellungsdatums zu unterschreiben. ³Die Ausstellung der Teilnahmebescheinigung ist vom Kursleiter zu verweigern, wenn der Teilnehmer nicht an allen Sitzungen des Kurses teilgenommen oder die Anfertigung von Kursaufgaben verweigert hat.

Begr (BRDrucks 443/98 S 218): *Die Eignungsvorschriften in §§ 11 bis 14 konkretisieren die Bestimmung in § 2 Abs. 2 Nr. 3 und Abs. 4 StVG, wonach der Bewerber zum Führen von Kraftfahrzeugen geeignet sein muss. Die Ermächtigung zur Regelung durch Rechtsverordnung enthält § 6 Abs. 1 Nr. 1c StVG in der Fassung des Gesetzes zur Änderung des Straßenverkehrsgesetzes und anderer Gesetze vom 24. April 1998 (BGBl. I S. 747).* **1**

Die Grundregelung besagt, dass Bewerber um eine Fahrerlaubnis die hierfür notwendigen körperlichen und geistigen Anforderungen erfüllen müssen und nicht erheblich oder nicht wiederholt gegen verkehrsrechtliche Vorschriften oder gegen Strafgesetze verstoßen haben dürfen.

Damit wird im Staßenverkehrsgesetz positiv gefordert, dass der Bewerber geeignet ist. Durch Verordnung wird festgelegt, in welchem Fall und wie die Eignung im Einzelfall festgestellt wird. Dabei wird insbesondere unterschieden zwischen den verschiedenen Klassen. Für Motorrad und Pkw (Klassen A und B) bleibt es in der Praxis auch in Zukunft dabei, dass eine Ermittlung der Eignung durch die Behörde bei Antragstellung nicht stattfindet. Erforderlich ist wie bisher lediglich ein Sehtest, nur wenn Anhaltspunkte für mangelnde Eignung vorliegen, ermittelt die Fahrerlaubnisbehörde. Bei Lkw und Bussen (Klassen C und D) und der Fahrerlaubnis zur Fahrgastbeförderung wird es wie bisher eine Eingangsuntersuchung geben sowie Wiederholungsuntersuchungen (dies ist neu für die Klasse C, bei der es bislang nur eine Eingangsuntersuchung gab).

*Davon zu unterscheiden ist die **anlaßbezogene** Überprüfung der Eignung eines Bewerbers oder Inhabers der Fahrerlaubnis: Hierzu legt die Verordnung fest, wann Anlass für eine Untersuchung gegeben ist und nach welchen Grundsätzen die Eignung oder bedingte Eignung zu beurteilen ist (siehe hierzu Ausführungen zu Anlage 4).*

...

Die Eignung im Zusammenhang mit Alkohol oder Betäubungsmitteln und Arzneimitteln ist in besonderen Vorschriften (§§ 13, 14) behandelt im Hinblick auf die große Bedeutung dieser Fragen bei der Eignungsbegutachtung.

(BRDrucks 443/98 S 254):

Zu Abs 1: *§ 11 Abs. 1 Satz 1 wiederholt die Formulierung von § 2 Abs. 4 StVG in Bezug auf die körperliche und geistige Eignung. Die Verordnung konkretisiert in **§ 11 Abs. 1 Satz 2**, in welchen Fällen die Anforderungen an die Eignung nicht erfüllt sind und verweist hierzu auf die Anlagen 4 und 5. Diese Anlagen enthalten eine Aufstellung von Erkrankungen und Mängeln, die die Eignung oder die bedingte Eignung ausschließen. Da die Fahrerlaubnisbehörde in aller Regel nicht die notwendigen Fachkenntnisse bei der Eignungsbeurteilung hat, bedient sie sich der Gutachten von fachlich kompetenten Personen oder Stellen. Die Absätze 2 und 3 ermächtigen die Fahrerlaubnisbehörde zur Anordnung der Beibringung von Gutachten eines Facharztes oder einer Begutachtungsstelle für Fahreignung. Anlage 4 gibt auch Hilfestellung bei der Frage, ob ein Anlass zur Begutachtung gegeben ist.* **2**

...

*Für Bewerber der Klasse D oder D1 wird in **Satz 4** außerdem gefordert, dass sie die Gewähr dafür bieten, dass sie der besonderen Verantwortung bei der Beförderung von Fahrgästen gerecht werden. Diese Formulierung ersetzt den Begriff der „persönlichen Zuverlässigkeit" der bisherigen Regelung in § 15e Abs. 1 Nummer 2 StVZO. Durch die neue Formulierung soll zum Ausdruck gebracht werden, dass nicht die allgemeine Zuverlässigkeit im Sinne des Gewerberechts gemeint ist, sondern der Bezug zur Beförderung der Fahrgäste hergestellt wird.*

***Anlage 4** richtet sich in ihrem Aufbau nach Anhang III der EU-Führerscheinrichtlinie und den Begutachtungs-Leitlinien „Krankheit und Kraftverkehr" (künftig „Kraftfahrereignung") des Gemeinsamen Beirats für Verkehrsmedizin beim Bundesministerium für Verkehr und Bundesministerium für Gesundheit.* **2a**

Es ist nicht Aufgabe dieser Tabelle, eine abschließende Regelung zu treffen, weder hinsichtlich der Aufzählung der Krankheiten und Mängel, noch inhaltlich in Bezug auf die Bewertung der Eignung bzw. Nichteignung. Dies ergibt sich bereits aus dem Verordnungstext in Absatz 1 Satz 2 („insbesondere nicht"), wird aber auch durch die Vorbemerkungen zur Anlage 4 nochmals deutlich gemacht.

3 **Zu Abs 2 und 3:** *Die **Absätze 2 und 3** ersetzen die bisherige Regelung in §§ 9, 12, 15b, 15c StVZO. Dort war allerdings keine detaillierte Regelung bezüglich der anzuordnenden Untersuchung getroffen, sondern die möglichen Untersuchungsarten waren in einer Ermessensvorschrift aufgeführt. Die neue Regelung legt demgegenüber selbst fest, in welchen Fällen ein ärztliches Gutachten oder ein medizinisch-psychologisches Gutachten durch eine Begutachtungsstelle für Fahreignung zulässig ist.*

Bei Bedenken gegen die körperliche oder geistige Eignung kommt zunächst grundsätzlich nur ein fachärztliches Gutachten in Frage.

4 **Zu Abs 3:** *Die Anlässe für ein medizinisch-psychologisches Gutachten sind im Einzelnen in **Absatz 3** aufgeführt. Sie beziehen sich auf den gesamten Eignungsbereich, nicht nur die körperliche und geistige Eignung. Für den Bereich „Alkoholproblematik" und „Betäubungs- und Arzneimittel" enthalten die §§ 13 und 14 spezielle Zuweisungsregelungen (siehe auch Absatz 3 Satz 2). ...*

5 **Zu Abs 4 bis 10:**

***Absatz 6** befasst sich mit dem Verfahren bei der Anordnung der Beibringung eines Gutachtens. Wichtig ist die Festlegung der Fragestellung durch die Behörde. Bei der Anordnung kann die Fahrerlaubnisbehörde auch die Sollbestimmung des Absatzes 2 Satz 5, wonach der begutachtende Arzt nicht zugleich der behandelnde Arzt sein soll, näher konkretisieren.*

Die Anordnung zur Beibringung eines Gutachtens kann – wie bereits durch die Rechtsprechung des Bundesverwaltungsgerichts festgelegt – nur zusammen mit einer anschließend ablehnenden Entscheidung (Entziehung oder Versagung) angefochten werden.

*Eine Begutachtung kommt nur dann in Frage, wenn Eignungszweifel vorliegen, nicht wenn die mangelnde Eignung bereits feststeht und ohne Hinzuziehung eines Gutachters über sie entschieden werden kann; dies stellt **Absatz 7** klar.*

***Absatz 8** entspricht der bisherigen Rechtsprechung des Bundesverwaltungsgerichts.*

Die Absätze 5 bis 8 gelten allgemein für das Verfahren bei ärztlichen und medizinisch-psychologischen Untersuchungen, sie sind somit auch auf die Untersuchungen nach den §§ 13 und 14 anzuwenden.

***Absatz 10** regelt einen Bereich, der bislang in den Bundesländern auf der Basis von Modellversuchen praktiziert wurde. Grundlage ist die Bewertung des Gutachters im Rahmen der Eignungsbegutachtung, dass der Betroffene zwar noch nicht geeignet ist, die Eignungsmängel aber durch die Teilnahme an einem bestimmten Kurs beseitigt werden können. Diese Kurse finden vor allem Anwendung im Bereich der wiederholten Verstöße gegen Verkehrsvorschriften und der §§ 13 und 14.*

...

5a **Begr** zur ÄndVO v 7. 8. 02 (BRDrucks 497/02): **Zu Abs 6:** *In Absatz 6 wird die Mitteilungspflicht der Behörde an den Betroffenen aufgenommen, dass er die zu übersendenden Unterlagen einsehen kann. Dadurch soll auch für weniger rechtskundige Bürger deutlich gemacht werden, dass die Fahrerlaubnisbehörde zwar bestimmt, welche Unterlagen für die Begutachtung zur Ausräumung von Zweifeln übersandt werden müssen, der Antragsteller als Auftraggeber des Gutachtens aber zumindest die Gelegenheit erhalten muss, sich darüber zu informieren. Die Möglichkeit zur Einsichtnahme soll auch im Hinblick auf die allgemein akzeptierte Forderung zur Transparenz des Verwaltungshandelns angeboten werden.*

5b **Begr** zur ÄndVO v 9. 8. 04 (BRDrucks 305/04 Beschluss): *In der Fahrerlaubnis-Verordnung (FeV) fehlt eine Regelung, wonach die Fahrerlaubnisbehörde eine medizinisch-psychologische Untersuchung anordnen kann, wenn auf Grund von Verstößen gegen verkehrsrechtliche Vorschriften, die keine Straftaten darstellen, Eignungszweifel bestehen. Gerade beim Vorliegen einer Vielzahl von Ordnungswidrigkeiten oder der Teilnahme an illegalen Straßenrennen, die Zweifel an der charakterlichen Eignung begründen, muss jedoch im Hinblick auf den Verhältnismäßigkeitsgrundsatz auch die Anordnung einer medizinisch-psychologischen Untersuchung möglich sein.*

Gemäß § 46 Abs. 1 FeV ist die Fahrerlaubnis zu entziehen, wenn sich der Inhaber als ungeeignet zum Führen von Kraftfahrzeugen erweist. Dies kommt insbesondere auch in Betracht, wenn erheblich oder wiederholt gegen verkehrsrechtliche Vorschriften verstoßen wurde. Steht also auf Grund einer Vielzahl von Verstößen gegen verkehrsrechtliche Vorschriften (wobei es sich auch um Ordnungswidrigkeiten handeln kann) die Nichteignung zur Überzeugung der Fahrerlaubnisbehörde fest, so hat sie die Fahrerlaubnis zu entziehen. Für die Fälle der bloßen Eignungszweifel besteht dagegen bisher keine Möglichkeit der Anordnung einer medizinisch-psychologischen Untersuchung. ...

5c **Begr** zur ÄndVO v 18. 7. 08, BGBl I 1338 (BR-Drs 302/08 S 61): **Zu Abs 3 Eingangssatz:** *Bislang fehlte es an einer gesetzlichen Regelung für die gutachtliche Überprüfung der besonderen Verantwortung im Sinne des § 11 Abs. 1 Satz 4. Diese Lücke wird durch diese Regelung geschlossen.*

Eignung **§ 11 FeV 3**

Zu Abs 3 S 1 Nrn 4–7: *a) Begriff der Straftaten: Diese Vorschrift stellt bei Vorliegen verwertbarer Straftaten (Plural) unter den weiteren normierten Voraussetzungen die Anordnung einer medizinisch-psychologischen Untersuchung in das pflichtgemäße Ermessen der Fahrerlaubnisbehörde. Der baden-württembergische VGH hat vor längerer Zeit entschieden, dass dies auch bei Vorliegen nur einer, aber erheblichen Straftat möglich ist (VGH Mannheim, Beschluss vom 25. 7. 2001, Az: 10 S 614/00). Dies ist eine praxisgerechte Interpretation, die auch beim Vollzug dieser Vorschrift häufig Anwendung findet und deshalb auch in den Verordnungstext Eingang findet. Der Begriff „erheblich" ist hierbei nicht ohne weiteres mit „schwerwiegend" gleichzusetzen, sondern bezieht sich auf die Kraftfahreignung.* 5d

b) Straftaten im Zusammenhang mit dem Straßenverkehr: Der Große Senat für Strafsachen des Bundesgerichtshofs hat mit Beschluss vom 27. April 2005 (Az. GSSt 2/04) Folgendes entschieden: § 69 StGB bezweckt ausschließlich den Schutz der Sicherheit des Straßenverkehrs. Die strafgerichtliche Entziehung der Fahrerlaubnis wegen charakterlicher Ungeeignetheit bei Taten im Zusammenhang mit dem Führen eines Kraftfahrzeugs (§ 69 Abs. 1 Satz 1 Variante 2 StGB) setzt daher voraus, dass ein spezifischer Zusammenhang zwischen Anlasstat und Verkehrssicherheit besteht. Die Anlasstat muss tragfähige Rückschlüsse darauf zulassen, dass der Täter bereit ist, die Sicherheit des Straßenverkehrs seinen eigenen kriminellen Interessen unterzuordnen. Danach ist es nicht mehr allein ausreichend, wenn der Täter wiederholt Straftaten unter Benutzung eines Kraftfahrzeuges – z.B. zum Beutetransport – begangen hat. Er weist dann zwar charakterliche Mängel auf, die aber allein nicht den Schluss zulassen, dass er gerade für die Verkehrssicherheit gefährlich ist. Für die geforderte Prognose kann es jedoch genügen, dass der Angeklagte im Zusammenhang mit den Anlasstaten naheliegend mit einer Situation gerechnet hat oder rechnen musste, in der es zur Gefährdung oder Beeinträchtigung des Verkehrs kommen konnte, wobei auch sein in der einbezogenen Vorverurteilung gezeigtes Verhalten (riskante Fluchtfahrten aus Angst vor Entdeckung) zu berücksichtigen ist (BGH, Beschluss vom 31. 5. 2005, Az: 4 StR 85/03; wistra 2005, 337). 5e

Ausgehend von der strafgerichtlichen Änderung der Rechtsprechung besteht die Gefahr, dass sich die verwaltungsgerichtliche Rechtsprechung dieser Tendenz wohl auch als Folge der gleichlautenden Formulierungen in § 69 StGB und § 11 Abs. 3 Nr. 4 FeV insoweit anschließt, als für die Geltendmachung von Fahreignungszweifeln und die Anordnung einer MPU Anhaltspunkte herzuleiten seien, dass sich der Betreffende auch im Straßenverkehr nicht ordnungsgemäß verhalten werde. Bereits nach der Rechtsprechung des OVG Rheinland-Pfalz (Beschluss v. 16. 3. 1994, Az: 7 B 10161/94 und Urteil v. 11. 4. 2000, Az: 7 A 11670/99) müsse aufgezeigt werden, inwieweit sich aus der Straftat Anhaltspunkte dafür ergeben, dass sich der Betreffende im Straßenverkehr nicht mehr ordnungsgemäß verhalten werde. Dafür reiche es nicht aus, dass ein Pkw als Mittel zur Straftat benutzt worden sei. Die frühere gegenteilige Rechtsprechung des Bundesverwaltungsgerichts (BVerwGE 11,334) sei veraltet und überholt. Die vom OVG Rheinland-Pfalz geforderte Herleitung berücksichtigt die Unterschiede zwischen der verwaltungsrechtlichen Fahrerlaubnisentziehung und der strafrechtlichen Maßregel der Besserung und Sicherung des § 69 StGB nicht hinreichend. Auch ist die Erfüllung der gerichtlichen Vorgaben in der Praxis kaum möglich. Folglich könnte auch bei massiven Straftaten (Drogentransport mit Kfz usw.), soweit sie kein Aggressionspotential beinhalten, keine Fahreignungsbegutachtung angeordnet werden. Dies ist bei dem ersichtlich gestörten Regelverständnis der Täter keine hinzunehmende Tatsache.

Zu Anl 14 Nr 5 und Anl 15 Nr 4: BR-Drs 302/08 S 72.

Übersicht

Alter, hohes 11
Amtlich anerkannte Begutachtungsstelle 12, 13
Amtlich anerkannter Sachverständiger oder Prüfer 10, 16
Amtsarzt 11
Anamnese 18
Anfallsleiden 11
Anfechtbarkeit 26
Anforderungen an das Gutachten 17 f
Ärztliches Gutachten 10, 11
Aufklärungsmaßnahmen der FEB 10

Begutachtungsstelle für Fahreignung 12, 13

Charaktertests 14

Durchführung der Untersuchung 17

Eignung zum Führen von Kfzen 6
Eignungsbedenken 9
Eignungsprüfung 6

Entbehrlichkeit der Begutachtung 9, 25
Erhebliche Verstöße 8

Fehlen finanzieller Mittel 23

Gegenstand der Begutachtung 14

Hohes Alter 11

Krankheit 7
Kurse zur Wiederherstellung der Eignung 25

Lkw-Fahrerlaubnis 27

Medizinisch-psychologisches Gutachten 10, 12–15

Nachvollziehbarkeit des Gutachtens 18
Nichtbeibringung des Gutachtens 22 ff

Omnibusfahrerlaubnis 6, 27

Psychologische Tests 14
Punktsystem 8

Dauer 1003

3 FeV § 11   II. Führen von Kraftfahrzeugen

Rechtsbeziehungen zwischen FEB, Betroffenem
  und Gutachter 19
Strafgesetze, Verstöße 8, 12
Umfang der Untersuchung 15
Ungeeignetheit zum Führen von Kfzen 7
Unterlagen 17
–, Übersendung an die untersuchende Stelle 17
–, Einsicht durch den Betroffenen 19
Untersuchungsumfang 15
Verhältnismäßigkeit 9
Verkehrsvorschriften, Verstöße 8

Verlängerung der Fahrerlaubnis 27
Verstöße gegen Verkehrsvorschriften 8
Verwaltungsrechtsmittel 26
Voraussetzungen für die Anordnung der Gutachten-
  beibringung 9
Vorbereitung der Entscheidung der FEB 10

Weigerung des Betroffenen 22
Wiederholte Verstöße 8
Wiederholungsuntersuchungen 27

6   **1. Eignung zum Führen von Kraftfahrzeugen** in körperlicher, geistiger und charakterlicher Hinsicht (§ 2 IV StVG) ist Voraussetzung für die Erteilung einer FE. Verbleibende Zweifel insoweit gehen zu Lasten des FEBewerbers, s Begr (Rz 1 a) sowie § 2 StVG Rz 7. Jedoch führt die FEB bei Bewerbern um die FEKlassen für Pkw und Krafträder (A und B) regelmäßig keine Ermittlungen zur Eignungsfrage durch. Bei diesen Klassen kommt nur eine anlaßbezogene Eignungsprüfung in Frage, wenn auf Grund bekannt gewordener Tatsachen Zweifel begründet sind (Abs 2). Demgegenüber müssen Bewerber um die FEKlassen C, C1, CE, D, D1, DE oder D1E einen Eignungsnachweis erbringen (Abs 9 mit Anl 5, s Rz 27). Bei Bewerbern um die OmnibusFE erstreckt sich die Eignungsprüfung gem Anl 5 auch auf Belastbarkeit, Orientierungs-, Konzentrations- und Aufmerksamkeitsleistung sowie auf die Reaktionsfähigkeit. Darüber hinaus müssen Bewerber um die FEKl D oder D1 und Bewerber um die FE zur Fahrgastbeförderung gem § 48 die Gewähr dafür bieten, dass sie der besonderen Verantwortung bei der Beförderung von Fahrgästen gerecht werden (Abs 1 S 4).

7   **1 a. Ungeeignetheit** kann durch Krankheit oder körperliche Mängel sowie durch erhebliche oder wiederholte Zuwiderhandlungen gegen verkehrsrechtliche Vorschriften oder Strafgesetze begründet sein. Ungeeignet ist *insbesondere* (Abs 1 S 2), wer eine **Erkrankung oder einen Mangel nach Anl 4** (abgedruckt im Anschluss an die FeV) **oder 5** aufweist. Die in diesen Anlagen enthaltene Zusammenstellung ist also nicht abschließend (*Gehrmann* NJW **99** 458). Die in der Anl 4 enthaltenen Bewertungen gelten nach Vorbemerkung 3 der Anlage **für den Regelfall** (s Begr Rz 2a). Die Vorbemerkung berücksichtigt ausdrücklich die Möglichkeit der Kompensation durch Veranlagung, Gewöhnung sowie besondere Einstellung und Verhaltenssteuerung durch den FEBewerber. Grundlage der Eignungsbeurteilung im Einzelfall ist nach Anl 4, Vorbemerkung 2 idR das Gutachten gem § 11 Abs 2–4. Die **Anlagen** sind materieller Teil der FeV und damit **normativ verbindlich** (OVG Hb BA **04** 95, NJW **08** 1465, *Zwerger* DAR **05** 431, ZfS **07** 551). Bei **schweren Erkrankungen,** die im akuten Stadium zur Ungeeignetheit führen, kann eine ärztlich verordnete Therapie zur Wiederherstellung der Kraftfahreignung führen, vielfach nach einer Einstellungsphase. Zu berücksichtigen sind dabei auch etwaige Nebenwirkungen einer Behandlung. Im Übrigen sind der Verlauf der Krankheit, Kompensationsmöglichkeiten, aber auch Lebensführung und Einstellung des FEBewerbers bei der Beurteilung der Eignungsfrage zu berücksichtigen. Weitere Einzelheiten zum Einfluss körperlicher und geistiger Mängel auf die Kraftfahreignung, s § 2 StVG Rz 8–11.

8   **1 b.** Nur **erhebliche oder wiederholte Verstöße gegen Verkehrsvorschriften oder Strafgesetze** schließen gem Abs 1 S 3 die Eignung zum Führen von Kfzen aus (§ 2 IV 1 StVG). Wiederholte leichte Verstöße gegen allgemeine Strafgesetze führen nur dann zur Ungeeignetheit, wenn sie zu dem Schluss berechtigen, dass der Fahrer künftig den Verkehr gefährden oder missbrauchen werde (OVG Ko ZfS **00** 320), oder wenn sie durch Häufung als erheblich gelten müssen (OVG Lüneburg VRS **9** 314). Näher: § 2 StVG Rz 13–15. Eine Vielzahl in das VZR eingetragener Straftaten und Ordnungswidrigkeiten führt bei Erreichen oder Überschreiten von 18 Punkten zur gesetzlichen Ungeeignetheitsvermutung des § 4 III 1 Nr 3 StVG (§ 4 StVG Rz 39), kann bei einem niedrigeren Punktestand aber zu Zweifeln an der Eignung zum Führen von Kfz führen, die Anordnung zur Beibringung eines medizinisch-psychologischen Gutachtens gem Abs 3 Nr 4 erforderlich macht (OVG Münster NJW **07** 3084). Vom **Punktsystem** kann aber nur abgewichen werden, wenn besondere Gründe dafür vorliegen, denn dem Schutz vor Gefahren, die sich aus einer Häufung von Verkehrsverstößen ergeben, trägt das StVG grundsätzlich durch das Punktsystem des § 4 StVG Rechnung (§ 4 StVG Rz 18).

Eignung § 11 FeV 3

2. Eignungsbedenken auf Grund konkreter der FEB bekannt gewordener Tatsachen (OVG 9
Lüneburg ZfS **05** 575, OVG Ko NJW **02** 2581) muss die FEB klären, bevor sie eine FE erteilt.
Dies gilt vor allem, wenn diese Tatsachen auf eine Erkrankung oder einen Mangel der in Anl 4
oder 5 genannten Art hinweisen (Abs 2 S 2). Einzelheiten: § 2 StVG Rz 8 ff. Gutachtlich festgestellte
krankheitsbedingte Beeinträchtigung der Konzentrations- und Merkfähigkeit zusammen
mit Minderung der Steuerungsfähigkeit können Eignungsbedenken rechtfertigen (OVG Saarlouis
ZfS **02** 309), ebenso die Angabe eines unfallbeteiligten Kf, er habe auf Grund plötzlichen
Unwohlseins die Gewalt über sein Fz verloren (OVG Münster VRS **105** 76). Zur Klärung stehen
der FEB die in § 2 VIII StVG genannten Aufklärungsmaßnahmen zur Verfügung (s § 2
StVG Rz 19). **Voraussetzung für die Anordnung** der Gutachtenbeibringung nach Abs 2, 3
oder 4 sind a) berechtigte, durch Tatsachen belegte Zweifel an der Kraftfahreignung und b) Eignung
und Verhältnismäßigkeit der Begutachtung zur Klärung der konkreten Zweifel (OVG
Münster VRS **102** 136, VG Freiburg NZV **00** 388, BVerwG NZV **90** 165, **96** 84, 467, VGH
Ma NJW **91** 315, NZV **92** 502, **98** 429, VGH Mü DAR **95** 79, NZV **94** 544, **97** 413, **98** 303,
342, VRS **88** 316, **95** 446, ZfS **98** 279, OVG Hb ZfS **92** 358, VRS **92** 389, OVG Saarlouis
ZfS **95** 157, OVG Münster VRS **91** 215, OVG Bautzen NZV **98** 174, 389). Eine Untersuchungsanordnung
ohne belegte Tatsachen auf Grund bloßen Verdachts ist rechtswidrig (OVG
Ko NJW **02** 2581). Erforderlich sind konkrete Tatsachen, die den hinreichenden Verdacht fehlender
Eignung begründen (VGH Ma VRS **108** 136). Nicht jeder auf die entfernt liegende
Möglichkeit eines Eignungsmangels hindeutende Umstand kann hinreichender Grund für
Anforderung eines ärztlichen Gutachtens sein (OVG Saarlouis NJW **06** 1305, ZfS **07** 477).
Anonyme Hinweise können der FEB Anlass zu weiteren Ermittlungen geben, rechtfertigen aber
nicht Gutachtenanforderung (VG Saarlouis ZfS **01** 95). Bestehen nicht nur Zweifel in Bezug auf
die Eignung, ist die FEB vielmehr **von der Nichteignung überzeugt,** so hat die Anordnung
einer Gutachtenbeibringung zu unterbleiben (Abs 7, VGH Ma VRS **108** 157, DAR **04** 49, **03**
236, OVG Limburg ZfS **05** 48, VG Bra BA **06** 516).

3. Aufklärungsmaßnahmen. Zur Vorbereitung ihrer Entscheidung kann die FEB je nach 10
Art der Eignungsbedenken (BVerwG VM **87** 57, VGH Mü VRS **88** 316) vom FEBewerber
verlangen: a) die Beibringung eines **ärztlichen Gutachtens** (Abs 2), b) die Beibringung eines
medizinisch-psychologischen Gutachtens (Abs 3), c) die Beibringung eines **Gutachtens
eines amtlich anerkannten Sachverständigen oder Prüfers** für den Kraftfahrzeugverkehr
(Abs 4). Die der FEB nach Abs 2 bis 4 zur Vorbereitung dienenden Anordnungen gegenüber
dem FEInhaber sind abschließend (OVG Ko NJW **86** 2390, OVG Weimar DAR **95** 80 zu
§ 15b II StVZO alt). Die Anordnung, den behandelnden Arzt zwecks Erlangung von Auskünften
über den Gesundheitszustand von der Schweigepflicht zu entbinden, ist danach nicht zulässig
(OVG Ko NJW **86** 2390, OVG Weimar DAR **95** 80, einschränkend OVG Hb VRS **89** 155).
Tatsachen, die sich aus einem vom FEInhaber vorgelegten Gutachten ergeben, dürfen idR auch
dann zu seinen Ungunsten verwertet werden, wenn die **Anordnung der Gutachtenbeibringung nicht gerechtfertigt** war (BVerwG NZV **96** 332 m Anm *Gehrmann*, VGH Mü VRS **95**
446, VG Saarlouis ZfS **00** 519, zw OVG Br NJW **00** 2438). Dies gilt jedoch nicht, wenn die
FEB das Gutachten ohne Zustimmung des Betroffenen zur Kenntnis bekommen hat (BVerwG
NJW **08** 3014). Ein ausschließlich im Rahmen eines Antrags auf Verlängerung der FE zur Fahrgastbeförderung
vorgelegtes Gutachten darf nach VG Neustadt ZfS **02** 205 von der FEB nicht
zum Anlass genommen werden, die allgemeine FE zu entziehen (je nach Art des dabei zu Tage
getretenen Eignungsmangels zw). Wahrheitswidrige Angabe im Rahmen einer medizinisch-psychologischen
Untersuchung kann die Aussagekraft des Gutachtens in Frage stellen, weil sie
dem Gutachter eine falsche Tatsachengrundlage für die Erstellung des Gutachtens liefert (OVG
Münster NJW **07** 2938).

3a. Die Anordnung, ein **ärztliches Gutachten** beizubringen, kommt bei körperlich oder 11
geistig bedingten Eignungszweifeln in Betracht. Die beiden anderen genannten Vorbereitungsmaßnahmen
haben hier regelmäßig auszuscheiden. Die FEB bestimmt auch, ob der FEBewerber
mit der Erstellung des Gutachtens einen Facharzt mit verkehrsmedizinischer Qualifikation
(Nachweis: § 65), einen Amtsarzt (Arzt des Gesundheitsamtes oder anderer Arzt der öffentlichen
Verwaltung), einen Arbeits- oder Betriebsmediziner, einen Rechtsmediziner oder einen
Arzt in einer Begutachtungsstelle für Fahreignung zu beauftragen hat. Sie muss die genaue Fachrichtung
angeben, s Rz 19. Sie kann auch mehrere solcher Anordnungen treffen (Abs 2 S 4).
Nicht jeder Umstand, der auf die entfernt liegende Möglichkeit eines Eignungsmangels hindeutet,
ist als hinreichender Grund für die Anforderung eines ärztlichen Gutachtens anzusehen

Dauer 1005

(OVG Saarlouis NJW **06** 1305). Psychische Auffälligkeiten durch aggressives Verhalten (auch außerhalb des StrV) können die Anordnung rechtfertigen (s VGH Ma NZV **92** 502). Ein **hirnorganisches Syndrom** rechtfertigt Gutachtenanforderung (VGH Ma VRS **102** 143), ebenso ein epileptisches **Anfallsleiden** (OVG Saarlouis ZfS **95** 157). **Hohes Alter** kann uU dazu ausreichen (85 Jahre), s § 2 Rz 9, auch ohne ein besonderes Vorkommnis, auch besonders auffälliges seelisches Verhalten (VGH Ma VM **72** 83), vor allem aber, wenn der ältere Kf durch unsichere Fahrweise aufgefallen ist (VGH Ma NJW **91** 315 – Anordnung einer Fahrprobe, OVG Saarlouis ZfS **94** 350). Ungeprüfte Angaben von Nachbarn über Fahrauffälligkeiten rechtfertigen jedoch noch keine Eignungszweifel (VG Saarlouis ZfS **99** 541). Im Übrigen rechtfertigt auch bei fortgeschrittenem Alter ein VVerstoß nur dann die Aufforderung, ein amtsärztliches Gutachten beizubringen, wenn dieser auf altersbedingte Leistungsminderung hindeutet (VG Gelsenkirchen ZfS **84** 191). Bestehen Anhaltspunkte dafür, dass der Inhaber einer FE der Klasse D den körperlichen und geistigen Anforderungen an die **Beförderung von Fahrgästen** (s Abs 9) nicht mehr genügt, bedarf es zur Klärung dieser Frage zunächst lediglich einer medizinischen Begutachtung (OVG Saarlouis VD **07** 318). Seit der Rechtsänderung durch ÄndVO v 18. 7. 08 (BGBl I 1338) kann die FEB aber zur Überprüfung der besonderen Verantwortung bei der Beförderung von Fahrgästen nach Abs 1 S 4 auch ein medizinisch-psychologisches Gutachten anordnen (Abs 3 S 1 Nr 8, Begr Rz 5 c).

12 3 b. In welchen Fällen die FEB die Beibringung eines **Gutachtens einer amtlich anerkannten Begutachtungsstelle für Fahreignung** (medizinisch-psychologisches Gutachten) anordnen kann, ist in Abs 3 S 1 Nr 1–9 abschließend geregelt, es sei denn es handele sich um die Begutachtungen nach §§ 2a IV, V, 4 X 3 StVG (FE auf Probe, Punktsystem), nach § 10 II 2 (FE im Rahmen der Berufsausbildung vor Erreichen des jeweiligen Mindestalters), nach §§ 13, 14 iVm Anl 4 und 5 FeV (Klärung von Alkohol- oder Drogenproblemen) (Abs 3 S 2) oder zur Klärung von Zweifeln, ob eine Abweichung vom Regelfall der Anl 4 zugunsten des Betroffenen möglich ist (Vorbemerkung zur Anl 4 Nr 3 S 3). Keine Anordnung bei Teilnahme an dem Modellversuch Begleitetes Fahren ab 17 (§ 48a I 2). Der **Begriff „erheblich"** in Abs 1 S 3 und Abs 3 S 1 ist nicht mit „schwerwiegend" gleichzusetzen, sondern bezieht sich auf die Kraftfahreignung (Begr Rz 5 d, § 2 StVG Rz 13, *Himmelreich/Janker/Karbach* Rz 208). Durch die Neufassung von Abs 3 S 1 Nr 5 und 6 durch ÄndVO v 18. 7. 08 (BGBl I 1338) wurde klargestellt, dass bereits *eine* der dort genannten Straftaten genügt, um eine Gutachtenanforderung zu rechtfertigen (so bereits zur früheren Rechtslage VGH Ma NJW **05** 237, NZV **02** 104, zw VG Augsburg DAR **04** 287). Die durch ÄndVO v 18. 7. 08 (BGBl I 1338) erfolgte Neufassung des Abs 3 S 1 Nr 4–7 soll daneben sicherstellen, dass auch Straftaten Anlass für die Anordnung einer medizinisch-psychologischen Begutachtung sein können, die keinen spezifischen Zusammenhang mit der Verkehrssicherheit aufweisen, zB Drogentransport mit Kfz (Begr Rz 5 e). Straftat im Zusammenhang mit dem StrV iSv Abs 3 S 1 Nr 9 b ist auch eine Tat nach §§ 315 c, 316 StGB; daher kann (Ermessen) die FEB vor Wiedererteilung der FE die Beibringung eines medizinisch-psychologischen Gutachtens auch in Fällen anordnen, in denen die BAK **unter 1,6 ‰ BAK** (0,8 mg/l AAK) lag; § 13 ist nur insoweit speziell, als danach bei 1,6 ‰ und mehr die Gutachtenanforderung zwingend ist (kein Ermessen), VGH Mü NZV **01** 494, aM wohl OVG Saarlouis ZfS **01** 92. Zweimaliges Fahren ohne Versicherungsschutz rechtfertigt Gutachtenanforderung, VG Bra VD **05** 13. Wiederholte geringfügige Verstöße gegen VVorschriften als OWen rechtfertigen nur dann Gutachtenanforderung nach Abs 3 S 1 Nr 4 in Abweichung von den Regelungen des Punktsystems, wenn sie trotz ihrer Geringfügigkeit geeignet sind, Zweifel an der Kraftfahreignung zu begründen, s Rz 8. Verhältnis zum Punktsystem, s Rz 8. Nur *Anhaltspunkte* für ein hohes Aggressionspotential erfordert Abs 3 S 1 Nr 6, 7, nicht das festgestellte Vorhandensein (VGH Ma NJW **05** 237 zu Abs 3 S 1 Nr 4 alt). Zur rechtlichen Zulässigkeit der **Übermittlung von Strafakten an die FEB,** s VGH Ma NJW **05** 234. Durch die in Abs 3 S 1 Nr 1–9 getroffene Regelung ist der frühere Streit über die **Zulässigkeit medizinisch-psychologischer Doppelbegutachtung,** s BVerwG DAR **86** 94, VGH Ka NJW **94** 1611 (Anm *Weigelt* NZV **94** 416, krit *Himmelreich* DAR **95** 15), OVG Ko NJW **94** 2436, OVG Lüneburg ZfS **96** 198 für die Praxis weitestgehend erledigt (s im übrigen Rz 15). Die Anordnung der Beibringung eines nur psychologischen Gutachtens bzw nur des psychologischen Teils einer medizinisch-psychologischen Untersuchung ist vom Verordnungsgeber nicht vorgesehen und steht nach der FeV nicht als Instrument zur Klärung von Eignungszweifeln zur Verfügung (*Bouska/Laevrenz* § 11 FeV Anm 18, aA VG Augsburg ZfS **08** 296). Im Gegensatz zur ärztlichen Begutachtung umfasst die medizinisch-psychologische Begutachtung den gesamten Eignungsbe-

Eignung   § 11 FeV **3**

reich, nicht nur die körperlich-geistige Eignung. Die Regelung trägt der Rspr des BVerfG Rechnung, wonach die Anordnung, sich einer medizinisch-psychologischen Begutachtung zu unterziehen, nur dann im Einklang mit dem allgemeinen **Persönlichkeitsrecht** steht, wenn sie Mängel betrifft, die auch bei lebensnaher Betrachtung die ernsthafte Besorgnis verkehrswidrigen oder nicht umsichtigen Verhaltens rechtfertigen; dazu reichen Umstände, die nur auf die entfernte Möglichkeit fehlender Eignung hindeuten, nicht aus, BVerfG NZV **93** 413, OVG Saarlouis ZfS **95** 157, DAR **96** 291, OVG Hb VRS **89** 57, **92** 389, **93** 153. Vielfach wird sich die Notwendigkeit eines medizinisch-psychologischen Gutachten auch aus der voraufgegangenen ärztlichen Begutachtung ergeben (Abs 3 S 1 Nr 1). Rechtskräftige Verurteilung wegen einer **von der FEB festgestellten Straftat** setzt Abs 3 S 1 Nr 5–7 nicht voraus (OVG Ko ZfS **00** 320). Im Übrigen genügt rechtskräftige Schuldfeststellung wegen der Straftat; Verurteilung zu *Strafe* ist nicht erforderlich, VGH Ma NJW **05** 237 (Weisung nach JGG). Wegen Tilgungsreife nicht mehr verwertbare Vorstrafen (s § 29 StVG Rz 14) dürfen auch im Rahmen von Abs 3 S 1 Nr 5–7 nicht berücksichtigt werden (OVG Ko ZfS **00** 320). Die VB darf nicht einen Eignungsmangel allein aus dem Umstand herleiten, dass das positive Eignungsgutachten 2 Jahre alt ist (VG Gießen NJW **95** 2430).

Die **Begutachtungsstellen für Fahreignung** (früher: „medizinisch-psychologische Untersuchungsstellen") bedürfen gem § 2 XIII StVG, § 66 der Anerkennung durch die zuständige oberste Landesbehörde oder durch die von ihr bestimmte oder nach Landesrecht zuständige Stelle. Sie beruhen auf Zusammenarbeit zwischen Verkehrsmedizinern und VPsychologen und arbeiten mit für den Zweck der Untersuchung auf VTüchtigkeit ausgearbeiteten Methoden und Geräten. Durch die mit ÄndVO v 18. 7. 08 (BGBl I 1338) mit Wirkung vom 1. 7. 09 neu gefassten Anl 14 Nr 5 und Anl 15 Nr 4 soll eine deutlichere organisatorische Trennung zwischen Begutachtung in den Begutachtungsstellen für Fahreignung nach § 66 und sonstigen Tätigkeiten auf dem Gebiet der Vorbereitung auf eine Begutachtung und die Wiederherstellung der Fahreignung erreicht werden (Begr BR-Drs 302/08 S 72). Akkreditierung: § 72. **13**

Gegenstand der Begutachtung sind nur solche Eigenschaften, Fähigkeiten und Verhaltensweisen des Betroffenen, die für die Kraftfahreignung bedeutsam sind, Anl 15 (zu §§ 11 V, 66 III, abgedruckt im Anschluss an die FeV) Nr 1 b, nicht die gesamte Persönlichkeit. Dies ist auch bei der Durchführung **psychologischer Tests** zu beachten. Nach hM verstößt die Verwertung derartiger Tests weder gegen das GG noch gegen verkehrsrechtliche Vorschriften, BVerwG NJW **64** 607 (zust *Schneider* JZ **64** 750), VGH Stu VM **64** 1, VGH Ma DVBl **63** 733, *Krieger* DVBl **64** 410. Gegen die charakterliche „Durchleuchtung" des Bürgers anlässlich eines Verwaltungsaktes – zumal mit umstrittenen Methoden bei nicht ausreichend gesichertem Wissensstand in Bezug auf die Brauchbarkeit der Ergebnisse – sind jedoch rechtliche Bedenken geltend gemacht worden, s *Gunzert* DAR **66** 333, *Himmelreich* DAR **76** 197, *Lange* NJW **80** 2729; auf Grund daraus gewonnener Erkenntnisse dürfe nicht ohne weiteres auf charaktere Ungeeignetheit zum Führen von Kfz gezogen werden, OVG Br VRS **24** 76, *Hörstel* DVBl **64** 1009, *Czermak* DAR **63** 380, **64** 129. Die gegen diese Bedenken erhobene Kritik, s etwa *Heimann*, DAR **77** 12, verkennt den auf der ausschließlich gerichtlichen Entscheidungszuständigkeit beruhenden Zwang zur Nachprüfung gutachtlicher Methoden, s BVerwG VRS **74** 157, und ferner, dass die Verlässlichkeit wissenschaftlicher Gutachten, auch prognostischer, mit der Verlässlichkeit und grundsätzlichen Nachprüfbarkeit ihrer Messmethoden und deren nachweisbarer Annäherung an den rechtlich geforderten höchsten Gewissheitsgrad wächst, so dass wissenschaftlich nicht allgemein anerkannte oder undurchschaubare Methoden als Beurteilungsgrundlage für uU existentiell bedeutsame gerichtliche oder Verwaltungsmaßnahmen ausscheiden. Dass medizinisch-psychologische Gutachten kritischer Bewertung bedürfen, zeigen ua Berichte über erheblich abweichende Zweit- und Oberbegutachtungen (zB ZBlVM **70** 21, *Müller/Wolf* ZVS **69** 100), *Werwath ua* BA **99** 290, wobei sich die auffälligen Begutachtungsunterschiede teils methodisch erklären mögen, teils durch Wandlung der Probanden, gewiss aber auch durch nicht systematisierbare subjektive Faktoren bei den Gutachtern, s dazu auch *Kürti* BA **86** 381, *Lewrenz* DAR **92** 50 sowie Empfehlung des 30. VGT (VGT **92** 10). **14**

Der **Untersuchungsumfang** richtet sich nach dem Anlass und wird durch ihn beschränkt (Anl 15 Nr 1 a), VGH Mü DAR **82** 339, OVG Hb VRS **89** 154, *Himmelreich/Janker/Karbach* Rz 1104 ff, *Geiger*, NZV **02** 21, *Barthelmess/Ehret* BA **84** 77, *List* VD **84** 152. Reicht eine fachärztliche Untersuchung aus, so verstößt die Anordnung der Beibringung eines medizinisch-psychologischen Gutachtens gegen das Übermaßverbot, BVerfG NZV **93** 413. Entsprechendes gilt für den umgekehrten Fall, s VGH Mü VRS **109** 75. Liegen ausschließlich Tatsachen vor, die Bedenken gegen die **Kraftfahreignung** des Betroffenen begründen, hat sich die Begutach- **15**

Dauer   1007

3 FeV § 11   II. Führen von Kraftfahrzeugen

tung auf diesen Bereich zu beschränken. Ist nur die Eignung zweifelhaft, **fahrerlaubnisfreie Fz im StrV zu führen,** ist allein diese Frage Gegenstand der Begutachtung. Kommt den Zweifel begründenden Tatsachen sowohl für den einen als auch für den anderen Bereich Bedeutung zu, muss sich die Begutachtung auf beide Felder erstrecken (VGH Mü Beschl v 15. 5. 08 11 CS 08.616 juris). Zur (geringen) prognostischen Treffsicherheit der **Eignungsgutachten,** *Rösler* VGT **97** 296, *Blocher ua* DAR **98** 306f, *Müller* BA **82** 290, **83** 63, **93** 78, **94** 351, DAR **94** 310, gegen ihn: *Kunkel* BA **83** 56, *Blankenburg/Weigelt* BA **83** 149. Über Voraussagefehler bei psychologischen Auswahl- und Unfallneigungstests, *Marek* ZVS **77** 88. Zum prognostischen Wert bestimmter Persönlichkeitstests für die individuelle Fahreignung, VG Berlin DAR **80** 254, näher *Himmelreich/Janker/Karbach* Rz 1131 ff. **Theoretische Prüfung** bei Bedenken gegen die Befähigung eines FEInhabers, s § 46 Rz 7 ff.

16 **3 c.** Die Notwendigkeit der Beibringung des **Gutachtens eines amtlich anerkannten Sachverständigen oder Prüfers** kann sich aus dem Inhalt eines zuvor eingeholten ärztlichen oder medizinisch-psychologischen Gutachtens ergeben (IV Nr 1). Darüber zu entscheiden, obliegt allein der FEB, OVG Br NJW **00** 2438. Die Gutachtenanforderung kann ferner zur Klärung der Frage erforderlich sein, ob ein körperlich behinderter FEBewerber, eventuell mit besonderen technischen Hilfsmitteln ein Kfz der von ihm beantragten FEKl sicher führen kann (IV S 2), so dass Erteilung einer beschränkten FE oder einer FE mit Auflagen in Frage kommt (s § 23 II).

17 **4. Anforderungen an die Durchführung der Untersuchung und an das Gutachten.** Anlassbezogen, unter Verwendung der von der FEB zugesandten Vorgänge über den Betroffenen und nach anerkannten, wissenschaftlichen Grundsätzen muss die ärztliche (Abs 2) und die medizinisch-psychologische Untersuchung durchgeführt werden (Abs 5 mit Anl 15). Um dies zu ermöglichen legt die FEB unter Berücksichtigung der Besonderheiten des Falles unter Beachtung der Anlagen 4 und 5 in der Anordnung zur Beibringung des Gutachtens im Einzelnen fest, **welche Fragen klärungsbedürftig sind,** und teilt dies auch der untersuchenden Stelle zugleich mit der **Übersendung der vollständigen Unterlagen** mit. Dabei hat sie eventuelle gesetzliche Verwertungsverbote zu beachten; Unterlagen, die danach nicht mehr verwendet werden dürfen, werden der untersuchenden Stelle nicht übermittelt (Abs 6 S 4, letzter Halbsatz), *Bouska/Laeverenz* § 11 Anm 30. Die Übersendung der Unterlagen nach Abs 6 S 4 zwecks Erstellung eines medizinisch-psychologischen Gutachtens ist nur an amtlich anerkannte Begutachtungsstellen für Fahreignung zulässig, nicht an sog Obergutachter, da diese nicht befugt sind, medizinisch-psychologische Gutachten nach Abs 3 S 1 anzufertigen (*Schubert* NZV **08** 436, 440, s § 2 StVG Rz 24a).

18 Das Gutachten darf von der FEB nicht ungeprüft übernommen, sondern muss einer eigenen kritischen Würdigung unterzogen werden (*Geiger* NZV **07** 489, 491). Es muss deswegen **in allgemeinverständlicher Sprache verfasst** sowie **nachvollziehbar und nachprüfbar** sein (Nr 2a Anl 15 FeV, s LG Hannover DAR **91** 457, VG Neustadt SVR **06** 273, *Janker* DAR **92** 166, *Himmelreich* ZVS **92** 110). Dies setzt eine ausführliche – aber nicht zwingend wörtliche (BVerwG DAR **95** 36, VGH Mü VRS **95** 446) – Wiedergabe des Untersuchungsgesprächs in seinen wesentlichen Inhalten sowie eine allgemeinverständliche Beschreibung der für die Prognose maßgeblichen Befunde voraus (*Janker* DAR **92** 166, *Geiger* BayVBl **01** 590, SVR **06** 123, NZV **07** 489, 492). Empfehlung des 30. VGT (VGT **92** 10 = NZV **92** 105). Das Gutachten muss zwischen Vorgeschichte (Anamnese) und gegenwärtigem Befund unterscheiden (Nr 2 c Anl 15 FeV). Den Auftrag darf es nicht überschreiten; der Gutachter darf nicht von sich aus den Untersuchungsgegenstand ändern (*Geiger* SVR **06** 448). Aus Abs 6 mit Anl 15 folgt zwingend, dass das Gutachten einzelfallbezogen sein muss (*Lewrenz* DAR **92** 52, VGT **92** 10, AG Essen DAR **92** 68, VG Freiburg NZV **95** 48), und dass es die wesentlichen **Grundlagen, Anknüpfungstatsachen und Schlussfolgerungen** nachprüfbar darlegen muss (OVG Münster, DAR **76** 221, *Himmelreich/Janker/Karbach* Rz 1104ff, *Spann* DAR **80** 310, *Lewrenz* DAR **92** 50). Nur gesetzlich verwertbare Tatsachen dürfen im Gutachten verwendet werden (OVG Münster DAR **76** 221). Zu medizinisch-psychologischen Obergutachten s § 2 StVG Rz 24a.

19 **5. Die Rechtsbeziehungen zwischen FEB, Betroffenem und Gutachter** sind in Abs 6 geregelt. Die FEB setzt dem Betroffenen für die Beibringung des Gutachtens eine Frist (Abs 6 S 2). Sie hat dem Betroffenen mit der Anordnung der Gutachtenbeibringung in verständlicher Form die **Gründe darzulegen,** die zu den Zweifeln an seiner Kraftfahreignung geführt haben (BVerwG VRS **101** 233 zu § 15b StVZO alt, VGH Ma VRS **103** 224). Die FEB genügt

Eignung § 11 FeV **3**

ihrer Mitteilungs- und Darlegungspflicht gem Abs 6 S 2 gegenüber dem Betroffenen nur durch substantiierte Darlegung ihrer Eignungszweifel unter Angabe der Tatsachen, auf denen diese Zweifel beruhen (OVG Münster NZV **02** 427, VGH Ma NJW **05** 234, VRS **108** 134, **103** 224, OVG Ko DAR **99** 518, OVG Saarlouis NJW **06** 1305). Eine Pflicht zur vorherigen Anhörung besteht nicht (VGH Ma VRS **108** 127). Wird ein fachärztliches Gutachten verlangt (Abs 2 S 3 Nr 1), so muss die FEB die Fachrichtung angeben (OVG Münster NZV **01** 95). Zugleich teilt sie dem Betroffenen eine oder mehrere **Stellen** mit, **die für die Begutachtung in Frage kommen** und teilt ihm mit, dass er die an die untersuchende Stelle zu übersendenden Unterlagen einsehen kann (Abs 6 S 2). Bezeichnung eines bestimmten Arztes oder einer konkreten medizinischen Einrichtung in der Gutachtenanordnung ist nicht zulässig, es sei denn, im Hinblick auf die konkrete Fragestellung (Abs 6 S 1) ist ausnahmsweise aus zwingenden fachlichen Gründen lediglich eine einzige Stelle zur Untersuchung in der Lage (OVG Hb NZV **00** 348, aA OVG Saarlouis BA **08** 148). Dem Betroffenen steht es frei, welchen Arzt oder welche Begutachtungsstelle für Fahreignung er auswählt (OVG Hb NZV **00** 348), sofern der Arzt die erforderliche Qualifikation (Abs 2 S 3 Nr 1–3, § 65) besitzt und die Begutachtungsstelle amtlich anerkannt (Abs 3, § 66) ist. Allerdings soll der Facharzt nach Abs 2 S 3 Nr 1 nicht zugleich der den Betroffenen behandelnde Arzt sein (Abs 2 S 5). Auch die **Weiterleitung des Gutachtens an die FEB** steht dem Betroffenen frei (*List* VD **84** 150); allerdings muss er, wenn er innerhalb der ihm gesetzten Frist kein Gutachten vorlegt, mit einer negativen Entscheidung der FEB rechnen (Abs 8, s Rz 22). Hat der Betroffene eine Stelle mit der Begutachtung beauftragt, so muss er diese der FEB bekannt geben (Abs 6 S 3). Die **Fragestellung**, die der mit der Begutachtung beauftragten Stelle gem Abs 6 S 4 mitgeteilt wird, muss mit derjenigen identisch sein, die nach Abs 6 S 1 in der an den Betroffenen gerichteten Anordnung, ein Gutachten beizubringen, festgelegt wurde; unschädlich sind nur solche Abweichungen, die sich im rein sprachlichen Bereich bewegen, und solche, die den Betroffenen schlechthin nicht beeinträchtigen können (VGH Mü Beschl v 15. 5. 08 11 CS 08.616 juris). Der Auffassung, die FEB brauche dem Betroffenen die nach Abs 6 S 1 festzulegenden Fragen nicht mitzuteilen (VGH Ma NZV **02** 294), kann nicht gefolgt werden, denn nach dem klaren Wortlaut des Abs 6 S 1 erfolgt diese Festlegung in der (an den Betroffenen gerichteten) Anordnung zur Beibringung eines Gutachtens; die Fragen sind entgegen VGH Ma NZV **02** 294 nicht nur intern festzulegen. Hält die FEB das Gutachten für ergänzungsbedürftig, muss sie entweder den Betroffenen zu weiterer Aufklärung veranlassen oder sich seine Einwilligung geben lassen, sich direkt an die Gutachterstelle wenden zu dürfen (VG Neustadt SVR **06** 273); sie darf nicht ohne Einverständnis des Betroffenen eine ergänzende Stellungnahme der Gutachterstelle einholen.

Der **Betroffene beauftragt den Gutachter** auf seine Kosten (s VG Hb NJW **02** 2730, *Ell* **20** NVwZ **03** 913) und im eigenen Namen mit der Untersuchung und der Erstellung des Gutachtens (Abs 6 S 2 und 5). Mit der Untersuchungsstelle schließt der Betroffene einen zivilrechtlichen Werkvertrag (LG Hb NJW-RR **97** 409, VG Mü VRS **103** 315, 320, VG Neustadt SVR **06** 273, *Himmelreich/Janker/Karbach* Rz 1035). Zur Mangelhaftigkeit von Gutachten AG Bautzen NZV **06** 391 (Anm *Karbach* DAR **07** 407). Keine Geldrückerstattung bei „gekauftem" Gutachten (Kar DAR **06** 212). Zur Frage eines **Kostenerstattungsanspruchs** bei rechtswidriger Anordnung, *Ell* NVwZ **03** 913, *Geiger* DAR **03** 97 (jeweils verneinend), *Müller-Grune* DAR **03** 551 (bejahend), offengelassen – zur früheren Rechtslage – von BVerwG DAR **90** 153 (Folgebeseitigungsanspruch). Begutachtung von Amts wegen ist unzulässig. Ohne **Einverständnis des Betroffenen** darf die Untersuchungsstelle ihr Gutachten nicht der FEB, sondern nur ihm als Besteller aushändigen (*Berr/Krause/Sachs* Rz 1197, *Driehaus* DAR **06** 8, VG Neustadt SVR **06** 273), der FEB auch keine Mitteilung irgendwelcher Art machen. Grundlegend und überzeugend hierzu: *Menken*, Die Rechtsbeziehungen zwischen VB, Betroffenem und Gutachter bei der Medizinisch-Psychologischen Fahreignungsbegutachtung, Schriftenreihe Mensch-Fahrzeug-Umwelt, H 8, Köln 1980, sowie DAR **80** 225; s auch *Himmelreich* DAR **93** 127, *Barthelmess/Ehret* BA **84** 71, *List* VD **84** 142, *Grünning* DAR **91** 412, *Stephan* DAR **93** 41. Dem Betroffenen wird ein vertraglicher Anspruch auf Einsicht in Untersuchungsunterlagen zuzubilligen sein, soweit es sich nicht um interne Aufzeichnungen der Untersuchungsstelle handelt, an deren Geheimhaltung diese ein übergeordnetes, schützenswertes Interesse hat (s *Bode* ZVS **98** 166). Ein Anspruch des Auftraggebers wegen Versagung der FE auf Grund mangelhaften Gutachtens wird zumeist an Beweisschwierigkeiten scheitern (s *Jungbecker* NZV **94** 297).

Lit: *Barthelmess*, FERecht und Fahreignung nach Einführung der FE auf Probe, BA **90** 339. *Blocher ua*, ... **21** Fahreignungsbegutachtung alkoholisierter Kf, DAR **98** 301. *Bode*, Anspruch des Auftraggebers einer MPU

3 FeV § 11   II. Führen von Kraftfahrzeugen

auf Herausgabe von ihm ausgefüllter Fragebogen, ZVS **98** 166. *Driehaus,* Die Anordnung eines medizinisch-psychologischen Gutachtens bei der EdF wegen Drogenauffälligkeit, DAR **06** 7. *Ell,* Kostenerstattung bei negativem Drogenscreening, NVwZ **03** 913. *Gehrmann,* Die medizinisch-psychologische Untersuchung im StrVRecht, NZV **97** 10. *Derselbe,* Vorbeugende Abwehr von VGefahren durch haschischkonsumierende Kf, NZV **97** 457. *Gehrmann/Undeutsch,* Das Gutachten der MPU und Kraftfahreignung, München 1995. *Geiger,* Anforderungen an medizinisch-psychologische Gutachten aus verwaltungsrechtlicher Sicht, NZV **02** 20. *Grünning/Ludovisy,* Der Rechtscharakter der MPU-Anordnung, DAR **93** 53. *Harbort,* Zulässigkeit von verwaltungsbehördlichen Maßnahmen im Rahmen der drogenspezifischen Fahreignungsdiagnostik, NJW **98** 348. *Hillmann,* Zweifel an der Fahreignung, DAR **03** 106. *Himmelreich,* Zur Problematik der Medizinisch-Psychologischen Untersuchungsstellen, ZVS **92** 110. *Derselbe,* Rechtliche Aspekte der Qualitätskontrolle bei der verkehrsmedizinisch-psychologischen Fahrtauglichkeitsbegutachtung, DAR **93** 127. *Himmelreich/Janker/Karbach,* Fahrverbot, FEEntzug und MPU-Begutachtung, 8. Aufl 2007. *Jagow,* Wiedererteilung der FE bei „bedingter" Eignung, DAR **97** 16. *Iffland,* Zuweisung zur MPU und Verhaltensprognose, DAR **97** 6. *Janker,* Eignungsbegutachtung bei Alkoholtätern nach EdF, DAR **92** 164. *Jungbecker,* Schadensersatz bei mangelhaften medizinisch-psychologischen Eignungsgutachten?, NZV **94** 297. *Kunkel,* Die Exploration als zentrale Methode in der Fahreignungsuntersuchung alkoholauffälliger Kf, NZV **89** 376. *Kürti,* Fehlerquellen bei der psychologischen Fahreignungsbegutachtung, BA **86** 381. *Lewrenz,* Das nachvollziehbare Eignungsgutachten, DAR **92** 50. *Ludovisy,* Rechtsnatur der MPU-„Anordnung", VGT **94** 354. *Lutze/Seidl,* Beurteilung der Eignung zum Führen von Kfz nach der Haschisch-Entscheidung des BVerfG, NZV **97** 421. *Menken,* Die Rechtsbeziehungen zwischen VB, Betroffenem und Gutachter bei der Medizinisch-Psychologischen Fahreignungsbegutachtung, TÜV Rheinland 1980. *A. Müller,* ... Bewährungskontrolle von Eignungsgutachten, BA **82** 290. *Müller-Grune,* Zur Erstattungsfähigkeit von Gutachterkosten nach befolgter Beibringungsanordnung der FEB, DAR **03** 551. *Rösler, Kroj, Jung,* Die medizinisch-psychologische Untersuchung von Kf, VGT **97** 291, 303, 320. *Stephan,* „Bedingte Eignung", ... individualisierte Wiedererteilung der FE im Verwaltungsrecht, DAR **89** 125. *Derselbe,* Naturwissenschaftlich-psychologische Verkehrsprognose und Wagniswürdigung in der Eignungsbeurteilung, DAR **92** 1. *Derselbe,* Werkvertragsmängel bei der MPU aus der Sicht des gerichtlichen Sachverständigen, DAR **93** 41. *Weigelt ua,* Zur bedingten Eignung in der Fahreignungsbegutachtung, NZV **91** 55. *Werwath ua,* Zum Stellenwert von Obergutachten im Fahreignungsbegutachtungsprozeß, BA **99** 290.

22   **6. Nichtbeibringung des Gutachtens.** Im Falle einer Verweigerung einer zu Recht angeordneten Gutachtenbeibringung oder Nichteinhaltung der gesetzten Frist, kann die FEB ihrer Entscheidung Nichteignung des Betroffenen zugrunde legen (Abs 8). Die Bestimmung steht nicht im Widerspruch zu § 2 VIII (s auch Begr zu § 2 VII und VIII, § 2 StVG vor Rz 1). Die Frist muss so bemessen sein, dass dem Betroffenen die Gutachtenbeibringung bis zu ihrem Ablauf möglich und zumutbar ist, s *Driehaus* DAR **06** 8. Ist die Gutachtenanforderung nicht mit einer Fristsetzung verbunden, scheidet Abs 8 aus; Fristsetzung in Bezug auf eine vom Betroffenen geforderte Einverständniserklärung genügt nicht (OVG Hb NZV **00** 348). Dabei sind allerdings (jedenfalls bei entsprechender Anwendung von Abs 8 im Rahmen des Entziehungsverfahrens gem § 46 III) die vom BVerwG zur früheren Rechtslage aufgestellten Grundsätze zu beachten, auf die der VOGeber in seiner Begr (s Rz 5) ausdrücklich Bezug nimmt (s BVerwG NJW **85** 2490, NZV **93** 166), wonach dies nur dann gilt, wenn die **Weigerung ohne ausreichenden Grund** erfolgt (OVG Münster VRS **100** 400, NZV **02** 427, VG Freiburg NZV **00** 388, s auch VGH Ma NZV **92** 502). Die Weigerung iS von Abs 8 kann auch in der Weise erfolgen, dass der Betroffene die verlangte Untersuchung unmöglich macht (OVG Hb NJW **04** 2399 – Kürzung der für Haaranalyse benötigten Haare, dies aber nur, wenn er in der Untersuchungsanordnung darauf hingewiesen wurde, dass die geforderte Haaranalyse eine bestimmte Mindestlänge der Kopfhaare voraussetzt, VG Saarlouis ZfS **06** 538). Die in Abs 8 getroffene Regelung beruht, wie aus der Begr folgt, auf der Überlegung, dass bei grundloser Weigerung die Vermutung berechtigt ist, der Betroffene wolle einen ihm bekannten Eignungsmangel verbergen (OVG Bautzen DAR **02** 234, OVG Münster DAR **03** 283, VRS **105** 76, OVG Saarlouis ZfS **01** 188, VG Mü BA **05** 408, 413, s VGH Mü NZV **01** 494; so schon die Rspr zu § 15 b StVZO alt: BVerwG DAR **77** 250, VGH Ka StV **99** 23, OVG Lüneburg ZfS **96** 198, OVG Münster VRS **91** 215).

23   Obwohl dieser Gedanke bei **Fehlen finanzieller Mittel** für den Gutachtenauftrag nicht zutrifft, wurde in der zur früheren Rechtslage ergangenen Rspr auch bei solcher Sachlage teilweise die Annahme von Nichteignung durch die VB für gerechtfertigt erachtet, OVG Lüneburg NZV **95** 294 (Sozialhilfeempfänger) – Anm *Gehrmann –,* VGH Ma NZV **98** 429, 447, VG Saarlouis ZfS **95** 118, einschränkend (Berufung auf wirtschaftliche Unzumutbarkeit nur „unter ganz besonderen Umständen") BVerwG NJW **85** 2490, NZV **98** 300 (zust *Gehrmann*), VGH Mü NZV **99** 525, OVG Hb VRS **89** 158. Ob die FEB den **Antrag auf Erteilung der FE** dann ablehnen darf, wenn der Bewerber aus finanziellen Gründen außerstande ist, ein auf

Grund bestehender Eignungsbedenken angefordertes Gutachten beizubringen, war allerdings nach früherem Recht zw, weil bloße Nichtfeststellbarkeit der Eignung nach der Fassung von § 2 I S 2 StVG (alt) kein Ablehnungsgrund war. Nach § 2 II Nr 3 (IV) StVG nF wird aber nunmehr für die FEErteilung das Bestehen der Eignung zum Führen von Kraftfahrzeugen durch das Gesetz positiv gefordert, so dass Nichtfeststellbarkeit zu Lasten des Bewerbers geht (s § 2 StVG Rz 7). Andererseits ist im Rahmen des § 46, also bei **Entziehung der FE,** bei Prüfung der rechtlichen Folgen einer Nichtbeibringung eines berechtigt angeforderten Gutachtens wegen wirtschaftlichen Unvermögens zu berücksichtigen, dass hier, anders als bei *Erteilung* einer FE, die Nichteignung *erwiesen* sein muss, bloße Zweifel dagegen nicht ausreichen, s § 3 StVG Rz 3. Grundsätzlich geht es zu Lasten des Betroffenen, wenn er nicht über die für ein Gutachten erforderlichen Mittel verfügt, denn das Risiko, das von einem ungeeigneten Kf ausgeht, kann nicht aus finanziellen Gründen der Allgemeinheit aufgebürdet werden; nur in ganz besonders gelagerten Ausnahmefällen (zB Behinderung, FE aus dringenden beruflichen Gründen erforderlich) ist Einschränkung dieses Grundsatzes geboten (OVG Hb NJW **06** 1367). Bei wirtschaftlichem Unvermögen des Betroffenen kommt Fristverlängerung durch die VB in Betracht, VG Ansbach VRS **108** 395. Bei grundloser Weigerung wird die Annahme fehlender Eignung nicht schon durch die **nachträglich erklärte Bereitschaft** zur Gutachtenbeibringung, sondern nur durch ein positives Gutachten ausgeräumt, VGH Ma NZV **93** 327 (zust *Petersen* ZfS **02** 59), OVG Münster VRS **105** 76, VG Bra VD **05** 13, und auch dies nur dann, wenn die zu einem vom Betroffenen bestimmten Zeitpunkt durchgeführte Untersuchung in gleicher Weise geeignet ist, die konkreten Eignungszweifel zu beseitigen wie eine Untersuchung von der FEB bestimmten Zeitpunkt, OVG Br ZfS **01** 483 (Blutuntersuchung), OVG Münster DAR **03** 283 (Blut- und Urinuntersuchung). Sind im Zeitpunkt des Widerspruchsbescheids nach EdF die Eignungszweifel ausgeräumt, so darf trotz Abs VIII nicht mehr Ungeeignetheit angenommen werden, VGH Mü NZV **99** 183 (zu § 15b StVZO alt), s OVG Münster VRS **105** 76.

Der Schluss auf Nichteignung des Betroffenen im Falle grundloser Nichtbeibringung des Gutachtens gem Abs 8 ist nur zulässig, wenn die **Anordnung zur Gutachtenbeibringung rechtmäßig** war (BVerwG NZV **05** 603, DAR **05** 578, VGH Mü NZV **01** 494, VGH Ma DAR **04** 48, OVG Weimar VM **04** 63, DAR **03** 91, OVG Münster NZV **01** 95, NZV **02** 427, OVG Hb NZV **00** 348, DAR **04** 411, VRS **105** 470, OVG Ko NJW **02** 2581, VG Mü BA **05** 408, 412), wenn also die rechtlichen Voraussetzungen für die Anordnung erfüllt sind, s Rz 9, und die Anordnung auch im Übrigen den Anforderungen des § 11 entspricht, insbesondere unter Berücksichtigung von Abs 2 S 3, Abs 6 hinreichend bestimmt ist (OVG Münster NZV **01** 95, s Rz 19). Fehlt es insbesondere bei Anwendung von Abs 3 S 1 Nr 4 an einer ordnungsgemäßen Ermessensausübung bei der Anordnung, ist diese ermessensfehlerhaft und damit rechtswidrig (VG Mü NJW **06** 1687). Ob der Betroffene sein Einverständnis zur Gutachtenanforderung erklärt hat, ist unerheblich (OVG Hb DAR **98** 323); das Erfordernis der Rechtmäßigkeit unterliegt nicht der Disposition durch FEB und Betroffenen. Dies gilt auch für Art und Umfang der angeordneten Begutachtung (BVerwG NZV **98** 300). Sind etwa nur die Voraussetzungen für die Anordnung der Beibringung eines ärztlichen Gutachtens erfüllt (Abs 2), so braucht der Betroffene der Aufforderung, ein medizinisch-psychologisches Gutachten beizubringen (Abs 3) nicht nachzukommen; seine Weigerung führt dann nicht zur Annahme fehlender Kraftfahreignung gem Abs 8 (s BVerwG NZV **98** 300 zu § 15b StVZO alt, OVG Ko ZfS **07** 656). Auch die Weigerung, einer gerichtlichen Beweisanordnung Folge zu leisten, darf nicht zum Nachteil des FEInhabers gewürdigt werden, wenn das Beweismittel nicht anlaßbezogen und nicht verhältnismäßig ist (BVerwG DAR **86** 94). Die im Übrigen bestehende Rechtmäßigkeit der Anordnung zur Gutachtenbeibringung entfällt nicht dadurch, dass der Betroffene schon bei Antragstellung auf Erteilung einer FE seine Weigerung erklärt, einer solchen Aufforderung Folge zu leisten (VG Weimar VM **06** 8). Bei der Beurteilung der Rechtmäßigkeit der Gutachtenanforderung ist auf den Zeitpunkt der Gutachtenanforderung abzustellen (OVG Greifswald SVR **07** 354 m Anm *Geiger*). Ein der FEB **bekannt gewordenes negatives Begutachtungsergebnis** darf zu Lasten des Betroffenen berücksichtigt werden, ohne dass es auf die Rechtmäßigkeit der Gutachtenanforderung ankäme, wenn der Betroffene es der FEB zugänglich gemacht hat (BVerwG NJW **82** 2885 zu § 15b StVZO alt, VG Neustadt ZfS **00** 41, VD **08** 224, s auch Rz 10). Das gilt zB auch für ein im Rahmen eines Strafverfahrens eingeholtes Gutachten (VGH Ma DAR **04** 471).

Vorgehen nach Abs 8 S 1 setzt gem **Abs 8 S 2** voraus, dass der Betroffene bei der Anordnung der Gutachtenbeibringung nachweislich **auf die Folgen der Nichtvorlage des Gutachtens hingewiesen** wurde (OVG Ko ZfS **07** 656, 658). Dies gilt auch, wenn die Beibringung des

Gutachtens nicht nach Abs 6 formell angeordnet, sondern zwischen Betroffenem und Behörde vereinbart wurde, denn auch dann handelt es sich um ein von der FEB *gefordertes* Gutachten iSv Abs 8 S 1 (BVerwG NJW **08** 3014).

25 **7. Entbehrlichkeit eines erneuten Gutachtens bei Teilnahme an einem Kurs zur Wiederherstellung der Kraftfahreignung (Abs 10).** Wird im Rahmen einer medizinisch-psychologischen Begutachtung festgestellt, dass der Betroffene zwar noch nicht geeignet ist, die Eignungsmängel aber nach Einschätzung des Gutachters durch die Teilnahme an einem Kurs zur Wiederherstellung der Kraftfahreignung beseitigt werden können (Abs 10 Nr 2, Nr 1 f S 7 Anl 15 FeV), hat die FEB der Teilnahme an einem solchen Kurs zugestimmt (Abs 10 Nr 3), und legt der Betroffene eine den Anforderungen des Abs 11 entsprechende Bescheinigung über seine Teilnahme an einem gem § 70 anerkannten (Abs 10 Nr 1) Kurs zur Wiederherstellung der Kraftfahreignung vor, so bedarf es idR zum Nachweis für die Behebung der festgestellten Eignungsmängel nicht eines erneuten medizinisch-psychologischen Gutachtens (s *Gehrmann* NZV **04** 167). Der Nachweis der Wiederherstellung der Eignung ist damit idR geführt (Fiktion der Wiederherstellung der Eignung). Abw von der Regel des Abs 10 kann die Kursteilnahme zB dann nicht genügen, wenn Eignungsmängel bekannt werden, die in der voraufgegangenen Begutachtung nicht berücksichtigt wurden oder im Falle schwerwiegender VZuwiderhandlungen nach der Begutachtung (*Gehrmann* NZV **04** 167, 169). Zur Anerkennung der Kurse (Abs 10 Nr 1) s § 70. Die **Zustimmung der FEB zur Kursteilnahme** (Abs 10 Nr 3) muss vor Kursbeginn erfolgt sein, was sich aus Wortlaut (*zugestimmt hat*, VG Neustadt NJW **05** 2471, 2473) und Sinn und Zweck ergibt: die FEB soll vorher auf der Grundlage des die Kursteilnahme empfehlenden Gutachtens prüfen können, ob auch nach ihrer Einschätzung der Kurs geeignet ist, die vom Gutachter festgestellten Eignungsmängel zu beseitigen (*Gehrmann* NZV **04** 167, 169). Damit die FEB diese Prüfung vornehmen kann, muss das Gutachten Abs 5 iVm Anl 15 entsprechen, insbesondere plausibel und nachvollziehbar sein (*Kalus* VD **07** 148). Die Auffassung des VG Neustadt NJW **05** 2471, die FEB habe die gem Abs 10 Nr 3 erforderliche Zustimmung idR zu erteilen, wenn der Gutachter die Einschätzung abgibt, die Eignungsmängel würden nach dem Besuch eines Kurses zur Wiederherstellung der Kraftfahreignung behoben sein, ist als zu weitgehend abzulehnen. Abs 10 sieht keinen Automatismus bei Vorliegen einer Kursempfehlung vor, sondern gem Abs 10 Nr 3 eine eigenständige Überprüfung der FEB, ob sie die Einschätzung des Gutachters teilt; andernfalls wäre Abs 10 Nr 3 überflüssig. Zu den Kriterien für die Bejahung der Eignung des Kurses im konkreten Fall zur Behebung der Eignungsmängel bei Alkoholmissbrauch: Begutachtgs-Leitl Nr 3.11.1 f) (*Gehrmann* NZV **04** 167, 170). Teilnahme an einem Kurs zur Wiederherstellung der Kraftfahreignung als **Einzelseminar** ist auch im Ausnahmewege nicht möglich, wenn das Kursmodell mit einer Mindestteilnehmerzahl nach § 70 amtlich anerkannt worden ist, denn bei Einzelteilnahme würde es sich um ein andersartiges Kursmodell handeln, für das keine Anerkennung nach § 70 vorliegt. Gegenwärtig liegen allen amtlich anerkannten Kursmodellen Konzepte zugrunde, die die Durchführung der Kurse nur als Gruppenmaßnahme vorsehen. Die Teilnahme an einem Kurs zur Wiederherstellung der Fahreignung ist freiwillig. Die Anforderungen an die **Bescheinigung über die Teilnahme** an einem Kurs zur Wiederherstellung der Kraftfahreignung sind in Abs 11 festgelegt, auch wenn dort der Begriff Seminar verwendet wird.

Lit: *Brieler*, Beurteilung von Kursen zur Wiederherstellung der Kraftfahreignung aus verkehrspsychologischer Sicht, ZfS **07** 132. *Gehrmann*, Kurse nach § 70 FeV und die VSicherheit, ZVS **03** 170. *Derselbe*, Das Problem der Wiederherstellung der Kraftfahreignung nach neuem FERecht, NZV **04** 167. *Geiger*, Die Bedeutung von Nachschulungskursen für Erwerb und Erhalt von FE, SVR **06** 447. *Hoffmann*, Grenzwert für Rückfallquoten alkoholauffälliger Kf nach Teilnahme an Kursen gem § 70 FeV, BA **01** 336. *Kalus*, Kurse nach § 70 FeV ..., VD **07** 148. *Müßig*, Wer zu spät kommt ... – Bedeutung der Kursregeln in Kursen zur Wiederherstellung der Kraftfahreignung, ZVS **08** 92. *Utzelmann*, Kurse nach § 70 FeV ..., ZVS **03** 180.

26 **8. Verwaltungsrechtsmittel.** Die Auflage gem Abs 2, ein Gutachten beizubringen und sich untersuchen zu lassen, ist nach hM als bloße Aufklärungsanordnung nicht gesondert anfechtbar (unselbständige Maßnahme der Beweiserhebung), s § 46 Rz 15, ebenso nicht die Prüfungsaufforderung, s § 46 Rz 15. Dagegen ist die Anordnung von Auflagen nach § 23 II 1 bei bedingter Eignung selbstständig anfechtbar, s § 46 Rz 15.

27 **9. Nicht anlaßbezogenen Eingangs- und Wiederholungsuntersuchungen** (auch ohne konkrete Eignungsbedenken) müssen sich die Bewerber um einer FE der Lkw- und Bus-FEKlassen C, C1, CE, C1E, D, D1, DE oder D1E nach Maßgabe der Anl 5 (zu §§ 11 IX, 48 IV, V) unterziehen (Abs IX). Dies gilt auch für die Verlängerung der FE einer dieser Klassen, die

Sehvermögen § 12 FeV **3**

gem § 23 I nur befristet erteilt werden. Vorzulegen ist ein Nachweis gem Anl 5. Ab dem 50. Lebensjahr wird für Erteilung und Verlängerung der Bus-FEe (D, D1, DE, D1E) und ab dem 60. Lebensjahr für Verlängerung einer FE zur Fahrgastbeförderung ein betriebs- oder arbeitsmedizinisches oder ein Gutachten einer amtlich anerkannten Begutachtungsstelle für Fahreignung verlangt (Anl 5 Nr 2). Übergangsbestimmung hinsichtlich der Inhaber von FEen alten Rechts: § 76 Nr 9.

Sehvermögen

12 (1) Zum Führen von Kraftfahrzeugen sind die in der Anlage 6 genannten Anforderungen an das Sehvermögen zu erfüllen.

(2) ¹Bewerber um eine Fahrerlaubnis der Klassen A, A1, B, BE, M, S, L oder T haben sich einem Sehtest zu unterziehen. ²Der Sehtest wird von einer amtlich anerkannten Sehteststelle unter Einhaltung der DIN 58220 Teil 6, Ausgabe Januar 1997, durchgeführt. ³Die Sehteststelle hat sich vor der Durchführung des Sehtests von der Identität des Antragstellers durch Einsicht in den Personalausweis oder Reisepaß zu überzeugen. ⁴Der Sehtest ist bestanden, wenn die zentrale Tagessehschärfe mit oder ohne Sehhilfe mindestens den in Anlage 6 Nr. 1.1 genannten Wert erreicht. ⁵Ergibt der Sehtest eine geringere Sehleistung, darf der Antragsteller den Sehtest mit Sehhilfen oder mit verbesserten Sehhilfen wiederholen.

(3) ¹Die Sehteststelle stellt dem Antragsteller eine Sehtestbescheinigung aus. ²In ihr ist anzugeben, ob der Sehtest bestanden und ob er mit Sehhilfen durchgeführt worden ist. ³Sind bei der Durchführung des Sehtests sonst Zweifel an ausreichendem Sehvermögen für das Führen von Kraftfahrzeugen aufgetreten, hat die Sehteststelle sie auf der Sehtestbescheinigung zu vermerken.

(4) Ein Sehtest ist nicht erforderlich, wenn ein Zeugnis oder ein Gutachten eines Augenarztes vorgelegt wird und sich daraus ergibt, daß der Antragsteller die Anforderungen nach Anlage 6 Nr. 1.1 erfüllt.

(5) Besteht der Bewerber den Sehtest nicht, hat er sich einer augenärztlichen Untersuchung des Sehvermögens nach Anlage 6 Nr. 1.2 zu unterziehen und hierüber der Fahrerlaubnisbehörde ein Zeugnis des Augenarztes einzureichen.

(6) Bewerber um die Erteilung oder Verlängerung einer Fahrerlaubnis der Klassen C, C1, CE, C1E, D, D1, DE oder D1E haben sich einer Untersuchung des Sehvermögens nach Anlage 6 Nr. 2 zu unterziehen und hierüber der Fahrerlaubnisbehörde eine Bescheinigung des Arztes nach Anlage 6 Nr. 2.1 oder ein Zeugnis des Augenarztes nach Anlage 6 Nr. 2.2 einzureichen.

(7) Sehtestbescheinigung, Zeugnis oder Gutachten dürfen bei Antragstellung nicht älter als zwei Jahre sein.

(8) ¹Werden Tatsachen bekannt, die Bedenken begründen, dass der Fahrerlaubnisbewerber die Anforderungen an das Sehvermögen nach Anlage 6 nicht erfüllt oder dass andere Beeinträchtigungen des Sehvermögens bestehen, die die Eignung zum Führen von Kraftfahrzeugen beeinträchtigen, kann die Fahrerlaubnisbehörde zur Vorbereitung der Entscheidung über die Erteilung oder Verlängerung der Fahrerlaubnis oder über die Anordnung von Beschränkungen oder Auflagen die Beibringung eines augenärztlichen Gutachtens anordnen. ²§ 11 Abs. 5 bis 8 gilt entsprechend, § 11 Abs. 6 Satz 4 jedoch mit der Maßgabe, dass nur solche Unterlagen übersandt werden dürfen, die für die Beurteilung, ob Beeinträchtigungen des Sehvermögens bestehen, die die Eignung zum Führen von Kraftfahrzeugen beeinträchtigen, erforderlich sind.

Begr (BRDrucks 443/98 S 259): *Diese neue Vorschrift über das Sehvermögen übernimmt die Regelung in § 9a StVZO mit den folgenden Ergänzungen:* 1

In **Absatz 1** *wird positiv geregelt, dass die in Anlage 6 genannten Anforderungen zu erfüllen sind. Die inhaltlichen Anforderungen an das Sehvermögen ergeben sich aus Anlage 6, die an Stelle der bisherigen Anlage XVII tritt.*

Anlage 6 übernimmt die Grenzwerte für die Tagessehschärfe sowie die sonstigen Anforderungen aus Anhang III, Nummer 1 der EU-Führerscheinrichtlinie.

...

Absatz 5 *entspricht der Regelung in § 9a Abs. 6* StVZO. Hierfür gelten die Mindestanforderungen für die augenärztliche Untersuchung. Für die Klassen A, A1, B, BE, M, L und T wird in Anlage 6 für*

---

* Gemeint ist Abs. 5.

3 FeV § 12 II. Führen von Kraftfahrzeugen

beidäugiges Sehen die Werte 0,5/0,2 gefordert, was dem bisherigen Wert entspricht. Anhang III formuliert hier nur den Wert für die beidäugige Gesamtsehschärfe von 0,5, der mit der Regelung in Anlage 6 jedoch erfüllt ist. Bei Einäugigkeit wird 0,6 gefordert, was unter dem bisherigen Wert von 0,7 liegt. Für die Klassen C, C1, CE, C1E, D, D1, DE und die Fahrerlaubnis zur Fahrgastbeförderung wird eine zentrale Tagessehschärfe von 0,8/0,5 gefordert. Für die Busse und Fahrerlaubnis zur Fahrgastbeförderung liegt die Forderung damit unter dem bisherigen Wert von 1,0/0,7; hinsichtlich der C-Klasse hat sich eine geringfügige Verschärfung ergeben gegenüber bisher 0,7/0,5. Eine Verschärfung ergibt sich außerdem infolge der Verschiebung der Klasseneinteilung für den Bereich von Kraftfahrzeugen von 3,5 bis 7,5 t zulässige Gesamtmasse.

*In **Absatz 6** wird für die Klassen C und D sowie die Fahrerlaubnis zur Fahrgastbeförderung eine augenärztliche Untersuchung gefordert, da neben der Tagessehschärfe auch andere Sehfunktionen untersucht werden müssen, die nicht im Rahmen eines Sehtests festgestellt werden können.*
...

Begr zur ÄndVO v 7. 8. 02: BRDrucks 497/02 S 63.

Begr zur ÄndVO v 6. 6. 07, BGBl I 1045 **zu Anl 6** : VkBl **08** 253.

Begr zur ÄndVO v 18. 7. 08, BGBl I 1338 (BR-Drs 302/08 S 70): **zu Anl 6 Nr 2.2.3:** *Mit Inkrafttreten der Verordnung zur Änderung der Fahrerlaubnis-Verordnung und anderer straßenverkehrsrechtlicher Vorschriften vom 7. 8. 2002 zum 1. 9. 2002 wurde die Anlage 6 neu gefasst; die Werte der Anlage XVII zur StVZO, die bis dahin für Inhaber einer bis zum 31. 12. 1998 erteilten Fahrerlaubnis fort galten (§ 76 Nr. 9 letzter Satz), werden in der Anlage 6 wiedergegeben. Mit der Neufassung werden für Fahrerlaubnisbehörden wie Bewerber zeitaufwendige Doppelprüfungen (Vergleich der Sehwerte der Anlage 6 Nr. 2.2.3 und der eigentlich außer Kraft getretenen Anlage XVII zur StVZO) vermieden und eine wieder in die FeV integrierte Regelung realisiert.*

2   Die Vorschrift beruht auf der EG-FS-Richtlinie v 4. 12. 1980 (ABl Nr. L 375 S 1 ff). Ermächtigungsgrundlage ist § 6 I Nr 1 c mit Nr 7 StVG. Durch Bezugnahme auf die DIN-Norm in Abs 2 S 2 wird die Einhaltung eines einheitlichen Standards der Sehtests gewährleistet. Abs 2 S 3 dient der Verhinderung von Mißbräuchen. Muster der Sehtestbescheinigung, s VkBl **05** 140 = StVRL § 12 FeV Nr 1. Vordrucke für augenärztliches Gutachten/Zeugnis gem Abs 6, VkBl **99** 19 = StVRL § 12 FeV Nr 2. Amtliche Anerkennung der Sehteststellen: § 67. Die Bescheinigung über den Sehtest wird durch die in Abs 4 genannten augenärztlichen Zeugnisse oder Gutachten ersetzt, sofern sie nicht älter als 2 Jahre sind (Abs 7). Das Nichtbestehen des Sehtests führt nicht ohne weiteres zur Versagung der FE. Die Erteilung hängt jedoch vom Ergebnis einer augenärztlichen Untersuchung nach Anl 6 Nr 1.2 ab, über die der Bewerber der FEB ein Zeugnis des Augenarztes vorzulegen hat (Abs 5). Die FE wird nur erteilt, wenn sich aus diesem Zeugnis ergibt, dass der Bewerber die Mindestanforderungen der Anl 6 erfüllt. Diese liegen bei Fahrerlaubnissen der zum Führen von Lkw und Bussen berechtigenden Klassen höher als bei den anderen FEKlassen; in diesen Fällen ist immer die Bescheinigung eines Arztes erforderlich (Abs 6).

3   Abs 8 enthält eine Ermächtigung zur Anordnung einer anlaßbezogenen Untersuchung. Voraussetzung ist das Bekanntwerden von Tatsachen, die Bedenken hinsichtlich des Sehvermögens eines FEBewerbers begründen, und zwar nicht nur hinsichtlich der Anforderungen nach Anl 6, sondern auch in Bezug auf anders geartete Beeinträchtigungen (zB die Fahrsicherheit beeinträchtigende erhöhte Blendempfindlichkeit, erheblich unterdurchschnittliche Minderung der Dämmerungssehkraft). Für die Anordnung der Beibringung eines augenärztlichen Gutachtens in solchen Fällen, die Durchführung der Untersuchung, die Anforderungen an das Gutachten und die Konsequenzen der Nichtbeibringung gilt § 11 V–VIII entsprechend mit der dem Datenschutz Rechnung tragenden Einschränkung, dass die FEB dem Augenarzt nur solche Unterlagen übersenden darf, die für die Beurteilung des Sehvermögens erforderlich sind.

Lit: *Gramberg-Danielsen/Vollert,* Ausnahmen nach § 70 StVZO von den Mindestanforderungen nach § 9 a StVZO, ZVS **84** 5. *von Hebenstreit,* Beziehungen zwischen Sehstörungen und Unfallhäufigkeit im StrV, Verkehrsunfall **85** 331. *Kühl,* Mehr VSicherheit durch besseres Sehen, NZV **98** 98. *Lachenmayr,* Zur Begutachtung des Sehvermögens im Rahmen der FeV, ZVS **01** 67.

4   Übergangsbestimmung für Inhaber von bis zum 31. 12. 98 erteilten FE: Anlage 6 Nr 2.2.3.

Klärung von Eignungszweifeln bei Alkoholproblematik

13 ¹Zur Vorbereitung von Entscheidungen über die Erteilung oder Verlängerung der Fahrerlaubnis oder über die Anordnung von Beschränkungen oder Auflagen ordnet die Fahrerlaubnisbehörde an, daß

1. ein ärztliches Gutachten (§ 11 Abs. 2 Satz 3) beizubringen ist, wenn Tatsachen die Annahme von Alkoholabhängigkeit begründen oder
2. ein medizinisch-psychologisches Gutachten beizubringen ist, wenn
   a) nach dem ärztlichen Gutachten zwar keine Alkoholabhängigkeit, jedoch Anzeichen für Alkoholmißbrauch vorliegen oder sonst Tatsachen die Annahme von Alkoholmißbrauch begründen,
   b) wiederholt Zuwiderhandlungen im Straßenverkehr unter Alkoholeinfluß begangen wurden,
   c) ein Fahrzeug im Straßenverkehr bei einer Blutalkoholkonzentration von 1,6 Promille oder mehr oder einer Atemalkoholkonzentration von 0,8 mg/l oder mehr geführt wurde,
   d) die Fahrerlaubnis aus einem der unter Buchstabe a bis c genannten Gründe entzogen war oder
   e) sonst zu klären ist, ob Alkoholmißbrauch oder Alkoholabhängigkeit nicht mehr besteht.

²Im Fall des Satzes 1 Nr. 2 Buchstabe b sind Zuwiderhandlungen, die ausschließlich gegen § 24 c des Straßenverkehrsgesetzes begangen worden sind, nicht zu berücksichtigen.

Begr (VkBl 98 1070): *§ 13 ist eine Spezialvorschrift gegenüber § 11 und regelt die Maßnahmen, die zu ergreifen sind bei Verdacht auf Alkoholabhängigkeit oder -missbrauch.* **1**
Bei der Frage, welche Untersuchungsart in Frage kommt, wird unterschieden zwischen Alkoholabhängigkeit (Absatz 1 Nr. 1) und Alkoholmissbrauch (Absatz 1 Nr. 2). Ein ärztliches Gutachten ist erforderlich und ausreichend bei Verdacht auf Alkoholabhängigkeit, wenn die Fahrerlaubnis wegen Alkoholabhängigkeit entzogen worden ist oder wenn sonst zu klären ist, ob Alkoholabhängigkeit nicht mehr besteht. Für die Beurteilung der Alkoholabhängigkeit genügt ein fachärztliches Gutachten, da es sich um eine ärztliche Frage handelt und psychologische Fragestellungen nicht zu beurteilen sind.

Absatz 1 Nr. 1 soll vornehmlich Fälle außerhalb des Straßenverkehrs erfassen, wenn der Fahrerlaubnisbehörde Informationen vorliegen, die den Verdacht auf Alkoholabhängigkeit rechtfertigen, unabhängig von einem eventuell festgestellten Blutalkoholkonzentrationswert; außerdem können auch Fälle im Zusammenhang mit der Teilnahme am Straßenverkehr darunter fallen, wenn besondere Umstände (z. B. Alkoholisierung früh morgens) den Verdacht auf Abhängigkeit begründen. **2**

Absatz 1 Nr. 2 regelt die Fälle, in denen ein medizinisch-psychologisches Gutachten beigebracht werden muss. **3**
Dies ist insbesondere der Fall bei Fragestellungen im Zusammenhang mit Alkoholmissbrauch (Nummer 2 Buchstabe a), da es hierbei im Wesentlichen um die Beurteilung des Alkoholtrinkverhaltens des Betroffenen und den Umgang mit dem Alkohol geht (Frage des kontrollierten Alkoholkonsums, Trennen von Trinken und Fahren) und eine Verhaltensprognose erforderlich ist. Alkoholmißbrauch liegt vor, wenn ein die Fahrsicherheit beeinträchtigender Alkoholkonsum und das Fahren nicht hinreichend sicher getrennt werden kann; diese Definition ist in Anlage 4 Nr. 8.1 enthalten.

... stellt Buchstabe b gegenüber dem Punktsystem in § 4 StVG eine Spezialvorschrift dar, wonach die Maßnahme der Eignungsüberprüfung bereits bei einem wiederholten Alkoholverstoß zu ergreifen ist, unabhängig von der Punktzahl. **4**

Unter Nummer 2 Buchstaben e und f sind außerdem alle anderen Fälle erfasst, bei denen es um die Frage der Eignung im Zusammenhang mit Alkoholauffälligkeit im Straßenverkehr geht.

Begr des Bundesrates zur jetzigen Fassung von Satz 1 Nr 2 Buchstabe c: Nach einhelliger Auffassung in Wissenschaft und Literatur entspricht die bisher in der Fußnote 7 der Anlage 1 der Eignungsrichtlinien zu § 12 StVZO enthaltene Differenzierung, eine MPU bei einer BAK von 2,0 Promille oder mehr bzw. bei einer BAK von 1,6 bis 1,99 Promille und zusätzlichen Anhaltspunkten anzuordnen, nicht mehr dem aktuellen Forschungsstand. Vielmehr ist davon auszugehen, dass alkoholauffällige Kraftfahrer bereits mit einer BAK ab 1,6 Promille über deutlich normabweichende Trinkgewohnheiten und eine ungewöhnliche Giftfestigkeit verfügen. Da diese Personen doppelt so häufig rückfällig werden wie Personen mit geringeren Blutalkoholkonzentrationen, ist das Erfordernis zusätzlicher Verdachtsmomente nicht mehr vertretbar. So hat das Schleswig-Holsteinische Oberverwaltungsgericht entschieden, dass es die dem Urteil vom 7. April 1992 – 4 L 238/91 – zugrundeliegenden grundsätzlichen Ausführungen eines Gutachtens in diesem Sinne künftig in anhängigen Verfahren berücksichtigen werde. Insbesondere die obligatorische Anordnung zur Beibringung eines Gutachtens ab einer BAK von 1,6 Promille ohne weitere Auffälligkeiten **5** *auch bei Ersttätern wird seitdem in der ständigen Rechtsprechung des OVG bestätigt. Dieses wird auch zunehmend in anderen Ländern praktiziert und ist bisher nicht gerichtlich beanstandet worden.*

6 **Begr** des G v 19. 7. 07, BGBl I 1460 (VkBl **08** 258): **Zu S 2:** *Durch die Änderung des § 13 wird ausgeschlossen, dass ein Verstoß gegen das Alkoholverbot für Fahranfänger und Fahranfängerinnen in der Probezeit mit einer Blutalkoholkonzentration von weniger als 0,5 Promille oder einer Atemalkoholkonzentration von weniger als 0,25 mg/l die Anordnung einer medizinisch-psychologischen Untersuchung zur Überprüfung der Fahreignung rechtfertigt.*

7 **Begr** der ÄndVO v 18. 7. 08, BGBl I 1338 (BR-Drs 302/08 S 62): **Zu S 1 Nr 1 und 2 e:** *Nach der derzeitigen Rechtslage wird die Beurteilung von früherer Alkoholabhängigkeit und früherer Drogenabhängigkeit unterschiedlich gehandhabt. Bei früherer Alkoholabhängigkeit wird im Rahmen der fachärztlichen Untersuchung alleine aufgrund des einjährigen Abstinenznachweises die Eignung als gegeben angesehen. Dies wird damit begründet, dass die Tatsache, dass der oder die Betroffene in der Lage war ein Jahr Abstinenz einzuhalten, die notwendige Stabilität gewährleistet. Bei früherer Drogenabhängigkeit wird im Rahmen einer medizinisch-psychologischen Begutachtung demgegenüber in der Eignungsüberprüfung – auch flächendeckend in der Rechtsprechung – immer wieder differenziert auf die Prognose und die Stabilität der Verhaltensänderung abgehoben. Der Abstinenznachweis entsprechend den Begutachtungskriterien wird dabei lediglich als eine von mehreren Voraussetzungen für eine positive Begutachtung gewertet. Es ist im Hinblick auf die Verkehrssicherheit nicht ersichtlich, aus welchem Grund diese unterschiedliche Beurteilung gerechtfertigt sein sollte. Deshalb ist eine MPU als Eignungsuntersuchung in beiden Fällen angezeigt, um eine hinreichend klare Entscheidungsgrundlage für die Fahrerlaubnisbehörde zu erhalten. ...*

8–14 (BR-Drs 302/08, S 70): **Zu Anl 4 Nr 8.1** (Ersetzung von *Kraftfahrzeuge* durch *Fahrzeuge*): *Die Änderung dient der sprachlichen Klarstellung und der Rechtsklarheit, da sich im Vollzug aus dem Zusammenwirken der Ziffer 8.1 (Definition des Missbrauchs) und § 13 Nr. 2 Buchstabe c Unebenheiten ergeben haben. Ziffer 8.1 der Anlage 4 definiert Alkoholmissbrauch als das individuelle Unvermögen, einen die Fahrsicherheit beeinträchtigenden Alkoholkonsum und das Führen eines Kraftfahrzeugs i. S. v. § 1 Abs. 2 StVG zu trennen. Das Unvermögen des Führens eines Fahrzeugs und einen die Verkehrssicherheit beeinträchtigenden Alkoholkonsum zu trennen, begründet demnach keine Fahreignungszweifel. Demgegenüber sieht § 13 Nr. 2 Buchstabe c die Notwendigkeit der Anordnung einer MPU bei Führen eines Fahrzeugs unter Alkoholeinfluss. Diese Widersprüchlichkeit ist auch beim Vollzug des § 3 (Einschränkung und Entziehung der Zulassung) hinderlich.*

15 **1. Anwendungsbereich.** § 13 ist bei Eignungszweifeln wegen einer Alkoholproblematik gegenüber § 11 speziell, soweit die Voraussetzungen für die Anordnung eines medizinischen oder eines medizinisch-psychologischen Gutachtens geregelt werden (VGH Ma NZV **02** 149, 150). Für die Durchführung der Untersuchung, die Anforderungen an das Gutachten, die Rechtsbeziehungen zwischen dem Betroffenen, der FEB und dem Gutachter und die Folgen der Nichtbeibringung des Gutachtens gelten die gleichen Grundsätze wie im Rahmen des § 11 (s dort). Zur Anfechtbarkeit der Anordnung der Gutachtenbeibringung durch die FEB s § 11 Rz 26.

16 **2. Die Beibringung eines ärztlichen Gutachtens (§ 11 II 3) ist** von der FEB **anzuordnen**, wenn Tatsachen die Annahme von **Alkoholabhängigkeit** begründen **(S 1 Nr 1)**. Zum Begriff Alkoholabhängigkeit s § 2 StVG Rz 16 a. Bei Alkoholabhängigkeit ist keine Fahreignung gegeben (Anl 4 Nr 8.3). Die Frage einer Alkoholabhängigkeit ist eine medizinische, keine psychologische. Daher ist zur Klärung nur ein ärztliches Gutachten geeignet (OVG Saarlouis ZfS **01** 92). Die den Verdacht auf Alkoholabhängigkeit begründenden Tatsachen müssen nicht im Zusammenhang mit der Teilnahme des Betroffenen am StrV stehen, denn es geht um die Klärung, ob die Krankheit Alkoholabhängigkeit vorliegt; dafür ist es unerheblich, ob die FEB durch Tatsachen ohne oder mit Bezug zum StrV auf die Klärungsbedürftigkeit aufmerksam geworden ist (offengelassen von OVG Saarlouis NJW **04** 243). Das Erreichen einer hohen BAK kann nur zusammen mit weiteren Kriterien, die für eine Toleranzbildung gegenüber Alkohol sprechen, als hinreichender Anhaltspunkt für eine mögliche Alkoholabhängigkeit gewertet werden (VG Augsburg ZfS **08** 117). Indikatoren für Alkoholabhängigkeit sind zB sog Alkoholismusmarker. Diagnostische Kriterien der Alkoholabhängigkeit, s *Lewrenz* ua BA **02** 289, 294. Die frühere Regelung in S 1 Nr 1, wonach lediglich ein ärztlichen Gutachten anzuordnen war, wenn die FE wegen Alkoholabhängigkeit entzogen war oder sonst zu klären ist, ob Abhängigkeit nicht mehr besteht, ist durch die ÄndVO v 18. 7. 08 (BGBl I 1338) aufgehoben worden, da in diesen Fällen eine medizinisch-psychologische Begutachtung erforderlich ist (Begr Rz 7), die jetzt durch S 1 Nr 2e vorgeschrieben wird.

Klärung von Eignungszweifeln bei Alkoholproblematik   § 13 FeV **3**

3. Die **Beibringung eines medizinisch-psychologischen Gutachtens** (§ 11 III) **ist** von **17**
der FEB in den in **S 1 Nr 2** abschließend aufgezählten Fällen **anzuordnen**. Die Anordnung
steht nicht im Ermessen der FEB (OVG Saarlouis ZfS **01** 92, 93, VGH Ma NZV **02** 149, 150,
VG Augsburg BA **05** 193, 194f, VG Hb BA **08** 217, *Petersen* ZfS **02** 56, 58). Das Gutachten
dient dem Rechtsanwender als Hilfestellung bei der Beurteilung der Frage, ob der Betroffene
gegenwärtig zum Führen von Fz bzw Kfz geeignet ist; es enthebt ihn nicht einer kritischen
Würdigung und Subsumtion des Einzelfalles unter die anzuwendenden Vorschriften (VG Mü
Beschl v. 19. 2. 08 M 6 b S 08.278 juris, VG Ol ZfS **08** 353).

3 a. Die Anordnung eines medizinisch-psychologischen Gutachtens hat nach **S 1 Nr 2 a** zu **18**
erfolgen, wenn entweder nach einem gem S 1 Nr 1 eingeholten ärztlichen Gutachten zwar keine Alkoholabhängigkeit, aber **Anzeichen für Alkoholmissbrauch** vorliegen (1. Alternative)
oder sonst Tatsachen die **Annahme von Alkoholmissbrauch** begründen (2. Alternative).
Zum Begriff Alkoholmissbrauch s § 2 StVG Rz 16 b.
Für **S 1 Nr 2 a Alt 1** muss ein gem S 1 Nr 1 eingeholtes ärztliches Gutachten vorliegen, aus **19**
dem sich ausdrücklich ergibt, dass bei dem Betroffenen zwar keine Alkoholabhängigkeit vorliegt, aber Anzeichen für Alkoholmissbrauch iSv Anl 4 Nr 8.1 gegeben sind. Ein im Rahmen
eines ärztlichen Gutachtens nach S 1 Nr 1 festgestellter deutlich erhöhter CDT-Wert kann nicht
Alkoholmissbrauch iSd Anl 4 Nr 8.1 indizieren, da der Wert allein noch nichts über die Fähigkeit sagt, Fahren und einen die Fahrsicherheit beeinträchtigenden Alkoholkonsum hinreichend
sicher trennen zu können (aA OVG Saarlouis ZfS **05** 106, *Jagow/Burmann/Heß* § 3 StVG Rz 3).
Für **S 1 Nr 2 a Alt 2** müssen **Tatsachen** feststehen, die die **Annahme von Alkoholmiss-** **20**
brauch begründen. Diese können der FEB etwa durch Mitteilungen der Polizei nach § 2 XII
StVG bekannt werden. Es muss sich um konkrete Tatsachen handeln, anonyme Hinweise reichen nicht aus (OVG Saarlouis ZfS **01** 92, 94f). Die Aussagen von nahen Angehörigen können
herangezogen werden, wenn sich aus diesen ergibt, dass der Betroffene regelmäßig Alkohol konsumiert und eine überdurchschnittliche Alkoholgewöhnung vorliegt (OVG Lüneburg DAR **07**
227). S 1 Nr 2a Alt 2 ist eine **Auffangregelung** für Fallkonstellationen, die nicht unter S 1
Nr 2 b–2 e fallen (OVG Ko ZfS **01** 92, 94, VGH Ma NZV **02** 580, 581, OVG Ko ZfS **06**
713, 715). Es müssen also nicht wiederholt (verwertbare) Zuwiderhandlungen im StrV unter
Alkoholeinfluss begangen worden sein und es muss nicht ein Fz im StrV bei einer BAK von 1,6
‰ bzw einer AAK von 0,8 mg/l geführt worden sein. Aber es müssen Tatsachen bekannt sein,
aus denen die Annahme abgeleitet werden kann, dass der Betroffene das Führen von Fahrzeugen
und einen die Fahrsicherheit beeinträchtigenden Alkoholkonsum nicht hinreichend sicher trennen kann.
Die die Annahme von Alkoholmissbrauch begründenden Tatsachen, etwa eine konkrete Alko- **21**
holauffälligkeit, müssen **nicht im Zusammenhang mit einer Teilnahme am StrV** stehen
(VGH Ma NZV **02** 580, NZV **02** 582, OVG Ko ZfS **06** 713, OVG Lüneburg DAR **07** 227
[zust Anm *Müller* ZVS **07** 107], *Jagow/Burmann/Heß* § 3 StVG Rz 3, *Geiger* BayVBl **01** 586,
587, DAR **02** 347, NZV **05** 623, 625, NZV **07** 489, 490, aM VGH Kassel Beschl v 9. 11. 00 2
TG 3571/00 juris = DVBl **01** 843 Ls, *Himmelreich* DAR **02** 60, *Hillmann* ZfS **04** 49,
Bode/Winkler § 7 Rz 18). Jedoch müssen die Gesamtumstände Zweifel rechtfertigen, ob der
Betroffene **Trinken und Fahren sicher trennen** kann (OVG Ko ZfS **06** 713, ZfS **07** 656, VG
Augsburg, DAR **05** 711, ZfS **08** 117, ZfS **08** 296, 299, VG Saarlouis ZfS **08** 58, *Geiger* NZV **05**
623, 626, SVR **07** 441, 444; VGH Mü DAR **06** 413, 414 fordert „mittelbaren Zusammenhang"
zwischen Alkoholkonsum und Teilnahme am StrV). Das ist zB der Fall bei einem weit überdurchschnittlich alkoholgewöhnten Berufskraftfahrer mit annähernd täglichem Einsatz (VGH
Ma NZV **02** 580, NZV **02** 582, VG Sigmaringen DAR **02** 94 [abl *Himmelreich* DAR **02** 60, 61,
Hillmann ZfS **04** 49, 50]), bei einer Person mit häufig wiederkehrendem Konsum großer Mengen Alkohols, die beruflich auf das regelmäßige Führen eines Kfz im StrV angewiesen ist (OVG
Ko ZfS **06** 713, ZfS **07** 656, 660, OVG Lüneburg DAR **07** 227), bei nächtlichem Bar-Aufenthalt einer Frau in erheblich alkoholisiertem Zustand in Begleitung eines 4jährigen Kindes, die bereits früher mit einer BAK von 1,79 Promille im StrV aufgefallen war (VGH Ma
NZV **01** 279 [im Ergebnis zust *Geiger* NZV **05** 623, 626, abl *Himmelreich* DAR **02** 60f]) oder
nach zahlreichen Vorfällen nächtlichen unkontrollierten Trinkens, die am darauffolgenden Morgen einen relevanten Restalkoholgehalt erwarten lassen, bei einem Betroffenen, der bereits
eine fahrlässige Straßenverkehrsgefährdung unter Einfluss alkoholbedingter Fahruntüchtigkeit verursacht hat (VG Saarlouis ZfS **08** 58). Anzeichen für Alkoholmissbrauch sind auch gegeben, wenn
eine **gewisse Dauer regelmäßigen Alkoholkonsums mit Erreichen hoher BAK-Werte**

angenommen werden kann, soweit es Anzeichen dafür gibt, dass die Fähigkeit, Trinken und Fahren zu trennen, nicht gewährleistet ist. Dies ist zB der Fall, wenn ein Kf nach einem VUnfall mit einem nur geringen Sachschaden bei bereits bestehender Alkoholisierung von mindestens 0,8 ‰ in kurzer Zeit drei Obstschnäpse und drei 0,5-Liter-Flaschen Bier trinkt und dadurch eine BAK von 1,97 ‰ erreicht wird (VGH Ma NZV **00** 269) oder wenn ein Kf unmittelbar nach einem unter Einfluss einer BAK von wesentlich über 1,1 ‰ verursachten VUnfall so viel Alkohol trinkt, dass er über 2,2 ‰ erreicht (VG Augsburg BA **05** 193). **Allein erheblicher Alkoholkonsum oder massive Alkoholgewöhnung reichen dagegen nicht aus**, um Alkoholmissbrauch iSd Anl 4 Nr 8.1 anzunehmen (VG Sigmaringen DAR **02** 94, VG Augsburg, DAR **05** 711). So ist die Annahme von Alkoholmissbrauch zB nicht begründet, wenn eine massiv an Alkohol gewöhnte Person noch nie in alkoholisiertem Zustand im StrV aufgefallen ist und es keinerlei Anhaltspunkte dafür gibt, dass sie in der Zukunft vor Wiedererlangung der Fahrsicherheit am StrV teilnehmen wird (OVG Ko ZfS **07** 656).

22 **3 b.** Die Anordnung eines medizinisch-psychologischen Gutachtens hat nach **S 1 Nr 2 b** zu erfolgen, wenn **wiederholt Zuwiderhandlungen im StrV unter Alkoholeinfluss** begangen wurden. Verstöße ausschließlich gegen § 24 c StVG (Alkoholverbot für Fahranfänger) sind dabei nicht zu berücksichtigen (S 2). Die FEB muss auch dann die Beibringung eines medizinisch-psychologischen Gutachtens anordnen, wenn durch die wiederholten Zuwiderhandlungen die für eine EdF nach dem **Punktsystem** des § 4 StVG erforderliche Punktzahl noch nicht erreicht ist; insoweit ist § 13 S 1 Nr 2b speziell (Begr Rz 4, VG Augsburg BA **03** 264, VG Stade BA **07** 402, 403, s § 4 StVG Rz 18). Da *Zuwiderhandlung* iS von S 1 Nr 2b nicht nur Straftaten (zB §§ 315c, 316 StGB), sondern auch Ordnungswidrigkeiten sind, ist die Gutachtenbeibringung nach dem insoweit nicht auslegungsfähigen Wortlaut der Bestimmung schon nach wiederholter OW gem § 24a I StVG zwingend vorgeschrieben, auch wenn jeweils eine BAK von 0,5 ‰ (oder 0,25 mg/l AAK) festgestellt worden ist (VG Augsburg BA **03** 264, *Bouska/Laeverenz* § 13 FeV Anm 3b, *Petersen* ZfS **02** 56, 58). S 1 Nr 2b setzt **mindestens zwei verwertbare Zuwiderhandlungen** voraus (VG Augsburg BA **03** 264, VG Ansbach VRS **108** 390, 395). Grundsätzlich genügen **auch Auslandstaten**, wenn diese in gleichem Maße hinreichend nachgewiesen sind, wie dies bei entsprechenden Zuwiderhandlungen im Inland gefordert werden müsste (OVG Greifswald NJW **08** 3016, VG Augsburg BA **03** 264). Wie lange einem Betroffenen ein in der **Vergangenheit** liegendes Fehlverhalten entgegengehalten werden darf, richtet sich nach hM allein nach den Tilgungs- und Verwertungsbestimmungen, insbes § 29 StVG (VGH Mü Beschl v 22. 3. 07 11 CS 06.1634 juris, Beschl v 6. 5. 08 11 CS 08.551 juris, OVG Greifswald NJW **08** 3016, VG Hb BA **08** 217). Zwischen zwei Trunkenheitsfahrten können mehrere Jahre liegen, solange keine Tilgungsreife eingetreten ist (*Geiger* SVR **07** 441, 445). Eine Einzelfallprüfung, ob die Verdachtsmomente noch einen relevanten Gefahrenverdacht begründen, ist danach nur vorzunehmen, wenn sich die Zweifel an der Fahreignung aus länger zurückliegenden Umständen herleiten, die nicht in das VZR einzutragen waren, da es dann an einer normativen Aussage darüber fehlt, wie lange ein solcher Sachverhalt berücksichtigungsfähig ist (VGH Mü Beschl v 6. 5. 08 11 CS 08.551 juris). Es ist fraglich, ob diese Auffassung mit dem Grundsatz der Verhältnismäßigkeit vereinbar ist (vgl Rz 24, § 14 Rz 23). Ist von zwei alkoholbedingten Auffälligkeiten im StrV eine tilgungsreif oder getilgt und damit nicht verwertbar, ist S 1 Nr 2b mangels *wiederholter* Zuwiderhandlungen nicht anwendbar; in diesem Fall kann auch nicht auf S 1 Nr 2e zurückgegriffen werden (OVG Münster Beschl v 8. 1. 08 16 B 1367/07 juris). Eine Trunkenheitsfahrt, die im strafrechtlichen Sinn mehrere Straftaten verwirklicht und in **Tatmehrheit** nach § 53 StGB abgeurteilt wird, stellt keine wiederholte Zuwiderhandlung dar, wenn es sich um einen einheitlichen natürlichen Lebenssachverhalt ohne eindeutige Zäsur handelt (VG Meiningen BA **07** 404, *Mahlberg* DAR **08** 233, aA VG Fra Urt v 7. 7. 05 6 E 989/05 juris).

23 **3 c.** Die Anordnung eines medizinisch-psychologischen Gutachtens hat nach **S 1 Nr 2 c** zu erfolgen, wenn ein **Fahrzeug im StrV mit 1,6 Promille bzw 0,8 mg/l** oder mehr geführt wurde. Die Norm setzt nach ihrem klaren Wortlaut nicht das Führen eines Kfz, sondern lediglich eines Fahrzeugs voraus (BVerwG NJW **08** 2601). Die Teilnahme am StrV mit einem **Fahrrad** ist somit ausreichend (BVerwG NJW **08** 2601, OVG Münster ZfS **00** 272, NJW **01** 3427, 3428 f, OVG Greifswald NZV **07** 53, OVG Lüneburg BA **08** 146, VG Kar BA **03** 82, VG Bra NVwZ **03** 1284, VG Neustadt NJW **05** 2471, ZfS **06** 358, VG Potsdam NJW **06** 2793, VG Mainz BA **08** 275, VG Ol ZfS **08** 353). Führen eines Fahrrades im StrV mit einer BAK von 1,6 ‰ oder mehr begründet Zweifel nicht nur an der Eignung zum Führen von Fahrrädern,

Klärung von Eignungszweifeln bei Alkoholproblematik   § 13 FeV **3**

sondern auch an der Eignung zum Führen von Kfz (BVerwG NJW **08** 2601). Die Voraussetzungen von S 1 Nr 2 c können auch vorliegen, wenn das Strafurteil den BAK-Wert nicht ausdrücklich festgestellt hat, aus den übrigen Feststellungen des Urteils aber das Erreichen der dort genannten Werte folgt (VGH Ma NZV **00** 269). Ein nur mit Hilfe eines Atemalkohol-Vortestgerätes ermittelter (umgerechneter) BAK-Wert reicht nicht aus (OVG Saarlouis ZfS **01** 92, 94). Die Voraussetzungen von S 1 Nr 2 c sind bei **Auslandstat** erfüllt, wenn die dort durchgeführte AAK-Messung von mindestens 0,8 mg/l den in Deutschland geltenden Anforderungen entspricht (VG Augsburg BA **03** 264 – Italien, VG Mü BA **07** 65 – Österreich). Zur Verwertbarkeit von Atemalkoholmessungen s im Übrigen § 24 a StVG Rz 16 ff. Knappes Überschreiten von 1,6 ‰ („lediglich" 1,62 ‰) entlastet nicht (OVG Greifswald NZV **07** 53, VG Mainz BA **08** 275, 278). S 1 Nr 2 c setzt voraus, dass ein **Fz** im StrV **geführt** wurde. Der Begriff des FzFührens ist identisch mit demjenigen in §§ 316 StGB, 24 a StVG; daher reichen vorbereitende Handlungen (zB Motoranlassen) nicht aus (aM OVG Saarlouis ZfS **01** 92, 93 f, *Geiger* NZV **05** 623, 626).

Aus dem Grundsatz der Verhältnismäßigkeit ergibt sich, dass nicht jede in der Vergangenheit **24** liegende, im VZR noch nicht getilgte Fahrt unter Alkoholeinfluss als Grundlage für die Anordnung eines medizinisch-psychologischen Gutachtens herangezogen werden kann (VG Neustadt ZfS **06** 358). Die seit der Trunkenheitsfahrt **verstrichene Zeit** steht einer Gutachtenanordnung jedoch nicht entgegen, wenn der Alkoholkonsum nach seinem Gewicht und unter zeitlichen Gesichtspunkten noch geeignet ist, die Kraftfahreignung in Zweifel zu ziehen. Schematische zeitliche Begrenzungen sind nicht möglich, weil immer eine Einzelfallbetrachtung erforderlich ist. Die Rspr hat Trunkenheitsfahrt mit Fahrrad vor 3 1/2 Jahren (VG Neustadt ZfS **06** 358) und vor 7 Jahren (OVG Lüneburg BA **08** 146) als Anlass für Vorgehen nach S 1 Nr 2 c akzeptiert.

Zur Anwendung von S 1 Nr 2 c bei fast 10 Jahre zurückliegender Verurteilung (§§ 65 IX 2 **25** StVG, 52 II BZRG) s VG Hb NVwZ-RR **03** 754. Die Regelung in S 1 Nr 2 c (nicht § 15 b StVZO alt) ist auch anzuwenden, wenn Tat oder Verurteilung vor Inkrafttreten der FeV liegen (OVG Münster ZfS **00** 272). Gutachtenanforderung bei Werten unter 1,6‰: s § 11 Rz 12.

3 d. Die Anordnung eines medizinisch-psychologischen Gutachtens hat nach **S 1 Nr 2 d** **26** zwingend vor Neuerteilung der FE zu erfolgen, wenn die FE aus einem der in S 1 Nr 2 Buchstaben a bis c genannten Gründe (Alkoholmissbrauch iSd Anl 4 Nr 8.1, wiederholte Zuwiderhandlungen im StrV unter Alkoholeinfluss, Führen eines Fz im StrV bei 1,6 ‰ oder 0,8 mg/l oder mehr) entzogen war. Zur Wiedererlangung der Fahreignung nach Alkoholmissbrauch § 2 StVG Rz 16 e.

3 e. Die Anordnung eines medizinisch-psychologischen Gutachtens hat nach **S 1 Nr 2 e** zu **27** erfolgen, wenn sonst zu klären ist, **ob Alkoholmissbrauch oder Alkoholabhängigkeit nicht mehr besteht**. Weil außer den ärztlichen Fragen für eine positive Beurteilung auch entscheidend ist, ob ein stabiler Einstellungswandel eingetreten ist, ist statt eines ärztlichen Gutachtens ein medizinisch-psychologisches Gutachten beizubringen. Ob **Alkoholmissbrauch** nicht mehr besteht, ist nur dann zu klären, wenn ein solcher früher einmal festgestellt wurde (OVG Saarlouis ZfS **01** 92, 93, *Geiger* BayVBl **01** 586, 587, NZV **07** 489, 490). Sofern er zur EdF geführt hat, erfolgt die Anordnung eines medizinisch-psychologischen Gutachtens vor Neuerteilung der FE nach S 1 Nr 2 d. Bei früher festgestelltem Alkoholmissbrauch kommt S 1 Nr 2 e somit nur zur Anwendung, wenn der damals festgestellte Alkoholmissbrauch nicht zur EdF geführt hat. Durch ÄndVO v 18. 7. 08 (BGBl I 1338) wurde neu eingeführt, dass bei früher festgestellter **Alkoholabhängigkeit** nicht mehr nur ein ärztliches Gutachten (früher S 1 Nr 1), sondern nunmehr ein medizinisch-psychologisches Gutachten anzuordnen ist. Diese Änderung wurde vorgenommen, da es für die Wiederherstellung der Kraftfahreignung nicht reicht, im Rahmen einer ärztlichen Untersuchung allein einjährige Abstinenz zu bestätigen, sondern eine Prognose und eine Einschätzung erforderlich ist, ob die Verhaltensänderung stabil ist (Begr Rz 7).

Lit: *Geiger*, Maßnahmen der VBehörden bei Alkohol- und Drogenauffälligen, BayVBl **01** 586. *Derselbe*, **28** Fahreignetheit bei nur „privatem" Alkoholmißbrauch?, DAR **02** 347. *Derselbe*, Aktuelle Probleme des FERechts unter besonderer Berücksichtigung der FE bei Alkohol- und Drogenauffälligkeit, VBlBW **04** 1 (2 f). *Derselbe*, Entziehung und Wiedererteilung der FE durch die Verwaltungsbehörde – dargestellt am Beispiel von alkoholauffälligen Kraftfahrern, NZV **05** 623. *Derselbe*, Die Bedeutung der medizinisch-psychologischen Untersuchung im FERecht, NZV **07** 489. *Derselbe*, Aktuelle Rspr zum FERecht, SVR **07** 441 (443 ff). *Hillmann*, Rechtliche und rechtspolitische Probleme des verwaltungsrechtlichen FERechts …, ZfS **04** 49. *Himmelreich*, Alkoholkonsum – privat und ohne VTeilnahme: FEEntzug im Verwaltungsrecht wegen Alkohol-Mißbrauchs?, DAR **02** 60. *Lewrenz ua*, Grundsätze für die Begutachtung der Trunkenheitsdelinquenten im

StrV, BA **02** 289. *Mahlberg*, Sind „wiederholte Zuwiderhandlungen im StrV unter Alkoholeinfluss" iSv § 13 Nr 2 b FeV und „Tatmehrheit" iSv § 53 StGB gleichbedeutend?, DAR **08** 233. S auch § 11 Rz 21.

Klärung von Eignungszweifeln im Hinblick auf Betäubungsmittel und Arzneimittel

14 (1) ¹Zur Vorbereitung von Entscheidungen über die Erteilung oder die Verlängerung der Fahrerlaubnis oder über die Anordnung von Beschränkungen oder Auflagen ordnet die Fahrerlaubnisbehörde an, daß ein ärztliches Gutachten (§ 11 Abs. 2 Satz 3) beizubringen ist, wenn Tatsachen die Annahme begründen, daß

1. Abhängigkeit von Betäubungsmitteln im Sinne des Betäubungsmittelgesetzes in der Fassung der Bekanntmachung vom 1. März 1994 (BGBl. I S. 358), zuletzt geändert durch Artikel 4 des Gesetzes vom 26. Januar 1998 (BGBl. I S. 160), in der jeweils geltenden Fassung, oder von anderen psychoaktiv wirkenden Stoffen,
2. Einnahme von Betäubungsmitteln im Sinne des Betäubungsmittelgesetzes oder
3. mißbräuchliche Einnahme von psychoaktiv wirkenden Arzneimitteln oder anderen psychoaktiv wirkenden Stoffen

vorliegt. ²Die Beibringung eines ärztlichen Gutachtens kann angeordnet werden, wenn der Betroffene Betäubungsmittel im Sinne des Betäubungsmittelgesetzes widerrechtlich besitzt oder besessen hat. ³Die Beibringung eines medizinisch-psychologischen Gutachtens kann angeordnet werden, wenn gelegentliche Einnahme von Cannabis vorliegt und weitere Tatsachen Zweifel an der Eignung begründen.

(2) Die Beibringung eines medizinisch-psychologischen Gutachtens ist für die Zwecke nach Absatz 1 anzuordnen, wenn

1. die Fahrerlaubnis aus einem der in Absatz 1 genannten Gründen durch die Fahrerlaubnisbehörde oder ein Gericht entzogen war oder
2. zu klären ist, ob der Betroffene noch abhängig ist oder – ohne abhängig zu sein – weiterhin die in Absatz 1 genannten Mittel oder Stoffe einnimmt,
3. wiederholt Zuwiderhandlungen im Straßenverkehr nach § 24a des Straßenverkehrsgesetzes begangen wurden. § 13 Nr. 2 Buchstabe b bleibt unberührt.

1 **Begr** (VkBl **98** 1071): § 14 stellt eine weitere Spezialvorschrift zu § 11 dar und regelt die Zuweisung für die ärztliche Begutachtung bei Verdacht auf Abhängigkeit bzw. Einnahme von Betäubungsmitteln und Arzneimitteln oder sonstigen psychoaktiv wirkenden Stoffen. Es wird differenziert zwischen den Fragestellungen, bei denen ein fachärztliches Gutachten erforderlich ist (Absatz 1 Satz 1 und 2) und den Fällen, die eine medizinisch-psychologische Begutachtung erfordern (Absatz 1 Satz 3 und Absatz 2). …

Wird durch die ärztliche Untersuchung Abhängigkeit von Betäubungsmitteln oder sonstigen psychoaktiv wirkenden Stoffen festgestellt, ergibt sich hieraus in Verbindung mit Anlage 4 und den Begutachtungs-Leitlinien „Kraftfahreignung", dass ein Eignungsmangel vorliegt. Wird durch die ärztliche Untersuchung zwar Konsum („Einnahme") festgestellt, aber keine Abhängigkeit, ist bei der Beurteilung der Fahreignung nach Anlage 4 und den Begutachtungs-Leitlinien zu differenzieren:

Die Einnahme von Betäubungsmitteln im Sinne des Betäubungsmittelgesetzes mit Ausnahme Cannabis führt zur Nichteignung.

2 *Bei Cannabis ist zu unterscheiden zwischen regelmäßiger und gelegentlicher Einnahme. Die Eignung ist in der Regel ausgeschlossen, wenn regelmäßige Einnahme vorliegt. Bei gelegentlicher Einnahme von Cannabis kann die Eignung gegeben sein. Eine zusätzliche medizinisch-psychologische Untersuchung ist erforderlich, wenn weitere Umstände Zweifel an der Eignung begründen. Dies ist z. B. der Fall, wenn der Konsum im Zusammenhang mit dem Fahren erfolgt, wenn Kontrollverlust oder Störungen der Persönlichkeit vorliegen oder wenn zusätzlicher Gebrauch von Alkohol oder anderen psychoaktiv wirkenden Stoffen vorliegt. Aus diesem Grund enthält Satz 3 die Ermächtigung für die Anordnung einer medizinisch-psychologischen Untersuchung, wenn gelegentliche Einnahme festgestellt wurde.*

…

3 *Ein medizinisch-psychologisches Gutachten ist nach **Absatz 2** erforderlich im Rahmen der Neuerteilung der Fahrerlaubnis, wenn sie aus den Gründen von Absatz 1 entzogen worden war oder wenn sonst zu klären ist, ob Abhängigkeit oder Einnahme im Sinne von Absatz 1 nicht mehr vorliegt.*

Der Grund für diese Differenzierung besteht darin, dass die Feststellung der Abhängigkeit bzw. der Einnahme eine ärztliche Fragestellung ist, während bei der Frage, ob Abhängigkeit nicht mehr besteht oder Einnahme nicht mehr erfolgt, außer den ärztlichen Fragen (z. B. erfolgreiche Entwöhnungsbehandlung) für eine positive Beurteilung auch entscheidend ist, ob ein stabiler Einstellungswandel eingetreten ist. Hierzu ist auch eine psychologische Bewertung erforderlich.

Betäubungsmittel und Arzneimittel § 14 FeV **3**

Begr zur ÄndVO v 18. 7. 08, BGBl I 1338 (BR-Drs 302/08 S 62): **Zur Streichung von** 4
Abs 1 S 3: *Mit der Ergänzung des § 11 Abs. 1 Satz 3 durch die Verordnung zur Änderung der Fahrerlaubnis-Verordnung vom 7. 8. 2002 zum 1. 9. 2002 wurden die Ärzte der Begutachtungsstellen ausdrücklich in die Aufzählung der für die Erstellung von Fahreignungsgutachten in Frage kommenden Fachkräfte aufgenommen. Insoweit ist zweifelsfrei, dass auch Ärzte der Begutachtungsstellen im Bereich der Drogen- und Arzneimittelproblematiken Gutachten erstellen können. Dies bedarf in § 14 nicht einer weiteren ausdrücklichen Festlegung.*

Zu Abs 2 Nr 1: *Teilweise wird die Auffassung vertreten, dass § 14 Abs. 2 Nr. 1 FeV nur dann* 5
Anwendung findet, wenn die Ungeeignetheit des Betreffenden zum Führen von Kraftfahrzeugen zu einem früheren Zeitpunkt in einem verwaltungsgerichtlichen *Verfahren festgestellt wurde. Dem kann nicht gefolgt werden. Vielmehr ist der Ansicht des Baden-Württembergischen Verwaltungsgerichtshofs in seiner Entscheidung vom 18. 5. 2004, Az: 10 S 2796/03 der Vorzug einzuräumen. Den Regelungen des Straßenverkehrsgesetzes kann entnommen werden, dass sich der Gesetzgeber beim Erlass der Möglichkeiten der Entziehung der Fahrerlaubnis aufgrund von § 69 StGB und durch einen anfechtbaren Verwaltungsakt der Fahrerlaubnisbehörde bewusst war. Wenn in der aufgrund von § 6 Abs. 1 StVG erlassenen Fahrerlaubnis-Verordnung der Begriff der Entziehung der Fahrerlaubnis verwendet wird, so ist davon auszugehen, dass damit beide Wege der Entziehung der Fahrerlaubnis gemeint sind. Die Beschränkung des Begriffs der Entziehung der Fahrerlaubnis auf die Feststellung der Fahrungeeignetheit in einem verwaltungsgerichtlichen Verfahren widerspräche der Vorrangstellung, die der Gesetzgeber (vgl. § 3 Abs. 3 StVG) der im Rahmen eines Strafverfahrens erfolgenden Entscheidung über die Entziehung der Fahrerlaubnis beimisst.*

Zu Abs 2 Nr 3: *Die wiederholte Zuwiderhandlung im Straßenverkehr unter Alkoholeinfluss ist in* 6–9
§ 13 Satz 1 Nr. 2 Buchstabe b eindeutig geregelt. Die vorliegende Änderung ist erforderlich, um auch die Fälle einer wiederholten Verkehrszuwiderhandlung unter Einfluss berauschender Mittel zu regeln. Auch der Fallkonstellation, dass neben einer Ordnungswidrigkeit nach § 24a Abs. 1 StVG (Alkohol) eine weitere Verkehrszuwiderhandlung unter Einfluss berauschender Mittel (§ 24a Abs. 2 StVG) begangen wurde, wird hier Rechnung getragen. Eine gebundene Entscheidung ist deshalb gerechtfertigt, da in allen Fällen zwischen Konsum von Drogen und/oder Alkohol nicht getrennt werden konnte.

1. Anwendungsbereich. § 14 ist in Bezug auf Betäubungs- und Arzneimittel gegenüber 10
§ 11 speziell, soweit die Voraussetzungen für die Anordnung eines medizinischen oder eines medizinisch-psychologischen Gutachtens geregelt werden (VGH Ma **NZV 02** 294, **NZV 05** 215, *Driehaus* DAR **06** 7, Begr VkBl **98** 1071, Rz 1). Für die Durchführung der Untersuchung, die Anforderungen an das Gutachten, die Rechtsbeziehungen zwischen dem Betroffenen, der FEB und dem Gutachter und die Folgen der Nichtbeibringung des Gutachtens gelten die gleichen Grundsätze wie im Rahmen des § 11 (s dort). Zur Anfechtbarkeit der Anordnung der Gutachtenbeibringung durch die FEB s § 11 Rz 26.

2. Die Beibringung eines **ärztlichen Gutachtens** (§ 11 II 3) **ist** von der FEB **anzuordnen** 11
in den Fällen des **Abs 1 S 1 Nr 1–3**. Voraussetzung ist das Vorliegen von Tatsachen, die die Annahme begründen, es sei einer der folgenden Sachverhalte gegeben: **a)** Abhängigkeit von Betäubungsmitteln nach dem BtMG oder anderen psychotropen Stoffen, **b)** Einnahme von Betäubungsmitteln nach dem BtMG, **c)** missbräuchliche Einnahme von psychoaktiv wirkenden Arzneimitteln oder anderen psychoaktiv wirkenden Stoffen. In diesen Fällen ist die Anordnung zwingend, steht also nicht im Ermessen der FEB (VGH Ma **NZV 02** 294). Im Hinblick auf den Grundsatz der Verhältnismäßigkeit müssen **hinreichend konkrete Verdachtsmomente** bekannt sein, die einen Eignungsmangel als naheliegend erscheinen lassen (BVerfG **NJW 02** 2378 zu § 15b StVZO alt, OVG Münster **NZV 02** 427, VGH Ma DAR **04** 49, VGH Mü Beschl v 22. 1. 08 11 CS 07.2766 juris, *Berr/Krause/Sachs* Rz 738, *Zwerger* DAR **05** 431, 435). Ein bloßer Verdacht genügt nicht. Ein Gutachten ist nur anzuordnen, wenn Zweifel bestehen, ob einer der Sachverhalte nach Abs 1 S 1 Nr 1–3 gegeben ist. Ist dagegen das Vorliegen einer der Sachverhalte des Abs 1 S 1 Nr 1–3 erwiesen, ist für eine Anwendung von § 14 I 1 kein Raum; die Nichteignung steht dann (außer bei gelegentlichem Cannabiskonsum) ohne Gutachtenanforderung fest (§ 11 VII). Bei Anordnung eines ärztlichen Gutachtens bestimmt die FEB, von welcher Art Arzt das Gutachten erstellt werden soll (Abs 1 S 1 iVm § 11 II 3). In den Fällen von Abs 1 S 1 Nr 2 und 3 ist ein Psychiater oder Neurologe idR kein geeigneter Gutachter (VG Berlin **NJW 00** 2440).

2a. Das ärztliche Gutachten nach **Abs 1 S 1 Nr 1** dient der Klärung, ob **Abhängigkeit** von 12
Betäubungsmitteln oder von anderen psychoaktiv wirkenden Stoffen vorliegt. Ungeeignetheit

3 FeV § 14   II. Führen von Kraftfahrzeugen

wegen Drogenabhängigkeit kann ausnahmsweise ohne Gutachten nach Abs 1 S 1 Nr 1 feststehen (§ 11 VII), wenn hinreichend aussagekräftige Feststellungen – etwa in einem Strafurteil – vorliegen (*Zwerger* DAR **05** 431, 432f).

13 **2 b.** Das ärztliche Gutachten nach **Abs 1 S 1 Nr 2** soll klären, ob **Einnahme von Betäubungsmitteln** iSd BtMG vorliegt. Es ist anzuordnen, wenn Anhaltspunkte für Drogenkonsum vorliegen, ein Nachweis aber noch aussteht, oder wenn bei Cannabiskonsum das Konsummuster (einmalig, gelegentlich, regelmäßig) zu klären ist. Nach Abs 1 S 1 Nr 2 genügt schon die einmalige Einnahme eines Betäubungsmittels (VGH Ma NZV **02** 294 – im Hinblick auf Cannabis allerdings überholt, OVG Fra/O BA **06** 60, *Krause* SVR **07** 287, aM – wenn kein Bezug zum KfzFühren besteht – *Gehrmann* NZV **02** 201, 208f, *Bode/Winkler* § 7 Rz 80, *Bode* DAR **03** 15, 17f – auch zB bei Kokainkonsum). Die insoweit unterschiedliche rechtliche Behandlung von Alkohol- und Drogenkonsum (§ 13 FeV) ist im Grundsatz nicht verfassungswidrig, verstößt insbesondere nicht gegen den Gleichheitsgrundsatz (VG Hb NJW **02** 2730). Drogeneinnahme im Zusammenhang mit dem FzFühren im StrV oder trotz rauschmittelbedingter Fahrunsicherheit ist – soweit es sich nicht um nur gelegentliche Einnahme von Cannabis handelt – gem Abs 1 S 1 nicht Voraussetzung für die Gutachtenanforderung. Anhaltspunkte für Drogenkonsum und damit Anlass für die Anordnung eines Gutachtens nach Abs 1 S 1 Nr 2 liefert nicht schon ein positiver Hauttest/Drogenvortest, weil dieser nur den Verdacht des Kontakts mit Betäubungsmitteln, nicht den Verdacht der Einnahme begründet (OVG Weimar DAR **04** 547, *Bode/Winkler* § 7 Rz 45).

14 Nach dem Wortlaut von Abs 1 S 1 Nr 2 würde schon die gelegentliche oder gar einmalige Einnahme von **Cannabis** zur Gutachtenanforderung zwingen. Selbst der nur ein- oder zweimalige Zug aus einem Haschischjoint ohne Zusammenhang mit VTeilnahme fiele darunter; denn dies nicht als „Einnahme" anzusehen, wäre mit dem insoweit klaren und daher nicht auslegungsfähigen Wortlaut der Vorschrift unvereinbar (ebenso OVG Weimar VRS **103** 391 zur gleichen Formulierung in Nr 9.1 Anl 4, abw *Gehrmann* NZV **02** 201, 208). Jedoch verstieße eine Überprüfung der Fahreignung allein auf Grund der Tatsache einmaligen oder nur gelegentlichen Cannabiskonsums nach BVerfG NJW **02** 2378, NJW **02** 2381 (Anm *Gehrmann* NZV **02** 529, *Bode* BA **02** 371) gegen das Übermaßverbot, weil daraus kein hinreichender Gefahrenverdacht hergeleitet werden kann, der einen Eignungsmangel als nahe liegend erscheinen lässt (OVG Weimar DAR **03** 91, DAR **04** 547, *Schneider* VGT **02** 122, 132, *Geiger* BayVBl **01** 586, 588, NZV **03** 272, 273, SVR **06** 401, 404f, *Haase* ZfS **07** 2, *Krause* SVR **07** 287, 290f; verfassungsrechtliche Bedenken insoweit auch schon bei VG Berlin NJW **00** 2440, *Kreuzer* NZV **99** 353, 357). Unter Zugrundelegung dieses Maßstabs setzt eine **verfassungskonforme Anwendung** von Abs 1 S 1 Nr 2 **bei Cannabiskonsum** somit Anhaltspunkte für gelegentlichen Konsum und für die Annahme eines der in Nr 9.2.2 Anl 4 genannten zusätzlichen Elemente, zB der Betroffene werde Cannabisgebrauch und Fahren nicht trennen können, voraus (BVerfG NJW **02** 2378, NJW **02** 2381, VGH Ma DAR **04** 49, DAR **04** 113) oder Anhaltspunkte für regelmäßigen Konsum (VGH Ma DAR **04** 49, DAR **04** 113, OVG Hb NJW **04** 2399). Detaillierter Beleg für das Vorliegen dieser Voraussetzungen ist nicht erforderlich (dann wäre bereits Ungeeignetheit nachgewiesen). Die Gutachtenanforderung ist vielmehr bei Vorliegen von Anhaltspunkten gerechtfertigt, die bei vernünftiger, lebensnaher Einschätzung die ernsthafte Besorgnis begründen, dass die genannten Merkmale vorliegen (VGH Ma NJW **03** 3004, OVG Schl NordÖR **08** 81). Auch wenn nur einmaliger Cannabis-Konsum feststeht, darf Gutachten nach Abs 1 S 1 Nr 2 zur Klärung der Frage angefordert werden, wie oft Cannabis eingenommen wurde, sofern weitere, Eignungszweifel begründende Tatsachen vorliegen (VGH Mü DAR **06** 349). Soweit Cannabiskonsum eine ärztliche Begutachtung rechtfertigt, ist diese nicht auf ein bloßes Drogenscreening beschränkt, weil das Messergebnis keine ausreichende Aussage über das Konsumverhalten (gelegentlich/regelmäßig) enthält (VGH Ma NZV **02** 294).

15 Der bloße **Besitz** von in Abs 1 S 1 Nr 2 genannten Betäubungsmitteln rechtfertigt noch nicht die nach Abs 1 S 1 Nr 2 erforderliche Annahme der Einnahme (OVG Münster NZV **02** 427, OVG Hb VRS **105** 470, VGH Ma DAR **04** 113, *Berr/Krause/Sachs* Rz 787ff, aM OVG Ko DAR **99** 518). Zum Besitz s Abs 1 S 2 (Rz 17).

16 **2 c.** Das ärztliche Gutachten nach **Abs 1 S 1 Nr 3** dient der Klärung, ob **missbräuchliche Einnahme** von psychoaktiv wirkenden **Arzneimitteln** oder anderen psychoaktiv wirkenden Stoffen vorliegt, ohne dass Abhängigkeit zu konstatieren ist. Nr 9.4 Anl 4 definiert missbräuchliche Einnahme als regelmäßig übermäßigen Gebrauch (krit dazu *Ludovisy* VGT **99** 110, 118f).

Betäubungsmittel und Arzneimittel   § 14 FeV 3

3. Nach **Abs 1 S 2 kann** die FEB die Beibringung eines **ärztlichen Gutachtens anordnen** 17
bei **widerrechtlichem Besitz von Betäubungsmitteln**, die dem BtMG unterliegen. Der
(widerrechtliche) Besitz von Betäubungsmitteln muss feststehen; hinreichend konkrete Verdachtsmomente für Besitz genügen nicht (OVG Münster NZV **02** 427, VGH Mü Beschl v
22. 1. 08 11 CS 07.2766 juris). Darüber hinausgehende Anhaltspunkte für Einnahme sind nicht
erforderlich (OVG Münster NZV **02** 427). Zweck der Gutachtenanordnung ist die Klärung, ob
Drogen konsumiert werden. Drogenbesitz kann ein Indiz für Eigenverbrauch sein (OVG Münster NZV **02** 427, VG Mü VRS **103** 315, 319, *Gehrmann* NZV **02** 201, 204). Die FEB entscheidet nach pflichtgemäßem Ermessen, kann also auf die Anordnung eines ärztlichen Gutachtens
auch verzichten, zB wenn ausgeschlossen werden kann, dass der Betroffene selbst Konsument ist
(„nur" Dealer). Die Bestimmung ist verfassungsrechtlich unbedenklich (OVG Münster NZV **02**
427, aM *Bode/Winkler* § 7 Rz 87 ff, *Bode* BA **02** 72, 81, DAR **03** 15, 18, *Hillmann* ZfS **04** 49,
54). Im Falle des **Besitzes von Cannabis** müssen zusätzliche konkrete Anhaltspunkte dafür
vorliegen, dass ständig fahreignungsrelevante körperlich-geistige Fahreignungsdefizite vorhanden
sind oder Konsum von Cannabis und Teilnahme am StrV nicht getrennt werden können. So
kann etwa die Aufforderung, eine ärztliche Untersuchung durchführen zu lassen, schon bei Besitz einer geringen Menge eines Cannabisproduktes gerechtfertigt sein, die für Eigenverbrauch
spricht, vorausgesetzt, dass weitere Umstände eine Klärung geboten erscheinen lassen, ob regelmäßiger Konsum vorliegt (BVerwG NZV **00** 345, OVG Münster NZV **02** 427). Ohne das Hinzutreten solcher weiteren Umstände verstieße die Maßnahme in derartigen Fällen gegen den
grundrechtlichen Schutz der allgemeinen Handlungsfreiheit und gegen das Übermaßverbot
(BVerfG BA **04** 251, OVG Bra BA **04** 349 jeweils zu § 15 b StVZO alt, OVG Hb VRS **105** 470, VG Bra
BA **04** 297, *Haase* ZfS **07** 2). Wenn der Betroffene unstreitig Cannabis konsumiert und andere
Umstände (hier: 15 Cannabispflanzen in der Wohnung) für regelmäßigen Konsum sprechen, ist
Aufforderung zur Beibringung eines ärztlichen Gutachtens nach Abs 1 S 2 gerechtfertigt (VG
Ka BA **06** 253).

4. Die Beibringung eines **medizinisch-psychologischen Gutachtens** (§ 11 III) kann gem 18
Abs 1 S 3 angeordnet werden, wenn **gelegentliche Einnahme** (zum Begriff § 2 StVG
Rz 17 e) **von Cannabis** feststeht und wenn weitere Tatsachen Eignungszweifel begründen (s
BVerfG NJW **02** 2378), etwa bei Cannabiskonsum im Zusammenhang mit dem Führen von Fz
(OVG Hb VRS **109** 214, NJW **06** 1367, OVG Saarlouis ZfS **01** 188, näher § 2 StVG Rz 17 g),
bei hinzutretenden Persönlichkeitsstörungen oder zusätzlichem Gebrauch anderer Drogen oder
von Alkoholkonsum (OVG Br NJW **00** 2438), oder bei jugendlichem Alter des Betroffenen
(OVG Lüneburg DAR **03** 45, *Zwerger* DAR **05** 431, 436). Es muss sich um solche Tatsachen
handeln, die für die Eignungsbeurteilung im Hinblick auf den Cannabiskonsum bedeutsam sind
(VG Augsburg DAR **04** 287). Das sind vor allem solche iS von Nr 9.2.2 Anl 4 (VG Augsburg
DAR **04** 287), aber nicht ausschließlich (VGH Mü BA **04** 97, OVG Lüneburg BA **04** 563, VG
Augsburg BA **07** 397, *Zwerger* DAR **05** 431, 436). – Der jetzige Satz 3 war bis zum 30. 10. 08
Satz 4 und wurde durch Streichung des früheren S 3 durch ÄndVO v 18. 7. 08 (BGBl I 1338)
zum heutigen S 3.

Abs 1 S 3 findet nur Anwendung, **wenn gelegentliche Einnahme** (zum Begriff § 2 StVG 19
Rz 17 e) von Cannabis **feststeht**. Wenn gelegentliche Einnahme von Cannabis nicht feststeht,
sondern das Konsummuster erst geklärt werden muss, ist Abs 1 S 3 nicht anwendbar, selbst
wenn die weiteren tatbestandlichen Voraussetzungen dieser Norm (weitere Tatsachen begründen Zweifel an der Fahreignung) vorliegen (OVG Fra/O BA **06** 161). In diesem Fall ist zunächst ein ärztliches Gutachten nach Abs 1 S 1 Nr 2 einzuholen (VGH Mü DAR **06** 349). Dies
gilt auch, wenn zu klären ist, ob der Betroffene Cannabis einmalig genommen hat oder gelegentlich einnimmt, also etwa in Fällen, in denen einmal unter Cannabiseinfluss ein Kfz geführt
worden ist (OVG Fra/O BA **06** 161, VGH Mü DAR **06** 349, *Berr/Krause* Himmelreich-F 91,
98). Die Anordnung der Beibringung eines medizinisch-psychologischen Gutachtens zur
Klärung der Frage gelegentlichen oder regelmäßigen Cannabiskonsums ist unzulässig (OVG
Br NJW **00** 2438, OVG Saarlouis ZfS **01** 188, VG Ol BA **04** 188). Wenn gelegentliche Einnahme von Cannabis zwar feststeht, aber **keine weiteren Tatsachen** Zweifel an der Eignung
begründen, findet Abs 1 S 3 keine Anwendung. In diesem Fall kann auch kein medizinischpsychologisches Gutachten nach Abs 2 Nr 2 angeordnet werden, da diese Norm früheren,
die Fahreignung ausschließenden Cannabiskonsum voraussetzt (OVG Br NJW **00** 2438, OVG
Saarlouis ZfS **01** 188, VG Augsburg NZV **02** 291, *Bouska/Laeverenz* § 14 Anm 7 b, *Geiger*
BayVBl **01** 586, 589), während Abs 1 S 3 zur Anwendung kommt, wenn erst noch zu klären ist,

Dauer   1023

3 FeV § 14   II. Führen von Kraftfahrzeugen

ob erwiesener gelegentlicher Cannabiskonsum die Fahreignung ausschließt. Steht gelegentliche Einnahme von Cannabis und das Vorliegen eines der in Nr 9.2.2 Anl 4 beschriebenen eignungsausschließenden Verhaltens- bzw Persönlichkeitsmerkmale fest, EdF ohne weitere Aufklärung durch medizinisch-psychologische Untersuchung, da Ungeeignetheit erwiesen ist (VGH Ma DAR **03** 236, NZV **05** 214, OVG Lüneburg DAR **03** 480, VGH Mü Beschl v 3. 2. 04 11 CS 04.157 juris, OVG Fra/O BA **06** 161, OVG Greifswald Beschl v 19. 12. 06 1 M 142/06 juris). Sofern Zweifel zu klären sind, ob zugunsten des Betroffenen ein Abweichen vom Regelfall der Ungeeignetheit nach Nr 9.2.2 Anl 4 in Betracht kommt, medizinisch-psychologische Untersuchung nach Nr 3 S 3 der Vorbemerkung zu Anl 4, nicht nach Abs 1 S 3. Steht regelmäßige Einnahme von Cannabis fest, keine Anwendung von Abs 1 S 3; in diesem Fall ist medizinisch-psychologisches Gutachten entbehrlich, da die mangelnde Fahreignung bereits ohne Hinzutreten weiterer Umstände feststeht (Nr 9.2.1 Anl 4, OVG Hb VRS **109** 214, 217). Abs 1 S 3 findet somit nur Anwendung, wenn gelegentliche Einnahme von Cannabis feststeht und Eignungs*zweifel* zu klären sind.

20 Bei Abs 1 S 3 handelt es sich entgegen dem Wortlaut (*kann* angeordnet werden) **nicht** um eine **Ermessensvorschrift**. Bei feststehendem gelegentlichen Cannabiskonsum und dem Vorliegen weiter Umstände, die Zweifel an der Eignung begründen, ist zur Klärung eine medizinisch-psychologische Begutachtung erforderlich (Begr VkBl **98** 1071, Rz 2), so dass die **FEB** bei Vorliegen dieser Voraussetzungen **tätig werden muss** (OVG Lüneburg DAR **03** 45, aA OVG Saarlouis ZfS **01** 188).

21 5. Die Beibringung eines **medizinisch-psychologischen Gutachtens** (§ 11 III) **ist** gem **Abs 2 anzuordnen**, wenn die FE wegen Drogenabhängigkeit, Einnahme von Betäubungsmitteln oder Arzneimittelmissbrauchs entzogen war (Nr 1), wenn zu klären ist, ob Abhängigkeit oder Einnahme iSv Abs 1 nicht mehr gegeben ist (Nr 2), oder wenn wiederholt Zuwiderhandlungen gem § 24a StVG begangen wurden (Nr 3). Die FEB ist in diesen Fällen zur Gutachtenanforderung verpflichtet (BVerwG NJW **05** 3081), sofern die Nichteignung nicht bereits feststeht (§ 11 VII). Abs 2 Nr 1 und 2 setzen voraus, dass Ungeeignetheit jedenfalls zu einem früheren Zeitpunkt vorgelegen hat (OVG Br NJW **00** 2438, VG Augsburg DAR **04** 287, *Geiger* DAR **03** 494, 495). Weil außer den ärztlichen Fragen für eine positive Beurteilung auch entscheidend ist, ob ein stabiler Einstellungswandel eingetreten ist, ist statt eines ärztlichen Gutachtens ein medizinisch-psychologisches Gutachten beizubringen (BVerwG NJW **05** 3440, 3443, VGH Mü VRS **109** 64, 69, VGH Ma NZV **05** 215, ZfS **07** 536, OVG Hb BA **04** 95, *Berr/Krause/Sachs* Rz 1310).

22 5 a. EdF iS von **Abs 2 Nr 1** ist sowohl die verwaltungsbehördliche als auch die strafgerichtliche Entziehung (BVerwG NJW **05** 3440, VGH Ma NZV **05** 215), wie jetzt auch durch den mit ÄndVO v 18. 7. 08 (BGBl I 1338) ergänzten Wortlaut klargestellt ist (s Begr Rz 5). Wie lange die EdF zurückliegt, ist für die Anwendung von Abs 2 Nr 1 unerheblich (VGH Ma NZV **05** 215), so lange die Tat, wegen der die FE entzogen worden ist, noch nicht einem Verwertungsverbot unterliegt (BVerwG NJW **05** 3440). Zum Verwertungsverbot bei Tilgungsreife, s § 29 StVG Rz 14.

23 5 b. Abs 2 Nr 2 setzt voraus, dass nachweislich in der Vergangenheit Drogenkonsum vorlag (BVerwG NJW **05** 3081, *Driehaus* DAR **06** 7, 8). Die Voraussetzungen von Abs 2 Nr 2 sind nur erfüllt, wenn der frühere Drogenkonsum im Hinblick auf die seither **verstrichene Zeit** noch zu Zweifeln an der Kraftfahreignung berechtigt; schematische zeitliche Begrenzungen sind aber nicht möglich, besondere Bedeutung kommt der Art und dem Ausmaß des früheren Konsums zu (BVerwG NJW **05** 3081, VG Augsburg BA **07** 397). Es muss eine hinreichende Wahrscheinlichkeit bestehen, dass der Betroffene noch Drogen einnimmt oder jedenfalls rückfallgefährdet ist und sich dies auf sein Verhalten im StrV auswirken kann (VGH Ma ZfS **07** 536, OVG Ko Beschl v 3. 6. 08 10 B 10356/08 juris). Liegt aktuell nachgewiesener Drogenkonsum vor, ist die nach Abs 2 Nr 2 zu klärende Frage, ob der Betroffene weiterhin Drogen einnimmt, bereits beantwortet, so dass Abs 2 Nr 2 nicht mehr zur Anwendung kommt (VGH Ma NZV **02** 296). Im Hinblick auf die Rspr des BVerfG (NJW **93** 2365, NJW **02** 2378, NJW **02** 2381) ist bei **Cannabiskonsum** ein Gutachten nach Abs 2 Nr 2 nur anzuordnen, wenn der Betroffene Cannabis in einer Weise konsumiert hat, die zur Nichteignung führte, nicht also bei einmaligem Konsum oder bei gelegentlichem Konsum ohne Vorliegen von „weiteren Tatsachen" iSv Abs 1 S 3.

24 Abs 2 Nr 2 kommt **nicht nur** in Fällen eines Antrags auf **Wiedererteilung der FE** zur Anwendung, sondern auch im Rahmen einer Eignungsüberprüfung nach § 46 III, wenn ein in der

Fahrerlaubnisprüfung §15 FeV **3**

Vergangenheit liegender erwiesener Konsum von Betäubungsmitteln nicht zur EdF geführt hat, etwa weil er der FEB nicht bekannt geworden ist (Beispiel: VG Lüneburg DAR **05** 54).

5 c. Nach **Abs 2 Nr 3** (eingeführt durch ÄndVO v 18. 7. 08, BGBl I 1338 mit Wirkung ab 25 30. 10. 08) ist ein medizinisch-psychologisches Gutachten bei wiederholten Zuwiderhandlungen im StrV nach § 24a StVG anzuordnen. Diese Vorschrift kommt zur Anwendung, wenn mindestens zwei Verstöße gegen § 24a II StVG (Drogen) oder ein Verstoß gegen § 24a I (Alkohol) und ein Verstoß gegen § 24a II StVG (Drogen) vorliegen. Nach wiederholten Zuwiderhandlungen im StrV unter Alkoholeinfluss ist gem der spezielleren Vorschrift § 13 S 1 Nr 2b, die unberührt bleibt (Abs 2 Nr 3 S 2), ein medizinisch-psychologisches Gutachten anzuordnen. Abs 2 Nr 3 gilt also nicht für wiederholte Verstöße gegen § 24a I StVG. Abs 2 Nr 3 ist ohne ersichtlichen Grund enger gefasst als die Parallelvorschrift § 13 S 1 Nr 2b, die nicht nur bei wiederholten Verstößen gegen § 24a StVG eingreift, sondern auch bei Straftaten im StrV unter Alkoholeinfluss.

6. Nach **Nr 3 S 3 der Vorbemerkung zu Anl 4 kann** die FEB ein **medizinisch-psy-** 26 **chologischen Gutachten** (§ 11 III) anordnen, wenn Zweifel zugunsten des Betroffenen zu klären sind, ob eine **Abweichung vom Regelfall der Ungeeignetheit** bei Einnahme von Betäubungsmitteln außer Cannabis (Nr 9.1 Anl 4), bei regelmäßigem Konsum von Cannabis (Nr 9.2.1 Anl 4), oder bei gelegentlichem Konsum von Cannabis bei Vorliegen eines der in Nr 9.2.2 Anl 4 beschriebenen eignungsausschließenden Verhaltens- bzw Persönlichkeitsmerkmale in Betracht kommt.

Lit: *Bode,* Anlaß zur Begutachtung bei Umgang mit Betäubungsmitteln, BA **02** 72. *Derselbe,* Zur Verfas- 27 sungswidrigkeit des § 14 FeV, DAR **03** 15. *Driehaus,* Die Anordnung eines medizinisch-psychologischen Gutachtens bei der EdF wegen Drogenauffälligkeit, DAR **06** 7. *Gehrmann,* Die Eignungsbeurteilung von Drogen konsumierenden Kf nach neuem FERecht, NZV **02** 201. *Geiger,* FE und Drogenkonsum ..., NZV **03** 272. *Haase,* Verfassungskonforme Anwendung der FeV im Falle von Konsum oder Besitz von Cannabis mit oder ohne Bezug zum StrV, ZfS **07** 2. *Hillmann,* Rechtliche und rechtspolitische Probleme des verwaltungsrechtlichen FERechts ..., ZfS **04** 49. *Krause,* Die Anordnung eines ärztlichen Gutachtens gem. § 14 Abs 1 S 1 Nr 2 FeV, SVR **07** 287. *Schneider,* Drogen im StrV, VGT **02** 122. S auch § 11 Rz 21.

Fahrerlaubnisprüfung

15 ¹Der Bewerber um eine Fahrerlaubnis hat seine Befähigung in einer theoretischen und einer praktischen Prüfung nachzuweisen. ²Beim Erwerb einer Fahrerlaubnis der Klasse L bedarf es nur einer theoretischen, bei der Erweiterung einer leistungsbeschränkten Fahrerlaubnis der Klasse A auf eine unbeschränkte Klasse A vor Ablauf der zweijährigen Frist nach § 6 Abs. 2 Satz 1, der Klasse B auf die Klasse BE, der Klasse C1 auf die Klasse C1E, der Klasse D auf die Klasse DE und der Klasse D1 auf die Klasse D1E jeweils nur einer praktischen Prüfung. ³Die Prüfungen werden von einem amtlich anerkannten Sachverständigen oder Prüfer für den Kraftfahrzeugverkehr abgenommen.

Begr (VkBl **98** 1072): *Nach § 15 hat der Bewerber seine Befähigung grundsätzlich in einer theoreti-* 1 *schen und praktischen Prüfung nachzuweisen. Eine Ausnahme besteht bei der Klasse L, bei der wie bisher bei der entsprechenden Klasse 5 weiterhin nur eine theoretische Prüfung erforderlich ist. Bei einer Erweiterung der Klassen B, C1, D und D1 auf die entsprechende Anhängerklasse ist jeweils nur eine praktische Prüfung vorgeschrieben, da der theoretische Prüfungsstoff wegen der in der „Soloklasse" enthaltenen Berechtigung zum Mitführen leichter Anhänger bis zu 750 kg zulässiger Gesamtmasse schon bei der „Soloklasse" geprüft wird. Der Prüfungsstoff für die Klasse A bei stufenweisem und bei direktem Zugang unterscheiden sich lediglich durch das schwerere Prüfungsfahrzeug. Auch hier genügt deshalb die praktische Prüfung, wenn der Inhaber eines Stufenführerscheins die zweijährige Frist, in denen er nur leistungsbeschränkte Krafträder führen darf, abkürzen will. Die Abkürzung setzt voraus, dass der Bewerber das Mindestalter von 25 Jahren nach § 10 erreicht hat.*

1. Einer **theoretischen und praktischen** Prüfung muss sich der FEBewerber grundsätzlich 2 unterziehen. Durchführung der Prüfung nach Anl 7 (§ 69 II) und nach der Prüfungsrichtlinie VkBl **04** 130, 381, 613 = StVRL § 15 FeV Nr 1. Die Durchführung der FEPrüfungen obliegt den amtlich anerkannten Sachverständigen oder Prüfern für den Kraftfahrzeugverkehr (S 3) bei den Technischen Prüfstellen nach §§ 10–14 KfSachvG und bei Behörden gem § 16 KfSachvG (§ 69 I). Die Träger der Technischen Prüfstellen müssen von der BASt akkreditiert sein (§ 72).

3 FeV § 16   II. Führen von Kraftfahrzeugen

3   **2. Nur einer theoretischen** Prüfung bedarf es bei Erwerb der FEKl L (land- und forstwirtschaftliche Zgm bis 32 km/h, Arbeitsmaschinen bis 25 km/h, s § 6 Rz 21).

4   **3. Nur einer praktischen** Prüfung muss sich unterziehen, wer vor Ablauf der Zweijahresfrist des § 6 II S 1 die Erweiterung der als „StufenFS" erteilten leistungsbeschränkten FEKl A auf leistungsunbeschränkte Kräder beantragt (s § 6 Rz 13), ferner wer Erweiterung von Kl B auf BE, von Kl C1 auf C1E, von Kl D auf DE oder von Kl D1 auf D1E beantragt, also die Berechtigung zum Mitführen von Anhängern mit mehr als 750 kg Gesamtmasse anstrebt (s § 6 Rz 18).

Theoretische Prüfung

16 (1) **In der theoretischen Prüfung hat der Bewerber nachzuweisen, daß er**
1. ausreichende Kenntnisse der für das Führen von Kraftfahrzeugen maßgebenden gesetzlichen Vorschriften sowie der umweltbewußten und energiesparenden Fahrweise hat und
2. mit den Gefahren des Straßenverkehrs und den zu ihrer Abwehr erforderlichen Verhaltensweisen vertraut ist.

(2) ¹Die Prüfung erfolgt anhand von Fragen, die in unterschiedlicher Form und mit Hilfe unterschiedlicher Medien gestellt werden können. ²Der Prüfungsstoff, die Form der Prüfung, der Umfang der Prüfung, die Zusammenstellung der Fragen und die Bewertung der Prüfung ergeben sich aus Anlage 7 Teil 1.

(3) ¹Der Sachverständige oder Prüfer bestimmt die Zeit und den Ort der theoretischen Prüfung. ²Sie darf frühestens drei Monate vor Erreichen des Mindestalters abgenommen werden. ³Der Sachverständige oder Prüfer hat sich vor der Prüfung durch Einsicht in den Personalausweis oder Reisepaß von der Identität des Bewerbers zu überzeugen. ⁴Bestehen Zweifel an der Identität, darf die Prüfung nicht durchgeführt werden. ⁵Der Fahrerlaubnisbehörde ist davon Mitteilung zu machen. ⁶Der Bewerber hat vor der Prüfung dem Sachverständigen oder Prüfer eine Ausbildungsbescheinigung nach dem aus Anlage 7.1 zur Fahrschüler-Ausbildungsordnung vom 18. August 1998 (BGBl. I S. 2307, 2335) ersichtlichen Muster zu übergeben. ⁷Der Abschluss der Ausbildung darf nicht länger als zwei Jahre zurückliegen. ⁸Der Sachverständige oder Prüfer hat die Bescheinigung darauf zu überprüfen, ob die in ihr enthaltenen Angaben zum Umfang der Ausbildung mindestens dem nach der Fahrschüler-Ausbildungsordnung vorgeschriebenen Umfang entsprechen. ⁹Ergibt sich dies nicht aus der Ausbildungsbescheinigung, darf die Prüfung nicht durchgeführt werden.

1   **Begr** (BRDrucks 443/98 S 220): ... *Künftig werden die Fragen auf den gesamten Bereich „Umweltschutz und Führen von Kraftfahrzeugen" erweitert und in den allgemeinen Prüfungsstoff einbezogen. Damit haben die Bewerber zwar zahlenmäßig weniger Fragen zu beantworten, die Fragen erhalten jedoch ein höheres Gewicht, da Fehler in diesem Bereich zum Nichtbestehen der gesamten theoretischen Prüfung führen können.*

Die Fragen in der theoretischen Prüfung waren bisher – abhängig von ihrer Bedeutung für die Verkehrssicherheit – mit zwei bis vier Punkten bewertet. Um eine differenziertere Einstufung vornehmen zu können, ist künftig eine Spanne von zwei bis fünf Punkten vorgesehen. Ein höherer Schwierigkeitsgrad der Prüfung ist damit nicht verbunden, da die Gesamtzahl der Punkte und die zulässige Fehlerpunktzahl entsprechend angehoben werden: Bei einer Gesamtpunktzahl von 96 Punkten waren bisher acht Fehlerpunkte zulässig, d. h. 91,7% der möglichen Punkte mussten erreicht sein. Bei einer künftigen Gesamtpunktzahl von 110 Punkten und neun zulässigen Fehlerpunkten ergibt sich künftig eine Quote von 91,8%.

2   **Zu Abs 1:** *Absatz 1 entspricht § 11 Abs. 3 Nr. 1 und 2 StVZO. Zur Einbeziehung der bisher selbstständigen Prüfung der Grundzüge energiesparender Fahrweise in die Theoretische Prüfung und die Erweiterung des Prüfungsstoffs auf den weitergehenden Bereich „Umwelt/Kraftfahrzeugverkehr" vgl. oben im Allgemeinen Teil der Begründung ...*

3   **Zu Abs 2:** *Die Detailregelungen für die Prüfung ergeben sich aus Anlage 7 Teil 1. Damit werden bisher nur in Richtlinien geregelte Bereiche in die Verordnung übernommen.*
Hervorzuheben ist folgendes:
Die Prüfung erfolgt grundsätzlich anhand von Fragebogen. Um die Erprobung neuer Formen zu ermöglichen, können die zuständigen obersten Landesbehörden auch den Einsatz anderer Medien, wie z. B. audio-visuelle Systeme, zulassen. Diese Systeme versprechen eine Optimierung der theoretischen Prüfung.

Theoretische Prüfung　　　　　　　　　　　　　　　　　　　　　§ 16 FeV **3**

So wären z. B. mehr Variationen bei der Zusammenstellung der Fragen möglich. Inhalt und Umfang der Prüfung sind unabhängig von dem eingesetzten Medium. Der Schwierigkeitsgrad der Prüfung ändert sich nicht, wenn sie nicht anhand von Fragebogen, sondern mit Hilfe anderer Medien durchgeführt wird.
...

Zu Abs 3: *Absatz 3* übernimmt Regelungen für die theoretische Prüfung aus § 11 Abs. 1 und Abs. 2 **4** StVZO. Absatz 3 weist dem Sachverständigen oder Prüfer wie bisher die Bestimmung von Zeit und Ort der theoretischen Prüfung zu. Bei der Organisation im Einzelnen unterliegt er der Weisung der Technischen Prüfstelle, der er angehört. Der Sachverständige oder Prüfer wird ausdrücklich verpflichtet, sich vor der Prüfung von der Identität des Bewerbers zu überzeugen, um Täuschungsversuche zu verhindern. Das Muster der Ausbildungsbescheinigung ist in der Fahrschüler-Ausbildungsordnung festgelegt. Aus dem Muster ergibt sich der Inhalt und wer sie zu unterschreiben hat, so dass es insoweit keiner weiteren Regelung mehr bedarf.

Begr zur ÄndVO v 18. 7. 08, BGBl I 1338 (BR-Drs 302/08 S 63): *Zu Abs 3 S 7:* Nach der **4a** derzeitigen Regelung wird auf das Ausstellungsdatum der Ausbildungsbescheinigung abgestellt. Dies beinhaltet jedoch die Gefahr eines Missbrauchs, indem eine Ausbildungsbescheinigung erneut ausgestellt wird, obwohl der Abschluss der Ausbildung bereits mehrere Jahre zurückliegt. Durch ein Abheben auf das Ausbildungsende kann dies ausgeschlossen werden.

1. Vorbereitung der Prüfung. Die vorherige Teilnahme am Fahrschulunterricht ist obliga- **5** torisch (s § 2 II Nr 4 StVG). Die Durchführung der theoretischen Prüfung hängt davon ab, dass die gem Abs 3 S 6 vorzulegende Ausbildungsbescheinigung eine Ausbildung im vorgeschriebenen Umfang bestätigt (Abs 3 S 9). Dadurch wird verhindert, dass sich erst nach Erteilung der FE herausstellt, dass die Ausbildungsbescheinigungen den Anforderungen nicht genügen. Die Ausbildungsbescheinigung muss dem Muster der Anl 7.1 zur FahrschAusbO entsprechen. Der Abschluss der Ausbildung darf nicht länger als 2 Jahre zurückliegen (Abs 3 S 7, Begr Rz 4a). Die Auswahl unter den Sachverständigen und Prüfern trifft die VB. Der Sachverständige oder Prüfer setzt Zeit und Ort der Prüfung in verkehrsüblicher Weise fest. Die theoretische Prüfung darf nicht früher als 3 Monate vor Erreichen des Mindestalters (§ 10) abgenommen werden (Abs 1 S 3 HS 2). Sie verliert nach 12 Monaten ihre Gültigkeit (§ 18 II 1, 2).

Vor Durchführung der Prüfung hat sich der Sachverständige oder Prüfer durch Einsicht in **5a** Reisepass oder Personalausweis **von der Identität des Bewerbers zu überzeugen** (Abs 3 S 3). Bestehen Zweifel an der Identität, darf die Prüfung nicht durchgeführt werden (Abs 3 S 4). Zweck dieser Identifizierung ist die Klärung, ob die Person zur Prüfung erscheint, die den Antrag auf Erteilung der FE gestellt hat; Zweck ist nicht eine Prüfung, ob der Bewerber über ein gültiges Ausweisdokument verfügt. Ist das bei der Antragstellung gem § 21 III 1 Nr 1 vorgelegte Dokument zwischenzeitlich abgelaufen, kann der Prüfer das abgelaufene Ausweisdokument oder ein entsprechendes neu ausgestelltes Dokument anerkennen, soweit eine zweifelsfreie Identifikation möglich ist. Dabei kommen nur die Ausweisdokumente in Betracht, die als Identitätsnachweis iSv § 21 III 1 Nr 1 zulässig sind (§ 21 Rz 12, VGH Mü Beschl v 26. 2. 02 11 CE 02.225 juris).

2. Gegenstand und Durchführung der Prüfung. In der theoretischen Prüfung hat der **6** Bewerber nachzuweisen, dass er mit den für den KfzF maßgebenden gesetzlichen Vorschriften (StVG, StVO, StVZO, FZV) und der umweltbewussten und energiesparenden Fahrweise praktisch vertraut ist, die typischen VGefahren kennt und abzuwenden weiß, und dass er die zur sicheren Führung im Verkehr erforderlichen technischen Kenntnisse besitzt (Abs 1). Der Prüfungsstoff ergibt sich aus Anl 7 (zu §§ 16 II und 17 II, III). Er bildet die Grundlage für den Fragenkatalog, der vom BMV im Einvernehmen mit den zuständigen obersten Landesbehörden im VkBl als Richtlinie bekannt gemacht wird (Anl 7 Nr 1.1): Fragenkatalog des BMV VkBl **04** 159, 382, 502, **05** 744, **06** 512, **07** 206, 579 = StVRL § 15 FeV Nr 2. Wer den in der **Prüfungsrichtlinie** (VkBl **04** 130, 381, 613 = StVRL § 15 FeV Nr 1) enthaltenen Stoff beherrscht, besitzt idR ausreichende theoretische Kenntnisse.

Die Bundesländer stellen die theoretische Prüfung seit 2008 von der bisherigen Prüfung mit **6a** Papier und Bleistift auf eine **Prüfung ausschließlich am Computer** (PC) um. Dies ist nach Anl 7 Nr 1.3 zulässig. Durch die Prüfung am PC sollen eine höhere Prüfungsgerechtigkeit, ein effizienterer Ablauf der Prüfung, die Reduzierung von Fehlerquellen, bessere Verständlichkeit der Fragestellungen und Nutzerfreundlichkeit erreicht werden (VkBl **08** 106). Für die Prüfung am PC wurde mit der 17. ÄndVO zur GebOSt v 22. 1. 08 (BGBl I 36, 38, Begr VkBl **08** 103, 106) eine eigenständige Gebühr (Geb-Nr 401.3, Prüfung am PC) eingeführt.

Dauer

6b Die theoretische Prüfung ist **grundsätzlich in deutscher Sprache** abzulegen (Anl 7 Nr 1.3). Die obersten Landesbehörden können fremdsprachige Medien zulassen (Anl 7 Nr 1.3). Die Prüfungsrichtlinie Nr 4.7 schlägt dafür 11 Fremdsprachen vor, woran die Obersten Landesbehörden aber nicht gebunden sind. Auf Kosten des Bewerbers kann ein Dolmetscher hinzugezogen werden (Anl 7 Nr 1.3), den die Technische Prüfstelle bestimmt (Prüfungsrichtlinie Nr 4.7). Dolmetscherprüfungen werden in einigen Bundesländern nicht mehr zugelassen. Zu Dolmetschern als Korruptionsphänomen *Urban/Matkey* DAR **07** 174.

7 **3. Bewertung** des Prüfungsergebnisses. Die Anzahl der Fragen, bezogen auf die verschiedenen FEKlassen, die Anzahl der Punkte und die zulässige Fehlerpunktzahl ergibt sich aus der Tabelle in Anl 7 Nr 1.2.2. Die Punktbewertung (2 bis 5 Punkte) richtet sich nach der Bedeutung der Frage für VSicherheit, Umweltschutz und Energieeinsparung. Wird die zulässige Fehlerpunktzahl überschritten, ist die theoretische Prüfung nicht bestanden. Sie ist dann in vollem Umfang zu wiederholen (Anl 7 Nr 1.2.3). Bei **Täuschungshandlungen** gilt die theoretische Prüfung als nicht bestanden (Anl 7 Nr 1.4); der nach § 2 II 1 Nr 5 StVG zu erbringende Befähigungsnachweis kann damit nicht erbracht werden.

8 **4. Verfahren nach der Prüfung:** § 22 IV. Beobachtung von Tatsachen durch den Prüfer, die Eignungszweifel begründen: § 18 III. Nichtbestehen der Prüfung: § 18 I.

9 **5. Ausnahmen:** § 74.

Praktische Prüfung

17 (1) ¹In der praktischen Prüfung hat der Bewerber nachzuweisen, daß er über die zur sicheren Führung eines Kraftfahrzeugs, gegebenenfalls mit Anhänger, im Verkehr erforderlichen technischen Kenntnisse und über ausreichende Kenntnisse einer umweltbewußten und energiesparenden Fahrweise verfügt sowie zu ihrer praktischen Anwendung fähig ist. ²Bewerber um eine Fahrerlaubnis der Klassen D, D1, DE oder D1E müssen darüber hinaus ausreichende Fahrfertigkeiten nachweisen. ³Der Bewerber hat ein der Anlage 7 entsprechendes Prüfungsfahrzeug für die Klasse bereitzustellen, für die er seine Befähigung nachweisen will. ⁴Die praktische Prüfung darf erst nach Bestehen der theoretischen Prüfung und frühestens einen Monat vor Erreichen des Mindestalters abgenommen werden.

(2) Der Prüfungsstoff, die Prüfungsfahrzeuge, die Prüfungsdauer, die Durchführung der Prüfung und ihre Bewertung richten sich nach Anlage 7 Teil 2.

(3) ¹Der Bewerber hat die praktische Prüfung am Ort seiner Hauptwohnung oder am Ort seiner schulischen oder beruflichen Ausbildung, seines Studiums oder seiner Arbeitsstelle abzulegen. ²Sind diese Orte nicht Prüforte, ist die Prüfung nach Bestimmung durch die Fahrerlaubnisbehörde an einem nahegelegenen Prüfort abzulegen. ³Die Fahrerlaubnisbehörde kann auch zulassen, daß der Bewerber die Prüfung an einem anderen Prüfort ablegt.

(4) ¹Die Prüfung findet grundsätzlich innerhalb und außerhalb geschlossener Ortschaften statt. ²Das Nähere regelt Anlage 7. ³Der innerörtliche Teil der praktischen Prüfung ist in geschlossenen Ortschaften (Zeichen 310 der Straßenverkehrs-Ordnung) durchzuführen, die auf Grund des Straßennetzes, der vorhandenen Verkehrszeichen und -einrichtungen sowie der Verkehrsdichte und -struktur die Prüfung der wesentlichen Verkehrsvorgänge ermöglichen (Prüfort). ⁴Die Prüforte werden von der zuständigen obersten Landesbehörde, der von ihr bestimmten oder der nach Landesrecht zuständigen Stelle festgelegt. ⁵Der außerörtliche Teil der praktischen Prüfung ist außerhalb geschlossener Ortschaften in der Umgebung des Prüfortes möglichst unter Einschluß von Autobahnen durchzuführen und muß die Prüfung aller wesentlichen Verkehrsvorgänge auch bei höheren Geschwindigkeiten ermöglichen.

(5) ¹Der Sachverständige oder Prüfer bestimmt die Zeit, den Ausgangspunkt und den Verlauf der praktischen Prüfung im Prüfort und seiner Umgebung. ²Der Sachverständige oder Prüfer hat sich vor der Prüfung durch Einsicht in den Personalausweis oder Reisepaß von der Identität des Bewerbers zu überzeugen. ³Bestehen Zweifel an der Identität, darf die Prüfung nicht durchgeführt werden. ⁴Der Fahrerlaubnisbehörde ist davon Mitteilung zu machen. ⁵Der Bewerber hat vor der Prüfung dem Sachverständigen oder Prüfer eine Ausbildungsbescheinigung nach dem aus Anlage 7.2 oder – bei den Klassen D, D1, DE oder D1E – aus Anlage 7.3 zur Fahrschüler-Ausbildungsordnung ersichtlichen Muster zu übergeben. ⁶§ 16 Abs. 3 Satz 7 bis 9 findet entsprechende Anwendung.

Praktische Prüfung **§ 17 FeV 3**

(6) ¹Wenn das bei der Prüfungsfahrt verwendete Kraftfahrzeug mit automatischer Kraftübertragung ausgestattet war, ist die Fahrerlaubnis auf das Führen von Kraftfahrzeugen mit automatischer Kraftübertragung zu beschränken; dies gilt nicht bei den Fahrerlaubnissen der Klassen M, S und T. ²Die Beschränkung ist auf Antrag aufzuheben, wenn der Inhaber der Fahrerlaubnis dem Sachverständigen oder Prüfer in einer praktischen Prüfung nachweist, daß er zur sicheren Führung eines mit einem Schaltgetriebe ausgestatteten Kraftfahrzeugs der betreffenden oder einer entsprechenden höheren Klasse befähigt ist.

Begr (BRDrucks 443/98 S 265): **Zu Abs 1:** *Absatz 1 übernimmt Regelungen aus § 11 Abs. 1, Abs. 2 und 3 StVZO für die praktische Prüfung. Wegen des gewachsenen Stellenwertes des Umweltschutzes im Straßenverkehr soll eine umweltbewusste und energiesparende Fahrweise künftig auch Gegenstand der praktischen Prüfung sein.* **1**

Bewerber um eine Fahrerlaubnis für Kraftomnibusse müssen, wie bisher Bewerber um eine Fahrerlaubnis zur Fahrgastbeförderung für solche Fahrzeuge, „ausreichende Fahrfertigkeiten" nachweisen. Dies bedeutet, dass sie über ein höheres Maß an fahrerischem Können als in den anderen Klassen verfügen und einen Grad von Sicherheit und Gewandtheit erreicht haben müssen, über den Fahranfänger in der Regel nicht verfügen. Diese höhere Anforderung rechtfertigt sich aus der Verantwortung des Fahrers für die beförderten Fahrgäste (Absatz 1).

Zu Abs 2: *Absatz 2 verweist hinsichtlich der dort genannten Themen auf die Anlage 7 Teil 2. In dieser Anlage sind auch im Interesse einer bundeseinheitlichen Verfahrensweise die bisher nur in der Prüfungsrichtlinie enthaltenen Grundfahraufgaben als wesentlicher Prüfungsbestandteil festgelegt.* **2**

Weiter werden dort die bisher in der Anlage XXVI zur Straßenverkehrs-Zulassungs-Ordnung geregelten Anforderungen an die Prüfungsfahrzeuge festgelegt.

Die Mindestleistung des Prüfungsfahrzeugs für Klasse A/1 ist von 37 kW auf 44 kW angehoben worden, damit das Prüfungsfahrzeug repräsentativ für die Klasse ist. Die bisherigen Prüfungsfahrzeuge können auf Grund einer Übergangsvorschrift noch bis zum 30. Juni 2001 benutzt werden (vgl. Übergangsvorschrift in § 76).

...

Zu Abs 3: *Absatz 3 bestimmt, wo der Bewerber die praktische Prüfung abzulegen hat. Auch innerhalb der Bundesrepublik Deutschland gilt der Grundsatz, dass ein Fahranfänger möglichst dort ausgebildet und geprüft werden soll, wo er nach Erwerb der Fahrerlaubnis hauptsächlich am Verkehr teilnimmt, nämlich an seinem Wohn-, Ausbildungs- oder Arbeitsort. Die Fahrerlaubnisbehörde wird deshalb in der Regel die Technische Prüfstelle mit der Prüfung beauftragen, die für den in Absatz 3 genannten Bereich zuständig ist. Die Fahrerlaubnisbehörde kann jedoch auch zulassen, dass der Bewerber die Prüfung an einem anderen Prüfort ablegt und den Auftrag an eine andere Prüfstelle vergibt. Bei der Ausübung des gewährten Ermessens wird zu erwägen sein, ob Sicherheitsbedenken entgegenstehen oder nicht. So wird eine auswärtige Prüfung dann nicht in Betracht kommen, wenn der Bewerber in einer Großstadt wohnt und auf einen dünn besiedelten Bereich ausweichen will, weil er glaubt, den Anforderungen in der Großstadt nicht gewachsen zu sein.* **3**

Zu Abs 4: *§ 11 Abs. 1 Satz 2 StVZO enthielt Anforderungen an den Prüfbezirk, in dem die praktische Prüfung durchzuführen ist ... Nach überwiegender Auffassung hat sich die Festlegung solcher Prüfbezirke zumindest in der Fläche nicht bewährt. Im Hinblick auf die notwendige Flexibilität der Prüfung sind die Prüfbezirke teilweise so weiträumig angelegt, dass für die konkrete Prüfung kaum sachgerechte Anhaltspunkte gegeben sind. Es erscheint deshalb zweckmäßiger, für den innerörtlichen Teil der Fahrerlaubnisprüfung Vorgaben zu machen, die von den Ländern eigenverantwortlich angewandt werden müssen. Für den Bereich außerhalb geschlossener Ortschaften sind solche Vorgaben nicht erforderlich, da hier die Verhältnisse annähernd gleich sind.* **4**

Begr zur ÄndVO v 7. 8. 02 (BRDrucks 497/02): **Zu Abs 6:** *... Die technische Entwicklung hat dazu geführt, dass zunehmend Fahrzeuge der Fahrerlaubnisklasse T mit automatischer Kraftübertragung angeboten werden. Der Einsatz dieser Fahrzeuge erfolgt fast ausschließlich für land- oder forstwirtschaftliche Zwecke. Es ist nicht notwendig und aus Verkehrssicherheitsgründen auch nicht erforderlich, die Fahrerlaubnis zum Führen dieser Kraftfahrzeuge auf automatische Kraftübertragung zu beschränken, selbst wenn das Prüfungsfahrzeug mit automatischer Kraftübertragung ausgestattet war. Eine Ausnahme von dieser Beschränkung wird daher – wie bereits bei Klasse M geschehen – in Absatz 6 auch für die Klasse T eingeführt.* **4a**

1. Vorbereitung der Prüfung. Voraussetzung für die Zulassung zur praktischen Prüfung ist das vorherige Bestehen der theoretischen Prüfung (Abs 1 S 4). Die praktische Prüfung muss **5**

Dauer

3 FeV § 17   II. Führen von Kraftfahrzeugen

innerhalb von 12 Monaten nach Bestehen der theoretischen abgelegt werden (§ 18 II 1). Ort und Zeit der praktischen Prüfung bestimmt der Sachverständige oder Prüfer (Abs 5 S 1). Wie bei der theoretischen Prüfung muss der FEBewerber dem Sachverständigen oder Prüfer eine Ausbildungsbescheinigung vorlegen, in der eine Ausbildung im vorgeschriebenen Umfang bestätigt wird, und die nicht älter als 2 Jahre sein darf (Abs 5 S 6 mit § 16 III 7). Der Bewerber hat ein Kfz der Klasse (§ 6) bereitzustellen, für die er seine Befähigung nachweisen will. Die Anforderungen an die PrüfungsFze nach Leistung, Gewicht und Mindestgeschwindigkeit sind in Anl 7 (zu §§ 16 II, 17 II und III) festgelegt (Abs 2).

5a Vor Durchführung der Prüfung hat sich der Sachverständige oder Prüfer durch Einsicht in Personalausweis oder Reisepass **von der Identität des Bewerbers zu überzeugen** (Abs 5 S 2). Bestehen Zweifel an der Identität, darf die Prüfung nicht durchgeführt werden (Abs 5 S 3). Besitzt der Bewerber keinen Personalausweis oder Reisepass, kann die Identität durch das von der FEB zugelassene Dokument mit Lichtbild nachgewiesen werden; dieses Dokument soll auf dem Prüfauftrag verzeichnet werden (Prüfungsrichtlinie Nr 2 S 2, StVRL § 15 FeV Nr 1). Zweck der Identifizierung ist die Klärung, ob die Person zur Prüfung erscheint, die den Antrag auf Erteilung der FE gestellt hat. Zweck ist nicht eine Prüfung, ob der Bewerber über ein gültiges Ausweisdokument verfügt. Ist das bei der Antragstellung gem § 21 III 1 Nr 1 vorgelegte Dokument zwischenzeitlich abgelaufen, kann der Prüfer das abgelaufene Ausweisdokument oder ein neu ausgestelltes Dokument anerkennen, soweit eine zweifelsfreie Identifikation möglich ist. Dabei kommen nur die Ausweisdokumente in Betracht, die als Identitätsnachweis iSv § 21 III 1 Nr 1 zulässig sind (§ 21 Rz 12, VGH Mü Beschl v 26. 2. 02 11 CE 02.225 juris).

6   **2. Gegenstand und Durchführung der Prüfung.** Neben der Fähigkeit des FEBewerbers, ein Kfz der beantragten Kl sicher zu führen und die dazu erforderlichen technischen Kenntnisse praktisch umzusetzen, ist auch die Beherrschung einer umweltbewussten und energiesparenden Fahrweise Gegenstand der praktischen Prüfung. Bewerber um eine FE der „Omnibusklassen" D, D1 und D1E müssen wegen der besonderen Verantwortung gegenüber den Fahrgästen ein höheres Maß an Sicherheit und Können besitzen und daher darüber hinausgehende *ausreichende Fahrfertigkeiten* nachweisen (Abs 1 S 2). Geprüft wird grundsätzlich am Ort der Hauptwohnung, der schulischen oder beruflichen Ausbildung (der Besuch einer Ferienfahrschule fällt nicht darunter), des Studiums oder der Arbeitsstelle (Abs 3 S 1), also dort, wo der Bewerber nach Erhalt der FE hauptsächlich am KfzV teilnehmen wird (Begr Rz 3). Die Regelung will aus Gründen der VSicherheit verhindern, dass etwa ein FEBewerber, der im Hinblick auf seinen Wohnort überwiegend am großstädtischen V teilnehmen wird, die Prüfung in einen verkehrsarmen Bereich verlegt (Begr Rz 3, OVG Hb VRS **105** 466, VD **08** 245, VG Hb NVwZ-RR **00** 284). Abs 3 S 1 ist grundgesetzkonform, verstößt insbesondere nicht gegen Art 12 GG und widerspricht nicht EG-Recht (VG Hb NVwZ-RR **00** 284). Ausnahmebewilligung durch die FEB ist möglich (Abs 3 S 3); über Anträge ist für den Einzelfall (nicht generell für eine bestimmte Fahrschule) bei Vorliegen besonderer Gründe nach Ermessen der FEB zu entscheiden (s VG Hb NVwZ-RR **00** 284). Eine entsprechende Antragstellung kommt etwa für FEBewerber bei Ausbildung durch Ferienfahrschulen (s dazu BVerfG NJW **99** 2031) in Betracht, kann aber nur Erfolg haben, wenn durch die Bewilligung nicht der Zweck des Abs 3 (s Begr Rz 3) unterlaufen würde (VG Hb NVwZ-RR **00** 284). Die FEErteilung ist rechtswidrig, wenn gegen Abs 3 S 1 verstoßen wurde (OVG Hb VRS **105** 466). In diesem Fall kommt nicht EdF wegen fehlender Befähigung, sondern nur Rücknahme der FE gem § 48 VwVfG in Betracht, da die Befähigung den generellen Anforderungen (§ 2 V StVG) entsprechend nachgewiesen wurde (OVG Hb VD **08** 245). Für den innerörtlichen Teil der Prüfung legt die zuständige oberste Landesbehörde **Prüforte** fest, die in Bezug auf Straßennetz, VZ, Verkehrseinrichtungen, VDichte und VStruktur eine Prüfung hinsichtlich der wesentlichen VVorgänge ermöglichen (Abs 4 S 3). Befindet sich am Wohnort oder Ort der Ausbildung oder Arbeitsstelle kein *Prüfort* iS von Abs 4 S 3, so bestimmt die FEB einen nahegelegenen Prüfort zur Ablegung der Prüfung (Abs 3 S 2). **Mindestdauer** der praktischen Prüfung, Abs 2 mit Anl 7 Nr 2.3. Die in Anl 7 genannten Zeiten geben nicht die Dauer der eigentlichen Prüfungsfahrt an, sondern der gesamten praktischen Prüfung; dazu gehört neben der Vorbereitung, etwa durch Angabe des Fahrtziels sowie die anschließende Erörterung des Ergebnisses nach Beendigung der Fahrt (s VkBl **93** 399). **Prüfungsstoff:** Abs 2 mit Anl 7 Nr 2.1. Anforderungen an die **PrüfungsFz:** Abs 2 mit Anl 7 Nr 2.2 und 2. 2. 16. Zur Durchführung der Prüfung s Prüfungsrichtlinie VkBl **04** 130, 381, 613 = StVRL § 15 FeV Nr 1.

Gemeinsame Vorschriften für die theoretische und die praktische Prüfung § 18 FeV 3

3. Die Bewertung des Prüfungsergebnisses richtet sich gem Abs II nach Anl 7 Nr 2.5. Erhebliche Fehler, aber auch Wiederholung oder Häufung von Fehlern, die im Einzelfall das Prüfungsergebnis noch nicht gefährden würden, führen zum Nichtbestehen.

4. Verfahren nach der Prüfung: § 22 III, IV. Beobachtung von Tatsachen, die Eignungszweifel begründen: § 18 III. Ist die **Prüfung nicht bestanden,** so hat der Sachverständige oder Prüfer dies dem Bewerber unter kurzer Angabe der wesentlichen Fehler mitzuteilen und ihm ein Prüfungsprotokoll auszuhändigen (Anl 7 Nr 2.6). Wiederholung bei Nichtbestehen der Prüfung: § 18 I. Die Prüfungsentscheidung kann nur zusammen mit der Versagung der FE angefochten werden, s § 22 Rz 12. Ist die **Prüfung bestanden,** so händigt der Sachverständige oder Prüfer dem Bewerber nach Einsetzen des Datums den FS aus (§ 22 IV S 3). Damit ist die FE erteilt (§ 22 IV S 7).

5. Prüfungsfahrzeug mit automatischer Kraftübertragung iS des Abs 6 ist ein Fz ohne Kupplungspedal bzw ohne Schalthebel bei Fz der Klassen A oder A 1 (Anh I Nr 2, Anh I a Nr 2 jeweils Code 10.02 und Code 78, Anh II Nr 5.1 Abs 2, 3 der 2. EG-FS-Richtlinie in der durch Richtlinie 2008/65/EG v 27. 6. 08, ABl Nr L 168 v 28. 6. 08, S 36, geänderten Fassung). Ein Schaltgetriebe liegt vor, wenn die Kraft durch die Kupplung mit Kupplungspedal übertragen wird und ein handgeschaltetes Wechselgetriebe vorhanden ist.
Die Beschränkung der FE auf Kfz mit automatischer Kraftübertragung ist keine bloße Auflage; wer trotz dieser Beschränkung ein Kfz mit Schaltgetriebe fährt, verletzt § 21 StVG, *Bouska* VD **72** 296. Die Regelung trägt dem Umstand Rechnung, dass das Führen eines Kfz mit automatischer Kraftübertragung (vor allem im StadtV) wesentlich einfacher ist als die sichere Handhabung eines Schaltgetriebes (s Begr VkBl **86** 116). Die Beschränkung wird aufgehoben, wenn die Fähigkeit der sicheren Führung eines Fz mit Schaltgetriebe in einer praktischen Prüfung nachgewiesen wird (Abs 6 S 2). Die Beschränkung gilt nicht für FEKl M (Kleinkrafträder, FmH, bis 31. 12. 2001 erstmals in den V gekommene Lastendreiräder iS von § 76 Nr 8 lit b), FEKl S (dreirädrige Kleinkrafträder und vierrädrige Leichtkraftfahrzeuge nach Maßgabe von § 6 I 1) und für die Kl T (Zgm bis 60 km/h bauartbestimmter Höchstgeschwindigkeit und selbstfahrende Arbeitsmaschinen bis 40 km/h bauartbestimmter Höchstgeschwindigkeit bei Einsatz für land- oder forstwirtschaftliche Zwecke). Die Ausnahme für Kleinkrafträder beruht darauf, dass Kleinkrafträder ohne Automatik kaum noch erhältlich sind und dass die Kl B die Kl M einschließt, Inhaber der Kl B also Kleinkräder mit und ohne Automatik ohne besondere Prüfung dafür führen dürfen (s Begr VkBl **96** 165). Die Ausnahme der Kl T erscheint im Hinblick auf ihren Einsatzzweck gerechtfertigt, eine Beschränkung auch aus VSicherheitsgründen nicht geboten (s Begr, Rz 4 a).

6. Ausnahmen: Abs 3 S 3 und § 74.

Gemeinsame Vorschriften für die theoretische und die praktische Prüfung

18 (1) Eine nicht bestandene Prüfung darf nicht vor Ablauf eines angemessenen Zeitraums (in der Regel nicht weniger als zwei Wochen, bei einem Täuschungsversuch mindestens vier Wochen) wiederholt werden.

(2) ¹Die praktische Prüfung muß innerhalb von zwölf Monaten nach Bestehen der theoretischen Prüfung abgelegt werden. ²Andernfalls verliert die theoretische Prüfung ihre Gültigkeit. ³Der Zeitraum zwischen Abschluß der praktischen Prüfung oder – wenn keine praktische Prüfung erforderlich ist – zwischen Abschluß der theoretischen Prüfung und der Aushändigung des Führerscheins darf zwei Jahre nicht überschreiten. ⁴Andernfalls verliert die gesamte Prüfung ihre Gültigkeit.

(3) Stellt der Sachverständige oder Prüfer Tatsachen fest, die bei ihm Zweifel über die körperliche oder geistige Eignung des Bewerbers begründen, hat er der Fahrerlaubnisbehörde Mitteilung zu machen und den Bewerber hierüber zu unterrichten.

Begr (BRDrucks 443/98 S 269): *Die Vorschriften entsprechen den bisherigen Bestimmungen in § 11 Abs. 5, 6 und 7. Neu ist lediglich die Regelung, nach der der Sachverständige oder Prüfer, der Zweifel an der körperlichen oder geistigen Eignung des Bewerbers hat und der Fahrerlaubnisbehörde hierüber Mitteilung macht, auch den Bewerber zu unterrichten hat.*

Dauer

3 FeV § 19   II. Führen von Kraftfahrzeugen

2   **Begr** zur ÄndVO v 18. 7. 08, BGBl I 1338 (BR-Drs 302/08 S 63): **Zur Streichung von Abs 1 S 2:** *Die Wiederholungsfrist von drei Monaten für eine Prüfung nach zweimaligem Nichtbestehen erscheint viel zu lang. Die Erfahrungen zeigen, dass der Prüfkandidat diese Zeit nicht für intensiveres Lernen nutzt. Die Fahrerlaubnisbehörde ist in der Lage eine angemessene Frist nach Satz 1 selbst zu bestimmen.*

3   **1. Nichtbestehen der Prüfung.** Hat der Bewerber die Prüfung oder einen Teil davon nicht bestanden, so darf er sie nach Ablauf eines angemessenen Zeitraums wiederholen, idR nicht vor Ablauf von 2 Wochen (nach Täuschungsversuch: 4 Wochen). Mehrfache Wiederholung ist zulässig. Die früher in Abs 1 S 2 enthaltene Regelung, wonach eine erneute Wiederholung der Prüfung erst nach Ablauf von drei Monaten möglich war, wenn die Prüfung auch nach zweimaliger Wiederholung nicht bestanden wurde, ist durch ÄndVO v 18. 7. 08 (BGBl I 1338) mit Wirkung ab 30. 10. 08 abgeschafft worden (Begr Rz 2).

4   **2. Der Zeitraum zwischen dem Bestehen der theoretischen und der praktischen Prüfung** darf 12 Monate nicht überschreiten. Nach Ablauf der Frist wird die praktische Prüfung ungültig (Abs II). Zwischen dem Bestehen der Prüfung und der Aushändigung des FS dürfen nicht mehr als 2 Jahre liegen; anderenfalls wird die gesamte Prüfung ungültig (II S 3).

5   **3. Zweifel an der Eignung des Bewerbers.** Beobachtet der Sachverständige Mängel der körperlichen oder geistigen Eignung, insbesondere des Seh- oder Hörvermögens, der körperlichen Beweglichkeit oder des Nervenzustandes, so berichtet er idR unter Rückgabe des Antrags und der Unterlagen der FEB. Über seine Mitteilung an die FEB unterrichtet er auch den Bewerber. Die FEB kann dann die Beibringung eines ärztlichen Gutachtens (§ 11 II) oder nach Maßgabe von § 11 III S 1 Nr 3 eines medizinisch-psychologischen Gutachtens anordnen.

Unterweisung in lebensrettenden Sofortmaßnahmen, Ausbildung in Erster Hilfe

19 (1) ¹Bewerber um eine Fahrerlaubnis der Klassen A, A1, B, BE, M, S, L oder T müssen an einer Unterweisung in lebensrettenden Sofortmaßnahmen teilnehmen. ²Die Unterweisung soll dem Antragsteller durch theoretischen Unterricht und durch praktische Übungen die Grundzüge der Erstversorgung von Unfallverletzten im Straßenverkehr vermitteln, ihn insbesondere mit der Rettung und Lagerung von Unfallverletzten sowie mit anderen lebensrettenden Sofortmaßnahmen vertraut machen.

(2) ¹Bewerber um eine Fahrerlaubnis der Klassen C, C1, CE, C1E, D, D1, DE oder D1E müssen an einer Ausbildung in Erster Hilfe teilnehmen. ²Die Ausbildung soll dem Antragsteller durch theoretischen Unterricht und durch praktische Übungen gründliches Wissen und praktisches Können in der Ersten Hilfe vermitteln.

(3) Der Nachweis über die Teilnahme an einer Unterweisung in lebensrettenden Sofortmaßnahmen oder einer Ausbildung in Erster Hilfe wird durch die Bescheinigung einer für solche Unterweisungen oder Ausbildungen amtlich anerkannten Stelle oder eines Trägers der öffentlichen Verwaltung, insbesondere der Bundeswehr, der Polizei oder der Bundespolizei, geführt.

(4) Eine Ausbildung in Erster Hilfe ersetzt eine Unterweisung in lebensrettenden Sofortmaßnahmen.

(5) Als Nachweis über die Teilnahme an einer Unterweisung in lebensrettenden Sofortmaßnahmen und einer Ausbildung in Erster Hilfe gilt auch die Vorlage

1. eines Zeugnisses über die bestandene ärztliche oder zahnärztliche Staatsprüfung oder der Nachweis über eine im Ausland erworbene abgeschlossene ärztliche oder zahnärztliche Ausbildung,

2. eines Zeugnisses über eine abgeschlossene Ausbildung in einem bundesrechtlich geregelten Gesundheitsfachberuf im Sinne des Artikels 74 Abs. 19 des Grundgesetzes, in einem der aufgrund des Berufsbildungsgesetzes staatlich anerkannten Ausbildungsberufe Medizinischer, Zahnmedizinischer, Tiermedizinischer oder Pharmazeutisch-kaufmännischer Fachangestellter/Medizinische, Zahnmedizinische, Tiermedizinische oder Pharmazeutisch-kaufmännische Fachangestellte oder in einem landesrechtlich geregelten Helferberuf des Gesundheits- und Sozialwesens oder

3. einer Bescheinigung über die Ausbildung als Schwesternhelferin, Pflegedienstshelfer, über eine Sanitätsausbildung oder rettungsdienstliche Ausbildung oder die Ausbildung als Rettungsschwimmer (Deutsches Rettungsschwimmer-Abzeichen in Silber oder Gold).

Neuerteilung einer Fahrerlaubnis § 20 FeV **3**

Begr zur ÄndVO v 18. 7. 08, BGBl I 1338 (BR-Drs 302/08 S 63): **Zu Abs 5 Nr 2:** *Alle rechtlich geregelten Fachberufe des Gesundheits- und Sozialwesens beinhalten eine Ausbildung in Erster Hilfe. Somit ist eine Aufzählung entbehrlich.*

Die Bestimmung entspricht im Wesentlichen dem Inhalt der §§ 8a und 8b StVZO (alt). Wie bisher wird unterschieden zwischen einer Unterweisung in Sofortmaßnahmen am Unfallort und einer Ausbildung in Erster Hilfe, je nach beantragter FEKl. Unfallhilfe, s § 2 StVG Rz 27. Erste-Hilfe-Material, s § 35h StVZO. Behandlung von Körperbehinderten bei Sofortmaßnahmen am Unfallort, VkBl **71** 6. **1**

Der Nachweis über die Teilnahme an der jeweils erforderlichen Unterweisung oder Ausbildung wird durch eine Bescheinigung einer amtlich anerkannten Stelle oder eines Trägers der öffentlichen Verwaltung geführt (Abs 3). Voraussetzungen für die amtliche Anerkennung, für die Erteilung zuständige Stelle: § 68. **2**

Die umfassendere Ausbildung in Erster Hilfe ersetzt die Unterweisung in Sofortmaßnahmen am Unfallort (Abs 4). Als Nachweis genügen statt der Bescheinigung gem Abs 3 auch die in Abs 5 genannten Zeugnisse oder Bescheinigungen. **3**

Neuerteilung einer Fahrerlaubnis

20 (1) **Für die Neuerteilung einer Fahrerlaubnis nach vorangegangener Entziehung oder nach vorangegangenem Verzicht gelten die Vorschriften für die Ersterteilung.**

(2) **Die Fahrerlaubnisbehörde kann auf eine Fahrerlaubnisprüfung verzichten, wenn keine Tatsachen vorliegen, die die Annahme rechtfertigen, daß der Bewerber die nach § 16 Abs. 1 und § 17 Abs. 1 erforderlichen Kenntnisse und Fähigkeiten nicht mehr besitzt.**

(3) **Unberührt bleibt die Anordnung einer medizinisch-psychologischen Untersuchung nach § 11 Abs. 3 Satz 1 Nr. 9.**

Begr zur ÄndVO v 18. 7. 08, BGBl I 1338 (BR-Drs 302/08 S 63): **Zur Streichung von Abs 2 S 2:** *Durch den Wegfall der Frist kann die zuständige Fahrerlaubnisbehörde auch nach Ablauf von zwei Jahren auf die Fahrerlaubnisprüfung verzichten, wenn keine Tatsachen vorliegen, die die Annahme rechtfertigen, dass der Bewerber die nach § 16 Abs. 1 und § 17 Abs. 1 erforderlichen Kenntnisse und Fähigkeiten nicht mehr besitzt. Das Verfahren wird hierdurch flexibler gestaltet. Insbesondere in den Fällen, in denen die Fahrerlaubnis wegen Zweifeln an der körperlichen Eignung entzogen wurde, ist nicht ersichtlich, warum der Betroffene neben der Eignung auch seine Fähigkeit zum Führen des Kraftfahrzeugs erneut nachzuweisen hat. Bestehen Bedenken an der Befähigung der Betroffenen, kann die Fahrerlaubnisbehörde im Rahmen ihres Ermessens weiterhin eine erneute Fahrerlaubnisprüfung verlangen, so dass auch hier keine Gefahren für die Verkehrssicherheit bestehen. ...*

1. Für die Neuerteilung einer FE gelten grundsätzlich die §§ 7 bis 19. Nach **Ablauf einer strafgerichtlichen Sperrfrist** oder gerichtlichen Fristabkürzung erteilt die FEB nur auf Antrag eine neue FE. Das erneute Prüfungsverfahren muss der Gefahr begegnen, die noch bestehen könnte, OVG Münster NJW **74** 1964. Eine erneute Eignungsüberprüfung durch die FEB nach Ablauf einer strafgerichtlichen FESperre oder nach vorzeitiger Abkürzung der Sperre (§ 69a VII StGB) verstößt nicht gegen das GG, BVerfG NJW **67** 29. **1**

2. Die früher in **Abs 2 S 2** vorgesehene **Zwei-Jahres-Frist**, nach deren Ablauf ein Verzicht auf die Prüfung gem Abs 2 S 1 nicht zulässig war, ist durch ÄndVO v 18. 7. 08 (BGBl I 1338) mit Wirkung vom 30. 10. 08 **abgeschafft** worden (Begr vor Rz 1). Es war nicht ersichtlich, warum die *Befähigung* zum Führen von Kfz nach Ablauf von zwei Jahren in jedem Fall erneut geprüft werden sollte, nur weil der Betroffene seine FE wegen fehlender *Eignung* verloren hatte. Hat die FEB Zweifel an der Befähigung des Betroffenen, kann sie weiterhin eine erneute Prüfung verlangen. **2**

3. Beziehen sich die Zweifel in Bezug auf die **Kenntnisse und Fähigkeiten** nur auf einen Teilbereich, so kommt nach dem Verhältnismäßigkeitsgrundsatz eine entsprechend beschränkte Prüfung in Frage, OVG Münster NJW **74** 1964 (Verkehrssicherheitslehre). **Eignungsbedenken** der FEB, s §§ 11, 13, 14. **Abs 3** dient nur der Klarstellung, weil die darin genannte Bestimmung des § 11, abw von den Vorschriften, auf Abs 1 verweist, nicht die Ersterteilung betrifft, OVG Hb VRS **102** 393. Bei berechtigten Bedenken gegen wiedererlangte Kraftfahr- **3**

Dauer 1033

3 FeV § 21 II. Führen von Kraftfahrzeugen

eignung bestehen weder gegen die Aufforderung, ein medizinisch-psychologisches Gutachten beizubringen, verfassungsrechtliche Bedenken, noch gegen dessen Verwertung, BVerfG ZfS **84** 380 (Anm *Greck*).

4 4. Umfaßte die entzogene **FEKl alten Rechts** nach der Übergangsbestimmung des § 6 VI eine weitere FEKl (zB Kl 3 alt = B, BE, C1, C1E, M, S und L neu), so ist auf Antrag unter den Voraussetzungen des Abs 2 die FE im früheren Umfang neu zu erteilen (bei Entziehung der FEKl 3 alt also eine neue FE der Klassen B, BE, C1, C1E, M, S, L, s OVG Weimar VRS **109** 306). Dies ist in § 76 Nr 11a (eingefügt durch ÄndVO v 7. 8. 02) ausdrücklich klargestellt. Allerdings wird die FE Kl C1 und C1E gem § 23 I S 1 Nr 1 dann nur befristet erteilt; § 76 Nr 9 S 2 gilt hier nicht, BVerwG DAR **03** 42. War die entzogene FE der Kl 3 (alt) vor dem 1. 4. 1980 erteilt worden, so wird, wie in der genannten Übergangsbestimmung ebenfalls ausdrücklich bestimmt ist, auf Antrag unter den Voraussetzungen des Abs 2 auch die FE der Kl A1 erteilt. Beantragt der FEBewerber nicht ausdrücklich Neuerteilung im früheren Umfang und wird ihm daraufhin zB statt der entzogen FEKl 3 (alt) nur eine neue FE der Kl B erteilt, so kann er eine Erweiterung auf die von der entzogenen FE mitumfassten Klassen (zB BE, C1, C1E) ohne erneute FEPrüfung erhalten, auch wenn inzwischen seit der Entziehung mehr als zwei Jahre verstrichen sind; VGH Ma NZV **92** 87 ist durch Abschaffung der Zwei-Jahres-Frist überholt. Zur Frage der Anhörungspflicht bei Versagung der Neuerteilung, *Feldmann* VD **88** 101. Rechtfertigen besondere Umstände sofortiges gerichtliches Einschreiten, so darf eine **vorläufige Anordnung** auf FE-Wiedererteilung ergehen, jedoch nur, wenn ein Ermessensgebrauch nach Abs 1 und 2 nach Sachlage zum Nachteil des Antragstellers nicht mehr in Betracht kommt, VGH Mü VRS **55** 76, zB dann, wenn die Neuerteilung nur im Hinblick auf falsche Sperrfristberechnung versagt wird, VG Kö ZfS **84** 382. Zur behördlichen Ersatzpflicht bei gerichtlich erstrittener neuer FE, Ha VersR **78** 674: nur bei Abweichung von einer klaren Gesetzesregelung oder von fester Rspr.

3. Verfahren bei der Erteilung einer Fahrerlaubnis

Antrag auf Erteilung einer Fahrerlaubnis

21 (1) ¹Der Antrag auf Erteilung einer Fahrerlaubnis ist bei der nach Landesrecht zuständigen Behörde oder Stelle oder der Fahrerlaubnisbehörde schriftlich zu stellen. ²Der Bewerber hat auf Verlangen dieser Behörden oder Stellen persönlich zu erscheinen. ³Der Bewerber hat folgende Daten mitzuteilen und auf Verlangen nachzuweisen:
1. die in § 2 Abs. 6 des Straßenverkehrsgesetzes bezeichneten Personendaten sowie die Daten über den ordentlichen Wohnsitz im Inland einschließlich der Anschrift und
2. die ausbildende Fahrschule.

(2) ¹Der Bewerber hat weiter anzugeben, ob er bereits eine Fahrerlaubnis aus einem Mitgliedstaat der Europäischen Union oder einem anderen Vertragsstaat des Abkommens über den Europäischen Wirtschaftsraum besitzt oder ob er sie bei einer anderen Behörde eines solchen Staates beantragt hat. ²Beantragt der Inhaber einer Fahrerlaubnis aus einem solchen Staat eine Erweiterung der Fahrerlaubnis auf eine andere Klasse, ist dieser Antrag hinsichtlich der vorhandenen Klassen als Antrag auf Erteilung der deutschen Fahrerlaubnis gemäß § 30 zu werten. ³Der Bewerber hat in jedem Fall eine Erklärung abzugeben, daß er mit der Erteilung der beantragten Fahrerlaubnis auf eine möglicherweise bereits vorhandene Fahrerlaubnis dieser Klasse aus einem solchen Staat verzichtet.

(3) ¹Dem Antrag sind folgende Unterlagen beizufügen:
1. ein amtlicher Nachweis über Ort und Tag der Geburt,
2. ein Lichtbild, das den Bestimmungen der Passverordnung vom 19. Oktober 2007 (BGBl. I S. 2386) entspricht,
3. bei einem Antrag auf Erteilung einer Fahrerlaubnis der Klassen A, A1, B, BE, M, S, L oder T eine Sehtestbescheinigung nach § 12 Abs. 3 oder ein Zeugnis oder ein Gutachten nach § 12 Abs. 4 oder ein Zeugnis nach § 12 Abs. 5,
4. bei einem Antrag auf Erteilung einer Fahrerlaubnis der Klassen C, C1, CE, C1E, D, D1, DE oder D1E ein Zeugnis oder Gutachten über die körperliche und geistige Eignung nach § 11 Abs. 9 und eine Bescheinigung oder ein Zeugnis über das Sehvermögen nach § 12 Abs. 6,
5. bei einem Antrag auf Erteilung einer Fahrerlaubnis der Klassen A, A1, B, BE, M, S, L oder T der Nachweis über die Teilnahme an einer Unterweisung in lebensrettenden So-

Antrag auf Erteilung einer Fahrerlaubnis § 21 FeV **3**

fortmaßnahmen, bei einem Antrag auf Erteilung einer Fahrerlaubnis der Klassen C, C1, CE, C1E, D, D1, DE und oder D1E den Nachweis über die Ausbildung in Erster Hilfe.
²Die Fahrerlaubnisbehörde kann Ausnahmen von der in Satz 1 Nr. 2 vorgeschriebenen Gestaltung des Lichtbildes zulassen.

Begr (VkBl **98** 1074): *Absatz 1* Satz 1 übernimmt die Regelung aus § 8 Abs. 1 StVZO. Künftig 1 kann jedoch verlangt werden, dass der Bewerber persönlich bei der Behörde erscheint. Die Regelung erfolgt im Hinblick auf den Scheckkartenführerschein. Es handelt sich dabei um ein besonders gesichertes Dokument, das auch durch eine entsprechende Gestaltung der Verfahrensabläufe vor Manipulationen geschützt werden soll. Die Unterschrift des Inhabers wird drucktechnisch in den Führerschein integriert und muss deshalb wie bei Personalausweis und Pass vor der Herstellung auf besonderem Material geleistet werden. Es erscheint sicherer, wenn der Antragsteller die Unterschrift bei der Fahrerlaubnisbehörde oder der örtlichen Behörde leistet. Dabei kann zugleich die Identität des Bewerbers geprüft werden. Die Formulierung lässt jedoch auch die Beibehaltung des jetzt verbreiteten Verfahrens der Antragstellung über die Fahrschule zu. Die Unterschrift muss dann in der Fahrschule geleistet werden.

Die Angabe der ausbildenden Fahrschule ist erforderlich, damit die Fahrerlaubnisbehörde überprüfen kann, ob die Fahrschule eine Ausbildungsberechtigung für die beantragte Klasse besitzt.

Absatz 2 beruht auf Artikel 7 Abs. 5 der Richtlinie. Danach kann jede Person nur Inhaber einer einzi- 2 gen von einem Mitgliedstaat ausgestellten Fahrerlaubnis und eines entsprechenden Führerscheins sein. Bei der Beantragung der deutschen Fahrerlaubnis muss der Bewerber deshalb angeben, ob er bereits eine EU- oder EWR-Fahrerlaubnis – auch aus der Bundesrepublik Deutschland – besitzt oder eine solche beantragt hat (Absatz 2 Satz 1). Absatz 2 Satz 2 betrifft den Fall, dass der Inhaber einer Fahrerlaubnis aus einem anderen EU- oder EWR-Mitgliedstaat seinen Wohnsitz in die Bundesrepublik Deutschland verlegt und hier die Erweiterung der Fahrerlaubnis auf eine andere Klasse beantragt. Auf dem deutschen Führerschein erscheint dann auch die bereits im Ausland erworbene Klasse. Da der deutsche Führerschein zum Nachweis der von einer deutschen Behörde erteilten Fahrerlaubnis dient und nicht über ein im Ausland erworbenes Recht ausgestellt werden kann, wird der Antrag hinsichtlich der vorhandenen Klasse als Antrag auf einen „Umtausch" der ausländischen Fahrerlaubnis gewertet. Dies bedeutet auch, dass der ausländische Führerschein an die ausländische Behörde zurückzusenden ist.

„Umtausch" bedeutet rechtlich die Erteilung der deutschen Fahrerlaubnis unter erleichterten Bedingungen. Ob damit zugleich die ausländische Fahrerlaubnis erlischt, ist umstritten. Ist man der Auffassung, dass sie nicht erlischt, wäre der Inhaber im Besitz von zwei Fahrerlaubnissen, der in- und der ausländischen. Da dies mit der Richtlinie unvereinbar ist, wird von ihm eine Erklärung über den Verzicht einer bereits vorhandenen Erlaubnis verlangt ...

In *Absatz 3* sind die einem Fahrerlaubnisantrag beizufügenden Unterlagen zusammengefasst. Er ersetzt 3 § 8 Abs. 2 StVZO. Eine Ausnahme nach Absatz 2 Satz 2 von der in Nummer 1 vorgeschriebenen Gestaltung des Lichtbildes wird die Fahrerlaubnisbehörde zum Beispiel dann zulassen, wenn eine Bewerberin aus religiösen Gründen eine Kopfbedeckung trägt. Auch bei der Erteilung einer Ausnahme muss die eindeutige Erkennbarkeit der Person gewährleistet sein.

...

Die Regelung in § 8 Abs. 3 StVZO, nach der ein Antragsteller die Erteilung eines Führungszeugnisses zur Vorlage bei der Verwaltungsbehörde nach den Vorschriften des Bundeszentralregistergesetzes beantragen muss, wenn die Verwaltungsbehörde dies verlangt, ist in § 22 Abs. 2 FeV und die Regelung in § 8 Abs. 4 StVZO über den Wohnsitz als Voraussetzung für die Erteilung einer Fahrerlaubnis in § 7 übernommen worden.

Begr zur ÄndVO v 18. 7. 08, BGBl I 1338 (BR-Drs 302/08 S 64): **Zu Abs 3 S 1 Nr 2:** 4–10 Der Führerschein dient dem Inhaber als Nachweis über den Besitz der entsprechenden Fahrerlaubnis. Dies bezieht auch die Personendaten mit ein, da es keine Verpflichtung gibt, neben dem Führerschein einen Personalausweis oder Reisepass mitzuführen. Bei einer Kontrolle muss erkennbar sein, dass es sich bei dem Fahrzeugführer auch tatsächlich um den Inhaber der Fahrerlaubnis handelt. Hierzu ist ein aussagekräftiges Lichtbild unerlässlich. Zum Zwecke der weitgehenden Einheitlichkeit werden die Anforderungen zugrunde gelegt, die zur Sicherstellung der Biometrietauglichkeit von Passbildern entwickelt wurden. Die Anforderungen an das Passbild sind in § 5 der Verordnung zur Durchführung des Passgesetzes (Passverordnung – PassV) geregelt. Zur einfachen Umsetzung dieser Vorgaben gibt es eine Foto-Mustertafel der Bundesdruckerei, die über das Internet bei der Bundesdruckerei (www.Bundesdruckerei.de) eingesehen und übernommen werden kann. Die Anwendung dieser Vorgaben aus den Pass- und Personalausweisvorschriften erleichtert die Beurteilung geeigneter Lichtbilder durch das Personal der Verkehrsbehörden erheblich. Fotografen und

3 FeV § 21   II. Führen von Kraftfahrzeugen

Bürger kennen die Anforderungen an Lichtbilder aus eben diesen Vorschriften. Diskussionen um Lichtbilder, die diesen Forderungen nicht genügen, werden mit der Gleichstellung der Vorschriften vermieden.

11   1. **Antrag.** Der Antrag ist bei der zuständigen Stelle oder der FEB schriftlich zu stellen (§ 73). Die in Abs 1 S 1 neben der FEB alternativ genannte „zuständige Behörde oder Stelle" ist die für den Wohnsitz des Antragstellers zuständige Kommunalverwaltung (*Jagow* VD **99** 2). Die FEB hat daraufhin die Ermittlungen gem § 22 durchzuführen. FEErteilung setzt voraus, dass der Antragsteller seinen *ordentlichen Wohnsitz* im Inland hat (§§ 2 II Nr 1 StVG, 7 FeV). Näher: § 2 StVG Rz 3, § 7 FeV Rz 3ff. Den Nachweis dafür hat der Antragsteller zu führen (Umzug, Wohnsitzbegründung, Arbeitsvertrag usw). Schüler und Studenten aus EU- oder EWR-Staaten (ohne Rücksicht auf ihre Staatsangehörigkeit, s *Bouska* DAR **96** 282) erhalten die deutsche FE auch ohne Begründung eines ständigen Aufenthalts im Inland, wenn sie sich für die Dauer von mindestens 6 Monaten nur zwecks Schul- oder Hochschulbesuchs hier aufhalten (s § 7).

12   Mit dem Antrag ist ein gültiger **amtlicher Nachweis über Ort und Tag der Geburt** vorzulegen (Abs 3 S 1 Nr 1). Ist die Identität oder das Alter des Bewerbers nicht nachgewiesen, ist der Antrag auf Erteilung der FE abzulehnen, da es an einer Voraussetzung für die Erteilung gem § 2 VI 1 Nr 1 StVG iVm § 21 I 3 Nr 1, § 21 III 1 Nr 1 FeV fehlt. Die **Identität** des Bewerbers muss eindeutig geklärt sein, da jede Person nur Inhaber *einer* FE sein darf, da jede Person nur mit einer, und zudem der richtigen Identität in den FE-Registern und ggf im VZR verzeichnet sein darf, und da dem FS vielfach auch Ausweisfunktion zukommt. Das Alter muss eindeutig geklärt sein, da vor FE-Erteilung feststehen muss, dass das erforderliche **Mindestalter** erreicht ist. Als Nachweis gem Abs 3 S 1 Nr 1 können **deutsche** Bewerber Personalausweis oder Reisepass vorlegen. Geburtsurkunde und Auszug aus dem Familienbuch sind nur zusammen mit einem amtlichen Lichtbildausweis geeignet, da ansonsten nicht nachprüfbar ist, ob die Urkunde für die vorlegende Person ausgestellt wurde. **Ausländische** Bewerber können als Nachweis gem Abs 3 S 1 Nr 1 Reisepass oder andere nationale Identitätspapiere vorlegen. Sofern sie über derartige Papiere nicht verfügen, kommen Reiseausweis für Flüchtlinge (VG Schl NJW **07** 2795), Reiseausweis für Staatenlose, Pass- oder Ausweisersatz (VG Schl DAR **07** 599) in Form einer Bescheinigung über einen Aufenthaltstitel (Visum, Aufenthaltserlaubnis, Niederlassungserlaubnis, Daueraufenthaltserlaubnis, Aufenthaltsberechtigung, unbefristete Aufenthaltserlaubnis), Bescheinigung über die Duldung oder Bescheinigung über die Aufenthaltsgestattung für Asylbewerber, jeweils mit Lichtbild und Angaben zur Person, in Betracht. Andere ausländerrechtliche Bescheinigungen, die nicht die Qualität eines mit Lichtbild und Angaben zur Person versehenen Ausweisersatzes haben (zB Grenzübertrittsbescheinigung), eignen sich nicht als Identitätsnachweis (VGH Mü Beschl v 26. 2. 02 11 CE 02.225 juris). Ergibt sich aus dem Dokument oder aus anderen Unterlagen, dass die **Personalangaben auf den eigenen Angaben des Betroffenen beruhen** oder dass die Identität nicht nachgewiesen ist, ist das Dokument kein geeigneter Nachweis iSv Abs 3 S 1 Nr 1 (*Bouska/Laeverenz* § 21 FeV Anm 9, aM VG Stade NVwZ-RR **05** 474, VG Weimar Beschl v 15. 3. 07 2 E 267/07 juris, VG Schl DAR **07** 599). Würden FE auf der Grundlage von Dokumenten erteilt, in denen die Angaben zu Identität und Alter lediglich auf den eigenen Angaben des Betroffenen beruhen, wäre Missbrauch nicht zu verhindern (VGH Mü Beschl v 26. 2. 02 11 CE 02.225 juris); die FE-Register und das VZR wären nicht mehr aussagekräftig. Lediglich bei Reiseausweisen nach Art 28 der Genfer Flüchtlingskonvention ist eine andere Sicht möglich (iE ebenso VG Schl NJW **07** 2795 obiter dictum), weil sie nur politisch Verfolgten ausgestellt werden, denen das Recht auf dauerhaften Aufenthalt im Inland gewährt wurde. In diesen Fällen dürfte die Gefahr des Missbrauchs im dargestellte Sinne minimal sein, weil die Anerkennung der politischen Verfolgung und damit die Gewährung des Aufenthaltsrechts von einer bestimmten, wenn auch möglicherweise nicht gesicherten Identität erfolgt ist, ein willkürlicher Wechsel der Identität also nur bei Inkaufnahme der Gefährdung des Aufenthaltsrechts denkbar wäre. Reiseausweise nach Art 28 der Genfer Flüchtlingskonvention können somit als geeigneter Nachweis iSv Abs 3 S 1 Nr 1 anerkannt werden, selbst wenn in ihnen vermerkt ist, dass die Personalangaben lediglich auf den Angaben des Inhabers beruhen. Die FEB hat dabei das angegebene Alter einer sorgfältigen Plausibilitätskontrolle zu unterziehen, wenn das Mindestalter für die beantragte FE-Klasse nur knapp erreicht wird.

13   Mit dem Antrag ist ein **Lichtbild** einzureichen, das seit der am 30. 10. 08 in Kraft getretenen Änderung des Abs 3 S 1 Nr 2 (ÄndVO v 18. 7. 08, BGBl I 1338) der VO zur Durchführung des Passgesetzes (Passverordnung – PassV, BGBl I **07** 2386) entsprechen muss. Nach § 5 PassV muss das Lichtbild die Person in einer Frontalaufnahme, ohne Kopfbedeckung und ohne Bedeckung der Augen zeigen. Aufnahmen im Halbprofil sind nicht mehr zulässig. Damit sind die Anforderungen an Lichtbilder für Pässe und Führerscheine vereinheitlicht worden (s Begr Rz 4–10). Nach Abs 3 S 2 kann die FEB **Ausnahmen** von der vorgeschriebenen Gestaltung des Lichtbildes zulassen. In entsprechender Anwendung von § 5 S 4 PassV kann die FEB dabei vom Gebot der fehlenden Kopfbedeckung insbesondere aus religiösen Gründen, vom Gebot der fehlenden Augenbedeckung nur aus medizinischen Gründen, die nicht nur vorübergehender Art sind, Ausnahmen zulassen. Die Person muss aber in jedem Fall deutlich erkennbar sein.

2. EU/EWR-Fahrerlaubnis. Abs 2 beruht auf der gem der 2. EG-FS-Richtlinie in § 2 II Nr 7 StVG getroffenen Regelung, wonach die FEErteilung davon abhängt, dass der Bewerber keine EU/EWR-FE der beantragten FEKl hat. Mit dem Antrag auf Erteilung einer EU/EWR-FE gilt zugleich der Antrag auf „Umtausch" der ausländischen FE in eine deutsche FE hinsichtlich der bestehenden FEKlassen als gestellt (Abs 2 S 2). Um sicher zu stellen, dass damit jedenfalls nicht zugleich noch die ausländische FE besteht (s Begr Rz 2), muss der Antragsteller in diesen Fällen insoweit eine Verzichtserklärung abgeben. **14**

3. Bei ungerechtfertigt **verzögerter Bearbeitung** kommt eine einstweilige Anordnung auf alsbaldige Entscheidung in Betracht (§ 123 VwGO), OVG Berlin VRS **44** 380. **15**

4. Ausnahmen: Abs 3 S 2 und § 74. **16**

Lit: *Jagow*, Das Verwaltungsverfahren zum neuen FERecht ab 1. Januar 1999, VD **99** 1.

Verfahren bei der Behörde und der Technischen Prüfstelle

22 (1) Die nach Landesrecht zuständige Behörde oder Stelle und die Fahrerlaubnisbehörde können durch Einholung von Auskünften aus dem Melderegister die Richtigkeit und Vollständigkeit der vom Bewerber mitgeteilten Daten überprüfen.

(2) ¹Die Fahrerlaubnisbehörde hat zu ermitteln, ob Bedenken gegen die Eignung des Bewerbers zum Führen von Kraftfahrzeugen bestehen und er bereits im Besitz einer Fahrerlaubnis ist. ²Sie hat dazu auf seine Kosten eine Auskunft aus dem Verkehrszentralregister und dem Zentralen Fahrerlaubnisregister einzuholen. ³Sie kann außerdem auf seine Kosten – in der Regel über das Kraftfahrt-Bundesamt – eine Auskunft aus den entsprechenden ausländischen Registern einholen und verlangen, daß der Bewerber die Erteilung eines Führungszeugnisses zur Vorlage bei der Fahrerlaubnisbehörde nach den Vorschriften des Bundeszentralregistergesetzes beantragt. ⁴Werden Tatsachen bekannt, die Bedenken gegen die Eignung des Bewerbers begründen, verfährt die Fahrerlaubnisbehörde nach den §§ 11 bis 14.

(3) Liegen alle Voraussetzungen für die Erteilung der Fahrerlaubnis vor, hat die Fahrerlaubnisbehörde den Führerschein ausfertigen zu lassen und auszuhändigen.

(4) ¹Muß der Bewerber noch die nach § 15 erforderliche Prüfung ablegen, hat die Fahrerlaubnisbehörde die zuständige Technische Prüfstelle für den Kraftfahrzeugverkehr mit der Prüfung zu beauftragen und ihr den vorbereiteten Führerschein (§ 25) ohne Angabe des Datums der Erteilung der beantragten Klasse unmittelbar zu übersenden. ²Der Sachverständige oder Prüfer prüft, ob der Bewerber zum Führen von Kraft- fahrzeugen, gegebenenfalls mit Anhänger, der beantragten Klasse befähigt ist. ³Der Sachverständige oder Prüfer oder sonst die Fahrerlaubnisbehörde händigt, wenn die Prüfung bestanden ist, den Führerschein nach dem Einsetzen des Aushändigungsdatums aus. ⁴Er darf nur ausgehändigt werden, wenn die Identität des Bewerbers zweifelsfrei feststeht. ⁵Hat der Sachverständige oder Prüfer den Führerschein ausgehändigt, teilt er dies der Fahrerlaubnisbehörde unter Angabe des Aushändigungsdatums mit. ⁶Außerdem hat er der Fahrerlaubnisbehörde die Ausbildungsbescheinigung zu übersenden. ⁷Die Fahrerlaubnis wird durch die Aushändigung des Führerscheins oder, wenn der Führerschein nicht vorliegt, ersatzweise durch eine befristete Prüfungsbescheinigung, die im Inland zum Nachweis der Fahrberechtigung dient, erteilt.

(5) Die Technische Prüfstelle soll den Prüfauftrag an die Fahrerlaubnisbehörde zurückgeben, wenn

1. die theoretische Prüfung nicht innerhalb von zwölf Monaten nach Eingang des Prüfauftrages bestanden ist,
2. die praktische Prüfung nicht innerhalb von zwölf Monaten nach Bestehen der theoretischen Prüfung bestanden ist oder
3. in den Fällen, in denen keine theoretische Prüfung erforderlich ist, die praktische Prüfung nicht innerhalb von zwölf Monaten nach Eingang des Prüfauftrages bestanden ist.

3 FeV § 22

1 **Begr** (BRDrucks 443/98 S 272): **Zu Abs 1:** *In Absatz 1 ist nunmehr ausdrücklich geregelt, dass die Behörde, die den Antrag bearbeitet, durch Einholung von Auskünften aus dem Melderegister die Richtigkeit und Vollständigkeit der vom Bewerber mitgeteilten Daten überprüfen kann. Diese Überprüfung dient zugleich auch der Festlegung der örtlichen Zuständigkeit.*

2 **Zu Abs 2:** *Absatz 2 übernimmt bisher in § 8 Abs. 3 und den §§ 9 und 13c StVZO enthaltene Regelungen. Da eine Fahrerlaubnis künftig nur dann erteilt werden darf, wenn der Bewerber nicht schon im Besitz einer Fahrerlaubnis ist, muss die Fahrerlaubnisbehörde auch diesen Umstand durch eine Anfrage beim Zentralen Fahrerlaubnisregister überprüfen. Hierzu und zur Überprüfung der Eignung des Antragstellers können künftig auch Auskünfte aus den entsprechenden ausländischen Registern eingeholt werden. Die Behörde muss je nach den Umständen des Einzelfalles entscheiden, ob sie von dieser Möglichkeit Gebrauch macht ...*

3 **Zu Abs 3:** *Absatz 3 betrifft den Fall, dass die Fahrerlaubnis ohne Fahrerlaubnisprüfung erteilt wird, z. B. bei der Neuerteilung nach vorangegangener Entziehung, wenn die Entziehung nicht länger als zwei Jahre zurückliegt, oder bei einem „Umtausch" einer ausländischen Fahrerlaubnis.*

4 **Zu Abs 4:** *Während nach § 10 Abs. 1 Nr. 2 StVZO die Fahrerlaubnisbehörde dem amtlich anerkannten Sachverständigen oder Prüfer den Fahrerlaubnisantrag unter Beifügung eines vorbereiteten Führerscheins zu übersenden hatte, spricht* **Absatz 4** *nur noch davon, dass die zuständige Technische Prüfstelle „zu beauftragen" ist. Damit kann der Auftrag auch in anderer Form erteilt werden, etwa durch Datenfernübertragung. Über die Art der Übermittlung kann die Fahrerlaubnisbehörde in Zusammenarbeit mit der Technischen Prüfstelle selbst entscheiden.*
Der Führerschein muss aber wie bisher dem Sachverständigen oder Prüfer übersandt werden ...

4a **Begr** zur ÄndVO v 6. 6. 07, BGBl I 1045 (VkBl **08** 252). **Zu Abs 5:** *Hintergrund des § 22 Abs. 5 ist, dass dem Bewerber um eine Fahrerlaubnis zur Absolvierung der jeweiligen Prüfung (höchstens) jeweils ein Zeitraum von zwölf Monaten zur Verfügung stehen soll. Die bisherige Regelung, wonach die Technische Prüfstelle den Auftrag in jedem Fall an die Fahrerlaubnisbehörde zurückgeben muss, wenn die in der Vorschrift genannten Fristen für die erfolgreiche Durchführung der Prüfung nicht eingehalten wurden, hat sich jedoch in bestimmten besonders gelagerten Fällen als zu starr erwiesen. Diesen atypischen Fällen kann die Technische Prüfstelle durch die Änderung des § 22 Abs. 5 („soll" statt „muss") künftig besser Rechnung tragen. Sie kann in diesen besonders gelagerten Fällen in Zukunft ausnahmsweise eine längere Frist zu Grunde legen. Eine solche Fristverlängerung bedarf jedoch einer besonderen Begründung der Technischen Prüfstelle. ...*

5 1. Eine **Überprüfung der vom Bewerber mitgeteilten Daten** (§ 21) *kann* die FEB vornehmen. Dazu kann sie Auskünfte aus dem Melderegister einholen. Die Überprüfung dient zugleich der Zuständigkeitskontrolle.

6 2. **Ermittlungen über die Eignung des Bewerbers.** Die FEB hat sorgfältige Feststellungen hinsichtlich etwaiger Eignungsbedenken zu treffen (Mängel körperlicher, geistiger oder charakterlicher Art, §§ 2 StVG, 2, 3, 11, 13, 14 FeV). Die Ermittlungen müssen sich im Rahmen von § 2 StVG halten. Sie berechtigen nicht dazu, den Bewerber über der Behörde unbekannte, eignungsmindernde oder -ausschließende Tatsachen, zB über körperliche Gebrechen zu befragen (Gesundheitsfragebogen), s *Jagow* DAR **98** 188, VD **98** 242, *Gehrmann* NZV **03** 11. Sind der Behörde solche Tatsachen bekannt, so hat sie dem Bewerber jedoch Gelegenheit zur Äußerung zu geben, und er wird sich insoweit äußern müssen (§ 2 StVG). S auch § 23, andererseits aber auch § 11 IX mit Anl 5 (zu §§ 11 IX, 48 IV), 48 IV Nr 3, wo der Bewerber nachweispflichtig ist. Die Vorschrift des Abs II S 3, Halbsatz 2 über das Führungszeugnis entspricht der früheren Regelung in § 8 III StVZO (alt).

7 2 a. **Auskunft aus dem VZR.** Im Rahmen ihrer Ermittlungen muss die FEB auf Kosten des Bewerbers eine Auskunft aus dem VZR (§ 30 StVG) über verwertbare Eintragungen einholen. Berücksichtigung des Sachverhalts früherer Bußgeld- oder Strafverfahren: § 29 StVG. Ob Auskünfte aus **ausländischen Registern** einzuholen sind, hängt vom Einzelfall ab; sie erübrigen sich, wenn der FEB bekannt ist, dass sich der Bewerber nicht im Ausland aufgehalten hat.

8 2 b. Führen die Ermittlungen der FEB zu **Eignungsbedenken** auf Grund der bekannt gewordenen Tatsachen, so hat die FEB nach Maßgabe der §§ 11 bis 14 zu verfahren und zur Vorbereitung ihrer Entscheidung die Beibringung der erforderlichen Gutachten anzuordnen.

Verfahren bei der Behörde und der Technischen Prüfstelle § 22 FeV 3

3. Besitz einer FE der beantragten Klasse, erteilt in einem Mitgliedstaat der EU oder einem 9 anderen Vertragsstaat des EWR-Abkommens, hindert gem § 2 II Nr 7 StVG, 8 FeV die im Inland beantragte FEErteilung. Ist der Bewerber bereits im Besitz einer deutschen FE, so ist die Erteilung einer FE derselben Klasse ebenfalls ausgeschlossen. Zur Klärung dieser Frage muss die FEB eine **Auskunft aus dem Zentralen FERegister** einholen. Übergangsbestimmung: § 76 Nr 12 (Auskunft aus den örtlichen FERegistern).

4. Aushändigung des FS durch die FEB erfolgt gem Abs II, wenn die Voraussetzungen 10 der FEErteilung nach Antragstellung und Durchführung der Ermittlungen gem Abs II ohne weiteres vorliegen. Dies betrifft die Fälle, in denen nach voraufgegangener EdF (§ 20 II), eine neue FE ohne FEPrüfung erteilt werden kann, sowie die Fälle eines „Umtauschs" einer ausländischen FE (§ 30). Aushändigung an eine vom FEBewerber bevollmächtigte Person genügt zur wirksamen FEErteilung iS von Abs IV S 7, s *Clemens* NZV **89** 62.

5. Ist noch die **Fahrerlaubnisprüfung** (§§ 15–17) abzulegen, so beauftragt die FEB die zu- 11 ständige Technische Prüfstelle (§ 69 FeV, §§ 10, 14 KfSachvG) mit der Durchführung der Prüfung und übersendet dieser gleichzeitig den FS der beantragten FEKl, wobei das Erteilungsdatum offen bleibt (IV S 1). Eine Übersendung des FS durch die FEB an die Fahrschule zur Weiterleitung an den Sachverständigen oder Prüfer ist ausgeschlossen. Akkreditierung der Prüfstellen: § 72

5 a. Prüfer. Die FEPrüfung wird gem § 69 I von einem amtlich anerkannten Sachverständi- 12 gen oder Prüfer für den KfzVerkehr (aaSoP) bei den Technischen Prüfstellen (§§ 10, 14 KfSachvG) oder bei Behörden iS von § 16 KfSachvG durchgeführt. Amtliche Anerkennung als Sachverständiger oder Prüfer für den KfzVerkehr: §§ 1–6 KfSachvG. Die Entscheidung des aaSoP ist eine im Auftrag der FEB durchgeführte hoheitliche Amtshandlung, aber **kein eigenständiger Verwaltungsakt** (*Bouska/Laeverenz* § 2 StVG Erl 15 e). Der aaSoP wird nur gutachtlich für die FEB tätig (*Geiger* SVR **06** 122). Förmliche Rechtsbehelfe gegen die Entscheidung des aaSoP sind nicht zulässig, nur gegen die daraufhin erfolgende Versagung der FE durch die FEB. Für Amtspflichtverletzung des Sachverständigen oder Prüfers anlässlich der Prüfung haftet das Land, Dü DAR **57** 353, BGH VRS **8** 165, nicht der Träger der Technischen Prüfstelle, bei dem der Sachverständige angestellt ist, Ce MDR **53** 676.

5 b. Verfahren nach der Prüfung. Ist die Prüfung bestanden, so händigt der Prüfer den FS 13 nach Einsetzen des Aushändigungsdatums dem Bewerber aus. Erst damit erlangt dieser die FE, Abs IV S 7. Der Prüfer teilt der FEB die Aushändigung des FS unter Angabe des Ausstellungsdatums mit (IV S 5) und übersendet ihr die Ausbildungsbescheinigung (IV S 6). Muster für eine befristete Prüfungsbescheinigung gem Abs IV S 7 bei Nichtvorliegen des FS nach der Prüfung (Vorläufiger Nachweis der Fahrberechtigung): VkBl **98** 1313.

Nichtbestehen der Prüfung, Zeitraum für die Durchführung der Prüfung. Aushän- 14 digung eines Prüfungsprotokolls: § 17 Rz 8. Wiederholung der Prüfung: § 18 I. Anfechtbarkeit der Entscheidung des Prüfers: Rz 12. Da für das Absolvieren der jeweiligen Prüfung höchstens ein Zeitraum von 12 Monaten zur Verfügung stehen soll, gibt die Technische Prüfstelle grundsätzlich den Prüfauftrag an die FEB bei Nichtbestehen der theoretischen Prüfung innerhalb von 12 Monaten nach Eingang des Prüfauftrags (Abs 5 Nr 1), bei Nichtbestehen der praktischen Prüfung innerhalb von 12 Monaten nach Bestehen der theoretischen Prüfung (Abs 5 Nr 2) oder, wenn eine theoretische Prüfung nicht erforderlich ist, innerhalb von 12 Monaten nach Eingang des Prüfungsauftrags (Abs 5 Nr 3) zurück. Nach Änderung des Abs 5 mit ÄndVO v 6. 6. 07 (BGBl I 1045) („soll" statt „muss") hat die Technische Prüfstelle die Möglichkeit, die jeweilige Prüfung in atypischen Fällen ausnahmsweise auch später durchzuführen. Dabei ist in erster Linie an Fälle gedacht, in denen gleichzeitig mit dem Antrag auf Erteilung der FEKl B auch ein Antrag auf Erteilung der FEKl BE gestellt wird (Begr VkBl **08** 252).

6. Strafvorschriften. Bewirkt der Sachbearbeiter der FEB dadurch Erteilung einer FE, dass 15 er Eignungsbedenken verschweigt, so kommt fahrlässige Mitverursachung eines späteren Unfalls in Betracht, Bay VRS **4** 431. Ausstellen eines deutschen FS gem §§ 30, 31 in Kenntnis der Tatsache, dass eine ausländische FE nicht besteht, ist weder Verwahrungsbruch (§ 133 StGB), noch Falschbeurkundung im Amt (§ 348 StGB), BGHSt **33** 190 = NJW **85** 2654. Keine Falschbeurkundung auch, wenn andere Voraussetzungen für den „Umtausch" („Umschreibung") nach § 30 fehlen, BGHSt **37** 207 = NJW **91** 576. Da die Erfüllung der Voraussetzungen für die FEErteilung nicht am öffentlichen Glauben des FS als Urkunde teilnimmt, kommt bei

Dauer

3 FeV § 23 II. Führen von Kraftfahrzeugen

Täuschung über deren Vorliegen mittelbare Falschbeurkundung (§ 271 StGB) nicht in Betracht, Ha NStZ **88** 26 (Ablegung der theoretischen Prüfung durch einen Dritten). Trägt der Beamte bei Ausstellung eines neuen FS gegen Abgabe des alten vorsätzlich weitere FEKlassen ein, für die eine FE nicht erteilt ist, so begeht er Falschbeurkundung im Amt, BGHSt **37** 207 = NJW **91** 576. Zum Umfang der Beweiskraft des FS als öffentliche Urkunde, s § 4 Rz 9. Wer FS-Formulare druckt, um sie bei Bedarf mit den Namen eines Interessenten zu versehen, begeht versuchte Urkundenfälschung, BGH DAR **79** 174. Wer sich unter Hergabe von Geld, Lichtbildern und Personalangaben einen FS fälschlich herstellen lässt, ist Mittäter der Urkundenfälschung, Ha GA **73** 184. Wer bei der FSAusstellung falsche Personalien angibt, begeht mittelbare Falschbeurkundung (§ 271 StGB), BGHSt **34** 299 = NJW **87** 2243 (Geburtsdatum), abl *Ranft* JR **88** 383. Keine Falschbeurkundung durch Antrag auf einen ErsatzFS unter der wahrheitswidrigen Angabe, die FE sei nicht entzogen, Kö NJW **72** 1335, *Ranft* JR **88** 384. Weder Urkundenfälschung noch Vergehen gegen § 133 oder § 274 Ziff 1 StGB, wenn der FSInhaber der Klasse M den Buchstaben „M" entfernt oder unleserlich macht, um vorspiegeln zu können, der Schein sei auf eine andere Klasse ausgestellt, Bra NJW **60** 1120 (zu FEKl 4 alt). Ist die Erweiterungsprüfung bestanden und liegt der erweiterte FS zur Abholung bereit (Abs II), so kann ein Irrtum über den Beginn der erweiterten Berechtigung entschuldbar sein, BGH NJW **66** 1216.

16   **7. Zivilrecht.** Ungerechtfertigte Verzögerung eines Antrags auf Fahrerlaubnis kann zu Ersatzansprüchen wegen Amtspflichtverletzung führen. Der amtlich anerkannte Sachverständige übt seine Aufgaben gem der FEV amtlich aus, für Amtspflichtverletzung haftet das Land, BGH NJW **68** 443. Bedeutung der Führerscheinklausel in Versicherungsverträgen: § 21 StVG.

Geltungsdauer der Fahrerlaubnis, Beschränkungen und Auflagen

23 (1) ¹Die Fahrerlaubnis der Klassen A, A1, B, BE, M, S, L und T wird unbefristet erteilt. ²Die Fahrerlaubnis der übrigen Klassen wird längstens für folgende Zeiträume erteilt:

1. Klassen C1, C1E: bis zur Vollendung des 50. Lebensjahres, nach Vollendung des 45. Lebensjahres des Bewerbers für fünf Jahre,
2. Klassen C, CE: für fünf Jahre,
3. Klassen D, D1, DE und D1E: für fünf Jahre.

³Grundlage für die Bemessung der Geltungsdauer ist das Datum des Tages, an dem die Fahrerlaubnisbehörde den Auftrag zur Herstellung des Führerscheins erteilt.

(2) ¹Ist der Bewerber nur bedingt zum Führen von Kraftfahrzeugen geeignet, kann die Fahrerlaubnisbehörde die Fahrerlaubnis soweit wie notwendig beschränken oder unter den erforderlichen Auflagen erteilen. ²Die Beschränkung kann sich insbesondere auf eine bestimmte Fahrzeugart oder ein bestimmtes Fahrzeug mit besonderen Einrichtungen erstrecken.

1   **Begr** (BRDrucks 443/98 S 274): *Die Richtlinie unterteilt die Fahrerlaubnisbewerber und -inhaber in zwei Gruppen: Zur Gruppe 1 gehören Fahrer von Fahrzeugen der Klassen A und B mit Anhänger- und Unterklassen, zur Gruppe 2 Fahrer von Fahrzeugen der Klassen C und D und entsprechender Unter- und Anhängerklasse. Fahrer der Gruppe 1 müssen im Zusammenhang mit der Erteilung der Fahrerlaubnis nur dann untersucht werden, wenn ein besonderer Anlass besteht. Für Fahrer der Gruppe 2 schreibt die Richtlinie neben einer ärztlichen Untersuchung bei der Erteilung der Fahrerlaubnis regelmäßige ärztliche Wiederholungsuntersuchungen vor. Die Festlegung der Abstände für diese Untersuchung ist den Mitgliedstaaten überlassen.*

Die Fahrerlaubnis der Klassen A, A1, B, BE und der „nationalen" Klassen L, M und T wird deshalb unbefristet erteilt. Für die anderen Klassen wird einheitlich eine Geltungsdauer von fünf Jahren festgelegt, bei den Klassen C und C1E wegen der geringeren Anforderungen und den geringeren Gefahren, die von diesen kleineren Fahrzeugen ausgehen, allerdings erst beginnend mit dem 50. Lebensjahr des Inhabers. Die Verlängerung erfolgt jeweils um diesen Zeitraum, wenn der Inhaber das Fortbestehen seiner körperlichen und geistigen Eignung durch ein ärztliches Zeugnis nachweist …

Dass als Grundlage für die Bemessung der Geltungsdauer das Datum des Tages gewählt wird, an dem die Fahrerlaubnisbehörde den Auftrag zur Herstellung des Führerscheins erteilt und nicht das Datum des Tages, an dem die Fahrerlaubnis erteilt wird, beruht auf folgender Erwägung: Das Datum des Ablaufs der Geltungsdauer ist bei der jeweiligen Klasse anzugeben, d. h. in den Führerschein „einzudrucken". Eine

Geltungsdauer der Fahrerlaubnis, Beschränkungen und Auflagen § 23 FeV **3**

handschriftliche Eintragung auf der Karte wie beim Aushändigungsdatum ist nicht vorgesehen. Das Datum der Erteilung der Fahrerlaubnis steht jedoch bei der Erteilung des Herstellungsauftrages noch nicht fest, da es davon abhängt, wann der Bewerber seine Prüfung ablegt. Es kann deshalb nicht als Grundlage für die Bemessung der Geltungsdauer herangezogen werden. Das Datum der Auftragserteilung wird deshalb gewählt, weil es das spätestmögliche Datum ist und die Dauer des Verwaltungsverfahrens bei der Fahrerlaubnisbehörde, anders als wenn z. B. der Zeitpunkt der Antragstellung gewählt würde, nicht zu Lasen des Bewerbers geht.

Begr *zur ÄndVO v 7. 8. 02 (BRDrucks 497/02 S 65): ... Wenn ... der Betroffene sich diesen Untersuchungen freiwillig schon früher unterzieht, bestehen keine Bedenken, die Fahrerlaubnis über das 50. Lebensjahr hinaus um volle 5 Jahre zu verlängern. Da bei der Erteilung der Klassen D, D1, DE, D1E ohnehin die gleichen Untersuchungen wie bei Verlängerung ab Vollendung des 50. Lebensjahres vorgeschrieben sind, ist für den Fall der Verlängerung kurz vor dem 50. Lebensjahr eine entsprechende Regelung zu treffen. Letztere Überlegung gilt in gleicher Weise für eine Erteilung der Klassen C1 und C1E kurz vor Vollendung des 50. Lebensjahres. Auch hier sind bei Erteilung die gleichen Untersuchungen durchzuführen wie bei Verlängerung ab dem 50. Lebensjahr.*

1. Geltungsdauer der FE. Hinsichtlich der Geltungsdauer unterscheidet Abs I zwei Gruppen von FEKlassen: **Unbefristet** wird die FE der Klassen erteilt, bei denen in Bezug auf die Kraftfahreignung nur anlaßbezogene Untersuchungen nach § 11 II–IV, 13, 14 in Frage kommen. Dies sind neben den Klassen L, M, S und T vor allem die Kraftrad- und Pkw-Klassen A, A1, B und BE. Nach Maßgabe von Abs I S 1 **befristet** wird die FE der Klassen erteilt, bei denen in jedem Fall der Nachweis erbracht werden muss, dass keine die Eignung ausschließenden Erkrankungen vorliegen (§ 11 IX, Anl 5), also der „Lkw- und Omnibusklassen" C1, C1E (bis zur Vollendung des 50. Lebensjahres, nach Vollendung des 45. Lebensjahres für 5 Jahre), C und CE (für 5 Jahre) sowie D, D1, DE und D1E (für 5 Jahre). Damit ist das Untersuchungsintervall bei Inhabern einer FE zum Führen von Kom gegenüber der früheren Regelung (§ 15 f StVZO alt) um zwei Jahre verlängert. Maßgebend für den **Beginn der Frist** ist das Datum der Auftragserteilung durch die FEB zur Herstellung des FS (s dazu die Begr, Rz 1). Gem der **Übergangsbestimmung** des § 76 Nr 13 bleiben bis zum 31. 12. 1998 erteilte FEe zur Fahrgastbeförderung in Kom, Taxen, Mietwagen oder Krankenkraftwagen und entsprechende FSe bis zum Ablauf ihrer bisherigen Befristung gültig. **2**

2. Einschränkung der FE. Abs II regelt, wie behebbare Eignungsmängel durch Auflagen oder eine eingeschränkte FE ausgeglichen werden können. In Betracht kommen hier vor allem körperliche Mängel, nach dem insoweit nicht einschränkenden Wortlaut der Vorschrift (s aber § 2 IV StVG) aber auch gewisse charakterliche (beschränkte FE für Trecker im Ortsflurbereich nach VTrunkenheit), Bay VM **70** 18, s *Stephan* DAR **89** 125, *Jagow* DAR **97** 16 (s dazu § 2 StVG Rz 18). Jedoch dürfen die Grenzen zwischen Nichteignung und bedingter Eignung durch großzügige FEErteilung nicht verwischt werden, s *Weigelt ua* NZV **91** 58. Psychotische Beeinträchtigung des Realitätsurteils durch Wahnideen und Halluzinationen können auch nicht durch Beschränkung der FE kompensiert werden, VGH Ma DAR **89** 315. Die bloße Möglichkeit künftiger Nichteignung fällt nicht unter Abs II. Das Übermaßverbot erlaubt EdF nur insoweit, als Auflagen oder Belassung einer eingeschränkten FE nach Sachlage außer Betracht bleiben müssen, s dazu OVG Br NJW **80** 2371, *Stephan* DAR **93** 48. **3**

Ist ein körperlicher oder geistiger Mangel ausgleichbar, so muss die FEB die zum Ausgleich erforderlichen Auflagen oder Beschränkungen anordnen. Die FSEintragung muss die Maßnahme klar als Auflage oder als FE-Beschränkung kennzeichnen, BGHSt **28** 72 = NJW **78** 2517, Bay NZV **90** 322. Dabei sind gem § 25 III die in Anl 9 festgelegten Schlüsselzahlen zu verwenden. Ist eine nur Auflage zulässige Maßnahme irrig als Beschränkung bezeichnet, so gilt die wirkliche Rechtslage; im umgekehrten Fall wird ein unvermeidbarer Verbotsirrtum in Betracht kommen, s Rz 8, 9; Ahndung ist dann nur als OW (§§ 23 II S 1, 75 Nr 9) möglich, s Bay NZV **90** 322. **4**

In Betracht kommen etwa: als Beschränkung die Einschränkung der FE auf eine bestimmte KfzArt oder auf ein bestimmtes Kfz mit besonderen, im FS genau zu bezeichnenden technischen Einrichtungen, als Auflage die Anordnung einer Nachuntersuchung nach bestimmten Fristen, OVG Ko NJW **90** 1194, VGH Ma ZfS **96** 400, oder das Tragen einer Brille beim Fahren sowie Nachtfahrverbot, VG Fra NJW **87** 796, VGH Ka NJW **87** 797 (zu den Bestimmtheitsanforderungen). Nachuntersuchung vor allem, wenn sich ein körperlicher oder geistiger Mangel verschlimmern könnte, der zurzeit der Erteilung der FE noch nicht so groß ist, dass er **5** eine Versagung rechtfertigt. Die Anordnung der Nachuntersuchung nach bestimmter Zeit ist eine Auflage und im FS nicht zu vermerken, da sie die Fahrbefugnis nicht beschränkt und unterwegs nicht kontrolliert werden kann. Eine Anordnung der FEB an den FEBewerber, die sich nicht auf eine bestimmte FzArt oder auf ein bestimmtes Kfz mit „besonderen Einrichtungen" bezieht, kann nur als Auflage ergehen, BGHSt **28** 72 = NJW **78** 2517, *Bouska* VD **78** 321. Der Begriff der „besonderen Einrichtung" ist eng auszulegen und wird nicht allein durch häufig verwendete Zusatzeinrichtungen wie zB einen zusätzlichen rechten Außenspiegel erfüllt, BGHSt **28** 72 = NJW **78** 2517, Ce VersR **79** 148. Es ist zulässig, die FE auf einen örtlichen Bereich, OVG Lüneburg VRS **13** 157, auf Fahrten innerhalb eines festgelegten Umkreises und auf eine vorgeschriebene Höchstgeschwindigkeit, VG Regensburg NJW **58** 685, zu beschränken, s *Himmelreich/Janker/Karbach* Rz 921 ff.

6   Kann eine Krankheitsphase unvorhergesehen und plötzlich wieder auftreten, so bietet die Anordnung späterer Nachuntersuchung keine Gewähr, BVerwG DAR **57** 55. Nichtbeachtung einer persönlichen Auflage (Brillentragen, Geschwindigkeitsbeschränkung, örtliche oder zeitliche Fahrbeschränkung) beseitigt den Verwaltungsakt der FE nicht, BGH VersR **69** 1011, BGHSt **32** 80 = NJW **84** 65. Dieser ist nicht dadurch auflösend bedingt und kann es verwaltungsrechtlich nicht sein (§ 2 StVG Rz 34), dass der Berechtigte persönliche Auflagen unbeachtet lässt, BGH NJW **69** 1213. So wohl auch Ba VersR **68** 252, aM Zw VersR **34** 444. Er verstößt jedoch gegen die §§ 23 II S 1, 75 Nr 9 FeV, 24 StVG. Bei beharrlicher Verletzung der Auflage kann die FE entzogen werden (Rz 9). Erneutes Fahren verstieße dann gegen § 21 StVG. Eine im FS eingetragene Fahrbeschränkung auf werktäglich 5–20 Uhr ist bis zur behördlichen Beseitigung wirksam, Zw Betr **68** 1812. Die FS-Eintragung, die FE decke nur das Fahren zwischen Wohnung und Schule, ist eine Auflage, ein Verstoß verletzt die §§ 23 II S 1, 75 Nr 9 FeV, 24 StVG, nicht § 21 StVG, LG Bayreuth DAR **69** 52.

Lit: *Huppertz,* Schlüsselzahlen des FERechts, NZV **04** 563. *Lange,* Versicherungsschutz trotz nicht erfüllter FS-Auflage, VersR **70** 299. *Liebermann/Weibrecht,* Schlüsselzahlen auf dem FS, NZV **04** 337 = VD **04** 119. *Scheler,* Die Auflage im FS und ihre Wirkung auf den Versicherungsschutz, VersR **67** 838.

7   **3. Rechtsanspruch auf Fahrerlaubnis unter Auflage oder Beschränkung.** Können Mängel durch technische Hilfsmittel oder charakterliche Mängel durch Auflagen oder Beschränkungen ausgeglichen werden, so hat der Bewerber einen Rechtsanspruch auf die FE unter entsprechender Auflage oder Beschränkung, s dazu *Himmelreich/Janker/Karbach* Rz 948. Dieser beruht auf dem verfassungskräftigen Übermaßverbot (**E** 2). Dieses ist auch hinsichtlich des Verhältnisses der beiden Möglichkeiten der Einschränkung zu beachten: Was durch Auflage erreicht werden kann, darf nicht in Form der im Verhältnis dazu weitergehenden Beschränkung der FE angeordnet werden, s *Gehrmann* NZV **02** 492. Nur eine unter Berücksichtigung dieses Grundsatzes wirksam angeordnete Beschränkung nach II S 2 ist strafrechtlich beachtlich (s Rz 8). Die jeweilige Beschränkung oder Auflage wird codiert in Form einer Schlüsselzahl nach Anl 9 (zu § 25 III) in den FS eingetragen, § 25 III, *Liebermann/Weibrecht* NZV **04** 337 = VD **04** 119.

8   **4. Sanktion.** Fahren ohne FE (§ 21 StVG) ist es, wenn jemand ohne im FS vermerkte fahrzeugtechnische **Beschränkungen** (bestimmte KfzArt, kleiner Hubraum, technische Sondereinrichtungen) fährt, s BGHSt **28** 72 = NJW **78** 2517, Bay VRS **38** 467, NZV **90** 322. Derartige technische Beschränkungen der FE sind keine persönlichen Auflagen. Die irrige Annahme, eine solche Beschränkung sei technisch überholt und nicht mehr zu beachten, kann entschuldigter Verbotsirrtum sein, Ce DAR **56** 280. Hat die FEB eine „beschränkte" FE erteilt, obwohl die einschränkende Maßnahme als Auflage gem II S 1 hätte angeordnet werden müssen, so entfällt eine Strafbarkeit nach § 21 I Nr 1 StVG, BGHSt **28** 72 = NJW **78** 2517. Wird im FS als „Beschränkung" bezeichnet, was nur als Auflage möglich ist, oder ist die FSEintragung insoweit unklar, so kommt nur Ahndung als OW in Betracht, s Rz 4, 9. Beschränkung der FE vor Erreichen des Mindestalters im Rahmen der Ausbildung als BerufsKf, s § 10 Rz 2.

9   Anders liegt es bei eingetragenen persönlichen **Auflagen** (Brillentragen, Fahren innerhalb eines bestimmten Bereichs oder mit beschränkter Geschwindigkeit, Nachtfahrverbot, VG Fra NJW **87** 796). Nichtbeachtung der Auflage ist ow gem § 75 Nr 9. Wird eine FE mit Auflage erteilt, so liegt idR ein einheitlicher Verwaltungsakt mit selbstständiger, aber vom Fortbestand der FE abhängiger Nebenanordnung vor (s § 36 VwVfG), der im FS einheitlich beurkundet wird, Bay VRS **58** 461. Ergeht die Auflage später, so ergänzt (ändert) sie den Verwaltungsakt

Verlängerung von Fahrerlaubnissen § 24 FeV **3**

der FEErteilung und ist im FS zu vermerken, wird aber idR an dessen Beurkundungswirkung auch ohne selbstständigen Beurkundungsvermerk teilnehmen. S BGH NJW **69** 1213, VM **60** 71, Ba VersR **68** 242, Stu NJW **62** 1929, KG VRS **26** 213. Nichtbeachtung persönlicher Auflagen ist daher kein Verstoß gegen § 21 StVG, BGHSt **32** 80 = NJW **84** 65, jedoch ordnungswidrig (§§ 23 II 1, 75 Nr 9 FeV, 24 StVG), Bay NZV **90** 322. Kar VRS **39** 286 (Auflage, nur bei Tageslicht zu fahren). Nichtbefolgen einer Aufl zum Ausgleich einer in Wahrheit nicht vorhandenen Eignungseinschränkung ist jedoch nicht tatbestandsmäßig nach § 75 Nr 9 (Tragen einer Brille bei uneingeschränkter Sehkraft), s BGHSt **32** 80 = NJW **84** 65, Bay VRS **62** 383, *Neumann* JZ **81** 355, aM *Ce* JZ **81** 355 (jeweils zu § 69a I Nr 6 StVZO alt). Bei hartnäckigem Zuwiderhandeln kann Nichtbeachtung der Aufl zum Fahrverbot (§ 25 StVG) oder zur Entziehung der FE (§ 3 StVG) durch die VB führen, BGH NJW **69** 1213. Nichttragen einer ärztlich verordneten Brille ohne entsprechende Aufl durch die VB ist nicht ow nach § 75 Nr 9, s Kar VM **81** 36, möglicherweise aber nach §§ 2 I 1, 75 Nr 1.

Verlängerung von Fahrerlaubnissen

24 (1) ¹Die Geltungsdauer der Fahrerlaubnis der Klassen C, C1, CE, C1E, D, D1, DE und D1E wird auf Antrag des Inhabers jeweils um die in § 23 Abs. 1 Satz 2 angegebenen Zeiträume verlängert, wenn

1. der Inhaber seine Eignung nach Maßgabe der Anlage 5 und die Erfüllung der Anforderungen an das Sehvermögen nach Anlage 6 nachweist und
2. keine Tatsachen vorliegen, die die Annahme rechtfertigen, daß eine der sonstigen aus den §§ 7 bis 19 ersichtlichen Voraussetzungen für die Erteilung der Fahrerlaubnis fehlt.

²Grundlage der Bemessung der Geltungsdauer der verlängerten Fahrerlaubnis ist das Datum des Tages, an dem die zu verlängernde Fahrerlaubnis endet. ³Die Verlängerung der Klassen D, D1, DE und D1E kann nur dann über die Vollendung des 50. Lebensjahrs hinaus erfolgen, wenn der Antragsteller zusätzlich seine Eignung nach Maßgabe der Anlage 5 Nr. 2 nachweist.

(2) **Absatz 1 Satz 1 und 3 und § 23 Abs. 1 Satz 3 ist auch bei der Erteilung einer Fahrerlaubnis der entsprechenden Klasse anzuwenden, wenn die Geltungsdauer der vorherigen Fahrerlaubnis dieser Klasse bei Antragstellung abgelaufen ist.**

(3) **Die Absätze 1 und 2 sind auch anzuwenden, wenn der Inhaber der Fahrerlaubnis seinen ordentlichen Wohnsitz in einen nicht zur Europäischen Union oder zum Abkommen über den Europäischen Wirtschaftsraum gehörenden Staat verlegt hat.**

Begr (BRDrucks 443/98 S 275): *§ 24 orientiert sich an den bisherigen Bestimmungen für die Verlängerung einer Fahrerlaubnis zur Fahrgastbeförderung in § 15f Abs. 2 StVZO.* **1**

Absatz 1 betrifft den Fall, dass die Fahrerlaubnis zum Zeitpunkt der Verlängerung noch gültig ist.

Absatz 2 enthält eine Regelung für den Fall, dass die Geltungsdauer bereits abgelaufen ist, eine Verlängerung also nicht mehr in Frage kommt, weil eine Verlängerung ein noch gültiges Recht voraussetzt. Bis zu zwei Jahren nach Ablauf der Geltungsdauer wird in diesem Fall die Fahrerlaubnis unter den Bedingungen erteilt, die für eine Verlängerung gelten. Danach muss die Prüfung wiederholt werden. Von der Ausbildung kann die Fahrerlaubnisbehörde befreien (vgl. § 7 Abs. 2 der Fahrschüler-Ausbildungsordnung).

Absatz 3 lässt die Verlängerung einer deutschen Fahrerlaubnis zu, wenn der Inhaber seinen Wohnsitz in einen Drittstaat verlegt. Innerhalb der EU bzw. des EWR wäre der neue Wohnsitzstaat zuständig.

Begr zur ÄndVO v 7. 8. 02: BRDrucks 497/02 S 65.

Begr zur ÄndVO v 18. 7. 08, BGBl I 1338 (BR-Drs 302/08 S 64): **Zu Abs 1 S 1 und S 2:** **2** *Durch die Änderung des § 24 Abs. 1 wird klargestellt, dass sich die Gültigkeitsdauer bei der Verlängerung einer Fahrerlaubnis der Klassen C und D oder Neuerteilung einer Fahrerlaubnis nach Ablauf der Gültigkeit einer vorangegangenen Fahrerlaubnis nicht anhand des Datums des Tages bemisst, an dem die Fahrerlaubnisbehörde den Auftrag zur Herstellung des Führerscheins erteilt hat. Mit der Regelung wird sichergestellt, dass sich bei rechtzeitiger Antragstellung die neue Gültigkeitsdauer nahtlos an den Ablauf der alten Gültigkeitsdauer anschließt und die alte Gültigkeitsdauer nicht durch die Verlängerung der Fahrerlaubnis verkürzt wird. Die zeitliche Befristung kann bereits bei der Herstellung des neuen Führerscheins eingetragen werden.*

Zu Abs 2: *Durch die Änderung des § 24 Abs. 2 brauchen sich zudem Lkw-, Bus- und Taxifahrer,* **3** *deren Fahrerlaubnis nicht mehr gültig ist, künftig vor Neuerteilung ihrer Fahrerlaubnis der Klassen C, C1, CE, C1E (Lkw), D, D1, DE, D1E (Busse) beziehungsweise ihrer Fahrerlaubnis zur Fahrgastbeförde-*

rung unter den Voraussetzungen des Absatz 1 auch dann nicht mehr einer erneuten Fahrerlaubnisprüfung zu unterziehen, wenn seit Ablauf der Gültigkeit ihrer ursprünglichen Fahrerlaubnis mehr als zwei Jahre verstrichen sind. Hierbei wird der Erkenntnis Rechnung getragen, dass die Befähigung zum Führen eines entsprechenden Kraftfahrzeugs im Regelfall weiterhin besteht und Anlass für die Befristung die Notwendigkeit ist, in regelmäßigen Abständen die Eignung zu überprüfen. Soweit Tatsachen die Annahme rechtfertigen, dass die Befähigung nicht mehr besteht, kann in Anwendung des Abs. 1 Satz 1 Nr. 2 zum Nachweis der Befähigung eine entsprechende Fahrerlaubnisprüfung angeordnet werden. Wurde die Fahrerlaubnis entzogen, kann nach § 20 Abs. 2 in diesen Fällen ebenfalls auf die erneute Fahrprüfung verzichtet werden (Ermessensentscheidung).

4–10 (BR-Drs 302/08 Beschluss S 3): *Mit der Bezugnahme in § 24 Abs. 2 auf Absatz 1 Satz 1 und 3 und § 23 Abs. 1 Satz 3 wird klargestellt, dass auch für die Fälle der Erteilung einer Fahrerlaubnis nach abgelaufener Fahrerlaubnis der Klassen D, D1, DE und D1E der Antragsteller erst dann seine Eignung nach Maßgabe der Anlage 5 Nr. 2 FeV (leistungspsychologische Untersuchung) nachweisen muss, wenn die Erteilung der Fahrerlaubnis über die Vollendung des 50. Lebensjahres hinaus erfolgen soll. Somit wird der Bewerber bei der Erteilung einer bereits abgelaufenen Fahrerlaubnis dem Bewerber der Verlängerung einer noch nicht abgelaufenen Fahrerlaubnis bei der gesundheitlichen Eignung gleichgestellt, da im Regelfall nicht davon auszugehen ist, dass, wie im Falle der Verlängerung der Fahrerlaubnis, die Eignung verloren gegangen ist. Dieses war bisher zwar im Verordnungstext nicht geregelt, ergibt sich aber aus der Begründung zu § 24 Abs. 2 i.V.m. § 11 FeV (Verkehrsblatt Heft 20/1998 S. 1069) und dient der Klarstellung.*

11 **1. Geltungsdauer.** Die FEe der „Lkw-" und „Omnibus"-Klassen C, C1, CE, C1E, D, D1, DE, D1E werden gem § 23 nur befristet auf 5 Jahre erteilt, die FE der Klassen C1 und C1E allerdings erst ab dem 45. Lebensjahr.

12 **2. Rechtsanspruch auf Verlängerung** hat der Inhaber mit ständigem Aufenthalt im Inland (Abs 1 Nr 2 mit § 7 I), wenn er körperlich und geistig zum Führen von Fz der betreffenden Klasse geeignet ist, dies nach Maßgabe der Anlagen 5 und 6 nachweist und kein Anlass zur Annahme des Fehlens einer der Voraussetzungen der §§ 7–19 besteht. Verlängerung oder Neuerteilung einer abgelaufenen FE bei Verlegung des Wohnsitzes ins Ausland, s Rz 14. Die Verlängerung muss rechtzeitig vor Ablauf der Geltungsfrist beantragt werden, s VGH Ma ZfS 97 237. Die Gültigkeitsdauer bemisst sich bei der Verlängerung nicht wie gem § 23 I 3 bei der erstmaligen Erteilung anhand des Datums des Tages, an dem die FEB den Auftrag zur Herstellung des FS erteilt. Bei Verlängerung schließt die Gültigkeitsdauer der verlängerten FE vielmehr nahtlos an den Gültigkeitszeitraum der alten FE an (Abs 1 S 2, durch ÄndVO v 18. 7. 08, BGBl I 1338 mit Wirkung vom 30. 10. 08 eingefügt, Begr Rz 2; so bereits vor dieser Rechtsänderung OVG Berlin Urt v 17. 4. 07 1 B 6.06 juris = NJ **07** 521 Ls).

13 **3.** Nach Ablauf der Geltungsdauer ist eine Verlängerung nicht mehr möglich; dann besteht ein **Anspruch auf Neuerteilung** gem Abs 2, wenn die notwendigen Voraussetzungen erfüllt werden. Aufgrund der Neufassung des Abs 2 durch ÄndVO v 18. 7. 08 (BGBl I 1338) mit Wirkung vom 30. 10. 08 muss der Antragsteller die Fahrprüfung nicht mehr wiederholen, wenn seit dem Ablauf der Geltungsdauer der vorherigen FE mehr als zwei Jahre verstrichen sind. Die frühere Zwei-Jahres-Frist wurde aufgehoben, weil die Befristung der FE nicht den Zweck hat, die *Befähigung* regelmäßig erneut zu prüfen, sondern weil die *Eignung* in regelmäßigen Abständen überprüft werden soll (Begr Rz 3). Sofern es Anzeichen dafür gibt, dass die Befähigung nicht mehr gegeben ist, kann die FEB nach Abs 1 S 1 Nr 2 eine erneute Fahrerlaubnisprüfung anordnen. Grundlage für die Bemessung der Gültigkeitsdauer der neu erteilten FE ist das Datum des Tages, an dem die FEB den Auftrag zur Herstellung des neuen FS erteilt (Abs 2 iVm § 23 I 3). Die Gültigkeitsdauer der neu erteilten FE schließt nicht nahtlos an den Gültigkeitszeitraum der alten FE an, weil dies eine Verkürzung der in § 23 I 2 vorgesehenen Geltungsdauer bedeuten würde.

14 **4.** Bei **Wohnsitzverlegung ins Ausland** ist zu unterscheiden: Hat der FEInhaber seinen ordentlichen Wohnsitz in einen Mitgliedstaat der EU oder einen anderen EWR-Vertragsstaat verlegt, so wird für eine Verlängerung oder Neuerteilung der Staat des neuen Wohnsitzes zuständig. Bei Wohnsitzverlegung in einen Drittstaat bleibt die deutsche FEB gem Abs 3 zuständig.

15 **5. Rechtsmittel und VZR-Eintrag.** Gegen die Ablehnung einer beantragten Verlängerung (Abs 1) oder Neuerteilung (Abs 2) stehen dem Antragsteller die nach der VwGO zulässigen Rechtsmittel zur Verfügung. Nach Rechtskraft werden sowohl die Ablehnung der Verlängerung (Abs 1) als auch die Versagung nach Abs 2 im VZR gespeichert (§ 28 III Nr 8 und 5 StVG).

Ausfertigung des Führerscheins § 25 FeV 3

6. Sanktion. Ist die Geltungsdauer der FE abgelaufen, so ist der bisherige Inhaber nicht 16
mehr im Besitz der FE der betreffenden Klasse. Führt er dennoch ein Fz dieser Klasse, so macht
er sich gem § 21 StVG strafbar.

Ausfertigung des Führerscheins

25 (1) ¹Der Führerschein wird nach Muster 1 der Anlage 8 ausgefertigt. ²Er darf nur ausgestellt werden, wenn der Antragsteller
1. seinen ordentlichen Wohnsitz im Sinne des § 7 Abs. 1 oder 2 in der Bundesrepublik Deutschland hat,
2. zu dem in § 7 Abs. 3 genannten Personenkreis gehört oder
3. seinen ordentlichen Wohnsitz in einem Staat hat, der nicht Mitgliedstaat der Europäischen Union oder Vertragsstaat des Abkommens über den Europäischen Wirtschaftsraum ist und im Besitz einer deutschen Fahrerlaubnis ist.

(2) ¹Bei einer Erweiterung oder Verlängerung der Fahrerlaubnis oder Änderungen der Angaben auf dem Führerschein ist ein neuer Führerschein auszufertigen. ²Bei einer Erweiterung der Fahrerlaubnis auf eine andere Klasse oder der Erweiterung einer leistungsbeschränkten Fahrerlaubnis der Klasse A auf eine unbeschränkte Klasse A vor Ablauf der zweijährigen Frist nach § 6 Abs. 2 Satz 1 ist auf dem Führerschein der Tag zu vermerken, an dem die EU- oder EWR-Fahrerlaubnis für die bisher vorhandenen Klassen oder die Klasse A vor der Erweiterung erteilt worden war.

(3) Bei Eintragungen auf dem Führerschein, die nicht bereits im Muster vorgesehen sind, insbesondere auf Grund von Beschränkungen und Auflagen, sind die in Anlage 9 festgelegten Schlüsselzahlen zu verwenden.

(4) ¹Ist ein Führerschein abhanden gekommen, oder vernichtet worden, hat der bisherige Inhaber den Verlust unverzüglich anzuzeigen und sich ein Ersatzdokument ausstellen zu lassen, sofern er nicht auf die Fahrerlaubnis verzichtet. ²Wird ein Ersatzführerschein für einen abhanden gekommenen ausgestellt, hat sich die Fahrerlaubnisbehörde auf Kosten des Antragstellers durch die Einholung einer Auskunft aus dem Zentralen Fahrerlaubnisregister und aus dem Verkehrszentralregister zu vergewissern, daß der Antragsteller die entsprechende Fahrerlaubnis besitzt. ³Sie kann außerdem – in der Regel über das Kraftfahrt-Bundesamt – auf seine Kosten eine Auskunft aus den entsprechenden ausländischen Registern einholen.

(5) ¹Bei der Aushändigung eines neuen Führerscheins ist der bisherige Führerschein einzuziehen oder ungültig zu machen. ²Er verliert mit Aushändigung des neuen Führerscheines seine Gültigkeit. ³Wird der bisherige Führerschein nach Aushändigung des neuen wieder aufgefunden, ist er unverzüglich der zuständigen Fahrerlaubnisbehörde abzuliefern.

Begr (BRDrucks 443/98 S 276): **Zu Abs 1:** ... *Absatz 1 Satz 2 beruht auf Artikel 7 Abs. 1* 1
der Richtlinie, wonach die Ausstellung eines Führerscheins vom Vorhandensein eines ordentlichen Wohnsitzes im Hoheitsgebiet des ausstellenden Mitgliedstaats abhängt (Nummer 1) oder vom Nachweis der Eigenschaft als Student oder Schüler während eines Mindestzeitraums von 185 Tagen (Nummer 2). Die Regelung bezieht sich sowohl auf die Fahrerlaubnis als Recht als auch auf den Führerschein als Dokument zum Nachweis des Rechts. Die Bestimmung gilt auch für die Ausstellung eines Ersatzführerscheins. Dies ergibt sich aus Artikel 8 Abs. 5 der Richtlinie. Danach kann ein Ersatzführerschein bei den Behörden des Mitgliedstaates erlangt werden, in dem der Führerscheininhaber seinen ordentlichen Wohnsitz hat. Diese Bestimmung gibt dem Inhaber ein Recht auf Ausstellung des Ersatzführerscheins an seinem Wohnsitzort. Dann kann aber nicht zugleich auch der ursprünglich erteilende Staat zuständig sein, da sonst die Gefahr bestünde, dass der Betreffende zwei Führerscheine erhält. Die genannten Bestimmungen der Richtlinie gelten jedoch nur im Verhältnis der Mitgliedstaaten. In diesem Verhältnis ist sichergestellt, dass der Betreffende im neuen Wohnsitzstaat grundsätzlich dieselben Rechte genießt, wie in dem Staat, der die Fahrerlaubnis erteilt hatte und in dem er seinen früheren Wohnsitz hatte. Im Verhältnis zu Drittstaaten ist das nicht der Fall. Es ist also durchaus möglich, dass jemand, der seinen Wohnsitz in einem Drittstaat verlegt hat, dort vor der Umschreibung seines Führerscheins seinen deutschen Führerschein verliert, in der Bundesrepublik Deutschland einen Ersatzführerschein ausgestellt bekommt (Nummer 3).

Zu Abs 2: *Der neue Scheckkartenführerschein lässt handschriftliche Eintragungen auf dem Führer-* 2
schein, abgesehen von der Eintragung des Erteilungsdatums, nicht mehr zu. Bei Änderungen der Daten auf dem Führerschein muss deshalb stets ein neuer Führerschein ausgefertigt werden. Die Bestimmung ist jedoch nicht auf die Kartenführerscheine beschränkt. Sie findet auch Anwendung, wenn Führerscheine, die nach bisherigen Mustern ausgefertigt worden sind, geändert werden müssen. In diesem Fall muss der Führerschein

in einen Führerschein nach dem Scheckkartenmuster umgetauscht werden. Dies ist mit der Umstellung der Fahrerlaubnis auf die neuen Klassen verbunden, da neue Führerscheine nur die neuen Klassen aufweisen. Die Erstreckung der Regelung auf Altführerscheine soll zu einem möglichst raschen Aufbau des Zentralen Fahrerlaubnisregisters beitragen, in das nur Fahrerlaubnisse mit den neuen Klassen eingetragen werden.

3 *Zu Abs 3:* Einzelfallbezogene Eintragungen im Führerschein sind auf Grund der bindenden Bestimmung der Richtlinie künftig in codierter Form einzutragen. Es handelt sich dabei insbesondere um Auflagen (z. B. das Tragen einer Brille) und Beschränkungen sowie Eintragungen aus Verwaltungsgründen, wie z. B. bei einem Umtausch einer ausländischen Fahrerlaubnis die Angabe des ursprünglich erteilenden Staates in Form des Länderkennzeichens. Die Schlüsselzahlen 1 bis 99 sind auf EU-Ebene festgelegt und haben Geltung im gesamten Bereich der Gemeinschaft. Sie sind deshalb EU-einheitlich geregelt, „um das Verstehen und die gegenseitige Anerkennung der Führerscheine zu ermöglichen und den freien Personenverkehr zu erleichtern; zugleich sollen damit die praktischen Probleme vermieden werden, denen sich Kraftfahrer, Kraftverkehrsunternehmen, Verwaltungen und Kontrollpersonal bei unterschiedlichen einzelstaatlichen Codierungen gegenüber sähen." (Vgl. Erwägungsgründe der Richtlinie 97/26/EG, ABl. EG Nr. L 150 S. 41.) Schlüsselzahlen ab 100 kennzeichnen Eintragungen, die nicht in den Geltungsbereich der Führerscheinrichtlinie fallen und ausschließlich im Hoheitsgebiet des Staates Bedeutung haben, der den Führerschein ausstellt.

Bei der Erteilung der Fahrerlaubnis wird dem Bewerber die Bedeutung der Schlüsselzahlen im Langtext mitgeteilt.

4 *Zu Abs 4:* *Absatz 4* betrifft die Ausstellung eines Ersatzführerscheins für einen abhandengekommenen Führerschein. Er entspricht der bisherigen Regelung in § 13 c StVZO. Künftig kann auch in diesem Fall, wenn es nötig erscheint, eine Auskunft aus den entsprechenden ausländischen Registern eingeholt werden.

5 *Zu Abs 5:* *Absatz 5* regelt, was mit dem Führerschein zu geschehen hat, wenn ein neuer Führerschein, aus welchen Gründen auch immer, ausgestellt wird. Es ist nunmehr ausdrücklich bestimmt, dass der alte Führerschein mit Aushändigung des neuen seine Gültigkeit verliert. Damit begeht jemand eine Ordnungswidrigkeit, der sich einen Ersatzführerschein ausstellen lässt, dann aber bei der Kontrolle den alten Führerschein vorweist. Die Ausstellung des Ersatzführerscheins wird künftig im Zentralen Fahrerlaubnisregister registriert. Damit kann anhand des Registers festgestellt werden, ob ein Führerschein gültig ist oder nicht.

5a **Begr** zur ÄndVO v 18. 7. 08, BGBl I 1338 (BR-Drs 302/08 S 65): **Zu Abs 4 S 1:** Mit der Ergänzung wird eine Regelungslücke geschlossen. Durch die Pflicht zur Anzeige und Ausstellung eines Ersatzdokuments wird dem Umstand Rechnung getragen, dass sich Fahrerlaubnisinhaber trotz mehrfacher Aufforderungen keine „Ersatz"-Dokumente ausstellen lassen. In diesen Fällen entsteht in der Regel ein erheblicher Kontroll- und Ermittlungsaufwand, da die sog. „Positivdaten" zur Fahrerlaubnis erst dann im Zentralen Fahrerlaubnisregister (ZFER) gespeichert sind, wenn eine Fahrerlaubnis nach dem 1. 1. 1999 neu erteilt, verlängert, erweitert, umgestellt oder wenn ein Ersatzführerschein ausgefertigt wurde. Durch die Regelung wird außerdem der Gefahr von Missbrauch durch Abhanden gekommene Führerscheine begegnet.

6 1. **Voraussetzung für die Ausstellung eines Führerscheins** (§ 4 II S 1) ist grundsätzlich das Bestehen eines ordentlichen Wohnsitzes im Inland (Abs I Nr 1). Ordentlicher Wohnsitz, s § 7 I. Abs I Nr 2 betrifft Studenten oder Schüler aus EU- oder EWR-Staaten, die sich für mindestens 6 Monate nur zwecks Hochschul- oder Schulbesuchs im Inland aufhalten und wegen der Fiktion des § 7 III keinen Wohnsitz im Inland begründen. Abs I Nr 3 betrifft den Fall, dass eine deutsche FE besteht und wegen FSVerlustes ein ErsatzFS benötigt wird. Ohne Regelung in Nr 3 könnte der ErsatzFS wegen Nr 1 nicht erteilt werden, wenn der Wohnsitz in ein Drittland (außerhalb von EU und EWR) verlegt wurde. Nach den **bis zum 31. 12. 1998** vorgeschriebenen Mustern oder nach den Vorschriften der DDR erteilte FSe bleiben gem der **Übergangsbestimmung** des § 76 Nr 12 gültig. Herstellung der FSe, s Führerschein-Verwaltungsvorschrift (FS VwV), VkBl **99** 10.

7 2. **Erweiterung der FE** auf eine andere FEKl setzt voraus, dass die Erfordernisse für die Erteilung einer FE jener Klasse erfüllt sind, zB im Falle der Erweiterung einer FE der FEKl B um die Klasse C, dass der Eignungsnachweis nach Anl 5 und der Befähigungsnachweis für die entsprechende Klasse (Fahrprüfung, § 15) erbracht wird. In allen Fällen der Erweiterung wird ein neuer FS ausgefertigt, auf dem der Tag vermerkt wird, an dem die FE für die bisherigen Klassen erteilt wurde, Abs II S 2. Um Missbrauch des alten Führerscheins auszuschließen, wird für diesen Fall dessen Einziehung oder Ungültigmachung verlangt (Abs V S 1). Verhängt das Gericht ein auf bestimmte KfzArten **beschränktes Fahrverbot** (§ 44 StGB, § 25 StVG), so stellt die VB auf Antrag einen befristeten Führerschein für die nicht betroffenen Arten aus, VkBl **66** 48.

Antrag auf Ausstellung eines Internationalen Führerscheins § 25a FeV 3

3. Einzelfallbezogene Eintragungen im FS erfolgen in codierter Form unter Verwendung 8 von Schlüsselzahlen, wobei die Zahlen 1 bis 100 auf EU-Ebene einheitliche Bedeutung haben, die dem FEBewerber bei Erteilung der FE mitgeteilt wird (s Rz. 3). Dies betrifft vor allem Beschränkungen und Auflagen (s § 23). Liste der Schlüsselzahlen mit ihren jeweiligen Bedeutungen: Anlage 9 (zu § 25 III).

4. Verlust des Führerscheins ist vom bisherigen Inhaber unverzüglich bei der FEB anzuzei- 9 gen; sofern der Betroffene nicht auf die FE verzichtet, hat er sich einen **Ersatzführerschein** ausstellen zu lassen (Abs 4 S 1, Begr Rz 5a). Verstoß ist ow (§ 75 Nr 4). Die Ausstellung eines ErsatzFS ist mangels Regelung kein Verwaltungsakt; weder wird durch Aushändigung des ErsatzFS die FE erneut erteilt noch kann bei versehentlicher Falscheintragung im ErsatzFS davon ausgegangen werden, dass die fehlerhaft eingetragene FE durch Aushändigung des ErsatzFS erteilt werden sollte (OVG Weimar VRS **109** 314, 318 f). Im Falle der Falscheintragung im ErsatzFS kommt nicht die Rücknahme der FE in Betracht, sondern nur Verpflichtung zur Vorlage des ErsatzFS zwecks Berichtigung.

Ist der Verlust nachgewiesen, so ist ein ErsatzFS auszufertigen, OVG Ko NZV **99** 143 10 (Rechtsanspruch), VG Meiningen ZfS **96** 120. Ein behördlicher Zwischenausweis bei angeblich verlorenem FS beweist das Fortbestehen der FE nicht, Kö NJW **72** 1335. Ist der Nachweis des Bestehens einer FE nicht möglich, so geht dies zu Lasten des Antragstellers, OVG Saarlouis ZfS **96** 158, VG Meiningen ZfS **96** 120. Auf Verlangen der FEB hat der Antragsteller eine **eidesstattliche Versicherung** über den Verbleib des FS abzugeben (§ 5 StVG), s § 5 StVG Rz 3. Gem Abs 4 S 2 hat die FEB vor Erteilung des beantragten ErsatzFS Auskünfte aus dem Zentralen FERegister und aus dem VZR über verwertbare Eintragungen einzuholen. Anders als bei Erteilung einer FE erfolgt aber keine Eignungsprüfung, OVG Ko NZV **99** 143. Übergangsbestimmung: § 76 Nr 12. Soweit erforderlich, kann die FEB auch Auskünfte aus den entsprechenden ausländischen Registern einholen (Abs 4 S 3). Findet der FEInhaber nach Erhalt eines ErsatzFS den verlorenen FS wieder, so muss er ihn unverzüglich der zuständigen FEB abliefern (Abs 5 S 3). Zuwiderhandlung ist ow (§ 75 Nr 10). Auch beschädigte oder unleserlich gewordene FSe sind zu ersetzen. Hier ist Auskunfteinholung nicht vorgeschrieben. Der bisherige FS wird mit der Aushändigung des ErsatzFS ungültig (Abs 5 S 2) und ist einzuziehen oder ungültig zu machen (Abs 5 S 1).

5. Ordnungswidrigkeiten, Straftatbestände. Nichtanzeige des FS-Verlustes und Nichtbe- 11 antragung eines ErsatzFS nach Verlust entgegen Abs 4 S 1 ist ow gem §§ 75 Nr 4 FeV, 24 StVG. Nichtablieferung eines verloren gewesenen FS entgegen Abs 5 S 3 ist ow gem §§ 75 Nr 10 FeV, 24 StVG. Zu den Straftatbeständen s § 22 Rz 15.

Antrag auf Ausstellung eines Internationalen Führerscheins

25a (1) ¹**Kraftfahrzeugführer erhalten auf Antrag den Internationalen Führerschein, wenn sie das 18. Lebensjahr vollendet haben und die nach § 6 Abs. 1 für das Führen des Fahrzeugs erforderliche EU- oder EWR-Fahrerlaubnis oder eine ausländische Erlaubnis zum Führen von Kraftfahrzeugen gemäß § 29 nachweisen.** ²**§ 29 Abs. 2 Satz 2 ist entsprechend anzuwenden.**

(2) **Dem Antrag sind ein Lichtbild, das den Bestimmungen der Passverordnung entspricht, und der Führerschein beizufügen.**

Begr zur ÄndVO v 18. 7. 08, BGBl I 1338 (BR-Drs 302/08 S 65): *Durch die §§ 25a, 25b,* 1 *29 und 29a, die Ergänzung des § 75 und die Einfügung der Anlage 8b und c werden die Vorschriften der Verordnung über den internationalen Kraftfahrzeugverkehr (IntKfzVO) in die FeV übernommen. In diesem Zusammenhang wurden die Vorschriften zur Beschaffenheit des Lichtbildes angepasst ... Internationale Führerscheine, die nach den gem. IntKfzVO gültigen Mustern gefertigt wurden, behalten ihre Gültigkeit.*

1. § 25a gibt einen Anspruch auf Ausfertigung eines **internationalen Führerscheins**. Die 2 Vorschrift hat den früheren § 8 IntVO in die FeV übernommen. Folgende Personen erhalten auf Antrag einen internationalen FS:

1a. Inhaber einer nach § 6 I für das Führen eines Fz erforderlichen EU- oder 3 **EWR-FE.** Dies sind Personen, denen seit dem 1. 1. 99 eine FE nach § 6 I erteilt oder deren ältere FE seit dem 1. 1. 99 nach § 6 VII umgestellt wurde. Inhaber einer bis zum 31. 12. 98 erteilten FE können einen internationalen FS nur erhalten, wenn sie zuvor ihre FE gem § 6 VII umgestellt haben (Zwangsumtausch in einen KartenFS). Dadurch wird die nach § 49 I Nr 13 vorgeschriebene Speicherung der Ausstellung des internationalen FS im ZFER ermöglicht, da hierfür die nur bei Erteilung einer oder Umstellung in eine EU-FE zugeteilte FS-Nummer erforderlich ist (Begr zur Vorgängerregelung § 8 I 1 IntVO VkBl **02** 900). Auch Inhaber einer ausländischen EU- oder EWR-FE, die gem § 28 im Inland zum Führen von Fz berechtigt, sind Inhaber einer nach § 6 I für das Führen eines Fz erforderlichen EU- oder EWR-FE.

4   **1 b. Inhaber einer ausländischen FE gem § 29.** Dies sind Personen, deren ausländische FE gem § 29 eine Fahrberechtigung im Inland verleiht, also Inhaber ausländischer EU- oder EWR-FE ohne ordentlichen Wohnsitz in Deutschland und Inhaber von FE aus Drittstaaten, ohne ordentlichen Wohnsitz in Deutschland oder für die ersten 6, in Ausnahmefällen für die ersten 12 Monate nach Begründung eines ordentlichen Wohnsitzes im Inland (§ 29 I). Hat der Inhaber einer FE aus einem Drittstaat keine Berechtigung zum Führen von Fz in Deutschland gem § 29, weil er seinen ordentlichen Wohnsitz im Inland begründet hat, die Frist nach § 29 I 3 oder 4 abgelaufen ist und er keine deutsche FE erworben hat, kann ihm kein internationaler FS ausgestellt werden, denn ein internationaler FS kann nur einer Person erteilt werden, die im Inland zum Führen von Fz berechtigt ist. Soweit ein ausländischer FS nach § 29 II 2 mit einer **Übersetzung** verbunden sein muss, um eine Fahrberechtigung im Inland zu verleihen, kann auf der Basis des FS ein internationaler FS nur ausgestellt werden, wenn der ausländische FS mit der Übersetzung verbunden ist (Abs 1 S 2).

5   **1 c.** Ein internationaler FS kann nur Personen ausgestellt werden, die das **18. Lebensjahr vollendet** haben (Abs 1 S 1). Grund für diese Regelung ist der Umstand, dass nach Art 6 III des Internationalen Abkommens über Kraftfahrzeugverkehr (1926) und Art 41 II b des Wiener Übereinkommen über den Straßenverkehr (1968) die Mitgliedstaaten dieser Abkommen in ihrem Hoheitsgebiet die Anerkennung jedes FS verweigern können, dessen Besitzer das 18. Lebensjahr noch nicht vollendet hat.

6   **2.** Dem Antrag auf Ausstellung eines internationalen FS ist ein **Lichtbild** beizufügen, das der VO zur Durchführung des Passgesetzes (Passverordnung – PassV, BGBl I **07** 2386) entsprechen muss (Abs 2). Nach § 5 PassV muss das Lichtbild die Person in einer Frontalaufnahme, ohne Kopfbedeckung und ohne Bedeckung der Augen zeigen. Aufnahmen im Halbprofil (früher § 8 II IntVO) sind nicht mehr zulässig. Nach § 74 I kann die VB **Ausnahmen** von der vorgeschriebenen Gestaltung des Lichtbildes zulassen. In entsprechender Anwendung von § 5 S 4 PassV kann sie dabei vom Gebot der fehlenden Kopfbedeckung insbesondere aus religiösen Gründen, vom Gebot der fehlenden Augenbedeckung nur aus medizinischen Gründen, die nicht nur vorübergehender Art sind, Ausnahmen zulassen. Die Person muss aber in jedem Fall deutlich erkennbar sein.

7   **3.** Nach EdF ist ein von einer deutschen Behörde ausgestellter internationaler FS unverzüglich der entscheidenden Behörde **abzuliefern** oder bei Beschränkungen oder Auflagen zur Eintragung vorzulegen (§ 47 I).

8   **4. Zuständig** für die Erteilung eines internationalen FS ist die FEB des ordentlichen Wohnsitzes, mangels eines solchen die des Aufenthaltsortes (§ 73 II 1).

Ausstellung des Internationalen Führerscheins

25 b (1) Internationale Führerscheine müssen nach Anlage 8 b und 8 c in deutscher Sprache mit lateinischen Druck- oder Schriftzeichen ausgestellt werden.

(2) ¹Beim Internationalen Führerschein nach Anlage 8 b (Artikel 7 und Anlage E des Internationalen Abkommens über Kraftfahrzeugverkehr vom 24. April 1926 – RGBl. 1930 II S. 1233 –) entsprechen der Fahrerlaubnis
1. der Klasse A (unbeschränkt) die Klasse C,
2. der Klasse B die Klasse A,
3. der Klasse C die Klasse B.
²Außerdem wird erteilt
1. dem Inhaber einer Fahrerlaubnis der Klasse A (beschränkt) die Klasse C beschränkt auf Krafträder mit einer Leistung von nicht mehr als 25 kW und einem Verhältnis von Leistung zu Leergewicht von nicht mehr als 0,16 kW/kg,

Dienstfahrerlaubnis § 26 FeV 3

2. dem Inhaber einer Fahrerlaubnis der Klasse A 1 die Klasse C beschränkt auf Krafträder mit einem Hubraum von nicht mehr als 125 cm³ und einer Leistung von nicht mehr als 11 kW,
3. dem Inhaber einer Fahrerlaubnis der Klasse C1 die Klasse B beschränkt auf Kraftfahrzeuge mit einer zulässigen Gesamtmasse von nicht mehr als 7500 kg,
4. dem Inhaber einer Fahrerlaubnis der Klasse D die Klasse B beschränkt auf Kraftomnibusse,
5. dem Inhaber einer Fahrerlaubnis der Klasse D1 die Klasse B beschränkt auf Kraftomnibusse mit nicht mehr als 16 Plätzen außer dem Führersitz.

(3) ¹Beim Internationalen Führerschein nach Anlage 8c (Artikel 41 und Anhang 7 des Übereinkommens über den Straßenverkehr vom 8. November 1968 – BGBl. 1977 II S. 809, 811 –) entsprechen, soweit die Klassen nicht übereinstimmen, der Fahrerlaubnis

1. der Klasse A (beschränkt) die Klasse A beschränkt auf Krafträder mit einer Leistung von nicht mehr als 25 kW und einem Verhältnis Leistung/Leergewicht von nicht mehr als 0,16 kW/kg,
2. der Klasse A1 die Klasse A beschränkt auf Krafträder mit einem Hubraum von nicht mehr als 125 cm³ und einer Leistung von nicht mehr als 11 kW,
3. der Klasse C1 die Klasse C beschränkt auf Kraftfahrzeuge mit einer zulässigen Gesamtmasse von nicht mehr als 7500 kg,
4. der Klasse D1 die Kasse D beschränkt auf Kraftomnibusse mit nicht mehr als 16 Sitzplätzen außer dem Führersitz.

²Bei den Klassen C1E und D1E ist die zulässige Gesamtmasse des Zuges auf 12 000 kg zu beschränken und bei der Klasse D1E zu vermerken, dass der Anhänger nicht zur Personenbeförderung benutzt werden darf. ³Weitere Beschränkungen der Fahrerlaubnis sind zu übernehmen.

(4) ¹Die Gültigkeitsdauer Internationaler Führerscheine nach Anlage 8b beträgt ein Jahr, solcher nach Anlage 8c drei Jahre, jeweils vom Zeitpunkt ihrer Ausstellung. ²Bei Internationalen Führerscheinen nach Anlage 8c darf die Gültigkeitsdauer jedoch nicht über die entsprechende Dauer des nationalen Führerscheins hinausgehen; dessen Nummer muss auf dem Internationalen Führerschein vermerkt sein.

Begr zur ÄndVO v 18. 7. 08, BGBl I 1338 (BR-Drs 302/08 S 65): *Durch die §§ 25a, 25b,* **1** *29 und 29a, die Ergänzung des § 75 und die Einfügung der Anlage 8b und c werden die Vorschriften der Verordnung über den internationalen Kraftfahrzeugverkehr (IntKfzVO) in die FeV übernommen. ... Internationale Führerscheine, die nach den gem. IntKfzVO gültigen Mustern gefertigt wurden, behalten ihre Gültigkeit.*

§ 25b hat den früheren § 9 IntVO in die FeV übernommen. Internationale FS werden fast **2** ausschließlich nach Abs 3, Muster Anl 8c, ausgestellt. Sie sind 3 Jahre gültig (Abs 4). Internationale FS nach Abs 2, Muster Anl 8b, sind für Reisen in die Staaten erforderlich, die zwar dem Internationalen Abkommen über Kraftfahrzeugverkehr von 1926, nicht aber dem Wiener Übereinkommen über den StrV von 1968, beigetreten sind (zB Ägypten). Sie sind nur 1 Jahr gültig (Abs 4). Internationale FS, die bis zum 29. 10. 08 nach den früheren Mustern 6a und 7 zur IntVO ausgestellt worden sind, bleiben weiterhin gültig.

4. Sonderbestimmungen für das Führen von Dienstfahrzeugen

Dienstfahrerlaubnis

26 (1) ¹Die von den Dienststellen der Bundeswehr, der Bundespolizei und der Polizei (§ 73 Abs. 4) erteilten Fahrerlaubnisse berechtigen nur zum Führen von Dienstfahrzeugen (Dienstfahrerlaubnisse). ²Über die Dienstfahrerlaubnis der Bundeswehr wird ein Führerschein nach Muster 2 der Anlage 8, über die der Bundespolizei und der Polizei ein Führerschein nach Muster 3 der Anlage 8 ausgefertigt (Dienstführerschein). ³Die Dienstfahrerlaubnis der Bundeswehr wird in den aus Muster 2 der Anlage 8 ersichtlichen Klassen erteilt. ⁴Der Umfang der Berechtigung zum Führen von Dienstfahrzeugen der Bundeswehr ergibt sich aus Anlage 10.

(2) ¹Der Inhaber der Dienstfahrerlaubnis darf von ihr nur während der Dauer des Dienstverhältnisses Gebrauch machen. ²Bei Beendigung des Dienstverhältnisses ist der Dienstführerschein einzuziehen. ³Wird das Dienstverhältnis wieder begründet, ist der Führerschein wieder auszuhändigen, sofern die Dienstfahrerlaubnis noch gültig ist. ⁴Ist sie nicht mehr gültig, kann die Dienstfahrerlaubnis unter den Voraussetzungen des § 24 Abs. 1 neu erteilt werden.

Dauer

3 FeV § 26 II. Führen von Kraftfahrzeugen

(3) **Bei der erstmaligen Beendigung des Dienstverhältnisses nach der Erteilung oder Neuerteilung der betreffenden Klasse der Dienstfahrerlaubnis ist dem Inhaber auf Antrag zu bescheinigen, für welche Klasse von Kraftfahrzeugen ihm die Erlaubnis erteilt war.**

1 **Begr** (BRDrucks 443/98 S 222): *Dienstfahrerlaubnisse werden heute noch von der Bundeswehr, dem Bundesgrenzschutz* und den Polizeien der Länder erteilt. Sie berechtigten bisher sowohl zum Führen von Dienstfahrzeugen als auch zum Führen von Privatfahrzeugen. Daneben konnte sich der Inhaber auf Grund seiner Dienstfahrerlaubnis auch eine allgemeine Fahrerlaubnis zum Führen von Kraftfahrzeugen erteilen lassen, so dass er rechtlich zwei Fahrerlaubnisse für Privatfahrzeuge besaß. Dies ist mit der Bestimmung der Richtlinie, wonach jeder nur im Besitz einer Fahrerlaubnis und eines Führerscheins sein darf, nicht vereinbar. Dienstfahrerlaubnisse sollen deshalb künftig auf das Führen dienstlicher Kraftfahrzeuge beschränkt werden. Eine Umschreibung ohne erneute Ausbildung und Prüfung in entsprechende zivile Fahrerlaubnisse bleibt möglich. Auch die Probezeit nach den Regelungen für die Fahrerlaubnis auf Probe kann mit einer Dienstfahrerlaubnis abgeleistet werden.*

(BRDrucks 443/98 S 278):

2 **Zu Abs 1:** *Absatz 1 ermächtigt die dort genannten Stellen zur Erteilung von Dienstfahrerlaubnissen, verpflichtet sie aber nicht dazu. So machen im Bereich der Polizei einige Länder von der Ermächtigung keinen Gebrauch mehr. Dienstfahrzeuge können dort mit der allgemeinen Fahrerlaubnis der betreffenden Klasse geführt werden.*

Die Bundeswehr hält so weit wie möglich die im zivilen Bereich geltende Klasseneinteilung und die dortigen Ausbildungs- und Prüfungsvorschriften ein. Die Auswahl der Kraftfahrzeuge muss sich jedoch an ihren hoheitlichen Aufgaben und nicht an den Klassengrenzen im zivilen Bereich orientieren. Außerdem müssen zukünftige Militärkraftfahrer angesichts knapper Mittel und einer auf zehn Monate verkürzten Wehrpflicht auf dem Fahrzeugtyp ausgebildet und geprüft werden, auf dem sie später eingesetzt werden. Mit den sich daraus ergebenden Abweichungen von den Vorschriften für den zivilen Bereich geht die Frage einher, ob und in welche allgemeine Fahrerlaubnis eine Bundeswehrfahrerlaubnis „umgeschrieben" werden kann …

Aufgrund der abweichenden Klasseneinteilung benötigt die Bundeswehr auch ein eigenes Führerscheinmuster.

Bundesgrenzschutz* und Polizei verwendeten bisher das auch im zivilen Bereich geltende Muster, das sie selbst ausstellen konnten. Um auch künftig bei der Ausstellung der Führerscheine nicht von einer externen Stelle abhängig zu sein, sondern dienstlichen Bedürfnissen entsprechend möglichst flexibel und rasch reagieren zu können, werden sie künftig ein eigenes Muster haben und zwar ein Papiermuster und keinen Scheckkartenführerschein …

3 **Zu Abs 2:** *Während nach § 14 Abs. 1 Satz 3 StVZO die Dienstfahrerlaubnis nur für die Dauer des Dienstverhältnisses „galt", spricht* **Absatz 2** *von § 26 davon, dass der Inhaber der Dienstfahrerlaubnis von ihr nur während der Dauer des Dienstverhältnisses „Gebrauch machen" darf. Damit ist klargestellt, dass die Dienstfahrerlaubnis mit dem Ausscheiden des Inhabers aus dem aktiven Dienst nicht erlischt, sondern solange besteht, wie sie selbst gültig ist. Ähnlich wie bei einem Fahrverbot, darf der Inhaber die daraus resultierenden Rechte nicht ausüben, wenn er nicht mehr in einem Dienstverhältnis steht. Für die Verlängerung der Dienstfahrerlaubnisse gelten die Regelungen für zivile Fahrerlaubnisse. Eine Verlängerung ist auch in der Zeit möglich, in der der Inhaber von ihr keinen Gebrauch machen darf.*

4 **Zu Abs 3:** *Der Inhaber einer Dienstfahrerlaubnis hat nach wie vor einen Anspruch auf Erteilung der allgemeinen Fahrerlaubnis der entsprechenden Klasse unter erleichterten Bedingungen. Dieses Recht besteht noch bis zum Ablauf von zwei Jahren nach Beendigung des Dienstverhältnisses, wenn der Betreffende eine Bescheinigung über die Dienstfahrerlaubnis nach* **Absatz 3** *vorweisen kann (vgl. § 27 Abs. 1). Die Bescheinigung wird künftig nur noch nach der erstmaligen Beendigung des Dienstverhältnisses nach der Erteilung oder Neuerteilung der Dienstfahrerlaubnis ausgestellt. Auch eine „Umschreibung" der Dienstfahrerlaubnis ist nur während der Dauer des Dienstverhältnisses möglich. Damit ist künftig ausgeschlossen, dass durch Teilnahme an einer kurzen Wehrübung die Umschreibungsmöglichkeit wieder eröffnet wird.*

5 **1. Eigene Zuständigkeit für die Erteilung von Dienstfahrerlaubnissen** haben gem § 73 IV die Dienststellen der Bundeswehr, der Bundespolizei und der Polizei für ihre Dienstbe-

---

* Jetzt: Bundespolizei.

reiche nach Bestimmung der Fachministerien. Diese Dienststellen sind berechtigt, zum Führen der bei ihnen verwendeten DienstFze eigene DienstFEe zu erteilen; die Bestimmungen über das Verfahren gem §§ 7 ff gelten nicht. Welche Behörde im Einzelfall die FE erteilt, bestimmt die Organisation des Dienstzweiges, s § 73 IV. Der Behördenfahrlehrer ist verantwortlicher FzFührer, bis der Fahrschüler die erstrebte SonderFE erlangt hat. DienstFSe der BW werden nach Muster 2 der Anl 8, solche der Pol und der BundesPol nach Muster 3 der Anl 8 ausgefertigt (I S 2). Nach den bis zum 31. 12. 1998 vorgeschriebenen Mustern ausgefertigte FSe bleiben gültig, auch solche, die nach den Vorschriften der ehemaligen DDR ausgestellt wurden einschließlich derjenigen der Nationalen Volksarmee (§ 76 Nr 13). Die Entziehung der allgemeinen FE durch die FEB oder den Strafrichter führt zum Erlöschen der DienstFE (§ 27 IV).

2. Die **Bundeswehrfahrerlaubnis** ist, abw von § 6, in andere Klassen eingeteilt. Diese sind **6** unter Angabe des Umfangs ihrer Berechtigung auf dem Bundeswehr-FS (Muster 2 der Anl 8) vermerkt. Die Klasseneinteilung trägt den Besonderheiten der bei der BW verwendeten Fze Rechnung, etwa dem Umstand, dass das bei der BW überwiegend verwendete Krad zwar die Grenzen der FEKl A1 überschreitet, das Führen andererseits aber nicht eine Ausbildung in dem für FEKl A vorgesehenen Umfang erforderlich macht. Entsprechendes gilt zB auch für FEKl C1E, die zum Führen der bei der BW verwendeten FzKombinationen mit mehr als 12 t nicht ausreichen würde, ohne dass jedoch andererseits eine aufwändige Ausbildung für die FEKl CE für das Führen dieser Fze vertretbar wäre (s Begr, BRDrucks 443/98 S 280).

3. Die **Geltung** der DienstFE ist, abw von der früheren Regelung, auf das Führen dienst- **7** licher Kfze beschränkt (Abs 1 S 1), jedoch ohne Rücksicht auf den Zweck der FzBenutzung, s § 2 StVG Rz 30. Im Übrigen bleibt eine Umschreibung in eine allgemeine FE der entsprechenden Klasse ohne erneute Ausbildung und Prüfung möglich (s dazu § 27). Die Beendigung des Dienstverhältnisses bringt die DienstFE nicht ohne weiteres zum Erlöschen. Allerdings muss der Inhaber den DienstFS bei seinem Ausscheiden aus der Dienststelle abliefern und darf von der (fortbestehenden) FE keinen Gebrauch mehr machen. Im Falle der Neubegründung des Dienstverhältnisses wird ihm der FS wieder ausgehändigt, wenn die FE noch gültig ist. Ist sie nicht mehr gültig, kann ihm unter den für die Verlängerung von befristeten FEen geltenden Voraussetzungen des § 24 I eine neue DienstFE erteilt werden (Abs 2 S 4). Die frühere Beschränkung, dass dies nur möglich war, wenn seit Ablauf der Gültigkeit der früheren DienstFE nicht mehr als zwei Jahre verstrichen waren, wurde mit ÄndVO v 18. 7. 08 (BGBl I 1338) mit Wirkung vom 30. 10. 08 aufgehoben.

4. Umschreibung der Dienstfahrerlaubnis in eine allgemeine (zivile) FE ist nach Maß- **8** gabe von § 27 möglich; die Erteilung einer FE an Inhaber einer gültigen DienstFE erfolgt unter erleichterten Bedingungen (s § 27). Da der Anspruch auf Umschreibung gem § 27 I S 2 auch nach Beendigung des Dienstverhältnisses besteht, erhält der Inhaber der DienstFE auf Antrag von seiner Dienststelle eine Bescheinigung über die von der DienstFE umfassten FEKlassen (Abs III). Dies gilt aber nur für die *erstmalige* Beendigung des Dienstverhältnisses nach Erteilung der DienstFE.

Verhältnis von allgemeiner Fahrerlaubnis und Dienstfahrerlaubnis

27 (1) ¹Beantragt der Inhaber einer Dienstfahrerlaubnis während der Dauer des Dienstverhältnisses die Erteilung einer allgemeinen Fahrerlaubnis, sind folgende Vorschriften nicht anzuwenden:

1. § 11 Abs. 9 über die ärztliche Untersuchung und § 12 Abs. 6 über die Untersuchung des Sehvermögens, es sei denn, daß in entsprechender Anwendung der Regelungen in den §§ 23 und 24 eine Untersuchung erforderlich ist,
2. § 12 Abs. 2 über den Sehtest,
3. § 15 über die Befähigungsprüfung,
4. § 19 über die Unterweisung in lebensrettenden Sofortmaßnahmen und die Ausbildung in Erster Hilfe,
5. die Vorschriften über die Ausbildung,

²Dasselbe gilt bei Vorlage einer Bescheinigung nach § 26 Abs. 3. ³Die Klasse der auf Grund der Dienstfahrerlaubnis der Bundeswehr zu erteilenden allgemeinen Fahrerlaubnis ergibt sich aus Anlage 10.

(2) ¹Wird dem Inhaber einer allgemeinen Fahrerlaubnis eine Dienstfahrerlaubnis derselben oder einer entsprechenden Klasse erteilt, kann die Dienstfahrerlaubnisbehörde Absatz 1 Satz 1 entsprechend anwenden. ²Dies gilt auch bei der Erteilung einer Dienstfahrerlaubnis der Bundeswehr in einer von § 6 Abs. 1 abweichenden Klasse, soweit die in Absatz 1 Satz 1 genannten Voraussetzungen auch Voraussetzungen für die Erteilung der Dienstfahrerlaubnis sind.

(3) ¹Die Fahrerlaubnisbehörde teilt der Dienststelle, die die Dienstfahrerlaubnis erteilt hat, die unanfechtbare Versagung der allgemeinen Fahrerlaubnis sowie deren unanfechtbare oder vorläufig wirksame Entziehung einschließlich der Gründe der Entscheidung unverzüglich mit. ²Die Dienststelle teilt der zuständigen Fahrerlaubnisbehörde die unanfechtbare Versagung der Dienstfahrerlaubnis sowie deren unanfechtbare oder vorläufig wirksame Entziehung einschließlich der Gründe der Entscheidung unverzüglich mit, sofern die Versagung oder die Entziehung auf den Vorschriften des Straßenverkehrsgesetzes beruhen. ³Für die Wahrnehmung der Aufgaben nach diesem Absatz können an Stelle der genannten Dienststellen auch andere Stellen bestimmt werden. ⁴Für den Bereich der Bundeswehr nimmt die Zentrale Militärkraftfahrstelle die Aufgaben wahr.

(4) **Die Dienstfahrerlaubnis erlischt mit der Entziehung der allgemeinen Fahrerlaubnis.**

1 **Begr** (BRDrucks 443/98 S 282): **Zu Abs 1:** *Absatz 1* übernimmt die bisher in § 14 Abs. 3 StVZO enthaltenen Regelungen über die Erteilung einer allgemeinen Fahrerlaubnis auf Grund einer Dienstfahrerlaubnis.

2 **Zu Abs 2:** *Absatz 2* regelt den umgekehrten Fall der Erteilung einer Dienstfahrerlaubnis bei einer schon vorhandenen allgemeinen Fahrerlaubnis. Es wird für diesen Fall in das Ermessen der Dienstfahrerlaubnisbehörden gestellt, auf Voraussetzungen zu verzichten, die schon für die Erteilung einer allgemeinen Fahrerlaubnis erbracht worden sind.

3 **Zu Abs 3:** *Absatz 3* entspricht § 14 Abs. 4 StVZO. Neu ist lediglich, dass die Dienstfahrerlaubnisbehörde der allgemeinen Fahrerlaubnisbehörde auch dann eine Mitteilung zu machen hat, wenn sie dem Inhaber einer allgemeinen Fahrerlaubnis die Dienstfahrerlaubnis versagt. Die Fahrerlaubnisbehörde hat in diesem Fall zu prüfen, ob sie die allgemeine Fahrerlaubnis entzieht. Eine Entscheidung in Bezug auf eine Fahrerlaubnis hat nur für den Fall unmittelbare Auswirkungen auf die andere, dass die allgemeine Fahrerlaubnis entzogen wird. In diesem Fall erlischt auch die Dienstfahrerlaubnis (Absatz 4). Im Übrigen können die Anforderungen an Eignung und Befähigung von Bewerbern und Inhabern von Dienstfahrerlaubnissen strenger sein als im zivilen Bereich, so dass beide Fahrerlaubnisse ein unterschiedliches Schicksal haben können ...

4 **1. Erwerb einer allgemeinen Fahrerlaubnis.** Wer als Angehöriger eines der im § 26 genannten Dienstzweige bei diesem die FE gemäß § 26 erworben hat, hat schon während seines Dienstverhältnisses gemäß Abs 1 Anspruch, s VG Sigmaringen NZV **89** 88, auf Erteilung einer allgemeinen FE für die entsprechende Klasse ohne nochmalige Prüfung, wenn nicht Tatsachen vorliegen, die ihn als fahrungeeignet erscheinen lassen (s §§ 11, 13, 14). Die allgemeine FE ist ihm auf Antrag und nach Nachweis seiner FE gemäß § 26 zu erteilen. Auch nach Beendigung des Dienstverhältnisses oder der Verwendung als KfzF kann das auf Grund einer Bescheinigung nach § 26 III geschehen, in der angegeben ist, für welche Klasse von Kfzen ihm die FE erteilt war (Abs 1 S 2). Bei Erteilung einer FE der Klassen C, C1, CE, C1E, D, D1, DE oder D1E auf Grund einer DienstFE entfällt der Eignungsnachweis nach § 11 IX mit Anl 5 und die Untersuchung des Sehvermögens gem § 12 VI; diese Erleichterungen kommen dem Bewerber allerdings nicht zugute, soweit entsprechend §§ 23, 24 wegen Ablaufs der 5-Jahresfrist seit Erteilung der DienstFE für eine Verlängerung der FE Untersuchungen vorgeschrieben sind (Abs 1 S 1 Nr 1). In allen Fällen ist der in § 12 II vorgesehene Sehtest entbehrlich (Abs 1 S 1 Nr 2). Ferner bedarf es keines Nachweises über die Fahrschulausbildung (Abs 1 S 1 Nr 5) und keiner Befähigungsprüfung (Abs 1 S 1 Nr 3); schließlich entfällt die Notwendigkeit der Teilnahme an einer Unterweisung in Sofortmaßnahmen am Unfallort. Da die erforderliche Bescheinigung gem § 26 III nur bei der *erstmaligen* Beendigung des Dienstverhältnisses erteilt wird, besteht nach Beendigung einer späteren Wehrübung eine Umschreibung der BW-FE nicht mehr gem Abs 1 S 2 ein Anspruch auf Umschreibung; die abw frühere Rspr (VG Ka NJW **85** 2968, VG Sigmaringen NZV **89** 88) ist durch § 26 III überholt (s § 26 Rz 4). Die Erteilung der allgemeinen FE ist nicht bloße „Umschreibung", sondern Erteilung einer eigenständigen Erlaubnis in Form eines Verwaltungsaktes, BVerwG VRS **73** 313. § 27 gilt nicht auch für den Fahrlehrerschein. Die Regelung von Abs 1 und 3 setzt Vorhandensein der besonderen FE der BW bei Dienstende voraus. Der Antragsteller muss die BW-FE entweder besitzen oder eine

Bescheinigung gemäß § 26 III vorlegen. Anwendung der Regelung über die FE auf Probe, s § 33.

Eine BW-FE der Klasse AY wird unter den Voraussetzungen von Abs 1 in eine allgemeine FE der Klasse A1 „umgeschrieben", eine BW-FE der Klasse C1E in eine zivile FE der Klasse C1E (mit Beschränkung des zulässigen Gesamtgewichts der FzKombination auf 12 t). Umschreibungen der BW-Fahrerlaubnisklassen G (gepanzerte RadFze), F (Voll- und HalbkettenFze) sowie P (Personentransport) erfolgen nicht (s Begr, BRDrucks 443/98 S 280 f). 5

2. Auch **Erteilung der Dienstfahrerlaubnis auf Grund allgemeiner Fahrerlaubnis** ist gem Abs 2 unter erleichterten Voraussetzungen möglich. Die Bestimmung überlässt es bei Inhabern einer allgemeinen FE dem Ermessen der die DienstFE erteilenden Stelle, auf solche Voraussetzungen für die Erteilung der DienstFE zu verzichten, die schon bei Erteilung der allgemeine FE vorgelegen haben. 6

3. Gegenseitige Mitteilungspflicht nach Maßgabe von Abs 3 besteht, wenn die FEB die allgemeine FE oder wenn die Dienstfahrerlaubnisbehörde die DienstFE versagt oder entzieht. Mit der Entziehung der allgemeinen FE erlischt auch die DienstFE (Abs 4). Dagegen hat die Entziehung der DienstFE nicht ohne weiteres auch das Erlöschen der allgemeine FE zur Folge, weil die Entziehung der DienstFE auf dem Fehlen von Eigenschaften und Fähigkeiten beruhen kann, über die der Inhaber einer allgemeinen FE nicht verfügen muss. Dies gilt etwa für besondere gesundheitliche Anforderungen beim Führen von DienstFzen (zB der Bundeswehr). Deswegen beschränkt Abs 4 S 2 die Mitteilungspflicht bei Versagung und Entziehung der DienstFE auf die Fälle, in denen die Entscheidung auf Vorschriften des StVG beruht, insbesondere weil der Betroffene die Anforderungen der FeV nicht erfüllt (s Begr, BRDrucks 443/98 S 283). 7

5. Sonderbestimmungen für Inhaber ausländischer Fahrerlaubnisse

Anerkennung von Fahrerlaubnissen aus Mitgliedstaaten der Europäischen Union oder einem anderen Vertragsstaat des Abkommens über den Europäischen Wirtschaftsraum

28 (1) ¹Inhaber einer gültigen EU- oder EWR-Fahrerlaubnis, die ihren ordentlichen Wohnsitz im Sinne des § 7 Abs. 1 oder 2 in der Bundesrepublik Deutschland haben, dürfen – vorbehaltlich der Einschränkungen nach den Absätzen 2 bis 4 – im Umfang ihrer Berechtigung Kraftfahrzeuge im Inland führen. ²Auflagen zur ausländischen Fahrerlaubnis sind auch im Inland zu beachten. ³Auf die Fahrerlaubnisse finden die Vorschriften dieser Verordnung Anwendung, soweit nichts anderes bestimmt ist.

(2) ¹Der Umfang der Berechtigung der jeweiligen Fahrerlaubnisklassen ergibt sich aus der Entscheidung vom 21. März 2000 der Kommission über Äquivalenzen zwischen bestimmten Klassen von Führerscheinen (ABl. EG Nr. L 91 S. 1) in der jeweiligen Fassung. ²Die Berechtigung nach Absatz 1 gilt nicht für Fahrerlaubnisklassen, für die die Entscheidung der Kommission keine entsprechenden Klassen ausweist. ³Für die Berechtigung zum Führen von Fahrzeugen der Klassen M, S, L und T gilt § 6 Abs. 3 entsprechend. ⁴Inhaber einer Fahrerlaubnis der Klasse A1, die das 18. Lebensjahr noch nicht vollendet haben, dürfen nur Leichtkrafträder mit einer durch die Bauart bestimmten Höchstgeschwindigkeit von nicht mehr als 80 km/h führen.

(3) ¹Die Vorschriften über die Geltungsdauer von Fahrerlaubnissen der Klassen C, C1, CE, C1E, D, D1, DE und D1E in § 23 Abs. 1 gelten auch für die entsprechenden EU- und EWR-Fahrerlaubnisse. ²Grundlage für die Berechnung der Geltungsdauer ist das Datum der Erteilung der ausländischen Fahrerlaubnis. ³Wäre danach eine Fahrerlaubnis ab dem Zeitpunkt der Verlegung des ordentlichen Wohnsitzes in die Bundesrepublik Deutschland nicht mehr gültig, weil seit der Erteilung mehr als fünf Jahre verstrichen sind oder – bei den Klassen C1 und C1E – der Inhaber das 50. Lebensjahr bereits vollendet hat, besteht die Berechtigung nach Absatz 1 Satz 1 noch sechs Monate, gerechnet von der Begründung des ordentlichen Wohnsitzes im Inland an. ⁴Für die Erteilung einer deutschen Fahrerlaubnis ist § 30 in Verbindung mit § 24 Abs. 1 entsprechend anzuwenden.

(4) Die Berechtigung nach Absatz 1 gilt nicht für Inhaber einer EU- oder EWR-Fahrerlaubnis,

1. die lediglich im Besitz eines Lernführerscheins oder eines anderen vorläufig ausgestellten Führerscheins sind,

2. die zum Zeitpunkt der Erteilung ihren ordentlichen Wohnsitz im Inland hatten, es sei denn, daß sie als Student oder Schüler im Sinne des § 7 Abs. 2 die Fahrerlaubnis während eines mindestens sechsmonatigen Aufenthalts erworben haben,
3. denen die Fahrerlaubnis im Inland vorläufig oder rechtskräftig von einem Gericht oder sofort vollziehbar oder bestandskräftig von einer Verwaltungsbehörde entzogen worden ist, denen die Fahrerlaubnis bestandskräftig versagt worden ist oder denen die Fahrerlaubnis nur deshalb nicht entzogen worden ist, weil sie zwischenzeitlich auf die Fahrerlaubnis verzichtet haben,
4. denen auf Grund einer rechtskräftigen gerichtlichen Entscheidung keine Fahrerlaubnis erteilt werden darf oder
5. solange sie im Inland, in dem Staat, der die Fahrerlaubnis erteilt hatte, oder in dem Staat, in dem sie ihren ordentlichen Wohnsitz haben, einem Fahrverbot unterliegen oder der Führerschein nach § 94 der Strafprozeßordnung beschlagnahmt, sichergestellt oder in Verwahrung genommen worden ist.

(5) ¹Das Recht, von einer EU- oder EWR-Fahrerlaubnis nach einer der in Absatz 4 Nr. 3 und 4 genannten Entscheidungen im Inland Gebrauch zu machen, wird auf Antrag erteilt, wenn die Gründe für die Entziehung oder die Sperre nicht mehr bestehen. ²§ 20 Abs. 1 und 3 gilt entsprechend.

1 **Begr** (BRDrucks 443/98 S 283): **Zu Abs 1:** ... *Nach Artikel 8 Abs. 6 der Richtlinie sind die Mitgliedstaaten nicht verpflichtet, Führerscheine aus anderen Mitgliedstaaten anzuerkennen, die im Wege des Umtauschs eines Führerscheins aus einem Drittland erteilt worden sind. Dies beruht darauf, dass es keine EG-einheitlichen Bestimmungen für die Anerkennung und die Umschreibung von Fahrerlaubnissen aus Drittstaaten gibt ... Da alle EU- und EWR-Staaten nur solchen Personen eine Fahrerlaubnis erteilen dürfen, die mindestens 185 Tage in ihrem Hoheitsgebiet wohnen und diese Bestimmung auch für den Umtausch gilt, ist ein Mindestzeitraum der Verkehrsteilnahme in einem anderen EU- und EWR-Staat gewährleistet. Die §§ 28 und 29 finden deshalb auch auf solche Inhaber von EU- und EWR-Fahrerlaubnisse Anwendung, denen eine Fahrerlaubnis aus einem Drittstaat zugrunde lag.*

2 **Zu Abs 2 und 3:** *Mit Verlegung des ordentlichen Wohnsitzes ins Inland finden aus Gründen der Gleichbehandlung mit hier lebenden Inhabern deutscher Fahrerlaubnisse grundsätzlich die innerstaatlichen Vorschriften Anwendung. Dies kann dort, wo das Fahrerlaubnisrecht durch die Zweite EU-Führerscheinrichtlinie nicht harmonisiert wurde, zu Einschränkungen der mitgebrachten Rechts führen. Hierauf beruhen die* **Absätze 2 und 3.** *Der Bestimmung, dass Inhaber einer deutschen Fahrerlaubnis der Klasse A1 bis zur Vollendung des 18. Lebensjahrs nur Leichtkrafträder mit einer durch die Bauart bestimmten Höchstgeschwindigkeit von nicht mehr als 80 km/h führen dürfen, unterliegen auch Inhaber entsprechender ausländischer Fahrerlaubnisse. Sofern diese Personen allerdings keinen Wohnsitz in der Bundesrepublik Deutschland haben und hier nur vorübergehend am Straßenverkehr im Inland teilnehmen, gilt diese Einschränkung nicht.*

Die Richtlinie erlaubt den Mitgliedstaaten in Artikel 1 Abs. 3 auch die Anwendung ihrer innerstaatlichen Rechtsvorschriften hinsichtlich der Gültigkeitsdauer der Fahrerlaubnisse und der ärztlichen Kontrollen der Fahrerlaubnisinhaber. In der Bundesrepublik Deutschland wird die Fahrerlaubnis in den in **Absatz 3** *genannten Klassen jeweils längstens für fünf Jahre erteilt und nur nach einer ärztlichen Kontrolluntersuchung verlängert. Diese Regelung wird auf Inhaber ausländischer Fahrerlaubnisse ausgedehnt. Grundlage für die Berechnung der Geltungsdauer ist das Datum der Erteilung der ausländischen Fahrerlaubnis. Liefe die Frist erst von der Verlegung des ordentlichen Wohnsitzes in die Bundesrepublik Deutschland ab, könnte dies z. B. bei einer Geltungsdauer von zehn Jahren im Heimatstaat dazu führen, dass der Betreffende fast fünfzehn Jahre lang nicht mehr untersucht wird, wenn er kurz vor Ablauf der zehnjährigen Geltungsdauer seinen ordentlichen Wohnsitz in die Bundesrepublik Deutschland verlegt. Dies ist aus Gründen der Gleichbehandlung mit Inhabern hier lebender inländischer Fahrerlaubnisse nicht hinnehmbar.*

Stellt man auf den Zeitpunkt der Erteilung der Fahrerlaubnis ab, kann allerdings der Fall eintreten, dass eine solche Fahrerlaubnis ab dem Zeitpunkt der Verlegung des ordentlichen Wohnsitzes in die Bundesrepublik Deutschland oder unmittelbar danach nicht mehr gültig ist, weil seit deren Erteilung bereits mehr als fünf Jahre verstrichen sind oder – bei den Klassen C1 und C1E – der Inhaber das 50. Lebensjahr bereits vollendet hat oder kurz nach Wohnsitzverlegung vollendet. Um dem Interesse des betroffenen Fahrerlaubnisinhabers nach einer möglichst reibungslosen Eingliederung am neuen Wohnsitz Rechnung zu tragen, wird in solchen Fällen eine Übergangsfrist von 185 Tagen gewährt, in denen der Inhaber mit seiner ausländischen Fahrerlaubnis am Verkehr im Inland teilnehmen kann, sofern diese Fahrerlaubnis nach dem Recht des Heimatstaates noch gültig ist. Die Erteilung der notwendigen deutschen Fahrerlaubnis richtet sich nach § 30 in Verbindung mit § 24 Abs. 1 der Verordnung.

Anerkennung von Fahrerlaubnissen aus EU-Mitgliedstaaten § 28 FeV 3

Zu Abs 4: ... *Die ausländische Fahrerlaubnis berechtigt auch dann nicht zum Führen von Kraftfahrzeugen im Inland, solange der Inhaber im erteilenden Staat einem Fahrverbot unterliegt (Nummer 4*). Die Anerkennung der ausländischen Fahrerlaubnis in diesen Fällen war im Rahmen der Verordnung über den internationalen Kraftfahrzeugverkehr fraglich geworden, weil nach deutschem Recht ein Fahrverbot den Bestand der Fahrerlaubnis unberührt lässt, der Betreffende also trotz eines gegen ihn verhängten Fahrverbots immer noch Inhaber einer Fahrerlaubnis ist. Der Staat des Wohnsitzes wird in der Regel auch der Staat sein, der die Fahrerlaubnis erteilt hatte. Es sind jedoch auch Fälle denkbar, in denen der Betreffende im Wohnsitzstaat ein Fahrverbot hat, aber eine Fahrerlaubnis aus einem Drittstaat besitzt. Auch in diesem Fall wird die ausländische Fahrerlaubnis während der Dauer des Fahrverbots nicht anerkannt. Der Fall, dass außerhalb des Wohnsitzstaates oder des erteilenden Staates ein Fahrverbot besteht, wird nicht einbezogen, da der Betreffende in der Regel trotzdem im Besitz seines Führerscheins sein wird und das Fahrverbot deshalb nicht zu kontrollieren ist.* 3

Begr zur ÄndVO v 7. 8. 02 (BRDrucks 497/02): *§ 28 in der bisher geltenden Fassung stellt darauf ab, ob der Inhaber im Besitz irgend einer gültigen EU- oder EWR-Fahrerlaubnis ist. Es muss sich nicht um eine harmonisierte Fahrerlaubnisklasse nach der Richtlinie des Rates vom 29. Juni 1991 über den Führerschein (91/439/EWG) handeln ... Aus Verkehrssicherheitsgründen und aus Gründen der Gleichbehandlung mit hier lebenden Inhabern deutscher Fahrerlaubnisse ... ist eine Angleichung des mitgebrachten Rechts an die nationalen, entsprechenden Fahrerlaubnisklassen angezeigt. Die uneingeschränkte Berechtigung soll sich daher unmittelbar nur auf die harmonisierten Fahrerlaubnisklassen beziehen. Für den Umfang der Berechtigung der jeweiligen Fahrerlaubnis werden die entsprechenden Klassen der Entscheidung der Kommission über Äquivalenzen zwischen bestimmten Klassen von Führerscheinen zu Grunde gelegt (§ 28 Abs. 2 Sätze 1 bis 3 neu). Zu den harmonisierten Klassen gehört danach z. B. auch die in Deutschland nicht eingeführte Klasse B1 ...* 3a

Zu Abs 4: *In den in § 28 Abs. 4 enthaltenen Katalog der Gründe, die die Nutzung einer ausländischen EU- oder EWR-Fahrerlaubnis ausschließen, wird die so genannte isolierte Sperre nach § 69a Abs. 1 Satz 3 StGB eingefügt. Ist der Betroffene ungeeignet zum Führen von Kraftfahrzeugen, besitzt er aber aus irgendeinem Grund zurzeit keine Fahrerlaubnis, so untersagt das Gericht der Verwaltungsbehörde während der Dauer der Sperre dem Betroffenen eine Fahrerlaubnis zu erteilen. Auch der Inhaber einer ausländischen Fahrerlaubnis soll von seinem Fahrerlaubnisrecht im Inland im Rahmen von § 28 keinen Gebrauch machen dürfen, wenn gegen ihn eine solche Sperre verhängt ist.*

Zu Abs 5: *Nach dem neuen Absatz 5 muss der von einer der in Absatz 4 Nr. 3 oder Nr. 4 genannten Entscheidungen Betroffene das Recht, von seiner Fahrerlaubnis im Inland Gebrauch machen zu können, beantragen. Dabei wird nicht auf die Regelungen für die Neuerteilung einer Fahrerlaubnis nach vorangegangener Entziehung in § 20 Bezug genommen, weil die ausländische Fahrerlaubnis als solche weiter bestanden hat und der Betreffende im Ausland fahren durfte. Es genügt vielmehr der Antrag, von seiner bestehenden ausländischen Fahrerlaubnis im Inland Gebrauch machen zu dürfen. Diese Berechtigung wird ihm durch Verwaltungsakt der örtlich zuständigen Fahrerlaubnisbehörde „zuerkannt", wenn die Gründe, die seinerzeit zur Aberkennung des Rechts bzw. zur isolierten Sperre geführt haben, nicht mehr bestehen. Die neue Regelung in § 28 Abs. 5 entspricht der Bestimmung, die bereits für Führerscheine aus Drittlandstaaten in § 4 Abs. 4 IntKfzV enthalten ist.*

1. Gültige EU/EWR-Fahrerlaubnis. Anders als bei Inhabern von FEen aus Drittstaaten (§ 29), ist die Berechtigung, im Inland Kfze zu führen, bei Inhabern von FEen aus Mitgliedstaaten der EU oder des Europäischen Wirtschaftsraums (EWR) nicht auf 6 (bzw in Ausnahmefällen, § 29 I 4, auf 12) Monate befristet. Auch **nach Begründung eines ordentlichen Wohnsitzes** im Inland berechtigen EU/EWR-FEe grundsätzlich zum Führen fahrerlaubnispflichtiger Kfze im Inland, dann jedoch mit den sich aus Abs 2 und 3 ergebenden Einschränkungen. Zum Umfang der Berechtigung bei Eintragung von Beschränkungen und Auflagen im FS unter Verwendung von Schlüsselzahlen, s *Huppertz* NZV **04** 563. Auf die Staatsangehörigkeit kommt es dabei nicht an. Die Berechtigung gilt also grundsätzlich auch für Deutsche mit einer FE aus einem EU/EWR-Staat. Unerheblich ist auch, ob die FE in dem EU- oder EWR-Staat nach einer FEPrüfung oder im Wege des Umtauschs einer zuvor in einem Drittland erworbenen FE erteilt wurde, s Begr Rz 1. Der Umfang der Fahrberechtigung ergibt sich aus der jeweiligen EU- bzw EWR-FE nach Maßgabe der Entscheidung 2008/766/EG der EU-Kommission v 25. 8. 08 über Äquivalenzen zwischen Führerscheinklassen, ABlEU Nr L 270 v 10. 10. 08 S 31 (Abs 2 S 1). Die uneingeschränkte Berechtigung bezieht sich gem Abs 2 S 2 nur auf die iS der 4

---

* Jetzt: Nr. 5.

3 FeV § 28   II. Führen von Kraftfahrzeugen

Zweiten EG-FSRichtlinie harmonisierten FEKlassen (s Begr, Rz 3a). Insoweit unterscheidet sich die für den Fall der Wohnsitzbegründung im Inland getroffene Regelung des § 28 von derjenigen des § 29, wonach vorübergehend (§ 29 I) auch FEe der nichtharmonisierten Klassen im Inland anerkannt werden. Jedoch gilt die Einschlussregelung des § 6 III (Abs 2 S 3) ohne die Notwendigkeit einer Umschreibung des ausländischen FS. Für die Berechtigung der Kl M, S, L und T bedarf es entsprechend § 6 III keines Umtausches des ausländischen FS (s Begr, BRDrucks 497/02 S 67). Für nichtharmonisierte nationale Klassen gilt § 30, dh, der Inhaber kann Erteilung der entsprechenden deutschen FE beantragen. Die Berechtigung gilt nicht für LernFSe oder andere nur vorläufig ausgestellte FSe (Abs 4 Nr 1). Ordentlicher Wohnsitz: § 7 I (s § 2 StVG Rz 3). **Bei nur vorübergehendem Aufenthalt** im Inland gilt, soweit die Berechtigung nach § 29 weiter geht, jene Vorschrift. Denn auf Inhaber von EU/EWR-FEen **ohne ständigen Aufenthalt in Deutschland** ist § 29 anzuwenden, s VkBl **96** 343.

5 **2. Wohnsitzerfordernis.** Voraussetzung für die Berechtigung nach Abs 1 ist, dass die EU/EWR-FE nicht zu einem Zeitpunkt erteilt worden ist, zu dem der Inhaber seinen ordentlichen **Wohnsitz im Inland** hatte (Abs 4 Nr 2). Jedoch genügt *Begründung* des Wohnsitzes im Ausland; dass dieser bei FEErteilung schon 185 Tage bestand (§ 7), ist nicht erforderlich (Bay NZV **00** 261). Unter Berücksichtigung des dem § 7 I 3 zugrunde liegenden Gedankens wird anzunehmen sein, dass die Berechtigung trotz des Wortlauts von Abs 4 Nr 2 nicht entfällt, wenn die EU/EWR-FE im Heimatland eines ausländischen Berufspendlers erworben wurde, der im Zeitpunkt des Erwerbs in Deutschland einen Zweitwohnsitz unterhielt (*Bouska* NZV **00** 322). **Schüler und Studenten,** die sich ausschließlich zum Zweck des Hochschul- oder Schulbesuchs in einem EU- oder EWR-Staat aufhalten, behalten ihren ordentlichen Wohnsitz nach der Fiktion des Art 9 II 3 der Zweiten EG-FS-Richtlinie im Heimatstaat (s § 7 II). Dennoch gilt die Berechtigung des Abs 1 für eine ausländische FE, die sie während eines solchen Aufenthalts erworben haben, vorausgesetzt, die Aufenthaltsdauer betrug mindestens 6 Monate.

6 Nach dem **Urteil des EuGH v 29. 4. 04 – Kapper** (NJW **04** 1725, zust *Otte/Kühner* NZV **04** 326, *Bräutigam* BA **04** 441, Anm *Geiger* DAR **04** 340, *Kalus* VD **04** 147, *Weibrecht* VD **04** 153, *Geiger* DAR **06** 490) ist das **Wohnsitzerfordernis des Abs 4 Nr 2 nicht mit EG-Recht vereinbar,** weil es gegen den Grundsatz der gegenseitigen Anerkennung von FEen der Mitgliedstaaten (Art 1 II der 2. EG-FSRichtlinie) verstößt (VGH Ma DAR **04** 606 [Anm *Haus* ZfS **04** 483], NJW **06** 1153, VRS **110** 376, OVG Lüneburg NJW **06** 1158, VG Mü BA **05** 408, Sa NStZ-RR **05** 50, Dü NZV **06** 489, Zw v 14. 3. 06 1 Ss 146/05 juris). Das Erfordernis des ordentlichen Wohnsitzes im Ausstellungsstaat sei ausschließlich von den Behörden des ausstellenden Mitgliedsstaats zu überprüfen. Mit **Urteilen des EuGH v 26. 6. 08 – Wiedemann** (NJW **08** 2403) und **Zerche** (DAR **08** 459, zu beiden Urteilen *Dauer* NJW **08** 2381, Anm *König* DAR **08** 464, Anm *Geiger* SVR **08** 277, DAR **08** 463) sind jedoch **zwei Einschränkungen** vorgenommen worden: **a)** Die ausländische FE muss nicht anerkannt werden, **wenn sich aus den Angaben im FS selbst ergibt, dass die Wohnsitzvoraussetzung nicht erfüllt wurde.** Dies ist zB der Fall, wenn die deutsche Wohnanschrift in den ausländischen FS eingetragen wurde. Wenn der Ausstellerstaat auf diese Weise selbst offenkundig gemacht hat, dass er das Wohnsitzerfordernis nicht beachtet hat, ist der Verstoß gegen die FS-Richtlinie so offensichtlich, dass der FSInhaber sich nicht auf die gemeinschaftsrechtliche Anerkennungsverpflichtung berufen kann (OVG Saarlouis Beschl v 3. 7. 08 1 B 238/08 juris, VGH Ma DAR **08** 599, VGH Mü Beschl v 7. 8. 08 11 ZB 07.1259, Beschl v 11. 8. 08 11 CS 08.832, bereits vor EuGH Wiedemann und Zerche VG Neustadt Beschl v 14. 1. 08 3 L 1568/07 juris). **b)** Die ausländische FE muss auch dann nicht anerkannt werden, wenn sich auf der Grundlage anderer **vom Ausstellerstaat herrührender unbestreitbarer Informationen feststellen lässt, dass das Wohnsitzprinzip nicht eingehalten wurde.** In allen anderen Fällen ist nach Auffassung des EuGH der Besitz eines von einem anderen EU- oder EWR-Staat ausgestellten FS grundsätzlich als Nachweis dafür anzusehen, dass das Wohnsitzprinzip am Tag der Erteilung der FE beachtet wurde. Mit Vorabentscheidungsersuchen des VGH Ma v 23. 9. 08 (10 S 1037/07) wurde dem EuGH nunmehr die Frage gestellt, ob die Anerkennungspflicht auch dann besteht, wenn sich die Nichteinhaltung des Wohnsitzprinzips aus den eigenen Angaben des Betroffenen ergibt, und ob im Ausstellerstaat weitere Ermittlungen angestellt werden können. Die FEErteilung durch einen Mitgliedstaat unter Missachtung des Wohnsitzerfordernisses des Art 7 I lit b) der 2. EG-FSRichtlinie kann mit Vertragsverletzungsklage gem Art 227 EGV gerügt werden, falls die ausländische VB auf entsprechenden Hinweis der FEB nicht reagiert (EuGH NJW **04** 1727, NJW **08** 2403, VGH Ma DAR **06** 32, VG Mü BA **05** 408, *Ludovisy* DAR **05** 9 f,

Geiger DAR **06** 490, *Bode/Winkler* § 2 Rz 20), eine allerdings „reichlich realitätsferne" Möglichkeit, „um einer Umgehungspraxis effektiv und hinreichend rasch begegnen zu können" (*Hailbronner/Thoms* NJW **07** 1093).

3. Ausschluss der Berechtigung bei Entziehung oder Versagung der FE, FE-Sperre **7**
und bei Verzicht. Die Berechtigung nach Abs 1 gilt nicht nach vorläufiger oder rechtskräftiger EdF durch ein Gericht, nach sofort vollziehbarer oder bestandskräftiger EdF oder Versagung der FEErteilung durch die VB sowie in Fällen unterbliebener behördlicher EdF nur im Hinblick auf einen FEVerzicht des Betroffenen (**Abs 4 Nr 3**). Dies entspricht im Wesentlichen der Regelung in § 29 III Nr 3. Auch diese Ausnahme von der grundsätzlichen Anerkennung von EU-FEen **verstößt** nach dem **Urteil des EuGH v 29. 4. 04 – Kapper** (NJW **04** 1725, zust *Otte/ Kühner* NZV **04** 321, 328, krit *Geiger* DAR **04** 340, Anm *Kalus* VD **04** 147, *Weibrecht* VD **04** 153) jedenfalls insoweit **gegen europäisches Gemeinschaftsrecht** (Art 1 II der 2. EG-FSRichtlinie), als danach auch einer nach Ablauf einer strafgerichtlichen FESperre erworbenen ausländischen EU-FE die Anerkennung versagt wird (ebenso Kar DAR **04** 714, Kö NZV **05** 110, Sa NStZ-RR **05** 50, OVG Lüneburg NJW **06** 1158, Dü NJW **07** 2133, VG Meiningen ThürVBl **07** 91, *Bode/Winkler* § 2 Rz 21, abw VGH Ma VRS **108** 155). Ob das deutsche Recht die Wiedererteilung einer FE nach Ablauf der Sperre von zusätzlichen Anforderungen abhängig macht, wie zB einer med.-psych. Untersuchung, kann nach dem Inhalt der Entscheidung des EuGH keine Rolle spielen (Sa NStZ-RR **05** 50, OVG Lüneburg NJW **06** 1158, OVG Weimar VRS **111** 288 = Ls NJW **07** 1163, *Becker* VGT **05** 289, aM VGH Ma NJW **06** 1153, *Geiger* DAR **04** 340, *Ludovisy* DAR **05** 12, s auch OVG Münster DAR **06** 43).

Der **EuGH** hat mit **Urteilen v 26. 6. 08 – Wiedemann** (NJW **08** 2403) und **Zerche** **8** (DAR **08** 459) sowie mit **Beschluss v 3. 7. 08 – Möginger** (C-225/07, DAR **08** 582) klargestellt, dass eine im EU- oder EWR-Ausland erteilte FE dann nicht anerkannt werden muss, wenn zum Zeitpunkt der Neuerteilung eine im Inland verhängte **Sperrfrist noch nicht abgelaufen** war (so vorher auch schon OVG Ko ZfS **06** 593, Stu DAR **07** 159, *Buschbell* § 13 Rz 85, *Jagow/Burmann/Heß* § 2 StVG Rz 21, § 21 StVG Rz 6a, *Otte/Kühner* NZV **04** 326, *Dauer* DAR **07** 342, *König/Seitz* DAR **07** 361, 364f). Eine während des Laufs einer in Deutschland verhängten Sperrfrist in einem anderen EU- oder EWR-Staat erteilte FE wird auch nicht durch Ablauf der Sperrfrist wirksam (Stu DAR **07** 159, *Dauer* DAR **08** 2381, *König* DAR **08** 464). Das gleiche muss für eine Sperrfrist nach § 4 X 1 StVG gelten (*Dauer* NJW **08** 2381). Die Gegenmeinung, eine während des Laufs einer Sperrfrist im EU-Ausland erteilte FE berechtige jedenfalls nach Ablauf der Sperrfrist uneingeschränkt zur Führung von Kfz in Deutschland (Zw v 14. 3. 06 1 Ss 146/05 juris, Nü NStZ-RR **07** 269, Mü NJW **07** 1152 [abl Anm *Dauer* DAR **07** 342], Jn VRS **112** 367 = DAR **07** 404, Ba ZfS **07** 586, AG Straubing NZV **07** 326 [zust Anm *Fuchs* DAR **07** 103], VG Augsburg DAR **08** 278 [zu § 4 III Nr 4, IV IntVO], *Schünemann/Schünemann* DAR **07** 382, 385, *Heß/Burmann* NJW **08** 808, 813), ist durch EuGH Wiedemann und Zerche sowie durch EuGH Möginger überholt. Stu NJW **08** 243 nahm unvermeidbaren Verbotsirrtum an, solange die Frage, ob eine während laufender Sperrfrist im EU-Ausland erworbene FE nach Ablauf der Sperrfrist in Deutschland zum Fahren berechtigt, in der obergerichtlichen Rspr umstritten war; auch dies ist durch EuGH Wiedemann und Zerche sowie durch EuGH Möginger überholt.

Die nach dem Urteil des EuGH v 29. 4. 04 (Kapper) str Rspr (*Ludovisy* DAR **06** 9) ist durch **9** den Beschluss des EuGH v 6. 4. 06 zT überholt. Auf Vorlagebeschluss des VG Mü (BA **06** 342, Ls NJW **05** 2800) entschied der **EuGH** mit **Beschluss v 6. 4. 06 – Halbritter** (NJW **06** 2173, zust Anm *Ferner* SVR **06** 356, Anm *Weber* NZV **06** 500, Anm *Müller* ZVS **06** 217, *Ludovisy* DAR **06** 532, *Kalus* VD **06** 209, 227, *Haus* ZfS **06** 594, *Geiger* SVR **06** 401, *Schmid-Drüner* NZV **06** 617), dass „unter Umständen wie denen des Ausgangsverfahrens" ein EU-Mitgliedsstaat die Anerkennung einer in einem anderen EU-Mitgliedsstaat nach Ablauf einer Sperrfrist erteilten neuen FE nicht deswegen verweigern darf, weil in dem „Aufnahmestaat" die vorher erteilte FE entzogen worden war und die für die Erteilung einer neuen FE in diesem Staat erforderliche Fahreignungsprüfung nicht erfolgt ist. Art 8 IV UAbs 1 der 2. EG-FSRichtlinie sei als Ausnahme von dem in Art 1 II der Richtlinie enthaltenen allgemeinen Grundsatz der gegenseitigen Anerkennung der von den EU-Mitgliedsstaaten ausgestellten FS eng auszulegen. Der „Aufnahmestaat" könne seine innerstaatlichen Vorschriften über Einschränkung, Aussetzung, Entzug oder Aufhebung der FE in derartigen Fällen nur im Hinblick auf ein Verhalten des Betroffenen nach Erwerb der neuen FE anwenden. Mit **Beschluss v 28. 9. 06 – Kremer** (NJW **07** 1863) hat der **EuGH** diese Rspr auch auf die Fälle verwaltungsbehördlicher EdF (ohne Sperrfrist) erstreckt. **Abs 4 Nr 3 und**

3 FeV § 28　　　　　　　　　　　　　　　　　　II. Führen von Kraftfahrzeugen

Abs 5 sind danach in derartigen Fallkonstellationen wegen Unvereinbarkeit mit der 2. EG-FSRichtlinie nicht mehr anwendbar. Die **Rspr seitdem** ist uneinheitlich (*Dezsö* DAR **06** 643): ZT wird von einer unbedingten Verpflichtung zur Anerkennung der ausländischen FEe ausgegangen (OVG Schl BA **06** 430, ZfS **07** 179, OVG Hb NJW **07** 1160, VG Augsburg DAR **06** 527, DAR **07** 228, VG Bayreuth BA **06** 439, Mü NJW **07** 1152 [abl Anm *Dauer* DAR **07** 342]). ZT wird die EuGH-Rspr als nicht auf Verfahren nach § 46 III anwendbar angesehen (VG Wiesbaden DAR **06** 527, dazu *Ludovisy* DAR **06** 532). Überwiegend wird die Auffassung vertreten, eine Bindung an die strikte Anerkennungspflicht der ausländischen FE liege dann nicht vor, wenn objektive Anhaltspunkte für **rechtsmissbräuchlichen FEErwerb** vorliegen (OVG Weimar VRS **111** 288 = Ls NJW **07** 1163, DAR **07** 538 [zust Anm *Dauer*], VGH Ma NJW **07** 99 [Anm *Geiger* SVR **06** 397, abl Anm *Zwerger* ZfS **06** 599], VGH Ka NJW **07** 102, OVG Greifswald NJW **07** 1154, OVG Münster BA **06** 507, NZV **07** 266, OVG Berlin BA **07** 193, ZfS **07** 114, OVG Lüneburg ZfS **07** 235, BA **08** 270, OVG Bautzen DÖV **07** 562, OVG Ko NJW **07** 2650, VG Freiburg SVR **07** 230 = Ls DAR **06** 529, VG Münster BA **07** 62, VG Stade ZfS **06** 542, VG Berlin DÖV **06** 1011, VG Gießen BA **07** 196, LG Potsdam DAR **08** 219, VG Saarlouis BA **08** 273, offen VGH Kassel NJW **07** 1897). Auch die Bundesregierung hält den Einwand des rechtsmissbräuchlichen Verhaltens für berechtigt (BT-Drucks 16/3775 v 8. 12. 06 S 29).

9a　Da der EuGH sich bisher zu der Frage nicht geäußert hatte, ob die von ihm aufgestellten Auslegungsregeln auch in Fällen gelten sollen, in denen nach vorliegenden tatsächlichen Anhaltspunkten der Erwerb der FE nicht im Zusammenhang mit der Ausübung der durch EU-Recht gewährleisteten Freizügigkeit der Arbeitnehmer oder der Niederlassungsfreiheit erfolgte, sondern allein **zur Umgehung nationaler Bestimmungen für die Wiedererteilung** einer zuvor entzogenen FE, haben VG Chemnitz (DAR **06** 637) und VG Sigmaringen (DAR **06** 640) dem EuGH entsprechende Vorlagefragen gestellt. In seinen **Urteilen vom 26. 6. 08 – Wiedemann** (NJW **08** 2403) und **Zerche** (DAR **08** 459) hat der EuGH dazu nicht Stellung genommen, hat die Vorabentscheidungsersuchen also insoweit unbeantwortet gelassen. Die entsprechenden Vorlagefragen des AG Landau (DAR **07** 409) hat der EuGH mit Beschl v 3. 7. 08 – Möginger (C-225/07, DAR **08** 582) nicht beantwortet, da sie nur hilfsweise gestellt worden seien. Aus dem Schweigen des EuGH zu der Missbrauchsproblematik kann jedoch nicht abgeleitet werden, der EuGH plädiere für die vorbehaltlose Anerkennung ausländischer EU- und EWR-FEe auch in Missbrauchsfällen. Angesichts der Tragweite einer solchen Feststellung wäre zu erwarten gewesen, dass der EuGH dies ausdrücklich sagt und begründet. Da dies nicht geschehen ist, bleibt es bei der Möglichkeit deutscher Behörden und Gerichte, in Missbrauchsfällen die Anerkennung ausländischer EU- und EWR-FEe zu verweigern (*Dauer* NJW **08** 2381). Das weitere Vorabentscheidungsersuchen zu diesem Thema VGH Ma VRS **113** 444 wurde zurückgezogen.

10　Auf der Basis der bisherigen Rspr des EuGH ist von einem **reduzierten tatbestandlichen Anwendungsbereich der Abs 4 Nr 3 und 5 und des § 46** auszugehen: Wenn EU-Bürger von einer der durch den EU-Vertrag garantierten Grundfreiheiten (Freizügigkeit als Arbeitnehmer, Niederlassungsfreiheit, Dienstleistungsfreiheit) Gebrauch machen und wegen Wohnsitzes in einem anderen EU-Mitgliedstaat **nach Ablauf einer zuvor angeordneten Sperre** nach Maßgabe der dortigen Vorschriften eine neue FE erwerben, ist diese von deutschen Behörden ohne Weiteres („ohne jede Formalität") anzuerkennen. Ein erneuter Eignungsnachweis kann nicht verlangt werden. Eine Verweigerung des Eignungsnachweises durch den FEInhaber darf nicht zur Aberkennung der FE führen. Ein **„fortwirkender Eignungsmangel"** aus der Zeit vor Erteilung der ausländischen FE kann danach in derartigen Fällen nicht angenommen werden (OVG Greifswald NJW **07** 1158, OVG Hb NJW **07** 1162f, VG Mü NZV **08** 476, LG Potsdam DAR **08** 219, *Zwerger* ZfS **06** 546, *Schünemann/Schünemann* DAR **07** 384, aA *Ternig* ZfS **06** 430; OVG Lüneburg NJW **06** 1158 und VGH Ka DAR **06** 345 sind insoweit durch EuGH NJW **06** 2173 – Halbritter – überholt, von VGH Ka NJW **07** 104 und OVG Lüneburg ZfS **07** 235 offen gelassen). Erst ein Verhalten des FEInhabers nach FEErwerb kann Anlass für eine neue Eignungsprüfung in Deutschland sein. Ein medizinisch-psychologisches Gutachten, das nach FEErwerb erstellt wurde und fehlende Eignung bescheinigt, bezieht sich auf das Verhalten nach FEErwerb und kann deswegen Grundlage einer EdF sein, auch wenn die Anlasstaten für die Begutachtung vor der Erteilung der FE lagen; auf die Rechtmäßigkeit der Gutachtenanforderung kommt es insoweit nicht an (VG Augsburg ZfS **08** 54, VG Kar VD **08** 143). – Gleiches gilt für die **Fälle der verwaltungsbehördlichen Entziehung der FE** (ohne Sperrfrist), da eine Befugnis zur Überprüfung der Entscheidung einer ausländischen FE-Behörde in diesen Fällen erst recht nicht gegeben sein kann (EuGH NJW **07** 1863 – Kremer –, *Zwerger* ZfS **06** 545, *Schmid-Drüner* NZV **06** 621f). **Während einer gerichtl. angeordneten**

Sperrfrist oder einer Sperrfrist nach § 4 X StVG im EU- oder EWR-Ausland erworbene FE unterliegen nicht der Anerkennungsverpflichtung, auch nicht nach Ablauf der Sperrfrist.

Wenn allerdings in Deutschland wohnhafte EU-Bürger, die wegen bestehender gravierender Eignungsmängel in Deutschland keine FE erwerben können, in einem anderen EU-Mitgliedsstaat eine FE erwerben, ohne von ihrem Recht auf Freizügigkeit Gebrauch zu machen und ohne damit im Zusammenhang ihren Wohnsitz in dem anderen EU-Mitgliedsstaat zu nehmen (sog **Führerscheintourismus**), finden die dargestellten Grundsätze keine Anwendung, da in diesen Fällen eine **missbräuchliche Berufung auf EU-Recht** vorliegt (*Haus* ZfS **06** 595, *Dauer* DAR **07** 343, NJW **08** 2381, aM *Himmelreich/Janker/Karbach* Rz 728, *Zwerger* ZfS **06** 545, *Schünemann/Schünemann* DAR **07** 384). Die vom EuGH hervorgehobene Bedeutung der vorbehaltlosen gegenseitigen Anerkennung von FE in der EU dient der Gewährleistung des Rechts auf Freizügigkeit. Wenn allerdings von diesem Recht gar kein Gebrauch gemacht werden soll, sondern unter bewusster Umgehung der deutschen Eignungsvorschriften eine FE in einem anderen EU-Staat erworben wird, der wegen noch nicht erfolgter Harmonisierung der Eignungsvorschriften in der EU geringere Anforderungen an die Eignung stellt oder der vom Antragsteller über seine Eignungsmängel getäuscht wird, liegt eine missbräuchliche Berufung auf EU-Recht vor, die nach ständiger Rspr des EuGH nicht schutzwürdig ist (EuGH NJW **99** 2027). **Missbrauch** setzt ein subjektives Element voraus (OVG Weimar VRS **111** 303, OVG Berlin BA **07** 195, ZfS **07** 117, LG Potsdam DAR **08** 219). Eine Umgehungsabsicht des FE-Inhabers ist nur anzunehmen, wenn ein Bündel von Indizien dafür spricht. Die Verletzung des Wohnsitzerfordernisses allein reicht dafür nicht aus, da die Prüfung hinsichtlich des ordentlichen Wohnsitzes Sache des ausstellenden EU-Mitgliedsstaates ist (VGH Ma NJW **07** 99, OVG Hb NJW **07** 1163, OVG Weimar DAR **07** 538, VG Stu SVR **08** 32, *Geiger* SVR **07** 441, 442 s Rz 6), ist aber bei der Gesamtwürdigung der Umstände, die für Missbrauch sprechen, mit zu berücksichtigen (OVG Greifswald NJW **07** 1159, OVG Münster NZV **07** 267, OVG Ko NJW **07** 2650, LG Potsdam DAR **08** 219), da mitentscheidend ist, ob der Bewerber die ausländische FE im Zusammenhang mit einem gemeinschaftsrechtlich relevanten Vorgang erworben hat. Für eine Umgehungsabsicht spricht zB, wenn mit an Sicherheit grenzende Wahrscheinlichkeit ausgeschlossen werden kann, dass der Bewerber eine deutsche FE hätte wiedererlangen können (OVG Ko NJW **07** 2650, LG Potsdam DAR **08** 219), wenn positiv feststeht, dass er die ausländische Behörde über seine Eignungsmängel getäuscht (OVG Greifswald NJW **07** 1159, *Jagow/Burmann/Heß* § 2 StVG Rz 21) oder die erwiesenen Eignungsmängel der ausländischen Behörde zumindest nicht offenbart wird (LG Potsdam DAR **08** 219), oder wenn der Inhaber einer deutschen FE zusätzlich eine ausländische EU-FE mit der Absicht erwirbt, auf diese Weise die Folgen einer bevorstehenden Entziehung der deutschen FE oder eines Verzichts auf sie zu umgehen (VG Neustadt Beschl v 14. 1. 08 3 L 1568/07 juris).

Gegenwärtige Rechtslage: Im EU- oder EWR-Ausland erworbene FEe, im Falle einer zuvor angeordneten oder durch EdF nach § 4 III 1 Nr 3 StVG ausgelösten Sperrfrist nach deren Ablauf erworbene FEe, sind in Deutschland wirksam und berechtigen zum Führen von Kfz, ohne dass es einer Zuerkennungsentscheidung nach Abs 5 bedarf. Diese Wirksamkeit kann ihnen in Deutschland erst nachträglich durch einen Verwaltungsakt mit Wirkung für das Inland wieder genommen werden. Dabei kann sich die FEB nicht auf Umstände stützen, die die früher erfolgte EdF gerechtfertigt haben, sondern nur auf ein Verhalten des Betroffenen nach Erteilung der ausländischen FE. Wurde die ausländische FE aber während einer Sperrfrist oder nach vorheriger Entziehung, Versagung oder Verzicht iSd Abs 4 Nr 3 unter missbräuchlicher Berufung auf EU-Recht erworben (s Rz 11), ist sie nicht in Deutschland wirksam, berechtigt also nicht zum Führen von Kfz im Inland. Sie kann vielmehr im Inland wegen des in diesem Fall anwendbaren Abs 4 Nr 3 oder 4 nur nach einer antragsgebundenen Zuerkennungsentscheidung der FEB gem Abs 5 genutzt werden. Ergibt sich aus Angaben in dem ausländischen FS oder aus anderen vom Ausstellerstaat herrührenden „unbestreitbaren" Informationen, dass bei Erteilung der ausländischen FE das Wohnsitzprinzip nicht beachtet wurde, gilt wegen Anwendbarkeit von Abs 4 Nr 2 das Gleiche. Inhaber einer solchen FE sind nicht nach Abs 1 zum Führen von Kfz im Inland berechtigt, solange keine positive Zuerkennungsentscheidung nach Abs 5 ergangen ist. Eines konstitutiv wirkenden Verwaltungsaktes bedarf es nicht, um diese Rechtsfolge herbeizuführen, denn sie ergibt sich direkt aus Abs 4 (VGH Mü Beschl v 7. 8. 08 11 ZB 07.1259, Beschl v 11. 8. 08 11 CS 08.832). In einem solchen Fall kann die FEB die ausländische FE nicht mit der Wirkung gem § 3 II 2 StVG, § 46 V 2 FeV entziehen, also das Recht aberkennen, von ihr im Inland Gebrauch zu machen, denn ein Recht, das dem FEInhaber nicht zusteht, kann ihm auch nicht durch belastenden Verwaltungsakt aberkannt werden (VGH Ma NJW **07** 99, DAR

3 FeV § 28 II. Führen von Kraftfahrzeugen

08 599). In einem solchen Fall kommt ein auf Abs 4 gestützter feststellender Verwaltungsakt in Betracht, in dem die sich aus Abs 4 ergebende, zwischen den Beteiligten regelmäßig umstrittene, Rechtslage klargestellt wird (VGH Ma DAR **08** 599). Die FEB kann Vorlage des ausländischen FS zwecks Eintragung eines entsprechenden Vermerks in entsprechender Anwendung von § 3 II 3 StVG, § 47 II FeV verlangen, denn es muss im Interesse der VSicherheit gewährleistet sein, dass der Betroffene nicht durch Vorlage des FS den unzutreffenden Eindruck erwecken kann, zur Teilnahme am StrV im Inland berechtigt zu sein (s VGH Ma VRS **110** 397, VRS **110** 376, 386). Sie hat dabei ein uneingeschränktes Prüfungsrecht, da die EU-rechtliche Prüfungssperre in diesen Fällen nicht greift. Zur strafrechtlichen Beurteilung s § 21 StVG Rz 2a.

12a Ob kurzfristige Veränderungen dieser Rechtslage durch die am 19. 1. 2007 in Kraft getretene **3. EU-Führerschein-Richtlinie** (ABl Nr L 403/18 v 30. 12. 06) eintreten werden, ist derzeit offen, s dazu vor § 1 Rz 4. Der Auffassung des VGH Mü NZV **07** 539, 544, die Anwendung des Missbrauchsgedankens sei jedenfalls seit dem 19. 1. 07 nicht mehr statthaft, weil der EG-Normgeber die von ihm mit der 3. FS-Richtlinie zur Bekämpfung des FS-Tourismus geschaffenen Regelungen in Kenntnis des Problems erst für die Zukunft für anwendbar erklärt habe, kann nicht gefolgt werden (OVG Weimar DAR **07** 538 m zust Anm *Dauer, Geiger* SVR **07** 397, DAR **07** 542, SVR **07** 441, 442), denn der EG-Normgeber hat in der 3. FS-Richtlinie keineswegs angeordnet, den Missbrauch des Gemeinschaftsrechts in der Zeit bis zum In-Kraft-Treten der neuen Bestimmungen hinzunehmen. Zudem ist fraglich, ob die Regelungen der 3. FS-Richtlinie nach Umsetzung in nationales Recht Ersatz für den Rückgriff auf die Rechtsfigur der missbräuchlichen Berufung auf Gemeinschaftsrecht sein können (*Dauer* DAR **07** 539).

13 Nach Entziehung einer *ausländischen* FE gem § 69b StGB (in der ab 1. 1. 99 geltenden Fassung) oder Anordnung einer „isolierten" FESperre besteht der Ausschluss von der Berechtigung nach Abs I auch nach Ablauf der Sperre (§ 69a StGB) zunächst fort; erneute Berechtigung erst nach auf Antrag erteilter ausdrücklicher Erlaubnis der VB, von der ausländischen FE wieder Gebrauch zu machen, Abs V. Nach seinem Wortlaut schließt IV Nr 3 die Berechtigung auch dann aus, wenn die **inländische FE vor dem 1. 1. 99** nach früherem Recht **entzogen** worden und die Sperre vor diesem Datum abgelaufen ist. Der Anwendung des Abs IV Nr 3 auf solche „Altfälle" soll nach hM auch nicht der Umstand entgegenstehen, dass das Recht zum erneuten Führen fahrerlaubnispflichtiger Kfze im Inland mit einer gültigen ausländischen FE *vor* dem 1. 1. 99 ohne Antragstellung gem § 2 (§ 4 I Nr 2) EU/EWR-FührerscheinVO wieder aufgelebt war, BGHSt **47** 336 = NJW **02** 2330 (tatbestandliche Rückanknüpfung, „unechte" Rückwirkung, zust Anm *Hillmann* BA **03** 152), Kar VRS **105** 374, Sa BA **03** 153. Demgegenüber vertritt zB das OLG Kar VRS **101** 220 mit beachtlichen Argumenten die Auffassung, dass sich Abs IV Nr 3 nach dem Gesetzeszweck und dem Willen des VOGebers nicht auf Altfälle erstrecke, eine – möglicherweise seit Jahren – wieder bestehende Berechtigung also nicht am 1. 1. 99 wieder entfallen sei (was im Ergebnis zu einer „kollektiven" EdF in Bezug auf Altfälle führt, s *Hentschel* NJW **02** 728), ebenso VG Br DAR **99** 377. Zur Bedeutung vor dem 1. 1. 99 nach § 69b aF angeordneter Entziehung *ausländischer* FE, s § 69b StGB Rz 4. Bei einem vor dem 1. 1. 99 erklärten Verzicht auf die deutsche FE spielt das Problem der „Altfälle" entgegen Stu VersR **04** 188 im Hinblick auf § 4 Nr 3 EU/EWR-FührerscheinVO keine Rolle. Wurde eine ausländische FE in eine deutsche umgeschrieben, diese jedoch später durch die VB entzogen, so berechtigt die ausländische auch dann nicht zum Führen von Kfzen, wenn danach eine deutsche FE einer niedrigeren Klasse erteilt worden ist, VG Mü DAR **97** 457. Eine vor dem Beitritt der Tschechischen Republik zur EU (1. 5. 04) erworbene tschechische FE berechtigt gem Abs IV nicht zum Fahren in Deutschland, wenn die deutsche FE nach der Erteilung der tschechischen FE entzogen worden ist, auch wenn der Zeitpunkt der Entziehung vor dem EU-Beitritt der Tschechischen Republik liegt, Stu NJW **07** 528. Die sog „isolierte Sperre" gem § 69a I S 3 StGB steht nunmehr gem der durch ÄndVO v 7. 8. 02 in Abs IV eingefügten Nr 4 der *Entziehung* gleich, schließt also ebenso die Berechtigung aus. Soweit Abs IV Nr 3 und Abs V noch Anwendung finden (s Rz 6ff), berechtigt eine Zuerkennungsentscheidung nach Abs V zum Gebrauchmachen von ausländischen FE auch der Klassen, auf die sich die Entscheidung nicht bezog, denn die positive Zuerkennungsentscheidung bedeutet, dass insgesamt keine Gefährdungssituation mehr besteht (BVerwG NJW **06** 1151).

14 **3 a. Führerscheinsicherstellung, Fahrverbot** (Abs IV Nr 5). Nicht nur vorläufige EdF gem § 111a StPO, sondern auch vorläufige Führerscheinmaßnahmen gem § 94 StPO **(Sicherstellung, Beschlagnahme)** führen zum Ausschluss der Berechtigung nach Abs I. Dasselbe gilt für die Dauer eines **Fahrverbotes,** sofern dieses entweder im Inland angeordnet wurde (§§ 25

Ausländische Fahrerlaubnisse § 29 FeV **3**

StVG, 44 StGB) oder im Staat des ordentlichen Wohnsitzes des FEInhabers oder in dem Staat, in dem die FE erteilt worden ist. Keinen Einfluss hat ein ausländisches Fahrverbot, wenn in jenem Staat weder die FE erteilt worden ist, noch ein ordentlicher Wohnsitz des FEInhabers besteht, s Begr Rz 3.

4. Mindestalter. Die ausländische EU/EWR-Fahrerlaubnis wird auch dann anerkannt, **15** wenn das Mindestalter in dem Staat, in dem die FE erteilt wurde, niedriger ist als nach den deutschen Bestimmungen. Von der den Mitgliedstaaten in Art 6 III der 2. EG-FS-Richtlinie eingeräumten Möglichkeit, die Gültigkeit eines FS in ihrem Hoheitsgebiet abzulehnen, wenn der Inhaber noch nicht das 18. Lebensjahr vollendet hat, hat der VOGeber somit keinen Gebrauch gemacht. Gem II S 2 gilt jedoch die Beschränkung des § 6 II S 3 in Bezug auf **geschwindigkeitsbeschränkte Leichtkrafträder** für Inhaber der FEKl A1 unter 18 Jahren auch für EU/EWR-FEe. Ist das vorgeschriebene Mindestalter für die betreffende Klasse im Inland niedriger als in dem die FE erteilenden Staat, so gilt die Inlandsregelung. Mißachtung der sich aus Abs II ergebenden Einschränkungen: § 21 StVG.

5. Geltungsdauer bei Lkw- und Busführerscheinen. Die deutschen Bestimmungen des **16** § 23 über die Geltungsdauer von FEen der Klassen C und D mit ihren Kombinationen (E, 1, 1E) sind nach Maßgabe von Abs III auch auf EU/EWR-FEe anzuwenden. Führen von Kfzen der in Abs III genannten Klassen über die sich daraus ergebende Geltungsdauer: § 21 StVG.

6. Ordnungswidrigkeit. Nichtbeachtung von Auflagen zur EU/EWR-FE beim FzFühren **17** im Inland (Abs I S 2) ist gem §§ 75 Nr 9 FeV, 24 StVG ow.

Lit: *Bouska,* Fahrberechtigung von Berufspendlern mit ausländischer FE im Inland, NZV 00 321. *Dezsö,* **18** Die EuGH-Entscheidungen zur Anerkennung ausländischer FS in der gerichtlichen Praxis, DAR **06** 643. *Geiger,* Die Überprüfung des Wohnsitzerfordernisses bei EG-FS aus Sicht der Rspr – Vertragsverletzungsverfahren bei Missachtung durch Mitgliedstaaten, DAR **06** 490. *Derselbe,* Aktuelle Rspr zum Recht der FEe, SVR **06** 401. *Derselbe,* Neues Ungemach durch die 3. FS-Richtlinie der EG?, DAR **07** 126. *Hailbronner/ Thoms,* Der FS im EU-Recht, NJW **07** 1089. *Hentschel,* Der Einfluß einer gem § 69b StGB in der bis zum 31. 12. 1998 geltenden Fassung angeordneten Entziehung einer ausländischen FE auf die Berechtigung gem §§ 28 FeV, 4 IntVO, DAR **01** 193. *Kalus,* EuGH: Die Anerkennung einer EU/EWR-FE, VD **06** 209, 227. *Ludovisy,* Gültigkeit und Anerkennung im europäischen Ausland erworbener Führerscheine, DAR **05** 7. *Derselbe,* Entwicklung der Rspr zur Anerkennung ausländischer FSe, DAR **06** 9. *Derselbe,* Auswirkung der EuGH-Entscheidung (zur Anerkennung ausländischer FS) auf die Praxis der FEAnerkennung, DAR **06** 532. *Mahlberg,* Zur Anerkennung von EG-Führerscheinen nach dem neuen FERecht, JbVerkR **00** 197. *Otte/ Kühner,* Führerscheintourismus ohne Grenzen?, NZV **04** 321. *Säftel,* Drei Jahre „Führerscheintourismus" und kein Ende, NZV **07** 493, *Schmid-Drüner,* EU-FSe und Verkehrssicherheit – ein Widerspruch? NZV **06** 617. *Schünemann/Schünemann,* Deutsche Bekämpfung des „FS-Tourismus" scheitert am europäischen Prinzip der gegenseitigen Anerkennung, DAR **07** 382. *Ternig,* EU-FEe, ZfS **05** 585. *Derselbe,* EU-FEe, FSTourismus, Klarheit durch EuGH?, ZfS **06** 428. *Thoms,* Ab wann gelten die 3. Europäischen FS-Richtlinien? DAR **07** 287. *Zwerger,* Grenzenloser Fahrspaß in Europa? ZfS **06** 543. **Weitere Lit:** s auch § 31 Rz 22.

Ausländische Fahrerlaubnisse

29 (1) ¹Inhaber einer ausländischen Fahrerlaubnis dürfen im Umfang ihrer Berechtigung im Inland Kraftfahrzeuge führen, wenn sie hier keinen ordentlichen Wohnsitz nach § 7 haben. ²Begründet der Inhaber einer in einem anderen Mitgliedstaat der Europäischen Union oder einem anderen Vertragsstaat des Abkommens über den Europäischen Wirtschaftsraum erteilten Fahrerlaubnis einen ordentlichen Wohnsitz im Inland, richtet sich seine weitere Berechtigung zum Führen von Kraftfahrzeugen nach § 28. ³Begründet der Inhaber einer in einem anderen Staat erteilten Fahrerlaubnis einen ordentlichen Wohnsitz im Inland, besteht die Berechtigung noch sechs Monate. ⁴Die Fahrerlaubnisbehörde kann die Frist auf Antrag bis zu sechs Monate verlängern, wenn der Antragsteller glaubhaft macht, dass er seinen ordentlichen Wohnsitz nicht länger als zwölf Monate im Inland haben wird. ⁵Auflagen zur ausländischen Fahrerlaubnis sind auch im Inland zu beachten.

(2) ¹Die Fahrerlaubnis ist durch einen gültigen nationalen oder Internationalen Führerschein (Artikel 7 und Anlage E des Internationalen Abkommens über Kraftfahrzeugverkehr vom 24. April 1926, Artikel 41 und Anhang 7 des Übereinkommens über den Straßenverkehr vom 8. November 1968 oder Artikel 24 und Anlage 10 des Übereinkommens über den Straßenverkehr vom 19. September 1949 – Vertragstexte der Vereinten Nationen 1552 S. 22 –) nachzuweisen. ²Ausländische nationale Führerscheine, die nicht in deutscher Sprache abgefasst sind, die nicht in einem anderen Mitgliedstaat der Europäischen Union oder einem anderen Vertragsstaat des Abkommens über den Europäischen Wirtschaftsraum

oder der Schweiz ausgestellt worden sind oder die nicht dem Anhang 6 des Übereinkommens über den Straßenverkehr vom 8. November 1968 entsprechen, müssen mit einer Übersetzung verbunden sein, es sei denn, die Bundesrepublik Deutschland hat auf das Mitführen der Übersetzung verzichtet. ³Die Übersetzung muss von einem Berufskonsularbeamten oder Honorarkonsul der Bundesrepublik Deutschland im Ausstellungsstaat, einem international anerkannten Automobilklub des Ausstellungsstaates oder einer vom Bundesministerium für Verkehr, Bau und Stadtentwicklung bestimmten Stelle gefertigt sein.

(3) Die Berechtigung nach Absatz 1 gilt nicht für Inhaber ausländischer Fahrerlaubnisse,
1. die lediglich im Besitz eines Lernführerscheins oder eines anderen vorläufig ausgestellten Führerscheins sind,
2. die zum Zeitpunkt der Erteilung der ausländischen Erlaubnis zum Führen von Kraftfahrzeugen ihren ordentlichen Wohnsitz im Inland hatten, es sei denn, dass sie die Fahrerlaubnis in einem anderen Mitgliedstaat der Europäischen Union oder einem anderen Vertragsstaat des Abkommens über den Europäischen Wirtschaftsraum während eines mindestens sechsmonatigen, ausschließlich dem Besuch einer Hochschule oder Schule dienenden Aufenthalts erworben haben,
3. denen die Fahrerlaubnis im Inland vorläufig oder rechtskräftig von einem Gericht oder sofort vollziehbar oder bestandskräftig von einer Verwaltungsbehörde entzogen worden ist, denen die Fahrerlaubnis bestandskräftig versagt worden ist oder denen die Fahrerlaubnis nur deshalb nicht entzogen worden ist, weil sie zwischenzeitlich auf die Fahrerlaubnis verzichtet haben,
4. denen aufgrund einer rechtskräftigen gerichtlichen Entscheidung keine Fahrerlaubnis erteilt werden darf oder
5. solange sie im Inland, in dem Staat, der die Fahrerlaubnis erteilt hatte oder in dem Staat, in dem sie ihren ordentlichen Wohnsitz haben, einem Fahrverbot unterliegen oder der Führerschein nach § 94 der Strafprozessordnung beschlagnahmt, sichergestellt oder in Verwahrung genommen worden ist.

(4) Das Recht, von einer ausländischen Fahrerlaubnis nach einer der in Absatz 3 Nr. 3 und 4 genannten Entscheidungen im Inland Gebrauch zu machen, wird auf Antrag erteilt, wenn die Gründe für die Entziehung nicht mehr bestehen.

1–7   **Begr** zur ÄndVO v 18. 7. 08, BGBl I 1338 (BR-Drs 302/08 S 65): *Durch die §§ 25a, 25b, 29 und 29a, die Ergänzung des § 75 und die Einfügung der Anlage 8b und c werden die Vorschriften der Verordnung über den internationalen Kraftfahrzeugverkehr (IntKfzVO) in die FeV übernommen.* ...

8   **1. Anwendungsbereich.** Nach § 2 XI 1 StVG berechtigen auch ausländische FE zum Führen von Kfz in Deutschland. Nach Abs 1 S 1 dürfen **Inhaber einer ausländischen FE, die in Deutschland keinen ordentlichen Wohnsitz haben**, im Umfang der durch die ausländische FE verliehenen Berechtigung im Inland Kfz führen. Dies betrifft sowohl Inhaber einer in einem anderen EU- oder EWR-Staat als auch Inhaber einer in einem Drittstaat erteilten FE. Auf die Staatsangehörigkeit des FE-Inhabers kommt es nicht an. Die Berechtigung aus Abs 1 kommt also auch Deutschen zugute, die keinen ordentlichen Wohnsitz im Inland haben und über eine in einem anderen Staat erteilte FE verfügen. Ob das geführte Kfz im Inland oder im Ausland zugelassen ist, ist unerheblich. § 29 hat den früheren § 4 IntVO in die FeV übernommen. Sonderregelung für Angehörige der in Deutschland stationierten **NATO-Streitkräfte**, s Art 9 Zusatzabkommen zum Nato-Truppenstatut. FS sonstiger ausländischer Streitkräfte: Art 2 § 13 SkAufG. Anerkennung der von den Militärbehörden des Entsendestaates iS des **EU-Truppenstatuts** ausgestellten FSe, s Art 6 EU-Truppenstatut (BGBl II 05 19).

9   **2.** Die Berechtigung aus Abs 1 S 1 besteht nur, wenn der FE-Inhaber keinen **ordentlichen Wohnsitz** iSv § 7 in Deutschland hat, wenn er also nicht gewöhnlich, dh während mindestens 185 Tagen im Jahr im Inland wohnt (§ 7 I 2). „Ordentlicher Wohnsitz" s § 2 StVG Rz 3, § 7 FeV Rz 3 ff. **Begründung des ordentlichen Wohnsitzes** bedeutet unter Berücksichtigung von § 7 die auf mindestens 185 Tage angelegte Wohnsitznahme im Inland. **Berufspendler**, die im Ausland wohnen, haben keinen ordentlichen Wohnsitz in Deutschland (s Art 9 S 2 der 2. EG-FSRichtlinie, *Jagow/Burmann/Heß* § 2 StVG Rz 20a, *Bouska* NZV *00* 321 ff), anders nach Begründung eines ordentlichen Wohnsitzes im Inland und Heimfahrt an den Wochenenden (*Bouska/Laeverenz* § 4 IntVO Anm 3b). Bei **Wohnsitz im Inland und im Ausland** ist die Begründung eines ordentlichen Wohnsitzes im Inland entscheidend; wer im Bundesgebiet auch nur einen Nebenwohnsitz begründet und hier mindestens 185 Tage im Kalenderjahr wohnt (§ 7 I), hat iSv Abs 1 S 2 oder 3 einen ordentlichen Wohnsitz im Inland begründet (*Bouska* NZV *00* 321, 323).

Ausländische Fahrerlaubnisse § 29 FeV **3**

Begründet der Inhaber einer in einem anderen **EU- oder EWR-Staat** erteilten FE seinen or- **10** dentlichen Wohnsitz in Deutschland, bestimmt sich seine weitere Berechtigung zum Führen von Kfz im Inland ab diesem Zeitpunkt nach § 28 (Abs 1 S 2). Begründet der Inhaber einer in einem **Drittstaat**, also nicht in einem EU- oder EWR-Staat erteilten FE seinen ordentlichen Wohnsitz in Deutschland, besteht die Berechtigung zum Führen von Kfz im Inland zunächst noch 6 Monate fort (Abs 1 S 3). Die **6-Monats-Frist** beginnt mit der Wohnsitznahme. Hat der FE-Inhaber sich bereits davor für eine gewisse Zeit im Inland aufgehalten, ohne hier seinen Wohnsitz zu begründen, wird diese Zeit nicht auf die 6 Monate angerechnet. Um Härten zu vermeiden, kann (Ermessen) die 6-Monats-Frist von der FEB auf Antrag bis zu 6 Monate auf ein Jahr **verlängert** werden, wenn der Antragsteller glaubhaft macht, dass er seinen ordentlichen Wohnsitz nicht länger als 12 Monate in Deutschland haben wird (Abs 1 S 4). Da es sich hier um eine spezielle Ausnahmevorschrift handelt, sind weitere Verlängerungen nach der allgemeinen Ausnahmebestimmung § 74 entgegen der Begr zur Vorläuferregelung § 4 I 4 IntVO (VkBl **98** 1100) ausgeschlossen. Bewilligung und Versagung einer Verlängerung der 6-Monats-Frist sind Verwaltungsakte. **Nach Ablauf der 6-Monats-Frist** endet die Befugnis des Inhabers einer ausländischen FE zum Führen von Kfz im Inland. Er muss dann eine deutsche FE erwerben (§ 31).

3. Der **Umfang der Berechtigung** aus Abs 1 bestimmt sich nach der durch die ausländische **11** FE verliehenen Berechtigung zum Führen von Kfz (Abs 1 S 1). Anders als nach § 28 II gilt dies auch für FE, die in einem anderen EU- oder EWR-Staat erteilt worden sind, solange der FE-Inhaber nicht im Inland seinen Wohnsitz nimmt (ab diesem Zeitpunkt gilt für ihn § 28 II). Solange kein Wohnsitz im Inland begründet wird, werden also auch FE der nicht harmonisierten nationalen FEKlassen aus anderen EU- oder EWR-Staaten in Deutschland anerkannt (s VkBl **02** 892 zu § 4 IntVO). Die deutschen Vorschriften über das **Mindestalter** für die Erteilung einer FE sind auf die Fahrberechtigung nach Abs 1 S 1 und 3 nicht anzuwenden. Allerdings hat der FEInhaber die Vorschriften über das Mindestalter für das Führen bestimmter Fz zu beachten, die sich aus den Sozialvorschriften und dem AETR ergeben; Verstöße dagegen berühren die FE aber nicht. **Auflagen** zur ausländischen FE (zB zum Tragen einer Brille) sind auch im Inland zu beachten (Abs 1 S 5); Verstoß ist ow (§ 75 Nr 14).

4. Die ausländische FE ist durch einen **nationalen oder internationalen Führerschein 12** nachzuweisen, wenn von der Berechtigung nach Abs 1 S 1 und 3 Gebrauch gemacht wird (Abs 2 S 1). Dieser ist beim Führen von Kfz mitzuführen und zuständigen Personen auf Verlangen zur Prüfung auszuhändigen (§ 4 II 3); Verstoß ist ow (§ 75 Nr 4). Ausländische nationale FS, die nicht in deutscher Sprache abgefasst sind, müssen unter den Voraussetzungen von Abs 2 S 2 mit einer **Übersetzung** verbunden sein, soweit Deutschland nicht auf das Mitführen der Übersetzung verzichtet hat (Abs 2 S 2). Die Übersetzung muss nicht fest mit dem FS verbunden sein; die Zusammengehörigkeit muss sich aber Bezugnahme auf die Daten des ausländischen FS zweifelsfrei ergeben. Soweit eine Übersetzung erforderlich ist, ist sie ebenfalls beim Führen von Kfz mitzuführen und zuständigen Personen auf Verlangen zur Prüfung auszuhändigen (§ 4 II 3); Verstoß ist ow (§ 75 Nr 4). Die Übersetzung muss entweder von einem Berufskonsularbeamten oder Honorarkonsul Deutschlands im Ausstellungsstaat (lies:) bestätigt (wie vor dem 1. 3. 07 gem § 4 II 3 iVm § 1 III 1 IntVO, nicht *gefertigt*) oder durch einen international anerkannten Automobilklub des Ausstellungsstaates oder durch eine vom BMV bestimmte Stelle (VkBl **63** 222, **76** 163, **78** 186, **85** 234, **91** 240) angefertigt worden sein (Abs 2 S 3). Besitzt der Inhaber einer ausländischen FE keinen FS oder soweit erforderlich keine Übersetzung, zB weil er sie verloren hat, oder führt er diese Dokumente nicht mit, entfällt seine Fahrberechtigung nach Abs 1 S 1 oder 3 dadurch nicht, denn diese ergibt sich aus der ausländischen FE; dann lediglich OWi gem § 75 Nr 4 iVm § 4 II 3. S aber Abs 3 Nr 5.

5. Keine Berechtigung, im Inland Kfz zu führen (Abs 3). Die Berechtigung nach **13** Abs 1 S 1 und 3 gilt nicht für **LernFS** oder andere nur **vorläufig ausgestellte FS** (Abs 3 Nr 1); befristete FE sind keine vorläufigen, schließen das Recht also nicht aus. Voraussetzung für die Berechtigung ist nach Abs 3 Nr 2, dass die ausländische FE nicht zu einem Zeitpunkt erteilt worden ist, zu dem der Inhaber seinen ordentlichen **Wohnsitz** (§ 7) in Deutschland hatte. Soweit es sich um von anderen EU- oder EWR-Staaten erteilte FE handelt, ist insoweit aber die vom EuGH entwickelte einschränkende Auslegung zu beachten (§ 28 Rz 6). Die Berechtigung nach Abs 1 S 1 und 3 gilt nicht bei in Deutschland erfolgter **Entziehung** oder **Versagung** der FE und bei **Verzicht** (Abs 3 Nr 3). Soweit es sich um von anderen EU- oder EWR-Staaten erteilte FE handelt, ist auch insoweit die vom EuGH entwickelte einschränkende Auslegung zu beachten (§ 28 Rz 7 ff). Abs 3 Nr 3 gilt unabhängig davon, ob die ausländische FE zum Zeit-

Dauer 1063

punkt der Entziehung der deutschen FE bereits bestand oder ob sie erst später erworben wurde (VGH Ma NZV **03** 591 zu § 4 III Nr 3 IntVO). Die Berechtigung nach Abs 1 S 1 und 3 gilt nicht für Inhaber einer ausländischen FE, denen aufgrund einer rechtskräftigen gerichtlichen Entscheidung keine FE erteilt werden darf (isolierte **Sperre** gemäß § 69a I 3 StGB, Abs 3 Nr 4), und solange der FEInhaber im Inland, in seinem Wohnsitzstaat oder in dem Staat, der die FE erteilt hat, einem **Fahrverbot** unterliegt oder der ausländische FS nach § 94 StPO **beschlagnahmt, sichergestellt oder in Verwahrung genommen** worden ist (Abs 3 Nr 5). Ein Fahrverbot außerhalb Deutschlands, des Wohnsitzstaates des Betroffenen oder des Staates, der die FE erteilt hat, ist aber unschädlich (s Begr zur Vorläuferregelung § 4 III Nr 5 IntVO VkBl **98** 1101).

14   **6.** Nach EdF, Versagung der FE, Verzicht (Abs 3 Nr 3) und nach gerichtlicher Anordnung einer isolierten Sperre (Abs 3 Nr 4) bedarf es einer antragsgebundenen **Zuerkennungsentscheidung** der FEB, bevor das Recht, von einer ausländischen FE im Inland Gebrauch zu machen, besteht (Abs 4). Auch wenn Abs 4 anders als § 28 V 2 nicht auf § 20 I und III verweist, hat die FEB zur Vorbereitung ihrer Entscheidung nach den allgemeinen Regeln zu prüfen, ob die Eignung zum Führen von Kfz gegeben ist.

15   **7. Zuständig** für Maßnahmen nach § 29 (Verlängerung der Frist gem Abs 1 S 4, Zuerkennungsentscheidung nach Abs 4) ist die FEB des ordentlichen Wohnsitzes, mangels eines solchen die des Aufenthaltsortes (§ 73 II 1). Hat der Betroffene keinen Wohn- oder Aufenthaltsort in Deutschland, ist für die Zuerkennungsentscheidung nach Abs 4 jede FEB zuständig (§ 73 III).

16   **8. Ordnungswidrig** ist die Nichtbeachtung einer Auflage zur ausländischen FE entgegen Abs 1 S 5 (§ 75 Nr 14) und das Nichtmitführen oder Nichtaushändigen ausländischer Führerscheine und soweit erforderlich deren Übersetzung entgegen § 4 II 3 (§ 75 Nr 4).

Lit: *Bouska,* Fahrberechtigung von Berufspendlern mit ausländischer FE im Inland, NZV **00** 321.

Aberkennung des Rechts, von einer ausländischen Fahrerlaubnis im Inland Gebrauch zu machen

29a ¹**Erweist sich der Inhaber einer ausländischen Fahrerlaubnis als ungeeignet oder nicht befähigt zum Führen von Kraftfahrzeugen, ist ihm das Recht abzuerkennen, von der ausländischen Fahrerlaubnis Gebrauch zu machen.** ²**Erweist er sich als noch bedingt körperlich geeignet, ist die Fahrerlaubnis so weit wie notwendig einzuschränken oder es sind die erforderlichen Auflagen anzuordnen.** ³**Im Übrigen sind die §§ 3 und 46 entsprechend anzuwenden.** ⁴**Die Aberkennung des Rechts, von einer ausländischen Fahrerlaubnis Gebrauch zu machen, ist auf dem ausländischen Führerschein, bei Internationalen Führerscheinen durch Ausfüllung des dafür vorgesehenen Vordrucks, zu vermerken und der ausstellenden Stelle des Auslands und dem Kraftfahrt-Bundesamt mitzuteilen.**

1   **Begr** zur ÄndVO v 18. 7. 08, BGBl I 1338 (BR-Drs 302/08 S 65): *Durch die §§ 25a, 25b, 29 und 29a, die Ergänzung des § 75 und die Einfügung der Anlage 8b und c werden die Vorschriften der Verordnung über den internationalen Kraftfahrzeugverkehr (IntKfzVO) in die FeV übernommen. …*

2   **1. Allgemeines.** Ausländische FE können von deutschen Behörden nicht entzogen werden, weil dies ein unzulässiger Eingriff in die Hoheitsbefugnisse des anderen Staates wäre. Statt der Entziehung kann den Inhabern einer ausländischen FE deswegen gem § 3 I 2 StVG nur das Recht aberkannt werden, von der ausländischen FE in Deutschland Gebrauch zu machen. Damit erlischt das Recht zum Führen von Kfz im Inland (§ 3 II 2 StVG, § 46 V 2 FeV, § 46 Rz 13); im Übrigen bleibt die ausländische FE bestehen. Die Maßnahme erstreckt sich stets nur auf eine vorhandene, nicht auf eine künftig zu erteilende FE (VGH Ma NZV **97** 215, Zw NZV **97** 364 jeweils zu § 11 II IntVO alt). § 29a hat den früheren § 11 II IntVO in die FeV übernommen.

3   **2.** Fraglich ist, welchen **Anwendungsbereich** § 29a in Abgrenzung zu § 46 hat. Nach seinem klaren Wortlaut bezieht sich § 29a auf alle ausländischen FE. Die Aberkennung des Rechts, von einer ausländischen FE in Deutschland Gebrauch zu machen, ist jedoch auch nach § 46 möglich, wie § 46 V 2 zeigt. Die Vorgängervorschrift § 11 II IntVO nahm ausdrücklich Bezug auf § 4 IntVO, war also nur auf ausländische FE von Personen anwendbar, die in

Deutschland keinen ordentlichen Wohnsitz haben. Eine solche Beschränkung ist jedoch weder dem Wortlaut von § 29a noch der Begr zu entnehmen. In der jetzigen Form als allgemeine Rechtsgrundlage für die Aberkennung des Rechts, von einer ausländischen FE im Inland Gebrauch zu machen, erscheint § 29a neben § 46 als überflüssig. Eine Klarstellung durch den VOGeber ist erforderlich. Einstweilen sollte § 29a trotz des weiteren Wortlauts so wie seine Vorgängervorschrift § 11 II IntVO nur auf ausländische FE von Personen angewandt werden, die in Deutschland keinen ordentlichen Wohnsitz haben. Es spricht aber auch nichts dagegen, die Aberkennung des Rechts, von einer ausländischen FE im Inland Gebrauch zu machen, ausschließlich nach § 46 vorzunehmen, ohne Rücksicht darauf, ob der FEInhaber seinen ordentlichen Wohnsitz in Deutschland hat oder nicht.

3. Es gilt der Begriff der **Eignung** des § 2 IV StVG und der Begriff der **Befähigung** des § 2 V **4** StVG. § 46 III und damit §§ 11–14 sind entsprechend anwendbar (S 3). Ist der FE-Inhaber bedingt geeignet, sind entsprechende **Beschränkungen** oder **Auflagen** anzuordnen (S 2).

4. Die Aberkennung des Rechts, von der ausländischen FE in Deutschland Gebrauch zu ma- **5** chen, ist **auf dem ausländischen FS zu vermerken** (S 4). Die Eintragung von Beschränkungen oder Auflagen nach S 2 in den ausländischen FS ist nicht vorgesehen. Für ausländische EU- und EWR-FS gilt die speziellere Vorschrift § 47 II, die anders als S 4 auch die ausdrückliche Verpflichtung zur unverzüglichen Vorlage des FS bei der FEB vorsieht. Für FS aus Drittstaaten ergibt sich die Pflicht zur Vorlage bei der FEB aus § 3 II 3 StVG.

5. Zuständig für Maßnahmen nach § 29a ist die FEB des ordentlichen Wohnsitzes, mangels **6** eines solchen die des Aufenthaltsortes (§ 73 II 1). Hat der Betroffene keinen Wohn- oder Aufenthaltsort in Deutschland, ist für Maßnahmen, die das Recht zum Führen von Kfz betreffen, jede FEB zuständig (§ 73 III).

6. Ordnungswidrig ist die Zuwiderhandlung gegen eine vollziehbare Auflage nach S 2 **7** (§ 75 Nr 15).

Erteilung einer Fahrerlaubnis an Inhaber einer Fahrerlaubnis aus einem Mitgliedstaat der Europäischen Union oder einem anderen Vertragsstaat des Abkommens über den Europäischen Wirtschaftsraum

30 (1) ¹Beantragt der Inhaber einer EU- oder EWR-Fahrerlaubnis, die zum Führen von Kraftfahrzeugen im Inland berechtigt oder berechtigt hat, die Erteilung einer Fahrerlaubnis für die entsprechende Klasse von Kraftfahrzeugen, sind folgende Vorschriften nicht anzuwenden:
1. § 11 Abs. 9 über die ärztliche Untersuchung und § 12 Abs. 6 über die Untersuchung des Sehvermögens, es sei denn, dass in entsprechender Anwendung der Regelungen in den §§ 23 und 24 eine Untersuchung erforderlich ist,
2. § 12 Abs. 2 über den Sehtest,
3. § 15 über die Befähigungsprüfung,
4. § 19 über die Unterweisung in lebensrettenden Sofortmaßnahmen und die Ausbildung in Erster Hilfe,
5. die Vorschriften über die Ausbildung.

²Ist die ausländische Fahrerlaubnis auf das Führen von Kraftfahrzeugen mit automatischer Kraftübertragung beschränkt, ist die Fahrerlaubnis auf das Führen von Kraftfahrzeugen mit automatischer Kraftübertragung zu beschränken. ³§ 17 Abs. 6 Satz 2 ist entsprechend anzuwenden.

(2) ¹Läuft die Geltungsdauer einer EU- oder EWR-Fahrerlaubnis der Klassen A, B oder BE oder einer Unterklasse dieser Klassen, die zum Führen von Kraftfahrzeugen im Inland berechtigt hat, nach Begründung des ordentlichen Wohnsitzes in der Bundesrepublik Deutschland ab findet Absatz 1 entsprechend Anwendung; handelt es sich um eine Fahrerlaubnis der Klassen C oder D oder einer Unter- oder Anhängerklasse, wird die deutsche Fahrerlaubnis in entsprechender Anwendung von § 24 Abs. 2 erteilt. ²Satz 1 findet auch Anwendung, wenn die Geltungsdauer bereits vor Begründung des ordentlichen Wohnsitzes abgelaufen ist. ³In diesem Fall hat die Fahrerlaubnisbehörde jedoch eine Auskunft nach § 22 Abs. 2 Satz 3 einzuholen, die sich auch darauf erstreckt, warum die Fahrerlaubnis nicht vor der Verlegung des ordentlichen Wohnsitzes in die Bundesrepublik Deutschland verlängert worden ist.

3 FeV § 30 II. Führen von Kraftfahrzeugen

(3) ¹Der Führerschein ist nur gegen Abgabe des ausländischen Führerscheins auszuhändigen. ²Außerdem hat der Antragsteller sämtliche weitere Führerscheine abzuliefern, soweit sie sich auf die EU- oder EWR-Fahrerlaubnis beziehen, die Grundlage der Erteilung der entsprechenden deutschen Fahrerlaubnis ist. ³Die Fahrerlaubnisbehörde sendet die Führerscheine unter Angabe der Gründe über das Kraftfahrt-Bundesamt an die Behörde zurück, die sie jeweils ausgestellt hatte.

(4) Auf dem Führerschein ist in Feld 10 der Tag zu vermerken, an dem die ausländische Fahrerlaubnis für die betreffende Klasse erteilt worden war.

(5) Absatz 3 gilt nicht für entsandte Mitglieder fremder diplomatischer Missionen im Sinne des Artikels 1 Buchstabe b des Wiener Übereinkommens vom 18. April 1961 über diplomatische Beziehungen (BGBl. 1964 II S. 957) in der jeweils geltenden Fassung und entsandte Mitglieder berufskonsularischer Vertretungen im Sinne des Artikels 1 Abs. 1 Buchstabe g des Wiener Übereinkommens vom 24. April 1963 über konsularische Beziehungen (BGBl. 1969 II S. 1585) in der jeweils geltenden Fassung sowie die zu ihrem Haushalt gehörenden Familienmitglieder.

1 **Begr** (BRDrucks 443/98 S 287): **Zu Abs 1:** *Absatz 1 Satz 1 nennt die Erteilungsvoraussetzungen, von denen der Bewerber befreit ist. Ein Erwerb der deutschen Fahrerlaubnis wird immer dann nötig sein, wenn die Geltungsdauer der ausländischen Fahrerlaubnis abläuft. Eine Verlängerung in erteilenden Staat ist nicht möglich. Nach Artikel 7 Abs. 1 der Richtlinie setzt die Erteilung einer Fahrerlaubnis und die Ausstellung eines Führerscheins einen ordentlichen Wohnsitz im betreffenden Mitgliedstaat voraus. Gemeint ist damit nicht nur die erstmalige Erteilung und Ausstellung eines Führerscheins, sondern z. B. auch die Verlängerung einer Fahrerlaubnis, eine Neuerteilung nach Ablauf der Geltungsdauer oder einer vorangegangenen Entziehung ... Nach einem Wohnsitzwechsel ist damit ausschließlich der neue Wohnsitzstaat zuständig ... Würde man als Voraussetzung für die Erteilung der Fahrerlaubnis des Wohnsitzmitgliedstates stets eine gültige ausländische Fahrerlaubnis verlangen, hätte dies zur Folge, dass der Bewerber keine neue Fahrerlaubnis oder nur unter den Bedingungen für die Ersterteilung erlangen könnte: Der erteilende Staat ist mangels Wohnsitzes nicht mehr zuständig, der Wohnsitzstaat lehnt die Erteilung mangels gültiger Fahrerlaubnis ab. Dies würde das Recht auf Freizügigkeit in unzulässiger Weise beeinträchtigen ...*

1a **Begr** zur ÄndVO v 7. 8. 02 (BRDrucks 497/02 S 68): **Zu Abs 1:** *§ 30 Abs. 1 enthält für die freiwillige Umstellung von EU- oder EWR-Fahrerlaubnissen die Regelung, dass die Fahrerlaubnis auf das Führen von Fahrzeugen mit automatischer Kraftübertragung zu beschränken ist, wenn entweder die ausländische Fahrerlaubnis bereits eine solche Beschränkung des Fahrerlaubnisrechts enthält oder wenn der ausländische Führerschein einen Vermerk darüber enthält, dass die Prüfung auf einem Fahrzeug mit automatischer Kraftübertragung abgelegt worden ist (ohne dass jedoch das Recht entsprechend beschränkt ist).*

Zu Abs 3: *... Bei den weiteren ausländischen Führerscheinen handelt es sich z. B. um einen etwa noch vorhandenen Ersatzführerschein oder um einen Führerschein, den der Betroffene bei einer Erweiterung auf andere Klassen nicht der Behörde abgeliefert hat, obwohl er im Zuge der Erweiterung einen neuen Führerschein erhalten hat. Grundlage für diese Regelung ist Artikel 7 Abs. 5 der Zweiten EU-Führerscheinrichtlinie, wonach jeder EU-Bürger nur im Besitz einer Fahrerlaubnis und eines Führerscheins für die betreffende Klasse sein soll. Mit dieser Ablieferungspflicht soll dem Missbrauch dieser insbesondere nach der Umschreibung in eine deutsche Fahrerlaubnis nunmehr „überflüssigen" ausländischen Führerscheine entgegengewirkt werden ...*

Begr zur ÄndVO v 18. 7. 08, BGBl I 1338 **zu Abs 2 S 1 und S 4:** BR-Drs 302/08 S 65.

2 **1. Voraussetzungen für die „Umschreibung". a)** Der Antragsteller muss seinen ordentlichen Wohnsitz im Inland haben (§§ 2 II Nr 1 StVG, 7 I FeV). „Ordentlicher Wohnsitz": s § 2 StVG Rz 3, § 7 FeV Rz 3 ff.

3 **b)** Der Antragsteller muss Inhaber einer **gültigen von einem EU- oder EWR-Staat erteilten FE** sein. Eine durch Täuschung oder Bestechung erlangte ausländische FE ist zwar möglicherweise gültig, OVG Münster NZV **91** 444 (s § 21 StVG Rz 2), jedoch wird eine Umschreibung wegen bestehender Eignungsbedenken (s Rz 7) ausscheiden. Stellt sich nach erfolgter Umschreibung die Ungültigkeit (Fälschung) des vorgelegten ausländischen FS heraus, ist die FEErteilung durch die VB zurückzunehmen, VGH Ma NZV **94** 454.

4 **c)** Die ausländische FE muss zum Führen von Kfzen **im Inland berechtigen** oder berechtigt haben. Unter welchen Voraussetzungen das der Fall ist, bestimmt sich nach § 29 (bei vorübergehendem Inlandsaufenthalt) oder § 28 FeV (nach Begründung eines ordentlichen Wohnsitzes im Inland). Nicht umgeschrieben werden können daher die in Rz 6 erwähnten FSe (§§ 28 IV Nr 1, 29 III Nr 1) oder eine nach Begr des ständigen Aufenthalts im Inland erworbene ausländische FE (§§ 28 IV Nr 2, 29 III Nr 2), BVerwG VRS **66** 302, VG Bra NZV **94** 296, VG Saarlouis ZfS **96** 198, s VG Darmstadt DAR **79** 107, es sei denn der Inhaber hätte eine EU/EWR-FE als Schüler oder Student während eines mindestens sechsmonatigen, ausschließlich dem Schul- bzw Hochschulbesuch dienenden Auslandsaufenthalt erworben (§§ 28 IV Nr 2, 29 III Nr 2).

d) Eine **befristete EU/EWR-FE** der **Klassen A, B, BE** oder einer Unterklasse dieser **5** Klassen kann auch noch umgeschrieben werden, wenn ihre Gültigkeit nach Begründung eines ordentlichen Wohnsitzes im Inland abgelaufen ist (Abs 2 S 1). Die frühere Regelung in Abs 2 S 1, nach der dies nur innerhalb von zwei Jahren nach Ablauf der Geltungsdauer möglich war, wurde durch ÄnVO v 18. 7. 08 (BGBl I 1338) gestrichen; VGH Ka VRS **110** 155 ist insoweit überholt. Entsprechendes gilt bei Ablauf der Gültigkeitsdauer vor Wohnsitzbegründung im Inland (Abs 2 S 2). Für die Umschreibung einer EU/EWR-FE der **Klassen C oder D** oder einer ihrer Unter- oder Anhängerklassen gilt gem Abs 2 S 1, Halbsatz 2, § 24 II entsprechend, dh, der Antragsteller wird ebenso behandelt wie der Inhaber einer deutschen FE dieser Klassen, der Neuerteilung beantragt.

e) **Keine ausländische FE** iS von Abs 1 sind die in §§ 28 IV Nr 1, 29 III Nr 1 genannten **6** LernFSe und vorläufig ausgestellten FSe wie zB die belgische Licence d'Apprentissage, VkBl **69** 407, oder ein FS der französischen Fremdenlegion, LG Augsburg VersR **66** 1175, s BGH VersR **69** 748. Sie sind keine allgemeinen Fahrerlaubnisse ihrer Länder, mögen sie dort auch zum Führen von ZivilFzen berechtigen oder entsprechend umgeschrieben werden dürfen. Eine italienische Bescheinigung darüber, zusammen mit einem Fahrlehrer ein Kfz führen zu dürfen, ist keine EU/EWR-FE iS von Abs 1, Fra VersR **81** 50.

f) Ein genereller Nachweis der **Eignung zum Führen** von Kfz ist nicht Voraussetzung **7** für die Umschreibung. Das bedeutet indessen nicht, dass die Umschreibung trotz bestehender Bedenken gegen die Eignung erfolgen müsste, OVG Saarlouis ZfS **98** 239; §§ 11 II, 22 II sind in Abs 1 unter den nicht anzuwendenden Vorschriften nicht erwähnt, bleiben also anwendbar, s BVerwG VRS **66** 305, NZV **96** 292, Stu NZV **89** 402, *Bouska* DAR **83** 134, *Offermann-Clas* NJW **87** 3039 (alle zu § 15 StVZO alt). Im Übrigen setzt die Erteilung einer FE (und damit auch die „Umschreibung" als Erteilung einer deutschen FE auf der Grundlage einer ausländischen) gem § 2 II Nr 3 StVG zwingend die Eignung zum Führen von Kfz voraus.

2. Die deutsche Fahrerlaubnis der entsprechenden Klasse ist dem Inhaber der ausländi- **8** schen FE auf Antrag ohne Fahrprüfung sowie unter den übrigen in Abs 1 vorgesehenen Erleichterungen zu erteilen, sofern er die Voraussetzungen des Abs 1 oder 2 erfüllt (Rechtsanspruch). Handelt es sich bei der ausländischen FE um eine nicht harmonisierte FEKl, so wird nur insoweit prüfungsfrei umgetauscht, als diese einer deutschen (harmonisierten) FEKl entspricht, s *Weibrecht* NZV **00** 244. Die nach § 30 erteilte deutsche FE kann nur nach Maßgabe des deutschen Rechts beschränkt oder entzogen werden, OVG Berlin VRS **51** 317. Bei Beschränkung der ausländischen FE auf Fze mit **automatischer Kraftübertragung** wird in den Fällen der „Umschreibung" nach Abs 1 auch die deutsche FE auf Fze dieser Art beschränkt (Abs 1 S 2). Die Beschränkung der FE kann der Antragsteller nur durch eine praktische Fahrprüfung in einem Fz mit Schaltgetriebe abwenden (Abs 1 S 3, § 17 VI 2).

3. Die Erleichterungen. Bei Inhabern von EU/EWR-FEen entfallen die Vorschriften über **9** die theoretische und praktische Fahrausbildung (§§ 16 III, 17 V) sowie die theoretische und praktische FEPrüfung (§ 15). Entbehrlich ist ferner der Nachweis der Unterweisung in Sofortmaßnahmen am Unfallort und – in Fällen der FEKl C und D mit ihren Unterklassen – der Ausbildung in Erster Hilfe (§ 19). Schließlich bedarf es nicht des Sehtestes (§ 12) und – bei FEKl C und D mit ihren Unterklassen – der ärztlichen Gesundheitsprüfung (§ 11 IX). Alle übrigen, in Abs 1 nicht ausdrücklich genannten Bestimmungen über die FEErteilung bleiben anwendbar.

4. Nur gegen Abgabe sämtlicher ausländischer FSe, die auf Grund der EU/EWR-FE **10** erteilt wurden, wird der deutsche FS nach „Umschreibung" ausgehändigt (Abs 3 S 1, 2). Wenn der Antragsteller keinen ausländischen FS mehr hat, ist „Umschreibung" nach § 30 nicht möglich, da gem Abs 3 S 1 die Aushändigung des neuen FS nur gegen Abgabe des ausländischen FS erfolgen kann, VGH Ka VRS **110** 155 (158). Die ausländische FE erlischt durch den Umtausch nicht, ebenso wenig im umgekehrten Fall – Erwerb einer ausländischen FE auf Grund der deut-

Dauer

schen – die deutsche FE, OVG Ko NZV **95** 373 (Anm *Voss/Klose* MDR **96** 242). Die FEB sendet die ausländischen FSe über das KBA an die ausstellende ausländische Behörde zurück (Abs 3 S 3), wie es in Art 8 III der Zweiten EG-FS-Richtlinie bestimmt ist. Abs 5 enthält eine **Sonderregelung für Diplomaten** und andere bevorrechtigte Personen, die bezüglich der Umschreibungsmöglichkeit ohne theoretische und praktische Prüfung den Inhabern von EU/EWR-FEen gleichgestellt werden.

11 **5. Ordnungswidrigkeit.** Die Zuwiderhandlung des Antragstellers gegen Abs 3 S 2 (Aushändigung sämtlicher weiterer auf Grund der EU/EWR-FE erteilten FSe) ist gem § 75 Nr 10 ow.

Erteilung einer Fahrerlaubnis an Inhaber einer Fahrerlaubnis aus einem Staat außerhalb des Abkommens über den Europäischen Wirtschaftsraum

31 (1) ¹Beantragt der Inhaber einer Fahrerlaubnis, die in einem in Anlage 11 aufgeführten Staat und in einer in der Anlage 11 aufgeführten Klasse erteilt worden ist und die zum Führen von Kraftfahrzeugen im Inland berechtigt oder dazu berechtigt hat, die Erteilung einer Fahrerlaubnis für die entsprechende Klasse von Kraftfahrzeugen, sind folgende Vorschriften nicht anzuwenden:

1. § 11 Abs. 9 über die ärztliche Untersuchung und § 12 Abs. 6 über die Untersuchung des Sehvermögens, es sei denn, daß in entsprechender Anwendung der Regelungen in den §§ 23 und 24 eine Untersuchung erforderlich ist,
2. § 12 Abs. 2 über den Sehtest,
3. § 15 über die Befähigungsprüfung nach Maßgabe der Anlage 11,
4. § 19 über die Unterweisung in lebensrettenden Sofortmaßnahmen und die Ausbildung in Erster Hilfe,
5. die Vorschriften über die Ausbildung.

²Ist die ausländische Fahrerlaubnis auf das Führen von Kraftfahrzeugen mit automatischer Kraftübertragung beschränkt, ist die Fahrerlaubnis auf das Führen von Kraftfahrzeugen mit automatischer Kraftübertragung zu beschränken. ³§ 17 Abs. 6 Satz 2 ist entsprechend anzuwenden. ⁴Beantragt der Inhaber einer Fahrerlaubnis, die in einem in Anlage 11 aufgeführten Staat, aber in einer in der Anlage 11 nicht aufgeführten Klasse erteilt worden ist und die zum Führen von Kraftfahrzeugen im Inland berechtigt oder dazu berechtigt hat, die Erteilung einer Fahrerlaubnis für die entsprechende Klasse von Kraftfahrzeugen, ist Absatz 2 entsprechend anzuwenden.

(2) Beantragt der Inhaber einer Fahrerlaubnis aus einem nicht in Anlage 11 aufgeführten Staat unter den Voraussetzungen des Absatzes 1 Satz 1 die Erteilung einer Fahrerlaubnis für die entsprechende Klasse von Kraftfahrzeugen, sind die Vorschriften über die Ausbildung nicht anzuwenden.

(3) ¹Der Antragsteller hat den Besitz der ausländischen Fahrerlaubnis durch den nationalen Führerschein nachzuweisen. ²Außerdem hat er seinem Antrag auf Erteilung einer inländischen Fahrerlaubnis eine Erklärung des Inhalts beizugeben, daß seine ausländische Fahrerlaubnis noch gültig ist. ³Die Fahrerlaubnisbehörde ist berechtigt, die Richtigkeit der Erklärung zu überprüfen.

(4) ¹Auf einem auf Grund des Absatzes 1 Satz 1 ausgestellten Führerschein ist zu vermerken, daß der Erteilung der Fahrerlaubnis eine Fahrerlaubnis zugrunde gelegen hat, die nicht in einem Mitgliedstaat der Europäischen Union oder einem anderen Vertragsstaat des Abkommens über den Europäischen Wirtschaftsraum ausgestellt worden war. ²Der auf Grund des Absatzes 1 oder 2 ausgestellte Führerschein ist nur gegen Abgabe des ausländischen Führerscheins auszuhändigen. ³Die Fahrerlaubnisbehörde sendet ihn über das Kraftfahrt-Bundesamt an die Stelle zurück, die ihn ausgestellt hat, wenn mit dem betreffenden Staat eine entsprechende Vereinbarung besteht. ⁴In den anderen Fällen nimmt sie den Führerschein in Verwahrung. ⁵Er darf nur gegen Abgabe des auf seiner Grundlage ausgestellten inländischen Führerscheins wieder ausgehändigt werden. ⁶In begründeten Fällen kann die Fahrerlaubnisbehörde davon absehen, den ausländischen Führerschein in Verwahrung zu nehmen oder ihn an die ausländische Stelle zurückzuschicken. ⁷Verwahrte Führerscheine können nach drei Jahren vernichtet werden.

(5) ¹Absatz 1 gilt auch für den in § 30 Abs. 5 genannten Personenkreis, sofern Gegenseitigkeit besteht. ²Der Vermerk nach Absatz 4 Satz 1 ist einzutragen. ³Absatz 4 Satz 2 bis 7 findet keine Anwendung.

Fahrerlaubniserteilung an Inhaber einer FE aus Drittstaaten   § 31 FeV **3**

Begr (BRDrucks 443/98 S 290): *§ 31 ersetzt die Vorschriften des § 15 Abs. 1 und 2 StVZO für* 1
die Erteilung einer Fahrerlaubnis für Fahrerlaubnisinhaber aus einem Drittstaat.

Zu Abs 1: *Soweit die betreffenden Staaten in Anlage 11 genannt sind, gelten nach* **Absatz 1** *für die* 2
*Erteilung dieselben materiellen Regelungen wie für die Erteilung einer Fahrerlaubnis an Inhaber von EU-
und EWR-Fahrerlaubnissen. Auf die in Absatz 1 Nr. 1, 2, 4 und 5 genannten Voraussetzungen ist auch
dann zu verzichten, wenn nach Anlage 11 nur auf die theoretische oder nur auf die praktische Prüfung
verzichtet wird.*
– *Begr des Bundesrates,* BRDrucks 443/98 (Beschluss) S 13 –: *Es sind keine Gründe ersichtlich,
warum Fahrerlaubnisinhaber aus Staaten gemäß Anlage 11 gegenüber Fahrerlaubnisinhabern aus Dritt-
staaten privilegiert sein sollen. Gemäß § 4 der Verordnung über internationalen Kraftfahrzeugverkehr
sind Fahrerlaubnisinhaber aus Drittstaaten bzw. aus Staaten gemäß Anlage 11 berechtigt, längstens bis
12 Monate (künftig 6 Monate) nach Wohnsitzbegründung im Bundesgebiet ein Fahrzeug zu führen. Da-
nach erlischt die Berechtigung; eine Teilnahme am Straßenverkehr ist nicht mehr ohne weiteres möglich. Im
Interesse der Verkehrssicherheit reicht eine kurze Zeitspanne aus, in der unter vereinfachten Bedingungen der
Erhalt einer deutschen Fahrerlaubnis möglich ist.
Beide Gruppen sind nach Ablauf der Frist von drei Jahren gleich zu behandeln, d. h. nach Fristablauf ist
eine komplette Ausbildung zu absolvieren.*
…

Begr zur ÄndVO v 7. 8. 02 (BRDrucks 497/02): **Zu Abs 1:** *… Nach Ablauf der 3 jährigen* 3
*Antragsfrist entfallen die Befreiungen nach § 31 Abs. 1 für die Erteilung der deutschen Fahrerlaubnis.
Nicht gewollt ist jedoch auch hier, dass nach Ablauf der Antragsfrist der Betreffende nicht nur die Be-
fähigungsprüfung ablegen muss, sondern auch noch die Pflichtausbildung nach der Fahrschüler-Ausbil-
dungsordnung durchlaufen muss. Es kann davon ausgegangen werden, dass der Inhaber einer Fahrerlaubnis
aus einem Staat, der zumal in die Anlage 11 aufgenommen ist, eine der deutschen Ausbildung in etwa
vergleichbare in seinem Ausstellungsstaat durchlaufen hat …*

Zu Abs 2: *Mit der Änderung des § 31 Abs. 2 wird klargestellt, dass ein Verzicht auf die Ausbildung
bei der Umschreibung für Inhaber einer Fahrerlaubnis aus Drittstaaten, die nicht in die Anlage 11 aufge-
nommen sind, nur innerhalb von drei Jahren möglich ist. § 31 Abs. 2 verweist insoweit künftig (nur) auf
die Voraussetzungen des § 31 Abs. 2 Satz 1. Ein Verweis auf den neuen Satz 2, der diese Erleichterung
auch nach Ablauf von drei Jahren vorsieht, erfolgt dagegen nicht. Hintergrund ist die Tatsache, dass Fahr-
erlaubnisse aus Drittstaaten, die nicht in die Anlage 11 aufgenommen sind, nicht ohne weiteres mit deutschen
Fahrerlaubnissen vergleichbar sind und insbesondere häufig keine der deutschen Ausbildung in etwa ver-
gleichbare im Ausstellungsstaat durchlaufen wurde …*

Zu Abs 4: BRDrucks 497/02 S 71.

Begr zur ÄndVO v 18. 7. 08, BGBl I 1338 (BR-Drs 302/08 S 65): **Zu Abs 1:** *Im Zuge der* 4
*konsequenten Abschaffung der Fristen für die deutschen Fahrerlaubnisinhaber sowie im Vergleich zur inter-
nationalen Staatengemeinschaft ist eine Gleichbehandlung auch für Inhaber einer Fahrerlaubnis aus Staaten
außerhalb des Abkommens über den Europäischen Wirtschaftsraum geboten.*

1. Gemeinsame Voraussetzungen für die „Umschreibung" von Führerscheinen aus Staa- 5
ten der Anlage 11 (zu §§ 28 und 31) und anderen Drittländern. Maßgeblich ist die Sach- und
Rechtslage im Zeitpunkt der gerichtlichen Entscheidung, VG Gießen VRS **102** 157. Eine in
der slowenischen Teilrepublik des früheren Jugoslawien erteilte FE ist keine slowenische, son-
dern jugoslawische FE, VG Gießen VRS **102** 157.

a) Der Inhaber einer ausländischen FE aus Nicht-EU/EWR-Staaten, gleichgültig, ob in der
Anl 11 aufgeführt oder nicht, muss wie jeder Bewerber um eine deutsche FE seinen ordent-
lichen Wohnsitz im Inland haben (§§ 2 II Nr 1 StVG, 7 I FeV). „Ordentlicher Wohnsitz": s § 2
StVG Rz 3, § 7 FeV Rz 3 ff.

b) Die ausländische FE muss gültig sein und **zum Führen von Kfz im Inland berechti-** 6
gen oder berechtigt haben. Unter welchen Voraussetzungen das der Fall ist, bestimmt sich nach
§ 29. Nicht umgeschrieben werden können daher die in § 30 Rz 6 erwähnten LernFSe und
vorläufig ausgestellte FSe (§ 29 III Nr 1) oder eine nach Begr des ständigen Aufenthalts im In-
land erworbene ausländische FE (§ 29 III Nr 2), BVerwG VRS **66** 302, VG Bra NZV **94** 296,
VG Saarlouis ZfS **96** 198, s VG Darmstadt DAR **79** 107. S im Übrigen § 30 Rz 3–6. Ferner
setzt die Umschreibung das gem § 10 vorgeschriebene **Mindestalter** voraus.

Dauer

3 FeV § 31   II. Führen von Kraftfahrzeugen

7   c) **Eignung zum Führen von Kfzen** ist stets Voraussetzung einer FEErteilung (§ 2 II Nr 3 StVG), also auch in Fällen einer Erteilung auf Grund ausländischer FE unter erleichterten Voraussetzungen, VGH Ma DAR **04** 169, s BVerwG NZV **96** 292 (zu § 15 StVZO alt), zumal die §§ 11 II und 22 II in § 31 unter den nicht anzuwendenden Bestimmungen nicht genannt sind. Allerdings wird ein genereller Nachweis nicht verlangt. S im Übrigen § 30 Rz 7.

8   **2. Fahrerlaubnisse aus den in Anlage 11 aufgeführten Staaten.** Sind die Erfordernisse für die Erteilung einer deutschen FE unter erleichterten Voraussetzungen erfüllt (Rz 4–7), so hat der Inhaber der in einem der in Anl 11 genannten Staaten erteilten FE Anspruch auf Erteilung einer deutschen FE der entsprechenden Klasse. Beschränkung der FE auf Kfz mit automatischer Kraftübertragung, s § 30 Rz 8. Ist zwar die FE in einem der in der Anl 11 genannten Staaten ausgestellt, aber die FEKlasse, für die die FE erteilt ist, in Anl 11 nicht aufgeführt, so gelten die Erleichterungen des Abs 1 nicht; vielmehr ist der Antragsteller wie ein FEInhaber aus Drittländern zu behandeln, also nach Abs 2 (Abs 1 S 4).

9   **2a. Die Erleichterungen** in Bezug auf nicht anzuwendende Vorschriften bei der FEErteilung sind die gleichen wie bei EU/EWR-FEen, insbesondere bedarf es weder des Ausbildungsnachweises noch einer Fahrprüfung. Dass die Erleichterungen gem Abs 1 nicht auch für solche Inhaber einer ausländischen FE nach Anl 11 gelten, die ihren Wohnsitz nicht verlegt haben, sondern seit langem oder **seit jeher in Deutschland wohnen,** verstößt nicht gegen den Gleichheitssatz des GG, VGH Ma VRS **103** 29.

10   **3. Fahrerlaubnisse aus nicht in Anlage 11 aufgeführten Staaten.** Gründe der VSicherheit hindern eine Gleichstellung der FEInhaber aus **Drittländern** mit denen aus EU/EWR-Staaten (s VkBl **82** 493) und aus den in die Anl 11 aufgenommenen Staaten (s Begr zur Neufassung von § 15 StVZO alt, VkBl **93** 396). Die Erleichterungen beim Erwerb einer deutschen FE beschränken sich daher bei solchen ausländischen FEen auf den Verzicht eines Nachweises der Fahrschulausbildung nach der FahrschAusbO und der Vorlage einer Ausbildungsbescheinigung. Dagegen ist in allen Fällen eine vollständige theoretische und praktische Prüfung abzulegen, VGH Ma DAR **04** 169, so dass in diesen Fällen von einer bloßen „Umschreibung" der ausländischen FE nicht gesprochen werden kann. *Hentschel,* Umschreibung ausländischer FSe, NJW **93** 2078. Das gilt gem Abs 1 S 4 auch, wenn zwar der Staat, in dem die FE erteilt wurde, in Anl 11 aufgeführt ist, nicht aber die FEKlasse.

11   **4. Der Besitz der ausländischen Fahrerlaubnis** ist gem Abs 3 durch den nationalen Führerschein nachzuweisen. Der internationale Führerschein reicht dazu nicht aus, weil bei einer Entziehung der Fahrerlaubnis nicht sichergestellt ist, dass in jedem Fall auch der internationale Führerschein eingezogen wird (s Begr, BRDrucks 443/98 S 290). **Eine Erklärung,** dass die ausländische FE **noch gültig** ist (Abs 3 S 2) muss der Antragsteller vorlegen. Im Übrigen ist der Besitz der ausländischen FE durch den nationalen FS nachzuweisen (Abs 3 S 1). Beweisen muss der Antragsteller die Gültigkeit der ausländischen FE, OVG Münster NZV **91** 444 (str). Die VB muss jedoch diese Erklärung nicht ohne Prüfung ihrer Richtigkeit hinnehmen (Abs 3 S 3). Kann die Frage der Gültigkeit nicht geklärt werden, so trägt die VB die Beweislast für die Unrichtigkeit der Erklärung des Antragstellers, OVG Münster NZV **91** 444. Hätte der Antragsteller stets Zweifel der VB auszuräumen, so aber BVerwG NZV **94** 453, OVG Br DAR **93** 108, so wäre die in Abs 3 S 2, 3 getroffene Regelung überflüssig.

12   **5.** Unmittelbar **nach Begr des ordentlichen Wohnsitzes** ist die Erteilung der deutschen FE ohne Ausbildungsnachweis im Inland möglich, s Rz 4. Wer auf einem Binnenschiff wohnt, dessen Heimatort im Inland liegt und der überwiegend in inländischen Gewässern fährt, hat seinen ordentlichen Wohnsitz im Inland, s OVG Br VRS **62** 393 (zu § 15 StVZO alt: *„ständiger Aufenthalt"*).

13   **6. Die deutsche Fahrerlaubnis der entsprechenden Klasse** ist dem Inhaber der ausländischen FE auf Antrag ohne Ausbildungsnachweis, aber im Übrigen unter den allgemeinen Voraussetzungen einer FEErteilung (§§ 7ff), insbesondere **nach Ablegung einer theoretischen und praktischen Fahrerlaubnisprüfung,** zu erteilen, sofern er die Voraussetzungen der Absätze 2 und 3 erfüllt (Rechtsanspruch). Die frühere Regelung, wonach die Inanspruchnahme aller in Abs 1 S 1 genannten Erleichterungen voraussetzte, dass seit Begründung des ordentlichen Wohnsitzes im Inland nicht mehr als drei Jahre verstrichen waren, wurde durch ÄndVO v 18. 7. 08 (BGBl I 1338) gestrichen (Begr Rz 4). Entspricht die ausländische FE nach Art und Umfang den Prüfungsanforderungen der deutschen FE einer bestimmten Klasse und ist sie dieser im Umfang der Erlaubnis im Wesentlichen vergleichbar, wenn auch nicht deckungsgleich, so

Berechnung der Probezeit   §§ 32, 33 FeV 3

ist bei Vorliegen der übrigen Voraussetzungen der Absätze 2 und 3 die deutsche FE der entsprechenden Klasse zu erteilen, OVG Berlin VRS **51** 316. Die FEKl B entspricht iS v § 31 auch dann einer vergleichbaren ausländischen, wenn sie zwar zum Führen von Kfz größeren Gewichts berechtigt als die ausländische, dieser Unterschied nach den Prüfungsanforderungen aber unwesentlich ist, BVerwG NJW **79** 2628. Für ausländische Fahrerlaubnisse zur Fahrgastbeförderung gilt § 31 II nicht, s § 48 IV Nr 1 (s zu § 15 StVZO alt *Bouska,* Fahrerlaubnisrecht, 1. Aufl, S 158, abw *Eckhardt* DAR **74** 283). Insoweit gelten die allgemeinen Vorschriften. Im Hinblick auf Sicherheitsrisiken kann Umschreibung ohne Prüfung der Eignungsvoraussetzungen im Wege **einstweiliger Anordnung** nur in seltensten Ausnahmefällen aus Gründen von existentieller Bedeutung in Frage kommen, VGH Ka NZV **91** 327.

7. Für **Spätaussiedler** gilt die Sonderregelung des § 10 BundesvertriebenenG. Eine bis zum **14** 8. 5. 45 von solchen Personen im Gebiet des Deutschen Reiches nach dem Gebietsstand vom 31. 12. 37 erworbene FE ist eine deutsche FE, die ohne weiteres in der BRep gilt; der Bestimmung des § 10 I BundesvertriebenenG hätte es daher insoweit nicht bedurft. Wurde die FE in den Aussiedlungsgebieten erworben, so ist sie gem Abs 2 dieser Vorschrift bei Gleichwertigkeit anzuerkennen. Solche nicht nach den hier geltenden Bestimmungen erteilte FEe bedürfen nicht der „Umschreibung" gem § 31, aM *Offermann-Clas* NJW **87** 3042, jedoch ist die Ausfertigung eines FS nach in Deutschland gültigem Muster zu beantragen (§§ 2 I 3 StVG, 4 II FeV). Die neue Bestimmung des § 31 lässt diese Regelung unberührt. Jedoch wird bei der Beurteilung der Gleichwertigkeit von ausländischen FEen iS von § 10 BundesvertriebenenG die in § 31 getroffene Unterscheidung von FEen der in Abs 1 genannten Staaten und Drittländern, die nicht in die Anl 11 aufgenommen wurden, zu beachten sein; die Gleichwertigkeit mit einer deutschen FE wird bei FEen aus solchen Drittländern besonders zu prüfen und uU zu verneinen sein, s VkBl **93** 397, *Jagow* VD **93** 76, VG Saarlouis ZfS **94** 71, VG Gießen VD **94** 170 (176) (Gleichwertigkeit jeweils bei sowjetischer FE verneint). Zur Problematik beschränkter Eignung von Umsiedlern s *Bouska* VD **76** 97.

8. Hinsichtlich der **Behandlung des ausländischen FS** nach Umschreibung gelten ebenfalls unterschiedliche Regelungen für Führerscheine aus den in Anl 11 genannten Staaten und **15** solche aus Drittländern (Abs 4). Die ausländische FE erlischt durch den Umtausch nicht, ebenso wenig im umgekehrten Fall – Erwerb einer ausländischen FE auf Grund der deutschen – die deutsche FE, s § 30 Rz 10. Abs 5 enthält eine Sonderregelung für Diplomaten und andere bevorrechtigte Personen, die bezüglich der Umschreibungsmöglichkeit ohne theoretische und praktische Prüfung den Inhabern von EU/EWR-FEen und FEen der in Anl 11 genannten Staaten gleichgestellt werden, sofern Gegenseitigkeit besteht.

6. Fahrerlaubnis auf Probe

Ausnahmen von der Probezeit

32 ¹Ausgenommen von den Regelungen über die Probezeit nach § 2 a des Straßenverkehrsgesetzes sind Fahrerlaubnisse der Klassen M, S, L und T. ²Bei erstmaliger Erweiterung einer Fahrerlaubnis der Klassen M, S, L oder T auf eine der anderen Klassen ist die Fahrerlaubnis der Klasse, auf die erweitert wird, auf Probe zu erteilen.

Anm: Die Vorschrift entspricht dem früheren § 12b StVZO und schöpft die Ermächtigung des § 6 Abs I Nr 1 Buchstabe l) StVG aus und berücksichtigt damit das vergleichsweise niedrige Unfallrisiko von Fahrzeugen der Klassen L, M, S und T, deren Unfallrisiko im Hinblick auf die Geschwindigkeiten, die 60 km/h (Kl T) durchweg nicht überschreiten, deutlich unter dem der Fahrzeuge der anderen Klassen liegt.

Berechnung der Probezeit bei Inhabern von Dienstfahrerlaubnissen und Fahrerlaubnissen aus Staaten außerhalb des Abkommens über den Europäischen Wirtschaftsraum

33 (1) ¹Bei erstmaliger Erteilung einer allgemeinen Fahrerlaubnis an den Inhaber einer Dienstfahrerlaubnis ist die Zeit seit deren Erwerb auf die Probezeit anzurechnen. ²Hatte die Dienststelle vor Ablauf der Probezeit den Dienstführerschein nach § 26 Abs. 2 eingezogen, beginnt mit der Erteilung einer allgemeinen Fahrerlaubnis eine neue Probezeit, jedoch nur im Umfang der Restdauer der vorherigen Probezeit.

3 FeV § 34   II. Führen von Kraftfahrzeugen

(2) Begründet der Inhaber einer Fahrerlaubnis aus einem Staat außerhalb des Europäischen Wirtschaftsraums seinen ordentlichen Wohnsitz im Inland und wird ihm die deutsche Fahrerlaubnis nach § 31 erteilt, wird bei der Berechnung der Probezeit der Zeitraum nicht berücksichtigt, in welchem er im Inland zum Führen von Kraftfahrzeugen nicht berechtigt war.

Anm: Abs I der Vorschrift entspricht dem früheren § 12c StVZO. Durch die Bestimmung ist klar gestellt, dass auch DienstFEe (§ 26) der Probezeit unterliegen und bei Umschreibung in eine allgemeine FE die Probezeit anzurechnen ist. Entsprechendes gilt nach Abs I S 2 bei Unterbrechung der Probezeit durch Einziehung des DienstFS. Abs II enthält eine besondere Regelung zur Berechnung der Probezeit bei Erteilung der deutschen FE an Inhaber einer FE aus einem Staat außerhalb des EWR. Berechtigung der ausländischen FE zum Führen von Kfzen im Inland: § 31 Rz 16 ff; ordentlicher Wohnsitz: § 2 StVG Rz 3, § 7 FeV.

Bewertung der Straftaten und Ordnungswidrigkeiten im Rahmen der Fahrerlaubnis auf Probe und Anordnung des Aufbauseminars

34 (1) Die Bewertung der Straftaten und Ordnungswidrigkeiten im Rahmen der Fahrerlaubnis auf Probe erfolgt nach Anlage 12.

(2) ¹Die Anordnung der Teilnahme an einem Aufbauseminar nach § 2a Abs. 2 des Straßenverkehrsgesetzes erfolgt schriftlich unter Angabe der Verkehrszuwiderhandlungen, die zu der Anordnung geführt haben; dabei ist eine angemessene Frist zu setzen. ²Die schriftliche Anordnung ist bei der Anmeldung zu einem Aufbauseminar dem Kursleiter vorzulegen.

1 **Begr** (VkBl **98** 1084): § 34 befasst sich in **Absatz 1** mit der Bewertung der Straftaten und Ordnungswidrigkeiten und verweist auf **Anlage 12**, die die bisherige Anlage zu § 2a StVG ablöst. Die Bezeichnung lautet nunmehr bei Abschnitt A „schwerwiegende Zuwiderhandlungen" und bei Abschnitt B „weniger schwerwiegende Zuwiderhandlungen".
Inhaltlich hat sich an der bisherigen Zuordnung zu Abschnitt A und Abschnitt B im Wesentlichen nichts geändert; es erfolgten folgende Anpassungen:
Bei den Geschwindigkeitsüberschreitungen werden die Verstöße, die bisher nicht ausdrücklich aufgeführt waren, jedoch Abschnitt A zuzuordnen sind, aufgeführt. Ergänzt wurde § 3 Abs. 4 StVO (Höchstgeschwindigkeit mit Schneeketten), § 9 StVO (Abbiegen, Wenden und Rückwärtsfahren) sowie die Tatbestände, die nach Fassung der Anlage zu § 2a StVG von 1985 neu eingeführt wurden. Hierunter fallen § 20 StVO (Verhalten an öffentlichen Verkehrsmitteln und Schulbussen) und § 42 Abs. 4a StVO (Verhalten in verkehrsberuhigten Bereichen), die beide Schrittgeschwindigkeit vorschreiben.
Bei den übrigen Änderungen handelt es sich um redaktionelle Anpassungen. …
Begr zum G v 19. 7. 07, BGBl I 1460, **zu Anl 12**: VkBl **08** 259.

2 **1. Die Bewertung der Verstöße** als „schwerwiegende" oder „weniger schwerwiegende" Zuwiderhandlungen durch die **Anl 12** (abgedruckt im Anschluss an die FeV) hält sich im Rahmen der gesetzlichen Ermächtigung des § 6 I Nr 1 Buchst m StVG (VGH Mü Beschl v 24. 8. 07 11 CS 07.1588 juris). Die Bewertung der Verstöße unterscheidet sich im Hinblick auf die mit § 2a StVG verfolgten Zwecke (s § 2a StVG Rz 9) von derjenigen des Punktsystems in § 4 StVG. Es ist daher rechtlich nicht zu beanstanden, wenn in Anl 12 auch solche Zuwiderhandlungen als schwerwiegend eingestuft werden, die nach Anl 13 (zu § 40 FeV) nur mit 1 Punkt bewertet werden (VG Mü NZV **00** 222). Die Bestimmungen zur FE auf Probe und zur Einstufung der VVerstöße nach Anl 12 sind mit Art 3 GG vereinbar (OVG Koblenz NZV **02** 528). Verstöße gegen § 24a *Nr 2* StVG lösten, abw von der jetzt in Anl 12 getroffenen Regelung, vor dem 1. 1. 99 keine Maßnahme nach § 2a II StVG aus (VG Würzburg NZV **00** 311).

3 **2.** Die in **Abs 2** vorgeschriebene Angabe der Zuwiderhandlungen soll dem Fahranfänger den Grund für die Anordnung verdeutlichen und zugleich dem Leiter des Aufbauseminars die für die Gestaltung des Seminars notwendigen Informationen geben. Um die Mindestteilnehmerzahl (§ 35) zu gewährleisten, empfiehlt die Begr zu § 12d StVZO alt, der insoweit dem § 34 entsprach, die Frist großzügig zu bemessen (BRDrucks 391/86 S 21). S dazu § 2a StVG Rz 12.

Aufbauseminare

35 (1) ¹Das Aufbauseminar ist in Gruppen mit mindestens sechs und höchstens zwölf Teilnehmern durchzuführen. ²Es besteht aus einem Kurs mit vier Sitzungen von jeweils 135 Minuten Dauer in einem Zeitraum von zwei bis vier Wochen; jedoch darf an einem Tag nicht mehr als eine Sitzung stattfinden. ³Zusätzlich ist zwischen der ersten und der zweiten Sitzung eine Fahrprobe durchzuführen, die der Beobachtung des Fahrverhaltens des Seminarteilnehmers dient. ⁴Die Fahrprobe soll in Gruppen mit drei Teilnehmern durchgeführt werden, wobei die reine Fahrzeit jedes Teilnehmers 30 Minuten nicht unterschreiten darf. ⁵Dabei ist ein Fahrzeug zu verwenden, das – mit Ausnahme der Anzahl der Türen – den Anforderungen des Abschnitts 2.2 der Anlage 7 entspricht. ⁶Jeder Teilnehmer an der Fahrprobe soll möglichst ein Fahrzeug der Klasse führen, mit dem vor allem die zur Anordnung der Teilnahme an dem Aufbauseminar führenden Verkehrszuwiderhandlungen begangen worden sind.

(2) ¹In den Kursen sind die Verkehrszuwiderhandlungen, die bei den Teilnehmern zur Anordnung der Teilnahme an dem Aufbauseminar geführt haben, und die Ursachen dafür zu diskutieren und daraus ableitend allgemein die Probleme und Schwierigkeiten von Fahranfängern zu erörtern. ²Durch Gruppengespräche, Verhaltensbeobachtung in der Fahrprobe, Analyse problematischer Verkehrssituationen und durch weitere Informationsvermittlung soll ein sicheres und rücksichtsvolles Fahrverhalten erreicht werden. ³Dabei soll insbesondere die Einstellung zum Verhalten im Straßenverkehr geändert, das Risikobewußtsein gefördert und die Gefahrenerkennung verbessert werden.

(3) Für die Durchführung von Einzelseminaren nach § 2 b Abs. 1 des Straßenverkehrsgesetzes gelten die Absätze 1 und 2 mit der Maßgabe, daß die Gespräche in vier Sitzungen von jeweils 60 Minuten Dauer durchzuführen sind.

Die Vorschrift regelt Gestaltung und Inhalt des Aufbauseminars. Das Seminarmodell beruht **1** auf einer Entwicklung durch eine Arbeitsgruppe des Deutschen Verkehrssicherheitsrats unter Beteiligung der Bundesvereinigung der Fahrlehrerverbände, des HUK-Verbandes, der Bundesanstalt für Straßenwesen und des Bundesverkehrsministeriums sowie auf einer Erprobung in Bayern und Hamburg in Modellkursen (s Begr zu § 12f StVZO alt, BRDrucks 391/86 S 23). Die Aufbauseminare sind grundsätzlich als Gruppenseminare mit mindestens sechs und höchstens 12 Teilnehmern durchzuführen; damit soll erreicht werden, dass die gewünschte gruppendynamische Wirkung eintritt (*Geiger* SVR **06** 448). Die Fahrprobe ist nicht als Trainingsveranstaltung zur unmittelbaren Verbesserung der Fahrfertigkeiten bzw. des Fahrverhaltens zu verstehen sondern soll dazu dienen, vorhandene Defizite zu erkennen und mit den Teilnehmern zu besprechen. Durch die Veranstaltung der Probefahrt in Kleingruppen von drei mitfahrenden Seminarteilnehmern sollen die Bedingungen für eine gruppendynamische Arbeitsweise geschaffen werden. Fahrprobe während eines wirksamen FV ist nicht möglich (§ 2b StVG Rz 4).

Aufbauseminare dürfen nur von Fahrlehrern durchgeführt werden, die Inhaber einer Seminarerlaubnis gem § 31 FahrlG sind (§§ 2b II 2, 4 VIII 3 StVG). Einweisungslehrgänge zum Erwerb der Seminarerlaubnis: §§ 13f DVFahrlG. **2**

Besondere Aufbauseminare nach § 2 b Abs. 2 Satz 2 des Straßenverkehrsgesetzes

36 (1) Inhaber von Fahrerlaubnissen auf Probe, die wegen Zuwiderhandlungen nach § 315c Abs. 1 Nr. 1 Buchstabe a, den §§ 316, 323a des Strafgesetzbuches oder den §§ 24a, 24c des Straßenverkehrsgesetzes an einem Aufbauseminar teilzunehmen haben, sind, auch wenn sie noch andere Verkehrszuwiderhandlungen begangen haben, einem besonderen Aufbauseminar zuzuweisen.

(2) Ist die Fahrerlaubnis wegen einer innerhalb der Probezeit begangenen Zuwiderhandlung nach § 315c Abs. 1 Nr. 1 Buchstabe a, den §§ 316, 323a des Strafgesetzbuches oder den §§ 24a, 24c des Straßenverkehrsgesetzes entzogen worden, darf eine neue Fahrerlaubnis unbeschadet der übrigen Voraussetzungen nur erteilt werden, wenn der Antragsteller nachweist, daß er an einem besonderen Aufbauseminar teilgenommen hat.

(3) ¹Das besondere Aufbauseminar ist in Gruppen mit mindestens sechs und höchstens zwölf Teilnehmern durchzuführen. ²Es besteht aus einem Kurs mit einem Vorgespräch und drei Sitzungen von jeweils 180 Minuten Dauer in einem Zeitraum von zwei bis vier Wochen sowie der Anfertigung von Kursaufgaben zwischen den Sitzungen. ³An einem Tag darf nicht mehr als eine Sitzung stattfinden.

(4) ¹In den Kursen sind die Ursachen, die bei den Teilnehmern zur Anordnung der Teilnahme an einem Aufbauseminar geführt haben, zu diskutieren und Möglichkeiten für ihre Beseitigung zu erörtern. ²Wissenslücken der Kursteilnehmer über die Wirkung des

Dauer

Alkohols und anderer berauschender Mittel auf die Verkehrsteilnehmer sollen geschlossen und individuell angepaßte Verhaltensweisen entwickelt und erprobt werden, um insbesondere Trinkgewohnheiten zu ändern sowie Trinken und Fahren künftig zuverlässig zu trennen. ³Durch die Entwicklung geeigneter Verhaltensmuster sollen die Kursteilnehmer in die Lage versetzt werden, einen Rückfall und weitere Verkehrszuwiderhandlungen unter Alkoholeinfluß oder dem Einfluß anderer berauschender Mittel zu vermeiden. ⁴Zusätzlich ist auf die Problematik der wiederholten Verkehrszuwiderhandlungen einzugehen.

(5) Für die Durchführung von Einzelseminaren nach § 2b Abs. 1 des Straßenverkehrsgesetzes gelten die Absätze 3 und 4 mit der Maßgabe, daß die Gespräche in drei Sitzungen von jeweils 90 Minuten Dauer durchzuführen sind.

(6) ¹Die besonderen Aufbauseminare dürfen nur von Kursleitern durchgeführt werden, die von der zuständigen obersten Landesbehörde oder der von ihr bestimmten Stelle oder der nach Landesrecht zuständigen Stelle oder vom dem für die in § 26 genannten Dienstbereiche jeweils zuständigen Fachminister oder von ihm bestimmten Stellen anerkannt worden sind. ²Die amtliche Anerkennung als Kursleiter darf nur erteilt werden, wenn der Bewerber folgende Voraussetzungen erfüllt:

1. Abschluß eines Hochschulstudiums als Diplom-Psychologe oder eines gleichwertigen Master-Abschlusses in Psychologie,
2. Nachweis einer verkehrspsychologischen Ausbildung an einer Universität oder gleichgestellten Hochschule oder bei einer Stelle, die sich mit der Begutachtung oder Wiederherstellung der Kraftfahreignung befaßt,
3. Kenntnisse und Erfahrungen in der Untersuchung und Begutachtung der Eignung von Kraftfahrern, die Zuwiderhandlungen gegen Vorschriften über das Führen von Kraftfahrzeugen unter Einfluß von Alkohol oder anderen berauschenden Mitteln begangen haben,
4. Ausbildung und Erfahrung als Kursleiter in Kursen für Kraftfahrer, die Zuwiderhandlungen gegen Vorschriften über das Führen von Kraftfahrzeugen unter Einfluß von Alkohol oder anderen berauschenden Mitteln begangen haben,
5. Vorlage eines sachgerechten, auf wissenschaftlicher Grundlage entwickelten Seminarkonzeptes und
6. Nachweis geeigneter Räumlichkeiten sowie einer sachgerechten Ausstattung.

³Außerdem dürfen keine Tatsachen vorliegen, die Bedenken gegen die Zuverlässigkeit des Kursleiters begründen. ⁴Die Anerkennung kann mit Auflagen, insbesondere hinsichtlich der Aufsicht über die Durchführung der Aufbauseminare sowie der Teilnahme an Fortbildungsmaßnahmen, verbunden werden.

(7) Die Aufsicht obliegt den nach Absatz 6 Satz 1 für die Anerkennung zuständigen Behörden oder Stellen; diese können sich hierbei geeigneter Personen oder Stellen bedienen.

Begr zum G v 19. 7. 07, BGBl I 1460 (VkBl **08** 258): *Für Inhaber einer Fahrerlaubnis, die unter dem Einfluss von Alkohol am Straßenverkehr teilgenommen haben, gibt es besondere Aufbauseminare. Durch die Änderung der §§ 36 und 43 wird klargestellt, dass diese besonderen Aufbauseminare auch bei einem Verstoß gegen das Alkoholverbot für Fahranfänger und Fahranfängerinnen in der Probezeit einem allgemeinen Aufbauseminar vorgehen. Dafür spricht schon der thematische Zusammenhang.*

Begr zur ÄndVO v 18. 7. 08, BGBl I 1338 (BR-Drs 302/08 S 66): **Zu Abs 3 S 3:** *Durch die Formulierung erfolgt eine Klarstellung, dass nicht mehrere Kurselemente an einem Tag durchgeführt werden dürfen. Gleichzeitig erfolgt eine Angleichung an die entsprechende Regelung zur Durchführung von Aufbauseminaren in § 35 Abs. 1 Satz 2.*

Zu Abs 6 Nr 1: *Im Zuge der Vereinheitlichung und Vergleichbarkeit von Hochschulabschlüssen in Europa ist in Deutschland das Hochschulstudium im Fach Diplom-Psychologie zunehmen in einen Bachelor-Masterstudiengang übergegangen. Daher ist es notwendig, auch in der Fahrerlaubnis-Verordnung eine Präzisierung vorzunehmen.*

1 **1.** Die Vorschrift beruht auf Erkenntnissen der Verkehrspsychologie, wonach alkoholauffällige Kraftfahrer zur Bewältigung des Problemkreises „Trinken–Fahren" auf eine besonders intensive Auseinandersetzung mit den Ursachen ihres Fehlverhaltens sowie auf die Erarbeitung von Vermeidungsstrategien angewiesen sind. Die besonderen, bei der Nachschulung alkoholauffälliger Kf auftretenden Schwierigkeiten erfordern eine Übertragung der Seminarleitung auf qualifizierte Verkehrspsychologen mit Erfahrungen in der freiwilligen Nachschulung und in der Eignungsbegutachtung alkoholauffälliger Kraftfahrer (*Geiger* SVR **06** 449). Der in Abs 4 bestimmte Kursinhalt beruht auf Erfahrungen, die in der Vergangenheit mit den freiwilligen Nachschu-

Verkehrspsychologische Beratung §§ 37, 38 FeV **3**

lungskursen für alkoholauffällige Kraftfahrer gewonnen und von der Bundesanstalt für Straßenwesen wissenschaftlich begleitet und ausgewertet worden sind, s Begr zu § 12g StVZO (alt), BRDrucks 391/86 S 23.

2. Nachweis der Teilnahme an einem Aufbauseminar ist gem § 2a V 1 StVG neben den üblichen Erfordernissen zusätzliche Voraussetzung für die **Wiedererteilung** einer gem § 3 oder § 4 III 1 Nr 3 StVG, §§ 69, 69b StGB oder gem § 2a III oder § 4 VII StVG entzogenen FE, wenn die EdF auf einer innerhalb der Probezeit begangenen Zuwiderhandlung beruht oder auf Nichtteilnahme an einem gem § 2a II Nr 1 oder § 4 III 1 Nr 2 StVG angeordneten Nachschulungskurs. § 36 II füllt diese Bestimmung dahin aus, dass nur die Teilnahme an einem *besonderen* Nachschulungskurs für alkoholauffällige Kf diese zusätzliche Voraussetzung für die Wiedererteilung erfüllt, wenn die der EdF zugrunde liegende Zuwiderhandlung ein Alkoholdelikt der in Abs 2 genannten Art war. Dies gilt auch, wenn das Alkoholdelikt nicht unmittelbar zur EdF gem §§ 3 StVG, 69 StGB führte, sondern − etwa nach OW gem § 24a StVG − die FE wegen Verweigerung der daraufhin angeordneten Nachschulung entzogen wurde (§ 2a III StVG). 2

3. Zur Frage, inwieweit Kurse zur Behandlung alkoholauffälliger Kf geeignet sind, die Rückfallhäufigkeit zu vermindern (sog **Legalbewährung**), s § 69 StGB Rz 19. 3

4. Einfluss **freiwilliger Teilnahme** alkoholauffälliger Kf an Aufbauseminaren auf EdF und FESperre, s § 69 StGB Rz 19, § 69a StGB Rz 2; näher: *Hentschel,* Trunkenheit, Rz 636–643. 4

Teilnahmebescheinigung

37 (1) ¹Über die Teilnahme an einem Aufbauseminar nach § 35 oder § 36 ist vom Seminarleiter eine Bescheinigung zur Vorlage bei der Fahrerlaubnisbehörde auszustellen. ²Die Bescheinigung muß
1. den Familiennamen und Vornamen, den Tag der Geburt und die Anschrift des Seminarteilnehmers,
2. die Bezeichnung des Seminarmodells und
3. Angaben über Umfang und Dauer des Seminars

enthalten. ³Sie ist vom Seminarleiter und vom Seminarteilnehmer unter Angabe des Ausstellungsdatums zu unterschreiben.

(2) Die Ausstellung einer Teilnahmebescheinigung ist vom Kursleiter zu verweigern, wenn der Seminarteilnehmer nicht an allen Sitzungen des Kurses und an der Fahrprobe teilgenommen oder bei einem besonderen Aufbauseminar nach § 36 die Anfertigung von Kursaufgaben verweigert hat.

(3) ¹Die für die Durchführung von Aufbauseminaren erhobenen personenbezogenen Daten dürfen nur für diesen Zweck verarbeitet und genutzt werden und sind sechs Monate nach Abschluß der jeweiligen Seminare mit Ausnahme der Daten zu löschen, die für Maßnahmen der Qualitätssicherung oder Aufsicht erforderlich sind. ²Diese Daten sind zu sperren und spätestens bis zum Ablauf des fünften des auf den Abschluß der jeweiligen Seminare folgenden Jahres zu löschen.

Anm: Die Vorschrift regelt den Inhalt der Teilnahmebescheinigung sowie die Voraussetzungen für ihre Verweigerung. Da der Kurserfolg wesentlich von gruppendynamischen Prozessen abhängt, die eine ständige Anwesenheit aller Seminarteilnehmer bedingen, kann eine Teilnahmebescheinigung beim Versäumen von Teilen des Kurses nicht ausgestellt werden, s Begr zu § 12h StVZO (alt), BRDrucks 391/86 S 25. Dies gilt zB auch im Falle des Ausschlusses alkoholisierter, ständig störender oder gewalttätiger Teilnehmer von der weiteren Teilnahme durch den Seminarleiter.

Verkehrspsychologische Beratung

38 ¹In der verkehrspsychologischen Beratung soll der Inhaber der Fahrerlaubnis veranlaßt werden, Mängel in seiner Einstellung zum Straßenverkehr und im verkehrssicheren Verhalten zu erkennen und die Bereitschaft zu entwickeln, diese Mängel abzubauen. ²Die Beratung findet in Form eines Einzelgesprächs statt; sie kann durch eine Fahrprobe ergänzt werden, wenn der Berater dies für erforderlich hält. ³Der Berater soll die Ursachen der Mängel aufklären und Wege zu ihrer Beseitigung aufzeigen. ⁴Das Er-

Dauer

gebnis der Beratung ist nur für den Betroffenen bestimmt und nur diesem mitzuteilen. ⁵Der Betroffene erhält jedoch eine Bescheinigung über die Teilnahme zur Vorlage bei der Fahrerlaubnisbehörde; diese Bescheinigung muß eine Bezugnahme auf die Bestätigung nach § 71 Abs. 2 enthalten.

Anm: Die Bestimmung wiederholt wörtlich die Sätze 1 bis 5 des § 4 IX StVG. S § 4 StVG Rz 34, 55. Amtliche Anerkennung von Personen zur Durchführung der verkehrspsychologischen Beratung gem § 4 IX StVG: § 71 I; Voraussetzungen für die Ausstellung der für die Anerkennung erforderlichen Bestätigung: § 71 II. Ermächtigungsgrundlage: § 6 I Nr 1 Buchstabe u StVG.

Lit: s § 71

Anordnung der Teilnahme an einem Aufbauseminar und weiterer Maßnahmen bei Inhabern einer Dienstfahrerlaubnis

39 ¹Bei Inhabern von Dienstfahrerlaubnissen, die keine allgemeine Fahrerlaubnis besitzen, sind für die Anordnung von Maßnahmen nach § 2a Abs. 2, 3 bis 5 des Straßenverkehrsgesetzes innerhalb der Probezeit die in § 26 Abs. 1 genannten Dienststellen zuständig. ²Die Zuständigkeit bestimmt der zuständige Fachminister, soweit sie nicht landesrechtlich geregelt wird. ³Besitzen die Betroffenen daneben eine allgemeine Fahrerlaubnis, ausgenommen die Klassen M, S, L und T, treffen die Anordnungen ausschließlich die nach Landesrecht zuständigen Verwaltungsbehörden.

Anm: Die Bestimmung enthält die vor dem 1. 1. 1999 in § 12e StVZO getroffene Regelung der Zuständigkeit bei DienstFEen (§ 26). Sie stellt klar, dass die Dienststellen der BW, der Pol und der BundesPol nur in den Fällen für die Anordnung der Seminarteilnahme und der anderen in § 2a II, III bis V StVG vorgesehenen Maßnahmen zuständig sind, wenn keine allgemeine FE erteilt ist.

7. Punktsystem

Punktbewertung nach dem Punktsystem

40 Die im Verkehrszentralregister erfaßten Entscheidungen sind nach Anlage 13 zu bewerten.

1 **Begr** (BRDrucks 443/98 S 292): *Die grundlegenden Bestimmungen zum Punktsystem sind bereits in § 4 StVG enthalten. Für die Anwendung des Punktsystems ist erforderlich, dass die im Verkehrszentralregister erfassten Entscheidungen über Straftaten und Ordnungswidrigkeiten nach ihrer Schwere und ihren Folgen mit Punkten bewertet werden; die Bewertung wird der Rechtsverordnung überlassen (§ 4 Abs. 2 StVG in Verbindung mit der Ermächtigungsgrundlage in § 6 Abs. 1 Nr. 1 Buchstabe s StVG).*

Bisher war diese Regelung in der Allgemeinen Verwaltungsvorschrift (VwV) zu § 15b StVZO enthalten, die inhaltlich im Wesentlichen übernommen wird durch § 39 in Verbindung mit Anlage 13.

*Die Formulierung der Ordnungswidrigkeitentatbestände in **Anlage 13**, die unabhängig von der Beteiligungsform gelten, wurde dabei, soweit erforderlich, der Fassung der Bußgeldkatalog-Verordnung angepasst (so bei den Abschnitten 4.7, 5.6, 5.20, 5.21, 5.22, 5.31, 5.32, 6.12 und 6.10 und 6.11).*

*Neu aufgenommen wurde in **Abschnitt 4.2** die neue Drogenregelung des § 24a Abs. 2 StVG sowie in **Abschnitt 6.1** die Bepunktung für 0,5-Promille-Verstöße (§ 24a Abs. 4 S. 2 StVG).*

*In **Abschnitt 4.8** erfolgte eine Änderung der Bepunktung für die Teilnahme an illegalen Rennen sowie die Veranstaltung derartiger Rennen (statt bisher ein Punkt nunmehr vier Punkte). Illegale Autorennen werden in der Regel vorsätzlich durchgeführt. Ihre Ahndung erfolgt deshalb nicht nach den Regelsätzen der Bußgeldkatalog-Verordnung. Das bisherige Fehlen eines gesonderten Tatbestandes im Punktsystem hatte zur Folge, dass diese Zuwiderhandlung nur mit einem Punkt bewertet wurde. Angesichts der Gefährlichkeit dieser Zuwiderhandlungen ist dies jedoch unzureichend.*

2 **Begr** zum G v 19. 7. 07, BGBl I 1460 (VkBl 08 259) **zu Anl 13 Nr 6.1**: *Mit der Änderung der Anlage 13 wird klargestellt, dass Verstöße gegen das Alkoholverbot für Fahranfänger und Fahranfängerinnen in der Probezeit mit 2 Punkten und erst bei einer Atemalkoholkonzentration von 0,25 mg/l oder mehr oder einer Blutalkoholkonzentration von 0,5 Promille oder mehr oder einer Alkoholmenge im Körper, die zu einer solchen Atem- oder Blutalkoholkonzentration führt, mit 4 Punkten bewertet werden. Hierdurch wird dem Verhältnismäßigkeitsgrundsatz Rechnung getragen.*

Besondere Aufbauseminare nach § 4 Abs. 8 Satz 4 des StVG **§§ 41–43 FeV 3**

Das **Punktsystem** mit den je nach Punktestand abgestuft zu ergreifenden Maßnahmen der **3**
FEB ist im Einzelnen gesetzlich geregelt: § 4 StVG. Näher zur **Punktbewertung:** § 4 StVG
Rz 20–23. **Anl 13** ist im Anschluss an die FeV abgedruckt.

Maßnahmen der Fahrerlaubnisbehörde

41 (1) **Die Unterrichtung des Betroffenen über den Punktestand, die Verwarnung und der Hinweis auf die Möglichkeit der Teilnahme an einem Aufbauseminar, die Anordnung zur Teilnahme an einem solchen Seminar und der Hinweis auf die Möglichkeit einer verkehrspsychologischen Beratung erfolgen schriftlich unter Angabe der begangenen Verkehrszuwiderhandlungen.**

(2) ¹**Bei der Anordnung ist für die Teilnahme an dem Aufbauseminar eine angemessene Frist zu setzen.** ²**Die schriftliche Anordnung ist bei der Anmeldung zu einem Aufbauseminar dem Kursleiter vorzulegen.**

(3) **Für die verkehrspsychologische Beratung gilt § 38 entsprechend.**

(4) **Die Anordnung eines Verkehrsunterrichts nach § 48 der Straßenverkehrs-Ordnung bleibt unberührt.**

Begr (BRDrucks 443/98 S 293): *Die Vorschrift ergänzt die Bestimmung in § 4 Abs. 3 StVG, der* **1**
den Maßnahmekatalog zum Punktsystem enthält. Die Unterrichtung des Betroffenen nach Absatz 1 erfolgt durch die Fahrerlaubnisbehörde, die vom Kraftfahrt-Bundesamt die hierfür erforderlichen Eintragungen übermittelt bekommt (§ 4 Abs. 6 StVG). Absatz 2 entspricht der Regelung in § 24 Abs. 2 für die Fahrerlaubnis auf Probe.
Absatz 3 stellt klar, dass die Anordnung des Verkehrsunterrichts nach § 48 StVO unabhängig von den Maßnahmen des Punktsystems erfolgen kann und z. B. auch nicht an die Eingriffsstufen des Punktsystems gebunden ist.

Schriftliche Unterrichtung des Betroffenen über den Punktestand mit Verwarnung und Hinweis auf die Möglichkeit der Seminarteilnahme erfolgt gem § 4 III 1 Nr 1 StVG bei 8, aber **2**
nicht mehr als 13 Punkten (§ 4 StVG Rz 31–32), Anordnung der Seminarteilnahme bei 14, aber nicht mehr als 17 Punkten mit Hinweis auf die Möglichkeit einer verkehrspsychologischen Beratung gem § 4 III 1 Nr 2 StVG (§ 4 StVG Rz 33–35).

Aufbauseminare

42 Hinsichtlich der Zielsetzung, des Inhalts, der Dauer und der Gestaltung der Aufbauseminare ist § 35 entsprechend anzuwenden.

Anm: Aufbauseminare nach dem Punktsystem, s § 4 VIII StVG, dort Rz 52. Freiwillige Teilnahme: § 4 III 1 Nr 1 StVG bei 8 bis 13 Punkten (§ 4 StVG Rz 32). Pflicht zur Teilnahme nach entsprechender Anordnung und Fristsetzung durch die FEB: § 4 III 1 Nr 2 StVG bei 14 bis 17 Punkten (§ 4 StVG Rz 33). Nichtteilnahme innerhalb der gesetzten Frist, s § 4 StVG Rz 36–38.

Besondere Aufbauseminare nach § 4 Abs. 8 Satz 4 des Straßenverkehrsgesetzes

43 Inhaber von Fahrerlaubnissen, die wegen Zuwiderhandlungen nach § 315c Abs. 1 Nr. 1 Buchstabe a, den §§ 316, 323a des Strafgesetzbuches oder den §§ 24a, 24c des Straßenverkehrsgesetzes an einem Aufbauseminar teilzunehmen haben, sind, auch wenn sie noch andere Verkehrszuwiderhandlungen begangen haben, einem besonderen Aufbauseminar nach § 36 zuzuweisen.

Begr zur ÄndVO v 7. 8. 02: BRDrucks 497/02 S 72.

Begr zum G v 19. 7. 07, BGBl I 1460 (VkBl **08** 258): *Für Inhaber einer Fahrerlaubnis, die unter dem Einfluss von Alkohol am Straßenverkehr teilgenommen haben, gibt es besondere Aufbauseminare. Durch die Änderung der §§ 36 und 43 wird klargestellt, dass diese besonderen Aufbauseminare auch bei einem Verstoß gegen das Alkoholverbot für Fahranfänger und Fahranfängerinnen in der Probezeit* (ergänze: *oder vor Vollendung des 21. Lebensjahrs*) *einem allgemeinen Aufbauseminar vorgehen. Dafür spricht schon der thematische Zusammenhang.*

Dauer

Anm: Besondere Aufbauseminare für Inhaber einer FE, die unter dem Einfluss von Alkohol oder anderer berauschender Mittel am Verkehr teilgenommen haben: § 4 VIII S 4 StVG (s § 4 StVG Rz 32, 44, 53).

Teilnahmebescheinigung

44 Hinsichtlich der Bescheinigung über die Teilnahme an einem angeordneten Aufbauseminar sowie der Verarbeitung und Nutzung der Teilnehmerdaten ist § 37 entsprechend anzuwenden.

Anm: Über die Teilnahme am Aufbauseminar im Rahmen des Punktsystems wird, ebenso wie bei Fahranfängern im Rahmen der Bestimmungen über die FE auf Probe, vom Seminarleiter eine Teilnahmebescheinigung unter Angabe des Seminarmodells sowie des Umfangs und der Dauer des Seminars ausgestellt. Insoweit gilt § 37 entsprechend. Bei Versäumen von Sitzungen des Kurses, auch bei Ausschluss, etwa wegen Störung oder Erscheinen in alkoholisiertem Zustand, ist die Teilnahmebescheinigung zu verweigern, ebenso bei Nichtanfertigung von Kursaufgaben (§ 37 II). Erforderlich, aber auch ausreichend, ist die aktive Teilnahme an der Veranstaltung, eine Abschlussprüfung wird nicht verlangt (VkBl **98** 773). S im Übrigen § 4 StVG Rz 46, 48, 55.

Punkterabatt auf Grund freiwilliger Teilnahme an einem Aufbauseminar oder an einer verkehrspsychologischen Beratung

45 (1) Nimmt der Inhaber der Fahrerlaubnis unter den in § 4 Abs. 4 des Straßenverkehrsgesetzes genannten Voraussetzungen freiwillig an einem Aufbauseminar oder an einer verkehrspsychologischen Beratung teil, unterrichtet die Fahrerlaubnisbehörde hierüber das Kraftfahrt-Bundesamt.

(2) Hat der Inhaber der Fahrerlaubnis Verstöße im Sinne des § 43 begangen, wird ein Punkteabzug nur gewährt, wenn er an einem besonderen Aufbauseminar gemäß § 36 teilgenommen hat.

Anm: Teilnahme an einem Aufbauseminar vor Erreichen von 14 Punkten führt nach Maßgabe von § 4 IV StVG zu einem Punktabzug in unterschiedlicher Höhe. Näher zum Bonus-System: § 4 StVG Rz 44 ff. Hinweis durch die FEB auf die Möglichkeit zur Teilnahme bei 8 bis 13 Punkten: § 4 III 1 Nr 1 StVG. Nach Zuwiderhandlungen gegen § 315c I Nr 1a StGB (Gefährdung des Straßenverkehrs infolge alkohol- oder rauschmittelbedingter Fahrunsicherheit), § 316 StGB (Trunkenheit im Verkehr), § 323a StGB (Vollrausch) oder §§ 24a, 24c StVG (ordnungswidriges Führen von Kfzen unter Alkohol- oder Rauschmitteleinfluss) setzt der Punktabzug die Teilnahme an einem besonderen Aufbauseminar nach § 4 VIII 4 StVG, § 36 FeV voraus (Abs 2).

8. Entziehung oder Beschränkung der Fahrerlaubnis, Anordnung von Auflagen

Entziehung, Beschränkung, Auflagen

46 (1) ¹Erweist sich der Inhaber einer Fahrerlaubnis als ungeeignet zum Führen von Kraftfahrzeugen, hat ihm die Fahrerlaubnisbehörde die Fahrerlaubnis zu entziehen. ²Dies gilt insbesondere, wenn Erkrankungen oder Mängel nach den Anlagen 4, 5 oder 6 vorliegen oder erheblich oder wiederholt gegen verkehrsrechtliche Vorschriften oder Strafgesetze verstoßen wurde und dadurch die Eignung zum Führen von Kraftfahrzeugen ausgeschlossen ist.

(2) Erweist sich der Inhaber einer Fahrerlaubnis noch als bedingt geeignet zum Führen von Kraftfahrzeugen, schränkt die Fahrerlaubnisbehörde die Fahrerlaubnis soweit wie notwendig ein oder ordnet die erforderlichen Auflagen an; die Anlagen 4, 5 und 6 sind zu berücksichtigen.

(3) Werden Tatsachen bekannt, die Bedenken begründen, daß der Inhaber einer Fahrerlaubnis zum Führen eines Kraftfahrzeugs ungeeignet oder bedingt geeignet ist, finden die §§ 11 bis 14 entsprechend Anwendung.

(4) ¹Die Fahrerlaubnis ist auch zu entziehen, wenn der Inhaber sich als nicht befähigt zum Führen von Kraftfahrzeugen erweist. ²Rechtfertigen Tatsachen eine solche Annahme, kann die Fahrerlaubnisbehörde zur Vorbereitung der Entscheidung über die Entziehung die Beibringung eines Gutachtens eines amtlich anerkannten Sachverständigen oder

Entziehung, Beschränkung, Auflagen § 46 FeV **3**

Prüfers für den Kraftfahrzeugverkehr anordnen. ³§ 11 Abs. 6 bis 8 ist entsprechend anzuwenden.

(5) ¹Mit der Entziehung erlischt die Fahrerlaubnis. ²Bei einer ausländischen Fahrerlaubnis erlischt das Recht zum Führen von Kraftfahrzeugen im Inland.

Begr (BRDrucks 443/98 S 294): *§ 46 übernimmt die bisher in § 15b Abs. 1, 1a und 2 enthaltenen Regelungen. Die dort nicht getroffene Unterscheidung zwischen Eignung und Befähigung beruht darauf, dass nach § 2 Abs. 4 und 5 des StVG n. F. die Eignung die Befähigung nicht mehr einschließt, sondern beide selbstständige Anforderungen darstellen.* 1

1. Erwiesene Ungeeignetheit zum Führen von Kfz führt zwingend zur EdF durch die FEB (Abs 1 S 1). Insoweit wiederholt die Bestimmung den Inhalt von § 3 I 1 StVG. Die Ungeeignetheit kann auf körperlichen, geistigen oder charakterlichen Mängeln beruhen. Näher: § 2 StVG Rz 8–17, § 3 StVG Rz 5–9. Abs 1 S 2 mit Hinweis auf die in Anl 4, 5 und 6 genannten Erkrankungen und Mängel ist nicht abschließend („insbesondere"). Ein Widerspruch zwischen der durch §§ 24a, 25 StVG vorgesehenen Sanktion bei BtmKonsum und § 46 I 2 FeV besteht nicht, zumal EdF keine Rechtsfolge nach dem OWiG ist, sondern dieses – ebenso wie §§ 24a, 25 – vielmehr nur die Sanktionierung eines Fehlverhaltens im StrV betrifft (VGH Ma **VRS 109** 450, OVG Hb **NJW 08** 1465, aM *Dencker* **DAR 04** 626, 630f). Körperliche Mängel, Krankheit: § 2 StVG Rz 8, 10, § 3 StVG Rz 5, 6, Altersabbau: § 2 StVG Rz 9, § 3 StVG Rz 6, geistige Mängel: § 2 StVG Rz 11, erhebliche oder wiederholte Verstöße gegen verkehrsrechtliche Vorschriften oder Strafgesetze: § 2 StVG Rz 13 ff, Straftaten durch Führen von Kfzen unter Alkohol- oder Rauschmitteleinfluss: § 2 StVG Rz 16 ff, 17 ff. Erwiesen muss die Ungeeignetheit sein, um EdF zu rechtfertigen. Näher: § 3 StVG Rz 3. Verwaltungsgerichtliche Nachprüfbarkeit: § 3 StVG Rz 3, 4. 2

2. Bedingte Eignung. EdF bei noch bedingter Eignung verstieße gegen das verfassungsmäßige Übermaßverbot (**E** 2). Soweit daher FEBeschränkung oder Belastung unter Erteilung von Auflagen ausreicht, scheidet EdF aus. Bedingte Eignung: § 2 StVG Rz 18, § 3 StVG Rz 10. Einschränkung der FE oder FE unter Auflagen bei bedingter Eignung: s § 23. 3

3. Bedenken in Bezug auf die Eignung. Werden der FEB konkrete Tatsachen bekannt, die Bedenken gegen die uneingeschränkte Eignung des FEInhabers zum Führen von Kfzen begründen, so ergeben sich die ihr zur Verfügung stehenden Aufklärungsmaßnahmen im Einzelnen aus den §§ 11 bis 14, die gem Abs 3 entsprechend anzuwenden sind: § 11: körperliche, geistige oder charakterliche Eignungsmängel, § 12: Sehvermögen, § 13: Alkoholabhängigkeit, Alkoholmissbrauch, § 14: Drogenkonsum, Arzneimittelmissbrauch. Rechtsbeziehungen zwischen FEB, FEInhaber und Gutachter: § 11 Rz 19 ff. Untersuchungsumfang: § 11 Rz 15. Annahme von Ungeeignetheit bei Nichtbeibringung eines rechtmäßig angeforderten Gutachtens: § 11 Rz 22 ff. Auf die Erläuterungen zu §§ 11 bis 14 wird verwiesen. Die präventive Eignungskontrolle von Kf gem Abs 3 in Verbindung mit §§ 11 ff ist verfassungskonform (BVerfG **NJW 02** 2380). Bloße Eignungszweifel rechtfertigen die EdF nicht; die Ungeeignetheit zum Führen von Kfz muss vielmehr aus erwiesenen Tatsachen hinreichend deutlich hervorgehen (VG Ka **BA 06** 253). 4

4. Fehlen der Befähigung zum Führen von Kfzen oder Bedenken der FEB. Abs IV wiederholt für den Fall fehlender Befähigung den Inhalt von § 3 S 1 StVG. Begriff der Befähigung: § 2 StVG Rz 5. Nachweis der Befähigung durch FEPrüfung: § 15. Die fehlende Befähigungsprüfung für sich allein rechtfertigt nicht die Entziehung einer entgegen §§ 2 II S 1 Nr 5 StVG, 15 FeV erteilten FE; die gegenteilige Ansicht des VGH Ka, **VRS 70** 228, verkennt, dass das Unterbleiben der Prüfung allenfalls etwa bestehende Zweifel an der Befähigung aufrechterhalten mag, nicht aber einen Befähigungsmangel erweist. 5

4a. Bei **Bedenken der FEB gegen die Befähigung** auf Grund konkreter Tatsachen kann die FEB gem Abs IV S 2 die Beibringung eines Gutachtens eines amtlich anerkannten Sachverständigen oder Prüfers für den KfzVerkehr anordnen. Beziehen sich die Befähigungszweifel auf die Kenntnis der Verkehrsvorschriften oder der zur Abwehr der Gefahren des StrVerkehrs erforderlichen Verhaltensweisen, so hat der FEInhaber die Zweifel im Rahmen der Begutachtung durch eine theoretische Prüfung auszuräumen (§ 16), deuten konkrete Tatsachen auf mangelnde Befähigung zur sicheren Führung eines Kfz hin, so sind diese Zweifel durch eine praktische Fahrprüfung (§ 17) zu klären, OVG Hb **VRS 105** 466. 6

Dauer

3 FeV § 46   II. Führen von Kraftfahrzeugen

7   **4 b. Theoretische Prüfung.** Fehlende Befähigung ist nach langem, unfallfreiem Fahren nicht ohne weiteres *erwiesen* (Abs IV S 1), wenn der FEInhaber eine theoretische Prüfung nicht besteht, sondern nur dann, wenn die Kenntnislücken für die VSicherheit bedeutsam sind, s VGH Ma NJW **79** 1472, VGH Mü VRS **57** 319 (zu § 15 b StVZO alt). Theoretische Kenntnisse, welche die VSicherheit berühren, muss der Kf ausreichend besitzen, anders (bei außerdem langer unfallfreier Fahrpraxis), wenn er bei der theoretischen Prüfung nur Fehler macht, welche die VSicherheit nicht berühren, VGH Ma DÖV **79** 300, BVerwG NJW **82** 2885. Zu berücksichtigen ist, dass theoretische Kenntnisse im Laufe der Jahre häufig verblassen, obwohl dem Kf die VRegeln in der Praxis durchaus geläufig bleiben, soweit sie seine eigene verkehrsgerechte Teilnahme am StrV betreffen, OVG Br NJW **79** 74, s *Booß* VM **89** 40. Allerdings kann Unkenntnis des StrVRechts auf das Vorliegen charakterlicher oder geistiger Mängel hindeuten, OVG Br NJW **79** 75. Auch kann der Schluss auf fehlende *Eignung* gerechtfertigt sein, wenn der Kf trotz gebotener Gelegenheit zur Vorbereitung *wiederholt* das erforderliche Wissen nicht nachweisen kann, VG Dü DAR **79** 314, VGH Ka VM **81** 80, BVerwG ZfS **83** 155, vor allem dann, wenn sich dabei erhebliche die VSicherheit betreffende Kenntnislücken offenbaren, BVerwG NJW **82** 2885, VM **82** 77 Nr 80 (ohne dass die falschen Antworten ein gefährliches Verhalten kennzeichnen müssten; insoweit zw, weil EdF wegen Ungeeignetheit oder mangelnder Befähigung ausschließlich der Gefahrenabwehr dient; krit denn auch mit Recht *Himmelreich* NJW **83** 604), BVerwG ZfS **83** 155.

8   Die Anordnung an den FEInhaber gem Abs IV S 2, sich im Rahmen einer Begutachtung durch einen Sachverständigen oder Prüfer einer theoretischen Prüfung zu unterziehen (§§ 11 VI S 1 und 4), ist nur **rechtmäßig,** wenn Anhaltspunkte gerade für einen Kenntnismangel hinsichtlich der VRegeln bestehen, OVG Br NJW **79** 75, VGH Mü DAR **80** 192, VRS **58** 471, OVG Münster NJW **83** 643, VRS **70** 74, *Himmelreich* DAR **83** 257, s *Jagow* NZV **95** 12 (alle zu § 15 b StVZO alt), abw (zur früheren, aber im Kern gleichen Rechtslage) OVG Lüneburg NJW **79** 2580, VGH Ka VM **81** 80 (wonach die Überprüfung auch der Verkehrserziehung diene), BVerwG NJW **82** 2885, VRS **74** 151 (weil die theoretischen Kenntnisse das Wissen um die Notwendigkeit ihrer Beachtung und die Fähigkeit zu ihrer Anwendung umfassten – mit Hilfe der üblichen Fragebögen ausreichend überprüfbar? –). Gegen BVerwG insoweit OVG Münster VRS **70** 74. Zwar muss ein Kf auch die **Fähigkeit** besitzen, sich entsprechend seinen theoretischen Kenntnissen **verkehrsgerecht zu verhalten;** diese Fähigkeit ist aber mittels Abfragens der theoretischen Regelkenntnisse nicht überprüfbar, OVG Münster VRS **70** 74, s auch *Himmelreich* DAR **88** 328, *Bouska* DAR **90** 7, *Sendler* DAR **90** 407, *Jagow* NZV **95** 12, aM BVerwG NJW **82** 2885, OVG Münster VRS **58** 300. Dieser Tatsache trägt zB auch die ab 1. 1. 1999 geltende Neuregelung in § 2a II S 1 Nr 2 StVG (FE auf Probe) Rechnung (s § 2a StVG Rz 13). *Vorsätzliche* Verstöße werden idR eine theoretische Fahrprüfung nicht rechtfertigen, weil sie nicht auf Unkenntnis der Vorschriften beruhen, s OVG Münster NJW **83** 643, ZfS **83** 156, VRS **70** 74. Liegen Pflichtverstöße nicht auf theoretischem Gebiet (VGH Mü DAR **80** 192: Überladen, Fahren mit abgefahrenen Reifen, nicht versichertes Kfz), ist allerdings die Frage nach der Rechtstreue überhaupt und damit nach der charakterlichen *Eignung* zum Führen von Kfzen aufgeworfen. Auch BVerwG NJW **82** 2885, VM **82** 77 Nr 80 hält die Prüfungsanordnung jedenfalls dann nicht für rechtmäßig, wenn weder das Fehlverhalten des Kf die theoretischen Kenntnisse einschließlich der Gefahrenlehre betrifft, noch eine Prüfung zur Beurteilung dieser Kenntnisse geeignet ist. Vor Anordnung einer theoretischen Prüfung ist auch die zeitliche Folge der voraufgegangenen Verstöße zu berücksichtigen; mehrjähriger Abstand der letzten Tat zu den in rascher Folge vorher begangenen kann die Maßnahme entbehrlich machen mit der Folge der Rechtsfehlerhaftigkeit ihrer Anordnung, BVerwG VM **82** 77 Nr 81. Andererseits können gehäufte Zuwiderhandlungen in kurzer Zeit im Einzelfall auch dann Bedenken hinsichtlich ausreichender Regelkenntnis und daher die Anordnung einer theoretischen Prüfung rechtfertigen, wenn 14 Punkte nach § 4 StVG noch nicht erreicht sind, s BVerwG NZV **89** 487 (zur bis zum 31. 12. 1998 bestehenden Rechtslage).

9   Bei der **Auswertung von Prüfungsfragebögen** steht den Prüfern kein umfassender Beurteilungsspielraum zu, BVerwG NJW **82** 2885, VG Kö ZfS **83** 381, vielmehr ist die Bewertung durch das Gericht in vollem Umfang nachprüfbar, VG Ol NZV **93** 327 (Anm *Jagow* VD **93** 193). Dabei steht statt eines verallgemeinernden Punkteschemas die Würdigung der individuellen Prüfungsleistung des zu Beurteilenden im Vordergrund, VG Ol NZV **93** 327, und zwar mit Schwerpunkt derjenigen Prüfungsfragen, die Verkehrssicherheit und Gefahrenlehre betreffen, BVerwG NJW **82** 2885, VGH Ma NZV **91** 168. Die Prüfungsnoten sind dahin zu bewerten, ob sie erhebliche VGefahr befürchten lassen, OVG Lüneburg DAR **81** 30. Auch die Eindeutig-

Entziehung, Beschränkung, Auflagen § 46 FeV **3**

keit und Klarheit der Fragestellung unterliegt der Überprüfung, Mängel insoweit dürfen nicht zu Lasten des Probanden gehen, VG Ol NZV **93** 327.

Ergebnisse einer **nicht rechtmäßig angeordneten** theoretischen Prüfung werden im Rahmen der Befähigungsbeurteilung durch die VB zuungunsten des FEInhabers verwertbar bleiben, s BVerwG NJW **82** 2885. Nur darf ihm aus seiner Weigerung, sich einer solchen überhaupt zu stellen, kein Nachteil erwachsen, BVerwG NJW **82** 2885, VGH Mü DAR **80** 192, OVG Br NJW **79** 75, OVG Münster VRS **70** 74, s dazu Rz 11. 10

Weigert sich der FEInhaber ohne triftigen Grund, sich der im Rahmen einer gem Abs IV S 2 rechtmäßig angeordneten Gutachtenbeibringung erforderlichen theoretischen Prüfung zu unterziehen, so darf die FEB gem Abs IV S 3 mit § 11 VIII auf fehlende Befähigung zum Führen von Kfzen schließen, s § 11 Rz 22 ff. War die **Anordnung** der **theoretischen Prüfung nicht rechtmäßig** (s dazu Rz 8), darf die VB aus der Weigerung des Kf, hieran mitzuwirken, nicht dessen fehlende Befähigung herleiten, s BVerwG NJW **82** 2885, VRS **74** 151, VGH Mü DAR **80** 192, OVG Br NJW **79** 75, OVG Münster NJW **81** 1398, **83** 643, VRS **70** 74, OVG Ko DAR **90** 154 (alle zu § 15 b StVZO alt). S zur neuen Rechtslage: § 11 Rz 22–24. 11

5. Ablieferung des Führerscheins: §§ 3 II StVG, 47 I FeV. 12

6. Bei **Inhabern ausländischer FE** kann der ausländische Erteilungsakt nicht durch (die gem § 3 I 2 StVG im Prinzip mögliche) Entziehung beseitigt werden. Daher hat die Entziehung bei ihnen gem § 3 I 2 StVG nur die Wirkung der Aberkennung des Rechts, von der FE im Inland Gebrauch zu machen (Abs 5 S 2, § 29 a S 1). Dies gilt auch für Inhaber von EU/EWR-FEen mit ordentlichem Wohnsitz im Inland, obwohl es Art 8 II der Zweiten EG-FS-Richtlinie erlaubt, die „innerstaatlichen Vorschriften über ... Entzug ... anzuwenden". Auf der Grundlage des § 3 I 2 StVG bestimmt § 46 V 2, dass mit der Entziehung der ausländischen FE das Recht des Inhabers zum Führen von Kfzen im Inland erlischt. Dies gilt auch bei fehlender Befähigung (Abs 4 S 1, § 29 a S 1). Zur Eignungsbeurteilung außerdeutscher FzFührer im Rahmen des § 11 II IntVO = jetzt § 29 a FeV, s BVerwG NJW **83** 1279, OVG Ko DAR **90** 433. Aberkennung des Rechts, von einer ausländischen FE Gebrauch zu machen setzt, ebenso wie die Anordnung einer Maßnahme nach § 46 III, IV 2, das Vorhandensein einer gültigen, gem § 29 oder (bei EU/EWR-Fahrerlaubnissen) gem § 28 zur Teilnahme am inländischen KfzV berechtigenden ausländischen Fe voraus; keine „vorsorgliche" Aberkennung für den Fall zukünftigen FE-Erwerbs, VGH Mü VRS **109** 141, VGH Ma NZV **96** 215. Das **Urteil des EuGH v 29. 4. 04 (Kapper)** NJW **04** 1725 und die **Beschlüsse des EuGH v 6. 4. 06 (Halbritter)** NJW **06** 2173 und **v 28. 9. 06 (Kremer)** NJW **07** 1863 hindern bei Ungeeignetheit des Inhabers einer ausländischen EU/EWR-FE die Entziehung nach §§ 3 I S 2 StVG, 46 V S 2 FeV wegen Eignungsmängeln, die durch Umstände vor Erteilung der ausländischen FE deutlich wurden, s im Einzelnen § 28 Rz 6 ff. Um den innerstaatlich (strafrechtlichen) Rechtswirkungen des § 21 I Nr 1 StVG iVm § 28 IV Nr 3 FeV zu entgehen, muss der FEInhaber einen trotzdem ergehenden Bescheid aber mit den innerstaatlichen Rechtsbehelfen anfechten, soweit der Bescheid nicht nichtig ist (Nü NJW **07** 2935). Bei **bedingter Eignung** (Abs II) ist die ausländische FE für den inländischen Gebrauch, soweit notwendig, einzuschränken, oder der Eignungseinschränkung durch Erteilung der erforderlichen Auflagen zu begegnen, § 29 a S 2. Die Untersuchungsstelle muss idR keinen Dolmetscher zur Verfügung stellen, VGH Ma Justiz **80** 213. 13

6 a. Die Aberkennung wird **im ausländischen FS vermerkt** (§ 3 II 3 StVG, § 29 a S 4, § 47 II). Auch bei Nichteintragung der Untersagung fährt ein Ausländer, der seine fremde FE weiter benutzt, im Inland iS des § 21 StVG ohne FE. Erfüllt der Erwerber eines ausländischen Führerscheins nicht die Erfordernisse des § 28 oder des § 29 I, so berechtigt ihn dieser nicht zum Führen von Kfz im Inland, eine Eintragung erfolgt zur Klarstellung. 14

7. Verwaltungsrechtsmittel: Die EdF kann nach Maßgabe der VwGO angefochten werden. Maßgebend im verwaltungsgerichtlichen Verfahren ist die bei Abschluss des Verwaltungsverfahrens bestehende Sach- und Rechtslage, s § 3 StVG Rz 4; unbeachtlich ist daher die erst nach Anfechtung aufgegebene Weigerung, ein gefordertes Gutachten beizubringen, BVerwG NJW **86** 270, OVG Münster VRS **84** 130. Andererseits muss die Widerspruchsbehörde bei Vorlage eines positiven Eignungsgutachtens, wenn andere Eignungsmängel nicht bestehen sind, dem Widerspruch des Betroffenen abhelfen, OVG Bautzen DAR **01** 426. Zur sofortigen Vollziehbarkeit (§ 80 II Nr 4 VwGO) s § 3 StVG Rz 13. Die **Auflage** gem Abs 3, 4 **ein Gutachten beizubringen** und sich untersuchen zu lassen, ist als bloße Aufklärungsanordnung **nicht gesondert anfechtbar** (unselbständige Maßnahme der Beweiserhebung, mangels Regelung 15

3 FeV § 47   II. Führen von Kraftfahrzeugen

kein Verwaltungsakt), OVG Weimar BA **05** 183, VGH Ma VRS **103** 224, **108** 133, NZV **05** 215, OVG Hb VRS **104** 465 (abl *Haus* ZfS **03** 264), OVG Münster VRS **100** 394, VGH Mü DAR **06** 349, OVG Lüneburg NJW **07** 454, VG Ansbach VRS **108** 390, *Eyermann/Geiger* § 44a Rz 9, *Kopp/Schenke* § 44a Rz 5, *Bouska/Laeverenz* § 46 FeV Anm 5, *Buschbell* § 14 Rz 157, *Himmelreich/Janker/Karbach* Rz 845–851, *Weibrecht* BA **03** 133, *Geiger* BayVBl **01** 586, 589, DAR **01** 494, SVR **06** 122f, DAR **07** 541, SVR **07** 355, *Zwerger* DAR **05** 431, 435, 44. VGT **06** 96, 97, *Weber* NZV **06** 399, s (zur früheren Rechtslage, § 15b StVZO alt:) BVerwG VRS **46** 233, DAR **94** 372, *Czermak* NJW **94** 1458, *Gehrmann/Undeutsch* Rz 194, 198, krit *Ludovisy* VGT **94** 354, *Gehrmann* NZV **97** 12, *Hillmann* DAR **03** 107, **aM im Hinblick auf den Charakter der Anforderung als Eingriff in das Persönlichkeitsrecht** *Jagow/ Heß* § 3 StVG Rz 7 d, *Bode/Winkler* § 10 Rz 3 ff, *Jagow* NZV **06** 27, *Hillmann* 44. VGT **06** 77, DAR **06** 128, DAR **08** 376, 379f, *Brenner* ZRP **06** 223 (dagegen *Weber* ZRP **07** 31), aM auch *Schreiber* ZRP **99** 523, *Henn* NJW **93** 3170, *Haus* AG-VerkRecht-F S 443 ff, *Grünning/Ludovisy* DAR **93** 53 (§ 44a S 2 VwGO analog), krit *Berr/Krause/Sachs* Rz 1193 ff, *Karbach* DAR **07** 407, *Fromm/Schmidt* NZV **07** 217, 220f für Anfechtbarkeit bei Verstoß der FEB gegen § 3 III StVG (Vorrang des Strafverfahrens). Nach hM daher keine einstweilige Anordnung dagegen, OVG Hb VRS **104** 465, VG Sa ZfS **92** 430, abw *Gehrmann* NZV **97** 13, **03** 13, *Bode/Winkler* § 10 Rz 18 ff. Entsprechendes gilt für die Prüfungsaufforderung, VGH Mü DAR **72** 252, OVG Ko VRS **54** 319. Die Anfechtung der mit der Gutachtenanforderung verbundenen **Gebührenfestsetzung** hat nur zum Gegenstand, ob die gebührenrechtlichen Vorschriften eine Gebührenerhebung in der bestimmten Höhe vorsehen, nicht die Rechtmäßigkeit der Gutachtenanforderung, da insoweit eine Überprüfung im Verfahren der EdF erfolgen kann (OVG Lüneburg NJW **07** 454). Dagegen ist die Anordnung von Auflagen bei bedingter Eignung selbständig anfechtbar (VGH Ma NZV **97** 199 zu § 15b Ia StVZO alt).

Lit: *Brenner*, Der Rechtsstaat und die MPU, ZRP **06** 223. *Hillmann/Hofstätter/Zwerger*, 44. VGT **06** 77, 88, 96. *Hillmann*, Rechtsschutz gegen Maßnahmen der VB, DAR **06** 128. *Jagow*, Selbständige Anfechtbarkeit einer MPU-Anordnung, NZV **06** 27. *Müller*, Zur Rechtsmittelfähigkeit einer MPU-Anordnung – Gibt es ... eine spezifisch verkehrspsychologische Position?, DAR **06** 534. *Petersen*, Erfahrungen mit der FeV, ZfS **02** 56. *Schreiber*, Die medizinisch-psychologische Untersuchung nach der neuen FeV – Ist ihre Anordnung doch ein Verwaltungsakt?, ZRP **99** 519. *Weber*, Keine selbständige Anfechtbarkeit einer MPU-Anordnung, NZV **06** 399.

16   **8. Sanktion.** Fahren ohne FE: § 21 StVG. Verstoß gegen II (Nichtbeachtung von Auflagen bei bedingter Eignung) ist ow gem §§ 75 Nr 9 FeV, 24 StVG.

Verfahrensregelungen

47 (1) ¹Nach der Entziehung sind von einer deutschen Behörde ausgestellte nationale und internationale Führerscheine unverzüglich der entscheidenden Behörde abzuliefern oder bei Beschränkungen oder Auflagen zur Eintragung vorzulegen. ²Die Verpflichtung zur Ablieferung oder Vorlage des Führerscheins besteht auch, wenn die Entscheidung angefochten worden ist, die zuständige Behörde jedoch die sofortige Vollziehung ihrer Verfügung angeordnet hat.

(2) ¹Nach der Entziehung sind Führerscheine aus Mitgliedstaaten der Europäischen Union oder aus anderen Vertragsstaaten des Abkommens über den Europäischen Wirtschaftsraum unverzüglich der entscheidenden Behörde vorzulegen. ²Nach einer bestandskräftigen Entziehung wird auf dem Führerschein die Ungültigkeit der EU/EWR-Fahrerlaubnis vermerkt. ³Dies soll in der Regel durch die Anbringung eines roten, schräg durchgestrichenen „D" auf einem dafür geeigneten Feld des Führerscheins, im Fall eines EU-Kartenführerscheins im Feld 13 erfolgen. ⁴Die entscheidende Behörde teilt die Aberkennung der Fahrberechtigung in Deutschland der Behörde, die den Führerschein ausgestellt hat, über das Kraftfahrt-Bundesamt mit.

(3) ¹Ist dem Betroffenen nach § 31 eine deutsche Fahrerlaubnis erteilt worden, ist er aber noch im Besitz des ausländischen Führerscheins, ist auf diesem die Entziehung zu vermerken. ²Der Betroffene ist verpflichtet, der Fahrerlaubnisbehörde den Führerschein zur Eintragung vorzulegen.

1   **Begr** (BRDrucks 443/98 S 294): *Zu Abs 1: Absatz 1 stellt klar, dass auch ein internationaler Führerschein bei einer Entziehung der Fahrerlaubnis abzuliefern bzw. zur Eintragung von Einschränkungen und Auflagen, soweit dies im internationalen Führerschein vorgesehen ist, vorzulegen ist. Nach Arti-*

Verfahrensregelungen § 47 FeV **3**

kel 41 Abs. 5 des Übereinkommens über den Straßenverkehr vom 8. November 1968 (BGBl. 1977 II S. 809) setzt ein internationaler Führerschein den Besitz der nationalen Fahrerlaubnis voraus. Es ist deshalb folgerichtig, dass er abzugeben ist, wenn das nationale Recht nicht mehr besteht.

Zu Abs 2: In **Absatz 2** werden die für nationale Führerscheine geltenden Bestimmungen auf EU- **2** bzw. EWR-Führerscheine ausgedehnt. Die Rücksendung des ausländischen Führerscheins beruht auf Artikel 8 Abs. 2 der Führerscheinrichtlinie, wonach der Wohnsitzmitgliedstaat die Fahrerlaubnis aus dem anderen Mitgliedstaat im Falle des Entzuges und ähnlicher Entscheidungen „umtauschen" kann. Zum Umtausch gehört nach Artikel 8 Abs. 3 stets auch die Rücksendung des betreffenden Führerscheins. Damit sollen auch die Behörden des ausstellenden Staates über die Entscheidung im neuen Wohnsitzstaat informiert werden.

Begr zur ÄndVO v 9. 8. 04 **(zu Abs 2 S 3):** BRDrucks 305/04 S 21.

Begr zur ÄndVO v 18. 7. 08, BGBl I 1338 (BR-Drs 302/08 S 66): **Zu Abs 2:** *Die durch die bis-* **3** *herige Fassung des § 47 Abs. 2 Satz 2 vorgesehene Verfahrensweise, wonach der ausländische EU-/EWR-Führerschein einbehalten und an die ausstellende Behörde zurückgesandt wurde, verstößt gegen den Grundsatz der Verhältnismäßigkeit (vgl. Beschluss des Bayerischen Verwaltungsgerichtshofs vom 6. Oktober 2005, Az: 11 CS 05.1505). Die Aberkennung des Rechts, von einer ausländischen Fahrerlaubnis im Inland Gebrauch zu machen, nach § 3 Abs. 1 Satz 2 und Abs. 2 Satz 2 des Straßenverkehrsgesetzes lässt das Bestehen der Fahrerlaubnis unberührt. Der Nachweis der Fahrerlaubnis im Ausland würde durch die Pflicht zur Ablieferung des Führerscheins und Übersendung an die ausstellende Behörde unverhältnismäßig erschwert.*

Möglich und EU-rechtlich zulässig wäre es, Inhaber einer EU/EWR-Fahrerlaubnis, die ihren ordent- **4** *lichen Wohnsitz in die Bundesrepublik Deutschland verlegt haben, im Falle einer Aberkennung der Fahrberechtigung im Inland zum Umtausch des Führerscheins in einen deutschen EU-Führerschein zu verpflichten, aus dem hervorgeht, dass das Recht zum Führen von Kraftfahrzeugen in der Bundesrepublik Deutschland erloschen ist (vgl. Artikel 8 Abs. 2 der Richtlinie 91/439/EWG sowie Artikel 11 Abs. 2 der Richtlinie 2006/126/EG). Für diese sog. Umtauschlösung, die in Rechtspositionen des Betroffenen in weitergehendem Umfang eingreift, als dies mit der hier vorgesehenen Anbringung eines Sperrvermerks der Fall ist, wird aber keine Notwendigkeit gesehen. Durch die Anbringung des Sperrvermerks in Form eines roten schräg durchgestrichenen „D" im ausländischen EU/EWR-Führerschein wird dieselbe Wirkung erzielt, die erloschene Gültigkeit der Fahrerlaubnis in Deutschland nach außen zu dokumentieren. Die symbolhafte Kurzdarstellung ermöglicht dabei die Verständlichkeit ohne Rücksicht auf Sprachbarrieren.*

Im Falle von EU-Kartenführerscheinen gibt es – bis auf die polnischen und tschechischen Führerscheine – **5** *ein (nicht laminiertes) Feld 13, in dem das aufnehmende Mitgliedstaat die für die Verwaltung des Führerscheins unerlässlichen Angaben aufnehmen kann (vgl. Anhang I a Nr. 2 Buchstabe a und Nr. 3 Buchstabe a zur Richtlinie 91/439/EWG sowie Anhang I Nr. 3 Buchstabe a zur Richtlinie 2006/126/EG). Ein Vermerk darüber, dass der Inhaber des EU/EWR-Führerscheins von der ihm erteilten Fahrerlaubnis im Aufnahmemitgliedstaat nicht Gebrauch machen darf, ist als eine für die Verwaltung des Führerscheins unerlässliche Aufgabe im Sinne der Regelung anzusehen, da sie für den effektiven Vollzug einer Aberkennungsentscheidung im Sinne des Artikel 8 Abs. 2 der Richtlinie 91/439/EWG sowie des Artikel 11 Abs. 2 der Richtlinie 2006/126/EG von hoher Bedeutung ist.*

Im Falle anderer EU-/EWR-Führerscheine ist der entsprechende Sperrvermerk an geeigneter Stelle anzubringen, sofern genügend Platz vorhanden ist. Dies dürfte bei der symbolhaften Kurzdarstellung in der Regel unproblematisch sein.

Die Mitteilung der entscheidenden Behörde an die ausstellende Behörde über das Kraftfahrt-Bundesamt **6–12** *ist erforderlich. Hierdurch kann verhindert werden, dass der Betroffene den Führerschein bei der ausstellenden Behörde missbräuchlich als verloren oder gestohlen meldet und sich auf diese Weise den Besitz eines Ersatzdokuments ohne Sperrvermerk verschafft. Zugleich wird der ausstellenden Behörde eine Überprüfung der Fahrerlaubnis nach ihren Rechtsvorschriften im Hinblick auf die Gründe ermöglicht, die für die Entziehung der Fahrberechtigung in Deutschland maßgeblich waren.*

1. Abs 1 regelt die schon in § 3 II 3 StVG bestimmte Pflicht zur **Ablieferung des FS** nach **13** EdF näher, indem er die Ablieferungspflicht ausdrücklich auf alle bis zur EdF gültigen deutschen nationalen und internationalen FS erstreckt und klar stellt, dass die FS auch im Falle nicht bestandskräftiger, aber für sofort vollziehbar erklärter EdF durch die FEB unverzüglich abzuliefern sind. S § 3 StVG Rz 35. Gleiches muss gelten für die Fälle der gesetzlich angeordneten sofortigen Vollziehbarkeit der EdF gem § 4 VII 2 StVG (VG Leipzig Beschl v 21. 11. 05 1 K 1110/05 juris). Dies setzt nicht etwa voraus, dass ausdrücklich auch die mit der EdF verbundene Anordnung der FSAbgabe für sofort vollziehbar erklärt wurde (VGH Mü VRS **109** 141, DAR **06** 172, aA OVG Berlin SVR **08** 277 m abl Anm *Geiger*). Sofortige Vollziehbarkeit: § 3 StVG Rz 13.

Dauer

14 2. **Vorlage von EU- und EWR-FS.** Deutsche Behörden sind nicht befugt, ausländische FE zu entziehen, da dies ein unzulässiger Eingriff in die Hoheitsrechte anderer Staaten wäre (s § 46 Rz 13). Die Entziehung hat deswegen nur die Wirkung der Aberkennung des Rechts, von der ausländischen FE in Deutschland Gebrauch zu machen (§ 3 I 2 und II 2 StVG, § 46 V 2 FeV). Obgleich die FE also erhalten bleibt und weiterhin außerhalb Deutschlands genutzt werden kann, sah der frühere Abs 2 Ablieferung und Einbehaltung ausländischer EU- und EWR-FS und deren Rücksendung an die Behörde vor, die den FS ausgestellt hatte. Der frühere Abs 2 S 2 war nach Auffassung des VGH Mü DAR **06** 38 im Hinblick auf das Übermaßverbot in der Weise auszulegen, dass die Ablieferung des FS und seine Rücksendung an die ausstellende Behörde nur dann zulässig ist, wenn ein „Umtausch" (Art 8 II der Zweiten EG-FS-Richtlinie) in ein anderes Dokument dem Betroffenen ermöglicht, seine im Ausland weiter bestehende Berechtigung nachzuweisen; anderenfalls komme nur Eintragung eines Vermerks in Frage (ebenso VG Meiningen ThürVBl **07** 93 f, VG Dü DAR **07** 279). Der Verordnungsgeber hat daraufhin Abs 2 durch ÄndVO v 18. 7. 08 (BGBl I 1338) mit Wirkung vom 30. 10. 08 so geändert, dass EU- und EWR-FS nunmehr lediglich bei der FEB zur Eintragung eines Vermerks darüber vorzulegen sind, dass der FS nicht dazu berechtigt, in Deutschland Kfz zu führen. Dieser Vermerk soll *in der Regel* durch Anbringung eines roten, schräg durchgestrichenen „D" auf einem dafür geeigneten Feld des FS erfolgen (Abs 2 S 3). Sofern das Feld 13 des EU-KartenFS nicht laminiert ist, kann der Vermerk dort angebracht werden (Begr Rz 5). Ansonsten muss die FEB den Vermerk in geeigneter Weise so auf dem FS anbringen, dass er nicht entfernt werden kann. Die denkbare Alternative, die Betroffenen generell zu einem Umtausch ihres ausländischen FS in einen deutschen EU-FS zu verpflichten, der in Deutschland nicht gilt, wurde verworfen (Begr Rz 4). Ein solcher Umtausch ist aber in den Fällen, in denen eine Kenntlichmachung nach Abs 2 S 3 aus tatsächlichen Gründen ausscheidet, rechtlich möglich (Art 8 II der 2. EG-FS-Richtlinie).

15 3. Grundsätzlich erfolgt *Umschreibung* eines ausländischen FS unter den Voraussetzungen des § 31 nur gegen Abgabe des ausländischen FS (§ 31 IV 2). Nach § 31 IV 6 gilt dies jedoch nicht ausnahmslos. Für diese Ausnahmefälle bestimmt **Abs 3**, dass die Entziehung der deutschen FE **im ausländischen FS zu vermerken** ist.

16 4. **Ordnungswidrigkeiten.** Verstoß gegen die Ablieferungs- oder Vorlagepflichten des Abs 1 (Abs 2 S 1) oder der Vorlagepflicht des Abs 3 S 2 ist ow, §§ 75 Nr 10 FeV, 24 StVG.

9. Sonderbestimmungen für das Führen von Taxen, Mietwagen und Krankenkraftwagen sowie von Personenkraftwagen im Linienverkehr und bei gewerbsmäßigen Ausflugsfahrten und Ferienziel-Reisen

Fahrerlaubnis zur Fahrgastbeförderung

48 (1) Einer zusätzlichen Erlaubnis (Fahrerlaubnis zur Fahrgastbeförderung) bedarf, wer einen Krankenkraftwagen führt, wenn in dem Fahrzeug entgeltlich oder geschäftsmäßig Fahrgäste befördert werden, oder wer ein Kraftfahrzeug führt, wenn in dem Fahrzeug Fahrgäste befördert werden und für diese Beförderung eine Genehmigung nach dem Personenbeförderungsgesetz erforderlich ist.

(2) Der Fahrerlaubnis zur Fahrgastbeförderung bedarf es nicht für

1. Krankenkraftwagen der Bundeswehr, der Bundespolizei, der Polizei sowie der Truppe und des zivilen Gefolges der anderen Vertragsstaaten des Nordatlantikpaktes,
2. Krankenkraftwagen des Katastrophenschutzes, wenn sie für dessen Zweck verwendet werden,
3. Krankenkraftwagen der Feuerwehren und der nach Landesrecht anerkannten Rettungsdienste,
4. Kraftfahrzeug im Linienverkehr oder bei gewerbsmäßigen Ausflugsfahrten oder Ferienziel-Reisen, wenn der Kraftfahrzeugführer im Besitz der Klasse D oder D1 ist.

(3) ¹Die Erlaubnis ist durch einen Führerschein nach Muster 4 der Anlage 8 nachzuweisen (Führerschein zur Fahrgastbeförderung). ²Er ist bei der Fahrgastbeförderung neben dem nach § 25 ausgestellten Führerschein mitzuführen und zuständigen Personen auf Verlangen zur Prüfung auszuhändigen.

(4) ¹Die Fahrerlaubnis zur Fahrgastbeförderung ist zu erteilen, wenn der Bewerber
1. die nach § 6 für das Führen des Fahrzeugs erforderliche EU- oder EWR-Fahrerlaubnis besitzt,

Fahrerlaubnis zur Fahrgastbeförderung § 48 FeV **3**

2. das 21. Lebensjahr – bei Beschränkung der Fahrerlaubnis auf Krankenkraftwagen das 19. Lebensjahr – vollendet hat und die Gewähr dafür bietet, daß er der besonderen Verantwortung bei der Beförderung von Fahrgästen gerecht wird,
3. seine geistige und körperliche Eignung gemäß § 11 Abs. 9 in Verbindung mit Anlage 5 nachweist,
4. nachweist, daß er die Anforderungen an das Sehvermögen gemäß § 12 Abs. 6 in Verbindung mit Anlage 6 Nr. 2 erfüllt,
5. nachweist, daß er eine EU- oder EWR-Fahrerlaubnis der Klasse B oder eine entsprechende Fahrerlaubnis aus einem in Anlage 11 aufgeführten Staat seit mindestens zwei Jahren – bei Beschränkung der Fahrerlaubnis auf Krankenkraftwagen seit mindestens einem Jahr – besitzt oder innerhalb der letzten fünf Jahre besessen hat,
6. – falls die Erlaubnis für Krankenkraftwagen gelten soll – einen Nachweis über die Teilnahme an einer Ausbildung in Erster Hilfe nach § 19 beibringt und
7. – falls die Erlaubnis für Taxen gelten soll – in einer Prüfung nachweist, daß er die erforderlichen Ortskenntnisse in dem Gebiet besitzt, in dem Beförderungspflicht besteht, oder – falls die Erlaubnis für Mietwagen oder Krankenkraftwagen gelten soll – die erforderlichen Ortskenntnisse am Ort des Betriebssitzes besitzt; dies gilt nicht, wenn der Ort des Betriebssitzes weniger als 50 000 Einwohner hat.

²Der Nachweis kann durch eine Bescheinigung einer geeigneten Stelle geführt werden, die die zuständige oberste Landesbehörde, die von ihr bestimmte Stelle oder die nach Landesrecht zuständige Stelle bestimmt. ³Die Fahrerlaubnisbehörde kann die Ortskundeprüfung auch selbst durchführen.

(5) ¹Die Fahrerlaubnis zur Fahrgastbeförderung wird für eine Dauer von nicht mehr als fünf Jahren erteilt. ²Sie wird auf Antrag des Inhabers jeweils bis zu fünf Jahren verlängert, wenn

1. er seine geistige und körperliche Eignung gemäß § 11 Abs. 9 in Verbindung mit Anlage 5 nachweist,
2. er nachweist, daß er die Anforderungen an das Sehvermögen gemäß § 12 Abs. 6 in Verbindung mit Anlage 6 Nr. 2 erfüllt und
3. keine Tatsachen die Annahme rechtfertigen, daß er nicht die Gewähr dafür bietet, daß er der besonderen Verantwortung bei der Beförderung von Fahrgästen gerecht wird.

(6) ¹Wird ein Taxiführer in einem anderen Gebiet tätig als in demjenigen, für das er die erforderlichen Ortskenntnisse nachgewiesen hat, muss er diese Kenntnis für das andere Gebiet nachweisen. ²Wird ein Führer eines Mietwagens oder eines Krankenkraftwagens in einem anderen Ort mit 20 000 Einwohnern oder mehr tätig als in demjengien, für den er die erforderlichen Ortskenntnisse nachgewiesen hat, muß er diese Kenntnisse für den anderen Ort nachweisen.

(7) ¹Die §§ 21, 22 und 24 Abs. 1 Satz 1, Abs. 2 und 3 sind entsprechend anzuwenden. ²Die Verlängerung der Fahrerlaubnis zur Fahrgastbeförderung kann nur dann über die Vollendung des 60. Lebensjahres hinaus erfolgen, wenn der Antragsteller zusätzlich seine Eignung nach Maßgabe der Anlage 5 Nr. 2 nachweist.

(8) Der Halter eines Fahrzeugs darf die Fahrgastbeförderung nicht anordnen oder zulassen, wenn der Führer des Fahrzeugs die erforderliche Erlaubnis zur Fahrgastbeförderung nicht besitzt oder die erforderlichen Ortskenntnisse nicht nachgewiesen hat.

(9) ¹Begründen Tatsachen Zweifel an der körperlichen und geistigen Eignung des Fahrerlaubnisinhabers oder an der Gewähr der besonderen Verantwortung bei der Beförderung von Fahrgästen des Inhabers einer Fahrerlaubnis zur Fahrgastbeförderung, finden die §§ 11 bis 14 entsprechende Anwendung. ²Auf Verlangen der Fahrerlaubnisbehörde hat der Inhaber der Erlaubnis seine Ortskenntnisse erneut nachzuweisen, wenn Tatsachen Zweifel begründen, ob er diese Kenntnisse noch besitzt. ³Bestehen Bedenken an der Gewähr für die besondere Verantwortung bei der Beförderung von Fahrgästen, kann von der Fahrerlaubnisbehörde ein medizinisch-psychologisches Gutachten einer amtlich anerkannten Begutachtungsstelle für Fahreignung angeordnet werden.

(10) ¹Die Erlaubnis ist von der Fahrerlaubnisbehörde zu entziehen, wenn eine der aus Absatz 4 ersichtlichen Voraussetzungen fehlt. ²Die Erlaubnis erlischt mit der Entziehung sowie mit der Entziehung der in Absatz 4 Nr. 1 genannten Fahrerlaubnis. ³§ 47 Abs. 1 ist entsprechend anzuwenden.

Begr (BRDrucks 443/98 S 295): *Zu Abs 1: Die bisherigen Regelungen für die Fahrerlaubnis zur* **1**
Fahrgastbeförderung in Kraftomnibussen fallen weg, da Kraftomnibusse eine eigenständige Fahrerlaubnisklasse – die Klasse D – bilden. Neu ist das Erfordernis einer Fahrerlaubnis zur Fahrgastbeförderung im mit Pkw durchgeführten Linienverkehr. Dies beruht darauf, dass insbesondere im ländlichen Raum im Linien-

Dauer

verkehr neben Kraftomnibussen zunehmend auch Personenkraftwagen mit bis zu acht Fahrgastplätzen eingesetzt werden. Fahrgemeinschaften zwischen Wohnung und Arbeitsstelle oder Beförderungen im Wege der Nachbarschaftshilfe werden davon in der Regel nicht erfasst, da das Personenbeförderungsgesetz nach § 1 Abs. 2 Nr. 1 bei Beförderungen in Pkw nur gilt, wenn das Gesamtentgelt die Betriebskosten der Fahrt übersteigt. Unterliegen die Beförderung nicht dem Personenbeförderungsgesetz, ist auch keine Fahrerlaubnis zur Fahrgastbeförderung erforderlich ...

2   **Zu Abs 2:** ... Nunmehr bilden Kraftomnibusse eine eigenständige, einheitliche Fahrerlaubnisklasse mit eigenständigem auf Busse bezogenen Anforderungsprofil. Diese Fahrerlaubnis ist deshalb künftig auch für das Führen von Dienst-Kraftomnibussen erforderlich. Die Befreiung für die Benutzung der in § 15d Abs. 1a Nr. 1 und 2 StVZO genannten Dienstfahrzeuge wird damit hinfällig. In Absatz 2 ist daher nur die bisher in § 1a Nr. 3 StVZO enthaltene Befreiung vom Erfordernis der Fahrerlaubnis zur Fahrgastbeförderung für bestimmte Krankenkraftwagen übernommen worden.

3   **Zu Abs 4:** ... Da EU- und EWR-Fahrerlaubnisse grundsätzlich wie Inlandsfahrerlaubnisse zu behandeln sind, genügt eine allgemeine Fahrerlaubnis aus diesen Staaten als Grundlage für die Erteilung der Fahrerlaubnis zur Fahrgastbeförderung. Ein Umtausch der ausländischen Fahrerlaubnis ist nicht notwendig. Der Fahrer eines Taxis kann also seine Berechtigung zum Führen des Fahrzeuges durch den ausländischen Führerschein und seine Berechtigung zur Fahrgastbeförderung durch einen inländischen Führerschein zur Fahrgastbeförderung nachweisen. Spezielle Berechtigungen aus EU- oder EWR-Staaten zum Führen von Taxen und Mietwagen werden dagegen nicht anerkannt (Nummer 1).
Anders als bisher wird auf den Nachweis von Fahrpraxis verzichtet; es reicht vielmehr aus, dass der Bewerber die Klasse B in einem bestimmten Zeitraum besessen hat. Dies beruht darauf, dass auf der einen Seite gerade von der Klasse B im allgemeinen Gebrauch gemacht wird, so dass von Fahrpraxis ausgegangen werden kann, auf der anderen Seite aber der formelle Nachweis der Fahrpraxis bzw. dessen Überprüfung sowohl für den Bürger als auch für die Verwaltung mit erheblichem Aufwand verbunden ist (Nummer 5).

4   **Zu Abs 8:** *Absatz 8* entspricht § 15d Abs. 3 StVZO. Der Halter des Fahrzeugs ist jedoch künftig auch verpflichtet, keine Fahrgastbeförderung anzuordnen oder zuzulassen, ohne dass der Fahrer die erforderlichen Ortskenntnisse nachgewiesen hat. Dies kommt vor allem bei einem Ortswechsel des Fahrers zum Tragen. Dafür entfällt die bisher in § 15g StVZO vorgesehene Meldepflicht des Unternehmers, wenn er einen Taxi-, Mietwagen- oder Krankenkraftwagenführer einstellt, der die Fahrerlaubnis zur Fahrgastbeförderung an einem anderen Ort erworben hat. Die Meldepflicht sollte die Fahrerlaubnisbehörde in die Lage versetzen, nachzuprüfen, ob der betreffende Kraftfahrer die Ortskenntnisse für den neuen Tätigkeitsbereich nachgewiesen hat.

5   **Zu Abs 9:** *Absatz 9* Satz 1 entspricht § 15k Abs. 2 StVZO. Die Regelung bildet die Rechtsgrundlage für Maßnahmen der Verwaltungsbehörde, wenn Zweifel an der körperlichen und geistigen Eignung hinsichtlich der Fahrerlaubnis zur Fahrgastbeförderung bestehen. Da bei ihr strengere Maßstäbe angelegt werden als an die zugrundeliegende Fahrerlaubnis der Klasse B, können beide Fahrerlaubnisse ein unterschiedliches Schicksal haben.

6   **Zu Abs 10:** Nach Absatz 10 ist die Fahrerlaubnis zur Fahrgastbeförderung auch dann zu entziehen, wenn der Inhaber die erforderlichen Ortskenntnisse nicht besitzt. Ob dies der Fall ist, kann jedoch nur eine erneute Ortskundeprüfung beweisen. Absatz 9 Satz 2 ermöglicht der Fahrerlaubnisbehörde die Anordnung einer solchen Prüfung.

6a **Begr** zur ÄndVO v 7. 8. 02 (BRDrucks 497/02 S 73): **Zu Abs 2 Nr 4:** Mit der Einführung der neuen **Nummer 4 in Absatz 2** werden die Inhaber der Fahrerlaubnis der Klasse D oder D1 von der Fahrerlaubnis zur Fahrgastbeförderung freigestellt, wenn sie Pkw im Linienverkehr oder bei gewerbsmäßigen Ausflugsfahrten oder Ferienzielreisen führen. Diese Ausnahme ist gerechtfertigt, weil die Anforderungen, die an solche Fahrer hinsichtlich der Fahrerlaubnis zur Fahrgastbeförderung gestellt werden, nicht über das hinausgehen, was für die Klasse D oder D1 gefordert wird.

6b **Begr** zur ÄndVO v 18. 7. 08, BGBl I 1338 (BR-Drs 302/08 S 67): **Zu Abs 1 und Abs 2 Nr 4:** Ursprünglich war der Wortlaut des § 48 Abs. 1 auf den Wortlaut des § 2 a.F. PBefG abgestimmt. § 2 Abs. 6 PBefG wurde durch das Dritte Rechtsbereinigungsgesetz vom 28. Juni 1990 eingefügt. Eine Anpassung des § 48 Abs. 1 FeV ist jedoch unterblieben, so dass die daraus resultierende Nichterfassung von nach § 2 Abs. 6 PBefG genehmigten intermediären Verkehren – wie den Flughafenzubringerverkehren – eine Regelungslücke dargestellt hat, die nunmehr geschlossen wird. Freigestellte Verkehre nach der Freistellungs-Verordnung bleiben nach dieser Regelung von der Fahrerlaubnis zur Fahrgastbeförderung befreit.

6c **Zu Abs 9 S 1:** Nach § 48 Abs. 4 Nr. 2 muss der Bewerber bei der Erteilung der Fahrerlaubnis zur Fahrgastbeförderung und nach § 48 Abs. 5 Nr. 3 bei deren Verlängerung die Gewähr dafür bieten, dass er

Fahrerlaubnis zur Fahrgastbeförderung **§ 48 FeV 3**

der besonderen Verantwortung bei der Beförderung von Fahrgästen gerecht wird. Wie der Nachweis erfolgt, ist in § 48 bislang nicht ausdrücklich definiert. Durch die Änderung wird klargestellt, dass bei der Prüfung die §§ 11 bis 14 entsprechend ihrer abgestuften Maßnahmen anzuwenden sind.

Zu Abs 9 S 3: *Die Frage, ob bei ersichtlichen Bedenken an der Gewähr für die besondere Verantwortung bei der Beförderung von Fahrgästen Fahrerlaubnisbehörden berechtigt sind, eine medizinisch-psychologische Untersuchung anzuordnen oder diese Frage in Zweifelsfällen selbst zu entscheiden, ist nicht definitiv geklärt. Auch die derzeit gültige Fassung des § 48 Abs. 9 Satz 1 lässt Fahreignungsbegutachtungen bei ersichtlichen Zweifeln an der körperlichen und geistigen Eignung zu; Zuverlässigkeitszweifel müssen entgegen teilweise vertretener verwaltungsgerichtlicher Auffassung nicht im Hinblick auf Ziel und Inhalt einer medizinisch-psychologischen Untersuchung konkretisiert werden. Insoweit muss eine Klarstellung erfolgen und Fahrerlaubnisbehörden gerade bei länger zurückliegenden Vorkommnissen und Registereintragungen in Zweifelsfällen die Möglichkeit eröffnet werden, eine entsprechende Begutachtung anzuordnen. Die Möglichkeit der verkürzten Erteilung der Fahrerlaubnis zur Fahrgastbeförderung nach § 48 Abs. 5 bietet gerade im Bereich dieser besonderen Verantwortung gegenüber Fahrgästen, die verstärkt Gefährdungen ausgesetzt sind oder aus anderen Gründen auf Hilfe in einem vielfach ihnen fremden örtlichen Umfeld oder auch aus Alters- oder Krankheitsgründen auf Hilfe angewiesen sind, nur eine unzureichende Möglichkeit, Bewerber um eine Fahrerlaubnis zur Fahrgastbeförderung hinsichtlich ihrer vielfach verfestigten fehlenden Regelkonformität hin von der beabsichtigten Tätigkeit auszuschließen. Gerade das psychologische Explorationsgespräch der medizinisch-psychologischen Untersuchung eröffnet die Möglichkeit, derartige Zweifel auszuräumen.* 6d

1. Erlaubnispflicht bei Fahrgastbeförderung. Die Bestimmungen des § 48 sind durch § 6 I Nr 1 StVG gedeckt, soweit sie eine besondere FE zur Fahrgastbeförderung an die Anforderung gesteigerter persönlicher Zuverlässigkeit knüpfen, s OVG Br VRS **44** 78 (zur bis zum 31. 12. 98 geltenden Fassung). Die Begriffe **Taxi** und **Mietwagen** richten sich nach dem PBefG, (Abs 1). Abs 1 gilt nicht bei nach der FreistellungsVO befreitem Verkehr (Begr Rz 6b, Dü VM **96** 22). Eine FE zur Fahrgastbeförderung für Taxen gilt, wie Abs 4 Nr 7 zeigt, nicht ohne weiteres auch für Mietwagen. Das ergibt sich auch aus Muster 4 der Anl 8 (zu § 48 III); ebenso (zu § 15d StVZO alt) *Bouska* VD **70** 151, abw *Ackermann* VD **70** 145. Wird in den in Abs 1 bezeichneten Fz kein Fahrgast befördert, so braucht der Führer zu dieser Fahrt keine FE zur Fahrgastbeförderung (BGH NJW **73** 285, **94** 2415, Stu VRS **50** 28, Ha VRS **44** 375, Ce VM **86** 87). Beförderung von bis zu acht Schülern im Kleinbus für Schulträger vom und zum Unterricht, für die die Beförderten kein Entgelt entrichten, ist nach der Freistellungs-VO befreiter Mietwagenverkehr und fällt daher nicht unter Abs 1 (BMV VD **73** 151, s *Huppertz* VD **99** 270). Werden behinderte Kinder unentgeltlich in einem Kleinbus mit nicht mehr als 8 Fahrgastplätzen befördert, so greift das PBefG nicht ein, und eine FE zur Fahrgastbeförderung ist nicht erforderlich (Ko VRS **49** 66), sofern es sich nicht um Linienverkehr handelt. **Linienverkehr** ist gem § 42 PBefG eine zwischen Ausgangs- und Endpunkten eingerichtete regelmäßige Verkehrsverbindung, auf der Fahrgäste an bestimmten Haltestellen ein- und aussteigen können (Bay NZV **00** 424); eines Fahrplans bedarf es nicht. Merkblatt für die Schulung von FzF bei der Beförderung von Schulkindern, VkBl **96** 238 (243). Ausnahme für Kfz im LinienV: Rz 10. Bei **Ausflugsfahrten** oder **Ferienziel-Reisen** bedarf es der FE zur Fahrgastbeförderung nur bei *gewerbsmäßiger* Durchführung. Ausnahme: Rz 10. **Antragstellung, Verfahren, Verlängerung:** Abs 7 mit §§ 21, 22, 24 I 1, II, III. 7

§ 48 ist eine **Schutzvorschrift** für die Allgemeinheit. Daher müssen berufliche und wirtschaftliche Nachteile aus der Versagung der Erlaubnis idR zurücktreten (OVG Saarlouis ZfS **04** 539). § 48 will Gefahrerhöhung für die beförderten Fahrgäste vermeiden, auf Verletzung nicht beförderter Personen bezieht er sich nicht (s BGH NJW **73** 285 zu § 15 d StVZO alt). Die Vorschrift dient nicht auch dem Schutz des Bewerbers (Gesundheitsbegutachtung, BGH NJW **94** 2415 zu § 15 e StVZO alt). 8

1 a. Versicherungsrechtlich richtet sich das Erfordernis der FE nach dem Recht des Staates, in welchem das Kfz gerade gefahren wird (BGH NJW **73** 285). Keine Versagung des Versicherungsschutzes, wenn der Kf zwar die besondere Fahrgastbeförderung nicht hat, der Unfall aber nicht auf das Fehlen persönlicher Zuverlässigkeit zurückgeht (Ol VersR **70** 662). Als Kausalitätsgegenbeweis (§ 6 II VVG alt = § 28 III VVG 08) kann es ausreichen, wenn das Fehlen der besonderen FE für den Unfall unter Berücksichtigung des Schutzzwecks der verletzten Bestimmung unerheblich ist (BGH VersR **76** 531, **78** 1129). Wäre dem Kf die FE zur Fahrgastbeförderung auf Antrag mit Gewissheit erteilt worden, so ist bewiesen, dass ihr Fehlen nicht unfallur- 9

Dauer

sächlich gewesen ist (BGH VRS **56** 103). Keine Obliegenheitsverletzung des Halters, wenn er das Vorliegen der notwendigen FE beim Kf unverschuldet annehmen durfte, oder wenn ein unberechtigter Kf das Kfz geführt hat (BGH NJW **73** 285).

10 2. **Ausnahmen** vom Erfordernis einer besonderen FE zur Fahrgastbeförderung sieht Abs 2 bei DienstFzen der dort bezeichneten Stellen nur für **Krankenkraftwagen** vor (s Begr Rz 2) sowie für die Führer von Kfz im LinienV oder bei gewerbsmäßigen Ausflugsfahrten und Ferienziel-Reisen, falls der FzF eine FE der Kl D oder D1 besitzt. Krankenkraftwagen von privaten Unternehmen, die in der Notfallrettung und im Krankentransport tätig, aber nicht am Rettungsdienst im institutionellen Sinn beteiligt sind, fallen nicht unter Abs 2 Nr 3 (OVG Münster VRS **114** 398).

11 3. Die **Voraussetzungen** für die Erteilung einer FE zur Fahrgastbeförderung sind in Abs 4 abschließend geregelt. Liegen sie vor, so besteht Rechtsanspruch auf Erteilung. Besitz einer inländischen FE ist nicht erforderlich; ausländische **FEe aus EU- oder EWR-Staaten** stehen deutschen FEen gleich (Abs 4 Nr 1, s Begr Rz 3). Nachweis von Fahrpraxis ist, abw von der früheren Regelung (§ 15 e I Nr 4a StVZO alt) nicht mehr erforderlich; vielmehr genügt mindestens **zweijähriger Besitz einer FE der Klasse B** innerhalb der letzten 5 Jahre und der Nachweis darüber (Abs 4 Nr 5), bei Beschränkung auf Krankenkraftwagen einjähriger Besitz. Bei FE zur Fahrgastbeförderung für Taxen ist zusätzlich der Nachweis von **Ortskenntnissen** in dem Gebiet, in dem Beförderungspflicht besteht, erforderlich (Abs 4 S 1 Nr 7, S 2 und 3, Abs 6 S 1). Bei FE zur Fahrgastbeförderung für Mietwagen oder Krankenkraftwagen ist der Nachweis von Ortskenntnissen am Ort des Betriebssitzes, wenn dieser nicht weniger als 50 000 Einwohner hat, erforderlich (Abs 4 S 1 Nr 7, S 2 und 3, Abs 6 S 2). Der Nachweis der Ortskenntnis dient auch allgemein der VSicherheit (Bay VM **71** 47).

12 Die gem Abs 4 Nr 2 geforderte **Gewähr** in Bezug auf die **besondere Verantwortung bei der Fahrgastbeförderung** (persönliche Zuverlässigkeit) neben der körperlichen und geistigen Eignung erfordert Charaktereigenschaften, die sich in dauernder Haltung äußern und gewissenhafte, pünktliche Erfüllung der aus der Fahrgastbeförderung erwachsenden Pflichten voraussetzen (OVG Berlin VM **65** Nr 117, VGH Ma NVwZ-RR **90** 164, OVG Münster VRS **96** 150, VG Hb NZV **97** 536, *Booß* VM **91** 90, alle zu § 15e StVZO alt). Sie ist ein von der Kraftfahreignung verschiedenes Erfordernis eigener Art (OVG Münster NZV **92** 464, OVG Münster VRS **96** 150, VG Hb NZV **97** 536, *Bode/Winkler* § 3 Rz 84f). Keine Zuverlässigkeit bei wiederholten und erheblichen Geschwindigkeitsüberschreitungen, unabhängig davon, ob es zu konkreten Gefährdungen oder Schäden gekommen ist oder ob Fahrgastbeschwerden vorliegen (OVG Lüneburg VM **06** 69). Frühere Zweifel an der Kraftfahreignung, die inzwischen als ausgeräumt anzusehen sind, können nicht für sich allein zur Verneinung der Zuverlässigkeit führen (OVG Münster NZV **92** 464). Die Gewähr bietet nicht, wer Anlass zu der Befürchtung gibt, er werde sich bei der Fahrgastbeförderung über Bestimmungen hinwegsetzen, die dem Schutz vor Schädigung und Gefährdung dienen (s VGH Ma NVwZ-RR **90** 164). Zuverlässig ist ein Kf, wenn seine Gesamtpersönlichkeit dies ausweist; eine einmalige Trunkenheitsfahrt braucht die Zuverlässigkeit nicht auszuschließen (BVerwG VM **70** 89, VG Gera NZV **97** 95). Auch nichtverkehrsrechtliche Straftaten, falls nicht ganz unerheblich, können den Mangel persönlicher Zuverlässigkeit begründen (BVerwG NJW **86** 2779, OVG Saarlouis ZfS **04** 539, s VGH Ma NVwZ-RR **90** 164, VGH Ka VRS **79** 228). Keine mangelnde Zuverlässigkeit nach VGH Ma NVwZ-RR **90** 164 auf Grund Vorstrafe wegen Hausfriedensbruchs durch Hausbesetzung. Unzuverlässigkeit auf Grund brutalen, der Vertrauensstellung von TaxiF gegenüber ihren Fahrgästen widersprechenden Verhaltens (OVG Münster VRS **57** 476).

13 3 a. Zur **Vorbereitung der Entscheidung** gemäß Abs 1 stehen der VB dieselben Wege offen wie bei Vorbereitung der Maßnahmen nach den §§ 3, 11 bis 14 (Abs 9). Auch im verwaltungsgerichtlichen Verfahren stehen diese Maßnahmen zur Aufklärung zur Verfügung, insbesondere das betriebs- oder arbeitsmedizinische Gutachten (§ 11 III Nr 3 mit Anl 5). Neben einer Untersuchung in Bezug auf das Vorliegen eignungsausschließender Erkrankungen (Anl 5 Nr 1) sind Gegenstand der betriebs- oder arbeitsmedizinischen Untersuchung die Belastbarkeit, die Orientierungs-, Konzentrations- und Aufmerksamkeitsleistung sowie die Reaktionsfähigkeit. Auch ein auf Insulinbehandlung angewiesener **Diabetiker** kann zur Beförderung von Fahrgästen iS von § 48 geeignet sein (s Anl 4 Nr 5.4, 5.3, s VGH Mü BayVBl **90** 249 zu § 15 e StVZO alt), einschränkend Begutachtgs-Leitl Nr 3.5. Bedenken gegen eine FE nach § 48 bei erheb-

Fahrerlaubnis zur Fahrgastbeförderung   § 48 FeV 3

lichen **Farbsinnstörungen,** s *Gramberg-Danielsen* DMW **72** 206. S Anl 6 (zu § 12) Nr 2.2.2. Zur Überprüfung, ob der Betroffene nach Abs 4 S 1 Nr 2, Abs 5 S 2 Nr 3, § 11 I 4 erforderliche **Gewähr** dafür bietet, dass er der **besonderen Verantwortung** bei der Beförderung von Fahrgästen gerecht wird, kann (Ermessen) ein **medizinisch-psychologisches Gutachten** angeordnet werden (Abs 9 S 3, § 11 III 1 Nr 8); dies wurde durch ÄndVO v 18. 7. 08 (BGBl I 1338) ausdrücklich klargestellt (Begr Rz 6 c, 6 d).

4. Halterpflichten. Absatz 8 ist grundgesetzkonform, er betrifft auch Mietwagenhalter (§ 75   **14** Nr 12, s Bay NJW **71** 1620 zu § 15 d III StVZO alt). Auswahl- und Überwachungspflicht des Halters: § 31 StVZO. Da § 48 die Fahrgäste schützen will (s Rz 8, s BGH NJW **73** 285), darf der Halter keiner Person ohne die FE zur Fahrgastbeförderung solche Beförderung zulassen; gegen Abs 8 kann daher auch dann verstoßen sein, wenn es zu der Beförderung nicht mehr gekommen ist (Fra VRS **57** 221 zu § 15 d III StVZO alt, Beifahrertür bereits zum Einsteigen geöffnet).

5. Durch besonderen **Führerschein zur Fahrgastbeförderung** nach Anl 8 Muster 4 oder   **15** nach dem Muster gem BMV v 23. 3. 99, VkBl **99** 266 (ohne Lichtbild) ist die gem Abs 1 erteilte Erlaubnis nachzuweisen (Abs 3). Zur Gültigkeit von FSen zur Fahrgastbeförderung nach früheren Mustern, s Übergangsvorschrift: § 76 Nr 14. Das Dokument beweist (Urkunde) die Identität des Inhabers mit der darin bezeichneten Person und die Erteilung der FE zur Fahrgastbeförderung an diese, nicht dagegen auch, dass der Inhaber die Voraussetzungen erfüllt (Dü VRS **97** 250, s § 4 Rz 9). Pflicht, den besonderen FS neben dem nach § 25 ausgestellten FS mitzuführen: § 4 Rz 11. Auch Taxifahrer an Taxenständen haben kontrollierenden Beamten ihre Papiere vorzuweisen (KG VRS **22** 385).

6. Geltungsdauer, Verlängerung. Nach Ablauf der Geltungsdauer von höchstens 5 Jahren   **16** (Abs 5) hat der Inhaber der FE zur Fahrgastbeförderung einen **Rechtsanspruch auf Verlängerung,** wenn er geistig und körperlich zum Führen von FahrgastFzen geeignet ist, den Anforderungen an das Sehvermögen genügt, dies gemäß §§ 11 IX (mit Anl 5) und § 12 VI (mit Anl 6) nachweist (s BGH NJW **94** 2415, OVG Lüneburg VM **07** 72, *Czermak* DAR **94** 208), und keine Bedenken gegen seine persönliche Zuverlässigkeit bestehen (Abs 5 S 2 Nr 3). Die Verlängerung setzt den erneuten Nachweis der geistig/körperlichen Eignung voraus; er wird gemäß § 11 IX in Verbindung mit Anlage 5 erbracht. Verlängerung über die Vollendung des 60. Lebensjahres hinaus nur bei zusätzlichem Eignungsnachweis gem Anl 5 Nr 2 (Abs 7 S 2). Die VB darf den Nachweis als nicht erbracht ansehen, wenn sich der Antragsteller weigert, eine vom Arzt/Gutachter zum Ausschluss von Alkohol- oder Rauschgiftabhängigkeit für notwendig erachtete Blutuntersuchung durchführen zu lassen (Abs 9 mit § 11 VIII, VG Fra NJW **88** 1864). Der **Antrag auf Verlängerung** muss rechtzeitig gestellt werden, jedoch wird bei verspätetem Verlängerungsantrag eine Toleranzfrist anzunehmen sein, so dass die Verlängerung auch dann noch zulässig ist, (zw, abw VGH Ma ZfS **97** 237). **Ablehnung der Verlängerung** ist zum VZR zu melden (§ 28 III Nr 8 StVG).

7. Entziehung der FE zur Fahrgastbeförderung. Zwar hat EdF immer auch den Verlust   **17** der FE zur Fahrgastbeförderung zur Folge (Abs 10 S 2, VG Mü VRS **103** 315). Diese für sich allein zu entziehen ist jedoch der FEB vorbehalten (BGH VM **71** 9, MDR **82** 623 bei *Holtz*, Stu VM **75** 81). Dass ein Strafverfahren schwebt, das zur Entziehung der allgemeinen FE führen kann, hindert die FEB nicht, die Entziehung der FE zur Fahrgastbeförderung selbstständig ohne Rücksicht auf das Strafverfahren zu prüfen. Die Frage, ob das Verbot der Fahrgastbeförderung auf § 70 StGB gestützt werden kann, hat BGH VM **71** 9 offengelassen. Unter den Voraussetzungen des Abs 10 muss die FEB die FE zur Fahrgastbeförderung entziehen, es besteht **kein Ermessensspielraum** (OVG Saarlouis ZfS **04** 539, VGH Mü NZV **91** 486). Aus der uneingeschränkten Bezugnahme auf Abs 4 folgt, dass bereits *Bedenken* gegen die persönliche Zuverlässigkeit zur Entziehung zwingen, ein zweifelsfreier Nachweis der Unzuverlässigkeit ist nicht erforderlich (OVG Saarlouis ZfS **04** 539, VGH Mü NZV **91** 486 [krit Anm *Booß* VM **91** 90]). Allerdings müssen sich die Bedenken auf erwiesene Tatsachen stützen (*Booß* VM **91** 90, einschränkend VGH Mü NZV **91** 486). Eine einmalige private Fahrt mit 1,2‰ BAK muss stets auch auf berufliche Unzuverlässigkeit schließen lassen (30 Jahre unfallfreies Fahren, OVG Berlin VRS **42** 155). S auch Rz 12. Soweit Abs 4 Ortskenntnisse verlangt, führt das Fehlen solcher Kenntnisse gem Abs 10 ebenfalls zur Entziehung; bei entsprechenden Zweifeln der FEB hat sich der Inhaber der Erlaubnis auf deren Verlangen einer erneuten Ortskundeprüfung zu unterziehen (Abs 9 S 2, s Rz 6).

Dauer   1089

18 **7a. Wirkung.** Mit der Rechtskraft einer Entziehung der allgemeinen FE erlischt auch die besondere; sie lebt nicht automatisch wieder auf. Wiedererteilung setzt ein neues Verfahren nach § 20 voraus. Nach der Entziehung ist der FS zur Fahrgastbeförderung unverzüglich bei der entscheidenden Behörde **abzuliefern,** und zwar auch bei Anfechtung der Entziehung, falls sofortige Vollziehung angeordnet ist (Abs 10 S 3 mit § 47 I).

19 **8.** Gegen die Versagung einer FE stehen dem Antragsteller die zulässigen **Rechtsbehelfe** und Rechtsmittel der VwGO zu. Auch gegen die Ablehnung der Verlängerung stehen die Rechtsbehelfe gegen beschwerende Verwaltungsakte offen. Rechtsmittel gegen Entziehung der Erlaubnis zur Fahrgastbeförderung: VwGO, soweit die Entziehung von der FEB ausgesprochen ist.

20 **9. Ordnungswidrigkeit. a)** Wer ohne die erforderliche FE zur Fahrgastbeförderung oder nach Ablauf der Geltungsdauer der Erlaubnis (Abs 5) Fahrgäste fährt, verletzt die §§ 48 I, 75 Nr 12 FeV, 24 StVG, nicht auch § 21 StVG. Wer trotz Entziehung der besonderen Erlaubnis weiter Fahrgäste befördert, handelt ow, auch bei Fortbestand der allgemeinen Fahrerlaubnis. **b)** Ow ist auch das Nichtmitführen oder Nichtaushändigen des FS zur Fahrgastbeförderung entgegen Abs 3 S 2 (§§ 75 Nr 4 FeV, 24 StVG). **c)** Ow ist ferner das Anordnen oder Zulassen der Fahrgastbeförderung durch den Halter, wenn der FzF die FE zur Fahrgastbeförderung nicht besitzt oder die erforderlichen Ortskenntnisse nicht nachgewiesen hat (§§ 48 VIII, 75 Nr 12 FeV, 24 StVG). Dieser Tatbestand kann auch schon erfüllt sein, bevor es zur Beförderung kommt, s Rz 14. **d)** Ow ist schließlich der Verstoß gegen die Pflicht zur unverzüglichen Ablieferung des FS zur Fahrgastbeförderung nach Abs 10 S 3 mit § 47 I (s Rz 18, §§ 75 Nr 10 FeV, 24 StVG).

10. Begleitetes Fahren ab 17 Jahre

Voraussetzungen

48a (1) ¹Zur Erprobung neuer Maßnahmeansätze zur Senkung des Unfallrisikos junger Fahranfänger (§ 6e des Straßenverkehrsgesetzes) beträgt nach Maßgabe der folgenden Vorschriften abweichend von § 10 Abs. 1 Satz 1 Nr. 3 das Mindestalter für die Erteilung einer Fahrerlaubnis der Klassen B und BE 17 Jahre. ²§ 11 Abs. 3 Satz 1 Nr. 2 findet keine Anwendung. ³§ 74 Abs. 2 findet entsprechend Anwendung.

(2) ¹Die Fahrerlaubnis ist mit der Auflage zu versehen, dass von ihr nur dann Gebrauch gemacht werden darf, wenn der Fahrerlaubnisinhaber während des Führens des Kraftfahrzeuges von mindestens einer namentlich benannten Person, die den Anforderungen der Absätze 5 und 6 genügt, begleitet wird (begleitende Person). ²Die Auflage entfällt, wenn der Fahrerlaubnisinhaber das Mindestalter nach § 10 Abs. 1 Satz 1 Nr. 3 erreicht hat.

(3) ¹Über die Fahrerlaubnis ist eine Prüfungsbescheinigung nach dem Muster der Anlage 8a auszustellen, die bis drei Monate nach Vollendung des 18. Lebensjahres im Inland zum Nachweis der Fahrberechtigung dient. ²Die Bescheinigung ist im Fahrzeug mitzuführen und zur Überwachung des Straßenverkehrs berechtigten Personen auf Verlangen auszuhändigen. ³In der Bescheinigung sind die zur Begleitung vorgesehenen Personen namentlich aufzuführen.

(4) ¹Die begleitende Person soll dem Fahrerlaubnisinhaber

1. vor Antritt einer Fahrt und
2. während des Führens des Fahrzeuges, soweit die Umstände der jeweiligen Fahrsituation es zulassen,

ausschließlich als Ansprechpartner zur Verfügung stehen, um ihm Sicherheit beim Führen des Kraftfahrzeuges zu vermitteln. ²Zur Erfüllung ihrer Aufgabe soll die begleitende Person Rat erteilen oder kurze Hinweise geben.

(5) ¹Die begleitende Person
1. muss das 30. Lebensjahr vollendet haben,
2. muss mindestens seit fünf Jahren Inhaber einer gültigen Fahrerlaubnis der Klasse B oder einer entsprechenden deutschen, einer EU/EWR- oder schweizerischen Fahrerlaubnis sein; die Fahrerlaubnis ist durch einen gültigen Führerschein nachzuweisen, der während des Begleitens mitzuführen und zur Überwachung des Straßenverkehrs berechtigten Personen auf Verlangen auszuhändigen ist,
3. darf zum Zeitpunkt der Erteilung der Prüfungsbescheinigung nach Absatz 3 im Verkehrszentralregister mit nicht mehr als drei Punkten belastet sein.

²Die Fahrerlaubnisbehörde hat bei Erteilung der Prüfungsbescheinigung nach Absatz 3 zu prüfen, ob diese Voraussetzungen vorliegen; sie hat die Auskunft nach Nummer 3 beim Verkehrszentralregister einzuholen.

Voraussetzungen für begleitetes Fahren ab 17 Jahren **§ 48a FeV 3**

(6) ¹Die begleitende Person darf den Inhaber einer Prüfungsbescheinigung nach Absatz 3 nicht begleiten, wenn sie
1. 0,25 mg/l oder mehr Alkohol in der Atemluft oder 0,5 Promille oder mehr Alkohol im Blut oder eine Alkoholmenge im Körper hat, die zu einer solchen Atem- oder Blutalkoholkonzentration führt,
2. unter der Wirkung eines in der Anlage zu § 24a des Straßenverkehrsgesetzes genannten berauschenden Mittels steht.

²Eine Wirkung im Sinne des Satzes 1 Nr. 2 liegt vor, wenn eine in der Anlage zu § 24a des Straßenverkehrsgesetzes genannte Substanz im Blut nachgewiesen wird. ²Satz 1 Nr. 2 gilt nicht, wenn die Substanz aus der bestimmungsgemäßen Einnahme eines für einen konkreten Krankheitsfall verschriebenen Arzneimittels herrührt.

(7) Mit Erreichen des Mindestalter nach § 10 Abs. 1 Satz 1 Nr. 3 händigt die Fahrerlaubnisbehörde dem Fahrerlaubnisinhaber auf Antrag einen Führerschein nach Muster 1 der Anlage 8 aus.

Begr (VkBl 05 692): **Zu Abs 1:** *In Ausfüllung der Ermächtigung in § 6e Abs. 1 Nr. 1 StVG ... wird das Mindestalter für die Erteilung einer Fahrerlaubnis der Klassen B und BE auf 17 Jahre herabgesetzt, wenn die in den nachfolgenden Absätzen festgelegten Voraussetzungen erfüllt sind. Es wird klargestellt, dass für die Fahranfänger beim „Begleiteten Fahren ab 17" keine medizinisch-psychologische Untersuchung erforderlich ist (grundsätzliche Befreiung von § 11 Abs. 3 Nr. 2 FeV). Entsprechend § 74 Abs. 2 FeV ist die Zustimmung des gesetzlichen Vertreters des Fahranfängers Voraussetzung für die Erteilung der Fahrerlaubnis. ...* 1

Absatz 4 regelt die Aufgaben und Befugnisse des Begleiters, die sich auf die eines Ansprechpartners und Ratgebers beschränken. 2

In den Absätzen 5 und 6 werden die Anforderungen („Auswahlkriterien") an die Begleitpersonen geregelt. Das Mindestalter des Begleiters wird auf 30 Jahre festgelegt. Damit wird die Begleitperson deutlich älter als der Fahranfänger sein und nicht mehr zu der stark mit Unfällen belasteten Gruppe der 18- bis 24-jährigen Fahrer zählen. Der fünfjährige ununterbrochene Besitz einer Fahrerlaubnis wird als ausreichend im Hinblick auf ausgereifte Fahrerfahrung und Verkehrszuverlässigkeit der Begleitperson angesehen. Eine Verkehrszuverlässigkeit ist auch noch bei einem Stand von höchstens drei Punkten im Verkehrszentralregister anzunehmen, weil es sich bei derartigen Eintragungen nur um weniger schwer wiegende Verkehrsverstöße handeln kann. ... 3

Die Regelung in Absatz 6 zur Alkohol- und Drogengrenze für den Begleiter ist an § 24a StVG angelehnt. 4

Begr der ÄndVO v 14. 6. 06 (BRDrs 212/06 Beschluss): **Zu Abs 5 S 1 Nr. 2:** *Bislang erwähnt § 48a Abs. 5 Satz 1 Nr. 2 FeV allein die Fahrerlaubnisklasse B. Durch vorstehende Änderung wird klargestellt, dass sowohl Inhaber einer Fahrerlaubnisklasse 3 als auch in Deutschland lebende EU/EWR Ausländer, welche ihre Fahrerlaubnis nicht umtauschen müssen, Begleiter sein können. Im Umkehrschluss gilt die Regelung nicht für andere (z. B. Nicht-EU/EWR) Fahrerlaubnisse.* 5

Begr zur ÄndVO v 18. 7. 08, BGBl I 1338 (BR-Drs 302/08 S 68): **Zu Abs 5 S 1 Nr 2:** *Als begleitende Personen des Fahrerlaubnisinhabers beim Begleiteten Fahren ab 17 waren bislang Inhaber einer schweizerischen Fahrerlaubnis ausgeschlossen, da die Schweiz nicht zu den EWR-Staaten gehört. Da die Schweiz jedoch in vielen Bereichen den EWR-Staaten gleichgestellt wird, werden die Inhaber einer schweizerischen Fahrerlaubnis auch beim Begleiteten Fahren den Inhabern einer EU/EWR-Fahrerlaubnis gleichgestellt. Entsprechende Vorbesitzzeiten einer schweizerischen Fahrerlaubnis werden auf die Fünf-Jahresfrist angerechnet. Im Übrigen wird überwiegend der grenzüberschreitende Verkehr betroffen sein, für den eine Umschreibung der schweizerischen Fahrerlaubnis in diesen Fällen nicht erforderlich ist.* 5a
(BR-Drs 302/08 Beschluss S 5): *Die Neufassung dient der Berichtigung eines Formulierungsfehlers, da eine Fahrerlaubnis begrifflich nicht „besessen" wird und auch nicht mitgeführt werden kann.*

Zu Anl 9: *Durch die Änderung werden die Auflagen nach § 48a Abs. 1, Abs. 5 Nr. 2, letzter Halbsatz und Abs. 6 FeV künftig durch die **neue Schlüsselzahl 184** kenntlich gemacht. Dies entspricht § 25 Abs. 3 FeV, dem zu entnehmen ist, dass Auflagen und Beschränkungen grundsätzlich durch eine Schlüsselzahl zu kennzeichnen sind. Die Einführung der Schlüsselzahl versetzt die Fahrerlaubnisbehörden zudem (besser) in die Lage, die in Satz 1 genannten Auflagen dem Kraftfahrt-Bundesamt gem. § 51 StVG zwecks Speicherung im Zentralen Fahrerlaubnisregister (siehe hierzu § 49 Abs. 1 Nr. 6 FeV) mitzuteilen.* 5b

Dauer

5c **Zu Anl 8 a:** Folgeänderung der Änderung der Anlage 9 FeV. Die wörtliche Wiedergabe der Auflagen nach § 48a Abs. 1, Abs. 5 Nr. 2, letzter Halbsatz und Abs. 6 FeV entfällt, da diese Auflagen künftig bereits durch die Schlüsselzahl 184 in der Prüfungsbescheinigung kenntlich gemacht werden. § 25 Abs. 3 FeV (in Verbindung mit § 6e Abs. 4 StVG) ist zu entnehmen, dass Eintragungen auf dem Führerschein beziehungsweise der Prüfungsbescheinigung alternativ, nicht aber kumulativ durch die Schlüsselzahl oder eine wörtliche Wiedergabe auf dem Muster des Führerscheins beziehungsweise der Prüfungsbescheinigung zu kennzeichnen sind. Lediglich die namentliche Benennung der Begleitperson auf der Prüfungsbescheinigung ist weiterhin erforderlich, da die Begleitpersonen zwischen den Teilnehmern am Begleiteten Fahren ab 17 divergieren und die namentliche Benennung der jeweiligen Begleitperson auf der Prüfungsbescheinigung daher nicht durch eine Schlüsselzahl ersetzt werden kann.

5d Da die Prüfungsbescheinigung kein Lichtbild enthält, ist für den kontrollierenden Polizeibeamten vor Ort nicht feststellbar, ob der Fahrzeugführer auch tatsächlich mit der in der Bescheinigung genannten Person identisch ist. Für die Identitätsfeststellung erweist es sich sowohl für die Verwaltung als auch für den Bürger als praktikabelste und kostengünstigste Lösung, wenn die Prüfungsbescheinigung nur in Verbindung mit einem amtlichen Lichtbildausweis gültig ist. Im Gegensatz zur Aufnahme eines Lichtbildes in die (Muster)Prüfungsbescheinigung muss weder die Software zur Erstellung der Bescheinigung noch ein neues Lichtbild vom Bürger angefertigt werden.

6 **1. Modellversuche zum Begleiteten Fahren ab 17 Jahren.** Mit ÄndG v 14. 8. 05 (BGBl I 2412) wurde die Möglichkeit eröffnet, „zur Erprobung neuer Maßnahmenansätze zur Senkung des Unfallrisikos junger Fahranfänger" in den Ländern Modellversuche zum Begleiteten Fahren ab 17 einzuführen (s *Dauer* VD **06** 3). Auf der Grundlage der Ermächtigung des § 6e StVG legt § 48a die Voraussetzungen fest. Im Rahmen der Modellversuche wird das **Mindestalter** (ohne Einzelausnahmegenehmigung) für die Erteilung eine FE der Kl B oder BE auf 17 Jahre herabgesetzt (Abs 1 S 1). Nach Abs 1 S 2 ist dafür eine medizinisch-psychologische Untersuchung nicht erforderlich (krit *Feltz,* 41 VGT **03** 40 f, *Feltz/Kögel* DAR **04** 122). Jedoch setzt die Erteilung der FE gem Abs 1 S 3 entsprechend § 74 II eine **Zustimmung des gesetzlichen Vertreters** des FEbewerbers voraus. An dem Modellversuch teilnehmen können auch Inhaber einer FE aus einem Staat außerhalb des EWR, die das 18. Lebensjahr noch nicht vollendet haben. Deren FE kann entsprechend § 31 unter Absenkung des Mindestalters gem Abs 1 in eine Prüfungsbescheinigung mit den entsprechenden Auflagen umgeschrieben werden. Gem § 65 XII StVG sind § 6e StVG und § 48a **nach dem 31. 12. 2010 nicht mehr anzuwenden.** Eine nach diesen Vorschriften erteilte FE behält jedoch ihre Gültigkeit; auf sie finden weiterhin die bei ihrer Erteilung geltenden Bestimmungen Anwendung (§ 65 XII S 2 StVG). **Haftungsfragen,** s § 6e StVG Rz 9.

7 **2.** Die Fahranfänger absolvieren die **normale Fahrausbildung,** können damit aber ein Jahr früher beginnen. Sie können die FEPrüfung kurz vor ihrem 17. Geburtstag ablegen. Dem FEBewerber, dem vor Vollendung des 18. Lebensjahres eine FE der Kl B oder BE erteilt wird, wird statt eines FS eine **Prüfungsbescheinigung** ausgehändigt (Muster Anl 8a). Diese gilt nur im Inland (Abs 3 S 1, § 6e I 1 Nr 5 StVG), s *Albrecht* SVR **05** 282. Die Prüfungsbescheinigung, die kein Lichtbild enthält, ist seit Neufassung des Musters Anl 8a durch ÄndVO v 18. 7. 08 (BGBl I 1338, Begr Rz 5 d) **nur in Verbindung mit einem amtlichen Lichtbildausweis gültig**. Dies ergibt sich aus dem Muster Anl 8 a und gilt nur in den Fällen, in denen das am 30. 10. 08 in Kraft getretene neue Muster Anl 8a verwendet worden ist. Die nach dem früheren, bis zum 29. 10. 08 gültigen Muster Anl 8a ausgestellten Prüfungsbescheinigungen sind auch ohne amtlichen Lichtbildausweis gültig, da den Betroffenen gegenüber in diesen Fällen eine derartige Auflage nicht angeordnet worden ist. Die Auflagen zur FE nach Abs 2 S 1, Abs 5 S 1 Nr 2 und Abs 6 werden seit Inkrafttreten der ÄndVO v 18. 7. 08 am 30. 10. 08 durch Eintragung der Schlüsselzahl 184 nach Anl 9 in die Prüfungsbescheinigung verfügt und dem Betroffenen durch Aushändigung der Prüfungsbescheinigung bekanntgegeben. Mit der Übergabe der Prüfungsbescheinigung **beginnt die Probezeit** nach § 2a I 1 StVG (Begr VkBl **05** 691). Die mit Übergabe der Prüfungsbescheinigung erteilte FE der Kl B oder BE berechtigt auch zum Führen von Fz der **Klassen L, M und S** (§ 6 III Nr 3) *ohne Begleitperson.* Dem Fahranfänger kann deshalb ein KartenFS für diese Klassen ausgestellt werden, der anders als die Prüfungsbescheinigung auch zum Fahren im Ausland berechtigt. Dies gilt auch bei Widerruf der FE der Kl B oder BE wegen Auflagenverstoßes (s Rz 12). In der Prüfungsbescheinigung sind die Begleitpersonen namentlich zu nennen (Abs 3 S 3). Da die Prüfungsbescheinigung anstelle eines FS als Nachweis der Fahrberechtigung dient (Abs 3 S 1, § 6e I 1 Nr 5 StVG), ist sie **mitzuführen** und den zur Überwachung des StrV berechtigten Personen auf Verlangen auszuhändigen (Abs 3 S 2);

Voraussetzungen für begleitetes Fahren ab 17 Jahren § 48a FeV **3**

Verstoß ist ow (§ 75 Nr 13). Da die Prüfungsbescheinigung nach dem seit 30. 10. 08 gültigen Muster Anl 8a nur in Verbindung mit einem amtlichen Lichtbildausweis gültig ist, ist auch dieser mitzuführen, sofern die Prüfungsbescheinigung nach dem neuen Muster ausgestellt worden ist. Geschieht dies nicht, ist die mitgeführte Prüfungsbescheinigung nicht gültig, was als Verstoß gegen Abs 3 S 2 und damit als OWi nach § 75 Nr 13 anzusehen ist. Die Prüfungsbescheinigung verliert ihre Gültigkeit spätestens 3 Monate nach Vollendung des 18. Lebensjahres des Fahranfängers (Abs 3 S 1, § 6e I 1 Nr 5 StVG). Ab Erreichen des 18. Lebensjahres händigt ihm die FEB auf Antrag einen FS nach Muster 1 der Anl 8 zur FeV aus (Abs 7). Dies ist aber auch noch nach Ablauf der genannten 3-Monatsfrist möglich, da die FE mit Aushändigung der Prüfungsbescheinigung unbefristet erteilt wurde (Begr VkBl **05** 691). Gem § 6e IV 2 StVG gelten für die Prüfungsbescheinigung die Vorschriften über den FS entsprechend.

3. Begleitpersonen. Dem noch nicht 18 Jahre alten Fahranfänger darf die FE nur mit der **8 Auflage der Mitfahrt einer Begleitperson** erteilt werden (Abs 2). Diese muss namentlich benannt sein und die Voraussetzungen der Absätze 5 und 6 erfüllen. Es handelt sich um eine Auflage iSd § 36 II Nr 4 VwVfG ohne gegenständliche Begrenzung der FE (*Fischinger/Seibl* NJW **05** 2887 Fn 5, *Lang/Stahl/Huber* NZV **06** 453, s *Kopp/Ramsauer* § 36 Rz 29). Fahren ohne Begleitung einer benannten Begleitperson ist also nicht Fahren ohne FE iSd § 21 StVG (*Tolksdorf* Nehm-F 438f). Die Zahl der Begleitpersonen ist nicht begrenzt. Es können auch andere Personen als die Erziehungsberechtigten sein. Sie können auch im Ausland wohnen (*Dauer* VD **06** 6). Die **Auflage**, nur in Begleitung zu fahren, **entfällt** gem Abs 2 S 2 automatisch mit Erreichen des Mindestalters nach § 10 I 1 Nr 3 (18 Jahre), unabhängig davon, ob der FEInhaber sich einen KartenFS besorgt oder nicht. Beantragt der Teilnehmer am Begleiteten Fahren ab 17 vor Erreichen des Mindestalters nach § 10 I 1 Nr 3 die Erlaubnis, auf bestimmten Strecken (zB zu seiner Ausbildungsstätte) unbegleitet fahren zu dürfen, kann eine Ausnahmegenehmigung nach § 74 I Nr 1 nach den strengen Maßstäben wie für eine Ausnahme vom Mindestalter (§ 10 Rz 10) erteilt werden (§ 10 Rz 11).

Die **Anforderungen an die Begleitperson** bestimmt Abs 5: Die Begleitperson muss das **9** 30. Lebensjahr vollendet haben (Vermeidung des „Peer"-Effektes), mindestens seit 5 Jahren ununterbrochen Inhaber einer gültigen FE der Kl B oder einer entsprechenden deutschen (Kl 3), einer EU/EWR- oder einer schweizerischen FE sein (Verkehrserfahrenheit), und darf bei Erteilung der Prüfungsbescheinigung höchstens 3 Punkte im VZR haben (Zuverlässigkeit). Die FE der Begleitperson darf in den letzten fünf Jahren nicht entzogen gewesen sein; ein Fahrverbot, durch das die FE nicht verloren geht, in den letzten fünf Jahren ist jedoch unschädlich. Vor Erteilung der Prüfungsbescheinigung hat die FEB zu prüfen, ob die in ihr aufzuführenden Personen diese Voraussetzungen erfüllen (Abs 5 S 2). Verliert die Begleitperson **während der Begleitphase** ihre FE, kann sie nicht mehr als Begleitperson fungieren. Das Gleiche gilt, wenn in Bezug auf die Begleitperson ein Fahrverbot nach § 44 StGB oder § 25 StVG wirksam wird. Es ist allerdings nicht vorgesehen, dass der Name der Begleitperson in diesen Fällen aus der Prüfungsbescheinigung gestrichen wird. Auch eine Meldepflicht besteht insoweit nicht. Ob die Begleitperson während der Begleitphase zusätzliche Punkte im VZR sammelt, wird nicht berücksichtigt oder geprüft.

Aufgaben und Befugnisse der Begleitperson: Der Begleiter hat **keine Ausbildungs- 10 funktion** und gilt nicht als Führer des Fz (Begr VkBl **05** 690). Er ist lediglich Ansprechpartner für den Fahranfänger während der Fahrt und soll Rat und Hinweise erteilen (Abs 4). Die Begleitperson sollte nach Möglichkeit im Fz vorn neben dem Fahranfänger sitzen (BASt-Bericht M 154, S 22); vorgeschrieben ist dies aber nicht (*Fischinger/Seibl* NJW **05** 2887 Fn 7). Die Begleitperson hat ihren gültigen FS während des Begleitens mitzuführen (Abs 5 S 1 Nr 2 HS 2). Nach Abs 6 Alkoholeinfluss während der Begleitung unterhalb des Gefahrengrenzwertes des § 24a I StVG und Rauschmittelfreiheit iS von § 24a II StVG nach Maßgabe von Abs 6 S 2, 3 (s dazu § 24a StVG Rz 19–22). **Haftungsfragen,** s § 6e StVG Rz 9. Zu strafrechtlichen Aspekten s *Tolksdorf* Nehm-F 440 ff.

4. Zweite Phase der Fahrausbildung. Teilnehmer des Modellversuchs Begleitetes Fahren **11** ab 17 können auch Fortbildungsmaßnahmen nach der FahranfängerfortbildungsVO (FreiwFortbV, Buchteil **3.1**) besuchen, solange diese noch in Kraft ist (bis 31. 12. 09) und damit eine Verkürzung der Probezeit erreichen (*Dauer* VD **06** 8). Sofern dabei Übungs- und Beobachtungsfahrten (§ 3 I 1 Nr 2 FreiwFortbV) und praktische Sicherheitsübungen (§ 3 I 1 Nr 3 FreiwFortbV) auf öffentlichen Verkehrsflächen stattfinden, ist die Auflage einzuhalten, dass nur mit Begleiter gefahren werden darf. Die praktischen Sicherheitsübungen sollen allerdings gem § 3 IV 1 FreiwFortbV „außerhalb des Straßenverkehrs" durchgeführt werden. Es stellt deswegen

3 FeV § 48a   II. Führen von Kraftfahrzeugen

auch kein Problem dar, dass Bremsübungen im Rahmen der praktischen Sicherheitsübungen u. a. bei Besetzung des Fz nur mit dem FzFührer erfolgen sollen (§ 3 IV 4 FreiwFortbV).

12 **5. Widerruf der FE nach Auflagenverstoß.** Fahren ohne benannte Begleitperson, Fahren mit Begleitperson, die keine FE der Kl B oder vergleichbar mehr hat, Fahren mit Begleitperson, die ihren FS nicht mit sich führt, Fahren mit zu stark alkoholisierter oder unter Drogen stehender Begleitperson sind Auflagenverstöße und haben einen Widerruf der FE zur Folge (§ 6e III 1 StVG). Dieser erfolgt entgegen der Begr (VkBl **05** 691) nicht nach § 49 II 1 Nr 2 VwVfG; § 6e III 1 StVG ist insoweit die speziellere Rechtsgrundlage (vgl *Kopp/Ramsauer* § 49 Rz 17–18). Der Widerruf der FE nach § 6e III 1 StVG ist keine Entziehung der FE gem § 46. Diese ist daneben nach allgemeinen Regeln möglich. Bei Wohnsitzverlegung ist die für den neuen Wohnsitz zuständige FEBehörde zum Widerruf befugt, § 73 II 1 FeV (s Begr, VkBl **05** 691). Nach dem Wortlaut des § 6e III 1 StVG und nach der Begr (VkBl **05** 691) ist der Widerruf nach Auflagenverstoß **zwingende Rechtsfolge** ohne Ermessensspielraum für die FEB (krit *Fischinger/Seibl* NJW **05** 2887, widersprüchlich *Himmelreich/Janker/Karbach* Rz 571, 573 wegen irrtümlicher Annahme der Anwendbarkeit von § 49 II 1 Nr 2 VwVfG). Die Auffassungen, der Widerruf werde regelmäßig nur möglich sein, wenn ohne Begleitung (*Albrecht* SVR **05** 283) oder vorsätzlich mit einer erkennbar zu stark alkoholisierten oder unter Drogen stehenden Begleitperson gefahren wird (*Himmelreich/Janker/Karbach* Rz 573–576), da die Anforderungen an die Verantwortung des Fahrers nicht überspannt werden dürften, sind angesichts des eindeutigen Wortlauts des § 6e III 1 StVG als zu weit gehend abzulehnen. Allerdings wird bei Anwendung des Grundsatzes der Verhältnismäßigkeit nicht in allen Fällen ein Widerruf in Betracht kommen können. Der Widerruf bezieht sich nach dem Wortlaut von § 6e III 1 StVG nur auf die FE der Kl B und BE. Die gem § 6 III Nr 3 darin eingeschlossenen **Klassen L, M und S,** die der Fahranfänger automatisch miterworben hat, **bleiben erhalten.** Er kann sich dafür einen KartenFS ausstellen lassen. Der Widerruf der FE führt **nicht** zu einer **Verlängerung der Probezeit** gem § 2a IIa StVG. **Neuerteilung der FE** ist nur nach Teilnahme an einem Aufbauseminar nach § 2a II StVG möglich (§ 6e III 2 StVG). Die Teilnahme am Aufbauseminar ist auch zu fordern, wenn bereits zuvor ein Aufbauseminar nach § 2a II Nr 1 StVG besucht worden ist.

13 **6. Ordnungswidrigkeiten:** Ordnungswidrig ist

a) das Fahren ohne Begleitperson oder unter Begleitung einer zwar in der Prüfbescheinigung genannten, aber die Anforderungen der Abs 5 oder 6 nicht erfüllenden Person (Abs 2 S 1), § 75 Nr 9,

b) das Nichtmitführen oder Nichtaushändigen der Prüfungsbescheinigung (Abs 3 S 2), § 75 Nr 13,

c) sofern dem Fahranfänger eine Prüfungsbescheinigung nach dem am 30. 10. 08 in Kraft getretenen Muster Anl 8a (mit dem Zusatz „Nur gültig in Verbindung mit einem amtlichen Lichtbildausweis") ausgehändigt worden ist, das Mitführen der Prüfungsbescheinigung ohne gleichzeitiges Mitführen eines amtlichen Lichtbildausweises, da die Prüfungsbescheinigung dann nicht gültig ist, § 75 Nr 13.

14 Wird die Fahrt **ohne die erforderliche Begleitperson** durchgeführt, wird Fahrlässigkeit idR ausscheiden und Vorsatz gegeben sein (*Albrecht* SVR **05** 283, *Dauer* VD **06** 8). Da es der FEB obliegt, das Vorliegen der **Voraussetzungen des Abs 5 S 1** vor Erteilung der Prüfungsbescheinigung zu prüfen (Abs 5 S 2), wird den Fahranfänger bei Fehlen einer dieser Erfordernisse idR kein Schuldvorwurf treffen, soweit es sich um von der FEB prüfbare Anforderungen handelt (*Albrecht* SVR **05** 283, *Brock* DAR **06** 66). Die Anforderungen nach Abs 5 S 1 unterscheiden sich jedoch insofern, als vor Erteilung der Prüfungsbescheinigung abschließend nur geprüft werden kann, ob das 30. Lebensjahr vollendet wurde, die Begleitperson zu diesem Zeitpunkt ununterbrochen seit mindestens fünf Jahren Inhaber einer FE der genannten Klasse ist und ob sie zu diesem Zeitpunkt im VZR mit nicht mehr als drei Punkten belastet ist. In der Begleitphase ist gem Abs 5 S 1 Nr 2 eine Begleitung aber nur möglich, wenn die Begleitperson noch über die FE verfügt und wenn sie ihren gültigen FS mitführt (Abs 5 S 1 Nr 2); für das Vorliegen dieser Anforderungen trägt der Fahranfänger die Verantwortung bei jeder einzelnen Fahrt (s dazu *Hartmann*, 41. VGT **03** 65). **Verstößt die Begleitperson gegen Abs 6,** so kann dem Fahranfänger Fahrlässigkeit vorzuwerfen sein, wenn er die Beeinflussung des Begleiters durch Alkohol bzw Rauschmittel iS von § 24a II StVG durch vorwerfbare Sorgfaltspflichtverletzung nicht bemerkt hat (s dazu *Albrecht* SVR **05** 283). Ein **Verstoß der Begleitperson** gegen Abs 5 oder 6 ist nicht bußgeldbewehrt, denn die Begleitperson wird nicht als Verkehrsteilnehmer betrachtet. Die Begleitperson braucht daher keine Untersuchung zur Feststellung eines etwaigen Verstoßes gegen Abs 6 zu dulden (s *Dauer* VD **06** 7, aA *Albrecht* SVR **05** 283, *Brock* DAR **06** 67). Wenn Begleitpersonen die Eltern sind, haben sie auch ein Zeugnisverweigerungsrecht gem § 52 StPO, auf das sie sich gegenüber der Anordnung einer Blutprobe berufen können (*Tolksdorf* Nehm-F 446). Die Konsequenzen aus Verstößen der Begleitpersonen gegen die von ihnen zu erfüllenden Anforderungen hat der Fahranfänger zu tragen (s Rz 12, 13). Allerdings ist eine Haftung der Begleitperson bei Verstößen gegen die Alkohol- und Drogenregelung gem § 823 II BGB (§ 6e I 1 Nr 4d iVm § 48a VI FeV als Schutzgesetz) nicht ausgeschlossen, s § 6e StVG Rz 9. **Unterlässt** es der Fahranfänger nach Erreichen des Mindestalters gem § 10 I 1 Nr 3 und Ablauf der Dreimonatsfrist des Abs 3 S 1, den **Antrag auf Aushändigung eines FS** gem Abs 7 zu stellen, so ist die Teilnahme am FE-pflichtiger KfzV ow gem §§ 4 II 2, 75 Nr 4 FeV, 24 StVG (*Dauer* VD **06** 5, 9). Es handelt sich dann nur um Fahren ohne Führerschein, nicht um Fahren ohne FE, denn diese ist mit Aushändigung der Prüfungsbescheinigung unbefristet erteilt worden (Begr VkBl **05** 691) und wird durch den Ablauf der Gültigkeit der Prüfungsbescheinigung nicht berührt.

Lit: *Albrecht,* Begleitetes Fahren mit 17 ..., SVR **05** 281. *Brock,* Rechtliche Probleme beim begleiteten Fahren ab 17, DAR **06** 63. *Bundesanstalt für Straßenwesen,* Bericht Begleitetes Fahren ab 17, Heft M 154, Dezember 2003. *Dauer,* Begleitetes Fahren ab 17, VD **06** 3. *Feltz/Hartmann/Willmes-Lenz,* 41. VGT **03** 39, 56, 68. *Feltz/Kögel,* Risikominimierung bei begleitetem Fahren, DAR **04** 121. *Fischinger/Seibl,* Rechtliche Probleme des Projekts „Begleitetes Fahren ab 17", NJW **05** 2886. *Grabolle,* Begleitetes Fahren: Der Führerschein mit 17 kommt. Auswirkungen auf die Risikosituation der Kraftfahrtversicherer, VersW **06** 311. *Lang/ Stahl/Huber,* Das Modell „Begleitetes Fahren mit 17" aus haftungs- und versicherungsrechtlicher Sicht, NZV **06** 449. *Sapp,* Das Modell „Begleitetes Fahren ab 17" im Haftungsrecht, NJW **06** 408. *Tolksdorf,* Strafrechtliche und ordnungswidrigkeitenrechtliche Aspekte des „Begleiteten Fahrens ab 17", in Nehm-F, Berlin 2006, S 437–447. 15

Evaluation

48b ¹Für Zwecke der Evaluation dürfen personenbezogene Daten der teilnehmenden Fahranfänger und Begleiter nach Maßgabe des Bundesdatenschutzgesetzes erhoben und verwendet werden. ²Die Daten sind spätestens am 31. Dezember 2015 zu löschen oder so zu anonymisieren oder zu pseudonymisieren, dass ein Personenbezug nicht mehr hergestellt werden kann. ³Die Fahrerlaubnisbehörde übermittelt die mit der Evaluation befassten Stelle die notwendigen Daten, sofern der Fahranfänger oder die Begleiter diesem schriftlich zugestimmt haben.

Begr (VkBl **05** 692): ... *Die Evaluation soll dabei von den Modellversuche des „Begleiteten Fahrens ab 17" durchführenden Ländern in Auftrag gegeben werden.* 1

Die Bestimmung ermöglicht die Erhebung der personenbezogenen Daten nach Maßgabe des Bundesdatenschutzgesetzes, die für die Evaluation des Modellversuchs „Begleitetes Fahren ab 17" erforderlich sind. Während die Begr (VkBl **05** 692) noch davon ausgeht, dass die Evaluation von den Ländern, die Modellversuche durchführen, in Auftrag gegeben werden soll, hat mittlerweile das BMV die BASt mit der Durchführung der wissenschaftlichen Auswertung beauftragt. Aufgrund der Ergebnisse der Evaluation wird vor Ablauf des Modellversuchs am 31. 12. 2010 (§ 65 XII StVG) zu entscheiden sein, ob eine Verlängerung oder dauerhafte Beibehaltung angezeigt ist. Zwischenergebnisse der Auswertung des niedersächsischen Modellversuches: *Dauer* VD **06** 10, *Erke* ZVS **06** 48, *Lang/Stahl/Huber* NZV **06** 450. 2

III. Register

1. Zentrales Fahrerlaubnisregister und örtliche Fahrerlaubnisregister

Speicherung der Daten im Zentralen Fahrerlaubnisregister

49 (1) Im Zentralen Fahrerlaubnisregister sind nach § 50 Abs. 1 des Straßenverkehrsgesetzes folgende Daten zu speichern:
1. Familiennamen, Geburtsnamen, sonstige frühere Namen, soweit dazu eine Eintragung vorliegt, Vornamen, Ordens- oder Künstlernamen, Doktorgrad, Geschlecht, Tag und Ort der Geburt sowie Hinweise auf Zweifel an der Identität gemäß § 59 Abs. 1 Satz 5 des Straßenverkehrsgesetzes,

2. die Klassen der erteilten Fahrerlaubnis,
3. der Tag der Erteilung der jeweiligen Fahrerlaubnisklasse sowie die erteilende Behörde,
4. der Tag des Beginns und des Ablaufs der Probezeit gemäß § 2a des Straßenverkehrsgesetzes,
5. der Tag des Ablaufs der Gültigkeit befristet erteilter Fahrerlaubnisse, der Tag der Verlängerung sowie die Behörde, die die Fahrerlaubnis verlängert hat,
6. Auflagen, Beschränkungen und Zusatzangaben zur Fahrerlaubnis oder einzelnen Klassen gemäß Anlage 9,
7. die Nummer der Fahrerlaubnis, bestehend aus dem vom Kraftfahrt-Bundesamt zugeteilten Behördenschlüssel der Fahrerlaubnisbehörde sowie einer fortlaufenden Nummer für die Erteilung einer Fahrerlaubnis durch diese Behörde und einer Prüfziffer (Fahrerlaubnisnummer),
8. die Nummer des Führerscheins, bestehend aus der Fahrerlaubnisnummer und der fortlaufenden Nummer des über die Fahrerlaubnis ausgestellten Führerscheins (Führerscheinnummer), oder die Nummer der befristeten Prüfungsbescheinigung, bestehend aus der Fahrerlaubnisnummer und einer angefügten Null,
9. die Behörde, die den Führerschein, den Ersatzführerschein oder die Prüfungsbescheinigung (§ 22 Abs. 4 Satz 7) ausgestellt hat,
10. die Führerscheinnummer, der Verbleib bisheriger Führerscheine, sofern die Führerscheine nicht amtlich eingezogen oder vernichtet wurden, sowie ein Hinweis, ob der Führerschein zur Einziehung, Beschlagnahme oder Sicherstellung ausgeschrieben ist,
11. *(aufgehoben)*
12. die Bezeichnung des Staates, in dem der Inhaber einer deutschen Fahrerlaubnis seinen Wohnsitz genommen hat und in dem diese Fahrerlaubnis registriert oder umgetauscht wurde unter Angabe des Tages der Registrierung oder des Umtausches,
13. die Nummer und der Tag der Ausstellung eines internationalen Führerscheins, die Geltungsdauer sowie die Behörde, die diesen Führerschein ausgestellt hat,
14. der Tag der Erteilung einer Fahrerlaubnis zur Fahrgastbeförderung, die Art der Berechtigung, der räumliche Geltungsbereich, der Tag des Ablaufs der Geltungsdauer, die Nummer des Führerscheins zur Fahrgastbeförderung, die Behörde, die diese Fahrerlaubnis erteilt hat sowie der Tag der Verlängerung,
15. der Hinweis auf eine Eintragung im Verkehrszentralregister über eine bestehende Einschränkung des Rechts, von der Fahrerlaubnis Gebrauch zu machen.

(2) Bei Dienstfahrerlaubnissen der Bundeswehr werden nur die in Absatz 1 Nr. 1 genannten Daten, die Klasse der erteilten Fahrerlaubnis, der Tag des Beginns und Ablaufs der Probezeit und die Fahrerlaubnisnummer gespeichert.

1 **Begr** (BRDrucks 443/98 S 298): *Im Zentralen Fahrerlaubnisregister werden die „Positivdaten" zur Fahrerlaubnis, d. h. die Daten über Art, Umfang und Geltungsdauer der Fahrerlaubnis gespeichert. Zusätzlich zu den Daten über allgemeine Fahrerlaubnisse enthält das Zentrale Fahrerlaubnisregister auch Daten über bestehende Dienstfahrerlaubnisse. Damit sind alle Fahrerlaubnisinhaber an einer Stelle zentral erfasst.*

Negativdaten werden nicht im Zentralen Fahrerlaubnisregister, sondern im Verkehrszentralregister gespeichert. Die notwendige Kommunikation zwischen dem Zentralen Fahrerlaubnisregister und dem Verkehrszentralregister (z. B. im Falle eines Entzuges der Fahrerlaubnis) stellen entsprechende Schnittstellen sicher.

2 **Zu Abs 1:** *§ 49 Abs. 1 Nr. 1 enthält die nach § 50 Abs. 1 Nr. 1 des StVG zu speichernden Personendaten. Die Aufzählung ist abschließend. Eine Speicherung der Wohnanschrift ist nicht zulässig. Das Register kann somit nicht als Ersatz für ein zentrales Melderegister dienen.*

Die in den Nummern 2 bis 9 aufgeführten Daten bilden den aktuellen fahrerlaubnisrechtlichen Status des Inhabers ab. Beschränkungen, Auflagen und sonstige Zusatzangaben sind zur Kontrollfähigkeit im Verkehr zwischen den EU- und EWR-Staaten sowie aus Gründen der Platzersparnis auf dem Führerschein EU-einheitlich codiert (Gemeinschafts-Schlüsselzahlen). Auflagen und Bedingungen sowie Zusatzangaben, die nur nationale Gültigkeit besitzen, sind durch nationale Schlüsselzahlen gekennzeichnet. Die Schlüsselzahlen sind in Anlage 9 festgelegt.

Die in Nummer 7 genannte Nummer der erteilten Fahrerlaubnis stellt ein neu eingeführtes Identifizierungsmerkmal für die erteilte Fahrerlaubnis dar. Damit wird verhindert, dass die im Zentralen Fahrerlaubnisregister einzutragenden Daten einer falschen Person zugeordnet werden bzw. eine Auskunft über eine falsche Person erfolgt. Die Fahrerlaubnisnummer stellt gleichsam die „Durchnummerierung" aller erteilten Fahrerlaubnisse dar, anhand derer eine eindeutige Zuordnung zu den dazu im Register eingetragenen Da-

ten möglich ist. Sie ist keine Personenkennziffer. Die Fahrerlaubnisnummer wird durch die Fahrerlaubnisbehörde, die die Fahrerlaubnis erteilt, zugeteilt. Sie setzt sich wie folgt zusammen:
– vier Stellen für den vom Kraftfahrt-Bundesamt jeder Behörde zugeteilten Behördenschlüssel,
– fünf Stellen für die laufende Nummer,
– eine Stelle für die Prüfziffer.

Die Fahrerlaubnisnummer wird bei Erteilung einer Fahrerlaubnis von der zuständigen Behörde zugeteilt und unter anderem auch in den Führerschein eingetragen. Die Fahrerlaubnisbehörden verwenden den ihnen vom Kraftfahrt-Bundesamt zugeteilten Schlüssel und stellen intern sicher, dass die folgenden fünf Stellen einmalig sind. Somit wird automatisch gewährleistet, dass die 10-stellige Fahrerlaubnisnummer im gesamten Bundesgebiet nur einmal vorkommt. Die Fahrerlaubnisnummer bezieht sich ausschließlich auf genau die Fahrerlaubnis, für die sie ausgegeben wurde. Im Falle einer Entziehung der Fahrerlaubnis kann diese nicht neu vergeben werden. Sollte die betreffende Person eine Neuerteilung beantragen, so ist – im Falle einer positiven Entscheidung – eine neue Fahrerlaubnisnummer für die dann ebenfalls neue Fahrerlaubnis zuzuteilen.

Die Speicherung der Daten über ausgestellte Führerscheine einschließlich der Nummern von bisherigen Führerscheinen (sowohl nationalen als auch ausländischen) (Nummer 10) dient der Umsetzung der Richtlinie 91/439/EWG, wonach jeder nur im Besitz eines Führerscheins sein darf. Es wird eine Datei mit den Nummern gestohlener und in Verlust geratener Führerscheine ermöglicht, anhand derer eine missbräuchliche Verwendung von Führerscheinen festgestellt werden kann, wie z. B. die Vortäuschung des Besitzes einer Fahrerlaubnis durch Personen, die nicht oder nicht mehr in Besitz der Fahrerlaubnis sind, oder der Besitz mehrerer Führerscheine.

...

Im Ausland gilt als Nachweis der Fahrerlaubnis auch der internationale Führerschein. Er ist im Falle der Entziehung der Fahrerlaubnis oder der Verlängerung eines Fahrverbotes wie der nationale Führerschein abzugeben. Nach Nummer 13 wird deshalb dessen Ausstellung sowie die Gültigkeitsdauer gespeichert.

Neben der allgemeinen Fahrerlaubnis werden nach Nummer 14 im Zentralen Fahrerlaubnisregister auch die Angaben zu Fahrerlaubnissen zur Fahrgastbeförderung gespeichert. Die Nummer des Führerscheins setzt sich hier aus dem vierstelligen Behördenschlüssel und einer laufenden Nummer zusammen.

Im Zentralen Fahrerlaubnisregister sind nur die Positivdaten über eine Fahrerlaubnis angegeben. Bei einer Entziehung der Fahrerlaubnis, die zum Erlöschen des Rechts führt, werden die Daten gelöscht. Im Falle eines Fahrverbotes bleibt die Fahrerlaubnis bestehen, von ihr darf aber kein Gebrauch gemacht werden. Die Entscheidung über das Fahrverbot wird als „Negativentscheidung" in das Verkehrszentralregister eingetragen. Wird z. B. anlässlich einer Verkehrskontrolle angefragt, ob ein Kraftfahrer im Besitz der Fahrerlaubnis ist, muss die Auskunft auch die Eintragung im Verkehrszentralregister berücksichtigen. Dies wird durch die Regelung in Nummer 15 sichergestellt.

...

Zu Abs 2: ... *Neben der allgemeinen Fahrerlaubnis werden im Zentralen Fahrerlaubnisregister auch die Angaben zu Dienstfahrerlaubnissen abgespeichert, bei Dienstfahrerlaubnissen der Bundeswehr auf Grund von § 62 Abs. 2 StVG jedoch nur in beschränktem Umfang. Dies beruht darauf, dass die Zentrale Militärkraftfahrtstelle ein eigenes zentrales Register über diese Fahrerlaubnisse führt. Die Speicherung der in Absatz 2 genannten Daten bildet die Verknüpfung zwischen dem zentralen Fahrerlaubnisregister und dem Zentralen Register bei der Zentralen Militärkraftfahrtstelle.*

Begr zur ÄndVO v 7. 8. 02: BRDrucks 497/02.

Seit 1. 1. 1999 wird beim KBA (§ 48 II StVG, § 2 I Nr 2c KBAGesetz) das **Zentrale Fahrerlaubnisregister (ZFER)** geführt. Inhalt: § 50 I StVG und § 49 FeV. FEe, die vor dem 1. 1. 1999 erteilt wurden, sind im ZFER nur registriert, wenn sie gegen eine neue EU-FE umgetauscht wurden oder eine Erweiterung der vor dem 1. 1. 1999 erteilten FE erfolgt ist, also nach dem 1. 1. 1999 eine weitere FE-Klasse erworben wurde. Nicht im ZFER erfasst sind vor dem 1. 1. 1999 erteilte, noch gültige FEe und EU-FEe von Zuwanderern. Das ZFER wird nicht um verstorbene FEInhaber bereinigt; lediglich Einträge von Personen im Alter über 104 Jahre werden automatisch gelöscht (*Bundesanstalt für Straßenwesen*, Fahrerlaubnisbesitz in Deutschland, Heft M 187, 2007, S 48).

Lit: *Zilkens*, Datenschutz im Straßenverkehrswesen, DÖV **08** 670.

Übermittlung der Daten vom Kraftfahrt-Bundesamt an die Fahrerlaubnisbehörden nach § 2 c des Straßenverkehrsgesetzes

50 ¹Das Kraftfahrt-Bundesamt unterrichtet die zuständige Fahrerlaubnisbehörde von Amts wegen, wenn über den Inhaber einer Fahrerlaubnis auf Probe Entscheidungen in das Verkehrszentralregister eingetragen werden, die zu Anordnungen nach § 2 a Abs. 2, 4 und 5 des Straßenverkehrsgesetzes führen können. ²Hierzu übermittelt es folgende Daten:
1. aus dem Zentralen Fahrerlaubnisregister
   a) die in § 49 Abs. 1 Nr. 1 bezeichneten Personendaten,
   b) den Tag des Beginns und des Ablaufs der Probezeit,
   c) die erteilende Fahrerlaubnisbehörde,
   d) die Fahrerlaubnisnummer,
   e) den Hinweis, daß es sich bei der Probezeit um die Restdauer einer vorherigen Probezeit handelt unter Angabe der Gründe,
2. aus dem Verkehrszentralregister den Inhalt der Eintragungen über die innerhalb der Probezeit begangenen Straftaten und Ordnungswidrigkeiten.

Begr (BRDrucks 443/98 S 302): ... *In Ausfüllung der Ermächtigungsnorm in § 6 Abs. 1 Nr. 1 Buchstabe o StVG n. F. werden die aus dem Zentralen Fahrerlaubnisregister zu übermittelnden notwendigen Daten in § 50 Nr. 1 im Einzelnen bezeichnet. Die Mitteilung des in Buchstabe e genannten Hinweises ist erforderlich, da nach § 2 a Abs. 5 besondere Maßnahmen greifen, wenn nach einer vorangegangenen Entziehung der Fahrerlaubnis während der Probezeit eine neue Fahrerlaubnis erteilt wird und dann der Fahranfänger erneut schwerwiegende Zuwiderhandlungen begeht.*

...

Übermittlung von Daten aus dem Zentralen Fahrerlaubnisregister nach den §§ 52 und 55 des Straßenverkehrsgesetzes

51 (1) Übermittelt werden dürfen
1. im Rahmen des § 52 Abs. 1 Nr. 1 bis 3 des Straßenverkehrsgesetzes für Maßnahmen wegen Straftaten oder Ordnungswidrigkeiten oder für Verwaltungsmaßnahmen nur die nach § 49 gespeicherten Daten,
2. im Rahmen des § 52 Abs. 2 des Straßenverkehrsgesetzes für Verkehrs- und Grenzkontrollen nur die nach § 49 Abs. 1 Nr. 1 bis 3, 5 bis 10 und 13 bis 15 gespeicherten Daten,
3. im Rahmen des § 55 Abs. 1 Nr. 1 bis 3 des Straßenverkehrsgesetzes für Maßnahmen ausländischer Behörden nur die nach § 49 Abs. 1 gespeicherten Daten.

(2) Die Daten dürfen gemäß Absatz 1 Nr. 3 in das Ausland für Verwaltungsmaßnahmen auf dem Gebiet des Straßenverkehrs den Straßenverkehrsbehörden, für die Verfolgung von Zuwiderhandlungen gegen Rechtsvorschriften auf dem Gebiet des Straßenverkehrs oder für die Verfolgung von Straftaten den Polizei- und Justizbehörden unmittelbar übermittelt werden, wenn nicht der Empfängerstaat mitgeteilt hat, daß andere Behörden zuständig sind.

Begr: BRDrucks 443/98 S 302.

Abruf im automatisierten Verfahren aus dem Zentralen Fahrerlaubnisregister durch Stellen im Inland nach § 53 des Straßenverkehrsgesetzes

52 (1) Zur Übermittlung aus dem Zentralen Fahrerlaubnisregister dürfen durch Abruf im automatisierten Verfahren
1. im Rahmen des § 52 Abs. 1 Nr. 1 und 2 des Straßenverkehrsgesetzes für Maßnahmen wegen Straftaten oder Ordnungswidrigkeiten nur die nach § 49 Abs. 1 Nr. 1 bis 10 und 13 bis 15 gespeicherten Daten,
2. im Rahmen des § 52 Abs. 1 Nr. 3 des Straßenverkehrsgesetzes für Verwaltungsmaßnahmen nur die nach § 49 gespeicherten Daten,
3. im Rahmen des § 52 Abs. 2 des Straßenverkehrsgesetzes für Verkehrs- und Grenzkontrollen nur die nach § 49 Abs. 1 Nr. 1 bis 10 und 13 bis 15 gespeicherten Daten

bereitgehalten werden.

(2) Der Abruf darf nur unter Verwendung der Angaben zur Person, der Fahrerlaubnisnummer oder der Führerscheinnummer erfolgen.

(3) Die Daten nach Absatz 1 Nr. 1 werden zum Abruf bereitgehalten für
1. die Bußgeldbehörden, die für die Verfolgung von Verkehrsordnungswidrigkeiten zuständig sind,
2. das Bundeskriminalamt und die Bundespolizei,
3. die mit den Aufgaben nach § 2 des Bundespolizeigesetzes betrauten Stellen der Zollverwaltung und die Zollfahndungsdienststellen,
4. die Polizeibehörden der Länder.

(4) Die Daten nach Absatz 1 Nr. 2 werden zum Abruf für die Fahrerlaubnisbehörden bereitgehalten.

(5) Die Daten nach Absatz 1 Nr. 3 werden zum Abruf bereitgehalten für
1. die Bundespolizei,
2. die mit den Aufgaben nach § 2 des Bundespolizeigesetzes betrauten Stellen der Zollverwaltung und die Zollfahndungsdienststellen,
3. die Polizeibehörden der Länder.

Begr: BRDrucks 443/98 S 303.

Begr zur ÄndVO v 6. 6. 07 (BGBl I 1045): VkBl **08** 252f; s auch § 2a StVG Rz 5.

Automatisiertes Anfrage- und Auskunftsverfahren beim Zentralen Fahrerlaubnisregister nach § 54 des Straßenverkehrsgesetzes

53 (1) Übermittelt werden dürfen nur die Daten nach § 51 unter den dort genannten Voraussetzungen.

(2) ¹Die übermittelnde Stelle darf die Übermittlung nur zulassen, wenn deren Durchführung unter Verwendung einer Kennung der zum Empfang der übermittelten Daten berechtigten Behörde erfolgt. ²Der Empfänger hat sicherzustellen, daß die übermittelten Daten nur bei den zum Empfang bestimmten Endgeräten empfangen werden.

(3) ¹Die übermittelnde Stelle hat durch ein selbsttätiges Verfahren zu gewährleisten, daß eine Übermittlung nicht erfolgt, wenn die Kennung nicht oder unrichtig angegeben wurde. ²Sie hat versuchte Anfragen ohne Angabe der richtigen Kennung sowie die Angabe einer fehlerhaften Kennung zu protokollieren. ³Sie hat ferner im Zusammenwirken mit der anfragenden Stelle jedem Fehlversuch nachzugehen und die Maßnahmen zu ergreifen, die zur Sicherung des ordnungsgemäßen Verfahrens notwendig sind.

(4) Die übermittelnde Stelle hat sicherzustellen, daß die Aufzeichnungen nach § 54 Satz 2 des Straßenverkehrsgesetzes selbsttätig vorgenommen werden und die Übermittlung bei nicht ordnungsgemäßer Aufzeichnung unterbrochen wird.

Begr: BRDrucks 443/98 S 303. **Begr** zur ÄndVO v 7. 8. 02: BRDrucks 497/02 S 74.

Sicherung gegen Mißbrauch

54 (1) ¹Die übermittelnde Stelle darf den Abruf im automatisierten Verfahren aus dem Zentralen Fahrerlaubnisregister nach § 53 des Straßenverkehrsgesetzes nur zulassen, wenn dessen Durchführung unter Verwendung
1. einer Kennung des zum Abruf berechtigten Nutzers und
2. eines Passwortes

erfolgt. ²Nutzer im Sinne des Satzes 1 Nr. 1 kann eine natürliche Person oder eine Dienststelle sein. ³Bei Abruf über ein sicheres, geschlossenes Netz kann die Kennung nach Satz 1 Nr. 1 auf Antrag des Netzbetreibers als einheitliche Kennung für die an dieses Netz angeschlossenen Nutzer erteilt werden, sofern der Netzbetreiber selbst abrufberechtigt ist. ⁴Die Verantwortung für die Sicherheit des Netzes und die Zulassung ausschließlich berechtigter Nutzer trägt bei Anwendung des Satzes 3 der Netzbetreiber. ⁵Ist der Nutzer im Sinne des Satzes 1 Nr. 1 keine natürliche Person, so hat er sicherzustellen, dass zu jedem Abruf die jeweils abrufende natürliche Person festgestellt werden kann. ⁶Der Nutzer oder die abrufende Person haben vor dem ersten Abruf ein eigenes Passwort zu wählen und dieses jeweils spätestens nach einem von der übermittelnden Stelle vorgegebenen Zeitraum zu ändern.

Dauer

(2) ¹Die übermittelnde Stelle hat durch ein selbsttätiges Verfahren zu gewährleisten, daß keine Abrufe erfolgen können, sobald die Kennung nach Absatz 1 Satz 1 Nr. 1 oder das Passwort mehr als zweimal hintereinander unrichtig übermittelt wurde. ²Die abrufende Stelle hat Maßnahmen zum Schutz gegen unberechtigte Nutzungen des Abrufsystems zu treffen.

(3) ¹Die übermittelnde Stelle hat sicherzustellen, daß die Aufzeichnungen nach § 53 Abs. 3 des Straßenverkehrsgesetzes über die Abrufe selbsttätig vorgenommen werden und daß der Abruf bei nicht ordnungsgemäßer Aufzeichnung unterbrochen wird. ²Der Aufzeichnung unterliegen auch versuchte Abrufe, die unter Verwendung von fehlerhaften Kennungen mehr als einmal vorgenommen wurden. ³Satz 1 gilt entsprechend für die weiteren Aufzeichnungen nach § 53 Abs. 4 des Straßenverkehrsgesetzes.

Begr: BRDrucks 443/98 S 304.

Aufzeichnung der Abrufe

55 (1) ¹Der Anlaß des Abrufs ist unter Verwendung folgender Schlüsselzeichen zu übermitteln:

A. Überwachung des Straßenverkehrs

B. Grenzkontrollen

C. Verwaltungsmaßnahmen auf dem Gebiet des Straßenverkehrs, soweit sie die Berechtigung zum Führen von Kraftfahrzeugen betreffen

D. Ermittlungsverfahren wegen Straftaten

E. Ermittlungsverfahren wegen Verkehrsordnungswidrigkeiten

F. Sonstige Anlässe.

²Bei Verwendung der Schlüsselzeichen D, E und F ist ein auf den bestimmten Anlaß bezogenes Aktenzeichen oder eine Tagebuchnummer zusätzlich zu übermitteln, falls dies beim Abruf angegeben werden kann. ³Ansonsten ist jeweils in Kurzform bei der Verwendung des Schlüsselzeichens D oder E die Art der Straftat oder der Verkehrsordnungswidrigkeit oder bei Verwendung des Schlüsselzeichens F die Art der Maßnahme oder des Ereignisses zu bezeichnen.

(2) ¹Zur Feststellung der für den Abruf verantwortlichen Person sind der übermittelnden Stelle die Dienstnummer, die Nummer des Dienstausweises, ein Namenskurzzeichen unter Angabe der Organisationseinheit oder andere Hinweise mitzuteilen, die unter Hinzuziehung von Unterlagen bei der abrufenden Stelle diese Feststellung ermöglichen. ²Als Hinweise im Sinne von Satz 1 gelten insbesondere:

1. das nach Absatz 1 übermittelte Aktenzeichen oder die Tagebuchnummer, sofern die Tatsache des Abrufs unter Bezeichnung der hierfür verantwortlichen Person aktenkundig gemacht wird,

2. der Funkrufname, sofern dieser zur nachträglichen Feststellung der für den Abruf verantwortlichen Person geeignet ist.

(3) Für die nach § 53 Abs. 4 des Straßenverkehrsgesetzes vorgeschriebenen weiteren Aufzeichnungen ist § 53 Abs. 3 Satz 2 und 3 des Straßenverkehrsgesetzes entsprechend anzuwenden.

Begr: BRDrucks 443/98 S 305.

Abruf im automatisierten Verfahren aus dem Zentralen Fahrerlaubnisregister durch Stellen im Ausland nach § 56 des Straßenverkehrsgesetzes

56 (1) Zur Übermittlung aus dem Zentralen Fahrerlaubnisregister dürfen durch Abruf im automatisierten Verfahren

1. im Rahmen des § 55 Abs. 1 Nr. 1 des Straßenverkehrsgesetzes für Verwaltungsmaßnahmen nur die nach § 49 Abs. 1 Nr. 1 bis 3, 5 bis 10 und 12 bis 15 gespeicherten Daten,

2. im Rahmen des § 55 Abs. 1 Nr. 2 und 3 des Straßenverkehrsgesetzes für Maßnahmen wegen Straftaten oder Zuwiderhandlungen nur die nach § 49 Abs. 1 Nr. 1 bis 3, 5 bis 10 und 13 und 15 gespeicherten Daten

bereitgehalten werden.

Speicherung der Daten in den örtlichen Fahrerlaubnisregistern § 57 FeV **3**

(2) § 51 Abs. 2 (Empfänger der Daten), § 52 Abs. 2 (für den Abruf zu verwendende Daten), § 54 (Sicherung gegen Mißbrauch) und § 55 (Aufzeichnung der Abrufe) sind entsprechend anzuwenden.

Begr: BRDrucks 443/98 S 307.

Speicherung der Daten in den örtlichen Fahrerlaubnisregistern

57 Über Fahrerlaubnisinhaber sowie über Personen, denen ein Verbot erteilt wurde, ein Fahrzeug zu führen, sind im örtlichen Fahrerlaubnisregister nach § 50 des Straßenverkehrsgesetzes folgende Daten zu speichern:

1. Familiennamen, Geburtsnamen, sonstige frühere Namen, Vornamen, Ordens- oder Künstlernamen, Doktorgrad, Geschlecht, Tag und Ort der Geburt sowie die Anschrift,
2. die Klassen der erteilten Fahrerlaubnis,
3. der Tag der Erteilung der jeweiligen Fahrerlaubnisklasse sowie die erteilende Behörde,
4. der Tag des Beginns und des Ablaufs der Probezeit gemäß § 2a des Straßenverkehrsgesetzes,
5. der Tag des Ablaufs der Gültigkeit befristet erteilter Fahrerlaubnisse sowie der Tag der Verlängerung,
6. Auflagen, Beschränkungen und Zusatzangaben zur Fahrerlaubnis oder einzelnen Klassen gemäß Anlage 9,
7. die Fahrerlaubnisnummer oder bei nach bisherigem Recht erteilten Fahrerlaubnissen die Listennummer,
8. die Führerscheinnummer,
9. der Tag der Ausstellung des Führerscheins oder eines Ersatzführerscheins sowie die Behörde, die den Führerschein oder den Ersatzführerschein ausgestellt hat,
10. die Führerscheinnummer, der Tag der Ausstellung und der Verbleib bisheriger Führerscheine, sofern die Führerscheine nicht amtlich eingezogen oder vernichtet wurden sowie ein Hinweis, ob der Führerschein zur Einziehung, Beschlagnahme oder Sicherstellung ausgeschrieben ist,
11. *(aufgehoben)*
12. die Bezeichnung des Staates, in dem der Inhaber einer deutschen Fahrerlaubnis seinen Wohnsitz genommen hat und in dem diese Fahrerlaubnis registriert oder umgetauscht wurde unter Angabe des Tages der Registrierung oder des Umtausches,
13. die Nummer und der Tag der Ausstellung eines internationalen Führerscheins, die Geltungsdauer sowie die Behörde, die diesen Führerschein ausgestellt hat,
14. der Tag der Erteilung einer Fahrerlaubnis zur Fahrgastbeförderung, die Art der Berechtigung, der Tag des Ablaufs der Geltungsdauer, die Nummer des Führerscheins zur Fahrgastbeförderung sowie der Tag der Verlängerung,
15. Hinweise zum Verbleib ausländischer Führerscheine, auf Grund derer die deutsche Fahrerlaubnis erteilt wurde,
16. der Tag der unanfechtbaren Versagung der Fahrerlaubnis, der Tag der Bestandskraft der Entscheidung, die entscheidende Stelle, der Grund der Entscheidung und das Aktenzeichen,
17. der Tag der vorläufigen, sofort vollziehbaren sowie der rechts- oder bestandskräftigen Entziehung der Fahrerlaubnis, der Tag der Rechts- oder Bestandskraft der Entscheidung, die entscheidende Stelle, der Grund der Entscheidung und der Tag des Ablaufs einer etwaigen Sperre,
18. der Tag der vorläufigen, sofort vollziehbaren sowie der rechts- und bestandskräftigen Aberkennung des Rechts, von einer ausländischen Fahrerlaubnis Gebrauch zu machen, der Tag der Rechts- oder Bestandskraft, die entscheidende Stelle, der Grund der Entscheidung und der Tag des Ablaufs einer etwaigen Sperre,
19. der Tag des Zugangs der Erklärung über den Verzicht auf die Fahrerlaubnis bei der Fahrerlaubnisbehörde und den Erklärungsempfänger,
20. der Tag der Neuerteilung einer Fahrerlaubnis oder der Erteilung des Rechts, von einer ausländischen Fahrerlaubnis wieder Gebrauch zu machen, nach vorangegangener Entziehung oder Aberkennung oder vorangegangenem Verzicht, sowie die erteilende Behörde,
21. der Tag der Rechtskraft der Anordnung einer Sperre nach § 69a Abs. 1 Satz 3 des Strafgesetzbuches, die anordnende Stelle und der Tag des Ablaufs,

Dauer

3 FeV § 58

22. der Tag des Verbots, ein Fahrzeug zu führen, die entscheidende Stelle, der Tag der Rechts- oder Bestandskraft der Entscheidung sowie der Tag der Wiederzulassung,
23. der Tag des Widerrufs oder der Rücknahme der Fahrerlaubnis, die entscheidende Stelle sowie der Tag der Rechts- oder Bestandskraft der Entscheidung,
24. der Tag der Beschlagnahme, Sicherstellung und Verwahrung des Führerscheins nach § 94 der Strafprozeßordnung, die anordnende Stelle sowie der Tag der Aufhebung dieser Maßnahmen und der Rückgabe des Führerscheins,
25. der Tag und die Art von Maßnahmen nach dem Punktsystem, die gesetzte Frist, die Teilnahme an einem Aufbauseminar, die Art des Seminars, der Tag seiner Beendigung, der Tag der Ausstellung der Teilnahmebescheinigung sowie die Teilnahme an einer verkehrspsychologischen Beratung und der Tag der Ausstellung der Teilnahmebescheinigung,
26. der Tag und die Art von Maßnahmen bei Inhabern einer Fahrerlaubnis auf Probe, die gesetzte Frist, die Teilnahme an einem Aufbauseminar, die Art des Seminars, der Tag seiner Beendigung, der Tag der Ausstellung der Teilnahmebescheinigung sowie die Teilnahme an einer verkehrspsychologischen Beratung und der Tag der Ausstellung der Teilnahmebescheinigung.

Begr (BRDrucks 443/98 S 307): *§ 57 regelt die Speicherung von Daten in den örtlichen Fahrerlaubnisregistern. Die Vorschrift bildet die datenschutzrechtliche Grundlage für die Speicherung der für die Verwaltungstätigkeit der örtlich zuständigen Fahrerlaubnisbehörde erforderlichen personenbezogenen Daten von Fahrerlaubnisbewerbern und -inhabern. Neben den Daten zu denjenigen Personen, die aktuell in Besitz einer Fahrerlaubnis sind, umfassen die Register auch Personen, die eine solche beantragt haben und Personen, denen ein Verbot erteilt wurde, ein Fahrzeug zu führen.*

Mittelfristiges Ziel ist es, die Daten zum Besitz der Fahrerlaubnis (sowie die in diesem Zusammenhang relevanten „Negativdaten") in den Zentralen Registern zu führen, auf die die Fahrerlaubnisbehörden im Rahmen ihrer Tätigkeit unmittelbar zurückgreifen können. Damit werden die derzeit auf Grund der dezentralen Speicherung vorhandenen Doppelspeicherungen und Inaktualitäten der dezentralen Register beseitigt, womit zugleich auch den Forderungen des Datenschutzes entsprochen wird.

…

Nach § 22 Abs. 2 und § 25 Abs. 4 hat die Fahrerlaubnisbehörde vor Erteilung einer Fahrerlaubnis oder vor Ausfertigung eines Ersatzführerscheins zu ermitteln, ob Umstände vorliegen, die dem entgegenstehen. Da hierzu auf das Verkehrszentralregister des Kraftfahrt-Bundesamtes zurückgegriffen wird, in dem nach § 28 Abs. 3 StVG die Negativdaten zur Fahrerlaubnis gespeichert sind, wäre eine zusätzliche Speicherung von Negativdaten in den örtlichen Registern grundsätzlich nicht erforderlich. Aufgrund der derzeit noch sehr unterschiedlichen Möglichkeiten der Fahrerlaubnisbehörden, beim Verkehrszentralregister kurzfristig Daten abzufragen, hätte ein Nichtzulassen der Speicherung von Negativdaten bei den Fahrerlaubnisbehörden jedoch einen sofortigen Investitionsbedarf für eine schnelle Datenkommunikation mit dem Verkehrszentralregister zur Folge. In Anbetracht dieses Umstandes sowie unter Berücksichtigung der „Massenverfahren" in den Fahrerlaubnisbehörden (jährlich werden ca. 1,5 Millionen Fahrerlaubnisse erteilt) wird – entsprechend der bisherigen Verwaltungspraxis – eine Speicherung von Negativdaten auch in den örtlichen Fahrerlaubnisregistern zugelassen.

…

Frist für den Wegfall der örtlichen Fahrerlaubnisregister bezüglich der im Zentralen Fahrerlaubnisregister gespeicherten Daten: § 65 X 2 StVG.

Übermittlung von Daten aus den örtlichen Fahrerlaubnisregistern

58 (1) Für die Verfolgung von Straftaten, zur Vollstreckung und zum Vollzug von Strafen dürfen im Rahmen des § 52 Abs. 1 Nr. 1 des Straßenverkehrsgesetzes nur die nach § 57 Nr. 1 bis 10 und 12 bis 15 gespeicherten Daten übermittelt werden.

(2) Für die Verfolgung von Ordnungswidrigkeiten und die Vollstreckung von Bußgeldbescheiden und ihren Nebenfolgen dürfen im Rahmen des § 52 Abs. 1 Nr. 2 des Straßenverkehrsgesetzes nur die nach § 57 Nr. 1 bis 10 und 12 bis 15 gespeicherten Daten übermittelt werden.

(3) Für
1. die Erteilung, Verlängerung, Entziehung oder Beschränkung einer Fahrerlaubnis,
2. die Aberkennung oder Einschränkung des Rechts, von einer ausländischen Fahrerlaubnis Gebrauch zu machen,

Speicherung der Daten im Verkehrszentralregister § 59 FeV 3

3. das Verbot, ein Fahrzeug zu führen,
4. die Anordnung von Auflagen zu einer Fahrerlaubnis

dürfen die Fahrerlaubnisbehörden einander im Rahmen des § 52 Abs. 1 Nr. 3 des Straßenverkehrsgesetzes nur die nach § 57 Nr. 1 bis 10 und 12 bis 15 gespeicherten Daten übermitteln.

(4) Für Verkehrs- und Grenzkontrollen dürfen im Rahmen des § 52 Abs. 2 des Straßenverkehrsgesetzes nur die nach § 57 Nr. 1, 2, 4 bis 10 und 12 gespeicherten Daten übermittelt werden.

(5) ¹Die Daten nach den Absätzen 1, 2 und 4 dürfen für die dort genannten Zwecke aus dem örtlichen Fahrerlaubnisregister im automatisierten Verfahren abgerufen werden. ²§ 52 Abs. 2, 3 und 5, §§ 53, 54 und 55 Abs. 1 bis 3 sind entsprechend anzuwenden.

Begr: BRDrucks 443/98 S 308.

Begr zur ÄndVO v 6. 6. 07 (BGBl I 1045): VkBl **08** 253; s auch § 2a StVG Rz 5.

2. Verkehrszentralregister

Speicherung der Daten im Verkehrszentralregister

59 (1) Im Verkehrszentralregister sind im Rahmen von § 28 Abs. 3 des Straßenverkehrsgesetzes folgende Daten zu speichern:

1. Familiennamen, Geburtsnamen, sonstige frühere Namen, soweit hierzu Eintragungen vorliegen, Vornamen, Ordens- oder Künstlernamen, Doktorgrad, Geschlecht, Tag und Ort der Geburt, Anschrift des Betroffenen, Staatsangehörigkeit sowie Hinweise auf Zweifel an der Identität gemäß § 28 Abs. 5 des Straßenverkehrsgesetzes,
2. die entscheidende Stelle, der Tag der Entscheidung, die Geschäftsnummer oder das Aktenzeichen, die mitteilende Stelle und der Tag der Mitteilung,
3. Ort, Tag und Zeit der Tat, die Angabe, ob die Tat in Zusammenhang mit einem Verkehrsunfall steht, die Art der Verkehrsteilnahme sowie die Fahrzeugart,
4. der Tag des ersten Urteils oder bei einem Strafbefehl der Tag der Unterzeichnung durch den Richter sowie der Tag der Rechtskraft oder Unanfechtbarkeit, der Tag der Maßnahme nach den §§ 94 und 111a der Strafprozeßordnung,
5. bei Entscheidungen wegen einer Straftat oder einer Ordnungswidrigkeit die rechtliche Bezeichnung der Tat unter Angabe der angewendeten Vorschriften, bei sonstigen Entscheidungen die Art, die Rechtsgrundlagen sowie bei verwaltungsbehördlichen Entscheidungen nach § 28 Abs. 3 Nr. 4, 5, 6, 8 und 10 des Straßenverkehrsgesetzes der Grund der Entscheidung,
6. die Haupt- und Nebenstrafen, die nach § 59 des Strafgesetzbuches vorbehaltene Strafe, das Absehen von Strafe, die Maßregeln der Besserung und Sicherung, die Erziehungsmaßregeln, die Zuchtmittel oder die Jugendstrafe, die Geldbuße und das Fahrverbot, auch bei Gesamtstrafenbildung für die einbezogene Entscheidung,
7. bei einer Entscheidung wegen einer Straftat oder einer Ordnungswidrigkeit die nach § 4 des Straßenverkehrsgesetzes in Verbindung mit § 40 dieser Verordnung vorgeschriebene Punktzahl und die entsprechende Kennziffer,
8. die Fahrerlaubnisdaten unter Angabe der Fahrerlaubnisnummer, der Art der Fahrerlaubnis, der Fahrerlaubnisklassen, der erteilenden Behörde und des Tages der Erteilung, soweit sie im Rahmen von Entscheidungen wegen Straftaten oder Ordnungswidrigkeiten dem Verkehrszentralregister mitgeteilt sind,
9. bei einer Versagung oder Entziehung der Fahrerlaubnis durch eine Fahrerlaubnisbehörde der Grund der Entscheidung und die entsprechende Kennziffer sowie den Tag des Ablaufs einer Sperrfrist,
10. bei einem Verzicht auf die Fahrerlaubnis der Tag des Zugangs der Verzichtserklärung bei der zuständigen Behörde,
11. bei einem Fahrverbot der Hinweis auf § 25 Abs. 2a Satz 1 des Straßenverkehrsgesetzes und der Tag des Fristablaufs sowie bei einem Verbot oder einer Beschränkung, ein fahrerlaubnisfreies Fahrzeug zu führen, der Tag des Ablaufs oder der Aufhebung der Maßnahme,
12. bei der Teilnahme an einem Aufbauseminar oder einer verkehrspsychologischen Beratung die rechtliche Grundlage, der Tag der Beendigung des Aufbauseminars, der Tag der Ausstellung der Teilnahmebescheinigung und der Tag, an dem die Bescheinigung der Behörde vorgelegt wurde,
13. der Punktabzug auf Grund der Teilnahme an einem Aufbauseminar oder einer verkehrspsychologischen Beratung,

Dauer

14. bei Maßnahmen nach § 2a Abs. 2 Satz 1 Nr. 1 und 2 und § 4 Abs. 3 Satz 1 Nr. 1 und 2 des Straßenverkehrsgesetzes die Behörde, der Tag und die Art der Maßnahme sowie die gesetzte Frist, die Geschäftsnummer oder das Aktenzeichen.

(2) Über Entscheidungen und Erklärungen im Rahmen des § 39 Abs. 2 des Fahrlehrergesetzes werden gespeichert:

1. die Angaben zur Person nach Absatz 1 Nr. 1 mit Ausnahme des Hinweises auf Zweifel an der Identität,
2. die Angaben zur Entscheidung nach Absatz 1 Nr. 2,
3. Ort und Tag der Tat,
4. der Tag der Unanfechtbarkeit, sofortigen Vollziehbarkeit oder Rechtskraft der Entscheidung, des Ruhens oder des Erlöschens der Fahrlehrerlaubnis oder der Tag der Abgabe der Erklärung,
5. die Angaben zur Entscheidung nach Absatz 1 Nr. 5,
6. die Höhe der Geldbuße,
7. die Angaben zur Fahrlehrerlaubnis in entsprechender Anwendung des Absatzes 1 Nr. 8,
8. bei einer Versagung der Fahrlehrerlaubnis der Grund der Entscheidung,
9. der Hinweis aus dem Zentralen Fahrerlaubnisregister bei Erteilung einer Fahrlehrerlaubnis nach vorangegangener Versagung, Rücknahme und vorangegangenem Widerruf.

(3) ¹Enthält eine strafgerichtliche Entscheidung sowohl registerpflichtige als auch nicht registerpflichtige Teile, werden in Fällen der Tateinheit (§ 52 des Strafgesetzbuches) nur die registerpflichtigen Taten sowie die Folgen mit dem Hinweis aufgenommen, daß diese sich auch auf nicht registerpflichtige Taten beziehen. ²In Fällen der Tatmehrheit (§ 53 des Strafgesetzbuches und § 460 der Strafprozeßordnung) sind die registerpflichtigen Taten mit ihren Einzelstrafen und einem Hinweis einzutragen, daß diese in einer Gesamtstrafe aufgegangen sind; ist auf eine einheitliche Jugendstrafe (§ 31 des Jugendgerichtsgesetzes) erkannt worden, wird nur die Verurteilung wegen der registerpflichtigen Straftaten, nicht aber die Höhe der Jugendstrafe eingetragen. ³Die Eintragung sonstiger Folgen bleibt unberührt.

(4) ¹Enthält eine Entscheidung wegen einer Ordnungswidrigkeit sowohl registerpflichtige als auch nicht registerpflichtige Teile, werden in Fällen der Tateinheit (§ 19 des Gesetzes über Ordnungswidrigkeiten) nur die registerpflichtigen Taten sowie die Folgen mit dem Hinweis eingetragen, daß sich die Geldbuße auch auf nicht registerpflichtige Taten bezieht; als registerpflichtige Teile sind auch die Ordnungswidrigkeiten nach den §§ 24, 24a oder § 24c des Straßenverkehrsgesetzes anzusehen, für die bei eigenständiger Begehung in der Regel nur ein Verwarnungsgeld zu erheben gewesen oder eine Geldbuße festgesetzt worden wäre, die die Registerpflicht nicht begründet hätte. ²In Fällen der Tatmehrheit (§ 20 des Gesetzes über Ordnungswidrigkeiten) sind nur die registerpflichtigen Teile einzutragen.

Begr (BRDrucks 443/98 S 309): *In dem beim Kraftfahrt-Bundesamt geführten Verkehrszentralregister sollen nach § 28 Abs. 2 StVG Daten gespeichert werden, die*
– *für die Beurteilung der Eignung und Befähigung von Personen zum Führen von Kraftfahrzeugen,*
– *für die Prüfung der Berechtigung zum Führen von Fahrzeugen,*
– *für die Ahndung der Verstöße von Personen, die im Straßenverkehr wiederholt Straftaten oder Ordnungswidrigkeiten begehen,*
– *für die Beurteilung von Personen im Hinblick auf ihre Zuverlässigkeit bei der Wahrnehmung der ihnen durch Gesetz, Satzung oder Vertrag übertragenen Verantwortung für die Einhaltung der zur Sicherheit im Straßenverkehr bestehenden Vorschriften*
erforderlich sind.
Diese Zwecke werden durch Speicherung der in § 59 Abs. 1 Nr. 1 bis 14 genannten Daten erreicht. Die Vorschrift füllt die in § 30c Abs. 1 Nr. 1, § 28 Abs. 3 StVG erteilte Ermächtigung aus. …

Begr zum G v 19. 7. 07, BGBl I 1460 (VkBl **08** 259): *Die Änderung von § 59 bewirkt, dass Entscheidungen wegen Ordnungswidrigkeiten nach § 24c StVG, die sowohl registerpflichtige als auch nicht registerpflichtige Teile enthalten, registermäßig genauso behandelt werden wie entsprechende Ordnungswidrigkeiten nach § 24 oder § 24a StVG.*

Anm: Näher zum VZR: § 28 StVG. Tilgung der Eintragungen, Tilgungsfristen und Wirkung der Tilgung: § 29 StVG. Auskunft aus dem VZR: § 30 StVG.

Übermittlung von Daten nach § 30 des Straßenverkehrsgesetzes

60 (1) Für Maßnahmen wegen Straftaten oder Ordnungswidrigkeiten werden gemäß § 30 Abs. 1 Nr. 1 und 2 des Straßenverkehrsgesetzes die auf Grund des § 28 Abs. 3 Nr. 1 bis 3 des Straßenverkehrsgesetzes nach § 59 Abs. 1 dieser Verordnung gespeicherten Daten und – soweit Kenntnis über den Besitz von Fahrerlaubnissen und Führerscheinen sowie über die Berechtigung zum Führen von Kraftfahrzeugen erforderlich ist – die auf Grund des § 28 Abs. 3 Nr. 1 bis 10 des Straßenverkehrsgesetzes nach § 59 Abs. 1 dieser Verordnung gespeicherten Daten übermittelt.

(2) ¹Für Verwaltungsmaßnahmen nach dem Straßenverkehrsgesetz oder dieser Verordnung werden gemäß § 30 Abs. 1 Nr. 3 des Straßenverkehrsgesetzes die auf Grund des § 28 Abs. 3 des Straßenverkehrsgesetzes nach § 59 Abs. 1 dieser Verordnung gespeicherten Daten übermittelt. ²Für Verwaltungsmaßnahmen nach der Straßenverkehrs-Zulassungs-Ordnung wegen der Zustimmung der zuständigen Beörden zur Betrauung mit der Durchführung der Untersuchungen nach § 29 der Straßenverkehrs-Zulassungs-Ordnung (Nummer 3.7 der Anlage VIII b der Straßenverkehrs-Zulassungs-Ordnung) werden gemäß § 30 Abs. 1 Nr. 3 des Straßenverkehrsgesetzes die auf Grund des § 28 Abs. 3 Nr. 1 bis 10 des Straßenverkehrsgesetzes nach § 59 Abs. 1 dieser Verordnung gespeicherten Daten übermittelt. ³Für Verwaltungsmaßnahmen nach der Straßenverkehrs-Zulassungs-Ordnung wegen

1. der Anerkennung von Kraftfahrzeugwerkstätten zur Durchführung von Sicherheitsprüfungen nach Anlage VIII c der Straßenverkehrs-Zulassungs-Ordnung,
2. der Anerkennung von Überwachungsorganisationen nach Anlage VIII b der Straßenverkehrs-Zulassungs-Ordnung,
3. der Anerkennung von Kraftfahrzeugwerkstätten zur Durchführung von Abgasuntersuchungen nach Anlage VIII c der Straßenverkehrs-Zulassungs-Ordnung und für die Zuteilung von roten Kennzeichen nach § 16 Abs. 3 oder § 17 der Fahrzeug- Zulassungsverordnung

werden gemäß § 30 Abs. 1 Nr. 3 des Straßenverkehrsgesetzes die auf Grund des § 28 Abs. 3 Nr. 1 bis 3 des Straßenverkehrsgesetzes nach § 59 Abs. 1 dieser Verordnung gespeicherten Daten übermittelt.

(3) ¹Für Verwaltungsmaßnahmen
1. nach dem Fahrlehrergesetz oder den auf Grund dieses Gesetzes erlassenen Rechtsvorschriften,
2. nach dem Kraftfahrsachverständigengesetz oder den auf Grund dieses Gesetzes erlassenen Rechtsvorschriften,
3. nach dem Gesetz über das Fahrpersonal im Straßenverkehr oder den auf Grund dieses Gesetzes erlassenen Rechtsvorschriften

werden gemäß § 30 Abs. 2 des Straßenverkehrsgesetzes die auf Grund des § 28 Abs. 3 Nr. 1 bis 10 des Straßenverkehrsgesetzes nach § 59 Abs. 1 – für Verwaltungsmaßnahmen nach Nummer 1 zusätzlich nach § 59 Abs. 2 – dieser Verordnung gespeicherten Daten übermittelt. ²Für Verwaltungsmaßnahmen

1. auf Grund der gesetzlichen Bestimmungen über die Notfallrettung und den Krankentransport,
2. nach dem Personenbeförderungsgesetz oder den auf Grund dieses Gesetzes erlassenen Rechtsvorschriften,
3. nach dem Güterkraftverkehrsgesetz oder den auf Grund dieses Gesetzes erlassenen Rechtsvorschriften,
4. nach dem Gesetz über die Beförderung gefährlicher Güter oder den auf Grund dieses Gesetzes erlassenen Rechtsvorschriften

werden gemäß § 30 Abs. 2 des Straßenverkehrsgesetzes die auf Grund des § 28 Abs. 3 Nr. 1 bis 3 des Straßenverkehrsgesetzes nach § 59 Abs. 1 dieser Verordnung gespeicherten Daten übermittelt.

(4) Für Verkehrs- und Grenzkontrollen gemäß § 30 Abs. 3 des Straßenverkehrsgesetzes werden die auf Grund des § 28 Abs. 3 Nr. 2, 3 (1. Alternative) und 4 bis 9 des Straßenverkehrsgesetzes nach § 59 Abs. 1 dieser Verordnung gespeicherten Daten übermittelt.

(5) Für luftverkehrsrechtliche Maßnahmen gemäß § 30 Abs. 4 des Straßenverkehrsgesetzes und schiffsverkehrsrechtliche Maßnahmen gemäß § 30 Abs. 4a des Straßenverkehrsgesetzes werden die auf Grund des § 28 Abs. 3 Nr. 1 bis 10 des Straßenverkehrsgesetzes nach § 59 Abs. 1 dieser Verordnung gespeicherten Daten übermittelt.

(6) Im Rahmen des § 30 Abs. 7 des Straßenverkehrsgesetzes werden die auf Grund des § 28 Abs. 3 Nr. 1 bis 10 des Straßenverkehrsgesetzes nach § 59 Abs. 1 dieser Verordnung gespeicherten Daten

3 FeV § 61

1. für Verwaltungsmaßnahmen auf dem Gebiet des Straßenverkehrs den Straßenverkehrsbehörden und
2. für die Verfolgung von Zuwiderhandlungen gegen Rechtsvorschriften auf dem Gebiet des Straßenverkehrs oder für die Verfolgung von Straftaten den Polizei- und Justizbehörden

unmittelbar übermittelt, wenn nicht der Empfängerstaat mitgeteilt hat, daß andere Behörden zuständig sind.

Begr: BR-Drs 443/98 S 311.

Begr zur ÄndVO v 14. 6. 06 **(zu Abs 2)**: BR-Drs 212/06 S 4 und BR-Drs 212/06 Beschluss S 2.

Begr zur ÄndVO v 18. 7. 08, BGBl I 1338 **(zu Abs 2 S 3 Nr 3)**: BR-Drs 302/08 S 69.

Abruf im automatisierten Verfahren nach § 30a des Straßenverkehrsgesetzes

61 (1) Zur Übermittlung nach § 30a Abs. 1 und 3 des Straßenverkehrsgesetzes durch Abruf im automatisierten Verfahren dürfen folgende Daten bereitgehalten werden:

1. Familiennamen, Geburtsnamen, sonstige frühere Namen, soweit hierzu Eintragungen vorliegen, Vornamen, Ordens- oder Künstlernamen, Doktorgrad, Geschlecht, Tag und Ort der Geburt, Anschrift des Betroffenen, Staatsangehörigkeit sowie Hinweise auf Zweifel an der Identität gemäß § 28 Abs. 5 des Straßenverkehrsgesetzes,
2. die Tatsache, ob über die betreffende Person Eintragungen vorhanden sind,
3. die Eintragungen über Ordnungswidrigkeiten mit den Angaben über
   a) die entscheidende Stelle, den Tag der Entscheidung und die Geschäftsnummer oder das Aktenzeichen, die mitteilende Stelle und den Tag der Mitteilung, den Tag der Rechtskraft,
   b) Ort, Tag und Zeit der Tat, die Angabe, ob die Tat im Zusammenhang mit einem Verkehrsunfall steht, die Art der Verkehrsteilnahme sowie die Fahrzeugart,
   c) die rechtliche Bezeichnung der Tat unter Angabe der anzuwendenden Vorschriften, die Höhe der Geldbuße und das Fahrverbot,
   d) bei einem Fahrverbot den Hinweis auf § 25 Abs. 2a Satz 1 des Straßenverkehrsgesetzes und den Tag des Fristablaufs,
   e) die Fahrerlaubnis nach § 59 Abs. 1 Nr. 8,
   f) die nach § 4 des Straßenverkehrsgesetzes in Verbindung mit § 40 dieser Verordnung vorgeschriebene Punktzahl und die entsprechende Kennziffer,
4. die Angaben über die Fahrerlaubnis (Klasse, Art und etwaige Beschränkungen) sowie
   a) die unanfechtbare Versagung einer Fahrerlaubnis, einschließlich der Ablehnung der Verlängerung einer befristeten Fahrerlaubnis,
   b) die rechtskräftige Anordnung einer Fahrerlaubnissperre und der Tag des Ablaufs der Sperrfrist,
   c) die rechtskräftige oder vorläufige Entziehung einer Fahrerlaubnis und der Tag des Ablaufs der Sperrfrist,
   d) die unanfechtbare oder sofort vollziehbare Entziehung oder Rücknahme sowie der unanfechtbare oder sofort vollziehbare Widerruf einer Fahrerlaubnis,
   e) das Bestehen eines rechtskräftigen Fahrverbots unter Angabe des Tages des Ablaufs des Verbots,
   f) die rechtskräftige Aberkennung des Rechts, von einer ausländischen Fahrerlaubnis Gebrauch zu machen und der Tag des Ablaufs der Sperrfrist,
   g) die Beschlagnahme, Sicherstellung oder Verwahrung des Führerscheins nach § 94 der Strafprozeßordnung und
   h) der Verzicht auf eine Fahrerlaubnis.

(2) Der Abruf darf nur unter Verwendung der Angaben zur Person erfolgen.

(3) Die Daten nach Absatz 1 Nr. 1 und 4 werden bereitgehalten für die für Verfolgung von Straftaten, zur Vollstreckung oder zum Vollzug von Strafen sowie für die für Verkehrs- und Grenzkontrollen zuständigen Stellen.

(4) Die Daten nach Absatz 1 Nr. 1 bis 3 werden bereitgehalten für die zur Verfolgung von Ordnungswidrigkeiten und zur Vollstreckung von Bußgeldbescheiden und ihren Nebenfolgen nach dem Straßenverkehrsgesetz und dem Gesetz über das Fahrpersonal im Straßenverkehr zuständigen Stellen.

(5) Die Daten nach Absatz 1 Nr. 1 bis 4 werden bereitgehalten für die für Verwaltungsmaßnahmen auf Grund des Straßenverkehrsgesetzes und der auf ihm beruhenden Rechtsvorschriften zuständigen Stellen.

Identitätsnachweis §§ 62–64 FeV **3**

(6) Wegen der Sicherung gegen Mißbrauch ist § 54 und wegen der Aufzeichnungen der Abrufe § 55 anzuwenden.

(7) Im Rahmen von § 30 Abs. 7 des Straßenverkehrsgesetzes dürfen die in § 30a Abs. 5 des Straßenverkehrsgesetzes genannten Daten aus dem Verkehrszentralregister durch Abruf im automatisierten Verfahren den in § 60 Abs. 6 genannten Stellen in einem Mitgliedstaat der Europäischen Union oder in einem anderen Vertragsstaat des Abkommens über den Europäischen Wirtschaftsraum übermittelt werden.

Begr: BRDrucks 443/98 S 312. **Begr** zur ÄndVO v 7. 8. 02: BRDrucks 497/02 S 74.

Automatisiertes Anfrage- und Auskunftsverfahren nach § 30b des Straßenverkehrsgesetzes

62 (1) Die Übermittlung der Daten nach § 60 Abs. 1, 2, 5 und 6 ist auch in einem automatisierten Anfrage- und Auskunftsverfahren zulässig.

(2) § 53 ist anzuwenden.

Begr: BRDrucks 443/98 S 312.

Vorzeitige Tilgung

63 (1) Wurde die Fahrerlaubnis durch eine Fahrerlaubnisbehörde ausschließlich wegen körperlicher oder geistiger Mängel oder wegen fehlender Befähigung entzogen oder aus den gleichen Gründen versagt, ist die Eintragung mit dem Tag der Erteilung der neuen Fahrerlaubnis zu tilgen.

(2) Eintragungen von gerichtlichen Entscheidungen über die vorläufige Entziehung der Fahrerlaubnis, von anfechtbaren Entscheidungen der Fahrerlaubnisbehörden sowie von Maßnahmen nach § 94 der Strafprozeßordnung sind zu tilgen, wenn die betreffenden Entscheidungen aufgehoben wurden.

Begr (BRDrucks 443/98 S 313): *Nach § 30c Abs. 1 Nr. 2, § 29 Abs. 1 Satz 5 StVG können* **1** *Verkürzungen der nach § 29 Abs. 1 StVG bestehenden Tilgungsfristen durch Rechtsverordnung zugelassen werden, wenn die in das Verkehrszentralregister eingetragene Entscheidung auf körperlichen oder geistigen Mängeln oder fehlender Befähigung beruht. Von dieser Ermächtigung wird in der Regelung des § 63 Abs. 1 Gebrauch gemacht, indem festgeschrieben wird, dass die Eintragung ohne Rücksicht auf die Tilgungsfristen in § 29 Abs. 1 StVG mit dem Datum der Erteilung einer neuen Fahrerlaubnis zu tilgen ist, wenn die Fahrerlaubnis ausschließlich wegen körperlicher oder geistiger Mängel oder wegen fehlender Befähigung entzogen oder versagt wurde.*

Eine Verkürzung der Tilgungsfrist durch Verordnung kommt nach § 30c Abs. 1 Nr. 2, § 29 Abs. 3 Nr. 3 ebenfalls bei Eintragungen in Betracht, bei denen eine Änderung der zugrundeliegenden Entscheidung Anlass gibt. § 63 Abs. 2 bestimmt, dass ein solcher Anlass im Falle der Aufhebung einer eingetragenen Entscheidung vorliegt.

§ 28 StVG unterschiedet zwischen Eintragungen, die nach Ablauf bestimmter Fristen zu **2** tilgen sind, § 29 I StVG (Ausnahme: Abs 2, zB bei FESperre für immer), s § 29 StVG Rz 4f, solchen, die vorzeitiger Tilgung unterliegen (§ 29 I 5 mit § 30c I Nr 2 StVG), s § 29 StVG Rz 6, und solchen, die ohne Rücksicht auf den Lauf von Fristen getilgt werden (§ 29 III StVG), s § 29 StVG Rz 10. Nach § 63 erfolgt vorzeitige Tilgung a) der Eintragung einer Entziehung einer Fahrerlaubnis über EdF (§ 28 III Nr 2 StVG) bei Erteilung einer neuen FE, wenn die Entziehung ausschließlich auf körperlichen oder geistigen Eignungsmängeln oder auf mangelnder Befähigung beruhte, b) der Eintragung über vorläufige EdF (§ 28 III Nr 2 StVG) oder über die Beschlagnahme, Sicherstellung oder Verwahrung von FSen nach § 94 StPO (§ 28 III Nr 9 StVG) bei Aufhebung der betreffenden Entscheidung.

Identitätsnachweis

64 (1) Als Identitätsnachweis bei Auskünften nach § 30 Abs. 8 oder § 58 des Straßenverkehrsgesetzes werden anerkannt
1. die amtliche Beglaubigung der Unterschrift,
2. die Ablichtung des Personalausweises oder des Passes oder

Dauer

3. bei persönlicher Antragstellung der Personalausweis, der Pass oder der behördliche Dienstausweis.

(2) Für die Auskunft an einen beauftragten Rechtsanwalt ist die Vorlage einer entsprechenden Vollmachtserklärung oder einer beglaubigten Ausfertigung hiervon erforderlich.

Begr (BRDrucks 443/98 S 313): *Nach § 30 Abs. 8, § 58 StVG ist dem von Eintragungen im Verkehrszentralregister bzw. Zentralen Fahrerlaubnisregister Betroffenen auf Antrag – unter Beifügung eines Identitätsnachweises – über den ihn betreffenden Inhalt des Registers Auskunft zu erteilen. Zweck des Identitätsnachweises ist es, ein durch Unbefugte veranlasstes Abfragen der Register zu verhindern.*

...

Begr zur ÄndVO v 7. 8. 02: BRDrucks 497/02 S 75.

IV. Anerkennung und Akkreditierung für bestimmte Aufgaben

Ärztliche Gutachter

65 ¹Der Facharzt hat seine verkehrsmedizinische Qualifikation (§ 11 Abs. 2 Satz 3 Nr. 1), die sich aus den maßgeblichen landesrechtlichen Vorschriften ergibt, auf Verlangen der Fahrerlaubnisbehörde nachzuweisen. ²Der Nachweis erfolgt durch die Vorlage eines Zeugnisses der zuständigen Ärztekammer. ³Abweichend von Satz 1 und 2 reicht auch eine mindestens einjährige Zugehörigkeit zu einer Begutachtungsstelle für Fahreignung (Anlage 14) aus.

1 **Begr** (BRDrucks 443/98 S 314): *§ 65 regelt die verkehrsmedizinische Qualifikation des Facharztes als Maßnahme der Qualitätssicherung.*

Der Facharzt ist nach der Regelung in § 11 Abs. 2 von zentraler Bedeutung für medizinische Fragestellungen im verkehrsmedizinischen Begutachtungsbereich. Grundsätzlich ist das Begutachtungswesen Weiterbildungsinhalt bei allen relevanten Facharztgruppen und auch Gegenstand der Facharztprüfung.

Mit der vorliegenden Regelung wird auf eine zusätzliche spezifische verkehrsmedizinische Qualifikation bezug genommen, durch die die verkehrsmedizinische Ausrichtung der Fachärzte verbessert werden soll.

...

2 Bei durch konkrete Tatsachen begründeten Bedenken der FEB gegen die körperliche oder geistige Eignung eines FEBewerbers kann die FEB gem § 11 II die Beibringung eines ärztlichen Gutachtens anordnen und dabei bestimmen, dass das Gutachten von einem Facharzt mit verkehrsmedizinischer Qualifikation zu erstellen ist (s § 11 Rz 10f). Um die verkehrsmedizinische Qualifikation zu erwerben, können die Fachärzte entsprechende Fortbildungsveranstaltungen bei den Landesärztekammern besuchen, die ihnen darüber eine Bescheinigung ausstellen. Auf Verlangen hat der Facharzt diese als Nachweis seiner verkehrsmedizinischen Qualifikation der FEB vorzulegen.

Begutachtungsstelle für Fahreignung

66 **(1) Begutachtungsstellen für Fahreignung bedürfen der amtlichen Anerkennung durch die zuständige oberste Landesbehörde oder durch die von ihr bestimmte oder nach Landesrecht zuständige Stelle.**

(2) Die Anerkennung kann erteilt werden, wenn insbesondere die Voraussetzungen nach Anlage 14 vorliegen.

1 **Begr** (BRDrucks 443/98 S 314): *Nach § **66 Abs. 1** bedürfen Begutachtungsstellen für Fahreignung wie bisher der amtlichen Anerkennung durch die Landesbehörde (§§ 12, 15b StVZO, auf der Basis der bundeseinheitlichen Anerkennungsrichtlinie von 1990).*

*Die Anerkennungsvoraussetzungen werden nunmehr in **Absatz 2 in Verbindung mit Anlage 14** rechtlich verbindlich vorgeschrieben.*

Danach ist insbesondere Voraussetzung für die Anerkennung eines Trägers:
- *finanzielle und organisatorische Leistungsfähigkeit,*
- *die erforderliche personelle und sachliche Ausstattung,*
- *Trennung von Begutachtung und Fahrausbildung oder Nachschulung,*
- *Akkreditierung und Qualitätssicherung bei der Durchführung der Untersuchungen und Erstellen der Gutachten,*

Sehteststelle   § 67 FeV **3**

- die wirtschaftliche Unabhängigkeit der Gutachter von der Gebührenerhebung und
- die Zuverlässigkeit des Antragstellers.

Anlage 14 enthält auch die Anforderungen, die an den Arzt und Psychologen zu stellen sind. Neben der fachlichen Qualifikation (Facharztausbildung, Diplompsychologe mit zweijähriger Berufstätigkeit) wird eine einjährige Praxis in der Begutachtung in einer Begutachtungsstelle für Fahreignung verlangt, bevor der Gutachter eigenverantwortlich tätig werden kann.

Die Voraussetzungen waren im Wesentlichen bereits in der Anerkennungsrichtlinie vorgesehen. Neu ist die Forderung nach der Zuverlässigkeit und der organisatorischen Trennung der Bereiche der Begutachtung und Fahrausbildung oder Nachschulung. Außerdem wird die Akkreditierung der Begutachtungsstelle durch die Bundesanstalt für Straßenwesen gemäß § 72 Abs. 1 Nr. 1 vorgeschrieben als Anerkennungsvoraussetzung (siehe hierzu im Einzelnen unter § 72).

Liegen die Voraussetzungen nach Anlage 14 vor, ist die Anerkennung nach Absatz 2 zu erteilen, der Landesbehörde steht somit kein Ermessen dahingehend zu, die Anerkennung aus anderen Gründen (Bedarfsprüfung) nicht auszusprechen.

...

Begr zur ÄndVO v 7. 8. 02 (BRDrucks 497/02 S 76): **Zu Abs 2:** *Das Bundesverwaltungsgericht hat mit Urteil vom 15. 6. 2000 – BVerwG 3 C 10.99 – entschieden, dass für die Einführung einer Bedürfnisprüfung im Rahmen der amtlichen Anerkennung von Begutachtungsstellen für Fahreignung eine gesetzliche Grundlage erforderlich ist. Da die Bedürfnisprüfung in das Grundrecht der Berufsfreiheit eingreife, müsse die Entscheidung vom Gesetzgeber selbst getroffen werden. Die vom Verordnungsgeber hierzu erlassene Regelung in § 66 Abs. 2 Satz 2 FeV wird danach nicht als ausreichend erachtet. Einer vom Bundesrat im Rahmen der Stellungnahme zum Entwurf eines Gesetzes zur Änderung des Straßenverkehrsgesetzes und anderer straßenverkehrsrechtlicher Vorschriften vorgeschlagenen Ergänzung des § 2 Abs. 13 StVG ist der Deutsche Bundestag nicht gefolgt (s. BT-Drs 14/4304; BGBl. I S. 386). Die bisher in der Fahrerlaubnisverordnung geregelte Möglichkeit der Bedürfnisprüfung für Begutachtungsstellen für Fahreignung wird daher gestrichen.* **1a**

Die Beibringung eines medizinisch-psychologischen Gutachtens einer amtlich anerkannten **2** Begutachtungsstelle für Fahreignung kann die FEB nach Maßgabe von § 11 III zur Klärung von Zweifeln hinsichtlich der Eignung zum Führen von Kfzen anordnen, aber auch zB zur Klärung von Alkoholproblemen (§ 13 S 1 Nr 2) oder gem § 14 II zur Feststellung etwaiger Betäubungsmitteleinnahme oder -abhängigkeit. § 66 regelt die Zuständigkeiten für die amtliche Anerkennung und nennt die Voraussetzungen dafür abschließend unter Bezugnahme auf **Anlage 14.** Soweit Anl 14 als Voraussetzung nennt, dass zB die erforderliche Ausstattung mit Personal, Geräten und Räumlichkeiten „sichergestellt ist", setzt dies im Hinblick auf den damit verbundenen finanziellen Aufwand nicht voraus, dass diese Ausstattung schon im Zeitpunkt der Antragstellung vorhanden ist (VGH Ma VRS **97** 276, OVG Mgd NZV **99** 267, 268). Die Begutachtungsstellen sind zur strikten Neutralität verpflichtet. Ihre Träger dürfen nicht zugleich Träger von Maßnahmen der Fahrausbildung oder von Kursen zur Wiederherstellung der Kraftfahreignung sein (Anl 14 Nr 5). Durch die mit ÄndVO v 18. 7. 08 (BGBl I 1338) mit Wirkung vom 1. 7. 09 neu gefassten Anl 14 Nr 5 und Anl 15 Nr 4 soll eine deutlichere organisatorische **Trennung** zwischen Begutachtung in den Begutachtungsstellen für Fahreignung nach § 66 und sonstigen Tätigkeiten auf dem Gebiet der Vorbereitung auf eine Begutachtung und die Wiederherstellung der Fahreignung erreicht werden (Begr BR-Drs 302/08 S 72). Das in Anl 15 Nr 4 normierte personenbezogene Trennungsgebot ist durch entsprechende, zB organisatorische Maßnahmen im Unternehmen sicherzustellen (Begr BR-Drs 302/08 S 72). Die Anerkennung wird **nach pflichtgemäßem Ermessen** erteilt. Dabei findet eine Bedürfnisprüfung nach Aufhebung von Abs 2 S 2 durch ÄndVO v 7. 8. 02 nicht mehr statt (s Begr, Rz 1a). Die im Zusammenhang mit der bisher dazu bestehenden Kontroverse ergangene Rspr (s 36. Aufl.) ist überholt. Träger von Begutachtungsstellen für Fahreignung müssen gem § 72 durch die Bundesanstalt für Straßenwesen akkreditiert sein. Zum Widerruf der Anerkennung einer Begutachtungsstelle für Fahreignung VG Saarlouis Urt v 16. 4. 08 10 K 50/07 juris.

Lit: *Petersen,* Die Anerkennung für Begutachtungsstellen für Fahreignung, ZfS **00** 1.

Sehteststelle

67 (1) **Sehteststellen bedürfen – unbeschadet der Absätze 4 und 5 – der amtlichen Anerkennung durch die zuständige oberste Landesbehörde oder durch die von ihr bestimmte oder nach Landesrecht zuständige Stelle.**

Dauer

(2) Die Anerkennung kann erteilt werden, wenn
1. der Antragsteller, bei juristischen Personen die nach Gesetz oder Satzung zur Vertretung berufenen Personen, zuverlässig sind und
2. der Antragsteller nachweist, daß er über die erforderlichen Fachkräfte und über die notwendigen der DIN 58220 Teil 6, Ausgabe Januar 1997, entsprechenden Sehtestgeräte verfügt und daß eine regelmäßige ärztliche Aufsicht über die Durchführung des Sehtests gewährleistet ist.

(3) ¹Die Anerkennung kann mit Nebenbestimmungen, insbesondere mit Auflagen verbunden werden, um sicherzustellen, daß die Sehtests ordnungsgemäß durchgeführt werden. ²Sie ist zurückzunehmen, wenn bei ihrer Erteilung eine der Voraussetzungen nach Absatz 2 nicht vorgelegen hat; davon kann abgesehen werden, wenn der Mangel nicht mehr besteht. ³Die Anerkennung ist zu widerrufen, wenn nachträglich eine der Voraussetzungen nach Absatz 2 weggefallen ist, wenn der Sehtest wiederholt nicht ordnungsgemäß durchgeführt oder wenn sonst gegen die Pflichten aus der Anerkennung oder gegen Auflagen grob verstoßen worden ist. ⁴Die oberste Landesbehörde oder die von ihr bestimmte oder nach Landesrecht zuständige Stelle übt die Aufsicht über die Inhaber der Anerkennung aus. ⁵Die die Aufsicht führende Stelle kann selbst prüfen oder durch einen von ihr bestimmten Sachverständigen prüfen lassen, ob die Voraussetzungen für die Anerkennung noch gegeben sind, ob die Sehtests ordnungsgemäß durchgeführt und ob die sich sonst aus der Anerkennung oder den Auflagen ergebenden Pflichten erfüllt werden. ⁶Die Sehteststelle hat der die Aufsicht führenden Stelle auf Verlangen Angaben über Zahl und Ergebnis der durchgeführten Sehtests zu übermitteln.

(4) ¹Betriebe von Augenoptikern gelten als amtlich anerkannt; sie müssen gewährleisten, daß die Voraussetzungen des Absatzes 2, ausgenommen die ärztliche Aufsicht, gegeben sind. ²Die Anerkennung kann durch die oberste Landesbehörde oder die von ihr bestimmte oder nach Landesrecht zuständige Stelle nachträglich mit Auflagen verbunden werden, um sicherzustellen, daß die Sehtests ordnungsgemäß durchgeführt werden. ³Die Anerkennung ist im Einzelfall nach Maßgabe des Absatzes 3 Satz 3 zu widerrufen. ⁴Hinsichtlich der Aufsicht ist Absatz 3 Satz 4 und 5 entsprechend anzuwenden. ⁵Die oberste Landesbehörde kann die Befugnisse auf die örtlich zuständige Augenoptikerinnung oder deren Landesverbände nach Landesrecht übertragen.

(5) ¹Außerdem gelten
1. Begutachtungsstellen für Fahreignung (§ 66),
2. der Arzt des Gesundheitsamtes oder ein anderer Arzt der öffentlichen Verwaltung und
3. die Ärzte mit der Gebietsbezeichnung „Arbeitsmedizin" und die Ärzte mit der Zusatzbezeichnung „Betriebsmedizin"

als amtlich anerkannte Sehteststelle. ²Absatz 4 ist anzuwenden.

1 **Begr:** BRDrucks 443/98 S 315.
– Begr des Bundesrates, BRDrucks 443/98 (Beschluss) S 21 –: *Das geltende Recht ist beizubehalten, wonach über die Anerkennung von Sehteststellen nach pflichtgemäßem Ermessen entschieden wird. Eine Ermessensentscheidung ist insbesondere auch im Hinblick auf die Festsetzung von Nebenbestimmungen im Sinne des § 36 VwVfG unverzichtbar, um eine Anerkennung z. B. mit einer Befristung versehen zu können, die sonst nicht zulässig wäre, da diese Nebenbestimmung in § 67 der Fahrerlaubnis-Verordnung nicht ausdrücklich zugelassen ist.*

2 Einem Sehtest haben sich gem § 12 II die Bewerber um eine FE der Klassen A, A1, B, M, L, T und BE zu unterziehen, während nach § 12 VI für Bewerber um die „Lkw- und Omnibusklassen" (C und D mit Ihren Unterklassen) eine augenärztliche Untersuchung vorgeschrieben ist. Die Absätze I bis IV entsprechen inhaltlich der früheren Vorschrift des § 9 b StVZO (alt). Abs II Nr 2 präzisiert die Anforderungen an die Sehtestgeräte durch den Hinweis auf die DIN-Norm.

3 Über die Anerkennung entscheidet die Behörde **nach pflichtgemäßem Ermessen,** ein Rechtsanspruch besteht nicht (s Begr des BR Rz 1). **Augenoptikerbetriebe** gelten mit der Maßgabe des Abs IV S 1 grundsätzlich allgemein als amtlich anerkannte Sehteststellen; einer Einzelanerkennung bedarf es nicht. Jedoch können die Landesbehörden zur Sicherstellung ordnungsgemäßer Durchführung der Sehtests Auflagen erteilen und uU im Einzelfall die Anerkennung zurücknehmen oder widerrufen (Abs IV S 3 mit Abs III S 2).

4 Einer besonderen Anerkennung bedarf es auch nicht bei den in **Abs V genannten Stellen;** auch sie gelten allgemein als amtlich anerkannt. Jedoch kann die oberste Landesbehörde oder die nach Landesrecht zuständige Stelle ebenfalls Auflagen erteilen und die Anerkennung nach Maßgabe von Abs III S 2 zurücknehmen oder nach Maßgabe von Abs III S 3 widerrufen (Abs V S 2 mit Abs IV).

Stellen für die Unterweisung in lebensrettenden Sofortmaßnahmen und die Ausbildung in Erster Hilfe

68 (1) Stellen, die Unterweisungen in lebensrettenden Sofortmaßnahmen oder Ausbildungen in Erster Hilfe für den Erwerb einer Fahrerlaubnis durchführen, bedürfen der amtlichen Anerkennung durch die für das Fahrerlaubniswesen oder das Gesundheitswesen zuständige oberste Landesbehörde oder durch die von ihr bestimmte oder nach Landesrecht zuständige Stelle.

(2) ¹Die Anerkennung ist zu erteilen, wenn
1. keine Tatsachen vorliegen, die den Antragsteller, bei juristischen Personen die nach dem Gesetz oder der Satzung zur Vertretung berechtigten Personen, und das Ausbildungspersonal für die Unterweisung in lebensrettenden Sofortmaßnahmen und die Ausbildung in Erster Hilfe als unzuverlässig erscheinen lassen und
2. die Befähigung für das Ausbildungspersonal nachgewiesen ist sowie geeignete Ausbildungsräume und die notwendigen Lehrmittel für den theoretischen Unterricht und die praktischen Übungen zur Verfügung stehen.

²Die nach Absatz 1 zuständige oberste Landesbehörde oder die von ihr bestimmte oder nach Landesrecht zuständige Stelle kann zur Vorbereitung ihrer Entscheidung die Beibringung eines Gutachtens einer fachlich geeigneten Stelle oder Person darüber anordnen, ob die Voraussetzungen für die Anerkennung gegeben sind. ³Die Anerkennung kann befristet und mit Auflagen (insbesondere hinsichtlich der Fortbildung der mit der Unterweisung und der Ausbildung befaßten Personen) verbunden werden, um die ordnungsgemäßen Unterweisungen und Ausbildungen sicherzustellen. ⁴Die Anerkennung ist zurückzunehmen, wenn bei ihrer Erteilung eine der Voraussetzungen nach Satz 1 nicht vorgelegen hat; davon kann abgesehen werden, wenn der Mangel nicht mehr besteht. ⁵Die Anerkennung ist zu widerrufen, wenn nachträglich eine der Voraussetzungen nach Satz 1 weggefallen ist, wenn die Unterweisungen oder Ausbildungen wiederholt nicht ordnungsgemäß durchgeführt worden sind oder wenn sonst gegen die Pflichten aus der Anerkennung oder gegen Auflagen gröblich verstoßen worden ist. ⁶Die für das Fahrerlaubniswesen oder das Gesundheitswesen zuständige oberste Landesbehörde oder die von ihr bestimmte oder nach Landesrecht zuständige Stelle übt die Aufsicht über die Inhaber der Anerkennung aus. ⁷Die die Aufsicht führende Stelle kann selbst prüfen oder durch von ihr bestimmte Sachverständige prüfen lassen, ob die Voraussetzungen für die Anerkennung noch gegeben sind, ob die Unterweisungen und Ausbildungen ordnungsgemäß durchgeführt und ob die sich sonst aus der Anerkennung oder den Auflagen ergebenden Pflichten erfüllt werden.

Begr (BRDrucks 443/98 S 315): *§ 68 ersetzt § 8a Abs. 3, Abs. 4 Nr. 7, § 8b Abs. 3 und Abs. 4 Nr. 5 StVZO.* 1

Absatz 1 enthält den Grundsatz der amtlichen Anerkennung. Die Anerkennung kann künftig nicht nur von den für das Fahrerlaubniswesen zuständigen Behörden, sondern auch von den Behörden des Gesundheitswesens ausgesprochen werden. Sie verfügen in gleichem oder höherem Maße über den notwendigen Sachverstand. Es bleibt den Ländern überlassen, welchem Behördenzweig sie die Aufgabe der Anerkennung übertragen.

Absatz 2 regelt die näheren Modalitäten der Anerkennung und deren Rücknahme und Widerruf. Zur Vorbereitung ihrer Entscheidung konnte die zuständige Behörde bisher nur ein Gutachten des zuständigen Gesundheitsamtes einholen. Nunmehr werden auch die Gutachten anderer Stellen zugelassen.

Begr zur ÄndVO v 18. 7. 08, BGBl I 1338 (BR-Drs 302/08 S 69): **Zu Abs 2 S 1:** *Nach dem derzeitigen Wortlaut der FeV können Anträge von Personen, die zwar befähigt aber nicht zuverlässig sind (Beispiel: Vorstrafen wegen Urkundenfälschung oder Unzuchtsdelikten) nicht abgelehnt werden. Dies ist in diesem sicherheitsrelevanten Bereich, bei dem vorwiegend junge Leute ausgebildet werden, nicht hinnehmbar. Der Gesetzgeber geht in Anlehnung an § 2 Abs. 1 Nr. 2 FahrlG jedoch zunächst von der Zuverlässigkeit aus, ohne dass dafür positive Nachweise erbracht werden müssen. Vielmehr muss die für das Fahrerlaubniswesen oder das Gesundheitswesen zuständige oberste Landesbehörde oder die von ihr bestimmte oder nach Landesrecht zuständige Stelle die Tatsachen nachweisen, die die Annahme der Unzuverlässigkeit rechtfertigen.* 2

Unterweisung in Sofortmaßnahmen am Unfallort oder Ausbildung in erster Hilfe als Voraussetzung für die Erteilung einer FE: § 19. Die amtliche **Anerkennung von Stellen** für die Unterweisung in lebensrettenden Sofortmaßnahmen und die Ausbildung in Erster Hilfe ist bei **Unzuverlässigkeit** der Antragsteller abzulehnen (Abs 2 S 1 Nr 1). Der Antragsteller muss seine Zuverlässigkeit aber nicht positiv nachweisen (Begr Rz 2); Tatsachen, die ihn unzuverlässig erscheinen lassen, sind vielmehr von der Behörde nachzuweisen. Bei der Anerkennung handelt es sich nicht um eine Ermessensentscheidung; vielmehr besteht bei Vorliegen der Voraussetzungen 3 des Abs 2 S 1 ein Rechtsanspruch („*ist zu erteilen*"). Die Anerkennung kann daher auch dann nicht abgelehnt werden, wenn die Befürchtung gerechtfertigt ist, dass zu viele Bewerber im Falle ihrer Anerkennung durch Konkurrenz zu den Hilfsorganisationen ein flächendeckendes Angebot oder die behördliche Aufsicht gefährden würden, (anders nach § 8a IV Nr 7 StVZO alt, s Begr VkBl **87** 85). Der Arbeiter-Samariter-Bund, das Deutsche Rote Kreuz, die Johanniter-Unfallhilfe und der Malteser-Hilfsdienst gelten bis zum 31. 12. 2013 als amtlich anerkannt (§ 76 Nr 16); Auflagen, Zurücknahme und Widerruf der Anerkennung dieser Stellen: § 76 Nr 16 S 2, 3.

Stellen zur Durchführung der Fahrerlaubnisprüfung

69 (1) Die Durchführung der Fahrerlaubnisprüfung obliegt den amtlich anerkannten Sachverständigen oder Prüfern für den Kraftfahrzeugverkehr bei den Technischen Prüfstellen für den Kraftfahrzeugverkehr nach dem Kraftfahrsachverständigengesetz im Sinne der §§ 10 und 14 des Kraftfahrsachverständigengesetzes sowie den amtlich anerkannten Prüfern und Sachverständigen im Sinne des § 16 des Kraftfahrsachverständigengesetzes.

(2) Die Fahrerlaubnisprüfung ist nach Anlage 7 durchzuführen.

(3) Die für die Durchführung der Fahrerlaubnisprüfung erhobenen personenbezogenen Daten sind nach Ablauf des fünften Kalenderjahres nach Erledigung des Prüfauftrages zu löschen.

Begr (BRDrucks 443/98 S 316): *Die Absätze 2 und 3 stellen klar, dass ausschließlich die amtlich anerkannten Sachverständigen und Prüfer bei den Technischen Prüfstellen für den Kraftfahrzeugverkehr und die amtlich anerkannten Sachverständigen und Prüfer bei den Behörden für die Durchführung der Fahrerlaubnisprüfung zuständig sind, und verpflichtet sie, die Prüfung den gesetzlichen Vorschriften entsprechend abzuwickeln.*
...

Anm: Fahrerlaubnisprüfung: § 15; theoretische Prüfung: § 16; praktische Prüfung: § 17. Gemeinsame Vorschriften für die theoretische und praktische Prüfung: § 18. Prüfungsstoff: Anlage 7. Verfahren nach der Prüfung: § 22 III, IV.

Kurse zur Wiederherstellung der Kraftfahreignung

70 (1) Kurse zur Wiederherstellung der Kraftfahreignung können von der zuständigen obersten Landesbehörde oder der von ihr bestimmten oder nach Landesrecht zuständigen Stelle für Zwecke nach § 11 Abs. 10 anerkannt werden, wenn

1. den Kursen ein auf wissenschaftlicher Grundlage entwickeltes Konzept zugrunde liegt,
2. die Geeignetheit der Kurse durch ein unabhängiges wissenschaftliches Gutachten bestätigt worden ist,
3. die Kursleiter
   a) den Abschluß eines Hochschulstudiums als Diplom-Psychologe oder einen gleichwertigen Master-Abschluss in Psychologie,
   b) eine verkehrspsychologische Ausbildung an einer Universität oder gleichgestellten Hochschule oder bei einer Stelle, die sich mit der Begutachtung oder Wiederherstellung der Kraftfahreignung befaßt,
   c) Kenntnisse und Erfahrungen in der Untersuchung und Begutachtung der Eignung von Kraftfahrern und
   d) eine Ausbildung als Kursleiter in Kursen für Kraftfahrer, die Zuwiderhandlungen gegen verkehrsrechtliche Vorschriften begangen haben,
   nachweisen,
4. die Wirksamkeit der Kurse in einem nach dem Stand der Wissenschaft durchgeführten Bewertungsverfahren (Evaluation) nachgewiesen worden sind und
5. ein Qualitätssicherungssystem gemäß dem nach § 72 vorgesehenen Verfahren vorgelegt wird.

(2) Die Kurse sind nach ihrer ersten Evaluation jeweils bis zum Ablauf von 15 Jahren nachzuevaluieren.

(3) § 37 Abs. 3 ist entsprechend anzuwenden.

1 **Begr:** VkBl **98** 1054, 1069, 1096, 1099.

Begr zur ÄndVO v 18. 7. 08, BGBl I 1338 (BR-Drs 302/08 S 69): **Zu Abs 1 Nr 3:** *Im Zuge der Vereinheitlichung und Vergleichbarkeit von Hochschulabschlüssen in Europa ist in Deutschland*

Kurse zur Wiederherstellung der Kraftfahreignung § 70 FeV **3**

das Hochschulstudium im Fach Diplom-Psychologie zunehmend in einen Bachelor-Masterstudiengang übergegangen. Daher ist es notwendig, auch in der Fahrerlaubnis-Verordnung eine einheitliche Präzisierung vorzunehmen.

1. Nach § 11 X genügt idR als Nachweis für die Behebung festgestellter Eignungsmängel die Teilnahme an einem **Kurs zur Wiederherstellung der Kraftfahreignung** statt erneuter medizinisch-psychologischer Begutachtung, wenn der Gutachter im Rahmen der Eignungsbegutachtung festgestellt hat, dass der Betroffene zwar noch nicht geeignet ist, die Eignungsmängel aber durch die Teilnahme an einem bestimmten Kurs beseitigt werden können, wenn der Kurs gem § 70 anerkannt ist, und wenn die FEB der Kursteilnahme zugestimmt hat (§ 11 Rz 25). 2

2. Träger von Stellen, die Kurse zur Wiederherstellung der Kraftfahreignung durchführen, müssen durch die BASt **akkreditiert** sein (§ 72 I Nr 3, II). Der Träger einer Begutachtungsstelle für Fahreignung darf nicht zugleich Träger einer Stelle sein, die Kurse zur Wiederherstellung der Kraftfahreignung durchführt (Abs 1 Nr 5 Anl 14 FeV). Eine Liste der akkreditierten Träger von Stellen, die Kurse zur Wiederherstellung der Kraftfahreignung durchführen, ist über www.bast.de erhältlich. 3

3. Kurse zur Wiederherstellung der Kraftfahreignung bedürfen der amtlichen **Anerkennung** gem § 70, um im Rahmen von § 11 X wirksam sein zu können (§ 11 X Nr 1). **Zuständig** für die Anerkennung ist die oberste Landesbehörde oder die von ihr bestimmte oder nach Landesrecht zuständige Stelle (Abs 1). Die Anerkennung hat nur Wirkung für das jeweilige Bundesland. **Gegenstand** der Anerkennung ist ein bestimmtes Kursmodell, nicht jeder einzelne durchzuführende Kurs. Da die Anerkennung gegenüber einem bestimmten Träger ausgesprochen wird und da die Voraussetzungen nach Abs 1 Nrn 3 und 5 nur jeweils für einen bestimmten Träger nachgewiesen werden können, wird ein Kursmodell nicht allgemein, sondern nur für die Durchführung durch den Antrag stellenden Träger anerkannt. 4

Voraussetzungen für die Kursanerkennung: Wissenschaftliches Konzept (Abs 1 Nr 1), Bestätigung der Geeignetheit durch unabhängiges wissenschaftliches Gutachten (Abs 1 Nr 2), Nachweis der Qualifikation der einzusetzenden Kursleiter (Abs 1 Nr 3), Nachweis der Wirksamkeit durch Evaluation, dh einer auf wissenschaftlicher Grundlage durchgeführten Bewertung (Abs 1 Nr 4), und Vorlage eines Qualitätssicherungssystems (Abs 1 Nr 5). Auslegungshilfe zu den Voraussetzungen für die Anerkennung: im Auftrag des BMV erstellter Leitfaden der BASt zur Anerkennung von Kursen gem § 70 FeV (VkBl **02** 324 = StVRL § 70 FeV Nr 1). Nach der ersten Evaluation sind die Kursmodelle jeweils nach 15 Jahren nachzuevaluieren (Abs 2), „um die aktuelle Wirksamkeit fortzuschreiben" (Begr VkBl **98** 1069). Kurse, die vor dem Inkrafttreten der FeV am 1. 1. 1999 auf landesrechtlicher Basis bereits anerkannt waren und von ihrem Träger durchgeführt wurden, mussten nicht erneut nach § 70 anerkannt werden, müssen aber ihre Wirksamkeit durch Evaluation bis zum 31. 12. 2009 nachweisen (§ 76 Nr 17, Begr VkBl **98** 1099). 5

Der Nachweis der Wirksamkeit (Abs 1 Nr 4) **neu konzipierter oder weiterentwickelter Kursmodelle** kann vor der ersten Anerkennung noch nicht erbracht werden, da sie noch nicht evaluiert sein können, denn Erkenntnisse zB zu Legalbewährung und Rückfallquote können erst nach einiger Zeit vorliegen. Bei neu konzipierten oder weiterentwickelten Kursmodellen ist deswegen bei Vorliegen der Voraussetzungen nach Abs 1 Nr 1–3 und 5 eine befristete **vorläufige Anerkennung** mit der Auflage auszusprechen, die Wirksamkeit des Kurses innerhalb einer festzulegenden Frist nachzuweisen (OVG Schl NZV **08** 373 m Anm *Dauer, Bouska/Laeverenz* § 70 FeV Anm 4, *Geiger* SVR **06** 447, 450). Es handelt sich dabei nach OVG Schl NZV **08** 373 nicht um eine Ausnahme gem § 74, sondern um eine § 70 ergänzende Zwischenregelung, die zugunsten der Betroffenen auch ohne ausdrückliche Rechtsgrundlage zulässig ist (vgl *Kopp/ Ramsauer* § 9 Rz 18 ff). Sie ist hier erforderlich, weil ohne die vorläufige Anerkennung neu konzipierter oder weiterentwickelter Kursmodelle die Evaluation und damit auch die endgültige Anerkennung nicht möglich wäre, § 70 also leerlaufen würde. Dies führt zwar für eine gewisse Zeit dazu, dass die Teilnahme an einem Kurs, dessen Wirksamkeit nicht nachgewiesen ist, zu der Fiktion der Wiederherstellung der Eignung iSv § 11 X FeV führt. Dabei handelt es sich aber nach OVG Schl NZV **08** 373 um ein systemimmanentes „Restrisiko", das dadurch abgemildert werde, dass für die vorläufige Anerkennung jedenfalls die Voraussetzungen des Abs 1 Nrn 1–3 und 5 gegeben sein müssen; ein unter Verkehrssicherheitsaspekten problematisches Ergebnis (*Dauer* NZV **08** 374). 6

Die Anerkennung und ihre Versagung sind **Verwaltungsakte**. Entgegen dem Wortlaut (*können ... anerkannt werden*) sind vorläufige und endgültige Anerkennung **keine Ermessensent-** 7 scheidungen, da der Verordnungsgeber detailliert geregelt hat, unter welchen – hohen – Voraussetzungen Kursmodelle zugelassen werden sollen, so dass nicht ersichtlich ist, auf welche Gründe ein Versagungsermessen gestützt werden könnte (OVG Schl NZV **08** 373).

4. Form und Inhalt der Kurse. §§ 11 X, 70 legen weder Mindestdauer und Anzahl der Termine noch Teilnehmerzahl oder Inhalt der Kurse fest (*Geiger* SVR **06** 447, 450). Derartige Festlegungen werden aber üblicherweise in den Anerkennungsbescheiden der Länder vorgenommen. Wenn Kurse nur mit einer Mindestteilnehmerzahl anerkannt sind, besteht keine Möglichkeit, im Ausnahmewege Teilnahme als **Einzelseminar** zuzulassen, da der Kurs dafür nicht gem § 70 amtlich anerkannt ist.

Lit zur Wiederherstellung der Kraftfahreignung durch Kursteilnahme: § 11 Rz 25.

Verkehrspsychologische Beratung

71 (1) Für die Durchführung der verkehrspsychologischen Beratung nach § 4 Abs. 9 des Straßenverkehrsgesetzes gelten die Personen im Sinne dieser Vorschrift als amtlich anerkannt, die eine Bestätigung nach Absatz 2 der Sektion Verkehrspsychologie im Berufsverband Deutscher Psychologinnen und Psychologen e. V. besitzen.

(2) ¹Die Sektion Verkehrspsychologie im Berufsverband Deutscher Psychologinnen und Psychologen e. V. hat die Bestätigung auszustellen, wenn der Berater folgende Voraussetzungen nachweist:
1. Abschluß eines Hochschulstudiums als Diplom-Psychologe oder eines gleichwertigen Muster-Abschlusses in Psychologie,
2. eine verkehrspsychologische Ausbildung an einer Universität oder gleichgestellten Hochschule oder einer Stelle, die sich mit der Begutachtung oder Wiederherstellung der Kraftfahreignung befaßt, oder an einem Ausbildungsseminar, das vom Berufsverband Deutscher Psychologinnen und Psychologen e. V. veranstaltet wird,
3. Erfahrungen in der Verkehrspsychologie
    a) durch mindestens dreijährige Begutachtung von Kraftfahrern an einer Begutachtungsstelle für Fahreignung oder mindestens dreijährige Durchführung von Aufbauseminaren oder von Kursen zur Wiederherstellung der Kraftfahreignung oder
    b) im Rahmen einer mindestens fünfjährigen freiberuflichen verkehrspsychologischen Tätigkeit, welche durch Bestätigungen von Behörden oder Begutachtungsstellen für Fahreignung oder durch die Dokumentation von zehn Therapiemaßnahmen für verkehrsauffällige Kraftfahrer, die mit einer positiven Begutachtung abgeschlossen wurden, erbracht werden kann, oder
    c) im Rahmen einer dreijährigen freiberuflichen verkehrspsychologischen Tätigkeit mit Zertifizierung als klinischer Psychologe/Psychotherapeut entsprechend den Richtlinien des Berufsverbandes Deutscher Psychologinnen und Psychologen e. V. oder durch eine vergleichbare psychotherapeutische Tätigkeit und
4. Teilnahme an einem vom Berufsverband Deutscher Psychologinnen und Psychologen e. V. anerkannten Qualitätssicherungssystem, soweit der Berater nicht bereits in ein anderes, vergleichbares Qualitätssicherungssystem einbezogen ist. ²Erforderlich sind mindestens:
    a) Nachweis einer Teilnahme an einem Einführungsseminar über Verkehrsrecht von mindestens 16 Stunden,
    b) regelmäßiges Führen einer standardisierten Beratungsdokumentation über jede Beratungssitzung,
    c) regelmäßige Kontrollen und Auswertung der Beratungsdokumente und
    d) Nachweis der Teilnahme an einer Fortbildungsveranstaltung oder Praxisberatung von mindestens 16 Stunden innerhalb jeweils von zwei Jahren.

(3) ¹Der Berater hat der Sektion Verkehrspsychologie des Berufsverbandes Deutscher Psychologinnen und Psychologen e. V. alle zwei Jahre eine Bescheinigung über die erfolgreiche Teilnahme an der Qualitätssicherung vorzulegen. ²Die Sektion hat der nach Absatz 5 zuständigen Behörde oder Stelle unverzüglich mitzuteilen, wenn die Bescheinigung innerhalb der vorgeschriebenen Frist nicht vorgelegt wird oder sonst die Voraussetzungen nach Absatz 2 nicht mehr vorliegen oder der Berater die Beratung nicht ordnungsgemäß durchgeführt oder sonst gegen die Pflichten aus der Anerkennung oder gegen Auflagen gröblich verstoßen hat.

(4) ¹Die Anerkennung ist zurückzunehmen, wenn eine der Voraussetzungen im Zeitpunkt ihrer Bestätigung nach Absatz 2 nicht vorgelegen hat; davon kann abgesehen werden, wenn der Mangel nicht mehr besteht. ²Die Anerkennung ist zu widerrufen, wenn nachträglich eine der Voraussetzungen nach Absatz 2 weggefallen ist, die verkehrspsycho-

Verkehrspsychologische Beratung **§ 71 FeV 3**

logische Beratung nicht ordnungsgemäß durchgeführt wird oder wenn sonst gegen die Pflichten aus der Anerkennung oder gegen Auflagen gröblich verstoßen wird.

(4 a) ¹Die Anerkennung ist außerdem zurückzunehmen, wenn die persönliche Zuverlässigkeit nach § 4 Abs. 9 Satz 6 Nr. 1 des Straßenverkehrsgesetzes, auch in Verbindung mit § 2 a Abs. 2 Satz 3 des Straßenverkehrsgesetzes, im Zeitpunkt der Bestätigung nach Absatz 2 nicht vorgelegen hat, insbesondere weil dem Berater die Fahrerlaubnis wegen wiederholter Verstöße gegen verkehrsrechtliche Vorschriften oder Straftaten entzogen wurde oder Straftaten im Zusammenhang mit der Tätigkeit begangen wurden; davon kann abgesehen werden, wenn der Mangel nicht mehr besteht. ²Die Anerkennung ist zu widerrufen, wenn nachträglich die persönliche Zuverlässigkeit (§ 4 Abs. 9 Satz 6 Nr. 1 des Straßenverkehrsgesetzes, auch in Verbindung mit § 2 a Abs. 2 Satz 3 des Straßenverkehrsgesetzes) weggefallen ist.

(5) ¹Zuständig für die Rücknahme und den Widerruf der Anerkennung der verkehrspsychologischen Berater ist die zuständige oberste Landesbehörde oder die von ihr bestimmte oder die nach Landesrecht zuständige Stelle. ²Diese führt auch die Aufsicht über die verkehrspsychologischen Berater; sie kann sich hierbei geeigneter Personen oder Stellen bedienen.

Begr (BRDrucks 443/98 S 316): *Das Vorliegen der Voraussetzungen für die amtliche Anerkennung als verkehrspsychologischer Berater wird durch eine Bestätigung der Sektion Verkehrspsychologie des Berufsverbandes Deutscher Psychologinnen und Psychologen e. V. nach Absatz 2 festgestellt. Eine darüberhinausgehende Überprüfung durch die Landesbehörde erfolgt nicht. Der Grund für die Zuweisung dieser Aufgabe an den Berufsverband Deutscher Psychologinnen und Psychologen e. V. liegt darin, dass für die zu überprüfenden Anforderungen, insbesondere an die Ausbildung, das Vorliegen von Erfahrungen in der Verkehrspsychologie sowie die Teilnahme an einer Qualitätssicherung, bei dieser Institution die erforderliche fachliche Kompetenz vorhanden ist.* 1

Der Berufsverband übernimmt auch die Aufgabe der laufenden Überwachung nach Absatz 3 (Teilnahme an der Qualitätssicherung) und ist verpflichtet, der Behörde Mitteilung zu machen, wenn die Voraussetzungen für die Anerkennung nicht mehr vorliegen oder der Berater die Beratung nicht ordnungsgemäß durchführt. In diesem Fall kann die Fahrerlaubnisbehörde die Anerkennung widerrufen (Absatz 4 und 5).

Begr zur ÄndVO v 7. 8. 02 (BRDrucks 497/02 S 76): **Zu Abs 4 a:** ... *Die persönliche Zuverlässigkeit ist eine Voraussetzung für die Befugnis als Berater (§ 4 Abs. 9 Satz 6 Nr. 1 StVG). Deshalb ist eine Ergänzung durch den neuen Absatz 4 a erforderlich. Die persönliche Zuverlässigkeit ist nicht (mehr) gegeben, wenn der Berater keine Gewähr für die gewissenhafte Erfüllung seiner gesetzlichen oder der sich aus der Bestätigung nach § 71 Abs. 2 ergebenden Pflichten bietet. Unzuverlässigkeit liegt insbesondere bei erheblichen, auch nichtverkehrsrechtlichen Zuwiderhandlungen vor, die die Leitbildfunktion des Beraters im Rahmen des § 4 Abs. 9 Sätze 1 und 3 StVG ausschließen, bei erheblicher Verletzung des Vertrauensverhältnisses zum Beratenen oder wenn der Berater seine Tätigkeit nicht entsprechend den gesetzlichen Vorgaben und Zielen ausübt, seine Tätigkeit in Frage stellt oder nicht ernst nimmt. ..*

Begr zur ÄndVO v 18. 7. 08, BGBl I 1338 (BR-Drs 302/08 S 69): **Zu Abs 2 Nr 1:** *Im Zuge der Vereinheitlichung und Vergleichbarkeit von Hochschulabschlüssen in Europa ist in Deutschland das Hochschulstudium im Fach Diplom-Psychologie zunehmend in einen Bachelor-Masterstudiengang übergegangen. Daher ist es notwendig, auch in der Fahrerlaubnis-Verordnung eine einheitliche Präzisierung vorzunehmen.*

Im Rahmen des **Punktsystems** des § 4 StVG wird der FEInhaber bei Erreichen von 14, aber nicht mehr als 17 Punkten ua auch auf die Möglichkeit einer verkehrspsychologischen Beratung hingewiesen (§§ 4 III 1 Nr 2 StVG, 40 FeV). Inhalt und Durchführung der Beratung: § 4 IX StVG, § 38 FeV. Punkteabzug nach Teilnahme an einer verkehrspsychologischen Beratung: § 4 IV 2 StVG. 2

Wird die **Bestätigung nach Abs 2** ausgestellt und vom Berater der FEB vorgelegt, so gilt der Berater als amtlich anerkannt, ohne dass eine weitere Überprüfung erfolgt (Abs 1). Allerdings muss sich der Berater Qualitätssicherungsmaßnahmen unterziehen und alle 2 Jahre der Sektion Verkehrspsycholgie des Berufsverbandes Deutscher Psychologen eine Bescheinigung darüber vorlegen. Krit zu dieser Regelung *Bode/Winkler* § 11 Rz 56 ff. 3

Bei nicht fristgemäßer Vorlage der Bescheinigung, Wegfall einer der in Abs 2 genannten Voraussetzungen, nicht ordnungsgemäßer Durchführung der Beratungen oder Pflichtverstößen muss die Sektion dies der FEB unverzüglich mitteilen (Abs 3 S 2). In diesem Falle erfolgt **Widerruf der Anerkennung** durch die FEB (Abs 4 S 2). Zu widerrufen ist die Anerkennung auch bei **Fehlen der persönlichen Zuverlässigkeit** (Abs 4 a). Neben den in Abs 4 a erwähn- 4 ten Beispielen nennt die amtliche Begr (BRDrucks 497/02 S 76) schwerwiegende oder wiederholte Auffälligkeit im StrV, Verurteilung wegen Straftaten iS von § 11 III 1 Nr 4 FeV, aber auch finanzielle Unregelmäßigkeiten, Diebstahl, Betrug, Untreue (vor allem zum Nachteil von Teilnehmern), soweit sie die Befürchtung nachteiliger Auswirkungen auf die Beratung rechtfertigen, sowie Beleidigung, Körperverletzung oder sexuelle Nötigung gegenüber Teilnehmern. Zur Verfassungsmäßigkeit von § 71, s *Kögel* ZVS **02** 127 f.

Lit: *Allhoff-Cramer*, Qualitätssicherung der Verkehrspsychologischen Beratung, ZVS **06** 94. *BDP*, Bericht zur verkehrspsychologischen Beratung nach § 71 FeV – Sachstand und Perspektiven, ZVS **07** 146. *Brieler*, Qualitätssicherung der Verkehrspsychologischen Beratung, ZVS **06** 90. *Kögel*, Die Sektion Verkehrspsychologie im BDP eV: neues gesetzliches Beispiel eines „beliehenen Unternehmers", ZVS **02** 126. *Schubert/ Kranich*, Die verkehrspsychologische Beratung – Bestandsaufnahme und Perspektive, ZVS **07** 89.

Akkreditierung

72 (1) Träger von
1. **Begutachtungsstellen für Fahreignung (§ 66),**
2. **Technischen Prüfstellen (§ 69 in Verbindung mit den §§ 10 und 14 des Kraftfahrsachverständigengesetzes),**
3. **Stellen, die Kurse zur Wiederherstellung der Kraftfahreignung durchführen (§ 70),**

müssen entsprechend der Norm DIN EN ISO/IEC 17020, Ausgabe November 2004, für die Voraussetzungen und Durchführung dieser Aufgaben jeweils akkreditiert sein.

(2) **Die Aufgaben der Akkreditierung nimmt die Bundesanstalt für Straßenwesen nach der Norm DIN EN ISO/IEC 17011, Ausgabe Februar 2005, wahr.**

1   **Begr** (BRDrucks 443/98 S 317): § 72 führt Qualitätssicherungssysteme in den dort genannten Bereichen ein. Ziel ist die Sicherung einer gleichmäßig hohen Qualität von Prüfungen, Begutachtungen und Kursen. Bei der Fahrerlaubnisprüfung sind die Dienstfahrerlaubnisse erteilenden Sonderverwaltungen – Bundeswehr, Bundesgrenzschutz[*] und Polizei – ausgenommen, da dort andere Rahmenbedingungen herrschen und die Ziele der Akkreditierung dort mit Mitteln der innerbehördlichen Organisation und Aufsicht sichergestellt werden.

Zur Gewährleistung eines Qualitätsstandards sollen künftig die in Absatz 1 aufgeführten Träger in Anlehnung an die DIN EN 45 013 akkreditiert werden.

Akkreditierung bedeutet die Bestätigung der Kompetenz einer Stelle, eine bestimmte Aufgabe durchzuführen.

Es ist folgendes Verfahren vorgesehen:
- *Erstakkreditierung (Prüfung des Qualitätsmanagement-Handbuchs, inhaltliche Prüfung der fachlich-wissenschaftlichen Methoden)*
- *Nachakkreditierung (Wiederholungsprüfung nach drei Jahren)*
- *Jährliche Überprüfungen vor Ort (= Audits)*

Die Akkreditierung soll durch die Bundesanstalt für Straßenwesen erfolgen. Sie ist Voraussetzung und Grundlage für die Anerkennung durch die zuständige Landesbehörde. Die Akkreditierung selbst stellt keinen Verwaltungsakt dar, sondern hat gutachterliche Funktion für die Anerkennungsbehörde.
Dieses Verfahren bietet folgende Vorteile:
- *Es wird eine bundesweite Einheitlichkeit der Bezugnormen und Bewertungsmaßstäbe sichergestellt.*
- *Die Bundesanstalt für Straßenwesen als akkreditierende Stelle gewährleistet Neutralität, Unabhängigkeit und Vertrauenswürdigkeit.*
- *Es besteht die Möglichkeit, dass die staatliche Aufsicht effizienter gestaltet wird. …*

Begr zur ÄndVO v 18. 7. 08, BGBl I 1338: BR-Drs 302/08 S 69.

2   Die Vorschrift dient der Qualitätssicherung im Bereich der Tätigkeit der Begutachtungsstellen für Fahreignung, der Prüfstellen und der Betreiber von Kursen zur Wiederherstellung der Kraftfahreignung (VG Saarlouis Urt v 16. 4. 08 10 K 50/07 juris Rz 100). Durch die Akkreditierung wird die fachliche Kompetenz der betreffenden Stelle für die von ihr zu übernehmenden Aufgaben bestätigt. Die Akkreditierung schafft die Grundlage und Voraussetzung für die nach §§ 66, 69 und 70 erforderliche amtliche Anerkennung der in Abs 1 Nr 1 bis 3 bezeichneten Stellen, ist aber nur gutachterliche Tätigkeit der Bundesanstalt für Straßenwesen und **kein Ver-**

---

[*] Jetzt: Bundespolizei.

waltungsakt (s Begr Rz 1, VG Saarlouis Urt v 16. 4. 08 10 K 50/07 juris Rz 102, *Jagow/ Burmann/Heß* E Rz 109, *Geiger* SVR **06** 447, 450, *Scheufen/Müller-Rath/Schubert* NZV **08** 332, krit *Bouska/Laeverenz* § 72 FeV Anm 3); ihre Versagung unterliegt daher nicht der Anfechtung. Zum Umfang der Kontrollbefugnisse der BASt gegenüber akkreditierten Begutachtungsstellen, s *Seegmüller* NZV **00** 452, *Scheufen/Müller-Rath/Schubert* NZV **08** 332. Zum Problem der Verweisung auf DIN-Normen, die nicht amtlich mitverkündet sind, s **E** 5. Die Kritik an der Wirksamkeit der Verweisungen auf DIN-Normen in § 72 durch *Scheufen/Müller-Rath/Schubert* NZV **08** 332, 334 übersieht § 77.

Abs 1 Nr 3 betrifft nur **Kurse zur Wiederherstellung der Kraftfahreignung** gem § 70, **3** nicht die Aufbauseminare gem § 2a StVG (FE auf Probe), § 4 StVG (Punktsystem); insoweit gilt § 31 FahrlG über die Erlaubnis zur Durchführung von Aufbauseminaren (Seminarerlaubnis).

Lit: *Scheufen/Müller-Rath/Schubert*, Kontrollteilnahme von Begutachtern der BASt an Explorationsgesprächen im Rahmen der MPU, NZV **08** 332. *Seegmüller*, Umfang und Inhalt der Überwachungskompetenz der BASt gegenüber akkreditierten Begutachtungsstellen für Fahreignung, NZV **00** 452.

V. Durchführungs-, Bußgeld-, Übergangs- und Schlußvorschriften

Zuständigkeiten

73 (1) ¹Diese Verordnung wird, soweit nicht die obersten Landesbehörden oder die höheren Verwaltungsbehörden zuständig sind oder diese Verordnung etwas anderes bestimmt, von den nach Landesrecht zuständigen unteren Verwaltungsbehörden oder den Behörden, denen durch Landesrecht die Aufgaben der unteren Verwaltungsbehörde zugewiesen werden (Fahrerlaubnisbehörden), ausgeführt. ²Die zuständigen obersten Landesbehörden und die höheren Verwaltungsbehörden können diesen Behörden Weisungen auch für den Einzelfall erteilen.

(2) ¹Örtlich zuständig ist, soweit nichts anderes vorgeschrieben ist, die Behörde des Ortes, in dem der Antragsteller oder Betroffene seine Wohnung, bei mehreren Wohnungen seine Hauptwohnung, hat (§ 12 Abs. 2 des Melderechtsrahmengesetzes in der Fassung der Bekanntmachung vom 24. Juni 1994 (BGBl. I S. 1430), geändert durch Artikel 3 Abs. 1 des Gesetzes vom 12. Juli 1994 (BGBl. I S. 1497), in der jeweils geltenden Fassung), mangels eines solchen die Behörde des Aufenthaltsortes, bei juristischen Personen, Handelsunternehmen oder Behörden die Behörde des Sitzes oder des Ortes der beteiligten Niederlassung oder Dienststelle. ²Anträge können mit Zustimmung der örtlich zuständigen Behörde von einer gleichgeordneten auswärtigen Behörde behandelt und erledigt werden. ³Die Verfügungen der Behörde nach Satz 1 und 2 sind im gesamten Inland wirksam, es sei denn, der Geltungsbereich wird durch gesetzliche Regelung oder durch behördliche Verfügung eingeschränkt. ⁴Verlangt die Verkehrssicherheit ein sofortiges Eingreifen, kann anstelle der örtlich zuständigen Behörde jede ihr gleichgeordnete Behörde mit derselben Wirkung Maßnahmen auf Grund dieser Verordnung vorläufig treffen.

(3) Hat der Betroffene keinen Wohn- oder Aufenthaltsort im Inland, ist für Maßnahmen, die das Recht zum Führen von Kraftfahrzeugen betreffen, jede untere Verwaltungsbehörde (Absatz 1) zuständig.

(4) Die Zuständigkeiten der Verwaltungsbehörden, der höheren Verwaltungsbehörden und der obersten Landesbehörden werden für die Dienstbereiche der Bundeswehr, der Bundespolizei und der Polizei durch deren Dienststellen nach Bestimmung der Fachministerien wahrgenommen.

Begr (BRDrucks 443/98 S 318): *§ 73 übernimmt die bisher in § 68 StVZO enthaltenen Rege-* **1** *lungen. Absatz 1 Satz 2 entspricht der Bestimmung in § 46 Abs. 2 StVO. Für die Bestimmung der örtlich zuständigen Behörden innerhalb der Bundesrepublik Deutschland wird aus Gründen der Einheitlichkeit der Rechtsordnung an die Bestimmungen des Melderechtsrahmengesetzes angeknüpft (Absatz 2).*

1. Die Bestimmung entspricht inhaltlich im Wesentlichen der Vorschrift des **§ 68 StVZO**. **2** Auf die Erläuterungen zu jener Bestimmung wird daher verwiesen.

2. Sachlich zuständig sind gem Abs 1 idR die unteren **Verwaltungsbehörden** (Fahrer- **3** laubnisbehörden, Begriff s § 2 I 1 StVG), zB für die Ermittlung nach § 22 II, die Untersagung der Führung von Fzen oder Tieren nach § 3, die Auferlegung von Bedingungen bei dieser Führung, die Entziehung der Fahrerlaubnis und die Festsetzung von Bedingungen für ihre Wiedererlangung (§ 46); Erlaubniserteilung zur Führung von Kfzen nach den §§ 4 I, 20, 21, 30, 31.

4 Die **obersten Landesbehörden** oder die von ihnen bestimmten Stellen sind zuständig für die Genehmigung von Ausnahmen gemäß § 74 I Nr 1.

5 Das **BMV** oder die von ihm bestimmten Stellen sind zuständig für die Genehmigung von Ausnahmen gemäß § 74 I Nr 2.

6 **3. Örtlich zuständig** ist die Behörde des Wohnortes des Betroffenen oder Antragstellers (Abs 2), bei mehreren Wohnungen die des Hauptwohnsitzes, sonst entscheidet der Aufenthaltsort (s § 68 StVZO Rz 11). Abs 2 S 1 setzt nicht voraus, dass es sich bei dem Aufenthaltsort um den gewöhnlichen Aufenthaltsort handelt, ausreichend ist die körperliche Anwesenheit des Betroffenen (VGH Mü Beschl v 13. 8. 07 11 ZB 07.680 juris Rz 8). Eine von der örtlich unzuständigen B erteilte FE ist rechtswidrig (OVG Hb VRS **105** 466), aber nicht nichtig (§ 44 III Nr 1 VwVfG). Die örtlich zuständige StrVB darf die von einer auswärtigen Behörde erteilte FE jedoch nicht mit der Begründung zurücknehmen, jene sei nicht örtlich zuständig gewesen (OVG Br DVBl **63** 736). Wechselt der Betroffene den Wohnsitz, nachdem ihm die VB die FE entzogen hatte, so berührt das die örtliche Zuständigkeit nicht (BVerwG DAR **65** 165). Zur EdF durch örtlich unzuständige FEB VG Augsburg ZfS **06** 292.

7 **3 a.** Für die in Abs 3 genannten Maßnahmen gegen FEInhaber **ohne ständigen Aufenthalt im Inland** ist mangels örtlichen Anknüpfungspunktes jede inländische FEB örtlich zuständig (Abs 3). Das gilt zB für die Aberkennung des Rechts, von einer ausländischen FE im Inland Gebrauch zu machen (§ 29 a), für die in § 46 genannten Maßnahmen bei Eignungszweifeln oder für die Erteilung des Rechts des Fahrens mit ausländischer FE nach verwaltungsbehördlicher Entziehung oder Versagung der FE (§ 29 IV). Dadurch wird vermieden, dass, falls ein inländischer Wohn- oder Aufenthaltsort nicht besteht, *keine* VB örtlich zuständig ist (s Begr zu § 68 IIa StVZO alt, VkBl **88** 477). Es ist Ländersache, durch Vwv diese Aufgabe landesweit einer bestimmten Behörde oder der jeweiligen Behörde zu übertragen, in deren Bereich die den Eignungsmangel begründende Zuwiderhandlung begangen wurde.

Ausnahmen

74 (1) Ausnahmen können genehmigen

1. die zuständigen obersten Landesbehörden oder die von ihnen bestimmten oder nach Landesrecht zuständigen Stellen von allen Vorschriften dieser Verordnung in bestimmten Einzelfällen oder allgemein für bestimmte einzelne Antragsteller, es sei denn, daß die Auswirkungen sich nicht auf das Gebiet des Landes beschränken und eine einheitliche Entscheidung erforderlich ist,
2. das Bundesministerium für Verkehr, Bau und Stadtentwicklung von allen Vorschriften dieser Verordnung, sofern nicht die Landesbehörden nach Nummer 1 zuständig sind; allgemeine Ausnahmen ordnet es durch Rechtsverordnung ohne Zustimmung des Bundesrates nach Anhörung der zuständigen obersten Landesbehörden an.

(2) Ausnahmen vom Mindestalter setzen die Zustimmung des gesetzlichen Vertreters voraus.

(3) Die Genehmigung von Ausnahmen von den Vorschriften dieser Verordnung kann mit Auflagen verbunden werden.

(4) ¹Über erteilte Ausnahmegenehmigungen oder angeordnete Auflagen stellt die entscheidende Verwaltungsbehörde eine Bescheinigung aus, sofern die Ausnahme oder Auflage nicht im Führerschein vermerkt wird. ²Die Bescheinigung ist beim Führen von Kraftfahrzeugen mitzuführen und zuständigen Personen auf Verlangen zur Prüfung auszuhändigen.

(5) **Die Bundeswehr, die Polizei, der Bundespolizei, die Feuerwehr und die anderen Einheiten und Einrichtungen des Katastrophenschutzes sowie der Zolldienst** sind von den Vorschriften dieser Verordnung befreit, soweit dies zur Erfüllung hoheitlicher Aufgaben unter gebührender Berücksichtigung der öffentlichen Sicherheit und Ordnung dringend geboten ist.

Begr: BRDrucks 443/98 S 318.

1 **1.** Die Vorschrift entspricht für den FEBereich inhaltlich im Wesentlichen der Bestimmung des **§ 70 StVZO**. Auf die Erläuterungen zu jener Bestimmung wird verwiesen. Die in Abs 2 getroffene Regelung über die Erforderlichkeit einer Zustimmung des gesetzlichen Vertreters zur

Übergangsrecht §§ 75, 76 FeV **3**

Bewilligung von Ausnahmen vom **Mindestalter** für die Erteilung einer FE der verschiedenen Klassen entspricht dem früheren § 7 II StVZO (alt). Mindestalter: § 10.

2. Über erteilte Ausnahmen stellt die VB eine **Bescheinigung** aus, soweit sie nicht im FS vermerkt werden. Die Bescheinigung ist vom Betroffenen mitzuführen und zuständigen Personen auf Verlangen zur Prüfung auszuhändigen (Abs 4). Mitführen: s § 4 Rz 11. Wird die Ausnahmegenehmigung mit **Auflagen** verbunden, so muss der Betroffene diesen Auflagen nachkommen und die über die Auflagen ausgestellte Bescheinigung der VB ebenfalls mitführen und zuständigen Personen auf Verlangen aushändigen. **2**

3. Ordnungswidrigkeiten. Ow ist a) das Nichtmitführen oder Nichtaushändigen der Bescheinigung über Ausnahmeerteilung und Auflagen (Abs 4 S 2), §§ 75 Nr 4 FeV, 24 StVG, b) die Nichterfüllung von Auflagen, die gem Abs 3 mit der Ausnahmegenehmigung verbunden sind, §§ 75 Nr 9 FeV, 24 StVG. **3**

Ordnungswidrigkeiten

75 Ordnungswidrig im Sinne des § 24 des Straßenverkehrsgesetzes handelt, wer vorsätzlich oder fahrlässig

1. entgegen § 2 Abs. 1 am Verkehr teilnimmt oder jemanden als für diesen Verantwortlicher am Verkehr teilnehmen läßt, ohne in geeigneter Weise Vorsorge getroffen zu haben, daß andere nicht gefährdet werden,
2. entgegen § 2 Abs. 3 ein Kennzeichen der in § 2 Abs. 2 genannten Art verwendet,
3. entgegen § 3 Abs. 1 ein Fahrzeug oder Tier führt oder einer vollziehbaren Anordnung oder Auflage zuwiderhandelt,
4. einer Vorschrift des § 4 Abs. 2 Satz 2 oder 3, § 5 Abs. 4 Satz 2 oder 3, § 25 Abs. 4 Satz 1, § 48 Abs. 3 Satz 2 oder § 74 Abs. 4 Satz 2 über die Mitführung, Aushändigung von Führerscheinen, deren Übersetzung sowie Bescheinigungen und der Verpflichtung zur Anzeige des Verlustes und Beantragung eines Ersatzdokuments zuwiderhandelt,
5. entgegen § 5 Abs. 1 Satz 1 oder § 76 Nr. 2 ein Mofa oder einen motorisierten Krankenfahrstuhl führt, ohne die dazu erforderliche Prüfung abgelegt zu haben,
6. entgegen § 5 Abs. 2 Satz 2 oder 3 eine Mofa-Ausbildung durchführt, ohne die dort genannte Fahrlehrerlaubnis zu besitzen oder entgegen § 5 Abs. 2 Satz 4 eine Ausbildungsbescheinigung ausstellt,
7. entgegen § 10 Abs. 3 ein Kraftfahrzeug, für dessen Führung eine Fahrerlaubnis nicht erforderlich ist, vor Vollendung des 15. Lebensjahres führt,
8. entgegen § 10 Abs. 4 ein Kind unter sieben Jahren auf einem Mofa (§ 4 Abs. 1 Satz 2 Nr. 1) mitnimmt, obwohl er noch nicht 16 Jahre alt ist,
9. einer vollziehbaren Auflage nach § 10 Abs. 2 Satz 4, § 23 Abs. 2 Satz 1, § 28 Abs. 1 Satz 2, § 46 Abs. 2, § 48a Abs. 2 Satz 1 oder § 74 Abs. 3 zuwiderhandelt,
10. einer Vorschrift des § 25 Abs. 5 Satz 3, des § 30 Abs. 3 Satz 2, des § 47 Abs. 1, auch in Verbindung mit Absatz 2 Satz 1 sowie Absatz 3 Satz 2, oder des § 48 Abs. 10 Satz 3 in Verbindung mit § 47 Abs. 1 über die Ablieferung oder die Vorlage eines Führerscheins zuwiderhandelt oder
11. *(aufgehoben)*
12. entgegen § 48 Abs. 1 ein dort genanntes Kraftfahrzeug ohne Erlaubnis führt oder entgegen § 48 Abs. 8 die Fahrgastbeförderung anordnet oder zuläßt oder
13. entgegen § 48a Abs. 3 Satz 2 die Prüfungsbescheinigung nicht mitführt oder aushändigt,
14. einer vollziehbaren Auflage nach § 29 Abs. 1 Satz 5 zuwiderhandelt,
15. einer vollziehbaren Auflage nach § 29a Abs. 1 Satz 2 zuwiderhandelt.

Übergangsrecht

76 Zu den nachstehend bezeichneten Vorschriften gelten folgende Bestimmungen:
1. *(aufgehoben)*
2. § 4 Abs. 1 Nr. 2 (Krankenfahrstühle)
Inhaber einer Prüfbescheinigung für Krankenfahrstühle nach § 5 Abs. 4 dieser Verordnung in der bis zum 1. September 2002 geltenden Fassung sind berechtigt, motorisierte Krankenfahrstühle mit einer durch die Bauart bestimmten Höchstgeschwindigkeit von mehr als 10 km/h nach § 4 Abs. 1 Satz 2 Nr. 2 dieser Verordnung in der bis

Dauer

3 FeV § 76 V. Durchführungs-, Bußgeld-, Übergangs- und Schlußvorschriften

zum 1. September 2002 geltenden Fassung und nach § 76 Nr. 2 dieser Verordnung in der bis zum 1. September 2002 geltenden Fassung zu führen. Wer einen motorisierten Krankenfahrstuhl mit einer durch die Bauart bestimmten Höchstgeschwindigkeit von nicht mehr als 10 km/h nach § 4 Abs. 1 Satz 2 Nr. 2 dieser Verordnung in der bis zum 1. September 2002 geltenden Fassung führt, der bis zum 1. September 2002 erstmals in den Verkehr gekommen ist, bedarf keiner Fahrerlaubnis oder Prüfbescheinigung nach § 5 Abs. 4 dieser Verordnung in der bis zum 1. September 2002 geltenden Fassung.

3. § 5 Abs. 1 (Prüfung für das Führen von Mofas)
gilt nicht für Führer der in § 4 Abs. 1 Satz 2 Nr. 1 bezeichneten Fahrzeuge, die vor dem 1. April 1980 das 15. Lebensjahr vollendet haben.

4. § 5 Abs. 2 (Berechtigung eines Fahrlehrers zur Mofa-Ausbildung)
Zur Mofa-Ausbildung ist auch ein Fahrlehrer berechtigt, der eine Fahrlehrerlaubnis der bisherigen Klasse 3 oder eine ihr entsprechende Fahrlehrerlaubnis besitzt, diese vor dem 1. Oktober 1985 erworben und vor dem 1. Oktober 1987 an einem mindestens zweitägigen, vom Deutschen Verkehrssicherheitsrat durchgeführten Einführungslehrgang teilgenommen hat.

5. § 5 Abs. 4 und Anlagen 1 und 2 (Prüfbescheinigung für Mofas/Krankenfahrstühle)
Prüfbescheinigungen für Mofas und Krankenfahrstühle, die nach den bis zum 1. September 2002 vorgeschriebenen Mustern ausgefertigt worden sind, bleiben gültig.

6. § 6 Abs. 1 zur Klasse A1 (Leichtkrafträder)
Als Leichtkrafträder gelten auch Krafträder mit einem Hubraum von nicht mehr als 50 cm³ und einer durch die Bauart bestimmten Höchstgeschwindigkeit von mehr als 40 km/h (Kleinkrafträder bisherigen Rechts), wenn sie bis zum 31. Dezember 1983 erstmals in den Verkehr gekommen sind.

7. *(aufgehoben)*

8. § 6 Abs. 1 zu Klasse M
Als zweirädrige Kleinkrafträder und Fahrräder mit Hilfsmotor gelten auch

a) Krafträder mit einem Hubraum von nicht mehr als 50 cm³ und einer durch die Bauart bestimmten Höchstgeschwindigkeit von mehr als 45 km/h und nicht mehr als 50 km/h, wenn sie bis zum 31. Dezember 2001 erstmals in den Verkehr gekommen sind,

b) dreirädrige einsitzige Kraftfahrzeuge, die zur Beförderung von Gütern geeignet und bestimmt sind, mit einer durch die Bauart bestimmten Höchstgeschwindigkeit von nicht mehr als 45 km/h, einem Hubraum von nicht mehr als 50 cm³ und einem Leergewicht von nicht mehr als 150 kg (Lastendreirad), wenn sie bis zum 31. Dezember 2001 erstmals in den Verkehr gekommen sind,

c) Kleinkrafträder und Fahrräder mit Hilfsmotor im Sinne der Vorschriften der Deutschen Demokratischen Republik, wenn sie bis zum 28. Februar 1992 erstmals in den Verkehr gekommen sind.

Wie Fahrräder mit Hilfsmotor werden beim Vorliegen der sonstigen Voraussetzungen des § 6 Abs. 1 behandelt

a) Fahrzeuge mit einem Hubraum von mehr als 50 cm³, wenn sie vor dem 1. September 1952 erstmals in den Verkehr gekommen sind und die durch die Bauart bestimmte Höchstleistung ihres Motors 0,7 kW (1 PS) nicht überschreitet,

b) Fahrzeuge mit einer durch die Bauart bestimmten Höchstgeschwindigkeit von mehr als 40 km/h, wenn sie vor dem 1. Januar 1957 erstmals in den Verkehr gekommen sind und das Gewicht des betriebsfähigen Fahrzeugs mit dem Hilfsmotor, jedoch ohne Werkzeug und ohne den Inhalt des Kraftstoffbehälters – bei Fahrzeugen, die für die Beförderung von Lasten eingerichtet sind, auch ohne Gepäckträger – 33 kg nicht übersteigt; diese Gewichtsgrenze gilt nicht bei zweisitzigen Fahrzeugen (Tandems) und Fahrzeugen mit drei Rädern.

8 a. § 10 Abs. 2 Satz 1 (Mindestalter bei Berufsausbildung)
Für Personen, die sich am 26. Juni 2006 in einer Berufsausbildung zu einem in § 10 Abs. 2 Satz 1 bezeichneten Ausbildungsberuf befinden, ist § 10 Abs. 2 Satz 1 in der am 26. Juni 2006 geltenden Fassung bis zum Abschluss ihrer jeweiligen Ausbildung weiter anzuwenden.

9. § 11 Abs. 9, § 12 Abs. 6, §§ 23, 24, 48 und Anlage 5 und 6
(ärztliche Wiederholungsuntersuchungen und Sehvermögen bei Inhabern von Fahrerlaubnissen alten Rechts)
¹Inhaber einer Fahrerlaubnis der Klasse 3 oder einer ihr entsprechenden Fahrerlaubnis, die bis zum 31. Dezember 1998 erteilt worden ist, brauchen sich, soweit sie keine in Klasse CE fallenden Fahrzeugkombinationen führen, keinen ärztlichen Untersuchungen zu unterziehen. ²Bei einer Umstellung ihrer Fahrerlaubnis werden die Klassen C1 und

C1E nicht befristet. ³Auf Antrag wird bei einer Umstellung auch die Klasse CE mit Beschränkung auf bisher in Klasse 3 fallende Züge zugeteilt. ⁴Die Fahrerlaubnis dieser Klasse wird bis zu dem Tag befristet, an dem der Inhaber das 50. Lebensjahr vollendet. ⁵Für die Verlängerung der Fahrerlaubnis nach Ablauf der Geltungsdauer ist § 24 entsprechend anzuwenden. ⁶Fahrerlaubnisinhaber, die bis zum 31. Dezember 1998 das 50. Lebensjahr vollenden, müssen bei der Umstellung der Fahrerlaubnis für den Erhalt der beschränkten Klasse CE ihre Eignung nach Maßgabe von § 11 Abs. 9 und § 12 Abs. 6 in Verbindung mit den Anlagen 5 und 6 nachweisen. ⁷Wird die bis zum 31. Dezember 1998 erteilte Fahrerlaubnis nicht umgestellt, darf der Inhaber ab Vollendung des 50. Lebensjahres keine in Klasse CE fallende Fahrzeugkombinationen mehr führen. ⁸Für die Erteilung einer Fahrerlaubnis dieser Klasse ist anschließend § 24 Abs. 2 entsprechend anzuwenden. ⁹Für Fahrerlaubnisinhaber, die bis zum 31. Dezember 1999 das 50. Lebensjahr vollendet haben, tritt Satz 7 am 1. Januar 2001 in Kraft,
¹⁰Bei der Umstellung einer bis zum 31. Dezember 1998 erteilten Fahrerlaubnis der Klasse 2 oder einer entsprechenden Fahrerlaubnis wird die Fahrerlaubnis der Klassen C und CE bis zu dem Tag befristet, an dem der Inhaber das 50. Lebensjahr vollendet. ¹¹Für die Verlängerung der Fahrerlaubnis und die Erteilung nach Ablauf der Geltungsdauer ist § 24 entsprechend anzuwenden. ¹²Fahrerlaubnisinhaber, die bis zum 31. Dezember 1998 das 50. Lebensjahr vollenden, müssen bei der Umstellung der Fahrerlaubnis ihre Eignung nach Maßgabe von § 11 Abs. 9 und § 12 Abs. 6 in Verbindung mit den Anlagen 5 und 6 nachweisen. ¹³Wird die bis zum 31. Dezember 1998 erteilte Fahrerlaubnis nicht umgestellt, darf der Inhaber ab Vollendung des 50. Lebensjahres keine Fahrzeuge oder Fahrzeugkombinationen der Klassen C oder CE mehr führen. ¹⁴Für die Erteilung einer Fahrerlaubnis dieser Klassen ist anschließend § 24 Abs. 2 entsprechend anzuwenden. ¹⁵Für Fahrerlaubnisinhaber, die bis zum 31. Dezember 1999 das 50. Lebensjahr vollendet haben, tritt Satz 13 am 1. Januar 2001 in Kraft. ¹⁶Bescheinigungen über die ärztliche Untersuchung oder Zeugnisse über die augenärztliche Untersuchung des Sehvermögens, die nach den bis zum Ablauf des 14. Juni 2007 vorgeschriebenen Mustern ausgefertigt worden sind, bleiben zwei Jahre gültig. ¹⁷Bescheinigungen über die ärztliche Untersuchung oder Zeugnisse über die augenärztliche Untersuchung des Sehvermögens, die den Mustern der Anlagen 5 und 6 in der bis zum Ablauf des 14. Juni 2007 geltenden Fassung entsprechen, dürfen bis zum 1. September 2007 weiter ausgefertigt werden.

10. *(aufgehoben)*
11. *(aufgehoben)*
11a. § 20 (Neuerteilung der Fahrerlaubnis nach Entzug der Klasse 3 alten Rechts)
    Personen, denen eine Fahrerlaubnis alten Rechts der Klasse 3 entzogen wurde, werden im Rahmen einer Neuerteilung nach § 20 auf Antrag außer der Klasse B auch die Klassen BE, C1 und C1E, sowie die Klasse A1, sofern die Klasse 3 vor dem 1. April 1980 erteilt war, ohne Ablegung der hierfür erforderlichen Fahrerlaubnisprüfungen erteilt, wenn die Fahrerlaubnisbehörde auf die Ablegung der Prüfung für die Klasse B nach § 20 Abs. 2 verzichtet hat.
12. § 22 Abs. 2, § 25 Abs. 4 (Einholung von Auskünften)
    Sind die Daten des Betreffenden noch nicht im Zentralen Fahrerlaubnisregister gespeichert, können die Auskünfte nach § 22 Abs. 2 Satz 2 und § 25 Abs. 4 Satz 1 aus den örtlichen Fahrerlaubnisregistern eingeholt werden.
13. § 25 Abs. 1 und Anlage 8, § 26 Abs. 1 und Anlage 8, § 48 Abs. 3 und Anlage 8 (Führerscheine, Fahrerlaubnis zur Fahrgastbeförderung)
    Führerscheine, die nach den bis zum 31. Dezember 1998 vorgeschriebenen Mustern oder nach den Vorschriften der Deutschen Demokratischen Republik, auch solche der Nationalen Volksarmee, ausgefertigt worden sind, bleiben gültig.
    Bis zum 31. Dezember 1998 erteilte Fahrerlaubnis zur Fahrgastbeförderung in Kraftomnibussen, Taxen, Mietwagen, Krankenkraftwagen oder Personenkraftwagen, mit denen Ausflugsfahrten oder Ferienziel-Reisen (§ 48 Personenbeförderungsgesetz) durchgeführt werden und entsprechende Führerscheine bleiben bis zum Ablauf ihrer bisherigen Befristung gültig. Die Regelung in Nummer 9 bleibt unberührt.
14. § 48 Abs. 3 (Weitergeltung der bisherigen Führerscheine zur Fahrgastbeförderung)
    Führerscheine zur Fahrgastbeförderung, die nach dem bis zum 1. September 2002 vorgeschriebenen Mustern ausgefertigt sind, bleiben gültig. Führerscheine zur Fahrgastbeförderung, die dem Muster 4 der Anlage 8 in der bis zum 1. September 2002 gelten den Fassung entsprechen, dürfen bis zum 31. Dezember 2002 weiter ausgefertigt werden.
15. *(aufgehoben)*
16. § 68 (Stellen für die Unterweisung in lebensrettenden Sofortmaßnahmen und die Ausbildung in Erster Hilfe)

Der Arbeiter-Samariter-Bund Deutschland, das Deutsche Rote Kreuz, die Johanniter-Unfallhilfe und der Malteser-Hilfsdienst gelten bis zum 31. Dezember 2013 als amtlich anerkannt. Die Anerkennung kann durch die oberste Landesbehörde oder die von ihr bestimmte oder nach Landesrecht zuständige Stelle mit Auflagen verbunden werden, um sicherzustellen, daß die Unterweisungen und Ausbildungen ordnungsgemäß durchgeführt werden. Die Anerkennung ist im Einzelfall durch die oberste Landesbehörde oder die von ihr bestimmte oder nach Landesrecht zuständige Stelle für ihren jeweiligen Zuständigkeitsbereich nach Maßgabe von § 68 Abs. 2 Satz 5 zu widerrufen, wenn die in diesen Vorschriften bezeichneten Umstände jeweils vorliegen. Für die Aufsicht ist § 68 Abs. 2 Satz 6 und 7 entsprechend anzuwenden.

17. § 70 (Kurse zur Wiederherstellung der Kraftfahreignung)
Kurse, die vor dem 1. Januar 1999 von den zuständigen obersten Landesbehörden anerkannt und die von ihrem Träger durchgeführt wurden, müssen bis zum 31. Dezember 2009 erneut evaluiert sein.

18. *(aufgehoben)*

Begr: BRDrucks 443/98 S 318.

Begr zur ÄndVO v 7. 8. 02: BRDrucks 497/02 S 77.

Begr zur ÄndVO v 14. 6. 06: BRDrucks 212/06 S 4. **Zu Nr. 8 a:** s § 10 Rz 1.

Begr zur ÄndVO v 6. 6. 07 (BGBl I 1045) **zu Nr 9** : VkBl **08** 253.

Begr zur ÄndVO v 18. 7. 08, BGBl I 1338 **zu Nr 1, 5 S 2, 7, 9 S 5, 10, 11, 15, 18:** BRDrs 302/08 S 70.

Anm: Nr 9 ist von der Ermächtigung des § 6 I Nr 1 Buchst x StVG gedeckt; Nr 9 S 10 ist grundgesetzkonform (OVG Hb DAR **07** 106).

Verweis auf technische Regelwerke

77 ¹Soweit in dieser Verordnung auf DIN-, EN- oder ISO/IEC-Normen Bezug genommen wird, sind diese im Beuth Verlag GmbH, 10772 Berlin, erschienen. ²Sie sind beim Deutschen Patentamt archivmäßig gesichert niedergelegt.

Inkrafttreten

78 Diese Verordnung tritt am 1. Januar 1999 in Kraft.

Anlage 3 (zu § 6 Abs. 7)

Umstellung von Fahrerlaubnissen alten Rechts und Umtausch von Führerscheinen nach bisherigen Mustern

Bei der Umstellung von Fahrerlaubnissen alten Rechts auf die neuen Klassen und dem Umtausch von Führerscheinen nach den bisherigen Mustern werden folgende Klassen zugeteilt und im Führerschein bestätigt:

I. Fahrerlaubnisse und Führerscheine nach der Straßenverkehrs-Zulassungs-Ordnung

Fahrerlaubnisklasse (alt)	Datum der Erteilung der Fahrerlaubnis	unbeschränkte Fahrerlaubnisklassen (neu)	Zuteilung nur auf Antrag Klasse (Schlüsselzahlen gemäß Anlage 9)	weitere Berechtigungen: Klasse und Schlüsselzahl gemäß Anlage 9
1	vor dem 1. 12. 54	A, A1, B, M, S, L		L 174, 175
1	im Saarland nach dem 30. 11. 54 und vor dem 1. 10. 60	A, A1, B, M, S, L		L 174, 175
1	nach dem 30. 11. 54 und vor dem 1. 1. 89	A, A1, M, S, L		L 174, 175
1	nach dem 31. 12. 88	A, A1, M, L		L 174

Anlage 3

Fahrerlaubnisklasse (alt)	Datum der Erteilung der Fahrerlaubnis	unbeschränkte Fahrerlaubnisklassen (neu)	Zuteilung nur auf Antrag Klasse (Schlüsselzahlen gemäß Anlage 9)	weitere Berechtigungen: Klasse und Schlüsselzahl gemäß Anlage 9
1 a	vor dem 1. 1. 89	A, A1, M, S, L		L 174, 175
1 a	nach dem 31. 12. 88	A[1)], A1, M, L		L 174
1 beschränkt auf Leichtkrafträder	nach dem 31. 3. 80 und vor dem 1. 4. 86	A1, M, S, L		L 174, 175
1 b	vor dem 1. 1. 89	A1, M, S, L		L 174, 175
1 b	nach dem 31. 12. 88	A1, M, L		L 174
2	vor dem 1. 12. 54	A, A1, B, BE, C1, C1E, C, CE, M, S, L, T		C 172
2	im Saarland nach dem 30. 11. 54 und vor dem 1. 10. 60	A, A1, B, BE, C1, C1E, C, CE, M, S, L, T		C 172
2	vor dem 1. 4. 80	A1, B, BE, C1, C1E, C, CE, M, S, L, T		C 172
2	nach dem 31. 3. 80	B, BE, C1, C1E, C, CE, M, S, L, T		C 172
2 beschränkt auf Kombinationen nach Art eines Sattelkraftfahrzeugs oder eines Lastkraftwagens mit drei Achsen	nach dem 31. 12. 85	B, BE, C1, C1E, M, S, L	C, CE 79 (L ≤ 3), T[2)]	C 172
3 (a + b)	vor dem 1. 12. 54	A, A1, B, BE, C1, C1E, M, S, L	CE 79 (C1E > 12 000 kg, L ≤ 3), T[2)]	C1 171, L 174, 175
3	im Saarland nach dem 30. 11. 54 und vor dem 1. 10. 60	A, A1, B, BE, C1, C1E, M, S, L	CE 79 (C1E > 12 000 kg, L ≤ 3), T[2)]	C1 171, L 174, 175
3	vor dem 1. 4. 80	A1, B, BE, C1, C1E, M, S, L	CE 79 (C1E > 12 000 kg, L ≤ 3), T[2)]	C1 171, L 174, 175
3	nach dem 31. 3. 80 und vor dem 1. 1. 89	B, BE, C1, C1E, M, S, L	CE 79 (C1E > 12 000 kg, L ≤ 3), T[2)]	C1 171, L 174, 175
3	nach dem 31. 12. 88	B, BE, C1, C1E, M, S, L	CE 79 (C1E > 12 000 kg, L ≤ 3), T[2)]	C1 171, L 174
4	vor dem 1. 12. 54	A, A1, B, M, S, L		L 174, 175
4	im Saarland nach dem 30. 11. 54 und vor dem 1. 10. 60	A, A1, B, M, S, L		L 174, 175

[1)] **Amtl. Anm.:** § 6 Abs. 2 Satz 1 findet Anwendung.
[2)] **Amtl. Anm.:** nur für in der Land- oder Forstwirtschaft tätige Personen.

3 FeV Anl 3   Anlage 3

Fahrerlaubnisklasse (alt)	Datum der Erteilung der Fahrerlaubnis	unbeschränkte Fahrerlaubnisklassen (neu)	Zuteilung nur auf Antrag Klasse (Schlüsselzahlen gemäß Anlage 9)	weitere Berechtigungen: Klasse und Schlüsselzahl gemäß Anlage 9
4	vor dem 1. 4. 80	A1, M, S, L		L 174, 175
4	nach dem 31. 3. 80 und vor dem 1. 1. 89	M, S, L		L 174, 175
4	nach dem 31. 12. 88	M, L		L 174
5	vor dem 1. 4. 80	M, S, L		L 174, 175
5	nach dem 31. 3. 80 und vor dem 1. 1. 89	S, L		L 174, 175
5	nach dem 31. 12. 88	L		L 174

Fahrerlaubnisse zur Fahrgastbeförderung (alt)	unbeschränkte Fahrerlaubnisklassen (neu)	Klasse und Schlüsselzahl gemäß Anlage 9 beschränkter Fahrerlaubnisklassen
Fahrerlaubnis zur Fahrgastbeförderung in Kraftomnibussen	D1, D1E, D, DE	
Fahrerlaubnis zur Fahrgastbeförderung in Kraftomnibussen beschränkt auf Fahrzeuge mit nicht mehr als 14 Fahrgastplätzen	D1, D1E	
Fahrerlaubnis zur Fahrgastbeförderung in Kraftomnibussen beschränkt auf Fahrzeuge mit nicht mehr als 24 Fahrgastplätzen oder nicht mehr als 7500 kg zulässiger Gesamtmasse	D1, D1E	D 79 (S 1 ≤ 25/7500 kg) DE 79 (S 1 ≤ 25/7500 kg)

II. Fahrerlaubnisse und Führerscheine nach den Vorschriften der Deutschen Demokratischen Republik

a) Vor dem 3. Oktober 1990 ausgestellte Führerscheine

DDR-Fahrerlaubnisklasse	Datum der Erteilung der Fahrerlaubnis	unbeschränkte Fahrerlaubnisklassen (neu)	Zuteilung nur auf Antrag Klasse (Schlüsselzahl gemäß Anlage 9)	weitere Berechtigungen: Klasse und Schlüsselzahl gemäß Anlage 9
A	vor dem 1. 12. 54	A, A1, B, M, S, L		L 174, 175
A	nach dem 30. 11. 54 und vor dem 1. 1. 89	A, A1, M, S, L		L 174, 175
A	nach dem 31. 12. 88	A, A1, M, L		L 174
B (beschränkt auf Kraftwagen mit nicht mehr als 250 cm³ Hubraum, Elektrokarren – auch mit Anhänger – sowie maschinell angetriebene Krankenfahrstühle	vor dem 1. 12. 54	A, A1, B, S, L		L 174, 175

Anlage 3

DDR-Fahr-erlaubnisklasse	Datum der Erteilung der Fahrerlaubnis	unbeschränkte Fahrerlaubnis-klassen (neu)	Zuteilung nur auf Antrag Klasse (Schlüsselzahl gemäß Anlage 9)	weitere Berechtigungen: Klasse und Schlüsselzahl gemäß Anlage 9
B (beschränkt)	nach dem 30. 11. 54 und vor dem 1. 4. 80	A1, B, S, L		L 174, 175
B (beschränkt)	nach dem 31. 3. 80 und vor dem 1. 1. 89	B, S, L		L 174, 175
B (beschränkt)	nach dem 31. 12. 88	B, S, L		L 174
B	vor dem 1. 12. 54	A, A1, B, BE, C1, C1E, M, S, L	CE 79 (C1E > 12 000 kg, L ≤ 3), T$^{1)}$	C1 171, L 174
B	nach dem 30. 11. 54 und vor dem 1. 4. 80	A1, B, BE, C1, C1E, M, S, L	CE 79 (C1E > 12 000 kg, L ≤ 3), T$^{1)}$	C1 171 L 174, 175
B	nach dem 31. 3. 80 und vor dem 1. 1. 89	B, BE, C1, C1E, M, S, L	CE 79 (C1E > 12 000 kg, L ≤ 3), T$^{1)}$	C1 171, L 174, 175
B	nach dem 31. 12. 88	B, BE, C1, C1E, M, S, L	CE 79 (C1E > 12 000 kg, L ≤ 3), T$^{1)}$	C1 171, L 174
C	vor dem 1. 12. 54	A, A1, B, BE, C1, C1E, C, M, S, L	CE 79 (C1E > 12 000 kg, L ≤ 3), T$^{1)}$	C 172
C	nach dem 30. 11. 54 und vor dem 1. 4. 80	A1, B, BE, C1, C1E, C, M, S, L	CE 79 (C1E > 12 000 kg, L ≤ 3), T$^{1)}$	C 172
C	nach dem 31. 3. 80	B, BE, C1, C1E, C, M, S, L	CE 79 (C1E > 12 000 kg, L ≤ 3), T$^{1)}$	C 172
D		B, BE, C1, C1E, D1$^{2)}$, D1E$^{2)}$, D$^{2)}$, S, M, L		L 174
BE	vor dem 1. 1. 89	B, BE, C1, C1E, M, S, L	CE 79 (C1E > 12 000 kg, L ≤ 3), T$^{1)}$	C1 171 L 174, 175
BE	nach dem 31. 12. 88	B, BE, C1, C1E, M, S, L	CE 79 (C1E > 12 000 kg, L ≤ 3), T$^{1)}$	C1 171, L 174
CE		B, BE, C1, C1E, C, CE, M, S, L, T		C 172
DE		B, BE, C1, C1E, D1$^{2)}$, D1E$^{2)}$, D$^{2)}$, DE$^{2)}$, M, S, L, T		
M	vor dem 1. 12. 54	A, A1, B, M, S, L		L 174, 175
M	nach dem 30. 11. 54 und vor dem 1. 4. 80	A1, M, S, L		L 174, 175
M	nach dem 31. 3. 80 und vor dem 1. 1. 89	M, S, L		L174, 175

Dauer

3 FeV Anl 3 Anlage 3

DDR-Fahr-erlaubnisklasse	Datum der Erteilung der Fahrerlaubnis	unbeschränkte Fahrerlaubnis-klassen (neu)	Zuteilung nur auf Antrag Klasse (Schlüsselzahl gemäß Anlage 9)	weitere Berechtigungen: Klasse und Schlüsselzahl gemäß Anlage 9
M	nach 31. 12. 88	M, L		L 174
T	vor dem 1. 4. 80	M, S, L		L 174, 175
T	nach dem 31. 3. 80 und vor dem 1. 1. 89	L		L 174, 175
T	nach dem 31. 12. 88	L		L 174

[1] **Amtl. Anm.:** nur für in der Land- oder Forstwirtschaft tätige Personen.
[2] **Amtl. Anm.:** wenn Fahrerlaubnis zur Fahrgastbeförderung in Kraftomnibussen.

b) Vor dem 1. Juni 1982 ausgestellte Führerscheine

DDR-Fahr-erlaubnisklasse	Datum der Erteilung der Fahrerlaubnis	unbeschränkte Fahrerlaubnis-klassen (neu)	Zuteilung nur auf Antrag Klasse (Schlüsselzahl gemäß Anlage 9)	weitere Berechtigungen: Klasse und Schlüsselzahl gemäß Anlage 9
1	vor dem 1. 12. 54	A, A1, B, M, S, L		L 174, 175
1	nach dem 30. 11. 54	A, A1, M, S, L		L 174, 175
2	vor dem 1. 12. 54	A, A1, B, M, S, L		L 174, 175
2	nach dem 30. 11. 54 und vor dem 1. 4. 80	A1, B, M, S, L		L 174, 175
2	nach dem 31. 3. 80	B, M, S, L		L 174, 175
3	vor dem 1. 12. 54	A, A1, B, M, S, L		L 174, 175
3	nach dem 30. 11. 54 und vor dem 1. 4. 80	A1, M, S, L		L 174, 175
3	nach dem 31. 3. 80	M, S, L		L 174, 175
4	vor dem 1. 12. 54	A, A1, B, BE, C1, C1E, M, S, L	CE 79 (C1E > 12 000 kg, L ≤ 3), T[1]	C1 171 L 174, 175
4	nach dem 30. 11. 54 und vor dem 1. 4. 80	A1, B, BE, C1, C1E, M, S, L	CE 79 (C1E > 12 000 kg, L ≤ 3), T[1]	C1 171, L 174, 175
4	nach dem 31. 3. 80	B, BE, C1, C1E, M, S, L	CE 79 (C1E > 12 000 kg, L ≤ 3), T[1]	C1 171, L 174, 175
5	vor dem 1. 12. 54	A, A1, B, BE, C1, C1E, C, CE, M, S, L, T		C 172
5	nach dem 30. 11. 54 und vor dem 1. 4. 80	A1, B, BE, C1, C1E, C, CE, M, S, L, T		C 172
5	nach dem 31. 3. 80	B, BE, C1, C1E, C, CE, M, S, L, T		C 172

[1] **Amtl. Anm.:** nur für in der Land- oder Forstwirtschaft tätige Personen

Anlage 3

c) Vor dem 1. April 1957 ausgestellte Führerscheine

DDR-Fahr-erlaubnisklasse	Datum der Erteilung der Fahrerlaubnis	unbeschränkte Fahrerlaubnis-klassen (neu)	Zuteilung nur auf Antrag Klasse (Schlüsselzahl gemäß Anlage 9)	weitere Berechtigungen: Klasse und Schlüsselzahl gemäß Anlage 9
1		A, A1, B, M, S, L		L 174, 175
2		A, A1, B, BE, C1, C1E, C, CE, M, S, L, T		C 172
3		A, A1, B, BE, C1, C1E, M, S, L	CE 79 (C1E > 12 000 kg, L ≤ 3), T[1]	C1 171, L 174, 175
4		A, A1, B, M, S, L		L 174, 175

[1] **Amtl. Anm.:** nur für in der Land- oder Forstwirtschaft tätige Personen.

d) Vor dem 1. Juni 1982 ausgestellte Fahrerlaubnisscheine

DDR Fahrerlaubnisklasse	Datum der Erteilung der Fahrerlaubnis	unbeschränkte Fahrerlaubnis-klassen (neu)	Zuteilung nur auf Antrag Klasse (Schlüsselzahl gemäß Anlage 9)	weitere Berechtigungen: Klasse und Schlüsselzahl gemäß Anlage 9
Langsamfahrende Fahrzeuge	vor dem 1. 4. 80	A1, M, S, L		L 174, 175
Langsamfahrende Fahrzeuge	nach dem 31. 3. 80	M, S, L		L 174, 175
Kleinkrafträder	vor dem 1. 4. 80	A1, M, S, L		L 174, 175
Kleinkrafträder	nach dem 31. 3. 80	M, S, L		L 174, 175

III. Fahrerlaubnisse und Führerscheine der Bundeswehr

Klasse der Fahrerlaubnis der Bundeswehr (vor dem 1. 1. 1999 erteilt)	unbeschränkte Fahrerlaubnisklassen des Allgemeinen Führerscheins (neu)	Zuteilung nur auf Antrag Klasse (Schlüsselzahl gemäß Anlage 9)	weitere Berechtigungen: Klasse und Schlüsselzahl gemäß Anlage 9
A	A, A1, M, L		
A1	A[1], A1, M, L		
A2	A1, M, L		
B	B, BE, C1, C1E, M, S, L		
C – 7,5 t	B, BE, C1, C1E, M, S, L	CE 79 (C1E > 12 000 kg, L ≤ 3), T[2]	C1 171
C vor dem 1. 10. 1995 erteilt	B, BE, C1, C1E, C, CE, M, S, L, T		C 172
C nach dem 30. 9. 1995 erteilt	B, BE, C1, C1E, C, M, S, L	CE 79 (C1E > 12 000 kg, L ≤ 3), T[2]	C 172
D vor dem 1. 10. 1988 erteilt	B, BE, C1, C1E, C, CE, D1, D1E, D, DE, M, S, L, T		
D nach dem 30. 9. 1988 erteilt	D1, D1E, D, DE, S		
C – 7,5 t E	B, BE, C1, C1E, M, S, L	CE 79 (C1E > 12 000 kg, L ≤ 3), T[2]	C1 171
CE	B, BE, C1, C1E, C, CE, M, S, L, T		C 172

[1] **Amtl. Anm.:** § 6 Abs. 2 Satz 1 findet Anwendung.
[2] **Amtl. Anm.:** nur für in der Land- oder Forstwirtschaft tätige Personen.

Anlage 4
(zu den §§ 11, 13 und 14)

Eignung und bedingte Eignung zum Führen von Kraftfahrzeugen

Vorbemerkung:

1. Die nachstehende Aufstellung enthält häufiger vorkommende Erkrankungen und Mängel, die die Eignung zum Führen von Kraftfahrzeugen längere Zeit beeinträchtigen oder aufheben können. Nicht aufgenommen sind Erkrankungen, die seltener vorkommen oder nur kurzzeitig andauern (z. B. grippale Infekte, akute infektiöse Magen-/Darmstörungen, Migräne, Heuschnupfen, Asthma).
2. Grundlage der im Rahmen der §§ 11, 13 oder 14 vorzunehmenden Beurteilung, ob im Einzelfall Eignung oder bedingte Eignung vorliegt, ist in der Regel ein ärztliches Gutachten (§ 11 Abs. 2 Satz 3), in besonderen Fällen ein medizinisch-psychologisches Gutachten (§ 11 Abs. 3) oder ein Gutachten eines amtlich anerkannten Sachverständigen oder Prüfers für den Kraftfahrzeugverkehr (§ 11 Abs. 4).
3. Die nachstehend vorgenommenen Bewertungen gelten für den Regelfall. Kompensationen durch besondere menschliche Veranlagung, durch Gewöhnung, durch besondere Einstellung oder durch besondere Verhaltenssteuerungen und -umstellungen sind möglich. Ergeben sich im Einzelfall in dieser Hinsicht Zweifel, kann eine medizinisch-psychologische Begutachtung angezeigt sein.

	Krankheiten, Mängel	Eignung oder bedingte Eignung		Beschränkungen/Auflagen bei bedingter Eignung	
		Klassen A, A1, B, BE, M, S, L, T	Klassen C, C1, CE, C1E, D, D1, DE, D1E, FzF	Klassen A, A1, B, BE, M, S, L, T	Klassen C, C1, CE, C1E, D, D1, DE, D1E, FzF
1.	**Mangelndes Sehvermögen** siehe Anlage 6				
2.	**Schwerhörigkeit und Gehörlosigkeit**				
2.1	Hochgradige Schwerhörigkeit (Hörverlust von 60% und mehr), beidseitig sowie Gehörlosigkeit, beidseitig	ja wenn nicht gleichzeitig andere schwerwiegende Mängel (z. B. Sehstörungen, Gleichgewichtsstörungen)	ja (bei C, C1, CE, C1E) sonst nein	–	vorherige Bewährung von 3 Jahren Fahrpraxis auf Kfz der Klasse B
2.2	Gehörlosigkeit einseitig oder beidseitig oder hochgradige Schwerhörigkeit einseitig oder beidseitig	ja wenn nicht gleichzeitig andere schwerwiegende Mängel (z. B. Sehstörungen, Gleichgewichtsstörungen)	ja (Bei C, C1, CE, C1E) sonst nein	–	wie 2.1
2.3	Störungen des Gleichgewichts (ständig oder anfallsweise auftretend)	nein	nein	–	–
3.	**Bewegungsbehinderungen**	ja	ja	ggf. Beschränkung auf bestimmte Fahrzeugarten oder Fahrzeuge, ggf. mit besonderen technischen Vorrichtungen gemäß ärztlichem Gutachten, evtl. zusätzlich medizinisch-psychologisches Gutachten und/oder Gutachten eines amtlich anerkannten Sachverständigen oder Prüfers. Auflage: regelmäßige ärztliche Kontrolluntersuchungen; können entfallen, wenn Behinderung sich stabilisiert hat.	

Anlage 4

Anl 4 FeV 3

Krankheiten, Mängel	Eignung oder bedingte Eignung		Beschränkungen/Auflagen bei bedingter Eignung	
	Klassen A, A1, B, BE, M, S, L, T	Klassen C, C1, CE, C1E, D, D1, DE, D1E, FzF	Klassen A, A1, B, BE, M, S, L, T	Klassen C, C1, CE, C1E, D, D1, DE, D1E, FzF
4. Herz- und Gefäßkrankheiten				
4.1 Herzrhythmusstörungen mit anfallsweiser Bewußtseinstrübung oder Bewußtlosigkeit	nein	nein	–	–
– nach erfolgreicher Behandlung durch Arzneimittel oder Herzschrittmacher	ja	ausnahmsweise ja	regelmäßige Kontrollen	regelmäßige Kontrollen
4.2 Hypertonie (zu hoher Blutdruck)				
4.2.1 Bei ständigem diastolischen Wert von über 130 mmHg	nein	nein	–	–
4.2.2 Bei ständigem diastolischen Wert von über 100 bis 130 mmHg	ja	ja wenn keine anderen prognostisch ernsten Symptome vorliegen	Nachuntersuchungen	Nachuntersuchungen
4.3 Hypotonie (zu niedriger Blutdurck)				
4.3.1 In der Regel kein Krankheitswert	ja	ja	–	–
4.3.2 Selteneres Auftreten von hypotoniebedingten, anfallsartigen Bewußtseinsstörungen	ja wenn durch Behandlung die Blutdruckwerte stabilisiert sind	ja wenn durch Behandlung die Blutdruckwerte stabilisiert sind	–	–
4.4 Koronare Herzkrankheit (Herzinfarkt)				
4.4.1 Nach erstem Herzinfarkt	ja bei komplikationslosem Verlauf	ausnahmsweise ja	–	Nachuntersuchung
4.4.2 Nach zweitem Herzinfarkt	ja wenn keine Herzinsuffizienz oder gefährliche Rhythmusstörungen vorliegen	nein	Nachuntersuchung	–
4.5 Herzleistungsschwäche durch angeborene oder erworbene Herzfehler oder sonstige Ursachen				
4.5.1 In Ruhe auftretend	nein	nein	–	–
4.5.2 Bei gewöhnlichen Alltagsbelastungen und bei besonderen Belastungen	ja	nein	regelmäßige ärztliche Kontrolle, Nachuntersuchung in bestimmten Fristen, Dauer	–

3 FeV Anl 4 — Anlage 4

Krankheiten, Mängel		Eignung oder bedingte Eignung		Beschränkungen/Auflagen bei bedingter Eignung	
		Klassen A, A1, B, BE, M, S, L, T	Klassen C, C1, CE, C1E, D, D1, DE, D1E, FzF	Klassen A, A1, B, BE, M, S, L, T	Klassen C, C1, CE, C1E, D, D1, DE, D1E, FzF
4.6	Periphere Gefäßerkrankungen	ja	ja	Beschränkung auf einen Fahrzeugtyp, Umkreis- und Tageszeitbeschränkungen	–
5.	**Zuckerkrankheit**				
5.1	Neigung zu schweren Stoffwechselentgleisungen	nein	nein	–	–
5.2	Bei erstmaliger Stoffwechselentgleisung oder neuer Einstellung	ja nach Einstellung	ja nach Einstellung	–	–
5.3	Bei ausgeglichener Stoffwechsellage unter Therapie mit Diät oder oralen Antidiabetika	ja	ja ausnahmsweise, bei guter Stoffwechselführung ohne Unterzuckerung über etwa 3 Monate	–	Nachuntersuchung
5.4	Mit Insulin behandelte Diabetiker	ja	wie 5.3	–	regelmäßige Kontrollen
5.5	Bei Komplikationen siehe auch Nummer 1, 4, 6 und 10				
6.	**Krankheiten des Nervensystems**				
6.1	Erkrankungen und Folgen von Verletzungen des Rückenmarks	ja abhängig von der Symptomatik	nein	bei fortschreitendem Verlauf Nachuntersuchungen	–
6.2	Erkrankungen der neuromuskulären Peripherie	ja abhängig von der Symptomatik	nein	bei fortschreitendem Verlauf Nachuntersuchungen	–
6.3	Parkinsonsche Krankheit	ja bei leichten Fällen und erfolgreicher Therapie	nein	Nachuntersuchungen in Abständen von 1, 2 und 4 Jahren	–
6.4	Kreislaufabhängige Störungen der Hirntätigkeit	ja nach erfolgreicher Therapie und Abklingen des akuten Ereignisses ohne Rückfallgefahr	nein	Nachuntersuchungen in Abständen von 1, 2 und 4 Jahren	–
6.5	Zustände nach Hirnverletzungen und Hirnoperationen, angeborene und frühkindlich erworbene Hirnschäden				
6.5.1	Schädelhirnverletzungen oder Hirnoperationen ohne Substanzschäden	ja in der Regel nach 3 Monaten	ja in der Regel nach 3 Monaten	bei Rezidivgefahr nach Operationen	bei Rezidivgefahr nach Operationen

Dauer

Krankheiten, Mängel	Eignung oder bedingte Eignung		Beschränkungen/Auflagen bei bedingter Eignung	
	Klassen A, A1, B, BE, M, S, L, T	Klassen C, C1, CE, C1E, D, D1, DE, D1E, FzF	Klassen A, A1, B, BE, M, S, L, T	Klassen C, C1, CE, C1E, D, D1, DE, D1E, FzF
6.5.2 Substanzschäden durch Verletzungen oder Operationen	ja unter Berücksichtigung von Störungen der Motorik, chron.-hirn- organischer Psychosyndrome und hirnorgani- scher Wesens- änderungen	ja unter Berücksichtigung von Störungen der Motorik, chron.-hirn- organischer Psychosyndrome und hirnorgani- scher Wesens- änderungen	von Hirnkrank- heiten Nach- untersuchung bei Rezidiv- gefahr nach Operationen von Hirnkrank- heiten Nach- untersuchung	von Hirnkrank- heiten Nach- untersuchung bei Rezidiv- gefahr nach Operationen von Hirnkrank- heiten Nach- untersuchung
6.5.3 Angeborene oder frühkindliche Hirnschäden Siehe Nummer 6.5.2				
6.6 Anfallsleiden	ausnahmsweise ja, wenn kein wesentliches Risiko von Anfallsrezidiven mehr besteht, z. B. 2 Jahre anfallsfrei	ausnahmsweise ja, wenn kein wesentliches Risiko von Anfallsrezidiven mehr besteht, z. B. 5 Jahre anfallsfrei ohne Therapie	Nachunter- suchungen in Abständen von 1, 2 und 4 Jahren	Nachunter- suchungen in Abständen von 1, 2 und 4 Jahren
7. **Psychische (geistige) Störungen**				
7.1 Organische Psychosen				
7.1.1 akut	nein	nein	–	–
7.1.2 nach Abklingen	ja abhängig von der Art und Prognose des Grundleidens, wenn bei positiver Beurteilung des Grundleidens keine Rest- symptome und kein 7.2	ja abhängig von der Art und Prognose des Grundleidens, wenn bei positiver Beurteilung des Grundleidens keine Rest- symptome und kein 7.2	in der Regel Nachunter- suchung	in der Regel Nachunter- suchung
7.2 Chronische hirnorganische Psychosyndrome				
7.2.1 leicht	ja abhängig von Art und Schwere	ausnahmsweise ja	Nachunter- suchung	Nachunter- suchung
7.2.2 schwer	nein	nein	–	–
7.3 Schwere Altersdemenz und schwere Persönlich- keitsveränderungen durch pathologische Alterungs- prozesse	nein	nein	–	–

Dauer

Krankheiten, Mängel		Eignung oder bedingte Eignung		Beschränkungen/Auflagen bei bedingter Eignung	
		Klassen A, A1, B, BE, M, S, L, T	Klassen C, C1, CE, C1E, D, D1, DE, D1E, FzF	Klassen A, A1, B, BE, M, S, L, T	Klassen C, C1, CE, C1E, D, D1, DE, D1E, FzF
7.4	Schwere Intelligenzstörungen/geistige Behinderung				
7.4.1	leicht	ja wenn keine Persönlichkeitsstörung	ja wenn keine Persönlichkeitsstörung	–	–
7.4.2	schwer	ausnahmsweise ja, wenn keine Persönlichkeitsstörung (Untersuchung der Persönlichkeitsstruktur und des individuellen Leistungsvermögens)	ausnahmsweise ja, wenn keine Persönlichkeitsstörung (Untersuchung der Persönlichkeitsstruktur und des individuellen Leistungsvermögens)	–	–
7.5	Affektive Psychosen				
7.5.1	bei allen Manien und sehr schweren Depressionen	nein	nein	–	–
7.5.2	nach Abklingen der manischen Phase und der relevanten Symptome einer sehr schweren Depression	ja wenn nicht mit einem Wiederauftreten gerechnet werden muß, gegebenenfalls unter medikamentöser Behandlung	ja bei Symptomfreiheit	regelmäßige Kontrollen	regelmäßige Kontrollen
7.5.3	bei mehreren manischen oder sehr schweren depressiven Phasen mit kurzen Intervallen	nein	nein	–	–
7.5.4	nach Abklingen der Phasen	ja wenn Krankheitsaktivität geringer und mit einer Verlaufsform in der vorangegangenen Schwere nicht mehr gerechnet werden muß	nein	regelmäßige Kontrollen	–
7.6	Schizophrene Psychosen				
7.6.1	akut	nein	nein	–	–
7.6.2	nach Ablauf	ja wenn keine Störungen nachweisbar sind, die das Realitätsurteil erheblich beeinträchtigen	ausnahmsweise ja, nur unter besonders günstigen Umständen		

Anlage 4

Krankheiten, Mängel		Eignung oder bedingte Eignung		Beschränkungen/Auflagen bei bedingter Eignung	
		Klassen A, A1, B, BE, M, S, L, T	Klassen C, C1, CE, C1E, D, D1, DE, D1E, FzF	Klassen A, A1, B, BE, M, S, L, T	Klassen C, C1, CE, C1E, D, D1, DE, D1E, FzF
7.6.3	bei mehreren psychotischen Episoden	ja	ausnahmsweise ja, nur unter besonders günstigen Umständen	regelmäßige Kontrollen	regelmäßige Kontrollen
8.	**Alkohol**				
8.1	Mißbrauch (Das Führen von Fahrzeugen und ein die Fahrsicherheit beeinträchtigender Alkoholkonsum kann nicht hinreichend sicher getrennt werden.)	nein	nein	–	–
8.2	nach Beendigung des Mißbrauchs	ja wenn die Änderung des Trinkverhaltens gefestigt ist	ja wenn die Änderung des Trinkverhaltens gefestigt ist	–	–
8.3	Abhängigkeit	nein	nein	–	–
8.4	nach Abhängigkeit (Entwöhnungsbehandlung)	ja wenn Abhängigkeit nicht mehr besteht und in der Regel ein Jahr Abstinenz nachgewiesen ist	ja wenn Abhängigkeit nicht mehr besteht und in der Regel ein Jahr Abstinenz nachgewiesen ist	–	–
9.	**Betäubungsmittel, andere psychoaktiv wirkende Stoffe und Arzneimittel**				
9.1	Einnahme von Betäubungsmitteln im Sinne des Betäubungsmittelgesetzes (ausgenommen Cannabis)	nein	nein	–	–
9.2	Einnahme von Cannabis				
9.2.1	Regelmäßige Einnahme von Cannabis	nein	nein	–	–
9.2.2	Gelegentliche Einnahe von Cannabis	ja wenn Trennung von Konsum und Fahren und kein zusätzlicher Gebrauch von Alkohol oder anderen psychoaktiv wirkenden Stoffen, keine Störung der Persönlichkeit, kein Kontrollverlust	ja wenn Trennung von Konsum und Fahren und kein zusätzlicher Gebrauch von Alkohol oder anderen psychoaktiv wirkenden Stoffen, keine Störung der Persönlichkeit, kein Kontrollverlust	–	–
9.3	Abhängigkeit von Betäubungsmitteln im Sinne des Betäubungsmittelgesetzes	nein	nein	–	–

Dauer

3 FeV Anl 4 Anlage 4

Krankheiten, Mängel	Eignung oder bedingte Eignung		Beschränkungen/Auflagen bei bedingter Eignung	
	Klassen A, A1, B, BE, M, S, L, T	Klassen C, C1, CE, C1E, D, D1, DE, D1E, FzF	Klassen A, A1, B, BE, M, S, L, T	Klassen C, C1, CE, C1E, D, D1, DE, D1E, FzF
9.4 oder von anderen psychoaktiv wirkenden Stoffen mißbräuchliche Einnahme (regelmäßig übermäßiger Gebrauch) von psychoaktiv wirkenden Arzneimitteln und anderen psychoaktiv wirkenden Stoffen	nein	nein	–	–
9.5 nach Entgiftung und Entwöhnung	ja nach einjähriger Abstinenz	ja nach einjähriger Abstinenz	regelmäßige Kontrollen	regelmäßige Kontrollen
9.6 Dauerbehandlung mit Arzneimitteln				
9.6.1 Vergiftung	nein	nein	–	–
9.6.2 Beeinträchtigung der Leistungsfähigkeit zum Führen von Kraftfahrzeugen unter das erforderliche Maß	nein	nein	–	–
10. Nierenerkrankungen				
10.1 schwere Niereninsuffizienz mit erheblicher Beeinträchtigung	nein	nein	–	–
10.2 Niereninsuffizienz in Dialysebehandlung	ja wenn keine Komplikationen oder Begleiterkrankungen	ausnahmsweise ja	ständige ärztliche Betreuung und Kontrolle, Nachuntersuchung	ständige ärztliche Betreuung und Kontrolle, Nachuntersuchung
10.3 erfolgreiche Nierentransplantation mit normaler Nierenfunktion	ja	ja	ärztliche Betreuung und Kontrolle, jährliche Nachuntersuchung	ärztliche Betreuung und Kontrolle, jährliche Nachuntersuchung
10.4 bei Komplikationen oder Begleiterkrankungen siehe auch Nummer 1, 4 und 5				
11. Verschiedenes				
11.1 Organtransplantation Die Beurteilung richtet sich nach den Beurteilungsgrundsätzen zu den betroffenen Organen				
11.2 Schlafstörungen				
11.2.1 unbehandelte Schlafstörung mit Tagesschläfrigkeit	nein wenn messbare auffällige Tagesschläfrigkeit vorliegt	nein wenn messbare auffällige Tagesschläfrigkeit vorliegt	–	–
11.2.2 behandelte Schlafstörung mit Tagesschläfrigkeit	ja wenn keine messbare auffällige Tagesschläfrigkeit mehr vorliegt	ja wenn keine messbare auffällige Tagesschläfrigkeit mehr vorliegt	Regelmäßige Kontrollen von Tagesschläfrigkeit	Regelmäßige Kontrollen von Tagesschläfrigkeit

Anlage 12

Krankheiten, Mängel	Eignung oder bedingte Eignung		Beschränkungen/Auflagen bei bedingter Eignung	
	Klassen A, A1, B, BE, M, S, L, T	Klassen C, C1, CE, C1E, D, D1, DE, D1E, FzF	Klassen A, A1, B, BE, M, S, L, T	Klassen C, C1, CE, C1E, D, D1, DE, D1E, FzF
11.3 Schwere Lungen- und Bronchialerkrankungen mit schweren Rückwirkungen auf die Herz-Kreislauf-Dynamik	nein	nein	–	–

Bewertung der Straftaten und Ordnungswidrigkeiten
im Rahmen der Fahrerlaubnis auf Probe
(§ 2 a des Straßenverkehrsgesetzes)

Anlage 12 (zu § 34)

A. Schwerwiegende Zuwiderhandlungen

1. **Straftaten, soweit sie nicht bereits zur Entziehung der Fahrerlaubnis geführt haben:**

   1.1 Straftaten nach dem Strafgesetzbuch
   Unerlaubtes Entfernen vom Unfallort (§ 142)
   Fahrlässige Tötung (§ 222)*
   Fahrlässige Körperverletzung (§ 229)*
   Nötigung (§ 240)
   Gefährliche Eingriffe in den Straßenverkehr (§ 315 b)
   Gefährdung des Straßenverkehrs (§ 315 c)
   Trunkenheit im Verkehr (§ 316)
   Vollrausch (§ 323 a)
   Unterlassene Hilfeleistung (§ 323 c)

   1.2 Straftaten nach dem Straßenverkehrsgesetz
   Führen oder Anordnen oder Zulassen des Führens eines Kraftfahrzeugs ohne Fahrerlaubnis, trotz Fahrverbots oder trotz Verwahrung, Sicherstellung oder Beschlagnahme des Führerscheins (§ 21)

   1.3 Straftaten nach den Pflichtversicherungsgesetzen
   Gebrauch oder Gestatten des Gebrauchs unversicherter Kraftfahrzeuge oder Anhänger (§ 6 des Pflichtversicherungsgesetzes, § 9 des Gesetzes über die Haftpflichtversicherung für ausländische Kraftfahrzeuge und Kraftfahrzeuganhänger)

2. **Ordnungswidrigkeiten nach den §§ 24, 24 a und 24 c des Straßenverkehrsgesetzes:**

   2.1 Verstöße gegen die Vorschriften der Straßenverkehrs-Ordnung über

das Rechtsfahrgebot	(§ 2 Abs. 2)
die Geschwindigkeit	(§ 3 Abs. 1, 2a, 3 und 4, § 41 Abs. 2, § 42 Abs. 4a)
den Abstand	(§ 4 Abs. 1)
das Überholen	(§ 5, § 41 Abs. 2)
die Vorfahrt	(§ 8 Abs. 2, § 41 Abs. 2)
das Abbiegen, Wenden und Rückwärtsfahren	(§ 9)
die Benutzung von Autobahnen und Kraftfahrstraßen	(§ 2 Abs. 1, § 18 Abs. 2 bis 5, Abs. 7, § 41 Abs. 2)
das Verhalten an Bahnübergängen	(§ 19 Abs. 1 und 2, § 40 Abs. 7)
das Verhalten an öffentlichen Verkehrsmitteln und Schulbussen	(§ 20 Abs. 2, 3 und 4, § 41 Abs. 2)
das Verhalten an Fußgängerüberwegen	(§ 26, § 41 Abs. 3)
übermäßige Straßenbenutzung	(§ 29)
das Verhalten an Wechsellichtzeichen Dauerlichtzeichen und Zeichen 206 (Halt! Vorfahrt gewähren!) sowie gegenüber Haltzeichen von Polizeibeamten	(§ 36, § 37 Abs. 2, 3, § 41 Abs. 2)

---

*) **Amtl. Anm.:** Für die Einordnung einer fahrlässigen Tötung oder fahrlässigen Körperverletzung in Abschnitt A oder B ist die Einordnung des der Tat zugrundeliegenden Verkehrsverstoßes maßgebend.

3 FeV Anl 13 Anlage 13

2.2 Verstöße gegen die Vorschriften der Fahrzeug-Zulassungsverordnung über den Gebrauch oder das Gestatten des Gebrauchs von Fahrzeugen ohne die erforderliche Zulassung (§ 3 Abs. 1) oder ohne dass sie einem genehmigten Typ entsprechen oder eine Einzelgenehmigung erteilt ist (§ 4 Abs. 1)

2.3 Verstöße gegen § 24a oder § 24c des Straßenverkehrsgesetzes (Alkohol, berauschende Mittel)

2.4 Verstöße gegen die Vorschriften der Fahrerlaubnis-Verordnung über das Befördern von Fahrgästen ohne die erforderliche Fahrerlaubnis zur Fahrgastbeförderung oder das Anordnen oder Zulassen solcher Beförderungen (§ 48 Abs. 1 oder 8)

B. Weniger schwerwiegende Zuwiderhandlungen

1. **Straftaten, soweit sie nicht bereits zur Entziehung der Fahrerlaubnis geführt haben:**
1.1 Straftaten nach dem Strafgesetzbuch
Fahrlässige Tötung (§ 222)*
Fahrlässige Körperverletzung (§ 229)*
Sonstige Straftaten, soweit im Zusammenhang mit dem Straßenverkehr begangen und nicht in Abschnitt A aufgeführt
1.2 Straftaten nach dem Straßenverkehrsgesetz
Kennzeichenmißbrauch (§ 22)

2. **Ordnungswidrigkeiten nach § 24 des Straßenverkehrsgesetzes,**
soweit nicht in Abschnitt A aufgeführt.

Anlage 13 (zu § 40)

Punktbewertung nach dem Punktsystem

Die im Verkehrszentralregister erfaßten Entscheidungen sind zu bewerten:

1 mit sieben Punkten folgende Straftaten:
1.1 Gefährdung des Straßenverkehrs (§ 315c des Strafgesetzbuches),
1.2 Trunkenheit im Verkehr (§ 316 des Strafgesetzbuches),
1.3 Vollrausch (§ 323a des Strafgesetzbuches),
1.4 unerlaubtes Entfernen vom Unfallort (§ 142 des Strafgesetzbuches) mit Ausnahme des Absehens von Strafe und der Milderung von Strafe in den Fällen des § 142 Abs. 4 StGB;
2 mit sechs Punkten folgende weitere Straftaten:
2.1 Führen oder Anordnen oder Zulassen des Führens eines Kraftfahrzeugs ohne Fahrerlaubnis, trotz Fahrverbots oder trotz Verwahrung, Sicherstellung oder Beschlagnahme des Führerscheins (§ 21 des Straßenverkehrsgesetzes),
2.2 Kennzeichenmißbrauch (§ 22 des Straßenverkehrsgesetzes),
2.3 Gebrauch oder Gestatten des Gebrauchs unversicherter Kraftfahrzeuge oder Anhänger (§ 6 des Pflichtversicherungsgesetzes, § 9 des Gesetzes über die Haftpflichtversicherung für ausländische Kraftfahrzeuge und Kraftfahrzeuganhänger);
3 mit fünf Punkten folgende andere Straftaten:
3.1 unerlaubtes Entfernen vom Unfallort, sofern das Gericht die Strafe in den Fällen des § 142 Abs. 4 StGB gemildert oder von Strafe abgesehen hat,
3.2 alle anderen Straftaten;
4 mit vier Punkten folgende Ordnungswidrigkeiten:
4.1 Kraftfahrzeug geführt mit einer Atemalkoholkonzentration von 0,25 mg/l oder mehr oder einer Blutalkoholkonzentration von 0,5 Promille oder mehr oder einer Alkoholmenge im Körper, die zu einer solchen Atem- oder Blutalkoholkonzentration geführt hat,
4.2 Kraftfahrzeug geführt unter der Wirkung eines in der Anlage zu § 24a des Straßenverkehrsgesetzes genannten berauschenden Mittels,
4.3 zulässige Höchstgeschwindigkeit überschritten um mehr als 40 km/h innerhalb geschlossener Ortschaften oder um mehr als 50 km/h außerhalb geschlossener Ortschaften, beim Führen von kennzeichnungspflichtigen Kraftfahrzeugen mit gefährlichen Gütern oder von Kraftomnibussen mit Fahrgästen zulässige Höchstgeschwindigkeit überschritten um mehr als 40 km/h,
4.4 erforderlichen Abstand von einem vorausfahrenden Fahrzeug nicht eingehalten bei einer Geschwindigkeit von mehr als 80 km/h, gefahren mit einem Abstand von weniger als zwei Zehntel des halben Tachowertes, oder bei einer Geschwindigkeit von mehr als 130 km/h, gefahren mit einem Abstand von weniger als drei Zehntel des halben Tachowertes,

---

*) **Amtl. Anm.:** Für die Einordnung einer fahrlässigen Tötung oder fahrlässigen Körperverletzung in Abschnitt A oder B ist die Einordnung des der Tat zugrundeliegenden Verkehrsverstoßes maßgebend.

Anlage 13

4.5 überholt, obwohl nicht übersehen werden konnte, daß während des ganzen Überholvorganges jede Behinderung des Gegenverkehrs ausgeschlossen war, oder bei unklarer Verkehrslage und dabei Verkehrszeichen (Zeichen 276, 277 der Straßenverkehrs-Ordnung) nicht beachtet oder Fahrstreifenbegrenzung (Zeichen 295, 296 der Straßenverkehrs-Ordnung) überquert oder überfahren oder der durch Pfeile vorgeschriebenen Fahrtrichtung (Zeichen 297 der Straßenverkehrs-Ordnung) nicht gefolgt oder mit einem Kraftfahrzeug mit einem zulässigen Gesamtgewicht über 7,5 t überholt, obwohl die Sichtweite durch Nebel, Schneefall oder Regen weniger als 50 m betrug,

4.6 gewendet, rückwärts oder entgegen der Fahrtrichtung gefahren in einer Ein- oder Ausfahrt, auf der Nebenfahrbahn oder dem Seitenstreifen oder auf der durchgehenden Fahrbahn von Autobahnen oder Kraftfahrstraßen,

4.7 an einem Fußgängerüberweg, den ein Bevorrechtigter erkennbar benutzen wollte, das Überqueren der Fahrbahn nicht ermöglicht oder nicht mit mäßiger Geschwindigkeit herangefahren oder an einem Fußgängerüberweg überholt,

4.8 in anderen als den Fällen des Rechtsabbiegens mit Grünpfeil als Kraftfahrzeugführer rotes Wechsellichtzeichen oder rotes Dauerlichtzeichen nicht befolgt und dadurch einen anderen gefährdet oder rotes Wechsellichtzeichen bei schon länger als einer Sekunde andauernder Rotphase nicht befolgt,

4.9 als Kraftfahrzeug-Führer entgegen § 29 Abs. 1 der Straßenverkehrs-Ordnung an einem Rennen mit Kraftfahrzeugen teilgenommen oder derartige Rennen veranstaltet,

4.10 als Kfz-Führer ein technisches Gerät betrieben oder betriebsbereit mitgeführt, das dafür bestimmt ist, Verkehrsüberwachungsmaßnahmen anzuzeigen oder zu stören;

4.11 Bahnübergang unter Verstoß gegen die Wartepflicht nach § 19 Abs. 2 Satz 1 Nr. 2, 3 oder 4 der Straßenverkehrs-Ordnung überquert;

5 Mit drei Punkten folgende Ordnungswidrigkeiten:

5.1 als Führer eines kennzeichnungspflichtigen Kraftfahrzeugs mit gefährlichen Gütern bei Sichtweite unter 50 m durch Nebel, Schneefall oder Regen oder bei Schneeglätte oder Glatteis sich nicht so verhalten, daß die Gefährdung eines anderen ausgeschlossen war, insbesondere, obwohl nötig, nicht den nächsten geeigneten Platz zum Parken aufgesucht,

5.2 mit zu hoher, nichtangepaßter Geschwindigkeit gefahren trotz angekündigter Gefahrenstelle, bei Unübersichtlichkeit, an Straßenkreuzungen, Straßeneinmündungen, Bahnübergängen oder schlechten Sicht- oder Wetterverhältnissen (z. B. Nebel, Glatteis) oder festgesetzte Höchstgeschwindigkeit bei Sichtweite unter 50 m bei Nebel, Schneefall oder Regen überschritten,

5.3 als Fahrzeugführer ein Kind, einen Hilfsbedürftigen oder älteren Menschen gefährdet, insbesondere durch nicht ausreichend verminderte Geschwindigkeit, mangelnde Bremsbereitschaft oder unzureichenden Seitenabstand beim Vorbeifahren oder Überholen,

5.4 zulässige Höchstgeschwindigkeit überschritten um mehr als 25 km/h außer in den in Nummer 4.3 genannten Fällen,

5.5 erforderlichen Abstand von einem vorausfahrenden Fahrzeug nicht eingehalten bei einer Geschwindigkeit von mehr als 80 km/h, gefahren mit einem Abstand von weniger als drei Zehntel des halben Tachowertes, oder bei einer Geschwindigkeit von mehr als 130 km/h, gefahren mit einem Abstand von weniger als vier Zehntel des halben Tachowertes,

5.6 mit Lastkraftwagen (zulässiges Gesamtgewicht über 3,5 t) oder Kraftomnibus bei einer Geschwindigkeit von mehr als 50 km/h auf einer Autobahn Mindestabstand von 50 m von einem vorausfahrenden Fahrzeug nicht eingehalten,

5.7 außerhalb geschlossener Ortschaft rechts überholt,

5.8 überholt, obwohl nicht übersehen werden konnte, daß während des ganzen Überholvorgangs jede Behinderung des Gegenverkehrs ausgeschlossen war, oder bei unklarer Verkehrslage in anderen als den in Nummer 4.5 genannten Fällen,

5.9 Vorfahrt nicht beachtet und dadurch einen Vorfahrtberechtigten gefährdet,

5.10 bei erheblicher Sichtbehinderung durch Nebel, Schneefall oder Regen außerhalb geschlossener Ortschaften am Tage nicht mit Abblendlicht gefahren,

5.11 auf Autobahnen oder Kraftfahrstraßen an dafür nicht vorgesehener Stelle eingefahren und dadurch einen anderen gefährdet,

5.12 beim Einfahren auf Autobahnen oder Kraftfahrstraßen Vorfahrt auf der durchgehenden Fahrbahn nicht beachtet,

5.13 mit einem Fahrzeug den Vorrang eines Schienenfahrzeugs nicht beachtet oder Bahnübergang unter Verstoß gegen die Wartepflicht nach § 19 Abs. 2 Satz 1 Nr. 1 der Straßenverkehrs-Ordnung überquert,

5.14 Ladung oder Ladeeinrichtung nicht verkehrssicher verstaut oder gegen Herabfallen nicht besonders gesichert und dadurch einen anderen gefährdet,

Dauer

3 FeV Anl 13   Anlage 13

5.15 als Fahrzeugführer nicht dafür gesorgt, daß das Fahrzeug, der Zug, die Ladung oder die Besetzung vorschriftsmäßig war, wenn dadurch die Verkehrssicherheit wesentlich beeinträchtigt war oder die Verkehrssicherheit des Fahrzeugs durch die Ladung oder die Besetzung wesentlich litt,

5.16 Zeichen oder Haltgebot eines Polizeibeamten nicht befolgt,

5.17 als Kraftfahrzeugführer rotes Wechsellichtzeichen oder rotes Dauerlichtzeichen in anderen als den Fällen des Rechtsabbiegens mit Grünpfeil und den in Nummer 4.8 genannten Fällen nicht befolgt,

5.18 unbedingtes Haltgebot (Zeichen 206 der Straßenverkehrs-Ordnung) nicht befolgt oder trotz Rotlicht nicht an der Haltlinie (Zeichen 294 der Straßenverkehrs-Ordnung) gehalten und dadurch einen anderen gefährdet,

5.19 eine für kennzeichnungspflichtige Kraftfahrzeuge mit gefährlichen Gütern (Zeichen 261 der Straßenverkehrs-Ordnung) oder für Kraftfahrzeuge mit wassergefährdender Ladung (Zeichen 269 der Straßenverkehrs-Ordnung) gesperrte Straße befahren,

5.20 ohne erforderliche Fahrerlaubnis zur Fahrgastbeförderung einen oder mehrere Fahrgäste in einem in § 48 Abs. 1 genannten Fahrzeug befördert,

5.21 als Halter die Fahrgastbeförderung in einem in § 48 Abs. 1 genannten Fahrzeug angeordnet oder zugelassen, obwohl der Fahrzeugführer die erforderliche Fahrerlaubnis zur Fahrgastbeförderung nicht besaß,

5.22 Kraftfahrzeug oder Kraftfahrzeuganhänger ohne die erforderliche Zulassung oder Betriebserlaubnis oder außerhalb des auf dem Saisonkennzeichen angegebenen Betriebszeitraums oder nach dem auf dem Kurzzeitkennzeichen angegebenen Ablaufdatum auf öffentlichen Straßen in Betrieb gesetzt oder Kurzzeitkennzeichen an mehr als einem Fahrzeug verwendet,

5.23 Kraftfahrzeug, Anhänger oder Fahrzeugkombination in Betrieb genommen, obwohl die zulässige Achslast, das zulässige Gesamtgewicht oder die zulässige Anhängelast hinter einem Kraftfahrzeug um mehr als 20 Prozent überschritten war,

5.24 als Halter die Inbetriebnahme eines Kraftfahrzeugs, eines Anhängers oder einer Fahrzeugkombination angeordnet oder zugelassen, obwohl die zulässige Achslast, das zulässige Gesamtgewicht oder die zulässige Anhängelast hinter einem Kraftfahrzeug um mehr als 10 Prozent überschritten war; bei Kraftfahrzeugen mit einem zulässigen Gesamtgewicht bis 7,5 t oder Kraftfahrzeugen mit Anhängern, deren zulässiges Gesamtgewicht 2 t nicht übersteigt, unter Überschreitung um mehr als 20 Prozent,

5.25 Fahrzeug in Betrieb genommen, das sich in einem Zustand befand, der die Verkehrssicherheit wesentlich beeinträchtigte, insbesondere unter Verstoß gegen die Vorschriften über Lenkeinrichtungen, Bremsen oder Einrichtungen zur Verbindung von Fahrzeugen,

5.26 als Halter die Inbetriebnahme eines Kraftfahrzeugs oder Zuges angeordnet oder zugelassen, obwohl der Führer zur selbständigen Leitung nicht geeignet war, oder das Fahrzeug, der Zug, die Ladung oder die Besetzung nicht vorschriftsmäßig war und dadurch die Verkehrssicherheit wesentlich beeinträchtigt war – insbesondere unter Verstoß gegen eine Vorschrift über Lenkeinrichtungen, Bremsen oder Einrichtungen zur Verbindung von Fahrzeugen –, oder die Verkehrssicherheit des Fahrzeugs durch die Ladung oder die Besetzung wesentlich litt,

5.27 Kraftfahrzeug (außer Mofa) oder Anhänger in Betrieb genommen, dessen Reifen keine ausreichenden Profilrillen oder Einschnitte oder keine ausreichende Profil- oder Einschnittiefe besaßen,

5.28 als Halter die Inbetriebnahme eines Kraftfahrzeugs (außer Mofa) oder Anhängers angeordnet oder zugelassen, dessen Reifen keine ausreichenden Profilrillen oder Einschnitte oder keine ausreichende Profil- oder Einschnittiefe besaßen,

5.29 als Fahrzeugführer vor dem Rechtsabbiegen bei roter Lichtzeichenanlage mit grünem Pfeilschild nicht angehalten,

5.30 beim Rechtsabbiegen mit grünem Pfeilschild den freigegebenen Fahrzeugverkehr, Fußgängerverkehr oder den Fahrradverkehr auf Radwegfurten behindern oder gefährdet,

5.31 Kraftfahrzeug in Betrieb genommen, das nicht mit dem vorgeschriebenen Geschwindigkeitsbegrenzer ausgerüstet war oder den Geschwindigkeitsbegrenzer auf unzulässige Geschwindigkeit eingestellt oder nicht benutzt, auch wenn es sich um ein ausländisches Kraftfahrzeug handelt,

5.32 als Halter die Inbetriebnahme eines Kraftfahrzeuges angeordnet oder zugelassen, das nicht mit dem vorgeschriebenen Geschwindigkeitsbegrenzer ausgerüstet war oder dessen Geschwindigkeitsbegrenzer auf unzulässige Geschwindigkeit eingestellt war oder nicht benutzt wurde;

6 mit zwei Punkten folgende Ordnungswidrigkeiten:

6.1 in der Probezeit nach § 2a des Straßenverkehrsgesetzes oder vor Vollendung des 21. Lebensjahres als Führer eines Kraftfahrzeugs im Straßenverkehr alkoholische Getränke zu sich genommen oder die Fahrt angetreten, obwohl er unter der Wirkung eines solchen Getränks stand,

6.2 gegen das Rechtsfahrgebot verstoßen bei Gegenverkehr, beim Überholtwerden, an Kuppen, in Kurven oder bei Unübersichtlichkeit und dadurch einen anderen gefährdet,

6.3 beim Führen von kennzeichnungspflichtigen Kraftfahrzeugen mit gefährlichen Gütern oder von Kraftomnibussen mit Fahrgästen zulässige Höchstgeschwindigkeit überschritten um mehr als 20 km/h, außer in den in Nummer 4.3 und 5.4 genannten Fällen,

Anlage 15

- 6.4 erforderlichen Abstand von einem vorausfahrenden Fahrzeug nicht eingehalten bei einer Geschwindigkeit von mehr als 80 km/h, gefahren mit einem Abstand von weniger als vier Zehntel des halben Tachowertes, oder bei einer Geschwindigkeit von mehr als 130 km/h, gefahren mit einem Abstand von weniger als fünf Zehntel des halben Tachowertes,
- 6.5 zum Überholen ausgeschert und dadurch nachfolgenden Verkehr gefährdet,
- 6.6 abgebogen, ohne Fahrzeug durchfahren zu lassen und dadurch einen anderen gefährdet,
- 6.7 beim Abbiegen auf einen Fußgänger keine besondere Rücksicht genommen und ihn dadurch gefährdet, oder beim Abbiegen in ein Grundstück, beim Wenden oder Rückwärtsfahren einen anderen gefährdet,
- 6.8 liegengebliebenes mehrspuriges Fahrzeug nicht oder nicht wie vorgeschrieben abgesichert, beleuchtet oder kenntlich gemacht und dadurch einen anderen gefährdet,
- 6.9 auf Autobahnen oder Kraftfahrstraßen Fahrzeug geparkt,
- 6.10 Seitenstreifen von Autobahnen oder Kraftfahrstraßen zum Zweck des schnelleren Vorwärtskommens benutzt,
- 6.11 bei an einer Haltestelle (Zeichen 224 der Straßenverkehrs-Ordnung) haltendem Omnibus des Linienverkehrs, haltender Straßenbahn oder haltendem gekennzeichnetem Schulbus mit ein- oder aussteigenden Fahrgästen bei Vorbeifahrt rechts Schrittgeschwindigkeit oder ausreichenden Abstand nicht eingehalten, oder obwohl nötig, nicht angehalten und dadurch einen Fahrgast gefährdet oder behindert (soweit nicht Nummer 4.3 oder 5.4),
- 6.12 bei an einer Haltestelle (Zeichen 224 der Straßenverkehrs-Ordnung) haltendem Omnibus des Linienverkehrs oder gekennzeichnetem Schulbus mit eingeschaltetem Warnblinklicht bei Vorbeifahrt Schrittgeschwindigkeit oder ausreichenden Abstand nicht eingehalten oder, obwohl nötig, nicht angehalten und dadurch einen Fahrgast gefährdet oder behindert (soweit nicht Nummer 4.3 oder 5.4),
- 6.13 als Halter Fahrzeug zur Hauptuntersuchung oder Sicherheitsprüfung nicht vorgeführt bei einer Fristüberschreitung des Anmelde- oder Vorführtermins um mehr als acht Monate oder als Halter den Geschwindigkeitsbegrenzer in den vorgeschriebenen Fällen nicht prüfen lassen, wenn seit fällig gewordener Prüfung mehr als ein Monat vergangen ist;
- 7 mit einem Punkt alle übrigen Ordnungswidrigkeiten.

Anlage 15[1]) (zu § 11 Abs. 5)

Grundsätze für die Durchführung der Untersuchungen und die Erstellung der Gutachten

1. Die Untersuchung ist unter Beachtung folgender Grundsätze durchzuführen:
   a) Die Untersuchung ist anlaßbezogen und unter Verwendung der von der Fahrerlaubnisbehörde zugesandten Unterlagen über den Betroffenen vorzunehmen. Der Gutachter hat sich an die durch die Fahrerlaubnisbehörde vorgegebene Fragestellung zu halten.
   b) Gegenstand der Untersuchung sind nicht die gesamte Persönlichkeit des Betroffenen, sondern nur solche Eigenschaften, Fähigkeiten und Verhaltensweisen, die für die Kraftfahreignung von Bedeutung sind (Relevanz zur Kraftfahreignung).
   c) Die Untersuchung darf nur nach anerkannten wissenschaftlichen Grundsätzen vorgenommen werden.
   d) Vor der Untersuchung hat der Gutachter den Betroffenen über Gegenstand und Zweck der Untersuchung aufzuklären.
   e) über die Untersuchung sind Aufzeichnungen anzufertigen.
   f) In den Fällen der §§ 13 und 14 ist Gegenstand der Untersuchung auch das voraussichtliche künftige Verhalten des Betroffenen, insbesondere ob zu erwarten ist, daß er nicht oder nicht mehr ein Kraftfahrzeug unter Einfluß von Alkohol oder Betäubungsmitteln/Arzneimitteln führen wird. Hat Abhängigkeit von Alkohol oder Betäubungsmitteln/Arzneimitteln vorgelegen, muß sich die Untersuchung darauf erstrecken, daß die Abhängigkeit nicht mehr besteht. Bei Alkoholmißbrauch, ohne daß Abhängigkeit vorhanden war oder ist, muß sich die Untersuchung darauf erstrecken, ob der Betroffene den Konsum von Alkohol einerseits und das Führen von Kraftfahrzeugen im Straßenverkehr andererseits zuverlässig voneinander trennen kann. Dem Betroffenen kann die Fahrerlaubnis nur dann erteilt werden, wenn sich bei ihm ein grundlegender Wandel in seiner Einstellung zum Führen von Kraftfahrzeugen unter Einfluß von Alkohol oder Betäubungsmitteln/Arzneimitteln vollzogen hat. Es müssen zum Zeitpunkt der Erteilung der Fahrerlaubnis Bedingungen vorhanden sein, die zukünftig einen Rückfall als unwahrscheinlich erscheinen lassen **[mWv 1. 7. 2009 Satz 6 aufgehoben:]** *Das Gutachten kann empfehlen, daß durch geeignete und angemessene Auflagen später überprüft wird, ob sich die günstige Prognose bestätigt.* Das Gutachten kann auch geeignete Kurse zur Wiederherstellung der Kraftfahreignung empfehlen.

---

[1]) Anl. 15 Nr. 3 geänd. durch VO v. 7. 8. 2002 (BGBl. I S. 3267), Nr. 1 Buchst. f Satz 6 aufgeh., bish. Satz 7 wird Satz 6, Nr. 4 neu gef. **mWv 1. 7. 2009** durch VO v. 18. 7. 2008 (BGBl. I S. 1338).

3 FeV Anl 15   Anlage 15

g) In den Fällen des § 2a Abs. 4 Satz 1 und Abs. 5 Satz 5 oder des § 4 Abs. 10 Satz 3 des Straßenverkehrsgesetzes oder des § 11 Abs. 3 Nr. 4 oder 5 dieser Verordnung ist Gegenstand der Untersuchung auch das voraussichtliche künftige Verhalten des Betroffenen, ob zu erwarten ist, daß er nicht mehr erheblich oder nicht mehr wiederholt gegen verkehrsrechtliche Bestimmungen oder gegen Strafgesetze verstoßen wird. Es sind die Bestimmungen von Buchstabe f Satz 4 bis 7 entsprechend anzuwenden.

2. Das Gutachten ist unter Beachtung folgender Grundsätze zu erstellen:

    a) Das Gutachten muß in allgemeinverständlicher Sprache abgefaßt sowie nachvollziehbar und nachprüfbar sein.

    Die Nachvollziehbarkeit betrifft die logische Ordnung (Schlüssigkeit) des Gutachtens. Sie erfordert die Wiedergabe aller wesentlichen Befunde und die Darstellung der zur Beurteilung führenden Schlußfolgerungen.

    Die Nachprüfbarkeit betrifft die Wissenschaftlichkeit der Begutachtung.

    Sie erfordert, daß die Untersuchungsverfahren, die zu den Befunden geführt haben, angegeben und, soweit die Schlußfolgerungen auf Forschungsergebnisse gestützt sind, die Quellen genannt werden. Das Gutachten braucht aber nicht im einzelnen die wissenschaftlichen Grundlagen für die Erhebung und Interpretation der Befunde wiederzugeben.

    b) Das Gutachten muß in allen wesentlichen Punkten insbesondere im Hinblick auf die gestellten Fragen (§ 11 Abs. 6) vollständig sein. Der Umfang eines Gutachtens richtet sich nach der Befundlage. Bei eindeutiger Befundlage wird das Gutachten knapper, bei komplizierter Befundlage ausführlicher erstattet.

    c) Im Gutachten muß dargestellt und unterschieden werden zwischen der Vorgeschichte und dem gegenwärtigen Befund.

3. Die medizinisch-psychologische Untersuchung kann unter Hinzuziehung eines beeidigten oder öffentlich bestellten und vereidigten Dolmetschers oder Übersetzers, der von der Begutachtungsstelle für Fahreignung bestellt wird, durchgeführt werden. Die Kosten trägt der Betroffene.

4. Wer eine Person in einem Kurs zur Wiederherstellung der Kraftfahreignung oder in einem Aufbauseminar betreut, betreut hat oder voraussichtlich betreuen wird, darf diese Person nicht untersuchen oder begutachten.

[Neufassung von Nr. 4 mWv 1. 7. 2009:]

4. Wer mit Unternehmen oder sonstigen Institutionen vertraglich verbunden ist, die

    – Personen hinsichtlich der typischen Fragestellungen in der Begutachtung von Begutachtungsstellen für Fahreignung im Sinne von § 66 zur Klärung von Zweifeln an der Kraftfahreignung in Gruppen oder einzeln beraten, behandeln, betreuen oder auf die Begutachtung vorbereiten oder

    – Kurse zur Wiederherstellung der Kraftfahreignung anbieten,

oder wer solche Maßnahmen in eigener Person anbietet, darf keine Personen zur Klärung von Zweifeln an der Kraftfahreignung in Begutachtungsstellen für Fahreignung untersuchen oder begutachten.

3.1 Verordnung über die freiwillige Fortbildung von Inhabern der Fahrerlaubnis auf Probe (Fahranfängerfortbildungsverordnung – FreiwFortbV)

Vom 16. Mai 2003 (BGBl. I 709), geändert durch VO vom 25. April 2006 (BGBl. I 988)

§ 1 Fortbildungsseminare. ¹Die zuständigen obersten Landesbehörden oder die von ihnen bestimmten oder nach Landesrecht zuständigen Stellen können für Inhaber der Fahrerlaubnis auf Probe der Klasse B Fortbildungsseminare nach Maßgabe der folgenden Vorschriften einführen. ²Die Entscheidung über die Einführung ist nach den für Allgemeinverfügungen geltenden landesrechtlichen Vorschriften zu veröffentlichen.

§ 2 Teilnehmer. An Fortbildungsseminaren können Inhaber einer Fahrerlaubnis der Klasse B, deren Probezeit nach § 2a des Straßenverkehrsgesetzes noch nicht abgelaufen ist, in dem Land, in dem sie ihre Wohnung im Sinne des § 73 Abs. 2 der Fahrerlaubnis-Verordnung haben, teilnehmen, wenn sie am Tag des Beginns des Seminars mindestens sechs Monate Inhaber einer Fahrerlaubnis der Klasse B sind.

§ 3 Teilnehmerzahl, Inhalt und Umfang. (1) ¹Das Fortbildungsseminar ist in Gruppen mit mindestens vier und höchstens zwölf Teilnehmern durchzuführen. ²Es besteht aus

1. einem Kurs mit drei Gruppensitzungen von je 90 Minuten Dauer,
2. einer Übungs- und Beobachtungsfahrt mit mindestens zwei und höchstens drei Teilnehmern mit einer Fahrzeit von 60 Minuten je Teilnehmer sowie
3. praktischen Sicherheitsübungen für Inhaber der Fahrerlaubnis auf Probe der Klasse B von 240 Minuten Dauer.

³Das Seminar beginnt und endet mit einer Gruppensitzung und soll sich über einen Zeitraum von zwei bis acht Wochen erstrecken. ⁴An einem Tag darf nicht mehr als ein Seminarteil durchgeführt werden.

(2) ¹In den Gruppensitzungen sollen die Erfahrungen, Probleme und Schwierigkeiten von Fahranfängern bei der Teilnahme am Straßenverkehr erörtert und die Erfahrungen aus den praktischen Kursteilen aufgearbeitet werden, um das Risikobewusstsein der Teilnehmer zu fördern und die Fähigkeit zur Gefahrenerkennung und -vermeidung zu verbessern. ²Dazu sollen insbesondere

1. Berichte über Fahrerlebnisse,
2. typische sowie fahranfängerspezifische Gefahrensituationen, Unfallursachen und Unfallfolgen,
3. vorausschauendes Fahren und die Vorhersehbarkeit des Verhaltens anderer Verkehrsteilnehmer,
4. Auswirkungen von Emotionen und Umwelteinflüssen auf das Fahren,
5. Beeinflussung des Fahrverhaltens durch Alkohol und Drogen,
6. Beeinflussung des Fahrverhaltens durch Mitfahrer,
7. Erlebnisse sowie Ergebnisse der Übungs- und Beobachtungsfahrten sowie der praktischen Sicherheitsübungen,
8. der Umgang mit Verkehrsregeln,
9. Strategien zu dauerhaftem sicheren Fahren,
10. die Notwendigkeit von Sicherheitsreserven bei Geschwindigkeit und Abstand sowie
11. weitere Übungs- und Trainingsangebote

besprochen werden.

(3) In der Übungs- und Beobachtungsfahrt sollen die Teilnehmer durch den Vergleich verschiedener Fahrstile, durch Rückmeldung der Beobachtungen ihres Fahrverhaltens durch die mitfahrenden Teilnehmer und den Fahrlehrer sowie durch die Möglichkeit des Übens von Situationen, die sie für besonders schwierig halten, sicheres und verantwortungsvolles Fahrverhalten üben und die diesbezüglichen Kenntnisse vertiefen.

3.1 FreiwFortbV

VO über die freiwillige Fortbildung

(4) ¹In den praktischen Sicherheitsübungen sollen die Teilnehmer außerhalb des Straßenverkehrs
1. praktische Erfahrungen mit problematischen Fahrsituationen machen,
2. erleben, wie insbesondere geringfügige oder schwer erkennbare Veränderungen einzelner Fahrbedingungen erheblichen Einfluss auf die Beherrschung des Fahrzeugs haben,
3. ihre Selbsteinschätzung sowie ihre Einschätzung zu den Einflüssen verschiedener Fahrbahnzustände und Fahrzeugausstattungen sowie verschiedener Zusatzbelastungen, insbesondere laute Musik und Gespräche, auf das Fahrverhalten kritisch überprüfen,
4. Unterschiede im Fahrverhalten der Teilnehmer und deren Fahrzeuge erkennen und
5. die Bedeutung und Grenzen der korrekten Handhabung der Bedienelemente unter verschiedenen Bedingungen erfahren.

²Die praktischen Sicherheitsübungen müssen den Zusammenhang zwischen Sitzposition und Bremsen sowie Sitzposition und Kurvenfahren darstellen. ³Während der praktischen Sicherheitsübungen müssen Bremsübungen aus verschiedenen Geschwindigkeiten bei griffiger und glatter Fahrbahn, auf Geraden, nach Möglichkeit auch in Kurven und möglichst mit und ohne Antiblockiersystem durchgeführt werden; dabei ist das Einschätzen von Bremswegen und Bremszeitpunkt, das Erkennen von Restgeschwindigkeiten, Einfluss von Reifenzustand, Stoßdämpfern und elektronischen Fahrhilfen, Einfluss von Fahrzeugbesetzung und -beladung zu üben. ⁴Bremsübungen sollen sowohl bei einer Besetzung nur mit dem Fahrzeugführer allein als auch bei einer Besetzung mit weiteren Mitfahrern erfolgen.
⁵Die praktischen Sicherheitsübungen sollen zusätzlich Kurven- und Kreisfahrten vorsehen.

Begr der VO v 25. 4. 06 (VkBl **06** 617): Begr des Bundesrates zu **Abs 1 Satz 1:** *Die Verordnung über die freiwillige Fortbildung von Inhabern der Fahrerlaubnis auf Probe (FreiwFortbV) sieht in § 3 Abs. 1 Satz 1 eine Mindestzahl von sechs Teilnehmern vor. Auf Grund der nicht unerheblichen Kosten für die Teilnahme an einem Seminar ergeben sich erhebliche Schwierigkeiten, die Forderung nach der Mindestteilnehmerzahl zu erfüllen, so dass in der Praxis häufig das Zustandekommen eines Kurses an dieser Forderung scheitert. Die Interessenten können jedoch nur begrenzte Zeit auf das Zustandekommen eines Kurses warten, wenn sie den Effekt des § 7 FreiwFortbV erreichen wollen. Es steht zudem zu befürchten, dass die für eine Evaluation erforderliche Anzahl an Kursteilnehmern nicht erreicht wird. Andererseits ist von anderen Kursmodellen (z. B. Kurse nach § 70 Fahrerlaubnis-Verordnung) bekannt, dass der gruppendynamische Effekt auch mit vier Kursteilnehmern erreicht werden kann. …*

§ 4 Seminarleiter, Moderatoren für die praktischen Sicherheitsübungen. (1) ¹Die Gruppensitzungen sowie Übungs- und Beobachtungsfahrten dürfen nur von hierfür amtlich anerkannten Fahrlehrern durchgeführt werden (Seminarleiter). ²Diese gelten als amtlich anerkannt, wenn sie
1. Inhaber einer Seminarerlaubnis nach § 31 Abs. 1 des Fahrlehrergesetzes für Seminare nach § 2a des Straßenverkehrsgesetzes sind,
2. an einem mindestens eintägigen Einweisungslehrgang zur Durchführung des Fortbildungsseminars für Inhaber der Fahrerlaubnis auf Probe teilgenommen haben,
3. der nach Absatz 7 zuständigen Stelle davon Mitteilung gemacht haben und
4. gegenüber der nach Absatz 7 zuständigen Stelle schriftlich erklärt haben, dass sie
    a) darin einwilligen, dass die Mitteilung nach Nummer 3 an die Bundesanstalt für Straßenwesen übermittelt wird und die in der Mitteilung enthaltenen personenbezogenen Daten von der Bundesanstalt für Straßenwesen für Zwecke der Evaluation (§ 6) verwendet werden,
    b) auf die Freiwilligkeit der Einwilligung nach Buchstabe a hingewiesen worden sind.

(2) ¹In dem Einweisungslehrgang sollen den Teilnehmern die zur Durchführung der Fortbildungsseminare erforderlichen Kenntnisse und Fähigkeiten vermittelt werden. ²Wesentlicher Inhalt der Lehrgänge ist die nach § 3 Abs. 1 bis 3 vorgeschriebene Gestaltung der Fortbildungsseminare. ³§ 13 Abs. 2 der Durchführungsverordnung zum Fahrlehrergesetz gilt entsprechend. ⁴Der Einweisungslehrgang darf nur von nach § 31 Abs. 2 Satz 4 des Fahrlehrergesetzes anerkannten Trägern durchgeführt werden. ⁵Zur Leitung der Einweisungslehrgänge sind Personen berechtigt, die die Anforderungen des § 14 Abs. 2 der Durchführungsverordnung zum Fahrlehrergesetz erfüllen. ⁶Über die Teilnahme an einem Einweisungslehrgang zur Durchführung des Fortbildungsseminars ist von dem Träger eine Bescheinigung auszustellen, die vom Seminarleiter der nach Absatz 7 zuständigen Stelle vorzulegen ist.

(3) ¹Die praktischen Sicherheitsübungen dürfen nur von hierfür amtlich anerkannten Personen (Moderatoren) in einem Land durchgeführt werden, das die Fortbildungsseminare eingeführt hat. ²Moderatoren gelten als amtlich anerkannt, wenn sie

von Inhabern der FE auf Probe FreiwFortbV **3.1**

1. Erfahrung in der Durchführung von Pkw-Verkehrssicherheitstrainings und der Arbeit mit Jugendlichen oder jungen Erwachsenen haben,
2. einem nach der Norm DIN EN ISO 9001 : 2000-12 zertifizierten Qualitätsmanagementsystem unterliegen,
3. an einem eintägigen, besonderen Einweisungslehrgang in die praktischen Sicherheitsübungen teilgenommen haben,
4. der nach Absatz 7 zuständigen Stelle davon Mitteilung gemacht haben und
5. gegenüber der nach Absatz 7 zuständigen Stelle schriftlich erklärt haben, dass sie
    a) darin einwilligen, dass die Mitteilung nach Nummer 4 an die Bundesanstalt für Straßenwesen übermittelt wird und die in der Mitteilung enthaltenen personenbezogenen Daten von der Bundesanstalt für Straßenwesen für Zwecke der Evaluation (§ 6) verwendet werden,
    b) auf die Freiwilligkeit der Einwilligung nach Buchstabe a hingewiesen worden sind.

(4) ¹Die Träger der besonderen Einweisungslehrgänge in die praktischen Sicherheitsübungen müssen von der zuständigen obersten Landesbehörde oder von einer durch sie bestimmten oder nach Landesrecht zuständigen Stelle anerkannt sein. ²Sie müssen Kenntnisse und Erfahrungen in der Einweisung von Personen, die Pkw-Verkehrssicherheitstrainings durchführen, nachweisen. ³In dem besonderen Einweisungslehrgang für die praktischen Sicherheitsübungen sollen den Teilnehmern die zur Durchführung der praktischen Sicherheitsübungen erforderlichen Kenntnisse und Fähigkeiten vermittelt werden. ⁴Wesentlicher Inhalt der Lehrgänge ist die nach § 3 Abs. 4 vorgeschriebene Gestaltung der Übungen. ⁵Über die Teilnahme an einem Einweisungslehrgang in die praktischen Sicherheitsübungen ist von dem Träger eine Bescheinigung auszustellen, die vom Moderator der nach Absatz 7 zuständigen Stelle vorzulegen ist.

(5) ¹Der Seminarleiter darf Fortbildungsseminare nur im Rahmen der Fahrschulerlaubnis oder eines Beschäftigungsverhältnisses mit dem Inhaber einer Fahrschule durchführen. ²Die Fahrschule muss ihren Sitz in einem Land haben, das die Fortbildungsseminare nach § 1 eingeführt hat.

(6) ¹Die Anerkennung nach Absatz 1 erlischt, wenn die Seminarerlaubnis nach § 31 Abs. 1 des Fahrlehrergesetzes erlischt, zurückgenommen oder widerrufen wird; im Übrigen gelten die §§ 7 und 8 des Fahrlehrergesetzes entsprechend. ²Die Anerkennungen nach Absatz 3 sind zurückzunehmen, wenn eine der Voraussetzungen nicht vorgelegen hat; davon kann abgesehen werden, wenn der Mangel nicht mehr besteht. ³Die Anerkennungen nach Absatz 3 sind zu widerrufen, wenn nachträglich eine der Voraussetzungen weggefallen oder wenn sonst gegen die Pflichten aus den Anerkennungen grob verstoßen worden ist. ⁴Im Übrigen gilt für die Anerkennung nach Absatz 3 Satz 2 § 71 Abs. 4a der Fahrerlaubnis-Verordnung entsprechend.

(7) Die Seminarleiter, Moderatoren und Träger der Einweisungslehrgänge nach den Absätzen 1 bis 4 unterliegen der Aufsicht der zuständigen obersten Landesbehörde oder der von ihr bestimmten oder nach Landesrecht zuständigen Stelle.

(8) Die in Absatz 3 genannte Norm DIN EN ISO 9001 : 2000-12 kann bei der Beuth-Verlag GmbH, Burggrafenstraße 6, 10787 Berlin, bezogen werden und ist beim Bundesarchiv, Potsdamer Straße 1, 56075 Koblenz, für jedermann zugänglich und archivmäßig gesichert niedergelegt.

§ 5 Teilnahmebescheinigung. (1) ¹Über die Teilnahme an einem Fortbildungsseminar ist vom Seminarleiter eine Bescheinigung auszustellen; § 37 der Fahrerlaubnis-Verordnung gilt entsprechend. ²Über die Teilnahme an den praktischen Sicherheitsübungen ist vom Moderator eine Bescheinigung auszustellen, die dem Seminarleiter vorzulegen ist. ³Diese ist Voraussetzung für die Ausstellung der Bescheinigung nach Satz 1.

(2) Der Seminarleiter übermittelt der Bundesanstalt für Straßenwesen ein Doppel der Teilnahmebescheinigung, sofern der Teilnehmer schriftlich bestätigt hat, dass er
1. darin einwilligt, dass die Teilnahmebescheinigung an die Bundesanstalt für Straßenwesen übermittelt wird und die in der Teilnahmebescheinigung enthaltenen personenbezogenen Daten von der Bundesanstalt für Straßenwesen für Zwecke der Evaluation (§ 6) verwendet werden,
2. auf die Freiwilligkeit der Einwilligung nach Nummer 1 hingewiesen worden ist.

§ 6 Evaluation. (1) ¹Die Einführung der freiwilligen Fortbildungsseminare dient der Erprobung als Instrument zur Verbesserung der Verkehrssicherheit. ²Die Fortbildungsseminare werden von der Bundesanstalt für Straßenwesen wissenschaftlich begleitet und ausgewertet, um ihre Auswirkungen auf die Verkehrssicherheit zu überprüfen (Evaluation).

3.1 FreiwFortbV VO über die freiwillige Fortbildung von Inhabern der FE auf Probe

(2) ¹Für Zwecke der Evaluation darf die Bundesanstalt für Straßenwesen personenbezogene Daten von Seminarteilnehmern, Seminarleitern und Moderatoren nach Maßgabe des § 40 des Bundesdatenschutzgesetzes erheben und verwenden. ²Die Daten sind spätestens am 31. Dezember 2010 zu löschen oder so zu anonymisieren oder zu pseudonymisieren, dass ein Personenbezug nicht mehr hergestellt werden kann.

§ 7 Verkürzung der Probezeit. ¹Die Probezeit nach § 2a des Straßenverkehrsgesetzes verkürzt sich bei Vorlage der Teilnahmebescheinigung nach § 5 Satz 1 bei der zuständigen Fahrerlaubnisbehörde um ein Jahr; sie endet jedoch nicht vor Ablauf des Tages, an dem die Teilnahmebescheinigung dieser vorgelegt wird. ²§ 2a Abs. 2a des Straßenverkehrsgesetzes bleibt unberührt.

§ 8 Zuständigkeit. ¹Diese Verordnung wird von den obersten Landesbehörden oder den von ihnen bestimmten oder den nach Landesrecht zuständigen Stellen ausgeführt. ²§ 73 Abs. 2 und 3 der Fahrerlaubnis-Verordnung gilt entsprechend.

Art. 3 Inkrafttreten, Außerkrafttreten.

Diese Verordnung tritt am Tag nach der Verkündung in Kraft und mit Ablauf des 31. Dezember 2009 außer Kraft.

Begr: BRDrucks 123/03 v 19. 2. 03, S 9ff. und BRDrucks 123/03 (Beschluss) v 11. 4. 03, S 1.

Anm: Mustererlass für die Einführung von Fortbildungsseminaren für Inhaber der Fahrerlaubnis auf Probe nach Maßgabe der FreiwFortbV v 10. 9. 03, VkBl **03** 616. Muster für Teilnahmebescheinigungen, VkBl **03** 618, 619.

4. Verordnung über die Zulassung von Fahrzeugen zum Straßenverkehr (Fahrzeug-Zulassungsverordnung – FZV)

Vom 25. April 2006 (BGBl. I S. 988), geändert am 18. Dezember 2006 (BGBl. I S. 3226)

FNA 9232-12

Inhaltsübersicht

Abschnitt 1. Allgemeine Regelungen

- § 1 Anwendungsbereich
- § 2 Begriffsbestimmungen
- § 3 Notwendigkeit einer Zulassung
- § 4 Voraussetzungen für eine Inbetriebsetzung zulassungsfreier Fahrzeuge
- § 5 Beschränkung und Untersagung des Betriebs von Fahrzeugen

Abschnitt 2. Zulassungsverfahren

- § 6 Antrag auf Zulassung
- § 7 Zulassung im Inland nach vorheriger Zulassung in einem anderen Staat
- § 8 Zuteilung von Kennzeichen
- § 9 Besondere Kennzeichen
- § 10 Ausgestaltung und Anbringung der Kennzeichen
- § 11 Zulassungsbescheinigung Teil I
- § 12 Zulassungsbescheinigung Teil II
- § 13 Mitteilungspflichten bei Änderungen
- § 14 Außerbetriebsetzung, Wiederzulassung
- § 15 Verwertungsnachweis

Abschnitt 3. Zeitweilige Teilnahme am Straßenverkehr

- § 16 Prüfungsfahrten, Probefahrten, Überführungsfahrten
- § 17 Fahrten zur Teilnahme an Veranstaltungen für Oldtimer
- § 18 Fahrten im internationalen Verkehr
- § 19 Fahrten zur dauerhaften Verbringung eines Fahrzeugs in das Ausland

Abschnitt 4. Teilnahme ausländischer Fahrzeuge am Straßenverkehr

- § 20 Vorübergehende Teilnahme am Straßenverkehr im Inland
- § 21 Kennzeichen und Unterscheidungszeichen
- § 22 Beschränkung und Untersagung des Betriebs ausländischer Fahrzeuge

Abschnitt 5. Überwachung des Versicherungsschutzes der Fahrzeuge

- § 23 Versicherungsnachweis
- § 24 Mitteilungspflichten der Zulassungsbehörde
- § 25 Maßnahmen und Pflichten bei fehlendem Versicherungsschutz
- § 26 Versicherungskennzeichen
- § 27 Ausgestaltung und Anbringung des Versicherungskennzeichens
- § 28 Rote Versicherungskennzeichen
- § 29 Maßnahmen bei vorzeitiger Beendigung des Versicherungsverhältnisses

Abschnitt 6. Fahrzeugregister

- § 30 Speicherung der Fahrzeugdaten im Zentralen Fahrzeugregister
- § 31 Speicherung der Fahrzeugdaten im örtlichen Fahrzeugregister
- § 32 Speicherung der Halterdaten in den Fahrzeugregistern
- § 33 Übermittlung von Daten an das Kraftfahrt-Bundesamt
- § 34 Übermittlung von Daten an andere Zulassungsbehörden
- § 35 Übermittlung von Daten an die Versicherer
- § 36 Mitteilungen an die Finanzbehörden
- § 37 Übermittlung von Daten an Stellen zur Durchführung des Bundesleistungsgesetzes, des Verkehrssicherstellungsgesetzes, des Verkehrsleistungsgesetzes und von Maßnahmen des Katastrophenschutzes
- § 38 Übermittlungen des Kraftfahrt-Bundesamtes an die Zulassungsbehörden
- § 39 Abruf im automatisierten Verfahren
- § 40 Sicherung des Abrufverfahrens gegen Missbrauch
- § 41 Aufzeichnung der Abrufe im automatisierten Verfahren
- § 42 Abruf im automatisierten Verfahren durch ausländische Stellen
- § 43 Übermittlungssperren
- § 44 Löschung der Daten im Zentralen Fahrzeugregister
- § 45 Löschung der Daten im örtlichen Fahrzeugregister

Abschnitt 7. Durchführungs- und Schlussvorschriften

- § 46 Zuständigkeiten
- § 47 Ausnahmen
- § 48 Ordnungswidrigkeiten
- § 49 Verweis auf technische Regelwerke
- § 50 Übergangsbestimmungen

Anlagen

Anlage 1. Unterscheidungszeichen der Verwaltungsbezirke*
Anlage 2. Ausgestaltung, Einteilung und Zuteilung der Buchstaben- und Zahlengruppen für die Erkennungsnummern der Kennzeichen*
Anlage 3. Unterscheidungszeichen der Fahrzeuge der Bundes- und Landesorgane, der Bundespolizei, der Wasser- und Schifffahrtsverwaltung des Bundes, der Bundesanstalt Technisches Hilfswerk, der Bundeswehr, des Diplomatischen Corps und bevorrechtigter Internationaler Organisationen*
Anlage 4. Ausgestaltung der Kennzeichen*
Anlage 5. Zulassungsbescheinigung Teil I*
Anlage 6. Zulassungsbescheinigung Teil I für Fahrzeuge der Bundeswehr*
Anlage 7. Zulassungsbescheinigung Teil II*
Anlage 8. Verwertungsnachweis*
Anlage 9. Fahrzeugschein für Fahrzeuge mit Kurzzeitkennzeichen*
Anlage 10. Fahrzeugscheinheft für Fahrzeuge mit rotem Kennzeichen*
Anlage 11. Bescheinigungen zum Versicherungsschutz*
Anlage 12. Versicherungskennzeichen für Kleinkrafträder, motorisierte Krankenfahrstühle und vierrädrige Leichtkraftfahrzeuge*

Anlagen zur FZV: Beck-Loseblattwerk „Straßenverkehrsrecht".

Begr (VkBl **06** 602): *Die Zulassung von Fahrzeugen zum öffentlichen Straßenverkehr ist bisher durch verschiedene Rechtsverordnungen geregelt. Die Zulassungspflicht und das Zulassungsverfahren sowie der Nachweis des Kraftfahrzeug-Haftpflichtversicherungsschutzes werden durch die Straßenverkehrs-Zulassungs-Ordnung (StVZO) bestimmt, die Zulassung ausländischer Kraftfahrzeuge am Straßenverkehr regelt die Verordnung über internationalen Kraftfahrzeugverkehr (VOInt) und die Führung der Fahrzeugregister sowie die Datenübermittlung zwischen den örtlichen Zulassungsbehörden und dem Zentralen Fahrzeugregister beim Kraftfahrt-Bundesamt bestimmt die Fahrzeugregisterverordnung (FRV). Die Neuordnung des Rechts der Zulassung von Fahrzeugen zum öffentlichen Straßenverkehr soll diesen Rechtsbereich zusammenfassen und damit übersichtlicher gestalten und die Anzahl der Vorschriften verringern. Gleichzeitig werden, einer Empfehlung der Verkehrsministerkonferenz der Länder folgend, Vorschläge zur Vereinfachung des Zulassungsverfahrens – sofern sie einer rechtlichen Regelung bedürfen – berücksichtigt, um die Zulassungsbehörden zu entlasten sowie die Verfahren weiter zu beschleunigen und kostengünstiger zu gestalten. Des Weiteren wurden die Vorschriften im Hinblick auf einen weiteren Einsatz von Online-Verfahren und der elektronischen Kommunikation gefasst. Die Neuordnung, insbesondere der Bestimmungen über die Fahrzeugregister, soll insbesondere auch die Online-Arbeit der örtlichen Behörden mit dem Zentralen Fahrzeugregister fördern. ...*

Aufgehoben werden die 49. Ausnahmeverordnung zur StVZO über die Verwendung roter Oldtimerkennzeichen, deren Inhalt nunmehr Bestandteil der Verordnung ist und die Verordnung über Ausnahmen und Änderungen von straßenverkehrsrechtlichen Vorschriften vom 29. 9. 1989, die in der Praxis keine Bedeutung mehr haben. In der Verordnung über die Zulassung von Fahrzeugen zum Straßenverkehr wurden auch die noch erforderlichen Bestimmungen der Verordnung über die Überwachung von gewerbsmäßig an Selbstfahrer zu vermietenden Kraftfahrzeugen und Anhängern übernommen, so dass die Aufhebung dieser Verordnung ebenfalls möglich ist. ...

In der neu geschaffenen FZV werden alle Regelungen zur Zulassungspflicht der Fahrzeuge (ihre Registrierung), zum Verfahren und den diesbezüglichen Pflichten der Fahrzeughalter und -eigentümer zusammengefasst. EG-rechtliche Grundlage ist die Richtlinie 1999/37/EG über Zulassungsdokumente für Fahrzeuge (ABl. EG Nr. L 138 S. 57) in der Fassung der Richtlinie 2003/127/EG der Kommission vom 23. Dezember 2003 zur Änderung der Richtlinie 1999/37/EG (ABl. EU 2004 Nr. L 10 S. 29), die mit der 38. Verordnung zur Änderung straßenverkehrsrechtlicher Vorschriften vom 24. September 2004 (BGBl. I S. 2374) in das nationale Recht überführt wurde.

Lit: *Dauer,* Wann ist ein Fahrzeug zugelassen?, NZV **07** 442. *Liebermann,* Neue Fahrzeug-Zulassungsverordnung, NZV **06** 357. *Roth,* Neuordnung des Fahrzeugzulassungsrechts, DAR **07** 110.

Abschnitt 1. Allgemeine Regelungen

Anwendungsbereich

1 Diese Verordnung ist anzuwenden auf die Zulassung von Kraftfahrzeugen mit einer bauartbedingten Höchstgeschwindigkeit von mehr als 6 km/h und die Zulassung ihrer Anhänger.

1   **Begr** (VkBl **06** 603): *§ 1 folgt bei der Festlegung dem bisherigen § 18 Abs. 1 StVZO.*

---
* Hier nicht abgedruckt.

Anwendungsbereich **§ 1 FZV 4**

1. Anwendungsbereich. Nach § 1 I S 1 StVG müssen Kfz und Kfz-Anhänger, die auf öffentlichen Straßen in Betrieb gesetzt werden sollen, von der Zulassungsbehörde (ZulB) zum Verkehr zugelassen sein. Ausnahmen von der Zulassung können gem § 6 I Nr 2 StVG durch RVO geregelt werden. Die FZV schreibt die Zulassung von Kfz mit bauartbedingter Höchstgeschwindigkeit von mehr als 6 km/h und von Kfz-Anhängern zum Verkehr vor (Ausnahmen s § 3). Alle anderen Fz sind nach Maßgabe von § 16 StVZO ohne Zulassungsverfahren zum Verkehr auf öffentlichen Straßen zugelassen.

2. Kraftfahrzeuge sind nach § 2 Nr 1 in Übereinstimmung mit § 1 II StVG nicht dauerhaft spurgeführte Landfahrzeuge, die durch Maschinenkraft bewegt werden. Eine Ausnahme von der Zulassungspflicht begründet § 1 für Kfz, deren **bauartbedingte Höchstgeschwindigkeit nicht über 6 km/h** hinausgeht. Definition des Begriffs der „durch die Bauart bestimmte Höchstgeschwindigkeit" in § 30a I S 1 StVZO. Diese Voraussetzung sollte nach früher hierzu vertretener Ansicht bei Einbau entsprechender Vorrichtungen in an sich für höhere Geschwindigkeiten gebaute Kfz nur dann erfüllt sein, wenn sicher gestellt ist, dass weder der Fahrer noch ein geübter Monteur die blockierende Einrichtung ohne langwierige Arbeit beseitigen kann, s § 8 StVG Rz 2, *Roos/Krause* DAR **89** 97, oder gar nur dann, wenn die geringe Höchstgeschwindigkeit auf der konstruktiven Beschaffenheit beruht, während nachträgliche technische Vorkehrungen niemals ausreichen sollen, OVG Münster NZV **95** 413 (zust *Stollenwerk* PVT **97** 93), s Brn VRS **101** 293 (zu § 6 FeV). Unter Zugrundelegung der Rspr des BGH zu § 8 Nr 1 StVG (s § 8 StVG Rz 2) und zu § 2 PflVG (s vor § 23 Rz 3) genügt es jedoch, dass die Geschwindigkeitsgrenze jedenfalls auf Grund einer vorhandenen technischen Einrichtung ohne deren Beseitigung tatsächlich nicht überschritten wird, s *Rodewald* DAR **99** 106f, *Hentschel* NJW **02** 727.

Elektrokarren sind Kfz. **Elektroskooter** mit oder ohne Sitz sind Kfz; je nach technischer Beschaffenheit können sie den in § 3 II S 1 Nr 1 d iVm § 2 Nr 11 a (Kleinkrafträder) oder § 3 II S 1 Nr 1 c iVm § 2 Nr 10 (Leichtkrafträder) genannten Fzen zuzuordnen sein; jedoch sind § 4 I (Einzelgenehmigung oder Typgenehmigung), § 4 II Nr 2 (Kennzeichen für Leichtkrafträder) und § 4 III (Versicherungskennzeichen für Kleinkrafträder) zu beachten, s *Ternig* VD **03** 259. Zumeist werden die technischen Merkmale eines Kleinkraftrades vorliegen, s *Kullik* PVT **03** 177.

3. Anhänger sind nach § 2 Nr 2 zum Anhängen an ein Kfz bestimmte und geeignete Fz. Sattelanhänger sind zum Aufsatteln auf eine Sattelzugmaschine (§ 2 Nr 15) bestimmte AnhängerFz (§ 2 Nr 19, DIN 70010). Fz, die nach ihrer Bauart zum Betrieb als Kfz bestimmt sind, dürfen nicht als Anhänger betrieben werden, doch kann die Zulassungsbehörde Ausnahmen genehmigen (§ 33 StVZO). Nachlaufachsen zur Beförderung von Langholz sind KfzAnhänger, Neust VRS **18** 301. Anhänger, die **Arbeitsmaschinen** sind, sind nach § 3 II S 1 Nr 2 d nicht zulassungspflichtig, aber nach § 4 II S 1 Nr 3 ggf kennzeichenpflichtig.

Die Gründe für die Zulassungspflicht für KfzAnhänger sind im Wesentlichen dieselben wie die für die Zulassung der Kfz: Prüfung der Bauart auf VSicherheit, wirtschafts- und verkehrsstatistische Erfassung der Fz, s BGHSt **32** 335 = NJW **84** 2479. Auch das Zulassungsverfahren für Anhänger führt zur Zuteilung eines Kennzeichens.

4. Abgeschleppte Fahrzeuge. Bis 28. 2. 07 enthielt § 18 I S 1 StVZO die Aussage, dass betriebsunfähige Fz, die abgeschleppt werden, und Abschleppachsen keine Anhänger sind. Diese Aussage ist nicht in die FZV übernommen worden. Fz, die wegen Betriebsunfähigkeit aus dem öffentlichen Verkehrsraum abgeschleppt werden, sind zugelassen, denn sonst hätten sie nicht im Verkehr bewegt werden dürfen. Es bestand keine Notwendigkeit, insoweit eine zulassungsrechtliche Regelung zu treffen. Zum Schleppen und Abschleppen s § 33 StVZO.

5. Bestimmte nicht motorbetriebene Fortbewegungsmittel wie Schiebe- und Greifreifenrollstühle, Rodelschlitten, Kinderwagen, Roller (sowohl Kinder- als auch Erwachsenenroller) und Kinderfahrräder fallen weder in den Anwendungsbereich der FZV (§ 1) noch in den der StVZO (§ 16 II StVZO) noch in den der StVO (§ 24 I StVO). Kinderfahrräder sind Fahrräder, die üblicherweise zum spielerischen Umherfahren im Vorschulalter verwendet werden (VwV zu § 24 I StVO, III).

Begriffsbestimmungen

2 Im Sinne dieser Verordnung ist oder sind
1. Kraftfahrzeuge: nicht dauerhaft spurgeführte Landfahrzeuge, die durch Maschinenkraft bewegt werden;
2. Anhänger: zum Anhängen an ein Kraftfahrzeug bestimmte und geeignete Fahrzeuge;
3. Fahrzeuge: Kraftfahrzeuge und ihre Anhänger;
4. EG-Typgenehmigung: die von einem Mitgliedstaat der Europäischen Union in Anwendung
   a) der Richtlinie 70/156/EWG des Rates vom 6. Februar 1970 zur Angleichung der Rechtsvorschriften der Mitgliedstaaten über die Betriebserlaubnis für Kraftfahrzeuge und Kraftfahrzeuganhänger (ABl. EG Nr. L 42 S. 1) in der jeweils geltenden Fassung,
   b) der Richtlinie 2002/24/EG des Europäischen Parlaments und des Rates vom 18. März 2002 über die Typgenehmigung für zweirädrige oder dreirädrige Kraftfahrzeuge und zur Aufhebung der Richtlinie 92/61/EWG des Rates (ABl. EG Nr. L 124 S. 1) in der jeweils geltenden Fassung und
   c) der Richtlinie 2003/37/EG des Europäischen Parlaments und des Rates vom 26. Mai 2003 über die Typgenehmigung für land- oder forstwirtschaftliche Zugmaschinen, ihre Anhänger und die von ihnen gezogenen auswechselbaren Maschinen sowie für Systeme, Bauteile und selbstständige technische Einheiten dieser Fahrzeuge und zur Aufhebung der Richtlinie 74/150/EWG (ABl. EU Nr. L 171 S. 1) in der jeweils geltenden Fassung

   erteilte Bestätigung, dass der zur Prüfung vorgestellte Typ eines Fahrzeugs, eines Systems, eines Bauteils oder einer selbständigen technischen Einheit die einschlägigen Vorschriften und technischen Anforderungen erfüllt;
5. nationale Typgenehmigung: die behördliche Bestätigung, dass der zur Prüfung vorgestellte Typ eines Fahrzeugs, eines Systems, eines Bauteils oder einer selbständigen technischen Einheit den geltenden Bauvorschriften entspricht; sie ist eine Betriebserlaubnis im Sinne des Straßenverkehrsgesetzes und eine Allgemeine Betriebserlaubnis im Sinne der Straßenverkehrs-Zulassungs-Ordnung;
6. Einzelgenehmigung: die behördliche Bestätigung, dass das betreffende Fahrzeug, System, Bauteil oder die selbständige technische Einheit den geltenden Bauvorschriften entspricht; sie ist eine Betriebserlaubnis im Sinne des Straßenverkehrsgesetzes und eine Einzelbetriebserlaubnis im Sinne der Straßenverkehrs-Zulassungs-Ordnung;
7. Übereinstimmungsbescheinigung: die vom Hersteller ausgestellte Bescheinigung, dass ein Fahrzeug, ein System, ein Bauteil oder eine selbständige technische Einheit zum Zeitpunkt seiner/ihrer Herstellung einem nach der jeweiligen EG-Typgenehmigungsrichtlinie genehmigten Typ entspricht;
8. Datenbestätigung: die vom Inhaber einer nationalen Typgenehmigung für Fahrzeuge ausgestellte Bescheinigung, dass das Fahrzeug zum Zeitpunkt seiner Herstellung dem genehmigten Typ und den ausgewiesenen Angaben über die Beschaffenheit entspricht;
9. Krafträder: zweirädrige Kraftfahrzeuge mit oder ohne Beiwagen, mit einem Hubraum von mehr als 50 cm^3 im Falle von Verbrennungsmotoren, und/oder mit einer bauartbedingten Höchstgeschwindigkeit von mehr als 45 km/h;
10. Leichtkrafträder: Krafträder mit einer Nennleistung von nicht mehr als 11 kW und im Falle von Verbrennungsmotoren mit einem Hubraum von mehr als 50 cm^3, aber nicht mehr als 125 cm^3;
11. Kleinkrafträder: zweirädrige Kraftfahrzeuge oder dreirädrige Kraftfahrzeuge mit einer bauartbedingten Höchstgeschwindigkeit von nicht mehr als 45 km/h und folgenden Eigenschaften:
    a) zweirädrige Kleinkrafträder:
       mit Verbrennungsmotor, dessen Hubraum nicht mehr als 50 cm^3 beträgt, oder mit Elektromotor, dessen maximale Nenndauerleistung nicht mehr als 4 kW beträgt;
    b) dreirädrige Kleinkrafträder:
       mit Fremdzündungsmotor, dessen Hubraum nicht mehr als 50 cm^3 beträgt, mit einem anderen Verbrennungsmotor, dessen maximale Nutzleistung nicht mehr als 4 kW beträgt, oder mit einem Elektromotor, dessen maximale Nenndauerleistung nicht mehr als 4 kW beträgt;
12. vierrädrige Leichtkraftfahrzeuge: vierrädrige Kraftfahrzeuge mit einer Leermasse von nicht mehr als 350 kg, ohne Masse der Batterien bei Elektrofahrzeugen, mit einer bauartbedingten Höchstgeschwindigkeit von nicht mehr als 45 km/h, mit Fremdzün-

Begriffsbestimmungen

dungsmotor, dessen Hubraum nicht mehr als 50 cm³ beträgt oder mit einem anderen Verbrennungsmotor, dessen maximale Nennleistung nicht mehr als 4 kW beträgt oder mit einem Elektromotor, dessen maximale Nennleistung nicht mehr als 4 kW beträgt;

13. motorisierte Krankenfahrstühle: einsitzige, nach der Bauart zum Gebrauch durch körperlich behinderte Personen bestimmte Kraftfahrzeuge mit Elektroantrieb, einer Leermasse von nicht mehr als 300 kg einschließlich Batterien jedoch ohne Fahrer, einer zulässigen Gesamtmasse von nicht mehr als 500 kg, einer bauartbedingten Höchstgeschwindigkeit von nicht mehr als 15 km/h und einer Breite über alles von maximal 110 cm;
14. Zugmaschinen: Kraftfahrzeuge, die nach ihrer Bauart überwiegend zum Ziehen von Anhängern bestimmt und geeignet sind;
15. Sattelzugmaschinen: Zugmaschinen für Sattelanhänger;
16. land- oder forstwirtschaftliche Zugmaschinen: Kraftfahrzeuge, deren Funktion im Wesentlichen in der Erzeugung einer Zugkraft besteht und die besonders zum Ziehen, Schieben, Tragen und zum Antrieb von auswechselbaren Geräten für land- oder forstwirtschaftliche Arbeiten oder zum Ziehen von Anhängern in land- oder forstwirtschaftlichen Betrieben bestimmt und geeignet sind, auch wenn sie zum Transport von Lasten im Zusammenhang mit land- oder forstwirtschaftlichen Arbeiten eingerichtet oder mit Beifahrersitzen ausgestattet sind;
17. selbstfahrende Arbeitsmaschinen: Kraftfahrzeuge, die nach ihrer Bauart und ihren besonderen, mit dem Fahrzeug fest verbundenen Einrichtungen zur Verrichtung von Arbeiten, jedoch nicht zur Beförderung von Personen oder Gütern bestimmt und geeignet sind;
18. Stapler: Kraftfahrzeuge, die nach ihrer Bauart für das Aufnehmen, Heben, Bewegen und Positionieren von Lasten bestimmt und geeignet sind;
19. Sattelanhänger: Anhänger, die mit einem Kraftfahrzeug so verbunden sind, dass sie teilweise auf diesem aufliegen und ein wesentlicher Teil ihres Gewichts oder ihrer Ladung von diesem getragen wird;
20. land- oder forstwirtschaftliche Arbeitsgeräte: Geräte zum Einsatz in der Land- und Forstwirtschaft, die dazu bestimmt sind, von einer Zugmaschine gezogen zu werden und die die Funktion der Zugmaschine verändern oder erweitern; sie können auch mit einer Ladeplattform ausgestattet sein, die für die Aufnahme der zur Ausführung der Arbeiten erforderlichen Geräte und Vorrichtungen oder die für die zeitweilige Lagerung der bei der Arbeit erzeugten und benötigten Materialien konstruiert und gebaut ist; unter den Begriff fallen auch Fahrzeuge, die dazu bestimmt sind, von einer Zugmaschine gezogen zu werden und dauerhaft mit einem Gerät ausgerüstet oder für die Bearbeitung von Materialien ausgelegt sind, wenn das Verhältnis zwischen der technisch zulässigen Gesamtmasse und der Leermasse dieses Fahrzeugs weniger als 3,0 beträgt;
21. Sitzkarren: einachsige Anhänger, die nach ihrer Bauart nur bestimmt und geeignet sind, einer Person das Führen einer einachsigen Zug- oder Arbeitsmaschine von einem Sitz aus zu ermöglichen;
22. Oldtimer: Fahrzeuge, die vor mindestens 30 Jahren erstmals in Verkehr gekommen sind, weitestgehend dem Originalzustand entsprechen, in einem guten Erhaltungszustand sind und zur Pflege des kraftfahrzeugtechnischen Kulturgutes dienen;
23. Probefahrt: die Fahrt zur Feststellung und zum Nachweis der Gebrauchsfähigkeit des Fahrzeugs;
24. Prüfungsfahrt: die Fahrt zur Durchführung der Prüfung des Fahrzeugs durch einen amtlich anerkannten Sachverständigen oder Prüfer für den Kraftfahrzeugverkehr oder Prüfingenieur einer amtlich anerkannten Überwachungsorganisation einschließlich der Fahrt des Fahrzeugs zum Prüfungsort und zurück;
25. Überführungsfahrt: die Fahrt zur Überführung des Fahrzeugs an einen anderen Ort.

Begr (VkBl **06** 603): *Die Aufnahme der Begriffsbestimmungen in einem gesonderten Paragraphen soll der Übersichtlichkeit und Rechtsklarheit dienen.* **1**

Anwendungsbereich. Die in § 2 enthaltenen Begriffsbestimmungen gelten nur „im Sinne dieser Verordnung", also **nur für Zwecke des Zulassungsrechts** nach der FZV. Sie sind nicht für alle Bereiche des Straßenverkehrsrechts als maßgeblich anzusehen. Wenn zB in Nr 3 der Begriff Fahrzeuge gleichgesetzt wird mit „Kfz und ihre Anhänger", so deckt sich dies nicht mit dem weiter gefassten Begriff des Fahrzeugs, wie er in der StVO (§ 23 StVO Rz 14), in der StVZO (§ 16 StVZO) und in der FeV (§§ 3, 13 Nr 2c) verwendet wird. Prüfungsfahrt iSv **2**

4 FZV § 2 Abschnitt 1. Allgemeine Regelungen

Nr 24 ist hier nur die Fahrt zur Durchführung der Prüfung eines Fz, nicht die Prüfungsfahrt im Rahmen einer praktischen Fahrerlaubnisprüfung (§ 2 XV StVG, § 17 FeV).

3 **Kraftfahrzeuge (Nr 1).** Die Definition deckt sich inhaltlich mit der durch § 1 II StVG vorgegebenen Begriffsbestimmung (s § 1 StVG Rz 2–5). Die Formulierung ist etwas abgewandelt worden (statt *ohne an Bahngleise gebunden zu sein* heißt es hier *nicht dauerhaft spurgeführte*), um dem technischen Fortschritt Rechnung zu tragen und sprachlich deutlich zu machen, dass auch neue Verkehrsmittel wie die Magnetschwebebahn „Transrapid" von der Begriffsbestimmung ausgeschlossen sind, auch wenn sie nicht an *Bahngleise* gebunden sind.

4 **Anhänger (Nr 2).** Der FZV unterliegen nur Anhänger, die zum Anhängen an ein Kfz bestimmt und geeignet sind, also zB nicht Fahrradanhänger. Zu Bau und Ausrüstung § 30a II StVZO. Zu abgeschleppten betriebsunfähigen Fz s § 1 Rz 6 und § 33 StVZO Rz 6–8.

5 **Fahrzeuge (Nr 3).** Im Sinne der FZV sind nur Kfz (Nr 1) und Kfz-Anhänger (Nr 2) als Fahrzeuge zu verstehen. Im übrigen Straßenverkehrsrecht wird der Begriff des Fahrzeugs teilweise weiter gefasst (s Rz 2). Die Begriffsbestimmung in Nr 3 darf deswegen nicht unbedingt der Auslegung des Begriffs Fahrzeug in anderen Normen zugrunde gelegt werden. Deckungsgleich aber die Begriffsbestimmung in § 2 I KraftStG.

6 **EG-Typgenehmigung (Nr 4).** Bei der EG-Typgenehmigung handelt es sich um die von einem Mitgliedstaat der EU mit Wirkung für alle Mitgliedstaaten in Anwendung dreier EG-Richtlinien erteilte Bestätigung, dass ein zur Prüfung vorgestellter Typ eines Fahrzeugs, eines Systems, eines Bauteils oder einer selbständigen technischen Einheit die einschlägigen Vorschriften und technischen Anforderungen erfüllt. Unter **System** werden die Eigenschaften der Fahrzeuge hinsichtlich bestimmter Merkmale, zB der Brems- oder der Lenkanlage oder der Abgasreinigung, verstanden, die den Anforderungen der jeweils einschlägigen Einzelrichtlinie erfüllen müssen. Eine **selbständige technische Einheit** ist eine Einrichtung wie zB eine Umsturz-Schutzvorrichtung, die Bestandteil eines Fz sein soll und die die Anforderungen einer Einzelrichtlinie erfüllen muss und für die gesondert, jedoch nur in Bezug auf einen oder mehrere Fahrzeugtypen, eine Typgenehmigung erteilt werden kann. Unter **Bauteil** ist eine Einrichtung (zB eine Leuchte) zu verstehen, die die Anforderungen einer Einzelrichtlinie erfüllt und die Bestandteil eines Fz sein soll. Im Gegensatz zur selbständigen technischen Einheit kann für ein Bauteil unabhängig von einem Fahrzeug eine EG-Typgenehmigung erteilt werden. Eine EG-Typgenehmigung darf nur erteilt werden, wenn der Antragsteller über ein wirksames **System zur Sicherstellung der Übereinstimmung** der Produktion verfügt, um zu gewährleisten, dass die herzustellenden Fahrzeuge, Systeme, selbständigen technischen Einheiten und Bauteile jeweils mit dem genehmigten Typ übereinstimmen. **Genehmigungsbehörde** für Deutschland ist das KBA.

7 Umsetzung der drei Richtlinien, die bei Erteilung einer EG-Typgenehmigung anzuwenden sind, in deutsches Recht:

a) Richtlinie 70/156/EWG v 6. 2. 1970 zur Angleichung der Rechtsvorschriften der Mitgliedstaaten über die Betriebserlaubnis für Kraftfahrzeuge und Kraftfahrzeuganhänger (StVRL § 20 StVZO Nr 3): EG-TypV v 9. 12. 1994 (Beck-Texte Nr 2g).

b) Richtlinie 2002/24/EG v 18. 3. 2002 über die Typgenehmigung für zweirädrige oder dreirädrige Kraftfahrzeuge (StVRL § 20 StVZO Nr 42): Krad-EG-TypV v 7. 2. 04 (Beck-Texte Nr 2f).

c) Richtlinie 2003/37/EG v 26. 5. 03 über die Typgenehmigung für land- und forstwirtschaftliche Zugmaschinen, ihre Anhänger und die von ihnen gezogenen auswechselbaren Maschinen sowie für Systeme, Bauteile und selbständige technische Einheiten dieser Fahrzeuge (StVRL § 20 StVZO Nr 47): LoF-EG-TypV v 12. 12. 04 (Beck-Texte Nr 2e, Begr VkBl **05** 11).

8 **Nationale Typgenehmigung (Nr 5).** An die Stelle des Begriffs „Allgemeine Betriebserlaubnis" soll künftig der bereits in neueren EG-Richtlinien verwandte Begriff der „nationalen Typgenehmigung" treten. Dieser Begriff für die behördliche Bestätigung, dass ein zur Prüfung vorgestellter Typ eines Fahrzeugs, eines Systems, eines Bauteils oder einer selbständigen technischen Einheit den geltenden Bauvorschriften entspricht, wurde mit der FZV eingeführt. Die nationale Typgenehmigung steht der Betriebserlaubnis gem StVG und der Allgemeinen Betriebserlaubnis gem StVZO gleich.

Begriffsbestimmungen § 2 FZV 4

Einzelgenehmigung (Nr 6). Dieser Begriff wurde mit der FZV eingeführt für die behördliche Bestätigung, dass ein einzelnes Fahrzeug, System, Bauteil oder selbständige technische Einheit den geltenden Bauvorschriften entspricht. Die Einzelgenehmigung ist eine Betriebserlaubnis gem StVG und eine Einzelbetriebserlaubnis gem StVZO. 9

Übereinstimmungsbescheinigung (Nr 7). Wenn ein Fahrzeug, ein System, ein Bauteil oder eine selbständige technische Einheit eine EG-Typgenehmigung (Nr 4) erhalten hat, hat der Inhaber der EG-Typgenehmigung eine fälschungssichere Übereinstimmungsbescheinigung auszustellen und diese dem Fahrzeug, dem System, dem Bauteil oder der selbständigen technischen Einheit beizufügen. Damit wird bescheinigt, dass das Fahrzeug, System, Bauteil oder die selbständige technische Einheit zum Zeitpunkt seiner/ihrer Herstellung einem nach der jeweiligen EG-Typgenehmigungsrichtlinie genehmigten Typ entspricht. Gängige Bezeichnung: **CoC-Papier** (Certificate of Conformity). 10

Datenbestätigung (Nr 8). Der Inhaber einer Allgemeinen Betriebserlaubnis (ABE), also einer nationalen Typgenehmigung iSv Nr 5, hat für jedes dem Typ entsprechende zulassungspflichtige Fahrzeug eine Datenbestätigung nach Muster 2d zur StVZO auszufüllen, mit der er bescheinigt, dass das Fahrzeug zum Zeitpunkt seiner Herstellung dem genehmigten Typ und den ausgewiesenen Angaben über die Beschaffenheit entspricht, § 20 III a StVZO (s dort Rz 5). 11

Krafträder (Nr 9). Zur Einordnung von Motorrädern im Miniformat („Pocketbikes") s *Ternig* ZfS **06** 666. 12

Leichtkrafträder (Nr 10). Leichtkrafträder können statt mit Verbrennungsmotor auch mit einer elektrischen Antriebsmaschine betrieben werden. Eintragung in die Zulassungsbescheinigung Teile I und II zur eindeutigen Zuordnung zu den zulassungsfreien (§ 3 II S 1 Nr 1 c) und damit von der Kfz-Steuer befreiten Fz s Verzeichnis zur Systematisierung von Kraftfahrzeugen und ihren Anhängern, VkBl **05** 197, 796, **06** 132, 667, **07** 140, 696, **08** 443 = StVRL § 11 FZV Nr 7, Änderung vom 27. 7. 06 VkBl **06** 667. Leichtkrafträder sind kennzeichenpflichtig (§ 4 II S 1 Nr 2), also kein befristeter Versicherungsvertrag wie für versicherungskennzeichenpflichtige Fz. 13

Kleinkrafträder (Nr 11). Kleinkrafträder können statt mit Verbrennungsmotor auch mit einer elektrischen Antriebsmaschine betrieben werden. Das **Mofa** (Fahrrad mit Hilfsmotor) mit einer bauartbedingten Höchstgeschwindigkeit von nicht mehr als 25 km/h ist eine Unterart des Kleinkraftrades und fahrerlaubnisfrei (§ 4 FeV Rz 6). Das **Leichtmofa** mit einer bauartbedingten Höchstgeschwindigkeit von nicht mehr als 20 km/h ist ebenfalls fahrerlaubnisfrei; die Fahrer von Leichtmofas brauchen keinen Schutzhelm zu tragen, s Leichtmofa-AusnahmeVO (Buchteil **9**). Fahrer von Mofas und Leichtmofas benötigen eine Prüfbescheinigung nach § 5 IV FeV. Kleinkrafträder sind zulassungsfrei (§ 3 II S 1 Nr 1 d) und damit von der Kfz-Steuer befreit. Sie müssen ein Versicherungskennzeichen führen (§ 4 III S 1). 14

Lit *Huppertz*, Verkehrsrechtliche Beurteilung frisierter Mofas, VD **07** 191.

Vierrädrige Leichtkraftfahrzeuge (Nr 12). Zu Quads s § 3 Rz 16. 15

Motorisierte Krankenfahrstühle (Nr 13). Die Begriffsbestimmung entspricht der in § 4 I S 2 Nr 2 FeV. Zur Fahrerlaubnisfreiheit s § 4 FeV Rz 7. Dürfen auf Gehwegen und anderen Fußgängerverkehrsflächen mit Schrittgeschwindigkeit fahren (§ 24 II StVO). 16

Zugmaschinen (Nr 14): Zusätzliche Begriffsbestimmung: Erlass des BMV v 6. 6. 62, VkBl **62** 309, mit Ergänzung v 8. 4. 80, VkBl **80** 386 (StVRL § 32 a StVZO Nr 1): 17

„*Zugmaschinen sind ausschließlich oder überwiegend zum Ziehen von Anhängern gebaute Kraftfahrzeuge. Eine Hilfsladefläche ist zulässig. Die auf ihr zu befördernde Nutzlast darf nicht mehr als das 0,4 fache des zulässigen Gesamtgewichts, die Länge der Hilfsladefläche*

1. bei zweiachsigen Fahrzeugen nicht mehr als das 1,4 fache der Spurweite der Vorderachse, bei dreirädrigen Fahrzeugen der mehrspurigen Achse,
2. bei Fahrzeugen mit mehr als 2 Achsen nicht mehr als das 2 fache der Spurweite der Vorderachse und nicht mehr als die Hälfte der Fahrzeuglänge

betragen. Bei veränderlicher Spurweite gilt der größere Wert. Doppelachsen gelten als zwei Achsen. Dieser Begriffsbestimmung nicht voll entsprechende Kraftfahrzeuge, die vor dem 1. 8. 1962 als Zugmaschinen zum Verkehr zugelassen worden sind, sind weiter als Zugmaschinen zu behandeln."

Sattelzugmaschinen (Nr 15). Zugmaschinen für Sattelanhänger (Nr 19). 18

4 FZV § 2 Abschnitt 1. Allgemeine Regelungen

19 **Land- oder forstwirtschaftliche Zugmaschinen (Nr 16).** Fahrerlaubnisfreiheit nach § 4 I S 2 Nr 3 FeV, soweit die bauartbedingte Höchstgeschwindigkeit nicht mehr als 6 km/h beträgt. Merkblatt für den Betrieb von land- oder forstwirtschaftlichen Zugmaschinen mit einachsigen Anhängern (einschl. Arbeitsgeräte) VkBl **00** 404, 680 (StVRL § 44 StVZO Nr 2).

20 **Selbstfahrende Arbeitsmaschinen (Nr 17)** sind gem § 3 II 1 Nr 1a zulassungsfrei (§ 3 Rz 11). Bis 28. 2. 07 waren selbstfahrende Arbeitsmaschinen nur zulassungsfrei, wenn sie zu einer vom BMV bestimmten Art solcher Fz gehörten (§ 18 II Nr 1a StVZO alt). Dafür gab es ein Verzeichnis anerkannter selbstfahrender Arbeitsmaschinen (DA zu § 18 II StVZO, VkBl **61** 439 [451], **62** 502, **65** 101, **66** 374, 598, **67** 522, **69** 411, **70** 695, **72** 226, **73** 857, **75** 442, **77** 50, 470, 612, **79** 167, 335, **81** 354, **82** 31, 530, **86** 40, **90** 196, **04** 228 = StVRL § 18 StVZO Nr 10), das durch BMV-Verlautbarung v 16. 1. 08 (VkBl **08** 54) aufgehoben wurde. S auch Verzeichnis zur Systematisierung von Kfz und ihren Anhängern, Nr 6, VkBl **05** 209–213, geändert VkBl **07** 696. Mit Inkrafttreten der FZV am 1. 3. 07 ist diese Bestimmung der Art der selbstfahrenden Arbeitsmaschinen durch das BMV im Interesse der Verwaltungsvereinfachung abgeschafft worden (Begr VkBl **06** 603). Jetzt entscheiden die örtlich zuständigen ZulB, ob ein Fz eine selbstfahrende Arbeitsmaschine ist (§ 46 I), wobei sie sich an dem genannten Verzeichnis orientieren können, das allerdings formell aufgehoben worden ist und nicht mehr fortgeschrieben wird. Fahrerlaubnisfreiheit nach § 4 I 2 Nr 3 FeV, soweit die bauartbedingte Höchstgeschwindigkeit nicht mehr als 6 km/h beträgt. Selbstfahrende Arbeitsmaschinen, die den Baumerkmalen von Lkw entsprechen, sind seit 1. 4. 06 AU-pflichtig (§ 47a I 2 Nr 3 StVZO), da sich lediglich die Art des Kfz-Einsatzes und der Aufbauten, nicht aber die Motoren- und Antriebstechnik von der Technik der Lkw unterscheidet (Begr VkBl **06** 287). Ausgenommen von der AU-Pflicht sind die anderen selbstfahrenden Arbeitsmaschinen (Liste des BMV VkBl **06** 794, **08** 222 = StVRL § 47a StVZO Nr 1).

21 **Stapler (Nr 18).** Stapler sind Kfz, die speziell für das Aufnehmen, Heben, Bewegen und Positionieren von Lasten, zB mittels Gabelzinken, in erster Linie für den innerbetrieblichen Gebrauch gebaut sind. Sie sind, weil sie im weitesten Sinne der Beförderung von Gütern dienen, keine Arbeitsmaschinen, aber diesen in § 3 II 1 Nr 1a gleichgestellt und zulassungsfrei (§ 3 Rz 11). Merkblatt für Stapler VkBl **04** 604 (StVRL § 18 StVZO Nr 4). Fahrerlaubnisfrei nach § 4 I S 2 Nr 3 FeV, soweit die bauartbedingte Höchstgeschwindigkeit nicht mehr als 6 km/h beträgt. Zu den ansonsten erforderlichen FE-Klassen s Merkblatt für Stapler VkBl **04** 610.

22 **Sattelanhänger (Nr 19).** Sattelzugmaschinen s Nr 15.

23 **Land- oder forstwirtschaftliche Arbeitsgeräte (Nr 20).** Merkblatt für angehängte land- oder forstwirtschaftliche Arbeitsgeräte, VkBl **00** 674, **03** 62 (StVRL § 18 StVZO Nr 3).

24 **Sitzkarren (Nr 21).**

25 **Oldtimer (Nr 22).** Ein Oldtimer ist ein vor mindestens 30 Jahren erstmals in den Verkehr gekommenes Fz, das weitestgehend dem Originalzustand entspricht, in einem guten Erhaltungszustand ist und zur Pflege des kraftfahrzeugtechnischen Kulturgutes dient. Damit ein Fz als Oldtimer iSd § 2 Nr 22 anzusehen ist, muss das **Gutachten** eines aaSoP oder PI nach § 23 StVZO zu dem Ergebnis gekommen sein, dass das betreffende Fahrzeug als Oldtimer iSd § 2 Nr 22 anzusehen ist, so der Wortlaut von § 23 StVZO. Demnach müssen auch Fahrzeuge, die rote Oldtimerkennzeichen gem § 17 nutzen wollen, zuvor durch ein Gutachten nach § 23 StVZO als Oldtimer eingestuft worden sein (s § 17 Rz 2). **Alter:** Aus dem Wortlaut *vor mindestens 30 Jahren erstmals in den Verkehr gekommen* ergibt sich, dass das Datum der Erstzulassung (§ 3 Rz 29) taggenau mindestens 30 Jahre zurückliegen muss. Es reicht also nicht, dass das Jahr erreicht wird, in dem sich der Tag der Erstzulassung zum 30. Mal jährt (zB bei Datum der Erstzulassung 31. 10. 78, Zuteilung von Oldtimerkennzeichen nicht ab Januar 08 möglich, sondern erst ab 31. 10. 08). Ist das Datum der Erstzulassung nicht bekannt, s § 3 Rz 29.

26 **Art des Einsatzes.** Die Definition des Oldtimers ist gegenüber der früher in § 23 Ic StVZO (alt) enthaltenen Begriffsbestimmung insoweit verändert worden, als vor dem 1. 3. 07 derartige Fz *vornehmlich* zur Pflege des kraftfahrzeugtechnischen Kulturgutes *eingesetzt* werden mussten, während es jetzt reicht, dass sie dazu *dienen*. Die bisher vertretene Ausgrenzung von Fz, die zwar „alt" sind, im Übrigen aber im Alltagsverkehr oder gar zu gewerblichen Zwecken benutzt werden (Begr der alten Fassung, VkBl **97** 537, 538), ist damit gegenstandslos geworden. Oldtimer, die weitestgehend dem Originalzustand entsprechen und in einem guten Erhaltungszustand sind, die aber auch anders als zB bei Oldtimerveranstaltungen eingesetzt werden, können durchaus der Pflege des kraftfahrzeugtechnischen Kulturgutes dienen. Es kommt nach § 23 StVZO nur darauf an, ob der Sachverständige oder Prüfingenieur bei der Begutachtung eine positive „Antwort auf die entscheidende beurteilungsrelevante Frage" gibt, ob das Fz im Sinne der Richtlinie für die Begutachtung von „Oldtimer"-Fahrzeugen (VkBl **97** 515 = StVRL § 23 StVZO Nr 1) als kraftfahrzeugtechnisches Kulturgut betrachtet werden kann. Voraussetzung dafür ist nach der Richtlinie allein, dass das Erscheinungsbild des Fz dem bei der Auslieferung ab Werk oder der dokumentierten Modifikation in der anfänglichen Betriebszeit entspricht, nicht die Art des Einsatzes des Fz (die aaSoP und PI ohnehin nicht prüfen können). Die Art des Einsatzes ist somit für die Erstattung des Gutachtens nach § 23 StVZO und für die Zuteilung von Oldtimer-Kennzeichen gem § 9 I (H-Kennzeichen) unerheblich. Die Zuteilung roter Oldtimer-Kennzeichen gem § 17 ist allerdings nur für Fz möglich, die an Veranstaltungen teilnehmen, die der Darstellung von Oldtimer-Fahrzeugen und der Pflege des kraftfahrzeugtechnischen Kulturgutes dienen.

Lit s § 9 Rz 4.

Probefahrt (Nr 23). Probefahrten sind Fahrten zur Feststellung oder zum Nachweis der Gebrauchsfähigkeit und Leistung von Kfz oder Anhängern, zB der Hersteller, der Händler und Inhaber von Werkstätten, Kö ZfS **00** 258, Stu NJW **59** 2078, auch mit Interessenten, um ihnen die Leistung des Fz zu beweisen, BMV VkBl **50** 314. Die frühere Regelung, auch „Fahrten zur allgemeinen Anregung der Kauflust durch Vorführung in der Öffentlichkeit" als Probefahrten zuzulassen (§ 28 I 5 HS 2 StVZO bis 28. 2. 07), wurde nicht in die FZV übernommen (Begr VkBl **06** 608). Fahrten mit Reklame-, Probe- oder Vorführwagen, um der Öffentlichkeit die zum Verkauf gestellten Fz vorzuführen, sind jetzt also nicht mehr als „Probefahrten" mit Kurzzeit- oder roten Kennzeichen (§ 16) möglich. Die Probefahrt kann länger dauern (uU auch mehrere Tage) und darf zugleich auch anderen Zwecken des Händlers dienen (BGH VersR **67** 548, Dü VRS **50** 240, Ol VRS **25** 474, s *Hachemer* VD **98** 7). Sie muss aber immer durch die Absicht der Erprobung veranlasst und ihr zu dienen bestimmt sein (BGH VersR **67** 548). Keine Probefahrt, wenn ein Fz lediglich der Überbrückung der Wartezeit auf ein roten Kennzeichen dient (*Graballe* DAR **08** 174). Die Zufahrt zur Startstelle sowie die Rückfahrt einschließlich unbedeutender Umwege sind Teile der Probefahrt (Ce VRS **17** 150). Je nach den geschäftlichen Umständen darf eine Probefahrt uU auch an der Händlerwohnung enden (s BGH NJW **74** 1558). Ob die Fahrt der Erprobung dient, ist Tatfrage.

27

Prüfungsfahrt (Nr 24). Die Begriffsbestimmung bezieht sich nur auf die Fahrt zur Durchführung der Prüfung *eines Fz*. Gemeint ist nicht die Prüfungsfahrt im Rahmen der Fahrerlaubnisprüfung (§ 2 XV StVG, § 17 FeV). Prüfungsfahrten haben den Zweck, Kfz und Anhänger auf ihre Fahreigenschaften, Bau- und Betriebsart zu prüfen. Es handelt sich um alle Fahrten anlässlich der Fahrzeugprüfung. Dazu gehören auch solche im ursächlichen Zusammenhang mit der Prüfung einschließlich der Fahrt zum Prüfungsort und zurück, aber nur durch aaSoP und PI, nicht durch andere Personen.

28

Überführungsfahrt (Nr 25). Überführungsfahrten sind Fahrten zur beabsichtigten Verbringung eines nicht zugelassenen Fz an einen anderen Ort, zB von einer Herstellungsstätte in eine andere oder in eine Verkaufsstätte oder Ausstellung, Kö ZfS **00** 258, nur mit eigener Motorkraft, nicht als Schleppfahrt. Überführungsfahrt auch, wenn das Fz anschließend von einem anderen eigenverantwortlich zu nicht durch § 16 I privilegierten Zwecken verwendet werden soll (zB leihweise), auch verbotswidrigen, Bay VRS **67** 235. Ist die Überführung auch zwecks Verkaufs, Hauptzweck, so darf nebenbei auch etwas dabei befördert werden, Zw VRS **49** 150, Ce VRS **67** 65. Der Berechtigte darf mit der Ausführung betriebsfremde Personen beauftragen, Dü VM **65** 96. Bei einer Überführungsfahrt in Kolonne muss jedes Fz ein rotes oder ein Kurzzeitkennzeichen führen, s VkBl **49** 127.

29

Notwendigkeit einer Zulassung

3 (1) ¹Fahrzeuge dürfen auf öffentlichen Straßen nur in Betrieb gesetzt werden, wenn sie zum Verkehr zugelassen sind. ²Die Zulassung wird auf Antrag erteilt, wenn das Fahrzeug einem genehmigten Typ entspricht oder eine Einzelgenehmigung erteilt ist und eine dem Pflichtversicherungsgesetz entsprechende Kraftfahrzeug-Haftpflichtversicherung besteht. ³Die Zulassung erfolgt durch Zuteilung eines Kennzeichens und Ausfertigung einer Zulassungsbescheinigung.

(2) ¹Ausgenommen von den Vorschriften über das Zulassungsverfahren sind
1. folgende Kraftfahrzeugarten:
   a) selbstfahrende Arbeitsmaschinen und Stapler,
   b) einachsige Zugmaschinen, wenn sie nur für land- oder forstwirtschaftliche Zwecke verwendet werden,
   c) Leichtkrafträder,
   d) zwei- oder dreirädrige Kleinkrafträder,
   e) motorisierte Krankenfahrstühle,
   f) vierrädrige Leichtkraftfahrzeuge,
2. folgende Arten von Anhängern:
   a) Anhänger in land- oder forstwirtschaftlichen Betrieben, wenn die Anhänger nur für land- oder forstwirtschaftliche Zwecke verwendet und mit einer Geschwindigkeit von nicht mehr als 25 km/h hinter Zugmaschinen oder selbstfahrenden Arbeitsmaschinen mitgeführt werden,
   b) Wohnwagen und Packwagen im Schaustellergewerbe, die von Zugmaschinen mit einer Geschwindigkeit von nicht mehr als 25 km/h mitgeführt werden,
   c) fahrbare Baududen, die von Kraftfahrzeugen mit einer Geschwindigkeit von nicht mehr als 25 km/h mitgeführt werden,
   d) Arbeitsmaschinen,
   e) Spezialanhänger zur Beförderung von Sportgeräten oder Tieren für Sportzwecke, wenn die Anhänger ausschließlich für solche Beförderungen verwendet werden,
   f) einachsige Anhänger hinter Krafträdern, Kleinkrafträdern und motorisierten Krankenfahrstühlen,
   g) Anhänger für Feuerlöschzwecke,
   h) land- oder forstwirtschaftliche Arbeitsgeräte,
   i) hinter land- oder forstwirtschaftlichen einachsigen Zug- oder Arbeitsmaschinen mitgeführte Sitzkarren.

²Anhänger im Sinne des Satzes 1 Nr. 2 Buchstabe a bis c sind nur dann von den Vorschriften über das Zulassungsverfahren ausgenommen, wenn sie für eine Höchstgeschwindigkeit von nicht mehr als 25 km/h in der durch § 58 der Straßenverkehrs-Zulassungs-Ordnung vorgeschriebenen Weise gekennzeichnet sind.

(3) Auf Antrag können die nach Absatz 2 von den Vorschriften über das Zulassungsverfahren ausgenommenen Fahrzeuge zugelassen werden.

(4) Der Halter darf die Inbetriebnahme eines nach Absatz 1 zulassungspflichtigen Fahrzeugs nicht anordnen oder zulassen, wenn das Fahrzeug nicht zugelassen ist.

1 **Begr** (VkBl 06 603):

§ 3 regelt die Zulassungspflicht und entsprechende Ausnahmen davon (bisher in § 18 StVZO geregelt). Nach der Richtlinie 1999/37/EG des Rates vom 29. April 1999 über Zulassungsdokumente für Fahrzeuge wird als „Zulassung" die „behördliche Genehmigung für den Betrieb eines Fahrzeugs im Straßenverkehr einschließlich der Identifizierung des Fahrzeugs und der Zuteilung einer als Zulassungsnummer bezeichneten laufenden Nummer" bezeichnet. Die Erteilung einer EG-Typgenehmigung, mit der ein Mitgliedstaat bestätigt, dass der Typ eines Fahrzeugs, eines Systems, eines Bauteils oder einer selbstständigen technischen Einheit die einschlägigen Vorschriften und technischen Anforderungen erfüllt, ist bereits der Regelfall für den Nachweis der Vorschriftsmäßigkeit von Personenkraftwagen und Zweirädern. Die Erteilung der EG- oder nationalen Typgenehmigung bzw. Einzelgenehmigung (EG-Typgenehmigung oder Betriebserlaubnis im Sinne des Straßenverkehrsgesetzes – StVG) ist nicht Bestandteil der Zulassung, sondern Voraussetzung, wie z. B. auch die Kraftfahrzeug-Haftpflichtversicherung. Die Neufassung folgt diesem. …

Zu Abs 4: Die grundsätzliche Verantwortung des Halters für den Betrieb des Fahrzeugs ist im § 31 Abs. 2 der StVZO geregelt. Bei Verstößen dagegen handelt er nach § 69 a Abs. 5 Nr. 3 ordnungswidrig. Zur Rechtsklarheit wird in der FZV die Verantwortung des Fahrzeughalters im Zusammenhang mit dem jeweiligen Handlungsgebot oder -verbot geregelt. Absatz 4 bestimmt deshalb die Verantwortung des Halters, die Inbetriebnahme eines nicht zugelassenen Fahrzeugs nicht anzuordnen oder zuzulassen.

2 § 2 der 6. AusnVO 1962 idF durch die VO v 25. 4. 06 (BGBl. I 1078, VkBl 06 597):

Abweichend von § 3 Abs. 1 der Fahrzeug-Zulassungsverordnung genügt bei Gerätewagen in Lohndreschbetrieben, wenn sie nur für Zwecke dieser Betriebe verwendet und mit einer Geschwindigkeit von nicht mehr als 25 km/h hinter Zugmaschinen oder selbstfahrenden Arbeitsmaschinen mitgeführt werden, die entsprechende Anwendung des § 4 Abs. 1 und 5 Satz 1 der Fahrzeug-Zulassungsverordnung; § 3 Abs. 2 Satz 1 Nr. 2 Buchstabe a und Satz 2 der Fahrzeug-Zulassungsverordnung gelten entsprechend.

Notwendigkeit einer Zulassung § 3 FZV 4

Zweite VO über Ausnahmen von straßenverkehrsrechtlichen Vorschriften 3
v 28. 2. 89 idF der VO v 25. 4. 06 (BGBl. I 1078, VkBl 06 598)

§ 1. (1) Zugmaschinen mit einer durch die Bauart bestimmten Höchstgeschwindigkeit von nicht mehr als 60 km/h und Anhänger hinter diesen Zugmaschinen sind von der Zulassungspflicht nach § 3 Abs. 1 Satz 1 der Fahrzeug-Zulassungsverordnung ausgenommen, wenn sie
1. auf örtlichen Brauchtumsveranstaltungen,
2. für nicht gewerbsmäßig durchgeführte Altmaterialsammlungen oder Landschaftssäuberungsaktionen,
3. zu Feuerwehreinsätzen oder Feuerwehrübungen oder
4. auf den An- oder Abfahrten zu Einsätzen nach Nummer 1, 2 oder 3 verwendet werden.
Dies gilt nur, wenn für jede eingesetzte Zugmaschine ein eigenes Kennzeichen zugeteilt ist.

(1a) Abweichend von § 19 Abs. 2 der Straßenverkehrs-Zulassungs-Ordnung erlischt für Fahrzeuge, die mit An- oder Aufbauten versehen sind, bei der Verwendung nach Absatz 1 Satz 1 Nr. 1 die Betriebserlaubnis nicht, wenn die Verkehrssicherheit dieser Fahrzeuge auf solchen Veranstaltungen nicht beeinträchtigt wird. Abweichend von den §§ 32 und 34 der Straßenverkehrs-Zulassungs-Ordnung dürfen bei der Verwendung von Fahrzeugen nach Absatz 1 Satz 1 Nr. 1 die zulässigen Abmessungen, Achslasten und Gesamtgewichte überschritten werden, wenn durch das Gutachten eines amtlich anerkannten Sachverständigen oder Prüfers für den Kraftfahrzeugverkehr bescheinigt wird, dass keine Bedenken gegen die Verkehrssicherheit des Fahrzeugs auf solchen Veranstaltungen bestehen. Abweichend von § 17 Abs. 1 Satz 2 der Straßenverkehrs-Ordnung vom 16. November 1970 (BGBl. I S. 1565; 1971 I S. 38), die zuletzt durch die Verordnung vom 19. März 1992 (BGBl. I S. 678) geändert worden ist, und § 49a Abs. 1 Satz 1 der Straßenverkehrs-Zulassungs-Ordnung dürfen an Fahrzeugen bei der Verwendung nach Absatz 1 Satz 1 Nr. 1 die vorgeschriebenen oder für zulässig erklärten lichttechnischen Einrichtungen verdeckt und zusätzliche lichttechnische Einrichtungen angebracht sein, wenn die Benutzung der Beleuchtung nach § 17 Abs. 1 Satz 1 der Straßenverkehrs-Ordnung nicht erforderlich ist. Eine Änderung der Fahrzeugpapiere nach § 27 Abs. 1 der Straßenverkehrs-Zulassungs-Ordnung ist nicht erforderlich.

(2) Abweichend von § 6 Abs. 1 der Fahrerlaubnis-Verordnung berechtigt die Fahrerlaubnis der Klasse L oder T auch zum Führen von Zugmaschinen und Anhängern im Sinne von Absatz 1 Satz 1, bei Klasse L jedoch nur bis zu einer durch die Bauart bestimmten Höchstgeschwindigkeit der Zugmaschine von nicht mehr als 32 km/h, wenn die Zugmaschinen und Anhänger gemäß dieser Vorschrift eingesetzt werden und der Fahrzeugführer das 18. Lebensjahr vollendet hat.

(3) Abweichend von § 21 Abs. 2 Satz 2 der Straßenverkehrs-Ordnung dürfen beim Einsatz von Fahrzeugen auf örtlichen Brauchtumsveranstaltungen, nicht jedoch auf den An- und Abfahrten, nach Absatz 1 Satz 1 Personen auf Anhängern befördert werden, wenn deren Ladefläche eben, tritt- und rutschfest ist, für jeden Sitz- und Stehplatz eine ausreichende Sicherung gegen Verletzungen und Herunterfallen des Platzinhabers besteht und die Aufbauten sicher gestaltet und am Anhänger fest angebracht sind.

(4) Die Ausnahmen nach den Absätzen 1 bis 3 gelten nur, wenn
1. für jedes der eingesetzten Fahrzeuge eine Kraftfahrzeughaftpflichtversicherung besteht, die die Haftung für Schäden abdeckt, die auf den Einsatz der Fahrzeuge im Rahmen der Absätze 1 bis 3 zurückzuführen sind,
2. die Fahrzeuge mit einer Geschwindigkeit von nicht mehr als 25 km/h, auf den örtlichen Brauchtumsveranstaltungen nur mit Schrittgeschwindigkeit, gefahren werden und
3. die Fahrzeuge bei der Verwendung nach Absatz 1 Satz 1 Nr. 2 einschließlich An- und Abfahrten für eine Geschwindigkeit von nicht mehr als 25 km/h nach § 58 der Straßenverkehrs-Zulassungs-Ordnung gekennzeichnet sind.

1. Zulassungspflicht. Abs 1 S 1 bestimmt in Ausführung der §§ 1, 6 I Nr 2 StVG, dass 4
Kraftfahrzeuge mit einer bauartbedingten Höchstgeschwindigkeit von mehr als 6 km/h (§ 1) und ihre Anhänger auf öffentlichen Straßen nur in Betrieb gesetzt werden dürfen, wenn sie zum Verkehr zugelassen sind. Verstoß dagegen ist ow (§ 48 Nr 1). Fahrzeuge, die ihren regelmäßigen Standort in Deutschland haben, müssen in Deutschland zugelassen werden, um im Inland am öffentlichen Straßenverkehr teilnehmen zu können (Umkehrschluss aus § 20 I 1 und II 1). Die Notwendigkeit der Zulassung in Deutschland besteht uneingeschränkt für alle im Inland in den Verkehr gebrachten Fz, unabhängig davon, ob sie im Inland verbleiben oder ausgeführt werden sollen (Bay DAR 04 402). **Im Ausland zugelassene Fz** können nach Maßgabe von §§ 20 bis

Dauer 1155

4 FZV § 3   Abschnitt 1. Allgemeine Regelungen

22 vorübergehend am öffentlichen Straßenverkehr in Deutschland teilnehmen. Sobald aber für ein im Ausland zugelassenes Fz im Inland ein regelmäßiger Standort begründet wird, wird es in Deutschland zulassungspflichtig. Die grundsätzliche Zulassungspflicht im Inland für ein im EG-Ausland geleastes Kfz verstößt nicht gegen EG-Recht (EuGH DAR **03** 504, 507). Eine „**Fernzulassung**" eines in Deutschland befindlichen Fz durch eine ausländische Behörde (zB durch Anbringen ausländischer Überführungskennzeichen) kann nicht anerkannt werden (Bay DAR **04** 403, DAR **04** 402). § 29 EG-Vertrag steht nicht entgegen (Bay DAR **04** 403, s EuGH DAR **04** 213). Näher dazu § 20 Rz 19. Ausnahmen von der Zulassungspflicht: Abs 2. Fast alle der von der Zulassungspflicht befreiten Fahrzeuge brauchen eine Typgenehmigung oder Einzelgenehmigung, um am Straßenverkehr teilnehmen zu können (§ 4 I). Zur Kennzeichenpflicht dieser Fahrzeuge § 4 II; zur Pflicht, ein Versicherungskennzeichen zu führen: § 4 III. Fahrzeuge, die nach § 18 II StVZO alt zulassungsfrei waren und die vor dem 1. 3. 07 erstmals in den Verkehr gekommen sind, bleiben weiterhin zulassungsfrei (§ 50 I).

5   **2. Zulassung.** Die Zulassung erfolgt gem Abs 1 S 3 durch Zuteilung eines Kennzeichens (§ 8) und Ausfertigung einer Zulassungsbescheinigung (§§ 11, 12). Über den Wortlaut von Abs 1 S 3 hinaus ist für die Zulassung jedoch nicht nur die Zuteilung eines Kennzeichens gem § 8, sondern auch die Abstempelung des Kennzeichenschildes gem § 10 III 1 erforderlich (§ 10 Rz 9, § 1 StVG Rz 10, *Jagow/Burmann/Heß* § 1 StVG Rz 2 a, *Jagow* § 8 FZV Anm 3, 3 a). Vor Inkrafttreten der FZV bestand Einigkeit darüber, dass die Zuteilung des Kennzeichens erst mit der Abstempelung erfolgt ist und dass das Fahrzeug erst damit zum Verkehr zugelassen ist (BGHSt **11** 165 = NJW **58** 508, OVG Ko NZV **91** 406, Dü NZV **93** 79, NZV **97** 319, a. A. noch Kar VRS **12** 386, überholt durch BGHSt **11** 165 = NJW **58**, 508). Die amtliche Begründung zur FZV enthält keinen Hinweis darauf, dass der FZV eine andere Sicht zugrunde liegt und dass sie die Abstempelung des Kennzeichens nicht zum notwendigen Bestandteil der Zulassung machen wollte. Da die FZV jedoch zwischen Zuteilung des Kennzeichens (§ 8) und Abstempelung des Kennzeichenschildes mit *zugeteiltem* Kennzeichen (§ 10 III 1) unterscheidet und diese beiden Vorgänge als unterschiedliche ansieht, könnte im Hinblick auf den Wortlaut von Abs 1 S 3 die Ansicht vertreten werden, die Zulassung sei bereits mit der Zuteilung des Kennzeichens (und der Ausfertigung einer Zulassungsbescheinigung) erfolgt, ohne dass die Kennzeichenschilder abgestempelt sein müssten. Die Systematik der FZV macht jedoch deutlich, dass dies nicht gewollt war. Ansonsten wäre zB § 10 IV ohne Sinn. Auch § 10 XII macht deutlich, dass die Erlaubnis, ein Fz auf öffentlichen Straßen in Betrieb zu setzen, also die Zulassung, erst vorliegt, wenn das Kennzeichen mit der Stempelplakette versehen ist. Eine Änderung wäre im Übrigen auch nur durch den Gesetzgeber (Änderung von § 1 StVG) möglich gewesen. Die Zulassung im Sinne der „Zuteilung eines amtlichen Kennzeichens" gem § 1 I 2 StVG liegt somit erst vor, wenn das Kennzeichenschild gem § 10 III 1 mit der Stempelplakette der Zulassungsbehörde versehen wurde (*Dauer* NZV **07** 442). Über den Wortlaut von Abs 1 S 3 hinaus lautet die **Definition der Zulassung** also: Ein Fahrzeug ist zum Verkehr auf öffentlichen Straßen zugelassen, wenn ein Kennzeichen zugeteilt, das Kennzeichenschild mit diesem Kennzeichen durch die Zulassungsbehörde abgestempelt und eine Zulassungsbescheinigung ausgefertigt wurde. Zum früheren Recht: Keine sog „Registrierzulassung" ohne Kennzeichenabstempelung mit unmittelbar folgender Abmeldung, VG Mü NZV **95** 503.

Lit: *Dauer*, Wann ist ein Fahrzeug zugelassen?, NZV **07** 442.

6   Zum **Nachweis der Zulassung** erhält der Halter die Zulassungsbescheinigung Teile I und II (§§ 11, 12). Verzeichnis zur Systematisierung von Kraftfahrzeugen und ihren Anhängern: StVRL § 11 FZV Nr 7, s § 12 Rz 8.

7   **3. Voraussetzungen** für die Zulassung:
a) Regelmäßiger Standort des Fahrzeuges in Deutschland (Umkehrschluss aus § 20 II 1; auf Fz in anderen Staaten ist deutsches Recht nicht anwendbar).
b) Antrag (§ 6).
c) Vorlage der Zulassungsbescheinigung Teil II oder Beantragung einer solchen (§ 6 II), im letzteren Fall Nachweis der Verfügungsberechtigung über das Fz (§ 12 I S 1).
d) Bei erstmaliger Zulassung Nachweis, dass das Fahrzeug einem Typ entspricht, für den eine EG-Typgenehmigung oder eine nationale Typgenehmigung vorliegt, oder dass für das Fahrzeug eine Einzelgenehmigung erteilt ist (§ 6 III). Anders als bis 28. 2. 07 wird die Betriebserlaubnis nicht mehr mit der Zulassung erteilt, sondern die erforderliche EG- oder nationale Typgenehmigung oder Einzelgenehmigung wird jetzt für den Vorgang der Zulassung voraus-

Notwendigkeit einer Zulassung § 3 FZV 4

gesetzt. Wie die erforderliche Genehmigung zu beantragen und zu erteilen ist, ist in den §§ 19–21 StVZO und den Verordnungen über die EG-Typgenehmigung (§ 2 Rz 7) geregelt.
e) Nachweis durch Versicherungsbestätigung, dass eine dem PflVG entsprechende Kfz-Haftpflichtversicherung besteht (§ 23).
f) Gebührenzahlung (s § 6 Rz 11 und § 6a StVG Rz 11).
g) Versteuerung (§ 13 I S 1 KraftStG), s § 6 Rz 12.

4. Ausnahmen von der Zulassungspflicht. Über § 1 hinaus befreit Abs II mehrere Arten von Kfz und Anhängern von der Zulassungspflicht. Im Verkehr müssen sie aber der StVZO entsprechen; die Fahrzeugführer haben bei Teilnahme am Straßenverkehr die StVO zu beachten. Fz, die von den Vorschriften über das Zulassungsverfahren ausgenommen sind, sind von der Kfz-Steuer befreit (§ 3 Nr 1 KraftStG). Örtliche **Brauchtumsveranstaltungen** iS von § 1 der 2. VO über Ausnahmen von straßenverkehrsrechtlichen Vorschriften (Rz 3) sind zB Fastnachtumzüge, Felderfahrten, Schützen- und Feuerwehrfeste, s Begr VkBl **89** 323. *Huppertz*, FERecht bei Brauchtumsveranstaltungen, VD **04** 238. Merkblatt über Ausrüstung und Betrieb von FzKombinationen für den Einsatz bei Brauchtumsveranstaltungen, VkBl **00** 406.

Anbaugeräte sind Zubehör, Bay VRS **58** 463, und daher nicht zulassungs- und betriebserlaubnispflichtig, s Merkblatt für Anbaugeräte, VkBl **99** 268, **00** 479, **04** 527 = StVRL § 30 Nr 6.

5. Nicht zulassungspflichtige Kraftfahrzeuge (II S 1 Nr 1):

Lit: *Borchers*, Bau- und Arbeitsmaschinen im öffentlichen StrV, VD **73** 75. *Derselbe*, Zweifelsfragen hinsichtlich der Arbeitsmaschinen, VD **76** 132. *Huppertz*, Zulassungsfreie Fze, PVT **92** 225. *Derselbe*, Quad, eScooter & Co ..., VD **04** 41. *Ternig*, Elektroskooter: Rechtliche Einordnung, VD **03** 259. *Derselbe*, Das Quad, rechtliche Einordnung, VD **04** 1.

Selbstfahrende Arbeitsmaschinen und **Stapler (II S 1 Nr 1a).** Begriff der **Selbstfahrenden Arbeitsmaschine** s § 2 Nr 17. Keine Versicherungspflicht, soweit die bauartbedingte Höchstgeschwindigkeit 20 km/h nicht übersteigt (§ 2 I Nr 6b PflVG). Zur Aufklärungspflicht des Vermieters über das Fehlen einer Haftpflichtversicherung BGH NZV **07** 196. Pflicht zur Kennzeichnung auf der linken Seite des Fz gem § 4 IV 1. Bei bauartbedingter Höchstgeschwindigkeit von mehr als 20 km/h Kennzeichenpflicht gem § 4 II 1 Nr 1. Bei überwiegendem Transportzweck keine Arbeitsmaschine. Eine sandtransportierende Arbeitsmaschine ist zulassungspflichtig, Ha VRS **21** 73, auch eine fliegende Tankstelle, Kö VM **63** 78. Mitführen eines Anhängers ändert die Eigenschaft als Arbeitsmaschine nicht, BMV 9. 4. 59, StV 2–2019 L/59. Begriff des **Staplers** s § 2 Nr 18. Stapler sind, weil sie im weitesten Sinn der Beförderung von Gütern dienen, keine Arbeitsmaschinen, aber diesen in Abs 2 S 1 Nr 1a gleichgestellt und zulassungsfrei. Merkblatt für Stapler, VkBl **04** 604 (StVRL § 18 StVZO Nr 4). Beim Betrieb von Staplern, die eigentlich für innerbetriebliche Benutzung bestimmt sind, auf öffentlichen Straßen sind StVZO, StVO und FeV zu beachten, s Merkblatt VkBl **04** 604. Wenn die bauartbedingte Höchstgeschwindigkeit 20 km/h nicht übersteigt, keine Versicherungspflicht (§ 2 I Nr 6b PflVG); dann Pflicht zur Kennzeichnung auf der linken Seite des Fz gem § 4 IV 1. Bei bauartbedingter Höchstgeschwindigkeit von mehr als 20 km/h Kennzeichenpflicht gem § 4 II 1 Nr 1. Sind selbstfahrende Arbeitsmaschinen und Stapler gem § 2 I Nr 6b PflVG von der Kfz-Haftpflicht-Versicherungspflicht befreit, und sind die Bemühungen des Geschädigten, vom Halter, Eigentümer, Fahrer oder Schadensversicherer (Betriebshaftpflicht) Ersatz zu bekommen, erfolglos, übernimmt der Entschädigungsfonds nach § 12 PflVG Ausfallhaftung (§ 12 I 1 Nr 2a PflVG). Diesem steht dann ein Regressanspruch zu (§ 12 VI PflVG).

Lit: *Ternig*, ... Gabelstapler, DAR **05** 294.

Einachsige Zugmaschinen, wenn sie nur für land- oder forstwirtschaftliche Zwecke verwendet werden (II S 1 Nr. 1b). Begriff § 2 Nr 14, 16. Die Zulassungsfreiheit nach Abs II S 1 Nr 1b ist beschränkt auf land- oder forstwirtschaftliche Zwecke. Wenn die bauartbedingte Höchstgeschwindigkeit 20 km/h nicht übersteigt, Pflicht zur Kennzeichnung auf der linken Seite des Fz gem § 4 IV S 1. Bei bauartbedingter Höchstgeschwindigkeit von mehr als 20 km/h Kennzeichenpflicht gem § 4 II S 1 Nr 1. Merkblatt für den Betrieb von land- oder forstwirtschaftlichen Zugmaschinen mit einachsigen Anhängern (einschl. Arbeitsgeräte) VkBl **00** 404, 680 (StVRL § 44 StVZO Nr 2).

Dauer 1157

4 FZV § 3 Abschnitt 1. Allgemeine Regelungen

13   **Leichtkrafträder (II S 1 Nr 1 c).** Begriff § 2 Nr 10. Leichtkrafträder können statt mit Verbrennungsmotor, ebenso wie Kleinkrafträder, auch mit einer elektrischen Antriebsmaschine betrieben werden. Kennzeichenpflicht gem § 4 II S 1 Nr 1.

14   **Zwei- oder dreirädrige Kleinkrafträder (II S 1 Nr 1 d).** Begriff § 2 Nr 11. Fahrräder mit Hilfsmotor (Mofa): § 4 I Nr 1 und § 5 FeV. Versicherungskennzeichenpflicht gem § 4 III S 1.

15   **Motorisierte Krankenfahrstühle (II S 1 Nr. 1 e).** Begriff: § 2 Nr 13. Näheres zur Fahrerlaubnisfreiheit: § 4 FeV Rz 7. Versicherungskennzeichenpflicht gem § 4 III S 1.

16   **Vierrädrige Leichtkraftfahrzeuge (II S 1 Nr 1 f)** Begriff § 2 Nr 12. Versicherungskennzeichenpflicht gem § 4 III S 1. Soweit sog **Quads** die in § 2 Nr 12 genannten Merkmale erfüllen, sind sie als vierrädrige LeichtKfze zulassungsfrei, s *Ternig* ZfS **04** 2, *Huppertz* VD **04** 43, 209. Näher: Merkblatt für die Begutachtung kraftradähnlicher Vierradkraftfahrzeuge (Quads), VkBl **04** 26 (StVRL § 21 StVZO Nr 3). Quads sind kraftradähnliche VierradKfze mit zweispuriger Vorder- und Hinterachse; Sitze, Bedienteile und Betätigungseinrichtungen entsprechen denen an Krädern. Fahrerlaubnisrechtlich gehören sie, soweit sie die in § 6 I S 1 FeV genannten technischen Merkmale ausweisen, zur FEKl S, sonst zur FEKl B, s § 6 FeV Rz 15. Zur Besteuerung als Pkw, s BFH DAR **04** 458.

Lit: *Huppertz*, Quad, eScooter & Co ..., VD **04** 41. *Derselbe*, Quads ..., VD **04** 208. *Ternig*, Das Quad, rechtliche Einordnung, ZfS **04** 1.

17   **6. Nicht zulassungspflichtige Anhänger (II S 1 Nr. 2).** Die Anhänger nach Abs II S 1 Nr 2a bis c sind nur dann zulassungsfrei, wenn sie für eine Höchstgeschwindigkeit von **nicht mehr als 25 km/h** in der durch § 58 StVZO vorgeschriebenen Weise gekennzeichnet sind (Abs II S 2). Werden bis zu 25 km/h zulassungsfreie, unversicherte Anhänger im Zug schneller als mit 25 km/h gefahren, so entfällt die Zulassungsfreiheit, dann besteht KfzSteuerpflicht; zur Mitversicherung in solchem Fall, Ko VRS **55** 73. Die Zulassungsfreiheit entfällt auch, wenn die nach Abs II S 2 erforderliche Kennzeichnung mit 25 km/h-Schild nicht der Vorschrift des § 58 StVZO entspricht, Ce VM **83** 76 (zust *Booß*). Zulassungsfreie Anhänger unterliegen gem § 2 I Nr 6c PflVG nicht der Versicherungspflicht.

18   **Anhänger in land- oder forstwirtschaftlichen Betrieben (II S 1 Nr 2a).** Zulassungsfrei, auch wenn sie einer landwirtschaftlichen Genossenschaft gehören, falls sie überwiegend in den Betrieben der Genossen verwendet werden, Bay RdK **53** 32, auch bei Lieferung innerorts, Ko DAR **54** 95. Die Befreiung beruht darauf, dass in der Landwirtschaft eingesetzte Fze im StrV idR geringere Bedeutung haben, BVerwG VM **79** 89, Ko VRS **69** 65. Befreiung nur bei FzZugehörigkeit zu einem land- oder forstwirtschaftlichen Betrieb unter Verwendung für land- oder forstwirtschaftliche Zwecke, nicht bei Verwendung für gewerbliche Lohnarbeit, auch nicht für andere Landwirte, BVerwG VM **79** 89. Forstwirtschaft setzt eine Waldnutzung nach forstwirtschaftlichen Grundsätzen voraus, bloßes Abholzen fällt nicht darunter, Ko VRS **69** 65. Die Überführung vom Händler zum Landwirt gehört noch zum Händlerbereich, BMV 2. 7. 65, StV 2–2079 B/65. KfzAnhänger, die ein gewerbliches Lohnunternehmen, das neben einem landwirtschaftlichen Betrieb geführt wird, für Lohnarbeit für andere landwirtschaftliche Betriebe verwendet, sind nicht zulassungsfrei iSv Abs II S 1 Nr 2a und von § 2 der 6. AusnVO (s Rz 2), BVerwG VRS **57** 76. Zum Mitführen mit mehr als 25 km/h s Rz 17.

Lit: *Jagow*, Zulassungsfreiheit von land- und forstwirtschaftlichen Anhängern, VD **87** 145. *Wiederhold*, Verkehrsrechtliche Vorschriften für zulassungsfreie aber betriebserlaubnispflichtige Anhänger in land- oder forstwirtschaftlichen Betrieben ..., PVT **88** 7.

19   **Wohnwagen und Packwagen im Schaustellergewerbe (II S 1 Nr 2 b).** Ein Packwagen im Schaustellergewerbe liegt auch vor, wenn Gewerbeinventar zur Reparatur transportiert wird, Ce VRS **51** 150. Ein winterfester Campingwagen, vom Pkw gezogen, ist kein Wohnwagen im Gewerbe nach Schaustellerart, auch nicht mit Schild „25 km/h", Ko DAR **63** 256, s dazu *Berr* 667 ff. Wohnwagen und Packwagen im Schaustellergewerbe sind nach Maßgabe von § 3 Nr 8b KraftStG unabhängig von ihrer Zulassungsfreiheit von der Kfz-Steuer befreit. Zum Mitführen mit mehr als 25 km/h s Rz 17.

20   **Fahrbare Baubuden (II S 1 Nr 2 c).** Begriff: BMV v 20. 10. 62, VkBl **62** 626 = StVRL § 18 StVZO Nr 7, StVRL § 42 StVZO Nr 5. Zum Mitführen mit mehr als 25 km/h s Rz 17.

Arbeitsmaschinen (II S 1 Nr 2 d). Es muss sich um Arbeitsmaschinen in der Form von 21
Kfz-Anhängern handeln; sie dürfen nicht selbstfahrend sein.

Spezialanhänger zur Beförderung von Sportgeräten oder Tieren für Sportzwecke 22
(II S 1 Nr 2 e). Die Spezialanhänger müssen ausschließlich für solche Beförderungen verwendet werden. Sie verlieren ihre Zulassungsfreiheit, wenn sie im Einzelfall nicht ihrem Zweck dienen, näher dazu *Huppertz* PVT **93** 136. Hundetransportanhänger werden idR nicht unter Abs II S 1 Nr 2 e fallen, s *Gosebruch* PVT **94** 334.

Anhänger für Feuerlöschzwecke (II S 1 Nr 2 g) sind zulassungsfrei, solange ihre Zweck- 23
bestimmung andauert.

Land- oder forstwirtschaftliche Arbeitsgeräte (II S 1 Nr 2 h). Begriff § 2 Nr 20. 24
Merkblatt für angehängte land- oder forstwirtschaftliche Arbeitsgeräte, VkBl **00** 674, **03** 62
(StVRL § 18 StVZO Nr 3). Stalldungstreuer sind Anhänger, BMV 16. 2. 62, StV 7–4023 K/62.
Holzrückewagen sind forstwirtschaftliche Arbeitsgeräte, BMV 15. 10. 60, StV 2–2062 Bw/60,
bei Holzbeförderung aber Anhänger, BMV 8. 6. 67, StV 2–2048 Bw/66 II, Ko VRS **69** 65.

7. Vor dem 28. 2. 07 nach § 18 II StVZO (alt) zulssungsfreie Fz, die nicht in die Liste 25
der zulassungsfreien Fz nach Abs II aufgenommen worden sind: Fz, die nach § 18 II StVZO alt
zulassungsfrei waren, deren Verwendung aber nicht mehr üblich ist oder die nicht mehr als
Neufahrzeuge hergestellt werden (zB eisenbereifte Möbelwagen, Anhänger, die als Verladerampen dienen), sind aus Gründen der Übersichtlichkeit aus der Liste gestrichen worden (Begr
VkBl **06** 603). Wenn sich derartige Fz noch im Verkehr befinden, wird ihnen Besitzstandsschutz
für die Zulassungsfreiheit gewährt (§ 50 I).

8. Verzicht auf die Zulassungsfreiheit (Abs III). Auf die Zulassungsfreiheit gem II kann 26
nach III verzichtet werden. Das Fz wird dann im normalen Verfahren zugelassen.

9. Nicht zugelassene Fz dürfen zu Prüfungs-, Probe- oder Überführungsfahrten (jeweils 27
im Sinne der Begriffsbestimmungen in § 2) **in Betrieb gesetzt** werden, wenn sie ein Kurzzeitkennzeichen oder ein rotes Kennzeichen führen (§ 16), zur Ausfuhr in das Ausland, wenn sie
ein Ausfuhrkennzeichen oder ein rotes Kennzeichen führen (§ 19) (s § 19
Rz 5) führen. **Oldtimer** brauchen für bestimmte Fahrten keine Zulassung, wenn sie ein rotes
Oldtimer-Kennzeichen führen (§ 17 I).

10. Halterverantwortlichkeit (Abs IV). Nach § 31 II StVZO hat der Halter die Verant- 28
wortung dafür, dass nur vorschriftsmäßige Fz in Betrieb genommen werden. Mangelnde Zulassung eines zulassungspflichtigen Fz ist keine Unvorschriftsmäßigkeit in diesem Sinne und fällt
deswegen nicht unter § 31 StVZO (s dort Rz 11). Abs IV schließt diese Lücke und legt die
Verantwortung des Halters dafür fest, dass nach Abs I zulassungspflichtige Fz nicht ohne Zulassung in Betrieb genommen werden. Verstoß dagegen ist ow (§ 48 Nr 2). Die Halterverantwortlichkeit nach Abs IV bezieht sich nur auf Fz, die nach Abs I zulassungspflichtig sind, nicht auf
Fz, die nach Abs II von der Zulassungspflicht ausgenommen sind, selbst wenn sie nach Abs III
auf Antrag zugelassen werden können (Begr VkBl **06** 603).

11. Datum der Erstzulassung. Das Datum der Erstzulassung („erstmalige Zulassung" im 29
Kfz-Steuerrecht) beschreibt den Tag, an dem das Fz erstmals allgemein und sachlich unbeschränkt zum öffentlichen Verkehr im Inland oder im Ausland mit der dafür erforderlichen Zulassung zugelassen oder in Betrieb genommen worden ist (BFH DAR **06** 529). Unbeachtlich ist,
ob das Fz zuvor schon außerhalb des öffentlichen StrV (zB auf Werksgelände des Herstellers)
verwendet wurde oder ob es unter Verwendung von roten oder Kurzzeitkennzeichen gefahren
wurde (BMV VkBl **90** 115), denn diese berechtigen nur zu Fahrten iSv § 16 I 1, nicht zur allgemeinen und sachlich unbeschränkten Teilnahme am öffentlichen Verkehr. S auch § 72 StVZO
Rz 2. Ist das Datum der Erstzulassung nicht bekannt, wird es nach dem Leitfaden des KBA zur
Ausfüllung der ZB I und ZB II wie folgt festgelegt:
– nur Tag nicht bekannt: 1. des Monats,
– Monat nicht bekannt: 1. 7. des Jahres,
– Jahr nicht bekannt: 1. 7. des Baujahres (BMV VkBl **62** 66), ggf. ist das Baujahr zu schätzen.
Bei Fz, die aus Alt- und Neuteilen zusammengebaut wurden, ist Datum der Erstzulassung der
Tag, an dem das Fz nach dem Zusammenbau erstmals zum V zugelassen wurde. – Liegen zwischen Herstellung und Erstzulassung mehr als 2½ Jahre, darf der Verkäufer nicht nur das Datum
der Erstzulassung nennen, sondern muss auch ohne ausdrückliche Nachfrage über das tatsächliche Alter des Fz informieren (Ol DAR **07** 213).

Dauer

30 **12. Ordnungswidrig** ist

a) die Inbetriebnahme eines nicht zugelassenen zulassungspflichtigen Fz auf öffentlichen Straßen (§ 48 Nr 1 a),
b) das Anordnen oder Zulassen der Inbetriebnahme eines nicht zugelassenen zulassungspflichtigen Fz durch den Halter (§ 48 Nr 2).

Da die Betriebserlaubnis seit Inkrafttreten der FZV am 1. 3. 07 nicht mehr Bestandteil der Zulassung ist (VkBl **06** 603, Rz 1), berührt das **Erlöschen der Betriebserlaubnis** die Zulassung nicht (§ 19 StVZO Rz 14). Das Inbetriebsetzen eines zulassungspflichtigen Fz mit erloschener Betriebserlaubnis ist deswegen nicht ow nach § 48 Nr 1a (*Albrecht/Janker* SVR **07** 401, 402); s im Übrigen § 19 StVZO Rz 16.

Voraussetzungen für eine Inbetriebsetzung zulassungsfreier Fahrzeuge

4 (1) Die von den Vorschriften über das Zulassungsverfahren ausgenommenen Fahrzeuge nach § 3 Abs. 2 Satz 1 Nr. 1 und 2 Buchstabe a bis g und land- oder forstwirtschaftliche Arbeitsgeräte mit einer zulässigen Gesamtmasse von mehr als 3 t dürfen auf öffentlichen Straßen nur in Betrieb gesetzt werden, wenn sie einem genehmigten Typ entsprechen oder eine Einzelgenehmigung erteilt ist.

(2) ¹Folgende Fahrzeuge nach Absatz 1 dürfen auf öffentlichen Straßen nur in Betrieb gesetzt werden, wenn sie zudem ein Kennzeichen nach § 8 führen:
1. Kraftfahrzeuge nach § 3 Abs. 2 Satz 1 Nr. 1 Buchstabe a und b mit einer bauartbedingten Höchstgeschwindigkeit von mehr als 20 km/h,
2. Kraftfahrzeuge nach § 3 Abs. 2 Satz 1 Nr. 1 Buchstabe c,
3. Anhänger nach § 3 Abs. 2 Satz 1 Nr. 2 Buchstabe d und e, die nicht für eine Höchstgeschwindigkeit von nicht mehr als 25 km/h in der durch § 58 der Straßenverkehrs-Zulassungs-Ordnung vorgeschriebenen Weise gekennzeichnet sind.

²Auf die Zuteilung des Kennzeichens finden die Bestimmungen über die Kennzeichenzuteilung im Zulassungsverfahren mit Ausnahme der Vorschriften über die Zulassungsbescheinigung Teil II entsprechend Anwendung.

(3) ¹Kraftfahrzeuge nach § 3 Abs. 2 Satz 1 Nr. 1 Buchstabe d bis f dürfen auf öffentlichen Straßen nur in Betrieb gesetzt werden, wenn sie zudem ein gültiges Versicherungskennzeichen nach § 26 führen. ²Besteht keine Versicherungspflicht, müssen sie ein Kennzeichen nach § 8 führen. ³Im Falle des Satzes 2 finden auf die Zuteilung des Kennzeichens die Bestimmungen über die Kennzeichenzuteilung im Zulassungsverfahren mit Ausnahme der Vorschriften über die Zulassungsbescheinigung Teil II entsprechend Anwendung.

(4) ¹Kraftfahrzeuge nach § 3 Abs. 2 Satz 1 Nr. 1 Buchstabe a und b mit einer bauartbedingten Höchstgeschwindigkeit von nicht mehr als 20 km/h muss der Halter zum Betrieb auf öffentlichen Straßen zudem mit seinem Vornamen, Namen und Wohnort oder der Bezeichnung seiner Firma und deren Sitz kennzeichnen; die Angaben sind dauerhaft und deutlich lesbar auf der linken Seite des Fahrzeugs anzubringen. ²Motorisierte Krankenfahrstühle nach § 3 Abs. 2 Satz 1 Nr. 1 Buchstabe e müssen zum Betrieb auf öffentlichen Straßen zudem mit einer Kennzeichnungstafel nach der ECE-Regelung Nr. 69 über einheitliche Bedingungen für die Genehmigung von Tafeln zur hinteren Kennzeichnung von bauartbedingt langsamfahrenden Kraftfahrzeugen und ihrer Anhänger (VkBl. 2003 S. 829) gekennzeichnet sein, die an der Fahrzeugrückseite sichtbar anzubringen ist.

(5) ¹Werden Fahrzeuge nach § 3 Abs. 2, für eine Zulassungsbescheinigung Teil I nicht ausgestellt wurde, auf öffentlichen Straßen geführt oder mitgeführt, ist die Übereinstimmungsbescheinigung, die Datenbestätigung oder die Bescheinigung über die Einzelgenehmigung mitzuführen und zuständigen Personen auf Verlangen zur Prüfung auszuhändigen. ²Bei einachsigen Zugmaschinen nach § 3 Abs. 2 Satz 1 Nr. 1 Buchstabe b und Anhängern nach § 3 Abs. 2 Satz 1 Nr. 2 Buchstabe a, c, d, g und h genügt es, wenn im Falle des Satzes 1 die Übereinstimmungsbescheinigung, die Datenbestätigung oder die Bescheinigung über die Einzelgenehmigung nach Satz 1 aufbewahrt und zuständigen Personen auf Verlangen zur Prüfung ausgehändigt wird.

(6) Der Halter darf die Inbetriebnahme eines Fahrzeugs auf öffentlichen Straßen nicht anordnen oder zulassen, wenn das Fahrzeug
1. einem genehmigten Typ nach Absatz 1 nicht entspricht oder eine Einzelgenehmigung nach Absatz 1 nicht erteilt ist oder
2. ein Kennzeichen nach Absatz 2 Satz 1, Absatz 3 Satz 2 oder ein Versicherungskennzeichen nach Absatz 3 Satz 1 nicht führt.

Voraussetzungen für eine Inbetriebsetzung zulassungsfreier Fahrzeuge   **§ 4 FZV   4**

Begr (VkBl **06** 603): *Im § 4 werden die Voraussetzungen für die Teilnahme nicht zulassungspflichti-*   **1**
ger Fahrzeuge am öffentlichen Straßenverkehr geregelt (bisher § 18 Abs. 3 bis 6 StVZO).

Zu Abs 2: *Da nach § 3 Nr. 1 des Kraftfahrzeugsteuergesetzes die Befreiung von einzelnen Fahrzeugarten von der Kraftfahrzeugsteuer daran anknüpft, ob diese von den Vorschriften über das Zulassungsverfahren ausgenommen sind, wird die Regelung des § 18 Abs. 4 StVZO für die Fahrzeuge, die aus steuerlichen Gründen formal nicht dem Zulassungsverfahren unterliegen sollen, aber dennoch Kennzeichen führen müssen in Absatz 2 aufgenommen.*

Zu Abs 3: *Absatz 3 führt die Pflicht zur Führung von Versicherungskennzeichen an Kleinkrafträdern, an motorisierten Krankenfahrstühlen und vierrädrigen Leichtkraftfahrzeugen fort.*

Zu Abs 4: *Absatz 4 übernimmt die Kennzeichnungspflichten für zulassungsfreie Kraftfahrzeuge bis 20 km/h bauartbedingter Höchstgeschwindigkeit (bisher § 18 Abs. 4 Satz 3) sowie für motorisierte Krankenfahrstühle (bisher § 18 Abs. 2 Nr. 5).*

1. Notwendigkeit der Typ- oder Einzelgenehmigung für zulassungsfreie Fz (Abs I).   **2**
Nach Abs I müssen fast alle gem § 3 II S 1 zulassungsfreien Fz einem mit EG- oder nationaler Typgenehmigung genehmigten Typ entsprechen oder bedürfen einer Einzelgenehmigung, um auf öffentlichen Straßen in Betrieb gesetzt zu werden. Verstoß ist ow (§ 48 Nr 1 a). Dadurch soll verhindert werden, dass Hersteller zulassungsfreier Fz Bau- und Ausrüstungsvorschriften unbeachtet lassen. Auf die vorschriftsmäßige Beschaffenheit zulassungsfreier Fz kann aber aus Gründen der Verkehrssicherheit nicht verzichtet werden. Wie die erforderliche Genehmigung zu beantragen und zu erteilen ist, ist in den §§ 19–21 StVZO und den Verordnungen über die EG-Typgenehmigung (s § 2 Rz 7) geregelt. **Ausgenommen** von Abs I sind nur land- oder forstwirtschaftliche Arbeitsgeräte mit einer Gesamtmasse von bis zu 3 t und hinter land- oder forstwirtschaftlichen einachsigen Zug- oder Arbeitsmaschinen mitgeführte Sitzkarren.

2. Kennzeichenpflicht zulassungsfreier Fz (Abs II). Nach Abs II S 1 dürfen die folgen-   **3**
den zulassungsfreien Fz auf öffentlichen Straßen nur mit einem Kennzeichen gem § 8 in Betrieb gesetzt werden:

a) selbstfahrende Arbeitsmaschinen und Stapler sowie einachsige Zugmaschinen, wenn sie nur für land- oder forstwirtschaftliche Zwecke verwendet werden, jeweils mit einer bauartbedingten Höchstgeschwindigkeit von mehr als 20 km/h,
b) Leichtkrafträder,
c) Arbeitsmaschinen als Anhänger und ausschließlich zur Beförderung von Sportgeräten oder Tieren für Sportzwecke verwendete Spezialanhänger, die jeweils nicht für eine Höchstgeschwindigkeit von maximal 25 km/h gem § 58 StVZO gekennzeichnet sind.

Die Zuteilung von Kennzeichen erfolgt nach § 8. Dabei wird nur eine Zulassungsbescheinigung Teil I nach § 11 ausgestellt (Abs II S 2). Es handelt sich dabei um einen Bruch in der Systematik der FzPapiere, denn in Deutschland besteht die Zulassungsbescheinigung aus den Teilen I und II. Auf Wunsch kann in diesen Fällen auch eine Zulassungsbescheinigung Teil II ausgestellt werden.

Zulassungsfreie, aber gem Abs II kennzeichenpflichtige Fz unterliegen der Hauptuntersuchungspflicht nach § 29 StVZO. Zur Zuteilung von HU-Prüfplaketten für solche Fz BMV VkBl **61** 364.

Lit: *Huppertz,* Kennzeichenpflicht zulassungsfreier Anhänger-Arbeitsmaschinen und Sportanhänger, VD **92** 152. *Derselbe,* Verwendung zulassungsfreier Spezialanhänger …, PVT **93** 136.

3. Versicherungskennzeichenpflicht zulassungsfreier Fz (Abs III). Nach Abs III S 1   **4**
dürfen die folgenden zulassungsfreien Fz auf öffentlichen Straßen nur mit einem Versicherungskennzeichen gem § 26 in Betrieb gesetzt werden:

a) zwei- oder dreirädrige Kleinkrafträder (einschl Mofas),
b) motorisierte Krankenfahrstühle,
c) vierrädrige Leichtkraftfahrzeuge.

Durch das Versicherungskennzeichen nach Anlage 12 wird für diese Fahrzeuge nachgewiesen, dass für das jeweilige Kfz eine dem PflVG entsprechende Kfz-Haftpflichtversicherung besteht (§ 26 I S 1). Durch Meldung des Versicherers an das KBA nach § 26 III werden dort die Halter- und Fahrzeugdaten bekannt. Das Versicherungskennzeichen ist am Fahrzeug in einer Weise fest anzubringen, dass es für die anderen Verkehrsteilnehmer erkennbar ist (§ 27 III). Zum Versicherungskennzeichen im Einzelnen §§ 26, 27 und Anlage 12. Fz mit Versicherungskennzeichen unterliegen weder der HU-Pflicht (§ 29 I S 1 StVZO) noch der AU-Pflicht (§ 47a I S 2 Nr 1d StVZO).

Wenn für die Halter derartiger Fz keine Versicherungspflicht besteht, muss statt eines Versicherungskennzeichens ein Kennzeichen nach § 8 geführt werden (Abs III S 2), dann HU-Pflicht (§ 29 I S 1 StVZO). In diesem Fall wird nur eine Zulassungsbescheinigung Teil I nach § 11 ausgestellt (Abs III S 3). Auch hier handelt es sich um einen Bruch in der Systematik der FzPapiere (s Rz 3).

5   Soweit **Quads** nach ihrer technischen Beschaffenheit unter § 3 II S 1 Nr 1f (vierrädrige Leichtkraftfahrzeuge) fallen, müssen sie ein Versicherungskennzeichen führen, BMV VkBl **04** 29, *Ternig* ZfS **04** 2.

6   **4. Besondere Kennzeichnungspflichten für zulassungsfreie Fz (Abs IV).** Zulassungsfreie **selbstfahrende Arbeitsmaschinen** und **Stapler** sowie **einachsige Zugmaschinen, die nur für land- oder forstwirtschaftliche Zwecke verwendet werden,** jeweils mit einer bauartbedingten Höchstgeschwindigkeit von **nicht mehr als 20 km/h,** müssen durch den Halter zum Betrieb auf öffentlichen Straßen mit den folgenden Angaben gekennzeichnet sein: Vorname, Name, Wohnort des Halters oder Firma des Halters und deren Sitz. Diese Angaben sind dauerhaft (die Parallelregelung § 64b StVZO spricht von unverwischbarer Schrift) und deutlich sichtbar, also ohne besondere Mühe lesbar, auf der linken Seite des Fahrzeugs anzubringen. Die Kennzeichnung kann sowohl mit einem fest montierten Schild als auch direkt auf der Fahrzeugwand erfolgen. **Motorisierte Krankenfahrstühle** müssen zum Betrieb auf öffentlichen Straßen mit einer Heckmarkierungstafel nach der ECE-Regelung 69 (VkBl **03**, 229 – die in Abs IV S 2 angegebene Fundstelle ist falsch, StVRL § 51a StVZO Nr 3) oben an der Fahrzeugrückseite gekennzeichnet sein.

7   **5. Beim Führen zulassungsfreier Fz mitzuführende Dokumente (Abs V).** Wenn für Fz, die nach § 3 II zulassungsfrei sind, Zulassungsbescheinigungen Teil I ausgestellt werden (bei Verzicht auf Zulassungsfreiheit gem § 3 III, bei Kennzeichenpflicht nach Abs II und Abs III S 2 und 3), sind diese nach § 11 V mitzuführen und zuständigen Personen auf Verlangen zur Prüfung auszuhändigen. Werden für

a) selbstfahrende Arbeitsmaschinen und Stapler,
b) Leichtkrafträder,
c) zwei- oder dreirädrige Kleinkrafträder,
d) motorisierte Krankenfahrstühle,
e) vierrädrige Leichtkraftfahrzeuge,
f) Wohnwagen und Packwagen im Schaustellergewerbe,
g) Spezialanhänger zur Beförderung von Sportgeräten oder Tieren für Sportzwecke,
h) einachsige Anhänger hinter Krafträdern, Kleinkrafträdern und motorisierten Krankenfahrstühlen.

Zulassungsbescheinigungen Teil I nicht ausgestellt, ist beim Führen oder Mitführen auf öffentlichen Straßen die Übereinstimmungsbescheinigung (§ 2 Nr 7), die Datenbestätigung (§ 2 Nr 8) oder die Bescheinigung über die Einzelgenehmigung (§ 2 Nr 6) als Nachweis der Typ- oder Einzelgenehmigung mitzuführen und zuständigen Personen auf Verlangen zur Prüfung auszuhändigen (Abs V S 1). Bei den anderen nach § 3 II zulassungsfreien Fz genügt es, wenn die Übereinstimmungsbescheinigung, die Datenbestätigung oder die Bescheinigung über die Einzelgenehmigung vom Halter aufbewahrt und zuständigen Personen auf Verlangen zur Prüfung ausgehändigt wird (Abs V S 2), sofern keine Zulassungsbescheinigung Teil I ausgestellt wurde. Diese Regelung bezieht sich nur auf zulassungsfreie Fz, die nach Abs I einer Typ- oder Einzelgenehmigung bedürfen, denn nur für diese Fz existieren die genannten Dokumente. Die Mitführungs- oder Aufbewahrungspflicht nach Abs V besteht also nicht bei land- oder forstwirtschaftlichen Arbeitsgeräten mit einer zulässigen Gesamtmasse von nicht mehr als 3t und bei hinter land- oder forstwirtschaftlichen einachsigen Zug- oder Arbeitsmaschinen mitgeführten Sitzkarren, da diese nach Abs I ohne Typ- oder Einzelgenehmigung auf öffentlichen Straßen in Betrieb gesetzt werden dürfen.

8   **6. Halterverantwortlichkeit (Abs VI).** Abs VI legt die Verantwortung des Halters dafür fest,

a) dass zulassungsfreie Fz, die nach Abs I einer Typ- oder Einzelgenehmigung bedürfen, nicht ohne eine solche Genehmigung auf öffentlichen Straßen in Betrieb genommen werden (Abs VI Nr 1), und

b) dass kennzeichenpflichtige oder versicherungskennzeichenpflichtige zulassungsfreie Fz nicht ohne die erforderlichen Kennzeichen oder Versicherungskennzeichen auf öffentlichen Straßen in Betrieb genommen werden (Abs VI Nr 2).

Verstoß dagegen ist ow (§ 48 Nr 2). Die Halterverantwortlichkeit nach Abs VI Nr 1 bezieht sich nur auf Fz, die nach Abs I einer Typ- oder Einzelgenehmigung bedürfen, nicht auf Fz, die nach dem Wortlaut von Abs I davon ausgenommen sind.

7. Ordnungswidrig ist   9

a) die Inbetriebnahme eines zulassungsfreien Fz, für das nach Abs I eine Typ- oder Einzelgenehmigung erforderlich ist, sofern eine solche Genehmigung nicht erteilt oder sie erloschen ist, sofern die Fahrt nicht nach § 19 V StVZO erlaubt ist (§ 48 Nr 1 a),

b) das Anordnen oder Zulassen der Inbetriebnahme eines zulassungsfreien Fz durch den Halter, für das nach Abs I eine Typ- oder Einzelgenehmigung erforderlich ist, sofern eine solche Genehmigung nicht erteilt oder sie erloschen ist, sofern die Fahrt nicht nach § 19 V StVZO erlaubt ist (Abs VI Nr 1 mit § 48 Nr 2),

c) das Anordnen oder Zulassen der Inbetriebnahme eines zulassungsfreien kennzeichenpflichtigen oder versicherungskennzeichenpflichtigen Fz durch den Halter, das das nach Abs II S 1 oder Abs III S 2 erforderliche Kennzeichen oder das nach Abs III S 1 erforderliche Versicherungskennzeichen nicht führt (Abs VI Nr 2 mit § 48 Nr 2),

d) das Nichtführen eines Kennzeichens entgegen Abs 2 S 1 oder Abs III S 2 (§ 48 Nr 3),

e) das Nichtführen eines Versicherungskennzeichens entgegen Abs III S 1 (§ 48 Nr 3),

f) Nichtkennzeichnung, falsche oder unvollständige Kennzeichnung eines Kfz oder eines Krankenfahrstuhls entgegen Abs IV (§ 48 Nr 4),

g) das Nichtmitführen eines in Abs V S 1 genannten Dokuments oder das Nichtvorlegen eines dort genannten Dokuments auf Verlangen entgegen Abs V S 1 (§ 48 Nr 5),

h) das Nichtaufbewahren eines in Abs V S 2 genannten Dokuments oder das Nichtvorlegen eines dort genannten Dokuments auf Verlangen entgegen Abs V S 2 (§ 48 Nr 6).

Beschränkung und Untersagung des Betriebs von Fahrzeugen

5 (1) Erweist sich ein Fahrzeug als nicht vorschriftsmäßig nach dieser Verordnung oder der Straßenverkehrs-Zulassungs-Ordnung, kann die Zulassungsbehörde dem Eigentümer oder Halter eine angemessene Frist zur Beseitigung der Mängel setzen oder den Betrieb des Fahrzeugs auf öffentlichen Straßen beschränken oder untersagen.

(2) ¹Ist der Betrieb eines Fahrzeugs, für das ein Kennzeichen zugeteilt ist, untersagt, hat der Eigentümer oder Halter das Fahrzeug nach Maßgabe des § 14 außer Betrieb setzen zu lassen oder der Zulassungsbehörde nachzuweisen, dass die Gründe für die Beschränkung oder Untersagung des Betriebs nicht oder nicht mehr vorliegen. ²Der Halter darf die Inbetriebnahme eines Fahrzeugs nicht anordnen oder zulassen, wenn der Betrieb des Fahrzeugs nach Absatz 1 untersagt ist oder die Beschränkung nicht eingehalten werden kann.

(3) ¹Besteht Anlass zu der Annahme, dass ein Fahrzeug nicht vorschriftsmäßig nach dieser Verordnung oder der Straßenverkehrs-Zulassungs-Ordnung ist, so kann die Zulassungsbehörde anordnen, dass

1. ein von ihr bestimmter Nachweis über die Vorschriftsmäßigkeit oder ein Gutachten eines amtlich anerkannten Sachverständigen, Prüfers für den Kraftfahrzeugverkehr oder Prüfingenieurs vorgelegt oder

2. das Fahrzeug vorgeführt wird.

²Wenn nötig, kann die Zulassungsbehörde mehrere solcher Anordnungen treffen.

Begr (VkBl **06** 604):   1
Die Vorschrift folgt der Regelung des bisherigen § 17 StVZO. In **Absatz 2 Satz 2** *wird die Halterverantwortung für außer Betrieb gesetzte oder im Betrieb beschränkte Fahrzeuge geregelt. Aufgenommen wurde die Möglichkeit, dass die Zulassungsbehörde die Vorlage eines von ihr bestimmten Nachweises über die Vorschriftsmäßigkeit anordnen kann. Dies stellt eine abgestufte Maßnahme dar, die Vorschriftsmäßigkeit nachweisen zu lassen, ohne dass hierzu ein Gutachten eingeholt werden muss.*

Der Anwendungsbereich erfasst die Vorschriftsmäßigkeit nach der FZV und der StVZO. § 17 StVZO findet nur noch Anwendung auf Fahrzeuge, die nicht der FZV unterliegen …

1. Anwendungsbereich. § 5 betrifft die Vorschriftsmäßigkeit nach der FZV und der StVZO   2
der unter die FZV fallenden Fz (s § 1). Für die anderen Fz enthält § 17 StVZO eine entspre-

chende Regelung. Erweisen sich im Ausland zugelassene Fahrzeuge beim vorüberkehrenden Verkehr in Deutschland als nicht vorschriftsmäßig (soweit sie deutsche Vorschriften einzuhalten haben), ist gem § 22 nach § 5 zu verfahren und bei Betriebsuntersagung die im Ausland ausgestellte Zulassungsbescheinigung oder der Internationale Zulassungsschein an die ausstellende Stelle zurückzuschicken.

3   **2. Maßnahmen bei erwiesener Unvorschriftsmäßigkeit.** Erweist sich ein Fz als nicht vorschriftsmäßig nach der FZV oder der StVZO, ist Fristsetzung zur Beseitigung der Mängel oder Untersagung oder Beschränkung des Betriebs eines Fz im öffentlichen StrV möglich. Nicht vorschriftsmäßig sind Fz, die nicht den Zulassungsvorschriften oder den Bau- oder Betriebsvorschriften entsprechen, zB nicht verkehrssicher sind (§ 31 StVZO) oder Bestimmungen über Lärm und Abgase nicht genügen. Nicht unvorschriftsmäßig ist ein Fz allein dadurch, dass zu Unrecht eine BE für zulassungsfreie Fze erteilt wurde, solange eine solche BE Bestand hat, VG Hb NZV **01** 143. Zulässig sind die in Abs I genannten Maßnahmen erst, wenn sich die Unvorschriftsmäßigkeit erweist, dh offenbar hervortritt oder als vorhanden feststeht. Das braucht nicht bei einer vorgeschriebenen Untersuchung (§ 29 StVZO) oder im Verkehr geschehen zu sein. Es genügt, dass der Mangel erwiesenermaßen besteht. Der bloße Hinweis der KfzVersicherung auf einen schweren Unfallschaden reicht auch dann nicht aus, wenn über eine ordnungsgemäße Reparatur nichts bekannt ist, VG Fra NZV **90** 166. Verfügung zur Mangelbeseitigung ist auch dann rechtmäßig, wenn die Mängel bei Erlass der Verfügung zwar beseitigt waren, der Halter dies aber noch nicht mitgeteilt hatte, VGH Ma NZV **07** 51.

4   **3. Die zulässigen Maßnahmen.** Die zuständige (§ 46) ZulB muss das zur Gefahrabwendung Nötige und Angemessene anordnen (sonst Amtspflichtverletzung). Örtlich zuständig ist die Behörde des Wohnorts (§ 46 II), nicht des FzStandorts (OVG Bautzen NZV **98** 430). Die Polizei erstattet einen Mängelbericht an die ZulB. Eigene Maßnahmen darf sie nur vorläufig im Fall und für die Dauer unmittelbarer Gefährdung treffen, da § 5 als Spezialregelung für die Abwehr von Gefahren, die von unvorschriftsmäßigen Fz ausgehen, dem allgemeinen Polizeirecht vorgeht (*Huppertz* DAR **07** 577, 581). Daher darf sie dem Halter nicht Mängelbeseitigung unter Fristsetzung und Anzeigedrohung aufgeben (zu § 17 StVZO: OVG Münster VIII A 907/67, *Huppertz* VD **99** 154, *Laub* SVR **06** 286 f.) Bei vorläufigen Maßnahmen muss sie sofort, in der Regel fernmündlich, die Entscheidung der ZulB herbeiführen.

5   **Setzen angemessener Frist zur Behebung der Mängel.** Ist der Mangel behebbar, so wird dem Bedürfnis nach Sicherung oft genügt, wenn dem Halter oder Eigentümer aufgegeben wird, für Beseitigung zu sorgen. Dafür ist ihm eine ausreichende Frist zu setzen. Sie kann stillschweigend verlängert werden. Die Verfügung ist an den Halter (§ 7 StVG) zu richten. Ist der Halter nicht zugleich Eigentümer, wie bei Sicherungsübereignung oder Eigentumsvorbehalt, so kann sie auch an den Eigentümer oder an beide zugleich gerichtet werden. Ob und unter welchen Voraussetzungen das mangelhafte Fz im Verkehr verwendet werden darf, hängt von der Art des Mangels ab (§§ 23 StVO, 31 StVZO).

6   **Beschränkung oder Untersagung des Betriebs.** Soweit zur Verkehrssicherheit erforderlich, darf die ZulB dem Halter für die Verwendung des nicht vorschriftsmäßigen Fz Beschränkungen auferlegen oder die Verwendung bis zur Mängelbeseitigung untersagen. Dabei hat sie das Übermaßverbot zu beachten (**E** 2). Unnötiges darf sie nicht anordnen. **Beschränkungen:** Verweisung auf bestimmte Straßen, Benutzung nur zu bestimmten Tageszeiten, Anwendung bestimmter Vorsichtsmaßnahmen, Fahrt nur unter bestimmten Bedingungen, etwa nur bis zur nächsten Werkstatt. Ist auf diese Weise keine Sicherung erreichbar, so kommt als schärfste Maßnahme in Betracht, jede Verwendung des Fz im Verkehr zu **untersagen**, jedoch nur als „ultima ratio", zu § 17 StVZO: VG Fra NZV **90** 166 (zust *Jagow* VD **92** 50), VG Dü DAR **61** 122. Keine Betriebsuntersagung allein deswegen, weil ein im Übrigen nicht vorschriftswidriges Fz mit bauartbestimmter Höchstgeschwindigkeit von nicht mehr als 6 km/h den fließenden Verkehr beeinträchtigt, OVG Münster NZV **95** 413. Beschränkungen oder Untersagen des Betriebs werden häufig als vorläufige Maßnahme bis zur Behebung des Mangels neben der Fristsetzung nötig werden. Sie können aber auch als selbstständige Maßnahmen angeordnet werden. Insbesondere wird der Betrieb zu untersagen sein, wenn der Halter oder Eigentümer den Mangel schuldhaft nicht beseitigt. Die Fristsetzung hebt ein Benutzungsverbot nicht auf, Bay DAR **52** 171. Soweit der Gefahr der Verkehrsteilnahme mit nicht vorschriftsmäßigen Fz zu begegnen ist, geht § 5 den verwaltungsrechtlichen Bestimmungen über die polizeiliche Gefahrenabwehr als lex specialis vor, zu § 17 StVZO: OVG Bautzen NZV **98** 430, OVG Münster NZV **99** 102; insoweit daher **keine Beschlagnahme** des Fzs nach den PolGesetzen, VGH Ma DAR **93** 363.

Beschränkung und Untersagung des Betriebs von Fahrzeugen   **§ 5 FZV 4**

Die Bestimmung verdrängt als lex specialis auch die verwaltungsverfahrensrechtlichen Vorschriften über Widerruf und Rücknahme eines Verwaltungsaktes, zu § 17 StVZO OVG Münster NZV **99** 102.

Lit: *Dvorak,* Untersagung oder Einschränkung des Betriebs eines Fzs wegen technischer Mängel durch PolBe, Polizei **84** 240. *Huppertz,* Ausstellung einer Mängelkarte ..., VD **99** 153. *Kreutel,* Untersagung/Beschränkung des Betriebs von Fzen durch PolBe, Polizei **83** 335. *Rebler,* Halterpflichten und Betriebsuntersagung nach § 17 StVZO, VD **05** 34.

4. Halterpflicht nach Anordnungen. Nach Abs II S 2 darf der Halter die Inbetriebnahme 7 eines Fz nicht anordnen oder zulassen, wenn der Betrieb des Fz nach Abs I untersagt ist oder eine angeordnete Beschränkung nicht eingehalten werden kann. Zuwiderhandlung ist ow (§ 48 Nr 2).

5. Kontrolle der Ausführung. Die Zulassungsbehörde hat die Einhaltung nachzuprüfen. 8 Sie kann sich mit Vollzugsanzeige oder Bestätigung der Werkstatt begnügen. Sie kann Vorführung des Fz oder Prüfung durch einen Sachverständigen anordnen.

6. Außerbetriebsetzung oder Nachweis des Nichtvorliegens oder des Wegfalls der 9 **Unvorschriftsmäßigkeit.** Nach Abs II S 1 hat der Eigentümer oder Halter ein Fz, für das ein Kennzeichen zugeteilt ist und dessen Betrieb untersagt wurde, nach § 14 außer Betrieb setzen zu lassen oder der Zulassungsbehörde nachzuweisen, dass die Gründe für die Beschränkung oder Untersagung des Betriebs nicht oder nicht mehr vorliegen. Eigentümer oder Halter haben somit die Möglichkeit, durch Nachweis der genannten Art die Außerbetriebsetzung abzuwenden, wenn die Untersagung des Betriebs des Fz auf öffentlichen Straßen gem Abs I angeordnet worden ist.

7. Maßnahmen zur Vorbereitung der Entscheidung (Abs III). Die Zulassungsbehörde 10 kann dem Halter oder Eigentümer auferlegen, einen von ihr zu bestimmenden **Nachweis** über die Vorschriftsmäßigkeit oder ein **Gutachten** eines aaSoP bzw eines PI beizubringen (Abs III S 1 Nr 1), etwa wenn zweifelhaft ist, ob ein ordnungswidriger Zustand vorliegt, ob und unter welchen Voraussetzungen das Fz noch im Verkehr verwendet werden darf, ob der Mangel behebbar ist, was zur Behebung geschehen kann, ob ein Mangel inzwischen behoben ist. Die Behörde kann je nach Sachlage einen Nachweis oder ein Sachverständigengutachten anordnen. Seit 1. 3. 07 hat sie damit die Möglichkeit, abgestufte Maßnahmen anzuordnen, um die Vorschriftsmäßigkeit nachweisen zu lassen. Wenn sie ein Gutachten anordnet, genügt anders als bis zum 28. 2. 07 nicht mehr das Gutachten eines beliebigen Sachverständigen; es muss sich jetzt um das Gutachten eines amtlich anerkannten Sachverständigen oder Prüfers (§§ 1 ff KfSachvG) oder eines Prüfingenieurs (Anl VIII b Nr 3.9 StVZO) handeln. Kommt der Halter oder Eigentümer der Auflage binnen angemessener Frist schuldhaft nicht nach, so wird die Zulassungsbehörde den Betrieb untersagen müssen, zu § 17 StVZO: OVG Ko DAR **85** 358, *Rebler* VD **05** 38. Bloße Nichtbeachtung der Anordnung oder die Weigerung, ihr zu folgen, ist als solche nicht ow. Die Zulassungsbehörde kann **anordnen, das Fahrzeug vorzuführen,** Abs III S 1 Nr 2. Gedacht ist hier an Fälle gemäß § 13 (Berichtigung der FzPapiere), wenn Anlass zur Annahme besteht, dass das Kfz nicht vorschriftsmäßig ist, und an eine Vorführung gemäß § 29 StVZO zur Hauptuntersuchung. Anordnung der Vorführung bei Benachrichtigung über erhebliche Unfallschäden durch den Versicherer, s § 14 Rz 5. Bei grundloser Weigerung des Halters ist der Betrieb des Fz idR zu untersagen, zu § 17 StVZO: OVG Ko DAR **85** 358.

8. Speicherung von Daten über Maßnahmen der Zulassungsbehörde zur Beschränkung 11 oder Untersagung des Betriebs und damit im Zusammenhang stehende Informationen im ZFZR nur im Hinblick auf zulassungspflichtige Fz (§ 30 I Nr 20, 21 a–e, 22 und 23), nicht im Hinblick auf zulassungsfreie Fz.

9. Ordnungswidrig ist 12

a) Zuwiderhandlung gegen vollziehbare Anordnung oder Auflage nach Abs I (§ 48 Nr 7),
b) das nicht außer Betrieb Setzen eines Fz entgegen Abs II nach Untersagung des Betriebs des Fz (§ 48 Nr 8),
c) die Anordnung oder das Zulassen der Inbetriebnahme eines Fz auf öffentlichen Straßen durch den Halter entgegen Abs II S 2 nach Untersagung des Betriebs des Fz oder wenn eine Beschränkung nicht eingehalten werden kann (§ 48 Nr 2).

Nichtbefolgung einer Vorführungsanordnung ist nicht bußgeldbewehrt.

Abschnitt 2. Zulassungsverfahren

Antrag auf Zulassung

6 (1) ¹Die Zulassung eines Fahrzeugs ist bei der nach § 46 örtlich zuständigen Zulassungsbehörde zu beantragen. ²Im Antrag sind zur Speicherung in den Fahrzeugregistern folgende Halterdaten nach § 33 Abs. 1 Satz 1 Nr. 2 des Straßenverkehrsgesetzes anzugeben und auf Verlangen nachzuweisen:
1. bei natürlichen Personen:
   Familienname, Geburtsname, Vornamen, vom Halter für die Zuteilung oder die Ausgabe des Kennzeichens angegebener Ordens- oder Künstlername, Datum und Ort der Geburt, Geschlecht und Anschrift des Halters;
2. bei juristischen Personen und Behörden:
   Name oder Bezeichnung und Anschrift;
3. bei Vereinigungen:
   benannter Vertreter mit den Angaben nach Nummer 1 und gegebenenfalls Name der Vereinigung.

³Bei beruflich selbständigen Haltern sind außerdem die Daten nach § 33 Abs. 2 des Straßenverkehrsgesetzes über Beruf oder Gewerbe anzugeben und auf Verlangen nachzuweisen.

(2) ¹Mit dem Antrag ist die Zulassungsbescheinigung Teil II vorzulegen. ²Wenn diese noch nicht vorhanden ist, ist nach § 12 zu beantragen, dass diese ausgefertigt wird.

(3) ¹Bei erstmaliger Zulassung ist der Nachweis, dass das Fahrzeug einem Typ entspricht, für den eine EG-Typgenehmigung vorliegt, durch Vorlage der Übereinstimmungsbescheinigung zu führen. ²Der Nachweis, dass das Fahrzeug einem Typ entspricht, für den eine nationale Typgenehmigung vorliegt, ist durch Vorlage der Zulassungsbescheinigung Teil II, in der eine Typ- sowie Varianten-/Versionsschlüsselnummer nach § 20 Abs. 1 a Satz 6 der Straßenverkehrs-Zulassungs-Ordnung eingetragen ist, oder durch die nach § 20 Abs. 3 a Satz 1 der Straßenverkehrs-Zulassungs-Ordnung vorgeschriebene Datenbestätigung zu führen. ³Der Nachweis, dass für das Fahrzeug eine Einzelgenehmigung vorliegt, ist durch Vorlage der entsprechenden Bescheinigung zu führen. ⁴Für Fahrzeuge, die von der Zulassungspflicht ausgenommen sind, ist die Übereinstimmungsbescheinigung oder die Datenbestätigung oder die Bescheinigung über die Einzelgenehmigung vorzulegen.

(4) Im Antrag sind zur Speicherung in den Fahrzeugregistern folgende Fahrzeugdaten anzugeben und auf Verlangen nachzuweisen:
1. regelmäßiger Standort des Fahrzeugs, sofern dieser nicht mit dem Wohnsitz oder Sitz des Halters identisch ist;
2. die Verwendung des Fahrzeugs als Taxi, als Mietwagen, zur Vermietung an Selbstfahrer, im freigestellten Schülerverkehr, als Kraftomnibus oder Oberleitungsomnibus im Linienverkehr oder eine sonstige Verwendung, soweit sie nach § 13 Abs. 2 dieser Verordnung oder einer sonstigen auf § 6 des Straßenverkehrsgesetzes beruhenden Rechtsvorschrift der Zulassungsbehörde anzuzeigen oder in der Zulassungsbescheinigung Teil I einzutragen ist;
3. Name und Anschrift des Verfügungsberechtigten über die Zulassungsbescheinigung Teil II, sofern eine solche ausgefertigt worden ist;
4. folgende Daten zur Kraftfahrzeug-Haftpflichtversicherung:
   a) Name und Anschrift oder Schlüsselnummer des Versicherers,
   b) Nummer des Versicherungsscheins oder der Versicherungsbestätigung und
   c) Beginn des Versicherungsschutzes oder
   d) die Angabe, dass der Halter von der gesetzlichen Versicherungspflicht befreit ist.

(5) In Fällen des innergemeinschaftlichen Erwerbs neuer Kraftfahrzeuge im Sinne des § 1 b Abs. 2 und 3 des Umsatzsteuergesetzes sind die folgenden Angaben, soweit diese der Zulassungsbehörde nicht bereits vorliegen, zur Übermittlung an die zuständigen Finanzbehörden zu machen und auf Verlangen nachzuweisen:
1. Name und Anschrift des Antragstellers sowie das für ihn nach § 21 der Abgabenordnung zuständige Finanzamt,
2. Name und Anschrift des Lieferers,
3. Tag der ersten Inbetriebnahme,
4. Kilometerstand am Tag der Lieferung,

Antrag auf Zulassung § 6 FZV

5. Fahrzeugart, Fahrzeughersteller (Marke), Fahrzeugtyp und Fahrzeug-Identifizierungsnummer und
6. Verwendungszweck.

(6) ¹Sofern das Fahrzeug aus einem Staat, der nicht Mitgliedstaat der Europäischen Union oder nicht anderer Vertragsstaat des Abkommens über den Europäischen Wirtschaftsraum ist, eingeführt oder aus dem Besitz der im Bundesgebiet stationierten ausländischen Streitkräfte, der im Bundesgebiet errichteten internationalen militärischen Hauptquartiere oder ihrer Mitglieder erworben wurde, ist mit dem Antrag der Verzollungsnachweis vorzulegen. ²Wird dieser nicht vorgelegt, hat die Zulassungsbehörde das zuständige Hauptzollamt über die Zulassung zu unterrichten.

(7) Außerdem sind zur Speicherung in den Fahrzeugregistern folgende Fahrzeugdaten anzugeben und auf Verlangen nachzuweisen, sofern sie nicht in den mit dem Antrag vorzulegenden Dokumenten enthalten sind:
1. Fahrzeugklasse und Art des Aufbaus;
2. Marke, Typ, Variante, Version und Handelsbezeichnung des Fahrzeugs sowie, wenn für das Fahrzeug eine EG-Typgenehmigung oder eine nationale Typgenehmigung erteilt worden ist, die Nummer und das Datum der Erteilung der Genehmigung, soweit diese Angaben feststellbar sind;
3. Fahrzeug-Identifizierungsnummer;
4. bei Personenkraftwagen: die vom Hersteller auf dem Fahrzeug angebrachte Farbe;
5. Datum der Erstzulassung oder ersten Inbetriebnahme des Fahrzeugs;
6. bei Zuteilung eines neuen Kennzeichens nach Entstempelung oder Abhandenkommen des bisherigen Kennzeichens das bisherige Kennzeichen;
7. zur Beschaffenheit und Ausrüstung des Fahrzeugs:
   a) Kraftstoffart oder Energiequelle,
   b) Höchstgeschwindigkeit in km/h,
   c) Hubraum in cm^3,
   d) technisch zulässige Gesamtmasse in kg, Masse des in Betrieb befindlichen Fahrzeugs (Leermasse) in kg, Stützlast in kg, technisch zulässige Anhängelast – gebremst und ungebremst – in kg, technisch zulässige maximale Achslast/Masse je Achsgruppe in kg und bei Krafträdern das Leistungsgewicht in kW/kg,
   e) Zahl der Achsen und der Antriebsachsen,
   f) Zahl der Sitzplätze einschließlich Fahrersitz und der Stehplätze,
   g) Rauminhalt des Tanks bei Tankfahrzeugen in m^3,
   h) Nennleistung in kW und Nenndrehzahl in min^{-1},
   i) Abgaswert CO_2 in g/km,
   j) Länge, Breite und Höhe jeweils als Maße über alles in mm,
   k) eine Größenbezeichnung der Bereifung je Achse, die in der EG-Typgenehmigung, nationalen Typgenehmigung oder Einzelgenehmigung bezeichnet oder in dem zum Zwecke der Erteilung einer Einzelgenehmigung nach § 21 der Straßenverkehrs-Zulassungs-Ordnung erstellten Gutachten als vorschriftsmäßig bescheinigt wurde, und
   l) Standgeräusch in dB (A) mit Drehzahl bei min^{-1} und Fahrgeräusch in dB (A).

(8) Das Fahrzeug ist vor Erstellung der Zulassungsbescheinigung Teil II und vor der Zulassung von der Zulassungsbehörde zu identifizieren.

Begr (VkBl 06 604): *Das Antragsverfahren basiert auf den bisherigen Bestimmungen des § 23 Abs. 1, Abs. 4 Satz 5 StVZO sowie auf § 1 Abs. 1 und 2 der FRV. Das bisherige Prinzip, Fahrzeuge dort zuzulassen, wo sie ihren regelmäßigen Standort haben, wird durch die Zulassungspflicht am Wohnsitz oder Sitz des Fahrzeughalters ersetzt. Da bei Privatpersonen Wohnsitz und Wohnort regelmäßig zusammenfallen und Fahrzeugflotten auch bereits jetzt regelmäßig an einem Betriebssitz nach Wahl des Unternehmens zugelassen werden, folgt die Neuregelung lediglich der Praxis ohne wesentliche Auswirkungen auf die Fahrzeughalter. Neben der eindeutigen Zuordnungsmöglichkeit hat dieses Prinzip insbesondere für Halter mehrerer Fahrzeuge mit unterschiedlichen Standorten den Vorteil, diese nur durch eine Behörde zuzulassen. Die Erfassung des regelmäßigen Standortes, sofern dieser vom Wohnsitz oder Sitz des Halters abweicht, wird jedoch beibehalten. Die Zuständigkeit der Behörden wird durch Landesrecht bestimmt ....*

Absatz 1 führt aus Gründen der Vollständigkeit die nach § 33 Abs. 1 und 2 StVG anzugebenden Halterdaten auf. Als Ausfluss der Rechtsprechung des BGH zur rechtlichen Stellung der Gesellschaft bürgerlichen Rechts (Beschluss vom 18. 2. 2002 Az.: II ZR 331/00) ist diese unter § 6 Abs. 1 Satz 2 Nr. 3 zu fassen. Die Gesellschaft hat somit die dort geforderten Halterdaten nachzuweisen. ...

4 FZV § 6 Abschnitt 2. Zulassungsverfahren

Die **Absätze** *4 und 7 führen die bisher in § 1 FRV geregelten und für die Zulassung erforderlichen Fahrzeugdaten auf. Aus Gründen der Vollständigkeit wird die in nach dem Umsatzsteuergesetz abzugebende Erklärung beim Fahrzeugerwerb in einem anderen Mitgliedstaat der EU in* **Absatz 5** *bzw. die Vorlage des Verzollungsnachweises bei Einfuhr aus Nicht-EU-Staaten oder Erwerb von ausländischen Streitkräften in* **Absatz 6** *aufgeführt.*

2 **Absatz 8** *bestimmt die Identifizierung des Fahrzeugs vor der Zulassung. Die Identifizierung des Fahrzeugs ist nach der EG-Richtlinie über Zulassungsdokumente Teil der Zulassung. Die Entscheidung darüber, wie diese durchzuführen ist, obliegt der Zulassungsbehörde. Von der Identität des Fahrzeugs mit der Zulassungsbescheinigung Teil II kann zum Beispiel grundsätzlich ausgegangen werden, wenn es sich um ein Neufahrzeug handelt, für das die Zulassungsbescheinigung Teil II durch den Hersteller zugeordnet ... oder wenn das Fahrzeug bereits einer Haupt- oder Abgasuntersuchung unterzogen wurde. ...*

3 **1. Notwendigkeit eines Antrags.** Die Zulassung eines Fz erfolgt nicht von Amts wegen, sondern setzt nach § 1 I 2 StVG, § 3 I 2 FZV einen Antrag voraus. In § 6 ist anders als vor dem 1. 3. 07 in § 23 I StVZO (alt) nicht mehr davon die Rede, dass der Verfügungsberechtigte den Antrag stellen muss. Es bleibt aber dabei, dass den nach Abs I S 1 zu stellenden Antrag der Verfügungsberechtigte zu stellen hat, denn zum einen sieht § 1 I S 2 StVG dies vor. Zum anderen ist nach Abs II die Zulassungsbescheinigung Teil II vorzulegen oder zu beantragen, wenn sie noch nicht vorhanden ist; bei einem solchen Antrag ist gem § 12 I S 1 die Verfügungsberechtigung nachzuweisen. Der Verfügungsberechtigte hat somit den Antrag auf Zulassung zu stellen, also der Eigentümer, bei Kauf unter Eigentumsvorbehalt der Erwerber, wobei mit dessen Zustimmung auch der Vorbehaltseigentümer handeln kann, s VGH Mü VM **81** 79. Bei Sicherungseigentum bleibt der Sicherungsgeber im Sinne des § 6 antragsberechtigt. Minderjährige bedürfen der Einwilligung des gesetzlichen Vertreters, VGH Mü VM **69** 17. Nach § 183 BGB wird die Einwilligung in den Zulassungsantrag nur bis zu dessen Eingang bei der Zulassungsbehörde widerrufbar sein, nach diesem Zeitpunkt darf der gesetzliche Vertreter den Zulassungsantrag jedoch anstelle des Minderjährigen zurücknehmen, s *Bouska* VD **73** 275. Auch der vom Eigentümer verschiedene Halter kann als Verfügungsberechtigter den Zulassungsantrag stellen, BVerwG VRS **66** 313, **73** 235. Ist der FzMieter Halter (s § 7 StVG Rz 16), so ist auch er Verfügungsberechtigter iS von Abs I, zu § 23 StVZO alt: BVerwG VRS **66** 309. Zum **Begriff des Halters** s § 7 StVG Rz 14.

4 **2. Zuständige Behörde. Sachlich zuständig** ist die gem § 46 I S 1 nach Landesrecht zuständige untere Verwaltungsbehörde (Zulassungsbehörde). **Örtlich zuständig** ist gem § 46 II S 1 die Behörde des Wohnorts, bei mehreren Wohnungen des Ortes der Hauptwohnung iSd Melderechtsrahmengesetzes, mangels eines solchen des Aufenthaltsortes des Antragstellers, bei juristischen Personen, Handelsunternehmen oder Behörden die Behörde des Sitzes oder des Ortes der beteiligten Niederlassung oder Dienststelle. Zu den Begriffen Wohnort und Sitz s § 46 Rz 3. Besteht im Inland kein Sitz, keine Niederlassung oder keine Dienststelle, so ist gem § 46 II S 2 die Behörde des Wohnorts oder des Aufenthaltsorts eines Empfangsberechtigten örtlich zuständig. Besteht im Inland kein Sitz, keine Niederlassung oder keine Dienststelle und ist kein Empfangsberechtigter (natürliche Person) vorhanden, ist eine Zulassung in Deutschland nicht möglich. Anträge auf Zulassung können gem § 46 II S 3 mit Zustimmung der örtlich zuständigen Zulassungsbehörde auch von einer gleichgeordneten auswärtigen Behörde (Zulassungsbehörde), mit Zustimmung der zuständigen obersten Landesbehörde oder der von ihr bestimmten oder nach Landesrecht zuständigen Stelle auch in einem anderen Bundesland, behandelt und erledigt werden. Damit wird die flexible, auch Landesgrenzen überschreitende Zulassung zB in einer Metropolregion ermöglicht (s § 46 Rz 4). Die Zustimmung, Anträge auch bei dazu bestimmten Zulassungsbehörden eines anderen Bundeslandes stellen zu können, kann generell und nicht auf den Einzelfall beschränkt erteilt werden (Begr VkBl **06** 612). Das bis 28. 2. 07 geltende Prinzip, Fz dort zuzulassen, wo sie ihren regelmäßigen **Standort** haben, wurde aufgegeben (s Begr Rz 1). Die Erfassung des regelmäßigen Standortes, sofern dieser vom Wohnsitz oder Sitz des Halters abweicht, wurde aber beibehalten (Abs IV Nr 1).

5 **3. Inhalt des Antrags.** Anzugeben und auf Verlangen nachzuweisen sind die **Personalien** des Halters gem § 33 I S 1 Nr 2 StVG. Abs I S 2 Nr 1 bis 3 wiederholt lediglich die nach StVG anzugebenden Halterdaten. Wenn Abs I S 2 Nr 3 auf die „Angaben nach Nummer 1" verweist, ist dies nicht so zu verstehen, dass der von Vereinigungen benannte Vertreter mit der Anschrift des Halters in die Register und die Fahrzeugpapiere eingetragen werden soll, sondern mit seiner eigenen Anschrift. **Empfangsberechtigte** nach § 46 II S 2 und **gesetzliche Vertreter** des Halters müssen ihre Personalien und ihre Anschrift angeben und auf Verlangen nachweisen,

Antrag auf Zulassung § 6 FZV 4

auch wenn dies in § 6 nicht ausdrücklich vorgesehen ist, da Zustellungen an diese Personen sonst nicht möglich wären. Bislang fehlt aber sowohl eine Verpflichtung zur Angabe dieser Daten in Abs I S 2 als auch eine Regelung zur Speicherung dieser Daten in den Fahrzeugregistern in § 33 StVG und in § 32 FZV. In diesen Fällen ist ebenso wie bei Vereinigungen der Name des Halters ohne seine Anschrift und der Name des Empfangsberechtigten bzw des gesetzlichen Vertreters mit seiner Anschrift in die Zulassungsbescheinigung Teil I einzutragen. Im Hinblick auf die Rechtsprechung des BGH zur rechtlichen Stellung der **Gesellschaft bürgerlichen Rechts** (Beschl v 18. 2. 02 NJW **02** 1207) ist diese als Vereinigung gem Abs. I S 2 Nr 3 anzusehen. Sie hat somit die Angaben über einen benannten Vertreter mit den für natürliche Personen gem Abs I S 2 Nr 1 anzugebende Personaldaten und ggf den Namen der GbR anzugeben und auf Verlangen nachzuweisen. **Eheleute** als FzHalter sind als Personenvereinigung anzusehen und können gem Abs I S 2 Nr 3 (benannter Vertreter und zusätzlich der Name der Personenvereinigung „Eheleute ...") in die Zulassungsdokumente eingetragen werden. Beruflich selbständige Halter haben außerdem gem Abs I S 3 die nach § 33 II StVG erforderlichen Daten anzugeben und auf Verlangen nachzuweisen: bei natürlichen Personen der Beruf oder das Gewerbe (Wirtschaftszweig) und bei juristischen Personen und Vereinigungen ggf das Gewerbe (Wirtschaftszweig). Zu Problemen des Datenschutzes im Zusammenhang mit der Erhebung von Daten im Zulassungsverfahren, s *Jagow* VD **84** 6.

Die im Antrag auf Zulassung anzugebenden und auf Verlangen nachzuweisenden **Fahrzeugdaten** sind in Abs IV und VII aufgeführt. **Regelmäßiger Standort** (Abs IV Nr 1) ist derjenige des „Schwerpunkts der Ruhevorgänge" (*Bouska* VD **78** 123) des Kfz, von dem aus das Fz unmittelbar zum Straßenverkehr eingesetzt wird (BVerwG VRS **66** 309, 312). Dieser bestimmt sich nach objektiven Merkmalen, nicht nach subjektiven Vorstellungen des Verfügungsberechtigten (BVerwG VRS **62** 235). Bei ständigem Einsatz im überregionalen Verkehr ist der Einsatzmittelpunkt entscheidend (BVerwG VRS **66** 309, 312). **Verfügungsberechtigter über die Zulassungsbescheinigung Teil II** (Abs IV Nr 3) wird in der Regel der Eigentümer des Kfz sein. Vor allem bei Kauf auf Abzahlung wird die Zulassungsbescheinigung Teil II regelmäßig dem Kreditgeber zuzusenden sein, der sich das Eigentum vorzubehalten pflegt. Mit dem Antrag auf Zulassung hat der Antragsteller der ZulB die in Abs IV Nr 4 genannten Daten über die bestehende **Kfz-Haftpflichtversicherung** (§ 4 PflVG) bzw die Befreiung von der gesetzlichen Versicherungspflicht nachzuweisen, es sei denn das Fz unterliegt nicht der Versicherungspflicht (§ 23 IV). 6

4. Vorlage der Zulassungsbescheinigung Teil II. Abs II fordert die Vorlage des Teils II der Zulassungsbescheinigung (Kfz-Brief) mit dem Antrag auf Zulassung, sofern er bereits vorhanden ist. Ansonsten muss er nach § 12 beantragt werden. 7

5. Nachweis der Typ- oder Einzelgenehmigung. Abs III legt fest, in welcher Weise die für die Zulassung vorauszusetzende (§ 3 I S 2) Typ- oder Einzelgenehmigung nachzuweisen ist. 8

6. Erklärungen nach Fahrzeug-Erwerb im Ausland oder von ausländischen Streitkräften. Abs V regelt die nach Erwerb neuer Fahrzeuge in einem anderen Mitgliedstaat der EU nach dem Umsatzsteuergesetz zusammen mit dem Antrag auf Zulassung abzugebende Erklärung. Die ZulB übermittelt die Daten an die Finanzbehörden. Abs VI bestimmt, dass im Falle der Einfuhr aus Nicht-EU- oder Nicht-EWR-Staaten oder beim Erwerb von in Deutschland stationierten ausländischen Streitkräften mit dem Antrag auf Zulassung bei der ZulB ein Verzollungsnachweis vorzulegen ist. Wird dieser nicht mit dem Antrag auf Zulassung vorgelegt, hat die ZulB das zuständige Hauptzollamt über die Zulassung zu unterrichten (Abs VI S 2). Zu Importfahrzeugen s auch § 7. 9

7. Identifizierung des Fz. Abs VIII schreibt die Identifizierung des Fz durch die ZulB entweder vor Erstellung einer Zulassungsbescheinigung Teil II oder vor der Zulassung vor. Da eine Zulassungsbescheinigung Teil II auch ohne Zulassung eines Fz zu erhalten ist, ist eine Identifizierung bereits bei ihrer Ausstellung vorgesehen, um zu vermeiden, dass solche Zulassungsbescheinigungen unzutreffende Daten enthalten (Begr VkBl **06** 604). Wenn die Identifizierung bis zur Zulassung noch nicht erfolgt ist, ist sie dann anlässlich der Zulassung erforderlich. Nach der EG-Richtlinie über Zulassungsdokumente ist die Identifizierung Teil der Zulassung. Die ZulB entscheidet nach pflichtgemäßem Ermessen, wie diese durchzuführen ist. Bei einem Neufahrzeug kann von der Identität des Fz mit der Zulassungsbescheinigung Teil II grundsätzlich ausgegangen werden, wenn der Hersteller die Zulassungsbescheinigung Teil II zuordnet (Begr VkBl **06** 604). Die ZulB wird sich aber stichprobenartig davon überzeugen müssen, ob dies tatsächlich so ist, weil sie sonst pflichtwidrig handelt. Ein völliges Absehen von der Identifizie- 10 rung wäre unzulässig. Die ZulB kann von der Identität des Fz mit der Zulassungsbescheinigung Teil II grundsätzlich ausgehen, wenn das Fz bereits einer Haupt- oder Abgasuntersuchung unterzogen wurde (Begr VkBl **06** 604), da sowohl bei der HU (Anl VIII a Nr 4.10 StVZO) als auch bei der AU (AU-Richtlinie Nr 2.1 VkBl **06** 304) eine Identifizierung des Fz erfolgen muss.

11 **8. Gebührenzahlung.** Soweit das jeweilige Land von der Ermächtigung in § 6 a VIII StVG Gebrauch gemacht hat (s dort Rz 11), kann die ZulB die Zulassung von der Entrichtung der dafür bestimmten Gebühren und Auslagen (das geschieht in der Praxis ohnehin) sowie der rückständigen Gebühren und Auslagen aus vorausgegangenen Zulassungsvorgängen abhängig machen.

12 **9. Versteuerung:** Die ZulB hat nach Maßgabe des KraftStG an der Versteuerung mitzuwirken. Gem § 13 KraftStG darf ein Fz erst nach dem Nachweis der Versteuerung zugelassen werden. Durch RVO der Landesregierungen kann die Zulassung auch von der Erteilung einer Einzugsermächtigung abhängig gemacht werden, § 13 I S 2 Nr 1 KraftStG. Dies stellt keinen unverhältnismäßigen Eingriff in die allgemeine Handlungsfreiheit dar, VG Trier DAR **05** 584, OVG Ko DAR **06** 348. Nach § 13 I a S 1 KraftStG kann die Zulassung durch RVO der Landesregierungen auch davon abhängig gemacht werden, dass der Halter keine Kfz-Steuerrückstände hat. Anhänger mit Ausnahme von Wohnwagenanhängern können auf Antrag unversteuert bleiben, sofern für das Zugfz der Anhängerzuschlag (§ 10 KraftStG) entrichtet ist, sie erhalten dann ein grünes Kennzeichen (§ 9 II S 2 FZV, § 10 I S 2 KraftStG). Das Mitführen solcher Anhänger hinter anderen ZugFzen ist dann unzulässig und löst Nachversteuerungspflicht aus, näher *Schmitz* Betr **79** 813.

Zulassung im Inland nach vorheriger Zulassung in einem anderen Staat

7 (1) ¹Bei Fahrzeugen, für die eine EG-Typgenehmigung vorliegt und die bereits in einem anderen Mitgliedstaat der Europäischen Union oder in einem anderen Vertragsstaat des Abkommens über den Europäischen Wirtschaftsraum in Betrieb waren, ist vor der Zulassung eine Untersuchung nach § 29 der Straßenverkehrs-Zulassungs-Ordnung durchzuführen, wenn bei Anwendung der Anlage VIII Abschnitt 2 der Straßenverkehrs-Zulassungs-Ordnung zwischenzeitlich eine Untersuchung hätte stattfinden müssen. ²Der Antragsteller hat nachzuweisen, wann das Fahrzeug in einem Mitgliedstaat der Europäischen Union oder in einem anderen Vertragsstaat des Abkommens über den Europäischen Wirtschaftsraum erstmals in Betrieb genommen worden ist. ³Kann dieser Nachweis nicht erbracht werden, ist vor der Zulassung eine Untersuchung nach § 29 der Straßenverkehrs-Zulassungs-Ordnung durchzuführen. ⁴Die Sätze 1 bis 3 gelten entsprechend für die Durchführung einer vorgeschriebenen Abgasuntersuchung nach § 47 a der Straßenverkehrs-Zulassungs-Ordnung.

(2) ¹Die Zulassungsbehörde hat die ausländische Zulassungsbescheinigung einzuziehen und mindestens sechs Monate aufzubewahren. ²Sie hat das Kraftfahrt-Bundesamt über die Einziehung umgehend, mindestens jedoch innerhalb eines Monats, elektronisch zu unterrichten. ³Ausführungsregelungen zur Datenübermittlung gibt das Kraftfahrt-Bundesamt in entsprechenden Standards im Verkehrsblatt bekannt. ⁴Auf Verlangen der zuständigen ausländischen Behörde ist die eingezogene Zulassungsbescheinigung über das Kraftfahrt-Bundesamt zurückzusenden. ⁵Sofern die ausländische Zulassungsbescheinigung aus zwei Teilen besteht, kann bei Fehlen des Teils II das Fahrzeug nur zugelassen werden, wenn über das Kraftfahrt-Bundesamt die Bestätigung der zuständigen ausländischen Behörde über die frühere Zulassung eingeholt wurde.

(3) Bei Fahrzeugen, für die eine EG-Typgenehmigung vorliegt und die in einem Staat außerhalb der Europäischen Union oder des Europäischen Wirtschaftsraums in Betrieb waren, ist vor der Zulassung in jedem Fall eine Untersuchung nach § 29 der Straßenverkehrs-Zulassungs-Ordnung und, sofern vorgeschrieben, eine Abgasuntersuchung nach § 47 a der Straßenverkehrs-Zulassungs-Ordnung durchzuführen.

1 **Begr** (VkBl **06** 605):

Absatz 1 übernimmt den bisherigen § 23 Abs. 5 Satz 1 und 3 bis 5 StVZO.

Absatz 2 folgt Artikel 5 Abs. 2 der EG-Richtlinie über Zulassungsdokumente für Fahrzeuge, die ein entsprechendes Informationsverfahren vorsieht.

Absatz 3 übernimmt § 23 Abs. 5 Satz 6 StVZO.

Zuteilung von Kennzeichen　　　　　　　　　　　　　　　　　　§ 8 FZV 4

1. Zulassung importierter GebrauchtFz. Für die Zulassung von Fz, die bereits in einem 2
anderen EU- oder EWR-Staat zugelassen waren, sieht Abs I eine erleichterte Zulassung vor, sofern es sich um Fz mit EG-Typgenehmigung handelt. Fz aus anderen EU- oder EWR-Staaten ohne EG-Typgenehmigung müssen das normale Zulassungsverfahren durchlaufen. Können die für die Zulassung erforderlichen technischen Daten nicht den ausländischen Zulassungsdokumenten entnommen werden, hat der Antragsteller die fehlenden Daten beizubringen. Diese können zB aus der Übereinstimmungsbescheinigung (CoC-Papier) entnommen werden, sofern der Antragsteller sie vorlegt. Eine grundsätzliche Verpflichtung zur Vorlage der Übereinstimmungsbescheinigung besteht jedoch nicht.

2. Ausländische Zulassungsbescheinigung. Bei Zulassung eines Fz nach vorheriger Zu- 3
lassung in einem anderen Staat hat die Zulassungsbehörde die ausländische Zulassungsbescheinigung einzuziehen und mindestens sechs Monate aufzubewahren (Abs II S 1). Meldung an das KBA nach Abs II S 2 und 3. Rücksendung über das KBA auf Verlangen der zuständigen ausländischen Behörde (Abs II S 4).

Wenn die ausländische Zulassungsbescheinigung aus zwei Teilen besteht (nach der EG-Richtlinie können die EU-Mitgliedstaaten auch auf den Teil II verzichten, was einige getan haben), kann bei Fehlen des Teils II die Zulassung nur erfolgen, wenn über das KBA eine Bestätigung der zuständigen ausländischen Behörde über die frühere Zulassung dort eingeholt wurde (Abs II S 5).

3. Hauptuntersuchung und Abgasuntersuchung vor Zulassung von gebrauchten 4
ImportFz. Bei ImportFz mit EG-Typgenehmigung, die schon in einem anderen Mitgliedstaat der EU oder in einem anderen Staat des Europäischen Wirtschaftsraums (EWR) in Betrieb waren, ist vor der Zulassung eine Hauptuntersuchung nach § 29 StVZO und wenn vorgeschrieben eine Abgasuntersuchung nach § 47 a StVZO durchzuführen, wenn diese nach der Fristentabelle der Anl VIII Nr 2 zur StVZO (s § 29 StVZO Rz 17) inzwischen hätte bzw hätten stattfinden müssen (Abs I S 1 und 4). Der Antragsteller hat gegenüber der ZulB nachzuweisen, wann das Fz im Ausland erstmals in Betrieb genommen worden ist (Abs I S 2), damit die Fälligkeit der Untersuchungen ermittelt werden kann. Wenn dieser Nachweis nicht erbracht werden kann, ist vor der Zulassung eine Hauptuntersuchung nach § 29 StVZO und ggf eine Abgasuntersuchung nach § 47a StVZO durchzuführen (Abs I S 3 und 4). Sofern eine solche Untersuchung noch nicht fällig gewesen wäre, wird durch die ZulB eine Prüfplakette bzw beide Prüfplaketten erteilt, auf der bzw auf denen der Untersuchungstermin angegeben ist.

Bei Importfahrzeugen mit EG-Typgenehmigung, die schon in einem Staat außerhalb der EU 5
oder des EWR in Betrieb waren, ist vor der Zulassung in jedem Fall eine HU nach § 29 StVZO und wenn vorgeschrieben eine AU nach § 47a StVZO durchzuführen (Abs III).

4. Die **Erläuternde Mitteilung der EU-Kommission** zu den Zulassungsverfahren für Kfz, 6
die aus einem Mitgliedstaat in einen anderen verbracht wurden (ABlEU Nr C 68 v 24. 3. 07, S 15) gibt einen **rechtlich unverbindlichen** Überblick über die nach Ansicht der EU-Kommission bestehenden gemeinschaftsrechtlichen Grundsätze über die Zulassung von Kfz, die vorher schon in einem anderen Mitgliedstaat zugelassen waren.

5. Ordnungswidrigkeiten. Ein Verstoß des Antragstellers gegen die Pflicht, einen Nachweis 7
darüber zu führen, wann das Importfahrzeug in einem anderen EU-Mitgliedstaat oder EWR-Staat erstmals in Betrieb genommen worden ist (Abs I S 2), ist nicht bußgeldbewehrt. Wenn dieser Nachweis nicht erbracht wird, ist lediglich die Verpflichtung zur Durchführung einer HU und sofern vorgeschrieben einer AU vor der Zulassung die Folge (Abs I S 3 und 4).

Zuteilung von Kennzeichen

8 (1) ¹**Die Zulassungsbehörde teilt dem Fahrzeug ein Kennzeichen zu.** ²**Es besteht aus einem Unterscheidungszeichen für den Verwaltungsbezirk und einer Erkennungsnummer.** ³**Die Unterscheidungszeichen sind nach Maßgabe der Anlage 1 zu vergeben.** ⁴**Die Erkennungsnummer wird nach Anlage 2 bestimmt.** ⁵**Fahrzeuge der Bundes- und Landesorgane, des Diplomatischen Corps und bevorrechtigter Internationaler Organisationen erhalten besondere Kennzeichen nach Anlage 3; die Erkennungsnummern dieser Fahrzeuge bestehen nur aus Zahlen; die Zahlen dürfen nicht mehr als sechs Stellen haben.**

(2) **Die Zulassungsbehörde kann die zugeteilte Erkennungsnummer von Amts wegen oder auf Antrag ändern und hierzu die Vorführung des Fahrzeugs anordnen.**

Dauer

4 FZV § 8 Abschnitt 2. Zulassungsverfahren

1 **Begr** (VkBl 06 605): **Absatz 1** folgt § 23 Abs. 2 StVZO. Als Behördenkennzeichen sind nur noch die in Anlage 3 ausgewiesenen zulässig. Dadurch wird die Anzahl der unterschiedlichen Kennzeichen eingeschränkt. Bisher ausgegebene andere Behördenkennzeichen dürfen nach den Übergangsregelungen noch bis zur Außerbetriebsetzung der Fahrzeuge genutzt werden. Die Kennzeichen für Fahrzeuge der aufgrund des Nordatlantikvertrages errichteten internationalen militärischen Hauptquartiere, die ihren regelmäßigen Standort im Inland haben (Unterscheidungszeichen X) nach § 1 Abs. 2 der 15. StVZO-Ausnahmeverordnung), werden in Anlage 3 aufgenommen.
Begründungen des Bundesrates zu Änderungen der Anlage 1: VkBl 06 614.

Anlage 1: Änderungen VkBl 08 334, 417, 462.

2 **1. Anwendungsbereich.** § 8 regelt die Zuteilung der **allgemeinen Kfz-Kennzeichen,** die im öffentlichen Straßenverkehr zu führen sind, soweit nicht ein besonderes Kennzeichen zugeteilt wird. Oldtimerkennzeichen, grüne Kennzeichen und Saisonkennzeichen sind in § 9, rote Kennzeichen und Kurzzeitkennzeichen in § 16, rote Oldtimerkennzeichen in § 17, Ausfuhrkennzeichen in § 19, Versicherungskennzeichen in §§ 26, 27 und rote Versicherungskennzeichen in § 28 geregelt. Zu ausländischen Kennzeichen beim Verkehr in Deutschland §§ 20, 21. Der Begriff „amtliches Kennzeichen" wird in der FZV nicht mehr verwendet. Eine Änderung des Begriffs der Zulassung war damit aber nicht verbunden (*Dauer* NZV **07** 442, s im Einzelnen § 1 StVG Rz 10). Ausgestaltung des allgemeinen Kennzeichens s Anlage 4 Abschnitt 2. Vor dem 1. 3. 07 zugeteilte Kennzeichen bleiben gültig (§ 50 II).

3 **2. Kennzeichenpflichtige Kfz.** Auf öffentlichen Straßen müssen alle zulassungspflichtigen Kfz und Kfz-Anhänger Kennzeichen führen. Zulassungsfreie Fz müssen Kennzeichen führen, soweit dies nach § 4 II vorgeschrieben ist oder wenn der Halter gem § 3 III auf die Zulassungsfreiheit verzichtet. Weiter müssen versicherungskennzeichenpflichtige Fz von Haltern, die von der Versicherungspflicht befreit sind, gem § 4 III S 2 Kennzeichen gem § 8 führen.

4 **3. Zuteilung eines Kennzeichens.** Zuteilung ist die Entscheidung der Zulassungsbehörde darüber, welches Kennzeichen bestehend aus Unterscheidungszeichen für den Verwaltungsbezirk und Erkennungsnummer das Fahrzeug erhalten soll, für das ein Antrag auf Zulassung nach § 6, bei zulassungsfreien Fahrzeugen ein Antrag auf Zuteilung eines Kennzeichens nach § 4 II und III S 2, oder bei Umzug in einen anderen Zulassungsbezirk ein Antrag auf Zuteilung eines neuen Kennzeichens nach § 13 III S 1 gestellt worden ist. Wenn dem Antragsteller das zugeteilte Kennzeichen, also Unterscheidungszeichen und Erkennungsnummer bereits mitgeteilt worden sind, ist das Fz damit aber noch nicht zum öff StrV zugelassen (zum früheren Recht BGHSt **11** 165, 167). Denn über den Wortlaut von § 3 I 3 hinaus ist für die Zulassung nicht nur die Zuteilung eines Kennzeichens, sondern auch die Abstempelung des Kennzeichenschildes gem § 10 III 1 erforderlich (§ 3 Rz 5, § 10 Rz 9 und § 1 StVG Rz 10). „Zuteilung eines Kennzeichens" iSd § 8 FZV ist nicht gleichbedeutend mit „Zuteilung eines amtlichen Kennzeichens" iSd § 1 I 2 StVG (s dort Rz 10).

5 Gestohlene oder sonst **abhanden gekommene Kennzeichen** dürfen nicht vor dem Wiederauffinden, sonst nicht früher als 10 Jahre seit Fahndungsbeginn wieder zugeteilt werden, § 30 IX S 2. S auch § 38 III und vor § 30 Rz 2. Die in § 31 VII S 2 genannte Frist von 5 Jahren muss noch der 10-Jahresfrist in § 30 IX S 2 angepasst werden. Zur Löschung der Daten über abhanden gekommene Kennzeichen im ZFZR s § 44 V, im örtlichen Fahrzeugregister s § 45 IV Nr 1.

6 **4. Kennzeichensystem.** Das Kennzeichen enthält ein Unterscheidungszeichen für den Verwaltungsbezirk nach Maßgabe der Anlage 1 und eine Erkennungsnummer nach Anlage 2. Die Auswahl der Erkennungsnummer steht im Ermessen der Zulassungsbehörde. Es besteht kein Anspruch auf eine bestimmte Buchstaben- oder Zahlenfolge. Wird auf Antrag ein **Wunschkennzeichen** zugeteilt, kann nach Nr 221 GebOSt eine zusätzliche Gebühr von Euro 10,20 erhoben werden. Mit Ausnahme der Umlaute Ä, Ö und Ü können alle übrigen Buchstaben des Alphabets jeweils entweder allein oder als Kombination von zwei Buchstaben in der Erkennungsnummer zugeteilt werden. Zwei- oder dreistellige Erkennungsnummern dürfen nur solchen Fahrzeugen zugeteilt werden, für die eine längere Erkennungsnummer nicht geeignet ist, insbesondere Krafträdern und Importfahrzeugen, bei denen die Anbringung eines längeren Kennzeichens aus baulichen Gründen nicht in Betracht kommt (s Anlage 2). Es handelt sich um einen eng auszulegenden Ausnahmetatbestand (s VGH Ka VRS **94** 379).

7 **Behördenkennzeichen** sind gem Abs 1 S 5 auf die in Anlage 3 festgelegten Bundes- und Landesorgane, das Diplomatische Corps und bevorrechtigte Internationale Organisationen be-

Besondere Kennzeichen   § 9 FZV 4

schränkt. Gegenüber der Rechtslage bis zum 28. 2. 07 (§ 23 II S 5 StVZO alt) sind die Behördenkennzeichen damit nur noch sehr beschränkt verfügbar. Fz von Behörden, die nicht Bundes- oder Landesorgane iSv Abs 1 S 5 sind, erhalten seit 1. 3. 07 allgemeine Kennzeichen nach Abs 1 S 1–4. Bisher ausgegebene andere Behördenkennzeichen dürfen nach § 50 II weiter verwendet werden, bis das jeweilige Fz außer Betrieb gesetzt wird (s Begr VkBl **06** 605). Liste der Kennzeichen der **Diplomatenfze** und anderer bevorrechtigter Personen: VkBl **08** 8.

5. Änderung der Erkennungsnummer. Nach Abs 2 kann die Zulassungsbehörde die zugeteilte Erkennungsnummer von Amts wegen oder auf Antrag ändern. Änderung von Amts wegen kommt in Betracht zB bei mehrfach zugeteilten Kennzeichen und in Fahndung stehenden Kennzeichen. Auf Antrag kann die Zulassungsbehörde die Erkennungsnummer ändern, muss dies aber nicht; ein Anspruch darauf besteht nicht (OVG Schl NZV **91** 485). Wenn sie dies tut, kann sie die Vorführung des Fz anordnen. 8

6. Besondere Kennzeichnungen. Unabhängig vom Kennzeichen sind für bestimmte Fz besondere Kennzeichnungen vorgeschrieben oder erlaubt: 9
a) Obusverkehr und Linienverkehr mit Kfz: §§ 20, 33 I BOKraft.
b) Schulbusse: § 33 IV und Anlage 4 BOKraft.
c) Taxen: § 26 und Anlage 1, § 27 und Anlage 3 BOKraft, Beleuchtung des Taxischildes: § 39 BOKraft.
d) Fahrschulfz: § 5 IV DVFahrlG, dazu *Dauer* NZV **06** 569.
e) Arztschild für Notfalleinsatz: § 52 VI StVZO.
f) Beförderung von Gefahrgut: § 9 XI Nr 9 und XII Nr 2 GGVSE.
g) Beförderung von Abfällen: § 10 Abfallverbringungsgesetz (BGBl I **07** 1462).

Besondere Kennzeichen

9 (1) ¹Auf Antrag wird für ein Fahrzeug, für das ein Gutachten nach § 23 der Straßenverkehrs-Zulassungs-Ordnung vorliegt, ein Oldtimerkennzeichen zugeteilt. ²Dieses Kennzeichen besteht aus einem Unterscheidungszeichen und einer Erkennungsnummer nach § 8 Abs. 1. ³Es wird als Oldtimerkennzeichen durch den Kennbuchstaben „H" hinter der Erkennungsnummer ausgewiesen.

(2) ¹Bei Fahrzeugen, deren Halter von der Kraftfahrzeugsteuer befreit ist, ist abweichend von § 10 Abs. 1 ein Kennzeichen mit grüner Beschriftung auf weißem Grund zuzuteilen (grünes Kennzeichen); ausgenommen hiervon sind:
1. Fahrzeuge von Behörden,
2. Fahrzeuge des Personals von diplomatischen und konsularischen Vertretungen,
3. Kraftomnibusse und Personenkraftwagen mit acht oder neun Sitzplätzen einschließlich Fahrersitz sowie Anhänger, die hinter diesen Fahrzeugen mitgeführt werden, wenn das Fahrzeug überwiegend im Linienverkehr eingesetzt wird,
4. Leichtkrafträder und Kleinkrafträder,
5. Fahrzeuge von schwerbehinderten Personen im Sinne des § 3 a Abs. 1 und 2 des Kraftfahrzeugsteuergesetzes,
6. besonders emissionsreduzierte Kraftfahrzeuge im Sinne des Kraftfahrzeugsteuergesetzes und
7. Fahrzeuge mit einem Ausfuhrkennzeichen nach § 19.
²Ein grünes Kennzeichen ist auch für Anhänger zuzuteilen, wenn dies für Zwecke der Sonderregelung für Kraftfahrzeuganhänger gemäß § 10 des Kraftfahrzeugsteuergesetzes beantragt wird. ³Das grüne Kennzeichen besteht aus einem Unterscheidungszeichen und einer Erkennungsnummer jeweils nach § 8 Abs. 1. ⁴Die Zuteilung ist in der Zulassungsbescheinigung Teil I zu vermerken.

(3) ¹Auf Antrag wird einem Fahrzeug ein Saisonkennzeichen zugeteilt. ²Es besteht aus einem Unterscheidungszeichen und einer Erkennungsnummer jeweils nach § 8 Abs. 1 sowie der Angabe eines Betriebszeitraums. ³Der Betriebszeitraum wird auf volle Monate bemessen; er muss mindestens zwei Monate und darf höchstens elf Monate umfassen. ⁴Der Betriebszeitraum ist von der Zulassungsbehörde in der Zulassungsbescheinigung Teil I in Klammern hinter dem Kennzeichen zu vermerken. ⁵Das Fahrzeug darf auf öffentlichen Straßen nur während des angegebenen Betriebszeitraums in Betrieb genommen oder abgestellt werden. ⁶§ 16 Abs. 1 bleibt unberührt. ⁷Saisonkennzeichen gelten außerhalb des Betriebszeitraums bei Fahrten zur Abmeldung und bei Rückfahrten nach Abstempelung des Kennzeichens als ungestempelte Kennzeichen im Sinne des § 10 Abs. 4.

Dauer   1173

1 **Begr** (VkBl **06** 605): *In der Regelung werden die gegenüber den allgemeinen Kennzeichen abweichenden aufgeführt.*

Die Bestimmung des **Absatzes 1** *in Verbindung mit der Definition des Oldtimers (§ 2 Nr. 22) entspricht § 23 Abs. 1c StVZO. …*

Absatz 2 *regelt die Grünen Kennzeichen, die für Fahrzeuge, die von der Kraftfahrzeugsteuer befreit sind, ausgegeben werden (bisher § 23 Abs. 1a und § 60 Abs. 1 Satz 2 und 3 StVZO).*

Absatz 3 *übernimmt hinsichtlich der Saisonkennzeichen die bisherige Vorschrift des § 23 Abs. 1b StVZO.*

2 **1. Oldtimerkennzeichen.** Ein Oldtimer ist gem § 2 Nr 22 ein vor mindestens 30 Jahren erstmals in den Verkehr gekommenes Fz, das weitestgehend dem Originalzustand entspricht, in einem guten Erhaltungszustand ist und zur Pflege des kraftfahrzeugtechnischen Kulturgutes dient (§ 2 Rz 25–26). Wenn ein solches Fz gem § 23 StVZO durch Gutachten eines aaSoP oder PI als Oldtimer eingestuft ist (§ 23 StVZO Rz 3), wird ihm auf Antrag ein Oldtimerkennzeichen zugeteilt. Dieses unterscheidet sich von einem allgemeinen Kennzeichen nach § 8 I nur dadurch, dass es hinter der Erkennungsnummer den Buchstaben „H" ausweist („historisches" Fz). Dieser Buchstabe wird nicht Bestandteil der Erkennungsnummer und somit auch nicht registermäßig erfasst (VkBl **97** 536, 539). Die Fz werden in den Registern über eine entsprechende Schlüsselnummer gekennzeichnet. Ausgestaltung des Oldtimerkennzeichens s Anlage 4, Abschnitt 4. Der Halter hat die Wahl, ob er für einen Oldtimer ein Oldtimerkennzeichen nach § 9 I oder ein allgemeines Kennzeichen nach § 8 I beantragt, denn die frühere Regelung in § 21c II StVZO alt, wonach für Fahrzeuge mit Betriebserlaubnis als Oldtimer nur ein Oldtimerkennzeichen zugeteilt oder ein rotes Oldtimerkennzeichen ausgegeben werden durfte, ist nicht in die FZV übernommen worden. Vor dem 1. 3. 07 nach Maßgabe der damaligen Vorschriften der StVZO zugeteilte Oldtimerkennzeichen bleiben gültig (§ 50 II).

3 Das Oldtimerkennzeichen kann nicht als Saisonkennzeichen (§ 9 III) zugeteilt werden (VkBl **97** 537). Es kann nur für ein bestimmtes Fz zugeteilt werden, nicht für mehrere. Sammler, die mehrere Oldtimer besitzen, die sie nur zur Teilnahme an Oldtimerveranstaltungen benutzen, können die Möglichkeiten des § 17 nutzen und rote Oldtimerkennzeichen verwenden. Macht der Halter von dieser Möglichkeit Gebrauch, so kann ihm nicht außerdem ein Oldtimerkennzeichen zugeteilt werden. Entsprechendes gilt für den umgekehrten Fall; ist also ein Oldtimerkennzeichen zugeteilt, so scheidet § 17 aus.

4 Die Zuteilung eines Oldtimerkennzeichens führt dazu, dass das Fz dem pauschalen **Steuersatz** gem § 9 IV iVm § 1 I Nr 4 KraftStG unterliegt. Keine Steuerbefreiung für Diesel-Pkw mit Oldtimerkennzeichen bei nachträglichem Einbau von Partikelminderungssystemen (§ 3c V iVm § 1 I Nr 4 KraftStG), aber auch kein Zuschlag gem § 9a I KraftStG für Diesel-Fz mit Oldtimerkennzeichen ohne Partikelminderungssystem (§ 9a II KraftStG). Im Übrigen finden alle Bestimmungen der FZV und der StVZO Anwendung, die auch für Fahrzeuge mit allgemeinem Kennzeichen gelten, zB über die Haftpflichtversicherung, über die Pflicht zur regelmäßigen Hauptuntersuchung (§ 29 I 1) usw.

Lit zur Rechtslage bis 28. 2. 2007: *Gontard,* Oldtimer im deutschen Autorecht, DAR **03** 213. *Jagow,* Die Oldtimer-VO, VD **97** 193. *Hentschel,* Neue Bestimmungen für Oldtimer, NJW **97** 2934.

5 **2. Grüne Kennzeichen.** Allgemeine Kennzeichen mit grüner Beschriftung auf weißem grün gerandetem Grund (die Farbe der Umrandung ist nicht in Abs II, aber durch DIN 74069 Nr 5.1.2 über § 10 II S 3 festgelegt) werden nach Abs II für Fz zugeteilt, deren Halter von der Kfz-Steuer befreit sind. Dies gilt nicht für die in Abs II Nr 1 bis 7 genannten Fz. Grüne Kennzeichen werden auf Antrag auch für Anhänger zugeteilt, die ausschließlich hinter Lkw mitgeführt werden, für die eine um den Anhängerzuschlag erhöhte Kfz-Steuer erhoben wird (Abs II S 2 iVm § 10 KraftStG). Dies ist bei Wohnwagenanhängern nicht möglich (§ 10 I S 1 KraftStG). Die Zuteilung eines grünen Kennzeichens wird in der Zulassungsbescheinigung Teil I vermerkt (Abs II S 4).

6 **3. Saisonkennzeichen.** Abs III ermöglicht es dem Halter, die Zulassung des Fahrzeugs ohne Außerbetriebsetzung auf mindestens 2 bis höchstens 11 Monate des Jahres zu beschränken. In einem Jahreszeitraum kann ein Saisonkennzeichen nur für *eine* Saison zugeteilt werden. Es ist also nicht möglich, für ein Fz zwei Zulassungszeiträume, zB von März bis Mai und zusätzlich von September bis Oktober, zu wählen (VkBl **97** 31 = StVRL § 9 FZV Nr 1). Das Fz ist zwar

Ausgestaltung und Anbringung der Kennzeichen § 10 FZV 4

auch außerhalb des auf dem Kennzeichen angegebenen Zeitraums zugelassen (vgl. BRDrucks 184/00, VkBl **96** 620, OVG Hb NZV **02** 150, BFH DAR **05** 292), ist insbesondere außerhalb des Betriebszeitraums nicht iSd § 14 außer Betrieb gesetzt, darf aber nicht betrieben werden. Im Übrigen gelten, soweit nicht Sonderregelungen getroffen sind, alle Vorschriften, die auch bei normalem Kennzeichen anzuwenden sind (VkBl **96** 619). Das Saisonkennzeichen behält auch außerhalb des Betriebszeitraums seine rechtliche Qualität als von der Zulassungsbehörde zugeteiltes Kennzeichen, OVG Hb NZV **02** 150. Erläuternde Hinweise des BMV zum Saisonkennzeichen: VkBl **97** 31 = StVRL § 9 FZV Nr 1. Vor dem 1. 3. 07 nach Maßgabe der damaligen Vorschriften der StVZO zugeteilte Saisonkennzeichen bleiben gültig (§ 50 II).

Die **Dauer des Betriebszeitraums** ist aus Kontrollgründen auf dem Kennzeichen ablesbar (Abs III S 2). Zur Ausgestaltung des Saisonkennzeichens s Anlage 4, Abschnitt 5. Bei Zulassung für die Monate April bis Oktober zB sind auf dem Kennzeichen die Ziffern 04 und darunter, getrennt durch einen Strich nach Art eines Bruches, die Ziffern 10 eingeprägt. Die befristete Betriebszulassung ist stets nur für volle Monate möglich (Abs III S 3), dh die erlaubte Betriebsdauer beginnt mit dem ersten Tag des Anfangsmonats und endet mit dem letzten Tag des den Betriebszeitraum beendenden Monats. Der Betriebszeitraum wird von der Zulassungsbehörde in der Zulassungsbescheinigung Teil I in Klammern hinter dem Kennzeichen vermerkt (Abs III S 4). 7

Außerhalb des Betriebszeitraums darf das Fz im öffentlichen Verkehrsraum weder in Betrieb gesetzt noch abgestellt werden, Abs III S 5 (zur Frage der Strafbarkeit nach §§ 1, 6 PflVG, s vor § 23 Rz 16). Nach Sinn und Zweck der Regelung in Abs III gilt für den Begriff des Betriebs die sog verkehrstechnische Auffassung (s § 7 StVG Rz 5), worauf in der Begr zu der Vorläufervorschrift § 23 Ib StVZO alt (VkBl **96** 622) ausdrücklich hingewiesen wurde. Danach ist das Fz so lange in Betrieb, wie es im öffentlichen Verkehr, auch im ruhenden, belassen wird. Dennoch wurde zur Vermeidung von Zweifeln auch das ausdrückliche Verbot des Abstellens des Fahrzeugs auf öffentlichen Straßen außerhalb des Betriebszeitraums in Abs III S 5 normiert. Es könnte sonst für die Halter solcher Fahrzeuge ein Anreiz gesehen werden, die Kosten der Privatunterbringung zu sparen und stattdessen den öffentlichen Straßenraum kostenfrei in Anspruch zu nehmen. **Fahrten** im Zusammenhang mit dem Zulassungsverfahren, zB zur Abstempelung, sowie Fahrten zur Durchführung der Hauptuntersuchung, Sicherheitsprüfung oder Abgasuntersuchung dürfen gem Abs III S 7 iVm § 10 IV auch **außerhalb des Betriebszeitraums** durchgeführt werden, wenn Versicherungsschutz besteht. Probe-, Prüfungs- und Überführungsfahrten außerhalb des Betriebszeitraums mit Kurzzeitkennzeichen oder roten Kennzeichen: Abs III S 6 iVm § 16 I. 8

4. Ordnungswidrigkeiten. Ordnungswidrig ist das Inbetriebsetzen eines Fz mit Saisonkennzeichen außerhalb des Betriebszeitraums (§ 48 Nr 1a) und das Abstellen eines solchen Fz auf öffentlichen Straßen außerhalb des Betriebszeitraums (§ 48 Nr 9). 9

Ausgestaltung und Anbringung der Kennzeichen

10 (1) ¹**Unterscheidungszeichen und Erkennungsnummern sind mit schwarzer Beschriftung auf weißem schwarz gerandetem Grund auf ein Kennzeichenschild aufzubringen.** ²§ 9 Abs. 2, § 16 Abs. 1 und § 17 Abs. 1 bleiben unberührt.

(2) ¹Kennzeichenschilder dürfen nicht spiegeln, verdeckt oder verschmutzt sein; sie dürfen nicht zusätzlich mit Glas, Folien oder ähnlichen Abdeckungen versehen sein, es sei denn, die Abdeckung ist Gegenstand der Genehmigung nach den in Absatz 6 genannten Vorschriften. ²Form, Größe und Ausgestaltung einschließlich Beschriftung müssen den Mustern, Abmessungen und Angaben in Anlage 4 entsprechen. ³Kennzeichenschilder müssen reflektierend sein und dem Normblatt DIN 74 069, Ausgabe Juli 1996, entsprechen sowie auf der Vorderseite das DIN-Prüf- und Überwachungszeichen mit der zugehörigen Registernummer tragen; hiervon ausgenommen sind Kennzeichenschilder an Fahrzeugen der Bundeswehr gemäß Anlage 4 Abschnitt 3 sowie Kennzeichenschilder an Fahrzeugen der im Bundesgebiet errichteten internationalen militärischen Hauptquartiere.

(3) ¹Das Kennzeichenschild mit zugeteiltem Kennzeichen muss der Zulassungsbehörde zur Abstempelung durch eine Stempelplakette vorgelegt werden. ²Die Stempelplakette enthält das farbige Wappen des Landes, dem die Zulassungsbehörde angehört, sowie die Bezeichnung des Landes und der Zulassungsbehörde. ³Die Stempelplakette muss so beschaffen sein und so befestigt werden, dass sie bei einem Entfernen zerstört wird.

(4) Fahrten, die im Zusammenhang mit dem Zulassungsverfahren stehen, insbesondere Fahrten zur Anbringung der Stempelplakette und Rückfahrten nach Entfernung der

Dauer 1175

Stempelplakette sowie Fahrten zur Durchführung einer Hauptuntersuchung, Sicherheitsprüfung oder einer Abgasuntersuchung dürfen innerhalb des Zulassungsbezirks und eines angrenzenden Bezirks mit ungestempelten Kennzeichen durchgeführt werden, wenn die Zulassungsbehörde vorab ein solches zugeteilt hat und die Fahrten von der Kraftfahrzeug-Haftpflichtversicherung erfasst sind.

(5) ¹Kennzeichen müssen an der Vorder- und Rückseite des Kraftfahrzeugs vorhanden und fest angebracht sein. ²Bei einachsigen Zugmaschinen genügt die Anbringung an der Vorderseite, bei Anhängern und bei Krafträdern die Anbringung an deren Rückseite.

(6) ¹Die Anbringung und Sichtbarkeit des hinteren Kennzeichens muss entsprechen:

1. bei Fahrzeugen mit mindestens vier Rädern den Anforderungen der Richtlinie 70/222/EWG des Rates vom 20. März 1970 zur Angleichung der Rechtsvorschriften der Mitgliedstaaten über die Anbringungsstellen und die Anbringung der amtlichen Kennzeichen an der Rückseite von Kraftfahrzeugen und Kraftfahrzeuganhängern (ABl. EG Nr. L 76 S. 25) in der jeweils geltenden Fassung,

2. bei zwei- oder dreirädrigen Kraftfahrzeugen den Anforderungen der Richtlinie 93/94/EWG des Rates vom 29. Oktober 1993 über die Anbringungsstelle des amtlichen Kennzeichens an der Rückseite von zweirädrigen oder dreirädrigen Kraftfahrzeugen (ABl. EG Nr. L 311 S. 83) in der jeweils geltenden Fassung und

3. bei land- oder forstwirtschaftlichen Zugmaschinen den Anforderungen der Richtlinie 74/151/EWG des Rates vom 28. März 1974 zur Angleichung der Rechtsvorschriften der Mitgliedstaaten über bestimmte Bestandteile und Merkmale von land- oder forstwirtschaftlichen Zugmaschinen auf Rädern (ABl. EG Nr. L 84 S. 25) in der jeweils geltenden Fassung.

²Hintere Kennzeichen müssen eine Beleuchtungseinrichtung haben, die den technischen Vorschriften der Richtlinie 76/760/EWG des Rates vom 27. Juli 1976 zur Angleichung der Rechtsvorschriften der Mitgliedstaaten über Beleuchtungseinrichtungen für das hintere Kennzeichen von Kraftfahrzeugen und Kraftfahrzeuganhängern (ABl. EG Nr. L 262 S. 85) oder der ECE-Regelung Nr. 4 über einheitliche Vorschriften für die Genehmigung der Beleuchtungseinrichtungen für das hintere Kennzeichenschild von Kraftfahrzeugen (mit Ausnahme von Krafträdern) und ihren Anhängern (VkBl. 2004 S. 613) in der jeweils geltenden Fassung entspricht und die das ganze Kennzeichen auf 20 m lesbar macht. ³Die Beleuchtungseinrichtung darf kein Licht unmittelbar nach hinten austreten lassen.

(7) ¹Das vordere Kennzeichen darf bis zu einem Vertikalwinkel von 30 Grad gegen die Fahrtrichtung geneigt sein; der untere Rand darf nicht weniger als 200 mm über der Fahrbahn liegen und die sonst vorhandene Bodenfreiheit des Fahrzeugs nicht verringern. ²Vorderes und hinteres Kennzeichen müssen in einem Winkelbereich von je 30 Grad beiderseits der Fahrzeuglängsachse stets auf ausreichende Entfernung lesbar sein.

(8) Anhänger nach § 3 Abs. 2 Satz 1 Nr. 2 Buchstabe a bis c, f und g sowie Anhänger nach § 3 Abs. 2 Satz 1 Nr. 2 Buchstabe d und e, die ein eigenes Kennzeichen nach § 4 nicht führen müssen, haben an der Rückseite ein Kennzeichen zu führen, das der Halter des Zugfahrzeugs für eines seiner Zugfahrzeuge verwenden darf; eine Abstempelung ist nicht erforderlich.

(9) ¹Wird das hintere Kennzeichen durch einen Ladungsträger oder mitgeführte Ladung teilweise oder vollständig verdeckt, so muss am Fahrzeug oder am Ladungsträger das Kennzeichen wiederholt werden. ²Eine Abstempelung ist nicht erforderlich. ³Bei Fahrzeugen, an denen nach § 49a Abs. 9 der Straßenverkehrs-Zulassungs-Ordnung Leuchtenträger zulässig sind, darf das hintere Kennzeichen auf dem Leuchtenträger angebracht sein.

(10) ¹Außer dem Kennzeichen darf nur das Unterscheidungszeichen für den Zulassungsstaat nach Artikel 37 in Verbindung mit Anhang 3 des Übereinkommens vom 8. November 1968 über den Straßenverkehr (BGBl. 1977 II S. 809) am Fahrzeug angebracht werden. ²Für die Bundesrepublik Deutschland ist dies der Großbuchstabe „D".

(11) ¹Zeichen und Einrichtungen aller Art, die zu Verwechslungen mit Kennzeichen oder dem Unterscheidungszeichen nach Absatz 10 führen oder deren Wirkung beeinträchtigen können, dürfen an Fahrzeugen nicht angebracht werden. ²Über die Anbringung der Zeichen „CD" für Fahrzeuge von Angehörigen diplomatischer Vertretungen und „CC" für Fahrzeuge von Angehörigen konsularischer Vertretungen entscheidet das Bundesministerium für Verkehr, Bau und Stadtentwicklung. ³Die Berechtigung zur Führung der Zeichen „CD" und „CC" ist in die Zulassungsbescheinigung Teil I einzutragen.

(12) ¹Unbeschadet des Absatzes 4 dürfen Fahrzeuge auf öffentlichen Straßen nur in Betrieb gesetzt werden, wenn das zugeteilte Kennzeichen auf einem Kennzeichenschild nach Absatz 1, 2 Satz 1, 2 und 3 Halbsatz 1, Absatz 5 Satz 1 sowie Absatz 6 bis 8 und 9 Satz 1

Ausgestaltung und Anbringung der Kennzeichen § 10 FZV 4

ausgestaltet, angebracht und beleuchtet ist und die Stempelplakette nach Absatz 3 Satz 1 und 2 vorhanden ist und keine verwechslungsfähigen oder beeinträchtigenden Zeichen und Einrichtungen nach Absatz 11 Satz 1 am Fahrzeug angebracht sind. ²Der Halter darf die Inbetriebnahme eines Fahrzeugs nicht anordnen oder zulassen, wenn die Voraussetzungen nach Satz 1 nicht vorliegen.

Übersicht

Abstempelung des Kennzeichens 9–10
Anbringung des Kennzeichens 15–17
Ausgestaltung des Kennzeichens 4–7
im Ausland zugelassene Fahrzeuge 24
Beleuchtung des Kennzeichens 2 a, 18
Eurokennzeichen 4, 20
Fahrschulfahrzeuge 21
Fahrten mit ungestempelten Kennzeichen 11–14
Kennzeichen
– Anbringung 15–17
– Ausgestaltung 4–7
– im Ausland zugelassene Fz 24
– Beleuchtung 2 a, 18
– Stempelung 9–10

Kennzeichen für Kleinkrafträder und motorisierte Krankenfahrstühle 4
Nationalitätszeichen 20
Ordnungswidrigkeiten 25
selbstleuchtende Kennzeichen 2 a, 18
Stempelung des Kennzeichens 9–10
Straftaten 10, 25
Tageszulassungen 9
Urkundenfälschung 10
Vertrieb von Kennzeichenschildern 8
Verwechslungsgefahr 20, 21, 22
Wiederholungskennzeichen 19
Zeichen CC, CD 22

Begr (VkBl **06** 605): 1

Absatz 1 übernimmt den bisherigen § 60 Abs. 1 Satz 1 StVZO, der die Farbe der allgemeinen Kennzeichen bestimmt.

Absatz 2 folgt § 60 Abs. 1 Satz 4 und 5 Abs. 1 a StVZO und wird um die Ausnahme für Kennzeichen an Fahrzeugen der aufgrund des Nordatlantikvertrages errichteten internationalen militärischen Hauptquartiere, die ihren regelmäßigen Standort im Inland haben (X-Kennzeichen nach der 15. StVZO-Ausnahmeverordnung) ergänzt. Nicht aufgenommen wurden die gesonderten Kennzeichen für Kleinkrafträder und motorisierten Krankenfahrstühle nach Anlage VII der StVZO. Sofern vereinzelt Bedarf besteht, kann ein allgemeines Kennzeichen verwendet werden. Um die Erkennbarkeit der Kennzeichen zu sichern, wird die Maßgabe des § 60 Abs. 1 Satz 4, dass Kennzeichen zusätzlich nicht mit Glas, Folien oder anderen Abdeckungen versehen sein dürfen, übernommen. Davon ausgenommen sind jedoch nach den in Absatz 6 angeführten Vorschriften der Richtlinie 76/760/EWG und der ECE-Regelung Nr. 4 genehmigte Einrichtungen zur Kennzeichenbeleuchtung, die die Erkennbarkeit sichern.

Die **Absätze 3 und 4** *regeln die Abstempelung des Kennzeichenschildes sowie zulässige Fahrten mit ungestempelten Kennzeichen (bisher § 23 Abs. 4).*

Absatz 5 *bestimmt den Anbringungsort und die feste Anbringung der Kennzeichen (bisher § 60 Abs. 2 Satz 1 und Abs. 3 Satz 1).*

Die **Absätze 6 und 7** *folgen dem bisherigen § 60 Abs 2 und 4 StVZO, wobei für die Anbringung des hinteren Kennzeichens auf die durch EG-Richtlinien vorgeschriebenen Anbringungsstellen und bezüglich der Beleuchtungseinrichtung für hintere Kennzeichen auf die entsprechende EG-Vorschrift sowie gleichwertige ECE Regelung verwiesen wird.*

Absatz 8 *regelt die Führung von Wiederholungskennzeichen (bisher § 60 Abs. 5 StVZO).*

Absatz 9 *folgt § 60 Abs. 5 a und 5 b.*

Die **Absätze 10 und 11** *folgen § 60 Abs. 6 und 7. ... Die Entscheidungen über die Anbringung der* 2 *Zeichen „CD" und „CC" betreffen Diplomaten und Angehörige der konsularischen Vertretungen sowie deren Angehörige und bedürfen auch zukünftig zwingend einer bundesweit einheitlichen Verfahrensweise. Durch die Übertragung dieser Aufgabe vom Bund auf die Länder kann von daher keine Verwaltungsvereinfachung erkannt werden. Vielmehr wird eine unterschiedliche Handhabung in den Ländern das Auswärtige Amt auf den Plan rufen, wenn sich einzelne Diplomaten oder Konsulatsangehörige in einem Land ungerecht behandelt oder anderen gegenüber benachteiligt fühlen. Zudem ist der direkte Verkehr deutscher Behörden mit Diplomaten dem Bereich der Außenbeziehungen Deutschlands zuzuordnen, der in die ausschließliche Kompetenz des Bundes fällt. ...*

Dauer

Absatz 12 regelt die Verantwortlichkeit für Fahrzeugführer und Halter hinsichtlich der Einhaltung der Vorschriften zu den Kennzeichen beim Betrieb des Fahrzeugs im öffentlichen Straßenverkehr. ...

2a
1. FZVAusnV v 20. 6. 08 (BGBl I 1091)

§ 1. Abweichend von § 10 Abs. 2 Satz 1, Abs. 6 Satz 2 und 3 der Fahrzeug-Zulassungsverordnung dürfen nach § 22a Abs. 1 Nr. 21 der Straßenverkehrs-Zulassungs-Ordnung bauartgenehmigte Beleuchtungseinrichtungen für transparente Kennzeichen oder Beleuchtungseinrichtungen, die mit dem Kennzeichen eine Einheit bilden oder die hinter einer durchsichtigen, lichtleitenden Abschlussscheibe ein Kennzeichen verwenden,

1. weißes Licht nach hinten abstrahlen oder
2. mit einer Abschlussscheibe vor dem Kennzeichen versehen sein,

soweit jeweils die Nummern 22 und 22a der Technischen Anforderungen an Fahrzeugteile bei der Bauartprüfung nach § 22a StVZO vom 5. Juli 1973 (VkBl. 1973 S. 558), die zuletzt durch die Bekanntmachung vom 21. Juli 2006 (VkBl. 2006 S. 645) geändert worden sind, eingehalten werden. Die Beleuchtungseinrichtung ist mit dem amtlich zugeteilten Prüfzeichen zu kennzeichnen.

§ 2. Diese Verordnung tritt am Tage nach der Verkündung in Kraft.

Begr: VkBl **08** 419.

3   **1. Anwendungsbereich.** § 10 enthält Vorschriften über die technische Gestaltung der Kennzeichenschilder für allgemeine Kennzeichen und über die Abstempelung. Er ergänzt § 8 (Zuteilung von allgemeinen Kennzeichen). Die Gestaltung grüner (§ 9 II) und roter (§§ 16 I, 17) Kennzeichen ist davon abweichend geregelt, was sich aber nur auf die farbliche Gestaltung des Kennzeichenschildes und nicht auf die sonstigen technischen Anforderungen bezieht. Zur Gestaltung von Oldtimerkennzeichen § 9 I, Saisonkennzeichen § 9 III, Kurzzeitkennzeichen § 16 II, Ausfuhrkennzeichen § 19. Zu den Kennzeichen ausländischer Fahrzeuge beim vorübergehenden Verkehr in Deutschland s § 21. Vor dem 1. 3. 07 nach Maßgabe der damaligen Vorschriften der StVZO zugeteilte Kennzeichen bleiben gültig (§ 50 II).

4   **2. Ausgestaltung der Kennzeichenschilder.** Allgemeine Kennzeichen sind in schwarzer Schrift auf weißem schwarz gerandetem Grund ausgeführt (Abs I S 1). Das durch ÄndVO v 6. 1. 95 fakultativ eingeführte **Euro-Kennzeichen** (§ 60 Abs Ib StVZO in der bis 1. 11. 00 geltenden Fassung) ist heute obligatorisch, s Anlage 4, Abschnitt 1 Nr 3. *Jagow,* Das Euro-Kennzeichen, VD **95** 25. Das gilt für alle Fahrzeuge, die erstmals in den Verkehr kommen oder aus anderem Anlass ein neues Kennzeichen benötigen; im Übrigen bleiben die bisherigen Kennzeichen gültig (§ 50 II). Muss nur ein Schild erneuert werden, so sind beide durch Euro-Kennzeichen zu ersetzen (s VkBl **00** 467). Die früher in § 60 I S 5 Halbsatz 2 und Anlage VII StVZO geregelten gesonderten **Kennzeichen für Kleinkrafträder und motorisierte Krankenfahrstühle** wurden am 1. 3. 07 abgeschafft; ggf ist in diesen Fällen ein allgemeines Kennzeichen nach § 8 I zu verwenden (Begr VkBl **06** 605). Vor dem 1. 3. 07 zugeteilte Kennzeichen dieser Art bleiben gültig (§ 50 II).

5   Kennzeichenschilder dürfen **nicht spiegeln** (Abs II S 1), weil das die Lesbarkeit beeinträchtigen könnte. Der weiße Grund muss aber **reflektieren**, Abs II S 3 (Ausnahme: Fz der Bundeswehr und Fz internationaler militärischer Hauptquartiere in Deutschland, Abs II S 3 Halbsatz 2). Das gilt auch für Kurzzeitkennzeichen und rote Kennzeichen (§ 16 V S 1 iVm § 10 II S 3), aber auch für die Wiederholungskennzeichen an zulassungsfreien Anhängern (Abs VIII). Die Kennzeichenschilder sind **gemäß dem Normblatt** DIN 74069 herzustellen (Abs II S 3). Das Verbot von **Folien, Glas** oder ähnlichen Abdeckungen auf dem Kennzeichen (Abs II S 1, Halbsatz 2) soll verhindern, dass die Erkennbarkeit der Kennzeichen beeinträchtigt wird (Begr VkBl **06** 605), was sich insbesondere beim Radarblitz (s Begr VkBl **89** 589), aber auch im Übrigen bei notwendiger Identifizierung (Dü NZV **97** 319) auswirken kann. Davon ausgenommen sind jedoch nach den in Abs VI angeführten Vorschriften der Richtlinie 76/760/EWG und der ECE-Regelung Nr. 4 genehmigte Einrichtungen zur Kennzeichenbeleuchtung, die die Erkennbarkeit sichern. Überkleben des Kennzeichenschildes mit reflektierender Folie ist Urkundenfälschung iSd § 267 StBG (Dü NZV **97** 319).

6   Kennzeichenschilder dürfen **weder verdeckt noch verschmutzt** sein (Abs II S 1 Halbsatz 1). Das ist, soweit das Verdeckungsverbot in Betracht kommt, zugleich eine Verhaltensvorschrift, soweit bestimmt ist, dass Kennzeichen nicht verschmutzt sein dürfen, eine reine Verhal-

Ausgestaltung und Anbringung der Kennzeichen　　　　　　　§ 10 FZV 4

tensvorschrift, da sie das Gebot enthält, Verschmutzung zu beseitigen. Damit überschneidet sich Abs II Satz 1 Halbsatz 1 mit § 23 I S 3 StVO. Auch vorübergehendes Verdecken im Verkehr ist unzulässig. Bei auch nur teilweiser Verdeckung durch Ladungsträger oder Ladung ist ein zusätzliches, ungestempeltes Kennzeichen am Fz oder Ladungsträger anzubringen (Abs IX). Verantwortlich ist während der Fahrt der Fahrer (§ 23 StVO).

Form, Größe und Ausgestaltung einschließlich Beschriftung der Kennzeichenschilder 7 sind in Anlage 4 geregelt (Abs II S 2). Um die Schrift deutlich und einheitlich zu gestalten, sind die Abstände der Buchstaben oder Ziffern dort im Einzelnen bestimmt.

Werbeaufschriften auf Kennzeichenverstärkern, s VkBl **90** 70, *Jagow* VD **91** 145. Zum **Ver-** 8 **trieb von Kennzeichenschildern** durch die Zulassungsbehörde: BGH NJW **74** 1333, *Steinke* DVBl **76** 662, kritisch *Schultz-Süchting* GRUR **74** 700. Zum Gestattungsvertrag zwischen Zulassungsbehörde und Kfz-Schilderhersteller Fra VersR **77** 378. Zur Vermietung von in räumlicher Nähe zur ZulB gelegenen Gewerbeflächen an einen Schilderpräger: BGH NJW **06** 1979, VGH Ma NVwZ-RR **06** 714, LG Dortmund NZV **07** 93. Kommune, die auf dem Grundstück der ZulB Flächen an Schilderpräger vermietet hat, muss auf Belange in der Nachbarschaft angesiedelter anderer Schilderpräger Rücksicht nehmen (Kö NJW **07** 1215).

3. Abstempelung des Kennzeichenschildes. Kennzeichenschilder mit Ausnahme der 9 Wiederholungskennzeichen nach Abs 8 an zulassungsfreien Anhängern und nach Abs 9 S 1 bei Verdeckung durch Ladungsträger oder Ladung müssen gestempelt sein (Abs 3 S 1), und zwar alle für ein Fz erforderlichen Kennzeichenschilder, auch wenn Abs 3 S 1 von dem abzustempelnden Kennzeichenschild im Singular spricht (Anl 4 zur FZV Abschnitt 1 Nr 6 S 1 lit c). Mit der Abstempelung nach Abs 3 S 1 wird das von der ZulB zugeteilte Kennzeichen zu einem amtlichen Kennzeichen iSd § 1 I 2 StVG. Über den Wortlaut von § 3 I 3 hinaus erfolgt die Zulassung des Fz zum Verkehr erst mit der Abstempelung des Kennzeichenschildes (s § 3 Rz 5). **„Tageszulassungen"**/papiermäßige Zulassungen für Fz, die nicht in den Verkehr gebracht werden sollen, **ohne Vorlage und Abstempelung von Kennzeichenschildern** sind rechtlich nicht möglich, da nur Fz zugelassen werden können, die „auf öffentlichen Straßen in Betrieb gesetzt werden sollen" (§ 1 I 1 StVG) und weil die Zulassung erst mit der Abstempelung des Kennzeichenschildes abgeschlossen ist (*Dauer* NZV **07** 442, 443 f). Eine Ausnahmegenehmigung nach § 47 I 1 Nr 1 kann Verzicht auf Abstempelung nicht ermöglichen, da damit eine neue Form der Zulassung (papiermäßige Zulassung für Fz, die nicht in den Verkehr gebracht werden sollen) eingeführt würde, wozu nur der Gesetzgeber befugt wäre, denn § 1 I 1 StVG sieht bisher nur die Zulassung von Fz vor, die „auf öffentlichen Straßen in Betrieb gesetzt werden sollen". Demzufolge sind rein „papiermäßige" Zulassungen ohne Kennzeichenabstempelung und bei bestehender Absicht, das Fz sofort wieder abzumelden, von der Rspr verweigert worden (BVerwG Beschl v 12. 11. 76 VII B 21.76 juris, VG Mü NZV **95** 503). Soweit Abs 3 S 2 die Anbringung des Stadtwappens auf der Stempelplakette ausschließt, verstößt dies nicht gegen Art 28 GG (BVerfG DAR **00** 397).

Lit: *Dauer*, Wann ist ein Fahrzeug zugelassen?, NZV **07** 442.

Das abgestempelte Kennzeichenschild ist zusammen mit dem Fz eine **Urkunde** iSd § 267 10 StGB, dem nicht abgestempelten Kennzeichenschild kommt diese Eigenschaft nicht zu, BGHSt **11** 165, Hbg VM **59** 40, *Jagow/Burmann/Heß*, § 1 StVG Rz 11, *Fischer*, § 267 Rz 4 m. w. N. Das am Kfz angebrachte amtlich gestempelte Kennzeichen beurkundet die Zulassung dieses Kfz, BGHSt **45** 197 = NZV **00** 46, Bay DAR **78** 52, NZV **99** 213, Stu NStZ **01** 370, Dü NZV **97** 319. Eine Urkunde verfälscht, wer das amtliche Kennzeichen gegen ein anderes vertauscht, BGHSt **18** 70 = VRS **21** 125, Bay VM **77** 36. Anbringung eines amtlich gestempelten Kennzeichens an einem anderen Kfz als demjenigen, für das es ausgegeben ist, ist Urkundenfälschung, BGH NJW **61** 1542, Bra DAR **78** 24, ebenso, wenn das Kennzeichen zwar für dieses Kfz ausgegeben, dann aber verlorengegangen war, wenn es nunmehr am inzwischen außer Betrieb gesetzten Kfz angebracht wird, Bay DAR **78** 52. Veränderung des Kennzeichens durch Überkleben von Buchstaben zur Täuschung über den Zulassungsort ist Urkundenfälschung, BGH DAR **89** 242. Gebrauch gemacht wird von einem falschen Kennzeichen schon dadurch, dass das Kfz mit dem Kennzeichen im Verkehr benutzt wird, RGSt **72** 369, Bay NZV **98** 333. Das Anbringen entstempelter Kennzeichen an Kfzen, für die sie nicht bestimmt sind, ist keine Urkundenfälschung, Hb VM **59** 23, ebenso wenig das Anbringen eines selbst gefertigten Kennzeichenschildes, BGH DAR **97** 176. Vor Stempelung oder nach Entfernung des Stempels ist das Kennzeichen keine Privaturkunde (§ 267 StGB), denn es besagt nichts über

4 FZV § 10 Abschnitt 2. Zulassungsverfahren

den Aussteller, Hb VRS **31** 362. Anbringen einer falschen Stempelplakette ist dann keine Urkundenfälschung, wenn das Falsifikat nicht geeignet ist, über die Identität des Ausstellers zu täuschen; dann handelt es sich nur um Vortäuschung einer Urkunde, Bay DAR **81** 246, Stu NStZ-RR **01** 370.

11 **4. Fahrten mit ungestempelten Kennzeichen.** Vor Stempelung darf das Kfz im Verkehr nicht verwendet werden (ordnungswidrig gem §§ 10 XII, 48 Nr 1 b). Nach Abs IV sind aber **Fahrten im Zusammenhang mit dem Zulassungsverfahren,** etwa zur Stempelung/Entstempelung des Kennzeichens, und **Fahrten zur Durchführung einer HU, SP oder AU** mit ungestempelten Kennzeichen zulässig, wenn die ZulB vorab ein Kennzeichen zugeteilt hat und Versicherungsschutz besteht. Kennzeichen sind in diesem Sinne „vorab zugeteilt" (Gebühren Nr 230 in Anl 1 GebOSt nennt dies „Vorwegzuteilung von Erkennungsnummern"), wenn die ZulB ihre Entscheidung nach § 8 I S 1 dem FzHalter, einem FzHändler oder einem Zulassungsdienst mitgeteilt hat oder das Kennzeichen gem § 14 I S 3 bei Außerbetriebsetzung befristet reserviert wurde. Rückfahrten nach Abmeldung und Entstempelung müssen trotz des Wortlauts von Abs IV auch dann als zulässig angesehen werden, wenn keine vorherige Zuteilung oder Reservierung eines Kennzeichens erfolgt ist, da die Regelung des Abs IV sonst nicht in sich stimmig wäre.

12 Bei Fahrten mit ungestempelten Kennzeichen sind jeweils so viele Kennzeichen am Fz anzubringen, wie normalerweise gem Abs V erforderlich sind (s Begr des Bundesrates VkBl **06** 605). Wenn also Fz nach Abs V zwei Kennzeichen führen, müssen sie auch bei zulässigen Fahrten mit ungestempelten Kennzeichenschildern zwei Kennzeichen führen. Es sind nicht nur Fahrten zu vorgeschriebenen, sondern auch zu freiwillig vorzeitig durchzuführenden HU, SP oder AU erlaubt (s Begr des Bundesrates VkBl **06** 605).

13 Zulässige Fahrten mit ungestempelten Kennzeichenschildern müssen den kürzesten Weg nehmen und dürfen nicht zugleich Gebrauchszwecken dienen (Transport), Bay VM **76** 6, Fra VRS **44** 376. Fahrten im Zusammenhang mit der Abstempelung sind solche vom Standort zur ZulB, nötigenfalls zwischendurch zur Werkstatt zur notwendigen Instandsetzung, nicht private Umwege (Lokal), Hb VersR **71** 925. Im Übrigen muss die Fahrt mit ungestempelten Kennzeichen zu den in Abs IV genannten Zwecken jedenfalls innerhalb der Grenzen des Zulassungsbezirks und eines angrenzenden Bezirks stattfinden, um von Abs IV gedeckt zu sein. Voraussetzung für die Berechtigung zum Fahren mit ungestempelten Kennzeichen im Zusammenhang mit dem Zulassungsverfahren oder zur Durchführung einer HU, SP oder AU ist ferner das **Bestehen einer Haftpflichtversicherung** für die betreffende Fahrt, s dazu § 1 IIIa AKB alt = H.3 AKB 08, *Heinzlmeier* NZV **06** 227 f. Der Versicherungsschutz ist durch den Versicherer in der Versicherungsbestätigung durch entsprechende Eintragung zu dokumentieren. Ohne eine solche Klarstellung wäre im Hinblick auf § 9 S 1 KfzPflVV nicht auszuschließen, dass trotz Aushändigung einer Versicherungsbestätigung noch kein Versicherungsschutz gewährleistet ist, weil das Fahrzeug nämlich erst mit der Abstempelung des Kennzeichens iS von § 9 S 1 KfzPflVV „behördlich zugelassen" ist.

14 Für Fahrten zur Abstempelung darf die Zulassungsbehörde keinen Zeitpunkt vorschreiben, auch hängt die Zulässigkeit der Fahrt mit ungestempelten Kennzeichen nicht vom Mitführen eines Zulassungsantrags ab, Fra VRS **44** 376, *Hachemer* VD **96** 232. Wird das Kfz ohne Zutun des Halters nicht abgefertigt, so darf es mit ungestempelten Kennzeichen zurückfahren, BFH FR **62** 125. Der Fahrer ist neben dem Halter für das Fehlen des Stempels verantwortlich, Ha VRS **28** 148. Fahrten mit **Kurzzeitkennzeichen** oder **roten Kennzeichen:** § 16.

Lit: *Hachemer,* Fahrten zur Zulassungsstelle mit ungestempeltem Kennzeichen, VD **96** 279. *Jagow,* Fahrten mit ungestempelten Kennzeichen, VD **84** 158. *Derselbe,* Stempel- und Prüfplaketten an KfzKennzeichen, VD **84** 88.

15 **5. Anbringung der Kennzeichenschilder.** Kennzeichenschilder müssen grundsätzlich sowohl an der Vorder- als auch an der Rückseite des Kfz geführt werden (Abs V S 1). An der Vorder- und Rückseite darf das Kennzeichen aber nur je einmal angebracht werden, daneben kein zweites, Fra VM **75** 16. Bei Anhängern genügt die Anbringung an der Rückseite (Vorderseite meist verdeckt). Bei Krafträdern genügt die Anbringung an der Rückseite, Abs V S 2, auch bei ausländischen Krafträdern beim vorübergehenden Verkehr in Deutschland, § 21 I S 2. Einachsige Zgm brauchen kein Kennzeichen an der Rückseite zu führen, weil diese Fze nur geringe Geschwindigkeit haben.

Ausgestaltung und Anbringung der Kennzeichen § 10 FZV 4

Kennzeichen schilder sind **fest anzubringen,** Abs V S 1. Dies soll gewährleisten, dass das 16
Kennzeichen im Betrieb für jeden erkennbar bleibt. Es darf nur mit Werkzeugen gelöst werden
können, Befestigung mit starkem Draht soll uU ausreichen, Kö VRS **57** 314. Die Vorschrift ist
kein Schutzgesetz iS von § 823 II BGB, zur Vorgängervorschrift: KG VM **86** 62. Kennzeichenschrauben dürfen nicht in Buchstaben oder Zahlen verundeutlichender Weise gesetzt werden,
s BMV VkBl **61** 25. Einrichtungen, die es ermöglichen, das Kennzeichen während der Fahrt
umgeklappt zu halten, oder dass es sich während der Fahrt durch Luftdruck umklappt, sind unzulässig. Bei Fz, an denen nach § 49a IX StVZO Leuchtenträger zulässig sind, darf das hintere
Kennzeichen auf dem Leuchtenträger angebracht sein (Abs IX S 3). Zustand der amtlichen
Kennzeichen beim Mitführen von Anbaugeräten, s Merkblatt für Anbaugeräte, VkBl **99** 268, **00**
479, **04** 527 = StVRL § 30 StVZO Nr 6.

Für die Anbringung des **hinteren Kennzeichens** wird durch Abs VI S 1 auf die durch EG- 17
Richtlinien vorgeschriebenen Anbringungsstellen verwiesen: für Fz mit mindestens vier Rädern
Richtlinie 70/222/EWG = StVRL § 60 StVZO Nr 3, für zwei- oder dreirädrige Kfz Richtlinie
93/94/EWG = StVRL § 60 StVZO Nr 12. Anbringung des **vorderen Kennzeichens** Abs VII
S 1.

6. Beleuchtung des hinteren Kennzeichens. Hintere Kennzeichen müssen eine Beleuch- 18
tungseinrichtung haben, die nach Abs 6 S 2 der Richtlinie 76/760/EWG = StVRL § 60 StVZO
Nr 2 oder der gleichwertigen ECE-Regelung Nr 4, VkBl **04** 613 = StVRL § 60 StVZO Nr 13
entspricht. Weiter muss diese Beleuchtungseinrichtung das ganze Kennzeichen auf 20 Meter lesbar
machen. Die Beleuchtungseinrichtungen müssen in amtlich genehmigter Bauart ausgeführt sein
(§ 22a I Ziff 21 StVZO). Technische Anforderungen bei der Bauartprüfung, VkBl **73** 558, zuletzt
geändert: VkBl **06** 645 = StVRL § 22a StVZO Nr 1 (Nr 22). Die Beleuchtung von erhaben geprägten Kennzeichen mit schwarzer Schrift auf weißem Grund ist nur einwandfrei, wenn störende
Schatten vermieden werden. **Selbstleuchtende Kennzeichen** sollen eine bessere Erkennbarkeit
der Kennzeichen bei Dunkelheit gewährleisten. Ausnahmsweise durften hintere Kennzeichen in
einem dreijährigen Versuchszeitraum vom 30. 4. 02 bis 29. 4. 05 nach Maßgabe der Kennzeichen-AusnahmeVO v 19. 4. 02 (BGBl I **02** 1454, 38. Aufl § 60 StVZO Rz 5, Begr VkBl **02** 335)
selbstleuchtend ausgeführt sein und Licht unmittelbar nach hinten abstrahlen; dabei durfte die
Sichtbarkeit nicht durch Glas- oder Folienabdeckungen beeinträchtigt werden (Anl zu § 1 I KennzAusnV). Die KennzAusnV ist am 29. 4. 05 außer Kraft getreten und nicht verlängert worden.
Selbstleuchtende hintere Kennzeichen waren dann zulässig, nachdem das KBA am 14. 12. 06 mit
Ermächtigung des BMV gem § 70 I Nr 4 StVZO eine Allgemeine Bauartgenehmigung für selbstleuchtende Kennzeichen erteilt und dies mit einer Ausnahme von den damals noch in Kraft
befindlichen § 23 III i. V. m § 60 IV StVZO verbunden hatte, wonach „hintere Kennzeichenleuchten für transparente amtliche Kennzeichen weißes Licht nach hinten abstrahlen" dürfen
(DAR **07** 118). Diese Ausnahme ist durch die am 1. 7. 08 in Kraft getretene **1. FZVAusnahmeVO** v 20. 6. 08 (BGBl I 1091, Rz 2a) abgelöst worden. Danach dürfen bauartgenehmigte Beleuchtungseinrichtungen für transparente Kennzeichen oder Beleuchtungseinrichtungen, die mit
dem Kennzeichen eine Einheit bilden oder die hinter einer durchsichtigen, lichtleitenden Abschlussscheibe ein Kennzeichen verwenden, abweichend von Abs 2 S 1 und Abs 6 S 2, 3 weißes
Licht nach hinten abstrahlen oder mit einer Abschlussscheibe vor dem Kennzeichen versehen sein.
Diese Regelungen gelten nur für hintere Kennzeichen (Begr VkBl **08** 419). Die Erkennbarkeit der
selbstleuchtenden Kennzeichen bei der Erfassung durch Geschwindigkeitsmessgeräte soll gewährleistet sein (Begr VkBl **08** 419). Technische Anforderungen bei der Bauartprüfung, VkBl **73** 558,
zuletzt geändert: VkBl **06** 645 = StVRL § 22a Nr 1 (Nr 22a: Beleuchtungseinrichtungen für
transparente amtliche Kennzeichen). Nach dem Einbau eines selbstleuchtenden Kennzeichens darf
die vorher im Fz vorhandene Beleuchtungseinrichtung für das hintere Kennzeichenschild nicht
mehr wirksam sein. Zur Wahrnehmbarkeit selbstleuchtender Kennzeichen *Echterhoff/Poll/Ruhfus*
ZVS **07** 104. Fz dürfen nur in Betrieb genommen werden, wenn das hintere Kennzeichen beleuchtet ist (Abs 12, § 17 I StVO); Verstoß ist ow (§ 48 Nr 1b, Nr 2, § 49 I Nr 17 StVO). Das Ausschalten der Kennzeichenbeleuchtung muss gemäß §§ 49a V, 52 II StVZO gleichzeitig alle Lichtquellen für Licht nach vorn, auch den etwaigen Suchscheinwerfer, löschen. Damit soll die
Fahrerflucht erschwert werden. Der Führer hat sich vor Fahrtantritt und beim Einschalten zu
überzeugen, dass die lichttechnischen Einrichtungen in ordnungsmäßigem Zustand sind, s Bay
DAR **55** 120. Vom Kraftfahrer kann nicht verlangt werden, während der Fahrt nachzusehen, ob
die Kennzeichenbeleuchtung brennt, und ohne besonderen Anlass auch nicht bei jedem Anhalten,
Ha DAR **54** 310. Kennzeichenbeleuchtung, die unterwegs versagt: § 23 StVO.

Dauer 1181

4 FZV § 10   Abschnitt 2. Zulassungsverfahren

19   **7. Wiederholungskennzeichen.** Zulassungsfreie Anhänger, die kein eigenes Kennzeichen führen, müssen an der Rückseite ein Kennzeichen haben, das der Halter des Zugfahrzeugs für eines seiner Zugfahrzeuge verwenden darf (Abs VIII). Wenn das hintere Kennzeichen durch einen Ladungsträger oder mitgeführte Ladung teilweise oder vollständig verdeckt wird, muss am Fz oder am Ladungsträger das Kennzeichen wiederholt werden (Abs IX S 1). Abstempelung ist in beiden Fällen entbehrlich. Für Ausgestaltung, Anbringung und Beleuchtung gelten im Übrigen die normalen Vorschriften.

20   **8.** Das **Nationalitätszeichen D** darf neben dem Kennzeichen geführt werden (Abs 10). Bei Fahrten im Ausland (außerhalb der EU) muss das deutsche Nationalitätszeichen angebracht sein, s BMV VkBl **63** 652 (s Art 37 des Übereinkommens über den Straßenverkehr vom 8. 11. 68 = Beck-Texte Nr 13). Es wird grundsätzlich nicht durch das Euro-Kennzeichen ersetzt, s Begr zur 21. ÄndVStVR, VkBl **95** 108. Ausländische Kfz und Anhänger müssen gem § 21 II 1 ein entsprechendes Nationalitätszeichen führen; dieses wird jedoch durch das Euro-Kennzeichen wegen des darin enthaltenen Nationalitätsbuchstabens ersetzt (§ 21 II 2). Im grenzüberschreitenden Verkehr innerhalb der EU ist das Nationalitätszeichen entbehrlich, wenn im blauen Euro-Feld des Kennzeichens der Nationalitätsbuchstabe des Zulassungsstaates geführt wird, VO EG Nr. 2411/98 (ABl EG 91 Nr L 299/1). Auch die Schweiz, Island, Liechtenstein und Norwegen verzichten auf das Nationalitätszeichen, wenn ein Euro-Kennzeichen am Fz angebracht ist. Fremde Nationalitätszeichen dürfen nur im Ausland zugelassene Kfz führen. Im Hinblick auf die bisher nicht aufgehobene DA zum § 60 StVZO (alt) (s 38. Auflage § 60 StVZO Rz 6) besteht praktisch keine Beleuchtungspflicht für das „D"-Zeichen, außer bei Fahrten in die Staaten, in Bezug auf die das Internationale Abkommen über Kraftfahrzeugverkehr v 24. 4. 1926 (RGBl II **30** 1233) noch gilt, da dessen Art 3 Abschnitt II Nr 1 vorschreibt, dass das Nationalitätszeichen zu beleuchten ist, sobald es bei Tageslicht nicht mehr erkennbar ist. Das Nationalitätszeichen darf nur in der durch Art 37 und Anhang 3 des Übereinkommens über den Straßenverkehr vom 8. 11. 68 (BGBl **77** II 809 = Beck-Texte Nr 13) bestimmten Form geführt werden (Buchstaben in schwarzer Farbe auf einer weißen elliptischen Fläche, deren lange Achse waagerecht liegt. Besteht das Nationalitätszeichen nur aus einem Buchstaben, darf die lange Achse der Ellipse lotrecht stehen); Regelungen für Anhänger s Art 37 II. Kunststofffolien sind zugelassen, s BMV VkBl **64** 222. Unzulässig ist es, im Inland ein verchromtes „D" neben dem amtlichen Kennzeichen zu führen, Neust NJW **57** 1179, BMV VkBl **57** 555, oder auf dem Nationalitätszeichen ein Wappen anzubringen, oder ein „D" auf farbigem Grund zu führen, BVerwG VM **65** 49, *Reimer* DAR **65** 206. Ein Nationalitätszeichen „BRD" besteht nicht und darf wegen Verwechslungsfähigkeit mit fremden Zeichen nicht geführt werden, Dü VRS **50** 147.

21   **9. Verwechslungs- und Beeinträchtigungsgefahr.** Abs XI S 1 untersagt die Anbringung von Zeichen und Einrichtungen an Fz, die mit Kennzeichen oder Nationalitätszeichen verwechselt werden oder deren Wirkung beeinträchtigen können. Schilder wie Wappen, Namenszüge, Hoheitsabzeichen (Dienstflaggen) für DienstFz dürfen geführt werden, soweit sie die Wirkung der amtlichen Kennzeichen nicht beeinträchtigen. **FahrschulFz** müssen nicht, dürfen aber als solche gekennzeichnet sein, dann nur wie vorgeschrieben mit dem Schild „FAHRSCHULE" und ohne Hinzufügung anderer, verwechslungsfähiger Schilder, s § 5 IV DVFahrlG. Namensschilder vorn und hinten am Kfz in mit dem Fahrschulschild nicht verwechslungsfähiger Aufmachung sind zulässig, sofern kein Fahrschulschild geführt wird, Kar VM **74** 35. Zur Kennzeichnung von und Werbung an Fahrschulfahrzeugen und Prüfungsfahrzeugen s *Dauer* NZV **06** 569.

22   **10. Zeichen „CC" und „CD".** Ausnahmegenehmigungen für die Anbringung der Zeichen „CD" für Fahrzeuge von Angehörigen diplomatischer Vertretungen und „CC" für Fahrzeuge von Angehörigen konsularischer Vertretungen kann nur das BMV erteilen. Der Versuch des Bundes, diese Entscheidungskompetenz bei Schaffung der FZV auf die obersten Landesbehörden zu übertragen, scheiterte im Bundesrat, s Begr VkBl **06** 606 (Rz 2). Die Berechtigung zur Führung der Zeichen „CD" und „CC" ist in die Zulassungsbescheinigung Teil I einzutragen (Abs XI S 3), um die Überwachungstätigkeit der Polizei zu erleichtern (Begr VkBl **06** 606). Die Anbringung eines dem CD-Schild ähnlichen Schildes ist wegen Verwechslungsgefahr unzulässig, Ha VM **73** 79. Das Gleiche gilt für das Anbringen eines dem CC-Schild ähnlichen Aufklebers, VG Augsburg NZV **88** 200. Kennzeichen für Kfz diplomatischer Vertretungen, von Wahlkonsuln und Handelsvertretungen, VkBl **73** 494 (500).

Zulassungsbescheinigung Teil I § 11 FZV 4

11. Fahrer- und Halterverantwortlichkeit. In Abs XII sind die Fahrer- und Halterverantwortlichkeiten hinsichtlich der Einhaltung der Vorschriften zu den Kennzeichen beim Betrieb des Fz im öffentlichen Straßenverkehr ausdrücklich geregelt. 23

12. Kennzeichen im Ausland zugelassener Fz bei vorübergehender Teilnahme am Straßenverkehr in Deutschland: § 21. 24

13. Ordnungswidrig ist das Inbetriebsetzen eines Fz durch den Fahrer entgegen § 10 XII (§ 48 Nr 1b) und das Zulassen der Inbetriebnahme eines Fz durch den Halter entgegen § 10 XII S 2 (§ 48 Nr 2). Das Nichtführen des heimischen Kennzeichens an einem im Ausland zugelassenen Kfz (§ 48 Nr 19 iVm § 21 I 1) und das Nichtführen des vorgeschriebenen Nationalitätszeichens an einem im Ausland zugelassenen Kfz (§ 48 Nr 19 iVm § 21 II 1) sind ordnungswidrig. **Straftaten:** s Rz 10 und §§ 22, 22 a StVG. 25

Zulassungsbescheinigung Teil I

11 (1) ¹Die Zulassungsbescheinigung Teil I wird nach dem Muster in Anlage 5 ausgefertigt. ²Sind für denselben Halter mehrere Anhänger zugelassen, kann für den Anhänger abweichend von Satz 1 oder zusätzlich von der Zulassungsbehörde auf Antrag ein Verzeichnis der für den Halter zugelassenen Anhänger ausgestellt werden. ³Aus dem Verzeichnis müssen Name, Vorname und Anschrift des Halters sowie Marke, Fahrzeugklasse und Art des Aufbaus, Leermasse, zulässige Gesamtmasse und bei Sattelanhängern auch die Stützlast, die Fahrzeug-Identifizierungsnummer, das Datum der ersten Zulassung und das Kennzeichen der Anhänger ersichtlich sein.

(2) ¹Das Kraftfahrt-Bundesamt stellt der Zulassungsbehörde Typdaten zur Verfügung, damit diese die Zulassungsbescheinigung Teil I maschinell ausfüllen kann. ²Das Kraftfahrt-Bundesamt hat diese Typdaten zu erstellen, soweit es über die erforderlichen Angaben verfügt und der Aufwand für die Erstellung angemessen ist.

(3) Für Fahrzeuge der Bundeswehr können von der Zentralen Militärkraftfahrtstelle Zulassungsbescheinigungen Teil I nach dem Muster in Anlage 6 ausgefertigt werden.

(4) ¹Die Anerkennung als schadstoffarmes Fahrzeug nach § 47 Abs. 3 der Straßenverkehrs-Zulassungs-Ordnung und Einstufung des Fahrzeugs in eine der Emissionsklassen nach § 48 der Straßenverkehrs-Zulassungs-Ordnung sind unter Angabe des Datums in der Zulassungsbescheinigung Teil I zu vermerken, wenn der Zulassungsbehörde die entsprechenden Voraussetzungen nachgewiesen werden. ²Die Zulassungsbehörde kann in Zweifelsfällen die Vorlage eines Gutachtens eines amtlich anerkannten Sachverständigen für den Kraftfahrzeugverkehr darüber fordern, in welche Emissionsklasse das Fahrzeug einzustufen ist.

(5) Die Zulassungsbescheinigung Teil I sowie das Anhängerverzeichnis nach Absatz 1 Satz 2 ist vom jeweiligen Fahrer des Kraftfahrzeugs mitzuführen und zuständigen Personen auf Verlangen zur Prüfung auszuhändigen.

(6) Wird nach Ausstellung einer neuen Zulassungsbescheinigung Teil I für eine in Verlust geratene Bescheinigung diese wieder aufgefunden, hat der Halter oder Eigentümer sie unverzüglich der zuständigen Zulassungsbehörde abzuliefern.

Begr (VkBl **06** 606): 1

Absatz 1 übernimmt im Wesentlichen die bisherigen Vorschriften des § 24 StVZO. Da die Einzelgenehmigung nicht mehr Bestandteil des Zulassungsverfahrens sondern Voraussetzung für die Zulassung eines Fahrzeuges sind, wird auch die bisherige Rechtsfolge, dass die Betriebserlaubnis durch die Ausfertigung des Fahrzeugscheins erteilt wird, aufgegeben.

Die **Absätze 2 und 3** *folgen § 24 Abs. 2 und 3 StVZO,* **Absatz 4** *übernimmt die Regelung des § 23 Abs. 7 und 9 StVZO.*

Absatz 5 *regelt die Mitführpflicht und* **Absatz 6** *die Ablieferungspflicht wieder aufgefundener Zulassungsbescheinigungen Teil I, für die bereits Ersatzdokumente ausgestellt wurden (Parallelregelung zu § 12 Abs. 4 Satz 4 hinsichtlich des Teils II der Zulassungsbescheinigung).*

1. § 11 regelt die **Erteilung der Zulassungsbescheinigung Teil I (früher Fahrzeugschein).** Die Zulassungsbescheinigung Teil I iS der Richtlinie 1999/37/EG (StVRL § 11 FZV Nr 2) wurde durch die 38. ÄndVStVR v 24. 9. 04 (Inkrafttreten: 1. 10. 05) in das deutsche Recht übernommen; sie ersetzt den früheren Fahrzeugschein. Die Zulassungsbescheinigung 2

4 FZV § 11　　　　　　　　　　　　　　　　　　　　Abschnitt 2. Zulassungsverfahren

Teil I dokumentiert die Zulassung des Fz zum Verkehr und stellt das wesentliche Legitimationspapier bei Verkehrskontrollen dar. Es enthält daher u. a. die wichtigsten Angaben zum Fz. Auf die Aufnahme bestimmter technischer Daten, die aus anderen Unterlagen entnommen werden können, zB der Übereinstimmungsbescheinigung bei Fz mit EG-Typgenehmigung, wurde aus Gründen des Umfangs und der Übersichtlichkeit der Zulassungsbescheinigung Teil I verzichtet.

3　Erst auf Grund des Nachweises einer EG-Typgenehmigung, nationalen Typgenehmigung oder Einzelgenehmigung (§ 6 III) und nach Zuteilung des Kennzeichens (§ 8) wird die **Zulassungsbescheinigung Teil I** ausgefertigt und ausgehändigt. Wegen der mit der FZV seit 1. 3. 07 eingeführten Trennung des Zulassungsverfahrens von der Erteilung der Typ- oder Einzelgenehmigung wurde die frühere Rechtsfolge des § 24 I S 1 StVZO (alt), dass die Betriebserlaubnis durch Ausfertigung des Fahrzeugscheins erteilt wurde, aufgegeben. Aus dem Rechtsanspruch auf Fahrzeugzulassung bei Vorliegen der Zulassungsvoraussetzungen (s § 1 StVG Rz 10) folgt ein Anspruch auf richtige und vollständige Ausfertigung einer Zulassungsbescheinigung Teil I; zum früheren Fahrzeugschein: OVG Ko NZV **91** 406.

4　2. Die **Zulassungsbescheinigung Teil I** ist nach dem Muster in Anlage 5 auszufertigen. Die Ausgestaltung ist seit 1. 3. 07 geringfügig gegenüber dem in der Zeit 1. 10. 05 bis 28. 2. 07 vorgeschriebenen Muster geändert worden; Vordrucke nach diesen Mustern durften noch bis 31. 3. 08 aufgebraucht werden, § 50 III S 2. Fahrzeugscheine nach den vor dem 1. 10. 05 (Inkrafttreten der 38. ÄndVStVR) gültigen Mustern und Zulassungsbescheinigungen Teil I nach dem vor dem 1. 3. 07 (Inkrafttreten der FZV) gültigen Muster bleiben gültig, § 50 III S 1 Nr 1 u 4. Wenn ein Fahrzeugschein nach bisher gültigen Mustern durch eine Zulassungsbescheinigung Teil I ersetzt wird, ist auch ein Umtausch des vor dem 1. 10. 05 ausgestellten Fahrzeugbriefs in eine Zulassungsbescheinigung Teil II erforderlich, § 50 III S 1 Nr 2 Halbsatz 2. Die bis zum 28. 2. 07 gültige Regelung, wonach ein Fahrzeugschein nach altem Muster durch eine Zulassungsbescheinigung Teil I zu ersetzen war, wenn ein Fahrzeugbrief durch eine Zulassungsbescheinigung Teil II ersetzt wird (§ 72 StVZO zu Muster 2a – alt), ist dagegen nicht in die FZV übernommen worden. Es ist gleichwohl so zu verfahren, da es keine geteilte Zulassungsbescheinigung gibt und deswegen die Ausstellung eines Teils zwingend auch die Ausstellung des anderen Teils zur Folge hat. Die (nationale) **Richtlinie zur Zulassungsbescheinigung Teil I und Teil II,** VkBl **05** 188 u 693 = StVRL § 11 FZV Nr 8, erläutert das Verfahren der Ausgabe, Ausfüllung und Ausfertigung dieser Dokumente. Sie ist für die Zulassungsbehörden nur gültig, wenn sie von der jeweiligen obersten Landesbehörde für ihren Bereich verbindlich eingeführt worden ist. Das **Verzeichnis zur Systematisierung von Kraftfahrzeugen** und ihren Anhängern, VkBl **05** 197, 796, **06** 132, 667, **07** 140, 696, **08** 443 = StVRL § 11 FZV Nr 7, dient der einheitlichen Ausfüllung der FzDokumente, der einheitlichen Erfassung der in den FzRegistern zu speichernden Daten und dem einheitlichen statistischen Nachweis der im ZFZR erfassten FzDaten. Die Zulassungsbehörde versieht jede Zulassungsbescheinigung Teil I mit einer laufenden Nummer, deren Einmaligkeit sicherzustellen ist. Bei Änderung lediglich der Anschrift des Halters innerhalb eines Zulassungsbezirks kann die neue Anschrift durch einen entsprechenden Aufkleber – wie bei Personalausweisen – auf der Zulassungsbescheinigung Teil I vermerkt werden (Richtlinie zur Zulassungsbescheinigung Nr 6.1); Vorlage der Zulassungsbescheinigung Teil II ist dabei nicht notwendig, § 13 I S 1 Nr 1. Zulassungsbescheinigungen Teil I für **Fz der Bundeswehr** nach Muster in Anlage 6, Abs III; Übergangsbestimmung § 50 III S 1 Nr 3 u 6.

5　Der Fahrzeugschein wird als **öffentliche Urkunde** angesehen, Bay NJW **68** 1983, OVG Ko NZV **91** 406. Gleiches gilt für die Zulassungsbescheinigung Teil I. Zur **Rspr** in Bezug auf den Fahrzeugschein: Wer veranlasst, dass Angaben über die Person des Halters im Fahrzeugschein unrichtig eingetragen werden, begeht mittelbare Falschbeurkundung, Ce VRS **24** 291, Stu VRS **28** 368. Der Schein beweist nicht zu öffentlichem Glauben, dass die Eintragungen über die Person des Zulassungsinhabers zutreffen, BGHSt **22** 201 = NJW **68** 2153, Ko VRS **55** 428, OVG Ko NZV **91** 406. Der Zulassungsschein beglaubigt öffentlich, dass das darin nach seinen erkennbaren Merkmalen bezeichnete Kfz unter Zuteilung des angegebenen amtlichen Kennzeichens zum öffentlichen Verkehr zugelassen ist, BGHSt **20** 188, Bay NJW **80** 1057, Kar DAR **04** 715, Hb NJW **66** 1827, VGH Ka VM **81** 96. Zur urkundenrechtlichen Bedeutung weiterer auf dem Fahrzeugschein zugelassener amtlicher Eintragungen, Bay NJW **80** 1057.

6　3. **Auszuhändigen** ist die Zulassungsbescheinigung Teil I demjenigen, für den das Fz zugelassen wird (§ 6), dh dem Halter (zum Begriff s § 7 StVG Rz 14). Besondere FzScheine bei Prüfungs-, Probe- oder Überführungsfahrten mit Kurzzeitkennzeichen oder rotem Kennzeichen: § 16. Wird eine Zulassungsbescheinigung Teil I als verloren gemeldet, so kann nach Maßgabe

Zulassungsbescheinigung Teil II § 12 FZV 4

von § 5 III vor Erteilung einer Ersatzbescheinigung eine fahrzeugtechnische Untersuchung angeordnet werden. Wird nach Ausstellung einer neuen Zulassungsbescheinigung Teil I für eine verlorene diese wieder aufgefunden, hat der Halter oder Eigentümer sie unverzüglich der zuständigen Zulassungsbehörde abzuliefern, Abs VI, Verstoß ist ordnungswidrig, § 48 Nr 10. Zur Haftung für Nichtbenutzbarkeit des Kfz wegen Vorenthaltung der Fahrzeugpapiere, BGHZ 40 345, **63** 203.

4. Anhängerverzeichnis. Wenn für einen Halter mehrere Anhänger zugelassen sind, kann 7 entweder zusätzlich zu einer Zulassungsbescheinigung Teil I für einen Anhänger oder stattdessen auf Antrag ein Verzeichnis der für diesen Halter zugelassenen Anhänger ausgestellt werden, Abs I S 2. Inhalt des Anhängerverzeichnisses Abs I S 3. Für das Anhängerverzeichnis gibt es kein amtliches Muster; es handelt sich um von der jeweiligen ZulB selbst gestaltete Dokumente. Es ist deswegen problematisch, Anhängerverzeichnisse statt einer Zulassungsbescheinigung Teil I auszustellen, wie Abs I S 2 dies zulässt, denn dann gibt es nur ein nicht amtlich vorgegebenes Dokument für den Anhänger, dessen Anerkennung im Ausland zudem nicht sichergestellt ist.

5. Mitführen der Fahrzeugpapiere. Die ZB I, das Anhängerverzeichnis oder die bei zulas- 8 sungsfreien Fz ggf mitzuführenden Dokumente nach § 4 V 1 (§ 4 Rz 7) sind vom Fahrer mitzuführen und auf Verlangen zuständigen Personen zur Prüfung auszuhändigen (Abs 5); für den früheren Fahrzeugschein s Br VRS **6** 476, VG Trier DAR **05** 584. Verstoß ist ordnungswidrig, § 48 Nr 5. Abs 5 schreibt die Mitführung der ZB I *sowie* des Anhängerverzeichnisses vor. Dies kann nur so verstanden werden, dass bei Anhängern die ZB I *oder* das Anhängerverzeichnis mitzuführen sind. Wird unterwegs in der Führung abgewechselt, so trifft die Pflicht zum Mitführen der Fahrzeugpapiere nicht nur den Führer, der bei der Kontrolle fährt, sondern jeden, der das Fz vorher geführt hat (Stu NJW **55** 514). Auch Taxifahrer müssen kontrollierenden Beamten die Fahrzeugpapiere vorweisen (KG VRS **22** 385). Ein uniformierter Beamter muss sich nicht noch gesondert ausweisen (Sa VRS **47** 474). Die ZB I dient als Zulassungsnachweis (VG Trier DAR **05** 584 für den FzSchein). Wegen der Mitführpflicht wird die ZB I/der FzSchein vielfach im Fz verwahrt, insbes bei wechselnden Fahrern. Das **dauerhafte Verwahren der ZB I/des FzScheins im Fz** kann deswegen nicht als relevante Gefahrerhöhung (§§ 23 ff VVG) angesehen werden (*Schmid* VersR **08** 471, aA Ce DAR **08** 207).

6. Bei den Fahrzeugen, die vom Zulassungsverfahren ausgenommen sind, aber nach 9 § 4 I einer Typ- oder Einzelgenehmigung bedürfen, treten an die Stelle der ZB I die nach § 4 V mitzuführenden Urkunden. Jedoch wird für zulassungsfreie, aber Typ- oder Einzelgenehmigungs- und kennzeichenpflichtige Fahrzeuge gem § 4 II u IV eine ZB I ausgestellt, die mitzuführen und zuständigen Personen auf Verlangen zur Prüfung auszuhändigen ist (§ 4 V 1).

7. Ordnungswidrig sind Verstöße gegen die Pflicht zum Mitführen und Aushändigen von 10 ZB I und Anhängerverzeichnis (§ 48 Nr 5) und gegen die Pflicht zur Ablieferung einer in Verlust geratenen ZB I, wenn für diese inzwischen eine Ersatzbescheinigung ausgestellt wurde (§ 48 Nr 10). Nichtmitführen der ZB I ist eine Dauerordnungswidrigkeit, zum früheren Fahrzeugschein s Ha DAR **76** 138. Zum Verhältnis der Dauerordnungswidrigkeit zu einzelnen während der Fahrt begangenen Verkehrszuwiderhandlungen, s § 49 StVO Rz 3.

Zulassungsbescheinigung Teil II

12 (1) ¹Mit dem Antrag auf Ausfertigung einer Zulassungsbescheinigung Teil II ist der Zulassungsbehörde die Verfügungsberechtigung über das Fahrzeug nachzuweisen. ²In begründeten Einzelfällen kann die Zulassungsbehörde beim Kraftfahrt-Bundesamt anfragen, ob das Fahrzeug im Zentralen Fahrzeugregister eingetragen, ein Suchvermerk vorhanden oder ob bereits eine Zulassungsbescheinigung Teil II ausgegeben worden ist. ³Die Sätze 1 und 2 sind auch anzuwenden, wenn die Ausfüllung eines Vordrucks der Zulassungsbescheinigung Teil II beantragt wird, ohne dass das Fahrzeug zugelassen werden soll.

(2) ¹Die Zulassungsbehörde fertigt die Zulassungsbescheinigung Teil II nach dem Muster in Anlage 7 aus. ²Die Ausfüllung einer Zulassungsbescheinigung Teil II sowie deren erstmalige Ausfertigung durch die Zulassungsbehörde ist nur bei Vorlage der Übereinstimmungsbescheinigung, der Datenbestätigung oder der Bescheinigung über die Einzelgenehmigung des Fahrzeugs zulässig. ³Wurden die Angaben über die Beschaffenheit des Fahrzeugs und über dessen Übereinstimmung mit dem genehmigten Typ noch nicht durch den Hersteller eingetragen, hat die Zulassungsbehörde diese Eintragungen vorzu-

Dauer

nehmen. ⁴Hierfür werden ihr vom Kraftfahrt-Bundesamt die erforderlichen Typdaten zur Verfügung gestellt, soweit diese dort vorliegen. ⁵Die Zulassungsbehörde vermerkt die Ausfertigung der Zulassungsbescheinigung Teil II unter Angabe der betreffenden Nummer auf der Übereinstimmungsbescheinigung oder der Datenbestätigung.

(3) Die Vordrucke der Zulassungsbescheinigung Teil II werden auf schriftlichen Antrag vom Kraftfahrt-Bundesamt an die Inhaber einer EG-Typgenehmigung für Fahrzeuge, an die Inhaber einer nationalen Typgenehmigung für Fahrzeuge oder deren jeweils bevollmächtigte Vertreter zum Zwecke der Ausfüllung sowie an die Zulassungsbehörden ausgegeben.

(4) ¹Der Verlust eines Vordrucks der Zulassungsbescheinigung Teil II ist vom jeweiligen Empfänger dem Kraftfahrt-Bundesamt anzuzeigen. ²Der Verlust einer ausgefertigten Zulassungsbescheinigung Teil II ist der zuständigen Zulassungsbehörde anzuzeigen, die das Kraftfahrt-Bundesamt hiervon unterrichtet. ³Das Kraftfahrt-Bundesamt bietet die in Verlust geratene Bescheinigung auf Antrag im Verkehrsblatt mit einer Frist zur Vorlage bei der Zulassungsbehörde auf. ⁴Eine neue Zulassungsbescheinigung Teil II darf erst nach Ablauf der Frist ausgefertigt werden. ⁵Wird die in Verlust geratene Zulassungsbescheinigung Teil II wieder aufgefunden, ist diese unverzüglich bei der Zulassungsbehörde abzuliefern. ⁶Absatz 6 Satz 2 ist entsprechend anzuwenden.

(5) ¹Sind in einer Zulassungsbescheinigung Teil II die für die Eintragungen der Zulassung bestimmten Felder ausgefüllt oder ist diese beschädigt, ist eine neue Bescheinigung auszustellen. ²Die Zulassungsbehörde hat die alte Bescheinigung zu entwerten und sie unter Eintragung der Nummer der neuen Bescheinigung dem Antragsteller zurückzugeben.

(6) ¹Die Zulassungsbehörde entscheidet keine privatrechtlichen Sachverhalte. ²Zur Vorlage der Zulassungsbescheinigung Teil II ist neben dem Halter und dem Eigentümer bei Aufforderung durch die Zulassungsbehörde jeder verpflichtet, in dessen Gewahrsam sich die Bescheinigung befindet. ³Die Zulassungsbehörde hat demjenigen, der ihr die Zulassungsbescheinigung Teil II vorgelegt hat oder der von ihm bestimmten Stelle oder Person, diese wieder auszuhändigen.

1 **Begr** (VkBl 06 606): *Da die Zulassungsbescheinigung Teil II als Nachweis der Verfügungsberechtigung über das Fahrzeug dient, ist nach* **Absatz 1** *ihre Ausfertigung nur dann zulässig, wenn die Verfügungsberechtigung für das Fahrzeug nachgewiesen wird. Satz 2 knüpft an § 23 Abs. 1 Satz 4 an, wonach bei Antrag auf Ausfertigung einer derartigen Bescheinigung eine Prüfung im Zentralen Fahrzeugregister erfolgen muss, verpflichtet aber zur Veranlassung nicht den Fahrzeughalter, sondern die Zulassungsbehörde. Die Regelung fordert derzeit nur die Anfrage in begründeten Einzelfällen. Bei vorhandener Möglichkeit des Direktzugriffs der Zulassungsbehörde auf das Zentrale Fahrzeugregister sollte jedoch immer diese Anfrage erfolgen. Der Nachweis der Verfügungsberechtigung ist auch dann erforderlich, wenn lediglich der Vordruck ausgefüllt wird, das Fahrzeug aber nicht zugelassen werden soll. Damit soll eine missbräuchliche Verwendung der Vordrucke verhindert werden. Ausnahmen von diesen Vorschriften sind deshalb auch nicht zulässig (§ 47 Abs. 1 Nr. 1).*

2 **Absatz 2** *übernimmt den Inhalt des § 25 Abs. 1 Satz 2 und 3 und des § 23 Abs. 1 Satz 9 StVZO. Neu aufgenommen wurde die Bestimmung, dass ohne Vorlage der Nachweise über die Typ- oder Einzelgenehmigung keine Ausfüllung des Vordrucks der Zulassungsbescheinigung Teil II oder ihre Ausfertigung im Rahmen des Zulassungsverfahrens durch die Zulassungsbehörde zulässig ist, da die entsprechende Genehmigung nach § 3 Abs. 1 Satz 1 und ihr auf das Fahrzeug bezogener Nachweis zwingende Voraussetzung für die Zulassung ist. Bereis die Ausfüllung eines Vordrucks der Zulassungsbescheinigung Teil II mit den technischen Angaben zum Fahrzeug setzt die entsprechende Genehmigung, in der diese Daten festgestellt werden, voraus. Diese Verknüpfung hat zur Folge, dass eine Ausnahme von der Regelung in Satz 2 ausgeschlossen wird (§ 47 Abs. 1 Nr. 1).*

Absatz 3 *regelt den Kreis der Berechtigten zum Erhalt der Zulassungsbescheinigung Teil II (als Vordruck).*

Absatz 4 *regelt die Anzeigepflicht bei Verlust der Zulassungsbescheinigung Teil II und die Aufbietung des verlorenen Dokuments (bisher § 25 Abs. 2 Satz 1 und 2 StVZO).*

Absatz 5 *bestimmt die Ausstellung einer neuen Bescheinigung für eine Zulassungsbescheinigung Teil II, in der keine Eintragungen mehr möglich sind oder die beschädigt ist (bisher § 25 Abs. 3 StVZO). Die Bescheinigung wird jedoch nicht mehr eingezogen, sondern nach Entwertung dem Antragsteller zurückgegeben.*

Absatz 6 *basiert auf dem bisherigen § 25 Abs. 4 StVZO.*

Zulassungsbescheinigung Teil II § 12 FZV 4

1. Die Zulassungsbescheinigung Teil II (früher Fahrzeugbrief). Auf Grund der Richt- 3
linie 1999/37/EG (StVRL § 11 FZV Nr 2) werden die Zulassungsbescheinigungen für Fahrzeuge in der EU harmonisiert. In Deutschland besteht die Zulassungsbescheinigung aus zwei Teilen: der Zulassungsbescheinigung Teil I (früher Fahrzeugschein), s § 11, und der Zulassungsbescheinigung Teil II (früher Fahrzeugbrief). Beide wurden durch die 38. ÄndVStVR v 24. 9. 04 (Inkrafttreten: 1. 10. 05) in das deutsche Recht übernommen. Wenn in der FZV von der oder einer Zulassungsbescheinigung die Rede ist (zB § 3 I S 3, § 14 II S 1), ist damit immer die aus den Teilen I und II bestehende Zulassungsbescheinigung gemeint, denn es gibt nur eine Zulassungsbescheinigung. Die Zulassungsbescheinigung Teil II dient vor allem als Nachweis der Verfügungsberechtigung im Zulassungsverfahren. Vor diesem Hintergrund wurde der Datenumfang auf die von der EU-Richtlinie geforderten obligatorischen Angaben sowie einige weitere für die Identifizierung des Fahrzeugs und für die Aufgabenerledigung der Zulassungsbehörden und des KBA notwendigen Angaben beschränkt. Die FZV unterscheidet zwischen **Ausfüllung** des Vordrucks der Zulassungsbescheinigung Teil II und ihrer **Ausfertigung:** Ausfüllung ist der Eintrag bestimmter Daten zum Fahrzeug, ohne dass diese Daten eine amtliche Bestätigung darstellen. Das Ausfüllen wird zB durch den Hersteller oder den Inhaber der Typgenehmigung vorgenommen. Ausfertigung ist die abschließende Bearbeitung durch die ZulB mit Ausfüllung des amtlichen Teils und Bestätigung durch Siegeleindruck.

2. Antrag auf Ausfertigung der Zulassungsbescheinigung Teil II. Der Antrag auf Aus- 4
fertigung der Zulassungsbescheinigung Teil II (Abs I) ist von dem Antrag auf Zulassung eines Fahrzeugs (§ 6) zu unterscheiden. Mit dem Antrag auf Zulassung nach § 6 ist entweder die vorhandene Zulassungsbescheinigung Teil II vorzulegen oder, wenn sie noch nicht vorhanden ist, nach § 12 zu beantragen, dass sie ausgefertigt wird (§ 6 II).

3. Nachweis der Verfügungsberechtigung. Mit dem Antrag auf Ausfertigung der Zulas- 5
sungsbescheinigung Teil II ist der Zulassungsbehörde die Verfügungsberechtigung über das Fahrzeug nachzuweisen (Abs I S 1). Das gleiche gilt, wenn nur die Ausfüllung eines Vordrucks der Zulassungsbescheinigung Teil II beantragt wird, ohne dass das Fahrzeug zugelassen werden soll (Abs I S 3); damit soll eine missbräuchliche Verwendung der Vordrucke verhindert werden (Begr VkBl **06** 606). Bereits Vordrucke der Zulassungsbescheinigung Teil II sollen nur für ein bestimmtes, verkehrssicheres Fahrzeug verwendet werden, über das der Antragsteller auch verfügen muss. Ausfüllung des Vordrucks ohne Zulassung kommt zB in Betracht, wenn ein „Parallelimporteur" neue Fahrzeuge aus dem EU-Ausland einführt und diese noch nicht zugelassen werden sollen. Da die Zulassungsbescheinigung Teil II als Nachweis der Verfügungsberechtigung dient, darf eine Ausfertigung nicht erfolgen, ohne dass die Verfügungsberechtigung nachgewiesen wurde. Ausnahmen sind nicht möglich, § 47 I S 1 Nr 1. Welche **Nachweise der Verfügungsberechtigung** in Betracht kommen, ergibt sich aus der Richtlinie zur Zulassungsbescheinigung Teil I und Teil II, VkBl **05** 188 u 693, Nr 5.2.2.1 = StVRL § 11 FZV Nr 8, zB der bisherige FzBrief, Kaufvertrag, Originalrechnung, Zollquittung.

Prüfung im Zentralen Fahrzeugregister: Bei Vorliegen eines Antrags auf Ausfertigung 6
einer Zulassungsbescheinigung Teil II oder auf Ausfüllung eines Vordrucks der Zulassungsbescheinigung Teil II ohne Zulassung kann die ZulB in begründeten Einzelfällen beim KBA anfragen, ob das Fahrzeug im Zentralen Fahrzeugregister (ZFZR) eingetragen ist, ein Suchvermerk vorhanden oder ob bereits eine Zulassungsbescheinigung Teil II ausgegeben worden ist (Abs I S 2). Die früher in § 23 I S 4 StVZO (alt) normierte Verpflichtung, zusammen mit einem Antrag auf Ausfertigung eines Fahrzeugbriefs eine Bescheinigung des KBA vorzulegen, aus der hervorgeht, dass das Fahrzeug weder im ZFZR eingetragen ist noch dass es gesucht wird (in der Praxis ungenau als „Unbedenklichkeitsbescheinigung" bezeichnet), ist seit 1. 3. 07 entfallen. Zur Veranlassung ist also jetzt nicht mehr der FzHalter, sondern die ZulB verpflichtet. Laut Begr (VkBl **06** 606) sollte die Anfrage bei vorhandener Möglichkeit des Direktzugriffs der ZulB auf das ZFZR immer erfolgen, nicht nur – wie der Wortlaut des Abs I S 2 sagt – in begründeten Einzelfällen.

4. Nachweis der Typ- oder Einzelgenehmigung. Die Ausfüllung einer Zulassungsbe- 7
scheinigung Teil II sowie deren erstmalige Ausfertigung durch die Zulassungsbehörde ist von der Vorlage der Übereinstimmungsbescheinigung (§ 2 Nr 7), der Datenbestätigung (§ 2 Nr 8) oder der Bescheinigung über eine Einzelgenehmigung (§ 2 Nr 6) des Fz abhängig, Abs II S 2. Ausnahmen davon sind nicht möglich, § 47 I S 1 Nr 1. Dieser Nachweis ist erforderlich, weil die Typ- oder Einzelgenehmigung nach § 3 I S 2 zwingende Voraussetzung für die Zulassung ist.

Dauer 1187

4 FZV § 12   Abschnitt 2. Zulassungsverfahren

Bereits die Ausfüllung eines Vordrucks der Zulassungsbescheinigung Teil II mit den technischen Angaben zum Fz setzt die entsprechende Typ- oder Einzelgenehmigung, in der diese Daten festgestellt werden, voraus.

8   **5. Die Zulassungsbescheinigung Teil II** ist nach dem Muster in Anlage 7 auszufertigen. Die Ausgestaltung ist seit 1. 3. 07 geringfügig gegenüber dem in der Zeit 1. 10. 05 bis 28. 2. 07 vorgeschriebenen Muster geändert worden; Vordrucke nach diesem Muster durften noch bis 31. 3. 08 aufgebraucht werden, § 50 III S 2. FzBriefe nach dem vor dem 1. 10. 05 (Inkrafttreten der 38. ÄndVStVR) gültigen Muster und Zulassungsbescheinigungen Teil II nach dem vor dem 1. 3. 07 (Inkrafttreten der FZV) gültigen Muster bleiben gültig, § 50 III S 1 Nr 2 u 5. Wenn ein FzSchein nach bisher gültigen Mustern durch eine Zulassungsbescheinigung Teil I ersetzt wird, ist auch ein Umtausch des vor dem 1. 10. 05 ausgestellten FzBriefs in eine Zulassungsbescheinigung Teil II erforderlich, § 50 III S 1 Nr 2 Halbsatz 2. Die bis zum 28. 2. 07 gültige Regelung, wonach ein FzSchein nach altem Muster durch eine Zulassungsbescheinigung Teil I zu ersetzen war, wenn ein FzBrief durch eine Zulassungsbescheinigung Teil II ersetzt wird (§ 72 StVZO zu Muster 2a – alt), ist dagegen nicht in die FZV übernommen worden. Es ist gleichwohl so zu verfahren, da es keine geteilte Zulassungsbescheinigung gibt und deswegen die Ausstellung eines Teils zwingend auch die Ausstellung des anderen Teils zur Folge hat. Die (nationale) **Richtlinie zur Zulassungsbescheinigung Teil I und Teil II,** VkBl **05** 188 u 693 = StVRL § 11 FZV Nr 8, erläutert das Verfahren der Ausgabe, Ausfüllung und Ausfertigung dieser Dokumente. Sie ist für die ZulB nur gültig, wenn sie von der jeweiligen obersten Landesbehörde für ihren Bereich verbindlich eingeführt worden ist. Das **Verzeichnis zur Systematisierung von Kraftfahrzeugen** und ihren Anhängern, VkBl **05** 197, 796, **06** 132, 667 **07** 140, 696, **08** 443 = StVRL § 11 FZV Nr 7, dient der einheitlichen Ausfüllung der FzDokumente, der einheitlichen Erfassung der in den FzRegistern zu speichernden Daten und dem einheitlichen statistischen Nachweis der im ZFZR erfassten FzDaten. Vervollständigung der Zulassungsbescheinigung Teil II durch die ZulB: Wurden die Angaben über die Beschaffenheit des Fz und über dessen Übereinstimmung mit dem genehmigten Typ noch nicht durch den Hersteller eingetragen, hat die ZulB diese Eintragungen mit vom KBA zur Verfügung gestellten Typdaten vorzunehmen, Abs II S 3 u 4.

9   **6. Rückgabe der Zulassungsbescheinigung Teil II.** Nach Bearbeitung hat die ZulB die Zulassungsbescheinigung Teil II zurückzugeben an den, der ihr das Dokument vorgelegt hat, oder der von diesem bestimmten Person oder Stelle, Abs VI S 3. Dadurch ist der Schutz Dritter gewährleistet, die Rechte am Fz haben (s VkBl **95** 25). Wegen der wichtigen Sicherungsfunktion der Zulassungsbescheinigung Teil II muss die Zulassungsbehörde einen Nachweis über ihren Verbleib haben (Empfangsbescheinigung).

10   **7. Verfahren bei Verlust von Zulassungsbescheinigungen Teil II.** Bei Verlust eines Vordrucks der Zulassungsbescheinigung Teil II ist das KBA zu benachrichtigen, Abs IV S 1. Speicherung im ZFZR s § 30 IX S 3 und 4. Der Verlust einer ausgefertigten Zulassungsbescheinigung Teil II ist der zuständigen ZulB anzuzeigen, die das KBA informiert, Abs IV S 2. Verstöße gegen diese Anzeigepflichten sind ordnungswidrig, § 48 Nr 11. Unterrichtung der ZulB über abhanden gekommene und wieder aufgefundene Zulassungsbescheinigungen Teil II durch das KBA s § 38 III. Zur Speicherung im ZFZR s § 30 IX S 1 e. Zur Löschung dieser Daten im ZFZR s § 44 V, im örtlichen Fahrzeugregister s § 45 IV Nr 1. Das Verfahren gilt auch bei Verlust von Fahrzeugbriefen, § 50 III Nr 2.

11   Eine neue Zulassungsbescheinigung Teil II darf erst ausgefertigt werden, wenn nach Aufbietung der verlorenen Zulassungsbescheinigung Teil II im Verkehrsblatt durch das KBA die dabei gesetzte Frist zur Vorlage bei der ZulB (meist 14 Tage) abgelaufen ist, Abs IV S 3 u 4. Einschließlich des zeitlichen Vorlaufs und im Hinblick auf den zweiwöchigen Erscheinensrhytmus des Verkehrsblattes können auf diese Weise bis zu 6 oder 7 Wochen vergehen, bis für eine in Verlust geratene Zulassungsbescheinigung Teil II ein Ersatz ausgefertigt werden kann. Ungültigerklärung sieht § 12 nicht vor. Wenn Abs IV S 3 davon spricht, dass das KBA die Aufbietung *auf Antrag* vornimmt, bedeutet dies, dass eine Aufbietung nur erfolgt, wenn ein Antrag auf Ausstellung einer neuen Zulassungsbescheinigung Teil II gestellt wird. Es bedeutet nicht, dass es der ZulB freisteht, ob sie beim KBA einen Antrag auf Aufbietung stellt oder davon absieht und ohne Aufbietung (und damit sofort) eine neue Zulassungsbescheinigung Teil II ausstellt. Aus Abs IV S 4 wird deutlich, dass eine neue Zulassungsbescheinigung Teil II erst und nur ausgestellt werden darf, wenn die Frist abgelaufen ist. Dies ist nur möglich, wenn zuvor die Aufbietung erfolgt ist. Eidesstattliche Versicherung vor Erteilung einer neuen Zulassungsbescheinigung Teil II, § 5 S 2 StVG. Wird die in Verlust geratene Zulassungsbescheinigung Teil II wieder aufgefunden, ist sie unverzüglich bei der ZulB abzuliefern, Abs IV S 5. Verstoß gegen diese Pflicht ist ordnungswidrig, § 48 Nr 10.

8. Ersatz für voll beschriebene oder beschädigte Zulassungsbescheinigungen Teil II. In beiden Fällen hat die ZulB neue Zulassungsbescheinigungen Teil II auszustellen, Abs V S 1. Bloße Ergänzung ist unzulässig. Die ursprüngliche Zulassungsbescheinigung Teil II hat die ZulB zu entwerten und sie unter Eintragung der Nummer der neuen Zulassungsbescheinigung Teil II dem Antragsteller zurückzugeben, Abs V S 2. Sie wird nicht mehr wie vor dem 1. 3. 07 eingezogen. Die Richtlinie zur Zulassungsbescheinigung Teil I und Teil II, Nr 5.2.2.1 d (VkBl **05** 188, *193*, *695*) ist insoweit nicht mehr anzuwenden.

9. Keine Befugnis der ZulB, über privatrechtliche Ansprüche zu entscheiden, Abs 6. An den Besitz der ZB II knüpfen sich Folgen privatrechtlicher Art (Rz 15). Soweit bei Anträgen oder bei der Aushändigung der mit Anträgen eingereichten ZB II privatrechtliche Ansprüche auftreten, haben es die ZulB den Beteiligten zu überlassen, sie gerichtlich auszutragen. Unter Umständen Amtspflichtverletzung der ZulB, wenn sie trotz Kenntnis von strittigen Eigentumsverhältnissen die ZB II ohne Nachweis der Empfangsberechtigung aushändigt (Ha NZV **96** 450 für den FzBrief). Das Eigentum am Kfz ergibt sich nicht aus der Eintragung in der ZB II, die lediglich dokumentiert, auf welche Person ein Kfz zugelassen ist; aus der Eintragung kann weder zwingend auf den Halter noch auf den Eigentümer geschlossen werden, da die ZulB die zivilrechtliche Rechtslage nicht prüft (KG VRS **113** 209, VRS **114** 416 für den FzBrief).

10. § 12 ist **kein Schutzgesetz** (§ 823 II BGB) zugunsten des Fahrzeugerwerbers, für § 25 StVZO (alt): BGH VRS **56** 100, Dü DAR **00** 261.

11. Die bürgerlich-rechtliche Bedeutung der Zulassungsbescheinigung Teil II. Die Übereignung von Kfz richtet sich nach allgemeinen Regeln (§§ 929 ff BGB); die Übergabe der ZB II/des FzBriefs ist dafür nicht erforderlich. Da die ZB II/der FzBrief kein Traditionspapier ist, ersetzt die Übergabe der ZB II/des FzBriefs nicht die Übergabe des Fz. Das Eigentum an der ZB II/an dem FzBrief folgt dem Eigentum am Fz. Beim Erwerb eines Kfz vom Nichtberechtigten ist gutgläubiger Erwerb grundsätzlich nur möglich, wenn der Erwerber sich die ZB II/den FzBrief hat vorlegen lassen (näher dazu *Frahm/Würdinger* JuS **08** 14, 16). Wegen der besonderen Bedeutung der ZB II in bürgerlich-rechtlicher Hinsicht gestattet es § 3 III, sie auf Antrag auch für Kfz und Anhänger auszustellen, die vom Zulassungsverfahren befreit sind. **Rspr zum FzBrief:** Mit dem Eigentum am Kfz oder Anhänger wird der Erwerber auch Eigentümer des dazu ausgestellten Fahrzeugbriefs, BGH NJW **83** 2139, Stu DAR **71** 13, LG Darmstadt DAR **99** 265. § 952 BGB ist auf den Fahrzeugbrief entsprechend anzuwenden (BGH NJW **64** 1413, DAR **07** 641, Kö VRS **106** 254, Dü NW-RR **92** 381, LG Darmstadt DAR **99** 265). **Dingliche Rechte** am Brief abweichend von denen am Kfz können nicht begründet werden, Br VRS **50** 34, Stu DAR **71** 13. Ein Unternehmerpfandrecht am Kfz erstreckt sich auch auf den Fahrzeugbrief, Kö VersR **77** 233. Kein kaufmännisches Zurückbehaltungsrecht (§ 369 HGB) am Fahrzeugbrief, da er nicht Träger selbstständiger Rechte ist, Fra NJW **69** 1719. Briefbesitz allein berechtigt einen Händler nicht zur Verfügung über das Kfz, BGH NJW **70** 653. Der Brief hat keine rechtsbegründende Bedeutung, er ist Beweisurkunde, Dü VkBl **52** 132, ist **kein Traditionspapier**, er verbrieft nicht das Eigentum am Kfz, sondern bezweckt dessen Sicherung dadurch, dass sein Fehlen den **guten Glauben des Erwerbers** idR ausschließt, BGH NJW **06** 3488, **05** 1365, **78** 1854, NZV **94** 312, MDR **96** 906, Kö VRS **106** 254, KG VM **84** 32. Zu den Erfordernissen gutgläubigen KfzErwerbs in Sonderfällen, BGH NJW **05** 1365, Ce JZ **79** 608. Den Fahrzeugbrief auf Fahrten mitzuführen ist nicht ratsam, da er in der Hand eines Nichtberechtigten gutgläubigen Erwerb durch Dritte begründen könnte. Bei jedem Eigentumswechsel an einem Fz, auch bei Verkauf zum Ausschlachten, muss sich der Erwerber den Brief vorlegen lassen, Mü DAR **65** 99. Weist der Brief den Veräußerer nicht als Berechtigten aus, so ist gutgläubiger Erwerb wegen grober Fahrlässigkeit ausgeschlossen, wenn sich der Erwerber über die Berechtigung nicht vergewissert, Ha NJW **75** 171, Mü DAR **75** 71. Wer von einer in den FzPapieren als Halterin eingetragenen juristischen Person ein Kfz kaufen will, muss die Berechtigung der für diese handelnden Person vor allem dann sorgfältig prüfen, wenn ungewöhnliche Umstände hinzutreten (Schl NZV **07** 627). § 932 BGB ist auf das Eigentum am Brief entsprechend anzuwenden. Das Fehlen des Briefs begründet die Vermutung unrechtmäßigen Erwerbs. Sein Vorhandensein beweist nicht unbedingt Eigentum des eingetragenen Inhabers und erspart dem Erwerber weder Prüfung des Zustandes des Fz noch der Verfügungsbefugnis des Veräußerers, BGHZ **18** 110 = NJW **55** 1316, VRS **56** 100. Gutgläubiges Vertragspfandrecht des Werkstattunternehmers kann mangels besonderer Gegenanzeichen auch ohne Briefvorlage entstehen, BGHZ **68** 323 = NJW **77** 1240. Beim **Gebrauchtwagenkauf** ist die Briefprüfung nur ein Mindesterfordernis gutgläubigen Eigentumserwerbs, BGH NJW **05** 1365, **78** 1854, **65** 735, VRS **48** 403. Wer sich beim Erwerb eines gebrauchten Kfz nicht den Brief vorlegen lässt, handelt idR grobfahrlässig (§ 932 BGB), BGH NJW **05** 1365, DAR **67** 85, VersR **64** 45, auch zwischen Gebrauchtwagenhändlern, BGH MDR **59** 207, **96** 906 (Fahrzeuge aus Leasingverträgen). Der den Kauf nur vermittelnde Händler muss prüfen, ob die Fahrzeug-Identifizierungsnummer derjenigen im Brief entspricht, BGH VRS **59** 173. Zur Frage gutgläubigen Erwerbs eines Gebrauchtfahrzeugs, wenn der Veräußerer unter dem im Fahrzeugbrief eingetragenen Namen des Halters auftritt, Dü NJW **85** 2484, *Mittenzwei* NJW **86** 2472. Der Erwerber eines gebrauchten Kfz kann auch bösgläubig sein, wenn der Veräußerer im Besitz des Fz und des Briefs ist, sofern er Umstände, die Verdacht erregen müssen, unbeachtet lässt, BGH NJW **75** 735, Kö VRS **106** 256 (Anfrage beim eingetragenen Eigentümer). Grobfahrlässig handelt ein KfzHändler, der ein gebrauchtes Kfz kauft, obwohl der vorgelegte Brief offensichtlich gefälscht ist, BGH Betr **66** 1014. Der Erwerber kann dem **Vorwurf grober Fahrlässigkeit** unter besonderen Umständen aber mit Erfolg begegnen, BGH NJW **65** 687, Br DAR **63** 302, Schl NJW **66** 1970 (Verkäufer als zuverlässig bekannt). Bei **Kauf vom KfzHändler** begründet der bloße Umstand fehlender Eintragung des Händlers im Brief ohne besondere Verdachtsmomente keine Bösgläubigkeit des Käufers, BGH NJW-RR **87** 1456, Kö VersR **96** 1246. Erwirbt jemand vom Vertragshändler einen **fabrikneuen Wagen**, so ist sein guter Glaube an die Verfügungsbefugnis des Händlers nicht deshalb zu verneinen, weil er sich den Brief nicht hat vorlegen lassen, BGH NJW **05** 1365, DAR **60** 179, Dü NJW-RR **92** 381, LG Darmstadt DAR **99** 265, s BGH DAR **03** 314; das gilt auch für den Erwerb des Sicherungseigentums durch die Bank, BGH DAR **60** 179, s Mü MDR **55** 477. Dass das Fehlen des Briefs beim Neuwagenkauf vom autorisierten KfzHändler grundsätzlich Gutgläubigkeit nicht hindert, gilt allerdings nicht ohne Einschränkungen, s BGH NJW **05** 1365 (Käufer hätte Eigentumsvorbehalt des Herstellers kennen müssen). Zum **Sicherungseigentum** der Finanzierungsbank, wenn das Kfz weisungsgemäß dem Händler und der Fahrzeugbrief der Bank ausgehändigt wird, BGH VRS **37** 180. Einbehaltung des FzBriefs durch den Verkäufer kann vom Käufer eines Kfz nur dahin verstanden werden, dass der Verkäufer das Eigentum am Kfz nur unter der aufschiebenden Bedingung vollständiger Zahlung des Kaufpreises übertragen will (BGH NJW **06** 3488, dazu *Fritsche/Würdinger* NJW **07** 1037, *dies* DAR **07** 501, 504f). In der Herausgabe des Briefs kann die schlüssige Erklärung liegen, den **Eigentumsvorbehalt** aufgeben zu wollen (BGH VRS **15** 1). Andererseits braucht ein Verzicht auf den Eigentumsvorbehalt nicht darin zu liegen, dass der Lieferant, der sich das Eigentum vorbehalten hatte, den Brief an ein Finanzierungsinstitut übersendet, das dem Käufer Kredit eingeräumt hatte, BGH VRS **24** 325. Gerät der Verkäufer eines Fahrzeugs nach Übereignung desselben mit der **Übergabe des Fahrzeugbriefs an den Käufer** in Verzug, so hat er für den Nutzungsausfallschaden des Käufers infolge entgangener Gebrauchsmöglichkeit Ersatz zu leisten, BGH NJW **83** 2139. Wer eine selbstfahrende Arbeitsmaschine mit auf Antrag ausgestelltem Fahrzeugbrief verkauft, muss dem Käufer den Brief verschaffen, Stu DAR **71** 13. Zum Streitwert der Herausgabeklage (Brief), Nü MDR **69** 1020. Zur Haftung des Kfz-Erstverkäufers bei Scheitern des Weiterverkaufs wegen Nichtaushändigung des Briefs, Mü VersR **78** 472. Zur Haftung des Herstellers gegenüber dem Erwerber, wenn er für ein aus Altteilen zusammengebautes Kfz einen neuen Fahrzeugbrief ausstellt, BGH VRS **56** 100. Wird die Zulassung abgelehnt, weil das Kfz nicht mit den Angaben des Briefs übereinstimmt, so bildet das einen Gewährleistungsmangel, BGHZ **10** 242 = NJW **53** 1505.

Lit: *Frahm/Würdinger*, Der Eigentumserwerb an Kfz, JuS **08** 14. *Fritsche/Würdinger*, Konkludenter Eigentumsvorbehalt beim Autokauf, NJW **07** 1037. *Dies*, Die Entwicklung des Kraftfahrzeugbriefs im Zivilrecht, DAR **07** 501.

16 **12. Ordnungswidrig** ist
a) das Nichtabliefern einer in Verlust geratenen und dann wieder aufgefundenen Zulassungsbescheinigung Teil II bei der ZulB, § 48 Nr 10,
b) das Nichtanzeigen, sowie das nicht richtige, nicht vollständige oder nicht rechtzeitige Erstatten einer Anzeige über den Verlust eines Vordrucks einer Zulassungsbescheinigung Teil II oder über den Verlust einer ausgefertigten Zulassungsbescheinigung Teil II, § 48 Nr 11.

Mitteilungspflichten bei Änderungen

13 (1) ¹Folgende Änderungen von Fahrzeug- oder Halterdaten sind der Zulassungsbehörde zum Zwecke der Berichtigung der Fahrzeugregister und der Zulassungsbescheinigung unter Vorlage der Zulassungsbescheinigung Teil I, des Anhängerverzeichnisses und bei Änderungen nach Nummer 1 bis 3 auch der Zulassungsbescheinigung Teil II unverzüglich mitzuteilen:

1. Änderungen von Angaben zum Halter, jedoch braucht bei alleiniger Änderung der Anschrift innerhalb des Zulassungsbezirks die Zulassungsbescheinigung Teil II nicht vorgelegt zu werden,
2. Änderung der Fahrzeugklasse nach Anlage XXIX Straßenverkehrs-Zulassungs-Ordnung,
3. Änderung von Hubraum, Nennleistung, Kraftstoffart oder Energiequelle,
4. Erhöhung der bauartbedingten Höchstgeschwindigkeit,
5. Verringerung der bauartbedingten Höchstgeschwindigkeit, wenn diese fahrerlaubnisrelevant oder zulassungsrelevant ist,
6. Änderung der zulässigen Achslasten, der Gesamtmasse, der Stützlast oder der Anhängelast,
7. Erhöhung der Fahrzeugabmessungen, ausgenommen bei Personenkraftwagen und Krafträdern,
8. Änderung der Sitz- oder Stehplatzzahl bei Kraftomnibussen,
9. Änderungen der Abgas- oder Geräuschwerte, sofern sie sich auf die Kraftfahrzeugsteuer oder Verkehrsverbote auswirken,
10. Änderungen, die eine Ausnahmegenehmigung nach § 47 erfordern, und
11. Änderungen, deren unverzügliche Eintragung in die Zulassungsbescheinigung auf Grund eines Vermerks im Sinne des § 19 Abs. 4 Satz 2 der Straßenverkehrs-Zulassungs-Ordnung erforderlich ist.

²Andere Änderungen von Fahrzeug- oder Halterdaten sind der Zulassungsbehörde bei deren nächster Befassung mit der Zulassungsbescheinigung mitzuteilen. ³Verpflichtet zur Mitteilung ist der Halter und, wenn er nicht zugleich der Eigentümer ist, auch dieser. ⁴Die Verpflichtung besteht, bis der Behörde durch einen der Verpflichteten die Änderungen mitgeteilt worden sind. ⁵Kommen die nach Satz 3 Verpflichteten ihrer Mitteilungspflicht nicht nach, kann die Zulassungsbehörde für die Zeit bis zur Erfüllung der Verpflichtung den Betrieb des Fahrzeugs auf öffentlichen Straßen untersagen. ⁶Der Halter darf die Inbetriebnahme eines Fahrzeugs, dessen Betrieb nach Satz 5 untersagt wurde, nicht anordnen oder zulassen.

(2) ¹Wer einen Personenkraftwagen verwendet
1. für eine Personenbeförderung, die dem Personenbeförderungsgesetz unterliegt,
2. für eine Beförderung durch oder für Kindergartenträger zwischen Wohnung und Kindergarten oder durch oder für Schulträger zum und vom Unterricht oder
3. für eine Beförderung von behinderten Menschen zu und von ihrer Betreuung dienenden Einrichtungen

hat dies vor Beginn und nach Beendigung der Verwendung der zuständigen Zulassungsbehörde unverzüglich schriftlich anzuzeigen. ²Wer ein Fahrzeug ohne Gestellung eines Fahrers gewerbsmäßig vermietet (Mietfahrzeug für Selbstfahrer), hat dies nach Beginn des Gewerbebetriebs der zuständigen Zulassungsbehörde unverzüglich schriftlich anzuzeigen, wenn nicht das Fahrzeug für den Mieter zugelassen wird. ³Zur Eintragung der Verwendung des Fahrzeugs im Sinne des Satzes 1 oder des Satzes 2 ist der Zulassungsbehörde unverzüglich die Zulassungsbescheinigung Teil I vorzulegen.

(3) ¹Verlegt der Halter seinen Wohnsitz oder Sitz in einen anderen Zulassungsbezirk, hat er unter Vorlage der Zulassungsbescheinigung bei der neuen Zulassungsbehörde die Zuteilung eines neuen Kennzeichens und Ausstellung einer neuen Zulassungsbescheinigung Teil I unverzüglich zu beantragen. ²Die bisherigen Kennzeichen sind zur Entstempelung vorzulegen. ³Wird der regelmäßige Standort des Fahrzeugs für mehr als drei Monate an einen vom Wohnsitz oder Sitz des Halters abweichenden Ort verlegt, ist dies der Zulassungsbehörde ebenfalls unverzüglich mitzuteilen. ⁴Kommt er diesen Pflichten nicht nach, kann die Zulassungsbehörde für die Zeit bis zur Erfüllung der Pflichten den Betrieb des Fahrzeugs auf öffentlichen Straßen untersagen.

(4) ¹Tritt ein Wechsel in der Person des Halters ein, hat der bisherige Halter oder Eigentümer dies unverzüglich der Zulassungsbehörde zum Zwecke der Berichtigung der Fahrzeugregister mitzuteilen. ²Die Mitteilung muss das Kennzeichen des Fahrzeugs, Namen, Vornamen und vollständige Anschrift des Erwerbers sowie dessen Bestätigung

Dauer

enthalten, dass die Zulassungsbescheinigung und die Kennzeichenschilder übergeben wurden. ³Der Erwerber hat unverzüglich bei der für seinen Wohnsitz oder Sitz zuständigen Zulassungsbehörde unter Angabe der Halterdaten nach § 33 Abs. 1 Satz 1 Nr. 2 des Straßenverkehrsgesetzes und unter Vorlage des Versicherungsnachweises nach § 23 die Ausfertigung einer neuen Zulassungsbescheinigung und, sofern dem Fahrzeug bisher ein Kennzeichen von einer anderen Zulassungsbehörde zugeteilt war, die Zuteilung eines neuen Kennzeichens zu beantragen. ⁴Kommt der bisherige Halter oder Eigentümer seiner Mitteilungspflicht nicht nach oder wird das Fahrzeug nicht unverzüglich umgemeldet oder außer Betrieb gesetzt oder erweisen sich die mitgeteilten Daten des neuen Halters oder Eigentümers als nicht zutreffend, kann die Zulassungsbehörde die Zulassungsbescheinigung im Verkehrsblatt mit einer Frist von vier Wochen zur Vorlage bei ihr aufbieten. ⁵Mit erfolglosem Ablauf des Aufgebots endet die Zulassung des Fahrzeugs. ⁶Die Zulassungsbehörde teilt das Ende der Zulassung dem bisherigen Halter oder Eigentümer mit.

(5) ¹Die Absätze 1, 3 und 4 gelten nicht für außer Betrieb gesetzte Fahrzeuge. ²Absatz 4 Satz 1 gilt nicht für Fahrzeuge, für die der Zulassungsbehörde ein Verwertungsnachweis nach § 15 vorgelegt wurde.

(6) ¹Wird ein zugelassenes Fahrzeug im Ausland erneut zugelassen und erhält die zuständige Zulassungsbehörde durch das Kraftfahrt-Bundesamt hierüber die Mitteilung, ist das Fahrzeug durch die Zulassungsbehörde außer Betrieb zu setzen. ²Die Mitteilung erfolgt in elektronischer Form nach den vom Kraftfahrt-Bundesamt herausgegebenen und im Verkehrsblatt veröffentlichten Standards.

1 **Begr** (VkBl **06** 607):

Absatz 1 *folgt dem bisherigen § 27 Abs. 1 und 1a StVZO. Zusätzlich aufgenommen ist die Verantwortung des Halters, die Inbetriebnahme des Fahrzeugs nicht anzuordnen oder zuzulassen, wenn dessen Betrieb auf öffentlichen Straßen untersagt wurde.* ...

Änderung durch den Bundesrat zur Fassung von Abs. 1 Nr. 3: *Aus Gründen der Verkehrssicherheit sollen auch Änderungen der Kraftstoffart, wie sie beispielsweise bei der Umrüstung auf Flüssiggas erfolgt oder der Energiequelle unverzüglich gemeldet und damit auch in den Fahrzeugregistern und den Zulassungsdokumenten vermerkt werden.*

Absatz 2 *folgt den bisher in § 23 Abs. 6 StVZO vorgeschriebenen Meldungen und Eintragungen in der Zulassungsbescheinigung Teil I bezüglich der bestimmten Verwendung von Fahrzeugen. Der Katalog wird um die bisher in der Selbstfahrervermietverordnung geregelte Eintragung der gewerbsmäßigen Vermietung an Selbstfahrer ergänzt.*

2 **Absatz 3** *bestimmt die Meldepflicht bei Wechsel des Wohnsitzes oder Sitzes oder der Anschrift des Fahrzeughalters. Sie tritt an die Stelle der bisher auf die Verlegung des regelmäßigen Standorts bezogenen (§ 27 Abs. 2 StVZO). Standortverlegungen sind nur noch mitzuteilen, wenn sie längerfristig sind.*

Absatz 4 *übernimmt § 27 Abs. 3 StVZO. Danach haben Verkäufer und Käufer eines zugelassenen Fahrzeuges bestimmte Verpflichtungen. Der Verkäufer hat der Zulassungsbehörde Namen und Anschrift des Erwerbers anzuzeigen. Der Käufer hat unverzüglich das Fahrzeug bei der neu zuständigen Zulassungsbehörde umzumelden.* ...

3 Änderung durch den Bundesrat zur Fassung von Abs. 4 Satz 1: *Die Mitteilung der Fahrzeugveräußerung allein ist nicht ausreichend. Auch Halteränderungen auf Grund von Schenkungen, Vermietungen, Leasinggeschäften etc. sind zum Zwecke der Berichtigung der Fahrzeugregister mitzuteilen.*

Änderung durch den Bundesrat zur Fassung von Abs. 4 Sätze 4 bis 6: *Die bisher vorgesehene Betriebsuntersagung ist nicht das geeignete Mittel, solche Verstöße zu sanktionieren. Es ist vielmehr eine rechtliche Möglichkeit notwendig, in solchen Fällen die Zulassung zeitnah von Amts wegen beenden zu können.*

Absatz 5 *nimmt Mitteilungen zu Änderungen bei außer Betrieb gesetzten Fahrzeugen sowie zum Wohnsitzwechsel von Haltern dieser Fahrzeuge von den Meldepflichten aus (derzeit § 27 Abs. 4a).*

Absatz 6 *regelt die Außerbetriebsetzung von Amts wegen, wenn der Zulassungsbehörde die Mitteilung über eine Zulassung des Fahrzeuges im Ausland zugeht.*

4 **42. StVZAusnV** v 22. 12. 92 idF d VO v 25. 4. 06 (BGBl I 1078, VkBl **06** 598)

(§ 1: s § 19 StVZO Rz 1b)

§ 2. ¹Abweichend von § 13 Abs. 1 der Fahrzeug-Zulassungsverordnung sind Änderungen der Leermasse durch den Anbau der seitlichen Schutzvorrichtungen nicht melde- oder eintragungspflichtig. ²Auf das Ausmaß der Änderungen ist im Teilegutachten deutlich sichtbar hinzuweisen.

Mitteilungspflichten bei Änderungen § 13 FZV 4

1. Anwendungsbereich. § 13 begründet für Eigentümer und Halter **Meldepflichten**, Abs I S 1 insbesondere für den Fall, dass an dem Fahrzeug Änderungen vorgenommen werden, die die Berichtigung der Fahrzeugregister und der Fahrzeugpapiere nötig machen, Abs III S 1 für den Fall der Verlegung von Wohnsitz oder Sitz des Halters in einen anderen Zulassungsbezirk, Abs III S 3 für den Fall, dass der Standort des Fahrzeugs für mehr als drei ununterbrochene Monate an einen vom Wohnsitz oder Sitz des Halters abweichenden Ort verlegt wird, Abs IV für den Fall des Halterwechsels. Die Vorschrift soll sicherstellen, dass die in den Fahrzeugregistern und in der Zulassungsbescheinigung erfassten Daten über die Fz und deren Halter stets auf dem neuesten Stand sind, soweit nicht spätere Meldung (Abs I S 2) ausreicht. Sie rechtfertigt die Vermutung, dass die der ZulB bekannten Daten in Bezug auf die Eigentumsverhältnisse den tatsächlichen entsprechen, zu § 27 StVZO (alt): OVG Hb NJW **00** 2600. Wird der regelmäßige Standort des Fahrzeugs für weniger als drei Monate an einen vom Wohnsitz oder Sitz des Halters abweichenden Ort verlegt, besteht keine Meldepflicht.

2. Meldepflichtige Änderungen (Abs I S 1 u 2). Die Fz- und Halterdaten in den Fz-Registern, den Zulassungsbescheinigungen Teile I und II und in den Anhängerverzeichnissen müssen den Tatsachen entsprechen. Deshalb sind die in Abs I S 1 genannten Änderungen ohne schuldhafte Verzögerung zu melden. Dabei handelt es sich um solche Änderungen, die Auswirkungen auf die Kfz-Steuer, die Versicherungsprämie, die Fahrerlaubnis oder auf erforderliche Ausnahmegenehmigungen haben, und zwar hauptsächlich um Änderungen am Fz. Soweit die Änderung nicht von Abs I S 1 erfasst wird, genügt Meldung zu einem späteren Zeitpunkt, zu dem die ZulB aus anderen Gründen mit der Zulassungsbescheinigung befasst ist (Abs I S 2); jedoch sind die Mitführungs- und Aushändigungspflichten des § 19 IV StVZO zu beachten. Die Meldepflichten betreffen alle zugelassenen Fz, auch solche mit Saisonkennzeichen außerhalb des Betriebszeitraums (s Begr zur 23. ÄndVStVR, VkBl **96** 620), nicht aber außer Betrieb gesetzte Fz, Abs V S 1. Ausnahme von der Meldepflicht bei Anbau seitlicher Schutzvorrichtungen, s § 2 der 42. StVZAusnV (Rz 4). Die Meldung bezweckt Berichtigung der FzPapiere und der FzRegister. Unverzüglich zu melden ist auch Änderung der Anschrift des Halters, jedoch bedarf es dazu bei Änderung der Anschrift innerhalb des Zulassungsbezirks nicht der Vorlage der Zulassungsbescheinigung Teil II (Abs I S 1 Nr 1).

3. Meldepflichtig ist der Halter und, wenn der Halter nicht zugleich der Eigentümer ist (Vorbehaltseigentum, Sicherungsübereignung), auch dieser, Abs I S 3. Die Meldepflicht trifft auch dann den Halter, wenn in den FzPapieren oder in den FzRegistern eine andere Person eingetragen ist, nicht aber den Eingetragenen, Bay DAR **85** 390, Kö VRS **86** 202, *Rebler* VD **06** 153. Meldepflichtiger Eigentümer ist auch, wer vertraglich alle Eigentümerbefugnisse haben soll (Vermittlungsvertrag mit einem Händler zwecks Umsatzsteuerersparnis), Ol VRS **32** 230, AG Bad Homburg VersR **00** 450. Mit der Meldung ist die Meldepflicht erfüllt; die Berichtigung der Fahrzeugpapiere muss der Meldepflichtige nicht kontrollieren, Ha VRS **10** 148.

4. Dauer der Meldepflicht. Nach Abs I S 4 besteht die Meldepflicht, bis der ZulB durch einen der Verpflichteten die Änderungen mitgeteilt worden sind, Abs I S 4. Die Verjährung des Verstoßes gegen die Meldepflicht beginnt erst, wenn die Pflicht erfüllt ist. Abs I S 4 bezieht sich nur auf Abs I, nicht auch auf Abs IV, s zu § 27 I S 4 StVZO (alt) Ol VM **67** 12. Die Zulassungsbehörde kann **Untersagung des FzBetriebs** auf öffentlichen Straßen anordnen, bis die Meldepflichtigen ihrer Pflicht nachkommen (Abs I S 5). In diesem Fall darf der Halter die Inbetriebnahme nicht anordnen oder zulassen (Abs I S 6).

5. Meldepflicht bei bestimmter Verwendung von Fz. Abs II schreibt Meldung und Vorlage der Zulassungsbescheinigung Teil I bei Verwendung eines Pkws zur Personenbeförderung nach PBefG oder zur Beförderung von Kindern oder Behinderten durch oder für Kindergarten- bzw Schulträger vor, Abs II. Zweck der Vorschrift: Erleichterung der Durchführung der Hauptuntersuchung nach § 29; durch den Vermerk soll erkennbar gemacht werden, dass für jene Fahrzeuge die (kürzere) 12-Monatsfrist gilt (zur Vorgängervorschrift § 23 VI alt: VkBl **85** 76). Der Katalog wurde um die früher in der Selbstfahrervermietverordnung geregelte Eintragung der gewerbsmäßigen Vermietung an Selbstfahrer ergänzt. Solange ein Fz gewerbsmäßig ohne Gestellung eines Fahrers vermietet wird (Mietfahrzeug für Selbstfahrer), muss der ZulB außerdem eine gültige Versicherungsbestätigung für ein Mietfahrzeug für Selbstfahrer vorliegen, § 23 II S 1. Der ZulB ist nicht nur die Zulassungsbescheinigung Teil I zur Eintragung der Verwendung des Fz (Abs II S 3), sondern bei Änderung der HU- und AU-Fristen sind auch die Kennzeichenschilder vorzulegen.

10 **6. Meldepflicht bei Verlegung von Wohnsitz oder Sitz des Halters und Wechsel des Standortes des Fz.** Bei Verlegung von Wohnsitz oder Sitz (zu den Begriffen s § 46 Rz 3) des Halters innerhalb des Zulassungsbezirks ist unverzügliche Mitteilung der Änderung der Anschrift erforderlich, allerdings ohne Vorlage der Zulassungsbescheinigung Teil II (Abs I S 1 Nr 1). In diesem Fall kann die neue Anschrift kann – wie bei Personalausweisen – auf der Zulassungsbescheinigung Teil I vermerkt werden (Richtlinie zur Zulassungsbescheinigung Teil I und Teil II, VkBl **05** 188, 693, Nr 6.1 = StVRL § 11 FZV Nr 8). Bei Verlegung von Wohnsitz oder Sitz des Halters in einen anderen Zulassungsbezirk ist unverzüglich bei der neuen ZulB die Zuteilung eines neuen Kennzeichens und Ausstellung einer neuen Zulassungsbescheinigung Teil I zu beantragen (Abs III S 1). Anders als bei Halterwechsel (Abs IV S 3) ist kein Versicherungsnachweis gem § 23 vorzulegen, da der Umzug den Versicherungsschutz für das Fz nicht berührt. Die bisherigen Kennzeichenschilder sind zur Entstempelung vorzulegen (Abs III S 2). Wenn die oberste Landesbehörde die Beibehaltung des Kennzeichens bei Wechsel des Zulassungsbezirks innerhalb des jeweiligen Bundeslandes genehmigt hat (§§ 47 I S 1 Nr 2, 50 VII), muss kein neues Kennzeichen beantragt werden. Der Umzug muss aber auch in diesem Fall unverzüglich gem § 13 I S 1 Nr 1 unter Vorlage der Zulassungsbescheinigung Teil I und Teil II der nach dem Umzug örtlich zuständigen Zulassungsbehörde mitgeteilt werden (s Begr VkBl **06** 612).

11 Da die Zulassung seit 1. 3. 07 nicht mehr am regelmäßigen **Standort** des Fahrzeugs, sondern am Wohnort oder Sitz des Halters erfolgt, werden die Meldepflichten nicht mehr wie früher durch die Verlegung des regelmäßigen Standorts des Fahrzeugs ausgelöst, sondern durch die Verlegung von Wohnort oder Sitz des Halters. Der regelmäßige Standort des Fahrzeugs ist allerdings bei der Zulassung zu erfassen, wenn er mit dem Wohnsitz oder Sitz des Halters nicht identisch ist (§ 6 IV Nr 1) und unverzüglich zu melden, wenn er für mehr als drei volle Monate an einen vom Wohnort oder Sitz des Halters abweichenden Ort verlegt wird (Abs III S 3). Die Zulassungsbehörde kann **Untersagung des Fahrzeugbetriebs** auf öffentlichen Straßen anordnen, bis der Halter seinen Pflichten aus Abs III nachkommt (Abs III S 4).

12 **7. Pflichten bei Halterwechsel.** Abs IV regelt die Pflichten von Halter und Eigentümer bei einem Wechsel in der Person des Halters. Dies gilt nicht nur für Veräußerung des Fahrzeugs, sondern auch bei Halteränderungen auf Grund von Schenkungen, Vermietungen, Leasinggeschäften etc. (s Begr des Bundesrates VkBl **06** 607). Die Pflichten betreffen zugelassene Fz, auch solche mit Saisonkennzeichen außerhalb des Betriebszeitraums, nicht aber außer Betrieb gesetzte Fz, Abs V S 1. Die Pflicht besteht auch nicht für Fz, für die der ZulB ein Verwertungsnachweis nach § 15 vorgelegt wurde, Abs V S 2.

13 Der bisherige Halter oder Eigentümer hat der ZulB unverzüglich den **Halterwechsel mitzuteilen,** damit die Fahrzeugregister berichtigt werden können (Abs 4 S 1). Er muss dabei Namen und Anschrift des „Erwerbers" anzeigen (Abs 4 S 2). Über Namen und Anschrift des Erwerbers muss er sich vergewissern (OVG Münster DAR **03** 136). Der bisherige Halter oder Eigentümer erfüllt diese Pflicht unzureichend, wenn er die Angaben des Käufers nicht durch Einsichtnahme in ein Ausweispapier kontrolliert (VGH Ka NJW **99** 3650, VG Saarlouis Beschl v 7. 3. 08 10 L 47/08 juris). Im Hinblick auf den über die Veräußerung hinausreichenden Regelungsgehalt des Abs 4 (s Begr des Bundesrates VkBl **06** 607), ist unter „Erwerber" nicht nur der Käufer, sondern auch jede andere Person zu verstehen, der das Fahrzeug in dem Sinne übertragen wird, dass diese Person nun Halter werden soll. Der ZulB ist vom bisherigen Halter oder Eigentümer zusammen mit der Mitteilung des Halterwechsels eine Bestätigung des „Erwerbers" zu übermitteln, dass ihm die Zulassungsbescheinigung, also deren Teile I und II, und die Kennzeichenschilder übergeben wurden (Abs 4 S 2). Der „Erwerber" hat unverzüglich das Fahrzeug bei der neu zuständigen, also der für seinen Wohnort oder Sitz zuständigen ZulB unter Vorlage eines Versicherungsnachweises gem § 23 umzumelden (Abs 4 S 3).

14 Verstoß gegen die Anzeigepflicht begründet nur dann **polizeirechtliche Verhaltensverantwortlichkeit** in Bezug auf die durch Entfernung des Fahrzeugs aus öffentlichem Verkehrsraum entstehenden Kosten, wenn er für das Abstellen des Fahrzeugs kausal ist, nicht zB bei bloßem verkehrswidrigen Parken, OVG Münster DAR **03** 136, OVG Hb NJW **00** 2600, uU aber (wenn der Verstoß die Bereitschaft des Erwerbers für späteres vorschriftswidriges Abstellen des Fahrzeugs gefördert hat) bei Abstellen eines nicht mehr zugelassenen, zur Entsorgung (Ausschlachten) veräußerten Fahrzeugs, OVG Münster DAR **03** 136, VGH Ma NZV **96** 511, VG Br NVwZ-RR **00** 593, vor allem bei kollusivem Zusammenwirken von Veräußerer und Erwerber, OVG Hb NJW **00** 2600 (möglicherweise), *Becker* NZV **01** 202, aM grundsätzlich VGH Ka

Mitteilungspflichten bei Änderungen § 13 FZV 4

VRS **97** 473. Verstoß gegen die Anzeigepflicht begründet polizeirechtliche Verantwortlichkeit für den Fall, dass der Erwerber es unterlässt, den erforderlichen Versicherungsschutz für das erworbene zugelassene Fz herbeizuführen und selbst nicht belangt werden kann, weil sein Name und seine Anschrift unbekannt sind; in diesem Fall ist der Veräußerer gebührenpflichtiger Veranlasser von Amtshandlungen zur zwangsweisen Außerbetriebsetzung des Fz (VG Saarlouis Beschl v 7. 3. 08 10 L 47/08 juris).

Beendigung der Zulassung bei Verstößen. Kommen der bisherige Halter oder Eigentümer ihrer Mitteilungspflicht nach Abs IV S 1 u 2 nicht nach oder wird das Fahrzeug bei Halterwechsel nicht unverzüglich umgemeldet oder außer Betrieb gesetzt, oder erweisen sich die mitgeteilten Daten des neuen Halters oder Eigentümers als nicht zu treffend, kann die ZulB die Zulassung zeitnah von Amts wegen beenden, indem sie die Zulassungsbescheinigung im Verkehrsblatt oder einer Frist von vier Wochen zur Vorlage bei ihr aufbietet, Abs IV S 4. Mit erfolglosem Ablauf dieser Frist endet die Zulassung des Fahrzeugs automatisch, Abs IV S 5. Damit endet dann auch die Kfz-Steuerpflicht. Die ZulB teilt dem bisherigen Halter oder Eigentümer das Ende der Zulassung mit, Abs IV S 6. In der Zeit bis zum automatischen Ende der Zulassung gem Abs IV S 5 kann die ZulB gem Abs I S 5 den Betrieb des Fz untersagen. 15

Wirkung der Veräußerung, Schenkung etc. auf die Zulassung. Eigentumswechsel berührt die Zulassung nicht, Schl VM **60** 10. Der „Erwerber" darf auf Grund der alten FzPapiere das Fz vorbehaltlich der Pflicht zur Ummeldung weiterbenutzen. Bei Veräußerung endet die **Kfz-Steuerpflicht** in dem Zeitpunkt, in dem die Veräußerungsanzeige bei der ZulB eingeht, spätestens bei der Aushändigung der neuen Zulassungsbescheinigung Teil I an den Erwerber; gleichzeitig beginnt die Steuerpflicht für den Erwerber, § 5 V KraftStG. Veräußerung des Fz lässt den Bestand des **Kfz-Haftpflichtversicherungsvertrages** unberührt: Der Erwerber tritt in den Vertrag ein (§§ 69 I VVG alt = § 122 iVm § 95 I VVG 08, 6 I AKB alt = G.7 AKB 08), hat aber ein Kündigungsrecht (§§ 70 II VVG alt = § 122 iVm § 96 II VVG 08, 6 II 1 AKB alt = G.7.5 AKB 08). Schließt er eine neue Kfz-Haftpflichtversicherung ab, ohne die auf ihn übergegangene Versicherung zu kündigen, gilt das alte Versicherungsverhältnis mit Beginn des neuen Vertrages als gekündigt (§ 3b PflVG). Zur Leistungspflicht, wenn der Erwerber vor dem Versicherungsfall eine andere Versicherung beantragt hat, Nü VersR **66** 1070. 16

Pflichten des bisherigen Halters oder Eigentümers bei Übergabe des Fahrzeugs. Der bisherige Halter oder Eigentümer hat beim Wechsel des Eigentums an dem Kfz oder Anhänger oder einer anderen Übertragung dem „Erwerber" mit dem Fahrzeug zu übergeben: a) die Zulassungsbescheinigung Teil II wegen deren bürgerlich-rechtlicher Bedeutung (§ 12), b) die Zulassungsbescheinigung Teil I; dadurch ermöglicht er dem „Erwerber", das Fahrzeug bis zur Ausstellung einer von ihm zu erwirkenden neuen Zulassungsbescheinigung Teil I weiter zu benutzen; c) die Kennzeichenschilder. Die Erfüllung dieser Pflichten muss sich der bisherige Halter oder Eigentümer vom „Erwerber" bescheinigen lassen. Die Übergabe des Prüfbuches bei prüfbuchpflichtigen Fahrzeugen an den „Erwerber" trägt dem Umstand Rechnung, dass Prüfbücher gem § 29 XIII StVZO bis zur endgültigen Außerbetriebsetzung des Fahrzeugs aufzubewahren sind. 17

8. Außerbetriebsetzung bei Zulassung im Ausland. Wenn der ZulB eine Mitteilung des KBA über die Zulassung eines Fz im Ausland zugeht, das vorher in Deutschland zugelassen war, wird das Fz durch die ZulB von Amts wegen außer Betrieb gesetzt, Abs VI. 18

9. Ordnungswidrig ist 19

a) das Nichtmelden, das nicht richtige, nicht vollständige oder nicht rechtzeitige Mitteilen von Änderungen nach Abs I S 1 bis 4 und der Verlegung des regelmäßigen Standorts des Fz für mehr als drei Monate an einen vom Wohnsitz oder Sitz des Halters abweichenden Ort nach Abs III S 3, § 48 Nr 12,
b) die Zuwiderhandlung gegen eine vollziehbare Anordnung nach Abs I S 5 zur Untersagung des Betriebs eines Fz bei Nichterfüllung der Mitteilungspflichten aus Abs I S 1 oder 2, § 48 Nr 7,
c) die Anordnung oder das Zulassen der Inbetriebnahme eines Fz, dessen Betrieb nach Abs I S 5 untersagt wurde, weil Halter oder Eigentümer ihrer Mitteilungspflicht nach Abs I S 1 oder 2 nicht nachkommen, § 48 Nr 2,
d) die Nichterstattung, das nicht richtige, nicht vollständige oder nicht rechtzeitige Erstatten einer Anzeige nach Abs II S 1 oder 2 bezüglich bestimmter Verwendung von Fz und gewerbsmäßiger Vermietung an Selbstfahrer, § 48 Nr 11,

4 FZV § 14   Abschnitt 2. Zulassungsverfahren

e) das Nichtvorlegen der Zulassungsbescheinigung Teil I bei der ZulB zur Eintragung der Verwendung des Fahrzeugs iSv Abs II S 1 oder 2, § 48 Nr 13.

20   Verstoß gegen die Pflicht des „Erwerbers", unverzüglich bei der zuständigen ZulB die Ausfertigung einer neuen Zulassungsbescheinigung und ggf die Zuteilung eines neuen Kennzeichens zu beantragen (Abs IV S 3), ist anders als bis zum 28. 2. 07 (§ 69a II Nr 12 iVm § 27 III S 2 StVZO alt) nicht mehr ordnungswidrig.

Außerbetriebsetzung, Wiederzulassung

14 (1) ¹Soll ein zugelassenes Fahrzeug oder ein nicht zulassungspflichtiges, aber kennzeichenpflichtiges Fahrzeug außer Betrieb gesetzt werden, hat der Halter dies der Zulassungsbehörde unter Vorlage der Zulassungsbescheinigung und gegebenenfalls der Anhängerverzeichnisse, bei nicht zulassungs- aber kennzeichenpflichtigen Fahrzeugen, unter Vorlage des Nachweises über die Zuteilung des Kennzeichens oder die Zulassungsbescheinigung Teil I unverzüglich anzuzeigen und die Kennzeichen zur Entstempelung vorzulegen. ²Die Zulassungsbehörde vermerkt die Außerbetriebsetzung des Fahrzeugs unter Angabe des Datums auf der Zulassungsbescheinigung Teil I und gegebenenfalls auf den Anhängerverzeichnissen und händigt die vorgelegten Unterlagen sowie die entstempelten Kennzeichenschilder wieder aus. ³Der Halter kann das Kennzeichen zum Zwecke der Wiederzulassung befristet reservieren lassen.

(2) ¹Soll ein nach Absatz 1 außer Betrieb gesetztes Fahrzeug wieder zum Verkehr zugelassen werden, ist die Zulassungsbescheinigung vorzulegen, § 6 gilt entsprechend. ²Das Fahrzeug muss vor der erneuten Zulassung einer Untersuchung nach § 29 der Straßenverkehrs-Zulassungs-Ordnung unterzogen werden, wenn bei Anwendung der Anlage VIII Abschnitt 2 der Straßenverkehrs-Zulassungs-Ordnung zwischenzeitlich eine Untersuchung hätte stattfinden müssen. ³Satz 2 gilt entsprechend für eine Sicherheitsprüfung nach § 29 der Straßenverkehrs-Zulassungs-Ordnung und für eine vorgeschriebene Abgasuntersuchung nach § 47a der Straßenverkehrs-Zulassungs-Ordnung. ⁴Sind die Fahrzeug- und Halterdaten im Zentralen Fahrzeugregister bereits gelöscht worden und kann die Übereinstimmungsbescheinigung, die Datenbestätigung oder die Bescheinigung über die Einzelgenehmigung des unveränderten Fahrzeugs nicht anderweitig erbracht werden, ist § 21 der Straßenverkehrs-Zulassungs-Ordnung entsprechend anzuwenden.

1   *Begr* (VkBl **06** 607): *§ 14 basiert auf den bisherigen Vorschriften über die Stilllegung bzw. Außerbetriebsetzung von Fahrzeugen, wie sie in § 27 Abs. 5 bis 7 StVZO geregelt waren. Die Differenzierung zwischen vorübergehender Stilllegung und endgültiger Außerbetriebsetzung wird aufgegeben, da nunmehr für eine Wiederzulassung erst dann eine erneute Betriebserlaubnis gefordert wird, wenn die Fahrzeugdaten nicht mehr im Zentralen Fahrzeugregister verfügbar sind (sieben Jahre nach Außerbetriebsetzung) und zum unveränderten Fahrzeug kein Nachweis über eine gültige EG- oder nationale Typgenehmigung oder Einzelgenehmigung geführt werden kann. Wenn im Zeitraum zwischen Abmeldung und Wiederzulassung eine Hauptuntersuchung nach § 29 StVZO oder eine Abgasuntersuchung nach § 47a fällig gewesen wäre, sind diese vor der Zulassung durchführen zu lassen.*

2   **Absatz 1 Satz 3** *räumt dem Halter die Möglichkeit ein, im Rahmen kurzzeitiger Außerbetriebsetzungen das Kennzeichen reservieren zu lassen.*

3   **1. Außerbetriebsetzung von Fahrzeugen.** Mit Inkrafttreten der FZV am 1. 3. 07 wurden die bisherigen Möglichkeiten der vorübergehenden Stilllegung und der endgültigen Außerbetriebsetzung durch das jetzt als einziges verfügbare Verfahren der Außerbetriebsetzung ersetzt. Die Differenzierung zwischen vorübergehender Stilllegung und endgültiger Außerbetriebsetzung wurde aufgegeben, da jetzt für eine Wiederzulassung erst dann eine erneute Betriebserlaubnis gefordert wird, wenn die Fahrzeugdaten nicht mehr im Zentralen Fahrzeugregister verfügbar sind (sieben Jahre nach Außerbetriebsetzung) und zum unveränderten Fz kein Nachweis über eine gültige EG- oder nationale Typgenehmigung oder Einzelgenehmigung geführt werden kann.

4   **2. Verfahren.** Wenn ein zugelassenes oder ein nicht zulassungspflichtiges, aber kennzeichenpflichtiges Fz nicht mehr im öffentlichen Straßenverkehr verwendet werden, also außer Betrieb gesetzt werden soll, hat der Halter dies der ZulB unverzüglich anzuzeigen (Abs 1 S 1). Dabei hat er die Zulassungsbescheinigung Teile I und II, ggf das Anhängerverzeichnis, bei nicht zulassungs- aber kennzeichenpflichtigen Fz den Nachweis über die Zuteilung des Kennzeichens oder die Zulassungsbescheinigung Teil I bei der ZulB vorzulegen (Abs 1 S 1). Weiter muss der Halter

Außerbetriebsetzung, Wiederzulassung § 14 FZV 4

die Kennzeichenschilder zur Entstempelung vorlegen (Abs 1 S 1). Wenn Eintragung der Außerbetriebsetzung in die ZB I/den FzSchein (§ 5 IV KraftStG spricht unzutreffend – anders als § 5 II Nr 3a KraftStDV – noch von Rückgabe und Einziehung des FzScheins) und Entstempelung der Kennzeichen an verschiedenen Tagen erfolgen, endet die Kfz-Steuerpflicht an dem letzten Tag, außer es wird glaubhaft gemacht, dass das Fz seit dem früheren Zeitpunkt nicht benutzt worden ist und dass die Abmeldung nicht schuldhaft verzögert wurde (§ 5 IV KraftStG). Während der Zeit der Außerbetriebsetzung bestehen keine Mitteilungspflichten nach § 13 I, III und IV (§ 13 V).

Rückgabe der vorgelegten Unterlagen und der Kennzeichenschilder. Die ZulB händigt dem Halter nach Eintrag eines Vermerks über die Außerbetriebsetzung in der Zulassungsbescheinigung Teil I und ggf in den Anhängerverzeichnissen die vorgelegten Unterlagen, also auch die Zulassungsbescheinigung Teil II, sowie die entstempelten Kennzeichenschilder wieder aus (Abs 1 S 2). Unbrauchbarmachen der Zulassungsbescheinigung Teil II (wie gem § 27 V S 2 StVZO in der bis zum 30. 9. 05 geltenden Fassung für den Fahrzeugbrief vorgesehen) erfolgt nicht, weil sowohl die Zulassungsbescheinigung Teil I als auch die Zulassungsbescheinigung Teil II im Falle einer Zulassung des Fz in einem anderen EU-Mitgliedstaat vorzulegen sind (s Begr zur 38. ÄndVStVR, BRDrucks 344/04 S 36). Um dem Missbrauch der Zulassungsbescheinigung Teil II entgegenzuwirken, unterrichteten die Versicherer die ZulB, wenn nach einem Unfall die Reparaturkosten 50% des Neuwertes überschritten und daher eine Abmeldung des Fahrzeugs in Frage kam, s BMV v 12. 3. 92, VkBl *92* 200 = StVRL § 17 StVZO Nr 1, aufgehoben VkBl *08* 497, *Jagow* VD *92* 49, s *Otting* DAR *97* 291. 5

Lit: *Jagow*, Zulassungsrechtliche Behandlung totalbeschädigter Kfze, VD *92* 49.

3. Reservierung des Kennzeichens. Der Halter hat bei Außerbetriebsetzung die Möglichkeit, das bisherige Kennzeichen zum Zwecke der Wiederzulassung befristet reservieren zu lassen, Abs I S 3, sofern es später mit dem gleichen Kennzeichen wieder in Betrieb genommen werden soll. Nach dem Wortlaut von Abs I S 3 kann das reservierte Kennzeichen nur für die Wiederzulassung des außer Betrieb gesetzten, also nicht eines anderen Fz verwendet werden. Wenn der Halter das bisherige Kennzeichen eines außer Betrieb gesetzten Fz für die Zulassung eines anderen Fz verwenden will, muss er von der Reservierung gem Abs I S 3 absehen (denn sonst wird das Kennzeichen nicht frei) und ein Wunschkennzeichen nach allgemeinen Regeln beantragen. 6

Nach der Begr (VkBl *06* 608) ist die Reservierung für „kurzzeitige" Außerbetriebsetzungen vorgesehen. Der Begriff „kurzzeitig" ist jedoch so unbestimmt, dass der ZulB ein großer Entscheidungsspielraum bleibt, für welchen Zeitraum sie ein Kennzeichen zu reservieren bereit ist, zumal der Wortlaut von Abs I S 3 nur von „befristet" spricht. Dabei ist zu berücksichtigen, dass das Kennzeichen einerseits nicht zu lange für andere Antragsteller blockiert werden kann, dass dem Halter, der eine lediglich befristete Außerbetriebsetzung vornimmt, aber auf der anderen Seite genügend zeitlicher Spielraum bleiben muss, die Wiederzulassung vorzunehmen, ohne dass sein früheres Kennzeichen bereits anderweitig vergeben worden ist.

Die Reservierung des Kennzeichens und die Reservierungsfrist werden weder im örtlichen noch im Zentralen Fahrzeugregister gespeichert. Die ZulB muss aber überwachen, dass reservierte Kennzeichen nicht wieder zugeteilt werden. Wird **keine Reservierung** des Kennzeichens vorgenommen, wird das Kennzeichen **sofort** mit der Außerbetriebsetzung **frei**.

4. Erklärung bei jeder Außerbetriebsetzung, dass das Fz nicht als Abfall zu entsorgen ist. Bei jedem Antrag auf Außerbetriebsetzung haben Halter oder Eigentümer gegenüber der ZulB formlos zu erklären, dass das Fz nicht als Abfall zu entsorgen ist, § 15 II S 2, sofern es sich nicht um einen Fall nach § 15 I (Außerbetriebsetzung wegen Entsorgung in Deutschland) oder § 15 II S 1 (Außerbetriebsetzung wegen Entsorgung im Ausland) handelt. 7

5. Zur Wiederzulassung eines nach Abs I außer Betrieb gesetzten Fahrzeugs ist bei der örtlich zuständigen ZulB entsprechend § 6 ein Antrag auf Wiederzulassung zu stellen und die Zulassungsbescheinigung vorzulegen, Abs II S 1. Dabei sind die in § 6 vorgesehenen Angaben zu machen und auf Verlangen nachzuweisen. Eine Versicherungsbestätigung nach § 23 ist zu erbringen, § 23 I S 2. Da es sich nicht um eine erstmalige Zulassung handelt, ist der Nachweis einer Typ- oder Einzelgenehmigung grundsätzlich entbehrlich. Nur wenn (nach 7 Jahren, § 44 I) die Fz- und Halterdaten im Zentralen Fahrzeugregister bereits gelöscht wurden und dann nicht eine Übereinstimmungsbescheinigung (§ 2 Nr 7), Datenbestätigung (§ 2 Nr 8) oder Bescheinigung über eine Einzelgenehmigung (§ 2 Nr 6) des unveränderten Fz erbracht werden kann, ist für eine Wiederinbetriebnahme des Fz eine Einzelgenehmigung (Betriebserlaubnis) nach § 21 8

Dauer

4 FZV § 15 Abschnitt 2. Zulassungsverfahren

StVZO zu erteilen, wozu es eines Gutachtens eines amtlich anerkannten Sachverständigen bedarf, Abs II S 4. Wenn in dem Zeitraum zwischen Außerbetriebsetzung und Wiederzulassung eine **HU, SP** oder **AU** fällig gewesen wären (Fristen s § 29 StVZO, Rz 17), sind diese vor der erneuten Zulassung durchführen zu lassen, Abs II S 2 u 3.

9   Es gibt in der FZV keine **Übergangsbestimmung** für die Wiederzulassung der Fahrzeuge, die vor dem 1. 3. 07 vorübergehend stillgelegt waren (§ 27 VI S 1 StVZO alt), für mehr als 18 Monate aus dem Verkehr gezogen waren (§ 27 V S 1 StVZO alt) oder als endgültig aus dem Verkehr gezogen galten (§ 27 VI S 2 StVZO alt). Abs II findet nach seinem Wortlaut nur bei der Wiederzulassung von Fz Anwendung, die zuvor „nach Abs I", also in dem ab 1. 3. 07 gültigen Verfahren, außer Betrieb gesetzt worden sind. Bund und Länder sind sich jedoch darüber einig, dass sich die Wiederzulassung auch aller vor dem 1. 3. 07 stillgelegten oder aus dem Verkehr gezogenen Fz nach Abs II richtet. Denn zum einen ist heute nur noch die Wiederzulassung nach Abs II möglich. Zum anderen ist die Behandlung der vor dem 1. 3. 07 stillgelegten oder aus dem Verkehr gezogenen Fahrzeuge nach Abs II unproblematisch, weil die Fahrzeugdaten sieben Jahre über das ZFZR verfügbar bleiben und danach nur bei Nachweis der Übereinstimmung mit einer Typgenehmigung oder bei Nachweis einer Einzelgenehmigung auf die Erteilung einer neuen Einzelgenehmigung nach § 21 StVZO verzichtet wird.

10   6. Eine Form der Außerbetriebsetzung ist auch die **Amtsabmeldung** wegen nicht entrichteter Kfz-Steuer (§ 14 KraftStG): Auf Antrag des Finanzamts hat die ZulB den FzSchein/die ZB I einzuziehen, etwaige Anhängerverzeichnisse zu berichtigen und das Kennzeichen zu entstempeln (Abmeldung von Amts wegen). Der dazu zu erlassende schriftliche Verwaltungsakt nennt sich Abmeldungsbescheid (§ 14 I 2 KraftStG). Anstelle der ZulB kann nach Maßgabe von § 14 II KraftStG auch das Finanzamt unter Benachrichtigung der ZulB von Amts wegen abmelden.

Lit: *App,* Abmeldung von Fzen wegen KfzSteuerrückständen, DAR **90** 452. *Hachemer,* Nichtzulassung eines Kfz wegen Steuer?, VD **96** 157.

11   7. **Ordnungswidrig** ist
a) das Nichterstatten, das nicht richtige, nicht vollständige oder nicht rechtzeitige Erstatten einer Anzeige nach Abs I S 1 bei beabsichtigter Außerbetriebsetzung eines Fz, § 48 Nr 11,
b) das Nichtvorlegen der Kennzeichenschilder zur Entstempelung bei beabsichtigter Außerbetriebsetzung eines Fz entgegen Abs I S 1, § 48 Nr 14.

Verwertungsnachweis

15 (1) ¹Ist ein Fahrzeug der Klasse M₁ oder der Klasse N₁ einer anerkannten Stelle nach § 4 Abs. 1 der Altfahrzeug-Verordnung zur Verwertung überlassen worden, hat der Halter oder Eigentümer dieses Fahrzeug unter Vorlage eines Verwertungsnachweises nach dem Muster in Anlage 8 bei der Zulassungsbehörde außer Betrieb setzen zu lassen. ²Die Zulassungsbehörde überprüft die Richtigkeit und Vollständigkeit der Angaben zum Fahrzeug und zum Halter im Verwertungsnachweis und gibt diesen mit dem vorgesehenen Bestätigungsvermerk zurück.

(2) ¹Verbleibt ein Fahrzeug der Klasse M₁ oder der Klasse N₁ zum Zwecke der Entsorgung im Ausland, so hat der Halter oder Eigentümer des Fahrzeugs dies gegenüber der Zulassungsbehörde zu erklären und das Fahrzeug außer Betrieb setzen zu lassen. ²Im Übrigen hat der Halter oder Eigentümer des Fahrzeugs gegenüber der Zulassungsbehörde bei einem Antrag auf Außerbetriebsetzung des Fahrzeugs zu erklären, dass das Fahrzeug nicht als Abfall zu entsorgen ist.

1   **Begr** (VkBl **06** 608): *Die Regelung entspricht dem bisherigen § 27a StVZO.*

2   1. **Anwendungsbereich.** § 15 regelt die Pflichten des Halters oder Eigentümers bei Entsorgung von Fz (nur) der FzKlasse M₁ (Fz zur Personenbeförderung mit höchstens acht Sitzplätzen außer dem Fahrersitz) und der FzKlasse N₁ (Fz zur Güterbeförderung mit einer zulässigen Gesamtmasse bis zu 3,5 Tonnen) nach dem Anhang II A der Richtlinie 70/156/EWG (s StVRL § 20 StVZO Nr 3).

3   2. **Wer sich eines Fahrzeugs entledigt,** entledigen will oder entledigen muss, ist gem § 4 I Altfahrzeug-Verordnung (Beck-Texte Nr 24) verpflichtet, dieses nur einer anerkannten Annahmestelle (§ 2 I Nr 14 AltfahrzeugVO), einer anerkannten Rücknahmestelle (§ 2 I Nr 15

AltfahrzeugVO) oder einem anerkannten Demontagebetrieb (§ 2 I Nr 16 AltfahrzeugVO) zu überlassen. Die Betreiber von Demontagebetrieben sind gem § 4 II AltfahrzeugVO verpflichtet, die Überlassung unverzüglich durch einen **Verwertungsnachweis** gem dem Muster in Anlage 8 (entspricht dem noch in § 4 II S 2 AltfahrzeugVO genannten Muster 12 der StVZO, das jedoch am 1. 3. 07 aufgehoben wurde, BGBl I **06** 1078) zu bescheinigen. Geringfügige Abweichungen von dem Muster sind nach Maßgabe von BMV VkBl **07** 5 = StVRL § 15 FZV Nr 1 möglich.

Nach Überlassung an den Demontagebetrieb hat der Halter oder Eigentümer das Fz unter **4** Vorlage des Verwertungsnachweises gem Abs I bei der ZulB **außer Betrieb setzen zu lassen** (§ 14 I). Die ZulB prüft (nur) die Richtigkeit und Vollständigkeit der Angaben zum Fz und FzHalter im Verwertungsnachweis und gibt diesen anschließend dem Halter oder Eigentümer oder einem von diesen Beauftragten (zB Demontagebetrieb, Rücknahme- oder Annahmestelle) mit einem Bestätigungsvermerk zurück, Abs I S 2.

3. Entsorgung im Ausland. Wenn ein Fz der FzKlasse M_1 oder der FzKlasse N_1 – etwa **5** nach einem Unfall – im Ausland zum Zweck der Entsorgung verbleibt, hat der Halter oder Eigentümer es in Deutschland gem Abs II S 1 außer Betrieb setzen zu lassen (§ 14 I). Dabei hat der Halter oder Eigentümer gegenüber der ZulB formlos zu erklären, dass das Fz zum Zweck der Entsorgung im Ausland verbleibt. Die Vorlage eines Verwertungsnachweises nach Muster in Anlage 8 ist in diesem Fall nicht erforderlich.

4. Erklärung bei jeder Außerbetriebsetzung. Bei jedem Antrag auf Außerbetriebsetzung **6** (§ 14 I) haben Halter oder Eigentümer gegenüber der ZulB formlos zu erklären, dass das Fz nicht als Abfall zu entsorgen ist, Abs II S 2, sofern es sich nicht um einen Fall nach Abs I (Entsorgung in Deutschland) oder Abs II S 1 (Entsorgung im Ausland) handelt.

5. Ordnungswidrig ist die Nichtvorlage des Verwertungsnachweises nach Abs. I S 1, § 48 **7** Nr 13.

Lit: *Kopp*, Altautoentsorgung, NJW **97** 3292.

Abschnitt 3. Zeitweilige Teilnahme am Straßenverkehr

Prüfungsfahrten, Probefahrten, Überführungsfahrten

16 (1) ¹Fahrzeuge dürfen, wenn sie nicht zugelassen sind, auch ohne eine EG-Typgenehmigung, nationale Typgenehmigung oder Einzelgenehmigung, zu Prüfungs-, Probe- oder Überführungsfahrten in Betrieb gesetzt werden, wenn sie ein Kurzzeitkennzeichen oder ein Kennzeichen mit roter Beschriftung auf weißem rot gerandetem Grund (rotes Kennzeichen) führen. ²§ 31 Abs. 2 der Straßenverkehrs-Zulassungs-Ordnung bleibt unberührt.

(2) ¹Auf Antrag hat eine Zulassungsbehörde bei Bedarf für Zwecke nach Absatz 1 ein Kurzzeitkennzeichen zuzuteilen und einen Fahrzeugschein für Fahrzeuge mit Kurzzeitkennzeichen nach dem Muster in Anlage 9 auszugeben. ²Der Empfänger hat die geforderten Angaben zum Fahrzeug vor Antritt der ersten Fahrt vollständig und in dauerhafter Schrift in den Fahrzeugschein einzutragen. ³Der Fahrzeugschein ist bei jeder Fahrt mitzuführen und zuständigen Personen auf Verlangen zur Prüfung auszuhändigen. ⁴Das Kurzzeitkennzeichen besteht aus einem Unterscheidungszeichen und einer Erkennungsnummer jeweils nach § 8 Abs. 1, jedoch besteht die Erkennungsnummer nur aus Ziffern und beginnt mit „03" oder „04". ⁵Das Kurzzeitkennzeichen enthält außerdem ein Ablaufdatum, das längstens auf fünf Tage ab der Zuteilung zu bemessen ist. ⁶Das Kurzzeitkennzeichen darf nur an einem Fahrzeug verwendet werden. ⁷Nach Ablauf der Gültigkeit des Kurzzeitkennzeichens darf ein Fahrzeug auf öffentlichen Straßen nicht mehr in Betrieb gesetzt werden. ⁸Der Halter darf im Falle des Satzes 7 die Inbetriebnahme eines Fahrzeugs nicht anordnen oder zulassen.

(3) ¹Rote Kennzeichen und besondere Fahrzeugscheinhefte für Fahrzeuge mit roten Kennzeichen nach Anlage 10 können durch die örtlich zuständige Zulassungsbehörde zuverlässigen Kraftfahrzeugherstellern, Kraftfahrzeugteileherstellern, Kraftfahrzeugwerkstätten und Kraftfahrzeughändlern befristet oder widerruflich zur wiederkehrenden betrieblichen Verwendung, auch an unterschiedlichen Fahrzeugen, zugeteilt werden. ²Ein rotes Kennzeichen besteht aus einem Unterscheidungszeichen und einer Erkennungsnummer jeweils nach § 8 Abs. 1, jedoch besteht die Erkennungsnummer nur aus Ziffern und beginnt mit „06". ³Für jedes Fahrzeug ist eine gesonderte Seite des Fahrzeugschein-

Dauer

heftes zu dessen Beschreibung zu verwenden; die Angaben zum Fahrzeug sind vollständig und in dauerhafter Schrift vor Antritt der ersten Fahrt einzutragen. ⁴Das Fahrzeugscheinheft ist bei jeder Fahrt mitzuführen und zuständigen Personen auf Verlangen auszuhändigen. ⁵Über jede Prüfungs-, Probe- oder Überführungsfahrt sind fortlaufende Aufzeichnungen zu führen, aus denen das verwendete Kennzeichen, das Datum der Fahrt, deren Beginn und Ende, der Fahrzeugführer mit dessen Anschrift, die Fahrzeugklasse und der Hersteller des Fahrzeugs, die Fahrzeug-Identifizierungsnummer und die Fahrtstrecke ersichtlich sind. ⁶Die Aufzeichnungen sind ein Jahr lang aufzubewahren; sie sind zuständigen Personen auf Verlangen jederzeit zur Prüfung auszuhändigen. ⁷Nach Ablauf der Frist, für die das Kennzeichen zugeteilt worden ist, ist das Kennzeichen mit dem dazugehörigen Fahrzeugscheinheft der Zulassungsbehörde unverzüglich zurückzugeben.

(4) Mit dem Antrag auf Zuteilung eines Kurzzeitkennzeichens oder eines roten Kennzeichens sind vom Antragsteller zum Zwecke der Speicherung in den Fahrzeugregistern die in § 6 Abs. 1 Satz 2 bezeichneten Halterdaten und die in § 6 Abs. 4 Nr. 4 bezeichneten Daten zur Kraftfahrzeug-Haftpflichtversicherung sowie bei Kurzzeitkennzeichen zusätzlich das Ende des Versicherungsschutzes mitzuteilen und auf Verlangen nachzuweisen.

(5) ¹Kurzzeitkennzeichen und rote Kennzeichen sind nach § 10 in Verbindung mit Anlage 4 Abschnitt 1, 6 und 7 auszugestalten und anzubringen. ²Sie brauchen jedoch nicht fest angebracht zu sein. ³Fahrzeuge mit Kurzzeitkennzeichen und roten Kennzeichen dürfen im Übrigen nur nach Maßgabe des § 10 Abs. 12 Satz 1 in Betrieb genommen werden. ⁴Der Halter darf die Inbetriebnahme eines Fahrzeugs nicht anordnen oder zulassen, wenn die Voraussetzungen nach Satz 1 und 3 nicht vorliegen.

(6) **Die §§ 29, 47a und 57b der Straßenverkehrs-Zulassungs-Ordnung finden keine Anwendung.**

1 **Begr** (VkBl **06** 608):

Absatz 1 übernimmt im Wesentlichen die Regelungen des bisherigen § 28 Abs. 1 und 2 StVZO.

Absatz 2 bestimmt die Zuteilung von Kurzzeitkennzeichen, die bisher im § 28 Abs. 4 und 5 StVZO geregelt ist. Ergänzt wird die Vorschrift um die Halterverantwortung bezüglich der Vorschriftsmäßigkeit der Kennzeichen.

Absatz 3 übernimmt die Bestimmungen des bisherigen § 28 Abs. 3 StVZO über die Zuteilung von roten Kennzeichen an zuverlässige Kraftfahrzeughersteller, Kraftfahrzeugteilehersteller, Kraftfahrzeugwerkstätten und Kraftfahrzeughändler befristet oder widerruflich zur wiederkehrenden Verwendung. Die bisherige unklare Regelung, auch Fahrten zur Anregung der Kauflust mit roten Kennzeichen zuzulassen, wurde gestrichen. Begründung des Bundesrates zur Einfügung des Wortes „betrieblichen" in Absatz 3 Satz 1 nach dem Wort „wiederkehrenden": Klarstellung, dass rote Kennzeichen nicht Dritten zu deren betrieblicher Verwendung überlassen werden dürfen.

Absatz 4 folgt § 28 Abs. 6 StVZO und § 1 Abs. 2 FRV.

Absatz 5 regelt die Ausgestaltung und Anbringung der roten und Kurzzeitkennzeichen (bisher § 28 Abs. 2 Satz 1 und Satz 2 Halbsatz 2 StVZO). Außer dass Kurzzeitkennzeichen nicht fest angebracht werden brauchen, gelten für die Inbetriebsetzung der Fahrzeuge die Vorschriften des § 10 Abs. 12 für allgemeine Kennzeichen. Die Vorschrift wurde um die Halterverantwortung hinsichtlich vorschriftsmäßiger Kennzeichen ergänzt.

...

2 **1. Anwendungsbereich.** § 16 regelt die Inbetriebsetzung nicht zugelassener Fz ohne Typ- oder Einzelgenehmigung zu Prüfungs-, Probe- oder Überführungsfahrten mit Kurzzeitkennzeichen (zur Verwendung nur an einem Fahrzeug für maximal 5 Tage) oder roten Kennzeichen (zur Verwendung auch an unterschiedlichen Fahrzeugen für einen längeren Zeitraum) (VG Berlin NZV **08** 421 m Anm *Dauer*). Die Fz müssen dabei im Übrigen vorschriftsmäßig und verkehrssicher sein (Abs 1 S 2 iVm § 31 II StVZO, BGH NJW **75** 447). Alternativ zur Verbringung eines Fz in das Ausland mit Ausfuhrkennzeichen (§ 19) ist die Ausfuhr in EU- oder EWR-Staaten auch unter Verwendung von roten oder Kurzzeitkennzeichen möglich, wenn der jeweilige andere Mitgliedstaat dies zulässt (§ 19 Rz 5). Mit dem Antrag auf Zuteilung eines Kurzzeitkennzeichens oder eines roten Kennzeichens sind vom Antragsteller die in § 6 I 2 genannten Halterdaten und das Bestehen von Versicherungsschutz mitzuteilen und auf Verlangen nachzuweisen (Abs 4). Fz mit Saisonkennzeichen dürfen außerhalb des Betriebszeitraums mit Kurzzeitkennzeichen oder roten Kennzeichen in Betrieb gesetzt werden (§ 9 III 6 iVm § 16 I). Begriffsbestimmungen der Prüfungsfahrten § 2 Nr 24, Probefahrten § 2 Nr 23 und Überfüh-

Prüfungsfahrten, Probefahrten, Überführungsfahrten § 16 FZV 4

rungsfahrten § 2 Nr 25; Erläuterungen s § 2 Rz 27–29. Vor dem 1. 3. 07 nach Maßgabe der damaligen Vorschriften der StVZO zugeteilte Kennzeichen bleiben gültig (§ 50 II). Teilnahme von Oldtimern an Veranstaltungen zur Darstellung von Oldtimern und der Pflege des kraftfahrzeugtechnischen Kulturgutes, für Probe- und Überführungsfahrten sowie für Fahrten zum Zwecke der Reparatur oder Wartung ohne Betriebserlaubnis und ohne Zulassung s § 17.

Lit: *Bauer,* Persönliche Zuverlässigkeit von Inhabern roter Dauerkennzeichen, VD **90** 270. *Dvorak,* Zweifelsfragen beim Gebrauch roter Kennzeichen ..., DAR **82** 219. *Hachemer,* Zum Begriff der Zuverlässigkeit iS von § 28 StVZO, VD **97** 173. *Derselbe,* Verwendung roter Kennzeichen zu Erprobungszwecken, VD **98** 5. *Hentschel,* Die Einführung des Kurzzeitkennzeichens, NJW **98** 1922. *Huppertz,* Auslandsfahrten mit roten Kennzeichen und Kurzzeitkennzeichen, VD **00** 34. *Jagow,* Kurzzeitkennzeichen, VD **98** 49. *Kay,* Rechtsfragen im Zusammenhang mit roten Kennzeichen, Polizei **84** 208. *Mehde,* Rote Kennzeichen zur wiederkehrenden Verwendung, NZV **00** 111.

2. Kurzzeitkennzeichen. ZulB müssen Kurzzeitkennzeichen zur Verwendung nur an einem Fahrzeug für die Zwecke des Abs 1 auf Antrag bei Bedarf, verbunden mit gleichzeitiger Ausgabe eines besonderen Fahrzeugscheins gem Muster in Anlage 9, zuteilen (Abs 2 S 1). Zuständig ist jede beliebige ZulB, denn Abs 2 S 1 spricht davon dass *„eine* Zulassungsbehörde" tätig wird, während zur Zuteilung roter Kennzeichen nach Abs 3 S 1 nur *„die örtlich zuständige* Zulassungsbehörde" befugt ist. Seit 1. 3. 07 ist die Zuteilung von Kurzzeitkennzeichen nicht mehr nur „zur einmaligen Verwendung" (§ 28 IV 1 StVZO alt), sondern auch zur mehrmaligen Verwendung, aber nur an einem Fahrzeug (Abs 2 S 6) möglich. Vor der Zuteilung von Kurzzeitkennzeichen hat die ZulB eine **Bedarfsprüfung** vorzunehmen (VG Berlin NZV **08** 421 m Anm *Dauer*). Es muss ein konkreter Bedarf für ein oder mehrere Kurzzeitkennzeichen vorliegen. Die Bedarfsprüfung ist erforderlich, weil die ZulB die Möglichkeit haben muss, die Einhaltung der Zweckbestimmung des Kurzzeitkennzeichens (die ausnahmsweise Inbetriebnahme eines nicht zugelassenen Fz für Überführungs-, Probe- und Prüfungsfahrten) zu überprüfen Dafür hat der Antragsteller konkret nachzuweisen oder glaubhaft zu machen, dass er in der unmittelbar bevorstehenden Zeit eine bestimmte Zahl von Fz bei Überführungs-, Probe- oder Prüfungsfahrten im StrV bewegen will (*Dauer* NZV **08** 423). Im Zweifel kann der Nachweis der Vorschriftsmäßigkeit des Kfz verlangt werden. Kurzzeitkennzeichen können auch für die Ausfuhr nicht zugelassener Fz in das europäische Ausland zugeteilt werden. Es gibt aber keinen Rechtsanspruch auf Anerkennung im Ausland.

Das Muster für den **Fahrzeugschein für Kurzzeitkennzeichen** wird anders als in dem früheren Muster 4 zur StVZO in der Abbildung des Musters in Anlage 9 als „Fahrzeugscheinheft" bezeichnet. Es handelt sich dabei um einen Schreibfehler, der berichtigt werden wird. Der Empfänger hat vor der ersten Fahrt in den besonderen FzSchein auf Seite 2 die geforderten Angaben zum Fz einzutragen und diese zu unterschreiben, womit er nach dem Formular gleichzeitig die Vorschriftsmäßigkeit des Fahrzeugs iSv § 16 I 2 iVm § 31 II StVZO bestätigt. Unterlassen ist ow (§ 48 Nr 15). Ausfüllen darf den FzSchein für Kurzzeitkennzeichen im Auftrage des Empfängers auch eine andere Person (Ce VRS **12** 228). Das Dokument ist bei jeder Fahrt ausgefüllt (s *Dvorak* DAR **82** 219) mitzuführen und zuständigen Personen auf Verlangen zur Prüfung auszuhändigen (Abs 2 S 3).

Ausgestaltung des Kurzzeitkennzeichens: Abs 2 S 4 u 5, Abs 5 S 1 iVm § 10 und Anlage 4 Abschnitt 6. Das Kurzzeitkennzeichen besteht aus einem Unterscheidungszeichen und einer Erkennungsnummer jeweils nach § 8 I, die Erkennungsnummer besteht aber nur aus Ziffern und beginnt mit „03" oder „04" (Abs 2 S 4). Es enthält ein Ablaufdatum, das längstens auf fünf Tage ab der Zuteilung zu bemessen ist (Abs 2 S 5). Das Ablaufdatum ist auf dem gelben Feld am rechten Rand des Schildes vermerkt. Dabei gibt die obere Zahl den Tag, die mittlere den Monat und die untere das Jahr des Ablaufdatums an. Die ZulB kann dem Halter oder Antragsteller gestatten, die Stempelplaketten gem § 10 III auf dem Kurzzeitkennzeichen selbst anzubringen; in diesem Fall händigt sie ihm die Plaketten bei der Zuteilung des Kennzeichens mit dem besonderen Fahrzeugschein aus (Anlage 4 Abschnitt 6 Nr 4b). Unterlassen des Anbringens oder unrichtiges Anbringen ist in diesem Falle anders als noch bis zum 28. 2. 07 (§ 69a II Nr 13b StVZO alt) nicht mehr ow. HU- und AU-Plaketten sind auf Kurzzeitkennzeichen nicht anzubringen (Anlage 4 Abschnitt 6 Nr 4c iVm Abschnitt 1 Nr 6 S 1a und b).

Nach Ablauf der Gültigkeit des Kurzzeitkennzeichens darf das Fz auf öffentlichen Straßen nicht mehr in Betrieb gesetzt werden (Abs 2 S 7); der Halter darf dann die Inbetriebnahme des Fz nicht anordnen oder zulassen (Abs 2 S 8). Kennzeichenschilder und Fahrzeugscheine müssen der ZulB anders als bei roten Kennzeichen (Abs 3 S 7) nicht zurückgegeben werden; sie sind ohne Notwendigkeit eines Tätigwerdens der ZulB nach Ablauf der Gültigkeit nicht mehr verwendbar, weil das Ablaufdatum in das Kennzeichenschild eingeprägt und amtlich in den Fahrzeugschein eingetragen ist (*Dauer* NZV **08** 423).

7 **3. Rote Kennzeichen.** Die örtlich zuständige ZulB kann rote Kennzeichen mit besonderen Fahrzeugscheinheften zuverlässigen Kfz-Herstellern, Kfz-Teileherstellern, Kfz-Werkstätten und Kfz-Händlern zur wiederkehrenden betrieblichen Verwendung, auch an unterschiedlichen Fz zuteilen (Abs 3 S 1, VG Berlin NZV **08** 421 m Anm *Dauer*). Es besteht kein Anspruch auf Zuteilung roter Kennzeichen, aber ein Anspruch auf ermessensfehlerfreie Entscheidung. Der Verwaltungsakt der Zuteilung eines Dauerkennzeichens beruht auf dem Vertrauen der ZulB in die Zuverlässigkeit des Inhabers (Bay VM **67** 62). Die Zuteilung ist befristet oder unbefristet, aber widerruflich möglich (Abs 3 S 1). Zumindest bei erstmaliger Antragstellung sollte das rote Kennzeichen nur befristet zugeteilt werden (BMV VkBl **07** 421 = StVRL § 16 FZV Nr 1). Wenn ein rotes Kennzeichen befristet zugeteilt wurde, sind die Kennzeichenschilder mit dem dazugehörigen Fahrzeugscheinheft der ZulB unverzüglich nach Ablauf der Frist zurückzugeben (Abs 3 S 7). Die Zuteilung von roten Kennzeichen erfolgt ohne Bedarfsprüfung, da sie nur für bestimmte Berufsgruppen möglich ist (Rz 9), bei denen der Bedarf vorausgesetzt wird (*Dauer* NZV **08** 423). Durch die Regelung, dass rote Kennzeichen nur zur „betrieblichen" Verwendung zugeteilt werden können, soll klargestellt werden, dass sie nicht Dritten zu deren betrieblicher Verwendung überlassen werden dürfen (Begr VkBl **06** 608, VG Berlin NZV **08** 421 m Anm *Dauer*). Keine Anknüpfung der **Rundfunkgebührenpflicht** an die Anzahl der von einem Kfz-Betrieb vorgehaltenen roten Kennzeichen, auch wenn diese vorübergehend für Fz genutzt werden, in die Radios eingebaut sind, denn rundfunkgebührenpflichtig ist der Halter, der mit dem Inhaber der roten Kennzeichen nicht identisch sein muss (VG Saarlouis Urt v 4. 10. 07 6 K 170/06 juris, VG Stu Urt v 20. 2. 08 3 K 4218/06 juris).

8 In § 28 III 1 StVZO alt war bis 28. 2. 07 geregelt, dass die „für den Betriebssitz" örtlich zuständige ZulB rote Kennzeichen zuteilen konnte. Auch wenn der Hinweis auf den Betriebssitz nicht in die FZV übernommen wurde, hat sich insoweit nichts an der Rechtslage geändert. Daraus folgt, dass rote Kennzeichen nur an Händler etc mit **Betriebssitz in Deutschland** ausgegeben werden können. Eine Zuteilung an Händler etc im Ausland würde zu große Schwierigkeiten bei der Zuverlässigkeitsprüfung und der Durchsetzung von Auflagen mit sich bringen. Dies verstößt nicht gegen EU-Recht (Bay DAR **04** 403, 404 f zur Vorgängervorschrift). – Nachdem die EU-Kommission im Rahmen eines Vertragsverletzungsverfahrens die Praxis der Zuteilung roter Kennzeichen ausschließlich an inländische Unternehmen beanstandet hatte, vertritt das BMV jetzt die Auffassung, dass auch entsprechende Unternehmen aus anderen EU- und EWR-Staaten rote Kennzeichen nach Abs 3 erhalten können, ohne einen Betriebssitz in Deutschland unterhalten zu müssen (BMV VkBl **07** 421 = StVRL § 16 FZV Nr 1). Ausreichend sei die Benennung eines Empfangsberechtigten iSv § 46 II 2. Nachweis der Zuverlässigkeit des im Ausland ansässigen Antragstellers: VkBl **07** 421 = StVRL § 16 FZV Nr 1.

9 Die Begriffe **Kfz-Hersteller, Kfz-Händler** und **Kfz-Werkstätten** sind nicht iS von Berufsordnungen zu verstehen, sondern dahin, dass sie den gesamten mit Kraftfahrzeugen befassten gewerblichen Bereich decken, auch Betriebe zur Herstellung von Hohlraumversiegelung und Unterbodenschutz (OVG Münster VRS **56** 474). Stellplatznachweis kann bei Internet-Händlern oder Händlern, die sofort weiterverkaufen, nicht verlangt werden. Örtlich zuständig ist die für den Wohnort oder Sitz des Herstellers, Händlers etc zuständige Zulassungsbehörde (§ 46 II).

10 Rote Kenzeichen sind nach pflichtgemäßem Ermessen auszugeben, falls **Zuverlässigkeit** nachgewiesen ist; Ablehnung ist daher nachprüfbar zu begründen (s *Hachemer* VD **97** 174). Als Mindestmaßnahme sollte die ZulB einen Auszug aus dem VZR einholen; Rechtsgrundlage für die Auskunft ist § 30 I Nr 3 StVG. Die Antragsteller können nicht darauf verwiesen werden, selbst eine Auskunft nach § 30 VIII StVG (Privatauskunft) aus dem VZR zu beantragen und vorzulegen, da es sich bei der Regelung nach § 30 VIII StVG lediglich um die Ausgestaltung des datenschutzrechtlichen Anspruchs auf gebührenfreie Auskunft über die zur eigenen Person im VZR gespeicherten Daten handelt. Die Prüfung der Zuverlässigkeit hat sich am Schutzzweck des Abs 3 zu orientieren (VG Gelsenkirchen 14 L 318/05, s *Hachemer* VD **97** 175, *Mehde* NZV **00** 111). Zuverlässigkeit setzt daher insbesondere voraus, dass kein Anlass zu der Befürchtung besteht, die Kennzeichen könnten missbräuchlich verwendet werden (*Jagow* § 16 FZV Anm 5b). Umgekehrt setzt Unzuverlässigkeit als Versagungs- oder Widerrufsgrund iSv Abs 3 S 1 einen Bezug zum Umgang mit dem Kennzeichen voraus (VG Gelsenkirchen 14 L 318/05, *Mehde* NZV **00** 111); Zuwiderhandlungen anderer Art, die nicht geeignet sind, auch nur die

Vermutung missbräuchlicher Verwendung zu begründen, scheiden idR aus (OVG Münster NZV **93** 127). Kein Ermessensspielraum der ZulB bei Unzuverlässigkeit (VGH Ka VM **76** 32, *Hachemer* VD **97** 174). Rechtsgrundlage für **Widerruf** ist § 49 VwVfG bzw die entsprechende Bestimmung der Verwaltungsverfahrensgesetze der Länder. Widerruf ist insbesondere rechtmäßig, wenn missbräuchliche Verwendung nicht auszuschließen ist, etwa, wenn Verletzung einschlägiger Verkehrsvorschriften nachträglich die Annahme der Unzuverlässigkeit des Händlers rechtfertigen (VGH Ka VM **81** 45).

Ausgestaltung des roten Kennzeichens: Abs 1 S 1, Abs 3 S 2, Abs 5 S 1 iVm § 10 und Anlage 4 Abschnitt 7. Das rote Kennzeichen ist entsprechend dem allgemeinen Kennzeichen, aber in roter Schrift und mit rotem Rand ausgeführt. Es besteht aus einem Unterscheidungszeichen und einer Erkennungsnummer jeweils nach § 8 I, die Erkennungsnummer besteht aber nur aus Ziffern und beginnt mit „06" (Abs 3 S 2). Rote Kennzeichen sind von der ZulB mit Stempelplaketten gem § 10 III zu versehen, also wie allgemeine Kennzeichen abzustempeln. HU- und AU-Plaketten sind auf roten Kennzeichen nicht anzubringen (Anlage 4 Abschnitt 7 S 2 iVm Abschnitt 1 Nr 6 S 1a und b). **11**

Fahrzeugscheinhefte: Mit roten Kennzeichen werden besondere Fahrzeugscheinhefte nach Anlage 10 ausgegeben (Abs 3 S 1). Für jedes Fz ist eine gesonderte Seite des Fahrzeugscheinheftes zu dessen Beschreibung zu verwenden; auf der jeweiligen Seite sind die Angaben zum Fz vollständig und in dauerhafter Schrift vor Antritt der ersten Fahrt einzutragen (Abs 3 S 3). Die Angaben zum Fz sind zu unterschreiben, womit nach dem Formular gem Muster in Anlage 10 gleichzeitig die Vorschriftsmäßigkeit des Fz iSv § 16 I 2 iVm § 31 II StVZO bestätigt wird. Das Fahrzeugscheinheft ist bei jeder Fahrt mitzuführen und zuständigen Personen auf Verlangen auszuhändigen (Abs 3 S 4). **12**

Über jede Prüfungs-, Probe- oder Überführungsfahrt sind vor der Fahrt oder unmittelbar danach (VGH Ka VM **81** 45) fortlaufende **Aufzeichnungen** zu führen (verwendetes Kennzeichen, Fahrttag, Beginn und Ende der Fahrt, Fahrzeugführer mit Anschrift, Fahrzeugklasse und Hersteller des Fahrzeugs, Fahrzeug-Identifizierungsnummer, Fahrstrecke), Abs 3 S 5. Die Angaben von Fahrtzeit und Fahrzeugführer sollen im Falle von Zuwiderhandlungen bei der Fahrzeugbenutzung die Feststellung des Fahrzeugführers ermöglichen (Begr zur Vorgängerregelung, VkBl **98** 284). Nur beabsichtigte gewesene, dann aber nicht durchgeführte Fahrten brauchen nicht verzeichnet zu werden (Zw NZV **89** 160). Die Aufzeichnungen brauchen bei der Fahrt nicht mitgeführt zu werden, sind aber ein Jahr lang aufzubewahren und zuständigen Personen auf Verlangen jederzeit zur Prüfung auszuhändigen (Abs 3 S 6). **13**

Nach Fristablauf oder Widerruf müssen rote Kennzeichen und die dazugehörigen Fahrzeugscheinhefte unverzüglich der ZulB übergeben werden (Abs 3 S 7); Zuwiderhandlung ist ow (§ 48 Nr 18). **14**

4. Anbringung. Kurzzeitkennzeichen und rote Kennzeichen sind nach § 10 anzubringen (Abs 5 S 1), müssen also grundsätzlich an Vorder- und Rückseite des Fz, also außen, vorhanden sein (§ 10 V), brauchen jedoch nicht fest am Fz angebracht zu sein (Abs 5 S 2). Sie können auch durch Riemen oder auf andere Weise sicher befestigt werden, auch als Magnetgummihaftschilder (Bay DAR **90** 268, *Bouska* VD **72** 181). **15**

5. Haftpflichtversicherung. Kurzzeitkennzeichen und rote Kennzeichen dürfen nur ausgegeben werden, wenn der Antragsteller nachweist, dass den Vorschriften über die Pflichtversicherung genügt ist (Abs 4). Bei Kurzzeitkennzeichen ist zusätzlich das Ende des Versicherungsschutzes mitzuteilen und auf Verlangen nachzuweisen. Diese Mitteilung und der Nachweis erfolgen durch die zu erbringende Versicherungsbestätigung zur Erlangung von Kurzzeitkennzeichen, die nach § 23 II 2 das Ende des Versicherungsverhältnisses oder seine Dauer angeben muss. Die Versicherungsbestätigung gilt deswegen zugleich als Anzeige des Versicherers iSv § 25 I 1 über die Beendigung des Versicherungsschutzes (§ 25 I 4 und 5). **16**

Rspr zu der Vorgängervorschrift § 28 StVZO (alt): Bei Überführungsfahrten mit Kurzzeitkennzeichen oder rotem Kennzeichen besteht **Versicherungsschutz** nur, wenn das Kfz keine groben, die Verkehrssicherheit beeinträchtigenden, ohne weiteres erkennbaren Mängel hat, BGH NJW **75** 447. Versicherungsschutz (im Innenverhältnis) besteht nur im Rahmen der Verwendung gemäß § 28 StVZO (alt) (Verwendungsklausel, § 2b I 1a AKB alt = D.1.1 AKB 08, § 5 I Nr 1 KfzPflVV), BGH VersR **67** 548, Kö ZfS **00** 258. Wer einem anderen rote Kennzeichen zum Zweck der Fahrzeugüberführung überlässt, haftet grundsätzlich nicht für das Bestehen einer Kaskoversicherung, Dr NJW-RR **04** 387, Kar NJW-RR **99** 779. Unrichtige Belehrung des Kunden durch eine Kfz-Werkstatt über den Umfang des mit der Überlassung eines roten Kenn- **17**

4 FZV § 16   Abschnitt 3. Zeitweilige Teilnahme am Straßenverkehr

zeichens verbundenen Versicherungsschutzes kann aber haftpflichtig machen, BGH DAR **73** 267 (angeblich bestehende Kaskoversicherung). Missbrauch des roten Kennzeichens zu anderen als den nach § 28 StVZO (alt) zulässigen Fahrten ist eine Obliegenheitsverletzung (§ 2b I 1a AKB alt = D.1.1 AKB 08), Fra VersR **97** 1107, LG Ka ZfS **91** 134, im Zweifel vom VU zu beweisen, Ha VersR **78** 1110, und berechtigt den Versicherer zur Kündigung (BGH NJW **61** 1399, *Mittelmeier* VersR **75** 12), aber kein Verstoß gegen § 6 I PflVG bei Fahrt mit roten Kennzeichen, die nicht Prüfungs-, Probe- oder Überführungsfahrt ist, da der Bestand des Versicherungsvertrages dadurch nicht berührt wird (Ha NZV **07** 375). Nichtbringen („Versehen") der zur wiederkehrenden Verwendung gem Abs § 28 III S 1 (alt) ausgegebenen roten Kennzeichen beeinträchtigt nicht den Bestand des Versicherungsvertrages iS von § 6 PflVG; denn gem Abs I Nr 2 der Sonderbedingung zur Haftpflicht- und Fz-Versicherung für Kfz-Handel und -Handwerk, Neufassung vom 13. 11. 80 (Veröffentlichungen des Bundesaufsichtsamtes für Privatversicherung **81** 235) sind Gegenstand der Versicherung ua alle eigenen Fz des VN, die der Zulassungspflicht unterliegen, aber nicht zugelassen sind, bzw ein gültiges Versicherungskennzeichen führen müssen, aber nicht führen. Der Ausschluss vom Versicherungsschutz gem Abs III Nr 1 der Sonderbedingung bei Nichtanbringung der roten Kennzeichen betrifft nur die *FzVesicherung*, nicht dagegen die Haftpflichtversicherung, s dazu *Förschner* DAR **86** 290. **Versichert ist** jedes Fz, das vom Empfänger des roten Kennzeichens mit diesem versehen wird, BaySt **02** 149 = DAR **03** 81 (betriebsfremdes Fz). Der Bestand der Haftpflichtversicherung wird gem Abs I Nr 1 der Sonderbedingung auch nicht berührt, wenn das mit rotem Kennzeichen versehene Fz zu anderen als den in § 28 I S 1 StVZO (alt) genannten Fahrten benutzt wird, BaySt **87** 22 = VRS **73** 62. Die Leistungsfreiheit wegen Obliegenheitsverletzung bei Nichtanbringen der roten Kennzeichen gem Abs V Nr 4 der Sonderbedingung hat ebenfalls keinen Einfluss auf den Bestand des Versicherungsvertrages. Keine Haftpflichtversicherung besteht allerdings dann, wenn der Versicherungsvertrag gem Abs II Nr 1 S 2, I Nr 1 der Sonderbedingung auf mit roten Kennzeichen versehene Fze beschränkt ist (dann § 6 PflVG), s Bay VRS **67** 155. Der Versicherungsschutz einer Haftpflicht- und FzVersicherung für Kfz-Handel und -Handwerk erstreckt sich nicht auf Fze, die von einem unberechtigten Dritten ohne Wissen und Wollen des VN mit roten Kennzeichen versehen worden sind, die die ZulB dem VN zugeteilt hat (BGH NZV **06** 645, dazu *Terno* DAR **07** 316, 318). „Versehen" iS der Sonderbedingung ist das Kfz mit dem roten Kennzeichen nur bei äußerlich erkennbarer Verbindung mit dem Kfz, bloßer Besitz und Mitführen auf der Fahrt genügt nicht, BGH NJW **74** 1558, KG VRS **41** 397. Jedoch braucht die Art der Anbringung nicht der Vorschrift des § 60 II 1 StVZO (alt) = § 10 V FZV zu genügen, BaySt **02** 149 = DAR **03** 81.

Lit: *Halm/Fitz*, Versicherungsschutz bei entgeltlichen Probefahrten, DAR **06** 433.

18   **6. Keine Hauptuntersuchung, Sicherheitsprüfung, Abgasuntersuchung und Prüfung von Fahrtenschreibern und Kontrollgeräten.** Nach Abs 6 finden §§ 29, 47a und 57b StVZO keine Anwendung auf Fz, die mit einem Kurzzeitkennzeichen oder einem roten Kennzeichen in Betrieb gesetzt werden (s auch § 29 I 2 Nr 1 und § 47a I 2 Nr 1c StVZO). Bei diesen Fahrzeugen sind also keine HU, SP, AU und Prüfung von Fahrtenschreibern und Kontrollgeräten durchzuführen.

19   **7. Halterverantwortlichkeit.** In Abs 2 S 8 und Abs 5 S 4 sind Halterverantwortlichkeiten ausdrücklich geregelt. Danach darf der Halter die Inbetriebnahme eines Fz nicht anordnen oder zulassen, wenn die Gültigkeit eines Kurzzeitkennzeichens abgelaufen ist (Abs 2 S 8) und wenn Kurzzeitkennzeichen und rotes Kennzeichen nicht nach § 10 ausgestaltet und angebracht sind und die Anforderungen von § 10 XII nicht erfüllt sind, zB Stempelplakette oder Kennzeichenbeleuchtung nicht vorhanden sind (Abs 5 S 4).

20   **8. Verwendung ausländischer Überführungskennzeichen** im Inland ist im Rahmen von § 20 I zulässig (§ 20 Rz 10). Nach Maßgabe der Vereinbarung über die gegenseitige Anerkennung der Probe- bzw Überführungskennzeichen zwischen Italien und Deutschland (VkBl **94** 94) dürfen in Italien erworbene Fz mit italienischem Überführungskennzeichen in Deutschland geführt werden.

21   **9. Ordnungswidrigkeiten, Straftatbestände. Ordnungswidrig** ist
a) das Inbetriebsetzen eines Fz mit Kurzzeitkennzeichen oder rotem Kennzeichen entgegen Abs 5 iVm § 10 XII (§ 48 Nr 1b),

Prüfungsfahrten, Probefahrten, Überführungsfahrten § 16 FZV 4

b) das Inbetriebsetzen eines Fz mit Kurzzeitkennzeichen nach Ablauf seiner Gültigkeit (§ 48 Nr 1 c),
c) das Anordnen oder Zulassen der Inbetriebnahme eines Fz mit Kurzzeitkennzeichen oder rotem Kennzeichen durch den Halter entgegen Abs 2 S 8 oder Abs 5 S 4 (§ 48 Nr 2),
d) das Nichtmitführen oder nicht Aushändigen eines Fahrzeugscheins für ein Kurzzeitkennzeichen entgegen Abs 2 S 3 oder eines Fahrzeugscheinheftes für ein rotes Kennzeichen entgegen Abs 3 S 4 (§ 48 Nr 5),
e) das Nichtaufbewahren oder das Nichtaushändigen der Aufzeichnungen über Prüfungs-, Probe- und Überführungsfahrten mit roten Kennzeichen entgegen Abs 3 S 6 (§ 48 Nr 6),
f) das Nichtfertigen, das nicht richtige, nicht vollständige oder nicht rechtzeitige Fertigen einer Eintragung im Fahrzeugschein für ein Kurzzeitkennzeichen entgegen Abs 2 S 2 oder im Fahrzeugscheinheft für rote Kennzeichen entgegen Abs 3 S 3 (§ 48 Nr 15),
g) das Verwenden eines Kurzzeitkennzeichens an nicht nur einem Fz entgegen Abs 2 S 6 (§ 48 Nr 16),
h) das Nichtfertigen, das nicht richtige, nicht vollständige oder nicht rechtzeitige Fertigen einer Aufzeichnung über Prüfungs-, Probe- und Überführungsfahrten mit roten Kennzeichen entgegen Abs 3 S 5 (§ 48 Nr 17),
i) das nicht rechtzeitige Zurückgeben von befristet zugeteiltem roten Kennzeichen und Fahrzeugscheinheft nach Ablauf der Frist an die Zulassungsbehörde entgegen Abs 3 S 7 (§ 48 Nr 18).

Zu den früheren Vorschriften: Benutzung **für andere als Probe- und Überführungsfahrten** ist kein Verstoß gegen § 28 StVZO (alt), BaySt **02** 149 = DAR **03** 81, Ce VRS **17** 150, sondern gegen § 18 StVZO (alt), Bay NZV **95** 458, NStZ **88** 545, DAR **89** 362, Zw NZV **92** 460, *Windhorst* NZV **03** 311, *Kreutel* VD **84** 191, *Huppertz* PVT **95** 176, und auch nicht gem § 22 StVG strafbar (s unten). Auch Führen eines Kfz vor einer Prüfung oder nach der Prüfung, aber vor Zulassung ohne Kennzeichen verstößt gegen die §§ 18 StVZO (alt), 24 StVG. Gegen § 28 III StVZO (alt) kann nur ein Hersteller, Händler oder selbständiger Kfz-Handwerker verstoßen, Dritte, besonders Angestellte solcher Unternehmer dann, wenn § 9 OWiG auf sie zutrifft, Ha VRS **19** 160. Erschöpft sich das ordnungswidrige Verhalten im Nichtmitführen der Kurzzeitkennzeichen oder roten Kennzeichen, liegt nicht zugleich Verstoß gegen § 18 StVZO (alt) vor, mangels Führens ohne vorgeschriebene Zulassung auch kein **Steuerdelikt** (keine *widerrechtliche* Benutzung iS von § 1 I Nr 3 KraftStG), Bay VRS **67** 158. Keine widerrechtliche Benutzung iS des KraftStG auch durch bloßen Verstoß gegen die Eintragungs- und Aufzeichnungspflichten gem § 28 III S 2, 3 StVZO (alt), Ha VRS **57** 464. Verstoß gegen das KraftStG jedoch, wenn das mit Kurzzeitkennzeichen oder rotem Kennzeichen versehene Fz zu anderen als in § 28 I S 1 StVZO (alt) genannten Zwecken benutzt wird, BaySt **87** 22 = VRS **73** 62.

Vorsätzlicher **Kennzeichenmissbrauch** in rechtswidriger Absicht ist **strafbar** (§ 22 StVG), s Stu VRS **47** 25, zB bei Befestigung der beiden Kennzeichen an verschiedenen Fzen gleichzeitig, Bay NZV **93** 404, *Windhorst* NZV **03** 313. Mangels rechtswidriger Absicht kommt eine Ordnungswidrigkeit gemäß den §§ 28 StVZO (alt), 24 StVG in Betracht. Insoweit genügt Fahrlässigkeit. So bei Benutzung eines abgelaufenen Kurzzeitkennzeichens oder roten Kennzeichens, s *Hentschel* NJW **98** 1922. Fahrt im öffentlichen Straßenverkehr zu anderen als den in § 28 I StVZO (alt) genannten Zwecken erfüllt dagegen nicht den Tatbestand des § 22 StVG (Kennzeichenmissbrauch), weil es nach § 22 I Nr 1 StVG nur darauf ankommt, ob das Kennzeichen für das Fahrzeug ausgegeben oder zugelassen ist, BaySt **87** 22 = VRS **73** 62 (abl *Fritsch* VD **87** 204), NStZ **88** 545, DAR **89** 362, Zw NZV **92** 460, *Mehde* NZV **00** 114, zw, aM *Förschner* DAR **86** 290, *Windhorst* NZV **03** 312. Auch Unterlassen der Eintragung im Fahrzeugschein erfüllt nicht den Tatbestand des § 22 StVG, s *Mehde* NZV **00** 114. Überführungskennzeichen sind keine **Urkunden,** BGHSt **34** 375 = NJW **87** 2384, Stu VRS **47** 25, *Mehde* NZV **00** 112.

Lit: *Heinzlmeier,* Strafrechtliche Probleme des Pflichtversicherungsrechts, NZV **06** 221 (229 f). *Jagow,* Rote Kennzeichen: Keine Urkunden iS von § 267 StGB, VD **88** 97. *Förschner,* Strafrechtliche Probleme beim Gebrauch roter Kennzeichen, DAR **86** 287. *Mehde,* Rote Kennzeichen ..., Straf- und Bußgeldvorschriften, NZV **00** 112. *Windhorst,* Zur Strafbarkeit bei Mißbrauch roter Dauerkennzeichen nach §§ 22, 22a StVG, NZV **03** 310. Übersicht über Straf- und OW-Tatbestände im Zusammenhang mit roten Kennzeichen bzw Kurzzeitkennzeichen, s *Kreutel* VD **84** 188, *Huppertz* PVT **95** 176.

4 FZV § 17

Fahrten zur Teilnahme an Veranstaltungen für Oldtimer

17 (1) ¹Oldtimer, die an Veranstaltungen teilnehmen, die der Darstellung von Oldtimer-Fahrzeugen und der Pflege des kraftfahrzeugtechnischen Kulturgutes dienen, benötigen hierfür sowie für Anfahrten zu und Abfahrten von solchen Veranstaltungen keine Betriebserlaubnis und keine Zulassung, wenn sie ein rotes Oldtimerkennzeichen führen. ²Dies gilt auch für Probefahrten und Überführungsfahrten sowie für Fahrten zum Zwecke der Reparatur oder Wartung der betreffenden Fahrzeuge. ³§ 31 Abs. 2 der Straßenverkehrs-Zulassungs-Ordnung bleibt unberührt.

(2) ¹Für die Zuteilung und Verwendung der roten Oldtimerkennzeichen findet § 16 Abs. 3 bis 5 entsprechend mit der Maßgabe Anwendung, dass das Kennzeichen nur an den Fahrzeugen verwendet werden darf, für die es ausgegeben worden ist. ²Das rote Oldtimerkennzeichen besteht aus einem Unterscheidungszeichen und einer Erkennungsnummer jeweils nach § 8 Abs. 1, jedoch besteht die Erkennungsnummer nur aus Ziffern und beginnt mit „07". ³Es ist nach § 10 in Verbindung mit Anlage 4 Abschnitt 1 und 7 auszugestalten und anzubringen. ⁴Fahrzeuge mit rotem Oldtimerkennzeichen dürfen im Übrigen nur nach Maßgabe des § 10 Abs. 12 in Betrieb genommen werden. ⁵Der Halter darf die Inbetriebnahme eines Fahrzeugs nicht anordnen oder zulassen, wenn die Voraussetzungen nach Satz 4 nicht vorliegen.

(3) Unberührt bleiben Erlaubnis- und Genehmigungspflichten, soweit sie sich aus anderen Vorschriften, insbesondere aus § 29 Abs. 2 der Straßenverkehrs-Ordnung, ergeben.

1 **Begr** (VkBl **06** 608): *Die bisher auf Grund der 49. Ausnahmeverordnung zur Straßenverkehrs-Zulassungs-Ordnung mögliche Zuteilung von roten Kennzeichen für die wiederkehrende Verwendung an Oldtimern hat sich als zweckmäßig erwiesen. Sie wird nunmehr in die Verordnung aufgenommen. Das erforderliche Alter eines Oldtimers wird in der Begriffsdefinition in § 2 Nr. 22, die bereits bisher für die Zuteilung von Oldtimerkennzeichen galt, bestimmt. Die Vorschrift wurde um die Halterverantwortung hinsichtlich vorschriftsmäßiger Kennzeichen ergänzt.*

2 **1. Anwendungsbereich.** § 17 regelt die Inbetriebsetzung von Oldtimern ohne Betriebserlaubnis und ohne Zulassung zu bestimmten Zwecken mit roten Oldtimerkennzeichen. Ein **Oldtimer** ist ein vor mindestens 30 Jahren erstmals in den Verkehr gekommenes Fahrzeug, das weitestgehend dem Originalzustand entspricht, in einem guten Erhaltungszustand ist, der Pflege des kraftfahrzeugtechnischen Kulturgutes dient (§ 2 Nr 22) und durch ein Gutachten eines aaSoP oder PI nach § 23 StVZO als Oldtimer eingestuft worden ist (§ 2 Rz 25–26). Das Gutachten nach § 23 StVZO ist nach dem Wortlaut von § 23 StVZO erforderlich, um ein Fz als Oldtimer iSd § 2 Nr 22 einstufen zu können. Rote Oldtimerkennzeichen können demnach nur für Fz zugeteilt werden, denen durch ein solches Gutachten bestätigt wurde, dass sie als Oldtimer iSd § 2 Nr 22 anzusehen sind. Zwar spricht § 17 im Unterschied zu § 9 I nicht davon, dass ein derartiges Gutachten vorliegen muss. Die Zuteilung von roten Oldtimerkennzeichen ohne Gutachten ist aber unabhängig vom Wortlaut des § 23 StVZO auch nicht vorstellbar, weil den Mitarbeitern der Zulassungsbehörde dann zugemutet würde, selbst einschätzen zu müssen, ob die Definition des § 2 Nr 22 erfüllt ist oder nicht. Da für die Zuteilung roter Oldtimerkennzeichen eine Betriebserlaubnis nicht erforderlich ist, ist bei der Anwendung der (bisher noch nicht an die neue Rechtslage seit 1. 3. 07 angepassten) Richtlinie für die Begutachtung von „Oldtimer"-Fahrzeugen (VkBl **97** 515 = StVRL § 23 StVZO Nr 1) im Rahmen der Begutachtung nach § 23 StVZO zu beachten, dass abweichend von Nr 1b der Richtlinie kein Gutachten nach § 21 StVZO erforderlich ist, wenn lediglich die Zuteilung roter Oldtimerkennzeichen beantragt werden soll.

3 Rote Oldtimerkennzeichen können **verwendet** werden zur Teilnahme an Veranstaltungen, die der Darstellung von Oldtimer-Fahrzeugen und der Pflege des kraftfahrzeugtechnischen Kulturgutes dienen, für Anfahrten zu und Abfahrten von solchen Veranstaltungen, für Probefahrten (§ 2 Nr 23) und Überführungsfahrten (§ 2 Nr 25) sowie für Fahrten zum Zwecke der Reparatur oder Wartung der betreffenden Fz (Abs 1 S 1 und 2). Die Fz benötigen dabei weder Betriebserlaubnis noch Zulassung (Abs 1 S 1 und 2), müssen im Übrigen aber vorschriftsmäßig und verkehrssicher sein (Abs 1 S 3 iVm § 31 II StVZO). Das bloße Betanken des Fz ist nicht Wartung (Dr DAR **05** 522 zu § 1 I 2 der 49. AusnVO alt).

Lit: *Gontard*, Oldtimer im deutschen Autorecht, DAR **03** 213.

4 **2. Rotes Oldtimerkennzeichen.** Rote Oldtimerkennzeichen können entsprechend § 16 III bis V zugeteilt und verwendet werden mit dem Unterschied, dass das Kennzeichen nur an den Fz verwendet werden darf, für die es ausgegeben worden ist, Abs II S 1. Der ZulB muss also

mit dem Antrag auf Zuteilung eines roten Oldtimerkennzeichens genau mitgeteilt werden, für welche Fz es verwendet werden soll. Ansonsten gelten die Regelungen für rote Kennzeichen nach § 16 III bis V entsprechend. Aus Sinn und Zweck der Vorschrift ergibt sich, dass die Ausgabe nicht nur an zuverlässige Kfz-Hersteller, Kfz-Teilehersteller, Kfz-Werkstätten und Kfz-Händler (§ 16 III S 1) möglich ist, sondern auch an die **Halter** von Oldtimern. So sah es auch die inzwischen aufgehobene (BGBl I 06 1084) 49. AusnahmeVO zur StVZO in ihrem § 1 II S 1 (s 38. Auflage § 18 StVZO Rz 2 c) vor. Diese Halter müssen aber entsprechend § 16 III S 1 ebenfalls „zuverlässig" sein. Es besteht kein Anspruch auf Zuteilung roter Oldtimerkennzeichen, aber ein Anspruch auf ermessensfehlerfreie Entscheidung. Zusammen mit dem roten Oldtimerkennzeichen wird ein besonderes **Fahrzeugscheinheft** nach Anlage 10 ausgegeben, Abs II S 1 iVm § 16 III S 1. Wenn ein Halter nur ein Fahrzeug mit einem roten Oldtimerkennzeichen benutzen will, benötigt er eigentlich kein Fahrzeugscheinheft. In diesem Fall würde ein Fahrzeugschein ausreichen, wie er bis 28. 2. 07 gem § 1 II S 2 der 49. AusnahmeVO vorgesehen war. Die FZV sieht aber die Ausgabe von Fahrzeugscheinen bei Zuteilung roter Oldtimerkennzeichen nicht vor. Die Zuteilung ist befristet oder unbefristet, aber widerruflich möglich, Abs II S 1 iVm § 16 III S 1. Wenn ein rotes Oldtimerkennzeichen befristet zugeteilt wurde, ist das Kennzeichen mit dem dazugehörigen Fahrzeugscheinheft der Zulassungsbehörde unverzüglich nach Ablauf der Frist zurückzugeben, Abs II S 1 iVm § 16 III S 7.

Vor dem 1. 3. 07 nach Maßgabe der 49. AusnahmeVO zur StVZO ausgegebene rote Oldtimerkennzeichen bleiben gültig, § 50 II. Dass diese nicht nach der StVZO, sondern nach der 49. AusnahmeVO zugeteilt worden sind, ist unschädlich (s § 50 Rz 2). Soweit vor dem 1. 3. 07 rote Oldtimerkennzeichen für Fz ausgegeben worden sind, die nicht als Oldtimer iSv § 2 Nr 22 anzusehen sind, insbesondere weil sie noch nicht 30 Jahre alt sind, ändert sich an der Gültigkeit nichts, solange der Verwaltungsakt der Zuteilung des Kennzeichens nicht widerrufen wird oder die befristete Zuteilung noch nicht beendet ist. **5**

Ausgestaltung des roten Oldtimerkennzeichens: Abs II S 2, Abs II S 3 iVm § 10 und Anlage 4 Abschnitt 1 und 7. Das rote Oldtimerkennzeichen ist entsprechend dem allgemeinen Kennzeichen, aber in roter Schrift und mit rotem Rand ausgeführt. Es besteht aus einem Unterscheidungszeichen und einer Erkennungsnummer jeweils nach § 8 I, die Erkennungsnummer besteht aber nur aus Ziffern und beginnt mit „07", Abs II S 2 (deswegen werden die roten Oldtimerkennzeichen vielfach als „07er-Kennzeichen" bezeichnet). Rote Oldtimerkennzeichen sind von der ZulB mit Stempelplaketten gem § 10 III zu versehen, also wie auch allgemeine Kennzeichen abzustempeln. HU- und AU-Plaketten sind auf roten Oldtimerkennzeichen nicht anzubringen, Anlage 4 Abschnitt 7 S 2 iVm Abschnitt 1 Nr 6 S 1 a und b. **6**

Anbringung. Rote Oldtimerkennzeichen sind nach § 10 anzubringen, Abs II S 3 und Abs II S 1 iVm § 16 V S 1, müssen also grundsätzlich an Vorder- und Rückseite des Fz, also außen, vorhanden sein (§ 10 V). Sie brauchen jedoch nicht fest am Fz angebracht zu sein, Abs II S 1 iVm § 16 V S 2, auch wenn Abs II S 3 etwas missverständlich sagt, sie müssten nach § 10 angebracht werden, was eigentlich bedeutet, dass sie fest anzubringen sind (§ 10 V). Die Verweisung in Abs II S 1 auf die speziellere Regel des § 16 V S 2 geht jedoch vor. **7**

Haftpflichtversicherung. Rote Oldtimerkennzeichen dürfen nur ausgegeben werden, wenn der Antragsteller nachweist, dass den Vorschriften über die Pflichtversicherung genügt ist, Abs II S 1 iVm § 16 IV. **8**

Fahrzeugscheinhefte: Mit roten Oldtimerkennzeichen werden besondere Fahrzeugscheinhefte nach Anlage 10 ausgegeben, Abs II S 1 iVm § 16 III S 1. Für jedes Fz ist eine gesonderte Seite des Fahrzeugscheinheftes zu dessen Beschreibung zu verwenden; auf der jeweiligen Seite sind die Angaben zum Fz vollständig und in dauerhafter Schrift vor Antritt der ersten Fahrt einzutragen, Abs II S 1 iVm § 16 III S 3. Die Angaben zum Fz sind zu unterschreiben, womit nach dem Formular gem Muster in Anlage 10 gleichzeitig die Vorschriftsmäßigkeit des Fz iSv Abs I S 3 iVm § 31 II StVZO bestätigt wird. Das Fahrzeugscheinheft ist bei jeder Fahrt mitzuführen und zuständigen Personen auf Verlangen auszuhändigen, Abs II S 1 iVm § 16 III S 4. Verstoß dagegen ist ordnungswidrig, § 48 Nr 5. Über jede Fahrt sind vor oder unmittelbar danach fortlaufende **Aufzeichnungen** zu führen (verwendetes Kennzeichen, Fahrttag, Beginn und Ende der Fahrt, Fahrzeugführer mit Anschrift, Fahrzeugklasse und Hersteller des Fahrzeugs, Fahrzeug-Identifizierungsnummer, Fahrstrecke), Abs II S 1 iVm § 16 III S 5. Die Angaben von Fahrtzeit und Fahrzeugführer sollen im Falle von Zuwiderhandlungen bei der FzBenutzung die Feststellung des Fahrzeugführers ermöglichen. Die Aufzeichnungen brauchen bei der Fahrt nicht mitgeführt zu werden, sind aber ein Jahr lang aufzubewahren und zuständigen Personen auf Verlangen jederzeit zur Prüfung auszuhändigen, Abs II S 1 iVm § 16 III S 6. **9**

Nach Fristablauf oder Widerruf müssen rote Oldtimerkennzeichen und die dazugehörigen Fahrzeugscheinhefte unverzüglich der Zulassungsbehörde übergeben werden, Abs II S 1 iVm § 16 III S 7.

10   **3. Inbetriebnahme.** Fz mit roten Oldtimerkennzeichen dürfen nur in Betrieb genommen werden, wenn die Kennzeichen korrekt ausgestaltet und angebracht sind und die sonstigen Anforderungen von § 10 Abs XII erfüllt sind, zB Stempelplakette oder Kennzeichenbeleuchtung vorhanden sind, Abs II S 4. Verstoß dagegen ist ordnungswidrig, § 48 Nr 1 b. Der Halter darf die Inbetriebnahme eines Fz nicht anordnen oder zulassen, wenn diese Voraussetzungen nicht vorliegen, Abs II S 5; Verstoß ist ordnungswidrig, § 48 Nr 2.

11   **4. Sonstige Vorschriften.** Für Fz mit roten Oldtimerkennzeichen sind nach Abs III alle übrigen Erlaubnis- und Genehmigungspflichten zu beachten, insbesondere die Erlaubnispflicht für Veranstaltungen, die die Straßen mehr als verkehrsüblich in Anspruch nehmen, nach § 29 II StVO.

12   **5. Verhältnis zum Oldtimerkennzeichen nach § 9 I.** Nach § 9 I kann einem Oldtimer ein Oldtimerkennzeichen zugeteilt werden. Dieses kann nur für ein bestimmtes Fz zugeteilt werden, nicht für mehrere. Sammler, die mehrere Oldtimer besitzen, die sie nur zur Teilnahme an Oldtimerveranstaltungen benutzen, können die Möglichkeiten des § 17 nutzen und rote Oldtimerkennzeichen verwenden. Macht der Halter von dieser Möglichkeit Gebrauch, so kann ihm nicht außerdem ein Oldtimerkennzeichen zugeteilt werden. Entsprechendes gilt für den umgekehrten Fall; ist also ein Oldtimerkennzeichen nach § 9 I zugeteilt, so scheidet § 17 aus (vgl Begr zu den Vorläuferregelungen VkBl **97** 537).

13   **6. Ordnungswidrig** ist
a) das Inbetriebsetzen eines Oldtimers mit roten Oldtimerkennzeichen entgegen Abs II S 4, § 48 Nr 1 b,
b) das Anordnen oder Zulassen der Inbetriebnahme eines Oldtimers mit roten Oldtimerkennzeichen durch den Halter entgegen Abs II S 5, § 48 Nr 2,
c) das Nichtmitführen oder Nichtaushändigen eines Fahrzeugscheinheftes entgegen Abs II S 1 iVm § 16 III S 4, § 48 Nr 5.

Fahrten im internationalen Verkehr

18 Für Fahrzeuge, für die ein Kennzeichen zugeteilt ist, wird auf Antrag ein Internationaler Zulassungsschein nach Artikel 4 und Anlage B des Internationalen Abkommens vom 24. April 1926 über Kraftfahrzeugverkehr (RGBl. 1930 II S. 1233) ausgestellt.

1   **Begr** (VkBl **06** 608): s § 19

2   Für Fahrzeuge, für die ein Kennzeichen zugeteilt ist, wird für Fahrten im internationalen Verkehr auf Antrag von der Zulassungsbehörde zusätzlich zu der Zulassungsbescheinigung ein **Internationaler Zulassungsschein** nach Art 4 und Anlage B des Internationalen Abkommens über Kraftfahrzeugverkehr v 24. 4. 1926 (RGBl II **30** 1233, IntAbk) ausgestellt. Dieser ist ein Jahr gültig (Art 4 Abs 2 S 1 IntAbk) und gewährt „freie Zulassung zum Verkehr in allen anderen Vertragsstaaten" und wird dort anerkannt (Art 4 Abs 3 S 1 IntAbk). Das Recht, von einem Internationalen Zulassungsschein Gebrauch zu machen, kann jedoch verweigert werden, wenn die in Art 3 des Abkommens festgesetzten Bedingungen (Geeignetheit für den Verkehr, Betriebssicherheit, Vorhandensein von Kennzeichenschildern etc.) „augenscheinlich nicht mehr erfüllt sind" (Art 4 Abs 3 S 2 IntAbk).

3   Dieses Abkommen gilt nur noch im Verhältnis der Bundesrepublik Deutschland zu wenigen Staaten. Für die meisten Staaten ist es abgelöst worden durch das Übereinkommen über den Straßenverkehr vom 8. 11. 1968, das sog Wiener Übereinkommen (ÜbStrV, Beck-Texte Nr 13). Nach dessen Art 35 ist für den internationalen Verkehr ein Fahrzeugschein ausreichend, dem die normale Zulassungsbescheinigung Teil I und die Zulassungsbescheinigung Teil I für Ausfuhrkennzeichen (§ 19 I Nr 4) entsprechen, die somit bei Fahrten in das Ausland und der Ausfuhr eines Fahrzeugs in das Ausland für die meisten Staaten ausreicht.

Fahrten zur dauerhaften Verbringung eines Fahrzeugs in das Ausland

19 (1) Soll ein zulassungspflichtiges nicht zugelassenes Kraftfahrzeug oder ein zulassungsfreies und kennzeichenpflichtiges Kraftfahrzeug, dem kein Kennzeichen zugeteilt ist, mit eigener Triebkraft oder ein Anhänger hinter einem Kraftfahrzeug dauerhaft in einen anderen Staat verbracht werden, sind die Vorschriften dieser Verordnung vorbehaltlich des § 16, soweit dies von dem ausländischen Staat zugelassen ist, mit folgender Maßgabe anzuwenden:

1. Das Fahrzeug darf nur zugelassen werden, wenn durch Vorlage einer Versicherungsbestätigung im Sinne der Anlage 11 Nr. 3 nachgewiesen ist, dass eine Haftpflichtversicherung nach dem Gesetz über die Haftpflichtversicherung für ausländische Kraftfahrzeuge und Kraftfahrzeuganhänger besteht und wenn der nächste Termin zur Durchführung der Untersuchung nach § 29 der Straßenverkehrs-Zulassungs-Ordnung nach dem Ablauf der Zulassung gemäß Nummer 2 liegt; ansonsten ist eine solche Untersuchung durchzuführen.
2. Die Zulassung ist auf die Dauer der nach Nummer 1 nachgewiesenen Haftpflichtversicherung, längstens auf ein Jahr, zu befristen. Unberührt bleibt die Befugnis der Zulassungsbehörde, durch Befristung der Zulassung und durch Auflagen sicherzustellen, dass das Fahrzeug in angemessener Zeit den Geltungsbereich dieser Verordnung verlässt.
3. An die Stelle des Kennzeichens tritt das Ausfuhrkennzeichen. Es besteht aus dem Unterscheidungszeichen nach § 8 Abs. 1 Satz 2, einer Erkennungsnummer und dem Ablaufdatum. Die Erkennungsnummer besteht aus einer ein- bis vierstelligen Zahl und einem nachfolgenden Buchstaben. Das Kennzeichen ist nach § 10 in Verbindung mit Anlage 4 Abschnitt 1 und 8 auszugestalten und anzubringen. Fahrzeuge mit Ausfuhrkennzeichen dürfen nur nach Maßgabe des § 10 Abs. 12 in Betrieb gesetzt werden. Der Halter darf die Inbetriebnahme eines Fahrzeugs nicht anordnen oder zulassen, wenn die Voraussetzungen nach Satz 5 nicht vorliegen.
4. Die Zulassungsbescheinigung Teil I ist auf die Ausfuhr des Fahrzeugs zu beschränken und mit dem Datum des Ablaufs der Gültigkeitsdauer der Zulassung zu versehen. Zusätzlich kann ein Internationaler Zulassungsschein nach Maßgabe des § 18, auf dem das Datum des Ablaufs der Gültigkeitsdauer der Zulassung vermerkt ist, ausgestellt werden. Nach Ablauf der Gültigkeitsdauer der Zulassung darf das Fahrzeug auf öffentlichen Straßen nicht mehr in Betrieb gesetzt werden. Der Halter darf im Falle des Satzes 3 die Inbetriebnahme eines Fahrzeugs nicht anordnen oder zulassen.

(2) Bei der Zuteilung eines Ausfuhrkennzeichens sind der Zulassungsbehörde zur Speicherung in den Fahrzeugregistern neben den in § 6 Abs. 1 Satz 2 bezeichneten Halterdaten die in § 6 Abs. 4 Nr. 4 bezeichneten Daten zur Kraftfahrzeug-Haftpflichtversicherung und das Ende des Versicherungsverhältnisses sowie die zur Ausstellung der Zulassungsbescheinigung erforderlichen Fahrzeugdaten und bei Personenkraftwagen die vom Hersteller aufgebrachte Farbe des Fahrzeugs mitzuteilen und auf Verlangen nachzuweisen.

(3) Der Führer eines Kraftfahrzeugs hat die Zulassungsbescheinigung Teil I nach Absatz 1 Nr. 4 mitzuführen und zuständigen Personen auf Verlangen zur Prüfung auszuhändigen.

(4) ¹Soll ein zugelassenes oder ein zulassungsfreies und kennzeichenpflichtiges Fahrzeug mit einem Ausfuhrkennzeichen in einen anderen Staat verbracht werden, ist die Zuteilung dieses Kennzeichens unter Vorlage der Zulassungsbescheinigung und der nach § 8 zugeteilten Kennzeichen zur Entstempelung zu beantragen. ²Die bisherige Zulassungsbescheinigung Teil I ist einzuziehen. ³Die Zulassungsbescheinigung Teil II ist fortzuschreiben. ⁴Die Absätze 1 bis 3 sind entsprechend anzuwenden.

Begr zu §§ 18 und 19 (VkBl 06 608): *Die Vorschriften basieren auf § 7 der Verordnung über internationalen Kraftfahrzeugverkehr (VOInt) sowie dem § 1 Abs. 3 FRV. Da die zur Ausfuhr bestimmten Fahrzeuge auch am nationalen Verkehr teilnehmen, werden Sonderregelungen, die im Vergleich zu inländischen Fahrzeugen geringere Anforderungen an den technischen Zustand der Fahrzeuge stellen (bisher § 7 Abs. 2 Nr. 1 VOInt) im Interesse der Verkehrssicherheit aufgegeben. Das Internationale Abkommen über Kraftfahrzeugverkehr vom 24. April 1926 (RGBl. 1930 II S. 1234), welches nach Artikel 4 und Anlage B für den internationalen Verkehr die Ausstellung eines Internationalen Zulassungsscheins vorschreibt, gilt nur noch im Verhältnis der Bundesrepublik zu wenigen Staaten. Nach Artikel 35 des Übereinkommens vom 8. November 1968 über den Straßenverkehr (BGBl. 1977 II S. 809) ist für den internationalen Verkehr ein Fahrzeugschein ausreichend, wenn dieser wenigstens folgende Angaben enthält: Kennzeichen, Tag der ersten Zulassung oder Herstellungsjahr des Fahrzeugs, Name und Wohnsitz desjenigen, für den die Bescheinigung ausgestellt ist, Name oder Fabrikmarke des Herstellers, Fahrgestellnummer, höchstes zulässiges Gesamtgewicht bei Fahrzeugen zur Güterbeförderung sowie die Gültigkeitsdauer der Bescheini-*

gung, wenn diese nicht unbegrenzt ist. Nach der EG-Richtlinie über die Zulassungsdokumente ist für den innergemeinschaftlichen Verkehr eine Zulassungsbescheinigung mit den in deren Anhang I festgelegten Mindestangaben ausreichend. Es wird deshalb bestimmt, dass bei Zuteilung eines Ausfuhrkennzeichens eine auf die Ausfuhr sowie zeitlich beschränkte Zulassungsbescheinigung ausgestellt wird. Der Internationale Zulassungsschein kann zusätzlich ausgefertigt werden. Bezüglich der Identifizierung gelten die Regelungen des § 6 Abs. 8. Die Vorschrift wurde um die Halterverantwortung hinsichtlich vorschriftsmäßiger Kennzeichen sowie des Inbetriebnahmeverbots nach Ablauf der Gültigkeitsdauer der Zulassung ergänzt. ...

2 Begründung der Einfügung der Wörter „vorbehaltlich des § 16, soweit dies von dem ausländischen Staat zugelassen ist" in Absatz 1 Satz 1 durch den Bundesrat: *Neben der Möglichkeit der Verwendung von Ausfuhrkennzeichen besteht bei Verbringung in einen anderen Mitgliedstaat der EU/des EWR auch die Möglichkeit der Verwendung von roten oder Kurzzeitkennzeichen, sofern der andere Mitgliedstaat dies einräumt.*

3 **Absatz 4** erstreckt die Vorschrift auch auf zugelassene Fahrzeuge. Das Verfahren entspricht einer Fahrzeugumschreibung mit Zuteilung eines neuen Kennzeichens.

4 **1. Anwendungsbereich.** § 19 regelt die Zulassung von Fahrzeugen mit **Ausfuhrkennzeichen** zum Zwecke der **dauerhaften Verbringung in einen anderen Staat;** bei Kfz muss die Verbringung in das Ausland **mit eigener Triebkraft** erfolgen. Diese besondere Zulassung ist möglich für zulassungspflichtige nicht zugelassene Kfz, für zulassungsfreie aber kennzeichenpflichtige Kfz, denen kein Kennzeichen zugeteilt worden ist, und für Anhänger, die hinter einem Kfz ausgeführt werden sollen (Abs 1 bis 3), für zugelassene Fz sowie für zulassungsfreie kennzeichenpflichtige Fz, denen ein Kennzeichen zugeteilt worden ist (Abs 4).

5 Alternativ zur Verbringung eines Fz in das Ausland mit Ausfuhrkennzeichen ist die Ausfuhr auch unter Verwendung von **roten oder Kurzzeitkennzeichen** möglich, wenn der jeweilige andere Staat dies zulässt (Abs 1 S 1: „vorbehaltlich des § 16, soweit dies von dem ausländischen Staat zugelassen ist"). Dass der jeweilige andere Staat die Einfuhr mit roten oder Kurzzeitkennzeichen zulässt, ist keine Tatbestandsvoraussetzung für die Zuteilung dieser Kennzeichen; es handelt sich lediglich um einen Hinweis auf den Umstand, dass nicht alle Staaten diese Kennzeichen anerkennen. Hintergrund der Schaffung dieser Regelung war ein Vertragsverletzungsverfahren, in dessen Rahmen Deutschland von der EU-Kommission aufgefordert worden war, die Ausfuhr von Fz in andere EU- oder EWR-Staaten auch mit roten oder Kurzzeitkennzeichen zur Überführung zuzulassen (*Liebermann* NZV **06** 357, 360, *Holm/Liebermann* SVR **08** 161, 162).

6 Sonderregelungen, die früher gem § 7 II Nr 1 VOInt (alt) **geringere Anforderungen an den technischen Zustand** von Fz zur Ausfuhr mit eigener Triebkraft stellten, sind seit 1. 3. 07 im Interesse der Verkehrssicherheit **aufgegeben** worden, da diese Fz vor der Ausfuhr noch eine gewisse Zeit, möglicherweise bis zu einem Jahr, am Verkehr in Deutschland teilnehmen (Begr VkBl **06** 608, *Holm/Liebermann* SVR **08** 161, 162).

7 **Keine Fernzulassung in Deutschland.** Auf Fz, die sich in Deutschland befinden und ins Ausland überführt werden sollen, findet ausschließlich deutsches Zulassungsrecht Anwendung (*Holm/Liebermann* SVR **08** 161, 164). Ein Überführungskennzeichen eines fremdem Staates, in den das Fahrzeug überführt werden soll, bewirkt keine Zulassung im Inland (§ 20 Rz 19).

8 **2. Antrag auf Zulassung mit Ausfuhrkennzeichen.** Im Falle von zulassungspflichtigen nicht zugelassenen Kfz, zulassungsfreien kennzeichenpflichtigen Kfz, denen kein Kennzeichen zugeteilt ist, und Anhängern sind der Zulassungsbehörde mit dem Antrag auf Zulassung mit Ausfuhrkennzeichen die Halterdaten gem § 6 I 2, die zur Ausstellung der Zulassungsbescheinigung erforderlichen FzDaten, bei Pkw die vom Hersteller aufgebrachte Farbe des Fz, die Daten zur Kfz-Haftpflichtversicherung gem § 6 IV Nr 4, und das Ende des Versicherungsverhältnisses mitzuteilen und auf Verlangen nachzuweisen (Abs 2). Die Zulassung ist nur möglich, wenn durch Vorlage einer speziellen **Versicherungsbestätigung** gem Anlage 11 Nr 3 nachgewiesen wird, dass eine Haftpflichtversicherung nach dem Gesetz über die Haftpflichtversicherung für ausländische Kfz und Kfz-Anhänger (PflversAusl, Beck-Texte Nr 4a) besteht (Abs 1 Nr 1). Diese Versicherungsbestätigung enthält das gem Abs 2 vom Antragsteller mitzuteilende Datum des Endes des Versicherungsschutzes (s Anlage 11 Nr 3). Davon zu unterscheiden ist die Versicherungsbescheinigung nach § 1 II 1 PflversAusl, die das Bestehen einer Haftpflichtversicherung nach diesem Gesetz bescheinigt (sofern dies nicht nach § 8a PflversAusl entbehrlich ist) und die der Führer des Fahrzeugs nach § 1 II PflversAusl mitzuführen und auf Verlangen zuständigen Beamten zur Prüfung auszuhändigen hat.

Wenn ein zugelassenes oder ein zulassungsfreies kennzeichenpflichtiges Fz, dem ein Kennzeichen zugeteilt ist, mit einem Ausfuhrkennzeichen ausgeführt werden soll, sind bei der Beantragung der Zulassung mit Ausfuhrkennzeichen die bisherige Zulassungsbescheinigung Teile I und II und die bisherigen Kennzeichen zur Entstempelung vorzulegen (Abs 4 S 1). Die bisherige Zulassungsbescheinigung Teil I wird eingezogen (Abs 4 S 2). Die Zulassungsbescheinigung Teil II wird fortgeschrieben (Abs 4 S 3) und dann wieder ausgehändigt (§ 12 VI 3). Das Verfahren entspricht einer Fahrzeugumschreibung mit Zuteilung eines neuen Kennzeichens (Begr VkBl **06** 609).

3. Zulassung mit Ausfuhrkennzeichen. Die Zulassung wird auf die **Dauer** der gem Abs 1 Nr 1 nachgewiesenen Haftpflichtversicherung, längstens ein Jahr, befristet (Abs 1 Nr 2). Die ZulB kann durch kürzere Befristung der Zulassung und durch Auflagen dafür sorgen, dass das Fahrzeug Deutschland in angemessener Zeit verlässt (Abs 1 Nr 2).

Bei der Zulassung zur Ausfuhr mit eigener Triebkraft teilt die ZulB ein **Ausfuhrkennzeichen** zu (Abs 1 Nr 3), sofern die Ausfuhr nicht mit roten oder Kurzzeitkennzeichen erfolgen soll. Das Ausfuhrkennzeichen besteht aus einem Unterscheidungszeichen, einer Erkennungsnummer und dem Ablaufdatum (Abs 1 Nr 3 S 2). Die Erkennungsnummer besteht aus einer ein- bis vierstelligen Zahl und einem nachfolgenden Buchstaben (Abs 1 Nr 3 S 3). Die Ausgestaltung des Ausfuhrkennzeichens ergibt sich aus Anlage 4 Abschnitt 8. Das Ablaufdatum ist auf dem roten Feld am rechten Rand des Schildes vermerkt. Dabei gibt die obere Zahl den Tag, die mittlere den Monat und die untere das Jahr des Endes der besonderen Zulassung in Deutschland an. Der rote Untergrund des Feldes mit dem Ablaufdatum darf nicht retroreflektierend sein (Anlage 4 Abschnitt 8 Nr 3 S 4). Das Ausfuhrkennzeichen enthält kein Euro-Feld (Anlage 4 Abschnitt 8 Nr 3 S 1). Die Abstempelung des Ausfuhrkennzeichens durch die ZulB gem § 10 III erfolgt mit speziellen Stempelplaketten mit rotem Untergrund (Anlage 4 Abschnitt 8 Nr 3 S 6). Ist der Halter von der Kfz-Steuer befreit, so braucht das Ausfuhrkennzeichen nicht grün beschriftet zu sein (§ 9 II 1 Nr 7). Auf den Ausfuhrkennzeichen sind keine HU- und AU-Plaketten anzubringen (Anlage 4 Abschnitt 8 Nr 3 S 1 iVm Abschnitt 1 Nr 6 S 1a und b). Für die **Anbringung** des Ausfuhrkennzeichens gelten die normalen Regeln (Abs 1 Nr 3 S 4 iVm § 10 V); das Kennzeichen muss also grundsätzlich an der Vorder- und Rückseite des Fz fest angebracht sein. Die übliche Kennzeichenbeleuchtung muss vorhanden sein (Abs 1 Nr 3 S 4 iVm § 10 VI S 2).

Vor dem 1. 3. 07 nach Maßgabe von § 7 IntVO zugeteilte Ausfuhrkennzeichen bleiben gültig (§ 50 II). Dass sie nicht nach der StVZO, sondern nach der IntVO zugeteilt worden sind, ist unschädlich (§ 50 Rz 2).

4. Die **Zulassungsbescheinigung Teil I** wird auf die Ausfuhr des Fahrzeugs beschränkt und mit dem Datum des Ablaufs der Gültigkeitsdauer der Zulassung versehen (Abs 1 Nr 4 S 1); sie ist also zeitlich beschränkt. Diese ZB I ist durch den Kfz-Führer mitzuführen und zuständigen Personen auf Verlangen zur Prüfung auszuhändigen (Abs 3). Die besondere Regelung zur ZB I in Abs 1 Nr 4 bedeutet nicht, dass nur eine ZB I auszustellen wäre; es gibt dazu auch eine ZB II. Zusätzlich kann gem § 18 ein Internationaler Zulassungsschein ausgestellt werden, auf dem ebenfalls das Datum des Ablaufs der Gültigkeitsdauer der Zulassung vermerkt wird (Abs 1 Nr 4 S 2). Dies ist nur bei Ausfuhr in einen der wenigen Staaten erforderlich, in Bezug auf die das Internationale Abkommen über Kraftfahrzeugverkehr vom 24. 4. 1926 noch Bedeutung hat (s § 18 Rz 3).

Das Fz ist vor der Zulassung zur Ausfuhr mit Ausfuhrkennzeichen gem § 6 VIII von der Zulassungsbehörde zu **identifizieren,** s Begr VkBl **06** 608; vgl § 6 Rz 2 und 10.

Wenn der nächste Termin für die **Hauptuntersuchung** gem § 29 StVZO innerhalb des Gültigkeitszeitraums der Zulassung zur Ausfuhr liegt, ist diese Untersuchung vor der Zulassung durchzuführen (Abs 1 Nr 1), da ansonsten nicht mehr sichergestellt werden kann, dass die HU fristgerecht erfolgt. Geschieht dies nicht, kann keine Zulassung nach § 19 erfolgen.

5. Inbetriebsetzung und Halterverantwortlichkeit. Fz mit Ausfuhrkennzeichen dürfen nur in Betrieb genommen werden, wenn die Vorschriften über Ausgestaltung, Anbringung und Beleuchtung der Kennzeichen beachtet sind (Abs 1 Nr 3 S 5 iVm § 10 XII 1). Der Halter darf die Inbetriebnahme des Fz nicht anordnen oder zulassen, wenn diese Voraussetzungen nicht vorliegen (Abs 1 Nr 3 S 6). Nach Ablauf der Gültigkeitsdauer der Zulassung mit Ausfuhrkennzeichen darf das Fz auf öffentlichen Straßen in Deutschland nicht mehr in Betrieb gesetzt werden (Abs 1 Nr 4 S 3). Der Halter darf in diesem Fall die Inbetriebnahme des Fz nicht anordnen oder zulassen (Abs 1 Nr 4 S 4).

17 Besteht keine Kfz-Haftpflichtversicherung nach dem PflversAusl (s Rz 8) oder führt der Fahrzeugführer die erforderliche Versicherungsbescheinigung darüber nicht mit, darf der Halter nicht zulassen, dass das Fz in Deutschland auf öffentlichen Straßen gebraucht wird (§ 1 III PflversAusl).

18 **6. Ordnungswidrig** ist
a) das Inbetriebsetzen eines Fz zur Ausfuhr, wenn die Vorschriften über Kennzeichen nicht eingehalten sind, § 48 Nr 1b,
b) das Inbetriebsetzen eines Fz mit Ausfuhrkennzeichen nach Ablauf der Gültigkeitsdauer der Zulassung mit Ausfuhrkennzeichen, § 48 Nr 1c,
c) das Anordnen oder Zulassen der Inbetriebnahme eines Fz mit Ausfuhrkennzeichen durch den Halter, wenn die Vorschriften über Kennzeichen nicht beachtet sind oder nach Ablauf der Gültigkeitsdauer der Zulassung zur Ausfuhr, § 48 Nr 2.

Ordnungswidrigkeiten und Straftaten nach dem PflversAusl (Beck-Texte Nr 4a) s dort §§ 9, 9a.

Lit: *Bauer,* Das Ausfuhrkennzeichen …, VD **98** 78. *Holm/Liebermann,* Fernzulassung von Fz?, SVR **08** 161. *Jagow,* Das neue Ausfuhrkennzeichen, VD **88** 267. *Derselbe,* Fze mit Ausfuhrkennzeichen und ihre Wiederzulassung nach der StVZO, VD **92** 193.

Abschnitt 4. Teilnahme ausländischer Fahrzeuge am Straßenverkehr

Vorübergehende Teilnahme am Straßenverkehr im Inland

20 (1) ¹In einem anderen Mitgliedstaat der Europäischen Union oder einem anderen Vertragsstaat des Abkommens über den Europäischen Wirtschaftsraum zugelassene Fahrzeuge dürfen vorübergehend am Verkehr im Inland teilnehmen, wenn für sie von einer zuständigen Stelle des anderen Mitgliedstaates oder des anderen Vertragsstaates eine gültige Zulassungsbescheinigung ausgestellt und im Inland kein regelmäßiger Standort begründet ist. ²Die Zulassungsbescheinigung muss mindestens die Angaben enthalten, die im Fahrzeugscheinheft für Fahrzeuge mit rotem Kennzeichen nach Anlage 10 vorgesehen sind. ³Zulassungsbescheinigungen nach Satz 1, die den Anforderungen des Satzes 2 genügen und ausschließlich zum Zwecke der Überführung eines Fahrzeugs ausgestellt werden, werden vom Bundesministerium für Verkehr, Bau und Stadtentwicklung im Verkehrsblatt bekannt gemacht.

(2) ¹In einem Drittstaat zugelassene Fahrzeuge dürfen vorübergehend am Verkehr im Inland teilnehmen, wenn für sie von einer zuständigen ausländischen Stelle eine gültige Zulassungsbescheinigung oder ein Internationaler Zulassungsschein nach Artikel 4 und Anlage B des Internationalen Abkommens vom 24. April 1926 über Kraftfahrzeugverkehr ausgestellt ist und im Inland kein regelmäßiger Standort begründet ist. ²Die Zulassungsbescheinigung muss mindestens die nach Artikel 35 des Übereinkommens vom 8. November 1968 über den Straßenverkehr erforderlichen Angaben enthalten.

(3) Ausländische Fahrzeuge dürfen vorübergehend am Verkehr im Inland nur teilnehmen, wenn sie betriebs- und verkehrssicher sind.

(4) Ist die Zulassungsbescheinigung nicht in deutscher Sprache abgefasst und entspricht sie nicht der Richtlinie 1999/37/EG oder dem Artikel 35 des Übereinkommens vom 8. November 1968 über den Straßenverkehr, muss sie mit einer von einem Berufskonsularbeamten oder Honorarkonsul der Bundesrepublik Deutschland im Ausstellungsstaat bestätigten Übersetzung oder mit einer Übersetzung durch einen international anerkannten Automobilklub des Ausstellungsstaates oder durch eine vom Bundesministerium für Verkehr, Bau und Stadtentwicklung bestimmte Stelle verbunden sein.

(5) Der Führer des Kraftfahrzeugs hat die ausländische Zulassungsbescheinigung nach Absatz 1 oder 2 sowie die nach Absatz 4 erforderliche Übersetzung oder den Internationalen Zulassungsschein nach Absatz 2 mitzuführen und zuständigen Personen auf Verlangen zur Prüfung auszuhändigen.

(6) ¹Als vorübergehend im Sinne des Absatzes 1 gilt ein Zeitraum bis zu einem Jahr. ²Die Frist beginnt
1. bei Zulassungsbescheinigungen mit dem Tag des Grenzübertritts und
2. bei internationalen Zulassungsscheinen nach dem Internationalen Abkommen vom 24. April 1926 über Kraftfahrzeugverkehr mit dem Ausstellungstag.

1 **Begr** zu §§ 20, 21 und 22 (VkBl **06** 609): *Das Kapitel übernimmt die Regelungen der §§ 1, 2, 5, 10 Nr. 1 und 3 und § 11 Abs. 1 und 3 VOInt. …*

Vorübergehende Teilnahme am Straßenverkehr im Inland § 20 FZV 4

Begründung des Bundesrates für die jetzige Fassung des § 20 Abs 1: *Im Rahmen eines Vertrags-* 2–8
verletzungsverfahrens wurde Deutschland durch die Europäische Kommission aufgefordert, auch den auslän-
dischen Fahrzeugen die vorübergehende Teilnahme am öffentlichen Straßenverkehr zu ermöglichen, die mit
entsprechenden Kurzzeit- oder Überführungskennzeichen anderer Mitgliedstaaten zugelassen sind. Mit der
Änderung wird dem entsprochen.

1. Anwendungsbereich. § 20 regelt die vorübergehende, längstens einjährige Teilnahme im 9
Ausland zugelassener Fz (Kfz und Kfz-Anhänger) in Deutschland. Dabei wird zwischen Fz aus
EU- und EWR-Staaten (Abs 1) und aus anderen Staaten (Abs 2) unterschieden. Für Fz aus EU-
und EWR-Staaten besteht die Möglichkeit, auch mit Kurzzeit- oder Überführungskennzeichen
aus diesen Staaten vorübergehend am StrV in Deutschland teilzunehmen (Rz 10). § 20 findet
nur Anwendung auf Fz, die bereits im Ausland zugelassen sind. Die vorübergehende
Teilnahme im Ausland zugelassener Fz am StrV in Deutschland ist nur möglich, solange im Inland kein
regelmäßiger Standort begründet ist (Abs 1, 2). Dieser bestimmt sich nach objektiven Merk-
malen, nicht nach subjektiven Vorstellungen des Verfügungsberechtigten (§ 6 Rz 6). Auf den
Wohnort des Halters kommt es nicht an. Sobald für ein im Ausland zugelassenes Fz in
Deutschland ein regelmäßiger Standort begründet wird, unterliegt es den deutschen Zulassungs-
vorschriften. Zur Unzulässigkeit der Fernzulassung Rz 19. Zu Kennzeichen und Nationalitäts-
zeichen § 21, zur Beschränkung und Untersagung nicht vorschriftsmäßiger im Ausland zugelas-
sener Fz § 22.

2. In anderen EU- oder EWR-Staaten zugelassene Fz können vorübergehend am StrV 10
in Deutschland teilnehmen, wenn für sie im Zulassungsstaat eine gültige Zulassungsbescheini-
gung ausgestellt und in Deutschland kein regelmäßiger Standort begründet ist (Abs 1 S 1). Die
Zulassungsbescheinigung muss lediglich die Angaben enthalten, die im Fahrzeugscheinheft
für Fahrzeuge mit roten Kennzeichen nach Anlage 10 vorgesehen sind (Abs 1 S 2). Dies führt dazu,
dass auch **in anderen EU- oder EWR-Staaten mit Kurzzeit- oder Überführungskenn-
zeichen zugelassene Fz** vorübergehend am StrV in Deutschland teilnehmen können, wenn
für sie in Deutschland kein regelmäßiger Standort begründet ist (Abs 1 S 1). Hintergrund der
Schaffung dieser Regelung war ein Vertragsverletzungsverfahren, mit dem die EU-Kommission
Deutschland aufgefordert hatte, die Einfuhr nach und den Transit durch Deutschland aus ande-
ren EU- und EWR-Staaten auch mit dort ausgestellten Kurzzeit- und Überführungskenn-
zeichen zu ermöglichen (Begr VkBl **06** 609, *Holm/Liebermann* SVR **08** 161, 163).

Ausschließlich **zum Zweck der Überführung ausgestellte Zulassungsbescheinigungen** 11
aus anderen EU- und EWR-Staaten, die den Anforderungen des Abs 1 S 2 genügen, wer-
den vom BMV im Verkehrsblatt bekannt gemacht (Abs 1 S 3). Dieser Bekanntmachung kommt
nur deklaratorische Bedeutung zu (*Holm/Liebermann* SVR **08** 161, 163). Eine solche Bekannt-
machung ist bisher erfolgt für slowakische Ausfuhrkennzeichen mit Fahrzeugscheinheft
(VkBl **07** 628) und für niederländische Händlerkennzeichen mit besonderem Fahrzeugschein
zur Nutzung bei Fahrten von Lkw zur Durchführung von Um- und Aufbauten aus den Nieder-
landen nach Deutschland und nach Abschluss der Arbeiten zurück in die Niederlande (VkBl **07**
640).

3. In Drittstaaten, also weder in Deutschland noch in anderen EU- oder EWR- 12
Staaten zugelassene Fz dürfen vorübergehend am StrV in Deutschland teilnehmen, wenn für
sie entweder eine Zulassungsbescheinigung mindestens mit den Angaben nach Art 35 des Wie-
ner Übereinkommens über den Straßenverkehr von 1968 (ÜbStrV, Beck-Texte Nr 13) oder ein
Internationaler Zulassungsschein nach Art 4 und Anlage B des Internationalen Übereinkom-
mens über Kraftfahrzeugverkehr von 1926 (IntAbk) ausgestellt ist, diese Dokumente noch gültig
sind und in Deutschland kein regelmäßiger Standort für das Fz begründet ist (Abs 2).

4. Im Ausland zugelassene Anhänger ohne regelmäßigen Standort in Deutschland dürfen 13
zum vorübergehenden Verkehr nach Maßgabe von § 20 auch hinter *deutschen Zugfahrzeugen*
gezogen werden. Hinsichtlich der Kennzeichenführung ist § 21 I 3 zu beachten, dh sie müssen
an der Rückseite ihr heimisches Kennzeichen gem § 21 I 1 oder, wenn ein solches nicht zuge-
teilt oder ausgegeben ist, das Kennzeichen des ziehenden Kfz führen. Wie außerdeutsche Kfz
und von ihnen mitgeführte Anhänger sind außerdeutsche Anhänger hinter inländischen Kfz im
Inland nur zum vorübergehenden Verkehr zugelassen (BVerwG VRS **66** 309 zu den früheren
Vorschriften). Wird der regelmäßige Standort des im Ausland zugelassenen Anhängers nach
Deutschland verlegt, wird er sofort im Inland zulassungspflichtig. **Im Ausland zulassungsfreie
Anhänger** mit regelmäßigem Standort im Ausland dürfen nicht zum vorübergehenden Verkehr

Dauer 1213

hinter deutschen Zugfahrzeugen gezogen werden, da sie nicht über die nach Abs 1, 2 erforderliche Zulassungsbescheinigung verfügen.

14 **5. Vorschriftsmäßigkeit hinsichtlich Bau und Ausrüstung.** Im Ausland zugelassene Fz müssen bei der vorübergehenden Teilnahme am StrV im Inland in **Gewicht** und **Abmessungen** den §§ 32 und 34 StVZO entsprechen (§ 31 d I StVZO). Sie müssen an Sitzen, für die das Recht des Zulassungsstaates **Sicherheitsgurte** vorschreibt, über diese Sicherheitsgurte verfügen (§ 31 d II StVZO). Zur Ausstattung mit und Benutzung von **Geschwindigkeitsbegrenzern** § 31 d III StVZO, zur **Reifenprofiltiefe** § 31 d IV StVZO, zur Anerkennung als geräuscharme Fz § 31 e StVZO. Im Übrigen gelten für im Ausland zugelassene Fz bei der vorübergehenden Teilnahme am StrV im Inland die Vorschriften der StVZO nicht. Die Fz müssen aber **betriebs- und verkehrssicher** sein (Abs 3). Die früher in § 1 II IntVO enthaltene Regelung, dass im Ausland zugelassene Fz bei der vorübergehenden Teilnahme am StrV im Inland hinsichtlich Bau und Ausrüstung mindestens Art 38 und 39 und den Anhängen 4 und 5 des Wiener Übereinkommens über den Straßenverkehr von 1968 (ÜbStrV, Beck-Texte Nr 13), soweit es anwendbar ist, sonst Art 3 des Internationalen Übereinkommens über Kraftfahrzeugverkehr von 1926 (IntAbk) entsprechen mussten, wurde zwar am 1. 3. 07 aufgehoben (BGBl I **06** 988, 1080) und ohne nähere Begründung (VkBl **06** 609) durch den jetzigen Abs 3 ersetzt. Nach Art 1 II des Gesetzes zu den Übereinkommen vom 8. 11. 68 über den StrV ... v 21. 9. 77 (BGBl II 809, Beck-Texte Nr 13) findet Art 3 III iVm Art 38 und 39 und Anhängen 4 und 5 des Wiener Übereinkommens über den Straßenverkehr von 1968 (ÜbStrV, Beck-Texte Nr 13) aber nach wie vor unmittelbar Anwendung in Deutschland. Im Ausland zugelassene Fz dürfen danach am StrV in Deutschland nur teilnehmen, wenn sie hinsichtlich der technischen Anforderungen Anhang 5 des ÜbStrV entsprechen. Es ist davon auszugehen, dass in anderen Vertragstaaten des ÜbStrV zugelassene Fz Anhang 5 entsprechen, denn sonst hätten sie dort nicht zugelassen werden dürfen (Art 3 III ÜbStrV).

15 **6.** Ist die **ausländische Zulassungsbescheinigung** nicht in deutscher Sprache abgefasst und entspricht sie nicht der Richtlinie 1999/37/EG über Zulassungsdokumente (StVRL § 11 FZV Nr 2) oder Art 35 ÜbStrV, muss sie mit einer **Übersetzung** in die deutsche Sprache verbunden sein, die entweder von einem Berufskonsularbeamten oder Honorarkonsul Deutschlands im Ausstellungsstaat bestätigt worden ist, oder durch einen international anerkannten Automobilklub des Ausstellungsstaates oder durch eine vom BMV bestimmte Stelle (VkBl **63** 222, **76** 163, **78** 186, **85** 234, **91** 240) angefertigt worden ist (Abs 4). Nach Harmonisierung der Zulassungsdokumente in der EU entsprechen die Zulassungsbescheinigungen aus anderen EU-Staaten der Richtlinie 1999/37/EG über Zulassungsdokumente, sodass sie nicht mit einer Übersetzung versehen sein müssen, wenn sie bereits nach den Vorgaben dieser Richtlinie ausgestellt worden sind.

16 Der Führer des ausländischen Fz hat die Zulassungsbescheinigung, die ggf erforderliche Übersetzung oder den Internationalen Zulassungsschein **mitzuführen** und zuständigen Personen auf Verlangen zur Prüfung auszuhändigen (Abs 5); Verstoß ist ow (§ 48 Nr 5).

17 **7.** Die vorübergehende Teilnahme am StrV ist für **längstens ein Jahr** möglich (Abs 6 S 1). Auch wenn der Wortlaut von Abs 6 S 1 den Begriff vorübergehend nur „im Sinne des Absatzes 1" definiert, ist Abs 6 so zu verstehen, dass die Definition des Begriffes vorübergehend auch für Abs 2 gilt; dieses Verständnis entspricht der früheren Regelung in § 5 IntVO (alt). Die **Jahresfrist beginnt** bei Zulassungsbescheinigungen mit dem Tag des Grenzübertritts (Abs 6 S 2 Nr 1). Bei Internationalen Zulassungsscheinen nach Art 4 und Anlage B des Internationalen Übereinkommens über Kraftfahrzeugverkehr von 1926 (IntAbk) beginnt die Jahresfrist mit dem Ausstellungstag (Abs 6 S 2 Nr 2), denn sie sind nur ein Jahr gültig (Art 4 II 1 IntAbk).

18 **8.** Im Ausland zugelassene Fz dürfen in Deutschland vorübergehend am StrV nur teilnehmen, wenn **Versicherungsschutz** nach § 1 des Gesetzes über die Haftpflichtversicherung für ausländische Kfz und Kfz-Anhänger (PflversAusl, Beck-Texte 4a) besteht. Die FzFührer haben eine Versicherungsbescheinigung mitzuführen, die auf Verlangen zuständigen Beamten zur Prüfung auszuhändigen ist (§ 1 II 1 und 2 PflversAusl), sofern dies nicht gem § 8a PflversAusl entbehrlich ist.

19 **9. Fernzulassung**, also die vorübergehende oder dauerhafte Zulassung eines im Inland befindlichen Fz durch eine ausländische Behörde mit ausländischen Zulassungsdokumenten und Kennzeichen, ist in Deutschland **nicht zulässig**, da es sich um den Hoheitsakt eines ausländischen Staates auf deutschem Territorium handeln würde, zu dem der ausländische Staat nicht befugt ist (Bay DAR **04** 403, DAR **04** 402). Gegenüber der Rechtslage vor Inkrafttreten der FZV am 1. 3. 07 hat sich daran nichts geändert (*Holm/Liebermann* SVR **08** 161). Die Auffassung, § 20 I erlaube seit 1. 3. 07 die Fernzulassung in Deutschland (Ba ZfS **07** 704 obiter dictum), ist unzutreffend, denn Abs 1 betrifft nur im Ausland zugelassene Fz. Fz, die in Deutschland in den Verkehr gebracht werden, müssen von deutschen Behörden zugelassen werden, unabhängig davon, ob sie im Inland verbleiben oder ausgeführt werden sollen (Bay DAR **04** 402, *Holm/Liebermann* SVR **08** 161, 163). Etwas anderes könnte nur gelten, wenn ausländischen Staaten in völkerrechtlichen Vereinbarungen die Befugnis zur Zulassung von Fz auf deutschem Territorium gestattet würde. Solche Vereinbarungen gibt es aber (mit Ausnahme der Vereinbarungen zu in Deutschland stationierten Truppen, Rz 21) nicht. Auch das Abkommen über die gegenseitige Anerkennung der Probe- bzw Überführungskennzeichen zwischen Italien und Deutschland (VkBl **94** 94) erlaubt keine Fernzulassung (Bay DAR **04** 402). Die Unzulässigkeit der Fernzulassung in Deutschland verstößt nicht gegen EU-Recht, da keine unterschiedliche Behandlung von Außen- und Binnenhandel vorliegt (Bay DAR **04** 403, 404, s EuGH DAR **04** 213).

20 Die Teilnahme im Ausland zugelassener Fz am StrV in Deutschland ist dagegen nach § 20 erlaubt, wenn **im Ausland** befindliche Fz dort **im Wege der Fernzulassung zugelassen** worden sind (Ba ZfS **07** 704 zur Rechtslage bis 28. 2. 07, in Belgien befindliches Fz wurde dort durch eine österreichische Zulassungsbehörde mit österreichischem Überführungskennzeichen zugelassen). Es handelt sich dann um ein im Ausland zugelassenes Fz, so dass die Unzulässigkeit der Fernzulassung in Deutschland nicht entgegensteht.

21 **10.** Die Zulassung von Dienstfahrzeugen der **Nato-Truppen** und deren Zivilangestellten sowie von privaten Kfz und Kfz-Anhängern der Truppenangehörigen erfolgt durch Behörden der jeweiligen Truppe (Art 10 Zusatzabkommen zum Nato-Truppenstatut, BGBl II **61** 1218, 1229 zul geänd BGBl II **94** 2594, 2598). Diese Fz müssen den Anforderungen von Sicherheit und Ordnung im Straßenverkehr entsprechen, jedoch nicht den deutschen Bau- und Ausrüstungsvorschriften, sofern sie den Vorschriften des Entsendestaates genügen (Art 57 V Zusatzabkommen zum Nato-Truppenstatut, BGBl II **61** 1279). Die Fz sind in regelmäßigen Abständen einer technischen Untersuchung zu unterziehen (BGBl II **94** 2602). Dienststellen der Bundeswehr nehmen im Übrigen die Aufgaben der Verwaltungsbehörden für die Fahrzeuge der Nato-Truppen in Deutschland wahr (§ 46 III 2). Zulassung von Kfz und Kfz-Anhängern polnischer Streitkräfte, s Art 10 des deutsch-polnischen Abkommens v 28. 8. 00 (BGBl II **01** 179, 183, **02** 1660). Fahrzeuge der nach dem **EU-Truppenstatut** (BGBl II **05** 19) entsendten Truppen, s Art 6 EU-Truppenstatut.

22 **11. Ordnungswidrig** ist das Nichtmitführen oder Nichtaushändigen von Zulassungsbescheinigung, ggf erforderlicher Übersetzung oder Internationalem Zulassungsschein entgegen Abs 5 (§ 48 Nr 5).

Lit: *Holm/Liebermann*, Fernzulassung von Fz?, SVR **08** 161. *Huppertz*, Fernzulassung, DAR **07** 542.

Kennzeichen und Unterscheidungszeichen

21 (1) ¹In einem anderen Staat zugelassene Kraftfahrzeuge müssen an der Vorder- und Rückseite ihre heimischen Kennzeichen führen, die Artikel 36 und Anhang 2 des Übereinkommens vom 8. November 1968 über den Straßenverkehr, soweit dieses Abkommen anwendbar ist, sonst Artikel 3 Abschnitt II Nr. 1 des Internationalen Abkommens vom 24. April 1926 über Kraftfahrzeugverkehr entsprechen müssen. ²Krafträder benötigen nur ein Kennzeichen an der Rückseite. ³In einem anderen Staat zugelassene Anhänger müssen an der Rückseite ihr heimisches Kennzeichen nach Satz 1 oder, wenn ein solches nicht zugeteilt oder ausgegeben ist, das Kennzeichen des ziehenden Kraftfahrzeugs führen.

(2) ¹In einem anderen Staat zugelassene Fahrzeuge müssen außerdem das Unterscheidungszeichen des Zulassungsstaates führen, das Artikel 5 und Anlage C des Internationalen Abkommens vom 24. April 1926 über Kraftfahrzeugverkehr oder Artikel 37 in Verbindung mit Anhang 3 des Übereinkommens vom 8. November 1968 über den Straßenverkehr entsprechen muss. ²Bei Fahrzeugen, die in einem anderen Mitgliedstaat der Europäischen Union oder einem anderen Vertragsstaat des Abkommens über den Europäischen Wirtschaftsraum zugelassen sind und entsprechend Artikel 3 in Verbindung mit dem Anhang der Verordnung (EG) Nr. 2411/98 des Rates vom 3. November 1998 über

die Anerkennung des Unterscheidungszeichens des Zulassungsmitgliedstaats von Kraftfahrzeugen und Kraftfahrzeuganhängern im innergemeinschaftlichen Verkehr (ABl. EG Nr. L 299 S. 1) am linken Rand des Kennzeichens das Unterscheidungszeichen des Zulassungsstaates führen, ist die Anbringung eines Unterscheidungszeichens nach Satz 1 nicht erforderlich.

1 **Begr** zu §§ 20, 21 und 22 (VkBl 06 609): *Das Kapitel übernimmt die Regelungen der §§ 1, 2, 5, 10 Nr. 1 und 3 und § 11 Abs. 1 und 3 VOInt. ...*

2 **1. Kennzeichen ausländischer Fahrzeuge.** Beim vorübergehenden Verkehr in Deutschland müssen im Ausland zugelassene **Kfz** an Vorder- und Rückseite ihre heimischen Kennzeichen führen, Abs I S 1. Diese müssen Art 36 und Anhang 2 des Wiener Übereinkommens über den Straßenverkehr von 1968 (ÜbStrV, Beck-Texte Nr 13) entsprechen, soweit dieses anwendbar ist, Abs I S 1. Dies ist der Fall in Bezug auf die meisten Staaten. Ansonsten müssen die Kennzeichen Art 3 Abschnitt II Nr 1 des Internationalen Übereinkommens über Kraftfahrzeugverkehr von 1926 (IntAbk) entsprechen, Abs I S 1. Werden im Heimatstaat des Kfz nur Kennzeichen für die Rückseite ausgegeben, ist bei der vorübergehenden Teilnahme am inländischen StrV zusätzlich ein Kennzeichen an der Vorderseite anzubringen, zu der inhaltsgleichen Vorgängervorschrift Dü NZV **06** 280 (Anm *Ternig* SVR **06** 354 und VD **06** 298). Ausländische **Krafträder** benötigen ebenso wie deutsche (§ 10 V S 2) nur ein Kennzeichen an der Rückseite, Abs I S 2. Im Ausland zugelassene **Anhänger** müssen an der Rückseite ihr heimisches Kennzeichen gem Abs I S 1 oder, wenn ein solches nicht zugeteilt oder ausgegeben ist, das Kennzeichen des ziehenden Kfz führen, Abs I S 3. Wenn sie zum vorübergehenden Verkehr in Deutschland hinter deutschen Zugfahrzeugen gezogen werden, müssen sie also das deutsche Kennzeichen des deutschen Zugfahrzeugs an der Rückseite führen, sofern sie im Ausland kein eigenes Kennzeichen erhalten haben. In Anwendung des Gedankens, dass Wiederholungskennzeichen nicht von der Zulassungsbehörde gestempelt sein müssen (§ 10 VIII Halbsatz 2 und § 10 Abs IX S 2) kann in diesem Fall auf eine Abstempelung des Kennzeichens verzichtet werden.

3 **2.** Im Ausland zugelassene Fz müssen beim vorübergehenden Verkehr in Deutschland das **Nationalitätszeichen** (Unterscheidungszeichen des Zulassungsstaates) führen, das Art 5 und Anlage C IntAbk oder Art 37 und Anhang 3 ÜbStrV entsprechen muss (Buchstaben in schwarzer Farbe auf einer weißen elliptischen Fläche, deren lange Achse waagerecht liegt; besteht das Nationalitätszeichen nur aus einem Buchstaben, darf die lange Achse der Ellipse lotrecht stehen). Regelungen für Anhänger s Art 37 II ÜbStrV. Die früher vom BMV bekanntgemachte **Liste der Nationalitätszeichen** (VkBl **01** 523 mit Fortschreibungen, 39. Aufl Buchteil 9) wurde aufgehoben (VkBl **08** 54, 55). Eine aktuelle Liste der Nationalitätszeichen findet sich im Internet unter www.unece.org/trans/conventn/Distsigns.pdf. Im grenzüberschreitenden Verkehr innerhalb der EU ist das Nationalitätszeichen entbehrlich, wenn im blauen Euro-Feld des Kennzeichens der Nationalitätsbuchstabe des Zulassungsstaates geführt wird, VO EG Nr. 2411/98 = StVRL § 60 StVZO Nr 14). Entsprechend ist in Abs 2 S 2 geregelt, dass in anderen EU- oder EWR-Staaten zugelassene Fz kein Nationalitätszeichen führen müssen, wenn ihre Kennzeichen am linken Rand das Unterscheidungszeichen des Zulassungsstaates aufweisen. Auch die Schweiz, Island, Liechtenstein und Norwegen verzichten auf das Nationalitätszeichen, wenn ein Euro-Kennzeichen am Fz angebracht ist. Fremde Nationalitätszeichen dürfen nur im Ausland zugelassene Fz führen.

4 **3. Ordnungswidrig** ist es, an einem in einem anderen Staat zugelassenen Fz ein Kennzeichen oder ein Nationalitätszeichen nicht oder nicht wie in Abs 1 S 1 oder in Abs 2 S 1 vorgeschrieben zu führen (§ 48 Nr 19).

Beschränkung und Untersagung des Betriebs ausländischer Fahrzeuge

22 ¹Erweist sich ein ausländisches Fahrzeug als nicht vorschriftsmäßig, ist § 5 anzuwenden; muss der Betrieb des Fahrzeugs untersagt werden, wird die im Ausland ausgestellte Zulassungsbescheinigung oder der Internationale Zulassungsschein an die ausstellende Stelle zurückgesandt. ²Hat der Eigentümer oder Halter des Fahrzeugs keinen Wohn- oder Aufenthaltsort im Inland, ist für Maßnahmen nach Satz 1 jede Verwaltungsbehörde nach § 46 Abs. 1 zuständig.

Vorbemerkungen vor § 23 FZV **4**

Begr zu §§ 20, 21 und 22 (VkBl **06** 609): *Das Kapitel übernimmt die Regelungen der §§ 1, 2, 5, 10 Nr. 1 und 3 und § 11 Abs. 1 und 3 VOInt. Für Maßnahmen der Betriebsbeschränkung oder -untersagung ausländischer Fahrzeuge, deren Eigentümer oder Halter keinen Wohn- oder Aufenthaltsort im Inland haben (nach § 46 Abs. 2 bestimmt sich die Zuständigkeit nach diesen) wird jede untere Verwaltungsbehörde bestimmt. ...* **1**
Begründung des Bundesrates für die Ersetzung der Wörter „untere Verwaltungsbehörde" in § 22 Satz 2 durch die Wörter „Verwaltungsbehörde nach § 46 Abs. 1": *Die Verwaltungsbehörden werden in § 46 Abs. 1 definiert.*

Erweisen sich im Ausland zugelassene Fz bei der vorübergehenden Teilnahme am Straßenverkehr in Deutschland als **nicht vorschriftsmäßig**, so ist gem § 5 zu verfahren, also dem Halter oder Eigentümer eine angemessene Frist zur Beseitigung der Mängel zu setzen oder der Betrieb des Fz auf öffentlichen Straßen zu beschränken oder zu untersagen. Zur **Vorbereitung der Entscheidung** kann die ZulB anordnen, dass ein von ihr bestimmter Nachweis über die Vorschriftsmäßigkeit oder ein Gutachten eines aaSoP bzw eines PI vorgelegt oder das Fz vorgeführt wird, S 1 HS 1 iVm § 5 III 1. Wenn nötig kann sie mehrere solcher Anordnungen treffen, S 1 HS 1 iVm § 5 III 2. Im Falle einer **Betriebsuntersagung** schickt die ZulB die im Ausland ausgestellte Zulassungsbescheinigung oder den Internationalen Zulassungsschein an die ausstellende Stelle zurück, S 1 HS 2. **2**

Abschnitt 5. Überwachung des Versicherungsschutzes der Fahrzeuge

Vorbemerkungen

Übersicht

Angehörige der Stationierungstruppen 17
Auskunftsstelle 8
im Ausland zugelassene Kraftfahrzeuge und Anhänger 10–12
Befreiung von der Versicherungspflicht 2–4
Bürgerlich-rechtliche Fragen 18
Direktanspruch 7
Entschädigungsfonds 9
Grüne Karte 11, 12
Haftpflichtversicherung im Verkehr mit Kraftfahrzeugen 1

Kleinkrafträder, Mofas 15
Mindestversicherung 6
Strafvorschrift 16
Verkehrsopferhilfe 9
Verknüpfung der Pflichtversicherung mit dem Zulassungsverfahren 14
Versicherer 5
Zentralruf der Autoversicherer 8
Zulassungsverfahren 14

1. Haftpflichtversicherung im Verkehr mit Kraftfahrzeugen. Der Halter (zum Begriff § 7 StVG Rz 14) eines Kfz oder Anhängers mit regelmäßigem Standort im Inland hat für sich, den Eigentümer und den Fahrer eine Haftpflichtversicherung zur Deckung durch den Gebrauch des Fz verursachter Personen-, Sach- und sonstiger Vermögensschäden nach den Vorschriften des Gesetzes abzuschließen und aufrechtzuerhalten, wenn das Fz im Verkehr (§ 1 StVG) verwendet wird (§ 1 PflVG). Dem § 23 FZV kommt die Bedeutung eines Hinweises auf das PflVG zu. Außerdem regelt er die Form des Versicherungsnachweises. Ein Kfz, das von einem anderen Kfz ohne Genehmigung (s § 33 StVZO Rz 3) geschleppt wird, ist, wenn sonst keine ausreichende Haftpflichtversicherung besteht, als Anhänger zu versichern, Ce NZV **94** 242; das gilt nicht für betriebsunfähige Kfz, die abgeschleppt werden, BGHSt **16** 242 = NJW **61** 2169. Für Fz mit Saisonkennzeichen muss auch außerhalb des Betriebszeitraums ein Versicherungsvertrag bestehen, s § 25 FZV Rz 10, insoweit genügt eine ruhende Versicherung (§ 5a II AKB alt = H.2.2 AKB 08), OVG Hb NZV **02** 150. Da der Versicherungsvertrag nicht zwischen berechtigter und unberechtigter Nutzung des Fz unterscheidet, werden vom Versicherungsschutz auch Fahrten mit einem gestohlenen Fz durch den Dieb oder sonstige nichtberechtigte Dritte erfasst, *Heinzlmeier* NZV **06** 227. **1**

2. Befreiung von der Versicherungspflicht. § 1 PflVG gilt nicht (§ 2 I) für die Bundesrepublik Deutschland als Halter, die Länder, die Gemeinden mit mehr als 100 000 Einwohnern, die Gemeindeverbände sowie Zweckverbände, denen ausschließlich Körperschaften des öffentlichen Rechts angehören, nach § 2 I Nr 5 PflVG ferner nicht für juristische Personen, die von einem nach dem VersAufsG von der Versicherungsaufsicht freigestellten Haftpflichtschadensaus- **2**

gleich Deckung erhalten. Haftpflichtschadenausgleiche: BMV VkBl **91** 442, **92** 11. Nur die nach § 2 I Nr 5 PflVG von der Versicherungspflicht Befreiten haben der ZulB nachzuweisen, dass sie befreit sind (§ 23 IV FZV). Die Bescheinigung nach Anlage 11 Nr 4 zur FZV, die bei den Zulassungsakten verbleibt, ermöglicht der ZulB, Auskunft über den Haftpflichtschadenausgleich zu geben. Das KBA übermittelt der EU-Kommission nach § 37b StVG einmal jährlich eine Liste der nach § 2 I Nr 1–5 PflVG von der Versicherungspflicht befreiten FzHalter. Die Liste wird von der EU-Kommission veröffentlicht, so dass Unfallopfer auf diesem Weg den richtigen Anspruchsgegner ermitteln können (BT-Drs 16/5551 S 19).

3 Der Versicherungspflicht unterliegen nach § 2 I Nr 6 PflVG ferner nicht Kfz, die bauartbedingt nicht schneller als 6 km/h fahren können (sie unterfallen auch nicht der FZV, § 1), selbstfahrende Arbeitsmaschinen (§ 2 Nr 17) und Stapler (§ 2 Nr 18), deren Höchstgeschwindigkeit 20 km/h nicht übersteigt, wenn sie dem Zulassungsverfahren nicht unterliegen, auch nicht geschleppt (anders zB zulassungspflichtige Elektrokarren, KG VM **85** 63), und Anhänger, die dem Zulassungsverfahren nicht unterliegen. Die Ausnahme von der Versicherungspflicht bei Arbeitsmaschinen bis 20 km/h gilt auch, wenn diese Grenze nicht konstruktionsbedingt ist, sondern auf entsprechenden Vorrichtungen beruht, BGH NZV **97** 511 (Anm *Lorenz* VersR **97** 1526), s § 8 StVG Rz 2. Fz, die auf Grund ihrer konstruktiven Beschaffenheit grundsätzlich schneller als 6 km/h fahren könnten, sind unter Zugrundelegung der Rspr des BGH (NZV **97** 511), die auch hier zu gelten haben wird, auch dann nicht versicherungspflichtig, wenn lediglich eine Vorrichtung zur Geschwindigkeitsbegrenzung eingebaut ist, mag sie schwer oder leicht zu entfernen sein (Einbau einer Sperre im Getriebe), abw noch Bay VRS **59** 390.

4 Halter, die nach § 2 I Nr 1–5 PflVG von der Versicherungspflicht freigestellt sind, haben bei hoheitlichen wie nichthoheitlichen Fahrten, Mü VersR **78** 651, sofern nicht auf Grund einer von ihnen abgeschlossenen und den Vorschriften dieses Gesetzes entsprechenden Versicherung Haftpflichtversicherungsschutz gewährt wird, bei Schäden der im § 1 PflVG bezeichneten Art für den Fahrer, auch den nichtberechtigten, BGH VRS **42** 15, und die übrigen Personen, die durch eine auf Grund dieses Gesetzes abgeschlossene Haftpflichtversicherung Deckung erhalten würden, in gleicher Weise und in gleichem Umfang einzutreten wie ein Versicherer bei Bestehen einer Haftpflichtversicherung (§ 2 II PflVG). § 2 II PflVG stellt den Geschädigten nicht schlechter oder anders, wenn ihm statt eines Versicherers eine von der Versicherungspflicht befreite Körperschaft gegenübersteht, BGH VRS **42** 15. Die Verpflichtung beschränkt sich auf die festgesetzten Mindestversicherungssummen.

5 **3. Versicherer.** Nach § 5 PflVG kann die Haftpflichtversicherung nur bei einem Versicherer genommen werden, der im Gebiet der Bundesrepublik Deutschland zum Geschäftsbetrieb befugt ist. Verzeichnis der zugelassenen Versicherer VkBl **02** 70, 96, 264, 313, 790, **03** 125, 204, 230, 473, 658, 784, **04** 31, 170, 663, **05** 42, 113, 142, 612, 727, 795, **06** 62, 168, 535, 632, 710, 810, 870, **07** 5, 167, 246, 421, 590, 606, 629, 642, 702, 703, 715, 772, **08** 31, 454. Es enthält auch die ausländischen, im Inland zum Geschäftsbetrieb befugten Versicherer.

6 **4. Die Mindesthöhe der Versicherung** ergibt sich für die verschiedenen KfzArten je nach Art des Schadens (Personen- oder Sachschaden) aus § 4 II PflVG und der Anlage zu § 4 II PflVG.

7 **5.** § 115 VVG 08 und § 3 PflVG gewähren dem durch den Gebrauch des versicherten Kfz Geschädigten Schutz auch für den Fall, dass der Versicherer dem Versicherungsnehmer gegenüber von der Verpflichtung zur Leistung frei ist (§ 117 I VVG 08), sowie nach Maßgabe von § 117 II VVG 08 für den Fall, dass der Versicherungsschutz dem Versicherungsnehmer gegenüber zur Zeit des Unfalls nicht oder nicht mehr bestand. Gem § 115 VVG 08 hat der Geschädigte neben dem Anspruch gegen den Schädiger einen **Direktanspruch** gegen den Versicherer. Dieser gründet nicht auf Versicherungsvertrag, sondern auf gesetzlich angeordneten Schuldbeitritt, der den Anspruch in den Grenzen der §§ 115 ff VVG 08 und § 3 PflVG verstärkt und sich gem Art 40 IV EGBGB alternativ nach dem auf die unerlaubte Handlung anzuwendenden Recht richtet (s **E** 25) oder nach dem Recht, dem der Versicherungsvertrag unterliegt, s *Gruber* VersR **01** 16. Es handelt sich also nicht um einen vertraglichen, sondern um einen gesetzlichen Anspruch (überwiegend deliktsrechtlicher Natur), BGH NZV **03** 80 zu § 3 PflVG alt. § 115 I VVG 08 macht den Versicherer zum Gesamtschuldner des Schädigers, er haftet dem Geschädigten für alles, was dieser vom Schädiger fordern kann (BGHZ **57** 269, **63** 51, Fra VersR **94** 1000 jeweils zu § 3 Nr 1 PflVG alt). Analog § 3 Nr 1 PflVG alt wurde ein Direktanspruch auch in Fällen, in denen die Einstandspflicht des Versicherers aus culpa in contra-

Vorbemerkungen   vor § 23 FZV 4

hendo (§ 311 II BGB) oder gewohnheitsrechtlicher Vertrauenshaftung wegen pflichtwidrig unterlassener Aufklärung beruht, angenommen (BGHZ **108** 202 = NJW **89** 3095). Kein Direktanspruch jedoch gegen den Versicherer des Halters eines Kfz bei Beschädigung des von diesem gezogenen, in fremdem Eigentum stehenden Anhängers (BGH VersR **81** 322, s § 11 Nr 3 AKB alt = A. 1.5.4 AKB 08), bei abgeschleppten Fahrzeugen nur, wenn diese betriebsunfähig sind und der Abschleppende im Rahmen erster Hilfe, nicht gewerbsmäßig und aus Gefälligkeit tätig wurde (§ 11 Nr 3 AKB alt = A. 1.5.4 S 2 AKB 08, s Ko VersR **87** 707). S § 4 KfzPflVV. Für den Direktanspruch genügt es, dass der Versicherungsnehmer die den Haftpflichttatbestand erfüllende Ursache zu Lebzeiten zurechenbar verwirklicht hat (Ha VersR **95** 454). Ein Direktanspruch besteht auch gegen den Haftpflichtversicherer eines gem § 2 I PflVG von der Kfz-Haftpflichtversicherung befreiten Halters (BGH NJW **87** 2375 [zust *Weber* DAR **88** 202], Dü VersR **93** 1417, aM KG VersR **80** 937). Die **Klage** eines in Deutschland wohnhaften Geschädigten gegen ausländischen Kfz-Versicherer nach Unfall in einem anderen EU-Mitgliedstaat **vor deutschem Gericht** ist zulässig (BGH NJW **08** 2343, EuGH NJW **08** 819 [Anm *Leible,* krit Anm *Thiede/Ludwichowska* VersR **08** 631], Vorlagebeschl BGH NJW **07** 71 [Anm *Staudinger,* Anm *Rothley* DAR **07** 20, Anm *Diehl* ZfS **07** 144, *Diederichsen* DAR **07** 301, 313, krit *Heiss* VersR **07** 327], Kö DAR **06** 212 [Anm *Meier-van Laak* DAR **06** 235], Mü DAR **08** 590, AG Br DAR **07** 592, OLG Wien DAR **07** 215 für Österreich, *Herrmann* VersR **07** 1470; LG Hb DAR **06** 575 ist durch EuGH NJW **08** 819 und BGH NJW **08** 2343 überholt). Im Verhältnis zur Schweiz ist dies nicht möglich (Kar DAR **07** 587).

Lit: *Nugel,* Der Verkehrsunfall aus dem Ausland vor der deutschen Gerichtsbarkeit nach der neuen EuGH-Rspr, ZfS **08** 309.

6. Nach § 8 a PflVG wurde eine **Auskunftsstelle** eingerichtet, die Geschädigten, deren Versicherern, dem deutschen Büro des Systems der Grünen Internationalen Versicherungskarte und dem Entschädigungsfonds nach § 12 PflVG auf Ersuchen alle Daten mitteilt, die zur Regelung ihrer Ansprüche aus einem Verkehrsunfall notwendig sind. Aufgaben und Befugnisse dieser Auskunftsstelle sind auf den von der GDV Dienstleistungs-GmbH & Co KG betriebenen **Zentralruf der Autoversicherer,** Glockengießerwall 1, 20095 Hamburg, www.zentralruf.de, übertragen worden (§ 8 a III PflVG). Er ist nach § 36 III a StVG berechtigt, die benötigten Daten online aus dem Zentralen Fahrzeugregister abzurufen, auf deren Übermittlung er nach § 35 IV a StVG Anspruch hat.

7. **Entschädigungsfonds.** Die §§ 12 bis 14 PflVG gewährleisten den Opfern von Verkehrsunfällen im Inland einen Ersatzanspruch für den Fall, dass das Fz, durch dessen Gebrauch der Schaden verursacht ist, nicht ermittelt werden kann, die gesetzlich erforderliche Haftpflichtversicherung zugunsten des Halters, Eigentümers oder Fahrers nicht besteht, der Halter nach § 2 I Nr 6 PflVG von der Versicherungspflicht befreit ist, die Haftpflichtversicherung wegen vorsätzlichen Handelns des Ersatzpflichtigen keine Deckung gewährt, oder im Falle eines Antrags der Versicherungsaufsichtsbehörde auf Eröffnung eines Insolvenzverfahrens über das Vermögen des Versicherers (oder einer vergleichbaren Maßnahme bei Sitz des Versicherers in EU- oder EWR-Staat). Die Voraussetzungen, insbesondere die Fremdverursachung des Schadens, sind vom Anspruchsteller zu beweisen, wobei keine allzu hohen Anforderungen zu stellen sind, LG Ko VersR **05** 1725. Der Geschädigte muss die Erfolglosigkeit seiner bisherigen Bemühungen, Ersatz zu erhalten, gegenüber dem Entschädigungsfonds nicht nachweisen, sondern nur glaubhaft machen (§ 12 I 2 PflVG). Keine Leistung des Entschädigungsfonds bei Ersatzansprüchen nach Amtshaftungsvorschriften (§ 12 I 3 PflVG, BGH VersR **76** 885). Einschränkungen der Leistungspflicht in Fällen der Nichtermittlung des Fahrzeugs (Unfallflucht) durch § 12 II PflVG. Leistungen an ausländische Staatsangehörige ohne festen Wohnsitz im Inland grundsätzlich nur bei Gegenseitigkeit, § 11 EntschädigungsfondsVO (BGBl I **65** 2093, **94** 3845, Beck-Texte 4 d). Bei Unfällen im Ausland leistet die „Entschädigungsstelle für Schäden aus Auslandsunfällen" nach Maßgabe der §§ 12 a, 13 a PflVG Ersatz, wenn das Versicherungsunternehmen nicht binnen drei Monaten antwortet oder keinen Schadensregulierungsbeauftragten beauftragt hat oder Schädigerfahrzeug oder Versicherer nicht innerhalb von zwei Monaten nach dem Unfall ermittelt werden können. Die Leistungspflicht des Fonds hängt nicht von Bedürftigkeit oder anderen persönlichen Umständen des Geschädigten ab, BGHZ **69** 315 = NJW **78** 164. Zum Umfang dieser Leistungspflicht, BGHZ **69** 315. Den Entschädigungsfonds für Schäden aus Kfz-Unfällen verwaltet der Verein **Verkehrsopferhilfe eV,** Glockengießerwall 1, 20095 Hamburg, www.verkehrsopferhilfe.de (§ 1 EntschädigungsfondsVO). Gegen ihn ist der Ersatzan-

4 FZV vor § 23   Abschnitt 5. Überwachung des Versicherungsschutzes der Fahrzeuge

spruch zu erheben. Auch die Aufgaben der Entschädigungsstelle für Schäden aus Auslandsunfällen gem §§ 12a, 13a PflVG nimmt der Verein Verkehrsopferhilfe eV wahr (s BAnz **02** 20981). Satzung des Vereins Verkehrsopferhilfe eV, BAnz **04** 157. Wegen beschädigter Sicherungseinrichtungen an Baustellen kann sich der Bauunternehmer nicht an den Entschädigungsfonds halten, BGHZ **69** 315 = NJW **78** 164.

Lit zum Pflichtversicherungsgesetz und zur KfzPflVV: Bauer, Die Kfz-Versicherung ..., ZfS **06** 367. *Becker,* Die 5. KH-Richtlinie – ihre Umsetzung in Deutschland, DAR **08** 187. *Gorski,* Regulierung im europäischen Ausland erlittener Kfz-Schäden, DAR **07** 604. *Haupfleisch/Hirtler,* Die 5. Kfz-Haftpflichtversicherungs-Richtlinie, DAR **06** 560. *Hering,* Die 5. KH-Richtlinie der EU, SVR **06** 209. *Mergner,* Auswirkungen der VVG-Reform auf die Kraftfahrtversicherung, NZV **07** 385.

Lit zum Entschädigungsfonds: Schröder, Ansprüche gegenüber der Verkehrsopferhilfe, SVR **08** 196. *Weber,* Der Entschädigungsanspruch gegen den Verein Verkehrsopferhilfe, DAR **87** 333.

10 **8. Im Ausland zugelassene Kraftfahrzeuge und -anhänger.** Kfz und Anhänger ohne regelmäßigen Standort im Inland dürfen hier nur dann auf öffentlichen Straßen gebraucht werden, wenn für Halter und Führer Versicherungsschutz nach den §§ 2 bis 6 PflVersAusl 1956 (BGBl I 667 = Beck-Texte Nr 4a) besteht (§ 1 PflVersAusl). Im Einzelnen entsprechen die Vorschriften denen des PflVG. Ausländische Anhänger hinter deutschen Kfzen, s *Jagow* VD **83** 63.

11 Die Einreisenden müssen nach Maßgabe von § 1 II, III PflVersAusl ausreichenden **Versicherungsschutz nachweisen,** soweit sich nichts Abweichendes aus § 8a PflVersAusl ergibt. Die Amtspflicht zur Zurückweisung unversicherter ausländischer Kfze an der Grenze (§ 1 IV PflVersAusl) schützt auch die inländischen Verkehrsteilnehmer, BGH DAR **71** 269, Kö VersR **78** 649, Ha VersR **73** 576, jedoch nur hinsichtlich zugelassener Grenzübergänge, Hb NJW **74** 413. Den Versicherungsnachweis hat der Führer bei Fahrten im Bundesgebiet mitzuführen und auf Verlangen zuständigen Beamten zur Prüfung auszuhändigen (§ 1 II PflVersAusl). Als Nachweis genügt die **Grüne internationale Versicherungskarte** (§ 1 II PflVersAusl), wenn sie für die Bundesrepublik gilt, Fra VersR **69** 1085. Mit deren Ausgabe übernimmt der Versicherer innerhalb des Geltungsbereichs der Karte Deckungsschutz mindestens nach den im Besuchsland geltenden Versicherungsbedingungen und Versicherungssummen, BGHZ **57** 265 = NJW **72** 387, **74** 495, Ha MDR **79** 939. Kfz und Anhänger nach Maßgabe der deutschen DurchführungsVO v 8. 5. 74 zur EG-Richtlinie v 24. 4. 72 (VO zur Durchführung der Richtlinie des Rates der EG v 24. 4. 72 betreffend die Angleichung der Rechtsvorschriften der Mitgliedsstaaten bezüglich der KfzHaftpflichtversicherung und der Kontrolle der entsprechenden Versicherungspflicht, BGBl I **74** 1062, zuletzt geändert: BGBl I **99** 2406) bedürfen an den EG-Binnengrenzen keines Versicherungsnachweises mehr (Begr: VkBl **74** 329). Durch Vereinbarung der Kraftverkehrsversicherer ist sichergestellt, dass Einreisende ohne grüne Versicherungskarte eine kurzfristige Versicherung abschließen können. Einen **Rosa Grenzversicherungsschein** müssen diejenigen einreisenden Halter (Fahrer) von Kfz (Anhängern) erwerben, für die auch nach dem Inkrafttreten der VO v 8. 5. 74 eine Versicherungsbescheinigung erforderlich ist, dieser Nachweis aber fehlt. Er gewährt Deckung im EG-Bereich.

12 Ansprüche aus Unfällen unter Beteiligung eines im Ausland zugelassenen Kfz können gegen den **Verein Deutsches Büro Grüne Karte e. V.,** Glockengießerwall 1, 20095 Hamburg, www.gruene-karte.de, geltend gemacht bzw bei der Gemeinschaft der Grenzversicherer (gleiche Anschrift) angemeldet werden, s Merkblatt zur Bearbeitung von Auto-Haftpflichtschäden durch den Verein Deutsches Büro Grüne Karte und den Verein Verkehrsopferhilfe (erhältlich über www.gruene-karte.de, abgedruckt bei *Buschbell,* Anh C 3). Näher: *Stiefel/Hofmann* § 2a Rz 18, *Geigel/Haag* **43** 69 ff. Das Büro Grüne Karte deckt die Haftpflichtansprüche von Unfallopfern auf Grund einer Garantiezusage, es handelt sich nicht um eine Versicherungsleistung (BGH NJW **08** 2642). Der inländische Verkehrsteilnehmer, der Ansprüche aus Haftpflichtschäden geltend machen will, die Ausländer in der Bundesrepublik verursachen, muss sich die Nummer der internationalen Versicherungskarte mit dem Länderkennzeichen bzw die Nr des Grenzversicherungsscheins des Ausländers sowie den Namen des ausländischen Versicherers notieren. Es genügt nicht, sich das Kennzeichen zu merken. Eine polizeiliche Amtspflicht, dem Geschädigten Einblick in die Versicherungskarte des ausländischen Schädigers zu verschaffen, besteht nur, wenn der Geschädigte den zuständigen Versicherer sonst nicht erfahren kann, s Dü VersR **77** 1057.

13 **9.** In der Bundesrepublik akkreditierte **Exterritoriale** und Berufskonsuln unterliegen dem PflVG.

Vorbemerkungen vor § 23 FZV **4**

Lit: *Hübner,* Der Direktanspruch gegen den KfzHaftpflichtversicherer im internationalen Privatrecht, VersR **77** 1069. *Jagow,* Ausländische Anhänger hinter deutschen Kfzen ..., VD **83** 58. *Preussner,* Die Kfz-Haftpflichtdeckung ausländischer Fze, VersR **63** 1108. *Schmitt,* System der Grünen Karte, Basel 1968. *Voigt,* Die Geltendmachung von Ansprüchen deutscher Geschädigter ... gegen Ausländer, NJW **76** 451.

10. Verknüpfung der Pflichtversicherung mit dem Zulassungsverfahren. Soweit im **14** Geltungsbereich der FZV Kfz und Anhänger der Zulassung bedürfen, ist diese mit der Pflichtversicherung derart gekoppelt, dass der Nachweis ausreichender Haftpflichtversicherung Voraussetzung für die Zulassung ist (§ 3 I 2, § 6 IV Nr 4, § 16 IV FZV). Das gilt entsprechend für Kfz, die nach § 3 II FZV zulassungsfrei sind, aber ein Kennzeichen führen müssen (§ 4 II FZV) oder nach § 3 III FZV erhalten. Bei allen Fahrzeugen mit ordnungsgemäß gesiegeltem Kennzeichen darf also angenommen werden, dass ausreichende Haftpflichtversicherung besteht (BGH NJW **61** 1399, KG VRS **111** 155, VRS **114** 61). Die §§ 23 bis 25 FZV sollen sicherstellen, dass kein zulassungs- oder kennzeichenpflichtiges Fz ohne ausreichende Haftpflichtversicherung zugelassen wird oder im Verkehr bleibt, wenn der Versicherungsschutz wegfällt. § 23 FZV bestimmt, was ausreichende Haftpflichtversicherung ist und wie sie nachzuweisen ist. Dass die Versicherungsbestätigung bei der ZulB bleibt, dient dem Schutz derer, die durch das Fahrzeug geschädigt werden. Nach Maßgabe von § 39 StVG erteilt die ZulB oder das KBA Auskunft über Namen und Anschrift des Versicherers, Versicherungsnummer oder Versicherungsbestätigung, den Zeitpunkt der Beendigung des Versicherungsverhältnisses, ggf die Befreiung von der gesetzlichen Versicherungspflicht. Zum Nachweis der bestehenden Haftpflichtversicherung genügt bei Fz, die nach § 19 FZV mit Ausfuhrkennzeichen zugelassen werden sollen, nicht die internationale grüne Versicherungskarte; vielmehr ist der Nachweis über eine bei einem in Deutschland zugelassenen Versicherer bestehende Haftpflichtversicherung zu erbringen (s Rz 5).

11. zwei- oder dreirädrige Kleinkrafträder einschließlich Mofas, motorisierte Kran- **15** **kenfahrstühle und vierrädrige Leichtkraftfahrzeuge** sind Kfz und unterliegen der Versicherungspflicht (§ 4 Rz 4, §§ 26–29, für Kleinkrafträder Ha NZV **07** 375).

12. Strafvorschrift. § 6 PflVG stellt auf das Bestehen eines Haftpflichtversicherungsvertrags **16** ab – nicht auf das Bestehen des Versicherungsschutzes, BGHSt **32** 152 = NJW **84** 877, KG VRS **67** 154, *Heinzlmeier* NZV **06** 226. Dies bezweckt, dass die Schutzvorschrift des § 117 II VVG 08 (= § 3 Nr 5 PflVG alt) über die beschränkte Fortdauer des Versicherungsschutzes bei Beendigung des Versicherungsvertrags zugunsten des Geschädigten nicht auch dem zugute kommen zu lassen, der ohne gültigen Haftpflichtversicherungsvertrag öffentlich fährt (Begr), Bay NZV **93** 449. Maßgebend ist daher der **formelle Bestand des Versicherungsvertrags** und die Kenntnis des Versicherungspflichtigen hiervon (Ha NZV **07** 375). Obliegenheitsverletzung des Versicherungsnehmers, die bei bestehendem Versicherungsvertrag ihm gegenüber (aber nicht gegenüber dem Geschädigten, § 117 I VVG 08) zur Leistungsfreiheit führt, erfüllt den Tatbestand nicht; die abw Ansicht (*Wölfl* DAR **99** 157) führt zu verbotener Analogie zuungunsten des Versicherungsnehmers. Dies gilt auch für Fz mit Saisonkennzeichen (§ 9 III) außerhalb des Betriebszeitraums, da der Versicherungsvertrag formell als Ruheversicherung aufrechterhalten bleibt, *Heinzlmeier* NZV **06** 226. Fahrt mit rotem Versicherungskennzeichen (§ 28), die nicht Prüfungs-, Probe- oder Überführungsfahrt ist, stellt nach § 2b I 1a AKB alt = D.1.1 AKB 08 Obliegenheitsverletzung dar, berührt aber nicht den Bestand des Versicherungsvertrages (Ha NZV **07** 375). Vorläufige Deckungszusage des Versicherers genügt (BGHSt **33** 172 = NJW **86** 439). Gefahrerhöhung durch Veränderungen am Fahrzeug berührt nicht den Bestand des Versicherungsvertrages, Kö VRS **106** 218 (Manipulation am Mofa zwecks Geschwindigkeitserhöhung). **Keine wirksame Kündigung** gem § 39 III VVG alt = § 38 III VVG 08 ohne Zugang der qualifizierten Mahnung gem § 39 I VVG alt = § 38 I VVG 08. Bestreitet der Versicherungsnehmer den Empfang einer nur mit einfachem Brief abgesandten Mahnung, kann idR wirksame Kündigung nicht festgestellt werden, Bay VRS **66** 34, Kö VRS **73** 153. Das Gleiche gilt für das Kündigungsschreiben, KG VRS **102** 128, Dü VRS **71** 73, Kö VRS **73** 153. Ausreichend in beiden Fällen ist Einwurfeinschreiben, *Heinzlmeier* NZV **06** 228. Ist die Wirksamkeit der Vertragsauflösung streitig, Strafbarkeit nach § 6 PflVG nur, wenn das Gericht die Tatsachen feststellt, aus denen sich die ordnungsgemäße Kündigung ergibt (KG VRS **113** 364). Da die Kündigung gem § 39 III 3 VVG alt = § 38 III 3 VVG 08 auflösend und nicht aufschiebend bedingt ist, und das Strafrecht an den Zeitpunkt der Tat anknüpft, wird die Strafbarkeit einer zwischen Kündigung und Zahlung der Folgeprämie innerhalb eines Monats nach Eintritt des Versicherungsfalles durchgeführten Fahrt trotz **Wegfalls der Kündigungswirkungen** nicht nachträglich wieder beseitigt, BGHSt **32** 152 = NJW **84** 877 (abl *Allgaier* DAR **85** 115), BGHSt **33** 172 = NJW **86** 439, Bay VRS **64** 149, *Janis-*

zewski NStZ **83** 259 *Heinzlmeier* NZV **06** 226, aM *Fra* DAR **82** 28 (abl *Hansen* DAR **82** 281, *Brommann/Ziegenbein* VersR **83** 418); in Betracht zu ziehen ist jedoch Irrtum. Umgekehrt keine Strafbarkeit, wenn die bei Fahrzeug-Gebrauch bestehende vorläufige Deckungszusage später gem § 1 IV 2 AKB alt = B.2.4 AKB 08, § 9 S 2 KfzPflVV rückwirkend entfällt, BGHSt **33** 172 = NJW **86** 439, *Heinzlmeier* NZV **06** 226. **„Gebrauch" iS von § 6 PflVG** setzt *Führen* des Fahrzeugs voraus, KG VRS **67** 154, *Heinzlmeier* NZV **06** 231. Gegen § 6 PflVG verstößt, wer mit einem nichtversicherten Kfz eine Straße überquert, um Gegenstände von einem Teil seines gewerblichen Betriebs zu einem anderen Teil zu befördern, Bay MDR **62** 594. Ein nicht haftpflichtversichertes Moped darf auch nicht durch bloßes Treten gefahren werden, KG VRS **45** 475. **Gestatten des Gebrauchs** setzt mindestens stillschweigendes Einverständnis voraus, zumindest schlüssiges Verhalten, das als ein solches Einverständnis mißverstanden werden kann; bloßes Ermöglichen genügt nicht (BGH VersR **88** 842, Jn VRS **107** 220, Kö NJW **87** 914, *Heinzlmeier* NZV **06** 231). Keine Bestrafung daher, wenn lediglich Gebrauch auf nicht öffentlichem Gelände gestattet war und der Fahrzeugführer sich über diese Einschränkung hinweggesetzt hat, BGH VersR **88** 842. Gestatten setzt weiter voraus, dass der Gestattende gegenüber dem Gebrauchenden eine übergeordnete Sachherrschaft an dem Fz hat, BGH NJW **74** 1086, *Heinzlmeier* NZV **06** 231 f. Das Mitführen eines unversicherten, versicherungspflichtigen **Anhängers** verletzt das PflVG, auch wenn sich auf ihm keine Personen befinden und das Zugfahrzeug versichert ist, Bay VM **77** 36. Keine Bestrafung nach §§ 1, 6 PflVG dagegen, wenn der Anhänger, auf dem sich keine Personen befinden, grundsätzlich versicherungsfrei ist, weil er gem § 18 II Nr 6 StVZO (alt) = § 3 II S 1 Nr 2 FZV nicht dem Zulassungsverfahren unterliegt (§ 2 I Nr 6 c PflVG) und nur infolge Überschreitens der Geschwindigkeit von 25 km/h oder wegen nicht der Vorschrift des § 58 StVZO entsprechender Kennzeichnung (25 km/h-Schild, s § 18 II Nr 6 a und e, 2. Halbsatz alt = § 3 II S 2 FZV) versicherungspflichtig wird, Bay VM **75** 67, Ce VM **83** 76 (zust *Booß*), Ko VRS **55** 73, *Wiederhold* VD **85** 128, *Heinzlmeier* NZV **06** 225, aM *Brauckmann* PVT **85** 6, weil auch hier nur das Nichtbestehen eines Versicherungsvertrages entscheidend sei, nicht aber die Tatsache, dass Schäden durch die Versicherung des Zugfahrzeugs jedenfalls gedeckt sind. Wer ein **Gebrauchtfahrzeug** erwirbt, wird sich idR vergewissern müssen, dass es noch ausreichend haftpflichtversichert ist, KG VRS **56** 296, *Heinzlmeier* NZV **06** 227. Der Käufer, der dem Verkäufer erklärt, er wolle selbst für Haftpflichtversicherung sorgen, dann aber ohne eine solche fährt, verletzt die §§ 1, 6 PflVG zumindest mit Eventualvorsatz, Fra VRS **35** 396. Wer die Führung eines Kfz mit ordnungsgemäßem Kennzeichen übernimmt, muss das Bestehen von Versicherungsschutz nur aus besonderem Anlass prüfen, Ce VM **73** 20, s auch KG VRS **111** 155, VRS **114** 61. Zur Beihilfe zum Vergehen gegen § 6 PflVG genügt bedingter Vorsatz, BGH NJW **74** 1086. Verurteilung wegen fortgesetzter Tat scheidet regelmäßig aus, Jn VRS **107** 220, Ol NZV **96** 83, s **E** 134. § 6 PflVG ist **Schutzgesetz** iS von § 823 II BGB, BGH VersR **88** 842, NJW **74** 1086, Zw NZV **90** 476. Merkblatt über die Fahndung nach unversicherten Kfzen, VkBl **72** 610, **81** 78.

Lit: *Brauckmann*, Zur Pflichtversicherung bei „zulassungsfreien" Anhängern, PVT **85** 6. *Hansen*, Gebrauch und Gestatten des Gebrauchs eines Fzs iS des § 6 PflVG, DAR **84** 75. *Heinzlmeier*, Strafrechtliche Probleme des Pflichtversicherungsrechts, NZV **06** 225. *Koch*, Strafnorm, Tenorierung und örtliche Zuständigkeit bei tateinheitlichem Zusammentreffen von Steuer- und Verkehrsdelikten, DAR **62** 357. *Kullik*, Geltung des Versicherungsvertrages iS des § 1 PflVG während der Ruhezeit bei einem Saisonkennzeichen, PVT **01** 137. *Wiederhold*, Verkehrsrechtliche Vorschriften für Anhänger ..., VD **85** 125 (128). *Wölfl*, Strafbarkeit nach § 6 PflVG bei Leistungsfreiheit des Versicherers, DAR **99** 155.

17 **13. Angehörige der Nato-Stationierungstruppen.** Bei außerdienstlichen Schadensfällen der Mitglieder der Streitkräfte und deren Angehöriger unterstehen diese der deutschen Gerichtsbarkeit. Maßgebend ist das Nato-Truppenstatut mit Zusatzvereinbarungen (G v 18. 8. 61, BGBl II 1183), in Kraft seit 1. 7. 63 (BGBl I 428). Es gilt deutsches Recht. Derartige Privatfahrzeuge werden von den Streitkräften zugelassen und registriert. Sie sind nach deutschem Recht gegen Haftpflicht zu versichern. Ansprüche richten sich gegen den Versicherer. Ansprüche bei dienstlichen Schadensfällen: § 16 StVG. Schadenverursachung durch nicht versicherte Kfz von Stationierungstruppen: Ansprüche wegen Amtspflichtverletzung der Stationierungsstreitkräfte richten sich gegen die deutsche Verteidigungslastenverwaltung, sonst gegen den Verein Verkehrsopferhilfe eV, Hamburg, s BMV v 21. 3. 72 (A 9/83. 7. 03–18/4071 72). S Rz 9 und § 16 StVG. Hinsichtlich sonstiger ausländischer Streitkräfte gelten Art 2 §§ 15, 16, Art 5 SkAufG: Für Dienstfahrzeuge keine Pflicht zum Abschluss einer Haftpflichtversicherung, Haftung des ausländischen Staates nach deutschem Recht, Abgeltung von Schadensersatzansprüchen Dritter durch die Bundesrepublik Deutschland für den ausländischen Staat.

14. Bürgerlich-rechtliche Fragen. § 6 PflVG ist ein **SchutzG** (§ 823 II BGB), s Rz 16. **18** § 1 PflVG schützt außer dem geschädigten Dritten auch den Kraftfahrer, dem der Halter das unversicherte Kfz überlässt, Dü VersR **73** 374. Die vom Zwang zur Haftpflichtversicherung **befreiten Körperschaften** des öffentlichen Rechts haften nach § 2 II PflVG (Rz 2, 4) für Schäden der im § 1 bezeichneten Art wie ein Versicherer, und zwar für ihren Fahrer und „für die übrigen Personen, die durch eine" auf Grund des PflVG abgeschlossene „Haftpflichtversicherung Deckung erhalten würden" (§ 2 II PflVG). **Begrenzte Leistungsfreiheit** des Versicherers gegenüber dem Versicherungsnehmer bei vorsätzlicher oder grobfahrlässiger Obliegenheitsverletzung, s § 7 AKB alt = E.6.1 AKB 08, §§ 5 bis 7 KfzPflVV. **Zulassung ohne Versicherungsschutz** begründet Staatshaftung gegenüber dem Geschädigten, mangelnde Versicherungsaufsicht zur Wahrung der Belange aller Versicherten dagegen nicht, s § 23 Rz 8.

Versicherungsnachweis

23 (1) ¹**Der Nachweis nach § 3 Abs. 1 Satz 2, dass eine dem Pflichtversicherungsgesetz entsprechende Kraftfahrzeug-Haftpflichtversicherung besteht, ist bei der Zulassungsbehörde durch eine Versicherungsbestätigung zu erbringen.** ²**Eine Versicherungsbestätigung ist auch vorzulegen, wenn das Fahrzeug nach Außerbetriebsetzung nach Maßgabe des § 14 Abs. 2 wieder zum Verkehr zugelassen werden soll.**

(2) ¹**Solange ein Fahrzeug im Sinne des § 13 Abs. 2 Satz 2 gewerbsmäßig vermietet wird, muss der Zulassungsbehörde eine gültige Versicherungsbestätigung für ein Mietfahrzeug für Selbstfahrer vorliegen.** ²**Eine Versicherungsbestätigung, die zur Erlangung eines Kurzzeitkennzeichens erteilt wird, muss das Ende des Versicherungsverhältnisses oder die Dauer des Versicherungsverhältnisses angeben.**

(3) ¹**Die Versicherungsbestätigung ist grundsätzlich vom Versicherer an die Zulassungsbehörde elektronisch zu übermitteln oder zum Abruf durch die Zulassungsbehörde bereitzuhalten, wenn diese hierfür einen Zugang eingerichtet hat.** ²**Übermittlung und Bereithaltung zum Abruf können auch durch eine Gemeinschaftseinrichtung der Versicherer erfolgen.** ³**Das zulässige Datenformat wird vom Kraftfahrt-Bundesamt im elektronischen Bundesanzeiger sowie zusätzlich im Verkehrsblatt veröffentlicht.** ⁴**Bei elektronischer Übermittlung dürfen keine Bestätigungen nach Anlage 11 ausgestellt werden.** ⁵**Wird die Versicherungsbestätigung nicht elektronisch vom Versicherer an die Zulassungsbehörde übermittelt oder zum Abruf bereitgehalten, hat der Versicherer sie dem Versicherungsnehmer nach dem Muster in Anlage 11 Nr. 1, für Hersteller von Fahrzeugen auch nach dem Muster in Anlage 11 Nr. 2, zu erteilen.**

(4) **Ein Halter, der nach § 2 Abs. 1 Nr. 5 des Pflichtversicherungsgesetzes der Versicherungspflicht nicht unterliegt, hat den Nachweis darüber durch Vorlage einer Bescheinigung nach Anlage 11 Nr. 4 zu erbringen.**

Begr zu §§ 23 und 24 (VkBl **06** 609): *Die Regelungen übernehmen die Bestimmungen der bisherigen §§ 29a und 29b StVZO sowie § 2 der Selbstfahrervermietverordnung. Die Möglichkeit der Übersendung der Versicherungsbestätigung in elektronischer Form durch den Versicherer an die zuständige Zulassungsbehörde (§ 29a Abs. 1 Satz 5 StVZO) wird weitergeführt. Die Ermächtigung zur Übermittlung und zum Nachweis der Daten über die Haftpflichtversicherung beruht auf § 34 Abs. 1 Satz 2 StVG, der mit dem Zweiten Gesetz zur Änderung des Straßenverkehrsgesetzes und anderer Gesetze vom 3. Mai 2005 (BGBl. I S. 1221) eingefügt wurde. Um eine Doppelinformation und daraus resultierende Unklarheiten zu vermeiden wird festgelegt, dass bei elektronischer Information der Versicherungsbestätigung keine Versicherungsbestätigung in Form des bisherigen Papiermusters ausgestellt werden darf. Mit der Aufnahme der generellen, nicht nur auf den Versicherungswechsel zum Jahresende beschränkten, elektronischen Übermittlung der Versicherungsbestätigung oder ihre elektronische Vorhaltung zum Abruf durch die Zulassungsbehörde wird der Übergang zur künftigen, ausschließlichen elektronischen Übermittlung und damit für eine effektive Kommunikation zwischen Versicherern und Zulassungsbehörden und eine Entlastung der Bürger von Mitteilungspflichten eingeleitet. Zur Vereinfachung des elektronischen Verfahrens kann die Übermittlung und Bereithaltung der Daten auch über eine Gemeinschaftseinrichtung der Versicherer erfolgen.* **1**

Die Datenstrukturen der elektronischen Datenübermittlung werden vom Kraftfahrt-Bundesamt in Standards festgelegt, die im Einvernehmen mit den Ländern und der Versicherungswirtschaft festgelegt werden. Durch die Alternative der elektronischen Bereitstellung und der weiteren Verwendung von Vordrucken sind die nötigen Investitionen in die elektronische Kommunikation und damit erforderliche Kosten nicht sofort erforderlich. ...

4 FZV § 23 Abschnitt 5. Überwachung des Versicherungsschutzes der Fahrzeuge

2   **1. Nachweis der Kfz-Haftpflichtversicherung.** Nach § 3 I 2 ist die Zulassung von Fahrzeugen nur bei Nachweis ausreichender Kfz-Haftpflichtversicherung nach dem Pflichtversicherungsgesetz (PflVG, Beck-Texte Nr 4) möglich. Diesen Nachweis hat der Antragsteller bei der ZulB durch die in § 23 geregelte Versicherungsbestätigung zu erbringen. Eine solche Versicherungsbestätigung ist auch zu erbringen, wenn ein Fahrzeug nach Halterwechsel umgemeldet (§ 13 IV 3) oder nach Außerbetriebsetzung gem § 14 II wieder zugelassen werden soll (Abs 1 S 2), nicht aber bei Umzug des Halters in einen anderen Zulassungsbezirk und dadurch verursachter Beantragung der Zuteilung eines neuen Kennzeichens, da der Umzug den Versicherungsschutz für das Fz nicht berührt (§ 13 Rz 10). Solange ein Fahrzeug gewerbsmäßig ohne Gestellung eines Fahrers vermietet wird (Mietfahrzeug für Selbstfahrer), muss der ZulB eine gültige Versicherungsbestätigung für ein Mietfahrzeug für Selbstfahrer vorliegen (Abs 2 S 1). Eine Versicherungsbestätigung zur Erlangung eines Kurzzeitkennzeichens (§ 16) muss das Ende des Versicherungsverhältnisses oder seine Dauer angeben (Abs 2 S 2), da der Antragsteller diesen Nachweis gegenüber der ZulB nach § 16 IV erbringen muss. Versicherungsnehmer und Halter müssen nicht identisch sein (*Jagow* VD **85** 98).

3   **2. Elektronische Übermittlung der Versicherungsbestätigung.** Mit der FZV ist seit 1. 3. 07 als wesentliche Veränderung beim Nachweis und der Überwachung des Versicherungsschutzes der Fz die allgemeine Möglichkeit eingeführt worden, die Versicherungsbestätigung auch in elektronischer Form durch den Versicherer an die ZulB zu übermitteln (sog **elektronische Versicherungsbestätigung – eVB**). Rechtsgrundlage für diese Übermittlung und diesen Nachweis der Daten über die Haftpflichtversicherung ist § 34 I 2 StVG. Zunächst war versuchsweise vorgesehen worden, dass der Versicherungsnehmer, der den Versicherer zum Jahresende wechselt, nach Maßgabe von § 29a I 5 StVZO (alt) den Versicherer zur elektronischen Übermittlung der Versicherungsbestätigung an die ZulB beauftragen konnte (*Liebermann* VD **04** 299). Nachdem sich diese freiwillige elektronische Versicherungsbestätigung zum Jahresende, wenn auch mit Anlaufschwierigkeiten, bewährt hatte (*Liebermann* NZV **06** 360), ist die allgemeine Möglichkeit, die Versicherungsbestätigung elektronisch zu übermitteln oder vorzuhalten, in Abs 3 festgeschrieben worden. **Elektronische Übermittlung** der Versicherungsbestätigung oder ihre Bereithaltung zum elektronischen Abruf sollen die **Regel** sein (Abs 3 S 1). Übermittlung und Bereithaltung zum Abruf können zur Vereinfachung des elektronischen Verfahrens (Begr VkBl **06** 610) auch durch eine Gemeinschaftseinrichtung der Versicherer erfolgen (Abs 3 S 2). Die Autoversicherer haben die GDV Dienstleistungs-GmbH & Co KG mit dem Betrieb dieser Gemeinschaftseinrichtung beauftragt. Das KBA fungiert gegenüber den ZulB als zentrale Kopf- und Verteilstelle für die Kommunikation mit der Gemeinschaftseinrichtung. Das KBA hat gem Abs 3 S 3 das zulässige Datenformat veröffentlicht (VkBl **08** 32, 466). Wird die Versicherungsbestätigung elektronisch übermittelt oder zum Abruf bereitgehalten, erhält der Bürger von seinem Versicherungsunternehmen nur einen siebenstelligen alphanumerischen Code, die sog **Versicherungsbestätigungsnummer (VB-Nummer)**. Diese Nummer ersetzt die bisherige Versicherungsbestätigung in Papierform. Bei der FzZulassung teilt der Bürger der ZulB diese Nummer mit. Die ZulB bekommt daraufhin von den Versicherern elektronisch die Mitteilung, dass Versicherungsschutz besteht und durch welches Unternehmen er gewährt wird. Erfolgt die Übermittlung **elektronisch,** dürfen **keine schriftlichen Versicherungsbestätigungen** nach Anlage 11 ausgestellt werden (Abs 3 S 4), um eine Doppelinformation und daraus resultierende Unklarheiten zu vermeiden (Begr VkBl **06** 610). Dies gilt auch, wenn der Versicherer nicht an die ZulB übermittelt, sondern die Versicherungsbestätigung zum Abruf durch die ZulB bereitgehalten wird, denn nach Abs 3 S 5 sind Versicherungsbestätigungen in Papierform nach dem Muster in Anlage 11 Nr 1 oder 2 nur zu erteilen, wenn nicht elektronisch übermittelt *oder zum Abruf bereitgehalten* wird. Da bei Beginn der Nutzung der elektronischen Übermittlung am 1. 3. 08 noch nicht alle ZulB an dem elektronischen Verfahren teilnahmen, haben Bund und Länder allerdings mit der Versicherungswirtschaft vereinbart, dass die Versicherungsbestätigung in Papierform mit aufgedruckter Versicherungsbestätigungsnummer für eine Übergangszeit auch dann verwendet werden darf, wenn die Übermittlung bzw Bereithaltung zum Abruf elektronisch erfolgt.

4   Wenn die Versicherungsbestätigung **nicht elektronisch** an die ZulB übermittelt oder zum Abruf bereitgehalten wird, hat der Versicherer sie dem Versicherungsnehmer **in Papierform** nach dem Muster in Anlage 11 Nr 1, für die Hersteller von Fz auch nach dem Muster in Anlage 11 Nr 2, zu erteilen (Abs 3 S 5). Vordrucke, die den alten Mustern 6 und 7 zur StVZO entsprechen, durften noch bis zum 31. 3. 08 aufgebraucht werden (§ 50 IV). Die Versicherungsbestätigung bleibt bei der ZulB.

Mitteilungspflichten der Zulassungsbehörde § 24 FZV 4

Gegenwärtig gibt es also die **Alternative** der elektronischen Übermittlung oder Bereitstellung der Versicherungsbestätigung auf der einen Seite und der Verwendung von Vordrucken in Papierform auf der anderen Seite. Mit der Aufnahme der generellen, nicht nur der auf den Versicherungswechsel zum Jahresende beschränkten, elektronischen Übermittlung der Versicherungsbestätigung oder ihrer elektronische Bereithaltung zum Abruf durch die ZulB in die FZV wurde aber der Übergang zur künftigen, ausschließlichen elektronischen Übermittlung eingeleitet (Begr VkBl **06** 610), die schließlich zu Erleichterungen für alle Beteiligten (Bürger, Versicherer, Behörden) führen soll (*Liebermann* NZV **06** 360).

3. In der Aushändigung der Versicherungsbestätigung an den Versicherungsnehmer liegt eine **vorläufige Deckungszusage** in der Haftpflichtversicherung (§ 9 KfzPflVV), nicht zugleich auch in anderen Sparten (Kar VersR **76** 384, Ha NJW **75** 223, AG Pirmasens ZfS **08** 33 m Anm *Rixecker*, *Himstedt* ZfS **02** 112, aM Kö VersR **74** 900). Eine ordnungsgemäß erteilte vorläufige Deckungszusage ist auch wirksam, wenn noch kein Antrag auf Vertragsabschluss gestellt ist (Fra VersR **78** 1155). Vorläufige Deckung und Versicherungsvertrag sind zwei eigenständige Verträge (s *Heinzlmeier* NZV **06** 228). Die Versicherungsbestätigung deckt alle Fahrten im Zusammenhang mit dem Zulassungsverfahren. Zur vorläufigen Deckung s auch §§ 49 ff VVG 08. Solange der Wortlaut von § 9 S 1 KfzPflVV, der nur von der „Aushändigung" der Versicherungsbestätigung spricht, noch nicht daran angepasst ist, dass die Versicherungsbestätigung jetzt auch elektronisch übermittelt oder zum Abruf bereitgehalten werden kann, ist davon auszugehen, dass der Versicherer die vorläufige Deckung zugesagt hat, wenn bei der Versicherungsbestätigung zum Abruf der Versicherer die Versicherungsbestätigung in der Datenbank der Gemeinschaftseinrichtung bereitgestellt und dem Versicherungsnehmer die zugehörige VB-Nummer übermittelt hat. Die elektronische Versicherungsbestätigung zur Übermittlung wird für den Versicherer mit Eintreffen der Versicherungsbestätigung im elektronischen Postkorb der ZulB verbindlich.

4. Juristische Personen, die von einem nach § 1 III Nr 3 VersAufsG von der Versicherungsaufsicht freigestellten Haftpflichtschadenausgleich Deckung erhalten und deswegen gem § 2 I Nr 5 PflVG der **Kfz-Versicherungspflicht nicht unterliegen,** haben den **Nachweis** darüber statt des Versicherungsnachweises durch Vorlage einer Bescheinigung in Papierform nach Anlage 11 Nr 4 zu erbringen (Abs 4). Die Auffassung des KBA, nach § 3a I VwVfG könne der Nachweis auch elektronisch übermittelt oder zum Abruf bereitgehalten werden (VkBl **08** 32), ist unzutreffend, da § 23 IV als spezielle Regelung vorgeht.

5. Eine **Zulassung ohne Versicherungsschutz** begründet Staatshaftung gegenüber dem Geschädigten (Hb VRS **4** 251). Dagegen obliegt der ZulB gegenüber dem Halter oder Entleiher eines Kfz nicht die Amtspflicht, das Bestehen der Haftpflichtversicherung nachzuprüfen; sie sind nicht Dritte im Sinne der Vorschriften über die Amtshaftung (Dü NJW-RR **88** 219, Mü NJW **56** 752). Auch die Amtspflicht zur Wahrung der Belange aller Versicherten obliegt dem Träger der Versicherungsaufsicht nach dem VersAufsG nicht gegenüber dem geschädigten Verkehrsteilnehmer (BGHZ **58** 96 = NJW **72** 577).

Lit: *Himstedt*, Die vorläufige Deckung in der Kfz-Haftpflicht- und Kaskoversicherung, ZfS **02** 112. *Liebermann*, Elektronische Übermittlung beim Versicherungswechsel, VD **04** 299.

Mitteilungspflichten der Zulassungsbehörde

24 (1) Die Zulassungsbehörde hat den Versicherer zum Zwecke der Gewährleistung des Versicherungsschutzes im Rahmen der Kraftfahrzeug-Haftpflichtversicherung über

1. die Zuteilung des Kennzeichens,
2. Änderungen der Anschrift des Halters,
3. den Zugang einer Bestätigung über den Abschluss einer neuen Versicherung,
4. den Zugang einer Anzeige über die Außerbetriebsetzung,
5. die Änderung der Fahrzeugklasse und
6. die Reservierung des Kennzeichens bei Außerbetriebsetzung

zu unterrichten und hierfür die in § 35 genannten Daten, soweit erforderlich, zu übermitteln.

(2) Die Mitteilung ist grundsätzlich elektronisch nach Maßgabe des § 35 Abs. 3 und den vom Kraftfahrt-Bundesamt herausgegebenen und im elektronischen Bundesanzeiger sowie zusätzlich im Verkehrsblatt veröffentlichten Standards zu übermitteln.

4 FZV § 25 Abschnitt 5. Überwachung des Versicherungsschutzes der Fahrzeuge

1 **Begr** zu §§ 23 und 24 (VkBl **06** 609): *Die Regelungen übernehmen die Bestimmungen der bisherigen §§ 29a und 29b StVZO sowie § 2 der Selbstfahrervermietverordnung. …*
Begründung des Bundesrates für die Einfügung von § 24 Abs. 1 Nr. 5: *Diese Einfügung erscheint zur Sicherstellung von Änderungen der Versicherungsverhältnisse zweckmäßig.*
Begründung des Bundesrates für die Einfügung von § 24 Abs. 1 Nr. 6: *Nach der Neuregelung sind Fahrten mit ungestempelten Kennzeichen nur noch mit reservierten Kennzeichen möglich. Da diese Fahrten nur mit versicherten Fahrzeugen durchgeführt werden dürfen, ist eine Unterrichtung der Versicherungswirtschaft über die Reservierung der Kennzeichen notwendig. Der geringfügige zusätzliche Verwaltungsaufwand der Zulassungsbehörden für die elektronische Meldung an die Versicherungswirtschaft muss in Kauf genommen werden, um solche Fahrten zu ermöglichen.*

2 Die ZulB hat den jeweiligen Versicherer grundsätzlich elektronisch (Abs II, § 35 III S 1) über die in Abs I Nr 1 bis 6 genannten Sachverhalte zu unterrichten und hierfür die in § 35 genannten Daten zu übermitteln. Rechtsgrundlage für diese Datenübermittlungen ist § 35 V Nr 3 StVG. Die Unterrichtung durch die ZulB ist auch in nicht-elektronischer Form möglich. Die Zulassungsbehörde darf die Information der Versicherer auch über das KBA und eine Gemeinschaftseinrichtung der Versicherer vornehmen, § 35 III.

Maßnahmen und Pflichten bei fehlendem Versicherungsschutz

25 (1) ¹Der Versicherer kann zur Beendigung seiner Haftung nach § 3 Nr. 5 des Pflichtversicherungsgesetzes der zuständigen Zulassungsbehörde Anzeige nach dem Muster in Anlage 11 Nr. 5 erstatten, wenn eine dem Pflichtversicherungsgesetz entsprechende Kraftfahrzeug-Haftpflichtversicherung nicht oder nicht mehr besteht. ²Die Anzeige kann auch entsprechend § 23 Abs. 3 Satz 1 bis 4 vorgenommen werden. ³Eine Anzeige ist zu unterlassen, wenn der Zulassungsbehörde die Versicherungsbestätigung über den Abschluss einer neuen dem Pflichtversicherungsgesetz entsprechenden Kraftfahrzeug-Haftpflichtversicherung zugegangen ist und dies dem Versicherer nach § 24 Abs. 1 Nr. 3 mitgeteilt worden ist. ⁴Eine Versicherungsbestätigung für die Zuteilung eines Kurzzeitkennzeichens gilt gleichzeitig auch als Anzeige zur Beendigung der Haftung. ⁵Satz 4 gilt entsprechend, wenn in der Versicherungsbestätigung für die Zuteilung eines roten Kennzeichens ein befristeter Versicherungsschutz ausgewiesen ist oder wenn die Zuteilung des roten Kennzeichens befristet ist.

(2) ¹Die Zulassungsbehörde hat dem Versicherer auf dessen Anzeige nach Absatz 1 Satz 1 das Datum des Eingangs der Anzeige mitzuteilen. ²§ 24 Abs. 2 gilt entsprechend.

(3) Besteht für ein Fahrzeug, für das ein Kennzeichen zugeteilt ist, keine dem Pflichtversicherungsgesetz entsprechende Kraftfahrzeug-Haftpflichtversicherung, so hat der Halter unverzüglich das Fahrzeug nach Maßgabe des § 14 Abs. 1 außer Betrieb setzen zu lassen.

(4) ¹Erfährt die Zulassungsbehörde durch eine Anzeige nach Absatz 1 oder auf andere Weise, dass für das Fahrzeug keine dem Pflichtversicherungsgesetz entsprechende Kraftfahrzeug-Haftpflichtversicherung besteht, so hat sie unverzüglich das Fahrzeug außer Betrieb zu setzen. ²Eine Anzeige zu einer Versicherung, für die bereits eine Mitteilung nach § 24 Abs. 1 Nr. 3 oder 4 abgesandt wurde, löst keine Maßnahmen der Zulassungsbehörde nach Satz 1 aus.

(5) Die Absätze 3 und 4 gelten nicht für Kurzzeitkennzeichen, bei denen das Ablaufdatum überschritten ist.

1 **Begr** (VkBl **06** 610): *Die Vorschrift folgt den bisherigen §§ 29c und 29d StVZO. Auch hier soll künftig die Übermittlung der Mitteilungen auf Papier durch eine zeitnahe und effiziente elektronische Kommunikation ersetzt werden.*

2 **1. Anzeige des Versicherers bei Ablauf der Versicherung. Abs 1** stellt es dem Versicherer anheim, der ZulB Anzeige zu erstatten, sobald die Versicherungsbestätigung (§ 23) nicht mehr gilt, wenn zB der Versicherungsnehmer die Prämie nicht bezahlt hat und der Versicherungsschutz deshalb erloschen ist. Ermächtigung für diese Mitteilungen ist § 34 V 1 StVG. Durch die Anzeige wahrt der Versicherer sein eigenes Interesse an baldiger Beendigung der Nachhaftung (§ 117 II VVG 08 = § 3 Nr 5 PflVG alt), BGH NJW **74** 858. Bei unterlassener Anzeige läuft die **Nachhaftungsfrist** des Versicherers nicht ab, Kar VersR **73** 213. Der Versicherer haftet dem Geschädigten weiter gemäß dem Versicherungsvertrag, BGH JZ **55** 381, Fra NJW **55** 109, JZ **54** 669 *(Prölss)*. Im Verhältnis zu Dritten, die nach Vertragsablauf geschädigt

Maßnahmen und Pflichten bei fehlendem Versicherungsschutz § 25 FZV 4

werden, wirkt der Versicherungsschutz also kurzfristig weiter. Monatsfrist: (§ 117 II VVG 08 = § 3 Nr 5 PflVG alt). Die Anzeige des Versicherers bedeutet mithin nicht, dass der Versicherungsschutz erloschen ist, Bay VM **58** 45. Auch bei teilweise unzutreffenden Angaben in der Anzeige darf die Zulassungsbehörde diese nicht zurückweisen, BGH NJW **74** 858. Jedoch wird die Nachhaftungsfrist des § 117 II VVG 08 = § 3 Nr 5 PflVG alt nur in Lauf gesetzt, wenn der entscheidende Inhalt der **Anzeige vollständig und richtig,** insbesondere das Versicherungsverhältnis wirksam beendet ist, BGH NJW **74** 858, Kö VersR **99** 1357. Ob eine unstimmige, zur Aufklärung zurückgegebene Anzeige die Monatsfrist in Lauf setzt, hängt von der Art der Unstimmigkeit ab, BGH NJW **74** 858. Eine Anzeige mit dem von der ZulB früher falsch mitgeteilten Kennzeichen setzt die Monatsfrist in Lauf, BGH NJW **74** 858. Bei einer Anzeige trotz gültigen Versicherungsvertrages darf der Versicherungsnehmer Ausstellung einer Versicherungsbestätigung (§ 23) durch einstweilige Verfügung erzwingen, Ha VersR **76** 724. Wird das Fz infolge einer unrichtigen Anzeige des Versicherers nach § 25 trotz bestehenden Versicherungsvertrages außer Betrieb gesetzt, so hat der Versicherer für den entstandenen Schaden aus positiver Vertragsverletzung (§§ 241 II, 280 BGB) einzustehen (Ha VersR **90** 846 zu § 29c StVZO alt). Kann ein FzEigentümer auf Grund einer Falschmeldung des Versicherers an die ZulB sein Fz nicht mehr benutzen, da ihm sonst Zwangsstilllegung droht, steht ihm Nutzungsentschädigung zu (AG Offenbach DAR **08** 486).

Nur wenn ein **Versicherungsvertrag für das Fz nicht besteht** oder das Versicherungsverhältnis erloschen ist, ist eine Anzeige des Versicherers an die ZulB zulässig. Eine Verpflichtung zur Anzeige besteht jedoch auch dann nicht; vielmehr steht es dem Versicherer frei, durch die Anzeige seine Nachhaftung zu beenden. Die Anzeige hat jedoch trotz Beendigung des bisherigen Versicherungsverhältnisses zu unterbleiben, wenn dem Versicherer durch die ZulB gem § 24 I Nr 3 der Abschluss einer neuen Versicherung mitgeteilt wurde (Abs I S 3). Erfolgt in einem solchen Falle gleichwohl eine Anzeige, so kann diese durch die ZulB unbeantwortet bleiben; sie löst auch keine Maßnahmen der ZulB nach Abs IV S 1 aus (Abs IV S 2). Bei Kurzzeitkennzeichen und bei befristeter Zulassung mit roten Kennzeichen ist die Dauer der Versicherung begrenzt, so dass die Versicherungsbestätigung zugleich als Anzeige iSv Abs I S 1 gilt (Abs I S 4 und 5). 3

Die **Anzeige** nach Abs I S 1 ist **an die** nach § 46 **örtlich zuständige Zulassungsbehörde** zu richten. Die **Übermittlung der Anzeige** durch den Versicherer ist seit 1. 3. 07 **auch elektronisch** möglich (Abs I S 2 iVm § 23 III S 1 bis 4), d.h. durch Übermittlung an die ZulB oder durch Bereithaltung zum Abruf durch die ZulB. Auch hier soll künftig die Übermittlung der Mitteilungen auf Papier durch eine zeitnahe und effiziente elektronische Kommunikation ersetzt werden (Begr. VkBl **06** 610). Wenn die Anzeige nicht elektronisch erfolgt, ist sie nach dem Muster in Anlage 11 Nr 5 zu erstatten, Abs I S 1. Vordrucke, die dem alten Muster 9 der StVZO entsprechen, durften noch bis zum 31. 3. 08 aufgebraucht werden (§ 50 IV). Die ZulB hat dem Versicherer auf seine Anzeige nach Abs I S 1 das Datum des Eingangs der Anzeige mitzuteilen, Abs II S 1. Sie hat dies in der Regel elektronisch zu tun, Abs II S 2 iVm § 24 II und § 35 III. 4

2. Pflichten des Halters, wenn keine ausreichende Haftpflichtversicherung mehr besteht. Der Halter hat bei der Zulassung oder Zuteilung des Kennzeichens das Bestehen ausreichender Haftpflichtversicherung nachzuweisen und unabhängig von den für den Versicherer und die Zulassungsbehörde begründeten Pflichten dafür einzustehen, dass der Versicherungsschutz erhalten bleibt, solange er das Fahrzeug im Verkehr verwendet (§ 1 PflVG). Endet das Versicherungsverhältnis aus irgendeinem Grund, so hat er jede Verwendung des Fz im Verkehr zu unterlassen und unverzüglich, also ohne schuldhaftes Zögern das Fz nach § 14 I außer Betrieb setzen zu lassen, Abs III. Dazu gehört Ablieferung der Zulassungsbescheinigung Teil I und Entstempelung des Kennzeichens, s § 14 I. Die Pflicht zur Außerbetriebsetzung besteht nicht, wenn bei einem Kurzzeitkennzeichen das Ablaufdatum überschritten ist, Abs V. 5

Pflichten des Halters, wenn der Versicherungsschutz wegen Änderungen am Fz nicht mehr ausreicht. Reicht die Versicherung nicht mehr aus, weil Änderungen am Fz vorgenommen worden sind, so muss der Halter das Fz nicht außer Betrieb setzen lassen, muss aber seinen Mitteilungspflichten nach § 13 genügen und die Kfz-Haftpflichtversicherung anpassen. Erst wenn die Versicherung wieder ausreicht, darf er das Fz wieder im öffentlichen Verkehr verwenden, § 1 PflVG. Außerdem ist § 19 II StVZO zu beachten. 6

3. Pflichten der Zulassungsbehörde beim Aufhören ausreichenden Versicherungsschutzes Erfährt die ZulB durch eine Anzeige nach Abs I oder auf andere Weise, dass der Ver- 7

Dauer 1227

sicherungsschutz weggefallen ist, so hat sie das Fz unverzüglich außer Betrieb zu setzen, Abs IV S 1. Diese Pflicht besteht nicht, wenn bei einem Kurzzeitkennzeichen das Ablaufdatum überschritten ist, Abs V.

8 Für die Vorgängervorschrift § 29d II StVZO (alt) wurde festgestellt, sie diene dem Schutz des Versicherers (im Hinblick auf § 3 Nr 5 PflVG alt = § 117 II VVG 08) und der durch das Fahrzeug Geschädigten, BGH NJW **56** 867, BGHSt **11** 165, 169 = NJW **58** 508, 509, Dü NJW-RR **88** 219. Ein zweifelsfreier Hinweis auf die Beendigung des Versicherungsverhältnisses durch die Anzeige genügt, BVerwG MDR **75** 433, KG VersR **79** 626; keine Pflicht der ZulB zur Nachprüfung, BVerwG NZV **92** 253, **93** 245, OVG Hb VRS **71** 397, VG Bra NZV **03** 208, VG Leipzig NVwZ-RR **04** 87. Zur früheren Rechtslage wurde festgestellt, die Stilllegung auf Ersuchen der ZulB (entspricht heute der Außerbetriebsetzung durch die ZulB) sei Amtspflicht gegenüber jedem Verkehrsteilnehmer, BGHZ **99** 326 = NJW **87** 2737; Ko VersR **78** 575, Ce VersR **87** 618, VersR **94** 859, Dü JMBlNRW **93** 128, auch gegenüber dem Mitfahrer, BGH NJW **82** 988, und gegenüber dem vorerst weiter haftenden Versicherer (§ 117 II VVG 08 = § 3 Nr 5 PflVG alt), BGH NJW **56** 867, BGHSt **11** 165, 169 = NJW **58** 508, 509, BGHZ **20** 53 = NJW **56** 867, Kö NJW-RR **92** 1188, nicht aber gegenüber dem Halter und dem Fahrer, Kö NJW-RR **92** 1188.

9 Die Pflicht der ZulB zum Tätigwerden nach Abs 4 ist streng zu nehmen; sie hat nach kurzer Frist Zwangsmaßnahmen anzuwenden (KG VersR **78** 523, Ko VersR **78** 575, Kar MDR **79** 845, Stu VersR **68** 155). Sofortige zwangsweise Außerbetriebsetzung des Fahrzeugs kommt nur in Ausnahmefällen in Frage, zunächst genügt idR die **Aufforderung an den Halter,** eine neue Versicherungsbestätigung vorzulegen oder den Fahrzeugschein/die Zulassungsbescheinigung Teil I abzuliefern und die Kennzeichen entstempeln zu lassen (Fristsetzung), BGH NJW **82** 988, BGHZ **99** 326 = NJW **87** 2737, Dü VersR **84** 792, OVG Hb NZV **02** 150. Die ZulB kann das Fz aber auch ohne vorherige Aufforderung des Halters zu einem Zeitpunkt außer Betrieb setzen, zu dem der Halter – hätte er das Gebot zu unverzüglichem Handeln aus Abs 3 beachtet – bereits von sich aus das Fz hätte außer Betrieb setzen lassen müssen (zur Vorgängervorschrift OVG Hb VRS **110** 233). Solange der ZulB eine inzwischen erfolgte Veräußerung nicht bekannt ist, darf sie sich mit den Maßnahmen nach Abs 4 an den bisherigen Halter wenden, der dann auch Kostenschuldner hinsichtlich der Amtshandlung ist (VG Leipzig NVwZ-RR **04** 87, VG Bra NZV **03** 208, VG Fra VRS **82** 72, VG Kar NVwZ-RR **08** 499) weil anderenfalls der Zweck des Abs 4, andere vor Risiken zu schützen, nicht erreicht werden könnte (aM VG Potsdam DAR **04** 115). Jedenfalls ist die an den in den Papieren eingetragenen Halter gerichtete Verfügung der ZulB bei unklaren Eigentums- und Besitzverhältnissen nicht offenkundig fehlerhaft (VGH Mü VRS **108** 396). Alle Verwaltungsmaßnahmen im Zusammenhang mit der Außerbetriebsetzung/Stilllegung von Fz, für die kein Versicherungsschutz mehr besteht, sind gem § 6a I Nr 1 StVG **gebührenpflichtig**. Dies umfasst nicht nur die Anordnung der Außerbetriebsetzung, sondern alle Maßnahmen, die schließlich zur Herbeiführung des Ergebnisses im Wege des Verwaltungszwangs führen (VGH Ma VRS **114** 473).

10 Die Zulassungsbehörde muss die Maßnahmen **ohne schuldhaftes Zögern** ergreifen, sobald sie vom Aufhören des Versicherungsschutzes erfährt. Das gilt auch in den Fällen, in denen für das Fz ein Saisonkennzeichen (§ 9 III) zugeteilt ist; eine Anzeige nach Abs I ist also auch dann von der ZulB unverzüglich zu bearbeiten, wenn sie außerhalb des Betriebszeitraums eingeht, damit eine möglichst baldige Außerbetriebsetzung vorgenommen werden kann (s Begr zu § 23 I b StVZO alt, VkBl **96** 620), OVG Hb NZV **02** 150. Die ZulB muss, solange keine Versicherungsbestätigung vorliegt, davon ausgehen, dass der Versicherungsschutz weggefallen ist und unverzüglich eingreifen, BVerwG VersR **62** 415. Erfolgt Anzeige nach Abs I, obwohl die ZulB dem Versicherer gem § 24 I Nr 3 Mitteilung über den Abschluss einer neuen Versicherung gemacht hatte, so löst dies keine Maßnahmen der ZulB nach Abs IV aus, Abs IV S 2. Unverzüglich muss die ZulB auch vorbereitende Maßnahmen ergreifen, die die Außerbetriebsetzung erst ermöglichen (Aufenthaltsfeststellung), Ce VersR **87** 618. § 117 II VVG 08 = § 3 Nr 5 PflVG alt will den geschädigten Dritten schützen, Mü VersR **73** 236, nicht die ZulB von ihrer Pflicht nach § 25 IV 1 entlasten. 23 Tage sind für die Bearbeitung einer Anzeige nach § 29c StVZO alt = § 25 I nicht „unverzüglich", BGHZ **20** 53 = NJW **56** 867, Hb VersR **54** 300, *Jagow* VD **90** 267, ebenso wenig 8 Tage bis zur Ausschreibung eines im Ausland vermuteten Fahrzeugs, Ce VersR **87** 618. Fahndungsmaßnahmen der Polizei sind uU von der ZulB zu überwachen, LG Flensburg VersR **89** 79. Wird der Halter nicht angetroffen und ist sein Aufenthaltsort bzw Wohnsitz zw, muss die ZulB mit Nachdruck Fahndungsmaßnahmen ergreifen, LG Essen NZV **02** 508. Die Haftung für Schäden bei schuldhafter **Amtspflichtverletzung** (BVerwG

MDR **75** 433, LG Essen NZV **02** 508, s Rz 8) ist durch den Schutzzweck des § 29 d StVZO (alt) = § 25 IV S 1 begrenzt. Die Vorschrift will ersichtlich nur vor den Schäden schützen, die dem Geschädigten aus der fehlenden Pflichtversicherung des haftpflichtigen Fahrzeughalters entstehen; die Amtshaftung umfasst daher nur Schäden bis zur Höhe der gesetzlich vorgeschriebenen Mindestversicherungssumme, BGHZ **111** 272 = NZV **90** 427 (unter Aufgabe der gegenteiligen Ansicht in BGH NJW **65** 1524). Die Amtspflicht besteht nicht unmittelbar gegenüber dem öffentlichrechtlichen Dienstherrn, der einen durch das nicht versicherte Kfz geschädigten Beamten versorgt, BGH NJW **61** 1572. Zur Passivlegitimation bei Amtspflichtverletzung durch die ZulB, *Hinkel* NVwZ **89** 119.

Lit: *Gaisbauer*, Maßnahmen der Zulassungsbehörden bei Folgeprämienverzug in der Kfz-Haftpflichtversicherung, VP **67** 11. *Hinkel*, Haftung des Landkreises für Amtspflichtverletzungen der Bediensteten der StrVZulassungsB, NVwZ **89** 119. *Jagow*, Amtshaftung bei Außerbetriebsetzung nicht versicherter Kfze, VD **90** 265. *Kutsch*, Gebührenpflicht bei Anordnungen nach § 29 d Abs 2 StVZO ..., NZV **05** 298. *Lang*, Die Haftung der öffentlichen Hand bei VUnfällen, VersR **88** 324 = VGT **88** 84. *Wirsing*, Zur zwangsweisen Stillegung von Kfzen, VD **91** 149, 202, **92** 14.

4. Vorzeitige Beendigung der Haftpflichtversicherung für Fahrzeuge mit Versicherungskennzeichen s § 29

5. Ordnungswidrig ist es, wenn der Halter ein Fz, für das keine oder keine ausreichende Kfz-Haftpflichtversicherung besteht, nicht unverzüglich außer Betrieb setzen lässt, § 48 Nr 8. Bei Benutzung oder Gestattung des Gebrauchs eines Fz ohne ausreichenden Versicherungsschutz im öffentlichen Straßenverkehr tritt diese Ordnungswidrigkeit gegenüber § 6 PflVG (Vergehen) zurück.

Versicherungskennzeichen

26 (1) ¹Durch das Versicherungskennzeichen wird für die Kraftfahrzeuge im Sinne des § 4 Abs. 3 Satz 1 in Verbindung mit § 3 Abs. 2 Satz 1 Nr. 1 Buchstabe d bis f nachgewiesen, dass für das jeweilige Kraftfahrzeug eine dem Pflichtversicherungsgesetz entsprechende Kraftfahrzeug-Haftpflichtversicherung besteht. ²Nach Abschluss eines Versicherungsvertrages und Zahlung der Prämie überlässt der Versicherer dem Halter auf Antrag das Versicherungskennzeichen zusammen mit einer Bescheinigung hierüber für das jeweilige Verkehrsjahr. ³Verkehrsjahr ist jeweils der Zeitraum vom 1. März eines Jahres bis zum Ablauf des Monats Februar des nächsten Jahres. ⁴Zur Speicherung im Zentralen Fahrzeugregister hat der Antragsteller dem Versicherer die in § 33 Abs. 1 Satz 1 Nr. 2 des Straßenverkehrsgesetzes bezeichneten Halterdaten, die Angaben zu Fahrzeugklasse, Art des Aufbaus und Marke des Fahrzeugs sowie die Fahrzeug-Identifizierungsnummer mitzuteilen und auf Verlangen nachzuweisen. ⁵Das Versicherungskennzeichen und die Bescheinigung verlieren ihre Gültigkeit mit Ablauf des Verkehrsjahres. ⁶Der Fahrzeugführer hat die Bescheinigung über das Versicherungskennzeichen mitzuführen und zuständigen Personen auf Verlangen zur Prüfung auszuhändigen.

(2) ¹Das Versicherungskennzeichen besteht aus einem Schild, das eine zur eindeutigen Identifizierung des Kraftfahrzeugs geeignete Erkennungsnummer und das Zeichen des zuständigen Verbandes der Kraftfahrversicherer oder, wenn kein Verband zuständig ist, das Zeichen des Versicherers trägt sowie das Verkehrsjahr angibt, für welches das Versicherungskennzeichen gelten soll. ²Die Erkennungsnummer setzt sich aus nicht mehr als drei Ziffern und nicht mehr als drei Buchstaben zusammen. ³Die Ziffern sind in einer Zeile über den Buchstaben anzuordnen. ⁴Das Verkehrsjahr ist durch die Angabe des Kalenderjahrs zu bezeichnen, in welchem es beginnt. ⁵Der zuständige Verband der Kraftfahrversicherer oder, wenn kein Verband zuständig ist, das Kraftfahrt-Bundesamt teilt mit Genehmigung des Bundesministeriums für Verkehr, Bau und Stadtentwicklung den Versicherern die Erkennungsnummern zu.

(3) ¹Der Versicherer hat dem Kraftfahrt-Bundesamt die Halterdaten nach § 33 Abs. 1 Satz 1 Nr. 2 des Straßenverkehrsgesetzes und die in § 30 Abs. 4 genannten Fahrzeugdaten unverzüglich mitzuteilen. ²Die Mitteilung kann auch über eine Gemeinschaftseinrichtung der Versicherer erfolgen. ³Ausführungsregeln zur Datenübermittlung gibt das Kraftfahrt-Bundesamt in entsprechenden Standards im elektronischen Bundesanzeiger sowie zusätzlich im Verkehrsblatt bekannt.

Begr zu §§ 26 und 27 (VkBl **06** 610): *Die Vorschriften entsprechen den bisherigen Bestimmungen der §§ 29 e und 60 a StVZO.*

4 FZV § 26 Abschnitt 5. Überwachung des Versicherungsschutzes der Fahrzeuge

Neu eingefügt wird § 26 Abs. 3, der auf der Grundlage von § 34 Abs. 5 Satz 2 StVG die zu übermittelnden Daten und ihre unverzügliche Übermittlung vorschreibt und diese auch über eine Gemeinschaftseinrichtung der Versicherer (vgl. § 35 Abs. 3, der dies für die entgegen gesetzte Richtung der Übermittlung von Daten an die Versicherer regelt) zulässt. Damit soll insbesondere die Aktualität des Registers erhöht werden. ...

2   **1. Nachweis der Kfz-Haftpflichtversicherung durch Versicherungskennzeichen.** Nach § 4 III 1 iVm § 3 II 1 Nr 1 d bis f dürfen die folgenden zulassungsfreien Fz auf öffentlichen Straßen nur mit einem Versicherungskennzeichen gem § 26 in Betrieb gesetzt werden:

     a) zwei- oder dreirädrige Kleinkrafträder einschließlich Mofas (§ 2 Nr 11),
     b) motorisierte Krankenfahrstühle (§ 2 Nr 13),
     c) vierrädrige Leichtkraftfahrzeuge (§ 2 Nr 12).

Durch das Versicherungskennzeichen wird für diese Fz nachgewiesen, dass für das jeweilige Kfz eine dem Pflichtversicherungsgesetz entsprechende Kfz-Haftpflichtversicherung besteht (Abs 1 S 1). Wenn für die Halter derartiger Fz keine Versicherungspflicht besteht, muss statt eines Versicherungskennzeichens ein Kennzeichen nach § 8 geführt werden (§ 4 III 2). Die **Ausgestaltung der Versicherungskennzeichen** ist in § 26 II, § 27 I und II sowie in Anlage 12 geregelt. Zu Anbringung, Anhängern und Nationalitätszeichen s § 27 III bis V.

3   **2. Ausgabe der Versicherungskennzeichen durch die Versicherer.** Versicherungskennzeichen werden nicht durch die ZulB, sondern durch die Versicherer ausgegeben. Es handelt sich deswegen nicht um amtliche Kennzeichen iSv § 1 I 2 StVG. Nach Abschluss eines Versicherungsvertrages und Zahlung der Prämie erhält der Versicherungsnehmer vom Versicherer auf Antrag ein Versicherungskennzeichen zusammen mit einer Bescheinigung hierüber (Abs 1 S 2). Versicherungskennzeichen und Bescheinigung gelten nur für das jeweilige Verkehrsjahr (Abs 1 S 5). **Verkehrsjahr** ist jeweils der Zeitraum vom 1. März eines Jahres bis zum letzten Tag des Monats Februar des darauf folgenden Jahres (Abs 1 S 3). Die Versicherungsverträge sind auf das Verkehrsjahr befristet und verlängern sich nicht automatisch wie bei den Haftpflichtversicherungsverträgen für andere Fz (§ 4a II AKB alt = G.1.3 AKB 08). Für jedes Verkehrsjahr ist somit ein neuer Versicherungsvertrag abzuschließen. Die Ausgabe der neuen Zeichen weist aus, dass die Prämie für das neue Verkehrsjahr gezahlt ist. Nach Ablauf des Verkehrsjahres läuft die Nachhaftungsfrist des § 117 II VVG 08 jeweils bis zum Ende des Monats März. Verzeichnis der Versicherungskennzeichen für das Verkehrsjahr 2008/2009 VkBl **08** 158 = StVRL § 26 FZV Nr 1. Die Bescheinigung über das Versicherungskennzeichen muss der Fahrzeugführer mitführen und zuständigen Personen auf Verlangen zur Prüfung aushändigen (Abs 1 S 6). Das Versicherungskennzeichen ist eine **Urkunde** iSd § 267 StGB (*Fischer* § 267 Rz 4). Das Versicherungskennzeichen enthält eine Ziffern- und eine Buchstabenkombination. Aus den drei Buchstaben kann abgelesen werden, bei welchem Versicherer die Kfz-Haftpflichtversicherung abgeschlossen wurde. Nach Unfällen ist der Versicherer durch Angabe der Buchstabenfolge über den Zentralruf der Kfz-Versicherer (Tel 01 80/2 50 26, www.zentralruf.de) ermittelbar.

4   Technische Veränderungen („frisierte Mofas") führen nicht zu einem automatischen Ende des Versicherungsvertrags, sondern sind Gefahrerhöhung, die dem Versicherer ein außerordentliches Kündigungsrecht (§§ 23 f VVG) und im Schadensfall eine beschränkte Regressmöglichkeit gegen den Versicherungsnehmer (§§ 5 III, 6 KfzPflVV) gibt (*Heinzlmeier* NZV **06** 227, 231).

5   Der Antragsteller hat dem Versicherer die in § 33 I 1 Nr 2 StVG genannten Halterdaten (das sind die in § 6 I 2 genannten Daten, aber ohne Geburtsnamen, Ort der Geburt und Geschlecht des Halters) sowie bestimmte Fahrzeugdaten mitzuteilen und auf Verlangen nachzuweisen (Abs 1 S 4). Der Versicherer hat dem KBA diese Daten sowie die in § 30 IV Nr 2 bis 5 genannten Daten zur Speicherung im Zentralen Fahrzeugregister unverzüglich mitzuteilen (Abs 3 S 1). Rechtsgrundlage für diese Datenübermittlungen ist § 34 V 2 StVG. Die Mitteilung kann auch über eine Gemeinschaftseinrichtung der Versicherer erfolgen (Abs 3 S 2). Standards für diese Datenübermittlung VkBl **07** 72.

6   **3. Maßnahmen bei vorzeitigem Ende des Versicherungsverhältnisses** s § 29.

7   **4.** Fz mit Versicherungskennzeichen unterliegen weder der **HU-Pflicht** (§ 29 I 1 StVZO) noch der **AU-Pflicht** (§ 47 a I 2 Nr 1 d StVZO).

8   **5. Ordnungswidrig** ist

     a) das Nichtführen des Versicherungskennzeichens gem § 4 III 1 oder des stattdessen nach § 4 III 2 zu führenden Kennzeichens (§ 48 Nr 3),

Ausgestaltung und Anbringung des Versicherungskennzeichens § 27 FZV 4

b) das Nichtmitführen oder nicht auf Verlangen Aushändigen einer Bescheinigung über das Versicherungskennzeichen entgegen Abs 1 S 6 (§ 48 Nr 5).

6. Strafbarkeit: Kennzeichenmissbrauch iSv § 22 StVG kommt bei Versicherungskennzeichen nicht in Betracht, weil sie keine amtlichen Kennzeichen sind (Rz 3, Ha NZV **07** 375). Fälschung des Versicherungskennzeichens oder der darüber von dem Versicherer ausgestellten Bescheinigung ist Urkundenfälschung iSv § 267 StGB (Ko VRS **60** 436), ebenso die Anbringung eines Versicherungskennzeichens an einem anderen Kfz als dem, für das es ausgegeben worden ist (Bay DAR **78** 24). Nichtanbringen des Versicherungskennzeichens und Nichtmitführen der Versicherungsbescheinigung stellen keinen Verstoß gegen das PflVG dar, da ein Versicherungsvertrag besteht (*Heinzlmeier* NZV **06** 231). 9

Ausgestaltung und Anbringung des Versicherungskennzeichens

27 (1) ¹Die Beschriftung der Versicherungskennzeichen ist im Verkehrsjahr 2006 blau auf weißem Grund, im Verkehrsjahr 2007 grün auf weißem Grund und im Verkehrsjahr 2008 schwarz auf weißem Grund; die Farben wiederholen sich in den folgenden Verkehrsjahren jeweils in dieser Reihenfolge und Zusammensetzung. ²Der Rand hat dieselbe Farbe wie die Schriftzeichen. ³Versicherungskennzeichen können erhaben sein. ⁴Sie dürfen nicht spiegeln und weder verdeckt noch verschmutzt sein. ⁵Form, Größe und Ausgestaltung des Versicherungskennzeichens müssen dem Muster und den Angaben in Anlage 12 entsprechen.

(2) ¹Versicherungskennzeichen nach Absatz 1 müssen reflektierend sein. ²Die Rückstrahlwerte müssen Abschnitt 5.3.4 des Normblattes DIN 74069, Ausgabe Juli 1996, entsprechen.

(3) ¹Das Versicherungskennzeichen ist an der Rückseite des Kraftfahrzeugs möglichst unter der Schlussleuchte fest anzubringen. ²Das Versicherungskennzeichen darf bis zu einem Vertikalwinkel von 30 Grad in Fahrtrichtung geneigt sein. ³Der untere Rand des Versicherungskennzeichens darf nicht weniger als 200 mm über der Fahrbahn liegen. ⁴Versicherungskennzeichen müssen hinter dem Kraftfahrzeug in einem Winkelbereich von je 45 Grad beiderseits der Fahrzeuglängsachse auf eine Entfernung von mindestens 15 m lesbar sein.

(4) ¹Wird ein Anhänger mitgeführt, so ist die Erkennungsnummer des Versicherungskennzeichens an der Rückseite des Anhängers so zu wiederholen, dass sie in einem Winkelbereich von je 45 Grad beiderseits der Fahrzeuglängsachse bei Tageslicht auf eine Entfernung von mindestens 15 m lesbar ist; die Farben der Schrift und ihres Untergrundes müssen denen des Versicherungskennzeichens des ziehenden Kraftfahrzeugs entsprechen. ²Eine Einrichtung zur Beleuchtung des Versicherungskennzeichens am ziehenden Kraftfahrzeug und der Erkennungsnummer am Anhänger ist zulässig, jedoch nicht erforderlich.

(5) ¹Außer dem Versicherungskennzeichen darf nur das Unterscheidungszeichen des Zulassungsstaates nach Artikel 37 in Verbindung mit Anhang 3 des Übereinkommens vom 8. November 1968 über den Straßenverkehr am Kraftfahrzeug angebracht werden. ²Für die Bundesrepublik Deutschland ist dies der Großbuchstabe „D".

(6) Zeichen und Einrichtungen aller Art, die zu Verwechslungen mit dem Versicherungskennzeichen oder dem Unterscheidungszeichen nach Absatz 5 führen oder seine Wirkung beeinträchtigen können, dürfen an Fahrzeugen nicht angebracht werden.

(7) Kraftfahrzeuge, die nach § 4 Abs. 3 Satz 1 ein Versicherungskennzeichen führen müssen, dürfen auf öffentlichen Straßen nur in Betrieb gesetzt werden, wenn das Versicherungskennzeichen entsprechend den Absätzen 1 bis 3 ausgestaltet und angebracht ist und verwechslungsfähige oder beeinträchtigende Zeichen und Einrichtungen nach Absatz 6 am Fahrzeug nicht angebracht sind.

Begr zu §§ 26 und 27 (VkBl **06** 610): *Die Vorschriften entsprechen den bisherigen Bestimmungen der §§ 29e und 60a StVZO.* 1
... § 27 Abs. 7 verpflichtet zur Einhaltung der Vorschriften über die Versicherungskennzeichen, wenn Fahrzeuge damit in Betrieb gesetzt werden sollen. ...

1. Die **Ausgestaltung der Versicherungskennzeichen** ist in § 26 II, § 27 I und II sowie in Anlage 12 geregelt. Zur **Anbringung** s Abs III, zu Anhängern s Abs IV, zu Nationalitätszeichen s Abs V. Beleuchtung der Versicherungskennzeichen ist zulässig, aber nicht vorgeschrieben, Abs IV S 2. Versicherungskennzeichen dürfen weder verdeckt noch verschmutzt sein, Abs I S 4. Zeichen und Einrichtungen, die zu **Verwechslungen** mit dem Versicherungskennzeichen oder 2

Dauer 1231

4 FZV § 28 Abschnitt 5. Überwachung des Versicherungsschutzes der Fahrzeuge

dem Nationalitätszeichen führen oder deren Wirkung beeinträchtigen können, dürfen an Fahrzeugen nicht angebracht werden, Abs VI. Kfz, die nach § 4 III S 1 ein Versicherungskennzeichen führen müssen, dürfen im öffentlichen Straßenverkehr nur in Betrieb gesetzt werden, wenn das Versicherungskennzeichen nach Abs I bis II und dem Muster in Anlage 12 ausgestaltet und nach Abs III angebracht ist und verwechslungsfähige oder beeinträchtigende Zeichen und Einrichtungen nach Abs VI am Fz nicht angebracht sind, Abs VII.

3   **2. Ordnungswidrig** ist das Inbetriebsetzen eines Fz ohne korrekt ausgestaltetes oder angebrachtes Versicherungskennzeichen oder mit verwechslungsfähigen oder beeinträchtigenden Zeichen und Einrichtungen entgegen Abs VII, § 48 Nr 1 c.

Missbrauch iSv § 22 StVG kommt bei Versicherungskennzeichen nicht in Betracht, weil sie keine amtlichen Kennzeichen sind. Fälschung des besonderen Kennzeichens oder der darüber von dem Versicherer ausgestellten Bescheinigung ist Urkundenfälschung (§ 267 StGB), Ko VRS **60** 436, ebenso die Anbringung eines Versicherungskennzeichens an einem anderen Kfz als dem, für das es ausgegeben worden ist, Bay DAR **78** 24.

Rote Versicherungskennzeichen

28 ¹Fahrten im Sinne des § 16 Abs. 1 dürfen mit Kraftfahrzeugen im Sinne des § 4 Abs. 3 Satz 1 vorbehaltlich § 4 Abs. 1 auch mit roten Versicherungskennzeichen nach dem Muster in Anlage 12 unternommen werden. ²§ 26 Abs. 2 und 3 ist entsprechend mit der Maßgabe anzuwenden, dass der Buchstabenbereich der Erkennungsnummer mit dem Buchstaben Z beginnt. ³Das Kennzeichen ist nach § 27 in Verbindung mit Anlage 12 auszugestalten und anzubringen. ⁴Es braucht am Kraftfahrzeug nicht fest angebracht zu sein. ⁵Kraftfahrzeuge mit einem roten Versicherungskennzeichen dürfen im Übrigen nur nach Maßgabe des § 27 Abs. 7 in Betrieb gesetzt werden. ⁶Der Versicherer hat dem Kraftfahrt-Bundesamt die Halterdaten nach § 33 Abs. 1 Satz 1 Nr. 2 des Straßenverkehrsgesetzes und die in § 30 Abs. 5 genannten Fahrzeugdaten unverzüglich mitzuteilen.

1   **Begr** (VkBl **06** 610): *Die Vorschrift ist bisher im § 29g StVZO geregelt. Zusätzlich sind Datenübermittlungsregelungen für den Versicherer an das KBA aufgenommen.*

2   **1. Prüfungs-, Probe- und Überführungsfahrten** dürfen mit zwei- oder dreirädrigen Kleinkrafträdern einschließlich Mofas (§ 2 Nr 11), motorisierten Krankenfahrstühlen (§ 2 Nr 13) und vierrädrigen Leichtkraftfahrzeugen (§ 2 Nr 12) auch mit **roten Versicherungskennzeichen** unternommen werden, wenn die Fahrzeuge einem genehmigten Typ entsprechen oder eine Einzelgenehmigung erteilt ist (S 1). Anders als für die Benutzung roter Kennzeichen nach § 16 ist für die Verwendung von roten Versicherungskennzeichen also eine Typ- oder Einzelgenehmigung erforderlich. Anders als bei roten Kennzeichen iSv § 16 ist die Ausgabe von roten Versicherungskennzeichen nicht auf zuverlässige Kfz-Hersteller, Kfz-Teilehersteller, Kfz-Werkstätten und Kfz-Händler beschränkt. Sie können also an jeden ausgegeben werden. Ausgabestellen roter Versicherungskennzeichen VkBl **08** 162. Die roten Versicherungskennzeichen müssen dem Muster in Anlage 12 entsprechen und sind nach § 26 III und § 27 auszugestalten, wobei der Buchstabenbereich der Erkennungsnummer mit dem Buchstaben Z beginnt. Das rote Versicherungskennzeichen braucht nicht fest am Kfz angebracht zu sein (S 4), ansonsten hat die Anbringung nach § 27 zu erfolgen (S 3). Kfz mit roten Versicherungskennzeichen dürfen nur in Betrieb gesetzt werden, wenn das Zeichen ordnungsgemäß ausgestaltet und angebracht ist und verwechslungsfähige oder beeinträchtigende Zeichen und Einrichtungen am Fz nicht angebracht sind (S 5 iVm § 27 VII).

3   Der Versicherer hat wie bei den Versicherungskennzeichen die Halter- und Fahrzeugdaten unverzüglich an das KBA zu melden (S 6). Für rote Versicherungskennzeichen ist aber anders als bei Versicherungskennzeichen nicht ausdrücklich vorgesehen, dass diese Mitteilungen auch über eine Gemeinschaftseinrichtung der Versicherer erfolgen können. Durch die Verweisung in Satz 2 auf § 26 III und damit auf § 26 III 2 wird jedoch deutlich, dass dies auch hier möglich ist.

4   **2. Ordnungswidrig** ist das Inbetriebsetzen eines Fz ohne korrekt ausgestaltetes oder angebrachtes rotes Versicherungskennzeichen oder mit verwechslungsfähigen oder beeinträchtigenden Zeichen und Einrichtungen entgegen S 5 iVm § 27 VII (§ 48 Nr 1 c).

3. Strafbarkeit: Kennzeichenmissbrauch iSv § 22 StVG kommt nicht in Betracht, weil Versicherungskennzeichen keine amtlichen Kennzeichen sind (§ 26 Rz 3, Ha NZV 07 375). Fahrt mit rotem Versicherungskennzeichen, die nicht Prüfungs-, Probe oder Überführungsfahrt ist, stellt nach § 2 b I 1 a AKB alt = D.1.1 AKB 08 zwar Obliegenheitsverletzung dar, berührt aber nicht den Bestand des Versicherungsvertrages, deswegen keine Strafbarkeit nach § 6 I PflVG (Ha NZV **07** 375).

Maßnahmen bei vorzeitiger Beendigung des Versicherungsverhältnisses

29 [1] Endet das Versicherungsverhältnis vor dem Ablauf des Verkehrsjahrs, das auf dem Versicherungskennzeichen angegeben ist, hat der Versicherer den Halter zur unverzüglichen Rückgabe des Versicherungskennzeichens und der darüber ausgehändigten Bescheinigung aufzufordern. [2] Kommt der Halter der Aufforderung nicht nach, hat der Versicherer hiervon die nach § 46 zuständige Behörde in Kenntnis zu setzen. [3] Die Behörde zieht das Versicherungskennzeichen und die Bescheinigung ein.

Begr (VkBl **06** 610): *Bisher geregelt in § 29 h StVZO.*

Abschnitt 6. Fahrzeugregister

Vorbemerkungen

Begr (VkBl **06** 610): *Das Kapitel übernimmt die §§ 3 bis 17 der bisherigen Fahrzeugregisterverordnung.*

Zusätzlich aufgenommen sind die Speicherung und Übermittlung der Angaben zum Verwertungsnachweis, die für Maßnahmen zur Durchführung des Altfahrzeugrechts, insbesondere im Rahmen der kostenlosen Rücknahmepflicht des Herstellers von Bedeutung ist, die Übermittlung von Daten zum Vollzug des Verkehrsleistungsgesetzes sowie die Übermittlungsmöglichkeit durch Abruf in automatisierten Verfahren an die Auskunftsstelle nach § 8 a des Pflichtversicherungsgesetzes. Die Neuregelungen basieren auf dem Zweiten Gesetz zur Änderung des Straßenverkehrsgesetzes und anderer Gesetze.

Im Gegensatz zur bisherigen Systematik der FRV, die die Inhalte der örtlichen Fahrzeugregister detailliert anführte und bezüglich des Zentralen Fahrzeugregisters auf die örtlichen Register verwies, werden nunmehr beide Registerinhalte geregelt. Die Vorschriften sind auf eine künftige Online-Kommunikation der Zulassungsbehörden mit dem Zentralen Fahrzeugregister ausgerichtet. Eine wesentliche Voraussetzung für die Auflösung der bei genereller Online-Anbindung der örtlichen Zulassungsbehörden an das Zentrale Fahrzeugregister entbehrlich werdenden örtlichen Fahrzeugregister ist, dass der Datenbestand des Zentralen Registers auch die derzeit nur örtlich geführten Daten enthält. Die im Zentralen Fahrzeugregister zu speichernden Daten werden deshalb um diese ergänzt (§ 30). Die Übergangsvorschriften des § 50 Abs. 5 und 6 sichern, dass ausreichende Zeit für die Änderung der Programme zur Verfügung steht. Auch ist eine Nacherfassung dieser Daten, sofern sie nicht vorliegen, nicht vorgesehen. Da eine Reihe von Fahrzeugdaten, die künftig im Zentralen Fahrzeugregister gespeichert werden, in den örtlichen Registern nicht obligatorisch zu speichern waren, wird diese Option mit § 31 Abs 8 weitergeführt. Diejenigen Behörden, die diese Daten bisher nicht gespeichert haben, brauchen dies, unabhängig von einer obligatorischen Mitteilung an das Zentrale Fahrzeugregister auch künftig nicht. Für die Übermittlungen der Zulassungsbehörden an das Kraftfahrt-Bundesamt (§ 33) wird die Datenfernübertragung durch Direkteinstellung und – für die Übergangszeit – alternativ die mindestens arbeitstägliche im Wege der Dateiübertragung vorgeschrieben. Das Kraftfahrt-Bundesamt wird ermächtigt Ausführungsregeln zur Datenübermittlung festzulegen.

Durch die Online-Übermittlung an das Zentrale Fahrzeugregister werden Übermittlungen an andere Zulassungsbehörden entbehrlich. § 34 Abs. 3 trifft die entsprechende Regelung.

Neu in den Katalog der Übermittlungen an Versicherer wurde der Anlass des Wohnsitz- oder Sitzwechsels des Halters in den Bereich einer anderen Zulassungsbehörde aufgenommen. Die bisherige Zuordnung der Regionaltarife der Kraftfahrzeughaftpflichtversicherung nimmt das Kennzeichen für die Bemessung des Unfallrisikos und damit der Regionalklasseneinteilung zum Kriterium. Die unmittelbare Bindung der Regionalklassen an den Kennzeichenbereich wirkt sich bereits auf Änderungen im regionalen Maßstab aus, wie z. B. Verzicht auf Umkennzeichnung bei Wohnsitzwechsel zwischen Stadt- und Landkreisen mit gleichem Unterscheidungszeichen aber unterschiedlichen Kennzeichengruppen. Beispielsweise beträgt die Differenz des Versicherungsbeitrags zwischen Kassel Stadt und dem Landkreis ca. 20%. Der Umkennzeichnungsverzicht (§ 47 Abs. 1 Nr. 2) würde das bisherige System der Regionalklassen auflösen. Alternatives

Kriterium für die Tarifierung kann der Wohnsitz/Sitz sein. Ein wohnortbasiertes Regionalklassensystem ist jedoch nur funktionsfähig, wenn Änderungen des Wohnortes sicher aktuell gehalten und den Versicherern mitgeteilt werden. Mit der Ergänzung wird dies sichergestellt. Um den Aufwand für die Zulassungsbehörden so gering wie möglich zu halten, wird die Mitteilung über die Änderung der Wohn-/Sitzanschrift bis zur Online-Kommunikation mit dem KBA auf solche Fälle beschränkt, bei denen ein Wechsel in einen anderen Zulassungsbereich erfolgt – und damit ein neues Kennzeichen zugeteilt wird. Der Umfang der zum Abruf im automatisierten Verfahren den Zulassungsbehörden bereit gestellten Daten (§ 39 Abs. 1) wird, entsprechend dem Konzept der Online-Kommunikation, nicht eingeschränkt. ...

2 Begründung des Bundesrates zur Ersetzung der Angabe „5 Jahren" durch die Angabe „zehn Jahren" in § 30 Abs. 9 Satz 2: *Auf Grund des Beschlusses des Rats der Europäischen Union vom 24. Mai 2005 erfolgt eine Änderung des Schengener Durchführungsübereinkommens. Demnach ist eine Änderung im Schengener Informationssytem (SIS) vorgesehen, wonach Kraftfahrzeuge und Kfz-Kennzeichen bis zu einer Dauer von zehn Jahren ausgeschrieben werden können. Die Änderung soll Anfang 2006 in Kraft treten. Da dann innerhalb der EU die Möglichkeit der zehnjährigen Ausschreibung von Kfz-Kennzeichen besteht, ist es erforderlich, dies auch in der – nationalen – Fahrzeug-Zulassungsverordnung entsprechend zu berücksichtigen. Daher sind die Wiederausgabesperren von Kfz-Kennzeichen bei den Kfz-Zulassungsstellen von fünf auf zehn Jahre zu verlängern. Zum einen ist dies aus Gründen der Vereinheitlichung sinnvoll, zum anderen können durch diese Verfahrensweise falsche Treffer vermieden werden.*

3 Begründung des Bundesrates zur Einfügung der Wörter „und die Reservierung des Kennzeichens bei Außerbetriebsetzung" in § 35 Abs. 1 Buchstabe h (Folgeänderung zur Einfügung der neuen Nr. 6 in § 24 Abs. 1): *Nach der Neuregelung sind Fahrten mit ungestempelten Kennzeichen nur noch mit reservierten Kennzeichen möglich. Da diese Fahrten nur mit versicherten Fahrzeugen durchgeführt werden dürfen, ist eine Unterrichtung der Versicherungswirtschaft über die Reservierung der Kennzeichen notwendig. Der geringfügige zusätzliche Verwaltungsaufwand der Zulassungsbehörden für die elektronische Meldung an die Versicherungswirtschaft muss in Kauf genommen werden, um solche Fahrten zu ermöglichen.*

Anm: Die frühere Fahrzeugregisterverordnung (FRV) wurde am 1. 3. 07 aufgehoben (BGBl I **06** 1084).

Lit: *Liebermann,* Neue Fahrzeug-Zulassungsverordnung, NZV **06** 357 (360). *Zilkens,* Datenschutz im Straßenverkehrswesen, DÖV **08** 670 (676).

Speicherung der Fahrzeugdaten im Zentralen Fahrzeugregister

30 (1) Bei Fahrzeugen, denen ein Kennzeichen zugeteilt ist, sind im Zentralen Fahrzeugregister folgende Fahrzeugdaten zu speichern:
1. die der Zulassungsbehörde nach § 6 Abs. 4 Nr. 1 bis 3 und Abs. 7 mitzuteilenden Fahrzeugdaten sowie die errechnete Nutzlast des Fahrzeugs (technisch zulässige Gesamtmasse minus Masse des in Betrieb befindlichen Fahrzeugs),
2. weitere Angaben, soweit deren Eintragung in den Fahrzeugdokumenten vorgeschrieben oder zulässig ist,
3. das Unterscheidungszeichen und die Erkennungsnummer des zugeteilten Kennzeichens und das Datum der Zuteilung, bei Zuteilung eines Kennzeichens als Saisonkennzeichen zusätzlich der Betriebszeitraum,
4. das Unterscheidungszeichen und die Erkennungsnummer von durch Ausnahmegenehmigung zugeteilten weiteren Kennzeichen und das Datum der jeweiligen Zuteilung,
5. Monat und Jahr des auf die Ausstellung der Zulassungsbescheinigung folgenden Termins
   a) für die Anmeldung zur Hauptuntersuchung und Sicherheitsprüfung nach § 29 der Straßenverkehrs-Zulassungs-Ordnung und
   b) zur Durchführung der Abgasuntersuchung nach § 47a der Straßenverkehrs-Zulassungs-Ordnung,
6. bei Zuteilung eines grünen Kennzeichens ein Hinweis darauf sowie das Datum der Zuteilung,
7. das Datum der
   a) Außerbetriebsetzung des Fahrzeugs und
   b) Entstempelung des Kennzeichens,
8. die Art der Typgenehmigung oder Einzelgenehmigung,

9. die Emissionsklasse, in die das Fahrzeug eingestuft ist und die Grundlage dieser Einstufung,
10. die Kennziffer des Zulassungsbezirks einschließlich der Gemeindekennziffer,
11. die Nummer der Zulassungsbescheinigung Teil II bei Fahrzeugen, für die dieser Teil ausgefertigt wurde sowie ein Hinweis über den Verbleib der Zulassungsbescheinigung Teil II bei Außerbetriebsetzung des Fahrzeugs,
12. die Nummern früherer Zulassungsbescheinigungen Teil II und Hinweise über deren Verbleib,
13. soweit eine Aufbietung der Zulassungsbescheinigungen Teil II erfolgt ist, ein Hinweis darauf,
14. die von der Zulassungsbehörde aufgebrachte Nummer der Zulassungsbescheinigung Teil I,
15. das Datum der Aushändigung und Hinweis über die Rückgabe oder Einziehung der Zulassungsbescheinigung Teil I,
16. Hinweise über die Ausstellung einer Zulassungsbescheinigung Teil I als Zweitschrift sowie eines Anhängerverzeichnisses und das Datum der Ausstellung,
17. bei Ausstellung eines Internationalen Zulassungsscheins ein Hinweis darauf und das Datum der Ausstellung,
18. eine Vormerkung zur Inanspruchnahme nach dem Bundesleistungsgesetz, dem Verkehrssicherstellungsgesetz oder dem Verkehrsleistungsgesetz,
19. folgende Daten zur Kraftfahrzeug-Haftpflichtversicherung:
    a) die der Zulassungsbehörde nach § 6 Abs. 4 Nr. 4 mitzuteilenden Daten,
    b) das Datum des Eingangs der Versicherungsbestätigung,
    c) Hinweise auf ein Nichtbestehen oder eine Beendigung des Versicherungsverhältnisses, die Anzeige hierüber sowie das Datum des Eingangs der Anzeige bei der Zulassungsbehörde,
    d) bei Maßnahmen der Zulassungsbehörde auf Grund des Nichtbestehens oder der Beendigung des Versicherungsverhältnisses ein Hinweis darauf und
    e) den Namen und die Anschrift oder die Schlüsselnummer der früheren Versicherer und jeweils die Daten zu diesen Versicherungen nach Maßgabe der Buchstaben a bis d,
20. fahrzeugbezogene und halterbezogene Ausnahmegenehmigungen sowie Auflagen oder Hinweise auf solche Genehmigungen und Auflagen,
21. Hinweise über
    a) Fahrzeugmängel,
    b) Maßnahmen zur Mängelbeseitigung,
    c) erhebliche Schäden am Fahrzeug aus einem Verkehrsunfall,
    d) die Eintragung der Außerbetriebsetzung des Fahrzeugs in die Zulassungsbescheinigung Teil I,
    e) die Berechtigung zum Betrieb des Fahrzeugs trotz eines Verkehrsverbots,
    f) Verstöße gegen die Vorschriften über die Kraftfahrzeugsteuer,
22. Hinweise über die Untersagung oder Beschränkung des Betriebs des Fahrzeugs,
23. Angaben zum Ort, an dem das sichergestellte Fahrzeug abgestellt ist,
24. das Datum des Eingangs der Anzeige bei der Zulassungsbehörde über die Veräußerung des Fahrzeugs und das Datum der Veräußerung,
25. bei Verlegung des
    a) Wohnsitzes des Halters in den Bezirk einer anderen Zulassungsbehörde und Zuteilung eines neuen Kennzeichens: das neue Kennzeichen dieses Zulassungsbezirks und das Datum der Zuteilung und
    b) regelmäßigen Standortes des Fahrzeugs: der neue Standort und das Datum der Verlegung des Standortes,
26. folgende Daten über frühere Angaben und Ereignisse:
    a) Kennzeichen,
    b) Fahrzeug-Identifizierungsnummern,
    c) Marke und Typ des Fahrzeugs,
    d) Hinweise über Änderungen in der Beschaffenheit und Ausrüstung des Fahrzeugs sowie das jeweilige Datum der Änderung,
    e) Hinweise über den Grund der sonstigen Änderungen und das jeweilige Datum der Änderung,

27. folgende Daten über den Verwertungsnachweis und die Abgabe von Erklärungen nach § 15:
    a) das Datum der Ausstellung des Verwertungsnachweises sowie die angegebene Betriebsnummer des Demontagebetriebes oder
    b) ein Hinweis auf die Angabe, dass das Fahrzeug nicht als Abfall entsorgt wird oder ein Hinweis auf die Angabe, dass das Fahrzeug zum Zwecke der Entsorgung im Ausland verbleibt.

(2) Bei der Zuteilung von roten Kennzeichen oder Kurzzeitkennzeichen sind im Zentralen Fahrzeugregister folgende Fahrzeugdaten zu speichern:
1. das Unterscheidungszeichen und die Erkennungsnummer,
2. Hinweis auf die Zuteilung und das Datum der Zuteilung sowie die Dauer der Gültigkeit des Kennzeichens,
3. das Datum der Rückgabe oder Entziehung des Kennzeichens,
4. folgende Daten zur Kraftfahrzeug-Haftpflichtversicherung:
    a) die der Zulassungsbehörde nach § 16 Abs. 4 mitzuteilenden Daten zur Kraftfahrzeug-Haftpflichtversicherung,
    b) die nach Absatz 1 Nr. 19 Buchstabe b bis e zu speichernden Daten.

(3) Bei Fahrzeugen, denen ein Ausfuhrkennzeichen zugeteilt ist, sind im Zentralen Fahrzeugregister folgende Fahrzeugdaten zu speichern:
1. die der Zulassungsbehörde nach § 19 Abs. 2 mitzuteilenden Fahrzeugdaten,
2. das Unterscheidungszeichen und die Erkennungsnummer sowie
    a) das Datum der Zuteilung des Kennzeichens und
    b) das Datum des Ablaufs der Gültigkeit der Zulassung des Fahrzeugs mit diesem Kennzeichen im Geltungsbereich dieser Verordnung,
3. die Nummer der Zulassungsbescheinigung Teil II, falls eine solche vorhanden war und Hinweise zu deren Verbleib,
4. folgende Daten zur Kraftfahrzeug-Haftpflichtversicherung:
    a) die der Zulassungsbehörde nach § 19 Abs. 2 mitzuteilenden Daten zur Kraftfahrzeug-Haftpflichtversicherung,
    b) die nach Absatz 1 Nr. 19 Buchstabe b bis e zu speichernden Daten.

(4) Bei Fahrzeugen mit Versicherungskennzeichen sind im Zentralen Fahrzeugregister folgende Fahrzeugdaten zu speichern:
1. die dem Versicherer nach § 26 Abs. 1 Satz 4 mitzuteilenden Fahrzeugdaten,
2. die Erkennungsnummer,
3. der Beginn des Versicherungsschutzes,
4. der Zeitpunkt der Beendigung des Versicherungsverhältnisses gemäß § 3 Nr. 5 des Pflichtversicherungsgesetzes,
5. folgende Daten zur Kraftfahrzeug-Haftpflichtversicherung:
    a) den Namen und die Anschrift oder die Schlüsselnummer des Versicherers,
    b) die Nummer des Versicherungsscheins oder der Versicherungsbestätigung.

(5) Bei Ausgabe roter Versicherungskennzeichen sind im Zentralen Fahrzeugregister folgende Fahrzeugdaten zu speichern:
1. die Erkennungsnummer,
2. der Beginn des Versicherungsschutzes,
3. der Zeitpunkt der Beendigung des Versicherungsverhältnisses nach § 3 Nr. 5 des Pflichtversicherungsgesetzes,
4. folgende Daten zur Kraftfahrzeug-Haftpflichtversicherung:
    a) den Namen und die Anschrift oder die Schlüsselnummer des Versicherers,
    b) die Nummer des Versicherungsscheins oder der Versicherungsbestätigung.

(6) Im Zentralen Fahrzeugregister sind auch die durch Ausnahmegenehmigung ohne Zuordnung zu einem bestimmten Fahrzeug zugeteilten Kennzeichen zu speichern sowie jeweils das Datum der Zuteilung und die Stelle, die über die Verwendung bestimmt.

(7) Soweit vom Kraftfahrt-Bundesamt für bestimmte Daten eine Schlüsselnummer festgelegt wird, ist auch diese im Zentralen Fahrzeugregister zu speichern.

(8) Im Zentralen Fahrzeugregister ist ferner das Datum der Änderung der in den Absätzen 1 bis 7 bezeichneten Fahrzeugdaten zu speichern.

(9) ¹Im Zentralen Fahrzeugregister sind Hinweise auf Diebstahl oder sonstiges Abhandenkommen:

a) eines Fahrzeugs,
b) eines gestempelten Kennzeichens oder roten Kennzeichens,
c) eines gestempelten Ausfuhrkennzeichens oder Kurzzeitkennzeichens, dessen jeweilige Gültigkeit noch nicht abgelaufen ist,
d) eines gültigen Versicherungskennzeichens,
e) einer ausgefertigten Zulassungsbescheinigung Teil II

zu speichern. ²Jeweils zusätzlich sind das Datum des Diebstahls oder des sonstigen Abhandenkommens sowie Hinweise darauf zu speichern, dass nach dem abhanden gekommenen Gegenstand gefahndet wird und dass im Falle des Verlustes eines Kennzeichens im Sinne des Satzes 1 Buchstabe b bis d dieses nicht vor dessen Wiederauffinden, sonst nicht vor Ablauf von zehn Jahren seit Fahndungsbeginn wieder zugeteilt werden darf. ³Bei Diebstahl oder sonstigem Abhandenkommen von nicht ausgefertigten Zulassungsbescheinigungen (Teil I und Teil II) ist jeweils die Dokumentennummer zu speichern. ⁴Wurde in den Vordruck für die Zulassungsbescheinigung Teil II bereits durch den Hersteller eine Fahrzeug-Identifizierungsnummer eingetragen, ist auch diese zu speichern.

Begr (VkBl **06** 610): ... *Im Gegensatz zur bisherigen Systematik der FRV, die die Inhalte der örtlichen Fahrzeugregister detailliert anführte und bezüglich des Zentralen Fahrzeugregisters auf die örtlichen Register verwies, werden nunmehr beide Registerinhalte geregelt. Die Vorschriften sind auf eine künftige Online-Kommunikation der Zulassungsbehörden mit dem Zentralen Fahrzeugregister ausgerichtet. Eine wesentliche Voraussetzung für die Auflösung der bei genereller Online-Anbindung der örtlichen Zulassungsbehörden an das Zentrale Fahrzeugregister entbehrlich werdenden örtlichen Fahrzeugregister ist, dass der Datenbestand des Zentralen Registers auch die derzeit nur örtlich geführten Daten enthält. Die im Zentralen Fahrzeugregister zu speichernden Daten werden deshalb um diese ergänzt (§ 30). Die Übergangsvorschriften des § 50 Abs. 5 und 6 sichern, dass ausreichende Zeit für die Änderung der Programme zur Verfügung steht. Auch ist eine Nacherfassung dieser Daten, sofern sie nicht vorliegen, nicht vorgesehen.* ... 1

Begründung des Bundesrates zur Ersetzung der Angabe „5 Jahren" durch die Angabe „zehn Jahren" in § 30 Abs. 9 Satz 2: *Auf Grund des Beschlusses des Rats der Europäischen Union vom 24. Mai 2005 erfolgt eine Änderung des Schengener Durchführungsübereinkommens. Demnach ist eine Änderung im Schengener Informationssytem (SIS) vorgesehen, wonach Kraftfahrzeuge und Kfz-Kennzeichen bis zu einer Dauer von zehn Jahren ausgeschrieben werden können. Die Änderung soll Anfang 2006 in Kraft treten. Da dann innerhalb der EU die Möglichkeit der zehnjährigen Ausschreibung von Kfz-Kennzeichen besteht, ist es erforderlich, dies auch in der – nationalen – Fahrzeug-Zulassungsverordnung entsprechend zu berücksichtigen. Daher sind die Wiederausgabesperren von Kfz-Kennzeichen bei den Kfz-Zulassungsstellen von fünf auf zehn Jahre zu verlängern. Zum einen ist dies aus Gründen der Vereinheitlichung sinnvoll, zum anderen können durch diese Verfahrensweise falsche Treffer vermieden werden.* 2

Anm: Nach der Übergangsvorschrift § 50 Abs V und VI müssen viele der im ZFZR zu speichernden Daten dort erst ab 1. 9. 08 enthalten sein und sind deswegen erst ab diesem Datum an das ZFZR zu übermitteln. Eine Nacherfassung von Daten der Fahrzeuge, die am 1. 9. 08 im Verkehr sind, im ZFZR erfolgt nicht (§ 50 V S 2). 3

Speicherung der Fahrzeugdaten im örtlichen Fahrzeugregister

31 (1) Bei Fahrzeugen, denen ein Kennzeichen zugeteilt ist, sind im örtlichen Fahrzeugregister folgende Fahrzeugdaten zu speichern:
1. die der Zulassungsbehörde nach § 6 Abs. 4 Nr. 1 bis 3 und Abs. 7 mitzuteilenden Fahrzeugdaten,
2. weitere Angaben, soweit deren Eintragung in der Zulassungsbescheinigung vorgeschrieben oder zulässig ist,
3. das Unterscheidungskennzeichen und die Erkennungsnummer des zugeteilten Kennzeichens und das Datum der Zuteilung, bei Zuteilung eines Kennzeichens als Saisonkennzeichen zusätzlich der Betriebszeitraum,
4. das Unterscheidungszeichen und die Erkennungsnummer von durch Ausnahmegenehmigung zugeteilten weiteren Kennzeichen sowie das Datum der jeweiligen Zuteilung,
5. Monat und Jahr des auf die Ausstellung der Zulassungsbescheinigung folgenden Termins
   a) für die Anmeldung zur Hauptuntersuchung und Sicherheitsprüfung nach § 29 der Straßenverkehrs-Zulassungs-Ordnung und

Dauer

b) zur Durchführung der Abgasuntersuchung nach § 47 a der Straßenverkehrs-Zulassungs-Ordnung,
6. bei Zuteilung eines grünen Kennzeichens ein Hinweis darauf sowie das Datum der Zuteilung,
7. das Datum der
   a) Außerbetriebsetzung des Fahrzeugs und
   b) Entstempelung des Kennzeichens,
8. die Art der Typgenehmigung oder Einzelgenehmigung,
9. die Emissionsklasse, in die das Fahrzeug eingestuft ist und die Grundlage dieser Einstufung,
10. die Kennziffer des Zulassungsbezirks einschließlich der Gemeindekennziffer,
11. die Nummer der Zulassungsbescheinigung Teil II bei Fahrzeugen, für die dieser Teil ausgefertigt wurde sowie ein Hinweis über den Verbleib der Zulassungsbescheinigung Teil II bei Außerbetriebsetzung des Fahrzeugs,
12. die Nummer der früheren Zulassungsbescheinigung Teil II und ein Hinweis auf deren Verbleib bei Ausfertigung einer neuen Zulassungsbescheinigung Teil II,
13. soweit eine Aufbietung der Zulassungsbescheinigung Teil II erfolgt ist, ein Hinweis darauf,
14. die von der Zulassungsbehörde aufgebrachte Nummer der Zulassungsbescheinigung Teil I,
15. das Datum der Aushändigung und Rückgabe oder Einziehung der Zulassungsbescheinigung Teil I,
16. Hinweise über die Ausstellung einer Zulassungsbescheinigung Teil I als Zweitschrift sowie eines Anhängerverzeichnisses und das Datum der Ausstellung,
17. bei Ausstellung eines Internationalen Zulassungsscheins ein Hinweis darauf und das Datum der Ausstellung,
18. eine Vormerkung zur Inanspruchnahme nach dem Bundesleistungsgesetz, dem Verkehrssicherstellungsgesetz oder dem Verkehrsleistungsgesetz,
19. folgende Daten zur Kraftfahrzeug-Haftpflichtversicherung:
    a) die der Zulassungsbehörde nach § 6 Abs. 4 Nr. 4 mitzuteilenden Daten,
    b) das Datum des Eingangs der Versicherungsbestätigung,
    c) Hinweise auf ein Nichtbestehen oder eine Beendigung des Versicherungsverhältnisses, die Anzeige hierüber sowie das Datum des Eingangs der Anzeige bei der Zulassungsbehörde,
    d) bei Maßnahmen der Zulassungsbehörde auf Grund des Nichtbestehens oder der Beendigung des Versicherungsverhältnisses ein Hinweis darauf und
    e) den Namen und die Anschrift oder die Schlüsselnummer der früheren Versicherer und jeweils die Daten zu diesen Versicherungen nach Maßgabe der Buchstaben a bis d,
20. fahrzeugbezogene und halterbezogene Ausnahmegenehmigungen sowie Auflagen oder Hinweise auf solche Genehmigungen und Auflagen,
21. Hinweise über
    a) Fahrzeugmängel,
    b) Maßnahmen zur Mängelbeseitigung,
    c) erhebliche Schäden am Fahrzeug aus einem Verkehrsunfall,
    d) die Eintragung der Außerbetriebsetzung des Fahrzeugs in die Zulassungsbescheinigung Teil I,
    e) die Berechtigung zum Betrieb des Fahrzeugs trotz eines Verkehrsverbots,
    f) Verstöße gegen die Vorschriften über die Kraftfahrzeugsteuer,
22. Hinweise über die Untersagung oder Beschränkung des Betriebs des Fahrzeugs,
23. Angaben zum Ort, an dem das sichergestellte Fahrzeug abgestellt ist,
24. das Datum des Eingangs der Anzeige bei der Zulassungsbehörde über die Veräußerung des Fahrzeugs und das Datum der Veräußerung,
25. bei Verlegung des
    a) Wohnsitzes des Halters in den Bezirk einer anderen Zulassungsbehörde und Zuteilung eines neuen Kennzeichens: das neue Kennzeichen dieses Zulassungsbezirks und das Datum der Zuteilung und
    b) regelmäßigen Standortes des Fahrzeugs: der neue Standort und das Datum der Verlegung des Standortes,

Speicherung der Fahrzeugdaten im örtlichen Fahrzeugregister § 31 FZV 4

26. folgende Daten über frühere Angaben und Ereignisse:
    a) bei Zuteilung eines neuen Kennzeichens das bisherige,
    b) bei Änderung der Fahrzeug-Identifizierungsnummer die bisherige,
27. folgende Daten über den Verwertungsnachweis und die Abgabe von Erklärungen nach § 15:
    a) das Datum der Ausstellung des Verwertungsnachweises sowie die angegebene Betriebsnummer des Demontagebetriebes oder
    b) ein Hinweis auf die Angabe, dass das Fahrzeug nicht als Abfall entsorgt wird oder ein Hinweis auf die Angabe, dass das Fahrzeug zum Zwecke der Entsorgung im Ausland verbleibt.

(2) Bei der Zuteilung von roten Kennzeichen oder Kurzzeitkennzeichen sind im örtlichen Fahrzeugregister folgende Fahrzeugdaten zu speichern:
1. Unterscheidungszeichen und Erkennungsnummer,
2. Hinweis auf die Zuteilung und das Datum der Zuteilung sowie die Dauer der Gültigkeit des Kennzeichens,
3. das Datum der Rückgabe oder Entziehung des Kennzeichens,
4. folgende Daten zur Kraftfahrzeug-Haftpflichtversicherung:
    a) die der Zulassungsbehörde nach § 16 Abs. 4 mitzuteilenden Daten zur Kraftfahrzeug-Haftpflichtversicherung,
    b) die nach Absatz 1 Nr. 19 Buchstabe b bis e zu speichernden Daten.

(3) Bei Fahrzeugen, denen ein Ausfuhrkennzeichen zugeteilt ist, sind im örtlichen Fahrzeugregister folgende Fahrzeugdaten zu speichern:
1. die der Zulassungsbehörde nach § 19 Abs. 2 mitzuteilenden Fahrzeugdaten,
2. Unterscheidungszeichen und Erkennungsnummer sowie
    a) das Datum der Zuteilung des Kennzeichens und
    b) das Datum des Ablaufs der Gültigkeit der Zulassung des Fahrzeugs mit diesem Kennzeichen im Geltungsbereich dieser Verordnung,
3. die Nummer der Zulassungsbescheinigung Teil II, falls eine solche vorhanden war und Hinweise zu deren Verbleib,
4. folgende Daten zur Kraftfahrzeug-Haftpflichtversicherung:
    a) die der Zulassungsbehörde nach § 19 Abs. 2 mitzuteilenden Daten zur Kraftfahrzeug-Haftpflichtversicherung,
    b) die nach Absatz 1 Nr. 21 Buchstabe b bis e zu speichernden Daten.

(4) Im örtlichen Fahrzeugregister sind auch die durch Ausnahmegenehmigung ohne Zuordnung zu einem bestimmten Fahrzeug zugeteilten Kennzeichen zu speichern sowie jeweils das Datum der Zuteilung und die Stelle, die über die Verwendung bestimmt.

(5) Soweit vom Kraftfahrt-Bundesamt für bestimmte Daten eine Schlüsselnummer festgelegt wird, ist auch diese im örtlichen Fahrzeugregister zu speichern.

(6) Im örtlichen Fahrzeugregister ist ferner das Datum der Änderung der in den Absätzen 1 bis 5 bezeichneten Fahrzeugdaten zu speichern.

(7) [1]Im örtlichen Fahrzeugregister sind Hinweise über Diebstahl oder sonstiges Abhandenkommen
a) eines Fahrzeugs,
b) eines gestempelten Kennzeichens oder roten Kennzeichens,
c) eines gestempelten Ausfuhrkennzeichens oder Kurzzeitkennzeichens, dessen jeweilige Gültigkeit noch nicht abgelaufen ist,
d) eines gültigen Versicherungskennzeichens und
e) einer ausgefertigten Zulassungsbescheinigung Teil II
zu speichern. [2]Jeweils zusätzlich sind das Datum des Diebstahls oder des sonstigen Abhandenkommens sowie Hinweise darauf zu speichern, dass nach dem abhanden gekommenen Gegenstand gefahndet wird und dass im Falle des Verlustes eines Kennzeichens im Sinne des Satzes 1 Buchstabe b bis d dieses nicht vor dessen Wiederauffinden, sonst nicht vor Ablauf von 5 Jahren seit Fahndungsbeginn wieder zugeteilt werden darf. [3]Bei Diebstahl oder sonstigem Abhandenkommen von nicht ausgefertigten Zulassungsbescheinigungen Teil I und Teil II ist jeweils die Dokumentennummer zu speichern. [4]Wurde in den Vordruck für die Zulassungsbescheinigung Teil II bereits durch den Hersteller eine Fahrzeug-Identifizierungsnummer eingetragen, ist auch diese zu speichern.

(8) Sofern die bisher nicht obligatorisch zu speichernden Daten nach Absatz 1 Nr. 4, 5, 13, 15 bis 17, 20 und 21 bis 27 und Absatz 2 bis 7 noch nicht im örtlichen Fahrzeugregister gespeichert sind, brauchen sie auch weiterhin nicht gespeichert werden.

Dauer

Begr (VkBl **06** 611): ... Da eine Reihe von Fahrzeugdaten, die künftig im Zentralen Fahrzeugregister gespeichert werden, in den örtlichen Registern nicht obligatorisch zu speichern waren, wird diese Option mit § 31 Abs 8 weitergeführt. Diejenigen Behörden, die diese Daten bisher nicht gespeichert haben, brauchen dies, unabhängig von einer obligatorischen Mitteilung an das Zentrale Fahrzeugregister auch künftig nicht. ...

Speicherung der Halterdaten in den Fahrzeugregistern

32 (1) ¹Die der Zulassungsbehörde nach § 6 Abs. 1 Satz 2 mitzuteilenden Halterdaten und die nach § 13 Abs. 4 Satz 2 mitzuteilenden Daten des Erwerbers sind zu speichern

1. im Zentralen Fahrzeugregister
   a) bei Fahrzeugen, denen ein Kennzeichen nach § 8 zugeteilt ist,
   b) bei Fahrzeugen, denen ein Ausfuhrkennzeichen zugeteilt ist,
   c) bei der Zuteilung von roten Kennzeichen,
   d) bei der Zuteilung von Kurzzeitkennzeichen und
   e) bei Fahrzeugen mit Versicherungskennzeichen und

2. im örtlichen Fahrzeugregister
   a) bei Fahrzeugen, denen ein Kennzeichen nach § 8 zugeteilt ist,
   b) bei Fahrzeugen, denen ein Ausfuhrkennzeichen zugeteilt ist,
   c) bei der Zuteilung von roten Kennzeichen und
   d) bei der Zuteilung von Kurzzeitkennzeichen.

²In den Fahrzeugregistern ist ferner das Datum der Änderung der Halterdaten zu speichern.

(2) Im Zentralen und im örtlichen Fahrzeugregister sind über beruflich selbständige Halter, denen ein Kennzeichen nach § 8 zugeteilt wird, die Daten über Beruf oder Gewerbe zu speichern.

(3) Im Zentralen und im örtlichen Fahrzeugregister sind die Daten der früheren Halter und die Anzahl der früheren Halter eines Fahrzeugs zu speichern.

Übermittlung von Daten an das Kraftfahrt-Bundesamt

33 (1) ¹Die Zulassungsbehörde hat dem Kraftfahrt-Bundesamt zur Speicherung im Zentralen Fahrzeugregister die nach § 30 zu speichernden Fahrzeugdaten sowie die nach § 32 zu speichernden Halterdaten zu übermitteln. ²Außerdem hat die Zulassungsbehörde dem Kraftfahrt-Bundesamt zur Aktualisierung des Zentralen Fahrzeugregisters jede Änderung der Daten und das Datum der Änderung sowie die Löschung der Daten und das Datum der Löschung im örtlichen Fahrzeugregister zu übermitteln.

(2) Nimmt eine andere als die für das Kennzeichen zuständige Zulassungsbehörde die Außerbetriebsetzung des Fahrzeugs vor, so hat sie dem Kraftfahrt-Bundesamt die Außerbetriebsetzung anzuzeigen und außerdem zur Aktualisierung des Zentralen Fahrzeugregisters zu übermitteln:

1. das Datum der Außerbetriebsetzung,
2. das Kennzeichen und einen Hinweis über dessen Entstempelung,
3. die Fahrzeug-Identifizierungsnummer,
4. die Marke des Fahrzeugs,
5. die Nummer der Zulassungsbescheinigung Teil II und einen Hinweis über deren Verbleib.

(3) ¹Die Datenübermittlung nach den Absätzen 1 und 2 erfolgt im Wege der Datenfernübertragung durch Direkteinstellung, mindestens jedoch arbeitstäglich im Wege der Dateienübertragung. ²Ausführungsregeln zur Datenübermittlung werden vom Kraftfahrt-Bundesamt im elektronischen Bundesanzeiger und zusätzlich im Verkehrsblatt veröffentlicht.

Begr (VkBl **06** 611): ... Für die Übermittlungen der Zulassungsbehörden an das Kraftfahrt-Bundesamt (§ 33) wird die Datenfernübertragung durch Direkteinstellung und – für die Übergangszeit – alternativ eine mindestens arbeitstägliche im Wege der Dateienübertragung vorgeschrieben. Das Kraftfahrt-Bundesamt wird ermächtigt Ausführungsregeln zur Datenübermittlung festzulegen. ...

Standards für die Datenübermittlung gem Abs 3 S 2: VkBl **07** 72, ab 1. 2. 09 VkBl **08** 463.

Übermittlung von Daten an andere Zulassungsbehörden

34 (1) Wird einem Fahrzeug von einer Zulassungsbehörde ein neues Kennzeichen oder ein Ausfuhrkennzeichen zugeteilt, dem bereits von einer anderen Zulassungsbehörde ein Kennzeichen des anderen Zulassungsbezirks zugeteilt ist, oder wird eine Zulassungsbehörde ohne Wechsel des Kennzeichens auf Grund § 47 Abs. 1 Nr. 2 zuständig, hat die neue Zulassungsbehörde auch der für das bisherige Kennzeichen zuständigen Zulassungsbehörde zur Aktualisierung des örtlichen Registers zu übermitteln:

1. die Fahrzeug-Identifizierungsnummer,
2. die Nummer der Zulassungsbescheinigung Teil II,
3. das bisherige Kennzeichen sowie
4. das neue Kennzeichen und das Datum der Zuteilung oder den Verzicht auf die Zuteilung.

(2) Nimmt eine andere als die für das Kennzeichen zuständige Zulassungsbehörde die Außerbetriebsetzung des Fahrzeugs vor, hat sie der für das bisherige Kennzeichen zuständigen Zulassungsbehörde die in § 33 Abs. 2 bezeichneten Daten zur Aktualisierung des örtlichen Registers zu übermitteln.

(3) Die Verpflichtung nach den Absätzen 1 und 2 entfällt, wenn die zur Übermittlung verpflichtete Zulassungsbehörde und die Zulassungsbehörde, für die die Daten bestimmt sind, die nach § 33 vorgeschriebene Datenübermittlung durch unmittelbaren Zugriff betreiben und die Daten zur Aktualisierung des örtlichen Registers durch das Zentrale Fahrzeugregister übermittelt werden.

Begr (VkBl **06** 611): ... *Durch die Online-Übermittlung an das Zentrale Fahrzeugregister werden Übermittlungen an andere Zulassungsbehörden entbehrlich. § 34 Abs. 3 trifft die entsprechende Regelung.* ...

Übermittlung von Daten an die Versicherer

35 (1) Die Zulassungsbehörde darf dem Versicherer zur Durchführung des Versicherungsvertrags übermitteln:

1. bei Fahrzeugen, denen ein Kennzeichen zugeteilt ist, folgende Daten:
   a) das Kennzeichen und das Datum der Zuteilung, bei Zuteilung eines Kennzeichens als Saisonkennzeichen zusätzlich den Betriebszeitraum,
   b) die Fahrzeugklasse, die Art des Aufbaus sowie die Schlüsselnummer des Herstellers, den Typ sowie die Variante und die Version des Fahrzeugs,
   c) die Fahrzeug-Identifizierungsnummer, die Nennleistung und bei Krafträdern zusätzlich den Hubraum,
   d) den Familiennamen, die Vornamen und die Anschrift des Halters,
   e) einen Hinweis über das Vorliegen eines Versicherer- und Halterwechsels,
   f) das Datum des Eingangs einer Anzeige über das Nichtbestehen oder die Beendigung des Versicherungsverhältnisses,
   g) einen Hinweis über die Einleitung von Maßnahmen zum Verbleib des Fahrzeugs oder Kennzeichens, jedoch nur nach Eingang einer Anzeige im Sinne des Buchstaben f,
   h) das Datum der Außerbetriebsetzung des Fahrzeugs und die Reservierung des Kennzeichens bei Außerbetriebsetzung,
   i) den Namen und die Anschrift oder Schlüsselnummer des Versicherers,
   j) die Nummer des Versicherungsscheins oder der Versicherungsbestätigung,
   k) einen Hinweis über den Eingang der Versicherungsbestätigung über eine neue Versicherung sowie
   l) den Beginn des Versicherungsschutzes,
2. bei der Zuteilung von roten Kennzeichen oder Kurzzeitkennzeichen folgende Daten:
   a) das Unterscheidungszeichen und die Erkennungsnummer des Kennzeichens sowie das Datum der Zuteilung,
   b) die Gültigkeitsdauer des Kennzeichens,
   c) den Familiennamen, die Vornamen und die Anschrift des Halters, falls dieser nicht mit dem Versicherungsnehmer identisch ist,
   d) die in Nummer 1 Buchstabe e, f, g und h bezeichneten Daten und
   e) das Ende des Versicherungsschutzes,

Dauer

4 FZV § 36 Abschnitt 6. Fahrzeugregister

3. bei Fahrzeugen, denen ein Ausfuhrkennzeichen zugeteilt ist, folgende Daten:
   a) das Unterscheidungszeichen und die Erkennungsnummer des Kennzeichens und das Datum der Zuteilung sowie
   b) die in Nummer 1 Buchstabe b, c, d und h bezeichneten Daten und das Ende des Versicherungsverhältnisses.

(2) Die Übermittlung der Daten erfolgt aus Anlass:
1. der Zuteilung des Kennzeichens,
2. des Vorliegens einer neuen Versicherungsbestätigung,
3. des Versicherer- oder Halterwechsels,
4. des Wohnsitz- oder Sitzwechsels des Halters, wenn die Zulassungsbehörde die Daten durch Direkteinstellung nach § 33 Abs. 3 ändert, ansonsten nur in den Fällen, in denen der Wechsel in den Bereich einer anderen Zulassungsbehörde erfolgt,
5. der Außerbetriebsetzung des Fahrzeugs sowie
6. des Eingangs einer Anzeige wegen Nichtbestehens oder Beendigung des Versicherungsverhältnisses oder der hierauf beruhenden Maßnahmen.

(3) ¹Die Übermittlung der Daten nach den Absätzen 1 und 2 erfolgt grundsätzlich elektronisch und darf zu den dort genannten Zwecken auch über das Kraftfahrt-Bundesamt durch eine Gemeinschaftseinrichtung der Versicherer erfolgen. ²Das Kraftfahrt-Bundesamt ist berechtigt, die Daten hierfür zu speichern und trägt die Verantwortung für die Richtigkeit und Vollständigkeit der Übermittlung an die Gemeinschaftseinrichtung. ³Eine gesetzliche Verpflichtung des Kraftfahrt-Bundesamtes zur Übermittlung der Daten wird dadurch nicht begründet.

1 **Begr** (VkBl 06 611): *... Neu in den Katalog der Übermittlungen an Versicherer wurde der Anlass des Wohnsitz- oder Sitzwechsels des Halters in den Bereich einer anderen Zulassungsbehörde aufgenommen. Die bisherige Zuordnung der Regionaltarife der Kraftfahrzeughaftpflichtversicherung nimmt das Kennzeichen für die Bemessung des Unfallrisikos und damit der Regionalklasseneinteilung zum Kriterium. Die unmittelbare Bindung der Regionalklassen an den Kennzeichenbereich wirkt sich bereits auf Änderungen im regionalen Maßstab aus, wie z. B. Verzicht auf Umkennzeichnung bei Wohnsitzwechsel zwischen Stadt- und Landkreisen mit gleichem Unterscheidungszeichen aber unterschiedlichen Kennzeichengruppen. Beispielsweise beträgt die Differenz des Versicherungsbeitrags zwischen Kassel Stadt und dem Landkreis ca. 20%. Der Umkennzeichnungsverzicht (§ 47 Abs. 1 Nr. 2) würde das bisherige System der Regionalklassen auflösen. Alternatives Kriterium für die Tarifierung kann der Wohnsitz/Sitz sein. Ein wohnortbasiertes Regionalklassensystem ist jedoch nur funktionsfähig, wenn Änderungen des Wohnortes sicher aktuell gehalten und den Versicherern mitgeteilt werden. Mit der Ergänzung wird dies sichergestellt. Um den Aufwand für die Zulassungsbehörden so gering wie möglich zu halten, wird die Mitteilung über die Änderung der Wohn-/Sitzanschrift bis zur Online-Kommunikation mit dem KBA auf solche Fälle beschränkt, bei denen ein Wechsel in einen anderen Zulassungsbereich erfolgt – und damit ein neues Kennzeichen zugeteilt wird.*
...

2 Begründung des Bundesrates zur Einfügung der Wörter „und die Reservierung des Kennzeichens bei Außerbetriebsetzung" in § 35 Abs. 1 Nr. 1 Buchstabe h (Folgeänderung zur Einfügung der neuen Nr. 6 in § 24 Abs. 1): *Nach der Neuregelung sind Fahrten mit ungestempelten Kennzeichen nur noch mit reservierten Kennzeichen möglich. Da diese Fahrten nur mit versicherten Fahrzeugen durchgeführt werden dürfen, ist eine Unterrichtung der Versicherungswirtschaft über die Reservierung des Kennzeichens notwendig. Der geringfügige zusätzliche Verwaltungsaufwand der Zulassungsbehörden für die elektronische Meldung an die Versicherungswirtschaft muss in Kauf genommen werden, um solche Fahrten zu ermöglichen.*

Mitteilungen an die Finanzbehörden

36 (1) Die Zulassungsbehörde teilt dem zur Durchführung des Kraftfahrzeugsteuerrechts nach § 1 der Kraftfahrzeugsteuer-Durchführungsverordnung zuständigen Finanzamt mit:

1. bei zulassungspflichtigen Fahrzeugen, denen ein Kennzeichen zugeteilt ist, die in § 5 Abs. 2 Nr. 3 der Kraftfahrzeugsteuer-Durchführungsverordnung bezeichneten Daten und bei Fahrzeugen mit Saisonkennzeichen zusätzlich den Betriebszeitraum,
2. bei Zuteilung von roten Kennzeichen die nach § 31 Abs. 2 Nr. 1 bis 4 und § 32 Abs. 1 Satz 1 Nr. 2 zu speichernden Daten sowie die Änderung dieser Daten und das Datum der Änderung.

Übermittlungen des KBA an die Zulassungsbehörden §§ 37, 38 FZV 4

(2) Die Zulassungsbehörde teilt dem zur Durchführung des Umsatzsteuerrechts nach § 21 der Abgabenordnung zuständigen Finanzamt die in § 6 Abs. 5 bezeichneten Daten mit.

(3) Die Daten können nach Maßgabe des § 5 Abs. 3 der Kraftfahrzeugsteuer-Durchführungsverordnung und der Steuerdaten-Übermittlungsverordnung vom 28. Januar 2003 (BGBl. I S. 139) elektronisch übermittelt werden.

Übermittlung von Daten an Stellen zur Durchführung des Bundesleistungsgesetzes, des Verkehrssicherstellungsgesetzes, des Verkehrsleistungsgesetzes und von Maßnahmen des Katastrophenschutzes

37 (1) Die Zulassungsbehörde darf bei Fahrzeugen, denen ein Kennzeichen zugeteilt ist,

1. für die Zwecke des Bundesleistungsgesetzes den nach § 5 des Bundesleistungsgesetzes bestimmten Anforderungsbehörden,
2. für die Zwecke des Verkehrssicherstellungsgesetzes den nach § 19 des Verkehrssicherstellungsgesetzes bestimmten Behörden,
3. für die Zwecke des Verkehrsleistungsgesetzes dem Bundesamt für Güterverkehr sowie
4. für die Zwecke des Katastrophenschutzes den nach den von den Ländern für Maßnahmen des Katastrophenschutzes erlassenen Gesetzen zuständigen Stellen

auf entsprechende Anforderung die nach § 31 Abs. 1 gespeicherten Fahrzeugdaten sowie die nach § 32 Abs. 1 Satz 1 Nr. 2 und Satz 2 gespeicherten Halterdaten übermitteln.

(2) Das Kraftfahrt-Bundesamt darf bei Fahrzeugen, denen ein Kennzeichen zugeteilt ist,

1. für die Zwecke des Bundesleistungsgesetzes den nach § 5 des Bundesleistungsgesetzes bestimmten Anforderungsbehörden und den diesen vorgesetzten Behörden,
2. für die Zwecke des Verkehrssicherstellungsgesetzes den nach § 19 des Verkehrssicherstellungsgesetzes bestimmten Behörden,
3. für die Zwecke des Verkehrsleistungsgesetzes dem Bundesamt für Güterverkehr sowie
4. für die Zwecke des Katastrophenschutzes den nach den von den Ländern für Maßnahmen des Katastrophenschutzes erlassenen Gesetzen zuständigen Stellen und den diesen vorgesetzten Behörden

auf entsprechende Anforderung die nach § 30 Abs. 1 gespeicherten Fahrzeugdaten sowie die nach § 32 Abs. 1 Satz 1 Nr. 1 und Satz 2 gespeicherten Halterdaten übermitteln.

Übermittlungen des Kraftfahrt-Bundesamtes an die Zulassungsbehörden

38 (1) Ist einem Fahrzeug von einer Zulassungsbehörde ein neues Kennzeichen oder ein Ausfuhrkennzeichen zugeteilt worden, dem bereits von einer anderen Zulassungsbehörde ein Kennzeichen des anderen Zulassungsbezirks zugeteilt worden war, übermittelt das Kraftfahrt-Bundesamt der für das bisherige Kennzeichen zuständigen Zulassungsbehörde folgende Daten:

1. die Fahrzeug-Identifizierungsnummer,
2. die Fahrzeugklasse des Fahrzeugs,
3. die Marke des Fahrzeugs,
4. die Nummer der Zulassungsbescheinigung Teil II,
5. das bisherige Kennzeichen sowie
6. das neue Kennzeichen und das Datum der Zuteilung.

(2) Ist ein Fahrzeug außer Betrieb gesetzt, so übermittelt das Kraftfahrt-Bundesamt, wenn dieser Umstand im Zentralen Fahrzeugregister vermerkt ist, der zuständigen Zulassungsbehörde zur Aktualisierung des örtlichen Registers diesen Vermerk.

(3) Das Kraftfahrt-Bundesamt übermittelt ferner an die jeweils zuständige Zulassungsbehörde die im Zentralen Fahrzeugregister enthaltenen Angaben über Diebstahl oder sonstiges Abhandenkommen von Fahrzeugen, Kennzeichen und ausgefertigten Zulassungsbescheinigungen Teil II sowie über das Wiederauffinden solcher Fahrzeuge, Kennzeichen und Zulassungsbescheinigungen, es sei denn, dem Kraftfahrt-Bundesamt ist bekannt, dass die Zulassungsbehörde hierüber unterrichtet ist.

(4) Wird dem Zentralen Fahrzeugregister ein Fahrzeug als zum Verkehr zugelassen gemeldet, dessen Fahrzeug-Identifizierungsnummer, Nummer der Zulassungsbescheinigung Teil II oder Kennzeichen im Zentralen Fahrzeugregister bereits zu einem anderen im

Dauer

Verkehr befindlichen Fahrzeug gespeichert ist, so teilt das Kraftfahrt-Bundesamt diesen Umstand der Zulassungsbehörde, die das Fahrzeug gemeldet hat, zur Prüfung des Sachverhaltes mit.

(5) Die Datenübermittlungen nach den Absätzen 1 und 2 sind entbehrlich, wenn die Zulassungsbehörde, für die die Daten bestimmt sind, die in § 33 vorgeschriebene Datenübermittlung im Wege der Datenfernübertragung durch Direkteinstellung vornimmt.

Anm: Standards für die Datenübermittlung: VkBl **07** 72.

Abruf im automatisierten Verfahren

39 (1) Zur Übermittlung durch Abruf im automatisierten Verfahren aus dem Zentralen Fahrzeugregister nach § 36 Abs. 1 des Straßenverkehrsgesetzes dürfen folgende Daten bereitgehalten werden:
1. für Anfragen unter Verwendung des Kennzeichens, der Fahrzeug-Identifizierungsnummer oder des Familiennamens, Vornamens, Ordens- oder Künstlernamens, Geburtsnamens, Datums und Ortes der Geburt oder im Falle einer juristischen Person, Behörde oder Vereinigung des Namens oder der Bezeichnung des Halters oder unter Verwendung der Anschrift des Halters die in § 30 genannten Fahrzeugdaten und die in § 32 genannten Halterdaten,
2. für Anfragen unter Verwendung eines Teils des Kennzeichens:
   a) die mit dem angefragten Teil des Kennzeichens übereinstimmenden Kennzeichen,
   b) Daten über die Fahrzeugklasse, die Marke, die Handelsbezeichnung, den Typ und bei Personenkraftwagen die Farbe des Fahrzeugs sowie das Datum der ersten Zulassung; bei Fahrzeugen mit Versicherungskennzeichen außerdem der Beginn und das Ende des Versicherungsverhältnisses.

(2) Zur Übermittlung durch Abruf im automatisierten Verfahren aus dem Zentralen Fahrzeugregister nach § 36 Abs. 2 Satz 1 Nr. 1 und 2 und Abs. 3 des Straßenverkehrsgesetzes dürfen folgende Daten bereitgehalten werden:
1. für Anfragen unter Verwendung des Kennzeichens, der Fahrzeug-Identifizierungsnummer oder des Familiennamens, Vornamens, Ordens- oder Künstlernamens, Geburtsnamens, Datums und Ortes der Geburt oder im Falle einer juristischen Person, Behörde oder Vereinigung des Namens oder der Bezeichnung des Halters oder unter Verwendung der Anschrift des Halters:
   a) die in § 30 Abs. 1 Nr. 1, 3, 5 bis 17 und 19 Buchstabe c, Nr. 20 und 21 Buchstabe a bis e sowie Nr. 25 bis 27, Abs. 2 Nr. 1 bis 4, Abs. 3 Nr. 1 bis 4, Abs. 4 Nr. 1 bis 5, Abs. 5 Nr. 1 bis 4 und Abs. 7 bis 9 genannten Fahrzeugdaten und
   b) die in § 32 Abs. 1 und 3 genannten Halterdaten,
2. für Anfragen unter Verwendung eines Teils des Kennzeichens:
   a) die mit dem angefragten Teil des Kennzeichens übereinstimmenden Kennzeichen,
   b) die Fahrzeugklasse, die Marke, die Handelsbezeichnung, den Typ und bei Pkw die Farbe des Fahrzeugs sowie das Datum der ersten Zulassung; bei Fahrzeugen mit Versicherungskennzeichen außerdem der Beginn und das Ende des Versicherungsverhältnisses.

(3) Zur Übermittlung durch Abruf im automatisierten Verfahren aus dem Zentralen Fahrzeugregister nach § 36 Abs. 2 Satz 1 Nr. 1a des Straßenverkehrsgesetzes dürfen für Anfragen unter Verwendung des Kennzeichens oder der Fahrzeug-Identifizierungsnummer folgende Daten bereitgehalten werden:
1. das Kennzeichen, das Datum der Zuteilung des Kennzeichens, bei Saisonkennzeichen zusätzlich der Betriebszeitraum und das Datum der Außerbetriebsetzung des Fahrzeugs sowie die nach § 30 Abs. 1 Nr. 1 und Abs. 3 Nr. 1 zu speichernden Fahrzeugdaten und
2. die in § 32 Abs. 1 und 3 genannten Halterdaten.

(4) ¹Zur Übermittlung durch Abruf im automatisierten Verfahren aus dem Zentralen Fahrzeugregister nach § 36 Abs. 2a des Straßenverkehrsgesetzes dürfen die nach § 32 Abs. 1 in Verbindung mit Daten nach § 6 Abs. 7 Nr. 1 und 7 Buchstabe c bis e gespeicherten Halterdaten und die nach § 30 Abs. 1 Nr. 9 gespeicherten Fahrzeugdaten bereitgehalten werden, soweit sie für die Ermittlung des Schuldners und der Höhe der Mautgebühr nach dem Fernstraßenbauprivatfinanzierungsgesetz in der Fassung der Bekanntmachung vom 6. Januar 2006 (BGBl. I S. 49) in der jeweils geltenden Fassung erforderlich sind. ²Die Daten nach Satz 1 werden für den mit der Erhebung der Mautgebühr nach dem Fernstraßenbauprivatfinanzierungsgesetz beliehenen Privaten zum Abruf bereitgehalten. ³Gleiches gilt für Daten, soweit sie für die Ermittlung des Schuldners und der Höhe der Maut-

gebühr nach Gesetzen der Länder über den gebührenfinanzierten Neu- und Ausbau von Straßen erforderlich sind.

(5) ¹Die Übermittlung nach § 36 Abs. 2b des Straßenverkehrsgesetzes von Fahrzeugdaten und Daten von Fahrzeugkombinationen, die für die Erhebung der Maut nach dem Autobahnmautgesetz für schwere Nutzfahrzeuge in der Fassung der Bekanntmachung vom 2. Dezember 2004 (BGBl. I S. 3122) in der jeweils geltenden Fassung maßgeblich sind, ist durch Abruf im automatisierten Verfahren zulässig. ²Die Daten nach Satz 1 werden bereitgehalten für das Bundesamt für Güterverkehr, die Zollbehörden und eine sonstige öffentliche Stelle, die mit der Erhebung der Autobahnmaut beauftragt ist.

(6) ¹Zur Übermittlung durch Abruf im automatisierten Verfahren aus dem Zentralen Fahrzeugregister nach § 36 Abs. 3a des Straßenverkehrsgesetzes für Maßnahmen zur Gewährleistung des Versicherungsschutzes im Rahmen der Kraftfahrzeug-Haftpflichtversicherung dürfen die nach § 32 Abs. 1 zu speichernden Halterdaten und die in § 30 Abs. 1 Nr. 19, Abs. 2 Nr. 4, Abs. 3 Nr. 4, Abs. 4 Nr. 5 und Abs. 5 Nr. 4 genannten Daten zur Kraftfahrzeug-Haftpflichtversicherung bereitgehalten werden. ²Die in Satz 1 genannten Daten werden bereitgehalten für die nach § 8a Abs. 1 Satz 1 des Pflichtversicherungsgesetzes eingerichtete Auskunftsstelle.

(7) Zur Übermittlung durch Abruf im automatisierten Verfahren aus den örtlichen Fahrzeugregistern nach § 36 Abs. 2 Satz 2 des Straßenverkehrsgesetzes dürfen folgende Daten bereitgehalten werden:
1. für Anfragen unter Verwendung des Kennzeichens oder der Fahrzeug-Identifizierungsnummer:
   a) die nach § 32 Abs. 1 zu speichernden Halterdaten und
   b) die nach § 31 Abs. 1 Nr. 1, 3, 5 bis 17, 19 bis 27, Abs. 2 Nr. 1 bis 4 und Abs. 3 Nr. 1 bis 4 zu speichernden Fahrzeugdaten,
2. für Anfragen unter Verwendung eines Teils des Kennzeichens:
   die in Absatz 2 Nr. 2 bezeichneten Daten,
3. für Anfragen unter Verwendung des Familiennamens, Vornamens, Ordens- oder Künstlernamens, Geburtsnamens, Datums und Ortes der Geburt oder im Falle einer juristischen Person, Behörde oder Vereinigung des Namens oder der Bezeichnung des Halters oder unter Verwendung der Anschrift des Halters die in Nummer 1 bezeichneten Daten.

Begr (VkBl 06 611): *... Der Umfang der zum Abruf im automatisierten Verfahren den Zulassungsbehörden bereit gestellten Daten (§ 39 Abs. 1) wird, entsprechend dem Konzept der Online-Kommunikation, nicht eingeschränkt. ...*

Sicherung des Abrufverfahrens gegen Missbrauch

40 (1) ¹Die übermittelnde Stelle darf einen Abruf nach § 36 des Straßenverkehrsgesetzes nur zulassen, wenn dessen Durchführung unter Verwendung
1. einer Kennung des zum Abruf berechtigten Nutzers und
2. eines Passwortes

erfolgt. ²Nutzer im Sinne des Satzes 1 Nr. 1 kann eine natürliche Person oder eine Dienststelle sein. ³Bei Abruf über ein sicheres, geschlossenes Netz kann die Kennung nach Satz 1 Nr. 1 auf Antrag des Netzbetreibers als einheitliche Kennung für die an dieses Netz angeschlossenen Nutzer erteilt werden, sofern der Netzbetreiber selbst abrufberechtigt ist. ⁴Die Verantwortung für die Sicherheit des Datennetzwerks und die Zulassung ausschließlich berechtigter Nutzer trägt bei Anwendung des Satzes 3 der Netzbetreiber. ⁵Ist der Nutzer im Sinne des Satzes 1 Nr. 1 keine natürliche Person, so hat er sicherzustellen, dass zu jedem Abruf die jeweils abrufende natürliche Person festgestellt werden kann. ⁶Der Nutzer oder die abrufende Person haben vor dem ersten Abruf ein eigenes Passwort zu wählen und dieses jeweils spätestens nach einem von der übermittelnden Stelle vorgegebenen Zeitraum zu ändern.

(2) ¹Die übermittelnde Stelle hat durch ein selbsttätiges Verfahren zu gewährleisten, dass keine Abrufe erfolgen können, sobald die Kennung nach Absatz 1 Satz 1 Nr. 1 oder das Passwort mehr als zweimal hintereinander unrichtig übermittelt wurde. ²Die abrufende Stelle hat Maßnahmen zum Schutz gegen unberechtigte Nutzungen des Abrufsystems zu treffen.

(3) ¹Die übermittelnde Stelle hat sicherzustellen, dass die Aufzeichnungen nach § 36 Abs. 6 des Straßenverkehrsgesetzes über die Abrufe selbsttätig erfolgen und dass der Abruf bei nicht ordnungsgemäßer Aufzeichnung unterbrochen wird. ²Der Aufzeichnung

unterliegen auch versuchte Abrufe, die unter Verwendung von fehlerhaften Kennungen mehr als einmal vorgenommen werden. ³Satz 1 gilt entsprechend für die weiteren Aufzeichnungen nach § 36 Abs. 7 des Straßenverkehrsgesetzes.

(4) ¹Die Übermittlung durch ein automatisiertes Anfrage- und Auskunftsverfahren beim Kraftfahrt-Bundesamt nach § 36a des Straßenverkehrsgesetzes ist zulässig, wenn sie unter Verwendung einer Kennung der zum Empfang der Daten berechtigten Behörde erfolgt. ²Der Empfänger hat sicherzustellen, dass die übermittelten Daten nur bei den zum Empfang bestimmten Endgeräten empfangen werden. ³Die übermittelnde Stelle hat durch ein selbsttätiges Verfahren zu gewährleisten, dass eine Übermittlung nicht vorgenommen wird, wenn die Kennung nicht oder unrichtig angegeben wurde. ⁴Sie hat versuchte Anfragen ohne Angabe der richtigen Kennung sowie die Angabe einer fehlerhaften Kennung zu protokollieren. ⁵Sie hat ferner im Zusammenwirken mit der anfragenden Stelle jedem Fehlversuch nachzugehen und die Maßnahmen zu ergreifen, die zur Sicherung des ordnungsgemäßen Verfahrens notwendig sind. ⁶Die übermittelnde Stelle hat sicherzustellen, dass die Aufzeichnungen nach § 36a Satz 2 des Straßenverkehrsgesetzes selbsttätig erfolgen und die Übermittlung bei nicht ordnungsgemäßer Aufzeichnung unterbrochen wird.

Aufzeichnung der Abrufe im automatisierten Verfahren

41 (1) ¹Der Anlass des Abrufs ist von der abrufenden Stelle unter Verwendung folgender Schlüsselzahlen zu übermitteln:

1: Zulassung von Fahrzeugen,
2: bei Überwachung des Straßenverkehrs: keine oder nicht vorschriftsmäßige Papiere oder Verdacht auf Fälschung der Papiere oder des Kennzeichens oder sonstige verkehrsrechtliche Beanstandungen oder verkehrsbezogene Anlässe,
3: Nichtbeachten der polizeilichen Anhalteaufforderung oder Verkehrsunfallflucht,
4: Feststellungen bei aufgefundenen oder verkehrsbehindernd abgestellten Fahrzeugen,
5: Verdacht des Diebstahls oder der missbräuchlichen Benutzung eines Fahrzeugs,
6: Grenzkontrolle,
7: Gefahrenabwehr,
8: Verfolgung von Straftaten oder Verkehrsordnungswidrigkeiten,
9: Fahndung, Grenzfahndung, Kontrollstelle und
0: sonstige Anlässe.

²Bei Verwendung der Schlüsselzahlen 8 bis 0 ist ein auf den bestimmten Anlass bezogenes Aktenzeichen oder eine Tagebuchnummer zusätzlich zu übermitteln, falls dies beim Abruf angegeben werden kann. ³Sonst ist jeweils in Kurzform bei der Verwendung der Schlüsselzahl 8 die Art der Straftat oder die Art der Verkehrsordnungswidrigkeit und bei Verwendung der Schlüsselzahlen 9 und 0 die Art der Maßnahme oder des Ereignisses zu bezeichnen.

(2) ¹Zur Feststellung der für den Abruf verantwortlichen Person sind der übermittelnden Stelle die Dienstnummer, Nummer des Dienstausweises, ein Namenskurzzeichen unter Angabe der Organisationseinheit oder andere Hinweise mitzuteilen, die unter Hinzuziehung von Unterlagen bei der abrufenden Stelle diese Feststellung ermöglichen. ²Als Hinweis im Sinne von Satz 1 gilt insbesondere

1. das nach Absatz 1 Satz 2 übermittelte Aktenzeichen oder die Tagebuchnummer, sofern die Tatsache des Abrufs unter Bezeichnung der hierfür verantwortlichen Person aktenkundig gemacht wird, oder
2. der Funkrufname, sofern dieser zur nachträglichen Feststellung der für den Abruf verantwortlichen Person geeignet ist.

(3) Für die nach § 36 Abs. 7 des Straßenverkehrsgesetzes vorgeschriebenen weiteren Aufzeichnungen gilt § 36 Abs. 6 Satz 2 bis 4 des Straßenverkehrsgesetzes entsprechend.

Abruf im automatisierten Verfahren durch ausländische Stellen

42 ¹Zur Übermittlung durch Abruf im automatisierten Verfahren aus dem Zentralen Fahrzeugregister nach § 37a des Straßenverkehrsgesetzes unter Verwendung des Kennzeichens oder der Fahrzeug-Identifizierungsnummer dürfen:

1. für Verwaltungsmaßnahmen nach § 37 Abs. 1 Buchstabe a des Straßenverkehrsgesetzes
    a) die in § 39 Abs. 3 Nr. 2 genannten Daten und wenn eine erweiterte Auskunft erforderlich ist, zusätzlich

b) Daten über Fahrzeugklasse, Marke, Typ und bei Personenkraftwagen Farbe des Fahrzeugs, Tag der ersten Zulassung, die von der Zulassungsbehörde aufgebrachte Nummer der Zulassungsbescheinigung Teil I, die Nummer der Zulassungsbescheinigung Teil II, das Datum und die Bezeichnung des Arbeitsganges der letzten Veränderung und Hinweis auf den Diebstahl oder das sonstige Abhandenkommen eines Fahrzeugs oder des Kennzeichens, bei Fahrzeugen mit Versicherungskennzeichen außerdem Beginn und Ende des Versicherungsverhältnisses und

2. für Maßnahmen wegen Zuwiderhandlungen und Straftaten, zur Abwehr von Gefahren für die öffentliche Sicherheit sowie zur Überwachung des Versicherungsschutzes nach § 37 Abs. 1 Buchstabe b bis d und Abs. 1a des Straßenverkehrsgesetzes die in § 39 Abs. 3 Nr. 1 und 2 sowie, falls eine erweiterte Auskunft erforderlich ist, zusätzlich die in Nummer 1 Buchstabe b genannten Daten

bereitgehalten werden. ²Die §§ 40 und 41 gelten entsprechend.

Begr zur ÄndVO v 18. 12. 06, BGBl I 3226 (VkBl **07** 24): **Zu Satz 1 Nr 2:** *Die Ergänzung steht als Folgeänderung im Zusammenhang mit der Umsetzung des am 27. Mai 2005 in Prüm/Eifel unterzeichneten Vertrags über die Vertiefung der grenzüberschreitenden Zusammenarbeit, insbesondere zur Bekämpfung des Terrorismus, der grenzüberschreitenden Kriminalität und der illegalen Migration (Prümer Vertrag, BGBl. 2006 II S. 626). Durch Artikel 2 des Umsetzungsgesetzes zum Prümer Vertrag vom 10. Juli 2006 (BGBl. I S. 1458) wurden die §§ 37, 37a und 47 des Straßenverkehrsgesetzes (StVG) angepasst. Damit wurden die Voraussetzungen für eine Umsetzung des Artikel 12 des Prümer Vertrags in Bezug auf die Regelungen zum Online-Zugriff auf das Zentrale Fahrzeugregister geschaffen. Infolge dieser Änderungen ist eine Präzisierung des § 42 der Fahrzeug-Zulassungsverordnung (FZV), der den Abruf von Daten aus dem Zentralen Fahrzeugregister im automatisierten Verfahren durch Stellen im Ausland regelt, um eine Bezugnahme auf den neuen § 37 Abs. 1a StVG erforderlich. ...*

Übermittlungssperren

43 (1) ¹Übermittlungssperren gegenüber Dritten nach § 41 des Straßenverkehrsgesetzes dürfen nur durch die für die Zulassungsbehörde zuständige oberste Landesbehörde oder die von ihr bestimmten oder nach Landesrecht zuständigen Stellen angeordnet werden; die Zulassungsbehörde vermerkt die Sperre unverzüglich im örtlichen Fahrzeugregister. ²Das Gleiche gilt für eine Änderung der Sperre. ³Wird die Sperre aufgehoben, ist der Sperrvermerk von der Zulassungsbehörde unverzüglich zu löschen.

(2) ¹Übermittlungssperren gegenüber Dritten sind von der sperrenden Behörde oder der Zulassungsbehörde dem Kraftfahrt-Bundesamt mitzuteilen. ²Das Kraftfahrt-Bundesamt vermerkt die Sperre unverzüglich im Zentralen Fahrzeugregister. ³Die Änderung oder Aufhebung der Sperre ist von der sperrenden Behörde oder der Zulassungsbehörde dem Kraftfahrt-Bundesamt mitzuteilen. ⁴Für die Änderung der Sperre gilt Satz 2 entsprechend. ⁵Wird die Aufhebung der Sperre dem Kraftfahrt-Bundesamt gemeldet, so ist der Sperrvermerk unverzüglich zu löschen.

(3) ¹Übermittlungsersuchen, die sich auf gesperrte Daten beziehen, sind von der Zulassungsbehörde oder vom Kraftfahrt-Bundesamt an die Behörde weiterzuleiten, die die Sperre angeordnet hat. ²Die Zulassungsbehörde erteilt die Auskunft, wenn die für die Anordnung der Sperre zuständige Behörde ihr mitteilt, dass die Sperre für dieses Übermittlungsersuchen aufgehoben wird.

Löschung der Daten im Zentralen Fahrzeugregister

44 (1) Bei Fahrzeugen mit Kennzeichen nach § 8 sind die Daten im Zentralen Fahrzeugregister vorbehaltlich des Absatzes 5 sieben Jahre, nachdem das Fahrzeug außer Betrieb gesetzt wurde, zu löschen.

(2) Die bei der Ausgabe von roten Kennzeichen im Zentralen Fahrzeugregister gespeicherten Daten sind vorbehaltlich des Absatzes 5 sieben Jahre nach Rückgabe oder Entstempelung des Kennzeichens zu löschen.

(3) Bei Fahrzeugen mit Ausfuhrkennzeichen sind die Daten im Zentralen Fahrzeugregister vorbehaltlich des Absatzes 5 sieben Jahre nach Ablauf der Gültigkeit der Zulassung zu löschen.

(4) Bei Fahrzeugen mit Versicherungskennzeichen sind die Daten im Zentralen Fahrzeugregister vorbehaltlich des Absatzes 5 sieben Jahre nach dem Ende des Verkehrsjahres zu löschen.

Dauer

(5) Die Angaben über Diebstahl oder sonstiges Abhandenkommen des Fahrzeugs, des Kennzeichens oder der Zulassungsbescheinigung Teil II sind bei deren Wiederauffinden, sonst nach Ende der Fahndungsmaßnahmen zu löschen.

(6) ¹Die Daten über Kennzeichen nach § 30 Abs. 1 Nr. 4 und Abs. 6 sind im Zentralen Fahrzeugregister spätestens ein Jahr nach Rückgabe oder Entziehung des jeweiligen Kennzeichens zu löschen. ²Bei Diebstahl oder sonstigem Abhandenkommen des Kennzeichens gilt Absatz 5 entsprechend.

Löschung der Daten im örtlichen Fahrzeugregister

45 (1) ¹Bei Fahrzeugen mit Kennzeichen nach § 8 sind die Daten im örtlichen Fahrzeugregister vorbehaltlich des Absatzes 4 spätestens ein Jahr nach Eingang der vom Kraftfahrt-Bundesamt nach § 38 Abs. 1 oder Abs. 2 übersandten Mitteilung zu löschen. ²Die in § 33 Abs. 1 Satz 2 des Straßenverkehrsgesetzes bezeichneten Daten sind nach Zuteilung des Kennzeichens für den neuen Halter, sonst spätestens ein Jahr nach Eingang der vom Kraftfahrt-Bundesamt nach § 38 Abs. 1 oder Abs. 2 übersandten Mitteilung zu löschen.

(2) Die bei der Zuteilung von roten Kennzeichen oder von Kurzzeitkennzeichen im örtlichen Fahrzeugregister gespeicherten Daten sind vorbehaltlich des Absatzes 4 spätestens ein Jahr nach der Rückgabe, der Entziehung oder dem Ablaufdatum des Kennzeichens zu löschen.

(3) Bei Fahrzeugen mit Ausfuhrkennzeichen sind die Daten im örtlichen Fahrzeugregister vorbehaltlich des Absatzes 4 spätestens ein Jahr nach Ablauf der Gültigkeit der Zulassung zu löschen.

(4) Es sind zu löschen

1. die Angaben über Diebstahl oder sonstiges Abhandenkommen des Fahrzeugs, des Kennzeichens oder der Zulassungsbescheinigung Teil II bei deren Wiederauffinden, sonst spätestens nach Ende der Fahndungsmaßnahmen,
2. die Fahrzeug-Identifizierungsnummer, das Kennzeichen, frühere Kennzeichen sowie die in § 31 Abs. 1 Nr. 19 Buchstabe a, b und e, Abs. 2 Nr. 4 Buchstabe a und Abs. 3 Nr. 4 Buchstabe a bezeichneten Daten drei Jahre nachdem die Versicherungsbestätigung, in der diese Daten jeweils enthalten sind, ihre Geltung verloren hat,
3. die Angaben über den früheren Halter nach § 32 Abs. 3 ein Jahr nach Zuteilung des Kennzeichens für den neuen Halter oder bei Diebstahl oder sonstigem Abhandenkommen von Fahrzeug oder Kennzeichen zum gleichen Zeitpunkt wie die Angaben nach Nummer 1.

(5) ¹Die Daten über Kennzeichen nach § 31 Abs. 1 Nr. 4 und Abs. 4 sind im örtlichen Fahrzeugregister spätestens ein Jahr nach Rückgabe oder Entziehung des Kennzeichens zu löschen. ²Bei Diebstahl oder sonstigem Abhandenkommen des Kennzeichens gilt Absatz 4 Nr. 1.

(6) Sofern die Zulassungsbehörde die Datenhaltung des örtlichen Fahrzeugregisters dem Zentralen Fahrzeugregister übertragen hat, ist § 44 anzuwenden.

Abschnitt 7. Durchführungs- und Schlussvorschriften

Zuständigkeiten

46 (1) ¹Diese Verordnung wird von den nach Landesrecht zuständigen unteren Verwaltungsbehörden ausgeführt. ²Die zuständigen obersten Landesbehörden oder die von ihnen bestimmten oder nach Landesrecht zuständigen Stellen können den Verwaltungsbehörden Weisungen auch für den Einzelfall erteilen oder die erforderlichen Maßnahmen selbst treffen.

(2) ¹Örtlich zuständig ist, soweit nichts anderes vorgeschrieben ist, die Behörde des Wohnorts, bei mehreren Wohnungen des Ortes der Hauptwohnung im Sinne des Melderechtsrahmengesetzes, mangels eines solchen des Aufenthaltsortes des Antragstellers oder Betroffenen, bei juristischen Personen, Handelsunternehmen oder Behörden die Behörde des Sitzes oder des Ortes der beteiligten Niederlassung oder Dienststelle. ²Besteht im Inland kein Sitz, keine Niederlassung oder keine Dienststelle, so ist die Behörde des Wohnorts oder des Aufenthaltsorts eines Empfangsberechtigten zuständig. ³Anträge können mit Zustimmung der örtlich zuständigen Verwaltungsbehörde von einer gleichgeordneten auswärtigen Behörde, mit Zustimmung der zuständigen obersten Landesbehörden oder der von ihnen bestimmten oder nach Landesrecht zuständigen Stellen auch in einem anderen Land,

Zuständigkeiten   § 46 FZV **4**

behandelt und erledigt werden. ⁴Verlangt die Verkehrssicherheit ein sofortiges Eingreifen, so kann an Stelle der örtlich zuständigen Behörde jede ihr gleichgeordnete Behörde mit derselben Wirkung Maßnahmen auf Grund dieser Verordnung vorläufig treffen.

(3) ¹Die Zuständigkeiten der Verwaltungsbehörden auf Grund dieser Verordnung werden für die Dienstbereiche der Bundeswehr, der Bundespolizei, der Bundesanstalt Technisches Hilfswerk und der Polizeien der Länder durch deren Dienststellen nach Bestimmung der Fachminister wahrgenommen. ²Die Zuständigkeiten der Verwaltungsbehörden in Bezug auf die Kraftfahrzeuge und Anhänger der auf Grund des Nordatlantikvertrags errichteten internationalen militärischen Hauptquartiere, soweit die Fahrzeuge ihren regelmäßigen Standort im Geltungsbereich dieser Verordnung haben, werden durch die Dienststellen der Bundeswehr nach Bestimmung des Bundesministers der Verteidigung wahrgenommen. ³Für den Dienstbereich der Polizeien der Länder kann die Zulassung von Kraftfahrzeugen und ihrer Anhänger nach Bestimmung der Fachminister durch die nach Absatz 1 zuständigen Behörden vorgenommen werden.

Begr (VkBl 06 612): *Die zuständigen Verwaltungsbehörden werden nach Landesrecht bestimmt. Für* **1**
die zuständigen obersten Landesbehörden wird eine Ermächtigung aufgenommen, in bestimmten Fällen den Verwaltungsbehörden Weisungen auch für den Einzelfall erteilen zu können oder die erforderlichen Maßnahmen selbst zu treffen. Die Vorschrift entspricht sinngemäß der bestehenden Regelung des § 44 StVO, die sich in der Praxis bewährt hat. Neu aufgenommen wird die Möglichkeit, mit Zustimmung der zuständigen obersten Landesbehörden Anträge auch bei dazu bestimmten Behörden eines anderen Bundeslandes zu stellen. Damit soll eine flexible Zusammenarbeit, auch länderübergreifend, ermöglicht werden. Diese Zustimmung kann generell und nicht auf den Einzelfall beschränkt erteilt werden. Im Übrigen folgt die Vorschrift dem bisherigen § 68 StVZO.
Begründung des Bundesrates für die Einfügung des Wortes „unteren" vor dem Wort „Verwaltungsbehörden" in Absatz 1 Satz 1: *Beibehaltung der bisherigen Rechtslage.*
Begründung des Bundesrates für die jetzige Fassung des Absatzes 2 Sätze 1 und 2: *Klarstellung der örtlichen Zuständigkeit in Fällen, in denen mehrere Wohnungen vorhanden sind und bei juristischen Personen, Handelsunternehmen oder Behörden, die keinen Sitz im Inland haben. Die Regelung entspricht der Regelung des § 73 Abs. 2 Fahrerlaubnis-Verordnung.*
Begründung des Bundesrates für die Einfügung der Wörter „oder die/der von ihnen bestimmten oder nach Landesrecht zuständigen Stellen" jeweils nach dem Wort „Landesbehörden" in Absatz 1 Satz 2 und in Absatz 2 Satz 3: *Es obliegt der Dispositionshoheit des Landes, welche Stellen innerhalb eines Landes berechtigt sind, den Verwaltungsbehörden Weisungen zu erteilen/in den in Rede stehenden Fällen die Zustimmung zu erteilen. ...*

1. Sachlich zuständig für die Ausführung der FZV sind die durch Landesrecht bestimmten **2** unteren Verwaltungsbehörden, Abs I S 1. Ihnen obliegen die Aufgaben der **Zulassungsbehörde** nach § 1 I S 1 StVG. Nach dem Vorbild von § 44 I S 2 und 3 StVO wurde eine Ermächtigung für die zuständigen obersten Landesbehörden oder die von ihnen bestimmten oder nach Landesrecht zuständigen Stellen in § 46 I aufgenommen, den ZulB Weisungen auch für den Einzelfall zu erteilen oder die erforderlichen Maßnahmen selbst zu treffen, Abs I S 2.

2. Örtlich zuständig ist die ZulB des **Wohnorts**, Abs II S 1, ohne Rücksicht auf eine uU **3** überholte Eintragung im Melderegister, BVerwG VM **81** 50, VG Dü DAR **77** 279. Bei mehreren Wohnungen ist die ZulB des Ortes der Hauptwohnung iSd Melderechtsrahmengesetzes örtlich zuständig, Abs II S 1. Wenn es keinen Wohnort in Deutschland gibt, ist die ZulB des **Aufenthaltsortes** des Antragstellers oder Betroffenen örtlich zuständig, Abs II S 1. Aufenthaltsort ist der Ort der körperlichen Anwesenheit in einem bestimmten Amtsbereich, s *Bouska* VD **78** 175. Bei juristischen Personen, Handelsunternehmen oder Behörden ist die ZulB des **Sitzes** oder des Ortes der beteiligten Niederlassung oder Dienststelle örtlich zuständig, Abs II S 1. Sitz ist der Ort, der nach Gesetz, Satzung oder Verleihung als Sitz bestimmt ist, hilfsweise entsprechend § 17 I S 2 ZPO der Ort, an dem die Verwaltung geführt wird; siehe auch § 3 I Nr 3b VwVfG. Der Begriff des Handelsunternehmens, den es auch in der Zuständigkeitsregelung des § 68 II S 1 StVZO gibt, ist nicht näher definiert. Er sollte weit ausgelegt werden, weil nicht ersichtlich ist, warum Gewerbetreibende, die Handel treiben, anders zu behandeln sind als andere Gewerbetreibende. Wenn im Falle von im Ausland ansässigen juristischen Personen, Handelsunternehmen oder Behörden in Deutschland kein Sitz, keine Niederlassung oder keine Dienststelle besteht, ist die ZulB des Wohnortes oder des Aufenthaltsortes eines **Empfangsberechtigten** (natürliche Person) örtlich zuständig, Abs II S 2. Wenn es in diesen Fällen keinen

4 FZV § 47 Abschnitt 7. Durchführungs- und Schlussvorschriften

solchen Empfangsberechtigten gibt, ist keine Zulassung von Fahrzeugen in Deutschland möglich. Kein Anspruch auf Aufhebung eines Verwaltungsaktes allein wegen örtlicher Unzuständigkeit, § 46 VwVfG, s BVerwG VM **81** 50. Zur Eintragung in die Zulassungsbescheinigung Teil I bei Vereinigungen, ausländischen Haltern mit Empfangsberechtigtem im Inland und gesetzlichen Vertretern s § 6 Rz 5.

4 Mit Zustimmung der örtlich zuständigen ZulB können Anträge auch von einer **anderen ZulB** bearbeitet werden, Abs II S 3. Die Zustimmung kann bis zur Unanfechtbarkeit der Entscheidung, also auch noch im Widerspruchs- und gerichtlichen Verfahren erteilt werden, VG Kö DAR **90** 310 (Anm *Siegmund*). Mit Zustimmung der zuständigen obersten Landesbehörde oder der von ihr bestimmten oder nach Landesrecht zuständigen Stellen können Anträge auch von einer ZulB in einem **anderen Bundesland** bearbeitet werden, Abs II S 3. Damit soll eine flexible Zusammenarbeit, auch länderübergreifend, ermöglicht werden (Begr VkBl **06** 612). Diese Zustimmung kann allgemein und nicht nur auf den Einzelfall beschränkt erteilt werden (Begr VkBl **06** 612).

5 Wenn die Verkehrssicherheit ein **sofortiges Eingreifen** erfordert, kann **jede ZulB** mit derselben Wirkung wie die örtlich zuständige ZulB Maßnahmen auf Grund der FZV vorläufig treffen, Ab II S 4.

6 **3. Besondere Zuständigkeiten** für die Fz der Bundeswehr, der Bundespolizei, des THW und der Polizeien der Länder werden nach Abs III S 1 durch Bestimmung der jeweiligen Fachminister festgelegt. Diese Behörden haben die erforderlichen Verwaltungsmaßnahmen für ihren Dienstbereich durch eigene Dienststellen zu treffen. Die Zulassung von Fz der Polizeien der Länder kann allerdings nach Bestimmung der jeweils zuständigen Innenminister und -senatoren der Länder durch die gem Abs I zuständigen ZulB vorgenommen werden. Zuständige Fachminister zur Festlegung der Zuständigkeiten nach Abs III S 1 sind für die Bundeswehr der Bundesminister der Verteidigung, für die Bundespolizei und die Bundesanstalt Technisches Hilfswerk der Bundesminister des Innern, für die Polizeien der Länder die Innenminister und -senatoren der Länder, s Übersicht des BMV (z.T. überholt), VkBl **63** 187, 456, **88** 297 = StVRL § 68 StVZO Nr 1.

7 Dienststellen der Bundeswehr nehmen die Aufgaben der Verwaltungsbehörden für die Fahrzeuge der **Nato-Truppen** in Deutschland nach Bestimmung durch den Bundesverteidigungsminister wahr (Abs 3 S 2). Die Zulassung wird allerdings durch die NATO-Truppen selbst durchgeführt (§ 20 Rz 21).

8 **4. Zuständigkeiten für Ausnahmen** s § 47.

Ausnahmen

47 (1) ¹Ausnahmen können genehmigen
1. die zuständigen obersten Landesbehörden oder die von ihnen bestimmten oder nach Landesrecht zuständigen Stellen von den Vorschriften der Abschnitte 1 bis 5 dieser Verordnung, jedoch nicht von § 12 Abs. 1 und 2 Satz 2, in bestimmten Einzelfällen oder allgemein für bestimmte einzelne Antragsteller; sofern die Ausnahmen erhebliche Auswirkungen auf das Gebiet anderer Länder haben, ergeht die Entscheidung im Einvernehmen mit den zuständigen Behörden dieser Länder,
2. die zuständigen obersten Landesbehörden vom Erfordernis der Neuzuteilung eines Kennzeichens bei Wechsel des Zulassungsbereiches des Fahrzeugs innerhalb des jeweiligen Landes,
3. das Bundesministerium für Verkehr, Bau und Stadtentwicklung durch Rechtsverordnung ohne Zustimmung des Bundesrates nach Anhörung der zuständigen obersten Landesbehörden von allen Vorschriften dieser Verordnung, sofern die Ausnahmen allgemein gelten sollen und nicht die Landesbehörden nach Nummer 1 zuständig sind.

²In den Fällen des Satzes 1 Nr. 2 ist das Kraftfahrt-Bundesamt rechtzeitig zu unterrichten.

(2) **Der örtliche Geltungsbereich jeder Ausnahme ist festzulegen.**

(3) **Sind in der Ausnahmegenehmigung Auflagen oder Bedingungen festgesetzt, so ist die Ausnahmegenehmigung vom Fahrzeugführer bei Fahrten mitzuführen und zuständigen Personen auf Verlangen zur Prüfung auszuhändigen.**

Ausnahmen § 47 FZV 4

(4) **Die Bundeswehr, die Polizei, die Bundespolizei, die Feuerwehr, das Technische Hilfswerk und die anderen Einheiten und Einrichtungen des Katastrophenschutzes sowie der Zolldienst sind von den Vorschriften dieser Verordnung befreit, soweit dies zur Erfüllung hoheitlicher Aufgaben unter gebührender Berücksichtigung der öffentlichen Sicherheit und Ordnung dringend geboten ist.**

Begr (VkBl 06 612): *Die zuständigen obersten Landesbehörden oder die von ihnen bestimmten oder* 1
nach Landesrecht zuständigen Stellen können wie bisher im § 70 Abs. 1 Nr. 1 Einzelausnahmen genehmigen. Nicht zulässig sind jedoch Ausnahmen von den Registervorschriften sowie, auf Grund der Bedeutung der Zulassungsbescheinigung Teil II, von den Voraussetzungen zur Ausfüllung eines Vordrucks oder ihrer Ausfertigung.

Neu aufgenommen in den Katalog möglicher Ausnahmen, der dem bisherigen § 70 StVZO folgt, wurde die Möglichkeit, dass die zuständigen obersten Landesbehörden nach Zustimmung des KBA festlegen können, dass auch bei Wechsel des Zulassungsbereiches innerhalb des Landes die Zuteilung eines neuen Kennzeichens nicht erforderlich ist. Diese Festlegung kann generell und nicht auf den Einzelfall beschränkt, getroffen werden. Sie kann auch auf bestimmte Zulassungsbezirke beschränkt werden. Dem Fahrzeughalter kann es freigestellt werden, sich bei diesem Wechsel ein neues Kennzeichen mit dem Unterscheidungszeichen des neuen Zulassungsbezirkes zuteilen zu lassen oder das bisherige Kennzeichen weiter zu nutzen. Die Pflicht zur Meldung und zur Änderung der Fahrzeugpapiere bleibt aber bestehen.

Die Regelung soll erst 23 Monate nach Verkündung der Verordnung, das heißt zu dem Zeitpunkt, zu dem die vollständige Online-Zusammenarbeit der Behörden mit dem Zentralen Fahrzeugregister erfolgt, anwendbar sein, damit die im Zusammenhang mit dem Kennzeichen stehende Regionaltarifierung der Kraftfahrzeugversicherer auf den Wohnort des Fahrzeughalters umgestellt werden kann und die Aufgabe des Kennzeichenwechsels keine Nachteile für den Fahrzeughalter hat.

Klargestellt wurde das Verfahren der Erteilung von Ausnahmen, die Auswirkungen auf andere Bundesländer haben. Die Ausnahmen sind nur im Einvernehmen mit den betroffenen Bundesländern zu erteilen.

Begründung des Bundesrates zu der jetzigen Fassung von Absatz 1 Nr. 1 und Nr. 3: Das Urteil des Bundesverwaltungsgerichts vom 14. April 2005 (3C 3/04) zur Zuständigkeit für bundesweite Ausnahmegenehmigungen zum Schleppen defekter Kraftfahrzeuge führt im Vergleich zur bisherigen Praxis zu einer beträchtlichen Ausweitung der Zuständigkeit des Bundesministeriums für Verkehr, Bau und Stadtentwicklung. Diese weit reichende Zuständigkeit eines Bundesministeriums für reine Vollzugsaufgaben erscheint unter den Gesichtspunkten des Föderalismus und der Verwaltungsreform bedenklich. Unter diesen Gesichtspunkten erscheint aber auch die in § 47 Abs. 1 der Verordnung vorgeschlagene Regelung bedenklich. Es erscheint nicht vertretbar, dass sich zwar ein zuständiges Land nicht über das fehlende Einvernehmen eines anderen Landes hinwegsetzen kann, während sich das Bundesministerium für Verkehr, Bau und Stadtentwicklung über das fehlende Einvernehmen fast aller Länder hinwegsetzen könnte. Da fahrzeugzulassungsrechtliche Entscheidungen in der Regel bundes- und europaweit gültig sind, sind das Erfordernis der Einheitlichkeit der Entscheidung und die Auswirkungen auf das Gebiet anderer Länder für sich allein keine ausreichende Begründung, um eine Bundeszuständigkeit zu bejahen oder ein uneingeschränktes Einvernehmenserfordernis festzulegen. Nur bei erheblichen gebietsbezogenen Auswirkungen erscheint das Einvernehmenserfordernis sachgerecht. Sofern das Einvernehmen nicht erteilt wird, ist dem durch Beschränkung des örtlichen Geltungsbereichs der Ausnahme Rechnung zu tragen. Im Übrigen ist die Einheitlichkeit insbesondere durch entsprechende Bund-Länder-Abstimmungen, Vereinbarungen und Richtlinien sicherzustellen. Die Regelungen des § 47 FZV und des § 70 StVZO sind anzugleichen.

Begründung des Bundesrates zur Streichung der Wörter „im Benehmen mit dem Kraftfahrt-Bundesamt" in Abs. 1 Nr. 2 und zur Anfügung des Satzes 2 „In den Fällen des Satzes 1 Nr. 2 ist das Kraftfahrt-Bundesamt rechtzeitig zu unterrichten.": Es obliegt den Ländern zu entscheiden, ob und gegebenenfalls in welchem Umfang sie von der Ermächtigung des § 47 Abs. 1 Satz 1 Nr. 2 Gebrauch machen. Durch die Notwendigkeit, das Benehmen mit dem Kraftfahrt-Bundesamt herzustellen, werden die Rechte der Länder eingeschränkt. Es ist ausreichend, das Kraftfahrt-Bundesamt so rechtzeitig über die erteilte Ausnahme zu informieren, dass dort die notwendigen datentechnischen Voraussetzungen geschaffen werden können.

Begründung des Bundesrates zu der jetzigen Fassung von Absatz 3: Wegen der Eintragung der Ausnahmegenehmigung in die Zulassungsbescheinigung Teil I kann das Mitführen der Ausnahmegenehmigung auf die Fälle beschränkt werden, in denen die Ausnahmegenehmigung Auflagen oder Bedingungen enthält.

1. § 47 ermöglicht es, **Ausnahmesituationen Rechnung zu tragen,** die die Vorschrift, 2
von deren Regelung eine Ausnahme begehrt wird, nicht berücksichtigt (vgl BVerwG DAR **02** 281, OVG Ko DAR **01** 329). Ob eine beantragte Ausnahmegenehmigung erteilt wird, ist eine

Dauer 1251

4 FZV § 47 Abschnitt 7. Durchführungs- und Schlussvorschriften

Ermessensentscheidung (OVG Ko DAR **01** 329, VG Stade DAR **82** 238 jeweils zu § 52 III StVZO, VGH Mü VRS **74** 234 zu § 34 StVZO). Die Feststellung einer Ausnahmesituation ist Bestandteil der Ermessensentscheidung (BVerwG DAR **02** 281, OVG Münster NZV **00** 514, OVG Münster VRS **106** 236 zu § 33 I 2 StVZO, str, s auch § 46 StVO Rz 23). Die Entscheidung hat sich an den Zwecken der Ermächtigungsgrundlage in § 6 StVG zu orientieren; Wettbewerbsaspekte rechtfertigen keine Ausnahmegenehmigung (VGH Mü VM **92** 93). Die Behörde muss unter Beachtung des Grundsatzes der Verhältnismäßigkeit eine Abwägung zwischen dem mit der betroffenen Bestimmung verfolgten öffentlichen Interesse einerseits und den Interessen des Antragstellers sowie den für eine Ausnahme sprechenden Umständen andererseits vornehmen (zur StVZO OVG Ko DAR **01** 329, OVG Münster NZV **00** 514). Es gelten die gleichen Grundsätze wie bei § 46 StVO (s dort Rz 23).

3 2. Die zuständigen **obersten Landesbehörden** oder die von ihnen bestimmten oder nach Landesrecht zuständigen Stellen können gem Abs 1 S 1 Nr 1 Ausnahmen von den Vorschriften der Abschnitte 1 bis 5 der FZV genehmigen, also nicht von den Fahrzeugregistervorschriften (Abschnitt 6) und den Zuständigkeitsregeln (§ 46 in Abschnitt 7), auch nicht von § 12 I und II S 2, also dem Erfordernis der Verfügungsberechtigung und dem Nachweis der Typ- oder Einzelgenehmigung des Fahrzeugs bei Ausfüllung oder Ausfertigung einer ZB II. Diese Ausnahmegenehmigungen können in bestimmten Einzelfällen oder allgemein für bestimmte einzelne Antragsteller erteilt werden (Abs 1 S 1 Nr 1). Wenn nach Abs 1 S 1 Nr 1 zu erteilende Ausnahmegenehmigungen erhebliche Auswirkungen auf das Gebiet anderer Bundesländer haben, kann die Entscheidung nur im Einvernehmen mit den zuständigen Behörden dieser Länder ergehen (Abs 1 S 1 Nr 1 HS 2).

4 3. **Beibehaltung des Kennzeichens bei Umzug innerhalb des Bundeslandes.** Seit 1. 9. 08 (§ 50 VII) können die zuständigen obersten Landesbehörden Ausnahmen vom Erfordernis der Neuzuteilung eines Kennzeichens bei Wechsel des Zulassungsbereiches (§ 13 III S 1) innerhalb des jeweiligen Landes genehmigen (Abs 1 S 1 Nr 2). Diese Festlegung kann generell und nicht nur auf den Einzelfall beschränkt getroffen werden; sie kann auch auf bestimmte Zulassungsbereiche beschränkt werden (Begr VkBl **06** 612). Wenn derartige Ausnahmen genehmigt werden ist das KBA rechtzeitig zu unterrichten (Abs 1 S 2), damit dort die notwendigen datentechnischen Voraussetzungen geschaffen werden können (Begr VkBl **06** 613). Wenn die Beibehaltung des Kennzeichens bei Umzug in den Bezirk einer anderen ZulB innerhalb desselben Bundeslandes erlaubt worden ist, steht es dem FzHalter frei, ob er von dieser Möglichkeit Gebrauch macht oder ob er sich ein neues Kennzeichen mit dem Unterscheidungszeichen des neuen Zulassungsbezirks zuteilen lässt. Der Umzug muss aber in jedem Fall unverzüglich gem § 13 I S 1 Nr 1 unter Vorlage der ZB Teil I und Teil II der nach dem Umzug örtlich zuständigen ZulB mitgeteilt werden (s Begr VkBl **06** 612). Die Beibehaltung des bisherigen Kennzeichens hat keine nachteiligen Auswirkungen auf die Einstufung der Kfz-Haftpflichtversicherung, weil die Versicherer auf ein wohnortbasiertes Regionalklassensystem umgestellt haben. Ihnen werden deswegen Wohnsitz- und Sitzwechsel in den Bereich einer anderen ZulB mitgeteilt, § 35 II Nr 4 (s Begr VkBl **06** 611).

5 4. Das **BMV** kann durch Rechtsverordnung ohne Zustimmung des Bundesrates, aber nach Anhörung der zuständigen obersten Landesbehörden Ausnahmen von allen Vorschriften der FZV genehmigen, sofern die Ausnahmen allgemein gelten sollen und nicht die Landesbehörden nach Abs 1 S 1 Nr 1 zuständig sind (Abs 1 S 1 Nr 3).

6 5. **Allgemeine Anforderungen.** Der örtliche Geltungsbereich jeder Ausnahme ist festzulegen (Abs 2). Sind in der Ausnahmegenehmigung Auflagen oder Bedingungen festgelegt worden, so ist die Ausnahmegenehmigung vom Fahrzeugführer bei allen Fahrten mitzuführen und zuständigen Personen auf Verlangen zur Prüfung auszuhändigen (Abs 3). Verstoß gegen diese Pflicht ist nicht ordnungswidrig. Ansonsten müssen die Ausnahmegenehmigungen nicht mitgeführt werden, da sie in die ZB I eingetragen werden (s Begr VkBl **06** 613).

7 6. Die **Befreiung von Bundeswehr, Polizei, Bundespolizei, Feuerwehr, THW, anderen Einheiten und Einrichtungen des Katastrophenschutzes und des Zolls** von den Vorschriften der FZV nach Abs 4 steht unter dem Vorbehalt, dass dies zur Erfüllung hoheitlicher Aufgaben und unter gebührender Berücksichtigung der öffentlichen Sicherheit und Ordnung dringend geboten sein muss.

Verweis auf technische Regelwerke §§ 48, 49 FZV **4**

Ordnungswidrigkeiten

48 Ordnungswidrig im Sinne des § 24 des Straßenverkehrsgesetzes handelt, wer vorsätzlich oder fahrlässig
1. entgegen
   a) § 3 Abs. 1 Satz 1, § 4 Abs. 1 oder § 9 Abs. 3 Satz 5,
   b) § 10 Abs. 12, auch in Verbindung mit § 16 Abs. 5 Satz 3, § 17 Abs. 2 Satz 4 oder § 19 Abs. 1 Nr. 3 Satz 5 oder
   c) § 16 Abs. 2 Satz 7, § 19 Abs. 1 Nr. 4 Satz 3 oder § 27 Abs. 7, auch in Verbindung mit § 28 Satz 5,
   ein Fahrzeug in Betrieb setzt,
2. entgegen § 3 Abs. 4, § 4 Abs. 6, § 5 Abs. 2 Satz 2, § 10 Abs. 12 Satz 2, § 13 Abs. 1 Satz 6, § 16 Abs. 2 Satz 8 oder Abs. 5 Satz 4, § 17 Abs. 2 Satz 5 oder § 19 Abs. 1 Nr. 3 Satz 6 oder Nr. 4 Satz 4 die Inbetriebnahme eines Fahrzeugs auf öffentlichen Straßen anordnet oder zulässt,
3. entgegen § 4 Abs. 2 Satz 1 oder Abs. 3 Satz 1 oder 2 ein Kennzeichen an einem Fahrzeug nicht führt,
4. entgegen § 4 Abs. 4 ein Kraftfahrzeug oder einen Krankenfahrstuhl nicht, nicht richtig oder nicht vollständig kennzeichnet,
5. entgegen § 4 Abs. 5 Satz 1, § 11 Abs. 5, § 16 Abs. 2 Satz 3 oder Abs. 3 Satz 4, auch in Verbindung mit § 17 Abs. 2 Satz 1, § 20 Abs. 5 oder § 26 Abs. 1 Satz 6 ein dort genanntes Dokument nicht mitführt oder auf Verlangen nicht aushändigt,
6. entgegen § 4 Abs. 5 Satz 2 oder § 16 Abs. 3 Satz 6 ein dort genanntes Dokument nicht aufbewahrt oder auf Verlangen nicht aushändigt,
7. einer vollziehbaren Anordnung oder Auflage nach § 5 Abs. 1 oder § 13 Abs. 1 Satz 5 zuwiderhandelt,
8. entgegen § 5 Abs. 2 oder § 25 Abs. 3 ein Fahrzeug nicht außer Betrieb setzen lässt,
9. entgegen § 9 Abs. 3 Satz 5 ein Fahrzeug außerhalb des Betriebszeitraums auf öffentlichen Straßen abstellt,
10. entgegen § 11 Abs. 6 oder § 12 Abs. 4 Satz 5 eine Bescheinigung nicht abliefert,
11. entgegen § 12 Abs. 4 Satz 1 oder 2, § 13 Abs. 2 Satz 1 oder 2 oder § 14 Abs. 1 Satz 1 eine Anzeige nicht, nicht richtig, nicht vollständig oder nicht rechtzeitig erstattet,
12. entgegen § 13 Abs. 1 Satz 1 bis 4, Abs. 3 Satz 3 oder Abs. 4 Satz 1 eine Mitteilung nicht, nicht richtig, nicht vollständig oder nicht rechtzeitig macht,
13. entgegen § 13 Abs. 2 Satz 3 oder § 15 Abs. 1 Satz 1 ein dort genanntes Dokument nicht vorlegt,
14. entgegen § 14 Abs. 1 Satz 1 die Kennzeichen nicht vorlegt,
15. entgegen § 16 Abs. 2 Satz 2 oder Abs. 3 Satz 3 eine Eintragung nicht, nicht richtig, nicht vollständig oder nicht rechtzeitig fertigt,
16. entgegen § 16 Abs. 2 Satz 6 ein Kurzzeitkennzeichen an nicht nur einem Fahrzeug verwendet,
17. entgegen § 16 Abs. 3 Satz 5 eine Aufzeichnung nicht, nicht richtig, nicht vollständig oder nicht rechtzeitig fertigt,
18. entgegen § 16 Abs. 3 Satz 7 ein Kennzeichen und ein Fahrzeugscheinheft nicht rechtzeitig der Zulassungsbehörde zurückgibt oder
19. entgegen § 21 Abs. 1 Satz 1 oder Abs. 2 Satz 1 an einem in einem anderen Staat zugelassenen Kraftfahrzeug oder Anhänger ein Kennzeichen oder ein Unterscheidungszeichen nicht oder nicht wie dort vorgeschrieben führt.

Begr (VkBl 06 613): *Die Bestimmungen zu den Ordnungswidrigkeiten folgen im Grunde den bisherigen Regelungen in § 69a StVZO sowie dem § 14 VOInt. ...*

Verweis auf technische Regelwerke

49 (1) ¹DIN-Normen, EN-Normen oder ISO-Normen, auf die in dieser Verordnung verwiesen wird, sind im Beuth Verlag GmbH, Berlin, erschienen. ²Sie sind beim Deutschen Patent- und Markenamt in München archivmäßig gesichert niedergelegt.

(2) ¹RAL-Farben, auf die in dieser Verordnung Bezug genommen wird, sind dem Farbregister RAL 840-HR entnommen. ²Das Farbregister wird vom RAL Deutsches Institut

für Gütesicherung und Kennzeichnung e. V., Siegburger Straße 39, 53757 St. Augustin, herausgegeben und ist dort erhältlich.

Begr (VkBl **06** 614): *Hinweis auf Bezugsmöglichkeit und Einsicht in angeführte Normen.*

Übergangsbestimmungen

50 (1) Fahrzeuge, die nach § 18 Abs. 2 der Straßenverkehrs-Zulassungs-Ordnung in der bis zum 28. Februar 2007 geltenden Fassung der Zulassungspflicht oder dem Zulassungsverfahren nicht unterworfen waren und die vor dem 1. März 2007 erstmals in Verkehr kamen, bleiben weiterhin zulassungsfrei.

(2) Kennzeichen, die vor dem 1. März 2007 nach Maßgabe der Straßenverkehrs-Zulassungs-Ordnung zugeteilt worden sind, bleiben gültig.

(3) ¹Folgende vor dem 1. März 2007 ausgefertigte Fahrzeugdokumente gelten als Fahrzeugdokumente im Sinne dieser Verordnung fort:
1. Fahrzeugscheine und Anhängerscheine, die
    a) den Mustern 2, 2a, 2b, 3 und 3a der Bundesgesetzblatt Teil III, Gliederungsnummer 9232–1, veröffentlichten bereinigten Fassung,
    b) den Mustern 2a, 2b und 3 der Straßenverkehrs-Zulassungs-Ordnung in der Fassung der Verordnung vom 21. Juli 1969 (BGBl. I S. 845),
    c) den Mustern 2a und 2b der Straßenverkehrs-Zulassungs-Ordnung in der Fassung der Bekanntmachung vom 15. November 1974 (BGBl. I S. 3193) und
    d) den Mustern 2a und 2b der Straßenverkehrs-Zulassungs-Ordnung in der Fassung der Bekanntmachung vom 28. September 1988 (BGBl. I S. 1793)
   entsprechen;
2. Fahrzeugbriefe, die durch eine Zulassungsbehörde bis zum 30. September 2005 ausgefertigt worden sind; ein Umtausch in eine Zulassungsbescheinigung Teil II ist erforderlich, wenn der Fahrzeugschein nach bisher gültigen Mustern durch eine Zulassungsbescheinigung Teil I ersetzt wird;
3. Fahrzeugscheine, die durch die Bundeswehr bis zum 30. September 2005 ausgefertigt worden sind;
4. Zulassungsbescheinigungen Teil I (Fahrzeugscheine), die dem Muster 2a der Straßenverkehrs-Zulassungs-Ordnung in der Fassung der Verordnung vom 24. September 2004 (BGBl. I S. 2374) entsprechen und ab 1. Oktober 2005 ausgefertigt worden sind;
5. Zulassungsbescheinigungen Teil II (Fahrzeugbriefe), die dem Muster 2b der Straßenverkehrs-Zulassungs-Ordnung in der Fassung der Verordnung vom 24. September 2004 (BGBl. I S. 2374) entsprechen und ab 1. Oktober 2005 ausgefertigt worden sind;
6. Zulassungsbescheinigungen Teil I (Fahrzeugscheine) der Bundeswehr, die dem Muster 2c der Straßenverkehrs-Zulassungs-Ordnung in der Fassung der Verordnung vom 24. September 2004 (BGBl. I S. 2374) entsprechen und ab 1. Oktober 2005 ausgefertigt worden sind.

²Vordrucke für Zulassungsbescheinigungen, die den in Satz 1 Nr. 4 bis 6 benannten Mustern entsprechen, dürfen noch bis zum 31. März 2008 aufgebraucht werden.

(4) Vordrucke, die den Mustern 6, 6a, 7 und 9 der Straßenverkehrs-Zulassungs-Ordnung in der Fassung der Verordnung vom 24. September 2004 (BGBl. I S. 2374) entsprechen, dürfen noch bis zum 31. März 2008 aufgebraucht werden.

(5) ¹Die Vorschriften über die Speicherung der Daten nach § 30 Abs. 1 Nr. 1 in Verbindung mit § 6 Abs. 4 Nr. 1 bis 3, nach § 30 Abs. 1 Nr. 1 in Verbindung mit § 6 Abs. 7 Nr. 2 hinsichtlich der Nummer und des Datums der Erteilung der Genehmigung, nach § 30 Abs. 1 Nr. 1 in Verbindung mit § 6 Abs. 7 Nr. 7 Buchstabe d hinsichtlich der zulässigen Anhängelast und des Leistungsgewichts bei Krafträdern, Buchstabe h hinsichtlich der Nenndrehzahl sowie Buchstabe i bis l, der Daten nach § 30 Abs. 1 Nr. 2 und 5 sowie Nr. 6 hinsichtlich des Datums der Zuteilung, Nr. 7 Buchstabe b, Nr. 15 bis 17 und 19 Buchstabe b und d sowie Nr. 20 bis 24 und der auf das Kurzzeitkennzeichen bezogenen Daten nach § 30 Abs. 2 jeweils im Zentralen Fahrzeugregister sind ab dem 1. September 2008 anzuwenden. ²Eine Nacherfassung dieser Daten für Fahrzeuge, die zu diesem Zeitpunkt bereits in Verkehr waren, erfolgt nicht.

(6) Die Vorschriften über die Übermittlung der in Absatz 5 genannten Daten an das Zentrale Fahrzeugregister sind ab dem 1. September 2008 anzuwenden.

(7) § 47 Abs. 1 Nr. 2 ist ab dem 1. September 2008 anzuwenden.

Übergangsbestimmungen　　　　　　　　　　　　　　　　　　　　　**§ 50 FZV 4**

Begr (VkBl **06** 614): *Zur Wahrung des Besitzstandes werden Übergangsregelungen getroffen, dass auf Fahrzeuge, die sich bereits in Verkehr befinden auch weiterhin die bisherigen Vorschriften über die Zulassungsfreiheit und die Verwendung von Fahrzeugbriefen und -scheinen, Vordrucken zum Versicherungsschutz sowie Kennzeichen Anwendung finden. Die neue Vorschrift hat demzufolge keine nachteiligen Auswirkungen auf diese Fahrzeuge und deren Halter. Für die Anwendung der Neuregelung zur Speicherung von Daten im Zentralen und den örtlichen Fahrzeugregistern sowie für deren Übermittlung wurden Übergangsvorschriften aufgenommen, um entsprechende Programmänderungen zu realisieren.* 1

1. Vor Inkrafttreten der FZV am 1. 3. 07 zugeteilte **Kennzeichen bleiben gültig** (Abs II). Die Worte *die nach Maßgabe der StVZO zugeteilt worden sind,* haben nicht die Bedeutung, dass Kennzeichen, die bis zum 28. 2. 07 nicht nach der StVZO, sondern nach der 49. AusnahmeVO (rote Oldtimer-Kennzeichen) und nach der IntVO (Ausfuhrkennzeichen) zugeteilt worden sind, am 1. 3. 07 ungültig wurden. Abs II will vielmehr zum Ausdruck bringen, dass alle vor dem 1. 3. 07 zugeteilten Kennzeichen unbeschadet der Rechtsänderungen gültig bleiben. Diese Vorschrift hat im Übrigen nur deklaratorischen Charakter, denn um zu einer Ungültigkeit eines Kennzeichens zu kommen, müsste der Verwaltungsakt, mit dem dieses Kennzeichen zugeteilt worden ist, widerrufen werden. 2

2. Übergangsbestimmungen für Umtausch des FzScheins in eine Zulassungsbescheinigung Teil I oder des FzBriefs in eine Zulassungsbescheinigung Teil II für den Fall, dass der jeweils andere Teil ersetzt wird. Wenn ein Fahrzeugschein nach bisher gültigen Mustern durch eine Zulassungsbescheinigung Teil I ersetzt wird, ist auch ein Umtausch des vor dem 1. 10. 05 ausgestellten Fahrzeugbriefs in eine Zulassungsbescheinigung Teil II erforderlich, § 50 III S 1 Nr 2 Halbsatz 2. Die bis zum 28. 2. 07 gültige Regelung, wonach ein Fahrzeugschein nach altem Muster durch eine Zulassungsbescheinigung Teil I zu ersetzen war, wenn ein Fahrzeugbrief durch eine Zulassungsbescheinigung Teil II ersetzt wird (§ 72 StVZO zu Muster 2a – alt), ist dagegen aus unbekannten Gründen nicht in die FZV übernommen worden. Es ist gleichwohl so zu verfahren, da es keine geteilte Zulassungsbescheinigung gibt und deswegen die Ausstellung eines Teils zwingend auch die Ausstellung des anderen Teils zur Folge hat. 3

5. Straßenverkehrs-Zulassungs-Ordnung (StVZO)

In der Fassung der Bekanntmachung vom 28. September 1988 (BGBl. I 1793), zuletzt geändert durch VO vom 25. September 2008 (BGBl. I 1878)

Inhaltsübersicht

A. Personen
(aufgehoben)

B. Fahrzeuge

I. Zulassung von Fahrzeugen im allgemeinen

- § 16 Grundregel der Zulassung
- § 17 Einschränkung und Entziehung der Zulassung

II. Betriebserlaubnis und Bauartgenehmigung

- § 18 *(aufgehoben)*
- § 19 Erteilung und Wirksamkeit der Betriebserlaubnis
- § 20 Allgemeine Betriebserlaubnis für Typen
- § 21 Betriebserlaubnis für Einzelfahrzeuge
- § 21a Anerkennung von Genehmigungen und Prüfzeichen auf Grund internationaler Vereinbarungen und von Rechtsakten der Europäischen Gemeinschaften
- § 21b Anerkennung von Prüfungen auf Grund von Rechtsakten der Europäischen Gemeinschaften
- § 21c *(aufgehoben)*
- § 22 Betriebserlaubnis für Fahrzeugteile
- § 22a Bauartgenehmigung für Fahrzeugteile
- § 23 Gutachten für die Einstufung eines Fahrzeugs als Oldtimer
- §§ 24–28 *(aufgehoben)*
- § 29 Untersuchung der Kraftfahrzeuge und Anhänger

II a. *(aufgehoben)*

III. Bau- und Betriebsvorschriften

1. Allgemeine Vorschriften

- § 30 Beschaffenheit der Fahrzeuge
- § 30a Durch die Bauart bestimmte Höchstgeschwindigkeit sowie maximales Drehmoment und maximale Nutzleistung des Motors
- § 30b Berechnung des Hubraums
- § 30c Vorstehende Außenkanten, Frontschutzsysteme
- § 30d Kraftomnibusse
- § 31 Verantwortung für den Betrieb der Fahrzeuge
- § 31a Fahrtenbuch
- § 31b Überprüfung mitzuführender Gegenstände
- § 31c Überprüfung von Fahrzeuggewichten
- § 31d Gewichte, Abmessungen und Beschaffenheit ausländischer Fahrzeuge
- § 31e Geräuscharme ausländische Kraftfahrzeuge

2. Kraftfahrzeuge und ihre Anhänger

- § 32 Abmessungen von Fahrzeugen und Fahrzeugkombinationen
- § 32a Mitführen von Anhängern
- § 32b Unterfahrschutz
- § 32c Seitliche Schutzvorrichtungen
- § 32d Kurvenlaufeigenschaften
- § 33 Schleppen von Fahrzeugen
- § 34 Achslast und Gesamtgewicht
- § 34a Besetzung, Beladung und Kennzeichnung von Kraftomnibussen
- § 34b Laufrollenlast und Gesamtgewicht von Gleiskettenfahrzeugen
- § 35 Motorleistung
- § 35a Sitze, Sicherheitsgurte, Rückhaltesysteme, Rückhalteeinrichtungen für Kinder
- § 35b Einrichtungen zum sicheren Führen der Fahrzeuge
- § 35c Heizung und Lüftung
- § 35d Einrichtungen zum Auf- und Absteigen an Fahrzeugen
- § 35e Türen
- § 35f Notausstiege in Kraftomnibussen
- § 35g Feuerlöscher in Kraftomnibussen
- § 35h Erste-Hilfe-Material in Kraftfahrzeugen
- § 35i Gänge, Anordnung von Fahrgastsitzen und Beförderung von Fahrgästen in Kraftomnibussen
- § 35j Brennverhalten der Innenausstattung bestimmter Kraftomnibusse
- § 36 Bereifung und Laufflächen
- § 36a Radabdeckungen, Ersatzräder
- § 37 Gleitschutzeinrichtungen und Schneeketten
- § 38 Lenkeinrichtung
- § 38a Sicherungseinrichtungen gegen unbefugte Benutzung von Kraftfahrzeugen
- § 38b Fahrzeug-Alarmsysteme
- § 39 Rückwärtsgang
- § 39a Betätigungseinrichtungen, Kontrollleuchten und Anzeiger
- § 40 Scheiben, Scheibenwischer, Scheibenwascher, Entfrostungs- und Trocknungsanlagen für Scheiben
- § 41 Bremsen und Unterlegkeile
- § 41a Druckgasanlagen und Druckbehälter
- § 41b Automatischer Blockierverhinderer
- § 42 Anhängelast hinter Kraftfahrzeugen und Leergewicht
- § 43 Einrichtungen zur Verbindung von Fahrzeugen
- § 44 Stützeinrichtung und Stützlast
- § 45 Kraftstoffbehälter
- § 46 Kraftstoffleitungen
- § 47 Abgase

Dauer

5 StVZO — Inhaltsübersicht

§ 47 a Abgasuntersuchung (AU) – Untersuchung der Abgase von im Verkehr befindlichen Kraftfahrzeugen –
§ 47 b *(aufgehoben)*
§ 47 c Ableitung von Abgasen
§ 47 d Kohlendioxidemissionen und Kraftstoffverbrauch
§ 48 Emissionsklassen für Kraftfahrzeuge
§ 49 Geräuschentwicklung und Schalldämpferanlage
§ 49 a Lichttechnische Einrichtungen, allgemeine Grundsätze
§ 50 Scheinwerfer für Fern- und Abblendlicht
§ 51 Begrenzungsleuchten, vordere Rückstrahler, Spurhalteleuchten
§ 51 a Seitliche Kenntlichmachung
§ 51 b Umrißleuchten
§ 51 c Parkleuchten, Park-Warntafeln
§ 52 Zusätzliche Scheinwerfer und Leuchten
§ 52 a Rückfahrscheinwerfer
§ 53 Schlußleuchten, Bremsleuchten, Rückstrahler
§ 53 a Warndreieck, Warnleuchte, Warnblinkanlage
§ 53 b Ausrüstung und Kenntlichmachung von Anbaugeräten und Hubladebühnen
§ 53 c Tarnleuchten
§ 53 d Nebelschlußleuchten
§ 54 Fahrtrichtungsanzeiger
§ 54 a Innenbeleuchtung in Kraftomnibussen
§ 54 b Windsichere Handlampe
§ 55 Einrichtungen für Schallzeichen
§ 55 a Elektromagnetische Verträglichkeit
§ 56 Spiegel und andere Einrichtungen für indirekte Sicht
§ 57 Geschwindigkeitsmeßgerät und Wegstreckenzähler
§ 57 a Fahrtschreiber und Kontrollgerät
§ 57 b Prüfung der Fahrtschreiber und Kontrollgeräte
§ 57 c Ausrüstung von Kraftfahrzeugen mit Geschwindigkeitsbegrenzern und ihre Benutzung
§ 57 d Einbau und Prüfung von Geschwindigkeitsbegrenzern
§ 58 Geschwindigkeitsschilder
§ 59 Fabrikschilder, sonstige Schilder, Fahrzeug-Identifizierungsnummer
§ 59 a Nachweis der Übereinstimmung mit der Richtlinie 96/53/EG
§ 60 *(aufgehoben)*
§ 60 a *(aufgehoben)*
§ 61 Halteeinrichtungen für Beifahrer sowie Fußstützen und Ständer von zweirädrigen Kraftfahrzeugen
§ 61 a Besondere Vorschriften für Anhänger hinter Fahrrädern mit Hilfsmotor
§ 62 Elektrische Einrichtungen von elektrisch angetriebenen Kraftfahrzeugen

3. Andere Straßenfahrzeuge

§ 63 Anwendung der für Kraftfahrzeuge geltenden Vorschriften
§ 64 Lenkeinrichtung, sonstige Ausrüstung und Bespannung
§ 64 a Einrichtungen für Schallzeichen
§ 64 b Kennzeichnung
§ 65 Bremsen
§ 66 Rückspiegel
§ 66 a Lichttechnische Einrichtungen
§ 67 Lichttechnische Einrichtungen an Fahrrädern

C. Durchführungs-, Bußgeld- und Schlußvorschriften

§ 68 Zuständigkeiten
§ 69 *(aufgehoben)*
§ 69 a Ordnungswidrigkeiten
§ 69 b *(aufgehoben)*
§ 70 Ausnahmen
§ 71 Auflagen bei Ausnahmegenehmigungen
§ 72 Inkrafttreten und Übergangsbestimmungen
§ 73 Technische Festlegungen

Anlagen*

I bis VII *(aufgehoben)*
VIII Untersuchung der Fahrzeuge
VIII a Durchführung der Hauptuntersuchung
VIII b Anerkennung von Überwachungsorganisationen
VIII c Anerkennung von Kraftfahrzeugwerkstätten zur Durchführung von Sicherheitsprüfungen und/oder Untersuchungen der Abgase sowie Schulung der verantwortlichen Personen und Fachkräfte
VIII d Untersuchungsstellen zur Durchführung von Hauptuntersuchungen, Sicherheitsprüfungen, Untersuchungen der Abgase und wiederkehrenden Gasanlagenprüfungen
IX Prüfplakette für die Untersuchung von Kraftfahrzeugen und Anhängern
IX a Plakette für die Durchführung von Abgasuntersuchungen
IX b Prüfmarke und SP-Schild für die Durchführung von Sicherheitsprüfungen
X Fahrgasttüren, Notausstiege, Gänge und Anordnung von Fahrgastsitzen in Kraftomnibussen
XI *(aufgehoben)*
XI a *(aufgehoben)*
XI b *(aufgehoben)*
XII Bedingungen für die Gleichwertigkeit von Luftfederungen und bestimmten anderen Federungssystemen an der (den) Antriebsachse(n) des Fahrzeugs
XIII Zulässige Zahl von Sitzplätzen und Stehplätzen in Kraftomnibussen
XIV Emissionsklassen für Kraftfahrzeuge
XV Zeichen für geräuscharme Kraftfahrzeuge
XVI Maßnahmen gegen die Emission verunreinigter Stoffe aus Dieselmotoren zum Antrieb von land- oder forstwirtschaftlichen Zugmaschinen
XVII Gassystemeinbauprüfungen und sonstige Gasanlagenprüfungen

---

* Die Anlagen zur StVZO sind hier nicht abgedruckt.

Vorbemerkung   **vor § 16 StVZO 5**

XVIIa	Anerkennung von Kraftfahrzeugwerkstätten zur Durchführung von Gassystemeinbauprüfungen oder von wiederkehrenden und sonstigen Gasanlagenprüfungen sowie Schulung der verantwortlichen Personen und Fachkräfte	XX	*(aufgehoben)*
		XXI	Kriterien für lärmarme Kraftfahrzeuge
		XXII	*(aufgehoben)*
		XXIII	*(aufgehoben)*
		XXIV	*(aufgehoben)*
XVIII	Prüfung der Fahrtschreiber und Kontrollgeräte	XXV	Maßnahmen gegen die Verunreinigung der Luft durch Gase von Kraftfahrzeugen mit Fremd- oder Selbstzündungsmotoren (Definition schadstoffarmer Personenkraftwagen gemäß Europa-Norm)
XVIIIa	Durchführung der Prüfungen von Fahrtschreibern und Kontrollgeräten		
XVIIIb	Prüfstellen für die Durchführung von Prüfungen der Fahrtschreiber und Kontrollgeräte	XXVI	Maßnahmen gegen die Verunreinigung der Luft durch Partikel von Kraftfahrzeugen mit Selbstzündungsmotor
XVIIIc	Anerkennung von Fahrtschreiber- oder Kontrollgeräteherstellern und von Fahrzeugherstellern oder Fahrzeugimporteuren zur Durchführung von Prüfungen	XXVII	Maßnahmen gegen die Verunreinigung der Luft durch Partikel von Nutzfahrzeugen sowie von mobilen Maschinen und Geräten mit Selbstzündungsmotor
XVIIId	Anerkennung von Kraftfahrzeugwerkstätten zur Durchführung von Prüfungen sowie Schulung der mit der Prüfung beauftragten Fachkräfte	XXVIII	Beispiel für einen Warnhinweis vor der Verwendung einer nach hinten gerichteten Rückhalteeinrichtung für Kinder auf Beifahrerplätzen mit Airbag
XIX	Teilegutachten	XXIX	EG-Fahrzeugklassen

Anhang

Muster

1 bis 2c   *(aufgehoben)*
2d   Datenbestätigung
3 bis 12   *(aufgehoben)*

km	für Kilometer		s^2	für Sekundenquadrat	
km/h	für Kilometer je Stunde		m/s^2	für Meter je Sekundenquadrat	
l	für Liter		min^{-1}	für U/min	
m	für Meter		kW (Kilowatt)		für PS
mm	für Millimeter		J (Joule)	für mkg	
t	für Tonne		N/mm^2 (Newton durch Quadratmillimeter)		für kg/cm^2
V	für Volt				
W	für Watt		N/mm (Newton durch Millimeter)		für kg/cm
°	für Grad (Winkel)				
°C	für Grad Celcius		bar (Bar) Überdruck		für atü.
s	für Sekunde				

Vorbemerkung. Die StVZO vom 13. 11. 37 (RGBl I 1215, 1354) ist vielfach geändert worden. Die **Dienstanweisungen** (DA) des Reichsverkehrsministers zur StVZO, die der BMV, VkBl **61** 441, veröffentlicht hat, enthalten, soweit sie noch gelten, Durchführungsbestimmungen. Das **Kapitel „A. Personen"** (§§ 1 bis 15l) wurde durch die Verordnung über die Zulassung von Personen zum Straßenverkehr und zur Änderung straßenverkehrsrechtlicher Vorschriften vom 18. 8. 1998 (BGBl I 2214) aufgehoben. Der Inhalt des früheren Kapitels A ist nunmehr in der am 1. 1. 1999 in Kraft getretenen Fahrerlaubnis-Verordnung (FeV, s Buchteil **3**) geregelt. Die Verordnung zur Neuordnung des Rechts der Zulassung von Fahrzeugen zum Straßenverkehr und zur Änderung straßenverkehrsrechtlicher Vorschriften vom 25. 4. 2006 (BGBl I 988, Begr VkBl **06** 602) hat die Regelungen über die **Zulassung von Kfz** mit einer bauartbedingten Höchstgeschwindigkeit von mehr als 6 km/h und die **Zulassung von Kfz-Anhängern** zum öffentlichen StrV seit dem 1. 3. 2007 in der Fahrzeug-Zulassungsverordnung (FZV, s Buchteil **4**) zusammengefasst. In den §§ 16, 17 StVZO finden sich die Vorschriften zur Zulassung von Fahrzeugen, die nicht in den Anwendungsbereich der FZV fallen. Als Folge der Schaffung der FZV wurden die früheren §§ 18, 21c, 23–25, 27–28, 29a–29h, 60, 60a, die Anlagen I, II und IV–VII und die Muster 1d, 2a–2c, 3, 4, 6, 7, 9 und 12 StVZO am 1. 3. 2007 aufgehoben (VO v 25. 4. 06, BGBl I 988, 1069ff).

Anlagen und Muster zur StVZO: Beck-Loseblattwerk „Straßenverkehrsrecht".

Dauer

A. Personen
(§§ 1–15 l aufgehoben)

B. Fahrzeuge

I. Zulassung von Fahrzeugen im allgemeinen

Grundregel der Zulassung

16 (1) Zum Verkehr auf öffentlichen Straßen sind alle Fahrzeuge zugelassen, die den Vorschriften dieser Verordnung und der Straßenverkehrs-Ordnung entsprechen, soweit nicht für die Zulassung einzelner Fahrzeugarten ein Erlaubnisverfahren vorgeschrieben ist.

(2) Schiebe- und Greifreifenrollstühle, Rodelschlitten, Kinderwagen, Roller, Kinderfahrräder und ähnliche nicht motorbetriebene Fortbewegungsmittel sind nicht Fahrzeuge im Sinne dieser Verordnung.

1 **Begr** zur ÄndVO v 22. 10. 03: VkBl **03** 744.

2 **1. Grundsatz der Verkehrsfreiheit für Fahrzeuge.** Wie für die Zulassung von Personen zum StrV (§ 1 FeV) sieht die StVZO im Grundsatz auch für Fze allgemeine Verkehrsfreiheit vor, jedoch unter wesentlichen Einschränkungen: a) die Fze müssen vorschriftsmäßig sein; b) für Kfze mit einer bauartbedingten Höchstgeschwindigkeit von mehr als 6 km/h und ihre Anhänger besteht Zulassungspflicht (§ 3 FZV). Der Grundsatz gilt für den Verkehr auf öffentlichen Straßen (§ 1 StVG). Fahrzeug iS von Abs 1 kann grundsätzlich auch ein ausgemusterter (entwaffneter) Panzer sein, OVG Münster NZV **99** 102, s dazu § 19 II a.

3 **Bestimmte nicht motorbetriebene Fortbewegungsmittel** wie Schiebe- und Greifreifenrollstühle, Rodelschlitten, Kinderwagen, Roller (sowohl Kinder- als auch Erwachsenenroller) und Kinderfahrräder fallen weder in den Anwendungsbereich der StVZO (Abs 2) noch in den der FZV (§ 1 FZV) noch in den der StVO (§ 24 I StVO). Kinderfahrräder sind Fahrräder, die üblicherweise zum spielerischen Umherfahren im Vorschulalter verwendet werden (VwV zu § 24 I StVO, III). Die auch von Erwachsenen gebrauchten, nicht motorisierten Miniroller („Kickboards", „Skooter") fallen unter Abs 2; denn sie haben ein ähnliches Erscheinungsbild wie andere, von Kindern benutzte Roller und werden in gleicher Weise bewegt. Daher – und um Übereinstimmung mit § 24 I StVO herzustellen – wurde die durch ÄndVO v 23. 3. 00 erfolgte Ersetzung des Begriffs „Roller" durch das Wort „Kinderroller" durch ÄndVO v 22. 10. 03 (BGBl I 2085) rückgängig gemacht (s Begr, VkBl **03** 744). Sind sie motorisiert, so sind sie den Kfzen zuzuordnen und uU (nach Maßgabe von § 4 FeV) fahrerlaubnispflichtig, s *Huppertz* VD **03** 184, *Ternig* VD **03** 264. Entsprechendes gilt für Elektrofahrräder, sofern sie ohne hinzutretende Muskelkraft fahren, *Huppertz* PVT **05** 213. Besondere Fortbewegungsmittel (Abs 2), s §§ 24, 31 StVO.

4 Selbstbalancierende einachsige batteriebetriebene sog **Segway** Human/Personal Transporters sind Kfz (§ 1 II StVG) und, da die bbH mehr als 6 km/h beträgt, zulassungspflichtig (*Huppertz* VD **05** 150). Sie sind allerdings ohne Ausnahmegenehmigung nicht zulassungsfähig, da verschiedene technische Vorschriften nicht eingehalten werden. Zum Führen des Segway wird eine FE der Klasse B benötigt. Sie dürfen nur auf der Fahrbahn bewegt werden (§ 2 I 1 StVO). Nach Durchführung eines Pilotversuchs 2005 im Saarland mit Ausnahmegenehmigung zur Benutzung von Fußgängerverkehrsflächen, Radwegen und Fahrradstraßen (*Strube* PVT **05** 211, *Kettler* NZV **08** 71) beabsichtigte das BMV zunächst, eine AusnahmeVO zur Zulassung dieses Fz zu erlassen (DAR **07** 434). Im Vorgriff auf diese erwartete bundesrechtliche Regelung ließen mehrere Länder Segways bereits im Ausnahmewege zu (krit *Kettler* NZV **08** 71). Nachdem das BMV jedoch seine Absicht zum Erlass einer AusnahmeVO aufgab (DAR **08** 58), forderte der Bundesrat die BReg durch Entschließung v 20. 12. 07 (BR-Drs 844/07 Beschluss) auf, kurzfristig die Voraussetzungen für eine straßenverkehrsrechtliche Zulassung des Segway in Deutschland zu schaffen. Bei Abschluss dieser Auflage war offen, ob und ggf unter welchen Rahmenbedingungen dieses Fz allgemein zum StrV zugelassen wird.

Lit: *Huppertz*, Die rechtliche Einordnung des „Segway Human Transporters", VD **05** 150. *Kettler*, Segway, NZV **08** 71. *Strube*, Segway – Pilotprojekt mit einem neuen Fz im Saarland, PVT **05** 211. *Ternig*, Wie sollte man Kickboards und Elektro-Dreiräder einordnen? VD **01** 29.

Einschränkung und Entziehung der Zulassung § 17 StVZO **5**

2. Vorschriftsmäßigkeit des Fahrzeugs. Die Fze müssen den Vorschriften der §§ 30–67 entsprechen. Die StVO enthält nur noch im § 23 I (Beleuchtungseinrichtungen) eine Ausrüstungsvorschrift. Folgen der Benutzung unvorschriftsmäßiger Fze im Verkehr: § 17 und § 5 FZV. 5

3. Zulassungsverfahren für Kraftfahrzeuge und deren Anhänger. Sie unterliegen besonderer Zulassung (§§ 3ff FZV). Der Zulassung bedarf jedes einzelne Fz, das unter den Begriff des Kfz mit einer bauartbedingten Höchstgeschwindigkeit von mehr als 6 km/h oder Kfz-Anhängers (§ 1 I StVG, § 2 Nr 1 und 2 FZV) fällt, soweit nicht § 3 II FZV Ausnahmen zulässt. Ohne Zulassung dürfen diese Fze im Verkehr nicht benutzt werden. Auch gewisse FzTeile, auch soweit sie an anderen Fzen als Kfzen verwendet werden, unterliegen besonderer Zulassung (§§ 22, 22a). Für Kfze mit Auslandszulassung gelten die deutschen Zulassungsvorschriften nur zT (§ 20 FZV Rz 14), doch müssen sie, wie § 20 III FZV ergibt, verkehrssicher sein (s dazu §§ 20–22 FZV). Die Führer solcher Fz unterliegen § 23 StVO. 6

Einschränkung und Entziehung der Zulassung

17 (1) Erweist sich ein Fahrzeug, das nicht in den Anwendungsbereich der Fahrzeug-Zulassungsverordnung fällt, als nicht vorschriftsmäßig, so kann die Verwaltungsbehörde dem Eigentümer oder Halter eine angemessene Frist zur Behebung der Mängel setzen und nötigenfalls den Betrieb des Fahrzeugs im öffentlichen Verkehr untersagen oder beschränken; der Betroffene hat das Verbot oder die Beschränkung zu beachten.

(2) *(aufgehoben)*

(3) Besteht Anlaß zur Annahme, daß das Fahrzeug den Vorschriften dieser Verordnung nicht entspricht, so kann die Verwaltungsbehörde zur Vorbereitung einer Entscheidung nach Absatz 1, je nach den Umständen
1. die Beibringung eines Sachverständigengutachtens darüber, ob das Fahrzeug den Vorschriften dieser Verordnung entspricht, oder
2. die Vorführung des Fahrzeugs

anordnen und wenn nötig mehrere solcher Anordnungen treffen.

Begr zur ÄndVO v 24. 9. 04: BRDrucks 344/04 S 32. 1

Begr zur VO v 25. 4. 06 (VkBl **06** 614): … *wird § 17 gegenüber § 5 FZV abgegrenzt.*

1. Anwendungsbereich. § 17 betrifft nur Fahrzeuge, die nicht unter die FZV fallen und die nicht durch § 16 II von der Anwendung der StVZO ausgenommen sind, also andere nichtmotorisierte Fz (zB Fahrräder) und Fahrzeuge mit einer bauartbedingten Höchstgeschwindigkeit von nicht mehr als 6 km/h. Kfz-Anhänger unterfallen der FZV und sind damit von § 17 ausgenommen. 2

2. Maßnahmen bei erwiesener Unvorschriftsmäßigkeit. Unter den Voraussetzungen von Abs I ist Untersagung oder Beschränkung des Betriebs eines Fahrzeugs im öffentlichen Straßenverkehr möglich. Zulässig und geboten sind solche Maßnahmen bei Fahrzeugen, die sich als nicht vorschriftsmäßig erweisen. Nicht vorschriftsmäßig sind Fahrzeuge, die nicht den Bau- oder Betriebsvorschriften entsprechen, zB nicht verkehrssicher sind (§ 31). Zulässig sind die in Abs I genannten Maßnahmen erst, wenn sich die Unvorschriftsmäßigkeit erweist, dh offenbar hervortritt oder als vorhanden feststeht. Verfügung zur Mangelbeseitigung ist auch dann rechtmäßig, wenn die Mängel bei Erlass der Verfügung zwar beseitigt waren, der Halter dies aber noch nicht mitgeteilt hatte, VGH Ma NZV **07** 51. 3

3. Die zulässigen Maßnahmen. Die zuständige VB (§ 68) muss das zur Gefahrabwendung Nötige und Angemessene anordnen (sonst Amtspflichtverletzung). Örtlich zuständig ist die Behörde des Wohnorts (§ 68 II), nicht des Fahrzeugstandorts, OVG Bautzen NZV **98** 430. Die Polizei erstattet einen Mängelbericht an die Zulassungsbehörde; eigene Maßnahmen darf sie nur vorläufig im Fall und für die Dauer unmittelbarer Gefährdung treffen, da § 17 als Spezialregelung dem allgemeinen Polizeirecht vorgeht, *Laub* SVR **06** 286 f. Daher darf sie dem Halter nicht Mängelbeseitigung unter Fristsetzung und Anzeigedrohung aufgeben, OVG Münster VIII A 907/67, *Huppertz* VD **99** 154; aus § 68 II S 4 lässt sich nichts Gegenteiliges entnehmen, weil Abs II des § 68 nur die *örtliche* Zuständigkeit regelt, *Dvorak*, Polizei **84** 241. Bei vorläufigen Maßnahmen muss sie sofort, in der Regel fernmündlich, die Entscheidung der Zulassungsbehörde herbeiführen. 4

Setzen angemessener Frist zur Behebung der Mängel. Ist der Mangel behebbar, so wird dem Bedürfnis nach Sicherung oft genügt, wenn dem Halter oder Eigentümer aufgegeben wird, für Beseitigung zu sorgen. Dafür ist ihm eine ausreichende Frist zu setzen. Sie kann still- 5

Dauer

schweigend verlängert werden. Die Verfügung ist an den Halter (§ 7 StVG) zu richten. Ist der Halter nicht zugleich Eigentümer, wie bei Sicherungsübereignung oder Eigentumsvorbehalt, so kann sie auch an den Eigentümer oder an beide zugleich gerichtet werden. Ob und unter welchen Voraussetzungen das mangelhafte Fahrzeug im Verkehr verwendet werden darf, hängt von der Art des Mangels ab (§§ 23 StVO, 31 StVZO).

6   **Beschränkung oder Untersagung des Betriebs.** Soweit zur Verkehrssicherheit erforderlich, darf die VB dem Halter für die Verwendung des nicht vorschriftsmäßigen Fahrzeugs Beschränkungen auferlegen oder die Verwendung bis zur Mängelbeseitigung untersagen. Dabei hat sie das Übermaßverbot zu beachten (**E** 2). Unnötiges darf sie nicht anordnen. Beschränkungen: Verweisung auf bestimmte Straßen, Benutzung nur zu bestimmten Tageszeiten, Anwendung bestimmter Vorsichtsmaßnahmen, Fahrt nur unter bestimmten Bedingungen, etwa nur bis zur nächsten Werkstatt. Ist auf diese Weise keine Sicherung erreichbar, so kommt als schärfste Maßnahme in Betracht, jede Verwendung des Fahrzeugs im Verkehr zu untersagen, jedoch nur als „ultima ratio", VG Fra NZV **90** 166 (zust *Jagow* VD **92** 50), VG Dü DAR **61** 122. Keine Betriebsuntersagung allein deswegen, weil ein im Übrigen nicht vorschriftswidriges Fahrzeugs mit bauartbestimmter Höchstgeschwindigkeit von nicht mehr als 6 km/h den fließenden Verkehr beeinträchtigt, OVG Münster NZV **95** 413. Beschränkungen oder Untersagen des Betriebs werden häufig als vorläufige Maßnahme bis zur Behebung des Mangels neben der Fristsetzung nötig werden. Sie können aber auch als selbstständige Maßnahmen angeordnet werden. Insbesondere wird der Betrieb zu untersagen sein, wenn der Halter oder Eigentümer den Mangel schuldhaft nicht beseitigt. Die Fristsetzung hebt ein Benutzungsverbot nicht auf, Bay DAR **52** 171. Soweit der Gefahr der Verkehrsteilnahme mit nicht vorschriftsmäßigen Fahrzeugen im Straßenverkehr zu begegnen ist, geht § 17 den verwaltungsrechtlichen Bestimmungen über die polizeiliche Gefahrenabwehr als lex specialis vor, OVG Bautzen NZV **98** 430, OVG Münster NZV **99** 102; insoweit daher **keine Beschlagnahme** des Fahrzeugs nach den Polizeigesetzen, VGH Ma DAR **93** 363. Die Bestimmung verdrängt als lex specialis auch die verwaltungsverfahrensrechtlichen Vorschriften über Widerruf und Rücknahme eines Verwaltungsaktes, OVG Münster NZV **99** 102.

Lit: *Dvorak*, Untersagung oder Einschränkung des Betriebs eines Fzs wegen technischer Mängel durch PolBe, Polizei **84** 240. *Huppertz*, Ausstellung einer Mängelkarte …, VD **99** 153. *Kreutel*, Untersagung/Beschränkung des Betriebs von Fzen durch PolBe, Polizei **83** 335. *Rebler*, Halterpflichten und Betriebsuntersagung nach § 17 StVZO, VD **05** 34.

7   **4. Pflicht, die Anordnungen zu beachten.** Abs I verpflichtet den Betroffenen (Halter oder Eigentümer), das Verbot oder die Beschränkung zu beachten. Zuwiderhandlung ist ow (Rz 10).

8   **5. Kontrolle der Ausführung.** Die VB hat die Einhaltung nachzuprüfen. Sie kann sich mit Vollzugsanzeige oder Bestätigung der Werkstatt begnügen. Sie kann Vorführung des Fahrzeugs oder Prüfung durch einen Sachverständigen anordnen.

9   **6. Maßnahmen zur Vorbereitung der Entscheidung (Abs III).** Die VB kann dem Halter oder Eigentümer auferlegen, ein Sachverständigengutachten beizubringen, etwa wenn zweifelhaft ist, ob ein ordnungswidriger Zustand vorliegt, ob und unter welchen Voraussetzungen das Fahrzeug noch im Verkehr verwendet werden darf, ob der Mangel behebbar ist, was zur Behebung geschehen kann, ob ein Mangel inzwischen behoben ist, s VGH Ka VM **76** 39. Anders als nach § 5 III FZV und § 19 II S 5 Nr 1 StVZO muss es sich nicht um das Gutachten eines amtlich anerkannten Sachverständigen oder Prüfers (§§ 1 ff KfSachvG) oder eines Prüfingenieurs (Anl VIII b Nr 3.9) handeln. Kommt der Halter oder Eigentümer der Auflage binnen angemessener Frist schuldhaft nicht nach, so wird die VB den Betrieb untersagen müssen, OVG Ko DAR **85** 358, *Rebler* VD **05** 38. Bloße Nichtbeachtung der Anordnung oder die Weigerung, ihr zu folgen, ist als solche nicht ow.

Die VB kann **anordnen, das Fahrzeug vorzuführen,** s VGH Ka VM **76** 39. Namentlich bei NichtKfzen wird es uU genügen, das Fahrzeug an Amtsstelle oder bei einer benannten Stelle vorzuführen, Vorführung vor einem Sachverständigen oder Prüfer wird nicht immer nötig sein. Bei grundloser Weigerung des Halters ist der Betrieb des Fahrzeugs idR zu untersagen, OVG Ko DAR **85** 358.

10   **7. Ordnungswidrig** sind im Bereich des § 17 nur die Verstöße gegen Verbote oder Beschränkungen gemäß Abs I (§ 69 a II Nr 1). Nichtbefolgung einer Vorführungsverfügung ist nicht bußgeldbewehrt.

Erteilung und Wirksamkeit der Betriebserlaubnis § 19 StVZO 5

II. Betriebserlaubnis und Bauartgenehmigung

18 *(aufgehoben)*

Erteilung und Wirksamkeit der Betriebserlaubnis

19 (1) ¹Die Betriebserlaubnis ist zu erteilen, wenn das Fahrzeug den Vorschriften dieser Verordnung, den zu ihrer Ausführung erlassenen Anweisungen des Bundesministeriums für Verkehr, Bau und Stadtentwicklung und den Vorschriften der Verordnung (EWG) Nr. 3821/85 des Rates vom 20. Dezember 1985 über das Kontrollgerät im Straßenverkehr (ABl. EG Nr. L 370 S. 8) entspricht. ²Die Betriebserlaubnis ist ferner zu erteilen, wenn das Fahrzeug anstelle der Vorschriften dieser Verordnung die Einzelrichtlinien in ihrer jeweils geltenden Fassung erfüllt, die

1. in Anhang IV der Richtlinie 92/53/EWG des Rates vom 18. Juni 1992 zur Änderung der Richtlinie 70/156/EWG zur Angleichung der Rechtsvorschriften der Mitgliedstaaten über die Betriebserlaubnis für Kraftfahrzeuge und Kraftfahrzeuganhänger (ABl. EG Nr. L 225 S. 1) oder
2. in Anhang II Kapitel B der Richtlinie 2003/37/EG des Europäischen Parlaments und des Rates vom 26. Mai 2003 über die Typgenehmigung für land- oder forstwirtschaftliche Zugmaschinen, ihre Anhänger und die von ihnen gezogenen auswechselbaren Maschinen sowie für Systeme, Bauteile und selbständige technische Einheiten dieser Fahrzeuge und zur Aufhebung der Richtlinie 74/150/EWG (ABl. EU Nr. L 171 S. 1) oder
3. in Anhang I der Richtlinie 2002/24/EG des Europäischen Parlaments und des Rates vom 18. März 2002 über die Typgenehmigung für zweirädrige oder dreirädrige Kraftfahrzeuge und zur Aufhebung der Richtlinie 92/61/EWG des Rates (ABl. EG Nr. L 124 S. 1)

in seiner jeweils geltenden Fassung genannt sind. ³Die jeweilige Liste der in Anhang IV der Betriebserlaubnisrichtlinie 92/53/EWG, in Anhang II der Typgenehmigungsrichtlinie 2003/37/EG und in Anhang I der Typgenehmigungsrichtlinie 2002/24/EG genannten Einzelrichtlinien wird unter Angabe der Kurzbezeichnungen und der ersten Fundstelle aus dem Amtsblatt der Europäischen Gemeinschaften vom Bundesministerium für Verkehr, Bau- und Wohnungswesen im Verkehrsblatt bekanntgemacht und fortgeschrieben. ⁴Die in Satz 2 genannten Einzelrichtlinien sind jeweils ab dem Zeitpunkt anzuwenden, zu dem sie in Kraft treten und nach Satz 3 bekanntgemacht worden sind. ⁵Soweit in einer Einzelrichtlinie ihre verbindliche Anwendung vorgeschrieben ist, ist nur diese Einzelrichtlinie maßgeblich.

(2) ¹Die Betriebserlaubnis des Fahrzeugs bleibt, wenn sie nicht ausdrücklich entzogen wird, bis zu seiner endgültigen Außerbetriebsetzung wirksam. ²Sie erlischt, wenn Änderungen vorgenommen werden, durch die

1. die in der Betriebserlaubnis genehmigte Fahrzeugart geändert wird,
2. eine Gefährdung von Verkehrsteilnehmern zu erwarten ist oder
3. das Abgas- oder Geräuschverhalten verschlechtert wird.

³Sie erlischt ferner für Fahrzeuge der Bundeswehr, für die § 20 Abs. 3 b oder § 21 Satz 5 angewendet worden ist, sobald die Fahrzeuge nicht mehr für die Bundeswehr zugelassen sind. ⁴Für die Erteilung einer neuen Betriebserlaubnis gilt § 21 entsprechend. ⁵Besteht Anlaß zur Annahme, daß die Betriebserlaubnis erloschen ist, kann die Verwaltungsbehörde zur Vorbereitung einer Entscheidung

1. die Beibringung eines Gutachtens eines amtlich anerkannten Sachverständigen, Prüfers für den Kraftfahrzeugverkehr oder eines Prüfingenieurs darüber, ob das Fahrzeug den Vorschriften dieser Verordnung entspricht, oder
2. die Vorführung des Fahrzeugs

anordnen und wenn nötig mehrere solcher Anordnungen treffen; auch darf eine Prüfplakette nach Anlage IX nicht zugeteilt werden.

(2 a) ¹Die Betriebserlaubnis für Fahrzeuge, die nach ihrer Bauart speziell für militärische oder polizeiliche Zwecke sowie für Zwecke des Brandschutzes und des Katastrophenschutzes bestimmt sind, bleibt nur so lange wirksam, wie die Fahrzeuge für die Bundeswehr, die Bundespolizei, die Polizei, die Feuerwehr oder den Katastrophenschutz zugelassen oder eingesetzt werden. ²Für Fahrzeuge nach Satz 1 darf eine Betriebserlaubnis nach § 21 nur der Bundeswehr, der Bundespolizei, der Polizei, der Feuerwehr oder dem Ka-

Dauer

tastrophenschutz erteilt werden; dies gilt auch, wenn die für die militärischen oder die polizeilichen Zwecke sowie die Zwecke des Brandschutzes und des Katastrophenschutzes vorhandene Ausstattung oder Ausrüstung entfernt, verändert oder unwirksam gemacht worden ist. ³Ausnahmen von Satz 2 für bestimmte Einsatzzwecke können gemäß § 70 genehmigt werden.

(3) ¹Abweichend von Absatz 2 Satz 2 erlischt die Betriebserlaubnis des Fahrzeugs jedoch nicht, wenn bei Änderungen durch Ein- oder Anbau von Teilen

1. für diese Teile
   a) eine Betriebserlaubnis nach § 22 oder eine Bauartgenehmigung nach § 22a erteilt worden ist oder
   b) der nachträgliche Ein- oder Anbau im Rahmen einer Betriebserlaubnis oder eines Nachtrags dazu für das Fahrzeug nach § 20 oder § 21 genehmigt worden ist

   und die Wirksamkeit der Betriebserlaubnis, der Bauartgenehmigung oder der Genehmigung nicht von der Abnahme des Ein- oder Anbaus abhängig gemacht worden ist oder

2. für diese Teile
   a) eine EWG-Betriebserlaubnis, eine EWG-Bauartgenehmigung oder eine EG-Typgenehmigung nach Europäischem Gemeinschaftsrecht oder
   b) eine Genehmigung nach Regelungen in der jeweiligen Fassung entsprechend dem Übereinkommen vom 20. März 1958 (BGBl. 1965 II S. 857) über die Annahme einheitlicher Bedingungen für die Genehmigung der Ausrüstungsgegenstände und Teile von Kraftfahrzeugen und über die gegenseitige Anerkennung der Genehmigung, soweit diese von der Bundesrepublik Deutschland angewendet werden,

   erteilt worden ist und eventuelle Einschränkungen oder Einbauanweisungen beachtet sind oder

3. die Wirksamkeit der Betriebserlaubnis, der Bauartgenehmigung oder der Genehmigung dieser Teile nach Nummer 1 Buchstabe a oder b von einer Abnahme des Ein- oder Anbaus abhängig gemacht ist und die Abnahme unverzüglich durchgeführt und nach § 22 Abs. 1 Satz 5, auch in Verbindung mit § 22a Abs. 1a, bestätigt worden ist oder

4. für diese Teile
   a) die Identität mit einem Teil gegeben ist, für das ein Gutachten eines Technischen Dienstes nach Anlage XIX über die Vorschriftsmäßigkeit eines Fahrzeugs bei bestimmungsgemäßem Ein- oder Anbau dieser Teile (Teilegutachten) vorliegt,
   b) der im Gutachten angegebene Verwendungsbereich eingehalten wird und
   c) die Abnahme des Ein- oder Anbaus unverzüglich durch einen amtlich anerkannten Sachverständigen oder Prüfer für den Kraftfahrzeugverkehr oder durch einen Kraftfahrzeugsachverständigen oder Angestellten nach Abschnitt 7.4a der Anlage VIII durchgeführt und der ordnungsgemäße Ein- oder Anbau entsprechend § 22 Abs. 1 Satz 5 bestätigt worden ist; § 22 Abs. 1 Satz 2 und Absatz 2 Satz 3 gilt entsprechend.

²Werden bei Teilen nach Nummer 1 oder 2 in der Betriebserlaubnis, der Bauartgenehmigung oder der Genehmigung aufgeführte Einschränkungen oder Einbauanweisungen nicht eingehalten, erlischt die Betriebserlaubnis des Fahrzeugs.

(4) ¹Der Führer des Fahrzeugs hat in den Fällen

1. des Absatzes 3 Nr. 1 den Abdruck oder die Ablichtung der betreffenden Betriebserlaubnis, Bauartgenehmigung, Genehmigung im Rahmen der Betriebserlaubnis oder eines Nachtrags dazu oder eines Auszugs dieser Erlaubnis oder Genehmigung, der die für die Verwendung wesentlichen Angaben enthält, und
2. des Absatzes 3 Nr. 3 und 4 einen Nachweis nach einem vom Bundesministerium für Verkehr, Bau und Stadtentwicklung im Verkehrsblatt bekanntgemachten Muster über die Erlaubnis, die Genehmigung oder das Teilegutachten mit der Bestätigung des ordnungsgemäßen Ein- oder Anbaus sowie den zu beachtenden Beschränkungen oder Auflagen

mitzuführen und zuständigen Personen auf Verlangen auszuhändigen. ²Satz 1 gilt nicht, wenn die Zulassungsbescheinigung Teil I, das Anhängerverzeichnis nach § 11 Abs. 1 Satz 2 der Fahrzeug-Zulassungsverordnung oder ein nach § 4 Abs. 5 der Fahrzeug-Zulassungsverordnung mitzuführender oder aufzubewahrender Nachweis einen entsprechenden Eintrag einschließlich zu beachtender Beschränkungen oder Auflagen enthält; anstelle der zu beachtenden Beschränkungen oder Auflagen kann auch ein Vermerk enthalten sein, daß diese in einer mitzuführenden Erlaubnis, Genehmigung oder einem mitzuführenden Nachweis aufgeführt sind. ³Die Pflicht zur Mitteilung von Änderungen nach § 13 der Fahrzeug-Zulassungsverordnung bleibt unberührt.

Erteilung und Wirksamkeit der Betriebserlaubnis § 19 StVZO 5

(5) ¹Ist die Betriebserlaubnis nach Absatz 2 Satz 2 erloschen, dürfen nur solche Fahrten durchgeführt werden, die in unmittelbarem Zu-sammenhang mit der Erlangung einer neuen Betriebserlaubnis stehen. ²Am Fahrzeug sind die bisherigen Kennzeichen oder rote Kennzeichen oder Kurzzeitkennzeichen zu führen. ³Die Sätze 1 und 2 gelten auch für Fahrten, die der amtlich anerkannte Sachverständige für den Kraftfahrzeugverkehr im Rahmen der Erstellung des Gutachtens durchführt.

(6) ¹Werden an Fahrzeugen von Fahrzeugherstellern, die Inhaber einer Betriebserlaubnis für Typen sind, im Sinne des Absatzes 2 Teile verändert, so bleibt die Betriebserlaubnis wirksam, solange die Fahrzeuge ausschließlich zur Erprobung verwendet werden; insoweit ist auch keine Mitteilung an die Zulassungsbehörde erforderlich. ²Satz 1 gilt nur, wenn die Zulassungsbehörde im Fahrzeugschein bestätigt hat, daß ihr das Fahrzeug als Erprobungsfahrzeug gemeldet worden ist.

(7) Die Absätze 2 bis 6 gelten entsprechend für die EG-Typgenehmigung.

Begr zur ÄndVO v 23. 6. 93: VkBl **93** 609. 1

Begr zur ÄndVO v 16. 12. 93 (VkBl **94** 149):

Zu Abs 2: *Die Betriebserlaubnis erlischt nunmehr auch, wenn die Fahrzeugart verändert wird. Dies ist erforderlich, da das Zulassungsverfahren nicht nur technische Aspekte, sondern auch Fragen der steuerlichen Behandlung, der Fahrerlaubnis, der Untersuchungsfristen, der Verhaltensvorschriften und sonstige Belange regelt. Es gelten zudem für die einzelnen Fahrzeugarten zum Teil unterschiedliche Bau- und Ausrüstungsvorschriften …*

*Die Betriebserlaubnis soll weiterhin erlöschen, wenn eine Gefährdung nach solchen Änderungen zu erwarten ist. Bislang war Ursache für das Erlöschen der Betriebserlaubnis nach § 19 Abs. 2 (alt) entweder die Veränderung von Teilen, deren Beschaffenheit vorgeschrieben ist, oder die Veränderung von Teilen, deren Betrieb eine Gefährdung anderer Verkehrsteilnehmer verursachen kann. Es erscheint bedenklich – auch unter dem rechtlichen Gesichtspunkt der Verhältnismäßigkeit der Mittel –, eine so einschneidende Rechtsfolge wie das Erlöschen der Betriebserlaubnis für das Fahrzeug schon dann eintreten zu lassen, wenn durch eine Änderung lediglich Beschaffenheitsvorschriften der StVZO berührt werden, ohne dass gleichzeitig auch eine Gefährdung anderer (also eine Gefährdung der Verkehrssicherheit) zu erwarten ist. Die bloße Möglichkeit der Gefährdung ist zu weitgehend, die Gefährdung muss schon etwas konkreter **zu erwarten** sein …*

*Im Sinne einer größeren Konkretisierung wurde auf die Gefährdung von **Verkehrsteilnehmern** hingewiesen (Fahrzeugführer, Fahrzeuginsassen, andere Verkehrsteilnehmer), da sich sowohl die EU als auch z. B. § 30 (Beschaffenheit der Fahrzeuge) in erster Linie auf den Schutz von Personen orientieren …*

Die Betriebserlaubnis des Fahrzeugs soll schließlich erlöschen, wenn eine Beeinflussung des Abgas- oder Geräuschverhaltens eintritt. Dies ist folgerichtig, weil das Zulassungsverfahren nicht nur technische Aspekte, sondern auch Fragen des Umweltschutzes, der steuerlichen Behandlung, der Untersuchungsfristen und der Gewährung von Benutzervorteilen regelt. Hinsichtlich Abgas- und Lärmemissionen aus Kraftfahrzeugen definiert das Zulassungsverfahren den Stand der Technik, der im Laufe der Jahre auf Grund technischer Fortschritte weiter entwickelt wurde …

Durch § 19 Abs. 2 Satz 3 (neu) wird klargestellt, dass nach Änderungen das Verfahren für die Erteilung von Einzelbetriebserlaubnissen nach § 21 gilt.

…

Begr zur ÄndVO v 9. 12. 94 (VkBl **95** 23):

Zu Abs 7: *Erlischt bei technischen Änderungen am Fahrzeug die nationale Betriebserlaubnis nach § 19 Abs. 2, so muss dies auch für die EG-Typgenehmigung gelten.*

Begr zur ÄndVO v 12. 8. 97 (VkBl **97** 655): **Zu Abs 3:** *Es wird klargestellt, dass „abweichend von Absatz 2 Satz 2" die Betriebserlaubnis des Fahrzeugs dann nicht erlischt, wenn für nachträgliche Änderungen am Fahrzeug eine Genehmigung oder ein Teilegutachten vorliegt.*
In den Fällen
– einer Betriebserlaubnis nach § 22,
– einer Bauartgenehmigung nach § 22a,
– einer Genehmigung im Rahmen einer Fahrzeugbetriebserlaubnis oder eines Nachtrages dazu,
– einer EG-Typgenehmigung für Fahrzeuge, Bauteile und selbstständige technische Einheiten
kann jedoch die Wirksamkeit der Betriebserlaubnis, der Bauartgenehmigung, der Genehmigung von der Ein- oder Anbauabnahme abhängig gemacht sein oder die Erlaubnis oder Genehmigung einer Einschränkung oder eine Einbauanweisung mit Hinweise auf die Notwendigkeit einer Ein- oder Anbauabnahme enthalten.

Dauer

Begr zur ÄndVO v 5. 8. 98 (VkBl **99** 614): **Zu Abs 1:** *Die fristgerechte Umsetzung der EG-Richtlinien bereitet besondere Schwierigkeiten. Die zahlreichen Richtlinienänderungen (wegen der Anpassung an den technischen Fortschritt) und die in den Änderungen enthaltenen z. T. recht kurzen Umsetzungsfristen haben in den letzten Jahren zu hohen Rückständen bei der Umsetzung geführt ... Der Zeitbedarf für jede Umsetzung beläuft sich auf mindestens 4 bis 6 und durchschnittlich 10 Monate. Eine grundlegende Lösung der bestehenden Schwierigkeiten und eine Vermeidung von Umsetzungsrückständen lassen sich nur erreichen, wenn die Richtlinienänderungen, die ohnehin jeweils im Amtsblatt der Europäischen Gemeinschaften veröffentlicht werden, ohne jeweils gesonderte Umsetzungsverordnung – lediglich durch Verweisung in der StVZO – direkt angewendet werden, so wie sie im EG-Amtsblatt verkündet sind. Eine solche gleitende Verweisung ist grundsätzlich nur bei solchen Richtlinien zulässig, die technische Regelungen enthalten und keinen Umsetzungsspielraum mehr für den deutschen Verordnungsgeber lassen. Dies ist bei den betreffenden Richtlinien (insbesondere über die technischen Anforderungen und technischen Prüfverfahren an Fahrzeugen bzw. Fahrzeugteilen) der Fall.*

Begr zur ÄndVO v 3. 2. 99 (VkBl **99** 556) – Begr des Bundesrates –: **Zu Abs 2a:** *Es muss verhindert werden, dass ehemalige Militär- oder Polizeifahrzeuge wie z. B. Schützenpanzer, die nicht für zivile Zwecke gebaut worden sind, nach ihrer Demilitarisierung ohne besondere Absicherung am öffentlichen Straßenverkehr teilnehmen dürfen, da von ihnen eine erhöhte Gefährdung anderer Verkehrsteilnehmer ausgeht, z. B. sehr kurze Bremswege, „zackende Fahrweise", Ausscherbewegungen, Überrollen von Fahrzeugen (auch Pkw). Entsprechendes gilt für ehemalige Feuerwehr- und Katastrophenschutzfahrzeuge. Wenn derartige Fahrzeuge als Arbeitsmaschinen (z. B. Wasserwerfer als Sprengfahrzeuge) eingesetzt werden sollen, können Ausnahmegenehmigungen mit für erforderlich erachteten Nebenbestimmungen erteilt werden.*
...

Begr zur ÄndVO v 24. 9. 04 (BRDrucks 344/04 S 32): **Zu Abs 2:** *Die Änderung ist erforderlich als Folge der Einarbeitung der 26. Ausnahmeverordnung zur StVZO im Hinblick auf das Erlöschen der Betriebserlaubnis der Fahrzeuge der Bundeswehr, wenn diese nicht mehr Halter der Fahrzeuge ist. Die Vorschrift gilt nur für solche Fahrzeuge, für die die Bundeswehr die Erleichterungen nach §§ 20 und 21 in Anspruch genommen hat. Dies sind z. B. Fahrzeuge mit Tarnbeleuchtung. Für zivile Fahrzeuge, die von der Bundeswehr-Fuhrpark-Service verwaltet werden, nimmt die Bundeswehr diese Erleichterungen nicht in Anspruch, so dass in diesen Fällen die Betriebserlaubnis auch nicht erlischt.*

Begr zur ÄndVO v 12. 12. 04: VkBl **05** 15.

Begr zur VO v 25. 4. 06, Begründung zur Änderung durch den Bundesrat (VkBl **06** 615): **Zu Abs 2 S 5 Nr 1:** *Die Begutachtung von Fahrzeugen im Rahmen dieser Vorschrift kann nicht von einem beliebigen Kraftfahrzeugsachverständigen, sondern nur von den amtlich anerkannten Sachverständigen oder Prüfern für den Kraftfahrzeugverkehr oder den Prüfingenieuren der amtlich anerkannten Überwachungsorganisationen durchgeführt werden. Diese Änderung entspricht im Übrigen der Regelung in § 5 Abs. 3 Nr. 1 FZV.*

1a 25. **StVZAusnV** v 1. 7. 1976 idF der VO v 25. 4. 06 (BGBl I 1078, VkBl **06** 598)

§ 1. (1) Abweichend von § 19 Abs. 2 StVZO erlischt die Betriebserlaubnis nicht, wenn an Kraftfahrzeugen eine Vorrichtung zum Schutz der Fahrzeuginsassen bei seitlichem Umstürzen oder rückwärtigem Überschlagen (Umsturzschutzvorrichtung) im Sinne von Abschnitt 24 § 11 der Unfallverhütungsvorschriften der landwirtschaftlichen Berufsgenossenschaften angebracht wird.

(2) **Dies gilt nur, wenn**
1. der Hersteller der Vorrichtung dem Halter unter Berücksichtigung des § 3 dieser Verordnung bescheinigt, dass nach dem Gutachten eines amtlich anerkannten Sachverständigen für den Kraftfahrzeugverkehr die Vorrichtung und ihre Eignung für Fahrzeuge des vom Halter verwendeten Typs den Vorschriften der StVZO entspricht,
2. die Anbringung vom Hersteller der Vorrichtung oder in einer von diesem ermächtigten Werkstatt vorgenommen wird,
3. die Werkstatt in der Bescheinigung nach Nummer 1 den Namen des Fahrzeughalters und die Fahrgestellnummer des Fahrzeugs einträgt sowie die Bescheinigung dem Halter aushändigt und
4. der Halter die Bescheinigung zuständigen Personen auf Verlangen zur Prüfung aushändigt oder die Anbringung der Vorrichtung in den Fahrzeugpapieren vermerkt ist.

§ 2. Abweichend von § 19 Abs. 2 StVZO erlischt bei Kraftfahrzeugen, die in anderen Fällen als nach § 1 durch Anbringen einer Umsturzschutzvorrichtung im Sinne von Ab-

Erteilung und Wirksamkeit der Betriebserlaubnis § 19 StVZO 5

schnitt 24 § 11 der Unfallverhütungsvorschriften der landwirtschaftlichen Berufsgenossenschaften verändert worden sind, die Betriebserlaubnis erst nach Ablauf von sechs Monaten seit Anbringung der Vorrichtung. Voraussetzung ist, dass bis zur Erteilung der neuen Betriebserlaubnis der Halter zuständigen Personen den Zeitpunkt der Anbringung der Vorrichtung nachweist, zum Beispiel durch eine Bescheinigung der ausführenden Werkstatt.

42. StVZAusnV v 22. 12. 1992 idF der VO v 25. 4. 06 (BGBl I 1078, VkBl **06** 598)   **1b**

§ 1. Abweichend von § 19 Abs. 2 der Straßenverkehrs-Zulassungs-Ordnung erlischt die Betriebserlaubnis nicht, wenn an Fahrzeugen, die vor dem 1. Januar 1992 erstmals in den Verkehr gekommen sind, seitliche Schutzvorrichtungen nach § 32 c der Straßenverkehrs-Zulassungs-Ordnung angebracht werden. Dies gilt nur, wenn

1. für die seitlichen Schutzvorrichtungen anstelle einer Betriebserlaubnis nach § 22 der Straßenverkehrs-Zulassungs-Ordnung ein Teilegutachten eines amtlich anerkannten Sachverständigen für den Kraftfahrzeugverkehr über die Vorschriftsmäßigkeit eines Fahrzeugs bei ordnungsgemäßem Anbau der Schutzvorrichtungen vorliegt; § 22 Abs. 1 Satz 2 erster Halbsatz gilt entsprechend,
2. das Teilegutachten durch den Leiter der Technischen Prüfstelle nach § 12 des Kraftfahrsachverständigengesetzes vom 22. Dezember 1971 (BGBl. I S. 2086), zuletzt geändert durch Artikel 4 Nr. 13 des Gesetzes vom 8. Juni 1989 (BGBl. I S. 1026), gegengezeichnet ist, sofern es nach Inkrafttreten dieser Verordnung erstellt wird,
3. dem Teilegutachten sowie dem Abdruck oder der Ablichtung davon eine hinreichend genaue Beschreibung des Anbaus der seitlichen Schutzvorrichtungen für den Fahrzeugtyp oder die Fahrzeugtypen oder die Fahrzeugart oder die Fahrzeugarten beigegeben ist,
4. der Anbau durch einen amtlich anerkannten Sachverständigen oder Prüfer für den Kraftfahrzeugverkehr (§ 22 Abs. 1 Satz 2 zweiter Halbsatz der Straßenverkehrs-Zulassungs-Ordnung) abgenommen worden ist,
5. der ordnungsgemäße Anbau auf dem Teilegutachten oder einem Abdruck oder einer Ablichtung davon oder einer Bestätigung über das Teilegutachten unter Angabe des Fahrzeugherstellers und -typs sowie der Fahrzeug-Identifizierungsnummer durch den Abnehmenden bestätigt worden ist,
6. die Abnahme spätestens bis zum Tage der nächsten nach dem Anbau vorgeschriebenen Hauptuntersuchung (§ 29 der Straßenverkehrs-Zulassungs-Ordnung) erfolgt und bestätigt ist und
7. der Fahrzeugführer das Teilegutachten, den Abdruck, die Ablichtung davon oder einer Bestätigung über das Teilegutachten einschließlich der Bestätigung nach Nummer 6 mitführt und zuständigen Personen auf Verlangen zur Prüfung aushändigt oder der Anbau der seitlichen Schutzvorrichtungen in den Fahrzeugpapieren vermerkt ist.

(Fortsetzung: § 13 FZV Rz 4)

Begr: VkBl **93** 95.

1. Die **Betriebserlaubnis** (BE) ist die Anerkennung der Vorschriftsmäßigkeit des Fz, Ha   **2**
NJW **06** 243. Sie dient der Betriebssicherheit, Kar DAR **04** 715, Stu VRS **67** 379, begründet aber keine Rechtspflicht der VSicherungspflichtigen, die öffentlichen VFlächen für alle zugelassenen Fze gefahrlos benutzbar zu machen, KG VersR **77** 37, Ha NZV **90** 354. Erteilt wird sie (§§ 20, 21) nur auf Antrag des Verfügungsberechtigten des Kfz (s dazu § 6 FZV Rz 3). Dem Antrag ist der FzBrief (§§ 20, 21) beizufügen. Bei der Zulassung ist zu prüfen, ob der Brief zu dem Fz gehört; die Angaben, besonders die Fahrzeug-Identifizierungsnummer, müssen mit denen am Fz übereinstimmen, s BMV VkBl **50** 231. EG-Typgenehmigung: s EG-TypV (BGBl I **94** 3755), Krad-EG-TypV (BGBl I **04** 248, 544), LoF-EG-TypV (BGBl I **04** 3363, Begr VkBl **05** 11) sowie § 2 FZV Rz 6–7. Land- und forstwirtschaftliche Arbeitsgeräte mit zulässigem Gesamtgewicht von mehr als 3 t sind betriebserlaubnispflichtig, § 4 FZV Rz 2, s auch Merkblatt VkBl **80** 532.

Es gibt **drei Arten der Betriebserlaubnis:** für Typenfze (§ 20), für Einzelfze (§ 21), für   **3**
Fahrzeugteile (§ 22), zu unterscheiden von der Bauartgenehmigung für Fahrzeugteile (§ 22 a). **Voraussetzung der Erteilung** ist, dass das Fz oder das Einzelteil den Vorschriften über Kfze und KfzAnhänger (§§ 32 bis 62), allgemein für alle Fze (§§ 30, 31), den Ausführungsanweisungen zur StVZO und, in Bezug auf ein vorgeschriebenes Kontrollgerät, der VO (EWG) Nr 3821/85 entspricht. Daneben sind Grundlage der BE-Erteilung auch die Bestimmungen der

Dauer

in Abs I S 2 genannten **EG-Richtlinien** in ihrer jeweils geltenden Fassung, so dass bei Widerspruch zwischen ihnen und einer StVZO-Bestimmung eine Ausnahmegenehmigung entbehrlich ist, Abs I S 2. **Liste der Einzelrichtlinien** zu den EG-Betriebserlaubnisrichtlinien gem § 19 I 3 und § 30 IV StVZO, VkBl **07** 39, 167, 194, 546, 589, **08** 333, 497 = StVRL § 19 StVZO Nr 14. Soweit in EG-Einzelrichtlinien iS von Abs 1 S 2 Nr 1–3 deren verbindliche Anwendung vorgeschrieben ist, gehen sie nationalen Bestimmungen vor (Abs 1 S 5).

4   Für reihenweise gefertigte Fze kann die BE nach § 20 allgemein erteilt werden; der Inhaber der allgemeinen Betriebserlaubnis (ABE) hat für jedes dem Typ entsprechende fertige Fz innerhalb der Gültigkeitsdauer der ABE einen Fahrzeugbrief auszufüllen und die Richtigkeit der Angaben zu bescheinigen (§ 20 III). Die Behörde ist an ein Gutachten nicht gebunden, sie hat die BE zu versagen, wenn sie nach Prüfung Bedenken hat. Liegen die rechtlichen Voraussetzungen vor, so hat der Eigentümer des Fz auf die BE einen Rechtsanspruch; sie „ist zu erteilen" (Abs I S 1). IdR wird der **FzSchein** den Umfang der BE zutreffend wiedergeben, Kö VRS **72** 214, Ce VRS **74** 459.

Lit: *Rödel*, Rechtsfolgen bei Fehlen einer FzBE, ZfS **03** 1.

5   **2. Die Betriebserlaubnis bleibt wirksam,** solange keine Untersagung ausgesprochen wird, auch wenn geringfügige Überschreitung der Abmessungen des § 32 nicht erkannt worden sind, Bay NZV **89** 282, außerdem, trotz Vornahme von Änderungen iS von Abs II, bei Erprobungsfzen gemäß Abs VI. Die BE erlischt bei Vornahme solcher Änderungen, die zu einer der in Abs II Nr 1 bis 3 genannten Folgen führen; eine neue BE muss beantragt werden (Rz 15). Die BE für speziell ausgestattete **Militär-, Pol-, FeuerwehrFze** verliert gem Abs II a ihre Wirksamkeit, wenn sie nicht mehr für diese Halter zugelassen sind oder eingesetzt werden, allerdings nur, soweit es sich um SpezialFze handelt, die nach ihrer besonderen Bauart für entsprechende Zwecke bestimmt sind; dies gilt auch für SpezialFze des Katastrophenschutzes. Auch nach Umbau solcher Fze kann eine BE nach § 21 nicht an private Halter erteilt werden, sondern nur an BW, Pol, BundesPol, Feuerwehr oder Katastrophenschutz (s Begr Rz 1). Ausnahmebewilligung: Abs II a S 3, § 70. Für Fze der genannten Halter ohne spezielle Bauart gilt die Einschränkung des Abs II a nicht. Soweit die in Abs II a genannten Fze bereits bis 28. 2. 99 für einen privaten Halter zugelassen waren, bleibt die BE bestehen (§ 72 II). Erlöschen der BE von anderen **Fzen der BW,** Rz 13.

6   **3. Vornahme von Änderungen am Fahrzeug.** Die BE oder EG-Typgenehmigung (Abs VII) erlischt, wenn am Fz willentlich Änderungen vorgenommen werden, falls dadurch a) die FzArt geändert wird, b) infolge der Änderung eine Gefährdung von VT zu erwarten ist oder c) die Änderung zu einer Verschlechterung des Abgas- oder Geräuschverhaltens führt. Auch ein Entfernen von FzTeilen, deren Austausch, die Verbindung von FzTeilen oder ein Hinzufügen von Teilen kommt als Änderung iS von Abs II in Betracht; die insoweit teilweise abw Rspr ist durch die Neufassung (ÄndVO v 16. 12. 93) überholt, Kö NZV **97** 283 (einschränkend *Kreutel/Schmitt* PVT **01** 108). Vorübergehende Veränderung im Rahmen des Notrechts gem § 23 II StVO fällt nicht unter Abs II, Bay VRS **69** 465. Besteht Anlass für die Annahme, dass die BE erloschen ist, so kann die VB zur Vorbereitung einer Entscheidung die Beibringung eines Gutachtens eines amtlich anerkannten Sachverständigen oder Prüfers (§§ 1 ff KfSachvG) oder eines Prüfingenieurs (Anl VIII b Nr 3.9) (nicht eines beliebigen Kfz-Sachverständigen, s Begr VkBl **06** 615) darüber, ob das Fahrzeug der StVZO entspricht, oder die Vorführung des Fahrzeugs anordnen; wenn nötig darf sie mehrere solcher Anordnungen treffen (Abs II S 5). Diese Regelung entspricht § 5 III FZV. Außerdem darf dann keine HU-Prüfplakette erteilt werden (Abs II S 5 Halbsatz 2). Erweist sich das Fz als nicht vorschriftsmäßig, kann die ZulB gem § 5 FZV den Betrieb des Fz beschränken oder untersagen.

7   **3 a.** Die BE oder EG-Typgenehmigung erlischt, wenn die **in der BE genehmigte FzArt** geändert wird, Abs II S 2 Nr 1. Die genehmigte FzArt ist im FzSchein vermerkt, zB Pkw, Lkw, Krad, Kom, Zgm. S dazu das Verzeichnis zur Systematisierung von Kraftfahrzeugen und ihren Anhängern, VkBl **05** 197, 796, **06** 132, 667, **07** 140, 696, **08** 443 = StVRL § 11 FZV Nr 7 (§ 12 FZV Rz 8). Abs II Nr 1 gilt nicht, wenn nicht die FzArt, sondern nur die Aufbauart geändert wird; dann kommt aber Erlöschen der BE gem Abs II Nr 2 in Frage, wenn durch die Änderung eine Gefährdung von VT zu erwarten ist.

8   **3 b.** Die BE oder EG-Typgenehmigung erlischt ferner, wenn durch die Änderung eine **Gefährdung von VT zu erwarten** ist, Abs II S 2 Nr 2. Hierzu reicht es, abw von der bis 31. 12.

Erteilung und Wirksamkeit der Betriebserlaubnis § 19 StVZO **5**

93 geltenden Fassung von Abs II, nicht aus, dass FzTeile verändert werden, deren Beschaffenheit vorgeschrieben ist oder deren Betrieb eine Gefährdung anderer VT verursachen *kann.* Die bloße Möglichkeit einer Gefährdung genügt also nicht, Dü NZV **96** 249, VM **97** 21, Kö NZV **97** 283. Vielmehr muss eine Gefährdung *zu erwarten sein,* Kö NZV **97** 283. Dies setzt zwar nicht etwa die Feststellung einer konkreten Gefährdung voraus, Dü NZV **96** 249, Kö NZV **97** 283, aber jedenfalls ein gewisses Maß an Wahrscheinlichkeit, Dü NZV **95** 329 (Anm *Kullik* PVT **95** 221), **96** 40 (abl *Kreutel/Schmitt*), **96** 249, VM **97** 21, Kö NStZ **95** 587, NZV **97** 283, AG Eggenfelden DAR **06** 404. Dabei kann diese Erwartung sowohl durch unsachgemäßen Anbau eines an sich ungefährlichen FzTeils begründet sein als auch durch den Betrieb eines sachgerecht angebauten, aber gefährlichen Teils. Ohne Hinzuziehung eines Sachverständigen wird dies häufig nicht zu klären sein, Kö NStZ **95** 587, NZV **97** 283. Eine Gefährdung kann insbesondere dann zu erwarten sein, wenn die Änderung FzTeile betrifft, die für die VSicherheit von besonderer Bedeutung sind. *Verkehrsteilnehmer* können der FzFührer selbst, beförderte Personen oder andere Teilnehmer am StrV (andere FzF oder Fußgänger) sein. Erlischt die BE mangels zu erwartender Gefährdung nicht, so kommt bei Veränderung von Teilen, deren Beschaffenheit vorgeschrieben ist, Verstoß gegen die betreffende Beschaffenheitsvorschrift oder gegen § 31 II in Betracht, Kö NZV **97** 283.

3 c. Die BE oder EG-Typgenehmigung erlischt schließlich auch dann, wenn die Änderung zu einer **Verschlechterung des Abgas- oder Geräuschverhaltens** führt, Abs II S 2 Nr 3, zB bei Einbau eines leistungssteigernden Chips in einen Pkw-Motor, „Chip-Tuning" (Kar NJW **07** 443). Eine bloße *Beeinflussung* infolge der Änderung reicht nicht aus. Einer dahingehenden ursprünglich verfolgten Absicht des VOGebers hat der Bundesrat, BRDrucks 629/93 (Beschluss), im Interesse der durch die Novellierung angestrebten „Deregulierung und Entbürokratisierung" widersprochen. Eine Verschlechterung liegt bei Erhöhung der Abgas- oder Geräuschemission vor. 9

3 d. Bei **Ein- oder Anbau von Teilen** erlischt die BE oder EG-Typgenehmigung abw von Abs II dann nicht, wenn für die Teile eine BE nach § 22, eine **Bauartgenehmigung** nach § 22a vorliegt **(Abs III Nr 1 a)** oder eine Genehmigung des nachträglichen Einbaus im Rahmen der BE des Fzs oder eines Nachtrags **(Abs III Nr 1 b)** und die Wirksamkeit der BE oder Genehmigung nicht von der Abnahme des Ein- oder Anbaus abhängig gemacht ist. Ob dies der Fall ist, geht aus der TeileBE, Genehmigung oder Bauartgenehmigung hervor. Kein Erlöschen ferner bei Vorliegen einer EWG-BE, -Bauartgenehmigung oder EG-Typgenehmigung sowie im Falle einer Genehmigung nach ECE-Regelungen oder EWG-Richtlinien **(Abs III Nr 2)**. Bei Ein- oder Anbau von Teilen iS von Abs III Nr 1 und 2 **erlischt die BE** jedoch dann, wenn in der BE, Bauartgenehmigung oder Genehmigung aufgeführte **Einschränkungen oder Einbauanweisungen nicht eingehalten** werden **(Abs III S 2)**. Trotz der Begr (VkBl **94** 151), wonach Abs III Fälle regelt, in denen die BE *„bei nachträglichen Änderungen abweichend von Absatz 2 nicht erlischt",* wird das auch so gelten haben, wenn die Voraussetzungen des Abs II nicht erfüllt sind, s *Kullik* VD **03** 147. Bedarf der An- oder Einbau von Teilen der Abnahme, so erlischt die BE im Übrigen nur dann abw von Abs II nicht, wenn die Abnahme unverzgl durchgeführt und bestätigt wurde **(Abs III Nr 3)**. Dem Unverzüglichkeitsgebot wird der Halter idR nur dann genügen, wenn er schon vor Durchführung der Änderung einen Abnahmetermin mit einer Technischen Prüfstelle oder amtl anerkannten Überwachungsorganisation vereinbart (s Begr VkBl **94** 151, BMV VkBl **94** 157). Schließlich erlischt die BE abw von Abs II nicht, wenn für das ein- oder angebaute Teil ein **Teilegutachten** nach Anl XIX vorliegt, sofern der im Gutachten angegebene Verwendungszweck eingehalten wird **(Abs III Nr 4)**. Übergangsbestimmung: § 72 II. In diesen Fällen hängt das Nichterlöschen der BE aber zusätzlich von einer Abnahme durch einen amtl anerkannten Sachverständigen oder Prüfer oder durch einen Prüfingenieur einer amtl anerkannten Überwachungsorganisation ab. Kann dieser den ordnungsgemäßen Ein- oder Anbau nicht bestätigen (etwa wegen Nichteinhaltung von Einschränkungen oder Einbauanweisungen), so kann der FzHalter den vorschriftsmäßigen Zustand herstellen; wird dies nicht innerhalb angemessener Frist durch den Sachverständigen oder Prüfer festgestellt, so erlischt die BE (s Begr, VkBl **97** 655). **Mitzuführen** und zuständigen Personen auszuhändigen sind TeileBE, Bauartgenehmigung, Genehmigung des Ein- oder Anbaus nach Abs III Nr 1 b oder Teilegutachten jedenfalls in Form eines Abdrucks oder einer Ablichtung (Abs IV S 1), es sei denn in der Zulassungsbescheinigung Teil I (Fahrzeugschein), dem Anhängerverzeichnis nach § 11 I S 2 FZV oder dem Nachweis gem § 4 V FZV befindet sich ein entsprechender Eintrag einschließlich etwaiger Beschränkungen oder Auflagen (Abs IV S 2, Halbsatz 1). Ist ein Vermerk darüber enthalten, dass Beschränkungen oder Auflagen in einer Erlaubnis, Genehmigung oder 10

Dauer 1269

5 StVZO § 19 B. Fahrzeuge. II. Betriebserlaubnis und Bauartgenehmigung

einem Nachweis aufgeführt sind, so ist die Erlaubnis, die Genehmigung oder der Nachweis mitzuführen (Abs IV S 2, Halbsatz 2). Abs IV S 1 Nr 2 ist gem § 72 II spätestens seit 1. 10. 97 anzuwenden; bis zum 30. 9. 97 ausgestellte Bestätigungen über den ordnungsgemäßen Ein- oder Anbau bleiben gültig. IÜ gelten die **Mitteilungspflichten bei Änderungen** gem § 13 FZV, damit die Angaben in den Fahrzeugregistern und den Fahrzeugpapieren den tatsächlichen Verhältnissen entsprechen, Abs IV S 3. Muster für einen Nachweis gem Abs IV S 1, VkBl **99** 467. Bei Anbau sog **Ident- oder Nachbauräder** entfällt die Mitführungspflicht nach Abs IV gem § 1 II der 54. StVZAusnV, wenn für die Räder eine ABE nach § 22 erteilt ist (s § 22 Rz 1c).

11 **Natürlicher Verschleiß** berührt die BE nicht, BMV VkBl **99** 452, Dü VM **66** 13, Bay VRS **69** 464, Kar NZV **06** 329 = Ls NJW **06** 2279.

12 **4. BMV-Beispielekatalog der Änderungen an Fahrzeugen** und ihrer Auswirkungen auf die BE: VkBl **99** 455. Hinweise des BMV zur Beurteilung von Änderungen am Fz, VkBl **99** 451. Der Beispielekatalog hat keinen VO-Charakter und ist weder erschöpfend noch verbindlich, Dü NZV **96** 249, Kö NZV **97** 283, s BGHSt **32** 16 = NJW **83** 2951, Ce VM **93** 10 (zu § 19 II aF). Der Katalog dient vielmehr nur der Auslegung des Abs II, Stu VRS **67** 379, **75** 470, Dü VRS **75** 226, DAR **91** 349 (alle zu § 19 II aF). Die im Beispielekatalog durch „×" eingetragene Möglichkeit stellt den Regelfall dar.

		Betriebserlaubnis des Fahrzeugs erlischt nicht			erlischt	
Gruppe	Änderung	keine Genehmigung und/oder kein Teilegutachten vorhanden ohne Einschränkung verwendbar	wenn Genehmigung vorhanden und nicht von der Abnahme des Ein- oder Anbaus abhängig gemacht Anbauabnahme nicht erforderlich	wenn Genehmigung vorhanden oder Teilegutachten vorhanden und von der Abnahme des Ein- oder Anbaus abhängig gemacht Anbauabnahme erforderlich	wenn keine Genehmigung und/oder kein Teilegutachten vorhanden Begutachtung nach § 21 StVZO hins. d. Änderung erforderlich	Bemerkungen Hinweise auf zu beachtende Vorschriften StVZO/Sonderfälle
1. Ausrüstung	Rückspiegel (auch Einstiegsspiegel bei KOM für Schülerbeförderung)		×	×¹		§ 56 StVZO; Aufkleben von Weitwinkelspiegeln auf serienmäßige Spiegel unzulässig; ¹ zus. Nachweis über Verwendungsbereich erforderlich
	Einrichtung für Schallzeichen		×			§ 55 StVZO oder EG-Genehmigung
	Geschwindigkeitsmessgerät		×			§ 57 StVZO
	Wegstreckenzähler	×²				² soweit nicht vorgeschrieben
	Fahrtschreiber/ Kontrollgerät		×³			§§ 57 a, 57 b StVZO ³ ohne Eingriff in Fahrzeugelektronik
	Sicherheitseinrichtung gegen unbefugte Benutzung		×	×		§ 38 a StVZO
	Wegfahrsperre		×	×		§ 38 a StVZO
	Verlegung des Gaspedals⁵		×	×		⁵ Nur für Behindertenumbau
	Verlegung der Betätigung der Kupplung⁵		×	×		⁵ Nur für Behindertenumbau
	Verlegung der Betätigungseinrichtung für Sekundärfunktionen (z. B. Hupe, Licht, Fahrtrichtungsanzeiger, Scheibenwischer)⁵	×⁶	×			⁵ Nur für Behindertenumbau ⁶ sofern die Original-Betätigungseinrichtung erhalten bleiben und die Sicht auf vorgeschriebene Anzeigen und Kontrollleuchten nicht verdeckt werden

Erteilung und Wirksamkeit der Betriebserlaubnis   § 19 StVZO 5

| Gruppe | Änderung | Betriebserlaubnis des Fahrzeugs erlischt nicht ||| erlischt | Bemerkungen |
		keine Genehmigung und/oder kein Teilegutachten vorhanden ohne Einschränkung verwendbar	wenn Genehmigung vorhanden und nicht von der Abnahme des Ein- oder Anbaus abhängig gemacht Anbauabnahme nicht erforderlich	wenn Genehmigung vorhanden oder Teilegutachten vorhanden und von der Abnahme des Ein- oder Anbaus abhängig gemacht Anbauabnahme erforderlich	wenn keine Genehmigung und/oder kein Teilegutachten vorhanden Begutachtung nach § 21 StVZO hins. d. Änderung erforderlich	Hinweise auf zu beachtende Vorschriften StVZO/Sonderfälle
2. Lichttechnische Einrichtungen	Anbau lichttechnischer Einrichtungen		x	x[7]		§ 30 c StVZO, Rili über d. Beschaffenheit und Anbringung äußerer Fz-Teile § 35 StVZO Abs. 2 Rili f. Sicht aus Kfz § 50 Abs. 6 StVZO, Rili über die Einstellung von Scheinwerfern an Kfz [7] Bei Fahrtrichtungsanzeigern mit nationalen ABG, Nachprüfung erforderlich
	Anbau zusätzlicher lichttechnischer Einrichtungen – Suchscheinwerfer – Arbeitsscheinwerfer	x				§ 30 StVZO, Rili über d. Beschaffenheit und Anbringung äußerer Fz-Teile § 35 b Abs. 2 StVZO, Rili f. Sicht aus Kfz
	Veränderung der Leuchtleistung von lichttechnischen Einrichtungen: – Schutzgitter/Abdeckung – Scheinwerferreinigungsanlage – Lichtquelle (Glühlampe)		x x x	x x x		§ 30 StVZO, Rili über d. Beschaffenheit äußerer Fz-Teile § 35 b Abs. 2 StVZO, Rili f. Sicht aus Kfz § 50 Abs. 6 StVZO, Rili über die Einstellung von Scheinwerfern an Kfz § 22 a StVZO/EG-/ECE-Gehnehmigung
3. Lenkanlagen	Einbau Sonderlenkrad		x	x		
	Einbau Sonderlenkrad mit Airbag			x		
	Anbau Sonderlenker für Krafträder			x	x	
	Austausch der gesamten Lenkanlage oder Veränderung wesentlicher Teile davon			x	x	Die Verwendung von Tauschteilen, d. in Funktionsmaßen Anschluss, Material und Ausführung d. typmäßigen Ausrüstung entsprechen, ist ohne Einschränkung möglich
	Anbau eines Lenkradknaufs versenkbar, klappbar			x[5]		Nur für Rangierbetrieb zulässig
	Anbau eines Lenkradknaufs	x[8]				[8] wenn als Auflage f. Behinderte vorgeschrieben bzw. in BE des Kfz (Arbeitsmaschine)
	Einbau einer Fremdkraft-Lenkhilfe (Servolenkung) oder Änderung der Übersetzungskraft bzw. des Übersetzungsverhältnisses			x	x	
	Einbau einer Fremdkraft-Lenkung				x	evtl. Ausnahmegenehmigung von § 38 StVZO erforderlich (70/31/EWG Anhang I Ziff. 4.1.6)

Dauer   1271

Gruppe	Änderung	Betriebserlaubnis des Fahrzeugs erlischt nicht			erlischt	Bemerkungen Hinweise auf zu beachtende Vorschriften StVZO/Sonderfälle
		keine Genehmigung und/oder kein Teilegutachten vorhanden ohne Einschränkung verwendbar	wenn Genehmigung vorhanden und nicht von der Abnahme des Ein- oder Anbaus abhängig gemacht Anbauabnahme nicht erforderlich	wenn Genehmigung vorhanden oder Teilegutachten vorhanden und von der Abnahme des Ein- oder Anbaus abhängig gemacht Anbauabnahme erforderlich	wenn keine Genehmigung und/oder kein Teile- gutachten vorhanden Begutachtung nach § 21 StVZO hins. d. Änderung erforderlich	
	Einbau einer geänderten Betätigungseinrichtung für die Lenkanlage (z. B. Fußlenkung)5				×	5 Nur für Behinderten- umbau
4. Brems- anlagen	Bremsbeläge		×	×		
	Bremsscheiben		×	×		
	Bremstrommeln		×	×		
	Bremssättel		×	×		
	Lufttrockner		×	×		
	Bremszylinder		×	×		Umrüstung nur achsweise
	Kupplungsköpfe	×				ohne Einschränkung nur, wenn gleiche Funktionsmaße
	Bremsleitungen pneumatisch	×				ohne Einschränkung nur, wenn gleiche Funktionsmaße
	Bremsleitungen hydraulisch			×		
	automatische Gestängesteller		×	×		
	Retarder (hydraulisch, elektr.)			×		
	autom. Blockier- verhinderer				×	
	Austausch der gesamten Bremsanlage gegen eine andere oder Veränderung wesent- licher Teile davon			×	×	
	Umbau von Ein- auf Zwei- leitungsanschluss			×		
	zusätzlicher Anbau eines Ein- bzw. Zweileitungs- anschlusses			×		
	Anbau Luft- beschaffungsanlage			×		z. B. an lof-Fz
	Bremsventile mit geänderter Kennlinie			×		
	Einbau einer Fremd- kraft-Bremsanlage				×	evtl. Ausnahme- genehmigung von § 41 Abs. 18 StVZO erforderlich
	Einbau oder Änderung eines Bremskraftverstärkers			×		evtl. Ausnahme- genehmigung von § 41 Abs. 18 StVZO erforderlich
	Veränderung des Bremspedals (z. B. Verbreiterung, Schutz gegen Abrutschen)		×	×		
	Handbetätigung der Betriebsbrems- anlage5			×		5 Nur für Behinderten- umbau
	Einbau einer Fremdkraft- Betätigungsein- richtung der BBA (pneumatisch, elekt- risch, hydraulisch)5			×5		5 Nur für Behinderten- umbau

Erteilung und Wirksamkeit der Betriebserlaubnis § 19 StVZO 5

Gruppe	Änderung	Betriebserlaubnis des Fahrzeugs erlischt nicht			erlischt	Bemerkungen
		keine Genehmigung und/oder kein Teilegutachten vorhanden / ohne Einschränkung verwendbar	wenn Genehmigung vorhanden und nicht von der Abnahme des Ein- oder Anbaus abhängig gemacht / Anbauabnahme nicht erforderlich	wenn Genehmigung vorhanden oder Teilegutachten vorhanden und von der Abnahme des Ein- oder Anbaus abhängig gemacht / Anbauabnahme erforderlich	wenn keine Genehmigung und/oder kein Teilegutachten vorhanden / Begutachtung nach § 21 StVZO hins. d. Änderung erforderlich	Hinweise auf zu beachtende Vorschriften StVZO/Sonderfälle
	Geänderte Betätigungseinrichtung der Feststellbremse[5]		x	x[9]		[5] Nur für Behindertenumbau; [9] bei Fremdkraft-Betätigungseinrichtung
5. Räder/Reifen	Räder ohne Änderung am Fahrzeug und bei Verwendung einer bereits genehmigten Reifengröße – nicht in Fz-BE enthaltene Räder		x	x		
	Räder mit Änderung am Fz bzw. an der Karosserie (z. B. Radgeometrie, Lenkwinkelanschläge, Radausschnitte, Radaufhängung)			x	x	
	Räder mit anderer Horn- und Bettform, jedoch gleichen Grundmaßen (z. B. Sicherheitsfelgen)		x	x		
	Reifen gleicher Bauart und Abmessung, gleicher oder höherer Geschwindigkeitskategorie aber abweichender Kennzeichnung		x[10]			[10] s. VkBl 1991, S. 578
	Reifen anderer Bauart, jeoch vergleichbarer Größe, gleicher bzw. höherer Tragfähigkeits- u./o. Geschwindigkeitskategorie		x	x		
	Reifen gleichwertiger Größenbezeichnung		x[10]			[10] s. VkBl 1991, S. 578
	Reifen höherer Tragfähigkeits- u./o. Geschwindigkeitskategorie		x			
	Reifen niedriger Tragfähigkeits- u./o. Geschwindigkeitskategorie			x	x	– bei Verwendung von M + S-Reifen zulässig: Kennzeichnung d. Höchstgeschwindigkeit nach § 36 Abs. 1 StVZO erforderlich, gilt nicht für Tragfähigkeit
	Reifen für Krafträder und Pkw gleicher Bauart und Abmessung, jedoch anderer Hersteller o. Typ als mit der BE für das Fz genehmigt		x	x		
	Reifen anderer Größe, anderen Verhältnissen von Höhe zu Breite z. B. Breitreifen (auch für Nutzfahrzeuge)		x	x		

Dauer

Gruppe	Änderung	keine Genehmigung und/oder kein Teilegutachten vorhanden / ohne Einschränkung verwendbar	wenn Genehmigung vorhanden und nicht von der Abnahme des Ein- oder Anbaus abhängig gemacht / Anbauabnahme nicht erforderlich	wenn Genehmigung vorhanden oder Teilegutachten vorhanden und von der Abnahme des Ein- oder Anbaus abhängig gemacht / Anbauabnahme erforderlich	wenn keine Genehmigung und/oder kein Teilegutachten vorhanden / Begutachtung nach § 21 StVZO hins. d. Änderung erforderlich	Bemerkungen / Hinweise auf zu beachtende Vorschriften StVZO/Sonderfälle
	Räder und Reifen, Kombinationen beider Änderungen möglich, ggf. weitere Änderungen nach Genehmigung erforderlich, z. B.					
	– Radhauswand			×	×	
	– Lenkanlage (Lenkeinschlag, Lenkrad)			×	×	
	– Bremsanlage (Bremsleitungen, Belüftung)			×	×	
	– Fahrwerk			×	×	
6. Fahrgestell und Aufbau	Einbau von Distanzscheiben		×	×		
	Anbau Schleuderkettensystem		×	×		
	Fahrwerksänderung (z. B. Tieferlegung, Spurverbreiterung)			×	×	
	Änderung des Feder-/Dämpferverhaltens		×	×		
	Niveauregulierungsanlage		×	×[11]		[11] immer wenn Bremsanlage beeinflusst wird
	Fahrwerksänderung (Federn, Federbeine, Stoßdämpfer, Gabelstabilisatoren) bei Krafträdern			×	×	
	Ständer für Krafräder		×	×		
	Achsen				×	
	Rahmenänderungen			×	×	
	Überrollbügel im PKW		×	×		zul. Dachlast beachten
	Luftleiteinrichtung (Spoiler, Kraftradverkleidungen, seitl. Regen- und Windabweiser) bei Anbauhöhen · 2 m		×	×		
	Dachgepäckträger	×				zul. Dachlast beachten
	Tragsysteme	×	×	×[12]		§ 30 StVZO, Merkblatt über die Verwendung von Hecktragesystemen [12] sofern in verkehrsgefährdender Weise Teile beeinträchtigt werden können, an die die StVZO bzw. EG-Rili konkrete Anforderungen stellt (z. B. Lichttechnische Einrichtungen, Kuppelungskugel mit Halterung)
	Schlafkabine auf Fahrerhäusern			×		

Erteilung und Wirksamkeit der Betriebserlaubnis § 19 StVZO 5

Gruppe	Änderung	Betriebserlaubnis des Fahrzeugs erlischt nicht			erlischt	Bemerkungen
		keine Genehmigung und/oder kein Teilegutachten vorhanden ohne Einschränkung verwendbar	wenn Genehmigung vorhanden und nicht von der Abnahme des Ein- oder Anbaus abhängig gemacht Anbauabnahme nicht erforderlich	wenn Genehmigung vorhanden oder Teilegutachten vorhanden und von der Abnahme des Ein- oder Anbaus abhängig gemacht Anbauabnahme erforderlich	wenn keine Genehmigung und/oder kein Teilegutachten vorhanden Begutachtung nach § 21 StVZO hins. d. Änderung erforderlich	Hinweise auf zu beachtende Vorschriften StVZO/Sonderfälle
	Hinterer Unterfahrerschutz		x	x		
	Seitliche Schutzvorrichtung		x	x		
	Anbau von Schütten bei Hinterkippern	x				Änderungen Länge und Gewicht/Lasten beachten § 30 c StVZO, Rili über d. Beschaffenheit und Anbringung äußerer Fz-Teile beachten § 32 b StVZO beachten
	Einbau zusätzlicher Teile im Insassenraum (z. B. Telematik-Endgeräte, Funkgeräte)	x[13]	x	x		§ 30 StVZO Rili für Gestaltung und Ausrüstung der Führerhäuser [13] soweit EMB (siehe 26. Änderung VO nachgewiesen
	Schiebedach, Glas/kurbel/hebe/dach		x	x		
	Änderung der Federungsart (z. B. Umbau von Blatt- auf Luftfederung)			x	x	
	Trennschutzgitter o. -wand	x				
	Raumschutzeinrichtung		x	x		
	Kupplungskugel mit Halterung			x		
	Anhängebock			x		
	Sattelkupplung (einschl. Sattelplatte)			x	x[14]	[14] bei Änderung der Fz-Art
	Selbsttätige Anhängekupplung bei Änderung der Größe und/oder Form und/oder Veränderung der Anhängelast			x[15]		ggf. Änderung d. Fz-Papiere [15] ist d. Erhöhung d. Anhängelast nicht mit in d. BE genehmigt, Begutachtung nach § 21 StVZO erforderlich
	Nachträglicher Anbau einer selbsttätigen Anhängekupplung an Fahrzeugen mit BE, in der ein Anbau einer Anhängekupplung genehmigt ist		x	x		
	Nichtselbsttätige Anhängekupplung an lof-Fz			x		
	Anhänge-Zugeinrichtungen (z. B. Kurzkuppelsysteme)			x		
	nachträglicher Anbau Ladebordwand				x	
	Nachträglicher Anbau Ladekran				x	
	Änderung Achsabstand, Einbau zusätzlicher Achsen				x	

Dauer 1275

| Gruppe | Änderung | Betriebserlaubnis des Fahrzeugs erlischt nicht | | | Betriebserlaubnis des Fahrzeugs erlischt | Bemerkungen |
		keine Genehmigung und/oder kein Teilegutachten vorhanden ohne Einschränkung verwendbar	wenn Genehmigung vorhanden und nicht von der Abnahme des Ein- oder Anbaus abhängig gemacht Anbauabnahme nicht erforderlich	wenn Genehmigung vorhanden oder Teilegutachten vorhanden und von der Abnahme des Ein- oder Anbaus abhängig gemacht Anbauabnahme erforderlich	wenn keine Genehmigung und/oder kein Teilegutachten vorhanden Begutachtung nach § 21 StVZO hins. d. Änderung erforderlich	Hinweise auf zu beachtende Vorschriften StVZO/Sonderfälle
	Nachträglicher Anbau einer Seilwinde		x[16]	x		[16] nur an Pkw innerhalb des Fahrzeugumrisses EMV ist nachzuweisen
	Tausch der Anhängekupplung f. Deichselanhänger gegen eine f. Zentralachsanhänger			x		
	Einrichtungen zum Stabilisieren des Fahrverhaltens von Zugfahrzeugen und Anhängern		x			
	Sitze		x	x		
	Änderung der Sitzstruktur[5]	x[17]		x		[5] Nur für Behindertenumbau [17] bei reiner Veränderung der Polsterung
	Änderung der Sitzkonsole			x		Prüfung nach 74/408/EWG erforderlich Prüfung nach 76/115/EWG erforderlich für Fahrzeuge mit Tag der 1. Zulassung nach dem 1. 1. 92
	Einbau von Schwenk- und Schiebetüren			x		
	Rollstuhl als Sitz[5]			x	x	[5] Nur für Behindertenumbau
	Rollstuhl als Fahrersitz[5]				x	[5] Nur für Behindertenumbau
	Sicherheitsgurte		x	x		
	Außer Funktion setzen eines Airbags		x[18]			[18] s. VkBl 1999 S. 98
	Rollstuhlverladeeinrichtung[5]	x[19]	x			[5] Nur für Behindertenumbau [19] bei Dachliftern, die nicht dauerhaft mit dem Fahrzeug verbunden sind
	Einbau von Einstiegshilfen (z. B. Kran, Lift oder Rampe)[5]			x	x	[5] Nur für Behindertenumbau
7. Feuersicherheit	Kraftstoffleitungen	x				DIN 73 378 muss erfüllt sein
	Kraftstoffbehälter			x		§§ 30, 45 StVZO bzw. 70/221/EWG beachten
	Kraftstoffvorwärmeanlage		x	x		
	Zusatzheizung (selbsttätige Wärmeerzeugung aus flüssigen o. gasförmigen Kraftstoffen)			x		nur mit Nachweis des Abgas- und Geräuschverhaltens
	Einbau einer Flüssiggasanlage oder anderer alternativer Antriebssysteme (Wasserstoff-, Methanolbetrieb usw.)			x		nur mit Nachweis des Abgas- und Geräuschverhaltens

Erteilung und Wirksamkeit der Betriebserlaubnis § 19 StVZO 5

Gruppe	Änderung	Betriebserlaubnis des Fahrzeugs erlischt nicht			erlischt	Bemerkungen
		keine Genehmigung und/oder kein Teilegutachten vorhanden ohne Einschränkung verwendbar	wenn Genehmigung vorhanden und nicht von der Abnahme des Ein- oder Anbaus abhängig gemacht Anbauabnahme nicht erforderlich	wenn Genehmigung vorhanden oder Teilegutachten vorhanden und von der Abnahme des Ein- oder Anbaus abhängig gemacht Anbauabnahme erforderlich	wenn keine Genehmigung und/oder kein Teilegutachten vorhanden Begutachtung nach § 21 StVZO hins. d. Änderung erforderlich	Hinweise auf zu beachtende Vorschriften StVZO/Sonderfälle
8. Abgas- und Geräuschverhalten	Austauschmotor	×				als Austauschmotor gilt nur ein Motor von gleichem Hubraum, gleicher Leistung, ohne Verschlechterung d. Abgas- und Geräuschverhaltens; geringe Abweichungen infolge Ausschleifer d. Zylinder sind zulässig; Teilemotor gilt auch als Austauschmotor
	Einbau eines anderen Motors			×		ohne Verschlechterung d. Abgas- und Geräuschverhaltens. Einbauhinweise d. Genehmigung beachten; ggf. Fz-Papiere ändern
	Änderung d. vorh. Motors insbes. zur Leistungsänderung durch					in Einzelfällen Begutachtung nach § 21 StVZO erforderlich ggf. AU-Werte neu festlegen EMV ist nachzuweisen
	– Änderung der Gemischaufbereitungs- oder Ansauganlage			×	×	
	– Änderung der Gemischaufbereitungs- oder Ansauganlage			×	×	
	– Verwendung geänderter Motorteile (z. B. Kolben, Nockenwelle, Zylinderköpfe)			×	×	
	– Aufladung des Motors			×	×	
	– Luftfilteranlage			×	×	
	– Schalldämpfer			×	×	
	Veränderung an der Zündanlage		×	×		
	Einbau einer Geschwindigkeitsregeleinrichtung	×[20]	×	×	×	[20] wenn kein Eingriff in die Motorelektronik und in das Bremssystem
	Einbau eines Geschwindigkeitsbegrenzers	×	×	×		
	Abgasreinigungsanlage – Einbau, Änderung		×[21]	×		§ 47 StVZO [21] wenn eine AU-Werkstatt Einbau bescheinigt hat
	Latentwärmespeicher		×	×		
	Blenden für Endrohre v. Schalldämpferanlagen ohne Veränderung des Auslassquerschnitts	×				§ 30 c StVZO
	Getriebe, Achsübersetzung (andere Wirkungsweise, Handschaltgetriebe)			×		bei LKW u. KOM § 57 b StVZO beachten, Abgas- u. Geräuschverhalten beachten
	Ausbau eines Geschwindigkeitsbegrenzers (Pkw)			×		

Dauer

| Gruppe | Änderung | Betriebserlaubnis des Fahrzeugs erlischt nicht | | | Betriebserlaubnis des Fahrzeugs erlischt | Bemerkungen |
		keine Genehmigung und/oder kein Teilegutachten vorhanden ohne Einschränkung verwendbar	wenn Genehmigung vorhanden und nicht von der Abnahme des Ein- oder Anbaus abhängig gemacht Anbauabnahme nicht erforderlich	wenn Genehmigung vorhanden oder Teilegutachten vorhanden und von der Abnahme des Ein- oder Anbaus abhängig gemacht Anbauabnahme erforderlich	wenn keine Genehmigung und/oder kein Teilegutachten vorhanden Begutachtung nach § 21 StVZO hins. d. Änderung erforderlich	Hinweise auf zu beachtende Vorschriften StVZO/Sonderfälle
	Einbau einer automatischen Kupplung			x		
9. Kombinationen von Änderungen	Anhängekupplung **und** Änderung des Fahrwerks (z. B. Tieferlegung)			x²²		²² Werden mehrere Änderungen, die sich in ihrer Kombination gegenseitig so beeinflussen, dass eine Gefährdung zu erwarten ist oder eine Verschlechterung des Abgas- oder Geräuschverhaltens eintritt, zeitgleich oder zeitlich versetzt vorgenommen, so erlischt die Betriebserlaubnis des Fahrzeuges. Dies gilt nicht, wenn für die Kombination eine Teilgenehmigung oder ein Teilegutachten vorliegt
	Auspuffanlage **und** Spoiler (im Bereich der Auspuffanlage)		x²²	x²²		
	Sonderlenkrad **und** Rad-/Reifenänderung			x²²		
	Sonderlenkrad **und** Änderung des Fahrwerks (z. B. Tieferlegung) wenn keine Spurverbreiterung			x²²		
	Mehrere Änderungen des Fahrwerks (z. B. Sturz, Spur, Federn, Stoßdämpfer, Räder, Reifen)			x²²	x	
	Rad/Reifen **und** Änderung des Fahrwerks			x²²	x	
	Rad/Reifen **und** Spoiler		x²²	x²²		
	Rahmenverlängerung (ohne Radstandsänderung) **und** Änderung des hinteren Unterfahrschutzes			x²²	x	
	Rahmenverlängerung (ohne Radstandsänderung) **und** Tieferlegung der Anhängekupplung			x²²	x	
	Leistungsänderung **und** Rad/Reifen			x²²		
10. § 19 (2) Nr. 1 StVZO Änderung der Fahrzeugart	Änderung der genehmigten Fz-Art z. B. – Pkw in Lkw oder umgekehrt (o. u) – Lkw in Zugmaschine o. u. – Lkw in selbstfahrende Arbeitsmaschine o. u. – KOM in Wohnmobil o. u. – Pkw in Wohnmobil o. u. – Lkw in Wohnmobil o. u. – Anhänger offener Kasten in Tankwagen o. u. – Krad, Motorrad m. Lb. in Lkrad Motorrad o. u. – Krad, Motorrad m. Lb. in Krad Motorrad o. Lb. o. u. – Lkrad in Kleinkrad o. u. – Kleinkrad in Mofa			x²³	x	d. Herabsetzung d. zGG führt nicht automatisch zur Änderung d. Fahrzeugart die Heraufsetzung des zGG innerhalb einer Fz-Art kann der Änderung der Fz-Art gleichzusetzen sein z. B. N1-Umbau in N2, M2-Umbau in M3) ²³ nur in einfachen Fällen

Erteilung und Wirksamkeit der Betriebserlaubnis — § 19 StVZO

Die gegenseitige Beeinflussung bei Kombinationen von Änderungen (Pkw, Kraftrad)

Art der Änderung	Abgasverhalten	Auspuffanlage	Änderung am Motor, Leistungsänderung	Anhängekupplung	Lenkrad, Lenker	Tieferlegung	Spoiler	Federn, Stoßdämpfer	Spur/Sturz	Rad/Reifen
Rad/Reifen	×	–	×	–	×	×	×	×	×	–
Spur/Sturz	–	–	–	–	×	×	–	×	–	
Federn, Stoßdämpfer	–	×	×	–	–	×	–	–		
Spoiler	–	×	×	×	–	×	–			
Tieferlegung	–	×	–	×	–	–				
Lenkrad, Lenker	–	–	–	–	–					
Anhängekupplung	–	×	×	–						
Änderungen am Motor, Leistungsänderung	×	×	–							
Auspuffanlage	×	–								
Abgasverhalten	–									

☐ keine gegenseitige Beeinflussung
☒ gegenseitige Beeinflussung möglich, weitere Hinweise siehe Teile ABE/Teilegutachten/Genehmigung

Erlöschen der Betriebserlaubnis bzw EG-Typgenehmigung: Die umfangreiche zu Abs II aF ergangene kasuistische Rspr ist weitestgehend überholt. S dazu 32. Aufl. Auch soweit die Rspr zur früheren Fassung auf *mögliche* Gefährdung abstellt, ist sie nicht ohne weiteres auf die Neufassung übertragbar, die insoweit eine Wahrscheinlichkeit voraussetzt (s Rz 8). Bei Ausbau der Wohnausstattung eines Wohnmobils zwecks Umgestaltung als TransportFz ändert sich die genehmigte FzArt, daher erlischt die BE (so schon zu Abs II aF KG NZV **93** 281). Räder und Bereifung sind für die VSicherheit von besonderer Bedeutung, so dass hier Änderungen vielfach zum Erlöschen der BE gem Abs II Nr 2 führen werden (s Rz 8), Dü VM **97** 21. Bei Verwendung von **Reifen** für Pkw mit anderer als der in den FzPapieren angegebenen Größenbezeichnung erlischt die BE nur, wenn dadurch für den konkreten Fall eine Gefährdung von VT zu erwarten ist, Dü VM **97** 21, Kö NZV **97** 283. S dazu im übrigen Verlautbarung des BMV v 16. 6. 91, VkBl **91** 578, **93** 411. Zur Ausstattung des Fzs mit Reifen anderer als in den FzPapieren angegebener Fabrikats-, Profil- oder Typbezeichnung, BMV VkBl **00** 627. Übersichtstabelle über Reifengrößen an Pkw, für die durch das Kraftfahrttechnische Amt der *ehemaligen DDR* eine ABE erteilt worden ist: VkBl **91** 573. Kein Erlöschen der BE nach Anbringen eines zusätzlichen **Scheinwerfers**, AG Kar ZfS **00** 558. Die BE erlischt nach **Tieferlegen** des Fzs mit der Folge, dass es zum Schleifen der Reifen an der Karosserie kommen kann, Ko NZV **04** 199. Sie erlischt abw von Abs II bei **Aussonderung von BW-Fzen** aus dem BW-FzBestand, für die die Erleichterungen der §§ 20 III b, 21 V in Anspruch genommen worden sind (Abs II S 3, Inkrafttreten: 1. 10. 2005), s Begr Rz 1. **Kein Erlöschen der Betriebserlaubnis** bzw EG-Typgenehmigung: S den Katalog Rz 12, ferner § 1 I a der 2. VO über Ausnahmen von straßenverkehrsrechtlichen Vorschriften (An- oder Aufbauten bei FzVerwendung auf Brauchtumsveranstaltungen, bei Altmaterialsammlungen, Landschaftssäuberungsaktionen, Feuerwehreinsätzen, s § 3 FZV Rz 3) sowie § 1 der 42. StVZAusnV (seitliche Schutzvorrichtungen, s Rz 1 b). Kein Erlöschen der BE bei Einbau einer **Gasstandheizung**, Dü NZV **95** 329 (abl *Kreutel/Schmitt* PVT **96** 109, Anm *Kullik* PVT **95** 221), Anbringen eines **Lenkhilfeknaufs**, Dü NZV **96** 40 (abl *Kreutel/Schmitt*), **96** 249.

Das **Erlöschen der Betriebserlaubnis lässt die Zulassung unberührt**. Da seit Inkrafttreten der FZV am 1. 3. 07 das Bestehen der Betriebserlaubnis nicht mehr Bestandteil der Zulassung ist, führt das Erlöschen der Betriebserlaubnis nicht mehr automatisch zum Erlöschen der Zulassung (*Jagow/Burmann/Heß* § 1 StVG Rz 3, *Albrecht/Janker* SVR **07** 401). Unabhängig davon dürfen aber nach Erlöschen der BE nur noch solche **Fahrten** durchgeführt werden, die in unmittelbarem Zusammenhang mit der Erlangung einer neuen BE stehen (Abs 5). Die Fahrt zum aaS zwecks Erstellung eines Gutachtens steht iS von Abs 5 im unmittelbaren Zusammenhang mit der Neuerteilung und ist daher erlaubt. Grundsätzlich ist nur eine Fahrt zu einer nahe gelegenen Prüfstelle gestattet; dies muss aber nicht in jedem Falle die *nächste* oder am Wohnort befindliche sein (Dü VRS **85** 66 – Nachbarort). Auch Fahrten des aaS im Rahmen der Erstellung des Gutachtens sind erlaubt (Abs 5 S 3). Für andere Fahrten darf das Fz nicht mehr im StrV betrieben werden (Umkehrschluss aus Abs 5 S 1). Dieses Verbot ist allerdings nicht selbstständig bußgeldbewehrt (Rz 16).

Dauer

15 Die **neue Betriebserlaubnis wird auf Antrag** des Eigentümers oder sonst Verfügungsberechtigten nur durch die ZulB erteilt, Ha VRS **50** 239, Kö VRS **72** 214, sofern das Fz nach der Änderung den Vorschriften des Abs 1 entspricht. Für die Neuerteilung gilt § 21 entsprechend und damit das Verfahren für die Erteilung einer BE für EinzelFze, Abs 2 S 4. Die bloße nachträgliche Eintragung im FzSchein ersetzt nicht die Neuerteilung erloschener BE, Kar VM **93** 46, Ce VRS **74** 459 (abw zu § 19 II aF Kö VRS **72** 214). Erforderlich ist grundsätzlich ein Vollgutachten eines amtlich anerkannten Sachverständigen; besteht kein Anlass zur Annahme der Unvorschriftsmäßigkeit im Übrigen, so wird sich die Begutachtung jedoch auf die Änderung, die zum Erlöschen geführt hat, beschränken dürfen (s Begr, VkBl **94** 150). **Kein Wiederaufleben** der gem Abs 2 erloschenen ABE nach Wiederherstellung des ursprünglichen Zustands (auch nicht, nachdem auf Grund der voraufgegangenen Änderung eine neue BE erteilt worden war), KG VRS **67** 466.

15a **4a. Erprobungsfahrzeuge.** Abs 6 befreit nur von verfahrensrechtlichen Vorschriften bei Erprobungsfz, nicht von der Genehmigungspflicht bei Abweichungen von materiellen Bau- oder Betriebsvorschriften, auch gilt er nur für TypenBE, s BMV VkBl **74** 637. IS von Abs 6 *ausschließlich* zur Erprobung können Fze vom Hersteller auch dann verwendet werden, wenn sie Werksangehörigen überlassen werden, damit diese über die bei ihrer privaten Nutzung gemachten Erfahrungen berichten (Bay VRS **68** 149).

16 **5. Ordnungswidrigkeiten:** Einen gesonderten Bußgeldtatbestand für nach Abs 5 unerlaubte Fahrten (Rz 14) mit nach Abs 2 S 2 Nrn 1–3 erloschener Betriebserlaubnis gibt es nicht (zu den Hintergründen *Albrecht/Janker* SVR **07** 401). – Das Inbetriebsetzen eines **zulassungspflichtigen Fz** mit erloschener Betriebserlaubnis ist nicht ow nach § 48 Nr 1a FZV (§ 3 FZV Rz 30), da das Erlöschen der BE die Zulassung nicht berührt (Rz 14). Das Inbetriebsetzen eines zulassungspflichtigen Fz mit erloschener Betriebserlaubnis verletzt § 30 I Nr 1, wenn die BE nach Abs 2 S 2 Nr 2 (Gefährdung von VTeilnehmern ist zu erwarten) erloschen ist, sofern die Fahrt nicht gem Abs 5 erlaubt ist; ow nach § 69a III Nr 1. Der Halter verstößt in diesem Fall gegen § 31 II; ow nach § 69a V Nr 3. Bei Erlöschen der BE nach Abs 2 S 2 Nrn 1 und 3 wird das Inbetriebsetzen allenfalls in Ausnahmefällen gegen § 30 I Nr 1 verstoßen und nach § 69a III Nr 1 ow sein (*Albrecht/Janker* SVR **07** 401, 403). Wenn der Halter in diesen Fällen seine Mitteilungspflicht nach § 13 I 1 Nrn 2 und 9 FZV verletzt, ist dies ow nach § 48 Nr 12 FZV. – Das Inbetriebsetzen eines **zulassungsfreien Fz** mit erloschener Betriebserlaubnis ist ow nach § 48 Nr 1a FZV, sofern die Fahrt nicht gem Abs 5 erlaubt ist. Der Halter verstößt gegen § 4 VI Nr 1 FZV; ow nach § 48 Nr 2 FZV (speziell gegenüber § 69a V Nr 3 iVm § 31 II). – **Nichtmitführen** oder Nichtaushändigen der in Abs 4 S 1 genannten Papiere in Fällen des Abs 3 Nrn 1, 3 und 4 ist ow gem § 69a II Nr 9g.

17 **6. Zivilrecht.** Die zum Erlöschen der BE führende Veränderung kann versicherungsrechtlich (§§ 23 ff VVG) eine Gefahrerhöhung bedeuten. *Theda,* Erlöschen der BE bei Veränderungen am Fz, VGT **83** 260 = VersR **83** 1097.

Lit: *Albrecht/Janker,* Inbetriebnahme zulassungspflichtiger Kfz trotz erloschener Betriebserlaubnis, SVR **07** 401. *Huppertz,* Das Erlöschen der Betriebserlaubnis im Lichte der neuen FZV, DAR **08** 172. *Kullik,* Erlöschen der BE, VD **03** 147.

Allgemeine Betriebserlaubnis für Typen

20 (1) ¹Für reihenweise zu fertigende oder gefertigte Fahrzeuge kann die Betriebserlaubnis dem Hersteller nach einer auf seine Kosten vorgenommenen Prüfung allgemein erteilt werden (Allgemeine Betriebserlaubnis), wenn er die Gewähr für zuverlässige Ausübung der dadurch verliehenen Befugnisse bietet. ²Bei Herstellung eines Fahrzeugtyps durch mehrere Beteiligte kann die Allgemeine Betriebserlaubnis diesen gemeinsam erteilt werden. ³Für die Fahrzeuge, die außerhalb des Geltungsbereichs dieser Verordnung hergestellt worden sind, kann die Allgemeine Betriebserlaubnis erteilt werden

1. dem Hersteller oder seinem Beauftragten, wenn die Fahrzeuge in einem Staat hergestellt worden sind, in dem der Vertrag zur Gründung der Europäischen Wirtschaftsgemeinschaft oder das Abkommen über den Europäischen Wirtschaftsraum gilt,

2. dem Beauftragten des Herstellers, wenn die Fahrzeuge zwar in einem Staat hergestellt worden sind, in dem der Vertrag zur Gründung der Europäischen Wirtschaftsgemeinschaft oder das Abkommen über den Europäischen Wirtschaftsraum nicht gilt, sie aber in den Geltungsbereich dieser Verordnung aus einem Staat eingeführt worden sind, in

Allgemeine Betriebserlaubnis für Typen § 20 StVZO **5**

dem der Vertrag zur Gründung der Europäischen Wirtschaftsgemeinschaft oder das Abkommen über den Europäischen Wirtschaftsraum gilt,

3. in den anderen Fällen dem Händler, der seine Berechtigung zum alleinigen Vertrieb der Fahrzeuge im Geltungsbereich dieser Verordnung nachweist.

⁴In den Fällen des Satzes 3 Nr. 2 muß der Beauftragte des Herstellers in einem Staat ansässig sein, in dem der Vertrag zur Gründung der Europäischen Wirtschaftsgemeinschaft oder das Abkommen über den Europäischen Wirtschaftsraum gilt. ⁵In den Fällen des Satzes 3 Nr. 3 muß der Händler im Geltungsbereich dieser Verordnung ansässig sein.

(2) ¹Über den Antrag auf Erteilung der Allgemeinen Betriebserlaubnis entscheidet das Kraftfahrt-Bundesamt. ²Das Kraftfahrt-Bundesamt kann einen amtlich anerkannten Sachverständigen für den Kraftfahrzeugverkehr oder eine andere Stelle mit der Begutachtung beauftragen. ³Es bestimmt, welche Unterlagen für den Antrag beizubringen sind.

(2a) Umfaßt der Antrag auf Erteilung einer Allgemeinen Betriebserlaubnis auch die Genehmigung für eine wahlweise Ausrüstung, so kann das Kraftfahrt-Bundesamt auf Antrag in die Allgemeine Betriebserlaubnis aufnehmen, welche Teile auch nachträglich an- oder eingebaut werden dürfen (§ 19 Abs. 3 Nr. 1 Buchstabe b und Nr. 3); § 22 Abs. 3 ist anzuwenden.

(3) ¹Der Inhaber einer Allgemeinen Betriebserlaubnis für Fahrzeuge hat für jedes dem Typ entsprechende, zulassungspflichtige Fahrzeug einen Fahrzeugbrief auszufüllen. ²Die Vordrucke für die Briefe werden vom Kraftfahrt-Bundesamt ausgegeben. ³In dem Brief sind die Angaben über das Fahrzeug von dem Inhaber der Allgemeinen Betriebserlaubnis für das Fahrzeug einzutragen oder, wenn mehrere Hersteller beteiligt sind, von jedem Beteiligten für die von ihm hergestellten Teile, sofern nicht ein Beteiligter die Ausfüllung des Briefs übernimmt; war die Erteilung der Betriebserlaubnis von der Genehmigung einer Ausnahme abhängig, so müssen die Ausnahme und die genehmigende Behörde im Brief bezeichnet werden. ⁴Der Brief ist von dem Inhaber der Allgemeinen Betriebserlaubnis unter Angabe der Firmenbezeichnung und des Datums mit seiner Unterschrift zu versehen; eine Nachbildung der eigenhändigen Unterschrift durch Druck oder Stempel ist zulässig.

(3a) ¹Der Inhaber einer Allgemeinen Betriebserlaubnis für Fahrzeuge ist verpflichtet, für jedes dem Typ entsprechende zulassungspflichtige Fahrzeug eine Datenbestätigung nach Muster 2d auszufüllen. ²In die Datenbestätigung sind vom Inhaber der Allgemeinen Betriebserlaubnis die Angaben über die Beschaffenheit des Fahrzeugs einzutragen oder, wenn mehrere Hersteller beteiligt sind, von jedem Beteiligten die Angaben für die von ihm hergestellten Teile, sofern nicht ein Beteiligter die Ausfüllung der Datenbestätigung übernimmt. ³Die Richtigkeit der Angaben über die Beschaffenheit des Fahrzeugs und über dessen Übereinstimmung mit dem genehmigten Typ hat der für die Ausfüllung der Datenbestätigung jeweils Verantwortliche unter Angabe des Datums zu bescheinigen. ⁴Gehört das Fahrzeug zu einer in Anlage XXIX genannten EG-Fahrzeugklasse, kann zusätzlich die Bezeichnung der Fahrzeugklasse eingetragen werden. ⁵Die Datenbestätigung ist für die Zulassung dem Fahrzeug mitzugeben. ⁶Hat der Inhaber einer Allgemeinen Betriebserlaubnis auch einen Fahrzeugbrief nach Absatz 3 Satz 1 ausgefüllt, ist dieser der Datenbestätigung beizufügen. ⁷Die Datenbestätigung nach Satz 1 ist entbehrlich, wenn

1. das Kraftfahrt-Bundesamt für den Fahrzeugtyp Typdaten zur Verfügung gestellt hat und

2. der Inhaber einer Allgemeinen Betriebserlaubnis durch Eintragung der vom Kraftfahrt-Bundesamt für den Abruf der Typdaten zugeteilten Typ- sowie Varianten-/Versionsschlüsselnummer im Fahrzeugbrief bestätigt hat, dass das im Fahrzeugbrief genannte Fahrzeug mit den Typdaten, die dieser Schlüsselnummer entsprechen, übereinstimmt.

(3b) Für Fahrzeuge, die für die Bundeswehr zugelassen werden sollen, braucht die Datenbestätigung abweichend von Absatz 3a Satz 1 nur für eine Fahrzeugserie ausgestellt zu werden, wenn der Inhaber der Allgemeinen Betriebserlaubnis die Fahrzeug-Identifizierungsnummer jedes einzelnen Fahrzeugs der Fahrzeugserie der Zentralen Militärkraftfahrtstelle mitteilt.

(4) Abweichungen von den technischen Angaben, die das Kraftfahrt-Bundesamt bei Erteilung der Allgemeinen Betriebserlaubnis durch schriftlichen Bescheid für den genehmigten Typ festgelegt hat, sind dem Inhaber der Allgemeinen Betriebserlaubnis nur gestattet, wenn diese durch einen entsprechenden Nachtrag ergänzt worden ist oder wenn das Kraftfahrt-Bundesamt auf Anfrage erklärt hat, daß für die vorgesehene Änderung eine Nachtragserlaubnis nicht erforderlich ist.

(5) ¹Die Allgemeine Betriebserlaubnis erlischt nach Ablauf einer etwa festgesetzten Frist, bei Widerruf durch das Kraftfahrt-Bundesamt, und wenn der genehmigte Typ den Rechtsvorschriften nicht mehr entspricht. ²Der Widerruf kann ausgesprochen werden,

Dauer

wenn der Inhaber der Allgemeinen Betriebserlaubnis gegen die mit dieser verbundenen Pflichten verstößt oder sich als unzuverlässig erweist oder wenn sich herausstellt, daß der genehmigte Fahrzeugtyp den Erfordernissen der Verkehrssicherheit nicht entspricht.

(6) ¹Das Kraftfahrt-Bundesamt kann jederzeit bei Herstellern oder deren Beauftragten oder bei Händlern die Erfüllung der mit der Allgemeinen Betriebserlaubnis verbundenen Pflichten nachprüfen oder nachprüfen lassen. ²In den Fällen des Absatzes 1 Satz 3 Nr. 1 und 2 kann das Kraftfahrt-Bundesamt die Erteilung der Allgemeinen Betriebserlaubnis davon abhängig machen, daß der Hersteller oder sein Beauftragter sich verpflichtet, die zur Nachprüfung nach Satz 1 notwendigen Maßnahmen zu ermöglichen. ³Die Kosten der Nachprüfung trägt der Inhaber der Allgemeinen Betriebserlaubnis, wenn ihm ein Verstoß gegen die mit der Erlaubnis verbundenen Pflichten nachgewiesen wird.

Begr zur ÄndVO v 24. 9. 04 (BRDrucks 344/04 S 33): **Zu Abs 3 a:** *In der Zulassungsbescheinigung Teil II sind, anders als beim derzeitigen Fahrzeugbrief, nicht mehr alle Fahrzeugdaten, die im Zulassungsverfahren benötigt werden, enthalten. Deshalb ist es erforderlich, dass der Inhaber einer Allgemeinen Betriebserlaubnis eine Datenbestätigung (Muster 2d) erstellt. …*

Zu Abs 3 b: *Die Änderungen sind erforderlich als Folge der Einarbeitung der Vorschriften der 26. Ausnahmeverordnung zur StVZO. An Stelle der von den Inhabern einer Allgemeinen Betriebserlaubnis oder einer EG-Typgenehmigung auszufüllenden „Übereinstimmungsbescheinigung für Fahrzeuge der Bundeswehr" tritt die Datenbestätigung entsprechend Muster 2d.*

Begr zur VO v 25. 4. 06 (VkBl **06** 615): **Zu Abs 3 a Satz 4 und Anl XXIX:** *… werden die EG-Klassen nach den Typgenehmigungsrichtlinien in das nationale Recht überführt.*

1   1. § 20 regelt die **Allgemeine Betriebserlaubnis** für serienmäßig hergestellte Kfze, wie sie bei der fabrikmäßigen Herstellung die Regel bilden. Nicht serienweise gebaute Kfze: § 21. Die ABE begründet eine Vermutung für die **Beschaffenheit des Kfz,** Ko DAR **05** 683. Volle Gefahrlosigkeit kann das Zulassungsverfahren nicht garantieren, BGH NJW **73** 458. *Raddatz,* Haftung für Unfälle durch Konstruktionsfehler an Kfzen, VersR **67** 833.

2   2. **Abs I** betrifft ABE die für **reihenweise gefertigte Kfze** und Anhänger (s BVerfGE **11** 6, 16). Begriff der reihenweisen Fertigung, s Richtlinie VkBl **63** 58, 148 = StVRL Nr 1. Fahrzeugteile von SerienKfzen: §§ 22, 22a. Abs IIa ermöglicht wahlweise Ausrüstungen bei entsprechender Genehmigung im Rahmen nachträglicher Änderung durch den FzHalter (s auch § 19 Rz 10). **Hersteller** ist, wer unter eigener technischer Aufsicht und Verantwortung das Fz fertigt, auf das sich die BE bezieht, idR also das betriebsfertige Fahrgestell erzeugt oder montiert, sei es mit selber hergestellten oder mit (teilweise) zugelieferten Teilen. Lediglich wirtschaftliche Verantwortlichkeit (Haftung) für fremde technische Montageaufsicht erfüllt den Herstellerbegriff nicht. Voraussetzung für die Erteilung ist die Typprüfung (II, III). BE für ImportFze, VkBl **81** 94, *Hördegen* VD **81** 357. Außerhalb des StVZO-Geltungsbereichs hergestellte Fze: Abs I Satz 3 bis 5. **Händler** ist, wer gewerbsmäßig Kfze oder KfzTeile liefert oder zur Instandsetzung annimmt. Zum Begriff des alleinvertriebsberechtigten Händlers, *Krutein* VD **77** 273. Die Fassung von Abs I 3 lässt zweifeln, ob das „kann" als „kann nur" oder als „kann auch" zu verstehen ist. Die Verwaltungspraxis versteht den Ausdruck iS von „kann nur". Nachträge zu ABEn, BMV VkBl **62** 538.

3   3. Zuständig für die **Typprüfung** ist das **Kraftfahrt-Bundesamt** (G v 4. 8. 51, BGBl **51** I 488). Es ist Bundesoberbehörde und untersteht dem BMV. Landesbehörden und Prüfstellen sind ihm nicht unterstellt. Das KBA kann Ausnahmen von den Bau- und Betriebsvorschriften zulassen (§ 70 I Nr 4). Die Begutachtung kann das KBA einem amtlich anerkannten Sachverständigen oder einer anderen Stelle übertragen (Abs II S 2). Zuständigkeit von Prüfstellen und Technischen Diensten im Rahmen der Begutachtung/Prüfung für die Typengenehmigung von Fzen und FzTeilen, s BMV v 13. 10. 92, VkBl **92** 561.

4   **Verfahren.** Die ABE wird auf **Antrag** erteilt. Gem Abs II S 3 bestimmt das KBA, welche Unterlagen dem Antrag beizufügen sind; s dazu Richtlinie VkBl **63** 58, 148 = StVRL Nr 1. Mit der Erteilung der ABE wird für alle dem Typ entsprechenden Fze die BE erteilt. In der Erlaubnis wird die Art des Fahrgestells festgelegt. Außer dem Fahrgestell sind die Aufbauten und gewisse für Betrieb und Verkehr wichtige Zubehörteile zu prüfen. Eine ABE kann sich auf das Fz einschließlich der Aufbauten oder nur auf das Fahrgestell erstrecken. Bei anderen als den in der Erlaubnis vorgesehenen Aufbauten ist nach § 22 II Satz 4 und § 21 zu verfahren. Zur Verfahrensweise bei der Umstellung auf neue Maßeinheiten, s BMV VkBl **77** 403. Unter den Vor-

Betriebserlaubnis für Einzelfahrzeuge § 21 StVZO 5

aussetzungen von Abs I Satz 1, 2 besteht ein Rechtsanspruch auf Erteilung einer ABE. Geltungsdauer: Abs V.

4. Im **Fahrzeugbrief** (also der Zulassungsbescheinigung Teil II, § 12 FZV) werden die wichtigsten Daten über die Beschaffenheit des Kfz eingetragen, für das der Brief ausgestellt ist, s im Übrigen § 12 FZV. Privatrechtliche Bedeutung: § 12 FZV Rz 15. Verlust des Briefes: § 12 IV FZV. Ein FzBrief liegt vor, sobald der amtliche Vordruck durch die darin vorgesehene, wenn auch private Eintragung Beziehung zu einem bestimmten Fz erhält, BGH DAR **60** 177. Keine Befugnis des ABE-Inhabers, einen zweiten FzBrief für ein Fz auszustellen, für das ein solcher bereits ausgestellt war, *Wirsing* VD **83** 264. **Vordrucke** für Zulassungsbescheinigungen Teil II s § 12 III FZV. **Ausnahmegenehmigungen** sind in den Brief aufzunehmen (Abs III S 3). Dies soll die Übersicht über die Rechtslage erleichtern. Der **FzBrief gehört zum Fahrgestell** als dem Hauptteil des Kfz, bei Krafträdern zum Rahmen, s VkBl **49** 14. Aufgrund einer für das Fz (einschließlich Aufbauten) erteilten ABE dürfen FzBriefe für Fahrgestelle nur ausgefertigt werden, wenn die Befugnis in der Erlaubnis ausdrücklich zugestanden ist. Nötigenfalls ist Erweiterung zu beantragen. Da der FzBrief ab 1. 10. 2005 (Inkrafttreten der 38. ÄndVStVR) nicht mehr alle im Zulassungsverfahren benötigten FzDaten enthält, hat der Inhaber der ABE seit diesem Zeitpunkt nach Maßgabe von Abs III a S 1 eine **Datenbestätigung** (s § 2 Nr 8 FZV) nach **Muster 2 d** auszufüllen. Ausnahmen: Abs III a S 6 (Typdatenerstellung durch das KBA) und Abs III b (für die **BW** zuzulassende Fze). Wenn das Fahrzeug zu einer in Anl XXIX benannten **EG-Fahrzeugklasse** gehört, kann die Bezeichnung der Fahrzeugklasse in die Datenbestätigung eingetragen werden, Abs III a S 4. Die Einstufung von Fz in die durch die Richtlinie 70/156/EWG zur Angleichung der Rechtsvorschriften der Mitgliedstaaten über die Betriebserlaubnis für Kfz und Kfz-Anhänger (StVRL § 20 StVZO Nr 3) harmonisierten Fz-Klassen hat keine Auswirkungen auf nationale Verhaltensvorschriften, EuGH NJW **06** 2539 (dazu *Marquardt* VD **06** 264, *Kokott* DAR **06** 607). Die Datenbestätigung ersetzt die nach Abs III S 4 in der bis zum 30. 9. 05 geltenden Fassung verlangte Übereinstimmungsbescheinigung. Die §§ 20 ff sind **keine Schutzgesetze** zugunsten von Sicherungsübereignungsnehmern, BGH VRS **56** 100.

5. Abweichungen von den technischen Angaben. Geltungsdauer der Allgemeinen **Betriebserlaubnis**. **Prüfungsrecht des Kraftfahrt-Bundesamtes.** § 20 IV ist § 7 II alt (= § 4 II nF) der FahrzeugteileVO nachgebildet. Auch bei den ABE hängen **Abweichungen** von den festgelegten technischen Angaben von der Zustimmung des KBA ab, die durch eine Nachtragserlaubnis oder durch die Erklärung (s Begr VkBl **60** 461), eine Nachtragserlaubnis sei nicht erforderlich, erteilt wird. **Toleranzenkatalog** über zulässige Messwertabweichungen bei FzPrüfungen, VkBl **84** 182. Fze, der ABE entsprechen, können nicht mit einer Einzel-BE (§ 21) betrieben werden. Abs V über das **Erlöschen** der ABE und Abs VI entsprechen im Wesentlichen den §§ 12 und 11 alt (= §§ 10 II, 9 II nF) der FahrzeugteileVO. Die Angleichung ist zweckmäßig, weil BEe und Bauartgenehmigungen sich in den hier wesentlichen Punkten gleichen. Ein Widerruf der ABE wirkt nicht zurück. Er ist durch Verwaltungsklage anfechtbar. Ein Verstoß gegen eine Auflage kann zum Widerruf der BE führen, OVG Lüneburg DAR **73** 55.

6. Ausnahmen: § 70.

7. Ordnungswidrigkeit: § 69 a V 1.

Betriebserlaubnis für Einzelfahrzeuge

21 ¹Gehört ein Fahrzeug nicht zu einem genehmigten Typ, so hat der Hersteller oder ein anderer Verfügungsberechtigter die Betriebserlaubnis bei der Verwaltungsbehörde (Zulassungsbehörde) zu beantragen. ²Bei zulassungspflichtigen Fahrzeugen ist der Behörde mit dem Antrag ein Fahrzeugbrief vorzulegen; der Vordruck für den Brief kann von der Zulassungsbehörde bezogen werden. ³Mit dem Antrag auf Erteilung der Betriebserlaubnis ist der Zulassungsbehörde das Gutachten eines amtlich anerkannten Sachverständigen für den Kraftfahrzeugverkehr vorzulegen. Das Gutachten muss die technische Beschreibung des Fahrzeugs in dem Umfang enthalten, der für die Ausfertigung des Fahrzeugscheins erforderlich ist. In dem Gutachten bescheinigt der amtlich anerkannte Sachverständige für den Kraftfahrzeugverkehr, dass er das Fahrzeug im Gutachten richtig beschrieben hat und dass das Fahrzeug vorschriftsmäßig ist; die Angaben aus dem Gutachten überträgt die Zulassungsbehörde in den Fahrzeugschein und, soweit vorgesehen, in den Fahrzeugbrief. ⁴Hängt die Erteilung der Betriebserlaubnis von der Genehmigung

Dauer 1283

5 StVZO § 21 B. Fahrzeuge. II. Betriebserlaubnis und Bauartgenehmigung

einer Ausnahme ab, so müssen die Ausnahme und die genehmigende Behörde im Brief bezeichnet sein. [5] Abweichend von Satz 2 bedarf es für Fahrzeuge, die für die Bundeswehr zugelassen werden, nicht der Vorlage eines Fahrzeugbriefs, wenn ein amtlich anerkannter Sachverständiger für den Kraftfahrzeugverkehr eine Datenbestätigung entsprechend Muster 2 d ausstellt.

1   **Begr** zur ÄndVO v 24. 9. 04: BRDrucks 344/04 S 34.

DA zum § 21

2   [II] *Die Zulassungsstelle bestätigt dem Kraftfahrt-Bundesamt unverzüglich den Empfang der Briefvordrucke. Der für die Vordrucke in Rechnung gestellte Betrag ist dem Kraftfahrt-Bundesamt innerhalb eines Monats zu überweisen. Bei der Überweisung ist die Sendung, die bezahlt wird, durch Angabe der Nummernreihe der Vordrucke zu bezeichnen.*

2a *Wird bei der Zulassungsstelle ein Vordruck ungültig, z. B. durch Verschreiben, so ist dieser an das Kraftfahrt-Bundesamt zurückzusenden; die Zulassungsstelle erhält dafür einen neuen Vordruck gebührenfrei, sofern sie bei der Rücksendung des Vordrucks erklärt, dass ein dritter für die ausgefallene Gebühr nicht in Anspruch genommen werden kann. Wenn eine Zulassungsstelle Vordrucke nicht mehr benötigt, sind diese dem Kraftfahrt-Bundesamt geschlossen zurückzugeben; für sie wird die Gebühr erstattet, sofern die Vordrucke unbeschädigt und noch verwendbar sind. Bei Überweisung durch Banken usw. haben die Zulassungsstellen dafür zu sorgen, dass auch von diesen die vorgeschriebenen Angaben gemacht werden. Unmittelbare Überweisungen von Geldbeträgen durch Fahrzeugeigentümer usw. an das Kraftfahrt-Bundesamt sind zu verhindern.*

3   **1. Das Verfahren bei Zulassung von Einzelfahrzeugen** sieht vor, dass für jedes einzelne NichttypKfz eine besondere BE beantragt werden muss und dass der ZulB nach der durch die 38. ÄndVStVR geltenden Neufassung von S 3 bis 5 (Inkrafttreten: 1. 10. 05) das Gutachten eines amtlich anerkannten Sachverständigen vorzulegen ist. Dieses ist dem Antragsteller nach Übertragung der darin enthaltenen Angaben in den FzSchein (und FzBrief) durch die ZulB zurückzugeben (s Begr, BRDrucks 344/04 S 34). Das Kfz darf keiner ABE (§ 20) entsprechen. Nur auf erstmals zuzulassende Kfze ist § 21 anzuwenden; wird dagegen zB auf dem Fahrgestell eines schon zugelassenen Kfz mit Hilfe weiterer Teile ein individuell anderes Kfz zusammengebaut, so gilt nicht § 21; vielmehr ist nach § 13 FZV der Brief/die Zulassungsbescheinigung Teil II zu berichtigen. BE für **Importfahrzeuge**, s Merkblatt des BMV, VkBl **98** 1314 = StVRL Nr 1. **BW-Fze:** Satz 7.

4   **Zuständig** ist die VB als ZulB (§ 68). **Antragsberechtigt** sind außer dem Hersteller (§ 20), auch alle Verfügungsberechtigten, also auch Händler mit berechtigtem Interesse.

5   **2.** Dem Antrag ist ein **Fahrzeugbrief** (§ 20, § 12 FZV) beizufügen. Auszufüllen hat den Brief der Hersteller oder sonst Verfügungsberechtigte. Die ZulB überträgt nach Maßgabe von III S 5, Halbsatz 2, die Angaben des Sachverständigengutachtens in den Brief. Bei Zusammen- oder Umbauten von Kfzen gehört der Brief zum Fahrgestell, bei Krädern zum Rahmen, s VkBl **49** 14 (s Rz 3). Die Briefe können ihren Zweck, die Überwachung der Vorschriftsmäßigkeit des Fz zu ermöglichen, nur erfüllen, wenn sie erkennen lassen, welche Ausnahmen genehmigt sind (§ 20). Es ist unzulässig und mit dem Wesen des FzBriefs als das Eigentum sichernder Urkunde unvereinbar, dass Briefe und Ersatzbriefe unter anderen als den gesetzlich festliegenden Voraussetzungen ausgestellt werden, s VkBl **47** 55. Unüberwachte Aushändigung eines Briefvordrucks ist eine Amtspflichtverletzung auch gegenüber einem späteren Käufer, der mit Hilfe des fälschlich angefertigten Briefs über das Eigentum an dem Fz getäuscht wird, Hb VersR **64** 715. Über die Ausgabe von FzBriefvordrucken durch die VB für Kfze ohne Brief, *Wirsing* VD **80** 361.

6   **3.** In dem gem S 3 vorzulegenden Gutachten eines **amtlich anerkannten Sachverständigen** muss dieser bestätigen, dass das Gutachten das Kfz richtig beschreibt und dass das Fz den Vorschriften der StVZO entspricht. Dass keine technischen Bedenken gegen die Zulassung bestehen, braucht der Sachverständige nicht gesondert zu bescheinigen. Wie er sich über die Beschaffenheit des Fz Gewissheit verschafft, entscheidet er in eigener Verantwortung; er hat das Fz selbst zu führen, wenn er glaubt, sein Gutachten sonst nicht erstatten zu können. Lehnt der Berechtigte es ab, dem Sachverständigen die Führung zu gestatten, so hat dieser die Sache unerledigt an die ZulB zurückzugeben, BMV VkBl **51** 206. Der Sachverständige übt im Rahmen seiner StVZO-Befugnisse hoheitliche Aufgaben aus, BGH NJW **04** 3484, DAR **03** 314, BGHZ **49** 108 = NJW **68** 443, **73** 458, wobei die Amtspflicht auch gegenüber dem FzEigentümer besteht, BGH DAR **03** 314; für **Amtspflichtverletzung** haftet das Land, BGH DAR **03** 314, NZV **01** 76, BGHZ **49** 108. Jedoch verletzt er keine ihm einem späteren Erwerber gegenüber obliegende

Amtspflicht, wenn er fahrlässig in dem Gutachten unrichtige technische Angaben über das Fz als richtig bescheinigt und das Fz in seiner tatsächlichen Beschaffenheit für den Erwerber wertlos ist. Denn die Amtspflicht des TÜV-Sachverständigen dient nicht dem Schutz des Gebrauchtwagenkäufers vor Vermögensschaden, BGH NJW **04** 3484, **73** 458. Die Wiedergabe der technischen Einzelheiten im Brief soll nicht allgemein im Rechtsverkehr das Vertrauen auf die Richtigkeit des Briefinhalts schützen, BGH NJW **04** 3384, BGHZ **18** 110 = NJW **55** 1316.

Anerkennung von Genehmigungen und Prüfzeichen auf Grund internationaler Vereinbarungen und von Rechtsakten der Europäischen Gemeinschaften

21 a (1) ¹Im Verfahren auf Erteilung der Betriebserlaubnis werden Genehmigungen und Prüfzeichen anerkannt, die ein ausländischer Staat für Ausrüstungsgegenstände oder Fahrzeugteile oder in bezug auf solche Gegenstände oder Teile für bestimmte Fahrzeugtypen unter Beachtung der mit der Bundesrepublik Deutschland vereinbarten Bedingungen erteilt hat. ²Dasselbe gilt für Genehmigungen und Prüfzeichen, die das Kraftfahrt-Bundesamt für solche Gegenstände oder Teile oder in bezug auf diese für bestimmte Fahrzeugtypen erteilt, wenn das Genehmigungsverfahren unter Beachtung der von der Bundesrepublik Deutschland mit ausländischen Staaten vereinbarten Bedingungen durchgeführt worden ist. ³§ 22 a bleibt unberührt.

(1 a) **Absatz 1** gilt entsprechend für Genehmigungen und Prüfzeichen, die auf Grund von Rechtsakten der Europäischen Gemeinschaften erteilt werden oder anzuerkennen sind.

(2) ¹Das Prüfzeichen nach Absatz 1 besteht aus einem Kreis, in dessen Innerem sich der Buchstabe „E" und die Kennzahl des Staates befinden, der die Genehmigung erteilt hat, sowie aus der Genehmigungsnummer in der Nähe dieses Kreises, gegebenenfalls aus der Nummer der internationalen Vereinbarung mit dem Buchstaben „R" und gegebenenfalls aus zusätzlichen Zeichen. ²Das Prüfzeichen nach Absatz 1 a besteht aus einem Rechteck, in dessen Innerem sich der Buchstabe „e" und die Kennzahl oder die Kennbuchstaben des Staates befinden, der die Genehmigung erteilt hat, aus der Bauartgenehmigungsnummer in der Nähe dieses Rechtecks sowie gegebenenfalls aus zusätzlichen Zeichen. ³Die Kennzahl für die Bundesrepublik Deutschland ist in allen Fällen „1".

(3) ¹Mit einem Prüfzeichen der in den Absätzen 1 bis 2 erwähnten Art darf ein Ausrüstungsgegenstand oder ein Fahrzeugteil nur gekennzeichnet sein, wenn er der Genehmigung in jeder Hinsicht entspricht. ²Zeichen, die zu Verwechslungen mit einem solchen Prüfzeichen Anlaß geben können, dürfen an Ausrüstungsgegenständen oder Fahrzeugteilen nicht angebracht sein.

1. Begr zur ÄndVO v 21. 7. 69: VkBl **69** 394.

Begr zur ÄndVO v 15. 1. 80 (VkBl **80** 143): *Im Zuge der Harmonisierung der Bau- und Betriebsvorschriften für Kraftfahrzeuge und deren Anhänger durch die EG sind für bestimmte Fahrzeugteile (z. Z. Rückspiegel, Einrichtungen für Schallzeichen, lichttechnische Einrichtungen und Kontrollgeräte) EWG-Prüfzeichen vorgeschrieben worden. Dieses Prüfzeichen ist an jedem Stück der laufenden Fertigung so anzubringen, dass die Zugehörigkeit zur genehmigten Bauart festgestellt werden kann. § 21a gibt nunmehr neben dem „ECE-Prüfzeichen" Inhalt und Ausgestaltung des bei den EG vereinbarten Prüfzeichens wieder. Der Schutz des Prüfzeichens wird durch den Absatz 3 geregelt.*

2. Genehmigungsverfahren: § 22 mit der FzTeileVO. Genehmigung auf Grund internationaler Vereinbarungen: EG-Richtlinien bzw ECE-Regelungen. a) **EG-Richtlinien** über Bau und Ausrüstung von StrFzen sind kraft des EG-Vertrags kurzfristig in das nationale Recht zu übernehmen, anstelle oder neben den nationalen Vorschriften. Das BMV ermächtigt jeweils das KBA zur Anwendung bestimmt bezeichneter EG-Richtlinien. b) **ECE-Regelungen** beruhen auf dem „Übereinkommen über die Annahme einheitlicher Bedingungen für die Genehmigung der Ausrüstungsgegenstände und Teile von Kfzen und über die gegenseitige Anerkennung der Genehmigungen" (UN-Wirtschaftskommission für Europa, Economic Commission for Europe, ECE) v 20. 3. 58, von der BRep unterzeichnet am 19. 6. 58, in der BRep in Kraft gesetzt durch ZustimmungsG vom 12. 6. 1965 (BGBl II 857, Begr: VkBl **65** 387), s G zur Revision des Übereinkommens v 20. 5. 97 (BGBl II 998) mit ÄndG v 18. 6. 02 (BGBl II 1522, Begr: VkBl **02** 514). Sie treten zwischenstaatlich erst und nur für diejenigen Vertragsparteien in Kraft, welche den UN-Generalsekretär offiziell von der Anwendung der jeweiligen Regelung verständigt haben. Das BMV ist gesetzlich (BGBl 1968 1224) ermächtigt, ECE-Regelungen durch

RVO ohne Zustimmung des BR, aber nach Anhörung der obersten Landesbehörde in Kraft zu setzen. Übersicht: VkBl **78** 116, Näher *Krutein* VD **76** 247, *Sündermann* SVR **06** 48.

3. Ordnungswidrigkeiten: §§ 69a II Nr 8 StVZO, 24 StVG.

Anerkennung von Prüfungen auf Grund von Rechtsakten der Europäischen Gemeinschaften

21b Im Verfahren auf Erteilung der Betriebserlaubnis werden Prüfungen anerkannt, die auf Grund harmonisierter Vorschriften nach § 19 Abs. 1 Satz 2 durchgeführt und bescheinigt worden sind.

Begr (VkBl **85** 75): *Durch den neuen § 21 b werden die Prüfungen, die auf Grund der harmonisierten Bestimmungen vorgenommen werden, für das Betriebserlaubnisverfahren formal anerkannt. Es handelt sich hierbei um eine parallele Vorschrift zu § 21 a. Da § 21 a nur die Anerkennung von Genehmigungen und der in diesem Zusammenhang erteilten Prüfzeichen zum Gegenstand hat, jedoch die Maßnahmen nach Artikel 10 der beiden in § 19 Abs. 1 Satz 2 genannten EG-Richtlinien ihrem rechtlichen Charakter nach nicht Genehmigungen, sondern nur durchgeführte Prüfungen sind, ist die Regelung des § 21 b notwendig. Unter § 21 b fallen sowohl Prüfungen in den anderen EG-Mitgliedstaaten als auch in der Bundesrepublik.*

21c *(aufgehoben)*

Betriebserlaubnis für Fahrzeugteile

22 (1) ¹Die Betriebserlaubnis kann auch gesondert für Teile von Fahrzeugen erteilt werden, wenn der Teil eine technische Einheit bildet, die im Erlaubnisverfahren selbständig behandelt werden kann. ²Dürfen die Teile nur an Fahrzeugen bestimmter Art, eines bestimmten Typs oder nur bei einer bestimmten Art des Ein- oder Anbaus verwendet werden, ist die Betriebserlaubnis dahingehend zu beschränken. ³Die Wirksamkeit der Betriebserlaubnis kann davon abhängig gemacht werden, daß der Ein- oder Anbau abgenommen worden ist. ⁴Die Abnahme ist von einem amtlich anerkannten Sachverständigen oder Prüfer für den Kraftfahrzeugverkehr oder von einem Kraftfahrzeugsachverständigen oder Angestellten nach Nummer 4 der Anlage VIIIb durchführen zu lassen. ⁵In den Fällen des Satzes 3 ist durch die abnehmende Stelle nach Satz 4 auf dem Nachweis (§ 19 Abs. 4 Satz 1) darüber der ordnungsgemäße Ein- oder Anbau unter Angabe des Fahrzeugherstellers und -typs sowie der Fahrzeug-Identifizierungsnummer zu bestätigen.

(2) ¹Für das Verfahren gelten die Vorschriften über die Erteilung der Betriebserlaubnis für Fahrzeuge entsprechend. ²Bei reihenweise zu fertigenden oder gefertigten Teilen ist sinngemäß nach § 20 zu verfahren; der Inhaber einer Allgemeinen Betriebserlaubnis für Fahrzeugteile hat durch Anbringung des ihm vorgeschriebenen Typzeichens auf jedem dem Typ entsprechenden Teil dessen Übereinstimmung mit dem genehmigten Typ zu bestätigen. ³Außerdem hat er jedem gefertigten Teil einen Abdruck oder eine Ablichtung der Betriebserlaubnis oder den Auszug davon und gegebenenfalls den Nachweis darüber (§ 19 Abs. 4 Satz 1) beizufügen. ⁴Bei Fahrzeugteilen, die nicht zu einem genehmigten Typ gehören, ist nach § 21 zu verfahren; das Gutachten des amtlich anerkannten Sachverständigen für den Kraftfahrzeugverkehr ist, falls es sich nicht gegen die Erteilung der Betriebserlaubnis ausspricht, in den Fahrzeugschein einzutragen, wenn der Teil an einem bestimmten zulassungspflichtigen Fahrzeug an- oder eingebaut werden soll. ⁵Unter dem Gutachten hat die Zulassungsbehörde gegebenenfalls einzutragen:

„Betriebserlaubnis erteilt".

⁶Der gleiche Vermerk ist unter kurzer Bezeichnung des genehmigten Teils in dem nach § 4 Abs. 5 der Fahrzeug-Zulassungsverordnung mitzuführenden oder aufzubewahrenden Nachweis und in dem Anhängerverzeichnis, sofern ein solches ausgestellt worden ist, einzutragen.

(3) ¹Anstelle einer Betriebserlaubnis nach Absatz 1 können auch Teile zum nachträglichen An- oder Einbau (§ 19 Abs. 3 Nr. 1 Buchstabe b oder Nr. 3) im Rahmen einer Allgemeinen Betriebserlaubnis für ein Fahrzeug oder eines Nachtrags dazu (§ 20) genehmigt werden; die Absätze 1, 2 Satz 2 und 3 gelten entsprechend. ²Der Nachtrag kann sich insoweit auch auf Fahrzeuge erstrecken, die vor Genehmigung des Nachtrags hergestellt worden sind.

Betriebserlaubnis für Fahrzeugteile § 22 StVZO 5

Begr zur ÄndVO v 16. 12. 93 (VkBl **94** 152): 1

Zu Abs 1: Hat das betreffende Fahrzeugteil eine Betriebserlaubnis bzw. Genehmigung des Kraftfahrt-Bundesamtes erhalten, so kann sich jedermann darauf verlassen, dass das Teil als solches unbedenklich ist. Außerdem hat das Kraftfahrt-Bundesamt die Möglichkeit, ggf. Beschränkungen und Auflagen in diesen Teile-Betriebserlaubnissen zu verankern.

Auch dies dient der Rechtssicherheit für den Verbraucher und Fahrzeughalter, denn damit ist die Verpflichtung verbunden, dass diese Beschränkungen und Auflagen beim Verkauf dem Käufer mitgeteilt werden müssen. Insbesondere kann das KBA bei der Teilegenehmigung eindeutig entscheiden und mitteilen, ob eine spätere Abnahme erforderlich ist …

Wie bisher schon kann die Wirksamkeit der Betriebserlaubnis von der Verpflichtung zur Ein- oder Anbauabnahme abhängig gemacht werden. Neu ist, dass diese Abnahme in bestimmten Fällen nun auch durch eine nach Abschnitt 7 der Anlage VIII amtlich anerkannte Überwachungsorganisation erfolgen darf.

…

Zu Abs 2 Satz 3: Es wird klargestellt, dass Teilehersteller die Verpflichtung haben, jedem gefertigten Teil einen Abdruck oder eine Ablichtung der Betriebserlaubnis oder einen Auszug oder einen Nachweis darüber bzw. davon beizugeben. Dies ist erforderlich, damit der Bürger nachvollziehen kann, ob das erworbene Teil auch an seinem Fahrzeug, ggf. unter Beachtung von Einschränkungen oder Auflagen, angebaut werden darf; außerdem muss er sie mitführen. Neu ist die Einführung eines Nachweises, der dazu dient, die mitzuführenden Papiere auf ein Minimum zu reduzieren.

Zu Abs 3: Hier ist klargestellt, dass im Rahmen einer Fahrzeug-ABE oder eines Nachtrags dazu auch Teile zum nachträglichen An- oder Einbau genehmigt werden können. Es wird auch die bürgerfreundliche Möglichkeit geschaffen, dass mit dem Nachtrag zur Fahrzeug-ABE sich die Genehmigung auf Fahrzeuge erstrecken kann, die selbstständig behandelt werden können.

…

Begr zur ÄndVO v 24. 9. 04: BRDrucks 344/04 S 34.

DA zum § 22 Abs. 2

Bei Aufbauten, die nicht zu einem genehmigten Typ gehören und für die die Betriebserlaubnis nach §§ 22 Abs. 2 und 21 StVZO auf Grund eines Sachverständigengutachtens erteilt wird, ist die Wirksamkeit der Betriebserlaubnis von der Abnahme des Ein- oder Anbaues der Aufbauten … am Fahrgestell durch einen amtlich anerkannten Sachverständigen oder Prüfer abhängig zu machen. 1a

54. StVZAusnV v 10. 12. 98
(BGBl I 3651)

§ 1. (1) Abweichend von § 22 Abs. 2 der Straßenverkehrs-Zulassungs-Ordnung braucht der Inhaber einer Allgemeinen Betriebserlaubnis bei einem Ident- oder Nachbaurad nicht den Abdruck oder die Ablichtung der Betriebserlaubnis oder den Auszug davon beizufügen. Dies gilt nur, wenn im „Verkaufskatalog", der in den Vertriebs-/Verkaufsstellen dieser Räder verwendet wird, für die Zuordnung der Räder (Typ und Ausführung) zu den entsprechenden Fahrzeugen (Typ und Ausführung) ein identischer Abdruck des in der Allgemeinen Betriebserlaubnis dieser Räder enthaltenen Verwendungsbereichs enthalten ist. Im Sinne dieser Verordnung ist das 1b

1. Identrad ein Rad, das unter Verwendung derselben Fertigungseinrichtungen produziert wurde, wie das vom Fahrzeughersteller serienmäßig angebaute Rad; das Identrad unterscheidet sich vom serienmäßig angebauten Rad nur durch das fehlende Warenzeichen und/oder die fehlende Teilenummer des Fahrzeugherstellers und der zusätzlichen Genehmigungsnummer des Kraftfahrtbundesamtes,

2. Nachbaurad ein Stahlscheibenrad, das dem serienmäßig angebauten und mit der Betriebserlaubnis des Fahrzeuges genehmigten Rad nachgebaut ist; es entspricht in allen Maßen, Werkstoff und Standfestigkeit dem vom Fahrzeughersteller in Serie angebauten Rad.

(2) Abweichend von § 19 Abs. 4 der Straßenverkehrs-Zulassungs-Ordnung braucht der Führer eines Fahrzeugs, an dem ein Ident- oder Nachbaurad oder mehrere angebaut wurde(n), nicht den Abdruck oder die Ablichtung der betreffenden Betriebserlaubnis oder eines Nachtrags dazu oder eines Auszugs dieser Erlaubnis mit den wesentlichen Angaben für die Verwendung dieses Teils mitzuführen. Dies gilt nur, wenn für diese Räder eine Allgemeine Betriebserlaubnis nach § 22 der Straßenverkehrs-Zulassungs-Ordnung erteilt worden ist.

Begr: VkBl **99** 162.

2   1. Die **Betriebserlaubnis für Fahrzeugteile** gliedert sich in eine solche für reihenweise gefertigte (getypte) und eine solche für einzelgefertigte Teile. Bauartgenehmigungen für FzTeile: § 22 a. Während die Bauartgenehmigung für die in § 22 a genannten Teile obligatorisch ist, bleibt es (soweit nicht ausdrücklich an anderer Stelle für bestimmte Teile eine BE vorgeschrieben ist) dem Teilehersteller überlassen, ob er von der Möglichkeit des § 22 für die Erteilung einer FzTeile-BE Gebrauch macht.

3   § 22 I ergänzt die §§ 20, 21. Er lässt es zu, eine BE (§ 19) auch für Fahrzeugteile zu erwirken. Voraussetzung ist, dass das Teil eine technische Einheit bildet, die im Erlaubnisverfahren selbstständig behandelt werden kann. Zur BE für Aufbauten, s § 20 Rz 4. Ist Verwendung des FzTeils nur an Fzen bestimmter Art oder bestimmten Typs zulässig oder nur bei einer bestimmten Art des Ein- oder Anbaus, so ist die BE entsprechend zu beschränken (Abs I S 2). Sie kann davon abhängig gemacht werden, dass der Ein- oder Anbau durch einen amtlich anerkannten Sachverständigen oder Prüfer oder einen Prüfingenieur einer amtlich anerkannten Überwachungsorganisation geprüft und abgenommen worden ist.

4   2. Das **Verfahren** für die BE für Einzelteile, die als Ganzes eingebaut werden sollen, entspricht dem für Anträge auf BE für ein ganzes Fz. Bei der BE für reihenweise gefertigte Teile entspricht das Verfahren dem § 20, sonst dem § 21. S Richtlinie VkBl 63 58, 148 = StVRL Nr 1. ECE-Regelungen über einheitliche Bedingungen für Ausrüstungsgegenstände und KfzTeile: § 21 a. Richtlinien für die Prüfung von Vergaserzusatzgeräten, VkBl 74 322, 79 94. Richtlinien für die Prüfung von Scheinwerferreinigungsanlagen, VkBl 76 310, von Sonderrädern für Kfze und Anhänger, VkBl 98 1377. Ident- und Nachbauräder, s 54. StVZAusnV (Rz 1 c). Zuständigkeit von Prüfstellen und Technischen Diensten im Rahmen der Begutachtung/Prüfung für die Typengenehmigung von Fzen und FzTeilen, s BMV v 13. 10. 92, VkBl 92 561. In den Fällen des Abs I S 3, in denen die Wirksamkeit der BE von der Abnahme des Ein- oder Anbaus abhängt, erfolgt die Bestätigung gem der Neufassung von Satz 5 durch ÄndVO v 12. 8. 97 nur noch auf gesondertem Nachweis, nicht mehr auf einem Abdruck der BE. Vor dem 1. 10. 97 ausgestellte Bestätigungen auf Abdrucken oder Ablichtungen der BE bleiben gültig (§ 72 II). Gem Abs III können Teile zum nachträglichen An- oder Einbau auch **im Rahmen einer Fz-ABE oder eines Nachtrags** dazu genehmigt werden. Der Nachtrag kann sich auch auf Fze erstrecken, die vor dessen Genehmigung hergestellt worden sind (Abs III S 2).

5   3. **Ordnungswidrig** sind Zuwiderhandlungen gegen § 22 nicht (§ 69 a). Der **Verstoß gegen Auflagen** kann zum Widerruf der ABE führen, OVG Lüneburg DAR 73 55. Eine rechtliche Pflicht zum Mitführen der ABE für das FzTeil besteht nicht, Dü VRS 61 304.

6   4. **Zivilrecht.** Nicht nur den FzHersteller, sondern auch die inländische Vertriebsgesellschaft eines ausländischen FzHerstellers kann die Pflicht treffen, die Unschädlichkeit der Kombination von allgemein gebräuchlichem FzZubehör eines fremden Herstellers mit den vom FzHersteller in den Verkehr gebrachten Fzen zu überprüfen (Produktbeobachtungspflicht), BGHZ 99 167 = NJW 87 1009, s dazu *Burckhardt* NZV 90 11, *Birkmann* DAR 90 127, 00 435.

Bauartgenehmigung für Fahrzeugteile

22 a   (1) Die nachstehend aufgeführten Einrichtungen, gleichgültig ob sie an zulassungspflichtigen oder an zulassungsfreien Fahrzeugen verwendet werden, müssen in einer amtlich genehmigten Bauart ausgeführt sein:
1. **Heizungen in Kraftfahrzeugen**, ausgenommen elektrische Heizungen sowie Warmwasserheizungen, bei denen als Wärmequelle das Kühlwasser des Motors verwendet wird (§ 35 c);
1 a. **Luftreifen** (§ 36 Abs. 1 a);
2. **Gleitschutzeinrichtungen** (§ 37 Abs. 1 Satz 2);
3. **Scheiben aus Sicherheitsglas** (§ 40) und Folien für Scheiben aus Sicherheitsglas;
4. **Frontschutzsysteme** (§ 30 c Abs. 4);
5. **Auflaufbremsen** (§ 41 Abs. 10), ausgenommen ihre Übertragungseinrichtungen und Auflaufbremsen, die nach den im Anhang zu § 41 Abs. 18 genannten Bestimmungen über Bremsanlagen geprüft sind und deren Übereinstimmung in der vorgesehenen Form bescheinigt ist;

Bauartgenehmigung für Fahrzeugteile § 22a StVZO **5**

6. Einrichtungen zur Verbindung von Fahrzeugen (§ 43 Abs. 1), mit Ausnahme von
   a) Einrichtungen, die aus technischen Gründen nicht selbständig im Genehmigungsverfahren behandelt werden können (z.B. Deichseln an einachsigen Anhängern, wenn sie Teil des Rahmens und nicht verstellbar sind),
   b) Ackerschienen (Anhängeschienen), ihrer Befestigungseinrichtung und dem Dreipunktanbau an land- oder forstwirtschaftlichen Zug- oder Arbeitsmaschinen,
   c) Zugeinrichtungen an land- oder forstwirtschaftlichen Arbeitsgeräten, die hinter Kraftfahrzeugen mitgeführt werden und nur im Fahren eine ihrem Zweck entsprechende Arbeit leisten können, wenn sie zur Verbindung mit den unter Buchstabe b genannten Einrichtungen bestimmt sind,
   d) Abschlepp- und Rangiereinrichtungen einschließlich Abschleppstangen und Abschleppseilen,
   e) Langbäumen,
   f) Verbindungseinrichtungen an Anbaugeräten, die an land- oder forstwirtschaftlichen Zugmaschinen angebracht werden;
7. Scheinwerfer für Fernlicht und für Abblendlicht sowie für Fern- und Abblendlicht (§ 50);
8. Begrenzungsleuchten (§ 51 Abs. 1 und 2, § 53 b Abs. 1);
8 a. Spurhalteleuchten (§ 51 Abs. 4);
8 b. Seitenmarkierungsleuchten (§ 51 a Abs. 6);
9. Parkleuchten, Park-Warntafeln (§ 51 c);
9 a. Umrißleuchten (§ 51 b);
10. Nebelscheinwerfer (§ 52 Abs. 1);
11. Kennleuchten für blaues Blinklicht (§ 52 Abs. 3);
12. Kennleuchten für gelbes Blinklicht (§ 52 Abs. 4);
12 a. Rückfahrscheinwerfer (§ 52 a);
13. Schlußleuchten (§ 53 Abs. 1 und 6, § 53 b);
14. Bremsleuchten (§ 53 Abs. 2);
15. Rückstrahler (§ 51 Abs. 2, § 51 a Abs. 1, § 53 Abs. 4, 6 und 7, § 53 b, § 66 a Abs. 4 dieser Verordnung, § 22 Abs. 4 der Straßenverkehrs-Ordnung);
16. Warndreiecke und Warnleuchten (§ 53 a Abs. 1 und 3);
16 a. Nebelschlußleuchten (§ 53 d);
17. Fahrtrichtungsanzeiger (Blinkleuchten) (§ 53 b Abs. 5, § 54);
17 a. Tragbare Blinkleuchten und rot-weiße Warnmarkierungen für Hubladebühnen (§ 53 b Abs. 5);
18. Lichtquellen für bauartgenehmigungspflichtige lichttechnische Einrichtungen, soweit die Lichtquellen nicht fester Bestandteil der Einrichtungen sind (§ 49 a Abs. 6, § 67 Abs. 10 dieser Verordnung, § 22 Abs. 4 und 5 der Straßenverkehrs-Ordnung);
19. Warneinrichtungen mit einer Folge von Klängen verschiedener Grundfrequenz – Einsatzhorn – (§ 55 Abs. 3);
20. Fahrtschreiber (§ 57 a);
21. Beleuchtungseinrichtungen für Kennzeichen (§ 10 der Fahrzeug-Zulassungsverordnung);
22. Lichtmaschinen, Scheinwerfer, Schlußleuchten, rote, gelbe und weiße Rückstrahler, Pedalrückstrahler und retroreflektierende Streifen an Reifen oder in den Speichen für Fahrräder (§ 67 Abs. 1 bis 7 und 11);
23. *(aufgehoben)*
24. *(aufgehoben)*
25. Sicherheitsgurte und andere Rückhaltesysteme in Kraftfahrzeugen;
26. Leuchten zur Sicherung hinausragender Ladung (§ 22 Abs. 4 und 5 der Straßenverkehrs-Ordnung);
27. Rückhalteeinrichtungen für Kinder in Kraftfahrzeugen (§ 21 Abs. 1 a der Straßenverkehrs-Ordnung).

(1 a) § 22 Abs. 1 Satz 2 bis 5 ist entsprechend anzuwenden.

(2) ¹Fahrzeugteile, die in einer amtlich genehmigten Bauart ausgeführt sein müssen, dürfen zur Verwendung im Geltungsbereich dieser Verordnung nur feilgeboten, veräußert, erworben oder verwendet werden, wenn sie mit einem amtlich vorgeschriebenen und zugeteilten Prüfzeichen gekennzeichnet sind. ²Die Ausgestaltung der Prüfzeichen und das

Dauer

Verfahren bestimmt das Bundesministerium für Verkehr, Bau und Stadtentwicklung; insoweit gilt die Fahrzeugteileverordnung vom 12. August 1998 (BGBl. I S. 2142).

(3) Die Absätze 1 und 2 sind nicht anzuwenden auf
1. Einrichtungen, die zur Erprobung im Straßenverkehr verwendet werden, wenn der Führer des Fahrzeugs eine entsprechende amtliche Bescheinigung mit sich führt und zuständigen Personen auf Verlangen zur Prüfung aushändigt,
2. Einrichtungen – ausgenommen lichttechnische Einrichtungen für Fahrräder und Lichtquellen für Scheinwerfer –, die in den Geltungsbereich dieser Verordnung verbracht worden sind, an Fahrzeugen verwendet werden, die außerhalb des Geltungsbereichs dieser Verordnung gebaut worden sind, und in ihrer Wirkung etwa den nach Absatz 1 geprüften Einrichtungen gleicher Art entsprechen und als solche erkennbar sind,
3. Einrichtungen, die an Fahrzeugen verwendet werden, deren Zulassung auf Grund eines Verwaltungsverfahrens erfolgt, in welchem ein Mitgliedstaat der Europäischen Union bestätigt, dass der Typ eines Fahrzeugs, eines Systems, eines Bauteils oder einer selbständigen technischen Einheit die einschlägigen technischen Anforderungen der Richtlinie 70/156/EWG des Rates vom 6. Februar 1970 zur Angleichung der Rechtsvorschriften der Mitgliedstaaten über die Betriebserlaubnis für Kraftfahrzeuge und Kraftfahrzeuganhänger (ABl. EG Nr. L 42 S. 1), der Richtlinie 92/61/EWG des Rates vom 30. Juni 1992 über die Betriebserlaubnis für zweirädrige oder dreirädrige Kraftfahrzeuge (ABl. EG Nr. L 225 S. 72) oder der Richtlinie 2002/24/EG des Europäischen Parlaments und des Rates vom 18. März 2002 über die Typgenehmigung für zweirädrige oder dreirädrige Kraftfahrzeuge und zur Aufhebung der Richtlinie 92/61/EWG des Rates (ABl. EG Nr. L 124 S. 1) oder der Richtlinie 2003/37/EG des Europäischen Parlaments und des Rates vom 26. Mai 2003 über die Typgenehmigung für land- oder forstwirtschaftliche Zugmaschinen, ihre Anhänger und die von ihnen gezogenen auswechselbaren Maschinen sowie für Systeme, Bauteile und selbständige technische Einheiten dieser Fahrzeuge und zur Aufhebung der Richtlinie 74/150/EWG (ABl. EU Nr. L 171 S. 1) in ihrer jeweils geltenden Fassung oder einer Einzelrichtlinie erfüllt.

(4) ¹Absatz 2 ist nicht anzuwenden auf Einrichtungen, für die eine Einzelgenehmigung im Sinne der Fahrzeugteileverordnung erteilt worden ist. ²Werden solche Einrichtungen im Verkehr verwendet, so ist die Urkunde über die Genehmigung mitzuführen und zuständigen Personen auf Verlangen zur Prüfung auszuhändigen; dies gilt nicht, wenn die Genehmigung aus dem Fahrzeugschein, aus dem Nachweis nach § 4 Abs. 5 der Fahrzeug-Zulassungsverordnung oder aus dem statt der Zulassungsbescheinigung Teil II mitgeführten Anhängerverzeichnis hervorgeht.

(5) ¹Mit einem amtlich zugeteilten Prüfzeichen der in Absatz 2 erwähnten Art darf ein Fahrzeugteil nur gekennzeichnet sein, wenn es der Bauartgenehmigung in jeder Hinsicht entspricht. ²Zeichen, die zu Verwechslungen mit einem amtlich zugeteilten Prüfzeichen Anlaß geben können, dürfen an den Fahrzeugteilen nicht angebracht sein.

(6) Die Absätze 2 und 5 gelten entsprechend für Einrichtungen, die einer EWG-Bauartgenehmigung bedürfen.

1 **Begr** zur ÄndVO v 23. 6. 93: VkBl **93** 609; zur ÄndVO v 16. 12. 93 (zu Abs 1 a): VkBl **94** 153; zur ÄndVO v 25. 10. 94: BRDrucks 782/94.

1a **Begr** zur ÄndVO v 12. 8. 97 (VkBl **97** 656): **Zu Abs 1 Nr 1a:** ... *Mit der Bauartgenehmigungspflicht soll verhindert werden, dass Reifen auf den Markt kommen, die nicht hinreichend geprüft sind. Der Verbraucher soll die Sicherheit erhalten, dass die nunmehr bauartgenehmigten Luftreifen hinsichtlich der Tragfähigkeit und der Geschwindigkeitskategorie nach den harmonisierten technischen Vorschriften geprüft und genehmigt sind. Welche harmonisierten technischen Vorschriften gelten, wird in § 36 Abs. 1 a bzw. in den dazu im Anhang geltenden Bestimmungen geregelt.*

1b **Begr** zur ÄndVO v 12. 12. 04: (VkBl **05** 15): **Zu Abs. 3 Nr 3:** *Durch die Aufnahme der Richtlinie 2003/37/EG in § 22 a wird klargestellt, dass EG-Genehmigungen für Fahrzeugteile in Deutschland anerkannt werden.*

1c **Begr** zur ÄndVO v 26. 5. 08, BGBl I 916 (VkBl **08** 441) **zu Abs 1 Nr 4:** *Hierdurch werden auch Frontschutzsysteme mit Einzelbetriebserlaubnis bauartgenehmigungspflichtig.*

Bauartgenehmigung für Fahrzeugteile **§ 22a StVZO 5**

*Verordnung über die Prüfung und Genehmigung
der Bauart von Fahrzeugteilen sowie deren Kennzeichnung
(Fahrzeugteileverordnung – FzTV)*

Vom 12. August 1998 (BGBl. I 2142), zuletzt geändert durch
VO vom 22. Oktober 2003 (BGBl. I 2085)

Abschnitt 1

Allgemeines

§ 1 Arten der Genehmigung von Fahrzeugteilen

(1) *Die in § 22a Abs. 1 der Straßenverkehrs-Zulassungs-Ordnung vorgeschriebene Genehmigung der Bauart von Fahrzeugteilen kann für die Bauart eines Typs (Allgemeine Bauartgenehmigung) oder eines einzelnen Fahrzeugteils (Bauartgenehmigung im Einzelfall – Einzelgenehmigung –) erteilt werden.*

(2) *Der in § 22a Abs. 1 der Straßenverkehrs-Zulassungs-Ordnung vorgeschriebenen Genehmigung steht die Genehmigung gleich, die ein anderer Staat für die Bauart eines der in § 22a Abs. 1 der Straßenverkehrs-Zulassungs-Ordnung genannten Fahrzeugteils unter Beachtung der mit der Bundesrepublik Deutschland vereinbarten Bedingungen erteilt hat.*

Abschnitt 2

Allgemeine Bauartgenehmigung und Prüfzeichen

§ 2 Zulässigkeit der Bauartgenehmigung

(1) *Für reihenweise zu fertigende oder gefertigte Fahrzeugteile kann die Bauartgenehmigung dem Hersteller nach einer auf seine Kosten vorgenommenen Prüfung allgemein erteilt werden, wenn er die Gewähr für eine zuverlässige Ausübung der durch die Bauartgenehmigung verliehenen Befugnisse bietet. Bei Herstellung eines Typs durch mehrere Beteiligte kann diesen die Bauartgenehmigung gemeinsam erteilt werden. Für Fahrzeugteile, die im Ausland hergestellt worden sind, kann die Bauartgenehmigung erteilt werden*

1. *dem Hersteller oder seinem Beauftragten, wenn die Fahrzeugteile in einem Vertragsstaat des Abkommens über den Europäischen Wirtschaftsraum hergestellt worden sind,*
2. *dem Beauftragten des Herstellers, wenn die Fahrzeugteile zwar nicht in einem Vertragsstaat des Abkommens über den Europäischen Wirtschaftsraum hergestellt worden sind, sie aber in das Inland aus einem Vertragsstaat des Abkommens über den Europäischen Wirtschaftsraum eingeführt wurden,*
3. *in anderen Fällen dem Händler, der seine Berechtigung zum alleinigen Vertrieb der Fahrzeugteile im Inland nachweist.*

In den Fällen des Satzes 3 Nr. 1 und 2 muss der Beauftragte seinen Sitz in einem Vertragsstaat des Abkommens über den Europäischen Wirtschaftsraum haben. In den Fällen des Satzes 3 Nr. 3 muss der Händler im Inland ansässig sein.

(2) *Der Antragsteller nach Absatz 1 hat gegenüber dem Kraftfahrt-Bundesamt den Nachweis zu erbringen, dass in Bezug auf die Übereinstimmung der reihenweise gefertigten Fahrzeugteile mit dem genehmigten Typ ein ausreichendes Qualitätssicherungssystem zugrunde liegt. Dieses liegt auch vor, wenn es den Grundsätzen der harmonisierten Norm EN ISO 9002 oder einem gleichwertigen Standard entspricht; §§ 19, 20 und 21 des Artikels 1 der Zwanzigsten Verordnung zur Änderung straßenverkehrsrechtlicher Vorschriften (Verordnung über die EG-Typgenehmigung für Fahrzeuge und Fahrzeugteile) vom 9. Dezember 1994 (BGBl. I S. 3755), geändert durch Artikel 2 der Verordnung vom 12. August 1997 (BGBl. I S. 2051), in der jeweils geltenden Fassung, sind entsprechend anzuwenden.*

§ 3 Anträge auf Bauartgenehmigung und Prüfung

(1) *Der Antrag auf Erteilung einer Bauartgenehmigung ist schriftlich unter Angabe der Typbezeichnung beim Kraftfahrt-Bundesamt zu stellen. Dem Antrag ist das Gutachten der Prüfstelle nach § 6 beizufügen.*

(2) *Abweichend von Absatz 1 kann der Antrag an das Kraftfahrt-Bundesamt über die zuständige Prüfstelle nach § 5 mit dem an die Prüfstelle gerichteten Antrag auf Prüfung eingereicht werden. Dem an die Prüfstelle zu richtenden Antrag auf Prüfung sind für die jeweiligen Fahrzeugteile Muster und Unterlagen nach Anlage 1 beizufügen. Weitere sachdienliche Muster und Unterlagen sind der Prüfstelle auf Anforderung zur Verfügung zu stellen.*

(3) *Bei Prüfungen im Genehmigungsverfahren nach § 7 Abs. 2 sind dem Antrag auf Bauartgenehmigung die in den Bedingungen für das jeweilige Genehmigungsverfahren vorgeschriebenen Unterlagen und Muster beizufügen.*

Dauer

§ 4 Erteilung der Bauartgenehmigung

(1) Das Kraftfahrt-Bundesamt erteilt die Bauartgenehmigung schriftlich. In der Bauartgenehmigung werden der genehmigte Typ, das zugeteilte Prüfzeichen sowie Nebenbestimmungen (§ 36 des Verwaltungsverfahrensgesetzes) und, soweit erforderlich, Ausnahmen von den Bestimmungen der Straßenverkehrs-Zulassungs-Ordnung festgelegt.

(2) Abweichungen vom genehmigten Typ sind nur zulässig, wenn die Bauartgenehmigung durch einen entsprechenden Nachtrag ergänzt worden ist oder wenn das Kraftfahrt-Bundesamt auf Anfrage schriftlich erklärt, dass für die vorgesehene Änderung eine Nachtragsgenehmigung nicht erforderlich ist.

§ 5 Prüfstellen

(1) Für die Prüfungen sind Prüfstellen zuständig. Prüfstelle ist
1. eine der in Anlage 2 Teil 1 genannten für die Prüfung bestimmter Fahrzeugteile zuständigen Prüfstellen nach der vor dem 19. November 1998 geltenden Fassung der Fahrzeugteileverordnung,
2. die Technische Prüfstelle der ehemaligen Deutschen Demokratischen Republik in Dresden entsprechend Anlage 2 Teil 1 dieser Verordnung nach Anlage I Kapitel XI Sachgebiet B Abschnitt III Nr. 5 des Einigungsvertrages (BGBl. 1990 II S. 885, 1103),
3. ein nach den §§ 12 oder 18 der Verordnung über die EG-Typgenehmigung für Fahrzeuge und Fahrzeugteile für die in Anlage 1 genannten Fahrzeugteile anerkanntes oder akkreditiertes Prüflaboratorium,
4. ein für gleiche oder vergleichbare Fahrzeugteile für die Prüfungen nach Einzelrichtlinien nach Anhang IV und im Verfahren nach Artikel 14 der Richtlinie 70/156/EWG des Rates vom 6. Februar 1970 zur Angleichung der Rechtsvorschriften der Mitgliedstaaten über die Betriebserlaubnis für Kraftfahrzeuge und Kraftfahrzeuganhänger (ABl. EG Nr. L 42 S. 1), zuletzt geändert durch die Richtlinie 98/14/EG der Kommission vom 6. Februar 1998 (ABl. EG Nr. L 91 S. 1), die in der jeweils geltenden Fassung, soweit diese durch Rechtsverordnung des Bundesministeriums für Verkehr umgesetzt worden ist, vom Kraftfahrt-Bundesamt anerkannter oder akkreditierter Technischer Dienst,
5. ein für gleiche oder vergleichbare Fahrzeugteile für die Prüfungen nach Einzelrichtlinien nach Anhang I und im Verfahren nach Artikel 14 der Richtlinie 92/61/EWG des Rates vom 30. Juni 1992 über die Betriebserlaubnis für zwei- oder dreirädrige Kraftfahrzeuge (ABl. EG Nr. L 225 S. 72) vom Kraftfahrt-Bundesamt anerkannter oder akkreditierter Technischer Dienst.

(2) Abweichend von Absatz 1 werden auch Prüfungen anerkannt, die von den zuständigen Prüfstellen eines Vertragsstaates des Abkommens über den Europäischen Wirtschaftsraum durchgeführt und bescheinigt sind und mit denen die nach dieser Verordnung vorgeschriebenen Anforderungen gleichermaßen dauerhaft erreicht werden.

§ 6 Aufgaben der Prüfstelle

(1) Die Prüfstelle hat zu prüfen, ob die Fahrzeugteile den Anforderungen entsprechen, die zur Einhaltung der Bestimmungen über den Bau und Betrieb von Fahrzeugen und Fahrzeugteilen zu stellen sind. Bei Fahrzeugteilen, die auch in eingebautem Zustand geprüft werden müssen, bestimmt die Prüfstelle das Nähere über die Durchführung.

(2) Die Prüfstelle hat über die Ergebnisse der Prüfungen ein Gutachten anzufertigen und zwei Ausfertigungen mit den geprüften und bestätigten Unterlagen dem Kraftfahrt-Bundesamt zu übersenden; eine Ausfertigung der geprüften und bestätigten Unterlagen verbleibt bei der Prüfstelle. Form und Gliederung der Gutachteninhalte bestimmt das Kraftfahrt-Bundesamt.

(3) Das Kraftfahrt-Bundesamt kann Ergänzungen zur Prüfung anordnen, insbesondere vom Antragsteller weitere sachdienliche Muster und Unterlagen anfordern oder bestimmen, dass Fahrzeugteile auch in eingebautem Zustand zu prüfen sind.

§ 7 Prüfzeichen*

(1) Das Prüfzeichen besteht aus einer Wellenlinie von drei Perioden, einem oder zwei Kennbuchstaben, einer Nummer und, soweit erforderlich, zusätzlichen Zeichen. Der Kennbuchstabe bezeichnet die Art der Fahrzeugteile nach folgender Aufstellung:

D für Sicherheitsglas und Folien zur Aufbringung auf Scheiben von Fahrzeugen
E für Fahrtschreiber
F für Auflaufbremsen und Teile davon

---

* Anerkennung ausländischer Prüfzeichen: § 21 a StVZO.

G für Sicherheitsgurte, Rückhalteeinrichtungen für Kinder in Kraftfahrzeugen
K für lichttechnische Einrichtungen
L für Gleitschutzeinrichtungen
M für Einrichtungen zur Verbindung von Fahrzeugen
R für Reifen
S für Heizungen
W für Warneinrichtungen mit einer Folge von Klängen verschiedener Grundfrequenzen (Einsatzhorn).

Werden Fahrzeugteile aus zwei unterschiedlichen Arten gemeinsam genehmigt, so enthält das Prüfzeichen beide Kennbuchstaben. Das Prüfzeichen wird vom Kraftfahrt-Bundesamt nach dem Muster in Anlage 3 zugeteilt.

(2) Ist das Genehmigungsverfahren unter Bedingungen durchgeführt worden, die von der Bundesrepublik Deutschland mit anderen Staaten vereinbart worden sind, so ist für das entsprechende Fahrzeugteil ein Prüfzeichen zuzuteilen. Dieses Fahrzeugteil darf weder von einer anderen Vertragspartei auf Grund der gleichen Bedingungen genehmigt, noch darf ihm ein Prüfzeichen zugeteilt worden sein. Das Prüfzeichen besteht aus einem Kreis, in dessen Innerem sich der Buchstabe „E" und die Kennzahl 1 für die Bundesrepublik Deutschland befinden, sowie aus der Genehmigungsnummer. Letztere muss außerhalb des Kreises angebracht sein. Im Übrigen bestimmt das Kraftfahrt-Bundesamt auf Grund der internationalen Vereinbarungen, wie das Prüfzeichen anzuordnen ist. Es ergänzt das Prüfzeichen unter Beachtung der internationalen Vereinbarungen, wenn dieses erforderlich ist, um Missverständnisse zu vermeiden.

(3) Prüfzeichen, die vor dem 19. November 1998 auf Grund von Bauartgenehmigungen zugeteilt wurden und Kennbuchstaben nach Anlage 2 Teil 2 enthalten, dürfen bis zum Erlöschen der jeweiligen Bauartgenehmigung weiterhin angebracht werden und gelten unverändert fort; dies gilt auch für den Unterscheidungsbuchstaben E für Fahrtschreiber, geprüft durch die Landeseichdirektion Nordrhein-Westfalen in Köln.

(4) Das zugeteilte Prüfzeichen ist auf jedem dem genehmigten Typ entsprechenden Fahrzeugteil in der vorgeschriebenen Anordnung gut lesbar, dauerhaft und jederzeit feststellbar anzubringen; dies gilt auch für das entsprechend der Bauartgenehmigung an- oder eingebaute Fahrzeugteil.

§ 8 Verwahrung und Rückgabe der Muster und Unterlagen

(1) Ist die Bauartgenehmigung erteilt worden, so ist je eine Ausfertigung der nach § 3 eingereichten und von der Prüfstelle geprüften und bestätigten Unterlagen beim Kraftfahrt-Bundesamt zu verwahren. Waren nach Anlage 1 zwei oder mehr Muster einzureichen, so hat die Prüfstelle je zwei Muster des genehmigten Fahrzeugteils mit dem Prüfzeichen zu versehen. Ein mit dem Prüfzeichen versehenes Muster ist bei der Prüfstelle zu verwahren, das andere und etwa vorgelegte weitere Muster sowie nicht mehr benötigte Unterlagen sind dem Antragsteller zurückzugeben. Die Prüfstelle hat dem Kraftfahrt-Bundesamt auf Verlangen das dem Hersteller zurückzugebende Muster vorzulegen. In diesem Fall versieht das Kraftfahrt-Bundesamt das Muster mit dem durch die Bauartgenehmigung zugeteilten Prüfzeichen und gibt es dem Antragsteller zurück. Mit Zustimmung des Kraftfahrt-Bundesamtes kann davon abgesehen werden, ein Muster bei der Prüfstelle aufzubewahren. In diesen Fällen hat der Antragsteller auf Verlangen des Kraftfahrt-Bundesamtes oder der Prüfstelle ein Muster oder Teile davon aufzubewahren und dem Kraftfahrt-Bundesamt oder der Prüfstelle auf Anforderung zur Verfügung zu stellen.

(2) Ist der Antrag auf Erteilung der Bauartgenehmigung abgelehnt worden, so sind die Muster und auf Antrag auch die sonstigen Unterlagen dem Antragsteller erst dann auszuhändigen, wenn die Ablehnung unanfechtbar geworden ist.

§ 9 Übereinstimmung der Produktion

(1) Das Kraftfahrt-Bundesamt kann die in den einzelnen Produktionsstätten angewandten Verfahren zur Kontrolle der Übereinstimmung der Produktion (Qualitätssicherungssysteme) überprüfen. Ist ein nach § 2 Abs. 2 Satz 2 zertifiziertes Qualitätssicherungssystem nachgewiesen, so gilt dies nur in begründeten Fällen.

(2) Das Kraftfahrt-Bundesamt kann ohne vorherige Ankündigung während der üblichen Geschäftszeiten bei Inhabern der Genehmigung prüfen oder prüfen lassen, ob Fahrzeugteile, deren Bauart amtlich genehmigt ist und die das zugeteilte Prüfzeichen tragen, mit den amtlichen Bauartgenehmigungen übereinstimmen und ob Fahrzeugteile, die in amtlich genehmigter Bauart ausgeführt sein müssen, in Ausführungen feilgeboten werden, an denen das vorgeschriebene Prüfzeichen fehlt oder unbefugt angebracht ist (Produktprüfung). Es kann zu diesem Zweck auch Proben entnehmen oder entnehmen lassen. In den Fällen des § 2 Abs. 1 Satz 4 kann das Kraftfahrt-Bundesamt die Erteilung der Bauartgenehmigung davon abhängig machen, dass die zur Produktprüfung nach Satz 1 notwendigen Maßnahmen ermöglicht werden.

(3) *Die Kosten der Überprüfung nach Absatz 1 Satz 1 trägt der Inhaber der Genehmigung, wenn ein Verstoß gegen die Vorschriften des § 2 Abs. 2 festgestellt wird. Die Kosten der Proben nach Absatz 2, ihrer Entnahme, ihres Versandes und der Prüfung trägt der Inhaber der Genehmigung, wenn ein Verstoß gegen die Vorschriften über die Bauartgenehmigung oder die Prüfzeichen festgestellt wird.*

§ 10 Nachträgliche Nebenbestimmungen, Widerruf, Rücknahme und Erlöschen der Allgemeinen Bauartgenehmigung

11 (1) *Das Kraftfahrt-Bundesamt kann zur Beseitigung aufgetretener Mängel und zur Gewährleistung der Vorschriftsmäßigkeit auch bereits im Verkehr befindlicher Fahrzeugteile nachträglich Nebenbestimmungen anordnen.*

(2) *Die Allgemeine Bauartgenehmigung erlischt bei Rückgabe, nach Ablauf einer etwa festgesetzten Frist und dann, wenn sie den Rechtsvorschriften nicht mehr entspricht und dies durch die zuständige Stelle festgestellt worden ist.*

(3) *Das Kraftfahrt-Bundesamt kann die Allgemeine Bauartgenehmigung ganz oder teilweise widerrufen oder zurücknehmen, insbesondere wenn festgestellt wird, dass*

1. *Fahrzeugteile mit einem vorgeschriebenen Prüfzeichen nicht mit dem genehmigten Typ übereinstimmen,*
2. *Fahrzeugteile, obwohl sie mit einem gültigen Prüfzeichen versehen sind, die Sicherheit des Straßenverkehrs gefährden,*
3. *der Inhaber der Allgemeinen Bauartgenehmigung nicht über ein vorgeschriebenes Qualitätssicherungssystem verfügt oder dieses nicht mehr in der vorgeschriebenen Weise anwendet oder*
4. *Nebenbestimmungen nicht eingehalten werden.*

(4) *Das Kraftfahrt-Bundesamt ist unverzüglich vom Inhaber der Allgemeinen Bauartgenehmigung zu benachrichtigen, wenn die reihenweise Fertigung oder der Vertrieb des genehmigten Fahrzeugteils endgültig eingestellt, innerhalb eines Jahres nach Erteilung der Allgemeinen Bauartgenehmigung nicht aufgenommen oder länger als ein Jahr eingestellt wird. Die Aufnahme der Fertigung oder des Vertriebs ist nach Unterbrechung oder Aufschub dem Kraftfahrt-Bundesamt unaufgefordert innerhalb eines Monats mitzuteilen.*

(5) *Ist die Allgemeine Bauartgenehmigung erloschen, kann das Kraftfahrt-Bundesamt die Veräußerung der auf Grund einer solchen Genehmigung hergestellten Fahrzeugteile zur Verwendung im Straßenverkehr im Geltungsbereich dieser Verordnung untersagen und hierüber die für die Zulassung und Überwachung zuständigen Stellen unterrichten.*

Abschnitt 3

Bauartgenehmigung im Einzelfall – Einzelgenehmigung

§ 11 Antrag auf Einzelgenehmigung

12 *Gehört eines der in § 22a Abs. 1 der Straßenverkehrs-Zulassungs-Ordnung genannten Fahrzeugteile nicht zu einem genehmigten Typ, so kann eine Einzelgenehmigung unter Vorlage des Gutachtens eines amtlich anerkannten Sachverständigen für den Kraftfahrzeugverkehr oder der Prüfstelle (§ 5) bei der nach § 68 der Straßenverkehrs-Zulassungs-Ordnung zuständigen Verwaltungsbehörde (Zulassungsbehörde) beantragt werden. § 6 Abs. 1 ist entsprechend anzuwenden.*

§ 12 Prüfung durch die Verwaltungsbehörde (Zulassungsbehörde)

13 (1) *Die Zulassungsbehörde ist an das Gutachten des amtlich anerkannten Sachverständigen für den Kraftfahrzeugverkehr oder der Prüfstelle nicht gebunden.*

(2) *Die Zulassungsbehörde trifft die zur Prüfung etwa erforderlichen weiteren Maßnahmen. Sie kann hierzu die Vorführung des Fahrzeugteils sowie die Vorlage eines weiteren Gutachtens verlangen und ähnliche Anordnungen erlassen.*

§ 13 Erteilung der Einzelgenehmigung

14 *Die Verwaltungsbehörde (Zulassungsbehörde) erteilt die Einzelgenehmigung, indem sie auf dem Gutachten des amtlich anerkannten Sachverständigen für den Kraftfahrzeugverkehr oder der Prüfstelle unter Angabe von Ort und Datum vermerkt: „Einzelgenehmigung erteilt". Etwaige Beschränkungen oder Ausnahmen von den Bestimmungen der Straßenverkehrs-Zulassungs-Ordnung sind in den Vermerk aufzunehmen. Wird das Fahrzeugteil an einem Kraftfahrzeug oder Kraftfahrzeuganhänger verwendet, so ist die Einzelgenehmigung in den Fahrzeugbrief und in den Fahrzeugschein einzutragen und in den etwa ausgestellten Anhängerverzeichnissen kenntlich zu machen.*

§ 14 Widerruf, Rücknahme und Erlöschen der Einzelgenehmigung

(1) *Die Einzelgenehmigung erlischt bei Rückgabe, nach Ablauf einer etwa festgesetzten Frist, bei Rücknahme oder Widerruf durch die nach § 68 der Straßenverkehrs-Zulassungs-Ordnung zuständigen Verwaltungsbehörde (Zulassungsbehörde), ferner dann, wenn sie den jeweils geltenden Rechtsvorschriften nicht mehr entspricht und dies durch die zuständige Stelle festgestellt worden ist.*

(2) *Die Einzelgenehmigung kann widerrufen werden, wenn sich herausstellt, dass das Fahrzeugteil den Erfordernissen der Verkehrssicherheit nicht entspricht.*

(3) *Nach dem Erlöschen der Einzelgenehmigung ist der Genehmigungsvermerk (§ 13) der Zulassungsbehörde zur Löschung unaufgefordert vorzulegen, nötigenfalls von dieser einzuziehen.*

Abschnitt 4
Bestandsschutz

§ 15 Bisherige Genehmigungen

Allgemeine Bauartgenehmigungen und Einzelgenehmigungen, die vor dem 19. November 1998 erteilt worden sind, bleiben gültig. Die §§ 10 und 14 gelten sinngemäß.

Abschnitt 5
Schlussvorschriften

§ 16 Inkrafttreten, Außerkrafttreten

(1) *Diese Verordnung tritt am 19. November 1998 in Kraft.*

(2) *Mit dem Inkrafttreten dieser Verordnung tritt die Fahrzeugteileverordnung in der im Bundesgesetzblatt Teil III, Gliederungsnummer 9232–6, veröffentlichen bereinigten Fassung, zuletzt geändert durch die Verordnung vom 20. Dezember 1993 (BGBl. I S. 2241), außer Kraft.*

Begr: VkBl **98** 877.

Übersicht

Amtlich genehmigte Bauart 21–26
Ausnahmen 38
Bauart, amtlich genehmigte 21–26
Bauartgenehmigung 19
–, Beschränkung 21
Eingeführte Fahrzeugteile 34
Einrichtungen in amtlich genehmigter Bauart 21–26
Einzelgenehmigung, Fahrzeugteile 35
Erprobung von Fahrzeugteilen 33
Erwerben 31
Fahrzeuge fremder Fertigung 34
Fahrzeugteile, Bauartgenehmigung 19
–, Verkehrsbeschränkungen 27–32
–, für die die Abs. 1, 2 nicht gelten 33 ff
– zur Erprobung 33
– an Kraftfahrzeugen fremder Fertigung 34
– mit Einzelgenehmigung 35
Feilbieten 29
Fertigung, fremde 34
Ordnungswidrigkeiten 37
Prüfzeichen 8, 24, 36
Veräußern 30
Verwenden 32

1. Bauartgenehmigung für Fahrzeugteile. Abs I zusammen mit der FahrzeugteileVO (FzTV) (Rz 2–18) schreibt vor, dass die dort aufgeführten Einrichtungen in amtlich genehmigter Bauart ausgeführt sein müssen. Darin liegt ein Zwang zur Typisierung. Es handelt sich dabei fast durchweg um Teile an Kfzen. Die Bauartgenehmigung ist nicht Teil des Zulassungsverfahrens. Doch ist die Zulassung zu versagen, wenn anstelle bauartgenehmigungspflichtiger Teile andere verwendet werden. Teile, für die eine Bauartgenehmigung vorliegt, werden bei der Zulassung nicht nochmals begutachtet. Zur Bauartgenehmigung für Einrichtungen zur Verbindung land- und forstwirtschaftlicher Arbeitsgeräte mit Kfzen, s Merkblatt VkBl **00** 674 (675, 677), **03** 62.

Abs II und V sichern in Verbindung mit den §§ 23, 24 StVG die Befolgung der Vorschriften in Abs I. Abs V schützt die auf den bauartgenehmigungspflichtigen Teilen anzubringenden Prüfzeichen. Abs III, IV betreffen FzTeile, auf die Abs I, II nicht anzuwenden sind, und zwar Abs III Teile der in Abs I beschriebenen Art, die zur Erprobung im StrV verwendet werden oder zur Verwendung an Fzen eingeführt werden, die außerhalb des Geltungsgebiets der StVZO hergestellt sind (s Rz 34), Abs IV FzTeile, für die eine Einzelgenehmigung erteilt ist. Von den technischen Anforderungen an FzTeile darf praktisch nicht abgewichen werden, VkBl BMV **73** 558.

Dauer

21 **2. Einrichtungen, die in amtlich genehmigter Bauart ausgeführt sein müssen,** zählt Abs I auf; sie sind für Betrieb und VSicherheit besonders wichtig. Nicht genannte Teile dürfen in beliebiger Bauart ausgeführt werden, Ha VkBl **66** 336. § 22a betrifft nur Teile, die ausschließlich in amtlich genehmigter Bauart zugelassen sind. Das trifft nicht zu, wenn lediglich die Beschaffenheit des Teils vorgeschrieben ist (Auspuff), Stu VRS **31** 124. Dürfen FzTeile nur an Fzen bestimmter Art, eines bestimmten Typs oder nur bei bestimmter Art des Ein- oder Anbaus verwendet werden, so ist die **Bauartgenehmigung** entsprechend **zu beschränken** (Abs I a); ihre Wirksamkeit kann auch von der Abnahme des Ein- oder Anbaus durch einen amtlich anerkannten Sachverständigen oder Prüfer oder einen Prüfingenieur einer anerkannten Überwachungsorganisation abhängig gemacht werden (Abs I a).

22 **Die in Abs I genannten FzTeile** sind auch bauartgenehmigungspflichtig, wenn sie an zulassungsfreien Fzen (Kfzen, KfzAnhängern, Fahrrädern) verwendet werden. Schneeketten fallen nicht unter die Gleitschutzvorrichtungen der Nr 2. Bei Leuchten zur Sicherung von Ladungen soll der Bauartgenehmigungszwang die Qualität sichern. Nebelschlussleuchten müssen in amtlich genehmigter Bauart ausgeführt sein (Abs I 16 a), ebenso Tarnscheinwerfer, BMV 17. 9. 62, StV 7–8051 K/62, Nebel-Vorsatzfilter an Scheinwerfern, BMV 28. 12. 62, StV 7 – 8050 Sch/62. Suchscheinwerfer sind nicht nach Abs I prüfzeichenpflichtig, Ha VM **68** 23. Keine Bauartgenehmigungspflicht für Anbaugeräte und ggf an land- oder forstwirtschaftlichen Anbaugeräten angebrachte Anhängerkupplungen, s Merkblatt für Anbaugeräte, VkBl **99** 268, **00** 479, **04** 527 = StVRL § 30 Nr 6.

23 **Übergangsvorschriften:** § 72. **Rückgabe oder Widerruf** einer allgemeinen Bauartgenehmigung, BMV StV 7 – 4066 T/58.

24 Das **Genehmigungsverfahren** und die Zuteilung des Prüfzeichens für bauartgenehmigungspflichtige FzTeile regelt die **FahrzeugteileVO** (FzTV, Rz 2–18). Sie unterscheidet zwischen der Allgemeinen Bauartgenehmigung und der Einzelgenehmigung. Der Inhaber einer allgemeinen Bauartgenehmigung hat die Übereinstimmung jedes Teils mit dem Typ durch ein **Prüfzeichen** (beweiserhebliche Privaturkunde, RGSt **69** 200) auf dem Teil zu bestätigen, s § 8 IV FzTV. Für die Prüfzeichenpflicht ist es bedeutungslos, ob das Teil an einem zulassungspflichtigen Kfz verwendet werden soll, Ha VkBl **66** 336.

25 Das Verfahren bei der **Einzelgenehmigung** entspricht dem für Einzelfze (§ 21) mit der Besonderheit, dass das Gutachten des Sachverständigen in dem Brief des Kfz einzutragen ist, an dem das Teil an- oder in den es eingebaut werden soll, wenn es sich um ein bestimmtes Fz handelt, § 13 FzTV. Auf dem Gutachten hat die ZulB die Erteilung der Einzelgenehmigung zu vermerken und denselben Vermerk im FzBrief und im FzSchein einzutragen, § 13 FzTV. **Technische Anforderungen** an FzTeile bei der Bauartprüfung, VkBl **73** 558, zuletzt geändert: VkBl **06** 645 = StVRL § 22a Nr 1. Keine Hinzuziehung des Antragstellers zur Bauartprüfung, BMV 29. 1. 64, StV 7 – 8138 F/63. Zuständigkeit von Prüfstellen und Technischen Diensten im Rahmen der Begutachtung/Prüfung von Fzen und FzTeilen, s BMV v 13. 10. 92, VkBl **92** 561.

26 **Schutzhelme** für Kraftradfahrer müssen in amtlich genehmigter Bauart entsprechend der ECE-Regelung Nr 22 ausgeführt sein, § 21a II StVO. Die 2. AusnahmeVO zur StVO wurde aufgehoben, s § 53 StVO Rz 2.

27 **3. Verkehrsbeschränkungen für bauartgenehmigungspflichtige Fahrzeugteile. Prüfzeichen.** Abs II soll die Durchsetzbarkeit von Abs I fördern. Ein bloßes Verwendungsverbot für Fahrzeugteile, die in einer amtlich genehmigten Bauart ausgeführt sein müssen, würde die Kontrollmöglichkeit der Verkehrsüberwachungsorgane insoweit erheblich einschränken. Geeigneter ist ein allgemeines Verbot, ungeprüfte Teile feilzubieten, zu erwerben oder zu verwenden.

28 Rechtliche Grundlage: § 6 I Nr 2 e StVG. Sanktionen: §§ 23, 24 StVG. Abs II betrifft nur die in Abs I genannten FzTeile, diese dürfen nur mit Prüfzeichen im Verkehr verwendet werden. Keines Prüfzeichens bedarf es an Einrichtungen kraft Einzelgenehmigung (s Rz 35). Für das Verbot des Feilbietens in Abs II ist ausschließlich die objektive Verwendungsmöglichkeit entscheidend, unerheblich ist, zu welchem Zweck der Erwerber die FzTeile verwenden will, Ha VM **68** 23, Schl VRS **74** 55.

29 **3 a. Feilbieten:** Zum Zweck des Verkaufens bereitstellen und Kaufinteressenten zugänglich machen, Schl VRS **74** 55. In Frage kommen vor allem Hersteller, Händler mit Auto- oder Fahrradzubehör, Werkstätteninhaber, die Zubehörteile bereithalten. Gewerbsmäßiges Feilbieten nicht vorschriftsmäßig gekennzeichneter Fahrzeugteile: § 23 StVG. Mangels Gewerbsmäßigkeit liegt eine OW nach §§ 22a, 69a II Nr 7 StVZO, 24 StVG vor.

3 b. Veräußern ist jedes entgeltliche oder unentgeltliche Abgeben an andere.

3 c. Erwerben. Es ist verboten, nicht vorschriftsmäßig gekennzeichnete Zubehörteile der im § 22a II bezeichneten Art zu erwerben. Dieses Verbot wendet sich an Käufer oder sonstige Erwerber. Gemeint ist Erwerb in der Absicht, den Gegenstand weiterzuveräußern, weiterzugeben, oder ihn an einem Fz anzubringen oder anbringen zu lassen und das damit ausgerüstete Fz im Verkehr zu verwenden. Wer die unvorschriftsmäßigen Teile zum Verschrotten erwirbt, verletzt Abs II nicht. Ob und in welcher Höhe der Erwerber ein Entgelt zahlt oder verspricht, ist belanglos.

3 d. Verwenden. Das Verbot, unvorschriftsmäßige Teile zu verwenden, kann nur den Sinn haben, den Einbau an einem Fz zu verhindern, das üblicherweise in den Verkehr gebracht wird. Verboten ist schon der Einbau, nicht erst das Verbringen des mit dem unvorschriftsmäßigen Zubehörteil versehenen Fz in den Verkehr. Das Verbot wendet sich an die Hersteller von Fzen, an Händler, an die Werkstätten, Ausrüster und Fahrzeughalter. Dass alle unter Abs II fallenden Teile das Prüfzeichen tragen müssen, erleichtert allen Beteiligten ihre Prüfungspflicht und der Pol die Nachprüfung.

4. Fahrzeugteile, für die Abs I, II nicht gelten.
Zur Erprobung verwendete Teile: Abs III Nr 1. S § 19 VI.

Eingeführte Teile zur Verwendung an Fahrzeugen fremder Fertigung: Abs III Nr 2 und 3. Unter Nr 2 fallen auch Fahrzeugteile, die aus dem Bundesgebiet ausgeführt, dann **an ausländischen Fzen** wieder eingeführt werden. Durch Nummer 3 wird klargestellt, dass bei Fahrzeugen, deren Zulassung auf Grund einer **EG-Typgenehmigung** erfolgt, hinsichtlich ihrer bauartgenehmigungspflichtigen Teile das Vorliegen einer „in etwa Wirkung" nach Abs III entsprechend § 22a Abs 1 unterstellt wird, und zwar sowohl hinsichtlich durch das Kraftfahrt-Bundesamt als auch durch Genehmigungsbehörden anderer EG-Mitgliedstaaten erteilter EG-Typgenehmigungen. Dh, dass hinsichtlich der in Nr 3 genannten Einrichtungen angenommen wird, dass sie ebenso wie die in Nr 2 genannten in ihrer Wirkung „etwa" den nach Abs I geprüften gleichartigen Einrichtungen entsprechen (s Begr, VkBl **93** 609). Durch Aufnahme der Richtlinie 2003/37/EG in § 22a durch ÄndVO v 12. 12. 04 wurde klargestellt, dass EG-Genehmigungen für Fahrzeugteile in Deutschland anerkannt werden (s Begr VkBl **05** 15).

5. Fahrzeugteile mit Einzelgenehmigung. Abs IV übernimmt den Inhalt des früheren § 19 I und II der FahrzeugteileVO (idF von 1953), erkennt aber als Nachweis für Einzelgenehmigungen auch Anhängerverzeichnisse an.

6. Schutz der Prüfzeichen (Abs V). **Begr** der VO v 7. 7. 60: „Erfahrungen, die man bei den zur Ausfuhr bestimmten Einrichtungen gemacht hat, sind der Grund für die ausdrücklichen Anordnungen im neuen § 22a Abs. 5 StVZO, dass Prüfzeichen nur verwendet werden dürfen, um die Übereinstimmung eines Fahrzeugteils mit dem genehmigten Typ zu bestätigen, und dass Zeichen, die zu Verwechslungen mit amtlich zugeteilten Prüfzeichen Anlass geben können, an den in § 22a Abs. 1 genannten Einrichtungen nicht angebracht sein dürfen, und zwar auch dann nicht, wenn sie aus besonderen Gründen nicht genehmigungsbedürftig sind. Auch insoweit ist der durch § 71 StVZO* gewährte Strafschutz von Bedeutung."

7. Ordnungswidrigkeit. Zuwiderhandeln gegen Abs II, IV, V, VI ist nach Maßgabe von § 69a II Nr 7, 8, 9i StVZO, § 24 StVG ordnungswidrig. Verwenden geht dem etwa vorangegangenen Erwerben vor (Gesetzeskonkurrenz). Gewerbsmäßiges Feilbieten nicht vorschriftsmäßig gekennzeichneter FzTeile ist ow gem § 23 StVG. Mißbräuchliche Verwendung von E 1-Prüfzeichen verletzt § 4 UWG (Strafbestimmung).

8. Ausnahmen: § 70. Nicht in amtlicher Bauart müssen **Rückhalteeinrichtungen für behinderte Kinder** ausgeführt sein, wenn sie den Anforderungen des § 1 der 3. VO über Ausnahmen von straßenverkehrsrechtlichen Vorschriften entsprechen, s § 21 StVO Rz 5. Begr, s VkBl **90** 445.

Gutachten für die Einstufung eines Fahrzeugs als Oldtimer

23 ¹Zur Einstufung eines Fahrzeugs als Oldtimer im Sinne des § 2 Nr. 22 der Fahrzeug-Zulassungsverordnung ist ein Gutachten eines amtlich anerkannten Sachverständigen oder Prüfers oder Prüfingenieurs erforderlich. ²Die Begutachtung ist nach einer im Verkehrsblatt nach Zustimmung der zuständigen obersten Landesbehörden bekannt gemachten Richtlinie durchzuführen und das Gutachten nach einem in der Richt-

---

* § 71 aF (frühere Strafbestimmung): s. jetzt § 23 StVG.

linie festgelegten Muster auszufertigen. ³Im Rahmen der Begutachtung ist auch eine Untersuchung im Umfang einer Hauptuntersuchung nach § 29 durchzuführen, es sei denn, dass mit der Begutachtung gleichzeitig ein Gutachten nach § 21 erstellt wird.

1 **Begr** (VkBl **06** 614): *Die bisher nach § 21c erforderliche Begutachtung und Erteilung der Betriebserlaubnis für Oldtimer wird durch die Begutachtung durch einen amtlich anerkannten Sachverständigen oder Prüfer oder Prüfingenieur ersetzt. Die Regelung erfolgt im neuen § 23 StVZO ....*

2 **1. Anwendungsbereich.** Für die Zulassung von Oldtimern mit Oldtimer-Kennzeichen (§ 9 I FZV) ist der Nachweis einer Typ- oder Einzelgenehmigung (Betriebserlaubnis) erforderlich (§ 3 I 2 FZV); wenn lediglich mit einem roten Oldtimerkennzeichen gefahren werden soll, wird keine Betriebserlaubnis benötigt (§ 17 I 1 und 2 FZV). Für die Zuteilung von Oldtimerkennzeichen oder roten Oldtimerkennzeichen bedarf es aber eines Gutachtens nach § 23, damit das Fz überhaupt als Oldtimer iSd § 2 Nr 22 FZV eingestuft werden kann (§ 2 FZV Rz 25). Ein solches Gutachten ist entbehrlich, wenn ein Fz, das abstrakt den Kriterien eines Oldtimers (§ 2 Nr 22 FZV) genügt, nicht mit Oldtimerkennzeichen (§ 9 I FZV), sondern mit allgemeinem Kennzeichen (§ 8 FZV) zugelassen werden soll. Den Begriff „Betriebserlaubnis als Oldtimer" (§ 21c StVZO bis 28. 2. 07) gibt es nicht mehr.

3 **2. Gutachten für die Einstufung als Oldtimer.** Seit 1. 3. 07 ist in § 2 Nr 22 FZV definiert, welche Fz als Oldtimer anzusehen sind. Diese Einstufung ist sowohl für die Zuteilung von Oldtimerkennzeichen (§ 9 I FZV) als auch für die Zuteilung roter Oldtimerkennzeichen (§ 17 FZV) erforderlich. Um als Oldtimer iSv § 2 Nr 22 zu gelten, muss ein Fz durch ein Gutachten nach § 23 als solcher eingestuft worden sein. Dies ergibt sich aus dem Wortlaut von § 23, der deutlich macht, dass das Gutachten nach § 23 „zur Einstufung eines Fahrzeuges als Oldtimer im Sinne des § 2 Nr 22 FZV" erforderlich ist. Das Gutachten kann nur von einem **amtlich anerkannten Sachverständigen oder Prüfer** (§§ 1 ff KfSachvG) oder – neu seit 1. 3. 07 – von einem **Prüfingenieur** (Anl VIII b Nr 3.9) erstattet werden (Satz 1). Ein Gutachten eines anderen Kfz-Sachverständigen über die Einstufung eines Fz als Oldtimer hat keine rechtlichen Wirkungen für die FZV und ist insofern unbeachtlich. Die Begutachtung ist nach der (bisher noch nicht an die neue Rechtslage seit 1. 3. 07 angepassten) **Richtlinie für die Begutachtung von „Oldtimer"-Fahrzeugen** (VkBl **97** 515 = StVRL § 23 StVZO Nr 1) durchzuführen (Satz 2). Da für die Zuteilung roter Oldtimerkennzeichen eine Betriebserlaubnis nicht erforderlich ist (§ 17 I 1 FZV), ist bei der Anwendung dieser Richtlinie im Rahmen der Begutachtung nach § 23 zu beachten, dass abweichend von Nr 1b der Richtlinie kein Gutachten nach § 21 StVZO erforderlich ist, wenn lediglich die Zuteilung roter Oldtimerkennzeichen beantragt werden soll. Das Gutachten nach § 23 ist nach einem in der Richtlinie festgelegten **Muster** auszufertigen (Satz 2). Wird das Gutachten nach § 23 gleichzeitig mit einem Gutachten nach § 21 erstellt, nur halbe **Gebühr** für das Gutachten nach § 23 zusätzlich zur Gebühr für das Gutachten nach § 21 (Anl zu § 1 GebOSt Nr 413 Fn 2).

4 Im Rahmen der Begutachtung ist auch eine **Untersuchung im Umfang einer HU** nach § 29 durchzuführen (Satz 3). Nur wenn mit der Begutachtung nach § 23 gleichzeitig ein Gutachten für eine Betriebserlaubnis für Einzelfahrzeuge/Einzelgenehmigung nach § 21 erstellt wird, ist dies nicht erforderlich (Satz 3). Soll das Fz nach Außerbetriebsetzung gem § 14 FZV wieder zugelassen werden und war während der Außerbetriebsetzung eine HU fällig, ist keine HU gem § 14 II 2 FZV erforderlich, wenn zuvor gerade eine Untersuchung im Umfang einer HU im Rahmen eines Gutachtens nach § 23 erfolgt ist. In diesen Fällen kann und muss von der Zulassungsbehörde eine HU-Plakette zugeteilt werden, wenn das Fz dann ein Kennzeichen bekommt.

Lit zur Rechtslage bis 28. 2. 07: *Gontard*, Oldtimer im deutschen Autorecht, DAR **03** 213. *Jagow*, Die Oldtimer-VO, VD **97** 193. *Hentschel*, Neue Bestimmungen für Oldtimer, NJW **97** 2934.

24 bis 28 *(aufgehoben)*

Untersuchung der Kraftfahrzeuge und Anhänger

29 (1) ¹Halter von zulassungspflichtigen Fahrzeugen im Sinne des § 3 Abs. 1 der Fahrzeug-Zulassungsverordnung und kennzeichenpflichtigen Fahrzeugen nach § 4 Abs. 2 und 3 Satz 2 der Fahrzeug-Zulassungsverordnung haben ihre Fahrzeuge auf ihre Kosten nach Maßgabe der Anlage VIII in Verbindung mit Anlage VIII a in regelmäßigen Zeitabständen untersuchen zu lassen. ²Ausgenommen sind

Untersuchung der Kraftfahrzeuge und Anhänger § 29 StVZO

1. Fahrzeuge mit rotem Kennzeichen oder Kurzzeitkennzeichen,
2. Fahrzeuge der Bundeswehr und der Bundespolizei.

³Über die Untersuchung der Fahrzeuge der Feuerwehren und des Katastrophenschutzes entscheiden die zuständigen obersten Landesbehörden im Einzelfall oder allgemein.

(2) ¹Der Halter hat den Monat, in dem das Fahrzeug spätestens zur

1. Hauptuntersuchung vorgeführt werden muss, durch eine Prüfplakette nach Anlage IX auf dem amtlichen Kennzeichen nachzuweisen,
2. Sicherheitsprüfung vorgeführt werden muss, durch eine Prüfmarke in Verbindung mit einem SP-Schild nach Anlage IX b nachzuweisen.

²Prüfplaketten sind von der Zulassungsbehörde oder den zur Durchführung von Hauptuntersuchungen berechtigten Personen zuzuteilen und auf dem hinteren amtlichen Kennzeichen dauerhaft und gegen Missbrauch gesichert anzubringen. ³Prüfmarken sind von der Zulassungsbehörde zuzuteilen und von dem Halter oder seinem Beauftragten auf dem SP-Schild nach den Vorschriften der Anlage IX b anzubringen oder von den zur Durchführung von Sicherheitsprüfungen berechtigten Personen zuzuteilen und von diesen nach den Vorschriften der Anlage IX b auf dem SP-Schild anzubringen. ⁴SP-Schilder dürfen von der Zulassungsbehörde, von den zur Durchführung von Hauptuntersuchungen berechtigten Personen, dem Fahrzeughersteller, dem Halter oder seinem Beauftragten nach den Vorschriften der Anlage IX b angebracht werden.

(3) ¹Eine Prüfplakette darf nur dann zugeteilt und angebracht werden, wenn keine Bedenken gegen die Vorschriftsmäßigkeit des Fahrzeugs bestehen. ²Durch die nach durchgeführter Hauptuntersuchung zugeteilte und angebrachte Prüfplakette wird bescheinigt, dass das Fahrzeug zum Zeitpunkt dieser Untersuchung vorschriftsmäßig nach Nummer 1.2 der Anlage VIII ist. ³Weist das Fahrzeug lediglich geringe Mängel auf, so kann abweichend von Satz 1 die Prüfplakette zugeteilt und angebracht werden, wenn die unverzügliche Beseitigung der Mängel zu erwarten ist.

(4) ¹Eine Prüfmarke darf zugeteilt und angebracht werden, wenn das Fahrzeug nach Abschluss der Sicherheitsprüfung nach Maßgabe der Nummer 1.3 der Anlage VIII keine Mängel aufweist. ²Die Vorschriften von Nummer 2.6 der Anlage VIII bleiben unberührt.

(5) Der Halter hat dafür zu sorgen, dass sich die nach Absatz 3 angebrachte Prüfplakette und die nach Absatz 4 angebrachte Prüfmarke und das SP-Schild in ordnungsgemäßem Zustand befinden; sie dürfen weder verdeckt noch verschmutzt sein.

(6) Monat und Jahr des Ablaufs der Frist für die nächste

1. Hauptuntersuchung müssen von demjenigen, der die Prüfplakette zugeteilt und angebracht hat,
   a) bei den im üblichen Zulassungsverfahren behandelten Fahrzeugen im Fahrzeugschein oder
   b) bei anderen Fahrzeugen auf dem nach § 4 Abs. 5 der Fahrzeug-Zulassungsverordnung mitzuführenden oder aufzubewahrenden Nachweis oder Fahrzeugschein
   in Verbindung mit dem Prüfstempel der untersuchenden Stelle und der Kennnummer der untersuchenden Personen oder Stelle,
2. Sicherheitsprüfung müssen von demjenigen, der die Prüfmarke zugeteilt hat, im Prüfprotokoll vermerkt werden.

(7) ¹Die Prüfplakette und die Prüfmarke werden mit Ablauf des jeweils angegebenen Monats ungültig. ²Ihre Gültigkeit verlängert sich um einen Monat, wenn bei der Durchführung der Hauptuntersuchung oder Sicherheitsprüfung Mängel festgestellt werden, die vor der Zuteilung einer neuen Prüfplakette oder Prüfmarke zu beheben sind. ³Satz 2 gilt auch, wenn bei geringen Mängeln keine neue Prüfplakette nach Absatz 3 Satz 3 zugeteilt wird, und für Prüfmarken in den Fällen der Anlage VIII Nr. 2.4 Satz 5. ⁴Befindet sich an einem Fahrzeug, das mit einer Prüfplakette oder einer Prüfmarke in Verbindung mit einem SP-Schild versehen sein muss, keine gültige Prüfplakette oder keine gültige Prüfmarke, so kann die Zulassungsbehörde für die Zeit bis zur Anbringung der vorgenannten Nachweise den Betrieb des Fahrzeugs im öffentlichen Verkehr untersagen oder beschränken. ⁵Die betroffene Person hat das Verbot oder die Beschränkung zu beachten.

(8) Einrichtungen aller Art, die zu Verwechslungen mit der in Anlage IX beschriebenen Prüfplakette oder der in Anlage IX b beschriebenen Prüfmarke in Verbindung mit dem SP-Schild Anlass geben können, dürfen an Kraftfahrzeugen und ihren Anhängern nicht angebracht sein.

(9) Der für die Durchführung von Hauptuntersuchungen oder Sicherheitsprüfungen Verantwortliche hat für Hauptuntersuchungen einen Untersuchungsbericht und für

Dauer 1299

Sicherheitsprüfungen ein Prüfprotokoll nach Maßgabe der Anlage VIII zu erstellen und dem Fahrzeughalter oder seinem Beauftragten auszuhändigen.

(10) ¹Der Halter hat den Untersuchungsbericht mindestens bis zur nächsten Hauptuntersuchung und das Prüfprotokoll mindestens bis zur nächsten Sicherheitsprüfung aufzubewahren. ²Der Halter oder sein Beauftragter hat den Untersuchungsbericht, bei Fahrzeugen nach Absatz 11 zusammen mit dem Prüfprotokoll und dem Prüfbuch, zuständigen Personen und der Zulassungsbehörde bei allen Maßnahmen zur Prüfung auszuhändigen. ³Kann der letzte Untersuchungsbericht oder das letzte Prüfprotokoll nicht ausgehändigt werden, hat der Halter auf seine Kosten Zweitschriften von den prüfenden Stellen zu beschaffen oder eine Hauptuntersuchung oder eine Sicherheitsprüfung durchführen zu lassen. ⁴Die Sätze 2 und 3 gelten nicht für den Hauptuntersuchungsbericht bei der Fahrzeugzulassung, wenn die Fälligkeit der nächsten Hauptuntersuchung für die Zulassungsbehörde aus einem anderen amtlichen Dokument ersichtlich ist.

(11) ¹Halter von Fahrzeugen, an denen nach Nummer 2.1 der Anlage VIII Sicherheitsprüfungen durchzuführen sind, haben ab dem Tag der Zulassung Prüfbücher nach einem im Verkehrsblatt mit Zustimmung der zuständigen obersten Landesbehörden bekannt gemachten Muster zu führen. ²Untersuchungsberichte und Prüfprotokolle müssen mindestens für die Dauer ihrer Aufbewahrungspflicht nach Absatz 10 in den Prüfbüchern abgeheftet werden.

(12) Der für die Durchführung von Hauptuntersuchungen, Sicherheitsprüfungen oder Untersuchungen der Abgase Verantwortliche hat ihre Durchführung unter Angabe des Datums, bei Kraftfahrzeugen zusätzlich unter Angabe des Kilometerstandes, im Prüfbuch einzutragen.

(13) Prüfbücher sind bis zur endgültigen Außerbetriebsetzung des jeweiligen Fahrzeugs von dem Halter des Fahrzeugs aufzubewahren.

(14) ¹Für Kraftfahrzeuge, die mit einem On-Board-Diagnosesystem ausgerüstet sind, das den im Anhang zu § 47 genannten Bestimmungen entspricht, und deren Abgase nach Nummer 1.2.1.1 Buchstabe a der Anlage VIII in Verbindung mit Nummer 4.8.2.2 der Anlage VIIIa untersucht werden, sind Plaketten in entsprechender Anwendung des § 47a Abs. 3 und 5 zuzuteilen und anzubringen. ²§ 47a Abs. 6 gilt entsprechend.

1   **Begr** zur Neufassung des § 29 (VkBl **98** 503):

... Ausgehend von den vorliegenden Mängelstatistiken und den allgemeinen Untersuchungs-/ Prüferfahrungen wird nunmehr vorgeschrieben, dass sich die neue Prüfung beschränkt auf die besonders verschleißbehafteten und sicherheitsrelevanten Teile/Baugruppen der Prüfbereiche Fahrgestell/Fahrwerk/ Verbindungseinrichtungen, Lenkung, Reifen/Räder und Bremsanlage sowie auf die Überprüfung der Auspuffanlage. Von daher lag es nahe, diese Prüfung als Sicherheitsprüfung (SP) zu benennen. Im Rahmen der SP wird nicht mehr wie bei der ZU das Fahrzeug in seiner Gesamtheit überprüft, sondern es wird konkret vorgegeben, welche Teile/Einrichtungen (im weiteren als Prüfpunkte bezeichnet) gezielt zu überprüfen sind. Dies hat den Vorteil, dass die vorgeschriebenen Prüfpunkte in der zur Verfügung stehenden Zeit intensiv überprüft werden können.

...

Die Vorschrift des § 29 Abs. 2a StVZO – alt – lautete: „Durch die Prüfplakette wird bescheinigt, dass das Fahrzeug zum Zeitpunkt seiner letzten Hauptuntersuchung bis auf etwaige geringe Mängel für vorschriftsmäßig befunden worden ist."

Diese Vorschrift trug dem Umstand Rechnung, dass bei einer HU, die sinnvollerweise aus Zeit- und Kostengründen als regelmäßig wiederkehrende Untersuchung auf stichprobenartige Untersuchungen einzelner Fahrzeugteile/-Einrichtungen beschränkt bleiben musste, keine umfassende Feststellung der Vorschriftsmäßigkeit des Fahrzeugs erfolgen konnte. Anderenfalls hätte eine der Typprüfung vergleichbare Untersuchung mit entsprechendem Zeit- und Kostenaufwand durchgeführt werden müssen. Die Art und Weise der durchzuführenden Untersuchungsschritte und der Beurteilung festgestellter Mängel am Fahrzeug waren in der Durchführungs- und Mängelrichtlinie für HU festgelegt, allerdings unter der Maßgabe, dass es der untersuchenden Person weitgehend freigestellt war, welche und in welchem Umfang einzelne Untersuchungspunkte zu überprüfen waren. Unterschiedliche Verfahrensweisen der untersuchenden Personen sowie nicht in allen Fällen befriedigende Qualität waren die Folge, die durch die neuen Vorschriften auch im Sinne der Gleichbehandlung aller Fahrzeughalter ausgeräumt werden sollen. § 29, Anlage VIII und insbesondere Anlage VIIIa (Durchführung der HU) StVZO – neu – gehen einen neuen Weg. „Durch die nach durchgeführter Hauptuntersuchung zugeteilte und angebrachte Prüfplakette wird bescheinigt, dass das Fahrzeug zum Zeitpunkt dieser Untersuchung vorschriftsmäßig nach Nummer 1.2 der Anlage VIII ist", lautet nunmehr die entsprechende Vorschrift in § 29 Abs. 3, Satz 2 StVZO – neu –.

...

Untersuchung der Kraftfahrzeuge und Anhänger § 29 StVZO 5

Zu Abs 1: *Absatz 1 entspricht im Wesentlichen der bisherigen Fassung und wurde ergänzt um die Festverweisung auf Anlage VIIIa (Durchführung der Hauptuntersuchung)* ...

Zu Abs 2: *In Absatz 2 sind die für den Halter maßgeblichen Vorschriften der Nachweisführung über durchzuführende Hauptuntersuchungen (HU) (Prüfplakette nach Anlage IX) und die für bestimmte Nutzfahrzeuge vorgeschriebenen Sicherheitsprüfungen (SP) (Prüfmarke in Verbindung mit einem SP-Schild nach Anlage IXb) enthalten. Die Ergänzung der bereits geltenden Vorschriften über Prüfplaketten (bisheriger Absatz 2) um die für Prüfmarken und SP-Schilder geltenden Bestimmungen ist erforderlich, da, entsprechend der für HU und Abgasuntersuchungen (§ 47a) für erforderlich gehaltenen Nachweisführung außen am Fahrzeug, dies auch für SP auf Grund der bisher gemachten Erfahrungen über die Durchführung der vorgeschriebenen ZU und BSU notwendig wurde* ...

Zu Abs 3: *In Absatz 3 wurden die Vorschriften des bisher geltenden Absatzes, letzter Teil von Satz 2 und Satz 3 sowie von Absatz 2a unter der Maßgabe übernommen, dass durch die Anbringung der Prüfplakette die Vorschriftsmäßigkeit des Fahrzeugs nach Nummer 1.2 Anlage VIII (siehe Begründung unter I, Nr. 2.3) bescheinigt wird.*

Zu Abs 4: *Prüfmarken dürfen nach Absatz 4 nur zugeteilt und angebracht werden, wenn nach Abschluss der SP das Fahrzeug mängelfrei nach den hierzu geltenden Durchführungsbestimmungen (Nummer 1.3 Anlage VIII und Richtlinien für die Durchführung von SP) ist. Die Zuteilung und Anbringung einer Prüfmarke auch bei Vorhandensein „geringer Mängel" in Analogie zu den Vorschriften über Prüfplaketten ist nicht zulässig. Entsprechend der o.g. Durchführungsbestimmungen sind die einzelnen Prüfpunkte und dazugehörigen Mängelbezeichnungen so festgelegt worden, dass nur Mängel, die die technische Verkehrssicherheit des Fahrzeugs unmittelbar in Frage stellen, zu beanstanden und vor Abschluss der SP zu beheben sind. Insoweit entspricht dieses Verfahren den bisherigen Verfahren bei der Durchführung von ZU und BSU.*

Zu Abs 7: *Die in Absatz 7 aufgenommenen Vorschriften des bisherigen Absatzes 5 über die Gültigkeit der Prüfplaketten werden auf Prüfmarken ausgedehnt. Außerdem verlieren die Prüfplakette und die Prüfmarke bereits mit dem Ablauf des jeweils angegebenen Monats ihre Gültigkeit und nicht wie bisher für Prüfplaketten vorgeschrieben, erst nach Ablauf von 2 Monaten nach dem angegebenen Monat. Die „Verlängerung" der Gültigkeit der Prüfplaketten um 2 Monate nach dem angegebenen Monat war durch die Verordnung zur Änderung der StVZO vom 25. Juli 1963 (BGBl. 1963 I S. 539) eingeführt worden, umso den Technischen Prüfstellen eine sachgerechte Arbeitseinteilung zu ermöglichen (vergleiche VkBl. 1963, S. 394ff). Dies ist heute nicht mehr erforderlich* ...

Zu Abs 7 Satz 3:
Aus der Bundesratsdrucksache 74/98 (Beschluss):
Die Verlängerung der Gültigkeit der Prüfplakette um einen Monat muss wegen des erforderlichen Nachweises der Mängelbeseitigung auch gelten, wenn bei geringen Mängeln die Prüfplakette nicht zugeteilt wird, weil deren unverzügliche Beseitigung nicht zu erwarten ist. Im Übrigen redaktionelle Anpassung an Nummer 2.5 der Anlage VIII.

Zu Abs 10: *Die durch Absatz 10 vorgeschriebene Aufbewahrungspflicht für Untersuchungsberichte über HU ist neu. Sie entspricht im Wesentlichen den Vorschriften über die aufzubewahrenden Prüfbescheinigungen über durchgeführte Abgasuntersuchungen nach § 47a Abs. 4 sowie den bisher geltenden Vorschriften von Nummer 5 Anlage VIII – alt – für ZU- und BSU-pflichtige Fahrzeuge. Nach Auffassung der zuständigen obersten Landesbehörden wird damit auch ein wirksames Kontrollinstrument insbesondere für ihre Zuständigkeitsbereiche geschaffen, um der besorgniserregenden Zunahme von Fälschungen und unzulässig angebrachten Prüfplaketten entgegenzuwirken.*

Zu Abs 11 bis 13: *Die Absätze 11, 12 und 13 übernehmen im Wesentlichen die schon bis zur Änderung der Vorschriften geltenden Bestimmungen für ZU- und BSU-pflichtige Fahrzeuge nach Nummer 5 Anlage VIII – alt – über die Führung von Prüfbüchern für SP-pflichtige Fahrzeuge. Neu ist, dass die Untersuchungsberichte (HU) und Prüfprotokolle (SP) nur noch solange aufzubewahren sind, wie dies nach Absatz 10 vorgeschrieben ist. Diese, je nach Fahrzeugart auf maximal ein Jahr beschränkte Aufbewahrungspflicht ist, in Verbindung mit der nach Absatz 12 vorgeschriebenen Eintragungspflicht über die durchgeführten Untersuchungen und Prüfungen ausreichend, um den Belangen der Aufsicht durch die Länderbehörden hinreichend Rechnung zu tragen (siehe dazu auch Begründung unter 4.10).*
...

Begr zur ÄndVO v 23. 3. 00 (VkBl **00** 361): **Zu Abs 1:** *Nach Artikel 4 Abs. 1 der RL 96/96/EG (Technische Überwachung) können u.a. Fahrzeuge der Feuerwehren vom Anwendungsbereich der*

Dauer

RL befreit und dementsprechend auch im § 29 von der Pflicht zur Untersuchung/Prüfung ausgenommen werden. Entsprechendes gilt für Fahrzeuge des Katastrophenschutzes nach Artikel 4 Abs. 2 der gleichen RL, wenn zuvor die EG-Kommission angehört wurde; diese Anhörung wurde durchgeführt, die EG-Kommission hat keine Einwände erhoben.

Nachdem bei den Beratungen zur 28. VO zur Änderung straßenverkehrsrechtlicher Vorschriften vom 20. Mai 1998 (BGBl. I S. 1051) in den zuständigen Ausschüssen des Bundesrates zur Befreiung/Sonderstellung der Fahrzeuge vorgenannter Institutionen keine Einigung erzielt werden konnte, und lediglich Anhänger ausgenommen wurden, andererseits in einzelnen Ländern z. B. über Ausnahmegenehmigungen Sonderregelungen gelten, ist durch diese Änderung beabsichtigt, eine bundesweit einheitliche Regelung herbeizuführen. Die Änderung entspricht dem Antrag des VP-Ausschusses anlässlich der vorgenannten Beratungen.
...

15 **Begr** zur ÄndVO v 7. 2. 04 (VkBl **04** 318): **Zu Abs 10 Satz 4:** Die Vorlage des Untersuchungsberichts über die letzte Hauptuntersuchung (HU) ist bei der Fahrzeugzulassung nur dann erforderlich, wenn sich die Fälligkeit der nächsten HU nicht aus einem anderen amtlichen vom Fahrzeughalter oder dessen Beauftragten vorgelegten Dokument (beispielsweise Abmeldebestätigung, Fahrzeugschein) ergibt. Diese Änderung dient der Vereinfachung der Verwaltungspraxis durch Beseitigung einer Doppelregelung und dem Schutz des Bürgers vor unnötiger Bürokratie.

16 **Begr** zur ÄndVO v 3. 3. 06 (VkBl **06** 280): Durch die Verordnung werden die Vorschriften über die regelmäßige Technische Überwachung der Fahrzeuge §§ 29, 47a, 47b StVZO neu gefasst und teilweise aufgehoben. Hervorzuheben ist:
– Zusammenfassung der für Kraftfahrzeuge nach § 29 und § 47a StVZO vorgeschriebenen Hauptuntersuchungen (HU) und Abgasuntersuchungen (AU) nach einem zeitlich gestuften Verfahren.
– Einführung der Untersuchung der Abgase und Geräusche im Verkehr befindlicher Krafträder.
– Einführung der Untersuchung von elektronisch geregelten Fahrzeugsystemen, die sicherheits- oder umweltrelevant sind.
– Die Zusammenfassung der bisher für die HU und AU geltenden Untersuchungs-, Anerkennungs- und Aufsichtsvorschriften, durch die der Umfang der Vorschriften insgesamt erheblich reduziert werden konnte.
...

Zusammenfassung der HU und AU: Infolge der Fortschreibung der „Abgasrichtlinie" 70/220/EWG durch die Richtlinie 98/69/EG und weiterer Änderungsrichtlinien wurden für bestimmte Kraftfahrzeuge sogenannte On-Board-Diagnosesysteme (OBD) mit zeitlich gestuften Inkrafttretungsdaten für neue Kraftfahrzeuge vorgeschrieben. Diese OBD überwachen das Abgasverhalten der Kraftfahrzeuge während ihres Betriebs permanent und zeigen aufgetretene Fehler im Abgassystem dem Fahrzeugführer durch Aufleuchten der MI-Lampe (malfunction indicator – Fehlfunktionsanzeige) an. Im Weiteren ist vorgegeben, dass auch Störungen/Fehler im Abgassystem, die sporadisch und nicht dauerhaft auftreten, je nach ihrer vorgegebenen Wertigkeit im „Fehlerspeicher" abgespeichert und über eine genormte Schnittstelle mit einem Diagnosegerät ausgelesen werden können. Für die TÜ von Kraftfahrzeugen mit ordnungsgemäß arbeitenden OBD ergibt sich insoweit eine Vereinfachung, da bei ihnen zukünftig auf eine Messung und Bewertung des Abgasverhaltens, wie i.R der AU für Kraftfahrzeuge ohne die genannten Systeme vorgeschrieben ist, verzichtet werden kann. Von daher lag es nahe, die vom Untersuchungsaufwand reduzierte AU an diesen Kraftfahrzeugen in die HU zu integrieren, da ohnehin bei der HU und AU zum Teil gleiche Untersuchungspunkte durchzuführen waren (Fahrzeug-Identifizierung, Sichtprüfung der abgasrelevanten Teile). Die Zusammenfassung beider Untersuchungen erfolgt zeitlich gestuft und beginnt am 1. April 2006 zunächst für OBD-Kraftfahrzeuge. Auf die Untersuchung der Abgase an OBD-Kraftfahrzeugen, die ab 1. 1. 2006 erstmals in den Verkehr kommen, wird verzichtet. Ab dem 1. Januar 2010 wird in einer 2. Stufe auch die AU an „alten" Kraftfahrzeugen in die HU integriert. Diese zeitliche Stufung basiert auf den prognostizierten Zulassungszahlen. Damit im Zeitraum von 2006–2010 eine reibungslose Kontrolle der Durchführung der AU auch um ruhenden Verkehr möglich ist, wurde die bestehende Nachweisführung durch die nach § 47a StVZO vorgeschriebene „AU-Plakette" auf dem vorderen amtlichen Kennzeichen auch auf OBD-Kraftfahrzeuge ausgedehnt; ab dem Jahre 2010 erfolgt der Nachweis an allen Kraftfahrzeugen nur noch über die (HU-)Prüfplakette auf dem hinteren amtlichen Kennzeichen.

Die Durchführung der Untersuchung des Motormanagement-/Abgasreinigungssystems an OBD-Kraftfahrzeugen als eigenständiger Teil der HU kann dabei – wie die bisherige AU – von dafür anerkannten Kraftfahrzeugwerkstätten durchgeführt und bescheinigt werden. Der Nachweis über die Durchführung ist dem aaSoP/PI vor Beginn der HU vorzulegen.

Einführung der Untersuchung der Abgase und Geräusche an Krafträdern: Krafträder unterlagen bisher keiner regelmäßigen Überwachung ihres Abgas- und Geräuschverhaltens. ... Die vorgesehenen

Untersuchung der Kraftfahrzeuge und Anhänger **§ 29 StVZO 5**

Untersuchungen sollen mit dazu beitragen, dass Verschlechterungen im Abgas- und Geräuschverhalten des einzelnen Kraftrades im Verkehr als Folge von Verschleiß, unterlassener oder fehlerhafter Reparatur oder Wartung und/oder Einbau nicht genehmigter Auspuffanlagen besser erkannt werden. Die vorgenannten Untersuchungen (Abgase und Geräusche) wurden in das Konzept der Zusammenfassung von HU und AU eingebunden. Dabei wurde die AU im Wesentlichen der Pkw-AU entsprechend gestaltet. Die Untersuchung der Abgase an Krafträdern soll dabei auch als eigenständiger Teil der HU von dafür anerkannten Werkstätten durchgeführt und bestätigt werden. Die Geräuschuntersuchung wird fester Bestandteil der HU. Als Pflichtuntersuchung wird eine „subjektive" Geräuschbeurteilung vorgeschrieben. Erscheint dem Prüfer, der ohnehin eine Fahrprobe durchführt, dabei das Geräuschverhalten des Kraftrades auffällig, ist als Ergänzungsuntersuchung nach Anlage VIIIa StVZO eine Messung des Standgeräusches durchzuführen. ...

***Einführung der Untersuchung von elektronisch geregelten Fahrzeugsystemen, die sicherheits- oder umweltrelevant sind:** Die Elektronik hat in den letzten Jahren in Fahrzeugen eine zunehmende und insbesondere auch eine übergreifende Rolle übernommen. Elektronische Komponenten zur Steuerung verkehrssicherheits- oder umweltrelevanter Fahrzeugeinrichtungen, wie z. B. Automatischer Blockierverhinderer (ABV), Airbag und Motormanagement sind heute selbstverständlich. Neuere Systeme, wie Abstandswarngeräte, Abstandsregelungen, Fahrdynamikregelungen und Lenkanlagen mit elektronischen Bauteilen werden in Zukunft verstärkt auch in Fahrzeugen der unteren Preisklassen zum Einbau kommen. Insoweit muss auch gewährleistet werden, dass diese elektronischen Systeme, die die „Mechanik" der Fahrzeuge steuern, über die gesamte Einsatzzeit der Fahrzeuge, also der Zulassung zur Teilnahme am Straßenverkehr, ordnungsgemäß arbeiten. Um dies sicherzustellen, bedarf es auch einer Untersuchung der in die Fahrzeuge eingebauten elektronisch geregelten Fahrzeugsysteme bei der wiederkehrenden regelmäßigen technischen Überwachung der Fahrzeuge. ...*

... Die Untersuchungsvorschriften der Anlage VIIIa StVZO, die auch für die Untersuchung der elektronischen Fahrzeugkomponenten gelten, tragen dem ... dargestellten Umstand (Nichtberücksichtigung der regelmäßigen technischen Überwachung in den Bau- und Wirkvorschriften) dadurch Rechnung, dass die Untersuchung sich nicht nur auf die Prüfung der Vorschriftsmäßigkeit („Übereinstimmung mit den Bau- und Wirkvorschriften") beschränkt, sondern die Fahrzeuge auch auf Einhaltung des übergeordneten Zieles bezüglich der technischen Verkehrssicherheit und Umweltverträglichkeit zu untersuchen sind ...

***Zusammenfassung der bisher für die HU und AU geltenden Vorschriften:** Die Zusammenfassung der HU und AU zu einer Untersuchung in einem zeitlich gestuften Verfahren ermöglicht auch eine Zusammenfassung der bisher für die einzelnen Untersuchungen jeweils getrennt geltenden Vorschriften und Richtlinien sowie teilweise Verwaltungsvereinfachungen (z. B. bei der Anerkennung von SP- und AU-Werkstätten, ab dem 1. 4. 2006 die Aufhebung des § 47b und der Anlagen XI, XIa und XIb sowie ab dem 1. 1. 2010 den Wegfall weiterer Vorschriften, z. B. § 47a StVZO).*

*§ **29 Abs. 1 bis Abs. 13** wurden, bis auf redaktionelle Anpassungen, nicht geändert. **Abs. 14** ist erforderlich geworden, da ab dem 1. 4. 2006 die erste Stufe der Zusammenfassung von HU und AU, und zwar bei so genannten OBD-Kfz ... greift. Bis zum 31. 12. 2009 gelten die Vorschriften für „ältere" Kfz des geänderten § 47a. Aus der Verweisung auf § 47a Abs. 3, 5 und 6 ergibt sich die Verpflichtung zur Nachweisführung über die Durchführung der AU als eigenständige HU-Teiluntersuchung mit der Plakette nach Anlage IXa auf dem vorderen amtlichen Kennzeichen. Abs. 14 ist nach dem 31. 12. 2009 nicht mehr anzuwenden, da ab dem 1. 1. 2010 auch die bis zu diesem Datum noch als eigenständige AU durchzuführende Untersuchung an den bis dahin noch im Verkehr befindlichen „älteren" Kfz als HU-Teiluntersuchung durchzuführen ist und die Nachweisführung mit „AU-Plakette" für alle Kfz entfällt (2. Stufe).*

Auszug aus Anlage VIII zur StVZO:

2. Zeitabstände der Hauptuntersuchungen und Sicherheitsprüfungen 17

2.1 Die Fahrzeuge sind mindestens in folgenden regelmäßigen Zeitabständen einer Hauptuntersuchung und einer Sicherheitsprüfung zu unterziehen; die Zeitabstände für Sicherheitsprüfungen beziehen sich hierbei auf die zuletzt durchgeführte Hauptuntersuchung:

5 StVZO § 29 B. Fahrzeuge. II. Betriebserlaubnis und Bauartgenehmigung

	Art der Fahrzeuge	Art der Untersuchung und Zeitabstand	
		Hauptuntersuchung Monate	Sicherheitsprüfung Monate
2.1.1	Krafträder	24	–
2.1.2	Personenkraftwagen sowie Krankenkraftwagen und Behinderten-Transportfahrzeuge mit nicht mehr als 8 Fahrgastplätzen		
2.1.2.1	Personenkraftwagen allgemein		
2.1.2.1.1	bei erstmals in den Verkehr gekommenen Personenkraftwagen für die erste Hauptuntersuchung	36	–
2.1.2.1.2	für die weiteren Hauptuntersuchungen	24	–
2.1.2.2	Personenkraftwagen zur Personenbeförderung nach dem Personenbeförderungsgesetz oder nach § 1 Nr. 4 Buchstabe d, g und i der Freistellungs-Verordnung	12	–
2.1.2.3	Krankenkraftwagen und Behinderten-Transportfahrzeuge mit nicht mehr als 8 Fahrgastplätzen	12	–
2.1.3	Kraftomnibusse und andere Kraftfahrzeuge mit mehr als 8 Fahrgastplätzen		
2.1.3.1	bei erstmals in den Verkehr gekommenen Fahrzeugen in den ersten 12 Monaten	12	–
2.1.3.2	für die weiteren Untersuchungen von 12 bis 36 Monate vom Tage der Erstzulassung an	12	6
2.1.3.3	für die weiteren Untersuchungen	12	3/6/9
2.1.4	Kraftfahrzeuge, die zur Güterbeförderung bestimmt sind, selbstfahrende Arbeitsmaschinen, Zugmaschinen sowie Kraftfahrzeuge, die nicht unter 2.1.1 bis 2.1.3 oder 2.1.6 fallen		
2.1.4.1	mit einer bauartbestimmten Höchstgeschwindigkeit von nicht mehr als 40 km/h oder einer zulässigen Gesamtmasse ≤ 3,5 t	24	–
2.1.4.2	mit einer zulässigen Gesamtmasse > 3,5 t ≤ 7,5 t	12	–
2.1.4.3	mit einer zulässigen Gesamtmasse > 7,5 t ≤ 12 t		
2.1.4.3.1	bei erstmals in den Verkehr gekommenen Fahrzeugen in den ersten 36 Monaten	12	–
2.1.4.3.2	für die weiteren Untersuchungen	12	6
2.1.4.4	mit einer zulässigen Gesamtmasse > 12 t		
2.1.4.4.1	bei erstmals in den Verkehr gekommenen Fahrzeugen in den ersten 24 Monaten	12	–
2.1.4.4.2	für die weiteren Untersuchungen	12	6
2.1.5	Anhänger, einschließlich angehängte Arbeitsmaschinen und Wohnanhänger		
2.1.5.1	mit einer zulässigen Gesamtmasse ≤ 0,75 t oder ohne eigene Bremsanlage		
2.1.5.1.1	bei erstmals in den Verkehr gekommenen Fahrzeugen für die erste Hauptuntersuchung	36	–
2.1.5.1.2	für die weiteren Hauptuntersuchungen	24	–
2.1.5.2	die entsprechend § 58 für eine zulässige Höchstgeschwindigkeit von nicht mehr als 40 km/h gekennzeichnet sind, oder mit einer zulässigen Gesamtmasse > 0,75 t ≤ 3,5 t	24	–
2.1.5.3	mit einer zulässigen Gesamtmasse > 3,5 t ≤ 10 t	12	–
2.1.5.4	mit einer zulässigen Gesamtmasse > 10 t		
2.1.5.4.1	bei erstmals in den Verkehr gekommenen Fahrzeugen in den ersten 24 Monaten	12	–
2.1.5.4.2	für die weiteren Untersuchungen	12	6

Untersuchung der Kraftfahrzeuge und Anhänger **§ 29 StVZO 5**

Art der Fahrzeuge		Art der Untersuchung und Zeitabstand	
		Hauptuntersuchung Monate	Sicherheitsprüfung Monate
2.1.6	Wohnmobile		
2.1.6.1	mit einer zulässigen Gesamtmasse ≤ 3,5 t		
2.1.6.1.1	bei erstmals in den Verkehr gekommenen Fahrzeugen für die erste Hauptuntersuchung	36	–
2.1.6.1.2	für die weiteren Hauptuntersuchungen	24	–
2.1.6.2	mit einer zulässigen Gesamtmasse > 3,5 t ≤ 7,5 t		
2.1.6.2.1	in den ersten 72 Monaten	24	–
2.1.6.2.2	für die weiteren Hauptuntersuchungen	12	–
2.1.6.3	mit einer zulässigen Gesamtmasse > 7,5 t	12	–

2.2 Wenn untersuchungspflichtige Fahrzeuge ohne Gestellung eines Fahrers gewerbsmäßig vermietet werden, ohne dass sie für den Mieter zugelassen sind, beträgt die Frist für die Hauptuntersuchung in allen Fällen 12 Monate; davon ausgenommen beträgt die Frist für die Hauptuntersuchung an Personenkraftwagen nach Nummer 2.1.2.1 24 Monate, wenn diese für eine Mindestdauer von 36 Monaten von einem Mieter gemietet werden. An Kraftfahrzeugen nach Nummer 2.1.3 sind Sicherheitsprüfungen in Zeitabständen von drei, sechs und neun Monaten und an Kraftfahrzeugen, selbstfahrenden Arbeitsmaschinen, Zugmaschinen und Wohnmobilen nach den Nummern 2.1.4.3, 2.1.4.4 und 2.1.6.3 sowie Anhängern, einschließlich angehängten Arbeitsmaschinen nach Nummer 2.1.5.4, in einem Abstand von sechs Monaten nach der letzten Hauptuntersuchung durchführen zu lassen.

Anlagen zur StVZO: s Beck-Loseblattausgabe „Straßenverkehrsrecht". **18**

15. StVZAusnV v 28. 2. 67 idF der VO v 25. 4. 06 (BGBl I 1078, VkBl **06** 597). **19**

§ 1. (Absätze 1 und 2 aufgehoben)

(3) **Abweichend von § 29 Abs. 1 der Straßenverkehrs-Zulassungs-Ordnung dürfen an Fahrzeugen der auf Grund des Nordatlantikvertrags errichteten internationalen militärischen Hauptquartiere, soweit die Fahrzeuge ihren regelmäßigen Standort im Geltungsbereich dieser Verordnung haben, auch nach § 16 Abs. 1 des Kraftfahrsachverständigengesetzes vom 22. Dezember 1971 (BGBl. I S. 2086), zuletzt geändert durch Artikel 12 Abs. 80 des Gesetzes vom 14. September 1994 (BGBl. I S. 2325), für den Bereich der Bundeswehr anerkannte Sachverständige oder Prüfer für den Kraftfahrzeugverkehr die Hauptuntersuchungen und Sicherheitsprüfungen durchführen. Abweichend von Nummer 3.2.1 der Anlage VIII der Straßenverkehrs-Zulassungs-Ordnung dürfen Sicherheitsprüfungen an diesen Fahrzeugen auch von geeigneten Werkstätten der Bundeswehr durchgeführt werden.**

§ 2. Diese Verordnung tritt am Tage nach ihrer Verkündung in Kraft.

Begr zur 15. AusnVO:
Absatz 3 lässt zu, dass die Fahrzeuge der Hauptquartiere von den entsprechenden Stellen der Bundeswehr nach Maßgabe der Vorschriften in § 29 StVZO und der Anlage VIII regelmäßig untersucht werden.

1. § 29 schreibt **regelmäßige Überwachung** des verkehrssicheren Zustandes **der Kraft- 20 fahrzeuge und Anhänger** vor. Die FzHalter, auch solche ohne FE, Zw VM **78** 15, haben dafür zu sorgen, dass ihre Fze innerhalb der vorgeschriebenen Frist geprüft werden, Zw VM **78** 15, Kö VM **74** 22. Abw von der bis zum 31. 5. 98 geltenden Fassung von Abs II genügt es nicht mehr, dass der FzHalter sein Fz zur Durchführung der HU angemeldet hat, vielmehr ist das Fz **fristgerecht untersuchen zu lassen.** Diese Änderung trägt dem inzwischen wesentlich dichteren Netz von Untersuchungsstellen und dem Umstand Rechnung, dass die Arbeitsbewältigung durch die Technischen Prüfstellen keine Probleme mehr bereitet (Begr). **Nichtbenutzung** im öffentlichen StrV trotz Zulassung berührt die Vorführpflicht nicht, Bay VRS **62** 386, KG NZV **90** 362, Zw VM **78** 15, Ko VRS **50** 144; entscheidend ist nicht die tatsächliche, sondern die rechtlich zulässige Benutzung, Bay VRS **62** 386. Eine eingehende technische Untersuchung entsprechend der HU gem § 29 ordnet die zuständige Behörde an, wenn bei einer **technischen Kontrolle von NutzFzen** (auch ausländischen), die am StrV teilnehmen oder aus

Dauer 1305

5 StVZO § 29 B. Fahrzeuge. II. Betriebserlaubnis und Bauartgenehmigung

einem Drittland nach Deutschland einfahren (§§ 1, 5 TechKontrollV) Mängel festgestellt werden (§ 7 TechKontrollV). Begriff des NutzFzs: § 2 TechKontrollV. Die TechKontrollV (BGBl I **03** 774, Begr: VkBl **03** 425; ÄndVO v 18. 12. 03: BGBl I 3095, Begr: VkBl **04** 58) ist am 1. 9. 03 in Kraft getreten.

20a **2.** Mit der ÄndVO v 3. 3. 06 wurde die zeitlich gestufte **Zusammenfassung der Hauptuntersuchung (HU) und der Abgasuntersuchung (AU)** eingeleitet (s Begr Rz 16). Da bei mit On-Board-Diagnosesystemen (OBD, System zur Emissionsüberwachung, Definition in Anl 1 zur AU-Richtlinie VkBl **08** 196, 217) ausgerüsteten Fz mit Erstzulassung ab 1. 1. 06, bei denen das OBD den im Anhang zu § 47 genannten Bestimmungen entspricht, auf eine Messung und Bewertung des Abgasverhaltens verzichtet werden kann, wurde die vom Untersuchungsaufwand reduzierte AU an diesen Kfz ab 1. 4. 06 in die HU integriert (s § 47 a Rz 1 a, 2). Die Abgasuntersuchung an Krafträdern (AUK) ist ebenfalls schon Teil der HU (s Rz 25 a). Ab 1. 1. 2010 wird in einer 2. Stufe auch die AU an allen anderen Kfz Teil der HU. Bei OBD-Fz mit Erstzulassung ab 1. 1. 06, bei denen das OBD den im Anhang zu § 47 genannten Bestimmungen entspricht, und bei Krafträdern kann die AU als eigenständiger Teil der HU auch von dafür anerkannten Kfz-Werkstätten durchgeführt werden (Anl VIII Nr. 3.1.1.1); darüber ist dann ein Nachweis gem Muster VkBl **08** 222 = StVRL § 47 a StVZO Nr 3 auszustellen und dem Prüfer bei der HU auszuhändigen. Zur Sicherstellung einer reibungslosen Kontrolle müssen bis 31. 12. 09 die OBD-Fz, bei denen die AU schon Teil der HU ist, eine AU-Plakette auf dem vorderen Kennzeichen haben (Abs XIV, § 72 II zu § 29 XIV), obwohl keine gesonderte AU erforderlich ist. Ab 2010 wird es für alle Fz nur noch die HU-Plakette auf dem hinteren Kennzeichen geben. Ab 1. 1. 2010 sind bei HU die auf vorderen Kennzeichen angebrachten AU-Plaketten von den die HU durchführenden Personen zu entfernen (§ 72 II zu § 29).

21 **3. Periodische Zwangsprüfung aller Kraftfahrzeuge und Anhänger auf Vorschriftsmäßigkeit.** Abs I verpflichtet die Halter aller bezeichneten Fze, auch solcher mit Saisonkennzeichen, diese in regelmäßigen Abständen (s **Fristentabelle** in Anl VIII, Rz 17) auf Vorschriftsmäßigkeit untersuchen zu lassen (Hauptuntersuchung, HU). HU und außerordentliche HU bei Fz im Personenverkehr: §§ 41, 42 BOKraft. Kom und andere Kfze mit mehr als 8 Fahrgastplätzen, Kfze, die zur Güterbeförderung bestimmt sind, selbstfahrende Arbeitsmaschinen, Zgm und Anhänger unterliegen außeramt regelmäßigen Sicherheitsprüfungen nach Maßgabe der Anl VIII (s Rz 25). **Ausnahme:** Fz mit roten Kennzeichen oder Kurzzeitkennzeichen sowie Fz von BW und BPol unterliegen nicht der HU-Pflicht, Abs I Satz 2. Zulassungsfreie, aber gem § 4 II FZV kennzeichenpflichtige Fz unterliegen der Untersuchungspflicht gem § 29. Hauptuntersuchung vor der Zulassung von gebrauchten Importfahrzeugen im Inland: § 7 I und III FZV. Land- und forstwirtschaftliche Arbeitsgeräte unterliegen § 29 grundsätzlich nicht, BMV VkBl **00** 674 (675). Kfze von Nato-Hauptquartieren: 15. StVZAusnV (Rn 19). Die Vorführungspflicht des § 29 ist Teil der Halterpflicht, für die VSicherheit seiner Fze zu sorgen (§ 31). Sie betrifft auch Geräusch-, Abgasentwicklung und Funkentstörung. Vorschriftsmäßiger Zustand: § 17 und § 5 FZV.

22 **4. Prüfer.** Die Prüfung ist von Technischen Prüfstellen durch amtlich anerkannte Sachverständige oder Prüfer für den Kraftfahrzeugverkehr (aaSoP, § 1 KfSachvG) vorzunehmen oder von amtlich anerkannten Überwachungsorganisation nach Anl VIII b durch von diesen betraute Prüfingenieure (PI), Anl VIII Nr 3.1.1. Voraussetzung für die Anerkennung von Überwachungsorganisationen ist Anl VIII b Nr 2. Eine Bedürfnisprüfung erfolgt nicht, s Begr zur ÄndVO v 3. 2. 99 (VkBl **99** 555). Bestandsschutz für vor dem 1. 6. 1989 anerkannte Überwachungsorganisationen Anl VIII b Nr. 7. Die Organisation darf einen ihr angehörenden Sachverständigen nur dann mit der Untersuchung betrauen, wenn er die in Anl VIII b Nr 3.1 bis 3.9 genannten Erfordernisse erfüllt und wenn die zuständige Behörde zugestimmt hat. Zur Bewilligung einer Ausnahme von diesen Erfordernissen, VG Mainz VD **98** 97 – zust *Jagow* – (Bewilligung abgelehnt). Wer durch falsche Gutachten straffällig geworden ist, besitzt nicht die nach Anl VIII b erforderliche Zuverlässigkeit, Sa NZV **99** 167. Die Verfassungsmäßigkeit der Anl VIII b in der bis zum 18. 9. 02 geltenden Fassung war vom OVG Münster NZV **01** 184 mangels ausreichender Ermächtigungsgrundlage wegen Eingriffs in das Grundrecht der Berufsfreiheit verneint worden. Durch das StVRÄndG v 11. 9. 02 wurde die Anl VIII b daher neu bekannt gemacht unter gleichzeitiger Schaffung der dem Art 80 I S 2 GG entsprechenden Ermächtigungsgrundlage in § 6 StVG (s Begr BTDrucks 14/8766 S 63). S § 6 StVG Rz 6 b. Die bisher noch nicht aufgehobene Richtlinie für die Anerkennung von Überwachungsorganisationen nach Nr 7 der

Anl VIII StVZO („Anerkennungsrichtlinie für Überwachungsorganisationen") VkBl **89** 394 = StVRL § 29 Nr 12 bezieht sich auf eine veraltete Rechtslage und ist nur noch z. T. anwendbar. Untersuchungsstellen zur Durchführung von Hauptuntersuchungen, Sicherheitsprüfungen, Untersuchungen der Abgase: Anl VIII d. Die gemäß § 29 tätigen Überwachungsorgane (Sachverständigen) **handeln hoheitlich,** BGHZ **122** 85 = NJW **93** 1784, Ko DAR **02** 510, Kö NJW **89** 2065, Bra NJW **90** 2629, weil ihre Tätigkeit auf das engste mit dem hierdurch vorbereiteten Verwaltungsakt zusammenhängt, abl *Götz* DÖV **75** 211. Das gilt nicht nur für die aaSoP (§ 1 KfSachvG), sondern auch für die von Überwachungsorganisationen gem Anl VIII b betrauten PI, s *Bouska* NZV **01** 77. Für **Amtspflichtverletzung** bei der Kfz-Prüfung haftet die den Sachverständigen beauftragende Körperschaft, das Land, BGH NZV **01** 76 (Anm *Bouska*), BGHZ **122** 85 = NJW **93** 1784, Ko DAR **02** 510, Kö NJW **68** 443, Ko DAR **02** 510, Kö NJW **89** 2065, Bra NJW **90** 2629, abw *Herschel* NJW **69** 817. Die Träger Technischer Prüfstellen und die Überwachungsorganisationen haben aber das Land, in dem sie tätig werden, von allen Ansprüchen Dritter wegen Schäden freizustellen, die durch ihre Sachverständigen und andere Mitarbeiter bei der Durchführung der technischen Überwachung verursacht werden (§ 10 Abs IV KfSachvG, Anl VIII b Nr 2.6). Die Amtspflicht zur sorgfältigen Durchführung der HU obliegt dem Prüfer auch gegenüber dem durch ein verkehrsunsicheres Fz Geschädigten, Ko DAR **02** 510. Die hoheitliche Tätigkeit ist jedoch auf den unmittelbaren Bereich der technischen Prüfung beschränkt, keine Amtshaftung daher zB bei Verletzung der VSicherungspflicht, Bra NJW **90** 2629.

5. Prüfungsverfahren: Anlagen VIII, VIII a zur StVZO. Den jeweils erforderlichen **Prü-** 23 **fungsumfang** bestimmt der Sachverständige nach pflichtgemäßem Ermessen (Anl VIII a Nr 2), Bay VRS **67** 381. Er hat die Prüfung mit größter Sorgfalt vorzunehmen, Ko DAR **02** 510. Der Sachverständige hat das Fz selbst zu führen, wenn er glaubt, sein Gutachten sonst nicht erstatten zu können, BMV VkBl **51** 206. Die Durchführung der HU erfolgt gem Anl VIII Nr 1.2 nach Maßgabe der Anl VIII a. Danach findet in allen Fällen eine Pflichtuntersuchung der in Anl VIII a bezeichneten Untersuchungspunkte statt. Bietet der Zustand oder das Alter des Fzs Anlass für eine darüber hinausgehende, vertiefte Untersuchung, so ist diese durchzuführen (Anl VIII a Nr 2.2; Begr zur ÄndVO v 20. 5. 98, VkBl **98** 505). Sicherheitsprüfung: Rz 25. Richtlinie für die Durchführung von Hauptuntersuchungen und die Beurteilung der dabei festgestellten Mängel an Fzen nach § 29, Anl VIII und VIII a („HU-Richtlinie"), VkBl **06** 293 = StVRL § 29 StVZO Nr 2. Richtlinie für die Prüfung der Bremsanlagen von Fzen bei Hauptuntersuchungen („HU-Bremsenrichtlinie"), VkBl **93** 422, **95** 336, **97** 408, **98** 1140, **03** 751 = StVRL § 29 Nr 8. Richtlinie für die Überprüfung von fremdkraftbetätigten Betriebstüren in Kom bei der regelmäßigen technischen Überwachung, VkBl **08** 195. Richtlinie für die Anwendung, Beschaffenheit und Prüfung von Bremsprüfständen, VkBl **03** 303. Richtlinie für den Erfahrungsaustausch in der technischen FzÜberwachung, VkBl **00** 26 = StVRL § 29 Nr 13. Seit 1. 4. 06 werden **elektronische FzSysteme** (z. B. Automatischer Blockierverhinderer, Airbag, Abstandswarngeräte, Fahrdynamikregelungen, Lenkanlagen mit elektronischen Bauteilen) in die Untersuchung einbezogen (Anl VIII a Nr 1.3 u 1.4), s Begr VkBl **06** 281. Sofern dazu durch § 29 und den darauf aufbauenden Untersuchungsvorschriften und -richtlinien keine detaillierten Untersuchungsvorschriften vorgegeben sind, können die entsprechenden Untersuchungen aufgrund von **Systemdaten,** die vom Hersteller oder Importeur angegeben oder die im „Arbeitskreis Erfahrungsaustausch in der technischen Fahrzeugüberwachung" im Benehmen mit den Herstellern und Importeuren erarbeitet werden, durchgeführt werden, s Begr VkBl **06** 282. Dazu Richtlinie für die Lieferung von Systemdaten durch Fahrzeughersteller oder -importeure für die regelmäßige technische Überwachung der Fze nach § 29 („Systemdaten-Richtlinie"), VkBl **06** 334 = StVRL § 29 StVZO Nr 9. Zur Finanzierung der Erstellung, Vorhaltung und Bereitstellung entsprechender Prüfvorgaben und Systemdaten Erhebung einer gesonderten Gebühr bei der HU von 1 Euro (Anl zur GebOSt Nr 413 Fn 7), s Begr VkBl **06** 282, 291. Über die durchgeführte HU wird dem Halter oder seinem Beauftragten ein **Untersuchungsbericht** nach Maßgabe von Abs IX und Anl VIII Nr 3.1.5 ausgehändigt, über die SP ein **Prüfprotokoll** nach Maßgabe von Abs IX und Anl VIII Nr 3.2.5. Muster für Prüfprotokolle über die Sicherheitsprüfungen, VkBl **98** 543, **03** 751, **06** 340 = StVRL § 29 Nr 17. Eine Mitführungs- oder allgemeine Vorlagepflicht besteht nicht, s dazu *Jagow* VD **93** 124, aber nach Maßgabe von Abs X eine Aufbewahrungs- und Aushändigungspflicht. Halter von SP-pflichtigen Fz müssen nach Abs XI **Prüfbücher** führen, in denen Untersuchungsberichte und Prüfprotokolle mindestens für die Dauer ihrer Aufbewahrungspflicht nach Abs X abgeheftet werden müssen. Muster für Prüfbücher nach Abs XI, VkBl **98** 537 = StVRL § 29 Nr 16. **Die Plakettenerteilung** bescheinigt, dass der Prüfer das Fz im Zeitpunkt der HU für vorschriftsmäßig nach Nr 1.2 der Anl VIII befunden hat (Abs III S 2), s Begr VkBl **98** 505, oder das Fz bei Plakettenerteilung nur geringe Mängel aufwies, deren unverzügliche Beseitigung zu erwarten war (Abs III S 3). HU, AU und SP dürfen nur an **Untersuchungsstellen** nach Anl VIII Nr 4 und Anl VIII d durchgeführt werden. Anerkennung von Kfz-Werkstätten zur Durchführung von SP und/oder AU sowie Schulung der verantwortlichen Personen und Fachkräfte: Anl VIII c. Richtlinie für die Anerkennung von Kfz-Werkstätten zur Durchführung von Sicherheitsprüfungen und/oder Untersuchungen der Abgase und/oder Untersuchungen der Abgase an Krafträdern („Anerkennungsrichtlinie"), VkBl **06** 314 = StVRL § 29 Nr 18. Richtlinie für die Durchführung von Schulungen der verantwortlichen Personen und Fachkräfte, die SP, AU, AUK durchführen („SP-/AU-/AUK-Schulungsrichtlinie"), VkBl **06** 326 = StVRL § 29 Nr 19.

24   **6. Ausnahme für Halter mit Fachpersonal und eigenen Einrichtungen („Eigenüberwacher")**. Die Anl VIII Nr 4 (alt) ermöglichte es, Prüfungen ohne Inanspruchnahme der Prüfstellen unter eigener Verantwortung der FzHalter sicherzustellen, wenn sie dafür anerkannt waren. Diese Bestimmungen sind zwar nicht in die durch die 28. ÄndVStVR (BGBl I **98** 1051) getroffene Neuregelung übernommen worden. Jedoch können FzHalter, die bis zum 1. 6. 98 von der Pflicht zur Vorführung ihrer Fze zur HU befreit waren, auch weiterhin die Untersuchung der Fze im eigenen Betrieb durchführen (§ 72 II zu Anl VIII). Entsprechendes gilt für Sicherheitsprüfungen, soweit FzHalter nach der früheren Anl VIII Zwischenuntersuchungen und Bremsensonderuntersuchungen im eigenen Betrieb durchführen durften, sofern sie dafür nach Anl VIII c anerkannt sind. Zulassung neuer „Eigenüberwacher" ist nicht möglich. Soweit Eigenüberwachung zugelassen ist, ersetzt sie die Prüfung durch aaSoP oder PI. Die Erlaubnis, die Untersuchungen im eigenen Betrieb vorzunehmen, darf widerrufen werden, wenn der Halter seine Halterpflichten im Verkehr erheblich verletzt und Auflagen wiederholt zuwiderhandelt, OVG Lüneburg VRS **43** 150.

25   **7. Sicherheitsprüfung.** Für Kom, Lkw, Zgm und Anhänger waren nach Maßgabe der Anl VIII (alt) Zwischenuntersuchungen und Bremsensonderuntersuchungen vorgeschrieben. Die durch die 28. ÄndVStVR getroffene Neuregelung der regelmäßigen technischen Überwachung der Fze hat die bisherigen Zwischen- und Bremsensonderuntersuchungen in der neuen Anl VIII zur Sicherheitsprüfung (SP) zusammengefasst. Heute unterliegen Kom und andere Kfze mit mehr als 8 Fahrgastplätzen, Kfze, die zur Güterbeförderung bestimmt sind, selbstfahrende Arbeitsmaschinen, Zgm und Anhänger der regelmäßigen SP nach Maßgabe der Anl VIII Nr 2.1. Durchführung der SP durch hierfür anerkannte Kfz-Werkstätten, aaSoP oder PI, Anl VIII Nr 3.2.1. Richtlinie für die Durchführung von Sicherheitsprüfungen („SP-Richtlinie"), VkBl **98** 528, **03** 750 = StVRL § 29 Nr 15. Die SP umfasst Sicht-, Wirkungs- und Funktionsprüfung von Fahrgestell und Fahrwerk, der Verbindungseinrichtung, Lenkung, Reifen, Räder, Auspuffanlage und Bremsanlage (Anl VIII 1.3). Anerkennung von Kfz-Werkstätten zur Durchführung von Sicherheitsprüfungen und Aufsicht: Anl VIII c und Richtlinie für die Anerkennung von Kfz-Werkstätten zur Durchführung von SP und/oder AU und/oder AUK („Anerkennungsrichtlinie") VkBl **06** 314 = StVRL § 29 Nr 18. Untersuchungsstellen zur Durchführung von Sicherheitsprüfungen: Anl VIII Nr 4, Anl VIII d. SP-/AU-/AUK-Schulungsrichtlinie, VkBl **06** 326. Pflicht des Halters zur Aufbewahrung des Prüfprotokolls: Abs X. Nichtaufbewahrung ist ow (s Rz 39). Bei Verlust des Prüfprotokolls muss sich der Halter eine Zweitschrift beschaffen oder eine Sicherheitsprüfung durchführen lassen, Abs X S 3. Muster für Prüfprotokolle über die Sicherheitsprüfungen, VkBl **98** 543, **03** 751, **06** 340 = StVRL § 29 Nr 17. Zu Prüfbüchern s Rz 23. Der Halter muss den Monat, in dem das Fz spätestens zur Sicherheitsprüfung vorzuführen ist, durch eine **Prüfmarke** in Verbindung mit einem **SP-Schild** nachweisen (Abs II S 1 Nr 2 mit Anl IX b). Zuteilung und Anbringung der Prüfmarke: Abs II S 3, IV. Die Prüfmarke wird, ebenso wie die Prüfplakette bei der HU, mit Ablauf des jeweils angegebenen Monats ungültig (Abs VII S 1). Verlängerung um einen Monat im Falle der Feststellung von Mängeln, die vor Zuteilung einer neuen Prüfmarke zu beheben sind (Abs VII S 2, 3). Werden bei einer SP Mängel festgestellt, die zu einer **unmittelbaren Verkehrsgefährdung** führen können und nicht sofort behoben werden, hat der Prüfer die Prüfmarke zu entfernen und unverzüglich die Zulassungsbehörde zu benachrichtigen (Anl VIII Nr 3.2.3.3), die dann nach § 5 FZV vorgeht. Eine HU, die zum Zeitpunkt einer Sicherheitsprüfung durchgeführt wird, kann die SP nicht ersetzen (Anl VIII Nr 3.2.4).

8. Untersuchung der Abgase und Geräusche an Krafträdern. Durch ÄndVO v 3. 3. 06 wurde ab 1. 4. 06 die regelmäßige Überwachung des Abgas- und Geräuschverhaltens von Krafträdern eingeführt. Die **Geräuschuntersuchung** ist fester Bestandteil der HU (Anl VIII a Nr 4.8.1.2) für alle Krafträder (§ 72 II zu Anl VIII a S 3). Dazu Richtlinie für die Überprüfung des Standgeräuschs von Krafträdern im Rahmen der regelmäßigen technischen Überwachung nach § 29 („Richtlinie zur Standgeräuschmessung") sowie zur Kontrolle der Geräuschemission im Verkehr befindlicher Krafträder, VkBl 06 338 = StVRL § 29 Nr 10. Die **Abgasuntersuchung an Krafträdern (AUK)** ist eigenständiger Teil der HU und wurde im Wesentlichen der Pkw-AU entsprechend gestaltet (s Begr VkBl 06 281). Wenn sie als Teiluntersuchung der HU durchgeführt wird, beträgt die Gebühr nur das 0,7 fache der AUK-Gebühr (Anl zur GebOSt Nr. 413.5; Begr VkBl 06 292). Sie kann als eigenständiger Teil der HU auch von dafür anerkannten Werkstätten durchgeführt und bestätigt werden, dann ist Nachweis nach Muster VkBl 08 222 = StVRL § 47 a StVZO Nr 3 mit Nachweis-Siegel und Prägenummer (fälschungserschwerende Merkmale) auszustellen und bei der HU dem Prüfer auszuhändigen (Anl VIII Nr 3.1.1.1, Begr VkBl 06 288). Die AUK ist nur an Krafträdern durchzuführen, die ab 1. 1. 1989 erstmals in den Verkehr gekommen sind (§ 72 II zu Anl VIII S. 4 Nr 1). Eine gesonderte Prüfplakette wird für die AUK nicht zugeteilt.

25a

9. Gasanlagenprüfungen. Durch ÄndVO v 16. 3. 06 wurde für Fz, deren Antriebssystem mit verflüssigtem Gas (LPG) oder komprimiertem Erdgas (CNG) betrieben wird, die wiederkehrende Gasanlagenprüfung (GWP) als Teil der HU eingeführt, s § 41 a Rz 5, 8. Diese kann als eigenständiger Teil der HU von dafür anerkannten Kfz-Werkstätten durchgeführt werden. Fristen: § 41 a Rz 6.

25b

10. Verbot, verkehrsunsichere Fahrzeuge im Verkehr zu verwenden: Anl VIII Nr 3.1.4.4, § 5 III FZV. Nach Erlöschen der BE wegen Vornahme von Änderungen am Fz gem § 19 ist ein Kfz nicht mehr vorschriftsmäßig und kann daher keine Prüfplakette erhalten (s § 19 II S 5). Weiterbenutzung mit bekanntermaßen profillosen Reifen ist auch innerhalb der Beseitigungsfrist unzulässig, s Rz 36. Hat der Prüfer bei Mängeln weder die KfzBenutzung untersagt noch eine Beseitigungsfrist gesetzt, so verstößt kurzfristige weitere Benutzung nicht gegen das versicherungsrechtliche Gefahrerhöhungsverbot, BGH VersR 75 366.

26

11. Frist für die nächste Hauptuntersuchung. Nachweis durch den Vermerk im Fz-Schein/in der Zulassungsbescheinigung Teil I bzw in dem Nachweis nach § 4 V FZV (Abs VI) und durch die Prüfplakette nach Anl IX auf dem hinteren Kennzeichen (Abs II S 1 Nr 1 u S 2) sowie durch den Vermerk im Untersuchungsbericht (Anl VIII 3.1.5). Die **Fristen** der Untersuchungen bestimmt Anl VIII Nr 2, s Rz 17. Fristen für Selbstfahrer-Vermiet-Fz Anl VIII Nr 2.2, Begr VkBl 06 287. Die Frist für die nächste HU beginnt mit dem Monat und Jahr der letzten HU; wurde diese verspätet durchgeführt, so beginnt die Frist mit dem Monat und Jahr, in dem die HU hätte durchgeführt werden müssen, Anl VIII Nr 2.3 **(„Fälligkeitsdatierung")**. Dadurch soll dem z. T. bewussten Überziehen der Fristen durch Halter entgegen gewirkt werden (VkBl 06 287). HU-Fristverkürzung für ältere Pkw ist verworfen worden (VkBl 06 283). Nach Beseitigung vom Prüfer festgestellter erheblicher, aber nicht zur VUnsicherheit des Fzs führender Mängel ist das Kfz nach Maßgabe von Nr 3.1.4.3 Anl VIII, unter Vorlage des Untersuchungsberichtes innerhalb eines Monats zur Nachprüfung erneut vorzuführen. Eine erneute HU ist nur nach Maßgabe der gesetzlichen Fristen vorgeschrieben und zulässig, nicht schon aus Anlass verspäteter Mängelbeseitigung, Ha NJW 70 1560. Wird das Kfz aber erst nach mehr als einem Monat wieder vorgeführt oder der Untersuchungsbericht nicht vorgelegt, so ist eine neue HU durchzuführen (Nr 3.1.4.3 Anl VIII); die Frist für die nächste HU beginnt dann mit dem Monat der Fälligkeit der letzten HU. Anl VIII Nr 2.7 S 1 sagt noch, während vorübergehender **Stilllegung** ruhe die Untersuchungspflicht. Dies ist durch die Abschaffung der vorübergehenden Stilllegung zum 1. 3. 07 überholt. Es gibt jetzt nur noch die Außerbetriebsetzung gem § 14 FZV. Soll ein außer Betrieb gesetztes Fz wieder zugelassen werden, müssen vorher HU und ggf SP durchgeführt werden, wenn nach Anl VIII Nr 2 zwischenzeitlich eine HU bzw SP hätte stattfinden müssen (§ 14 Abs II S 2, 3 FZV). Die Frist für die nächste HU richtet sich auch bei geänderter Benutzungsart des Kfz allein nach der Prüfplakette; ein Irrtum darüber ist ein Verbotsirrtum, Dü VM 67 56. Fällt die Frist für eine HU oder Sicherheitsprüfung bei Kfzen mit **Saisonkennzeichen** in die Zeit außerhalb des Betriebszeitraums, so ist ihre Durchführung im ersten Monat des folgenden Betriebszeitraums zu veranlassen (Anl VIII Nr 2.6); Zuwiderhandlung ist gem § 69 a II Nr 14 ow. Wird bei OBD-Fz oder Krafträdern die AU als eigenstän-

27

diger Teil der HU von einer dafür anerkannten Kfz-Werkstatt durchgeführt, darf diese AU in dem unmittelbar vor dem durch die Prüfplakette angegebenen Monat für die nächste HU durchgeführt werden (zB bei einer ohnehin fälligen Inspektion), ohne dass sich die vorgeschriebenen Zeitabstände für die nächste HU ändern (Anl VIII Nr 3.1.1.1, Begr VkBl **06** 289).

Die Frist, innerhalb derer das Fz zur nächsten HU vorzuführen ist, ist durch die **Prüfplakette** (Anl IX) nachzuweisen. Das Fz ist spätestens bis zum Ablauf des Monats, der auf der Prüfplakette vermerkt ist, vorzuführen (Anl VIII Nr 3.1.2); bloße Anmeldung genügt nach der Neufassung nicht mehr (s Rz 20). Die Prüfplakette wird **mit Ablauf des auf ihr vermerkten Monats ungültig** (Abs VII S 1). Die erhebliche Zahl von Untersuchungsstellen ermöglicht es dem Halter, die vorgeschriebenen Fristabstände einzuhalten; sollte dies aus bestimmten Gründen nicht möglich sein, so muss er die HU bzw. Sicherheitsprüfung vorziehen (s Begr). Werden bei der HU Mängel festgestellt, die vor Zuteilung einer neuen Prüfplakette zu beheben sind, so verlängert sich die Gültigkeit gem VII S 2, 3 um einen Monat. Beschaffenheit der Plakette: Anl IX. Ausgabe: Abs II–III und Anl VIII. Die Anbringung der Plakette am hinteren Kennzeichen soll die Überwachung erleichtern. Sie erfolgt durch die zuteilende Stelle (Abs II S 2). Der Halter hat dafür zu sorgen, dass sich die Prüfplakette in ordnungsgemäßem Zustand befindet und dass sie weder verdeckt noch verschmutzt ist (Abs V); Zuwiderhandlung ist gem § 69a II Nr 14 ow. Die Verbindung der Prüfplakette mit dem amtlich zugeteilten Kennzeichen lässt insoweit eine **öffentliche Urkunde** entstehen, als das Kennzeichen nunmehr den Zeitpunkt der nächsten vorgeschriebenen HU nachweist, Kar DAR **02** 229, Ha VRS **47** 430, VGH Mü DAR **75** 27, aber erst in Verbindung mit der entsprechenden Eintragung im FzSchein, Ce NZV **91** 318, weil erst die Eintragung den Urheber der beurkundeten Erklärung erkennen lässt, BGH NJW **75** 176, Bay NJW **66** 748. Änderung der jahresabhängigen Farbe der Prüfplakette als Urkundenfälschung, s AG Waldbröl NZV **05** 546. Erteilung der Prüfplakette trotz schwerer erkannter FzMängel ist keine Falschbeurkundung, der Untersuchungsbericht des TÜV-Prüfers keine Urkunde iS von § 348 StGB, und die Plakette beurkundet trotz Abs III S 2 nur den nächsten Prüftermin, nicht die *objektiv* gegebene Vorschriftsmäßigkeit des Fzs, BaySt **98** 183 = NZV **99** 179 (abl *Puppe* NStZ **99** 576), Ha VRS **47** 430, *Fischer* § 348 Rz 6a. Für das Fehlen der Prüfplakette ist der **Halter verantwortlich,** Ha VRS **28** 148. Er muss, außer während der Mängelbeseitigungsfrist (Nr 3.1.4.3, Anl VIII), ständig eine Plakette am Kfz führen, welche den Monat der nächsten HU anzeigt. Er darf einen überwachten, verlässlichen Angestellten verantwortlich mit der Terminwahrung der Untersuchungen beauftragen, Ce VRS **31** 134, Ha DAR **69** 194. Die **Plakettenzuteilung** ist ein Verwaltungsakt und kann durch Verpflichtungsklage erzwungen werden, VGH Mü NJW **75** 1796, VG Münster VRS **32** 299.

28   **12. Nachweis der Frist in den Fahrzeugpapieren,** Abs VI. Die Eintragung der nächsten HU im FzSchein beurkundet eine rechtserhebliche Tatsache (§ 348 StGB), BGHSt **26** 9 = NJW **75** 176, Bay VM **79** 76, sie dient der Kontrolle und erschwert Plakettenfälschungen.

29   **13. Befugnis der Zulassungsbehörde, die Einhaltung der Untersuchungstermine zu erzwingen.** Wird festgestellt, dass an einem Fz die Plakette fehlt oder dass die Frist abgelaufen ist, so wird die Behörde eine Frist zur Beschaffung setzen und bei Nichtbeachtung der Frist den Betrieb untersagen, wenn nicht ausnahmsweise eine Betriebsbeschränkung genügt (Maßgebot), Abs VII S 4. Die betroffene Person hat das Verbot oder die Beschränkung zu beachten, Abs VII S 5. Verstoß ist ow, § 69a II Nr 2.

30   **14. Schutz der Plakette, Anlage IX.** Abs VIII entspricht dem für amtliche Kennzeichen geltenden Schutzgedanken des § 10 Abs XI FZV.

31   **15. Ausnahmen:** Abs I S 2, s Rz 21. Weitere Ausnahmen: § 70.

32   **16. Ordnungswidrig** (§§ 24 StVG, 69a StVZO) sind: **a)** der **Nichtnachweis des Vorführungsmonats** zur nächsten HU durch eine Prüfplakette gemäß Anl IX am Fz oder zur nächsten Sicherheitsprüfung durch eine Prüfmarke in Verbindung mit dem SP-Schild nach Anl IXb (§ 69a II Nr 15), ausgenommen die Fälle des Laufs einer Frist zur Mängelbeseitigung (3.1.4.3. Anl VIII), AG Göttingen NZV **89** 84, Stu NZV **94** 123. Fahren mit ungültiger Prüfplakette für sich allein ist nicht bußgeldbewehrt, Dr DAR **03** 131 (Anm *Schäpe*), Stu VRS **57** 462, Ol DAR **81** 95, Ha VkBl **71** 189, weil Abs VII S 1 in § 69a II nicht genannt ist. Weiterbenutzung des Fzs während des Laufs der Frist zur Mängelbeseitigung (Abs VII S 2, Anl VIII Nr 3.1.4.3) ist *als solche* kein Verstoß gegen § 29, AG Göttingen NZV **89** 84, s Stu NZV **94** 123, jedoch kommt Zuwiderhandlung gegen Beschaffenheitsvorschriften der StVZO in Betracht.

Untersuchung der Kraftfahrzeuge und Anhänger **§ 29 StVZO 5**

b) der Verstoß gegen Abs V über den **ordnungsgemäßen Zustand von Prüfplakette,** 33/34
Prüfmarke oder SP-Schild, das **Anbringen** oder Anbringenlassen von Einrichtungen am Fz,
die mit der Prüfplakette oder mit der Prüfmarke in Verbindung mit dem SP-Schild **verwechslungsfähig** sind, Abs VIII (§ 69 a II Nr 15);

c) das **Nichteinhalten der Frist zur Vorführung** zur HU innerhalb der vorgeschriebenen 35
Zeitabstände (Nr 2.1, 2.2, 3.1.1, 3.1.2 Anl VIII, § 69 a II Nr 14), bei Fzen mit Saisonkennzeichen (Nr 2.6 Anl VIII), s Rz 27 sowie bei Sicherheitsprüfungen (Nr 3.2.2 Anl VIII). Arbeitsüberlastung entschuldigt den Halter nicht, er kann den Vorführzeitpunkt mühelos aus der Prüfplakette und dem FzSchein entnehmen, Kö VM **80** 29. Geringfügige Fristüberschreitung um wenige Tage ist eine bedeutungslose OW, die ungeahndet bleiben darf (§§ 47, 56 OWiG). Jedoch ist Überschreitung einer in der BKatV genannten Mindestfrist Voraussetzung für eine Ahndung der OW, s § 24 StVG Rz 63, aM *Schäpe* DAR **03** 131. Wer sich nur weigert, bei der Vorführung die Gebühr zu zahlen, verletzt § 29 nicht, Ha NJW **57** 354. Verwarnung mit Verwarnungsgeld ahndet nur die bisherige Nichtvorführung, nicht weiteres Nichtvorführen, Sa NJW **73** 2310. Nichtvorführung ist eine **Unterlassungstat,** begangen bis zum Zeitpunkt der Vorführung, s Bay VRS **48** 432, Stu VRS **57** 462, Ha VRS **48** 344, oder bis zum Erlass einer sie ahndenden rechtskräftigen Entscheidung, Dr VRS **93** 447 (Fortsetzung ist neue OW). Von Benutzung des Fz im V oder Nichtbenutzung ist sie unabhängig, s Rz 20. Die Überschreitung der Untersuchungsfrist ist **DauerOW,** Dr VRS **93** 447, auch wenn sie in wechselnder Schuldform (Vorsatz, Fahrlässigkeit) begangen wird, also *eine* Tat – auch bei Fortsetzung nach polizeilicher Beanstandung – bis zur Vornahme der gebotenen Handlung (Vorführung), Bay VRS **63** 221. Als Unterlassungstat steht sie zu Verstößen gegen Beschaffenheitsvorschriften und zu Benutzungsverstößen regelmäßig in **TM,** Bay VRS **58** 432, NJW **74** 1341, Ha VRS **48** 38. Zwischen dem Verstoß gegen die Untersuchungspflicht und fahrlässiger Körperverletzung unterwegs besteht kein rechtlicher Zusammenhang, Ha VRS **48** 344. Tatidentität (§ 264 StPO) kann aber bestehen zwischen unterlassener Vorführung zur HU und KfzBenutzung trotz erloschener Betriebserlaubnis (§ 19 II 1 StVZO), Stu VRS **60** 64. **Überträgt der Halter die Fristüberwachung** zur HU einem Vertreter oder Angestellten, so muss er diesen ausreichend überwachen.

d) die **Nichtbeseitigung von Mängeln** spätestens innerhalb eines Monats in Fällen von 36
Nr 3.1.4.2 Anl VIII oder die **Nichtwiedervorführung** bei verweigerter Plakette innerhalb eines Monats (Nr 3.1.4.3 Satz 2 Halbsatz 2, Anl VIII, § 69 a II Nr 18). Die Frist zur Wiedervorführung nach Mängelbeseitigung muss der Prüfer nicht besonders festsetzen, sie ergibt sich aus 3.1.4.3 der Anl VIII, VGH Ka VM **77** 80. Die Pflicht zur Beseitigung von Mängeln, die die Vorschriftsmäßigkeit des Fzs beeinträchtigen, folgt bereits aus § 31 II und aus § 23 StVO; auch ohne Inbetriebnahme des Fzs im öffentlichen V ist aber die Nichtbeseitigung geringer Mängel, wenn gleichwohl eine Prüfplakette zugeteilt wurde, nunmehr (ab 1. 12. 1999, s § 72 II) bußgeldbewehrt (TE mit § 23 StVO oder § 31 II StVZO). Der Vorwurf einer OW nach § 69 a II Nr 14 (Nichteinhalten der Vorführungsfrist) im Bußgeldbescheid hindert nicht die Verurteilung nach § 69 a II Nr 18 (Nichtwiedervorführung) nach entsprechendem Hinweis (§ 265 I StPO), Bay VRS **63** 366. **Weiterbenutzung eines nicht verkehrssicheren Kfz,** etwa mit profillosen Reifen nach Beanstandung ist auch innerhalb der Beseitigungsfrist unzulässig, wenn der Halter den Mangel kannte oder kennen musste, Bay VRS **32** 469, ähnlich Bay NJW **68** 464, Weiterbenutzung bei Beanstandung, aber ausreichender VSicherheit dagegen nicht, Fra NJW **67** 1770, Ha NJW **68** 1248. S die §§ 31 II StVZO, 23 I, II StVO.

e) **Betrieb des Fzs** im öffentlichen Verkehr **entgegen Betriebsverboten** oder -be- 37
schränkungen durch die ZulB wegen fehlender gültiger Plakette, Abs VII S 4, 5 (§ 69 a II Nr 15), s Ha NJW **70** 1560, VRS **48** 38, Fra NJW **67** 1770, Dü VM **67** 56. Weiterbenutzung mit ungültig gewordener Plakette ist für sich allein nicht ow, s Rz 32, solange kein Fall nach oben a) vorliegt.

f) **Verstoß gegen vollziehbare Anordnung oder Auflage nach § 29 VII S 5, 4** (Be- 38
triebsbeschränkung oder -untersagung durch die ZulB wegen Fehlens der gültigen Plakette, §§ 29 VII Satz 4, 5, 69 a II Nr 2).

g) die **Nichtaufbewahrung** oder **Nichtaushändigung des Untersuchungsberichtes** 39
oder Prüfprotokolls (mit Prüfbuch) entgegen Abs X S 1, 2 (§ 69 a II Nr 16) sowie das **Nichtführen** oder **Nichtaufbewahren des Prüfbuches** entgegen Abs XI oder XIII, § 69 a II Nr 17). Verlust des Prüfprotokolls: Rz 25.

h) die **Nichtduldung von Maßnahmen** nach den Vorschriften in Nr 4.3 der Anl VIII oder 40
8.1.1 oder 8.2.1 der Anl VIIIc (Ermöglichen des Betretens von Grundstücken und Geschäfts-

Dauer   1311

räumen zu Prüfungszwecken) sowie die **Nichtvorlage vorgeschriebener Aufzeichnungen,** § 69a II Nr 19.

41 Für die Beurteilung von OWen nach anderen Bestimmungen kann Abs III insoweit von Bedeutung sein, als das Verschulden zw sein kann (zB bei Verstoß gegen § 19 – Erlöschen der BE – oder gegen § 31 – Führen eines vorschriftswidrigen Fzs –), *Janiszewski* NStZ **81** 474.

Lit: *Bouska,* Verstöße gegen § 29, VD **75** 141.

IIa. Pflichtversicherung
(aufgehoben)

III. Bau- und Betriebsvorschriften

DA zu III
Vorbemerkung zu den Bauvorschriften
Ihre Erfüllung ist allgemein von den Verkehrspolizeibeamten nicht nachzuprüfen.

Allgemeines zum III. Unterabschnitt „Bau- und Betriebsvorschriften". Der III. Unterabschnitt des Hauptabschnittes „B Fahrzeuge" enthält die Bau- und Betriebsvorschriften für alle Fz, in den §§ 30–31c allgemeine, für jedes Fz geltende Bestimmungen, in den §§ 31d und 31e für ausländische Kfz und ihre Anhänger, in den §§ 32–62 Bau- und Betriebsvorschriften für alle Kfz und ihre Anhänger und in den §§ 63–67 die Bau- und Betriebsvorschriften für die NichtKfze.

1. Allgemeine Vorschriften

Beschaffenheit der Fahrzeuge

30 (1) Fahrzeuge müssen so gebaut und ausgerüstet sein, daß
1. ihr verkehrsüblicher Betrieb niemanden schädigt oder mehr als unvermeidbar gefährdet, behindert oder belästigt,
2. die Insassen insbesondere bei Unfällen vor Verletzungen möglichst geschützt sind und das Ausmaß und die Folgen von Verletzungen möglichst gering bleiben.

(2) Fahrzeuge müssen in straßenschonender Bauweise hergestellt sein und in dieser erhalten werden.

(3) **Für die Verkehrs- oder Betriebssicherheit wichtige Fahrzeugteile, die besonders leicht abgenutzt oder beschädigt werden können, müssen einfach zu überprüfen und leicht auswechselbar sein.**

(4) ¹Anstelle der Vorschriften dieser Verordnung können die Einzelrichtlinien in ihrer jeweils geltenden Fassung angewendet werden, die
1. in Anhang IV der Richtlinie 92/53/EWG des Rates vom 18. Juni 1992 zur Änderung der Richtlinie 70/156/EWG zur Angleichung der Rechtsvorschriften der Mitgliedstaaten über die Betriebserlaubnis für Kraftfahrzeuge und Kraftfahrzeuganhänger (ABl. EG Nr. L 225 S. 1) oder
2. in Anhang II Kapitel B der Richtlinie 2003/37/EG des Europäischen Parlaments und des Rates vom 26. Mai 2003 über die Typgenehmigung für land- oder forstwirtschaftliche Zugmaschinen, ihre Anhänger und die von ihnen gezogenen auswechselbaren Maschinen sowie für Systeme, Bauteile und selbständige technische Einheiten dieser Fahrzeuge und zur Aufhebung der Richtlinie 74/150/EWG (ABl. EU Nr. L 171 S. 1) oder
3. in Anhang I der Richtlinie 2002/24/EG des Europäischen Parlaments und des Rates vom 18. März 2002 über die Typgenehmigung für zweirädrige oder dreirädrige Kraftfahrzeuge und zur Aufhebung der Richtlinie 92/61/EWG des Rates (ABl. EG Nr. L 124 S. 1)

in seiner jeweils geltenden Fassung genannt sind. ²Die jeweilige Liste der in Anhang IV der Betriebserlaubnisrichtlinie 92/53/EWG, in Anhang II der Typgenehmigungsrichtlinie 2003/37/EG und in Anhang I der Richtlinie 2002/24/EG genannten Einzelrichtlinien wird unter Angabe der Kurzbezeichnungen und der ersten Fundstelle aus dem Amtsblatt der Europäischen Gemeinschaften vom Bundesministerium für Verkehr, Bau und Stadtent-

Beschaffenheit der Fahrzeuge **§ 30 StVZO 5**

wicklung im Verkehrsblatt bekanntgemacht und fortgeschrieben. ³Die in Satz 1 genannten Einzelrichtlinien sind jeweils ab dem Zeitpunkt anzuwenden, zu dem sie in Kraft treten und nach Satz 2 bekanntgemacht worden sind. ⁴Soweit in einer Einzelrichtlinie ihre verbindliche Anwendung vorgeschrieben ist, ist nur diese Einzelrichtlinie maßgeblich.

Begr zur ÄndVO v 5. 8. 98 (VkBl **99** 615): **Zu Abs 4:** (s auch § 19 Rz 1) *Die Einführung* **1** *einer entsprechenden Vorschrift in den neuen Absatz 4 des § 30 stellt sicher, dass die jeweils im EG-Amtsblatt verkündeten Änderungen der technischen Einzelrichtlinien sowie der betreffenden Anhänge zu den Betriebserlaubnisrichtlinien auch außerhalb des Betriebserlaubnisverfahrens für Fahrzeuge und Fahrzeugteile unmittelbar gelten, ohne dass künftig der Anhang zu den §§ 30ff StVZO jeweils durch Rechtsverordnung mit Zustimmung des Bundesrates besonders geändert bzw. ergänzt werden muss.*

Begr zur ÄndVO v 12. 12. 04: VkBl **05** 15.

1. § 30 enthält eine Generalregel für die **Beschaffenheit der Fahrzeuge.** Er will Schädi- **2** gungen, Gefährdungen, Behinderungen und vermeidbare Belästigungen verhüten, die sich aus Bauweise und Ausrüstung ergeben können. § 30 geht über die Anforderungen der Bau- und Ausrüstungsvorschriften insoweit hinaus, als er die **Verkehrssicherheit** solcher Fze gewährleistet, Bay VM **74** 28, Dü VRS **56** 68. Ein Verstoß ist es deshalb, wenn die an sich § 41 entsprechende Handbremse erst an der obersten Betätigungsgrenze wirkt. Verkehrssicherheit einer technischen Einrichtung am Fz setzt über die Wirksamkeit für den Augenblick hinaus deren Fortbestehen für eine gewisse Dauer voraus, Bay VM **74** 28, KG VRS **82** 149, **100** 143. Zur Verkehrsunsicherheit können auch Durchrostungen an der Rahmenkonstruktion eines Fzs führen, KG VRS **100** 146, oder austretendes Öl, KG VRS **100** 146.

§ 30 betrifft Fz jeder Art. Entsprechen sie nicht den Anforderungen des § 30, so sind § 17 **2a** StVZO oder § 5 FZV anzuwenden; der Betrieb im Verkehr kann dann untersagt oder beschränkt werden. Die Bauart der Fz muss den §§ 32–42, 62–65 entsprechen, bei Kfz den §§ 32–42. Ausrüstung: §§ 43–67, für Kfze: §§ 43–62, aM *Dvorak* DAR **84** 313, der zB auch ausreichende Tankfüllung zur vorschriftsmäßigen „Ausrüstung" zählt, s dazu § 23 StVO Rz 18, 28.

Verantwortlichkeit für die Betriebseinrichtungen: §§ 31 StVZO (Halter), 23 StVO (Fahrer). **3** Der Halter muss die **Ausrüstungsgegenstände** so unterbringen, dass jeder Fahrer den Unterbringungsort kennt und sie sofort verwenden kann, Hb VRS **53** 149, Zw VRS **56** 70. **Kräder** müssen mit einer Abstellvorrichtung (Ständer) ausgerüstet sein, Richtlinie 93/31 EWG = StVRL Nr 9. Beim nachträglichen Anbau eines Kradbeiwagens ist eine erneute BE für das Krad zu beantragen; dabei wird die Vorschriftsmäßigkeit gem den einzuhaltenden Bestimmungen der StVZO überprüft, s Begr zur 10. ÄndVStVR, VkBl **90** 492. **Merkblatt** für angehängte land- und forstwirtschaftliche Arbeitsgeräte, VkBl **00** 674 (675), **03** 62. Kippeinrichtungen und andere Arbeitsgeräte an StrFzen müssen gegen unbeabsichtigtes Ingangsetzen gesichert sein, s Merkblatt VkBl **99** 663. Merkblatt für Anbaugeräte an Zgm, Behelfsladeflächen, Kippeinrichtungen und Hubgeräten, VkBl **72** 12. Prüfbescheinigungen für Tankbehälter, BMV VkBl **64** 222. Aufsetztanks zum Öltransport, s BMV VkBl **66** 475. Merkblatt über Aufbauten von ViehtransportFzen, VkBl **92** 615. S dazu auch die Viehverkehrsordnung (BGBl I **82** 503, **86** 2651). Merkblatt für WinterdienstFze, VkBl **74** 70. **Richtlinien des BMV** sind keine allgemein verpflichtenden Rechtsnormen, sondern eine an die VB gerichtete Verwaltungsanordnung, Bay VRS **46** 310. Richtlinien für die Beschaffenheit von Aufbauten von StraßenFzen, VkBl **61** 46 = StVRL Nr 1. Richtlinien über die Beschaffenheit und Anbringung der äußeren FzTeile, VkBl **63** 478, **84** 538, **86** 482, **89** 787 = StVRL § 32 Nr 2. Richtlinien für fremdkraftbetätigte Fenster in Pkw, VkBl **84** 134. Führerhausrichtlinien für Kraftwagen, Zug- und Arbeitsmaschinen, VkBl **86** 303. Richtlinien zur Prüfung von LangholzFzen, VkBl **79** 116 = StVRL Nr 5. Richtlinien zur Verbindung von Container und Fz, VkBl **71** 301. Richtlinien für die Beschaffenheit und Anbringung von Kindersitzen und Fußstützen an Fahrrädern und Mofa, VkBl **80** 788 = StVRL Nr 6. Richtlinien betreffend seitliche Abstandsmarkierer an Fahrrädern und FmH, VkBl **81** 148, s § 67 Rz 5. Richtlinien für die Prüfung von FzTeilen, s auch § 22 Rz 4. Neben den Beschaffenheitsvorschriften der StVZO finden gem Abs IV auch die dort genannten **EG-Richtlinien** in ihrer jeweils geltenden Fassung Anwendung, so dass in Fällen abweichender Regelung Ausnahmegenehmigungen entbehrlich sind. Soweit in einer der in Nrn 1–3 genannten Einzelrichtlinien deren verbindliche Anwendung vorgeschrieben ist, geht sie nationalen Bestimmungen vor (Abs IV S 4). Die Verweisung beruht auf den Schwierigkeiten mit der rechtzeitigen Umsetzung der zahlreichen Richtlinienänderungen, s Begr (Rz 1 und § 19 Rz 1). **Liste der Einzelricht-**

5 StVZO § 30 B. Fahrzeuge. III. Bau- und Betriebsvorschriften

linien zu den EG-Betriebserlaubnisrichtlinien gem § 19 I 3 und 30 IV StVZO, VkBl **07** 39, 167, 194, 546, 589, **08** 333, 497 = StVRL § 19 StVZO Nr 14.

4 **2. Verkehrsüblicher Betrieb.** Bauart und Ausrüstung müssen dem verkehrsüblichen Betrieb angepasst sein, der gebräuchlichen Art entsprechen, in der das Fz im Verkehr verwendet wird. Je nachdem sind die Anforderungen verschieden. Ausgemusterte BW-GleiskettenFze sind nach OVG Münster NZV **99** 102 trotz der ihnen beim verkehrsüblichen Betrieb eigenen Schwerfälligkeit grundsätzlich zulassungsfähig, zw, aM VGH Ka VM **79** 30. Die Erteilung einer BE nach § 21 an private Halter scheitert aber, wenn keine Ausnahme gem § 70 bewilligt wird, regelmäßig an § 19 II a.

5 **3. Mehr als unvermeidbar.** Jede FzVerwendung im Verkehr bringt Gefahren, Behinderungen und Belästigungen mit sich, die in Kauf genommen werden müssen, soweit sie verkehrsüblich und bei der Natur des Fzs und der Art seiner Verwendung unvermeidbar sind, s OVG Münster NZV **99** 102. Maßgebend ist der Stand der Technik und der FzBenutzung. Die Bau- und Ausrüstungsvorschriften werden ständig der technischen Entwicklung angepasst und sollen das vorschreiben, was nach dem Stand der Technik im Durchschnitt verlangt werden kann. Ein Fz, das nach Bauart und Ausrüstung der StVZO entspricht, ist im Grundsatz iS des § 17 StVZO bzw des § 5 FZV vorschriftsmäßig. Behinderungen und Belästigungen, die von einem (zulassungsfreien oder zulassungsfähigen) Fz üblicherweise mit dem bloßen Führen im StrV verbunden sind, fallen nicht unter Abs I Nr 1, OVG Münster NZV **99** 102, s aber VGH Ka VM **98** 30 (jeweils: entwaffneter Panzer, s dazu jetzt § 19 II a). Dass einzelne FzGruppen entwickelter sind, berechtigt idR nicht dazu, an ältere Fze über das in der StVZO geforderte Maß hinaus Ansprüche zu stellen, die diese nicht vorsieht, obgleich sie sie vielleicht schon vorsehen sollte.

6 **4. Schädigung.** § 30 verbietet jede Schädigung anderer, die bei verkehrsüblicher Verwendung des Fz durch dessen Bauart oder Ausrüstung verursacht werden könnte. Die Einschränkung „mehr als unvermeidbar" fehlt hier. Konstruktionen, die schon ihrer Bauart oder Ausrüstung nach andere schädigen, sind unter allen Umständen verboten.

7 **5. Gefährdung:** § 1 StVO. § 30 setzt keine konkrete Gefahr voraus, KG NZV **91** 439, Dü VRS **74** 294, **90** 203, Ha VRS **48** 156. Es handelt sich um Gefährdungen, die sich für andere, besonders andere VT, aus der Bauart oder Ausrüstung des Fz ergeben können. Sie sind erlaubt, soweit unvermeidbar (Rz 5), verboten, soweit sie das verkehrsübliche Risiko über das zulässige Maß hinaus steigern. Nichtanbringen der vorgeschriebenen Schutzhülle auf dem Gestänge eines geöffneten Cabrio-Verdecks kann gegen § 30 I Nr 1 verstoßen, KG NZV **91** 439. Abs I Nr 2 schreibt eine ungefährdende Beschaffenheit des Pkw-Innenraumes vor, Kö VRS **59** 157. § 30 ist verletzt, wenn nachgeschnittene **Reifen**profile die Zwischenbauschicht verletzen, Bay VM **67** 74, oder wenn die Reifenflanken schadhaft sind, Dü VRS **90** 203. Im Übrigen geht § 36 II dem § 30 als Spezialbestimmung vor, Bay VRS **61** 133. Pkw mit Mischbereifung: § 36 II a. Schutz von **Kindern auf Fahrrädern** gegen Fußverletzung, Richtlinie für die Beschaffenheit und Anbringung von Kindersitzen und Fußstützen, VkBl **80** 788 = StVRL NR 6.

8 **6. Behinderung** ist in § 30 nur verboten, soweit es sich um Verkehr auf öffentlichen Wegen handelt. Sie muss sich aus FzBauart oder -Ausrüstung ergeben und vermeidbar sein. S § 1 StVO.

9 **7. Belästigung.** § 30 verbietet, ein Fz zu benutzen, das vermeidbar belästigendes Geräusch verursacht. Jedes Kfz muss die vorgeschriebene Vorrichtung zur Lärmverminderung führen. Unnötiges anhaltendes Signalgeben: §§ 1, 16 StVO. Unnützes Laufenlassen des Motors beim Halten, s § 30 StVO.

10 **8. Träger der Straßenbaulast.** Abs II stellt klar, dass zu denen, die durch die Bauart des Kfz nicht geschädigt oder mehr als unvermeidbar gefährdet werden dürfen, auch die Träger der StrBaulast gehören. Fahrzeuggewichte und Achslasten: § 34 und § 31 d I.

11 **9. Leichte Auswechselbarkeit verschleißgefährdeter Teile.** Abs III schreibt für wichtige FzTeile, die der Abnutzung besonders ausgesetzt sind, vor, sie so anzubringen, dass sie sich leicht auswechseln lassen (zB Räder, Bremsbeläge, elektrische Sicherungen, Vergaserdüsen, Luftfilter, Ölfilter).

12 **10. Zivilrecht.** Der VN genügt der **versicherungsvertraglichen Gefahrstandspflicht** (§ 23 VVG), wenn das Kfz im Verkehr den gesetzlichen Mindestanforderungen entspricht, BGH VersR **68** 58. **Änderung von Ausrüstungsvorschriften** als Eingriff in den Gewerbebetrieb

des Herstellers?, BGH DAR **68** 130. **Produktfehler:** Neben der Haftung nach dem ProdHaftG (Gefährdungshaftung) kommt auch deliktische Haftung nach § 823 BGB in Betracht. Gem § 1 II, IV ProdHaftG trägt der Hersteller die Beweislast dafür, dass der zum Schaden führende Fehler im Zeitpunkt des In-Verkehr-Bringens des Produkts noch nicht vorhanden war. Zum ProdHaftG s Graf v *Westphalen* NJW **90** 83, *Reinelt* VGT **88** 220 = DAR **88** 80. UU kann auch bei Ansprüchen nach § 823 BGB für den Beweis, dass ein zu Schaden führender Produktfehler auf Grund einer Pflichtwidrigkeit im Bereich des Herstellers entstanden ist, eine Beweislastumkehr zugunsten des Geschädigten in Betracht kommen, BGHZ **104** 323 = NJW **88** 2611 (zust *Giesen* JZ **88** 969, *Reinelt* NJW **88** 2614), **96** 2507, **99** 1028, ZfS **93** 75, *Birkmann* DAR **89** 283. Ist die Beschädigung eines Fzs auf ein fehlerhaftes Einzelteil zurückzuführen, so können dem Eigentümer deliktische Schadensersatzansprüche gegen den Hersteller zustehen, BGHZ **86** 256 = NJW **83** 810, VersR **93** 845 (848), Fra VersR **93** 845.

Lit: *Birkmann*, Produktbeobachtungspflicht bei Kfzen ..., DAR **90** 124, **00** 435. *Kremer*, Träger der haftungsrechtlichen Produktverantwortung im Kfz-Bereich, DAR **96** 134. *Landscheidt*, Die Produkthaftung für Kfze und Zubehör, NZV **89** 169. *Wegener*, Produktbeobachtungspflicht bei Kfzen, DAR **90** 130.

11. Ausnahmen: § 70. 13

12. Zuwiderhandlungen: §§ 69a III Nr 1, IV Nr 1 StVZO, 24 StVG, Bay VM **67** 74. Die 14
§§ 30ff gehen als engere Sondervorschriften dem § 23 I S 2 StVO vor, Bay VM 72 25, Ha VRS 48 156. **Beschädigte Reifen** sind nicht vorschriftsmäßig (herausgebrochene oder beschädigte Profilstollen eines Lkw-Reifens, aber dem Umfang nach Tatfrage), Dü VM **70** 8. Das Fahren mit stärkeren Beschädigungen der Lauffläche oder Seitenwände von Reifen verstößt gegen die §§ 23 I, 49 I Nr 22 StVO in TE mit 30, 69a III Nr 1 StVZO, § 24 StVG, s Rz 7, weil § 36 StVZO nur abgefahrene Reifen erfasst, Bay 2 St 544/72, s Ha VRS **59** 296. Fahren mit schadhaften Reifen (DauerOW) steht mit allen auf der Fahrt begangenen Verstößen, auch bei Nichtursächlichkeit, in **TE**, ebenso mit anderen zugleich festgestellten Beschaffenheitsverstößen, s § 36 Rz 23. Wer so schadhafte Reifen fährt, dass Gefahr des Platzens besteht, trägt Mitschuld an einem etwaigen Auffahrunfall, wenn er wegen geplatzten Reifens hat langsam fahren müssen, BGH VersR **68** 1165. **Zu langer Pedalweg** verletzt § 30, s § 41 Rz 27. **Nicht ausreichende Tankfüllung** ist kein Verstoß gegen § 30, s Rz 2a, § 23 StVO Rz 27, aM *Dvorak* DAR **84** 313.

Durch die Bauart bestimmte Höchstgeschwindigkeit sowie maximales Drehmoment und maximale Nutzleistung des Motors

30a (1) ¹Kraftfahrzeuge müssen entsprechend dem Stand der Technik so gebaut und ausgerüstet sein, daß technische Veränderungen, die zu einer Änderung der durch die Bauart bestimmten Höchstgeschwindigkeit (Geschwindigkeit, die von einem Kraftfahrzeug nach seiner Bauart auf ebener Bahn bei bestimmungsgemäßer Benutzung nicht überschritten werden kann) führen, wesentlich erschwert sind. ²Sofern dies nicht möglich ist, müssen Veränderungen leicht erkennbar gemacht werden.

(1a) Zweirädrige Kleinkrafträder und Krafträder müssen hinsichtlich der Maßnahmen gegen unbefugte Eingriffe den Vorschriften von Kapitel 7 der Richtlinie 97/24/EG des Europäischen Parlaments und des Rates vom 17. Juni 1997 über bestimmte Bauteile und Merkmale von zweirädrigen oder dreirädrigen Kraftfahrzeugen (ABl. EG Nr. L 226 S. 1), jeweils in der aus dem Anhang zu dieser Vorschrift ersichtlichen Fassung, entsprechen.

(2) ¹Anhänger müssen für eine Geschwindigkeit von mindestens 100 km/h gebaut und ausgerüstet sein. ²Sind sie für eine niedrigere Geschwindigkeit gebaut oder ausgerüstet, müssen sie entsprechend § 58 für diese Geschwindigkeit gekennzeichnet sein.

(3) Bei Kraftfahrzeugen nach Artikel 1 der Richtlinie 2002/24/EG des Europäischen Parlaments und des Rates vom 18. März 2002 über die Typgenehmigung für zweirädrige oder dreirädrige Kraftfahrzeuge und zur Aufhebung der Richtlinie 92/61/EWG des Rates (ABl. EG Nr. L 124 S. 1) sind zur Ermittlung der durch die Bauart bestimmten Höchstgeschwindigkeit sowie zur Ermittlung des maximalen Drehmoments und der maximalen Nutzleistung des Motors die im Anhang zu dieser Vorschrift genannten Bestimmungen anzuwenden.

1. Begr (VkBl **85** 76): *Durch die neue Vorschrift wird die Rechtsgrundlage für konstruktive Anforde-* 1 *rungen an Fahrzeuge, insbesondere für Kraftomnibusse und Lastkraftwagen geschaffen, deren durch die Bauart bestimmte Höchstgeschwindigkeit zB durch elektronische Mittel herabgesetzt worden ist.*

5 StVZO § 30b   B. Fahrzeuge. III. Bau- und Betriebsvorschriften

Begr zur ÄndVO v 14. 6. 88 (VkBl **88** 468):

Zu Abs 2: ... Die durch die Bauart bestimmte Höchstgeschwindigkeit von Anhängern war bisher weder in den Fahrzeugpapieren eingetragen noch am Fahrzeug selbst angeschrieben. Die Fahrzeugführer konnten damit nicht erkennen, für welche Höchstgeschwindigkeit ein Anhänger gebaut und ausgerüstet war. Sie mussten darauf vertrauen, dass der im Zug mitgeführte Anhänger sich für die jeweils gefahrene Geschwindigkeit eignet. Im Interesse der Verkehrssicherheit war es erforderlich, diesen unklaren Zustand zu beenden. In dem neuen Absatz 2 sind nun entsprechende Vorschriften für Anhänger zu finden. Auf Wunsch der Länder wurde dabei die bauartbestimmte Höchstgeschwindigkeit auf mindestens 100 km/h festgelegt.

Begr zur ÄndVO v 23. 3. 00: BRDrucks 720/99 S 51; zur ÄndVO v 3. 8. 00: VkBl **00** 495.

2   2. Durch Abs Ia wird die Anwendung der in Kap 7 der Richtlinie 97/24/EG enthaltenen Maßnahmen gegen unbefugte Eingriffe an zweirädrigen Kleinkrädern und Krädern auch für Fze mit EinzelBE vorgeschrieben. Dadurch soll einer Änderung der durch die Bauart bestimmten Höchstgeschwindigkeit durch Manipulationen entgegengewirkt werden. Die Bestimmung findet gem der Übergangsvorschrift des § 72 II spätestens Anwendung für ab dem 1. 10. 2000 erstmals in den V gekommene Fze mit EinzelBE. **Die EG-Richtlinie 95/1** über die bauartbedingte Höchstgeschwindigkeit sowie das maximale Drehmoment und die maximale Nutzleistung des Motors wird durch Abs III auch für Fze mit EinzelBE in nationales Recht umgesetzt. Abs III gilt für **Kraftfahrzeuge nach Art 1 der Richtlinie 2002/24/EG** v 18. 3. 2002 (StVRL § 20 Nr 42) über die Typgenehmigung für zweirädrige oder dreirädrige Kfze. Nach Abs I der Richtlinie fallen darunter alle zur Teilnahme am StrV bestimmten zwei- und dreirädrigen Kfze mit oder ohne Doppelrad. **Nicht unter die Richtlinie fallen:**
– Fze mit einer bauartbedingten Höchstgeschwindigkeit von bis zu 6 km/h,
– fußgängergeführte Fze,
– Fze, die zur Benutzung durch körperbehinderte Personen bestimmt sind,
– Fze, die für den sportlichen Wettbewerb auf der Str oder im Gelände bestimmt sind,
– Fze, die vor dem Beginn der Anwendung der Richtlinie 92/61/EWG bereits in Betrieb waren,
– Zugmaschinen und Maschinen, die für landwirtschaftliche oder vergleichbare Zwecke verwendet werden,
– hauptsächlich für Freizeitzwecke konzipierte GeländeFze mit drei symmetrisch angeordneten Rädern (ein Vorderrad und zwei Hinterräder),
– Fahrräder mit Trethilfe, die mit einem elektromotorischen Hilfsantrieb mit einer maximalen Nenndauerleistung von 0,25 kW ausgestattet sind, dessen Unterstützung sich mit zunehmender Fahrzeuggeschwindigkeit progressiv verringert und beim Erreichen einer Geschwindigkeit von 25 km/h oder früher, wenn der Fahrer im Treten einhält, unterbrochen wird.

Berechnung des Hubraums

30b Der Hubraum ist wie folgt zu berechnen:
1. Für π wird der Wert von 3,1416 eingesetzt.
2. Die Werte für Bohrung und Hub werden in Millimeter eingesetzt, wobei auf die erste Dezimalstelle hinter dem Komma auf- oder abzurunden ist.
3. Der Hubraum ist auf volle Kubikzentimeter auf- oder abzurunden.
4. Folgt der zu rundenden Stelle eine der Ziffern 0 bis 4, so ist abzurunden, folgt eine der Ziffern 5 bis 9, so ist aufzurunden.

1   1. **Begr** (VkBl **89** 111): *... Da der Hubraum nicht nur für die Einhaltung von Schadstoffgrenzwerten im Abgas von Bedeutung ist, sondern sich auch auf die kraftfahrzeugsteuerliche Einstufung, die fahrerlaubnisrechtliche und die zulassungsrechtliche Abgrenzung auswirkt, werden die Bestimmungen über die Berechnung des Hubraums als neuer § 30b aufgeführt.*

2   2. Die neue Berechnungsweise gilt gem § 72 II für erstmals in den V gekommene Fze ab 1. 7. 88 auf Antrag im Rahmen der BE-Erteilung und ab 1. 10. 89 für alle ab diesem Zeitpunkt in den V gekommenen Fze. S dazu *Séché* VD **89** 13.

Vorstehende Außenkanten, Frontschutzsysteme

30c (1) Am Umriß der Fahrzeuge dürfen keine Teile so hervorragen, daß sie den Verkehr mehr als unvermeidbar gefährden.

(2) **Vorstehende Außenkanten** von Personenkraftwagen müssen den im Anhang zu dieser Vorschrift genannten Bestimmungen entsprechen.

(3) **Vorstehende Außenkanten** von zweirädrigen oder dreirädrigen Kraftfahrzeugen nach § 30a Abs. 3 müssen den im Anhang zu dieser Vorschrift genannten Bestimmungen entsprechen.

(4) **An** Personenkraftwagen, Lastkraftwagen, Zugmaschinen und Sattelzugmaschinen mit mindestens vier Rädern, einer durch die Bauart bestimmten Höchstgeschwindigkeit von mehr als 25 km/h und einer zulässigen Gesamtmasse von nicht mehr als 3,5 t angebrachte Frontschutzsysteme müssen den im Anhang zu dieser Vorschrift genannten Bestimmungen entsprechen.

Begr: VkBl **92** 342.   1

Begr zur ÄndVO v 26. 5. 08, BGBl I 916 **zu Abs 4:** VkBl **08** 441.   2

1. Verkehrsgefährdende Teile des Umrisses sind zB hervorstehende 12 cm über den   3
FzUmriss hinausragende Auspuffrohre, s Bay VM **73** 11, nach hinten oder vorn um mehrere cm herausragende ungeschützte Stoßstangenhalterungen, Bay VRS **61** 472 (keine ausreichende Entschärfung durch Anbringen von Kugelscheinwerfern), Ha VRS **55** 382, 25 cm über die linke FzBegrenzung hinausragende Hydraulikstempel eines Ladegerätes, Ha NJW **74** 68, über die Hinterachse hinausragende Splinte, Zw Betr **70** 2024, herausragende Türgriffe und Kühlerfiguren, s Richtlinie über die Beschaffenheit und Anbringung der äußeren FzTeile Abs II Nr 6, 8 (StVRL § 32 Nr 2), nicht auch überstehende Ladungsteile, Bay VM **74** 60, Radkappen, Zw Betr **70** 2024. Abgenommene Radkappen verstoßen nicht gegen § 30c, wenn sich die Muttern in ausreichend schützender Vertiefung befinden oder nach der zugelassenen Bauweise des Fz sonst „entschärft" sind, Bay VM **72** 25, Kar VRS **57** 65. **Richtlinien** für die Beschaffenheit und Anbringung der äußeren FzTeile, VkBl **63** 478, **80** 10, **85** 538, **86** 482, **89** 787= StVRL § 32 Nr 2. Außen an den Aufbauten **land- oder forstwirtschaftlicher Fze** angebrachte Betätigungshebel, s BMV VkBl **79** 688. Mitgeführte landwirtschaftliche Anbaugeräte müssen § 30c entsprechen, dafür sind Fahrer und Halter verantwortlich, Bay VRS **58** 463. Kein Teil darf so über die Zgm hinausragen, dass es den Verkehr mehr als unvermeidbar gefährdet; besonders dürfen die Teile bei Unfällen den Schaden nicht vergrößern. Erfordert Verkleidung gefährlicher Teile **unverhältnismäßigen Aufwand,** so kann die davon ausgehende Gefahr iS von § 30c „unvermeidbar" sein, Bay VRS **70** 381. Unvermeidbar herausragende Teile sind abzudecken oder durch Tafeln oder Folien kenntlich zu machen, s Merkblatt für Anbaugeräte, VkBl **99** 268, **00** 479, **04** 527 = StVRL § 30 StVZO Nr 6. Beispielkatalog über die Absicherung verkehrsgefährdender Teile an Fzen der Land- und Forstwirtschaft, VkBl **85** 436.

2. Vorstehende Außenkanten. Personenkraftwagen müssen nach Abs 2 den Vorschriften   4
der EG-Richtlinie 74/483/EWG (StVRL § 30c StVZO Nr 2) über vorstehende Außenkanten entsprechen. Außenrückspiegel und die Kugel der Anhängerkupplung sind nicht Regelungsgegenstand (Richtlinie 74/483/EWG Anh I Nr 1.1). Übergangsbestimmung zu Abs 2: § 72 II. Hinsichtlich der Außenkanten **zweirädriger und dreirädriger Kfze nach § 30a** (s dazu § 30a Rz 2) wird durch Abs 3 das Kap. 3 der EG-Richtlinie 97/24 v 17. 6. 97 auch für Fz mit EinzelBE in nationales Recht umgesetzt. Abs 3 ist auf erstmals in den V kommende Kfz nach § 30a ab 17. 6. 03 anzuwenden; für ältere Fz gilt Abs 1 (§ 72 II).

3. Frontschutzsysteme. Durch Abs 4 wird die Richtlinie 2005/66/EG (StVRL § 30   5
StVZO Nr 24) für Fz und Frontschutzsysteme mit EinzelBE in nationales Recht umgesetzt. Durch diese Richtlinie soll sichergestellt werden, dass nur noch solche Frontschutzsysteme auf den Markt und in den V kommen, von denen kein zusätzliches Verletzungsrisiko für die schwächeren Verkehrsteilnehmer ausgeht. Abs 4 gilt für die ab 1. 6. 08 erstmals in den V kommenden Fz und die ab 1. 6. 08 zum Verkauf angebotenen Frontschutzsysteme (§ 72 II).

4. Ordnungswidrigkeit: § 69a III Nr 1a. Benutzung eines Pkw ohne hintere Radkappen   6
und mit über die Hinterachse hinausragenden Splinten ist gefährdend und ow (aber Verbotsirrtum, weil vom TÜV nicht beanstandet), Zw Betr **70** 2024. Darüber, ob abgenommene Radkappen gegen § 30c verstoßen, ist ein unvermeidbarer Verbotsirrtum möglich, Bay VM **72** 25.

Kraftomnibusse

30d (1) Kraftomnibusse sind Kraftfahrzeuge zur Personenbeförderung mit mehr als acht Sitzplätzen außer dem Fahrersitz.

(2) Kraftomnibusaufbauten, die als selbstständige technische Einheiten die gesamte innere und äußere Spezialausrüstung dieser Kraftfahrzeugart umfassen, gelten als Kraftomnibusse nach Absatz 1.

(3) Kraftomnibusse müssen den im Anhang zu dieser Vorschrift genannten Bestimmungen entsprechen.

(4) ¹Kraftomnibusse mit Stehplätzen, die die Beförderung von Fahrgästen auf Strecken mit zahlreichen Haltestellen ermöglichen und mehr als 22 Fahrgastplätze haben, müssen zusätzlich den Vorschriften über technische Einrichtungen für die Beförderung von Personen mit eingeschränkter Mobilität nach den im Anhang zu dieser Vorschrift genannten Bestimmungen entsprechen. ²Dies gilt für andere Kraftomnibusse, die mit technischen Einrichtungen für die Beförderung von Personen mit eingeschränkter Mobilität ausgestattet sind, entsprechend.

1   **Begr** (VkBl 03 745): *Durch die gewählte Form der Übernahme der Richtlinie 2001/85/EG des Europäischen Parlaments und des Rates vom 20. November 2001 über besondere Vorschriften für Fahrzeuge zur Personenbeförderung mit mehr als acht Sitzplätzen außer dem Fahrersitz und zur Änderung der Richtlinie 70/156/EWG und 97/27/EG als Festverweisung in § 30d, sind diese Vorschriften in allen Fällen von Genehmigungsverfahren – bei der Erteilung von Allgemeinen Betriebserlaubnissen für Typen nach § 20, aber auch bei der Erteilung von Einzelbetriebserlaubnissen für Einzelfahrzeuge nach § 21 – anzuwenden. ...*

2   **Zu Abs 1:** *Durch Absatz 1 wird die in der StVZO fehlende, aber notwendige Definition der Fahrzeugart „Kraftomnibus" aufgenommen, die die Klasseneinteilung gemäß der Richtlinie 70/156/EWG (M_2- und M_3-Fahrzeuge) beinhaltet.*

3   **Zu Abs 2:** *Die in Absatz 2 vorgenommene Gleichsetzung von Kraftomnibusaufbauten als selbstständige technische Einheit mit der Fahrzeugart „Kraftomnibus" findet ihre Entsprechung in der Richtlinie 2001/85/EG (u.a. in Artikel 1, 2, Anhang I Nr. 2.1.5). Dieser Kraftomnibusaufbau enthält „die gesamte innere und äußere Spezialausrüstung des Fahrzeugs", die vom Regelbereich der Richtlinie erfasst wird. Damit wird den speziellen Gegebenheiten bei der Herstellung und Genehmigung des gesamten, fahrfähigen Kraftomnibusses Rechnung getragen, da diese Fahrzeuge zum Teil „zweistufig" hergestellt werden: auf das von einem Hersteller gefertigte „Fahrgestell" wird der von einem anderen Hersteller gefertigte und genehmigte Kraftomnibusaufbau montiert.*

4   **Zu Abs 3:** *Notwendige Festverweisung auf die Vorschriften der Richtlinie 2001/85/EG.*

5   **Zu Abs 4:** *In den Erwägungsgründen der Richtlinie 2001/85/EG (Nr. 8) wird u.a. ausgeführt: „im Einklang mit der Verkehrs- und der Sozialpolitik der Gemeinschaft sind jedoch auch technische Vorschriften für die Zugänglichkeit der unter diese Richtlinie fallenden Fahrzeuge für Personen mit eingeschränkter Mobilität erforderlich. Es muss alles unternommen werden, um die Zugänglichkeit dieser Fahrzeuge zu verbessern."*

Absatz 4 übernimmt die Vorschriften von Artikel 3 Absatz 1 der Richtlinie 2001/85/EG, nach dem die Klasse I-Fahrzeuge – im deutschen Sprachgebrauch als so genannte „Stadt-Linienbusse" bezeichnet – die Anforderungen des Anhangs VII (Vorschriften für technische Einrichtungen für Personen mit eingeschränkter Mobilität) erfüllen müssen.

...

6   **1.** Der **Begriff des Kraftomnibusses** wird durch § 30d Abs 1 erstmals in der StVZO definiert. Die Definition entspricht etwa dem Kom-Begriff in § 4 IV Nr 2 PBefG, umfasst aber – anders als § 4 IV HS 1 PBefG – auch Oberleitungsbusse.

7   **2. Kraftomnibusaufbauten.** Die Fiktion des Abs 2 trägt dem Umstand Rechnung, dass vielfach Fahrgestell und Aufbau von verschiedenen Herstellern stammen, die gesamte innere und äußere Spezialausrüstung des Kom aber im Kom-Aufbau enthalten ist (s Begr, Rz 3).

8   **3.** Hinsichtlich der **Bau- und Wirkvorschriften** von Kom übernimmt Abs 3 die **Richtlinie 2001/85/EG.** Die Bestimmung ist gem der **Übergangsvorschrift** des § 72 II spätestens ab dem 13. 2. 2005 auf erstmals in den V kommende Kom anzuwenden. Die bis zur Übernahme der EG-Richtlinie durch § 30d geltenden Vorschriften finden nur noch auf bereits im V

Verantwortung für den Betrieb der Fahrzeuge **§ 31 StVZO 5**

befindliche Fz Anwendung. Im Übrigen entspricht die EG-Richtlinie weitgehend den bisher durch die StVZO vorgeschriebenen Sicherheitsanforderungen.

4. Beförderung von Behinderten. Durch die Übernahme von Anhang VII der Richtlinie 2001/85/EG (StVRL § 34a StVZO Nr 4) mit Abs 4 müssen alle ab 13. 2. 05 neu in den V kommenden (§ 72 II) sog **Stadt-Linienbusse** (Klasse I-Fze iS der EG-Richtlinie) mit **mindestens einem besonderen Stellplatz für Rollstuhlfahrer** ausgestattet sein, der mit Piktogrammen innen und außen zu kennzeichnen ist. Dieser Stellplatz muss mit einem definierten Rückhaltesystem ausgerüstet sein, das die Standfestigkeit des Rollstuhls, zB bei starkem Abbremsen des Busses, sicherstellt. Diese Vorschrift begründet sich aus dem Umstand, dass Rollstuhlfahrer, anders als zB gesunde und stehende Fahrgäste, oftmals nicht in der Lage sind, sich mittels ihrer Körperkräfte einen sicheren Halt zu verschaffen. Abs 4 legt lediglich die Mindestzahl von einem Rollstuhlstellplatz in Stadt-Linienbussen fest. Die Einrichtung weiterer Rollstuhlstellplätze, die dann den selben Anforderungen entsprechen müssen, ist zulässig. Die Höchstzahl der in einem Bus vorgesehenen Stellplätze für Rollstühle ist im Fz anzuschreiben (Abs 3 iVm Anhang I Nr 7.3 der Richtlinie 2001/85/EG). 9

Soweit die EG-Richtlinie den Mitgliedstaaten die Ausdehnung der Vorschriften für technische Anforderungen mit eingeschränkter Mobilität auch für Klasse II-Fze (sog „Überland-Linienbusse") und Klasse III-Fze (sog „Reisebusse") freistellt, wurde diese Option nicht umgesetzt. Sind diese Fz allerdings mit entsprechenden Einrichtungen ausgerüstet, so müssen diese gem Abs 4 S 2 den Bestimmungen der EG-Richtlinie entsprechen. 10

5. Anforderungskatalog für Kom und Kleinbusse, die zur **Beförderung von Schülern** und Kindergartenkindern besonders eingesetzt werden (VkBl **05** 604 = StVRL § 34a StVZO Nr 5) als Empfehlung für Aufnahme in Verträge zwischen Verkehrsunternehmen und den Trägern für die Schülerbeförderung. 11

6. Ordnungswidrigkeit: § 69a III Nr 1b. 12

Verantwortung für den Betrieb der Fahrzeuge

31 (1) **Wer ein Fahrzeug oder einen Zug miteinander verbundener Fahrzeuge führt, muß zur selbständigen Leitung geeignet sein.**

(2) **Der Halter darf die Inbetriebnahme nicht anordnen oder zulassen, wenn ihm bekannt ist, oder bekannt sein muß, daß der Führer nicht zur selbständigen Leitung geeignet oder das Fahrzeug, der Zug, das Gespann, die Ladung oder die Besetzung nicht vorschriftsmäßig ist oder daß die Verkehrssicherheit des Fahrzeugs durch die Ladung oder die Besetzung leidet.**

Begr zur ÄndVO v 16. 11. 70 (BGBl I 1615): VkBl **70** 831. 1

DA zum § 31 [I] *Durch die amtliche Überprüfung eines Fahrzeugs ... wird dem Halter oder Führer des Fahrzeugs die Verantwortung für dessen vorschriftsmäßigen Zustand nicht abgenommen.* 2

[II] *Bei unvorschriftsmäßigem Zustand eines Fahrzeugs oder der Ladung sind stets Ermittlungen anzustellen, ob neben dem Fahrer auch den Halter ein Verschulden trifft. Ist ein solches nicht nachzuweisen, so ist bei mehrfach festgestellten Mängeln dem Halter aufzugeben, in Zukunft für Abhilfe zu sorgen (durch Einrichtung einer geeigneten Aufsicht, durch Fahrerwechsel oder dgl.).* 3

[III] *Als kürzester Weg, auf dem das Fahrzeug aus dem Verkehr zu ziehen ist, gilt der nächste Weg bis zu einem Ort, an dem das Fahrzeug ohne Behinderung oder Gefährdung des Verkehrs abgestellt und ggf. instandgesetzt werden kann. Kleine Umwege sind gestattet, wenn der nächste Weg über besonders verkehrsreiche Straßen führt ...* 4/5

1. Betriebsverantwortlich für seine Fze und deren Zustand im Verkehr ist der Halter (§ 7 StVG), auch bei Mofas, Hb VM **76** 39, und Fuhrwerken, AG Zeven VersR **65** 467, auch wenn er nicht sachkundig ist, weil er dann, soweit er den Betriebszustand des Fz nicht prüfen kann, eine sorgfältig ausgewählte, sachkundige Person zu Rate ziehen muss (Rz 7, 8). Sind bei einer FzKombination Halter des Zugfzs und des Anhängers verschiedene Personen, so ist für die Vorschriftsmäßigkeit des Zuges im ganzen nur der Halter des Zugfzs verantwortlich, wenn der Anhänger als solcher vorschriftsmäßig ist, BaySt **83** 149 = VRS **66** 223, NStZ-RR **99** 277. Halter und Fahrer (§ 23 StVO, dieser je nach Sachlage) sind für den betriebssicheren FzZustand im Verkehr verantwortlich, Bay VM **80** 76. Bei Personengleichheit von Kf und Halter geht § 23 I S 2 StVO vor, s Rz 18. Sind Fz, Zug, Fuhrwerk, Gespann, Ladung oder Besetzung nicht vor- 6

Dauer

schriftsmäßig oder ist das Fz wegen unrichtiger Beladung oder fehlerhafter Besetzung nicht betriebssicher, so darf es der Halter weder im öffentlichen Verkehr in Betrieb nehmen, noch die Inbetriebnahme anordnen oder zulassen (Abs II). Die Halter- und Führerverantwortlichkeit entfällt nicht durch amtliche FzPrüfungen, Bay VRS **58** 464. FzUntersuchung nur gemäß § 29 genügt nicht, idR aber die **Wartung** gemäß dem Herstellerplan, BGH VM **65** 20, **66** 33 (s Rz 8), dazwischen Behebung der Mängel, welche die Betriebssicherheit beeinträchtigen. Auch wenn bei der Art der FzBenutzung häufiger Schäden auftreten, muss der Unternehmer nicht jedes Kfz täglich oder sogar nach jeder Fahrt überprüfen (lassen), Ha VRS **53** 388, anders aber, wenn besondere Umstände häufigere Prüfung erfordern (Reifenschäden durch Einsatz auf Steinbrüchen), Ko VRS **62** 147. Erhöhte Sorgfaltspflicht des **KfzVermieters** an Selbstfahrer, BGH DAR **61** 22. Wer als Halter ein mit einer Fahrauflage behaftetes SpezialFz vermietet, muss den Mieter über die Auflage unterrichten und bleibt für verkehrssichere Verwendung verantwortlich, auch bei unzulänglicher Auflage, Ha VM **72** 60. **Handeln für einen anderen:** § 9 OWiG; **Verletzung der Aufsichtspflicht** in Betrieben und Unternehmen: § 130 OWiG; s dazu Rz 18.

7 Mangels eigener Sachkunde muss der Halter geschultes Personal, BGH VersR **69** 1025, oder eine erprobte Werkstatt damit beauftragen, seine Fze auf VSicherheit zu überwachen und in vorschriftsmäßigem Zustand zu erhalten, BGH VRS **17** 388. Der Halter darf seine Verantwortlichkeit durch **Bestellung einer sachkundigen,** erwiesenermaßen **zuverlässigen Hilfsperson** einschränken bzw übertragen (Bay DAR **76** 219, Ha DAR **99** 415, NZV **07** 156, Kö DAR **85** 325, Dü NZV **89** 282, *König* SVR **08** 121, 122), doch genügt dazu nicht schon Bestellung eines Mechanikers für Reparaturen (Ko VRS **45** 221). Dem Betrieb muss der Beauftragte nicht angehören (*König* SVR **08** 121, 122). Übertragung der Halterpflichten auf einen Dritten nur, wenn dieser ermächtigt ist, sie sämtlich in eigener Verantwortung weisungsfrei zu erfüllen (Schl VRS **58** 384). Wer als Halter zur Überwachung des Fuhrparks einen KfzMeister einstellt, sorgfältig auswählt und überwacht, ist für Mängel nur verantwortlich, soweit er sie kennt oder auf Grund Fahrlässigkeit nicht kennt (Ha VRS **41** 394, VRS **111** 67). Kann der wartungsbeauftragte Angestellte der ihm übertragenen Aufgabe nicht mehr nachkommen (zB Krankheit), so liegt die Verantwortung wieder beim Halter, bei mehreren Haltern sind alle verantwortlich (Ha VRS **30** 202). Keine Verantwortlichkeit des Mitgeschäftsführers, dem die Betreuung der Fze nicht obliegt (Ko VRS **39** 118). Bei einer **KG als Halterin** obliegen die Halterpflichten dem vertretungsberechtigten Gesellschafter (Schl VRS **58** 384). Der KG-Komplementär, der die Kfz des Betriebs nicht selber warten kann, muss eine ausreichend überwachte Betriebsorganisation zur Wartung schaffen (Ha VRS **40** 129, **41** 394, KG VRS **36** 269). Soweit der Halter die Erfüllung seiner Pflichten auf Hilfspersonen überträgt, hat er diese regelmäßig zu **überwachen** (Kö DAR **85** 325, Dü NZV **89** 244, 282 – gelegentliche überraschende Stichproben, Ha NZV **07** 156). Garantenstellung von Halter bestellten Hilfsperson: Die im Rahmen eines Arbeitsverhältnisses erfolgte Übernahme von Wartungspflichten begründet eine Schutzfunktion gegenüber allen VTeilnehmern, die in den durch unzureichende Wartung eröffneten Gefahrenbereich der der Aufsicht des Pflichtigen unterliegenden Fz geraten (BGH NJW **08** 1897).

7a Kann der Halter seine Fz nicht selbst überwachen, so genügt der allgemeine **Auftrag gegenüber den Fahrern,** jeden Mangel sofort beheben zu lassen, nur dann, wenn er dies überwacht, Ha NZV **89** 244, 282, VRS **52** 64, Dü NJW **71** 65. Bei einem bisher als zuverlässig bekannten Fahrer muss der Halter ohne besonderen Anlass mit Verstößen nicht rechnen, Kö VM **80** 66. Auf erprobte, sachkundige und regelmäßig überwachte Fahrer darf sich der Halter verlassen, BGH VRS **6** 477, Ha VRS **46** 472. Doch darf ein Fuhrunternehmer die Überwachung nicht ungeprüft einem erst kurz vorher eingestellten Fahrer übertragen (Tatfrage), BGH VersR **65** 462. Stets muss der Halter die Abstellung eines selbst bemerkten Mangels veranlassen, BGH VersR **69** 1025.

8 Beauftragung einer **fachkundigen Werkstatt** entlastet den Halter regelmäßig, Dü NJW **70** 821, auch, wenn er selbst fachkundig ist, zB einer Fachwerkstatt der FzMarke, Ce DAR **57** 362, jedoch genügt jede fachlich qualifizierte Werkstatt. Nach Erwerb eines älteren GebrauchtFzs genügt ein Auftrag an eine allgemeine KfzWerkstatt; ohne konkreten Anlass bedarf es nicht der zusätzlichen Hinzuziehung einer Reifenwerkstatt, BGH NZV **98** 23. Haftung der Werkstatt, s Rz 15.

9 Der **Fahrer** muss die **erforderliche Fahrerlaubnis** (§ 6 FeV) haben und bei der Fahrt **fahrtüchtig** (Rz 10) sein. Dafür ist der Halter verantwortlich. Unbefugte KfzBenutzung muss der Halter besonders sorgfältig verhindern, Ha VRS **53** 313. Bei Einstellung des Fahrers muss er

Verantwortung für den Betrieb der Fahrzeuge   § 31 StVZO 5

dessen FE prüfen (näher: § 21 StVG) und den Fahrer auch später planmäßig **in angemessener Weise überwachen** (Rz 7, § 16 StVG Rz 15), und zwar nach strengen Anforderungen, BGH VersR **71** 471. Auch der Landwirt muss Gehilfen, die Trecker oder Fuhrwerke fahren, regelmäßig überwachen, BGH VM **65** 25. Planmäßige, unerwartete Kontrollen sind nötig, BGH VersR **66** 364, **67** 53 (Autotransport). Wer mehrere LastFze betreibt, muss die Fahrer sorgfältig auswählen, mit den nötigen Weisungen versehen und sie regelmäßig überwachen, Kö VM **80** 66. Die allgemeine Anweisung, sämtliche Vorschriften zu beachten, ersetzt ausreichende Fahrerüberwachung nicht, Ha VRS **52** 64. Zur Kontrolle können Fahrtschreiber (§ 57a) dienen. Bei SpezialFzen muss der Halter für Vertrautheit seines Fahrpersonals mit deren technischen Besonderheiten sorgen, Ce VersR **75** 572. Zur Führerscheinkontrolle bei Fuhrparks *Löhr-Müller* 46. VGT **08** 203. Vor der Fahrt muss sich der Halter **von der Fahrtüchtigkeit des Fahrers überzeugen** (Rz 10), BGHSt **18** 359 = NJW **63** 1367, Hb VRS **33** 206, Ha VRS **24** 145. Die Fahrfähigkeit des FzF, dem das Fz überlassen wird, muss den zu erwartenden Fahrtumständen entsprechen, Ce VersR **63** 156, Kar NJW **65** 1774 (schwierige, gefährliche Fahrt), Hb VM **65** 8 (schwerhöriger Fuhrwerkslenker auf einer BundesStr). Der Halter darf die FzBenutzung durch einen Fahruntüchtigen in keinem Augenblick zulassen (mitfahrender Halter), Mü VersR **86** 925, Kar VRS **59** 249. Ungeeignet sind ua Übermüdete, Dü VersR **68** 61 (s § 2 FeV Rz 5), aus anderen Gründen, zB Krankheit, vorübergehend Fahruntüchtige (s Rz 10), vor allem aber Personen ohne FE oder nach **Alkoholgenuss** mit einer BAK, die mindestens dem Gefahrengrenzwert des § 24a (0,5‰, 0,25 mg/l) entspricht, Hb VM **76** 39, Ha JMBlNRW **65** 236 (beide noch zu § 24a aF, 0,8‰), aber auch „relativ" fahrunsicher unter 0,5‰ (dazu: § 316 StGB Rz 23). Weiß der Halter, dass der (spätere) Fahrer Alkohol getrunken hat oder trinken wird, so muss er sich, bevor er ihn fahren lässt, über dessen Fahrtüchtigkeit vergewissern, Ha BA **78** 299. Er hat vor eigenem Alkoholgenuss dafür zu sorgen, dass nicht später eine alkoholbedingt fahrunsichere Person mit seinem Fz fährt, Ha NJW **83** 2456.

2. Nicht „geeignet" iS von Abs I ist, wer trotz ausreichender FE nicht fahrtüchtig (§ 2 **10** FeV Rz 4, 5, § 3 StVO Rz 41, **E** 141) ist. Die Fahrt darf seine **körperliche Leistungsfähigkeit** nach den zu erwartenden Umständen nicht übersteigen. Kranke oder Hochbetagte müssen berücksichtigen, ob sie der geplanten Fahrt gewachsen sein werden, Ce DAR **51** 16. Wer trotz hohen Alters körperlich und geistig frisch ist, darf mit dem Rad auch verkehrsreiche Straßen befahren, Bra VRS **2** 124. Wer seine langsame Reaktion kennt, muss das beim Fahren berücksichtigen, BGH VM **65** 25, VersR **69** 734. Sein Sehvermögen muss jeder Fahrer kennen, wenn auch nicht den unfallursächlichen Augenfehler, BGH JZ **68** 103 (*Deutsch*). Zur Fahreignung bei dauernden oder vorübergehenden körperlichen Beeinträchtigungen, s auch § 2 FeV. Wird eine Körperbehinderung durch besondere FzEinrichtungen (oder Auflagen, § 23 II FeV) ausgeglichen, so steht der Fahrer, der sich daran hält, rechtlich jedem anderen gleich, BGH VersR **69** 734 (Reaktionsbereitschaft). Sehfehler, Einäugigkeit, Ermüdung, Übermüdung: § 2 FeV. Persönliche Fahrfähigkeit und Fahrgeschwindigkeit: **E** 141, 141a, § 3 StVO Rz 41.

3. In vorschriftsmäßigem Zustand müssen Fze, auch zB Fahrräder, Bra NZV **91** 152, **11** Gespanne, Ladung und Besetzung sein, sonst darf der Halter die Inbetriebnahme im Verkehr weder anordnen noch wissentlich zulassen, Neust VRS **25** 476. Wer einen Gebrauchtwagen im Fachhandel erwirbt, darf sich idR auf dessen betriebssichere Ausrüstung verlassen, Bay VM **80** 76. „Vorschriftsmäßig" bedeutet, dass das Fz den Bauart- und Ausrüstungsvorschriften der §§ 30 bis 67 entspricht und außerdem fahrsicher sein muss, Bay VM **74** 28, Dü VRS **75** 70. Maßgebend ist allein der FzZustand im Kontrollzeitpunkt, nicht, wie ein Sachverständiger bei fälliger Hauptuntersuchung entscheiden würde, Schl VRS **58** 387. Mangelnde Zulassung allein ist keine Unvorschriftsmäßigkeit und fällt daher nicht unter § 31, Bay VM **73** 9, Ha VRS **59** 468, Fra NJW **66** 2028, aber unter § 3 I, IV FZV. Unterwegsmängel und Verantwortlichkeit des Fahrers: § 23 StVO. Der Halter muss den **FzZustand regelmäßig prüfen** lassen, er hat die Vorführpflicht gemäß § 29 und muss sich auch um dazwischen auftretende Mängel kümmern. Unterlassen jeder **Wartung** über lange Gebrauchsdauer hin ist oder grenzt an grobe Fahrlässigkeit, BGH VersR **66** 565, überhaupt Nichtwartung gemäß den Inspektionsvorschriften, BGH VM **66** Nr 40, s BGH NZV **90** 36. **Inbetriebnahme** ist nicht allein das Inbewegungsetzen des Kfz, sondern auch das daran anschließende weitere Führen im Verkehr, BGHSt **25** 338 = NJW **74** 1663, Bay VRS **60** 155, Zw NZV **02** 95. Fahren zur Werkstatt mit einem betriebsunsicheren Fz durch Werkstattpersonal unter Berücksichtigung der konkreten Mängel durch entsprechend vorsichtige Fahrweise darf der Halter der Verantwortung und Sachkunde des Werkstattpersonals überlassen, Bay NJW **64** 117. Probefahrten sind mangels Betriebssicherheit nur unter ausreichenden Sicherungsvorkehrungen zulässig, Nü VersR **63** 347. Nur Billigung der Inbetriebnahme in Kenntnis oder fahrlässiger Unkenntnis der Unvorschriftsmäßigkeit verletzt § 31, s Rz 18. Keine Halterverantwortlichkeit bei FzÜberlassung an einen zuverlässigen Dritten, wenn das Kfz dann dennoch abredewidrig in vorschriftswidrigem Zustand benutzt wird, Kö VRS **52** 221. Übergibt der Halter das Kfz einem anderen zu längerem Gebrauch und ohne die Betriebssicherheit überwachen zu können, so ruht seine Überwachungspflicht solange und der Fahrer ist verantwortlich, s Fra VRS **52** 220. Der Halter eines Kfz mit profillosem Reservereifen muss den Fahrer (hier: Ehefrau) nicht ausdrücklich darüber belehren, dass der **Reservereifen** im Pannenfall nur dazu benutzt werden darf, das Kfz auf kürzestem Weg aus dem Verkehr zu ziehen, Bay NJW **71** 1759. Das Aufziehen eines profillosen Ersatzreifens unterwegs hat der Halter nur insoweit zu verantworten, als er die Benutzung solcher Reifen nicht nur zu dem Zweck angeordnet hat, das Kfz auf kürzestem Weg aus dem Verkehr zu ziehen, Ha VOR **73** 498.

12   4. Die **Ladung** muss vorschriftsmäßig, außerdem sicher verstaut sein und darf die Betriebssicherheit nicht gefährden. Der Halter oder sein Beauftragter muss sich über das Transportgut unterrichten, um es auf ein vorschriftsmäßig ausgestattetes Fz verladen zu können, Hb VRS **49** 462. Verstauen, Sicherung der Ladung, Maße, Umrisse: § 22 StVO. Achslast: § 34. Gefährliche Güter: GefahrgutVOStr (GGVS). Neben dem Fahrer haftet, soweit sein Einfluss reicht, auch der Halter. Über besondere Gefahren bestimmter Beladung muss er den Fahrer unterrichten, BGH VRS **10** 252. Richtlinie über die Verbindung zwischen Container und Fz, VkBl **71** 301 = StVRL § 30 Nr 2.

13   **Überladen** (§ 34) beeinträchtigt die Betriebssicherheit und ist daher unzulässig. Der Halter darf nicht zulassen, dass seine Fze überladen in den Verkehr gelangen, oder gar den Fahrer zum Überladen veranlassen, BGH DAR **57** 236. Auch insoweit erfüllt ein **Unternehmer** mit mehreren Lkw seine Pflichten idR durch sorgfältige Auswahl der Fahrer, Weisungen und **Überwachung** (Stichproben), Ha DAR **03** 381, Dü NZV **88** 192, **96** 120 (nach strengen Anforderungen), VM **87** 10, VRS **74** 69, Kö DAR **85** 325 (keine Pflicht zur Aufstellung einer Waage oder zur Ausrüstung der Fze mit Achslastkontrollgeräten, insoweit einschränkend Dü NZV **88** 192). Hat der Halter die Beladung länger nicht kontrolliert, ist er für jede Überladung verantwortlich, Ha DAR **03** 381, VRS **15** 153, Dü VRS **69** 234 (wegen Verletzung eigener Pflichten, nicht gem § 130 OWiG, s Rz 18), VRS **72** 218. Art und Grad der Fahrerüberwachung (Überladen) richten sich nach der überprüften Zuverlässigkeit des Fahrers (sorgfältige Auswahl, sachgemäße Weisungen, Stichproben), Kö VRS **59** 301, DAR **85** 325. Gelegentliche äußere Inaugenscheinnahme durch den Halter reicht aus, es sei denn, hierbei ergäben sich Hinweise auf Überladung; werden ihm Wiegekarten ausgehändigt, hat er anhand der Wiegekarten Stichproben durchzuführen, Bay VRS **62** 71. Ausnahmsweise keine Verpflichtung zu Stichproben, wenn der Halter sich auf andere Weise von der Zuverlässigkeit seines Fahrers in Bezug auf die Nichtüberschreitung überzeugen konnte, Dü ZfS **87** 319. Dem sorgfältig ausgewählten, belehrten und überwachten Kf darf der Halter uU die Entscheidung überlassen, ob ein bestimmtes Transportgut noch nicht zur Überladung führt, Kar VRS **43** 461.

14   5. Die **Besetzung** des Fz muss vorschriftsmäßig sein (§§ 21, 23 StVO), besonders bei Personenbeförderung. Mit der Besetzung des Fz sind nur die Personen gemeint, die sich neben dem Fahrer noch im Fz befinden (Ce NJW **07** 2505). Der Halter muss verhindern, dass Personen vorschriftswidrig mitfahren (s Dü VRS **85** 388, Ko VRS **72** 466), und als Unternehmer einen neu eingestellten Busf darüber belehren (Dü VRS **85** 388, Ko VRS **72** 466). FE und Fahrtüchtigkeit des Fahrers: Rz 9, 10.

15   6. **Zivilrecht.** Der **Halter** haftet nicht für Schäden aus unbefugter und bestimmungswidriger Benutzung eines technisch fehlerhaften Fzs, Bra NZV **91** 152 (Fahrrad). Einen zuverlässigen Fahrer muss der **mitfahrende Halter** nicht überwachen, BGH NJW **53** 779, besonders nicht bei Vorgängen, die Erfahrung, Umsicht und rasches Handeln voraussetzen, BGH VersR **59** 890, es sei denn, wesentliche Verstöße sind offensichtlich, BGH VersR **59** 890, VRS **9** 421, Ha VRS **3** 150, dann muss er den Fahrer ohne weitere Einmischung in Einzelheiten und ohne ihn abzulenken ermahnen. Haftung des Halters bei mangelhaft gesicherter Ladung wegen Verletzung der VSicherungspflicht, s Kö NZV **94** 484. Der **KfzVermieter** hat eine erhöhte Sorgfaltspflicht hinsichtlich des Zustands des MietFzs und kann sich davon nicht freizeichnen, denn verborgene Mängel kann der Mieter bei einer Probefahrt oft nicht erkennen, BGH VersR **67** 254. Die Vermietung an einen Minderjährigen mit FE ist nicht fahrlässig, KG VRS **16** 363, Ce DAR **64** 190. **Leistungsfreiheit des Versicherers** wegen Aufklärungspflichtverletzung und Gefahrerhöhung

Verantwortung für den Betrieb der Fahrzeuge § 31 StVZO 5

nur bei Belehrung über diese Rechtsfolgen einer unrichtigen Schadensanzeige, BGH Betr **68** 2124. Versicherungsrechtlicher **Repräsentant** des VN ist, wer im Bereich des versicherten Risikos in nicht ganz unbedeutendem Umfang für den VN handlungsbefugt ist, BGH VersR **90** 620, NZV **96** 447, Fra VersR **05** 1232, Ko NZV **05** 481, ZfS **04** 367, Kö VersR **98** 1541, Ha NZV **95** 235, VersR **95** 1348, Kar ZfS **94** 414, Ol VersR **96** 842, *Römer* NZV **93** 251. Hinsichtlich der Einzelheiten wird auf die versicherungsrechtliche Spezialliteratur verwiesen.

Bei einem größeren KfzPark besteht willkürliche **Gefahrerhöhung** (§ 23 VVG) bei einem **16** schadhaften EinzelKfz nur, wenn die Betriebsleitung Weiterbenutzung trotz erkannter Schadhaftigkeit wollte oder ihren entgegenstehenden Willen nicht verbindlich ausgedrückt hat, BGH VersR **69** 27, **75** 1017. Gefahrerhöhung bei FzFühren trotz Epilepsie, Stu VersR **97** 1141. Näheres zur Gefahrerhöhung bei vorschriftswidrigen Fzen: § 23 StVO Rz 40.

Keine versicherungsrechtliche Gefahrerhöhung: wenn das verkehrsunsichere Kfz (Achs- **17** schaden) nur auf kürzestem Weg zur Werkstatt gefahren, BGH NJW **66** 1217, oder nur für eine einzige begrenzte Fahrt benutzt wird, BGH VersR **67** 745, Fra VersR **71** 71, bei nur einmaligem, vorübergehendem Gebrauch (hier längere Benutzung trotz Bruchs eines Haltehebels der Motorhaube), BGH NJW **69** 44. Einstellung eines Ersatzfahrers für den verletzten Kf erhöht das Unfallrisiko nicht erfahrungsgemäß, BGH VersR **71** 82. Einmalige Überlassung des Kfz an einen alkoholisierten Fahrer bewirkt keine Gefahrerhöhung, BGH VersR **71** 808. Keine Leistungsfreiheit des Versicherers, wenn der Halter organisatorisch ausreichende Maßnahmen gegen VUnsicherheit seiner Kfze getroffen hat, Kö VersR **69** 317.

Lit: *Hofmann*, Neue Tendenzen der Rspr zur Gefahrerhöhung …, NJW **75** 2181. *Theda*, Die Gefahrerhöhung in der Kraftverkehrsversicherung, MDR **69** 715. *Werber*, Probleme der Gefahrerhöhung in der Kfz-Haftpflichtversicherung, VersR **69** 387. *Wussow*, Die Auswirkungen der neuesten BGH-Rspr zur … Gefahrerhöhung, VersR **69** 196.

7. Ordnungswidrig (§ 24 StVG) sind die in § 69 a V Nr 2 und 3 bezeichneten Verstöße. **18** Wer ein **vorschriftswidriges Kfz** (§§ 30, 32 ff) fährt, verstößt unmittelbar gegen die verletzte(n) Vorschrift(en) in Verbindung mit § 69 a III StVZO, 24 StVG, während der Halter, der die Inbetriebnahme eines vorschriftswidrigen Kfz zumindest zulässt, wegen § 69 a V Nr 3 nur eine einzige OW der Inbetriebnahme eines vorschriftswidrigen Kfz nach § 31 II begeht, deren Schuldgehalt deshalb nicht geringer sein muss als beim Fahrer, s Bay VRS **57** 379, KG VRS **100** 143, Dü NZV **91** 39, VRS **74** 224, Ha VRS **61** 305, Kö VRS **70** 305. Das Inbetriebsetzen eines **nicht zugelassenen Fzs** fällt unter § 3 FZV, nicht unter § 31, s Rz 11. Keine OW des Halters nach § 31 II StVZO, sondern nach §§ 71, 69 a V Nr 8, wenn Ausnahmegenehmigung unter **Auflagen** erteilt ist, diese jedoch nicht erfüllt wurden, Bay VRS **65** 398. Ordnungswidrige Anordnungen des Halters (Beladung) fallen nur unter § 31 II, nicht auch unter §§ 22, 23 StVO, Ha DAR **75** 249, Dü VRS **77** 369. Eine Pflichtverletzung des Halters kann **nicht allein auf Grund des objektiven Verstoßes** (zB Mängel am Fz, Überladung) angenommen werden; vielmehr sind die konkreten Umstände darzulegen, die in der Person des Halters die Missachtung der Sorgfaltspflichten ergeben (KG NZV **08** 51, *König* SVR **08** 121, 126). Bei Feststellung von Mängeln an parkenden Fzen bezieht sich der daraus herzuleitende Vorwurf gegen den Halter idR allein auf die Durchführung oder Zulassung der unmittelbar voraufgegangenen Fahrt, Stu VRS **71** 294. Die bloße Möglichkeit, ein nicht vorschriftsmäßiges Kfz könne in Betrieb genommen werden, begründet keine OW, maßgebend ist die Verwendung im V oder deren Anordnung oder Zulassen, Ha VkBl **70** 247. Kein Verstoß gegen § 31 II, wenn Halter zulässt, dass vorschriftsmäßiger Anhänger vom Halter eines ZugFz mit diesem unter Überschreitung der zulässigen Anhängelast, Bay VRS **60** 158, oder der zulässigen Zuglänge, Bay VRS **66** 223, verbunden wird, sondern allenfalls Beteiligung (§ 14 OWiG) an von diesem begangener OW. Hat der aaSoP oder PI einen vorschriftswidrigen Zustand nicht beanstandet und die Prüfplakette erteilt, so kann das **Verschulden** entfallen, § 29 III. Für konstruktionsbedingte, schon bei Zulassung des Fzs vorhandene Mängel ist der Halter nur verantwortlich, wenn diese offenkundig sind, Kö VRS **64** 407. Wird das einem anderen für längere Zeit überlassene Fz vorschriftswidrig, so trifft den Halter nur dann der Vorwurf der Fahrlässigkeit, wenn er mit der Weiterbenutzung ohne Behebung des Mangels rechnen musste, Bay NZV **90** 442. Nur Billigung der Inbetriebnahme in Kenntnis oder fahrlässiger Unkenntnis der Unvorschriftsmäßigkeit durch den Halter verletzt § 31 II, **fahrlässiges Ermöglichen** reicht nicht aus, Ko VRS **39** 117, abw die hM, Ol VRS **45** 224, Ha VRS **46** 399, Kö DAR **85** 325, VRS **72** 137, wohl auch Bay VRS **63** 300, wonach aber Ermöglichen durch Aufbewahren der FzSchlüssel in der Wohnung an für Angehörige zugänglicher Stelle idR nicht ausreicht (s auch § 21 StVG Rz 18). Der Halter verstößt gegen Abs II, wenn er seiner **Pflicht zur Belehrung** des Fahrers über die vorschriftsmäßige Benutzung (Rz 14) nicht nachgekommen ist, Dü VRS **85** 388. Lässt der Halter die Inbetriebnahme vorschriftswidriger Fze wiederholt zu, weil er den vorschriftswidrigen Zustand infolge **fortdauernden Unterlassens** gebotener Überwachung fahrlässig nicht kennt, so kann statt mehrerer nur *eine* fahrlässige OW vorliegen (Bay VRS **70** 58, Ha NZV **07** 156), so zB wegen des engen Zusammenhangs bei mehreren Fahrten mit überladenem Fz an einem Vormittag, BaySt **04** 62 = VM **04** 61. Dies gilt aber nicht mehr, wenn der Halter von der Verkehrsunsicherheit der Fz Kenntnis erlangt (Ha NZV **07** 156). Bei **Delegation der Verantwortlichkeit** für den Zustand des Fzs an Hilfspersonen trifft den Halter ein Verschulden nur bei unsorgfältiger Auswahl oder mangelnder Überwachung (Pflicht zu gelegentlichen Stichproben), Kö DAR **85** 325, VRS **66** 157, Dü VM **87** 10. Die Beauftragung durch den Inhaber eines Betriebes muss ausdrücklich den Pflichtenkreis des Betriebsinhabers betreffen, der auch den Halterpflicht nach Abs II umfasst; die allgemeine Feststellung, der Betroffene sei „verantwortlicher Disponent", genügt nicht zur Anwendung von § 9 II Nr 1 OWiG, Dü VRS **63** 135. Wer vom Halter **mit der Wartung beauftragt** ist, handelt ow, wenn er ein betriebsunsicheres Kfz in den Verkehr schickt, Dü VM **71** 14 (bei eigener Verantwortlichkeit im Rechtssinn, s *Göhler (König)* § 9 Rz 30). Bei „**FirmenFzen**" hängt die Haltereigenschaft wesentlich von der Rechtsform der Fa ab, s Kö VRS **66** 157 (näher: § 7 StVG Rz 22). KG als Halter, s Rz 7. Der Mitinhaber der Fa kann als Halter (Mithalter) ow handeln oder als Vertretungsberechtigter (bzw Beauftragter), § 9 OWiG, s E **92**, Bay DAR **85** 227, Dü VM **87** 10, oder als Betriebsinhaber durch Verletzung der Aufsichtspflicht, **§ 130 OWiG** (der als Auffangtatbestand nur erfüllt ist, wenn a) betriebsbezogene Pflichten untergeordneten Personen übertragen wurden und das Verhalten des Aufsichtspflichtigen nicht trotz Delegation an sich schon solche Pflichten verletzt, Dü VRS **67** 370, VRS **69** 234, VRS **77** 375, VM **87** 93, b) die Zuwiderhandlung der beauftragten Person mit an Sicherheit grenzender Wahrscheinlichkeit bei Durchführung der unterlassenen Aufsichtsmaßnahme unterblieben wäre, KG VRS **70** 29). Soweit § 130 OWiG erfüllt ist, weil durch Aufsichtspflichtverletzung eine Zuwiderhandlung gegen § 31 StVZO ermöglicht wurde, gilt die kurze Verjährungsfrist des § 26 III StVG, Dü VRS **67** 371. Der Firmeninhaber oder gem § 9 OWiG Verantwortliche kann uU seinen Halterpflichten genügen, wenn er die Inbetriebnahme des vorschriftswidrigen Fzs bis zur Beseitigung des Mangels untersagt, Bay VRS **66** 287. *Schumann,* Die Verantwortlichkeit des Betriebsinhabers und seiner Vertreter im OWRecht, PVT **86** 257. **Irrtum** über Haltereigenschaft auf Grund falscher Wertung bekannter Umstände, aus denen diese Eigenschaft folgt, ist Verbotsirrtum, Bay ZfS **85** 126. Wer die Inbetriebnahme seines beschaffenheitswidrigen Kfz zulässt, begeht diese **DauerOW** überall, wo sich das Kfz im öffentlichen Verkehr befindet, s Bay VRS **60** 155. Fahren mit einem nach §§ 31 ff mangelhaften Kfz steht in **Tateinheit** mit VOWen während dieser Fahrt, s § 24 StVG Rz 58. Führt der Halter sein der Vorschrift des § 23 StVO nicht entsprechendes Kfz selbst, so geht die **Verletzung des § 23 StVO** dem § 31 StVZO vor, Ko VRS **63** 150, Dü VM **73** 64, jedoch kann die verletzte Halterpflicht bußgelderhöhend wirken, s Ha NJW **74** 2100. Zum **Verhältnis zu § 2 I FeV** bei Fahruntüchtigkeit s bei § 2 FeV Rz 11. Wer als Halter einen erkennbar Fahruntüchtigen ans Steuer lässt, haftet bei Unfall **strafrechtlich,** s Kar NJW **80** 1859. Wer vor eigenem Alkoholgenuss der erkennbaren Gefahr, dass eine alkoholbedingt fahrunsichere Person das Kfz benutzt, nicht wirksam begegnet, ist für einen tödlichen Unfall strafrechtlich verantwortlich (§ 222 StGB), Ha NJW **83** 2456.

Lit: *König,* Fuhrparkmanagement, SVR **08** 121.

Fahrtenbuch

31a (1) ¹Die Verwaltungsbehörde kann gegenüber einem Fahrzeughalter für ein oder mehrere auf ihn zugelassene oder künftig zuzulassende Fahrzeuge die Führung eines Fahrtenbuchs anordnen, wenn die Feststellung eines Fahrzeugführers nach einer Zuwiderhandlung gegen Verkehrsvorschriften nicht möglich war. ²Die Verwaltungsbehörde kann ein oder mehrere Ersatzfahrzeuge bestimmen.

(2) Der Fahrzeughalter oder sein Beauftragter hat in dem Fahrtenbuch für ein bestimmtes Fahrzeug und für jede einzelne Fahrt
1. vor dem Beginn
   a) Name, Vorname und Anschrift des Fahrzeugführers,
   b) amtliches Kennzeichen des Fahrzeugs,
   c) Datum und Uhrzeit des Beginns der Fahrt und
2. nach deren Beendigung unverzüglich Datum und Uhrzeit mit Unterschrift einzutragen.

Fahrtenbuch   § 31a StVZO 5

(3) **Der Fahrzeughalter hat**
a) der das Fahrtenbuch anordnenden oder der von ihr bestimmten Stelle oder
b) sonst zuständigen Personen
das Fahrtenbuch auf Verlangen jederzeit an dem von der anordnenden Stelle festgelegten Ort zur Prüfung auszuhändigen und es sechs Monate nach Ablauf der Zeit, für die es geführt werden muß, aufzubewahren.

1. **Begr** zur ÄndVO v 23. 6. 93 (VkBl **93** 611):   1

Zu Abs 1: Absatz 1 Satz 1 entspricht im Wesentlichen dem bisherigen Satz 1. Ergänzt wurde die Bestimmung um den Hinweis, dass sich die Fahrtenbuchanordnung auf die für den betroffenen Fahrzeughalter „zugelassenen" oder „künftig zuzulassenden" Fahrzeuge erstreckt. Diese Klarstellung ist erforderlich, um den in der Vergangenheit aufgetretenen diesbezüglichen Unsicherheiten entgegenzutreten.

Neu eingeführt wurde Satz 2, wonach die Behörde ein oder mehrere Ersatzfahrzeuge bestimmen kann. Die Bestimmung eines Ersatzfahrzeugs ist in den Fällen von Bedeutung, in denen der Halter versucht, sich durch den Verkauf des mit der Auflage versehenen Fahrzeugs der bestehenden Verpflichtung zu entziehen.

Zu Abs 2: Die Vorschrift des Absatzes 2 konkretisiert die Fahrtenbuchführung, die im alten Satz 2 nur in allgemeiner Form enthalten war. Notwendig sind hiernach nicht nur die Eintragung des Fahrzeugführers, sondern vor allem auch Datum und Uhrzeit der Fahrt. Ein einheitliches Muster könnte bei Bedarf durch Verkehrsblattverlautbarung empfohlen werden.

Zu Abs 3: — Begr des Bundesrates — Nach der gegenwärtigen Rechtslage ist es nur möglich, die Führung eines Fahrtenbuchs dadurch zu überwachen, dass sich ein Mitarbeiter der Straßenverkehrsbehörde oder in deren Auftrag die Polizei zu dem jeweiligen Fahrzeughalter begibt und sich dort das Fahrtenbuch vorweisen lässt. Sie ermächtigt die Straßenverkehrsbehörde jedoch nicht, die Vorlage eines zu führenden Fahrtenbuchs zu bestimmten Zeiten an dem von der anordnenden Stelle bestimmten Ort zu fordern. Die Kontrollierbarkeit der Maßnahme nach § 31a ist somit erheblich erschwert, wodurch der zu erreichende Zweck im Rahmen effizienten Verwaltungshandelns nicht hinreichend erreicht wird.

2. **Zweck.** Die Fahrtenbuchanordnung soll sicherstellen, dass bei künftigen Verkehrsver-   2
stößen mit dem Fz die Feststellung des Fahrers anders als im Anlassfall ohne Schwierigkeiten möglich ist; sie richtet sich an den Halter, weil dieser die Verfügungsbefugnis und die Möglichkeit der Kontrolle über sein Fz besitzt (VG Bra DAR **07** 167). § 31a will Fahrer erfassen, die Leben, Gesundheit und Eigentum anderer VT gefährden, BVerwG DAR **65** 167, OVG Lüneburg ZfS **05** 270, OVG Berlin VRS **51** 319, VGH Ka VkBl **74** 648, KG NZV **90** 362, betrifft also eine Maßnahme zur Abwendung von Gefahren für die Sicherheit und Ordnung des StrV, BVerwG NZV **89** 206, **95** 460, OVG Lüneburg NJW **04** 1124, ZfS **05** 270, ZfS **08** 356, 358, OVG Saarlouis ZfS **98** 38, OVG Münster DAR **99** 375, NZV **08** 52, setzt aber den Nachweis einer konkreten Gefahr nicht voraus, BVerwG NZV **00** 386, **95** 460, VGH Ma NZV **91** 447, VG Bra NZV **02** 103, DAR **07** 166, VD **07** 230. Er soll helfen zu gewährleisten, dass in Zukunft der Täter einer VOW im Hinblick auf die kurze Verjährung rechtzeitig ermittelt werden kann, BVerwG NJW **89** 2704, VGH Ma NZV **91** 445, OVG Saarlouis ZfS **98** 38, KG VRS **70** 59. Die Besorgnis künftiger Verstöße durch den Halter selbst ist nicht Voraussetzung, BVerwG NJW **89** 2704, DAR **95** 459, OVG Berlin NJW **03** 2402, VG Bra DAR **07** 167. Eines Hinweises durch die ermittelnde Behörde auf die Möglichkeit eines Fahrtenbuches bedarf es nicht; es genügt die nach den Landesverwaltungsverfahrensgesetzen erforderliche **Anhörung**, OVG Lüneburg ZfS **05** 270. Dogmatische Zweifel an der Zulässigkeit der Auflage, ein Fahrtenbuch zu führen, *Rupp*, 46. DJT, **66** I 178 (Zwang zur Selbstbezichtigung?), *Harthun* NJW **62** 2289, abl auch *Karl* DAR **78** 235. Die Vorschrift hält sich in der Ermächtigung des § 6 I Nr 3 StVG, BVerwG DAR **72** 26. Sie entspricht bei Verhältnismäßigkeit (Übermaßverbot) dem GG, BVerfG NJW **82** 568, BVerwG VM **66** 81, BVerwGE **18** 107 = NJW **64** 1384, OVG Münster VRS **70** 78, VGH Ka VM **79** 95. Die Auflage bewirkt keinen Aussagezwang, deshalb wird § 31a nicht durch Zeugnisverweigerungsrechte eingeschränkt, s Rz 7. Das Fahrtenbuch unterliegt auch nicht dem Beschlagnahmeverbot nach § 97 I StPO, BVerwG NJW **81** 1852, VGH Mü DAR **76** 278.

3. **Verkehrsvorschriften** müssen in nennenswertem (Rz 8) Umfang verletzt worden sein,   3
ohne dass der FzF, der das Fz während des Verstoßes geführt hat, festgestellt werden konnte, s VGH Ka DAR **70** 221. Das Gericht hat alle Tatbestandsmerkmale der Bußgeldvorschrift selbstständig zu prüfen, Bay DAR **74** 110. Die behördliche Ermittlungspflicht wird durch die

5 StVZO § 31a   B. Fahrzeuge. III. Bau- und Betriebsvorschriften

Vorschrift nicht eingeschränkt, BVerwG DAR **72** 26. Bestreitet der Halter, dass mit dem Fz überhaupt ein VVerstoß begangen wurde, so muss er nach rechtskräftigem Abschluss des OW-Verfahrens gegen ihn und Eintritt der Verjährung substantiierte Angaben machen, OVG Lüneburg NZV **99** 486.

4   **4. Nicht möglich** war die Ermittlung des Fahrers, wenn alle nach Sachlage bei verständiger Beurteilung nötigen und möglichen, vor allem auch angemessenen und zumutbaren Nachforschungen ergebnislos geblieben sind, BVerwG DAR **88** 68, ZfS **92** 286, VGH Ma NZV **99** 396, VRS **98** 319, OVG Lüneburg ZfS **03** 526, OVG Münster DAR **06** 172, NJW **95** 3335, VG Stu NJW **06** 793, VG Bra DAR **07** 166. Das setzt voraus, dass die Feststellung mit angemessener Sorgfalt versucht worden ist, BVerwG VM **66** 81, JR **65** 33, VGH Ka VM **73** 82, unter **sachgemäßer Befragung** (s Rz 5), OVG Lüneburg VRS **53** 478, und zwar **unverzüglich,** OVG Hb MDR **62** 851, OVG Münster VersR **77** 146, s Rz 6, auch bei Radarkontrollen ohne Anhalteposten, BVerwG VRS **56** 307, VGH Ma NZV **91** 445, VG Mü DAR **91** 473, auch bei Rotlichtverstößen, OVG Lüneburg DAR **77** 223, VRS **53** 478, VGH Ma ZfS **84** 381, auch wenn der Fahrer nur aus VGründen nicht gestellt werden konnte, oder wenn die Pol zwar das Kennzeichen notiert, aber nicht versucht hat, den Fahrer zu stellen, OVG Münster VRS **18** 479. Feststellung des Fahrers ist auch dann unmöglich, wenn die Ermittlungen zwar auf einen bestimmten Täter hindeuten, die Behörde jedoch keine ausreichende Überzeugung von der Täterschaft des Verdächtigen gewinnen konnte (OVG Münster NZV **08** 536). Es genügt, dass der Fahrer jedenfalls **bis zum Eintritt der Verjährung** nicht festgestellt werden konnte, VGH Mü NZV **98** 88, Fahrerbenennung danach hilft dem Halter nicht, s OVG Lüneburg ZfS **05** 268. Die Aufl ist auch noch zulässig, nachdem der schuldige KfzF nach OW-Verjährung bekanntgeworden ist, DÖV **77** 104, OVG Berlin VRS **51** 319, OVG Lüneburg VM **07** 5 (7), *Schwab* VD **86** 121. Einstellung des Verfahrens gegen den Halter vor Verjährungseintritt schließt die Anwendung von § 31a nicht ohne weiteres aus, VG Ol ZfS **99** 40. Das Erfordernis, dass die Nichtfeststellbarkeit des FzF auf mangelnder **Mitwirkungsbereitschaft des Halters** beruhen müsse, enthält § 31a nicht; die Auflage ist daher – auch unter Berücksichtigung des Zwecks der Vorschrift (s Rz 2) – nicht deswegen ausgeschlossen, weil der Halter (erfolglos) zur Aufklärung beizutragen versucht (OVG Münster NZV **08** 52, abw VGH Ma NZV **92** 46 [abl *Stollenwerk* DAR **98** 459], im Ergebnis aber wohl wegen „Unverhältnismäßigkeit" richtig, weil im konkreten Fall selbst ein Fahrtenbuch die Feststellung des FzF nicht gewährleistet hätte, von VG Stu NJW **06** 793 offen gelassen).

5   **Wahllos zeitraubende Ermittlungen** muss die VB nicht anstellen, BVerwG VRS **88** 158, NJW **87** 143, DAR **88** 68, VGH Ma NZV **93** 47, VRS **98** 319, OVG Lüneburg ZfS **03** 526, OVG Münster NZV **92** 423 (Leasing-Gesellschaft als Halterin). Anhalteposten muss die Pol nur nach Personallage einsetzen, BVerwG NJW **79** 1054, OVG Br DAR **76** 53, VGH Ka VM **77** 40. Unmöglichkeit bei Parkverstoß bereits, wenn der Fahrer nicht beim Kfz angetroffen wird, zur **Benachrichtigung des Halters** genügt die Anbringung einer gebührenpflichtigen Verwarnung am Kfz, OVG Ko VRS **54** 380. Verfahrenseinstellung bedeutet nicht notwendigerweise, die Fahrerermittlung sei unmöglich gewesen, VGH Mü NJW **79** 830, OVG Münster NJW **76** 308. Familienangehörige des Halters zu **befragen,** ist idR zumutbar, VGH Mü DAR **77** 110, BVerwG VRS **64** 466, anders, wenn der Halter sich an den Fahrer unter mehreren in Frage kommenden Angehörigen nicht erinnert, OVG Münster VRS **70** 78. Auf die Stellungnahme des Halters, sein ihm ähnlich sehender Bruder komme als Täter in Betracht, muss die VB ein persönliches Gespräch mit dem Bruder führen und dabei einen Vergleich mit dem Geschwindigkeitsmessfoto vornehmen (VGH Ma ZfS **07** 595). UU müssen mit dem Halter zusammenwohnende Personen befragt werden, die das Kfz gefahren haben könnten, OVG Br VRS **57** 478, idR aber keine Vorlage des Radarfotos an Nachbarn, VG Ol ZfS **98** 357, VG Bra VD **07** 230, *Wysk* ZAP F 9 S 420 (Verletzung der informationellen Selbstbestimmung des Betroffenen). **Verweigert der Halter die Mitwirkung** bei Ermittlung des Fahrers, so sind weitergehende Ermittlungen idR nicht zumutbar, BVerwG VRS **88** 158, NJW **87** 143, ZfS **94** 70, VGH Ka VM **88** 87, VGH Ma NZV **98** 126, DAR **99** 90, OVG Münster NZV **06** 223, OVG Lüneburg NJW **04** 1124, ZfS **05** 268, VM **05** 16, DAR **06** 167, VG Mü DAR **91** 473 (Anm *Ludovisy*). Aus der Nichtbeantwortung der Frage im Anhörungsbogen, ob er gefahren sei, kann nicht ohne weiteres auf die Ablehnung des Halters geschlossen werden, an der Täterfeststellung mitzuwirken, OVG Br NZV **94** 168. Nennt der Halter die Personen nicht, denen er den Wagen angeblich zum Fahren überlässt, so ist die Auflage zulässig, BVerwG VRS **56** 77, OVG Lüneburg DAR **04** 607, ebenso bei unrichtigen Angaben, die geeignet sind, den Sachverhalt zu verschleiern, OVG Münster VRS **70** 78, NZV **08** 52, oder bei Nichtrücksendung des Anhörungsbogens, OVG Lüneburg DAR **04** 607, ZfS **05** 268, **03** 526, VM **07** 5, ZfS **07** 119, VG Bra DAR **07** 166. Ausdrückliche Frage der VB nach dem in Betracht kommenden Personenkreis ist nicht erforderlich (VG Bra DAR **07** 166, VD **07** 230). Unzureichende Qualität eines Geschwindigkeitsmessfotos befreit den Halter nicht von seiner Pflicht, den Kreis der Fz-Nutzer zu bezeichnen (VG Bra VD **07** 230). Bei **Firmenfz** hat die Geschäftsleitung dafür zu sorgen, dass im Falle eines Verstoßes festgestellt werden kann, welche Person zu einem bestimmten Zeitpunkt ein bestimmtes Geschäftsfz benutzt hat (OVG Br VD **06** 245, NZV **07** 644).

Binnen weniger Tage über den Verstoß **zu befragen** ist der Halter, um den Fahrer noch 6 nennen zu können, vorbehaltlich besonderer Umstände des Einzelfalles regelmäßig innerhalb von 2 Wochen, BVerwG VRS **56** 311, OVG Saarlouis ZfS **98** 38, VGH Mü NZV **98** 88, VGH Ka VRS **75** 146, VGH Ma NZV **93** 47, OVG Lüneburg VM **05** 16, ZfS **05** 268, VG Bra NZV **05** 164, DAR **07** 166, VG Fra/O DAR **07** 42. Keine Fahrtenbuchauflage, wenn sich der Halter bei um 6 Wochen verspäteter Anhörung des Sachverhalts nicht mehr entsinnt, OVG Münster VersR **77** 146. Auf unverzügliche Gewährung von Akteneinsicht an den Verfahrensbevollmächtigten des Halters kommt es dann nicht mehr an, VGH Ma NZV **93** 47, **96** 470. Bei der „2-Wochenfrist" handelt es sich nicht um eine starre Grenze; eine Überschreitung ist unschädlich, wenn sie die Position des Halters im konkreten Fall nicht beeinträchtigt, OVG Münster NJW **95** 3335, OVG Saarlouis ZfS **98** 38, VGH Mü NZV **98** 88, VGH Ma NZV **99** 224, VG Fra/O DAR **07** 42. Nach VG Fra DAR **91** 314 soll es zur Abwendung der Auflage genügen, wenn der Halter den Zugang des rechtzeitig abgesandten Anhörungsbogens bestreitet. Sprechen die Umstände des Falles trotz Schweigens des Halters im Anhörungsbogen für die Möglichkeit, dass seine **Befragung als Zeuge** zur Fahrerfeststellung führen wird, so ist diese zu veranlassen, BVerwG DAR **88** 68, andernfalls keine „Unmöglichkeit" der FzF-Feststellung iS von S 1, OVG Saarlouis VM **82** 70, ebenso bei Nichtrückgabe des Anhörungsbogens ohne anschließenden Versuch der Befragung des Halters als Beschuldigten/Betroffenen oder Zeugen, VGH Ma NZV **89** 408; auch Befragung durch die Pol kommt in Betracht, VGH Ma NZV **90** 247. Vielfach wird jedoch eine Zeugenbefragung des Halters, der im Fragebogen keine Angaben macht, nicht geboten sein, VGH Ma VRS **98** 319. **Verspätete Anhörung** steht der Fahrtenbuchauflage nicht entgegen, wenn sie für die Nichtermittlung des Fahrers **nicht ursächlich** war (VGH Ma NZV **93** 47, **99** 396, OVG Münster NZV **06** 223, NZV **08** 479, OVG Lüneburg VM **05** 16, ZfS **05** 268, VM **07** 5, OVG Br VD **06** 245, VG Bra NZV **05** 164, VD **05** 277, DAR **07** 166, VD **07** 230, VG Lüneburg ZfS **04** 434, VG Stu NJW **06** 793, VG Fra/O DAR **07** 42). War zB die Nichtfeststellung des Fahrers nicht durch verzögerte Anhörung verursacht, sondern durch unrichtige Angaben des Halters, so ist die Auflage zulässig, BVerwG VRS **56** 307, OVG Münster VRS **66** 317, es sei denn, die Unrichtigkeit sei ohne weiteres erkennbar und es bestehe eine weitere angemessene Aufklärungsmöglichkeit, OVG Saarlouis VM **82** 70. Verzögerte Anhörung ist unschädlich, weil nicht ursächlich, wenn der Halter den Fahrer verschweigt, obwohl er ihn kennt, VGH Ka VM **79** 95, oder sich weigert, sich überhaupt zu äußern, BVerwG VRS **73** 400, VGH Ka VRS **75** 146, VM **88** 87, VGH Ma NZV **91** 408, OVG Lüneburg ZfS **05** 268, VG Mü DAR **91** 473 (Anm *Ludovisy*). Eindeutige Identifizierung des Fahrers wird vom Halter nicht erwartet; wenn er aber noch nicht einmal den möglichen Täterkreis eingrenzt und die Täterfeststellung durch Nachfragen im Kreis der Nutzungsberechtigten fördert, ist verzögerte Anhörung unschädlich (OVG Münster NZV **08** 479). Verspätete Anhörung ist auch bei GeschäftsFzen eines kaufmännischen Betriebs unschädlich, bei dem detaillierte Dokumentation von Geschäftsfahrten zu erwarten ist (OVG Münster NJW **95** 3335, OVG Br VD **06** 245, VG Mü DAR **01** 380, *Gehrmann* ZfS **02** 213, 216, *Koehl* NZV **08** 169, 172).

5. Die Berufung auf ein **Aussageverweigerungsrecht** steht der Aufl nicht entgegen, 7 BVerwG VRS **88** 158, DAR **95** 459, VGH Ma NZV **98** 126 (krit Anm *Molketin* BA **98** 158), VRS **98** 319, DAR **99** 90, OVG Münster DAR **05** 708, VRS **109** 382, OVG Ko ZfS **00** 273, OVG Lüneburg ZfS **97** 77, ZfS **07** 119, Bay NZV **00** 385, VG Bra NZV **06** 55, VD **07** 230, *Buschbell* § 15 Rz 11, *Gehrmann* ZfS **02** 214, weil dieses nur die Verfolgung als Straftat oder OW betrifft, nicht aber vor Maßnahmen der VB zur Abwendung von Gefahren für den StrV schützt, aM *Ludovisy* DAR **91** 475, s im übrigen Rz 2. Auch berufsbezogene Zeugnisverweigerungsrechte (zB nach § 53 I StPO) stehen einer Fahrtenbuchauflage nicht entgegen (VGH Mü Beschl v 22. 4. 08 11 ZB 07.3419 juris). Zur Auswirkung von Aussage- und Zeugnisverweigerungsrechten des Halters, *Himmelreich* NJW **75** 1199.

5 StVZO § 31a   B. Fahrzeuge. III. Bau- und Betriebsvorschriften

8   **6. Verhältnismäßigkeit** zwischen Verstoß und Maßnahme muss bestehen, BVerwG NZV **95** 460, OVG Münster DAR **99** 375, VRS **75** 384, OVG Lüneburg NJW **79** 669, wie stets bei erheblichen, auch einmaligen Verstößen, BVerwG NZV **95** 460, OVG Münster DAR **99** 375, NZV **92** 423, VGH Ma NZV **91** 445. Ein einmaliger, unwesentlicher Verstoß, der sich nicht verkehrsgefährdend auswirken kann und auch keinen Schluss auf Unzuverlässigkeit des Kf zulässt, reicht nicht (BVerwG NZV **00** 386, OVG Br NZV **07** 644). Konkrete Gefährdung anderer durch den Verstoß ist aber nicht notwendig, s Rz 2. Keine Unverhältnismäßigkeit allein deswegen, weil das Fz als Fahrschulwagen dient, VGH Ma ZfS **84** 381. Die Auflage ist idR dann nicht unverhältnismäßig, wenn die Entscheidung über die OW **ins VZR einzutragen** und daher mit mindestens einem Punkt nach dem Punktsystem (§ 40 FeV mit Anl 13 zur FeV) zu bewerten wäre, BVerwG NZV **95** 460, OVG Lüneburg NJW **04** 1124, OVG Münster DAR **05** 708, NZV **06** 223, OVG Br VD **06** 245, VG Lüneburg ZfS **04** 434, VG Bra VD **04** 165, VG Berlin NZV **99** 104, einschränkend BVerwG NZV **00** 386 („*kann*" die Auflage rechtfertigen). Schon bei erstmaliger Begehung eines mit einem Punkt bewerteten Verstoßes ist Fahrtenbuchauflage gerechtfertigt, OVG Münster NZV **06** 223. Auch unverschuldete Verstöße können die Auflage rechtfertigen, weil diese der öffentlichen Sicherheit dient, OVG Lüneburg DAR **76** 27. Bei mehr als 20 km/h **Geschwindigkeitsüberschreitung** ist die Auflage für ein Jahr nicht übermäßig, BVerwG VkBl **79** 209, VGH Ma NZV **93** 47, OVG Br VD **06** 245 (9 Monate), VG Bra NZV **05** 164, VD **05** 277, VD **07** 230 (15 Monate), VG Berlin NZV **99** 104. Auch Überschreitung der aus Lärmschutzgründen beschränkten Höchstgeschwindigkeit um 20 km/h kann die Auflage rechtfertigen, VGH Ma NZV **91** 328 (zust *Booß* VM **91** 71). Erstmalige Überschreitung zulässiger Höchstgeschwindigkeit von 100 km/h auf BundesStr um 27 km/h rechtfertigt nach VGH Ma NZV **92** 167 einjährige Fahrtenbuchauflage, abw VG Dessau NZV **94** 336 bei Überschreitung um 21 km/h. Überschreitung der Höchstgeschwindigkeit auf BAB von 100 km/h um 27 km/h rechtfertigt Fahrtenbuchauflage für 9 Monate (OVG Br NZV **07** 644). **Durchfahren bei Rot** rechtfertigt die Fahrtenbuchauflage, OVG Lüneburg NJW **04** 1124, auch, wenn es sich um eine Baustellen-LZA handelt, VGH Ma NZV **91** 408. Nach OVG Münster VRS **75** 384 rechtfertigt einmaliger Rotlichtverstoß aber keine über 6 Monate hinausgehende Auflage. Grober Rotlichtverstoß kann jedoch auch zweijährige Auflage rechtfertigen, VGH Ma NZV **103** 140. **Unzulässiges Überholen**, das der Eintragung in das VZR unterliegt, rechtfertigt die Auflage auch dann, wenn es nicht gefährdet, BVerwG NZV **96** 460, aM VGH Ma DAR **77** 249, erst recht Rechtsüberholen durch einen „Lückenspringer" auf AB nach vorangegangenem dichten Auffahren, OVG Münster NZV **92** 423, VG Bra NZV **06** 55. **Verkehrsunfallflucht** (§ 142 I StGB) rechtfertigt die Auflage, ohne dass es auf Feststellungen zum Vorsatz ankommt, und selbst bei geringem, nicht völlig belanglosem Schaden, OVG Münster VRS **109** 382. **Mehrere geringfügige, nicht eintragungspflichtige OWen** rechtfertigen regelmäßig nicht die Anordnung einer Fahrtenbuchauflage, weil Zuwiderhandlungen unterhalb der Eintragungsgrenze grundsätzlich unberücksichtigt bleiben, VG Saarlouis ZfS **97** 318, s BVerwG VRS **56** 310 (im Ergebnis offengelassen), VM **77** 86 (im Rahmen des § 3 StVG), abw *Gehrmann* ZfS **02** 215. Vom Grundsatz der Nichtverwertbarkeit im VZR nicht erfasster Verstöße erkennt BVerwG VM **77** 86 nur „sehr eng begrenzte Ausnahmen" an; eine solche hat OVG Münster VRS **66** 317 bei Vorliegen einer großen Zahl bewusst begangener Verstöße in kurzer Zeit angenommen (33 Parkverstöße in 2 Jahren). Durch **Zeitablauf** allein wird die Auflage nicht unverhältnismäßig, BVerwG VRS **90** 72 (3½ Jahre zwischen Tat und Berufungsverhandlung), VG Bra VD **05** 277. Allein der Umstand, dass zwischen der Zuwiderhandlung und der verwaltungsgerichtlichen Entscheidung über die Rechtmäßigkeit der Fahrtenbuchauflage ein längerer Zeitraum verstrichen ist, führt daher nicht zur Unverhältnismäßigkeit der Auflage, OVG Berlin VD **95** 259.

9   **7. Zuständig** ist allein die StrVB. **Aufzuerlegen ist die Pflicht,** das Fahrtenbuch zu führen, dem **Halter** des Fzs, mit dem der Verstoß begangen wurde. Es gilt der **Halterbegriff** des § 7 StVG (VGH Ma NZV **92** 167, OVG Lüneburg ZfS **08** 356, *Gehrmann* ZfS **02** 215). Überlässt der Halter das Fz einem **Dritten zur alleinigen Nutzung,** muss er den Dritten dazu veranlassen, seinerseits ein den Anforderungen der Auflage entsprechendes Fahrtenbuch zu führen, VGH Ma VRS **109** 468 = DAR **06** 168. Auf wen das Fz zugelassen ist, ist nicht entscheidend, kann aber im Einzelfall für die Feststellung der Haltereigenschaft von Bedeutung sein, VGH Ma NZV **92** 167, **98** 47. Auch dem Eigentümer eines vermieteten oder sonst an einen anderen überlassenen Fz kann die Führung eines Fahrtenbuchs auferlegt werden; etwas anderes könnte nur gelten, wenn der Eigentümer mit der Überlassung des Fz an einen anderen nicht mehr Hal-

Fahrtenbuch **§ 31a StVZO 5**

ter des Fz wäre (OVG Lüneburg ZfS **08** 356). Ist eine Personenmehrheit gemeinschaftlich Halter, so ist die Fahrtenbuchauflage an diese zu erteilen, BVerwG VRS **73** 238. Eine Fahrtenbuchauflage für ein **bestimmtes Kfz** ohne Zusatz bezieht sich nicht auch auf ein ErsatzFz, OVG Ko VRS **54** 380. Jedoch ist es zulässig (Abs 1 S 1 und 2) und in aller Regel verhältnismäßig (VG Bra NZV **06** 55), die Auflage ausdrücklich auf **Nachfolge- oder ErsatzFze** zu erstrecken. Ebenso schon für die frühere Fassung BVerwG NZV **89** 206, OVG Münster NZV **92** 423. Der Begriff des ErsatzFz ist weit auszulegen: Im Hinblick auf das Ziel der Bestimmung, zu verhindern, dass sich der Halter durch Veräußerung des mit der Fahrtenbuchauflage versehenen Fz der bestehenden Verpflichtung zu entziehen versucht, ist ErsatzFz nicht nur das an Stelle des veräußerten neu angeschaffte Fz, sondern auch alle anderen Fz des Halters, die im Zeitpunkt der Veräußerung des TatFz von ihm betrieben werden und demselben Nutzungszweck zu dienen bestimmt sind (OVG Berlin NJW **03** 2402, OVG Lüneburg NJW **08** 167). Die VB kann aber aus den vorhandenen Fz nicht willkürlich einzelne herausgreifen, sondern muss sich Gewissheit verschaffen, dass das ausgewählte ErsatzFz das TatFz in seiner Nutzung ersetzt hat (OVG Lüneburg NJW **08** 167). Erstreckt sich die Auflage nach ihrem Wortlaut auf „das entsprechende ErsatzFz", so erfasst sie alle anstelle des TatFzs benutzten Fz, OVG Saarlouis ZfS **98** 38. Betrifft die Auflage nach ihrem Inhalt auch ein Fz, das an die Stelle des Fzs tritt, mit dem die OW begangen wurde, so kann hiervon auch ein schon vorhanden gewesener Zweitwagen betroffen sein, der nach Veräußerung des anderen nunmehr wie dieser genutzt wird, VG Fra VRS **78** 64. Hat der Halter mehrere Kfze, so kann die Fahrtenbuchauflage auch **auf sämtliche Fze** erstreckt werden, BVerwG VM **71** 57, OVG Münster NJW **77** 2181, VG Bra NZV **02** 103, jedoch nur, wenn auch bei ihnen einschlägige Zuwiderhandlungen zu befürchten sind, OVG Münster NJW **77** 2181, OVG Lüneburg DAR **06** 167, VG Fra VRS **78** 64. Eine Auflage für alle Kfze erlischt bei Veräußerung ohne Wiederbeschaffung, nicht dagegen bei ständig erneuertem Wagenpark, BVerwG VM **67** 41. Die Bemessung der **Dauer der Fahrtenbuchauflage** entsprechend dem Gewicht der zugrunde liegenden OW liegt (im Rahmen der Verhältnismäßigkeit) im Ermessen der VB (VGH Ma VRS **103** 140). Für die Beurteilung der Schwere des Verkehrsverstoßes darf sich die VB an den in Anl 13 zur FeV geregelten Punktzahlen und den darin zum Ausdruck gekommenen Wertungen orientieren (VG Bra VD **07** 230). Ein „normaler" Rotlichtverstoß rechtfertigt idR nur eine 6 monatige Auflage, VG Lüneburg ZfS **04** 434. Ein Verstoß, der zur Eintragung von drei Punkten im VZR führt (Rechtsüberholen), rechtfertigt eine Auflage für 15 Monate, VG Bra NZV **06** 55. Ein mit vier Punkten zu bewertender VVerstoß (Geschwindigkeitsüberschreitung um 68 km/h) rechtfertigt eine Auflage für ein Jahr, OVG Münster NZV **06** 223. Verkehrsunfallflucht (§ 142 I StGB), ein mit sieben Punkten zu bewertender VVerstoß, rechtfertigt eine Fahrtenbuchauflage von drei Jahren, auch wenn nur ein vergleichsweise geringer Schaden entstanden ist, OVG Münster VRS **109** 382. Eine Auflage auf unbestimmte Zeit ist zulässig, VGH Ma VRS **103** 140, OVG Br DAR **76** 53, sie endet jedoch – soweit sie sich nicht auf ErsatzFze oder künftig zuzulassende Fze erstreckt – mit der Veräußerung, VGH Ka VM **73** 82. Die Auflage muss ergeben, ab wann das Fahrtenbuch zu führen ist, OVG Br VRS **57** 478. Sie ist ein unbefristeter Dauerverwaltungsakt; entfallen seine Voraussetzungen nachträglich, kann Aufhebung begehrt werden, BVerwG VM **71** 57, VGH Ka VM **77** 40. Ist die Fahrtenbuchauflage befristet, so berührt die aufschiebende Wirkung eines **Rechtsmittels** den Ablauf der Frist nicht, VGH Mü BayVBl **85** 23. IdR werden die Voraussetzungen des § 80 II Nr 4 für die Anordnung **sofortiger Vollziehung** vorliegen, VGH Ma NZV **98** 126, OVG Berlin NJW **03** 2402, die gem § 80 III VwGO der schriftlichen Begr bedarf, s VG Stu NJW **06** 793, *Stollenwerk* VD **01** 53. Ist die Fahrtenbuchauflage abgelaufen, so kommt die bloße Feststellung ihrer etwaigen Unrechtmäßigkeit nicht mehr in Betracht, VGH Mü DAR **77** 335.

Die behördliche **Androhung,** dem Halter bei erneutem unaufklärbarem VVerstoß eine Fahrtenbuchführung aufzuerlegen, ist mangels Regelung kein Verwaltungsakt und nicht selbständig anfechtbar (BVerwG VM **74** 24, VGH Mü DAR **78** 334, VG Augsburg Urt v 22. 8. 00 Au 3 K 00.449 juris). Sie ist vom Verordnungsgeber nicht als Vorstufe oder Rechtmäßigkeitsvoraussetzung einer späteren Anordnung eines Fahrtenbuchs vorgesehen. Die Androhung ist keine verbindliche Vorentscheidung für künftige Fälle, so dass sie bei einem späteren erneuten VVerstoß bei der Ermessensausübung nicht allein zu Lasten des Halters berücksichtigt werden kann (aA OVG Münster NJW **95** 2242, 2243). Die Androhung hat lediglich die Funktion einer Anregung für den Halter, „sorgfältiger zu prüfen und zu überwachen, wem er sein Kfz zur Führung überlässt" (BVerwG VM **74** 24). Die Erhebung einer **Gebühr für die Androhung** einer Fahrtenbuchauflage nach Nr 398 Anl zu § 1 GebOSt wird zT für zulässig gehalten, wenn statt

9a

5 StVZO § 31a   B. Fahrzeuge. III. Bau- und Betriebsvorschriften

der Androhung auch die Anordnung einer Fahrtenbuchauflage möglich gewesen wäre (OVG Ko ZfS **07** 421, VG Augsburg Urt v 22. 8. 00 Au 3 K 00.449 juris, VG Dresden Urt v 14. 1. 02 14 K 1255/01 juris, Urt v 13. 6. 05 14 K 2139/04 juris), ist jedoch von § 6a I, II StVG nicht gedeckt (VG Weimar Urt v 16. 3. 06 2 K 1185/05, nv), s § 6a StVG Rz 10.

10   **8. Die Pflicht, ein Fahrtenbuch zu führen** und auf Verlangen zuständigen Personen auszuhändigen, beginnt mit der Unanfechtbarkeit der Fahrtenbuchauflage, unabhängig davon, ob das Fz tatsächlich benutzt wird, KG NZV **90** 362. Die Auflage verpflichtet den Halter, über die einzelnen Fahrten Auskunft zu geben, denn der Sinn der Auflage besteht darin, einen Nachweis über die Fahrten seiner Fahrer zur Einsichtnahme durch die StrVB bereitzuhalten. Halterbegriff: Rz 9. Nur die in § 31a II bezeichneten **Eintragungen** dürfen auferlegt werden, OVG Münster NZV **95** 374, Bay DAR **74** 110, nicht auch die Eintragung des Kilometerstandes zu Beginn und bei Beendigung einer Fahrt, VG Stu NJW **06** 793. Das Buch muss im Umfang der Anordnung Beweis für die einzelnen Fahrten der Fahrer und Fze erbringen. Dazu gehört Eintragung der in Abs II genannten Daten, nicht jedoch darüber hinaus eine Beschreibung der Fahrtstrecke, VGH Ma ZfS **84** 381. Wenn das **Fz nicht benutzt** wird, ist gleichwohl ein (dann leeres) Fahrtenbuch vorzulegen, VGH Ma VRS **109** 468, 474. Der jeweilige Fahrer muss sich eindeutig aus der Eintragung ergeben, Verwendung eines im Deckblatt vermerkten Nummernschlüssels kann jedoch ausreichen, KG VRS **70** 59. Eintragungen des Fahrers erfüllen eine rechtliche Halterpflicht, OVG Lüneburg DAR **76** 27. Er darf die Eintragung unverzüglich nach Fahrtende vornehmen. Bei ein- oder mehrfachem **Fahrerwechsel** unterwegs wird die Fahrt für den ersten Fahrer, auch wenn er das Steuer später wieder übernehmen sollte, iS von § 31a mit Abgabe des Steuers als beendet zu gelten haben, so dass nunmehr der Fahrerwechsel einzutragen ist, KG VRS **70** 59. Andernfalls wird zuverlässiger Fahrernachweis verfehlt. In solchen Fällen wird das Buch mitzuführen und jeder Fahrerwechsel alsbald einzutragen sein. Hält der Halter mehrere Fze, so kann es Pflicht der StrVB sein, für jedes Fz, das unterwegs üblicherweise Fahrerwechsel aufweist, die Führung eines Fahrtenbuchs und dessen Mitführung anzuordnen. Das Fahrtenbuch ist auf Verlangen den **zuständigen Beamten auszuhändigen.** Dem kontrollierenden Beamten muss das Buch eine unmittelbare Prüfung ermöglichen; eine Diskette genügt daher nicht, KG NZV **94** 410 (s im Übrigen auch Abs II Nr 2, wonach Unterschrift erforderlich ist). Abs III erleichtert der VB die Kontrolle durch die Verpflichtung des Halters, das Fahrtenbuch auf deren Verlangen zur Behörde zu bringen (s Rz 1); die insoweit abw frühere Rspr ist durch die Neufassung überholt. Zur **Androhung von Zwangsgeld** und weiterem Zwangsgeld bei Fristsetzung zur Vorlage des Fahrtenbuches VGH Ma VRS **109** 468 = DAR **06** 168. Eine allgemeine Pflicht, das **Fahrtenbuch mitzuführen,** besteht nicht, Bay BayVBl **73** 242, KG NZV **90** 362, **94** 410. Es darf beim zurückbleibenden Halter aufbewahrt werden, wenn es für mehrere Fze geführt wird, jedoch nur, wenn derselbe Fahrer das Fz vom Standort zum Ziel und zurück lenkt. Für eine **Anordnung der VB, den FzSchein vorzulegen,** um die Fahrtenbuchauflage dort einzutragen, gibt es keine Rechtsgrundlage, OVG Münster NZV **05** 336.

11   **9. Datenspeicherung und –übermittlung.** Die Anordnung einer Fahrtenbuchauflage darf im örtlichen und im Zentralen Fahrzeugregister gespeichert werden (§ 33 III StVG). Die Daten sind nach Wegfall der Auflage zu löschen (§ 44 II StVG). Die Daten dürfen den ZulB und dem KBA für Maßnahmen im Rahmen des Zulassungsverfahrens und zur Überwachung der Fahrtenbuchauflage sowie zur Verfolgung von Straftaten oder Ordnungswidrigkeiten nach §§ 24, 24a, 24c StVG den dafür zuständigen Behörden oder Gerichten übermittelt werden (§ 40 II StVG).

12   **10. Ordnungswidrigkeit** (§ 24 StVG): § 69a V Nr 4, 4a. Das Gericht hat zu prüfen, ob die Anordnung im Tatzeitpunkt unanfechtbar oder für sofort vollziehbar erklärt oder aus Rechtsgründen nichtig war, Bay DAR **74** 110.

Lit: *Bottke,* Rechtsprobleme bei der Auflage eines Fahrtenbuches, DAR **80** 238. *Gehrmann,* Die verkehrsbehördliche Anordnung zur Führung eines Fahrtenbuches, ZfS **02** 213. *Himmelreich,* Auflage eines Fahrtenbuches unter besonderer Berücksichtigung des Aussage- und Zeugnisverweigerungsrechts, NJW **75** 1199. *Koehl,* Effektiver Rechtsschutz gegen Auferlegung eines Fahrtenbuchs, NZV **08** 169. *Liemen,* Die Rspr zur Verhängung und Ahndung von Fahrtenbuchauflagen, DAR **81** 40. *Schrader,* § 31a StVZO (Fahrtenbuch) und das Zeugnisverweigerungsrecht, DAR **74** 40. *Stollenwerk,* Anordnung einer Fahrtenbuchauflage, DAR **97** 459 = VD **98** 103. *Derselbe,* Fahrtenbuchauflage: Sofortvollzug bei Wiederholungsgefahr, VD **01** 53. *Wysk,* Die Fahrtenbuchauflage als Instrument der Gefahrenabwehr, ZAP F 9 S 417.

Überprüfung von Fahrzeuggewichten §§ 31b, 31c StVZO 5

Überprüfung mitzuführender Gegenstände

31 b Führer von Fahrzeugen sind verpflichtet, zuständigen Personen auf Verlangen folgende mitzuführende Gegenstände vorzuzeigen und zur Prüfung des vorschriftsmäßigen Zustands auszuhändigen:

1. Feuerlöscher (§ 35 g Abs. 1),
2. Erste-Hilfe-Material (§ 35 h Abs. 1, 3 und 4),
3. Unterlegkeile (§ 41 Abs. 14),
4. Warndreiecke und Warnleuchten (§ 53 a Abs. 2),
5. tragbare Blinkleuchten (§ 53 b Abs. 5) und windsichere Handlampen (§ 54 b),
6. Leuchten und Rückstrahler (§ 53 b Abs. 1 Satz 4 Halbsatz 2 und Abs. 2 Satz 4 Halbsatz 2),
7. Scheinwerfer und Schlußleuchten (§ 67 Abs. 11 Nr. 2 Halbsatz 2).

Begr zur ÄndVO v 24. 4. 92: VkBl **92** 342, zur ÄndVO v 23. 6. 93: VkBl **93** 611. 1

Ob die Weigerung, vorschriftsgemäß mitzuführende Gegenstände bei Kontrollen zur Prüfung 2
vorzuzeigen, eine bußgeldpflichtige OW sei, war von Ha VRS **57** 371 bezweifelt worden. Die Vorschrift behebt zusammen mit § 69 a V 4 b diese Zweifel. Aus der nunmehr festgelegten Vorzeige- und Aushändigungspflicht hinsichtlich der „mitzuführenden" Gegenstände ist keine Mitwirkungspflicht des Fahrers bei anderen Kontrollen zu folgern, soweit sie nicht ausdrücklich vorgeschrieben ist (wie zB in § 31 c); jedoch würde die Kontrollbefugnis weitgehend sinnlos, wenn er sie nicht mindestens unbehindernd zu dulden hätte (näher *Bouska* VD **80** 102).

Überprüfung von Fahrzeuggewichten

31 c ¹Kann der Führer eines Fahrzeugs auf Verlangen einer zuständigen Person die Einhaltung der für das Fahrzeug zugelassenen Achslasten und Gesamtgewichte nicht glaubhaft machen, so ist er verpflichtet, sie nach Weisung dieser Person auf einer Waage oder einem Achslastmesser (Radlastmesser) feststellen zu lassen. ²Nach der Wägung ist dem Führer eine Bescheinigung über das Ergebnis der Wägung zu erteilen. ³Die Kosten der Wägung fallen dem Halter des Fahrzeugs zur Last, wenn ein zu beanstandendes Übergewicht festgestellt wird. ⁴Die prüfende Person kann von dem Führer des Fahrzeugs eine der Überlastung entsprechende Um- oder Entladung fordern; dieser Auflage hat der Fahrzeugführer nachzukommen; die Kosten hierfür hat der Halter zu tragen.

Begr (VkBl **90** 492): *§ 34 Abs. 5 (alt) wurde ohne wesentliche Änderung aus Anlass der Neufassung* 1
des § 34 aus systematischen Gründen nach § 31 b als neuer § 31 c eingefügt.
…

1. Überprüfung des Gesamtgewichts, Messungen der Achslast. Die Vorschrift regelt 2
die Zulässigkeit solcher Messungen und das Verfahren. **MotorFz und Anhänger** sind abgekuppelt getrennt zu wiegen, s § 34 Rz 6. Bei Zügen und SattelKfzen ist gem § 34 VI auch das zulässige Gesamtgewicht der EinzelFze zu beachten (Kö VRS **67** 385 ist durch die Neufassung überholt). Zur Wägung von FzKombinationen, s § 34 Rz 6.

2. Der Betroffene hat **an der Gewichtsprüfung mitzuwirken,** und zwar nach der Neufassung 3
(Begr, s VkBl **90** 492) unabhängig von der Entfernung bis zur nächsten Waage. Die früher geltende 6-km-Grenze wurde im Hinblick auf die Ausdünnung des Netzes öffentlicher Waagen im Interesse der VSicherheit nicht in § 31 c übernommen. Bei Weigerung des Betroffenen ist Abschleppen durch die Pol zur Gewichtsfeststellung zulässig, Ha VM **72** 72, Ol VRS **60** 230. Wird ein zu beanstandendes Übergewicht festgestellt, so hat der Betroffene die Kosten einschließlich der Abschleppkosten zu tragen (S 3), s Ha VM **72** 72.

3. Ordnungswidrigkeit: § 69 a V Nr 4 c. OW ist Verstoß gegen die Mitwirkungspflicht des 4
S 1 und gegen die Auflage des Um- oder Entladens (S 4 Halbsatz 2). Mit der eindeutigen Weigerung, zur Waage zu fahren, ist die Tat vollendet, spätere Sinnesänderung entlastet nicht, Kar VRS **45** 225. Wer die Ladung abkippt, verstößt gegen § 31 c (§ 69 a V Nr 4 c), sofern die Fahrt zu einer bestimmten Waage vorher angeordnet war, Bay VRS **68** 475 (hinsichtlich der Entfernung zur Waage allerdings durch die Neufassung überholt).

Gewichte, Abmessungen und Beschaffenheit ausländischer Fahrzeuge

31d (1) Ausländische Kraftfahrzeuge und ihre Anhänger müssen in Gewicht und Abmessungen den §§ 32 und 34 entsprechen.

(2) Ausländische Kraftfahrzeuge müssen an Sitzen, für die das Recht des Zulassungsstaates Sicherheitsgurte vorschreibt, über diese Sicherheitsgurte verfügen.

(3) ¹Ausländische Kraftfahrzeuge, deren Zulassungsbescheinigung oder Internationaler Zulassungsschein von einem Mitgliedstaat der Europäischen Union oder von einem anderen Vertragsstaat des Abkommens über den Europäischen Wirtschaftsraum ausgestellt worden ist und die in der Richtlinie 92/6/EWG des Rates vom 10. Februar 1992 über Einbau und Benutzung von Geschwindigkeitsbegrenzern für bestimmte Kraftfahrzeugklassen in der Gemeinschaft (ABl. EG Nr. L 57 S. 27), geändert durch die Richtlinie 2002/85/EG des Europäischen Parlaments und des Rates vom 5. November 2002 (ABl. EG Nr. L 327 S. 8), genannt sind, müssen mit Geschwindigkeitsbegrenzern nach Maßgabe des Rechts des Zulassungsstaates ausgestattet sein. ²Die Geschwindigkeitsbegrenzer müssen benutzt werden.

(4) Die Luftreifen ausländischer Kraftfahrzeuge und Anhänger, deren Zulassungsbescheinigung oder Internationaler Zulassungsschein von einem Mitgliedstaat der Europäischen Union oder von einem anderen Vertragsstaat des Abkommens über den Europäischen Wirtschaftsraum ausgestellt worden ist und die in der Richtlinie 89/459/EWG des Rates vom 18. Juli 1989 zur Angleichung der Rechtsvorschriften der Mitgliedstaaten über die Profiltiefe der Reifen an bestimmten Klassen von Kraftfahrzeugen und deren Anhängern (ABl. EG Nr. L 226 S. 4) genannt sind, müssen beim Hauptprofil der Lauffläche eine Profiltiefe von mindestens 1,6 Millimeter aufweisen; als Hauptprofil gelten dabei die breiten Profilrillen im mittleren Bereich der Lauffläche, der etwa drei Viertel der Laufflächenbreite einnimmt.

1   **Begr** (VkBl **06** 614): ... *werden die Vorschriften der §§ 3 und 3a der bisherigen Verordnung über internationalen Kraftfahrzeugverkehr über Gewichte, Abmessungen, geräuscharme Fahrzeuge eingefügt.*

2   Begründung des Bundesrates zur Streichung von Abs. 4 Satz 2 des Entwurfs („Dies gilt nicht, wenn das Recht des Zulassungsstaates eine geringere Mindestprofiltiefe vorsieht."): *Ein Verzicht auf die Mindestprofiltiefe wirft erhebliche Sicherheitsfragen auf.*

3   **1. Anwendungsbereich.** § 31d regelt für ausländische Kfz und Kfz-Anhänger, die vorübergehend am öffentlichen StrV in Deutschland teilnehmen (s § 20 FZV), die zulässigen Gewichte und Abmessungen (Abs I), die Ausrüstung mit Sicherheitsgurten (Abs II), die Ausrüstung mit Geschwindigkeitsbegrenzern und ihre Benutzung (Abs III), sowie die Mindestprofiltiefe der Reifen (Abs IV). Ausnahmegenehmigung von den Vorschriften über das höchstzulässige Gesamtgewicht eines Fz ist einem ausländischen Transportunternehmer im grenzüberschreitenden Güterverkehr nicht deshalb zu erteilen, weil in dem Heimatstaat dieses Unternehmens höhere Fahrzeuggewichte zulässig sind, OVG Münster DAR **06** 579. Die Mindestprofiltiefe der Reifen muss aus Gründen der Verkehrssicherheit in jedem Fall den Anforderungen von Abs IV genügen, auch wenn das Recht des Staates, in dem das Fz zugelassen ist, eine geringere Mindestprofiltiefe vorsieht (s Begr des Bundesrates VkBl **06** 615). Richtlinie des Rates vom 18. 7. 89 über die Profiltiefe der Reifen StVRL § 36 StVZO Nr 7.

4   **2. Maßnahmen bei fehlender Vorschriftsmäßigkeit.** Wenn ausländische Kfz und Kfz-Anhänger sich als nicht vorschriftsmäßig erweisen, kann die Zulassungsbehörde dem Eigentümer oder Halter eine Frist zur Beseitigung der Mängel setzen oder den Betrieb des Fz beschränken oder untersagen (§§ 22 S 1 iVm 5 I FZV). Zur Vorbereitung der Entscheidung kann die Zulassungsbehörde Vorlage eines von bestimmten Nachweises der Vorschriftsmäßigkeit oder das Gutachten eines aaSoP oder PI sowie die Vorführung des Fz anordnen (§§ 22 S 1 iVm 5 III FZV). Haben Eigentümer oder Halter des Fz keinen Wohn- oder Aufenthaltsort in Deutschland, ist für Maßnahmen nach § 22 iVm § 5 FZV jede Zulassungsbehörde örtlich zuständig (§ 22 S 2 FZV).

5   **3. Ordnungswidrig** ist das Inbetriebnehmen eines Fz unter Verstoß gegen § 31d (§ 69 II Nr 1c, 2 und 4).

Abmessungen von Fahrzeugen und Fahrzeugkombinationen §§ 31e, 32 StVZO 5

Geräuscharme ausländische Kraftfahrzeuge

31e [1] Ausländische Kraftfahrzeuge, die zur Geräuschklasse G 1 im Sinne der Nummer 3.2.1 der Anlage XIV gehören, gelten als geräuscharm; sie dürfen mit dem Zeichen „Geräuscharmes Kraftfahrzeug" gemäß Anlage XV gekennzeichnet sein. [2] Für andere ausländische Fahrzeuge gilt § 49 Abs. 3 Satz 2 und 3 entsprechend.

Begr (VkBl 06 614): ... *werden die Vorschriften der §§ 3 und 3a der bisherigen Verordnung über in-* 1
ternationalen Kraftfahrzeugverkehr über Gewichte, Abmessungen, geräuscharme Fahrzeuge eingefügt.

Ausländische Kfz, die nach Nr 3.2.1 der Anl XIV zur Geräuschklasse G 1 gehören und des- 2
wegen als **geräuscharm** gelten, dürfen bei vorübergehender Teilnahme am öffentlichen StrV in
Deutschland (s § 20 FZV) mit dem Zeichen „Geräuscharmes Kfz" nach Anl XV **gekennzeichnet** sein (Satz 1). Wenn dieses Zeichen geführt wird, ist es an der FzVorderseite sichtbar
und fest anzubringen; es darf zusätzlich auch an der FzRückseite angebracht sein (Anl XV).

Ausländische Kfz, die nicht zur Geräuschklasse G 1 gehören, dürfen bei der vorübergehenden 3
Teilnahme am StrV in Deutschland nicht mit diesem Zeichen gekennzeichnet werden (Satz 2
iVm § 49 III S 2). An diesen ausländischen Kfz dürfen auch keine Zeichen angebracht werden,
die mit dem Zeichen „Geräuscharmes Kfz" nach Anl XV verwechselt werden können (Satz 2
iVm § 49 III S 3). Verstöße gegen beide Vorschriften sind ordnungswidrig (§ 69a V Nr 5d).

2. Kraftfahrzeuge und ihre Anhänger

Anm: Die Bau- und Betriebsvorschriften für Kfze und Anhänger sind in den §§ 32–62 einschließlich ihrer Ausnahmevorschriften abschließend geregelt, Ce VRS 56 137.

Abmessungen von Fahrzeugen und Fahrzeugkombinationen

32 (1) [1] Bei Kraftfahrzeugen und Anhängern einschließlich mitgeführter austauschbarer Ladungsträger (§ 42 Abs. 3) darf die höchstzulässige Breite über alles – ausgenommen bei Schneeräumgeräten und Winterdienstfahrzeugen – folgende Maße nicht überschreiten:

1. allgemein .... 2,55 m,
2. bei land- oder forstwirtschaftlichen Arbeitsgeräten und bei Zugmaschinen und Sonderfahrzeugen mit auswechselbaren land- oder forstwirtschaftlichen Anbaugeräten sowie bei Fahrzeugen mit angebauten Geräten für die Straßenunterhaltung .... 3,00 m,
3. bei Anhängern hinter Krafträdern .... 1,00 m,
4. bei festen oder abnehmbaren Aufbauten von klimatisierten Fahrzeugen, die für die Beförderung von Gütern in temperaturgeführtem Zustand ausgerüstet sind und deren Seitenwände einschließlich Wärmedämmung mindestens 45 mm dick sind .... 2,60 m,
5. bei Personenkraftwagen .... 2,50 m.

[2] Die Fahrzeugbreite ist nach der ISO-Norm 612-1978, Definition Nummer 6.2 zu ermitteln. [3] Abweichend von dieser Norm sind bei der Messung der Fahrzeugbreite die folgenden Einrichtungen nicht zu berücksichtigen:
– Befestigungs- und Schutzeinrichtungen für Zollplomben,
– Einrichtungen zur Sicherung der Plane und Schutzvorrichtungen hierfür,
– vorstehende flexible Teile eines Spritzschutzsystems im Sinne der Richtlinie 91/226/EWG des Rates vom 27. März 1991 (ABl. EG Nr. L 103 S. 5),
– lichttechnische Einrichtungen,
– Ladebrücken in Fahrtstellung, Hubladebühnen und vergleichbare Einrichtungen in Fahrtstellung, sofern sie nicht mehr als 10 mm seitlich über das Fahrzeug hinausragen und die nach vorne oder nach hinten liegenden Ecken der Ladebrücken mit einem Radius von mindestens 5 mm abgerundet sind; die Kanten sind mit einem Radius von mindestens 2,5 mm abzurunden,
– Spiegel und andere Systeme für indirekte Sicht,
– Reifenschadenanzeiger,
– Reifendruckanzeiger,
– ausziehbare oder ausklappbare Stufen in Fahrtstellung und
– die über dem Aufstandpunkt befindliche Ausbauchung der Reifenwände.

⁴Gemessen wird bei geschlossenen Türen und Fenstern und bei Geradeausstellung der Räder.

(2) ¹Bei Kraftfahrzeugen und Anhängern einschließlich mitgeführter austauschbarer Ladungsträger (§ 42 Abs. 3) darf die höchstzulässige Höhe über alles folgendes Maß nicht überschreiten: .... 4,00 m.
²Die Fahrzeughöhe ist nach der ISO-Norm 612-1978, Definition Nummer 6.3 zu ermitteln. ³Abweichend von dieser Norm sind bei der Messung der Fahrzeughöhe die folgenden Einrichtungen nicht zu berücksichtigen:
– nachgiebige Antennen und
– Scheren- oder Stangenstromabnehmer in gehobener Stellung.
⁴Bei Fahrzeugen mit Achshubeinrichtung ist die Auswirkung dieser Einrichtung zu berücksichtigen.

(3) Bei Kraftfahrzeugen und Anhängern einschließlich mitgeführter austauschbarer Ladungsträger und aller im Betrieb mitgeführter Ausrüstungsteile (§ 42 Abs. 3) darf die höchstzulässige Länge über alles folgende Maße nicht überschreiten:

1. bei Kraftfahrzeugen und Anhängern – ausgenommen Kraftomnibusse und Sattelanhänger – .... 12,00 m,
2. bei zweiachsigen Kraftomnibussen – einschließlich abnehmbarer Zubehörteile – .... 13,50 m,
3. bei Kraftomnibussen mit mehr als zwei Achsen – einschließlich abnehmbarer Zubehörteile – .... 15,00 m,
4. bei Kraftomnibussen, die als Gelenkfahrzeug ausgebildet sind (Kraftfahrzeuge, deren Nutzfläche durch ein Gelenk unterteilt ist, bei denen der angelenkte Teil jedoch kein selbstständiges Fahrzeug darstellt) .... 18,75 m.

(4) ¹Bei Fahrzeugkombinationen einschließlich mitgeführter austauschbarer Ladungsträger und aller im Betrieb mitgeführter Ausrüstungsteile (§ 42 Abs. 3) darf die höchstzulässige Länge, unter Beachtung der Vorschriften in Absatz 3 Nr. 1, folgende Maße nicht überschreiten:

1. bei Sattelkraftfahrzeugen (Sattelzugmaschine mit Sattelanhänger) und Fahrzeugkombinationen (Zügen) nach Art eines Sattelkraftfahrzeugs – ausgenommen Sattelkraftfahrzeuge nach Nummer 2 – .... 15,50 m,
2. bei Sattelkraftfahrzeugen (Sattelzugmaschine mit Sattelanhänger), wenn die höchstzulässigen Teillängen des Sattelanhängers
   a) Achse Zugsattelzapfen bis zur hinteren Begrenzung 12,00 m und
   b) vorderer Überhangradius 2,04 m
   nicht überschritten werden, ... 16,50 m,
3. bei Zügen (Kraftfahrzeuge mit einem oder zwei Anhängern) – ausgenommen Züge nach Nummer 4 – .... 18,00 m,
4. bei Zügen, die aus einem Lastkraftwagen und einem Anhänger zur Güterbeförderung bestehen, 18,75 m. Dabei dürfen die höchstzulässigen Teillängen folgende Maße nicht überschreiten:
   a) größter Abstand zwischen dem vordersten äußeren Punkt der Ladefläche hinter dem Führerhaus des Lastkraftwagens und dem hintersten äußeren Punkt der Ladefläche des Anhängers der Fahrzeugkombination, abzüglich des Abstands zwischen der hinteren Begrenzung des Kraftfahrzeugs und der vorderen Begrenzung des Anhängers 15,65 m und
   b) größter Abstand zwischen dem vordersten äußeren Punkt der Ladefläche hinter dem Führerhaus des Lastkraftwagens und dem hintersten äußeren Punkt der Ladefläche des Anhängers der Fahrzeugkombination 16,40 m.

²Bei Fahrzeugen mit Aufbau – bei Lastkraftwagen jedoch ohne Führerhaus – gelten die Teillängen einschließlich Aufbau.

(4a) Bei Fahrzeugkombinationen, die aus einem Kraftomnibus und einem Anhänger bestehen, beträgt die höchstzulässige Länge, unter Beachtung der Vorschriften in Absatz 3 Nr. 1 bis 3 .... 18,75 m.

(5) ¹Die Länge oder Teillänge eines Einzelfahrzeugs oder einer Fahrzeugkombination – mit Ausnahme der in Absatz 7 genannten Fahrzeugkombinationen und deren Einzelfahrzeuge – ist die Länge, die bei voll nach vorn oder hinten ausgezogenen, ausgeschobenen oder ausgeklappten Ladestützen, Ladepritschen, Aufbauwänden oder Teilen davon einschließlich aller im Betrieb mitgeführter Ausrüstungsteile (§ 42 Abs. 3) gemessen wird; dabei müssen bei Fahrzeugkombinationen die Längsmittellinien des Kraftfahrzeugs und seines Anhängers bzw. seiner Anhänger eine gerade Linie bilden. ²Bei Fahrzeugkombina-

Abmessungen von Fahrzeugen und Fahrzeugkombinationen § 32 StVZO 5

tionen mit nicht selbsttätig längenveränderlichen Zugeinrichtungen ist dabei die Position zugrunde zu legen, in der § 32 d (Kurvenlaufeigenschaften) ohne weiteres Tätigwerden des Fahrzeugführers oder anderer Personen erfüllt ist. ³Soweit selbsttätig längenveränderliche Zugeinrichtungen verwendet werden, müssen diese nach Beendigung der Kurvenfahrt die Ausgangslänge ohne Zeitverzug wiederherstellen.

(6) ¹Die Längen und Teillängen eines Einzelfahrzeuges oder einer Fahrzeugkombination sind nach der ISO-Norm 612-1978, Definition Nummer 6.1 zu ermitteln. ²Abweichend von dieser Norm sind bei der Messung der Länge oder Teillänge die folgenden Einrichtungen nicht zu berücksichtigen:
– Wischer- und Wascheinrichtungen,
– vordere und hintere Kennzeichenschilder,
– Befestigungs- und Schutzeinrichtungen für Zollplomben,
– Einrichtungen zur Sicherung der Plane und ihre Schutzvorrichtungen,
– lichttechnische Einrichtungen,
– Spiegel und andere Systeme für indirekte Sicht,
– Sichthilfen,
– Luftsaugleitungen,
– Längsanschläge für Wechselaufbauten,
– Trittstufen und Handgriffe,
– Stoßfängergummis und ähnliche Vorrichtungen,
– Hubladebühnen, Ladebrücken und vergleichbare Einrichtungen in Fahrtstellung,
– Verbindungseinrichtungen bei Kraftfahrzeugen,
– bei anderen Fahrzeugen als Sattelkraftfahrzeugen Kühl- und andere Nebenaggregate, die sich vor der Ladefläche befinden,
– Stangenstromabnehmer von Elektrofahrzeugen sowie
– äußere Sonnenblenden.

³Dies gilt jedoch nur, wenn durch die genannten Einrichtungen die Ladefläche weder direkt noch indirekt verlängert wird. ⁴Einrichtungen, die bei Fahrzeugkombinationen hinten am Zugfahrzeug oder vorn am Anhänger angebracht sind, sind dagegen bei den Längen oder Teillängen von Fahrzeugkombinationen mit zu berücksichtigen; sie dürfen diesen Längen nicht zugeschlagen werden.

(7) ¹Bei Fahrzeugkombinationen nach Art von Zügen zum Transport von Fahrzeugen gelten hinsichtlich der Länge die Vorschriften des Absatzes 4 Nr. 4, bei Sattelkraftfahrzeugen zum Transport von Fahrzeugen gelten die Vorschriften des Absatzes 4 Nr. 2. ²Längenüberschreitungen durch Ladestützen zur zusätzlichen Sicherung und Stabilisierung des zulässigen Überhangs von Ladungen bleiben bei diesen Fahrzeugkombinationen und Sattelkraftfahrzeugen unberücksichtigt, sofern die Ladung auch über die Ladestützen hinausragt. ³Bei der Ermittlung der Teillängen bleiben Überfahrbrücken zwischen Lastkraftwagen und Anhänger in Fahrtstellung unberücksichtigt.

(8) Auf die in den Absätzen 1 bis 4 genannten Maße dürfen keine Toleranzen gewährt werden.

(9) Abweichend von den Absätzen 1 bis 8 dürfen Kraftfahrzeuge nach § 30a Abs. 3 folgende Maße nicht überschreiten:
1. Breite:
   a) bei Krafträdern sowie dreirädrigen und vierrädrigen Kraftfahrzeugen .... 2,00 m,
   b) bei zweirädrigen Kleinkrafträdern und Fahrrädern mit Hilfsmotor jedoch .... 1,00 m,
2. Höhe .... 2,50 m,
3. Länge .... 4,00 m.

Begr zur ÄndVO v 24. 4. 92 (VkBl **92** 342):

§ 32 wurde anlässlich der Übernahme der EG-Richtlinie über die Länge von Lastzügen übersichtlicher gegliedert. Dabei wurden die Vorschriften über vorstehende Außenkanten (§ 32 Abs. 3 alt) und über Kurvenlaufeigenschaften (§ 32 Abs. 2 alt) aus § 32 herausgelöst und als § 30c bzw. § 32d in die StVZO eingefügt.
...

Begr zur ÄndVO v 12. 8. 97 (VkBl **97** 656):

Zu Abs 4 Nr 4: Bislang betrug die Länge von Lastzügen 18,35m, wobei die Ladelänge auf 15,65m und die Systemlänge (Ladelänge + Kupplungslänge) auf 16,00m festgelegt war. Werden diese Ladelängen voll ausgenutzt, verbleibt für die Kupplung lediglich eine Länge von 0,35m; dies bedingte aufwändige und wartungsintensive Kupplungssysteme. Diese vorstehend erwähnten Längen stehen in Übereinstimmung mit der bis dahin geltenden Richtlinie 85/3/EWG über die Gewichte, Abmessungen und bestimmte andere technische Merkmale bestimmter Straßenfahrzeuge.

Mit der Kodifizierung der zuvor erwähnten Richtlinie 85/3/EWG ist u. a. vorgesehen, die Länge von Lastzügen auf 18,75 m anzuheben, wobei die Ladelänge mit 15,65 m unverändert bleibt. Die Systemlänge wird auf 16,40 m angehoben. Das bedeutet, dass nunmehr bei Inanspruchnahme der zulässigen Ladelänge eine Länge für die Kupplung von 0,75 m verbleibt.

...

Zu Abs 7: *Bislang galt für Fahrzeugkombinationen nach Art von Zügen zum Transport von Fahrzeugen eine höchstzulässige Länge von 18,00 m. Für diese Fahrzeuge soll nunmehr auch eine Gesamtlänge von 18,75 m erlaubt sein. Da diese Fahrzeuge auch im Fernverkehr eingesetzt werden, müssen sie mit einem „großen" Führerhaus (ca. 2,35 m) ausgestattet sein. Die Einhaltung der vorgeschriebenen Ladelängen stößt bei den Transportfahrzeugen auf Schwierigkeiten; sie können auf Grund ihrer Konstruktion nicht ohne weiteres eingehalten werden, da eine möglichst große Anzahl, i. d. R. 9, von Pkw transportiert werden soll.*

...

Begr zur ÄndVO v 23. 3. 00 (VkBl 00 362): **Zu Abs 7:** *Die Europäische Kommission hat mitgeteilt, dass auch für Fahrzeugtransporter die in der Richtlinie 96/53/EG festgelegten Werte für die Ladelänge (15,65 m) und die Systemlänge (16,40 m) zumindest im unbeladenen Zustand gelten. Die Verwendung von ausziehbaren Ladestützen und das Überhängen der Ladung wird durch die Richtlinie aber nicht untersagt. Das heißt, die Ladelänge und Systemlänge müssen durch Hochklappen bzw. Einschieben der Ladestützen und Überfahrbrücken eingehalten werden können; in Fahrtstellung bei heruntergeklappten bzw. ausgezogenen Ladestützen und Überfahrbrücken müssen die Maße für Ladelänge und Systemlänge nicht eingehalten werden.*

Begr zur ÄndVO v 22. 10. 03: VkBl 03 745.

1a
35. StVZAusnV v 22. 4. 88 (BGBl I 562)

§ 1. (1) Abweichend von § 32 Abs. 1 Nr. 1 Buchstabe a* der Straßenverkehrs-Zulassungs-Ordnung darf die Breite über alles von land- oder forstwirtschaftlichen Zugmaschinen und ihren Anhängern dann mehr als 2,50 m sein, wenn sich die größere Breite allein aus der wahlweisen Ausrüstung dieser Fahrzeuge mit Breitreifen, die einen Innendruck von nicht mehr als 1,5 bar haben, oder mit Doppelbereifung (Zwillingsbereifung) ergibt. Die Breite über alles darf nicht mehr als 3,00 m betragen.

(2) **Die größere Breite ist wie folgt kenntlich zu machen:**
1. Bei einer Breite von nicht mehr als 2,75 m ist eine besondere Kenntlichmachung nicht erforderlich.
2. Bei einer Breite von mehr als 2,75 m ist eine Kenntlichmachung nach vorn und nach hinten auf jeder Seite durch Park-Warntafeln nach § 51c der Straßenverkehrs-Zulassungs-Ordnung erforderlich. Diese müssen mit dem seitlichen Umriss des Fahrzeugs abschließen. Abweichungen bis zu 100 mm nach innen sind zulässig. Die Streifen auf den Park-Warntafeln müssen nach außen und unten weisen.

Bei Zügen, bei denen Zugmaschine und Anhänger breiter als 2,75 m sind, genügt eine Warntafel auf jeder Seite vorn an der Zugmaschine und eine Warntafel auf jeder Seite hinten am Anhänger. Bei Zügen mit unterschiedlich breiten Fahrzeugen müssen am schmaleren Fahrzeug die Warntafeln entsprechend dem seitlichen Umriss des breitesten Fahrzeugs angebracht sein.

(3) Ragen die Reifen seitlich mehr als 400 mm über den äußersten Punkt der leuchtenden Fläche der Begrenzungsleuchten oder Schlussleuchten hinaus, so sind in den Fällen des § 17 Abs. 1 der Straßenverkehrs-Ordnung zusätzliche Begrenzungsleuchten und/oder Schlussleuchten erforderlich, deren äußerste Punkte der leuchtenden Flächen nicht mehr als 400 mm von der breitesten Stelle des Fahrzeugumrisses entfernt sein dürfen. Diese Beleuchtungseinrichtungen dürfen klappbar oder abnehmbar sein.

(4) Abweichend von § 36a Abs. 1 der Straßenverkehrs-Zulassungs-Ordnung brauchen in den Fällen des Absatzes 1 keine zusätzlichen Radabdeckungen vorhanden zu sein, wenn die Zugmaschine oder der Zug mit einer Geschwindigkeit von nicht mehr als 25 km/h gefahren wird.

§ 2. *(aufgehoben durch Art 2 III der 13. ÄndVStVR, BGBl I 1992, 965)*

---

* Jetzt: Abs. 1 Satz 1 Nr. 1.

Abmessungen von Fahrzeugen und Fahrzeugkombinationen § 32 StVZO 5

§ 3. (gegenstandslos)

§ 4. Diese Verordnung tritt am Tage nach der Verkündung in Kraft.

1. Maße von Fahrzeugen und Zügen. Übergangsvorschrift: § 72. Die Vorschrift steht in **1b** Verbindung mit den §§ 32a, 34, 35, 41, 42. Sie betrifft nur die eigentlichen FzMaße, nicht die Ladung, Bay VM **86** 28 (s § 22 StVO). Richtlinien für die Kenntlichmachung überbreiter/überlanger StrFze und bestimmte hinausragende Ladungen, VkBl **74** 2, **83** 23 = StVRL Nr 1. Ausländische Fz: § 31 d I.

2. Die Breite der Fahrzeuge ist für alle Fze (Ausnahmen: Abs I S 1 Nr 2–5 sowie 35. **2** StVZAusnV, s Rz 1a) und Anhänger ohne Rücksicht auf die Schwere einheitlich geregelt. Die Ladungsbreite ist im § 22 StVO auf 2,55 m beschränkt. Arbeitsmaschinen: Abs I S 1 Nr 2. Landwirtschaftliche Zgm (und ihre Anhänger) mit Breitreifen, s Rz 1a. KühlFze: Abs I S 1 Nr 4. Zu den Abmessungen und zur verkehrssicheren Gestaltung land- und forstwirtschaftlicher Arbeitsgeräte, s Merkblatt VkBl **80** 533. Mähdrescher und andere landwirtschaftliche Arbeitsgeräte dürfen nur mit Ausnahmegenehmigung breiter als 3 m sein; dann ist eine Erlaubnis nach § 29 StVO nötig.

3. Länge von Einzelfahrzeugen und Zügen. Unberücksichtigt bleiben gem Abs VI S 2 **3** die dort genannten Einrichtungen, soweit sie nach vorn oder nach hinten hinausragen und die Ladefläche nicht verlängern; sie dürfen dann den in Abs III und IV festgelegten Längen zugeschlagen werden. Das gilt nicht, wenn diese Einrichtungen bei FzKombinationen am ZugFz hinten oder am Anhänger vorn angebracht sind (Abs VI S 4). Da § 22 StVO die Länge von Fz oder Zug samt Ladung auf 20,75 m begrenzt, wird die Ladung innerhalb einer Wegstrecke bis zu 100 km (§ 22 IV StVO) bis zu 2,75 m über den 18 m-Zug hinausragen dürfen. Bei Transporten über diese Wegstrecke hinaus ist jedes Hinausragen der Ladung nach hinten verboten. Die Vorschrift über die höchstzulässige Länge von Zügen gilt nur, wenn das gezogene Fz (Anhänger) nicht auf das ziehende gestützt ist, anderenfalls gelten die Bestimmungen über SattelKfze bzw FzKombinationen nach Art eines SattelKfzs, VGH Mü BayVBl **91** 243. Abs IV Nr 4 gilt, wie die Neufassung (ÄndVO v 23. 6. 93) klarstellt, zB nicht für Züge aus Zgm mit 2 Anhängern, Kom mit Gepäckanhänger oder Züge mit Kran-, Baubuden- oder Schaustelleranhänger; hier bleibt es bei Abs IV Nr 3 (18 m), s *Jagow* VD **93** 123. Toleranzen auf die Länge von Zügen mit 18,75 m gem Abs IV S 1 Nr 4 sind nicht zulässig (Abs VIII). Grund ist die Ratsprotokollerklärung zur EG-Richtlinie 91/60/EWG vom 4. Februar 1991, in der ausgeführt ist: „Der Rat erklärt, dass bei den zulässigen Höchstabmessungen für Lastzüge gemäß dieser Richtlinie keine Toleranzen zugelassen sind." (s Begr VkBl **92** 343). Die Erweiterung der zulässigen Länge von Lkw mit Anhänger zur Güterbeförderung durch die Neufassung von Abs IV Nr 4 (ÄndVO v 12. 8. 97) soll die für die Kupplung verbleibende Länge auf 0,75 m erhöhen und dadurch die Verwendung starrer Kupplungssysteme ermöglichen (s Begr VkBl **97** 657). Jedoch verbleibt es bei einer Ladelänge von 15,65 m. FzKombinationen mit längenverstellbaren Zugeinrichtungen, s Abs V S 2. Nur bei FzKombinationen mit nicht selbsttätig längenverstellbaren Zugeinrichtungen ist für die Messung die für Kurvenfahrten vorgesehene Position (längste Stellung der Zugeinrichtung) maßgebend, Abs V S 2; bei selbsttätig längenveränderlichen Zugeinrichtungen dagegen der verkürzte Zustand, Bay NZV **90** 322. Abs V S 3 soll verhindern, dass andere Verkehrsteilnehmer eingeklemmt oder eingequetscht werden, wenn sich etwa bei Stillstand des Zugs erst nach einer gewissen Zeit der Zug oder einzelne Zugbestandteile bewegen und der Anhänger an das Zugfahrzeug herangezogen wird (s Begr VkBl **92** 343). Auch für Schaustellerzüge gilt die vorgeschriebene Höchstlänge, BMV StV 7 – 8016 Nw/65. Ausnahmen von den Längenvorschriften idR nur bei unteilbaren, überlangen Ladungen. Die Bildung eines zu langen Zuges ist bei einem Auffahrunfall nur ursächlich, wenn gerade der Verstoß gegen § 32 zum Unfall geführt hat, Ha VRS **35** 124.

4. Die Fahrzeughöhe ist einheitlich auf 4 m bestimmt (Abs II). Dies stimmt mit § 22 StVO **4** hinsichtlich der Höhe der Fze einschließlich der Ladung überein. Da sich die Vorschrift nur auf Kfze und ihre Anhänger bezieht, widerspricht sie nicht § 22 II StVO, der für Fze für land- oder forstwirtschaftliche Zwecke samt einer Ladung mit land- und forstwirtschaftlichen Erzeugnissen abweichende Maße vorsieht.

5. Spurhaltung. Kurvenläufigkeit. Der Inhalt des Abs II alt über Kurvenlaufeigenschaften **5** ist in § 32 d übernommen worden.

6. Verkehrsgefährdende Teile des Umrisses waren früher nach Abs III alt vorschrifts- **6** widrig. Das Verbot ist jetzt in § 30 c enthalten.

Dauer 1337

5 StVZO §§ 32a, 32b B. Fahrzeuge. III. Bau- und Betriebsvorschriften

7 **7. Ausnahmen:** § 1 der 2. VO über Ausnahmen von straßenverkehrsrechtlichen Vorschriften (Brauchtumsveranstaltungen), s § 3 FZV Rz 3. Weitere Ausnahmen, s die AusnahmeVO Rz 1a. Abweichend von Abs I bis VIII werden in Abs IX die durch die EG-Richtlinie 93/93 v 29. 10. 93 = StVRL § 34 StVZO Nr 7 vorgegebenen höchstzulässigen Abmessungen auch für Fze mit EinzelBE übernommen, s Begr (VkBl **00** 362). Im Übrigen gilt § 70 I Nr 1 (Beteiligung der StrBauB und der Träger der Straßenbaulast). Ausnahmeerteilung hinsichtlich der höchstzulässigen Länge nur nach strengem Maßstab bei besonderer individueller Härte, der mit zumutbaren Maßnahmen des Antragstellers nicht beggnet werden kann, VGH Mü VM **92** 95. Richtlinien für Ausnahmegenehmigungen (§ 70) für Turmdrehkräne, selbstfahrende Kräne, angehängte Kräne, Bagger, StrHobel, Schaufellader, Autoschütter bis 20 km/h, Muldenkipper, Züge für Großraum- und Schwertransporte, SattelKfze für solche Transporte, Langmaterialzüge mit Nachläufer, VkBl **80** 433, **86** 13 = StVRL Nr 1 zu § 70. Eine Ausnahmegenehmigung bezüglich der FzLänge zum Transport überlanger unteilbarer Ladungen berechtigt auch zur Leerfahrt auf dem Hin- bzw Rückweg; sie gestattet auch die Nutzung der sonst erforderlichen Leerfahrt zum Transport anderer Güter, soweit der örtliche Bereich der Ausnahmegenehmigung nicht verlassen und kein nennenswerter Umweg gefahren wird, Bay VRS **62** 72.

8 **8. Ordnungswidrigkeit.** §§ 69a III Nr 2 StVZO, 24 StVG. Die Vorschrift geht als engere Sondervorschrift dem § 23 I StVO vor, Bay VM **72** 25. Die Bau- und Ausrüstungsvorschriften der §§ 32 ff konkretisieren die Halterverantwortlichkeit aus § 31 II (s dort), Dü VM **76** 40. Wurde eine geringfügige Überschreitung der Abmessungen bei Erteilung der BE nicht erkannt, so ist FzBenutzung nicht ow, Bay NZV **89** 282. Besteht zu Zweifeln kein besonderer Anlass, so darf den Herstellerangaben über die FzAbmessung idR vertraut werden, dann keine Pflicht zum Nachmessen, Dü VRS **68** 388.

Mitführen von Anhängern

32 a ¹Hinter Kraftfahrzeugen darf nur ein Anhänger, jedoch nicht zur Personenbeförderung (Omnibusanhänger), mitgeführt werden. ²Es dürfen jedoch hinter Zugmaschinen 2 Anhänger mitgeführt werden, wenn die für Züge mit einem Anhänger zulässige Länge nicht überschritten wird. ³Hinter Sattelkraftfahrzeugen darf kein Anhänger mitgeführt werden. ⁴Hinter Kraftomnibussen darf nur ein lediglich für die Gepäckbeförderung bestimmter Anhänger mitgeführt werden.

1 **1. Mitführen von Anhängern.** Ein zweiter Anhänger gefährdet die Sicherheit im Allgemeinen erheblich. § 32a sieht daher idR das Mitführen nur eines Anhängers vor. Zum Begriff „Zugmaschine" § 2 FZV Rz 17. Dass hinter Zgm die Mitführung von zwei Anhängern im Rahmen der Höchstzuglänge gestattet bleibt, erscheint vertretbar, weil solche Züge überwiegend im Nahverkehr fahren und idR leichter und kürzer sind. Dies trifft auch für LandwirtschaftsFze zu, wo die Mitführung von landwirtschaftlichen Geräten als Anhänger unentbehrlich ist. Merkblatt für den Betrieb von land- oder forstwirtschaftlichen Zgm mit einachsigen Transportanhängern, VkBl **85** 758. SattelKfze sind nach DIN 70010 Abschnitt 1 Nr 3, 5 Zusammenstellungen aus einer Sattelzugmaschine (§ 2 Nr 15 FZV) und einem Sattelanhänger (§ 2 Nr 19 FZV), entweder zur Güterbeförderung (Sattellastkraftwagen, Sattelkesselwagen) oder zur Personenbeförderung (Sattelomnibusse). Sattelzugmaschinen ohne Sattelanhänger gelten als Zgm, BaySt **97** 104 = NZV **97** 530. Nachlaufachsen zur Langholzbeförderung sind Kfz-Anhänger, Ha VM **58** 41, Neust VRS **18** 300. § 32a steht im Zusammenhang mit den §§ 32, 34, 35, 41, 42, er gilt nicht für das Abschleppen von Fzen (§ 33 Rz 6 ff), Ce DAR **62** 153.

2 **2. Ausnahmen:** § 70. Ausnahmeerteilung für sog Touristik-Bahnen („Parkbahnen", „Kurbähnchen"), s Merkblatt zur Begutachtung von FzKombinationen zur Personenbeförderung und zur Erteilung der erforderlichen Ausnahmegenehmigungen, VkBl **04** 192.

3 **3. Ordnungswidrigkeit:** §§ 69a III Nr 3 StVZO, 24 StVG.

Unterfahrschutz

32 b (1) Kraftfahrzeuge, Anhänger und Fahrzeuge mit austauschbaren Ladungsträgern mit einer durch die Bauart bestimmten Höchstgeschwindigkeit von mehr als 25 km/h, bei denen der Abstand von der hinteren Begrenzung bis zur letzten Hinterachse mehr als 1000 mm beträgt und bei denen in unbeladenem Zustand entweder das hintere

Unterfahrschutz § 32b StVZO 5

Fahrgestell in seiner ganzen Breite oder die Hauptteile der Karosserie eine lichte Höhe von mehr als 550 mm über der Fahrbahn haben, müssen mit einem hinteren Unterfahrschutz ausgerüstet sein.

(2) Der hintere Unterfahrschutz muß der Richtlinie 70/221/EWG des Rates vom 6. April 1970 zur Angleichung der Rechtsvorschriften der Mitgliedstaaten über die Behälter für flüssigen Kraftstoff und den Unterfahrschutz von Kraftfahrzeugen und Kraftfahrzeuganhängern (ABl. EG Nr. L 76 S. 23), in der nach § 30 Abs. 4 Satz 3 jeweils anzuwendenden Fassung entsprechen.

(3) Die Absätze 1 und 2 gelten nicht für
1. land- oder forstwirtschaftliche Zugmaschinen,
2. Arbeitsmaschinen und Stapler,
3. Sattelzugmaschinen,
4. zweirädrige Anhänger, die zum Transport von Langmaterial bestimmt sind,
5. Fahrzeuge, bei denen das Vorhandensein eines hinteren Unterfahrschutzes mit dem Verwendungszweck des Fahrzeugs unvereinbar ist.

(4) Kraftfahrzeuge zur Güterbeförderung mit mindestens vier Rädern und mit einer durch die Bauart bestimmten Höchstgeschwindigkeit von mehr als 25 km/h und einer zulässigen Gesamtmasse von mehr als 3,5 t müssen mit einem vorderen Unterfahrschutz ausgerüstet sein, der den im Anhang zu dieser Vorschrift genannten Bestimmungen entspricht.

(5) Absatz 4 gilt nicht für
1. Geländefahrzeuge,
2. Fahrzeuge, deren Verwendungszweck mit den Bestimmungen für den vorderen Unterfahrschutz nicht vereinbar ist.

Begr: VkBl **73** 405 (s 36. Aufl). 1

Begr zur ÄndVO v 22. 10. 03 (VkBl **03** 746): **Zu Abs 4 und 5:** *Mit diesen Vorschriften wird die Richtlinie 2000/40/EG des Europäischen Parlaments und des Rates vom 26. Juni 2000 zur Angleichung der Rechtsvorschriften der Mitgliedstaaten über den vorderen Unterfahrschutz von Kraftfahrzeugen und zur Änderung der Richtlinie 70/156/EWG des Rates in die StVZO übernommen.*

1. Zweck des Unterfahrschutzes ist es zu verhindern, dass bei Auffahrunfällen Kraftfahrzeuge, vor allem Pkw, unter die überhängenden Aufbauten größerer Fze wie Lkw und ihre Anhänger geraten. Derartige Unfälle wirken sich idR besonders auf die Fahrzeuginsassen aus. Insbesondere bei höheren Auffahrgeschwindigkeiten kann das auffahrende Fz zusammengedrückt oder sein oberer Teil ganz oder teilweise abgetrennt werden (s Begr VkBl **73** 405). Die Vorschrift des § 32b entspricht der EG-Richtlinie vom 20. März 1970 über den Unterfahrschutz (ABl EG Nr L 76, S 23 v 6. 4. 70). Die Absätze IV und V über den vorderen Unterfahrschutz (eingefügt durch ÄndVO v 22. 10. 03) übernehmen die Richtlinie 2000/40/EG in die StVZO. 2

2. Übergangsbestimmung: § 72 II. Für Fze, die vor dem 1. 10. 2000 erstmals in den V gekommen sind, gilt hinsichtlich des hinteren Unterfahrschutzes die frühere, vor dem 1. 4. 00 geltende Fassung. Abs IV über den vorderen Unterfahrschutz ist spätestens ab dem 1. 1. 04 auf erstmals in den Verkehr kommende Fahrzeuge anzuwenden. 3

3. Unvereinbar iS des Abs III Nr 5 bzw Abs V Nr 2 mit dem Verwendungszweck des Fzs ist der Unterfahrschutz nur, wenn das Fz damit überhaupt nicht seinem Verwendungszweck entsprechend eingesetzt werden könnte, Kö VRS **73** 150; Schwierigkeiten beim Be- oder Entladen reichen dazu nicht aus, vielmehr ist vorübergehende Demontage bei Ladevorgängen zumutbar, Kö VRS **73** 150. **Container** sind nicht FzBestandteile; treffen die übrigen Voraussetzungen des Abs I nur durch das Aufbringen des Containers zu, so gilt daher ausschließlich die Alternative „Fze mit austauschbaren Ladungsträgern", Bay VRS **68** 309; anders nur in Fällen des § 42 III 2. Land- und forstwirtschaftliche Arbeitsgeräte unterliegen dem § 32b nicht, s Merkblatt des BMV, VkBl **00** 674 (676). 4

4. Ordnungswidrigkeit: § 69a III Nr 3a. Danach handelt auch ow, wer ein Fz mit einem Unterfahrschutz in Betrieb nimmt, dessen Beschaffenheit gefährdet, KG VRS **82** 149. 5

Dauer

Seitliche Schutzvorrichtung

32c (1) Seitliche Schutzvorrichtungen sind Einrichtungen, die verhindern sollen, daß Fußgänger, Rad- oder Kraftradfahrer seitlich unter das Fahrzeug geraten und dann von den Rädern überrollt werden können.

(2) Lastkraftwagen, Zugmaschinen und Kraftfahrzeuge, die hinsichtlich der Baumerkmale ihres Fahrgestells den Lastkraftwagen oder Zugmaschinen gleichzusetzen sind, mit einer auf Grund der Bauart bestimmten Höchstgeschwindigkeit von mehr als 25 km/h und ihre Anhänger müssen, wenn ihr zulässiges Gesamtgewicht jeweils mehr als 3,5 t beträgt, an beiden Längsseiten mit seitlichen Schutzvorrichtungen ausgerüstet sein.

(3) Absatz 2 gilt nicht für

1. land- oder forstwirtschaftliche Zugmaschinen und ihre Anhänger,
2. Sattelzugmaschinen,
3. Anhänger, die besonders für den Transport sehr langer Ladungen, die sich nicht in der Länge teilen lassen, gebaut sind,
4. Fahrzeuge, die für Sonderzwecke gebaut und bei denen seitliche Schutzvorrichtungen mit dem Verwendungszweck des Fahrzeugs unvereinbar sind.

(4) Die seitlichen Schutzvorrichtungen müssen den im Anhang zu dieser Vorschrift genannten Bestimmungen entsprechen.

1 **Begr** (VkBl **90** 493): *Bei seitlicher Kollision von Fußgängern oder Zweiradfahrern mit Lastkraftwagen oder Anhängern, insbesondere mit der Seite des Aufbaus, besteht die Gefahr, unter das Fahrzeug zu geraten und von den Rädern überrollt zu werden. Der Grund liegt in der großen Höhe des Lkw-Aufbaus im Zusammenspiel mit dem Freiraum darunter. Dadurch wird der Fußgänger bzw. Zweiradfahrer in der Regel oberhalb des Schwerpunktes seines Körpers getroffen, so dass der Fußgänger nicht vom Fahrzeug weggestoßen wird, sondern unter das Fahrzeug gerät. Betroffen sind hiervon alle Altersgruppen. Bei immer wieder vorkommenden schwersten Unfällen mit seitlicher Kollision werden lt. Untersuchungsergebnis von Prof. Dr.-Ing. Appel, Technische Universität Berlin, ca. 60% der Unfallpartner überrollt und in über 80% aller Fälle getötet.*

… Die seitliche Schutzvorrichtung besteht aus einer fortlaufenden ebenen Fläche oder aus einer oder mehreren horizontalen Schienen bzw. einer Kombination aus Flächen und Schienen.

…

Begr zur ÄndVO v 25. 10. 94: BRDrucks 782/94.

2 1. Nach der **Übergangsbestimmung** des § 72 II gilt die Vorschrift nicht für Fze, die vor dem 1. 1. 75 erstmals in den V gekommen sind. Für Kfze, die hinsichtlich der Baumerkmale ihres Fahrgestells den Lkw oder Zgm gleichzusetzen sind, besteht Nachrüstungspflicht nach Maßgabe von § 72 II.

3 2. **Ordnungswidrigkeit:** § 69a III Nr. 3b.

Kurvenlaufeigenschaften

32d (1) ¹Kraftfahrzeuge und Fahrzeugkombinationen müssen so gebaut und eingerichtet sein, daß einschließlich mitgeführter austauschbarer Ladungsträger (§ 42 Abs. 3) die bei einer Kreisfahrt von 360° überstrichene Ringfläche mit einem äußeren Radius von 12,50 m keine größere Breite als 7,20 m hat. ²Dabei muß die vordere – bei hinterradgelenkten Fahrzeugen die hintere – äußerste Begrenzung des Kraftfahrzeugs auf dem Kreis von 12,50 m Radius geführt werden.

(2) ¹Beim Einfahren aus der tangierenden Geraden in den Kreis nach Absatz 1 darf kein Teil des Kraftfahrzeugs oder der Fahrzeugkombination diese Gerade um mehr als 0,8 m nach außen überschreiten. ²Abweichend davon dürfen selbstfahrende Mähdrescher beim Einfahren aus der tangierenden Geraden in den Kreis diese Gerade um bis zu 1,60 m nach außen überschreiten.

(3) ¹Bei Kraftomnibussen ist bei stehendem Fahrzeug auf dem Boden eine Linie entlang der senkrechten Ebene zu ziehen, die die zur Außenseite des Kreises gerichtete Fahrzeugseite tangiert. ²Bei Kraftomnibussen, die als Gelenkfahrzeug ausgebildet sind, müssen die zwei starren Teile parallel zu dieser Ebene ausgerichtet sein. ³Fährt das Fahrzeug aus einer Geradeausbewegung in die in Absatz 1 beschriebene Kreisringfläche ein, so darf kein Teil mehr als 0,60 m über die senkrechte Ebene hinausragen.

Schleppen von Fahrzeugen **§ 33 StVZO 5**

Begr (VkBl 92 343): **Zu Absatz 1:** *Die Vorschrift wurde unverändert aus § 32 (alt) übernommen.* 1

Zu Absatz 2: *Satz 1 wurde unverändert aus § 32 (alt) übernommen. Bei Satz 2 handelt es sich um die Übernahme des § 2 der 35. Ausnahmeverordnung zur StVZO vom 22. April 1988, der aufgehoben wird.*

Begr zur ÄndVO v 22. 10. 03 **(zu Abs 3):** VkBl **03** 746.

1. Spurhaltung. Kurvenläufigkeit. Die Vorschrift regelt die Spurhaltung der Fze und Züge 2 zwecks gefahrloseren Durchfahrens enger Kurven und Abbiegens nach rechts, bei dem Fze und Züge mit schlechter Spurhaltung oft weit nach links ausbiegen müssen, um nach rechts abbiegen zu können. Ausnahmen: § 70 I Nr 1.

2. Ordnungswidrigkeit: §§ 69a III Nr 3c StVZO, 24 StVG. 3

Schleppen von Fahrzeugen

33 (1) ¹Fahrzeuge, die nach ihrer Bauart zum Betrieb als Kraftfahrzeug bestimmt sind, dürfen nicht als Anhänger betrieben werden. ²Die Verwaltungsbehörden (Zulassungsbehörden) können in Einzelfällen Ausnahmen genehmigen.

(2) Werden Ausnahmen nach Absatz 1 genehmigt, so gelten folgende Sondervorschriften:
1. Das schleppende Fahrzeug darf jeweils nur ein Fahrzeug mitführen. Dabei muß das geschleppte Fahrzeug durch eine Person gelenkt werden, die die beim Betrieb des Fahrzeugs als Kraftfahrzeug erforderliche Fahrerlaubnis besitzt. Satz 2 gilt nicht, wenn die beiden Fahrzeuge durch eine Einrichtung verbunden sind, die ein sicheres Lenken auch des geschleppten Fahrzeugs gewährleistet, und die Anhängelast nicht mehr als die Hälfte des Leergewichts des ziehenden Fahrzeugs, jedoch in keinem Fall mehr als 750 kg beträgt.
2. Das geschleppte Fahrzeug unterliegt nicht den Vorschriften über das Zulassungsverfahren.
3. Das geschleppte Fahrzeug bildet mit dem ziehenden Fahrzeug keinen Zug im Sinne des § 32.
4. Bezüglich der §§ 41, 53, 54, 55 und 56 gilt das geschleppte Fahrzeug als Kraftfahrzeug.
5. § 43 Abs. 1 Satz 2 und 3 sowie Abs. 4 Satz 1 ist nicht anzuwenden.
6. Fahrzeuge mit einem zulässigen Gesamtgewicht von mehr als 4 t dürfen nur mit Hilfe einer Abschleppstange mitgeführt werden.
7. Die für die Verwendung als Kraftfahrzeug vorgeschriebenen oder für zulässig erklärten lichttechnischen Einrichtungen dürfen am geschleppten Fahrzeug angebracht sein. Soweit sie für Anhänger nicht vorgeschrieben sind, brauchen sie nicht betriebsfertig zu sein.

Begr zur ÄndVO v 21. 7. 69: VkBl **69** 394. 1

§ 3 der 6. StVZAusnVO 1962 idF der VO v 25. 4. 06 (BGBl I 1078, VkBl 06 597): 2

§ 33 StVZO gilt nicht für Kraftfahrzeuge, die den Vorschriften über Bau und Ausrüstung von Anhängern entsprechen und bei denen dies aus einer vom Kraftfahrzeugführer mitgeführten Bescheinigung der Zulassungsbehörde oder eines amtlich anerkannten Sachverständigen für den Kraftfahrzeugverkehr oder aus dem nach § 4 Abs. 5 der Fahrzeug-Zulassungsverordnung mitzuführenden oder aufzubewahrenden Nachweis ersichtlich ist.

1. Schleppen von Kraftfahrzeugen. § 33 betrifft nur das *Schleppen* (= „Betrieb als Anhän- 3 ger" iS von I S 1, BVerwG DAR **05** 582), nicht das *Abschleppen* betriebsunfähiger Fze (s Rz 6–8). Schleppen ist das Ziehen eines betriebsfähigen oder betriebsunfähigen Kfzs, soweit nicht die Voraussetzungen für das Abschleppen vorliegen, OVG Münster VRS **106** 230. Ein betriebsfähiges Kfz, von einem anderen geschleppt, unterliegt, wenn die Genehmigung vorliegt, als zulassungsfreier Anhänger (II Nr 2) weder der Pflichtversicherung noch der Kfz-Steuerpflicht; gem § 2 I Nr 6c PflVG sind nämlich Anhänger, die den Vorschriften über das Zulassungsverfahren nicht unterliegen, von der Versicherungspflicht ausgenommen, entsprechendes gilt nach § 3 Nr 1 KraftStG hinsichtlich der Besteuerung. Anders bei fehlender Genehmigung, dann unterliegt das geschleppte Fz als Anhänger der Zulassungs- und damit auch der Versicherungs- und Steuerpflicht, ist also vom Halter des *schleppenden* Fzs als Anhänger zu versichern, s vor § 23

Dauer 1341

5 StVZO § 33
B. Fahrzeuge. III. Bau- und Betriebsvorschriften

FZV Rz 1. Unabhängig vom Vorliegen einer Genehmigung bedarf der Schleppende (anders als beim Abschleppen: § 6 I S 3 FeV, s Rz 7) der FEKl E, wenn das geschleppte Fz eine Gesamtmasse von mehr als 750 kg hat. Der Geschleppte benötigt (ebenfalls anders als bei Abschleppen, s Rz 7) die FE für das geschleppte Fz (Abs II Nr 1). Zuwiderhandlung: Rz 5.

4 **2. Ausnahmen.** § 33 will den bei Verwendung von Kfzen als Anhänger entstehenden Gefahren entgegenwirken, OVG Münster VRS **106** 237. Diese Gefahren fehlen bei Fzen, die für wechselnde Verwendung als Kfze oder Anhänger gebaut sind. Für derartige Fze passt auch § 33 II nicht. Die **6. StVZAusnV** (s Rz 2) befreit deshalb die Fze, die nach ihrer Bauart als Kfze oder Anhänger verwendet werden, von § 33. Die Bewilligung einer Ausnahme gem I S 2 steht im Ermessen der VB, OVG Münster VRS **106** 236. Dabei sind der Zweck des Abs I S 1 und die Zwecke der Ermächtigungsgrundlage in § 6 StVG zu berücksichtigen, OVG Münster VRS **106** 236. Trotz des Klammerzusatzes „Zulassungsbehörden" in I S 2 gilt im Übrigen für die **Zuständigkeit** § 70, BVerwG DAR **05** 582. S § 70 Rz 2, 7 Betrieben des KfzHandels und -handwerks, die den Nachweis ausreichender KfzHaftpflichtversicherung geführt haben, können Ausnahmen von § 33 I als Dauergenehmigung für das ziehende Fz gewährt werden, ohne dass die Anzahl der Schleppvorgänge festgelegt wird, auch unbefristet, jedoch mit Widerrufsvorbehalt, BMV VkBl **60** 650, **61** 386, 575 = StVRL § 33 StVZO Nr 2. Zuständige VB: § 68, s OVG Münster VRS **106** 230.

5 **3. Zuwiderhandlungen.** Der Geschleppte, der entgegen Abs II Nr 1 die für das beim Betrieb des geschleppten Fzs **erforderliche FE** nicht hat, handelt nur ow (§ 69a III Nr 3), keine Strafbarkeit gem § 21 StVG, s § 21 StVG Rz 11. Wird ohne die erforderliche **Genehmigung** geschleppt, so ist der Halter des ziehenden Fzs bezüglich des geschleppten kfzsteuerpflichtig, Dü VM **77** 94. Verstöße gegen § 33 I (ungenehmigte Schleppfahrt) und II Ziff 1 Satz 2 (Lenkung des geschleppten Fz ohne entsprechende FE) sind ow (§§ 69a III Nr 3 StVZO, 24 StVG).

6 **4. Das Abschleppen betriebsunfähiger Fz** wird trotz Abs I S 1 für zulässig gehalten. Dass und unter welchen Umständen abgeschleppt werden darf, ist im Straßenverkehrsrecht allerdings nicht ausdrücklich geregelt. Verschiedene Vorschriften gehen von der Zulässigkeit aus und treffen Regelungen zu einzelnen Aspekten des Abschleppens (§§ 15a StVO, 6 I S 3 FeV, 42 IIa, 43 II und III und 53 VIII StVZO). In der Vergangenheit wurde die Zulässigkeit des Abschleppens auf den am 1. 3. 07 aufgehobenen (BGBl I **06** 1069, 1084) § 18 I S 1 StVZO gestützt (BMV VkBl **60** 582; BMV VkBl **61** 24 = StVRL § 33 StVZO Nr 1). Diese Bestimmung enthielt aber lediglich die Aussage, dass abgeschleppte betriebsunfähige Fz keine Anhänger im zulassungsrechtlichen Sinne sind. Diese Aussage ist nicht in die FZV übernommen worden (s § 1 FZV Rz 6). Man wird wohl annehmen müssen, dass die Zulässigkeit des Abschleppens betriebsunfähiger Fz auf Gewohnheitsrecht beruht.

7 Krafträder dürfen nicht abgeschleppt werden, § 15a IV StVO. Der abschleppende Fahrer muss die FE für das Schleppfz haben, Dü VM **77** 93, nicht dagegen die für das Führen von Fzen mit Anhängern mit mehr als 750kg Gesamtmasse sonst erforderliche FEKl E, was § 6 I S 3 FeV klarstellt, Fra NStZ-RR **97** 93. Der Lenker des abgeschleppten Fzs ist nicht Führer eines Kfzs, braucht also keine FE, s § 21 StVG Rz 11, ist aber für Lenkung und Bremsung wie ein FzF verantwortlich, BGH VRS **65** 140. Schlepp- und abgeschlepptes Fz bilden zusammen keinen Zug, die §§ 32, 32a sind unanwendbar, auch wenn ein Lastzug einen betriebsunfähigen Lkw mit dessen betriebsfähigem Anhänger abschleppt, Bay NJW **58** 1505.

8 Abschleppen setzt **Betriebsunfähigkeit** des geschleppten Fz voraus, Ce NZV **94** 242, Fra NStZ-RR **97** 93, Ha VRS **57** 456, zumindest beeinträchtigte Betriebssicherheit, Dü VM **77** 93, Bay DAR **92** 362, NZV **94** 163, beim Zug Betriebsunfähigkeit des ziehenden Fz, Bay NJW **58** 1505, beim Anhänger Unverwendbarkeit wegen eines technischen Fehlers, Kö VRS **14** 141. Es ist gleichgültig, worauf die Tatsache der Betriebsunfähigkeit beruht, etwa auf einem Defekt oder auf Erschöpfung der Batterie oder aber auf Mangel betriebsnotwendiger Stoffe (Öl, Kühlwasser, Kraftstoff, Ha DAR **99** 178 (krit *Huppertz* VD **99** 253), s *Rüth/Berr/Berz* Rz 17, *Müller*, StrVRecht, 20. Aufl, Anm 3c, aM bei Treibstoffmangel LG Mü I DAR **57** 157, *Huppertz* VD **91** 270. Unter diesen Voraussetzungen ist Abschleppen auch aus wirtschaftlichen Belangen des Halters zulässig bei Verbringen zum „möglichst nahe gelegenen geeigneten Bestimmungsort" (Werkstatt, Schrottplatz, ggf vom Käufer bestimmt), BGH NJW **69** 2155, Fra NStZ-RR **97** 93, Ce NZV **94** 242, Ko NZV **98** 257, OVG Münster VRS **106** 230. Darunter fällt das Wegschaffen des betriebsunfähigen Fz vom Pannenort oder Standort und die Verbringung in eine relativ nahe Werkstatt, Dü VM **77** 93, Ha VRS **30** 137, Bay VRS **65** 304, nicht zu einem entfernteren Standort, Bay VRS **11** 308, aber zB vom Abstellplatz zum Verschrotten, aM Fra VersR **66** 179, ohne Rücksicht darauf, wo das Fz betriebsunfähig geworden ist, Ko NZV **98** 257, Zw Betr **69** 837, VersR **67** 274, und wie lange die Betriebsunfähigkeit zurückliegt, Ko NZV **98** 257, KG VRS **26** 125, auch von einer Werkstatt in die andere, Bay VRS **65** 304, Ha VM **61** 83, oder zum Zwecke des Verkaufs von der Werkstatt in eine nahe gelegene Garage, Fra NStZ-RR **97** 93. Kein Abschleppen über weitere Strecken nur wegen niedrigerer Reparaturkosten, Ce NZV **94** 242, Dü VM **68** 87, doch darf die geeignete, vor allem die Fachwerkstatt gewählt werden, Ce VRS **16** 312, oder der regelmäßige Standort des Fz, auch wenn er nicht nahe liegt, Dü VM **62** 5. In Gebieten mit ausreichend dichtem Werkstättennetz wird Abschleppen über mehr als 100 km jedenfalls nicht in Frage kommen, s *Huppertz* VD **92** 231. Vielfach werden aber auch wesentlich geringere Strecken schon nicht mehr den Anforderungen an erlaubtes Abschleppen genügen, etwa das Verbringen eines betriebsunfähig erworbenen Fzs an einen 45 km entfernten Ort, Ce NZV **94** 242 (zust *Huppertz* VD **94** 203). **Anschleppen** wegen versagender Batterie oder Zündung ist bis zum Anspringen des Motors oder zur Reparatur Abschleppen, Dü VM **77** 93, *Huppertz* VD **92** 88, s dazu auch § 21 StVG Rz 11. Auch ein Kfz, das an sich weggeschoben werden könnte, darf auf der AB mit besonderer Vorsicht abgeschleppt werden, BGHZ VM **63** 34 (s § 15a StVO). **Kein Abschleppen** ist es, wenn ein neues, noch nicht betriebsfähiges Kfz von einem ziehenden Kfz geschleppt wird, BGHSt **17** 399 = NJW **62** 2070.

Lit: Huppertz, Betriebsunfähigkeit wegen Treibstoffmangels?, VD **91** 270. *Derselbe,* Anschleppen als Unterfall des Abschleppens, VD **92** 86. *Derselbe,* Wie weit darf ein betriebsunfähiges Fz abgeschleppt werden?, VD **92** 228. *Derselbe,* Abschleppen und (ungenehmigtes) Schleppen, VD **00** 58. *Jung,* Abschleppen von Kfzen (zivil- und haftungsrechtliche Fragen), DAR **83** 151. *Reichart,* Strafrechtliche Aspekte des Schleppens und Abschleppens ..., NJW **94** 103. *Wiederhold,* Schleppen und Abschleppen, VD **79** 267. 9

Achslast und Gesamtgewicht

34 (1) Die Achslast ist die Gesamtlast, die von den Rädern einer Achse oder einer Achsgruppe auf die Fahrbahn übertragen wird.

(2) ¹Die technisch zulässige Achslast ist die Achslast, die unter Berücksichtigung der Werkstoffbeanspruchung und nachstehender Vorschriften nicht überschritten werden darf:

§ 36 (Bereifung und Laufflächen);
§ 41 Abs. 11 (Bremsen an einachsigen Anhängern und zweiachsigen Anhängern mit einem Achsabstand von weniger als 1,0 m).

²Das technisch zulässige Gesamtgewicht ist das Gewicht, das unter Berücksichtigung der Werkstoffbeanspruchung und nachstehender Vorschriften nicht überschritten werden darf:

§ 35 (Motorleistung);
§ 41 Abs. 10 und 18 (Auflaufbremse);
§ 41 Abs. 15 und 18 (Dauerbremse).

(3) ¹Die zulässige Achslast ist die Achslast, die unter Berücksichtigung der Bestimmungen des Absatzes 2 Satz 1 und des Absatzes 4 nicht überschritten werden darf. ²Das zulässige Gesamtgewicht ist das Gewicht, das unter Berücksichtigung der Bestimmungen des Absatzes 2 Satz 2 und der Absätze 5 und 6 nicht überschritten werden darf. ³Die zulässige Achslast und das zulässige Gesamtgewicht sind beim Betrieb des Fahrzeugs und der Fahrzeugkombination einzuhalten.

(4) ¹Bei Kraftfahrzeugen und Anhängern mit Luftreifen oder den in § 36 Abs. 3 für zulässig erklärten Gummireifen – ausgenommen Straßenwalzen – darf die zulässige Achslast folgende Werte nicht übersteigen:

1. Einzelachslast
   a) Einzelachsen .... 10,00 t
   b) Einzelachsen (angetrieben) .... 11,50 t
   c) *(aufgehoben)*
2. Doppelachslast von Kraftfahrzeugen unter Beachtung der Vorschriften für die Einzelachslast
   a) Achsabstand weniger als 1,0 m .... 11,50 t
   b) Achsabstand 1,0 m bis weniger als 1,3 m .... 16,00 t
   c) Achsabstand 1,3 m bis weniger als 1,8 m .... 18,00 t
   d) Achsabstand 1,3 m bis weniger als 1,8 m, wenn die Antriebsachse mit Doppelbereifung und Luftfederung oder einer als gleichwertig anerkann-

ten Federung nach Anlage XII ausgerüstet ist oder jede Antriebsachse mit Doppelbereifung ausgerüstet ist und dabei die höchstzulässige Achslast von 9,50 t je Achse nicht überschritten wird, ... 19,00 t;

3. Doppelachslast von Anhängern unter Beachtung der Vorschriften für die Einzelachslast

   a) Achsabstand weniger als 1,0 m .... 11,00 t
   b) Achsabstand 1,0 m bis weniger als 1,3 m .... 16,00 t
   c) Achsabstand 1,3 m bis weniger als 1,8 m .... 18,00 t
   d) Achsabstand 1,8 m oder mehr .... 20,00 t
   e) *(aufgehoben)*

4. Dreifachachslast unter Beachtung der Vorschriften für die Doppelachslast

   a) Achsabstände nicht mehr als 1,3 m .... 21,00 t
   b) Achsabstände mehr als 1,3 m und nicht mehr als 1,4 m .... 24,00 t.

[2] Sind Fahrzeuge mit anderen Reifen als den in Satz 1 genannten versehen, so darf die Achslast höchstens 4,00 t betragen.

(5) Bei Kraftfahrzeugen und Anhängern – ausgenommen Sattelanhänger und Starrdeichselanhänger (einschließlich Zentralachsanhänger) – mit Luftreifen oder den in § 36 Abs. 3 für zulässig erklärten Gummireifen darf das zulässige Gesamtgewicht unter Beachtung der Vorschriften für die Achslasten folgende Werte nicht übersteigen:

1. Fahrzeuge mit nicht mehr als 2 Achsen
   Kraftfahrzeuge und Anhänger jeweils .... 18,00 t;

2. Fahrzeuge mit mehr als 2 Achsen – ausgenommen Kraftfahrzeuge nach Nummern 3 und 4 –

   a) Kraftfahrzeuge .... 25,00 t
   b) Kraftfahrzeuge mit einer Doppelachslast nach Absatz 4 Nr. 2 Buchstabe d .... 26,00 t
   c) Anhänger .... 24,00 t
   d) Kraftomnibusse, die als Gelenkfahrzeuge gebaut sind .... 28,00 t;

3. Kraftfahrzeuge mit mehr als 3 Achsen – ausgenommen Kraftfahrzeuge nach Nummer 4 –

   a) Kraftfahrzeuge mit 2 Doppelachsen, deren Mitten mindestens 4,0 m voneinander entfernt sind .... 32,00 t
   b) Kraftfahrzeuge mit 2 gelenkten Achsen und mit einer Doppelachslast nach Absatz 4 Nr. 2 Buchstabe d und deren höchstzulässige Belastung, bezogen auf den Abstand zwischen den Mitten der vordersten und der hintersten Achse, 5,00 t je Meter nicht übersteigen darf, nicht mehr als .... 32,00 t;

4. Kraftfahrzeuge mit mehr als 4 Achsen unter Beachtung der Vorschriften in Nummer 3 .... 32,00 t.

(5a) Abweichend von Absatz 5 gelten für die zulässigen Gewichte von Kraftfahrzeugen nach § 30 a Abs. 3 die im Anhang zu dieser Vorschrift genannten Bestimmungen.

(6) Bei Fahrzeugkombinationen (Züge und Sattelkraftfahrzeuge) darf das zulässige Gesamtgewicht unter Beachtung der Vorschriften für Achslasten, Anhängelasten und Einzelfahrzeuge folgende Werte nicht übersteigen:

1. Fahrzeugkombinationen mit weniger als 4 Achsen .... 28,00 t;

2. Züge mit 4 Achsen
   zweiachsiges Kraftfahrzeug mit zweiachsigem Anhänger .... 36,00 t;

3. zweiachsige Sattelzugmaschine mit zweiachsigem Sattelanhänger

   a) bei einem Achsabstand des Sattelanhängers von 1,3 m und mehr .... 36,00 t
   b) bei einem Achsabstand des Sattelanhängers von mehr als 1,8 m, wenn die Antriebsachse mit Doppelbereifung und Luftfederung oder einer als gleichwertig anerkannten Federung nach Anlage XII ausgerüstet ist, ... 38,00 t
   c) *(aufgehoben)*

4. andere Fahrzeugkombinationen mit vier Achsen

   a) mit Kraftfahrzeug nach Absatz 5 Nr. 2 Buchstabe a .... 35,00 t
   b) mit Kraftfahrzeug nach Absatz 5 Nr. 2 Buchstabe b .... 36,00 t;

5. Fahrzeugkombinationen mit mehr als 4 Achsen .... 40,00 t;

6. Sattelkraftfahrzeug, bestehend aus dreiachsiger Sattelzugmaschine mit zwei- oder dreiachsigem Sattelanhänger, das im kombinierten Verkehr im Sinne der Richtlinie 92/106/EWG des Rates vom 7. Dezember 1992 über die Festlegung gemeinsamer Regeln für bestimmte Beförderungen im kombinierten

Achslast und Gesamtgewicht § 34 StVZO 5

Güterverkehr zwischen Mitgliedstaaten (ABl. EG Nr. L 368 S. 38) einen ISO-Container von 40 Fuß befördert .... 44,00 t.

(7) ¹Das nach Absatz 6 zulässige Gesamtgewicht errechnet sich
1. bei Zügen aus der Summe der zulässigen Gesamtgewichte des ziehenden Fahrzeugs und des Anhängers,
2. bei Zügen mit Starrdeichselanhängern (einschließlich Zentralachsanhängern) aus der Summe der zulässigen Gesamtgewichte des ziehenden Fahrzeugs und des Starrdeichselanhängers, vermindert um den jeweils höheren Wert
   a) der zulässigen Stützlast des ziehenden Fahrzeugs oder
   b) der zulässigen Stützlast des Starrdeichselanhängers,
   bei gleichen Werten um diesen Wert,
3. bei Sattelkraftfahrzeugen aus der Summe der zulässigen Gesamtgewichte der Sattelzugmaschine und des Sattelanhängers, vermindert um den jeweils höheren Wert
   a) der zulässigen Sattellast der Sattelzugmaschine oder
   b) der zulässigen Aufliegelast des Sattelanhängers,
   bei gleichen Werten um diesen Wert.

²Ergibt sich danach ein höherer Wert als
28,00 t (Absatz 6 Nr. 1),
36,00 t (Absatz 6 Nr. 2 und Nr. 3 Buchstabe a und Nr. 4 Buchstabe b),
38,00 t (Absatz 6 Nr. 3 Buchstabe b),
35,00 t (Absatz 6 Nr. 4 Buchstabe a),
40,00 t (Absatz 6 Nr. 5) oder
44,00 t (Absatz 6 Nr. 6),
so gelten als zulässiges Gesamtgewicht 28,00 t, 36,00 t, 38,00 t, 35,00 t, 40,00 t bzw. 44,00 t.

(8) Bei Lastkraftwagen, Sattelkraftfahrzeugen und Lastkraftwagenzügen darf das Gewicht auf der oder den Antriebsachsen im grenzüberschreitenden Verkehr nicht weniger als 25 vom Hundert des Gesamtgewichts des Fahrzeugs oder der Fahrzeugkombination betragen.

(9) ¹Der Abstand zwischen dem Mittelpunkt der letzten Achse eines Kraftfahrzeugs und dem Mittelpunkt der ersten Achse seines Anhängers muß mindestens 3,0 m, bei Sattelkraftfahrzeugen und bei land- und forstwirtschaftlichen Zügen sowie bei Zügen, die aus einem Zugfahrzeug und Anhänger-Arbeitsmaschinen bestehen, mindestens 2,5 m betragen. ²Dies gilt nicht für Züge, bei denen das zulässige Gesamtgewicht des Zugfahrzeugs nicht mehr als 7,50 t oder das des Anhängers nicht mehr als 3,50 t beträgt.

(10) Fahrzeuge mit mindestens vier Rädern, einer durch die Bauart bestimmten Höchstgeschwindigkeit von mehr als 25 km/h und einem zulässigen Gesamtgewicht von mehr als 3,50 t, die Teil einer fünf- oder sechsachsigen Fahrzeugkombination sind, müssen im grenzüberschreitenden Verkehr mit den EG-Mitgliedstaaten und den anderen Vertragsstaaten des Abkommens über den Europäischen Wirtschaftsraum außerdem den im Anhang zu dieser Vorschrift genannten Bedingungen entsprechen.

(11) Für Hubachsen oder Lastverlagerungsachsen sind die im Anhang zu dieser Vorschrift genannten Bestimmungen anzuwenden.

Begr zur ÄndVO v 23. 7. 90 (VkBl **90** 494): *Die Übernahme der bei den EG festgelegten Grenzwerte wurde zum Anlass genommen, § 34 insgesamt neu zu fassen. Dabei wurden auch weitere Änderungen vorgenommen.* 1

Zu den Absätzen 1 bis 10: *Im Einzelnen sind dies:*
1. *Trennung zwischen dem amtlich zulässigen Gewicht und dem technisch zulässigen Gewicht einer Achse, Achsgruppe oder dem des Einzelfahrzeugs.*
Bisher wurden in der Bundesrepublik Deutschland bei Fahrzeugen und Achslasten, deren technisch zulässige Gewichte höher als die amtlich zulässigen Gewichte sind, die amtlich zulässigen Grenzwerte in die Fahrzeugpapiere eingetragen. Es kann aber im Hinblick auf den freien Warenverkehr im Binnenmarkt von 1993 an und damit einer möglichen Kabotage für deutsche Fahrzeughalter günstig sein, wenn die technisch zulässigen höheren Gewichte in einem amtlichen Papier festgehalten sind; die im benachbarten Ausland z. T. höheren amtlichen Achslasten und/oder Gesamtgewichte könnten damit zumindest leichter von deutschen Fahrzeugen mit ausgenutzt und Wettbewerbsverzerrungen zu Ungunsten deutscher Fahrzeughalter verhindert werden. Die technisch zulässigen Grenzwerte können in der Übereinstimmungsbescheinigung nach § 59a aufgeführt werden.
2. *bis 4 ...*

Dauer

5. In Absatz 5 Nr. 3 ist in Buchstabe a das bisherige 4 achsige Fahrzeug wieder aufgenommen worden. In Buchstabe b ist das 4 achsige Fahrzeug, wie es die Richtlinie 85/3/EWG vorsieht, zu finden. Die Fahrzeughersteller können damit wählen, ob sie die Fahrzeuge nach Buchstaben a oder b zulassen wollen.

6. In Absatz 4 Nr. 2 Buchstabe c, Absatz 5 Nr. 2 Buchstabe b und Absatz 6 Nr. 3 Buchstabe b ist bei Vorhandensein von Luftfederung oder „einer als gleichwertig anerkannten Federung" ein höheres Gewicht zulässig ...

Begr zur ÄndVO v 23. 6. 93 (VkBl **93** 612):

Zu Abs 4 Nr 2 c und d: Mit der Richtlinie 92/7/EWG des Rates vom 10. Februar 1992 zur Änderung der Richtlinie 85/3/EWG über die Gewichte, Abmessungen und bestimmte andere Merkmale bestimmter Straßenfahrzeuge sind die Bedingungen für die Gleichwertigkeit von Luftfederungen und bestimmten anderen Federungssystemen an der (den) Antriebsachse(n) des Fahrzeugs festgelegt worden. Mit der Änderung des § 34 und der Einführung der Anlage XII wird die obengenannte EG-Richtlinie in nationales Recht übernommen.

...

Begr zur ÄndVO v 12. 8. 97 (VkBl **97** 657): **Zu Abs 5:** Mit dieser Vorschrift werden die Starrdeichselanhänger hinsichtlich der Achslasten und Gesamtgewichte den Sattelanhängern gleichgestellt. Dies ist auch vertretbar, weil diese Starrdeichselanhänger über die Verbindungseinrichtung eine Stützlast auf das Zugfahrzeug übertragen, die einige Tonnen betragen kann.

...

Begr zur ÄndVO v 22. 10. 03 (VkBl **03** 746): **Zu Abs 6:** Diese Ergänzung dient der Klarstellung, dass bei der Bildung des zulässigen Gesamtgewichts von Fahrzeugkombinationen ggf. auch die zulässige Anhängelast des Zugfahrzeugs zu berücksichtigen ist.

53. StVZAusnV v 2. 7. 97 (BGBl I 1665)

1a § 1. (1) Abweichend von § 34 Abs. 5 Nr. 1 der Straßenverkehrs-Zulassungs-Ordnung darf das zulässige Gesamtgewicht von Anhängern mit nicht mehr als zwei Achsen unter Beachtung der Vorschriften für die Achslasten 20,00 t und abweichend von § 34 Abs. 6 Nr. 6 der Straßenverkehrs-Zulassungs-Ordnung darf das zulässige Gesamtgewicht bei Fahrzeugkombinationen (Züge und Sattelkraftfahrzeuge) mit mehr als vier Achsen unter Beachtung der Vorschriften für Achslasten und Einzelfahrzeuge 44,00 t nicht überschreiten. Satz 1 gilt nur für Fahrzeuge, die für diese Achslasten und Gesamtgewichte zugelassen sind bei Fahrten im Kombinierten Verkehr

1. **Schiene/Straße zwischen Be- oder Entladestelle und nächstgelegenem geeigneten Bahnhof; im begleitenden Kombinierten Verkehr (Rollende Landstraße) zwischen Be- oder Entladestelle und einem höchstens 150 km Luftlinie entfernten geeigneten Bahnhof,**
2. **Binnenwasserstraße/Straße zwischen Be- oder Entladestelle und einem höchstens 150 km Luftlinie entfernten Binnenhafen und**
3. **See/Straße (mit einer Seestrecke von mehr als 100 km Luftlinie) zwischen Be- oder Entladestelle und einem höchstens 150 km Luftlinie entfernten Seehafen.**

(2) **Kombinierter Verkehr im Sinne des Absatzes 1 ist der Transport von Gütern in einem Kraftfahrzeug, einem Anhänger oder in Ladegefäßen, die mit Geräten umgeschlagen werden, wenn der Transport auf einem Teil der Strecke mit der Eisenbahn, dem Binnen-, Küsten- oder Seeschiff und auf dem anderen Teil mit dem Kraftfahrzeug durchgeführt wird (KV-Transportkette).**

(3) **Bei der Verwendung eines Fahrzeuges nach Absatz 1 ist bei der Anfuhr eine Reservierungsbestätigung nach § 6 Abs. 2 der Verordnung über den grenzüberschreitenden Kombinierten Verkehr und bei der Abfuhr ein von der Eisenbahnverwaltung abgestempelter Frachtbrief oder ein Beförderungspapier für den Bahntransport oder eine Bescheinigung des Schiffahrttreibenden über die Benutzung eines Binnen- oder Seeschiffs mitzuführen und zuständigen Personen auf Verlangen zur Prüfung auszuhändigen.**

§ 2. Diese Verordnung tritt am Tage nach der Verkündung in Kraft.

Begr: VkBl **97** 514.

2 1. Die **Gewichtsgrenzen** der Fze regelt § 34 zwecks Straßenschonung, OVG Münster DAR **06** 579. Diese werden durch die Stärke der Belastung ausgedrückt, die Achsen, Räder oder Laufrollen auf eine ebene Fahrbahn ausüben, in beladenem Zustand, da es sich um Gewichtshöchstgrenzen handelt. Das technisch zulässige Gesamtgewicht (s dazu Rz 1) ist in Abs II S 2 definiert. **Ausländische Fz:** § 31 d I.

Achslast und Gesamtgewicht § 34 StVZO 5

2. Achse ist die Konstruktion im Mittelpunkt der Räder oder Rollen der Fze. 3

3. Achslast (s Abs I, II, III sowie Rz 1) ist die Gesamtlast, die die Räder einer Achse oder 4
Achsgruppe auf die ebene Fahrbahn (bei unebener Fahrbahn verteilt sich die Last ungleichmäßig) übertragen (Last eines Rades = Radlast), und der auf jede Achse entfallende Anteil des Gesamtgewichts des Fzs.

4. Zulässige Achslast. Zulässiges Gesamtgewicht. Begriffsbestimmungen. Die Absätze IV bis VI legen die zulässigen Höchstwerte fest. Die Neufassung v 23. 7. 90 übernimmt die bei den EG festgelegten Grenzwerte; teilweise Anhebung war bereits durch die 13. ÄndVO v 16. 7. 86 erfolgt. Übergangsbestimmung: § 72 StVZO. Die in Abs IV bis VI angegebenen Werte sind Höchstwerte, die im Interesse der StrSchonung nicht überschritten werden dürfen. Eine Gewichtstoleranz ist hierbei nicht einzuräumen, s BMV VkBl **91** 270. Ausnahmegenehmigung von den Vorschriften über das höchstzulässige Gesamtgewicht eines Fz ist einem ausländischen Transportunternehmer im grenzüberschreitenden Güterverkehr nicht deshalb zu erteilen, weil in dem Heimatstaat dieses Unternehmens höhere Fahrzeuggewichte zulässig sind, OVG Münster DAR **06** 579. Für das einzelne Fz kommt es für die Höhe der Beladungsfähigkeit auf Konstruktion und Werkstoffbeanspruchung an. Das zulässige Gesamtgewicht richtet sich nach der Anzahl der Achsen. Bei einachsigen Anhängern sind zulässiges Gesamtgewicht und zulässige Achslast identisch, Bay VRS **69** 72. Aus dem Gesamtgewicht kann man die zulässige Tragfähigkeit errechnen. Der Begriff des zulässigen Gesamtgewichts deckt sich mit dem im Zulassungsverfahren festgestellten Gesamtgewicht, wie es im FzBrief (FzSchein) eingetragen ist, BaySt **97** 104 = NZV **97** 530, Kar VRS **73** 216, Dü VRS **82** 233, wobei das technisch zulässige Gesamtgewicht das amtlich zulässige übersteigen kann. Die Neufassung v 23. 7. 90 trägt dem ausdrücklich Rechnung, s Rz 1. Ein amtlich herabgesetztes Gesamtgewicht ist verbindlich, Ko VRS **59** 63, AG Freiburg VM **92** 72. Nicht zulässig ist es, in FzPapieren das zulässige Gesamtgewicht herabzusetzen, weil es nach Angabe der Halter nicht ausgenutzt wird, BMV VkBl **56** 368. Solche Herabsetzung ist nur zulässig, wenn die technischen Eigenschaften des Fz geändert werden. 5

Für **Fahrzeugkombinationen** im kombinierten Verkehr (Transport teilweise mit Eisenbahn oder Schiff) gelten die Ausnahmebestimmungen der 53. StVZAusnV, s Rz 1a und 14. Zugfz und Anhänger sind vor dem Wiegen abzukuppeln, Kar VRS **98** 447 (anderenfalls kann Sicherheitsabschlag geboten sein), Dü VM **75** 69. Bei Feststellung des Gesamtgewichts des ziehenden Fz muss die Anhängerstützlast mit berücksichtigt werden, weil sie das ziehende Fz mit belastet, daher muss ein einachsiger Anhänger beim Wiegen angekuppelt bleiben, Ha VRS **40** 222. Die Berechnung des zulässigen Gesamtgewichts bei **SattelKfzen** gem Abs VII S 1 Nr 3 führt dazu, dass das Gesamtgewicht niedriger sein kann als die Summe der Gewichte von Zgm und Anhänger, s Bay VM **92** 13. Für die fahrerlaubnisrechtliche Beurteilung gilt dies aber nicht, s § 6 FeV Rz 12. Das zulässige Gesamtgewicht einer SattelZgm ergibt sich aus der Addition von Leergewicht und Aufliegelast, BaySt **97** 104 = NZV **97** 530, Kö NZV **01** 393. Zur Berechnung des zulässigen Gesamtgewichts bei Zügen, SattelKfzen und bei Verwendung von Anhänger-Untersetzachsen oder von Sattelanhänger-Untersetzachsen, *Klewe* VD **79** 199, *Huppertz* VD **93** 110. Abs V stellt die **Starrdeichselanhänger** hinsichtlich der Achslasten und Gesamtgewichte den Sattelanhängern gleich (s Begr, Rz 1). Der **Zentralachsanhänger** ist eine Unterart des Starrdeichselanhängers. Die Richtlinie 94/20/EG über die mechanische Verbindungseinrichtung von Kraftfahrzeugen und Kraftfahrzeug-Anhängern in Anhang I Abschnitt 2. 1. 20 definiert ihn wie folgt: *„Zentralachsanhänger ist ein gezogenes Fahrzeug mit einer Zugeinrichtung, die (relativ zum Anhänger) nicht senkrecht beweglich ist, und dessen Achse(n) (bei gleichmäßiger Beladung) so nahe am Schwerpunkt des Fahrzeugs angeordnet ist (sind), dass nur eine kleine vertikale Last von höchstens 10% der Gesamtmasse des Anhängers oder 1000 kg (es gilt der kleinere Wert) auf das Zugfahrzeug übertragen wird. Die Gesamtmasse des Zentralachsanhängers ergibt sich aus der von der (den) Achse(n) des an das Zugfahrzeug angekuppelten und mit maximaler Last beladenen Anhängers auf den Boden übertragenen Last."* Zur Achslast und zum Gesamtgewicht bei Verwendung land- und forstwirtschaftlicher Arbeitsgeräte, VkBl **00** 674 (676). 6

Durch Anbaugeräte dürfen das zulässige Gesamtgewicht und die zulässigen Achslasten nicht überschritten werden, s Merkblatt für Anbaugeräte, VkBl **99** 268, **00** 479, **04** 527 = StVRL § 30 Nr 6. Zweiachs-Nachläufer (Langholz) sind Anhänger, nicht Sattelanhänger, BMV 21. 6. 65, StV 7–8032 Sch/65. Bei Verwendung von Reifen geringerer Tragfähigkeit ist das zulässige Gesamtgewicht entsprechend herabzusetzen. Abs XI übernimmt für die Anbringung von **Hubachsen** oder **Lastverlagerungsachsen** die technischen Anforderungen gem der EG-Richtlinie 7

Dauer 1347

5 StVZO § 34 B. Fahrzeuge. III. Bau- und Betriebsvorschriften

97/27 Anhang IV in nationales Recht und ist gem § 72 II auf neu in den V kommende Fze spätestens ab 1. 1. 02 anzuwenden.

8   **5. Luftreifen** sind Reifen, deren Arbeitsvermögen überwiegend durch den Überdruck der eingeschlossenen Luft bestimmt wird (§ 36).

9   **6. Straßenwalzen.** Abs IV S 1 nimmt Straßenwalzen von den Vorschriften über Achslasten aus. Die Ausnahme ergibt sich aus der Natur der Sache und den Zwecken, denen die Walzen als Maschinen des StrBaus dienen.

10 **7. Angabe der zulässigen Gewichte an den Fahrzeugen** ist nach der Neufassung v 23. 7. 90 nicht mehr vorgeschrieben. Die frühere Regelung in Abs IV alt wurde nicht übernommen, weil sie in keiner der einschlägigen EG-Richtlinien enthalten ist.

11 **8. Überprüfung des Gesamtgewichts, Messungen der Achslast:** § 31 c.

12 **9.** Die Laufrollenlast und das Gesamtgewicht von **Gleiskettenfahrzeugen** ist nunmehr in § 34 b geregelt.

13 **10.** Die technischen Vorschriften des Abs X im **grenzüberschreitenden Verkehr mit den EG-Mitgliedstaaten** gelten gem § 72 II ab 1. 8. 90 für von diesem Tage an erstmals in den V kommende Fze; für den V mit anderen Vertragsstaaten des Abkommens über den Europäischen Wirtschaftsraum gilt Abs X gem § 72 II ab 1. 1. 94 (Inkrafttreten des Abkommens).

Die für den grenzüberschreitenden Güterverkehr in Abs IV, V und VI getroffenen **Sonderbestimmungen für das Saarland** dürfen gem § 72 II ab 1. 1. 1993 nicht mehr angewandt werden.

14 **11. Ausnahmen:** Für **Kraftfahrzeuge nach Art 1 der Richtlinie 2002/24/EG** v 18. 3 2002 (s § 30 a Rz 2) gelten gem Abs V a (mit § 30 a III und Anh zu § 34) die zulässigen Gewichte aus der Richtlinie 93/93/EWG = StVRL Nr 7. Nach der Übergangsvorschrift (§ 72 II) ist diese Bestimmung spätestens anzuwenden auf Kfze, die ab 17. 6. 03 erstmals in den V kommen. Für den **kombinierten V** unter Mitbenutzung von Eisenbahn oder Schiff gelten nach Maßgabe der 53. StVZAusnV (s Rz 1 a) Ausnahmen von Abs V Nr 1 und Abs VI Nr 6: Bei Lastzügen darf dann unter den dort genannten Voraussetzungen der Anhänger 20 t zulässiges Gesamtgewicht haben; außerdem werden danach in die Regelung des Abs VI Nr 6 (44 t) alle FzKombinationen mit mehr als 4 Achsen einbezogen, also auch solche, die andere Container und Wechselbehälter befördern als die in Abs VI Nr 6 genannten 40 Fuß ISO-Container. Die Ausnahmeregelung soll die Verlagerung des StrGüterV auf Schiene und Wasserstraße fördern, VkBl **97** 514. Abs VI Nr 6 rechtfertigt keine Ausnahmegenehmigung für andere Verkehrsformen, OVG Münster DAR **06** 579. Weitere Ausnahmebestimmungen: § 1 I a der 2. VO über Ausnahmen von straßenverkehrsrechtlichen Vorschriften (Brauchtumsveranstaltungen), s § 3 FZV Rz 3. § 70, s VGH Mü VRS **74** 234. Richtlinien für Ausnahmegenehmigungen für bestimmte Arbeitsmaschinen und bestimmte andere FzArten, VkBl **80** 433.

15 **12. Ordnungswidrigkeit:** §§ 69 a III 4, 24 StVG. Verstöße gegen die Mitwirkungspflicht beim Wiegen: § 31 c. **Überschreiten des zulässigen Gesamtgewichts** (Überladung) oder der zulässigen Achslast ist Verstoß gegen Abs III S 3. Bei Überladung gehen § 34 IV bis VI dem § 23 I S 2 StVO als Sondervorschrift vor, Kar VRS **46** 196. OW ist nicht das Überladen an sich, auch bei Lastzügen, auch nicht allein das Inbewegungsetzen des Fzs, sondern das Fahren des überladenen Kfz (Zuges) im öffentlichen Verkehr, Dü NZV **97** 192, **98** 257, Kö VRS **53** 450, s BGHSt **27** 66 = NJW **77** 442. Bereits geringfügige Überladung erfüllt den objektiven Tatbestand einer OW, Bay VRS **75** 231 (keine „Toleranz"). Bei zulassungsfreien Anhängern (§ 3 II S 1 Nr 2 FZV) ist das auf dem Fabrikschild (§ 59) angegebene Gesamtgewicht maßgebend, Dü VRS **54** 372, Ce VM **60** 10. Liegt eine Ausnahmegenehmigung gem § 70 von § 34 mit der Nebenbestimmung vor, dass sie nur in Verbindung mit gültigen Erlaubnis nach § 29 StVO gelten soll, handelt es sich um eine Bedingung für die Wirksamkeit der Ausnahmegenehmigung, nicht um eine Auflage (*Rebler/Borzym* SVR **08** 133, aA Ba NZV **07** 638 [krit Anm *Rebler* SVR **08** 148]). Fehlt in diesem Fall die Erlaubnis nach § 29 StVO, ist die Ausnahmegenehmigung unwirksam; demzufolge Verstoß gegen Abs 3 S 3. Keine Verurteilung wegen Überladung auf einer Fahrt zur Waage, wenn diese durch die Pol am Verladeort angeordnet wurde; darauf, dass der Betroffene mit dem überladenen Fz auch ohne die Anordnung gefahren wäre, kommt es nicht an, Bay DAR **92** 388. **Abzuziehen ist eine Toleranz** in Höhe der Verkehrsfehlergrenze der benutzten Waage, Bay NZV **01** 308, Kar VRS **98** 447. Für nicht selbsttätige Waagen

Achslast und Gesamtgewicht § 34 StVZO **5**

schreibt § 7b EichO **Eichung** vor. Inbetriebnahme ohne Eichung entgegen dieser Bestimmung ist ua *„zur Bestimmung des Gewichts zur Berechung eines Bußgeldes"* unzulässig und gem § 74 Nr 17a ow; daraus folgt nach Ko 1 Ss 349/04 ein Beweisverbot. In anderen Fällen ist bei Wägung mittels ungeeichter Waage ein Sicherheitsabschlag von 12% jedenfalls ausreichend, Dü VRS **82** 233. **Das Urteil** muss zulässiges und tatsächliches Gesamtgewicht angeben, Dü VRS **67** 384, und die Umstände mitteilen, aus denen die Überladung erkennbar war, Dü VRS **69** 468, VM **92** 89, DAR **95** 414 (s Rz 16). Es muss nur dann Einzelheiten zur Messung des Gewichts (Gerätetyp, Beachtung der Betriebsvorschriften, Eichung) mitteilen, wenn der konkrete Fall dazu Anlass gibt, BaySt **01** 18 = NZV **01** 308, Ce NZV **98** 256, Kar VRS **98** 447, Stu NZV **96** 417 (das in solchen Fällen unter Bezugnahme auf den „Toleranzenkatalog" des BMV, VkBl **84** 182, einen Sicherheitsabschlag in Höhe der dort für Leergewichte für zulässig erachteten Messtoleranz von 5% für geboten hält, insoweit abl Bay NZV **01** 308, Kar VRS **98** 447, Ko DAR **06** 341), enger in Bezug auf die Darlegungen im Urteil Dü NZV **97** 192. Besteht kein konkreter Anlass zu Zweifeln, genügt der Hinweis auf Wägung mit geeichter Waage und Angabe des berücksichtigten Toleranzwertes, Kar VRS **98** 447. **TE** bei Überladung von Zugfz und Anhänger, Kö VRS **53** 450, ebenso grundsätzlich bei Führen des Fzs trotz Überschreitens des zulässigen Gesamtgewichts unter gleichzeitigem Überschreiten einer zulässigen Achslast, Dü NZV **98** 257. Jedoch bei Überschreiten des zulässigen Gesamtgewichts eines *einachsigen* Anhängers keine Verurteilung wegen tateinheitlichen Überschreitens der zulässigen Achslast, Bay VRS **69** 72, s Rz 5. TE zwischen Zuschnellfahren und Gewichtsüberschreitung, Kar VRS **51** 76. Mehrere Geschwindigkeitsüberschreitungen werden durch die gleichzeitige DauerOW nach III S 3 zu *einer* OW (TE) verbunden, Dü NZV **97** 192. Zur Bemessung der **Geldbuße,** s Dü VRS **82** 233, Stu Justiz **73** 397. Lediglich die allgemeine Erwägung, Überladung sei gefährlich, ist als Tatbestandsmotiv nicht erschwerend, Kar VRS **43** 461 (anders das Maß der Überladung oder deshalb eingetretene Schäden). Ist nicht Überladung erwiesen, sondern nur ein Verstoß gegen § 31c (Wiegepflicht), so darf Buße nur insoweit verhängt werden. Ha VRS **41** 222.

Fahrlässigkeit des FzFührers, wenn er eine Überladung bei der ihm möglichen Sorgfalt **16** hätte erkennen können, Dü VRS **69** 468. Zur inneren Tatseite s auch Dü NZV **92** 418, **97** 192, VRS **65** 397, **69** 468. **Prüfung vor Fahrtbeginn** ist nötig, Zw VM **92** 89, Dü VM **58** 52, nach strengem, aber nicht überspanntem Maßstab, Bay VRS **75** 231, Dü NZV **92** 418, VRS **83** 384, DAR **86** 92, Ko VRS **71** 441. Der Fahrer muss alles Zumutbare tun, um das Gesamtgewicht zu ermitteln, Dü VM **99** 4, VRS **64** 462, Ko VRS **71** 441 (Markierung der Federdurchbiegung bei höchstzulässiger Belastung; Einebnen der Ladung; Millimeterstab; Taschenlampe; Regen?). Ist ihm das spezifische Gewicht der Ladung oder das Gewicht sämtlicher Ladungsteile zuverlässig bekannt, genügt rechnerische Überprüfung, es sei denn besondere Umstände geben Anlass zu Zweifeln (Gewichterhöhung durch Nässe, Anzeichen am Fz oder beim Fahren), Zw VM **81** 90. Der Kf muss die Ladung (Sand) nach Umfang und Höhe mit früheren Ladungen mit richtigem Gewicht vergleichen, Kar VRS **45** 225. Hat der Unternehmer auf Frage des Fahrers die Notwendigkeit einer Ausnahmegenehmigung für die Fahrt verneint, so wird den Fahrer uU nur noch ein geringer Vorwurf unterlassener weiterer Erkundigung treffen, Bay VRS **59** 356. **Anzeichen für Überladen:** übermäßig durchgebogene Federn, Dü VM **92** 89, **99** 4, DAR **86** 92, VRS **83** 384, Zw VM **81** 90, erschwerte Lenkung, geringere Bremsverzögerung oder Wendigkeit, geringere Steigfähigkeit, Dü NZV **97** 192, VM **92** 89, **99** 4, VRS **83** 384, DAR **86** 92, Zw VM **81** 90; sie können sich aber auch aus Art und Umfang (Höhe) der Ladung ergeben, Kar VRS **98** 447, Dü NZV **97** 192, **98** 474, VM **99** 4, Stu NZV **96** 417. Deutliche Anzeichen dieser Art muss ein sorgfältiger Kf wahrnehmen, andernfalls Fahrlässigkeit, Dü VRS **65** 397 (Überladung um 60%). Es gibt jedoch keinen Erfahrungssatz des Inhalts, dass Überladung eines Lastzuges von mehr als 20% stets wahrnehmbar ist, Dü VRS **64** 462. Da bei modernen Fzen deutliche Anzeichen für Überladung seltener wahrnehmbar sind, muss der **FzF, der selbst Güter lädt,** deren genaues Gewicht ihm unbekannt ist, auf andere Weise sicherstellen, dass er das zulässige Gewicht nicht überschreitet, und notfalls auf volle Ausschöpfung der zulässigen Beladung verzichten, Stu VRS **104** 65, Ko NZV **97** 194, Kar VRS **98** 447, s Dü VM **99** 4. Das gilt vor allem bei Gütern, deren Gewicht von schwer abschätzbaren, veränderlichen Beschaffenheitsmerkmalen abhängt (zB Feuchtigkeitsgehalt, Dichte und Art von im Wald geladenem Holz), s Stu VRS **104** 65, Dü NZV **98** 474. Überladung von mehr als $1/4$ des zulässigen Gesamtgewichts muss auch bei einem erfahrenen Kf nicht stets schuldhaft sein; er darf sich weitgehend auf Berechnungen des Sägewerkmeisters verlassen, Ha VRS **21** 139, KG VM **84** 21. **Fehlen äußere Anzeichen** für Überladung, so wird sich

Dauer

5 StVZO § 34a B. Fahrzeuge. III. Bau- und Betriebsvorschriften

der Fahrer insoweit auf einen als zuverlässig bekannten Verlader verlassen dürfen, Bay VRS **59** 302, **75** 231, Dü NZV **97** 192, VM **92** 89, VRS **83** 384, DAR **86** 92, es sei denn, er hat verständigerweise Zweifel, Bay Betr **69** 1747, VRS **45** 214, Dü NZV **57** 312. Dann kann er, soweit möglich und zumutbar, Ha DAR **58** 335, KG VM **84** 21, zum Wiegen verpflichtet sein, Dü NZV **97** 192, VM **92** 89, DAR **95** 414, VRS **69** 468. Wird ihm eine Wiegekarte ausgehändigt, so muss er deren Zahlen prüfen, Dü NZV **92** 418. Bei **Fahrerwechsel** trifft den bisherigen Beifahrer idR keine erneute Prüfungspflicht hinsichtlich etwaiger Überladung, Bay VRS **62** 469, **75** 230, ebenso, wenn der FzHalter, ohne zuvor Beifahrer gewesen zu sein, unterwegs das Fz übernimmt, Bay VRS **62** 469, anders aber, wenn das Fz an der Landesgrenze (mit möglicherweise anderen Bestimmungen) übernommen wird, eine Wiegekarte vorhanden ist und der neue Fahrer auch vor Erreichen der Grenze in erster Linie für das Fz verantwortlich war, Kö VM **80** 24. Kennt der Betroffene die Überladung nur in geringem Umfang und handelt er in Bezug auf die weitere Gewichtsüberschreitung fahrlässig, so ist er (nur) wegen **Vorsatz** zu verurteilen, Bay VRS **75** 231. Die Meinung, ein schwerer Kran dürfe trotz hohen Gewichts ohne Ausnahmegenehmigung im Verkehr bewegt werden, ist ein **Verbotsirrtum,** Bay VRS **59** 356.

17 **OW des Halters** bei Überladung: §§ 31 II (34), 69a V 3. S ferner dazu § 31 Rz 13, 18. Ein **Dritter,** der weder FzF noch Halter ist, kann nur gem § 14 OWiG durch Überladen ow handeln, Stu DAR **90** 188.

18 PolBe können das zulässige Gesamtgewicht durch Einsicht in die FzPapiere feststellen. Die Aussagen der gewichtskontrollierenden PolBen über ihre diesbezüglichen Wahrnehmungen dürfen verwertet werden, Ko VRS **59** 63.

Lit: *Huppertz,* Zulässige Gewichte von Kfzen und Zügen, VD **93** 108. *Jagow,* Abmessungen und Gewichte für NutzFze, VD **86** 173.

Besetzung, Beladung und Kennzeichnung von Kraftomnibussen

34a (1) In Kraftomnibussen dürfen nicht mehr Personen und Gepäck befördert werden, als in der Zulassungsbescheinigung Teil I Sitz- und Stehplätze eingetragen sind und die jeweilige Summe der im Fahrzeug angeschriebenen Fahrgastplätze sowie die Angaben für die Höchstmasse des Gepäcks ausweisen.

(2) ¹Auf Antrag des Verfügungsberechtigten oder auf Grund anderer Vorschriften können abweichend von den nach Absatz 1 jeweils zulässigen Platzzahlen auf die Einsatzart der Kraftomnibusse abgestimmte verminderte Platzzahlen festgelegt werden. ²Die verminderten Platzzahlen sind in der Zulassungsbescheinigung Teil I einzutragen und im Fahrzeug an gut sichtbarer Stelle in gut sichtbarer Schrift anzuschreiben.

1 **Begr** zur ÄndVO v 22. 10. 03 (VkBl **03** 746): **Zu Abs 1:** *Absatz 1 ist eine Betriebsvorschrift und soll sicherstellen, dass die nach der Richtlinie 2001/85/EG festgelegten Platzzahlen und die angegebene Höchstmasse des Gepäcks im Betrieb (siehe Anhang I, Nr. 7.3) nicht überschritten werden.*

Zu Abs 2: *Durch Absatz 2 werden die bisherigen Vorschriften des § 34a (alt) übernommen, die durch die 7. VO zur Änderung der StVZO vom 17. April 1984 (BGBl. I S. 632, VkBl. S. 225) aufgenommen worden waren. Nach wie vor soll auch weiterhin die Möglichkeit erhalten bleiben, von der zulässigen Platzzahl nach unten abzuweichen, um besonderen, sich aus den betrieblichen Einsatzarten der Fahrzeuge ergebenden Bedürfnissen Rechnung tragen zu können. …*

1a **Begr** zur ÄndVO v 26. 5. 08, BGBl I 916 (BR-Drs 247/08 Beschluss, VkBl **08** 441) **zu Abs 1:** *Der maximalen Auslastung eines Busses liegen vorgegebene Lastannahmen zu Grunde (68 kg Fahrgastdurchschnittsgewicht, maximal 8 Fahrgäste/m² Stehplatzfläche, 250 kg für einen Rollstuhlnutzer einschließlich Rollstuhlmasse). Wird nun bei entsprechendem Bedarf die Stehplatzfläche durch Nutzung für mögliche Rollstuhlplätze eingeschränkt, ist eine Übersetzung (Überladung) angesichts des damit verbundenen Wegfalls von Stehplätzen ausgeschlossen. Insoweit ist nicht die Einhaltung der Fahrgastanzahl der jeweiligen Fahrgastgruppe (sitzende oder stehende Fahrgäste, Rollstuhlnutzer) zur Vermeidung von Überbesetzungen und damit Überladungen der Busse entscheidend, sondern die Einhaltung der Summe aller Fahrgastplätze. Die Änderung ermöglicht insoweit eine variablere Beförderung gegenüber dem bisherigen Rechtsstand bei gleichzeitiger Sicherstellung der (technischen) Verkehrssicherheit.*

2 **1. Besetzung von Omnibussen.** § 34a gilt nur für Omnibusse. Begriff, § 30d StVZO. Taxen und Mietwagen sind nicht erwähnt, weil entsprechende Vorschriften für Taxen und Pkw

Besetzung, Beladung und Kennzeichnung von Kraftomnibussen **§ 34a StVZO 5**

als Mietwagen für entbehrlich gehalten werden, während § 34a für als Mietwagen verwendete Omnibusse ohnehin gilt. Die Hersteller haben die Fz, bei denen Stehplätze in Betracht kommen, so zu bauen, dass auch im Spitzenverkehr bei voller Ausnutzung aller Plätze das zulässige Gesamtgewicht nicht überschritten werden kann.

2. Zahl der Plätze. Für Kom, die nicht im Gelegenheitsverkehr nach § 46 PBefG eingesetzt **3** sind, errechnet sich die zulässige Zahl von Sitz- und Stehplätzen nach Anl XIII zur StVZO unter Berücksichtigung des Leergewichts, des zulässigen Gesamtgewichts und der zulässigen Achslasten des Fz und Zugrundelegung folgender Durchschnittswerte: 68 kg als Personengewicht, 544 kg/m^2 als spezifischer Belastungswert für Stehplatzflächen, 100 kg/m^2 als spezifischer Belastungswert für Gepäckräume und 75 kg/m^2 als spezifischer Belastungswert für Dachgepäckflächen. Wird der Gepäckraum nicht für Gepäckbeförderung genutzt, so kann das dafür zu berücksichtigende Gewicht gem Anl XIII Abs 2b ganz oder teilweise der zulässigen Zahl der Plätze nutzbar gemacht werden.

Nach dem mit ÄndVO v 26. 5. 08 (BGBl I 916, Begr Rz 1a) mit Wirkung vom 1. 6. 08 **3a** neu gefassten Abs 1 dürfen nicht mehr Personen in Kom befördert werden, als in der ZB I Sitz- und Stehplätze eingetragen sind, soweit die Summe aller Fahrgastplätze eingehalten wird. Für die **Beförderung von Rollstuhlfahrern** bedeutet diese Rechtsänderung: Nach der bis 31. 5. 08 gültigen Fassung von Abs 1 durften nicht mehr Rollstuhlfahrer in Kom befördert werden, als Stellplätze für Rollstühle im Fz angeschrieben waren; Verstoß war ow gem § 69a III Nr 5. Nach der Neufassung von Abs 1 dürfen seit dem 1. 6. 08 auch mehr Rollstuhlfahrer befördert werden, als Stellplätze für Rollstühle im Fz angeschrieben sind. Seit dem 13. 2. 05 neu in den V gekommene sog. Stadt-Linienbusse müssen nach § 30d IV mit mindestens einem besonderen Stellplatz für Rollstuhlfahrer ausgestattet sein, der den Anforderungen von Anhang VII der Richtlinie 2001/85/EG (StVRL § 34a StVZO Nr 4) entsprechen muss, mit Piktogrammen zu kennzeichnen und im Bus anzuschreiben ist (§ 30d Rz 9). Soweit es sich um ab dem 13. 2. 05 neu in den V gekommene sog Stadt-Linienbusse handelt, dürfen seit dem 1. 6. 08 auch mehr Rollstuhlfahrer befördert werden, als spezielle, § 30d IV entsprechende Stellplätze für Rollstühle vorhanden sind. Mit dieser Rechtsänderung wurde Beschwerden darüber Rechnung getragen, dass in Stadt-Linienbussen mit nur einem speziellen Stellplatz für Rollstühle nur jeweils ein Rollstuhlfahrer befördert werden konnte (VkBl **08** 139). Die Rechtsänderung erscheint fragwürdig, denn der Sicherheit von Rollstuhlfahrern und anderen Fahrgästen ist nicht damit gedient, wenn Rollstuhlfahrer in neueren Stadt-Linienbussen auf Stellplätzen ohne die durch Anhang VII der Richtlinie 2001/85/EG (StVRL § 34a StVZO Nr 4) vorgeschriebenen Sicherheitsanforderungen befördert werden, von offenen Haftungsfragen für Fahrer und Unternehmen ganz abgesehen. Dies dürfte auch mit der Richtlinie 2001/85/EG unvereinbar sein (BT-Drs 16/7263 S 32 Nr 55, anders BT-Drs 16/10097 S 56 Nr 83).

3. Festlegung verminderter Platzzahl auf Antrag. Die Verminderung der Stehplatzzahlen kommt vor allem bei ständiger Höchstbesetzung des Busses in Betracht, die sich nicht mit der Einsatzart des Fzs verträgt, zB bei der Beförderung von Schulkindern im freigestellten Schülerverkehr (s Begr VkBl **03** 746). Bei der Festlegung neuer Platzzahlen sind die Bestimmungen des § 19 über die Erteilung und Wirksamkeit der BE und des § 13 FZV über die Meldepflichten der Eigentümer und Halter zu beachten. **4**

4. Hinsichtlich der **technischen Beschaffenheit von Kom,** zu der bis zum Inkrafttreten **5** der 36. ÄndVStVR § 34a und andere Bestimmungen der StVZO Regelungen enthielten, gilt nunmehr die **Richtlinie 2001/85/EG** (StVRL Nr 4 zu § 34a).

Lit: *Jagow,* Neue Regelungen für Achslasten, Gesamtgewicht und Besetzung von Kom, VD **84** 182.

5. Übergangsregelung: § 72 II: Für erstmals vor dem 13. 2. 05 in den V gekomme Kom **6** bleibt § 34a einschließlich der Anl XIII in der vor dem 1. 11. 03 geltenden Fassung anwendbar.

6. Die Vorschrift ist ein **Schutzgesetz** (§ 823 II BGB). **7**

7. Ordnungswidrigkeit. Übersetzung ist gem §§ 69a III Nr 5 StVZO, 24 StVG ow. Ver- **8** antwortlich ist der Führer, wenn ein Schaffner eingesetzt ist, idR dieser. Der Halter ist verantwortlich, wenn er die Fahrt zugelassen hat, obwohl ihm die Übersetzung bekannt war, oder wenn er sie hätte kennen müssen.

Dauer

Laufrollenlast und Gesamtgewicht von Gleiskettenfahrzeugen

34b (1) ¹Bei Fahrzeugen, die ganz oder teilweise auf endlosen Ketten oder Bändern laufen (Gleiskettenfahrzeuge), darf die Last einer Laufrolle auf ebener Fahrbahn 2,00 t nicht übersteigen. ²Gefederte Laufrollen müssen bei Fahrzeugen mit einem Gesamtgewicht von mehr als 8 t so angebracht sein, daß die Last einer um 60 mm angehobenen Laufrolle bei stehendem Fahrzeug nicht mehr als doppelt so groß ist wie die auf ebener Fahrbahn zulässige Laufrollenlast. ³Bei Fahrzeugen mit ungefederten Laufrollen und Gleisketten, die außen vollständig aus Gummiband bestehen, darf der Druck der Auflagefläche der Gleiskette auf die ebene Fahrbahn 0,8 N/mm² nicht übersteigen. ⁴Als Auflagefläche gilt nur derjenige Teil einer Gleiskette, der tatsächlich auf einer ebenen Fahrbahn aufliegt. ⁵Die Laufrollen von Gleiskettenfahrzeugen können sowohl einzeln als auch über das gesamte Laufwerk abgefedert werden. ⁶Das Gesamtgewicht von Gleiskettenfahrzeugen darf 24,00 t nicht übersteigen.

(2) Gleiskettenfahrzeuge dürfen die Fahrbahn zwischen der ersten und letzten Laufrolle höchstens mit 9,00 t je Meter belasten.

1 **1. Begr** (VkBl **90** 494): *Die bisherigen Vorschriften für die Laufrollenlast von Gleiskettenfahrzeugen aus § 34 Abs. 6 und 7 wurden unverändert in § 34b (neu) übernommen.*

Begr zur ÄndVO v 24. 4. 92: VkBl **92** 343; zur ÄndVO v 23. 3. 00: BRDrucks 720/99 S 54.

2 **2.** § 34b enthält **Sondervorschriften für Gleisketten-(Raupen-)fahrzeuge,** die statt auf Rädern auf endlosen Ketten oder Bändern laufen. Bei ihnen wird das Gewicht des Fz durch Tragrollen oder ein endloses Rollenband auf starren Längsschienen auf den unteren Teil der Gliederketten übertragen. I bestimmt die Höchstlast, mit der eine Laufrolle auf ebener Fahrbahn belastet sein darf. Satz 2 gibt eine Sondervorschrift über Anbringung der Laufrollen für GleiskettenFze mit einem Gesamtgewicht von mehr als 8 t. II regelt, wie das auf die Fahrbahn wirkende Gewicht bei GleiskettenFzen verteilt sein muss. Ausgemusterter Panzer als GleiskettenFz iS von § 34b, s OVG Münster NZV **99** 102.

3 **3. Ordnungswidrigkeit:** § 69 a III Nr. 4.

Motorleistung

35 Bei Lastkraftwagen sowie Kraftomnibussen einschließlich Gepäckanhänger, bei Sattelkraftfahrzeugen und Lastkraftwagenzügen muß eine Motorleistung von mindestens 5,0 kW bei Zugmaschinen und Zugmaschinenzügen – ausgenommen für land- oder forstwirtschaftliche Zwecke – von mindestens 2,2 kW je Tonne des zulässigen Gesamtgewichts des Kraftfahrzeugs und der jeweiligen Anhängerlast vorhanden sein; dies gilt nicht für die mit elektrischer Energie angetriebenen Fahrzeuge sowie für Kraftfahrzeuge – auch mit Anhänger – mit einer durch die Bauart bestimmten Höchstgeschwindigkeit von nicht mehr als 25 km/h.

1 **1. Begr:** VkBl **68** 513. Höhere Motorleistung bleibt zulässig.

2 **2.** Feststellung der Motorleistung, BMV 28. 12. 62, StV 7–8069 V a/62. Richtlinien für Ausnahmegenehmigungen für bestimmte Arbeitsmaschinen und bestimmte andere FzArten, VkBl **80** 433.

3 **3. Ordnungswidrigkeit:** §§ 69 a III Nr 6 StVZO, 24 StVG.

Sitze, Sicherheitsgurte, Rückhaltesysteme, Rückhalteeinrichtungen für Kinder

35a (1) Der Sitz des Fahrzeugführers und sein Betätigungsraum sowie die Einrichtungen zum Führen des Fahrzeugs müssen so angeordnet und beschaffen sein, daß das Fahrzeug – auch bei angelegtem Sicherheitsgurt oder Verwendung eines anderen Rückhaltesystems – sicher geführt werden kann.

(2) Personenkraftwagen, Kraftomnibusse und zur Güterbeförderung bestimmte Kraftfahrzeuge mit einer durch die Bauart bestimmten Höchstgeschwindigkeit von mehr als 25 km/h müssen entsprechend den im Anhang zu dieser Vorschrift genannten Bestimmungen mit Sitzverankerungen, Sitzen und, soweit ihre zulässige Gesamtmasse nicht mehr als 3,5 t beträgt, an den vorderen Außensitzen zusätzlich mit Kopfstützen ausgerüstet sein.

(3) Die in Absatz 2 genannten Kraftfahrzeuge müssen mit Verankerungen zum Anbringen von Sicherheitsgurten ausgerüstet sein, die den im Anhang zu dieser Vorschrift genannten Bestimmungen entsprechen.

(4) Außerdem müssen die in Absatz 2 genannten Kraftfahrzeuge mit Sicherheitsgurten oder Rückhaltesystemen ausgerüstet sein, die den im Anhang zu dieser Vorschrift genannten Bestimmungen entsprechen.

(5) ¹Die Absätze 2 bis 4 gelten für Kraftfahrzeuge mit einer durch die Bauart bestimmten Höchstgeschwindigkeit von mehr als 25 km/h, die hinsichtlich des Insassenraumes und des Fahrgestells den Baumerkmalen der in Absatz 2 genannten Kraftfahrzeuge gleichzusetzen sind, entsprechend. ²Bei Wohnmobilen mit einer zulässigen Gesamtmasse von mehr als 2,5 t genügt für die hinteren Sitze die Ausrüstung mit Verankerungen zur Anbringung von Beckengurten und mit Beckengurten.

(6) ¹Die Absätze 3 und 4 gelten nicht für Kraftomnibusse, die sowohl für den Einsatz im Nahverkehr als auch für stehende Fahrgäste gebaut sind. ²Dies sind Kraftomnibusse ohne besonderen Gepäckraum sowie Kraftomnibusse mit zugelassenen Stehplätzen im Gang und auf einer Fläche, die größer oder gleich der Fläche für zwei Doppelsitze ist.

(7) Sicherheitsgurte und Rückhaltesysteme müssen so eingebaut sein, daß ihr einwandfreies Funktionieren bei vorschriftsmäßigem Gebrauch und auch bei Benutzung aller ausgewiesenen Sitzplätze gewährleistet ist und sie die Gefahr von Verletzungen bei Unfällen verringern.

(8) ¹Auf Beifahrerplätzen, vor denen ein betriebsbereiter Airbag eingebaut ist, dürfen nach hinten gerichtete Rückhalteeinrichtungen für Kinder nicht angebracht sein. ²Diese Beifahrerplätze müssen mit einem Warnhinweis vor der Verwendung einer nach hinten gerichteten Rückhalteeinrichtung für Kinder auf diesem Platz versehen sein. ³Der Warnhinweis in Form eines Piktogramms kann auch einen erläuternden Text enthalten. ⁴Er muß dauerhaft angebracht und so angeordnet sein, daß er für eine Person, die eine nach hinten gerichtete Rückhalteeinrichtung für Kinder einbauen will, deutlich sichtbar ist. ⁵Anlage XXVIII zeigt ein Beispiel für ein Piktogramm. ⁶Falls der Warnhinweis bei geschlossener Tür nicht sichtbar ist, soll ein dauerhafter Hinweis auf das Vorhandensein eines Beifahrerairbags vom Beifahrerplatz aus gut zu sehen sein.

(9) ¹Krafträder, auf denen ein Beifahrer befördert wird, müssen mit einem Sitz für den Beifahrer ausgerüstet sein. ²Dies gilt nicht bei der Mitnahme eines Kindes unter sieben Jahren, wenn für das Kind ein besonderer Sitz vorhanden und durch Radverkleidungen oder gleich wirksame Einrichtungen dafür gesorgt ist, daß die Füße des Kindes nicht in die Speichen geraten können.

(10) ¹Sitze, ihre Lehnen und ihre Befestigungen in und an Fahrzeugen, die nicht unter die Vorschriften der Absätze 2 und 5 fallen, müssen sicheren Halt bieten und allen im Betrieb auftretenden Beanspruchungen standhalten. ²Klappbare Sitze und Rückenlehnen, hinter denen sich weitere Sitze befinden und die nach hinten nicht durch eine Wand von anderen Sitzen getrennt sind, müssen sich in normaler Fahr- oder Gebrauchsstellung selbsttätig verriegeln. ³Die Entriegelungseinrichtung muß von dem dahinterliegenden Sitz aus leicht zugänglich und bei geöffneter Tür auch von außen einfach zu betätigen sein. ⁴Rückenlehnen müssen so beschaffen sein, daß für die Insassen Verletzungen nicht zu erwarten sind.

(11) Abweichend von den Absätzen 2 bis 5 gelten für Verankerungen der Sicherheitsgurte und Sicherheitsgurte von dreirädrigen oder vierrädrigen Kraftfahrzeugen nach § 30 a Abs. 3 die im Anhang zu dieser Vorschrift genannten Bestimmungen.

(12) In Kraftfahrzeugen integrierte Rückhalteeinrichtungen für Kinder müssen den im Anhang zu dieser Vorschrift genannten Bestimmungen entsprechen.

Begr zur ÄndVO v 12. 8. 97 (VkBl **97** 657): **Zu Abs 8:** *Mit dieser Vorschrift wird eine Anforderung aus der Richtlinie 96/36/EG der Kommission vom 17. Juni 1996 zur Anpassung der Richtlinie 77/541/EWG des Rates über Sicherheitsgurte und Rückhaltesysteme von Kraftfahrzeugen vorab in nationales Recht umgesetzt. Es hat sich nämlich gezeigt, dass bei Auslösung eines Beifahrer-Airbags Kinder, die in nach hinten gerichteten Kinderhalteeinrichtungen befördert werden, erheblich verletzt werden können ...* 1

Der auf jeden Fall – auch bei geschlossener Tür – sichtbare Warnhinweis auf dem Armaturenbrett muss „AIRBAG" lauten. Andere auch gebräuchliche Kurzbezeichnungen (wie z. B. SRS) werden unter Umständen vom Fahrzeugbenutzer nicht richtig verstanden.

Begr zur Neufassung durch ÄndVO v 26. 5. 98 (VkBl **98** 433): *... Da ein nicht unerheblicher Anteil der Unfälle ein Umkippen oder Überschlagen der Busse mit sich brachte und dementsprechend die durch die ECE-Regelung Nr. 80 vorgegebene Schutzwirkung diese Fälle nicht abdeckt, lag es nahe, die* 2

Ausrüstung der Reisebusse mit Sicherheitsgurten in Erwägung zu ziehen. Sicherheitsgurte können die Insassen auch beim/während des Umkippens oder Überschlagen des Busses sicher auf den Sitzen halten und so ein unkontrolliertes Umher- oder Herausschleudern verhindern. Dieser Auffassung traten auch die übrigen Mitgliedstaaten der EU bei ...

Nach einem von der EG-Kommission vergebenen Forschungsprojekt, durch das Detailfragen der Biomechanik bei Busunfällen mit angegurteten Insassen geklärt werden konnten, wurden bereits bestehende EG-Richtlinien geändert und erweitert ...
...

Zu Abs 6: Durch die Vorschriften des Absatzes 6 werden die Busse von den Ausrüstungsvorschriften mit entsprechenden Sitzen, Sicherheitsgurt-Verankerungen und Sicherheitsgurten ausgenommen, die sowohl für den Einsatz im Nahverkehr als auch für stehende Fahrgäste gebaut sind. Satz 1 wurde wortgleich aus den bereits genannten EG-Richtlinien übernommen. Die Vorschriften des Satzes 2 dienen der notwendigen Erläuterung ... im Hinblick auf die in der Bundesrepublik Deutschland vorherrschenden Einsatzfälle der Busse.
...

Begr zur ÄndVO v 23. 3. 00: BRDrucks 720/99; zur ÄndVO v 22. 10. 03: VkBl **03** 746.

3   **1. Sitz, Betätigungsraum, Einrichtungen zum Führen.** Die Sicherheit erfordert es, dass der Fahrer von einem zweckmäßigen Sitz aus alle Bedienungseinrichtungen sicher und rasch erreichen kann, ohne durch Entfernung, unzweckmäßige oder versteckte Anordnung, Bücken, Sichausrecken, unrichtig montierte Gurte oder ein anderes Rückhaltesystem behindert zu werden (Abs I), s AG Menden VM **00** 7 (kein sicheres Führen eines FahrschulFzs vom Beifahrersitz aus, s § 23 StVO Rz 12). Beschaffenheit des Führersitzes, Führerhausrichtlinien VkBl **86** 303 = StVRL Nr 1 zu § 35b. Bauartvorschriften für Schalensitze bestehen nicht, diese müssen lediglich II entsprechen, Ha VRS **53** 222. Sicheren Halt müssen Schalensitze ohne Gurtmitwirkung bieten, denn Gurte verhindern Rutschbewegungen nicht, aM Ha VRS **53** 222. Für die in Abs II genannten KfzArten ist die Einhaltung der Anforderungen der Richtlinie 74/408/EWG verbindlich vorgeschrieben. Außerdem schreibt Abs II Pkw-Kopfstützen für die vorderen Außensitze vor (Kfze bis zu 3,5 t zulässiges Gesamtgewicht).

4   **2. Stehfahrerplätze** erwähnt die Neufassung des Abs I (seit ÄndVO v 12. 8. 97) nicht mehr, weil sicheres FzFühren aus dem Stand nicht gewährleistet ist und erhöhte Verletzungsgefahr bei Kollisionen besteht. Kfze mit einem *Stand* für den FzF dürfen gem der Übergangsvorschrift (§ 72 II) weiter verwendet werden.

5   **3. Krafträder (IX).** Nach § 21 StVO ist es verboten, auf Krafträdern Personen ohne geeignete Sitzgelegenheit zu befördern. IX bestimmt demgemäß, dass für den Beifahrer ein Sitz vorhanden sein muss. Daraus folgt, dass weitere Personen, für die ein solcher fehlt, nicht befördert werden dürfen. Die Vorschrift gilt auch für Kleinkrafträder und FmH. Ein auf das Schutzblech geschnalltes Kissen ist kein Sitz, Ol DAR **57** 364. Voraussetzung der Ausnahme für kleinere Kinder ist eine Vorrichtung, die nach ihrer Bauart als Sitz dient, wenn auch nicht ausschließlich; sie muss sich dazu eignen (§ 30). Außerdem muss ein Schutz dagegen vorhanden sein, dass die Füße des Kindes in die Speichen geraten, wie nach § 21 StVO bei der Mitnahme von Kindern auf Fahrrädern. Als besondere Sitzgelegenheit kommt nur eine gegenständliche Sitzvorrichtung in Betracht. Haltesystem und Fußstützen für Beifahrer: § 61.

6   **4. Sitze in Omnibussen.** S Abs II und Richtlinie 74/408/EWG. Ausnahmeregelung für Kom zum Einsatz im Nahverkehr und mit Stehplätzen: Abs VI. Die früher in Abs V getroffene Regelung über Kom-Sitze findet sich seit 1. 7. 88 in § 35i.

7   **5. Gurte. Verankerungen. Andere Rückhaltesysteme** (III bis VIII). Die Vorschrift in IV, alle Sitze mit Sicherheitsgurten auszurüsten, macht die Gurte iS der BE-Erteilung zum FzBestandteil. **Sicherheitsgurte** und (ab 1. 7. 97) andere Rückhaltesysteme in Kfzen müssen in amtlich genehmigter Bauart ausgeführt sein (§ 22a I Nr 25). Technische Anforderungen bei der Bauartprüfung, VkBl **73** 558, zuletzt geändert: VkBl **03** 752 = StVRL § 22a Nr 1 (Nr 26), an Rückhaltesysteme für Kinder, VkBl **89** 284 sowie Abs XII. Anlegen und Anlegepflicht: § 21a StVO. Die Ausrüstungsbestimmungen der Absätze II–IV gelten auch für solche Fze mit mehr als 25 km/h bauartbestimmter Höchstgeschwindigkeit, die zwar nicht Pkw, Kom oder Lkw iS der StVZO sind, ihnen aber gleichzusetzen sind (Abs V). Der Airbag ist kein geeigneter Ersatz für den Sicherheitsgurt, Ce NZV **90** 81, s BMV 6. 9. 84, StV 13/36.25.02–05/18 A 84, *Löhle* DAR **96** 8. Vor dem 1. 4. 70 erstmals in den Verkehr gekommene Kfze sind nicht gurtpflichtig

Einrichtungen zum sicheren Führen der Fahrzeuge § 35b StVZO 5

(§ 72 II zu § 35a VII in der bis zum 31. 12. 78 geltenden Fassung, BGBl I **75** 2973). Gem der **Übergangsbestimmung** des § 72 II zu § 35a II, III, IV, V S 1 und VII gelten diese Vorschriften für erstmals in den V kommende neue Typen von Kfzen ab 1. 6. 1998, für neue Typen von Kom bis 3,5 t zulässiger Gesamtmasse ab 1. 10. 1999, im Übrigen für alle erstmals in den V kommende Kfze ab 1. 10. 1999, für Kom bis 3,5 t ab 1. 10. 2001; für ältere Fze gilt § 35a (mit der früheren Übergangsvorschrift) weiterhin in der vor dem 1. 6. 1998 geltenden Fassung. Für vor dem 1. 1. 92 erstmals in den Verkehr gekommene Fze sind die bis zum 1. 7. 88 geltenden Absätze VI und VII (alt) sowie die in der bis zum 1. 7. 88 geltende Übergangsvorschrift des § 72 II (alt) anzuwenden: Keine Ausrüstungspflicht für Gurtverankerungen bei Lkw bis 2,8 t einschließlich; Ausrüstungspflicht mit Dreipunktgurten nur auf den Vordersitzen; im übrigen Zweipunkt-(Becken-)gurte; auch *Nicht*-Automatikgurte sind zugelassen (§ 72 II). Abs XII über integrierte Kinderrückhalteeinrichtungen ist nur auf Fze anzuwenden, die ab dem 1. 1. 04 erstmals in den V gekommen sind. **Quads** (s § 3 FZV Rz 16) müssen nicht mit Gurten ausgerüstet sein, s BMV VkBl **04** 27, *Ternig* ZfS **04** 4, *Huppertz* VD **04** 210. Soweit für **Kom** Sicherheitsgurte vorgeschrieben sind, müssen sie mit Informationseinrichtungen über das Anlegen der Sicherheitsgurte ausgestattet sein; der FzF muss dafür sorgen, dass den Fahrgästen durch diese Informationseinrichtungen angezeigt wird, wann die Gurte anzulegen sind (§§ 8, 21 BOKraft). Wohnmobile: Abs V S 2. S ferner Anhang zur StVZO (zu § 35a III, VI, VII). **Übersicht** über die mit Sicherheitsgurten auszurüstenden Kfze: Anhang XV der Richtlinie 77/541/EWG (VkBl **98** 438) sowie *Huppertz/Trenner* VD **98** 227, 251.

Auf **Beifahrersitzen mit Airbag** dürfen wegen Verletzungsgefahr bei Airbagauslösung keine **8** nach hinten gerichteten Kinder-Rückhalteeinrichtungen angebracht werden (Abs VIII). Der entsprechende Warnhinweis (VIII S 2) muss so angebracht sein, dass er beim Versuch des Einbaus einer solchen Rückhalteeinrichtung deutlich sichtbar ist. Dass dieses Erfordernis erfüllt sein kann, wenn der Hinweis nur bei geöffneter Tür sichtbar ist, zeigt Abs VIII S 6, wonach in diesem Fall ein Hinweis auf den Beifahrerairbag zwar bei geschlossener Tür vom Beifahrerplatz gut zu sehen sein soll, ein solcher aber nicht zwingend vorgeschrieben ist. Auch VIII S 5 über die Gestaltung des Hinweises ist eine bloße Empfehlung; der Hinweis muss also nur dem in **Anl XXVIII** wiedergegebenen Piktogramm entsprechen. Um Missverständnisse auszuschließen, empfiehlt die Begr (s Rz 1) für den auch bei geschlossener Tür sichtbaren Warnhinweis jedenfalls die Verwendung des Wortes „Airbag"; trotz der Formulierung in der Begr („*muss*") ist jedoch ein Abweichen hiervon nicht ow (s Rz 9). Zum Ausbau oder Abschalten (Deaktivierung) von Airbags, s BMV VkBl **99** 98, **00** 124.

6. Ordnungswidrigkeit: §§ 69a III Nr 7 StVZO, 24 StVG, zB auch bei Inbetriebnahme des **9** Fzs trotz Funktionsuntüchtigkeit des Gurtes, Bay NZV **90** 360. Zuwiderhandlungen gegen Abs VIII S 1, 2 und 4 sind ow, nicht auch Abweichungen von den Empfehlungen des Abs VIII S 5 und 6.

7. Ausnahmen: § 70. Für **Kraftfahrzeuge nach Art 1 der EG-Richtlinie 2002/24/EG 10** (s § 30a Rz 2) gilt gem Abs XI (mit § 30a III und Anh zu § 35a) die Richtlinie 97/24/EG Kap 11 Anh I bis IV und VI, nach der Übergangsbestimmung des § 72 II spätestens ab 17. 6. 03.

Einrichtungen zum sicheren Führen der Fahrzeuge

35 b (1) Die Einrichtungen zum Führen der Fahrzeuge müssen leicht und sicher zu bedienen sein.

(2) Für den Fahrzeugführer muß ein ausreichendes Sichtfeld unter allen Betriebs- und Witterungsverhältnissen gewährleistet sein.

Begr zur ÄndVO v 22. 10. 03 (VkBl **03** 746): *Zu Abs 2: Die Streichung der Sätze 2 und 3* **1** *geht zurück auf Nr. 7. 2. 24 des Anhangs I der Richtlinie 2001/85/EG.*

1. Richtlinien für die Sicht aus Kfzen, VkBl **62** 669, **75** 443, **87** 723 = StVRL Nr 2. Füh- **2** rerhausrichtlinien, VkBl **86** 303 = StVRL Nr 1. Richtlinien für Ausnahmegenehmigungen für bestimmte Arbeitsmaschinen und bestimmte andere FzArten, VkBl **80** 433. Richtlinie zur Beurteilung des Sichtfeldes selbstfahrender Arbeitsmaschinen, VkBl **95** 274. Anbaugeräte dürfen die sichere Führung nicht beeinträchtigen, s Merkblatt für Anbaugeräte VkBl **99** 268, **00** 479, **04** 527 = StVRL § 30 Nr 6. **Übergangsbestimmung:** § 72 II.

Dauer

3 2. **Ordnungswidrigkeit.** §§ 69a III Nr 7a StVZO, 24 StVG. Fensterplaketten stören den Umblick und können dann ow sein (BMV 20. 12. 65, StV 2–2133 By/65). Gleiches kann für portable Geräte gelten, die mittels Saugnapf an der Windschutzscheibe befestigt werden (*Gasser* SVR **08** 201, 203).

Heizung und Lüftung

35 c Geschlossene Führerräume in Kraftfahrzeugen mit einer durch die Bauart bestimmten Höchstgeschwindigkeit von mehr als 25 km/h müssen ausreichend beheizt und belüftet werden können.

1 1. § 35c wurde durch VO v 7. 7. 60 eingefügt. Begründung: ... *Ausreichende Heizung und Lüftung wirken vorzeitiger Ermüdung des Fahrzeugführers entgegen, sind für seine Funktions- und Reaktionsfähigkeit von Bedeutung und müssen deshalb aus Sicherheitsgründen gefordert werden. „Geschlossener Führerraum" ist z. B. auch der Führerplatz in einem Kraftomnibus.*

Sachgemäße Belüftung setzt ausreichende Entlüftung voraus, damit im Kfz kein Überdruck entsteht, BMV 6. 5. 65, StV 7–8048 B/65. Technische Anforderungen bei der Bauartprüfung von Heizungen, VkBl **73** 558, zuletzt geändert: VkBl **03** 752 = StVRL § 22a Nr 1 (Nr 27).

2 2. **Ordnungswidrigkeit:** §§ 69a III Nr 7b StVZO, 24 StVG.

Einrichtungen zum Auf- und Absteigen an Fahrzeugen

35 d Die Beschaffenheit der Fahrzeuge muß sicheres Auf- und Absteigen ermöglichen.

Begr zur ÄndVO v 22. 10. 03 (VkBl **03** 746): *§ 35d entspricht den schon bisher geltenden Vorschriften des § 35d Abs. 1 (alt). Die Vorschriften des § 35d Abs. 2 bis Abs. 5 (alt) sind entbehrlich; entsprechende Anforderungen enthält die Richtlinie 2001/85/EG.*

1 Soweit Schulkinder (Kinder) befördert werden, ist der Vorschrift nur genügt, wenn sie im Bereich der Ein- und Ausstiege Haltegriffe oder -stangen benutzen können, s BMV VkBl **80** 537. Richtlinien für fremdkraftbetriebene Einsteighilfen in Kom, VkBl **93** 218. Übergangsvorschrift: § 72 II.

2 **Ordnungswidrigkeit:** §§ 69a III Nr 7b StVZO, 24 StVG.

Türen

35 e (1) Türen und Türverschlüsse müssen so beschaffen sein, daß beim Schließen störende Geräusche vermeidbar sind.

(2) Türverschlüsse müssen so beschaffen sein, daß ein unbeabsichtigtes Öffnen der Türen nicht zu erwarten ist.

(3) ¹Die Türbänder (Scharniere) von Drehtüren – ausgenommen Falttüren – an den Längsseiten von Kraftfahrzeugen mit einer durch die Bauart bestimmten Höchstgeschwindigkeit von mehr als 25 km/h müssen auf der in der Fahrtrichtung vorn liegenden Seite der Türen angebracht sein. ²Dies gilt bei Doppeltüren für den Türflügel, der zuerst geöffnet wird; der andere Türflügel muß für sich verriegelt werden können. ³Türen müssen bei Gefahr von jedem erwachsenen Fahrgast geöffnet werden können.

(4) Türen müssen während der Fahrt geschlossen sein.

Begr zur ÄndVO v 22. 10. 03 (VkBl **03** 746): *Die Vorschriften der bisherigen Absätze 4 bis 6 sind entbehrlich; entsprechende Anforderungen enthält die Richtlinie 2001/85/EG.*

1 1. I soll die Geräuschbelästigung durch Zuschlagen von Türen vermindern (s § 30 StVO). II soll Unfälle durch unbeabsichtigtes Öffnen von Türen während der Fahrt und bei Zusammenstößen vermeiden helfen. III soll unbeabsichtigtes Aufsperren während der Fahrt, vor allem bei hohen Geschwindigkeiten, verhindern. Der Einsatz automatischer Türen, die die Anforderungen von Abs V erfüllen, begründet als solcher keinen Anspruch aus Verletzung der VSicherungspflicht, KG MDR **04** 937. Akustische Warnung vor dem automatischen Schließen der

Feuerlöscher in Kraftomnibussen **§§ 35f, 35g StVZO 5**

Türen von Kom, die den Bestimmungen der Richtlinie 2001/85/EG entsprechen, ist nicht erforderlich; Fehlen eines Signaltons verletzt nicht die VSicherungspflicht und begründet keinen Anspruch aus § 7 StVG, Mü VersR **02** 332. EWG-Richtlinie 70/387/EWG für Türen (StVRL Nr 2), s BMV VkBl **72** 323. Die ältere Rspr über die Sicherung der Fahrgäste bei während der Fahrt offener Bustür (zB Dü DAR **59** 76) ist durch das Gebot des Abs IV überholt. Automatische Türöffner an Taxis sind zulässig, BMV 11. 11. 66, StV – 8069 M/66. Türen in Taxen und Mietwagen: § 25 I BOKraft. Richtlinien für Ausnahmegenehmigungen für bestimmte Arbeitsmaschinen und bestimmte andere FzArten, VkBl **80** 433. **Übergangsvorschrift:** § 72 II: Für vor dem 13. 2. 05 erstmals in den V gekommene Fze bleibt § 35e einschließlich der Anl X Nr 4 in der vor dem 1. 11. 03 geltenden Fassung anwendbar.

2. Ordnungswidrigkeit: §§ 69a III Nr 7b StVZO, 24 StVG.   2

Notausstiege in Kraftomnibussen

35f ¹Notausstiege in Kraftomnibussen sind innen und außen am Fahrzeug zu kennzeichnen. ²Notausstiege und hand- oder fremdkraftbetätigte Betriebstüren müssen sich in Notfällen bei stillstehendem oder mit einer Geschwindigkeit von maximal 5 km/h fahrendem Kraftomnibus jederzeit öffnen lassen; ihre Zugänglichkeit ist beim Betrieb der Fahrzeuge sicherzustellen. ³Besondere Einrichtungen zum Öffnen der Notausstiege und der Betriebstüren in Notfällen (Notbetätigungseinrichtungen) müssen als solche gekennzeichnet und ständig betriebsbereit sein; an diesen Einrichtungen oder in ihrer Nähe sind eindeutige Bedienungsanweisungen anzubringen.

Begr zur Neufassung durch die 36. ÄndVStVR v 22. 10. 03 (VkBl **03** 746): *Die bisherigen Bau-/Wirkvorschriften des § 35f sind entbehrlich; entsprechende Anforderungen enthält die Richtlinie 2001/85/EG.*

§ 35f – neu – enthält die für den Betrieb der Kraftomnibusse wichtigen Vorschriften, um sicherzustellen, dass in Notfällen den Insassen ein schnelles Verlassen der Fahrzeuge ermöglicht wird. In Ausfüllung dieser Vorschrift dürfen Notausstiege und in Notfällen zu öffnende Betriebstüren während des Betriebs der Fahrzeuge nicht zugebaut oder mit Gepäck zugestellt, oder die Zugänglichkeit eingeschränkt werden.

Die geforderten Kennzeichnungen entsprechen den Vorschriften der Richtlinie 2001/85/EG (Anhang I, Nr. 7. 6. 11); die Wiederholung einer einzuhaltenden Bau-/Wirkvorschrift als zusätzliche Betriebsvorschrift ist unüblich, aber auf Grund des hohen Schutzzieles für die Insassen in Notfällen erforderlich.

1. Die Vorschrift soll gewährleisten, dass die Fahrgäste auch Omnibusse mit großer Fahrgastzahl bei Gefahr schnell verlassen können. Übergangsvorschrift: § 72 II.   1

2. Ordnungswidrigkeiten: §§ 69a III Nr 7b StVZO, 24 StVG.   2

Feuerlöscher in Kraftomnibussen

35g (1) ¹In Kraftomnibussen muss mindestens ein Feuerlöscher, in Doppeldeckfahrzeugen müssen mindestens zwei Feuerlöscher mit einer Füllmasse von jeweils 6 kg in betriebsfertigem Zustand mitgeführt werden. ²Zulässig sind nur Feuerlöscher, die mindestens für die Brandklassen
A: Brennbare feste Stoffe (flammen- und glutbildend),
B: Brennbare flüssige Stoffe (flammenbildend) und
C: Brennbare gasförmige Stoffe (flammenbildend)
amtlich zugelassen sind.

(2) Ein Feuerlöscher ist in unmittelbarer Nähe des Fahrersitzes und in Doppeldeckfahrzeugen der zweite Feuerlöscher auf der oberen Fahrgastebene unterzubringen.

(3) Das Fahrpersonal muß mit der Handhabung der Löscher vertraut sein; hierfür ist neben dem Fahrpersonal auch der Halter des Fahrzeugs verantwortlich.

(4) ¹Die Fahrzeughalter müssen die Feuerlöscher durch fachkundige Prüfer mindestens einmal innerhalb von 12 Monaten auf Gebrauchsfähigkeit prüfen lassen. ²Beim Prüfen, Nachfüllen und bei Instandsetzung der Feuerlöscher müssen die Leistungswerte und technischen Merkmale, die dem jeweiligen Typ zugrunde liegen, gewährleistet bleiben. ³Auf einem am Feuerlöscher befestigten Schild müssen der Name des Prüfers und der Tag der Prüfung angegeben sein.

5 StVZO § 35h   B. Fahrzeuge. III. Bau- und Betriebsvorschriften

1   **Begr** zur Neufassung durch ÄndVO v 22. 10. 03 (VkBl 03 746): **Zu Abs 1:** *Die Vorschrift über das Mitführen eines zweiten Feuerlöschers in Doppeldeck-Kraftomnibussen stützt sich auf die Nummern 7.5.4.1 des Anhangs I und 7.5.5.1 des Anhangs VIII der Richtlinie 2001/85/EG.*

Zu Abs 2: *Die Vorschrift, nach der ein Feuerlöscher in unmittelbarer Nähe des Fahrersitzes und in Doppeldeck-Kraftomnibussen der zweite Feuerlöscher auf der oberen Fahrgastebene unterzubringen/mitzuführen ist, geht zurück auf die Nummern 7.5.4.1 des Anhangs I und 7.5.5.1 des Anhangs VIII der Richtlinie 2001/85/EG.*

2   1. Für Pkw sind keine Feuerlöscher vorgeschrieben, s BMV StV 7–8035 BW/65. Feuerlöscher bei Beförderung gefährlicher Güter, s GefahrgutVO Straße (GGVS). Übergangsbestimmung: § 72 II.

3   2. **Ordnungswidrigkeit:** §§ 31 b, 69 a III Nr 7 c, V Nr 4 b, 4 d StVZO, 24 StVG.

Erste-Hilfe-Material in Kraftfahrzeugen

35 h (1) In Kraftomnibussen sind Verbandkästen, die selbst und deren Inhalt an Erste-Hilfe-Material dem Normblatt DIN 13 164, Ausgabe Januar 1998 entsprechen, mitzuführen, und zwar mindestens

1. ein Verbandkasten in Kraftomnibussen mit nicht mehr als 22 Fahrgastplätzen,
2. 2 Verbandkästen in anderen Kraftomnibussen.

(2) Verbandkästen in Kraftomnibussen müssen an den dafür vorgesehenen Stellen untergebracht sein; die Unterbringungsstellen sind deutlich zu kennzeichnen.

(3) ¹In anderen als den in Absatz 1 genannten Kraftfahrzeugen mit einer durch die Bauart bestimmten Höchstgeschwindigkeit von mehr als 6 km/h mit Ausnahme von Krankenfahrstühlen, Krafträdern, Zug- oder Arbeitsmaschinen in land- oder forstwirtschaftlichen Betrieben sowie anderen Zug- oder Arbeitsmaschinen, wenn sie einachsig sind, ist Erste-Hilfe-Material mitzuführen, das nach Art, Menge und Beschaffenheit mindestens dem Normblatt DIN 13 164, Ausgabe Januar 1998 entspricht. ²Das Erste-Hilfe-Material ist in einem Behältnis verpackt zu halten, das so beschaffen sein muß, daß es den Inhalt vor Staub und Feuchtigkeit sowie vor Kraft- und Schmierstoffen ausreichend schützt.

(4) Abweichend von Absatz 1 und 3 darf auch anderes Erste-Hilfe-Material mitgeführt werden, das bei gleicher Art, Menge und Beschaffenheit mindestens denselben Zweck zur Ersten-Hilfe-Leistung erfüllt.

1   **Begr** zur ÄndVO v 21. 7. 69 (VkBl **69** 399): **Zu Abs 3:** *Der bisherige § 35h beschränkte sich auf die Pflicht zum Mitführen von Verbandkästen in Kraftomnibussen. ... Künftig sollen außer den Kraftomnibussen auch die anderen Kraftfahrzeuge mit Erste Hilfe-Material ausgerüstet werden müssen. Hiervon sind diejenigen Fahrzeugarten auszunehmen, bei denen die Unterbringung schwierig wäre oder die nur mit einem geringen Anteil am Unfallgeschehen beteiligt sind. Auszunehmen sind deshalb alle Zweiradfahrzeuge, die Krankenfahrstühle, alle Kraftfahrzeuge mit einer bauartbedingten Höchstgeschwindigkeit von nicht mehr als 6 km/h, alle Anhänger, alle Zug- oder Arbeitsmaschinen in der Land- oder Forstwirtschaft sowie alle anderen Zug- oder Arbeitsmaschinen, die nur eine Achse haben. ...*

Hinsichtlich des Behältnisses soll nicht ausschließlich nur der Verbandkasten (wie bei Omnibussen) zugelassen sein ... Schon heute sind außer dem Kasten auch andere Behältnisarten, wie Taschen, Kissen usw., bekannt. Es besteht kein zwingender Grund, solche Behältnisse von vornherein auszuschließen. ...

Von Vorschriften darüber, wie und wo das Erste Hilfe-Material im Kraftfahrzeug unterzubringen ist, wird abgesehen. ...

2   **Begr** zur ÄndVO v 16. 11. 84 (VkBl **85** 77): *Technische Regeln nichtstaatlicher Verbände, auf die in einer Rechtsvorschrift verwiesen wird, werden durch die Verweisung zum Bestandteil der verweisenden Norm. ... wurde es bisher allgemein für zulässig gehalten, in Rechtsverordnungen auch ohne eine entsprechende gesetzliche Ermächtigung auf technische Regeln nichtstaatlicher Verbände zu verweisen, sofern bestimmte Voraussetzungen – Angabe des Datums der Bekanntgabe und der Bezugsquelle, Zugänglichkeit usw. – erfüllt wurden. ...*

3   **Begr** zur ÄndVO v 14. 6. 88 (VkBl **88** 470): **Zu Abs 4:** *Auf Verlangen der EU-Kommission muß in § 35 h eine Regelung aufgenommen werden, die das Mitführen von Erste-Hilfe-Material gestattet, das in anderen EG-Mitgliedstaaten zugelassen ist und denselben Zweck zur Erste-Hilfe-Leistung und zum Infektionsschutz (Einmalhandschuhe) gewährleistet. ...*

Erste-Hilfe-Material in Kraftfahrzeugen § 35h StVZO 5

Begr zur ÄndVO v 23. 3. 00: VkBl **00** 363.   4
Begr zur ÄndVO v 22. 10. 03: VkBl **03** 747.   5–10

1. In welchen Fz muss Erste-Hilfe-Material mitgeführt werden? Für **KOM** sind in 11 Abs 1 und 2 besondere Anforderungen festgelegt (Übergangsvorschrift § 72 II). Die Mitführpflicht betrifft im Übrigen **alle anderen Kfz** mit einer bbH von mehr als 6 km/h, **ausgenommen** Krankenfahrstühle, Krafträder, Zug- oder Arbeitsmaschinen in land- oder forstwirtschaftlichen Betrieben und andere einachsige Zug- oder Arbeitsmaschinen (Abs 3). Bei den ausgenommenen Fz wäre die Unterbringung des Erste-Hilfe-Materials schwierig oder sie sind nur mit einem geringen Anteil am Unfallgeschehen beteiligt (Begr Rz 1). Die Pflicht zum Mitführen von Erste-Hilfe-Material gilt auch für **Quads**, sofern sie nicht als Zugmaschinen in land- oder forstwirtschaftlichen Betrieben eingesetzt werden. Ausnahmegenehmigung sollte für Quads nicht erteilt werden, da die Ausrüstung technisch möglich und zumutbar ist (Merkblatt für die Begutachtung von Quads VkBl **04** 26, 27, 29 = StVRL § 21 StVZO Nr 3).

Im Ausland zugelassene Kfz müssen bei der vorübergehenden Teilnahme am StrV im Inland kein Erste-Hilfe-Material mitführen; § 35 h gilt für sie nicht (§ 20 FZV Rz 14). Nichtmitführen von Erste-Hilfe-Material durch im Ausland zugelassene Fz ist auch kein Verstoß gegen § 23 I 2 StVO oder § 20 III FZV, denn es berührt weder die Betriebs- noch die Verkehrssicherheit des Fz (Kö VRS **57** 381 zum früheren Recht).   12

2. Beschaffenheit des mitzuführenden Erste-Hilfe-Materials. Das mitzuführende Erste-Hilfe-Material, bei KOM auch der Verbandkasten selbst, muss dem Normblatt DIN 13 164 entsprechen. Dieses legt wiederum für die danach zum Erste-Hilfe-Material gehörigen Gegenstände fest, welcher jeweiligen DIN sie entsprechen müssen. Um zu ermitteln, welches Material mindestens mitzuführen ist, muss der Normadressat insgesamt 12 DIN-Normblätter konsultieren, die er zunächst bei dem in § 73 genannten Verlag kostenpflichtig anfordern muss. Zum Problem der Verweisung auf DIN-Normen, die nicht amtlich mitverkündet sind Begr Rz 2, *Staats* ZRP **78** 59 und **E** 5. Nach Abs 4, der auf Verlangen der EG-Kommission aufgenommen wurde (Begr VkBl **88** 470, Rz 3), darf allerdings auch Erste-Hilfe-Material mitgeführt werden, das nicht diesen Normen entspricht, aber mindestens denselben Zweck zur Erste-Hilfe-Leistung erfüllt. – Ob damit für den Normadressaten hinreichend klar geregelt ist, wie das mitzuführende Erste-Hilfe-Material beschaffen sein muss, erscheint zweifelhaft.   13

Wenn bei einzelnen oder allen Materialien des Erste-Hilfe-Materials das **Mindesthaltbarkeitsdatum überschritten** ist, liegt ein Verstoß gegen § 35 h vor. Die Norm fordert zwar nicht ausdrücklich, dass Erste-Hilfe-Material nur dann mitgeführt werden darf, wenn das Mindesthaltbarkeitsdatum nicht überschritten ist. Auch das Normblatt DIN 13 164 besagt nichts über das Verfallsdatum. Aus der StVZO ergibt sich auch keine ausdrückliche Verpflichtung zur Überprüfung des Erste-Hilfe-Materials auf Verfallsdaten. Aber § 4 Medizinproduktegesetz legt fest, dass Medizinprodukte nicht mehr anzuwenden sind, wenn das Datum abgelaufen ist, bis zu dem eine gefahrlose Anwendung nachweislich möglich ist; Verstoß ist ow. Da das Mitführen von Erste-Hilfe-Material, das im Ernstfall nicht ohne Verstoß gegen § 4 Medizinproduktegesetz eingesetzt werden könnte, sinnlos wäre, ist aus Sinn und Zweck von § 35h abzuleiten, dass die Verpflichtung zum Mitführen von Erste-Hilfe-Material nur erfüllt wird, wenn die Verfallsdaten der einzelnen Materialien noch nicht abgelaufen sind.   14

3. Beschaffenheit des Behältnisses für das Erste-Hilfe-Material. Das mitzuführende Erste-Hilfe-Material ist in einem Behältnis verpackt mitzuführen, das den Inhalt ausreichend schützt (Abs 3 S 2). Dies können außer bei KOM auch andere Behältnisse als Verbandkästen sein, zB Taschen, Kissen (Begr Rz 1). Bei KOM muss das Behältnis für das Erste-Hilfe-Material (der Verbandkasten) dem Normblatt DIN 13 164 entsprechen (Abs 1).   15

4. Überprüfung. FzFührer sind verpflichtet, das mitzuführende Erste-Hilfe-Material zuständigen Personen auf Verlangen vorzuzeigen und zur Prüfung des vorschriftsmäßigen Zustands auszuhändigen (§ 31 b Nr 2). Verstoß ist ow (§ 69 a V Nr 4 b).   16

5. Übergangsbestimmung: Die in Abs 1, 3 definierten Anforderungen an Erste-Hilfe-Material gelten nur für Verbandkästen, die ab dem 1. 7. 00 erstmals in Fz mitgeführt wurden (§ 72 II). Vor dem 1. 7. 2000 in Gebrauch genommene Verbandkästen, die den im Dezember 1987 ausgegebenen DIN-Normen entsprechen, dürfen gem § 72 II weiter benutzt werden. Zu KOM § 72 II.   17

6. Ordnungswidrigkeit: §§ 69a III Nr 7 c, V Nr 4b StVZO, 24 StVG.   18

Gänge, Anordnung von Fahrgastsitzen und Beförderung von Fahrgästen in Kraftomnibussen

35i (1) ¹In Kraftomnibussen müssen die Fahrgastsitze so angeordnet sein, daß der Gang in Längsrichtung freibleibt. ²Im übrigen müssen die Anordnung der Fahrgastsitze und ihre Mindestabmessungen sowie die Mindestabmessungen der für Fahrgäste zugänglichen Bereiche der Anlage X entsprechen.

(2) ¹In Kraftomnibussen dürfen Fahrgäste nicht liegend befördert werden. ²Dies gilt nicht für Kinder in Kinderwagen.

1 **Begr:** s VkBl **88** 470, **90** 495 (zu Abs 2 alt).

Begr zur ÄndVO v 3. 3. 06 (VkBl **06** 285): **Zu Abs 2:** *Die Änderung des § 35i Abs. 2 ist die notwendige Konsequenz aus der Übernahme der Richtlinien 74/408/EWG, 76/115/EWG und 77/541/EWG in die national geltende Vorschrift des § 35a, durch die für so genannte „Reisebusse" und „Mischbusse" (einsatzfähig auch als Reisebusse) eine Ausrüstung auf allen Sitzen mit Sicherheitsgurten vorgeschrieben wurde. Da nach § 21a Abs. 1 Satz 1 StVO vorgeschriebene Sicherheitsgurte während der Fahrt angelegt sein müssen, dient die Änderung des § 35i Abs. 2 lediglich der Rechtsklarheit, da liegend beförderte Fahrgäste die nach § 35a (bzw. Richtlinie 77/541/EWG) vorgeschriebenen Sicherheitsgurte nicht anlegen können. Sicherheitsgurte müssen ordnungsgemäß angelegt sein, damit sie ihre Schutzfunktion bei Unfällen erfüllen können. Deshalb ist es rechtswidrig, wenn ein Sicherheitsgurt deutlich zu locker angelegt ist oder die Rücklehne des Sitzes so weit zurückgestellt ist, dass der Gurt nicht mehr ordnungsgemäß anliegt. Liegesitze dürfen während der Fahrt nicht in „Schlafstellung" gebracht werden. Verstöße gegen die Vorschrift des § 21a Abs. 1 Satz 1 StVO sind nach § 49 Abs. 1 Nr. 20a StVO bußgeldbewehrt. Rückhalteeinrichtungen nach § 35i Abs. 2 in Verbindung mit den dazu erlassenen Richtlinien vom 3. 9. 1991 (VkBl. S. 668) können den Fahrgästen nicht das gleiche Sicherheitsniveau bei bestimmten Unfällen bieten, wie ordnungsgemäß angelegte Sicherheitsgurte. Dies betrifft insbesondere Unfälle, bei denen diese Busse umkippen oder sich überschlagen und nicht angegurtete Insassen unkontrolliert in den Bussen umher- oder herausgeschleudert werden. ...*

2 Die Bestimmung des **Abs 1** ist an die Stelle des bis zum 30. 6. 88 geltenden § 35a V getreten. Im Gegensatz zur früheren Regelung gilt S 1 für *alle* Omnibusse. Für vor dem 1. 1. 89 erstmals in den V gekommene Fz bleibt es dagegen bei der Beschränkung auf Kom mit mehr als 14 Fahrgastplätzen; auf sie findet gem § 72 II weiterhin § 35a V und Anl X in der vor dem 1. 7. 88 geltenden Fassung Anwendung.

3 **Abs 2** will Zweifel über die Zulässigkeit des Transportes liegender Fahrgäste beseitigen, indem er dies ausdrücklich verbietet. Da damit lediglich die auch schon vor Inkrafttreten des jetzigen Abs 2 am 1. 4. 06 bestehende Rechtslage klargestellt wurde, bedurfte es keiner Übergangsfrist (OVG Münster VRS **112** 235). Das Verbot gilt nur während der Fahrt („befördert"), weil bei stehendem Fz keine Beeinträchtigung der Sicherheit besteht; insoweit gilt das Gleiche wie für die Pflicht zur Anlegung des Sicherheitsgurtes (s Begr VkBl **90** 495). Rückhalteeinrichtungen nach § 35i II in der vor dem 1. 4. 06 geltenden Fassung dürfen in älteren Kom, die nicht von den Ausrüstungsvorschriften des § 35a mit Sicherheitsgurten in Verbindung mit den Übergangsfristen des § 72 II erfasst wurden, weiter genutzt werden, s § 72 II zu § 35i II. Dazu Richtlinien für Fahrgastliegeplätze und Rückhalteeinrichtungen in Kom, VkBl **91** 668.

4 **Ordnungswidrigkeit:** § 69a III Nr 7d.

Brennverhalten der Innenausstattung bestimmter Kraftomnibusse

35j Die Innenausstattung von Kraftomnibussen, die weder für Stehplätze ausgelegt noch für die Benutzung im städtischen Verkehr bestimmt und mit mehr als 22 Sitzplätzen ausgestattet sind, muss den im Anhang zu dieser Vorschrift genannten Bestimmungen über das Brennverhalten entsprechen.

1 **Begr:** VkBl **00** 363: *Mit dieser Vorschrift wird die „Richtlinie des Europäischen Parlaments und des Rates vom 24. Oktober 1995 über das Brennverhalten von Werkstoffen der Innenausstattung bestimmter Kraftfahrzeugklassen (95/28/EG)" auch für Fahrzeuge mit Einzelbetriebserlaubnis in nationales Recht umgesetzt. In den Erwägungsgründen dieser Richtlinie wird ausgeführt: „Im Hinblick auf die Sicherheit der Fahrzeuginsassen und die Verkehrssicherheit ist es wichtig, dass die zur Innenausstattung von Kraftomnibussen verwendeten Werkstoffe Mindestanforderungen entsprechen, um das Entstehen von Flammen zu*

vermeiden oder zumindest zu verzögern, damit im Fall eines Brandes die Fahrzeuginsassen das Fahrzeug verlassen können."

Für die in der Vorschrift genannten Kom gelten die Bestimmungen der Anhänge IV bis VI **2** der EG-Richtlinie 95/28. Nach der Übergangsbestimmung des § 72 II ist die Vorschrift ab 1. 10. 2000 auf die von diesem Tage an erstmals in den V kommenden Kom anzuwenden.

Bereifung und Laufflächen

36 (1) ¹Maße und Bauart der Reifen von Fahrzeugen müssen den Betriebsbedingungen, besonders der Belastung und der durch die Bauart bestimmten Höchstgeschwindigkeit des Fahrzeugs, entsprechen. ²Sind land- oder forstwirtschaftliche Kraftfahrzeuge und Kraftfahrzeuge des Straßenunterhaltungsdienstes mit Reifen ausgerüstet, die nur eine niedrigere Höchstgeschwindigkeit zulassen, müssen sie entsprechend § 58 für diese Geschwindigkeit gekennzeichnet sein. ³Bei Verwendung von M+S-Reifen (Winterreifen) gilt die Forderung hinsichtlich der Geschwindigkeit auch als erfüllt, wenn die für M+S-Reifen zulässige Höchstgeschwindigkeit unter der durch die Bauart bestimmten Höchstgeschwindigkeit des Fahrzeugs liegt, jedoch
1. die für M+S-Reifen zulässige Höchstgeschwindigkeit im Blickfeld des Fahrzeugführers sinnfällig angegeben ist,
2. die für M+S-Reifen zulässige Höchstgeschwindigkeit im Betrieb nicht überschritten wird.

⁴Reifen oder andere Laufflächen dürfen keine Unebenheiten haben, die eine feste Fahrbahn beschädigen können; eiserne Reifen müssen abgerundete Kanten haben. ⁵Nägel müssen eingelassen sein.

(1 a) Luftreifen, auf die sich die im Anhang zu dieser Vorschrift genannten Bestimmungen beziehen, müssen diesen Bestimmungen entsprechen.

(2) ¹Die Räder der Kraftfahrzeuge und Anhänger müssen mit Luftreifen versehen sein, soweit nicht nachstehend andere Bereifungen zugelassen sind. ²Als Luftreifen gelten Reifen, deren Arbeitsvermögen überwiegend durch den Überdruck des eingeschlossenen Luftinhalts bestimmt wird. ³Luftreifen an Kraftfahrzeugen und Anhängern müssen am ganzen Umfang und auf der ganzen Breite der Lauffläche mit Profilrillen oder Einschnitten versehen sein. ⁴Das Hauptprofil muß am ganzen Umfang eine Profiltiefe von mindestens 1,6 mm aufweisen; als Hauptprofil gelten dabei die breiten Profilrillen im mittleren Bereich der Lauffläche, der etwa ¾ der Laufflächenbreite einnimmt. ⁵Jedoch genügt bei Fahrrädern mit Hilfsmotor, Kleinkrafträdern und Leichtkrafträdern eine Profiltiefe von mindestens 1 mm.

(2 a) ¹An Kraftfahrzeugen – ausgenommen Personenkraftwagen – mit einem zulässigen Gesamtgewicht von mehr als 3,5 t und einer durch die Bauart bestimmten Höchstgeschwindigkeit von mehr als 40 km/h und an ihren Anhängern dürfen die Räder einer Achse entweder nur mit Diagonal- oder nur mit Radialreifen ausgerüstet sein. ²Personenkraftwagen sowie andere Kraftfahrzeuge mit einem zulässigen Gesamtgewicht von nicht mehr als 3,5 t und einer durch die Bauart bestimmten Höchstgeschwindigkeit von mehr als 40 km/h und ihre Anhänger dürfen entweder nur mit Diagonal- oder nur mit Radialreifen ausgerüstet sein; im Zug gilt dies nur für das jeweilige Einzelfahrzeug. ³Die Sätze 1 und 2 gelten nicht für die nach § 58 für eine Höchstgeschwindigkeit von nicht mehr als 25 km/h gekennzeichneten Anhänger hinter Kraftfahrzeugen, die mit einer Geschwindigkeit von nicht mehr als 25 km/h gefahren werden (Betriebsvorschrift). ⁴Satz 2 gilt nicht für Krafträder – ausgenommen Leichtkrafträder, Kleinkrafträder und Fahrräder mit Hilfsmotor.

(2 b) ¹Reifenhersteller und Reifenerneuerer müssen Luftreifen für Fahrzeuge mit einer durch die Bauart bestimmten Höchstgeschwindigkeit von mehr als 40 km/h mit ihrer Fabrik- oder Handelsmarke sowie mit Angaben kennzeichnen, aus denen Reifengröße, Reifenbauart, Tragfähigkeit, Geschwindigkeitskategorie, Herstellungs- bzw. Reifenerneuerungsdatum hervorgehen. ²Die Art und Weise der Angaben werden im Verkehrsblatt bekanntgegeben.

(3) ¹Statt Luftreifen sind für Fahrzeuge mit Geschwindigkeiten von nicht mehr als 25 km/h (für Kraftfahrzeuge ohne gefederte Triebachse jedoch nur bei Höchstgeschwindigkeiten von nicht mehr als 16 km/h) Gummireifen zulässig, die folgenden Anforderungen genügen: Auf beiden Seiten des Reifens muß eine 10 mm breite, hervorstehende und deutlich erkennbare Rippe die Grenze angeben, bis zu welcher der Reifen abgefahren werden darf; die Rippe darf nur durch Angaben über den Hersteller, die Größe und dergleichen sowie durch Aussparungen des Reifens unterbrochen sein. ²Der Reifen muß an

der Abfahrgrenze noch ein Arbeitsvermögen von mindestens 60 J haben. ³Die Flächenpressung des Reifens darf unter der höchstzulässigen statischen Belastung 0,8 N/mm² nicht übersteigen. ⁴Der Reifen muß zwischen Rippe und Stahlband beiderseits die Aufschrift tragen: „60 J". ⁵Das Arbeitsvermögen von 60 J ist noch vorhanden, wenn die Eindrückung der Gummibereifung eines Rades mit Einzel- oder Doppelreifen beim Aufbringen einer Mehrlast von 1000 kg auf die bereits mit der höchstzulässigen statischen Belastung beschwerte Bereifung um einen Mindestbetrag zunimmt, der sich nach der folgenden Formel errechnet:

$$f = \frac{6000}{P + 500};$$

dabei bedeutet f den Mindestbetrag der Zunahme des Eindrucks in Millimetern und P die höchstzulässige statische Belastung in Kilogramm. ⁶Die höchstzulässige statische Belastung darf 100 N/mm der Grundflächenbreite des Reifens nicht übersteigen; sie darf jedoch 125 N/mm betragen, wenn die Fahrzeuge eine Höchstgeschwindigkeit von 8 km/h nicht überschreiten und entsprechende Geschwindigkeitsschilder (§ 58) angebracht sind. ⁷Die Flächenpressung ist unter der höchstzulässigen statischen Belastung ohne Berücksichtigung der Aussparung auf der Lauffläche zu ermitteln. ⁸Die Vorschriften über das Arbeitsvermögen gelten nicht für Gummireifen an Elektrokarren mit gefederter Triebachse und einer durch die Bauart bestimmten Höchstgeschwindigkeit von nicht mehr als 20 km/h sowie deren Anhänger.

(4) Eiserne Reifen mit einem Auflagedruck von nicht mehr als 125 N/mm Reifenbreite sind zulässig

1. für Zugmaschinen in land- oder forstwirtschaftlichen Betrieben, deren zulässiges Gesamtgewicht 4 t und deren durch die Bauart bestimmte Höchstgeschwindigkeit 8 km/h nicht übersteigt,

2. für Arbeitsmaschinen und Stapler (§ 3 Abs. 2 Satz 1 Nr. 1 Buchstabe a der Fahrzeug-Zulassungsverordnung), deren durch die Bauart bestimmte Höchstgeschwindigkeit 8 km/h nicht übersteigt, und für Fahrzeuge, die von ihnen mitgeführt werden,

3. hinter Zugmaschinen mit einer Geschwindigkeit von nicht mehr als 8 km/h (Betriebsvorschrift)
   a) für Möbelwagen,
   b) für Wohn- und Schaustellerwagen, wenn sie nur zwischen dem Festplatz oder Abstellplatz und dem nächstgelegenen Bahnhof oder zwischen dem Festplatz und einem in der Nähe gelegenen Abstellplatz befördert werden,
   c) für Unterkunftswagen der Bauarbeiter, wenn sie von oder nach einer Baustelle befördert werden und nicht gleichzeitig zu einem erheblichen Teil der Beförderung von Gütern dienen,
   d) für die beim Wegebau und bei der Wegeunterhaltung verwendeten fahrbaren Geräte und Maschinen bei der Beförderung von oder nach einer Baustelle,
   e) für land- oder forstwirtschaftliche Arbeitsgeräte und für Fahrzeuge zur Beförderung von land- oder forstwirtschaftlichen Bedarfsgütern, Arbeitsgeräten oder Erzeugnissen.

(5) ¹Bei Gleiskettenfahrzeugen (§ 34 b Abs. 1 Satz 1) darf die Kette oder das Band (Gleiskette) keine schädlichen Kratzbewegungen gegen die Fahrbahn ausführen. ²Die Kanten der Bodenplatten und ihre Rippen müssen rund sein. ³Die Rundungen metallischer Bodenplatten und Rippen müssen an den Längsseiten der Gleisketten einen Halbmesser von mindestens 60 mm haben. ⁴Der Druck der durch gefederte Laufrollen belasteten Auflagefläche von Gleisketten auf die ebene Fahrbahn darf 1,5 N/mm², bei Fahrzeugen mit ungefederten Laufrollen und Gleisketten, die außen vollständig aus Gummiband bestehen, 0,8 N/mm² nicht übersteigen. ⁵Als Auflagefläche gilt nur derjenige Teil einer Gleiskette, der tatsächlich auf einer ebenen Fahrbahn aufliegt. ⁶Im Hinblick auf die Beschaffenheit der Laufflächen und der Federung wird für Gleiskettenfahrzeuge und Züge, in denen Gleiskettenfahrzeuge mitgeführt werden,

1. allgemein die Geschwindigkeit auf 8 km/h,
2. wenn die Laufrollen der Gleisketten mit 40 mm hohen Gummireifen versehen sind oder die Auflageflächen der Gleisketten ein Gummipolster haben, die Geschwindigkeit auf 16 km/h,
3. wenn die Laufrollen ungefedert sind und die Gleisketten außen vollständig aus Gummiband bestehen, die Geschwindigkeit auf 30 km/h

beschränkt; sind die Laufflächen von Gleisketten gummigepolstert oder bestehen die Gleisketten außen vollständig aus Gummiband und sind die Laufrollen mit 40 mm hohen Gummireifen versehen oder besonders abgefedert, so ist die Geschwindigkeit nicht beschränkt.

Bereifung und Laufflächen   **§ 36 StVZO 5**

Begr zu I (VkBl **73** 406): 34. Aufl. **Begr** zur ÄndVO v. 15. 1. 80: VkBl **80** 145.   1

Begr zur ÄndVO v 14. 6. 88 (VkBl **88** 471):   1a

Zu Abs 1: ... *Die Bereifung von Anhängern wird unter Berücksichtigung der nach der StVO zulässigen Höchstgeschwindigkeiten festgelegt. Da auf Grund der in Kraftfahrzeugen installierten Motorleistungen höhere Geschwindigkeiten möglich sein können, ist die Klarstellung aus sicherheitstechnischen Gründen notwendig. Der zweite Satz wurde eingefügt, um eine Auflastungsmöglichkeit für die angeführten Kraftfahrzeuge zu ermöglichen.*

Begr zur ÄndVO v 23. 7. 90: VkBl **90** 495; zur ÄndVO v 24. 4. 92: VkBl **92** 343; zur ÄndVO v 25. 10. 94: BRDrucks 782/94.

Begr zur ÄndVO v 12. 8. 97 (VkBl **97** 658): S § 22a Rz 1b.   2

Zu Abs 2a: *Anpassung an die bei der EU für die Klasse N_1 geltende Gewichtsgrenze von 3,5 t.*

Zu Abs 2a Satz 4: *Diese Bestimmung wurde aus § 2 der 45. Ausnahmeverordnung vom 21. Dezember 1993 (BGBl. I S. 2445) übernommen.*

Begr zur ÄndVO v 23. 3. 00: BRDrucks 720/99 S 57.

Übersicht

Anhänger, Luftreifen 5	Maße der Reifen 3
Arbeitsmaschine 18	M + S-Reifen 3
Ausnahmen 22	Mischbereifung 5, 11
Bauart der Reifen 3	Nachschneiden 7
Betrieb, land- und forstwirtschaftlicher 17	
Eiserne Reifen 16–19	Ordnungswidrigkeiten 23
Ersatzreifen 9	Profile, Profiltiefe 6
Fahrzeuge, mitgeführte 19	Reifen 3 ff
– hinter Zugmaschinen 20	– mit Spikes 3
Gefahrerhöhung, versicherungsrechtliche 10, 11, 12	–, Bauart, Maße 3
Gleiskettenfahrzeug, Laufflächen 21	–, eiserne 16–19
„Gusshaut" 5	Ursächlichkeit 13
Kennzeichnung 5	Verantwortlichkeit 14
Land- und forstwirtschaftlicher Betrieb, Zugmaschinen 17	Verkehrssicherheit der Reifen 4
Laufflächen 3	Wasserglätte 8, 13
Luftdruck 14	Winterreifen 3
Luftreifen 5 ff	Zugmaschine 17, 20

1. Maße und Bauart der Reifen. § 36 enthält die Vorschriften für Reifen und Laufflächen   3
der Kfze und Anhänger. Für die andersartigen Laufflächen von StrWalzen, Schneepflügen und Schlitten gilt § 36 nicht, doch müssen auch ihre Laufflächen feste Fahrbahnen möglichst schonen (§ 30). Schneeketten und Verbot von Bodengreifern auf festen Fahrbahnen: § 37. Vollgummireifen: Rz 15, Eisenreifen: Rz 16 ff, Gleisketten: Rz 21. Reifen müssen nach Maßen und Bauart den möglichen Betriebsbedingungen, vor allem der Belastung und der bauartbestimmten Höchstgeschwindigkeit entsprechen (I). Für vor dem 1. 1. 1990 erstmals in den V gekommene Fze gilt gem § 72 II der § 36 I S 1 in der vor dem 1. 7. 88 gültigen Fassung („Geschwindigkeit" statt bauartbedingte „Höchstgeschwindigkeit"). Alle Reifen und Laufflächen müssen so gebaut sein, dass sie feste Fahrbahnen nicht beschädigen (I S 4). **Winterreifen (M + S-Reifen):** I S 3. Um die Notwendigkeit zahlreicher Ausnahmegenehmigungen zu vermeiden (Begr zu Abs I, VkBl **73** 406), dürfen Winterreifen bestimmter zulässiger Höchstgeschwindigkeit auch an Kfzen mit bauartbedingt höherer Höchstgeschwindigkeit geführt werden, sofern die für die Reifen erlaubte Höchstgeschwindigkeit im Betrieb nicht überschritten wird und im Fahrerblickfeld sinnfällig angegeben ist. Fahren mit höherer Geschwindigkeit als gem Abs I S 3 Nr 2 ist nach § 69a III Nr 8 ow. „Im Blickfeld angebracht" setzt ständige Lesbarkeit vom Führersitz aus voraus, nicht unbedingt auch ständiges direktes Im-Auge-Haben (Verdeckung durch das Lenkrad). Vorgeschrieben sind Winterreifen bei winterlichen Verhältnissen nicht; s aber § 2 StVO Rz 72a; jedoch kann ein auf Fahren mit Sommerreifen beruhender Un-

5 StVZO § 36   B. Fahrzeuge. III. Bau- und Betriebsvorschriften

fall uU grobfahrlässig herbeigeführt sein, Fra VersR **04** 1260. Das Fahren mit **Spikesreifen,** auch mit bloßen Randspikes, Ha VRS **46** 318, ist unzulässig (I S 4), weil die AusnVO v 8. 11. 72 für Spikesreifen nicht mehr gilt. Das Spikes-Verbot gilt auch für außerdeutsche Kfze, s BMV VkBl **75** 709, s dazu *Bouska* VD **77** 327.

4   **Verkehrssicher** müssen sämtliche benutzten Reifen während der Fahrt sein, auch auf Übungsfahrt, Bay VRS **15** 72, auch die Reifen einer hochgezogenen Liftachse bei Lkw, Ha DAR **96** 67. Daran sind hohe Anforderungen zu stellen, BGH VersR **65** 430, Nü VersR **64** 864. Schon *ein* abgefahrener (Rz 6) benutzter Reifen beeinträchtigt die VSicherheit, BGH VersR **65** 430. Für außerdeutsche Kfze mit vorschriftswidrigen Reifen gilt § 23 StVO, weil die deutschen Zulassungsvorschriften für im Ausland zugelassene Kfze nicht gelten, s Bay VRS **53** 469. Der Felgenhersteller haftet nicht für Unfälle mit unrichtigen Reifen, Ba VersR **77** 771.

5   **2. Luftreifen (I a, II, II a, II b)** (Begriff: II 2) sind vorgeschrieben für Kfze und Anhänger, soweit III, IV nicht Ausnahmen zulassen (Vollgummireifen, eiserne Reifen). Sie müssen, soweit ab 1. 10. 98 hergestellt (§ 72 II zu § 22 a I Nr 1 a), in amtlich genehmigter Bauart ausgeführt sein (§ 22 a I Nr 1 a). Im Übrigen müssen sie den im Anhang zur StVZO genannten Bestimmungen entsprechen (Abs I a). Bei Pkw und allen anderen Kfzen mit bis zu 3,5 t (zulässiges Gesamtgewicht) und bauartbedingter Höchstgeschwindigkeit von mehr als „40" und ihren Anhängern müssen sämtliche Achsen grundsätzlich entweder mit **Radial- oder mit Diagonalreifen** ausgerüstet sein (II a S 2), weil das Fahrverhalten durch Mischbereifung ungünstig beeinflusst und die Verkehrssicherheit uU erheblich beeinträchtigt werden kann (s Begr VkBl **80** 143). Die Mischung von Sommer- und M + S-Reifen auf verschiedenen Achsen ist zwar unratsam, rechtlich jedoch nicht ausgeschlossen (*Bouska* VD **80** 104). Bei allen Kfzen (Pkw ausgenommen) mit mehr als 3,5 t (zulässiges Gesamtgewicht) und zugleich bauartbedingter Höchstgeschwindigkeit über „40" müssen alle Einzelachsen im Rechtssinn (§ 34 I) einheitlich mit Radial- oder Diagonalreifen bereift sein (II a S 1). Bei Zügen gelten diese Vorschriften für jedes Fz selbstständig. Abw von II a S 2 dürfen Kräder Mischbereifung (zB Diagonal- und Radialreifen) haben, Abs II a S 4; das gilt nicht für Leicht- und Kleinkrafträder sowie FmH. Bei nachträglicher Umrüstung von Krädern auf Mischbereifung kommt jedoch Erlöschen der BE gem § 19 II Nr 2 in Betracht (s BMV VkBl **94** 92f). Die Art und Weise der Angaben im Rahmen der Pflicht zur **Kennzeichnung** der Reifen gem Abs II b ist in VkBl **89** 112, **90** 8, **92** 672, bekanntgegeben. Für Reifen von Arbeitsmaschinen, ErdbewegungsFzen, land- und forstwirtschaftlichen Zgm, FmH und Kleinkrafträdern gilt die Kennzeichnungspflicht des Abs II b gem § 72 II erst ab 1. 1. 94. Nachdem die ECE-Regelungen 109 und 108 über **runderneuerte Reifen** durch Beschluss des EU-Rates v 13. 3. 06 in das EU-Recht übernommen wurden und damit in Deutschland unmittelbar wirken (VkBl **06** 686), dürfen die in den Anwendungsbereich dieser Regelungen fallenden runderneuerten Reifen seit 18. 9. 06 nur noch in den Verkehr gebracht werden, wenn sie die vorgeschriebenen Typgenehmigungszeichen tragen. Verwendung von Reifen für Kräder mit anderen als in den FzPapieren angegebenen Bezeichnungen bei gleicher Größenbezeichnung, s BMV v 4. 9. 98, VkBl **98** 904. Im Ausland hergestellte Reifen, s Empfehlung des BMV, VkBl **91** 828. *Wiederhold,* Alte und neue Betriebskennungen für Reifen, VD **89** 103. Silikon-Wassergemisch als Form-Trennmittel **(„Gusshaut")** macht neue Reifen zunächst glatt und erfordert vorsichtiges Einfahren ohne scharfes Bremsen oder abruptes Lenken über einige km hin. Richtlinien für die Beurteilung von Luftreifen, VkBl **01** 91.

6   **Reifenprofile.** Die **Profiltiefe** muss im mittleren Bereich (Hauptprofil) der Lauffläche jedes laufenden Reifens rundum mindestens 1,6 mm betragen, auch bei Winterreifen, obwohl diese bei weniger als 4 mm Tiefe auf Schneematsch nur noch schlecht greifen. Dies entspricht der Richtlinie 89/459/EWG v 18. 7. 89 über die Profiltiefe der Reifen, die eine Mindestprofiltiefe der Reifen von 1,6 mm vorsieht (s Begr VkBl **90** 495). Da sich diese Mindestprofiltiefe bei einigen **geschwindigkeitsbegrenzten Krafträdern** als zu streng erwiesen hat, reicht bei den in Abs II S 5 genannten Fzen abw von II S 4 eine Profiltiefe von 1 mm (s Begr VkBl **92** 343). Zusätzliche Feinprofilierungen bleiben außer Betracht, was sich nunmehr ausdrücklich aus der Formulierung („die breiten Profilrillen") von Abs II S 4 ergibt. „Durchschnittstiefen" sind ohne Bedeutung; außer Betracht bleiben auch solche Rillen, die ausschließlich anderen Zwecken als der Rutschfestigkeit und Wasseraufnahme dienen, Stu VRS **70** 61, *Thumm* NZV **01** 58. Die **Profilgestaltung,** sofern die VSicherheit gewährleistet, ist Sache des Herstellers und darf deshalb außerhalb des nach II S 3 vorgeschriebenen Profilsystems auch geringere Vertiefungen als 1,6 mm aufweisen, Bay DAR **78** 332, Stu VM **81** 95, VRS **70** 61, Dü VRS **77** 371. Auf die

Bereifung und Laufflächen **§ 36 StVZO 5**

Beschaffenheit von „Stegen" kommt es bei ausreichender Rillentiefe nicht an, Bay VM **69** 59, Fra VM **76** 94, denn „Stege" sind nur eingebaute Abnutzungsanzeiger (Tread-Wear-Indicator – TWI, s *Thumm* NZV **01** 58) und können das Profilmuster, auf das es nicht ankommt, Ha VRS **54** 314, und das deshalb an gleichzeitig verwendeten Reifen verschieden sein kann, BMV StV 7–8030 K/69, stellenweise unterbrechen. Geländerreifen für Lkw mit querstehenden Profilstollen brauchen keine Längs-Feinprofile aufzuweisen, dennoch vorhandene müssen dann nicht mindestens 1,6 mm haben, Bay VM **71** 12. Sind jedoch ganze Profilblöcke als Teile der Lauffläche herausgebrochen, auch seitlich, so ist II verletzt, Ha VRS **51** 460. Querrillen, die konstruktionsgemäß nur der Kühlung beim neuen Reifen dienen, sind nicht Profilrillen iS von II, Ha VRS **54** 314, Dü VRS **77** 371, sie dürfen deshalb abgefahren sein. Die Profiltiefe muss nicht bei allen laufenden Reifen gleich sein, solange sie 1,6 mm nirgends unterschreitet, Ha VRS **38** 342, DAR **61** 150, auch nicht an Zwillingsreifen. **Zu messen** ist die Profiltiefe am tiefsten Punkt in den Rillen (Einschnitten) außerhalb etwaiger Feinprofile. Im 1,6 mm-Grenzbereich ist die Rillentiefe mit einer Lehre festzustellen, Ha VRS **56** 209, falls nicht offensichtlich abgefahrene Stellen vorhanden sind. Im Grenzbereich bis 3 mm lässt sich die Frage überall ausreichender Profiltiefe idR nur durch sorgfältige Untersuchung, nicht allein durch Augenschein klären, s Ha VRS **59** 296. Zu den Anforderungen an die tatrichterlichen Feststellungen bei Messung mit einem nicht geeichten Reifenprofilmessgerät und „Anschleifung" des TWI s Jn DAR **08** 157. Profiltiefe von Reifen an **ausländischen Kfz und Kfz-Anhängern** beim vorübergehenden Verkehr in Deutschland: § 31d IV. **Beschädigungen** der Lauffläche oder der Seitenwände, welche die Betriebssicherheit beeinträchtigen können, schließen weitere Verwendung aus, ebenso Gewebebrüche und gerissene Drahteinlagen.

Nachgeschnittene Reifen sind an Pkw und Krafträdern aller Art (auch mit Beiwagen) ausnahmslos unzulässig, s Richtlinie VkBl **96** 400. Soweit es sich um andere FzArten handelt, dürfen in aller Regel nur Spezialwerkstätten nachschneiden, andernfalls haften Halter/Fahrer für Betriebssicherheit, BGH VM **62** 45, Ce MDR **62** 650. Richtlinie für das Nachschneiden von Reifen an NutzFzen, VkBl **96** 400. **7**

Wasserglätte. Die Profile müssen je nach Fahrgeschwindigkeit seitlich genügend Wasser abführen können, denn ein aufschwimmendes Fz wird unlenkbar und schleudert in der zuletzt gefahrenen Richtung, Ha VRS **46** 110. Fahrgeschwindigkeit: § 3 StVO. Auf wasserschichteter Fahrbahn bei Fahren über „50" wächst die Sicherheit mit der Profiltiefe, mit zunehmender Dicke der Wasserschicht nimmt die Sicherheit auch tieferer Profile ab, *Kuhlig* DAR **69** 293. Aufschwimmen wird deshalb nur durch angepasstes Verlangsamen vermieden. Auf nasser Fahrbahn, verglichen mit trockener, verlängert sich der Bremsweg bei nur 1 mm Profil etwa ums Dreifache. **8**

Ersatzreifen müssen nicht mitgeführt werden, Dü VM **97** 21, VRS **50** 238, sollten im allgemeinen Sicherheitsinteresse jedoch mitgeführt werden müssen, und zwar in vorschriftsmäßigem Zustand. Wer ohne Ersatzreifen (Ersatzrad) fährt, riskiert uU unzulässig langes Liegenbleiben an verbotener Stelle, zB auf der AB, s Ha VM **73** 30. Mitgeführte Ersatzreifen müssen keine ausreichenden Profile haben, Bay NJW **71** 1759, Ha VRS **49** 151, Hb NJW **66** 1277, Fra VRS **51** 386, dazu *Koch* DAR **65** 325; sie dürfen dann jedoch ausschließlich dazu benutzt werden, das Kfz bei einer Unterwegspanne auf kürzestem Weg aus dem rollenden Verkehr zu bringen, BGH NJW **77** 114, Bay VM **88** 67, zB zur Werkstatt oder zu einem Parkplatz, jedoch nicht auf Umwegen, BGH VRS **52** 151, und auch nicht zum entfernteren gewöhnlichen Standort, dazu Bay NJW **71** 1759, Dü NJW **75** 2355, Fra VRS **51** 385, Ha VRS **49** 151, VersR **64** 1142, Hb NJW **66** 1277, und nur zwecks Reparatur oder Abstellens ohne spätere Fahrt mit dem vorschriftswidrigen Reifen, BGH NJW **68** 2142. Entsprechendes gilt für Reservereifen unzulässiger Größe, Bay VRS **69** 465. Wer ein Kfz mit vorschriftswidrigen Reifen übernimmt, hat kein Notfahrrecht (§ 23 II StVO) zur Werkstatt, Hb VRS **50** 145. **9**

Gefahrerhöhung (§ 23 VVG, s auch § 23 StVO Rz 40, § 31 StVZO Rz 16) ist der fortgesetzte Gebrauch eines wesentlich verkehrsunsicheren Kfz (näher: § 23 StVO Rz 40), nicht die nur ganz kurzfristige Verwendung, Nü VersR **69** 272, und auch nicht nur unerhebliche Erhöhung (§ 29 VVG alt = § 27 VVG 08). Beispiele: Fahren mit nach der BE auch nur teilweise nicht zugelassenen Reifen, Ko VRS **55** 231, mit auch nur einem vorschriftswidrigen Reifen, BGH VersR **75** 1017, Ce ZfS **90** 423, zB mit zu geringer Profiltiefe, BGH VersR **67** 1169, Sa ZfS **03** 127, Ce ZfS **90** 423, überhaupt wenn das Kfz die StVZO-Mindestanforderungen unterschreitet, BGH NJW **69** 1763, auch wenn die Profile schon bei Vertragsabschluss fehlten, Nü VersR **76** 991, aber zB nicht beim Fahren auf trockener Straße, Kö VersR **73** 91, Kar VersR **86** 882 (Rz 13), es sei denn, ein Reifen war wegen Durchscheuerns leicht verletzlich. Entgegenwirkende günstige Unfallumstände können kompensieren, BGH VersR **69** 983. **10**

11 **Keine Gefahrerhöhung** bei bloßer Notfahrt zur nächsten Werkstatt oder zum nahen Standort, BGH VersR **68** 1081, Ha NZV **88** 226, oder wegen MS-Reifen im Sommer, BGH VersR **69** 365, oder bei Verwendung unterschiedlicher, aber zugelassener, verkehrssicherer Reifen am selben Kfz, BGH VersR **69** 919, zB Mischung von Sommer- und Winterreifen, Nü ZfS **87** 180 (anders bei unzulässiger Mischverwendung von Radial- und Gürtelreifen, s Rz 5), oder eines runderneuerten Gürtelreifens, Sa VM **78** 45. Keine Gefahrerhöhung, wenn erst eine Gewaltbremsung während derselben Fahrt die Profilabnutzung bewirkt hat, Mü VersR **68** 1082, oder wenn der Vorgang bei ausreichendem Profil in gleicher Weise verlaufen wäre, BGH VersR **69** 365, wenn zB ein 1,6 mm-Profil bei derselben, angepassten Fahrgeschwindigkeit das Oberflächenwasser auch nicht hätte abführen können, BGH VersR **69** 987 (anders wohl bei zu schnellem Fahren). Ob die Gefahrerhöhung ursächlich war, ergibt der Vergleich der tatsächlichen, unstatthaft gesteigerten Gefahr mit der entsprechenden StVZO-Mindestanforderung, BGH NJW **69** 1763. S auch Rz 14.

12 **Zurechenbar** ist nur Kenntnis der gefahrerhöhenden Umstände, nicht bloßes Kennenmüssen, außer der Versicherte entzieht sich der Kenntnis arglistig, s § 23 StVO Rz 40. Arglistig verhält sich zB, wer sich um glattgefahrene Reifen, überhaupt um den Reifenzustand seines Kfz nicht kümmert, Kö VersR **73** 518, Ce VersR **74** 737, um sich Rechtsvorteile zu sichern, obwohl er mit Mängeln rechnet, BGH VRS **63** 188, Fra ZfS **05** 246, Hb VersR **96** 1095, s Dü VersR **04** 1408. Diese Voraussetzungen sind nicht ohne weiteres feststellbar, wenn von der Karosserie weitgehend verdeckte Reifen schon nach 7000 km abgefahren sind, Hb VersR **96** 1095. Auch auf längere Zeit unterbliebene Kontrolle rechtfertigt nicht den Schluss, das Unterlassen sei mit dem Ziel erfolgt, etwaige Mängel nicht zur Kenntnis zu nehmen, und begründet allein nicht den Vorwurf der Arglist, Fra ZfS **05** 246. Selbst stellenweise völlig blanke Reifen beweisen allein nicht Kenntnis oder arglistige Nichtkenntnis, wenn die Stellen weitgehend verdeckt sind, Dü DAR **04** 391. Zur Beweislast nach § 25 III VVG alt = § 26 III VVG 08 bei abgefahrenen Reifen, BGH VersR **67** 572.

13 **Ursächlichkeit.** Auf trockener Fahrbahn sind profillose Reifen nicht minderwertig wegen höherer Seitenführungskraft, BGH VersR **68** 785, Kö VersR **73** 91, Dü VRS **35** 251; Profile fördern dort die Rutschfestigkeit nicht, BGH VersR **69** 748, Kö VersR **73** 91, Mü NJW **66** 1869, Bra VRS **30** 300, Zw VRS **33** 183, von Berstgefahr abgesehen sind sie auf trockener und nasser Fahrbahn ohne Wasserschicht griffiger und verzögern besser, Kar ZfS **93** 308, *Kuhlig* DAR **69** 292, auf Glatteis sind sie M + S-Reifen insoweit gleichwertig, *Kuhlig* DAR **69** 292 (trotzdem OW!). Schnellfahren mit profillosen Reifen ist für einen Unfall nur dann nicht ursächlich, wenn eine dem Reifenzustand angepasste geringere Geschwindigkeit zu dem gleichen Unfall geführt hätte, BGH VRS **32** 37, **37** 276, Kö VRS **64** 257. Profillose Reifen sind nicht unfallursächlich, wenn der Unfall allein auf unrichtigem Lenken beruht, dieses also auch bei vorschriftsmäßigen Reifen zum Unfall geführt hätte, Ha VersR **67** 673. Bleibt ein Lastzug auf der AB mit geplatztem Reifen liegen und entsteht ein Auffahrunfall, so besteht Ursächlichkeit, wenn der Reifen schon bei Fahrtbeginn schadhaft war, BGH VersR **61** 150. Nichtursächlichkeit ungleichmäßiger, teilweise profilloser Reifen für Schleudern auf Eis, BGH VersR **68** 834, oder auf trockener Straße, Kö VersR **73** 91. Bei schadhaftem Reifenzustand spricht der Anschein für Ursächlichkeit, Ol MDR **59** 124. Die Möglichkeit der Beschädigung durch eine Bordsteinkante erbringt nicht vollen Beweis, BGH VRS **29** 435.

14 **3. Verantwortlichkeit:** Bei gutem Profil der Reifen eines fremden Fzs braucht trotz verschlüsselter Angabe des Herstellungsdatums auf dem Reifen (DOT-Nr) nicht mit zu hohem Reifenalter gerechnet zu werden, Kö VRS **100** 87, VM **01** 44, Stu NZV **91** 68; das wird auch in Zukunft trotz Kennzeichnung (Abs IIb) zu gelten haben. Zur Haftung des Gebrauchtwagenhändlers bei unterlassener Prüfung insoweit, s aber BGH NJW **04** 1032. Der **Halter** muss den Reifenzustand regelmäßig und **sorgfältig prüfen**, ohne besonderen Anlass aber nicht vor jeder Fahrt, Zw VRS **41** 138, aM Bra VRS **30** 300. Dies kann idR auch ein Laie, Kö VersR **66** 77, wenn nicht, muss er für sachkundige Prüfung sorgen, BGH VersR **66** 1069, **67** 1169. Mietwagenreifen hat der Vermieter mit besonderer Sorgfalt zu prüfen, BGH VersR **64** 374. Der Halter haftet auch, wenn er das Fz einem andern zur ständigen Benutzung und Werkstattwartung überlässt, KG VRS **36** 226 (wohl nicht bei einer Fachwerkstatt). Der neue **Fahrer** muss die Profile vor jeder Fahrt prüfen, auch wenn er mit anderweiter Prüfung rechnet, Bra VRS **30** 300, Nü VersR **67** 991, besonders im Schwerverkehr, Ko VRS **47** 446; sachverständige anderweite Kontrolle muss aber entlasten. Diese Pflicht besteht auch, wenn jemand das Fz nur vorübergehend fährt, BGH NJW **59** 2062, Bra VRS **30** 300, doch darf er sich an den äußeren Zustand halten,

Bereifung und Laufflächen **§ 36 StVZO 5**

BGH DAR **61** 341, Ce MDR **62** 650, VersR **63** 148. Auch von einem LkwF ist jedoch ohne besonderen Anlass nicht zu verlangen, dass er das Fz bei der Profilkontrolle ein Stück versetzt, um auch die Stelle zu sehen, auf der der Reifen aufliegt, Ha VRS **74** 218. Kurz nach einer Hauptuntersuchung muss der Fahrer nicht alle Profile prüfen, Ha VM **68** 64. Ist der Veräußerer nicht als zuverlässig bekannt oder nicht Händler, so wird sich der **FzErwerber** vergewissern müssen, dass zulässige Reifen aufgezogen sind, s Bay VRS **59** 60. Bei Erwerb eines sehr alten Fzs kann Überprüfung der Reifen durch eine Werkstatt geboten sein, Ce VersR **97** 202 (Materialversprödung 19 Jahre alter Reifen), Mü MDR **98** 772 (14 Jahre altes Fz mit Hinweis des privaten Verkäufers auf „ziemlich alte" Reifen), Fra NZV **99** 420 (12 Jahre altes Fz mit runderneuerten Reifen für 400 DM). FzÜbergabe mit unzulässigen Hinterreifen durch den Verkäufer kann bei späterem Unfall einen Ersatzanspruch wegen Eigentumsverletzung begründen, BGH NJW **78** 2241. Auf **Montierung zugelassener Reifen** durch eine Fachwerkstatt darf im Allgemeinen vertraut werden, anders bei Augenscheinlichkeit oder Beeinträchtigung des Fahrverhaltens, Kar VM **93** 46, Zw ZfS **81** 355, Fra VRS **78** 174. Zur Haftung des Reifenhändlers, uU auch des Halters, beim Aufziehen nicht zugelassener Reifen, Hb DAR **72** 16, Ha VRS **46** 469, Ko VRS **46** 468. Zur Verantwortlichkeit für **richtigen Luftdruck**, s § 23 StVO Rz 25, 26, 29. Bei erkennbar schadhaftem Zustand ist ein AB-Liegenbleiben und Auffahrunfall **voraussehbar,** Ha DAR **57** 159. Bei einem erkennbar schadhaften alten Reifen ist auch mit Platzen unterwegs zu rechnen, BGH VersR **60** 421. Bei häufigem Fahrerwechsel kann nach Reifenwechsel der Anscheinsbeweis gegen andere Fahrer ausgeschlossen sein, Nü VersR **71** 853.

Lit: *Gaisbauer,* Rechtsfragen um das Mitführen eines schadhaften Reservereifens, VP **67** 181. *Jagow,* Geldbuße bei abgefahrenen Reifen, VD **91** 78. *Thumm,* Die Bedeutung der Kfz-Bereifung für die VSicherheit, NZV **01** 57. *H.-W. Schmidt,* Die Folgen des Fahrens mit verkehrsunsicheren Reifen, DAR **66** 146.

4. Vollgummireifen. III gestattet unter besonderen Voraussetzungen, für Kfze mit Höchstgeschwindigkeit bis zu 25 km/h mit gefederter Triebachse, bis 16 km/h ohne gefederte Triebachse, Vollgummireifen. Diese Regelung soll die Straßen schonen. Abgefahrene Luftreifen sind keine Gummireifen iS von III, Ol VM **69** 40. 15

5. Eiserne Reifen. IV enthält Ausnahmen von II und III, nämlich vom Gummibereifungszwang für besonders langsame Kfze und ihre Anhänger. 16

5 a. Zugmaschinen in land- oder forstwirtschaftlichen Betrieben. Zugelassen sind eiserne Reifen für gewisse Zugmaschinen. Begriffsbestimmung: § 2 Nr 16 FZV. Zugmaschinen mit Hilfsladefläche sind Zugmaschinen iS der StVZO, wenn sie auch gleichzeitig als Lkw gelten mögen (s dazu § 30 StVO Rz 10). Befreit vom Gummibereifungszwang sind nur Zugmaschinen in land- oder forstwirtschaftlichen Betrieben. Sie dürfen für alle Verrichtungen verwendet werden, die mit diesen Betrieben zusammenhängen. Das Gesamtgewicht des Fz (§ 34) darf 4 t nicht übersteigen, die bauartbestimmte Höchstgeschwindigkeit nicht mehr als 8 km/h betragen. 17

5 b. Eiserne Reifen sind ferner zulässig bei **Arbeitsmaschinen** und Staplern. Als Arbeitsmaschinen gelten Kfze, deren Antriebsmaschine überwiegend zur Verrichtung von Arbeiten mit Hilfe einer mit dem Kfz dauernd verbundenen Vorrichtung dient (Motortragpflüge, Motorsägen, Straßenbaumaschinen), bei denen also die Haupttätigkeit nicht im Transport besteht, so dass Beschädigung der festen Fahrbahn weniger naheliegt. S § 2 Nr 17 FZV. Stapler: § 2 Nr 18 FZV. 18

5 c. Fahrzeuge, die von diesen Arbeitsmaschinen mitgeführt werden. Zugelassen ist ferner eiserne Bereifung an Fzen, die von den in Abs IV Nr 2 genannten Motorfzen mitgeführt werden. Es handelt sich dabei nicht um Anhänger iS von II, die nach ihrer Bauart dazu bestimmt sind, hinter Kfzen mitgeführt zu werden. Vielmehr kommen hier Fze jeder Art in Betracht, die von langsam fahrenden Zug- und Arbeitsmaschinen mitgeführt werden, gleichgültig ob ständig oder vorübergehend und zu welchem Zweck. 19

5 d. Fahrzeuge hinter Zugmaschinen. IV Nr 3 lässt an gewissen Fzen eiserne Reifen zu, wenn sie von Zgm (Rz 17) mit höchstens 8 km/h Geschwindigkeit in forst- oder landwirtschaftlichen Betrieben und der gewerblichen Wirtschaft gezogen werden, auch wenn die Zgm bauartbedingt schneller fahren könnte. Die Zgm muss, soweit nicht die Voraussetzungen der Rz 17 vorliegen, gummibereift sein. Die Beschränkung auf Beförderung hinter Zgm mit Höchstgeschwindigkeit von 8 km/h verhindert Missbrauch. Zu den Reifen und Laufflächen land- und forstwirtschaftlicher Arbeitsgeräte, s Merkblatt VkBl **00** 674 (676). 20

21 **6.** V enthält Bestimmungen über die Einrichtung der **Gleisketten-(Raupen-)fahrzeuge** (§ 34b), welche die Beschädigung der Straße verhüten sollen.

22 **7. Ausnahmen:** § 70 I. Das Verbot der Benutzung von Spikesreifen ist so wichtig, daß Ausnahmen allenfalls unter ganz besonderen, vom Normalfall abweichenden Umständen erlaubt werden dürfen, OVG Lüneburg VM **79** 40.

23 **8. Zuwiderhandlungen:** §§ 69a III Nr 8, V Nr 5 StVZO, 24 StVG. Mitführen eines dem § 36 widersprechenden Ersatzreifens: Rz 9. Nur das *Fahren* mit vorschriftswidrigen Reifen ist ow, nicht auch das Parken, Bay VRS **61** 447, Schl VM **77** 8, Ce VRS **47** 476, Stu VM **68** 48, aM *Booß* VM **77** 8, maßgebend ist die der Feststellung vorausgegangene Fahrt, auch wenn sie mehrere Wochen zurückliegt (sofern nicht verjährt), Bay VRS **62** 131, aM (bei länger zurückliegender Fahrt keine genügende Konkretisierung) Bay VRS **47** 297. Für deren Ahndung ist ein lediglich Ort und Zeit der polizeilichen Feststellung des Mangels angebender Bußgeldbescheid eine ausreichende Verfahrensgrundlage, Bay VRS **61** 447, **62** 131. Ein vorschriftswidrig bereiftes Kfz darf nicht allein deshalb öffentlich in Betrieb genommen werden, um es in einer Werkstatt zu überprüfen, Bay VM **73** 53. Die Fahrt mit normal abgenutzten Reifen mit weniger Profil als 1,6 mm (bzw 1 mm, s Abs II S 5) zur Werkstatt zwecks Reifenwechsels ist ow, denn es handelt sich nicht um einen unvorhersehbaren Notfall, Hb VRS **50** 145, Ha VM **69** 40, Kö Betr **72** 528. Abs II **Satz 3, 4 geht § 23 I S 2 StVO vor** (keine TE), BGHSt **25** 338 = NJW **74** 1663, Jn VRS **109** 134, Ha VRS **47** 467, Dü VRS **77** 371, aM *Bouska* VD **74** 230. Dasselbe gilt im Verhältnis zu § 30 StVZO, Bay NJW **81** 2135. II 4 (Fahren mit abgefahrenen Reifen) steht in **TM** zu § 29, s § 29 Rz 35. Im Übrigen steht die DauerOW des Fahrens mit Reifen ohne ausreichendes Profil mit allen auf der Fahrt begangenen VVerstößen, auch bei Nichtursächlichkeit, in **TE**, Bay VM **70** 53 (55), Kar VRS **95** 419, ebenso mit anderen zugleich festgestellten Beschaffenheitsverstößen, Dü VRS **50** 238. Schematische Multiplikation einer **Buße** mit der Anzahl der vorschriftswidrigen Reifen verstößt gegen § 17 III OWiG, Bay NJW **81** 2135, Kö VRS **74** 139, Ce NZV **89** 483; jedoch kann eine gegenüber dem Regelfall der BKatV erhöhte Buße gerechtfertigt sein, *Jagow* VD **91** 78. Reifenkontrolle durch Streifenbeamte ist **keine Vollstreckungshandlung** iS von § 113 StGB, wer den kontrollierenden Beamten aber durch gezieltes Anfahren zum Beiseitespringen zwingt, nötigt ihn, Fra NJW **73** 1806. **Beschädigte Reifen**, s § 30 Rz 14.

Radabdeckungen, Ersatzräder

36a (1) Die Räder von Kraftfahrzeugen und ihren Anhängern müssen mit hinreichend wirkenden Abdeckungen (Kotflügel, Schmutzfänger oder Radeinbauten) versehen sein.

(2) Absatz 1 gilt nicht für

1. Kraftfahrzeuge mit einer durch die Bauart bestimmten Höchstgeschwindigkeit von nicht mehr als 25 km/h,
2. die Hinterräder von Sattelzugmaschinen, wenn ein Sattelanhänger mitgeführt wird, dessen Aufbau die Räder überdeckt und die Anbringung einer vollen Radabdeckung nicht zuläßt; in diesem Falle genügen Abdeckungen vor und hinter dem Rad, die bis zur Höhe der Radoberkante reichen,
3. eisenbereifte Fahrzeuge,
4. Anhänger zur Beförderung von Eisenbahnwagen auf der Straße (Straßenroller),
5. Anhänger, die in der durch § 58 vorgeschriebenen Weise für eine Höchstgeschwindigkeit von nicht mehr als 25 km/h gekennzeichnet sind,
6. land- oder forstwirtschaftliche Arbeitsgeräte,
7. die hinter land- oder forstwirtschaftlichen einachsigen Zug- oder Arbeitsmaschinen mitgeführten Sitzkarren (§ 3 Abs. 2 Satz 1 Nr. 2 Buchstabe i der Fahrzeug-Zulassungsverordnung),
8. die Vorderräder von mehrachsigen Anhängern für die Beförderung von Langholz.

(3) ¹Für außen an Fahrzeugen mitgeführte Ersatzräder müssen Halterungen vorhanden sein, die die Ersatzräder sicher aufnehmen und allen betriebsüblichen Beanspruchungen standhalten können. ²Die Ersatzräder müssen gegen Verlieren durch 2 voneinander unabhängige Einrichtungen gesichert sein. ³Die Einrichtungen müssen so beschaffen sein, daß eine von ihnen wirksam bleibt, wenn die andere – insbesondere durch Bruch, Versagen oder Bedienungsfehler – ausfällt.

Lenkeinrichtung   §§ 37, 38 StVZO 5

Begr zur ÄndVO v 15. 1. 80 (VkBl **80** 145): **Zu Abs 3:** *Der Begriff „Sicherungen" wurde schon bei Einführung des Absatzes 3 im Sinne von „Einrichtungen" verstanden. Da unter „Sicherungen" auch Schraubensicherungen wie Splinte usw. verstanden werden könnten, sind mögliche Zweifel durch die Einfügung des Wortes „Einrichtungen" beseitigt worden.*

1. Zweck der Vorschrift ist es in erster Linie, das Beschmutzen Nachfolgender weitgehend zu verhindern, Stu VRS **69** 74. Richtlinien über Radabdeckungen, VkBl **62** 66 = StVRL Nr 1. Richtlinien für Ausnahmegenehmigungen für bestimmte Arbeitsmaschinen und bestimmte andere FzArten, VkBl **80** 433. Hinreichende Wirksamkeit der Radabdeckung setzt voraus, dass jedenfalls die gesamte Breite der Lauffläche überdeckt wird, Stu VRS **69** 74. Nach § 1 IV der 35. StVZAusnV (s § 32 Rz 1 a) brauchen auf Grund von Breitreifen überbreite land- oder forstwirtschaftliche Zgm und ihre Anhänger dann keine zusätzlichen Radabdeckungen zu haben, wenn sie nicht schneller als 25 km/h gefahren werden.

2. Ordnungswidrigkeit: §§ 69a III Nr 8 StVZO, 24 StVG.

Gleitschutzeinrichtungen und Schneeketten

37 (1) ¹Einrichtungen, die die Greifwirkung der Räder bei Fahrten außerhalb befestigter Straßen erhöhen sollen (sogenannte Bodengreifer und ähnliche Einrichtungen), müssen beim Befahren befestigter Straßen abgenommen werden, sofern nicht durch Auflegen von Schutzreifen oder durch Umklappen der Greifer oder durch Anwendung anderer Mittel nachteilige Wirkungen auf die Fahrbahn vermieden werden. ²Satz 1 gilt nicht, wenn zum Befahren befestigter Straßen Gleitschutzeinrichtungen verwendet werden, die so beschaffen und angebracht sind, daß sie die Fahrbahn nicht beschädigen können; die Verwendung kann durch die Bauartgenehmigung (§ 22 a) auf Straßen mit bestimmten Decken und auf bestimmte Zeiten beschränkt werden.

(2) ¹Einrichtungen, die das sichere Fahren auf schneebedeckter oder vereister Fahrbahn ermöglichen sollen (Schneeketten), müssen so beschaffen und angebracht sein, daß sie die Fahrbahn nicht beschädigen können. ²Schneeketten aus Metall dürfen nur bei elastischer Bereifung (§ 36 Abs. 2 und 3) verwendet werden. ³Schneeketten müssen die Lauffläche des Reifens so umspannen, daß bei jeder Stellung des Rades ein Teil der Kette die ebene Fahrbahn berührt. ⁴Die die Fahrbahn berührenden Teile der Ketten müssen kurze Glieder haben, deren Teilung etwa das 3- bis 4fache der Drahtstärke betragen muß. ⁵Schneeketten müssen sich leicht auflegen und abnehmen lassen und leicht nachgespannt werden können.

Begr zur ÄndVO v 20. 6. 73: VkBl **73** 407.

1. Gleitschutzeinrichtungen müssen nach § 22a I Nr 2 zur StrSchonung in amtlich genehmigter Bauart ausgeführt sein. Technische Anforderungen bei der Bauartprüfung, VkBl **73** 558, zuletzt geändert: VkBl **03** 752 = StVRL § 22a Nr 1 (Nr 28).

2. Schneeketten sind Gliederketten, die bei Schnee auf der Lauffläche der Reifen befestigt werden, um das Greifen im Schnee zu erleichtern. Bei Glatteis sind sie nicht angezeigt. Verboten bleiben gemäß § 36 I Greifketten und ähnliche Vorrichtungen, soweit sie die Fahrbahn beschädigen können. Greiferketten mit seitlichen Spannfedern brauchen beim Befahren öffentlicher Straßen durch Zgm in land- oder forstwirtschaftlichen Betrieben nicht abgenommen zu werden; doch darf mit ihnen auf Straßen nicht schneller als 8 km/h gefahren werden, s VkBl **49** 92 (95). Es besteht keine Pflicht, Schneeketten im Winter mitzuführen oder zu verwenden; doch kann es sich streckenweise aus der allgemeinen Sorgfaltpflicht (§ 1 StVO, § 30 StVZO) ergeben, da das Unterlassen nach Wetterlage gebotener Vorsichtsmaßnahmen dazu führen kann, andere zu behindern, BMV VkBl **55** 63. Schneeketten sind oft entbehrlich, wenn M + S-Reifen verwendet werden, s BMV VkBl **55** 375. S auch § 2 III a S 1 StVO.

3. Ausnahmen: § 70.

4. Ordnungswidrigkeit: §§ 69a III Nr 8 StVZO, 24 StVG.

Lenkeinrichtung

38 (1) ¹Die Lenkeinrichtung muß leichtes und sicheres Lenken des Fahrzeugs gewährleisten; sie ist, wenn nötig, mit einer Lenkhilfe zu versehen. ²Bei Versagen der Lenkhilfe muss die Lenkbarkeit des Fahrzeugs erhalten bleiben.

Dauer

5 StVZO § 38a B. Fahrzeuge. III. Bau- und Betriebsvorschriften

(2) Personenkraftwagen, Kraftomnibusse, Lastkraftwagen und Sattelzugmaschinen, mit mindestens 4 Rädern und einer durch die Bauart bestimmten Höchstgeschwindigkeit von mehr als 25 km/h, sowie ihre Anhänger müssen den im Anhang zu dieser Vorschrift genannten Bestimmungen entsprechen.

(3) ¹Land- oder forstwirtschaftliche Zugmaschinen auf Rädern mit einer durch die Bauart bestimmten Höchstgeschwindigkeit von nicht mehr als 40 km/h dürfen abweichend von Absatz 1 den im Anhang zu dieser Vorschrift genannten Bestimmungen entsprechen. ²Land- oder forstwirtschaftliche Zugmaschinen mit einer durch die Bauart bestimmten Höchstgeschwindigkeit von mehr als 40 km/h dürfen abweichend von Absatz 1 den Vorschriften über Lenkanlagen entsprechen, die nach Absatz 2 für Lastkraftwagen anzuwenden sind.

(4) ¹Selbstfahrende Arbeitsmaschinen und Stapler mit einer durch die Bauart bestimmten Höchstgeschwindigkeit von nicht mehr als 40 km/h dürfen abweichend von Absatz 1 entsprechend den Baumerkmalen ihres Fahrgestells entweder den Vorschriften, die nach Absatz 2 für Lastkraftwagen oder nach Absatz 3 Satz 1 für land- oder forstwirtschaftliche Zugmaschinen angewendet werden dürfen, entsprechen. ²Selbstfahrende Arbeitsmaschinen und Stapler mit einer durch die Bauart bestimmten Höchstgeschwindigkeit von mehr als 40 km/h dürfen abweichend von Absatz 1 den Vorschriften, die nach Absatz 2 für Lastkraftwagen anzuwenden sind, entsprechen.

1   **1. Lenkeinrichtung der Kraftfahrzeuge.** Sicheres und leichtes Lenken muss gewährleistet sein, nötigenfalls mit Lenkhilfe (Servolenkung). Durch die durch ÄndVO v 23. 3. 00 eingefügten Abs II bis IV wurde die Bestimmung an EU-Recht angepasst. Übergangsbestimmung: § 72 II. Rechtslenkung ist zulässig, BMV 27. 1. 67, StV 7–8001 F/67. Richtlinien für Sonderlenker für Kräder, Kleinkräder und FmH, VkBl **78** 366 = StVRL Nr 3. Richtlinien für die Prüfung von Sonderlenkrädern für Kfze, VkBl **75** 521 = StVRL Nr 2. Anhänger bedürfen keiner Lenkeinrichtung. Andere Fze: § 64.

2   **2. Leichtes und sicheres Lenken** muss die Lenkeinrichtung gewährleisten. Sie darf nicht zu viel „toten Gang" haben; idR darf das Lenkrad nicht um mehr als 30 Grad gedreht werden müssen, damit sich die Vorderräder bewegen. Die Übersetzung muss der möglichen Fahrgeschwindigkeit ausreichend angepasst sein und wirksames Rangieren erleichtern. Einzelheiten: Richtlinien für die Prüfung der Lenkanlagen von Kfzen und ihren Anhängern, VkBl **03** 824 = StVRL Nr 1. Änderungen der Lenkanlage, s § 19. Anbaugeräte dürfen leichtes und sicheres Lenken nicht beeinträchtigen. Der Fahrer hat auf Belastung der gelenkten Achse zu achten, besonders bei einer Behelfsladefläche, s Merkblatt für Anbaugeräte VkBl **99** 268, **00** 479, **04** 527 = StVRL § 30 Nr 6. Fährt auf verkehrsfreier Straße ein Kfz auf ein vorschriftsmäßig parkendes Fz auf, so kann der Fahrer, der sich auf Lenkungsversagen beruft, den **Anscheinsbeweis** nur dadurch ausräumen, dass er Tatsachen beweist, die auf die ernsthafte Möglichkeit atypischen Ursachenverlaufs hinweisen, BGH DAR **54** 256.

3   **3. Ausnahmen:** § 70

4   **4. Ordnungswidrigkeit:** §§ 69a III Nr 9 StVZO, 24 StVG. Bei Bestellung eines NeuFz mit Lenkrad-Sonderanfertigung durch den Händler muss der Erwerber mit fehlender BE nicht rechnen, Sa VRS **48** 236.

Sicherungseinrichtungen gegen unbefugte Benutzung von Kraftfahrzeugen

38a (1) ¹Personenkraftwagen sowie Lastkraftwagen, Zugmaschinen und Sattelzugmaschinen mit einem zulässigen Gesamtgewicht von nicht mehr als 3,5 t – ausgenommen land- oder forstwirtschaftliche Zugmaschinen und Dreirad-Kraftfahrzeuge – müssen mit einer Sicherungseinrichtung gegen unbefugte Benutzung, Personenkraftwagen zusätzlich mit einer Wegfahrsperre ausgerüstet sein. ²Die Sicherungseinrichtung gegen unbefugte Benutzung und die Wegfahrsperre müssen den im Anhang zu dieser Vorschrift genannten Bestimmungen entsprechen.

(2) Krafträder und Dreirad-Kraftfahrzeuge mit einem Hubraum von mehr als 50 cm³ oder einer durch die Bauart bestimmten Höchstgeschwindigkeit von mehr als 45 km/h, ausgenommen Kleinkrafträder und Fahrräder mit Hilfsmotor (§ 3 Abs. 2 Satz 1 Nr. 1 Buchstabe d der Fahrzeug-Zulassungsverordnung), müssen mit einer Sicherungseinrichtung gegen unbefugte Benutzung ausgerüstet sein, die den im Anhang zu dieser Vorschrift genannten Bestimmungen entspricht.

Rückwärtsgang **§§ 38b, 39 StVZO 5**

(3) **Sicherungseinrichtungen gegen unbefugte Benutzung und Wegfahrsperren an Kraftfahrzeugen, für die sie nicht vorgeschrieben sind, müssen den vorstehenden Vorschriften entsprechen.**

Begr: VkBl **97** 658.

1. Bei der Entwendung unbewachter Kfze, insbesondere durch Personen ohne FE oder ausreichende Fahrpraxis, treten oft grobe VVerstöße mit zum Teil schweren Unfällen auf. Von der Pflicht, eine **Sicherungseinrichtung** gegen unbefugte Benutzung zu führen, sind ausgenommen: Lkw, Zgm und SattelZgm über 3,5 t, land- und forstwirtschaftliche Zgm, Dreirad-Kfze bis 50 cm^3 Hubraum oder bis 45 km/h bauartbedingter Höchstgeschwindigkeit, Kleinkrafträder und FmH. Geeignet sind Einrichtungen, die es unmöglich machen, sie schnell und unauffällig zu öffnen, betriebsunfähig zu machen oder zu zerstören (ECE-Regelung Nr 18, 5.4.): Lenk-, Getriebe-, Schalthebel- und Speichenschlösser sowie Einrichtungen, die das Ingangsetzen des Motors verhindern. Zusätzlich müssen Pkw mit einer **Wegfahrsperre** ausgerüstet sein (zB Zahlencode). Abs I gilt gem Übergangsvorschrift (§ 72 II) spätestens für ab 1. 10. 98 erstmals in den V gekommene Fze, im Übrigen ist § 38a in der bis 1. 9. 97 geltenden Fassung anzuwenden. Entsprechendes gilt für die Sicherung von Krädern gem Abs II. 1

Werden Kfze mit Sicherungseinrichtungen oder Wegfahrsperren ausgerüstet, für die solche Einrichtungen nicht vorgeschrieben sind, so müssen sie den Bestimmungen der Absätze I und II entsprechen (Abs III). 2

Wer das Lenkradschloss beim Verlassen des Kfz nicht einrasten lässt, handelt **grob fahrlässig** (§ 61 VVG alt = § 81 II VVG 08), s § 14 StVO Rz 20. Gefahrerhöhung, wenn der VN pflichtwidrig kein Lenkradschloss einbaut, BGH VersR **69** 177. S § 14 StVO. 3

2. Ordnungswidrigkeit: §§ 69a III Nr 10 StVZO, 24 StVG. 4

Fahrzeug-Alarmsysteme

38b ¹**In Personenkraftwagen sowie in Lastkraftwagen, Zugmaschinen und Sattelzugmaschinen mit einem zulässigen Gesamtgewicht von nicht mehr als 2,00 t eingebaute Fahrzeug-Alarmsysteme müssen den im Anhang zu dieser Vorschrift genannten Bestimmungen entsprechen.** ²**Fahrzeug-Alarmsysteme in anderen Kraftfahrzeugen müssen sinngemäß den vorstehenden Vorschriften entsprechen.**

Begr: VkBl **97** 659. 1

Die StVZO schreibt Alarmeinrichtungen nicht vor. Freiwillige Alarmeinrichtungen können das gesamte Fz oder Teile (zB Radio) schützen. Soweit die in Satz 1 bezeichneten Fze durch Alarmanlagen gesichert sind, müssen sie den Vorschriften der im Anhang zur StVZO genannten Richtlinien entsprechen. Alarmanlagen in anderen Kfzen müssen jenen Vorschriften jedenfalls sinngemäß entsprechen. Die Neufassung ist gem § 72 II spätestens ab 1. 10. 98 auf erstmals in den V gekommene Fz-Alarmanlagen anzuwenden; für ältere Systeme bleibt § 38b alt anwendbar. Anlagen, die über Funk den Alarm beim Halter, also nicht unmittelbar in oder am Fz, auslösen, sind von § 38b nicht betroffen. Taxi-Alarmanlagen (§ 25 BOKraft), s BMV VkBl **66** 99. 2

Ordnungswidrigkeit: § 69a III Nr 10a. 3

Rückwärtsgang

39 **Kraftfahrzeuge – ausgenommen einachsige Zug- oder Arbeitsmaschinen mit einem zulässigen Gesamtgewicht von nicht mehr als 400 kg sowie Krafträder mit oder ohne Beiwagen – müssen vom Führersitz aus zum Rückwärtsfahren gebracht werden können.**

1. Kfze mit einem **Leergewicht von mehr als 400 kg** (§ 72 II) müssen einen Rückwärtsgang haben, da sie sonst schwer wenden und umkehren können. § 39 will verhindern, dass Kfze mit der Hand rückwärts bewegt werden und hierdurch den Verkehr stören. Ausgenommen sind nur einachsige Zug- und Arbeitsmaschinen mit zulässigem Gesamtgewicht von nicht mehr als 400 kg und Krafträder. Übergangsbestimmung für vor dem 1. 7. 61 in den V gekommene Fze: § 72. 1

2. Ausnahmen: § 70. **Ordnungswidrigkeit:** §§ 69a III Nr 11 StVZO, 24 StVG. 2

Dauer 1371

5 StVZO §§ 39a, 40   B. Fahrzeuge. III. Bau- und Betriebsvorschriften

Betätigungseinrichtungen, Kontrollleuchten und Anzeiger

39a (1) Die in Personenkraftwagen und Kraftomnibussen sowie Lastkraftwagen, Zugmaschinen und Sattelzugmaschinen – ausgenommen land- oder forstwirtschaftliche Zugmaschinen – eingebauten Betätigungseinrichtungen, Kontrollleuchten und Anzeiger müssen eine Kennzeichnung haben, die den im Anhang zu dieser Vorschrift genannten Bestimmungen entspricht.

(2) Die in Kraftfahrzeuge nach § 30a Abs. 3 eingebauten Betätigungseinrichtungen, Kontrollleuchten und Anzeiger müssen eine Kennzeichnung haben, die den im Anhang zu dieser Vorschrift genannten Bestimmungen entspricht.

(3) Land- oder forstwirtschaftliche Zugmaschinen müssen Betätigungseinrichtungen haben, deren Einbau, Position, Funktionsweise und Kennzeichnung den im Anhang zu dieser Vorschrift genannten Bestimmungen entspricht.

Begr (VkBl **00** 364): *Mit dieser Vorschrift werden die im Anhang genannten EG-Richtlinien für die in den Absätzen 1, 2 und 3 aufgeführten Fahrzeugklassen in nationales Recht umgesetzt …*

1   1. Die Abs I und III der durch die 31. ÄndVStVR (BGBl I 310) eingefügten Bestimmung sind gem der Übergangsbestimmung des § 72 II spätestens auf die ab 1. 10. 01 auf die von diesem Tage an erstmals in den V kommenden Kfze anzuwenden, Abs II spätestens ab 17. 6. 03 auf die von diesem Tage an erstmals in den V kommenden Kfze.

2   **2. Ordnungswidrigkeit:** § 69a III Nr 11a.

Scheiben, Scheibenwischer, Scheibenwascher, Entfrostungs- und Trocknungsanlagen für Scheiben

40 (1) ¹Sämtliche Scheiben – ausgenommen Spiegel sowie Abdeckscheiben von lichttechnischen Einrichtungen und Instrumenten – müssen aus Sicherheitsglas bestehen. ²Als Sicherheitsglas gilt Glas oder ein glasähnlicher Stoff, deren Bruchstücke keine ernstlichen Verletzungen verursachen können. ³Scheiben aus Sicherheitsglas, die für die Sicht des Fahrzeugführers von Bedeutung sind, müssen klar, lichtdurchlässig und verzerrungsfrei sein.

(2) ¹Windschutzscheiben müssen mit selbsttätig wirkenden Scheibenwischern versehen sein. ²Der Wirkungsbereich der Scheibenwischer ist so zu bemessen, daß ein ausreichendes Blickfeld für den Führer des Fahrzeugs geschaffen wird.

(3) Dreirädrige Kleinkrafträder und dreirädrige oder vierrädrige Kraftfahrzeuge mit Führerhaus nach § 30a Abs. 3 müssen mit Scheiben, Scheibenwischer, Scheibenwascher, Entfrostungs- und Trocknungsanlagen ausgerüstet sein, die den im Anhang zu dieser Vorschrift genannten Bestimmungen entsprechen.

1   **Begr** zur ÄndVO v 23. 3. 00: BRDrucks 720/99 S 57.

2   **1. Sicherheitsglas** ist entweder Einscheiben (ESG)- oder Verbund-Sicherheitsglas (VSG). Auch für Glasausstelldächer ist Sicherheitsglas vorgeschrieben („sämtliche Scheiben"), Bay VRS **67** 469. Abs I S 1 gilt auch für Anhänger (zB Wohnanhänger, s *Berr* 224, 714). Scheiben aus Sicherheitsglas und auf diesen angebrachte Folien müssen nach § 22a I Ziff 3 in amtlich genehmigter Bauart ausgeführt und mit den inländischen Herstellern zugeteilten Kennzeichen gekennzeichnet sein, s VkBl **49** 129, **50** 5 = StVRL Nr 1. Technische Anforderungen an Sicherheitsglas, VkBl **73** 558, zuletzt geändert: VkBl **03** 752 = StVRL § 22a Nr 1 (Nr 29). VO über die Inkraftsetzung der Regelung Nr 43 über Sicherheitsglas, BGBl 1981 II 66). Farbveränderung der Front- oder Rückscheibe (Farbanstrich, Folie), auch teilweise, ist wegen der Bauartgenehmigungspflicht unzulässig. Klar ist eine im gesamten Fahrerblickfeld in sich ungetrübte Scheibe, Ha VRS **52** 502. Glasscheiben in VerkaufsFzen, s BMV VkBl **74** 436.

3   **2. Windschutzscheiben** sind die vor dem Führersitz angebrachten Glasscheiben, die den Fahrwind abhalten. Bei Vereisung oder Beschlagen muss der Fahrer den Belag vollständig entfernen; Sichtlöcher genügen nicht. Silikone, Öle, Fette und Wachse die zu Sichtbehinderung führen, sollten durch Reinigungsmittel behoben werden, s BMV VkBl **58** 262. Sichtbehinderung durch Streulicht nach Oberflächenstrukturveränderung von Windschutzscheiben, *Pfeiffer* ZVS **70** 132, *Timmermann/Gehring* ZVS **86** 31, *Schmidt-Clausen* VGT **90** 153. Sichtbehinderung durch wärmedämmende Verbundscheiben, *Gramberg-Danielsen* ZVS **72** 175. Bedingungen für die Reparatur von Verbundglasscheiben, s BMV VkBl **86** 130. Die Vorschrift sollte

übereinstimmend mit den gegenwärtigen wissenschaftlichen Erkenntnissen getönte Scheiben nur mit solcher Durchlässigkeit und Einbauneigung zulassen, dass auch ältere Kf im Dunklen noch ausreichende Sichtweite haben.

Lit: *Glaeser/Huß*, Der Kopfaufprall von außen auf Windschutzscheiben beim Fußgängerunfall, Verkehrsunfall **85** 11. *Jagow*, Folien, Sonnenschutzblenden und Jalousien an Scheiben von Kfzen, VD **83** 254. *Timmermann/Gehring*, Oberflächenschäden an Windschutzscheiben, ZVS **86** 31. *Weigt,* Sicht bei Nacht durch Windschutzscheiben mit Streulicht und Einfärbung, ZVS **89** 48. Pkw-Windschutzscheiben, ZVS **76** 141.

3. Die Windschutzscheiben müssen mit selbsttätigen **Scheibenwischern** versehen sein. Nur an Kfzen mit Geschwindigkeit bis zu 20 km/h sind übergangsweise noch handbediente Scheibenwischer zulässig (§ 72 II). Bei schwacher Scheibenwischerleistung ist angepasst langsamer zu fahren, Sa VM **71** 92.   4

4. Trennwände. Taxen und Mietwagen dürfen mit einer ausreichend kugelsicheren Trennwand ausgerüstet sein, die entweder zwischen den Vorder- und Rücksitzen angebracht ist, oder den Fahrersitz von den Fahrgastplätzen trennt. Sie darf versenkbar oder so beschaffen sein, dass ein Teil seitlich verschoben werden kann (§ 25 BOKraft). Trennscheiben sind bauartgenehmigungspflichtig, BMV 25. 4. 66, StV 7–8013 R/66; 29. 7. 65, StV 7–8074 T/65, auch gläserne Zwischenwände in Wohnmobilen, *Berr* 225.   5

5. Für die in Abs III genannten **Kraftfahrzeuge nach Art 1 der EG-Richtlinie 2002/24/ EG** (s § 30a Rz 2) gelten die Bestimmungen von Kap 12 der EG-Richtlinie 97/24, die durch Abs III auch für Fze mit EinzelBE in nationales Recht umgesetzt ist. Übergangsbestimmung: § 72 II.   6

6. Ausnahmen: § 70.   7

7. Ordnungswidrigkeit: §§ 69a III Nr 12 StVZO, 24 StVG.   8

Bremsen und Unterlegkeile

41 (1) ¹Kraftfahrzeuge müssen 2 voneinander unabhängige Bremsanlagen haben oder eine Bremsanlage mit 2 voneinander unabhängigen Bedienungseinrichtungen, von denen jede auch dann wirken kann, wenn die andere versagt. ²Die voneinander unabhängigen Bedienungseinrichtungen müssen durch getrennte Übertragungsmittel auf verschiedene Bremsflächen wirken, die jedoch in oder auf derselben Bremstrommel liegen können. ³Können mehr als 2 Räder gebremst werden, so dürfen gemeinsame Bremsflächen und (ganz oder teilweise) gemeinsame mechanische Übertragungseinrichtungen benutzt werden; diese müssen jedoch so gebaut sein, daß beim Bruch eines Teils noch mindestens 2 Räder, die nicht auf derselben Seite liegen, gebremst werden können. ⁴Alle Bremsflächen müssen auf zwangsläufig mit den Rädern verbundene, nicht auskuppelbare Teile wirken. ⁵Ein Teil der Bremsflächen muß unmittelbar auf die Räder wirken oder auf Bestandteile, die mit den Rädern ohne Zwischenschaltung von Ketten oder Getriebeteilen verbunden sind. ⁶Dies gilt nicht, wenn die Getriebeteile (nicht Ketten) so beschaffen sind, daß ihr Versagen nicht anzunehmen und für jedes in Frage kommende Rad eine besondere Bremsfläche vorhanden ist. ⁷Die Bremsen müssen leicht nachstellbar sein oder eine selbsttätige Nachstelleinrichtung haben.

(1a) Absatz 1 Satz 2 bis 6 gilt nicht für Bremsanlagen von Kraftfahrzeugen, bei denen die Bremswirkung ganz oder teilweise durch die Druckdifferenz im hydrostatischen Kreislauf (hydrostatische Bremswirkung) erzeugt wird.

(2) ¹Bei einachsigen Zug- oder Arbeitsmaschinen genügt eine Bremse (Betriebsbremse), die so beschaffen sein muß, daß beim Bruch eines Teils der Bremsanlage noch mindestens ein Rad gebremst werden kann. ²Beträgt das zulässige Gesamtgewicht nicht mehr als 250 kg und wird das Fahrzeug von Fußgängern an Holmen geführt, so ist keine Bremsanlage erforderlich; werden solche Fahrzeuge mit einer weiteren Achse verbunden und vom Sitz aus gefahren, so genügt eine an der Zug- oder Arbeitsmaschine oder an dem einachsigen Anhänger befindliche Bremse nach § 65, sofern die durch die Bauart bestimmte Höchstgeschwindigkeit 20 km/h nicht übersteigt.

(3) ¹Bei Gleiskettenfahrzeugen, bei denen nur die beiden Antriebsräder der Laufketten gebremst werden, dürfen gemeinsame Bremsflächen für die Betriebsbremse und für die Feststellbremse benutzt werden, wenn mindestens 70 vom Hundert des Gesamtgewichts des Fahrzeugs auf dem Kettenlaufwerk ruht und die Bremsen so beschaffen sind, daß der Zustand der Bremsbeläge von außen leicht überprüft werden kann. ²Hierbei dürfen auch die Bremsnocken, die Nockenwellen mit Hebel oder ähnliche Übertragungsteile für beide Bremsen gemeinsam benutzt werden.

Dauer

(4) Bei Kraftfahrzeugen – ausgenommen Krafträder – muß mit der einen Bremse (Betriebsbremse) eine mittlere Vollverzögerung von mindestens 5,0 m/s² erreicht werden; bei Kraftfahrzeugen mit einer durch die Bauart bestimmten Höchstgeschwindigkeit von nicht mehr als 25 km/h genügt jedoch eine mittlere Vollverzögerung von 3,5 m/s².

(4a) Bei Kraftfahrzeugen – ausgenommen Kraftfahrzeuge nach § 30a Abs. 3 – muss es bei Ausfall eines Teils der Bremsanlage möglich sein, mit dem verbleibenden funktionsfähigen Teil der Bremsanlage oder mit der anderen Bremsanlage des Kraftfahrzeugs nach Absatz 1 Satz 1 mindestens 44 vom Hundert der in Absatz 4 vorgeschriebenen Bremswirkung zu erreichen, ohne dass das Kraftfahrzeug seine Spur verlässt.

(5) ¹Bei Kraftfahrzeugen – ausgenommen Krafträder – muß die Bedienungseinrichtung einer der beiden Bremsanlagen feststellbar sein; bei Krankenfahrstühlen und bei Fahrzeugen, die die Baumerkmale von Krankenfahrstühlen aufweisen, deren Geschwindigkeit aber 30 km/h übersteigt, darf jedoch die Betriebsbremse anstatt der anderen Bremse feststellbar sein. ²Die festgestellte Bremse muß ausschließlich durch mechanische Mittel und ohne Zuhilfenahme der Bremswirkung des Motors das Fahrzeug auf der größten von ihm befahrbaren Steigung am Abrollen verhindern können. ³Mit der Feststellbremse muß eine mittlere Verzögerung von mindestens 1,5 m/s² erreicht werden.

(6) *(aufgehoben)*

(7) ¹Bei Kraftfahrzeugen, die mit gespeicherter elektrischer Energie angetrieben werden, kann eine der beiden Bremsanlagen eine elektrische Widerstands- oder Kurzschlußbremse sein; in diesem Fall findet Absatz 1 Satz 5 keine Anwendung.

(8) ¹Betriebsfußbremsen an Zugmaschinen – ausgenommen an Gleiskettenfahrzeugen –, die zur Unterstützung des Lenkens als Einzelradbremsen ausgebildet sind, müssen auf öffentlichen Straßen so gekoppelt sein, daß eine gleichmäßige Bremswirkung gewährleistet ist, sofern sie nicht mit einem besonderen Bremshebel gemeinsam betätigt werden können. ²Eine unterschiedliche Abnutzung der Bremsen muß durch eine leicht bedienbare Nachstelleinrichtung ausgleichbar sein oder sich selbsttätig ausgleichen.

(9) ¹Zwei- oder mehrachsige Anhänger – ausgenommen zweiachsige Anhänger mit einem Achsabstand von weniger als 1,0 m – müssen eine ausreichende, leicht nachstellbare oder sich selbsttätig nachstellende Bremsanlage haben; mit ihr muß eine mittlere Vollverzögerung von mindestens 5,0 m/s² – bei Sattelanhängern von mindestens 4,5 m/s² – erreicht werden. ²Bei Anhängern hinter Kraftfahrzeugen mit einer Geschwindigkeit von nicht mehr als 25 km/h (Betriebsvorschrift) genügt eine eigene mittlere Vollverzögerung von 3,5 m/s², wenn die Anhänger für eine Höchstgeschwindigkeit von nicht mehr als 25 km/h gekennzeichnet sind (§ 58). ³Die Bremse muß feststellbar sein. ⁴Die festgestellte Bremse muß ausschließlich durch mechanische Mittel den vollbelasteten Anhänger auch bei einer Steigung von 18 vom Hundert und in einem Gefälle von 18 vom Hundert auf trockener Straße am Abrollen verhindern können. ⁵Die Betriebsbremsanlagen von Kraftfahrzeug und Anhänger müssen vom Führersitz aus mit einer einzigen Betätigungseinrichtung abstufbar bedient werden können oder die Betriebsbremsanlage des Anhängers muß selbsttätig wirken; die Bremsanlage des Anhängers muß diesen, wenn sich vom ziehenden Fahrzeug trennt, auch bei einer Steigung von 18 vom Hundert und in einem Gefälle von 18 vom Hundert selbsttätig zum Stehen bringen. ⁶Anhänger hinter Kraftfahrzeugen mit einer durch die Bauart bestimmten Höchstgeschwindigkeit von mehr als 25 km/h müssen eine auf alle Räder wirkende Bremsanlage haben; dies gilt nicht für die nach § 58 für eine Höchstgeschwindigkeit von nicht mehr als 25 km/h gekennzeichneten Anhänger hinter Fahrzeugen, die mit einer Geschwindigkeit von nicht mehr als 25 km/h gefahren werden (Betriebsvorschrift).

(10) ¹Auflaufbremsen sind nur bei Anhängern zulässig mit einem zulässigen Gesamtgewicht von nicht mehr als

1. 8,00 t und einer durch die Bauart bestimmten Höchstgeschwindigkeit von nicht mehr als 25 km/h,
2. 8,00 t und einer durch die Bauart bestimmten Höchstgeschwindigkeit von nicht mehr als 40 km/h, wenn die Bremse auf alle Räder wirkt,
3. 3,50 t, wenn die Bremse auf alle Räder wirkt.

²Bei Sattelanhängern sind Auflaufbremsen nicht zulässig. ³In einem Zug darf nur ein Anhänger mit Auflaufbremse mitgeführt werden; jedoch sind hinter Zugmaschinen zwei Anhänger mit Auflaufbremse zulässig, wenn

1. beide Anhänger mit Geschwindigkeitsschildern nach § 58 für eine Höchstgeschwindigkeit von nicht mehr als 25 km/h gekennzeichnet sind,
2. der Zug mit einer Geschwindigkeit von nicht mehr als 25 km/h gefahren wird,
3. nicht das Mitführen von mehr als einem Anhänger durch andere Vorschriften untersagt ist.

Bremsen und Unterlegkeile § 41 StVZO 5

(11) ¹An einachsigen Anhängern und zweiachsigen Anhängern mit einem Achsabstand von weniger als 1,0 m ist eine eigene Bremse nicht erforderlich, wenn der Zug die für das ziehende Fahrzeug vorgeschriebene Bremsverzögerung erreicht und die Achslast des Anhängers die Hälfte des Leergewichts des ziehenden Fahrzeugs, jedoch 0,75 t nicht übersteigt. ²Beträgt jedoch bei diesen Anhängern die durch die Bauart bestimmte Höchstgeschwindigkeit nicht mehr als 30 km/h, so darf unter den in Satz 1 festgelegten Bedingungen die Achslast mehr als 0,75 t, aber nicht mehr als 3,0 t betragen. ³Soweit Anhänger nach Satz 1 mit einer eigenen Bremse ausgerüstet sein müssen, gelten die Vorschriften des Absatzes 9 entsprechend; bei Sattelanhängern muß die Wirkung der Betriebsbremse dem von der Achse oder der Achsgruppe (§ 34 Abs. 1) getragenen Anteil des zulässigen Gesamtgewichts des Sattelanhängers entsprechen.

(12) ¹Die vorgeschriebenen Bremsverzögerungen müssen auf ebener, trockener Straße mit gewöhnlichem Kraftaufwand bei voll belastetem Fahrzeug, erwärmten Bremstrommeln und (außer bei der in Absatz 5 vorgeschriebenen Bremse) auch bei Höchstgeschwindigkeit erreicht werden, ohne daß das Fahrzeug seine Spur verläßt. ²Die in den Absätzen 4, 6 und 7 vorgeschriebenen Verzögerungen müssen auch beim Mitführen von Anhängern erreicht werden. ³Die mittlere Vollverzögerung wird entweder

1. nach Abschnitt 1.1.2 des Anhangs II der Richtlinie 71/320/EWG des Rates vom 26. Juni 1971 zur Angleichung der Rechtsvorschriften der Mitgliedstaaten über die Bremsanlagen bestimmter Klassen von Kraftfahrzeugen und deren Anhänger (ABl. EG Nr. L 202 S. 37), zuletzt geändert durch die Richtlinie 98/12/EG der Kommission vom 27. Januar 1998 (ABl. EG Nr. L 81 S. 1), oder
2. aus der Geschwindigkeit v_1 und dem Bremsweg s_1 ermittelt, wobei v_1 die Geschwindigkeit ist, die das Fahrzeug bei der Abbremsung nach einer Ansprech- und Schwellzeit von höchstens 0,6 s hat, und s_1 der Weg ist, den das Fahrzeug ab der Geschwindigkeit v_1 bis zum Stillstand des Fahrzeugs zurücklegt.

⁴Von dem in den Sätzen 1 bis 3 vorgeschriebenen Verfahren kann, insbesondere bei Nachprüfungen nach § 29, abgewichen werden, wenn Zustand und Wirkung der Bremsanlage auf andere Weise feststellbar sind. ⁵Bei der Prüfung neu zuzulassender Fahrzeuge muß eine dem betriebsüblichen Nachlassen der Bremswirkung entsprechend höhere Verzögerung erreicht werden; außerdem muß eine ausreichende, dem jeweiligen Stand der Technik entsprechende Dauerleistung der Bremsen für längere Talfahrten gewährleistet sein.

(13) ¹Von den vorstehenden Vorschriften über Bremsen sind befreit
1. Zugmaschinen in land- oder forstwirtschaftlichen Betrieben, wenn ihr zulässiges Gesamtgewicht nicht mehr als 4 t und ihre durch die Bauart bestimmte Höchstgeschwindigkeit nicht mehr als 8 km/h beträgt,
2. selbstfahrende Arbeitsmaschinen und Stapler mit einer durch die Bauart bestimmten Höchstgeschwindigkeit von nicht mehr als 8 km/h und von ihnen mitgeführte Fahrzeuge,
3. hinter Zugmaschinen, die mit einer Geschwindigkeit von nicht mehr als 8 km/h gefahren werden, mitgeführte
   a) Möbelwagen,
   b) Wohn- und Schaustellerwagen, wenn sie nur zwischen dem Festplatz oder Abstellplatz und dem nächstgelegenen Bahnhof oder zwischen dem Festplatz und einem in der Nähe gelegenen Abstellplatz befördert werden,
   c) Unterkunftswagen der Bauarbeiter, wenn sie von oder nach einer Baustelle befördert werden und nicht gleichzeitig zu einem erheblichen Teil der Beförderung von Gütern dienen,
   d) beim Wegebau und bei der Wegeunterhaltung verwendete fahrbare Geräte und Maschinen bei der Beförderung von oder nach einer Baustelle,
   e) land- oder forstwirtschaftliche Arbeitsgeräte,
   f) Fahrzeuge zur Beförderung von land- oder forstwirtschaftlichen Bedarfsgütern, Geräten oder Erzeugnissen, wenn die Fahrzeuge eisenbereift oder in der durch § 58 vorgeschriebenen Weise für eine Geschwindigkeit von nicht mehr als 8 km/h gekennzeichnet sind.

²Die Fahrzeuge müssen jedoch eine ausreichende Bremse haben, die während der Fahrt leicht bedient werden kann und feststellbar ist. ³Ungefederte land- oder forstwirtschaftliche Arbeitsmaschinen, deren Leergewicht das Leergewicht des ziehenden Fahrzeugs nicht übersteigt, jedoch höchstens 3 t erreicht, brauchen keine eigene Bremse zu haben.

(14) ¹Die nachstehend genannten Kraftfahrzeuge und Anhänger müssen mit Unterlegkeilen ausgerüstet sein. Erforderlich sind mindestens
1. ein Unterlegkeil bei

Dauer 1375

a) Kraftfahrzeugen – ausgenommen Gleiskettenfahrzeuge – mit einem zulässigen Gesamtgewicht von mehr als 4 t,
b) zweiachsigen Anhängern – ausgenommen Sattel- und Starrdeichselanhänger (einschließlich Zentralachsanhänger) – mit einem zulässigen Gesamtgewicht von mehr als 750 kg,

2. Unterlegkeile bei
a) drei- und mehrachsigen Fahrzeugen,
b) Sattelanhängern,
c) Starrdeichselanhängern (einschließlich Zentralachsanhängern) mit einem zulässigen Gesamtgewicht von mehr als 750 kg.

²Unterlegkeile müssen sicher zu handhaben und ausreichend wirksam sein. ³Sie müssen im oder am Fahrzeug leicht zugänglich mit Halterungen angebracht sein, die ein Verlieren und Klappern ausschließen. ⁴Haken oder Ketten dürfen als Halterungen nicht verwendet werden.

(15) ¹Kraftomnibusse mit einem zulässigen Gesamtgewicht von mehr als 5,5 t sowie andere Kraftfahrzeuge mit einem zulässigen Gesamtgewicht von mehr als 9 t müssen außer mit den Bremsen nach den vorstehenden Vorschriften mit einer Dauerbremse ausgerüstet sein. ²Als Dauerbremse gelten Motorbremsen oder in der Bremswirkung gleichartige Einrichtungen. ³Die Dauerbremse muß mindestens eine Leistung aufweisen, die der Bremsbeanspruchung beim Befahren eines Gefälles von 7 vom Hundert und 6 km Länge durch das voll beladene Fahrzeug mit einer Geschwindigkeit von 30 km/h entspricht. ⁴Bei Anhängern mit einem zulässigen Gesamtgewicht von mehr als 9 t muß die Betriebsbremse den Anforderungen des Satzes 3 entsprechen, bei Sattelanhängern nur dann, wenn das um die zulässige Aufliegelast verringerte zulässige Gesamtgewicht mehr als 9 t beträgt. ⁵Die Sätze 1 bis 4 gelten nicht für

1. Fahrzeuge mit einer durch die Bauart bestimmten Höchstgeschwindigkeit von nicht mehr als 25 km/h und

2. Fahrzeuge, die nach § 58 für eine Höchstgeschwindigkeit von nicht mehr als 25 km/h gekennzeichnet sind und die mit einer Geschwindigkeit von nicht mehr als 25 km/h betrieben werden.

(16) ¹Druckluftbremsen und hydraulische Bremsen von Kraftomnibussen müssen auch bei Undichtigkeit an einer Stelle mindestens 2 Räder bremsen können, die nicht auf derselben Seite liegen. ²Bei Druckluftbremsen von Kraftomnibussen muß das unzulässige Absinken des Drucks im Druckluftbehälter dem Führer durch eine optisch oder akustisch wirkende Warneinrichtung deutlich angezeigt werden.

(17) Beim Mitführen von Anhängern mit Druckluftbremsanlage müssen die Vorratsbehälter des Anhängers auch während der Betätigung der Betriebsbremsanlage nachgefüllt werden können (Zweileitungsbremsanlage mit Steuerung durch Druckanstieg), wenn die durch die Bauart bestimmte Höchstgeschwindigkeit mehr als 25 km/h beträgt.

(18) ¹Abweichend von den Absätzen 1 bis 11, Abs. 12 Satz 1, 2, 3 und 5, Absatz 13 und 15 bis 17 müssen Personenkraftwagen, Kraftomnibusse, Lastkraftwagen, Zugmaschinen – ausgenommen land- oder forstwirtschaftliche Zugmaschinen – und Sattelzugmaschinen mit mindestens 4 Rädern und einer durch die Bauart bestimmten Höchstgeschwindigkeit von mehr als 25 km/h sowie ihre Anhänger – ausgenommen Anhänger nach Absatz 10 Satz 1 Nr. 1 und 2 oder Absatz 11 Satz 2, Muldenkipper, Stapler, Elektrokarren, Autoschütter – den im Anhang zu dieser Vorschrift genannten Bestimmungen über Bremsanlagen entsprechen. ²Andere Fahrzeuge, die hinsichtlich ihrer Baumerkmale des Fahrgestells den vorgenannten Fahrzeugen gleichzusetzen sind, müssen den im Anhang zu dieser Vorschrift genannten Bestimmungen über Bremsanlagen entsprechen. ³Austauschbremsbeläge für die in Satz 1 und 2 genannten Fahrzeuge mit einem zulässigen Gesamtgewicht von nicht mehr als 3,5 t müssen den im Anhang zu dieser Vorschrift genannten Bestimmungen entsprechen.

(19) Abweichend von den Absätzen 1 bis 11, Absatz 12 Satz 1, 2, 3 und 5, Absatz 13 und den Absätzen 17 und 18 müssen Kraftfahrzeuge nach § 30a Abs. 3 den im Anhang zu dieser Vorschrift genannten Bestimmungen über Bremsanlagen entsprechen.

(20) ¹Abweichend von den Absätzen 1 bis 11, 12 Satz 1, 2, 3 und 5, Absatz 13 und den Absätzen 17 bis 19 müssen land- oder forstwirtschaftliche Zugmaschinen mit einer durch die Bauart bestimmten Höchstgeschwindigkeit von nicht mehr als 40 km/h den im Anhang zu dieser Vorschrift genannten Bestimmungen über Bremsanlagen entsprechen. ²Selbstfahrende Arbeitsmaschinen und Stapler mit einer durch die Bauart bestimmten Höchstgeschwindigkeit von nicht mehr als 40 km/h dürfen den Vorschriften über Bremsanlagen nach Satz 1 entsprechen.

Bremsen und Unterlegkeile **§ 41 StVZO 5**

Begr zur ÄndVO v 12. 8. 97: VkBl **97** 659.

Begr zur ÄndVO v 23. 3. 00 (VkBl **00** 364): **Zu Abs 4 a:** *In den internationalen Bremsvorschriften (s. oben) besteht das Grundprinzip, dass bei Ausfall eines Teiles der Bremsanlage noch 44% der Betriebsbremswirkung zur Verfügung stehen muss. Dieses Prinzip wird durch die Einfügung des neuen Absatzes 4 a auf alle Kraftfahrzeuge, und nicht nur auf solche mit hydrostatischen Bremsanlagen ausgedehnt.*

Zu Abs 7: *Da es aus verkehrssicherheitstechnischen Überlegungen keinen Sinn macht, die vorgeschriebene Mindestbremswirkung für Fahrzeuge mit gleicher Masse und gleicher bauartbedingter Höchstgeschwindigkeit unterschiedlich vorzuschreiben, wird es nicht für gerechtfertigt gehalten, für schnelllaufende Elektrofahrzeuge geringere Bremsleistungen zu verlangen als für andere vergleichbare Fahrzeuge.*

Zu Abs 9: *Unabhängig von der Fahrzeugart wird in diesem Absatz nun allgemein für alle schnelllaufenden Anhängefahrzeuge das gefordert, was für die Anhängefahrzeuge, die unter die Bestimmungen des Absatzes 18 fallen, ohnehin vorgeschrieben ist. Auch hier wird es als nicht gerechtfertigt angesehen, wenn nur auf Grund einer formalen Einstufung der Fahrzeugart eine physikalisch unterschiedliche sicherheitstechnische Bewertung vorgenommen wird.*
Für langsam laufende Anhängefahrzeuge wird eine Mindestbremswirkung vorgeschrieben, wie sie bei Kraftfahrzeugen mit einer bauartbedingten Höchstgeschwindigkeit von weniger als 25 km/h für vertretbar gehalten wird.

Zu Abs 10: *Nach bisher geltendem Recht durften hinter allen Kraftfahrzeugen, die eine durch die Bauart bestimmte Höchstgeschwindigkeit von nicht mehr als 32 km/h hatten, zwei Anhänger mit Auflaufbremse mitgeführt werden, wenn die in Absatz 10 Satz 3 genannten drei Bedingungen eingehalten wurden. Es hat sich herausgestellt, dass sich diese Vorschriften zwar bewährt haben, aber dennoch für die land- oder forstwirtschaftlichen Betriebe nicht flexibel genug gestaltet waren. Daher wird es nunmehr für vertretbar gehalten, dass hinter land- oder forstwirtschaftlichen Zugmaschinen generell zwei Anhänger mit Auflaufbremsen mitgeführt werden dürfen, wenn die zuvor genannten drei Bedingungen eingehalten werden. Die Eingrenzung auf land- oder forstwirtschaftliche Zugmaschinen wird für erforderlich gehalten, da einerseits ohnehin kaum andere Zugfahrzeuge als land- oder forstwirtschaftliche Zugmaschinen für derartige Züge infrage kommen und andererseits hinter Lastkraftwagen oder Straßenzugmaschinen schon aus Gründen der Längenabmessungen sich das Mitführen von zwei Anhängern verbietet.*

Zu Abs 12 Satz 3: *Mit der vorliegenden Änderung des Absatzes 12 sind zwei Alternativen aufgezeigt, die die mittlere Vollverzögerung bestimmen. Die in Absatz 12, Satz 3, Nr. 1 genannte Alternative stimmt mit den internationalen Bremsvorschriften überein. Die in Absatz 12, Satz 3, Nr. 2 erwähnte Alternative soll für die unter die genannten Bestimmungen fallenden Fahrzeuge eine praxisgerechtere Messung der mittleren Vollverzögerung ermöglichen; sie erfordert zudem eine nicht so aufwändige Messtechnik ...*

Zu Abs 18: *Bisher galt, dass Fahrzeuge, die hinsichtlich der Baumerkmale ihres Fahrgestells den Fahrzeugen gleichzustellen waren, die unter die Vorschriften des § 41, Abs. 18, Satz 1 fielen, den Vorschriften der Richtlinie 71/320/EWG über Bremsanlagen entsprechen* **durften.**
Nunmehr wird gefordert, dass diese Fahrzeuge die Vorschriften der EG-Richtlinie 71/320/EWG über Bremsanlagen erfüllen **müssen.** *Dies ist im Sinne einer gewünschten Anwendung der harmonisierten Vorschriften geboten. Es ist auch nicht einzusehen, warum z. B. Feuerwehrfahrzeuge, Müllsammelfahrzeuge anders behandelt werden sollen, als „normale Lastkraftwagen". Nach EG-Recht würden diese Fahrzeuge ohnehin grundsätzlich unter die internationale Klassifizierung, also hier Fahrzeugklasse N, fallen.*

Zu Abs 20: *Nunmehr wird gefordert, dass land- oder forstwirtschaftliche Zugmaschinen mit einer durch die Bauart bestimmten Höchstgeschwindigkeit von nicht mehr als 40 km/h die harmonisierten Vorschriften der Richtlinie 76/432/EWG über die Bremsanlagen von land- oder forstwirtschaftlichen Zugmaschinen auf Rädern erfüllen müssen. Diese Richtlinie ist durch die Richtlinie 96/63/EG hinsichtlich der Wirksamkeit der Bremsanlagen an den technischen Stand angepasst worden ...*

1. Anwendungsbereich des § 41. Die Vorschriften des § 41 Abs I bis XI, XII S 1–3, 5, XIII und XV bis XVII haben gem Abs XVIII in Verbindung mit der Übergangsbestimmung des § 72 II – soweit es sich um Kfze der in Abs XVIII genannten Arten handelt – nur noch praktische Bedeutung für Fze, deren Bremsanlagen nicht den im Anhang zur StVZO (zu § 41 XVIII und § 41b) genannten Bestimmungen entsprechen (Abs XVIII S 2) und **vor dem 1. 1. 1991** erstmals in den V gekommen sind sowie für die in Abs XVIII S 1 von dessen Geltung ausdrücklich ausgenommenen Fze wie etwa Arbeitsmaschinen und Anhänger hinter land- oder forstwirt-

1

schaftlichen Zgm. Im Übrigen gilt gem. Abs XVIII in Verbindung mit dem Anhang die **Richtlinie 71/320/EWG** (EG-Bremsanlage). S Rz 24. Entsprechendes gilt gem Abs XIX für zwei- und dreirädrige Kfze nach § 30a III (s dazu § 30a Rz 2) in Verbindung mit Art 1 der **Richtlinie 2002/24/EG**; soweit sie nach dem **1. 10. 98** (§ 72 II) erstmals in den V gekommen sind, ist die **Richtlinie 93/14/EWG** anzuwenden (EG-Bremsanlage). § 41 ist ein **SchutzG** (§ 823 II BGB), RG JW **34** 2460. Zum Beweis eines Fehlers der Bremsen als ursächlich, s BGH JZ **71** 29.

2   **2. Grundsatz für die Bauart der Bremsen an Kraftfahrzeugen.** Gem Abs I S 1 muss jedes Kfz **zwei Bremsen,** die voneinander unabhängig sind, oder eine Bremse mit zwei voneinander unabhängigen Bedienungseinrichtungen haben. II normiert von diesem Grunderfordernis eine Ausnahme für leichte und langsam fahrende Zugmaschinen. III gibt Sondervorschriften für VII **GleiskettenFze,** für gewisse **elektrisch betriebene Fze.** XV verlangt zusätzliche Einrichtungen bei **schweren Kfzen,** XVI für **Omnibusse,** die mit Druckluft- oder hydraulischen Bremsen ausgerüstet sind. In IV bis V, IX und XII sind die Vorschriften über vorgeschriebene **Bremsverzögerungen** zusammengefasst. V bestimmt, dass eine der beiden Bremsen **feststellbar** sein muss. VIII gibt Sondervorschriften für **Zugmaschinen,** deren Betriebsbremse zur Unterstützung des Lenkens als Einzelradbremse ausgebildet ist.

3   **2a. Zwei voneinander unabhängige Bremsanlagen** müssen Kfze gem I S 1 grundsätzlich haben. Gewöhnlich sind die Kfze mit einer Fuß-(Vierrad-)Betriebsbremse und mit einer Handbremse zum Feststellen des stehenden Kfz ausgestattet. Eine schadhafte Handbremse macht das Kfz auch bei funktionierender Fußbremse verkehrsunsicher, BGH VersR **72** 872.

4   **2b. Eine Bremsanlage, aber zwei voneinander unabhängige Bedienungsvorrichtungen.** Statt zweier Bremsanlagen genügt nach I S 1 eine mit zwei voneinander unabhängigen Bedienungsvorrichtungen, die jede unbeschränkt wirkt, auch wenn die andere versagt. Das Kfz muss also auch bei derartiger Einrichtung der Bremsanlage stets gebremst werden können.

5   **2c. Beschaffenheit der Bremsen.** Das Erfordernis des Abs I S 5, wonach ein Teil der Bremsflächen unmittelbar auf die Räder oder auf mit ihnen verbundene Bestandteile wirken müsse, ist durch I Satz 6 gemildert; dies entspricht dem Genfer Abkommen über internationalen StrV v 16. 9. 49. Die Bestimmungen der Sätze 2–6 (Abs I) über die Einwirkung auf die *Bremsflächen* gelten nicht für Fze mit **hydrostatischer Bremsanlage** (Abs Ia), weil bei ihnen keine Bremsflächen vorhanden sind (s Begr VkBl **97** 659). Richtlinie für Bremsanlagen von Fzen mit hydrostatischem Antrieb, VkBl **98** 1226, **03** 823 (StVRL Nr 11). Alle Bremsen müssen leicht nachstellbar sein oder eine selbsttätige Nachstelleinrichtung haben (I S 7), weil die Bremswirkung sonst allmählich nachließe.

6   **3. Sondervorschrift für leichte, langsame Zugmaschinen.** Durch die in Abs II enthaltene Beschränkung der Höchstgeschwindigkeit auf 20 km/h bleibt die beim Bremsen zu vernichtende kinetische Energie auch beim Mitführen von Anhängern so gering, dass beim Bruch eines Teils der Bremsanlage auch mit einem Rad für den Notfall ausreichende Bremswirkung erreicht werden kann.

7   **4. Sondervorschrift für Gleiskettenfahrzeuge.** Mit Abs III wurde eine schon früher zugelassene Ausnahme übernommen, s VkBl **49** 92 (96). Für Halbkettenfahrzeuge gelten dieselben Bestimmungen wie für andere GleiskettenFze (s ÄndVO v 24. 8. 53).

8   **5. Bestimmungen über das Maß der Bremswirkung** (IV). Die Betriebsbremse muss für sich allein ausreichende Bremsung bewirken. Hier gilt dasselbe wie bei andern Fzen, deren Bremsen nach § 65 ausreichend sein müssen. Um Auffahrunfällen entgegenzuwirken, wäre während der langen Übergangszeit des Mischverkehrs mit bisher üblichen und ABV-Systemen (**automatischer Blockierverhinderer,** ABS, s § 41b) eine sinnfällige Kennzeichnung der ABV-Kfze angebracht, s *Heinze* VGT **90** 58. Mit **Anbaugeräten** ist auf genügende Belastung der gebremsten Achse zu achten, s Merkblatt für Anbaugeräte VkBl **99** 268, **00** 479, **04** 527 = StVRL § 30 Nr 6. Die Bremseinrichtungen sind **vor jeder Fahrt zu prüfen,** BGH VRS **22** 211. Nach Anhänger-Abkupplung ist die Bremswirkung des Motorwagens zu prüfen, denn deren Fehler können vorher durch bessere Bremswirkung des Anhängers ausgeglichen worden sein, Dü VM **74** 86. Nach jedem Eingriff in die Bremsanlage eines Kfzs ist stets eine Bremsprobe erforderlich, BGH VRS **65** 140. S § 23 StVO (Fahrerpflichten). Auch bei ausreichender Mindestverzögerung verstößt ein zu weiter Pedalweg gegen § 30, Bay VRS **46** 313, Dü

Bremsen und Unterlegkeile § 41 StVZO 5

VRS **56** 68, s Hb VM **66** 72. Wer unterwegs ungleichmäßiges Bremsen bemerkt, muss mit einem Bremsmangel und Ausbrechen des Fz bei Vollbremsung rechnen und entsprechend vorsichtig fahren, Dü VM **70** 78. Fahren mit unzureichenden Bremsen oder ohne sie ist **grobfahrlässig**. Leistungsfreiheit des Versicherers bei einer Fahrt trotz bekannten Versagens (Verölung) der Betriebsbremse, Nü VersR **67** 595. Der Lastzughalter, der den Zug 2 Jahre nicht zur Inspektion bringen und die Bremsanlage nicht prüfen lässt, handelt grobfahrlässig, BGH VersR **62** 79. Auch allmählich abgenutzte Bremsbeläge, die erst bei einer Gewaltbremsung versagen, bewirken eine versicherungsrechtliche **Gefahrerhöhung,** BGH VersR **69** 1011, ebenso mangelhafter Frostschutz bei einer Luftdruckbremsanlage, doch muss der Versicherte den gefahrerhöhenden Umstand kennen, Kennenmüssen genügt auch bei grober Fahrlässigkeit nicht, BGH VersR **70** 563. Zur Gefahrerhöhung gehört Kenntnis der sie begründenden Umstände oder arglistige Nichtkenntnisnahme von diesen Umständen, Schl VersR **78** 1011 (s dazu § 23 StVO Rz 40). Gefahrerhöhung bei Weiterbenutzung eines Fzs, dessen Bremsen erst nach mehrmaligem Treten des Pedals („Pumpen") ansprechen, Ko VersR **83** 870, Ha VersR **78** 284. Führt eine Abnutzung der Bremsbeläge dazu, dass sich das Pedal bis auf die Bodenplatte durchtreten lässt, so kann die darauf beruhende Gefahrerhöhung dem FzF idR nicht verborgen geblieben sein, KG VM **84** 54, s aber BGH VersR **86** 255 (FzBesitz erst seit wenigen Tagen), KG VM **87** 27. Eine mangelhafte Fußbremse erhöht die versicherungsrechtliche Gefahr nicht, wenn der Unfall ebenso auch bei intakter Bremse geschehen wäre, Kö VersR **70** 998. Gefahrerhöhung bei mangelhafter Feststellbremse, s Rz 10. Auch der **Halter** ist verantwortlich für einen durch mangelhafte Bremsanlagen verursachten Unfall, wenn ihm der Fahrer den Mangel mitgeteilt hatte. S § 31.

5 a. Die **mittlere Vollverzögerung,** die eine Bremse gewährleisten muss, beträgt 5,0 m/s². **9** Der durch ÄndVO v 23. 3. 00 eingeführte Begriff der Vollverzögerung entspricht den internationalen Bremsenvorschriften (ECE-Regelung Nr 13, Richtlinie 71/320/EWG). Mittlere Vollverzögerung von 3,5 m/s² reicht aus, wenn die bauartbestimmte Höchstgeschwindigkeit nicht über 25 km/h hinausgeht (IV). Die gegenüber der bis zum 31. 3. 00 geltenden Fassung erhöhten Werte sind gem § 72 II spätestens ab 1. 1. 01 auf die von diesem Tage an erstmals in den V kommenden Kfze anzuwenden; für ältere gilt Abs IV bzw IX in der vor dem 1. 4. 00 geltenden Fassung. Bei gleicher mittlerer Vollverzögerung benötigen Fze und Züge bei 20 km/h nur ein Viertel des Bremswegs, den sie bei 40 km/h haben würden. Die Herabsetzung der Bremsverzögerung auf 3,5 m/sek² ist daher gerechtfertigt, wenn mit höherer Geschwindigkeit als 25 km/h nicht zu rechnen ist. Eine mittlere Bremsverzögerung von 7,5 m/s² bei Vollbremsung mag bei manchen Kfzen erreichbar sein, jedoch besteht hierüber kein allgemeiner Erfahrungssatz, Hb DAR **80** 184. XII ergänzt die Bestimmung über die mittlere Verzögerung durch technische Erläuterungen besonders für die Bremsprüfung (s dazu Rz 19).

5 b. Eine **Hilfsbremswirkung** bei Ausfall eines Teils der Bremsanlage muss durch die ver- **9a** bleibenden funktionstüchtigen Bremseinrichtungen nach Maßgabe von IV a gewährleistet sein (s Begr, vor Rz 1); diese muss nicht notwendig von der Feststellbremse erbracht werden (s Begr, VkBl **97** 659).

6. Feststellbremse. Verhinderung des Abrollens. Gem V S 1 muss die Bedienungsein- **10** richtung einer der beiden Bremsanlagen feststellbar sein. Auch eine den technischen Anforderungen von V entsprechende Handbremse kann betriebsunsicher sein (s § 30), zB wenn sie erst an der obersten Betätigungsgrenze wirkt und/oder nicht feststellbar ist, s Dü VRS **56** 68, Ha VRS **56** 135. Sie muss auch ohne Motorbremswirkung oder Einlegen des Ganges auf der größten noch befahrbaren Steigung das Abrollen verhindern. Mit festgestellter Handbremse muss die in V S 3 angegebene mittlere Verzögerung erreicht werden können, und zwar ausschließlich durch mechanische Mittel. Mangelhafte Handbremse als erhebliche Gefahrerhöhung, Ce VersR **69** 118, s BGH VersR **72** 872. Unterlegkeile: Rz 21.

7. Mittlere Verzögerung bei Krafträdern. Abs VI (alt) bestimmte für Krafträder, Mopeds **11** und Mofas (Zw VRS **71** 229) die mittlere Verzögerung (mindestens 2,5 m/s²). Die Bestimmung wurde durch ÄndVO v 23. 3. 00 unter Hinweis auf Abs XIX gestrichen. Auf Kräder, die vom 1. 10. 98 erstmals in den V gekommen sind, ist gem Abs XIX (mit § 72 II) der Anhang der Richtlinie 93/14/EWG anzuwenden, für ältere bleibt Abs VI in der vor dem 1. 9. 97 geltenden Fassung anwendbar (§ 72 II). Beiwagen an Krafträdern brauchen keine Bremse mehr, s Begr zur ÄndVO v 20. 6. 73 (VkBl **73** 407). Es gibt keinen Erfahrungssatz, dass die Handbremse die geforderte Wirkung nicht habe, wenn man das Motorrad bei angezogener Handbremse mit

Dauer 1379

5 StVZO § 41 B. Fahrzeuge. III. Bau- und Betriebsvorschriften

Körperkraft wegschieben könne, Schl VM **56** 72. Das schließt aber abw Beweiswürdigung im Einzelfall nicht aus, Dü VM **97** 30 (*müheloses* Verschieben des Krades).

12 **8. Sondervorschrift für die Bremsen der Akkumulatorfahrzeuge.** Bei elektrisch betriebenen Fzen darf gem VII eine der beiden Bremsen eine Widerstands- oder Kurzschlussbremse sein, auf die I Satz 5 (unmittelbare Wirkung auf Räder oder Getriebe) unanwendbar ist. Im Übrigen wird für diese Fze die gleiche Bremsleistung (Abs IV) verlangt wie für andere Fze.

13 **9. Betriebsfußbremsen an Zugmaschinen.** Die Bestimmung des Abs VIII soll bei Fzen mit Lenkbremsen Bedienungsfehler ausschließen, wenn sie im Verkehr verwendet werden.

14 **10. Bremsen von Anhängern.** Bei Anhängern (§ 2 Nr 2 FZV) gelten Sondervorschriften, für zwei- und mehrachsige Anhänger in IX, X, für einachsige in XI. In X sind die Vorschriften über **Auflaufbremsen** zusammengefasst (s Rz 17).

15 **Zwei- und mehrachsige Anhänger** unterliegen den verschärften Bremseinrichtungsbestimmungen in IX. Die Verschärfung hat sich durch die Entwicklung des Verkehrs mit Anhängern als notwendig erwiesen. Mittlere Vollverzögerung: Rz 9. Die Bremse an einem zwei- oder mehrachsigen Anhänger muss feststellbar sein, IX S 3 (s dazu Rz 10). Für Anhänger von Kfzen mit Geschwindigkeiten von nicht mehr als 25 km/h (Betriebsvorschrift) genügt eine mittlere Vollverzögerung von 3,5 m/s^2, wenn die Anhänger für Höchstgeschwindigkeiten von nicht mehr als 25 km/h nach § 58 gekennzeichnet sind. Die Vorschrift entspricht Interessen der Landwirtschaft. Für die Ausstattung der Auflieger von SattelKfzen mit eigenen Bremsen gilt Abs XI, Ha VRS **36** 375.

16 **10 a. Bedienung der Anhängerbremsen.** In der Regel werden die Bremsen der hinter Kfzen mitgeführten Anhänger vom ziehenden Fz aus bedient. Vielfach haben solche Anhänger auch eine selbsttätige Bremsanlage, die automatisch ausgelöst wird, wenn das ziehende Fz bremst. Sog „Steckhebelbremsen" sind nach Abs IX S 5 ab 1. 1. 95 bei von diesem Tage an erstmals in den V gekommenen Anhängern (§ 72 II) nicht mehr zulässig (s Begr VkBl **93** 613).

17 **10 b. Auflaufbremsen an Anhängern.** X vereinigt die Bestimmungen über Auflaufbremsen. Hinsichtlich der Gewichtsbegrenzung ist das zulässige Gesamtgewicht (§ 34 V) entscheidend, nicht das vielleicht niedrigere tatsächliche Gesamtgewicht. Das zulässige Gesamtgewicht eines Anhängers mit Auflaufbremsen beträgt auch dann nur 8 t, wenn er außerdem noch eine Druckluftbremse hat, BGH DAR **58** 132. Auflaufbremsen müssen nach § 22 a I Ziff 5 in amtlich genehmigter Bauart ausgeführt sein. Technische Anforderungen bei der Bauartprüfung, VkBl **73** 558, zuletzt geändert: VkBl **03** 752 = StVRL § 22 a Nr 1 (Nr 30). Bei Sattelanhängern sind Auflaufbremsen nicht mehr zulässig (Abs X S 2); Übergangsvorschrift: § 72 II.

18 **10 c. Ausnahmevorschrift für einachsige Anhänger und zweiachsige mit weniger als 1 m Achsabstand.** Einachsige Anhänger sind meist mit dem ziehenden Kfz so fest verbunden, dass sich dessen Bremswirkung unmittelbar auf sie überträgt. Dann bedürfen sie keiner eigenen Bremsanlage. XI umschreibt die Voraussetzungen, von deren Vorhandensein das Eingreifen der Befreiungsvorschrift abhängt. Soweit einachsige Anhänger eine eigene Bremse haben müssen, gelten alle Vorschriften in IX. Die mittlere Verzögerung der Bremsanlage einachsiger Anhänger, soweit erforderlich, bemisst sich somit nach IX. Bei ungebremsten Anhängern darf im Interesse der VSicherheit des Zuges die tatsächlich vorhandene Anhängelast (Achslast) die Hälfte des Leergewichts des ziehenden Fz nicht übersteigen (§ 42 II S 2). Dem entspricht § 41 XI. Entscheidend ist daher nicht die zulässige, sondern die tatsächliche Achslast, Kö VRS **95** 301. Wer gemäß XI einen nicht bremsbaren Anhänger führt, braucht nicht deshalb langsamer zu fahren, Dü VM **67** Nr 89.

19 **11. Feststellung der Bremsverzögerung. Bremsprüfungen.** XII regelt die Ermittlung der Bremsverzögerung, s Ha VkBl **69** 143. Er enthält weitere Vorschriften über die nach IV–VII, IX und XI notwendige Verzögerung. Für die Bestimmung der mittleren Vollverzögerung bestehen gem XII S 3 zwei Alternativen. Berechnungsformel für die Ermittlung nach III Nr 2: VkBl **00** 365. Die mittleren Verzögerungen gemäß IV, VII müssen auch erreicht werden, wenn das Kfz Anhänger mitführt. Satz 4 regelt das Verfahren bei Prüfung des Fz nach § 29. Satz 5 (erhöhte Bremsanforderungen bei Neuzulassung) soll einen Ausgleich dafür schaffen, dass die Bremswirkung im Betrieb erfahrungsgemäß nachlässt. Richtlinien über die Anwendung, Beschaffenheit und Prüfung von Zeitmesseinrichtungen bestimmter Betriebsbremsen, VkBl **76** 284 = StVRL Nr 3. Richtlinie für die Bremsprüfung bei Hauptuntersuchungen gem § 29 (HU-

Bremsen und Unterlegkeile   **§ 41 StVZO 5**

Bremsenrichtlinie), VkBl **93** 422, **95** 336, **97** 408, **98** 1140, **03** 751 = StVRL § 29 StVZO Nr 8. Richtlinien für die Anwendung, Beschaffenheit und Prüfung von Bremsprüfständen, VkBl **03** 303. Merkblatt für Bremsendienstprüflehrgänge, VkBl **78** 203.

12. Befreiung von den Vorschriften über Bremsen. XIII nimmt näher bezeichnete 20 langsam fahrende Fze von § 41 aus und enthält Sondervorschriften für die Bremsen dieser Fze sowie der land- oder forstwirtschaftlichen Arbeitsmaschinen. § 36 IV bestimmt, welche Fze mit eisernen Reifen (XIII Nr 3 f) versehen sein dürfen.

13. XIV, der für schwere Fze das **Mitführen von Unterlegkeilen** vorsieht, soll zur Siche- 21 rung abgestellter Fze dienen. Unterbringungsrichtlinien für Unterlegkeile an Kfzen und deren Anhängern, außer an Pkw und Krädern, VkBl **80** 775 = StVRL Nr 7. Größe und Gewicht von Unterlegkeilen, DIN 76 051. Zur Ausrüstung land- und forstwirtschaftlicher Arbeitsgeräte mit Bremsen und Unterlegkeilen, Merkblatt VkBl **00** 674 (676 Nr 14). Durch die Neufassung von Abs XIV S 2 Nr 1 und 2 (ÄndVO v 12. 8. 97) ist klar gestellt, dass Starrdeichselanhänger einschließlich Zentralachsanhänger mit 2 Unterlegkeilen ausgerüstet sein müssen.

14. Sondervorschrift für schwerere Fahrzeuge. Nach XV müssen Omnibusse mit zuläs- 22 sigem Gesamtgewicht von mehr als 5,5 t sowie Kfze mit zulässigem Gesamtgewicht von mehr als 9 t außer den beiden Bremsen (Rz 3) eine **Dauerbremse** (Motorbremse oder in der Bremswirkung gleichartige Vorrichtung) haben. Nur bei den langsamen Fzen gemäß Satz 5 wird auf diese dritte Bremseinrichtung verzichtet. Ausbau von Einrichtungen an Anhängern zur Betätigung der Betriebsbremse als Dauerbremse, s § 72 II (zu § 41 XV). Die Betriebsbremse an Anhängern mit einem zulässigen Gesamtgewicht von mehr als 9 t muss die in S 3 bestimmte Leistung erreichen (XV S 4). Für Fze zu besonderen Einsatzzwecken mit hydrostatischen Getrieben, die auch der Verzögerung dienen, kann nach Maßgabe der Richtlinie für Bremsanlagen für Fze mit hydrostatischem Antrieb (VkBl **98** 1226, **03** 823 = StVRL Nr 11) eine Ausnahmegenehmigung von den Vorschriften des Abs XV erteilt werden.

15. Druckluftbremsen und hydraulische Bremsen. XVI schreibt wegen des höheren 23 Sicherheitsbedürfnisses für Omnibusse die Zweikreisbremse vor. Der Erhöhung der Sicherheit dient auch das Erfordernis eines Warndruckanzeigers bei Omnibussen mit Luftdruckbremse (XVI S 2). Druckbehälter sind prüfpflichtig, s § 41 a.

15 a. XVII. **Zweileitungsbremsanlagen** zum Mitführen von Anhängern, s BMV VkBl **75** 23a 687.

16. EG-Bremsanlage. Für **ab 1. 1. 1991** erstmals in den V gekommene Pkw, Kom, Lkw 24 und SattelZgm mit mindestens 4 Rädern mit bauartbestimmter Höchstgeschwindigkeit von mehr als 25 km/h gilt gem Abs XVIII und Anhang zur StVZO in Verbindung mit § 72 II im Verfahren zur Erteilung einer BE nicht mehr § 41 I–XIII und XV–XVII, sondern die **Richtlinie 71/320/EWG** (StVRL § 41 Nr 12). Eine entsprechende Bestimmung enthält Abs XIX in Verbindung mit § 72 II für ab 1. 10. 98 erstmals in den V gekommene zwei- und dreirädrige Kfze (§ 30 a III); für sie gilt die **Richtlinie 93/14/EWG** (StVRL § 41 Nr 14).

17. Land- oder forstwirtschaftliche Zugmaschinen mit bauartbestimmter Höchstge- 25 schwindigkeit bis 40 km/h müssen den in den Anhängen I bis IV der Richtlinie 76/432/EWG genannten Bestimmungen über Bremsanlagen entsprechen (Abs XX). Abs XX ist spätestens ab 1. 1. 02 auf die von diesem Tage an erstmals in den V kommenden land- oder forstwirtschaftlichen Zgm anzuwenden (§ 72 II).

18. Ausnahmen: § 70. Richtlinien für Ausnahmegenehmigungen für bestimmte Arbeitsma- 26 schinen und andere FzArten, VkBl **80** 433.

19. Zuwiderhandlungen: §§ 69 a III Nr 13, 31 b (41 XIV), 69 a V Nr 4 b StVZO, 24 27 StVG. Fahren mit vorschriftswidrigen Bremsen steht mit allen auf der Fahrt begangenen Verstößen in TE, s Kar VRS **51** 76, auch bei Unfall (fahrlässige Körperverletzung, fahrlässige Tötung) ohne mitwirkende Ursächlichkeit der unzureichenden Bremsen, aM RG HRR **37** Nr 1613. Zur Vermeidbarkeit eines Verbotsirrtums bei häufiger Änderung der Vorschriften über Bremsen, BGH VRS **6** 444. Über die Wirkung und Bedienung einer Zweikreisbremsanlage muss sich der Kf unterrichten, Dü VM **75** 79. Soweit Mängel der Bremsanlage nicht unmittelbar gegen die Vorschriften des § 41 verstoßen, kommt **OW gem § 30** in Betracht. Kein Verstoß gegen § 41, aber OW gem § 30 zB, wenn die Bremse zwar die vorgeschriebene Mindest-

Dauer

verzögerung erreicht, jedoch wegen zu langen Pedalweges nicht verkehrssicher ist, Bay VM **74** 28, s Bay DAR **80** 262, oder wenn die Handbremse erst bei vollständigem Anziehen die erforderliche Wirkung zeigt, Dü VRS **56** 68, ebenso bei Wärmerissen an den Bremstrommeln oder zu großem Lüftspiel zwischen Bremsbacken und Trommeln ohne Beeinträchtigung der Bremsleistung, KG VRS **82** 149, oder bei die Bremsleistung nicht unmittelbar beeinträchtigenden Rostschäden an Teilen der Bremsanlage, KG VRS **100** 143. Bei **überraschendem Bremsausfall** muss der Kf die eingeschliffene automatische Reaktion durch eine überlegte ersetzen; außer der Reaktions- und Bremsansprechzeit beim mißlungenen Bremsversuch steht ihm deshalb eine Schreckzeit von 1s und eine weitere Reaktions- und Bremsansprechzeit für die Handbremse bzw für eine andere Rettungsmaßnahme zu, Dü VM **77** 45, Ha NZV **90** 36. Plötzliches, unvorhergesehenes Bremsversagen kann auch einen erfahrenen Kf in größere Bestürzung versetzen als eine fremde VWidrigkeit, mit der er rechnen muss, Fra VRS **41** 37. Jedoch entlastet Bremsversagen nicht, wenn es auf **ungenügender Wartung** beruht; Durchführung der vorgeschriebenen Pflicht- und Sonderuntersuchungen durch den TÜV genügt nicht, vielmehr sind die vom Hersteller empfohlenen Inspektionstermine einzuhalten, Ha NZV **90** 36.

Druckgasanlagen und Druckbehälter

41 a (1) Kraftfahrzeugtypen, die mit speziellen Ausrüstungen oder Bauteilen für die Verwendung von
1. verflüssigtem Gas (LPG) oder
2. komprimiertem Erdgas (CNG)

in ihrem Antriebssystem ausgestattet sind, müssen hinsichtlich des Einbaus dieser Ausrüstungen oder Bauteile nach den im Anhang zu dieser Vorschrift genannten Bestimmungen genehmigt sein.

(2) Spezielle Nachrüstsysteme für die Verwendung von
1. verflüssigtem Gas (LPG) oder
2. komprimiertem Erdgas (CNG)

im Antriebssystem eines Kraftfahrzeugs müssen hinsichtlich ihrer Ausführung nach der im Anhang zu dieser Vorschrift genannten Bestimmung genehmigt sein.

(3) ¹Spezielle Bauteile für die Verwendung von
1. erflüssigtem Gas (LPG) oder
2. komprimiertem Erdgas (CNG)

im Antriebssystem eines Kraftfahrzeugs müssen hinsichtlich ihrer Ausführung nach der im Anhang zu dieser Vorschrift genannten Bestimmung genehmigt sein. ²Ferner müssen für den Einbau die Bedingungen der im Anhang zu dieser Vorschrift genannten Bestimmung erfüllt werden.

(4) ¹Hersteller von Bauteilen für Ausrüstungen nach Absatz 1 oder Nachrüstsysteme nach Absatz 2 oder von speziellen Bauteilen nach Absatz 3 müssen diesen die notwendigen Informationsunterlagen, entsprechend den im Anhang zu dieser Vorschrift genannten Bestimmungen, für den Einbau, die sichere Verwendung während der vorgesehenen Betriebsdauer und die empfohlenen Wartungen beifügen. ²Den für den Einbau, den Betrieb und die Prüfungen verantwortlichen Personen sind diese Unterlagen bei Bedarf zur Verfügung zu stellen.

(5) ¹Halter, deren Kraftfahrzeuge mit Ausrüstungen nach Absatz 2 oder Absatz 3 ausgestattet worden sind, haben nach dem Einbau eine Gasanlagenprüfung (Gassystemeinbauprüfung) nach Anlage XVII durchführen zu lassen. ²Gassystemeinbauprüfungen dürfen nur durchgeführt werden von
1. verantwortlichen Personen in hierfür anerkannten Kraftfahrzeugwerkstätten, sofern das Gassystem in der jeweiligen Kraftfahrzeugwerkstatt eingebaut wurde,
2. amtlich anerkannten Sachverständigen oder Prüfern für den Kraftfahrzeugverkehr,
3. Prüfingenieuren im Sinne der Anlage VIII b Nr. 3.9.

³Nach der Gassystemeinbauprüfung haben Halter von Kraftfahrzeugen mit Ausrüstungen nach Absatz 3 eine Begutachtung nach § 21 zur Erlangung einer neuen Betriebserlaubnis durchführen zu lassen.

(6) ¹Halter, deren Kraftfahrzeuge mit Ausrüstungen nach den Absätzen 1 bis 3 ausgestattet sind, haben im Zusammenhang mit jeder Reparatur der Gasanlage eine Gasanlagenprüfung nach Anlage XVII durchführen zu lassen. ²Dies gilt auch, wenn die Gasanlage

Druckgasanlagen und Druckbehälter   § 41a StVZO 5

durch Brand oder Unfall beeinträchtigt wurde. ³Die Gasanlagenprüfungen dürfen nur durchgeführt werden von
1. verantwortlichen Personen in hierfür anerkannten Kraftfahrzeugwerkstätten oder Fachkräften unter deren Aufsicht,
2. amtlich anerkannten Sachverständigen oder Prüfern für den Kraftfahrzeugverkehr,
3. Prüfingenieuren im Sinne der Anlage VIIIb Nr. 3.9.

(7) ¹Die Anerkennung der Kraftfahrzeugwerkstätten für die Durchführung der Gassystemeinbauprüfungen nach Absatz 5, der Gasanlagenprüfungen nach Absatz 6 und der Untersuchungen nach Anlage VIII Nr. 3.1.1.2 hat nach Anlage XVIIa zu erfolgen. ²Die Schulung der in Absatz 5 Satz 2 Nr. 2 und 3 sowie Absatz 6 Satz 3 Nr. 2 und 3 genannten Personen hat in entsprechender Anwendung der Nummern 2.5, 7.3 und 7.4 der Anlage XVIIa zu erfolgen, wobei der Umfang der erstmaligen Schulung dem einer Wiederholungsschulung entsprechen kann.

(8) ¹Druckbehälter für Druckluftbremsanlagen und Nebenaggregate müssen die im Anhang zu dieser Vorschrift genannten Bestimmungen erfüllen. ²Sie dürfen auch aus anderen Werkstoffen als Stahl und Aluminium hergestellt werden, wenn sie den im Anhang zu dieser Vorschrift genannten Bestimmungen entsprechen und für sie die gleiche Sicherheit und Gebrauchstüchtigkeit nachgewiesen ist. ³Druckbehälter sind entsprechend des Anhangs zu kennzeichnen.

Begr zur ÄndVO v 22. 10. 03 (VkBl **03** 747): **Zu Abs 3 alt (jetzt Abs 8):** *Auf Druckbehälter für Druckluftbremsanlagen und Nebenaggregate sind die Vorschriften der Richtlinie 87/404/EWG zur Angleichung der Rechtsvorschriften der Mitgliedstaaten für einfache Druckbehälter, die zuletzt durch die Richtlinie 93/68/EWG geändert wurde, anzuwenden, wobei aber auch andere Werkstoffe, als in der Richtlinie genannt, verwendet werden dürfen.*   1

Begr zur ÄndVO v 16. 3. 06 (VkBl **06** 426):   2
Durch die Neufassung des § 41a werden die Vorschriften zur Zulassung und für den Betrieb von Druckgeräten, die zum Betrieb von Fahrzeugen vorgesehen sind in die StVZO (§ 41a, Anlagen XVII und XVIIa) übernommen. ...

Zu Abs 1: *... In Kraftfahrzeugtypen dürfen hierdurch nur Anlagen mit ECE-Genehmigungen eingebaut werden.*

Zu Abs 2: *... In bereits zugelassene Kraftfahrzeuge dürfen hiernach nur nach ECE genehmigte Nachrüstsysteme eingebaut werden.*

Zu Abs 5: *Diese Vorschrift bestimmt, dass nachträglich mit Ausrüstungen nach Absatz 2 oder Absatz 3 ausgestattete Kraftfahrzeuge einer Gassystemeinbauprüfung durch hierfür ausgebildete Personen zugeführt werden müssen. Bei Nachrüstungen nach Absatz 3 muss zusätzlich eine Begutachtung nach § 21 durchgeführt werden. Damit wird sichergestellt, dass ein einwandfreier Einbau der Gasanlage erfolgte und ein sicherer Betrieb gewährleistet ist.*

Zu Anl VIII: *... Durch Ergänzung der Anlage VIII und der Ergänzung der Anlage VIIIa um die neue Nr. 4.8.5 sowie der HU-Richtlinie um Nr. 8.5 wird sichergestellt, dass diese Kraftfahrzeuge hinsichtlich ihrer „Gasanlage" nunmehr bei der HU wiederkehrend auf Einhaltung der vorgeschriebenen Sicherheitsstandards untersucht werden. Diese Untersuchungen können auch als eigenständige Teile der HU von dafür anerkannten Kraftfahrzeugwerkstätten durchgeführt und bescheinigt werden. ...*

Zu Anl XVII und XVIIa: *Mit den Anlagen XVII und XVIIa werden detaillierte Vorschriften wie Mindestanforderungen an Untersuchungsstellen, Untersuchungsanweisungen, Nachweisführung, Anerkennungsverfahren für Werkstätten sowie Schulung der für die Prüfungen verantwortlicher Personen aufgenommen. ...*

1. Anwendungsbereich. Die Vorschrift betrifft Zulassung und Betrieb von Druckgeräten, die zum Betrieb folgender Fz vorgesehen sind: Kfz und Anhänger iSd Richtlinie 70/156/EWG (StVRL § 20 StVZO Nr 3), land- oder forstwirtschaftliche Zgm iSd Richtlinie 74/150/EWG und zwei- oder dreirädrige Kfz iSd Richtlinie 92/61/EWG. Alle Druckgeräte von sonstigen Fz (zB Stapler) fallen unter die DruckgeräteVO (14. GSVG, BGBl I **02** 3777). Für Kfz, die mit Brennstoffzelle oder mit speziellen Bauteilen für die Verwendung von komprimiertem Wasserstoff (CGH_2) oder verflüssigtem Wasserstoff (LH_2) in ihrem Antriebssystem ausgestattet sind, bestehen zurzeit keine speziellen Regelungen für die Genehmigung in der StVZO, da für diese   3

Dauer

Fz noch keine einheitlichen Bedingungen für die Genehmigung (EG-Richtlinien) in Kraft sind (s Begr VkBl **06** 427).

Auf Fz, die vor dem 1. 4. 06 mit Gasanlagen in den Verkehr gekommen sind, die nicht nach ECE genehmigt sind, ist § 41a in der vor dem 1. 4. 06 geltenden Fassung anzuwenden (§ 72 II zu § 41a II, III). § 41a VIII (Druckbehälter) ist auf Fz anzuwenden, die ab 1. 11. 03 erstmals in den Verkehr gekommen sind; für die anderen Fz gilt § 41a III in der vor dem 1. 11. 03 geltenden Fassung (§ 72 II zu § 41a VIII).

4 **2. Einbau und Betrieb.** In KfzTypen dürfen nur Anlagen für die Verwendung von verflüssigtem Gas (LPG, Liquefied Petroleum Gas, Autogas) oder komprimiertem Erdgas (CNG, Compressed Natural Gas) im Antriebssystem eingebaut werden, die nach ECE genehmigt sind (Abs I). In bereits zugelassene Fz dürfen nur nach ECE genehmigte Nachrüstsysteme dafür eingebaut werden (Abs II). Bei Umrüstung eines Fz auf Gasbetrieb ist diese Änderung der Kraftstoffart unverzüglich der Zulassungsbehörde zu melden und die Eintragung in die Zulassungsbescheinigung Teile I und II zu veranlassen (§ 13 I Nr 3 FZV). Dies gilt auch bei Umrüstung auf bivalenten Betrieb (ein Motor kann mit zwei verschiedenen Kraftstoffen betrieben werden, zB Benzin/Flüssiggas, Benzin/komp. Erdgas), da dann im Feld 10 der Zulassungsbescheinigung Teile I und II andere Codes einzutragen sind (s Verzeichnis zur Systematisierung von Kfz und ihren Anhängern, Teil A 3 VkBl **05** 197, 236, 796, **06** 132, 667, **07** 140, 696, **08** 443 = StVRL § 11 FZV Nr 7). Bei Nachrüstungen muss eine Gassystemeinbauprüfung nach Anl XVII durchgeführt werden, bei Nachrüstungen gem Abs III zusätzlich eine Begutachtung nach § 21 (Abs V). Nach jeder Reparatur der Gasanlage oder ihrer Beeinträchtigung durch Brand oder Unfall ist eine Gasanlagenprüfung nach Anl XVII durchführen zu lassen (Abs VI). Erläuterung der Anwendung der Abgasvorschriften im Zusammenhang mit § 41a durch das BMV VkBl **07** 206 = StVRL § 41a StVZO Nr 5. Beschilderung von Autogas-/Erdgastankstellen: Verkehrszeichen 365–53 und 365–54, VkBl **06** 633 = StVRL § 42 StVO Nr 33.

5 **3. Regelmäßige Überprüfung.** Kfz, für deren Antrieb verflüssigtes Gas (LPG) oder komprimiertes Erdgas (CNG) verwendet wird, sind hinsichtlich ihrer Gasanlage **bei der Hauptuntersuchung (HU)** wiederkehrend auf Einhaltung der vorgeschriebenen Sicherheitsstandards zu untersuchen (Anl VIII Nr 1.2.1 mit Anl VIIIa Nr 4.8.5). Diese Untersuchungen können auch als eigenständiger Teil der HU von dafür anerkannten Kfz-Werkstätten durchgeführt werden (Anl VIII Nr 3.1.1.2). Diese müssen dann einen Nachweis nach Anl XVII Nr 2.4, Muster VkBl **06** 430, ausstellen, der dem Prüfer bei der HU auszuhändigen ist. Dieser Nachweis muss fälschungserschwerend ausgeführt sein oder mit fälschungserschwerenden Merkmalen (Nachweis-Siegel mit Prägenummer, s VkBl **06** 436) versehen werden (Anl XVII Nr 2.4). Nach der Begr (VkBl **06** 428) wird der Nachweis dadurch fälschungserschwerend, dass Nachweissiegel mit Prägenummer auf ihm angebracht werden. Warum in Anl XVII Nr 2.4 formuliert wurde, der Nachweis müsse fälschungserschwerend ausgeführt sein *oder* mit fälschungserschwerenden Merkmalen versehen werden, ist unklar. Richtlinie für die Durchführung der Gassystemeinbauprüfung oder der wiederkehrenden oder sonstigen Gasanlagenprüfungen („GSP/GAP-Durchführungs-Richtlinie"): VkBl **06** 429 = StVRL § 41a StVZO Nr 2.

6 **Fristen:** Da es sich bei der wiederkehrenden Gasanlagenprüfung (GWP) um einen Teil der HU handelt, gelten die HU-Fristen nach Anl VIII Nr 2 (s § 29 Rz 17). Wenn die GWP als eigenständiger Teil der HU von dafür anerkannten Kfz-Werkstätten durchgeführt wird, darf sie bis zu 12 Monate vor dem nächsten HU-Termin erfolgen, ohne dass sich die vorgeschriebenen Zeitabstände für die nächste HU ändern (Anl VIII Nr 3.1.1.2 S 3). Wurde innerhalb dieses Zeitraums eine Gassystemeinbauprüfung (Abs V) oder eine Gasanlagenprüfung (Abs VI) durchgeführt, tritt diese an die Stelle der Untersuchung der Gasanlage im Rahmen der HU (Anl VIII Nr 3.1.1.2 S 4). Das mögliche Vorziehen der Gasanlagen-Untersuchung um 12 Monate (zB Erfordernis gegeben nach einem Unfall eines mit Gasanlage ausgerüsteten Fz) geht zurück auf die Vorschriften von Nr 4.1.4 des Anhangs 3 der ECE-Regelung Nr 110, nach denen eine wiederkehrende Untersuchung mindestens alle 36 Monate stattzufinden hat (Begr VkBl **06** 428).

7 **4. Verfahren bei Gassystemeinbauprüfungen (Abs V) und Gasanlagenprüfungen (Abs VI).** s Anl XVII, Richtlinie für die Durchführung der Gassystemeinbauprüfungen oder der wiederkehrenden oder sonstigen Gasanlagenprüfungen („GSP/GAP-Durchführungs-Richtlinie"): VkBl **06** 429 = StVRL § 41a StVZO Nr 2. Werden keine Mängel festgestellt, Bescheinigung in einem Nachweis. Werden Mängel festgestellt, Eintragung im Nachweis; der Halter hat die Mängel unverzüglich beheben zu lassen und das Fz spätestens nach einem Monat zu einer erneuten Prüfung unter Vorlage des Nachweises vorzuführen (Anl XVII Nr 2.3.2). Der Nachweis mit Nachweis-Siegel und Prägenummer (fälschungserschwerende Merkmale) nach Anl XVII Nr 2.4, Muster VkBl **06** 430, ist dem Halter auszuhändigen (Anl XVII Nr 2.5).

5. Prüfer. Gassysteneinbauprüfungen (Abs V), Gasanlagenprüfungen (Abs VI) und wiederkehrende Gasanlagenprüfungen im Rahmen von HU (Anl VIII Nr 1.2.1 mit Anl VIII a Nr 4.8.5) können von aaSoP, PI oder verantwortlichen Personen in hierfür nach Anl XVII a anerkannten Kfz-Werkstätten durchgeführt werden. Bei Gassystemeinbauprüfungen durch verantwortliche Personen in Kfz-Werkstätten aber nur in der jeweiligen Kfz-Werkstatt, in der das Gassystem eingebaut wurde (Abs V S 2 Nr 1), bei Gasanlagenprüfungen nach Reparatur oder Beeinträchtigung der Gasanlage durch Brand oder Unfall in Kfz-Werkstätten auch durch Fachkräfte unter Aufsicht der verantwortlichen Personen (Abs VI S 3 Nr 1). Zu Untersuchungsstellen Anl VIII Nr 4, Anl VIII d. Anerkennung von Kfz-Werkstätten für Gassystemeinbauprüfungen (Abs V), für Gasanlagenprüfungen (Abs VI) und die regelmäßigen Untersuchungen im Rahmen der HU: Abs VII, Anl XVII a, Richtlinie für die Anerkennung von Kfz-Werkstätten zur Durchführung von Gassystemeinbauprüfungen und von wiederkehrenden und von sonstigen Gasanlagenprüfungen („Gas-Werkstatt-Anerkennungsrichtlinie"), VkBl **06** 430 = StVRL § 41a StVZO Nr 3. Schulungen der zur Prüfung berechtigten Personen: Abs VII, Anl XVII a, Richtlinie für die Durchführung von Schulungen der verantwortlichen Personen, die die Gassystemeinbauprüfungen oder die wiederkehrenden oder sonstigen Gasanlagenprüfungen durchführen und der anderen Fachkräfte („GSP/GAP-Schulungsrichtlinie"), VkBl **06** 437 = StVRL § 41a StVZO Nr 4.

6. Ordnungswidrig ist das Nichtdurchführenlassen einer Gassystemeinbauprüfung nach Abs V S 1, das Nichtdurchführenlassen einer Begutachtung nach § 21 nach Einbau von Bauteilen gem Abs 3 (Abs V S 3), das Nichtdurchführenlassen einer Gasanlagenprüfung gem Abs VI S 1, 2 nach Reparatur oder Beeinträchtigung der Gasanlage durch Brand oder Unfall (§ 69a V Nr 5a) und das Inbetriebnehmen eines Kfz unter Verstoß gegen § 41a VIII über die Sicherheit und Kennzeichnung von Druckbehältern (§ 69a III Nr 13a).

Automatischer Blockierverhinderer

41b (1) Ein automatischer Blockierverhinderer ist der Teil einer Betriebsbremsanlage, der selbsttätig den Schlupf in der Drehrichtung des Rads an einem oder mehreren Rädern des Fahrzeugs während der Bremsung regelt.

(2) ¹Folgende Fahrzeuge mit einer durch die Bauart bestimmten Höchstgeschwindigkeit von mehr als 60 km/h müssen mit einem automatischen Blockierverhinderer ausgerüstet sein:
1. Lastkraftwagen und Sattelzugmaschinen mit einem zulässigen Gesamtgewicht von mehr als 3,5 t,
2. Anhänger mit einem zulässigen Gesamtgewicht von mehr als 3,5 t; dies gilt für Sattelanhänger nur dann, wenn das um die Aufliegelast verringerte zulässige Gesamtgewicht 3,5 t übersteigt,
3. Kraftomnibusse,
4. Zugmaschinen mit einem zulässigen Gesamtgewicht von mehr als 3,5 t.

²Andere Fahrzeuge, die hinsichtlich ihrer Baumerkmale des Fahrgestells den in Nummern 1 bis 4 genannten Fahrzeugen gleichzusetzen sind, müssen ebenfalls mit einem automatischen Blockierverhinderer ausgerüstet sein.

(3) Fahrzeuge mit einem automatischen Blockierverhinderer müssen den im Anhang zu dieser Vorschrift genannten Bestimmungen entsprechen.

(4) Anhänger mit einem automatischen Blockierverhinderer, aber ohne automatisch lastabhängige Bremskraftregeleinrichtung dürfen nur mit Kraftfahrzeugen verbunden werden, die die Funktion des automatischen Blockierverhinderers im Anhänger sicherstellen.

(5) Absatz 2 gilt nicht für Anhänger mit Auflaufbremse sowie für Kraftfahrzeuge mit mehr als vier Achsen.

Begr: VkBl **88** 471. **Begr** zur ÄndVO v 23. 3. 00: BRDrucks 720/99 S 62.

1. Automatische Blockierverhinderer (ABV, Antiblockiersysteme, ABS-Systeme) verhindern das Blockieren der Räder beim Bremsen. Dadurch wird eine optimale Ausnutzung der Bremskraft erreicht; darüber hinaus bleibt das Fz auch bei Vollbremsungen lenkbar (blockierende Räder lassen sich nicht lenken). Mehrgliedrige FzKombinationen bleiben auch bei scharfem Bremsen gestreckt. Die in § 41b genannten NutzFze mit bauartbestimmter Höchstgeschwindigkeit von mehr als 60 km/h und über 3,5 t zulässigem Gesamtgewicht müssen mit einem ABV ausgerüstet sein, sofern sie nach dem 1. 1. 1991 erstmals in den V gekommen sind (§ 72 II).

3 **2.** ABV müssen gem Abs III in Verbindung mit dem Anhang zur StVZO (zu §§ 41 Abs XVIII und 41b) in *allen* Fzen der Richtlinie 71/320/EWG (StVRL § 41 Nr 12) entsprechen, also auch in den in Abs II nicht genannten Fzen, die freiwillig mit ABV ausgestattet wurden, s *Berr* NZV **88** 49. *Vogt,* Rechtliche Folgerungen aus der Verbreitung der ABV-Systeme, NZV **89** 333. *Heinze,* Rechtliche Konsequenzen der ABV-Systeme, VGT **90** 56.

4 **3. Anhänger:** s Abs IV (V).

5 **4. Ausnahmen:** Abs V, § 70.

6 **5. Ordnungswidrigkeit:** § 69a III Nr 13b.

Anhängelast hinter Kraftfahrzeugen und Leergewicht

42 (1) ¹Die gezogene Anhängelast darf bei
1. Personenkraftwagen, ausgenommen solcher nach Nummer 2, und Lastkraftwagen, ausgenommen solcher nach Nummer 3, weder das zulässige Gesamtgewicht,
2. Personenkraftwagen, die gemäß der Definition in Anhang II der Richtlinie 70/156/EWG Geländefahrzeuge sind, weder das 1,5fache des zulässigen Gesamtgewichts,
3. Lastkraftwagen in Zügen mit durchgehender Bremsanlage weder das 1,5fache des zulässigen Gesamtgewichts

des ziehenden Fahrzeugs noch den etwa vom Hersteller des ziehenden Fahrzeugs angegebenen oder amtlich als zulässig erklärten Wert übersteigen. ²Bei Personenkraftwagen nach Nummer 1 oder 2 darf das tatsächliche Gesamtgewicht des Anhängers (Achslast zuzüglich Stützlast) jedoch in keinem Fall mehr als 3500 kg betragen. ³Die Anhängelast bei Kraftfahrzeugen nach § 30a Abs. 3 darf nur 50 vom Hundert der Leermasse des Kraftfahrzeugs betragen.

(2) ¹Hinter Krafträdern und Personenkraftwagen dürfen Anhänger ohne ausreichende eigene Bremse nur mitgeführt werden, wenn das ziehende Fahrzeug Allradbremse und der Anhänger nur eine Achse hat; Krafträder gelten trotz getrennter Bedienungseinrichtungen für die Vorderrad- und Hinterradbremse als Fahrzeuge mit Allradbremse, Krafträder mit Beiwagen jedoch nur dann, wenn auch das Beiwagenrad eine Bremse hat. ²Werden einachsige Anhänger ohne ausreichende eigene Bremse mitgeführt, so darf die Anhängelast höchstens die Hälfte des um 75 kg erhöhten Leergewichts des ziehenden Fahrzeugs, aber nicht mehr als 750 kg betragen.

(2a) Die Absätze 1 und 2 gelten nicht für das Abschleppen von betriebsunfähigen Fahrzeugen.

(3) ¹Das Leergewicht ist das Gewicht des betriebsfertigen Fahrzeugs ohne austauschbare Ladungsträger (Behälter, die dazu bestimmt und geeignet sind, Ladungen aufzunehmen und auf oder an verschiedenen Trägerfahrzeugen verwendet zu werden, wie Container, Wechselbehälter), aber mit zu 90% gefüllten eingebauten Kraftstoffbehältern und zu 100% gefüllten Systemen für andere Flüssigkeiten (ausgenommen Systeme für gebrauchtes Wasser) einschließlich des Gewichts aller im Betrieb mitgeführten Ausrüstungsteile (z.B. Ersatzräder und -bereifung, Ersatzteile, Werkzeug, Wagenheber, Feuerlöscher, Aufsteckwände, Planengestell mit Planenbügeln und Planenlatten oder Planenstangen, Plane, Gleitschutzeinrichtungen, Belastungsgewichte), bei anderen Kraftfahrzeugen als Kraftfahrzeugen nach § 30a Abs. 3 zuzüglich 75 kg als Fahrergewicht. ²Austauschbare Ladungsträger, die Fahrzeuge miteinander verbinden oder Zugkräfte übertragen, sind Fahrzeugteile.

Begr zur ÄndVO v 22. 10. 03: VkBl **03** 747.

1 **1.** Der **Begriff der Anhängelast** ist im Straßenverkehrsrecht nicht definiert. Zu verstehen ist darunter grundsätzlich die Gesamtlast der mitgeführten Anhänger. Jedoch ist Anhängelast jede hinter einem Kfz mitgeführte Last, unabhängig von ihrer Beschaffenheit (nicht nur Anhänger im Rechtssinn), BGHSt **32** 335 = NJW **84** 2479, s *Huppertz* VD **93** 111, zB auch

gelegentlich, nicht bestimmungsgemäß, mitgeführte Fuhrwerke, Arbeitsmaschinen usw. Abs I meint die tatsächlich gezogene Anhängelast, nicht das zulässige Gesamtgewicht des Anhängers, Kö VRS **59** 471. **Abgeschleppte,** betriebsunfähige **Fze** fallen nach der ausdrücklichen Regelung des Abs IIa nicht darunter; für sie gelten die Absätze I und II nicht, insoweit ist BGHSt **32** 335 überholt. Die Einfügung von Abs IIa trägt der Empfehlung von Sachverständigen Rechnung, weiterhin das Abschleppen von Fahrzeugen, ggf. unter Zuhilfenahme von ungebremsten Abschleppachsen, ohne Beschränkung der Anhängelast zuzulassen (s Begr VkBl **88** 473). Betriebsunfähigkeit, s § 33 Rz 8. Abschleppen, § 33 Rz 6. Nach Bay NZV **94** 163 (krit *Huppertz* PVT **94** 236), Ko NZV **98** 257 (Anm *Huppertz*), Jn NStZ-RR **07** 248 soll Abs IIa auch gelten, wenn das betriebsunfähige Fz (im Umfang erlaubten Abschleppens) auf einem Anhänger transportiert wird. Bei neu eingebauter Anhängerkupplung ist bei der Zulassung die Anhängelast im FzSchein einzutragen, um die Kontrolle zu ermöglichen, s Ha VRS **48** 470.

2. Anhängelast hinter Kraftfahrzeugen. Die Anhängelast hinter Lkw, Pkw und Krädern 2 ist durch das zulässige Gesamtgewicht des ziehenden Fzs bzw durch den vom Hersteller des ziehenden Fzs oder amtlich als zulässig erklärten Wert begrenzt. Erst die Eintragung einer vom Hersteller des gezogenen Fzs oder der Anhängerkupplung angegebenen abw Anhängelast im FzSchein bewirkt die Erlaubnis, das Kfz mit solcher Anhängelast im öffentlichen Verkehr zu benutzen, Zw VRS **81** 60, Ha VRS **48** 470. Bei Geländewagen iS von Abs I Nr 2 darf die Anhängelast das 1,5 fache des zulässigen Gesamtgewichts erreichen, niemals aber mehr als 3500 kg (Abs I S 2); die Bestimmung übernimmt die entsprechende Regelung der **Richtlinie 70/156/ EWG** (StVRL § 20 Nr 3). Auch bei Zügen mit durchgehender Bremsanlage darf die Anhängelast bis zum 1,5 fachen des zulässigen Gesamtgewichts betragen. Die Heraufsetzung auf das 1,5 fache durch ÄndVO v 16. 7. 86 ermöglicht die volle Auslastung des Anhängers im Hinblick auf die gleichzeitig erfolgte Anhebung der zulässigen Gesamtgewichte (s Begr VkBl **86** 445). Durchgehende Bremsanlage (Begriff): BMV VkBl **66** 123. § 42 gilt nicht für die Anhängelast hinter Zgm, Ha VRS **53** 390. Auf Wohnmobile als „sonstige" Kfze findet Abs I keine Anwendung, s *Berr* 244. Für **Kraftfahrzeuge nach Art 1 der EG-Richtlinie 2002/24/EG** (s § 30a Rz 2) gilt Abs I S 3 (mit § 30a), jedoch gem der Übergangsbestimmung (§ 72 II) erst (spätestens) ab 17. 6. 03 für erstmals in den V kommende Fze. Das VU muss beweisen, dass der VN die **gefahrändernden Umstände** und die Änderung der Gefahrlage durch einen zu schweren Anhänger gekannt hat, s Dü VersR **79** 662.

3. Krafträder und Personenkraftwagen dürfen Anhänger ohne ausreichende eigene 3 Bremse nur mitführen, wenn sie a) eine Allradbremse, bei Kraftwagen also eine Vierradbremse haben, b) der Anhänger nicht mehr als eine Achse hat, und bei einachsigen Anhängern ohne ausreichende eigene Bremse c) die Anhängelast nicht mehr als 50 Prozent des Leergewichts des ziehenden Fz (bei Krad und Pkw zuzüglich 75 kg), jedoch nicht mehr als 750 kg beträgt (Abs II). Tandemachsen, auch mit weniger als 1 m Abstand, gelten nicht als *eine* Achse, Bay DAR **94** 382. Die Anhängelast ist ungebremst, auch wenn sie durch ein mit Führer besetztes bremsbares geschlepptes Fz gebildet wird, weil es auf die unmittelbar vom ziehenden Fz aus bestehende Bremsbarkeit ankommt, Ko VRS **61** 475, *Kullik* PVT **84** 441.

4. Der Begriff des Leergewichts ist in Abs III definiert. Aus S 1 folgt, dass lose mitgeführte 4 Kraftstoffbehälter nicht zum Leergewicht gehören. **Austauschbare Ladungsträger** (Container, Wechselbehälter) sind bei Bestimmung des Leergewichts als Ladung zu behandeln, nicht als Bestandteil des Fahrzeugs, das sie transportiert. Abs III S 1 idF der ÄndVO v 15. 1. 80 stellt dies klar. Anders gem Abs III S 2 solche austauschbaren Ladungsträger, die Fze miteinander verbinden. Übergangsbestimmung zu Abs III S 1: § 72 II. Bei allen Fzen außer Pkw und Krad ist im Leergewicht ein pauschal bemessenes Fahrergewicht von 75 kg enthalten, s *Kullik* PVT **01** 74.

Ausrüstungsteile werden, anders als Ladung (s § 22 StVO), bei der Feststellung des Leerge- 5 wichts mitgewogen. Dazu gehören Ausrüstungsteile im engeren Sinne, die dem Betrieb des Fzs als VMittel dienen, und sog Ausstattungsteile, die in Verbindung mit dem Fz anderen Zwecken dienen, s Richtlinien für die Bestimmung des Leergewichts und der Nutzlast, VkBl **83** 464. Gelegentlich zu Ladezwecken mitgeführte Gabelstapler sind keine Ausrüstungs- oder Ausstattungsteile, BaySt **99** 89 = NZV **99** 479. Container: Rz 4. Bei Wohnwagenanhängern und fahrbaren Baubuden braucht das Leergewicht im FzSchein und -brief nicht mehr angegeben zu werden, BMV VkBl **64** 320 (Wohnanhänger) bzw **66** 48 (Baubuden).

5 StVZO § 43 B. Fahrzeuge. III. Bau- und Betriebsvorschriften

6   **5. Ausnahmen:** § 70. Richtlinien für Ausnahmegenehmigungen für bestimmte Arbeitsmaschinen und bestimmte andere FzArten, VkBl **80** 433.

7   **6. Zuwiderhandlungen:** §§ 69a III Nr 3, 4 StVZO, 24 StVG. An die Sorgfaltspflicht des Kf sind insoweit strenge Anforderungen zu stellen; darüber, dass die zulässige Anhängelast nicht überschritten ist, hat er sich zuverlässig zu vergewissern, Dü VRS **65** 397 (Fahrlässigkeit bei Überschreiten um mehr als 60%), Zw VRS **81** 60.

Einrichtungen zur Verbindung von Fahrzeugen

43 (1) ¹Einrichtungen zur Verbindung von Fahrzeugen müssen so ausgebildet und befestigt sein, daß die nach dem Stand der Technik erreichbare Sicherheit – auch bei der Bedienung der Kupplung – gewährleistet ist. ²Die Zuggabel von Mehrachsanhängern muß bodenfrei sein. ³Die Zugöse dieser Anhänger muß jeweils in Höhe des Kupplungsmauls einstellbar sein; dies gilt bei anderen Kupplungsarten sinngemäß. ⁴Die Sätze 2 und 3 gelten nicht für Anhänger hinter Elektrokarren mit einer durch die Bauart bestimmten Höchstgeschwindigkeit von nicht mehr als 25 km/h, wenn das zulässige Gesamtgewicht des Anhängers nicht mehr als 2 t beträgt.

(2) ¹Mehrspurige Kraftfahrzeuge mit mehr als einer Achse müssen vorn, Personenkraftwagen – ausgenommen solche, für die nach der Betriebserlaubnis eine Anhängelast nicht zulässig ist – auch hinten, eine ausreichend bemessene und leicht zugängliche Einrichtung zum Befestigen einer Abschleppstange oder eines Abschleppseils haben. ²An selbstfahrenden Arbeitsmaschinen und Staplern darf diese Einrichtung hinten angeordnet sein.

(3) ¹Bei Verwendung von Abschleppstangen oder Abschleppseilen darf der lichte Abstand vom ziehenden zum gezogenen Fahrzeug nicht mehr als 5 m betragen. ²Abschleppstangen und Abschleppseile sind ausreichend erkennbar zu machen, z.B. durch einen roten Lappen.

(4) ¹Anhängekupplungen müssen selbsttätig wirken. ²Nicht selbsttätige Anhängekupplungen sind jedoch zulässig,
1. an Zugmaschinen und an selbstfahrenden Arbeitsmaschinen und Staplern, wenn der Führer den Kupplungsvorgang von seinem Sitz aus beobachten kann,
2. an Krafträdern und Personenkraftwagen,
3. an Anhängern hinter Zugmaschinen in land- oder forstwirtschaftlichen Betrieben,
4. zur Verbindung von anderen Kraftfahrzeugen mit einachsigen Anhängern oder zweiachsigen Anhängern mit einem Achsabstand von weniger als 1,0 m mit einem zulässigen Gesamtgewicht von nicht mehr als 3,5 t.

³In jedem Fall muß die Herstellung einer betriebssicheren Verbindung leicht und gefahrlos möglich sein.

(5) Einrichtungen zur Verbindung von Fahrzeugen an zweirädrigen oder dreirädrigen Kraftfahrzeugen nach § 30a Abs. 3 und ihre Anbringung an diesen Kraftfahrzeugen müssen den im Anhang zu dieser Vorschrift genannten Bestimmungen entsprechen.

1   **Begr** zur ÄndVO v 25. 10. 94: BRDrucks 782/94; zur ÄndVO v 23. 3. 00: BRDrucks 720/99 S 62.

2   **1. Einrichtungen zur Verbindung von Fahrzeugen.** Einrichtungen zur Verbindung von Fzen müssen nach § 22a I Ziff 6 (mit dort geregelten Ausnahmen) in amtlich genehmigter Bauart ausgeführt sein. Technische Anforderungen bei der Bauartprüfung, VkBl **73** 558, zuletzt geändert: VkBl **03** 752 = StVRL § 22a Nr 1 (Nr 33). Übergangsvorschrift: § 72. Anhänger-Zuggabeln sind Einrichtungen iS von Abs I S 1; verbogene Zuggabeln, die die Fahreigenschaft des Anhängers beeinträchtigen, entsprechen nicht den Anforderungen von Abs I S 1, Dü VM **93** 23. Nach Abs I Satz 4 sind bestimmte leichte Anhänger von der Vorschrift über die Bodenfreiheit der Zuggabel und die Einstellbarkeit der Zugöse befreit. Dem Stand der Technik entspricht eine technische Einrichtung (Öse der Anhänger-Zugdeichsel) nur bei Beachtung der DIN-Norm, auch bei Überführung mit Kurzzeitkennzeichen oder rotem Kennzeichen, Bay VM **70** 6. Für Einachsanhänger braucht die Zugöse nicht einstellbar zu sein (Abs I S 2). Anhängekupplungen an Heckanbaugeräten, s Merkblatt für Anbaugeräte VkBl **99** 268, **00** 479, **04** 527 = StVRL § 30 Nr 6. Ist der Vorsteckbolzen der Kupplung um 20% verschlissen, so ist die VSicherheit nicht gewährleistet, Ha VRS **17** 398. Damit, dass infolge äußerlich nicht be-

Stützeinrichtung und Stützlast § 44 StVZO 5

merkbarer Ausweitung des Gewindes die Zugstange der Kupplung ausreißt, brauchen ohne besondere Anhaltspunkte weder der Führer noch der für die technische Wartung Verantwortliche zu rechnen, Ha VRS **21** 352. Über Einrichtungen zur Verbindung von land- und forstwirtschaftlichen Arbeitsgeräten, VkBl **00** 674 (677), **03** 62. Starrdeichsel-/Zentralachsanhänger, s Merkblatt VkBl **96** 525. Merkblatt für land- oder forstwirtschaftliche Zgm mit Starrdeichselanhänger, VkBl **02** 581.

2. Einrichtungen zur Befestigung von Abschleppeinrichtungen. Nach Maßgabe von 3 Abs II müssen Kfze Einrichtungen führen, an denen Abschleppseile oder Abschleppstangen angebracht werden können. Die Einrichtung soll Verzögerungen beim Abschleppen liegengebliebener Fze vermeiden (Begr, VkBl **73** 408). Die Einrichtungen dürfen zum Abschleppen betriebsunfähiger Fze (§ 33 Rz 6) und zum Schleppen (§ 33) benutzt werden, Ha VRS **30** 137. Wegen der häufig erforderlich gewordenen Ausnahmegenehmigungen für selbstfahrende Arbeitsmaschinen aus technischen Gründen wurde zur Verminderung des Verwaltungsaufwands Abs II S 2 durch ÄndVO v 16. 11. 84 eingefügt.

3. Sicherungsmaßnahmen beim Abschleppen. Abschleppstangen und Abschleppseile 4 dürfen nur so lang sein, dass der lichte **Abstand** zum gezogenen Fahrzeug höchstens 5 m beträgt (Abs III). Bei zu kurzem Abstand besteht Kollisionsgefahr. Die benutzte Abschleppeinrichtung muss den Umständen entsprechen (Stange statt Seil bei großem Abschleppgewicht), Ha VRS **30** 137. Hat das abgeschleppte Kfz schadhafte Bremsen, so ist mit einer Stange abzuschleppen. **Haftung** aus unerlaubter Handlung, wenn bei Glatteis mit einem Seil abgeschleppt wird, das vorn links am geschleppten Kfz befestigt ist, so dass es bei Glätte leicht aus der Spur gerät, Ce k+v **72** 17. Da auch kürzere Abschleppstangen und Seile für Fußgänger gefährlich werden können (Begr, VkBl **73** 408), ist die Zugeinrichtung ohne Rücksicht auf die Größe des Abstandes erkennbar zu machen, zB durch einen **roten Lappen** (Abs III S 2); das Standlicht des geschleppten Fz genügt nicht, Hb VM **68** 16. Könnten Personen über das Abschleppseil stolpern (Warten an Tankstelle), so müssen die Abschleppteilnehmer hiergegen ausreichend sichern, KG VM **79** 86. Bei **zwei- und dreirädrigen Kfzen** nach Art 1 der EG-Richtlinie 2002/24 (s § 30a Rz 2) gilt gem Abs V – spätestens ab 17. 6. 03 (§ 72 II) für von diesem Tage an erstmals in den V kommende Fze – Kap 10 Anh I Anl 1 bis 3 der Richtlinie 97/24/EG, die damit in nationales Recht umgesetzt ist.

4. Automatische Kupplungen. Abs IV schreibt für alle Fze vor, dass sich die Verbindung 5 zwischen ziehendem und gezogenem Fz leicht und gefahrlos bewerkstelligen lässt (Abs IV S 3), schreibt selbsttätige Anhängekupplungen vor (Abs IV S 2) und lässt solche, die nicht selbsttätig wirken, nur noch an den im Satz 2 aufgeführten Fzen zu. Durch ÄndVO v 25. 10. 94 ist klargestellt, dass S 2 Nr 4 nicht auch für die in Nrn 1–3 genannten FzArten gilt (s Begr BRDrucks 782/94 S 28). Auswechseln von Verbindungseinrichtungen: § 19.

5. Ausnahmen: § 70 I. Richtlinien für Ausnahmegenehmigungen für bestimmte Arbeits- 6 maschinen und bestimmte andere FzArten, VkBl **80** 433.

6. Zuwiderhandlungen: §§ 69a III Nr 3 StVZO, 24 StVG. Inbetriebnahme eines Anhän- 7 gers mit deformierter Zuggabel kann als Verstoß gegen Abs I S 1 ow sein, Dü VM **93** 23.

Stützeinrichtung und Stützlast

44 (1) ¹An Sattelanhängern muß eine Stützeinrichtung vorhanden sein oder angebracht werden können. ²Wenn Sattelanhänger so ausgerüstet sind, daß die Verbindung der Kupplungsteile sowie der elektrischen Anschlüsse und der Bremsanschlüsse selbsttätig erfolgen kann, müssen die Anhänger eine Stützeinrichtung haben, die sich nach dem Ankuppeln des Anhängers selbsttätig vom Boden abhebt.

(2) ¹Starrdeichselanhänger (einschließlich Zentralachsanhänger) müssen eine der Höhe nach einstellbare Stützeinrichtung haben, wenn die Stützlast bei gleichmäßiger Lastverteilung mehr als 50 kg beträgt. ²Dies gilt jedoch nicht für Starrdeichselanhänger hinter Kraftfahrzeugen mit einem zum Anheben der Deichsel geeigneten Kraftheber. ³Stützeinrichtungen müssen unverlierbar untergebracht sein.

(3) ¹Bei Starrdeichselanhängern (einschließlich Zentralachsanhängern) mit einem zulässigen Gesamtgewicht von nicht mehr als 3,5 t darf die vom ziehenden Fahrzeug aufzunehmende Mindeststützlast nicht weniger als 4 vom Hundert des tatsächlichen Gesamtgewichts des Anhängers betragen; sie braucht jedoch nicht mehr als 25 kg zu betragen.

Dauer 1389

² Die technisch zulässige Stützlast des Zugfahrzeugs ist vom Hersteller festzulegen; sie darf – ausgenommen bei Krafträdern – nicht geringer als 25 kg sein. ³ Bei Starrdeichselanhängern (einschließlich Zentralachsanhängern) mit einem zulässigen Gesamtgewicht von mehr als 3,5 t darf die vom ziehenden Fahrzeug aufzunehmende Mindeststützlast nicht weniger als 4 vom Hundert des tatsächlichen Gesamtgewichts des Anhängers betragen, sie braucht jedoch nicht mehr als 500 kg zu betragen. ⁴ Die maximal zulässige Stützlast darf bei diesen Anhängern – ausgenommen bei Starrdeichselanhängern (einschließlich Zentralachsanhängern), die für eine Höchstgeschwindigkeit von nicht mehr als 40 km/h gekennzeichnet sind (§ 58) und land- oder forstwirtschaftlichen Arbeitsgeräten – höchstens 15 vom Hundert des tatsächlichen Gesamtgewichts des Starrdeichselanhängers (einschließlich Zentralachsanhängers), aber nicht mehr als 2,00 t betragen. ⁵ Bei allen Starrdeichselanhängern (einschließlich Zentralachsanhängern) darf weder die für die Anhängekupplung oder die Zugeinrichtung noch die vom Hersteller des ziehenden Fahrzeugs angegebene Stützlast überschritten werden.

1 **Begr** zur ÄndVO v 12. 8. 97 (VkBl **97** 659): *Die Vorschriften des § 44 wurden so geändert, dass auch Festlegungen für die Mindeststützlast beim Mitführen bestimmter Anhänger hinter anderen Kraftfahrzeugen als Pkw sowie Festlegungen für die maximal zulässige Stützlast eingeführt werden.*
...
Nach Richtlinie 70/156/EWG wird die Angabe der Stützlast im COC-Papier verlangt; nach Richtlinie 92/21/EWG über Massen und Abmessungen von Kraftfahrzeugen der Klasse M₁ wird die Angabe der Stützlast in der Betriebsanleitung gefordert. Obwohl es nach EG-Recht nicht gefordert werden kann, wird den Fahrzeugherstellern aber empfohlen, auch weiterhin (§ 44 Abs. 3 alt) an den Fahrzeugen an gut sichtbarer Stelle auf die zu beachtenden Stützlasten hinzuweisen, um dem Fahrzeugbenutzer diese wichtige Information auf möglichst einsichtige Weise zur Verfügung zu stellen.

2 Für **Starrdeichselanhänger** mit einer zulässigen Gesamtmasse von mehr als 3,5 t beträgt die Obergrenze der maximal zulässigen Stützlast 2000 kg; ausgenommen sind jedoch Starrdeichselanhänger, die für eine Höchstgeschwindigkeit von nicht mehr als 40 km/h gekennzeichnet sind (§ 58) und land- und forstwirtschaftliche Arbeitsgeräte (III S 3). Begriff des Zentralachsanhängers, s § 34 Rz 6. Die Neufassung des Abs III durch VO v 12. 8. 97 schreibt (abw von III 3 alt) einen **Hinweis auf die Stützlast** am ziehenden Fz und am Anhänger nicht mehr vor; sie wird den FzHerstellern jedoch empfohlen (s Begr, Rz 1). Im Übrigen bleibt für vor dem 1. 10. 98 erstmals in den V gekommene Fze nach der Übergangsbestimmung des § 72 II die Vorschrift des § 44 III (alt) anwendbar. Zur Stützlastangabe auf dem Anhängerschild, BMV VkBl **76** 310. Richtlinien für Ausnahmegenehmigungen für bestimmte Arbeitsmaschinen und bestimmte andere FzArten, VkBl **80** 433. Über Stützeinrichtungen und Stützlast bei land- und forstwirtschaftlichen Arbeitsgeräten, VkBl **00** 674 (677). Ordnungswidrigkeit: §§ 69a III Nr 3 StVZO, 24 StVG.

Kraftstoffbehälter

45 (1) ¹ Kraftstoffbehälter müssen korrosionsfest sein. ² Sie müssen bei doppeltem Betriebsüberdruck, mindestens aber bei einem Überdruck von 0,3 bar, dicht sein. ³ Weichgelötete Behälter müssen auch nach dem Ausschmelzen des Lotes zusammenhalten. ⁴ Auftretender Überdruck oder den Betriebsdruck übersteigender Druck muß sich durch geeignete Einrichtungen (Öffnungen, Sicherheitsventile und dergleichen) selbsttätig ausgleichen. ⁵ Entlüftungsöffnungen sind gegen Hindurchschlagen von Flammen zu sichern. ⁶ Am Behälter weich angelötete Teile müssen zugleich vernietet, angeschraubt oder in anderer Weise sicher befestigt sein. ⁷ Kraftstoff darf aus dem Füllverschluß oder den zum Ausgleich von Überdruck bestimmten Einrichtungen auch bei Schräglage, Kurvenfahrt oder Stößen nicht ausfließen.

(2) ¹ Kraftstoffbehälter für Vergaserkraftstoff dürfen nicht unmittelbar hinter der Frontverkleidung des Fahrzeugs liegen; sie müssen so vom Motor getrennt sein, daß auch bei Unfällen eine Entzündung des Kraftstoffs nicht zu erwarten ist. ² Dies gilt nicht für Krafträder und für Zugmaschinen mit offenem Führersitz.

(3) ¹ Bei Kraftomnibussen dürfen Kraftstoffbehälter nicht im Fahrgast- oder Führerraum liegen. ² Sie müssen so angebracht sein, daß bei einem Brand die Ausstiege nicht unmittelbar gefährdet sind. ³ Bei Kraftomnibussen müssen Behälter für Vergaserkraftstoff hinten oder seitlich unter dem Fußboden in einem Abstand von mindestens 500 mm von den Türöffnungen untergebracht sein. ⁴ Kann dieses Maß nicht eingehalten werden, so ist ein entsprechender Teil des Behälters mit Ausnahme der Unterseite durch eine Blechwand abzuschirmen.

Kraftstoffleitungen § 46 StVZO 5

(4) **Für Kraftstoffbehälter und deren Einbau sowie den Einbau der Kraftstoffzufuhrleitungen in Kraftfahrzeugen nach § 30a Abs. 3 sind die im Anhang zu dieser Vorschrift genannten Bestimmungen anzuwenden.**

Begr zur ÄndVO v 15. 1. 80: VkBl **80** 145; zur ÄndVO v 23. 3. 00: BRDrucks 720/99 S 62.

1. **Kraftstoffbehälter.** Korrosionsfest muss der Behälter sein (I S 1): Kraftstoffe üblicher Zusammensetzung greifen Kraftstoffbehälter aus Metall bzw Metalllegierung idR nicht an, anders jedoch uU Methanolzusätze und auch Kondenswasser im Kraftstoffbehälter. Dagegen sind deshalb Schutzmaßnahmen zu treffen, s BMV VkBl **80** 777. Die Behälter müssen auf Dichtheit geprüft sein, bei doppeltem Betriebsdruck, mindestens bei 0,3 bar (I S 1). Sie müssen versehen sein mit Öffnungen (Sicherheitsventilen) gegen Überdruck, Sicherungen der Entlüftungsöffnungen gegen das Hindurchschlagen von Flammen, Vernietungen oder Anschraubungen weich angelöteter Teile, Vorrichtungen, die das Ausfließen von Kraftstoff auch bei Schräglage, Kurvenfahrt oder Fahrstößen verhindern (I S 4–7). Abs II (Einbauort des Tanks) soll Unfallbränden entgegenwirken. Druckgasanlagen und Druckbehälter, s § 41a. Richtlinien für den Motorbetrieb mit Flüssiggasen, VkBl **69** 634. Das Mitführen von Kraftstoff in **Reservekanistern** in Pkw ist zulässig und unterliegt keiner besonderen Regelung, jedoch muss die VSicherheit gewährleistet sein. Ermächtigung des KBA zur Anwendung der EWG-Richtlinien für Kraftstoffbehälter, VkBl **81** 360. 1

2. **Kraftstoffbehälter in Kraftomnibussen** dürfen nicht in der Nähe des Motors angeordnet sein (II), nicht im Fahrgast- oder Führerraum (III S 1) und dürfen bei Brand die Ausstiege nicht unmittelbar gefährden (III S 2). III gilt für Omnibusse, die der gewerbsmäßigen Personenbeförderung dienen. Übergangsvorschrift: § 72 II: Abs III gilt nur für Kom, die bis zum 13. 2. 05 in den V gekommen sind. Für Taxen und Personenwagen als Mietwagen gelten nur I und II. 2

3. Bei Kfzen **nach Art 1 der EG-Richtlinie 2002/24** (s § 30a Rz 2) gilt gem Abs IV – für neu in den V kommende Fze spätestens ab 17. 6. 03 (§ 72 II) – Kap 6 Anh I Anl 1 und Anh II der Richtlinie 97/24/EG, die damit in nationales Recht umgesetzt ist. 3

4. **Ausnahmen:** §§ 70, 72. 4

5. **Zuwiderhandlungen:** §§ 69a III Nr 14 StVZO, 24 StVG. 5

Kraftstoffleitungen

46 (1) **Kraftstoffleitungen sind so auszuführen, daß Verwindungen des Fahrzeugs, Bewegungen des Motors und dergleichen keinen nachteiligen Einfluß auf die Haltbarkeit ausüben.**

(2) ¹**Rohrverbindungen sind durch Verschraubung ohne Lötung oder mit hart aufgelötetem Nippel herzustellen.** ²**In die Kraftstoffleitung muß eine vom Führersitz aus während der Fahrt leicht zu bedienende Absperreinrichtung eingebaut sein; sie kann fehlen, wenn die Fördereinrichtung für den Kraftstoff den Zufluß zu dem Vergaser oder zur Einspritzpumpe bei stehendem Motor unterbricht oder wenn das Fahrzeug ausschließlich mit Dieselkraftstoff betrieben wird.** ³**Als Kraftstoffleitungen können fugenlose, elastische Metallschläuche oder kraftstoffeste andere Schläuche aus schwer brennbaren Stoffen eingebaut werden; sie müssen gegen mechanische Beschädigung geschützt sein.**

(3) **Kraftstoffleitungen, Vergaser und alle anderen kraftstoffführenden Teile sind gegen betriebstörende Wärme zu schützen und so anzuordnen, daß abtropfender oder verdunstender Kraftstoff sich weder ansammeln noch an heißen Teilen oder an elektrischen Geräten entzünden kann.**

(4) ¹**Bei Kraftomnibussen dürfen Kraftstoffleitungen nicht im Fahrgast- oder Führerraum liegen.** ²**Bei diesen Fahrzeugen darf der Kraftstoff nicht durch Schwerkraft gefördert werden.**

1. § 46 enthält die Bauvorschriften für die **Kraftstoffleitungen.** Rohre der Kraftstoffleitungen dürfen nur durch Verschraubung ohne Lötung (Verbindung durch metallisches Bindemittel) oder mit hart aufgelötetem Nippel (Lötung bei Temperatur über 500°C) mit anderen Teilen verbunden werden. Die Absperrvorrichtung (Benzinhahn) muss vom Führersitz aus während der 1

Fahrt leicht bedient werden können, wenn nicht bei abgestelltem Motor die Benzinzufuhr zum Vergaser von selbst unterbrochen wird. Die Ausnahmevorschrift für DieselFze beruht darauf, dass die Brandgefahr bei solchen Kfzen gegenüber denen mit Vergaserkraftstoffbetrieb geringer ist; bei ihnen ist bei den üblichen Betriebstemperaturen die Bildung entzündbarer Gase und Dämpfe nicht zu befürchten. Die Vorschrift, dass Kraftstoffleitungen (Schläuche) aus schwer brennbaren Stoffen bestehen müssen, soll der Brandgefahr besonders bei Unfällen entgegenwirken. Gemäß III sind Kraftstoffleitungen, Vergaser und alle anderen kraftstoffführenden Teile gegen Wärme zu schützen und so anzuordnen, dass sich abtropfender oder verdunstender Kraftstoff weder ansammeln noch an heißen Teilen oder elektrischen Geräten entzünden kann. Auch diese Vorschriften sollen Brände verhüten.

2. Sondervorschriften für Kraftomnibusse. Kraftomnibusse (Kom) = Kraftfahrzeuge zur Personenbeförderung mit mehr als 8 Sitzplätzen außer dem Fahrersitz, § 30d I. Flüssiggasbehälter in Kom sind nach dem auf Grund ÄndVO v 16. 11. 84 (BGBl I 1371) geltenden Wortlaut des Abs IV nunmehr zulässig. Abs IV gilt gem § 72 II nur für Kraftomnibusse, die vor dem 13. Februar 2005 erstmals in den Verkehr gekommen sind.

3. Zuwiderhandlungen: §§ 69 III Nr 14 StVZO, 24 StVG.

Abgase

47 (1) Kraftfahrzeuge mit Fremdzündungsmotor oder Selbstzündungsmotor mit mindestens vier Rädern, einer zulässigen Gesamtmasse von mindestens 400 kg und einer bauartbedingten Höchstgeschwindigkeit von mindestens 50 km/h – mit Ausnahme von land- oder forstwirtschaftlichen Zug- und Arbeitsmaschinen sowie anderen Arbeitsmaschinen und Staplern –, soweit sie in den Anwendungsbereich der Richtlinie 70/220/EWG des Rates vom 20. März 1970 zur Angleichung der Rechtsvorschriften der Mitgliedstaaten über Maßnahmen gegen die Verunreinigung der Luft durch Emissionen von Kraftfahrzeugmotoren (ABl. EG Nr. L 76 S. 1), geändert durch die im Anhang zu dieser Vorschrift genannten Bestimmungen, fallen, müssen hinsichtlich ihres Abgasverhaltens und der Anforderungen in bezug auf die Kraftstoffe den Vorschriften dieser Richtlinie entsprechen.

(2) [1]Kraftfahrzeuge mit Selbstzündungsmotor mit oder ohne Aufbau, mit mindestens vier Rädern und einer bauartbedingten Höchstgeschwindigkeit von mehr als 25 km/h – mit Ausnahme von landwirtschaftlichen Zug- und Arbeitsmaschinen sowie anderen Arbeitsmaschinen und Staplern –, soweit sie in den Anwendungsbereich der Richtlinie 72/306/EWG des Rates vom 2. August 1972 zur Angleichung der Rechtsvorschriften der Mitgliedstaaten über Maßnahmen gegen die Emission verunreinigender Stoffe aus Dieselmotoren zum Antrieb von Fahrzeugen (ABl. EG Nr. L 190 S. 1), geändert durch die im Anhang zu dieser Vorschrift genannten Bestimmungen, fallen, müssen hinsichtlich der Emission verunreinigender Stoffe dieser Richtlinie entsprechen. [2]Kraftfahrzeuge mit Selbstzündungsmotor, auf die sich die Anlage XVI bezieht, müssen hinsichtlich der Emission verunreinigender Stoffe (feste Bestandteile – Dieselrauch) im Abgas der Anlage XVI oder der Richtlinie 72/306/EWG, geändert durch die im Anhang zu dieser Vorschrift genannten Bestimmungen, entsprechen.

(3) Personenkraftwagen sowie Wohnmobile mit Fremd- oder Selbstzündungsmotoren, die den Vorschriften

1. der Anlage XXIII oder
2. des Anhangs III A der Richtlinie 70/220/EWG in der Fassung der Richtlinie 88/76/EWG des Rates vom 3. Dezember 1987 (ABl. EG 1988Nr. L 36 S. 1) oder späteren Änderungen dieses Anhangs in der Richtlinie 88/436/EWG des Ratesvom 16. Juni 1988 (ABl. EG Nr. L 214 S. 1), berichtigt durch die Berichtigung der Richtlinie 88/436/EWG (ABl. EG Nr. L 303 S. 36), oder der Richtlinie 89/491/EWG der Kommission vom 17. Juli 1989 (ABl. EG Nr. L 238 S. 43) oder
3. der Richtlinie 70/220/EWG in der Fassung der Richtlinie 91/441/ EWG des Rates vom 26. Juni 1991 (ABl. EG Nr. L 242 S. 1) – ausgenommen die Fahrzeuge, die die Übergangsbestimmungen des Anhangs I Nr. 8.1 oder 8.3 in Anspruch nehmen – oder
4. der Richtlinie 70/220/EWG in der Fassung der Richtlinie 93/59/EWG des Rates vom 28. Juni 1993 (ABl. EG Nr. L 186 S. 21) – ausgenommen die Fahrzeuge, die die weniger strengen Grenzwertanforderungen der Klasse II oder III des Anhangs I in den Nummern 5.3.1.4 und 7.1.1.1 oder die Übergangsbestimmungen des Anhangs I Nr. 8.3 in Anspruch nehmen – oder

5. der Richtlinie 70/220/EWG in der Fassung der Richtlinie 94/12/EG des Europäischen Parlaments und des Rates vom 23. März 1994 (ABl. EG Nr. L 100 S. 42) – und die Grenzwerte der Fahrzeugklasse M in Anhang I Nr. 5.3.1.4 einhalten – oder
6. der Richtlinie 96/69/EG des Europäischen Parlaments und des Rates vom 8. Oktober 1996 zur Änderung der Richtlinie 70/220/EWG zur Angleichung der Rechtsvorschriften der Mitgliedstaaten über Maßnahmen gegen die Verunreinigung der Luft durch Emissionen von Kraftfahrzeugen (ABl. EG Nr. L 282 S. 64) oder
7. der Richtlinie 98/77/EG der Kommission vom 2. Oktober 1998 zur Anpassung der Richtlinie 70/220/EWG des Rates zur Angleichung der Rechtsvorschriften der Mitgliedstaaten über Maßnahmen gegen die Verunreinigung der Luft durch Emissionen von Kraftfahrzeugen an den technischen Fortschritt (ABl. EG Nr. L 286 S. 34) oder
8. der Richtlinie 98/69/EG des Europäischen Parlaments und des Rates vom 13. Oktober 1998 über Maßnahmen gegen die Verunreinigung der Luft durch Emissionen von Kraftfahrzeugen und zur Änderung der Richtlinie 70/220/EWG des Rates (ABl. EG Nr. L 350 S. 1) oder
9. der Richtlinie 1999/102/EG der Kommission vom 15. Dezember 1999 zur Anpassung der Richtlinie 70/220/EWG des Rates über Maßnahmen gegen die Verunreinigung der Luft durch Emissionen von Kraftfahrzeugen an den technischen Fortschritt (ABl. EG Nr. L 334 S. 43) oder
10. der Richtlinie 2001/1/EG des Europäischen Parlaments und des Rates vom 22. Januar 2001 zur Änderung der Richtlinie 70/220/EWG des Rates über Maßnahmen gegen die Verunreinigung der Luft durch Emissionen von Kraftfahrzeugen (ABl. EG Nr. L 35 S. 34) oder
11. der Richtlinie 2001/100/EG des Europäischen Parlaments und des Rates vom 7. Dezember 2001 zur Änderung der Richtlinie 70/220/EWG des Rates zur Angleichung der Rechtsvorschriften der Mitgliedstaaten gegen die Verunreinigung der Luft durch Emissionen von Kraftfahrzeugen (ABl. EG Nr. L 16 S. 32) oder
12. der Richtlinie 2002/80/EG der Kommission vom 3. Oktober 2002 zur Anpassung der Richtlinie 70/220/EWG des Rates über Maßnahmen gegen die Verunreinigung der Luft durch Emissionen von Kraftfahrzeugen an den technischen Fortschritt (ABl. EG Nr. L 291 S. 20) oder
13. der Richtlinie 2003/76/EG der Kommission vom 11. August 2003 zur Änderung der Richtlinie 70/220/EWG des Rates über Maßnahmen gegen die Verunreinigung der Luft durch Emissionen von Kraftfahrzeugen (ABl. EU Nr. L 206 S. 29)

entsprechen, gelten als schadstoffarm.

(3a) Personenkraftwagen und Wohnmobile mit Selbstzündungsmotor gelten als besonders partikelreduziert, wenn sie den Anforderungen einer der in Anlage XXVI Nr. 2 festgelegten Minderungsstufen entsprechen.

(4) ¹Personenkraftwagen sowie Wohnmobile mit einer zulässigen Gesamtmasse von nicht mehr als 2800 kg mit Fremd- oder Selbstzündungsmotoren, die den Vorschriften der Anlage XXIV entsprechen, gelten als bedingt schadstoffarm. ²Eine erstmalige Anerkennung als bedingt schadstoffarm ist ab 1. November 1993 nicht mehr zulässig.

(5) Personenkraftwagen und Wohnmobile mit Fremd- oder Selbstzündungsmotoren,

1. die den Vorschriften der Anlage XXV oder
2. mit einem Hubraum von weniger als 1 400 Kubikzentimetern, die der Richtlinie 70/220/EWG in der Fassung der Richtlinie 89/458/EWG des Rates vom 18. Juli 1989 (ABl. EG Nr. L 226 S. 1)

entsprechen, gelten als schadstoffarm.

(6) Fahrzeuge oder Motoren für Fahrzeuge, die in den Anwendungsbereich der Richtlinie 88/77/EWG des Rates vom 3. Dezember 1987 zur Angleichung der Rechtsvorschriften der Mitgliedstaaten über Maßnahmen gegen die Emission gasförmiger Schadstoffe und luftverunreinigender Partikel aus Selbstzündungsmotoren zum Antrieb von Fahrzeugen und die Emission gasförmiger Schadstoffe aus mit Erdgas oder Flüssiggas betriebenen Fremdzündungsmotoren zum Antrieb von Fahrzeugen (ABl. EG 1988 Nr. L 36 S. 33), geändert durch die im Anhang zu dieser Vorschrift genannten Bestimmungen, fallen, müssen hinsichtlich ihres Abgasverhaltens den Vorschriften dieser Richtlinie entsprechen.

(7) Krafträder, auf die sich die Regelung Nr. 40 – Einheitliche Vorschriften für die Genehmigung der Krafträder hinsichtlich der Emission luftverunreinigender Gase aus Motoren mit Fremdzündung – des Übereinkommens über die Annahme einheitlicher Bedingungen für die Genehmigung der Ausrüstungsgegenstände und Teile von Kraftfahrzeugen und über die gegenseitige Anerkennung der Genehmigung, in Kraft gesetzt durch die Verordnung vom 14. September 1983 (BGBl. II S. 584), bezieht, müssen hinsichtlich ihres

Abgasverhaltens den Vorschriften der Regelung Nr. 40, zuletzt geändert durch Verordnung zur Änderung 1 und zum Korigendum 3 der ECE-Regelung Nr. 40 über einheitliche Vorschriften für die Genehmigung der Krafträder hinsichtlich der Emission luftverunreinigender Gase aus Motoren mit Fremdzündung vom 29. Dezember 1992 (BGBl. 1993 II S. 110), entsprechen; dies gilt auch für Krafträder mit einer Leermasse von mehr als 400 kg.

(8) Andere Krafträder als die in Absatz 7 genannten müssen hinsichtlich ihres Abgasverhaltens den Vorschriften der Regelung Nr. 47 – Einheitliche Vorschriften für die Genehmigung der Fahrräder mit Hilfsmotor hinsichtlich der Emission luftverunreinigender Gase aus Motoren mit Fremdzündung – des Übereinkommens über die Annahme einheitlicher Bedingungen für die Genehmigung der Ausrüstungsgegenstände und Teile von Kraftfahrzeugen und über die gegenseitige Anerkennung der Genehmigung, in Kraft gesetzt durch die Verordnung vom 26. Oktober 1981 (BGBl. II S. 930), entsprechen.

(8a) Kraftfahrzeuge, die in den Anwendungsbereich der Richtlinie 97/24/EG des Europäischen Parlaments und des Rates vom 17. Juni 1997 über bestimmte Bauteile und Merkmale von zweirädrigen oder dreirädrigen Kraftfahrzeugen (ABl. EG Nr. L 226 S. 1), geändert durch die im Anhang zu dieser Vorschrift genannten Bestimmungen, fallen, müssen hinsichtlich ihres Abgasverhaltens den Vorschriften dieser Richtlinie entsprechen.

(8b) Kraftfahrzeuge, die in den Anwendungsbereich der Achtundzwanzigsten Verordnung zur Durchführung des Bundes-Immissionsschutzgesetzes vom 11. November 1998 (BGBl. I S. 3411), die der Umsetzung der Richtlinie 97/68/EG des Europäischen Parlaments und des Rates vom 16. Dezember 1997 zur Angleichung der Rechtsvorschriften der Mitgliedstaaten über Maßnahmen zur Bekämpfung der Emission von gasförmigen Schadstoffen und luftverunreinigenden Partikeln aus Verbrennungsmotoren für mobile Maschinen und Geräte (ABl. EG 1998 Nr. L 59 S. 1) dient, fallen, müssen mit Motoren ausgerüstet sein, die hinsichtlich ihres Abgasverhaltens den Vorschriften der Achtundzwanzigsten Verordnung zur Durchführung des Bundes-Immissionsschutzgesetzes vom 11. November 1998 entsprechen.

(8c) Zugmaschinen oder Motoren für die Zugmaschinen, die in den Anwendungsbereich der Richtlinie 2000/25/EG des Europäischen Parlaments und des Rates vom 22. Mai 2000 über Maßnahmen zur Bekämpfung der Emission gasförmiger Schadstoffe und luftverunreinigender Partikel aus Motoren, die für den Antrieb von land- und forstwirtschaftlichen Zugmaschinen bestimmt sind, und zur Änderung der Richtlinie 74/150/EWG des Rates (ABl. EG Nr. L 173 S. 1) fallen, müssen hinsichtlich ihres Abgasverhaltens den Vorschriften dieser Richtlinie entsprechen.

(9) [1]Technischer Dienst und Prüfstelle im Sinne der genannten Regelwerke ist die Abgasprüfstelle beim Rheinisch-Westfälischen Technischen Überwachungs-Verein e. V., Adlerstr. 7, 45307 Essen. [2]Es können auch andere Technische Prüfstellen für den Kraftfahrzeugverkehr oder von der obersten Landesbehörde anerkannte Stellen prüfen, sofern diese über die erforderlichen eigenen Meß- und Prüfeinrichtungen verfügen. [3]Der Technische Dienst ist über alle Prüfungen zu unterrichten. [4]In Zweifelsfällen ist er zu beteiligen; bei allen Fragen der Anwendung ist er federführend. [5]Die Prüfstellen haben die verwendeten Meß- und Prüfeinrichtungen hinsichtlich der Meßergebnisse und der Meßgenauigkeit mit dem Technischen Dienst regelmäßig abzugleichen.

1 **Begr** zur ÄndVO v 14. 6. 88: VkBl **88** 482; zur ÄndVO v 16. 12. 88: VkBl **89** 112.

1a **Begr** zur ÄndVO v 21. 12. 92 (BRDrucks 782/92):

Zu Abs 3: Nach der bisherigen Praxis konnten auch Wohnmobile mit einer zulässigen Gesamtmasse von nicht mehr als 2800 kg als schadstoffarm anerkannt werden. Mit der Neufassung wird diese Möglichkeit nun ausdrücklich zugelassen.

Darüber hinaus gelten mit der Neufassung nun auch Personenkraftwagen sowie Wohnmobile mit einer zulässigen Gesamtmasse von nicht mehr als 2800 kg als schadstoffarm, die den Vorschriften des Anhangs III A der Richtlinie 70/220/EWG in der Fassung der Richtlinie 88/76/EWG oder späteren Änderungen dieses Anhangs entsprechen oder, die den Vorschriften der Richtlinie 70/220/EWG in der Fassung der Richtlinie 91/441/EWG entsprechen – ausgenommen sind jedoch die Fahrzeuge, die die Übergangsbestimmungen des Anhangs I Nr. 8.1 oder 8.3 in Anspruch nehmen –.

Zu Abs 4: Nach der bisherigen Praxis konnten auch Wohnmobile mit einer zulässigen Gesamtmasse von nicht mehr als 2800 kg als bedingt schadstoffarm anerkannt werden. Mit der Neufassung wird diese Möglichkeit ausdrücklich zugelassen.

Zu Abs 5: *Nach der bisherigen Praxis konnten auch Wohnmobile als schadstoffarm nach Anlage XXV (bis maximal 2500 kg zulässiger Gesamtmasse) anerkannt werden. Mit der Neufassung wird diese Möglichkeit ausdrücklich zugelassen.*

Darüber hinaus gelten mit der Neufassung nun auch Personenkraftwagen und Wohnmobile mit einem Hubraum von weniger als 1400 cm³ als schadstoffarm, die den Vorschriften der Richtlinie 70/220/EWG in der Fassung der Richtlinie 89/458/EWG entsprechen.

Begr zur ÄndVO v 21. 10. 93 **(zu Abs 4 S 2)**: VkBl **93** 739.   1b

Begr zur ÄndVO v 23. 3. 94 (VkBl **94** 351): **Zu Abs 3:** *Die Anforderungen der neuen EG-Richtlinie mit dem neuen europäischen Fahrzyklus an das Abgasverhalten von Pkw sind strenger als die der bisher geltenden EG-Richtlinien bzw. die der Anlage XXIII zur StVZO. Eine Anerkennung von Pkw sowie Wohnmobilen bis 2800 kg als schadstoffarm, die lediglich die bisher geltenden Abgasanforderungen erfüllen, ist zukünftig nicht mehr gerechtfertigt.*

…

Mit Einfügung der Nr. 4 können Personenkraftwagen sowie Wohnmobile mit einer zulässigen Gesamtmasse von nicht mehr als 2800 kg, die der Richtlinie 70/220/EWG in der Fassung der Richtlinie 93/59/EWG entsprechen, die Vorteile für schadstoffarm anerkannte Fahrzeuge in Anspruch nehmen.

Ausgenommen hievon sind Fahrzeuge, die lediglich die nicht so strengen Grenzwertanforderungen der Richtlinie 93/59/EWG der Klassen II und III des Anhangs I in 5.3.1.4 und 7.1.1.1 sowie des Anhangs I Nr. 8.3 erfüllen.

Begr zur ÄndVO v 3. 8. 00: VkBl **00** 495.   1c

Begr zur ÄndVO v 5. 12. 02 (VkBl **03** 12): **Zu Abs 8 c:** *Mit der Richtlinie 2000/25/EG werden auch für Motoren, die für den Antrieb von land- und forstwirtschaftlichen Zugmaschinen bestimmt sind, verbindliche Anforderungen zur Bekämpfung der Emission gasförmiger Schadstoffe und luftverunreinigender Partikel festgeschrieben. Mit dem neuen Absatz 8c sollen diese Vorschriften auch für Fahrzeuge mit Einzelbetriebserlaubnis vorgeschrieben werden.*

Begr zur ÄndVO v 2. 11. 04: BRDrucks 600/04 S 10.

Begr zur ÄndVO v 27. 1. 06 (VkBl **06** 129): **Zu Abs. 3 a:** *… geboten, die Grenzwertanforderungen für die Partikelmasse von neuen Personenkraftwagen mit Dieselmotor in Abstimmung mit der EG erneut deutlich abzusenken und zudem für die Nachrüstung von im Verkehr befindlichen Kraftfahrzeugen eine an die europäischen Abgasstufen angelehnte Lösung anzubieten. Damit soll auch ein Beitrag zur Senkung der Feinstaubbelastung in Ballungsgebieten geleistet werden können. Aus EG-rechtlichen Gründen lassen sich derartige Maßnahmen zur weiteren Absenkung der Partikelemissionen nur auf freiwilliger Basis verwirklichen. Dazu werden … Kriterien für die Einstufung von „besonders partikelreduzierten Personenkraftwagen", unterteilt in fünf Partikelminderungsstufen … festgeschrieben. Für die Festlegung der dazugehörigen technischen Anforderungen im Einzelnen, die die entsprechenden Diesel-Neufahrzeuge und die für eine Nachrüstung entwickelten Partikelminderungssysteme (z. B. Partikelfilter) einhalten müssen, wird die neue Anlage XXVI eingefügt. … Mit der Verordnung werden somit die verkehrsrechtlichen Voraussetzungen geschaffen, auf die in anderen Gesetzen oder Verordnungen bei der Gewährung von Benutzervorteilen wie beispielsweise kraftfahrzeugsteuerliche Ermäßigungen oder Ausnahmen von Fahrverboten in bestimmten Zonen Bezug genommen werden kann.*

Begr zur ÄndVO v 24. 5. 07, BGBl I 893 (VkBl **07** 459): *… Um die Belange der so genannten „Euro-1-Pkw" – einschließlich der schweren Pkw der Gruppen II und III – angemessen bedienen zu können, mussten zwei neue Minderungsstufen (Stufe PM 01 und Stufe PM 0) definiert und vor die bereits seit Februar 2006 geltende Stufe PM 1 in der Anlage XXVI eingestellt werden. …*

52. StVZAusnV v 13. 8. 1996 (BGBl I 1319)

§ 1. Abweichend von § 47 Abs. 3 Nr. 4 der Straßenverkehrs-Zulassungs-Ordnung gelten   1d
Kraftfahrzeuge auch dann als schadstoffarm im Sinne der Richtlinie 70/220/EWG in der Fassung der Richtlinie 93/59/EWG des Rates vom 28. Juni 1993 (ABl. EG Nr. L 186 S. 21), wenn sie

a) vor dem 1. Oktober 1995 oder
b) bei mehr als sechs Sitzplätzen einschließlich des Fahrersitzes oder einer Gesamtmasse von mehr als 2 500 kg und einer Bezugsmasse von mehr als 1250 kg vor dem 1. Oktober 1998

erstmals in den Verkehr gekommen sind und nach dem 1. Januar 1996 nachträglich mit einem Abgasreinigungssystem versehen worden sind. Dies gilt nur, wenn

1. das Abgasreinigungssystem
   a) mit einer Betriebserlaubnis für Fahrzeugteile nach § 22 der Straßenverkehrs-Zulassungs-Ordnung genehmigt ist oder
   b) im Rahmen einer Betriebserlaubnis für das Fahrzeug nach § 21 der Straßenverkehrs-Zulassungs-Ordnung genehmigt ist oder
   c) durch ein Teilegutachten nach § 19 Abs. 3 Nr. 4 der Straßenverkehrs-Zulassungs-Ordnung für unbedenklich erklärt und die Abnahme nach dieser Vorschrift unverzüglich durchgeführt und bestätigt worden ist,
2. im Rahmen einer Abgasprüfung nach Anhang I Nr. 5.3.1 in Verbindung mit Anhang II der Richtlinie 70/220/EWG in der Fassung der Richtlinie 93/59/EWG des Rates vom 28. Juni 1993 (ABl. EG Nr. L 186) nachgewiesen worden ist, dass die mit dem eingebauten Abgasreinigungssystem ermittelten Abgaswerte, multipliziert mit dem entsprechenden Verschlechterungsfaktor nach Nummer 5.3.5.2 des Anhangs I, die in Nummer 7.1.1 genannten Grenzwerte für die Fahrzeugklasse M nicht übersteigen,
3. die Dauerhaltbarkeit des Abgasreinigungssystems für mindestens 2 Jahre oder 80 000 km gewährleistet ist,
4. die Nachrüstung keine nachteiligen Auswirkungen, insbesondere auf das Betriebsverhalten, die Betriebssicherheit, den Kraftstoffverbrauch und das Geräuschverhalten des Kraftfahrzeugs, hat und
5. alle für die Nachrüstung mit dem Abgasreinigungssystem erforderlichen Teile ordnungsgemäß eingebaut sind und die einwandfreie Funktion des Abgasreinigungssystems von einer für die Durchführung der Abgasuntersuchung nach § 47 a der Straßenverkehrs-Zulassungs-Ordnung in Verbindung mit Anlage VIII a Nr. 3.1.2 oder 3.2 anerkannten Kraftfahrzeugwerkstatt, sofern diese die Nachrüstung selbst durchgeführt hat oder durch einen amtlich anerkannten Sachverständigen oder Prüfer für den Kraftfahrzeugverkehr oder durch einen Kraftfahrzeugsachverständigen oder Angestellten nach Abschnitt 7.4 a der Anlage VIII bestätigt worden ist.

§ 2. Diese Verordnung tritt am Tage nach der Verkündung in Kraft.

Begr: VkBl **96** 464, **98** 216.

1. **Pkw** und **leichte NutzFze.** Abs I bezweckt die Reduzierung der Abgasemissionen von Pkw und leichten Lkw. Die Bestimmung gilt für **Kfze mit Fremdzündungsmotor oder Selbstzündungsmotor** mit mindestens vier Rädern, mindestens 400 kg zulässiger Gesamtmasse und bauartbedingter Höchstgeschwindigkeit von mindestens 50 km/h, soweit sie in den Anwendungsbereich der Richtlinie 70/220/EWG (ABl. EG Nr. L 76 S. 1) = StVRL Nr 5 fallen. Das sind gem Art 1 der Richtlinie die in Anhang II Abschnitt A der Richtlinie 70/156/EWG (ABl. EG Nr. L 42 S. 1) = StVRL zu § 20 StVZO Nr 3 genannten Fze. Ausgenommen sind land- oder forstwirtschaftliche Zug- und Arbeitsmaschinen sowie andere Arbeitsmaschinen. **Übergangsvorschrift:** § 72 II.

2. **Dieselfahrzeuge.** Abs II betrifft Maßnahmen gegen die Emission verunreinigender Stoffe aus Dieselmotoren zum Antrieb von Fahrzeugen, gilt also für **Kfze mit Selbstzündungsmotor,** und zwar für solche mit mindestens vier Rädern, mindestens 400 kg zulässiger Gesamtmasse und bauartbedingter Höchstgeschwindigkeit von mehr als 25 km/h, soweit sie in den Anwendungsbereich der Richtlinie 72/306/EWG (ABl. EG Nr. L 190 S. 1) = StVRL Nr 7 fallen. Ausgenommen sind land- oder forstwirtschaftliche Zug- und Arbeitsmaschinen sowie andere Arbeitsmaschinen. **Übergangsvorschrift:** § 72 II: Auf Kfze, für die vor dem 1. 10. 93 eine Allgemeine BE erteilt wurde, und solche, die vor dem 1. 1. 93 erstmals in den V gekommen sind, ist gem § 72 II zu § 47 I die bis zum 1. 1. 93 geltende Fassung von § 47 Abs I mit den Übergangsbestimmungen in der vor dem 1. 4. 94 geltenden Fassung anzuwenden.

3. **Mobile Maschinen und Geräte** iS von Abs VIII b sind in Art 2 der Richtlinie 97/68/EG, auf die die 28. VO zur Durchführung des BImSchG Bezug nimmt, wie folgt definiert: mobile Maschinen, mobile industrielle Ausrüstungen oder Fze mit oder ohne Aufbau, die nicht zur Beförderung von Personen oder Gütern auf der Str bestimmt sind und in die ein Verbrennungsmotor gem der Definition in Anh I Nr 1 der Richtlinie eingebaut ist. Durch Abs VIII b wird die Anwendung der Vorschriften der Richtlinie 97/68/EG für ihre Motoren verbindlich vorgeschrieben.

4. **Schwere Lastkraftwagen, land- und forstwirtschaftliche Zugmaschinen, Krafträder.** Zur Begrenzung gasförmiger Schadstoffe aus Dieselmotoren schwerer Lkw erklärt Abs VI die **Richtlinie 88/77/EWG** (StVRL § 47 Nr 9) hinsichtlich der dort genannten Kfze für verbindlich. Durch die Übergangsbestimmung (§ 72 II) wird die Anwendung der Richtlinien

1999/96/EG und 2001/27/EG auch für erstmals in den V kommende Fze mit Einzel-BE verbindlich vorgeschrieben. Auf vor dem 18. 12. 02. erstmals in den V gekommene Fze und -motoren bleibt Abs VI in der vor dem 18. 12. 02 geltenden Fassung mit den bis dahin geltenden Übergangsbestimmungen anwendbar. Abs VIII c schreibt die Vorschriften der Richtlinie 2000/25/EG auch für **land- und forstwirtschaftliche Zugmaschinen** mit Einzel-BE vor, s Begr (Rz 1 c). Übergangsvorschrift: § 72 II. Für **Krafträder** gelten bezüglich ihres Abgasverhaltens nach Abs VII und VIII die ECE-Regelungen Nr 40 bzw Nr 47, nach Maßgabe von Abs VIII a die Vorschriften der Richtlinie 97/24/EG. Nach Aufhebung der 48. AusnahmeVO zur StVZO am 1. 10. 06 (BGBl I **06** 2148) ist in der Übergangsbestimmung des § 72 II zu § 47 VII geregelt, dass Krafträder, auf die die Regelung Nr 40 anwendbar ist und die laut Eintragung in ihren Papieren als vor dem 1. 7. 94 erstmals in den Verkehr gekommen gelten, hinsichtlich ihres Abgasverhaltens lediglich der Regelung Nr 40 ohne Änderung 1 entsprechen müssen. Gem der Übergangsvorschrift des § 72 II ist Abs VII für die Erteilung einer ABE am 17. 6. 99, für die Erteilung einer EinzelBE am 1. 10. 2000 außer Kraft getreten. Durch VIII a wird die Anwendung der in Kap 5 der Richtlinie 97/24/EG enthaltenen Abgasvorschriften für die Erteilung einer EinzelBE für in den Anwendungsbereich dieser Richtlinie fallende Fze vorgeschrieben. Dies gilt nach Maßgabe der Übergangsbestimmung des § 72 II ab 1. 7. 04 auch für erstmals in den V kommende Kleinkräder.

Lit: *Breier,* Die EG-Abgasrichtlinien für Kfze, NZV **93** 294.

5. Schadstoffarme Fze. Pkw und Wohnmobile mit nicht mehr als 2,8 t zulässiger Gesamtmasse, die den Vorschriften der **Anlage XXIII** oder der in Abs III Nr 2–13 genannten EG-Richtlinien entsprechen, gelten als schadstoffarm, Abs III, ebenso solche, die den Vorschriften der **Anl XXV** entsprechen oder – bei einem Hubraum von weniger als 1400 cm³ – der **Richtlinie 70/220/EWG,** Abs V. Dies gilt sowohl für Fze mit Fremdzündungsmotor als auch für DieselFze. Erstmalige Anerkennung als schadstoffarm gem III Nr 1 ist für ab 1. 1. 95 erstmals in den V kommende Fze nach der Übergangsvorschrift des § 72 II nicht mehr zulässig; keine erstmalige Anerkennung als schadstoffarm ferner nach § 72 II auch für Fze nach Abs V. Mit Steuerbefreiungen und ermäßigten Steuersätzen nach Maßgabe von §§ 3b, 9 KraftStG für Halter schadstoffarmer und bedingt schadstoffarmer Pkw sollte eine Verringerung der Emissionen von umweltschädlichen Stickoxiden, Kohlenmonoxiden und Kohlenwasserstoffen erreicht und zu diesem Zweck die Katalysator-Technologie gefördert werden. Dazu bedurfte es der Definition solcher Fze durch die StVZO. Die **Steuerbefreiung für schadstoffreduzierte Pkw endete** gem § 3b I S 1 **am 31. 12. 05.** Schadstoffarme und bedingt schadstoffarme Fze sind in Absätzen III bis V in Verbindung mit Anlagen XXIII bis XXV und den genannten EG-Richtlinien definiert. Im Gegensatz zur bis 31. 12. 92 geltenden Fassung sind nunmehr Wohnmobile ausdrücklich in die Regelung einbezogen. Nach Maßgabe des § 1 der 52. StVZAusnV führt eine **Nachrüstung** älterer Fze mit Abgasreinigungssystemen, durch die das sog „Euro-1-Abgasniveau" der Richtlinie 93/95/EWG erreicht wird, zur Anerkennung als schadstoffarm (s Rz 1d). Näher: *Jagow* VD **96** 193. Nachrüstungsrichtlinie, VkBl **96** 465, **98** 216. Die bis zum 31. 12. 05 angewendete steuerrechtlich unterschiedliche Behandlung schadstoffarmer und nicht schadstoffarmer Fze ist nicht willkürlich und ist verfassungskonform, BFH DAR **99** 472, FinanzG Münster VRS **72** 474, ebenso andererseits die einheitliche Besteuerung von Krädern ohne Rücksicht auf Schadstoffarmut, BFH DAR **96** 70. Soweit § 3b KraftStG die befristete Steuerbefreiung für schadstoffarme Fze vom Zulassungsdatum abhängig machte, verstieß dies nicht gegen den Gleichheitsgrundsatz, BFH DAR **02** 374. Über die administrative Behandlung schadstoffarmer und bedingt schadstoffarmer Kfze, s BMV 12. 9. 85 VkBl **85** 586 (geändert VkBl **87** 358), 22. 10. 85 VkBl **85** 649, 24. 7. 86 VkBl **86** 447 (Alt-Diesel) und 8. 1. 90 VkBl **90** 2.

6. Besonders partikelreduzierte Fze. Pkw und Wohnmobile mit Dieselmotor gelten nach Abs 3a als besonders partikelreduziert, wenn sie den Anforderungen einer in **Anlage XXVI** Nr 2 festgelegten Minderungsstufen (Stufen PM 01 bis PM 5) entsprechen. Erweiterung um die Stufen PM 01 und PM 0 durch ÄndVO v 24. 5. 07 (BGBl I 893, Begr VkBl **07** 459), um die Pkw, die die Anforderungen der Abgasstufe Euro 1 einhalten, angemessen zu berücksichtigen. Regelungen für Nutzfahrzeuge und mobile Maschinen und Geräte s § 48 Rz 4. Aus- oder Nachrüstung mit einem Partikelminderungssystem führt nicht dazu, dass sich die für die Abgasprüfung maßgebliche Schadstoffstufe (z.B. Euro 2) verändert, denn die limitierten gasförmigen Schadstoffe werden durch das Partikelminderungssystem im Allgemeinen nicht verringert (s VkBl **06** 131). Es werden lediglich die verkehrsrechtlichen Voraussetzungen geschaffen, auf die in anderen Normen bei der Gewährung von Benutzervorteilen oder Ausnahmen von Fahrverboten in bestimmten Zonen (Senkung der Feinstaubbelastung in Ballungsgebieten) Bezug genommen werden kann. Dadurch sollen FzHalter veranlasst werden, auf freiwilliger Basis Maßnahmen gegen die Verunreinigung der Luft durch Partikelemissionen von Diesel-Kfz zu ergreifen. Nachrüstung (Anl XXVI Nr 10): Einbau und Abnahme eines genehmigten Partikelminderungssystems können von einer anerkannten AU-Werkstatt vorgenommen und bescheinigt werden, sofern sie den Einbau selbst durchgeführt hat. Nach Einbau durch eine andere Stelle muss die Abnahme von einem aaSoP oder PI durchgeführt und bescheinigt werden. **Steuerbefreiung** bis 330 € bei Nachrüstung bis 31. 12. 09 für Pkw, die bis 31. 12. 06 erstmals zugelassen wurden: § 3c KraftStG (BGBl I **07** 356, 3171). Zur Löschung der ABE für unwirksame Partikelminderungssysteme durch das KBA *Rebler/Mágori* SVR **08** 171.

7. Bedingt schadstoffarme Fze, die den Vorschriften der **Anlage XXIV** entsprechen: Abs 4. Neben Pkw fallen auch Wohnmobile unter die Regelung. Aufgrund der durch ÄndVO v 21. 10. 93 erfolgten Einfügung von Abs 4 S 2 ist die Anerkennung als bedingt schadstoffarm durch nachträgliche technische Verbesserung mit dem 1. 11. 93 ausgelaufen (s Begr VkBl **93** 739. *Jagow,* Schadstoffarme und bedingt schadstoffarme Fze, VD **85** 169, 193. *Derselbe,* Schadstoffarme Kfze (Behandlung der sog Alt-Diesel), VD **86** 6. *Derselbe,* Schadstoffarme und bedingt schadstoffarme Alt-Diesel-Pkw, VD **86** 149.

8. Kennzeichnung schadstoffarmer Kfz. Sehen Luftreinhalte- oder Aktionspläne nach § 47 I bzw II BImSchG (s Buchteil **10**) verkehrsbeschränkende Maßnahmen vor, sind Kfz der Klassen M (Pkw und Busse) und N (Lkw) mit geringem Beitrag zur Schadstoffbelastung von Verkehrsbeschränkungen und -verboten nach § 40 I BImSchG nach Maßgabe der am 1. 3. 07 in Kraft getretenen 35. VO zur Durchführung des BImSchG (VO zur Kennzeichnung der Kfz mit geringem Beitrag zur Schadstoffbelastung – 35. BImSchV) v 10. 10. 06 (BGBl I 2218), geändert durch ÄndVO v 5. 12. 07 (BGBl I 2793) – **KennzVO** – (s Buchteil **11**) ausgenommen. Die KennzVO klassifiziert alle Fz nach ihrem Abgasverhalten und regelt die dementsprechende äußerliche Kennzeichnung. Kfz der „schlechtesten" Schadstoffgruppe 1 erhalten keine Plakette. Die übrigen Fz können entsprechend der Schadstoffgruppe, der sie angehören, mit einer (lichtechten, nicht wieder verwendbaren und fälschungserschwerenden) **Plakette** nach Muster in Anhang 1 der KennzVO gekennzeichnet werden (§ 3 KennzVO, Maßgaben des BMV VkBl **07** 3 = StVRL § 41 StVO Nr 6) und sind dann **von Verkehrsverboten ausgenommen,** soweit das entsprechende Verkehrszeichen 270.1 dies vorsieht (§ 2 I KennzVO). Eine allgemeine Verpflichtung zur Kennzeichnung von Kfz mit den Plaketten besteht nicht (*Scheidler* NJW **07** 408). Die FzHalter müssen sich aber Plaketten beschaffen, wenn sie in verkehrsbeschränkte Gebiete einfahren wollen, und deutlich sichtbar an der Innenseite der Windschutzscheibe anbringen (§ 3 II S 2 KennzVO). Die **Ausgabe der Plaketten** erfolgt durch Zulassungsbehörden, durch die nach Landesrecht sonst zuständigen Stellen und durch die für die Durchführung der AU anerkannten Stellen (§ 4 S 1 KennzVO). Die Plaketten werden auch für im Ausland zugelassene Kfz, die gem § 20 FZV vorübergehend am Verkehr in Deutschland teilnehmen, ausgegeben (§ 4 S 2 KennzVO, BT-Drs 16/8166). Die **Zuordnung der Kfz zu den Schadstoffgruppen** erfolgt nach den in den FzPapieren eingetragenen emissionsbezogenen Schlüsselnummern gem Bekanntgabe des BMV v 5. 12. 07 (VkBl **07** 771 = StVRL § 11 FZV Nr 1).

Kfz gem Anhang 3 der KennzVO (BGBl I **06** 2225, **07** 2796), zB Krafträder, EinsatzFz von Polizei und Feuerwehr, Krankenwagen, Kfz außergewöhnlich gehbehinderter Personen, sind von Verkehrsverboten **ausgenommen,** auch wenn sie nicht mit Plakette gekennzeichnet sind (§ 2 III KennzVO). Krafträder sind ausgenommen worden, da sie auf Grund ihres geringen Anteils an der Jahresfahrleistung am StrV nur einen vergleichsweise geringen Beitrag zu den Partikelemissionen leisten (Begr BRDrucks 162/06, S 23). Die ausdrückliche Ausnahme für Krafträder wäre indessen nicht erforderlich gewesen, da die KennzVO ohnehin nur für Kfz der Klassen M und N gilt (§ 1 I S 2 KennzVO), die nach Anhang II A Nr 1 und 2 der Richtlinie 70/156/EWG (StVRL § 20 StVZO Nr 3) mindestens vier Räder haben. Durch ÄndVO v 5. 12. 07 (BGBl I 2793) wurden auch **Oldtimer** gem § 2 Nr 22 FZV, die ein H-Kennzeichen (§ 9 I FZV) oder ein rotes Oldtimer-Kennzeichen (§ 17 FZV) führen, und vergleichbare Oldtimer aus anderen EU- und EWR-Staaten sowie der Türkei von den Verkehrsverboten ausgenommen. Fraglich ist, ob die Ausnahme für Oldtimer von der Ermächtigung des § 40 III BImSchG gedeckt ist (*Klinger* NVwZ **07** 785, 787f), da diese nicht als „Kfz mit geringem Beitrag zur Schadstoffbelastung" angesehen werden können (BT-Drs 16/3858, S 3, Antwort zu 10).

Abgasuntersuchung (AU) § 47a StVZO 5

Fraglich ist weiter, wie in der Praxis für Oldtimer aus anderen EU- und EWR-Staaten und der Türkei festgestellt werden soll, ob sie „gleichwertige Anforderungen" erfüllen, da für diese Fz nicht das Gutachten gem § 23 StVZO zur Einstufung als Oldtimer gefordert werden kann, das in Deutschland benötigt wird, damit ein Fz als Oldtimer iSv § 2 Nr 22 FZV anzusehen ist (s § 2 FZV Rz 25). Die BReg hielt diese „Gleichwertigkeitsklausel" jedoch für notwendig (BR-Drs 819/07, S 1, 16), ohne allerdings die Gründe näher zu erläutern. **Ausnahmen von Verkehrsverboten** für von Verkehrsverboten iSv § 40 BImSchG betroffene Kfz kommen nach § 1 II KennzVO in Betracht, soweit ein im öffentlichen Interesse (zB Versorgung mit lebensnotwendigen Gütern) oder im überwiegenden und unaufschiebbaren Interesse eines Einzelnen (zB Aufrechterhaltung von Produktionsprozessen) gebotener Ausnahmefall vorliegt. Die Ausnahmevorschrift § 1 II KennzVO ist eng auszulegen (*Scheidler* NVwZ 07 144, 147), da die Erreichung der Ziele der Verkehrsbeschränkungen sonst gefährdet wäre. Zuständig für die Zulassung derartiger Ausnahmen nach § 1 II KennzVO ist die Straßenverkehrsbehörde (§ 40 I S 2 BImSchG), in Eilfällen auch die Polizei (§ 1 II KennzVO).

Lit: *Bode*, Die neue Kennzeichnungsverordnung, DAR **07** 351. *Klinger*, Umweltzonen in deutschen Großstädten – Rechtsfragen der 35. VO zum BImSchG, NVwZ **07** 785. *Knopp*, Kennzeichnungsverordnung für emissionsarme Kfz und Feinstaub, NZV **06** 566. *Rebler/Scheidler*, Fahrverbote zur Verringerung der Umgebungsbelastung durch Feinstaub, SVR **07** 201, 206 ff. *Scheidler*, Die Kennzeichnung schadstoffarmer Kfz, SVR **06** 161. *Derselbe*, Die Feinstaub-Plakette zur Kennzeichnung schadstoffarmer Kfz, NJW **07** 405. *Derselbe*, Verkehrsbeschränkungen aus Gründen der Luftreinhaltung, NVwZ **07** 144.

9. Die Beschaffenheit der **Auspuffrohre** – früher § 47 III (alt) – ist jetzt in § 47 c geregelt. 8

10. Ordnungswidrigkeit: Ordnungswidrig gem § 48 Nr 12 FZV ist das Unterlassen der 9 Meldung gegenüber der ZulB, wenn die Voraussetzungen für die in FzSchein und -Brief vermerkte Anerkennung des Fzs als schadstoffarm entfallen sind (§ 13 I S 1 Nr 9 FZV). Da die Vorschriften über das Abgasverhalten in erster Linie das Verfahren zur Erteilung einer BE betreffen, sind Verstöße nicht bußgeldbewehrt (s Begr VkBl **88** 483).

Abgasuntersuchung (AU) – Untersuchung der Abgase von im Verkehr befindlichen Kraftfahrzeugen –

47 a (1) ¹Die Halter von Kraftfahrzeugen, die mit Fremdzündungsmotor oder mit Kompressionszündungsmotor angetrieben werden und nicht mit einem On-Board-Diagnosesystem ausgerüstet sind, das den im Anhang zu § 47 genannten Bestimmungen entspricht, haben zur Verringerung des Schadstoffausstoßes die Abgase ihres Kraftfahrzeugs auf ihre Kosten nach Nummer 1.2.1.1 Buchstabe b der Anlage VIII in Verbindung mit Nummer 4.8.2.1 der Anlage VIIIa in den in Anlage VIII Nr. 2 genannten Zeitabständen untersuchen zu lassen. ²Ausgenommen sind

1. Kraftfahrzeuge mit
    a) Fremdzündungsmotor, die weniger als vier Räder, ein zulässiges Gesamtgewicht von weniger als 400 kg oder eine bauartbedingte Höchstgeschwindigkeit von weniger als 50 km/h haben oder die vor dem 1. Juli 1969 erstmals in den Verkehr gekommen sind;
    b) Kompressionszündungsmotor, die weniger als vier Räder oder eine bauartbedingte Höchstgeschwindigkeit von nicht mehr als 25 km/h haben oder die vor dem 1. Januar 1977 erstmals in den Verkehr gekommen sind;
    c) rotem Kennzeichen oder Kurzzeitkennzeichen;
    d) Versicherungskennzeichen;
2. land- oder forstwirtschaftliche Zugmaschinen und
3. selbstfahrende Arbeitsmaschinen, die nicht den Baumerkmalen von Lastkraftwagen hinsichtlich des Antriebsmotors und des Fahrgestells entsprechen und Stapler.

³Über die Untersuchung der Fahrzeuge der Feuerwehren und des Katastrophenschutzes entscheiden die zuständigen obersten Landesbehörden im Einzelfall oder allgemein.

(2) ¹Untersuchungen nach Absatz 1 Satz 1 dürfen nur von Werken des Fahrzeugherstellers, einer eigenen Werkstatt des Importeurs und von hierfür anerkannten Kraftfahrzeugwerkstätten, amtlich anerkannten Sachverständigen oder Prüfern für den Kraftfahrzeugverkehr, von betrauten Prüfingenieuren einer für die Durchführung von Hauptuntersuchungen nach § 29 amtlich anerkannten Überwachungsorganisation oder von Fahrzeughaltern, die Hauptuntersuchungen oder Sicherheitsprüfungen an ihren Fahrzeugen im eigenen Betrieb durchführen dürfen, vorgenommen werden. ²Die für die an-

Dauer 1399

erkannten Kraftfahrzeugwerkstätten nach den Nummern 2.9 und 2.10 der Anlage VIII c vorgeschriebenen Anforderungen gelten entsprechend auch für alle anderen in Satz 1 genannten Stellen; die Vorschriften sind auf Fahrzeughalter, die Hauptuntersuchungen oder Sicherheitsprüfungen an ihren Fahrzeugen im eigenen Betrieb durchführen dürfen, entsprechend anzuwenden.

(3) ¹Als Nachweis über die Untersuchung der Abgase hat der für die Untersuchung Verantwortliche eine vom Bundesministerium für Verkehr, Bau und Stadtentwicklung mit Zustimmung der zuständigen obersten Landesbehörden festgelegte Prüfbescheinigung nach einem im Verkehrsblatt bekannt gegebenen Muster auszuhändigen und bei positivem Ergebnis eine Plakette nach Anlage IX a zuzuteilen und am vorderen amtlichen Kennzeichen nach Maßgabe der Anlage IX a dauerhaft und gegen Missbrauch gesichert anzubringen; § 29 Abs. 12 bleibt unberührt. ²Der für die Untersuchung Verantwortliche hat dafür zu sorgen, dass die Prüfbescheinigung mindestens das amtliche Kennzeichen des untersuchten Kraftfahrzeugs, den Stand des Wegstreckenzählers, den Hersteller des Kraftfahrzeugs einschließlich Schlüsselnummer, Fahrzeugtyp und -ausführung einschließlich Schlüsselnummer, die Fahrzeug-Identifizierungsnummer, die nach Nummer 4.8.2.1 der Anlage VIII a in Verbindung mit der Richtlinie für die Untersuchung der Abgase von Kraftfahrzeugen nach Anlage VIII a Nr. 4.8.2 angegebenen Sollwerte und die von ihm abschließend ermittelten Istwerte sowie Monat und Jahr des Ablaufs der Frist für die nächste Abgasuntersuchung, ferner das Datum und die Uhrzeit, soweit zugeteilt die Kontrollnummer und den Namen und die Anschrift der prüfenden Stelle sowie die Unterschrift des für die Untersuchung Verantwortlichen enthält. ³Eine Durchschrift, ein Abdruck oder eine Speicherung auf Datenträger der Prüfbescheinigung verbleibt bei der untersuchenden Stelle. ⁴Sie ist aufzubewahren und nach zwei Jahren ab Ablauf ihrer Gültigkeitsdauer zu vernichten.

(4) ¹Die Prüfbescheinigung ist aufzubewahren. ²Der Fahrzeugführer hat die Prüfbescheinigung der für die Durchführung der Hauptuntersuchung nach § 29 verantwortlichen Person sowie auf Verlangen zuständigen Personen und der Zulassungsbehörde zur Prüfung auszuhändigen. ³Kann die Prüfbescheinigung nicht ausgehändigt werden, hat der Halter auf seine Kosten eine Zweitschrift von der untersuchenden Stelle zu beschaffen oder eine Abgasuntersuchung durchführen zu lassen.

(5) ¹Bei der Zuteilung eines amtlichen Kennzeichens ist die Plakette von der Zulassungsbehörde dauerhaft und gegen Missbrauch gesichert anzubringen. ²Eine Prüfbescheinigung wird nicht ausgestellt. ³Erfolgt die Anbringung der Plakette vor der ersten vorgeschriebenen Abgasuntersuchung, ist Absatz 4 nicht anzuwenden.

(6) ¹Der Halter hat dafür zu sorgen, dass sich die nach Absatz 3 Satz 1 oder Absatz 5 Satz 1 angebrachte Plakette in ordnungsgemäßem Zustand befindet; sie darf weder verdeckt noch verschmutzt sein. ²§ 29 Abs. 7 und 8 gilt für Plaketten nach Anlage IX a entsprechend.

(7) Für Kraftfahrzeuge, für die ein Saisonkennzeichen zugeteilt ist, gilt Nummer 2.6 der Anlage VIII und für Kraftfahrzeuge, die vorübergehend stillgelegt worden sind, gilt Nummer 2.7 der Anlage VIII entsprechend.

(8) ¹Die Bundeswehr, die Bundespolizei und die Polizeien der Länder können die Untersuchung nach Absatz 1 für ihre Kraftfahrzeuge selbst durchführen sowie die Ausgestaltung der Prüfbescheinigung selbst bestimmen. ²Für die Fahrzeuge der Bundeswehr und der Bundespolizei entfällt die Plakette nach Absatz 3.

1. Begr: BRDrucks 562/92.

Begr zur ÄndVO v 21. 12. 92 – Begr des Bundesrates –: BRDrucks 782/92 (Beschluss); zur ÄndVO v 23. 3. 94: VkBl **94** 351; zur ÄndVO v 6. 1. 95: VkBl **95** 110; zur ÄndVO v 12. 11. 96: VkBl **96** 523.

Begr zur ÄndVO v 20. 5. 98 (VkBl **98** 510): **Zu Abs 2:** ... *Die Ergänzung in Satz 1, 6. Teilsatz, entspricht den Neuregelungen des § 29 und der Anlage VIII u. a. mit der Folge, dass zukünftig sogenannte „Eigenüberwacher" grundsätzlich nicht mehr anerkannt werden (vgl. Begründung zu I. Allgemeines unter 2.4.1), allerdings bereits anerkannte „Eigenüberwacher" im Rahmen einer Besitzstandsregelung weiterhin Abgasuntersuchungen durchführen dürfen.*

Begr des Bundesrates – aus der BRDrucks 74/98 (Beschluss) –: ... *Die für Haupt- und Zwischenuntersuchungen oder Sicherheitsprüfungen anerkannten Eigenüberwacher bedürfen keiner besonderen Anerkennung für die Durchführung von Abgasuntersuchungen. Es muss deshalb sichergestellt werden, dass sie die personellen, fachlichen und technischen Voraussetzungen für eine ordnungsgemäße Durchführung der Abgasuntersuchungen an ihren Fahrzeugen erfüllen. Der Nachweis ist gegenüber der Anerkennungsstelle für Haupt- und Zwischenuntersuchungen oder Sicherheitsprüfungen zu führen.*

Abgasuntersuchung (AU) § 47a StVZO 5

Begr zur ÄndVO v 11. 12. 01 (BRDrucks 570/01 S 21): **Zu Abs 2:** *Mit der nach Satz 1 eingefügten Vorgabe soll sichergestellt werden, dass eine AU nur noch dort durchgeführt wird, wo die in der neu aufgenommen Anlage XIb beschriebenen Mindestanforderungen an die AU-Untersuchungsstellen gegeben sind. Dies dient der Qualitätssicherung. AU-Prüfungen auf der grünen Wiese oder einem Hinterhof sollen so ausgeschlossen bleiben.*

...

Die regelmäßige AU-Schulung war bisher lediglich für die mit der Durchführung von AU befassten Mitarbeiter anerkannter AU-Werkstätten verbindlich vorgeschrieben. Mit der nunmehr aufgenommenen Vorgabe wird das, was nach Auskunft von Vertretern der Technischen Prüfstellen und der Überwachungsorganisationen bisher schon allgemein üblich war, zwingend in das Vorschriftenwerk mit aufgenommen. Die regelmäßige AU-Schulung wird damit für alle mit der Durchführung von AU betrauten Personen verbindlich. Gelegentlich vorgebrachte Vorwürfe einer Ungleichbehandlung von betroffenen Personen werden damit gegenstandslos.

Zu Abs 3: *Mit der Festschreibung von Monat und Jahr des Ablaufs der Frist für die nächste Abgasuntersuchung in der Prüfbescheinigung wird sichergestellt, dass den in Absatz 6 Satz 2 gemachten Vorgaben entsprochen werden* und eine Fristüberschreitung keine ungerechtfertigten Zeitvorteile mehr bringen kann.*

Begr zur ÄndVO v 5. 12. 02: VkBl **03** 12.

Begr zur ÄndVO v 3. 3. 06 (VkBl **06** 285): *Die Neufassung des § 47a berücksichtigt die stufenweise Zusammenfassung der HU und AU ab dem 1. 4. 2006 sowie ab dem 1. 1. 2010. Die Vorschriften des § 47a gelten dabei für alle Kfz, die kein OBD-System nach der Richtlinie 98/69/EG haben, wobei die Kfz, die mit einem solchen System ausgerüstet sind, hinsichtlich der Untersuchung der Abgase bereits ab diesem Datum den Vorschriften des § 29 i. V. m. Anlage VIII und Anlage VIIIa unterliegen. Diese zeitlich begrenzte „Teilung" der Abgasvorschriften wurde erforderlich, da für Kfz ohne OBD-Systeme die AU erst ab dem 1. 1. 2010 mit der HU zusammengefasst wird ... und somit bis zu diesem Datum auch als eigenständige Untersuchung bestehen bleibt (eigene Nachweisführung über Prüfbescheinigung und Prüfplakette).*

Im Übrigen siehe Begr bei § 29 Rz 16

1a. Stufenweise Zusammenfassung der Hauptuntersuchung (HU) und der Abgasuntersuchung (AU). Mit der ÄndVO v 3. 3. 06 (BGBl I 470) wurde die stufenweise Zusammenfassung von HU und AU eingeleitet (s Begr bei § 29 Rz 16). In der ersten Stufe ab 1. 4. 06 wurde die AU für Fz mit On-Board-Diagnosesystem (OBD, Definition in Anl 1 zur AU-Richtlinie VkBl **08** 196, 217), das den im Anhang zu § 47 genannten Bestimmungen entspricht, und die ab dem 1. 1. 06 erstmals zugelassen wurden, in die HU integriert. Gleichzeitig wurde die AU für Krafträder (AUK) neu als Teil der HU eingeführt. Die AU bei den genannten OBD-Fz und die AUK sind eigenständiger Teil der HU. Dieser kann – wie die bisherige AU – von dafür anerkannten Kfz-Werkstätten durchgeführt und bescheinigt werden (s § 29 Rz 20, 25a). Ab 1. 1. 10 wird auch die AU an allen anderen Fz als HU-Teiluntersuchung in die HU integriert (§ 72 II zu Anl VIII S 4 Nr 2); auch sie kann dann – wie die bisherige AU – von dafür anerkannten Kfz-Werkstätten durchgeführt und bescheinigt werden (Anl VIII Nr 3.1.1.1, § 72 II zu Anl VIII S 4 Nr 3). § 47a ist nur noch bis 31. 12. 09 anzuwenden (§ 72 II zu § 47a) und wird dann obsolet. Die bisher für HU und AU jeweils getrennt geltenden Vorschriften und Richtlinien sind bereits mit ÄndVO v 3. 3. 06 zusammengefasst worden (Begr VkBl **06** 284). Die Nachweisführung mit AU-Plakette wird für alle Kfz ab 1. 1. 10 entfallen. Der Nachweis der durchgeführten AU wird dann an allen Kfz nur noch über die HU-Prüfplakette auf dem hinteren Kennzeichen erfolgen (Begr VkBl **06** 280).

2. Anwendungsbereich. Die Untersuchungspflicht trifft die Halter von Fzen mit Fremdzündungsmotoren und von Fzen mit Kompressionszündungsmotoren (Diesel). Ausgenommen davon sind Fz mit Erstzulassung ab 1. 1. 06, die mit einem On-Board-Diagnosesystem (OBD) ausgerüstet sind, das den im Anhang zu § 47 genannten Bestimmungen entspricht (Abs I S 1, Anl VIII Nr 1.2.1.1a, Anl VIIIa Nr 4.8.2.2 mit Fn). Fz mit OBD, das den im Anhang zu § 47 genannten Bestimmungen nicht entspricht (ältere OBD-Fz), unterliegen der normalen AU-Untersuchungspflicht (Abs I S 1, Anl VIII Nr 1.2.1.1b, Anl VIIIa Nr 4.8.2.1, auch wenn in Anl VIIIa Nr 4.8.2.1 irreführenderweise von einer Abgasuntersuchung an Kfz „ohne OBD" die Rede ist). Krafträder unterliegen nicht der Untersuchungspflicht nach § 47a. Aber bei Krädern,

---

* Gemeint ist offenbar: „wird".

Dauer

5 StVZO § 47a B. Fahrzeuge. III. Bau- und Betriebsvorschriften

die ab 1. 1. 89 erstmals in den Verkehr gekommen sind, ist gem Anl VIII Nr 1.2.1.1 die AUK als eigenständiger Teil der HU vorzunehmen (§ 72 II zu Anl VIII S 4 Nr 1), s § 29 Rz 25a. Fze mit Fremdzündungsmotoren unterliegen nur dann der Abgasuntersuchung (AU), wenn sie mindestens 4 Räder, ein zulässiges Gesamtgewicht von mindestens 400 kg und eine bauartbedingte Mindestgeschwindigkeit von 50 km/h aufweisen. Nicht der Untersuchungspflicht unterliegen ferner vor dem 1. 7. 69 erstmals in den Verkehr gekommene AltFze mit Fremdzündungsmotor (Abs I 2 Nr 1 a). Fze mit Kompressionszündungsmotor (DieselFze) unterliegen der AU, wenn sie mindestens 4 Räder und eine bauartbedingte Mindestgeschwindigkeit von mehr als 25 km/h aufweisen, ausgenommen vor dem 1. 1. 77 erstmals in den V gekommene AltFze (Abs I 2 Nr 1 b). Selbstfahrende Arbeitsmaschinen, die den Baumerkmalen von Lkw entsprechen, sind seit 1. 4. 06 AU-pflichtig (Abs I S 2 Nr 3), da sich lediglich die Art der Kfz-Einsatzes unterscheidet, nicht aber die Motoren- und Antriebstechnik von der Technik der Lkw unterscheidet (s Begr VkBl **06** 287). Ausgenommen von der AU-Pflicht sind die anderen selbstfahrenden Arbeitsmaschinen (Liste des BMV VkBl **06** 794, **08** 222 = StVRL § 47 a StVZO Nr 1), Stapler und land- oder forstwirtschaftliche Zgm (Abs I 2 Nr 2, 3), Kfze mit Kurzzeitkennzeichen oder rotem Kennzeichen (§ 16 FZV), Abs I Nr 1 c, sowie Fz mit Versicherungskennzeichen (Abs I 2 Nr 1 d). Abgasuntersuchung vor der Zulassung gebrauchter Importfahrzeuge im Inland: § 7 I und III FZV. Die Pflicht aus Abs I trifft den Halter zugelassener Fze unabhängig davon, ob das Fz benutzt wird oder nicht, Ko DAR **96** 325. Zur **Verfassungsmäßigkeit** der Bestimmung, s VG Berlin NZV **89** 247. Zur **Haftung für Schäden** infolge der Untersuchung, LG Br DAR **99** 364.

3   **3. Prüfer.** Die **Untersuchung darf gem Abs II durchgeführt werden** von a) einem Werk des FzHerstellers, b) einer eigenen Werkstatt des Importeurs, c) einer hierfür nach Anl VIII c anerkannten KfzWerkstatt, d) einem amtlich anerkannten Sachverständigen oder Prüfer für den KfzVerkehr, e) einem betrauten Prüfingenieur einer für die Durchführung von Hauptuntersuchungen nach § 29 amtlich anerkannten Überwachungsorganisation, f) FzHaltern, die Hauptuntersuchungen oder Sicherheitsprüfungen im eigenen Betrieb durchführen dürfen (Eigenüberwacher, s § 29 Rz 24), g) den in Abs VIII genannten FzHaltern (BW, LänderPol, BundesPol). Nach Abs II S 2, Anl VIII c Nrn 2.9, 2.10 müssen die Stellen nach a) bis f) eine ausreichende Haftpflichtversicherung zur Deckung aller im Zusammenhang mit AU entstehenden Ansprüche nachweisen und das jeweilige Land, in dem sie tätig werden und für das sie anerkannt sind, von allen Ansprüchen Dritter wegen Schäden freistellen, die im Zusammenhang mit AU verursacht werden und dafür eine entsprechende Versicherung abschließen und aufrechterhalten. Dies dient dem Schutz der FzHalter und der Freistellung der Länder von Ansprüchen Dritter. Zu den Anforderungen, denen eine **AU-Untersuchungsstelle** genügen muss, s Anl VIII Nr 4, Anl VIII d. **Anerkennung von Kfz-Werkstätten** zur Durchführung von AU und AUK und **Aufsicht** erfolgt nach Anl VIII c und der Richtlinie für die Anerkennung von Kfz-Werkstätten zur Durchführung von SP und/oder AU und/oder AUK (**„Anerkennungsrichtlinie"**), VkBl **06** 314 = StVRL § 29 Nr 18. Vor dem 1. 4. 06 nach dem früheren § 47b erteilte Anerkennungen zur Durchführung von AU bleiben weiterhin gültig und sind gleichwertigen Anerkennungen nach Anl VIII c gleichzusetzen (§ 72 II zu § 47 b II). Vorschriften über die erforderlichen **Schulungen** der Fachkräfte und verantwortlichen Personen, die AU und AUK durchführen, s Anl VIII c und Richtlinie für die Durchführung von Schulungen der verantwortlichen Personen und Fachkräfte, die SP, AU, AUK durchführen (**„SP-/AU-/AUK-Schulungsrichtlinie"**), VkBl **06** 326 = StVRL § 29 Nr 19. Vor dem 1. 4. 06 zur Schulung befugte, ermächtigte oder anerkannte Stellen nach dem früheren § 47b dürfen weiterhin schulen; die Schulungen sind gleichwertigen Schulungen nach Anl VIII c gleichzusetzen (§ 72 II zu § 47b III). Die bei der AU tätigen **Prüfer handeln hoheitlich** (s auch § 29 Rz 22); Schadenersatzansprüche aus Pflichtverletzungen richten sich somit nach Amtshaftungsgrundsätzen, Fra NJW **03** 1465, Schl NJW **96** 1218, Br NZV **99** 166 (Haftung aus enteignungsgleichem Eingriff bei unverschuldeter Schädigung). Für einen FzZustand, der die für die AU erforderlichen hohen Drehzahlen erlaubt, ist der FzEigentümer selbst verantwortlich; keine Pflicht des Prüfers zur vorherigen Untersuchung des Zahnriemens oder zu diesbezüglicher Erkundigung, Fra NJW **03** 1465. Zur Haftung für Motorschäden durch die AU, *Kierse* DAR **96** 331.

4   **4. Prüfungsverfahren:** Anl VIII Nr 1.2.1.1b, Anl VIIIa Nr 4.8.2.1 und Richtlinie für die Untersuchung der Abgase von Kfz (**„AU-Richtlinie"**), VkBl **08** 196.

5   **5. Prüfbescheinigung, Nachweis und Plakette.** Ergibt die AU den vorschriftsmäßigen Zustand, so händigt der für die Untersuchung Verantwortliche eine **Prüfbescheinigung** aus,

Abgasuntersuchung (AU) **§ 47a StVZO 5**

deren Mindestangaben in Abs 3 festgelegt werden. Muster der Prüfbescheinigung VkBl **08** 222, 224 mit Erläuterung durch BMV VkBl **06** 336. Die Eintragung des Ablaufs der Frist für die nächste AU in der Prüfbescheinigung (Abs 3 S 2) soll ungerechtfertigten Zeitvorteilen durch Fristüberschreitung entgegenwirken (s Begr, Rz 1). Die Aufbewahrungspflicht für Durchschrift, Abdruck oder Speicherung der Prüfbescheinigung auf Datenträger bei der untersuchenden Stelle (Abs 3 S 3,4) soll Nachprüfungen erleichtern und die Möglichkeiten zur Wahrnehmung der Aufsichtspflicht verbessern (Begr, BRDrucks 562/92). Sie dient darüber hinaus dem Schutz des Fahrzeughalters vor ungerechtfertigten Anschuldigungen oder Forderungen in Zweifelsfällen oder bei Verlust der Prüfbescheinigung, begründet aber keinen Anspruch des Fahrzeughalters auf Erteilung einer kostenlosen Ersatzprüfbescheinigung. Die Prüfbescheinigung ist aufzubewahren (Abs 4 S 1); sie muss nicht, sollte aber vom FzF mitgeführt werden, wie sich aus der Pflicht ergibt, sie auf Verlangen zuständigen Personen sowie dem Prüfer bei der Hauptuntersuchung (§ 29) auszuhändigen (Abs 4 S 2), s *Jagow* VD **84** 259; bloßes Nichtmitführen allein ist jedoch nicht ow, s *Kreutel* DAR **86** 138. Kann die Prüfbescheinigung nicht ausgehändigt werden, so muss sich der Halter auf seine Kosten entweder eine Zweitschrift beschaffen oder sein Fz erneut der AU unterziehen (Abs 4 S 3).

Nachweis. Da die AU als eigenständige Untersuchung ab 1. 1. 10 abgeschafft wird, entfällt die Prüfbescheinigung ab diesem Datum (Begr VkBl **06** 286). Wenn die **AU als eigenständiger Teil der HU** dann – wie die bisherige AU – von dafür anerkannten Kfz-Werkstätten durchgeführt und bescheinigt wird, ist ab 1. 1. 10 ein **Nachweis** darüber auszustellen und bei der HU dem Prüfer auszuhändigen (Anl VIII Nr 3.1.1.1, § 72 II zu Anl VIII S 4 Nr 4, s Begr VkBl **06** 286), Muster des Nachweises VkBl **08** 222, 223 mit Erläuterung durch BMV VkBl **06** 336. Dieser Nachweis ist anders als die Prüfbescheinigung nicht aufzubewahren. Diese Verfahrensweise ist bereits seit 1. 4. 06 bei Fz mit OBD, das den im Anhang zu § 47 genannten Bestimmungen entspricht und die erstmals ab 1. 1. 06 zugelassen wurden, sowie Krafträdern möglich.

Darüber hinaus ist die AU bei SP-pflichtigen Fz in das **Prüfbuch** einzutragen (Abs III S 1 **6** mit § 29 XII). Schließlich ist zum raschen Nachweis einer erfolgreich durchgeführten AU am vorderen amtlichen Kennzeichen eine **Prüfplakette** anzubringen (Abs III S 1). Sie wird bei der Zuteilung eines Kennzeichens von der Zulassungsbehörde dauerhaft und gegen Missbrauch gesichert angebracht (Abs V). Im Übrigen trifft die Pflicht, die Plakette in ordnungsgemäßem Zustand zu erhalten, den Halter. Dieser hat dafür zu sorgen, dass die Plakette nicht verdeckt oder verschmutzt ist (Abs VI). Einrichtungen, die zu Verwechslungen mit der Prüfplakette führen können, dürfen nicht angebracht sein, Abs VI S 2 (§ 29 VIII).

Die **Prüfplakette** ist nach Anl IX a sechseckig und im Übrigen ähnlich wie die Plakette nach **7** § 29 gestaltet. Sie gibt in der Mitte das Durchführungsjahr an, also das Jahr, in dem die nächste Untersuchung durchzuführen ist, und oben den Durchführungsmonat. Mit Ablauf des jeweils angegebenen Monats wird sie ungültig, Abs VI S 2, § 29 VII S 1. Da die AU als eigenständige Untersuchung ab 1. 1. 10 abgeschafft wird (s Rz 1 a), wird dann die Nachweispflicht durch AU-Prüfplakette entfallen. Deswegen sind ab 1. 1. 10 anlässlich von HU die auf den vorderen Kennzeichen angebrachten AU-Plaketten von den die HU durchführenden Personen zu entfernen (§ 72 II zu § 29), s Begr VkBl **06** 286. Bei OBD-Fz mit Erstzulassung ab 1. 1. 06, deren OBD den im Anhang zu § 47 genannten Bestimmungen entspricht, ist die AU bereits seit 1. 4. 06 Teil der HU. Diese Fz haben gleichwohl bis 31. 12. 09 zum Nachweis der durchgeführten AU als Teiluntersuchung der HU auf dem vorderen Kennzeichen eine AU-Prüfplakette zu führen (§ 29 XIV, § 72 II zu § 29 XIV), damit im Zeitraum 2006–2010 eine reibungslose Kontrolle der Durchführung der AU auch im ruhenden Verkehr möglich ist (Begr VkBl **06** 280, 285).

6. Frist für die Untersuchung. Die Untersuchungsintervalle ergeben sich gem Abs I aus **8** Anlage VIII Nr 2 (s § 29 Rz 17). Sie entsprechen den Zeitabständen der HU. Wird die AU als eigenständiger Teil der HU von einer dafür anerkannten Kfz-Werkstatt durchgeführt (möglich bei bestimmten OBD-Fz und Krafträdern – s Rz 1 a, 2 –, ab 1. 1. 10 bei allen Fz), darf diese Untersuchung in dem unmittelbar vor dem durch die Prüfplakette angegebenen Monat für die nächste HU durchgeführt werden, ohne dass sich die vorgeschriebenen Zeitabstände für die nächste HU ändern (Anl VIII Nr 3.1.1.1). Fällt die Frist für die AU bei Kfzen mit **Saisonkennzeichen** in die Zeit außerhalb des Betriebszeitraums, so ist die Untersuchung im ersten Monat des nächsten Betriebszeitraums durchführen zu lassen (Abs VII, Anl VIII Nr 2.6). Zuwiderhandlung ist gem § 69 a V Nr 5 a ow.

Dauer

5 StVZO §§ 47b–47d   B. Fahrzeuge. III. Bau- und Betriebsvorschriften

9   Soll ein außer Betrieb gesetztes Fz wieder zum V zugelassen werden, muss es vor der erneuten Zulassung einer AU unterzogen werden, wenn zwischenzeitlich eine AU hätte stattfinden müssen (§ 14 II S 3 FZV). Abs VII geht im Hinblick auf vorübergehende Stilllegung ins Leere, da es diese seit 1. 3. 07 nicht mehr gibt.

10   **7. Ordnungswidrigkeiten:** § 69a V Nr 5b. Ordnungswidrig ist danach **a)** die Nichtdurchführung der AU innerhalb der vorgeschriebenen Frist des Abs I S 1 oder in den Fällen des Abs VII bei Fzen mit Saisonkennzeichen innerhalb der Frist des Abs VII (s Rz 7), **b)** die Vornahme einer Untersuchung entgegen Abs II S 1, die Plakettenzuteilung entgegen Abs III S 1, die unvollständige Ausfertigung der Prüfbescheinigung durch den für die Untersuchung Verantwortlichen (Abs III S 2), **c)** das Anbringen oder als Halter das Zulassen von Einrichtungen, die zu Verwechslungen mit der Prüfplakette führen können (Abs VI S 2 mit § 29 VIII), **d)** die Nichtaushändigung der Prüfbescheinigung an zuständige Personen (Abs IV S 2), nicht das bloße Nichtmitführen, weil in Abs IV nicht ausdrücklich vorgeschrieben und **e)** der Verstoß gegen eine von der ZulB bis zur Anbringung der Prüfplakette ausgesprochene Betriebsuntersagung oder -beschränkung (Abs VI S 2 mit § 29 VII S 4, 5). Verstöße des Halters gegen Abs VI S 1 sind in § 69a V Nr 5b nicht genannt.

Anerkennungsverfahren zur Durchführung von Abgasuntersuchungen

47b *(aufgehoben)*

Ableitung von Abgasen

47c   ¹Die Mündungen von Auspuffrohren dürfen nur nach oben, nach hinten, nach hinten unten oder nach hinten links bis zu einem Winkel von 45° zur Fahrzeuglängsachse gerichtet sein; sie müssen so angebracht sein, daß das Eindringen von Abgasen in das Fahrzeuginnere nicht zu erwarten ist. ²Auspuffrohre dürfen weder über die seitliche noch über die hintere Begrenzung der Fahrzeuge hinausragen.

Begr (VkBl 88 482): *Die Vorschriften über die Mündung der Auspuffrohre werden aus § 47 herausgenommen und als neuer § 47c aufgeführt. Die Überschrift des § 47 wird entsprechend angepasst. Diese Änderungen erscheinen sachlich geboten und sind auch erforderlich, um eventuellen Missverständnissen vorzubeugen, der Technische Dienst habe auch die Anordnung der Auspuffrohre zu prüfen, was durch den neuen Absatz 9 in § 47 in Verbindung mit den Vorschriften über die Mündung der Auspuffrohre im gleichen Paragraphen geschlossen werden könnte.*

Richtlinien für Ausnahmegenehmigungen für bestimmte Arbeitsmaschinen und andere Fz-Arten, VkBl **80** 433. *Hoffmann ua,* Über den schädigenden Einfluss von KfzAbgasen im Wageninnern, ZBIVM **71** 1.

Kohlendioxidemissionen und Kraftstoffverbrauch

47d   Für Kraftfahrzeuge, soweit sie in den Anwendungsbereich der Richtlinie 80/1268/EWG des Rates vom 16. Dezember 1980 über die Kohlendioxidemissionen und den Kraftstoffverbrauch von Kraftfahrzeugen (ABl. EG Nr. L 375 S. 36), geändert durch die im Anhang zu dieser Vorschrift genannten Bestimmungen, fallen, sind die Kohlendioxidemissions- und Kraftstoffverbrauchswerte gemäß den Anforderungen dieser Richtlinie zu ermitteln und in einer dem Fahrzeughalter beim Kauf des Fahrzeugs zu übergebenden Bescheinigung anzugeben.

1   **1. Begr** (VkBl 94 352): *Mit Einfügung des § 47d werden die Vorschriften der Richtlinie 80/1268/ EWG des Rates, zuletzt geändert durch die Richtlinie 93/116/EG der Kommission vom 17. Dezember 1993, in die StVZO übernommen. Die Anwendung wird verbindlich vorgeschrieben.*

Begr zur ÄndVO v 5. 12. 02: VkBl **03** 13.

2   **2.** Die Bestimmung ist für erstmals in den V kommende Fze mit Einzel-BE spätestens ab 18. 12. 02 anzuwenden (§ 72 II). Für vor dem 18. 12. 02 erstmals in den V gekommene Fze bleibt § 47d in der vor dem 18. 12. 02 geltenden Fassung mit den bis dahin geltenden Übergangsbestimmungen anwendbar.

Emissionsklassen für Kraftfahrzeuge

48 (1) Kraftfahrzeuge, für die nachgewiesen wird, daß die Emissionen gasförmiger Schadstoffe und luftverunreinigender Partikel oder die Geräuschemissionen den Anforderungen der in der Anlage XIV genannten Emissionsklassen entsprechen, werden nach Maßgabe der Anlage XIV in Emissionsklassen eingestuft.

(2) Partikelminderungssysteme, die für eine Nachrüstung von mit Selbstzündungsmotor angetriebenen Nutzfahrzeugen oder mobilen Maschinen und Geräten vorgesehen sind, müssen den Anforderungen der Anlage XXVI oder XXVII entsprechen und nach Maßgabe der jeweiligen Anlage geprüft, genehmigt und eingebaut werden.

Begr (VkBl 93 139): *Das Kraftfahrzeugsteuergesetz sieht neue Tarife für die Besteuerung von Kraftfahrzeugen mit einer zulässigen Gesamtmasse von mehr als 3500 kg vor. Die Besteuerung richtet sich zukünftig nach dem Emissionsverhalten der Kraftfahrzeuge bezüglich der Schadstoff- und Geräuschemissionen. Ab 1. Januar 1994 werden neu in den Verkehr kommende Kraftfahrzeuge mit einer zulässigen Gesamtmasse von mehr als 3500 kg hinsichtlich der Schadstoffemissionen in Schadstoffklassen und hinsichtlich der Geräuschemissionen in Geräuschklassen eingestuft. In der Anlage XIV werden die Anforderungen an die Emissionsklassen im Einzelnen festgelegt. In* **1**
– *die Schadstoffklasse S 1 werden Kraftfahrzeuge eingestuft, die die für 1993 vorgeschriebenen Abgasanforderungen der EG-Richtlinie 91/542/EWG (EURO I) erfüllen,*
– *die Schadstoffklasse S 2 werden Kraftfahrzeuge eingestuft, die die für 1996 vorgeschriebenen Abgasanforderungen der EG-Richtlinie 91/542/EWG (EURO II) erfüllen,*
– *die Geräuschklasse G 1 werden Kraftfahrzeuge eingestuft, die die für 1996 vorgeschriebenen Geräuschanforderungen der EG-Richtlinie 92/97/EWG erfüllen.*
Auf diese Einstufung kann das Kraftfahrzeugsteuergesetz zurückgreifen. ...
Mit der Neufassung des § 48 StVZO wird vorgeschrieben, dass Kraftfahrzeuge nach Maßgabe der Anlage XIV in Emissionsklassen eingestuft werden.

Begr *zur ÄndVO v 24. 5. 07, BGBl I 893 (VkBl 07 459): Der mit der Inkraftsetzung der 29. StVZOÄndVO v 27. 1. 06 (BGBl I 287) eingeschlagene Weg zur Verminderung der Partikelemissionen von Pkw mit Dieselmotor wird mit dieser VO weiter ausgebaut. Diesmal steht die Verminderung der Partikelemissionen von Nutzfahrzeugen sowie von mobilen Maschinen und Geräten, die mit Dieselmotor angetrieben werden, im Vordergrund. ...* **2**
Aus EG-rechtlichen Gründen sind auch diese Maßnahmen zur weiteren Absenkung der Partikelemissionen nur auf freiwilliger Basis zu verwirklichen. Mit der VO werden dazu in Anlage XIV „Emissionsklassen für Kfz" zu § 48 StVZO „Partikelminderungsklassen" eingefügt und insgesamt 6 Partikelminderungsklassen (PMK 01 – PMK 4) definiert. Diese sind erforderlich, um eine sachgerechte Zuordnung der Nutzfahrzeuge sowie die der mobilen Maschinen und Geräte in Analogie zu den Schadstoffklassen sicherzustellen.
Um die Belange der so genannten „Euro-1-Pkw" – einschließlich der schweren Pkw der Gruppen II und III – angemessen bedienen zu können, mussten zwei neue Minderungsstufen (Stufe PM 01 und Stufe PM 0) definiert und vor die bereits seit Februar 2006 geltende Stufe PM 1 in der Anlage XXVI eingestellt werden. Die vergleichbare Lösung für die entsprechenden, leichten Nutzfahrzeuge, bilden die Partikelminderungsklassen PMK 01 und PMK 0.
Für die Festlegung der technischen Anforderungen im Einzelnen, die die schweren Nutzfahrzeuge sowie die mobilen Maschinen und Geräte und die für eine Nachrüstung entwickelten Partikelminderungssysteme (z. B. Partikelfilter) einhalten müssen, wird die neue Anlage XXVII eingefügt. In ihr sind auch Anforderungen an Dauerhaltbarkeit und Reinigungswirkung der zum Einsatz vorgesehenen Partikelminderungssysteme festgelegt.
Die Anforderungen der Anlage XXVI können nunmehr sinngemäß auch für leichte Nutzfahrzeuge der Klasse N_1, die unter den Anwendungsbereich des § 47 Abs. 1 fallen, angewendet werden. Zudem ist erlaubt worden, den Verwendungsbereich genehmigter Partikelminderungssysteme für Pkw oder Wohnmobile auf die entsprechenden Nutzfahrzeuge zu erweitern. ...
Mit der VO werden somit weitere verkehrsrechtliche Voraussetzungen und Möglichkeiten geschaffen, auf die in anderen Gesetzen oder Verordnungen bei der Gewährung von Benutzervorteilen wie beispielsweise kraftfahrzeugsteuerliche Ermäßigungen, Bestimmungen zur Festlegung der Maut oder Ausnahmen von Fahrverboten in bestimmten Zonen Bezug genommen werden kann. Die VO leistet einen Beitrag zur raschen Marktdurchdringung mit entsprechenden Kfz. ...

1. Die **Einstufung in Emissionsklassen** betrifft nach **Anl XIV** alle zur Teilnahme am StrV bestimmten Kfz außer Pkw. Gem der Übergangsvorschrift des § 72 II ist § 48 auf die ab 1. 1. 94 **3**

Dauer

erstmals in den V gekommenen Fz anzuwenden; für ältere Fz kann ein Antrag auf entsprechende Einstufung gestellt werden. S dazu BMV VkBl **94** 291. Die Einstufung hat steuerliche Bedeutung (s Rz 1).

2. Durch den mit ÄndVO v 24. 5. 07 (BGBl I 893) eingefügten Abs 2, die Änderung der Anl XIV und die neue Anl XXVII wird die Zuordnung von Nutzfahrzeugen, von mobilen Maschinen und Geräten zu insgesamt 6 **Partikelminderungsklassen** (PMK 01 bis PMK 4) ermöglicht. Damit ist die Voraussetzung geschaffen, um in anderen Normen zur Gewährung von Benutzervorteilen, Mautfestlegung oder Ausnahmen von Fahrverboten bei Feinstaubbelastung darauf Bezug nehmen zu können. Dadurch soll die freiwillige Nachrüstung mit Partikelminderungssystemen gefördert werden. Die entsprechenden Regelungen für Pkw und Wohnmobile finden sich in § 47 III a und Anl XXVI (s § 47 Rz 6 a).

Geräuschentwicklung und Schalldämpferanlage

49 (1) Kraftfahrzeuge und ihre Anhänger müssen so beschaffen sein, daß die Geräuschentwicklung das nach dem jeweiligen Stand der Technik unvermeidbare Maß nicht übersteigt.

(2) ¹Kraftfahrzeuge, für die Vorschriften über den zulässigen Geräuschpegel und die Schalldämpferanlage in den nachfolgend genannten Richtlinien der Europäischen Gemeinschaften festgelegt sind, müssen diesen Vorschriften entsprechen:

1. Richtlinie 70/157/EWG des Rates vom 6. Februar 1970 zur Angleichung der Rechtsvorschriften der Mitgliedstaaten über den zulässigen Geräuschpegel und die Auspuffvorrichtung von Kraftfahrzeugen (ABl. EG Nr. L 42 S. 16), geändert durch die im Anhang zu dieser Vorschrift genannten Bestimmungen,
2. Richtlinie 74/151/EWG des Rates vom 4. März 1974 zur Angleichung der Rechtsvorschriften der Mitgliedstaaten über bestimmte Bestandteile und Merkmale von land- oder forstwirtschaftlichen Zugmaschinen auf Rädern (ABl. EG Nr. L 84 S. 25), geändert durch die im Anhang zu dieser Vorschrift genannten Bestimmungen,
3. *(aufgehoben)*
4. Richtlinie 97/24/EG des Europäischen Parlaments und des Rates vom 17. Juni 1997 über bestimmte Bauteile und Merkmale von zweirädrigen oder dreirädrigen Kraftfahrzeugen (ABl. EG Nr. L 226 S. 1), jeweils in der aus dem Anhang zu dieser Vorschrift ersichtlichen Fassung.

²Land- oder forstwirtschaftliche Zugmaschinen mit einer durch die Bauart bestimmten Höchstgeschwindigkeit von mehr als 30 km/h und selbstfahrende Arbeitsmaschinen und Stapler entsprechen der Vorschrift nach Absatz 1 auch, wenn sie den Vorschriften der Richtlinie nach Nummer 2 genügen. ³Fahrzeuge entsprechen den Vorschriften der Richtlinie nach Nummer 2 auch, wenn sie den Vorschriften der Richtlinie nach Nummer 1 genügen.

(2 a) ¹Auspuffanlagen für Krafträder sowie Austauschauspuffanlagen und Einzelteile dieser Anlagen als unabhängige technische Einheit für Krafträder dürfen im Geltungsbereich dieser Verordnung nur verwendet werden oder zur Verwendung feilgeboten oder veräußert werden, wenn sie

1. mit dem EWG-Betriebserlaubniszeichen gemäß Anhang II Nr. 3.1.3 der Richtlinie 78/1015/EWG des Rates vom 23. November 1978 zur Angleichung der Rechtsvorschriften der Mitgliedstaaten über den zulässigen Geräuschpegel und die Auspuffanlage von Krafträdern (ABl. EG Nr. L 349 S. 21), zuletzt geändert durch die Richtlinie 89/235/EWG des Rates vom 13. März 1989 zur Änderung der Richtlinie 78/1015/ EWG zur Angleichung der Rechtsvorschriften der Mitgliedstaaten über den zulässigen Geräuschpegel und die Auspuffanlage von Krafträdern (ABl. EG Nr. L 98 S. 1) oder
2. mit dem Genehmigungszeichen gemäß Kapitel 9 Anhang VI Nr. 1.3 der Richtlinie 97/24/EG des Europäischen Parlaments und des Rates vom 17. Juni 1997 über bestimmte Bauteile und Merkmale von zweirädrigen oder dreirädrigen Kraftfahrzeugen (ABl. EG Nr. L 226 S. 1) oder
3. mit dem Markenzeichen „e" und dem Kennzeichen des Landes, das die Bauartgenehmigung erteilt hat gemäß Kapitel 9 Anhang III Nr. 2.3.2.2 der Richtlinie 97/24/EG des Europäischen Parlaments und des Rates vom 17. Juni 1997 über bestimmte Bauteile und Merkmale von zweirädrigen oder dreirädrigen Kraftfahrzeugen (ABl. EG Nr. L 226 S. 1)

gekennzeichnet sind. ²Satz 1 gilt nicht für

Geräuschentwicklung und Schalldämpferanlage   § 49 StVZO 5

1. Auspuffanlagen und Austauschauspuffanlagen, die ausschließlich im Rennsport verwendet werden,
2. Auspuffanlagen und Austauschauspuffanlagen für Krafträder mit einer durch die Bauart bestimmten Höchstgeschwindigkeit von nicht mehr als 50 km/h.

(3) ¹Kraftfahrzeuge, die gemäß Anlage XIV zur Geräuschklasse G 1 gehören, gelten als geräuscharm; sie dürfen mit dem Zeichen „Geräucharmes Kraftfahrzeug" gemäß Anlage XV gekennzeichnet sein. ²Andere Fahrzeuge dürfen mit diesem Zeichen nicht gekennzeichnet werden. ³An Fahrzeugen dürfen keine Zeichen angebracht werden, die mit dem Zeichen nach Satz 1 verwechselt werden können.

(4) ¹Besteht Anlaß zu der Annahme, daß ein Fahrzeug den Anforderungen der Absätze 1 bis 2 nicht entspricht, so ist der Führer des Fahrzeugs auf Weisung einer zuständigen Person verpflichtet, den Schallpegel im Nahfeld feststellen zu lassen. ²Liegt die Meßstelle nicht in der Fahrtrichtung des Fahrzeugs, so besteht die Verpflichtung nur, wenn der zurückzulegende Umweg nicht mehr als 6 km beträgt. ³Nach der Messung ist dem Führer eine Bescheinigung über das Ergebnis der Messung zu erteilen. ⁴Die Kosten der Messung fallen dem Halter des Fahrzeugs zur Last, wenn eine zu beanstandende Überschreitung des für das Fahrzeug zulässigen Geräuschpegels festgestellt wird.

(5) ¹Technischer Dienst und Prüfstelle im Sinne der in Absatz 2 und 3 genannten Regelwerke ist das Institut für Fahrzeugtechnik beim Technischen Überwachungs-Verein Bayern Sachsen e.V., Westendstraße 199, 80686 München. ²Es können auch andere Technische Prüfstellen für den Kraftfahrzeugverkehr oder von der obersten Landesbehörde anerkannte Stellen prüfen. ³Der Technische Dienst ist über alle Prüfungen zu unterrichten. ⁴In Zweifelsfällen ist er zu beteiligen; bei allen Fragen der Anwendung ist er federführend.

Begr zur ÄndVO v 21. 12. 92 (BRDrucks 782/92):   1

Zu Abs 2 Nr 1: *Mit der Neufassung wird die Anwendung der Richtlinie 89/491/EWG als Änderung der Richtlinie 70/157/EWG verbindlich vorgeschrieben.*

Zu Abs 2a: *Das in der Richtlinie 89/235/EWG vorgesehene Verkaufsverbot für nicht EG-richtlinienkonforme Auspuffanlagen und Austauschauspuffanlagen wird national in Kraft gesetzt. Damit dürfen nur noch Auspuffanlagen und Austauschauspuffanlagen verkauft werden, die EG-richtlinienkonform gekennzeichnet sind, insbesondere mit der EWG-Betriebserlaubnisnummer.*

Begr zur ÄndVO v 20. 6. 94 (VkBl **94** 447):

Zu Abs 3: *... Am 10. November 1992 hat der Rat der Europäischen Gemeinschaften die Geräuschrichtlinie 92/97/EWG erlassen. Die Grenzwerte für die Geräuschpegel von Fahrzeugen wurden unter Berücksichtigung der neuesten technischen Entwicklung an den neuen (zukünftigen) Stand der Technik angepasst. Die Richtlinie sieht Fristen zwischen dem Erlass und ihrer obligatorischen Anwendung in der EG vor, damit die bei Prototypen erzielten Fortschritte auf die Serienfahrzeuge ausgedehnt werden können. ...*

Begr zur ÄndVO v 25. 10. 94 (BRDrucks 782/94):

Zu Abs 2 Satz 4: *... Mit der Änderung wird klargestellt, dass alle Krafträder mit und ohne Beiwagen und einer bauartbedingten Höchstgeschwindigkeit von mehr als 50 km/h gemäß § 49 Abs. 2 Nr. 3 der StVZO den Vorschriften der Richtlinie 78/1015/EWG entsprechen müssen.*

Begr zur ÄndVO v 3. 8. 00: VkBl **00** 495.

47. StVZAusnV v 20. 5. 94 (BGBl I 1094)

§ 1. (*aufgehoben*, BGBl I **94** 3127)   1a

§ 2. Abweichend von § 49 Abs. 2 a Satz 1 der Straßenverkehrs-Zulassungs-Ordnung dürfen Auspuffanlagen, die mit der Betriebserlaubnis des Kraftrades (§§ 20, 21 der Straßenverkehrs-Zulassungs-Ordnung) genehmigt wurden, auch ohne EWG-Betriebserlaubniszeichen verwendet oder zur Verwendung feilgeboten und veräußert werden.

Begr: VkBl **94** 438; **Begr** zur ÄndVO v 19. 12. 96: VkBl **97** 30.

1. Fahrzeuggeräusch. Geräucharme Kfze sind gem Anl XXI (Kriterien für lärmarme   1b
Fze), Fze, bei denen alle geräuschrelevanten Einzelquellen dem Stand moderner Geräuschminderungstechnik entsprechen. Gem III S 1 gelten als geräuscharm alle Fze, die gem **Anl XIV** zur

5 StVZO § 49a   B. Fahrzeuge. III. Bau- und Betriebsvorschriften

Geräuschklasse G 1 gehören; nur sie dürfen gem Abs III mit dem entsprechenden Zeichen (**Anl XV**) gekennzeichnet sein. Ausländische Fze: § 3 1 e. Lärmschutz: § 30 StVO. *Schulz,* Zur Lärmbekämpfung, MDR **65** 538.

2   2. Abs II in der ab 1. 1. 93 geltenden Fassung findet hinsichtlich der dort genannten EWG-Richtlinien gem der Übergangsbestimmung des § 72 II Anwendung. Für Fze, die nicht unter diese Richtlinien fallen, bleibt § 49 II in der vor dem 1. 11. 93 geltenden Fassung mit den bis dahin geltenden Übergangsbestimmungen anwendbar. Übergangsregelung für vor dem 1. 11. 94 erstmals in den V gekommene Leichtkrafträder: § 72 II.

3   3. Gem Abs II a besteht ab 1. 4. 94 (s § 72 II) ein Verkaufsverbot für **Krad-Auspuffanlagen** und deren Einzelteile, die nicht EG-Richtlinien-konform und entsprechend gekennzeichnet sind. Die Kennzeichnungspflicht der Originalauspuffanlagen von Krädern ist jedoch gem § 2 der 47. StVZAusnV – nach der Neufassung v 19. 12. 96 nunmehr unbefristet – ausgesetzt (s Rz 1 a), weil die der Regelung zugrunde liegende EG-Richtlinie nicht von allen Mitgliedstaaten in nationales Recht umgesetzt wurde. Im Übrigen besteht nach Maßgabe der Übergangsbestimmung des § 72 II (zu § 49 II a) eine Ausnahme für Anlagen, die für vor dem 1. 4. 94 erstmals in den V gekommene Kräder bestimmt sind, sowie gem Abs II a S 2 bei ausschließlicher Verwendung im Rennsport und bei Krädern mit bauartbestimmter Höchstgeschwindigkeit von nicht mehr als 50 km/h. Ausnahme für Kräder mit Auspuffanlagen ohne EG-Betriebserlaubnis abw von II a: § 72 II zu § 49 II a (letzter Abs). Beim **Austausch von Schalldämpfern** ist § 19 II zu beachten.

4   4. **Schallpegelmessung.** I und IV enthalten je selbständige Tatbestände, BGH VRS **53** 224. Das nach dem Stand der Technik unvermeidbare Auspuffgeräusch wird bei der Drehzahl ermittelt, die der Motor bei Höchstgeschwindigkeit des Fz hat (sie ist höher als die Höchstdrehzahl im Leerlauf), AG Siegburg NJW **54** 405. Ob das Fz lauter ist als technisch unvermeidbar, muss nicht, auch nicht idR durch ein Messgerät (IV) festgestellt werden, BGH NJW **77** 2221, Dü VM **93** 45, Zw VRS **55** 298. Kfzen mit zu starkem Auspuff- und Fahrgeräusch ist notfalls die Zulassung zu entziehen, s BMV VkBl **54** 334. Nichtbeanstandung eines geänderten Auspuffs bei der TÜV-Untersuchung entlastet vom Vorwurf der FzBenutzung ohne BE, Bay VRS **43** 460, s dazu auch § 19 Rz 16.

5   5. **Ausnahmen:** s Rz 3 und § 70.

6   6. **Zuwiderhandlungen:** §§ 69 a III Nr 17, V Nr 5 c und 5 d StVZO, 24 StVG. § 117 OWiG tritt als bloßer Auffangtatbestand trotz seiner höheren Bußgeldandrohung zurück, *Göhler (König)* Rz 17.

Lichttechnische Einrichtungen, allgemeine Grundsätze

49 a (1) ¹An Kraftfahrzeugen und ihren Anhängern dürfen nur die vorgeschriebenen und die für zulässig erklärten lichttechnischen Einrichtungen angebracht sein. ²Als lichttechnische Einrichtungen gelten auch Leuchtstoffe und rückstrahlende Mittel. ³Die lichttechnischen Einrichtungen müssen vorschriftsmäßig und fest angebracht sowie ständig betriebsfertig sein. ⁴Lichttechnische Einrichtungen an Kraftfahrzeugen und Anhängern, auf die sich die Richtlinie 76/756/EWG des Rates vom 27. Juli 1976 zur Angleichung der Rechtsvorschriften der Mitgliedstaaten über den Anbau der Beleuchtungs- und Lichtsignaleinrichtungen für Kraftfahrzeuge und Kraftfahrzeuganhänger (ABl. EG Nr. L 262 S. 1), zuletzt geändert durch die Richtlinie 91/663/EWG der Kommission vom 10. Dezember 1991 (ABl. EG Nr. L 366 S. 17, ABl. EG 1992 Nr. L 172 S. 87) bezieht, müssen innerhalb der in dieser Richtlinie angegebenen Winkel und unter den dort genannten Anforderungen sichtbar sein.

(2) Scheinwerfer dürfen abdeckbar oder versenkbar sein, wenn ihre ständige Betriebsfertigkeit dadurch nicht beeinträchtigt wird.

(3) Lichttechnische Einrichtungen müssen so beschaffen und angebracht sein, daß sie sich gegenseitig in ihrer Wirkung nicht mehr als unvermeidbar beeinträchtigen, auch wenn sie in einem Gerät vereinigt sind.

(4) ¹Sind lichttechnische Einrichtungen gleicher Art paarweise angebracht, so müssen sie in gleicher Höhe über der Fahrbahn und symmetrisch zur Längsmittelebene des Fahrzeugs angebracht sein (bestimmt durch die äußere geometrische Form und nicht durch den Rand ihrer leuchtenden Fläche), ausgenommen bei Fahrzeugen mit unsymmetrischer äußerer Form und bei Krafträdern mit Beiwagen. ²Sie müssen gleichfarbig sein, gleich stark und – mit Ausnahme der Parkleuchten und der Fahrtrichtungsanzeiger – gleichzei-

Lichttechnische Einrichtungen, allgemeine Grundsätze § 49a StVZO 5

tig leuchten. ³Die Vorschriften über die Anbringungshöhe der lichttechnischen Einrichtungen über der Fahrbahn gelten für das unbeladene Fahrzeug.

(5) ¹Alle nach vorn wirkenden lichttechnischen Einrichtungen dürfen nur zusammen mit den Schlußleuchten und der Kennzeichenbeleuchtung einschaltbar sein. ²Dies gilt nicht für

1. Parkleuchten,
2. Fahrtrichtungsanzeiger,
3. die Abgabe von Leuchtzeichen (§ 16 Abs. 1 der Straßenverkehrs-Ordnung),
4. Arbeitsscheinwerfer an
   a) land- oder forstwirtschaftlichen Zugmaschinen und
   b) land- oder forstwirtschaftlichen Arbeitsmaschinen,
5. Tagfahrleuchten, die den im Anhang zu dieser Vorschrift genannten Bestimmungen entsprechen.

(6) In den Scheinwerfern und Leuchten dürfen nur die nach ihrer Bauart dafür bestimmten Lichtquellen verwendet werden.

(7) Für vorgeschriebene oder für zulässig erklärte Warnanstriche, Warnschilder und dergleichen an Kraftfahrzeugen und Anhängern dürfen Leuchtstoffe und rückstrahlende Mittel verwendet werden.

(8) Für alle am Kraftfahrzeug oder Zug angebrachten Scheinwerfer und Signalleuchten muß eine ausreichende elektrische Energieversorgung unter allen üblichen Betriebsbedingungen ständig sichergestellt sein.

(9) ¹Schlußleuchten, Nebelschlußleuchten, Spurhalteleuchten, Umrißleuchten, Bremsleuchten, hintere Fahrtrichtungsanzeiger, hintere nach der Seite wirkende gelbe nicht dreieckige Rückstrahler und reflektierende Mittel, hintere Seitenmarkierungsleuchten, Rückfahrscheinwerfer und Kennzeichen mit Kennzeichenleuchten sowie 2 zusätzliche dreieckige Rückstrahler – für Anhänger nach § 53 Abs. 7 zwei zusätzliche Rückstrahler, wie sie für Kraftfahrzeuge vorgeschrieben sind – dürfen auf einem abnehmbaren Schild oder Gestell (Leuchtenträger) angebracht sein bei

1. Anhängern in land- oder forstwirtschaftlichen Betrieben,
2. Anhängern zur Beförderung von Eisenbahnwagen auf der Straße (Straßenroller),
3. Anhängern zur Beförderung von Booten,
4. Turmdrehkränen,
5. Förderbändern und Lastenaufzügen,
6. Abschleppachsen,
7. abgeschleppten Fahrzeugen,
8. Fahrgestellen, die zur Anbringung des Aufbaus überführt werden,
9. fahrbaren Baubuden,
10. Wohnwagen und Packwagen im Schaustellergewerbe nach § 3 Abs. 2 Satz 1 Nr. 2 Buchstabe b der Fahrzeug-Zulassungsverordnung,
11. angehängten Arbeitsgeräten für die Straßenunterhaltung,
12. Nachläufern zum Transport von Langmaterial.

²Der Leuchtenträger muß rechtwinklig zur Fahrbahn und zur Längsmittelebene des Fahrzeugs angebracht sein; er darf nicht pendeln können.

(9a) ¹Zusätzliche Rückfahrscheinwerfer (§ 52a Abs. 2), Schlußleuchten (§ 53 Abs. 1), Bremsleuchten (§ 53 Abs. 2), Rückstrahler (§ 53 Abs. 4), Nebelschlußleuchten (§ 53 d Abs. 2) und Fahrtrichtungsanzeiger (§ 54 Abs. 1) sind an Fahrzeugen oder Ladungsträgern nach Anzahl und Art wie die entsprechenden vorgeschriebenen lichttechnischen Einrichtungen fest anzubringen, wenn Ladungsträger oder mitgeführte Ladung auch nur teilweise in die in Absatz 1 Satz 4 geforderten Winkel der vorhandenen vorgeschriebenen Leuchten am Kraftfahrzeug oder Anhänger hineinragen. ²Die elektrische Schaltung der Nebelschlußleuchten ist so auszuführen, daß am Fahrzeug vorhandene Nebelschlußleuchten abgeschaltet werden. ³Die jeweilige Ab- und Wiedereinschaltung der Nebelschlußleuchten muß selbsttätig durch Aufstecken oder Abziehen des Steckers für die zusätzlichen Nebelschlußleuchten erfolgen.

(10) ¹Bei den in Absatz 9 Nr. 1 und § 53 Abs. 7 genannten Anhängern sowie den in § 53 b Abs. 4 genannten Anbaugeräten darf der Leuchtenträger aus 2 oder – in den Fällen des § 53 Abs. 5 – aus 3 Einheiten bestehen, wenn diese Einheiten und die Halterungen an den Fahrzeugen so beschaffen sind, daß eine unsachgemäße Anbringung nicht möglich ist. ²An diesen Einheiten dürfen auch nach vorn wirkende Begrenzungsleuchten angebracht sein.

5 StVZO § 49a B. Fahrzeuge. III. Bau- und Betriebsvorschriften

(11) **Für die Bestimmung der „leuchtenden Fläche", der „Lichtaustrittsfläche" und der „Winkel der geometrischen Sichtbarkeit"** gelten die Begriffsbestimmungen in Anhang I der Richtlinie 76/756/EWG des Rates.

1 **Begr** zur ÄndVO v 23. 6. 93 (VkBl **93** 614):

Zu Abs 9a: An Personenkraftwagen werden insbesondere zur Ferienzeit Hecktragesysteme zur Aufnahme von Fahrrädern angebracht, die dann die vorschriftsmäßigen Leuchten ganz oder teilweise verdecken. Dies kann nicht hingenommen werden. Eine Wiederholung der Leuchten wäre nur über eine Ausnahme nach § 70 möglich. Um den Fahrzeughaltern hier einen Verwaltungsaufwand zu ersparen, werden die zusätzlichen Leuchten in § 53 Abs. 10 unter den obengenannten Bedingungen gefordert.

...

Begr zur ÄndVO v 25. 10. 94: BRDrucks 782/94; zur ÄndVO v 12. 8. 97: VkBl **97** 660.

Begr zur ÄndVO v 22. 10. 03 (VkBl **03** 747): *Zu Abs 5 Satz 2:* Mit der Änderungsrichtlinie 97/28/EG zur Richtlinie 76/56/EWG wurden die technischen Vorschriften der ECE-Regelung Nr. 48 in das EG-Recht übernommen. Gleichzeitig wurden mit der Änderungsrichtlinie 97/30/EG zur Richtlinie 76/758/EWG Leuchten für Tagfahrlicht in die EG-Vorschriften aufgenommen.

In Anhang III dieser Vorschrift wird eindeutig darauf hingewiesen, dass für diese Leuchten die Prüfvorschriften der ECE-Regelung Nr. 87 anzuwenden sind und die Anbaubedingungen entsprechend der ECE-Regelung Nr. 48 gelten.

Nach der ECE-Regelung Nr. 48 ist für den Betrieb des Kraftfahrzeuges mit Tagfahrleuchten keine Einschaltung weiterer lichttechnischer Einrichtungen, wie z. B. Schlussleuchten oder Kennzeichenbeleuchtung erforderlich.

2 **§ 4 der 6. StVZAusnV 1962 idF der ÄndVO-StVZO 1973 (BGBl I 638, 662):**

§ 4. Abweichend von § 49a Abs. 1 Satz 1 und § 50 Abs. 4 StVZO dürfen bei Fernlichtschaltung auch die besonderen Abblendscheinwerfer Fernlicht ausstrahlen.

3 Kennzeichen mit retroreflektierendem weißem Grund s § 10 FZV. Selbstleuchtende Kennzeichen s § 10 FZV Rz 2a, 18.

4 **1. Nur vorgeschriebene und für zulässig erklärte lichttechnische Einrichtungen** dürfen gemäß § 49a an Kfz und ihren Anhängern angebracht sein, damit die Fz bei Dunkelheit ein eindeutiges Signalbild geben. Die Vorschrift ist eine Bauvorschrift. Eine Ausnahme gilt für Zgm und deren Anhänger auf Brauchtumsveranstaltungen nach Maßgabe von § 1 Ia der 2. VO über Ausnahmen von straßenverkehrsrechtlichen Vorschriften (§ 3 FZV Rz 3). **Unzulässig** ist jede Art von Reklamebeleuchtung an Kfz, s BMV VkBl **53** 64, ausgenommen Beleuchtung der Taxischilder (§ 26 I Nr 2 BOKraft). Ablehnung einer Ausnahme für beleuchtete Dachwerbeträger auf Taxen ist rechtmäßig, denn diese beeinträchtigen den Schutzzweck von § 49a I, aus Gründen der Verkehrssicherheit bei Dunkelheit ein einheitliches Signalbild zu schaffen und Blend- und Ablenkungswirkungen zu vermeiden (OVG Hb Beschl v 10. 7. 08 3 Bf 195/07 juris) und die Wahrnehmbarkeit der lichttechnischen Signalanlagen von Polizei-, Rettungs- und sonstigen Einsatzfahrzeugen nicht zu beeinträchtigen (OVG Berlin Beschl v 19. 8. 08 1 N 17.07). Keine beleuchteten Miniaturweihnachtsbäumchen an Kfzen, BMV VkBl **64** 410, oder verzierende Leuchten hinter der Windschutzscheibe, Bra VRS **84** 237, ebenso keine Stirnleuchten, da diese das Charakteristikum des Signalbildes von SchienenFz darstellen, BMV VkBl **57** 298, auch keine Verzierung des Führerhausdaches eines Lkw durch eine Reihe kleiner gelber Glühlampen, Stu VRS **67** 379, oder gar durch rote Leuchtkörper, die zudem das Signalbild (Farbsymbolik) der FzFront verändern, Stu VRS **75** 470. Verstoß gegen Abs I S 1 bei Anbringung eines „Lauflichts" (Reihe nacheinander aufleuchtender Glühlampen) am Kühlergrill, Zw DAR **91** 228. „Tageslichtleuchtfarben", auch als Folien, sind an Fzen nicht zulässig, s BMV VkBl **74** 198 = StVRL Nr 6. Werden für zulässig erklärte lichttechnische Einrichtungen verwendet, so müssen auch sie **ständig betriebsbereit** sein (I S 3), Ce VRS **56** 137. Fehlende Beleuchtungseinrichtungen können nicht durch BegleitFze ausgeglichen werden, Ko VRS **58** 460. Anbaulage zusätzlicher Bremsleuchten, BMV VkBl **80** 789. Merkblatt über die Beleuchtung von land- oder forstwirtschaftlichen Arbeitsgeräten, Anbaugeräten und Transportanhängern, VkBl **90** 554, **91** 616, **00** 674 (677). Merkblatt über den Anbau von Scheinwerfern und Leuchten an beweglichen FzTeilen, VkBl **75** 7, **77** 90, **82** 504 = StVRL Nr 1. *Huppertz* VD **92** 4.

5 § 49a fasst die Vorschriften zusammen, die **für alle lichttechnischen Einrichtungen gemeinsam** gelten. Solche Einrichtungen verlieren ihre Eigenschaft nicht durch Abtrennung vom

Scheinwerfer für Fern- und Abblendlicht   § 50 StVZO 5

Stromkreis, Br VRS **15** 477. **Nebelscheinwerfer,** s § 52. Werden nachträglich Halogen-Nebelscheinwerfer eingebaut, so sind vorhandene Nebelscheinwerfer alter Art unbenutzbar zu machen, s BMV VkBl **66** 291. Nebelschlussleuchten für rotes Licht: § 53 d. Türsicherungsleuchten: § 52. Beleuchtungseinrichtungen an Zgm bei Verwendung von Anbaugeräten, s Merkblatt für Anbaugeräte VkBl **99** 267, **00** 479, **04** 527 = StVRL § 30 Nr 6. Beeinträchtigung lichttechnischer Einrichtungen durch Anbaugeräte: § 53 b IV. Richtlinien für Ausnahmegenehmigungen für bestimmte Arbeitsmaschinen und bestimmte andere FzArten, VkBl **80** 433.

Glühlampen, soweit in § 22 a I Nr 18 genannt, müssen in amtlich genehmigter Bauart ausgeführt sein. Technische Anforderungen bei der Bauartprüfung, VkBl **73** 558, zuletzt geändert: VkBl **03** 752 = StVRL § 22 a Nr 1 (Nr 6). Zur Regelung Nr 37 über Glühlampen, s BMV VkBl **78** 308. Richtlinien für die Prüfung von Kontrollgeräten zur Überwachung von Glühlampen in Fzen mit Gleichstromlichtanlagen, VkBl **79** 324 = StVRL Nr 3.

2. Weder verdeckt noch verschmutzt dürfen Beleuchtungseinrichtungen gem § 17 I 2 StVO sein. Unvermeidbare Verdeckung durch Anbaugeräte: § 53 b IV. Die Wirkung lichttechnischer Einrichtungen in bestimmten Raumwinkeln muss auch nach dem Anbau erhalten bleiben, soweit es sich um Fz handelt, auf das sich die Richtlinie 76/756 v 27. 7. 76 bezieht, Abs I S 4; diese Vorschrift gilt für die am 1. 1. 94 erstmals in den V gekommenen Fze, § 72 II. Werden durch **Hecktragesysteme** an Pkw (etwa für Fahrräder) die hinteren lichttechnischen Einrichtungen verdeckt, so muss das Hecktragesystem mit zusätzlichen, bauartgenehmigten Leuchten ausgestattet werden (Abs IX a). Abs IX a S 2 soll Blendung Nachfolgender vermeiden (Begr BRDrucks 782/94 S 30). Übergangsvorschrift: § 72 II (zu § 49 IX a S 2).   6

3. Die Vorschrift in IV über die **paarweise Anbringung** lichttechnischer Einrichtungen soll für entgegenkommende VT das Signalbild des Fz sichern.   7

4. Die **nach vorn wirkenden** lichttechnischen Einrichtungen dürfen nach Maßgabe von Abs V nur zusammen mit den Schlussleuchten und der Kennzeichenbeleuchtung einschaltbar sein. Das gilt auch für zusätzliche Scheinwerfer (§ 52), s BMV VkBl **50** 214. Es soll der Fahrerflucht entgegenwirken, BGHSt **32** 16 = NJW **83** 2951; wer sich der Feststellung durch Ausschalten der Schlussleuchten entziehen will, schaltet zugleich die Fahrbahnbeleuchtung und alle übrigen zur Beleuchtung der Fahrbahn geeigneten Leuchten aus. **Ausnahmen:** Für Fahrtrichtungsanzeiger und Parkleuchten gilt Abs V S 1 nicht, auch nicht für Leuchtzeichen (§ 16 StVO), Arbeitsscheinwerfer an land- oder forstwirtschaftlichen Zug- und Arbeitsmaschinen sowie Tagfahrleuchten, Abs V S 2. Zu Tagfahrleuchten und **Fahren mit Licht am Tag** s *Dauer* VD **06** 255. Krafträder genügen der Lichtpflicht am Tag (§ 17 II a StVO) nur mit Abblendlicht, § 17 StVO Rz 18 a.   8

5. Vor der Fahrt hat der Kf die Beleuchtungseinrichtungen zu prüfen, Ce VRS **56** 137, Dü NZV **89** 244. S § 23 StVO. Zur **Haftung** bei einem Kfz der Streitkräfte, das von den Beleuchtungsvorschriften befreit ist, Ce NJW **66** 2409. Der Fahrer eines Kfz der Streitkräfte, das den deutschen Beleuchtungsvorschriften nicht genügt, hat es mit besonderer Sorgfalt ohne VGefährdung abzustellen, BGH VersR **66** 493. S § 16 StVG.   9

6. Ordnungswidrigkeit: §§ 69 a III Nr 18 StVZO, 24 StVG.   10

Scheinwerfer für Fern- und Abblendlicht

50 (1) Für die Beleuchtung der Fahrbahn darf nur weißes Licht verwendet werden.

(2) ¹Kraftfahrzeuge müssen mit 2 nach vorn wirkenden Scheinwerfern ausgerüstet sein, Krafträder – auch mit Beiwagen – mit einem Scheinwerfer. ²An mehrspurigen Kraftfahrzeugen, deren Breite 1000 mm nicht übersteigt, sowie an Krankenfahrstühlen und an Fahrzeugen, die die Baumerkmale von Krankenfahrstühlen haben, deren Geschwindigkeit aber 30 km/h übersteigt, genügt ein Scheinwerfer. ³Bei Kraftfahrzeugen mit einer durch die Bauart bestimmten Höchstgeschwindigkeit von nicht mehr als 8 km/h genügen Leuchten ohne Scheinwerferwirkung. ⁴Für einachsige Zug- oder Arbeitsmaschinen, die von Fußgängern an Holmen geführt werden, gilt § 17 Abs. 5 der Straßenverkehrs-Ordnung. ⁵Bei einachsigen Zugmaschinen, hinter denen ein einachsiger Anhänger mitgeführt wird, dürfen die Scheinwerfer statt an der Zugmaschine am Anhänger angebracht sein. ⁶Kraftfahrzeuge des Straßendienstes, die von den öffentlichen Verwaltungen oder in deren Auftrag verwendet werden und deren zeitweise vorgebaute Arbeitsgeräte die vor-

schriftsmäßig angebrachten Scheinwerfer verdecken, dürfen mit 2 zusätzlichen Scheinwerfern für Fern- und Abblendlicht oder zusätzlich mit Scheinwerfern nach Absatz 4 ausgerüstet sein, die höher als 1000 mm (Absatz 3) über der Fahrbahn angebracht sein dürfen; es darf jeweils nur ein Scheinwerferpaar einschaltbar sein. [7]Die höher angebrachten Scheinwerfer dürfen nur dann eingeschaltet werden, wenn die unteren Scheinwerfer verdeckt sind.

(3) [1]Scheinwerfer müssen einstellbar und so befestigt sein, daß sie sich nicht unbeabsichtigt verstellen können. [2]Bei Scheinwerfern für Abblendlicht darf der niedrigste Punkt der Spiegelkante nicht unter 500 mm und der höchste Punkt der leuchtenden Fläche nicht höher als 1200 mm über der Fahrbahn liegen. [3]Satz 2 gilt nicht für

1. Fahrzeuge des Straßendienstes, die von den öffentlichen Verwaltungen oder in deren Auftrag verwendet werden,
2. selbstfahrende Arbeitsmaschinen, Stapler und land- oder forstwirtschaftliche Zugmaschinen, deren Bauart eine vorschriftsmäßige Anbringung der Scheinwerfer nicht zuläßt. Ist der höchste Punkt der leuchtenden Flächen jedoch höher als 1500 mm über der Fahrbahn, dann dürfen sie bei eingeschalteten Scheinwerfern nur mit einer Geschwindigkeit von nicht mehr als 30 km/h gefahren werden (Betriebsvorschrift).

(4) Für das Fernlicht und für das Abblendlicht dürfen besondere Scheinwerfer vorhanden sein; sie dürfen so geschaltet sein, daß bei Fernlicht die Abblendscheinwerfer mitbrennen.

(5) [1]Die Scheinwerfer müssen bei Dunkelheit die Fahrbahn so beleuchten (Fernlicht), daß die Beleuchtungsstärke in einer Entfernung von 100 m in der Längsachse des Fahrzeugs in Höhe der Scheinwerfermitten mindestens beträgt

1. 0,25 lx bei Krafträdern mit einem Hubraum von nicht mehr als 100 cm^3,
2. 0,50 lx bei Krafträdern mit einem Hubraum über 100 cm^3,
3. 1,00 lx bei anderen Kraftfahrzeugen.

[2]Die Einschaltung des Fernlichts muß durch eine blau leuchtende Lampe im Blickfeld des Fahrzeugführers angezeigt werden; bei Krafträdern und Zugmaschinen mit offenem Führersitz kann die Einschaltung des Fernlichts durch die Stellung des Schalthebels angezeigt werden. [3]Kraftfahrzeuge mit einer durch die Bauart bestimmten Höchstgeschwindigkeit von nicht mehr als 30 km/h brauchen nur mit Scheinwerfern ausgerüstet zu sein, die den Vorschriften des Absatzes 6 Satz 2 und 3 entsprechen.

(6) [1]Paarweise verwendete Scheinwerfer für Fern- und Abblendlicht müssen so eingerichtet sein, daß sie nur gleichzeitig und gleichmäßig abgeblendet werden können. [2]Die Blendung gilt als behoben (Abblendlicht), wenn die Beleuchtungsstärke in einer Entfernung von 25 m vor jedem einzelnen Scheinwerfer auf einer Ebene senkrecht zur Fahrbahn in Höhe der Scheinwerfermitte und darüber nicht mehr als 1 lx beträgt. [3]Liegt der höchste Punkt der leuchtenden Fläche der Scheinwerfer (Absatz 3 Satz 2) mehr als 1200 mm über der Fahrbahn, so darf die Beleuchtungsstärke unter den gleichen Bedingungen oberhalb einer Höhe von 1000 mm 1 lx nicht übersteigen. [4]Bei Scheinwerfern, deren Anbringungshöhe 1400 mm übersteigt, darf die Hell-Dunkel-Grenze 15 m vor dem Scheinwerfer nur halb so hoch liegen wie die Scheinwerfermitte. [5]Bei Scheinwerfern für asymmetrisches Abblendlicht darf die 1 Lux-Grenze von dem der Scheinwerfermitte entsprechenden Punkt unter einem Winkel von 15° nach rechts ansteigen, sofern nicht in internationalen Vereinbarungen oder Rechtsakten nach § 21a etwas anderes bestimmt ist. [6]Die Scheinwerfer müssen die Fahrbahn so beleuchten, daß die Beleuchtungsstärke in einer Entfernung von 25 m vor den Scheinwerfern senkrecht zum auffallenden Licht in 150 mm Höhe über der Fahrbahn mindestens die in Absatz 5 angegebenen Werte erreicht.

(6a) [1]Die Absätze 2 bis 6 gelten nicht für Mofas. [2]Diese Fahrzeuge müssen mit einem Scheinwerfer für Dauerabblendlicht ausgerüstet sein, dessen Beleuchtungsstärke in einer Entfernung von 25 m vor dem Scheinwerfer auf einer Ebene senkrecht zur Fahrbahn in Höhe der Scheinwerfermitte und darüber nicht mehr als 1 lx beträgt. [3]Der Scheinwerfer muß am Fahrzeug einstellbar und so befestigt sein, daß er sich nicht unbeabsichtigt verstellen kann. [4]Die Nennleistung der Glühlampe im Scheinwerfer muß 15 W betragen. [5]Die Sätze 1 bis 3 gelten auch für Kleinkrafträder und andere Fahrräder mit Hilfsmotor, wenn eine ausreichende elektrische Energieversorgung der Beleuchtungs- und Lichtsignaleinrichtungen nur bei Verwendung von Scheinwerfern für Dauerabblendlicht nach den Sätzen 2 und 4 sichergestellt ist.

(7) Die Beleuchtungsstärke ist bei stehendem Motor, vollgeladener Batterie und bei richtig eingestellten Scheinwerfern zu messen.

(8) Mehrspurige Kraftfahrzeuge, ausgenommen land- oder forstwirtschaftliche Zugmaschinen, Arbeitsmaschinen und Stapler, müssen so beschaffen sein, daß die Ausrichtung des Abblendlichtbündels von Scheinwerfern, die nicht höher als 1200 mm über der Fahr-

Scheinwerfer für Fern- und Abblendlicht § 50 StVZO 5

bahn (Absatz 3) angebracht sind, den im Anhang zu dieser Vorschrift genannten Bestimmungen entspricht.

(9) **Scheinwerfer für Fernlicht dürfen nur gleichzeitig oder paarweise einschaltbar sein; beim Abblenden müssen alle gleichzeitig erlöschen.**

(10) **Kraftfahrzeuge mit Scheinwerfern für Fern- und Abblendlicht, die mit Gasentladungslampen ausgestattet sind, müssen mit**

1. einer automatischen Leuchtweiteregelung im Sinne des Absatzes 8,
2. einer Scheinwerferreinigungsanlage und
3. einem System, das das ständige Eingeschaltetsein des Abblendlichtes auch bei Fernlicht sicherstellt,

ausgerüstet sein.

Begr zur ÄndVO v 14. 6. 88 (VkBl **88** 473): 1

Zu Abs 9: ... Die Vorschriften der EWG und ECE lassen eine getrennte Schaltung der beiden Scheinwerferpaare für Fernlicht zu. Diese Zwei-Stufen-Schaltung, bei der die erste Schaltstufe von dem vorgeschriebenen Scheinwerferpaar und die zweite Schaltstufe von den zusätzlichen (besonderen) Scheinwerfern für Fernlicht belegt sein muss, soll nun allgemein für alle Fahrzeuge mit vierfachem Fernlicht gelten.

Begr zur ÄndVO v 23. 7. 90 (VkBl **90** 496): 1a

Zu Abs 3 Nr 2: Anpassung der Ausnahmeregelung für selbstfahrende Arbeitsmaschinen und lof Zugmaschinen an die Bestimmungen von 4.2.4.2.1 des Anhangs I der Richtlinie 78/933/EWG. Nach dieser Richtlinie ist es zulässig, die Scheinwerfer für Abblendlicht bis zu einer Höhe von maximal 1500 mm (höchster Punkt der leuchtenden Fläche) über der Fahrbahn anzubringen, wenn die Bauweise der Zugmaschine die Einhaltung der Höhe von 1200 mm nicht zulässt.

Begr zur ÄndVO v 23. 3. 00 (BRDrucks 720/99 S 63): **Zu Abs 10:** *Gemäß Artikel 8 Absatz 2 Buchstabe c der Richtlinie 70/156/EWG hat die Europäische Kommission Entscheidungen hinsichtlich der Zulässigkeit zur Anbringung von Scheinwerfern für Abblendlicht mit Gasentladungslampe an Fahrzeugen getroffen. Die Anbringung wurde unter den drei in Absatz 10 aufgeführten Bedingungen zugelassen. Diese Bedingungen sind auch in der ECE-Regelung 48 enthalten und wurden auch in die Richtlinie 97/28/EG übernommen.* 1b

Um die Gleichbehandlung in den Fällen der Erteilung von Typgenehmigungen/Betriebserlaubnissen und der Nachrüstung zu gewährleisten, werden in § 50 analoge Forderungen für den Fall aufgenommen, dass das herkömmliche Scheinwerfersystem durch ein System mit Gasentladungslampe für Abblendlicht ersetzt wird.

1. § 50 regelt die **Beleuchtung der Kraftfahrzeuge nach vorn** und die Beleuchtung der Fahrbahn durch FzScheinwerfer. Die Beleuchtung nach vorn dient neben der Fahrbahnerhellung der Kenntlichmachung des Fzs und seiner seitlichen Begrenzung für Entgegenkommende, BGH NZV **90** 112 (Anm *Booß* VM **90** 26). Beleuchtungsvorschriften: § 17 StVO. Scheinwerfer für Fern- und Abblendlicht müssen nach § 22a I Ziff 7 in amtlich genehmigter Bauart ausgeführt sein. Technische Anforderungen bei der Bauartprüfung, VkBl **73** 558, zuletzt geändert: VkBl **03** 752 = StVRL § 22a Nr 1 (Nr 7). Halogen-Scheinwerfer sind zulässig. Änderung der Scheinwerfer: § 19. Schutzgitter vor Scheinwerfern an Arbeitsmaschinen sind zulässig, sofern sie keinen wesentlichen Lichtverlust bewirken und das Reinigen erlauben, s aber § 19 Rz 12. Nach Fahren auf feuchter Straße sind die Scheinwerfergläser zu reinigen, § 17 I S 2 StVO; Verschmutzung verringert den Lichtausfall erheblich. Richtlinien für die Prüfung von Scheinwerferreinigungsanlagen, VkBl **76** 310 = StVRL § 22 Nr 1. 2

2. Nur **weißes Licht** darf zur Fahrbahnbeleuchtung verwendet werden, Abs I. Schwachgelb gehört zum Weißbereich, s Begr zu Abs I, VkBl **73** 409 sowie Technische Anforderungen an FzTeile (Nr 3), VkBl **73** 558, zuletzt geändert: VkBl **03** 752 = StVRL § 22a Nr 1. 3

3. **Grundsatz: Zwei Scheinwerfer für Kraftfahrzeuge.** Für Kfze (§ 1 II StVG) schreibt II zur Fahrbahnbeleuchtung zwei Scheinwerfer vor, die gleichfarbig sein und gleichstark nach vorn leuchten müssen, § 49a IV S 2. Zusätzliche Scheinwerfer (IV und § 52) müssen dem § 52 entsprechen. Zur Anzahl zulässiger Scheinwerfer für Fern- und Abblendlicht an Kfzen, *Kullik* VD **70** 299. Nebelschlussleuchten: § 53d. 4

4. **Ausnahme.** Nur **einen Scheinwerfer** brauchen zu führen:

Krafträder, auch wenn ein Beiwagen mitgeführt wird (II S 1), an dem dann eine Begrenzungsleuchte zu führen ist (§ 51), 5

Dauer 1413

6 **Kraftfahrzeuge, deren Breite 1 m nicht übersteigt** (II S 2), weil bei einem derartigen Fz, da der Scheinwerfer in der Mitte anzubringen ist, der Abstand zwischen dem Rand des Scheinwerfers und den äußeren Kanten des Fz nicht mehr als 40 cm beträgt.

7 **Krankenfahrstühle** brauchen nur einen Scheinwerfer zu führen, auch wenn ihre Breite 1 m übersteigt (II S 2). Hier ist die Benutzungsart der Grund für die Ausnahme.

8 **5. Weitere Ausnahmen: Statt der Scheinwerfer Leuchten ohne gerichtetes Licht.**
Langsam fahrende Kraftfahrzeuge, die bauartbedingt nicht schneller als 8 km/h fahren können, brauchen keine Scheinwerfer zu führen, sondern nur zwei Leuchten ohne Scheinwerferwirkung (II S 3).

9 **Einachsige Zug- oder Arbeitsmaschinen,** von Fußgängern **an Holmen geführt,** brauchen nur eine Leuchte zu führen, ggf von Hand, und zwar an der linken Seite, für entgegenkommende und überholende VT gut sichtbar (II S 4, s § 17 V StVO, Betriebsvorschrift).

10 **6. Anbringung und Einstellung der Scheinwerfer.** Abs III wurde durch ÄndVO v 16. 11. 84 neu gefasst. Satz 2 der Neufassung (Mindestanbauhöhe der Scheinwerfer) gilt gem § 72 II ab 1. 1. 88. Für vor diesem Tage erstmals in den V gekommene Fze gilt die frühere Fassung des Abs III. Die Fze im StrDienst sind von III S 2 befreit, um sie besser kenntlich zu machen, ohne Rücksicht auf Eigentum oder Zulassung. Unbeabsichtigte Verstellung der Scheinwerfer muss ausgeschlossen sein. Merkblatt über den Anbau von Scheinwerfern und Leuchten an beweglichen FzTeilen: s § 49a Rz 4. Regelmäßige Einstellungskontrolle durch eine zuverlässige Werkstatt genügt, Dü VM **59** 12. Richtlinien für Scheinwerfereinstell-Prüfgeräte, VkBl **81** 392. Handverstellbarkeit von Scheinwerfern im Rahmen von III ist zulässig, s BMV VkBl **66** 17.

11 **7. Für Fern- und Abblendlicht** dürfen **getrennte Scheinwerfer** geführt werden und so geschaltet sein, dass bei Fernlicht die Abblendscheinwerfer mitbrennen (Abs IV). Dies berücksichtigt die technische Entwicklung auf dem Gebiet der Fahrbahnbeleuchtung, für die zunehmend Doppelscheinwerfer verwendet werden. § 4 der 6. StVZAusnV (bei § 49a) lässt es abweichend von § 49a I (§ 50 IV) zu, dass bei Fernlichtschaltung auch die besonderen Abblendscheinwerfer Fernlicht ausstrahlen. Sie dürfen dann jedoch nur entweder alle gleichzeitig oder jedenfalls paarweise einschaltbar sein; bei Abblenden müssen alle Scheinwerfer für Fernlicht gleichzeitig erlöschen, Abs IX. Überblick über zulässige Scheinwerfer BMV 2. 5. 66, StV 2–2022 M/66. Halogen-Scheinwerfer als Lichthupe sind zulässig, BMV 15. 12. 66, StV 7–8068 W/66. Wird das herkömmliche Scheinwerfersystem durch ein System mit **Gasentladungslampen** ersetzt, gilt Abs X (s Begr, Rz 1b). Übergangsbestimmung: § 72 II.

12 **8. Die Stärke des Fernlichts** muss ausreichen, um Fahren bei Dunkelheit unter verkehrsüblichen Bedingungen zu sichern. Sie muss, je nach Art des Kfz, den Anforderungen des Abs V genügen (zwischen 0,25 und 1 lx). Langsamfahrende Kfz: Rz 8, 9. Über Dimmschaltungen beim Übergang vom Fern- zum Abblendlicht, BMV VkBl **80** 82.

13 **9. Kontrolleinrichtungen für Einhaltung des Fernlichtes.** Da der Kf im Fahren oft nicht erkennen kann, ob er Fernlicht oder Abblendlicht eingeschaltet hat, muss ihm das Fernlicht erkennbar gemacht werden, bei Kfzen durch die blaue Kontrolllampe, bei Krafträdern und Zgm mit offenem Führersitz durch die Schalthebelstellung (Abs V).

14 **10. Fahrbahnbeleuchtung bei langsam fahrenden Kraftfahrzeugen.** Bei Fzen, die bauartbedingt nicht schneller als 30 km/h fahren können, genügen Scheinwerfer, die den Vorschriften über das Abblendlicht (VI) entsprechen, Abs V S 3. Kleinkrafträder und FmH: VI a. *Leichtmofas:* s Buchteil **9**.

15 **11. Abblendlicht.** Abblenden: § 17 StVO. Für Abblendlicht dürfen besondere Scheinwerfer geführt werden, so geschaltet, dass sie gleichzeitig mit dem Fernlicht brennen (Abs IV). Asymmetrisches Abblendlicht kann rechts bis zu 115 m, links bis zu 70 m reichen, es ist jeweils individuell zu ermitteln, Ha VRS **39** 261, s BGH VRS **19** 282. Die Mindestreichweite nimmt mit dem senkrechten und waagerechten Abstand eines Gegenstandes von der Fahrbahnoberfläche ab, BGH VRS **15** 276. Ein Hindernis über der Fahrbahn ist erst auf kürzere Entfernung sichtbar. Es besteht kein Erfahrungssatz, dass asymmetrisches Abblendlicht immer Sicht von 70–80 m auf den ganzen vorausliegenden StrRaum gewähre, Bay DAR **62** 184. Zur Belastungsabhängigkeit der Sichtweite des Abblendlichts (§ 50 VIII), Linde ZVS **69** 182, s Rz 18. Ob die Beleuchtungseinrichtungen dem VI über Abblenden entsprechen, kann nicht lediglich auf Grund von

Begrenzungsleuchten, vordere Rückstrahler, Spurhalteleuchten   § 51 StVZO 5

Zeugenbeobachtungen festgestellt werden, auch nicht durch die VPol, Ol DAR **56** 134, Kar DAR **65** 108, ebenso wenig durch den Kf selber.

Abblendlicht bei Nebel und Schneefall: § 17 StVO. Scheinwerfer dürfen das Auge nicht mit **16** zu hoher Leuchtdichte überstrahlen (dann Blendung). Verhalten geblendeter Fahrzeugführer: § 3 StVO. VI regelt auch die Stärke des Abblendlichts.

12. Die Vorschrift über die **Messung der Beleuchtungsstärke** (Abs VII) hat für V und VI **17** Bedeutung.

13. **Leuchtweiteregler gegen Verschiebung des Abblendbündels.** Durch Belastung des **18** Fzs kann die Hell-Dunkel-Grenze des Lichtbündels so weit nach oben gerichtet werden, dass andere VT auch bei Abblendlicht geblendet werden. Dem wirken Leuchtweiteregler entgegen. Leuchtweiteregler sind geeignet, unabhängig vom jeweiligen Beladungszustand des Fahrzeugs, die Blendung anderer Verkehrsteilnehmer zu verhindern und dem Fahrer eine optimale Sichtweite zu garantieren (s Begr VkBl **88** 473). Sie müssen daher in allen ab 1. 1. 1990 erstmals in den V gekommenen mehrspurigen Kfzen (s Übergangsvorschrift des § 72 II) – ausgenommen land- oder forstwirtschaftliche Zgm – vorhanden sein, Abs VIII in Verbindung mit dem Anhang zur StVZO (zu § 50 VIII), der auf die anzuwendende **Richtlinie 76/756/EWG** Bezug nimmt.

14. **Ausnahmen:** Richtlinien für Ausnahmegenehmigungen für bestimmte Arbeitsmaschi- **19** nen und bestimmte andere FzArten, VkBl **80** 433.

15. **Ordnungswidrigkeit:** §§ 69a III Nr 18a StVZO, 24 StVG. S Ha VkBl **67** 344. **20**

Begrenzungsleuchten, vordere Rückstrahler, Spurhalteleuchten

51 (1) ¹Kraftfahrzeuge – ausgenommen Krafträder ohne Beiwagen und Kraftfahrzeuge mit einer Breite von weniger als 1000 mm – müssen zur Kenntlichmachung ihrer seitlichen Begrenzung nach vorn mit zwei Begrenzungsleuchten ausgerüstet sein, bei denen der äußerste Punkt der leuchtenden Fläche nicht mehr als 400 mm von der breitesten Stelle des Fahrzeugumrisses entfernt sein darf. ²Zulässig sind zwei zusätzliche Begrenzungsleuchten, die Bestandteil der Scheinwerfer sein müssen. ³Beträgt der Abstand des äußersten Punktes der leuchtenden Fläche der Scheinwerfer von den breitesten Stellen des Fahrzeugumrisses nicht mehr als 400 mm, so genügen in die Scheinwerfer eingebaute Begrenzungsleuchten. ⁴Das Licht der Begrenzungsleuchten muß weiß sein; es darf nicht blenden. ⁵Die Begrenzungsleuchten müssen auch bei Fernlicht und Abblendlicht ständig leuchten. ⁶Bei Krafträdern mit Beiwagen muß eine Begrenzungsleuchte auf der äußeren Seite des Beiwagens angebracht sein. ⁷Krafträder ohne Beiwagen dürfen im Scheinwerfer eine Leuchte nach Art der Begrenzungsleuchten führen; Satz 5 ist nicht anzuwenden. ⁸Begrenzungsleuchten an einachsigen Zug- oder Arbeitsmaschinen sind nicht erforderlich, wenn sie von Fußgängern an Holmen geführt werden oder ihre durch die Bauart bestimmten Höchstgeschwindigkeit 30 km/h nicht übersteigt und der Abstand des äußersten Punktes der leuchtenden Fläche der Scheinwerfer von der breitesten Stelle des Fahrzeugumrisses nicht mehr als 400 mm beträgt.

(2) ¹Anhänger, deren äußerster Punkt des Fahrzeugumrisses mehr als 400 mm über den äußersten Punkt der leuchtenden Fläche der Begrenzungsleuchten des Zugfahrzeugs hinausragt, müssen an der Vorderseite durch zwei Begrenzungsleuchten kenntlich gemacht werden. ²Andere Anhänger dürfen an der Vorderseite mit zwei Begrenzungsleuchten ausgerüstet sein. ³An allen Anhängern dürfen an der Vorderseite zwei nicht dreieckige weiße Rückstrahler angebracht sein. ⁴Der äußerste Punkt der leuchtenden Fläche der Begrenzungsleuchten und der äußerste Punkt der leuchtenden Fläche der Rückstrahler dürfen nicht mehr als 150 mm, bei land- oder forstwirtschaftlichen Anhängern nicht mehr als 400 mm, vom äußersten Punkt des Fahrzeugumrisses des Anhängers entfernt sein.

(3) ¹Der niedrigste Punkt der leuchtenden Fläche der Begrenzungsleuchten darf nicht weniger als 350 mm und ihr höchster Punkt der leuchtenden Fläche nicht mehr als 1500 mm über der Fahrbahn liegen. ²Läßt die Bauart des Fahrzeugs eine solche Anbringung nicht zu, so dürfen die Begrenzungsleuchten höher angebracht sein, jedoch nicht höher als 2100 mm. ³Bei den vordersten Rückstrahlern darf der niedrigste Punkt der leuchtenden Fläche nicht weniger als 350 mm und ihr höchster Punkt der leuchtenden Fläche nicht mehr als 900 mm über der Fahrbahn liegen. ⁴Läßt die Bauart des Fahrzeugs eine solche Anbringung nicht zu, so dürfen die Rückstrahler höher angebracht sein, jedoch nicht höher als 1500 mm.

(4) **An Anhängern darf am hinteren Ende der beiden Längsseiten je eine nach vorn wirkende Leuchte für weißes Licht (Spurhalteleuchte) angebracht sein.**

Dauer

5 StVZO § 51   B. Fahrzeuge. III. Bau- und Betriebsvorschriften

1 **Begr** zur ÄndVO v 16. 11. 84 (VkBl **85** 79):

Zu den Absätzen 2 und 3: Die Vorschriften über die Kenntlichmachung des Fahrzeugumrisses von Anhängern durch Begrenzungsleuchten und weiße Rückstrahler sind an die Richtlinie 76/756/EWG angeglichen worden. In dem neuen Absatz 3 wurden die Vorschriften über die zulässigen Anbringungshöhen von Begrenzungsleuchten und weißen Rückstrahlern für Kraftfahrzeuge und Anhänger zusammengefasst, wobei die Vorschriften über die Anbringungshöhen der Begrenzungsleuchten aus der Richtlinie 76/756/EWG neu aufgenommen wurden.

2 **1. Begrenzungs- und Spurhalteleuchten.** Neben der Kenntlichmachung ihrer seitlichen Begrenzung dienen sie als **Standlicht**. Grundsätzlich sind an zweispurigen Kfzen nur zwei Begrenzungsleuchten zulässig. Gleichzeitige Verwendung von zwei Begrenzungsleuchten in den Scheinwerfern und zweien außerhalb ist zulässig. Beim Vorhandensein besonderer Begrenzungsleuchten brauchen die in die Scheinwerfer eingebauten nicht mitzubrennen; das gilt auch bei stehendem Fz und ausgeschaltetem Fahr- und Abblendlicht. Die Vorschrift, dass die Begrenzungsleuchten ständig mitbrennen müssen (I Satz 5), berücksichtigt, dass einer der Scheinwerfer ausfallen kann. Umrissleuchten: § 51 b.

3 **2. Ausnahmen von den Vorschriften über Begrenzungsleuchten.** Alle Kfze (§ 1 II StVG) müssen ihre seitliche Begrenzung grundsätzlich nach vorn kenntlich machen. Indes lässt I drei Ausnahmen zu. Weitere sind gemäß § 70 zugelassen worden. **Krafträder**, die nach vorn nur einen Scheinwerfer führen, brauchen ohne Beiwagen keine Begrenzungsleuchten (I S 1) und, da der Scheinwerfer gleichzeitig Standlicht ist, kein Standlicht zu führen. Im Fahren wie im Stehen genügt zur Kennzeichnung des Signalbilds der Scheinwerfer. Nach I Satz 7 darf aber im Scheinwerfer eine als Standlicht verwendbare Leuchte nach Art der Begrenzungsleuchten geführt werden. Begrenzungsleuchte des Beiwagens: Rz 6.

4 **Kraftfahrzeuge, die weniger als 1 m breit sind,** brauchen nicht neben dem einen Scheinwerfer (§ 50) noch Begrenzungsleuchten zu führen (I S 1), weil hier der Abstand zwischen dem Rand des Scheinwerfers und der äußeren FzKante nicht mehr als 400 mm beträgt (§ 50).

5 **Einachsige Zug- und Arbeitsmaschinen** brauchen keine Begrenzungsleuchten zu führen, wenn sie von Fußgängern an Holmen geführt werden oder so gebaut sind, dass sie nicht schneller als 30 km/h fahren können, sofern ihre Scheinwerfer nicht mehr als 40 cm vom FzRand entfernt sind (I S 8). **Elektrokarren** brauchen, sofern sie vor dem 1. 1. 88 erstmals in den V gekommen sind, keine seitlichen Begrenzungsleuchten zu führen, wenn der Abstand des Randes der Lichtaustrittsöffnungen der hier vorgeschriebenen beiden Scheinwerfer von den breitesten Stellen des FzUmrisses nicht mehr als 40 cm beträgt. Das folgt aus Abs I S 8 idF vor der durch ÄndVO v 16. 11. 84 erfolgten Neufassung in Verbindung mit der Übergangsvorschrift des § 72 II. Für später in den V gekommene Fze wurde diese Regelung aufgegeben, weil uU auch Lkw und Zgm mit Elektro-Antrieb dieser FzArt zugerechnet werden könnten.

6 **3. Bauart und Anbringung der Begrenzungsleuchten.** Anbringung der Begrenzungsleuchten: Abs III, der zulässigen Umrissleuchten: § 51 b. Merkblatt über den Anbau von Scheinwerfern und Leuchten an beweglichen FzTeilen, s § 49 a Rz 4. Begrenzungsleuchten dürfen nicht blenden (Abs I S 4). Sie müssen in amtlich genehmigter Bauart ausgeführt sein (§ 22 a I Nr 8). Technische Anforderungen bei der Bauartprüfung, VkBl **73** 558, zuletzt geändert: VkBl **03** 752 = StVRL § 22 a Nr 1 (Nr 9). Scheinwerfer können als Begrenzungsleuchten dienen, wenn ihre leuchtenden Flächen nicht mehr als 40 cm vom äußeren FzRand entfernt sind (I S 3). Sie enthalten dann das besonders schwache Begrenzungs- oder Standlicht, das zur Beleuchtung des stillstehenden Kfz ausreicht. S § 17 StVO. Bei Krafträdern ist eine Begrenzungsleuchte auf der äußeren Seite des Beiwagens erforderlich (I S 6). Abs III über die Anbringungshöhen ist am 1. 1. 88 für die von diesem Tage an erstmals in den V kommenden Fze in Kraft getreten, § 72 II.

6 a **3 a. Leuchten zur Sicherung herausragender Ladung** (§ 22 StVO) müssen in amtlich vorgeschriebener Bauart ausgeführt sein (§ 22 a I Nr 26). Technische Anforderungen bei der Bauartprüfung, VkBl **73** 558, zuletzt geändert: VkBl **03** 752 = StVRL § 22 a Nr 1 (Nr 16).

7 **4. Sonderbestimmung für Anhänger von Kraftfahrzeugen** (II). Rückstrahler an der Vorderseite sind nach Maßgabe von II zulässig. Die seitliche Begrenzung von Anhängern ist zu kennzeichnen, wenn sie mehr als 40 cm über die Scheinwerfer oder **Begrenzungsleuchten** des vorderen Fz hinausragen. Maßgebend ist der tatsächliche Unterschied in der Breite, nicht der

Seitliche Kenntlichmachung   § 51a StVZO 5

vorübergehende Stand zurzeit des Unfalls, Bra DAR **57** 136. Die Vorschrift gilt auch für Anhänger hinter nicht zulassungspflichtigen Kfzen, Schl VM **61** 70. **Spurhalteleuchten:** Abs IV. Technische Anforderungen bei der Bauartgenehmigung, VkBl **73** 558, zuletzt geändert: VkBl **03** 752 = StVRL § 22a Nr 1 (Nr 10). Seitliche Kenntlichmachung: § 51a.

5. **Parkleuchten:** § 51c.	8
6. **Seitliche Kenntlichmachung:** § 51a. **Umrissleuchten:** § 51b.	9
7. **Ausnahmen:** § 70 I. S Rz 3–5.	10
8. **Ordnungswidrigkeit:** §§ 69a III Nr 18b StVZO, 24 StVG.	11

Seitliche Kenntlichmachung

51a (1) ¹Kraftfahrzeuge – ausgenommen Personenkraftwagen – mit einer Länge von mehr als 6m sowie Anhänger müssen an den Längsseiten mit nach der Seite wirkenden gelben, nicht dreieckigen Rückstrahlern ausgerüstet sein. ²Mindestens je einer dieser Rückstrahler muß im mittleren Drittel des Fahrzeugs angeordnet sein; der am weitesten vorn angebrachte Rückstrahler darf nicht mehr als 3m vom vordersten Punkt des Fahrzeugs, bei Anhängern vom vordersten Punkt der Zugeinrichtung entfernt sein. ³Zwischen zwei aufeinanderfolgenden Rückstrahlern darf der Abstand nicht mehr als 3m betragen. ⁴Der am weitesten hinten angebrachte Rückstrahler darf nicht mehr als 1m vom hintersten Punkt des Fahrzeugs entfernt sein. ⁵Die Höhe über der Fahrbahn (höchster Punkt der leuchtenden Fläche) darf nicht mehr als 900mm betragen. ⁶Läßt die Bauart des Fahrzeugs das nicht zu, so dürfen die Rückstrahler höher angebracht sein, jedoch nicht höher als 1500mm. ⁷Krankenfahrstühle müssen an den Längsseiten mit mindestens je einem gelben Rückstrahler ausgerüstet sein, der nicht höher als 600mm, jedoch so tief wie möglich angebracht sein muß. ⁸Diese Rückstrahler dürfen auch an den Speichen der Räder angebracht sein.

(2) Die nach Absatz 1 anzubringenden Rückstrahler dürfen abnehmbar sein
1. an Fahrzeugen, deren Bauart eine dauernde feste Anbringung nicht zuläßt,
2. an land- oder forstwirtschaftlichen Bodenbearbeitungsgeräten, die hinter Kraftfahrzeugen mitgeführt werden und
3. an Fahrgestellen, die zur Vervollständigung überführt werden.

(3) ¹Die seitliche Kenntlichmachung von Fahrzeugen, für die sie nicht vorgeschrieben ist, muß Absatz 1 entsprechen. ²Jedoch genügt je ein Rückstrahler im vorderen und im hinteren Drittel.

(4) ¹Retroreflektierende gelbe waagerechte Streifen, die unterbrochen sein können, an den Längsseiten von Fahrzeugen sind zulässig. ²Sie dürfen nicht die Form von Schriftzügen oder Emblemen haben. ³§ 53 Abs. 10 Nr. 3 ist anzuwenden.

(5) Ringförmig zusammenhängende retroreflektierende weiße Streifen an den Reifen von Krafträdern und Krankenfahrstühlen sind zulässig.

(6) ¹Fahrzeuge mit einer Länge von mehr als 6,0m – ausgenommen Fahrgestelle mit Führerhaus, land- oder forstwirtschaftliche Zug- und Arbeitsmaschinen und deren Anhänger sowie Arbeitsmaschinen und Stapler, die hinsichtlich der Baumerkmale ihres Fahrgestells nicht den Lastkraftwagen und Zugmaschinen gleichzusetzen sind, – müssen an den Längsseiten mit nach der Seite wirkenden gelben Seitenmarkierungsleuchten nach der Richtlinie 76/756/EWG ausgerüstet sein. ²Für andere mehrspurige Fahrzeuge ist die entsprechende Anbringung von Seitenmarkierungsleuchten zulässig. ³Ist die hintere Seitenmarkierungsleuchte mit der Schlußleuchte, Umrißleuchte, Nebelschlußleuchte oder Bremsleuchte zusammengebaut, kombiniert oder ineinandergebaut oder bildet sie den Teil einer gemeinsam leuchtenden Fläche mit dem Rückstrahler, so darf sie auch rot sein.

(7) ¹Zusätzlich zu den nach Absatz 1 vorgeschriebenen Einrichtungen sind Fahrzeugkombinationen mit Nachläufern zum Transport von Langmaterial über ihre gesamte Länge (einschließlich Ladung) durch gelbes retroreflektierendes Material, das mindestens dem Typ 2 des Normblattes DIN 67520 Teil 2, Ausgabe Juni 1994, entsprechen muß, seitlich kenntlich zu machen in Form von Streifen, Bändern, Schlauch- oder Kabelumhüllungen oder in ähnlicher Ausführung. ²Kurze Unterbrechungen, die durch die Art der Ladung oder die Konstruktion der Fahrzeuge bedingt sind, sind zulässig. ³Die Einrichtungen sind so tief anzubringen, wie es die konstruktive Beschaffenheit der Fahrzeuge und der Ladung zuläßt. ⁴Abweichend von Absatz 6 sind an Nachläufern von Fahrzeugkombinationen zum Transport von Langmaterial an den Längsseiten soweit wie möglich vorne und hinten jeweils eine Seitenmarkierungsleuchte anzubringen.

Begr zur ÄndVO v 12. 8. 97 (VkBl **97** 660): **Zu Abs 7:** *Die bisherige seitliche Kennzeichnung von langen Fahrzeugen mit Rückstrahlern hat sich für Langmaterial-Transportfahrzeuge als unzureichend erwiesen. Es wird daher die zusätzliche Kennzeichnung durch retroreflektierende Materialien vorgeschrieben.*

1 **1. Gelbe Rückstrahler.** I ist Mußvorschrift und erfasst alle Kfze über 6 m Länge, ausgenommen Pkw und alle KfzAnhänger ohne Rücksicht auf ihre Länge. Alle übrigen Kfze bis zu 6 m Länge, vor allem auch Pkw, dürfen nach Maßgabe der Mußvorschrift in derselben Weise seitlich kenntlich gemacht sein (III). Neben vorgeschriebenen gelben, nicht dreieckigen Rückstrahlern an den Seiten dürfen alle Fz-Längsseiten außerdem durch reflektierende gelbe waagerechte Streifen in nicht vorgeschriebener Größe gekennzeichnet sein, wobei die Form von Schriftzeichen (zB Werbung) oder Emblemen untersagt ist (IV). Durch ÄndVO v 16. 11. 84 wurde die vorgeschriebene seitliche Kenntlichmachung auf fremdkraftgetriebene Krankenfahrstühle ausgedehnt (I S 7). Abs VI über **Seitenmarkierungsleuchten** an mehr als 6 m langen Fzen, eingefügt durch ÄndVO v 23. 6. 93, setzt die Richtlinie 76/756/EWG in nationales Recht um. Übergangsvorschrift: § 72 II.

2 **2. Ordnungswidrigkeiten:** §§ 69a III Nr 18c StVZO, 24 StVG.

Umrißleuchten

51b (1) ¹Umrißleuchten sind Leuchten, die die Breite über alles eines Fahrzeugs deutlich anzeigen. ²Sie sollen bei bestimmten Fahrzeugen die Begrenzungs- und Schlußleuchten ergänzen und die Aufmerksamkeit auf besondere Fahrzeugumrisse lenken.

(2) ¹Fahrzeuge mit einer Breite von mehr als 2,10 m müssen und Fahrzeuge mit einer Breite von mehr als 1,80 m aber nicht mehr als 2,10 m dürfen auf jeder Seite mit einer nach vorn wirkenden weißen und einer nach hinten wirkenden roten Umrißleuchte ausgerüstet sein. ²Die Leuchten einer Fahrzeugseite dürfen zu einer Leuchte zusammengefaßt sein. ³In allen Fällen muß der Abstand zwischen den leuchtenden Flächen dieser Leuchten und der Begrenzungsleuchte oder Schlußleuchte auf der gleichen Fahrzeugseite mehr als 200 mm betragen.

(3) ¹Umrißleuchten müssen entsprechend den im Anhang zu dieser Vorschrift genannten Bestimmungen an den Fahrzeugen angebracht sein. ²Für Arbeitsmaschinen und Stapler gelten die Anbauvorschriften für Anhänger und Sattelanhänger.

(4) Umrißleuchten sind nicht erforderlich an

1. land- oder forstwirtschaftlichen Zug- und Arbeitsmaschinen und ihren Anhängern und

2. allen Anbaugeräten und Anhängergeräten hinter land- und forstwirtschaftlichen Zugmaschinen.

(5) Werden Umrißleuchten an Fahrzeugen angebracht, für die sie nicht vorgeschrieben sind, müssen sie den Vorschriften der Absätze 1 bis 3 entsprechen.

(6) Umrißleuchten dürfen nicht an Fahrzeugen und Anbaugeräten angebracht werden, deren Breite über alles nicht mehr als 1,80 m beträgt.

1 **1. Begr** zur ÄndVO v 16. 11. 84 (VkBl **85** 79): *Die fakultative Ausrüstung bestimmter Lastkraftwagen und Anhänger mit Umrissleuchten ist in Anlehnung an die Richtlinie 76/756/EWG in eine obligatorische umgewandelt worden, damit diese Fahrzeuge für andere Verkehrsteilnehmer besser als große und langsam fahrende Fahrzeuge im fließenden Verkehr erkennbar sind.*

Bei land- oder forstwirtschaftlichen Zug- und Arbeitsmaschinen, ihren Anhängern und allen Anbaugeräten und Anhängegeräten hinter land- oder forstwirtschaftlichen Zugmaschinen bleibt es dagegen weiterhin bei der fakultativen Ausrüstung, weil die Anbringung der Umrissleuchten wegen des auf den Arbeitseinsatz abgestellten Aufbaus in vielen Fällen kaum oder nur unter großem Aufwand möglich ist.
...

2 **2. Inkrafttreten:** 1. 1. 87 für die von diesem Tage an erstmals in den V kommenden Fze. Übergangsvorschrift: § 72 II.

3 **3. Ordnungswidrigkeiten:** §§ 69a III Nr 18c StVZO, 24 StVG.

Zusätzliche Scheinwerfer und Leuchten §§ 51c, 52 StVZO

Parkleuchten, Park-Warntafeln

51c (1) Parkleuchten und Park-Warntafeln zeigen die seitliche Begrenzung eines geparkten Fahrzeugs an.

(2) ¹An Kraftfahrzeugen, Anhängern und Zügen dürfen angebracht sein:
1. eine nach vorn wirkende Parkleuchte für weißes Licht und eine nach hinten wirkende Parkleuchte für rotes Licht für jede Fahrzeugseite oder
2. eine Begrenzungsleuchte und eine Schlußleuchte oder
3. eine abnehmbare Parkleuchte für weißes Licht für die Vorderseite und eine abnehmbare Parkleuchte für rotes Licht für die Rückseite oder
4. je eine Park-Warntafel für die Vorderseite und die Rückseite des Fahrzeugs oder Zuges mit je 100 mm breiten unter 45° nach außen und unten verlaufenden roten und weißen Streifen.

²An Fahrzeugen, die nicht breiter als 2000 mm und nicht länger als 6000 mm sind, dürfen sowohl die Parkleuchten nach Nummer 1 einer jeden Fahrzeugseite als auch die nach Nummer 3 zu einem Gerät vereinigt sein.

(3) ¹Die Leuchten nach Absatz 2 Satz 1 Nr. 1 und 3 und Satz 2 müssen so am Fahrzeug angebracht sein, daß der unterste Punkt der leuchtenden Fläche mehr als 350 mm und der höchste Punkt der leuchtenden Fläche nicht mehr als 1500 mm von der Fahrbahn entfernt sind. ²Der äußerste Punkt der leuchtenden Fläche der Leuchten darf vom äußersten Punkt des Fahrzeugumrisses nicht mehr als 400 mm entfernt sein.

(4) Die Leuchten nach Absatz 2 Satz 1 Nr. 3 müssen während des Betriebs am Bordnetz anschließbar oder mit aufladbaren Stromquellen ausgerüstet sein, die im Fahrbetrieb ständig am Bordnetz angeschlossen sein müssen.

(5) ¹Park-Warntafeln, deren wirksame Teile nur bei parkenden Fahrzeugen sichtbar sein dürfen, müssen auf der dem Verkehr zugewandten Seite des Fahrzeugs oder Zuges möglichst niedrig und nicht höher als 1000 mm (höchster Punkt der leuchtenden Fläche) so angebracht sein, daß sie mit dem Umriß des Fahrzeugs, Zuges oder der Ladung abschließen. ²Abweichungen von nicht mehr als 100 mm nach innen sind zulässig. ³Rückstrahler und amtliche Kennzeichen dürfen durch Park-Warntafeln nicht verdeckt werden.

Begr: VkBl **85** 79. 1

Parkleuchten genügen der Vorschrift des § 17 IV S 3 StVO, wonach auf der Fahrbahn haltende Fze, ausgenommen Pkw, mit einem zulässigen Gesamtgewicht von mehr als 3,5 t und Anhänger stets mit eigener Lichtquelle zu beleuchten sind. Die Regelung trägt dem Umstand Rechnung, dass die Kapazität der eingebauten FzBatterie vielfach nicht ausreichen würde, um die Versorgung von 2 bzw 4 Begrenzungsleuchten mit je 4 W Leistung sowie 4 bzw 8 Schlussleuchten mit je 10 W Leistung und Beleuchtung von zwei amtlichen Kennzeichen bei längerem Abstellen des Fzs zu gewährleisten (s Begr VkBl **85** 79). Alle zusätzlichen Schluss- und Begrenzungsleuchten auf der gleichen FzSeite brauchen dabei nicht zu brennen. Von der Bestimmung des § 49 V (Schaltung) sind Parkleuchten ausgenommen. 2

Statt der Beleuchtung mit fahrzeugeigenen Lichtquellen reichen, vor allem bei allein abgestellte Anhängern, zwei bauartgenehmigte **unabhängige Leuchten** aus (Abs I Nr 3). Zulässig sind außerdem zwei **Park-Warntafeln** nach Maßgabe von II S 1 Nr 4. Parkleuchten und Park-Warntafeln müssen nach § 22a I Nr 9 in amtlich genehmigter Bauart ausgeführt sein. Technische Anforderungen bei der Bauartprüfung, VkBl **73** 558, zuletzt geändert: VkBl **03** 752 = StVRL § 22a Nr 1 (Nr 11). 3

Ordnungswidrigkeiten: § 69a III Nr 18d. Parkleuchten während der Fahrt eingeschaltet zu lassen, kann uU gegen § 1 StVO verstoßen, Hb VM **58** 53. 4

Zusätzliche Scheinwerfer und Leuchten

52 (1) ¹Außer mit den in § 50 vorgeschriebenen Scheinwerfern zur Beleuchtung der Fahrbahn dürfen mehrspurige Kraftfahrzeuge mit 2 Nebelscheinwerfern für weißes oder hellgelbes Licht ausgerüstet sein, Krafträder, auch mit Beiwagen, mit nur einem Nebelscheinwerfer. ²Sie dürfen nicht höher als die am Fahrzeug befindlichen Scheinwerfer für Abblendlicht angebracht sein. ³Sind mehrspurige Kraftfahrzeuge mit Nebelscheinwerfern ausgerüstet, bei denen der äußere Rand der Lichtaustrittsfläche mehr als 400 mm von der breitesten Stelle des Fahrzeugumrisses entfernt ist, so müssen die Nebelscheinwerfer so geschaltet sein, daß sie nur zusammen mit dem Abblendlicht brennen können.

Dauer 1419

⁴Nebelscheinwerfer müssen einstellbar sein und an dafür geeigneten Teilen der Fahrzeuge so befestigt sein, daß sie sich nicht unbeabsichtigt verstellen können. ⁵Sie müssen so eingestellt sein, daß eine Blendung anderer Verkehrsteilnehmer nicht zu erwarten ist. ⁶Die Blendung gilt als behoben, wenn die Beleuchtungsstärke in einer Entfernung von 25 m vor jedem einzelnen Nebelscheinwerfer auf einer Ebene senkrecht zur Fahrbahn in Höhe der Scheinwerfermitte und darüber bei Nennspannung an den Klemmen der Scheinwerferlampen nicht mehr als 1 lx beträgt.

(2) ¹Ein Suchscheinwerfer für weißes Licht ist zulässig. ²Die Leistungsaufnahme darf nicht mehr als 35 W betragen. ³Er darf nur zugleich mit den Schlußleuchten und der Kennzeichenbeleuchtung einschaltbar sein.

(3) ¹Mit einer oder mehreren Kennleuchten für blaues Blinklicht (Rundumlicht) dürfen ausgerüstet sein

1. Kraftfahrzeuge, die dem Vollzugsdienst der Polizei, der Militärpolizei, der Bundespolizei oder des Zolldienstes dienen, insbesondere Kommando-, Streifen-, Mannschaftstransport-, Verkehrsunfall-, Mordkommissionsfahrzeuge,
2. Einsatz- und Kommando-Kraftfahrzeuge der Feuerwehren und der anderen Einheiten und Einrichtungen des Katastrophenschutzes und des Rettungsdienstes,
3. Kraftfahrzeuge, die nach dem Fahrzeugschein als Unfallhilfswagen öffentlicher Verkehrsbetriebe mit spurgeführten Fahrzeugen, einschließlich Oberleitungsomnibussen, anerkannt sind,
4. Kraftfahrzeuge des Rettungsdienstes, die für Krankentransport oder Notfallrettung besonders eingerichtet und nach dem Fahrzeugschein als Krankenkraftwagen anerkannt sind.

²Kennleuchten für blaues Blinklicht mit einer Hauptabstrahlrichtung nach vorne sind an Kraftfahrzeugen nach Satz 1 zulässig, jedoch bei mehrspurigen Kraftfahrzeugen nur in Verbindung mit Kennleuchten für blaues Blinklicht (Rundumlicht).

(3 a) ¹Kraftfahrzeuge des Vollzugsdienstes der Polizei dürfen nach vorn und hinten wirkende Signalgeber für rote und gelbe Lichtschrift haben. ²Anstelle der Signalgeber dürfen auch fluoreszierende oder retroreflektierende Folien verwendet werden.

(4) Mit einer oder, wenn die horizontale und vertikale Sichtbarkeit (geometrische Sichtbarkeit) es erfordert, mehreren Kennleuchten für gelbes Blinklicht (Rundumlicht) dürfen ausgerüstet sein

1. Fahrzeuge, die dem Bau, der Unterhaltung oder Reinigung von Straßen oder von Anlagen im Straßenraum oder die der Müllabfuhr dienen und durch rot-weiße Warnmarkierungen (Sicherheitskennzeichnung), die dem Normblatt DIN 30710, Ausgabe März 1990, entsprechen müssen, gekennzeichnet sind,
2. Kraftfahrzeuge, die nach ihrer Bauart oder Einrichtung zur Pannenhilfe geeignet und nach dem Fahrzeugschein als Pannenhilfsfahrzeug anerkannt sind. Die Zulassungsbehörde kann zur Vorbereitung ihrer Entscheidung die Beibringung des Gutachtens eines amtlich anerkannten Sachverständigen oder Prüfers für den Kraftfahrzeugverkehr darüber anordnen, ob das Kraftfahrzeug nach seiner Bauart oder Einrichtung zur Pannenhilfe geeignet ist. Die Anerkennung ist nur zulässig für Fahrzeuge von Betrieben, die gewerblich oder innerbetrieblich Pannenhilfe leisten, von Automobilclubs und von Verbänden des Verkehrsgewerbes und der Autoversicherer,
3. Fahrzeuge mit ungewöhnlicher Breite oder Länge oder mit ungewöhnlich breiter oder langer Ladung, sofern die genehmigende Behörde die Führung der Kennleuchten vorgeschrieben hat,
4. Fahrzeuge, die aufgrund ihrer Ausrüstung als Schwer- oder Großraumtransport-Begleitfahrzeuge ausgerüstet und nach dem Fahrzeugschein anerkannt sind. Andere Begleitfahrzeuge dürfen mit abnehmbaren Kennleuchten ausgerüstet sein, sofern die genehmigende Behörde die Führung der Kennleuchten vorgeschrieben hat.

(5) ¹Krankenkraftwagen (Absatz 3 Nr. 4) dürfen mit einer nur nach vorn wirkenden besonderen Beleuchtungseinrichtung (z.B. Rot-Kreuz-Leuchte) ausgerüstet sein, um den Verwendungszweck des Fahrzeugs kenntlich zu machen. ²Die Beleuchtungseinrichtung darf keine Scheinwerferwirkung haben.

(6) ¹An Kraftfahrzeugen, in denen ein Arzt zur Hilfeleistung in Notfällen unterwegs ist, darf während des Einsatzes ein nach vorn und nach hinten wirkendes Schild mit der in schwarzer Farbe auf gelbem Grund versehenen Aufschrift „Arzt Notfalleinsatz" auf dem Dach angebracht sein, das gelbes Blinklicht ausstrahlt; dies gilt nur, wenn der Arzt zum Führen des Schildes berechtigt ist. ²Die Berechtigung zum Führen des Schildes erteilt auf Antrag die Zulassungsbehörde; sie entscheidet nach Anhörung der zuständigen Ärztekammer. ³Der Berechtigte erhält hierüber eine Bescheinigung, die während der Einsatz-

Zusätzliche Scheinwerfer und Leuchten   § 52 StVZO 5

fahrt mitzuführen und zuständigen Personen auf Verlangen zur Prüfung auszuhändigen ist.

(7) ¹Mehrspurige Fahrzeuge dürfen mit einer oder mehreren Leuchten zur Beleuchtung von Arbeitsgeräten und Arbeitsstellen (Arbeitsscheinwerfer) ausgerüstet sein. ²Arbeitsscheinwerfer dürfen nicht während der Fahrt benutzt werden. ³An Fahrzeugen, die dem Bau, der Unterhaltung oder der Reinigung von Straßen oder Anlagen im Straßenraum oder der Müllabfuhr dienen, dürfen Arbeitsscheinwerfer abweichend von Satz 2 auch während der Fahrt eingeschaltet sein, wenn die Fahrt zum Arbeitsvorgang gehört. ⁴Arbeitsscheinwerfer dürfen nur dann eingeschaltet werden, wenn sie andere Verkehrsteilnehmer nicht blenden.

(8) Türsicherungsleuchten für rotes Licht, die beim Öffnen der Fahrzeugtüren nach rückwärts leuchten, sind zulässig; für den gleichen Zweck dürfen auch rote rückstrahlende Mittel verwendet werden.

(9) ¹Vorzeltleuchten an Wohnwagen und Wohnmobilen sind zulässig. ²Sie dürfen nicht während der Fahrt benutzt und nur dann eingeschaltet werden, wenn nicht zu erwarten ist, daß sie Verkehrsteilnehmer auf öffentlichen Straßen blenden.

(10) Kraftfahrzeuge nach Absatz 3 Nr. 4 dürfen mit horizontal umlaufenden Streifen in leuchtrot nach DIN 6164, Teil 1, Ausgabe Februar 1980, ausgerüstet sein.

Begr zur ÄndVO v 12. 8. 97 (VkBl **97** 660): **Zu Abs 3:** *Zur Verbesserung der Erkennbarkeit von Einsatzfahrzeugen hinsichtlich ihrer Fernwirkung wurden Kennleuchten für blaues Blinklicht mit nur einer Hauptausstrahlrichtung (Blitzlicht-Scheinwerfer) geschaffen, die der Nummer 13 a der „Technischen Anforderungen an Fahrzeugteile bei der Bauartprüfung nach § 22 a StVZO" (TA) entsprechen müssen.* ...   **1**

Begr zur ÄndVO v 23. 3. 00 (VkBl **00** 366): **Zu Abs 3:** *Auf mehrheitlichen Beschluss der zuständigen obersten Landesbehörden sollen Unfallhilfswagen nur noch von öffentlichen Verkehrsbetrieben betrieben werden, nicht aber von Verkehrsbetrieben, die öffentlichen Personenverkehr betreiben. Unter dem Begriff „Unfallhilfswagen" sind keine Unfall-„Managementwagen" einzustufen. „Unfallhilfswagen" müssen spezifische und zusätzliche Ausrüstungen aufweisen, die bei gängigen Rettungsfahrzeugen z. B. der Feuerwehren nicht vorhanden sind.*   **1a**

1. Verbotene, unvorschriftsmäßig angebrachte oder unrichtig geschaltete Scheinwerfer sind zu entfernen, s BMV VkBl **49** 153, **50** 214. Nicht bauartgenehmigte **Punkt-** und **Breitstrahler** sind unzulässig, BMV 25. 8. 65, StV 7–8118 K/65. Merkblatt über den Anbau von Scheinwerfern und Leuchten an beweglichen FzTeilen, s § 49 a Rz 4.   **2**

2. Nebelscheinwerfer müssen in amtlich genehmigter Bauart ausgeführt sein (§ 22 a I Nr 10). Technische Anforderungen bei der Bauartprüfung, VkBl **73** 558, zuletzt geändert: VkBl **03** 752 = StVRL § 22 a Nr 1 (Nr 12). Nur zwei Nebelscheinwerfer dürfen neben den im § 50 vorgeschriebenen Scheinwerfern geführt werden (I S 1). Wegen der Blendgefahr dürfen sie nur benutzt werden, wenn dies unbedingt erforderlich ist. Verwendung gemäß § 17 StVO. Für die Beleuchtungsstärke enthält Satz 6 eine Beschränkung (s § 50). Schaltung: § 49 a IV, V. Messung der Beleuchtungsstärke der Zusatzscheinwerfer: § 50 VII. Auch Nebelscheinwerfer, als lichttechnische Einrichtungen, müssen vorschriftsmäßig angebracht und ständig betriebsbereit sein, § 49 a I S 3. Nebelscheinwerfer dürfen auch während der Zeit der Nichtbenutzung nicht abgedeckt sein. Darf nämlich gem § 17 Abs 3 Satz 3 StVO allein mit den Nebelscheinwerfern (zusammen mit den Begrenzungsleuten) gefahren werden, so ist nicht auszuschließen, dass die mit einem Überzug oder einer Kappe abgedeckten Nebelscheinwerfer eingeschaltet und gleichzeitig die Scheinwerfer für Abblendlicht ausgeschaltet werden; dies kann der Fahrzeugführer am Tage bei Nebel nicht bemerken (s Begr VkBl **88** 474). Zur Farbe der Nebelscheinwerfer, s BMV VkBl **79** 774.   **3**

3. Suchscheinwerfer (II) sind bewegliche Scheinwerfer, mit denen Straßen- und Geländeteile, auch Wegweiser, die nicht vom Licht der festen Scheinwerfer getroffen werden, beleuchtet werden können. Für sie gilt nicht das in I über Zusatzscheinwerfer Gesagte; doch darf der Suchscheinwerfer zur Verhütung von Fahrerflucht nur mit den Schlussleuchten und der Beleuchtung des hinteren Kennzeichens (§ 10 VI S 2 FZV) zugleich ein- und ausschaltbar sein (II S 3). Die Leistungsaufnahme solcher Geräte ist auf 35 Watt begrenzt (II S 2). Suchscheinwerfer müssen beweglich eingebaut sein, Ha VM **68** 23.   **4**

4. Arbeitsscheinwerfer dürfen nach Abs VII in der Fassung der ÄndVO v 23. 3. 00, abw von der früheren Regelung, an mehrspurigen Fzen, unabhängig von deren zulässigem Gesamt-   **5**

Dauer

5 StVZO § 52a   B. Fahrzeuge. III. Bau- und Betriebsvorschriften

gewicht, angebracht werden. Die früher in Abs II enthaltenen Vorschriften über **Rückfahrscheinwerfer** sind durch ÄndVO v 16. 11. 84 als § 52a neu gefasst.

6 **5. Kennleuchten für blaues Blinklicht.** Der Zweck des Blaulichts erfordert eine Begrenzung der Zulassung auf eine möglichst geringe FzZahl (BVerwG DAR **02** 281, VGH Ma VRS **96** 153, OVG Hb VRS **108** 458, OVG Münster NZV **00** 514, VRS **110** 461, VRS **114** 389, OVG Saarlouis SVR **07** 34). Ob ein Fz zu „Einheiten und Einrichtungen des **Katastrophenschutzes**" gehört richtet sich nach den landesrechtlichen Bestimmungen zum Katastrophenschutz, wobei ein konkret-institutioneller (organisatorischer) und kein lediglich funktionaler Begriff des Katastrophenschutzes maßgeblich ist (OVG Saarlouis SVR **07** 34). Neben der Fz der Feuerwehr und Einrichtungen des Katastrophenschutzes gestattet Abs 3 S 1 Nr 2 auch die Ausrüstung von Fz der Rettungsorganisationen mit Blaulicht (s Begr zur ÄndVO v 14. 6. 88, VkBl **88** 474). **KrankenFz** dürfen nach der Neufassung von Abs 3 S 1 Nr 4 durch ÄndVO v 23. 6. 93 nur noch mit blauem Rundumlicht ausgerüstet sein, wenn es sich um solche des Rettungsdienstes handelt. Damit soll erreicht werden, dass einen Krankenwagen nur mit Blaulicht ausrüstet, wer diesen auch benutzen darf (Begr VkBl **93** 614). Zur Definition des Begriffs **Rettungsdienst** im Rahmen des § 52 sind die Rettungsdienstgesetze der Länder heranzuziehen (OVG Münster NZV **00** 514, OVG Hb VD **06** 274). Fz zum Transport von Ärzten und Organen im Zusammenhang mit Organtransplantation fallen nicht unter Abs 3 S 1 Nr 2 oder 4 (OVG Münster NZV **00** 514). Das Fz muss ganz überwiegend dem Zweck dienen, in Fällen, in denen höchste Eile geboten ist, Menschenleben zu retten oder schwere gesundheitliche Schäden abzuwenden (OVG Hb VRS **108** 458). Kfz des **Blutspendedienstes** dürfen nach Streichung von Nr 5 in Abs 3 S 1 (durch ÄndVO v 23. 3. 00) nicht mehr mit Rundumlicht ausgerüstet sein; in Notfällen können andere in Abs 3 genannte Fze verwendet werden (s Begr, VkBl **00** 366). Ausnahmegenehmigung darf aber nicht mit dieser Begründung abgelehnt werden, wenn tatsächlich am Standort einer Blutbank kein mit Blaulicht ausgestattetes Fz rund um die Uhr einsatzbereit ist, das den Qualitätsanforderungen entspricht (OVG Münster VRS **110** 455, VRS **110** 459, VRS **114** 389). Ermessensfehlerfreie Ablehnung (§ 70) von Blaulicht und Einsatzhorn (§ 55 III) für **Notfallarzt,** VG Stade DAR **82** 238. Näher: *Petersen* NZV **97** 249.

7 Zusätzliche blaue Frontblinkleuchten (Abs 3 S 2). Zur geometrischen Sichtbarkeit blauen und gelben Blinklichts, BMV VkBl **70** 336. Kennleuchten für blaues und gelbes Blinklicht müssen in amtlich genehmigter Bauart ausgeführt sein (§ 22a I Nr 11, 12). Technische Anforderungen bei der Bauartprüfung, VkBl **73** 558, zuletzt geändert: VkBl **06** 645 = StVRL § 22a Nr 1 (Nr 13). VO zur Revision 1 der ECE-Regelung Nr 65 über einheitliche Bedingungen für die Genehmigung von Kennleuchten für Blinklicht für Kfz BGBl II **06** 542.

8 **6. Kennleuchten für gelbes Blinklicht.** Richtlinien über Bauart oder Einrichtung von **PannenhilfsFzen,** BMV VkBl **97** 472; ihre Nichtbeachtung ist nicht ow, Dü DAR **83** 91. Über Kennleuchten für gelbes Blinklicht (Rundumlicht), BMV VkBl **63** 163. Merkblatt für WinterdienstFze, VkBl **74** 70, **87** 787 = StVRL 1. **Arzt-Notfalleinsatz:** Nach Abs 6 ist die Berechtigung zum Führen des Dachaufsatzes nicht an ein bestimmtes Fz gebunden, sondern auf die Person des Arztes bezogen.

9 **7. Ausnahmen:** § 70 I. PrivatFze von Feuerwehrangehörigen dürfen keine gesonderten Beleuchtungseinrichtungen haben, BMV 3. 7. 67, StV 7–8041 M/67. Krankenwagen: Abs 5.

10 **8. Ordnungswidrigkeit:** §§ 69a III Nr 18e, V Nr 5e StVZO, 24 StVG. Nicht bußgeldbewehrt sind danach Verstöße gegen Abs IV, Dü DAR **83** 91, VRS **67** 289; jedoch kann Verstoß gegen § 49a I (§ 69a Nr 18) gegeben sein, *Huppertz* VD **92** 9, PVT **93** 205; zur Frage einer Ahndung nach §§ 23, 49 I Nr 22 StVO, s § 23 StVO Rz 38.

Rückfahrscheinwerfer

52a (1) **Der Rückfahrscheinwerfer ist eine Leuchte, die die Fahrbahn hinter und gegebenenfalls neben dem Fahrzeug ausleuchtet und anderen Verkehrsteilnehmern anzeigt, daß das Fahrzeug rückwärts fährt oder zu fahren beginnt.**

(2) ¹**Kraftfahrzeuge müssen hinten mit einem oder zwei Rückfahrscheinwerfern für weißes Licht ausgerüstet sein.** ²**An Anhängern sind hinten ein oder zwei Rückfahrscheinwerfer zulässig.** ³**Der niedrigste Punkt der leuchtenden Fläche darf nicht weniger als 250 mm und der höchste Punkt der leuchtenden Fläche nicht mehr als 1200 mm über der Fahrbahn liegen.**

Schlußleuchten, Bremsleuchten, Rückstrahler § 53 StVZO 5

(3) ¹An mehrspurigen Kraftfahrzeugen mit einem zulässigen Gesamtgewicht von mehr als 3,5 t darf auf jeder Längsseite ein Rückfahrscheinwerfer angebaut sein. ²Der höchste Punkt der leuchtenden Fläche darf nicht mehr als 1200 mm über der Fahrbahn liegen. ³Diese Rückfahrscheinwerfer dürfen seitlich nicht mehr als 50 mm über den Fahrzeugumriß hinausragen.

(4) ¹Rückfahrscheinwerfer dürfen nur bei eingelegtem Rückwärtsgang leuchten können, wenn die Einrichtung zum Anlassen oder Stillsetzen des Motors sich in der Stellung befindet, in der der Motor arbeiten kann. ²Ist eine der beiden Voraussetzungen nicht gegeben, so dürfen sie nicht eingeschaltet werden können oder eingeschaltet bleiben.

(5) Rückfahrscheinwerfer müssen, soweit nicht über eine Bauartgenehmigung eine andere Ausrichtung vorgeschrieben ist, so geneigt sein, daß sie die Fahrbahn auf nicht mehr als 10 m hinter der Leuchte beleuchten.

(6) Rückfahrscheinwerfer sind nicht erforderlich an

1. Krafträdern,
2. land- oder forstwirtschaftlichen Zug- oder Arbeitsmaschinen,
3. einachsigen Zugmaschinen,
4. Arbeitsmaschinen und Staplern,
5. Krankenfahrstühlen.

(7) Werden Rückfahrscheinwerfer an Fahrzeugen angebracht, für die sie nicht vorgeschrieben sind, müssen sie den Vorschriften der Absätze 2, 4 und 5 entsprechen.

1. Begr (VkBl **85** 80): *... Ausgenommen von der Ausrüstungspflicht wurden solche Fahrzeugkategorien, die nach § 39 keinen Rückwärtsgang zu haben brauchen, oder bei denen die Anbringung von Rückfahrscheinwerfern wegen des auf den Arbeitseinsatz abgestellten Aufbaus in vielen Fällen kaum oder nur unter großem Aufwand möglich ist.* 1

...

Begr zur ÄndVO v 23. 7. 90: VkBl **90** 497.

2. Rückfahrscheinwerfer dürfen die Fahrbahn nur auf höchstens 10 m nach hinten beleuchten (Abs V). Gem Abs IV müssen sie so geschaltet sein, dass sie nur bei eingelegtem Rückwärtsgang brennen können und solange die Zündung eingeschaltet ist. Übergangsvorschrift: § 72 II. Rückfahrscheinwerfer müssen nach § 22 a I Nr 12 a in amtlich genehmigter Bauart ausgeführt sein. 2

3. Die Ausrüstung des Fzs mit Rückfahrscheinwerfern hat keinerlei Auswirkungen auf die sich aus § 9 V StVO ergebende Pflicht des rückwärts Fahrenden zu äußerster Sorgfalt. Er darf sich also nicht ohne weiteres darauf verlassen, dass andere VT dem Aufleuchten der Rückfahrscheinwerfer seine Absicht entnehmen und sich darauf einstellen. 3

4. Ordnungswidrigkeiten: § 69 a III Nr 18 f. 4

Schlußleuchten, Bremsleuchten, Rückstrahler

53 (1) ¹Kraftfahrzeuge und ihre Anhänger müssen hinten mit zwei ausreichend wirkenden Schlußleuchten für rotes Licht ausgerüstet sein. ²Krafträder ohne Beiwagen brauchen nur eine Schlußleuchte zu haben. ³Der niedrigste Punkt der leuchtenden Fläche der Schlußleuchten darf nicht tiefer als 350 mm, bei Krafträdern nicht tiefer als 250 mm, und der höchste Punkt der leuchtenden Fläche nicht höher als 1500 mm, bei Arbeitsmaschinen und Staplern und land- oder forstwirtschaftlichen Zugmaschinen nicht höher als 1900 mm über der Fahrbahn liegen. ⁴Wenn die Form des Aufbaus die Einhaltung dieser Maße nicht zuläßt, darf der höchste Punkt der leuchtenden Fläche nicht höher als 2100 mm über der Fahrbahn liegen. ⁵Die Schlußleuchten müssen möglichst weit voneinander angebracht, der äußerste Punkt der leuchtenden Fläche darf nicht mehr als 400 mm von der breitesten Stelle des Fahrzeugumrisses entfernt sein. ⁶Mehrspurige Kraftfahrzeuge und ihre Anhänger dürfen mit zwei zusätzlichen Schlußleuchten ausgerüstet sein. ⁷Vorgeschriebene Schlußleuchten dürfen an einer gemeinsamen Sicherung nicht angeschlossen sein.

(2) ¹Kraftfahrzeuge und ihre Anhänger müssen hinten mit zwei ausreichend wirkenden Bremsleuchten für rotes Licht ausgerüstet sein, die nach rückwärts die Betätigung der Betriebsbremse, bei Fahrzeugen nach § 41 Abs. 7 der mechanischen Bremse, anzeigen. ²Die Bremsleuchten dürfen auch bei Betätigen eines Retarders oder einer ähnlichen Ein-

Dauer 1423

richtung aufleuchten. ³Bremsleuchten, die in der Nähe der Schlußleuchten angebracht oder damit zusammengebaut sind, müssen stärker als diese leuchten. ⁴Bremsleuchten sind nicht erforderlich an

1. Krafträdern mit oder ohne Beiwagen mit einer durch die Bauart bestimmten Höchstgeschwindigkeit von nicht mehr als 50 km/h,
2. Krankenfahrstühlen,
3. Anhängern hinter Fahrzeugen nach den Nummern 1 und 2 und
4. Fahrzeugen mit hydrostatischem Fahrantrieb, der als Betriebsbremse anerkannt ist.

⁵Bremsleuchten an Fahrzeugen, für die sie nicht vorgeschrieben sind, müssen den Vorschriften dieses Absatzes entsprechen. ⁶An Krafträdern ohne Beiwagen ist nur eine Bremsleuchte zulässig. ⁷Der niedrigste Punkt der leuchtenden Fläche der Bremsleuchten darf nicht tiefer als 350 mm und der höchste Punkt der leuchtenden Fläche nicht höher als 1500 mm über der Fahrbahn liegen. ⁸An Fahrzeugen des Straßendienstes, die von öffentlichen Verwaltungen oder in deren Auftrag verwendet werden, darf der höchste Punkt der leuchtenden Fläche der Bremsleuchten höher als 1500 mm über der Fahrbahn liegen. ⁹An Arbeitsmaschinen, Staplern und land- oder forstwirtschaftlichen Zugmaschinen darf der höchste Punkt der leuchtenden Fläche nicht höher als 1900 mm, wenn die Form des Aufbaus die Einhaltung dieses Maßes nicht zuläßt, nicht höher als 2100 mm über der Fahrbahn liegen. ¹⁰Mehrspurige Kraftfahrzeuge und ihre Anhänger dürfen mit zwei zusätzlichen, höher als 1000 mm über der Fahrbahn liegenden, innen oder außen am Fahrzeug fest angebrachten Bremsleuchten ausgerüstet sein, die abweichend von Satz 6 auch höher als 1500 mm über der Fahrbahn angebracht sein dürfen. ¹¹Sie müssen so weit wie möglich voneinander entfernt angebracht sein.

(3) *(aufgehoben)*

(4) ¹Kraftfahrzeuge müssen an der Rückseite mit 2 roten Rückstrahlern ausgerüstet sein. ²Anhänger müssen mit 2 dreieckigen roten Rückstrahlern ausgerüstet sein; die Seitenlänge solcher Rückstrahler muß mindestens 150 mm betragen, die Spitze des Dreiecks muß nach oben zeigen. ³Der äußerste Punkt der leuchtenden Fläche der Rückstrahler darf nicht mehr als 400 mm vom äußersten Punkt des Fahrzeugumrisses und ihr höchster Punkt der leuchtenden Fläche nicht mehr als 900 mm von der Fahrbahn entfernt sein. ⁴Ist wegen der Bauart des Fahrzeugs eine solche Anbringung der Rückstrahler nicht möglich, so sind 2 zusätzliche Rückstrahler erforderlich, wobei ein Paar Rückstrahler so niedrig wie möglich und nicht mehr als 400 mm von der breitesten Stelle des Fahrzeugumrisses entfernt und das andere Paar möglichst weit auseinander und höchstens 900 mm über der Fahrbahn angebracht sein muß. ⁵Krafträder ohne Beiwagen brauchen nur mit einem Rückstrahler ausgerüstet zu sein. ⁶An den hinter Kraftfahrzeugen mitgeführten Schneeräumgeräten mit einer Breite von mehr als 3 m muß in der Mitte zwischen den beiden anderen Rückstrahlern ein zusätzlicher dreieckiger Rückstrahler angebracht sein. ⁷Fahrräder mit Hilfsmotor dürfen mit Pedalrückstrahlern (§ 67 Abs. 6) ausgerüstet sein. ⁸Dreieckige Rückstrahler sind an Kraftfahrzeugen nicht zulässig.

(5) ¹Vorgeschriebene Schlußleuchten, Bremsleuchten und Rückstrahler müssen am äußersten Ende des Fahrzeugs angebracht sein. ²Ist dies wegen der Bauart des Fahrzeugs nicht möglich, und beträgt der Abstand des äußersten Endes des Fahrzeugs von der zur Längsachse des Fahrzeugs senkrecht liegenden Ebenen, an denen sich die Schlußleuchten, die Bremsleuchten oder die Rückstrahler befinden, mehr als 1000 mm, so muß je eine der genannten Einrichtungen zusätzlich möglichst weit hinten und möglichst in der nach den Absätzen 1, 2 und 4 vorgeschriebenen Höhe seitlich in der Mittellinie der Fahrzeugspur angebracht sein. ³Nach hinten hinausragende fahrbare Anhängeleitern, Förderbänder und Kräne sind außerdem am Tage wie eine Ladung nach § 22 Abs. 4 der Straßenverkehrs-Ordnung kenntlich zu machen.

(6) ¹Die Absätze 1 und 2 gelten nicht für einachsige Zug- oder Arbeitsmaschinen. ²Sind einachsige Zug- oder Arbeitsmaschinen mit einem Anhänger verbunden, so müssen an der Rückseite des Anhängers die für Kraftfahrzeuge vorgeschriebenen Schlußleuchten angebracht sein. ³An einspurigen Anhängern hinter einachsigen Zug- oder Arbeitsmaschinen und hinter Krafträdern – auch mit Beiwagen – genügen für die rückwärtige Sicherung eine Schlußleuchte und ein dreieckiger Rückstrahler.

(7) Abweichend von Absatz 4 Satz 2 dürfen
1. land- oder forstwirtschaftliche Arbeitsgeräte, die hinter Kraftfahrzeugen mitgeführt werden und nur im Fahren eine ihrem Zweck entsprechende Arbeit leisten können,
2. eisenbereifte Anhänger, die nur für land- oder forstwirtschaftliche Zwecke verwendet werden,

mit Rückstrahlern ausgerüstet sein, wie sie nach Absatz 4 Satz 1 und 8 für Kraftfahrzeuge vorgeschrieben sind.

Schlußleuchten, Bremsleuchten, Rückstrahler   § 53 StVZO 5

(7a) **Anhänger,** die nur für land- oder forstwirtschaftliche Zwecke eingesetzt werden, können neben den Rückstrahlern nach Absatz 4 Satz 2 auch Rückstrahler führen, wie sie für Kraftfahrzeuge vorgeschrieben sind.

(7b) **Rückstrahler** an hinter Kraftfahrzeugen mitgeführten land- oder forstwirtschaftlichen Bodenbearbeitungsgeräten dürfen abnehmbar sein.

(8) ¹Mit Abschleppwagen oder Abschleppachsen abgeschleppte Fahrzeuge müssen Schlußleuchten, Bremsleuchten, Rückstrahler und Fahrtrichtungsanzeiger haben. ²Diese Beleuchtungseinrichtungen dürfen auf einem Leuchtenträger (§ 49a Abs. 9) angebracht sein; sie müssen vom abschleppenden Fahrzeug aus betätigt werden können.

(9) ¹Schlußleuchten, Bremsleuchten und rote Rückstrahler – ausgenommen zusätzliche Bremsleuchten und zusätzliche Schlußleuchten – dürfen nicht an beweglichen Fahrzeugteilen angebracht werden. ²Das gilt nicht für lichttechnische Einrichtungen, die nach § 49a Abs. 9 und 10 abnehmbar sein dürfen.

(10) ¹Die Kennzeichnung von

1. Kraftfahrzeugen, deren durch die Bauart bestimmte Höchstgeschwindigkeit nicht mehr als 30 km/h beträgt, und ihren Anhängern mit einer dreieckigen Tafel mit abgeflachten Ecken, die der im Anhang zu dieser Vorschrift genannten Bestimmung entspricht,
2. schweren und langen Kraftfahrzeugen und Anhängern mit rechteckigen Tafeln, die der im Anhang zu dieser Vorschrift genannten Bestimmung entsprechen, und
3. schweren und langen Fahrzeugen – ausgenommen Personenkraftwagen – mit einer Länge von mehr als 6,00 m mit Konturmarkierungen aus weißen oder gelben retroreflektierenden Materialien, die den im Anhang zu dieser Vorschrift genannten Bestimmungen entsprechen,

ist zulässig. ²Bei den in Satz 1 Nr. 3 genannten Fahrzeugen ist in Verbindung mit der Konturmarkierung Werbung auch aus andersfarbigen retroreflektierenden Materialien auf den Seitenflächen der Fahrzeuge zulässig, die den im Anhang zu dieser Vorschrift genannten Bestimmungen entspricht.

Begr zur ÄndVO v 23. 7. 90: VkBl **90** 497.   1

Begr zur ÄndVO v 23. 6. 93 (VkBl **93** 615):

Zu Abs 10: … *Zur Verbesserung der rückwärtigen Erkennbarkeit von Lastkraftwagen und Fahrzeugkombinationen bieten sich rechteckige Tafeln nach der ECE-Regelung Nr. 70 an. Da bereits mehrere EC-Mitgliedstaaten Tafeln nach der ECE-Regelung zugelassen oder gar vorgeschrieben haben, sollen auch die deutschen Fahrzeughalter durch Einfügung des Absatzes 10 die Möglichkeit zur Verbesserung der Erkennbarkeit ihrer Fahrzeuge nutzen können. Dies gilt sinngemäß auch für bauartbedingt langsam fahrende Fahrzeuge. In zunehmendem Maße fordern benachbarte EG-Mitgliedstaaten die Ausrüstung dieser Fahrzeuge mit dreieckigen Tafeln nach der ECE-Regelung Nr. 69.*

Begr zur ÄndVO v 12. 8. 97: VkBl **97** 660.

Begr zur ÄndVO v 23. 3. 00 (VkBl **00** 367): **Zu Abs 10:** *Neben der Kennzeichnung bestimmter* 2
Fahrzeuge gemäß den ECE-Regelungen Nr. 69 und Nr. 70 soll nun auch die Kennzeichnung mit Konturmarkierungen gemäß ECE-Regelung 104 zugelassen werden, um die Sichtbarkeit dieser Fahrzeuge weiter zu verbessern.
Der Aufmerksamkeitsgrad der nach der ECE-Regelung Nr. 104 mit retroreflektierenden Materialien gekennzeichneten Fahrzeuge, ist für den sich neben der beleuchtenden Lichtquelle befindlichen Betrachter deutlich erhöht.
Um diesen Aufmerksamkeitsgrad durchgehend zu erhalten, wird ausdrücklich darauf hingewiesen, dass eine Kombination von markierten und nicht markierten Fahrzeugen nicht im Verkehr betrieben werden sollte. Dies geht eindeutig aus der ECE-Regelung Nr. 104, Anhang 9, Nr. 1.1 hervor …

23. StVZAusnV v 13. 3. 74 (BGBl I 744)

§ 3. Abweichend von § 53 Abs. 4 Satz 4 StVZO sind an Fahrzeugen, die vor dem 1. April 2a
1974 erstmals in den Verkehr gekommen sind, zwei zusätzliche Rückstrahler nicht erforderlich, wenn eine höhere Anbringung der vorgeschriebenen Rückstrahler bei der Erteilung der Betriebserlaubnis genehmigt und eine Auflage über die Anbringung eines zweiten Paares Rückstrahler nicht gemacht worden ist.

40. StVZAusnV v 20. 12. 91 (BGBl I 2392)

2b § 1. Abweichend von § 53 Abs. 2 Satz 1 der Straßenverkehrs-Zulassungs-Ordnung sind Einrichtungen und Schaltungen zulässig, die das Aufleuchten der Bremsleuchten bewirken, wenn eine Betriebsbremsung zu erwarten ist. Dies gilt nur, wenn

1. diese Einrichtungen und Schaltungen die in der Anlage aufgeführten Anforderungen erfüllen und
2. für diese Einrichtungen und Schaltungen eine Betriebserlaubnis für Fahrzeugteile nach § 22 der Straßenverkehrs-Zulassungs-Ordnung erteilt worden ist.

§ 2. *(aufgehoben)*

§ 3. Diese Verordnung tritt am Tage nach der Verkündung in Kraft. § 1 tritt am 1. Januar 2006 für neu in den Verkehr kommende Fahrzeuge außer Kraft.

Anlage zu § 1 S 2, s BGBl I 1991 S 2393.

Begr: VkBl **92** 26, **96** 51, **00** 360.

43. StVZAusnV v 18. 3. 93 (BGBl I 361)

2c § 1. Abweichend von § 53 Abs. 2 der Straßenverkehrs-Zulassungs-Ordnung darf an Kraftfahrzeugen – ausgenommen Krafträder – und ihren Anhängern eine zusätzliche zentrale Bremsleuchte angebaut sein, wenn

1. ihre Lichtstärke mindestens 25 Candela, aber nicht mehr als 80 Candela beträgt,
2. sie in einer amtlich genehmigten Bauart (§ 22a Abs. 1 Nr. 14 der Straßenverkehrs-Zulassungs-Ordnung) ausgeführt ist oder auf Grund vergleichbarer Anforderungen eines anderen Mitgliedstaates der Europäischen Gemeinschaften an Bauart und Beschaffenheit genehmigt wurde und mindestens die gleiche Schutzwirkung aufweist,
3. sie symmetrisch zur Fahrzeuglängsmittelebene innen oder außen am Fahrzeug fest angebracht ist und ihre untere Begrenzung der leuchtenden Fläche über den oberen Begrenzungen der leuchtenden Flächen der vorgeschriebenen Bremsleuchten liegt und
4. nicht bereits zusätzliche paarweise Bremsleuchten nach § 53 Abs. 2 Satz 10 der Straßenverkehrs-Zulassungs-Ordnung angebracht sind.

§ 2. Diese Verordnung tritt am Tage der Verkündung in Kraft.

Begr: VkBl **93** 320.

3 1. § 53 enthält die Bauvorschriften für die **Kenntlichmachung von Kraftfahrzeugen und Anhängern nach hinten,** um Mängeln der **Schlussbeleuchtung** vorzubeugen. Es soll ein Signalbild erreicht werden, das in einem nach Höhe und seitlicher Abgrenzung bestimmten Rahmen an der Rückseite des Fz entsteht, und zwar durch die Schlussleuchten und die beleuchtete Fläche des Kennzeichens. Für den Fall des Versagens beider Schlussleuchten sind **Rückstrahler** vorgeschrieben. Merkblatt über den Anbau von Scheinwerfern und Leuchten an beweglichen FzTeilen, s § 49a Rz 4. Zur Verbesserung der Sichtbarkeit lässt Abs X Nr 1 bis 3 (eingefügt durch ÄndVO v 23. 6. 93 bzw v 23. 3. 00) für die dort genannten langsamen sowie schweren und langen Fze auch die Kennzeichnung durch dreieckige und rechteckige **Tafeln** bzw **Konturmarkierungen** aus retroreflektierenden Materialien zu (s Begr, Rz 1, 2). Werbung in Verbindung mit der Konturmarkierung ist nach Maßgabe von Abs X S 2 auf den Seitenflächen des Fz zulässig; jedoch ist das Verbot verkehrsgefährdender oder -erschwerender Werbung (§ 33 I S 1 Nr 3 StVO) zu beachten.

4 2. Zwei **Schlussleuchten** sind für Kfze außer Krädern (ohne Beiwagen) vorgeschrieben (Abs I S 1). Fahrräder: § 67. Für mehrspurige Kfze und ihre Anhänger sind zwei weitere Schlussleuchten zugelassen (Abs I S 6), weil die üblichen Schlussleuchten durch Personen verdeckt werden können. Nur *vorgeschriebene* Schlussleuchten sind gem Abs V S 1 am äußersten Ende des Fzs anzubringen. Sie sind dort in gleichem Abstand zwischen Fahrzeugmitte und Außenkanten zu führen. Schlussleuchten müssen nach § 22a I Ziff 13 in amtlich genehmigter Bauart ausgeführt sein. Technische Anforderungen bei der Bauartprüfung, VkBl **73** 558, zuletzt geändert: VkBl **03** 752 = StVRL § 22a Nr 1 (Nr 14). Vorgeschriebene Schlussleuchten dürfen nach Abs I S 7 auch dann nicht mehr an eine gemeinsame Sicherung angeschlossen werden, wenn ihre Wirksamkeit vom Führersitz aus durch ein Kontrolllicht überwacht werden kann. Übergangsvorschrift: § 72 II. Auch Krankenfahrstühle müssen zwei Schlussleuchten haben.

Schlußleuchten, Bremsleuchten, Rückstrahler § 53 StVZO 5

3. Mit zwei **Bremsleuchten** müssen mehrspurige Fze ausgerüstet sein (Abs II S 1, 6). Übergangsvorschrift: § 72 II. Sie dienen bei Kfzen zur Anzeige des Bremsens gegenüber dem nachfolgenden V. Sie müssen nach § 22a I Ziff 14 in amtlich genehmigter Bauart ausgeführt sein. Die Farbe der Bremsleuchten ist rot (Abs II S 1). Blinkende Bremsleuchten sind unzulässig, BMV VkBl **72** 35. Technische Anforderungen bei der Bauartprüfung, VkBl **73** 558, zuletzt geändert: VkBl **03** 752 = StVRL § 22a Nr 1 (Nr 17). **Zusätzliche Bremsleuchten:** Abs II S 10, s BMV VkBl **80** 788, **81** 4. Zusätzliche hochgesetzte Bremsleuchten, für mehrere Kfze zugleich sichtbar, sollen optisch-psychologisch ausreichendes Abstandhalten bewirken. Zum Einfluss hochgesetzter Bremsleuchten auf die Häufigkeit von Auffahrunfällen, s *Kümmel* PTV **80** 230, *Marburger* ZVS **84** 135. Sie müssen fest angebracht, dh mit dem FzKörper dauerhaft haltbar verbunden sein, Abs II S 9, s VkBl **81** 4. An Kfzen (ausgenommen Kräder), die nicht bereits gem Abs II S 10 zwei zusätzliche hochgesetzte Bremsleuchten führen, darf unter den Voraussetzungen der 43. StVZAusnV (Rz 2c) eine zusätzliche zentral hochgesetzte 3. Bremsleuchte angebaut sein. **Anbringung:** Abs II S 7–9. Eine Koppelung von Gaspedal und Bremslicht widerspricht zwar Abs II S 1, wonach Bremsleuchten Bremsbetätigung anzeigen; jedoch sind abw von dieser Bestimmung **Bremsvorwarnsysteme** unter den Voraussetzungen von § 1 der 40. StVZAusnV (s Rz 2b) zulässig, soweit es sich um Fze handelt, die vor dem 1. 1. 2006 in den V gekommen sind (§ 3 der AusnVO). Im Übrigen erlaubt Abs II S 2 auch das Aufleuchten der Bremsleuchten bei Benutzung von **Retardern** oder ähnlichen Einrichtungen. Zur Einschaltung des Bremslichts bei Benutzung der Dauerbremse, BMV VkBl **70** 654.

Keine Bremsleuchten brauchen zu führen (Abs II S 4): alle Krafträder mit oder ohne Beiwagen mit bauartbestimmter Höchstgeschwindigkeit von nicht mehr als 50 km/h; Krankenfahrstühle; Anhänger hinter solchen Fzen; Fze mit hydrostatischem Fahrantrieb (s Begr VkBl **90** 497). Soweit Fze, die keine Bremsleuchten zu führen brauchen, solche doch führen, müssen sie Abs II entsprechen (Abs II S 5). Doch ist bei Krafträdern ohne Beiwagen nur eine Bremsleuchte zulässig (Abs II S 6).

4. Schluss- und Bremsleuchten für Anhänger (§ 2 Nr 2 FZV) von Kfzen sind in Abs I, II vorgeschrieben, so dass Abs III (alt) entfallen konnte. An Anhängern sind dieselben Leuchten zu führen, die für das ziehende Kfz vorgeschrieben sind. Mehrspurige Anhänger hinter einspurigen Kfzen müssen mit Schlussleuchten ausgerüstet sein, wie sie für mehrspurige Kfze vorgeschrieben sind. Die Schlussleuchten des Anhängers müssen auch bei Tage durch Anschluss zwischen ziehendem Fz und Anhänger betriebsfertig sein, § 49a I S 3. Land- und forstwirtschaftliche Arbeitsgeräte und eisenbereifte Anhänger hinter Kfzen genießen hinsichtlich der rückwärtigen Sicherung keine Sonderstellung mehr.

4a. Nebelschlussleuchten: § 53d.

5. Kraftfahrzeuge haben zwei **Rückstrahler** zu führen (Abs IV S 1), auch Kräder mit Beiwagen, s Abs IV S 5 (s BMV VkBl **52** 266). Rückstrahler sind nur in amtlich genehmigter Bauart zugelassen (§ 22a I 15). Technische Anforderungen bei der Bauartprüfung, VkBl **73** 558, zuletzt geändert: VkBl **03** 752 = StVRL § 22a Nr 1 (Nr 18). Die Begrenzung der Anbringungshöhe auf 900 mm entspricht praktischen Erfordernissen. Alle FmH, also auch diejenigen mit bauartbedingter Höchstgeschwindigkeit zwischen 26 und 40 km/h, dürfen Pedalrückstrahler (§ 67 VI) führen. Mit den für Anhänger eingeführten dreieckigen Rückstrahlern (Abs IV S 2) sind auch Pkw- und Kradanhänger auszustatten, BMV VkBl **52** 266. An anderen Fzen sind sie verboten, § 49a I S 1 (s VkBl **52** 315). Rückstrahler an land- oder forstwirtschaftlichen Arbeitsgeräten: Abs VII, VIIa. Rückstrahler sind lichttechnische Einrichtungen (§ 49a I S 2). Reinigt der Fahrer verschmutzte Rückstrahler pflichtwidrig nicht, so kann das für Auffahrfolgen ursächlich sein, BGH DAR **58** 218. Wird ein LkwAnhänger mit verschmutzten Rückstrahlern am StrRand abgestellt, so spricht bei Kollision der Anscheinsbeweis dafür, dass ordnungswidriger Zustand der Rückstrahler ursächlich gewesen ist, BGH VersR **61** 860. Entfärbte Rückstrahler oder Gläser sind zu ersetzen, s BMV VkBl **61** 24.

6. Zusätzliche Bestimmungen über die rückwärtige Sicherung der Fahrzeuge. In Abs V sind Bestimmungen über die Anbringung der Schlussleuchten, Bremsleuchten oder Rückstrahler an Fzen aufgenommen, an denen sie sich wegen der Besonderheit ihrer Bauart nicht am äußersten Ende anbringen lassen, außerdem Vorschriften über die rückwärtige Sicherung von fahrbaren Anhängeleitern, Förderbändern und Kränen, die nach hinten hinausragen. Mit der durch ÄndVO v 20. 6. 73 erfolgten Einfügung der Wörter „die Bremsleuchten" in

Dauer

5 StVZO § 53a B. Fahrzeuge. III. Bau- und Betriebsvorschriften

Abs V S 2 ist klargestellt, daß außer Schlussleuchten und Rückstrahlern in den Fällen des Abs V auch die Bremsleuchten zusätzlich anzubringen sind (s Begr VkBl **73** 410).

10 7. Für **einachsige Zug- und Arbeitsmaschinen** gelten die Absätze I und II über vorgeschriebene Schluss- und Bremsleuchten nicht (Abs VI S 1). Sind solche Maschinen mit Anhängern verbunden, so sind diese Sicherungen jedoch nicht entbehrlich. Da sie nicht am ziehenden Fz angebracht werden können, sollen sie sich am Anhänger befinden (Abs VI S 2); für einspurige Anhänger hinter einachsigen Zug- und Arbeitsmaschinen sowie Krädern gilt die Erleichterung des Abs VI S 3: es genügen eine Schlussleuchte und ein dreieckiger Rückstrahler.

11 8. **Ausnahmen für Anhänger in der Land- oder Forstwirtschaft:** Abs VII a, VII b (abnehmbare Leuchtenträger).

12 9. **Sonstige Ausnahmen:** § 70 I. Richtlinien für Ausnahmegenehmigungen für bestimmte Arbeitsmaschinen und bestimmte andere FzArten, VkBl **80** 433. **Leichtmofas** dürfen unter den Voraussetzungen des § 1 Leichtmofa-AusnVO (Buchteil **9**) mit den für Fahrräder vorgeschriebenen lichttechnischen Einrichtungen ausgerüstet sein. **Übergangsvorschriften:** § 72 II.

13 10. **Ordnungswidrigkeit:** §§ 69a III Nr 18g StVZO, 24 StVG. Gegen die Bestimmungen über Schlussleuchten verstößt auch, wer sie so verdeckt, daß sie ihren Zweck nicht erfüllen können.

Warndreieck, Warnleuchte, Warnblinkanlage

53a (1) ¹**Warndreiecke und Warnleuchten müssen tragbar, standsicher und so beschaffen sein, daß sie bei Gebrauch auf ausreichende Entfernung erkennbar sind.** ²Warndreiecke müssen rückstrahlend sein; Warnleuchten müssen gelbes Blinklicht abstrahlen, von der Lichtanlage des Fahrzeugs unabhängig sein und eine ausreichende Brenndauer haben. ³Die Warneinrichtungen müssen in betriebsfertigem Zustand sein.

(2) In Kraftfahrzeugen mit Ausnahme von Krankenfahrstühlen, Krafträdern und einachsigen Zug- oder Arbeitsmaschinen müssen mindestens folgende Warneinrichtungen mitgeführt werden:

1. in Personenkraftwagen, land- oder forstwirtschaftlichen Zug- oder Arbeitsmaschinen sowie in anderen Kraftfahrzeugen mit einem zulässigen Gesamtgewicht von nicht mehr als 3,5 t:
   ein Warndreieck;
2. in Kraftfahrzeugen mit einem zulässigen Gesamtgewicht von mehr als 3,5 t:
   ein Warndreieck und getrennt davon eine Warnleuchte. Als Warnleuchte darf auch eine tragbare Blinkleuchte nach § 53 b Abs. 5 Satz 7 mitgeführt werden.

(3) ¹Warnleuchten, die mitgeführt werden, ohne daß sie nach Absatz 2 vorgeschrieben sind, dürfen abweichend von Absatz 1 von der Lichtanlage des Fahrzeugs abhängig, im Fahrzeug fest angebracht oder so beschaffen sein, daß sie bei Bedarf innen oder außen am Fahrzeug angebracht werden können. ²Sie müssen der Nummer 20 der Technischen Anforderungen an Fahrzeugteile bei der Bauartprüfung nach § 22a der Straßenverkehrs-Zulassungs-Ordnung (Verkehrsblatt 1973 S. 558) entsprechen.

(4) ¹Fahrzeuge (ausgenommen Kraftfahrzeuge nach § 30a Abs. 3 mit Ausnahme von dreirädrigen Kraftfahrzeugen), die mit Fahrtrichtungsanzeigern ausgerüstet sein müssen, müssen zusätzlich eine Warnblinkanlage haben. ²Sie muß wie folgt beschaffen sein:

1. Für die Schaltung muß im Kraftfahrzeug ein besonderer Schalter vorhanden sein.
2. Nach dem Einschalten müssen alle am Fahrzeug oder Zug vorhandenen Blinkleuchten gleichzeitig mit einer Frequenz von 1,5 Hz ±0,5 Hz (90 Impulse ± 30 Impulse in der Minute) gelbes Blinklicht abstrahlen.
3. Dem Fahrzeugführer muß durch eine auffällige Kontrolleuchte nach § 39a angezeigt werden, daß das Warnblinklicht eingeschaltet ist.

(5) Warnblinkanlagen an Fahrzeugen, für die sie nicht vorgeschrieben sind, müssen den Vorschriften des Absatzes 4 entsprechen.

23. StVZAusnV v 13. 3. 74 (BGBl I 744)

1 § 4 (1) Abweichend von § 53a Abs. 4 StVZO in Verbindung mit § 54 Abs. 3 StVZO darf bei Fahrzeugen, die vor dem 1. Januar 1970 erstmals in den Verkehr gekommen sind, das Warnblinklicht auch durch die vorhandenen Blinkleuchten für rotes Licht abgestrahlt werden.

Ausrüstung u. Kenntlichmachung v. Anbaugeräten u. Hubladebühnen   **§ 53b StVZO 5**

(2) **An solchen Fahrzeugen darf das Warnblinklicht an der Rückseite anstatt durch die Blinkleuchten für rotes Licht durch zwei zusätzlich angebrachte Leuchten für gelbes Licht abgestrahlt werden.**

Begr zur ÄndVO v 22. 10. 03 (VkBl **03** 747): **Zu Abs 4:** *Nach der Richtlinie 93/92/EWG über den Anbau der Beleuchtungs- und Lichtsignalanlagen an zweirädrigen oder dreirädrigen Kraftfahrzeugen ist die Ausrüstung von Krafträdern mit Warnblinklicht erlaubt, aber nicht vorgeschrieben. Durch die Änderung wird die Anpassung an die Vorschriften dieser Richtlinie vorgenommen.* 2

1. Warneinrichtungen. § 53a soll Unfälle durch Auffahren auf haltende oder wegen Betriebsstörung liegengebliebene Kfze verhindern, s Dü VRS **74** 302, **75** 378, **79** 70. Die Mitführungspflicht gilt auch für Quads (s § 3 FZV Rz 16), BMV VkBl **04** 28. Warndreiecke und Warnleuchten müssen nach § 22a I Ziff 16 in amtlich genehmigter Bauart ausgeführt sein. Technische Anforderungen bei der Bauartprüfung, insbesondere zusätzlicher Warnleuchten nach § 53a III, VkBl **73** 558, zuletzt geändert: VkBl **03** 752 = StVRL § 22a Nr 1 (Nr 19). Die ECE-Regelung über Warndreiecke (VkBl **88** 286) ist durch VO v 4. 2. 88 (BGBl II S 158) für die BRep in Kraft gesetzt worden. Abs III S 2 stellt klar, dass die Technischen Anforderungen an FzTeile auch auf nicht vorgeschriebene, zusätzliche Warnleuchten Anwendung finden (s Begr VkBl **85** 80). Übergangsvorschrift: § 72 II. Vorgeschriebene Warnleuchten sind vom Halter so unterzubringen, dass der Fahrer sie bei Bedarf sofort finden und benutzen kann, Dü NZV **93** 41, VRS **74** 302, Zw VRS **56** 70. Für ständige Betriebsbereitschaft hat er zu sorgen, Dü VRS **74** 302, **75** 378, **79** 70 (Prüfung vor jedem FzEinsatz). Unterlässt es der Kf pflichtwidrig, betriebsbereite Sicherungsmittel mitzunehmen, so kann das auffahrursächlich sein, BGH DAR **58** 218, Ha VRS **16** 35. Aufstellen der vorgeschriebenen Sicherungsmittel: § 15 StVO. 3

2. Beschaffenheit der Warneinrichtungen: Abs I. 4

3. Warnblinkanlage. Alle Fze, die mit Fahrtrichtungsanzeigern ausgerüstet sein müssen (§ 54), mit Ausnahme von zweirädrigen Krafträdern (Abs IV S 1), müssen zusätzlich eine Warnblinkanlage haben (IV), bei der das Warnblinklicht rechts und links gleichzeitig aufleuchtet. Das Warnblinklicht soll die Zeit bis zum Aufstellen der Sicherungsmittel überbrücken. Verzögerungsabhängig geschaltete Warnblinkanlagen, s BMV VkBl **70** 834, **71** 58. 5

4. Ordnungswidrigkeit: §§ 31b, 69a III Nr 19, V Nr 4b StVZO, 24 StVG. Ungenügendes Kenntlichmachen bei Halten oder Liegenbleiben: §§ 15, 23 StVO. Fehlen die vorgeschriebenen Ausrüstungsgegenstände, so ist das Fz nicht vorschriftsmäßig, s § 31 Rz 11, Anordnen oder Zulassen der Inbetriebnahme durch den Halter ist dann ow (§ 31 II). Der Halter muss dem Fahrer die mitzuführenden Gegenstände entweder aushändigen oder ihm den Aufbewahrungsort im Fz angeben oder sie dort unterbringen, wo dieser sie sofort findet, Dü VRS **74** 302, s auch Rz 3. 6

Ausrüstung und Kenntlichmachung von Anbaugeräten und Hubladebühnen

53b (1) ¹Anbaugeräte, die seitlich mehr als 400 mm über den äußersten Punkt der leuchtenden Flächen der Begrenzungs- oder der Schlußleuchten des Fahrzeugs hinausragen, müssen mit Begrenzungsleuchten (§ 51 Abs. 1), Schlußleuchten (§ 53 Abs. 1) und Rückstrahlern (§ 53 Abs. 4) ausgerüstet sein. ²Die Leuchten müssen so angebracht sein, daß der äußerste Punkt ihrer leuchtenden Fläche nicht mehr als 400 mm von der äußersten Begrenzung des Anbaugeräts und der höchste Punkt der leuchtenden Fläche nicht mehr als 1500 mm von der Fahrbahn entfernt sind. ³Der äußerste Punkt der leuchtenden Fläche der Rückstrahler darf nicht mehr als 400 mm von der äußersten Begrenzung des Anbaugeräts, der höchste Punkt der leuchtenden Fläche nicht mehr als 900 mm von der Fahrbahn entfernt sein. ⁴Die Leuchten und die Rückstrahler dürfen außerhalb der Zeit, in der die Beleuchtung nötig ist (§ 17 Abs. 1 der Straßenverkehrs-Ordnung), abgenommen sein; sie müssen in oder am Fahrzeug mitgeführt werden.

(2) ¹Anbaugeräte, deren äußerstes Ende mehr als 1000 mm über die Schlußleuchten des Fahrzeugs nach hinten hinausragt, müssen mit einer Schlußleuchte (§ 53 Abs. 1) und einem Rückstrahler (§ 53 Abs. 4) ausgerüstet sein. ²Schlußleuchte und Rückstrahler müssen möglichst am äußersten Ende des Anbaugeräts und möglichst in der Fahrzeuglängsmittelebene angebracht sein. ³Der höchste Punkt der leuchtenden Fläche der Schlußleuchte darf nicht mehr als 1500 mm und der des Rückstrahlers nicht mehr als 900 mm von der Fahrbahn entfernt sein. ⁴Schlußleuchte und Rückstrahler dürfen außerhalb der Zeit, in der die Beleuchtung nötig ist (§ 17 Abs. 1 der Straßenverkehrs-Ordnung), abgenommen sein; sie müssen im oder am Fahrzeug mitgeführt werden.

(3) ¹Anbaugeräte nach Absatz 1 müssen ständig nach vorn und hinten, Anbaugeräte nach Absatz 2 müssen ständig nach hinten durch Park-Warntafeln nach § 51c, oder durch Folien oder Tafeln nach DIN 11030, Ausgabe September 1994, kenntlich gemacht werden. ²Diese Tafeln, deren Streifen nach außen und nach unten verlaufen müssen, brauchen nicht fest am Anbaugerät angebracht zu sein.

(4) Ist beim Mitführen von Anbaugeräten eine Beeinträchtigung der Wirkung lichttechnischer Einrichtungen nicht vermeidbar, so müssen während der Dauer der Beeinträchtigung zusätzlich angebrachte lichttechnische Einrichtungen (z.B. auf einem Leuchtenträger nach § 49a Abs. 9 oder 10) gleicher Art ihre Funktion übernehmen.

(5) ¹Hubladebühnen und ähnliche Einrichtungen, außer solchen an Kraftomnibussen, müssen während ihres Betriebs durch zwei Blinkleuchten für gelbes Licht mit einer Lichtstärke von nicht weniger als 50 cd und nicht mehr als 200 cd und mit gut sichtbaren rot-weißen Warnmarkierungen kenntlich gemacht werden. ²Die Blinkleuchten und die Warnmarkierungen müssen – bezogen auf die Arbeitsstellung der Einrichtung – möglichst am hinteren Ende und soweit außen wie möglich angebracht sein. ³Die Blinkleuchten müssen in Arbeitsstellung der Einrichtung mindestens in den Winkelbereichen sichtbar sein, die für hinten an Fahrzeugen angeordnete Fahrtrichtungsanzeiger in § 49a Abs. 1 Satz 4 gefordert werden. ⁴Die Blinkleuchten müssen eine flache Abböschung haben. ⁵Die Blinkleuchten müssen während des Betriebs der Einrichtung selbsttätig und unabhängig von der übrigen Fahrzeugbeleuchtung Warnblinklicht abstrahlen. ⁶Die rot-weißen Warnmarkierungen müssen retroreflektierend sein und brauchen nur nach hinten zu wirken. ⁷Bei Fahrzeugen, bei denen fest angebaute Blinkleuchten mit dem Verwendungszweck oder der Bauweise der Hubladebühne unvereinbar sind und bei Fahrzeugen, bei denen eine Nachrüstung mit zumutbarem Aufwand nicht möglich ist, muß mindestens eine tragbare Blinkleuchte als Sicherungseinrichtung von Hubladebühnen oder ähnlichen Einrichtungen mitgeführt, aufgestellt und zweckentsprechend betrieben werden.

1 **Begr** zur ÄndVO v 23. 6. 93 (VkBl **93** 615):

Zu Abs 5: Es hat sich gezeigt, dass nicht bei allen Hubeinrichtungen z. B. ausfahrbare Plattformen an der Rückseite von Kraftfahrzeugen für Behinderte, Faltladebordwände, Blinkleuchten fest angebracht werden können. In diesen Fällen und, wenn eine Nachrüstung nicht mit vertretbarem Aufwand möglich ist, soll als Ersatzlösung eine tragbare Blinkleuchte mitgeführt, aufgestellt und zweckentsprechend betrieben werden. Anforderungen an die tragbaren Blinkleuchten sowie an die rot-weißen Warnmarkierungen sind in den Technischen Anforderungen Nr. 16a enthalten. Wegen der höheren technischen Anforderungen können diese tragbaren Blinkleuchten auch als Warnleuchten nach § 53a Abs. 2 Nr. 2 verwendet werden.

Begr zur ÄndVO v 25. 10. 94: BRDrucks 782/94.

2 1. Die Vorschrift ist vor allem auch bedeutsam bei Anbaugeräten an Fzen des Straßendienstes. Sie ist auch zu beachten bei landwirtschaftlichen Anbaugeräten, Bay VRS **70** 381. Durch I S 4 und II S 4 wird klargestellt, dass die Leuchten und Rückstrahler im oder am Fz mitgeführt werden müssen, damit diese Teile, wenn die Sichtverhältnisse es erfordern, vor allem in der Dämmerung oder bei Dunkelheit zur Verfügung stehen (s Begr VkBl **92** 344). Merkblatt für Anbaugeräte: VkBl **99** 268, **00** 479, **04** 527 = StVRL § 30 Nr 6. **Übergangsvorschrift:** § 72 II: Für vor dem 1. 1. 1990 erstmals in den V gekommene Anbaugeräte gilt Abs I in der 1. 7. 88 gültigen Fassung fort (§ 72 II). Abs III über die Kenntlichmachung der Anbaugeräte durch Park-Warntafeln ist spätestens ab 1. 1. 1992 anzuwenden (§ 72 II), Abs V über die Kenntlichmachung von Hubladebühnen erst spätestens ab 1. 1. 1993 (krit zu den langen Übergangsfristen *Berr* NZV **88** 47, 49). Für Hebeplattformen oder ähnliche technische Einrichtungen als Einstieghilfen an Kom gilt Abs V nicht; vielmehr gelten die Bestimmungen der Richtlinie 2001/85/EG (StVRL Nr 4 zu § 34a). Übergangsvorschrift: § 72 II.

3 2. **Ordnungswidrigkeiten** (§ 24 StVG): § 69a III Nr 19a, §§ 31b, 69a V 4b.

Tarnleuchten

53c (1) Fahrzeuge der Bundeswehr, der Bundespolizei, der Polizei und des Katastrophenschutzes dürfen zusätzlich mit den zum Tarnlichtkreis gehörenden Leuchten (Tarnscheinwerfer, Tarnschlußleuchten, Abstandsleuchten und Tarnbremsleuchten) versehen sein.

(2) **Die Tarnleuchten dürfen nur einschaltbar sein, wenn die übrige Fahrzeugbeleuchtung abgeschaltet ist.**

Fahrtrichtungsanzeiger §§ 53d, 54 StVZO

Begr (VkBl 73 410): *Durch die Ausrüstung der Fahrzeuge mit den zum Tarnlichtkreis gehörenden Leuchten soll erreicht werden, dass auch im Falle der Verdunkelung ein Verkehr mit ausreichender Sicherheit möglich bleibt.*

Nebelschlußleuchten

53d (1) Die Nebelschlußleuchte ist eine Leuchte, die rotes Licht abstrahlt und das Fahrzeug bei dichtem Nebel von hinten besser erkennbar macht.

(2) Mehrspurige Kraftfahrzeuge, deren durch die Bauart bestimmte Höchstgeschwindigkeit mehr als 60 km/h beträgt, und ihre Anhänger müssen hinten mit einer oder zwei, andere Kraftfahrzeuge und Anhänger dürfen hinten mit einer Nebelschlußleuchte ausgerüstet sein.

(3) ¹Der niedrigste Punkt der leuchtenden Fläche darf nicht weniger als 250 mm und der höchste Punkt nicht mehr als 1000 mm über der Fahrbahn liegen. ²In allen Fällen muß der Abstand zwischen den leuchtenden Flächen der Nebelschlußleuchte und der Bremsleuchte mehr als 100 mm betragen. ³Ist nur eine Nebelschlußleuchte angebracht, so muß sie in der Mitte oder links davon angeordnet sein.

(4) ¹Nebelschlußleuchten müssen so geschaltet sein, daß sie nur dann leuchten können, wenn die Scheinwerfer für Fernlicht, für Abblendlicht oder die Nebelscheinwerfer oder eine Kombination dieser Scheinwerfer eingeschaltet sind. ²Sind Nebelscheinwerfer vorhanden, so müssen die Nebelschlußleuchten unabhängig von diesen ausgeschaltet werden können. ³Sind die Nebelschlußleuchten eingeschaltet, darf die Betätigung des Schalters für Fernlicht oder Abblendlicht die Nebelschlußleuchten nicht ausschalten.

(5) Eingeschaltete Nebelschlußleuchten müssen dem Fahrzeugführer durch eine Kontrolleuchte für gelbes Licht, die in seinem Blickfeld gut sichtbar angeordnet sein muß, angezeigt werden.

(6) ¹In einem Zug brauchen nur die Nebelschlußleuchten am letzten Anhänger zu leuchten. ²Die Abschaltung der Nebelschlußleuchten am Zugfahrzeug oder am ersten Anhänger ist aber nur dann zulässig, wenn die jeweilige Ab- bzw. Wiedereinschaltung selbsttätig durch Aufstecken bzw. Abziehen des Steckers für die Anhängerbeleuchtung erfolgt.

Begr zur ÄndVO v 23. 7. 90 (VkBl 90 497): 1

Zu Abs 4 Satz 3: ... Nebelschlussleuchten sind verschiedentlich so geschaltet worden, dass sie beim Einschalten des Fernlichts ausgeschaltet wurden. Bei mehrmaligem nur kurzfristigem Einschalten des Fernlichts bei leuchtender Nebelschlussleuchte wird diese bei einer solchen Schaltung immer wieder aus- und eingeschaltet. Für nachfolgende Verkehrsteilnehmer entsteht dadurch der Eindruck, als ob die Nebelschlussleuchte(n) blinkten. Dies kann zu Irritationen führen und damit der Verkehrssicherheit abträglich sein ...

Die zugehörigen Übergangsvorschriften sehen eine Änderung der Schaltung bei bereits im Verkehr befindlichen Fahrzeugen nicht vor. Es wird jedoch angeregt, auch diese Fahrzeuge hinsichtlich der Schaltung der Nebelschlussleuchte(n) entsprechend umzurüsten.

1. Nebelschlussleuchten sind für ab 1. 1. 1991 erstmals in den V gekommene mehrspurige 2 Kfze mit bauartbestimmter Höchstgeschwindigkeit von mehr als 60 km/h und deren Anhänger mit mindestens einer Nebelschlussleuchte (höchstens zwei) obligatorisch. Übergangsvorschrift: § 72 II. Die früher in der 13. AusnVO geregelte Materie ist nun, mit einigen sicherheitsbedingten Änderungen, hier zusammengefasst. Nebelschlussleuchten dürfen nur gemäß § 17 StVO (dort Rz 29) im Verkehr benutzt werden. Die Benutzung ist auf Nebel bis zu 50 m Sichtweite beschränkt (§ 17 StVO) und bei dichtem Schneetreiben und starkem Regen leider nicht zulässig. Sie sind in amtlich genehmigter Bauart zu verwenden (§ 22a I 16a). Technische Anforderungen bei der Bauartprüfung, VkBl 73 558, zuletzt geändert: VkBl 03 752 = StVRL § 22a Nr 1 (Nr 15). Schaltung: IV, V.

2. Ordnungswidrigkeiten: §§ 69a III 19c StVZO, 24 StVG. 3

Fahrtrichtungsanzeiger

54 (1) ¹Kraftfahrzeuge und ihre Anhänger müssen mit Fahrtrichtungsanzeigern ausgerüstet sein. ²Die Fahrtrichtungsanzeiger müssen nach dem Einschalten mit einer Frequenz von 1,5 Hz ± 0,5 Hz (90 Impulse ± 30 Impulse in der Minute) zwischen hell und dunkel sowie auf derselben Fahrzeugseite – ausgenommen an Krafträdern mit Wech-

Dauer

selstromlichtanlage – in gleicher Phase blinken. ³Sie müssen so angebracht und beschaffen sein, daß die Anzeige der beabsichtigten Richtungsänderung unter allen Beleuchtungs- und Betriebsverhältnissen von anderen Verkehrsteilnehmern, für die ihre Erkennbarkeit von Bedeutung ist, deutlich wahrgenommen werden kann. ⁴Fahrtrichtungsanzeiger brauchen ihre Funktion nicht zu erfüllen, solange sie Warnblinklicht abstrahlen.

(1a) ¹Die nach hinten wirkenden Fahrtrichtungsanzeiger dürfen nicht an beweglichen Fahrzeugteilen angebracht werden. ²Die nach vorn wirkenden Fahrtrichtungsanzeiger und die zusätzlichen seitlichen Fahrtrichtungsanzeiger dürfen an beweglichen Fahrzeugteilen angebaut sein, wenn diese Teile nur eine Normallage (Betriebsstellung) haben. ³Die Sätze 1 und 2 gelten nicht für Fahrtrichtungsanzeiger, die nach § 49a Abs. 9 und 10 abnehmbar sein dürfen.

(2) ¹Sind Fahrtrichtungsanzeiger nicht im Blickfeld des Führers angebracht, so muß ihre Wirksamkeit dem Führer sinnfällig angezeigt werden; dies gilt nicht für Fahrtrichtungsanzeiger an Krafträdern und für seitliche Zusatzblinkleuchten. ²Fahrtrichtungsanzeiger dürfen die Sicht des Fahrzeugführers nicht behindern.

(3) Als Fahrtrichtungsanzeiger sind nur Blinkleuchten für gelbes Licht zulässig.

(4) ¹Erforderliche Fahrtrichtungsanzeiger sind

1. an mehrspurigen Kraftfahrzeugen
paarweise angebrachte Blinkleuchten an der Vorderseite und an der Rückseite. Statt der Blinkleuchten an der Vorderseite dürfen Fahrtrichtungsanzeiger am vorderen Teil der beiden Längsseiten angebracht sein. An Fahrzeugen mit einer Länge von nicht mehr als 4 m und einer Breite von nicht mehr als 1,60 m genügen Fahrtrichtungsanzeiger an beiden Längsseiten. An Fahrzeugen, bei denen der Abstand zwischen den einander zugekehrten äußeren Rändern der Lichtaustrittsflächen der Blinkleuchten an der Vorderseite und an der Rückseite mehr als 6 m beträgt, müssen zusätzliche Fahrtrichtungsanzeiger an den beiden Längsseiten angebracht sein,

2. an Krafträdern
paarweise angebrachte Blinkleuchten an der Vorderseite und an der Rückseite. Der Abstand des inneren Randes der Lichtaustrittsfläche der Blinkleuchten muss von der durch die Längsachse des Kraftrades verlaufenden senkrechten Ebene bei den an der Rückseite angebrachten Blinkleuchten mindestens 120 mm, bei den an der Vorderseite angebrachten Blinkleuchten mindestens 170 mm und vom Rand der Lichtaustrittsfläche des Scheinwerfers mindestens 100 mm betragen. Der untere Rand der Lichtaustrittsfläche von Blinkleuchten an Krafträdern muss mindestens 350 mm über der Fahrbahn liegen. Wird ein Beiwagen mitgeführt, so müssen die für die betreffende Seite vorgesehenen Blinkleuchten an der Außenseite des Beiwagens angebracht sein,

3. an Anhängern
paarweise angebrachte Blinkleuchten an der Rückseite. Beim Mitführen von 2 Anhängern genügen Blinkleuchten am letzten Anhänger, wenn die Anhänger hinter einer Zugmaschine mit einer durch die Bauart bestimmten Höchstgeschwindigkeit von nicht mehr als 25 km/h mitgeführt werden oder wenn sie für eine Höchstgeschwindigkeit von nicht mehr als 25 km/h in der durch § 58 vorgeschriebenen Weise gekennzeichnet sind,

4. an Kraftomnibussen, die für die Schülerbeförderung besonders eingesetzt sind,
an der Rückseite zwei zusätzliche Blinkleuchten, die so hoch und so weit außen wie möglich angeordnet sein müssen,

5. an mehrspurigen Kraftfahrzeugen und Sattelanhängern – ausgenommen Arbeitsmaschinen, Stapler und land- und forstwirtschaftlichen Zugmaschinen und deren Anhänger – mit einem zulässigen Gesamtgewicht von mehr als 3,5 t an den Längsseiten im vorderen Drittel zusätzliche Blinkleuchten, deren Lichtstärke nach hinten mindestens 50 cd und höchstens 200 cd beträgt. Für diese Fahrzeuge ist die Anbringung zusätzlicher Fahrtrichtungsanzeiger nach Nummer 1 nicht erforderlich.

(5) Fahrtrichtungsanzeiger sind nicht erforderlich an

1. einachsigen Zugmaschinen,
2. einachsigen Arbeitsmaschinen,
3. offenen Krankenfahrstühlen,
4. Leichtkrafträdern, Kleinkrafträdern und Fahrrädern mit Hilfsmotor,
5. folgenden Arten von Anhängern:
   a) eisenbereiften Anhängern, die nur für land- oder forstwirtschaftliche Zwecke verwendet werden;
   b) angehängten land- oder forstwirtschaftlichen Arbeitsgeräten, soweit sie die Blinkleuchten des ziehenden Fahrzeugs nicht verdecken;

Fahrtrichtungsanzeiger §54 StVZO 5

c) einachsigen Anhängern hinter Krafträdern;
d) Sitzkarren (§ 3 Abs. 2 Satz 1 Nr. 2 Buchstabe i der Fahrzeug-Zulassungsverordnung).
(6) **Fahrtrichtungsanzeiger an Fahrzeugen, für die sie nicht vorgeschrieben sind, müssen den vorstehenden Vorschriften entsprechen.**

Begr zur ÄndVO v 24. 4. 92 (VkBl **92** 344): 1/2

Zu Abs 4 Nr 5: *Aus der Bundesrats-Drucksache 78/92 (Beschluss): Arbeitsmaschinen und land- oder forstwirtschaftliche Zugmaschinen mit einer durch die Bauart bestimmten Höchstgeschwindigkeit von mehr als 32 km/h und mit einem zulässigen Gesamtgewicht von mehr als 3,5 t waren schon bisher von der Anbringung zusätzlicher seitlicher Blinkleuchten befreit. Diese Befreiung ist nun auf alle Arbeitsmaschinen und land- oder forstwirtschaftliche Zugmaschinen ausgedehnt worden. Im Übrigen wird klargestellt, dass bei Vorhandensein der zusätzlichen Blinkleuchten nach § 54 Abs. 4 Nr. 5 keine weiteren zusätzlichen Blinkleuchten nach § 54 Abs. 4 Nr. 1 angebracht zu sein brauchen.*

Begr zur ÄndVO v 23. 6. 93: VkBl **93** 615; zur ÄndVO v 23. 3. 00: BRDrucks 720/99 3
S 65.

2. § 54 regelt die technischen Einrichtungen zur **Anzeige von Fahrtrichtungsänderun-** 4
gen. Fahrtrichtungsanzeiger müssen nach § 22 a I Ziff 17 in amtlich genehmigter Bauart ausgeführt sein. Technische Anforderungen, VkBl **73** 558, zuletzt geändert: VkBl **03** 752 = StVRL § 22 a Nr 1 (Nr 21). Bei Kfzen außer den oben bezeichneten müssen die Richtungszeichen durch Fahrtrichtungsanzeiger gegeben werden (§§ 5, 6, 7, 9, 10 StVO). Auch SchienenFze haben Fahrtrichtungsanzeiger zu führen und zu verwenden (§ 40 III, 51 VIII BOStrab).
Abs II will verhindern, dass ein KfzF, der versehentlich unrichtig anzeigt oder das Zurückstel- 5
len vergisst, dies nicht wahrnimmt. Er muss vom Führersitz aus sehen oder hören können, ob ein Fahrtrichtungsanzeiger in Betrieb ist.

3. **Licht der Fahrtrichtungsanzeiger.** Gelbes Blinklicht ist vorgeschrieben (Abs III). 6
Orangefarbenes Licht liegt im international vereinbarten Gelbbereich. Rotes Blinklicht an der Rückseite ist unzulässig. Rot blinkende Fahrtrichtungsanzeiger an vor dem 1. 1. 70 in den V gekommenen Fzen: § 72 II. Pendelwinker: § 72 II.

4. **Die vorgeschriebenen Richtungsanzeiger.** Abs IV bestimmt, welche Fahrtrichtungs- 7
anzeiger geführt werden müssen. Blinkleuchten an den Längsseiten genügen nur noch, wenn das Fz nicht länger als 4 m und nicht breiter als 1,60 m ist; sonst müssen Blinkleuchten an der Rückseite geführt werden (IV Nr 1). An gewissen längeren Fzen sind zusätzlich Blinkleuchten an den Längsseiten vorgeschrieben. Nach Maßgabe von Abs IV Nr 5 sind an den dort genannten schweren Fzen im vorderen Drittel zusätzliche Blinkleuchten anzubringen; denn bei FzLängen von 12 m und mehr (zB Sattelanhängern) besteht die Gefahr, dass Rad- und Mofa-Fahrer beim gem § 5 VIII StVO zulässigen Überholen den Abbiegevorgang zu spät erkennen (s Begr VkBl **88** 475). Übergangsvorschrift für zusätzliche Blinkleuchten an den Längsseiten dieser Fze: § 72 II. IV Nr 2 bezweckt, dass der Kradf bei der Anzeige einer Richtungsänderung beide Hände an der Lenkstange lassen kann und dass die Anzeige auch bei Dunkelheit rechtzeitig wahrnehmbar ist. Fahrtrichtungsanzeiger an Anhängern hinter Kfzen: IV Nr 3. Über Blinkleuchten an land- und forstwirtschaftlichen Zgm, BMV VkBl **61** 133, 364.

5. **Keine Fahrtrichtungsanzeiger:** s die Aufzählung in V. Alle Leichtkräder, Kleinkräder 8
und FmH brauchen keine Fahrtrichtungsanzeiger zu führen, also auch nicht bei bauartbedingter Höchstgeschwindigkeit über 40 km/h (V Nr 4).

6. **Bauvorschriften für freiwillig angebrachte Fahrtrichtungsanzeiger:** VI. Zur An- 9
bringung nicht vorgeschriebener Fahrtrichtungsanzeiger, *Wiederhold* VD **82** 299, *Kreutel* VD **83** 52.

7. **Weitere Ausnahmen:** § 70 I. 10

8. **Ordnungswidrigkeit:** §§ 69 a III Nr 20 StVZO, 24 StVG. 11

Dauer

Innenbeleuchtung in Kraftomnibussen

54 a (1) Kraftomnibusse müssen eine Innenbeleuchtung haben; diese darf die Sicht des Fahrzeugführers nicht beeinträchtigen.

(2) Die für Fahrgäste bestimmten Ein- und Ausstiege müssen ausreichend ausgeleuchtet sein, solange die jeweilige Fahrgasttür nicht geschlossen ist.

§ 54a gilt für alle Omnibusse einschließlich derjenigen zur gewerbsmäßigen Personenbeförderung, gem der Übergangsbestimmung des § 72 II jedoch nur für solche, die vor dem 13. Februar 2005 erstmals in den Verkehr gekommen sind. Ordnungswidrigkeit: §§ 69a III Nr 21 StVZO, 24 StVG.

Windsichere Handlampe

54 b In Kraftomnibussen muß außer den nach § 53a Abs. 1 erforderlichen Warneinrichtungen eine von der Lichtanlage des Fahrzeugs unabhängige windsichere Handlampe mitgeführt werden.

Die Bestimmung wurde durch VO vom 7. 7. 60 aus § 39 BOKraft (alt) in die StVZO übernommen. Ordnungswidrigkeit: §§ 31b, 69a III Nr 19, V Nr 4b StVZO, 24 StVG.

Einrichtungen für Schallzeichen

55 (1) ¹Kraftfahrzeuge müssen mindestens eine Einrichtung für Schallzeichen haben, deren Klang gefährdete Verkehrsteilnehmer auf das Herannahen eines Kraftfahrzeugs aufmerksam macht, ohne sie zu erschrecken und andere mehr als unvermeidbar zu belästigen. ²Ist mehr als eine Einrichtung für Schallzeichen angebracht, so muß sichergestellt sein, daß jeweils nur eine Einrichtung betätigt werden kann. ³Die Umschaltung auf die eine oder andere Einrichtung darf die Abgabe einer Folge von Klängen verschiedener Grundfrequenzen nicht ermöglichen.

(2) ¹Als Einrichtungen für Schallzeichen dürfen Hupen und Hörner angebracht sein, die einen Klang mit gleichbleibenden Grundfrequenzen (auch harmonischen Akkord) erzeugen, der frei von Nebengeräuschen ist. ²Die Lautstärke darf in 7 m Entfernung von dem Anbringungsort der Schallquelle am Fahrzeug und in einem Höhenbereich von 500 mm bis zu 1500 mm über der Fahrbahn an keiner Stelle 105 dB(A) übersteigen. ³Die Messungen sind auf einem freien Platz mit möglichst glatter Oberfläche bei Windstille durchzuführen; Hindernisse (Bäume, Sträucher u.a.), die durch Widerhall oder Dämpfung stören können, müssen von der Schallquelle mindestens doppelt so weit entfernt sein wie der Schallempfänger.

(2a) Abweichend von den Absätzen 1 und 2 müssen Kraftfahrzeuge nach § 30a Abs. 3 Einrichtungen für Schallzeichen haben, die den im Anhang zu dieser Vorschrift genannten Bestimmungen entsprechen.

(3) ¹Kraftfahrzeuge, die auf Grund des § 52 Abs. 3 Kennleuchten für blaues Blinklicht führen, müssen mit mindestens einer Warneinrichtung mit einer Folge von Klängen verschiedener Grundfrequenz (Einsatzhorn) ausgerüstet sein. ²Ist mehr als ein Einsatzhorn angebracht, so muß sichergestellt sein, daß jeweils nur eines betätigt werden kann. ³Andere als die in Satz 1 genannten Kraftfahrzeuge dürfen mit dem Einsatzhorn nicht ausgerüstet sein.

(4) Andere als die in den Absätzen 1 bis 3 beschriebenen Einrichtungen für Schallzeichen sowie Sirenen dürfen an Kraftfahrzeugen nicht angebracht sein.

(5) Absatz 1 gilt nicht für eisenbereifte Kraftfahrzeuge mit einer durch die Bauart bestimmten Höchstgeschwindigkeit von nicht mehr als 8 km/h und für einachsige Zug- oder Arbeitsmaschinen, die von Fußgängern an Holmen geführt werden.

(6) ¹Mofas müssen mit mindestens einer helltönenden Glocke ausgerüstet sein. ²Radlaufglocken und andere Einrichtungen für Schallzeichen sind nicht zulässig.

Begr zur ÄndVO v 16. 11. 84 (VkBl **85** 81):

Zu Abs 6: Fahrräder mit Hilfsmotor und Kleinkrafträder mit einer durch die Bauart bestimmten Höchstgeschwindigkeit von mehr als 25 km/h sollen einen von Fahrrädern und Mofas 25 abweichenden Signalgeber haben, da Unterschiede in der benutzten „Verkehrsebene" (Straße statt Radweg) aber auch die höhere Endgeschwindigkeit dies notwendig machen ...

Begr zur ÄndVO v 23. 3. 00: BRDrucks 720/99 S 65.

Elektromagnetische Verträglichkeit § 55a StVZO 5

1. Alle Kfze müssen Einrichtungen für Schallzeichen (Hupen) haben. Der Begriff „Einrichtung für Schallzeichen" erfasst die Gesamtheit aller am Fz angebrachten Hupen und Hörner, die bei Betätigung einen gemeinsamen Klang erzeugen, also keine Tonfolge abgeben (s Begr zur ÄndVO v 15. 1. 80, VkBl **80** 146). Die Schallzeichen dürfen VT weder erschrecken noch mehr als unvermeidbar belästigen, müssen aber gefährdete VT auf das Kfz aufmerksam machen (I S 1). S § 16 StVO. Nur Hupen und Hörner sind zulässig (II S 1). Die Anbringung einer vom Fahrersitz aus zu bedienenden Klingel am Kfz ist unzulässig, auch wenn sie nur zum Ausrufen benutzt werden soll (Schrotthändler), OVG Lüneburg VRS **56** 399. EWG-Richtlinie für Einrichtungen für Schallzeichen: Richtlinie 70/388/EWG, StVRL Nr 1. Mit der Einfügung von Abs II a ist die Richtlinie 93/30/EWG auch für Fze mit Einzelbetriebserlaubnis in nationales Recht umgesetzt. S dazu § 30 a Rz 2. Die Vorschrift ist gem der Übergangsbestimmung des § 72 II spätestens anzuwenden ab 17. 6. 03 für von diesem Tage an erstmals in den V kommende Fze.

2. Klang und Lautstärke der Schallzeichen. II regelt den Klang der Schallzeichen (Hupen, Hörner), die Lautstärke und deren Messung nach der Einheit „dB(A)". Mit der Ersetzung der früheren Einheit „Phon" durch „dB(A)" durch ÄndVO v 23. 7. 90 ist keine Änderung der Lautstärke verbunden (s Begr VkBl **90** 498). Die zulässige Lautstärke ist in Abs II S 2 wegen des Lautstärkeverlusts bei Einbau in die Karosserie auf den Anbringungsort der Schallquelle am Fahrzeug bezogen; außerdem ist ein Höhenbereich für die Lautstärkemessung festgelegt. Anforderungen an Schallpegelmesser, s Nr 32 der Technischen Anforderungen bei der Bauartprüfung, VkBl **73** 558, zuletzt geändert: VkBl **98** 144 = StVRL § 22 a Nr 1. Ein Frequenzbereich für Schallzeichen ist nicht vorgeschrieben, BMV 15. 6. 67, StV 7–8059 B/67). Mehrklanghupen mit einer Folge verschieden hoher Töne an anderen als WegerechtsFzen sind verboten (II S 1 mit IV), ebenso andere Einrichtungen für Schallzeichen, besonders Glocken und Sirenen (IV).

3. Besondere Warneinrichtungen der Wegerechtsfahrzeuge (III). Das Einsatzhorn („Martinshorn") darf nur an Fzen vorhanden sein, die nach § 52 blaues Blinklicht führen. An Fzen, die nach § 52 III Kennleuchten führen, wird in § 55 III mindestens eine Warneinrichtung mit einer Folge verschieden hoher Töne zwingend vorgeschrieben. Dies stellt die Wirksamkeit der Ankündigung in den Fällen des § 35 StVO sicher. Diese Warneinrichtungen müssen in amtlich vorgeschriebener Bauart ausgeführt sein (§ 22 a I Nr 19). Technische Anforderungen bei der Bauartprüfung, VkBl **73** 558, zuletzt geändert: VkBl **06** 645 = StVRL § 22 a Nr 1 (Nr 32, 32a).

4. Die „Postquinte" als Warnzeichen ist nicht mehr zulässig, § 16 III StVO, s Begr zur ÄndVO v 16. 11. 70 (VkBl **70** 832).

5. Befreiung für langsame Fahrzeuge. Für Kleinkräder und FmH mit bauartbedingter Höchstgeschwindigkeit von mehr als 25 km/h gelten nach der Neufassung des Abs VI durch die ÄndVO v 16. 11. 84 die Absätze I und II. Gem. § 72 II gilt die Neuregelung für die v 1. 1. 89 erstmals in den V kommenden Fze; für ältere Fze dieser Art genügt nach der Übergangsvorschrift wie bisher eine helltönende Glocke oder aber – bei ausreichender Stromversorgung – statt dessen Hupe oder Horn. Für Mofas gilt dagegen auch nach der Neufassung eine dem § 64 a (Fahrräder) entsprechende Regelung (VI S 1). Keine Einrichtungen für Schallzeichen brauchen die Kfze mit Eisenreifen (§ 36 IV) zu führen, soweit ihre bauartbedingte Höchstgeschwindigkeit nicht mehr als 8 km/h beträgt, ebenso nicht einachsige Zug- und Arbeitsmaschinen, von Fußgängern an Holmen geführt (V).

6. Ausnahmen: § 70. Keine Ausnahmegenehmigung zur Ausrüstung eines privaten Kfzs mit Einsatzhorn zum Einsatz bei Drogennotfällen und Selbstmordgefahr, VGH Mü BayVBl **87** 214.

7. Ordnungswidrigkeit: §§ 69 a III Nr 22 StVZO, 24 StVG.

Elektromagnetische Verträglichkeit

55 a (1) ¹Personenkraftwagen, Kraftomnibusse, Lastkraftwagen, Zugmaschinen und Sattelzugmaschinen mit mindestens vier Rädern und einer durch die Bauart bestimmten Höchstgeschwindigkeit von mehr als 25 km/h – ausgenommen land- oder forstwirtschaftliche Zugmaschinen, Muldenkipper, Flurförderzeuge, Elektrokarren und Autoschütter – sowie ihre Anhänger müssen den im Anhang zu dieser Vorschrift genannten Bestimmungen über die elektromagnetische Verträglichkeit entsprechen. ²Satz 1 gilt entsprechend für andere Fahrzeuge, die hinsichtlich ihrer Baumerkmale des Fahrgestells und ihrer elektrischen Ausrüstung den genannten Fahrzeugen gleichzusetzen sind, sowie

Dauer

für Bauteile und selbständige technische Einheiten, die zum Einbau in den genannten Fahrzeugen bestimmt sind.

(2) Kraftfahrzeuge nach § 30a Abs. 3 sowie zum Einbau in diese Fahrzeuge bestimmte selbständige technische Einheiten müssen den im Anhang zu dieser Vorschrift genannten Bestimmungen über die elektromagnetische Verträglichkeit entsprechen.

1 1. **Begr** zur Neufassung durch ÄndVO v 12. 8. 97 (VkBl **97** 661): *Die bisherige Fassung des § 55a ist durch die Neufassung des Gesetzes über die elektromagnetische Verträglichkeit von Geräten (EMVG) vom 30. August 1995 (BGBl. I S. 1118), mit dem die Richtlinie 89/336/EWG des Rates vom 3. Mai 1989 sowie die Anpassungsrichtlinie 93/68/EWG vom 22. Juli 1993 zur Angleichung der Rechtsvorschriften der Mitgliedstaaten über die elektromagnetische Verträglichkeit umgesetzt wurde, überholt. Die Neufassung berücksichtigt dieses und übernimmt gleichzeitig in den Anhang die Richtlinie 95/54/EG der Kommission vom 31. Oktober 1995 zur Anpassung der Richtlinie 72/245/EWG des Rates zur Angleichung der Rechtsvorschriften der Mitgliedstaaten über die Funkentstörung von Kraftfahrzeugmotoren mit Fremdzündung an den technischen Fortschritt und zur Änderung der Richtlinie 70/156/EWG des Rats zur Angleichung der Rechtsvorschriften der Mitgliedstaaten über die Betriebserlaubnis von Kraftfahrzeugen und Kraftfahrzeuganhängern (ABl. EG L 266 vom 8. November 1995).*

Der neue § 55a deckt nur diejenigen Fahrzeuge ab, die von der geänderten Richtlinie 72/245/EWG in der Fassung der Richtlinie 95/54/EG erfasst werden. Für andere Fahrzeuge gilt grundsätzlich derzeit das EMVG. Auch wird bei Fahrzeugen mit Aufbauten nicht das Gesamtfahrzeug einschließlich der Aufbauten den Anforderungen der Richtlinie 95/54/EG unterworfen, sondern lediglich das Basisfahrzeug bzw. das Fahrgestell, während der Aufbau bzw. die aufgebaute Maschine (z. B. Kranaufbau, Betonmischer, Hubarbeitsbühne, Aufbauten auf Feuerwehrfahrzeugen) weiterhin unter die horizontale EMV-Richtlinie (89/336/EWG), die in Deutschland durch das EMVG in nationales Recht umgesetzt wurde, fällt.

2 2. Die Bestimmung wurde durch ÄndVO v 12. 8. 97 neu gefasst (s Begr VkBl **97** 661, Rz 1). Rundfunkempfang auf Ultrakurzwellen und Fernsehen werden durch nicht entstörte Zündanlagen von Ottomotoren beeinträchtigt. Neu in den Verkehr kommende Fze haben serienmäßig Störschutz. Führung des Nachweises über die Einhaltung der Vorschriften über die Funkentstörung, BMV VkBl **87** 172. Unter § 55a können auch Telefonanlagen (zB Freisprechanlage) fallen. Jedoch ist die Übergangsvorschrift des § 72 II zu beachten (Anwendung der Neufassung ab 1. 10. 02 für die von diesem Tage an erstmals in den V kommenden Fze). Wird eine der Bestimmung des § 55a unterliegende Anlage aus einem älteren Fz in ein ab dem 1. 10. 02 erstmals in den V gekommenes Fz eingebaut, so muss sie gem I S 1 der Richtlinie 72/245/ EWG entsprechen, s BMV VkBl **02** 554. Dem Abs I S 1 unterliegen auch verbotene Radarwarngeräte (s § 23 I b StVO); OW daher bei mangelnder elektromagnetischer Verträglichkeit iS von S 1, s *Albrecht* DAR **99** 147. Für die durch § 55a nicht erfassten Fze gilt das G über die elektromagnetische Verträglichkeit von Geräten (BGBl I **95** 1118), s Rz 1. Entsprechendes gilt bei Fzen mit Aufbauten wie zB Kran oder Arbeitsbühne, bei denen § 55a nur für das eigentliche Fz Anwendung findet. Mit der Anfügung von Abs II ist Kap 8 der EG-Richtlinie 97/24 auch für Fze mit Einzelbetriebserlaubnis in nationales Recht umgesetzt. S dazu § 30a Rz 2. Übergangsbestimmung: § 72 II.

3 3. Ordnungswidrigkeit: § 69a III Nr 23 StVZO, § 24 StVG.

Spiegel und andere Einrichtungen für indirekte Sicht

56 (1) Kraftfahrzeuge müssen nach Maßgabe der Absätze 2 bis 3 Spiegel oder andere Einrichtungen für indirekte Sicht haben, die so beschaffen und angebracht sind, dass der Fahrzeugführer nach rückwärts, zur Seite und unmittelbar vor dem Fahrzeug – auch beim Mitführen von Anhängern – alle für ihn wesentlichen Verkehrsvorgänge beobachten kann.

(2) Es sind erforderlich

1. bei Personenkraftwagen sowie Lastkraftwagen, Zugmaschinen und Sattelzugmaschinen mit einer zulässigen Gesamtmasse von nicht mehr als 3,5 t
Spiegel oder andere Einrichtungen für indirekte Sicht, die in den im Anhang zu dieser Vorschrift genannten Bestimmungen für diese Fahrzeuge als vorgeschrieben bezeichnet sind;
die vorgeschriebenen sowie vorhandene gemäß Anhang III Nr. 2.1.1 der im Anhang zu dieser Vorschrift genannten Richtlinie zulässige Spiegel oder andere Einrichtungen für indirekte Sicht müssen den im Anhang zu dieser Vorschrift genannten Bestimmungen entsprechen;

Spiegel und andere Einrichtungen für indirekte Sicht § 56 StVZO 5

2. bei Lastkraftwagen, Zugmaschinen, Sattelzugmaschinen und Fahrzeugen mit besonderer Zweckbestimmung nach Anhang II Buchstabe A Nr. 5.6 und 5.7 der Richtlinie 70/156/EWG mit einer zulässigen Gesamtmasse von mehr als 3,5 t sowie bei Kraftomnibussen
Spiegel oder andere Einrichtungen für indirekte Sicht, die in den im Anhang zu dieser Vorschrift genannten Bestimmungen für diese Fahrzeuge als vorgeschrieben bezeichnet sind;
die vorgeschriebenen sowie vorhandene gemäß Anhang III Nr. 2.1.1 der im Anhang zu dieser Vorschrift genannten Richtlinie zulässige Spiegel oder andere Einrichtungen für indirekte Sicht müssen den im Anhang zu dieser Vorschrift genannten Bestimmungen entsprechen;

3. bei Lastkraftwagen, Zugmaschinen, Sattelzugmaschinen, selbstfahrenden Arbeitsmaschinen, die den Baumerkmalen von Lastkraftwagen hinsichtlich des Fahrgestells entsprechen, und Fahrzeugen mit besonderer Zweckbestimmung nach Anhang II Buchstabe A Nr. 5.7 und 5.8 der Richtlinie 2007/46/EG des Europäischen Parlaments und des Rates vom 5. September 2007 zur Schaffung eines Rahmens für die Genehmigung von Kraftfahrzeugen und Kraftfahrzeuganhängern sowie von Systemen, Bauteilen und selbstständigen technischen Einheiten für diese Fahrzeuge (Rahmenrichtlinie) (ABl. EU Nr. L 263 S. 1) mit einer zulässigen Gesamtmasse von mehr als 3,5 t, die ab dem 1. Januar 2000 bis zum 25. Januar 2007 erstmals in den Verkehr gekommen sind, Spiegel oder andere Einrichtungen für indirekte Sicht, die in den im Anhang zu dieser Vorschrift genannten Bestimmungen für diese Fahrzeuge als vorgeschrieben bezeichnet sind;
diese Spiegel oder andere Einrichtungen für indirekte Sicht müssen den im Anhang zu dieser Vorschrift oder im Anhang zu den Nummern 1 und 2 genannten Bestimmungen entsprechen;

4. bei land- oder forstwirtschaftlichen Zugmaschinen mit einer durch die Bauart bestimmten Höchstgeschwindigkeit von nicht mehr als 40 km/h
Spiegel, die den im Anhang zu dieser Vorschrift genannten Bestimmungen entsprechen müssen,

5. bei Kraftfahrzeugen nach Artikel 1 der Richtlinie 2002/24/EG
Spiegel, die den im Anhang zu dieser Vorschrift genannten Bestimmungen entsprechen müssen.

(2a) Bei land- oder forstwirtschaftlichen Zugmaschinen mit einer durch die Bauart bestimmten Höchstgeschwindigkeit von mehr als 40 km/h sowie bei Arbeitsmaschinen und Staplern ist § 56 Abs. 2 in der am 29. März 2005 geltenden Fassung anzuwenden.

(3) Nicht erforderlich sind Spiegel bei einachsigen Zugmaschinen, einachsigen Arbeitsmaschinen, offenen Elektrokarren mit einer durch die Bauart bestimmten Höchstgeschwindigkeit von nicht mehr als 25 km/h sowie mehrspurigen Kraftfahrzeugen mit einer durch die Bauart bestimmten Höchstgeschwindigkeit von nicht mehr als 25 km/h und mit offenem Führerplatz, der auch beim Mitführen von unbeladenen oder beladenen Anhängern nach rückwärts Sicht bietet.

Begr zur ÄndVO v 14. 3. 05: VkBl **05** 366.

Begr zur ÄndVO v 26. 5. 08, BGBl I 916 (VkBl **08** 441) **zu Abs 2 Nr 1 und 2:** *Hierdurch wird klargestellt, dass Spiegel oder andere Einrichtungen für indirekte Sicht, die freiwillig zum Zweck der Verringerung des „toten Winkels" nachgerüstet werden, den Anforderungen der neuen Richtlinie 2003/97/EG entsprechen müssen.*

Zu Abs 2 Nr 3: *Hierdurch werden die Vorschriften der Richtlinie 2007/38/EG in nationales Recht übernommen.*

1. **Rückspiegel** oder andere Einrichtungen für indirekte Sicht gehören zur notwendigen Ausrüstung aller Kfz nach Maßgabe von Abs 2. **Die Neufassung** von 2005 hat die Vorschriften der Richtlinie 2003/97/EG (StVRL § 56 StVZO Nr 5) für nationale BEe in die StVZO übernommen. Pkw, Lkw, Zgm und SattelZgm, Fz mit besonderer Zweckbestimmung, Kom müssen nach Maßgabe von Abs 2 mit Spiegeln oder anderen Einrichtungen für indirekte Sicht ausgestattet sein. Einrichtungen für indirekte Sicht iS von Abs 1 können außer Spiegeln auch **Kamera-Monitor-Systeme** oder Einrichtungen anderer Art sein, die dem Fahrer Informationen über das indirekte Sichtfeld vermitteln (Anh. I Nr 1.1 der Richtlinie 2003/97/EG = StVRL § 56 StVZO Nr 5). Welche Spiegel im Einzelnen für die unterschiedlichen FzKlassen vorgeschrieben oder zulässig sind, bestimmt Anh III der Richtlinie 2003/97/EG. Zu den danach zulässigen Spiegeln gehören insbesondere auch **Weitwinkelspiegel** und **Nahbereichsspiegel** auf der Beifahrerseite, die den toten Winkel nach rechts beim Abbiegen von Lkw verringern und damit zur Verbesse-

5 StVZO § 57 B. Fahrzeuge. III. Bau- und Betriebsvorschriften

rung der Sicherheit von Fußgängern und Radf neben diesen Fz beitragen. Die Neufassung von 2005 ermöglicht die freiwillige Ausrüstung von Lkw, Zgm, SattelZgm, Fze mit besonderer Zweckbestimmung und Kom ab 3,5 t mit solchen zusätzlichen Spiegeln, (s § 72 II zu § 56 II Nr 2 sowie Begr VkBl **05** 367). **Abs 2 Nr 1** ist nach der **Übergangsvorschrift** des § 72 II spätestens ab dem 26. 1. 2010 auf die von diesem Tage an erstmals in den V kommenden Fz anzuwenden; **Abs 2 Nr 2** ist seit 26. 1. 2007 auf die von diesem Tage an erstmals in den V kommenden Fz anzuwenden; für ältere Fze gilt jeweils § 56 in der Fassung bis 29. 3. 05. **Neue Lkw** und andere Fz i. S. v. Abs 1 Nr 2 ab 3,5 t müssen also seit 26. 1. 2007 mit Weitwinkelspiegeln oder anderen Einrichtungen für indirekte Sicht ausgerüstet sein. Für derartige Fz, die ab 1. 1. 00 bis 25. 1. 07 erstmals in den V gekommen sind, schreibt Abs 2 Nr 3 die **Nachrüstung** mit Spiegeln gem Richtlinie 2003/97/EG vor, womit die Richtlinie 2007/38/EG über die Nachrüstung von in der EG zugelassenen schweren Lkw mit Spiegeln (StVRL § 56 StVZO Nr 8) in deutsches Recht umgesetzt wurde. Dies gilt ab dem jeweiligen Tag der nach dem 1. 10. 08 vorgeschriebenen Hauptuntersuchung, spätestens jedoch ab 1. 4. 09 (§ 72 II). Erläuterungen des BMV dazu VkBl **08** 442. Mit Abs 2 Nr 5 ist die EG-Richtlinie 97/24 auch für Fz mit Einzelbetriebserlaubnis in nationales Recht umgesetzt. S dazu § 30 a Rz 2. Abs 2 Nr 5 ist spätestens ab dem 17. 6. 03 auf die von diesem Tage an in den V kommenden Fze anzuwenden (§ 72 II); auf ältere **Krafträder** finden die Nrn 5 und 6 in der vor dem 1. 4. 2000 geltenden Fassung Anwendung: Sie müssen mindestens einen (Abs 2 Nr 5 alt), solche mit bauartbestimmter Höchstgeschwindigkeit von mehr als 100 km/h zwei (Abs 2 Nr 6 alt) Rückspiegel haben. Gegenüber § 66 ist § 56 Sondervorschrift; für Kfz gilt nur § 56. Die **im FS eingetragene Anordnung,** am Kfz rechts einen zweiten Rückspiegel anzubringen, ist eine Auflage iS von § 23 II FeV (s dort).

2 **2. Die technischen Anforderungen an die Ausführung und Anbringung von Rückspiegeln.** Die Spiegel müssen so beschaffen und angebracht sein, dass der Fahrer in normaler Fahrhaltung nach rückwärts und zur Seite alle für ihn wesentlichen Vorgänge beobachten kann, Abs 1 (s Anh III Nr 3.1 der Richtlinie 2003/97/EG). Innenspiegel müssen einstellbar sein (s Anh II Nr 1.1, III Nr 4.1 der Richtlinie 2003/97/EG Nr 4.1). **Benutzung des Rückspiegels:** §§ 5–7, 9, 10, 14, 18 StVO. Reicht der Rückspiegel nicht aus, so muss sich der Fahrer unmittelbar orientieren. Er muss den toten Winkel kennen und entsprechend länger beobachten (Kö VRS **93** 277, Ha VM **66** 85).

3 **3. Ausnahmen vom Rückspiegelzwang:** Abs 3. In diesen Fällen hat der Fahrer unmittelbar nach rückwärts zu beobachten. Ein Rückspiegel an Zgm mit Wetterschutz ist erforderlich, falls Rückwärtsbeobachtung sonst nicht möglich ist (BMV 12. 12. 66, StV 7–8080 M/66). Richtlinien für Ausnahmegenehmigungen für bestimmte Arbeitsmaschinen und bestimmte andere FzArten (VkBl **80** 433).

4 **4. Für land- oder forstwirtschaftliche Zgm** mit einer durch die Bauart bestimmten Höchstgeschwindigkeit von nicht mehr als 40 km/h gilt Abs 2 Nr 4. Bai land- oder forstwirtschaftliche Zgm mit einer durch die Bauart bestimmten Höchstgeschwindigkeit von mehr als 40 km/h sowie bei **Arbeitsmaschinen** und **Staplern** ist gem Abs 2a § 56 II in der am 29. 3. 2005 geltenden Fassung anzuwenden: mindestens ein Außenspiegel an der linken Seite.

4a **5.** Empfehlung für Rückspiegel an der rechten Seite bei **Kom zur Schülerbeförderung** s Nr 2.4.2 des Anforderungskatalogs für Kom und Kleinbusse, die zur Beförderung von Schülern und Kindergartenkindern besonders eingesetzt werden (VkBl **05** 604 = StVRL § 34a StVZO Nr 5).

5 **6. Ordnungswidrigkeit:** §§ 69a III Nr 24 StVZO, 24 StVG. Sind die vorschriftsmäßigen Rückspiegel vorhanden, werden sie aber durch Gepäckstücke, Planen oder Ladung unbenutzbar, so verstößt der Fahrer auch gegen § 23 StVO, Ha VM **58** 53 (s § 23 StVO Rz 12).

Geschwindigkeitsmeßgerät und Wegstreckenzähler

57 (1) ¹Kraftfahrzeuge müssen mit einem im unmittelbaren Sichtfeld des Fahrzeugführers liegenden Geschwindigkeitsmeßgerät ausgerüstet sein.
²Dies gilt nicht für
1. mehrspurige Kraftfahrzeuge mit einer durch die Bauart bestimmten Höchstgeschwindigkeit von nicht mehr als 30 km/h sowie
2. mit Fahrtschreiber oder Kontrollgerät (§ 57 a) ausgerüstete Kraftfahrzeuge, wenn die Geschwindigkeitsanzeige im unmittelbaren Sichtfeld des Fahrzeugführers liegt.

Fahrtschreiber und Kontrollgerät § 57a StVZO **5**

(2) ¹**Bei Geschwindigkeitsmeßgeräten muß die Geschwindigkeit in Kilometer je Stunde angezeigt werden.** ²Das Geschwindigkeitsmeßgerät muß den im Anhang zu dieser Vorschrift genannten Bestimmungen entsprechen.

(3) ¹Das Geschwindigkeitsmeßgerät darf mit einem Wegstreckenzähler verbunden sein, der die zurückgelegte Strecke in Kilometern anzeigt. ²Die vom Wegstreckenzähler angezeigte Wegstrecke darf von der tatsächlich zurückgelegten Wegstrecke ± 4 vom Hundert abweichen.

1. Geschwindigkeitsmesser (Tachometer) müssen an allen Kfzen angebracht sein, soweit **1** nicht I Ausnahmen zulässt. Die Vorschrift wurde durch ÄndVO v 23. 7. 90 neu gefasst (Begr, s VkBl **90** 498). Das Geschwindigkeitsmessgerät ist meist mit der Antriebswelle des Kfz gekoppelt. Die Neufassung hat die frühere Regelung, wonach in den letzten beiden Dritteln des Anzeigebereichs ein Vorlauf bis zu 7% des Skalenendwertes als Abweichung vom Sollwert erlaubt war, nicht übernommen. Da die Skalenendwerte häufig weit über der erreichbaren Geschwindigkeit liegen, wäre diese Toleranz nämlich im Anzeigebereich über 50 km/h unvertretbar hoch. Gerade in den Geschwindigkeitsbereichen, in denen verkehrsrechtliche Geschwindigkeitsbegrenzungen liegen, ist aber eine möglichst geringe Abweichung der Anzeige von der tatsächlichen Geschwindigkeit notwendig. Abs II S 2 verweist daher auf die Berechnungsformel der **Richtlinie 75/443/EWG** (s Anhang zur StVZO zu § 57 II). Da II S 1 Anzeige in km/h vorschreibt, ist für Tachometer mit Meilenskala bei Fzen, die ab 1. 1. 91 erstmals in den V gekommen sind (s § 72 II) eine Ausnahmegenehmigung erforderlich. Der Fahrer muss in solchen Fällen die Meilenangabe sofort in km umrechnen können, KG VM **86** 67.

Gem der **Übergangsbestimmung** des § 72 II ist § 57 II S 2 über die technischen Anforderungen an das Geschwindigkeitsmessgerät nach der **Richtlinie 75/443/EWG** spätestens ab 1. 1. 91 auf die von diesem Tage an erstmals in den V kommenden Fze anzuwenden. Für ältere Fze gilt dagegen weiterhin § 57 alt. **1a**

Von dem Zwang zur Ausrüstung mit Geschwindigkeitsmessern macht I nur zwei **Ausnahmen:** 1. mehrspurige Kfze mit bauartbestimmter Höchstgeschwindigkeit von nicht mehr als 30 km/h; 2. Kfze mit Fahrtschreibern, sofern die Geschwindigkeitsskala im Blickfeld des Führers liegt. Vor dem 1. 1. 89 erstmals in den V gekommene Mofas sind gem § 72 II (entsprechend der vor dem 1. 7. 88 geltenden Fassung von I S 1) ebenfalls ausgenommen. **2**

2. Wegstreckenzähler (Kilometerzähler) sind Instrumente zum selbsttätigen Zählen der zurückgelegten Entfernungen durch Zählung der Umdrehungen der Räder. Da diese Zählung je nach dem Umfang der Radoberflächen, der von dem Luftdruck der Reifen abhängt, verschieden ist, kann keine unbedingte Genauigkeit verlangt werden. Jedoch darf ein ordnungsmäßiger Wegstreckenzähler Abweichungen von mehr als 4% der zurückgelegten Strecke nicht aufweisen. Wegstreckenzähler bieten Beweiszeichen für den Umfang der Fahrleistung. Gibt der Wegstreckenzähler nicht die tatsächliche Fahrstrecke wieder, so kann darin ein Sachmangel (§§ 433 I 2, 434 BGB) liegen, Ce DAR **59** 209. Ändert der VN willkürlich die Anzeige des Kilometerstandes, so kann darin eine Verletzung der Aufklärungspflicht liegen, die den **Versicherer** von der Leistungspflicht befreit, Mü VersR **61** 1034. Das **Verfälschen der Messung des Wegstreckenzählers** durch Einwirkung auf das Gerät ist gem § 22b StVG strafbar. Im Falle des Verkaufs eines so manipulierten Fzs liegt bei Verschweigen der Verfälschung Betrug vor, Bay JR **72** 65. III schreibt die Ausrüstung mit Wegstreckenzählern außer bei Mietwagen (§ 30 BOKraft), BMV 9. 11. 66, StV 2–2102 H/66, nicht zwingend vor. **3**

3. Ausnahmen: s Rz 2 sowie § 70 I. **4**

4. Zuwiderhandlungen: §§ 69a III Nr 25 StVZO, 24 StVG. § 268 StGB schützt nur vom **5** Messgerät abtrennbare Daueraufzeichnungen, nicht auch eine bloße Gerätanzeige, wie beim Wegstreckenzähler, BGHSt **29** 204 = NJW **80** 1638, Dü VM **75** 54 (BGHSt 4 StR 566/72 ist aufgegeben, VM **79** 42 gegenstandslos).

Fahrtschreiber und Kontrollgerät

57a (1) ¹Mit einem eichfähigen Fahrtschreiber sind auszurüsten
1. Kraftfahrzeuge mit einem zulässigen Gesamtgewicht von 7,5 t und darüber,
2. Zugmaschinen mit einer Motorleistung von 40 kW und darüber, die nicht ausschließlich für land- oder forstwirtschaftliche Zwecke eingesetzt werden,

Dauer

5 StVZO § 57a   B. Fahrzeuge. III. Bau- und Betriebsvorschriften

3. zur Beförderung von Personen bestimmte Kraftfahrzeuge mit mehr als 8 Fahrgastplätzen.

²Dies gilt nicht für

1. Kraftfahrzeuge mit einer durch die Bauart bestimmte Höchstgeschwindigkeit von nicht mehr als 40 km/h,
2. Kraftfahrzeuge der Bundeswehr, es sei denn, daß es sich um Kraftfahrzeuge der Bundeswehrverwaltung oder um Kraftomnibusse handelt,
3. Kraftfahrzeuge der Feuerwehren und der anderen Einheiten und Einrichtungen des Katastrophenschutzes,
4. Fahrzeuge, die in § 18 Abs. 1 der Fahrpersonalverordnung vom 27. Juni 2005 (BGBl. I S. 1882), die zuletzt durch Artikel 1 der Zweiten Verordnung zur Änderung fahrpersonalrechtlicher Vorschriften vom 22. Januar 2008 (BGBl. I S. 54) geändert worden ist, genannt sind,
5. Fahrzeuge, die in Artikel 3 Buchstabe d bis g und i der Verordnung (EG) Nr. 561/2006 des Europäischen Parlaments und des Rates vom 15. März 2006 (ABl. EU Nr. L 102 S. 1) genannt sind.

(1a) Der Fahrtschreiber sowie alle lösbaren Verbindungen der Übertragungseinrichtungen müssen plombiert sein.

(2) ¹Der Fahrtschreiber muß vom Beginn bis zum Ende jeder Fahrt ununterbrochen in Betrieb sein und auch die Haltezeiten aufzeichnen. ²Die Schaublätter – bei mehreren miteinander verbundenen Schaublättern (Schaublattbündel) das erste Blatt – sind vor Antritt der Fahrt mit dem Namen der Führer sowie dem Ausgangspunkt und Datum der ersten Fahrt zu bezeichnen; ferner ist der Stand des Wegstreckenzählers am Beginn und am Ende der Fahrt oder beim Einlegen und bei der Entnahme des Schaublatts vom Kraftfahrzeughalter oder dessen Beauftragten einzutragen; andere, durch Rechtsvorschriften weder geforderte noch erlaubte Vermerke auf der Vorderseite des Schaublattes sind unzulässig. ³Es dürfen nur Schaublätter mit Prüfzeichen verwendet werden, die für den verwendeten Fahrtschreibertyp zugeteilt sind. ⁴Die Schaublätter sind zuständigen Personen auf Verlangen jederzeit vorzulegen; der Kraftfahrzeughalter hat sie ein Jahr lang aufzubewahren. ⁵Auf jeder Fahrt muß mindestens ein Ersatzschaublatt mitgeführt werden.

(3) ¹Die Absätze 1 bis 2 gelten nicht, wenn das Fahrzeug an Stelle eines vorgeschriebenen Fahrtschreibers mit einem Kontrollgerät im Sinne des Anhangs I oder des Anhangs I B der Verordnung (EWG) Nr. 3821/85 des Rates vom 20. Dezember 1985 über das Kontrollgerät im Straßenverkehr (ABl. EG Nr. L 370 S. 8), die zuletzt durch die Verordnung (EG) Nr. 561/2006 des Europäischen Parlaments und des Rates vom 15. März 2006 (ABl. EU Nr. L 102 S. 1) geändert worden ist, ausgerüstet ist. ²In diesem Fall ist das Kontrollgerät nach Maßgabe des Absatzes 2 zu betreiben; bei Verwendung eines Kontrollgerätes nach Anhang I B der Verordnung (EWG) Nr. 3821/85 muß die Fahrerkarte nicht gesteckt werden. ³Im Falle des Einsatzes von Kraftomnibussen im Linienverkehr bis 50 Kilometer kann an Stelle des Namens der Führer das amtliche Kennzeichen oder die Betriebsnummer des jeweiligen Fahrzeugs auf den Ausdrucken und Schaublättern eingetragen werden. ⁴Die Daten des Massespeichers sind vom Kraftfahrzeughalter alle drei Monate herunterzuladen; § 2 Abs. 5 der Fahrpersonalverordnung gilt entsprechend. ⁵Wird bei Fahrzeugen zur Güterbeförderung mit einer zulässigen Gesamtmasse von mindestens 12 t oder bei Fahrzeugen zur Personenbeförderung mit mehr als acht Sitzplätzen außer dem Fahrersitz und einer zulässigen Gesamtmasse von mehr als 10 t, die ab dem 1. Januar 1996 erstmals zum Verkehr zugelassen wurden und bei denen die Übermittlung der Signale an das Kontrollgerät ausschließlich elektrisch erfolgt, das Kontrollgerät ausgetauscht, so muss dieses durch ein Gerät nach Anhang I B der Verordnung (EWG) Nr. 3821/85 ersetzt werden. ⁶Ein Austausch des Kontrollgerätes im Sinne des Satzes 5 liegt nur dann vor, wenn das gesamte System bestehend aus Registriereinheit und Geschwindigkeitsgeber getauscht wird.

(4) Weitergehende Anforderungen in Sondervorschriften bleiben unberührt.

1 **Begr** zur ÄndVO v. 14. 6. 88: VkBl **88** 475 f.

2 **Begr** zur ÄndVO v. 23. 7. 90 (VkBl **90** 521): *Zu Abs 1: Nr. 2* stellt sicher, dass für bestimmte Fahrzeugkategorien, für die ein EG-Kontrollgerät nicht bzw. nicht mehr erforderlich ist, auch kein „nationaler" Fahrtschreiber nach § 57a StVZO erforderlich ist. Insoweit werden die in § 57a StVZO enthaltenen Ausnahmetatbestände ergänzt.*
Hierbei handelt es sich um zwei Fallgruppen:
1. Fahrzeugkategorien, für die nach der vorliegenden Verordnung (Vgl. Artikel 2 Nr. 4) ein EG-Kontrollgerät nicht mehr erforderlich sein soll.

---
* Nr. 2 der ÄndVO.

Fahrtschreiber und Kontrollgerät § 57a StVZO 5

2. Bestimmte Fahrzeugkategorien, für die gemäß Artikel 4 der Verordnung (EWG) Nr. 3820/85 ein EG-Kontrollgerät nicht erforderlich ist.

Begr zur ÄndVO v. 27. 6. 05 (VkBl 05 593): **Zu Abs 3:** Mit Einführung des digitalen Kontrollgerätes werden die herkömmlichen Schaublätter zur Aufzeichnung der Lenk- und Ruhezeiten sowie der gefahrenen Wegstrecke und Geschwindigkeit für neu in den Verkehr kommende ausrüstungspflichtige Kraftfahrzeuge elektronisch aufgezeichnet und durch die so genannte Fahrerkarte ersetzt. Die regelmäßige Prüfung und Kalibrierung des digitalen Kontrollgerätes soll wie bisher schon bei EGKontrollgerät und Fahrtschreiber durch beauftragte Kraftfahrzeugwerkstätten, die die personellen und werkstattmäßigen Voraussetzungen erfüllen, durchgeführt werden. ...   3
Die Neufassung des Abs. 3 enthält in Satz 1 die Ergänzung um die Ausrüstung mit dem digitalen Kontrollgerät gemäß der Verordnung (EWG) Nr. 3821/85 Anhang I B. ...

Begr zur ÄndVO v 22. 1. 08 (BGBl I 54, 83):   4–6

Zu Abs 1 S 2 Nr 5 (BR-Drs 604/07 Beschluss S 10): *Es sollen auch die von der Verordnung (EG) Nr. 561/2006 durch Artikel 3 unmittelbar ausgenommenen Fahrzeuge, soweit sie nicht schon durch den Satz 2 Nr. 1 bis 3 von der Pflicht zur Ausrüstung mit einem eichfähigen Fahrtschreiber ausgenommen sind, wegen der Gleichbehandlung mit den nach Nummer 4 ausgenommenen Fahrzeugen von der Ausrüstungspflicht mit einem nationalen Fahrtschreiber ausgenommen werden.*

Zu Abs 3 S 3 (BR-Drs 604/07 S 70): *Mit dem neuen Satz 3 soll den Unternehmen des Liniennahverkehrs (bis 50 km) wieder ermöglicht werden, statt des Fahrernamens das amtliche Kennzeichen oder die Betriebsnummer des jeweiligen Busses auf den Ausdrucken aus dem digitalen Kontrollgerät bzw. auf den Tachographenscheiben einzutragen. Die Besatzungen der Busse wechseln bis zu drei- oder viermal täglich. Tachographenscheiben müssen mithin bei jedem Wechsel ausgetauscht werden. Dies ist umständlich und macht letztendlich eine Kontrolle durch die Gewerbeaufsicht in den Betrieben nicht einfacher. Auf Grund der Einsatzpläne der Unternehmen in Verbindung mit den auf den Ausdrucken und Scheiben eingetragenen Fahrzeugnummern bzw. Kennzeichen kann anlässlich einer Betriebsprüfung zweifelsfrei festgestellt werden, welcher Fahrer das Fahrzeug gelenkt hat.*

Ergänzende Rechtsquellen: 7
Fahrpersonalverordnung (FPersV) = Beck-Texte Nr 12 d
EG-Recht: VO (EWG) Nr 3821/85 = Beck-Texte Nr 12 f-1,
    VO (EG) 561/2006 = Beck-Texte Nr 12 b

1. Anwendungsbereich. Lkw- und Busfahrer haben aus Gründen der Verkehrssicherheit und zum Arbeitsschutz Lenk- und Ruhezeiten einzuhalten. Zur Ermöglichung der Kontrolle der Einhaltung dieser Zeiten müssen die meisten Fz zur Güterbeförderung und Busse durch EU-Recht vorgeschriebene Kontrollgeräte haben. Die Regelungen über Fahrtschreiber nach Abs 1 und 2 finden nur auf die Fz Anwendung, die von der vorrangigen Pflicht zur Ausrüstung mit EG-Kontrollgeräten ausgenommen sind. Für Fz, die mit einem EG-Kontrollgerät ausgerüstet sein müssen, gilt nur Abs 3 S 5 und 6. Für Fz, die von der Pflicht zur Ausrüstung mit EG-Kontrollgeräten ausgenommen sind, die aber auf freiwilliger Basis mit EG-Kontrollgeräten ausgerüstet wurden, gilt Abs 3 S 1–4. Die Ausrüstung mit Fahrtschreibern oder Kontrollgeräten hat mit der Führung eines Fahrtenbuches (§ 31a) nichts zu tun. Zum Unfalldatenschreiber s Rz 21.   8

2. EG-Kontrollgeräte. Die Regelungen zur Ausrüstung von Fz mit EG-Kontrollgeräten sind nicht in der StVZO enthalten, da es sich um unmittelbar geltendes EU-Recht handelt, das nicht in deutsches Recht umgesetzt werden muss. EG-Kontrollgeräte müssen bei Fz zur Güterbeförderung über 3,5 t zGM einschließlich Anhänger oder Sattelanhänger und Fz zur Personenbeförderung mit mehr als 8 Fahrgastplätzen eingebaut sein und benutzt werden, soweit sie nicht ausdrücklich davon ausgenommen sind (Art 3 I 1 VO (EWG) Nr 3821/85 iVm Art 2 I, Art 3 VO (EG) 561/2006). Dies gilt auch für Pkw mit Anhänger zur gewerblichen Güterbeförderung, wenn die zGM des Gespanns über 3,5 t liegt.   9

Nach Art 3 I 1 VO (EWG) Nr 3821/85 iVm Art 3 VO (EG) 561/2006 sind von der Ausrüstungspflicht mit EG-Kontrollgeräten **ausgenommen**, ohne dass dies einer Umsetzung in deutsches Recht bedarf: 10
a) Fz, die zur Personenbeförderung im Linienverkehr verwendet werden, wenn die Linienstrecke nicht mehr als 50 km beträgt,
b) Fz mit einer zulässigen Höchstgeschwindigkeit von nicht mehr als 40 km/h,
c) Fz, die Eigentum der Streitkräfte, des Katastrophenschutzes, der Feuerwehr oder der für die Aufrechterhaltung der öffentlichen Ordnung zuständigen Kräfte sind oder von ihnen ohne

5 StVZO § 57a B. Fahrzeuge. III. Bau- und Betriebsvorschriften

Fahrer angemietet werden, sofern die Beförderung aufgrund der diesen Diensten zugewiesenen Aufgaben stattfindet und ihrer Aufsicht unterliegt,
d) Fz – einschließlich Fz, die für nichtgewerbliche Transporte für humanitäre Hilfe verwendet werden –, die in Notfällen oder bei Rettungsmaßnahmen verwendet werden,
e) SpezialFz für medizinische Zwecke (gilt auch für tierärztliche Zwecke),
f) spezielle PannenhilfeFz, die innerhalb eines Umkreises von 100 km um ihren Standort eingesetzt werden,
g) Fz, mit denen zum Zweck der technischen Entwicklung oder im Rahmen von Reparatur- oder Wartungsarbeiten Probefahrten auf der Straße durchgeführt werden, sowie neue oder umgebaute Fz, die noch nicht in Betrieb genommen worden sind,
h) Fz oder FzKombinationen mit einer zulässigen Höchstmasse von nicht mehr als 7,5 t, die zur nichtgewerblichen Güterbeförderung verwendet werden,
i) NutzFz, die nach den Rechtsvorschriften des Mitgliedstaats, in dem sie verwendet werden, als historisch eingestuft werden und die zur nichtgewerblichen Güter- oder Personenbeförderung verwendet werden (Oldtimer).

11 Die EU-Mitgliedstaaten können **weitere Ausnahmen** von der Ausrüstungspflicht mit EG-Kontrollgeräten zulassen (Art 3 II VO (EWG) Nr 3821/85 iVm Art 13 I, III VO (EG) Nr 561/2006), wovon Deutschland mit **§ 18 I FPersV** Gebrauch gemacht hat. Danach sind **zusätzlich u. a.** die folgenden Fz von der Ausrüstungspflicht mit EG-Kontrollgeräten **ausgenommen**:
a) Fz, die von Landwirtschafts-, Gartenbau-, Forstwirtschaft- oder Fischereiunternehmen zur Güterbeförderung, insbesondere auch zur Beförderung lebender Tiere, im Rahmen der eigenen unternehmerischen Tätigkeit in einem Umkreis von bis zu 100 km vom Standort des Unternehmens verwendet oder von diesen ohne Fahrer angemietet werden (§ 18 I Nr 2 FPersV),
b) land- und forstwirtschaftliche Zugmaschinen, die für land- oder forstwirtschaftliche Tätigkeiten in einem Umkreis von bis zu 100 km vom Standort des Unternehmens verwendet werden, das das Fz besitzt, anmietet oder least (§ 18 I Nr 3 FPersV),
c) Fz, die zum Fahrschulunterricht oder zur Fahrprüfung zwecks Erlangung der FE oder eines beruflichen Befähigungsnachweises dienen, sofern diese Fz nicht für die gewerbliche Personen- oder Güterbeförderung verwendet werden (§ 18 I Nr 7 FPersV, s aber § 5 III DV-FahrlG: AusbildungsFz der Klassen C1, C, D1 und D müssen mit einem analogen oder digitalen Kontrollgerät ausgerüstet sein),
d) Fz mit 10 bis 17 Sitzen, die ausschließlich zur nicht gewerblichen Personenbeförderung verwendet werden (§ 18 I Nr 9 FPersV),
e) SpezialFz, die zum Transport von Ausrüstungen des Zirkus- oder Schaustellergewerbes verwendet werden (§ 18 I Nr 10 FPersV).

12 **EG-Kontrollgeräte** gibt es in **mechanischer** Form mit Schaublatt und in **digitaler** Form mit elektronischer Speicherung der Informationen. Sie müssen hinsichtlich Bauart, Einbau, Benutzung und Prüfung der VO (EWG) 3821/85 einschließlich der Anhänge I (mechanisches Kontrollgerät) bzw I B (digitales Kontrollgerät) entsprechen (Art 1 VO (EWG) 3821/85, Neufassung des Anhangs I B durch VO (EG) Nr 1360/2002). Die Prüfung der Kontrollgeräte erfolgt gem § 57b nur durch amtlich anerkannte Hersteller oder Werkstätten. Das **digitale Kontrollgerät** speichert die Fahreraktivitäten in einem Massenspeicher und auf Kontrollgerätkarten. Statt der bisherigen Schaublätter gibt es Streifenausdrucke aus einem im Gerät integrierten Drucker. Es gibt 4 verschiedene **Kontrollgerätkarten**: Fahrerkarte, Werkstattkarte, Unternehmenskarte und Kontrollkarte. Regelungen dazu s §§ 4–10 FPersV. Zur Beantragung einer Fahrerkarte benötigt der Fahrer, der Inhaber einer deutschen FE ist, einen KartenFS (§ 4 I 3 Nr 1a FPersV iVm Muster 1 Anl 8 FeV). Eine FE der Kl B genügt, da auch Fz auf freiwilliger Basis mit digitalen Kontrollgeräten ausgerüstet werden können, die von der Pflicht zur Ausrüstung mit einem EG-Kontrollgerät ausgenommen sind und für die eine FE der Kl B genügt. Die Fahrerkarte ist von angestellten Fahrern auf eigene Kosten zu beschaffen (BAG NJW **08** 1612). Das KBA personalisiert und liefert die Kontrollgerätkarten (§ 2 I Nr 10 KBA-Gesetz) und führt das Zentrale Kontrollgerätkartenregister (§ 2 I Nr 2d KBA-Gesetz, § 2 Nr 4 FPersG, §§ 11–17 FPersV) zum Nachweis der ausgegebenen Kontrollgerätkarten.

13 Seit dem 1. 5. 06 erstmals zum Verkehr zugelassene neue Fz zur Güterbeförderung über 3,5 t zGM einschl Anhänger oder Sattelanhänger und Fz zur Personenbeförderung mit mehr als 8 Fahrgastplätzen **müssen** mit einem **digitalen Kontrollgerät** gem Anhang I B der VO (EWG) 3821/85 idF der VO (EG) Nr 1360/2002 **ausgerüstet** sein (Art 27 I iVm Art 29 VO (EG) Nr 561/2006), soweit sie nicht durch EU- oder deutsches Recht von der Ausrüstungspflicht mit

Fahrtschreiber und Kontrollgerät § 57a StVZO 5

EG-Kontrollgeräten ausgenommen sind. Das digitale Kontrollgerät soll das bisher verwendete mechanische EG-Kontrollgerät mit Schaublatt gem Anhang I der VO (EWG) 3821/85 ablösen. Eine allgemeine Nachrüstpflicht besteht jedoch nicht. Allerdings müssen Fz zur Güterbeförderung mit einer zGM von mehr als 12 t und Fz zur Personenbeförderung mit mehr als 8 Fahrgastplätzen und einer zGM von mehr als 10 t, die ab dem 1. 1. 96 erstmals zugelassen wurden, auf das digitale Kontrollgerät umgerüstet werden, wenn das bisherige mechanische Kontrollgerät nach Anhang I ersetzt werden muss und die technischen Voraussetzungen gegeben sind (Abs 3 S 4; Art 2 Abs 1 b VO (EG) 2135/98). Ein Austausch des Kontrollgerätes in diesem Sinne liegt nur vor, wenn das gesamte System bestehend aus Registriereinheit und Geschwindigkeitsgeber ausgetauscht wird (Abs 3 S 6).

Soweit Fz zwar mit einem EG-Kontrollgerät, nicht aber mit einem digitalen Kontrollgerät **14** ausgerüstet sein müssen, ist **freiwillige Ausrüstung** mit einem digitalen Kontrollgerät möglich; § 57 a gilt dann nicht. Soweit Fz gänzlich von der Pflicht zur Ausrüstung mit einem EG-Kontrollgerät ausgenommen sind, ist freiwillige Ausrüstung sowohl mit einem mchanischen als auch mit einem digitalen EG-Kontrollgerät möglich (Art 3 IV VO (EWG) Nr 3821/85). Dann gelten Abs 1 und 2 nicht (Abs 3 S 1), aber das EG-Kontrollgerät ist dann nach Maßgabe des Abs 2 zu betreiben (Abs 3 S 2 HS 1); bei freiwilliger Ausrüstung mit einem digitalen Kontrollgerät muss die Fahrerkarte nicht gesteckt werden (Abs 3 S 2 HS 2), die Daten des Massespeichers sind aber vom Halter alle 3 Monate herunterzuladen (Abs 3 S 4).

Lit: *Krumm*, Geschwindigkeitsfeststellung in Bußgeldverfahren mit dem digitalen EG-Kontrollgerät, SVR **07** 198. *Langer*, Novellierung der Lenk- und Ruhezeiten im StrV und das neue digitale Kontrollgerät, DAR **07** 415. *Derselbe*, Anpassung der nationalen Vorschriften über die Lenk- und Ruhezeiten an das geltende EU-Recht, DAR **08** 421. *Rang*, Das digitale Kontrollgerät, 4. Aufl., München 2007.

3. Nationale Fahrtschreiber (Abs 1, 2). Mit Fahrtschreibern nach Abs 1 (Fahrtschreiber **15** nach deutschem Recht, „nationalen Fahrtschreibern") müssen die in Abs 1 S 1 genannten Fz ausgerüstet sein, soweit sie nicht der vorrangigen Pflicht zur Ausrüstung mit EG-Kontrollgeräten unterliegen und soweit nicht eine Ausnahme gem Abs 1 S 2 gilt. Abs 1 S 2 Nr 4 und 5 bedeutet, dass Fz, die nach EU- und deutschem Recht von der Ausrüstungspflicht mit EG-Kontrollgeräten ausgenommen sind (s Rz 10, 11), auch von der Ausrüstungspflicht mit nationalen Fahrtschreibern ausgenommen sind. Soweit Fz mit Fahrtschreiber auszurüsten sind, können sie auf freiwilliger Basis mit EG-Kontrollgeräten ausgerüstet werden; dann gelten Abs 1 und 2 nicht (Abs 3 S 1). In diesem Fall ist das Kontrollgerät nach Maßgabe von Abs 3 S 2–4 zu betreiben. Fahrtschreiber müssen nach § 22 a I Ziff 20 in amtlich genehmigter Bauart ausgeführt sein. Technische Anforderungen bei der Bauartprüfung, VkBl **73** 558, zuletzt geändert: VkBl **06** 645 = StVRL § 22 a Nr 1 (Nr 33). **Mit Fahrtschreibern müssen ausgerüstet sein:** Kfz mit zulässigem Gesamtgewicht (§ 34) von 7,5 t und mehr; Zugmaschinen mit Motorleistung von 40 kW und mehr; Omnibusse (Fz mit mehr als 8 Fahrgastplätzen, § 30 d I). **Wohnmobile** ab 7,5 t zulässigem Gesamtgewicht müssen mit einem nationalen Fahrtschreiber nach Abs 1 ausgerüstet sein, der fahrzeugbezogen zu betreiben ist. Ist statt des vorgeschriebenen Fahrtschreibers ein EG-Kontrollgerät in ein Wohnmobil eingebaut, ist dieses (anders als nach der bis zum 1. 7. 05 geltenden Fassung des Abs 3 S 2) nicht mehr fahrerbezogen, sondern fahrzeugbezogen zu betreiben mit der Folge, dass die Lenk- und Ruhezeiten der VO EWG 3820/85, jetzt der VO (EG) 561/2006, nicht gelten (s Begr zur ÄndVO v 27. 6. 05, VkBl **05** 593). Kfz iSd Abs 1 S 1 Nr 1 ist nur der Triebwagen ohne Anhänger (Kar VRS **13** 366, Kö VRS **68** 393). Ein Omnibus muss auch bei einer Versuchsfahrt ohne Fahrgäste mit einem betriebsfähigen Fahrtschreiber ausgerüstet sein; der Führer handelte möglicherweise in unverschuldetem Verbotsirrtum, wenn der Betriebsleiter ihm erklärt hatte, bei Versuchswagen brauche kein Schaublatt eingelegt zu werden (Bay NJW **61** 421). Die Befreiung der Kfze der BW (Abs 1 S 2 Nr 2) von der Fahrtschreibervorschrift ist nicht verfassungswidrig (Fra VRS **31** 139). Pkw-Kombi mit Anhänger müssen, wenn das zulässige Gesamtgewicht beider Fze zusammen 3,5 t übersteigt und wenn beide Fze (überwiegend) der Güterbeförderung dienen, gem Art 3 VO (EWG) 3821/85 mit einem Kontrollgerät ausgerüstet sein (Kö VRS **68** 393, Ha VkBl **85** 290, Dü DAR **86** 233).

Betrieb des Fahrtschreibers. Vorgeschriebene Fahrtschreiber müssen während der ganzen **16** Fahrt **ununterbrochen in Betrieb** sein und auch die Haltezeiten aufzeichnen (Abs 2 S 1, Ha VRS **31** 392, Schl VM **67** 13). Dafür ist der Fahrer verantwortlich. Dieser muss beim Halter auf richtige Fahrtschreiberanzeige dringen, sonst kann er bei unrichtiger Anzeige uU als Garant verantwortlich sein, soweit § 268 StGB reicht, s dazu Rz 9 sowie LG Stade NJW **74** 2017 (im Ergebnis verneint). Täglich vor der ersten Fahrt muss der Fahrer feststellen, ob der Fahrtschrei-

Dauer

ber aufzeichnet (Ha VRS **31** 392), auch nach Übernahme von einem anderen Fahrer im Laufe des Tages (Zw VM **81** 90), aber nicht ohne Anlass auch während der Fahrt (Kar NZV **97** 51). Dafür, dass der Fahrtschreiber betriebsfähig ist, dass stets Schaublätter vorhanden sind und dass § 57a befolgt wird, ist auch der Halter verantwortlich (Bay VRS **26** 147, Dü VM **66** 8. S § 31). Für nicht vorgeschriebene Fahrtschreiber gilt die Betriebspflicht des Abs 2 S 1 nicht (Bay VRS **80** 230, BMV 1. 12. 66, StV 2–2184 K/66). **Im Ausland zugelassene Kfze** der in Abs 1 bezeichneten Art, welche Fahrtschreiber führen, ohne im Heimatland dazu verpflichtet zu sein, müssen diese jedenfalls dann nicht gem Abs 2 betreiben, wenn sie in einem der Unterzeichnerstaaten des ÜbStrV zugelassen sind (Bay VRS **83** 65, abw noch Bay VRS **57** 222). Kurzes **Öffnen des Fahrtschreibers** zur Anbringung erlaubter oder notwendiger Vermerke (Arbeitsbeginn und -ende, Pausen) ist keine Betriebsunterbrechung (*Kullik* VD **73** 231). Das Schaublatt muss nicht täglich, sondern **beim Antritt der Fahrt ausgewechselt** werden; Doppelbeschriftung durch Benutzung über den Zeitraum von 24 Stunden hinaus ist jedoch unzulässig (Bay VRS **10** 64, Schl VM **67** 13, **92** 2). Vor der Fahrt ist auf dem Schaublatt **zu vermerken** (Abs 2 S 2): Name des Führers (Namen mehrerer Führer, die sich abwechseln) – Ausnahme Abs 3 S 3 –, Datum und Ausgangspunkt der Fahrt; Schaublattbündel sind zulässig; solche Blätter werden für einen längeren Zeitraum, meist eine Woche, verwendet. Dann genügt die Eintragung des Führers, des Ausgangspunkts und des Datums der ersten Fahrt. Stets ist außer den genannten Angaben der Stand des Kilometerzählers bei Beginn und Ende der Fahrt, bei Verwendung eines Siebentageschreibers bei Beginn und am Ende des Zeitraums auf dem Schaublatt zu vermerken. Alle Eintragungen auf Schaublättern hat der Halter oder dessen Beauftragter vorzunehmen (Abs 2 Satz 2), dieser ist Urkundenaussteller, s Rz 9. Nur **Schaublätter mit Prüfzeichen** dürfen verwendet werden, die für den verwendeten Fahrtschreibertyp zugeteilt sind. Die Aufzeichnungen auf den eingelegten Schaublättern sind **technische Aufzeichnungen** (§ 268 II StGB, BGH VRS **58** 415, Dü NZV **94** 199, KG VRS **57** 121, s dazu Rz 9). Gestattet es der Fahrtschreiber eines Lkw infolge mehrfachen Überschreibens nicht, die Geschwindigkeit zur Unfallzeit abzulesen, so ist das zum Nachteil dessen zu berücksichtigen, der ihn nicht ordnungsmäßig bedient hat (zw, Tatfrage, Kö VersR **64** 543). Fahrtschreiberausfall unterwegs macht den Lkw nicht verkehrsunsicher; die Fahrt darf zu ende geführt werden (Bay DAR **78** 204).

17 Die **Auswertung des Fahrtschreiber- oder EG-Kontrollgerät-Schaublattes** ist ein geeignetes Beweismittel zur Feststellung von OWen durch Überschreitung der zulässigen **Höchstgeschwindigkeit** (Kö NZV **94** 292, VRS **93** 206, Jn DAR **05** 44, Dü VRS **90** 296, NZV **96** 503, Ba ZfS **08** 295), auch wenn der genaue Tatort nicht mehr feststellbar ist (Bay NZV **96** 160, BaySt **97** 40, Ha NZV **92** 159 [abl *Suhren* NZV **92** 271], VRS **92** 36, ZfS **94** 187, Dü VM **94** 43, AG Marl ZfS **94** 30 [abl *Röttgering*], *Zeising* NZV **94** 384, aM LG Münster DAR **95** 303 [Anm *Berr*], s dazu *Hentschel* NJW **95** 630). Die Verwertung der Schaublätter in der Hauptverhandlung zu Beweiszwecken geschieht durch Augenscheineinnahme (Bay ZfS **97** 315, Jn DAR **05** 44, Kö DAR **90** 109, Dü VRS **90** 296, Ba ZfS **08** 295). Beruht die Überführung auf Auswertung eines Fahrtschreiberblattes, so ist die Inaugenscheinnahme auch zu protokollieren, wenn der Angeklagte das Auswertungsergebnis nicht bestreitet; durch Vorhalt kann das Blatt nicht in die Hauptverhandlung eingeführt werden, auch nicht durch Verlesung (Kö VRS **24** 62). Zur Auswertung bedarf der Richter bei längerer Fahrtstrecke nicht der Hinzuziehung eines Sachverständigen (Jn DAR **05** 44, Ha DAR **04** 42, NZV **92** 159, Kö NZV **94** 292, VRS **65** 159 (3km), Dü NZV **96** 503, VRS **90** 296), anders aber bei Geschwindigkeitsänderungen binnen kurzer Zeit und Strecke (Bay ZfS **97** 315, Jn DAR **05** 44, Kö NZV **94** 292, DAR **90** 109, Dü VRS **90** 296, NZV **96** 503). Die Annahme, die Aufzeichnungen seien unrichtig und abweichende Zeugenaussagen träfen zu, lässt sich nicht allein mit der allgemeinen Erwägung begründen, jedes Messinstrument könne versagen (BGH NJW **63** 586). Toleranzwert zum Ausgleich von Fehlerquellen: 6 km/h (Bay VRS **101** 457, Ha DAR **04** 42, Kö VRS **93** 206, Ba ZfS **08** 295, *Beck/Löhle* 2.15). Zur Auswertung des **digitalen EG-Kontrollgeräts** zur Geschwindigkeitsfeststellung in Bußgeldverfahren s *Krumm* SVR **07** 198.

18 4. **Kontrolle der Schaublätter.** Diese sind zuständigen Personen auf Verlangen vorzuzeigen (Abs 2 S 4), im Verkehr und unabhängig davon auch ohne Beziehung auf eine bestimmte Fahrt, denn der Halter hat die Schaublätter ein Jahr aufzubewahren (Abs 2 S 4, Ha VRS **12** 302). Abs 2 S 4 HS 2 richtet sich nur an den Halter, HS 1 dagegen an den jeweiligen Inhaber der tatsächlichen Gewalt über das Schaublatt, unterwegs also an den Fahrer (Bay VM **78** 50). Wer sich als Fahrer während und im Zusammenhang mit dem Betrieb weigert, zuständigen Kontrollpersonen das Schaublatt zur Prüfung auszuhändigen, verletzt Abs 2 4 HS 1 mit § 69a V Nr 6c (Bay VM **78** 50). Entnimmt der PolB das Schaublatt, so hat der Fahrer ein Ersatzschaublatt einzulegen (Abs 2).

5. Weitergeltung weitergehender Vorschriften. Der Vorbehalt weitergehender Anforde- 19
rungen (Abs 4) betrifft vor allem die VO (EWG) Nr 3821/85, aber auch zB § 31 a (Fahrten-
buch).

6. Verstöße: OWen: §§ 69 a III Nr 25, 25 a, V Nr 6, 6 a, 6 c StVZO, 24 StVG. Ist ein nur 20
nach nationalem Recht fahrtschreiberpflichtiges Fz mit EG-Kontrollgerät ausgerüstet, so ist ein
Verstoß gegen die dann geltende Bestimmung des Abs 2 (Abs 3 S 2) nach § 69 a III Nr 25 a ow;
anders, wenn das Fz durch VO (EWG) 3821/85 erfasst ist, dann OW nach FPersG (Bay VRS **60**
397). Wer es pflichtwidrig unterlässt, vorgeschriebene Eintragungen vorzunehmen oder wer Un-
richtiges auf den Schaublättern einträgt, verletzt Abs 2 Satz 2 (KG VRS **57** 121). Für Befolgung
des § 57 a hat auch der Halter zu sorgen, ferner der, dem der Halter die Verantwortung für das Fz,
besonders für dessen verkehrssicheren Zustand, übertragen hat (Ce DAR **55** 198). Weigerung des
Fahrers, das Schaublatt zur Prüfung auszuhändigen, s Rz 7. § 57 a I 1, II (Fahren mit defektem
Fahrtschreiber) geht § 23 I StVO vor (Kar VRS **47** 294). Bei Fahren mit einem ow Fahrtschrei-
ber **TE** mit währenddessen begangenen VOWen (§ 37 StVO, Ha VRS **48** 299). Unterlassen der
Beschriftung des Schaublatts steht zu OWen während der Fahrt in TM (s Ha VRS **29** 62, **60** 50),
es bildet mit diesen auch nicht eine Tat iS von § 264 StPO (Ha VRS **60** 50, Kö NZV **90** 201).
Zur **Bußgeldbemessung** bei fahrlässiger Schaublattverwechslung vor Fahrtbeginn, Kö VRS **59**
393. **Straftaten:** Der bloße Diagrammteil des Schaublatts ist ein Augenscheinsobjekt ohne Ur-
kundencharakter (Bay NJW **81** 774). Durch Fahrer- und Fahrtdatumeintragung auf dem Schau-
blatt wird das Schaublatt als Ganzes ab Fahrtbeginn zur **Urkunde** (Bay NJW **81** 774, VRS **82**
347, Stu VRS **74** 437, Kar VRS **97** 166, **103** 118, Dü NZV **94** 199). Aussteller der Schaublatt-
urkunde gem Abs 2 ist (anders als im Rahmen der VO EWG 3821/85 und des AETR, s Bay
VRS **73** 377, **82** 347, NZV **94** 36, Kar VRS **97** 166) der Halter, auch wenn er nicht zugleich der
Fahrer ist (Bay NJW **81** 774, Kar DAR **87** 24, KG VRS **57** 121, Stu VRS **74** 437, Dü NZV **94**
199). Inhaltlich unzutreffende Eintragungen auf dem Schaublatt durch den Halter oder dessen
Beauftragten sind keine Urkundenfälschung (Dü NZV **94** 199, km-Stand). Lässt der allein fah-
rende Fahrer im Beifahrerfach des Kontrollgerätes Ruhezeit aufzeichnen und legt das Schaublatt
später nach Eintragung seines Namens in das Fahrerfach, so handelt es sich um bloße schriftliche
Lüge (Kar VRS **103** 118). Auch durch Eintragung eines falschen Fahrernamens durch den Halter
stellt dieser daher keine unechte Urkunde her (Kar DAR **87** 24 schriftliche Lüge), aM bei ent-
sprechendem Verhalten des Fahrers als *Aussteller* eines Schaublattes gem VO EWG 3821/85, Bay
VRS **82** 347, NZV **94** 36. Trägt dagegen der Fahrer eigenmächtig ohne Einwilligung des Halters
einen falschen Fahrernahmen auf dem Schaublatt (gem Abs 2, dessen Aussteller er nicht ist) ein,
so stellt er eine unechte Urkunde her (Bay NJW **81** 774). Die Hinzufügung eines weiteren Na-
mens auf dem Fahrtschreiberblatt nach Aufzeichnung ist Urkundenverfälschung (Stu NJW **78**
715). Zur nachträglichen Eintragung eines falschen Datums auf dem Schaublatt, s AG Langen
MDR **86** 603. Abänderung der Schaublattbeschriftung durch den Aussteller nach Fahrtantritt als
Urkundenfälschung (Stu VRS **74** 437, s dazu *Puppe* NZV **89** 479). Verwischt oder verändert der
Kf die Schaublattaufzeichnungen, handschriftlich wie technisch bewirkte, so verletzt er **§ 268
StGB;** die OW nach § 57 a tritt demgegenüber zurück, ebenso bei störender Einwirkung auf den
Aufzeichnungsvorgang unterwegs, aber auch schon bei vorsätzlich falschem Einlegen des Schau-
blatts. Wer eine manipulatorische Beeinflussung der Aufzeichnungen kennt oder (bedingt) vor-
sätzlich ausnutzt, verletzt § 268 I Nr 1 StGB (Herstellen), nicht jedoch derjenige, der die Auf-
zeichnungsstörung zwar kennt und durch Unterlassen der Fehlerbeseitigung ausnutzt, aber nicht
mit ihrer Verursachung durch voraufgegangene Manipulation rechnet, der Unrechtsgehalt sol-
chen Unterlassens kommt demjenigen des Herstellens einer unechten technischen Aufzeichnung
nicht gleich (BGHSt **28** 300 = NJW **79** 1466, Bay VRS **55** 425, aM Ha VRS **52** 278). Bewus-
tes Verstellen der zum EG-Kontrollgerät gehörenden Zeituhr zum Zwecke falscher Zeitangaben
auf dem Schaublatt ist gem § 268 III StGB strafbar (Ha NJW **84** 2173, Bay VM **86** 60), ebenso
Verbiegen der Nadel mit der Folge der Aufzeichnung zu niedriger Geschwindigkeit (Bay
DAR **88** 366, NZV **95** 287). Nach überwiegender Ansicht erfüllt auch die Verwendung eines zu
einem anderen Fahrtschreibertyp gehörigen Schaublatts, soweit sie zu unrichtigen Aufzeichnun-
gen führt, den Tatbestand des § 268 III StGB (BGHSt **40** 26 = VRS **86** 345, Stu NZV **93** 237
(zust *Puppe* JR **93** 330), *Fischer* § 268 Rz 13 c, aM Bay VM **74** 2, *Rüth/Berr/Berz* Rz 22). Zeit-
weiliges Abschalten beim Fahren verletzt § 268 nur, wenn es eine zumindest teilweise unrichtige
Aufzeichnung bewirkt, nicht eine nur lückenhafte (Bay NJW **74** 325). Wer im Ausland die Ge-
schwindigkeitsschreibernadel verbiegt, so dass eine geringere Geschwindigkeit aufgezeichnet
wird, verwirklicht nach Überschreiten der Grenze nach Deutschland auch auf der Strecke zwi-

schen Grenze und Kontrollstelle § 268 I 1 StGB (Bay DAR **82** 247). Öffnung des Gerätedeckels, um unrichtige Aufzeichnung zu bewirken, erfüllt § 268 III StGB, wenn dieses Ziel tatsächlich erreicht wird, nicht dagegen, soweit dadurch lediglich Aufzeichnungen verhindert werden (Bay NJW **74** 325). Wird ein „Zwei-Fahrergerät" durch Einlegen mehrerer Schaublätter zwar in der vorgesehenen Weise, jedoch entgegen seinem Zweck nur durch *einen* Fahrer bedient, um die Ablösung durch einen zweiten Fahrer vorzutäuschen, ist § 268 III StGB nicht erfüllt (BaySt **01** 57 = VRS **100** 444, Kar VRS **103** 118). *Salentyn,* Manipulationen am EG-Kontrollgerät, DNP **90** 560. Die Eintragung eines Fahrernamens als Bezugsvermerk zur Aufzeichnung ist nicht durch § 268 StGB geschützt (KG VRS **57** 121). Vernichtung des Schaublattes ist keine Urkundenunterdrückung iS von **§ 274 StGB,** wenn sie nur das Ziel verfolgt, einen staatlichen Straf- oder Bußgeldanspruch zu vereiteln (Bay NZV **89** 81, Dü NZV **89** 477 [im Ergebnis zust *Puppe,* abl *Bottke*] JR **91** 252], aM *Schneider* NStZ **93** 16, nach Dü NJW **85** 1231 jedenfalls dann nicht, wenn dadurch der Nachweis eines Parkverstoßes verhindert werden soll. Wer der polizeilichen Wegnahme des Fahrtschreiberblattes zwecks Kontrolle oder Beschlagnahme Widerstand leistet, verletzt § 113 StGB (Ko VRS **41** 106).

21   7. Zum **Unfalldatenschreiber** als Beweismittel zur Aufklärung des Unfallhergangs („Kurzwegschreiber") s VGT **80** 7, **90** 8 (Empfehlungen), **80** 40 *(Danner),* **80** 58 *(Nickel =* DAR **80** 39), **80** 73 *(Engels),* **80** 87 *(Schmidt), Bottke* JR **83** 309, *Engels* VGT **88** 123, *Vogt* NZV **91** 260, VGT **03** 11 (Empfehlungen), **03** 209 *(Brenner),* **03** 225 *(Graeger), Münchhausen/Vieweg/Weber/ Zeidler* Die Auswertung von FzDaten bei der Unfallanalyse 45. VGT **07** 275 ff, *Brenner/Schmidt-Cotta* SVR **08** 41.

   Lit: *Brenner/Schmidt-Cotta,* Der Einsatz von Unfalldatenspeichern unter dem Brennglas des Europarechts, SVR **08** 41. *Fuchs-Wissemann,* Unfallschreiber und Gerechtigkeit, DAR **87** 259. *Kraft,* Fahrtschreiber als Beweismittel, DAR **71** 124. *Graeger,* Unfalldatenspeicher, NZV **04** 16. *Löhle/Meininger,* Technische und rechtliche Aspekte der Auswertung des Unfalldatenspeichers, Verkehrsunfall **93** 11. *Streck,* Fahrtschreiber und Beweisführung, VGT **76** 183. *Puppe,* Vom Wesen der technischen Aufzeichnung, MDR **73** 460. *Waszkewitz,* Der Fahrtschreiber als Hilfsmittel der Fahrerkontrolle, ZVS **71** 120.

Prüfung der Fahrtschreiber und Kontrollgeräte

57b (1) ¹Halter, deren Kraftfahrzeuge mit einem Fahrtschreiber nach § 57a Abs. 1 oder mit einem Kontrollgerät nach der Verordnung (EWG) Nr. 3821/85 ausgerüstet sein müssen, haben auf ihre Kosten die Fahrtschreiber oder die Kontrollgeräte nach Maßgabe des Absatzes 2 und der Anlagen XVIII und XVIII a darauf prüfen zu lassen, dass Einbau, Zustand, Messgenauigkeit und Arbeitsweise vorschriftsmäßig sind. ²Bestehen keine Bedenken gegen die Vorschriftsmäßigkeit, so hat der Hersteller oder die Werkstatt auf oder neben dem Fahrtschreiber oder dem Kontrollgerät gut sichtbar und dauerhaft ein Einbauschild anzubringen. ³Das Einbauschild muss plombiert sein, es sei denn, dass es sich nicht ohne Vernichtung der Angaben entfernen lässt. ⁴Der Halter hat dafür zu sorgen, dass das Einbauschild die vorgeschriebenen Angaben enthält, plombiert sowie vorschriftsmäßig angebracht und weder verdeckt noch verschmutzt ist.

(2) ¹Die Prüfungen sind mindestens einmal innerhalb von zwei Jahren seit der letzten Prüfung durchzuführen. ²Außerdem müssen die Prüfungen nach jedem Einbau, jeder Reparatur der Fahrtschreiber- oder Kontrollgeräteanlage, jeder Änderung der Wegdrehzahl oder Wegimpulszahl und jeder Änderung des wirksamen Reifenumfanges des Kraftfahrzeuges sowie bei Kontrollgeräten nach Anhang I B der Verordnung (EWG) Nr. 3821/85 auch dann, wenn die UTC-Zeit von der korrekten Zeit um mehr als 20 Minuten abweicht oder wenn sich das amtliche Kennzeichen des Kraftfahrzeuges geändert hat, durchgeführt werden.

(3) ¹Die Prüfungen dürfen nur durch einen nach Maßgabe der Anlage XVIII c hierfür amtlich anerkannten Fahrtschreiber- oder Kontrollgerätehersteller oder durch von diesen beauftragte Kraftfahrzeugwerkstätten und durch nach Maßgabe der Anlage XVIII d anerkannte Kraftfahrzeugwerkstätten durchgeführt werden. ²Die Prüfungen dürfen nur an Prüfstellen vorgenommen werden, die den in Anlage XVIII b festgelegten Anforderungen entsprechen.

(4) ¹Wird der Fahrtschreiber oder das Kontrollgerät vom Fahrzeughersteller eingebaut, so hat dieser, sofern er hierfür nach Anlage XVIII c amtlich anerkannt ist, die Einbauprüfung nach Maßgabe der Anlage XVIII a durchzuführen und das Gerät zu kalibrieren. ²Die Einbauprüfung und Kalibrierung kann abweichend von Satz 1 auch durch einen hierfür anerkannten Fahrzeugimporteur durchgeführt werden. ³Die Einbauprüfung darf nur an einer Prüfstelle durchgeführt werden, die den in Anlage XVIII b festgelegten Anforderungen entspricht.

Ausrüstung von Kraftfahrzeugen mit Geschwindigkeitsbegrenzern **§ 57c StVZO 5**

Begr: VkBl **72** 460f). S 36. Aufl.

Begr zur ÄndVO v 27. 6. 05: VkBl **05** 593.

1. Prüfungspflicht besteht gem Abs S 1 für die Halter, deren Fze mit einem nationalen Fahrtschreiber nach § 57a Abs 1 oder mit einem EG-Kontrollgerät nach der VO (EWG) Nr 3821/85 ausgerüstet sein müssen. Die Rahmenbedingungen zu den Prüfungen der Fahrtschreiber und Kontrollgeräte enthält Anl XVIII, die Durchführungsbestimmungen dazu Anl XVIIIa, ergänzt durch die Richtlinie für die Durchführung von Prüfungen an Fahrtschreibern und Kontrollgeräten (VkBl **73** 139, **82** 239 = StVRL § 57b StVZO Nr 1). Die Prüfungen sind mindestens einmal innerhalb von 2 Jahren seit der letzten Prüfung durchzuführen (Abs 2 S 1).

2. Durchführung der Prüfung. Die Prüfung der Fahrtschreiber und EG-Kontrollgeräte darf nur von amtlich anerkannten Fahrtschreiber- oder Kontrollgeräteherstellern, durch von diesen beauftragte und zu überwachende (Anl XVIII, Nr 1.2b) Kfz-Werkstätten, oder durch amtlich anerkannte Kfz-Werkstätten durchgeführt werden (Abs 3 S 1). Wird Fahrtschreiber oder Kontrollgerät vom FzHersteller mit eingebaut, hat dieser, sofern er dazu amtlich anerkannt ist, auch die vorgeschriebene Einbauprüfung vorzunehmen und das Gerät zu kalibrieren (Abs 4 S 1). Einbauprüfung und Kalibrierung können auch durch hierfür anerkannte Importeure durchgeführt werden (Abs 4 S 2). Die Prüfungen dürfen nur an Prüfstellen vorgenommen werden, die den in Anl XVIIIb festgelegten Anforderungen entsprechen (Abs 3 S 2, Abs 4 S 3). Die Anerkennung von Fahrtschreiber- oder Kontrollgeräteherstellern, FzHerstellern und Importeuren für die Durchführung von Prüfungen ist in Anl XVIIIc (ergänzt durch die Fahrtschreiber-Anerkennungsrichtlinie, VkBl **72** 863, **73** 244, **74**, 683 = StVRL § 57b StVZO Nr 3), die Anerkennung von Kraftfahrzeugwerkstätten zur Durchführung von Prüfungen sowie die Schulung der mit der Prüfung beauftragten Fachkräfte sind in Anl XVIIId (ergänzt durch die Fahrtschreiber- und Kontrollgeräte-Anerkennungsrichtlinie, VkBl **05** 595, und die Fahrtschreiber- und Kontrollgeräte-Schulungsrichtlinie, VkBl **05** 599) geregelt. **Werkstattkarten** für digitale EG-Kontrollgeräte dürfen nur an nach § 57b anerkannte oder beauftragte Werkstätten, Hersteller von Kontrollgeräten und FzHersteller ausgegeben werden (§ 4 I 3 Nr 2 FPersV). Sie dienen der Prüfung, Kalibrierung und dem Herunterladen von Daten durch diese Unternehmen. Erteilungsvoraussetzungen: § 7 FPersV, Wegfall von Erteilungsvoraussetzungen: § 8 FPersV. Handhabung der Werkstattkarten: Anl XVIIId Nr 3).

3. Einbauschild. Für den ordnungsgemäßen Zustand des Einbauschildes, das den positiven Abschluss der Prüfung dokumentiert (Abs 1 S 2), muss der Halter gem Abs 1 S 4 wegen der Bedeutung des Schildes für die Überwachung sorgen.

4. Ordnungswidrigkeiten: § 69a V Nr 6b StVZO, § 24 StVG. Die Unterlassung pflichtgemäßer Überprüfung durch den Halter ist an dem (jedem) Ort begangen, an welchem er sie hätte veranlassen müssen; dies ist grundsätzlich der Wohn- oder Firmensitz, nicht aber jeder andere Ort, an dem das Fz angetroffen und die Tat entdeckt wird (Bay DAR **79** 343).

Ausrüstung von Kraftfahrzeugen mit Geschwindigkeitsbegrenzern und ihre Benutzung

57c (1) Geschwindigkeitsbegrenzer sind Einrichtungen, die im Kraftfahrzeug in erster Linie durch die Steuerung der Kraftstoffzufuhr zum Motor die Fahrzeughöchstgeschwindigkeit auf den eingestellten Wert beschränken.

(2) ¹Alle Kraftomnibusse sowie Lastkraftwagen, Zugmaschinen und Sattelzugmaschinen mit einer zulässigen Gesamtmasse von jeweils mehr als 3,5 t müssen mit einem Geschwindigkeitsbegrenzer ausgerüstet sein. ²Der Geschwindigkeitsbegrenzer ist bei

1. Kraftomnibussen auf eine Höchstgeschwindigkeit von 100 km/h (v_{set}),
2. Lastkraftwagen, Zugmaschinen und Sattelzugmaschinen auf eine Höchstgeschwindigkeit – einschließlich aller Toleranzen – von 90 km/h (v_{set} + Toleranzen ≤ 90 km/h)

einzustellen.

(3) Mit einem Geschwindigkeitsbegrenzer brauchen nicht ausgerüstet zu sein:

1. Kraftfahrzeuge, deren durch die Bauart bestimmte tatsächliche Höchstgeschwindigkeit nicht höher als die jeweils in Absatz 2 Satz 2 in Verbindung mit Absatz 4 genannte Geschwindigkeit ist,
2. Kraftfahrzeuge der Bundeswehr, der Bundespolizei, der Einheiten und Einrichtungen des Katastrophenschutzes, der Feuerwehren, der Rettungsdienste und der Polizei,

3. Kraftfahrzeuge, die für wissenschaftliche Versuchszwecke auf der Straße oder zur Erprobung im Sinne des § 19 Abs. 6 eingesetzt werden, und
4. Kraftfahrzeuge, die ausschließlich für öffentliche Dienstleistungen innerhalb geschlossener Ortschaften eingesetzt werden oder die überführt werden (z. B. vom Aufbauhersteller zum Betrieb oder für Wartungs- und Reparaturarbeiten).

(4) **Die Geschwindigkeitsbegrenzer müssen den im Anhang zu dieser Vorschrift genannten Bestimmungen über Geschwindigkeitsbegrenzer entsprechen.**

(5) **Der Geschwindigkeitsbegrenzer muß so beschaffen sein, daß er nicht ausgeschaltet werden kann.**

1 **Begr** (VkBl **93** 616): *Bei der EG ist die Richtlinie 92/6/EWG des Rates vom 10. Februar 1992 über den Einbau und die Benutzung von Geschwindigkeitsbegrenzern für bestimmte Kraftfahrzeugklassen verkündet worden, die durch § 57c Abs. 1 bis 3 in nationales Recht umgesetzt worden sind. In den Erwägungsgründen zu dieser Richtlinie ist unter anderem ausgeführt:*

„*... Aufgrund ihrer starken Motorleistung, die sie zur Überwindung von Steigungen benötigen, können schwere Lastfahrzeuge und Kraftomnibusse auf ebener Strecke mit weit überhöhten Geschwindigkeiten fahren, für die andere Bauteile dieser Fahrzeuge, wie Bremsen und Reifen, nicht ausgelegt sind. Deshalb haben eine Reihe von Mitgliedstaaten für bestimmte Kraftfahrzeugklassen Geschwindigkeitsbegrenzer vorgeschrieben ...*"

Begr zur ÄndVO v 25. 10. 94: BRDrucks 782/94.

Begr zur ÄndVO v 12. 8. 97: **Zu Abs 2 Satz 2 Nr 2:** *Die Europäische Kommission legt in einer „offiziellen Interpretation" die Richtlinie 92/6/EWG so aus, „dass Geschwindigkeitsregler auf einen höheren Wert als 85 km/h eingestellt werden können, soweit sichergestellt ist, dass die Einstellung einschließlich der Toleranz 90 km/h nicht überschreitet. So kann beispielsweise die Einstellung des Geschwindigkeitsreglers auf 88 km/h bei einer geprüften Toleranz von 2 km/h hingenommen werden".*
Die Ergänzung dient der Anpassung an die Interpretation der Europäischen Kommission.

Begr zur ÄndVO v 2. 11. 04: BRDrucks 600/04 S 10.

2 **1. Zweck** der Bestimmung, s Begr (Rz 1). Sie setzt die **Richtlinie 92/6/EWG** in nationales Recht um. Definition des Geschwindigkeitsbegrenzers: Abs I. Durch ÄndVO v 2. 11. 04 (Inkrafttreten: 1. 5. 05) wurde die Ausrüstungspflicht in Übereinstimmung mit der Richtlinie 2002/85/EG auf alle Kom und NutzFze mit zulässiger Gesamtmasse von mehr als 3,5 t ausgedehnt. **Übergangsvorschrift:** § 72 II. **Ausländische Kfz:** § 31 d III.

3 **2. Die technischen Anforderungen** an Geschwindigkeitsbegrenzer sind in der **Richtlinie 92/24/EWG** = StVRL § 19 Nr 10 enthalten; ihnen müssen die Einrichtungen entsprechen (Abs IV). Jedoch dürfen Fze mit Geschwindigkeitsbegrenzer, die im Rahmen der BE für das Fz genehmigt wurden, weiterverwendet werden, desgleichen Geschwindigkeitsbegrenzer mit BE nach § 22 (§ 72 II).

4 **3. Ununterbrochen betriebsbereit** muss der Geschwindigkeitsbegrenzer sein. Deshalb darf er nicht abschaltbar sein (Abs V). Zwar enthält die Richtlinie 92/6/EWG eine solche Vorschrift nicht; sie ist aber als Betriebsvorschrift zur Klarstellung für den FzHalter und Betreiber erforderlich (s Begr VkBl **93** 616). **Vorsätzliche Funktionsbeeinträchtigung** ist gem § 22b StVG strafbar.

5 **4. Ordnungswidrigkeiten:** § 69a III Nr 25b StVZO, § 24 StVG. Ow ist das Unterlassen der vorgeschriebenen Ausrüstung des Fzs mit dem Geschwindigkeitsbegrenzer sowie der Betrieb des Fzs ohne betriebsbereiten Geschwindigkeitsbegrenzer (Abs V). Mit Geschwindigkeitsverstößen besteht TE, Zw NZV **02** 97.

Einbau und Prüfung von Geschwindigkeitsbegrenzern

57d (1) Geschwindigkeitsbegrenzer dürfen in Kraftfahrzeuge nur von hierfür amtlich anerkannten
1. Fahrzeugherstellern,
2. Herstellern von Geschwindigkeitsbegrenzern oder
3. Beauftragten der Hersteller

sowie durch von diesen ermächtigten Werkstätten eingebaut und geprüft werden.

(2) ¹Halter, deren Kraftfahrzeuge mit einem Geschwindigkeitsbegrenzer nach § 57c Abs. 2 ausgerüstet sind, haben auf ihre Kosten die Geschwindigkeitsbegrenzer nach jedem Einbau, jeder Reparatur, jeder Änderung der Wegdrehzahl oder des wirksamen Reifenumfanges des Kraftfahrzeugs oder der Kraftstoff-Zuführungseinrichtung durch einen Berechtigten nach Absatz 1 prüfen und bescheinigen zu lassen, daß Einbau, Zustand und Arbeitsweise vorschriftsmäßig sind. ²Die Bescheinigung über die Prüfung muß mindestens folgende Angaben enthalten:
1. Name, Anschrift oder Firmenzeichen der Berechtigten nach Absatz 1,
2. die eingestellte Geschwindigkeit v_{set},
3. Wegdrehzahl des Kraftfahrzeugs,
4. wirksamer Reifenumfang des Kraftfahrzeugs,
5. Datum der Prüfung und
6. die letzten 8 Zeichen der Fahrzeug-Identifizierungsnummer des Kraftfahrzeugs.
³Der Fahrzeugführer hat die Bescheinigung über die Prüfung des Geschwindigkeitsbegrenzers mitzuführen und auf Verlangen zuständigen Personen zur Prüfung auszuhändigen. ⁴Die Sätze 1 und 3 gelten nicht für Fahrzeuge mit roten Kennzeichen oder mit Kurzzeitkennzeichen.

(3) Wird der Geschwindigkeitsbegrenzer vom Fahrzeughersteller eingebaut, so hat dieser, sofern er hierfür amtlich anerkannt ist, die nach Absatz 2 erforderliche Bescheinigung auszustellen.

(4) Für die Anerkennung der Fahrzeughersteller, der Hersteller von Geschwindigkeitsbegrenzern oder von Beauftragten der Hersteller sind die oberste Landesbehörde, die von ihr bestimmten oder die nach Landesrecht zuständigen Stellen zuständig.

(5) Die Anerkennung kann Fahrzeugherstellern, Herstellern von Geschwindigkeitsbegrenzern oder Beauftragten der Hersteller erteilt werden:
1. zur Vornahme des Einbaus und der Prüfung nach Absatz 2,
2. zur Ermächtigung von Werkstätten, die den Einbau und die Prüfungen vornehmen.

(6) Die Anerkennung wird erteilt, wenn
1. der Antragsteller, bei juristischen Personen die nach Gesetz oder Satzung zur Vertretung berufenen Personen, die Gewähr für zuverlässige Ausübung der dadurch verliehenen Befugnisse bietet,
2. der Antragsteller, falls er die Prüfungen selbst vornimmt, nachweist, daß er über die erforderlichen Fachkräfte sowie über die notwendigen, dem Stand der Technik entsprechenden Prüfgeräte und sonstigen Einrichtungen und Ausstattungen verfügt,
3. der Antragsteller, falls er die Prüfungen und den Einbau durch von ihm ermächtigte Werkstätten vornehmen läßt, nachweist, daß er durch entsprechende Überwachungs- und Weisungsbefugnisse sichergestellt hat, daß bei den Werkstätten die Voraussetzungen nach Nummer 2 vorliegen und die Durchführung des Einbaus und der Prüfungen ordnungsgemäß erfolgt.

(7) Wird die Anerkennung nach Absatz 5 Nr. 2 ausgesprochen, so haben der Fahrzeughersteller, der Hersteller von Geschwindigkeitsbegrenzern oder die Beauftragten der Hersteller der Anerkennungsbehörde und den zuständigen obersten Landesbehörden die ermächtigten Werkstätten mitzuteilen.

(8) Die Anerkennung ist nicht übertragbar; sie kann mit Nebenbestimmungen verbunden werden, die sicherstellen, daß der Einbau und die Prüfungen ordnungsgemäß durchgeführt werden.

(9) ¹Die oberste Landesbehörde, die von ihr bestimmten oder die nach Landesrecht zuständigen Stellen üben die Aufsicht über die Inhaber der Anerkennung aus. ²Die Aufsichtsbehörde kann selbst prüfen oder durch von ihr bestimmte Sachverständige prüfen lassen, ob insbesondere die Voraussetzungen für die Anerkennung gegeben sind, ob der Einbau und die Prüfungen ordnungsgemäß durchgeführt und ob die sich sonst aus der Anerkennung oder den Nebenbestimmungen ergebenden Pflichten erfüllt werden.

Begr (VkBl 93 616f): ... *Die Formulierung wurde in Anlehnung an die Bestimmungen in § 57b Abs. 1 gewählt. Jedoch gestattet § 57d Abs. 1, dass sowohl die Fahrzeughersteller als auch von Herstellern der Geschwindigkeits-Begrenzer von sich aus Werkstätten zum Einbau von Geschwindigkeitsbegrenzern ermächtigen können ...*

Beim Betrieb der Fahrzeuge können durch bestimmte Änderungen am Fahrzeug auch Einflüsse auf die Wirksamkeit der Geschwindigkeits-Begrenzer auftreten. Daher wird – analog zu § 57b Abs. 1 – gefordert, dass dann entsprechende Prüfungen und Bescheinigungen für die Geschwindigkeits-Begrenzungseinrichtungen nötig sind.

...

5 StVZO § 58 B. Fahrzeuge. III. Bau- und Betriebsvorschriften

2 **1. Prüfungspflicht** besteht gem II S 1 für die Halter, deren Fze nach § 57c I mit einem Geschwindigkeitsbegrenzer ausgerüstet sind. Geschwindigkeitsbegrenzer-Durchführungsrichtlinie, VkBl **93** 623.

3 **2. Amtlich anerkannt** sein müssen die zum Einbau und zur Prüfung von Geschwindigkeitsbegrenzern Berechtigten. Abs IV–IX regeln das Verfahren der Anerkennung der Hersteller von Fzen und Geschwindigkeits-Begrenzern zur Vornahme des Einbaus sowie die Aufsicht über die Inhaber der Anerkennung. Die Regelung wurde entsprechend derjenigen in § 57b IV–VIII (in der bis 1. 6. 05 geltenden Fassung) getroffen. Geschwindigkeitsbegrenzer-Anerkennungsrichtlinie, VkBl **93** 619.

4 **3. Ordnungswidrigkeiten:** § 69a Nr 6d, 6e, § 24 StVG. Ow ist der Verstoß gegen die Prüfungspflicht des Halters (Abs II S 1) sowie das Nichtmitführen oder Nichtaushändigen der Bescheinigung über die Prüfung des Geschwindigkeitsbegrenzers (Abs II S 3) durch den FzF.

Geschwindigkeitsschilder

58 (1) Ein Geschwindigkeitsschild gibt die zulässige Höchstgeschwindigkeit des betreffenden Fahrzeugs in Kilometer je Stunde an.

(2) ¹Das Schild muß kreisrund mit einem Durchmesser von 200 mm sein und einen schwarzen Rand haben. ²Die Ziffern sind auf weißem Grund in schwarzer fetter Engschrift entsprechend Anlage V Seite 4 in einer Schriftgröße von 120 mm auszuführen.

(2 a) ¹Geschwindigkeitsschilder dürfen retroreflektierend sein. ²Retroreflektierende Geschwindigkeitsschilder müssen dem Normblatt DIN 75069, Ausgabe Mai 1989, entsprechen, sowie auf der Vorderseite das DIN-Prüf- und Überwachungszeichen mit der zugehörigen Registernummer tragen.

(3) Mit Geschwindigkeitsschildern müssen gekennzeichnet sein

1. mehrspurige Kraftfahrzeuge mit einer durch die Bauart bestimmten Höchstgeschwindigkeit von nicht mehr als 60 km/h,
2. Anhänger mit einer durch die Bauart bestimmten Höchstgeschwindigkeit von weniger als 100 km/h,
3. Anhänger mit einer eigenen mittleren Bremsverzögerung von weniger als 2,5 m/s².

(4) ¹Absatz 3 gilt nicht für
1. die in § 36 Abs. 5 Satz 6 Halbsatz 2 bezeichneten Gleiskettenfahrzeuge,
2. land- oder forstwirtschaftliche Zugmaschinen mit einer durch die Bauart bestimmten Höchstgeschwindigkeit von nicht mehr als 32 km/h,
3. land- oder forstwirtschaftliche Arbeitsgeräte, die hinter Kraftfahrzeugen mitgeführt werden.

²Die Vorschrift des § 36 Abs. 1 Satz 2 bleibt unberührt.

(5) ¹Die Geschwindigkeitsschilder müssen an beiden Längsseiten und an der Rückseite des Fahrzeugs angebracht werden. ²An land- oder forstwirtschaftlichen Zugmaschinen und ihren Anhängern genügt ein Geschwindigkeitsschild an der Fahrzeugrückseite; wird es wegen der Art des Fahrzeugs oder seiner Verwendung zeitweise verdeckt oder abgenommen, so muß ein Geschwindigkeitsschild an der rechten Längsseite vorhanden sein.

1 **Begr** (VkBl **88** 476): ... *erhält die Unterrichtung des Fahrzeugführers einen gewichtigen Stellenwert. Unabhängig hiervon sollte jeder Verkehrsteilnehmer durch ein Geschwindigkeitsschild Kenntnis darüber erhalten, dass vor ihm ein relativ langsamer Zug fährt; eine solche Kenntnis wird insbesondere zur Einschätzung der Lage bei Überholvorgängen für erforderlich gehalten.*
...

Begr zur ÄndVO v 23. 7. 90: VkBl **90** 499; zur ÄndVO v 25. 10. 94: BRDrucks 782/94.

2 **1.** Die Vorschrift über **Geschwindigkeitsschilder** für langsam fahrende Kfz soll nicht nur die Kontrolle erleichtern und nachfolgende VT warnen (Ko VRS **65** 70, Sa VM **78** 23), sondern dient auch der Unterrichtung des FzF (etwa bei überbetrieblichem Einsatz von Anhängern), s Begr (Rz 1). Das Schild hat der Halter anzubringen, verantwortlich ist jedoch auch, wer das Fz in Betrieb nimmt (Sa VM **78** 23).

3 **2. Geschwindigkeitsschilder haben zu führen:**
a) die in Abs 3 genannten Fz (Ausnahmen, s Abs 4, Übergangsvorschrift: § 72 II);
b) Anhänger der in § 3 II Nr 2 Buchstabe a bis c FZV bezeichneten Arten;

Fabrikschilder, sonstige Schilder, Fahrzeug-Identifizierungsnummer **§ 59 StVZO 5**

c) ab 1. 1. 1990 erstmals in den V gekommene land- oder forstwirtschaftliche Kfze und Kfze des StrnUnterhaltungsdienstes, die mit Reifen ausgerüstet sind, welche nur eine niedrigere als die bauartbestimmte Höchstgeschwindigkeit zulassen (§§ 36 I S 2, 72 II);

d) Anhänger, bei Zügen mit zwei Anhängern unter den Voraussetzungen des § 41 X S 3 Halbsatz 2 Nr 1. Ein einachsiger Anhänger mit eigener mittlerer Bremsverzögerung von weniger als 2,5 m/s² fällt dann nicht unter Abs 3 Nr 3, wenn er gem § 41 XI S 1 keine eigene Bremse benötigt (Bay VM **69** 2),

e) vor dem 8. 12. 07 erstmals in den V gekommene Kom ohne Anhänger, die nach § 18 V Nr 3 StVO auf AB und KraftfahrStrn 100 km/h fahren dürfen. Für sie gilt § 18 V Nr 3 StVO in der vor dem 8. 12. 07 geltenden Fassung fort (§ 53 XVII StVO). Vor dem 8. 12. 07 erstmals in den V gekommene Kom müssen somit nach wie vor die 100-Plakette führen, unabhängig davon, ob sie die 100-km/h-Zulassung vor dem 8. 12. 07 erhalten haben oder ob sie erst danach beantragt wurde oder wird (*Schubert* DAR **08** 130, 132). Ab dem 8. 12. 07 erstmals in den V gekommene Kom müssen seit der Änderung von § 18 V Nr 3 StVO durch ÄndVO v 28. 11. 07 (BGBl I 2774, Begr VkBl **08** 5) dagegen keine Geschwindigkeitsschilder mehr führen.

f) Zugfahrzeug-Anhänger-Kombinationen, die nach Maßgabe der 9. StVO-AusnahmeVO (s § 18 StVO Rz 13a) auf AB und KraftfahrStrn 100 km/h fahren dürfen: an der Rückseite des Anhängers müssen gem § 1 Nr 4 der AusnVO Tempo-100-Plaketten angebracht sein.

3. Ausnahmen. S Abs 4. Die ursprünglich bestehende Absicht, Arbeitsmaschinen und land- oder forstwirtschaftliche Zgm allgemein von der Kenzeichnungspflicht auszunehmen, wurde im Hinblick auf deren häufig hohe Laufleistung nicht verwirklicht (s Begr VkBl **88** 476). Ausnahmen von der Anbringungsvorschrift des Abs 5 S 1: Abs 5 S 2. **4**

4. Ordnungswidrigkeit: §§ 69a III Nr 26 StVZO, 24 StVG. Zur Bemessung der Geldbuße **5** Ko VRS **65** 70.

Fabrikschilder, sonstige Schilder, Fahrzeug-Identifizierungsnummer

59 (1) ¹An allen Kraftfahrzeugen und Anhängern muß an zugänglicher Stelle am vorderen Teil der rechten Seite gut lesbar und dauerhaft ein Fabrikschild mit folgenden Angaben angebracht sein:

1. Hersteller des Fahrzeugs;
2. Fahrzeugtyp;
3. Baujahr (nicht bei zulassungspflichtigen Fahrzeugen);
4. Fahrzeug-Identifizierungsnummer;
5. zulässiges Gesamtgewicht;
6. zulässige Achslasten (nicht bei Krafträdern).

²Dies gilt nicht für die in § 53 Abs. 7 bezeichneten Anhänger.

(1 a) Abweichend von Absatz 1 ist an Personenkraftwagen, Kraftomnibussen, Lastkraftwagen und Sattelzugmaschinen mit mindestens vier Rädern und einer durch die Bauart bestimmten Höchstgeschwindigkeit von mehr als 25 km/h sowie ihren Anhängern zur Güterbeförderung ein Schild gemäß den im Anhang zu dieser Vorschrift genannten Bestimmungen anzubringen; an anderen Fahrzeugen – ausgenommen Kraftfahrzeuge nach § 30a Abs. 3 – darf das Schild angebracht sein.

(1 b) Abweichend von Absatz 1 ist an Kraftfahrzeugen nach § 30a Abs. 3 ein Schild entsprechend den im Anhang zu dieser Vorschrift genannten Bestimmungen anzubringen.

(2) ¹Die Fahrzeug-Identifizierungsnummer nach der Norm DIN ISO 3779, Ausgabe Februar 1977, oder nach der Richtlinie 76/114/EWG des Rates vom 18. Dezember 1975 zur Angleichung der Rechtsvorschriften der Mitgliedstaaten über Schilder, vorgeschriebene Angaben, deren Lage und Anbringungsart an Kraftfahrzeugen und Kraftfahrzeuganhängern (ABl. EG Nr. L 24 S. 1), geändert durch die Richtlinie 78/507/EWG der Kommission vom 19. Mai 1978 (ABl. EG Nr. L 155 S. 31), muß 17 Stellen haben; andere Fahrzeug-Identifizierungsnummern dürfen nicht mehr als 14 Stellen haben. ²Sie muß unbeschadet des Absatzes 1 an zugänglicher Stelle am vorderen Teil der rechten Seite des Fahrzeugs gut lesbar am Rahmen oder an einem ihn ersetzenden Teil eingeschlagen oder eingeprägt sein. ³Wird nach dem Austausch des Rahmens oder des ihn ersetzenden Teils der ausgebaute Rahmen oder Teil wieder verwendet, so ist

1. die eingeschlagene oder eingeprägte Fahrzeug-Identifizierungsnummer dauerhaft so zu durchkreuzen, daß sie lesbar bleibt,

5 StVZO § 59   B. Fahrzeuge. III. Bau- und Betriebsvorschriften

2. die Fahrzeug-Identifizierungsnummer des Fahrzeugs, an dem der Rahmen oder Teil wieder verwendet wird, neben der durchkreuzten Nummer einzuschlagen oder einzuprägen und

3. die durchkreuzte Nummer der Zulassungsbehörde zum Vermerk auf dem Brief und der Karteikarte des Fahrzeugs zu melden, an dem der Rahmen oder Teil wieder verwendet wird.

⁴Satz 3 Nr. 3 ist entsprechend anzuwenden, wenn nach dem Austausch die Fahrzeug-Identifizierungsnummer in einen Rahmen oder einen ihn ersetzenden Teil eingeschlagen oder eingeprägt wird, der noch keine Fahrzeug-Identifizierungsnummer trägt.

(3) ¹Ist eine Fahrzeug-Identifizierungsnummer nicht vorhanden oder läßt sie sich nicht mit Sicherheit feststellen, so kann die Zulassungsbehörde eine Nummer zuteilen. ²Absatz 2 gilt für diese Nummer entsprechend.

1 **Begr** zur ÄndVO v 16. 11. 84 (VkBl **85** 75): *Die Einführung der Fahrzeug- Identifizierungsnummer erfolgt in Anpassung an internationales Vorgehen, insbesondere aber an die Richtlinie 76/114/EWG. Entsprechend § 59 Abs. 2 Satz 1 letzter Halbsatz ist die frühere Fahrgestellnummer, jetzt Fahrzeug-Identifizierungsnummer, mit nicht mehr als 14 Stellen weiterhin zulässig.*

Begr zur ÄndVO v 25. 10. 94: BRDrucks 782/94; zur ÄndVO v 23. 3. 00: BRDrucks 720/99 S 66.

2 **1. Fabrikschilder. Fahrzeug-Identifizierungsnummern.** § 59 beschränkt die Angaben auf dem Fabrikschild auf das Notwendigste. Auf Angabe der Motornummer ist verzichtet worden (sie wird auch international nicht mehr gefordert), ebenso auf Angaben über Eigengewicht und bei Lkw und Omnibussen auf Angabe der Nutzlast. Übergangsvorschrift: § 72.

3 Alle Kfze (§ 1 II StVG) und Anhänger (§ 2 Nr 2 FZV) müssen ein **Fabrikschild** führen. Über den Anbringungsort am Fz (Fahrgestell, Karosserie) enthält § 59 keine nähere Bestimmung; dieser muss sich jedoch im vorderen Teil der rechten Seite befinden (Abs I S 1). Das Fabrikschild muss gut sichtbar sein und folgende Angaben enthalten:

a) den Hersteller des Fz; das ist derjenige, der ohne Rücksicht auf die Fertigung der Einzelteile das Fz so weit zusammenfügt, dass es in einen zur Teilnahme am StrV betriebsfertigen Zustand versetzt wird;

b) den Fahrzeugtyp,

c) das Baujahr des Fahrgestells bei nichtzulassungspflichtigen Fzen (§ 3 II FZV) (soweit nicht nach dem letzten Satz des I die Pflicht, ein Fabrikschild zu führen, für sie entfällt). Das Baujahr entspricht nicht einem Kalenderjahr, sondern ist der Zeitraum vom 1. 10. eines Jahres bis zum 30. 9. des folgenden Jahres, s BMV VkBl **58** 618. Die Regelung trägt dem Umstand Rechnung, dass sich die Hersteller schon jeweils im Herbst auf die zu erwartende Absatzsteigerung des kommenden Jahres einstellen müssen. Bei zulassungspflichtigen Fzen wird auf Angabe des Baujahrs verzichtet. Im FzSchein muss der Tag der ersten Zulassung angegeben werden,

d) die Fahrzeug-Identifizierungsnummer,

e) das zulässige Gesamtgewicht (§ 34) des Fz. Die Angabe auf dem Fabrikschild ist bei zulassungsfreien Anhängern für die Höhe des zulässigen Gesamtgewichts maßgebend, Ce VM **60** 10;

f) bei allen Kfzen außer Krädern die zulässigen Achslasten (§ 34). Für Krankenfahrstühle und zweisitzige Dreiräder, die ihrer Bauart nach zum Führen durch Körperbehinderte bestimmt sind, sind dieselben Fabrikschilder zugelassen wie für Krafträder, s VkBl **49** 92 (99).

3a Für **Pkw, Kom, Lkw und SattelZgm** mit mindestens 4 Rädern und mehr als 25 km/h bauartbestimmter Höchstgeschwindigkeit und ihre Anhänger zur Güterbeförderung gilt Abs I a, und zwar gem § 72 II spätestens ab 1. 1. 96 für von diesem Tage an erstmals in den V kommende Fze. Bei diesen Fzen muss das Schild der **Richtlinie 76/114/EWG** entsprechen. An Kfzen **nach Art 1 der EG-Richtlinie 2002/24** (s § 30a Rz 2) ist gem Abs I b – spätestens ab 17. 6. 03, soweit sie von diesem Tage an erstmals in den V kommen (§ 72 II) – ein Schild entsprechend dem Anhang der Richtlinie 93/34/EWG anzubringen, die durch Abs I b auch für Fze mit Einzelbetriebserlaubnis in nationales Recht umgesetzt ist.

4 Über Fabrikschilder und Fahrzeug-Identifizierungsnummern an land- und forstwirtschaftlichen Arbeitsgeräten, VkBl **00** 674 (678). An zulassungsfreien Anhängern in land- oder forstwirtschaftlichen Betrieben, die vor dem 1. 7. 61 in den Verkehr gelangt sind, sind Angaben über das zulässige Gesamtgewicht und die zulässigen Achslasten nicht erforderlich (§ 72 II). Zum Verfahren, wenn an einem Kfz oder Anhänger das Fabrikschild fehlt, s VkBl **57** 413. Saarland: § 72 II.

2. Zur Fahrzeug-Identifizierungsnummer rechnen alle Ziffern und Buchstaben (einschließlich eventuell zusätzlicher Ziffern und Buchstaben zur Bestimmung des Herstellers und Typs), die nach § 59 II am Rahmen oder einem ihn ersetzenden Teil eingeschlagen oder eingeprägt sind. Sie sind sämtlich auf das Fabrikschild und in die FzPapiere zu übernehmen. Umlaute (Ä, Ö, Ü) sind als A, O oder U zu übertragen. Begrenzungszeichen, Satzzeichen und Zeichen ähnlicher Art sind in den FzPapieren und auf dem Fabrikschild unberücksichtigt zu lassen, BMV VkBl **71** 459. Außer auf dem Fabrikschild muss die Fahrzeug-Identifizierungsnummer auch am Rahmen oder einem ihn ersetzenden Teil gut sichtbar eingeschlagen oder eingeprägt angegeben sein (II S 2). Anbringung der Fahrzeug-Identifizierungsnummern an **Ersatzrahmen:** II Satz 3. Durchkreuzung der Fahrzeug-Identifizierungsnummer auf dem ausgetauschten oder dem entsprechenden Teil ist nur für den Fall der Wiederverwendung vorgeschrieben. Der Vermerk der durchkreuzten Nummer im Brief und in der Kartei soll es erleichtern, Unregelmäßigkeiten zu verfolgen. Die auf dem Fahrgestell angebrachte Fahrzeug-Identifizierungsnummer muss mit der auf dem Fabrikschild angegebenen übereinstimmen. Die ZulB und technischen Prüfstellen haben bei Abweichungen oder sonstigen Wahrnehmungen, die auf eigenmächtige Änderung schließen lassen, das KBA zu benachrichtigen, s VkBl **48** 88. Die gem II angebrachte Fahrzeug-Identifizierungsnummer ist eine beweiserhebliche **Privaturkunde,** BGH DAR **55** 284, KG VRS **105** 215. Die Nummer ist nicht einem bestimmten FzTeil, sondern dem Fz zugeordnet, KG VRS **105** 215. Wer den Rahmen eines Kfz, der die Fahrzeug- Identifizierungsnummer trägt, vorschriftswidrig gegen einen Rahmen mit anderer Nummer auswechselt oder das Fabrikschild gegen ein anderes eintauscht, verfälscht eine Urkunde, BGH VRS **21** 125. Bloße Urkundenvernichtung durch Beseitigung der Fahrzeug-Identifizierungsnummer des gestohlenen Fz ist durch Bestrafung wegen Diebstahls abgegolten, BGH NJW **55** 876. Ist die Fahrzeug-Identifizierungsnummer verfälscht (nachgeschlagen), so kann darin ein **Sachmangel** liegen, Göttingen DAR **54** 134.

3. Zuteilung einer Fahrzeug-Identifizierungsnummer. Ist keine Fahrzeug-Identifizierungsnummer vorhanden (zB bei bestimmten Fzen ausländischer Herkunft) oder läßt sie sich nicht sicher feststellen, so ist behördlich eine Nummer zuzuteilen (Abs III).

4. Zuwiderhandlungen gegen § 59 sind ow (§§ 69a III Nr 26 StVZO, 24 StVG). Zur Urkundenfälschung s Rz 5.

Nachweis der Übereinstimmung mit der Richtlinie 96/53/EG

59a (1) ¹Fahrzeuge, die in Artikel 1 der Richtlinie 96/53/EG des Rates vom 25. Juli 1996 zur Festlegung der höchstzulässigen Abmessungen für bestimmte Straßenfahrzeuge im innerstaatlichen und grenzüberschreitenden Verkehr in der Gemeinschaft sowie zur Festlegung der höchstzulässigen Gewichte im grenzüberschreitenden Verkehr (Abl. EG Nr. L 235 S. 59) genannt sind und mit dieser Richtlinie übereinstimmen, müssen mit einem Nachweis dieser Übereinstimmung versehen sein. ²Der Nachweis muß den im Anhang zu dieser Vorschrift genannten Bestimmungen entsprechen.

(2) **Die auf dem Nachweis der Übereinstimmung angeführten Werte müssen mit den am einzelnen Fahrzeug tatsächlich gemessenen übereinstimmen.**

Begr zur ÄndVO v 23. 3. 00 (VkBl **00** 368): *Mit der bisher gültigen Fassung des § 59a war die „Richtlinie 86/364/EWG des Rates vom 24. Juli 1986 über den Nachweis der Übereinstimmung von Fahrzeugen mit der Richtlinie 85/3/EWG über die Gewichte, Abmessungen und bestimmte andere technische Merkmale bestimmter Fahrzeuge des Güterkraftverkehrs" in nationales Recht umgesetzt worden. Die Richtlinie 86/364/EWG wurde nun aufgehoben und als Artikel 6 und Anhang III in die „Richtlinie 96/53/EG des Rates vom 25. Juli 1996 zur Festlegung der höchstzulässigen Abmessungen für bestimmte Straßenfahrzeuge im innerstaatlichen und grenzüberschreitenden Verkehr in der Gemeinschaft sowie zur Festlegung der höchstzulässigen Gewichte im grenzüberschreitenden Verkehr" übernommen. In den Erwägungsgründen der Richtlinie heißt es dazu: „Zur leichteren Überwachung der Übereinstimmung der Fahrzeuge mit den Vorschriften dieser Richtlinie muss sichergestellt werden, dass den Fahrzeugen ein Nachweis dieser Übereinstimmung beigegeben wird". Abweichend von der bisherigen Auffassung wird Artikel 6 der Richtlinie 96/53/EG u. a. auf Grund des zitierten Erwägungsgrundes dahingehend ausgelegt, dass das Mitführen des Nachweises vorgeschrieben ist. § 59a wurde daher jetzt entsprechend gefasst.*

1. Inhalt und Gestaltung des Nachweises richten sich nach der Richtlinie 96/53/EG. Es genügt ein Dokument, ausgestellt von der zuständigen Behörde des Mitgliedstaates, in dem das Fz zugelassen oder in Betrieb genommen wurde, etwa der FzSchein (s Begr, VkBl **00** 368) oder ein am Fz angebrachtes Schild. S BMV VkBl **00** 523 (mit Hinweis zum Inhalt des Dokuments oder Schildes): *Die Richtlinie 96/53/EG gilt für die höchstzulässigen Abmessungen im innerstaatlichen und grenzüberschreitenden Verkehr in der Gemeinschaft sowie die höchstzulässigen Gewichte im grenzüberschreitenden Verkehr für Kraftfahrzeuge der Klasse M2, M3 (Kraftfahrzeuge zur Personenbeförderung mit mindestens vier Rädern und mit mehr als acht Sitzplätzen außer dem Fahrersitz) sowie N2 und N3 (Kraftfahrzeuge zur Güterbeförderung mit mindestens vier Rädern und einem zulässigen Gesamtgewicht von mehr als 3,5 t) und die Kraftfahrzeuganhänger der Klassen 03 und 04 (Anhänger [einschließlich Sattelanhänger] mit einem zulässigen Gesamtgewicht von mehr als 3,5 t).* Die durch die 31. ÄndVStVR neu gefasste Vorschrift ist gem § 72 II spätestens anzuwenden ab dem Zeitpunkt der nächsten Hauptuntersuchung des Fzs, die nach dem 1. 10. 00 durchzuführen ist.

3 2. **Ordnungswidrigkeit:** § 69a III Nr 26a.

60, 60a *(aufgehoben)*

Halteeinrichtungen für Beifahrer sowie Fußstützen und Ständer von zweirädrigen Kraftfahrzeugen

61 (1) Zweirädrige Kraftfahrzeuge, auf denen ein Beifahrer befördert werden darf, müssen mit einem Haltesystem für den Beifahrer ausgerüstet sein, das den im Anhang zu dieser Vorschrift genannten Bestimmungen entspricht.

(2) Zweirädrige Kraftfahrzeuge müssen für den Fahrer und den Beifahrer beiderseits mit Fußstützen ausgerüstet sein.

(3) Jedes zweirädrige Kraftfahrzeug muss mindestens mit einem Ständer ausgerüstet sein, der den im Anhang zu dieser Vorschrift genannten Bestimmungen entspricht.

Begr (VkBl **00** 368): *Mit dieser Vorschrift werden die „Richtlinie 93/31/EWG des Rates vom 14. Juni 1993 über den Ständer von zweirädrigen Kraftfahrzeugen" und die „Richtlinie 93/32/EWG des Rates von 14. Juni 1993 über die Halteeinrichtung für Beifahrer von zweirädrigen Kraftfahrzeugen" auch für Fahrzeuge mit Einzelbetriebserlaubnis in nationales Recht umgesetzt.*

1 1. **Haltesystem.** Die Bestimmung des § 61 wurde durch die 31. ÄndVStVR v 23. 3. 00 (BGBl I 310) eingefügt. Gleichzeitig wurde die früher in § 35a IX enthaltene Vorschrift über Handgriff und Fußstützen für Beifahrer gestrichen. Das Haltesystem muss dem Anh der Richtlinie 93/82/EWG entsprechen.

2 2. Für die Beschaffenheit des gem III erforderlichen **Ständers** gilt der Anh der Richtlinie 93/31/EWG.

3 3. **Übergangsbestimmung.** § 61 findet gem § 72 II spätestens ab 17. 6. 03 auf von diesem Tage an erstmals in den V kommende Fze Anwendung. Andere zweirädrige Kfze müssen mit einem Handgriff für Beifahrer ausgerüstet sein. § 35a IX bleibt anwendbar für Fze, die vor dem 17. 6. 03 erstmals in den V gekommen sind.

4 4. **Ordnungswidrigkeit:** § 69a III Nr 27.

Besondere Vorschriften für Anhänger hinter Fahrrädern mit Hilfsmotor

61a [1] Anhänger hinter Fahrrädern mit Hilfsmotor werden bei Anwendung der Bau- und Betriebsvorschriften wie Anhänger hinter Fahrrädern behandelt, wenn
1. die durch die Bauart bestimmte Höchstgeschwindigkeit des ziehenden Fahrzeugs 25 km/h nicht überschreitet oder
2. die Anhänger vor dem 1. April 1961 erstmals in den Verkehr gekommen sind.

[2] Auf andere Anhänger hinter Fahrrädern mit Hilfsmotor sind die Vorschriften über Anhänger hinter Kleinkrafträdern anzuwenden.

Elektrische Einrichtungen von elektrisch angetriebenen Kraftfahrzeugen

62 Elektrische Einrichtungen von elektrisch angetriebenen Kraftfahrzeugen müssen so beschaffen sein, daß bei verkehrsüblichem Betrieb der Fahrzeuge durch elektrische Einwirkung weder Personen verletzt noch Sachen beschädigt werden können.

Lenkeinrichtung, sonstige Ausrüstung und Bespannung **§§ 63, 64 StVZO** 5

Wegen der besonderen Gefahren, die bei elektrisch angetriebenen Kfzen durch Strom entstehen können, enthält § 62 neben § 30 eine Bestimmung, die Sicherungsmaßnahmen bezüglich dieser Einrichtungen vorschreibt. 1
Ordnungswidrigkeit: §§ 69a III Nr 28 StVZO, 24 StVG. 2

3. Andere Straßenfahrzeuge

Anwendung der für Kraftfahrzeuge geltenden Vorschriften

63 ¹Die Vorschriften über Abmessungen, Achslast, Gesamtgewicht und Bereifung von Kraftfahrzeugen und ihren Anhängern (§§ 32, 34, 36 Abs. 1) gelten für andere Straßenfahrzeuge entsprechend. ²Für die Nachprüfung der Achslasten gilt § 31c mit der Abweichung, daß der Umweg zur Waage nicht mehr als 2 km betragen darf.

1. Mit § 63 beginnen die **allgemeinen Bau- und Betriebsvorschriften für Nichtkraftfahrzeuge.** Die Bestimmung erspart Wiederholung von Bestimmungen für Kfze, die auch für andere Fze gelten, indem sie auf die entsprechenden anderen Vorschriften verweist. 1

2. **Entsprechende Geltung von Bau- und Betriebsvorschriften des Abschnitts B III 2 für Nichtkraftfahrzeuge.** Von den Vorschriften für Kfze gelten für NichtKfze entsprechend: 2
a) § 32 über Abmessungen, also über Breite, Länge von Fzen und Zügen sowie Höhe der Fze. § 30c, nach dem am Umriss der Fze keine Teile so hervorragen dürfen, dass sie den Verkehr mehr als unvermeidbar gefährden, gilt unmittelbar für alle Fze.
b) § 34 über Achslast und Gesamtgewicht. Wegen der Nachprüfung der Achslasten gilt für NichtKfze die Sondervorschrift in S 2.
c) § 36 I über Bereifung. Luftbereifung ist für NichtKfze nicht vorgeschrieben (§ 36 II ist in S 1 nicht genannt), ist aber bei Lastfuhrwerken üblich.

3. **Zuwiderhandlungen:** §§ 69a IV Nr 2 StVZO, 24 StVG. Unstarre Zugverbindung zwischen Fahrrad und Anhänger ist gefährdend (§§ 1, 23 StVO). 3

Lenkeinrichtung, sonstige Ausrüstung und Bespannung

64 (1) ¹Fahrzeuge müssen leicht lenkbar sein. ²§ 35a Abs. 1, Abs. 10 Satz 1 und 4 und § 35d Abs. 1 sind entsprechend anzuwenden, soweit nicht die Beschaffenheit der zu befördernden Güter eine derartige Ausrüstung der Fahrzeuge ausschließt.

(2) ¹Die Bespannung zweispänniger Fuhrwerke, die (nur) eine Deichsel (in der Mitte) haben, mit nur einem Zugtier ist unzulässig, wenn die sichere und schnelle Einwirkung des Gespannführers auf die Lenkung des Fuhrwerks nicht gewährleistet ist; dies kann durch Anspannung mit Kumtgeschirr oder mit Sielen mit Schwanzriemen oder Hinterzeug, durch Straffung der Steuerkette und ähnliche Mittel erreicht werden. ²Unzulässig ist die Anspannung an den Enden der beiden Ortscheite (Schwengel) der Bracke (Waage) oder nur an einem Ortscheit der Bracke, wenn diese nicht mit einer Kette oder dergleichen festgelegt ist. ³Bei Pferden ist die Verwendung sogenannter Zugpfleinen (Stoßzügel) unzulässig.

1. § 64 fasst die Bestimmungen über **Lenkung und Bespannung** von Fzen zusammen. Mängel dieser beiden Einrichtungen führen zu Gefährdung und Behinderung anderer (s auch § 38). 1

2. **Bespannung zweispänniger Fuhrwerke mit nur einem Zugtier** ist unzulässig, wenn keine sichere und schnelle Lenkung gewährleistet ist. Wie diese erreicht werden kann, gibt II an. Kummetgeschirr ist Geschirr mit um den Hals des Zugtiers gelegtem, innen gepolstertem Kranz, an dem die Zugstränge befestigt sind. Sielen sind die um die Brust des Zugtiers herumgeführten Verlängerungen der Zugstränge an Stelle eines Kummets. Unzulässig ist Anspannung an beiden Ortscheiten einer Bracke oder nur an einem Ortscheit, wenn die Bracke nicht festgelegt ist. Ortscheit ist der kurze, bewegliche Schwengel, an dem die Zugstränge befestigt werden. Bracke ist das Querholz zum Einhängen der Ortscheite, das entweder (Hinterbracke) fest am Wagen, oder (Vorderbracke) an der Deichselspitze befestigt ist (nur bei Vier- und Mehrspännern). Pferde dürfen erst angespannt werden, nachdem die Leine angelegt ist; ein 2

Dauer

5 StVZO §§ 64a, 64b   B. Fahrzeuge. III. Bau- und Betriebsvorschriften

zweiter Mann, der vor ihnen steht, muss sie halten, bis der Gespannführer die Leine ergriffen hat und fahrbereit auf dem Bock sitzt, Ha VRS **19** 346. *Graf,* Pferdegespanne im öffentlichen StrV, PVT **92** 232.

3   **3. Ordnungswidrigkeit:** §§ 69a IV Nr 3 StVZO, 24 StVG.

Einrichtungen für Schallzeichen

64a ¹Fahrräder und Schlitten müssen mit mindestens einer helltönenden Glocke ausgerüstet sein; ausgenommen sind Handschlitten. ²Andere Einrichtungen für Schallzeichen dürfen an diesen Fahrzeugen nicht angebracht sein. ³An Fahrrädern sind auch Radlaufglocken nicht zulässig.

1   **1. Glocken.** § 64a ist eine Ausrüstungsvorschrift. Schallzeichen (§ 16 StVO) sind außer an Kfzen nur für Fze vorgeschrieben, deren Annäherung nicht an ihrem Fahr- oder Betriebsgeräusch erkannt werden kann (Fahrräder, Schlitten). Mofas: § 55 VI. Ausrüstung von Fahrrädern außerdeutscher Radf im Inland, s DA zum § 65 (§ 65 Rz 1) und Art 44 ÜbStrV. Motorschlitten sind Kfze. PferdeFze mit Gummibereifung, obwohl sie auf weichen Wegen fast geräuschlos fahren können, fallen nicht unter § 64a. Die Glocke, bei Schlitten das Schellengeläut, muss hell tönen, um auch bei starkem Verkehr oder Lärm wahrgenommen werden zu können.

2   **2. Verbot anderer Schallzeichen** an Fahrrädern und Schlitten als der im § 64a genannten. Das charakteristische Schallzeichen für Fahrräder wird durch die Glocke und für Kfze durch die Hupe erzeugt. Andere Schallzeichen führen zu Mißdeutungen und bewirken Unfallgefahr. Das Verbot der Radlaufglocken soll den Lärm verringern.

3   **3. Ausnahme.** Handschlitten brauchen nicht mit einer Vorrichtung für Schallzeichen ausgerüstet zu sein (S 1 Halbsatz 2). Im Übrigen können Ausnahmen nach § 70 bewilligt werden.

4   **4. Zuwiderhandlungen:** §§ 69a IV Nr 4 StVZO, 24 StVG

Kennzeichnung

64b An jedem Gespannfahrzeug – ausgenommen Kutschwagen, Personenschlitten und fahrbare land- oder forstwirtschaftliche Arbeitsgeräte – müssen auf der linken Seite Vorname, Zuname und Wohnort (Firma und Sitz) des Besitzers in unverwischbarer Schrift deutlich angegeben sein.

1   **1. Kennzeichnung.** § 64b enthält eine Ausrüstungsvorschrift. Die vorgeschriebenen Kennzeichnungen sind an jedem Gespannfahrzeug zu führen, also an jedem Fz, das seiner Einrichtung nach von Zugtieren gezogen wird. Ausgenommen sind nur die einzeln genannten Fze. Damit ist die Vorschrift im Wesentlichen auf Fuhrwerke beschränkt. Namens- und Firmenschilder dürfen nicht am Geschirr des Zugtiers befestigt sein. Es ist zulässig, die Angaben auf die FzWand aufzumalen. Eine entsprechende Kennzeichnungspflicht ist in § 4 IV S 1 FZV für zulassungsfreie selbstfahrende Arbeitsmaschinen und Stapler sowie für einachsige Zugmaschinen, die nur für land- oder forstwirtschaftliche Zwecke verwendet werden, geregelt.

2   **2.** Die **Aufschrift** muss angeben: bei Einzelpersonen Vor- und Zunamen (Ruf- und Familiennamen) des Besitzers. Damit ist nicht der Besitzer iS des BGB, sondern der Halter gemeint, der nicht der Eigentümer zu sein braucht. Halter: § 7 StVG. Bei Firmen ist der Name der Firma anzugeben, auch wenn eine Gesellschaft Inhaber ist. Bei Einzelpersonen ist der Wohnort anzugeben, bei Firmen der Sitz der Firma, das heißt der Ort, an dem sich die Hauptniederlassung befindet. Namen und Wohnort (Firma und Sitz) müssen so angegeben sein, dass die Bezeichnung ohne besondere Mühe lesbar ist und bleibt. Unverwischbare Schrift ist vorgeschrieben. Die Namens- und Firmenbezeichnung ist keine beweiserhebliche Privaturkunde (§ 267 StGB). Sie ist ohne Beweiserheblichkeit für Eigentum oder Besitz am Fz, da sie nur die einseitige Behauptung enthält, dass die angegebene Person oder Firma Besitzer sei, RGSt **68** 94.

3   **3. Keine Namens- oder Firmenschilder brauchen zu führen** Kutschwagen, Personenschlitten, fahrbare land- oder forstwirtschaftliche Arbeitsgeräte (Pflüge, Eggen, Ackerwalzen, Dreschmaschinen, Mähmaschinen). Fahrbare Arbeitsgeräte sind zu unterscheiden von Arbeitsmaschinen. S § 3 II S 1 Nr 1a FZV und § 65.

4   **4. Zuwiderhandlungen:** §§ 69a IV Nr 5 StVZO, 24 StVG.

Rückspiegel §§ 65, 66 StVZO 5

Bremsen

65 (1) ¹Alle Fahrzeuge müssen eine ausreichende Bremse haben, die während der Fahrt leicht bedient werden kann und ihre Wirkung erreicht, ohne die Fahrbahn zu beschädigen. ²Fahrräder müssen zwei voneinander unabhängige Bremsen haben. ³Bei Handwagen und Schlitten sowie bei land- oder forstwirtschaftlichen Arbeitsmaschinen, die nur im Fahren Arbeit leisten können (z.B. Pflüge, Drillmaschinen, Mähmaschinen), ist eine Bremse nicht erforderlich.

(2) Als ausreichende Bremse gilt jede am Fahrzeug angebrachte Einrichtung, welche die Geschwindigkeit des Fahrzeugs zu vermindern und das Fahrzeug festzustellen vermag.

(3) Sperrhölzer, Hemmschuhe und Ketten dürfen nur als zusätzliche Hilfsmittel und nur dann verwendet werden, wenn das Fahrzeug mit einer gewöhnlichen Bremse nicht ausreichend gebremst werden kann.

DA zum § 65. Außerdeutsche Radfahrer brauchen an ihren Fahrrädern nur eine Bremse zu haben. Außerdeutscher Radfahrer ist ohne Rücksicht auf Staatsangehörigkeit, wer im Ausland wohnt und im Inland vorübergehend (d. i. nicht länger als ein Jahr) radfährt. 1

1. Bremseinrichtungen der Nichtkraftfahrzeuge. I gilt für alle Fze außer Kfzen oder Anhängern von Kfzen (für diese gilt § 41). Straba: § 36 BOStrab. Ausrüstung der Fahrräder außerdeutscher Radfahrer: Rz 1. Kann ein Unfall beim Fahren mit schadhafter Fahrradbremse auch auf Unachtsamkeit des Radfahrers zurückzuführen sein, so steht der Bremsschaden nicht mehr als ursächlich fest, BGH VersR **68** 1144. 2

2. Ausnahmen von der Pflicht, Bremsen zu führen, gelten für: 3
a) Handwagen, die nur von Menschen bewegt und ohne Bremse angehalten werden können. Handwagen sind nur solche, die bestimmungsgemäß nicht von Tieren oder mechanisch gezogen oder getrieben werden, nicht PferdeFze, die vorübergehend von Menschen bewegt werden. Hundefuhrwerke sind keine Handwagen.

b) Schlitten, dh Fze, die mit Kufen oder ihrer unteren Lauffläche auf dem Erdboden gleiten. Bei ihnen ist wegen der größeren Reibung der Kufen oder Laufflächen die Haltemöglichkeit auch ohne Bremse größer als bei RäderFzen. 4

c) Land- oder forstwirtschaftliche Arbeitsmaschinen (§ 2 Nr 17 FZV) sind von der Pflicht, eine Bremse zu führen, befreit, wenn sie nur im Fahren Arbeit leisten können (wie bei Pflügen, Drill- und Mähmaschinen). 5

3. Anforderungen an die Bremseinrichtung. Die Bremse muss auch bei schneller Fahrt Verlangsamung bis zum alsbaldigen Anhalten bewirken können (II), auch bei Abschüssigkeit, und sie muss während der Fahrt leicht bedient werden können (I S 1). Spindelbremsen (von hinten zu bedienende Hinterradbremse) genügen nicht, weil sie im Einmannbetrieb keine zuverlässige Führung gewährleisten, BGH VM **58** 8. Eine von der Wagenseite aus zu bedienende Bremse ist leicht bedienbar, BGH VM **58** 8. 6

4. Sperrhölzer, Hemmschuhe und Ketten sind für sich allein keine ausreichende Bremse iS von II, sondern nur zusätzlich zu benutzen, wenn die Bremse nicht ausreicht. 7

5. Ausnahmen: § 70 I. Auch bei allgemeiner Befreiung von den Anforderungen des § 65 muss der Fahrer die gesetzlichen Anforderungen erfüllen, wenn besondere Verhältnisse (Benutzung des Fz auf abschüssiger Straße) das nötig machen, RG VAE **40** 96. Über Ausnahmen für nichtmotorisierte Fze in land- und forstwirtschaftlichen Betrieben bei Verwendung im Flachland, s VkBl **49** 61 = StVRL Nr 1. Bei gummibereiften Ackerwagen, die leichter als eisenbereifte sind und daher auch bei geringem Gefälle rollen und nicht durch Heranfahren an die Bordschwelle gebremst werden können, kann auf eine Bremse nicht verzichtet werden, s BMV VkBl **49** 92 (100). 8

6. Zuwiderhandlungen: §§ 69a IV Nr 6 StVZO, 24 StVG. 9

Rückspiegel

66 ¹Lastfahrzeuge müssen einen Spiegel für die Beobachtung der Fahrbahn nach rückwärts haben. ²Dies gilt nicht, wenn eine zweckentsprechende Anbringung des Rückspiegels an einem Fahrzeug technisch nicht möglich ist, ferner nicht für land- oder forstwirtschaftliche Maschinen.

Dauer

5 StVZO § 66a   B. Fahrzeuge. III. Bau- und Betriebsvorschriften

1 1. § 66 regelt die Anbringung von **Rückspiegeln** an LastFzen, die nicht Kfze oder Anhänger sind. Rückspiegel an Kfzen: § 56. Keine Rückspiegel brauchen zu führen LastFze, an denen technisch keine zweckentsprechende Anbringung möglich ist und land- oder forstwirtschaftliche Maschinen.

2 2. **Ausnahmen:** § 70. **Ordnungswidrigkeit:** §§ 69a IV Nr 7 StVZO, 24 StVG.

Lichttechnische Einrichtungen

66a (1) ¹Während der Dämmerung, bei Dunkelheit oder wenn die Sichtverhältnisse es sonst erfordern, müssen die Fahrzeuge
1. nach vorn mindestens eine Leuchte mit weißem Licht,
2. nach hinten mindestens eine Leuchte mit rotem Licht in nicht mehr als 1500 mm Höhe über der Fahrbahn

führen; an Krankenfahrstühlen müssen diese Leuchten zu jeder Zeit fest angebracht sein. ²Beim Mitführen von Anhängern genügt es, wenn der Zug wie ein Fahrzeug beleuchtet wird; jedoch muß die seitliche Begrenzung von Anhängern, die mehr als 400 mm über die Leuchten des vorderen Fahrzeugs hinausragen, durch mindestens eine Leuchte mit weißem Licht kenntlich gemacht werden. ³Für Handfahrzeuge gilt § 17 Abs. 5 der Straßenverkehrs-Ordnung.

(2) ¹Die Leuchten müssen möglichst weit links und dürfen nicht mehr als 400 mm von der breitesten Stelle des Fahrzeugumrisses entfernt angebracht sein. ²Paarweise verwendete Leuchten müssen gleichstark leuchten, nicht mehr als 400 mm von der breitesten Stelle des Fahrzeugumrisses entfernt und in gleicher Höhe angebracht sein.

(3) Bei bespannten land- oder forstwirtschaftlichen Fahrzeugen, die mit Heu, Stroh oder anderen leicht brennbaren Gütern beladen sind, genügt eine nach vorn und hinten gut sichtbare Leuchte mit weißem Licht, die auf der linken Seite anzubringen oder von Hand mitzuführen ist.

(4) Alle Fahrzeuge müssen an der Rückseite mit zwei roten Rückstrahlern ausgerüstet sein. Diese dürfen nicht mehr als 400 mm (äußerster Punkt der leuchtenden Fläche) von der breitesten Stelle des Fahrzeugumrisses entfernt sowie höchstens 900 mm (höchster Punkt der leuchtenden Fläche) über der Fahrbahn in gleicher Höhe angebracht sein. Die Längsseiten der Fahrzeuge müssen mit mindestens je einem gelben Rückstrahler ausgerüstet sein, die nicht höher als 600 mm, jedoch so tief wie möglich angebracht sein müssen.

(5) Zusätzliche nach der Seite wirkende gelbe rückstrahlende Mittel sind zulässig.

(6) Leuchten und Rückstrahler dürfen nicht verdeckt oder verschmutzt sein; die Leuchten dürfen nicht blenden.

1 **Begr** zur ÄndVO v 15. 1. 80 (VkBl **80** 147): **Zu Abs 1 Satz 1:** *Die Anbringung der erforderlichen Leuchten ist an den üblichen Krankenfahrstühlen für den Behinderten oder seine Begleitung nicht immer einfach. Nur der Hersteller ist in der Lage, die Beleuchtungseinrichtungen auch bei faltbaren Krankenfahrstühlen ordnungsgemäß anzubringen und sie gleichzeitig gegen Zerstörung zu schützen.*

Zu Abs 4: *Die nichtmotorisierten Fahrzeuge haben keine fahrzeugeigene Beleuchtungsanlage; sie sind damit auf unabhängige Leuchten angewiesen. Durch die Forderung nach einem 2. Rückstrahler hinten und mindestens einem Rückstrahler an jeder Fahrzeugseite sollen diese sich sehr langsam im Verkehr bewegenden Fahrzeuge für andere Verkehrsteilnehmer besser erkennbar werden.*

Zu Abs 5: *Die Anbringung zusätzlicher lichttechnischer Einrichtungen ist bei „Anderen Straßenfahrzeugen" zulässig. Durch die Einfügung des neuen Absatzes soll jedoch zum Ausdruck gebracht werden, dass eine zusätzliche seitliche Kenntlichmachung für empfehlenswert gehalten wird.*

2 1. § 66a fasst die Vorschriften über die **lichttechnischen Einrichtungen der nicht maschinell angetriebenen Fahrzeuge** zusammen. Gerade langsame Fze brauchen ausreichende Schlussbeleuchtung, weil zB Fuhrwerke bei Dunkelheit, Nebel oder Schneefall VHindernisse darstellen. Da die nicht maschinell angetriebenen Fze auf AB und KraftfahrStr nicht zugelassen sind und ihre Verwendung überhaupt zurückgeht, erscheint die Vereinfachung der Beleuchtung vertretbar, s Ol NZV **98** 410 (Pferdekutsche). Beleuchtungsausrüstung der maschinell bewegten Fze: §§ 49a bis 53, für Fahrräder: § 67 (Bauvorschrift). § 66a (überwiegend Betriebsvorschrift) schreibt vor, welche Beleuchtungseinrichtungen bei **Dämmerung, Dunkelheit** oder sonst **schlechten Sichtverhältnissen** zu führen sind, ohne dass die Fze ständig damit ausgerüstet sein müssten (I S 1); Ausnahme: Krankenfahrstühle (I S 1 Halbsatz 2). Die in I–III vorgesehenen

Lichttechnische Einrichtungen   **§ 66a StVZO 5**

Leuchten sind jedoch betriebsfertig mitzuführen, wenn die Fahrt Beleuchtung nötig machen kann (§ 23 I StVO). Nur Rückstrahler müssen ständig und fest angebracht sein (IV). Wird ein **Anhänger** mitgeführt, so ist der Zug wie ein Fahrzeug zu beleuchten (I S 2). Die Rückseite des Anhängers muss daher mit Schlussleuchte und Rückstrahlern (IV) versehen sein. Das Signalbild nach hinten muss dann der Anhänger geben. Wird ein Fz durch ein anderes geschleppt, so bilden die beiden iS des § 66a einen Zug. Dann sind die Beleuchtungsbestimmungen für Züge anzuwenden (I), s Bay VRS **5** 555. Beleuchtungsvorschriften für **Verbände, Reiter und Tiere**: §§ 27, 28 StVO. **HandFze**: Rz 6.

2. Beleuchtung nach vorn. Die vorn zu führenden weißen Leuchten (Laternen) sollen bei **3** Fzen und Zügen die Fahrbahn beleuchten und Entgegenkommende die seitliche Begrenzung des Fz oder Zuges anzeigen, BGH NZV **90** 112. Wird ein Anhänger mitgeführt, der mehr als 40 cm über die äußere Begrenzung der Lichtaustrittsfläche der Leuchten des ziehenden Fz hinausreicht, muss die Stirnseite des Anhängers durch mindestens eine, links anzubringende weiße Leuchte besonders kenntlich gemacht werden. Die Begrenzung der Fze erkennbar zu machen, bezwecken auch die übrigen Vorschriften in I. Wichtig wegen des Grundsatzes des Rechtsfahrens und Rechtsausweichens (§ 2 StVO) ist die Anbringung der linken Begrenzungsleuchten. Die Vorschrift, sie möglichst weit links und keinesfalls weiter als 40 cm von der breitesten Stelle des Fahrzeugumrisses anzubringen (Abs II), soll dem Entgegenkommenden Gewissheit geben, dass das Fz die Leuchte um höchstens 40 cm seitlich überragt. Wer vorschriftswidrig nur die rechte Leuchte brennen hat, ist verantwortlich, wenn ein Entgegenkommer getäuscht wird. Fehlen der Vorderbeleuchtung eines Fuhrwerks kann ursächlich dafür sein, dass ein Nachfolger das Hindernis zu spät sieht und auffährt oder durch plötzliches Ausweichen den Verkehr gefährdet, BGH VRS **16** 96.

3. Beleuchtung nach hinten und seitlich. Kennzeichnung nach hinten durch zwei rote **4** Rückstrahler ist vorgeschrieben (IV). Bei Dämmerung, Dunkelheit und sonstigen schlechten Sichtverhältnissen darüber hinaus gem I S 1 Nr 2: rot strahlende Leuchte. Anbringung der Rückstrahler: IV S 2, 3. Weil idR links zu überholen ist, kommt es auf die Kenntlichmachung der linken Seite des Fz besonders an. Höhe der Schlussleuchten über der Fahrbahn: I, II, der Rückstrahler: IV. Bei höherer Anbringung ist Sichtbarkeit nicht gewährleistet. Die rückwärtige Beleuchtung soll dem Nachfolger ein Signalbild vom Fz vermitteln, Ce NJW **56** 195. Wegen der besonderen Wichtigkeit der Schlussleuchte muss sich der Fahrer vor der Fahrt überzeugen, ob sie brennt (§ 23 StVO). Sie darf nicht verdeckt oder verschmutzt sein (VI). Unvorschriftsmäßige Schlussbeleuchtung (weißes Licht) kann Nachfolger täuschen und Auffahrunfälle herbeiführen, Neust VM **57** 6. **Seitlich** ist je mindestens ein gelber Rückstrahler nach Maßgabe von IV S 3 vorgeschrieben, zusätzliche gelbe rückstrahlende Mittel mit seitlicher Wirkung sind zugelassen (V).

4. Beleuchtungsmittel, Beleuchtungsstärke, Beleuchtung durch paarige Anbrin- 5 gung der Leuchten. Welche Art von Licht verwendet wird, ist hier nicht vorgeschrieben. Doch muss unkontrolliertes Verlöschen ausgeschlossen sein. Die Leuchtstärke ist nicht vorgeschrieben. Werden Leuchten paarig verwendet, so müssen sie gleichfarbiges und gleich starkes Licht zeigen (II S 2). Leuchten dürfen nicht blenden (VI).

5. Erleichterungen für einzelne Arten von Fahrzeugen. III gewährt beim Führen von **6** Leuchten Erleichterung für landwirtschaftliche Fze, die mit **leicht brennbaren Gütern** beladen sind. An derartig beladenen Fzen braucht wegen der Brandgefahr beim Führen von Laternen am Fz nur eine Leuchte mit weißem (oder schwachgelbem, s § 51 Rz 3) Licht geführt zu werden, die auf der linken Seite so anzubringen oder zu tragen ist, dass Entgegenkommende wie Überholende sie gut sehen können. Dass neben dem beladenen Erntewagen ein vorschriftsmäßig beleuchtetes Fahrrad geführt wird, genügt nicht; doch kann Fahrlässigkeit entfallen, wenn diese Lichtquelle einer vorschriftsmäßig getragenen Laterne in der Wirkung gleichkommt, Ce NJW **56** 195. Dieselbe Erleichterung haben **von Fußgängern mitgeführte Fze** (Handwagen, Handschlitten, Schiebkarren), Abs I S 3 mit § 17 V StVO. Wer im Dunkeln auf der rechten Fahrbahnseite eine Schubkarre schiebt, genügt seiner Beleuchtungspflicht nicht, wenn er hinter sich her einen Radfahrer mit (bei Schrittgeschwindigkeit zu schwacher) Fahrradbeleuchtung, aber ohne Rück- und Tretstrahler fahren lässt, Ol DAR **58** 218.

6. Pflicht zum Führen von Rückstrahlern besteht für alle Fze (§ 24 StVO), auch wenn **7** sie von Fußgängern mitgeführt werden. Auch Fze, für die III hinsichtlich der Beleuchtung Er-

Dauer

leichterungen gewährt, müssen mit Rückstrahlern ausgerüstet sein. IV ist Bauvorschrift. Rückstrahler wirken durch eine nachfolgende Lichtquelle. Sie sollen dem Hintermann die Beobachtung des Voranfahrenden erleichtern. Sie müssen in amtlich genehmigter Bauart ausgeführt sein (§ 22a I Nr 15). Die Rückstrahler müssen am Fz fest angebracht sein. Die FzFührer sind für genügende Befestigung verantwortlich, daneben die Halter. Fährt ein Fz in der Dunkelheit auf ein Fz auf, dessen Rückseite keine vorschriftsmäßigen Rückstrahler hat oder das nicht vorschriftsmäßig beleuchtet ist, so spricht der Anschein dafür, dass der Verstoß ursächlich ist, BGH VRS **13** 409, anders dann, wenn das Fz durch fremde Lichtquelle hell beleuchtet und gut sichtbar gewesen ist, BGH VRS **21** 328. Der Anschein der Unfallursächlichkeit fehlender Rückstrahler kommt nur ab Beginn der Dunkelheit (§ 17 StVO) in Betracht, BGH VersR **67** 178.

8   **7. Ordnungswidrigkeit** (§ 24 StVG): § 69a IV Nr 7a StVZO.

Lichttechnische Einrichtungen an Fahrrädern

67 (1) ¹Fahrräder müssen für den Betrieb des Scheinwerfers und der Schlußleuchte mit einer Lichtmaschine ausgerüstet sein, deren Nennleistung mindestens 3 W und deren Nennspannung 6 V beträgt (Fahrbeleuchtung). ²Für den Betrieb von Scheinwerfer und Schlußleuchte darf zusätzlich eine Batterie mit einer Nennspannung von 6 V verwendet werden (Batterie-Dauerbeleuchtung). ³Die beiden Betriebsarten dürfen sich gegenseitig nicht beeinflussen.

(2) ¹An Fahrrädern dürfen nur die vorgeschriebenen und die für zulässig erklärten lichttechnischen Einrichtungen angebracht sein. ²Als lichttechnische Einrichtungen gelten auch Leuchtstoffe und rückstrahlende Mittel. ³Die lichttechnischen Einrichtungen müssen vorschriftsmäßig und fest angebracht sowie ständig betriebsfertig sein. ⁴Lichttechnische Einrichtungen dürfen nicht verdeckt sein.

(3) ¹Fahrräder müssen mit einem nach vorn wirkenden Scheinwerfer für weißes Licht ausgerüstet sein. ²Der Lichtkegel muß mindestens so geneigt sein, daß seine Mitte in 5 m Entfernung vor dem Scheinwerfer nur halb so hoch liegt wie sein Austritt aus dem Scheinwerfer. ³Der Scheinwerfer muß am Fahrrad so angebracht sein, daß er sich nicht unbeabsichtigt verstellen kann. ⁴Fahrräder müssen mit mindestens einem nach vorn wirkenden weißen Rückstrahler ausgerüstet sein.

(4) ¹Fahrräder müssen an der Rückseite mit
1. einer Schlußleuchte für rotes Licht, deren niedrigster Punkt der leuchtenden Fläche sich nicht weniger als 250 mm über der Fahrbahn befindet,
2. mindestens einem roten Rückstrahler, dessen höchster Punkt der leuchtenden Fläche sich nicht höher als 600 mm über der Fahrbahn befindet, und
3. einem mit dem Buchstaben „Z" gekennzeichneten roten Großflächen-Rückstrahler

ausgerüstet sein. ²Die Schlußleuchte sowie einer der Rückstrahler dürfen in einem Gerät vereinigt sein. ³Beiwagen von Fahrrädern müssen mit einem Rückstrahler entsprechend Nummer 2 ausgerüstet sein.

(5) ¹Fahrräder dürfen an der Rückseite mit einer zusätzlichen, auch im Stand wirkenden Schlußleuchte für rotes Licht ausgerüstet sein. ²Diese Schlußleuchte muß unabhängig von den übrigen Beleuchtungseinrichtungen einschaltbar sein.

(6) Fahrradpedale müssen mit nach vorn und nach hinten wirkenden gelben Rückstrahlern ausgerüstet sein; nach der Seite wirkende gelbe Rückstrahler an den Pedalen sind zulässig.

(7) ¹Die Längsseiten müssen nach jeder Seite mit
1. mindestens zwei um 180° versetzt angebrachten, nach der Seite wirkenden gelben Speichenrückstrahlern an den Speichen des Vorderrades und des Hinterrades oder
2. ringförmig zusammenhängenden retroreflektierenden weißen Streifen an den Reifen oder in den Speichen des Vorderrades und des Hinterrades

kenntlich gemacht sein. ²Zusätzlich zu der Mindestausrüstung mit einer der Absicherungsarten dürfen Sicherungsmittel aus der anderen Absicherungsart angebracht sein. ³Werden mehr als zwei Speichenrückstrahler an einem Rad angebracht, so sind sie am Radumfang gleichmäßig zu verteilen.

(8) Zusätzliche nach der Seite wirkende gelbe rückstrahlende Mittel sind zulässig.

(9) ¹Der Scheinwerfer und die Schlußleuchte nach Absatz 4 dürfen nur zusammen einschaltbar sein. ²Eine Schaltung, die selbsttätig bei geringer Geschwindigkeit von Lichtmaschinenbetrieb auf Batteriebetrieb umschaltet (Standbeleuchtung), ist zulässig; in diesem Fall darf auch die Schlußleuchte allein leuchten.

Lichttechnische Einrichtungen an Fahrrädern   § 67 StVZO 5

(10) In den Scheinwerfern und Leuchten dürfen nur die nach ihrer Bauart dafür bestimmten Glühlampen verwendet werden.

(11) Für Rennräder, deren Gewicht nicht mehr als 11 kg beträgt, gilt abweichend folgendes:

1. für den Betrieb von Scheinwerfer und Schlußleuchte brauchen anstelle der Lichtmaschine nur eine oder mehrere Batterien entsprechend Absatz 1 Satz 2 mitgeführt zu werden;
2. der Scheinwerfer und die vorgeschriebene Schlußleuchte brauchen nicht fest am Fahrrad angebracht zu sein; sie sind jedoch mitzuführen und unter den in § 17 Abs. 1 Straßenverkehrs-Ordnung beschriebenen Verhältnissen vorschriftsmäßig am Fahrrad anzubringen und zu benutzen;
3. Scheinwerfer und Schlußleuchte brauchen nicht zusammen einschaltbar zu sein;
4. anstelle des Scheinwerfers nach Absatz 1 darf auch ein Scheinwerfer mit niedrigerer Nennspannung als 6 V und anstelle der Schlußleuchte nach Absatz 4 Nr. 1 darf auch eine Schlußleuchte nach Absatz 5 mitgeführt werden.

(12) Rennräder sind für die Dauer der Teilnahme an Rennen von den Vorschriften der Absätze 1 bis 11 befreit.

Begr zur ÄndVO v 14. 6. 88 (VkBl **88** 476): **Zu Abs 1:** *Bisher stand für die Energieversorgung des Scheinwerfers und der Schlussleuchte von Fahrrädern nur die Lichtmaschine zur Verfügung. Damit war die Wirkung dieser Einrichtungen drehzahlabhängig. Beim Fahrradfahrer als einem der schwächsten Verkehrsteilnehmer ist es aber besonders wichtig, dass die Beleuchtung auch bei langsamer Fahrt und im Stand sowie ganz allgemein bei ungünstigen Witterungsverhältnissen (z. B. Schneefall) hinreichend wirkt.*

Unter der Voraussetzung, dass Scheinwerfer und Schlussleuchte auch weiterhin von einer Lichtmaschine versorgt werden, die aber bei Batteriebetrieb nicht in Betrieb sein muss, wird durch die neue Fassung des Absatzes 1 eine vereinfachte „Batterie-Dauerbeleuchtung" ohne eine Anzeige für den akritischen Ladezustand zugelassen ...

Zu Abs 3 S 4 und Abs 4: *Fahrräder waren bisher, bezogen auf die übliche und künftig sicher auch weiterhin sehr verbreitete Fahrradbeleuchtung mit alleiniger Stromversorgung aus der Lichtmaschine, bei langsamer Fahrt und im Stand nach vorn nicht und nach hinten nur mit einem relativ kleinflächigen roten Rückstrahler gesichert. Die nun vorgeschriebenen nach vorn wirkenden weißen Rückstrahler und die roten Großflächen-Rückstrahler (gekennzeichnet mit dem Buchstaben „Z") sind geeignet, die Erkennbarkeit von Fahrrädern wesentlich zu verbessern.*

Zu Abs 11: *Die Ausrüstung von reinen Rennrädern mit einer ordnungsgemäßen Beleuchtung war bisher nicht immer möglich, weil übliche Lichtmaschinen Rennreifen unverhältnismäßig stark schädigen. Nachdem nun durch die Änderung des Absatzes 1 auch eine Batterie-Dauerbeleuchtung (allerdings nur zusammen mit einer Lichtmaschine) zulässig ist, können auch reine Rennräder mit Scheinwerfer und Schlussleuchte beleuchtet werden.*

... Eine generelle Befreiung der Rennräder von der Ausrüstungspflicht ist auf keinen Fall vertretbar, zumal Beeinträchtigungen, wenn überhaupt, nur in geringem und damit vertretbarem Maß eintreten können. Darüber hinaus hat die Sicherheit im Straßenverkehr Vorrang vor einer gewissen Unbequemlichkeit und geringfügigem Mehrgewicht des Fahrrades.

...

1. Lichttechnische Einrichtungen an Fahrrädern sind: der Scheinwerfer für weißes **1** Licht, die Schlussleuchten für rotes Licht, die weißen, gelben und roten Rückstrahler und Speichenrückstrahler, andere Leuchtstoffe und rückstrahlende Mittel, zB retroreflektierende Streifen, sodann die 3W (Nennleistung)-Lichtmaschine, die in den Beleuchtungseinrichtungen zu verwendenden bauartbestimmten Glühlampen. Es gelten die Vorschriften über Bauartgenehmigungen: § 22a I Nr 15, 18, 22. Technische Anforderungen bei der Bauartprüfung: VkBl **73** 558, zuletzt geändert: VkBl **03** 752 = StVRL § 22a Nr 1 (Nr 6). Alle lichttechnischen Einrichtungen müssen vorschriftsmäßig sein, fest angebracht und ständig betriebsfertig (II S 3). Entfärbte Rückstrahler und Abdeckscheiben sind rechtzeitig zu ersetzen, s BMV VkBl **61** 24. Andere als die vorgeschriebenen und für zulässig erklärten dürfen nicht angebracht sein, auch nicht vorübergehend und lose (II S 1). Näher *Bouska* VD **80** 107. Fahrtrichtungsanzeiger für gelbes Licht (früher Abs V) sind nicht mehr erlaubt. lichttechnische Einrichtungen dürfen im Verkehr nicht verdeckt sein (II S 4); deshalb müssen verdeckende **Anhänger** dieselben Schlussleuchten und roten Rückstrahler führen wie das Fahrrad, s Merkblatt für das Mitführen von Anhängern hinter Fahrrädern, VkBl **99** 703 Nr 3. Verdeckendes Gepäck ist unzulässig. Verdeckt ist die lichttechni-

5 StVZO § 67   B. Fahrzeuge. III. Bau- und Betriebsvorschriften

sche Einrichtung bereits, wenn sie wegen des Anhängers nur zeitweise oder zu spät erkennbar ist, s BGH VRS **23** 18. Für reine **Rennräder** ist keine Lichtmaschine vorgeschrieben, wenn sie eine Batterie-Dauerbeleuchtung haben (XI Nr 1). Daneben müssen sie aber wie alle anderen Fahrräder mit den vorgeschriebenen fest angebrachten Rückstrahlern ausgerüstet sein, auch mit dem Großflächen-Rückstrahler gem IV S 1 Nr 3 („Z"), s Begr VkBl **88** 476. Ausnahme während der Teilnahme an Rennen: Abs XII, s Rz 7.

Lit: *Huppertz*, Beleuchtungseinrichtungen an Rennrädern, VD **92** 129.

2   **2. Nach vorn** muss (Ausrüstungsvorschrift) ein Scheinwerfer für weißes Licht fest und verstellsicher mit vorgeschriebener Lichtkegelneigung angebracht sein, ferner ein nach vorn wirkender weißer Rückstrahler (III S 4). Der Scheinwerfer darf nur zusammen mit der roten Schlussleuchte schaltbar sein (IX), anders bei Rennrädern nach Maßgabe von Abs XI. Standbeleuchtung durch Batteriebetrieb ist zulässig, Abs IX S 2. Richtlinien für die Prüfung von Zusatzgeräten für die Standbeleuchtung von Fahrrädern, VkBl **85** 198.

3   **3. Nach hinten** muss (Ausrüstungsvorschrift) eine Schlussleuchte für rotes Licht (niedrigster Punkt der leuchtenden Fläche mindestens 250 mm über der Fahrbahn), ein roter Rückstrahler (höchster Punkt der leuchtenden Fläche höchstens 600 mm über der Fahrbahn) und ein mit dem Buchstaben Z gekennzeichneter Großflächen-Rückstrahler fest angebracht sein (IV). Beiwagen müssen mindestens einen roten Rückstrahler haben, fest angebracht nach Maßgabe von IV S 1 Nr 2 (IV S 3). Eine zusätzliche Schlussleuchte für rotes Licht ist zulässig, sofern sie unabhängig von anderen Beleuchtungseinrichtungen schaltbar ist (V); Anbringung: II S 3. Die Schlussleuchten und Rückstrahler, ggf auch mehrere (V), dürfen zu einem Gerät vereinigt sein (IV S 2).

4   **4. Seitliche Kennzeichnung** ist für die Sicherheit wichtig. Die **Pedale** müssen (Ausrüstungsvorschrift) mit nach vorn und hinten wirkenden gelben Rückstrahlern versehen sein, nach der Seite hin wirkende ebensolche sind an den Pedalen zulässig (VI). Die beiden **Räder bzw Reifen** sind wie folgt zu kennzeichnen (Ausrüstungsvorschrift): entweder a) an Vorder- und Hinterrad links und rechts je mindestens 2 gelbe Speichenrückstrahler nach Maßgabe von VII, oder b) an beiden Seiten des Vorder- und Hinterrades je ein ringförmiger, durchgehender weißer, reflektierender Streifen an den Reifen oder in den Speichen. Ist eines dieser Sicherungsmittel vollständig vorhanden, wie zwingend vorgeschrieben, so darf es durch das andere, Teile des anderen (VII S 2), aber auch durch weitere, seitlich wirkende gelbe rückstrahlende Mittel ergänzt werden (VIII), also zB durch gelbe Rückstrahler.

5   **5. Seitliche Abstandsmarkierer** mit Rückstrahlern dürfen an Fahrrädern und FmH links hinten angebracht werden, müssen aber den Richtlinien vom 23. 3. 81 (VkBl **81** 148) entsprechen: keine Verdeckung lichttechnischer Einrichtungen, Kennzeichnung der Rückstrahler – nach vorn weiß, nach hinten rot – mit Prüfzeichen, bei Berührung horizontal nachgebend, Höchstlänge 40 cm. Die Richtlinien sind, auch soweit sie sich an FzHalter und FzFührer wenden, keine Rechtsvorschriften.

6   **6. Die Lichtmaschine** für Scheinwerfer und Schlussleuchten muss mindestens 3 W Nennleistung haben, ihre Nennspannung muss 6 V betragen (I). Die verwendeten Glühlampen müssen § 22a I Nr 18 entsprechen (X). Zusätzlich darf eine 6 V – Batterie verwendet werden (I S 2, 3).

7   **7. Ausnahmen.** Rennräder sind nur während des Rennens, bei welchen sie benutzt werden, von den lichttechnischen Vorschriften befreit, nicht schon bei Hin- und Rückfahrt außerhalb von Transporten (XII), s Kö VM **82** 88. Jedoch gelten für echte Rennräder (bis 11 kg) die in Abs XI genannten Erleichterungen (Rz 1), s dazu *Huppertz* VD **92** 129, *Ternig* DAR **02** 107. Sog BMX-Räder unterliegen, soweit sie im öffentlichen StrV geführt werden, den Ausrüstungsvorschriften der StVZO. Für außerdeutsche Radfahrer im internationalen Verkehr gelten die Vorschriften in Art 3V mit Art 44 I ÜbStrV 1968 (ratifiziert durch G v 21. 9. 77, BGBl I S 809).

8   **8. Haftung.** Wer mit funktionierender Schlussleuchte wegfährt, dem ist unterlassene weitere Kontrolle unterwegs nicht mehr vorzuwerfen, Kö VersR **60** 765. Brennt sie nicht oder fehlt sie, so lässt sich ein verspätetes Wahrnehmen durch andere VT nicht ausschließen, Ol VRS **33** 406 (Führen eines Rades durch Fußgänger). Kein Anscheinsbeweis dafür, dass eine an der Kleidung eines RennradF befestigte Leuchte tatsächlich eingeschaltet war, Fra NZV **66** 36. Ein Anhänger

Zuständigkeiten **§ 68 StVZO 5**

nur mit Rückstrahler ohne Schlussleuchte, der die Schlussleuchte des Rades verdeckt, begründet bei Unfall den Anschein der Ursächlichkeit, BGH VersR **62** 633. Dass die Scheinwerferleuchtstärke beim Langsamfahren sinkt, ist dem Radfahrer nicht vorzuwerfen, BGH VM **56** 14, auch nicht das Fehlen von Sicherungsmitteln, welche zwar erlaubt und empfehlenswert, aber nicht vorgeschrieben sind.

9. Zuwiderhandlungen: §§ 69a IV Nr 8; 31b, 69a V Nr 4b StVZO; 24 StVG. 9

Der Abschnitt „IV. Kleinkrafträder und Fahrräder mit Hilfsmotor" ist aufgehoben.

Begr: VkBl **73** 411.

C. Durchführungs-, Bußgeld- und Schlußvorschriften

Zuständigkeiten

68 (1) ¹Diese Verordnung wird, soweit nicht die höheren Verwaltungsbehörden zuständig sind, von den nach Landesrecht zuständigen unteren Verwaltungsbehörden oder den Behörden, denen durch Landesrecht die Aufgaben der unteren Verwaltungsbehörde zugewiesen werden, ausgeführt. ²Die höheren Verwaltungsbehörden werden von den zuständigen obersten Landesbehörden bestimmt.

(2) ¹Örtlich zuständig ist, soweit nichts anderes vorgeschrieben ist, die Behörde des Wohnorts, mangels eines solchen des Aufenthaltsorts des Antragstellers oder Betroffenen, bei juristischen Personen, Handelsunternehmen oder Behörden die Behörde des Sitzes oder des Orts der beteiligten Niederlassung oder Dienststelle. ²Anträge können mit Zustimmung der örtlich zuständigen Behörde von einer gleichgeordneten auswärtigen Behörde behandelt und erledigt werden. ³Die Verfügungen der Behörde (Sätze 1 und 2) sind im Inland wirksam. ⁴Verlangt die Verkehrssicherheit ein sofortiges Eingreifen, so kann an Stelle der örtlich zuständigen Behörde jede ihr gleichgeordnete Behörde mit derselben Wirkung Maßnahmen auf Grund dieser Verordnung vorläufig treffen.

(3) ¹Die Zuständigkeiten der Verwaltungsbehörden und höheren Verwaltungsbehörden auf Grund dieser Verordnung, werden für die Dienstbereiche der Bundeswehr, der Bundespolizei, der Bundesanstalt Technisches Hilfswerk und der Polizei durch deren Dienststellen nach Bestimmung der Fachminister wahrgenommen. ²Für den Dienstbereich der Polizei kann die Zulassung von Kraftfahrzeugen und ihrer Anhänger nach Bestimmung der Fachminister durch die nach Absatz 1 zuständigen Behörden vorgenommen werden.

Begr zur ÄndVO v 12. 11. 96 (VkBl **96** 623): *Zu Abs 3: Die vorgesehene Änderung bezweckt, dass die Fahrzeuge der Bundesanstalt Technisches Hilfswerk zukünftig durch eine Zentrale Zulassungsstelle im Geschäftsbereich des Bundesministeriums des Innern verwaltet werden.*

Begr zur ÄndVO v 20. 7. 00: BRDrucks 184/00 S 100.

1. § 68 enthält **Zuständigkeitsbestimmungen.** Zuständig sind die durch Landesrecht bestimmten Behörden. Die WiderspruchsB darf einen Verwaltungsakt der AusgangsB nicht zum Nachteil des Betroffenen ändern, weil jedenfalls gem Abs I eine Zuständigkeit nur der unteren VB gegeben ist, VGH Mü NJW **78** 443. 1

2. Sachlich zuständig sind: die **Verwaltungsbehörden** für: die Untersagung oder Beschränkung des Betriebes von Fahrzeugen im Verkehr (§ 17); Erteilung der BE für Kfze und Anhänger (§§ 19 I, 21, 22); technische Überwachung der Kfze und Anhänger (§ 29). 2

Zuständigkeit der Ortsbehörden für Anträge auf Erteilung der FE: s § 73 FeV. 3

Zuständigkeit für die Zulassung von Fahrzeugen: s § 46 FZV.

Verwaltungsbehörden sind nach Abs I die nach Landesrecht bestimmten unteren VB (Kreisbehörden, BGH NJW **84** 228) oder die Behörden, denen durch Landesrecht die hier fraglichen Aufgaben zugewiesen sind. 4

Die **höheren Verwaltungsbehörden** sind zuständig für die Genehmigung von Ausnahmen gemäß § 70 I Ziff 1. 5

Höhere Verwaltungsbehörden als zuständige Behörden für Ausnahmen (§ 70) für die unterschiedlichen Dienstbereiche und Länder: s Übersicht VkBl **63** 187, 456, **88** 297 = StVRL 1. 6

Die **obersten Landesverkehrsbehörden** oder die von ihnen bestimmten Stellen sind zuständig für die Genehmigung von Ausnahmen gemäß § 70 I Ziff 2 StVZO. 7

Dauer

5 StVZO § 69a   C. Durchführungs-, Bußgeld- und Schlußvorschriften

8   Das **BMV** oder die von ihm bestimmten Stellen sind zuständig für den Erlass von Ausführungsanweisungen zur StVZO gemäß den §§ 6, 6a und 26a StVG und die Genehmigung von Ausnahmen gemäß § 70 I Ziff 3 StVZO.

9   Das **Kraftfahrt-Bundesamt** ist zuständig für Erteilung der ABE für Typen nach den §§ 20, 22 und für die Genehmigung von Ausnahmen mit Ermächtigung des BMV bei Erteilung oder in Ergänzung einer ABE oder Bauartgenehmigung gemäß den §§ 22a, 70 I.

10 **Dienststellen der Bundeswehr** nach Bestimmung des Bundesministers für Verteidigung sind zuständig für die technische Überwachung der Kfz und Anhänger der Nato-Hauptquartiere gemäß der 15. StVZAusnV (bei § 29 Rz 19).

11 3. **Örtlich zuständig** ist die VB des Wohnorts, wo ein solcher fehlt, des Aufenthaltsortes des Antragstellers oder Betroffenen, ohne Rücksicht auf eine uU überholte Eintragung im Melderegister, BVerwG VM **81** 50, VG Dü DAR **77** 279. Aufenthaltsort (mangels inländischen Wohnsitzes) ist der Ort der körperlichen Anwesenheit in einem bestimmten Amtsbereich, s *Bouska* VD **78** 175. Wer sich vorübergehend außerhalb seines Wohnsitzes aufhält, um die örtliche Zuständigkeit der StrVB zu umgehen, behält seinen Wohnort iS des § 68 II. Besteht im Inland weder Wohn- oder Aufenthaltsort noch Sitz oder Niederlassung, so ist die örtliche Zuständigkeit dem VwVfG des betreffenden Landes zu entnehmen, OVG Münster VRS **106** 230.

12 **Örtlich unzuständige Behörden** können: a) mit Zustimmung der gleichgeordneten örtlich zuständigen Behörde über Anträge entscheiden (Abs II S 2), b) vorläufige Maßnahmen anstelle einer gleichgeordneten örtlich zuständigen Behörde treffen, wenn die Verkehrssicherheit sofortiges Eingreifen verlangt (Abs II S 4). Die Zustimmung gem Abs II S 2 kann bis zur Unanfechtbarkeit der Entscheidung, also auch noch im Widerspruchs- und gerichtlichen Verfahren erteilt werden, VG Kö DAR **90** 310 (Anm *Siegmund*). Kein Anspruch auf Aufhebung eines Verwaltungsaktes allein wegen örtlicher Unzuständigkeit, § 46 VwVfG, s BVerwG VM **81** 50.

13 4. Abs III betrifft **Sonderzuständigkeiten** derjenigen obersten Bundes- und LandesB, die am meisten am Verkehr beteiligt sind. Sie haben die erforderlichen Verwaltungsmaßnahmen für ihren Dienstbereich durch eigene Dienststellen zu treffen. Der Dienstbereich umfasst alle dienstlichen Angelegenheiten. Soweit es sich um den Verkehr auf öffentlichen Straßen handelt, müssen die Maßnahmen mit der StVZO im Einklang stehen.

14 Die Fachminister, die nach Abs III über die hier fraglichen Zuständigkeiten zu bestimmen haben, sind für die Bundeswehr der Bundesminister der Verteidigung, für die Polizei die Innenminister der Länder bzw die Senatoren des Innern in Berlin, Bremen und Hamburg, für die BundesPol und die Bundesanstalt Technisches Hilfswerk der Bundesminister des Innern, s Übersicht des BMV, VkBl **63** 187, 456, **88** 297 = StVRL 1, sowie Begr VkBl **96** 623. Abs III S 2 stellt klar, dass die Fahrzeuge der Polizei auch bei den örtlich zuständigen Zulassungsbehörden zugelassen werden können; jetzt geregelt in § 46 III S 3 FZV.

69 *(aufgehoben)*

Ordnungswidrigkeiten
69a (1) *(aufgehoben)*

(2) **Ordnungswidrig im Sinne des § 24 des Straßenverkehrsgesetzes handelt, wer vorsätzlich oder fahrlässig**

1. entgegen § 17 Abs. 1 einem Verbot, ein Fahrzeug in Betrieb zu setzen, zuwiderhandelt oder Beschränkungen nicht beachtet,
2. einer vollziehbaren Anordnung oder Auflage nach § 29 Abs. 7 Satz 5 in Verbindung mit Satz 4 zuwiderhandelt,
3. bis 6. *(aufgehoben)*
7. entgegen § 22a Abs. 2 Satz 1 oder Abs. 6 ein Fahrzeugteil ohne amtlich vorgeschriebenes und zugeteiltes Prüfzeichen zur Verwendung feilbietet, veräußert, erwirbt oder verwendet, sofern nicht schon eine Ordnungswidrigkeit nach § 23 des Straßenverkehrsgesetzes vorliegt,
8. gegen eine Vorschrift des § 21a Abs. 3 Satz 1 oder § 22a Abs. 5 Satz 1 oder Abs. 6 über die Kennzeichnung von Ausrüstungsgegenständen oder Fahrzeugteilen mit Prüf-

Ordnungswidrigkeiten § 69a StVZO 5

zeichen oder gegen ein Verbot nach § 21a Abs. 3 Satz 2 oder § 22a Abs. 5 Satz 2 oder Abs. 6 über die Anbringung von verwechslungsfähigen Zeichen verstößt,
9. gegen eine Vorschrift über Mitführung und Aushändigung
   a) bis f) *(aufgehoben)*
   g) eines Abdrucks oder einer Ablichtung einer Erlaubnis, Genehmigung, eines Auszugs einer Erlaubnis oder Genehmigung, eines Teilegutachtens oder eines Nachweises nach § 19 Abs. 4 Satz 1,
   h) *(aufgehoben)*
   i) der Urkunde über die Einzelgenehmigung nach § 22a Abs. 4 Satz 2
   verstößt,
10. bis 13b. *(aufgehoben)*
14. einer Vorschrift des § 29 Abs. 1 Satz 1 in Verbindung mit den Nummern 2.1, 2.2, 2.6, 2.7 Satz 2 oder 3, Nummern 3.1.1, 3.1.2 oder 3.2.2 der Anlage VIII über Hauptuntersuchungen oder Sicherheitsprüfungen zuwiderhandelt,
15. einer Vorschrift des § 29 Abs. 2 Satz 1 über Prüfplaketten oder Prüfmarken in Verbindung mit einem SP-Schild, des § 29 Abs. 5 über den ordnungsgemäßen Zustand der Prüfplaketten oder der Prüfmarken in Verbindung mit einem SP-Schild, des § 29 Abs. 7 Satz 5 Halbsatz 1 über das Betriebsverbot oder die Betriebsbeschränkung oder des § 29 Abs. 8 über das Verbot des Anbringens verwechslungsfähiger Zeichen zuwiderhandelt,
16. einer Vorschrift des § 29 Abs. 10 Satz 1 oder 2 über die Aufbewahrungs- und Aushändigungspflicht für Untersuchungsberichte oder Prüfprotokolle zuwiderhandelt,
17. einer Vorschrift des § 29 Abs. 11 oder 13 über das Führen oder Aufbewahren von Prüfbüchern zuwiderhandelt,
18. einer Vorschrift des § 29 Abs. 1 Satz 1 in Verbindung mit Nummer 3.1.4.2 Satz 2 Halbsatz 2 der Anlage VIII über die Behebung der geringen Mängel oder Nummer 3.1.4.3 Satz 2 Halbsatz 2 über die Behebung der erheblichen Mängel oder der Wiedervorführung zur Nachprüfung der Mängelbeseitigung zuwiderhandelt,
19. entgegen § 29 Abs. 1 Satz 1 in Verbindung mit Nummer 4.3 Satz 5 der Anlage VIII, Nummer 8.1.1 Satz 2 oder Nummer 8.2.1 Satz 2 der Anlage VIIIc die Maßnahmen nicht duldet oder die vorgeschriebenen Aufzeichnungen nicht vorlegt.

(3) Ordnungswidrig im Sinne des § 24 des Straßenverkehrsgesetzes handelt ferner, wer vorsätzlich oder fahrlässig ein Kraftfahrzeug oder ein Kraftfahrzeug mit Anhänger (Fahrzeugkombination) unter Verstoß gegen eine der folgenden Vorschriften in Betrieb nimmt:
1. des § 30 über allgemeine Beschaffenheit von Fahrzeugen;
1a. des § 30c Abs. 1 und 4 über vorstehende Außenkanten, Frontschutzsysteme;
1b. des § 30d Abs. 3 über die Bestimmungen für Kraftomnibusse oder des § 30d Abs. 4 über die technischen Einrichtungen für die Beförderung von Personen mit eingeschränkter Mobilität in Kraftomnibussen;
1c. des § 31d Abs. 2 über die Ausrüstung ausländischer Kraftfahrzeuge mit Sicherheitsgurten, des § 31d Abs. 3 über die Ausrüstung ausländischer Kraftfahrzeuge mit Geschwindigkeitsbegrenzern oder deren Benutzung oder des § 31d Abs. 4 Satz 1 über die Profiltiefe der Reifen ausländischer Kraftfahrzeuge;
2. des § 32 Abs. 1 bis 4 oder 9, auch in Verbindung mit § 31d Abs. 1, über Abmessungen von Fahrzeugen und Fahrzeugkombinationen;
3. der §§ 32a, 42 Abs. 2 Satz 1 über das Mitführen von Anhängern, des § 33 Abs. 1 Satz 1 oder Abs. 2 Nr. 1 oder 6 über das Schleppen von Fahrzeugen, des § 43 Abs. 1 Satz 1 bis 3, Abs. 2 Satz 1, Abs. 3, 4 Satz 1 oder 3 über Einrichtungen zur Verbindung von Fahrzeugen oder des § 44 Abs. 1, 2 Satz 1 oder Abs. 3 über Stützeinrichtungen und Stützlast von Fahrzeugen;
3a. des § 32b Abs. 1, 2 oder 4 über Unterfahrschutz;
3b. des § 32c Abs. 2 über seitliche Schutzvorrichtungen;
3c. des § 32d Abs. 1 oder 2 Satz 1 über Kurvenlaufeigenschaften;
4. des § 34 Abs. 3 Satz 3 über die zulässige Achslast oder das zulässige Gesamtgewicht bei Fahrzeugen oder Fahrzeugkombinationen, des § 34 Abs. 8 über das Gewicht auf einer oder mehreren Antriebsachsen, des § 34 Abs. 9 Satz 1 über den Achsabstand, des § 34 Abs. 11 über Hubachsen oder Lastverlagerungsachsen, jeweils auch in Verbindung mit § 31d Abs. 1, des § 34b über die Laufrollenlast oder das Gesamtgewicht von Gleiskettenfahrzeugen oder des § 42 Abs. 1 oder Abs. 2 Satz 2 über die zulässige Anhängerlast;
5. des § 34a Abs. 1 über die Besetzung, Beladung und Kennzeichnung von Kraftomnibussen;

Dauer 1465

5 StVZO § 69a   C. Durchführungs-, Bußgeld- und Schlußvorschriften

6. des § 35 über die Motorleistung;
7. des § 35 a Abs. 1 über Anordnung oder Beschaffenheit des Sitzes des Fahrzeugführers, des Betätigungsraums oder der Einrichtungen zum Führen des Fahrzeugs für den Fahrer, der Absätze 2, 3, 4, 5 Satz 1 oder Abs. 7 über Sitze und deren Verankerungen, Kopfstützen, Sicherheitsgurte und deren Verankerungen oder über Rückhaltesysteme, des Absatzes 8 Satz 1 über die Anbringung von nach hinten gerichteten Rückhalteeinrichtungen für Kinder auf Beifahrersitzen, vor denen ein betriebsbereiter Airbag eingebaut ist, oder Satz 2 oder 4 über die Warnung vor der Verwendung von nach hinten gerichteten Rückhalteeinrichtungen für Kinder auf Beifahrersitzen mit Airbag, des Absatzes 9 Satz 1 über Sitz, Handgriff und Fußstützen für den Beifahrer auf Krafträdern oder des Absatzes 10 über die Beschaffenheit von Sitzen, ihre Lehnen und ihre Befestigungen sowie der selbsttätigen Verriegelung von klappbaren Sitzen und Rückenlehnen und der Zugänglichkeit der Entriegelungseinrichtung oder des Absatzes 11 über Verankerungen der Sicherheitsgurte und Sicherheitsgurte von dreirädrigen oder vierrädrigen Kraftfahrzeugen;
7 a. des § 35 b Abs. 1 über die Beschaffenheit der Einrichtungen zum Führen von Fahrzeugen oder des § 35 b Abs. 2 über das Sichtfeld des Fahrzeugführers;
7 b. des § 35 c über Heizung und Belüftung, des § 35 d über Einrichtungen zum Auf- und Absteigen an Fahrzeugen, des § 35 e Abs. 1 bis 3 über Türen oder des § 35 f über Notausstiege in Kraftomnibussen;
7 c. des § 35 g Abs. 1 oder 2 über Feuerlöscher in Kraftomnibussen oder des § 35 h Abs. 1 bis 3 über Erste-Hilfe-Material in Kraftfahrzeugen;
7 d. des § 35 i Abs. 1 Satz 1 oder 2, dieser in Verbindung mit Nummer 2 Satz 2, 4, 8 oder 9, Nummer 3.1 Satz 1, Nummer 3.2 Satz 1 oder 2, Nummer 3.3, 3.4 Satz 1 oder 2 oder Nummer 3.5 Satz 2, 3 oder 4 der Anlage X, über Gänge oder die Anordnung von Fahrgastsitzen in Kraftomnibussen oder des § 35 i Abs. 2 Satz 1 über die Beförderung liegender Fahrgäste ohne geeignete Rückhalteeinrichtungen;
8. des § 36 Abs. 1 Satz 1 oder 3 bis 5, Abs. 2 Satz 1 oder 3 bis 5 oder Abs. 2a Satz 1 oder 2 über Bereifung, des § 36 Abs. 2 Satz 1 bis 5 über Gleisketten von Gleiskettenfahrzeugen oder Satz 6 über deren zulässige Höchstgeschwindigkeit, des § 36 a Abs. 1 über Radabdeckungen oder Abs. 3 über die Sicherung von außen am Fahrzeug mitgeführten Ersaträdern oder des § 37 Abs. 1 Satz 1 über Gleitschutzeinrichtungen oder Abs. 2 über Schneeketten;
9. des § 38 über Lenkeinrichtungen;
10. des § 38 a über die Sicherung von Kraftfahrzeugen gegen unbefugte Benutzung;
10 a. des § 38 b über Fahrzeug-Alarmsysteme;
11. des § 39 über Einrichtungen zum Rückwärtsfahren;
11 a. des § 39 a über Betätigungseinrichtungen, Kontrollleuchten und Anzeiger;
12. des § 40 Abs. 1 über die Beschaffenheit von Scheiben oder des § 40 Abs. 2 über Anordnung und Beschaffenheit von Scheibenwischern oder des § 40 Abs. 3 über Scheiben, Scheibenwischer, Scheibenwascher, Entfrostungs- und Trocknungsanlagen von dreirädrigen Kleinkrafträdern und dreirädrigen und vierrädrigen Kraftfahrzeugen mit Führerhaus;
13. des § 41 Abs. 1 bis 13, 15 Satz 1, 3 oder 4, Abs. 16 oder 17 über Bremsen oder des § 41 Abs. 14 über Ausrüstung mit Unterlegkeilen, ihre Beschaffenheit und Anbringung;
13 a. des § 41 a Abs. 8 über die Sicherheit und Kennzeichnung von Druckbehältern;
13 b. des § 41 b Abs. 2 über die Ausrüstung mit automatischen Blockierverhinderern oder des § 41 b Abs. 4 über die Verbindung von Anhängern mit einem automatischen Blockierverhinderer mit Kraftfahrzeugen;
14. des § 45 Abs. 1, 2 Satz 1, 3 oder 4 über Kraftstoffbehälter oder des § 46 über Kraftstoffleitungen;
15. des § 47 c über die Ableitung von Abgasen;
16. *(aufgehoben)*
17. des § 49 Abs. 1 über die Geräuschentwicklung;
18. des § 49 a Abs. 1 bis 4, 5 Satz 1, Abs. 6, 8, 9 Satz 2, Abs. 9a oder 10 Satz 1 über die allgemeinen Bestimmungen für lichttechnische Einrichtungen;
18 a. des § 50 Abs. 1, 2 Satz 1, 6 Halbsatz 2 oder Satz 7, Abs. 3 Satz 1 oder 2, Abs. 5, 6 Satz 1, 3, 4 oder 6, Abs. 6a Satz 2 bis 5 oder Abs. 9 über Scheinwerfer für Fern- oder Abblendlicht oder Abs. 10 über Scheinwerfer mit Gasentladungslampen;
18 b. des § 51 Abs. 1 Satz 1, 4 bis 6, Abs. 2 Satz 1, 4 oder Abs. 3 über Begrenzungsleuchten oder vordere Rückstrahler;

Ordnungswidrigkeiten § 69a StVZO 5

18c. des § 51a Abs. 1 Satz 1 bis 7, Abs. 3 Satz 1, Abs. 4 Satz 2, Abs. 6 Satz 1 oder Abs. 7 Satz 1 oder 3 über die seitliche Kenntlichmachung von Fahrzeugen oder des § 51b Abs. 2 Satz 1 oder 3, Abs. 5 oder 6 über Umrißleuchten;

18d. des § 51c Abs. 3 bis 5 Satz 1 oder 3 über Parkleuchten oder Park-Warntafeln;

18e. des § 52 Abs. 1 Satz 2 bis 5 über Nebelscheinwerfer, des § 52 Abs. 2 Satz 2 oder 3 über Suchscheinwerfer, des § 52 Abs. 5 Satz 2 über besondere Beleuchtungseinrichtungen an Krankenkraftwagen, des § 52 Abs. 7 Satz 2 oder 4 über Arbeitsscheinwerfer oder des § 52 Abs. 9 Satz 2 über Vorzeltleuchten an Wohnwagen oder Wohnmobilen;

18f. des § 52a Abs. 2 Satz 1 oder 3, Abs. 4, 5 oder 7 über Rückfahrscheinwerfer;

18g. des § 53 Abs. 1 Satz 1, 3 bis 5 oder 7 über Schlußleuchten, des § 53 Abs. 2 Satz 1, 2 oder 4 bis 6 über Bremsleuchten, des § 53 Abs. 4 Satz 1 bis 4 oder 6 über Rückstrahler, des § 53 Abs. 5 Satz 1 oder 2 über die Anbringung von Schlußleuchten, Bremsleuchten und Rückstrahlern oder Satz 3 über die Kenntlichmachung von nach hinten hinausragenden Geräten, des § 53 Abs. 6 Satz 2 über Schlußleuchten an Anhängern hinter einachsigen Zug- oder Arbeitsmaschinen, des § 53 Abs. 8 über Schlußleuchten, Bremsleuchten, Rückstrahler und Fahrtrichtungsanzeiger an abgeschleppten betriebsunfähigen Fahrzeugen, des § 53 Abs. 9 Satz 1 über das Verbot der Anbringung von Schlußleuchten, Bremsleuchten oder Rückstrahlern an beweglichen Fahrzeugteilen, des § 53 Abs. 10 Satz 1 über retroreflektierende Tafeln und Markierungen aus retro-reflektierenden Materialien oder Satz 2 über die Anbringung von Werbung aus andersfarbigen und retroreflektierenden Materialien an den Seitenflächen;

19. des § 53a Abs. 1, 2 Satz 1, Abs. 3 Satz 2, Abs. 4 oder 5 über Warndreiecke, Warnleuchten und Warnblinkanlagen oder des § 54b über die zusätzliche Mitführung einer Handlampe in Kraftomnibussen;

19a. des § 53b Abs. 1 Satz 1 bis 3, 4 Halbsatz 2, Abs. 2 Satz 1 bis 3, 4 Halbsatz 2, Abs. 3 Satz 1, Abs. 4 oder 5 über die Ausrüstung oder Kenntlichmachung von Anbaugeräten oder Hubladebühnen;

19b. des § 53c Abs. 2 über Tarnleuchten;

19c. des § 53d Abs. 2 bis 5 über Nebelschlußleuchten;

20. des § 54 Abs. 1 Satz 1 bis 3, Abs. 1a Satz 1, Abs. 2, 3, 4 Nr. 1 Satz 1, 4, Nr. 2, 3 Satz 1, Nr. 4 oder Abs. 6 über Fahrtrichtungsanzeiger;

21. des § 54a über die Innenbeleuchtung in Kraftomnibussen;

22. des § 55 Abs. 1 bis 4 über Einrichtungen für Schallzeichen;

23. des § 55a über die Elektromagnetische Verträglichkeit;

24. des § 56 Abs. 1 in Verbindung mit Abs. 2 über Spiegel oder andere Einrichtungen für indirekte Sicht;

25. des § 57 Abs. 1 Satz 1 oder Abs. 2 Satz 1 über das Geschwindigkeitsmeßgerät, des § 57a Abs. 1 Satz 1, Abs. 1a oder 2 Satz 1 über Fahrtschreiber;

25a. des § 57a Abs. 3 Satz 2 über das Betreiben des Kontrollgerätes;

25b. des § 57c Abs. 2 oder 5 über die Ausrüstung oder Benutzung der Geschwindigkeitsbegrenzer;

26. des § 58 Abs. 2 oder 5 Satz 1, jeweils auch in Verbindung mit § 36 Abs. 1 Satz 2, oder Abs. 3 oder 5 Satz 2 Halbsatz 2 über Geschwindigkeitsschilder an Kraftfahrzeugen oder Anhängern oder des § 59 Abs. 1 Satz 1, Abs. 1a, 1b, 2 oder 3 Satz 2 über Fabrikschilder oder Fahrzeug-Identifizierungsnummern;

26a. des § 59a über den Nachweis der Übereinstimmung mit der Richtlinie 96/53/EG;

27. des § 61 Abs. 1 über Halteeinrichtungen für Beifahrer oder Abs. 3 über Ständer von zweirädrigen Kraftfahrzeugen;

27a. des § 61a über Anhänger hinter Fahrrädern mit Hilfsmotor oder

28. des § 62 über die Beschaffenheit von elektrischen Einrichtungen der elektrisch angetriebenen Kraftfahrzeuge.

(4) Ordnungswidrig im Sinne des § 24 des Straßenverkehrsgesetzes handelt ferner, wer vorsätzlich oder fahrlässig ein anderes Straßenfahrzeug als ein Kraftfahrzeug oder einen Kraftfahrzeuganhänger oder wer vorsätzlich oder fahrlässig eine Kombination solcher Fahrzeuge unter Verstoß gegen eine der folgenden Vorschriften in Betrieb nimmt:

1. des § 30 über allgemeine Beschaffenheit von Fahrzeugen;

2. des § 63 über Abmessungen, Achslast, Gesamtgewicht und Bereifung sowie die Wiegepflicht;

Dauer 1467

3. des § 64 Abs. 1 über Lenkeinrichtungen, Anordnung und Beschaffenheit der Sitze, Einrichtungen zum Auf- und Absteigen oder des § 64 Abs. 2 über die Bespannung von Fuhrwerken;
4. des § 64a über Schallzeichen an Fahrrädern oder Schlitten;
5. des § 64b über die Kennzeichnung von Gespannfahrzeugen;
6. des § 65 Abs. 1 über Bremsen oder des § 65 Abs. 3 über Bremshilfsmittel;
7. des § 66 über Rückspiegel;
7a. des § 66a über lichttechnische Einrichtungen oder
8. des § 67 Abs. 1 Satz 1 oder 3, Abs. 2 Satz 1, 3 oder 4, Abs. 3, 4 Satz 1 oder 3, Abs. 5 Satz 2 Abs. 6 Halbsatz 1, Abs. 7 Satz 1 oder 3, Abs. 9 Satz 1, Abs. 10 oder 11 Nr. 2 Halbsatz 2 über lichttechnische Einrichtungen an Fahrrädern oder ihren Beiwagen.

(5) Ordnungswidrig im Sinne des § 24 des Straßenverkehrsgesetzes handelt schließlich, wer vorsätzlich oder fahrlässig

1. als Inhaber einer Allgemeinen Betriebserlaubnis für Fahrzeuge gegen eine Vorschrift des § 20 Abs. 3 Satz 3 über die Ausfüllung von Fahrzeugbriefen verstößt;
2. entgegen § 31 Abs. 1 ein Fahrzeug oder einen Zug miteinander verbundener Fahrzeuge führt, ohne zur selbständigen Leitung geeignet zu sein,
3. entgegen § 31 Abs. 2 als Halter eines Fahrzeugs die Inbetriebnahme anordnet oder zuläßt, obwohl ihm bekannt ist oder bekannt sein muß, daß der Führer nicht zur selbständigen Leitung geeignet oder das Fahrzeug, der Zug, das Gespann, die Ladung oder die Besetzung nicht vorschriftsmäßig ist oder daß die Verkehrssicherheit des Fahrzeugs durch die Ladung oder die Besetzung leidet,
4. entgegen § 31a Abs. 2 als Halter oder dessen Beauftragter im Fahrtenbuch nicht vor Beginn der betreffenden Fahrt die erforderlichen Angaben einträgt oder nicht unverzüglich nach Beendigung der betreffenden Fahrt Datum und Uhrzeit der Beendigung mit seiner Unterschrift einträgt,
4a. entgegen § 31a Abs. 3 ein Fahrtenbuch nicht aushändigt oder nicht aufbewahrt,
4b. entgegen § 31b mitzuführende Gegenstände nicht vorzeigt oder zur Prüfung nicht aushändigt,
4c. gegen eine Vorschrift des § 31c Satz 1 oder 4 Halbsatz 2 über Pflichten zur Feststellung der zugelassenen Achslasten oder über das Um- oder Entladen bei Überlastung verstößt,
4d. als Fahrpersonal oder Halter gegen eine Vorschrift des § 35g Abs. 3 über Ausbildung in der Handhabung von Feuerlöschern oder als Halter gegen eine Vorschrift des § 35g Abs. 4 über die Prüfung von Feuerlöschern verstößt,
5. entgegen § 36 Abs. 2b Satz 1 Luftreifen nicht oder nicht wie dort vorgeschrieben kennzeichnet,
5a. entgegen § 41a Abs. 5 Satz 1 eine Gassystemeinbauprüfung, entgegen Abs. 5 Satz 3 eine Begutachtung oder entgegen Abs. 6 Satz 1 oder 2 eine Gasanlagenprüfung nicht durchführen lässt,
5b. entgegen § 47a Abs. 1 Satz 1 in Verbindung mit Nummer 1.2.1.1 Buchstabe b und Nummer 2 der Anlage VIII das Abgasverhalten seines Kraftfahrzeugs nicht oder nicht rechtzeitig untersuchen lässt, entgegen § 47a Abs. 2 Satz 1 eine Untersuchung vornimmt, entgegen § 47a Abs. 3 Satz 1 eine Plakette nach Anlage IXa zuteilt, entgegen § 47a Abs. 5 Satz 2 nicht dafür sorgt, dass die Prüfbescheinigung die von ihm ermittelten Istwerte enthält, entgegen § 47a Abs. 5 Satz 2 die Prüfbescheinigung nicht aushändigt, entgegen § 47a Abs. 6 Satz 2 in Verbindung mit § 29 Abs. 7 Satz 5 oder Abs. 8 das Betriebsverbot oder die Betriebsbeschränkung für das Kraftfahrzeug nicht beachtet oder ein verwechslungsfähiges Zeichen anbringt, oder als Halter entgegen § 47a Abs. 6 Satz 2 in Verbindung mit § 29 Abs. 8 nicht dafür sorgt, dass verwechslungsfähige Zeichen nicht angebracht sind, oder gegen eine Vorschrift des § 47a Abs. 7 in Verbindung mit Nummer 2.6 Satz 1 oder 2 oder Nummer 2.7 Satz 2 oder 3 der Anlage VIII über die Untersuchung des Abgasverhaltens bei Fahrzeugen mit Saisonkennzeichen oder bei Wiederinbetriebnahme des Kraftfahrzeugs verstößt,
5c. *(aufgehoben)*
5d. entgegen § 49 Abs. 3 Satz 2, auch in Verbindung mit § 31e Satz 2, ein Fahrzeug kennzeichnet oder entgegen § 49 Abs. 3 Satz 3, auch in Verbindung mit § 31e Satz 2, ein Zeichen anbringt;
5e. entgegen § 49 Abs. 3 Satz 2 ein Fahrzeug kennzeichnet oder entgegen § 49 Abs. 3 Satz 3 ein Zeichen anbringt,

Ordnungswidrigkeiten § 69a StVZO 5

5 f. entgegen § 52 Abs. 6 Satz 3 die Bescheinigung nicht mitführt oder zur Prüfung nicht aushändigt,
6. als Halter oder dessen Beauftragter gegen eine Vorschrift des § 57a Abs. 2 Satz 2 Halbsatz 2 oder 3 oder Satz 3 über die Ausfüllung und Verwendung von Schaublättern oder als Halter gegen eine Vorschrift des § 57a Abs. 2 Satz 4 über die Vorlage und Aufbewahrung von Schaublättern verstößt,
6 a. als Halter gegen eine Vorschrift des § 57a Abs. 3 Satz 2 in Verbindung mit Artikel 14 der Verordnung (EWG) Nr. 3821/85 über die Aushändigung, Aufbewahrung oder Vorlage von Schaublättern verstößt,
6 b. als Halter gegen eine Vorschrift des § 57b Abs. 1 Satz 1 über die Pflicht, Fahrtschreiber oder Kontrollgeräte prüfen zu lassen, oder des § 57b Abs. 1 Satz 4 über die Pflichten bezüglich des Einbauschildes verstößt,
6 c. als Kraftfahrzeugführer entgegen § 57a Abs. 2 Satz 2 Halbsatz 1 Schaublätter vor Antritt der Fahrt nicht bezeichnet oder entgegen Halbsatz 3 mit Vermerken versieht, entgegen Satz 3 andere Schaublätter verwendet, entgegen Satz 4 Halbsatz 1 Schaublätter nicht vorlegt oder entgegen Satz 5 ein Ersatzschaublatt nicht mitführt,
6 d. als Halter entgegen § 57d Abs. 2 Satz 1 den Geschwindigkeitsbegrenzer nicht prüfen läßt,
6 e. als Fahrzeugführer entgegen § 57d Abs. 2 Satz 3 eine Bescheinigung über die Prüfung des Geschwindigkeitsbegrenzers nicht mitführt oder nicht aushändigt,
7. gegen die Vorschrift des § 70 Abs. 3a über die Mitführung und Aufbewahrung sowie die Aushändigung von Urkunden über Ausnahmegenehmigungen verstößt,
8. entgegen § 71 vollziehbaren Auflagen nicht nachkommt, unter denen eine Ausnahmegenehmigung erteilt worden ist,
9. *(aufgehoben)*
10. gegen eine Vorschrift des § 72 Abs. 2
    a) (zu § 35f Abs. 1 und 2) über Notausstiege in Kraftomnibussen,
    b) (zu § 41) über Bremsen oder (zu § 41 Abs. 9) über Bremsen an Anhängern oder
    c) (zu § 42 Abs. 2) über Anhängelast bei Anhängern ohne ausreichende eigene Bremse

verstößt.

Begr zur ÄndVO v 21. 7. 69 (VkBl **69** 394): 1

Zu §§ 30, 32 bis 67a*: Die in diesen Vorschriften enthaltenen Anforderungen an Bau und Betrieb eines Fahrzeugs stellen gegenüber § 31 selbständige Gebote und Verbote dar. Zwar wird bei Verletzung dieser Bau- und Betriebsvorschriften zugleich auch ein Verstoß gegen § 31 Abs. 1 Satz 2 Halbsatz 1 vorliegen. Der Anwendungsbereich des § 31 Abs. 1 Satz 2 Halbsatz 1 geht aber über die Verletzung der Bau- und Betriebsvorschriften der §§ 30, 32 bis 67a hinaus. 2

Zu § 69a Abs 2 Nr 9 und 10: Die Bußgeldbewehrung erstreckt sich auch darauf, daß die Papiere, die mitgeführt oder aufbewahrt sowie ausgehändigt werden müssen, ordnungsgemäß ausgefüllt sind, soweit der Verantwortliche für die ordnungsgemäße Ausfüllung Sorge zu tragen hat. 3

Zu § 69a Abs 5 Nr 10: Die Übergangsvorschriften des § 72 Abs. 2, die eine volle oder teilweise Befreiung von den Geboten und Verboten der Straßenverkehrs-Zulassungs-Ordnung enthalten, sind nicht mit Bußgeld zu bewehren. Eine Bußgeldbewehrung kommt nur für die Übergangsvorschriften in Betracht, die neue Gebote und Verbote aufstellen. Sie ist insoweit erfolgt, als diese Gebote und Verbote noch von praktischer Bedeutung sind. 4

Begr zur ÄndVO v 15. 1. 80 (VkBl **80** 147): *Mit der Herausnahme der Vorschriften über die Schaublätter von Fahrtschreibern (§ 57a Abs. 2), die Wiegepflicht (§ 34 Abs. 5) und die Pflicht zur Geräuschmessung aus § 69a Abs. 3 und ihre Einstellung in § 69a Abs. 5 wird zum Ausdruck gebracht, daß diese Pflichten unabhängig von der „Inbetriebnahme" des Fahrzeugs bußgeldbewehrt werden sollen. Im Übrigen werden einige weitere Pflichten bußgeldbewehrt.* 5–8

1. § 69a bezweckt die möglichst weitgehende Konkretisierung der in dieser Bestimmung erfaßten OW-Tatbestände, BGHSt **25** 338 (343) = NJW **74** 1663 (1665), VRS **56** 133. Die bußgeldbewehrten StVZO-Vorschriften sind selbständige Verhaltensvorschriften, deren Verletzung durch § 24 StVG unmittelbar bußgeldbewehrt ist, BGHSt **25** 338 = NJW **74** 2663, Ce VM **76** 9

---
* Aufgehoben durch ÄndVO v 30. 6. 73 (BGBl I 638).

Dauer

40. Die verletzten Vorschriften (§§ 49 StVO, 69a StVZO) gehören in den entscheidenden Teil des Urteils, Ha VRS **48** 38. § 69a in Verbindung mit der verletzten Vorschrift geht als Sondervorschrift den §§ 23, 49 StVO vor, Ce VM **76** 40, Ha VRS **74** 218. Fahren mit einem nach den §§ 31 ff mangelhaften Kfz steht in TE mit den VOWen während dieser Fahrt, s § 49 StVO Rz 3. S auch § 24 StVG Rz 58. Wer als Fahrer ein Kfz in Betrieb nimmt, das einer Beschaffenheits- oder Ausrüstungsvorschrift der §§ 30, 32 ff nicht entspricht, verstößt unmittelbar gegen die verletzte Vorschrift in Verbindung mit § 69a III, BGHSt **25** 338 = NJW **74** 1663, Bay VRS **57** 380. Wer ein Kfz entgegen mehreren Betriebsvorschriften der StVZO (hier §§ 34, 41 XV) in Betrieb nimmt, begeht nur eine OW, Kar VRS **46** 194. Was **Inbetriebnahme** bedeutet, ist jeweils derjenigen Vorschrift zu entnehmen, welche diesen Begriff verwendet, sie beschränkt sich nicht auf Fahren und VTeilnahme. Soweit das Fz durch Inbewegungsetzen in Betrieb genommen wurde, umfasst die Inbetriebnahme auch die anschließende Fahrt, s § 31 Rz 11. III legt nur den Zeitpunkt des frühesten Beginns des ow Verhaltens fest, Kar VRS **46** 194. Ein der Bestimmung des § 30c nicht entsprechendes im öffentlichen VRaum nur abgestelltes Fz ist noch nicht „in Betrieb genommen", Bay VRS **61** 472, **62** 131, VGH Ka NJW **99** 3650. Ein Inbetriebsetzen nach II Nr 3 kann auch durch vorsätzliches oder fahrlässiges Dulden der Inbetriebnahme des Kfz durch den Halter geschehen, Bay VM **90** 35, Dü NZV **91** 39, **95** 329, VRS **85** 223, Ha VRS **59** 468; s aber § 31 Rz 18. Nur in seltenen Fällen bei geringfügigen Mängeln wird pol Aufforderung zur **Mängelbeseitigung** uU einen als Verfahrenshindernis wirkenden Vertrauenstatbestand schaffen können, der einer Ahndung als OW entgegensteht, soweit diese in die Frist fällt, s Stu NZV **94** 123 (abl *Dorner* DAR **94** 206), anders jedenfalls bei Teilnahme mit nicht verkehrssicherem Fz am StrV, Stu NZV **94** 243.

69b *(aufgehoben)*

Ausnahmen

70 (1) Ausnahmen können genehmigen

1. die höheren Verwaltungsbehörden in bestimmten Einzelfällen oder allgemein für bestimmte einzelne Antragsteller von den Vorschriften der §§ 32, 32d, 34 und 36, auch in Verbindung mit § 63, ferner für §§ 52 und 65, bei Elektrokarren und ihren Anhängern auch von den Vorschriften des § 41 Abs. 9 und der §§ 53, 58 und 59,
2. die zuständigen obersten Landesbehörden oder die von ihnen bestimmten oder nach Landesrecht zuständigen Stellen von allen Vorschriften dieser Verordnung in bestimmten Einzelfällen oder allgemein für bestimmte einzelne Antragsteller; sofern die Ausnahmen erhebliche Auswirkungen auf das Gebiet anderer Länder haben, ergeht die Entscheidung im Einvernehmen mit den zuständigen Behörden dieser Länder,
3. das Bundesministerium für Verkehr, Bau und Stadtentwicklung von allen Vorschriften dieser Verordnung, sofern nicht die Landesbehörden nach den Nummern 1 und 2 zuständig sind – allgemeine Ausnahmen ordnet er durch Rechtsverordnung ohne Zustimmung des Bundesrates nach Anhören der zuständigen obersten Landesbehörden an –,
4. das Kraftfahrt-Bundesamt mit Ermächtigung des Bundesministeriums für Verkehr, Bau und Stadtentwicklung bei Erteilung oder in Ergänzung einer Allgemeinen Betriebserlaubnis oder Bauartgenehmigung,
5. das Kraftfahrt-Bundesamt für solche Lagerfahrzeuge, für die durch Inkrafttreten neuer oder geänderter Vorschriften die Allgemeine Betriebserlaubnis nicht mehr gilt. In diesem Fall hat der Inhaber der Allgemeinen Betriebserlaubnis beim Kraftfahrt-Bundesamt einen Antrag unter Beifügung folgender Angaben zu stellen:
    a) Nummer der Allgemeinen Betriebserlaubnis mit Angabe des Typs und der betroffenen Ausführung(en),
    b) genaue Beschreibung der Abweichungen von den neuen oder geänderten Vorschriften,
    c) Gründe, aus denen ersichtlich ist, warum die Lagerfahrzeuge die neuen oder geänderten Vorschriften nicht erfüllen können,
    d) Anzahl der betroffenen Fahrzeuge mit Angabe der Fahrzeugidentifizierungs-Nummern oder -Bereiche, gegebenenfalls mit Nennung der Typ- und/oder Ausführungs-Schlüsselnummern,

e) Bestätigung, dass die Lagerfahrzeuge die bis zum Inkrafttreten der neuen oder geänderten Vorschriften geltenden Vorschriften vollständig erfüllen,

f) Bestätigung, dass die unter Buchstabe d aufgeführten Fahrzeuge sich in Deutschland oder in einem dem Kraftfahrt-Bundesamt im Rahmen des Typgenehmigungsverfahrens benannten Lager befinden.

(1 a) Genehmigen die zuständigen obersten Landesbehörden oder die von ihnen bestimmten Stellen Ausnahmen von den Vorschriften der §§ 32, 32 d Abs. 1 oder § 34 für Fahrzeuge oder Fahrzeugkombinationen, die auf neuen Technologien oder Konzepten beruhen und während eines Versuchszeitraums in bestimmten örtlichen Bereichen eingesetzt werden, so unterrichten diese Stellen das Bundesministerium für Verkehr, Bau und Stadtentwicklung im Hinblick auf Artikel 4 Abs. 5 Satz 2 der Richtlinie 96/53/EG des Rates vom 25. Juli 1996 (Abl. EG Nr. 235 S. 59) mit einer Abschrift der Ausnahmegenehmigung.

(2) Vor der Genehmigung einer Ausnahme von den §§ 32, 32 d, 34 und 36 und einer allgemeinen Ausnahme von § 65 sind die obersten Straßenbaubehörden der Länder und, wo noch nötig, die Träger der Straßenbaulast zu hören.

(3) Der örtliche Geltungsbereich jeder Ausnahme ist festzulegen.

(3 a) ¹Durch Verwaltungsakt für ein Fahrzeug genehmigte Ausnahmen von den Bau- oder Betriebsvorschriften sind vom Fahrzeugführer durch eine Urkunde nachzuweisen, die bei Fahrten mitzuführen und zuständigen Personen auf Verlangen zur Prüfung auszuhändigen ist. ²Bei einachsigen Zugmaschinen und Anhängern in land- oder forstwirtschaftlichen Betrieben sowie land- oder forstwirtschaftlichen Arbeitsgeräten und hinter land- oder forstwirtschaftlichen einachsigen Zug- oder Arbeitsmaschinen mitgeführten Sitzkarren, wenn sie nur für land- oder forstwirtschaftliche Zwecke verwendet werden, und von der Zulassungspflicht befreiten Elektrokarren genügt es, dass der Halter eine solche Urkunde aufbewahrt; er hat sie zuständigen Personen auf Verlangen zur Prüfung auszuhändigen.

(4) ¹Die Bundeswehr, die Polizei, die Bundespolizei, die Feuerwehr und die anderen Einheiten und Einrichtungen des Katastrophenschutzes sowie der Zolldienst sind von den Vorschriften dieser Verordnung befreit, soweit dies zur Erfüllung hoheitlicher Aufgaben unter gebührender Berücksichtigung der öffentlichen Sicherheit und Ordnung dringend geboten ist. ²Abweichungen von den Vorschriften über die Ausrüstung mit Kennleuchten, über Warneinrichtungen mit einer Folge von Klängen verschiedener Grundfrequenz (Einsatzhorn) und über Sirenen sind nicht zulässig.

(5) ¹Die Landesregierungen werden ermächtigt, durch Rechtsverordnung zu bestimmen, daß abweichend von Absatz 1 Nr. 1 anstelle der höheren Verwaltungsbehörden und abweichend von Absatz 2 anstelle der obersten Straßenbaubehörden andere Behörden zuständig sind. ²Sie können diese Ermächtigung auf oberste Landesbehörde übertragen.

Begr zur ÄndVO v 1. 4. 93 (VkBl 93 401): *Zu Abs 1 Nr 2: Die Änderung soll es den Bundesländern ermöglichen, Zuständigkeiten auch im Wege von Rechtsverordnungen auf untere Behörden zu übertragen.* 1

Begr zur ÄndVO v 23. 3. 00 (VkBl 00 368): *Zu Abs 1 Nr 5: Die Genehmigung von Ausnahmen für sogenannte Lagerfahrzeuge mit Allgemeiner Betriebserlaubnis wird dem Kraftfahrt-Bundesamt übertragen. Dieses dient der Verfahrensvereinfachung für die Verwaltung und auch für die Fahrzeughersteller, da die notwendigen Informationen ohnehin beim Kraftfahrt-Bundesamt vorgehalten bzw. erfasst werden. Schon bisher nimmt das Kraftfahrt-Bundesamt diese Aufgabe für Fahrzeuge aus auslaufenden Serien im Sinne des Artikels 8 Abs. 2 Buchstabe b der Betriebserlaubnisrichtlinie 70/156/EWG wahr.*

Zu Abs 1a: *Mit dieser Vorschrift wird die Regelung der Richtlinie 96/53/EG, Artikel 4 Absatz 5 in nationales Recht umgesetzt.*

Begr zur VO v 25. 4. 06 (VkBl 06 615): Begr des Bundesrates **zu Abs 1 Nr 2:** *Das Urteil des Bundesverwaltungsgerichts vom 14. April 2005 (3C 3/04) zur Zuständigkeit für bundesweite Ausnahmegenehmigungen zum Schleppen defekter Kraftfahrzeuge führt im Vergleich zur bisherigen Praxis zu einer beträchtlichen Ausweitung der Zuständigkeit des Bundesministeriums für Verkehr, Bau und Stadtentwicklung. Diese weit reichende Zuständigkeit eines Bundesministeriums für reine Vollzugsaufgaben erscheint unter den Gesichtspunkten des Föderalismus und der Verwaltungsreform bedenklich. Unter diesen Gesichtspunkten erscheint aber auch die in § 47 Abs. 1 der Verordnung (FZV) vorgeschlagene Regelung bedenklich. Es erscheint nicht vertretbar, dass sich zwar ein zuständiges Land nicht über des fehlende Einvernehmen eines anderen Landes hinwegsetzen kann, während sich das Bundesministerium für Verkehr, Bau und Stadtentwicklung über das fehlende Einvernehmen fast aller Länder hinwegsetzen könnte. Da fahrzeugzu-*

Dauer

lassungsrechtliche Entscheidungen in der Regel bundes- und europaweit gültig sind, sind das Erfordernis der Einheitlichkeit der Entscheidung und die Auswirkungen auf das Gebiet anderer Länder für sich allein keine ausreichende Begründung, um eine Bundeszuständigkeit zu bejahen oder ein uneingeschränktes Einvernehmenserfordernis festzulegen. Nur bei erheblichen gebietsbezogenen Auswirkungen erscheint das Einvernehmenserfordernis sachgerecht. Sofern das Einvernehmen nicht erteilt wird, ist dem durch Beschränkung des örtlichen Geltungsbereichs der Ausnahme Rechnung zu tragen. Im Übrigen ist die Einheitlichkeit insbesondere durch entsprechende Bund-Länder-Abstimmungen, Vereinbarungen und Richtlinien sicherzustellen. Die Regelungen des § 47 FZV und des § 70 StVZO sind anzugleichen.*

2   **1.** Die Bestimmung fasst die Vorschriften über die **Zuständigkeit zu Ausnahmen** in einer speziellen Regelung zusammen, BVerwG DAR **05** 582. Die Sonderbefugnisse der in IV aufgezählten Behörden und Organisationen sind durch den Zusatz „unter gebührender Berücksichtigung der öffentlichen Sicherheit und Ordnung dringend geboten" in S 1 wesentlich eingeschränkt. Durch Abs IV S 2 soll sichergestellt werden, dass Kennleuchten und Warnvorrichtungen mit einer Folge verschiedener Töne nur in den Fällen des § 55 III (52 III) verwendet werden. § 70 ermöglicht es, **Ausnahmesituationen Rechnung zu tragen,** die die Vorschrift, von deren Regelung eine Ausnahme begehrt wird, nicht berücksichtigt (BVerwG DAR **02** 281, OVG Ko DAR **01** 329, OVG Münster DAR **06** 579, VRS **114** 389). Ob eine beantragte Ausnahmegenehmigung erteilt wird, ist eine **Ermessensentscheidung,** OVG Ko DAR **01** 329, VG Stade DAR **82** 238 (jeweils zu § 52 III), VGH Mü VRS **74** 234 (zu § 34). S auch Rz 6. Die Feststellung einer Ausnahmesituation ist Bestandteil der Ermessensentscheidung, BVerwG DAR **02** 281, OVG Münster NZV **00** 514, VRS **106** 236 (zu § 33 I 2), DAR **06** 579, VRS **114** 389, (str, s auch § 46 StVO Rz 23). Die Entscheidung hat sich an den Zwecken der Ermächtigungsgrundlage in § 6 StVG zu orientieren; Wettbewerbsaspekte rechtfertigen keine Ausnahmegenehmigung, VGH Mü VM **92** 93. Die Behörde muss unter Beachtung des Grundsatzes der Verhältnismäßigkeit eine Abwägung zwischen dem mit der betroffenen Bestimmung der StVZO verfolgten öffentlichen Interesse einerseits und den Interessen des Antragstellers sowie den für eine Ausnahme sprechenden Umständen andererseits vornehmen, OVG Ko DAR **01** 329, OVG Münster NZV **00** 514. Es gelten die gleichen Grundsätze wie bei § 46 StVO (s dort Rz 23). Wird eine Ausnahmegenehmigung gem § 70 mit der Nebenbestimmung verbunden, dass sie nur in Verbindung mit einer gültigen **Erlaubnis nach § 29 StVO** gelten soll, handelt es sich dabei nicht um eine Bedingung, sondern lediglich um eine Auflage (*Rebler/Borzym* SVR **08** 133, aA Ba NZV **07** 638 [krit Anm *Rebler* SVR **08** 148]).

3   Einen **OW-Tatbestand** der FzBenutzung mangels Genehmigung sieht § 70 nicht vor, Dü NZV **90** 321, VRS **79** 131, Ko VRS **58** 460.

4   **2. Zuständigkeit für Ausnahmegenehmigungen.** I ermächtigt, Ausnahmen von der StVZO zu genehmigen, die höheren VB (Rz 5), die obersten Landesverkehrsbehörden und die von ihnen bestimmten oder nach Landesrecht zuständigen Stellen, das BMV (Rz 7) sowie das Kraftfahrt-Bundesamt (Rz 8). Ausnahmegenehmigungen für Fze sind vor Baubeginn einzuholen, nachträgliche Genehmigungen werden im Allgemeinen nicht erteilt, RdK **41** 51.

5   **3.** I Ziff 1 ermächtigt die **höheren Verwaltungsbehörden** (§ 68), Ausnahmen von den Bestimmungen der StVZO zu genehmigen, die dort einzeln angeführt sind. Den höheren VB stehen die Dienststellen der Bundeswehr, der Bundespolizei und der Polizei gleich (§ 68). Die Ausnahmen können allgemein für bestimmte einzelne Antragsteller oder für bestimmte Einzelfälle, aber nur für die unten angeführten Maßnahmen bewilligt werden. Der örtliche Geltungsbereich jeder Ausnahme ist festzulegen (III).

Die Befugnis beschränkt sich auf folgende Bestimmungen:
a) § 32 über Fahrzeugbreite, -Höhe und -Länge der Fze;
b) § 32 d über Kurvenlaufeigenschaften;
c) § 34 betreffend das Höchstgewicht der Fze;
d) § 36 betreffend die Bereifung und Laufflächen der Fze;
e) § 52 betreffend zusätzliche Scheinwerfer und Leuchten der Kfze;
f) § 65 betreffend die Bremsvorrichtung der Fze;
g) bei Elektrokarren und ihren Anhängern kann die höhere VB auch Ausnahmen bewilligen von den Vorschriften über Anhängerbremsen (§ 41), Schlussleuchten, Bremsleuchten und Rückstrahler (§ 53), Geschwindigkeitsschilder (§ 58) und Fabrikschilder und Fahrzeug-Identifizierungsnummer (§ 59).

6   Vor Bewilligung der Ausnahmen zu a, b, c, d und einer allgemeinen Ausnahme zu e sind die obersten StrBauB der Länder, nötigenfalls auch die StrBaulastträger zu hören (Abs II). Kritisch zum Anhörverfahren bei Ausnahmegenehmigungen für SchwerFze, *Büff* VD **79** 51, *Klewe* VD **79** 104. Eine Ausnahme von § 52 III (Blaulicht) für BluttransportFze darf mit der Erwägung versagt werden, dass in Notfällen zum Bluttransport auch ein nach § 52 III rechtmäßig mit Blaulicht ausgestattetes Fz eingesetzt werden kann, BVerwG DAR **02** 281 (unter Aufhebung von OVG Ko DAR **01** 329), Begr zur Änderung des § 52, VkBl **00** 366, s § 52 Rz 6. Ausnahmegenehmigung für Ausstattung mit Blaulicht nur, wenn das Fz wie RettungsdienstFze in Fällen gebotener höchster Eile zur Abwehr von Gefahren für Leben oder Gesundheit eingesetzt wird, OVG Hb VRS **108** 458. Keine Ausnahmegenehmigung zur Ausrüstung eines privaten Kfzs mit Blaulicht zum Einsatz bei Drogennotfällen und Selbstmordgefahr, VGH Mü BayVBl **87** 214. Richtlinien für Ausnahmegenehmigungen für bestimmte Arbeitsmaschinen und andere FzArten, VkBl **80** 433, **86** 13. Ausnahmegenehmigungen für Gabelstapler, *Borchers* VD **75** 81.

4. Befugnis der Obersten Landesbehörden und des Bundesverkehrsministeriums. 7
Von allen Bestimmungen der StVZO können die zuständigen **obersten Landesbehörden** sowie die von ihnen bestimmten oder nach Landesrecht zuständigen Stellen für bestimmte Einzelfälle wie allgemein für bestimmte Antragsteller Ausnahmen zulassen (I Nr 2), und zwar grundsätzlich auch von solchen Vorschriften, die schon einen speziellen Ausnahmekatalog enthalten, BVerwG NZV **94** 246. Ihre Befugnis beschränkt sich auf das eigene Land. Sofern die Ausnahmen erhebliche Auswirkungen auf das Gebiet anderer Länder haben, ergeht die Entscheidung im Einvernehmen mit den zuständigen Behörden dieser Länder (Abs I Nr 2 Halbsatz 2). Wenn Einvernehmen nicht erzielt werden kann, ist dem durch Beschränkung des örtlichen Geltungsbereichs der Ausnahme Rechnung zu tragen (Begr VkBl **06** 615, OVG Münster VRS **114** 389, 397). Das **BMV** kann allgemeine Ausnahmen von der StVZO genehmigen, die für alle in Betracht kommenden Einzelfälle wirken (I Nr 3). Diese Befugnis ermöglicht es, der technischen Entwicklung zu folgen, ohne jedes Mal die StVZO ändern zu müssen. Anordnungen solcher Art erlässt das BMV durch RechtsVO; vorher hat es die zuständigen obersten LandesB zu hören.

5. Befugnis des Kraftfahrt-Bundesamtes. Bei Erteilung einer ABE kann das Kraftfahrt- 8
Bundesamt mit Ermächtigung des BMV Ausnahmen von der StVZO genehmigen (I Nr 4). Die Bestimmung soll nach dem Ausschussbericht dazu dienen, das BMV von Verwaltungstätigkeit zu entlasten, die besser auf das hierfür technisch und personell geeignete KBA zu übertragen sei. Im Interesse der Verfahrensvereinfachung für Verwaltung und FzHersteller überträgt I Nr 5 auch die Genehmigung von Ausnahmen für sog LagerFze mit ABE dem KBA (s Begr, Rz 1).

6. Urkunden über Ausnahmegenehmigungen. Das Bestehen von Ausnahmegenehmi- 9
gungen muss, auch bei zulassungsfreien Fzen, leicht nachgeprüft werden können (III a). Für land- oder forstwirtschaftliche Fze bestehen Erleichterungen, weil diese Fze im Allgemeinen in eng begrenztem Gebiet verkehren und die Halter der Polizei idR bekannt sind. Das Nichtmitführen der Ausnahmegenehmigung (überlanger Zug) beseitigt die Genehmigung nicht, ist aber ow, Bay DAR **79** 235. Eintragung von Ausnahmegenehmigungen in die FzPapiere, s BMV VkBl **66** 570. **Ordnungswidrigkeit:** §§ 69a V Nr 7 StVZO, 24 StVG.

7. Befreiungen für staatliche Behörden und Organisationen. IV gewährt bestimmten 10
VT Befreiung von der StVZO mit Rücksicht auf ihre der Allgemeinheit dienenden Aufgaben, jedoch nur unter den bezeichneten Voraussetzungen.

Auflagen bei Ausnahmegenehmigungen

71 Die Genehmigung von Ausnahmen von den Vorschriften dieser Verordnung kann mit Auflagen verbunden werden; der Betroffene hat den Auflagen nachzukommen.

§ 71 soll sicherstellen, dass die Nichtbefolgung von Auflagen, die bei der Genehmigung von 1
Ausnahmen gemacht werden, ow ist (§§ 69a V Nr 8 StVZO, 24 StVG). Als Täter einer OW durch Nichtbefolgen einer Auflage kommen auch der Halter und die ihm gem § 9 OWiG gleichgestellten Personen in Betracht (Bay VRS **65** 398). § 71 gilt nicht nur für Ausnahmen nach § 70, sondern auch für alle anderen nach der StVZO möglichen Ausnahmen (zB nach § 33 I 2).

Der Auffassung, § 71 erlaube der Behörde lediglich, Ausnahmegenehmigungen mit Auflagen, 2
nicht aber mit Bedingungen zu verbinden (Ba NZV **07** 638, krit Anm *Rebler* SVR **08** 148),

kann nicht gefolgt werden (*Rebler/Borzym* SVR **08** 133). Schon der Wortlaut schließt Bedingungen nicht aus. Zudem ist auch im Hinblick auf den Zweck der Norm (Rz 1) nicht ersichtlich, dass durch § 71 andere Nebenbestimmungen ausgeschlossen werden sollen.

3   Die Auflage, bei Führung einer Arbeitsmaschine im öffentlichen StrV müsse eine Begleitperson dem Führer besonders an Kreuzungen und Einmündungen die erforderlichen Hinweise geben, ist nicht erfüllt, wenn diese Person lediglich in einem Pkw ohne ständige Sicht- und Funkverbindung hinterherfährt (KG VRS **62** 468).

Inkrafttreten und Übergangsbestimmungen

72 (1) Diese Verordnung tritt am 1. Januar 1938 in Kraft.

(2) Zu den nachstehend bezeichneten Vorschriften gelten folgende Bestimmungen:

§ 19 Abs. 1 Satz 2 (Betriebserlaubnis auf Grund harmonisierter Vorschriften)

Werden harmonisierte Vorschriften einer Einzelrichtlinie geändert oder aufgehoben, dürfen die neuen Vorschriften zu den frühestmöglichen Zeitpunkten, die nach der betreffenden Einzelrichtlinie zulässig sind, angewendet werden.

Die bisherigen Vorschriften dürfen zu den frühestmöglichen Zeitpunkten, die nach der betreffenden Einzelrichtlinie zulässig und für die Untersagung der Zulassung von erstmals in den Verkehr kommenden Fahrzeugen maßgeblich sind, nicht mehr angewendet werden.

§ 19 Abs. 2 (Betriebserlaubnis und Bauartgenehmigung nach Änderung der bauartbedingten Höchstgeschwindigkeit)

Soweit für eine Zugmaschine oder für einen Anhänger im Sinne des § 18 Abs. 2 Nr. 6 Buchstabe a, d, e oder o, die vor dem 20. Juli 1972 in den Verkehr gekommen sind, eine Betriebserlaubnis oder für eine Einrichtung an den vorgenannten Fahrzeugen eine Bauartgenehmigung für eine Höchstgeschwindigkeit im Bereich von 18 km/h bis weniger als 25 km/h erteilt ist, gilt ab 20. Juli 1972 die Betriebserlaubnis oder die Bauartgenehmigung als für eine Höchstgeschwindigkeit von nicht mehr als 25 km/h erteilt. Fahrzeugbrief und Fahrzeugschein brauchen erst berichtigt zu werden, wenn sich die Zulassungsbehörde aus anderem Anlaß mit den Papieren befaßt.

§ 19 Abs. 2a (Betriebserlaubnis für ausgemusterte Fahrzeuge der Bundeswehr, des Bundesgrenzschutzes, der Polizei, der Feuerwehr oder des Katastrophenschutzes)

Die Betriebserlaubnis erlischt nicht für Fahrzeuge, die nach ihrer Bauart speziell für militärische oder polizeiliche Zwecke sowie für Zwecke des Brandschutzes oder des Katastrophenschutzes bestimmt sind, wenn diese bereits am 28. Februar 1999 nicht mehr für das Militär, den Bundesgrenzschutz, die Polizei, den Brand- oder den Katastrophenschutz zugelassen oder eingesetzt, sondern für einen anderen Halter zugelassen waren.

§ 19 Abs. 3 Nr. 4 und Anlage XIX (Teilegutachten)

Gutachten eines amtlich anerkannten Sachverständigen für den Kraftfahrzeugverkehr (Prüfberichte) über die Vorschriftsmäßigkeit eines Fahrzeugs bei bestimmungsgemäßem Ein- oder Anbau dieser Teile sind den Teilegutachten nach Abschnitt 1 der Anlage XIX gleichgestellt. Dies gilt jedoch nur, wenn

1. die Prüfberichte nach dem 1. Januar 1994 erstellt und durch den nach § 12 des Kraftfahrsachverständigengesetzes vom 22. Dezember 1971 (BGBl. I S. 2086), zuletzt geändert durch Artikel 4 Abs. 13 des Gesetzes vom 8. Juni 1989 (BGBl. I S. 1026, 1047), bestellten Leiter der Technischen Prüfstelle gegengezeichnet sind,

2. die Prüfberichte bis zum 31. Dezember 1996 erstellt und nach diesem Datum weder ergänzt noch geändert werden oder worden sind,

3. der Hersteller dieser Teile spätestens ab 1. Oktober 1997 für die von diesem Tage an gefertigten Teile ein zertifiziertes oder verifiziertes Qualitätssicherungssystem nach Abschnitt 2 der Anlage XIX unterhält und dies auf dem Abdruck oder der Ablichtung des Prüfberichtes mit Originalstempel und -unterschrift bestätigt hat und der ordnungsgemäße Ein- oder Anbau dieser Teile bis zum 31. Dezember 2001 auf dem Nachweis nach § 19 Abs. 4 Nr. 2 entsprechend § 22 Satz 5 bestätigt wird und

4. der im Prüfbericht angegebene Verwendungsbereich sowie aufgeführte Einschränkungen und Einbauanweisungen eingehalten werden.

Prüfberichte, die vor dem 1. Januar 1994 erstellt worden sind, dürfen nur noch verwendet werden, wenn der ordnungsgemäße Ein- oder Anbau der Teile bis zum 31. Dezember 1998 auf dem Nachweis nach § 19 Abs. 4 Nr. 2 entsprechend § 22 Satz 5 bestätigt wird. Abschnitt 2 der Anlage XIX ist spätestens ab 1. Oktober 1997 anzuwenden.

Inkrafttreten und Übergangsbestimmungen § 72 StVZO 5

§ 19 Abs. 4 Satz 1 (Mitführen eines Abdrucks der besonderen Betriebserlaubnis oder Bauartgenehmigung)
gilt nicht für Änderungen, die vor dem 1. März 1985 durchgeführt worden sind.

§ 19 Abs. 4 Satz 1 Nr. 2 (Mitführen eines Nachweises über die Erlaubnis, die Genehmigung oder das Teilegutachten mit der Bestätigung des ordnungsgemäßen Ein- oder Anbaus sowie der zu beachtenden Beschränkungen oder Auflagen)
ist spätestens ab 1. Oktober 1997 anzuwenden. In den Fällen des § 19 Abs. 3 Nr. 3 und 4 ausgestellte Abdrucke oder Ablichtungen der Erlaubnis, der Genehmigung oder des Teilegutachtens, auf denen der ordnungsgemäße Ein- oder Anbau bis zum 30. September 1997 bestätigt worden ist, bleiben weiterhin gültig.

§ 22 Abs. 1 Satz 5 (Bestätigung über den ordnungsgemäßen Ein- oder Anbau)
ist spätestens ab 1. Oktober 1997 anzuwenden. In den Fällen des § 22 Abs. 1 Satz 5 vor diesem Datum ausgestellte Bestätigungen über den ordnungsgemäßen Ein- oder Anbau auf dem Abdruck oder der Ablichtung der Betriebserlaubnis oder dem Auszug davon bleiben weiterhin gültig.

§ 22a Abs. 1 Nr. 1 (Heizungen)
tritt in Kraft am 1. Januar 1982 für Heizungen in Kraftfahrzeugen, die von diesem Tage an erstmals in den Verkehr kommen. Für Heizungen in Kraftfahrzeugen, die vor dem 1. Januar 1982 in den Verkehr gekommen sind, gilt die Verordnung in der Fassung der Bekanntmachung vom 15. November 1974 (BGBl. I S. 3195).

§ 22a Abs. 1 Nr. 1a (Luftreifen)
ist spätestens ab 1. Oktober 1998 auf Luftreifen anzuwenden, die von diesem Tage an hergestellt werden.

§ 22a Abs. 1 Nr. 3 (Sicherheitsglas)
gilt nicht für Sicherheitsglas, das vor dem 1. April 1957 in Gebrauch genommen worden ist und an Fahrzeugen verwendet wird, die vor diesem Tage erstmals in den Verkehr gekommen sind.

§ 22a Abs. 1 Nr. 6 (Einrichtungen zur Verbindung von Fahrzeugen)
gilt nicht für Einrichtungen zur Verbindung von
1. Fahrrädern mit Hilfsmotor mit ihren Anhängern, wenn die Einrichtungen vor dem 1. Juli 1961 erstmals in den Gebrauch genommen worden sind und an Fahrzeugen verwendet werden, die vor diesem Tage erstmals in den Verkehr gekommen sind,
2. Personenkraftwagen mit Einradanhänger, wenn der Einradanhänger vor dem 1. Januar 1974 erstmals in den Verkehr gekommen ist.

§ 22a Abs. 1 Nr. 9 (Park-Warntafeln)
tritt in Kraft am 1. Januar 1986. Park-Warntafeln, die nicht in amtlich genehmigter Bauart ausgeführt sind, dürfen nur an Fahrzeugen, die vor dem 1. Januar 1990 erstmals in den Verkehr gekommen sind, weiter verwendet werden.

§ 22a Abs. 1 Nr. 10 (Nebelscheinwerfer)
gilt nicht für Nebelscheinwerfer, die vor dem 1. Januar 1961 in Gebrauch genommen worden sind und an Fahrzeugen verwendet werden, die vor diesem Tage erstmals in den Verkehr gekommen sind.

§ 22a Abs. 1 Nr. 11 (Kennleuchten für blaues Blinklicht)
gilt nicht für Kennleuchten für blaues Blinklicht, die vor dem 1. Januar 1961 in Gebrauch genommen worden sind und an Fahrzeugen verwendet werden, die vor diesem Tage erstmals in den Verkehr gekommen sind.

§ 22a Abs. 1 Nr. 12 (Kennleuchten für gelbes Blinklicht)
gilt nicht für Kennleuchten für gelbes Blinklicht, die vor dem 1. Januar 1961 in Gebrauch genommen worden sind und an Fahrzeugen verwendet werden, die vor diesem Tage erstmals in den Verkehr gekommen sind.

§ 22a Abs. 1 Nr. 12a (Rückfahrscheinwerfer)
tritt in Kraft am 1. Januar 1986. Rückfahrscheinwerfer, die nicht in amtlich genehmigter Bauart ausgeführt sind, dürfen nur an Fahrzeugen, die vor dem 1. Januar 1987 erstmals in den Verkehr gekommen sind, weiter verwendet werden.

§ 22a Abs. 1 Nr. 17 (Fahrtrichtungsanzeiger)
gilt nicht für Blinkleuchten als Fahrtrichtungsanzeiger, die vor dem 1. April 1957 in Gebrauch genommen worden sind und an Fahrzeugen verwendet werden, die vor diesem Tage erstmals in den Verkehr gekommen sind. Für Fahrzeuge, die vor dem 13. Februar 2005 erstmals in den Verkehr gekommen sind, bleibt § 22a Abs. 1 Nr. 17 in der vor dem 1. November 2003 geltenden Fassung anwendbar.

§ 22a Abs. 1 Nr. 19 (Einsatzhorn)
gilt nicht für Warneinrichtungen mit einer Folge von Klängen verschiedener Grundfrequenz, die vor dem 1. Januar 1959 in Gebrauch genommen worden sind und an Fahrzeugen verwendet werden, die vor diesem Tage erstmals in den Verkehr gekommen sind.

§ 22a Abs. 1 Nr. 22 (Lichtmaschinen für Fahrräder)
gilt nicht für Lichtmaschinen, die vor dem 1. Juli 1956 erstmals in den Verkehr gekommen sind.

§ 22a Abs. 1 Nr. 22 (gelbe und weiße Rückstrahler, retroreflektierende Streifen an Reifen von Fahrrädern)
gilt nicht für gelbe und weiße Rückstrahler und für retroreflektierende Streifen an Reifen, die vor dem 1. Januar 1981 in Gebrauch genommen worden sind.

§ 22a Abs. 1 Nr. 25 (andere Rückhaltesysteme in Kraftfahrzeugen)
ist spätestens anzuwenden vom 1. Juli 1997 an auf andere Rückhaltesysteme in Fahrzeugen, die von diesem Tag an erstmals in den Verkehr kommen.

§ 22a Abs. 1 Nr. 27 (Rückhalteeinrichtungen für Kinder)
ist spätestens ab 1. Januar 1989 anzuwenden. Rückhalteeinrichtungen, die vor diesem Tage in Gebrauch genommen wurden, dürfen weiter verwendet werden.

§ 22a Abs. 2 (Prüfzeichen)
gilt nicht für Einrichtungen zur Verbindung von Fahrzeugen und lichttechnische Einrichtungen – ausgenommen Warneinrichtungen nach § 53a Abs. 1 – wenn die Einrichtungen vor dem 1. Januar 1954 erstmals in den Verkehr gekommen sind.

§ 22a Abs. 3 Nr. 2 (Einrichtungen ausländischer Herkunft)
gilt für Glühlampen,
1. soweit sie vor dem 1. Oktober 1974 erstmals in Gebrauch genommen worden sind und an Fahrzeugen verwendet werden, die vor diesem Tage erstmals in den Verkehr gekommen sind, oder
2. soweit sie auf Grund der Gegenseitigkeitsvereinbarungen mit Italien vom 24. April 1962 (Verkehrsbl. 1962 S. 246) oder mit Frankreich vom 3. Mai 1965 (Verkehrsbl. 1965 S. 292) in der Fassung der Änderung vom 12. November 1969 (Verkehrsbl. 1969 S. 681) als der deutschen Regelung entsprechend anerkannt werden.

§ 22a Abs. 3 Nr. 2 (Erkennbarkeit und lichttechnische Einrichtungen für Fahrräder)
tritt in Kraft am 1. Januar 1986 für bauartgenehmigungspflichtige Teile, die von diesem Tage an in Gebrauch genommen werden.

§ 23 Abs. 5 (Fahrzeuge mit einer EG-Typgenehmigung)
ist anzuwenden ab dem
1. 1. April 2006 auf Kraftfahrzeuge, die unter den Anwendungsbereich des Buchstaben a der Nummer 1.2.1.1 der Anlage VIII fallen; bis zu diesem Datum gilt § 23 Abs. 5 in der vor dem 1. April 2006 geltenden Fassung;
2. 1. Januar 2010 auf Kraftfahrzeuge, die unter den Anwendungsbereich des Buchstaben b der Nummer 1.2.1.1 der Anlage VIII fallen; bis zu diesem Datum gilt § 23 Abs. 5 in der vor dem 1. April 2006 geltenden Fassung.

§ 29 (Untersuchung der Kraftfahrzeuge und Anhänger)
ist anzuwenden ab dem 1. April 2006. Bis zu diesem Datum gilt § 29 in der vor dem 1. April 2006 geltenden Fassung. Ab dem 1. Januar 2010 sind anlässlich von Hauptuntersuchungen die auf den vorderen amtlichen Kennzeichen angebrachten Plaketten nach den bis zum 31. Dezember 2009 geltenden Vorschriften des § 47a Abs. 3 und 5 von den die Hauptuntersuchung durchführenden Personen zu entfernen.

§ 29 Abs. 14 (Kraftfahrzeuge, die mit On-Board-Diagnosesystemen ausgerüstet sind)
ist nach dem 31. Dezember 2009 nicht mehr anzuwenden.

Inkrafttreten und Übergangsbestimmungen § 72 StVZO **5**

§ 30a Abs. 1 (Änderung der durch die Bauart bestimmten Höchstgeschwindigkeit) tritt in Kraft
1. für Fahrräder mit Hilfsmotor, für Kleinkrafträder und für Leichtkrafträder am 1. Januar 1986,
2. für andere Kraftfahrzeuge am 1. Januar 1988

für die von den genannten Tagen an erstmals in den Verkehr kommenden Fahrzeuge.

§ 30a Abs. 1a (Änderung der durch die Bauart bestimmten Höchstgeschwindigkeit) ist spätestens anzuwenden

ab dem 1. Oktober 2000 für erstmals in den Verkehr kommende Fahrzeuge mit einer Einzelbetriebserlaubnis.

§ 30a Abs. 2 (durch die Bauart bestimmte Höchstgeschwindigkeit bei Anhängern) ist spätestens ab 1. Januar 1990 auf die von diesem Tage an erstmals in den Verkehr kommenden Anhänger anzuwenden.

§ 30b (Berechnung des Hubraums) ist anzuwenden auf die ab 1. Oktober 1989 an erstmals in den Verkehr kommenden Kraftfahrzeuge. Dies gilt nicht für

1. Kraftfahrzeuge, für die auf Antrag das bisherige Berechnungsverfahren gemäß Fußnote 8 der Muster 2a und 2b in der vor dem 1. Juli 1988 geltenden Fassung angewandt wird, solange diese Art der Berechnung des Hubraums nach Artikel 2 Abs. 2 und 3 der Richtlinie 88/76/EWG des Rates vom 3. Dezember 1987 zur Änderung der Richtlinie 70/220/EWG über die Angleichung der Rechtsvorschriften der Mitgliedstaaten über Maßnahmen gegen die Verunreinigung der Luft durch Abgase von Kraftfahrzeugmotoren (ABl. EG 1988 Nr. L 36 S. 1) und nach Artikel 2 Abs. 2 der Richtlinie 88/436/EWG des Rates vom 16. Juni 1988 zur Änderung der Richtlinie 70/220/EWG zur Angleichung der Rechtsvorschriften der Mitgliedstaaten über Maßnahmen gegen die Verunreinigung der Luft durch Abgase von Kraftfahrzeugmotoren (Begrenzung der Emissionen luftverunreinigender Partikel aus Dieselmotoren) (ABl. EG Nr. L 214 S. 1) zulässig ist,
2. andere Kraftfahrzeuge, für die vor dem 1. Oktober 1989 eine Allgemeine Betriebserlaubnis erteilt worden ist; für diese muß ein Nachtrag zur Allgemeinen Betriebserlaubnis dann beantragt oder ausgefertigt werden, wenn ein solcher aus anderen Gründen erforderlich ist. Ergibt sich bei der Berechnung des Hubraums bei Leichtmofas gemäß § 1 der Leichtmofa-Ausnahmeverordnung vom 26. Februar 1987 (BGBl. I S. 755, 1069), geändert durch die Verordnung vom 16. Juni 1989 (BGBl. I S. 1112), ein höherer Wert als 30 cm^3, bei Mofas (§ 4 Abs. 1 Nr. 1), Fahrrädern mit Hilfsmotor und Kleinkrafträdern (§ 18 Abs. 2 Nr. 4) ein höherer Wert als 50 cm^3 und bei Leichtkrafträdern (§ 18 Abs. 2 Nr. 4 a) ein höherer Wert als 80 cm^3, so gelten diese Fahrzeuge jeweils weiter als Leichtmofas, Mofas, Fahrräder mit Hilfsmotor, Kleinkrafträder und Leichtkrafträder.

§ 30c Abs. 2 (vorstehende Außenkanten an Personenkraftwagen) ist spätestens ab 1. Januar 1993 auf Personenkraftwagen anzuwenden, die auf Grund einer Betriebserlaubnis nach § 20 von diesem Tage an erstmals in den Verkehr kommen. Andere Personenkraftwagen müssen § 30c Abs. 1 oder 2 entsprechen.

§ 30c Abs. 3 (vorstehende Außenkanten von zweirädrigen oder dreirädrigen Kraftfahrzeugen) ist auf erstmals in den Verkehr kommende Kraftfahrzeuge nach § 30a Abs. 3 ab dem 17. Juni 2003 anzuwenden. Für vor diesem Datum erstmals in den Verkehr gekommene Fahrzeuge gilt § 30c Abs. 1.

§ 30c Abs. 4 (Frontschutzsysteme) ist spätestens ab dem 1. Juni 2008 auf die von diesem Tage an erstmals in den Verkehr kommenden Fahrzeuge und die von diesem Tage an zum Verkauf angebotenen Frontschutzsysteme anzuwenden.

§ 30d (Kraftomnibusse) ist spätestens ab dem 13. Februar 2005 auf erstmals in den Verkehr kommende Kraftomnibusse anzuwenden.

§ 32 Abs. 1 Nr. 2 (Breite von land- oder forstwirtschaftlichen Arbeitsgeräten) tritt für erstmals in den Verkehr kommende Fahrzeuge am 1. Juli 1961, für die anderen Fahrzeuge nach näherer Bestimmung durch den Bundesminister für Verkehr in Kraft.

§ 32 Abs. 4 Nr. 1 und 2 (Teillängen von Sattelanhängern und Länge von Sattelkraftfahrzeugen sowie von Fahrzeugkombinationen nach Art eines Sattelkraftfahrzeugs) Sattelanhänger, die vor dem 1. Oktober 1990 erstmals in den Verkehr gekommen sind, und Sattelanhänger, deren Ladefläche nicht länger als 12,60 m ist, brauchen nicht den

Dauer 1477

Teillängen nach § 32 Abs. 4 Nr. 2 zu entsprechen; sie dürfen in Fahrzeugkombinationen nach § 32 Abs. 4 Nr. 1 weiter verwendet werden.

§ 32 Abs. 4 Nr. 4 (Teillängen und Länge von Zügen [Lastkraftwagen mit einem Anhänger])
gilt spätestens ab 1. Dezember 1992. Züge, die die Teillängen nicht erfüllen und deren Lastkraftwagen oder Anhänger vor dem 1. Dezember 1992 erstmals in den Verkehr gekommen sind, dürfen bis zum 31. Dezember 1998 weiter betrieben werden; für sie gilt § 32 Abs. 4 Nr. 3.

§ 32 Abs. 5 Satz 2 (veränderliche Länge von Fahrzeugkombinationen)
ist spätestens ab 1. Januar 1989 auf die von diesem Tag an erstmals in den Verkehr kommenden Anhänger anzuwenden.

§ 32 Abs. 6 Satz 2 (bei der Messung der Länge oder Teillänge nicht zu berücksichtigende Einrichtungen)
ist auf neu in den Verkehr kommende Fahrzeuge spätestens ab dem 1. Januar 2001 anzuwenden. Für Fahrzeuge, die vor diesem Datum erstmals in den Verkehr gekommen sind, gilt § 32 Abs. 6 Satz 1 in der vor dem 1. April 2000 geltenden Fassung.

§ 32 Abs. 7 (Fahrzeugkombinationen zum Transport von Fahrzeugen)
ist auf neu in den Verkehr kommende Fahrzeuge spätestens ab dem 1. Januar 2001 anzuwenden. Für Fahrzeuge, die vor diesem Datum erstmals in den Verkehr gekommen sind, gilt § 32 Abs. 7 in der vor dem 1. April 2000 geltenden Fassung.

§ 32 Abs. 8 (Toleranzen)
ist auf Fahrzeuge nach § 32 Abs. 1 Nr. 2 und 3 und auf Fahrzeugkombinationen nach § 32 Abs. 4 Nr. 1 und 3 spätestens ab 1. Januar 1999 anzuwenden. Für andere Fahrzeuge und Fahrzeugkombinationen, die vor dem 1. September 1997 in den Verkehr gekommen sind, gilt § 32 Abs. 8 einschließlich der Übergangsbestimmung in § 72 Abs. 2 in der vor dem 1. September 1997 geltenden Fassung.

§ 32 b Abs. 1 und 2 (Hinterer Unterfahrschutz)
ist spätestens auf Fahrzeuge anzuwenden, die ab dem 1. Oktober 2000 erstmals in den Verkehr kommen. Für Fahrzeuge, die vor diesem Datum erstmals in den Verkehr gekommen sind, gilt § 32 b Abs. 1 und 2 einschließlich der zugehörigen Übergangsbestimmung in § 72 Abs. 2 in der vor dem 1. April 2000 geltenden Fassung.

§ 32 b Abs. 4 (Vorderer Unterfahrschutz)
ist spätestens ab dem 1. Januar 2004 auf erstmals in den Verkehr kommende Fahrzeuge anzuwenden.

§ 32 c (seitliche Schutzvorrichtungen)
gilt nicht für Fahrzeuge, die vor dem 1. Januar 1975 erstmals in den Verkehr gekommen sind. Kraftfahrzeuge, die hinsichtlich der Baumerkmale ihres Fahrgestells den Lastkraftwagen oder Zugmaschinen gleichzusetzen sind, und ihre Anhänger müssen mit seitlichen Schutzvorrichtungen spätestens ausgerüstet sein
– ab 1. Januar 1995, wenn sie von diesem Tag an erstmals in den Verkehr kommen,
– ab dem Tag der nächsten vorgeschriebenen Hauptuntersuchung (§ 29), die nach dem 1. Januar 1996 durchzuführen ist, wenn sie in der Zeit vom 1. Januar 1975 bis 31. Dezember 1994 erstmals in den Verkehr gekommen sind.

§ 34 Abs. 4 Nr. 4 (Dreifachachslasten)
Bei Sattelanhängern, die vor dem 19. Oktober 1986 erstmals in den Verkehr gekommen sind, darf bei Achsabständen von 1,3 m oder weniger die Dreifachachslast bis zu 23,0 t betragen.

§ 34 Abs. 5 a (Massen von Kraftfahrzeugen nach § 30 a Abs. 3)
ist spätestens anzuwenden auf Kraftfahrzeuge, die ab dem 17. Juni 2003 erstmals in den Verkehr kommen. Für dreirädrige Fahrräder mit Hilfsmotor zur Lastenbeförderung, die vor diesem Datum erstmals in den Verkehr gekommen sind, bleibt § 34 Abs. 5 Nr. 5 in der vor dem 1. April 2000 geltenden Fassung anwendbar.

§ 34 Abs. 9 (Mindestabstand der ersten Anhängerachse von der letzten Achse des Zugfahrzeugs)
tritt in Kraft am 1. Juli 1985 für Züge, bei denen ein Einzelfahrzeug von diesem Tage an erstmals in den Verkehr kommt und am 19. Oktober 1986 für Sattelkraftfahrzeuge, bei denen das Kraftfahrzeug und/oder der Sattelanhänger von diesem Tage an erstmals in den Verkehr kommt.

Inkrafttreten und Übergangsbestimmungen § 72 StVZO 5

§ 34 Abs. 10 (technische Vorschriften für Fahrzeuge im grenzüberschreitenden Verkehr mit den EG-Mitgliedstaaten und den anderen Vertragsstaaten des Abkommens über den Europäischen Wirtschaftsraum)
ist

1. im Verkehr mit den EG-Mitgliedstaaten ab 1. August 1990,
2. im Verkehr mit den anderen Vertragsstaaten des Abkommens über den Europäischen Wirtschaftsraum ab dem Tag, an dem das Abkommen über den Europäischen Wirtschaftsraum für die Bundesrepublik Deutschland in Kraft tritt,

anzuwenden, jedoch nur auf solche Fahrzeuge, die am maßgeblichen Tag oder später erstmals in den Verkehr kommen. Der Tag des Inkrafttretens des Abkommens über den Europäischen Wirtschaftsraum wird im Bundesgesetzblatt bekanntgegeben.

§ 34 Abs. 11 (Hubachsen oder Lastverlagerungsachsen)
ist auf neu in den Verkehr kommende Fahrzeuge spätestens ab dem 1. Januar 2002 anzuwenden.

§ 34a (Besetzung, Beladung und Kennzeichnung von Kraftomnibussen)
ist ab dem 13. Februar 2005 auf die von diesem Tag an erstmals in den Verkehr kommenden Kraftomnibusse anzuwenden.
Für Kraftomnibusse, die vor dem 13. Februar 2005 erstmals in den Verkehr gekommen sind, bleibt § 34a einschließlich Anlage XIII in der vor dem 1. November 2003 geltenden Fassung anwendbar.

§ 35 (Motorleistung)
gilt wie folgt:
Erforderlich ist eine Motorleistung von mindestens

1. 2,2 kW je Tonne bei Zugmaschinen, die vom 1. Januar 1971 an erstmals in den Verkehr kommen, sowie bei Zugmaschinenzügen, wenn das ziehende Fahrzeug von diesem Tage an erstmals in den Verkehr kommt;
bei anderen Zugmaschinen und Zugmaschinenzügen von einem durch den Bundesminister für Verkehr zu bestimmenden Tage an;
2. 3,7 kW je Tonne bei Sattelkraftfahrzeugen und Zügen mit einem Gesamtgewicht von mehr als 32 t, wenn das ziehende Fahrzeug vor dem 1. Januar 1966 erstmals in den Verkehr gekommen ist;
3. 4,0 kW je Tonne bei Sattelkraftfahrzeugen und Zügen mit einem Gesamtgewicht von mehr als 32 t, wenn das ziehende Fahrzeug vom 1. Januar 1966 bis zum 31. Dezember 1968 erstmals in den Verkehr gekommen ist;
4. 4,4 kW je Tonne bei Kraftfahrzeugen, Sattelkraftfahrzeugen und Zügen, wenn das Kraftfahrzeug oder das ziehende Fahrzeug vom 1. Januar 1969 bis zum 31. Dezember 2000 erstmals in den Verkehr gekommen ist;
5. 5,0 kW je Tonne bei anderen als in den Nummern 1 bis 4 genannten Kraftfahrzeugen, Sattelkraftfahrzeugen und Zügen, die ab dem 1. Januar 2001 erstmals in den Verkehr kommen.

§ 35a Abs. 2, 3, 4, 5 Satz 1 und Abs. 7 (Sitze, Sitzverankerungen, Kopfstützen, Anforderungen an Verankerungen und Sicherheitsgurte oder Rückhaltesysteme) ist spätestens anzuwenden

1. für erstmals in den Verkehr kommende neue Typen von
    a) Kraftfahrzeugen ab dem 1. Juni 1998,
    b) abweichend davon für Kraftomnibusse mit einer zulässigen Gesamtmasse von nicht mehr als 3,5 t ab dem 1. Oktober 1999
    und
2. für alle erstmals in den Verkehr kommende
    a) Kraftfahrzeuge ab dem 1. Oktober 1999,
    b) abweichend davon für Kraftomnibusse mit einer zulässigen Gesamtmasse von nicht mehr als 3,5 t ab dem 1. Oktober 2001.

Für Kraftfahrzeuge, die vor dem 1. Juni 1998 oder 1. Oktober 1999 (Nr. 1a und Nr. 2a) oder Kraftomnibusse mit einer zulässigen Gesamtmasse von nicht mehr als 3,5 t, die vor dem 1. Oktober 1999 oder 1. Oktober 2001 (Nr. 1b und Nr. 2b) erstmals in den Verkehr gekommen sind, bleibt § 35a einschließlich der dazugehörigen Übergangsbestimmungen in § 72 Abs. 2 in der vor dem 1. Juni 1998 geltenden Fassung anwendbar.

Dauer 1479

§ 35 a Abs. 11 (Verankerungen der Sicherheitsgurte und Sicherheitsgurte von Kraftfahrzeugen nach Artikel 30 a Abs. 3)
ist spätestens ab dem 17. Juni 2003 für erstmals in den Verkehr kommende Kraftfahrzeuge anzuwenden.

§ 35 a Abs. 12 (Rückhalteeinrichtungen für Kinder)
ist spätestens anzuwenden auf integrierte Kinderrückhalteeinrichtungen in Personenkraftwagen, Kraftomnibussen und in Fahrzeugen zur Güterbeförderung mit einer zulässigen Gesamtmasse bis zu 3,5 t, die ab dem 1. Januar 2004 erstmals in den Verkehr kommen.

§ 35 b Abs. 2 (Ausreichendes Sichtfeld)
ist ab dem 13. Februar 2005 auf die von diesem Tag an erstmals in den Verkehr kommenden Fahrzeuge anzuwenden.
Für Fahrzeuge, die vor dem 13. Februar 2005 erstmals in den Verkehr gekommen sind, bleibt § 35 b Abs. 2 in der vor dem 1. November 2003 geltenden Fassung anwendbar.

§ 35 c (Heizung und Lüftung)
Die geschlossenen Führerräume der vor dem 1. Januar 1956 erstmals in den Verkehr kommenden Kraftfahrzeuge – ausgenommen Kraftomnibusse – brauchen nicht heizbar zu sein.

§ 35 d (Einrichtungen zum Auf- und Absteigen an Fahrzeugen)
ist ab dem 13. Februar 2005 auf die von diesem Tag an erstmals in den Verkehr kommenden Fahrzeuge anzuwenden.
Für Fahrzeuge, die vor dem 13. Februar 2005 erstmals in den Verkehr gekommen sind, bleibt § 35 d in der vor dem 1. November 2003 geltenden Fassung anwendbar.

§ 35 e Abs. 1 (Vermeidung störender Geräusche beim Schließen der Türen)
tritt in Kraft am 1. Juli 1961, jedoch nur für erstmals in den Verkehr kommende Fahrzeuge.

§ 35 e Abs. 2 (Vermeidung des unbeabsichtigten Öffnens der Türen)
tritt in Kraft am 1. Juli 1961, jedoch nur für erstmals in den Verkehr kommende Fahrzeuge.

§ 35 e (Türen)
ist ab dem 13. Februar 2005 auf die von diesem Tag an erstmals in den Verkehr kommenden Fahrzeuge anzuwenden.
Für Fahrzeuge, die vor dem 13. Februar 2005 erstmals in den Verkehr gekommen sind, bleibt § 35 e einschließlich Anlage X Nr. 4 in der vor dem 1. November 2003 geltenden Fassung anwendbar.

§ 35 f (Notausstiege in Kraftomnibussen)
ist ab dem 13. Februar 2005 auf die von diesem Tag an erstmals in den Verkehr kommenden Kraftomnibusse anzuwenden.
Für Kraftomnibusse, die vor dem 13. Februar 2005 erstmals in den Verkehr gekommen sind, bleiben § 35 f und Anlage X Nr. 5 in der vor dem 1. November 2003 geltenden Fassung anwendbar.

§ 35 g Abs. 1 Satz 1 und Abs. 2 (Anzahl und Unterbringung der Feuerlöscher)
ist ab dem 13. Februar 2005 auf die von diesem Tag an erstmals in den Verkehr kommenden Kraftomnibusse anzuwenden.
Für Kraftomnibusse, die vor dem 13. Februar 2005 erstmals in den Verkehr gekommen sind, bleibt § 35 g Abs. 1 Satz 1 und Abs. 2 in der vor dem 1. November 2003 geltenden Fassung anwendbar.

§ 35 h Abs. 1 und 3 (DIN 13164, Ausgabe Januar 1998)
ist spätestens ab dem 1. Juli 2000 auf Verbandkästen anzuwenden, die von diesem Tage an erstmals in Fahrzeugen mitgeführt werden. Verbandkästen, die den Normblättern DIN 13163, Ausgabe Dezember 1987 oder DIN 13164, Ausgabe Dezember 1987 entsprechen, dürfen weiter benutzt werden.

§ 35 h Abs. 2 (Anzahl der Verbandkästen und Unterbringungsstelle)
ist ab dem 13. Februar 2005 auf die von diesem Tag an erstmals in den Verkehr kommenden Kraftomnibusse anzuwenden.
Für Kraftomnibusse, die vor dem 13. Februar 2005 erstmals in den Verkehr gekommen sind, bleibt § 35 h Abs. 1 Nr. 1 und Abs. 2 in der vor dem 1. November 2003 geltenden Fassung anwendbar.

§ 35 i Abs. 1 und Anlage X Nr. 1 bis Nr. 3 (Gänge und Fahrgastsitze in Kraftomnibussen)
sind auf Kraftomnibusse, die seit dem 1. Januar 1989, jedoch vor dem 13. Februar 2005 erstmals in den Verkehr gekommen sind, anzuwenden. Auf Kraftomnibusse, die vor die-

sem Tage erstmals in den Verkehr gekommen sind, sind § 35a Abs. 5 und Anlage X in der vor dem 1. Juli 1988 geltenden Fassung anzuwenden.

§ 35i Abs. 2 (Verbot der Beförderung liegender Fahrgäste)
ist auf Kraftomnibusse, die nach § 35a mit Sicherheitsgurten auszurüsten sind, und eine zulässige Gesamtmasse
– von nicht mehr als 3,5 t haben, ab dem 1. Oktober 1999 für neue Typen und für andere Kraftomnibusse, die ab dem 1. Oktober 2001 erstmals in den Verkehr kommen,
– von mehr als 3,5 t haben, ab dem 1. Juni 1998 für neue Typen und für andere Kraftomnibusse, die ab dem 1. Oktober 1999 erstmals in den Verkehr kommen
anzuwenden. Für Kraftomnibusse, die vor diesen Terminen erstmals in den Verkehr kamen, gilt § 35i Abs. 2 in der vor dem 1. April 2006 geltenden Fassung.

§ 35j (Brennverhalten der Innenausstattung bestimmter Kraftomnibusse)
ist spätestens anzuwenden ab dem 1. Oktober 2000 auf die von diesem Tage an erstmals in den Verkehr kommenden Kraftomnibusse.

§ 36 Abs. 1 Satz 1 und 2 (Maße und Bauart der Reifen)
sind spätestens ab 1. Januar 1990 auf die von diesem Tage an erstmals in den Verkehr kommenden Fahrzeuge anzuwenden. Auf Fahrzeuge, die vor diesem Tage erstmals in den Verkehr gekommen sind, ist § 36 Abs. 1 Satz 1 in der vor dem 1. Juli 1988 geltenden Fassung anzuwenden.

§ 36 Abs. 1a (Luftreifen nach internationalen Vorschriften)
ist spätestens ab 1. Oktober 1998 auf Luftreifen anzuwenden, die von diesem Tage an hergestellt werden, in Verbindung mit der im Anhang aufgeführten Bestimmung für Kraftfahrzeuge nach § 30a Abs. 3 jedoch spätestens ab 17. Juni 2003.

§ 36 Abs. 2a (Bauart der Reifen an Fahrzeugen mit einem zulässigen Gesamtgewicht von mehr als 2,8 t und nicht mehr als 3,5 t)
ist spätestens anzuwenden:
1. auf Fahrzeuge, die vom 1. September 1997 an erstmals in den Verkehr kommen,
2. auf Fahrzeuge, die vor dem 1. September 1997 erstmals in den Verkehr gekommen sind, ab dem Termin der nach dem 31. Dezember 1997 durchzuführenden nächsten Hauptuntersuchung.

§ 36 Abs. 2b (Kennzeichnung der Reifen)
ist anzuwenden auf Luftreifen, die vom 1. Januar 1990 an hergestellt oder erneuert werden. Auf Luftreifen von Arbeitsmaschinen, Erdbewegungsfahrzeugen, land- und forstwirtschaftlichen Zug- und Arbeitsmaschinen, Fahrrädern mit Hilfsmotor und Kleinkrafträdern ist die Kennzeichnung mit zusätzlichen Angaben, aus denen Tragfähigkeit und Geschwindigkeitskategorie hervorgehen, spätestens ab 1. Januar 1994 anzuwenden, wenn sie von diesem Tage an hergestellt oder erneuert werden.

§ 36a Abs. 3 (zwei Einrichtungen als Sicherung gegen Verlieren)
tritt in Kraft am 1. Januar 1981 für Fahrzeuge, die von diesem Tage an erstmals in den Verkehr kommen. Für die anderen Fahrzeuge gilt die Verordnung in der Fassung der Bekanntmachung vom 15. November 1974 (BGBl. I S. 3195).

§ 38 Abs. 2 (Lenkeinrichtung)
ist spätestens ab dem 1. Oktober 2001 auf die von diesem Tage an erstmals in den Verkehr kommenden Kraftfahrzeuge anzuwenden. Für Kraftfahrzeuge, die vor diesem Datum erstmals in den Verkehr gekommen sind, gilt § 38 Abs. 1 sowie Abs. 2 in der vor dem 1. April 2000 geltenden Fassung.

§ 38a Abs. 1 (Sicherungseinrichtungen gegen unbefugte Benutzung und Wegfahrsperre).
ist spätestens ab 1. Oktober 1998 auf die von diesem Tage an erstmals in den Verkehr kommenden Kraftfahrzeuge anzuwenden. Auf Kraftfahrzeuge, die vor dem 1. Oktober 1998 erstmals in den Verkehr gekommen sind, bleibt § 38a in der vor dem 1. September 1997 geltenden Fassung anwendbar.

§ 38a Abs. 2 (Sicherung von Krafträdern gegen unbefugte Benutzung)
ist spätestens ab 1. Oktober 1998 auf die von diesem Tage an erstmals in den Verkehr kommenden Krafträder anzuwenden. Auf Krafträder, die vor dem 1. Oktober 1998 erstmals in den Verkehr gekommen sind, bleibt § 38a in der vor dem 1. September 1997 geltenden Fassung anwendbar.

§ 38a Abs. 3 (Sicherungseinrichtungen gegen unbefugte Benutzung und Wegfahrsperren an Kraftfahrzeugen, für die sie nicht vorgeschrieben sind)

ist spätestens ab 1. Oktober 1998 auf die von diesem Tage an erstmals in den Verkehr kommenden Kraftfahrzeuge anzuwenden.

§ 38b (Fahrzeuge-Alarmsysteme)

ist spätestens ab 1. Oktober 1998 auf erstmals in den Verkehr kommende Fahrzeug-Alarmsysteme in Kraftfahrzeugen anzuwenden. Auf Fahrzeug-Alarmsysteme, die vor dem 1. Oktober 1998 erstmals in den Verkehr gekommen sind, bleibt § 38b in der vor dem 1. September 1997 geltenden Fassung anwendbar.

§ 39 (Rückwärtsgang)

gilt für Kraftfahrzeuge mit einem Leergewicht von mehr als 400 kg und tritt in Kraft am 1. Juli 1961 für andere mehrspurige Kraftfahrzeuge, die nach diesem Tage erstmals in den Verkehr kommen.

§ 39a Abs. 1 und 3 (Betätigungseinrichtungen, Kontrollleuchten und Anzeiger für Personenkraftwagen und Kraftomnibusse sowie Lastkraftwagen, Zugmaschinen, Sattelzugmaschinen und land- oder forstwirtschaftliche Zugmaschinen)

ist spätestens ab dem 1. Oktober 2001 auf die von diesem Tage an erstmals in den Verkehr kommenden Kraftfahrzeuge anzuwenden.

§ 39a Abs. 2 (Betätigungseinrichtungen, Kontrollleuchten und Anzeiger für Kraftfahrzeuge nach § 30a Abs. 3)

ist spätestens ab dem 17. Juni 2003 auf die von diesem Tage an erstmals in den Verkehr kommenden Kraftfahrzeuge anzuwenden.

§ 40 Abs. 2 (Scheibenwischer)

Bei Kraftfahrzeugen mit einer durch die Bauart bestimmten Höchstgeschwindigkeit von nicht mehr als 20 km/h, die vor dem 20. Juli 1973 erstmals in den Verkehr gekommen sind, genügen Scheibenwischer, die von Hand betätigt werden.

§ 40 Abs. 3 (Scheiben, Scheibenwischer, Scheibenwascher, Entfrostungs- und Trocknungsanlagen für Kraftfahrzeuge nach § 30a Abs. 3)

ist spätestens ab dem 17. Juni 2003 für erstmals in den Verkehr kommende Kraftfahrzeuge anzuwenden.

§ 41 (Bremsen)

Bei den vor dem 1. Januar 1962 erstmals in den Verkehr gekommenen Zugmaschinen, deren zulässiges Gesamtgewicht 2 t und deren durch die Bauart bestimmte Höchstgeschwindigkeit 20 km/h nicht übersteigt, genügt eine Bremsanlage, die so beschaffen sein muß, daß die Räder vom Führersitz aus festgestellt (blockiert) werden können und beim Bruch eines Teils der Bremsanlage noch mindestens ein Rad gebremst werden kann. Der Zustand der betriebswichtigen Teile der Bremsanlage muß leicht nachprüfbar sein. An solchen Zugmaschinen muß der Kraftstoff- oder Drehzahlregulierungshebel feststellbar oder die Bremse auch von Hand bedienbar sein.

§ 41 Abs. 4 (mittlere Vollverzögerung)

ist spätestens ab dem 1. Januar 2001 auf die von diesem Tage an erstmals in den Verkehr kommenden Kraftfahrzeuge anzuwenden. Für andere Kraftfahrzeuge gilt § 41 Abs. 4 in der vor dem 1. April 2000 geltenden Fassung.

§ 41 Abs. 4a (Bremswirkung nach Ausfall eines Teils der Bremsanlage)

ist spätestens ab dem 1. Januar 2001 auf die von diesem Tage an erstmals in den Verkehr kommenden Fahrzeuge anzuwenden. Für andere Kraftfahrzeuge gilt § 41 Abs. 4a in der vor dem 1. April 2000 geltenden Fassung.

§ 41 Abs. 5 (Wirkung der Feststellbremse)

Für die Feststellbremse genügt eine mittlere Verzögerung von 1 m/s² bei den vor dem 1. April 1952 (im Saarland: vor dem 1. Januar 1961) erstmals in den Verkehr gekommenen Kraftfahrzeugen mit einer durch die Bauart bestimmten Höchstgeschwindigkeit von nicht mehr als 20 km/h.

§ 41 Abs. 9 Satz 1 und 2 (Mittlere Vollverzögerung bei Anhängern)

ist spätestens ab dem 1. Januar 2001 auf die von diesem Tage an erstmals in den Verkehr kommenden Anhänger anzuwenden. Für andere Anhänger gilt § 41 Abs. 9 Satz 1 und 2 in der vor dem 1. April 2000 geltenden Fassung.

Inkrafttreten und Übergangsbestimmungen § 72 StVZO 5

§ 41 Abs. 9 Satz 5 Halbsatz 1 (Bremswirkung am Anhänger)
ist spätestens ab 1. Januar 1995 auf die von diesem Tage an erstmals in den Verkehr kommenden Anhänger sowie auf Kraftfahrzeuge, hinter denen die Anhänger mitgeführt werden, anzuwenden. Auf Anhänger, die vor dem 1. Januar 1995 erstmals in den Verkehr gekommen sind, bleibt § 41 Abs. 9 Satz 5 in der vor dem 1. Juli 1993 geltenden Fassung anwendbar.

§ 41 Abs. 9 Satz 6 (Allradbremse an Anhängern)
gilt nicht für die vor dem 1. April 1952 (im Saarland: vor dem 1. Januar 1961) erstmals in den Verkehr gekommenen Anhänger.

§ 41 Abs. 9 (Bremsen an Anhängern)
Bis zu einem vom Bundesminister für Verkehr zu bestimmenden Tage genügen an den vor dem 1. Januar 1961 erstmals in den Verkehr gekommenen und für eine Höchstgeschwindigkeit von nicht mehr als 20 km/h gekennzeichneten Anhängern Bremsen, die weder vom Führer des ziehenden Fahrzeugs bedient werden noch selbsttätig wirken können. Diese Bremsen müssen durch einen auf dem Anhänger befindlichen Bremser bedient werden; der Bremsersitz mindestens des ersten Anhängers muß freie Aussicht auf die Fahrbahn in Fahrtrichtung bieten.

§ 41 Abs. 10 (Auflaufbremsen)
ist spätestens ab 1. Juli 1994 auf die von diesem Tage an erstmals in den Verkehr kommenden Fahrzeuge anzuwenden. Auf Anhänger, die vor dem 1. Juli 1994 erstmals in den Verkehr gekommen sind, bleibt § 41 Abs. 10 in der vor dem 1. Juli 1993 geltenden Fassung anwendbar.

§ 41 Abs. 11 Satz 2 (keine eigene Bremse an Anhängern mit einer Achslast von mehr als 0,75 t, aber nicht mehr als 3,0 t)
ist spätestens ab 1. Januar 1994 auf die von diesem Tage an erstmals in den Verkehr kommenden Anhänger anzuwenden. Bei Anhängern, die vor dem 1. Januar 1994 erstmals in den Verkehr gekommen sind, darf die durch die Bauart bestimmte Höchstgeschwindigkeit mehr als 30 km/h betragen.

§ 41 Abs. 14 Satz 2 Nr. 2 Buchstabe c (Ausrüstung von Starrdeichselanhängern mit zwei Unterlegkeilen) ist spätestens anzuwenden:
1. vom 1. März 1998 an auf Starrdeichselanhänger, die von diesem Tag an erstmals in den Verkehr kommen,
2. bei Starrdeichselanhängern, die vor dem 1. März 1998 erstmals in den Verkehr gekommen sind, ab dem Termin der nach dem 31. Dezember 1997 nächsten durchzuführenden Hauptuntersuchung.

§ 41 Abs. 15 (Dauerbremse bei Anhängern)
Die Einrichtung am Anhänger zur Betätigung der Betriebsbremse als Dauerbremse ist spätestens bis zur nächsten Bremsensonderuntersuchung auszubauen, die nach dem 1. Oktober 1992 durchgeführt wird; dies gilt nicht für Anhänger mit Einleitungsbremsanlage nach Anlage I Kapitel XI Sachgebiet B Abschnitt III Nr. 2 Abs. 43 Nr. 3 des Einigungsvertrages vom 31. August 1990 (BGBl. 1990 II S. 885, 1102).

§ 41 Abs. 16 (Zweikreisbremsanlage und Warndruckanzeiger bei Druckluftbremsanlagen)
tritt in Kraft am 1. Juli 1963, die Vorschrift über Zweikreisbremsanlagen jedoch nur für erstmals in den Verkehr kommende Kraftomnibusse.

§ 41 Abs. 18 (EG-Bremsanlage)
ist spätestens ab 1. Januar 1991 auf die von diesem Tage an erstmals in den Verkehr kommenden Fahrzeuge anzuwenden.

§ 41 Abs. 18 Satz 1 (EG-Bremsanlage für Zugmaschinen)
ist spätestens ab dem 1. Januar 2001 auf die von diesem Tage an erstmals in den Verkehr kommenden Zugmaschinen anzuwenden. Für andere Zugmaschinen gilt § 41 Abs. 1 bis 13 und 18 Satz 1 in der vor dem 1. April 2000 geltenden Fassung.

§ 41 Abs. 18 Satz 2 (EG-Bremsanlage für Fahrzeuge, die hinsichtlich ihrer Baumerkmale den unter die EG-Richtlinie über Bremsanlagen fallenden Fahrzeugen gleichzusetzen sind)
ist spätestens ab dem 1. Januar 2001 auf die von diesem Tage an erstmals in den Verkehr kommenden Fahrzeuge anzuwenden. Für andere Fahrzeuge gilt § 41 Abs. 18 Satz 2 in der vor dem 1. April 2000 geltenden Fassung.

Dauer 1483

§ 41 Abs. 18 Satz 3 in Verbindung mit der nach Anhang Buchstabe g anzuwendenden Bestimmung (Richtlinie 98/12/EG der Kommission)
ist spätestens ab dem 1. April 2001 auf die von diesem Tage an erstmals in den Verkehr kommenden Fahrzeuge und auf den Verkauf oder die Inbetriebnahme von Austauschbremsbelägen für diese Fahrzeuge anzuwenden.

§ 41 Abs. 18 in Verbindung mit der hierzu im Anhang Buchstabe f anzuwendenden Bestimmung (Richtlinie 91/422/EWG)
ist spätestens ab 1. Oktober 1994 auf erstmals in den Verkehr kommende Fahrzeuge anzuwenden.

§ 41 Abs. 19 (EG-Bremsanlage für Kraftfahrzeuge nach § 30 a Abs. 3)
ist spätestens vom 1. Oktober 1998 an auf die von diesem Tage an erstmals in den Verkehr kommenden Fahrzeuge anzuwenden. Auf Kraftfahrzeuge nach § 30 a Abs. 3, die vor dem 1. Oktober 1998 erstmals in den Verkehr gekommen sind, bleibt § 41 in der vor dem 1. September 1997 geltenden Fassung anwendbar.

§ 41 Abs. 20 Satz 1 (EG-Bremsanlagen für land- oder forstwirtschaftliche Zugmaschinen)
ist spätestens ab dem 1. Januar 2002 auf die von diesem Tage an erstmals in den Verkehr kommenden land- oder forstwirtschaftlichen Zugmaschinen anzuwenden.

§ 41 a (Druckbehälter in Fahrzeugen)
ist ab dem 1. Juli 1985 auf die von diesem Tage an erstmals in den Verkehr kommenden Fahrzeuge anzuwenden.

§ 41 a Abs. 2 und 3 (Druckgasanlagen)
ist anzuwenden ab dem 1. April 2006; dies gilt auch für Kraftfahrzeuge, die vor dem 1. April 2006 erstmals in den Verkehr gebracht worden sind und deren Gasanlagen-Tank nach der ECE-Regelung Nr. 67 oder der ECE-Regelung Nr. 110 genehmigt ist. Für Kraftfahrzeuge, die vor dem 1. April 2006 erstmals in den Verkehr gekommen sind und deren Gasanlagen-Tank nicht nach der ECE-Regelung Nr. 67 oder der ECE-Regelung Nr. 110 genehmigt ist, gilt § 41 a in der vor dem 1. April 2006 geltenden Fassung.

§ 41 a Abs. 8 (Druckbehälter)
Für Fahrzeuge, die vor dem 1. November 2003 erstmals in den Verkehr gekommen sind, gilt § 41 a Abs. 3 in der vor dem 1. November 2003 geltenden Fassung.

§ 41 b Abs. 1 bis 3 (automatischer Blockierverhinderer)
ist spätestens ab 1. Januar 1991 auf die von diesem Tage an erstmals in den Verkehr kommenden Fahrzeuge anzuwenden.

§ 41 b Abs. 5 (automatischer Blockierverhinderer für Anhänger)
ist spätestens ab 1. Januar 2001 auf die von diesem Tage an erstmals in den Verkehr kommenden Anhänger anzuwenden.

§ 42 Abs. 1 Satz 3 (Anhängerlast für Kraftfahrzeuge nach § 30 a Abs. 3)
ist spätestens ab dem 17. Juni 2003 für erstmals in den Verkehr kommende Kraftfahrzeuge anzuwenden. Für Krafträder, die vor diesem Datum erstmals in den Verkehr gekommen sind, gilt § 42 Abs. 1 Nr. 1 in der vor dem 1. April 2000 geltenden Fassung.

§ 42 Abs. 2 (Anhängelast bei Anhängern ohne ausreichende eigene Bremse)
gilt auch für zweiachsige Anhänger, die vor dem 1. Oktober 1960 erstmals in den Verkehr gekommen sind.

§ 42 Abs. 3 Satz 1 (Leergewicht)
ist spätestens ab dem 1. Juli 2004 auf die von diesem Tage an erstmals in den Verkehr kommenden Fahrzeuge anzuwenden.
Für Fahrzeuge, die vor dem 1. Juli 2004 erstmals in den Verkehr gekommen sind, bleibt § 42 Abs. 3 Satz 1 in der vor dem 1. November 2003 geltenden Fassung anwendbar.

§ 43 Abs. 1 Satz 2 und 3 (Zuggabel, Zugöse)
gilt nicht für die hinter Zug- oder Arbeitsmaschinen mit nach hinten offenem Führersitz mitgeführten mehrachsigen land- oder forstwirtschaftlichen Anhänger mit einem zulässigen Gesamtgewicht von nicht mehr als 2 t, die vor dem 1. Juli 1961 erstmals in den Verkehr gekommen sind.

§ 43 Abs. 1 Satz 3 (Höheneinstellung an der Anhängerdeichsel)
gilt nicht für Fahrzeuge, die vor dem 1. April 1952 (im Saarland: vor dem 1. Januar 1961) erstmals in den Verkehr gekommen sind.

Inkrafttreten und Übergangsbestimmungen § 72 StVZO **5**

§ 43 Abs. 2 (Abschleppeinrichtung vorn)
gilt für Kraftfahrzeuge mit einem zulässigen Gesamtgewicht von mehr als 4 t und für Zugmaschinen und tritt in Kraft am 1. Oktober 1974 für andere Kraftfahrzeuge, soweit sie von diesem Tage an erstmals in den Verkehr kommen.

§ 43 Abs. 2 (Abschleppeinrichtung hinten)
tritt in Kraft am 1. Oktober 1974 für die von diesem Tage an erstmals in den Verkehr kommenden Fahrzeuge.

§ 43 Abs. 4 (nicht selbsttätige Kugelgelenkflächenkupplungen)
sind weiterhin an Fahrzeugen zulässig, die vor dem 1. Dezember 1984 erstmals in den Verkehr gekommen sind.

§ 43 Abs. 5 (Einrichtungen zur Verbindung von Fahrzeugen an Kraftfahrzeugen nach § 30a Abs. 3)
ist spätestens ab dem 17. Juni 2003 auf von diesem Tage an erstmals an Kraftfahrzeugen angebrachte Einrichtungen zur Verbindung von Fahrzeugen anzuwenden.

§ 44 Abs. 1 letzter Satz (Stütze muß sich selbsttätig anheben)
tritt in Kraft am 1. Oktober 1974 für die von diesem Tage an erstmals in den Verkehr kommenden Fahrzeuge.

§ 44 Abs. 3 (Stützlast)
ist spätestens ab 1. Oktober 1998 auf die von diesem Tage an erstmals in den Verkehr kommenden Fahrzeuge anzuwenden. Auf Fahrzeuge, die vor dem 1. Oktober 1998 erstmals in den Verkehr gekommen sind, bleibt § 44 Abs. 3 in der vor dem 1. September 1997 geltenden Fassung anwendbar. Schilder, wie sie bis zum 21. Juni 1975 vorgeschrieben waren, sind an Anhängern, die in der Zeit vom 1. April 1974 bis zum Ablauf des 21. Juni 1975 erstmals in den Verkehr gekommen sind, weiterhin zulässig, auch wenn die Stützlast einen nach § 44 Abs. 3 zulässigen Wert von weniger als 25 kg erreicht.

§ 45 Abs. 2 (Lage des Kraftstoffbehälters)
gilt nicht für reihenweise gefertigte Fahrzeuge, für die eine Allgemeine Betriebserlaubnis vor dem 1. April 1952 erteilt worden ist, und nicht für Fahrzeuge, die im Saarland vor dem 1. Januar 1961 erstmals in den Verkehr gekommen sind.

§ 45 Abs. 3 (Lage des Kraftstoffbehälters in Kraftomnibussen)
gilt nur für Kraftomnibusse, die bis zum 13. Februar 2005 erstmals in den Verkehr gekommen sind.

§ 45 Abs. 4 (Kraftstoffbehälter und deren Einbau in Kraftfahrzeuge nach § 30a Abs. 3)
ist für neu in den Verkehr kommende Kraftfahrzeuge spätestens ab dem 17. Juni 2003 anzuwenden.

§ 46b Abs. 4 (Lage der Kraftstoffleitungen in Kraftomnibussen)
gilt nur für Kraftomnibusse, die bis zum 13. Februar 2005 erstmals in den Verkehr gekommen sind.

§ 47 Abs. 1 (Abgasemissionen von Personenkraftwagen und leichten Nutzfahrzeugen)
ist spätestens anzuwenden
1. ab dem 1. Januar 1997 hinsichtlich der Richtlinie 70/220/EWG in der Fassung der Richtlinie 96/44/EG der Kommission vom 1. Juli 1996 (ABl. EG Nr. L 210 S. 25),
2. a) ab dem 1. Januar 1996 auf Kraftfahrzeuge der Klasse M – ausgenommen:
    aa) Kraftfahrzeuge mit mehr als 6 Sitzplätzen einschließlich des Fahrersitzes,
    bb) Kraftfahrzeuge mit einer Höchstmasse von mehr als 2500 kg –,
   ab dem 1. Januar 1997 auf Kraftfahrzeuge der Klasse N1, Gruppe I sowie die unter den Doppelbuchstaben aa und bb genannten Kraftfahrzeuge der Klasse m mit einer Bezugsmasse von 1250 kg oder weniger und
   ab dem 1. Januar 1998 auf Kraftfahrzeuge der Klasse N1, Gruppen II und III sowie die unter den Doppelbuchstaben aa und bb genannten Kraftfahrzeuge der Klasse m mit einer Bezugsmasse von mehr als 1250 kg,
   für die
   – eine EWG-Typgenehmigung gemäß Artikel 4 Abs. 1 der Richtlinie 70/156/EWG oder

– eine Allgemeine Betriebserlaubnis – soweit nicht Artikel 8 Abs. 2 der Richtlinie 70/156/EWG geltend gemacht wurde –
erteilt wird,
  b) ab dem 1. Januar 1997 auf Kraftfahrzeuge der Klasse m – ausgenommen:
   aa) Kraftfahrzeuge mit mehr als 6 Sitzplätzen einschließlich des Fahrersitzes,
   bb) Kraftfahrzeuge mit einer Höchstmasse von mehr als 2500 kg –,
   ab dem 1. Oktober 1997 auf Kraftfahrzeuge der Klasse N1, Gruppe I sowie die unter den Doppelbuchstaben aa und bb genannten Kraftfahrzeuge der Klasse m mit einer Bezugsmasse von 1250 kg oder weniger
   und ab dem 1. Oktober 1998 auf Kraftfahrzeuge der Klasse N1, Gruppen II und III sowie die unter den Doppelbuchstaben aa und bb genannten Kraftfahrzeuge der Klasse m mit einer Bezugsmasse von mehr als 1250 kg,
   die von diesem Tag an erstmals in den Verkehr kommen.
3. Abweichend von Nummer 2 gelten bis zum 30. September 1999 für die Erteilung der EG-Typgenehmigung oder der Allgemeinen Betriebserlaubnis und für das erstmalige Inverkehrbringen von Kraftfahrzeugen als Grenzwerte für die Summen der Massen der Kohlenwasserstoffe und Stickoxide und für die Partikelmassen von Fahrzeugen, die mit Selbstzündungsmotor mit Direkteinspritzung ausgerüstet sind, die Werte, die in der Fußnote 1 der Tabelle in Abschnitt 5.3.1.4 des Anhangs I der Richtlinie in der Fassung der Richtlinie 96/69/EG genannt sind.

Für Kraftfahrzeuge der
1. Klasse M – ausgenommen:
   a) Kraftfahrzeuge mit mehr als 6 Sitzplätzen einschließlich des Fahrersitzes,
   b) Kraftfahrzeuge mit einer Höchstmasse von mehr als 2500 kg –,
   für die vor dem 1. Januar 1996,
2. Klasse N_1, die die Vorschriften der Richtlinie 70/220/EWG in der Fassung der Richtlinie 94/12/EG des Europäischen Parlaments und des Rates vom 23. März 1994 über Maßnahmen gegen die Verunreinigung der Luft durch Emissionen von Kraftfahrzeugen und zur Änderung der Richtlinie 70/220/EWG (ABl. EG Nr. L 100 S. 42) für die Gruppe I erfüllen, sowie die unter Nummer 1 Buchstabe a und b genannten Kraftfahrzeuge der Klasse M mit einer Bezugsmasse von 1250 kg oder weniger, für die vor dem 1. Januar 1997, und
3. Klasse N_1, die die Vorschriften der Richtlinie 70/220/EWG in der Fassung der Richtlinie 94/12/EG für die Gruppe II oder III erfüllen, sowie die unter Nummer 1 Buchstabe a und b genannten Kraftfahrzeuge der Klasse M mit einer Bezugsmasse von mehr als 1250 kg, für die vor dem 1. Januar 1998

eine
– EWG-Typgenehmigung nach Artikel 4 Abs. 1 der Richtlinie 70/156/EWG oder
– Allgemeine Betriebserlaubnis – soweit nicht Artikel 8 Abs. 2 der Richtlinie 70/156/EWG geltend gemacht wurde –

erteilt wurde, bleiben § 47 Abs. 1 einschließlich der dazugehörenden Übergangsbestimmungen in § 72 Abs. 2 in der vor dem 1. September 1997 geltenden Fassung anwendbar; dies gilt auch für Kraftfahrzeuge der
4. Klasse M – ausgenommen die unter Nummer 1 Buchstabe a und b genannten Kraftfahrzeuge –, die vor dem 1. Januar 1997,
5. Klasse N_1, die die Vorschriften der Richtlinie 70/220/EWG in der Fassung der Richtlinie 94/12/EG für die Gruppe I erfüllen, sowie die unter Nummer 1 Buchstabe a und b genannten Kraftfahrzeuge der Klasse M mit einer Bezugsmasse von 1250 kg oder weniger, die vor dem 1. Oktober 1997, und
6. Klasse N_1, die die Vorschriften der Richtlinie 70/220/EWG in der Fassung der Richtlinie 94/12/EG für die Gruppe II oder III erfüllen, sowie die unter Nummer 1 Buchstabe a und b genannten Kraftfahrzeuge der Klasse M mit einer Bezugsmasse von mehr als 1250 kg, die vor dem 1. Oktober 1998

erstmals in den Verkehr gekommen sind.

§ 47 Abs. 1 ist hinsichtlich der Richtlinie 98/77/EG
1. für Austauschkatalysatoren zum Einbau in Fahrzeuge, die nicht mit einem On-Board-Diagnosesystem (OBD) ausgerüstet sind,
2. für erstmals in den Verkehr kommende Fahrzeuge mit Einzelbetriebserlaubnis, die mit Flüssiggas (LPG) oder Erdgas (NG) betrieben werden, oder die entweder mit Ottokraftstoff oder mit Flüssiggas oder Erdgas betrieben werden können,

ab dem 1. Oktober 1999 anzuwenden.

§ 47 Abs. 1 ist hinsichtlich der Richtlinie 98/69/EG für Fahrzeuge mit Einzelbetriebserlaubnis wie folgt anzuwenden:
1. Die in der Richtlinie 98/69/EG
   a) in Artikel 2 Abs. 3 und 5 bis 7 der Richtlinie für die Zulassung von Neufahrzeugen,
   b) im Anhang in Nr. 24 zur Änderung des Anhangs I Abschnitt 8 der Richtlinie 70/220/EWG in der Fassung der Richtlinie 98/77/EG für alle Typen,
   genannten Termine sind anzuwenden für erstmals in den Verkehr kommende Fahrzeuge.
2. Der in der Richtlinie 98/69/EG im Anhang in Nr. 14 – zur Änderung des Anhangs I Abschnitt 5.3.5 der Richtlinie 70/220/EWG in der Fassung der Richtlinie 98/77/EG – in der Fußnote 1 für neue Fahrzeugtypen genannte Termin ist anzuwenden für erstmals in den Verkehr kommende Fahrzeuge.

§ 47 Abs. 1 ist hinsichtlich der Richtlinien 1999/102/EG, 2001/1/EG und 2001/100/EG für Fahrzeuge mit Einzelbetriebserlaubnis wie folgt anzuwenden:
Die im Anhang zur Richtlinie 1999/102/EG unter den Nummern 8.1 bis 8.3 des Anhangs I für alle Fahrzeugtypen genannten Termine sowie die in Artikel 1 der Richtlinie 2001/1/EG für alle Fahrzeugtypen genannten Termine sowie die im Anhang der Richtlinie 2001/100/EG für neue Fahrzeugtypen genannten Termine sind anzuwenden für erstmals in den Verkehr kommende Fahrzeuge.

§ 47 Abs. 1 ist hinsichtlich der Richtlinie 2002/80/EG für Fahrzeuge mit Einzelbetriebserlaubnis wie folgt anzuwenden:
1. Ab 1. Januar 2006 für
   a) Fahrzeuge der Klasse M, ausgenommen Fahrzeuge mit einer Höchstmasse von mehr als 2500 kg sowie
   b) Fahrzeuge der Klasse N_1 Gruppe I im Sinne der Tabelle in Anhang I Abschnitt 5.3.1.4 der Richtlinie 70/220/EWG.
2. Ab 1. Januar 2007 für
   a) Fahrzeuge der Klasse N_1 Gruppen II und III im Sinne der Tabelle in Anhang I Abschnitt 5.3.1.4 der Richtlinie 70/220/EWG sowie
   b) Fahrzeuge der Klasse M mit einer Höchstmasse von mehr als 2500 kg.

§ 47 Abs. 2 Satz 1 (Maßnahmen gegen die Emission verunreinigender Stoffe aus Dieselmotoren zum Antrieb von Fahrzeugen)
tritt hinsichtlich des Buchstabens a des Anhangs zu § 47 Abs. 2 am 1. Januar 1993 für die von diesem Tage an erstmals in den Verkehr kommenden Kraftfahrzeuge und hinsichtlich des Buchstabens b des Anhangs zu § 47 Abs. 2 am 1. Oktober 1997 für die Erteilung der EG-Typgenehmigung oder der Betriebserlaubnis in Kraft.
Für Kraftfahrzeuge, die vor dem 1. Januar 1993 erstmals in den Verkehr gekommen sind, bleiben § 47 Abs. 2 Satz 1 und Anlage XV einschließlich der Übergangsbestimmungen in § 72 Abs. 2 in der vor dem 1. Januar 1993 geltenden Fassung anwendbar.

§ 47 Abs. 2 Satz 2 und Anlage XVI (Prüfung der Emission verunreinigender Stoffe bei Dieselmotoren zum Antrieb von land- und forstwirtschaftlichen Zugmaschinen)
treten in Kraft am 1. Januar 1982 für die von diesem Tag an erstmals in Verkehr kommenden Kraftfahrzeuge.

§ 47 Abs. 3 und Anlage XXIII (Verdunstungsemissionen von schadstoffarmen Fahrzeugen)
Die in der Anlage XXIII Nr. 1.7.3 aufgeführten Anforderungen gelten für ab 1. Oktober 1986 erstmals in Verkehr kommende Fahrzeuge.

§ 47 Abs. 3 (schadstoffarme Fahrzeuge)
Als schadstoffarm gelten auch Fahrzeuge mit Fremdzündungsmotor, die die Auspuffemissionsgrenzwerte der Anlage XXIII einhalten und vor dem 1. Oktober 1985 erstmals in den Verkehr gekommen sind.
Fahrzeuge mit
1. Selbstzündungsmotor, die vor dem 1. Januar 1993 erstmals in den Verkehr kommen oder
2. Selbstzündungsmotor und Direkteinspritzung, die vor dem 1. Januar 1995 erstmals in den Verkehr kommen,
gelten auch dann als schadstoffarm, wenn die Vorschriften der Anlage XXIII über Grenzwerte für die Emissionen der partikelförmigen Luftverunreinigungen auf sie nicht

Dauer

angewandt werden, die Fahrzeuge der Richtlinie 72/306/EWG, geändert durch die im Anhang zu dieser Vorschrift genannten Bestimmungen, entsprechen und nach dem 18. September 1984 erstmals in den Verkehr gekommen sind; für die vor dem 1. Januar 1985 erstmals in den Verkehr gekommenen Fahrzeuge beginnt die Anerkennung als schadstoffarm frühestens ab dem 1. Januar 1986.

Eine erstmalige Anerkennung als schadstoffarm nach § 47 Abs. 3 Nr. 1 ist für Fahrzeuge, die ab 1. Januar 1995 erstmals in den Verkehr kommen, nicht mehr zulässig.

Personenkraftwagen und Wohnmobile mit Fremdzündungsmotor, die bis zum 31. Dezember 1990 erstmals in den Verkehr gekommen sind, gelten auch dann als schadstoffarm, wenn sie nachträglich durch Einbau eines Katalysators, der

1. mit einer Betriebserlaubnis für Fahrzeugteile nach § 22 oder
2. im Rahmen einer Betriebserlaubnis für das Fahrzeug nach § 20 oder § 21

genehmigt ist, technisch so verbessert worden sind, daß die Vorschriften

1. der Anlage XXIII, ausgenommen die Absätze 1.7.3 und 1.8.2, oder
2. des Anhangs III A der Richtlinie 70/220/EWG des Rates, zuletzt geändert durch die Richtlinie 89/491/EWG der Kommission, ausgenommen Nummer 8.3.1.2,

erfüllt sind.

§ 47 Abs. 3 Nr. 2 gilt nur für Fahrzeuge, die vor dem 1. Januar 1993 erstmals in den Verkehr gekommen sind.

Eine erstmalige Anerkennung als schadstoffarm nach § 47 Abs. 3 Nr. 3 ist für Fahrzeuge, die die Übergangsbestimmungen des Anhangs I Nr. 8.2 der Richtlinie 70/220/EWG in der Fassung der Richtlinie 91/441/EWG in Anspruch nehmen, ab 1. Januar 1995 nicht mehr zulässig. Fahrzeuge mit Selbstzündungsmotor mit Direkteinspritzung, die der Richtlinie 70/220/EWG in der Fassung der Richtlinie 94/12/EG entsprechen und die vor dem 1. Oktober 1999 erstmals in den Verkehr kommen, gelten auch dann als schadstoffarm, wenn sie folgende Grenzwerte einhalten:

– HC + NOx = 0,9 g/km,
– Partikel = 0,10 g/km.

Eine erstmalige Anerkennung als schadstoffarm nach § 47 Abs. 3 Nr. 3 und 4 ist für Fahrzeuge, die die Übergangsbestimmungen des Anhangs I Nr. 8.2 der Richtlinie 70/220/ EWG in der Fassung der Richtlinie 91/441/EWG des Rates vom 26. Juni 1991 (ABl. EG Nr. L 242 S. 1) oder 93/59/EWG des Rates vom 28. Juni 1993 (ABl. EG Nr. L 186 S. 21) in Anspruch nehmen, ab 1. Januar 1995 nicht mehr möglich.

§ 47 Abs. 4 und Anlage XXIV (bedingt schadstoffarme Fahrzeuge)

gelten nur für Fahrzeuge mit Fremd- oder Selbstzündungsmotor, die bei Stufe A oder B vor dem 1. Oktober 1986 und bei Stufe C vor dem 1. Oktober 1990 erstmals in den Verkehr gekommen sind, für Fahrzeuge mit Selbstzündungsmotor der Stufe C außerdem nur, wenn sie vom 19. September 1984 an erstmals in den Verkehr gekommen sind; für die vor dem 1. Januar 1985 erstmals in den Verkehr gekommenen Fahrzeuge mit Selbstzündungsmotor beginnt die Anerkennung als bedingt schadstoffarm frühestens ab dem 1. Januar 1986.

§ 47 Abs. 5 (schadstoffarme Fahrzeuge)

gilt nur für Fahrzeuge, die vor dem 1. Januar 1993 erstmals in den Verkehr gekommen sind, und Nummer 1 für Fahrzeuge mit Selbstzündungsmotor außerdem nur, wenn sie vom 19. September 1984 an erstmals in den Verkehr gekommen sind; für die vor dem 1. Januar 1985 erstmals in den Verkehr gekommenen Fahrzeuge beginnt die Anerkennung als schadstoffarm frühestens ab dem 1. Januar 1986.

Personenkraftwagen und Wohnmobile mit Fremdzündungsmotor, die bis zum 31. Dezember 1990 erstmals in den Verkehr gekommen sind, gelten auch dann als schadstoffarm, wenn sie nachträglich durch Einbau eines Katalysators, der

1. mit einer Betriebserlaubnis für Fahrzeugteile nach § 22 oder
2. im Rahmen einer Betriebserlaubnis für das Fahrzeug nach § 20 oder § 21

genehmigt ist, technisch so verbessert worden sind, daß die Vorschriften der Anlage XXV mit Ausnahme des Absatzes 4.1.4 erfüllt sind. Für Fahrzeuge mit weniger als 1400 Kubikzentimeter Hubraum gelten die Werte der Hubraumklasse zwischen 1400 und 2000 Kubikzentimetern. Eine erstmalige Anerkennung als schadstoffarm ist ab 1. September 1997 nicht mehr zulässig.

§ 47 Abs. 6 (Abgasemissionen von schweren Nutzfahrzeugen) ist spätestens anzuwenden auf Fahrzeuge, die mit einer Einzelbetriebserlaubnis erstmals in den Verkehr kommen,

1. ab dem 18. Dezember 2002 mit der Maßgabe, dass die Emissionen gasförmiger Schadstoffe und luftverunreinigender Partikel und die Trübung der Abgase des Motors die in

Zeile A der Tabellen 1 und 2 unter Nummer 6.2.1 des Anhangs I der Richtlinie 1999/96/EG des Europäischen Parlaments und des Rates vom 13. Dezember 1999 zur Angleichung der Rechtsvorschriften der Mitgliedstaaten über Maßnahmen gegen die Emission gasförmiger Schadstoffe und luftverunreinigender Partikel aus Selbstzündungsmotoren zum Antrieb von Fahrzeugen und die Emission gasförmiger Schadstoffe aus mit Erdgas oder Flüssiggas betriebenen Fremdzündungsmotoren zum Antrieb von Fahrzeugen und zur Änderung der Richtlinie 88/77/EWG des Rates oder der Richtlinie 2001/27/EG der Kommission vom 10. April 2001 zur Anpassung der Richtlinie 88/77/EWG des Rates zur Angleichung der Rechtsvorschriften der Mitgliedstaaten über Maßnahmen gegen die Emission gasförmiger Schadstoffe und luftverunreinigender Partikel aus Selbstzündungsmotoren zum Antrieb von Fahrzeugen und die Emission gasförmiger Schadstoffe aus mit Erdgas oder Flüssiggas betriebenen Fremdzündungsmotoren zum Antrieb von Fahrzeugen an den technischen Fortschritt (ABl. EG Nr. L 107 S. 10) genannten Grenzwerte nicht überschreiten dürfen,

2. ab dem 1. Oktober 2006 mit der Maßgabe, dass die Emissionen gasförmiger Schadstoffe und luftverunreinigender Partikel und die Trübung der Abgase des Motors die in Zeile B 1 der Tabellen 1 und 2 unter Nummer 6.2.1 des Anhangs I der Richtlinie 88/77/EWG in der Fassung der Richtlinie 1999/96/EG oder in der Fassung der Richtlinie 2001/27/EG genannten Grenzwerte nicht überschreiten dürfen,

3. ab dem 1. Oktober 2009 mit der Maßgabe, dass die Emissionen gasförmiger Schadstoffe und luftverunreinigender Partikel und die Trübung der Abgase des Motors die in Zeile B 2 der Tabellen 1 und 2 unter Nummer 6.2.1 des Anhangs I der Richtlinie 88/77/EWG in der Fassung der Richtlinie 1999/96/EG oder in der Fassung der Richtlinie 2001/27/EG genannten Grenzwerte nicht überschreiten dürfen.

Für Fahrzeuge oder Motoren für Fahrzeuge, die vor dem 18. Dezember 2002 erstmals in den Verkehr gekommen sind, bleiben § 47 Abs. 6 einschließlich der Übergangsbestimmungen in § 72 Abs. 2 in der vor dem 18. Dezember 2002 geltenden Fassung anwendbar.

§ 47 Abs. 7 (Abgase von Krafträdern)

ist spätestens anzuwenden ab 1. Juli 1994 auf die von diesem Tage an erstmals in den Verkehr kommenden Fahrzeuge. Für Fahrzeuge, die vor dem 1. Juli 1994 erstmals in den Verkehr gekommen sind, bleibt § 47 Abs. 7 einschließlich der Übergangsbestimmungen in § 72 Abs. 2 in der vor dem 1. Juli 1994 geltenden Fassung anwendbar.

§ 47 Abs. 7 tritt außer Kraft am 17. Juni 1999 für die Erteilung der Allgemeinen Betriebserlaubnis, am 1. Oktober 2000 für die Erteilung der Einzelbetriebserlaubnis.

Krafträder, auf die die Regelung Nr. 40 anwendbar ist und in deren Fahrzeugbrief und Fahrzeugschein unter Ziffer 33 die Regelung „Gilt bezüglich § 47 StVZO als vor dem 1. 7. 1994 erstmals in den Verkehr gekommen (48. Ausnahmeverordnung zur StVZO)" oder „Gilt bez. § 47 StVZO als vor dem 1. 7. 1994 erstmals i.d.V. gekommen (48. Ausn.VO zur StVZO)" eingetragen ist, müssen hinsichtlich ihres Abgasverhaltens lediglich den Vorschriften der Regelung Nr. 40 – ohne Änderung 1 – entsprechen.

§ 47 Abs. 8 (Abgase von Kleinkrafträdern und Fahrrädern mit Hilfsmotor)

ist anzuwenden ab 1. Januar 1989 auf die von diesem Tage an erstmals in den Verkehr kommenden Fahrzeuge.

§ 47 Abs. 8 tritt außer Kraft am 17. Juni 1999 für die Erteilung der Allgemeinen Betriebserlaubnis, am 1. Oktober 2000 für die Erteilung der Einzelbetriebserlaubnis.

§ 47 Abs. 8 a (Abgasemissionen von zwei- oder dreirädrigen Kraftfahrzeugen) ist spätestens anzuwenden für erstmals in den Verkehr kommende Fahrzeuge ab dem 1. Oktober 2000 für Fahrzeuge mit einer Einzelbetriebserlaubnis.

Für erstmals in den Verkehr kommende Kleinkrafträder mit einer Einzelbetriebserlaubnis ist die zweite Grenzwertstufe der Tabelle in Abschnitt 2.2.1.1.3 des Anhangs I aus Kapitel 5 der Richtlinie 97/24/EG ab dem 1. Juli 2004 einzuhalten.

Für erstmals in den Verkehr kommende Fahrzeuge mit einer Einzelbetriebserlaubnis sind die in Artikel 2 Abs. 3 und 4, Artikel 3 Abs. 2 sowie Artikel 7 Abs. 2 der Richtlinie 2002/51/EG genannten Termine und Bestimmungen anzuwenden.

Satz 3 gilt nicht für Krafträder, bei denen nachträglich ein Beiwagen angebaut wurde, sofern die Leermasse des Gespanns nicht mehr als das 1,75fache der Leermasse des Solokraftrades beträgt und die Antriebsübersetzung nicht mehr als 12 Prozent verändert wurde. Bei Krafträdern nach Satz 4 gelten hinsichtlich ihres Abgasverhaltens die Vorschriften für das Solokraftrad ohne Berücksichtigung des Beiwagens.

§ 47 Abs. 8 b (Abgasemissionen von Motoren für mobile Maschinen und Geräte) ist wie folgt anzuwenden:
1. Die Richtlinie 97/68/EG ist bei Motoren nach Artikel 9 Abs. 2 der Richtlinie anzuwenden ab dem 1. September 2000 für die Erteilung der Einzelbetriebserlaubnis und der Allgemeinen Betriebserlaubnis.
2. Die in der Richtlinie 97/68/EG für die Erteilung der EG-Typgenehmigung für mobile Maschinen und Geräte genannten Termine in Artikel 9 Abs. 3 sind anzuwenden für die Erteilung der Allgemeinen Betriebserlaubnis.
3. Die in der Richtlinie 97/68/EG für das Inverkehrbringen neuer Motoren genannten Termine in Artikel 9 Abs. 4 sind anzuwenden für erstmals in den Verkehr kommende Fahrzeuge. Bei Fahrzeugen, die mit Motoren ausgerüstet sind, deren Herstellungsdatum vor den in Artikel 9 Nr. 4 der Richtlinie 97/68/EG genannten Terminen liegt, wird für jede Kategorie der Zeitpunkt für erstmals in den Verkehr kommende Fahrzeuge um zwei Jahre verlängert.
4. Für die Anerkennung gleichwertiger Genehmigungen gilt Artikel 7 Abs. 2 der Richtlinie 97/68/EG.

§ 47 Abs. 8 c (Abgasemissionen von land- und forstwirtschaftlichen Zugmaschinen) ist spätestens anzuwenden für erstmals in den Verkehr kommende Fahrzeuge mit einer Einzelbetriebserlaubnis ab den in Artikel 4 Abs. 3 der Richtlinie 2000/25/EG genannten Terminen. Bei Fahrzeugen, die mit Motoren ausgerüstet sind, deren Herstellungsdatum vor den in Artikel 4 Abs. 3 der Richtlinie 2000/25/EG genannten Terminen liegt, wird für jede Kategorie der Zeitpunkt für erstmals in den Verkehr kommende Fahrzeuge um zwei Jahre verlängert. Diese Verlängerung der Termine gilt für Fahrzeuge mit einer Einzelbetriebserlaubnis, Allgemeinen Betriebserlaubnis oder EG-Typengenehmigung.

§ 47 a (Abgasuntersuchung (AU) – Untersuchung der Abgase von im Verkehr befindlichen Kraftfahrzeugen –)
ist anzuwenden vom 1. April 2006 bis zum 31. Dezember 2009. Bis zum 31. März 2006 gilt § 47 a in der vor dem 1. April 2006 geltenden Fassung.

§ 47 b Abs. 2 (Anerkennungsverfahren zur Durchführung von Abgasuntersuchungen)
Vor dem 1. April 2006 erteilte Anerkennungen zur Durchführung von Abgasuntersuchungen von Fachkräften nach § 47 b in der bis zum 31. März 2006 geltenden Fassung bleiben weiterhin gültig und sind gleichwertigen Anerkennungen nach Anlage VIII c gleichzusetzen.

§ 47 b Abs. 3 (Zur Schulung befugte, ermächtigte oder anerkannte Stellen)
Vor dem 1. April 2006 zur Schulung befugte, ermächtigte oder anerkannte Stellen nach § 47 b in der bis zum 31. März 2006 geltenden Fassung dürfen weiterhin schulen. Die Schulungen sind gleichwertigen Schulungen nach Anlage VIII c gleichzusetzen.

§ 47 d (Kohlendioxidemissionen und Kraftstoffverbrauch) ist für Fahrzeuge, die mit einer Einzelbetriebserlaubnis erstmals in den Verkehr kommen, spätestens ab dem 18. Dezember 2002 anzuwenden.
Für Fahrzeuge, die vor dem 18. Dezember 2002 erstmals in den Verkehr gekommen sind, ist § 47 d einschließlich der Übergangsbestimmungen in § 72 Abs. 2 in der vor dem 18. Dezember 2002 geltenden Fassung anzuwenden.

§ 48 (Emissionsklassen für Kraftfahrzeuge)
ist anzuwenden auf Kraftfahrzeuge, die vom 1. Januar 1994 an erstmals in den Verkehr kommen. Auf Antrag können auch Kraftfahrzeuge, die vor dem 1. Januar 1994 erstmals in den Verkehr gekommen sind, in Emissionsklassen nach Anlage XIV eingestuft werden.

§ 49 Abs. 2 (Geräuschpegel und Schalldämpferanlage von Kraftfahrzeugen)
ist anzuwenden
1. ab dem 1. Januar 1993 hinsichtlich der Richtlinie 89/491/EWG der Kommission vom 17. Juli 1989 (ABl. EG Nr. L 238 S. 43),
2. a) ab dem 1. April 1993 für die Erteilung der Allgemeinen Betriebserlaubnis,
b) ab dem 1. April 1994 für die von diesem Tage an erstmals in den Verkehr kommenden Fahrzeuge
hinsichtlich der Richtlinie 89/235/EWG des Rates vom 13. März 1989 (ABl. EG Nr. L 98 S. 1),
3. ab dem 1. Oktober 1996 (für die Erteilung der Allgemeinen Betriebserlaubnis und für die von diesem Tage an erstmals in den Verkehr kommenden Fahrzeuge) hinsicht-

lich der Richtlinie 92/97/EWG des Rates vom 10. November 1992 zur Änderung der Richtlinie 70/157/EWG zur Angleichung der Rechtsvorschriften der Mitgliedstaaten über den zulässigen Geräuschpegel und die Auspuffvorrichtung von Kraftfahrzeugen (ABl. EG Nr. L 371 S. 1) oder der Richtlinie 96/20/EG der Kommission vom 27. März 1996 zur Anpassung der Richtlinie 70/157/EWG des Rates (über den zulässigen Geräuschpegel und die Auspuffvorrichtung von Kraftfahrzeugen) an den technischen Fortschritt (ABl. EG Nr. L 92 S. 23),

4. ab dem 1. Januar 1997 für die Erteilung der Allgemeinen Betriebserlaubnis hinsichtlich der Richtlinie 96/20/EG der Kommission vom 27. März 1996 (ABl. EG Nr. L 92 S. 23),

5. ab dem 1. Oktober 2000 für erstmals in den Verkehr kommende Fahrzeuge mit einer Einzelbetriebserlaubnis hinsichtlich der Richtlinie 97/24/EG des Europäischen Parlaments und des Rates vom 17. Juni 1997 (ABl. EG Nr. L 226 S. 1).

Im übrigen bleiben für Fahrzeuge, die nicht unter diese Richtlinien fallen, § 49 Abs. 2 einschließlich der Übergangsbestimmungen in § 72 Abs. 2 in der vor dem 1. November 1993 geltenden Fassung anwendbar.

Für Leichtkrafträder, die vor dem 1. November 1994 erstmals in den Verkehr gekommen sind, bleiben § 49 Abs. 2 und Anlage XX einschließlich der Übergangsbestimmungen in § 72 Abs. 2 in der vor dem 1. November 1994 geltenden Fassung anwendbar.

§ 49 Abs. 2 a (Verkauf von Auspuffanlagen und Austauschauspuffanlagen)
tritt am 1. April 1994 in Kraft.
Abweichend von § 49 Abs. 2 a dürfen Auspuffanlagen und Austauschauspuffanlagen für Krafträder auch nach dem 1. April 1994 ohne EG-Betriebserlaubniszeichen feilgeboten, veräußert oder verwendet werden, sofern sie für Krafträder, die vor dem 1. April 1994 erstmals in den Verkehr gekommen sind, bestimmt sind. Die Verwendung ist nur dann zulässig, wenn das Kraftrad die Vorschriften erfüllt, die zum Zeitpunkt seines erstmaligen Inverkehrkommens gegolten haben.
Abweichend von § 49 Abs. 2 a Satz 1 dürfen Krafträder mit Auspuffanlagen ohne EG-Betriebserlaubniszeichen auch nach dem 1. April 1994 feilgeboten, veräußert oder verwendet werden, sofern für die Krafträder hinsichtlich der Geräuschentwicklung und Auspuffanlage eine Genehmigung nach der ECE-Regelung Nr. 41 – Einheitliche Vorschriften für die Genehmigung der Krafträder hinsichtlich der Geräuschentwicklung – (BGBl. 1994 II S. 375) vorliegt.

§ 49 a Abs. 1 Satz 4 (geometrische Sichtbarkeit)
tritt in Kraft am 1. Oktober 1994
für die von diesem Tage an erstmals in den Verkehr kommenden Fahrzeuge. Fahrzeuge, die vor diesem Termin erstmals in den Verkehr gekommen sind, dürfen § 49 a Abs. 1 Satz 4 einschließlich der Übergangsvorschrift in § 72 Abs. 2 in der vor dem 1. Juli 1993 geltenden Fassung entsprechen.

§ 49 a Abs. 8 (ausreichende elektrische Versorgung)
tritt in Kraft am 1. Januar 1988
für die von diesem Tage an erstmals in den Verkehr kommenden Kraftfahrzeuge und Züge.

§ 49 a Abs. 9 a Satz 2 (Schaltung der Nebelschlußleuchten)
ist spätestens ab 1. April 1995 auf erstmals von diesem Tag an in den Verkehr kommende Fahrzeuge oder Ladungsträger und spätestens ab 1. Januar 1996 auf andere Fahrzeuge oder Ladungsträger anzuwenden.

§ 50 Abs. 3 Satz 2 (Anbauhöhe der Scheinwerfer)
tritt in Kraft am 1. Januar 1988
für die von diesem Tage an erstmals in den Verkehr kommenden Kraftfahrzeuge. Für Kraftfahrzeuge, die vor diesem Tage an erstmals in den Verkehr gekommen sind, gilt § 50 Abs. 3 in der vor dem 1. Dezember 1984 geltenden Fassung.

§ 50 Abs. 6 a (Scheinwerfer an Fahrrädern mit Hilfsmotor und an Kleinkrafträdern bis 40 km/h)
Bei Fahrzeugen, die vor dem 1. Januar 1961 erstmals in den Verkehr gekommen sind, sowie bei den vor dem 1. Mai 1965 erstmals in den Verkehr gekommenen Fahrrädern mit Hilfsmotor mit einer durch die Bauart bestimmten Höchstgeschwindigkeit von nicht mehr als 20 km/h genügt es, wenn die Anforderungen des § 67 Abs. 1 erfüllt sind.

§ 50 Abs. 8 (größte zulässige Belastungsabhängigkeit)
ist spätestens ab 1. Januar 1990 auf die von diesem Tage an erstmals in den Verkehr kommenden Kraftfahrzeuge anzuwenden.

Soweit für ungefederte Kraftfahrzeuge vor dem 1. Januar 1990 Allgemeine Betriebserlaubnisse erteilt worden sind, braucht ein Nachtrag zu der Allgemeinen Betriebserlaubnis wegen der Belastungsabhängigkeit der Scheinwerfer für Abblendlicht erst dann beantragt oder ausgefertigt zu werden, wenn ein solcher aus anderen Gründen erforderlich ist.

§ 50 Abs. 10 (Scheinwerfer mit Gasentladungslampen)
ist anzuwenden auf Kraftfahrzeuge,
1. die bereits im Verkehr sind und nach dem 1. April 2000 mit Gasentladungslampen ausgestattet werden oder
2. die ab dem 1. Juli 2000 auf Grund einer Betriebserlaubnis erstmals in den Verkehr kommen.

§ 51 Abs. 1 (Begrenzungsleuchten an Elektrokarren)
tritt in Kraft am 1. Januar 1988 für die von diesem Tage an erstmals in den Verkehr kommenden Fahrzeuge.

§ 51 Abs. 3 (Anbauhöhe der Begrenzungsleuchten und vorderen Rückstrahler)
tritt in Kraft am 1. Januar 1988 für die von diesem Tage an erstmals in den Verkehr kommenden Fahrzeuge.

§ 51a (seitliche Kenntlichmachung)
ist vom 1. Februar 1980 an zulässig und tritt in Kraft am 1. Januar 1981, für land- oder forstwirtschaftliche Zugmaschinen mit einer durch die Bauart bestimmten Höchstgeschwindigkeit von nicht mehr als 30 km/h am 1. Januar 1989, für die von diesem Tage an erstmals in den Verkehr kommenden Fahrzeuge. Weiße rückstrahlende Mittel an den Längsseiten von Kraftfahrzeugen und Kraftfahrzeuganhängern, die vor diesem Tage erstmals in den Verkehr gekommen sind, sind weiterhin zulässig.

§ 51a Abs. 6 (Ausrüstung von Fahrzeugen mit Seitenmarkierungsleuchten)
ist spätestens ab 1. Oktober 1994 auf die von diesem Tage an erstmals in den Verkehr kommenden Fahrzeuge anzuwenden.

§ 51a Abs. 7 (Kennzeichnung von Fahrzeugkombinationen mit Nachläufern)
ist spätestens ab 1. Oktober 1998 anzuwenden.

§ 51b Abs 1, 2, 4, 5 und 6 (Umrißleuchten)
tritt in Kraft am 1. Januar 1987 für die von diesem Tage an erstmals in den Verkehr kommenden Fahrzeuge. An Fahrzeugen, die vor dem 1. Januar 1987 erstmals in den Verkehr kommen, dürfen Umrißleuchten angebracht sein und darf der Abstand zwischen den leuchtenden Flächen der Umrißleuchte und der Begrenzungsleuchte oder Schlußleuchte auf der gleichen Fahrzeugseite auch kleiner als 200 mm sein.

§ 51b Abs. 3 (Anbaulage der Umrißleuchten)
ist spätestens ab 1. Januar 1991 auf die von diesem Tag an erstmals in den Verkehr kommenden Fahrzeuge anzuwenden. Für Fahrzeuge, die vor dem 1. Januar 1991 erstmals in den Verkehr gekommen sind, ist § 51b Abs. 1 bis 3 in der vor dem 1. August 1990 geltenden Fassung anzuwenden.

§ 52 Abs. 3 Nr. 4 (Kennleuchten für blaues Blinklicht für Krankenkraftwagen)
Soweit Kraftfahrzeuge nach § 52 Abs. 3 Nr. 4 nach dem Fahrzeugschein als „Krankenwagen" anerkannt sind, braucht ihre Bezeichnung nicht in „Krankenkraftwagen" geändert werden.

§ 52 Abs. 4 Nr. 1 (Kennzeichnung mit rot-weißen Warnmarkierungen nach DIN 30710)
ist spätestens anzuwenden ab:
1. 1. Oktober 1998 auf die von diesem Tage an erstmals in den Verkehr kommenden Fahrzeuge,
2. dem Tag der nächsten vorgeschriebenen Hauptuntersuchung, die nach dem 31. Dezember 1998 durchzuführen ist, für Fahrzeuge, die vor dem 1. Oktober 1998 erstmals in den Verkehr gekommen sind.

§ 52 Abs. 6 (Dachaufsatz für Arzt-Fahrzeuge)
Ist die Berechtigung zum Führen des Schildes durch die Zulassungsbehörde in einem auf den Arzt lautenden Fahrzeugschein vermerkt worden, so gilt dies als Berechtigung im Sinne des § 52 Abs. 6.

Inkrafttreten und Übergangsbestimmungen § 72 StVZO 5

§ 52a (Rückfahrscheinwerfer)

tritt in Kraft am 1. Januar 1987 für die von diesem Tage an erstmals in den Verkehr kommenden Kraftfahrzeuge.

Bei den vor dem 1. Juli 1961 erstmals in den Verkehr gekommenen Fahrzeugen genügt es, wenn die Rückfahrscheinwerfer nur bei eingeschaltetem Rückwärtsgang leuchten können.

Bei Fahrzeugen, die in der Zeit vom 1. Juli 1961 bis zum 31. Dezember 1986 erstmals in den Verkehr gekommen sind, dürfen die Rückfahrscheinwerfer so geschaltet sein, daß sie weder bei Vorwärtsfahrt noch nach Abziehen des Schalterschlüssels leuchten können.

§ 53 Abs. 1 (Anbauhöhe der Schlußleuchten)

tritt in Kraft am 1. Januar 1986 für die von diesem Tage an erstmals in den Verkehr kommenden Fahrzeuge. Für Fahrzeuge, die vor dem 1. Januar 1986 erstmals in den Verkehr gekommen sind, gilt § 53 Abs. 1 in der vor dem 1. Dezember 1984 geltenden Fassung.

§ 53 Abs. 1 (Absicherung der Schlußleuchten)

tritt in Kraft am 1. Januar 1987 für die von diesem Tage an erstmals in den Verkehr kommenden Fahrzeuge. An anderen Fahrzeugen sind andere Schaltungen zulässig.

§ 53 Abs. 2 Satz 1 (Anzahl der Bremsleuchten)

An Fahrzeugen, die vor dem 1. Juli 1961 erstmals in den Verkehr gekommen sind, genügt eine Bremsleuchte.

§ 53 Abs. 2 Satz 1 (Bremsleuchten an Krafträdern mit einer durch die Bauart bestimmten Höchstgeschwindigkeit von mehr als 50 km/h sowie an anderen Kraftfahrzeugen mit einer durch die Bauart bestimmten Höchstgeschwindigkeit von nicht mehr als 25 km/h und ihren Anhängern)

tritt in Kraft am 1. Januar 1988 für die von diesem Tage an erstmals in den Verkehr kommenden Kraftfahrzeuge.

§ 53 Abs. 2 (Farbe des Bremslichts)

An Fahrzeugen, die vor dem 1. Januar 1983 erstmals in den Verkehr gekommen sind, sind

1. Bremsleuchten für gelbes Licht und
2. Bremsleuchten, die mit Blinkleuchten in einem Gerät vereinigt sind, und bei denen bei gleichzeitigem Bremsen und Einschalten einer Blinkleuchte nur eine der beiden Bremsleuchten brennt oder bei gleichzeitigem Bremsen und Einschalten des Warnblinklichts das Warnblinklicht die Funktion des Bremslichts übernimmt,

weiterhin zulässig.

§ 53 Abs. 2 (Mindestanbauhöhe der Bremsleuchten)

tritt in Kraft am 1. Januar 1986 für die von diesem Tage an erstmals in den Verkehr kommenden Fahrzeuge. Für Fahrzeuge, die vor dem 1. Januar 1986 erstmals in den Verkehr gekommen sind, gilt § 53 Abs. 2 in der vor dem 1. Dezember 1984 geltenden Fassung.

§ 53 Abs. 4 (höchster Punkt der leuchtenden Fläche der Rückstrahler)

tritt in Kraft am 1. Januar 1987 für die von diesem Tage an erstmals in den Verkehr kommenden Fahrzeuge. Für Fahrzeuge, die vor dem 1. Januar 1987 erstmals in den Verkehr gekommen sind, gilt § 53 Abs. 4 in der vor dem 1. Dezember 1984 geltenden Fassung.

§ 53 Abs. 9 (Anbringung an beweglichen Fahrzeugteilen)

tritt in Kraft am 1. Januar 1987 für die von diesem Tage an erstmals in den Verkehr kommenden Fahrzeuge.

§ 53a Abs. 3 (Anwendung der Technischen Anforderungen auf zusätzliche Warnleuchten)

tritt in Kraft am 1. Januar 1986 für zusätzliche Warnleuchten, die von diesem Tage an bauartgenehmigt werden sollen. Auf Grund von den bis zu diesem Zeitpunkt erteilten Bauartgenehmigungen dürfen zusätzliche Warnleuchten noch bis zum 1. Januar 1988 feilgeboten oder veräußert werden; ihre Verwendung bleibt zulässig.

§ 53b Abs. 1 und 2 (Anbauhöhe der Begrenzungsleuchten, Schlußleuchten und Rückstrahler)

ist spätestens ab 1. Januar 1990 auf die von diesem Tage an erstmals in den Verkehr kommenden Anbaugeräte anzuwenden. Auf Anbaugeräte, die vor dem 1. Januar 1990 erstmals in den Verkehr gekommen sind, ist § 53b Abs. 1 in der vor dem 1. Juli 1988 geltenden Fassung anzuwenden.

Dauer

1493

§ 53 b Abs. 3 (Kenntlichmachung der Anbaugeräte durch Park-Warntafeln oder Tafeln nach DIN 11030)

ist spätestens ab 1. Januar 1992 anzuwenden.

Jedoch dürfen vorhandene Tafeln, Folien oder Anstriche von mindestens 300 mm × 600 mm nach der bis zum 1. Juli 1988 geltenden Fassung des § 53 b Abs. 2 noch bis 1. Januar 1996 weiter verwendet werden.

§ 53 b Abs. 5 (Kenntlichmachung von Hubladebühnen)

ist spätestens anzuwenden:

1. ab 1. Januar 1993 für Hubladebühnen an Fahrzeugen, die von diesem Tag an erstmals in den Verkehr kommen,
2. ab dem Tag der nächsten vorgeschriebenen Hauptuntersuchung (§ 29), die nach dem 1. Oktober 1993 durchzuführen ist, für Hubladebühnen an im Verkehr befindlichen Fahrzeugen,
3. ab 1. Oktober 1993 in Fällen gemäß § 53 b Abs. 5 Satz 7.

Jedoch dürfen Blinkleuchten und rot-weiße Warnmarkierungen für Hubladebühnen nach der bis zum 1. Juli 1993 geltenden Fassung des § 53 b Abs. 5 noch bis zum 31. Dezember 1993 feilgeboten oder veräußert werden; ihre Verwendung bleibt zulässig.

§ 53 d Abs. 2 (Ausrüstung mit Nebelschlußleuchten)

ist spätestens ab 1. Januar 1991 auf die von diesem Tage an erstmals in den Verkehr kommenden Fahrzeuge anzuwenden.

§ 53 d Abs. 4 (Schaltung der Nebelschlußleuchten)

ist spätestens ab 1. März 1985 auf die von diesem Tage an erstmals in den Verkehr kommenden Fahrzeuge anzuwenden.

§ 53 d Abs. 4 Satz 3 (Nebelschlußleuchten mit Fern- oder Abblendlicht)

ist spätestens ab 1. Oktober 1990 auf die von diesem Tage an erstmals in den Verkehr kommenden Fahrzeuge anzuwenden.

§ 53 d Abs. 5 (Nebelschlußleuchten, Farbe der Kontrolleuchte, Schalterstellung)

Bei den vor dem 1. Januar 1981 mit Nebelschlußleuchten ausgerüsteten

1. Kraftfahrzeugen darf die Kontrolleuchte grünes Licht ausstrahlen;
2. Krafträdern und Zugmaschinen mit offenem Führersitz darf die Einschaltung durch die Stellung des Schalters angezeigt werden.

§ 54 (Fahrtrichtungsanzeiger)

gilt nicht für Krafträder, die vor dem 1. Januar 1962 erstmals in den Verkehr gekommen sind.

§ 54 Abs. 1 a (Anbringung der Fahrtrichtungsanzeiger an beweglichen Fahrzeugteilen)

tritt in Kraft am 1. Januar 1987 für die von diesem Tage an erstmals in den Verkehr kommenden Fahrzeuge.

§ 54 Abs. 3 (Blinkleuchten für rotes Licht)

Statt der in § 54 Abs. 3 aufgeführten Blinkleuchten für gelbes Licht dürfen an den vor dem 1. Januar 1970 in den Verkehr gekommenen Fahrzeugen Blinkleuchten für rotes Licht angebracht sein, wie sie bisher nach § 54 Abs. 3 Nr. 2 Buchstabe b in der Fassung der Bekanntmachung vom 6. Dezember 1960 (Bundesgesetzbl. I S. 897) zulässig waren.

§ 54 Abs. 3 (Winker für gelbes Blinklicht und Pendelwinker)

Statt der in § 54 Abs. 3 vorgeschriebenen Blinkleuchten für gelbes Licht dürfen an den vor dem 1. April 1974 erstmals in den Verkehr gekommenen Fahrzeugen Winker für gelbes Blinklicht oder Pendelwinker für gelbes Dauerlicht angebracht sein, wie sie bisher nach § 54 Abs. 3 Nr. 3 in der Fassung der Bekanntmachung vom 6. Dezember 1960 (Bundesgesetzbl. I S. 897) zulässig waren.

§ 54 Abs. 4 Nr. 2 (an Krafträdern angebrachte Blinkleuchten)

ist spätestens ab dem 17. Juni 2003 auf die von diesem Tage an erstmals in den Verkehr kommenden Fahrzeuge anzuwenden. Auf Krafträder, die vor dem genannten Datum erstmals in den Verkehr kommen, bleibt § 54 Abs. 4 Nr. 2 in der vor dem 1. April 2000 geltenden Fassung anwendbar.

§ 54 Abs. 4 Nr. 5 (zusätzliche Blinkleuchten an den Längsseiten von mehrspurigen Fahrzeugen)
ist spätestens
1. ab 1. Januar 1992 auf erstmals in den Verkehr kommende Kraftfahrzeuge,
2. ab 1. Juli 1993 auf erstmals in den Verkehr kommende Sattelanhänger und
3. ab dem Tag der nächsten vorgeschriebenen Hauptuntersuchung (§ 29), die nach dem 1. Juli 1993 durchzuführen ist, auf andere Kraftfahrzeuge und Sattelanhänger
anzuwenden.

§ 54a (Innenbeleuchtung in Kraftomnibussen)
gilt nur für Kraftomnibusse, die bis zum 13. Februar 2005 erstmals in den Verkehr gekommen sind.

§ 55 Abs. 1 und 2 (Einrichtungen für Schallzeichen an Fahrrädern mit Hilfsmotor mit einer durch die Bauart bestimmten Höchstgeschwindigkeit von mehr als 25 km/h und Kleinkrafträdern)
tritt in Kraft am 1. Januar 1989 für die von diesem Tage an erstmals in den Verkehr kommenden Fahrzeuge. Andere Fahrräder mit Hilfsmotor mit einer durch die Bauart bestimmten Höchstgeschwindigkeit von mehr als 25 km/h und Kleinkrafträder müssen mit mindestens einer helltönenden Glocke ausgerüstet sein. Anstelle der Glocke dürfen entweder eine Hupe oder ein Horn angebracht sein, wenn eine ausreichende Stromversorgung aller Verbraucher sichergestellt ist.

§ 55 Abs. 2a (Einrichtungen für Schallzeichen an Kraftfahrzeugen nach § 30a Abs. 3)
ist spätestens anzuwenden ab dem 17. Juni 2003 für von diesem Tage an erstmals in den Verkehr kommende Fahrzeuge.

§ 55a Abs. 1 (Elektromagnetische Verträglichkeit)
ist anzuwenden:
1. ab dem 1. Januar 1998 für die Erteilung der Allgemeinen Betriebserlaubnis; ausgenommen sind Fahrzeugtypen, die vor dem 1. September 1997 gemäß der Richtlinie 72/306/EWG oder gegebenenfalls gemäß Erweiterungen dieser Typgenehmigung genehmigt wurden,
2. ab dem 1. Oktober 2002 für die von diesem Tage an erstmals in den Verkehr kommenden Fahrzeuge.
Für andere Kraftfahrzeuge mit Fremdzündungsmotor und für elektrisch angetriebene Fahrzeuge, die zwischen dem 1. Januar 1985 und dem 30. September 2002 erstmals in den Verkehr kommen, bleibt § 55a Abs. 1 in der vor dem 1. September 1997 geltenden Fassung anwendbar.

§ 55a Abs. 2 (Elektromagnetische Verträglichkeit bei Kraftfahrzeugen nach § 30a Abs. 3)
ist spätestens ab dem 17. Juni 2003 auf von diesem Tage an erstmals in den Verkehr kommende Fahrzeuge anzuwenden.

§ 56 Abs. 2 Nr. 1 (Spiegel und andere Einrichtungen für indirekte Sicht)
ist spätestens ab dem 26. Januar 2010 auf die von diesem Tage an erstmals in den Verkehr kommenden Kraftfahrzeuge anzuwenden. Auf Kraftfahrzeuge, die vor diesem Datum erstmals in den Verkehr gekommen sind oder kommen, bleibt § 56 in der am 29. März 2005 geltenden Fassung anwendbar.

§ 56 Abs. 2 Nr. 2 (Spiegel und andere Einrichtungen für indirekte Sicht)
ist spätestens ab dem 26. Januar 2007 auf die von diesem Tage an erstmals in den Verkehr kommenden Kraftfahrzeuge anzuwenden.
Auf Kraftfahrzeuge, die vor diesem Datum erstmals in den Verkehr gekommen sind oder kommen, bleibt § 56 in der am 29. März 2005 geltenden Fassung anwendbar. Abweichend hiervon dürfen diese Fahrzeuge mit Weitwinkelspiegeln sowie einem Nahbereichsspiegel auf der Beifahrerseite ausgerüstet sein, die den im Anhang zu § 56 Abs. 2 Nr. 2 genannten Bestimmungen entsprechen. Ein Austausch der spiegelnden Flächen gegen solche, die den im Anhang zu § 56 Abs. 2 Nr. 2 genannten Bestimmungen entsprechen, ist ebenfalls zulässig.

§ 56 Abs. 2 Nr. 3 (Spiegel und andere Einrichtungen für indirekte Sicht)
ist anzuwenden ab dem jeweiligen Tag der nach dem 1. Oktober 2008 vorgeschriebenen Hauptuntersuchung, spätestens jedoch ab dem 1. April 2009.

§ 56 Abs. 2 Nr. 5 (Spiegel von Kraftfahrzeugen nach Artikel 1 der Richtlinie 2002/24/EG)
ist spätestens ab dem 17. Juni 2003 auf die von diesem Tage an erstmals in den Verkehr kommenden Fahrzeuge anzuwenden. Auf Kraftfahrzeuge, die vor dem genannten Datum erstmals in den Verkehr kommen, bleibt § 56 Abs. 2 Nr. 5 und 6 in der vor dem 1. April 2000 geltenden Fassung anwendbar.

§ 57 Abs. 1 Satz 1 (Geschwindigkeitsmeßgerät und Wegstreckenzähler)
ist nicht auf die vor dem 1. Januar 1989 erstmals in den Verkehr gekommenen Mofas anzuwenden.

§ 57 Abs. 2 Satz 2 (Geschwindigkeitsmeßgerät nach der Richtlinie 75/443/EWG)
ist spätestens ab 1. Januar 1991 auf die von diesem Tage an erstmals in den Verkehr kommenden Kraftfahrzeuge anzuwenden. Für Kraftfahrzeuge, die vor dem 1. Januar 1991 erstmals in den Verkehr gekommen sind, ist § 57 in der vor dem 1. August 1990 geltenden Fassung anzuwenden.

§ 57b Abs. 3 (Durchführung von Prüfungen durch anerkannte Fahrtschreiber- oder Kontrollgerätehersteller und durch anerkannte Werkstätten)
Die Anerkennungen von Fahrtschreiber- oder Kontrollgeräteherstellern und die Ermächtigungen von Werkstätten zur Vornahme der Prüfung von Fahrtschreibern oder Kontrollgeräten, die nach § 57b Abs. 5 in Verbindung mit Abs. 6 in der vor dem 2. Juli 2005 geltenden Fassung dieser Verordnung erteilt worden sind, gelten in dem erteilten Umfang weiter. Die Schulungen des Fachpersonals, die vor dem 2. Juli 2005 durchgeführt worden sind, gelten als Schulungen im Sinne der Anlage XVIII d in dem erteilten Umfang weiter.

§ 57b Abs. 4 (Durchführung von Einbauprüfungen durch anerkannte Fahrzeughersteller)
Die Anerkennungen von Fahrzeugherstellern zur Vornahme der Einbauprüfung von Fahrtschreibern oder Kontrollgeräten, die nach § 57b Abs. 5 Nr. 1 in Verbindung mit Abs. 6 in der vor dem 2. Juli 2005 geltenden Fassung dieser Verordnung erteilt worden sind, gelten in dem erteilten Umfang weiter. Die Schulungen des Fachpersonals, die vor dem 2. Juli 2005 durchgeführt worden sind, gelten als Schulungen im Sinne der Anlage XVIII d in dem erteilten Umfang weiter.

§ 57c Abs. 2 (Ausrüstung von Kraftfahrzeugen mit Geschwindigkeitsbegrenzern) ist auf Kraftomnibusse mit einer zulässigen Gesamtmasse von bis zu 10 t sowie auf Lastkraftwagen, Zugmaschinen und Sattelzugmaschinen mit einer zulässigen Gesamtmasse von bis zu 12 t spätestens anzuwenden

1. für Fahrzeuge, die vom 1. Januar 2005 an in den Verkehr kommen, ab dem 1. Januar 2005,
2. für Kraftomnibusse mit einer zulässigen Gesamtmasse von bis zu 10 t, die zwischen dem 1. Oktober 2001 und dem 1. Januar 2005 in den Verkehr gekommen sind, ab dem 1. Januar 2006,
3. für Lastkraftwagen, Zugmaschinen und Sattelzugmaschinen mit einer zulässigen Gesamtmasse von bis zu 12 t, die nach der Richtlinie 88/77/EWG des Rates vom 3. Dezember 1987 zur Angleichung der Rechtsvorschriften der Mitgliedstaaten über Maßnahmen gegen die Emission gasförmiger und luftverunreinigender Partikel aus Selbstzündungsmotoren zum Antrieb von Fahrzeugen und die Emission gasförmiger Schadstoffe aus mit Erdgas oder Flüssiggas betriebenen Fremdzündungsmotoren zum Antrieb von Fahrzeugen (ABl. EG Nr. L 36 S. 33), zuletzt geändert durch die Richtlinie 2001/27/EG der Kommission vom 10. April 2001 (ABl. EG Nr. L 107 S. 10), genehmigt wurden und die zwischen dem 1. Oktober 2001 und dem 1. Januar 2005 in den Verkehr gekommen sind, ab dem 1. Januar 2006.

Kraftomnibusse mit einer zulässigen Gesamtmasse von mehr als 10 t sowie Lastkraftwagen, Zugmaschinen und Sattelzugmaschinen mit einer zulässigen Gesamtmasse von jeweils mehr als 12 t, die vor dem 1. Januar 1988 erstmals in den Verkehr gekommen sind, brauchen nicht mit einem Geschwindigkeitsbegrenzer ausgerüstet sein.

§ 57c Abs. 4 (Anforderungen an Geschwindigkeitsbegrenzer)
ist spätestens ab dem 1. Januar 1994 anzuwenden. Kraftfahrzeuge mit Geschwindigkeitsbegrenzern, die im Rahmen der Betriebserlaubnis des Kraftfahrzeugs genehmigt wurden, und Geschwindigkeitsbegrenzer mit einer Betriebserlaubnis nach § 22, die jeweils vor dem 1. Januar 1994 erstmals in den Verkehr gekommen sind, dürfen weiter verwendet werden.

§ 58 Abs. 2 (Ausgestaltung des Geschwindigkeitsschildes)
ist spätestens ab 1. Januar 1990 anzuwenden, jedoch nur auf Geschwindigkeitsschilder, die an Fahrzeugen angebracht werden, die von diesem Tage an erstmals in den Verkehr kommen. An anderen Fahrzeugen dürfen entsprechend der vor dem 1. Juli 1988 geltenden Fassung des § 58 ausgestaltete Geschwindigkeitsschilder angebracht sein.

§ 58 Abs. 3 Nr. 1 und 2 (Geschwindigkeitsschilder)

ist anzuwenden ab 1. Januar 1989 auf die von diesem Tage an erstmals in den Verkehr kommenden Fahrzeuge und am 1. Januar 1989 auf andere Kraftfahrzeuge.

§ 59 Abs. 1 (Fabrikschilder)

An Fahrzeugen, die vor dem 1. April 1952 erstmals in den Verkehr gekommen sind, genügen Fabrikschilder, die in folgenden Punkten von § 59 abweichen:
1. Die Angabe des Fahrzeugtyps kann fehlen.
2. Bei Anhängern braucht das zulässige Gesamtgewicht nicht angegeben zu sein.
3. Bei Kraftfahrzeugen kann das Fabrikschild an jeder Stelle des Fahrgestells angebracht sein, sofern es leicht zugänglich und gut lesbar ist.

An Fahrzeugen, die im Saarland in der Zeit vom 8. Mai 1945 bis zum 1. Januar 1961 erstmals in den Verkehr gekommen sind, genügen Fabrikschilder, die den Hersteller des Fahrzeugs angeben. § 59 gilt nicht für die vor dem 1. Januar 1957 (im Saarland: vor dem 1. Januar 1961) erstmals in den Verkehr gekommenen Fahrräder mit Hilfsmotor.

An den vor dem 1. Juli 1961 erstmals in den Verkehr gekommenen zulassungsfreien Anhängern in land- oder forstwirtschaftlichen Betrieben sind Angaben auf dem Fabrikschild über das zulässige Gesamtgewicht und die zulässigen Achslasten nicht erforderlich.

§ 59 Abs. 1a (Schilder nach der Richtlinie 76/114/EWG)

ist spätestens vom 1. Januar 1996 auf die von diesem Tage an auf Grund einer Allgemeinen Betriebserlaubnis oder einer EG-Typgenehmigung erstmals in den Verkehr kommenden Fahrzeuge anzuwenden. Für Fahrzeuge, die vor diesem Tag erstmals in den Verkehr gekommen sind, und für Fahrzeuge mit Einzelbetriebserlaubnis gilt § 59 Abs. 1 oder 2.

§ 59 Abs. 1b (Schilder nach Richtlinie 93/34/EWG des Rates)

ist spätestens ab dem 17. Juni 2003 auf Kraftfahrzeuge nach § 30a Abs. 3 anzuwenden, die von diesem Tage an erstmals in den Verkehr kommen.

§ 59 Abs. 2 (Fahrzeug-Identifizierungsnummer)

Satz 1 tritt in Kraft am 1. Oktober 1969, jedoch nur für die von diesem Tage an erstmals in den Verkehr kommenden Fahrzeuge. An Fahrzeugen, die vor dem 1. Oktober 1969 erstmals in den Verkehr gekommen sind, darf die Fahrzeug-Identifizierungsnummer an zugänglicher Stelle am vorderen Teil der rechten Seite des Fahrzeugs auch auf einem angenieteten Schild oder in anderer Weise dauerhaft angebracht sein.

§ 59a (Nachweis der Übereinstimmung)

ist spätestens anzuwenden ab dem Zeitpunkt der nächsten Hauptuntersuchung des Fahrzeugs, die nach dem 1. Oktober 2000 durchzuführen ist.

§ 61 (Halteeinrichtungen für Beifahrer und Ständer von zweirädrigen Kraftfahrzeugen nach § 30a Abs. 3)

ist spätestens anzuwenden auf diese Kraftfahrzeuge, die ab 17. Juni 2003 erstmals in den Verkehr kommen. Andere Krafträder müssen mit einem Handgriff für Beifahrer ausgerüstet sein. Auf Kraftfahrzeuge, die vor dem genannten Datum erstmals in den Verkehr kommen, bleibt § 35a Abs. 9 in der vor dem 1. April 2000 geltenden Fassung anwendbar.

§ 66a Abs. 1 Satz 1 (Leuchten an Krankenfahrstühlen)

tritt in Kraft am 1. Januar 1981 für Krankenfahrstühle, die von diesem Tage an erstmals in den Verkehr gebracht werden.

Anlage VIII (Untersuchung der Fahrzeuge)

ist ab dem 1. April 2006 anzuwenden. Bis zu diesem Datum gilt Anlage VIII in der vor dem 1. April 2006 geltenden Fassung.

Abweichend von Satz 1
1. können Fahrzeughalter, die bis zum 1. Juni 1998 nach Nummer 4.1 in Verbindung mit Nummer 6 der Anlage VIII (ausgenommen Nummer 7.) in der vor diesem Zeitpunkt geltenden Fassung
   a) von der Pflicht zur Vorführung ihrer Fahrzeuge zu Hauptuntersuchungen bei einem Sachverständigen oder Prüfer befreit sind und diese selbst durchführen, auch weiterhin entsprechend diesen Vorschriften Hauptuntersuchungen an ihren Fahrzeugen im eigenen Betrieb durchführen. Für das Anerkennungsverfahren und die Aufsicht gilt Nummer 6 der Anlage VIII (ausgenommen Nummer 7.) in der vor dem 1. Juni 1998 geltenden Fassung,
   oder

b) Zwischenuntersuchungen und Bremsensonderuntersuchungen an ihren Fahrzeugen im eigenen Betrieb durchführen, auch weiterhin bis zum 1. Dezember 1999 diese Untersuchungen sowie ab diesem Zeitpunkt Sicherheitsprüfungen an ihren Fahrzeugen im eigenen Betrieb durchführen, wenn sie hierfür nach Anlage VIII c anerkannt sind,

2. können Untersuchungen durch Kraftfahrzeugwerkstätten, die bis zum 1. Juni 1998 nach den Vorschriften von Nummer 4.3 in Verbindung mit Nummer 6 der Anlage VIII (ausgenommen Nummer 7.) in der vor diesem Zeitpunkt geltenden Fassung anerkannt sind, auch weiterhin entsprechend diesen Vorschriften durchgeführt werden. Für das Anerkennungsverfahren und die Aufsicht gilt Nummer 6 der Anlage VIII (ausgenommen Nummer 7) in der vor dem 1. Juni 1998 geltenden Fassung. Nummer 4.1 Satz 3 tritt am 18. September 2002 mit der Maßgabe in Kraft, dass bereits in Betrieb befindliche Prüfstellen nicht erneut oder nachträglich zur Anerkennung zu melden sind.

3. ist Nummer 2.1.6 ab dem 1. November 2003 mit der Maßgabe anzuwenden, dass
   1. an Wohnmobilen, für die bis zum 31. Oktober 2003 die Durchführung von Sicherheitsprüfungen vorgeschrieben war, die nach
      a) § 29 Abs. 2 Nr. 2 bisher vorgeschriebenen SP-Schilder und die Prüfmarken entfernt werden dürfen,
      b) § 29 Abs. 11 vorgeschriebene Pflicht zur Führung von Prüfbüchern entfällt,
   2. auf Antrag der Halter von Wohnmobilen, deren Untersuchungsfristen für die Durchführung von Hauptuntersuchungen durch die geänderten Vorschriften verlängert wurden, von den Zulassungsbehörden oder von den in Nummer 3.1.1 Anlage VIII genannten Personen neue Prüfplaketten entsprechend § 29 Abs. 2 Nr. 1 auf den amtlichen Kennzeichen angebracht und die Eintragung im Fahrzeugschein nach § 29 Abs. 6 Nr. 1 Buchstabe a entsprechend geändert werden dürfen.

Abweichend von Satz 1
1. ist an Krafträdern, die ab dem 1. Januar 1989 erstmals in den Verkehr gekommen sind, anlässlich von Hauptuntersuchungen, die ab dem 1. April 2006 durchgeführt werden, auch eine Untersuchung der Umweltverträglichkeit nach Nummer 1.2.1.1 durchzuführen,
2. ist an Kraftfahrzeugen, die unter den Anwendungsbereich des Buchstaben b der Nummer 1.2.1.1 fallen, ab dem 1. Januar 2010 eine Untersuchung der Umweltverträglichkeit nach Nummer 1.2.1.1 der Anlage VIII bei Hauptuntersuchungen durchzuführen,
3. ist Nummer 3.1.1.1 für Kraftfahrzeuge, die unter den Anwendungsbereich des Buchstaben b der Nummer 1.2.1.1 fallen, spätestens ab dem 1. Januar 2010 anzuwenden,
4. ist Nummer 3.1.5 hinsichtlich der Angaben zur Kontrollnummer der anerkannten Kraftfahrzeugwerkstätten spätestens ab dem 1. Januar 2010 für die Durchführung von Hauptuntersuchungen an Kraftfahrzeugen, die unter den Anwendungsbereich des Buchstaben b der Nummer 1.2.1.1 fallen, anzuwenden.

Anlage VIII a (Durchführung der Hauptuntersuchung)
ist spätestens ab dem 1. April 2006 für die ab diesem Datum erstmals in den Verkehr kommenden Fahrzeuge anzuwenden. Für andere Fahrzeuge gilt Anlage VIII a in der vor dem 1. April 2006 geltenden Fassung. Abweichend von den Sätzen 1 und 2 sind die Nummern 4.8.1 und 4.8.2 an allen Krafträdern sowie die Nummer 4.8.2 an Fahrzeugen, die mit einem On-Board-Diagnosesystem ausgerüstet sind, das den im Anhang zu § 47 genannten Bestimmungen entspricht, bei der Durchführung von Hauptuntersuchungen spätestens ab dem 1. April 2006 anzuwenden.

Anlage VIII b (Anerkennung von Überwachungsorganisationen)
Bis zum 1. Dezember 1999 erteilte Anerkennungen zur Durchführung von Hauptuntersuchungen (§ 29) sowie von Abnahmen (§ 19 Abs. 3 Nr. 3 oder 4) gelten auch für die Durchführung von Sicherheitsprüfungen. Die Organisation darf die von ihr mit der Durchführung von Hauptuntersuchungen betrauten Personen nur mit der Durchführung der Sicherheitsprüfungen betrauen, wenn diese Personen hierfür besonders ausgebildet worden sind; die Betrauung ist der nach 1. zuständigen Anerkennungsbehörde mitzuteilen.

Anlage VIII c (Anerkennung von Kraftfahrzeugwerkstätten zur Durchführung von Sicherheitsprüfungen und/oder Untersuchungen der Abgase sowie Schulung der verantwortlichen Personen und Fachkräfte)
ist spätestens ab dem 1. April 2006 anzuwenden. Bis zum 31. März 2006 gilt Anlage VIII c hinsichtlich der Anerkennung von Kraftfahrzeugwerkstätten zur Durchführung von Sicherheitsprüfungen in der vor dem 1. April 2006 geltenden Fassung unter der Maßgabe, dass die bis zum 31. März 2006 erteilten Anerkennungen weiterhin gültig sind.

Technische Festlegungen **§ 73 StVZO 5**

Anlage VIII d (Untersuchungsstellen zur Durchführung von Hauptuntersuchungen, Sicherheitsprüfungen, Untersuchungen der Abgase)
ist spätestens ab dem 1. April 2006 anzuwenden. Bis zum 31. März 2006 gilt für Untersuchungsstellen zur Durchführung von Hauptuntersuchungen und Sicherheitsprüfungen Anlage VIII d in der vor dem 1. April 2006 geltenden Fassung.

Anlage IX a (Plakette für die Durchführung von Abgasuntersuchungen)
ist nach dem 31. Dezember 2009 nicht mehr anzuwenden.

Anlage XIX Abschnitt 1.1 Satz 2 (Angabe zum Verwendungsbereich und Hinweise für die Abnahme) und **Abschnitt 2.1 Satz 2** (Hinweis auf Vorliegen eines Nachweises über das Qualitätssicherungssystem)
ist spätestens ab 1. Oktober 1997 auf Teilegutachten anzuwenden, die von diesem Tag an erstellt werden und auf Teilegutachten, die vor diesem Tag erstellt worden sind, für Teile, die ab diesem Tag hergestellt werden.

Begr zur ÄndVO v 15. 1. 80 (VkBl **80** 147): 1

Zu § 72: *Die Fristen sind entsprechend den z. Z. übersehbaren Möglichkeiten zur Durchführung der Vorschriften festgelegt worden.*

Zu § 72 zu § 67 Abs 7: *Aus der Bundesrats-Drucksache 508/79 (Beschluss): Es steht zu erwarten, dass in Zukunft ausschließlich Reifen mit ringförmig zusammenhängenden retroreflektierenden weißen Streifen hergestellt werden. Bei Reifenerneuerung können daher nur noch reflektierende Reifen verwendet werden. Die Festlegung eines Umrüstungstermins ist daher entbehrlich ...*

Begr zur ÄndVO v. 7. 6. 82 (VkBl **82** 238) zu Anlage VII (Hauptuntersuchung): *Durch diese Verordnung ist beabsichtigt, den Untersuchungszeitraum für die erste Hauptuntersuchung erstmals in den Verkehr gekommener Personenkraftwagen von bisher 2 Jahren auf 3 Jahre zu verlängern ...*

Begr zur VO v 25. 4. 06 (VkBl **06** 615): Begr des Bundesrates zu **Abs 2**: *Die Ergänzung der Übergangsvorschriften bezüglich der Anhängerverzeichnisse stellt klar, dass die Zulassungsbehörden nicht sofort, sondern erst bei einer Befassung den Inhalt der Anhängerverzeichnisse auf den Stand bringen müssen, der durch die Änderung zum 1. Oktober 2005 vorgeschrieben ist. Die Neufassung der Übergangsvorschrift zu § 27 Abs. 5 und 6 ist notwendig, um eine mit den Regelungen der EG-Richtlinie 1999/37 konforme Praxis sicherzustellen. ... Die vorstehenden Änderungen in § 72 Abs. 2 sollen sofort in Kraft treten.*

1. „Erstmals in den Verkehr gekommen": Die Übergangsvorschrift gewährt Karenzzeit, damit 2 fabrikneue, noch nicht abgesetzte Fze, jedoch uU auch ältere, gebrauchte beim Erlass neuer Vorschriften nicht sofort umgerüstet werden müssen. Maßgebend muss deshalb sein, wann das Fz erstmals im öffentlichen Verkehr als Verbrauchsgut mit der dafür erforderlichen Zulassung verwendet worden ist, also mit schwarzem, grünem oder gelbem Sonderkennzeichen, im Inland oder Ausland (*Jagow* VD **89** 50). Hierunter fallen also auch zB VorführFze des Handels und ausgesonderte DienstFze (BMV VkBl **62** 66). Unberücksichtigt bleiben Benutzung in nichtöffentlichem VRaum (zB Werksgelände) sowie Probe-, Prüfungs- und Überführungsfahrten (BMV VkBl **90** 115), weil sie die spätere Benutzung als Verbrauchsgut erst vorbereiten (*Jagow* VD **89** 51). Entscheidet bei zulassungspflichtigen Fzen der Tag der Zulassung, so tritt bei zulassungsfreien Fzen an dessen Stelle der Tag der Inbetriebnahme des Fzs im öffentlichen Verkehr (*Jagow* VD **89** 50). Zur Gültigkeit des § 72, BVerwG VRS **28** 399. Zu dem Begriff Erstzulassung s auch § 3 FZV Rz 29.

Anlagen zur StVZO: Beck-Loseblattwerk „Straßenverkehrsrecht".
Muster zur StVZO: Beck-Loseblattwerk „Straßenverkehrsrecht".

Technische Festlegungen

73 ¹Soweit in dieser Verordnung auf DIN- oder ISO-Normen Bezug genommen wird, sind diese im Beuth Verlag GmbH, Burggrafenstraße 6, 10787 Berlin, VDE-Bestimmungen auch im VDE-Verlag, Bismarckstr. 33, 10625 Berlin, erschienen. ²Sie sind beim Deutschen Patent- und Markenamt in München archivmäßig gesichert niedergelegt.

Begr (VkBl **88** 478): *Sofern in dieser Verordnung auf Normen hingewiesen wurde, ist in den einzel-* 1 *nen Paragraphen in einem gesonderten Absatz darauf hingewiesen worden, wo diese Normen zu beziehen sind und wo sie archivmäßig gesichert niedergelegt werden. Nunmehr soll dies gesondert in § 73 geregelt* *werden. Aus diesen Gründen können die entsprechenden Hinweise in § 35h Abs. 4 (alt) in § 55a Abs. 3 und in § 59 Abs. 4 gestrichen werden.*

2   Zur Gültigkeit von Verweisungen auf DIN-Normen: s **E** 5 sowie § 35h Rz 13. Soweit sich der Inhalt von OW-Tatbeständen nur mit Hilfe einer (vom Betroffenen zu beschaffenden) in der StVZO in Bezug genommenen DIN-Norm oder VDE-Bestimmung feststellen lässt, bestehen Zweifel am Vorliegen hinreichender Bestimmtheit iS von § 3 OWiG.

Anhang

Zur Vorschrift des/der	sind folgende Bestimmungen anzuwenden:	
§ 30a Abs. 1a	Kapitel 7	der Richtlinie 97/24/EG des Europäischen Parlaments und des Rates vom 17. Juni 1997 über bestimmte Bauteile und Merkmale von zweirädrigen oder dreirädrigen Kraftfahrzeugen (ABl. EG Nr. L 226 S. 1), geändert durch die a) Berichtigung vom 17. Juni 1997 (ABl. EG Nr. L 65 vom 5. März 1998, S. 35).
§ 30a Abs. 3	Anhang I, Anlage 1, Anhang II, Anlage 1, Anlage 2 mit Unteranlage 1, Anlage 3	der Richtlinie 95/1/EG des Europäischen Parlaments und des Rates vom 2. Februar 1995 zur Angleichung der Rechtsvorschriften der Mitgliedstaaten über die bauartbedingte Höchstgeschwindigkeit sowie das maximale Drehmoment und die maximale Nutzleistung des Motors von zweirädrigen und dreirädrigen Kraftfahrzeugen (ABl. EG Nr. L 52 S. 1), geändert durch die a) Richtlinie 2002/41/EG der Kommission vom 17. Mai 2002 (ABl. EG Nr. L 133 S. 17).
§ 30c Abs. 2	Anhang I, Nr. 1, 2, 5 und 6, Anhang II	der Richtlinie 74/483/EWG des Rates vom 17. September 1974 zur Angleichung der Rechtsvorschriften der Mitgliedstaaten über die vorstehenden Außenkanten bei Kraftfahrzeugen (ABl. EG Nr. L 266 S. 4), geändert durch die a) Richtlinie 79/488/EWG der Kommission vom 18. April 1979 (ABl. EG Nr. L 128 S. 1), b) Richtlinie 87/354/EWG des Rates vom 25. Juni 1987 (ABl. EG Nr. L 192 S. 43).
§ 30c Abs. 3	Kapitel 3 Anhänge I und II	der Richtlinie 97/24/EG des Europäischen Parlaments und des Rates vom 17. Juni 1997 über bestimmte Bauteile und Merkmale von zweirädrigen oder dreirädrigen Kraftfahrzeugen (ABl. EG Nr. L 226 S. 1).
§ 30c Abs. 4	Anhang I	der Richtlinie 2005/66/EG des Europäischen Parlaments und des Rates vom 26. Oktober 2005 über die Verwendung von Frontschutzsystemen an Fahrzeugen und zur Änderung der Richtlinie 70/156/EWG des Rates (ABl. EU Nr. L 309 S. 39), Entscheidung der Kommission vom 20. März 2006 über die ausführlichen technischen Vorschriften für die Durchführung der in der Richtlinie 2005/66/EG des Europäischen Parlaments und des Rates über die Verwendung von Frontschutzsystemen an Kraftfahrzeugen genannten Prüfungen (ABl. EU Nr. L 140 S. 33).
§ 30d Abs. 1, 2, 3	Anhänge I bis VI, VIII, IX	der Richtlinie 2001/85/EG des Europäischen Parlaments und des Rates vom 20. November 2001 über besondere Vorschriften für Fahrzeuge der Personenbeförderung mit mehr als acht Sitzplätzen außer dem Fahrersitz und zur Änderung der Richtlinien 70/156/EWG und 97/27/EG (ABl. EG 2002 Nr. L 42 S. 1).
§ 30d Abs. 4	Anhang VII	der Richtlinie 2001/85/EG des Europäischen Parlaments und des Rates vom 20. November 2001 über besondere Vorschriften für Fahrzeuge zur Personenbeförderung mit mehr als acht Sitzplätzen außer dem Fahrersitz und zur Änderung der Richtlinien 70/156/EWG und 97/27/EG (ABl. EG 2002 Nr. L 42 S. 1).

Zur Vorschrift des/der	sind folgende Bestimmungen anzuwenden:		
§ 32 b Abs. 4	Anhang II	der Richtlinie 2000/40/EG des Europäischen Parlaments und des Rates vom 26. Juni 2000 zur Angleichung der Rechtsvorschriften der Mitgliedstaaten über den vorderen Unterfahrschutz von Kraftfahrzeugen und zur Änderung der Richtlinie 70/156/EWG des Rates (ABl. EG Nr. L 203 S. 9).	
§ 32 c Abs. 4	Anhang	der Richtlinie 89/297/EWG des Rates vom 13. April 1989 zur Angleichung der Rechtsvorschriften der Mitgliedstaaten über seitliche Schutzvorrichtungen (Seitenschutz) bestimmter Kraftfahrzeuge und Kraftfahrzeuganhänger (ABl. EG Nr. L 124 S. 1).	
§ 34 Abs. 5 a	Anhang Nummer 3.2 bis 3.2.3.4.2	der Richtlinie 93/93/EWG des Rates vom 29. Oktober 1993 über Massen und Abmessungen von zweirädrigen oder dreirädrigen Kraftfahrzeugen (ABl. EG Nr. L 311 S. 76).	
§ 34 Abs. 10	Anhang II	der Richtlinie 85/3/EWG des Rates vom 19. Dezember 1984 über die Gewichte, Abmessungen und bestimmte andere technische Merkmale bestimmter Fahrzeuge des Güterkraftverkehrs (ABl. EG Nr. L 2 S.14), geändert durch die a) Richtlinie 86/360/EWG des Rates vom 24. Juli 1986 (ABl. EG Nr. L 217 S. 19), b) Richtlinie 88/218/EWG des Rates vom 11. April 1988 (ABl. EG Nr. L 98 S. 48), c) Richtlinie 89/338/EWG des Rates vom 27. April 1989 (ABl. EG Nr. L 142 S. 3), d) Richtlinie 89/460/EWG des Rates vom 18. Juli 1989 (ABl. EG Nr. L 226 S. 5), e) Richtlinie 89/461/EWG des Rates vom 18. Juli 1989 (ABl. EG Nr. L 226 S. 7).	
§ 34 Abs. 11	Anhang IV	der Richtlinie 97/27/EG des Europäischen Parlaments und des Rates vom 22. Juli 1997 über die Massen und Abmessungen bestimmter Klassen von Kraftfahrzeugen und Kraftfahrzeuganhängern und zur Änderung der Richtlinie 70/156/EWG (ABl. EG Nr. L 233 S. 1), geändert durch die a) Richtlinie 2003/19/EG der Kommission vom 21. März 2003 (ABl. EU Nr. L 79 S. 6).	
§ 35 a Abs. 2	Anhang I, Abschnitt 6, Anhang II, III und IV	der Richtlinie 74/408/EWG des Rates vom 22. Juli 1974 zur Angleichung der Rechtsvorschriften der Mitgliedstaaten über die Innenausstattung der Kraftfahrzeuge (Widerstandsfähigkeit der Sitze und ihrer Verankerung) (ABl. EG Nr. L 221 S. 1), geändert durch die a) Richtlinie 81/577/EWG des Rates vom 20. Juli 1981 (ABl. EG Nr. L 209 S. 34), b) Richtlinie 96/37/EG der Kommission vom 17. Juni 1996 (ABl. EG Nr. L 186 S. 28, Nr. L 214 S. 27, Nr. L 221 S. 71).	
§ 35 a Abs. 3, 6 und 7	Anhang I, Abschnitt 1, 4 und 5 Anhang II und III	der Richtlinie 76/115/EWG des Rates vom 18. Dezember 1975 zur Angleichung der Rechtsvorschriften der Mitgliedstaaten über die Verankerungen der Sicherheitsgurte in Kraftfahrzeugen (ABl. EG 1976 Nr. L 24 S. 6), geändert durch die a) Richtlinie 81/575/EWG des Rates vom 20. Juli 1981 (ABl. EG Nr. L 209 S. 30), b) Richtlinie 82/318/EWG der Kommission vom 2. April 1982 (ABl. EG Nr. L 139 S. 9), c) Richtlinie 90/629/EWG der Kommission vom 30. Oktober 1990 (ABl. EG Nr. L 341 S. 14), d) Richtlinie 96/38/EG der Kommission vom 17. Juni 1996 (ABl. EG Nr. L 187 S. 95, 1997 Nr. L 76 S. 35).	

Dauer

Zur Vorschrift des/der	sind folgende Bestimmungen anzuwenden:	
§ 35a Abs. 4, 6, 7 und 12	Anhang I, Abschnitte 1 und 3, Anhänge XV und XVII	der Richtlinie 77/541/EWG des Rates vom 28. Juni 1977 zur Angleichung der Rechtsvorschriften der Mitgliedstaaten über Sicherheitsgurte und Haltesysteme für Kraftfahrzeuge (ABl. EG Nr. L 220 S. 95), geändert durch die a) Beitrittsakte vom 24. Mai 1979 (ABl. EG Nr. L 291 S. 110), b) Richtlinie 81/576/EWG des Rates vom 20. Juli 1981 (ABl. EG Nr. L 209 S. 32), c) Richtlinie 82/319/EWG der Kommission vom 2. April 1982 (ABl. EG Nr. L 139 S. 17, Nr. L 209 S. 48), d) Beitrittsakte vom 11. Juni 1985 (ABl. EG Nr. L 302 S. 211), e) Richtlinie 87/354/EWG des Rates vom 25. Juni 1987 (ABl. EG Nr. L 192 S. 43), f) Richtlinie 90/628/EWG der Kommission vom 30. Oktober 1990 (ABl. EG Nr. L 341 S. 1), g) EWR-Abkommen vom 2. Mai 1992 (ABl. EG 1994 Nr. L 1 S. 1), h) Richtlinie 96/36/EG der Kommission vom 17. Juni 1996 (ABl. EG Nr. L 178 S. 15), i) Richtlinie 2000/3/EG der Kommission vom 22. Februar 2000 (ABl. EG Nr. L 53 S. 1).
§ 35a Abs. 11	Kapitel 11 Anhang I bis IV und VI	der Richtlinie 97/24/EG des Europäischen Parlaments und des Rates vom 17. Juni 1997 über bestimmte Bauteile und Merkmale von zweirädrigen oder dreirädrigen Kraftfahrzeugen (Abl. EG Nr. L 226 S. 1).
§ 35j	Anhänge IV bis VI	der Richtlinie 95/28/EG des Europäischen Parlaments und des Rates vom 24. Oktober 1995 über das Brennverhalten von Werkstoffen der Innenausstattung bestimmter Kraftfahrzeugklassen (ABl. EG Nr. L 281 S. 1).
§ 36 Abs. 1a	Anhänge II und IV Abschnitte 1, 2, 3 und 6, Anhänge 3 bis 7 Abschnitte 1, 2, 3 und 6, Anhänge 3 bis 8 Abschnitte 1, 2, 3 und 6, Anhänge 3 bis 9 Kapitel 1 Anhang II Anhang III (ohne Anlagen)	der Richtlinie 92/23/EWG des Rates vom 31. März 1992 über Reifen von Kraftfahrzeugen und Kraftfahrzeuganhängern und über ihre Montage (ABl. EG Nr. L 129 S. 95), der Revision 1 der ECE-Regelung Nr. 30 über einheitliche Bedingungen für die Genehmigung der Luftreifen für Kraftfahrzeuge und Anhänger vom 9. März 1995 (BGBl. 1995 II S. 228), der ECE-Regelung Nr. 54 über einheitliche Bedingungen für die Genehmigung der Luftreifen für Nutzfahrzeuge und ihre Anhänger vom 20. Juni 1986 (BGBl. 1986 II S. 718), der ECE-Regelung Nr. 75 über einheitliche Bedingungen für die Genehmigung der Luftreifen für Krafträder vom 25. Februar 1992 (BGBl. 1992 II S. 184), der Richtlinie 97/24/EG des Europäischen Parlaments und des Rates vom 17. Juni 1997 über bestimmte Bauteile und Merkmale von zweirädrigen oder dreirädrigen Kraftfahrzeugen (ABl. EG Nr. L 226 S. 1).
§ 38 Abs. 2	Anhänge I, III, IV, V	der Richtlinie 70/311/EWG des Rates vom 8. Juni 1970 zur Angleichung der Rechtsvorschriften der Mitgliedstaaten über die Lenkanlagen von Kraftfahrzeugen und Kraftfahrzeuganhängern (ABl. EG Nr. L 133 S. 10), geändert durch die a) Berichtigung der Richtlinie 70/311/EWG (ABl. EG Nr. L 196 S. 14), b) Beitrittsakte vom 22. Januar 1972 (ABl. EG Nr. L 73 S. 116), c) Richtlinie 92/62/EWG vom 2. Juli 1992 (ABl. EG Nr. L 199 S. 33).
§ 38 Abs. 3	Anhang	der Richtlinie 75/321/EWG des Rates vom 20. Mai 1975 zur Angleichung der Rechtsvorschriften der Mitgliedstaaten über die Lenkanlage von land- oder forstwirtschaftlichen Zugmaschinen auf Rädern (ABl. EG Nr. L 147 S. 24), geändert durch die a) Richtlinie 82/890/EWG vom 17. Dezember 1982 (ABl. EG Nr. L 378 S. 45), b) Berichtigung der Richtlinie 82/890/EWG (ABl. EG Nr. L 118 S. 42),

Zur Vorschrift des/der	sind folgende Bestimmungen anzuwenden:	
		c) Richtlinie 88/411/EWG vom 21. Juni 1988 (ABl. EG Nr. L 200 S. 30), d) Richtlinie 97/54/EG vom 23. September 1997 (ABl. EG Nr. L 277 S. 24), e) Richtlinie 98/39/EG vom 5. Juni 1998 (ABl. EG Nr. L 170 S. 15).
§ 38 a Abs. 1	Anhänge IV und V	der Richtlinie 74/61/EWG des Rates vom 17. Dezember 1973 zur Angleichung der Rechtsvorschriften der Mitgliedstaaten über die Sicherungseinrichtungen gegen unbefugte Benutzung von Kraftfahrzeugen (ABl. EG Nr. L 38 S. 22), geändert durch die Richtlinie 95/56/EG der Kommission vom 8. November 1995 (ABl. EG Nr. L 286 S. 1),
§ 38 a Abs. 2	Anhänge I und II	der Richtlinie 93/33/EWG des Rates vom 14. Juni 1993 über die Sicherungseinrichtung gegen unbefugte Benutzung von zweirädrigen oder dreirädrigen Kraftfahrzeugen (ABl. EG Nr. L 188 S. 32), geändert durch die a) Richtlinie 1999/23/EG der Kommission vom 9. April 1999 (ABl. EG Nr. L 104 S. 13).
§ 38 b	Anhang VI	der Richtlinie 74/61/EWG des Rates vom 17. Dezember 1973 zur Angleichung der Rechtsvorschriften der Mitgliedstaaten über die Sicherungseinrichtung gegen unbefugte Benutzung von Kraftfahrzeugen (ABl. EG Nr. L 38 S. 22), geändert durch die a) Richtlinie 95/56/EG der Kommission vom 8. November 1995 (ABl. EG Nr. L 286 S. 1), b) Berichtigung der Richtlinie 95/56/EG (ABl. EG Nr. L 103 S. 38).
§ 39 a Abs. 1	Anhänge I bis IV	der Richtlinie 78/316/EWG des Rates vom 21. Dezember 1977 zur Angleichung der Rechtsvorschriften der Mitgliedstaaten über die Innenausstattung der Kraftfahrzeuge (Kennzeichnung der Betätigungseinrichtungen, Kontrollleuchten und Anzeiger) (ABl. EG Nr. L 81 S. 3), geändert durch die a) Richtlinie 93/91/EWG der Kommission vom 29. Oktober 1993 (ABl. EG Nr. L 284 S. 25), b) Richtlinie 94/53/EG der Kommission vom 15. November 1994 (ABl. EG Nr. L 299 S. 26).
§ 39 a Abs. 2	Anhang I	der Richtlinie 93/29/EWG des Rates vom 14. Juni 1993 über die Kennzeichnung der Betätigungseinrichtungen, Kontrollleuchten und Anzeiger von zweirädrigen und dreirädrigen Kraftfahrzeugen (ABl. EG Nr. L 188 S. 1).
§ 39 a Abs. 3	Anhänge II bis IV	der Richtlinie 86/415/EWG des Rates vom 24. Juli 1986 über Einbau, Position, Funktionsweise und Kennzeichnung der Betätigungseinrichtungen von land- oder forstwirtschaftlichen Zugmaschinen auf Rädern (ABl. EG Nr. L 240 S. 1), geändert durch die Richtlinie 97/54/EG des Europäischen Parlaments und des Rates vom 23. September 1997 (ABl. EG Nr. L 277 S. 24).
§ 40 Abs. 3	Kapitel 12 Anhang I (ohne Anlagen) Anhang II, Anlage 1 und 2	der Richtlinie 97/24/EG des Europäischen Parlaments und des Rates vom 17. Juni 1997 über bestimmte Bauteile und Merkmale von zweirädrigen oder dreirädrigen Kraftfahrzeugen (ABl. EG Nr. L 226 S. 1).
§ 41 Abs. 18 § 41 b	Anhänge I bis VIII, X bis XII und XV	der Richtlinie 71/320/EWG des Rates vom 26. Juli 1971 zur Angleichung der Rechtsvorschriften der Mitgliedstaaten über die Bremsanlagen bestimmter Klassen von Kraftfahrzeugen und deren Anhängern (ABl. EG Nr. L 202 S. 37), geändert durch die a) Richtlinie 74/132/EWG der Kommission vom 11. Februar 1974 (ABl. EG Nr. L 74 S. 7), b) Richtlinie 75/524/EWG der Kommission vom 25. Juli 1975 (ABl. EG Nr. L 236 S. 3),

Dauer

Zur Vorschrift des/der	sind folgende Bestimmungen anzuwenden:
	c) Richtlinie 79/489/EWG der Kommission vom 18. April 1979 (ABl. EG Nr. L 128 S. 12), d) Richtlinie 85/647/EWG der Kommission vom 23. Dezember 1985 (ABl. EG Nr. L 380 S. 1), e) Richtlinie 88/194/EWG der Kommission vom 24. März 1988 (ABl. EG 1988 Nr. L 92 S. 47), f) Richtlinie 91/422/EWG der Kommission vom 15. Juli 1991 (ABl. EG Nr. L 233 S. 21), g) Richtlinie 98/12/EG der Kommission vom 27. Januar 1998 (ABl. EG Nr. L 81 S. 1).
§ 41 Abs. 19 Anhang	der Richtlinie 93/14/EWG des Rates vom 5. April 1993 über Bremsanlagen für zweirädrige oder dreirädrige Kraftfahrzeuge (ABl. EG Nr. L 121 S. 1).
§ 41 Abs. 20 Anhänge I bis IV	der Richtlinie 76/432/EWG des Rates vom 6. April 1976 zur Angleichung der Rechtsvorschriften der Mitgliedstaaten über die Bremsanlagen von land- und forstwirtschaftlichen Zugmaschinen auf Rädern (ABl. EG Nr. L 122 S. 1), geändert durch die a) Richtlinie 82/890/EWG des Rates vom 17. Dezember 1982 (ABl. EG Nr. L 378 S. 45), b) Berichtigung der Richtlinie 82/890/EWG (ABl. EG Nr. L 118 S. 42), c) Richtlinie 96/63/EG der Kommission vom 30. September 1996 (ABl. EG Nr. L 253 S. 13), d) Richtlinie 97/54/EG des Europäischen Parlaments und des Rates vom 23. September 1997 (ABl. EG Nr. L 277 S. 24).
§ 41 a Abs. 1 Nr. 1 und Abs. 4 Satz 1	Teil II der ECE-Regelung Nr. 67 über einheitliche Bedingungen für die I. Genehmigung der speziellen Ausrüstung von Kraftfahrzeugen, in deren Antriebssystem verflüssigte Gase verwendet werden; II. Genehmigung eines Fahrzeugs, das mit der speziellen Ausrüstung für die Verwendung von verflüssigten Gasen in seinem Antriebssystem ausgestattet ist, in Bezug auf den Einbau dieser Ausrüstung vom 1. Juni 1987 in der Fassung der Änderungsserie 01 (Verkehrsblatt 2002 S. 339).
§ 41 a Abs. 1 Nr. 2 und Abs. 4 Satz 1	Teil II der ECE-Regelung Nr. 110 über einheitliche Bedingungen für die Genehmigung der I. speziellen Bauteile von Kraftfahrzeugen, in deren Antriebssystem komprimiertes Erdgas (CNG) verwendet wird; II. Fahrzeuge hinsichtlich des Einbaus spezieller Bauteile eines genehmigten Typs für die Verwendung von komprimiertem Erdgas (CNG) in ihrem Antriebssystem vom 18. Dezember 2000 (Verkehrsblatt 2002 S. 339).
§ 41 a Abs. 2 und Abs. 4 Satz 1	ECE-Regelung Nr. 115 über einheitliche Bedingungen für die Genehmigung der I. speziellen Nachrüstsysteme für Flüssiggas (LPG) zum Einbau in Kraftfahrzeuge zur Verwendung von Flüssiggas in ihrem Antriebssystem; II. speziellen Nachrüstsysteme für komprimiertes Erdgas (CNG) zum Einbau in Kraftfahrzeuge zur Verwendung von komprimiertem Erdgas in ihrem Antriebssystem vom 30. Oktober 2003 (Verkehrsblatt 2004 S. 5).
§ 41 a Abs. 3 Nr. 1 und Abs. 4 Satz 1	Teil I der ECE-Regelung Nr. 67 über einheitliche Bedingungen für die I. Genehmigung der speziellen Ausrüstung von Kraftfahrzeugen, in deren Antriebssystem verflüssigte Gase verwendet werden;

Zur Vorschrift des/der		sind folgende Bestimmungen anzuwenden:
		II. Genehmigung eines Fahrzeugs, das mit der speziellen Ausrüstung für die Verwendung von verflüssigten Gasen in seinem Antriebssystem ausgestattet ist, in Bezug auf den Einbau dieser Ausrüstung vom 1. Juni 1987 in der Fassung der Änderungsserie 01 (Verkehrsblatt 2002 S. 339).
§ 41 a Abs. 3 Satz 1 Nr. 2 und Abs. 4 Satz 1		Teil I der ECE-Regelung Nr. 110 über einheitliche Bedingungen für die Genehmigung der I. speziellen Bauteile von Kraftfahrzeugen, in deren Antriebssystem komprimiertes Erdgas (CNG) verwendet wird; II. Fahrzeuge hinsichtlich des Einbaus spezieller Bauteile eines genehmigten Typs für die Verwendung von komprimiertem Erdgas (CNG) in ihrem Antriebssystem vom 18. Dezember 2000 (Verkehrsblatt 2002 S. 339).
§ 41 a Abs. 3 Satz 2 und Abs. 4 Satz 1		ECE-Regelung Nr. 115 über einheitliche Bedingungen für die Genehmigung der I. speziellen Nachrüstsysteme für Flüssiggas (LPG) zum Einbau in Kraftfahrzeuge zur Verwendung von Flüssiggas in ihrem Antriebssystem; II. speziellen Nachrüstsysteme für komprimiertes Erdgas (CNG) zum Einbau in Kraftfahrzeuge zur Verwendung von komprimiertem Erdgas in ihrem Antriebssystem vom 30. Oktober 2003 (Verkehrsblatt 2004 S. 5).
§ 41 a Abs. 8		Richtlinie 87/404/EWG des Rates vom 25. Juni 1987 zur Angleichung der Rechtsvorschriften der Mitgliedstaaten für einfache Druckbehälter (ABl. EG Nr. L 220 S. 48, 1990 Nr. L 31 S. 46), geändert durch die a) Richtlinie 90/488/EWG des Rates vom 17. September 1990 (ABl. EG Nr. L 270 S. 25), b) Richtlinie 93/68/EWG des Rates vom 22. Juli 1993 (ABl. EG Nr. L 220 S. 1).
§ 43 Abs. 5	Kapitel 10 Anhang I, Anlage 1 bis 3	der Richtlinie 97/24/EG des Europäischen Parlaments und des Rates vom 17. Juni 1997 über bestimmte Bauteile und Merkmale von zweirädrigen oder dreirädrigen Kraftfahrzeugen (ABl. EG Nr. L 226 S. 1).
§ 45 Abs. 4	a) Anhang I Anlage 1 und 2	der Richtlinie 70/221/EWG des Rates vom 20. März 1970 über die Behälter für flüssigen Kraftstoff und den Unterfahrschutz von Kraftfahrzeugen und Kraftfahrzeuganhängern (ABl. EG Nr. L 76 S. 23), geändert durch die a) Richtlinie 79/490/EWG der Kommission vom 18. April 1979 (ABl. EG Nr. L 128 S. 22), b) Richtlinie 81/333/EWG der Kommission vom 13. April 1981 (ABl. EG Nr. L 131 S. 4), c) Richtlinie 97/19/EWG der Kommission vom 18. April 1997 (ABl. EG Nr. L 125 S. 1), d) Richtlinie 2000/8/EG des Europäischen Parlaments und des Rates vom 20. März 2000 (ABl. EG Nr. L 106 S. 7),
	b) Kapitel 6 Anhang I Anlage 1 Anhang II (ohne Anlagen)	der Richtlinie 97/24/EG des Europäischen Parlaments und des Rates vom 17. Juni 1997 über bestimmte Bauteile und Merkmale von zweirädrigen oder dreirädrigen Kraftfahrzeugen (ABl. EG Nr. L 226 S. 1).
§ 47 Abs. 1	Artikel 1 bis 7 Anhänge	der Richtlinie 70/220/EWG des Rates vom 20. März 1970 zur Angleichung der Rechtsvorschriften der Mitgliedstaaten über Maßnahmen gegen die Verunreinigung der Luft durch Emissionen von Kraftfahrzeugmotoren (ABl. EG Nr. L 76 S. 1), geändert durch die a) Beitrittsakte vom 22. Januar 1972 (ABl. EG Nr. L 73 S. 115), b) Richtlinie 74/290/EWG des Rates vom 28. Mai 1974 (ABl. EG Nr. L 159 S.61),

Dauer

Zur Vorschrift des/der	sind folgende Bestimmungen anzuwenden:		
		c) Richtlinie 77/102/EWG der Kommission vom 30. November 1976 (ABl. EG Nr. L 32 S. 32),	
		d) Richtlinie 78/665/EWG der Kommission vom 14. Juli 1978 (ABl. EG Nr. L 223 S. 48),	
		e) Richtlinie 83/351/EWG des Rates vom 16. Juni1983 (ABl. EG Nr. L 197 S.1),	
		f) Richtlinie 88/76/EWG des Rates vom 3. Dezember 1987 (ABl. EG 1988 Nr. L 36 S. 1),	
		g) Richtlinie 88/436/EWG des Rates vom 16. Juni 1988 (ABl. EG Nr. L 214 S. 1),	
		h) Berichtigung der Richtlinie 88/436/EWG (ABl. EG Nr. L 303 S. 36),	
		i) Richtlinie 89/491/EWG der Kommission vom 17. Juli 1989 (ABl. EG Nr. L 238 S. 43),	
		j) Richtlinie 89/458/EWG des Rates vom 18. Juli 1989 (ABl. EG Nr. L 226 S. 1),	
		k) Berichtigung der Richtlinie 89/458/EWG (ABl. EG Nr. L 270 S. 16),	
		l) Richtlinie 91/441/EWG des Rates vom 26. Juni 1991 (ABl. EG Nr. L 242 S. 1),	
		m) Richtlinie 93/59/EWG des Rates vom 28. Juni 1993 (ABl. EG Nr. L 186 S. 21),	
		n) Richtlinie 94/12/EG des Europäischen Parlaments und des Rates vom 23. März 1994 (ABl. EG Nr. L 100 S. 42),	
		o) Richtlinie 96/44/EG der Kommission vom 1. Juli 1996 (ABl. EG Nr. L 210 S. 25),	
		p) Richtlinie 96/69/EG des Europäischen Parlaments und des Rates vom 8. Oktober 1996 (ABl. EG Nr. L 282 S. 64),	
		q) Berichtigung vom 8. Oktober 1996 (ABl. EG Nr. L 83 S. 23),	
		r) Richtlinie 98/77/EG der Kommission vom 2. Oktober 1998 (ABl. EG Nr. L 286 S. 34),	
		s) Richtlinie 98/69/EG des Europäischen Parlaments und des Rates vom 13. Oktober 1998 (ABl. EG Nr. L 350 S. 1),	
		t) Berichtigung vom 21. April 1999 (ABl. EG Nr. L 104 S. 31),	
		u) Richtlinie 1999/102/EG der Kommission vom 15. Dezember 1999 (ABl. EG Nr. L 334 S. 43,	
		v) Richtlinie 2001/1/EG des Europäischen Parlaments und des Rates vom 22. Januar 2001 (ABl. EG Nr. L 35 S. 34),	
		w) Richtlinie 2001/100/EG des Europäischen Parlaments und des Rates vom 7. Dezember 2001 (ABl. EG Nr. L 16 S. 32),	
		x) Richtlinie 2002/80/EG der Kommission vom 3. Oktober 2002 (ABl. EG Nr. L 291 S. 20),	
		y) Richtlinie 2003/76/EG der Kommission vom 11. August 2003 (ABl. EU Nr. L 206 S. 29).	
§ 47 Abs. 2	a) Artikel 1 bis 6 Anhänge I bis X	der Richtlinie 72/306/EWG des Rates vom 2. August 1972 zur Angleichung der Rechtsvorschriften der Mitgliedstaaten über Maßnahmen gegen die Emission verunreinigender Stoffe aus Dieselmotoren zum Antrieb von Fahrzeugen (ABl. EG Nr. L 190 S. 1), geändert durch die Richtlinie 89/491/EWG der Kommission vom 17. Juli 1989 (ABl. EG Nr. L 238 S. 43),	
	b) Artikel 1 bis 6 Anhänge I bis VIII	der Richtlinie 72/306/EWG des Rates vom 2. August 1972 zur Angleichung der Rechtsvorschriften der Mitgliedstaaten über Maßnahmen gegen die Emission verunreinigender Stoffe aus Dieselmotoren zum Antrieb von Fahrzeugen (ABl. EG Nr. L 190 S. 1), geändert durch die Richtlinie 97/20/EG der Kommission vom 18. April 1997 (ABl. EG Nr. L 125 S. 21).	
§ 47 Abs. 6	Artikel 1 bis 7 Anhänge	der Richtlinie 88/77/EWG des Rates vom 3. Dezember 1987 zur Angleichung der Rechtsvorschriften der Mitgliedstaaten über Maßnahmen gegen die Emission gasförmiger Schadstoffe und luftverunreinigender Partikel aus Selbstzündungsmotoren zum Antrieb von Fahrzeugen und die Emission gasförmiger Schadstoffe aus mit Erdgas oder Flüssiggas betriebenen	

Zur Vorschrift des/der		sind folgende Bestimmungen anzuwenden:
		Selbstzündungsmotoren zum Antrieb von Fahrzeugen (ABl. EG 1988 Nr. L 36 S. 33), geändert durch die a) Richtlinie 91/542/EWG des Rates vom 1. Oktober 1991 (ABl. EG Nr. L 295 S. 1), b) Beschluß 94/1/EGKS, EG des Rates und der Kommission vom 13. Dezember 1993 (ABl. EG Nr. L 1 S. 1, 274), c) Beschluß 94/2/EGKS, EG des Rates und der Kommission vom 13. Dezember 1993 (ABl. EG Nr. L 1 S. 571, 583), d) Richtlinie 96/1/EG des Europäischen Parlaments und des Rates vom 22. Januar 1996 (ABl. EG Nr. L 40 S. 1), e) Richtlinie 1999/96/EG des Europäischen Parlaments und des Rates vom 13. Dezember 1999 (ABl. EG Nr. L 44 S. 1), f) Richtlinie 2001/27/EG der Kommission vom 10. April 2001 (ABl. EG Nr. L 107 S. 10), g) Berichtigung vom 6. Oktober 2001 (ABl. EG Nr. L 266 S. 15).
§ 47 Abs. 8 a	Kapitel 5	der Richtlinie 97/24/EG des Europäischen Parlaments und des Rates vom 17. Juni 1997 über bestimmte Bauteile und Merkmale von zweirädrigen oder dreirädrigen Kraftfahrzeugen (ABl. EG Nr. L 226 S. 1), geändert durch die a) Berichtigung vom 17. Juni 1997 (ABl. EG Nr. L 65 vom 5. März 1998, S. 35), b) Richtlinie 2002/51/EG des Europäischen Parlaments und des Rates vom 19. Juli 2002 (ABl. EG Nr. L 252 S. 20), c) Richtlinie 2003/77/EG der Kommission vom 11. August 2003 (ABl. EU Nr. L 211 S. 24).
§ 47 Abs. 8 c		Richtlinie 2000/25/EG des Europäischen Parlaments und des Rates vom 22. Mai 2000 über Maßnahmen zur Bekämpfung der Emissionen gasförmiger Schadstoffe und luftverunreinigender Partikel aus Motoren, die für den Antrieb von land- und forstwirtschaftlichen Zugmaschinen bestimmt sind, und zur Änderung der Richtlinie 74/150/EWG des Rates (ABl. EG Nr. L 173 S. 1).
§ 47 d	Artikel 1 bis 5 Anhänge I und II	der Richtlinie 80/1268/EWG des Rates vom 16. Dezember 1980 über die Kohlendioxidemissionen und den Kraftstoffverbrauch von Kraftfahrzeugen (ABl. EG Nr. L 375 S. 36), geändert durch die a) Richtlinie 89/491/EWG der Kommission vom 17. Juli 1989 (ABl. EG Nr. L 238 S. 43), b) Richtlinie 93/116/EG der Kommission vom 17. Dezember 1993 (ABl. EG Nr. L 329 S. 39), c) Berichtigung vom 15. Februar 1994 (ABl. EG 1994 Nr. L 42 S. 27), d) Richtlinie 1999/100/EG der Kommission vom 15. Dezember 1999 zur Anpassung der Richtlinie 80/1268/EWG über die Kohlendioxidemissionen und den Kraftstoffverbrauch von Kraftfahrzeugen an den technischen Fortschritt (ABl. EG Nr. L 334 S. 36), e) Berichtigung vom 4. Juni 2000 (ABl. EG Nr. L 163 S. 38).
§ 49 Abs. 2 Nr. 1	Artikel 1 bis 5 Anhänge I bis IV	der Richtlinie 70/157/EWG des Rates vom 6. Februar 1970 zur Angleichung der Rechtsvorschriften der Mitgliedstaaten über den zulässigen Geräuschpegel und die Auspuffvorrichtung von Kraftfahrzeugen (ABl. EG Nr. L 42 S. 16), geändert durch die a) Beitrittsakte vom 22. Januar 1972 (ABl. EG Nr. L 73 S. 115), b) Richtlinie 73/350/EWG der Kommission vom 7. November 1973 (ABl. EG Nr. L 321 S. 33) c) Richtlinie 77/212/EWG des Rates vom 8. März 1977 (ABl. EG Nr. L 66 S. 33),

Dauer

5 StVZO Anh.

Zur Vorschrift des/der	sind folgende Bestimmungen anzuwenden:	
		d) Richtlinie 81/334/EWG der Kommission vom 13. April 1981 (ABl. EG Nr. L 131 S. 6),
		e) Richtlinie 84/372/EWG der Kommission vom 3. Juli 1984 (ABl. EG Nr. L 196 S. 47),
		f) Richtlinie 84/424/EWG des Rates vom 3. September 1984 (ABl. EG Nr. L 238 S. 31),
		g) Beitrittsakte vom 11. Juni 1985 (ABl. EG Nr. L 302 S. 211),
		h) Richtlinie 87/354/EWG des Rates vom 25. Juni 1985 (ABl. EG Nr. L 192 S. 43),
		i) Richtlinie 89/491/EWG der Kommission vom 17. Juli 1989 (ABl. EG Nr. L 238 S. 43),
		j) Richtlinie 92/97/EWG des Rates vom 10. November 1992 (ABl. EG Nr. L 371 S. 1),
		k) Beschluß 94/1/EGKS, EG des Rates und der Kommission vom 13. Dezember 1993 (ABl. EG Nr. L 1 S. 1, 264),
		l) Beschluß 94/2/EGKS, EG des Rates und der Kommission vom 13. Dezember 1993 (ABl. EG Nr. L 1 S. 571, 583),
		m) Richtlinie 96/20/EG der Kommission vom 27. März 1996 (ABl. EG Nr. L 92 S. 23),
		n) Richtlinie 1999/101/EG der Kommission vom 15. Dezember 1999 (ABl. EG Nr. L 334 S. 41)
§ 49 Abs. 2 Nr. 2	Artikel 1 bis 6 Anhang I bis VI	der Richtlinie 74/151/EWG des Rates vom 4. März 1974 zur Angleichung der Rechtsvorschriften über bestimmte Bestandteile und Merkmale von land- oder forstwirtschaftlichen Zugmaschinen auf Rädern (ABl. EG Nr. L 84 S. 25), geändert durch die
		a) Richtlinie 82/890/EWG des Rates vom 17. Dezember 1982 (ABl. EG Nr. L 378 S. 45),
		b) Berichtigung der Richtlinie 82/890/EWG (ABl. EG 1988 Nr. L 118 S. 42),
		c) Richtlinie 88/410/EWG der Kommission vom 21. Juni 1988 (ABl. EG Nr. L 200 S. 27).
§ 49 Abs. 2 Nr. 4	Kapitel 9	der Richtlinie 97/24/EG des Europäischen Parlaments und des Rates vom 17. Juni 1997 über bestimmte Bauteile und Merkmale von zweirädrigen oder dreirädrigen Kraftfahrzeugen (ABl. EG Nr. L 226 S. 1), geändert durch die
		a) Berichtigung vom 17. Juni 1997 (ABl. EG Nr. L 65 vom 5. März 1998, S. 35),
		b) Berichtigung vom 17. Juni 1997 (ABl. EG Nr. L 244 vom 3. September 1998, S. 20).
§ 49a Abs. 5 Satz 2 Nr. 5		ECE-Regelung Nr. 87 über einheitliche Bedingungen für die Genehmigung von Tagfahrleuchten für Kraftfahrzeuge (BGBl. 1995 II S. 36).
§ 50 Abs. 8 § 51b	Anhang II	der Richtlinie 76/756/EWG des Rates vom 27. Juli 1976 zur Angleichung der Rechtsvorschriften der Mitgliedstaaten über den Anbau der Beleuchtungs- und Lichtsignaleinrichtungen für Kraftfahrzeuge und Kraftfahrzeuganhänger (ABl. EG Nr. L 262 S. 1), geändert durch die
		a) Richtlinie 80/233/EWG der Kommission vom 21. November 1979 (ABl. EG 1980 Nr. L 51 S. 8),
		b) Richtlinie 82/244/EWG der Kommission vom 17. März 1982 (ABl. EG Nr. L 109 S. 31),
		c) Richtlinie 83/276/EWG des Rates vom 26. Mai 1983 (ABl. EG Nr. L 151 S. 47),
		d) Richtlinie 84/8/EWG der Kommission vom 14. Dezember 1983 (ABl. EG 1984 Nr. L 9 S. 24),
		e) Richtlinie 91/663/EWG der Kommission vom 10. Dezember 1991 (ABl. EG Nr. L 366 Nr. 17),
		f) Berichtigung der Richtlinie 91/663/ EWG (ABl. EG Nr. L (1992) 172 S. 87),

Zur Vorschrift des/der		sind folgende Bestimmungen anzuwenden:
		g) Richtlinie 97/28/EG der Kommission vom 11. Juni 1997 (ABl. EG Nr. L 171 S. 1).
§ 53 Abs. 10 Nr. 1		ECE-Regelung Nr. 69 über einheitliche Bedingungen für die Genehmigung von Tafeln zur hinteren Kennzeichnung von bauartbedingt langsamfahrenden Kraftfahrzeugen und ihrer Anhänger vom 6. Juli 1994 (BGBl. 1994 II S. 1023),
§ 53 Abs. 10 Nr. 2		ECE-Regelung Nr. 70 über einheitliche Bedingungen für die Genehmigung von Tafeln zur hinteren Kennzeichnung schwerer und langer Fahrzeuge vom 27. Juni 1994 (BGBl. 1994 II S. 970),
§ 53 Abs. 10 Satz 1 Nr. 3 und Satz 2		ECE-Regelung Nr. 104 über einheitliche Bedingungen für die Genehmigung retroreflektierender Markierungen für schwere und lange Kraftfahrzeuge und ihre Anhänger vom 15. Januar 1998 (BGBl. 1998 II S. 1134).
§ 55 Abs. 2 a	Anhänge I und II (jeweils ohne Anlagen)	der Richtlinie 93/30/EWG des Rates vom 14. Juni 1993 über die Einrichtungen für Schallzeichen von zweirädrigen oder dreirädrigen Kraftfahrzeugen (ABl. EG Nr. L 188 S. 11).
§ 55 a Abs. 1	Anhänge I, IV bis IX	der Richtlinie 72/245/EWG des Rates vom 20. Juni 1972 zur Angleichung der Rechtsvorschriften der Mitgliedstaaten über von Fahrzeugen verursachte Funkstörungen (ABl. EG Nr. L 152 S. 15), geändert durch die Richtlinie 95/54/EG der Kommission vom 31. Oktober 1995 (ABl. EG Nr. L 266 S. 1).
§ 55 a Abs. 2	Kapitel 8 Anhänge I bis VII	der Richtlinie 97/24/EG des Europäischen Parlaments und des Rates vom 17. Juni 1997 über bestimmte Bauteile und Merkmale von zweirädrigen oder dreirädrigen Kraftfahrzeugen (ABl. EG Nr. L 226 S. 1).
§ 56 Abs. 2 Nr. 1 und 2	Anhang I Nr. 1 Anhang II, Anhang III	der Richtlinie 2003/97/EG des Europäischen Parlaments und des Rates vom 10. November 2003 zur Angleichung der Rechtsvorschriften der Mitgliedstaaten für die Typgenehmigung von Einrichtungen für indirekte Sicht und von mit solchen Einrichtungen ausgestatteten Fahrzeugen sowie zur Änderung der Richtlinie 70/156/EWG und zur Aufhebung der Richtlinie 71/127/EWG (ABl. EU 2004 Nr. L 25 S. 1), geändert durch die a) Richtlinie 2005/27/EG der Kommission vom 29. März 2005 zur Änderung der Richtlinie 2003/97/EG des Europäischen Parlaments und des Rates über die Angleichung der Rechtsvorschriften der Mitgliedstaaten für die Typgenehmigung von Einrichtungen für indirekte Sicht und von mit solchen Einrichtungen ausgestatteten Fahrzeugen im Hinblick auf die Anpassung an den technischen Fortschritt (ABl. EU Nr. L 81 S. 44).
§ 56 Abs. 2 Nr. 3		Richtlinie 2007/38/EG des Europäischen Parlaments und des Rates vom 11. Juli 2007 über die Nachrüstung von in der Gemeinschaft zugelassenen schweren Lastkraftwagen mit Spiegeln (ABl. EU Nr. L 184 S. 25).
§ 56 Abs. 2 Nr. 4	Anhang	der Richtlinie 74/346/EWG des Rates vom 25. Juni 1974 zur Angleichung der Rechtsvorschriften der Mitgliedstaaten über die Rückspiegel von land- oder forstwirtschaftlichen Zugmaschinen auf Rädern (ABl. EG Nr. L 191 S. 1), geändert durch die a) Richtlinie 82/890/EWG des Rates vom 17. Dezember 1982 (ABl. EG Nr. L 378 S. 45, 1988 Nr. L 118 S. 42), b) Richtlinie 97/54/EG des Europäischen Parlaments und des Rates vom 23. September 1997 (ABl. EG Nr. L 277 S. 24), c) Richtlinie 98/40/EG der Kommission vom 8. Juni 1998 (ABl. EG Nr. L 171 S. 28, 1998 Nr. L 351 S. 42).
§ 56 Abs. 2 Nr. 5	Kapitel 4, Anhang I, Anhang II, Anlage 1 und 2 und Anhang III (ohne Anlagen)	der Richtlinie 97/24/EG des Europäischen Parlaments und des Rates vom 17. Juni 1997 über bestimmte Bauteile und Merkmale von zweirädrigen oder dreirädrigen Kraftfahrzeugen (ABl. EG Nr. L 226 S. 1).

Dauer

Zur Vorschrift des/der		sind folgende Bestimmungen anzuwenden:
§ 57 Abs. 2	a) Anhang II (ohne Anlagen)	der Richtlinie 75/443/EWG des Rates vom 26. Juni 1975 zur Angleichung der Rechtsvorschriften der Mitgliedstaaten über den Rückwärtsgang und das Geschwindigkeitsmessgerät in Kraftfahrzeugen (ABl. EG Nr. L 196 S. 1), geändert durch die a) Richtlinie 97/39/EG der Kommission vom 24. Juni 1997 (ABl. EG Nr. L 177 S. 15),
	b) Anhang (ohne Anlagen)	der Richtlinie 2000/7/EG des Europäischen Parlaments und des Rates vom 20. März 2000 über den Geschwindigkeitsmesser von zweirädrigen oder dreirädrigen Kraftfahrzeugen (ABl. EG Nr. L 106 S. 1).
§ 57c Abs. 4	Anhang I und III	der Richtlinie 92/24/EWG des Rates vom 31. März 1992 zur Angleichung der Rechtsvorschriften der Mitgliedstaaten über Geschwindigkeitsbegrenzungseinrichtungen und vergleichbare Geschwindigkeitsbegrenzungssysteme (ABl. EG Nr. L 129 S. 154).
§ 59 Abs. 1 a	Anhang	der Richtlinie 76/114/EWG des Rates vom 18. Dezember 1975 zur Angleichung der Rechtsvorschriften der Mitgliedstaaten über Schilder, vorgeschriebene Angaben, deren Lage und Anbringungsart an Kraftfahrzeugen und Kraftfahrzeuganhängern (ABl. EG Nr. L 24 S. 1), geändert durch a) Richtlinie 78/507/EWG der Kommission vom 19. Mai 1978 (ABl. EG Nr. L 155 S. 31), b) Beitrittsakte vom 24. Mai 1979 (ABl. EG Nr. L 291 S. 110), c) Berichtigung der Richtlinie 76/114/ EWG (ABl. EG Nr. L 329 S. 31), d) Beitrittsakte vom 11. Juni 1985 (ABl. EG Nr. L 302 S. 211), e) Richtlinie 87/354/EWG des Rates vom 25. Juni 1987 (ABl. EG Nr. L 192 S. 43).
§ 59 Abs. 1 b	Anhang	der Richtlinie 93/34/EWG des Rates vom 14. Juni 1993 über vorgeschriebene Angaben an zweirädrigen oder dreirädrigen Kraftfahrzeugen (ABl. EG Nr. L 188 S. 38), geändert durch die Richtlinie 1999/25/EG der Kommission vom 9. April 1999 (ABl. EG Nr. L 104 S. 19).
§ 59 a	Artikel 6	der Richtlinie 96/53/EG des Rates vom 25. Juli 1996 zur Festlegung der höchstzulässigen Abmessungen für bestimmte Straßenfahrzeuge im innerstaatlichen und grenzüberschreitenden Verkehr in der Gemeinschaft sowie zur Festlegung der höchstzulässigen Gewichte im grenzüberschreitenden Verkehr (ABl. EG Nr. L 235 S. 59).
§ 61 Abs. 1	Anhang (ohne Anlagen)	der Richtlinie 93/32/EWG des Rates vom 14. Juni 1993 über die Halteeinrichtung für Beifahrer von zweirädrigen Kraftfahrzeugen (ABl. EG Nr. L 188 S. 28), geändert durch die Richtlinie 1999/24/EG der Kommission vom 9. April 1999 (ABl. EG Nr. L 104 S. 16).
§ 61 Abs. 3	Anhang (ohne Anlagen)	der Richtlinie 93/31/EWG des Rates vom 14. Juni 1993 über den Ständer von zweirädrigen Kraftfahrzeugen (ABl. EG Nr. L 188 S. 19), geändert durch die a) Richtlinie 2000/72/EG der Kommission vom 22. November 2000 (ABl. EG Nr. L 300 S. 18).

6. Strafgesetzbuch (StGB)

In der Fassung der Bekanntmachung vom 13. November 1998 (BGBl. I 3322),
zuletzt geändert durch Gesetz vom 13. August 2008 (BGBl. I 1690)
(Auszug)

Fahrverbot

44 (1) ¹Wird jemand wegen einer Straftat, die er bei oder im Zusammenhang mit dem Führen eines Kraftfahrzeugs oder unter Verletzung der Pflichten eines Kraftfahrzeugführers begangen hat, zu einer Freiheitsstrafe oder einer Geldstrafe verurteilt, so kann ihm das Gericht für die Dauer von einem Monat bis zu drei Monaten verbieten, im Straßenverkehr Kraftfahrzeuge jeder oder einer bestimmten Art zu führen. ²Ein Fahrverbot ist in der Regel anzuordnen, wenn in den Fällen einer Verurteilung nach § 315c Abs. 1 Nr. 1 Buchstabe a, Abs. 3 oder § 316 die Entziehung der Fahrerlaubnis nach § 69 unterbleibt.

(2) ¹Das Fahrverbot wird mit der Rechtskraft des Urteils wirksam. ²Für seine Dauer werden von einer deutschen Behörde ausgestellte nationale und internationale Führerscheine amtlich verwahrt. ³Dies gilt auch, wenn der Führerschein von einer Behörde eines Mitgliedstaates der Europäischen Union oder eines anderen Vertragsstaates des Abkommens über den Europäischen Wirtschaftsraum ausgestellt worden ist, sofern der Inhaber seinen ordentlichen Wohnsitz im Inland hat. ⁴In anderen ausländischen Führerscheinen wird das Fahrverbot vermerkt.

(3) ¹Ist ein Führerschein amtlich zu verwahren oder das Fahrverbot in einem ausländischen Führerschein zu vermerken, so wird die Verbotsfrist erst von dem Tage an gerechnet, an dem dies geschieht. ²In die Verbotsfrist wird die Zeit nicht eingerechnet, in welcher der Täter auf behördliche Anordnung in einer Anstalt verwahrt worden ist.

1. Die Vorschrift entstammt dem 2. VerkSichG 1964 (§ 37 aF), jetzige Fassung: 2. StrRG idF **1** des G vom 20. 7. 73 und des EGStGB 1974. **Begr** des 2. VerkSichG (BTDrucks IV/651 S 12): 32. Aufl. **Begr** zum 32. StrÄndG v 1. 6. 95 (BGBl I S 747): BRDrucks 68/93 (Beschluss). **Begr** zur Neufassung durch ÄndG v 24. 4. 1998: BRDrucks 821/96 S 96; die Begr zu Abs 2 S 3 entspricht derjenigen zu § 25 II S 3 StVG, s dort Rz 5. Das strafrechtliche FV wird relativ häufig verhängt (ca 30 000 rechtskräftige VU pro Jahr). Es liegt quantitativ jedoch weit hinter dem FV nach § 25 StVG zurück, das in der Anordnungshäufigkeit wohl bei über einer halben Million pro Jahr liegt. Reformbestrebungen: Für FV als *Hauptstrafe* mit erhöhtem Höchstmaß (6 Monate) RegEntw BTDrucks 15/2725 (dort Art 1 Nr 5, 6), als Hauptstrafe auch für die allgemeine Kriminalität BR in BTDrucks 15/2725 S. 39 (zusf *König* NZV **01** 6) und in BT-Drs. 16/8695. Die Umsetzung des Anliegens ist jedenfalls für die 16. Legislaturperiode wenig wahrscheinlich. Lit unter Rz 25 und bei LK-*Geppert* Rz 117 ff.

Das Fahrverbot (FV) als Nebenstrafe (Rz 3) **lässt die FE unberührt** und hindert nur deren **2** Ausnutzung. Das G versteht es als Denkzettel (Warnungs- und Besinnungsstrafe) für nachlässige und leichtfertige Kf (BGHSt **24** 351, BGH NStZ **04** 145, Ha DAR **04** 535, Dü NZV **93** 76, Stu DAR **98** 153), bei denen die (vorab zu prüfende, Kar VRS **34** 192, Ce NJW **68** 1102, Stu DAR **98** 153) Ungeeignetheit nach § 69 nicht vorliegt, die aber bei weiteren Verstößen in die Gefahr des Eignungsverlusts geraten. Kein Ausweichen auf FV bei Ungeeignetheit. Das FV ist spezialpräventiv geprägt (BGHSt **24** 348, Kar NZV **05** 594, Ha VRS **109** 122, Dü NZV **93** 76, Kö NZV **92** 159, Stu DAR **98** 153), wenn Allgemeinabschreckung auch nicht gänzlich ausscheidet (Bay GA **67** 316, Ha DAR **88** 280, aM Kö NZV **96** 286 m Anm *Hentschel*, LK-*Geppert* Rz 30). Die Streitfrage dürfte aus den unter § 25 StVG Rz 11 genannten Gründen in der Praxis keine große Rolle spielen. Anders als das FV des § 25 StVG (dort Rz 12) ist das strafrechtliche FV lediglich an die Voraussetzungen von I geknüpft. Es soll nach dem Willen des Gesetzgebers mit Nachdruck angewendet werden, um das Verantwortungsbewusstsein der Kf zu stärken (Ha DAR **05** 406). Das FV gilt auch für das Führen von fahrerlaubnisfreien Kfz (§ 5 FeV, OL VM **69** 5, Ha VRS **34** 367) und neben isolierter Sperrfrist (§ 69a) zB für Mofas (Dü VM **70** 68), desgleichen, mag dies auch keine allzu große praktische Bedeutung haben, hinsichtlich solcher FzArten, die bei EdF von der Sperre ausgenommen worden sind (§ 69a, Dü VM **72** 23, **70** 68).

6 StGB § 44

3 **2. Entsprechend seiner Rechtsnatur als Nebenstrafe** (zu Reformbestrebungen Rz 1) setzt das FV die Verhängung einer Hauptstrafe (Geld- oder Freiheitsstrafe) zwingend voraus. Neben einer Verwarnung mit Strafvorbehalt (§ 59, Bay VRS **62** 264, Stu NZV **94** 405) oder dem Absehen von Strafe (zB §§ 60, 142 IV, § 320) kommt es deshalb nicht in Betracht, nach hM (*Fischer* Rz 13) auch nicht neben dem Schuldspruch nach § 27 JGG, wohl aber neben Erziehungsmaßregeln und Zuchtmitteln (§ 8 JGG) des Jugendstrafrechts (*Lackner/Kühl* Rz 5). Zur erweiterten Verwarnung mit Strafvorbehalt § 315c Rz 66.

4 **3. Anlasstat muss eine Straftat sein,** also eine rechtswidrig und schuldhaft begangene Tat (kein FV bei Schuldunfähigkeit, anders § 69). Einen besonderen Schweregrad verlangt das Gesetz nicht ausdrücklich. Jedoch ist das Gewicht der Tat bei der Ausfüllung des richterlichen Ermessens zu berücksichtigen (Rz 6ff). Für OW gilt § 25 StVG (s dort).

5 **4.** Nach geltendem Recht (zu Reformbestrebungen Rz 1) ist das FV beschränkt auf **Straftaten beim oder im Zusammenhang mit dem Führen eines Kfz** (zum Kfz: § 69 StGB Rz 3, § 1 StVG Rz 2, § 4 FeV). Die Eingangsmerkmale entsprechen denjenigen in § 69 StGB (BGH [GrS] NJW **05** 1957). Die §§ 44, 69 haben also einen gemeinsamen „Oberbau" (§ 69 Rz 3). Allerdings ist für § 69 die restriktive Auslegung durch BGH (GrS) aaO zu beachten, wonach die Anlasstat tragfähige Rückschlüsse darauf zulassen muss, dass der Täter bereit ist, die Sicherheit des StrV seinen eigenen kriminellen Interessen unterzuordnen (§ 69 Rz 1, 11 ff). Diese Voraussetzung **gilt für § 44 nicht** (aM LK-*Geppert* Rz 5). BGH GrS aaO leitet die Restriktion maßgebend aus dem Charakter der EdF *als Maßregel* und deswegen erforderlicher Gefahrenprognose in Bezug auf den StrV ab. Entsprechende prognostische Überlegungen sind für die *Nebenstrafe* des FV gerade nicht erforderlich; die darin liegende Pflichtenmahnung (Rz 1a) kann (und soll, Rz 2) schon immer dann erfolgen, wenn die tatbestandlichen Voraussetzungen des § 44 gegeben sind. An diesen Voraussetzungen, namentlich am Begriff der Zusammenhangstat, rührt der GrS ausdrücklich nicht (NJW **05** 1957, 1958, § 69 Rz 5). Im Einzelnen § 69 StGB Rz 3–7.

6 **5. Im richterlichen Ermessen** steht die Anordnung des FV. Eingeschränkt ist dieses Ermessen (nur) in den Fällen des I 1 S 2 (Rz 8). Für die Entscheidung gelten die allgemeinen Regeln der Strafzumessung, wobei die spezialpräventive Einwirkung auf den Täter (Warn- bzw. Denkzettelwirkung) im Vordergrund steht (Ha DAR **05** 406, Kar NZV **05** 594, Kö DAR **99** 87, Dü NZV **93** 76), jedoch der mit dem FV verbundene generalpräventive Effekt eine Rolle spielen kann (Rz 2). Auch das Nachtatverhalten ist (wie stets im Rahmen der Strafzumessung) zu würdigen (Dü VRS **84** 334), etwa tätige Reue nach § 142 IV (Rz 7a). Zur Bedeutung von Nachschulung etc. § 25 StVG Rz 25. Bestreiten der Tat und prozessual zulässige Versuche, eine Ahndung abzuwenden, dürfen nicht (als „Uneinsichtigkeit") zu Lasten des Angeklagten zur Begründung einer FVAnordnung herangezogen werden (Kö DAR **99** 87). Verhängung anstelle von Nichtentziehung der FE ist nicht zwingend, sondern unterliegt pflichtgemäßem Ermessen; sie setzt voraus, dass der Täter zwar noch nicht ungeeignet ist, aber erheblich versagt hat (Rz 8a). Der Tatrichter muss sich stets bewusst sein, dass **Haupt- und Nebenstrafe in einer Wechselbeziehung** zueinander stehen, wobei das gesamte Strafübel das Maß der Tatschuld nicht überschreiten darf (BGHSt **29** 58; *Fischer* Rz 2). Er muss auch prüfen (und im Urteil darlegen), ob die Strafzwecke bereits allein mit der (ggf strengeren, aber noch innerhalb der Tatschuld liegenden) Hauptstrafe oder besser durch deren Verbindung mit dem FV erreichbar sind (BGHSt **24** 348 = NJW **72** 1332; LK-*Geppert* Rz 22). Freilich dürfen die Anforderungen nicht überspannt werden (*Schäfer/Sander/v Gemmeren* Strafzumessung Rz 306). Ein strenger Subsidiaritätsgrundsatz des Inhalts, es müsse *feststehen,* dass der mit der Hauptstrafe verfolgte Zweck ohne die Nebenstrafe nicht erreicht werden könne (so zB Kö VRS **82** 335; zust. LK-*Geppert* Rz 31), ist mit Gesetz sowie gesetzgeberischem Willen nicht vereinbar und lässt sich auch nicht aus BGHSt **24** 348 ableiten. Überdies bleibt offen, wie es dem Tatrichter möglich sein sollte, die (künftige) Erfüllung eines Strafzwecks *festzustellen.*

7 Hinreichend trennscharfe **Kriterien für die Ermessensausübung** im Rahmen des § 44 lassen sich der vergleichsweise spärlichen Judikatur gerade zum strafrechtlichen FV nicht entnehmen, was auch damit zu tun hat, dass jeweils auf den Einzelfall bezogene Entscheidungen notwendig werden. Ausgangspunkt ist, dass der Gesetzgeber bewusst keine Restriktionen für das richterliche Ermessen in § 44 aufgenommen hat, um das FV nicht zu einer stumpfen Waffe gegen Unfälle im StrV verkommen zu lassen (BGHSt **24** 348, 351). Damit wäre es nicht vereinbar, die Sanktion unter Übertragung der in § 25 I S 1 StVG enthaltenen Voraussetzungen nur gegen Personen zu verhängen, die besonders verantwortungslos gehandelt haben oder wiederholt we-

Fahrverbot § 44 StGB **6**

gen VStraftaten aufgefallen sind; bei diesem Personenkreis wird meist die EdF angezeigt sein, weswegen § 44 bei einer einengenden Interpretation in diesem Sinn weitgehend leer liefe (BGH aaO). Aus dem Umstand, dass eine Regelwirkung für die Anordnung des FV in Abs 1 S 2 nur für Trunkenheitsfahrten begründet wurde (Rz 8), kann man andererseits schließen, dass nach dem Willen des GGebers nicht jede oder fast jede Verkehrsstraftat automatisch auch ein FV nach sich ziehen soll. Zwischen diesen beiden Polen ist die Lage wenig geklärt.

Ua folgende Kriterien werden heranzuziehen sein, wobei die Härtefallfrage (Rz 7 c) zusätz- **7a** lich zu würdigen ist: **Nicht in Betracht kommen** wird das FV bei einem einmaligen leichteren Versagen, zB bei einmaliger bloßer Unaufmerksamkeit. Bei bloßen Ordnungsverstößen ohne erschwerende Umstände wird eher nur Geldstrafe angezeigt sein (Sa VRS **37** 310, Ha VRS **36** 177). Nicht ausreichend ist es ohne Hinzutreten weiterer Umstände etwa, wenn bei einer Straftat nach § 142 die Schwelle des bedeutenden Schadens iS von § 69 II Nr 3 verfehlt ist (Bay VRS **58** 362; st Rspr, s auch Rz 8 a). In Fällen Tätiger Reue, die die enge Regelung des § 142 IV (knapp) verfehlen, kann ein Absehen vom FV gerechtfertigt sein (s auch § 69 Rz 17, LK-*Geppert* Rz 211, 240). **Für die Verhängung** des FV wird es sprechen, wenn der Täter (auch bei leichteren Verfehlungen) zuvor wegen gewichtigerer VerkehrsOW (massive Geschwindigkeitsüberschreitungen, s Ha DAR **69** 187, VRS **36** 177, Vorfahrtverstöße, Rotlichtverstöße usw) aufgefallen ist (BGHSt **24** 348, Ha NJW **71** 1190, LK-*Geppert* Rz 27). Auf derart leichtsinnige, besonders pflichtvergessene Kraftfahrer ist das FV zugeschnitten. Bei VStraftaten „im Rückfall" gilt dies erst recht, sofern nicht schon EdF angezeigt ist. Auch einmaliges grobes Fehlverhalten kann genügen. Hierher werden namentlich die in § 315 c I Nr 2 normierten „Todsünden" zu rechnen sein, auch wenn der Täter „nur" grob verkehrswidrig *oder* rücksichtslos handelt und ein Gefahrerfolg nicht eintritt, aber auch etwa nötigendes Verhalten im StrV (Dü VM **71** 76 [EdF lag hier aber näher]), bei Tätlichkeit gegenüber anderen VT (Kar DAR **05** 645), § 21 StVG, usw (jeweils, sofern nicht schon EdF angezeigt ist). Berücksichtigung früherer Bußgeld- und Strafverfahren: § 29 StVG (Verwertungsverbote).

Konstellationen, in denen die **(Straf-) Tat zugleich einen Bußgeldtatbestand** erfüllt, für **7b** den § 25 I S 2 StVG anordnet oder bei dem nach § 25 I S 1 StVG iVm BKatV ein FV indiziert ist, die OW aber nach § 21 I 1 OWiG hinter die Straftat zurücktritt, werden unterschiedlich beurteilt. Klar ist, dass § 25 I 2 StVG und § 4 I 1, II 2 BKatV für das FV nach § 44 StGB nicht unmittelbar gelten; sie beziehen sich eindeutig auf das FV des OWRechts (Kö NZV **96** 286 m Anm *Hentschel*). Andererseits darf der Strafrichter die Regelverstöße im Rahmen der Strafzumessung nicht einfach ausblenden (uU aM Kö aaO). Er wird in diesem Rahmen auch kaum an der Wertung des Gesetz- bzw. VOGebers vorbeigehen können, dass das jeweilige Fehlverhalten zumeist einen Eingriff in die „Fahrfreiheit" rechtfertigt. Dass der Täter wegen einer Straftat bestraft und nicht „nur" wegen einer OW belangt wird, kann ihn in Bezug auf die das Fahren betreffende Sanktion schwerlich besser stellen (wohl aM Kö aaO). Die Regelverstöße sind mithin gewichtige Indizien für die Anordnung eines FV nach § 44. Wo hingegen auch in Anbetracht dieser Umstände neben der Strafe kein (strafrechtliches) FV zu verhängen ist, wird nach den hierfür geltenden Maßstäben neben der Strafe ein FV nach § 25 StVG zuzumessen sein (§ 21 I 2 OWiG; s § 25 StVG Rz 13, für § 25 I 2 StVG ebenso *Hentschel* aaO).

Berufliche oder wirtschaftliche Nachteile, die mit dem FV üblicherweise verbunden **7c** sind, rechtfertigen die Nichtanordnung eines nach Sachlage gebotenen FV nicht (LK-*Geppert* Rz 25). Anders liegt es bei gewichtigen, nicht durch zumutbare Vorkehrungen vermeidbaren schweren Nachteilen, namentlich dann, wenn der Verlust des Arbeitsplatzes oder gar der Existenz droht (zB LG Amberg ZfS **06** 289). Die Grundsätze unter § 25 StVG Rz 24 können mit aller Vorsicht herangezogen werden (wohl auch LK-*Geppert* Rz 25). Nicht zulässig ist es, eine die wirtschaftlichen Verhältnisse des Angekl. (§ 40 II) übersteigende Tagessatzhöhe festzusetzen, um auf diese Weise die Verhängung eines sonst in Betracht kommenden FV zu kompensieren (Kar NZV **05** 594). Die Maßstäbe zu § 25 StVG gelten auch für die Frage, ob ein auf bestimmte FzArten beschränktes FV genügt (§ 25 StVG Rz 11, sowie unten Rz 10). Eine dem § 25 II a StVG entsprechende Möglichkeit besteht im Rahmen des § 44 nicht.

Eingeschränkt ist das Ermessen durch I S 2 dann, wenn die FE in den Fällen der Trun- **8** kenheit im V (§§ 316, 315 c I Nr 1 a), die I S 2 allein meint (*Lackner/Kühl* Rz 7), ausnahmsweise nicht entzogen wird (dazu Rz 8 a). Die Erforderlichkeit eines FV ist dann indiziert, was bedeutet, dass seine Anordnung nur bei **ganz besonderen Ausnahmeumständen äußerer oder innerer Art** unterbleiben darf, die im Urteil besonders darzulegen sind, Fra VM **77** 31. Im Hinblick darauf, dass es hier um strafrechtlich relevante Trunkenheitsfahrten geht, werden eher noch strengere Maßstäbe anzulegen sein als für Regelanordnung nach § 25 I 2 StVG (dort Rz 18).

Judikatur hierzu existiert praktisch nicht. Das ist dadurch bedingt, dass es bereits selten vorkommt, dass bei einer Trunkenheitsfahrt trotz § 69 II Nr 1, 2 von der EdF abgesehen wird. Nach (ausnahmsweiser) Nichtanordnung der EdF nunmehr in einem weiteren Schritt die auf das Fahren bezogene Sanktion quasi „auf Null herabzufahren", würde der höheren abstrakten Gefahr und dem höheren Unrechtsgehalt einer strafrechtlich relevanten Trunkenheitsfahrt kaum entsprechen. In extremen Ausnahmekonstellationen wird ein Absehen vom FV jedoch auch im Strafrecht diskutabel sein, so etwa, wenn der Kf das Kfz nur wenige Meter bewegt. Kö VRS **81** 21 erörtert gleichwohl (im konkreten Fall wohl mit Recht) nur ein eingeschränktes FV. Ein weiterer Anwendungsfall können notstandsähnliche Situationen sein (§ 25 StVG Rz 24). Zu großzügig LG Mü I NZV **05** 56, das fehlende Voreintragungen und 1 Jahr unbeanstandetes Fahren eines BerufsKf für ein Absehen vom indizierten FV ausreichen lässt.

8a **Es besteht keine allgemeine Regel,** wonach in allen (anderen, s Rz 8) Fällen des § 69 II bei Absehen von EdF stets ein FV zu verhängen wäre (Bay VRS **58** 362, Ko VRS **71** 278, Kö DAR **92** 152). Unterbleibt EdF nur deswegen, weil der Zweck der Maßregel durch lange vorläufige EdF erreicht ist, gilt I S 2 trotz fehlender Vollstreckbarkeit (§ 51 I, V) gleichwohl; wie bei der Parallelproblematik einer nach Anrechnung von U-Haft erledigten Freiheitsstrafe (§ 51 I StGB) verliert das (erledigte) FV nämlich durch Zeitablauf nicht die Kennzeichnungsfunktion der Strafe, die auch im BZR und VZR zum Ausdruck kommt und kommen muss (BGH NJW **80** 130, Fra VM **76** 27, **77** 31, Bay NStZ **89** 257, LK-*Geppert* Rz 38; *Geppert* ZRP **81** 88; aM Bay NJW **77** 445, LG Fra StV **81** 628, hier bis 38. Aufl, *Hentschel* DAR **78** 102). Es ist deswegen unrichtig, von „symbolischer" (Bay NJW **77** 445 [aufgegeben durch Bay NStZ **89** 257]) oder „deklaratorischer" (AG Lüdinghausen NZV **08** 419 [zu § 25 StVG]) zu sprechen (LK-*Geppert* Rz 38).

9 **Nach langem Zeitablauf** seit der Tat wird das FV seine spezialpräventive Funktion oft nicht mehr erfüllen können und daher uU nicht mehr geboten sein. Die Grundsätze unter § 25 StVG Rz 24 gelten auch hier. Richtwert sind **dementsprechend 2 Jahre** beanstandungsfreien Fahrens (Kö VRS **109** 338, Kö DAR **05** 406, **07** 714, Dü NZV **93** 76, Stu DAR **99** 180, Jn VRS **112** 351, s aber LG Ko NStZ-RR **96** 117). Unterhalb dieser Grenze wird ein Absehen vom FV nicht in Betracht kommen (Ha NZV **06** 167, abw *Schulz* ZfS **98** 363). Von BGH ZfS **04** 133 (zust *Bode*) wurde (mit apodiktischer Begründung) allerdings ein FV 1 Jahr 9 Monaten nach der Tat (Hehlerei) als zur Warnung nicht mehr geeignet erachtet, von Ha DAR **04** 535 (krit *Krumm,* Anm *Bode* ZfS **04** 429) jedenfalls nach 22 Monaten. Eine Verfahrensdauer von über 2 Jahren schadet dann nicht, wenn der Zeitablauf maßgebend auf durch den Angekl. bewirkte Verzögerungen zurückzuführen ist (Ha DAR **05** 406). Zur Frage, ob dem Angekl. insoweit die Einlegung von Rechtsmitteln schadet, s § 25 StVG Rz 24. Ist der Angekl. in der Zwischenzeit erneut (wegen Straftaten oder VerkehrsOW) auffällig geworden, so wird trotz des Zeitablaufs ein FV anzuordnen sein (Kar NZV **04** 316; Ba v 16. 7. 08, 2 Ss OWi 835/08, 2 Ss OWi 835/2008, juris [je zu § 25 StVG]).

10 **5. Kraftfahrzeuge jeder oder einer bestimmten Art** erfasst das FV. Kfz: § 69 StGB Rz 3 und § 1 StVG, § 4 FeV. KfzArten: § 69a StGB Rz 5–7. Unter Zugrundelegung von Strafzumessungsregeln und Beachtung des Übermaßverbots kann hier uU auch dem Gesichtspunkt drohenden Arbeitsplatzverlusts entscheidendes Gewicht zukommen (Rz 7c, Kö DAR **91** 112; LG Cottbus DAR **07** 716). Entgegen LG Göttingen NJW **67** 2320 kann ein bestimmtes Fz zu bestimmten Zwecken in einem räumlich begrenzten Bezirk nicht vom FV ausgenommen werden (§ 25 StVG Rz 11). Nach Rechtskraft ist die Beschränkung auf bestimmte Kfz-Arten nicht mehr möglich (LG Aschaffenburg DAR **78** 277).

11 Bei artbeschränktem FV stellt die VB auf Antrag für die Dauer der amtlichen FS-Verwahrung einen befristeten FS für die ausgenommene KfzArt aus, der später gegen den FS wieder ausgetauscht wird (VkBl **66** 48, Brn VRS **96** 233).

12 **6. Einen Monat bis zu drei Monaten** dauert das FV, innerhalb dieses Rahmens bemessen nach Wochen oder Tagen. Die Lücke zur Mindestfrist von 6 Monaten bei der EdF ist vom historischen Gesetzgeber bewusst gesetzt, um den Charakter des FV als Denkzettelstrafe gegenüber dem *nicht gefährlichen* Verurteilten herauszustellen. Hält der Tatrichter eine längere Verbotsfrist für geboten, so stehen idR Fälle in Frage, bei denen die EdF angezeigt sein kann. Zu Reformbestrebungen Rz 1. **Die Frist beginnt** nur dann mit der Rechtskraft der Verurteilung, wenn kein FS zu verwahren ist, sonst am ersten Verwahrungstag (III), damit der Verurteilte die Herausgabe nicht verzögert, die durch Beschlagnahme erzwungen werden kann (§ 463b I StPO). Dadurch verlängert sich das FV um die Frist bis zur amtlichen Verwahrung. Das verpflichtet das Gericht zur Belehrung bei Verkündung oder Zustellung der Entscheidung, damit sich die Verbotsfrist

Fahrverbot § 44 StGB **6**

nicht unnötig verlängert (§ 268 c StPO, Ce VRS **54** 128), auch beim Strafbefehl. Es kommt gelegentlich vor, dass der Verurteilte den FS nicht bei der Vollstreckungsbehörde (StA), sondern bei einer Polizeidienststelle abgibt. Nimmt diese den FS an, so wird die Zeit der polizeilichen Verwahrung *nicht* in die Verbotsfrist eingerechnet, was nicht selten zu vermeidbaren Gnadenverfahren führt. Auch über die verwahrende Stelle sollte daher belehrt werden. Auch bei Beschränkung auf bestimmte FzArten (Rz 10, 11) ist der FS amtlich zu verwahren. Wird der FS bei FVVerhängung bereits amtlich verwahrt (§§ 94, 111a StPO) und die Verwahrung trotz Aufhebung der vorläufigen Entziehung im Einverständnis mit dem Verurteilten aufrecht erhalten, so ändert sich lediglich der Rechtsgrund der Verwahrung: Anrechnung der Zeit zwischen der Entscheidung und dem Eintritt der Rechtskraft auf die Verbotsfrist zwingend nach § 450 II StPO. Zum Fristbeginn bei gleichzeitiger oder nachträglicher Entziehung EdF wie bei FSVerlust sowie zum Fortbestehen des FV nach langer Dauer der Nichtabgabe § 25 StVG Rz 31. Für die Berechnung des **Endes der Verbotsfrist** gilt § 59a V StVollStrO, für die Monatsfrist also § 37 IV 2 StVollStrO, wonach bis zu dem Tag zu rechnen ist, der durch seine Zahl dem Anfangstag entspricht.

7. Bei mehreren FV laufen die Verbotsfristen nach hM *nebeneinander*; die Verbotsfristen weiterer FV beginnen also jeweils mit Rechtskraft ihrer Anordnung und werden nicht durch andere FV gehemmt (Bay NZV **93** 489 [zu § 25 StVG] m Anm *Hentschel* DAR **94** 75, LG Münster NJW **80** 2481, LG Regensburg DAR **08** 403, *Fischer* Rz 18a, *Karl* NJW **87** 1063, *Kulemeier* S 88, dazu auch § 25 StVG Rz 28 mwN; aM LG Flensburg NJW **65** 2309, LG Stu NJW **68** 461). Die Laufzeit jedes FV ist selbstständig gem II, III zu ermitteln (Rz 12). **Bei TM** ist auf ein einheitliches FV zu erkennen, auch wenn jede der abgeurteilten Taten ein FV rechtfertigt (Bay VM **76** 57, Brn VRS **106** 212, Ce NZV **93** 157).

Ist nachträglich **Gesamtstrafe** zu bilden, so ist entweder das schon verhängte FV, soweit es **14** nicht gegenstandslos geworden ist (§ 55 II StGB), aufrechtzuerhalten, oder es ist ein neues FV bis zu drei Monaten Höchstdauer auszusprechen (LG Stu NZV **96** 466), dies nach § 55 auch beim Zusammentreffen von Freiheitsstrafe(n) mit Geldstrafe(n).

8. Amtliche Verwahrung des FS. In Verwahrung zu nehmen sind nach Abs 2 S 2 sämtli- **15** che von einer deutschen Behörde ausgestellten nationalen und internationalen FS. Im Hinblick auf die automatisch mit Rechtskraft eintretende Wirksamkeit des FV (Abs 2 S 1) ist ein Vollstreckungsaufschub (§ 47 II, § 456 StPO) nicht möglich (Kö VRS **71** 48, LG Mainz MDR **67** 683, *Mürbe* DAR **83** 45). Die Möglichkeit, das Wirksamwerden des FV bis zu 4 Monaten hinauszuschieben, besteht hier – anders als gem § 25 IIa StVG – nicht (gegen eine Übertragung jener Regelung auf § 44 de lege ferenda *Fehl* NZV **98** 439). Von der Verwahrung ist die StrVB zu benachrichtigen, damit sie keine Zweitschrift des FS erteilt. Verlust des FS: § 25 StVG Rz 31. Die Prüfbescheinigung gem § 5 FeV ist kein FS iS des Abs 2 S 2, also nicht in Verwahrung zu nehmen (§ 25 StVG Rz 32). Fristbeginn, wenn der amtlichen Verwahrung rechtliche oder tatsächliche Hindernisse entgegenstehen: § 25 StVG Rz 31. Mit Verbotsablauf muss der FS wieder ausgehändigt sein (LG Flensburg DAR **67** 299).

Vorläufige EdF (§ 111a StPO), – ab Bekanntgabe des Beschlusses (LG Frankenthal DAR **79** **16** 341) – *Verwahrung, Sicherstellung oder Beschlagnahme des FS* (§ 94 StPO), soweit wegen einer den Gegenstand des Verfahrens bildenden Tat vor dem Urteil verstrichen, **sind auf das FV idR anzurechnen,** es sei denn, das Gericht erkennt, dies sei wegen des Verhaltens des Täters nach der Tat ganz oder teilweise ungerechtfertigt (§ 51 V StGB), weil die vorläufige Maßnahme keine Denkzettelwirkung (Rz 1, 2) auf den Täter gehabt habe. Diese Anordnung muss mit dem Urteil ergehen; fehlt sie, so ist nach § 51 I, V StGB Vollanrechnung anzunehmen. Soweit zur Vermeidung von Zweifeln notwendig, ist auch die Anrechnung ausdrücklich anzusprechen (Bay VRS **72** 278). Anrechnung *rechtskräftiger* EdF wegen derselben Tat: Bay VRS **72** 278 (zust *Berz* JR **87** 513). Vollstreckte ausländische Strafe (auch Verwaltungsstrafe) wegen derselben Tat ist nach § 51 III 1 anzurechnen (BVerfG DAR **08** 586, Bay NJW **72** 1631); vorrangig ist allerdings Strafklageverbrauch nach Art 54 SDÜ zu prüfen (vgl BVerfG DAR **08** 586).

Nicht einzurechnen ist die Dauer behördlicher **Anstaltsverwahrung** (III). Denn das an sich **17** kurzfristige Verbot würde sonst seine Warnwirkung einbüßen, zB durch Verbüßung der in derselben Sache verhängten Freiheitsstrafe. Verwahrung: Freiheitsstrafe, Untersuchungshaft, Unterbringung, Jugendarrest, auch ausländische (BGHSt **24** 62 = NJW **71** 473, Ko NStZ **07** 720). Gelockerter Vollzug, Urlaubs- und Ausgangstage unterbrechen die Anstaltsverwahrung iS von III S 2 nicht (Stu NStZ **83** 429, Fra NJW **84** 812, aM *Kulemeier* S 87). Das gilt auch für einen Freigänger, dem die JVA den Gebrauch des eigenen Pkw für Fahrten zur Arbeitsstelle und während des Urlaubs ohne weitere Auflagen gewährt (Kö StraFo **07** 345; eingehend Schl SchlHA **08** 223 [D/D]).

6 StGB § 44

18 **9. Inhaber ausländischer FE.** Begriff: § 69b Rz 2 StGB, § 29 FeV. Ein FV gegen Inhaber ausländischer FE hängt nach Aufhebung des früheren Abs 2 durch das 32. StrÄndG v 1. 6. 95 nicht mehr davon ab, dass die zugrunde liegende Tat gegen VVorschriften verstößt; die Voraussetzungen für die Nebenstrafe sind damit jetzt dieselben wie bei Inhabern deutscher FE. Damit soll der zunehmend länderübergreifenden Kriminalität Rechnung getragen werden (BRDrucks 68/93 [Beschluss]). Wurde der ausländische FS von einem EU-Mitgliedstaat oder von einem EWR-Staat ausgestellt, so wird er für die Dauer des FV ebenso wie ein deutscher FS amtlich verwahrt, wenn der Inhaber seinen ordentlichen Wohnsitz (§ 2 StVG Rz 3) im Inland hat (II S 3). In allen anderen Fällen ist das FV auf dem ausländischen FS zu vermerken. Die Verbotsfrist beginnt mit Eintragung des Vermerks bzw mit Einziehung. Zur rechtzeitigen Eintragung des Vermerks *Cremer* NStZ **93** 126. Hat der Verurteilte keinen FS, so läuft sie von der Rechtskraft der Verurteilung an. Sachlicher Geltungsbereich: Rz 2. Anrechnung: Rz 16, 17. Zur Möglichkeit der Vollstreckung des FV gegen Verurteilte mit ausländischer FE in deren ausländischem Wohnsitzstaat, § 25 StVG Rz 32.

19 **10. Verfahren.** Überraschende, weil im Verfahren nie erwähnte FV-Verhängung ist unzulässig (Bay NJW **78** 2257). Enthält der Eröffnungsbeschluss keinen Hinweis auf die Möglichkeit eines FV, so besteht Hinweispflicht entsprechend § 265 II StPO, obwohl dessen Wortlaut das nicht ausdrücklich vorschreibt; dies erfordert jedoch der Zweck der Bestimmung (Ha VRS **41** 100, Dü VM **73** 14, Ce VRS **54** 270, Bay DAR **79** 51, LK-*Geppert* § 44 Rz 92ff, aM KG VRS **53** 42, *Meyer-Goßner* § 265 Rz 24). Die Hinweispflicht entfällt aber bei Hinweis auf EdF (Dü VM **83** 14, Ce VRS **54** 268).

20 Rechtsmittelbeschränkung auf das FV ist wegen des sachlichen Zusammenhangs mit der Hauptstrafe idR unzulässig, (Jn NZV **06** 167, Ce VRS **62** 38, Schl VRS **65** 386, Ko VRS **66** 40, Kö VRS **109** 338, DAR **92** 152, Dü NZV **93** 76). Entsprechendes gilt für die Beschränkung des Einspruchs gegen einen Strafbefehl (Bay NZV **00** 50). Anders, wenn bei Wegfall des FV eine Kompensation durch Erhöhung der Hauptstrafe rechtlich ausscheidet und auch eine niedrigere Strafe nach Zurückverweisung auszuschließen ist (Kö VRS **109** 338, s auch Ha VRS **41** 183, **49** 275). Zulässig ist die Beschränkung auf den Ausspruch des FV und der Gesamtstrafe; ein Abhängigkeitsverhältnis zwischen FV und Einzelstrafen besteht nicht (Jn NZV **06** 167). Der unwirksam auf das FV beschränkte Rechtsmittelangriff erfasst den Strafausspruch insgesamt (Dü VRS **63** 463, Kö NZV **96** 286), ebenso bei Anfechtung einer Verurteilung überhaupt oder bei TM, wenn ein einheitliches FV verhängt ist (Bay DAR **66** 270, KG VRS **32** 115, s aber Bay DAR **67** 138 [Beschränkung auf die Nichtanordnung eines FV]). Durfte der Verurteilte anhand der Urteilsverkündung mit Wegfall des FV rechnen, ist das schriftliche Urteil jedoch anders auszulegen, so bindet ein Rechtsmittelverzicht in der Hauptverhandlung nicht (Kö JR **69** 392).

21 **Verschlechterungsverbot** (§§ 331, 358 II StPO; s § 69 StGB Rz 28, § 69a StGB Rz 18). Ist nur der Verurteilte Rechtsmittelkläger, so kann grundsätzlich weder neu auf FV erkannt (Kar NJW **72** 1633) noch anstatt des FV auf EdF erkannt werden (*Cramer* NJW **68** 1764). Jedoch darf ein milderes Ahndungsmittel ein strengeres ersetzen nach Maßgabe der gesetzlichen Bewertung, wobei die Gesamtschau aller Sanktionen keine Benachteiligung des Rechtsmittelklägers ergeben darf (BGHSt **24** 11 = NJW **71** 105). Freiheitsstrafe (auch zur Bewährung ausgesetzte) ist gegenüber dem FV die strengere Strafart (Bay VRS **54** 45, Kar NZV **05** 594), nicht aber Geldbuße (BGHSt **24** 13) und Geldstrafe (Kö DAR **05** 697, Ha NJW **71** 1190). Wird Freiheitsstrafe durch Geldstrafe ersetzt, so darf stattdessen ein FV in der Weise verhängt werden, dass Geldstrafe und FV in der Gesamtschau („ganzheitliche Betrachtungsweise") gegenüber der zunächst verhängten Freiheitsstrafe als die mildere Sanktion erscheinen (Bay VRS **54** 45). Unterschiedlich wird beurteilt, ob unter Herabsetzung der Tagessatzanzahl einer Geldstrafe im Berufungsurteil erstmals ein FV angeordnet bzw. die Fahrverbotsdauer gegenüber dem Ersturteil verlängert werden darf. Stuft man das FV im Vergleich zur Geldstrafe als die strengere Strafart ein (so LK-*Geppert* Rz 101; *Fischer* Rz 23), so wäre beides unzulässig. Eindeutig ist die Prämisse jedoch nicht. Vor allem kann sich an die Geldstrafe eine Ersatzfreiheitsstrafe anschließen (§ 43 S 2 StGB) und die Freiheitsstrafe steht in ihrer Schwere unzweifelhaft über dem FV. Zutreffend dürfte es sein, auf die Umstände des Einzelfalls abzustellen (so Schl NStZ **84** 90, Dü ZfS **06** 587). Entfällt ein FV auf das alleinige Rechtsmittel des Angekl., so darf die Tagessatz**zahl** der Geldstrafe nicht erhöht werden, weil sie zugleich die Höhe der Ersatzfreiheitsstrafe bestimmt (Kar NZV **05** 594, VM **05** 69, Kö DAR **05** 697, VRS **109** 338, KG VRS **52** 113, Dü ZfS **06** 587; aM LG Kö NStZ-RR **97** 370, *Grebing* JR **81** 1, *Kulemeier* S 90), die Tagessatz**höhe**

nur nach dem Maßstab der persönlichen und wirtschaftlichen Verhältnisse des Angekl. (Bay MDR **76** 601, VRS **58** 38, NZV **05** 594, Kar NZV **05** 594, VM **05** 69, KG VRS **52** 113, *D. Meyer* DAR **81** 33). Wegfall der EdF darf durch FV ersetzt werden (BGHSt **5** 168, Fra NJW **68** 1793, Kar VRS **34** 192, Stu NJW **68** 1792, Ce VM **69** 18, Bay NJW **70** 2259, Schl SchlHA **71** 57, Dü NZV **91** 237), auch bei erhöhter Geldstrafe (Ko VRS **47** 416). Verstoß gegen das Verschlechterungsverbot aber, wenn gegen einen im Besitz einer FE befindlichen Angekl. statt EdF nur die Sperre ausgesprochen wurde und diese durch ein FV ersetzt wird (Fra VRS **64** 12). War bei TM ein einheitliches FV verhängt, das schon durch eine der Taten gerechtfertigt ist, so darf es bei Wegfall der anderen Tat bestehen bleiben (Bay DAR **66** 270).

11. Strafvorschrift gegen Fahren trotz des FV: § 21 StVG (dort Rz 9). Dann kann EdF gerechtfertigt sein (Schl DAR **67** 21, Ha VRS **63** 346, s § 69 Rz 13a). **22**

Lit: *Hentschel,* Gesetzliche Pflicht zur Verhängung symbolischer FV?, DAR **78** 102. *Ders.,* Wann beginnt die Frist für das FV …,?, DAR **88** 156. *Koch,* Zum Fristbeginn beim FV, DAR **66** 343. *Kulemeier,* FV (§ 44 StGB) und EdF (§§ 69 ff StGB), Lübeck 1991. *Martzloff,* Vollstreckung eines gerichtlichen FV bei gleichzeitiger behördlicher EdF, DÖV **85** 233. *D. Meyer,* Erhöhung des Tagessatzes als Ausgleich für den Wegfall eines an sich gebotenen FV …, DAR **81** 33. *Schäpe,* Probleme der Praxis bei der Vollstreckung von FV, DAR **98** 10. *Schulz,* Wegfall des FV aufgrund Zeitablaufs, ZfS **98** 361. *Seib,* Zur Vollstreckung des FV bei behauptetem FSVerlust, DAR **82** 238. *Warda,* Das FV gem § 37 StGB, GA **65** 65. *Wollentin/Breckerfeld,* Verfahrensrechtliche Schwierigkeiten bei der Durchsetzung des FV, NJW **66** 632. **Weitere Lit** zum FV: § 25 StVG. Zur Frage der **Reformbedürftigkeit:** *Bönke,* Aktuelle Reformvorschläge zum FV, VGT **97** 208. *Ders.,* Das FV als Strafe bei allgemeiner Kriminalität?, DAR **00** 385. *Fehl,* FV als alternative Hauptstrafe?, DAR **98** 379. *König,* FV bei allgemeiner Kriminalität?, NZV **01** 6. *Röwer, Stöckel,* FV als allgemeiner Kriminalität?, BA **01** 90, 99. *Schäpe,* FV bei allgemeiner Kriminalität?, VGT **01** 90. **23**

Entziehung der Fahrerlaubnis

69 (1) ¹Wird jemand wegen einer rechtswidrigen Tat, die er bei oder im Zusammenhang mit dem Führen eines Kraftfahrzeuges oder unter Verletzung der Pflichten eines Kraftfahrzeugführers begangen hat, verurteilt oder nur deshalb nicht verurteilt, weil seine Schuldunfähigkeit erwiesen oder nicht auszuschließen ist, so entzieht ihm das Gericht die Fahrerlaubnis, wenn sich aus der Tat ergibt, daß er zum Führen von Kraftfahrzeugen ungeeignet ist. ²Einer weiteren Prüfung nach § 62 bedarf es nicht.

(2) Ist die rechtswidrige Tat in den Fällen des Absatzes 1 ein Vergehen

1. der Gefährdung des Straßenverkehrs (§ 315 c),
2. der Trunkenheit im Verkehr (§ 316),
3. des unerlaubten Entfernens vom Unfallort (§ 142), obwohl der Täter weiß oder wissen kann, daß bei dem Unfall ein Mensch getötet oder nicht unerheblich verletzt worden oder an fremden Sachen bedeutender Schaden entstanden ist, oder
4. des Vollrausches (§ 323 a), der sich auf eine der Taten nach den Nummern 1 bis 3 bezieht,

so ist der Täter in der Regel als ungeeignet zum Führen von Kraftfahrzeugen anzusehen.

(3) ¹Die Fahrerlaubnis erlischt mit der Rechtskraft des Urteils. ²Ein von einer deutschen Behörde ausgestellter Führerschein wird im Urteil eingezogen.

1. Die gerichtliche Entziehung der Fahrerlaubnis (Rechtsquellen: VerkSichG 1952, 2. VerkSichG 1964, jetzige Fassung: 2. StrRG) ist (die bei weitem am häufigsten angeordnete) Maßregel (§ 61 Nr 5). Die dem Strafrichter übertragene Befugnis zur EdF unter Berücksichtigung der im Strafverfahren gewonnenen Erkenntnisse über Tatumstände und Persönlichkeit macht verwaltungsbehördliche Maßnahmen entbehrlich und dient damit der Verfahrensvereinfachung (BGH [GrS] BGHSt **50** 93 = NJW **05** 1957). Obwohl die EdF den Verurteilten oft härter trifft als eine (ggf daneben angeordnete) Strafe und von ihm häufig auch als Strafe empfunden wird (vgl BGHSt **7** 168, NJW **05** 1957, VRS **107** 354, NZV **03** 46, 199, s auch *Kulemeier* S 275 ff), wohnt ihr weder straf- noch strafähnlicher Charakter inne. Die spezialpräventiven Wirkungen der Maßregel vermögen die Strafe allerdings von ihrer sichernden und bessernden Funktion in gewissem Umfang zu entlasten (BTDrucks IV/651 S. 16). Das Gericht darf die von der EdF auf den Täter ausgehenden Wirkungen deshalb bei der Strafzumessung berücksichtigen (Ha DAR **55** 222, Fra NJW **71** 669, LK-*Geppert* Rz 3). Von der Nebenstrafe des FV unterscheidet sich die EdF auch in ihrer Wirkung. Anders als beim FV (dort Rz 2) erlischt die FE mit der Rechtskraft der Entziehungsanordnung (Rz 25). Die EdF verfolgt allein den Zweck, unge- **1**

6 StGB § 69

eignete (gefährliche) Kf vom V auszuschließen (BGH NJW **05** 1957, **62** 1211). Anordnung und Dauer (Sperrfrist) hängen deshalb ausschließlich von der Ungeeignetheitsprognose ab, nicht (zumindest nicht unmittelbar) von Tatschwere oder Schuldgrad (BGHSt **15** 397, NZV **03** 46, DAR **03** 563), nicht vom Sühnebedürfnis (BGH VRS **11** 425), nicht von wirtschaftlichen Interessen (BGH VM **54** 5, s Rz 22, § 69a Rz 2) und auch nicht von generalpräventiven Zielsetzungen (BGH NJW **05** 1957, NStZ **04** 146, s auch § 69a Rz 2). Die EdF dient **ausschließlich der Sicherung des StrV** (BGH [GrS] NJW **05** 1957 m Anm *Hentschel* DAR **05** 455, *Lampe* BA **05** 315, *Duttge* JZ **06** 102, Bspr *Pießkalla/Leitgeb* NZV **06** 185; BGH VRS **107** 354, NZV **03** 199, zust *Geppert* NStZ **03** 288, DAR **03** 563, NStZ **04** 145, Bay NZV **04** 425, LK-*Geppert* Rz 34, *Fischer* Rz 2, 10, *Sowada* NStZ **04** 171, *Herzog* StV **04** 151). Die früher zT abw Rspr des BGH, die Aspekte der allgemeinen Kriminalitätsverhinderung einbezog (vgl, sorgfältig begründet, insbesondere BGH [1. StrafS] NStZ **03** 658) ist durch die Entscheidung des GrS (NJW **05** 1957) überholt (im Einzelnen Rz 11 ff).

2 2. An eine Aburteilung (Rz 9 f) **wegen einer rechtswidrigen (Anlass-) Tat** (§ 11 I Nr. 5 StGB; E 77 ff, 112 ff) knüpft die gerichtliche EdF an (BGHSt **14** 68), die zudem verfolgbar (insbesondere unverjährt) sein muss, weil § 69 Verurteilung wegen dieser Tat (Rz 9) oder Nichtverurteilung gerade wegen Schuldunfähigkeit oder nicht auszuschließender Schuldunfähigkeit bzw Verhandlungsunfähigkeit (§ 71 StGB), voraussetzt (Rz 10). OW scheiden aus.

3 **Anlasstaten.** Bei oder im Zusammenhang mit dem Führen eines Kfz oder unter Verletzung der dem Führer eines Kfz obliegenden Pflichten muss die Anlasstat begangen worden sein. Die Eingangsmerkmale entsprechen den in § 44 verwendeten. Die §§ 44, 69 haben deshalb einen gemeinsamen „Oberbau", der durchlaufen werden muss, um zur Rechtsfolge (EdF bzw FV) zu gelangen (zweistufige Prüfung). Eine genaue Zuordnung zu den sich überschneidenden Varianten im „Oberbau" ist dabei nicht notwendig, sofern das Ergebnis die Entscheidung trägt. An der bisherigen Rspr zu den Eingangsmerkmalen hat BGH (GrS) NJW **05** 1957 nicht gerührt (Rz 5 sowie § 44 Rz 5). Namentlich bei sog. Zusammenhangstaten ruht der Schwerpunkt (und die Schwierigkeit) der gerichtlichen Prüfung daher faktisch auf dem Eignungsurteil (Rz 11 ff), ohne dass damit gesagt werden soll, dass den Eingangsmerkmalen des § 69 keine echte Bedeutung zukommt.

3a **Führen:** § 316 Rz 3 ff. Lenken eines abgeschleppten Kfz (§ 316 Rz 4, § 33 StVZO Rz 6 ff) ist nicht Führen eines Kfz iS von § 69 (Ha DAR **99** 178). **Kraftfahrzeug:** § 1 StVG Rz 2 ff; dazu gehören auch FmH und führerscheinfreie Mofas (BGH VM **72** 25, Dü VM **70** 68, Ol NJW **69** 199, VM **69** 5), (natürlich) nicht Fahrräder (Brn BA **08** 314). Zwar gilt die Legaldefinition des Kfz in § 1 II StVG unmittelbar nur für das StVG. Eine an Sinn und Zweck sowie der Entstehungsgeschichte des § 69 orientierte Auslegung ergibt aber für § 69 eine dem § 1 StVG entsprechende Begriffsbestimmung, weil die Anlasstat jedenfalls einen Bezug zum StrV haben muss. Straftaten im Zusammenhang mit dem SchienenV oder der Luft- und Schifffahrt scheiden daher aus (Bay NZV **93** 239, LG Ol NZV **08** 50 [Motorboot] m Anm *Laschewski*, Brn DAR **08** 393, Ro NZV **08** 472, LK-*Geppert* Rz 22, nach MK-*Athing* Rz 30 „allgM"). Die Gegenansicht (LG Mü II NZV **93** 83 [Lokomotive als Kfz; abl *Hentschel* sowie *Janiszewski* NStZ **93** 274], LG Kiel DAR **06** 699 m Anm *Schäpe* [Motorboot als Kfz], *Fischer* Rz 3) vermag kriminalpolitische Gründe für sich anzuführen (hierzu BR in BTDrucks 15/2725 S. 40) und darauf zu verweisen, dass die hM nach dem Gesetzeswortlaut nicht *ganz zwingend* ist; jedoch spricht dagegen die Entstehungsgeschichte des § 69 und müsste der Standpunkt konsequent zu Ende gedacht dazu führen, dass etwa dem betrunkenen Schiffsführer nicht nur die FE für Kfz im StrV zu entziehen wäre, sondern auch das Schiffspatent bzw der Befähigungsnachweis (s auch BReg in BRDrucks 724/05 zu BRDrucks 940/04). Dafür ist § 69 *eindeutig* nicht gedacht (Brn DAR **08** 393). Dementsprechend stellt auch BGH NJW **05** 1957 ganz selbstverständlich den Bezug zu § 2 IV S 1, § 3 I S 1 StVG, § 11 I S 3, § 46 I S 2 FeV her. Ferner ist § 315a anders als § 315c im Katalog des § 69 II nicht genannt (Ro NZV **08** 472, LG Ol NZV **08** 50). Dass das Kfz auf öffentlichem VGrund (§ 1 StVO) geführt wurde, ist nicht Voraussetzung (Ol VRS **55** 120, LG Stu NZV **96** 213, *Fischer* § 44 Rz 7, aM *Sch/Sch-Stree* Rz 12). Unerheblich ist, ob die Motorkraft im Einzelfall auch in Betrieb gesetzt war (BGH NJW **60** 1211, Bay NJW **59** 111, Dü VM **74** 13, str).

4 a) **Zusammenhang** mit dem Führen eines Kfz: Der Begriff wird in der Rspr weit interpretiert (zur Kritik Rz 5). Das KfzFühren muss der Tat dienlich gewesen sein; ein nur äußerer Zusammenhang, etwa Tatbegehung *bei Gelegenheit* der Fahrt (BGH NJW **04** 3497), reicht hingegen nicht aus (BGHSt **22** 329, BGH NStZ **01** 477, BA **05** 58), auch nicht bloßer Besitz. Zusammenhangstat kann vorliegen bei KfzBenutzung zur Tatvorbereitung, Tatbegehung, Flucht oder Tatverdeckung (BGH NJW **05** 1957, Bay VRS **69** 281, krit *Kulemeier* NZV **93** 212), so bei *Verkauf von Rauschgift* in oder aus einem Taxi durch den TaxiF (BGH NZV **02** 574), beim *Transport von Rauschgift* zwecks illegalen Verkaufs (BGH NJW **05** 1957, VRS **81** 369, NZV **93** 35, NStZ-RR **98** 43, Dü DAR **92** 187), bei KfzBenutzung, um *zum Tatort zu gelangen* (BGH NJW **05** 1957, DAR **67** 96, **77** 151, Ha StV **03** 624, Dü VRS **98** 190, Kar NZV **05** 690 [Reifenstecher, näher Rz 6a], einschr BGH NZV **02** 378 [Zusammenhangstat nur, wenn dadurch die tatbestandliche Handlung selbst gefördert wird], s auch BGH NJW **02** 628), bei KfzBenutzung *zum Beutetransport* (BGH NStZ **04** 145, VM **67** 1, Kö VM **71** 76, Dü VRS **96** 268, **98** 190, Stu NJW **73** 2213 [aber kein Zusammenhang, wenn Stehlgut später nochmals transportiert wird]), zur Deckung langfristigen Eigenbedarfs (Dü NZV **97** 364) oder zum Zigarettenschmuggel (Ha VRS **102** 56), bei FzVerwendung zur Erleichterung einer Vergewaltigung, zB, um an einen geeigneten Ort zu gelangen (BGH JZ **54** 541, VRS **6** 424, s auch BGH NJW **53** 75), aber nicht bei erst nach der Fahrt gefasstem Entschluss und ohne Benutzung zur Flucht (Rz 7). Eine Zusammenhangstat iS von I S 1 kann auch vorliegen bei Urkundenfälschung durch Vorzeigen eines *gefälschten FS* bei PolKontrolle (Ha VRS **63** 346), nicht aber zB schon bei FSFälschung zwecks KfzMiete (aA Kö MDR **72** 621, näher Rz 5). Zusammenhang besteht *bei Tätlichkeit* wegen des Verhaltens im StrV (Kö NJW **63** 2379, Kar DAR **05** 645 [zu § 44], LG Zw DAR **95** 502, LG Ko NStZ-RR **96** 117, aM *Halecker* BA **05** 100), zB, wenn ein LkwFahrer einen anderen zum Halten nötigt, um diesen zu verprügeln (Ha VRS **25** 186, s auch Bay JR **59** 470, NJW **59** 2127, Ha VRS **28** 260), nach KG NJW **08** 2132 aber nicht, wenn ein Busfahrer einen Fahrgast tätlich angreift, nachdem dieser ihn aus Verärgerung, weil er nicht mitgenommen worden war, beleidigt hatte (Grenzfall). Der Zusammenhang ist auch bei vorsätzlich herbeigeführtem Unfall zu Betrugszwecken gegeben (BGH VRS **82** 19, Mü NJW **92** 2776).

Die Rspr zum Zusammenhangsbegriff wird durch große Teile des Schrifttums als zu 5 weit kritisiert (LK-*Geppert* Rz 34, *Halecker* BA **05** 98, s auch BGH NJW **05** 1957); zT lässt sie einen Zusammenhang mit bloßem KfzBesitz anstatt mit der Führung genügen (zB BGHSt **17** 218 = NJW **62** 1211), so bei Vorfahren an Tankstelle, um Leistungen oder Treibstoff zu ertrügen (BGH VRS **30** 275, BGH BA **05** 58), oder bei Kreditwürdigkeit vorzutäuschen (BGH NJW **54** 163, abl LK-*Geppert* Rz 41, *Sowada* NStZ **04** 173, *Kulemeier* NZV **93** 212, *Hartung* JZ **54** 137, *Schmidt-Leichner* NJW **54** 163: Hier werde nur durch Besitzvorzeigen getäuscht, wie oft auch sonst beim Betrug, ohne dass gegenüber anderen Betrügern EdF oder isolierte Sperrfristen rechtspolitisch erwogen würde). BGH NJW **05** 1957 betont entgegen der Kritik, dass ein **Anlass zur Einengung des Begriffs nicht bestehe;** vielmehr bedürften „Zusammenhangstater" besonders eingehender Prüfung im Rahmen des Eignungsurteils (im Einzelnen Rz 11ff, 14f). Der Lösungsweg des GrS ist auch insofern bedeutsam, als die Anordnung des FV ohne Einschränkungen beim Begriff des Zusammenhangs weiterhin in bisherigem Umfang möglich ist (§ 44 Rz 5).

Dass bei der Tat ein anderer geführt hat, schließt nach herrschender Rspr den Zusam- 6 menhang mit dem Führen nicht aus. Zusammenhang wurde angenommen (wobei nicht immer klar zwischen den einzelnen Varianten unterschieden wird, s Rz 3, 8) bei Einwirken des Beifahrers auf die Fahrweise des FzF (BGH VRS **107** 29), bei Entführung oder Vergewaltigung durch mitfahrenden Teilnehmer (BGHSt **10** 333, VRS **37** 350, NJW **57** 1287, JZ **58** 130, VM **79** 4); bei Überwachung der ohne FE fahrenden Ehefrau durch den mitfahrenden FEInhaber (Ce VM **56** 72); bei Mitfahrt als Beifahrer zur Ausübung von Brandstiftungen (Dü NStZ-RR **02** 314) oder von Rauschgifthandel (LG Memmingen NZV **89** 82, offen gelassen von BGH BA **04** 169), bei Unfallverursachung durch Beifahrer (LG Ravensburg NZV **93** 325, abl *Körfer*, LG Zw VRS **88** 436), bei Gutachtenerstattung durch einen Sachverständigen zu Betrugszwecken in Kenntnis eines vorausgegangenen gestellten oder provozierten „Unfalls" (Mü NJW **92** 2777); im Fall der Beihilfe zur Trunkenheitsfahrt durch Überlassen eines Fz (Ko NJW **88** 152, *Janker* DAR **03** 493); beim nicht mitfahrenden Halter, der vorschriftswidriges Kfz einsetzt (Schl VM **66** 42, *Dreher/Fad* NZV **04** 233). Dem halten einzelne Judikate (KG VRS **11** 357, 367, LG Köln NZV **90** 445, zw BGH NZV **03** 46) und ein großer Teil des Schrifttums (LK-*Geppert* 45, *Fischer* Rz 10, § 44 Rz 8, *Janiszewski* Rz 655a, *Kulemeier* S 70, 285) entgegen, dass nicht Zusammenhang mit der *Benutzung* des Kfz (so aber zB Dü NStZ-RR **02** 314), sondern mit dem *Führen* bestehen müsse. Jedenfalls müssen in solchen Fällen besonders gewichtige Hinweise auf die Ungeeignetheit gegeben sein (BGH NStZ **04** 617, BA **41** 169, *Fischer* Rz 10, s auch unten Rz 8). Hat der Beifahrer auf die FzFührung keinerlei Einfluss genommen, scheidet EdF aus (BGH NStZ **04** 617). Wer selbst verursachten eigenen Unfallschaden wider besseres Wissen

6 StGB § 69

durch Diebstahlsanzeige verdecken will, verletzt weder seine KfPflichten, noch handelt er im Zusammenhang mit dem Führen (Br VRS **49** 102).

6a Gefährdung eines fremden Fz **durch Eingriff von außen** ist keine im Zusammenhang mit dem KfzFühren begangene Tat (BGH DAR **01** 81 [Steinwurf], Ce NZV **98** 170 [Manipulation an fremdem Fz in Gefährdungs-, Verletzungs- oder Tötungsabsicht]). Anders liegt es nach Kar NZV **05** 690, wenn sich der Täter mit dem Kfz zum Tatort begeben hat (Fall eines Reifenstechers, dessen Tat zu schwersten Unfällen führen kann). Geht man mit Kar aaO davon aus, dass der Zusammenhangsbegriff erfüllt ist (s Rz 4, abl *Halecker* BA **06** 485), so erscheint nicht zw, dass der Täter fahrungeeignet ist. Denn er hat nachdrücklich unter Beweis gestellt, dass er bereit ist, die Sicherheit des StrV seinen kriminellen Zwecken unterzuordnen; dass er dies, weil „nur" ein Außeneingriff gegeben ist, nicht auch gerade als Kf tun würde (s Rz 11 ff), liegt nicht nahe (*König/Seitz* DAR **06** 121; **07** 361; aM *Hentschel* NJW **06** 482). Die Differenzierung auf der Linie von Kar NZV **05** 690 (EdF nur bei Kfz-Fahrt zum Tatort) ist unbefriedigend, das Dilemma wäre aber nur durch Gesetzesänderung zu lösen (EdF zumindest bei Außeneingriffen nach § 315b).

7 **Kein Tatzusammenhang** besteht bei bloßer Ausnutzung der durch die Fahrt geschaffenen, aber nicht geplanten Lage (BGHSt **22** 329), zB, wenn der Vergewaltigungsentschluss erst nach der Fahrt entsteht und das Kfz auch nicht zur Flucht benutzt werden soll (BGHSt **22** 328, NJW **69** 1126), ebenso bei gleicher Sachlage und Fluchtentschluss nach der Tat (BGH NZV **95** 156), bei Alkoholgenuss ohne Tatauswirkung (Ha VRS **48** 339, Dü DAR **69** 24) oder bei Vortäuschung, das Kfz gefahren zu haben, um den angetrunkenen Fahrer vor Unfall zu decken (§ 145 d; Ha DAR **58** 16). Transport von Hehlergut nach *beendeter* Hehlerei begründet keinen Zusammenhang zwischen der Hehlerei und dem Führen (BGH DAR **04** 36).

8 **b) Unter Verletzung der Kraftfahrerpflichten** überschneidet sich mit den anderen Tatvarianten; zT werden hier besprochene Fälle auch als Zusammenhangstat eingestuft bzw es wird nicht klar unterschieden (Rz 3, 6). Das Merkmal setzt nach wohl hM nicht voraus, dass der Täter das Fz geführt hat (LK-*Geppert* Rz 47). Es ist zB gegeben bei Fehlverhalten vor oder nach der Fahrt wie zB bei unzureichender Sicherung gegen Abrollen oder unzureichender Kenntlichmachung (LK-*Geppert* Rz 46). Einschlägig ist es auch beim Überlassen des Kfz an einen erkanntermaßen Fahrunsicheren oder jemanden ohne FE sowie wenn das Kfz in verkehrsunsicherem Zustand zur Verfügung gestellt wird (BGHSt **15** 316, Stu NJW **61** 690, LK-*Geppert* Rz 47, *Dreher/Fad* NZV **04** 233; aM, weil die Vorschrift nicht auf die Pflichten des Kfz-Halters, sondern auf die des Kfz-Führers abstelle, LG Kö NZV **90** 445 [Gestatten des Fahrens ohne FE], MK-*Athing* Rz 48). Der wohl hM ist zuzustimmen. Der Begriff des *Kfzführers* ist hier vom Gesetz ersichtlich in einem weiteren Sinne gemeint, bliebe der Vorschrift doch sonst neben der Zusammenhangstat (Rz 6 ff) überhaupt kein Anwendungsbereich (LK-*Geppert* Rz 47, wspr MK-*Athing* Rz 48). Das Analogieverbot steht dieser Interpretation dabei schon deswegen nicht entgegen (abw LG Kö NZV **90** 445), weil es sich bei der EdF um eine Maßregel handelt, für die das Analogieverbot nicht gilt. Schieben eines Kfz durch Fahrunsicheren erfüllt allein nicht das Merkmal der Verletzung von KfPflichten (Kar DAR **83** 365). Eingriffe von außen (Rz 6a) stellen auch keine Verletzung der Kfpflichten dar.

9 **3. Nur bei Verurteilung oder bei Freispruch** wegen erwiesener oder nicht ausschließbarer Schuldunfähigkeit (I) kommt gerichtliche EdF in Betracht. EdF gem I S 1 ist auch möglich bei Strafaussetzung (BGHSt **15** 316), beim Absehen von Strafe (§§ 60, 142 IV, § 320; Bay VRS **43** 91, Ha DAR **72** 131) oder bei bloßem Zurücktreten im Schuldspruch wegen Gesetzeseinheit (BGHSt **7** 307, 312), ferner im auf Unterbringung gerichteten selbstständigen Sicherungsverfahren (§ 71), nach den §§ 7, 105 JGG bei Aussetzung der Strafverhängung oder bei Beschränkung auf Zuchtmittel oder Erziehungsmaßregel (BGHSt **6** 394, NJW **55** 72), nach § 39 JGG auch durch den Jugendrichter. Neben Verwarnung mit Strafvorbehalt ist EdF nicht zulässig (§ 59 III 2, s § 315 c Rz 66). **Durch Strafbefehl** ist EdF nur mit Sperre bis zu 2 Jahren zulässig (§ 407 II StPO).).

10 EdF ist auch bei **Freispruch** wegen (nicht ausschließbarer) Schuldunfähigkeit (**E** 151a) ohne Rücksicht auf den Grund der Schuldunfähigkeit zulässig (BGH NJW **60** 540, Ha VRS **18** 42, **26** 279, Bra DAR **64** 349), ebenso im Sicherungsverfahren (§ 413 StPO; BGHSt **13** 91, NJW **59** 1185), auch wenn Unterbringung abgelehnt, Schuldunfähigkeit aber festgestellt wird (*Hartung* JZ **59** 607). Zu EdF neben Unterbringung nach § 63: LG Meiningen NZV **07** 97. Andere Schuldausschließungsgründe (**E** 129 ff) können nicht herangezogen werden. Nicht genügt Freispruch bei Schuldfähigkeit.

Entziehung der Fahrerlaubnis   § 69 StGB 6

4. Ungeeignet zum Führen von Kfz muss der Täter sein. Der Begriff der Ungeeignetheit 11
in § 69 ist mit demjenigen in §§ 2, 3 StVG identisch (BGH [GrS] NJW **05** 1957). Ungeeignet
ist der Täter dann, „wenn eine Würdigung seiner körperlichen, geistigen und charakterlichen
Voraussetzungen und der sie wesentlich bestimmenden objektiven und subjektiven Umstände
ergibt, dass [seine] Teilnahme am KfzVerkehr zu einer nicht hinnehmbaren Gefährdung der
Verkehrssicherheit führen würde" (BGH NStZ **04** 144, *Fischer* Rz 14). Entscheidend ist nicht
Tatschwere oder -schuld und schon gar nicht der Aspekt der Generalprävention (Rz 1), sondern
ausschließlich (Maßregel!) die **künftige Gefährlichkeit des Täters gerade in Bezug auf die
Verkehrssicherheit;** verkehrsunspezifische Gefährlichkeit genügt nicht (BGH (GrS) NJW **05**
1957, BGH NZV **03** 46, DAR **95** 185). Die Beurteilung der Eignungsfrage setzt außer in den
Fällen der Regelvermutung nach II (Rz 15 ff) eine **umfassende Gesamtwürdigung** voraus
(BGH [GrS] **05** 1957, NStZ **04** 147, NZV **03** 199, DAR **04** 355, **03** 128, 180, 181, 230,
231, VRS **107** 172, 427, Ko StV **04** 320, Kö NZV **04** 423, *Geppert* NStZ **03** 290). Wie bei
allen Maßregeln gilt dabei hinsichtlich der Prognose*tatsachen* der Zweifelsatz, während der Tatrichter *im Eignungsurteil,* das auch die Gefahrenprognose enthält (*Fischer* Rz 48), an den Zweifelssatz *nicht* gebunden ist. Davon bleibt unberührt, dass der Richter von der Ungeeignetheit
(Rückfall wahrscheinlicher als Bewährung) überzeugt sein muss (LK-*Geppert* Rz 66). Das Eignungsurteil ist wie jede Gefahrenprognose mit Unsicherheitsfaktoren behaftet. Die Prognose ist
Sache des Tatrichters. Weil ihm das Gesetz in § 69 die für die Eignungsbeurteilung erforderliche Sachkunde zuweist, können Beweisanträge auf sachverständige Beurteilung idR wegen
richterlicher Sachkunde zurückgewiesen werden (§ 244 IV 1 StPO; BGH [GrS] NJW **05** 1957,
1960, st Rspr). Strafaussetzung zur Bewährung steht nicht in Widerspruch zur Feststellung der
Nichteignung (BGH NJW **01** 3134; **61** 683, VRS **29** 14, Dü NZV **97** 364, *Geppert* JR **02** 114,
Hentschel NJW **01** 720; aM Dü NZV **00** 51).

a) Zu den relevanten **körperlichen und geistigen Mängeln** wird auf § 2 StVG Rz 8 ff 11a
verwiesen. Allerdings ist zu beachten, dass nicht jeder der dort genannten Defizite stets zur strafgerichtlichen EdF führt. Oftmals wird sich die fehlende Eignung des Täters aufgrund solcher
Mängel nicht hinreichend in der Tat abbilden bzw aus ihr ableiten lassen (Rz 13, *Fischer* Rz 17),
sondern umfassender verwaltungsbehördlicher Nachprüfung bedürfen (s auch § 315 c Rz 5). Zu
Fällen nicht ausgleichbaren Körpermangels BGHSt **7** 175, Dü VM **66** 60.

b) **Charakterliche Mängel** rechtfertigen die Feststellung von Ungeeignetheit zum Führen 12
von Kfz, wenn sie sich aus der Tat (Rz 13) ergeben (BGH (GrS) NJW **05** 1957, Dü VRS **96**
268, *Sowada* BA **04** 152) und sich bei der Teilnahme am Kraftverkehr verhängnisvoll auswirken
können (BGH (GrS) NJW **05** 1957, NZV **03** 199, DAR **03** 128, 563, **94** 179, Ha StV **03** 624,
Geppert NStZ **03** 289, *Cramer* MDR **72** 558). Der Mangel muss von gewisser Dauer sein (Zw
VRS **38** 263) und die Unzuverlässigkeit des Täters gerade als Kraftfahrer erweisen (BGH
DAR **03** 563). Das ist nach der Grundsatzentscheidung in BGH (GrS) NJW **05** 1957 (Rz 1) *nur
dann* der Fall, wenn die Tat hinreichende Anhaltspunkte für die Bereitschaft des Täters ergibt, als
Kf die **Sicherheit des StrV seinen kriminellen Zielen unterzuordnen** (s auch BGH
VRS **107** 354, DAR **04** 530, NStZ **04** 147, NZV **05** 589, **03** 199, Ha StV **03** 624, *Sowada*
NStZ **04** 171). Mängel im verantwortungsbewussten Verhalten, die keinerlei Verkehrssicherheitsinteressen (aber womöglich andere Rechtsgüter) berühren, führen nicht zur EdF (BGH
NJW **05** 1957, NZV **03** 199, DAR **03** 128, 563, *Geppert* NStZ **03** 288, *Sowada* NStZ **04** 171,
zw *Kühl* JR **04** 125). Rspr vor der Entscheidung des GrS (Rz 1) kann nur noch mit Vorsicht
herangezogen werden (Rz 14).

5. Aus der Tat muss sich die Ungeeignetheit zum Führen von Kfz ergeben (BGH (GrS) 13
NJW **05** 1957, NStZ **04** 147, BGHSt **15** 395), nicht nur aus Anlass der Tat (BGHSt **7** 165, **15**
393), ferner unterstützend daraus, wie sich die Täterpersönlichkeit, was künftige Ungeeignetheit
angeht, im abgeurteilten Tatkomplex spiegelt, weil viele Taten ohne Beachtung der Persönlichkeitsstruktur nicht richtig verstanden werden können (BGH NStZ **04** 147, BA **01** 123, DAR **95**
185, NStZ-RR **98** 43, BGHSt **5** 168, Bay DAR **90** 365). In Betracht kommen nur Mängel und
Gesichtspunkte aus der Täterpersönlichkeit, die die Tat nachgewiesenermaßen beeinflusst haben
(BGHSt **15** 393, Fra NStZ-RR **96** 235, Ce MDR **66** 431, Dü DAR **09** 24), nicht erst bei
der tatrichterlichen Aburteilung liegen (Rz 23), abgesehen von Umständen, die zum Rückschluss auf die Täterpersönlichkeit zwingen (BGHSt **15** 397). Verwertbarkeit getilgter Taten im
Rahmen der EdF (§ 52 II BZRG): Rz 27. Hierbei kommen außer verkehrsrechtlichen Vorstrafen auch andere mit Prognosewert in Betracht (Bay VkBl **58** 35). Weist die Tat nicht auf
Eignungsmängel hin, so dürfen nicht „Charakterfehler" herangezogen werden, die sich erst bei

6 StGB § 69

der Ermittlung gezeigt haben, jedoch keinen Einfluss auf die Tat hatten (dann evt § 3 StVG; Ha VRS **48** 339, Ce VRS **30** 178). Leistungsbetrug: Rz 5. Ebenfalls keine EdF wegen undurchsichtigen oder täuschenden Prozessverhaltens, zB bei Leugnen aus Furcht vor Strafe (Ha DAR **61** 169, VM **68** 27) oder weil der Täter bei Ermittlungen in der Wohnung einen gefälschten FS vorweist (Ce MDR **67** 1026). Uneinsichtigkeit trotz erwiesenen oder nicht bestrittenen Fehlverhaltens als Kf kann dagegen Eignungsmangel offenbaren (Ha VM **68** 27, *Janiszewski* 710, aA *Görres* NJW **57** 1428). Das Hinausziehen des Strafverfahrens nach vorläufiger EdF, um in der späteren Hauptverhandlung nicht mehr als ungeeignet zu erscheinen, spricht für sich allein nicht gegen die Eignung (Kö VRS **90** 123, *Janiszewski* DAR **89** 137, aM *D. Meyer* MDR **76** 629).

13a a) **Bei spezifischen „Verkehrsstraftaten"** wird sich fehlende Eignung in dem unter Rz 12 genannten Sinn nicht selten aufdrängen. Hierzu zählen zB unter Benutzung des Kfz begangene Nötigungen sowie gefährliche Eingriffe in den StV (§§ 240, 315b), etwa bei Polizeiflucht, BGH DAR **06** 30, uU aber auch Fälle des räuberischen Angriffs auf Kf (§ 316a; BGHSt **49** 8 = NJW **04** 501), wenn der Angriff vom Kf während der Fahrt gegen das mitfahrende Opfer verübt wird (alle Beispiele BGH (GrS) NJW **05** 1957). Dazu rechnen auch Fahren ohne FE (BGH NStZ-RR **07** 89: „idR, jedenfalls aber im Wiederholungsfall", abw LG Mühlhausen NZV **03** 206) oder trotz FV (§ 44 Rz 22) und auch tätlicher Angriff auf einen anderen VT im Zusammenhang mit einem VVorgang (Kar MDR **80** 246, KG NZV **97** 126, LG Hannover VM **91** 48, LG Zw DAR **95** 502, LG Berlin NZV **03** 151 [anders bei einmaligem, situationsbedingtem Fehlverhalten]). Auch wer als Kf zu betrügerischen Zwecken „Unfälle" herbeiführt, ist charakterlich ungeeignet zum Führen von Kfz (BGH VRS **82** 19, Kö NZV **91** 243). EdF uU auch bei fahrlässiger Tötung im StrV, jedoch nicht stets (BGH NJW **54** 159, LG Dü DAR **05** 230, LG Kaiserslautern ZfS **04** 39).

14 b) **Zusammenhangstaten der allgemeinen Kriminalität** bedürfen besonders sorgfältiger Prüfung unter Beachtung des RsprWandels seit BGH (GrS) NJW **05** 1957 (Rz 1, 12). Frühere Rspr (Nw 38. Aufl) kann daher nur noch mit Vorsicht herangezogen werden. Das Verhalten des Täters, namentlich die Art des KfzEinsatzes bei der konkreten Tat muss die Befürchtung rechtfertigen, der Täter werde zur Förderung seiner kriminellen Ziele VSicherheitsinteressen hintanstellen, wohingegen es nicht genügt, wenn zu besorgen ist, dass der Täter sein Kfz für Zwecke allgemeiner Kriminalität missbrauchen werde (BGH [GrS] NJW **05** 1957). Es kann genügen, dass der Täter im Zusammenhang mit der Tat mit einer Situation gerechnet hat oder rechnen musste, in der es zu einer Gefährdung oder Beeinträchtigung des Verkehrs kommen konnte; eine Prognose, dass der Täter mit Wahrscheinlichkeit auch künftig Zusammenhangstaten begehen und dabei tatsächlich die Sicherheit des StrV beeinträchtigen werde, ist hingegen nicht zu verlangen (BGH aaO S. 1959).

14a **Für fehlende Fahreignung** wird nach den unter Rz 12, 14 aufgeführten Maßstäben sprechen, wenn sich der Täter bei einer vergleichbaren früheren Straftat, etwa auf der Flucht, verkehrsgefährdend verhalten hat (s auch BGH wistra **05** 337), wenn bei schweren Straftaten (zB Banküberfällen) aufgrund objektiver Umstände mit alsbaldiger Verfolgung und Flucht zu rechnen war und der Täter daher eine verkehrsgefährdende Verwendung des fluchtbereit tatortnah abgestellten Kfz ersichtlich geplant hat oder mit einer solchen rechnen musste, in Fällen *gewaltsamer* (s aber Rz 14b) Entführung des Opfers im Kfz (alle Beispiele BGH (GrS) NJW **05** 1957, 1959, s auch *Sowada* NStZ **04** 169), noch mehr, wenn der Täter nicht nur ein 12 Jahre altes Mädchen gegen dessen Willen in seinen Pkw zieht, um während der Fahrt sexuelle Handlungen an ihm vorzunehmen, sondern zugleich den Hund des Kindes; Gefahrerhöhung wegen unkalkulierbaren Verhaltens des Hundes (BGH NStZ **06** 334). Desgleichen fehlende Fahreignung beim Hinterherschleifen eines gestohlenen Zigarettenautomaten hinter dem Kfz über eine längere Strecke hin (AG Lüdinghausen NZV **03** 636 [dort: „spezifische Verkehrsstrafat"). Zum Fall eines Reifenstechers („Außeneingriff"; Rz 6a).

14b **Fehlende Fahreignung liegt hingegen nicht nahe** bei bloßer Nutzung eines Kfz zur Suche nach Tatobjekten oder Tatopfern, in Kurierfällen, in denen der Täter im Fz Rauschgift transportiert, oder beim Transport von Diebes- oder Schmuggelgut, namentlich dann, wenn Vorkehrungen gegen eine Entdeckung der transportierten Ware (zB Benutzung besonders präparierter Verstecke) getroffen worden sind, wobei nach BGH BA **06** 403, StV **06** 186 kein allgemeiner Erfahrungssatz besteht, dass die Täter in solchen Fällen stets zu besonders riskanter Fahrweise entschlossen sind (alle Beispiele BGH (GrS) NJW **05** 1957, 1959; s auch BGH NStZ **03** 311; BGHR StGB § 69 Abs I Entziehung 14). Gleiches gilt bei nicht selbst fahrenden Mittätern einer Geiselnahme, BGH v 9. 12. 05, 2 StR 435/05, bei Verbringen eines Tatopfers unter Anwendung

Entziehung der Fahrerlaubnis §69 StGB 6

von List (zu Gewalt Rz 14a) in seinem Fz zu einem abgelegenen Ort, um dort eine Sexualstraftat zu begehen, BGH NJW **05** 2933, bei Benutzung eines Kfz zur Fahrt zum Tatort bzw für den Abtransport der Beute bei einer Tat der allgemeinen Kriminalität, BGH Verkehrsrecht aktuell **05** 181.

6. Bei den Regelbeispielen der Ungeeignetheit (II) unterstellt das G so hochgradiges Versagen, dass Ungeeignetheit ohne weitere Gesamtprüfung indiziert ist (Gesetzeskritik bei *Kulemeier* S 298 und *Schünemann* DAR **98** 430). Sie bieten einen allgemeinen Maßstab, sind aber weder bindend noch abschließend, so dass EdF weder stets noch nur unter den Voraussetzungen von II geboten ist. Eine **Ausnahme von der Regel** setzt jedoch abw von der durch II indizierten fehlenden Eignung eine günstige Prognose und daraus resultierende Eignung voraus (Dü DAR **96** 413, *Bode* DAR **89** 452). Im Hinblick auf den gebotenen Schutz anderer vor ungeeigneten Kf gilt II ohne Einschränkung auch bei Anwendung von **Jugendstrafrecht** (AG Br StV **02** 372, LK-*Geppert* 93, *Fischer* 21, *Janiszewski* NStZ **85** 112, **88** 543, *Wölfl* NZV **99** 69; aM LG Ol BA **85** 186, **88** 199, AG Saalfeld DAR **94** 77, VRS **101** 194, BA **06** 242 m Anm *Mitsch*, AG Ol SVR **08** 230). Auch ist der Spielraum für eine Ausnahme von der Regel bei Jugendlichen nicht größer als bei Erwachsenen (*Fischer* 34, *Tolksdorf* Nehm-F S. 437, aM *Wölfl* NZV **99** 69). Zur Bemessung der Sperrfrist bei Jugendlichen § 69a Rz 2.

Begeht ein Kf eine Tat nach II ohne wesentliche Besonderheit, folgt daraus regelmäßig **ohne 16 Weiteres seine Ungeeignetheit** (*Lackner/Kühl* Rz 7), ohne dass es noch auf Gesamtwürdigung ankäme (BGH VRS **92** 204, Ko VRS **64** 125, **71** 278, Bay DAR **92** 364, Dü DAR **96** 413, einschr *Piesker* NZV **02** 297, aM *Krehl* DAR **86** 36 [entgegen Begr, BTDrucks IV/651 S 17]). Zu prüfen sind jedoch etwaige Tatbesonderheiten im weitesten Sinn, die eine Ausnahme nahe legen können (BGH VRS **92** 204, Schl SchlHA **68** 226, Bay VRS **30** 276, Dü VRS **70** 137, *Lackner* JZ **65** 120, enger Fra VRS **55** 181), zB notstandsähnliche Lage, die das Verhalten immerhin begreiflich erscheinen lässt (Begr), der Fall amtlicher FS-Verwahrung und langer Verfahrensdauer, wenn die vorläufigen Maßnahmen zur Beseitigung des Eignungsmangels ausgereicht haben (Kö DAR **71** 190, VRS **61** 118, **90** 123, Br VRS **31** 454, Dü VRS **70** 137, Bay DAR **92** 364, *Mögele* ZRP **82** 101), uU der Einfluss einer Ehekrise (Fra VM **77** 30). Zur Bedeutung scg Nachschulung Rz 19b.

Sichentfernen vom Unfallort (§ 142 StGB) ist ein Regelfall, falls der Täter zumindest wis- 17 sen kann (also insoweit wenigstens Fahrlässigkeit erforderlich), dass bei dem Unfall ein Mensch getötet oder nicht unerheblich verletzt worden oder an fremden Sachen, einschließlich des vom Täter *unbefugt* geführten, diesem aber nicht gehörenden Fz (Hb NStZ **87** 228, aM LG Kö ZfS **90** 104) bedeutender Schaden entstanden ist. Die Höhe des Sachschadens muss der Täter dabei zwar nicht richtig schätzen; er muss aber in der Lage sein, die objektiven Umstände zu erfassen, die zum jeweiligen Schaden führen. Liegen Schätzungen von Zeugen (PolB) unter oder nahe beim maßgebenden Schwellenwert (s u), so kann dies dafür sprechen, dass der Täter die Umstände nicht richtig hat einschätzen können (LG Köln ZfS **90** 68; AG Saalfeld VRS **106** 280), was allerdings voraussetzt, dass der Täter überhaupt Anstrengungen unternommen hat, um sich ein Bild vom Schaden zu machen. Sind die Erfordernisse objektiv und subjektiv gegeben, so reicht ein Einzelfall aus (BGH VRS **22** 35), anders jedoch bei Sichentfernen aus achtenswerten oder doch begreiflichen Motiven (Bay VRS **15** 41, *Fischer* Rz 30). Bei Schaden am vom Täter berechtigt geführten fremden Fz kommt es auf die Gestaltung der Rechtsbeziehungen an (Ha NZV **90** 197 [LeasingFz], *Hembach* ZfS **05** 165). Ob **bedeutender Schaden** vorliegt, richtet sich nach objektiven wirtschaftlichen Gesichtspunkten (Reparatur, Bergung, MWSt, Minderwert; Schl VRS **54** 33, DAR **84** 122, Stu VRS **62** 123, Nau NZV **96** 204, Hb DAR **84** 472, NZV **93** 326, *Fischer* Rz 28, aM (nur Reparaturkosten) *Mollenkott* DAR **80** 328, *Bär* DAR **91** 272, LG Hb DAR **05** 168 [nicht „Verbringungskosten"]), MWSt jedoch nur, falls die Reparatur tatsächlich durchgeführt wird (LG Gera NZV **06** 105). Gutachter- und Anwaltskosten gehören nicht zum *Sachschaden* iS von II (LG Hb DAR **91** 472, **94** 127), sondern entstehen bei dessen Ermittlung und Regulierung (aM LG Bln NZV **07** 537, *Notthoff* NStZ **95** 92, *Lenhart* NJW **04** 192). „Bedeutender Schaden" deckt sich nicht mit „bedeutendem Wert" iS § 315c; da im Rahmen des § 69 mehr Schadensposten zu berücksichtigen sind als im Rahmen des § 315c (s dort Rz 6), muss der Schwellenwert hier höher liegen als dort (Schl DAR **84** 122, LK-*König* § 315 Rz 90, 95, unklar *Fischer* Rz 28, abw Kar DAR **78** 50, Ha DAR **74** 21, LK-*Geppert* Rz 85). Ein bedeutender Sachschaden wird derzeit (RsprÜbersicht: *Himmelreich/Halm* NStZ **08** 384) überwiegend ab **1300 €** angenommen (Dr DAR **05** 459, Jn DAR **05** 289, Hb ZfS **07** 409, LG Gera NZV **06** 105, LG Paderborn VRS **109** 344, LG Berlin DAR **05** 467, 701; LG Bra ZfS **05** 100, *Fischer* Rz 29), teilweise ab *1250 €* (LG Zw ZfS **03** 208, LG Hb

6 StGB § 69

DAR **05** 168, **03** 382, s auch LG Berlin VRS **109** 274 [1100 €]), vereinzelt auch erst ab *1500 €* (AG Saalfeld DAR **05** 52; abw. *Bach* DAR **07** 667: mehr als 1500 € und Überschreiten von 20% des Zeitwerts). Akzeptiert der Geschädigte vom Schadensausgleich vom Schädiger einen unter 1300 € liegenden Betrag, so ist davon auszugehen, dass die Grenze nicht erreicht ist, auch wenn sich aus einem Sachverständigengutachten ein höherer Betrag ergibt (LG Paderborn VRS **109** 344). Mehrere Fremdschäden sind zusammenzuzählen. Eine Ausnahme von der Regel des II Nr 3 wird uU in Fällen **freiwilliger nachträglicher Ermöglichung** der Feststellungen durch den Täter am gleichen oder folgenden Tag in Betracht kommen (LG Zw DAR **03** 236, LG Gera MDR **97** 381), insbesondere wenn § 142 IV (tätige Reue) ausschließlich an der Schadenshöhe scheitert (LG Gera VRS **99** 256, *Schäfer* NZV **99** 190, *Lenhart* NJW **04** 193), desgleichen bei Begehung im fließenden V in den Fällen des Vorbeifahrens (§ 142 Rz 69) oder bei leichtem Personenschaden (LG Gera VRS **99** 256, NZV **06** 105). Mit „analoger" Anwendung hat dies freilich entgegen LG Gera NZV **06** 105 nichts zu tun. Ersttäterschaft und unbeanstandetes Fahrens nach dem Unfall führen allein nicht zum Ausnahmefall (Rz 19a)

18 **Gefährdung des Straßenverkehrs (§ 315c).** Bei Tatbegehung durch grob verkehrswidriges, rücksichtsloses Verhalten (§ 315 c I Nr 2) werden bei nur *fahrlässig* rücksichtsloser Fahrweise eher Umstände für eine Ausnahme der Regel des II in Betracht kommen als bei Vorsatz (*Mollenkott* BA **85** 298).

19 **Trunkenheit im Verkehr** (§ 315c I Nr 1a, § 316) indiziert regelmäßig Ungeeignetheit und führt zur EdF (II Nr. 2), jedoch nur bei Tatbegehung mittels Kfz (LG Mainz DAR **85** 390), was auch bei motorgetriebenem Leichtmofa zutrifft (aM LG Ol DAR **90** 72, abl *Janiszewski* NStZ **90** 272). Kein Regelfall (aber EdF nach Gesamtwürdigung möglich) ist die strafbare Teilnahme (Ko DAR **87** 297, LG Ko VRS **100** 36, *Dreher/Fad* NZV **04** 235).

19a **Bei untypischer Begehungsweise** muss den Urteilsgründen zu entnehmen sein, dass sich das Gericht der Ausnahmemöglichkeit bewusst gewesen ist und eine Gesamtabwägung zur Eignungsfrage vorgenommen hat (Ha VRS **52** 24, Dü VRS **74** 259, Nü NZV **07** 642). Hauptfall ist das *Versetzen eines Kfz um nur wenige Meter* zum Zweck nicht störenden Parkens; im Allgemeinen wird abweichend von II Nichteignung zu verneinen sein (Bay DAR **69** 177, Dü VRS **74** 259, **79** 103, Ha VRS **52** 24, Dü VRS **74** 259, Stu NJW **87** 142 [20 m auf öffentlichem Parkplatz, krit *Middendorff* BA **87** 432], AG Saalfeld BA **06** 242 [kurzes Stück auf Parkplatz zu „nachtschlafender Zeit", zust Anm *Mitsch*], AG Bonn DAR **80** 52, AG Fürstenfeldbruck ZfS **03** 470, AG Regensburg ZfS **85** 123, LG Aachen NStZ **86** 404, LG Kö ZfS **88** 331, einschr LG Dessau ZfS **95** 73, s auch AG Ol SVR **08** 230 [Herausfahren eines Pkw aus Tiefgarage, um ihn wenige Meter weiter zu parken). Spontaner Entschluss, auf die Nachricht vom schweren Unfall des Sohns mit dem Pkw trotz vorausgegangenen Alkoholgenusses zur Unfallstelle zu eilen, kann Ausnahme rechtfertigen (LG Heilbronn DAR **87** 29, ähnl. LG Potsdam NZV **01** 360), ebenso nächtliche Fahrt eines Mitglieds der Freiwilligen Feuerwehr ins Krankenhaus, um der Feuerwehr zu helfen (AG Hameln ZfS **08** 353 [außerdem TÜV-Nachschulungskurs]). Prüfung der Eignungsfrage geboten bei kurzer Fahrt mit Leichtmofa nach Hilferuf aus altruistischer Motivation (Nü NZV **07** 642) sowie allgemein bei notstandsähnlicher Situation oder wenn der Maßregelzweck durch vorläufige EdF bereits erreicht ist (Kar NZV **04** 537, Kö VRS **41** 101, **90** 123, Dü VM **71** 59, VRS **70** 137, KG VRS **60** 109). Letzteres wird bei sehr langer Verfahrensdauer und bei Hinzutreten weiterer Umstände in Betracht kommen. **Keine Ausnahme hingegen** aufgrund der Tatsache allein, dass es sich um einen langjährig unbeanstandet fahrenden *Ersttäter* handelt (Dü VM **71** 59, KG VRS **60** 109, LG Sa BA **99** 310 m Anm *Zabel*, *Kunkel* DAR **87** 42, aM teilweise die tatrichterliche [vor allem saarländische, Nw bei *Zabel/Noss* BA **89** 258] Rspr, zB LG Sa BA **92** 398, AG Homburg ZfS **96** 354, AG Esslingen BA **82** 382, AG St Ingbert ZfS **98** 153, einschr LG Sa ZfS **98** 152), auch nicht der Umstand, dass der Täter bei BAK von 0,63‰ iVm ärztlich verordnetem Medikament (nur?) in „relativer Fahrunsicherheit" gefahren ist und nach vorläufiger EdF 4 Monate unbeanstandet gefahren ist (aM AG Bernkastel-Kues BA **06** 158). Dass der Täter nur auf Grund rückwirkender Anwendung der geänderten Rspr zum Beweisgrenzwert für absolute Fahrunsicherheit bestraft werden konnte, rechtfertigt keine Ausnahme von der Regel (LK-*Geppert* Rz 91). Denn schon das Herantrinken an den früheren Beweisgrenzwert und das anschließende Fahren trotz der erheblichen dazu erforderlichen Trinkmengen offenbart ein hohes Maß an Verantwortungslosigkeit als Kf, wobei eine „Dosierung" der Alkoholmenge auf eine bestimmte BAK gar nicht möglich ist (*Heifer* BA **72** 72, abw LG Dü VM **90** 56).

19b Auch die erfolgreiche Teilnahme an einem **Nachschulungskurs** für alkoholauffällige Kf (zB „Mainz 77"), einem **Aufbauseminar** (zB § 4 VIII StVG), einem Kurs zur Wiederherstellung der Kraftfahreignung (§ 11 X, § 70 FeV) oder einer Verkehrstherapie kann, insbesondere wenn weitere Umstände (zB längere vorläufige EdF) hinzutreten (Kar NZV **04** 537, Kö VRS **59** 25, Ko VRS **66** 40), eine Ausnahme rechtfertigen (Kar NZV **04** 537, Kö VRS **59** 25, **60** 375, **61** 118, Hb VRS **60** 192, Dü VRS **66** 347, LG Potsdam BA **04** 450, LG Kleve DAR **78** 321, LG Krefeld VRS **56** 283, LG Hanau DAR **80** 25, LG Kö DAR **89** 109, AG Bad Hersfeld BA **05** 501, *Himmelreich/Halm* NStZ **08** 382). Untersuchungen von *Birnbaum/Biehl* NZV **02** 164, *Stephan* ZVS **86** 2, *Utzelmann* BA **84** 396 sowie *Winkler ua* BASt **88** H 64 (S 30 ff, 63) sprechen für eine signifikant geringere Rückfallhäufigkeit von Kursteilnehmern nach Modell „Mainz 77" oder „Hamburg 79", aber auch von Teilnehmern an Kursmodellen für Wiederholungstäter, gegenüber nicht „nachgeschulten" Verurteilten (krit *Ostermann* BA **87** 11). Allerdings wird es idR bereits im Hinblick auf die kurze Dauer einschlägiger Verfahren kaum möglich sein, einen Erfolg der Maßnahme iS hergestellter Eignung festzustellen (LG Krefeld DAR **80** 63, LG Köln ZfS **80** 124, AG Hanau VRS **58** 137, *Fischer* Rz 36, *Seib* DRiZ **81** 165, s auch, ganz abl., LG Kassel DAR **81** 28, AG Freising DAR **80** 252). Die zu § 69a VII ergangene Erwägung in BVerfG DAR **07** 80 *(Himmelreich),* wonach es keine Willkür darstellt, wenn vom Gericht der Nachweis tatsächlicher und nachhaltiger Bewältigung des Alkoholproblems über einen längeren Zeitraum hin gefordert wird, gilt hier ebenso. Der richtige Ort dürfte daher das Nachverfahren nach § 69a VII (dort Rz 14) sein (aM *Himmelreich* DAR **08** 69). Bei vorsätzlicher Trunkenheitsfahrt und aggressiver Tätlichkeit gegen PolB (Ko ZfS **82** 347) gilt dies erst recht. Bei Wiederholungstätern, für die im Fall der EdF das erhöhte Mindestmaß des § 69a II für die Sperre gilt, wird Teilnahme am Nachschulungskurs kaum je die Feststellung wieder bestehender Eignung entgegen II rechtfertigen (LG Köln ZfS **81** 30). Zu unterschiedlichen Modellen von Nachschulungskursen, Aufbauseminaren, Kursen zur Wiederherstellung der Eignung und „Verkehrstherapien" *Himmelreich* DAR **04** 10. Bei **gewerbsmäßig** betriebenen Kursen nicht gem § 36 VI, § 70 FeV anerkannter Veranstalter ist eine besonders sorgfältige Prüfung der Kursqualität durch das Gericht erforderlich (Hb VRS **60** 192, LG Münster ZfS **05** 623, LG Ol DAR **96** 470, *Fischer* Rz 36, *Winkler* BA-Festschrift S 246 f). Zu privatwirtschaftlich veranstalteten Nachschulungen durch amtlich anerkannte Psychologen LG Hildesheim DAR **03** 88.

Lit zum Thema Nachschulungsmaßnahmen: *Birnbaum/Biehl,* Evaluation des Nachschulungskurses „Mainz 77", NZV **02** 164. *Bode,* EdF im Strafverfahren und Besserung der Kraftfahreignung auffälliger Kf, NZV **04** 7. *Dittmer,* Die Nachschulung, ein Mittel zur Behebung von Eignungsmängeln alkoholauffälliger Kf?, BA **81** 281. *Gebhardt,* Die Nachschulung alkoholauffälliger Kf und die gerichtliche Praxis, DAR **81** 107, VGT **81** 38. *Geppert,* Nachschulung alkoholauffälliger Ersttäter, BA **84** 55. *Hentschel,* NJW **81** 1081, **82** 1081 (RsprÜbersicht). *Himmelreich* Auswirkungen von Nachschulung und Therapie bei Trunkenheitsdelikten …, DAR **97** 465. *Legat,* Rspr oder „operational research"?, BA **81** 17. *Middendorff,* … Die Nachschulung von Alkoholtätern, BA **82** 129. *Ostermann,* Das Rückfallgeschehen bei Alkoholersttätern – Folgerungen für die Nachschulung, BA **87** 11. *Seib,* Die Nachschulung alkoholauffälliger Kf …, DRiZ **81** 161, VGT **81** 63. *Stephan,* Die Legalbewährung von nachgeschulten Alkoholtätern in den ersten zwei Jahren unter Berücksichtigung ihrer BAK-Werte, ZVS **86** 2. *Utzelmann,* Die Bedeutung der Rückfallquote von Teilnehmern an Kursen nach dem Modell „Mainz 77" unter neuen Gesichtspunkten, BA **84** 396. *Winkler ua,* Wirksamkeit von Kursen für wiederholt alkoholauffällige Kf, BASt **88** H 64. *Winkler ua,* Zur Langzeitwirkung von Kursen für wiederholt alkoholauffällige Kf, BA **90** 154. **Übersicht über Kursmodelle und Veranstalter:** *Himmelreich/Janker/Karbach* Rz 199 ff.

Die Ungeeignetheit kann sich auch aus einem **Verhalten außerhalb des öffentlichen StrV** **20** ergeben (Trunkenheitsfahrt im Kasernenbereich mit fahrlässiger Körperverletzung; Ol VRS **55** 120).

Den **Vollrausch** (§ 323a StGB), sofern er zur Gefährdung des StrV, zur Trunkenheit im V **21** oder zum Sichentfernen (II Nr 1–3) führt, will der GGeber ausweislich der Begr aus logischen Gründen in II aufgenommen haben. Zur Frage eines Absehens von der Maßregel in Fällen nur geringen Verschuldens LK-*Geppert* 90.

7. Verhältnismäßigkeit, Übermaßverbot. Das Recht zum Führen von Kfz ist Bestandteil **22** der Handlungsfreiheit (Art 2 I GG; BVerfG NJW **02** 2378, **02** 2381 m Anm *Bode,* NJW **05** 349). Daher kommt dem Verhältnismäßigkeitsgrundsatz besondere Bedeutung zu (BGH NZV **03** 199). I S 2 steht dazu nicht in Widerspruch. EdF wegen Nichteignung *zwingend* gebotener EdF (Rz 24) ohne *weitere* Prüfung der Verhältnismäßigkeit anzuordnen bedeutet keine Außerkraftsetzung des Verhältnismäßigkeitsprinzips (§ 62 StGB, **E** 2), sondern nur, dass dieses Prinzip bei der Feststellung von I S 1 bereits berücksichtigt ist (BGH NJW **04** 3497). Kein Verstoß gegen das Übermaßverbot, wenn die Prüfung des sich aus der Tat ergebenden Gesamtbilds zwingend totale Ungeeignetheit zumindest auf Zeit ergeben hat, so dass mildere Maßnahmen (beschränkte FE, Aufl, FV) dem Sicherungsbedürfnis nicht genügen könnten (zust *Bode* DAR **89** 446). Prüfung von I S 1 deshalb stets unter Beachtung des Grundsatzes der Verhältnismäßigkeit (BGH [4. StrSen] NZV **03** 199 [unter Bezugnahme auf BVerfG NJW **02** 2378, abw insoweit BGH, 1. StrSen, NStZ **03** 660f], LG Mannheim ZfS **03** 208, abw *Kühl* JR **04** 127). Nur wenn die Eignungsprüfung das Übermaßverbot bereits berücksichtigt, ist dem Verhältnismäßigkeitsgrundsatz genügt (AG Br StV **02** 372). Ist jedoch in der Hauptverhandlung fortbestehende Ungeeignetheit und damit Gefährlichkeit des Kf festgestellt, so ist EdF auch bei drohendem Arbeitsplatzverlust niemals unverhältnismäßig, sondern zwingend geboten; das Verhältnismäßigkeitsprinzip kann naturgemäß nicht dazu zwingen, einen ungeeigneten und damit gefährlichen Kf wegen der diesen treffenden wirtschaftlichen Folgen im StrV fahren zu lassen (BGH NJW **04** 3497, LK-*Geppert* Rz 67, aM AG Bad Homburg VRS **67** 22), (natürlich) ebenso, wenn die FE zum Transport von Kindern zur Schule und anderen Freizeitaktivitäten benötigt wird (Hb ZfS **07** 409).

23 **8. Bei der letzten tatrichterlichen Aburteilung** muss Ungeeignetheit bestehen (BGH NStZ **04** 147, NZV **03** 199, **01** 434, VRS **95** 410, DAR **95** 185, StV **99** 18, BGHSt **7** 165, Bay NJW **77** 445, Ol ZfS **05** 260, Kar NZV **04** 537, Dr NZV **01** 439, Fra VM **77** 31, NStZ-RR **96** 235, Dü NZV **93** 117), so dass bis zu diesem Zeitpunkt eingetretene Umstände zu berücksichtigen sind (LG Mühlhausen NZV **93** 206), zB die Wirkung polizeilicher FSBeschlagnahme oder vorläufige EdF (§§ 94, 111a StPO; Bay NJW **71** 206, Fra VM **77** 31, NStZ-RR **96** 235, Sa MDR **72** 533, Dü VRS **70** 137, Kö VRS **90** 123) oder das Verhalten des Angekl. nach der Tat (Ol ZfS **05** 260 [Teilnahme an verkehrspsychologischer Beratung nach Straftat iS § 21 StVG]). Das kann dazu führen, dass zum Urteilszeitpunkt keine Ungeeignetheit mehr besteht, zB nach lang dauernder vorläufiger EdF, insbesondere im Zusammenwirken mit einem Kursus zur Behandlung alkoholauffälliger Kf (Rz 19). Die in einer Straftat offenbar gewordene Ungeeignetheit darf nicht zur EdF führen, wenn die Erwartung einer künftigen Gefährdung anderer nicht mehr begründet ist (BGH NZV **01** 434, Dr NZV **01** 439, Kö StV **00** 261). Ist die Ungeeignetheit im Zeitpunkt des Berufungsurteils entfallen, so scheidet EdF aus (Bay NJW **77** 445, Kar DAR **01** 469, LG Münster DAR **05** 702, LG Zw VRS **99** 443, LK-*Geppert* 247, *Janiszewski* DAR **89** 137 f, *Suhren* VGT **89** 141 ff). Andererseits rechtfertigt mehrmonatige unbeanstandete Teilnahme am motorisierten StrV bis zur Hauptverhandlung allein idR nicht die Feststellung, der in der Tat offenbar gewordene oder durch sie indizierte (II) Eignungsmangel habe gar nicht vorgelegen oder eine durch die Tat offenbar gewordene Ungeeignetheit zum Führen von Kfz sei inzwischen wieder weggefallen (Kö DAR **66** 271, Dü VM **71** 59, DAR **96** 413 (abl *Schulz* NZV **97** 63), Ko VRS **65** 448, **66** 40, **68** 118, Kar VRS **68** 360, Mü NJW **92** 2776, Stu NZV **97** 316, aM LG Wuppertal NJW **86** 1769 [jedoch i Erg evt richtig mangels „relativer"] Fahrunsicherheit], LG Dü ZfS **80** 187 m Anm *Hentschel*, AG Bernsheim NZV **06** 442). Die Beurteilung ist Sache des Tatrichters; Beweisanträge in Richtung auf gutachterliche Feststellung wiederhergestellter Eignung werden in aller Regel abzulehnen sein (Rz 11. Maßprinzip: Rz 22). Die Tatzeit entscheidet nie (Maßregel, Begr), aber auch nicht der Zeitpunkt voraussichtlicher Entlassung nach zugleich angeordnetem Freiheitsentzug (Rz 24). War vorläufige EdF so lange wirksam, dass Eignungsmangel als beseitigt anzusehen ist, so unterbleibt EdF, auch wenn die vorläufige Maßnahme kürzer war als die Mindestsperre (Bay NJW **71** 206, *Suhren* VGT **89** 139); der Grund der Nichtentziehung gehört dann zwecks Bindungswirkung ins Urteil (Rz 27). Will das Berufungsgericht die Zeit vorläufiger EdF oder einer FS-Verwahrung bei der Sperre berücksichtigen, so muss es dies im Tenor aussprechen (Kö NJW **67** 361, Bay VM **66** 65).

24 **9. Die richterliche Entscheidung.** Sofern die Voraussetzungen vorliegen, **muss** die FE entzogen werden; ein Ermessensspielraum besteht nicht (BGHSt **6** 185, **5** 176, **7** 165, einschr AG Br StV **02** 372). Sie ist auch neben Freiheitsstrafe oder Sicherungsverwahrung (BGH VM **66** 34, LK-Geppert Rz 62) oder der Strafaussetzung zur Bewährung (BGH VRS **28** 420, **29** 14, Schl SchlHA **60** 60) anzuordnen. Dass der Angekl. nach Freiheitsentzug uU wieder geeignet sein wird, bleibt wegen des maßgebenden Zeitpunkts (Rz 23) außer Betracht (zur Frage der Sperrfristverlängerung in diesem Fall § 69a Rz 10). Wirtschaftliche Gesichtspunkte haben unberücksichtigt zu bleiben (Rz 22; Dü DAR **92** 187, LG Marburg ZfS **05** 621). Ohne Bedeutung ist, ob die im Zeitpunkt der Entscheidung bestehende FE schon bei Tatbegehung erteilt war oder womöglich erst danach erworben wurde (BGH NStZ **87** 546). Allerdings muss durch den Tatrichter festgestellt werden, dass der Angekl. überhaupt eine FE hat; diese Frage darf nicht offenbleiben (Kar VRS **59** 111; zu ausländischen FE § 69b Rz 2). Frühere EdF hindert, solange nicht Wiedererteilung erfolgt ist, erneute EdF; in solchen Fällen wird die sog „isolierte" Sperre

festgesetzt (BGH DAR **78** 152, *Hentschel* DAR **77** 212, aA Br VRS **51** 278). **Die FE kann nur insgesamt entzogen werden**, eine auf bestimmte FzArten beschränkte Entziehung ist also nicht möglich (BGH NJW **83** 1744, NStZ **83** 168, VG Berlin NZV **01** 139, VG Mü NZV **00** 271). Es können lediglich Ausnahmen von der Sperre zugelassen werden (§ 69a Rz 5 ff). Ob die in § 69 I vorgesehene vollständige EdF, lediglich mit der Möglichkeit, bestimmte Kfz-Arten von der Sperre auszunehmen, rechtspolitisch notwendig und gerechtfertigt ist, wird unterschiedlich beurteilt (*Bode* DAR **89** 447). ZT wird vorgeschlagen, von vornherein die Möglichkeit vorzusehen, in geeigneten Fällen die FE nur insoweit zu entziehen (einzuschränken), wie der Kf versagt hat (*Berz, Brockelt, Mollenkott* VGT **80** 285 ff). Gegen eine Verwischung der Grenzen zwischen „bedingter" Kraftfahreignung und Ungeeignetheit aber mit Recht *Weigelt ua*, NZV **91** 58.

10. Die Fahrerlaubnis erlischt mit Rechtskraft des Urteils (III; Kar VRS **53** 461), zugleich **25** auch eine SonderFE nach § 26 FeV (Bay NZV **90** 364, *Ebert* VD **85** 84, 107). Fahren nach diesem Zeitpunkt verletzt § 21 StVG. Irrtum hierüber, auch bei versehentlich belassenem FS, ist vermeidbarer Verbotsirrtum. Vorläufige EdF: § 111a StPO. Zw, ob bei Wiederaufnahme des Verfahrens eine Maßnahme nach §§ 69, 69a vorläufig ausgesetzt werden kann (Ha VRS **38** 39, *Hentschel* Trunkenheit, Rz 678). Kein Wiederaufleben der entzogenen FE nach Ablauf der Sperre; sie muss neu beantragt und formell neu erteilt werden (§ 20 FeV; VGH Ma NZV **92** 87), auch nach Gnadenerweis, der nur die Sperre beseitigen kann (§ 69a Rz 19). In Unkenntnis der Sperre erteilte FE ist gültig, aber wieder entziehbar (Ha VRS **26** 345, Ko VRS **51** 96).

11. Einziehung des Führerscheins durch Urteil ist geboten (III). Der FS verkörpert die **26** FE nicht, er beweist sie (§ 5 FeV). Einziehbar ist nur ein von einer deutschen Behörde ausgestellter FS und internationaler FS. Die lediglich vergessene Einziehungsanordnung kann trotz des Verschlechterungsverbots nachgeholt werden, denn sie ist keine selbstständige Maßregel (BGHSt **5** 168, NZV **98** 211, Kar NJW **72** 1633). Hatte der Täter auch einen MilitärFS, ergreift die Einziehung auch ohne besondere Erwähnung im Urteil beide (AG Wuppertal DAR **61** 340). Inhaber ausländischer FS: § 69b StGB. Für FE, die von einer Behörde der ehemaligen DDR ausgestellt worden sind, gilt § 69 StGB, soweit diese gem Einigungsvertrag gültig bleiben (dazu § 6 FeV Rz 27; *Nettesheim* DtZ **91** 366).

12. Verfahren. Auf mögliche EdF ist in der Anklageschrift, Eröffnungsbeschluss oder in der **27** Hauptverhandlung hinzuweisen (BGHSt **18** 288 = NJW **63** 1115, ZfS **92** 102, **93** 355, Bay NZV **04** 425, VRS **62** 129, Ko VRS **50** 30). Hinweis auch erforderlich, wenn Anklage und Eröffnungsbeschluss oder Strafbefehl ein FV nennen (Bay NZV **04** 425, **05** 492). Die Urteilsformel ist dahin zu fassen, die FE werde entzogen, vor Ablauf von (Zeiteinheit) dürfe dem Verurteilten keine FE erteilt werden (BGH NJW **61** 1269, VRS **22** 144). Wegen der Bindungswirkung für die VB muss sich das Urteil (ebenso der Strafbefehl, § 409 III StPO) über EdF oder Nichtentziehung auch ohne einen Antrag aussprechen (§ 267 VI StPO), sonstige keine Bindung (näher § 3 StVG; *Himmelreich* NZV **05** 340). Die **Begr der EdF** muss substantiell sein, nicht nur formelhaft, Besonderheiten müssen berücksichtigt sein (BGH VRS **45** 177), ohne Widerspruch zur Strafzumessung (BGH DAR **60** 70), aber ohne Zwang zu bloßen Wiederholungen (Kö DAR **66** 271). In den Fällen von II genügt zur Begr die Feststellung, dass eine der dort genannten Taten begangen ist (Ko VRS **55** 355, Dü VRS **74** 259). Drängt sich die Möglichkeit einer Ausnahme von der Regel des II (hierzu Rz 19a, 19b) nicht auf, so genügen i Ü summarische Ausführungen darüber, dass der Regelfall gegeben ist (BGH DAR **95** 185, Kö DAR **66** 271, Zw VRS **54** 115). Die Annahme eines Ausnahmefalls ist im Einzelnen zu begründen (§ 267 VI 2 StPO; KG VRS **60** 109). Ist EdF unzulässig, so darf das Revisionsgericht die Maßnahme entsprechend § 354 I StPO selbst aufheben (Hb NJW **55** 1080). Bei Teilfreispruch im Wiederaufnahmeverfahren ist über EdF auf Grund der neuen Hauptverhandlung zu entscheiden und die seit Rechtskraft verflossene Sperrzeit zu berücksichtigen (Ha VRS **21** 43). Nach beendigter Urteilsverkündung, zu der der Beschluss nach § 268a I StPO nicht gehört, kann vergessene EdF nicht mehr nachgeholt werden (BGH VRS **47** 283). In der rechtskräftigen Entscheidung (Urteil, Strafbefehl) vergessene EdF bei Sperrfristfestsetzung kann grundsätzlich nicht nachgeholt werden (Ha VersR **78** 812, Kö VM **81** 46, LG Freiburg ZfS **01** 332), Berichtigung des Tenors ist jedoch dann möglich, wenn die Gründe ergeben, dass nicht isolierte Sperre, sondern EdF gewollt ist (BGH VRS **16** 370, Ko VRS **50** 34, *Fischer* Rz 54, abw LK-*Geppert* Rz 248). Erweist sich eine isolierten Sperrfrist auf alleiniges Rechtsmittel des Verurteilten hin als gerechtfertigt, so bleibt sie bestehen, eine nach dem Ersturteil versehentlich erteilte FE kann jedoch nur

6 StGB § 69a

nach § 3 StVG entzogen werden (Ko VRS **51** 96). Anfechtbarkeit und Sperrfristfragen: § 69a Rz 10–13, 16. Mitteilung an BZR: § 9 BZRG. Tilgung: §§ 45ff BZRG. Die Ausnahme vom Verwertungsverbot gem § 52 II BZRG gilt auch im Strafverfahren nur für die Prüfung der EdF (Dü VRS **54** 50). Mitteilung an das VZR: § 28 StVG, § 59 FeV. EdF durch VB und Verhältnis zur gerichtlichen EdF: § 3 StVG, Lit.: *Schendel,* Doppelkompetenz von Strafgericht und VB zur EdF, 1974.

28   **Das Verschlechterungsverbot** (§§ 331, 358 StPO) hindert das Berufungsgericht lediglich, bei alleiniger Berufung des Verurteilten auf EdF zu erkennen, wenn der Erstrichter die FE nicht entzogen hatte, oder die Sperrfrist zu erhöhen (§ 69a Rz 18). Fällt bei Tatmehrheit und einheitlicher EdF eine Tat weg und ist die EdF schon wegen der verbleibenden Tat(en) zulässig, so darf sie bestehen bleiben (Bay DAR **66** 270), ebenso, wenn zwar das angewandte Strafgesetz die Maßregel nicht trägt, jedoch ein anderes auf den Sachverhalt anzuwendendes (Bay VRS **8** 197). Wäre die vom Erstrichter verhängte Sperrfrist abgelaufen, hält das Berufungsgericht den Angeklagten aber weiterhin für ungeeignet, so darf es die EdF mit gleicher Sperrfrist bestehen lassen, § 69a Rz 18. Hat das Gericht nur Sperre verhängt in der Annahme, die FE sei bereits entzogen, so darf EdF auf ein zugunsten des Angeklagten eingelegtes Rechtsmittel nicht nachgeholt werden (§§ 331, 358 II StPO), so dass der Verurteilte im Besitz der FE bleibt (Kar VRS **59** 111, Ko VRS **50** 34), desgleichen, wenn die VB nach Verkündung des erstinstanzlichen Urteils FE erteilt hat (Ko VRS **60** 431). Ist EdF sachlich geboten, durch § 331 StPO aber ausgeschlossen, und ist dem Täter zwischen erster und zweiter Tatsachenverhandlung eine neue FE erteilt worden, so darf das Berufungsgericht die im angefochtenen Urteil ausgesprochene isolierte Sperre erneut anordnen (Br NJW **77** 399). Der FS darf auch nachträglich noch eingezogen werden, weil er der FE folgt (Rz 26). **Rechtsmittelbeschränkung:** § 69a Rz 16.

29   **13. Strafbar** sind Zuwiderhandlungen nach EdF nach § 21 StVG (Fahren ohne FE). Nichtablieferung des FS nach EdF ist nicht strafbar.

30   **Lit:** *Cramer,* Voraussetzung für eine gerichtliche EdF nach § 42m StGB, MDR **72** 558. *Dreher/Fad,* EdF und Verhängung eines FV bei Teilnehmern, NZV **04** 231. *Geppert,* Neuere Rspr des BGH zur EdF bei Nicht-Katalogtaten, NStZ **03** 288. *Hembach,* EdF nach unerlaubtem Entfernen vom Unfallort bei LeasingFz?, ZfS **05** 165. *Hentschel* Die Voraussetzungen für die strafgerichtliche EdF unter Berücksichtigung der jüngsten Rspr des BGH, NZV **04** 57. *Himmelreich,* „Bedeutender Sachschaden i. S. d. §§ 69 Abs 2 Nr 3, 142 StGB, DAR **97** 82. *Krehl,* Regel und Ausnahme bei der EdF (§ 69 II StGB), DAR **86** 33. *Kulemeier,* FV (§ 44 StGB) und EdF (§§ 69ff StGB), Lübeck 1991. *Derselbe,* FV und FEEntzug – Sanktionen zur Bekämpfung allgemeiner Kriminalität?, NZV **93** 212. *Lenhart,* Der „bedeutende Schaden" als Regelbeispielsvoraussetzung einer EdF, NJW **04** 191. *Müller-Metz,* Zur Reform von Vergehenstatbeständen und Rechtsfolgen im Bereich der VDelikte, NZV **94** 89 (93). *Pießkalla, Leitgeb,* EdF nach § 69 I 1, 2. Alt bei „nicht verkehrsspezifischen " Straftaten?, NZV **06** 185. *Sowada,* Die EdF (§ 69 StGB) bei Taten der allgemeinen Kriminalität, NStZ **04** 169. *Wölfl,* Die Geltung der Regelvermutung des § 69 II StGB im Jugendstrafrecht, NZV **99** 69. *Zabel/Noss,* Langjährige unbeanstandete Fahrpraxis …, BA **89** 258.– **Zu Reformfragen**: *Beine* ZRP **77** 295; *Berz* VGT **80** 305; *Gontard,* Rebmann-F S 211; *Himmelreich* DAR **77** 85; *Janiszewski* GA **81** 385; *Koch* DAR **77** 85; **77** 316; *Preisendanz* DAR **81** 307; *Schultz* BA **82** 315. **Zur Nachschulung:** Rz 19.

Sperre für die Erteilung einer Fahrerlaubnis

69a (1) ¹Entzieht das Gericht die Fahrerlaubnis, so bestimmt es zugleich, daß für die Dauer von sechs Monaten bis zu fünf Jahren keine neue Fahrerlaubnis erteilt werden darf (Sperre). ²Die Sperre kann für immer angeordnet werden, wenn zu erwarten ist, daß die gesetzliche Höchstfrist zur Abwehr der von dem Täter drohenden Gefahr nicht ausreicht. ³Hat der Täter keine Fahrerlaubnis, so wird nur die Sperre angeordnet.

(2) Das Gericht kann von der Sperre bestimmte Arten von Kraftfahrzeugen ausnehmen, wenn besondere Umstände die Annahme rechtfertigen, daß der Zweck der Maßregel dadurch nicht gefährdet wird.

(3) Das Mindestmaß der Sperre beträgt ein Jahr, wenn gegen den Täter in den letzten drei Jahren vor der Tat bereits einmal eine Sperre angeordnet worden ist.

(4) ¹War dem Täter die Fahrerlaubnis wegen der Tat vorläufig entzogen (§ 111a der Strafprozeßordnung), so verkürzt sich das Mindestmaß der Sperre um die Zeit, in der die vorläufige Entziehung wirksam war. ²Es darf jedoch drei Monate nicht unterschreiten.

(5) ¹Die Sperre beginnt mit der Rechtskraft des Urteils. ²In die Frist wird die Zeit einer wegen der Tat angeordneten vorläufigen Entziehung eingerechnet, soweit sie nach Verkündung des Urteils verstrichen ist, in dem die der Maßregel zugrunde liegenden tatsächlichen Feststellungen letztmals geprüft werden konnten.

Sperre für die Erteilung einer Fahrerlaubnis § 69a StGB 6

(6) **Im Sinne der Absätze 4 und 5** steht der vorläufigen Entziehung der Fahrerlaubnis die Verwahrung, Sicherstellung oder Beschlagnahme des Führerscheins (§ 94 der Strafprozeßordnung) gleich.

(7) ¹Ergibt sich Grund zu der Annahme, daß der Täter zum Führen von Kraftfahrzeugen nicht mehr ungeeignet ist, so kann das Gericht die Sperre vorzeitig aufheben. ²Die Aufhebung ist frühestens zulässig, wenn die Sperre drei Monate, in den Fällen des Absatzes 3 ein Jahr gedauert hat; Absatz 5 Satz 2 und Absatz 6 gelten entsprechend.

1. Sperre sieht § 69a zwingend als Folge der EdF (§ 69) vor, und zwar entweder für 1 6 Monate bis zu 5 Jahren oder, wenn die gesetzliche Höchstfrist zur Gefahrenabwehr nicht ausreicht, auf Lebenszeit. Ist die FE schon rechtskräftig gerichtlich oder durch die VB entzogen, so wird nur Sperre angeordnet (§ 69 Rz 24). Während der Sperre darf die VB keine (neue) FE erteilen (§ 3 StVG), eine rechtswidrig erteilte muss sie ohne Fahrtauglichkeitsprüfung wieder entziehen (OVG Br DAR **75** 307). Im Fall des I S 3 bildet die sog **„isolierte Sperre"** die eigentliche Maßregel (Zw VRS **64** 444); sie darf (generell) nur angeordnet werden, wenn die Voraussetzungen des § 69 I vorliegen (BGH NStZ **04** 617). § 69a I 3 gilt auch für Inhaber ausländischer FE nach Ablauf der Frist des § 29 FeV, weil sie dann nicht mehr unter § 69b fallen (§ 69b Rz 2).

2. Die Sperrdauer (I) richtet sich allein nach dem bei der tatrichterlichen Entscheidung vor- 2 handenen Grad und der voraussichtlichen Dauer des Eignungsmangels (BGH NZV **03** 46, DAR **92** 244, NStZ **91** 183, NStZ-RR **97** 331, NZV **98** 418, Bay DAR **92** 364 [auch im Sicherungsverfahren], **99** 560, BA **02** 392, Ko VRS **71** 431, Dü NZV **93** 117, StV **02** 261, s auch § 69 Rz 1), ohne Rücksicht auf die vermutliche Dauer eines anschließenden Neuerteilungsverfahrens (Ol VRS **51** 281), nicht nach Schuld oder Tatfolgen (BGH NZV **98** 418, Dü StV **02** 261, *Geppert* NJW **71** 2154, *Dencker* StV **88** 454), ausgenommen deren Indizwirkung für die Prognose (BGH VRS **21** 262, DAR **87** 201, **88** 227, **92** 244, NStZ **91** 183, NZV **98** 418, *Mollenkott* DAR **92** 316). Generalpräventive Erwägungen, allgemeine Überlegungen oder Durchschnittstaxen (abw vielfach die Praxis) scheiden wegen des Maßregelcharakters aus (BGH NStZ **90** 225, Dü NZV **93** 117, *Geppert* NJW **71** 2156, *Michel* DAR **99** 540, unzutr LG Hb BA **85** 334, abw auch Dü VRS **91** 179 [im Regelfall alkoholbedingter absoluter Fahrunsicherheit stets Mindestsperre]). Teilnahme an sog Nachschulung (§ 69 Rz 19) kann für Sperrfristbemessung eine Rolle spielen (Kö VRS **60** 375, LG Krefeld DAR **80** 63, LG Köln ZfS **81** 30, AG Marl ZfS **90** 213, AG Aachen DAR **92** 193), auch eine vergleichbare österreichische (AG Eggenfelden DAR **07** 408), gleichfalls therapeutische Behandlung (LG Dr ZfS **07** 53). Zu berücksichtigen sind nur Umstände mit Tatauswirkung (BGH NJW **61** 1269). Das gilt auch bei körperlichen Eignungsmängeln. Unterschiedliche Sperrfristbemessung für einzelne Kfz-Arten (Rz 5–7) ist zulässig (LG Verden VRS **48** 265, AG Hannover ZfS **92** 283, *Rieger* DAR **67** 45, aM *Krumm* DAR **04** 58). Längere Verfahrensdauer ohne FS kann verkürzen (Bay BA **02** 392, Dü NW **69** 36, dazu Rz 9), gleichfalls mehrmonatiges Nichtfahren nach „Beschlagnahme" des FS bei Fahrt im Ausland (AG Lüdinghausen NZV **07** 251 m zw Anm *Ebner* SVR **07** 310, der trotz Weiterfahrens nach „Beschlagnahme" im Ausland im Zustand der Fahrunsicherheit eine Widerlegung der Regelvermutung nach § 69 II für denkbar hält). Nicht tilgungsreife Vorstrafen (§ 29 StVG) sind heranzuziehen (Ha DAR **61** 230). Wirtschaftliche Gesichtspunkte können nur *mittelbar* berücksichtigt werden, wenn sie geeignet sind, eine raschere Beseitigung des Eignungsmangels zu begründen (Bay DAR **99** 560, **02** 392, Ko VRS **71** 431, LG Krefeld VRS **56** 283, *Fischer* § 69 Rz 50, *Geppert*, NJW **71** 2154). Längere erstmalige Sperre, besonders bei beruflicher Wirkung, ist sorgfältig zu begründen (BGHSt **5** 177, VRS **36** 16, DAR **69** 40, Kö VRS **76** 352), besonders bei jüngeren, noch entwicklungsfähigen Tätern (BGH VRS **21** 263); ausführliche Begr auch bei zeitlicher Höchstdauer (BGH VRS **31** 106, **34** 272, DAR **68** 23, Ha VRS **50** 274, Ko VRS **71** 431), es sei denn bei offensichtlich besonders belastenden Umständen (BGH VRS **34** 272, DAR **68** 131). Nach AG Rudolstadt VRS **112** 35 soll Sperrfrist bei Anwendung des Jugendstrafrechts generell kürzer als im allgemeinen Strafrecht zu bemessen sein (sehr zw.; zur Frage des Regelfalls bei Jugendlichen s. § 69 Rz 15).

Die Sperre darf nicht so bemessen werden, dass sie an einem bestimmten Kalendertag endet, 3 sondern **nur nach Zeiteinheiten**, zweckmäßig nach Monaten, andernfalls muss das Berufungsgericht sie ohne Verlängerung (§ 331 StPO) durch eine so bemessene Frist ersetzen (Bay NJW **66** 2371, Sa NJW **68** 460).

Auch bei **Sperre „für immer"** (I) entscheidet nur die Eignungsprognose (BGH VRS **35** 4 416), nicht zB das Alter, zumal da manche Altersgebrechen willentlich bis zu einem gewissen

Grad ausgleichbar sind (BGH VRS **35** 416, Fra DAR **69** 161). Nach hM kann eine lebenslange Sperre auch dann festgesetzt werden, wenn der Täter jedenfalls mehr als 5 Jahre ungeeignet ist (BGH VRS **35** 416, NStZ-RR **97** 331, Kö NJW **01** 3491, Ha VRS **50** 274, Ko BA **75** 273, *Fischer* Rz 22, aM [Unbehebbarkeitsprognose erforderlich] hier bis 38. Aufl., LK-*Geppert* Rz 39, *Cramer* 20, *Hentschel* DAR **76** 289). „Schwere VKriminalität" ist nicht unbedingt erforderlich (Ha VRS **50** 274). Jedoch wird der Tatrichter gerade bei Unsicherheiten der Prognose zu berücksichtigen haben, dass „hoffnungslose Fälle" wie die hier in Frage stehenden, auch bei bestimmter Sperrfrist idR (ausgenommen freilich nunmehr die Fälle des „FS-Tourismus", § 21 Rz 2a) keine reale Möglichkeit mehr haben, eine FE zu erlangen (vgl auch Kö NJW **01** 3491). Lebenslange Sperre scheidet aus, wenn das Gericht eine längere Freiheitsstrafe für „heilsam" hält (BGH VRS **37** 423, NStZ-RR **97** 331, Kö VRS **41** 354, Ko VRS **40** 96). Gänzliche, nicht zu behebende fahrtechnische Unfähigkeit rechtfertigt Dauersperre (Dü VM **76** 52). Chronische Trunkenheitsdelinquenz im V mit mehreren Vorstrafen und dreimaliger EdF in größeren Abständen kann ausreichen (Ko BA **75** 273, Ha DAR **71** 20). Die Maßregel ist wegen ihrer Schwere **stets eingehend zu begründen** (Persönlichkeit, Vorstrafen; VVerhalten; BGH VRS **34** 194, NStZ **91** 183, Bay DAR **89** 365, Kö NJW **01** 3491, Ko VRS **40** 97, Hb VM **62** 27, Ha VRS **54** 28, Dü VM **76** 52), idR nicht durch bloßes Aufzählen der Vorstrafen (Kö DAR **57** 23, Kar VRS **17** 117, Ko VRS **47** 99). Auf Dauersperre darf das Revisionsgericht analog § 354 I StPO selber erkennen (Stu NJW **56** 1081), doch sollte es sich in aller Regel nicht zum Tatrichter aufwerfen. Gegen die Ausführungen von *Arbab-Zadeh* (Deutsches Ärzteblatt **75** 1892) zu evt durch FS-Sperre auf Lebenszeit hervorgerufenen psychischen Zwangsphänomenen zB *Rahe, Süllwold, Lewrenz,* Deutsches Ärzteblatt **76** 443, 899ff, *Himmelreich* DAR **77** 89.

5   **3. Ausnahmen von der Sperre** (nicht von der EdF, die FE erlischt, § 69 Rz 24) sind zulässig für „bestimmte Arten von Kfz" (II), wenn bestimmte Umstände die Annahme rechtfertigen, dass der Zweck der Maßregel (VSicherung) dadurch nicht gefährdet wird.

6   **Kfz-Art** ist nicht identisch mit FS-Klasse. Darunter fallen zunächst die Arten, auf die die FE gem § 6 I S 2 FeV beschränkt werden kann (Bay NZV **05** 592, Ce DAR **96** 64, Sa VRS **43** 22, Fra NJW **73** 815, *Geppert* Rz 2154). Eine FS-Klasse kann also mehrere Kfz-Arten iS von § 69 II umfassen. Unterschieden werden kann grundsätzlich zwischen Lkw und Pkw, zB auch innerhalb der FEKl C1 (Kar VRS **63** 200, Sa VRS **43** 22, Bay VRS **66** 445 [zur früheren Kl 3]); insoweit sollte aber § 9 FeV beachtet werden (Rz 6a). Von der Sperre ausgenommen werden können aber auch alle Fz einer FS-Klasse (Bay NZV **05** 592, Ha BA **02** 498, Schl VM **74** 14, Kö VRS **68** 278, AG Auerbach NZV **03** 207 [Kl T]). Entscheidend für die Frage, was Kfz-Art iS von II sein kann, ist der **Verwendungszweck** (Bay NZV **05** 592, Nau DAR **03** 573, Ce DAR **96** 64, Brn VRS **96** 233, Fra NJW **73** 815, Stu DAR **75** 305, Ha VRS **62** 124, Ol BA **81** 373, LG Frankenthal DAR **99** 374, AG Lüdinghausen NZV **05** 953; ebenso wohl Bay VRS **66** 445, das aber uU von einer anderen Bestimmung des Begriffs „Verwendungszweck" ausgeht). **Nicht von der Sperre ausgenommen werden** können Kfz eines bestimmten Fabrikats (Ha NJW **71** 1193), Kfz mit bestimmten Konstruktionsmerkmalen (automatisches Getriebe usw) oder einer bestimmten Antriebsart (Sa NJW **70** 1052, VRS **43** 22, Stu DAR **75** 305), auch nicht solche mit einem bestimmten Fahrzweck (Feuerwehr-, Sanitätsfz, Bundeswehrfz usw; Nau DAR **03** 573, Ha NJW **71** 1193, Fra NJW **73** 815, Ol BA **81** 373, Bay VRS **66** 445, aM AG Lüdinghausen DAR **03** 328 [BWFz], AG Coesfeld BA **81** 181 [DienstFz des Blutspendedienstes] mit abl Anm *Zabel*). **Anders jedoch** (Ausnahme möglich), wenn die besondere Ausrüstung einen bestimmten Verwendungszweck bedingt (Bay NJW **89** 2959, Nau DAR **03** 573, LG Hb DAR **92** 191, AG Itzehoe DAR **93** 108 [je Krankenwagen], Bay NZV **91** 397, Dü NZV **08** 104 [Einsatzfz der Feuerwehr, Krankenkraftwagen], LG Hb NJW **87** 3211 [Behinderten-TransportFz], AG Lüdinghausen NZV **05** 593 [GeldtransportFz], AG Fra NStZ-RR **07** 25 [MüllFz]). LG Hb NZV **92** 422 hält Ausnahme auch für StrwachtFz für möglich (zw). Keine Ausnahme für Taxis (Stu DAR **75** 305, Ha VRS **62** 124) und bestimmte Arten von Transporten (Ce DAR **96** 64) oder Fz eines bestimmten **Halters oder Eigentümers** (Ha NJW **71** 1193, Sa NJW **70** 1052, Fra NJW **73** 815, Bay VRS **66** 445, Ce DAR **96** 64, abw AG Lüdinghausen DAR **03** 328). Von der Sperre ausgenommen werden können Traktoren (LG Frankenthal DAR **99** 374), nicht aber Fz eines bestimmten landwirtschaftlichen Betriebs (Fra VM **77** 30). Nach geltendem Recht sind auch **Benutzungsort und -zeit** keine geeigneten Unterscheidungsmerkmale für Ausnahmen nach II (Bay NZV **05** 592, Ha NJW **71** 1193, Ce DAR **96** 64, Sa VRS **43** 22, Dü VRS **66** 42), ebenso wenig nach dem Inhalt von II **Berufs-**

oder **Privatsphäre** (Ha NJW **71** 1618, VRS **62** 124). Keine Ausnahme daher für das Führen bestimmter DienstFz „im Einsatz" (Ol BA **81** 373, abw AG Lüdinghausen DAR **03** 328) oder gar bestimmte Arten beruflicher Fahrten (Mü NJW **92** 2777). Ein **bestimmtes Fz** oder mehrere bestimmte, besonders gekennzeichnete Fz bilden keine Kfz-Art (Bay NZV **05** 592, Nau DAR **03** 573, Ha NJW **75** 1983, Fra VM **77** 30, *Orlich* NJW **77** 1180, *Zabel* BA **83** 481, aA *Krumm* DAR **04** 57, *Weihrauch* NJW **71** 829). Ausgenommen werden kann die Kfz-Art, für die allein der Angekl. eine FE hat (zB Fz der FS-Klasse M; Schl VM **74** 14). **Art und Umstände, die die Ausnahme rechtfertigen,** lassen sich nicht generell festlegen (Ha NJW **71** 1618). Der Maßregelzweck ist nur dann nicht gefährdet (II), wenn die besonderen Umstände den Angekl. beim Führen der von der Sperre auszunehmenden KfzArt *trotz des bei ihm festgestellten Fehlens der Kraftfahreignung*(!) ungefährlich erscheinen lassen (Bay NZV **05** 592, **91** 397, VRS **63** 271, Ha BA **02** 498, Kar VRS **63** 200, AG Lüdinghausen DAR **03** 328). Es handelt sich *um eine Prognose,* für die als solche (anders für die Anknüpfungstatsachen) der Zweifelssatz nicht gilt (s auch § 69 Rz 11, verkannt von *Krumm* NZV **06** 234, hierzu auch § 111 a StPO Rz 8). Die Annahme solcher Umstände erfordert bei charakterlichen Eignungsmängeln besonders vorsichtige Prüfung (Stu VRS **45** 273, Ce NJW **54** 1170). Die Höhe der BAK des Täters kann bedeutsam sein (Alkoholgewöhnung, -abhängigkeit; AG Fra NStZ-RR **07** 25, *Brockmeier* NVwZ **82** 540); jedoch keine schematische Ablehnung jeglicher Ausnahme ab bestimmter BAK-Höhe ohne individuelle Prüfung (Übermaßverbot; aM *Zabel* BA **83** 483 [ab 2‰], einschr auch LG Sa ZfS **02** 307 [idR ab 1,6 ‰]). IÜ sind bei EdF wegen Trunkenheit an die Ausnahmebewilligung **strenge Anforderungen zu stellen** (Ce BA **88** 196, LG Osnabrück ZfS **98** 273, aM wohl *Krumm* NZV **06** 234). Ausnahme von Rallye-Fz: AG Alzenau DAR **81** 232. Wirtschaftliche Härten rechtfertigen keine Ausnahme (Stu VRS **45** 273, Ha NJW **71** 1618, Dü VRS **66** 42, Ce DAR **85** 90, Bay DAR **88** 364, aM AG Brühl DAR **81** 233). Ausnahme wird vor allem für solche Fz-Arten in Frage kommen, von denen für die VSicherheit eine *geringere* Gefahr ausgeht (Ha VRS **62** 124, Stu VRS **45** 273, Kar DAR **78** 139, Ol BA **81** 373, Bay VRS **63** 271, Kö VRS **68** 278, LG Kö DAR **90** 112, LG Osnabrück ZfS **98** 27, aM AG Aschaffenburg DAR **79** 26, AG Monschau ZfS **82** 62).

Ausnahmen für Lkw und Busse spielen in der bisherigen Praxis eine nicht geringe Rolle. **6a** Jedoch wird die Frage ihrer Gewährung überlagert durch die Problematik, ob die FEB eine auf sie beschränkte FE überhaupt erteilen darf. Das ist nach § 9 S 1 FeV *nicht der Fall;* denn der Angekl. verfügt nach der strafgerichtlichen EdF nicht mehr über die FE der Klasse B (§ 9 FeV Rz 2, 4 mwN; aM hier bis 39. Aufl.). Ob der Strafrichter durch diese in der FeV getroffene Regelung *rechtlich* gehindert ist, die Ausnahme zu gewähren (verneinend hier bis 39. Aufl.), ist von nachrangiger Bedeutung. Denn eine solche Ausnahmeentscheidung läuft leer und ist daher unsinnig. Zu einer unsinnigen Ausnahmebewilligung zwingt auch das Übermaßverbot nicht. Beim Betroffenen werden hierdurch überdies unerfüllbare Hoffnungen geweckt, was dem Vertrauen in die Rechtsordnung nicht zuträglich ist. Die strafrechtliche Praxis sollte deshalb von derartigen Ausnahmebewilligungen absehen. *Bisherige Rspr. zur Ausnahme für Lkw und Busse:* Nach strengen Maßstäben wird sie zT gewährt, vor allem bei BerufsKf, die mit privatem Pkw eine Trunkenheitsfahrt unternommen haben (zB Bay VRS **63** 271, Kar VRS **63** 200, Ko BA **80** 293, Ce DAR **85** 90, AG Fra NStZ-RR **07** 25; wN 39. Aufl.), wobei nicht als ausreichend erachtet wird, wenn ein solcher Kf in der Berufssphäre unbeanstandet Lkw (Busse) geführt hat (Kar VRS **63** 200, Bay NStZ **86** 401 [J], Dü VRS **66** 42, Kö VRS **68** 278; weitergehend vielfach die Tatgerichte; s hierzu mwN 39. Aufl.).

Nach Rechtskraft kann Ausnahme von der Sperre nur nach Ablauf der Fristen des § 69 a **6b** VII bewilligt werden (LG Koblenz DAR **77** 193, AG Alsfeld BA **80** 470, *Fischer* Rz 34, *Kulemeier* S 116, *Hentschel* DAR **75** 296, aA AG Hagen DAR **75** 246, AG Pirmasens DAR **76** 193, AG Westerburg DAR **76** 274, AG Alzenau DAR **81** 232, AG Wismar DAR **98** 32 sowie [in Fällen der Verurteilung durch Strafbefehl] AG Kempten DAR **81** 234, *Wölfl* NZV **01** 371). Wird von II Gebrauch gemacht, erlischt die FE im Ganzen. Der Verurteilte darf erst dann Fz der von der Sperre ausgenommenen Art führen, wenn ihm die VB eine entsprechend beschränkte FE erteilt hat (Ol NJW **65** 1287, Ha NJW **71** 1193, VG Berlin NZV **01** 139).

Das geltende Recht kann zu besonderer Härte führen, soweit nur Kfz-Arten in dem oben **7** (Rz 6) erörterten Sinn von der FESperre ausgenommen werden können, nicht auch Fz, die sich anders als durch den Artbegriff von anderen unterscheiden, und auch nicht individuelle Benutzungsweisen. Denn zur maßgerechten Gefahrabwehr reicht der Artbegriff uU nicht aus. Auch im Rahmen der Diskussion um die Frage einer Reformbedürftigkeit der §§ 69, 69 a wird die Regelung des § 69 a II daher zT als zu eng empfunden und eine Erweiterung der Möglichkeiten des II vorgeschlagen (*Brockelt* VGT **80** 285, *Berz* VGT **80** 305, *Janiszewski* DAR **89** 140, *Schultz* BA **82** 325). Vorgeschlagen wurde auch, die Mindestfrist von 3 Monaten in IV und VI, hinsichtlich derer ein „Maßregelübermaß" insbesondere im Berufungs- und Einspruchsverfahren kritisiert wird (*Mollenkott* VGT **80** 296, krit *Janiszewski* GA **81** 399), zugunsten einer flexibleren Lösung zu ändern (18. VGT **80** 15, *Janiszewski* DAR **89** 139). Der Gesetzgeber hat die Forderungen bislang nicht aufgegriffen; Reformbestrebungen der BReg sind nicht in Sicht.

8   **4. Erhöhte Mindestsperre** auf ein Jahr schreibt III für den Fall vor, dass gegen den Täter in den letzten drei Jahren vor der Tat, zurückgerechnet vom Tattag ab, bereits eine Sperre angeordnet worden war, selbstständig oder zusammen mit EdF. III bezweckt eine tiefergreifende Beschränkung bei Tätern, die sich wiederholt als ungeeignet erwiesen haben (Kar VRS **57** 108). Die Vorschrift ist bindendes Indiz für erhöhte Gefährlichkeit. Soweit die frühere Maßregel wegen körperlicher oder geistiger Mängel angeordnet worden war, gilt III nicht, weil solche Mängel idR nicht vorwerfbar sind; allein charakterliche Mängel aber können erhöhte Mindestsperre rechtfertigen (Ha DAR **78** 23, *Hentschel,* Trunkenheit, Rz 691, *Kulemeier* S 111). Sonderlich überzeugend ist dies im Hinblick auf die Schuldunabhängigkeit der Maßregel nicht (*Fischer* Rz 11).

9   **5. Ermäßigte Mindestsperre** bis auf drei Monate herunter erlauben IV, VI. IV enthält eine abschließende, nicht lückenhafte Regelung (Kar VRS **57** 108, Ko VRS **70** 284). IV, VI ermäßigen nur die Mindestsperre und sind deshalb *keine Anrechnungsvorschriften* (Ko VRS **50** 361, **70** 284, Bay NZV **91** 358). Vielmehr wollen sie die Berücksichtigung vorausgegangener, vollzogener sichernder Maßnahmen (vorläufige EdF, amtliche Sicherstellung, Verwahrung oder Beschlagnahme des FS, §§ 94, 111a StPO) durch den letzten Tatrichter ermöglichen, weil nach deren Wirkung eine Sperre von noch mindestens 6 Monaten als zu hoch erscheinen kann (Bay NJW **66** 2371, **71** 206, Kö NJW **67** 361, Br DAR **65** 216, Stu NJW **67** 2071, Kar VRS **51** 88). Die Worte „wegen der Tat" in IV zeigen, dass die Mindestsperre nicht verkürzt werden darf, wenn dem Täter die FE bereits aus anderem Anlass entzogen war (Kar VRS **57** 108). Die Zeit vorläufiger EdF darf bei Bemessung der Sperre auch berücksichtigt werden, wenn der FS nicht sichergestellt worden war (Kö VRS **52** 271). Die dann nach IV ermäßigte Sperre muss im Urteil angegeben werden (Br DAR **65** 216, Schl VM **65** 69). Die Sperrdauer richtet sich nach der Prognose zurzeit des letzten tatrichterlichen Urteils (§ 69 Rz 23), auch im Berufungsverfahren (Kö MDR **67** 142). Es kann damit dazu kommen, dass der Angekl. zu EdF mit Sperrfrist von mindestens drei Monaten verurteilt wird, obwohl die vom AG festgesetzte Sperrfrist bereits abgelaufen wäre. Solche Fälle faktischer Sperrfristverlängerung durch Zeitablauf im Berufungsverfahren richten sich, womit der Angekl. zu rechnen hat, ausschließlich nach der dem § 331 StPO (s auch Rz 18) vorgehenden Regelung in IV, VI und müssen von ihm hingenommen werden (Dü NZV **99** 389, Kar DAR **03** 235, Ha VM **78** 21). Verfassungsrechtlich ist dies nicht zu beanstanden (BVerfG v 11. 9. 89, 2 BvR 1209/88 [mitgeteilt in Dü NZV **99** 389]). Besteht das Sicherungsbedürfnis ungeschmälert fort, so scheidet Ermäßigung aus (Ha VRS **45** 270, JZ **78** 656, *Ganslmayer* JZ **78** 794, aM *Gollner* JZ **78** 637). Das Berufungsgericht ist also nicht gehindert, es bei der Dauer der erstinstanziell ausgesprochenen Sperrfrist (durch Verwerfung der Berufung) zu belassen (Bay BA **02** 392); das gilt auch nach Zurückverweisung durch das Revisionsgericht zu neuer tatrichterlicher Beurteilung. Will das Gericht allerdings eine durch die Dauer des Berufungsverfahrens bedingte längere vorläufige EdF bei der Bemessung der Sperre **nicht berücksichtigen,** dann muss es dies eingehend begründen (Bay BA **02** 392). Bestand keine FE, so dass nur isolierte Sperre in Betracht kommt, so können sich vorläufige Maßnahmen nicht ausgewirkt haben; IV ist dann unanwendbar (Hb VM **78** 71, Kar VRS **57** 108, Dü VRS **39** 259, Bay NZV **91** 358, DAR **93** 371, Zw NZV **97** 279, *Fischer* Rz 14, *Meyer* DAR **79** 157, *Hentschel* DAR **84** 250, aM Sa NJW **74** 1391, LK-*Geppert* Rz 37, *Saal* NZV **97** 279, *Kulemeier* S 112).

10   **6. Die Sperre beginnt** (V) mit der Rechtskraft (Ko VRS **53** 339), auch wenn ein Rechtsmittel eingelegt worden war (KG VRS **53** 278), und läuft auch während Strafverbüßung oder behördlicher Verwahrung (Stu NJW **67** 2071). Einzurechnen als verstrichen ist gem V S 2 (VI) zwingend die Zeit vorläufiger Maßnahmen nach den §§ 94, 111a, soweit diese seit der letzten tatrichterlichen Entscheidung gewirkt haben, weil die sachlichen Voraussetzungen solcher Maßnahmen danach nicht mehr geprüft werden konnten. Bei Zurückverweisung durch das Revisionsgericht gelten dagegen im Rahmen von § 331 die Absätze I–IV, nicht V (Dü JMBlNRW **67** 91). Dieser richtet sich an die Vollstreckungsbehörde (Br VRS **29** 17, Ce DAR **65** 101), die im

Zweifel gerichtliche Entscheidung herbeiführt (§ 458 StPO). Keine analoge Anwendung von V S 2 auf Fälle isolierter Sperre, weil sonst entgegen dem Grundsatz des V S 1 und dem klaren Wortlaut von S 2 zwingend Einrechnung selbst dann erfolgen müsste, wenn keinerlei den in Satz 2 genannten Maßnahmen vergleichbare Umstände auf den Verurteilten eingewirkt haben (Nü DAR **87** 28). Aus V S 1 und 2 ergibt sich aber unmissverständlich, dass bloßer Zeitablauf an sich nicht zu einem Beginn der Sperre vor Rechtskraft führen soll (Dü VRS **39** 259, Nü DAR **87** 28, LG Gießen NStZ **85** 112, AG Idstein NStZ-RR **05** 89, *Fischer* Rz 37, *D. Meyer* DAR **79** 157, *Hentschel* DAR **84** 250 f, aM LG Nürnberg-Fürth NJW **77** 446, LG Heilbronn NStZ **84** 263 [zust *Geppert*], LG Stu VM **01** 48, AG Iburg NRpfl **86** 21, LK-*Geppert* Rz 74, *Saal* NZV **97** 281). Beim Strafbefehl beginnt die nach V einzurechnende Frist mit dem Tag der Unterzeichnung, also der Entscheidung (LG Freiburg NJW **68** 1791, LG Kö DAR **78** 322, AG Düsseldorf NJW **67** 586, LK-*Geppert* Rz 77, *Fischer* Rz 36, aM LG Coburg DAR **65** 245, LG Dü NJW **66** 897), auch bei späterer Zurücknahme des Einspruchs. Anders als § 44 (III S 2) enthält § 69a keine Regelung, wonach Zeiten der Anstaltsverwahrung nicht in die Sperrfrist einzurechnen sind (s auch § 69 Rz 24). Dies dürfte vor allem dadurch bedingt sein, dass die Neuerteilung in jedem Fall eine Entscheidung der FEB voraussetzt (hierzu auch Schl SchlHA **08** 223 [D/D]). UU kann der Umstand, dass der Angekl. Freiheitsentzug erleiden wird, bei der Sperrfristbemessung berücksichtigt werden (LK-*Geppert* Rz 16 sowie § 69 Rz 62), was freilich bei längerem Freiheitsentzug keine rechte Lösung bietet.

Da die Sperre auch bei Rechtsmitteleinlegung erst ab Rechtskraft zu laufen beginnt, ist es **11** zwar zutreffend, dass sie vor Revisionsentscheidung nicht abgelaufen sein kann (KG VRS **53** 278). Tritt aber vor Entscheidung über eine zugunsten des Verurteilten eingelegte Revision der Zeitpunkt ein, in dem nach Auffassung des Tatrichters der Eignungsmangel beseitigt ist, so ist selbst bei Zurückverweisung nicht mit weiterer Sperre zu rechnen. Nach im Schrifttum überwiegend vertretener Ansicht ist daher in derartigen Fällen die vorläufige EdF aufzuheben (§ 111a Rz 9).

7. Zusätzliche Sperren sind wie folgt zu verhängen: **12**

Bei späterer **Gesamtstrafenbildung** durch Urteil ist der prognosegebundene Charakter der Maßregel auf der Grundlage der letzten tatrichterlichen Beurteilung maßgebend, die alle einschlägigen Vorverurteilungen und die Wirkung schon verstrichener Sperre(n) berücksichtigt (*Fischer* Rz 27, *Hentschel* Rpfleger **77** 279). Das bedeutet: Hat eines der einzubeziehenden Urteile auf EdF und Sperre erkannt, während die neu abzuurteilende Tat dazu keinen Anlass bietet, so ist die noch laufende Maßregel *lediglich aufrechtzuerhalten* (§ 55 II) mit Sperre ab Rechtskraft des Urteils, das sie verhängt hat (BGH NJW **00** 3654, NStZ **92** 231, **96** 433, Dü VM **91** 31). Ist die Sperre aus dem einbezogenen Urteil abgelaufen, so wäre nach § 55 I 1 StGB nur die EdF (nicht auch die Sperre) aufrechtzuerhalten (BGH NStZ **96** 433), was sich aber ebenfalls erübrigt, weil deren Wirkung gem § 69 III bereits eingetreten ist (BGH DAR **04** 229). Führt dagegen auch die neu abzuurteilende Tat zu Sperre, so entscheidet eine **neue Gesamtprognose** (s oben). Gemäß der Prognose ist eine neue einheitliche Sperre festzusetzen (BGH NJW **00** 3654, Stu NJW **67** 2071, VRS **71** 275, Zw NJW **68** 310, Kö VRS **41** 354, Kar VRS **57** 111, Dü VM **91** 31, Bay DAR **92** 365 Nr 7c), die ohne formelle Anrechnung ab Rechtskraft der neuen Entscheidung zu laufen beginnt (Stu NJW **67** 2071, *Fischer* Rz 27, LK-*Geppert* Rz 64, *Geppert* MDR **72** 286, *Bringewat* Rz 313, 316), weil ja die Prognose in die Zukunft gerichtet ist und nicht „*rückblickend*" erfolgen kann (BGH NJW **03** 2841, aM [Beginn mit der Rechtskraft der früheren Entscheidung] Kar VRS **57** 111, Stu VRS **71** 275, Dü VM **91** 31, Bay DAR **92** 365, s auch BGH NJW **71** 2180). Daher ist es auch kein Gesetzesverstoß, wenn im Gesamtstrafenurteil entsprechend der prognostizierten Dauer der Ungeeignetheit die gesetzliche Höchstfrist von 5 Jahren ausgeschöpft wird, obwohl nach Rechtskraft des einbezogenen Urteils schon Sperrzeit verstrichen ist (LK-*Geppert* Rz 65, *Seiler,* Fahren ohne FE (1982), S 78, **anders aber die hM:** BGH NJW **71** 2180, Dü VM **92** 31, Stu VRS **72** 275, Fra VRS **55** 199, *Fischer* Rz 27, *Bringewat* Rz 318). Bei nachträglicher Gesamtstrafenbildung durch Beschluss (§ 460 StPO) liegt es im Grundsatz ebenso (LK-*Geppert* Rz 67 ff, *Hentschel* Rpfleger **77** 279). Bei Einbeziehung mehrerer zeitlicher Sperrfristen darf die neue einheitliche – mit Rechtskraft des Beschlusses beginnende – Sperrfrist 5 Jahre nicht überschreiten (BGH NJW **71** 2180, LG Zw VRS **112** 271), es sei denn, die letzte Prognose erfordere EdF für immer (I).

Besteht noch eine frühere Sperre und liegen die Voraussetzungen für eine Gesamtstrafenbil- **13** dung nicht vor, so ist eine neue, ab Rechtskraft des neuen Urteils laufende Sperre zu bestimmen. Nicht zulässig ist eine sog Anschlusssperre, die mit dem Ablauf der früheren Sperre zu laufen beginnen soll, wie V S 1 zwingend ergibt (Ko DAR **73** 137, Zw NJW **83** 1007, *Geppert* MDR **72** 280, *Oske* MDR **67** 449, aM Hb VRS **10** 355, KG VRS **18** 273).

14   **8. Vorzeitige Aufhebung der Sperre** setzt voraus, dass *neue Tatsachen* einschließlich neuer Ermittlungen (Gutachten) im Zeitpunkt der neuen Entscheidung wieder gewonnene Eignung annehmen lassen (Übermaßverbot, VII; Jn VRS **108** 360, KG VM **04** 67, Hb VRS **107** 30, Dü NZV **91** 477, Ko VRS **71** 26, Mü NJW **81** 2424, LG Hof NZV **01** 92, LG Ka DAR **92** 32, *Bandemer* NZV **91** 301). Bloße nochmalige Gesamtwürdigung ohne neue Tatsachen genügt nicht (ganz hM, Hb VRS **107** 30, Dü NZV **91** 474, Ko VRS **68** 353; aM Kö NJW **60** 2255, Dü VRS **63** 273, **66** 347). Denn dies liefe auf unzulässige Korrektur einer rechtskräftigen Entscheidung durch das erkennende Gericht hinaus (Hb VRS **107** 30, LK-*Geppert* Rz 83). Änderung der Rspr zu den Voraussetzungen des § 69 für die EdF iS einer abw rechtlichen Bewertung der unveränderten Tatsachen ist keine neue Tatsache iS von VII (Hb VRS **107** 30, AG Ro DAR **05** 169). Keine neue Tatsache ist für sich allein auch jahrzehntelange straffreie Führung bei lebenslanger Sperre (Mü NJW **81** 2424), bei einem Trunkenheitstäter aber uU mehrjährige Abstinenz (Ha BA **01** 381), nicht private oder berufliche Belange, die bereits bei Entscheidung vorhersehbar waren (LG Ko NZV **08** 103). Ergänzendes Gutachten: VGH Ka VM **68** 25, *Händel* NJW **59** 1212. Bei der neuen Entscheidung können zwar uU wirtschaftliche Nachteile der Sperre ins Gewicht fallen, Kö VRS **21** 111, Ko VRS **68** 353, wenn sie bessernde Wirkung hatten (Ko VRS **71** 26), aber nur, soweit sie unvorhersehbar schwer waren (LG Kar DAR **58** 137). Andernfalls sind sie keine neue Tatsache und daher unbeachtlich (Hb VRS **107** 30, Jn VRS **108** 360, LG Ka DAR **92** 32). In Betracht kommt ferner das Verhalten des Verurteilten in der Zwischenzeit (Schl VM **57** 91), aber nicht abgeschlossene Therapie, sofern sie schon beim Urteil bekannt war (KG NZV **05** 162, BA **05** 494), erfolgreiche Teilnahme an einem Nachschulungskurs oder Aufbauseminar für alkoholauffällige Kf (Dü VRS **66** 347, LG Aachen SVR **06** 193 [*Himmelreich*], LG Kleve DAR **04** 470, LG Dr DAR **02** 280, LG Hof NZV **01** 92, LG Hildesheim DAR **03** 88, AG Hof NZV **04** 101, AG Lüdinghausen DAR **04** 470, *Himmelreich* DAR **04** 9, *Piesker* BA **02** 203, *Zabel/Zabel* BA **91** 345, aM AG Freising DAR **80** 252, LG Kassel DAR **81** 28, einschr LG Dortmund DAR **81** 28, LG Ellwangen BA **02** 223, AG Würzburg VM **95** 32, sowie bei BAK über 1,6‰ LG Flensburg DAR **05** 409; zur „Nachschulung" § 69 Rz 19) oder andere Nachschulungsmaßnahmen (Ko VRS **69** 28) sowie eine auf wissenschaftlich anerkannter Grundlage beruhende VTherapie (LG Potsdam ZfS **05** 100, LG Köln DAR **05** 702, LG Münster ZfS **05** 623, LG Dr DAR **02** 280, *Himmelreich* DAR **04** 10, wNw bei *Himmelreich/Halm* NStZ **08** 382). Keine Willkür, wenn vom Gericht der Nachweis tatsächlicher und nachhaltiger Bewältigung des Alkoholproblems über längeren Zeitraum hin gefordert wird (BVerfG DAR **07** 80 m Anm *Himmelreich*). Bei bereits sechsmal wegen trunkenheitsbedingter Verkehrsvergehen Verurteiltem mit langjährigem Alkoholproblem reicht Teilnahme an Selbsthilfegruppe für ehemals Suchtabhängige und an sonstigen Gruppengesprächen nicht zur Abkürzung der Sperrfrist (KG NZV **05** 162, BA **05** 494, krit *Himmelreich/Halm* NStZ **06** 382). Anerkennung des Kursleiters nach § 36 VI FeV ist nicht zu verlangen (*Bode* ZfS **03** 372, aM LG Hildesheim DAR **04** 110; abl *Himmelreich* DAR **04** 12; s aber § 69 Rz 19). Nach Untersuchungen von *Birnbaum/Biehl* NZV **02** 164 lag die Rückfallquote von Teilnehmern am Nachschulungskurs Modell „Mainz 77" trotz Sperrfristabkürzung deutlich unter derjenigen Nicht-Nachgeschulter (s auch § 69 Rz 19). Um die Bereitschaft zur Teilnahme an Aufbauseminaren zu fördern, hat der GGeber die Mindestfrist des VII S 2 (Rz 15) von 6 auf 3 Monate gesenkt (Begr zum ÄndG v 24. 4. 1998, BTDrucks 13/6914 S 93). Bedingte Entlassung dagegen rechtfertigt allein nicht vorzeitige Aufhebung der Sperre (Hb VRS **107** 30, Dü NZV **90** 237, **91** 477, Ha NZV **07** 250, Ko VRS **68** 353, s aber Kar VRS **101** 430). Generalpräventive Gesichtspunkte dürfen keine Rolle spielen (Rz 2; *Bode* ZfS **02** 595, aM LG Hildesheim ZfS **02** 594). Auch Sperre auf Lebenszeit kann aufgehoben werden (Kar VRS **101** 430, Ha VRS **50** 274, Dü VRS **63** 273, Dü NZV **91** 477, Ko VRS **66** 446). Bloßer Zeitablauf reicht dazu aber auch in diesen Fällen nicht aus, weil sonst die lebenslange Sperre im Ergebnis eine zeitige wäre (Mü NJW **81** 2424, Dü NZV **91** 477, aM Dü VRS **63** 273). Zur Anwendung von VII im Jugendstrafrecht *Bandemer* NZV **91** 300.

15   Die vorzeitige Aufhebung betrifft nur die Sperre, nicht die EdF (§ 69 Rz 25). Sie ist erst zulässig nach **Ablauf der Mindestfristen in VII,** um verfrühte Aufhebung auszuschließen, und darf für einzelne Kfz-Arten (Rz 5–7) verschieden sein (*Rieger* DAR **67** 45). Rechnerische Herabsetzung der Mindestfristen (Rz 9) ist auch hier vorgesehen (VII 2), keine Einrechnung vorläufiger Maßnahmen jedoch, soweit sie *vor* dem Urteil liegen (Ko BA **86** 154, *Seib* DAR **65** 209, *Bieler* BA **70** 112). Die Entscheidung über eine vorzeitige Aufhebung kann *nicht im Voraus* für einen

erst Monate später eintretenden Zeitpunkt getroffen werden, weil Eignungsbeurteilung nur für den aktuellen Zeitpunkt möglich ist (LG Ellwangen BA **02** 223). **Zuständig** für die durch Beschluss ergehende Entscheidung ist grundsätzlich das Gericht des ersten Rechtszugs, während der Vollstreckung einer Freiheitsstrafe die Strafvollstreckungskammer (§ 462a I 1 StPO; Kar VRS **100** 118) bzw der Jugendrichter als Vollstreckungsleiter (§ 82 I JGG). Ist Freiheitsstrafe voll verbüßt, entscheidet über Sperrabkürzung das Gericht 1. Instanz (Stu VRS **57** 113, Ce VRS **71** 432, Ha JMBlNRW **89** 33, Dü NZV **90** 237, abw Dü VRS **64** 432 [Strafvollstreckungskammer, falls sie schon während des Vollzugs mit der Frage befasst war]).

9. Verfahren. Die **Anfechtung des Schuldspruchs** ergreift das gesamte Urteil (BGHSt **10** 379, Bay NJW **68** 31, Sa ZfS **01** 518, Hb VM **73** 12, KG MDR **66** 345, Zw MDR **65** 506), weil sie für Sanktionen vorerst keinen Raum lässt, abgesehen von Maßregeln bei Schuldunfähigkeit. Umgekehrt ergreift ein auf Strafe oder eine Maßregel beschränktes Rechtsmittel idR den Schuldspruch nicht. Ist bei TM einheitlich auf EdF mit Sperre erkannt, so ergreift ein Rechtsmittel wegen einer der Verurteilungen auch die Maßregel (Bay DAR **90** 369, JR **67** 67, Sa ZfS **01** 518, Ko VRS **53** 339). Wird auf EdF neben Freispruch erkannt, so ist die Maßregel gesondert anfechtbar. Teilanfechtung ist nur zulässig, soweit der angefochtene Teil selbstständig nachgeprüft werden kann und mit keinem anderen Entscheidungsteil untrennbar verknüpft ist (BGHSt **19** 48, BGH NZV **01** 434, VRS **92** 204, Kar VRS **48** 425, Schl VRS **54** 33, Ce VRS **54** 366, Bay NZV **91** 397). **Untrennbarkeit** von Strafe und Maßregel, wenn, wie idR, auf das Rechtsmittel hin die Strafzumessungstatsachen geprüft werden müssen (BGH NJW **57** 1726, Bay NZV **91** 397, Bay VRS **60** 103, KG VRS **109** 278, Fra NZV **96** 414, Kö VRS **68** 278, Schl VRS **54** 33, Sa NJW **68** 460, Dü VRS **63** 463), namentlich bei EdF wegen Charaktermangels (zB Trunkenheit im V; BGH BA **01** 453, Bay DAR **90** 369, NStZ **88** 267, KG VRS **109** 278, Fra NZV **96** 414, Kö VRS **90** 123, Ko NZV **08** 367, Hb MDR **73** 602). Deshalb ist Strafausspruchsanfechtung unter Ausklammerung der Entscheidung über EdF idR unzulässig. Strafaufhebung erfasst idR auch EdF, auch bei wegfallender Gesamtstrafe (BGH VRS **36** 265). Die Erwägungen zur EdF und zur Strafaussetzung sind nach hM idR nicht so eng miteinander verknüpft, dass die **Rechtsmittelbeschränkung auf die Frage der Strafaussetzung** unwirksam wäre (BGH NJW **01** 3134, Dü VRS **96** 443, Ko VRS **51** 24, *Geppert* JR **02** 114, aM Dü VRS **98** 36, **63** 463, Bra NJW **58** 679, Kö NJW **59** 1237). Anders, wenn zwischen beiden Entscheidungen eine so enge Wechselwirkung besteht, dass bei Rechtskraft der Maßregelentscheidung und Teilanfechtung der Entscheidung zur Bewährungsfrage die Gefahr von Widersprüchen bestünde, sowie in den Fällen, in denen bestimmte Feststellungen für beide Entscheidungen relevant sind (BGH NJW **01** 3134, KG VRS **101** 438), zB, wenn trotz Katalogtat nach § 69 II Anlass besteht, Frage der Eignung im Einzelnen zu prüfen (Nü NZV **07** 642; im konkreten Fall zw.). Die Aufhebung lediglich der Tagessatz**höhe** nötigt nicht zur Aufhebung der EdF, weil jene unabhängig von Schuld, Unrechtsgehalt und Fahreignung festgestellt wird (Bay VRS **60** 103). Regelmäßig **keine Beschränkung des Rechtsmittels auf die Sperre**, insbesondere auf die Entscheidung über eine Ausnahme von der Sperre (Rz 5 ff; Bay NZV **91** 397, **05** 592, Dü VRS **66** 42, Kö VRS **68** 278, Fra NZV **96** 414, s aber Ce BA **88** 196) oder auf die Nichtanordnung einer isolierten Sperre (Bay DAR **90** 365). Keine Rechtsmittelbeschränkung auf die **Nichtanordnung der Maßregel** (Bay NZV **05** 592); anders nach teilweise vertretener Auffassung trotz der Wechselwirkung zwischen Strafe und Maßregel (§ 316 Rz 101), wenn die der Entscheidung zugrunde liegenden *Feststellungen* nicht in Frage gestellt werden, sondern nur die auf diesen Feststellungen beruhende Ablehnung der Maßregel, selbst wenn diese nur auf charakterliche Ungeeignetheit gestützt werden könnte (Stu NZV **97** 316, Dr VRS **109** 172, Fra NZV **02** 382). Gesonderte Anfechtung der Sperrfrist nur bei Trennbarkeit (BGH VRS **21** 262, Kar VRS **48** 425), zB bei nur formelhaft begründeter Dauer oder bei gesetzwidriger Länge neben unzweifelhaft zulässiger EdF (Schl DAR **67** 21). **Beschränkung des Rechtsmittels auf EdF** ausnahmsweise dann, wenn zwar der Strafausspruch auf den gleichen Feststellungen beruht, diese aber auch die Grundlage für den Schuldspruch bilden (insoweit Bindung des Rechtsmittelgerichts; BGH NJW **81** 591). Beschränkbarkeit auf EdF, wenn sie nur mit fahrtechnischer Ungeeignetheit begründet ist (KG MDR **66** 345). Zur Zulässigkeit der Berufung, die nur Rückgabe des FS bezweckt, LG Berlin VRS **49** 276, *Geppert* ZRP **81** 89.

Die Sperrfristbemessung kann nur auf Ermessensfehler hin nachgeprüft werden (Ha VRS **50** 274). Neben isolierter Sperre ist FSEinziehung nicht vorgesehen (Bay VM **76** 68). EdF ohne Sperre, weil inzwischen wieder Geeignetheit bestehe, ist widersprüchlich und unzulässig (Bay 1 St 74/72), ebenso widersprüchliche Erwägungen über die Sperrdauer (BGH VRS **21** 35). Hat die inzwischen rechtskräftige Entscheidung **versehentlich nur Sperre verhängt,** so bleibt diese zwar bestehen, jedoch besteht auch die FE fort (zur Berichtigung der Urteilsformel in solchen Fällen § 69 Rz 27). Mitteilung an das VZR: § 28 StVG, § 59 FeV. Das Ende der Sperre ist im BZR einzutragen: § 8 BZRG; gerichtliche Abkürzung der Sperre: § 12 Nr 8 BZRG, Gnadenerweis: § 14 BZRG.

18   **Das Verschlechterungsverbot** (§ 331 StPO) hindert Verlängerung der Sperre (BGHSt **5** 178, Kar VRS **48** 425, Stu NJW **67** 2071, Ha VM **78** 21), auch einer isolierten (Ha VM **78** 21, Kö NJW **65** 2309), nicht aber geänderte Begr bei unveränderter Sperre (Bay BA **02** 392, Kar VRS **51** 88, Neust NJW **60** 1483, Ha VRS **69** 221, Fra DAR **92** 187, Ko VRS **65** 371; str, s *Hentschel* Trunkenheit 803 f, *Geppert* ZRP **81** 89, *Gontard*, *Rebmann*-F S 220). Es steht bei fortbestehender Ungeeignetheit auch einer erneuten Anordnung der EdF (bzw einer Verwerfung der Berufung) nach Zurückverweisung durch das Revisionsgericht nicht entgegen, obwohl die Sperre ohne das Rechtsmittel abgelaufen wäre, im Einzelnen Rz 9. Hatte der Verurteilte nach rechtskräftigem Verlust der FE aus behördlichem Irrtum eine neue FE erlangt, ist danach eine isolierte Sperrfrist verhängt worden und hat nur der Verurteilte Berufung eingelegt, so hindert das Verschlechterungsverbot den Fortbestand der isolierten Sperrfrist nicht, Br VRS **51** 278, jedoch keine Nachholung der EdF (§ 69 Rz 28). Festsetzung einer neuen, längeren Sperre im Rahmen einer Gesamtstrafenbildung (Rz 12) verstößt auch dann nicht gegen das Verschlechterungsverbot, wenn diese Gesamtstrafenbildung auf ein Rechtsmittel des Angeklagten erfolgt, denn diese Neufestsetzung könnte ja auch im Wege des § 460 StPO erfolgen (Dü VRS **36** 178, s aber *Maiwald* JR **80** 353). War unzulässigerweise auf Anschlusssperre erkannt (Rz 13), ist beim Erlass des Berufungsurteils die frühere Sperre jedoch bereits abgelaufen, so darf das Berufungsgericht die neue Sperre ungekürzt ab Rechtskraft seiner Entscheidung datieren (Bay NJW **66** 896). Verstoß gegen Verschlechterungsverbot, wenn Freiheitsstrafe ausgesetzt, dafür aber die Sperre um 18 Monate erhöht wird (Ol MDR **76** 162).

19   **10. Nach Ablauf der Sperre** entscheidet allein die VB auf Antrag über Erteilung einer neuen FE, im Prinzip frei, weil ihre Prüfung meist umfassender ist als die vorherige gerichtliche nach § 69 (BVerwGE **17** 347, BVerwG NJW **67** 29, **68** 147, **87** 2246, Bay DAR **60** 120, VGH Ka VM **63** 17 m Anm *Booß*, VRS **76** 45, OVG Br VM **63** 28, VRS **70** 307, OVG Münster NJW **56** 966, KG VM **57** 41, *Bonk* BA **94** 248, *Kulemeier* S 144). Nach geltendem Recht dürfte die VB nicht verpflichtet sein, **nach vorzeitiger Aufhebung der Sperre** gem VII die FE wiederzuerteilen (VGH Ka NJW **65** 125, *Himmelreich* DAR **03** 111, diff *Fischer* Rz 47; dafür de lege ferenda *Hentschel* DAR **79** 317), etwa für den Fall positiver Eignungsfeststellung durch den Strafrichter auf Grund Eignungsgutachtens. Wo sie jedoch ausschließlich dieselben Tatsachen wie vorher bei EdF und/oder Sperre das Gericht zu beurteilen hat, wird sie die Erteilung nicht im Gegensatz zum Gericht ablehnen dürfen (OVG Berlin VM **63** 18, LK-*Geppert* § 69 Rz 119, *Fischer* Rz 47, *Martens* NJW **63** 139), soweit nicht die FeV eine Wiedererteilung von zusätzlichen Voraussetzungen (zB Eignungsgutachten) abhängig macht (s auch § 20 FeV Rz 1). An eine falsche Tenorierung hinsichtlich des Beginns der Sperre („ab Rechtskraft" ohne Berücksichtigung der Einrechnung nach V 2) ist die VB nicht gebunden (VG Kö ZfS **84** 382).

20   Lit: *Bandemer*, Die Voraussetzungen einer nachträglichen Sperrzeitverkürzung im Rahmen des § 69a VII StGB, insbesondere bei Anwendung im Jugendstrafrecht, NZV **91** 300. *Beine*, Rechtsfragen bei Ablauf der Sperrfrist für die Erteilung eines Fahrerlaubnis vor Abschluß eines Rechtsmittelverfahrens, BA **81** 427. *Dencker*, Strafzumessung bei der Sperrfristbemessung?, StV **88** 454. *Derselbe*, Die Auswirkungen von § 9 FeV auf § 69a II StGB und § 111a I S 2 StPO, DAR **04** 54. *Geppert*, Die Bemessung der Sperrfrist ..., Strafrechtliche Abhandlungen, Neue Folge, Band 3. *Derselbe*, Auswirkungen einer früheren strafgerichtlichen EdF und der dort festgesetzten Sperrfrist auf die Bemessung einer neuen Sperrfrist, MDR **72** 280. *Derselbe*, Totale und teilweise EdF, NJW **71** 2154. *Derselbe*, Schwierigkeiten der Sperrfristbemessung bei vorläufiger EdF, ZRP **81** 85. *Hentschel*, Nachträgliche Ausnahme für bestimmte Arten von Kfz von der FSSperre, DAR **75** 296. *Derselbe*, Die Abkürzung der Sperrfrist beim Entzug der FE, DAR **79** 317. *Derselbe*, Die FSSperre bei nachträglicher Gesamtstrafenbildung, Rpfleger **77** 279. *Derselbe*, Reform der strafgerichtlichen Fahrerlaubnisentziehung durch Auslegung und Analogie?, DAR **84** 248. *Derselbe*, Fahrerlaubnisentziehung und Sperrfrist in der Rechtsmittelinstanz, DAR **88** 330. *Derselbe*, Ausnahme von der FESperre für Lkw und Busse?, NZV **04** 285. *Himmelreich*, Sperrfristabkürzung für die Wiedererteilung der FE ... durch eine Verkehrstherapie, DAR **03** 110. *Derselbe*, Nachschulung, Aufbauseminar, Wieder-Eignungskurs und Verkehrstherapie zur Abkürzung der strafgerichtlichen FE-Sperre bei einem Trunkenheitsdelikt, DAR **04** 8. *Derselbe*, Psychologische oder therapeutische Schulungs-Maßnahmen zwecks Reduzierung oder Aufhebung der FE-Sperre ..., DAR **05** 130. *Krumm*, Das Ausnehmen bestimmter Arten von Kfzen von der Sperre ..., DAR **04** 56. *D. Meyer*, Verkürzung des Mindestmaßes der Sperre auch bei isolierter Anordnung einer Sperrfrist?, DAR **79**

175. *Michel,* Probleme mit der Dauer der Sperre, DAR **99** 539. *Mollenkott,* Ausnahmen vom Entzug der FE und beim FV, DAR **82** 217. *Zabel,* Ausnahmegenehmigungen für „Trunkenheitstäter", BA **83** 477. *Wölfl,* Nachträgliche Ausnahmen von der FESperre nach § 69a II StGB?, NZV **01** 369. *Zabel/Zabel,* Abkürzung der FESperre bei Alkoholtätern nach verkehrspsychologischer Nachschulung, BA **91** 345.

Wirkung der Entziehung bei einer ausländischen Fahrerlaubnis

69b (1) ¹Darf der Täter auf Grund einer im Ausland erteilten Fahrerlaubnis im Inland Kraftfahrzeuge führen, ohne daß ihm von einer deutschen Behörde eine Fahrerlaubnis erteilt worden ist, so hat die Entziehung der Fahrerlaubnis die Wirkung einer Aberkennung des Rechts, von der Fahrerlaubnis im Inland Gebrauch zu machen. ²Mit der Rechtskraft der Entscheidung erlischt das Recht zum Führen von Kraftfahrzeugen im Inland. ³Während der Sperre darf weder das Recht, von der ausländischen Fahrerlaubnis wieder Gebrauch zu machen, noch eine inländische Fahrerlaubnis erteilt werden.

(2) ¹Ist der ausländische Führerschein von einer Behörde eines Mitgliedstaates der Europäischen Union oder eines anderen Vertragsstaates des Abkommens über den Europäischen Wirtschaftsraum ausgestellt worden und hat der Inhaber seinen ordentlichen Wohnsitz im Inland, so wird der Führerschein im Urteil eingezogen und an die ausstellende Behörde zurückgesandt. ²In anderen Fällen werden die Entziehung der Fahrerlaubnis und die Sperre in den ausländischen Führerscheinen vermerkt.

1. Ursprung: 2. VerkSichG (§ 42o StGB), jetzige Fassung: G zur Änderung des StVG und anderer Gesetze v 24. 4. 1998 (BGBl I 747), in Kraft getreten am 1. 1. 99; Begr: BTDrucks 13/6914 S 93f. Begr zum 32. StrÄndG v 1. 6. 95 (BRDrucks 68/93). Die Vorschrift regelt die Rechtsfolgen bei EdF gegenüber Inhabern ausländischer FE vor Ablauf der Fristen gem § 29 FeV (Rz 2) und gegenüber Inhabern einer EU/EWR-FE, die nach Maßgabe von § 28 FeV im Inland Kfz führen dürfen. Sie war notwendig, weil eine Entziehung mit der Wirkung eines Verlusts der durch eine ausländische Behörde erteilten Erlaubnis ein rechtlich unzulässiger Eingriff in fremde Hoheitsrechte wäre (Sa BA **03** 153). In Betracht kommt daher nur die Wirkung eines Erlöschens des Rechts, während der Sperre im Inland fahrerlaubnispflichtige Kfz zu führen (I S 1). 1

Inhaber einer ausländischen Fahrerlaubnis iS der Vorschrift sind Personen beliebiger Staatsangehörigkeit, die entweder ihren ständigen Aufenthalt im Inland haben und nach Maßgabe der § 28 FeV im Inland ein Kfz führen dürfen oder die ihren ständigen Aufenthalt im Ausland haben oder bis vor längstens 1 Jahr (§ 29 I S 4 FeV) hatten und gem § 29 FeV im Inland ein Kfz ohne deutsche FE führen dürfen. Die Beendigung der Berechtigung, etwa wegen Ablaufs der Fristen des § 29 I S 3 oder § 4 FeV, hindert die Entziehung nicht (BGHSt **44** 194 = NZV **99** 47 m Anm *Hentschel* NZV **99** 134, LG Aachen BA **01** 382, NZV **02** 332, eingehend LK-*Hilgendorf/Valerius* Rz 18; aM BGHSt **42** 235 = NZV **96** 500, 502, hier bis 39. Aufl., *Lütkes/Ferner/Kramer* Rz 2, *Hentschel* NJW **75** 1350, *Meyer*-GS S 810ff, *Spendel* JR **97** 137 *Heinrich* PVT **98** 27). Allerdings muss der Angekl. tatsächlich Inhaber einer FE sein (o Rz 24); eine EdF auf der Grundlage eines vagen Verdachts etwa des Inhalts, dass sich der Angekl. im Wege des „FS-Tourismus" (§ 28 FeV Rz 6–13, § 21 StVG Rz 2a) eine FE verschafft haben könne, ist nicht zulässig (aM AG Lahr NJW **08** 2277). § 69b ist auch auf die Inhaber von FS anzuwenden, die gem Art 9 Zusatzabkommen zum NATO-Truppenstatut zum Führen von Kfz im Inland berechtigen (BGH NStZ **93** 340). 2

2. Voraussetzungen für die EdF. Nach Änderung des I durch das 32. StrÄndG v 1. 6. 95 und dem Inhalt der Neufassung durch ÄndG v 24. 4. 1998 hängt die EdF bei außerdeutschen FzF jetzt nicht mehr davon ab, dass die Tat gegen VVorschriften verstößt. Die Entziehung einer ausländischen FE ist daher (mit der einschränkenden Wirkung des I) unter den gleichen Voraussetzungen zulässig wie die einer deutschen FE (BGH MDR **97** 80 [unerlaubte Schusswaffeneinfuhr]). Dadurch soll eine wirksame Bekämpfung der zunehmend länderübergreifenden Kriminalität gefördert werden (BRDrucks 68/93 [Beschluss]). Das am 8. 11. 68 in Wien unterzeichnete Übereinkommen über den StrV (ÜbStrV, BGBl I 1977 S 811), durch G vom 21. 9. 77 (BGBl II 809) ratifiziert, hat nicht zu einer Rechtsänderung hinsichtlich der Regelung in § 29 FeV und § 69b StGB geführt (*Bouska* VD **79** 228, *Hentschel, Meyer*-GS S 791f). Die Vertragsparteien sind nämlich insbesondere nicht gehindert, die Bestimmung des Art 41 ÜbStrV über die Anerkennung nationaler FS durch nähere Regelungen auszufüllen (*Bouska/Laeverenz* Art 43 ÜbStrV Anm 2). Die Frage einer Anerkennung von FE solcher Staaten, die dem Ab- 3

6 StGB § 69b

kommen nicht beigetreten sind, ist durch Art 41 ÜbStrV ohnehin nicht betroffen. Auch mit der 2. EG-FSRichtlinie (ABl EG **91** Nr L 237/1 = StVRL § 6 FeV Nr 1) steht die Regelung des § 69b im Einklang. Insbesondere erlaubt Art 8 der Richtlinie ausdrücklich die Anwendung innerstaatlicher Vorschriften über die EdF bei Inhabern ausländischer FE, die in einem Mitgliedstaat ausgestellt wurden, nach Begründung eines „ordentlichen Wohnsitzes" (§ 2 StVG Rz 3) im Inland (II).

4   **3. Wirkung der Maßregel:** Mit der Rechtskraft der Entscheidung erlischt das Recht zum Führen von Kfz im Inland (I S 2). Ein Hinweis im Tenor auf diese sich aus dem Gesetz ergebende Fahrverbotswirkung der EdF wäre unrichtig (BGHSt **42** 235 = NZV **96** 500, 502). Für die Dauer der Sperre darf weder dieses Recht wiedererteilt, noch darf eine deutsche FE erteilt werden, und zwar weder durch Umschreibung (§§ 30, 31 FeV) noch im allgemeinen Prüfungsverfahren. Zu unterbleiben hat aber der Ausspruch über die Einziehung des FS, wenn nicht die Voraussetzungen des I S 1 vorliegen. Nur bei Inhabern eines EU- oder EWR-FS, die ihren ordentlichen Wohnsitz im Inland haben, erfolgt im Urteil auch Einziehung des FS (Rz 5). Sonst werden Entziehung und Sperre im ausländischen FS vermerkt; das Urteil beschränkt sich dann auf den Ausspruch: „Dem Angeklagten wird die Erlaubnis zum Führen von Kfz entzogen. Vor Ablauf von ... darf keine FE erteilt werden." Das Anrechnungsgebot des § 51 V StGB auf das FV des § 44 findet keine entsprechende Anwendung; die Wirkung des I S 1 ist insoweit nicht dem FV nach § 44 gleichzusetzen (so schon zu § 69b aF LG Köln MDR **81** 954), weil die EdF trotz der Wirkung nach I S 1 Maßregel bleibt (*Hentschel* MDR **82** 107). **Nach Ablauf der Sperre** lebt das Recht, auf Grund der (fortbestehenden) ausländischen FE im Inland Kfz zu führen, nicht ohne Weiteres wieder auf. Da es nach I S 2 mit der Rechtskraft erloschen ist, bedarf erneutes Führen fahrerlaubnispflichtiger Kfz vielmehr der Erteilung der Erlaubnis, von der ausländischen FE wieder Gebrauch zu machen (I S 3, § 29 IV, § 28 V FeV), oder – bei Inhabern einer EU- oder EWR-FE mit ordentlichem Wohnsitz im Inland – der Erteilung einer deutschen FE (§ 2 II Nr 1 StVG). In beiden Fällen bedarf es der Antragstellung bei der FEB, die nach deutschem Rechtsmaßstab prüft, ob Neuzulassung zum KfzV im Inland verantwortet werden kann (Begr zum ÄndG v 24. 4. 1998, BTDrucks 13/6914 S 93; OVG Saarlouis ZfS **01** 142). Das gilt nicht für die Fälle, in denen die EdF noch **gem § 69b in der vor dem 1. 1. 99 geltenden Fassung** erfolgte, weil nach jener Regelung nicht, wie gem § 69b I S 2 nF, das Recht zum Führen von Kfz im Inland *erlosch,* sondern nur zu einem Verbot führte, während der Sperre im Inland Kfz zu führen, wobei das Recht nach Ablauf der Sperre ohne Weiteres wieder auflebte. In diesen Fällen bleibt es (mangels entgegenstehender Übergangsregelung), wenn die übrigen Voraussetzungen (§ 29 I, § 28 I FeV) vorliegen, bei dem wieder aufgelebten Recht (Kö NZV **01** 225, LG Aachen NZV **00** 511 m Anm *Bouska*, s auch BGHSt **47** 336 = NJW **02** 2330, aM *Bouska* NZV **00** 512). *Entziehung* iS von § 29 III Nr 3, § 28 IV Nr 3 FeV ist also in Fällen des § 69b nur eine nach dem 1. 1. 99 gem § 69b nF angeordnete Maßnahme (Kö NZV **01** 225, *Hentschel* NZV **01** 193). Zu „Altfällen" der Entziehung der deutschen FE: § 28 FeV Rz 11.

5   **4. Vollstreckt** wird die Maßregel bei Inhabern einer EU/EWR-FE mit ordentlichem Wohnsitz im Inland durch Einziehung des FS und dessen Rücksendung an die ausstellende ausländische Behörde. Der GGeber knüpft an diese Regelung die Erwartung, dass die ausstellende Behörde die FE wegen der Tat, die der Maßregelanordnung zugrunde liegt, ihrerseits entzieht (Begr, BTDrucks 13/6914). In allen anderen Fällen erfolgt die Vollstreckung durch Eintragung der „EdF" nebst Sperre im ausländischen FS, und zwar zur Verhinderung von Missbrauch entsprechend § 69b auch in einem durch Täuschung erlangten Fall, in Wahrheit keine FE besteht (Kar NJW **72** 1633). II S 2 ist eine der Vollstreckungsbehörde obliegende Vollzugsmaßnahme und bedarf keiner Anordnung im Urteil (Bay NJW **79** 1788). Rechtsändernde Bedeutung hat die Eintragung wegen § 69 III nicht, denn der Rechtsverlust tritt schon mit Urteilsrechtskraft ein. Sie will Vortäuschung weiterer Fahrbefugnis verhindern (Bay NJW **63** 359). Vorübergehende sofortige Beschlagnahme des ausländischen FS zwecks Eintragung ist zulässig (§ 463b StPO). Nach der Eintragung ist der FS unverzüglich wieder auszuhändigen (*Fischer* Rz 10, *Meyer-Goßner* § 111a Rz 18). Stellt sich Besitz weiteren ausländischen FS heraus, ist die Sperre auch dort einzutragen (*Eckhardt* DAR **74** 286). Innerhalb der **EU-Mitgliedstaaten** ist für die Zukunft die gegenseitige Vollstreckung der EdF im jeweiligen ausländischen Wohnsitzstaat nach Maßgabe des Übereinkommens v 17. 6. 98 (ABl EG C 216/1) vorgesehen, das noch der Ratifizierung bedarf (§ 25 StVG Rz 32; krit *Zelenka* DAR **01** 148).

5. Zu den Fällen des „Führerscheinstourismus" im Hinblick auf die neuere Rspr des 6
EuGH s im Einzelnen § 28 FeV Rz 6 ff sowie § 21 StVG Rz 2 a.

6. Lit: *Heinrich,* FSMaßnahmen bei ausländischen FzF, PVT **98** 27. *Hentschel,* EdF bei ausländischen FS 7
NJW **75** 1350. *Derselbe,* Die Teilnahme am inländischen KfzVerkehr mit ausländischen FS, *Meyer-*Gedächtnisschrift S 789. *Derselbe,* Der Einfluß einer gem § 69 b StGB in der bis zum 31. 12. 1998 geltenden Fassung angeordneten Entziehung einer ausländischen Fahrerlaubnis auf die Berechtigung gem §§ 28 FeV, 4 IntVO, NZV **01** 193. *Würfel,* Benutzung ausländischer FS nach EdF, DAR **80** 325. *Zelenka,* EU-Übereinkommen über den Entzug der FE, DAR **01** 148.

Unerlaubtes Entfernen vom Unfallort

142 (1) Ein Unfallbeteiligter, der sich nach einem Unfall im Straßenverkehr vom Unfallort entfernt, bevor er

1. zugunsten der anderen Unfallbeteiligten und der Geschädigten die Feststellung seiner Person, seines Fahrzeugs und der Art seiner Beteiligung durch seine Anwesenheit und durch die Angabe, daß er an dem Unfall beteiligt ist, ermöglicht hat oder
2. eine nach den Umständen angemessene Zeit gewartet hat, ohne daß jemand bereit war, die Feststellungen zu treffen,

wird mit Freiheitsstrafe bis zu drei Jahren oder mit Geldstrafe bestraft.

(2) Nach Absatz 1 wird auch ein Unfallbeteiligter bestraft, der sich

1. nach Ablauf der Wartefrist (Absatz 1 Nr. 2) oder
2. berechtigt oder entschuldigt

vom Unfallort entfernt hat und die Feststellungen nicht unverzüglich nachträglich ermöglicht.

(3) ¹Der Verpflichtung, die Feststellungen nachträglich zu ermöglichen, genügt der Unfallbeteiligte, wenn er den Berechtigten (Absatz 1 Nr. 1) oder einer nahe gelegenen Polizeidienststelle mitteilt, daß er an dem Unfall beteiligt gewesen ist, und wenn er seine Anschrift, seinen Aufenthalt sowie das Kennzeichen und den Standort seines Fahrzeugs angibt und dieses zu unverzüglichen Feststellungen für eine ihm zumutbare Zeit zur Verfügung hält. ²Dies gilt nicht, wenn er durch sein Verhalten die Feststellungen absichtlich vereitelt.

(4) Das Gericht mildert in den Fällen der Absätze 1 und 2 die Strafe (§ 49 Abs. 1) oder kann von Strafe nach diesen Vorschriften absehen, wenn der Unfallbeteiligte innerhalb von vierundzwanzig Stunden nach einem Unfall außerhalb des fließenden Verkehrs, der ausschließlich nicht bedeutenden Sachschaden zur Folge hat, freiwillig die Feststellungen nachträglich ermöglicht (Absatz 3).

(5) Unfallbeteiligter ist jeder, dessen Verhalten nach den Umständen zur Verursachung des Unfalls beigetragen haben kann.

Begr zur Neufassung 1975 (BTDrucks 7/2434): 31. Aufl. 1–19

Begr zum 6. StrRG v 26. 1. 1998 (BTDrucks 13/9064): **Zu Abs 4:** ... *Dem Anwendungsbereich nach werden – wie beim Vorschlag des Bundesrates – nur Unfälle mit Sachschäden im ruhenden Verkehr und damit im Wesentlichen die zahlreichen Parkunfälle erfasst. Um einen Gleichklang mit § 69 Abs. 2 Nr. 3 zu erzielen, der in der Regel den Fahrerlaubnisentzug vorsieht, wenn bei dem Unfall bedeutender Sachschaden entstanden ist, soll die vorgeschlagene Regelung aber nur bei nicht bedeutenden Sachschäden zur Anwendung gelangen können. Die damit angesprochene Wertgrenze, die ursprünglich von der Rechtsprechung bei 1200 DM gezogen wurde, wird heute nicht mehr als ausreichend angesehen und von der Praxis inzwischen deutlich höher angesetzt, so dass im Ergebnis ein erheblicher Anwendungsbereich der Vorschrift verbleibt.*

Hinsichtlich der Frage, auf welche Weise der Unfallbeteiligte die Feststellungen nachträglich zu ermöglichen hat, verweist der neue Absatz 4 auf § 142 Abs. 3, der beispielhaft zwei Möglichkeiten aufführt, wie der Unfallbeteiligte seiner Handlungspflicht genügen kann. Er kann den Berechtigten oder einer nahegelegenen Polizeidienststelle die erforderlichen, in Absatz 3 genannten Einzelheiten mitteilen. Er kann aber auch andere Wege beschreiten (z. B. durch freiwillige Rückkehr an den Unfallort), soweit er damit seinen Mitteilungspflichten nachkommt ...

Übersicht

Absehen von Strafe 69

Benachrichtigung der Polizei 47, 53, 53 a
Benachrichtigung der Beteiligten 44, 45, 48 ff, 53, 53 a
Blutprobe 36

Einziehung 70
Ermöglichen der nötigen Feststellungen 32–37, 43
Ermöglichen der nötigen Feststellungen, nachträgliches 48–50, 53, 53 a, 69

Festnahmerecht 46, 74
Feststellungsberechtigte 46, 47
Feststellungsbefugnis, polizeiliche 47
Feststellungsinteresse 22, 23, 45, 60

Irrtum 62, 63

Körper- und Sachschaden 27, 28, 31

Literatur 80

Mutmaßliche Einwilligung 22, 23, 51

Polizei, Warten auf – 38, 47

Rechtsgut, geschütztes 20
Rückkehrpflicht 42
Ruhender Verkehr 69

Schaden
 – belangloser 27
 – nicht bedeutender 69
Selbstbegünstigung 20
Sichentfernen
 –, berechtigtes 51

–, entschuldigtes 52
–, Vollendung durch – 55
Strafmilderung 69
Strafzumessung 64–69
Straßenverkehrsunfall 21, 24–26

Tateinheit 71
Täter 29–30
Tätige Reue 69
Tatmehrheit 72
Täuschungshandlungen 37, 49, 53, 55
Teilnahme 54

Unfallbeteiligte 29, 30, 31
Unfallort 29, 32, 55
Unfallschock 61

Verantwortlichkeit, vorverlegte 61
Verfahren 74
Verhaltensregeln (StVO) 73
Verjährung 75
Verkehrsunfall 24 ff
Verlassen der Unfallstelle nach dem Feststellungsberechtigten 55
Verzicht des Berechtigten 22, 39, 45, 51
Vollendung 55
Vorsatz 57–61
Vorstellungspflicht 33–38, 45, 48, 53

Wartepflicht 38–41, 44, 45, 49
Wild 22

Zivilrecht 76–78

20 **1. Geschütztes Rechtsgut** (Begr; BVerfGE **16** 191) ist *ausschließlich* die Beweissicherung hinsichtlich aller aus dem Unfall erwachsener zivilrechtlicher Ansprüche Geschädigter gegeneinander (Gefährdungshaftung, unerlaubte Handlung) und der Abwehr unberechtigter Ansprüche (BGHSt **28** 129, Bay NZV **90** 397, Zw DAR **91** 431, Ha VRS **68** 111, Kar NJW **73** 379, Ol NRpfl **84** 264, Stu VRS **73** 191, *Schnabl* NZV **05** 284, *Dünnebier* GA **57** 33, *Geppert* BA **91** 33, zT aM *Engelstädter* S 277). Die Vorschrift dient nicht einer besseren Strafverfolgung (Bay DAR **71** 246, Zw DAR **91** 431, NZV **91** 479, Br VRS **52** 422, Nü VersR **77** 659, 246, Ha NJW **71** 1470, Kar NJW **73** 379), auch nicht der Ausschaltung untüchtiger Kf und Kfz aus dem StrV (BGHSt **12** 254, BGH NJW **59** 394, VersR **65** 128, *Geppert* BA **91** 32) oder der Erhöhung der Verkehrssicherheit bzw speziell der Verhinderung von Trunkenheitsfahrten (*Fischer* Rz 3). § 142 ist grundgesetzkonform (BVerfGE **16** 191 = NJW **63** 1195 [zur aF]). Alle nach verständiger Beurteilung möglicherweise Beteiligten (Rz 29–31) müssen die erforderlichen Feststellungen ermöglichen, weil etwaige Anspruchsberechtigte aus dem Unfall sonst in Beweisnot geraten können (Bay DAR **71** 246, VRS **21** 205). Demgegenüber muss das etwaige Selbstbegünstigungsinteresse zurücktreten, auch wenn es nur auf die Vermeidung der Strafverfolgung abzielt und nur zugleich zivilrechtliche Beweisinteressen beeinträchtigt (Begr). Soweit I über ein bloßes Fluchtverbot hinaus eine (aktive) Handlungspflicht (Vorstellung als Unfallbeteiligter) begründet, steht dies im Hinblick auf den ausschließlichen Zweck der Sicherung bzw Abwehr *zivilrechtlicher* Ansprüche auch mit dem Grundsatz in Einklang, sich nicht selbst belasten zu müssen *(nemo tenetur; Geppert* BA **91** 36, *Weigend* Tröndle-F S 768, abl *Schünemann* DAR **98** 428). Ein Teil der Lit (Rz 80) will die Neufassung überwiegend unter Hinweis auf die Materialien so restriktiv auslegen, dass sie kaum Fortschritte bringt, jedoch rechtfertigen die Materialien dies nicht (*Jagusch* NJW **76** 504. Gesetzeskritik auch bei *Heublein* DAR **85** 15, *Engelstädter* S 165).

21 **Im StrV** (§ 1 StVO Rz 13–16) oder im Zusammenhang damit muss sich der Unfall ereignet haben (BGHSt **14** 116, NJW **60** 829, Hb VRS **46** 340, Dü VRS **74** 181). Dazu genügt faktische Öffentlichkeit. Nicht darunter fallen der Bahn-, Schiffs- und Luftverkehr, auch nicht eine nur den Mietern zugängliche Tiefgarage (Schl VM **76** 28), öffentliche Parkhäuser außerhalb der normalen Betriebszeit (Stu VRS **57** 418) sowie Fährschiffe jedenfalls während des Übersetzens

Unerlaubtes Entfernen vom Unfallort   § 142 StGB 6

(Kar NZV **93** 77; krit *Janiszewski* NStZ **93** 275), auch nicht hergerichtete Skipisten; denn sie sind allenfalls Sportstätten, keine öffentlichen Plätze.

Fremdes Feststellungsinteresse muss bestehen. Keine Tatbestandsmäßigkeit daher bei bloßer Selbstschädigung (BGH VRS **24** 118, Bay VRS **4** 209, KG VRS **15** 343), auch nicht bei Kaskoversicherung des eigenen beschädigten Kfz (BGHSt **8** 266, Nü VersR **77** 659) oder bei vollständiger einvernehmlicher Regelung (Rz 45), zB schriftlichem Anerkenntnis (Ha VRS **40** 19, **41** 108, Ko VRS **43** 423), wenn weiteres Warten nur noch der Strafverfolgung dienen würde (Ol NJW **68** 2019), nicht nach Überfahren herrenlosen Wildes (*Fischer* Rz 11, *Himmelreich/Bücken* Rz 168a, *Jagusch* NJW **76** 583, aM AG Öhringen NJW **76** 580), nicht bei allseitigem Verzicht auf Feststellungen (Rz 45), bei verständigerweise zu vermutender Einwilligung aller anderen Beteiligten in spätere Feststellungen (nächtliche Parkbeule unter Wohnnachbarn; Hb NJW **60** 1482, Dü NZV **91** 77), anders aber, wenn sich ein nicht geschädigter Beteiligter, anders als der Geschädigte (Ha DAR **58** 331) noch vor Ersatzansprüchen schützen will (BGH VRS **8** 272). Zur Rechtfertigung durch mutmaßliche Einwilligung Rz 51. Können sämtliche den Ersatzanspruch sichernden Feststellungen alsbald vollständig getroffen werden, fehlt es bereits am äußeren Tatbestand (Pol kennt Unfallverursacher und ist beim Schadensvorgang zugegen; Ce NRpfl **78** 286). Zum Entfallen der Wartepflicht, wenn offensichtlich kein Feststellungsinteresse geltend gemacht wird, s auch Rz 45. 22

Gehört das beschädigte Fz nicht dem Fahrer, so besteht idR fremdes Feststellungsinteresse, zB des FzVermieters (Ce VRS **54** 36, Ha VersR **88** 509, LG Darmstadt MDR **88** 1072), wenn auch vielleicht nicht stets am Unfallort (Ha VRS **15** 340, Bay NZV **92** 413 [je angestellter Fahrer], BGHSt **9** 267, NJW **56** 1325, Kö NZV **02** 278, VRS **37** 35). Fremdes Feststellungsinteresse zB grundsätzlich bei Arbeitgeber- oder DienstFz (Ce NJW **59** 831, KG JR **60** 191, Ha VRS **17** 415) oder bei gestohlenen oder unbefugt benutzten (BGH VRS **42** 97, NJW **56** 1325, Bay DAR **85** 240, Hb NStZ **87** 228). Bei berechtigter Benutzung eines fremden Fz muss bei dessen Schädigung mutmaßliche Einwilligung (Rz 51) und, falls zu verneinen, Irrtum des Unfallbeteiligten darüber geprüft werden (Bay NZV **92** 413). Bei LeasingFz kommt es auf die Gestaltung des Leasingvertrages an (Ha NZV **90** 197, *Hällmayer* NZV **99** 197). IdR (bei Abwälzung der Gefahr von Untergang, Verlust, Beschädigung auf den Leasingnehmer) ist ein Feststellungsinteresse des Leasinggebers nicht gegeben (Fra VersR **90** 1005, Ha NZV **92** 240, NJW-RR **98** 29, Hb NZV **91** 33, *Hällmayer* NZV **99** 197, *Hembach* ZfS **05** 166, abw Ol VersR **90** 1006, Kar VersR **92** 961). Bei Sicherungseigentum ist der Sicherungsgeber Alleingeschädigter (Nü NJW **77** 1543), weil es auf wirtschaftliche Wertung ankommt. Minimalschäden: Rz 28. 23

2. Verkehrsunfall ist ein plötzliches, zumindest von einem Beteiligten ungewolltes (Rz 26) Ereignis (BGHSt **24** 382, Bay DAR **85** 326, VRS **71** 277), das in ursächlichem *Zusammenhang mit dem öffentlichen StrV und seinen typischen Gefahren* (BGHSt **47** 158 = NJW **02** 626 m Anm *Sternberg-Lieben* JR **02** 386, Ha NJW **82** 2456, Kö VRS **65** 431, Bay NZV **92** 326, Ko MDR **93** 366), auch unter Fußgängern, zu jedenfalls nicht gänzlich belanglosem (Rz 28) fremdem Sach- oder Körperschaden führt (BGHSt **12** 253, VRS **21** 113, NJW **56** 1806, Ha VM **72** 360, Ce VRS **69** 394, Dü VRS **70** 349, DAR **97** 117, Bay DAR **85** 326, VRS **71** 277), nicht nur zu gefährdetem Zustand. Überfahren eines Leichnams als Unfall (AG Rosenheim NStZ **03** 318) nur, sofern insoweit jedenfalls ein *Schaden* bejaht werden kann (abw *Kretschmer* NZV **04** 499). Das zum Schaden führende Ereignis muss unmittelbare Folge eines VVorgangs sein (Bay NZV **92** 326 m Anm *Weigend* JR **93** 117). Dass das Schadensereignis im öffentlichen VRaum stattfindet, genügt allein nicht (BGH NJW **02** 626; erg. Rz 26). Ein **VUnfall** mit Personen- oder Sachschaden *muss vorliegen*, der Verdacht eines solchen reicht nicht aus (Bay DAR **79** 237, NJW **90** 335, *Fischer* Rz 7, *Engelstädter* S 27, 232, aM uU *Kretschmer* NZV **04** 499f). 24

Ursächlicher Zusammenhang (E 98ff) mit dem öffentlichen StrV besteht zB, wenn ein Kfz von der Fahrbahn abkommt und in ein Tor schleudert (BGH VM **66** 89) oder einen nahe der Str befindlichen Zaun beschädigt (Kö NZV **01** 312), eine Treppe beschädigt (BGH VM **57** 13), gegen einen Baum, eine Laterne oder einen Grenzstein fährt (BGHSt **8** 263, Dü VM **66** 42) oder bei einem Fahrmanöver, das, auch ohne Zusammenprall (BGHSt **8** 265), fremde Unfallreaktion auslöst. Der Verletzte muss nicht selbst VT sein (BGHSt **9** 268). Einen Unfall bewirkt, wer Markt-Einkaufswagen so abstellt, dass er abrollt und öffentlich geparkte Fz beschädigt (Stu VRS **47** 15, LG Bonn NJW **75** 178, Ko MDR **93** 366), oder wer auf Rollen bewegte Mülltonnen an parkenden Fz vorbeischiebt und diese dabei beschädigt (LG Berlin NStZ **07** 100). Kein Zusammenhang mit den typischen Gefahren des StrV, wenn der Hund des 25

Täters einen anderen Hund anfällt und dieser daraufhin seinen Führer verletzt (Bay VRS **57** 407). Ursächlicher Zusammenhang mit dem ruhenden V genügt (Kö VRS **65** 431). VUnfall daher, wenn ein Fz beim Radwechsel vom Wagenheber rutscht und Schaden verursacht (Kö VRS **65** 431) oder wenn beim Entladen eines Lkw die Klappe herabfällt und KfzDach eindrückt (Stu NJW **69** 1726). Vollzieht sich der (mit) ursächliche Vorgang **außerhalb öffentlichen StrRaums,** so kommt es darauf an, ob er in diesen schädigend hineinwirkt: Kf wird durch Spiegelung geblendet; in den VRaum hineinhängender Draht; Sturm wirft Ast auf die Fahrbahn, so dass ausweichendes Kfz gegen ein anderes schleudert. Kein VUnfall, wenn der schädigende Vorgang weder im öffentlichen VRaum geschieht noch diesen berührt (Rz 21). Entsteht der Schaden nicht durch den VVorgang (Umkippen), sondern erst beim späteren Wiederaufrichten des Fz, so beruht er nicht auf dem VUnfall, sondern auf neuer Ursache (aM Ha VRS **18** 113). Zu von zumindest einem Beteiligten **gewollten Schadensereignissen** Rz 26.

26   **Gewollte Unfälle** fallen (wenn der erforderliche Zusammenhang mit dem StrV & Ü gegeben ist) aus dem Tatbestand *nur* heraus, wenn *alle* Beteiligten sie gewollt haben, weil dann der Unfall nur vorgetäuscht ist und kein schutzwürdiges privates Aufklärungsinteresse besteht (*Fischer* Rz 13). Ist das Ereignis hingegen von einem Beteiligten ungewollt, so bleibt dessen Beweisinteresse schutzbedürftig, so dass der Normzwecke zutrifft; der Terminus „Unfall" steht dem nicht entgegen (BGH NJW **03** 1613 [krit *Himmelreich/Halm* NStZ **04** 319, *H. Müller/Kraus* NZV **03** 559], NJW **72** 1960, VRS **108** 427, **63** 39, Ko VRS **56** 342, Kö VRS **44** 20, Ha NJW **82** 2456, Bay DAR **85** 326, VRS **71** 277, NZV **92** 326, *Fischer* Rz 13, *Geppert* GA **70** 1, *Schnabl* NZV **05** 284, *Berz* JuS **73**, 558, aM *Roxin* NJW **69** 2038, *Dünnebier* GA **57** 42, *Hartmann-Hilter* NZV **95** 340, *Sternberg-Lieben* JR **02** 388). *Weitere Voraussetzung ist allerdings,* dass ein verkehrsspezifischer Zusammenhang besteht, sich also in dem „Unfall" die typischen Gefahren des StrV verwirklicht haben (BGH NJW **02** 626; Ha NJW **82** 2456). Rammen eines (Pol-) Fz auf einer Flucht (BGH NJW **72** 1960, **03** 1613), Abschütteln einer sich am Fz festhaltenden Person (BGH **56** 144; 189; aM, ohne zureichende Begründung, Jn NZV **08** 366) oder bewusstes Umfahren von Straßenbegrenzungspfosten aus verkehrsfremden Zwecken während einer ununterbrochenen Fahrt (Bay DAR **85** 326) oder mutwillige Beschädigung eines Fz durch Fußgänger nach gegenseitiger Behinderung infolge gleichzeitiger Fahrbahnbenutzung (Bay VRS **71** 277, abl *Janiszewski* NStZ **86** 540, *Hentschel* JR **87** 247) ist (noch) *verkehrstypisches* Verhalten, das das Unfallereignis nicht in Frage stellt. **Kein Verkehrsunfall** hingegen bei *verkehrsatypischem Verhalten* (BGH NJW **02** 626 [Beschädigung parkender Kfz durch mitgeschleifte Mülltonnen], zust *Sternberg-Lieben* JR **02** 386; Ha NJW **82** 2456 [Werfen von Flaschen aus fahrendem Fz], LG Fra NStZ **81** 303 [Einsatz des Kfz zur Sachbeschädigung nach unterbrochener Fahrt], *Fischer* Rz 13, *E. Müller/Kraus* NZV **03** 560; offengelassen von Ko VRS **56** 342, dazu *Hentschel* JR **87** 247).

27   **Fremder Körper- oder Sachschaden** nicht nur ganz belangloser (Rz 28) Art muss entstanden sein. Verhältnismäßig geringfügiger Schaden genügt; denn die Neufassung will den Zwang zur Rücksicht nicht aufweichen und nicht zu bloßen Ausreden ermutigen. Hierbei ist auf eine im Zeitpunkt des Unfalls unter Berücksichtigung gewöhnlicher Umstände sich ergebende objektive Beurteilung abzustellen (KG VRS **63** 349), auch wenn der Täter oder der Geschädigte den Schaden später aus persönlichen Gründen mit geringerem Aufwand beseitigen könnte (Dü VM **66** 21, VRS **70** 349, Ha VRS **61** 430, krit *Freund* GA **87** 542, im Einzelnen Rz 28). Dass der für die Bejahung des Merkmals „Unfall" im Zeitpunkt dieses Ereignisses notwendige Schaden (andernfalls von vornherein keine Wartepflicht) nicht etwa entfallen sein darf, wenn der Unfallbeteiligte sich entfernt (*Freund* GA **87** 539), folgt ohne Weiteres daraus, dass ohne *fortbestehenden* Schaden das Feststellungsinteresse wegfällt (*Hentschel* NJW **87** 999, s auch Rz 62).

28   **Gänzlich belanglos** ist der Schaden, wenn üblicherweise nicht mit Schadensersatzansprüchen gerechnet werden muss (Kar VM **78** 20, Ha VRS **59** 258, KG VRS **61** 206, **63** 349, krit *Loos* DAR **83** 210), nach gegenwärtigem objektiven Eindruck (Ko VRS **48** 337, Dü VRS **30** 446), etwa wenn der Geschädigte den Schaden vernünftigerweise nicht beseitigen wird, eine nennenswerte Wertminderung nicht eingetreten ist und auch die Verkehrstüchtigkeit des Fz nicht beeinträchtigt wird. Beispiele sind Kratzspuren, die entweder ganz leicht sind und nicht ins Auge fallen oder die zwar stärker, jedoch wegen des schlechten Erhaltungszustands des Fz (zB Vorbeschädigungen sowie mögliche weitere Beule an äußerlich stark abgenutztem BauFz, Stu NJW **58** 1647) bedeutungslos sind (Nü DAR **07** 530, Bay NJW **60** 832). Die Vermögenslage des Geschädigten ist irrelevant (Kar NJW **60** 688, 1263). Der Begriff ist eng zu verstehen. Schaden durch Zeitverlust im Zusammenhang mit dem Unfall bleibt außer Betracht (KG VRS **63** 349). **Der Schwellenwert** dürfte derzeit **bei 50 €** anzusetzen sein (Nü DAR **07** 530; s aber

Bay DAR **79** 237 [50 DM], OVG Münster DAR **05** 708, *Fischer* Rz 11, *Lackner/Kühl* Rz 7, abw *Sch/Sch/C/Sternberg-Lieben* Rz 9, *Himmelreich* DAR **07** 669 [150 €]; ältere Rspr: 39. Aufl.). Bei **Verletzungen** können geringe Hautabschürfungen (Ha DAR **58** 308), blaue Flecken (Kö VRS **44** 97 [nicht falls ärztliche Untersuchung notwendig]), Hautrötung aufgrund Einwirkung des Sicherheitsgurts (Kar VRS **108** 427 [zu § 229], Stu VRS **18** 117) belanglos sein. Bei anscheinender Bedeutungslosigkeit ist Tatbestandsirrtum möglich (Rz 62).

3. Der Unfallbeteiligte (V). Den Begriff hat die Neufassung nur sprachlich vereinfacht (Begr), nicht geändert (KG VRS **50** 39; krit *Engelstädter,* Der Begriff des Unfallbeteiligten … [1997], wonach V verfassungswidrig sein soll). Unfallbeteiligter ist, wer beim Unfall als VT oder sonst auf den V Einwirkender (auch ohne tatsächlichen Kausalbeitrag, Stu VRS **105** 294) anwesend ist, sofern wenigstens der Verdacht einer Mitursächlichkeit für den Unfall in Frage kommt, grundsätzlich ohne Rücksicht auf Verkehrswidrigkeit seines Verhaltens (Stu VRS **105** 294, Kar VRS **74** 432; insoweit abw *Arloth* GA **85** 503) oder Verschulden (s unten), bei räumlicher Unfallbeziehung, also jeder Fußgänger (Stu VRS **18** 117, Ko MDR **93** 366 [Unfall mit Einkaufswagen auf öffentlich zugänglichem Parkplatz]), Radfahrer (BGH VRS **24** 34, Bay VRS **21** 266), Kf, Fuhrwerkslenker, beteiligte Bei- oder Mitfahrer, Reiter, StraBaFahrer, beteiligte Fahrgäste (BGH VRS **6** 33), der Fahrlehrer auf Übungsfahrt (Dr StraFo **08** 218), der Halter, Vorgesetzte des Kf oder Beifahrer (Kö NZV **92** 80), der dessen Fahrweise unmittelbar beeinflusst oder rechtlich gebotenes Eingreifen unterlässt (**E** 87ff; BGH VRS **24** 34, Bay VRS **12** 115), zB bei einem schwierigen, gefahrträchtigen Manöver (Kar VRS **53** 426), derjenige, der zu der den Unfall herbeiführenden Tat nach § 315b Beihilfe geleistet hat (BGH VRS **59** 185). Der Beteiligte muss verständigerweise in dem nicht offensichtlich abwegigen **Verdacht der Unfallmitverursachung** stehen (BGH NJW **60** 2060, Bay DAR **00** 79, Stu VRS **105** 294, Kö VRS **86** 279, NZV **99** 173, Dü VM **76** 23, Kar VRS **53** 426), sonst ist er auch als Anwesender nicht beteiligt, auch nicht, wenn er das Fz kurz zuvor dem Unfallverursacher überlassen hat (Fra NJW **83** 2038). Objektiv unberechtigter Beteiligungsverdacht begründet keine strafrechtliche Pflicht, deshalb entfällt § 142 auch bei nachträglicher Verdachtswiderlegung (**aM** Bay DAR **00** 79, **88** 364). Offensichtlich falsche Vermutungen oder Beschuldigungen durch Hinzukommende begründen keine Beteiligungsmöglichkeit (Kö VRS **45** 352). Dass die Ursachensetzung unbeeinflussbar war (zB technisches Versagen), ist unerheblich (Kar VRS **74** 432). Die **Haltereigenschaft** als solche macht den Beifahrer nicht zum Unfallbeteiligten (Bay DAR **73** 204, **75** 204, **76** 174, **82** 249, **88** 364, Kö NZV **92** 80, VRS **86** 279, Zw VRS **82** 114, Fra NZV **97** 125, aM uU Bay DAR **00** 79, Hb VM **78** 68). Anders, wenn er mit einigem Grund verdächtig ist, als Fahrer oder sonstwie auf den V eingewirkt zu haben. Nach der Rspr reicht hierzu schon eine bloß mittelbare Verursachung aus, etwa Überlassen des Fz an eine nicht geeignete Person (Bay VRS **12** 115, DAR **76** 174, **82** 249, **88** 364, **91** 365, Stu VRS **72** 186, Kö VRS **86** 279, Fra NZV **97** 125). Das ist zw, weil die Wartepflicht solcher Personen, deren Verursachungsbeitrag vor der eigentlichen Unfall unmittelbar auslösenden Ursache liegt, dann allein auf ihrer zufälligen Anwesenheit beruhen würde und weil nach Sinn und Zweck des § 142 die Anwesenheit der Aufklärung des eigentlichen Unfallgeschehens dient (*Sch/Sch/C/Sternberg-Lieben* Rz 21, *Magdowski* S 99, *Arloth* GA **85** 500, *Geppert* BA **91** 34). Nach einem Teil der Rspr begründet allein die abstrakte Möglichkeit, dass der **als Beifahrer mitfahrende Ehegatte und Halter** die Fahrweise beeinflusst *haben kann,* die Eigenschaft als Unfallbeteiligter (BGHSt **15** 1 = NJW **60** 2060, Ce VRS **30** 189). Freilich wäre dann jeder FzInsasse Unfallbeteiligter (*Sch/Sch/C/Sternberg-Lieben* 21, *Magdowski* S 102, *Loos* DAR **83** 210, *Arloth* GA **85** 498, s auch Zw VRS **75** 292, **82** 114, Kö VRS **86** 279). Ähnliche Bedenken gelten für die Überlegung, allein der Umstand, dass der Beifahrer der Halter und Ehegatte des FzF sei, könne ihn dem Verdacht aussetzen, das Fz selbst geführt zu haben (BGHSt **15** 1 = NJW **60** 2060, Ce VRS **30** 189, s auch *Tepperwien* Nehm-F S. 427, 432). Dieselben Maßstäbe werden an die Begleitperson beim begleiteten Fahren ab 17 anzulegen sein (s aber *Tolksdorf* Nehm-F S. 437, 442, der die Begleitperson in Übereinstimmung mit der sehr weiten Rspr idR als Unfallbeteiligte ansieht). Entgegen der Rspr werden nach V *konkrete* Anhaltspunkte zu fordern sein, die die Möglichkeit eines *unmittelbar* den Unfall beeinflussenden Verhaltens nahe legen (Zw VRS **75** 292, **82** 114, *Arloth* GA **85** 498). Wer als angetrunkener Ehemann im Kfz der Ehefrau mitfährt, ist nur dann in diesem Sinne konkret verdächtig, zum Unfall beigetragen zu haben, wenn der von dieser verursachte Unfall Merkmale alkoholbedingter Beeinflussung aufweist (Dü VM **76** 23, Kö NZV **89** 78 m Anm *Schild; Arloth* GA **85** 499). Der bloße Umstand, dass von **zwei FzInsassen** jeder in gleicher Weise als FzF in Frage kommt, genügt nicht, um beide als Unfallbeteiligte anzusehen

(Zw VRS **75** 292, Kö VRS **86** 279, Fra NZV **97** 125, *Fischer* Rz 15, *Janiszewski* 492a, aM Bay NZV **93** 35). Überlassen des Fz an eine Person ohne FE reicht allein nicht hin (Stu VRS **72** 186). Stets setzt i Ü die Bestrafung des Beifahrers die Feststellung im Urteil voraus, dass er die Möglichkeit hatte, den Fahrer zum Anhalten zu bewegen (Dü VRS **65** 364, *Mikla* S 63, 75). Wer im Unfallzeitpunkt nicht **am Unfallort anwesend** ist, kann weder Täter nach I noch nach II sein (Bay VRS **72** 72, NJW **90** 335, Jn DAR **04** 599, Stu NZV **92** 327 [krit *Berz* NStZ **92** 591], Kö VRS **76** 354, LG Ma ZfS **98** 352, *Geppert* BA **91** 35, *Engelstädter* S 121, abw *Kreissl* NJW **90** 3134, dessen Auffassung jedoch zu dem Ergebnis führen müsste, dass nahezu jeder FzF, der sich in unmittelbare Nähe eines Fz mit (älterem) Unfallschaden begibt, wartepflichtig wäre). Auf **Schuld** des Beteiligten kommt es nicht an (BGH VRS **16** 118, Kö NZV **92** 80, Dü NZV **93** 157, *Arloth* GA **85** 500), nur darauf, ob ein Verhalten nach allen Umständen unmittelbar zur Unfallverursachung beigetragen haben kann (V; KG VRS **50** 39, Dü VRS **76** 23, NZV **93** 157). **Verursachung** hier nicht iS der Bedingungstheorie, weil Ortsanwesenheit nötig ist. Beteiligt ist nicht in jedem Fall schon jeder nur entfernt mittelbare Mitverursacher, denn das würde die Strafbarkeit uferlos ausdehnen. Bei nur **mittelbarer Mitverursachung** muss (anders als bei direkter Beteiligung) verkehrswidriges Verhalten oder eine über die normale VTeilnahme hinausgehende Einwirkung hinzukommen (Stu VRS **105** 294, Kar VRS **74** 432 [Verlieren von FzTeilen], Ko VRS **74** 435, *Himmelreich* Rz 160, *Arloth* GA **85** 502, *Geppert* BA **91** 34f).

30 **Nicht Unfallbeteiligter** ist hiernach der verkehrsrichtig wartende Linksabbieger an der späteren Kollision unachtsamer Hintermänner (Bay VRS **72** 2, Stu VRS **105** 294, *Arloth* GA **85** 502f), der VT, dessen Anwesenheit beim Unfall allenfalls eine nur unerhebliche mittelbare, keinerlei zivilrechtliche Haftung begründende Mitursächlichkeit darstellt (Unfallzeuge; Ko VRS **74** 435), der beim Unfall abwesende Halter, der den fahrunsicheren Fahrer eingesetzt hat und erst nach dem Unfall hinzukommt, der Mechaniker nach unsachgemäßer Reparatur.

31 **Geschädigt** muss der andere Beteiligte nicht notwendig sein (bloßes Abwehrinteresse, Rz 46). Kein Unfall bei bloßer Behinderung oder Belästigung.

32 **4. Die Beweissicherung ermöglichen** (= möglich machen, Stu VRS **52** 181) muss jeder Beteiligte dadurch, dass er, außer in den Fällen von II, **am Unfallort bleibt** und seine (mögliche) Beteiligung den feststellungsbefugten Personen, vor allem den anderen Beteiligten (Kö VM **70** 96), offenbart (I). Unfallort: Rz 55. I verlangt nur Dulden der Unfallaufklärung, kein eigenes aufklärendes Handeln (Rz 33). Verboten ist vorzeitiges räumliches Sichentfernen ohne Rücksicht auf jederzeitige Erreichbarkeit vor Erfüllung der Pflichten nach I Nr 1, 2 (Kö VRS **48** 89, Ko VRS **49** 259) gegen den Willen anderer Beteiligter (Ha VRS **44** 272), so dass die erforderlichen Feststellungen erschwert oder vereitelt werden können (Hb VM **73** 68, Kar NJW **60** 195), auch wenn der Täter erst verfolgt und zurückgeholt werden muss (BGH NJW **63** 307, KG VRS **43** 176, Bay VRS **21** 266), also nicht bei bloßem Weiterfahren um 100 m, um nur gefahrlos zu wenden und sofort zurückzukehren (Bay NJW **73** 1657). Wer nach geringfügigem Schaden und VBehinderung nur beiseite fährt (§ 34 StVO), begeht kein unerlaubtes Entfernen vom Unfallort (Ha DAR **78** 140). Festnahme und Verbringen zur Wache sind kein willentliches Sichentfernen (Ha VRS **56** 340; zur Anwendung von II in solchen Fällen Rz 50).

33 **Ermöglichen** (Vorstellungspflicht) bedeutet nach I Anwesendbleiben und die Angabe, auch ohne Befragtwerden, uU also als erster Unfallhinweis, unfallbeteiligt zu sein, dh möglicherweise beteiligt zu sein, weil Einzelheiten erst zu ermitteln sind, und wohl auch, **in welcher Rolle** (zw, Rz 35), ohne Ausnutzung fremden Irrtums, soweit die Vorstellungspflicht reicht. I Ü genügt die Angabe, am Unfall beteiligt gewesen zu sein; Angaben zur Art der Beteiligung sind nach I Nr 1 nicht erforderlich (Kar MDR **80** 160). Die Vorstellungspflicht wirkt den Fällen bloßen unentdeckten Wartens entgegen. Ihr ist unverzüglich nach Eintreffen Berechtigter oder Geschädigter bzw sofort nach Unfall zu genügen. Der Beteiligte darf auf Befragen sein Beteiligtsein nicht leugnen (passive Feststellungspflicht; Fra VRS **49** 260, KG VRS **67** 263). Wer als Beteiligter an der Unfallstelle Angaben macht, die gegen seine Beteiligung sprechen (angeblicher Beifahrer), stellt sich nicht als beteiligt vor (Rz 35). Bloßes unbeteiligt wirkendes Herumstehen erfüllt den Tatbestand, andererseits ist **aktive Mitwirkung** bei den Feststellungen oder Selbstbezichtigung nicht geboten (Stu VRS **73** 191, Bay NZV **93** 35, Sa ZfS **01** 518). Zum Sichentfernen als *Letzter* ohne Erfüllung der Vorstellungspflicht Rz 55, zu Täuschungshandlungen Rz 37.

34 **Seine Person** festzustellen muss jeder Beteiligte ermöglichen, bevor er sich entfernt. Er muss Namen und Anschrift nennen und sich auf Verlangen ausweisen (Ha NStZ **85** 257, Stu NJW **81** 878 (879), Kö NZV **89** 197, *Jagusch* NJW **76** 504, aM Bay NJW **84** 1365, Nü DAR **07** 530,

Himmelreich Rz 172, *Küper* JZ **88** 473, GA **94** 60). Der Formulierung in I Nr 1 „durch seine Anwesenheit und durch die Angabe, dass er an dem Unfall beteiligt ist" kann nicht entnommen werden, dass der Unfallbeteiligte sich ohne Angaben zur Person entfernen dürfte. Sie macht lediglich deutlich, dass zB das Hinterlassen eines Zettels ebenso wenig genügt wie Anwesenheit ohne Vorstellung; denn ohne Mitteilung der Personalien ist die in I Nr 1 verlangte Feststellung der Person gerade nicht *ermöglicht*. Übergabe einer Geschäftskarte kann genügen, Hinweis auf das FzKennzeichen allein nicht (Schl VM **55** 26; s auch Dr StraFo **08** 218 [Visitenkarte, Vormerkzettel einer Fahrschule]), auch nicht nach Angabe des Familiennamens (Dü VRS **68** 449) oder Angabe der Taxinummer verbunden mit der Aufforderung, sich mit dem Taxiunternehmer wegen der Schadensregulierung in Verbindung zu setzen (Nü DAR **07** 530). *Weigert sich der Unfallbeteiligte*, seinen Namen zu nennen und sich auszuweisen, so muss er die Feststellung seiner Person jedenfalls auf andere Weise – etwa durch die Pol – ermöglichen, bevor er sich entfernt (Stu NJW **82** 2266, abw LG Leipzig VRS **86** 341 [Verweigerung der Personalien durch Strabaf unter Aushändigung eines „Merkblatts"]). Denn jedenfalls muss er nach 1 Nr 1 die *Feststellung seiner Person ermöglichen* (jedenfalls i Erg. auch *Küper* JZ **88** 478). Unrichtige Angaben führen nicht zu einer Beendigung der Anwesenheitspflicht, sind also tatbestandsmäßig (KG VRS **10** 453, Stu NJW **82** 2266), weil sich der Unfallbeteiligte entfernt, bevor er die Feststellungen gem 1 Nr 1 ermöglicht hat (aM *Küper* JZ **90** 510, 518f, diff Bay NJW **84** 1365). Die Kenntnis der Person des Beteiligten genügt nicht, es kommt auch auf seinen körperlichen Zustand, das Zustandekommen des Unfalls und uU auf den Besitz der FE an (Ko DAR **77** 76, VRS **71** 187).

Das unfallbeteiligte Fahrzeug muss festgestellt werden können. Dazu gehört, dass sich ein 35 Kf als solcher vorstellt, bei mehreren Insassen als Fahrer (zw, *Berz* DAR **75** 311, *Janiszewski* DAR **75** 173, **aM** Bay NZV **93** 35), nicht zB als vermeintlicher Fußgänger oder Beifahrer (Kar MDR **80** 160, Fra NJW **77** 1833), dass er die FzPapiere vorzeigt, das benutzte Fz in Unfallstellung belässt und sichert, es bei unbedeutenden Unfallfolgen beiseite stellt (Ha DAR **78** 140), es nicht auszuwechseln versucht (Rz 37; BGH VRS **5** 200), die Feststellung des Kennzeichens, des Betriebszustands des Fz und etwaiger Unfallspuren an diesem ermöglicht, auch wenn die Art der Unfallbeteiligung sonst klar ist (BGHSt **16** 139). Unter Fz sind ausschließlich Fz iS der StVO zu verstehen, also nicht auch andere Transportmittel (Einkaufswagen) oder Fortbewegungsmittel nach § 24 StVO (zB Stu VRS **47** 15, aM *Berz* DAR **75** 315).

Die Art der Unfallbeteiligung, den Unfallhergang festzustellen, muss der Beteiligte er- 36 möglichen, ohne daran mitwirken (Rz 33) oder über den Umfang der Vorstellungspflicht hinaus (Rz 33, 35) Hinweise geben zu müssen (*Jagusch* NJW **76** 504). Die Art der Unfallbeteiligung ist festgestellt, wenn die rechtserheblichen *Tatsachen* des Verursachungsbeitrags geklärt sind; dazu gehören nicht die sich daraus ergebenden rechtlichen Folgen (Schuld, Ersatzpflicht; Fra VRS **64** 19). Zur Art der Unfallbeteiligung gehört, soweit haftungsrelevant, auch etwaiger Alkoholeinfluss; in derartigen Fällen darf sich der Unfallbeteiligte nicht entfernen, um einer **Blutprobe** zu entgehen (BGH VRS **4** 48, Bay DAR **88** 365, Sa ZfS **01** 518, Kö NZV **99** 173, Ha VRS **68** 111; aM Zw NJW **89** 2765 [weil diese nicht Anwesenheit *am Unfallort* voraussetze; wenig plausibel, weil auch die übrigen Feststellungen, wie II zeigt, überwiegend unbeschadet der Wartepflicht außerhalb des Unfallorts getroffen werden können]; *Weigend* NZV **90** 79 [weil zivilprozessual nicht durchsetzbar]). Ist eventuelle alkoholische Beeinträchtigung allerdings für die zivilrechtliche Haftung ohne jede Bedeutung, etwa bei Haftung nach StVG, ohne dass Mithaftung des Geschädigten in Betracht kommen könnte (Mitverschulden, BG des beschädigten Kfz, § 254 I BGB, § 17 StVG), so trifft den Unfallbeteiligten insoweit keine Feststellungspflicht nach § 142 (Bay VRS **65** 136 [Beschädigung eines ordnungsgemäß parkenden Fz und eines Gartenzauns], zust *Janiszewski* NStZ **83** 546; Zw DAR **91** 431 [Beschädigung des StrKörpers durch Umstürzen], Ko NZV **96** 324, Kö NZV **99** 173, dazu *Hauser* BA **89** 241, *Zopfs* DRiZ **94** 90). Wird dem Unfallbeteiligten nach Erfüllung der Pflichten aus I vom Feststellungsberechtigten und von der Pol Entfernung gestattet, so kann er nicht deswegen bestraft werden, weil die Pol die Klärung etwaigen Alkoholeinflusses versäumt hat (Sa ZfS **01** 518).

Kein Ermöglichen ausreichender Feststellungen liegt hiernach vor, wenn ein Beteiligter 37 den Hergang, soweit Feststellungen nach I in Betracht kommen können, **verwischt, verdunkelt oder darüber täuscht** (*Jagusch* NJW **76** 504, aM *Berz* DAR **75** 310, *Küper* GA **94** 59). § 142 erlaubt ihm, abgesehen von der Vorstellungspflicht, ein Passivbleiben, keine aktive Verdunkelung, weil die notwendigen Feststellungen dadurch vereitelt anstatt ermöglicht werden (*Volk* DAR **82** 83). Verstoß gegen I daher, wenn der Täter andere Beteiligte über seine Person täuscht (Kö VRS **48** 89, Fra VRS **49** 260, Stu NJW **82** 2266 [dazu Rz 34, 39]), über seine Eigenschaft als beteiligter Fahrer (Fra NJW **77** 1833, Ha VRS **68** 111 [anders bei erfolglosem

6 StGB § 142

Täuschungsversuch]), wer zwar die Pol herbeiruft, sie aber über sein Beteiligtsein täuscht (Ha VRS **38** 269, **18** 198, Fra NJW **77** 1833), wer falsche Angaben über Personalien (aM Bay NJW **84** 1365), Kennzeichen oder Beobachtungen macht, gefundene oder gestohlene Papiere benutzt, Ausweispapiere verheimlicht oder vernichtet, Spuren verwischt. Für den Fall der Pflicht, die erforderlichen Feststellungen nachträglich zu ermöglichen, untersagt III S 2 absichtliches Vereiteln ausdrücklich (Stu VM **76** 84). Daraus dürfte nicht zu schließen sein, dass im Rahmen von I vorsätzliches aktives Verdunkeln erlaubt sein könnte.

38 **4 a. Am Unfallort warten** muss jeder Beteiligte, wenn nicht sofort ausreichende Feststellungen getroffen werden können, entweder, weil kein Feststellungsberechtigter da ist oder weil erst andere Personen oder die Pol (Rz 47) sachkundige Feststellungen treffen können, Kö NZV **02** 278, VM **64** 14. **Sichentfernen** bereits, wenn ein Beteiligter ohne zwingenden Grund den Unfallbereich verlässt, in dem feststellungsbereite Personen ihn vermuten und befragen würden (Weiterfahren zum gegenüberliegenden Privatparkplatz, Rz 55). Zu Fällen späterer Kenntniserlangung vom Unfall Rz 50, 55. Unter den Voraussetzungen des § 34 I 2 StVO (geringfügiger Schaden) kann allerdings selbst ein Weiterfahren bis zu einer vom eigentlichen Unfallort 100 m entfernten, von diesem aus nicht einsehbaren Stelle gerechtfertigt und nach § 34 StVO geboten sein (Kö VRS **60** 434). Wer als Beteiligter nach dem Unfall ein nahegelegenes Lokal aufsucht, in dem niemand ihn vermutet, ist nicht mehr ohne Weiteres erreichbar und als Beteiligter feststellbar (Ko VRS **49** 259). IdR wird die Wartepflicht durch Ortsveränderung verletzt, jedoch genügt auch Sichverbergen. Die Pflichten nach II verkürzen die Wartepflicht nicht, denn sie treten nur bei berechtigtem Sichentfernen oder ausreichendem Warten ein (aM *Berz* DAR **75** 312, *Dornseifer* JZ **80** 299). Ist mit dem Eintreffen der Pol nach allen Umständen bald zu rechnen, so besteht so lange Wartepflicht, Kö NZV **02** 278, Schl DAR **78** 50, Ko VRS **71** 187. Bereits die Möglichkeit nicht gänzlich belanglosen Schadens (Rz 27, 28) macht wartepflichtig, Dü VM **74** 46. Ob der Wartepflichtige annehmen darf, es werde „alsbald" zu Feststellungen kommen, ist nach I 2 unerheblich. Angemessene Zeit muss er stets warten, es sei denn, die Nutzlosigkeit stünde aus tatsächlichen Gründen von vornherein fest, Ha VRS **54** 117, oder zeigte sich alsbald, was idR nicht zutreffen wird, oder der Beteiligte dürfte mit Grund annehmen, der Feststellungsberechtigte lege auf sofortige Feststellungen keinen Wert (Rz 45). **Feststellungsbereitschaft Dritter** (Rz 46) mag idR nur bei augenfälligen Unfällen anzunehmen sein, bei Blechschäden nur bei leichter Erkennbarkeit oder Tatzeugen, Hb VRS **32** 359 (dazu Rz 46). Ein Feststellungsinteresse unbeteiligter Dritter besteht iÜ bei geringen Schäden regelmäßig nicht (Stu NJW **81** 1107, VRS **73** 191). Wer alle fremden Schäden bei unzweifelhaftem Personalnachweis **schriftlich anerkennt**, also ausreichenden Beweis liefert, hat auch auf Verlangen keine Wartepflicht, weil kein Beweisinteresse mehr zu schützen ist (Rz 20, s aber Rz 47). Hat ein Beteiligter seinen **Feststellungspflichten** nach I 1 **vollständig genügt**, so braucht er nunmehr verlangte polizeiliche Feststellungen nicht mehr abzuwarten und hat auch keine Pflichten gem II, Hb VRS **56** 344, Bay DAR **79** 237, Kö VRS **64** 193, Fra VRS **64** 19, Zw NJW **89** 2765 (zust *Geppert* BA **91** 39), NZV **92** 371, LG Wuppertal DAR **80** 155. Es besteht dann keine weitere Wartepflicht, selbst nach erfolglosem Täuschungsversuch über die Unfallbeteiligung, Ha VRS **68** 111. Dies gilt auch, wenn zwar Alkoholeinfluss in Betracht kommt, dieser jedoch die zivilrechtliche Haftung in keiner Weise berührt, Bay VRS **65** 136 (Rz 36). Anders jedoch, wenn ein VT, der einen Unfall verschuldet hat, nur mündlich sein Verschulden am Unfall erklärt hat und daher die **Art seiner Beteiligung** am Unfall durch die bereits verständigte Pol geklärt werden soll, Bay VRS **60** 111. Wartepflicht auch, wenn Geschädigter verlangt, Pol abzuwarten, selber aber weggehen muss (zB bei Verletzung).

39 **Die Wartedauer** richtet sich nach allen Umständen (Bay NJW **87** 1712, Kö VRS **100** 302, Dü VM **94** 30, Zw NZV **91** 479, Stu NJW **81** 1107), nach Art und Schwere des Schadens, der VDichte, Tageszeit, Witterung (Kö VRS **100** 302, DAR **94** 204, *Geppert* BA **91** 37), danach, ob und voraussichtlich wann mit dem Erscheinen feststellungsbereiter Personen zu rechnen ist (Kö VRS **100** 302, Zw NZV **91** 479, Stu VRS **73** 191), sowie nach der Möglichkeit, den Geschädigten aufzufinden, uU auch nach dem Verhalten des Unfallbeteiligten (Rz 40). Es kommt auf Interessenabwägung zwischen den Beteiligten an (Bay NJW **60** 832, Stu VRS **73** 191, Dü VM **72** 59, Ha DAR **73** 104, KG VRS **33** 275, Sa VRS **46** 187). **Eindeutige Haftung** gem § 7 StVG rechtfertigt bei Zurücklassen des Fz kürzere Wartezeit (Stu VRS **73** 191, Zw NZV **91** 479). Die bloße Möglichkeit nach vergeblichem Warten, es könne noch eine PolStreife oder sonst jemand vorbeikommen, verlängert die Wartepflicht nicht (Ha NJW **77** 207). Bei ausreichendem Warten ist der Grund hierfür ohne rechtliche Bedeutung (Bay NJW **87** 1712, Kö

VRS **100** 302, KG VRS **37** 192, *Hentschel* JR **88** 297). Die Wartepflicht endet mit dem einverständlichen Sichentfernen der Beteiligten zwecks gütlicher Einigung, auch wenn diese später scheitert (Hb NJW **79** 439). **Erschlichener Verzicht** auf weitere Feststellungen beendet die Wartepflicht nicht (Kö VRS **50** 345, Bay NJW **84** 1365, aM *Maier* JZ **75** 721, *Küper* JZ **90** 518f); die Erlaubnis des getäuschten Geschädigten, sich zu entfernen, entlastet nicht (Kö VRS **48** 89, Bay VRS **61** 120, Stu NJW **82** 2266, zw *Geppert* BA **91** 38, s auch Rz 34). Erscheinen feststellungsbereite Personen erst nach Ablauf der Wartepflicht, so bleibt der noch anwesende Unfallbeteiligte verpflichtet und verstößt gegen I Nr 1, wenn er sich nunmehr entfernt; die Frage der Angemessenheit der Wartepflicht spielt nach I Nr 2 nur eine Rolle, wenn niemand bereit ist, Feststellungen zu treffen (Stu NJW **82** 1769, *Hentschel* NJW **83** 1648, aM *Küper* NJW **81** 854, *Loos* DAR **83** 215: nur Pflichten nach II).

Auch das eigene **Verhalten des Unfallbeteiligten** kann Einfluss auf die Dauer der **40** Wartepflicht haben; Handlungen, die den Zweck des Wartens fördern, können verkürzen (Kö VRS **100** 302, *Lackner/Kühl* Rz 19, *Magdowski* S 135), Verschleierungs- und Täuschungshandlungen uU verlängern (Bay NJW **87** 1712, *Lackner/Kühl* Rz 19, *Fischer* Rz 36). So kann der Wartepflichtige zB die Wartezeit dadurch abkürzen, dass er den (die) Geschädigten sucht und seine Beteiligung offenbart (Rz 32) oder die Pol verständigt (Nü VersR **66** 945, Fra NJW **67** 2073, Ha VRS **13** 137, Br VRS **43** 29), ohne diese zu täuschen (Rz 37), bei eindeutiger Haftungslage uU auch telegrafisch (Zw NZV **91** 479). Arbeitet der Wartepflichtige dem Ziel des Wartens, später eintreffenden Personen Feststellungen zu ermöglichen, durch Täuschungs- und Verschleierungshandlungen aktiv entgegen, so kommt ihm die dabei verstrichene Zeit nicht zugute (BGH JR **58** 26 m Anm *Hartung*, Bay NJW **87** 1712 m Anm *Hentschel* JR **88** 297, Kö VRS **100** 302); bloßes Nichtfördern des Wartezwecks, zB Nichtinanspruchnahme angebotener Hilfe bei der Benachrichtigung feststellungsbereiter Personen, verlängert jedoch die Wartezeit nicht (*Hentschel* JR **88** 297, aM Bay NJW **87** 1712, *Himmelreich/Bücken* Rz 192f, offengelassen von Kö VRS **100** 302, 306).

Einzelheiten zur Wartedauer: Die Anforderungen sind gegenüber § 142 aF im Hinblick **41** auf die in II begründete Pflicht zur Ermöglichung nachträglicher Feststellungen milder geworden, Kö VRS **100** 305, Zw NZV **91** 479, Ha VRS **54** 117, **59** 258. **Rspr (überwiegend noch zur DM):** In Stadtmitte reichen uU nachts gegen 3 Uhr bei deutlichem Unfall 45 Min nicht aus, Ha VRS **41** 28, erst recht sind nur 5 Min abends innerorts bei mäßigem Blechschaden zu kurz, Dü VM **66** 60, oder 20 Min bei 500 DM Laternenschaden, Ko VRS **43** 423, oder 700 DM FzSchaden, Bay VRS **64** 119, oder 10 Min bei mäßigem Schaden auf dem Ruhrschnellweg, Ha VRS **54** 117. Andererseits erachtet Kö VRS **100** 302 bei innerörtlichem Unfall gegen Mittag mit 400 DM Fremdschaden uU 15 Min als ausreichend und können trotz ca 1000 DM Sachschaden nachts innerorts 20 Min ausreichen, wenn die Haftungslage eindeutig ist und das Fz zurückgelassen wird, Stu VRS **73** 191, ebenso bei mehr als 2000 DM Schaden auf nächtlicher BundesStr bei eindeutiger Haftungslage, Zurücklassen des Fz und telegrafischer Meldung bei der Pol eine knappe Stunde später, Zw NZV **91** 479. Bei vergleichsweise geringem Schaden (100 DM) reichen 30 Min Warten idR aus, Bay JZ **77** 191, ebenso 20 Min bei Zertrümmerung einer Schlussleuchte, Bay VRS **64** 119. Nur in Ausnahmefällen können nach Beschädigung eines parkenden Fz bei einem vom Wartepflichtigen auf 400 DM geschätzten Schaden 10 Min Wartezeit ausreichen, wenn danach keine konkreten Anhaltspunkte für das Eintreffen feststellungsbereiter Personen bestehen (unzureichende Kleidung bei − 5° C), Stu NJW **81** 1107. Bei verhältnismäßig geringfügiger Beschädigung (bis 600 DM) einer Autobahnbrücke innerorts, mittags können innen 30 Min ausreichen, Ha VRS **59** 258. Dü VM **94** 30 erachtet knapp 5 Min Wartezeit bei 312 DM Schaden an privatem Begrenzungspfosten tagsüber innerorts als ausreichend. Halbstündiges Warten bei nächtlicher Beschädigung einer Blinkanlage auf einer BundesStr (Schaden 1600 DM) genügt, Ol NRPfl **84** 264. Auch in später Nacht reichen bei 1500 DM Schaden 15 Warteminuten nicht aus, Ko VRS **49** 180. Bei 600 DM Schaden an belebter und bebauter Stelle sind 20 Min Warten zu kurz, Stu VRS **51** 431.

Rückkehrpflicht besteht nicht mehr, Stu NJW **77** 2275, NZV **92** 327, Bay NStZ **88** 119, **42** *Küper* GA **94** 61, einschr *Mikla* S 218ff. Sie ist in den Fällen abgelaufener ausreichender Wartezeit und berechtigten oder entschuldigten Sichentfernens vom Unfallort durch die Pflicht ersetzt, die nötigen Feststellungen unverzüglich nachträglich zu ermöglichen (II, III). Hatte sich der Wartepflichtige unberechtigt entfernt, so dürfte er die Wartepflicht, soweit der Unfall noch nicht entdeckt worden ist oder ausreichende Feststellungen am Unfallort noch in Betracht kommen, durch Rückkehr und Verhalten gemäß I noch erfüllen können (*Cramer* 94, aM wohl Ce NRpfl **77** 169, *Lackner/Kühl* Rz 20). Andernfalls ist die Tat vollendet und strafbefreiende

6 StGB § 142

tätige Reue (soweit nicht Abs IV zutrifft) ausgeschlossen, BGH VRS **25** 115. Wer sich unentschuldigt verfrüht entfernt, außer zwecks sofortiger Suche nach dem Geschädigten, ist daher grundsätzlich nach I strafbar, auch wenn er die nötigen Feststellungen später unverzüglich ermöglicht (aber Milderungsgrund), Hb VM **78** 68.

43 **Alle notwendigen und möglichen Feststellungen** sind zu ermöglichen, nicht bloß Teilfeststellungen, solange die Anwesenheit des Wartepflichtigen noch erforderlich ist; jedoch muss dieser nicht von sich aus auf Vervollständigung hinwirken, zB, wenn anderer Beteiligter oder Pol den Unfallort verlassen haben, Sa ZfS **01** 518, Kö VRS **6** 361. Ob dem Feststellungsinteresse aller Beteiligten (I 1) genügt ist, Ko VRS **71** 187, richtet sich nach objektiver Beurteilung, Stu NJW **78** 900. Einigung über die Schadenshöhe gehört nicht zur Feststellung der Art der Beteiligung, Hb VRS **56** 344. Erschlichener Verzicht auf weitere Feststellung: Rz 39. Verlangt ein Beteiligter polizeiliche Feststellungen, so muss der Wartepflichtige diese eine angemessene Zeit abwarten (Rz 41, 47). Wartepflicht auch, wenn zwar der Fahrer bekannt ist, nicht aber sein körperlicher Zustand und das Zustandekommen des Unfalls, Ko VRS **52** 273.

44 Im Hinblick auf II und die in I ausdrücklich statuierte Pflicht der Ermöglichung der Feststellung durch *Anwesenheit* wird die Wartepflicht auch bei einfacher Sachlage und geringem Schaden durch **Hinterlassen der Anschrift** am Unfallort nicht völlig entfallen können, *Fischer* Rz 37, sondern allenfalls verkürzt werden, Kö VM **83** 10, LG Zw VRS **93** 333, *Lackner/Kühl* Rz 17, *Küper* JZ **81** 209, einschr Bay DAR **91** 366, *Hartmann-Hilter* NZV **92** 429; die Pflicht zu unverzüglicher nachträglicher Ermöglichung der Feststellungen nach Abs II wird dadurch aber nicht berührt, Kö NZV **89** 357, aM Zw VRS **79** 299, dazu Rz 48. Zur Bedeutung des Hinterlassens eines Hinweiszettels als Rechtfertigungsgrund (mutmaßliche Einwilligung) *Küper* JZ **81** 209.

45 **Vorstellungs- und Wartepflicht entfallen,** wo offensichtlich kein Feststellungsinteresse geltend gemacht wird, Dü NZV **92** 246 (s auch Rz 51), zB, wenn sich **der einzige andere mögliche Beteiligte endgültig entfernt,** indem er trotz Kenntnis vom eigenen Schaden ohne anzuhalten wegfährt, Bay NJW **58** 511, VRS **71** 189, NZV **90** 397, Kö VRS **63** 349, einschr *Bernsmann* NZV **89** 51, uU auch, wenn er nach Aufnahme des FzKennzeichens des Unfallbeteiligten durch Verlassen der Unfallstelle schlüssig zu erkennen gibt, dass er auf sofortige weitere Feststellungen verzichtet, Ol NZV **95** 159, anders, wenn der Geschädigte zwar wegfährt, der Wartepflichtige sich jedoch nicht um dessen Reaktion gekümmert hat, Kö VM **63** 52, oder wenn sich der Geschädigte in Unkenntnis des Unfalls entfernt, Bay VRS **61** 31, **71** 189. Kein Verzicht des Geschädigten auf Feststellungen ist anzunehmen, wenn er sich zwar vor Eintreffen der Pol, aber nach dem anderen Unfallbeteiligten entfernt, Hb VM **62** 11. Keine Wartepflicht, wenn fremdem Feststellungsinteresse restlos genügt ist, Rz 38. **Einigung der Beteiligten** macht Warten überflüssig, Kö VersR **72** 752, Bay NJW **58** 269, auch unbezweifelbares Schuldanerkenntnis, Rz 38. Berechtigtes Sichentfernen nur bei Einverständnis aller Beteiligten, die Feststellungen anderswo oder gar nicht zu treffen, Br VRS **52** 423. Keine Wartepflicht, wenn die **Beteiligten einander kennen** und der eine nur seine nahe Wohnung aufsucht, Kar GA **70** 311, s auch Rz 22, 51. Nur ausnahmsweise wird ein Beteiligter annehmen dürfen, der andere wünsche keine sofortigen Feststellungen, es sei denn, spätere Benachrichtigung genüge seinem Beweisinteresse, Ha VRS **37** 433, dies auch bei nahen verwandtschaftlichen, freundschaftlichen oder geschäftlichen Beziehungen, KG VRS **15** 343, Ha VRS **23** 105, Dü NZV **91** 77. Durch Täuschung erlangte Erlaubnis, sich zu entfernen, Rz 39. Wirksam **verzichten** auf weitere Feststellungen kann nur, wer die Tragweite seines Verzichts überblicken kann, Bay NZV **92** 245. Das kann uU auch ein Minderjähriger sein, Bay ZfS **91** 320 (15jähriger), *Bernsmann* NZV **89** 53. IdR wird jedoch einem konkludenten Verzicht eines Minderjährigen keine Bedeutung zukommen, Dü NZV **91** 77. Ein 8jähriges Kind kann nicht wirksam auf Feststellungen verzichten, Dü VM **77** 16, s auch Ha VRS **23** 102. Begibt sich der Verletzte zu Fuß zum Krankenhaus, um einen Armbruch versorgen zu lassen, ohne jegliche Mitteilung an die Unfallbeteiligten, ob und auf welche Weise er Feststellungen am Unfallort wünscht, so kann Verzicht nahe liegen, Kö VRS **63** 349.

46 **Feststellungsberechtigt** ist jeder Beteiligte, nicht nur der Geschädigte (Anspruchsabwehr), auch mit Hilfe sachkundiger, unbeteiligter Helfer. „Zugunsten der anderen Unfallbeteiligten und der Geschädigten" (Abs I Nr 1) kann auch jede **beliebige dritte Person** Feststellungen treffen, Zw DAR **82** 332 (krit *Bär* DAR **83** 215), DAR **91** 431, Kö VRS **64** 193, Ko NZV **96** 324, *Himmelreich/Bücken* Rz 181 (s aber Rz 38), es sei denn, von ihnen wäre eine Information des Geschädigten nicht zu erwarten, Kö VRS **63** 352. Voraussetzung ist, dass der Dritte erkennbar den Willen hat, den Geschädigten in einer zur Durchsetzung etwaiger zivilrechtlicher Ansprüche ausreichenden Weise zu informieren, Bay VRS **64** 119, DAR **91** 366, Kö VRS **100** 302. Eingriffe Unerfahrener oder Übereifriger ohne Sachkunde braucht jedoch kein Beteiligter

zu dulden, weil sie die Beweissicherung eher erschweren können, Ha VRS **14** 34 (Suche nach Diagrammscheibe). Unbeteiligte können sich nicht auf § 127 StPO berufen, denn das viel engere Festnahmerecht gilt nur für das Betreffen auf frischer Tat, aM Kar VRS **22** 440.

Von **polizeilicher Feststellungsbefugnis** neben dem oder anstelle des Beteiligten im Interesse des Geschädigten geht III aus, obwohl diese, wo nur zivilrechtliche Beweissicherung in Frage steht, bestritten ist, *Rupp* JuS **67** 163, *Dvorak* JZ **81** 16, *Bernsmann* NZV **89** 198. Auch die Rspr meint, dass jedenfalls bei erheblicheren Schäden nur die Pol sachkundige Feststellungen treffen könne, BGH Betr **70** 728, Kar NJW **73** 379, Dü VM **71** 12, Bay NZV **92** 245, wenn der Beteiligte oder Geschädigte es fordert, Kar NJW **73** 379, Ko VRS **71** 187, Zw NZV **92** 371. Dies gilt vor allem auch, wenn Feststellungen erforderlich sind, die ohne Pol nicht getroffen werden können (Einfluss etwaigen Alkoholgenusses auf das Unfallgeschehen, *Geppert* BA **91** 39, aM *Dvorak* MDR **82** 804 mangels zivilrechtlichen Anspruchs darauf, *Schwab* MDR **84** 541 mangels polizeilicher Eingriffsbefugnis), Kö NJW **81** 2367, KG VRS **67** 258, s aber Rz 36. Drängt sich nach den Umständen das Interesse an polizeilicher Unfallaufnahme auf, so ist die Pol uU auch ohne ausdrückliche Aufforderung abzuwarten, Ko VRS **71** 187, Bay NZV **92** 245. Auf Verlangen des Geschädigten ist daher grundsätzlich auf die verständigte Pol zu warten, Kö NZV **89** 197, *Küper* NJW **81** 854, *Schwab* MDR **84** 540f, *Janiszewski* NStZ **82** 239, *Küper* JZ **88** 476 Fn 18, *Weigend* NZV **90** 79 (s aber Rz 38). Verzögern sich polizeiliche Feststellungen nur, so ist dies angemessen lange abzuwarten, BGH Betr **70** 728, Schl DAR **78** 50. Auch bei Sachschäden unter 500 € (Kleinunfall) muss die Pol nach hM auf Verlangen abgewartet werden, weil diese auch dann Feststellungen nicht ablehnen dürfe, Bay NJW **66** 558, Dü VM **71** 12, KG VRS **63** 46, aM *Rupp* JuS **67** 163. Ein **pauschales Schuldanerkenntnis** ersetzt polizeiliche Unfallfeststellungen idR nicht, Stu NJW **78** 900, Bay VRS **60** 111, zumal der Geschädigte zumeist nicht in der Lage sein wird zu beurteilen, ob und inwieweit derartige Erklärungen zur Durchsetzung seiner Ansprüche und zur Abwehr von Einwendungen (Mitschuld, Anrechnung der BG) geeignet sind, *Schwab* MDR **84** 540. Eine Verpflichtung, auf Verlangen des Geschädigten, diesen zur Pol zu begleiten, besteht nicht, Kö NZV **89** 197. Zum Ganzen *Ulsenheimer* JuS **72** 24. *Dvorak* MDR **82** 804.

5. Unverzügliche Ermöglichung nachträglicher Feststellungen ist nach II, III Rechtspflicht, wenn sich ein Beteiligter nach Ablauf der gebotenen Wartefrist (Rz 39) oder berechtigt oder entschuldigt vom Unfallort entfernt hat, bevor Feststellungen getroffen werden konnten, oder weil andere Beteiligte diese Möglichkeit nicht genutzt haben. Das Vergehen nach Abs II ist echtes Unterlassungsdelikt, Bay DAR **90** 230. I und II schließen einander rechtlich aus, Ce MDR **78** 246. II betrifft nur die in Nr 1, 2 geregelten Fälle, in denen der Tatbestand von I *nicht* erfüllt ist, Kö DAR **94** 204. Er greift bei vorzeitigem Verlassen des Unfallortes nicht ein, weil dann schon I Nr 2 vollendet ist (Kö VRS **63** 352, s aber Rz 42). Nach II genügt jedes Verhalten, das den Berechtigten unverzüglich nachträgliche Feststellungen ermöglicht, Stu VM **76** 85. III enthält Mindestanforderungen (Begr), für den Fall, dass sich der Beteiligte wie dort vorgeschrieben verhält, Stu VM **76** 85, nur Beispielsfälle der Ermöglichung nachträglicher Feststellungen, BGHSt **29** 138 = VRS **58** 200, Stu VM **76** 85, Dü DAR **80** 124. Geboten ist nicht Selbstbezichtigung, sondern auch hier nur die Vorstellungspflicht (Rz 33, 35), die Angabe von Anschrift und Aufenthalt, des FzKennzeichens, des gegenwärtigen FzStandorts (uU der Werkstatt) und das Bereithalten des Fz für zumutbare Zeit zwecks notwendiger Feststellungen, so dass auch der zuletzt benachrichtigte Berechtigte noch ausreichend Zeit für unverzügliche Feststellungen hat. Das Hinterlassen eines Zettels kann hierzu selbst dann nicht ausreichen, wenn dieser alle in III verlangten Angaben enthält, Kö NZV **89** 357 (abw Zw VRS **79** 299, zust *Hartmann-Hilter* NZV **92** 429), weil es oft von Zufälligkeiten abhängt, ob solche Mitteilungen den Berechtigten überhaupt erreichen, wie der von Zw VRS **79** 299 entschiedene Fall zeigt (in dem die Angaben überdies unvollständig waren), *Hentschel* NJW **91** 1273. Zum Hinterlassen einer aufklebbaren Schadensmeldung *Zopfs* DRiZ **94** 93. Wer die geschilderten Anforderungen von III erfüllt, ohne durch sein Verhalten die notwendigen Feststellungen absichtlich zu vereiteln (Rz 37), schließt Tatbestandserfüllung aus. Dabei wird in Kauf genommen, dass körperliche Feststellungen, zB solche zur BAK und Fahrsicherheit zur Unfallzeit, aus natürlichen Gründen ausfallen können. Zur Erfüllung der Pflichten aus II durch Dritte Rz 53.

Ausreichendes Warten (I 2), ausgenommen bei berechtigtem oder entschuldigtem Sichentfernen, muss vorausgegangen sein, denn bei vorzeitigem Verlassen des Unfallorts greift I Nr 2 ein. Um dem zivilrechtlichen Beweissicherungsbedürfnis zu genügen, müssen hier unverzüglich alle noch möglichen nachträglichen Feststellungen ermöglicht werden, ohne absichtliches Ver-

6 StGB § 142

eiteln (III). Wer dem nicht nachkommt, ist auch nach abgelaufener Wartezeit und vergeblicher Suche nach dem Geschädigten noch strafbar (II). Irrtum hierüber wäre Verbotsirrtum (Rz 63), Stu VRS **52** 181.

50 Wer sich **berechtigt oder entschuldigt** vom Unfallort entfernt hat (II 2), war nicht wartepflichtig. Auch er muss mit dem Aufhören des berechtigenden oder entschuldigenden Sachverhalts (KG VRS **67** 263) unverzüglich und ohne Vereitelungshandlungen (III) die erforderlichen nachträglichen Feststellungen ermöglichen. Wer sich **nicht willentlich entfernt** oder unfreiwillig entfernt wird, kann weder nach I noch nach II bestraft werden (Ha VRS **56** 340, *Beulke* NJW **79** 404, *Klinkenberg ua* NJW **82** 2359, *Schwab* MDR **83** 454, *Geppert* BA **91** 40, *Mikla* S 83ff, 96, 108f, **aM** Bay VRS **59** 27, NJW **82** 1059, zust *Janiszewski* NStZ **82** 108, Bay NZV **93** 35, *Volk* DAR **82** 83, *Jacob* MDR **83** 456, gegen ihn *Klinkenberg* MDR **83** 808, einschr auch AG Homburg ZfS **88** 92). IS von II entfernt sich daher nicht, wer bewusstlos in ein Krankenhaus gebracht wird (Kö VRS **57** 406), wer als unfallbeteiligter Beifahrer gegen seinen Willen vom FzF weggefahren wird (**aM** Bay NJW **82** 1059, *Joerden* JR **84** 51), wer im Rahmen der polizeilichen Ermittlungen an der Unfallstelle festgenommen wird (BGH NJW **81** 2366 m Anm *Bär* JR **82** 379). Obwohl nach Sinn und Zweck der Vorschrift ein Bedürfnis anzuerkennen ist, diese Fälle dem Sichentfernen gleichzustellen, dürfte dies dem Analogieverbot widersprechen (*Klinkenberg ua* NJW **82** 2359). Unter II fällt dagegen, wer sich von der Unfallstelle fortbringen lässt (Kö VRS **57** 406, KG VRS **67** 258) . **Das unvorsätzliche Sichentfernen** darf dem berechtigten oder entschuldigten nach Auffassung des BVerfG wegen des Analogieverbots (Art. 103 II GG) nicht gleichgestellt werden (BVerfG NJW **07** 1666 m Anm. *Simon* und zust. Bspr *Geppert* DAR **07** 380; teils krit *Laschewski* NZV **07** 444; s auch *Mitsch* NZV **08** 217). Der früher gegenteiligen st. Rspr, wonach II Nr. 2 auch die Konstellationen erfasst, in denen der Betroffene erst nach Weiterfahrt Unfallkenntnis erhält, etwa ihn zunächst gar nicht bemerkt (insbesondere BGHSt **28** 129 = NJW **79** 434, Bay DAR **89** 366, wN zu Rspr und Schrifttum: 39. Aufl. Rz 52), ist damit faktisch die Grundlage entzogen. Dass der Gesetzgeber die Ahndungslücke etwa für Fälle schließt, in denen der Betroffene einem Tatbestandsirrtum unterliegt (hierzu *Geppert* DAR **07** 380), erscheint wenig wahrscheinlich (abl. *Mitsch* NZV **08** 217). Zu der vom BVerfG für möglich gehaltenen verfassungskonformen Auslegung des Sichentfernens bzw des Unfallorts Rz 55.

51 **Berechtigt** entfernt sich, wem ein Rechtfertigungsgrund (E 112ff) zur Seite steht, wie zB bei rechtfertigender Pflichtenkollision (E 117, 119) oder im Einverständnis oder mutmaßlichen Einverständnis, Kö NZV **89** 197 (Weiterfahrt auf AB bis zum nächsten Parkplatz; krit *Bernsmann*), mit dem Geschädigten, um die Regulierung **vereinbarungsgemäß an einem anderen Ort** (Gaststätte, Wohnung, Parkplatz) zu erörtern (bei Nichteinhaltung der Vereinbarung oder Sichentfernen von dort vor vollständiger Ermöglichung der Feststellungen Bestrafung nach II (Rz 53; **aM** *Beulke* JuS **82** 815, *Bernsmann* NZV **89** 56, Bay VRS **60** 114, Kö NJW **81** 2367, Dü VRS **68** 449. Nach anderer Ansicht ist Entfernen im Einverständnis des Geschädigten schon nicht tatbestandsmäßig, *Beulke* JuS **82** 816. Tatbestandsausschließende Wirkung hat die Einwilligung jedenfalls bei **Verzicht** auf jegliche Feststellungen, *Fischer* Rz 30, *Bernsmann* NZV **89** 52, 58 (ebenso Bay ZfS **90** 321 hinsichtlich des Abs II), s aber Bay VRS **71** 189, NZV **90** 397, **92** 245, das Rechtfertigung annimmt, Rz 22, 45, näher *Bernsmann* NZV **89** 49. UU kann Verzicht auch in schlüssigem Verhalten zum Ausdruck kommen, Bay NZV **92** 245. Berechtigtes Entfernen auch bei Verlassen der Unfallstelle **zum Zwecke der ärztlichen Versorgung** erheblicher Verletzungen, Kö VRS **63** 349 (Armbruch), Fra VRS **65** 30 (Schnittverletzungen). Erfüllung der Hilfspflicht (§ 323c StGB) gegenüber ernsthaft Verletzten geht der Wartepflicht vor, zB der an sich Wartepflichtige bringt den Verletzten zum Arzt oder ins Krankenhaus, er holt in einsamer Gegend Hilfe oder schafft ernstlich Verletzten heim. Ebenso, wenn der Arzt den **Besuch beim Patienten** nach pflichtgemäßer Abwägung der Wartepflicht vorziehen darf (E 117) oder wenn der transportierte Verletzte unterwegs stirbt, wenn der an sich wartepflichtige Lotse den Dienst versäumen würde und dadurch ernstliche Gefahr für die Schifffahrt entstehen könnte, Br VRS **43** 29 (E 119), wenn **Fahrplaninteressen** des öffentlichen VMittels der Wartepflicht vorgehen, Fra NJW **60** 2066, Neust NJW **60** 698 (E 119), wenn der Wartepflichtige nur durch Wegfahren **Tätlichkeiten** entgehen kann (E 113), BGH VRS **30** 281, **36** 23, selbst wenn er diese durch verkehrswidriges Verhalten vor dem Unfall provoziert hat, Dü NJW **89** 2763 (Anm *Werny* NZV **89** 440), endlich (in äußerst seltenen Fällen) zur Erfüllung dringender, **vorrangiger geschäftlicher Interessen,** bei vorsichtiger Beurteilung, Ko VRS **45** 33, KG VRS **40** 109, Stu MDR **56** 245 (hier auch Einstellung nach § 153 StPO zu erwägen). Berechtigtes Entfernen uU auch zum Zweck der Beauftragung eines Abschleppunternehmers, wenn das liegen-

gebliebene Fz eine Gefahrenquelle ist, Bay DAR **82** 249. Bei näheren persönlichen Beziehungen zum Geschädigten kann Sichentfernen unter dem Aspekt der **mutmaßlichen Einwilligung** gerechtfertigt sein, wenn die Abwägung der Interessen des Geschädigten ergibt, dass diesem eine spätere Unterrichtung genügt, Bay DAR **83** 25, VRS **68** 114, **71** 34 (Entfernen, um den geschädigten ehemaligen Arbeitskollegen nach nächtlichem Unfall telefonisch zu benachrichtigen), NZV **92** 413 (Arbeitgeber als Geschädigter), Kö NZV **02** 278, *Bernsmann* NZV **89** 55; in anderen Fällen allenfalls bei Bagatellschäden, Kö VM **83** 10 (bei 400 DM verneint). Zur Rechtfertigung durch mutmaßliche Einwilligung bei Hinterlassen eines Benachrichtigungszettels in Fällen geringfügiger Schäden *Küper* JZ **81** 209. Zu den Fällen, in denen sich der Unfallbeteiligte **ohne Unfallkenntnis,** also nicht vorsätzlich entfernt (und innerhalb zeitlichen und räumlichen Zusammenhangs Kenntnis erlangt), Rz 50.

Der Begriff des **„entschuldigten"** Sichentfernens in II Nr 2 ist nach ständiger, überkommener Rspr (s aber unten) ebenso wenig wie der des berechtigten Verlassens der Unfallstelle (Rz 51) formaldogmatisch zu verstehen, beschränkt sich also nicht auf die eigentlichen Entschuldigungsgründe (BGHSt **28** 129 = NJW **79** 434, Kö NJW **77** 2275, Ko VRS **53** 340, aM *Werner* NZV **88** 88, *Mikla* S 138 ff, 157 ff). Bei einer (nicht ausschließbaren) **drogenbedingten Schuldunfähigkeit** im Zeitpunkt des Sichentfernens kommt nicht II Nr 2 zur Anwendung; vielmehr wird der Täter wegen Vollrausches bestraft (§ 323 a), wobei Rauschtat § 142 I ist (Bay NJW **89** 1685, zust *Paeffgen* NStZ **90** 365, *Fischer* Rz 48, *Beulke* NJW **79** 404, *Mikla* S 129, 142, sowie mit eingehender Begr *Küper* NJW **90** 209, aM, II nach Wiedererlangung der Schuldfähigkeit: Kö NJW **77** 2275, Ko VRS **53** 340, *Dornseifer* JZ **80** 303, *Magdowski* S 158, *Himmelreich/Bücken* Rz 212, hier bis 38. Aufl). **Entschuldigt entfernt sich** ferner zB, wer erst eigene Verletzungen versorgen lassen musste, wer, weil in Winternacht völlig durchnässt, bei Warten mit schweren gesundheitlichen Schäden rechnen müsste (soweit nicht sogar „berechtigt" (§ 34 StGB; Rz 51; Bay VRS **60** 112), wer sich auf die Suche nach Abschleppwagen oder anderer Hilfe macht, überhaupt, wer sich in gleichrangiger Pflichtenkollision befindet (**E** 153), nicht aber, wer lediglich unangenehme Auseinandersetzungen ohne Bedrohung befürchtet. Auch entsprechender Tatbestandsirrtum gehört hierher (Rz 62). Wer die notwendige Wartezeit richtig einschätzt und sich in der irrigen Annahme entfernt, diese sei verstrichen (Rz 62), unterliegt (erst recht) den Pflichten nach II (aM *Mitsch* NZV **05** 350). Entschuldigt kann das Sichentfernen sein, wenn der Unfallbeteiligte seine schwerverletzte Ehefrau im Fz des Rettungsdienstes zum Krankenhaus begleitet (Kö VRS **66** 128). Zum unvorsätzlichen Sichentfernen Rz 50.

Nachträgliche wahlweise Mitteilung ist unter den Voraussetzungen von II, III zulässig, sofern sie unverzüglich (Rz 53 a) geschieht, und zwar, beispielsweise (Stu VRS **51** 431) an alle erreichbaren Berechtigten oder an die Pol, nicht immer notwendig an die nächstgelegene, Ha NJW **77** 207, s aber Rz 53 a, oder auch durch rechtzeitige Rückkehr zur Unfallstelle, Stu VRS **51** 431. Können nicht alle Beteiligten (Geschädigten) gleichzeitig ausfindig gemacht werden, so wird Benachrichtigung der erreichbaren ausreichen. Vom benachrichtigten Berechtigten muss sich der Beteiligte nicht noch an die Pol verweisen lassen, Fra VRS **51** 283. Ob die Benachrichtigung freiwillig geschieht, ist unerheblich, Ha NJW **77** 203. Sie wird auch, anders als bei der Wartepflicht, durch einen beauftragten kompetenten, **zuverlässigen Dritten** geschehen dürfen, Bay JZ **80** 579, Ha VRS **59** 258, Stu VRS **51** 431, DAR **77** 22, sofern III dadurch genügt ist. Wer sich als Beteiligter entschuldigt entfernt, ermöglicht nachträgliche Feststellungen ausreichend, wenn er einen anderen veranlasst, am Unfallort zu bleiben und alle nötigen Angaben zu machen, und wenn dies geschieht, Bay DAR **79** 238. Wegen des Wahlrechts sind Verständigung des Geschädigten oder PolMeldung gleichwertig, vorausgesetzt, Unverzüglichkeit ist gewahrt, BGHSt **29** 138 = VRS **58** 200 (Rz 53 a). Ein **Wahlrecht** zwischen mehreren Wegen nachträglicher Feststellungsermöglichung besteht also nur, soweit jeder Weg zu einer unverzüglichen Ermöglichung nachträglicher Feststellungen führt, BGHSt **29** 138 = VRS **58** 200 (krit *Geppert* BA **91** 41), Dü DAR **80** 124, Ha VRS **61** 263, Kö NZV **89** 357, aA *Dornseifer* JZ **80** 299. Beispiele nachträglicher Mitteilung: III (Rz 48). Über die **Angaben gem III** hinaus besteht keine Mitwirkungspflicht bei den Feststellungen; doch macht Vereiteln strafbar (Rz 37), zB unrichtige Angaben, unrichtige Fahrerbenennung, falsche Hergangsdarstellung, Spurenbeseitigung, Stu VM **76** 84, etwa durch nachträgliche Veränderungen am Kfz. III S 2 verhindert, dass zwar buchstabengemäßes, aber vereitelndes Verhalten exkulpiert. Grundsätzlich besteht **keine Wartepflicht** (etwa auf das Eintreffen der Pol) nach II, Kar VRS **59** 420, ebenso wenig eine Pflicht, zur Unfallstelle zurückzukehren, Bay VRS **67** 221. Begeben sich die Beteiligten einverständlich an einen anderen Ort zwecks Erörterung (Rz 51), so entfällt allerdings die Pflicht, auf Verlangen die Pol abzuwarten (Rz 47), hierdurch nicht, Kö NJW **81** 2367, *Hauser* BA **89** 243, aM *Beulke* JuS **82** 817. Auch sind Fälle denkbar, in denen dem Gebot der Unverzüglichkeit praktisch nur durch Warten genügt werden kann, Rz 53a.

53a **Unverzüglich** hat die nachträgliche Mitteilung zu geschehen (II), dh, ohne schuldhaftes Zögern (Zw VM **78** 79, Ha VRS **52** 416, Fra VRS **51** 283, Stu VM **76** 84, *Hauser* BA **89** 239), also nach Erfüllung etwaiger Hilfspflichten (LG Zw VRS **94** 447), Abklingen des Schocks, eigener ärztlicher Versorgung, soweit körperlich zumutbar, oder nach den nötigen Nachforschungen. Die Anforderungen an das Merkmal „unverzüglich" können nicht allgemein festgelegt werden, sondern sind unter Berücksichtigung von Sinn und Zweck des § 142 nach den Umständen des jeweiligen Falls zu beurteilen (BGH VRS **58** 200, VM **79** 33, Bay VRS **58** 406, Dü DAR **80** 124, Ha VRS **61** 263, Stu VRS **73** 191). Hierbei können insbesondere Art und Zeit des Unfalls sowie die Höhe des verursachten Fremdschadens eine Rolle spielen (BGH VM **79** 33, Fra VRS **65** 30, Dü DAR **80** 124, Bay VRS **58** 406, **60** 112, **67** 221, Kö VM **83** 10, Ha VRS **61** 263, LG Zw VRS **94** 447 [schwerer Personenschaden]). „Unverzüglich" ist der Oberbegriff zu III und schränkt das **Wahlrecht** deshalb auf diejenigen Fälle ein, in denen beide Wege unverzügliche Nachholung der nötigen Feststellungen ermöglichen (Rz 53), wobei aber nicht zwingend stets nur der schnellere Weg „unverzüglich" ist, Fra VRS **65** 30. Wer nach Unfallverursachung auf der AB zunächst nicht halten kann, dem muss bei Sachschaden mittleren Ausmaßes und klarer Haftungsfrage eine ausreichende Zeit für die Entscheidung zugebilligt werden, ob er den Geschädigten oder die Polizei verständigen solle (Bay DAR **79** 237). Können sich Straßen- und/oder körperliche Verhältnisse des Beteiligten (zB BAK, soweit bedeutsam, Rz 36) bis zur möglichen Benachrichtigung des Geschädigten (Montag) wesentlich ändern, so ist die Pol zu benachrichtigen (Schl DAR **78** 50). Unverzüglich handelt deshalb in zahlreichen Fällen nicht, wer anstatt der sogleich möglichen Verständigung der Pol erst später oder nur auf wesentlich zeitraubendere Art den Geschädigten benachrichtigen könnte (BGH VRS **58** 200, Ha NJW **77** 207, Bay VRS **52** 348, Stu VM **76** 84, aM Dü VM **78** 5), womöglich erst Tage später (aM Fra VRS **51** 283), es sei denn, der Schaden ist unbedeutend, die Ersatzpflicht eindeutig und die Verzögerung gering (Bay VRS **52** 348, NJW **77** 2274, ähnl. Dü DAR **77** 245) oder der Beteiligte konnte den Zeitunterschied erst später erkennen. Bei **nächtlicher Unfallverursachung** mit *Sachschaden* ist idR die Meldung beim Geschädigten oder der Pol in den Morgenstunden des nächsten Tages noch als unverzüglich anzuerkennen, wenn die Haftungslage eindeutig, dh eine Haftung des Unfallbeteiligten zweifelsfrei ist (Bay VRS **71** 34, NStZ **88** 264, Stu VRS **73** 191, NJW **81** 1107, Kar VersR **84** 837, MDR **82** 164, Ha ZfS **03** 503 [ZS], Fra VRS **65** 30, Kö NZV **89** 357). Hierbei ist vor allem von Bedeutung, ob das Fz des Unfallbeteiligten am Unfallort zurückblieb und damit eindeutige Hinweise für die Haftung nach StVG ermöglicht (Kar MDR **82** 164, Ha VRS **61** 263, Stu VRS **65** 202, Kö NZV **89** 357, *Haubrich* DAR **81** 211, *Hauser* BA **89** 240). Benachrichtigung am Montagabend nach Unfall in der Nacht zum Sonntag ist idR nicht mehr unverzüglich (Ol NRPfl **84** 264). Im Allgemeinen wird auch Meldung in den späten Vormittagsstunden zu spät sein (Kö NZV **89** 357 [11.15 Uhr]). Ein Unfall in den frühen Abendstunden ist kein „nächtlicher" iS der genannten Rspr (Kö DAR **92** 152 [18.45 Uhr]). Hat der Unfallbeteiligte den **Unfall nicht bemerkt**, erfährt er aber durch den Geschädigten noch in räumlichem und zeitlichem Zusammenhang davon (Rz 52), so wird er in aller Regel seinen Pflichten aus II, III nur dadurch unverzüglich nachkommen, dass er diese sofort an Ort und Stelle erfüllt (Bay VRS **61** 351, **67** 221, KG VRS **67** 263, *Hauser* BA **89** 244, krit *Janiszewski* NStZ **81** 470). Das bedeutet nicht, dass bei Kenntniserlangung auf der Weiterfahrt allgemein etwa eine Rückkehr- oder Wartepflicht bestünde (Bay NStZ **88** 119). Hat der Täter einen AB-Unfall mit erheblichem Sach- und Personenschaden nicht bemerkt, so wird er − wenn er in räumlichem und zeitlichem Zusammenhang davon Kenntnis erhält (Rz 52) – das Erfordernis „unverzüglich" nicht erfüllt, wenn er eine Meldung bei der nächsten am Wege liegenden AB-PolDienststelle unterlässt, um zuvor private Geschäfte zu erledigen (Ha VRS **64** 16). Wer seine Beteiligung der nachfragenden Pol gegenüber zunächst abstreitet und erst später zugibt, ermöglicht die Feststellungen nicht unverzüglich (Rz 55). Trägt der Beteiligte zur rechtzeitigen Beweissicherung nach Kräften bei, so wird das Merkmal „unverzüglich" idR erfüllt sein (Ha NJW **77** 207, Bay JZ **77** 191). Bedenklich aber, jede nachträgliche Mitteilung als unverzüglich anzusehen, die eine vollständige Klärung ohne zusätzlichen Ermittlungsaufwand ermöglicht (so zB Ha NJW **77** 207, VRS **61** 265, Ko DAR **81** 330, Kar MDR **82** 164, VersR **84** 837); denn dies wird nicht selten auch bei erheblichem Schadensumfang noch nach vielen Stunden oder gar Tagen der Fall sein und oft von Zufälligkeiten abhängen, insbesondere davon, wann der Geschädigte den Schaden bemerkt (s auch Ol NRPfl **84** 264, *Küper* GA **94** 53 [Fn 13]). Zum nachträglichen Ermöglichen der Feststellungen innerhalb 24 Stunden bei nicht bedeutendem Sachschaden **im ruhenden Verkehr** Rz 69.

Unerlaubtes Entfernen vom Unfallort § 142 StGB 6

6. Teilnahme. Anstiftung, Beihilfe und Mittäterschaft sind nach allgemeinen Grundsätzen 54 möglich (Bay VRS **45** 278). **Mittäter** kann aber nur sein, wer selbst Unfallbeteiligter nach V ist; § 142 StGB ist Sonderdelikt (BGHSt **15** 1 = NJW **60** 2060, **61** 325, VRS **24** 34, Kö NZV **92** 80), zB, wer Beihilfe zu einem gefährlichen Eingriff in den StrV mit Unfallfolge geleistet hat (BGH VRS **59** 185), nicht der Halter, der erst nachträglich zur Unfallstelle kommt (KG VRS **46** 434, *Arloth* GA **85** 499). Beihilfe zu II setzt Förderung des Entschlusses zum Unterlassen der gebotenen Ermöglichung nachträglicher Feststellungen voraus; nicht jedes dem Schutzzweck des § 142 zuwiderlaufende Handeln reicht dazu aus (Bay DAR **90** 230 m Anm *Herzberg* NZV **90** 375, *Seelmann* JuS **91** 290 [Entfernen des TatFz]). Der Mitfahrer kann Beihilfe, auch durch Unterlassen, begehen, wenn er die Rechtspflicht (**E** 87 f) hat, die Flucht zu verhindern. Die Rsspr nimmt eine solche Rechtspflicht zB auch an beim weisungsberechtigten Halter (Pflicht zur Verhinderung der Flucht mit dem Fz) oder beim Vorgesetzten des Fahrers (BGH VRS **24** 34, Dü VM **66** 42, Stu VM **81** 85, Bay DAR **88** 364, Kö NZV **92** 80; aM zB *Arloth* GA **85** 505, *Engelstädter* S 132 f). Zur Wartepflicht des Halters Rz 29. Wer als mitfahrender oder jedenfalls anwesender Verfügungsberechtigter trotz entsprechender Möglichkeit nicht verhindert, dass der Unfallbeteiligte mit dem Fz die Unfallstelle verlässt, begeht Beihilfe (Ha BA **74** 279, Stu NJW **81** 2369, Bay DAR **88** 364, Kö NZV **92** 80), ebenso, wer nach dem VUnfall in Kenntnis der Tatumstände das Steuer übernimmt und mit dem Unfallbeteiligten wegfährt (KG VRS **6** 291, Kö VRS **86** 282). Hingegen keine Beihilfe des Geschäftsführers der Halterin, wenn er die *zu Fuß* flüchtende FzF nicht am Weggehen hindert (Bre DAR **08** 87). Beihilfe kann auch dann noch geleistet werden, wenn der Täter sich bereits iS des § 142 entfernt hat, die Tat jedoch noch nicht beendet hat (BGH VRS **16** 267, Bay NJW **80** 412, Zw VRS **71** 434 [zw *Horn/Hoyer* JZ **87** 974], eingehend *Küper* JZ **81** 253). **Beendigung ist anzunehmen**, sobald der Täter sein Fahrtziel erreicht oder sich sonst in Sicherheit gebracht hat (BGH VRS **25** 37, Bay NJW **80** 412). Nach Bay aaO kann sich danach etwa derjenige wegen Beihilfe strafbar machen, der vor der Beendigung der Tat eine vom Täter an der Windschutzscheibe angebrachte Visitenkarte wegnimmt (krit LK-*Geppert* Rz 191). Ob der Fahrer im Zeitpunkt der Hilfeleistung bereits entschlossen gewesen ist, sich den Feststellungen zu entziehen, ist unerheblich, wenn ihn das Zureden bestärkt hat (BGH VRS **23** 207).

7. Vollendung der Tat und Beendigung (Rz 54) fallen auch nach der Neufassung (1975) 55 nicht notwendigerweise zusammen (Bay NJW **80** 412). Bis zur Beendigung kann in den Fällen des I Strafbarkeit dessen eintreten, der sich zunächst unvorsätzlich von der Unfallstelle entfernt, auf ihn aber dann hingewiesen wird oder ihn sonstwie bemerkt (BVerfG NJW **07** 1666, Dü NZV **08** 101). Auch wenn man dem folgt (krit *Geppert* JK 8/08, StGB § 142/24); ist jedoch ein zeitlicher und räumlicher Zusammenhang erforderlich (s u), der nicht zu weit ausgedehnt werden kann (*Mitsch* NZV **08** 217, 218). **Vollendung des I** durch Nichtermöglichen der Feststellungen (Rz 32 ff) erst durch Sichentfernen (Ha VRS **56** 340, Stu VM **77** 57, Bay VRS **60** 105, Ol NZV **95** 159, *Janiszewski* Rz 502, *Küper* GA **94** 65). Für vollendetes Entfernen genügt es, dass durch die räumliche Entfernung von der Unfallstelle ein räumlicher und zeitlicher Zusammenhang mit dem Unfallgeschehen nicht mehr ohne Weiteres erkennbar ist (Stu DAR **80** 248), der Täter also den Bereich verlassen hat, in dem eine feststellungsbereite Person unter den gegebenen Umständen den Wartepflichtigen vermuten und ggf durch Befragen ermitteln würde (BGHSt **14** 89, Dü NZV **08** 107, Bay VRS **56** 437, Jn DAR **04** 599, KG DAR **79** 22, Ha DAR **78** 139, Kö **76** 354 [Wohnung in unmittelbarer Nähe], NZV **89** 197, Stu NZV **92** 327, *Berz* NStZ **92** 591), und zwar ohne Rücksicht darauf, ob dies in Kenntnis solcher Personen geschieht (*Hentschel* JR **81** 211, abw *Berz* NStZ **92** 591). Zu berücksichtigen ist, dass § 34 I 2 StVO bei geringfügigen Schäden das Beiseitefahren gebietet (Rz 38, eingehend *Küper* JZ **81** 213 ff). Vollendung, wenn der Beteiligte nur noch durch Verfolgung gestellt werden kann (Ce NRpfl **77** 169, Ha DAR **78** 139, Kö NZV **89** 197) oder sich nahe dem Unfallort in einem Bereich aufhält, in dem er als Wartepflichtiger nicht vermutet wird (Ha DAR **78** 139, *Küper* JZ **81** 215). Die räumliche Entfernung von 1 km rechnet nicht mehr zum Unfallort (Bay NJW **78** 282), ebenso ein Abstand von 3 km und zeitlich 5–10 Min (Dü NZV **08** 107; aM *Laschewski* NZV **07** 444: „über einige Kilometer"). Schon eine geringere Absetzbewegung reicht zur Vollendung aus (früher zT nur Versuch; Bay VM **76** 22, Dü VM **76** 28, aM *Mohrbutter* JZ **77** 53), nicht aber bei fortbestehendem Sicht- und Rufkontakt (Ha VRS **68** 111 [250 m]). Nach Kar VRS **74** 432 soll selbst auf AB eine Entfernung von mehr als 250 m jedenfalls außerhalb des „Unfallorts" liegen (mit Recht krit *Janiszewski* NStZ **88** 410). Sichentfernen auch dann, wenn der Täter durch sein Verhalten (zB mangelnde Vorstellung, Angabe falscher Per-

6 StGB § 142

sonalien) erreicht, dass *die Feststellungsberechtigten die Unfallstelle vor ihm verlassen* (Ha VRS **56** 340, *Jagow/Burmann/Heß* Rz 15, *Arloth* GA **85** 495, *Mikla* S 110 Fn 1, *Küper* GA **94** 68, *Hentschel* NJW **86** 1313, aM Bay NJW **83** 2039, abl *Janiszewski* NStZ **83** 403, JR **83** 506, *Schwab* NJW **84** 66, 1365, zust *Küper* JZ **90** 519, Fra VRS **77** 436, abl *Janiszewski* NStZ **90** 272, *Bauer* NStZ **85** 301). Nach Bay und Fra aaO soll I in derartigen Fällen zu verneinen sein, jedoch Pflicht nach II bestehen. Dies ist abzulehnen, weil I *Vorstellung* verlangt, die aber unterblieben ist. II kommt nicht in Frage, weil das Entfernen in Fällen der geschilderten Art weder „berechtigt" noch „entschuldigt" ist (*Küper* JZ **90** 518 Fn 60). Bei Nichtanwendung von I bliebe der sich so verhaltende Unfallbeteiligte somit straflos (insoweit zust *Bauer* NStZ **85** 303). **Vollendung des II Nr 2** jedenfalls, wenn der Täter gegenüber der Pol seine Beteiligung leugnet (Bay VRS **60** 112, KG VRS **67** 264). Strafbefreiende tätige Reue nach Vollendung ist, abgesehen von den Fällen des IV, nicht möglich (BGH VRS **25** 115, s aber Rz 42 [Rückkehr vor Tatentdeckung]).

56 **Der Versuch** ist nicht (mehr) unter Strafe gestellt (Bay VRS **50** 186; *Müller-Emmert* DRiZ **75** 179; abw. die Regierungsvorlage). Auch wer nicht die Absicht hat, seiner Pflicht gem II nachzukommen, kann, solange die Frist zu „unverzüglicher" Meldung nicht abgelaufen ist, nicht nach II bestraft werden (Bay VRS **67** 221).

57 **8. Der Vorsatz** muss alle Merkmale des äußeren Tatbestands umfassen. Der Täter muss sich entfernen in dem Bewusstsein, dass auf ihm ein nicht unberechtigter Beteiligungsverdacht ruhen kann (Stu VRS **105** 294, Kar VRS **53** 426). Er muss wissen oder damit rechnen, dass sich ein VUnfall ereignet hat (Bay ZfS **90** 141, Dü NZV **98** 383, Zw VRS **45** 427, Kö VRS **62** 286), „etwas passiert" ist, dass er einen Gegenstand angefahren, überfahren, jemanden verletzt oder getötet oder nicht völlig bedeutungslosen fremden Sachschaden verursacht haben kann (BGH VRS **30** 45, **37** 263, Bay ZfS **90** 141, Nü DAR **07** 530, Ha NZV **03** 590, Kö NZV **01** 526, Dü ZfS **98** 312, Kar VRS **62** 186). Es genügt, dass die ihm bekannten äußeren Umstände ihm diese Möglichkeit aufdrängen, etwa eine Erschütterung des Fz (BGH VM **68** 25, VRS **37** 263, Kö NZV **01** 526) oder die Aufforderung anzuhalten (BGH VRS **15** 338), ein besonders auffälliges Geräusch (Ko VRS **58** 402), ohne Rücksicht auf ein Gefühl der Schuldlosigkeit, weil es auf diese hier nicht ankommt, und auf die Annahme, sich später mit etwaigen Geschädigten einigen zu können (Sa VRS **21** 48). Vorsatz bei Unfall durch scharfes Fahren und Abschütteln einer Person, die sich am Kfz festklammert, um es anzuhalten (BGH VRS **56** 189). Selbst kleinere Kollisionen sind häufig durch Geräusche, vor allem aber durch Erschütterungen (taktil) wahrnehmbar. Jedoch besteht kein Erfahrungssatz des Inhalts, dass die Berührung zweier Fz *stets* vom FzF bemerkt wird (Kö NZV **92** 37). Je geringer der Schaden ist, desto höher sind die Anforderungen an den Vorsatznachweis (Ha VRS **42** 360). Zum Vorsatznachweis durch optisch/akustische Wahrnehmung *Kuckuk/Reuter* DAR **78** 57. Zum Einfluss des Alters auf die Wahrnehmbarkeit von Kollisionen *Himmelreich* NZV **92** 169. **Beim bedingten Vorsatz** muss sich der Täter nicht ganz belanglosen Fremdschaden als möglich vorgestellt haben (BGH VRS **37** 263, Bay VM **63** 12, Ha VRS **105** 432, NZV **97** 125, Kar VM **78** 20, Ko VRS **48** 337), zB nach Weiterfahren trotz Auffahrens auf unbekannten Gegenstand im Dunkeln (BGH VM **68** 25). Der Handlungswille muss auch beim bedingten Vorsatz unbedingt sein (Ko DAR **63** 244). Bedingter Vorsatz schon bei Zweifel am ausschließlich eigenen Schaden (*Dallinger* MDR **57** 266) oder wenn der Täter es für möglich hält und billigt, dass durch sein Entfernen nach I Nr 1 gebotene Feststellungen verhindert oder erschwert werden könnten (Ko VRS **71** 187). Rechnet er auf Grund der Umstände (etwa Heftigkeit des Anstoßes) mit nicht unerheblichem Schaden, so entfällt der bedingte Vorsatz nicht ohne Weiteres wegen Nichterkennens dieses Schadens infolge unsorgfältiger Nachschau (Kö NZV **01** 526). Das Urteil muss **ausreichende Feststellungen zum Vorsatz treffen**; es genügt nicht, dass festgestellt wird, der Täter müsse den Unfall bemerkt haben (BGH VRS **4** 46, Kö VRS **62** 286, Bay ZfS **90** 141, Jn VRS **110** 15). Auch II kann nur vorsätzlich begangen werden (Dü VM **78** 80 [zum Vorsatz, wenn sich ein Beteiligter mit Zustimmung des anderen zwecks Wundversorgung entfernt hat]).

58 Kein Vorsatz, wenn der Beteiligte den Unfall nicht bemerkt hat, Bay VRS **53** 428, oder bei sachlich begründeter Überzeugung nach allen Umständen, es sei nur eigener Schaden entstanden oder nur völlig bangloser, dessen Ersatz niemand zu fordern pflegt (Rz 28), s dazu Rz 62, was beim geringsten Zweifel auszuschließen sein wird. Zu Irrtumsfragen s im Übrigen Rz 62 f.

59 **Zumindest eigene Mitverursachung** muss der Täter nach den Umständen für möglich halten, es sei denn, dies erscheint bei verständiger Beurteilung als offensichtlich abwegig (Rz 29, 30; Bra VRS **17** 417), zB bei dem verständigerweise beachtlichen Bewusstsein, niemand, auch kein PolB, könne ihn bei sachlicher Beurteilung als Mitverursacher ernstlich in Erwägung ziehen.

Fremdes privates Beweissicherungsinteresse muss nach der Vorstellung des Täters in Betracht kommen; der Vorsatz muss sich darauf erstrecken, dass die Verfolgung dieses Interesses durch Sich-Entfernen oder durch Nichterfüllung der Vorstellungspflicht zumindest erschwert würde (Hb VM **67** 33, Zw DAR **82** 332, Ko NZV **96** 324), wie stets bei Unfallfolgen von einigem Gewicht (Ce NJW **56** 1330, Sa VRS **21** 48), ohne dass es insoweit auf Vereitelungsabsicht ankäme (BGH VRS **4** 57, Bay DAR **56** 15, Dü VM **60** 74). Nur wenn den fremden Feststellungsinteressen genügt ist, fehlt der Vorsatz (Ko VRS **48** 112, **43** 423, Kar NJW **73** 379, VRS **44** 426). Aus dem Verhalten des Wartepflichtigen nach dem Unfall lassen sich uU Schlüsse auf den Vorsatz ziehen (BGH VRS **30** 283). 60

Vorverlegte Verantwortlichkeit (E 151b) schließt Vorsatz nicht aus (Kö VRS **33** 427, *Brettel* BA **73** 137), aber Nichtwahrnehmung des Unfalls in Volltrunkenheit (Ha NJW **67** 1523), dann auch nicht Sichentfernen als Rauschtat (Ha VRS **33** 348 [dazu Rz 52]). **Kopflosigkeit** schließt Vorsatz nur bei Beeinträchtigung der Denk- und Handlungsfähigkeit aus (BGH VRS **16** 186, **8** 207, DAR **61** 75, Fra VRS **28** 262). Zwar kommt Sichentfernen häufig mehr aus Schwäche und psychischem Trauma über den Vorfall als aus Egoismus und Rücksichtslosigkeit zustande (*Krumme* DAR **68** 234, *Laubichler* BA **77** 247) und mag dann mildernd wirken, doch ist ein exkulpierender **Unfallschock** selten so mächtig, dass er zu elementarem, unbewusstem, unvorsätzlichem Verhalten führt (BGH VersR **66** 579, 915). Ein schuldausschließender Unfallschock setzt außergewöhnliche äußere und innere Bedingungen voraus (Fra VersR **01** 1374, Ha NJW-RR **98** 1183, KG VRS **67** 258). Er ist nur bei entsprechenden klinischen Anzeichen anzuerkennen (BGH VersR **67** 1087, Ha VRS **42** 24, KG VRS **67** 258) und kann bei Hirnverletzung oder -erschütterung länger andauern (BGH VRS **32** 434). Unfallschock kann als Schutzvorbringen nicht durch den Vorwurf widerlegt werden, der Kf habe sofort anhalten müssen (Ha VRS **37** 431). Mangels ausreichender Anhaltspunkte kann das Gericht auch auf Grund eigener Sachkunde das Vorliegen eines schuldausschließenden Unfallschocks verneinen (KG VRS **67** 258), sonst nur durch sachverständige Begutachtung und ggf richterliche nachprüfbare Auseinandersetzung mit dieser (Kö NJW **67** 1521). 61

Tatbestandsirrtum (§ 16) schließt Vorsatz aus und führt zur Straflosigkeit. Fälle: irrige Annahme, der andere Beteiligte sei unter Verzicht auf Feststellungen weggefahren (Kö VRS **33** 347, Kar VRS **36** 350, Bay VRS **71** 189, NZV **90** 397, ZfS **90** 321); nur völlig belangloser Fremdschaden (Rz 28) sei entstanden (Bay VRS **14** 190, Zw VRS **31** 267, Ko VRS **48** 337, Dü VM **76** 52, VRS **70** 349, *Kuhlen* StV **87** 439) oder überhaupt keiner (Ha VRS **7** 366, Dü VRS **70** 349). Irrtum nach § 16 I 1 StGB bei mangelnder Kenntnis vom Schaden trotz Wahrnehmens eines Anstoßgeräusches idR nur, wenn der Täter zwecks Besehens der Anstoßstelle aus seinem Fz ausgestiegen ist (Ko VRS **63** 37). Weitere Beispiele für Tatbestandsirrtum: Irrige Meinung, die Umstände begründeten keinen Beteiligtenverdacht (BGH NJW **60** 2060, **61** 325, Stu VRS **72** 186); sofortige Feststellungen würden nicht gewünscht oder alles in tatsächlicher Beziehung zur Beweissicherung Erforderliche sei festgestellt (Stu NJW **78** 900, Ko VRS **71** 187, Dü NZV **92** 246), überhaupt die irrige Annahme von Umständen tatsächlicher Art, die die Wartepflicht ausschließen und auch keine Vorstellungspflicht begründen (Kö VRS **27** 344, **63** 352), zB die irrige Annahme, er habe den Schaden vollständig beseitigt (*Hentschel* NJW **87** 999, aM, Verbotsirrtum, Dü VRS **70** 349 [abl *Horn/Hoyer* JZ **87** 973, *Freund* GA **87** 536, *Kuhlen* StV **87** 437]), die Vorstellung, nach allen bekannten Anzeichen habe sich gar kein Unfall ereignet (Bay ZfS **90** 321), schließlich der Irrtum über die tatsächlich verstrichene Wartezeit (*Mitsch* NZV **05** 348; s aber Rz 68). Übersicht über in Betracht kommende Irrtümer und deren Würdigung bei *Himmelreich* DAR **07** 44. 62

Verbotsirrtum (§ 17) entschuldigt bei Unvermeidbarkeit und führt andernfalls zu gemilderter Vorsatzstrafe, beides nach nachprüfbarer Urteilsdarlegung der etwaigen Vermeidbarkeit (Stu VRS **17** 272, Ha VRS **10** 358). Etwaiger Verbotsirrtum ist nach strenger Regel zu prüfen (Hb VRS **55** 347). Fälle: Der Täter glaubt, die Wartepflicht entfalle, weil ihn trotz Mitursächlichkeit kein Verschulden trifft (Dü NZV **93** 157), er irrt über die notwendige Dauer der Wartezeit (Stu VM **76** 85, *Mitsch* NZV **05** 348), er beurteilt die Erforderlichkeit weiterer Feststellungen unrichtig und entfernt sich ohne Erkundigung (Bay DAR **56** 15, Ha VRS **5** 602); er entfernt sich und beauftragt den Beifahrer mit Auskunft (Stu VRS **17** 272, KG VRS **40** 109); er glaubt, seine Wartepflicht entfalle nach Feststellungen durch dritte, aber hierzu ungeeignete (Rz 46) Personen (Kö VRS **63** 352); er meint, unangenehmen Auseinandersetzungen dürfe er sich entziehen (anders bei Bedrohung, Rz 51; Bay DAR **56** 15); er hält seine eigenen Geschäfte für so dringlich, 63 dass Hinterlassen der Anschrift ausreiche (je nach Abwägung, Rz 51; Ha VRS **8** 53). Hat der Erstrichter das Warten für ausreichend gehalten, so spricht dies für Unvermeidbarkeit des Verbotsirrtums (Stu VM **76** 85). Verbotsirrtum, wenn Schädiger mit Abgabe eines pauschalen Schuldanerkenntnisses seine Pflichten für erfüllt hält (Stu NJW **78** 900). Ein Irrtum über den Pflichtenumfang nach II ist Verbotsirrtum (Stu VM **76** 84, VRS **52** 181). Soweit die Rspr den Unfallbeteiligten-Begriff sehr weit auf Beifahrer ausdehnt (Rz 29), ist besonders sorgfältig die Frage unvermeidbaren Verbotsirrtums zu prüfen (Zw VRS **75** 292). Irrtum über den Inhalt von Abs IV: Rz 69. Zum Ganzen auch *Himmelreich* DAR **07** 44, s Rz 62 aE.

64 9. § 142 schützt lediglich **das zivilrechtliche Fremdinteresse** (Rz 20) an alsbaldiger Beweissicherung, auch bei schwerem Fremdschaden und bei Körperverletzung oder Tötung und bei unterlassener Hilfeleistung. Soweit auch diese Tatbestände erfüllt sind, erweitern sie den Kreis der möglichen Strafzumessungstatsachen. § 142 für sich allein umschreibt Handlungen äußerst unterschiedlichen Unrechtsgehalts, von durch sozialethisch verwerfliche Haltung, Rücksichtslosigkeit und Selbstsucht bestimmtem Tun bis hin zur Einstellungsfähigkeit (Begr). Dem entspricht der weite Rahmen, der auch besonders verwerfliches Verhalten mit einschließt.

65 **Erschwerend** kommen schwerwiegende Unfallfolgen insofern in Betracht, als sie mit größerem Schaden auch höheres Beweissicherungsinteresse anzeigen (Kö VkBl **52** 288, BGHSt **12** 254, NJW **59** 394, VRS **28** 359, **37** 263, Ha DAR **67** 303); ferner zielstrebige Verschleierung (BGH VM **63** 57), soweit sie nicht lediglich Tatbestandsmerkmal ist; eine ungewöhnlich hartnäckig, rücksichtslos und gefährlich durchgeführte Flucht (BGH NJW **62** 2068, VRS **28** 366), nochmaliges Überfahren des Verletzten zwecks Flucht (BGH VM **67** 57); Davonfahren ohne Licht, um unerkannt zu entkommen (BGH VRS **4** 52); Erschwerung der Rückrechnung durch weiteres Trinken (BGH NJW **62** 1829), soweit BAK haftungsrechtlich bedeutsam (Rz 36); Nachtrunk, wenn er das Geltendmachen von Ersatzansprüchen in tatsächlicher Beziehung erschweren kann (Br VRS **52** 422 [Beteiligung mehrerer]).

66 **Nicht erschwert** darf verwertet werden: dass der Angeklagte BAK-Feststellung verhindern wollte (Dü VRS **69** 282; s aber Rz 65); die Erwägung, Sichentfernen stehe moralisch unter dem Diebstahl (BGH VRS **24** 118); es zeige gemeine Gesinnung (Verstoß gegen § 46 III StGB; BGH VRS **24** 118); Nichtmitwirken bei der Aufklärung (BGH VRS **21** 268); Bestreiten und Ausflüchte (BGH VRS **24** 34, Zw VRS **38** 42); mangelndes Bemühen um Schadensregulierung bei einem leugnenden Angeklagten (Ko DAR **83** 64); gehobene soziale Stellung, Tätigkeit im KfzGewerbe oder als Kf (Kö DAR **62** 19, Hb VM **61** 78, Ha DAR **59** 48).

67 **Mildernd** kann (abgesehen von Abs IV) wirken: freiwillige Rückkehr (BGHSt **25** 115), überhaupt alles, was dem Beweissicherungszweck nachträglich genügt; geringfügiger Schaden; Kopflosigkeit als Fluchtanlass (BGH VRS **18** 201); Meldung bei der Pol nach Vollendung von I (BGH VRS **25** 115, AG Saalfeld ZfS **04** 232), besonders, wenn sie zur vollständigen Beweissicherung führt; mögliche erhebliche Mitschuld anderer Beteiligter (BGH VRS **25** 113); Schwangerschaft (Bay VRS **15** 41); „Unfallschock" (Rz 61; BGH VRS **19** 120, **24** 189), auch ohne verminderte Schuldfähigkeit (BGH VM **61** 31, VersR **66** 579, 915). Angetrunkenheit mildert nicht, obwohl sie den Fluchtentschluss begünstigen mag, ebenso wenig die Absicht, sich anderweitiger Strafverfolgung zu entziehen (KG VRS **8** 266).

68 Bloßer Alkoholverdacht rechtfertigt Versagung der **Strafaussetzung zur Bewährung** allein nicht (Ha DAR **67** 303). Mitarbeit bei Verkehrswacht oder im Krankenhaus als Bewährungsauflage (DAR **59** 264, NJW **65** 1068, 2001). Unter den engeren Voraussetzungen von § 69 II Nr 3 StGB ist idR die **FE zu entziehen**.

69 „**Tätige Reue**" nach IV führt in Fällen nicht bedeutenden Sachschadens außerhalb des fließenden Verkehrs bei freiwilligem nachträglichem Ermöglichen der Feststellungen durch den Unfallbeteiligten innerhalb von 24 Stunden zwingend zur Strafmilderung, *kann* aber auch ein Absehen von Strafe rechtfertigen. Die Vorschrift greift eine Regelung auf, die bereits in § 22 I S 2 des G über den V mit Kfz (RGBl 1909, 437) in ähnlicher Form enthalten war (Gesetzeskritik bei *Schulz* NJW **98** 1442). Der Unfall muss sich **außerhalb des fließenden Verkehrs** ereignet haben. Fließender Verkehr ist der Verkehr auf den Fahrbahnen, soweit es sich nicht um ruhenden V (zB Parken am Fahrbahnrand) handelt, im Gegensatz zum Verkehr auf allen anderen Verkehrsflächen, denen gegenüber die fließende FahrbahnV Vorrang hat (§§ 2, 10 StVO). Dementsprechend sind Aus-, Einpark- Rangiervorgänge von IV erfasst. Hingegen ist die Vorschrift nach hM nicht einschlägig, wenn sich (nur) der Täter mit seinem Fz im fließenden V befindet, also namentlich im Vorbeifahren Schäden verursacht (Streifen bzw. Rammen geparkter oder abgestellter Fz bzw von Verkehrseinrichtungen; Kö VRS **98** 122, *Fischer* Rz 63, *Himmel-*

reich/Bücken Rz 227 c, *Himmelreich/Lessing* NStZ **00** 299, aM SK-*Rudolphi* Rz 56, *Böse* StV **98** 512, zw *Wolters* JZ **98** 398). Folge darf **ausschließlich nicht bedeutender Sachschaden** sein. Unfälle mit Personenschaden und/oder bedeutendem Sachschaden sind demnach strikt ausgeschlossen. Der Gesetzgeber wollte Kollisionen mit § 69 II Nr 3 vermeiden (Begr, Rz 1–19, *Bönke* NZV **98** 130). Der Begriff des nicht bedeutenden Sachschadens korrespondiert mit dem des „bedeutenden Schadens" in § 69 II Nr 3. Der Schwellenwert liegt derzeit wie dort (§ 69 Rz 17) bei etwa 1300 €. Auf die Vorstellung des Täters kommt es dabei nicht an (*Bönke* NZV **98** 130). **Nachträgliches Ermöglichen** der Feststellungen: III. Neben den dort genannten Alternativen der Benachrichtigung des Berechtigten oder der Pol kommen im Einzelfall auch andere Möglichkeiten in Betracht, etwa die Rückkehr an den Unfallort, soweit dadurch die Feststellungen ermöglicht werden (Begr, Rz 1–19, *Schulz* NJW **98** 1441). Freiwilliges Ermöglichen setzt Tätigwerden aufgrund eigenen Entschlusses voraus; räumt der Täter seine Unfallbeteiligung erst auf ausdrückliches Befragen ein, so fehlt es daran (*Himmelreich/Bücken* Rz 227d, aM *Schulz* NJW **98** 1441, *Janker* JbVerkR **99** 217). Freiwillig ist das nachträgliche Ermöglichen von Feststellungen nicht mehr, wenn der Täter annimmt oder weiß, dass seine Unfallbeteiligung dem Geschädigten oder der Pol bekannt geworden ist (*Bönke* NZV **98** 130, *Janiszewski* Rz 551). Ist er vor Ablauf von 24 Stunden nach dem Unfall als Unfallbeteiligter ermittelt worden, so kann er nicht Strafmilderung oder Straffreiheit nach IV mit der Behauptung erreichen, er habe sich noch vor Ablauf der 24 Stunden-Frist melden wollen; denn die Voraussetzung des freiwilligen Ermöglichens kann dann nicht mehr erfüllt werden. **Sieht das Gericht von Strafe ab**, so ist der Täter im Urteil wegen des Vergehens nach § 142 unter Auferlegung der Verfahrenskosten schuldig zu sprechen. **Irrige Annahme** des Unfallbeteiligten, IV berechtige ihn zum Verlassen der Unfallstelle mit nachträglicher Meldepflicht ist vermeidbarer Verbotsirrtum (Ol ZfS **03** 409). Zur Berücksichtigung tätiger Reue **bei EdF** § 69 Rz 17, und **beim FV** § 44 Rz 7a.

10. Einziehung: § 74 StGB, hierzu BGHSt **10** 337, NJW **57** 1446 (FluchtFz), *Geppert* DAR **88** 14.

70

11. Konkurrenzen. Tateinheit: mit Nötigung bei Flucht mit Hilfe von Drohung oder Gewalt (BGH DAR **52** 93, VRS **8** 272); mit Widerstand zwecks Entfliehens und gefährlicher Körperverletzung (BGH VRS **13** 135); mit räuberischem Diebstahl, sofern das Wegfahren zugleich gewalttätige Sicherung der Wegnahme ist (BGH VRS **21** 113); mit unterlassener Hilfeleistung (§ 323c; BGH VRS **32** 437, DAR **63** 275); mit Vortäuschen einer Straftat (BGH VRS **16** 277, Bay VRS **60** 112); mit versuchtem Mord (BGH VRS **17** 187); mit § 315c (Ha VRS **25** 193); mit § 316 (Ha VRS **50** 125), Fahren ohne FE, das seinerseits TE zu §§ 222, 229 herstellen kann (Bay NJW **63** 168, KG DAR **61** 145, Fra NJW **62** 456, Kö MDR **64** 525, Ol NJW **65** 117). TE auch zwischen § 142 II und § 316 bei Weiterfahrt trotz Kenntniserlangung von zunächst nicht bemerktem Unfall (Bay VRS **61** 351, *Hentschel* JR **82** 250).

71

Tatmehrheit: Zwischen Trunkenheitsfahrt nach §§ 316, 315c I Nr 1a (III) StGB und nachfolgendem unerlaubten Entfernen gem § 142 I besteht nach hM TM, weil es nach dem Unfall zum unerlaubten Entfernen eines völlig neuen Willensentschlusses bedarf (BGH NJW **67** 942, **70** 255, **73** 335, VRS **48** 354, Bay VRS **61** 351, Dü NZV **99** 388, Sa VRS **106** 194, Ka NJW **71** 157, Stu VRS **67** 356, Ce VRS **61** 345, krit *Seier* NZV **90** 133, aM BGH VRS **9** 350, Bay NJW **63** 168, KG DAR **61** 145, Kö MDR **64** 525, DAR **67** 139, Ol NJW **65** 117). TM zu bei dem Unfall begangener fahrlässiger Tötung oder Körperverletzung (BGH VRS **31** 109, Kö VRS **44** 20); bei Verlassen des Unfallorts zu Fuß nach Fahren ohne FE (Ha VRS **18** 113); bei weiterer Flucht (in Trunkenheit) nach erneutem Unfall (BGH VRS **25** 36, **29** 185, Ce VRS **53** 113). Ausnahmsweise TE bei sog **„Polizeiflucht":** Kf versucht, der Pol zu entkommen und begeht mehrere Straftatbestände, die normalerweise im Verhältnis der TM stehen würden (§ 24 StVG Rz 58). Auch mehrfaches unerlaubtes Entfernen während der Flucht trifft dann tateinheitlich zusammen (BGH NZV **01** 265, DAR **94** 180). Wissentlich falsches Beschuldigen eines anderen mit einer OW nach Unfall kann falsche Verdächtigung (§ 164 II StGB) sein (BGH VM **78** 65).

72

§ 34 StVO tritt bei Subsidiarität zurück (§ 21 OWiG), soweit diese reicht. Die Vorschrift will die VSicherheit dadurch fördern, dass sie, synchron zu § 142, die bei VUnfällen zu beachtenden Pflichten im öffentlichen Interesse einzeln aufzählt.

73

12. Verfahren. Schweigt der Angekl. zum Tatvorwurf, so besteht *kein Beweisverwertungsverbot in Bezug auf seine Angaben gegenüber der Versicherung* (BVerfG NZV **96** 203). **Tatidentität**

74

(§ 264 StPO) zwischen schuldhafter Unfallverursachung und unerlaubtem Entfernen (BGH NJW **70** 255 [abl *Grünwald* JZ **70** 330], **73** 335, VRS **63** 42, Sa VRS **106** 194, KG DAR **68** 244, Ce VRS **54** 38, Stu VRS **67** 356), auch wenn die Hauptverhandlung statt dieses Vorwurfs ein Gestatten des Fahrens ohne FE und Beihilfe zu § 142 I ergibt (Zw VRS **63** 53), zwischen schädigendem Ausparken und Flucht (BGH NJW **70** 1427), hinsichtlich aller während der Flucht mit dem Kfz verübten strafbaren Handlungen, ausgenommen besonders schwerwiegenden (BGH VRS **48** 191). War dem Angekl. ein Vergehen nach § 142 vorgeworfen worden, so beruht der spätere Vorwurf der Strafvereitelung durch Selbstbezichtigung anstelle des wirklichen FzF nicht auf derselben Tat iS von § 264 StPO, wenn dieser die Tat des § 142 im Zeitpunkt der wahrheitswidrigen Angabe durch den Angekl. bereits beendet hatte (Bay VRS **67** 440). Bei Anklage wegen Trunkenheitsfahrt (§§ 316, 315c I Nr 1a) anschließenden Vergehens ach § 142 I in TE mit § 316 führt Nichterweislichkeit des § 142 I wegen der dann vom 1. Tatkomplex mit umfassten weiteren Trunkenheitsfahrt nicht zum Freispruch (KG VRS **60** 107, Stu VRS **67** 356, Zw VRS **85** 206), anders, wenn die Anklage den zweiten Tatkomplex nur als Vergehen nach § 142 StGB würdigt (Sa VRS **106** 194). Bei Anklage nach I, aber Verurteilung nach II ist **Hinweis nach § 265 StPO** nötig (Ce VRS **54** 38, Bay VRS **61** 31, Fra NZV **89** 40). Wegen des Unfallbegriffs muss wenigstens der Mindestschaden **im Urteil** festgestellt werden, nicht nur Schätzung (Zw VRS **31** 267). Die Urteilsgründe müssen angeben, ob I Nr 1 oder Nr 2 angewandt wurde (§ 267 III 1 StPO, Stu DAR **80** 248). Je weniger sinnfällig der Schaden, umso sorgfältiger ist der innere Tatbestand zu begründen (Ha VRS **42** 360), ebenso bei fast erschöpfter Wartezeit nach I. **Wahlweise Feststellung** zwischen Abs 1 und 2 ist möglich (Bay DAR **80** 265 [R]). Keine Wahlfeststellung zwischen Flucht und Vollrausch (Dü GA **62** 379). Einheitlichkeit des Unfall- und Fluchthergangs (§ 264 StPO) hindert idR **Rechtsmittelbeschränkung** auf Flucht nicht (BGH NJW **71** 1948, **73** 335, Kö VRS **62** 283, Stu VRS **72** 186). Jedoch ist bei Verurteilung nach §§ 316, 315c I Nr 1a tatmehrheitlich mit § 142 I *in TE mit § 316* Rechtsmittelbeschränkung auf den 2. Tatkomplex nicht zulässig wegen der einheitlich zu beurteilenden Frage der Fahrunsicherheit (BGH NJW **73** 335, Bay VRS **59** 336, NStZ **88** 267, Kar NJW **71** 157, Ha NJW **70** 1244, Dü VRS **63** 462, Stu VRS **67** 356, **72** 186, aM Stu NJW **71** 2248). Auch bei TE zwischen Trunkenheitsfahrt und Flucht keine Rechtsmittelbeschränkung auf einen der beiden Tatbestände (Kö DAR **64** 112, Dü VRS **63** 462). Nach Verurteilung gem § 229 und Freispruch wegen Vortäuschens einer Straftat durch falsche Angaben an der Unfallstelle darf auf Berufung des Angekl. keine Verurteilung nach § 142 I erfolgen, sofern diese falschen Angaben zur Tatbestandsverwirklichung des § 142 I gehören (Bay NJW **81** 834). Zum **Festnahmerecht** (§ 127 StPO) durch Augenzeugen BGH DAR **79** 182 (s Rz 46).

75 **Verjährung:** 5 Jahre (§ 78 III Nr 5).

76 **13. Zivilrecht.** Zum Anwendungsbereich des VVG 08 bzw VVG alt § 316 Rz 118. Sichentfernen ist Obliegenheitsverletzung und bewirkt **Leistungsfreiheit des VU** (in der Haftpflichtversicherung in den Grenzen des § 6 I, III KfzPflVV, s u), falls Vorsatz gegeben ist (§ 28 II 1 VVG 08, E.1.3, E.6.4 AKB 08). Die Beweislast für Sichentfernen und Vorsatz liegt beim VU (§ 28 II 1 VVG 08; BGH NJW **69** 1384, VersR **70** 732), wobei die bloße Möglichkeit nicht genügt, der VN könne den Unfall bemerkt haben (BGH VersR **72** 339). Steht Sichentfernen fest, muss der VN versicherungsrechtlich fehlenden Vorsatz beweisen (Nü VersR **68** 339), bei Misslingen des Entlastungsbeweises (teilweise) Leistungsfreiheit (Hb VersR **69** 822). Liegt Unfallschock indiziell nahe, so kann sich der VN nur durch substantiierte Beweisdarlegung entlasten (Dü VersR **77** 1147) *Unfallschock* (Rz 61) dürfte allerdings weiterhin der VN beweisen müssen (vgl BGH VersR **72** 339, 342, Ha NJW-RR **98** 1183, Brn DAR **07** 643), ggf keine vorsätzliche Obliegenheitsverletzung (Dü VersR **68** 934, BGH VersR **70** 801), jedoch Pflicht, nach Abklingen alle noch mögliche Aufklärung nachzuholen (KG VersR **74** 74). Mangels Vorsatznachweises Vermutung grober Fahrlässigkeit, die nach § 28 II 2 VVG 08 zu Quotierung führt (dazu § 316 Rz 118).

77 Nach neuem Recht grundsätzlich möglich ist der **Kausalitätsgegenbeweis** (§ 28 III 1 VVG 08), dh, der VN muss beweisen, dass das Sichentfernen weder für die Feststellung des Versicherungsfalls noch für die Feststellung oder den Umfang der Ersatzpflicht des VU ursächlich ist (vgl BT-Drs. 16/3945 S. 69). Allerdings ist der Gegenbeweis bei Arglist ausgeschlossen (§ 28 III 2 VVG 08). Das ist der Fall, wenn sich der VN bewusst war, durch das Sichentfernen die Feststellungen des VU zu Schadenshergang bzw -höhe beeinflussen zu können (*Nugel* NZV **08** 11). Dieser Beweis wird dem VN vielfach schwerfallen (*Nugel* NZV **08** 11). Jedoch hat die Rspr zur alten Rechtslage einen strengen Maßstabe angelegt und Leistungsfreiheit namentlich ange-

Unerlaubtes Entfernen vom Unfallort § 142 StGB 6

nommen in den Fällen *eindeutiger Haftungslage* (BGH VersR **00** 222, Dü VersR **04** 1407, Brn DAR **07** 643, Kö ZfS **03** 23, Fra NJW-RR **02** 901, Nü MDR **01** 91, Ha NZV **00** 125) und in Fällen von I auch *bei anschließender telefonischer Unterrichtung* des VU (Ha NZV **03** 291; s aber Sa ZfS **99** 291 [nicht bei eindeutiger Haftungslage, Rz 53a], Fra ZfS **06** 577 [Aufklärungsinteresse nicht tangiert, Meldung am nächsten Tag, unerhebliches Verschulden] m abl Anm *Bihler* ZfS **08** 94; für die Kaskoversicherung Sa NZV **99** 131, ZfS **99** 291 [nur, wenn Mitverursachung eines Dritten in Betracht kommt]; wN 39. Aufl). In solchen Fällen wird der VN künftig wohl eher die Leistungsfreiheit des VN verhindern können (*Schirmer* DAR **08** 319). Dass die Voraussetzungen von IV (Rz 69) vorliegen, ist ohne Bedeutung (Nü MDR **01** 91, Ol ZfS **03** 409). Nach Ablauf der Wartefrist oder nach berechtigtem oder entschuldigtem Entfernen (II) genügt unverzügliche Benachrichtigung *des VU* (Kar VersR **02** 1021. zust *Rixecker* ZfS **02** 584).

Mehrfache Obliegenheitsverletzung durch mehrfaches unerlaubtes Entfernen vom Un- **78** fallort führt zu mehrfacher versicherungsrechtlicher Sanktion (Brn ZfS **04** 518). Leistungsfreiheit in der **Kfz-Haftpflichtversicherung** jedoch nur in den Grenzen des E.6.3, E.6.4 AKB 08, § 6 I, III KfzPflVV. Für den Regelfall ist die Leistungsfreiheit des VU auf 2500 € begrenzt (§ 6 I KfzPflVV), bei vorsätzlicher, besonders schwerwiegender Obliegenheitsverletzung auf 5000 € (§ 6 III KfzPflVV). Zu diesen Fragen dürfte die zur alten Rechtslage ergangene Rspr noch herangezogen werden können. Nicht jedes unerlaubte Entfernen vom Unfallort stellt danach schon eine besonders schwerwiegende Verletzung iS von E.1.3, E.6.4 AKB 08, 6 III KfzPflVV dar (Brn ZfS **04** 518 m Anm *Rixecker*, Dü VersR **00** 364, Fra ZfS **03** 10, Nü DAR **80** 371, Ba VersR **83** 1021). „Besonders schwerwiegende" Verletzung der Aufklärungspflicht iS dieser Bestimmungen ist nur anzunehmen in Fällen, die als besonders krass zu beurteilen sind (Ha VersR **79** 75, Schl VersR **80** 667, **81** 922, Ba VersR **83** 1021, Kö ZfS **86** 213). Leistungsfreiheit über 2500 bis 5000 € tritt danach nur ein, wenn die Unfallflucht *generell* zur Interessengefährdung des VU geeignet war (ein konkreter Nachteil braucht nicht verursacht zu sein) und den VN ein besonders schwerwiegendes Verschulden trifft (BGH NJW **82** 2323, VersR **83** 333, Brn ZfS **04** 518, krit *Rixecker*, Kö ZfS **86** 213, Kar VersR **00** 1408, ZfS **98** 57, *Zopfs* VersR **94** 267, *Maier* NVersZ **98** 61, *Stiefel/Hofmann*, § 7 Rz 77). Ein solches liegt nur vor, wenn zum Verlassen der Unfallstelle weitere schwerwiegende Umstände hinzutreten (Brn ZfS **04** 518 m Anm *Rixecker*, *Weber* DAR **83** 186, *Maier* NVersR **98** 61), zB bewusste Verschleierung des Unfallhergangs, etwa durch wahrheitswidrige Angaben (Brn ZfS **04** 518, krit *Rixecker*), Verstecken des Fz und Diebstahlsanzeige bei der Pol (BGH VersR **83** 333), Flucht trotz Kenntnis, einen Menschen erheblich verletzt zu haben (Brn ZfS **04** 518, Kar VersR **83** 429). Nachtrunk nach Unfallflucht rechtfertigt nicht in jedem Fall den Vorwurf besonders schwerwiegenden Verschuldens iS von E.6.4 AKB (vgl Ba VersR **83** 1021, Kö ZfS **86** 213). Im Rahmen des § 6 I KfzPflVV (Leistungsfreiheit bis 2500 €) hat die frühere RelevanzRspr keine Geltung mehr, dh die Leistungsfreiheit des VU hängt nicht davon ab, dass die Obliegenheitsverletzung geeignet ist, die Interessen des VU erheblich zu beeinträchtigen (Hb VersR **81** 823, Schl VersR **81** 922, Ba ZfS **82** 276, LG Aachen ZfS **84** 373, LG Freiburg VersR **87** 399, *Stiefel/Hofmann*, § 7 Rz 77, wohl auch BGHZ **84** 84 = NJW **82** 2323, aM *Bauer* VersR **76** 805, *Maier* NVersZ **98** 62, sowie Ol NJW **85** 637, Ha ZfS **94** 450 m abl Anm *Hofmann*). **Vereitelung der Blutprobe** ist Obliegenheitsverletzung in der *Haftpflichtversicherung* (BGH VersR **68** 385, Nü VersR **70** 562, Ba VersR **76** 358 [Nachtrunk], Ha VersR **63** 425, Kar VersR **00** 1408), in der *FzVersicherung* nur bei Beteiligung eines Dritten als Mitverursacher oder Geschädigter (BGH NJW **76** 371, **87** 2374, Ha ZfS **92** 344, Nü VersR **01** 711, NJW-RR **93** 738, Kö VersR **93** 45, Mü NZV **95** 490, Sa VersR **98** 885) oder – auch ohne Drittbeteiligung – dann, wenn der Nachtrunk in Erwartung polizeilicher Ermittlungen zur Sachverhaltsverschleierung erfolgt oder dazu ausgenutzt wird (BGH NJW **76** 371, Nü VersR **01** 711, Sa ZfS **01** 69, Kö VersR **97** 1222, Ha NJW-RR **92** 165, Fra VersR **95** 164, *Lang* NZV **90** 174, *Hällmayer* NZV **99** 197), was das VU zu beweisen hat (Kar DAR **08** 527; LG Kassel ZfS **07** 517 m Anm *Rixecker*).

§ 142 ist SchutzG iS von § 823 II BGB, soweit er die Beweismöglichkeiten des Geschädig- **78a** ten schützt (BGH VersR **81** 161), zw, ob auch zugunsten eines Unfallbeteiligten, der bei der Verfolgung zu Schaden kommt (BGH VersR **81** 161 und dazu **E** 109, § 16 StVG Rz 5).

Lit: *Arloth*, Verfassungsrecht und § 142 StGB, ... GA **85** 492. *Bär*, Gesetzliche Regelung der Unfall- **79** flucht, VGT **82** 113. *Ders.*, Wer ist Feststellungsberechtigter iS von § 142 Abs 1 StGB?, DAR **83** 215. *Bernsmann*, Der Verzicht auf Feststellungen bei § 142 StGB, NZV **89** 49. *Berz*, Zur Auslegung des § 142 StGB, DAR **75** 309. *Beulke*, Strafbarkeit gem § 142 StGB nach einverständlichem Verlassen der Unfallstelle ..., JuS **82** 815. *Bönke*, Die neue Regelung über „tätige Reue" in § 142 StGB, NZV **98** 129. *Böse*, Die Einführung der tätigen Reue nach der Unfallflucht, StV **98** 509. *Dornseifer*, Struktur und Anwendungsbereich des § 142 StGB, JZ **80** 299. *Engelstädter,* Der Begriff des Unfallbeteiligten in § 142 Abs 4 StGB, Diss., Frankfurt/M., 1997. *Geppert,* Zur Frage der VUnfallflucht bei vorsätzlich herbeigeführtem VUnfall, GA **70** 1. *Ders.,* Unfallflucht in strafrechtlicher Sicht vor dem Hintergrund des „nemo-se-tenetur-Satzes", BA **91** 31. *Hällmayer,* Aufklärungsobliegenheit bei Alleinunfall mit LeasingFz, NZV **99** 105. *Halm,* Versicherungsrechtliche Konsequenzen der Unfallflucht, DAR **07** 617. *Hartmann-Hilter,* Zur „Unfall"-Flucht des Vorsatztäters, NZV **95** 340. *Herzberg,* Zur Teilnahme des FzHalters am Unterlassungsdelikt nach § 142 II StGB, NZV **90** 375. *Jagusch,* Zum Umfang der Vorstellungspflicht gem § 142 StGB, NJW **76** 504. *Janiszewski,* Zur Neuregelung des § 142 StGB, DAR **75** 169. *Kretschmer,* Unfallflucht nach Anfahren eines Toten?, NZV **04** 496. *Küper,* Grenzfragen der Unfallflucht, JZ **81** 209, 251. *Ders.,* Zur Tatbestandsstruktur der Unfallflucht, NJW **81** 853. *Ders.,* Vorstellungspflicht und „Feststellung der Person" bei § 142 I Nr 1 StGB, JZ **88** 473. *Ders.,* Unfallflucht und Rauschtat, NJW **90** 209. *Ders.,* Täuschung über Personalien und erschlichener Verzicht auf Anwesenheit bei der Unfallflucht, JZ **90** 510. *Ders.,* „Pflichtverletzung" und „Tathandlung" bei der Unfallflucht, GA **94** 49. *Laschewski,* Vorsatzloses Entfernen vom Unfallort – weiterhin strafbar? …, NZV **07** 444. *Loos,* Grenzen der Strafbarkeit wegen „Unerlaubten Entfernens vom Unfallort" …, DAR **83** 209. *Mikla,* Probleme der nachträglichen Feststellungspflicht, § 142 II StGB, Diss., Passau 1990. *Mitsch,* § 142 StGB und Wartezeit-Irrtum …, NZV **05** 347. *E. Müller/Kraus,* Unfallflucht nach vorsätzlichem Rammen durch ein PolFz, NZV **03** 559. *Römer,* Der räumliche und zeitliche Zusammenhang mit dem Unfallgeschehen, MDR **80** 89. *Schmedding,* Unfallflucht aus der Sicht des technischen Sachverständigen, NZV **03** 24. *Schnabl,* Der Unfallbegriff des § 142 I StGB und die „deliktische Planung", NZV **05** 281. *Schwab,* … Sich entfernen = entfernt werden?, MDR **83** 454. *Ders.,* VUnfallflucht trotz „Schuldanerkenntnis" …?, MDR **84** 538. *Volk,* Die Pflichten des Unfallbeteiligten, DAR **82** 81.

Fahrlässige Tötung

222 Wer durch Fahrlässigkeit den Tod eines Menschen verursacht, wird mit Freiheitsstrafe bis zu fünf Jahren oder mit Geldstrafe bestraft.

Fahrlässige Körperverletzung

229 Wer durch Fahrlässigkeit die Körperverletzung einer anderen Person verursacht, wird mit Freiheitsstrafe bis zu drei Jahren oder mit Geldstrafe bestraft.

Übersicht

Alternativverhalten, rechtmäßiges 15
Antragsdelikt 30
Atypische Verläufe 13

Einwilligung 25
Erfolg 2

Fremdgefährdung, einverständliche, 22, 24

Halterpflichten 8, 8 a

Interesse, öffentliches 31

Kausalität 3
Konkurrenzen 30

Privatklage (-verweisung) 32
Pflichtwidrigkeitszusammenhang 15–19

Sanktionen 29
Schuld 27, 28
Schutzzweck der Norm 20, 21

Selbstgefährdung, eigenverantwortliche 22, 23
Sorgfaltspflichten
– vor der Fahrt 5–8
– während der Fahrt 9
– nach der Fahrt 10
– des Halters 8
Sorgfaltspflichtverletzung
– objektive 4–10
– subjektive 27, 28
Strafklageverbrauch 32

Ursächlichkeit 3

Verfahren 31, 32
Vertrauensgrundsatz 9
Verkehrssituation, kritische 17, 18
Vorhersehbarkeit
– objektive 9–11
– subjektive 27

Zurechnung 14–23

1 **1. Allgemeines.** §§ 222 und 229 haben gemein, dass der iÜ rechtstreue jedermann bei uU leichtestem Verschulden und (§ 229) geringfügigen Folgen zum Straftäter werden kann, wobei das Zufallselement den Ausschlag gibt und das Strafrecht nicht selten als Büttel zur Durchsetzung zivilrechtlicher Forderungen eingesetzt wird. Vor diesem Hintergrund stehen Forderungen nach Restriktionen, bei freilich facettenreichem Meinungsbild (zB Wegfall der fahrlässigen Erfolgshaftung im Strafrecht, Strafbarkeit nur bei Leichtfertigkeit, gesetzliche Beschränkungen des Verfolgungsverhaltens der StA, s. auch *Janiszewski* Rz 461 ff). Der Gesetzgeber hat die Forderungen nicht aufgegriffen. Es macht eben auch im Bewusstsein der Rechtsgemeinschaft einen Unterschied, ob sich der Verkehrsverstoß ohne weitere Konsequenzen „verflüchtigt" oder ob er die körperliche Unversehrtheit eines anderen nicht nur unerheblich verletzt bzw gar den Höchstwert Leben vernichtet. Dies gilt umso mehr, wenn erschwerende Umstände hinzukommen (Rauschmittel, Übermüdung, rowdyhaftes Verhalten). Der Gesetzgeber hat sich vor diesem Hintergrund (wie in anderen Bereichen der Kriminalität auch) für den prozessualen Weg entschieden. Das Verfahrensrecht hält ein umfangreiches Instrumentarium bereit, um geringer wiegende Taten von Strafe verschonen zu können, namentlich das Diversionsverfahren nach den §§ 153, 153a StPO (§§ 45, 47 JGG) und für die fahrlässige Körperverletzung die Privatklageverweisung (Rz 32); zum besonderen öffentlichen Interesse an der Strafverfolgung (§ 230) s Rz 31. Wo (wie idR bei § 222) die Verhängung einer Strafe unabdingbar ist, müssen die Umstände des Einzelfalls bei der Strafzumessung berücksichtigt werden. Bei einem Täterverschulden im unteren Bereich der Schwereskala werden wegen fahrlässiger Tötung Geldstrafen verhängt. Dies kann in Anbetracht des Versterbens eines Menschen Unbehagen bereiten (zB *Fischer* § 222 Rz 1), muss aber unter der Geltung des Schuldprinzips mangels überlegener Alternativen wohl hingenommen werden. In besonderen Fällen kann eine Verwarnung mit Strafvorbehalt (§ 59) oder ein Absehen von Strafe nach § 60 angezeigt sein (Rz 29).

2. Eintritt des Tatererfolgs. Der Eintritt des Todes setzt den Gesamthirntod, also den irreversiblen und totalen Funktionsausfall des Gesamthirns voraus (hM, s etwa *S/S-Eser* vor § 211 ff Rz 19). Zur Frage des Versterbens des Opfers nach Abschluss des Strafverfahrens und einem damit verbundenen Strafklageverbrauch Rz 33. Der **Körperverletzungserfolg** ist gegeben, wenn das körperliche Wohlbefinden oder die körperliche Unversehrtheit nicht nur unerheblich beeinträchtigt worden ist. Eine Gesundheitsbeschädigung, also das Hervorrufen oder Steigern eines krankhaften Zustands, steht gleich (*Fischer* § 223 Rz 3a ff). Es entscheidet nicht die persönliche Befindlichkeit des Opfers, sondern die Sicht des objektiven Beobachters (*Kö* NJW **97** 2191). Die Zufügung oder das Empfinden von Schmerz ist nicht zwingend erforderlich. Andererseits wird die Erheblichkeitsgrenze bei nicht nur kurzfristiger Schmerzempfindung idR überschritten sein. Prellungen, Blutergüsse, Schnitte, Hautabschürfungen oder -risse können genügen (MK-*Joecks* § 223 Rz 11), dies jedoch nur dann, wenn sie einen gewissen Erheblichkeitsgrad erreichen. Bei leichten Prellungen (Bay DAR **02** 38) oder einer Hautrötung aufgrund der Einwirkung des Sicherheitsgurts (Kar VRS **108** 427) ist dies nicht der Fall. Ein schwerer Unfallschock, der sich zB in psycho-vegetativen Störungen wie Heulkrämpfen, extremen Angstzuständen oder Schlafstörungen auswirkt (vgl BGH NJW **96** 1068), ist tatbestandsrelevant. Hingegen reicht ein „kleiner Schock" (*Kö* StV **85** 17) genauso wenig hin wie ein Schweißausbruch, Herzklopfen oder ein durch das Ereignis bedingter Durchfall, sofern diese Zustände vorübergehender Art sind (*Kö* NJW **97** 2191). Durch Benzinspritzer verursachte Beeinträchtigungen des körperlichen Wohlbefindens genügen nicht (BGH NJW **95** 2643).

3. Der Tatererfolg muss **durch die Handlung** verursacht sein. Nach einhelliger Rspr ist dies (zunächst) nach der Äquivalenztheorie zu beurteilen: Kausalität ist gegeben, wenn das aktive Tun nicht hinweggedacht werden kann, ohne dass der konkrete Erfolg entfiele, bzw beim Unterlassen (Garantenstellung vorausgesetzt), wenn es keine Handlung gibt, die hinzugedacht werden kann, ohne dass mit an Sicherheit grenzender Wahrscheinlichkeit der Erfolg ausgeblieben wäre (im Einzelnen **E** 98, 99). Bei einem Nichtbemerken eines Bremsdefekts durch Mitarbeiter einer Kfz-Werkstatt muss festgestellt sein, dass das Fz bei erstatteter Meldung durch den Verantwortlichen nicht in den Verkehr entlassen worden wäre (BGH NJW **08** 1897 m Anm *Kühl*). Dass der eingetretene Erfolg auch durch ein zeitlich nachfolgendes pflichtwidriges Verhalten eines Dritten herbeigeführt worden wäre, beseitigt nicht die Ursächlichkeit des Verhaltens, das den Erfolg tatsächlich bewirkt hat (BGHSt **30** 228 = NJW **82** 292 m Anm *Kühl* JR **83** 32, *Puppe* JuS **82** 660, *Ranft* NJW **84** 1425; zum rechtmäßigen Alternativverhalten Rz 15). Kausalität im Sinn der Äquivalenztheorie wird kaum je problematisch werden. Der Schwerpunkt der Prüfung liegt bei der objektiven Zurechnung. Die st Rspr behandelt die Zurechnungsfragen im Rahmen der Kausalität (s. etwa BGH NJW **85** 1350). I. Erg macht dies keinen Unterschied. Zu den Einzelheiten Rz 14 ff.

Strafbarkeit wegen Unterlassens setzt Garantenstellung voraus (hierzu allg **E** 87 ff). **Wer als Gastwirt** einem Kf Alkohol ausschenkt, muss das Weiterfahren nur dann mit angemessenen, ihm möglichen Mitteln verhindern, wenn sich der Gast nach verständiger Beurteilung nicht mehr eigenverantwortlich verhalten kann (BGHSt **19** 152 = NJW **64** 412, BGHSt **26** 35, BGH VRS **48** 348, Sa NJW-RR **95** 986 s auch Dü NJW **66** 1877 m Anm *Gaisbauer*). Desgleichen trifft den privaten Gastgeber eine Garantenpflicht erst bei erkennbarer Hilflosigkeit des Gastes (BGHZ **26** 35). Bloße Zechgemeinschaft oder die soziale Gastwirtsrolle führt allein noch nicht

6 StGB §§ 222, 229

zur Garantenstellung (BGHSt 25 218, VRS 13 470, Dü NJW 66 1175). Die arbeitsvertragliche Übernahme der Wartungspflicht durch den Mitarbeiter einer **Kfz-Werkstatt** begründet auch eine Schutzfunktion gegenüber allen VT, die in den durch unzureichende Wartung begründeten Gefahrenbereich der seiner Aufsicht unterliegenden FirmenFz geraten (BGH NJW 08 1897 m Anm *Kühl*, s auch BGH NJW 02 1887); zur Kausalität Rz 3. **Der Begleitperson beim begleiteten Fahren ab 17** (§ 6e StVG, § 48a FeV, im Einzelnen dort) dürfte nicht als solcher eine Garantenstellung zukommen, sondern nur dann, wenn es sich um ohnehin garantenpflichtige Personen (Eltern) handelt; in diesem Fall können sie für eine Körperverletzung oder Tötung der Obhutsperson einzustehen haben; gegenüber evt geschädigten *anderen* VT haftet die Begleitperson mangels Garantenstellung auch ihnen gegenüber jedoch nicht (*Tolksdorf* Nehm-F S. 440f).

Lit: *Bödecker*, Strafrechtliche Verantwortlichkeit Dritter bei VDelikten betrunkener Kf, DAR **69** 281, **70** 309. *Geilen*, Zur Mitverantwortung des Gastwirts bei Trunkenheit am Steuer, JZ **65** 469. *Rudolphi*, Strafbarkeit der Beteiligung an den Trunkenheitsdelikten im StrV, GA **70** 353.

4   **4. Eine objektive Sorgfaltspflichtverletzung** muss dem Täter zur Last fallen (zur Fahrlässigkeit allgemein **E** 135). Sorgfaltspflichten des Kf ergeben sich namentlich aus der StVO. Deren Missachtung führt in aller Regel zur tatbestandsrelevanten Sorgfaltspflichtverletzung. Denn bei den StVO-Regeln handelt es sich um „das Ergebnis einer auf langer Erfahrung und auf Überlegung beruhenden umfassenden Voraussicht möglicher Gefahren" (BGHSt **12** 75; Kar NZV **90** 199). Sonderrechte nach §§ 35, 38 StVO können von der Einhaltung der StVO-Regeln befreien (näher dort, *Pießkalla* NZV **07** 438). Gleichfalls einschlägig sein können StVG, StVZO, FZV, FPersG oder die FeV. Dass auch die strafrechtlichen Verbote einzuhalten sind (zB § 316), versteht sich von selbst. Hält sich der VT an die Ge- und Verbote (aber nur dann; s. etwa Bay VRS **58** 221; Ha VRS **59** 114), so darf er im Grundsatz darauf vertrauen, dass andere VT sich gleichfalls verkehrsgerecht verhalten (Vertrauensgrundsatz, **E** 136; § 1 StVO Rz 20 ff). Ein Sorgfaltsverstoß liegt dann nicht vor. Das gilt allerdings nicht uneingeschränkt. Auf den Vertrauensgrundsatz kann sich nicht mit Erfolg berufen, wer nach den Umständen mit einem Fehlverhalten anderer rechnen musste. Generell eingeschränkt ist der Vertrauensgrundsatz gegenüber Kindern, Hilfsbedürftigen und älteren Menschen, wenn sie nach ihrer äußeren Erscheinung und ihrem Auftreten als solche erkennbar sind (Rz 9).

5   **a) Sorgfaltspflichten vor Antritt der Fahrt.** Strafrechtlich relevante Sorgfaltspflichten vor Antritt der Fahrt treffen **in erster Linie den FzF** (Rz 6 ff). Das folgt schon aus dem allgemeinen Grundsatz, dass nur eine gefährliche Tätigkeit nur übernehmen darf, wer sie nach seinen Fähigkeiten und seiner Ausrüstung auch zu meistern vermag. Verstößt er dagegen, so liegt ein sog. *Übernahmeverschulden* vor. Für den FzF sind die entsprechenden Pflichten in Bezug auf seine Person namentlich in § 31 I StVZO, § 2 FeV, §§ 315c I Nr 1, 316 StGB, § 24a StVG (hierzu Rz 6) und in Bezug auf Fz und Ladung namentlich in §§ 22, 23 StVO konkretisiert (hierzu Rz 7). Jedoch können **auch Dritte,** vorrangig der (vom FzF verschiedene) Halter, strafrechtlich verantwortlich sein (hierzu Rz 8 f).

6   **aa) (Gesteigerte) Sorgfaltspflichten** können sich zunächst **aus der Person und der aktuellen Befindlichkeit des FzF** selbst ergeben. Weist er fahrsicherheitsrelevante geistige oder körperliche Mängel auf (§ 31 I StVZO, § 2 FeV, § 315c I Nr 1, § 316 StGB), so kann es die Sorgfaltspflicht gebieten, das FzFühren ganz zu unterlassen. ZB handelt fahrlässig, wer trotz der jederzeitigen Gefahr eines epileptischen Anfalls eine Fahrt antritt (BGH NJW **95** 795). Das Gleiche gilt für den Fahrtantritt trotz Übermüdung, erheblicher Einschränkung des Sehvermögens (zB Fahren zur Nachtzeit bei Nachtblindheit), einer fiebrigen Erkrankung und sogar bei Heuschnupfen (vgl. AG Gießen NJW **54** 612) oder kurz nach einem Herzinfarkt, sofern die Gefahr eines Rückfalls besteht (LG Heilbronn VRS **52** 188) usw. (§ 2 FeV Rz 2 ff; § 315c Rz 5f; s auch LK-*König* § 315c Rz 48 ff). Entsprechend liegt es beim Fahren unter dem Einfluss von Rauschmitteln (Alkohol, illegale Drogen, rauschmittelhaltige Medikamente) oder anderen die Fahrunsicherheit beeinträchtigenden Arzneimitteln (Bsp. bei LK-*König* § 315c Rz 59). Der Heranziehung des Rechtsinstituts der actio libera in causa (dazu § 316 Rz 92) bedarf es nach der Rspr im Hinblick auf den vorverlagerten Anknüpfungspunkt in der Regel nicht (BGH NJW **97** 138, Nü NZV **06** 486). Zum Pflichtwidrigkeitszusammenhang Rz 15, zur gebotenen Selbstprüfung Rz 28.

6a   **Kein Schuldvorwurf** ist in Fällen späterer Schuldunfähigkeit zu machen, wenn für den zu Hause Trinkenden nicht besondere Umstände die Möglichkeit der nicht beabsichtigten späteren

Fahrlässige Körperverletzung   **§§ 222, 229 StGB 6**

FzBenutzung nahe legten (Bay VRS **60** 369), ebenso bei Trinken in nahe gelegener, zu Fuß aufgesuchter Gaststätte (Bay NStZ **88** 264). Wer sich mit dem Kfz zum Ort des Trinkens begeben hat, muss hingegen mit der Möglichkeit rechnen, das Fz später zu führen (Ol DAR **63** 304, Ha BA **78** 454, Bay NStZ **87** 456, NZV **89** 318, Ko VRS **75** 34). Er muss dann geeignete Vorsorgemaßnahmen gegen die Benutzung des Kfz im Zustand der Schuldunfähigkeit treffen (Bay NJW **69** 1583, DAR **67** 278, NZV **89** 318, Ol DAR **63** 304, Ha NJW **83** 2456, Zw VRS **81** 282). **Als ausreichende Vorsorgemaßnahmen wurden anerkannt**: Aushändigen sämtlicher FzSchlüssel an zuverlässige Person (Bay NJW **69** 1583, Ce NJW **68** 1938, Ha VRS **15** 362, **42** 197, 281), Beschaffung einer Übernachtungsmöglichkeit in einer Weise, die es ausgeschlossen erscheinen lässt, dass später hiervon kein Gebrauch gemacht wird (Bay NJW **69** 1583, Ko VRS **74** 29), uU sogar schon feste Zusage eines nahen Angehörigen, den Betroffenen abzuholen (Kö VRS **34** 127). *Nicht ausreichend* ist die bloße telefonische entsprechende Bitte an einen Kollegen (Ha VRS **32** 17), auch nicht der vor Trinkbeginn gefasste Entschluss, später ein Taxi oder öffentliches VMittel zu nehmen (Bay NJW **68** 2299), zu Fuß nach Hause zu gehen (Bay NStZ **87** 456), oder die Absicht, im Gasthof zu übernachten ohne vorherige Gewissheit einer Übernachtungsmöglichkeit (Bay MDR **67** 943). Zur Vorhersehbarkeit eines späteren Unfalls Rz 12.

Bei geringeren Defiziten kann es die Sorgfaltspflicht gebieten, jedenfalls in einer dem Zustand angepassten Art zu fahren. Das gilt zB für das Fahren trotz eingeschränkten Sehvermögens (BGH VRS **69** 439) oder das Fahren trotz einer die Reaktionsfähigkeit einschränkenden Müdigkeit (zur Übermüdung Rz 6). Das allgemeine Risiko des plötzlichen Eintritts einer bei Fahrtbeginn noch nicht vorhandenen und auch noch nicht vorhersehbaren Beeinträchtigung der Fahrtauglichkeit und die nicht wägbare Steigerung dieses Risikos aufgrund einer allgemeinen Schwächung des Gesundheitszustands, auch etwa aufgrund hohen Lebensalters, sind hingegen grundsätzlich als sozialadäquat hinzunehmen und begründen den Fahrlässigkeitsvorwurf allein nicht (BGH NJW **95** 795). Ein ungeübter und/oder mit dem Fz nicht vertrauter Fahrer muss eine größere Sorgfalt aufwenden als ein geübter bzw. mit dem Fz vertrauter (BGH DAR **68** 131). **6b**

Der FzF ist ferner für die **Betriebssicherheit des Fz** nebst Ladung verantwortlich (zB §§ 22, 23 StVO; s im Einzelnen dort). Der FzF muss das Fz aus dem Verkehr ziehen, wenn sich wesentliche verkehrssicherheitsrelevante Mängel zeigen (§ 23 II StVO). Nach Eingriffen in die Bremsanlage ist eine Bremsprobe erforderlich (BGH VRS **65** 140). Im Abschleppen eines Sattelzugs mit defekter Bremsanlage kann ein Sorgfaltspflichtverstoß liegen (BGH VRS **65** 140). An die Sorgfaltspflichten gerade in Bezug auf die essenziellen Einrichtungen sind strenge Anforderungen zu stellen (Bay DAR **78** 199). Die Durchführung der vorgeschriebenen Pflicht- und Sonderuntersuchungen genügt gerade bei intensiv eingesetzten Fz nicht; vielmehr muss das Fz regelmäßig den systematischen und vorbeugenden Inspektionen der Betriebssicherheit unterzogen werden (BGH VM **60** 1; **65** 20; **66** 33). Besonderer Anlass hierzu besteht, wenn es sich um ein älteres Fz mit sichtbaren Korrosionen handelt (Ha NZV **90** 36). Bei einem geliehenen Fz kann sogar eine Erkundigungspflicht in Bezug auf vorhandene Mängel anzunehmen sein (sehr weit BGH NJW **67** 211). Mangelnde Sicherung der hinteren Bordwand eines Lkw kann zur Strafbarkeit wegen fahrlässiger Tötung führen, wenn die Bordwand beim Fahren herunterklappt und die Heckleuchten verdeckt, woraufhin ein Kf auffährt und tödlich verunglückt (BGHSt **15** 386). **7**

bb) Sorgfaltspflichten Dritter. Auch die Verletzung von Sorgfaltspflichten beim **Überlassen des Fz** an einen anderen kann zu den §§ 222, 229 führen. Dies gilt zunächst für das Überlassen *an einen ungeeigneten FzF* und dadurch verursachter Verletzung oder Tötung Dritter (falls nur der sich selbst Gefährdende verletzt wird, evtl eigenverantwortliche Selbstgefährdung, Rz 22). Die Verantwortlichkeit trifft *vor allem den Halter* (vgl. § 31 II StVZO; hierzu eingehend *König* SVR **08** 121). Er darf das Fz nur einer Person überlassen, die über die erforderliche Fahrfähigkeit (auch in Bezug auf das konkrete Fz; zB Lkw, Bus usw), und die konkrete Fahrt, zB Wetter, schwierige StrVerhältnisse) verfügt und muss sich hierfür die FE vorlegen lassen; allerdings muss sich die mangelnde Fahrfähigkeit wegen des erforderlichen Pflichtwidrigkeitszusammenhangs (Rz 15) beim Unfall ausgewirkt haben (BGH VM **57** 13 Nr. 18; Kö DAR **55** 198; Bay VRS **9** 208; Ol VRS **26** 354; Kar NJW **65** 1773). Zu den Sorgfaltspflichten eines Vaters in Bezug auf den in seinem Haushalt lebenden volljährigen Sohn BGH VRS **17** 346. Zum Überlassen des Fz an FzF, der die Fahrprüfung trotz mehrerer Versuche nicht bestanden hat und dann einen Unfall mit Körperverletzungs- oder Todesfolge verursacht Stu VRS **67** 429 (im konkreten Fall Strafbarkeit wegen eigenverantwortlicher Selbstgefährdung verneint, hier- **8**

König   1563

zu Rz 23). Strafbarkeit, wenn der für das Fz Verantwortliche seinem wegen hochgradiger Trunkenheit erkennbar fahrunsicheren Zechkumpan sein Fz überlässt (BGHSt **3** 175, Kar NJW **80** 1859) oder wenn er zulässt, dass der Fahrer während der Fahrt Alkohol trinkt (Ha VRS **23** 107). Wer aus Gefälligkeit die FzFührung übernommen hatte, muss den Fahrer hingegen nicht an der Weiterfahrt hindern, wenn dieser den Wagen später wieder übernehmen will (Kar JZ **60** 17 m Anm *Welzel*). Wer den Fahrer berauscht macht, kann für einen Unfall während der Fahrt strafrechtlich verantwortlich sein (KG VRS **11** 357), ebenfalls, wer einen angetrunkenen Kf zur Fahrt überredet (BGH VRS **5** 42).

8a **Der Verantwortliche hat Vorsorge zu treffen**, dass sein Fz nicht ohne sein Wissen durch Ungeeignete benützt wird; trifft er diese Vorsorge gegen eine missbräuchliche Benutzung seines Kfz durch seinen Zechkumpan nicht, so ist er strafrechtlich auch für einen tödlichen Unfall verantwortlich, der durch die Trunkenheitsfahrt verursacht worden ist (Ha NJW **83** 2456). Entsprechendes gilt bei sonstigen Defiziten der Befindlichkeit des FzF (Rz 6 ff). Erst recht strafrechtliche Verantwortlichkeit für Unfallfolgen, falls der Halter (Arbeitgeber) einen übermüdeten FzF zum Fahren anhält (*Fischer* § 222 Rz 21) oder auch „nur" den Dienstplan so gestaltet, dass Ruhepausen nicht eingehalten werden können (*König* SVR **08** 121). Sorgfaltspflichtverletzung *in Bezug auf das Fz* kann gleichfalls §§ 222, 229 begründen, so etwa, wenn der Verantwortliche seine Fahrer mit verkehrsunsicheren, überladenen, falsch besetzten usw. Fahrzeugen in den Verkehr entlässt und die Mängel unfallursächlich werden (*König* SVR **08** 121). Gleichfalls unter dem Aspekt des § 222 relevante Sorgfaltspflichten können die Mitarbeiter einer Kfz-Werkstatt (zu deren Garantenstellung Rz 3 a) treffen (BGH NJW **08** 1897). Zu den Sorgfaltspflichten des Betriebsleiters eines Nahverkehrsunternehmens bei der Instruktion von Straba-Führern an besonders gefährlichen Haltestellen Stu VRS **113** 46.

9 **b) Sorgfaltspflichten während der Fahrt** ergeben sich vorrangig aus der StVO (s auch E 140); jedoch ist die Verzahnung mit dem Vertrauensgrundsatz zu beachten (Rz 4). Es existiert reichhaltige Kasuistik, die bei den einzelnen Vorschriften zitiert ist. Beispiele gerade aus dem Strafrecht: Der Kf **darf grundsätzlich darauf vertrauen**, dass Passanten nicht unvermittelt die Fahrbahn betreten, sofern es sich nicht um erkennbar ältere Menschen in einer Verkehrssituation handelt, in der nach der Lebenserfahrung damit gerechnet werden muss, dass sie auf Grund ihres Alters das Geschehen nicht mehr voll werden meistern können (KG VRS **70** 463, s. auch BGH NJW **94** 941, sowie § 3 StVO Rz 29 a). Vertrauen ist auch dann gerechtfertigt, wenn es sich um einen in der Nähe einer beleuchteten Gaststätte gehenden Fußgänger handelt (Kö VRS **67** 140). Gleiches gilt im Normalfall (s aber Rz 16) für ältere Kinder (BGH VRS **24** 200; **46** 114; Stu NZV **92** 196; § 1 StVO Rz 24, § 25 StVO Rz 26 ff). Vertraut werden darf ferner darauf, dass die an einer Verkehrsinsel ein- und aussteigenden Fahrgäste einer Straba das Vorrecht des fließenden V nicht missachten (BGH VRS **15** 445) oder dass Fußgänger hinter einem in Gegenrichtung haltenden Bus nicht mehr als nur einen Schritt auf die Fahrbahn treten, um dieselbe zu überqueren; im letzteren Fall genügt deswegen ein Seitenabstand von zwei Metern (BGHSt **13** 169; Kö VRS **64** 434; s insbes. zu §§ 25, 26 StVO). Bei Unterschreiten dieses Sicherheitsabstands bestehen gesteigerte Sorgfaltspflichten (Fra JR **94** 77). Kf muss nicht damit rechnen, dass älteres Rad fahrendes Kind beim Überholen unversehens nach links ausschert (Bay NJW **82** 346), dass der Vorfahrtberechtigte die angezeigte Fahrtrichtungsänderung nicht auch tatsächlich vornimmt (Dü NStZ **82** 117), dass ein entgegenkommendes Fz plötzlich die Scheinwerfer aufblendet (BGHSt **12** 81). Hingegen muss der Kf **damit rechnen**, dass für ihn erkennbare kleinere Kinder (uU sogar bis zum Alter von 10 Jahren, falls ohne Aufsicht Erwachsener) plötzlich in die Fahrbahn laufen oder sich sonst unvernünftig verhalten (§ 3 II a StVO, dort Rz 29 a; zB Ha VRS **59** 260, Kö VRS **70** 373). Jedoch dürfen die Anforderungen nicht überspannt werden (LG Kar VRS **71** 62); es entscheiden die Schwierigkeit des Verkehrsvorgangs und die jeweiligen Örtlichkeiten, wie zB nahe der Str gelegener Spielplatz oder Kindergarten (KG VRS **58** 348). Beim VZ 136 („Kinder") ist unabhängig von der Tageszeit jederzeit mit dem Betreten der Fahrbahn durch Kinder zu rechnen (BGH NJW **94** 941). Gerechnet werden muss damit, dass erkennbar Hilfsbedürftige, wie etwa eine Person, die schwankend und winkend auf die Fahrbahn läuft und erkennbar alkoholisiert ist, sich unvernünftig verhält (§ 3 II a StVO; zB BGH NJW **00** 1040), dass (bekanntlich) häufige Verkehrsverstöße in bestimmten Situationen auch aktuell auftreten, wie etwa das Rechtsüberholen durch Zweiradfahrer (Bay VRS **80** 340; Ce NZV **90** 481), das plötzliche Betreten des Zebrastreifens durch unvorsichtige Fußgänger (BGHSt **20** 215), das unvorsichtige Einfahren in die AB (*Janiszewski* Rz 101) oder das nicht verkehrsgerechte Verhalten eines VT, der sich zuvor schon verkehrswidrig verhalten hat (Ko

VRS **58** 27). Zu rechnen ist ferner damit, dass sich VT in unklaren Verkehrslagen (zB Unfall, Stau, schlechte Sichtverhältnisse) nicht verkehrsgerecht verhalten (*Janiszewski* Rz 102), dass angesichts einer eingeschalteten Warnblinkanlage Gefahren auftreten können, die nicht gerade vom blinkenden Fz ausgehen (Kö VRS **68** 354). Sorgfaltspflichtverletzung, wenn ein Kf den angefahrenen Fußgänger bei Dunkelheit wegen der im Hinblick auf seine Geschwindigkeit zu geringen Reichweite des Scheinwerferlichts erst aus einer Entfernung wahrnehmen konnte, die kürzer ist als sein Anhalteweg (Ha VRS **61** 266). Zu erhöhten Sorgfaltspflichten **wegen Defiziten (Krankheiten etc.) in der Befindlichkeit des FzF** Rz 6 b.

c) Von zentraler Bedeutung in Bezug auf die Sorgfaltspflichten **nach Abschluss der Fahrt** 10 sind die in § 14 StVO niedergelegten Ge- und Verbote (Ein- und Aussteigen, Sicherung gegen Unfälle und Verkehrsstörungen sowie vor unbefugter Benutzung; s auch Rz 8). Bei Abstellen eines schweren Anhängers auf abschüssiger Strecke ist uU eine mehrfache Absicherung (Holzklötze, Unterlegteile usw.) erforderlich (BGHSt **17** 181). S. im Einzelnen bei § 14 StVO.

5. Objektive Voraussehbarkeit des tatbestandlichen Erfolgs. Der Erfolg muss objektiv 11 vorhersehbar sein. Bei Anwendung der erforderlichen Sorgfalt (Rz 4) muss der Eintritt des Erfolgs (Körperverletzung oder Tötung) nach allgemeiner Lebenserfahrung als zu erwarten gewesen sein (**E** 138). Voraussehbar sind dabei nicht nur die Umstände, die die Regel bilden bzw häufig eintreten, sondern auch Ereignisse, die nach der Lebenserfahrung als Folge des pflichtwidrigen Verhaltens bloß möglich sind; hingegen scheiden Ereignisse aus, die so sehr außerhalb des Bereichs jeglicher Wahrscheinlichkeit und des nach der Lebenserfahrung Möglichen liegen, dass vernünftiger- und billigerweise niemand mit deren Eintritt zu rechnen braucht (Kar NZV **90** 199). Es genügt Voraussehbarkeit im Allgemeinen; die konkreten Einzelheiten müssen nicht vorhergesehen werden können (st Rspr; zB BGHSt **12** 77; **17** 223, *Fischer* § 222 Rz 26). Aufgrund der Vielzahl der im Verkehrsrecht normierten Verhaltenspflichten kommt dabei dem Grundsatz, dass Sicherheitsvorschriften eine indizielle Bedeutung für die Voraussehbarkeit innewohnt (Rz 4), zentrale Relevanz zu. Denn diese Ge- und Verbote besagen schon durch ihr Dasein, dass bei ihrer Übertretung die Gefahr eines Unfalls (und damit Körperverletzungs- und Todesfolgen) im Bereich der Möglichkeit liegt; ihre Verletzung gestattet somit häufig den Schluss auf die Voraussehbarkeit des Erfolgs, selbst wenn die VLage einen konkreten Anhalt für die Gefahr eines Unfalls nicht enthielt (stRspr, zB BGHSt **4** 182; BGH VRS **15** 424; **19** 348; Kar NZV **90** 199). Es darf jedoch auch nicht schematisch vom Regelverstoß auf die Voraussehbarkeit geschlossen werden; vielmehr entscheiden die Umstände des Einzelfalls (Bay NZV **89** 201). Zu den Sorgfaltspflichten vor Antritt der Fahrt in Bezug auf den Eintritt später eintretender Schuldunfähigkeit Rz 6 a, 12.

Aus den Grundsätzen unter Rz 11 ergibt sich, dass etwa der FzF, der die höchstzulässige Ge- 12 schwindigkeit überschreitet, nicht den konkreten Verhältnissen (Dunkelheit, Nässe, Glatteis, Nebel usw.) angepasst fährt, mit zu geringem Seitenabstand überholt, den Sicherheitsabstand nicht einhält (BGHSt **17** 223), mit abgefahrenen Reifen oder im Zustand der (durch Alkohol oder sonstige Rauschmittel oder sonstige körperliche oder geistige Mängel bedingten) Fahrunsicherheit fährt usw (s auch Rz 5 ff), in aller Regel voraussehen kann, dass sein Verhalten zu Körperverletzungen oder gar Tötungen (auch mehrerer Personen, BGH VRS **14** 282) führen kann. Nicht völlig außerhalb der Wahrscheinlichkeit liegt es, dass der (alkoholabhängige) Täter während der Fahrt ein Alkoholentzugsdelir erleidet und in diesem Zustand einen (tödlichen) Verkehrsunfall verursacht (Nü NZV **06** 486; s auch Rz 6 a). Hingegen wird in solchen Fällen idR nicht auch anschließendes unerlaubtes Entfernen vom Unfallort von der Vorstellung umfasst sein (BGH VRS **69** 118, DAR **85** 387). Auch wer ein Fz ungesichert auf der Straße stehen lässt, muss damit rechnen, dass ein Unbefugter damit fährt und einen tödlichen Unfall verursacht (BGH VRS **20** 282). Wer einen Betrunkenen mitnimmt, muss die Möglichkeit einbeziehen, dass dieser ihn beim Fahren so behindert, dass er die Herrschaft über das Fz verliert (BGHSt **9** 335; Ha VRS **48** 200). Nicht vorhersehbar ist hingegen ohne besondere Umstände der „halluzinatorische" Eingriff des Beifahrers ins Steuer (Kar VRS **50** 280).

Voraussehbar sind auch ungewöhnliche, jedoch **nicht völlig atypische Krankheitsverläufe**, 13 so der Tod des Unfallopfers nach einem nicht schweren ärztlichen Kunstfehler (Ce MDR **57** 627) oder nach einer im Krankenhaus erlittenen Lungenembolie (*Fischer* § 222 Rz 27). Allerdings genügt für die Vorhersehbarkeit eines tödlichen Erfolgs nicht schon dessen theoretische Denkbarkeit; an der Vorhersehbarkeit kann es deshalb fehlen, wenn es nach Abklingen der ersten Unfallbeeinträchtigungen infolge medizinisch nicht zu erwartender bzw nicht beherrschbarer Komplikationen doch zum Tode kommt (Stu NJW **82** 295). Entsprechendes gilt, wenn das Unfallopfer nach einer harmlosen Wunde deshalb verstirbt, weil es eine Spritze gegen eine Tetanusinfektion (Ce MDR **68** 341) oder eine Bluttransfusion aus Glaubensgründen abgelehnt hat. Immer zu beachten ist, dass in Fällen, in denen die Vorhersehbarkeit *des Todes* nicht gegeben ist, die Vorhersehbarkeit in Bezug auf den *Körperverletzungserfolg* gegeben sein kann und idR auch gegeben sein wird. **Nicht voraussehbar** sein können ferner schwere Folgen, die erst aufgrund einer persönlichen Disposition des Unfallopfers eintreten, so das Versterben einer schwer herzkranken Person wegen der Schockwirkung eines leichten Auffahrunfalls (Kar NJW **76** 1853), ein infolge falschen Überholens des Täters erlittener Herzinfarkt des Opfers (Stu VRS **18** 365) oder die tödliche Hirnblutung eines arteriosklerotischen Mitfahrers aufgrund von Aufregung (vgl. *Fischer* § 222 Rz 27; **aM** Ha VRS **21** 426). Die Rspr geht hier mitunter sehr weit. So ist nach Ko NJW **04** 3567 (Z) selbst eine durch die Unfallfolgen ausgelöste Drogenabhängigkeit des auch schon vor dem Vorfall labilen Unfallopfers (bei erheblichem Mitverschulden) grundsätzlich vorhersehbar. Vorhersehbarkeit kann schließlich ausscheiden, wenn für das Schadensereignis ein völlig aus dem Rahmen fallendes Verhalten anderer verantwortlich ist. So liegt es zB, wenn ein wegen Übermüdung fahrunsicherer KF aufgrund seiner Übermüdung ein verbotswidrig im Halteverbot, aber gut sichtbar abgestelltes Fz übersieht und darauf auffährt (Bay NZV **89** 201). Desgleichen ist es dem (fahrlässigen) Verursacher eines ersten, mit Ausnahme von Sachschäden folgenlosen Unfalls nicht vorhersehbar, dass ein anderer Kraftfahrer trotz auffälliger Warnzeichen grob verkehrswidrig an eine Unfallstelle heranfährt und so den Tod mehrerer Personen verursacht (Bay VRS **62** 368). Der Ausschluss der Vorhersehbarkeit setzt jedoch *außergewöhnliches* Fehlverhalten dritter Personen voraus. Mit „gewöhnlichem" Fehlverhalten Dritter muss stets gerechnet werden (Bay NZV **89** 201; DAR **78** 190). Zum „halluzinatorischen" Eingriff des Beifahrers ins Steuer Rz 12.

14   **6. Zurechnung des tatbestandlichen Erfolgs.** Das (fahrlässige) Erfolgsdelikt ist nur erfüllt, wenn der Erfolg dem Täter zugerechnet werden kann. Unter dem Topos der objektiven Zurechnung werden dabei unterschiedliche Probleme diskutiert, wobei nahezu alles umstritten ist (s etwa *Lackner/Kühl* § 15 Rz 41 ff). Die umfassende Erörterung der vielfältigen Streitfragen wäre im Rahmen dieses Kommentars fehl am Platze. Die nachfolgenden Ausführungen folgen in der Sache der Rspr.

15   **a) Pflichtwidrigkeitszusammenhang.** Der Tatererfolg muss durch Fahrlässigkeit verursacht sein. Daraus ergibt sich der sog. Pflichtwidrigkeitszusammenhang. Der eingetretene Erfolg muss seinen Grund gerade in der Sorgfaltsverletzung haben, sich mithin als Realisierung der aus ihr resultierenden Gefahr darstellen; daran fehlt es, wenn er auch bei Beachtung der gebotenen Sorgfalt eingetreten wäre (*Lackner/Kühl* § 15 Rz 41) oder wenn dies nicht auszuschließen ist (BGH NJW **85** 1350), also im Fall des so genannten **rechtmäßigen Alternativverhaltens**. Die Rspr behandelt den Pflichtwidrigkeitszusammenhang als Kausalitätsproblem, hält die Handlung bei rechtmäßigem Alternativverhalten demnach nicht für kausal (Rz 3, zB BGHSt **11** 1; **21** 59; **24** 31; BGH NJW **85** 1350). Bei der Prüfung der Zurechenbarkeit ist vom wirklichen Hergang auszugehen, nicht von einem nur gedachten (**E** 102). Nicht zurechenbar ist hiernach zB Fahren trotz Fahrunsicherheit bzw. ohne (hinreichende) FE oder mit verkehrsunsicherem Kfz, wenn sich nichts hiervon beim Unfall ausgewirkt hat. Die Problematik wird vor allem bei Fahrten im Zustand der Fahrunsicherheit (Rz 16) und bei Geschwindigkeitsüberschreitungen (Rz 17 f) relevant, kann aber auch in anderen Konstellationen (Rz 19) auftreten. Zum Pflichtwidrigkeitszusammenhang beim Überlassen des Fz an eine ungeeignete Person Rz 22.

16   Wird **bei einer Trunkenheitsfahrt** (bzw. bei einer Fahrt im Zustand der Fahrunsicherheit) ein Mensch verletzt oder getötet, so wäre das rechtmäßige Alternativverhalten an sich das Unterlassen der Fahrt. Bei diesem Ansatz käme man zwanglos zur Annahme der objektiven Zurechnung. Denn bei Unterlassen der Fahrt wäre der Unfall nicht geschehen. Die Rspr geht jedoch nicht so vor. Unter Vorantritt des BGH (Grundsatzentscheidung in BGHSt **24** 31 = NJW **71** 388) fragt sie vielmehr danach, ob der Beschuldigte im Zeitpunkt des Eintritts der kritischen VLage (im Einzelnen **E** 101) den Unfall auch dann verursacht hätte, wenn er in einer seinem Zustand angepassten Weise gefahren wäre, also so langsam, dass er die rauschmittelbedingten Beeinträchtigungen seiner psycho-physischen Leistungsfähigkeit (Wahrnehmungs-, Reaktionsvermögen usw.) ausgeglichen hätte (sehr str.; zust MK-*Hardtung* § 222 Rz 51; krit *Fischer* vor § 13 Rz 18 d). Der alkoholisierte Fahrer muss also so langsam fahren, dass er keinen längeren Anhalteweg benötigt als ein nüchterner Fahrer (Bay NZV **94** 283). Hingegen ist nicht entscheidend, ob ein nüchterner Fahrer den Unfall bei einer für ihn nicht zu beanstandenden

Geschwindigkeit hätte vermeiden können (Bay NZV **94** 283: Hätte der betrunkene Beschuldigte aufgrund seines Zustands höchstens 130 km/h statt 160 km/h fahren dürfen, um den gleichen Bremsweg zu haben wie ein Nüchterner, und wäre der Unfall bei 130 km/h vermieden worden, so ist der Erfolg zurechenbar; dass ein (gedachter) Nüchterner 160 km/h hätte fahren dürfen und den Unfall bei dieser Geschwindigkeit auch nicht hätte vermeiden können, ist irrelevant). Der Grund für diesen auf den ersten Blick schwer verständlichen Lösungsweg liegt darin, dass sich gerade die durch die Alkoholfahrt begründete potenzielle Gefahr verwirklicht hat (MK-*Hardtung* § 222 Rz 51). Keine Ursächlichkeit von **Übermüdung**, wenn auch ein wacher Fahrer nicht anders reagiert hätte (Kar VRS **50** 280).

Ähnliche Zurechnungsprobleme stellen sich **bei Geschwindigkeitsüberschreitungen**. **17** Nimmt man etwa den Fall, dass der Beschuldigte auf einer längeren Fahrt irgendwann einmal die höchstzulässige Geschwindigkeit überschritten hat und kommt es dann zu einem tödlichen Unfall, so wären bei unbefangener Heranziehung des Gedankens des rechtmäßigen Alternativverhaltens die Würfel schnell in Richtung Strafbarkeit gefallen. Wäre der Beschuldigte nämlich nicht zuvor einmal zu schnell gefahren, wäre er nicht zu dieser Zeit am Unfallort gewesen, weswegen sich der Unfall auch nicht ereignet hätte. Dass dies nicht richtig sein kann, liegt auf der Hand (BGH VRS **18** 180; **23** 369; VersR **63** 165; **77** 524; Ha VRS **10** 459). Denn die Geschwindigkeitsregeln bezwecken nicht, dass das Fz später an einer bestimmten StrStelle eintrifft, sondern deren Einhaltung soll es dem Fahrer ermöglichen, sein Fz in kritischen Situationen rasch zum Stillstand zu bringen. Maßgebend ist demnach auch hier die Verkehrswidrigkeit, die als (unmittelbare) Unfallursache in Betracht kommt. Der Zurechnungszusammenhang ist zu bejahen, wenn sich der Unfall nicht ereignet hätte, wäre der FzF **bei Eintritt der kritischen VSituation** nicht mit einer höheren als der zugelassenen Geschwindigkeit gefahren (im Einzelnen **E** 101). Das ist einmal (klar!) dann der Fall, wenn das Fz bei Einhaltung der zulässigen Geschwindigkeit noch rechtzeitig hätte abgebremst werden können (Kö VRS **58** 24). Jedoch ist der Erfolg auch dann zurechenbar, wenn der schließlich Geschädigte zB die Straße zu dem Zeitpunkt bereits überquert gehabt hätte, zu dem der Beschuldigte bei Einhaltung der zulässigen Geschwindigkeit am Unfallort eingetroffen wäre; denn auch in einem solchen Fall verwirklichen sich die Gefahren des Fahrens mit überhöhter Geschwindigkeit, vor denen der VOGeber die VT schützen will (BGH NJW **85** 1350; Fra JR **94** 77; s ergänzend **E** 101).

Kasuistik (Geschwindigkeit): Auch wenn der Kf eine zu geringe Geschwindigkeitsanzeige **18** des Tachos nicht erkennen konnte und der Unfall bei der angezeigten Geschwindigkeit nicht eingetreten wäre, entfällt der Vorwurf der Fahrlässigkeit nicht, sofern auch diese Geschwindigkeit pflichtwidrig war (Stu VRS **69** 441, **E** 135). Bleibt beim Vorwurf der fahrlässigen Tötung wegen zu schnellen Fahrens die Möglichkeit eines Bremsversagens offen, so ist zu prüfen, ob die Tötung trotz des Bremsversagens bei zulässiger Geschwindigkeit vermeidbar gewesen wäre (Kö VRS **29** 118, Stu VRS **27** 441). Zur Zurechnung zu hoher Geschwindigkeit für eine Körperverletzung, wenn der Erfolg auch durch zu hohe Geschwindigkeit eines nachfolgenden Dritten herbeigeführt worden wäre, **E** 100. War der Zusammenstoß auch bei Fahren auf Sicht unvermeidbar, so begründet überhöhte Geschwindigkeit allein nicht den Vorwurf schuldhafter Unfallverursachung (BGH VRS **26** 203), desgleichen nicht ein Verstoß gegen § 3 IIa StVO (Jn VRS **111** 180) oder verbotswidriges Einfahren in eine gesperrte Str mit überhöhter Geschwindigkeit vor Eintritt der kritischen VLage (Bay VRS **69** 392 [zu § 1 II StVO], s auch Rz 20). Sichablösen eines Anhängerrads bei überhöhter Geschwindigkeit ist nicht zurechenbar, wenn ein ähnlich schwerer Schaden auch bei korrekter Geschwindigkeit hätte eintreten können (Bay VRS **58** 412). S auch Rz 20 a.E.

Die Zurechnung kann zB **ferner entfallen**, wenn bei einem **Überschreiten der Mittel-** **19** **linie** durch den FzF nicht ausgeschlossen werden kann, dass auch der schließlich Geschädigte die Mittellinie überschritten hat, weswegen der Unfall auch bei verkehrsgerechtem Verhalten des FzF eingetreten wäre (Bay NZV **92** 452). Auf derselben Linie liegt der vieldiskutierte „**Radfahrerfall**" **des BGH** (BGHSt **11** 1): Hält der einen betrunkenen Radf überholende LkwF den vorgeschriebenen Seitenabstand nicht ein, so macht er sich nicht wegen § 222 strafbar, wenn der Radf wegen seines Zustands auch bei Einhaltung des Sicherheitsabstands unter die Räder des Lkw und hierdurch zu Tode gekommen wäre (*Fischer* vor § 13 Rz 18 e; MK-*Hardtung* § 222 Rz 45). Steht fest, ob beim **Fahren mit schadhaften Reifen** und überhöhter Geschwindigkeit das für den Unfall ursächliche Platzen des Reifens auch bei ordnungsgemäßem Zustand der Reifen (nämlich durch einen auf der Straße liegenden Nagel) verursacht worden ist, so kann es am Pflichtwidrigkeitszusammenhang fehlen (Köln VRS **64** 257). Keine Zurechnung bei Unfall mit **profillosen Reifen**, wenn der Unfall allein auf unrichtiges Fahren zurückgeht, wenn das Geschehen also bei verkehrsrichtigem Fahren ebenso abgelaufen wäre (BGH VRS **37** 276) oder wenn das vorhandene Restprofil noch zur Wasserabführung ausgereicht hat. Wird dem Betriebsinhaber angelastet, die **Wartung von Reifen** nicht ordnungsgemäß organisiert zu haben, so fehlt es am Pflichtwidrigkeitszusammenhang, wenn der schadhafte Reifen durch einen Mitarbeiter tatsächlich bemerkt, aber unzureichend repariert worden ist (Dü VRS **66** 27, 30; s auch Rz 3).

20   **b) Schutzzweck der Norm.** Der eingetretene Erfolg muss im Schutzzweck der verletzten Norm liegen. Die Problematik ist eng mit der des Pflichtwidrigkeitszusammenhangs bzw des rechtmäßigen Alternativverhaltens (hierzu Rz 15 ff) verknüpft und wird oftmals auch in diesem Rahmen erörtert. ZB soll die **Sperrung eines Flurbereinigungswegs** durch VZ 250 nicht vor der Gefahr der Körperverletzung oder Tötung schützen; allein der im verbotswidrigen Befahren eines solchen Wegs liegende Sorgfaltsverstoß ist deshalb im Rahmen der §§ 222, 230 nicht zurechenbar (vgl. Bay VRS **69** 392). Desgleichen begründet ein **Verstoß gegen das Rechtsfahrgebot** keinen Zurechnungszusammenhang mit der Gefährdung eines im Seitenverkehr nahenden VT; dies gilt auch, wenn der Verstoß auf Fahrunsicherheit beruht (Bay NZV **89** 359). Nach neuer Rspr. des BGH (NJW **06** 2110 [Z], s. auch § 20 Rz 4, 19) dienen die **Verhaltensvorschriften des § 20 I–IV StVO** allen Fußgängern, die im räumlichen Bereich von Schulbushaltestellen unachtsam die Fahrbahn überqueren; demnach liegt die Gesundheit eines erwachsenen Fußgängers, der trotz eines mit überhöhter Geschwindigkeit nahenden Kfz in Höhe des Schulbusses noch die Fahrbahn zu überqueren versucht, im Schutzbereich der Norm (anders noch Ha VRS **60** 38). **Eine Lichtzeichenanlage** (§ 37 I StVO) bezweckt grundsätzlich nicht den Schutz des aus angrenzenden Grundstücken auf die Str einfahrenden FzVerkehrs, der seinerseits nach § 10 I StVO äußerste Sorgfalt zu beachten hat (Ko NZV **07** 589 [zu § 1 II StVO]). Das **Verbot des Überholens** an unübersichtlicher Stelle dient nicht dem Zweck, dem zu Überholenden ein Abbiegen nach links zu ermöglichen, sondern ihm ein gefahrloses Weiterfahren zu sichern (Bay VRS **71** 68 [zu § 1 II StVO]). **Ein Halteverbot** kann die Verhütung von Schäden des fließenden Verkehrs namentlich dann bezwecken, wenn ein dort abgestelltes Fz ein schlecht erkennbares Verkehrshindernis darstellt, nicht aber, falls es zu dem Zweck angeordnet ist, eine flüssigere Zufahrt zu einem Firmengelände zu ermöglichen (Bay NZV **89** 201). Keine Zurechenbarkeit bei Fahrgastbeförderung ohne die notwendige besondere FE, wenn der Unfall nicht auf dem Fehlen der persönlichen Zuverlässigkeit beruht (Rz 15; BGH VRS **56** 103). Wer an unbeschilderter Kreuzung („**halbe Vorfahrt**", § 8 StVO Rz 38) so schnell fährt, dass er seiner Wartepflicht gegenüber von rechts nahenden bevorrechtigten VT nicht nachkommen könnte, ist auch für eine durch Kollision mit einem von links kommenden Wartepflichtigen verursachte Körperverletzung verantwortlich, wenn diese bei angemessener Geschwindigkeit vermieden worden wäre (Ha VRS **61** 283).

21   Wird infolge **Überschreitung der durch VZ begrenzten Höchstgeschwindigkeit** ein Unfall herbeigeführt, dient aber die Geschwindigkeitsbegrenzung nicht der Vermeidung von Unfällen gerade dieser Art, so liegt der Erfolg außerhalb des Schutzzwecks der Norm, mit der Folge, dass auf die Missachtung des VZ ein Schuldvorwurf nicht gestützt werden kann (BGH NJW **85** 1950, Ha VRS **61** 353). Ursächlichkeit einer Geschwindigkeitsüberschreitung innerorts oder innerhalb einer durch VZ gekennzeichneten Verbotsstrecke für einen sich *außerhalb* dieser Bereiche ereignenden Unfall begründet keinen Zurechnungszusammenhang, weil der Schutzbereich der Geschwindigkeitsbegrenzung auf die Verbotszone beschränkt ist (Ha VRS **61** 353). Dies gilt auch, wenn der Kf die Gefahr schon innerhalb der Verbotszone erkannt hat (Ha VRS **61** 353, aM Bay VRS **57** 360). Der Schutzzweck des § 3 III StVO umfasst jedoch auch den Fall, dass eine Kollision im Kreuzungsbereich unterblieben wäre, wenn der FzF bei Einhaltung der zulässigen Höchstgeschwindigkeit *nach Eintritt der konkreten kritischen VLage* den Kollisionsort erst zu einem Zeitpunkt erreicht hätte, in dem der andere Beteiligte diesen bereits verlassen haben würde (Rz 17). Eine vorübergehend wegen einer kurz zuvor erfolgten Fahrbahnerneuerung angebrachte Geschwindigkeitsbeschränkung durch Z 274 dient dazu, einer durch den neuen Fahrbahnbelag bedingten erhöhten Rutschgefahr entgegen zu wirken, womit sich ihr Schutzzweck darauf beschränkt, Gefahren abzuwenden, die gerade auf die Beschaffenheit des neu aufgebrachten Straßenbelags zurückzuführen sind; haben sich gerade diese Gefahren beim Unfall nicht ausgewirkt (hätte sich der Unfall also auf einem nicht mehr neuen, normalen Fahrbahnbelag bei ansonsten unveränderten Umständen in gleicher Weise ereignet), so ist der Verletzungserfolg dem Täter nicht zurechenbar (Kar DAR **06** 340). Kann der Kf infolge zu hoher Geschwindigkeit seiner Haltepflicht nach Z 206 nicht nachkommen, liegt auch

Verstoß gegen § 3 I S 2 StVO vor, mit der Folge strafrechtlicher Verantwortlichkeit auch für Zusammenstoß mit dem *wartepflichtigen* links abbiegenden GegenV (Zw VRS **60** 197). Entsprechendes gilt bei Kollision mit einem im Einmündungs-, bzw Kreuzungsbereich die Fahrbahn überquerenden Fußgänger infolge einer Geschwindigkeit, die auch eine *Vorfahrtbeachtung* unmöglich gemacht hätte (Bay VRS **65** 154). Der FzF eines Pkw, der über längere Zeit mit überhöhter Geschwindigkeit fährt und erkennt, dass ihm ein Pkw mit ebenfalls überhöhter Geschwindigkeit in zu geringem Sicherheitsabstand folgt, ist nicht für die Tötung von Fußgängern verantwortlich, die der nachfolgende FzF durch dessen (in doppelter Hinsicht) verkehrswidriges Verhalten verursacht; denn die Geschwindigkeitsbegrenzung hat nicht den Zweck, andere vom zu schnellen Fahren abzuhalten (Stu VRS **87** 336).

c) **Eigenverantwortliche Selbstgefährdung.** Im Anschluss an BGHSt **32** 262 (= NJW **84** 1469; gemeinsamer Heroinkonsum) ist die Zurechnung (also nicht erst die Rechtswidrigkeit) auch in den Fällen der Beteiligung an einer eigenverantwortlichen Selbstgefährdung bzw. Selbstverletzung ausgeschlossen (dazu allg. *Fischer* vor § 13 Rz 19). Danach unterfällt die eigenverantwortlich gewollte, erstrebte, als sicher vorausgesehene oder in Kauf genommene und vollzogene Selbstgefährdung nicht dem Tatbestand eines Körperverletzungs- oder Tötungsdelikts, gleichgültig, ob das mit der Gefährdung bewusst eingegangene Risiko sich realisiert (der Handelnde sich also verletzt oder getötet wird) oder der Erfolg ausbleibt; wer lediglich (vorsätzlich oder fahrlässig) den Akt der eigenverantwortlich gewollten und bewirkten Selbstgefährdung veranlasst, ermöglicht oder fördert, nimmt an einem Geschehen teil, das – soweit es um die Strafbarkeit wegen §§ 222, 229 geht – nicht tatbestandsmäßig ist (BGH NJW **84** 1469). Die Strafbarkeit kann erst dort beginnen, wo der sich Beteiligende kraft überlegenen Sachwissens das Risiko besser erfasst als der sich selbst Gefährdende. Ohne rechtliche Bedeutung ist es dabei, wenn der sich bewusst und eigenverantwortlich selbst Gefährdende darauf hofft oder gar darauf vertraut, dass es nicht zum Eintritt des Erfolgs kommen werde. Mit dem gefährlichen, in seiner möglichen Tragweite überblickten Verhalten übernimmt er das Risiko der Realisierung der Gefahr (BGH aaO). Von der eigenverantwortlichen Selbstgefährdung ist die **einverständliche Fremdgefährdung** zu unterscheiden, bei der sich das Opfer nur den Wirkungen des gefährlichen Handelns eines anderen aussetzt und dieser die Tatherrschaft innehat. Solche Konstellationen sind nach wohl hM unter dem Aspekt der rechtfertigenden Einwilligung zu beurteilen (Rz 24 ff). Immer zu beachten ist auch, dass die Grundsätze zur eigenverantwortlichen Selbstgefährdung nur eingreifen, wenn außer der sich selbst gefährdenden Person keine Dritten verletzt werden (zu solchen Fällen oben Rz 8).

Kasuistik: Auf der Linie der neueren Rspr (Rz 22) ist der Halter eines Fz, der einen ihm bekannten, nach Besuch der Fahrschule wegen Nichtbestehens der Fahrprüfung nicht im Besitz einer FE befindlichen Dritten auf dessen Drängen zum Führen seines Kfz ermächtigt, jedenfalls dann nicht für den infolge eines Fahrfehlers eingetretenen Tod des FzLenkers verantwortlich, wenn er nicht über das bloße Ermöglichen der eigenverantwortlich gewollten und verwirklichten Selbstgefährdung hinaus Anhaltspunkte für besonders leichtfertiges oder vertrauensunwürdiges Verkehrsverhalten des Ermächtigten hat (Stu VRS **67** 429, s auch Rz 8). Gleiches gilt (sofern der Täter nicht überlegenes Wissen etwa in Bezug auf vorhandene Mängel hat) für das Überlassen eines Mopeds an eine führerscheinlose, im Fahren von Motorrädern ungeübte Person (Bay VRS **92** 247), anders aber bei Mitfahrt des Halters mit einem erkennbar noch nicht fahrsicheren, führerscheinlosen Jugendlichen, der wegen Missachtung der Fahrhinweise des Halters verunglückt (Kö VRS **29** 30). Nach Bay NZV **89** 80 ist für eine Körperverletzung oder Tötung des anderen grundsätzlich nicht strafrechtlich verantwortlich der Kradf, der einem Skateboardfahrer auf dessen Wunsch ermöglicht, sich an das Krad anzuhängen (sehr zw.; näher liegt einverständliche Fremdgefährdung, die unter dem Aspekt des „unverantwortlichen Spiels mit dem Leben" als strafbar anzusehen ist (Rz 25).

7. **Rechtswidrigkeit.** Die Rechtswidrigkeit ist (auch) im Rahmen der §§ 222, 229 allgemeines Verbrechensmerkmal. Sie wird (wie sonst auch) bei Erfüllung des Tatbestands indiziert, kann aber durch Rechtfertigungsgründe ausgeschlossen werden. Zu nennen sind etwa die §§ 32, 34. Das Schwergewicht bei §§ 222, 229 im StrVRecht liegt jedoch bei der rechtfertigenden Einwilligung. Dabei dürfte der Fall kaum je vorkommen, dass der Verletzte in den Körperverletzungs- oder (insofern ohnehin unwirksam, Rz 25) gar Tötungserfolg einwilligt. Vielmehr geht es in aller Regel darum, dass er sich bewusst in eine Gefahrenlage begibt, die Körperverletzungs- oder Todesfolgen nach sich ziehen kann, dass er jedoch auf das Ausbleiben des Erfolgs vertraut. Bei einer solchen Sachlage ist zunächst zu prüfen, ob nicht eine Konstellation der

eigenverantwortlichen Selbstgefährdung gegeben ist, die schon den Tatbestand ausschließt und (anders als die rechtfertigende Einwilligung: Rz 25) auch einen Strafbarkeitsausschluss in Bezug auf die fahrlässige Tötung und schwere Gesundheitsschädigungen zur Folge haben kann (Rz 22 f). Im Unterschied zur eigenverantwortlichen Selbstgefährdung hat das Opfer in den hier relevanten Fällen **der einverständlichen Fremdgefährdung** sein Schicksal in die Hand des Täters gegeben (Rz 22). Die wohl hM behandelt diese Fälle unter dem Aspekt der rechtfertigenden Einwilligung (zB BGHSt **40** 341 = BGH NJW **95** 795; Bay JR **78** 296; *Fischer* vor § 13 Rz 19a), wobei die Fälle der eigenverantwortlichen Selbstgefährdung von denen der einverständlichen Fremdgefährdung mitunter sehr schwer abzugrenzen sind. Ein Teil der Lit. verortet demgegenüber auch die Fälle der einverständlichen Fremdgefährdung im Rahmen der objektiven Zurechnung und fragt danach, ob der Gefährdete das Risiko in selben Maße übersehen hat wie der Gefährdende, der Schaden die Folge des eingegangenen Risikos und nicht hinzukommender anderer Fehler ist und der Gefährdete für das gemeinsame Tun dieselbe Verantwortung trägt wie der Gefährdende (dann Strafbarkeitsausschluss, s *Roxin* Strafrecht AT I § 11 Rz 100). Ebenso ist – freilich im Rahmen der Rechtfertigung – Zw in der unter Rz 26 referierten Entscheidung vorgegangen.

25 **Für die Wirksamkeit der Einwilligung** gelten die allgemeinen Grundsätze. Erforderlich ist, dass der Verletzte über das Rechtsgut disponieren kann, die Einwilligung zumindest konkludent vor der Tat erklärt wurde und zur Tatzeit noch besteht, der Erklärende über die erforderliche Einsichts- und Urteilsfähigkeit verfügt, die Erklärung nicht unter Willensmängeln (zB Täuschung, Drohung) leidet und der Täter auf Grund (BGHSt **4** 199, 200) oder jedenfalls in Kenntnis der Einwilligung handelt (*Fischer* vor § 32 Rz 3c). Eine konkludente Einwilligung in eine Körperverletzung liegt nach der Rspr. noch nicht im bloßen Mitfahren (BGHZ **34** 355; Celle MDR **69** 69). Anders liegt es jedoch, wenn sich der Mitfahrer aufgrund der konkreten Umstände der besonderen Risiken der Fahrt bewusst war (Beispielsfälle Rz 26). Die Rspr. wendet § 228 StGB auch insoweit auf die fahrlässige Körperverletzung an, als die Tat trotz der Einwilligung nicht gegen die guten Sitten verstoßen darf (zB Bay JR **78** 296; Dü NZV **98** 76). Ein Sittenverstoß kann dabei auch unter Berücksichtigung der durch den Gesetzgeber in § 216 StGB getroffenen Wertentscheidung (str., ob sie für § 222 Gültigkeit beanspruchen kann) dann anzunehmen sein, wenn sich der gesamte Vorgang als „unverantwortliches Spiel mit dem Leben" darstellt (Zw NZV **94** 35) bzw schwere Gesundheitsschäden zur Folge haben kann, wobei der Tatzweck zu berücksichtigen ist. Dass die Tat oder die Einwilligung gegen Regelungen der StVO verstoßen kann, macht die Einwilligung jedoch nicht unter dem Blickwinkel des Sittenverstoßes unwirksam (Bay JR **78** 296).

26 **Einzelfälle:** Zw NZV **94** 35 hält Strafbarkeit wegen fahrlässiger Tötung in Bezug auf einen FzF für ausgeschlossen, der einem anderen das Mitfahren im ungesicherten Laderaum eines Kfz gestattet hat, sofern der Verunglückte (wie dort) dieselbe Kenntnis der Gefährlichkeit der Fahrt hat wie der FzF, der FzF über das einvernehmliche Risiko hinaus sorgfältig gefahren ist und keinen Fehler gemacht hat und iÜ der Gefährdete derjenige war, der den FzF zu der gefährdenden Handlung erst überreden musste (s auch Rz 24). In der Sache ebenso beurteilt Ko NZV **93** 193 den Fall eines FzF, der einem anderen das Mitfahren auf dem Dach eines Pkw ermöglicht hat. Bay JR **78** 296 hält eine Rechtfertigung des Mitziehens eines Radf durch einen Autofahrer jedenfalls dann für möglich, wenn nicht die Gefahr von schweren Gesundheitsschäden bestand. Desgleichen sieht BGH VRS **17** 277 keinen Sittenverstoß bei einer Fahrt mit einem mit vier Personen besetzten Motorroller. Hingegen steht das beträchtliche Risiko beim verharmlosend so genannten „Autosurfen" außerhalb jeglichen Verhältnisses zum verfolgten Zweck der Unterhaltung um des Nervenkitzels willen; die Körperverletzung ist deshalb trotz Einwilligung wegen Sittenwidrigkeit strafbar (Dü NZV **98** 76). Körperverletzung bei Mitfahrt mit einem FzF, bei dem jederzeit die Gefahr eines epileptischen Anfalls besteht, kann durch Einwilligung gerechtfertigt sein (BGH NJW **95** 795). Nach Ha DAR **72** 77 und Ko BA **02** 484 ist die in der Mitfahrt mit einem alkoholbedingt fahrunsicheren FzF liegende (konkludente) Einwilligung wegen Sittenverstoßes unbeachtlich, wenn sie schwere Körperschädigungen oder gar den Tod zur Folge hat; das Einverständnis (Mitverschulden) des Verletzten bzw Getöteten ist lediglich im Rahmen der Strafzumessung zu berücksichtigen (Ko BA **02** 484). Hingegen kommt bei erkannter Angetrunkenheit des Fahrers Einwilligung des Mitfahrenden jedenfalls in geringfügige Verletzungen in Betracht (Fra DAR **65** 217, Zw VRS **30** 284, AG Saalfeld BA **07** 44, *Fischer* § 228 Rz 7).

27 **8. Schuld.** Die Strafbarkeit wegen eines fahrlässigen Erfolgsdelikts setzt schließlich eine **subjektive Sorgfaltspflichtverletzung** voraus (hM). Dem Täter ist die Tat nur dann vorwerfbar,

wenn er nach seinen persönlichen Kenntnissen und Fähigkeiten in der Lage war, die objektiven Sorgfaltspflichten (Rz 4 ff) zu erkennen und zu erfüllen sowie den Erfolg vorauszusehen und zu vermeiden (st Rspr, zB BGHSt **12** 78, **40** 341, BGH NJW **95** 795, Bay DAR **96** 152, Kö VRS **103** 116). Erfolg und Kausalverlauf müssen dabei freilich nur in den wesentlichen Grundzügen, nicht also in den Einzelheiten voraussehbar gewesen sein (BGHSt **12** 75 = NJW **58** 1980; Ha VRS **61** 353). Die subjektive Voraussehbarkeit scheidet bei atypischen Kausalverläufen aus; in der Regel wird es hier jedoch schon an der objektiven Voraussehbarkeit fehlen (Rz 11, 13). Liegen hingegen die sonstigen Voraussetzungen vor, so wird auch die subjektive Vorwerfbarkeit zu bejahen sein. Im Grundsatz ist nämlich davon auszugehen, dass das, was im Rahmen der allgemeinen Lebenserfahrung voraussehbar ist, auch vom konkreten Beschuldigten hätte vorausgesehen werden können, sofern sich aus den Umständen oder der Person des Beschuldigten keine gegenteiligen Besonderheiten ergeben (RGSt **56** 343; BGHSt **4** 360; **12** 75; Stu NJW **82** 295).

Die Schuld kann **im Einzelfall zu verneinen sein**, wenn der KF in einer plötzlich und **28** ohne sein Verschulden auftretenden Gefahrenlage, die sofortiges Handeln erfordert, infolge Schrecks, Verwirrung oder Überraschung außerstande ist, das richtige Mittel zur Abwendung der Gefahr zu ergreifen (BGH VRS **10** 213; NJW **76** 1504; s auch § 1 StVO Rz 29). So kann es zB nach einem ohne Anzeige erfolgten Ausscheren eines Lkw liegen (BGH VRS **10** 213), desgleichen, wenn ein Reifen platzt; denn in der Bewältigung einer solchen Krisensituation hat der Durchschnittsfahrer keine Übung (BGH NJW **76** 1504). Einem Fahrschüler, der sich an die Anweisungen seines Fahrlehrers hält, fällt Fahrlässigkeit nur dann zur Last, wenn er einen Fahrfehler begeht, den er nach Maßgabe seines subjektiven Wissens und Könnens unschwer hätte vermeiden können (Ha NJW **79** 993). Die subjektive Sorgfaltspflichtverletzung kann namentlich auch in den Fällen des Antritts oder der Fortführung der Fahrt trotz geistiger oder körperlicher Mängel zu verneinen sein (Rz 6). Hinsichtlich der subjektiven Sorgfaltspflichten stellt die Rspr wegen der im StrV erwachsenden hohen Gefahren dabei zwar generell strenge Anforderungen. Der FzF, insbesondere der Kf, muss sich vor Antritt der Fahrt stets vergewissern, dass er den Anforderungen des StrV (noch) gewachsen ist. Allerdings ist stets weiter zu prüfen, ob der betreffende Mangel, ggf. iVm weiteren Umständen, den Täter außerstande gesetzt hat, seinen Sorgfaltspflichten nachzukommen. Es existiert dabei kein Erfahrungssatz des Inhalts, dass der Betroffenen stets zu gehöriger Selbstprüfung in der Lage ist, also unterlaufene Fehler und die Fahrsicherheit insgesamt subjektiv richtig einzuschätzen vermag. Ob der Täter die objektive Sorgfaltspflichtverletzung voraussehen und vermeiden konnte, muss nach seinen persönlichen Kenntnissen und Fähigkeiten, nach seiner Intelligenz und seiner Selbstkritik beurteilt werden (Bay NJW **96** 2045, Ol VRS **102** 276). Die Anforderungen an die zumutbare verkehrsmäßige Sorgfalt bezüglich der persönlichen Voraussichts- und Motivationspflicht können dabei durch Angstgefühle, Aufregung und Bestürzung über eine plötzlich eintretende Verschlechterung und auch durch das Bewusstsein vermindert sein, mit anderen Mitteln als dem Fz nicht mehr rechtzeitig zum Arzt zu kommen (Bay VRS **79** 364; zum Ganzen LK-*König* § 315 c Rz 66 f). Die subjektive Sorgfaltspflichtverletzung ist in Fällen fehlender Krankheitseinsicht besonders zu prüfen (BGH NJW **95** 795). Zur actio libera in causa Rz 5.

9. Konkurrenzen. Mit den §§ 315 b bis 316 sowie mit § 240 kann Tateinheit bestehen **29** (s jeweils dort).

10. Sanktionen. Zur Strafzumessung gelten die Erläuterungen unter § 315 c Rz 46/47 ff, **30** § 316 Rz 101 ff sinngemäß. Bei fahrlässiger Tötung durch Fahren im Zustand der Fahrunsicherheit wird oftmals die Frage der Verhängung von Vollzugsstrafen bei Ersttätern wegen Verteidigung der Rechtsordnung relevant (§ 315 c Rz 53, 55 ff). Zur erweiterten Verwarnung mit Strafvorbehalt § 315 c Rz 57. § 59 StGB wird freilich in Fällen, in denen nur § 229 erfüllt ist, und in besonders gelagerten Fällen des § 222 eher in Betracht kommen als bei Taten, die (auch) § 315 c StGB erfüllen. Zum Absehen von Strafe § 315 c Rz 58. FV wird nicht selten angezeigt sein; zur Konkurrenz mit OW, für die eine Regelanordnung der BKatV besteht, § 44 Rz 7 b. Zur EdF § 69.

11. Verfahren. Fahrlässige Körperverletzung ist **ein Antragsdelikt**. Liegt kein wirksamer **31** Strafantrag vor, kann sie nur verfolgt werden, wenn die StA das besondere öffentliche Interesse an der Strafverfolgung bejaht (§ 230 StGB). Dies kann noch in der Revisionsinstanz, ggf. auch nach Rücknahme eines Strafantrags, ausdrücklich oder durch schlüssiges Verhalten geschehen, wobei in der Anklageerhebung wegen § 229 die Bejahung des öffentlichen Interesses zu sehen ist (*Fischer* § 230 Rz 4). Das besondere öffentliche Interesse kann auch noch nach Einspruch gegen einen Bußgeldbescheid wegen einer VerkehrsOW bejaht werden, auch wenn die StA ein solches zunächst verneint und das Verfahren insoweit eingestellt hatte (Ha NStZ **86** 81; *Göhler-Seitz* § 81 Rz 9), nicht aber mit einem Antrag auf Zulassung der Rechtsbeschwerde gegen ein Amtsgerichtsurteil wegen einer VerkehrsOW verbunden werden (KG VRS **70** 8). Die Entscheidung der StA kann nicht durch das Gericht überprüft werden (Bay NJW **91** 1765). Sie ist auch nicht im Verwaltungsrechtsweg anfechtbar (*Fischer* § 230 Rz 3), sondern kann allenfalls mit der Dienstaufsichtsbeschwerde angegriffen werden. Nr 243 III RiStBV und – diese Regelung ergänzend – die unveröffentlichten VwV der Justizressorts enthalten Hinweise für die StA. Sie heben jeweils hervor, dass kein Grundsatz anzuerkennen ist, wonach bei fahrlässiger Körperverletzung im StrV das besondere öffentliche Interesse stets oder auch nur in der Regel zu bejahen ist. Verneint die StA das besondere öffentliche Interesse, so stellt sie das Verfahren nach § 170 II StPO ein und gibt die Sache ggf. an die Verwaltungsbehörde ab (§ 43 OWiG). Bejaht sie es, so ist gleichwohl ein Absehen von weiterer Verfolgung nach § 153a StPO möglich.

32 Eine beachtliche Rolle bei der Verfolgung der fahrlässigen Körperverletzung im StrV spielt die **Verweisung auf den Privatklageweg**. § 229 ist Privatklagedelikt (§ 374 I Nr. 4 StPO). In solchen Fällen erhebt die StA auch bei vorliegendem wirksamem Strafantrag des Verletzten nur dann Anklage, wenn dies im öffentlichen Interesse liegt (§ 376 StPO). Der Entscheidung der StA kommt dabei oftmals die entscheidende Bedeutung für den Fortgang des Verfahrens zu. Denn gerade bei Strafanzeigen, die in erster Linie zur Durchsetzung zivilrechtlicher Schadensersatzansprüche gestellt werden, wird die Angelegenheit vom Verletzten nach einer Privatklageverweisung meist nicht mehr weiterverfolgt. Der Begriff des öffentlichen Interesses iS des § 376 StPO ist mit dem des besonderen öffentlichen Interesses an der Strafverfolgung (Rz 25) nicht identisch, vielmehr weiter als jener (*Meyer-Goßner* § 376 Rz 7). In der Annahme des besonderen öffentlichen Interesses nach § 230 StGB liegt demnach die Bejahung auch des Interesses nach § 376 StPO. Zugleich liegt auf der Hand, dass wie dort kein Prinzip anzuerkennen ist, wonach § 229 in der Regel durch Erhebung der öffentlichen Klage zu verfolgen ist; die ministerialen Richtlinien (Rz 31) enthalten Hinweise auch zur Handhabung der Privatklageverweisung. Bei einer Privatklageverweisung wird das Verfahren nach § 43 OWiG an die Verwaltungsbehörde abgegeben. Ein etwaiger Bußgeldbescheid bildet dabei nicht etwa ein Verfahrenshindernis für die Verfolgung der Straftat im Privatklageverfahren; vielmehr ist der Bußgeldbescheid dann aufzuheben, wenn im Privatklageverfahren eine Verurteilung wegen der Straftat ergeht (§§ 86, 21 OWiG). Nach Einspruch des Betroffenen gegen einen Bußgeldbescheid muss (nach gerichtlichem Hinweis) ins Strafverfahren übergegangen werden, sofern Anhaltspunkte für § 229 bestehen und ein wirksamer Strafantrag vorliegt (§ 81 OWiG). Fehlt es am Strafantrag, so kann die StA das besondere öffentliche Interesse an der Strafverfolgung auch dann bejahen, wenn sie es zuvor verneint hat (Rz 31). Zu Einzelheiten *Göhler-König* § 43 Rz 10 ff, *-Seitz* zu § 81.

33 In Fällen, in denen das Opfer nach Beendigung des Strafverfahrens verstirbt, kann sich die **Frage des Strafklageverbrauchs** stellen. Dabei schließt ein wegen § 229 ergangenes Urteil eine erneute Strafverfolgung wegen fahrlässiger Tötung aus. Das Gleiche gilt für den Strafbefehl (BVerfG NJW **84** 604). Einen beschränkten Strafklageverbrauch haben auch (staatsanwaltschaftliche) Einstellungsverfügungen sowie (gerichtliche) Einstellungsbeschlüsse gemäß § 153a StPO zur Folge. Hat der Beschuldigte die Auflagen vollständig erfüllt, so ist eine erneute Strafverfolgung nur möglich, wenn sich nachträglich Tatsachen ergeben, bei deren Vorliegen ein Verbrechen vorläge (§ 153a I S 5, II S 2 StPO und hierzu *Meyer-Goßner* § 153a Rz 52), was beim Vorwurf der fahrlässigen Tötung statt der fahrlässigen Körperverletzung nicht der Fall ist. Eine erneute Strafverfolgung unter dem Aspekt des schwereren Vorwurfs ist deshalb unzulässig. Auf der Grundlage von BGH NJW **04** 604 sind die für § 153a StPO entwickelten Grundsätze für (gerichtliche) Einstellungsbeschlüsse nach § 153 II StPO entsprechend anzuwenden (krit. *Meyer-Goßner* § 153 Rz 38), womit auch nach ihrem Zustandekommen ein beschränkter Strafklageverbrauch eintritt.

Nötigung

240 (1) Wer einen Menschen rechtswidrig mit Gewalt oder durch Drohung mit einem empfindlichen Übel zu einer Handlung, Duldung oder Unterlassung nötigt, wird mit Freiheitsstrafe bis zu drei Jahren oder mit Geldstrafe bestraft.

(2) Rechtswidrig ist die Tat, wenn die Anwendung der Gewalt oder die Androhung des Übels zu dem angestrebten Zweck als verwerflich anzusehen ist.

(3) **Der Versuch ist strafbar.**

(4) ¹**In besonders schweren Fällen ist die Strafe Freiheitsstrafe von sechs Monaten bis zu fünf Jahren.** ²**Ein besonders schwerer Fall liegt in der Regel vor, wenn der Täter**
1. **eine andere Person zu einer sexuellen Handlung oder zur Eingehung der Ehe nötigt,**
2. **eine Schwangere zum Schwangerschaftsabbruch nötigt oder**
3. **seine Befugnisse oder seine Stellung als Amtsträger mißbraucht.**

Übersicht

Ab-, Ausbremsen s Bremsen
Absicht 7, 8, 24, 32
Blockieren der Fahrbahn 3, 19, 23, 24, s auch Verhindern
Bremsen 21, 22, 24, 26
Drängeln 10 ff, s auch 2, 3, 6, 7, 16, 24
Drohung 5, 10, 11, 22, 27, 29
Gewalt 4 sowie bei den einzelnen Fallgruppen
– durch Unterlassen 4, 32
Kolonnenspringen 24, 25
Konkurrenzen 34

Lichthupe 12–15, 33

Parklückenfälle 27–31

Schneiden 24
Signalhorn s Lichthupe

Verhindern des Überholens 16–20
Versperren von Einfahrten etc. 32
Verwerflichkeit 2, 6, 7, 8, 20–23, 27, 28, 31
Vorsatz 8

Zufahren auf ein Fahrzeug 28, auf eine Person 27

Lit: *Berz,* Zur Nötigung im StrV nach der „Sitzdemonstration"-Entscheidung des BVerfG, NZV **95** 297. *Busse,* Nötigung im StrV, 1968. *Helmken,* Wider Schulmeisterei und Faustrecht auf deutschen Strn, NZV **91** 372. *König,* Zum Einsatz des Strafrechts gegen Verkehrsrowdys, NZV **05** 27. *Maatz,* Nötigung im StrV, NZV **06** 337. *Schmidt,* Fragen des Fahrens auf der AB, DAR **65** 145.

1. Allgemeines. § 240 rechnet zu den am meisten umstrittenen Vorschriften des StGB und **1** ist im Zusammenhang mit demonstrativen Sitzblockaden Gegenstand mehrerer verfassungsrechtlicher Entscheidungen gewesen (insbesondere BVerfGE **73** 206 (237) = NJW **87** 43; BVerfGE **76** 211; **92** 1 = NJW **95** 1141 [„Sitzblockadenbeschluss"]). Im Rahmen dieses Kommentars muss der Nötigungstatbestand jedoch nicht in allen Facetten ausgeleuchtet werden. Die nachfolgenden Ausführungen beschränken sich auf die spezifisch verkehrsstrafrechtlichen Aspekte.

In Übereinstimmung mit der hM ist davon auszugehen, dass das Strafrecht unentbehrlich ist, **2** um nötigender Gewalt im StrV entgegenzuwirken (VGT **96** S. 8). Klar ist dabei einerseits, dass nicht jedes (ubiquitäre) Verhalten eine strafbare Nötigung darstellt, mit dem das Opfer „mit der Gewalt eines Fz mittels verkehrswidriger Fahrweise mutwillig gezwungen wird, nicht so zu fahren, wie es will und wie es die Verkehrslage zulässt" (vgl. KG DAR **69** 81; Kö VRS **57**, 196). Vom Strafrecht erfasst wird vielmehr **nur Verhalten von Gewicht**. Kein gangbarer Weg ist es dabei, § 240 immer dann auszuschließen, wenn der Täter andere mit dem Ziel schnelleren Vorankommens „bloß rücksichtslos" nötigt (aM Dü NJW **07** 3219 m abl Anm *König* NZV **08** 46). Filter zur Ausgrenzung geringer wiegenden Fehlverhaltens bilden vielmehr vorrangig der Gewaltbegriff (Rz 4) und die Verwerflichkeitsklausel nach II (Rz 6), wobei in den einschlägigen Entscheidungen nicht immer präzis gesagt wird, welcher der beiden „Filter" gerade zum Einsatz kommt (*König* NZV **05** 27; krit. *Lohmann* VGT **88** 165, 168, *Maatz* NZV **06** 337). In der Sache verfährt die Rspr trotz des hohen Gefährdungspotentials mancher „Verkehrsnötigung" teils sehr restriktiv (zB Rz 13). Ggf. droht eine Schieflage zum Geschehen außerhalb des StrV entstehen. Dort werden vielfach weitaus ungefährlichere und weniger bedrohliche Verhaltensweisen ohne Weiteres unter § 240 subsumiert, und zwar ohne das Postulat, dass das Nötigungsopfer durch die Tat „in Angst und Schrecken" versetzt werden müsse (Rz 11 ff). Die Verwerfungen bestehen umso mehr, als § 240 im Verkehrsstrafrecht wegen der Einengung des Begriffs der konkreten Gefahr auf Fälle des „Beinaheunfalls" im Rahmen der §§ 315 b, 315 c (§ 315 c Rz 30) noch an Bedeutung gewonnen hat. Danach genügt eine hohe abstrakte Gefahr nicht mehr, weswegen entgegen früherer Rspr gewichtige Konstellationen vor allem des „Drängelns" sowie gefährliche Bremsmanöver aus dem Anwendungsbereich des § 315 c I Nr 2 a, b herausfallen (§ 315 c Rz 32; s. auch unten Rz 11 ff). Ferner hat der BGH den verkehrsfeindlichen Inneneingriff nach § 315 b erheblich zurückgeschnitten, indem er (oft nicht nachweisbaren) Schädigungsvorsatz verlangt (§ 315 b Rz 1, 10, 18). Aggressives Verhalten, das vormals (auch) § 315 b zugeordnet wurde, kann deshalb zumeist nur noch als Nötigung (bzw. – diesem vorgehend – ggf. als Straftat nach § 113) geahndet werden. § 240 erhält demnach in diesem besonders gravierenden Bereich eine Art Auffangfunktion (Beispielsfälle: BGH DAR **04** 230 [Rz 27], Kö DAR **04** 469 [Rz 28]; in die umgekehrte Richtung aber Dü NJW **07** 3219 m abl Anm *König* NZV **08** 46).

3 **2. Struktur und Schwerpunkte.** § 240 schützt nach ganz hM die Freiheit der Willensentschließung und Willensbetätigung. Der objektive Tatbestand setzt voraus, dass einem oder mehreren Menschen durch den *Einsatz eines Nötigungsmittels* (Gewalt oder Drohung mit einem empfindlichen Übel) *ein bestimmtes Verhalten* (Handlung, Duldung oder Unterlassung) in zurechenbarer Weise *abgezwungen wird* (*Rengier* BT II § 23 Rz 1). Beugt sich das Opfer dem Zwang (zB lässt es den „Drängler" überholen), so ist der Tatbestand vollendet. Widersteht es ihm (zB bleibt es auf der Überholspur), so kann strafbarer Versuch vorliegen (III). Eine Strafbarkeit ist (wie stets) trotz Erfüllung des Tatbestands (einschließlich Versuch) nicht gegeben, wenn dem Täter allgemeine Rechtfertigungsgründe (zB Notwehr, Notstand) zur Seite stehen (**E** 112 ff [114]), was jedoch selten zutrifft (hierzu *Maatz* NZV **06** 337, 344 f; s auch Rz 27). Andernfalls muss in einem weiteren Schritt *positiv festgestellt* werden (auch bei Gewalt, Rz 6), dass die Tat nach II verwerflich ist. Die Schwerpunkte der gerichtlichen Feststellungs- und Begründungslast liegen beim Merkmal der Gewalt sowie bei der Verwerflichkeitsklausel nach II (zur teilweise unpräzisen Rspr Rz 2), wobei die OLG strenge Anforderungen an die Aufklärung der objektiven und subjektiven Umstände des Geschehens stellen und eine eingehende Gesamtwürdigung fordern (Rz 11 ff, 16, 19 f, 22 f; zB Dü NZV **00** 301; Kö NZV **00** 99).

4 **a) Gewalt** kann auf der Grundlage der Rspr des BGH und der OLG kurz definiert werden *als durch eine körperliche Tätigkeit ausgelöster, beim Opfer körperlich wirkender Zwang zur Überwindung eines geleisteten oder erwarteten Widerstands* (*Fischer* Rz 8, 25). Konnte man BVerfGE **92** 1, 17 („Sitzblockadenbeschluss"; zur Entwicklung des Gewaltbegriffs zB *Fischer* Rz 9 ff) noch so verstehen, dass Gewalt essentiell die Entfaltung nicht unerheblicher Kraft voneinsten des Täters voraussetzt (hierzu zB *Berz* NZV **95** 297, *König* NZV **05** 27, *Maatz* NZV **06** 337), ist nunmehr durch das BVerfG anerkannt, dass das Maß der Kraftentfaltung durch den Täter keine entscheidende Rolle spielt (BVerfGE **104** 92 = NJW **02** 1031 [Ankettungsaktion im Rahmen einer demonstrativen Blockade]; BVerfG NJW **07** 1669 [speziell zum Drängeln im StrV] m krit. Anm. *Huhn* DAR **07** 387; s Rz 10 ff). In Übereinstimmung mit der schon zuvor gefundenen Rspr der Strafgerichte (insbesondere BGHSt **41** 182 = NJW **95** 2643; Stu NZV **95** 285) kann deshalb weiterhin die bloße Betätigung des Gaspedals genügen (diff. *Maatz* NZV **06** 337; näher Rz 10 ff). Von maßgebender Bedeutung ist die körperliche Zwangswirkung beim Opfer. Richtet das Täterverhalten für jenes beispielsweise eine unüberwindliche (physische) Barriere auf, so ist der Gewaltbegriff erfüllt (BGH NJW **95** 2643). Das Gleiche gilt, falls das Täterverhalten beim Opfer Zwang auslöst, der der körperlichen Einwirkung gleichsteht (zum Versetzen in „Sorge und Furcht" Rz 11). Ist die Zwangswirkung auf den Betroffenen hingegen *nur psychischer Natur*, so ist die Gewaltalternative nicht gegeben. Demgemäß begeht keine Nötigung, wer die Fahrbahn für ein Kfz allein mit seinem Körper (ausgebreiteten Armen) versperrt (Rz 30). Nach st. Rspr bildet der Gewaltbegriff den ersten Filter (zu II Rz 6), um geringer wiegendes Fehlverhalten aus dem Strafrecht auszugliedern und dem OWRecht zu überantworten (Rz 2). Gewalt ist nur dann gegeben, wenn **Behinderungen oder Gefährdungen von einigem Gewicht** inmitten stehen. Kurzzeitige Behinderungen und unerhebliches Fehlverhalten scheiden aus (zB BGHSt **19** 263; Ha NZV **91** 480; Dü NJW **96** 2245, sowie unten zu den einzelnen Fallgruppen). Gewalt kann auch *durch Unterlassen* begangen werden, was zB beim Zuparken eines Parkplatzes relevant werden kann (Rz 32). Fehlt es am Merkmal der Gewalt, so kann die Drohungsalternative einschlägig sein (Rz 5).

5 **b)** Während Gewalt die gegenwärtige Übelszufügung bedeutet, betrifft **die Drohung** ein künftiges Übel. Dieses Übel muss den Gewaltbegriff nach hM nicht erfüllen, jedoch „empfindlich" in der Weise sein, dass der in Aussicht gestellte Nachteil geeignet erscheint, einen besonnenen Menschen in der Lage des Bedrohten im Sinne des Täterverlangens zu motivieren (*Fischer* Rz 32 a). Die Drohung kann ausdrücklich oder konkludent erfolgen; der Täter muss auf den Eintritt des Nachteils Einfluss haben oder dies zumindest vorgeben (*Fischer* Rz 31). Folgt man dem unter Rz 4 skizzierten Gewaltbegriff der Rspr, so hat die Drohungsalternative im Verkehrsstrafrecht im Vergleich zur Gewaltalternative geringe Bedeutung (*Janiszewski* Rz 562 b; s. aber Rz 27, 29).

6 **c) Verwerflich i. S. von II** und damit rechtswidrig ist eine Verhaltensweise, wenn Gewaltanwendung oder Drohung zu dem beabsichtigten Zweck in einem auffallenden Missverhältnis stehen. Dabei muss das Missverhältnis derart auffällig sein, dass die Verhaltensweise als sozialethisch missbilligenswert anzusehen ist, dh von jedem verständigen Dritten als sozial unerträglich, als strafwürdiges Unrecht empfunden wird (BGHSt **18** 389, 393; **19** 263, Bay NJW **93** 212; *Janiszewski* Rz 563a). Die Erfüllung des Gewaltmerkmals ist dabei für das Gegebensein der Verwerflichkeit zumindest idR *nicht* (mehr) indiziell (BGHSt **34** 71, 77; *Fischer* Rz 45). Für das Verwerflichkeitsurteil ist demnach auch insoweit eine umfassende Gesamtwürdigung der objektiven und subjektiven Umstände des Falls erforderlich. Deswegen macht es in der Sache letztlich keinen Unterschied mehr, ob man namentlich in den Fällen des „Drängelns" auf der Basis der Rspr von Gewalt oder mit einem Teil des Schrifttums (Rz 10) von der Drohungsalternative ausgeht.

Die Grenze zur Verwerflichkeit ist *jedenfalls* dann überschritten, wenn es zu Körperverletzungen gekommen oder die tatbestandlichen Voraussetzungen der §§ 315ff gegeben sind (*Sch/Sch/Eser* § 240 Rz 24; abw zu Letzterem wohl Dü NJW **07** 3219 m abl Anm *König* NZV **08** 46). Anwendungsfälle für § 315c I Nr 2a, b lägen bei nötigendem Verhalten im Zuge von Überholvorgängen („Drängeln" [Rz 10ff], „Blockieren" [Rz 16ff], „Ausbremsen" [Rz 21f]), „Kolonnenspringen" [Rz 24f]) und bei Vorfahrtverletzungen, die freilich idR als Nötigung ausscheiden (Dü NZV **88** 187). Betroffen ist aber auch der verkehrsfeindliche Inneneingriff nach § 315b, wobei dessen Anwendungsbereich nach der Beschränkung auf Fälle mit Schädigungsvorsatz schmaler geworden ist (Rz 2). §§ 315b, 315c müssen jedoch naturgemäß nicht vollständig erfüllt sein. Namentlich ist ein konkreter Gefahrerfolg in Form des Beinaheunfalls *nicht* erforderlich, sondern genügt eine *sehr nahe liegende hohe (abstrakte) Gefahr* (BGHSt **19** 263, 268f, *Maatz* NZV **06** 337, 344). Gleichfalls genügt es, wenn der Täter beim verkehrsfeindlichen Inneneingriff nach § 315b „nur" mit Gefährdungsvorsatz gehandelt hat (zB BGH **04** 230, Kö DAR **04** 469, Rz 27, 28). Generell handelt in hohem Maße rücksichtslos und verdient deswegen den Vorwurf der Verwerflichkeit, wer „um eines nichtigen Zeitgewinns wegen in gefährlicher Weise mit Leben und Gesundheit seiner Mitmenschen" spielt (BGHSt **19** 263). Zwingend vorausgesetzt sind Gefährdungen oder Verletzungen jedoch nicht. Schikanöses Verhalten ohne vernünftigen Grund kann ausreichen (Rz 17, 20). Schulmeisterei kommt dem Täter im Rahmen des II generell nicht zugute (BGHSt **18** 389, 393, *Maatz* NZV **06** 337, 344; s aber Rz 20). Jedoch kann Handeln in „verständlicher Unmutsaufwallung" das Tun in einem die Verwerflichkeit ausschließenden milderen Licht erscheinen lassen (Rz 16). Zur Frage der *Absicht* der Willensbeugung Rz 8.

d) Subjektiver Tatbestand. Nötigung kann nur vorsätzlich begangen werden. Bedingter Vorsatz genügt grundsätzlich (BGHSt **5** 245). Allerdings beinhaltet das Gewaltmerkmal nach einem Teil der Lehre in subjektiver Hinsicht, dass der Täter die Absicht der Willensbeugung verfolgt, weswegen insoweit bedingter Vorsatz nicht ausreiche (*Sch/Sch/Eser* Rz 34, *Rengier* BT II § 23 Rz 70; in diese Richtung Bay NJW **63** 1261, wohl auch Dü NJW **07** 3219; hierzu Rz 23, 24). Teils wird Absicht nur für Gewalt gegen Sachen verlangt (LK-*Träger/Altvater* Rz 115, *W/Hettinger* BT/1 Rz 419; s Rz 32). Folgt man dem nicht, so sind die Absichten des Täters jedenfalls im Rahmen des II zu würdigen (Bay NJW **89** 1621; s Rz 23), weswegen der Streitfrage keine zentrale Bedeutung zukommen dürfte (i Erg auch *Fischer* Rz 53). Irrt der Täter über die tatsächlichen Voraussetzungen, die sein Handeln als verwerflich kennzeichnen, so liegt ein den Vorsatz (und die Strafbarkeit) ausschließender Tatbestandsirrtum vor (§ 16). Bewertet er hingegen die Verwerflichkeit falsch, so bleibt der Vorsatz unberührt und es ist § 17 (Verbotsirrtum) zu prüfen.

3. Straßenverkehrsnötigung in Fallgruppen. In der Rspr. haben sich typische Fallgruppen der Nötigung im StrV herausgebildet. Anhand dieser Fallgruppen kristallisieren sich die Maßstäbe heraus, die die OLG und der BGH an einschlägiges Verhalten anlegen. Davon bleibt unberührt, dass den Umständen des Einzelfalls herausragende Bedeutung zukommt, weswegen sich bei der Veränderung von Nuancen auch das Ergebnis verändern kann. Dies muss berücksichtigt werden, wenn man die im Schrifttum teilweise geäußerte Kritik (etwa *Fischer* Rz 16) würdigt, die Rspr sei unübersichtlich und uneinheitlich. Wie ausgeführt hat der Sitzblockadenbeschluss des BVerfG (Rz 1) keine grundlegende Änderung bewirkt (Rz 4, 10), sodass mit der gebotenen Vorsicht auch ältere Rspr. herangezogen werden kann.

a) „Drängeln". Bedrängendes Fahren gegenüber dem vorausfahrenden Fz unter wesentlicher Verkürzung des Sicherheitsabstands, namentlich um den anderen Fahrer zur Freigabe der Fahrspur (Überholspur) zu bringen, kann Nötigung sein (Grundsatzentscheidung in BGHSt **19** 263). Dass die Kraftentfaltung beim Täter (Drücken des Gaspedals) nur gering ist, spielt keine

6 StGB § 240

ausschlaggebende Rolle (Rz 4). Einschlägiges Verhalten wird von den OLG dem Gewaltbegriff zugeordnet, falls hierdurch unwiderstehlicher Zwang ausgelöst wird, der der körperlichen Einwirkung gleichsteht (zB Kar VRS **94** 262; Kö NZV **00** 99, **06** 386 [nicht beanstandet von BVerfG NJW **07** 1669]). Nach aM werden Fälle mit „psychosomatischer" Wirkung (Angst, Zittern, Schweißausbruch, Rz 11) der Drohungsalternative zugeordnet (LG Münster ZfS **03** 152, *Huhn* DAR **07** 387; wohl auch *Maatz* NZV **06** 337). Soweit hierfür der Bestimmtheitsgrundsatz in Anschlag gebracht wird (*Huhn* DAR **07** 387), ist freilich entgegenzuhalten, dass in der Drohungsalternative mit dem Begriff des „empfindlichen Übels" kein Gradmesser von höherer Trennschärfe zur Verfügung steht. I Erg wirkt sich der Meinungsstreit wohl nicht aus (Rz 6).

11 Erfasst werden nur **Eingriffe von Gewicht**. Geringere Eingriffe werden nach OWRecht geahndet (Rz 2). Für die Abgrenzung muss eine Gesamtschau aller Umstände vorgenommen werden, wobei die OLG nicht immer präzis unterscheiden, ob die Abwägung beim Gewaltmerkmal (Rn. 4) oder – näher liegend – bei II (Rz 6, 7) stattfindet (Rz 2). I Erg muss dies nicht schaden. In die Beurteilung eingestellt werden die Dauer und Intensität der Zwangseinwirkung und das Maß einer etwa hierdurch bewirkten Gefährdung (Rz 7; BGHSt **19** 263, Kö NZV **92** 371), wobei der Gedanke des rücksichtslosen, Leib und Leben gefährdenden Handelns um eines nichtigen Zeitgewinns wegen (Rz 7; BGHSt **19** 263) in besonderem Maße relevant wird. Die Rspr fordert möglichst detaillierte Feststellungen namentlich zu den gefahrenen Geschwindigkeiten, den Abständen der Fz zueinander, zur Dauer bzw. zur Streckenlänge des bedrängenden Auffahrens (Kar VRS **94** 262, Fra NZV **04** 158, Dü VRS **66** 355) sowie zur Frage, ob dem Handeln zB durch Licht- oder Schallsignale besonderer Nachdruck verliehen (Bay NZV **93** 357, Kar VRS **57** 21, Stu DAR **98** 153) und dadurch auch zum Ausdruck gebracht wurde, dass der Vorausfahrende von der von ihm befahrenen Spur verdrängt werden solle (Stu DAR **98** 153). Oftmals wird in Anlehnung an BGHSt **19** 263, 266 („Sorge und Furcht") formuliert, das Handeln müsse geeignet sein, einen durchschnittlichen Kf in Furcht und Schrecken zu versetzen, mit der etwaigen Folge von unfallträchtigen (Schreck-) Reaktionen (mit Modifikationen in der Formulierung zB Bay NZV **90** 238; Kar DAR **79** 308; Kö VRS **61**, 425; Ha VRS **82** 26, NZV **06** 388; dazu auch oben Rz 4 sowie BVerfG NJW **07** 1669), wobei die Sicht eines objektiven Beobachters den Ausschlag gibt (Bay NZV **90** 238). Dass schreckhaftere Personen oder etwa ausländische Kraftfahrer, die mit den Usancen auf deutschen Autobahnen nicht so vertraut sind, damit von vornherein durch den Raster fallen, muss wohl in Kauf genommen werden. Die Grundsätze gelten auch dann, **wenn sich der Vorgang innerorts abspielt** (Rz 15). Fehlt es an der erforderlichen Zwangswirkung, so kommt die Drohungsalternative zwar grundsätzlich in Betracht, wird aber in aller Regel nicht erfüllt sein, weil das (schlüssig in Aussicht gestellte) Übel dann nicht das erforderliche Gewicht aufweist (zB Kar VRS **94** 262; Dü NJW **96** 2245), womit nicht gesagt sein soll, dass das angedrohte Übel den Gewaltbegriff erfüllen muss (Rz 5).

12 **Nötigung ist zB gegeben**, wenn der Täter mit hoher Geschwindigkeit (105 km/h) mehrere km auf der Überholspur dicht (2 m) auf das vorausfahrende Fz auffährt und dessen Fahrer durch Hupen und Aufblinken so verunsichert, dass er die Überholspur verlässt (BGHSt **19** 263), wenn er über 2 oder 3 km unter ständiger Betätigung der Ton- und Lichthupe mehrfach bis auf 2 m (Ce VRS **38** 431), bei 130 km/h unter Betätigung der Lichthupe bis auf 1 m Abstand auffährt (Kar Die Justiz **64** 124), wenn er bei einer Geschwindigkeit von 100 km/h so dicht auffährt, dass der Abstand weniger als 5 m beträgt und der Vordermann angesichts des extrem kurzen Abstands die durch VZ gebotene Herabsetzung der Geschwindigkeit auf 80 km/h nicht wagen kann (Kö NZV **92** 371), wenn er bei einer Geschwindigkeit von 120 km/h über eine Strecke von etwa 500 m und einem Abstand von zunächst (kurz) nur 1 m und dann von mehrfach bis auf 5 m unter wiederholter Betätigung der Licht- und Tonhupe auf den Vordermann auffährt (Kö VRS **61** 425) oder wenn er bei einer Geschwindigkeit von 100 bis 120 km/h mit nicht verkehrsbedingt eingeschalteten Nebelscheinwerfern mehrfach bis auf 4 m auffährt und dabei ständig von links nach rechts pendelt (Ha v 19. 3. 07 2 Ss 50/07, juris). Dichtes Hinterherfahren über eine längere Strecke bei erheblicher Geschwindigkeit auf der AB-Überholspur mit Ansetzen zum Linksvorbeidrängen am Vorausfahrenden genügt (Kö VRS **44** 16, s auch Bay NJW **88** 273, Zw VRS **85** 212), gleichfalls dichtes Aufrücken über mehrere 100 m hin unter ständigem Hupen und Blinken auf BundesStr (Ha DAR **74** 76, Kar VRS **57** 21). Auch wenn ein Bedrängen auf einer Strecke von 100 m, für die Annahme einer Nötigung idR nicht ausreicht (Rz 13), kann bei hoher Annäherungsgeschwindigkeit (weit über 100 km/h), Gebrauch der Lichthupe und/oder des Signalhorns und einem kurzen Abstand (unter 1 m) schon eine kurze Strecke dichten Auffahrens (50 bis 100 m) die beabsichtigte körperliche Zwangswirkung auslösen; dass bereits das Gewaltmerkmal einen Eingriff von Gewicht erfordert, steht dem nicht entgegen (so mit Recht Kö VRS **67** 224). Gleichfalls kann kurzfristiges dichtes Auffahren ausreichen, wenn es wiederholt geschieht (Kar VM **72** 34).

Gegen die Annahme von Nötigung kann generell sprechen, dass dem Bedrängen nicht **13** zusätzlich durch Ansetzen zum Linksvorbeifahren oder durch Hup- oder Lichtsignale Nachdruck verliehen wird (Bay NZV **93** 357; s auch Rz 12). Andererseits stellt es noch keine Nötigung dar, wenn dem unter Verstoß gegen das Rechtsfahrgebot die linke Fahrspur haltenden Vordermann durch „maßvolle" Betätigung der Lichthupe die Überholabsicht angezeigt wird (Bay VRS **62** 218). Das Bedrängen auf **Strecken unter 100 Metern genügt idR nicht** (Bay VRS **95** 334; s. aber Rz 12 aE), gleichfalls nicht, wenn sich der Vordermann nur sehr kurzfristig (wenige Sekunden) unter Zwangseinwirkung gefühlt hat (KG VRS **63** 120). Das Auffahren bis auf 2 m über eine Entfernung von knapp 50 m unter Betätigung der Lichthupe bei 110 km/h soll keine Gewalt darstellen (Bay DAR **91** 376). Weitergehend fordert zB Bay NZV **90** 238 jedenfalls bei einer Annäherung bis auf (nur?) 5 m auch bei einer sehr hohen Annäherungsgeschwindigkeit (die „Opferfahrzeuge" fuhren 120 km/h bis 130 km/h) eine Bedrängung „von mehreren 100 m", weswegen eine Strecke von 170 m auch bei mehrfacher Betätigung der Lichthupe nicht ausreiche, um den Vorausfahrenden in „Furcht und Schrecken" zu versetzen (dazu Rz 11). Nach Fra VRS **56** 286 soll wohl sogar bei Strecken von „einigen 100 m" in der Annahme von Nötigung Zurückhaltung zu üben sein; deshalb liege bei Geschwindigkeiten der „Opferfahrzeuge" von 130 km/h bis 140 km/h und sehr hoher Annäherungsgeschwindigkeit des Täters sowie Betätigung der Lichthupe in einer Abstandsunterschreitung zum Vordermann (kurz) bis auf 3 m bei einer Fahrstrecke von 200 m keine Nötigung vor, und dies, obwohl das Gericht eine **konkrete** Gefährdung wegen dichten Auffahrens für nahe liegend hält. Damit dürfte die Bedrohlichkeit gerade des aggressiven Heranrasens vernachlässigt sein (*König* NZV **05** 27; hierzu auch *Maatz* NZV **06** 337). Nach Ha VD **05** 133 keine Nötigung, wenn aus der Sicht des dicht Auffahrenden ein Nötigungserfolg (zB Geschwindigkeitserhöhung, Platzmachen) nicht möglich ist.

Bei geringeren Geschwindigkeiten (80 km/h und weniger) reicht ein einmaliges, nur we- **14** nige Sekunden dauerndes Heranfahren bis auf 2 m nicht aus (KG VRS **63** 120), genauso wenig ein Hinterherfahren im Abstand von 15 m (Dü VRS **52** 192). Wer bei einer Strecke von ca 150 m bei einer Geschwindigkeit von 80 km/h auf einer dicht befahrenen AB bis auf einen halben Meter auffährt und dabei die Lichthupe betätigt, soll nach Ha DAR **90** 392 noch keine Nötigung begehen. Nicht hinreichend konkret ist die Feststellung, der Angekl. sei „bei Geschwindigkeiten zwischen 60 und 80 km/h mehrfach bis auf mindestens 10 bis 15 m auf das andere Fz aufgefahren und habe wiederholt die Lichthupe betätigt" (Kar VRS **94** 262).

Die Grundsätze unter Rz 11 ff gelten **auch im innerstädtischen Verkehr. Deswegen 15 macht sich wegen (versuchter) Gewaltnötigung strafbar, wer** über eine Strecke von knapp 300 m so dicht auf ein vor ihm fahrendes Fz auffährt, dass dessen Fahrer das Nummernschild sowie den Kühlergrill des Verfolgerfahrzeugs im Rückspiegel nicht mehr sieht und der Täter dabei permanent die Lichthupe betätigt sowie ein- bis zweimal auch das Signalhorn, um sein Opfer zur Freigabe der Fahrbahn zu veranlassen (Kö NZV **06** 386; von BVerfG NJW **07** 1669 nicht beanstandet; s Rz 5, 10).

b) Verhindern des Überholens durch verkehrswidrige Fahrweise kann strafbare Nötigung **16** sein, *dies allerdings nur unter besonderen Umständen* (Bay NStZ **86** 541, DAR **90** 187, Stu NZV **91** 119, Kö NZV **93** 36, Dü NZV **00** 301; s auch *Berz* NZV **95** 299, *Maatz* NZV **06** 337). Namentlich reichen in Abgrenzung zur OW kurzzeitige Behinderungen nicht aus (Stu NZV **91** 119). Oftmals stehen Disziplinierungsversuche in Rede. Sofern diese durch verkehrswidriges Verhalten des „Kontrahenten" (namentlich „Drängeln", Rz 11 ff) **provoziert sind**, soll Verwerflichkeit nach dem Rechtsgedanken des § 199 StGB ausscheiden können (Dü NZV **00** 301, Stu NZV **91** 119). Die Überlegung tritt allerdings in Spannung zu dem Grundsatz, dass der Selbstjustiz (im StrV) entgegenzuwirken ist (s auch Rz 7). Sie sollte deshalb möglichst auf (geringer wiegende) Konstellationen beschränkt werden, in denen das Verhalten des Beschuldigten von verständlicher, „vorübergehender Unmutsaufwallung" (hierzu BGHSt **18** 389, 392) geprägt gewesen ist (ähnlich wohl Kö NZV **93** 36).

Den Hauptfall bildet es, dass der Täter auf der AB, ggf. sogar unter Fahren von Schlangen- **17** linien, **die Überholspur durch ständiges Linksfahren blockiert**. Nötigung ist dabei gegeben, wenn es zu einer Gefährdung anderer VT kommt (Rz 6, 11, BGHSt **18** 389, 392, **19** 263, 269; Bay VRS **70** 441). Eine Gefährdung ist aber nicht unbedingt erforderlich. Besonders hartnäckiges, schikanöses Handeln („ohne vernünftigen Grund") über eine längere Strecke hin genügt (BGHSt **18** 389; Bay VRS **70** 441; Ha VRS **57** 347). Nach Dü NZV **00** 301 ist der Gewaltbegriff dabei auch dann erfüllt, wenn die rechte Fahrbahn frei ist, der „Schnellfahrer" also an sich überholen könnte, dies allerdings nur unter Verstoß gegen das Verbot des Rechtsüberholens. Dem entspricht Bay NJW **02** 628 (ebenso schon Bay NStZ **86** 541 [J], dazu Rz 20), wonach Gewalt gegeben ist, wenn es dem Opfer (auch) aus rechtlichen Gründen nicht möglich ist, dem ihm aufgezwungenen Fahrverhalten durch ein Ausweichen zu entgehen (hierzu auch unten Rz 21). Ob in solchen Konstellationen wirklich ein Fall des „Nicht-Könnens" und nicht lediglich ein Fall des (für den Gewaltbegriff im Grundsatz nicht mehr ausreichenden) „Nicht-Dürfens" gegeben ist, erscheint jedoch zw. Verneinendenfalls kann je nach Lage des Falls jedoch die Drohungsalternative (schlüssige Drohung des Fortfahrens mit diesem Verhalten) eingreifen.

18 Strafbare Nötigung kann auch begehen, wer ein (zulässiges; s Rz 20) Überholen bewusst dadurch verhindert, dass er während des Überholversuchs **mehrfach seine Geschwindigkeit erhöht und sie wieder auf das vorige Maß herabsetzt**, nachdem der Überholende den Überholversuch wegen GegenV hatte abbrechen müssen (Bay VRS **70** 441). Entsprechendes gilt, wenn der Täter bewusst den **Abstand zum Vordermann verkürzt**, um für den Überholer keine Lücke zu lassen und ihm auf diese Weise das Einscheren unmöglich zu machen, sofern hierdurch die Gefahr eines Unfalls entsteht (Ce NZV **90** 239; s aber Rz 20). Wer auf breiter Str ohne Geschwindigkeitsbegrenzung das Überholen eines Nachfolgenden mehrfach dadurch verhindert, dass er ohne jeden Anlass bei jedem Überholversuch **nach links ausschert**, kann wegen Nötigung bestraft werden, und zwar auch dann, wenn er mit diesem verwerflichen Verhalten keinen weitergehenden (verwerflichen) Zweck verfolgt (BGHSt **15** 390, **18** 389, VM **63** 57, Ko VRS **55** 355, Fra VRS **51** 435). Hingegen erfüllt das nur gewichtiges Fehlverhalten umfassende (Rz 11) Gewaltmerkmal nicht, wer bei einer Geschwindigkeit von 120 km/h auf der Überholspur fährt und über eine Strecke von 400 m ein rechts neben sich fahrendes Fz durch „Mitziehen" am Überholen eines vor diesem fahrenden Lkw hindert (Ha NZV **91** 480).

19 Die OLG verlangen **möglichst detaillierte tatsächliche Feststellungen** zur Verkehrslage, insbesondere zur Anzahl der auf der rechten Spur fahrenden Fz, zu den zwischen ihnen bestehenden Zwischenräumen, ihrer Fahrgeschwindigkeit und der Dichte des Verkehrs (Stu NZV **91** 119). Zu ungenau ist beispielsweise die Feststellung, der Täter habe über eine Strecke von 40 km hin „mehrfach" nicht überholen können (Stu NZV **91** 119).

20 **Zur Verwerflichkeit** Rz 6, 7. *Keine* Verwerflichkeit, wenn das Überholen nur unter Überschreitung der zulässigen Höchstgeschwindigkeit möglich wäre (vgl. BGH NJW **87** 913 [zu § 1 StVO]; BaySt **66** 118, VRS **71** 299; s aber Bay NStZ **86** 541 [J]: Nötigung bei Blockade der Überholspur, um zu erreichen, dass andere nicht überholen und die zulässige Höchstgeschwindigkeit nicht überschreiten können, krit *Janiszewski* ebd.; s auch § 1 StVO Rz 40). Eine „Blockade" über eine Fahrstrecke von etwa 4 km, die etwa 2,5 Minuten andauert, reicht idR nicht (Dü NZV **00** 301). Von wesentlicher Bedeutung sind **die Beweggründe des Beschuldigten**. Befürchtet dieser zB, wegen dichten Verkehrs nach dem Einscheren nicht mehr auf die Überholspur zurückkehren zu können, so handelt er nicht „ohne vernünftigen Grund" (s Rz 7, 17; Bay DAR **90** 187) und nicht verwerflich. Nicht verwerflich ist auch das vorübergehende Verhindern eines Überholvorgangs aus Angst vor dem Fahren am rechten Fahrbahnrand bei enger Str (Kar VRS **55** 352) oder **aus einer vorübergehenden Unmutsaufwallung** (BGHSt **18** 389, 392; s auch Rz 16, 17). Würde der ohnehin schon zu geringe Abstand zum Vordermann bei einem Zulassen des Wiedereinscherens des Überholers noch mehr und in gefährlicher Weise verkürzt, so handelt nicht verwerflich, wer **auf den Vordermann aufschließt**, um für den Überholer keine Lücke zu lassen; der potenziell Überholte ist grundsätzlich (s aber Rz 18) nicht verpflichtet, zum Gelingen des Überholversuchs beizutragen (Ce NZV **90** 239).

21 c) **Ab-, Ausbremsen, Fahrbahnblockade durch Stehenbleiben.** Idealtypischer Fall der Gewaltnötigung im StrV ist der des „Ausbremsens": Der Täter **bremst sein Fz willkürlich herunter,** bringt es ggf. zum Stillstand, mit der Folge, dass der Nachfolgende aufgrund des so errichteten physischen Hindernisses zum Anhalten gezwungen wird (BGH NJW **95** 3131, 3133; Bay NJW **02** 628; Dü VRS 68 449; Kö NZV **00** 99, AG Rudolstadt VRS **112** 35). Dem steht es gleich, wenn der Täter seine Geschwindigkeit ohne verkehrsbedingten Grund **massiv reduziert**, um den Fahrer des nachfolgenden Fz zu einer unangemessen niedrigen Geschwindigkeit zu zwingen, und der Nachfolgende das ihm vom Täter aufgezwungene Verhalten nicht durch Ausweichen oder Überholen vermeiden kann; dass dem Opfer eine Ausweichmöglichkeit nur aus *rechtlichen* Gründen (Bestehen eines Überholverbots) verstellt ist, schadet dabei nach Bay

NJW **02** 628 nicht (zw., s auch Rz 17). Selbstredend erfüllt auch die Totalblockade der Fahrbahn durch Querstellen des Fz den Gewaltbegriff (vgl. BGH NJW **95** 2643; s aber Rz 22).

Wiederum (s auch Rz 2, 4, 11) ist zu beachten, dass nur **Verhaltensweisen von Gewicht** 22 vom Strafrecht erfasst werden. Kurzzeitige, geringer gewichtige Behinderungen fallen schon aus dem Gewaltbegriff heraus (Kö NZV **00** 99), was nach LG Dr NZV **98** 83 bei einem 6 Minuten dauernden Anhalten eines Lkw auf der Überholspur einer AB bei der Annäherung an eine Engstelle gegeben ist (krit. *Maatz* NZV **06** 337, 343; s auch Rz 23, 32). Nach Kö NJW **68** 1892 ist nicht jedes kurzes Blockieren eines Fz zum Zwecke der Belehrung oder Beschimpfung verwerflich (anders bei Gefahr der Körperverletzung des Anhaltenden oder der Beschädigung seines Fz oder bei Nichtfreigabe des Fahrwegs trotz Verlangens). Das kurze Aufleuchtenlassen des Bremslichts nach Antippen des Bremspedals steht trotz der auch daraus resultierenden Gefahren dem vollführten Bremsen nicht gleich (nach Kö VRS **93** 338 nur seelisch empfundener Zwang und keine Drohung).

Verwerflichkeit ist jedenfalls dann gegeben, wenn das Opfer oder Dritte gefährdet 23 werden; dabei ist unerheblich, ob der Täter die Voraussetzungen des § 315b im Lichte der jüngeren Rspr des BGH erfüllt, also mit Schädigungsvorsatz gehandelt hat (näher Rz 6). Eine Gefährdung ist aber nicht zwingende Voraussetzung (BGHSt **18** 389; Rz 6). Verwerflichkeit ist vielmehr idR schon dann zu bejahen, wenn der Täter *verkehrsfremde Zwecke verfolgt*, insbesondere das Opfer aus Verärgerung oder Rache disziplinieren will (Bay NJW **02** 628, AG Rudolstadt VRS **112** 35; probl. Fra DAR **67** 222, wonach Verwerflichkeit ausscheiden soll, wenn der Täter einen „Drängler" zum Anhalten zwingt, um ihn zur Rede stellen zu können; s. auch schon Rz 16). Nach Bay NJW **89** 1621 bedarf es bei verkehrswidrigem Anhalten (und hierdurch verursachter Blockade des nachfolgenden V) stets einer eingehenden Würdigung der Beweggründe; zB ein Anhalten zum Zweck des Telefonierens unter gleichgültiger Inkaufnahme der Behinderung anderer genügt II nicht (s zum Vorsatz Rz 8; zu einem Fall des Schneidens Rz 24).

d) „Schneiden", „Kolonnenspringen". Die Grundsätze unter Rz 21 ff sind auf die (den 24 „Bremsfällen" ähnlichen und mit diesen nicht selten zusammenfallenden) Konstellationen des „Schneidens" eines Fz entsprechend anzuwenden. Zieht der Täter (aus Verärgerung, sonst verkehrsfremden Gründen oder mit der Folge der Gefährdung anderer) sein Fz unmittelbar vor ein anderes herüber, mit der Konsequenz, dass der andere FzF stark abbremsen oder seinerseits das Fz nach rechts oder links herüberziehen muss, so begeht er grundsätzlich eine Nötigung in der Form der Gewaltausübung (Stu NZV **95** 285). Wer auf der AB zweimal hintereinander rechts überholt, dann in geringe Lücken auf der Überholbahn einschert, dabei den Überholten schneidet und zu starkem Bremsen zwingt, nötigt ihn (Dü VM **70** 76). Den Vorausfahrenden nötigt, wer ihn, auch ohne Gefährdung, mehrfach überholt, knapp schneidet und zum Notbremsen zwingt, weil er vermeintlich zu langsam fahre (Ko VRS **55** 278, KG DAR **69** 81, s auch Mü VersR **66** 1015: BG des Überholen tritt dann zurück). Nötigung auch beim „bloß" rücksichtslosen Überholer, der in dem Bestreben schnelleren Vorankommens als notwendiges Zwischenziel und damit absichtlich (Rz 8) eine Gefahrenlage herbeiführt, in der der „geschnittene" Kf zur Vermeidung eines Unfalls scharf abbremsen muss (**aM** Dü NJW **07** 3219 m abl Anm. *König* NZV **08** 46).

Nötigung kann zu verneinen sein, wenn sich der Täter bei geringer Geschwindigkeit vor 25 ein anderes Fz „einzwängt" und dadurch verhindert, dass der andere mit seinem Fz um eine Fahrzeuglänge auf den stockenden V aufschließt; dies gilt auch dann, wenn sich der andere aufgrund des Täterverhaltens zu einer Vollbremsung „genötigt" sieht (Kö NZV **00** 99). Unmittelbares Rechtsabbiegen vor einem gerade zuvor überholten Radfahrer kann zwar Gewalt sein; jedoch fehlt es an der Verwerflichkeit, sofern eine kurzfristige einmalige Behinderung gegeben ist (Dü NZV **89** 317). Kurzes Bedrängen des Überholten wegen nahenden GegenV ist nicht ohne Weiteres Nötigung, auch wenn der Überholte dadurch veranlasst wird, sein Fz nach rechts zu lenken (Kar VM **99** 31).

Unter der Voraussetzung, dass entgegenkommende und/oder überholte Fz zum Bremsen 26 gezwungen werden, kann das sog. **„Kolonnenspringen"** strafbare Nötigung darstellen (*LK-Träger/Altvater* Rz 99). Die Grundsätze unter Rz 24 f gelten auch hier. So nötigt, wer Entgegenkommende und Überholte durch ständiges verkehrswidriges Überholen und Sicheindrängen in Lücken über 2 km hin mutwillig zum Bremsen und Ausweichen zwingt (Kö VRS **57** 196).

e) Zufahren auf eine Person (auch Parklückenfälle). Das Zufahren auf eine Person, um 27 sie zur Freigabe des Wegs zu zwingen, ist idR verwerfliche Nötigung (BGH VRS **30** 281;

6 StGB § 240 Auszug aus dem StGB

VM **72** 25, DAR **04** 230, Ha NJW **73** 1240; Ko VRS **46** 31, Kö VRS **95** 375, *LK-Träger/ Altvater* Rz 101, 103 mwN). § 315b ist daneben erfüllt, wenn die Tat einen verkehrsfeindlichen Inneneingriff darstellt, einen Gefahrerfolg verursacht (eingehend *LK-König* § 315b Rn. 42ff) sowie (nach neuerer Rspr) *Schädigungs*vorsatz gegeben ist (§ 315b Rz 1, 10, 18). Nötigung, wenn der Täter auf einen **den Parkplatz versperrenden Fußgänger zufährt** (Ha NJW **70** 2074; Dü VM **78** Nr. 68; *Kaiser Salger*-F S 59, *Berz* VGT **96** 72). Zwar handelt jener rechtswidrig (§ 1 II StVO), womit dem Kf an sich ein Notwehrrecht zustünde; das Gebrauchmachen von diesem Notwehrrecht ist jedoch jedenfalls dann rechtsmissbräuchlich, wenn der Täter das Opfer gefährdet oder gar verletzt (Bay NJW **95** 2646, **68** 824, VRS **24** 425, Dü VM **78** 59; abw. Schl NJW **84** 1470; s auch **E** 114). Verwerfliche Nötigung auch dann, wenn der Täter das Parken auf einem privaten Parkplatz dadurch zu erzwingen versucht, dass er auf den die Zufahrt versperrenden Parkwächter zufährt (Schl SchlHA **68** 265), wenn er sich durch Zufahren unter Aufheulenlassen des Motors freie Fahrt in einer Fußgängerzone verschafft (Kö VRS **95** 375) oder wenn er sein Fz mit erheblicher Beschleunigung zurücksetzt, um sich den Fluchtweg frei zu machen (BGH DAR **04** 230). Die Drohungsalternative ist gegeben bei einer (dem o. g. Verhalten etwa vorausgehenden) **Drohung, den Fußgänger zu überfahren** (Bay NJW **95** 2646). Entsprechendes gilt, wenn der Kf Passanten, die ihn wegen einer zuvor begangenen OW (zu Unrecht) festhalten wollen, damit droht, sie „kaputt zu fahren" (Ha NJW **73** 1826; s. auch Dü NZV **92** 199 sowie Rz 29). **Keine Verwerflichkeit**, wenn der Kf langsam auf den Fußgänger zufährt und dabei mehrfach anhält, um jenem die Möglichkeit zum Beiseitegehen zu lassen, sofern der Fußgänger *weder gefährdet noch verletzt wird*; auch ein vorausgehendes provokantes und rechtswidriges Verhalten des Fußgängers ist in die Würdigung einzubeziehen (Nau NZV **98** 163; Stu NJW **66** 745 m abl Anm *Bockelmann*, *Rasehorn* NJW **68** 1246; s auch Hb NJW **68** 662, Ha DAR **69** 274, Bay DAR **91** 367; aM Ha NJW **70** 2074, *Fischer* Rz 49 mwN).

28 **f) Zufahren auf ein anderes Fz (auch Parklückenfälle).** Das gezielte Zufahren auf ein Fz, um dessen FzF zur Freigabe des Wegs (auch zur Freigabe einer Parklücke) zu veranlassen, ist (wie das Zufahren auf einen Fußgänger, Rz 27) idR verwerfliche Nötigung (Bay NJW **63** 824; s aber Rz 29). Auch hier stellt sich die Konkurrenzfrage zu § 315b (s Rz 27; § 315b Rz 18). Klar ist, dass neben einem nach § 315b III qualifizierten verkehrsfeindlichen Inneneingriff auch eine Straftat nach § 240 begeht, wer ein anderes Fz rammt, um es zum Anhalten zu zwingen (BGH NStZ-RR **01** 298; eingehend *LK-König* § 315b Rn. 45). Nur noch § 240 ist hingegen nach Kö DAR **04** 469 erfüllt, wenn der Täter auf ein Fz zufährt (und einen Unfall verursacht), um den FzF zur Rede zu stellen, sofern ihm nicht widerlegt werden kann, dass er einen Unfall hatte vermeiden wollen. Gleichfalls Nötigung kann es darstellen, wenn der Täter geradewegs auf das andere Fz zufährt, um die Vorfahrt zu erzwingen (s aber Dü NZV **88** 187).

29 Nicht jede Behinderung beim „Kampf um die Parklücke" ist strafbare Nötigung. Wer die Parklücke zuerst erreicht, ist gegenüber dem bevorrechtigt, der sie zuerst entdeckt hat (§ 12 V StVO). Er darf deshalb zB auch dann zurücksetzen, wenn er den anderen dadurch zum Zurücksetzen zwingt und zugleich am Einfahren in die Parklücke hindert (Kö NZV **89** 157). Auch bei bestehendem Vorrecht darf der Täter aber nicht damit drohen, das Fz des anderen „kaputt zu fahren", wenn jener nicht verschwinde; andernfalls macht er sich wegen (versuchter) Nötigung durch Drohung strafbar (Dü NZV **92** 199; dazu *Janiszewski* NStZ **92** 274; s. auch Rz 27).

30 **g) Nötigung durch Fußgänger (auch Parklückenfälle).** Seit dem Sitzblockadenbeschluss des BVerfG (Rz 1) steht fest, dass der Fußgänger, der einen FzF *durch seine bloße körperliche Anwesenheit* daran hindern will, in eine bestimmte Richtung (weiter-) zu fahren, keine Gewalt übt. Demgemäß begeht der Täter *allein* durch das Versperren der Fahrbahn mit ausgebreiteten Armen und durch den auf den herannahenden Autofahrer ausgeübten (nach BVerfG ausschließlich psychisch vermittelten) Zwang zum Anhalten keine Nötigung (BGH NStZ-RR **02** 236; anders noch zB Bay NJW **70** 1803). Nötigung **ist jedoch gegeben**, wenn der Täter, nachdem das Opfer wieder anfahren will, sich mit seinem Körper auf die Motorhaube des Pkw legt, weil er damit unter Einsatz seines Körpers und unter Entfaltung gewisser Körperkraft auch ein physisches Hindernis geschaffen hat, von dem auf das Opfer nicht nur psychische Zwangswirkung durch bloße Anwesenheit ausgeht (BGH NStZ-RR **02** 236; in Fortführung von BGHSt **41** 182). Keine Gewaltausübung (mehr) ist aus den genannten Gründen das Begehen der Fahrbahn etwa zu demonstrativen Zwecken (zum Fall des „Münchner Fahrbahngehers", BGHSt **41** 231, eingehend *LK-König* § 315b Rz 35; s auch *Maatz* NZV **06** 337, 338f). Bildet sich hinter dem

"Geher" freilich ein Stau (unüberwindliches Hindernis), so kann Nötigung gegeben sein (vgl. BGHSt **41** 231, 241).

Wer als Fußgänger eine **entdeckte Parklücke** gegenüber einem einfahrwilligen FzF durch **31** seine körperliche Anwesenheit „verteidigt", handelt zwar rechtswidrig (das Vorrecht des § 12 V StVO gebührt nur dem FzF), strafbare Nötigung begeht er jedoch nicht. Der vormalige Meinungsstreit, ob in solchen Fällen Verwerflichkeit nach Abs 2 vorliegt (hierzu *Fischer* Rz 49), ist im Wesentlichen überholt (Rz 30). Freilich kann die Frage erneut relevant werden, wenn **sich der Fußgänger nicht auf das passive Stehenbleiben beschränkt,** sondern sich etwa auf die Motorhaube legt (Rz 30). Nach Nau NStZ **98** 623 (nicht zu einem „Parklückenfall") genügt es für Gewalt, wenn sich der Fußgänger dem Fz „entgegenstemmt" (zu BGH NStZ-RR **02** 236: Rz 30; krit. *Fischer* Rz 23b). Für II wird es darauf ankommen, welches Gewicht dem Verhalten des „Blockierers" zukommt. Handelt er aggressiv oder schikanös bzw gefährdet er das Fz, so wird Verwerflichkeit zu bejahen sein (Ha VRS **59** 426; Kö NJW **79** 2056).

h) Versperren von Einfahrten etc. (auch Gewalt durch Unterlassen). Nötigung kann **32** auch begehen, wer Ein-, Aus- oder Durchfahrten mit seinem Fz versperrt oder einen Parkplatz „zuparkt" (*LK-Träger/Altvater* Rz 102; zum fortdauernden Blockieren einer Ausfahrt durch ein geparktes Fz zB Ko VRS **20** 436; **49** 32). Hat der Täter einen solchen Zustand ohne Nötigungsvorsatz herbeigeführt, so ist er, sobald er diesen bemerkt, zur unverzüglichen Beseitigung verpflichtet. Andernfalls kann Gewalt durch Unterlassen zu bejahen sein. Dementsprechend kann zB durch das Stehenlassen eines versehentlich auf die Gegenfahrbahn geratenen, die Fahrbahn versperrenden Fz Gewalt geübt werden (Dü VRS **73** 283). Keine Nötigung liegt zB vor bei einer nur kurzfristigen Verhinderung der Weiterfahrt (vgl *Fischer* § 240 Rn. 15a; zum Anhalten eines Lkw auf der Überholspur einer AB Rz 22). Freilich bleibt auch bei einer restriktiven Auslegung das Problem, dass eine nicht geringe Zahl (länger währender) Parkverstöße (insbesondere Parken vor Grundstückseinfahrten; Zuparken privater Parkplätze) grundsätzlich versuchte oder vollendete Nötigung darstellen kann. Es spricht viel dafür, strafbare Nötigung nur dann anzunehmen, wenn es dem Täter (über den bloßen Sachentzug hinaus) gerade auf die Beschneidung der Handlungsmöglichkeiten des Geschädigten ankommt (so *LK-Träger/Altvater* § 240 Rn. 102; hierzu Rz. 8).

i) Betätigung der (Licht-) Hupe. Selbst länger andauerndes bzw mehrfaches Hupen, um **33** den anderen zu einem bestimmten Verhalten (Weiterfahrt, zügigeres Fahren, Freigabe der Fahrbahn etc.) zu veranlassen, kann ohne Hinzutreten erschwerender Umstände idR nicht als Nötigung bewertet werden. Für die Annahme von Gewalt hat die Einwirkung nicht die notwendige Intensität. Aus demselben Grund wird keine Drohung mit einem *empfindlichen* Übel vorliegen; denn der besonnene VT wird dem (schlüssig) in Aussicht gestellten Nachteil weiteren Hupens standzuhalten in der Lage sein (vgl. Dü NJW **96** 2245, Schl VM **74** 14). Das Gleiche gilt für die Betätigung der Lichthupe. Zum Einsatz von Signalhorn und Lichthupe, um dem „Drängeln" größeren Nachdruck zu verleihen, Rz 11 ff.

4. Konkurrenzen. Hinter § 113 tritt § 240 zurück (st Rspr, zB BGHSt **48** 233 [Polizei- **34** flucht!]). Mit § 315b (s dort Rz 32; LK-*König*, § 315b Rz 93) und § 315c Abs 1 Nr 2 (§ 315c Rz 70; Kö VRS **44** 16, AG Rudolstadt VRS **112** 35, LK-*König* § 315c Rz 211) kann Tateinheit bestehen.

5. Sanktionen. Zur Strafzumessung gelten die Erläuterungen unter § 315c Rz 55 ff, § 316 **35** Rz 101 ff sinngemäß. Die Regel in Fällen der „Verkehrsnötigung" sind Geldstrafen von 20 bis 50 Tagessätzen. Zur erweiterten Verwarnung mit Strafvorbehalt § 315c Rz 66. § 59 wird freilich in Fällen, in denen *nur* § 240 erfüllt ist, eher in Betracht kommen als bei Taten, die (auch) § 315c erfüllen. Zum Absehen von Strafe § 315c Rz 67. FV wird nicht selten angezeigt sein. Zur Konkurrenz mit OW, für die eine Regelanordnung der BKatV besteht, § 44 Rz 7b. Zur EdF § 69.

Unbefugter Gebrauch eines Fahrzeugs

248b (1) **Wer ein Kraftfahrzeug oder ein Fahrrad gegen den Willen des Berechtigten in Gebrauch nimmt, wird mit Freiheitsstrafe bis zu drei Jahren oder mit Geldstrafe bestraft, wenn die Tat nicht in anderen Vorschriften mit schwererer Strafe bedroht ist.**

(2) **Der Versuch ist strafbar.**

(3) **Die Tat wird nur auf Antrag verfolgt.**

6 StGB § 248b

(4) **Kraftfahrzeuge im Sinne dieser Vorschrift sind die Fahrzeuge, die durch Maschinenkraft bewegt werden, Landkraftfahrzeuge nur insoweit, als sie nicht an Bahngleise gebunden sind.**

1 1. Die Vorschrift entstammt der VO gegen unbefugten Gebrauch von Kfz und Fahrrädern vom 20. 10. 32. Die jetzige, ab 1. 1. 75 geltende Fassung beruht auf dem EGStGB (BGBl **74** I 490, 648). Sie bezweckt den Schutz des über das Fz Verfügungsberechtigten gegen unbefugte Benutzung, BGHSt **11** 48, besonders gegen dadurch bedingte Wertminderung des Fz, BGH GA **63** 344, soweit die §§ 242, 246 StGB mangels nachweisbarer Zueignungsabsicht unanwendbar sind. Gegen *Franke* NJW **74** 1803 wird man auch den Schutz der übrigen VT insoweit annehmen müssen, als der Täter, wie bei Gebrauchsanmaßung häufig, die Schwarzfahrt ohne oder nach entzogener FE unternimmt, BGHSt **11** 49, *Fischer* Rz 2. Hiergegen kann freilich die Erstreckung auf Fahrräder sprechen. Auch ist die Vorschrift nicht als SchutzG zugunsten der VT anerkannt, BGH NJW **57** 500.

2 2. **Kraftfahrzeuge sind** nach der in IV enthaltenen, über § 1 II StVG (dort Rz 2 ff) hinausgehenden Begriffsbestimmung alle maschinell bewegten oder bewegbaren, nicht schienengebundenen (BahnV einschließlich Straba scheidet also aus) Fz: Autos, Kräder, ElektroFz, Wasser- und Luftfz mit Motor oder Hilfsmotor, Mopeds und Mofas, nicht also bloße Anhänger, Fuhrwerke oder Seilbahnen, aber doch wohl zB motorbewegte Seilfähren.

3 **Fahrräder** sind alle zwei- oder mehrrädrigen (auch sog. Fahrradriksha, § 18 StVO Rz 66) durch Körperkraft bewegten Fz (ohne Hilfsmotor oder bei ausgefallenem Hilfsmotor) für eine oder mehrere Personen, nach dem Schutzzweck der Bestimmung auch handbewegte Krankenfahrstühle und Kinderfahrräder, nicht Gymnastikfahrräder, Ein- und Rhönräder, Draisinen, Kinderroller, weil sie nicht der ordnungsgemäßen Fortbewegung dienen, auch nicht tretbare Wassermobile.

4 3. **Ingebrauchnahme** ist die vorübergehende (andernfalls Diebstahl, Rz 9) Benutzung des Fz zur Fortbewegung, BGHSt **11** 44, 47, beim Kfz nicht notwendig durch Inbetriebsetzen des Motors, so dass auch Schieben oder Ausnutzung eines Gefälles (Abrollenlassen) zur Ingebrauchnahme ausreicht, sofern eine nennenswerte Fortbewegung stattfindet, BGHSt **11** 44, VRS **14** 116, Ha DAR **61** 92, aM *Wagner* JR **32** 253. Der Begriff der Ingebrauchnahme gilt für Kfz und Fahrräder einheitlich, BGHSt **11** 46, wobei die Möglichkeit der Interessenverletzung des Berechtigten durch Schädigung des Fz beim Fahrrad idR wohl weit geringer als bei Autos sein wird.

5 **Keine Ingebrauchnahme** ist die bloße FzBenutzung als Diebesversteck oder zum Schlafen, BGHSt **11** 45, 49, bloßes unbefugtes Sich-Anhängen, BGHSt **11** 49, Mitfahren ohne Erlaubnis oder Fahrschein, BGHSt **11** 49, das bloße Mitfahren bei der unbefugten Fahrt, es sei denn als Anstifter oder Gehilfe, BGH VRS **19** 288, nicht bloßes unbefugtes Rangieren des Fz an Ort und Stelle oder Kreisfahren mit dem Fahrrad, weil beides nicht der Fortbewegung dient.

6 4. **Widerrechtlicher Weitergebrauch** nach ursprünglich berechtigter FzBenutzung (Ingebrauchhalten) steht der Ingebrauchnahme nach hM gleich, *Lackner/Kühl* Rz 3, *Janiszewski* 578, weil es die Gesetzeszwecke (Rz 1) gleichermaßen verletzt: der Fahrer erkennt unterwegs, dass er das Fz vom Dieb erhalten hat, setzt die Fahrt aber fort, BGHSt **11** 47, 50; Weiterfahren des berechtigt gewesenen Fahrers als nunmehr beabsichtige Schwarzfahrt, BGHSt **11** 50, GA **63** 344, Zw VRS **34**, 444, KG GA **72** 277, Schl DAR **89** 350 (abl *Schmidhäuser* NStZ **90** 341); der Monteur verbindet Probefahrt mit Schwarzfahrt. Dagegen bestehen Bedenken, weil diese ausdehnende Auslegung weder grammatisch (Ingebrauchnahme setzt vorherigen Nichtgebrauch voraus) zutrifft, noch in den erwähnten Fällen durch die GZwecke (Rz 1) gedeckt erscheint, selbst nicht bei Einbeziehung des Gesichtspunktes allgemeinen VSchutzes. Ingebrauchnehmen deutet vielmehr darauf hin, dass das Gesetz auf die Rechtslage bei Gebrauchsbeginn abstellt, unbefugte Gebrauchsfortsetzung also nicht einbezieht, BAG NJW **61** 1422, AG Mü NStZ **86** 458 (zust *Schmidhäuser*). Wer als befugter Fahrer mit dem ArbeitgeberKfz kraft späteren Entschlusses eigenmächtig beträchtlichen Umweg fährt, nimmt das Kfz nicht in Gebrauch, ebenso Bay NJW **53** 193, Ha NJW **66** 2360, *Franke* NJW **74** 1803, LG Mannheim NJW **65** 1929. Sachlich liegen lediglich Vertragsverletzungen vor, welche Ersatzanspruch erzeugen, aber anders zu beurteilen sind als Gebrauchsanmaßungen durch von vornherein Unbefugte (s auch Rz 8). Setzt man Ingebrauchnehmen und Ingebrauchhalten jedoch gleich, dann kommt nach den Gesetzeszwecken eine ausreichende schwerwiegende Interessenverletzung persönlicher oder öffent-

licher Art nur bei nennenswerter Wertminderung durch unbefugten Weitergebrauch oder bei Gefährdung der VSicherheit durch sie in Betracht.

5. Gegen den Willen des Berechtigten (Tatbestandsmerkmal) muss die Ingebrauchnahme 7 geschehen. **Berechtigter** ist jeder, der das Fz aus irgendeinem Rechtsgrund benutzen darf, auch kraft mündlicher Abrede oder schlüssigen Verhaltens (Üblichkeit), BGHSt **11** 51, VRS **39** 199, also je nach Sachlage der Eigentümer, Halter, der bestellte Fahrer im Rahmen seiner Dienstpflichten, der Mieter oder Nießbraucher als Allein- oder Mitberechtigter, der Entleiher, auch jeder entsprechend Beauftragte. Auch juristische Personen können Berechtigte sein, nicht jedoch bloße Besitzdiener (§ 855 BGB). Sind mehrere nebeneinander berechtigt, so müssen sie alle die Ingebrauchnahme ablehnen. Dass das Fz dem Berechtigten durch **Gewahrsamsbruch** entzogen wurde (so *Schmidhäuser* NStZ **86** 461) setzt § 248b nicht voraus; andernfalls würde unbefugte Ingebrauchnahme durch den Gewahrsamsinhaber (Verwahrung, Werkstatt, Garage usw, soweit Alleingewahrsam) oder nach Unterschlagung durch Dritte nicht erfasst.

Der entgegenstehende Wille des (der) Berechtigten muss bestehen oder mit Kenntnis der 8 Ingebrauchnahme entstehen, braucht aber nicht ausdrücklich erklärt zu werden. Billigung oder Nichtbilligung können schlüssig aus den Umständen oder der Lebensanschauung hervorgehen: der angestellte Fahrer wird das Fz idR niemand anderem anvertrauen dürfen. Für die Rückführung des Fz zum Berechtigten wird es an dessen entgegenstehendem Willen gegen die Weiterbenutzung durch den Täter uU fehlen, Dü DAR **85** 295 (idR). Gegenüber nur vereinbarungswidriger Benutzung durch einen an sich Mitberechtigten (Miteigentümer, Mithalter) kommt Nichtbilligung nicht in Betracht, BGH VRS **39** 199, auch nicht gegenüber rechtmäßiger Ingebrauchnahme kraft Vertrags, öffentlichen Rechts (Beschlagnahme, Pfändung), Notwehr oder rechtfertigenden Notstandes. Bedenken bestehen dagegen, bloßen **vertragswidrigen Gebrauch** unter die Vorschrift zu ziehen, zB bloße Weiterbenutzung über die Mietzeit hinaus (Rz 6), soweit sie nicht Unterschlagung ist, aM Dü VM **75** 59, *Fischer* Rz 4, oder vertragswidrigen Gebrauch während der Mietzeit, *Lackner/Kühl* Rz 3, LG Ma NJW **65** 1929. Diese Fälle vertragswidrigen Gebrauchs liegen im Wesentlichen ebenso wie die des widerrechtlichen Weitergebrauchs (Rz 6). Wer das Fz dagegen vom Mieter in Benutzung nimmt, wissend, dass dieser es nicht weitergeben darf, verletzt den Willen des Berechtigten, Dü VM **72** 62, Neust MDR **61** 708.

6. Zueignungsabsicht beim Ansichbringen des Fz (Diebstahl) oder hinsichtlich des anver- 9 trauten Fz (Unterschlagung) schließt § 248b aus. Sie will den Eigentümer (Berechtigten) von der Sachherrschaft endgültig ausschließen, BGHSt **22** 45, VRS **65** 128, NJW **87** 266, entweder durch Sich-Zueignen zwecks Behaltens oder durch selbstherrliche Verfügung über das Fz wie ein Eigentümer unter dauerndem Ausschluss des Berechtigten. Hierfür kann neben anderen Umständen sprechen, dass der Täter das Fz nach Ausnutzung seines wirtschaftlichen Werts beliebigem fremden Zugriff preisgibt, BGH NJW **87** 266 (nicht immer schon bei Abstellen in der Nähe des Entwendungsorts). Diebstahl, wenn der Berechtigte das Kfz nur mit ungewöhnlichem Aufwand oder zufällig wieder auffinden kann, wie idR beim Stehenlassen unauffälliger SerienFz an beliebigem, fremdem Ort, auch innerhalb der gleichen Gemeinde, wobei die Größe der Ortschaft nicht allein entscheidend ist, sondern das erforderliche Ausmaß des Aufwands zur Wiedererlangung, BGHSt **22** 45, Ha VRS **59** 39, anders bei auffälligem seltenem oder bei SonderFz. Beispiele: Erschleichung des FzSchlüssels in der Absicht, das Kfz zu behalten, Stu Justiz **73** 396; langer und intensiver FzGebrauch (Wertminderung), Ha VRS **23** 125, JMBlNRW **60** 230; beliebiges Stehenlassen eines unauffälligen SerienFz, BGH VRS **51** 210, **65** 128 (zust *Schwab* DAR **83** 388), womöglich offen und ungesichert, an entferntem oder unübersichtlichem Ort, wo es fremdem Zugriff offensteht, BGHSt **22** 46, VRS **96** 273, Bay NJW **61** 281, aber auch auf besetztem, bewachtem Parkplatz, BGHSt **22** 47, Ce VRS **7** 306, oder in einer anderen städtischen Straße, BGH VRS **19** 441, bei der heutigen VFülle auch in recht kleinem Ort, BGHSt **22** 45 Ce VRS **41** 271, Ko VRS **46** 33 (FeuerwehrFz); Benutzung über mehrere 1000 km (Wertminderung); oder wenn der Berechtigte später nicht mehr dieselbe wirtschaftliche Verwertungsmöglichkeit wie vorher hat, *Schröder* JR **67** 390.

Unterschlagung (§ 246 StGB) begeht, wer ein nur auf wenige Tage gemietetes Kfz fernab 10 auf unbestimmte Zeit beliebig benutzt, KG VRS **37** 438, wer das MietFz abredewidrig solange benutzen will, bis er entdeckt wird, Kö VRS **23** 284, wer wissentlich ein gestohlenes, vom Dieb aufgegebenes Fz zur Benutzung und späteren Preisgabe an sich bringt, BGHSt **13** 43, NJW **59** 948.

Keine Zueignungsabsicht, sondern § 248b, bei von Beginn an bestehender Absicht nur 11 zeitweiliger Brechung fremden Gewahrsams und beabsichtigter späterer Rückführung des Fz in den Herrschaftsbereich des bisherigen Gewahrsamsinhabers, BGHSt **22** 45, VRS **65** 128, NJW **87** 266, NZV **95** 196, Ha VRS **59** 39. Das setzt die Möglichkeit der mühelosen Wiedererlangung der Verfügungsgewalt durch diesen voraus, BGHSt **22** 45, NJW **87** 266, Ha VRS **59** 39, etwa bei nur kurzer Benutzung und Abstellung am früheren Standort oder in dessen Nähe, Stu Justiz **73** 396, so dass das Fz dem Berechtigten wieder zugänglich gemacht wird, BGH NJW **61** 2122, Bay NJW **61** 280, Ha VRS **23** 125, wenn die Gebrauchsanmaßung die wirtschaftliche Position des Berechtigten nicht nennenswert beeinträchtigt hat. Doch sind dafür alle Umstände maßgebend (Rz 9). Dem Täter kommt nicht zugute, dass die Pol viele Fz wieder auffindet, maßgebend für den Gesichtspunkt der Preisgabe können nicht polizeiliche Anstrengungen bei der Verbrechensbekämpfung sein, sondern nur die private Möglichkeit des Geschädigten.

12   **7. Innerer Tatbestand.** Bedingter Vorsatz genügt. Der Vorsatz muss das Merkmal „gegen den Willen des Berechtigten" einschließen. Irrige Annahme der Billigung ist Tatbestandsirrtum und beseitigt den Vorsatz, BGHSt **11** 52, zB (sofern Weitergebrauch für tatbestandsmäßig erachtet wird) die Annahme, der Vermieter billige eine Vertragsverletzung hinsichtlich des MietFz, zumal ihm daraus Ersatzansprüche erwachsen. Der Finder, der das von ihm als Fund bereits gemeldete Fahrrad vor Rückgabe benutzt, wird uU mit Billigung rechnen dürfen, Kö JMBlNRW **64** 91.

13   **8. Der Versuch** (II) beginnt mit den Handlungen, die im weiteren unmittelbaren Verlauf der Ingebrauchnahme dienen, mit dem Entstehen der unmittelbar das Verfügungsrecht gefährdenden Beziehung zum Fz, BGHSt **22** 81, zB mit dessen Anfassen zwecks Erkundung der Wegfahrmöglichkeit (Rütteln, Lenkradsperre?), BGHSt **22** 80 = NJW **68** 1100, mit dem Einsteigen zwecks Einführens des Zündschlüssels oder zwecks Kurzschließens oder mit vorherigem Blinken zwecks Anfahrens. Benutzung in der irrigen Meinung, es fehle am Einverständnis, ist Versuch am untauglichen Objekt, BGHSt **4** 200. Vollendet ist die Tat mit dem Fahrtbeginn, BGHSt **11** 52, **11** 44, NJW **58** 152, beendet mit Fahrtbeendigung, BGHSt **7** 316.

14   **9. Täter** kann außer dem (den) Berechtigten jedermann sein, nach dem Sinn der Vorschrift jedoch nicht der Vermieter bei widerrechtlicher Benutzung seines Fz gegen den Willen des Mieters. Für die Teilnahme gelten die allgemeinen Grundsätze. Auch der Mitfahrer kann Täter, Anstifter oder Gehilfe sein, jedoch nicht mangels Verursachung oder Unterstützung, BGH VRS **19** 288, Ha DAR **61** 92, *Hartung* zu Bay JR **63** 428. Wer bei der Rückführung des Fz zum Berechtigten hilft, leistet keine Beihilfe zu § 248 b, Dü DAR **85** 295.

15   **10. Antragstat** ist unbefugter FzGebrauch (III). Antragsberechtigt ist der Verletzte (§ 77 StGB), jedoch nur der originär Verletzte (Eigentümer, Halter), nicht auch der nur kraft abgeleiteten Rechts Berechtigte (Mieter, Fahrer, Beauftragter), aM AG Nienburg NRpfl **65** 21. Ein Strafantrag gegen unbekannt wirkt auch gegen den, der das Fz erst kurz danach benutzt, Bay NJW **66** 942. Strafantrag wegen Sachbeschädigung am Fz lässt BGH VRS **34** 423 ausreichen. Diebstahlsanzeige darf mit vorsorglichem Strafantrag wegen § 248 b verbunden werden, Ha DAR **60** 50. Die Frist beginnt mit der Wiedererlangung des Fz (Dauerdelikt).

16   **11. Subsidiarität. Zusammentreffen.** § 248 b tritt zurück, soweit die Tat in anderen Vorschriften ähnlichen Schutzzwecks mit schwererer Strafe bedroht ist (I). Das trifft zB zu bei Diebstahl, Raub, Unterschlagung, Ce VRS **41** 271, Betrug, Erpressung und Hehlerei (Gesetzeskonkurrenz), nicht aber zB bei § 315 c. TE mit Fahren ohne FE, fahrlässiger Tötung oder Körperverletzung und mit Sachbeschädigung ist möglich, BGH VRS **18** 191. Die unbefugte Benutzung führt zwar nicht notwendigerweise stets auch zu Benzin- und Ölverbrauch (FzGebrauch durch Wegschieben oder Abrollen), jedoch ist nicht TE mit Diebstahl oder Unterschlagung wegen dieser Stoffe anzunehmen, BGHSt **14** 389, GA **60** 182, Kö VRS **7** 116, JR **70** 107 *(Schröder);* vielmehr sind nach dem Zweck des § 248 b insoweit die §§ 242, 246 subsidär.

17   **12. Kein Schutzgesetz** (§ 823 BGB) zugunsten der VT ist § 248 b, BGH VRS **12** 89, NJW **57** 500, aber zugunsten des Werkunternehmers, aus dessen Werkstatt das Fz abhanden kommt, Ce NRPfl **62** 108. Dem widerrechtlichen Benutzer haftet der Halter auch nicht bei Fahrlässigkeit für verkehrssicheren FzZustand, Ce VersR **72** 52. Hinsichtlich des Nachweises der Entwendung des Kfz bei der **Fz- und Einbruchdiebstahlversicherung** kommt dem VN eine Beweiserleichterung zugute: Der Nachweis der Entwendung ist bereits bei hinreichender Wahrscheinlichkeit geführt, BGH DAR **85** 56, VersR **97** 102, **99** 181, 1535, VRS **72** 177, BGHZ **130** 1 = NZV **95** 394, **96** 109, 275, Kö NJW-RR **02** 531, Sa ZfS **04** 463, NZV **89**

313, Ha NZV **93** 439. „Schwarzfahrt" iS des § 248b führt zur Leistungsfreiheit des Halters und der Haftpflichtversicherung, Ko OLGR **06** 429.

Lit: *Ebert,* Zur Strafbarkeit ungetreuer Kfz-Mieter, DAR **54** 291. *Franke,* Zur unberechtigten Ingebrauchnahme eines Fz, NJW **74** 1803. *Lienen,* Mißbräuchliche Benutzung von Kfzen und Strafrechtsreform, NJW **60** 1438. *Römer,* Schwierigkeiten beim Kfz-Entwendungsbeweis, NVersZ **98** 63. *Schaffstein,* Zur Abgrenzung von Diebstahl und Gebrauchsanmaßung, insbesondere beim KfzDiebstahl, GA **64** 97. *Schwab,* Abgrenzung zwischen Diebstahl und unbefugter Ingebrauchnahme eines Kfz ..., DAR **83** 388. *Seibert,* Unbefugter FzGebrauch, NJW **58** 1222. *Wagner,* Die VO des Reichspräsidenten gegen unbefugten Gebrauch von Kfzen und Fahrrädern, JW **32** 3679. *Wersdörfer,* Unbefugter FzGebrauch und Strafantrag, NJW **58** 1031. **18**

Gefährliche Eingriffe in den Straßenverkehr

315b (1) Wer die Sicherheit des Straßenverkehrs dadurch beeinträchtigt, daß er
1. Anlagen oder Fahrzeuge zerstört, beschädigt oder beseitigt,
2. Hindernisse bereitet oder
3. einen ähnlichen, ebenso gefährlichen Eingriff vornimmt,

und dadurch Leib oder Leben eines anderen Menschen oder fremde Sachen von bedeutendem Wert gefährdet, wird mit Freiheitsstrafe bis zu fünf Jahren oder mit Geldstrafe bestraft.

(2) Der Versuch ist strafbar.

(3) Handelt der Täter unter den Voraussetzungen des § 315 Abs. 3, so ist die Strafe Freiheitsstrafe von einem Jahr bis zu zehn Jahren, in minder schweren Fällen Freiheitsstrafe von sechs Monaten bis zu fünf Jahren.

(4) Wer in den Fällen des Absatzes 1 die Gefahr fahrlässig verursacht, wird mit Freiheitsstrafe bis zu drei Jahren oder mit Geldstrafe bestraft.

(5) Wer in den Fällen des Absatzes 1 fahrlässig handelt und die Gefahr fahrlässig verursacht, wird mit Freiheitsstrafe bis zu zwei Jahren oder mit Geldstrafe bestraft.

Übersicht

Absicht
– verkehrsfeindliche 5, 6, 8, 10, 14, 16, 18
– Nötigungsabsicht 11, 17, 18
– Verletzungsabsicht 12, 17, 18, 20, 21, 27
– im Rahmen des Abs 3 30
Ähnlicher, ebenso gefährlicher Eingriff 14–21
Anderer Mensch 24
Anlagen 4
Außeneingriff 1, 5, 8, 9, 15, 16, 26, 33
Autosurfen 21

Bedeutender Wert 24
Beeinträchtigung der Verkehrssicherheit 2, 22
Beifahrer, Eingriffe des ~ 16
Bereiten von Hindernissen s Hindernisbereiten
Beschädigen 4
Beseitigen 4

Deliktsaufbau 2

Eingriff, gefährlicher 3 a
Einziehung 33
Entziehung der Fahrerlaubnis 33
Ermöglichungsabsicht 30

Fahren entgegen Fahrtrichtung 21
Fahrzeug 4
Fremde Sache 24

Gefahr
– abstrakte 2, 22, 23
– konkrete 23
– für Leib oder Leben 24

– für fremde Sache 24
– verkehrsspezifische 26
Gefährdungsvorsatz 10, 17, 18, 27
Gemeingefahr 23
„Geisterfahrt" 21

Hindernisbereiten 7–13

Inneneingriff 1, 6, 10, 14, 16–18, 20, 21, 27, 28, 33

Kausalität 25
Konkurrenzen 32

Mitfahrer, s Beifahrer

Polizeiflucht 17–19, 30, 32

Qualifikationen 30

Sache, fremde 24
Schädigungsvorsatz s Inneneingriff
Sicherheit s Straßenverkehr
Signale, falsche 3 a
Straßenverkehr
– öffentlicher 3
– Sicherheit des 2, 22
Stau, künstlicher 11
Subjektiver Tatbestand 27 f

Tatbeteiligte als Gefährdungsobjekt 24
Tätige Reue 31

Unglücksfall 30

Verdeckungsabsicht 30
Verhältnis zu § 315 c 1
Verkehrsberuhigungsmaßnahmen 8

Verkehrssicherheit s Sicherheit
Verkehrsspezifische Gefahr s Gefahr
Versuch 29
Vollendung 29

Wert, bedeutender 24
Zerstören 4
Zivilrecht 34

1 **1. § 315 b erfasst nur verkehrsfremde Eingriffe.** Leitbild des Gesetzgebers ist der Eingriff in die VSicherheit von außen her („*Außeneingriff*"); er ist *per se verkehrsfremd*. Nach ganz hM ist aber auch verkehrsinternes Fehlverhalten relevant, sofern der Täter ein Beförderungsmittel (meist sein Fz) oder einen Verkehrsvorgang bewusst zweckentfremdet bzw. „pervertiert" (BGHSt **22** 6, **48** 233, NZV **99** 430, VRS **46** 106, Bay VRS **46** 287, **47** 27, NZV **89** 443, Ce NJW **69** 1184, *Cramer* JZ **83** 812, aM *Obermann* Gefährliche Eingriffe in den StrV, 2005, *Solbach/Kugler* JR **70** 121). Voraussetzung dieses sog. „*verkehrsfeindlichen*" bzw. „*verkehrsfremden*" „*Inneneingriffs*" ist, dass der Täter in verkehrsfeindlicher Absicht handelt und eine „grobe Einwirkung von einigem Gewicht" vorliegt (BGHSt **22** 365, **28** 87, **48** 233, NJW **75** 1934, VM **81** 41). Alle anderen Fehlleistungen im StrV sind an § 315 c zu messen; § 315 c sperrt den Rückgriff auf § 315 b dabei auch dann, wenn die nicht als verkehrsfremder Eingriff in obigem Sinn qualifizierte Fehlleistung nicht im Katalog des § 315 c I Nr 2 aufgeführt ist. In diesem Fall können nur allgemeine Tatbestände des Strafrechts oder des OWRechts eingreifen. Hauptfall des Inneneingriffs ist es, dass das Fz bewusst verkehrsfeindlich (gewissermaßen als Waffe oder Schadenswerkzeug) eingesetzt wird (BGH NJW **03** 1613 = BGHSt **48** 233). In Abkehr von seiner bisherigen Rspr verlangt der BGH seit BGH NJW **03** 1613 beim verkehrsfeindlichen Innengriff (jedenfalls, sofern er der Fortbewegung des Täters dient) zusätzlich **zumindest bedingten Schädigungsvorsatz,** was mit dem Charakter des § 315 b als konkretes Gefährdungsdelikt in Spannungslage tritt (*Seier/Hillebrand* NZV **03** 490) und weder in der Begründung noch den Ergebnissen zu überzeugen vermag (*König* NStZ **04** 175; im Einzelnen Rz 10, 11, 18). § 315 b ist keine Dauerstraftat (BGH NZV **95** 196). Täter kann jedermann sein. *Schutzgut* ist nach der Rspr und einem Teil der Lehre *das Universalinteresse an der Sicherheit des StrV* (sehr str, s § 315 c Rz 1).

2 **2. Dreistufiger Deliktsaufbau.** Gemeinsam ist den Tatbeständen des I, dass der Eingriff in einer durchlaufenden Kausalbeziehung („… dadurch beeinträchtigt … und dadurch …") eine Beeinträchtigung der VSicherheit (abstrakte Verkehrsgefahr; Rz 22) und in der Folge eine konkrete Gefahr für bedeutende fremde Sachwerte bzw Leib oder Leben anderer Menschen bewirken muss (hM, s etwa *Fischer* Rz 2, LK-*König* Rz 2), wobei str ist, ob die abstrakte Verkehrsgefahr iS eines selbstständigen Gefahrerfolgs zu verstehen ist (so die wohl hM, zB BGH NJW **03** 1613) oder ob sie integraler Bestandteil des gefährlichen Eingriffs ist, womit der Deliktsaufbau zweistufig wäre (*Dencker* Nehm-F S. 373; s. auch *Cramer* JZ **83** 812, 814: „Eignungsurteil"). Im Ergebnis dürfte sich dies nicht auswirken (LK-*König* § 315 Rz 47, aM *Dencker* Nehm-F S. 373). Der Eintritt des konkreten Gefahrerfolgs ist Indiz für die vorhergehende abstrakte Gefahr (die Eignung) und liegt in den einschlägigen Fällen zumeist unproblematisch vor. Allerdings fehlt es hieran zB, wenn in den Fällen des I Nr 1 der Beschädigung eines Fz usw (zB Rammen eines Fz ohne weitere Folgen) keine Verkehrsgefahren *nachfolgen* (näher Rz 4, 6, 22). Für I Nr 2, 3 steht seit BGH NJW **03** 836 = BGHSt **48** 119 wieder fest, dass auch rasch ablaufende Eingriffe (zB Schuss, Steinwurf) tatbestandsrelevant sind, falls sich der konkrete Gefahrerfolg als Steigerung der von dem Eingriff ausgehenden abstrakten Gefahr darstellt (insoweit zust *König* JR **03** 255, JA **03** 818, *Berz/Saal* NZV **03** 198). Soweit sich aus einzelnen Judikaten (insbes. BGH NZV **98** 36, BGHSt **47** 158 = NJW **02** 626) Gegenteiliges entnehmen ließ, hat BGH NJW **03** 836 diese Rspr mit Recht aufgegeben. Zugleich hat der BGH jedoch den in der Rechtsanwendung schwer fassbaren Topos der **„verkehrsspezifischen Gefahr"** entwickelt, der in der Herleitung und den Auswirkungen ungeklärt ist, jedenfalls aber Zufallsentscheidungen provoziert (im Einzelnen Rz 26).

3 **3. Öffentlicher StrV:** § 1 StVO Rz 13 ff (aM, auch nichtöffentlicher V einbezogen, MK-*Barnickel* Rz 11, der freilich übersieht, dass „*StrV*" *stets nur den öffentlichen V meint* [namentlich auch § 1 StVO], wohingegen § 7 StVG den nichtöffentlichen V umfassen will und den Begriff „StrV" deshalb bewusst nicht verwendet, § 7 StVG Rz 1). Bei Eingriffen, *die vollständig außerhalb des öffentlichen StrV ablaufen*, ist § 315 b mangels Beeinträchtigung der Sicherheit des öffentlichen StrV (Rz 22) nicht anwendbar. So liegt es, wenn der Täter sein Opfer vom öffentlichen VGrund aus nur „anvisiert" und abstrakte wie konkrete Gefahr auf nichtöffentlichem Gelände (zB Straßengraben, neben der Straße liegendes Feld) eintreten (BGH NJW **04** 1965, NStZ **04** 625,

Gefährliche Eingriffe in den Straßenverkehr § 315b StGB 6

NZV **98** 418, Dü NJW **82** 2391, Kö VM **00** 86, aM LG Bonn bei *Landsberg* NStZ **83** 223, uU auch BGH VRS **59** 185). Hingegen ist § 315b einschlägig, wenn die abstrakte Gefahr im öffentlichen VRaum eintritt, sich aber erst außerhalb des öffentlichen VRaums in einem Gefahrerfolg konkretisiert, etwa dann, wenn der Täter sein Opfer im öffentlichen VRaum verfolgt, es aber erst außerhalb konkret gefährdet bzw verletzt (klargestellt in BGH NStZ **04** 625, zust *König* DAR **04** 656, s auch BGH NStZ **06** 167, anders womöglich BGH VRS **61** 122, zum Ganzen LK-*König* Rz 9, 61). Eine ähnliche Problematik stellt sich im Rahmen des § 1 StVO bzw der Anwendbarkeit der StVO auf solche „Mischfälle" (§ 1 StVO Rz 18a).

4. Tathandlungen. Oberbegriff der in I aufgeführten Tathandlungen ist der „gefährliche 3a Eingriff". Die Tatbestandsvarianten nach Nr 1 und 2 beschreiben als „Leitbeispiele" (*Fischer* § 315 Rz 8) nur typische Angriffsformen (näher LK-*König* § 315 Rz 18). Das *Geben falscher Zeichen und Signale* ist in I (anders: § 315) nicht angeführt, um unangemessene Ergebnisse zu vermeiden (BTDrucks IV/651 S 28), kann aber ggf. I Nr 3 erfüllen.

a) Anlagen oder Fahrzeuge zerstört, beschädigt oder beseitigt (Nr 1). *Beschädigen*: 4 Veränderung der Zusammensetzung oder Aufhebung der Unversehrtheit der Sache, so dass die Brauchbarkeit für ihre Zwecke beeinträchtigt ist. *Zerstören*: für die bestimmungsgemäße Funktion unbrauchbar machen. *Beseitigen*: vom bestimmungsgemäßen Ort entfernen (BGH NZV **02** 517 [Gullydeckel]). *Fahrzeuge*: alle Beförderungsmittel ohne Rücksicht auf die Antriebsart (Bus, Straba, Kfz, Fuhrwerk; s erg. § 316 Rz 6; § 23 StVO Rz 11, LK-*König* Rz 22). *Anlagen:* dem V dienende Einrichtungen (§ 43 StVO) wie VZ, Schilder, Ampeln, Sperrvorrichtungen, Leitzeichen, Leitplanken, Straßen und Brücken mit ihrem dem V dienenden Zubehör *Immer zu beachten ist,* dass der Beschädigung etc. eine abstrakte Gefahr und ein konkreter Gefahrerfolg *nachfolgen* muss (Rz 6).

Beispiele für Außeneingriffe (*verkehrsfeindliche Absicht und Schädigungsvorsatz also nicht erfor-* 5 *derlich*, Rz 1): Entfernung eines Gullydeckels (BGH NZV **02** 517) oder von Leitpfosten (vgl LG Marburg NStZ-RR **08** 258 [aus dem dort abgedruckten LS wird nicht deutlich, ob, zu Unrecht, I Nr 1 oder „nur" der Gefährdungsvorsatz verneint wurde]). Abreißen der Bremsleitung, sonstige Manipulationen an der Bremsanlage (BGH NJW **85** 1036, NZV **89** 119; NJW **96** 329, Mü NJW **06** 3364), Durchstechen von Reifen mit der Folge langsamen Entweichens der Luft (vgl Kar NZV **05** 690 [dort nur § 303 erwähnt], s auch § 69 Rz 6a), Blockieren der Lenkung, Arretierung des Gaspedals oder Lockern von Radschrauben (BGH v 3. 4. 2007, 4 StR 108/07, juris). Sabotageabsicht ist *nicht* erforderlich, weswegen fehlerhafte Reparatur zu (fahrlässig begangenem) § 315b führen kann (LK-*König* Rz 19, zust. *Fischer* Rz 6, **aM** Bay JR **75** 28). Weitere Bsp.: Steinwurf in Rückscheibe eines Kfz (Schl VM **67** 21), geworfener Steckschlüssel zertrümmert Windschutzscheibe (OLG Braunschweig VRS **32** 371). Zur **verkehrsspezifischen Gefahr** Rz 26.

Beispiel für Inneneingriff (*verkehrsfeindliche Absicht und Schädigungsvorsatz also erforderlich*, 6 Rz 1, 10f, 18): absichtliches Rammen eines Fz, jedoch nur dann, wenn die Beschädigung usw eine abstrakte und eine konkrete Gefahr nach sich zieht. Ist sie insoweit folgenlos, so ist I Nr 1 nicht vollendet (aber womöglich Versuch). Für diese Fallgruppe behält die in der Rspr des BGH seit langer Zeit gebräuchliche Formel trotz BGH NJW **03** 836 (Rz 1) weiterhin Gültigkeit, die Beschädigung dürfe nicht bereits die Realisierung der von dem Eingriff ausgehenden Gefahr darstellen (zB BGH NZV **90** 77; NStZ **95** 31; wN bei LK-*König* Rz 25f, *König* JA **03** 818). Jedoch ist dann *stets* I Nr 2, 3 zu prüfen (BGH NZV **90** 77; NStZ **95** 31).

b) Bereiten von Hindernissen (Nr 2). Hindernisse sind Einwirkungen auf den VRaum, 7 die geeignet sind, den reibungslosen VAblauf zu hemmen oder zu verzögern (BGHSt **41** 231, Zw NZV **97** 239; str.). Zur näheren Ausfüllung des Hindernisbegriffs empfiehlt sich die Orientierung am Wortlaut des § 32 StVO; Hindernisse wären danach auf die Str (auch im Luftraum oberhalb der Fahrbahnoberfläche) gebrachte, bewegte oder statische Gegenstände (auch lebende Körper) sowie Verschmutzungen und Benetzungen der Fahrbahn (eingehend *Obermann* S. 118ff).

Beispiele für Außeneingriffe (*verkehrsfeindliche Absicht und Schädigungsvorsatz also nicht erfor-* 8 *derlich*, Rz 1, 10, 18): Gefährdendes Senken der Schranken (BGH NJW **60** 2013, Ha VkBl **66** 68), Springen auf die Motorhaube eines fahrenden Fz (Zw NZV **97** 239), Herabwerfen dicker Holzscheite unmittelbar vor auf der AB herannahende Kfz (BGH VRS **45** 38), Verschmieren einer Kurve mit Öl (BGH DRiZ **77** 308), Errichten einer Sperre auf öffentlichem Feldweg (Fra VRS **28** 423). Außeneingriff begeht auch, wer einen anderen auf die Fahrbahn stößt (BGH

NZV **06** 483; abw. noch Kö VRS **69** 30) oder dort so zu Fall bringt, dass ein Kf notbremsen muss (Ha VRS **25** 186). *Entgegen* BGH StV **02** 361 verwirklicht auch der Fußgänger einen Außeneingriff, der Autofahrer zum Anhalten zwingen will, indem er sich mit einer Schreckschusspistole in die Mitte der Fahrbahn stellt; ein solches, nicht im Rahmen eines Verkehrsvorgangs erfolgendes Verhalten ist nicht anders zu beurteilen, als wenn Gegenstände in den Verkehrsraum eingebracht werden. Außeneingriff möglich bei Beschmutzen der Fahrbahn bei der Rübenernte oder beim Mistfahren (Ha NJW **55** 193). Maßnahmen zur Verkehrsberuhigung können § 315 b erfüllen. Dies gilt auch für unsachgemäß errichtete Fahrbahnhindernisse zum Zweck der „Verkehrsberuhigung" namentlich außerhalb der durch Z 325, 326 gekennzeichneten Bereiche (LK-*König* Rz 29, *Fischer* Rz 7, *Berr* DAR **91** 281, *Hentschel* NJW **92** 1080, *Franzheim* NJW **93** 1837; von Fra NZV **92** 38 abgelehnt bei Aufbringen von gefährlichen Metallhöckern auf die Fahrbahn; s auch § 32 StVO Rz 8, § 45 StVO Rz 53). Weitere Bsp: zu § 32 StVO.

9 Außeneingriff (eingehend Bay NJW **69** 2026, LK-*König* Rz 38) ist idR auch das **Unterlassen pflichtgemäßer Hindernisbeseitigung.** Bsp: Fahrer lässt herabgefallene Ladung oder verlorenes Rad liegen (Ce NRpfl **70** 46), pflichtwidriges Nichtentfernen herabgefallener Fz-Teile von der Fahrbahn (Ha VRS **51** 103), Liegenlassen umgefahrener Leuchtbaken auf der Fahrbahn (Bay NJW **69** 2026), Nichtbeseitigen einer Ölspur auf der Str (Ha DAR **60** 76), FzF kümmert sich nicht um verursachte Benzinspur (Bay NZV **89** 443). Nichtkenntlichmachen haltender bzw liegen gebliebener Fz fällt unter § 315 c I Nr 2 g.

10 **Hindernisbereiten als Inneneingriff** nur bei grober Einwirkung von einigem Gewicht in verkehrsfeindlicher Absicht (Rz 1), als VT sowohl als Fußgänger (BGHSt **41** 231 = NZV **95** 493; hierzu LK-*König* Rz 35, *Meurer* BA **96** 161, *Ranft* JR **97** 210) als auch im Rahmen des fließenden V mit Hilfe seines Fz (BGHSt **21** 301, VRS **64** 267, NZV **92** 157, Dü NZV **94** 37), dann jedoch nur bei Einsatz des Fz als „Waffe" oder Schadenswerkzeug (Rz 1, BGH NJW **03** 1613, NZV **92** 157, 325, **99** 430, VM **76** 49, Dü VRS **73** 41, Kö NZV **92** 80, **94** 365, Kar VRS **93** 102). Seit BGH NJW **03** 1613 ist zusätzlich erforderlich, dass der Täter **mit (zumindest bedingtem) Schädigungsvorsatz gehandelt hat** (Rz 1). Der BGH begründet seine Auffassung maßgebend damit, dass das in der gewollten Behinderung eines anderen Fz liegende Nötigungselement ein VVerhalten allein noch nicht zu einem verkehrsfeindlichen Inneneingriff mache, sofern das eigene Fortkommen primäres Ziel des Täters sei (BGH NJW **03** 1614). Obgleich danach zumindest offen bleibt, ob Handlungen, deren Beweggrund *nicht* das Fortkommen (mit dem Kfz im StrV ist), auch bei Gefährdungsvorsatz noch tatbestandsrelevant sind (näher *König* NStZ **04** 177, 178), versteht die bislang ergangene obergerichtliche und sonstige Rspr die Restriktion wohl umfassend. So verlangt Kö DAR **04** 469 Schädigungsvorsatz für das frontale Zufahren auf eine andere Person, um diese zum Anhalten zu zwingen und zur Rede zu stellen, desgl. Mü NJW **05** 3794 und Ha VD **05** 192, AG Rudolstadt VRS **112** 35 für „Gewaltbremsen" zur Disziplinierung oder aus Rache. Ein klärendes Wort des BGH wäre dringend geboten. Aber auch für Hindernisbereiten (und die Fälle nach I Nr 3, Rz 18) bei Fluchtfällen jeglicher Art (zB Ausbremsen, Schneiden) erscheint die neue Rspr (fortgeführt in BGH DAR **06** 30, VRS **106** 198, ebenso Jn VRS **111** 187) wenig überzeugend und im Schrifttum überwiegend Kritik erfahren (zB *Sch/Sch/C/Sternberg-Lieben* Rz 10, MK-*Barnickel* Rz 10, *König* NStZ **04** 177, *Seier/Hillebrand* NZV **03** 486, *Dreher* JuS **03** 1159, *Hentschel* NJW **04** 659). Soweit *Dencker* (Nehm-F S. 383f) dem BGH im Ergebnis mit der Erwägung zustimmt, die abstrakte Verkehrsgefahr (Rz 22) bzw die Tathandlungen des I Nr 1, 2 würden durch die Arglosigkeit des gefährdeten/geschädigten VT konstituiert, lässt sich dies aus dem Gesetz nicht ableiten und erscheint wenig plausibel (eingehend LK-*König*[12] Rz 57 c). So leuchtet nicht ein, den Einsatz des Verkehrsstrafrechts bei auf der Täterseite objektiv und subjektiv identischer sowie für die VSicherheit gleich gefährlicher Tat davon abhängig zu machen, ob und inwieweit sich das „Gefährdungsobjekt" arglos in den V begibt, und Strafrechtsschutz unter dem Aspekt des § 315 b etwa dann zu versagen, wenn sich der Verfolgte (zB in Fällen des „Stalking", s § 238 neu) mehr oder minder immer und überall Angriffen seines Verfolgers versehen muss (Anwendungsfall in BGH NZV **06** 270, s Rz 26); Entsprechendes gilt für Polizeibeamte, die überdies keineswegs stets mit gegen sie gerichteten FzEinsätzen „als Waffe" rechnen müssen.

11 **Derzeit ist zu konstatieren, dass** verkehrsfremdes Hindernisbereiten im V in Fällen „bloßer" Nötigungsabsicht (also keines nachweisbaren Schädigungsvorsatzes) nach der Rspr unter dem in Rz 10 genannten Vorbehalt nicht mehr tatbestandsrelevant ist, so bei „Ausbremsen" des Nachfahrenden, um ihn zum Anhalten zu zwingen (Ko VRS **50** 203, Kar VRS **93** 102, s auch Ha DAR **00** 368, Kö NZV **97** 318, Dü NZV **94** 37, VRS **73** 41, Ce VRS **68** 43), ferner bei absichtlichem Linksausscheren, um Streifenwagen zum plötzlichen Bremsen zu zwingen (Kö

Gefährliche Eingriffe in den Straßenverkehr § 315b StGB 6

VRS **35** 344), „Schneiden" nach dem Überholen (Bay VRS **17** 351, Ol VRS **15** 336, Sa VRS **17** 25, Ha VRS **21** 50, Kar NJW **59** 2321, Ce VRS **25** 440) oder absichtlichem Verbleiben auf linkem Fahrstreifen, obwohl dies einen Streifenwagen beim Überholversuch gefährdet (BGHSt **21** 301, Ha NJW **73** 2073; weitere Rspr bei LK-*König* Rz 32 ff). Zur Verursachung künstlicher Staus aus Gründen der Verfolgung flüchtender Straftäter durch die Pol (vgl. LG Bückeberg NJW **05** 3014) als Eingriff iS von § 315 b *Melkos/Clauß* DAR **06** 73; in solchen Fällen wird es, sofern erforderlich (Rz 10) zumindest am Schädigungsvorsatz fehlen.

Weiterhin erfüllt ist die Vorschrift bei **Handeln in Verletzungsabsicht,** etwa bei Gewaltbremsen, um den Nachfahrenden auffahren zu lassen (BGH NZV **92** 325, VM **76** 49), in diesen Fällen auch dann, wenn das zur Erreichung des verkehrsfeindlichen Ziels durchgeführte Verhalten *nach außen hin* verkehrsgerecht erscheint (BGH NZV **92** 157 zust *Seier,* abl *Scheffler* NZV **93** 463), NZV **99** 430, zust LK-*König* Rz 33, *Sch/Sch/C-Sternberg-Lieben* Rz 8, *König* JA **00** 777, abl *Kudlich* StV **00** 23), nicht aber, sofern der Täter auf das Auffahren *nur hofft* (BGH NZV **99** 430). Zur ABFalschfahrt und zum Wenden auf der AB Rz 21, § 18 StVO Rz 22 a. 12

Kein Hindernisbereiten bei unzulänglichem Sichern gegen Abrollen (Bay VM **75** 17), gefährdendem Radabspringen bei verkehrsunsicherem Lkw (Stu DAR **65** 276). Denkbar ist aber ein Eingriff durch Unterlassen (Rz 9), es sei denn, der Verpflichtete konnte das Hindernis noch nicht entfernen (Ha VRS **51** 103). Kein Hindernisbereiten ist das bloße Fahren auf den Gehweg vor einen dort gehenden Fußgänger, wenn dieser das Fz umgehen kann (BGH VRS **64** 267). Da Hindernisbereiten durch einen FzF im fließenden V bewusste Zweckentfremdung des Fz (und Verletzungsvorsatz) voraussetzt, kommt **fahrlässige Tatbegehung** insoweit kaum in Frage (Rz 28) 13

c) Ähnlicher, ebenso gefährlicher Eingriff. I Nr 3 ist Auffangtatbestand (BGH NZV **02** 517, NStZ **03** 206). Wie bei den anderen Tatvarianten ist zwischen Außen- und Inneneingriff zu unterscheiden, wobei nur für den Letzteren verkehrsfeindliche Absicht und nach aktueller Rspr Schädigungsvorsatz erforderlich ist (Rz 1, 10 ff). Der Eingriff setzt grobe Einwirkung von einigem Gewicht voraus (BGHSt **26** 176, BGHSt **28** 87 = NJW **78** 2607, NJW **02** 626, NStZ **87** 225; zum Ganzen LK-*König* Rz 39 ff). 14

aa) Als Eingriff von außen kommt zB in Betracht die Schaltung einer Ampel allseits auf Grün (*Cramer* JZ **83** 812), das Herabwerfen von Gegenständen von einigem Gewicht auf fahrende Fz (BGH NStZ **03** 206, BGHSt **48** 233 [soweit nicht I Nr 1, s Rz 5]), das Herabschütten von Lackfarbe auf durchfahrende Kraftwagen (BGHSt **48** 119 [aber „verkehrsspezifische Gefahr verneint, s Rz 26]), das Abwerfen von Mülltonnen aus einem fahrenden Pkw (BGHSt **47** 158) oder das Werfen eines Steckschlüssels (Bra VRS **32** 371) bzw einer gefüllten Getränkedose (Ha VRS **95** 28) auf ein fahrendes Fz, Bedrohung mit Schusswaffe beim Fahren und erst recht abgegebener Schuss (BGH NJW **74** 1340, NZV **91** 118, NZV **06** 270 m Anm *König* NZV **06** 432); zB Schießen mit einer Schrotflinte auf das mit hoher Geschwindigkeit folgende PolFz, um die PolB zur Aufgabe der Verfolgung zu zwingen (BGH DAR **82** 199). Außeneingriff auch, wenn ein Fußgänger einem Radfahrer ein Tuch über den Kopf wirft und ihn umreißt (BGH NJW **87** 2027). 15

Ein Außeneingriff (*also qualifizierende Merkmale des Inneneingriffs nicht erforderlich,* Rz 1, 10, 18) liegt *entgegen der bislang hM* (zweifelnd nunmehr BGH NZV **06** 483) auch vor bei **Eingriffen des Beifahrers in die FzFührung** (LK-*König* Rz 18, 54, *Sch/Sch/C/Sternberg-Lieben* 10 a, Kar NJW **78** 1391). Die Rspr, wonach § 315 b nicht erfüllt sein soll, wenn der Beifahrer ohne verkehrsfeindliche Absicht zB durch Eingreifen in die Lenkung verhindern will, dass in bestimmter Richtung gefahren wird (BGH DAR **89** 426, Ha NJW **69** 1976, Bay DAR **91** 367), wenn er „nur" aussteigen will (Ha Verkehrsrecht aktuell **06** 17), wenn er tätig wird, um vermeintliche Gefahr abzuwenden (Kö VM **71** 15, NJW **71** 670), oder wenn er zu solchen Zwecken die Handbremse betätigt (Ha NJW **00** 2686), ist nicht überzeugend. Es ist nicht nachvollziehbar, warum der solchermaßen höchst gefährlich handelnde (Eingriff von Gewicht erforderlich) Beifahrer, der bis zur Vornahme des Eingriffs kein VT ist (§ 1 StVO Rz 17), privilegiert werden sollte. Mit Recht anders für das Auslösen der Lenkradsperre durch den Beifahrer während der Fahrt deshalb Kar NJW **78** 1391. Plötzliches Eingreifen des Sistierten in die Lenkung des schnell fahrenden PolFz, *um es verunglücken zu lassen,* erfüllt auch allen Ansichten § 315 b (BGH VRS **36** 267). 16

bb) Der verkehrsfeindliche Inneneingriff im Rahmen des I Nr 3 ist unter den in Rz 10 genannten Voraussetzungen tatbestandsrelevant. Die Masse der von der Rspr bislang entschiedenen Fälle betrifft Konstellationen des Zufahrens auf eine Person oder ein Fz, um diese(s) zur 17

Freigabe des Wegs zu zwingen, vor allem, aber nicht nur (zB BGH DAR **04** 230) im Rahmen der sog. Polizeiflucht. Der BGH hatte § 315 b vormals im Wesentlichen in zwei Fallgruppen als erfüllt angesehen, nämlich bei Nötigungsabsicht (und zumindest bedingtem Gefährdungsvorsatz) sowie bei Verletzungsabsicht (LK-*König* Rz 44 ff, *König* NStZ **04** 177, zur Rspr zB BGH VRS **51** 209, BGHSt **22** 6, **22** 67, NJW **75** 1934, **78** 2607, VRS **71** 193, Ko DAR **74** 164). Hingegen wurde Inneneingriff verneint, wenn (ohne Nötigungsabsicht) die Flucht das alleinige Ziel des Täters war (BGH NStZ **85** 267, Ha VRS **100** 22, Dü NJW **82** 1111, VRS **65** 428), insbes., wenn der Täter von vornherein an dem PolB vorbeifahren wollte und konnte (BGHSt **28** 87; 234, VRS **55** 185, NStZ **85** 267).

18 Seit dem Wandel der Rspr (Rz 1, 10) verengt sich der Anwendungsbereich des verkehrsfeindlichen Inneneingriffs wohl auf Konstellationen *der Nötigungsabsicht mit zumindest bedingtem Schädigungsvorsatz* und *mit Verletzungsabsicht*. Nach Auffassung des BGH wird das Fz vom Täter verwendete Fz nur dann nicht als Verkehrsmittel (Fluchtmittel), sondern als Waffe bzw Schadenswerkzeug eingesetzt (BGH NJW **03** 1613). Jedoch ist nicht plausibel, warum ein mit hoher Geschwindigkeit auf eine Person zufahrendes Kfz nicht auch dann als „Waffe" zu bezeichnen sein soll, wenn der Täter sein Opfer „nur" in höchste Gefahr bringen will; ferner ist die Flucht auch in Fällen eines (bedingten) Schädigungsvorsatzes das Hauptziel des Täters, weswegen die Konstruktion des BGH nicht trägt (*König* NStZ **04** 177, 178; s erg. Rz 1). Auf der Basis der Rspr fällt auch im Hinblick auf die Schwierigkeit des Nachweises eines Schädigungsvorsatzes ein Spektrum der Fälle der Polizeiflucht und vergleichbarer Konstellationen aus dem Anwendungsbereich des § 315 b heraus. Der lediglich mit Gefährdungsvorsatz handelnde Täter kann demnach allenfalls nach § 113 (Polizeibeamter) oder nach § 240 (oft je im besonders schweren Fall; s aber jetzt BVerfG v. 1. 9. 08, 2 BvR 2238/07) sowie ggf. wegen Verletzungsdelikten belangt werden. Zugleich ist der Zugang zur Qualifikation der § 315 b III, § 315 III Nr 1 b verstellt. § 315 c I Nr 2 wird nur selten erfüllt sein. Inneneingriff kann nach diesen Grundsätzen *nicht fahrlässig erfüllt werden* (Rz 28, s auch Kö NZV **91** 319).

19 BGH DAR **04** 230 verneint auf dieser Basis § 315 b für einen Angekl., der sein Fz „mit erheblicher Beschleunigung" auf eine 2–3 m hinter seinem Fz stehende Person hin zurücksetzt, weswegen diese beiseite springen muss und sich dabei verletzt, weil der Täter darauf vertraut habe, dass die Person „den Weg freigeben und nicht verletzt werden würde". Kö DAR **04** 469 verlangt Schädigungsvorsatz für das frontale Zufahren auf ein anderes Fz, um dessen FzF zum Anhalten zu zwingen und zur Rede zu stellen. Zu Fällen der Polizeiflucht ferner BGH DAR **06** 30, KG VRS **111** 184, Jn VRS **111** 187; zu einem Fall des Abdrängens BGH StraFo **06** 122.

20 Das gezielte Losfahren auf eine Person **in Verletzungsabsicht** erfüllt nach der Rspr seit jeher (und weiterhin) § 315 b (BGH VRS **43** 34, Ko VRS **74** 196), auch bei geringerer Geschwindigkeit (20 km/h), selbst wenn diese noch hätte beiseite treten können (BGH NJW **83** 1624, VRS **65** 359, VM **88** 33, zw *Cramer* JZ **83** 814, aM, weil Eigendynamik des TäterFz nicht tatbestandsrelevant sei, *Dencker* Nehm-F S. 385, hiergegen LK-*König*[12] Rz 57 c), anders bei Zufahren mit nur geringer Geschwindigkeit auf Fußgänger, wenn eine Verletzungsabsicht nicht festgestellt wird (BGH NStZ **87** 225, DAR **87** 195, VRS **40** 104). I Nr 3 ist auch gegeben bei absichtlichem Rammen eines anderen Fz (BGH NZV **90** 77, **01** 265, Kö NZV **91** 319), auch wenn einer von mehreren Geschädigten Tatbeteiligter ist (BGH NZV **95** 115). Inneneingriff kann (bei bedingtem Schädigungsvorsatz) ferner gegeben sein, wenn der Täter durch seine Fahrweise eine auf das Fz geratene (zB Kühlerhaube) oder sich am Fz festhaltende Person abzuschütteln sucht (BGHSt **26** 51, DAR **95** 334, NJW **75** 656, VRS **56** 189, VM **79** 2, Dü VM **79** 63, Kö VRS **53** 184). Selbst wenn die sich am Fz festhaltende Person einige Meter mitgezogen wird; gefährlicher Eingriff aber stets nur bei Verfolgen zumindest *auch* verkehrsfeindlicher Zwecke (BGH NJW **78** 2607, NStZ **85** 267, VM **89** 66). Fortsetzung der Fahrt während eines vom FzF gewaltsam verhinderten Ausstiegsversuchs eines Mitfahrenden erfüllt nach BGH NZV **01** 352 den Tatbestand nicht, auch nicht langsames, ruckweises Hin- und Herfahren, um Taxifahrgast abzuschütteln (BGH VRS **45** 185).

21 Fahren auf AB und Kraftfahrstraßen **in falscher Fahrtrichtung** unterfällt idR § 315 c I Nr 2 f und ist Inneneingriff meist schon deswegen nicht, weil keine verkehrsfremden Zwecke verfolgt werden (BGH NJW **03** 1613, Stu VRS **58** 203, Ce VM **83** 87, zw Stu NJW **76** 2223). Handelt der Täter aber *in Verletzungsabsicht*, so ist § 315 b erfüllt (vgl. BGH NStZ **06** 503). Demgemäß müsste auch bloßer (bedingter) Schädigungsvorsatz für § 315 b (hierzu *König* NStZ **04** 175, 178) hinreichend sein. Kein Einsatz des Fz in verkehrsfeindlicher Absicht bei „AutoSurfen" (Dü NZV **98** 76; i. Erg. zust LK-*König* Rz 55, abl *Saal* NZV **98** 51 f).

5. Folge der in I Nr 1 bis 3 beschriebenen Handlungen muss eine **Beeinträchtigung der** 22 **Verkehrssicherheit** sein (zum Charakters als Tatbestandsmerkmal Rz 2). Sie ist gegeben, wenn die mit dem StrV ohnehin verbundene abstrakte Gefahr („Betriebsgefahr") so erhöht ist, dass eine konkrete Gefahr deutlich wahrscheinlicher geworden ist (BGH VRS **8** 272; BGHSt **13** 66), der Verkehr also in seinem ungestörten Ablauf tangiert wird (*Lackner/Kühl* Rz 3; s auch BGHSt **22** 6). Daran fehlt es in den Fällen des I Nr 1, falls sich der Eingriff in der Beschädigung, Verletzung erschöpft; jedoch ist dann I Nr 2, 3 zu prüfen (Rz 4, 6). Ausdrücklich aufgegeben hat der BGH seinen in einzelnen Entscheidungen vertretenen Standpunkt, dass in den Fällen des I Nr 2, 3 einem Verletzungserfolg ein weiterer (abstrakter) Gefahrerfolg nachfolgen müsse (Rz 2). Beeinträchtigt werden muss der *öffentliche* StrV. Ein bloßer Zusammenhang mit dem StrV genügt nicht. § 315 b ist deshalb nicht erfüllt, wenn die Tat *vollständig* außerhalb des StrV abläuft; hingegen schadet es nicht, wenn lediglich der Gefahrerfolg außerhalb eintritt (Rz 3). Keine Beeinträchtigung von Verkehrsvorgängen, wenn der Täter im Fz Benzin verspritzt und es dadurch zu einer Brand- oder Explosionsgefahr kommt (BGH VRS **93** 306).

6. Eine konkrete Gefahr für fremde Individualrechtsgüter (keine Gemeingefahr) muss der 23 Eingriff bewirken. Sie muss nicht notwendig im öffentlichen VRaum eintreten (Rz 3). Erforderlich **ist stets ein „Beinahe-Unfall"**, also ein Geschehen, bei dem ein unbeteiligter Beobachter zu der Einschätzung gelangt, dass „das noch einmal gut gegangen sei" (§ 315c Rz 30, zu deren Feststellung dort Rz 31). *Auch eine hochgradige abstrakte Gefahrenlage genügt nicht mehr* (§ 315c Rz 32). So ist konkrete Gefahr nicht bereits dann eingetreten, wenn das durch Sabotage (Abreißen des Bremsschlauchs, Lockern der Radmuttern etc.) verkehrsunsicher gemachte Fz durch eine andere Person gestartet wird (BGH NJW **96** 329, aM noch BGH NJW **85** 1036, abl *Horn/Hoyer* JZ **87** 966, *Berz* NZV **89** 413); dann aber Versuch (BGH NJW **96** 329, Anwendungsfall: Mü NJW **06** 3364). Zur konkreten Gefahr beim Stoßen einer Person auf die Fahrbahn einer AB BGH NZV **06** 483. Dass die Fahrgäste der notbremsenden Straba heftig durcheinandergeschüttelt worden sind, genügt zur Gefährdung allerdings nicht (Zw VRS **32** 376, s aber Ol NStZ **05** 387 [zu § 315]: Schnellbremsung eines Zugs von 80 km/h auf „0" genügt).

Gefahr für **Leib oder Leben**: § 315c Rz 33, **für fremde Sachwerte**: § 315c Rz 34 ff. 24 **Eine Gefährdung von Tatbeteiligten**, namentlich bei „gestellten" Unfällen zu Betrugszwecken, genügt nach ganz hM nicht (BGH NJW **91** 1120, NStZ **92** 233; DAR **08** 487; zu den sehr unterschiedlichen Lösungsansätzen LK-*König* Rz 71 ff). Die Restriktion vermag zwar nicht zu überzeugen, scheint aber unumstößlich zu sein (zu den Einzelheiten LK-*König* Rz 74). Tatbestandsrelevant ist hingegen die Gefährdung des PolB, der auf der Fahrbahn ein Kfz anhalten will (BGHSt **26** 176, NJW **68** 456, VRS **46** 106, **53** 31, aM *Ranft* Jura **87** 608, 611, ähnlich *Dencker* Nehm-F S. 385 f). Zum sog. „Autosurfen" Rz 21.

7. Ursache der Gefahr muss eine in I Nr 1 bis 3 beschriebene, generell gefährliche Tat- 25 handlung sein („dadurch"), wobei Mitverursachung genügt. Sie muss dem Eingriff nachfolgen (Rz 4, 6, 22).

Eine verkehrsspezifische konkrete Gefahr verlangt BGHSt **48** 119 = NJW **03** 836 zu- 26 sätzlich, und zwar explizit nur für *Außen*eingriffe der unter Rz 5, 8, 15 genannten Art. Sie zeichnet sich darin aus, dass sie (mit) „auf die Wirkungsweise der für Verkehrsvorgänge typischen Fortbewegungskräfte" zurückzuführen sein bzw „in innerer Verbindung mit der Dynamik des StV" stehen muss (BGH NJW **03** 838; zust zB *Fischer* Rz 17, 18, i Erg auch *Dencker* Nehm-F 373). Die Voraussetzungen sollen zB gegeben sein, wenn der Täter von einer Brücke aus Steine auf die Frontscheibe durchfahrender Fz wirft, hingegen fehlen (nur Versuch), wenn er von derselben Stelle aus Lack auf die Frontscheibe schüttet (bedeutender Sachschaden jeweils entstanden). Die Entscheidung ist entweder dahin zu verstehen, dass eine Steigerung der Verkehrsgefahr verlangt wird, wonach eine durch den Eingriff verursachte Beschädigung verkehrsspezifisch *wirken* muss (Täter kann aufgrund Sichtbehinderung nicht weiterfahren), also eine abstrakte Verkehrsgefahr nach Eintritt des Verletzungserfolgs und damit nach vollständiger Beendigung der Tat (*König* JR **03** 255, JA **03** 818). Denkbar ist auch (vgl MK-*Barnickel* Rz 48 ff), dass mittels physikalischer Messungen ermittelt werden muss, ob je nach Auftreffen des Gegenstands die Geschwindigkeit (Dynamik) des geschädigten Fahrzeugs (erheblich?) schadenserhöhend gewirkt hat; auf dieser Basis müsste die verkehrsspezifische Gefahr zB bei einem seitlichen Auftreffen verneint werden, weil hier ausschließlich die vom Eingriff verursachte Bewegungsenergie (Wurf, Schuss) gewirkt habe, was in keiner Weise einleuchtet und auch Konsequenzen für den subjektiven Tatbestand nach sich zieht (LK-*König*[12] § 315 Rz 97 a f). In beiden Alternativen werden nicht erklärbare Zufallsergebnisse produziert (*König* aaO). Von den Grundsätzen gem BGH NJW **03** 836 ist der BGH in einem Fall von Schüssen auf ein fahrendes Fz, nach denen der FzF gefahrlos weiterfahren konnte, wohl wieder abgewichen (Verurteilung wegen vollendeten § 315 b nicht beanstandet; BGH NZV **06** 270 m Anm *König* NZV **06** 432).

27 **8. Subjektiver Tatbestand.** Der (zumindest bedingte) Vorsatz muss sich in den Fällen des I auf alle Tatumstände einschließlich der konkreten Gefahr beziehen, wobei insoweit Gefährdungsvorsatz grundsätzlich genügt. Jedoch verlangt der BGH neuerdings für (alle?) *Fälle des Inneneingriffs* zumindest bedingten Verletzungsvorsatz (Rz 1, 10, 18). Der Nachweis des voluntativen Vorsatzelements wird dabei in der tatrichterlichen Praxis vielfach schwer fallen, weil es Behauptungen des Täters auszuräumen gilt, man habe den Unfall in jedem Fall vermeiden wollen (*König* NStZ **04** 178). In Fällen der Verletzungsabsicht (Rz 20) ist immer auch § 315 III Nr 1 a erfüllt (Rz 30). Inneneingriff unter Einsatz des eigenen Fz schließt häufig Selbstgefährdung ein. Vorsatz kann gleichwohl gegeben sein, weil der Täter durchaus einen ihm an sich unerwünschten Erfolg billigen kann (BGH NJW **55** 1688, NZV **96** 458, **06** 483, Mü NJW **05** 3794, LK-*König* Rz 84), ist aber dann näher zu begründen (Kö NZV **92** 80, VRS **82** 39, Mü NJW **06** 3364). Entsprechendes gilt beim Inneneingriff durch Fußgänger (BGH NJW **96** 203 [„Münchner Fahrbahngeher"], krit LK-*König* Rz 35, *Ranft* JR **97** 210). Gefährdungs- bzw Verletzungsvorsatz ergibt noch nicht Tötungsvorsatz (BGH NZV **92** 370, VRS **46** 106).

28 **IV enthält** eine Vorsatz-Fahrlässigkeitskombination. Es handelt sich um eine Vorsatztat (§ 11 II), weswegen Teilnahme möglich ist. Versuch ist nicht strafbar (Rz 29). Verkehrsfeindlicher Inneneingriff ist als Tat nach IV, zumal nach der einen bedingten Schädigungsvorsatz verlangenden Rspr des BGH (Rz 1), kaum denkbar. Durchgehend fahrlässige Tat ist in Abs 5 mit milderer Strafe bedroht.

29 **9. Vollendung** mit Verwirklichung der konkreten Gefahr, ohne dass ein Schaden eingetreten sein müsste (Ce VRS **40** 28 [zu § 315]). Beendigung mit Beseitigung der Gefahr oder mit deren Realisierung in einem Verletzungserfolg (§ 315 c Rz 51). **Versuch** der Tat nach I ist strafbar (II). Untauglicher Versuch liegt zB vor, wenn dem Täter der Eingriff gemäß I Nr 1–3 oder die Sicherungsbeeinträchtigung misslingt (BGH NZV **96** 37) oder wenn der Gefahrerfolg nicht eintritt (BGH NStZ **97** 262, NZV **02** 517 [Entfernen eines Gullydeckels]). Zum Versuch bei Nichtrealisierung einer „verkehrsspezifischen Gefahr" Rz 26. Versuch einer Tat nach IV ist nicht strafbar; IV bezieht sich nur auf I und folgt II nach (Dü NZV **94** 486).

30 **10. Qualifikationen (III).** Verbrechenscharakter erhält die Tat unter den Voraussetzungen des § 315 III, wobei § 315 b III einen *eigenen*, gegenüber § 315 III milderen (BGH NZV **07** 481) Strafrahmen enthält. **Absicht** iS von III Nr 1 bedeutet, dass es dem Täter auf die qualifizierende Folge ankommen muss, nach Mü NJW **05** 3794 in Form „zielorientierten, direkten Vorsatzes". **Unglücksfall** ist ein plötzliches Ereignis mit *Schadens*folge (Gefährdungsabsicht genügt anders als bei § 323 c nicht) für Menschen oder Sachen; eingetreten sein muss der Schaden nicht (BGH NZV **96** 37, Mü NJW **05** 3794, Br VRS **62** 266, LK-*König* § 315 Rz 113). Wer den Verletzten nach einem Unfall vorsätzlich überfährt, handelt in der Absicht, einen Unglücksfall herbeizuführen (BGH VM **88** 33), ebenso, wer vorsätzlich ein anderes Fz rammt (BGH NZV **01** 265), wer mit seinem Fz Unfälle mit Fremdsachschaden bewusst herbeiführt (BGH NZV **92** 325, **99** 430). Hingegen soll es nach BGH NJW **91** 1120 bei einverständlich herbeigeführtem Zusammenstoß am Unglücksfall fehlen, sofern nur *tätereigene* Rechtsgüter verletzt werden sollen (krit LK-*König* § 315 Rz 89). Soweit provozierte Unfälle der Vorbereitung eines Betrugs gegenüber der Versicherung dienen, liegt (zugleich) **Ermöglichungsabsicht** nach III iVm § 315 III Nr 1b vor (LK-*König* § 315 Rz 90), ebenso, wenn die Tat Mittel zur Begehung eines Prozessbetrugs ist; dass § 315 b und § 263 in Tateinheit stehen, ändert daran nichts (Mü NJW **06** 3364, LK-*König* § 315 Rz 116). Verwirklicht der Eingriff hingegen zugleich den Tatbestand eines anderen Straftat (zB §§ 113, 240), so dient er nicht iSv III deren *Ermöglichung* (BGH NZV **95** 285, NJW **07** 2130, LK-*König* Rz 90). **Verdeckungsabsicht** häufig in Fällen der Polizeiflucht (soweit noch tatbestandsmäßig, Rz 18). Allerdings genügt es nicht, wenn der Täter davon ausgehen muss, dass seine Täterschaft durch die Pol schon festgestellt ist, er also nur einen zeitlichen Vorsprung erhalten will, um fliehen zu können (vgl Ha NZV **08** 261). Handelt er zur Verdeckung einer (vermeintlichen) OW, so ist dies nicht tatbestandsrelevant, wohl aber, wenn er *meint*, eine Straftat begangen zu haben (BGH NJW **78** 2518).

31 **11. Tätige Reue.** § 320 schafft eine Möglichkeit der tätigen Reue für das vollendete Delikt, wobei aber nur § 315 b nicht etwaige weitere Straftaten umfasst sind. Für die Fälle des Versuchs (II) bleibt es bei § 24. § 320 II Nr 2, III Nr 1b wird angesichts der Tatbestandsstruktur des

Gefährdung des Straßenverkehrs § 315c StGB 6

§ 315b kaum je relevant (LK-*König* Rz 126). Bei Taten nach I, III und IV steht die Honorierung im Ermessen (§ 320 II Nr 2), bei Fahrlässigkeitstaten nach Abs 5 ist sie zwingend. Erforderlich ist die Abwendung der Gefahr, bevor ein erheblicher Schaden entsteht. Abwenden der Gefahr ist sowohl Verhindern des Gefahrerfolgs durch den Täter als auch die Beseitigung bereits eingetretener Gefahr. Dass schon ein gewisser Schaden eingetreten ist, schließt tätige Reue nicht aus, sofern der Schaden noch nicht erheblich ist; „erheblich" dürfte mit „bedeutend" (§ 315c Rz 38) gleichzusetzen sein (LK-*König* Rz 128).

12. Konkurrenzen (eingehend LK-*König* Rz 93 ff). Gefährdung mehrerer Personen durch 32 dasselbe Verhalten verwirklicht die Tat nur einmal (keine gleichartige TE, BGH NJW **89** 2550 [unter Aufgabe von BGH VRS **55** 185], Bay VRS **63** 275). Keine natürliche Handlungseinheit bei Herbeiführung mehrerer Gefährdungen oder Schädigungen allein wegen zuvor gefassten einheitlichen Tatentschlusses (BGH NZV **95** 196, krit *Sowada* NZV **95** 465). Hingegen natürliche Handlungseinheit nach st Rspr in Fällen der **Polizeiflucht** (zB BGH NStZ-RR **97** 331; VRS **92** 205; BGHSt **48** 233; BGH NZV **01** 265, abw BGH VRS **50** 94; sehr str., s LK-*König* Rz 98). Soweit der Täter durch verkehrswidriges Fahren andere absichtlich hindert, tritt § 315c I Nr 2 zurück (BGH NStZ-RR **07** 59, LK-*König* Rz 95), nicht aber, wenn das Tatgeschehen als natürliche Handlungseinheit anzusehen ist und einzelne Teilakte nur den § 315c I Nr 2 erfüllen (BGH NStZ-RR **07** 59). Wird die durch verkehrsfeindlichen Einsatz herbeigeführte Gefährdung durch rauschmittelbedingte Fahrunsicherheit *erhöht,* kommt TE mit § 315c I Nr 1a (III) in Betracht (BGH NJW **68** 1244, VRS **65** 359, Bay VRS **64** 368), andernfalls nur mit § 316 (BGH NZV **05** 650, VRS **106** 49, NZV **95** 196, Ko VRS **73** 57). TE ist möglich mit vorsätzlicher (BGH VRS **61** 262) oder fahrlässiger Tötung oder Körperverletzung (§§ 211 ff, 223 ff), ebenso mit Sachbeschädigung (§§ 303, 304, 305), mit §§ 316b, 318, mit § 113 (BGH VRS **38** 104), und zwar bei verkehrsfeindlichem Einsatz eines Kfz gegen PolB regelmäßig in der erschwerten Form des § 113 II Nr 1 (Dü VRS **62** 273), wobei allerdings Fälle der Polizeiflucht häufig nicht mehr durch § 315b erfasst werden können (Rz 18). TE mit Nötigung bei Hindernisbereiten, das zu scharfem Abbremsen zwingt (Ha DAR **00** 368, Ce VRS **68** 43). TE ist auch möglich mit § 316a (dort Rz 11). TM mit § 142, wenn der Täter, wie geplant, erst Fußgänger überfährt und dann davonfährt (BGH VRS **36** 354). Hinter § 315b I Nr 1 tritt § 303 zurück (Bra VRS **32** 371). Hindernisbereiten durch vorsätzliches Liegenlassen des vom Täter Überfahrenen auf der Fahrbahn und § 323c stehen in TE (Ol VRS **11** 53). I Nr 2 (Hindernisbereiten) geht §§ 1, 32 StVO vor (§ 21 OWIG, BGH DRiZ **77** 308).

13. Einziehung des Kfz nach § 74 II Nr 2 nur bei Feststellung besonderer Umstände, die 33 die nahe Wahrscheinlichkeit für zukünftige Benutzung des Fz zur Begehung rechtswidriger Taten begründen (BGH VM **76** 9, StV **91** 262, näher LK-*König* Rz 101). Bei *Außen*eingriffen kommt **EdF** idR nicht in Betracht; s aber § 69 Rz 6a. Anders liegt es (naturgemäß) bei *Innen*eingriffen (zB BGH NStZ-RR **97** 331, NZV **01** 265).

14. Zivilrecht. Wer durch abruptes Abbremsen nach Überholen eines Fz dessen Fahrer zu 34 einer Notbremsung veranlasst, weil er ihn zum Anhalten zwingen will, hat den dadurch eintretenden Schaden an dem anderen Fz vorsätzlich herbeigeführt mit der Folge der Leistungsfreiheit des HaftpflichtVU (§ 152 VVG; Nü VersR **81** 1123).

Gefährdung des Straßenverkehrs
315c (1) Wer im Straßenverkehr
1. ein Fahrzeug führt, obwohl er
    a) infolge des Genusses alkoholischer Getränke oder anderer berauschender Mittel oder
    b) infolge geistiger oder körperlicher Mängel
   nicht in der Lage ist, das Fahrzeug sicher zu führen, oder
2. grob verkehrswidrig und rücksichtslos
    a) die Vorfahrt nicht beachtet,
    b) falsch überholt oder sonst bei Überholvorgängen falsch fährt,
    c) an Fußgängerüberwegen falsch fährt,
    d) an unübersichtlichen Stellen, an Straßenkreuzungen, Straßeneinmündungen oder Bahnübergängen zu schnell fährt,
    e) an unübersichtlichen Stellen nicht die rechte Seite der Fahrbahn einhält,

f) auf Autobahnen oder Kraftfahrstraßen wendet, rückwärts oder entgegen der Fahrtrichtung fährt oder dies versucht oder
g) haltende oder liegengebliebene Fahrzeuge nicht auf ausreichende Entfernung kenntlich macht, obwohl das zur Sicherung des Verkehrs erforderlich ist,

und dadurch Leib oder Leben eines anderen Menschen oder fremde Sachen von bedeutendem Wert gefährdet, wird mit Freiheitsstrafe bis zu fünf Jahren oder mit Geldstrafe bestraft.

(2) In den Fällen des Absatzes 1 Nr. 1 ist der Versuch strafbar.

(3) Wer in den Fällen des Absatzes 1
1. die Gefahr fahrlässig verursacht oder
2. fahrlässig handelt und die Gefahr fahrlässig verursacht,

wird mit Freiheitsstrafe bis zu zwei Jahren oder mit Geldstrafe bestraft.

Übersicht

Absehen von Strafe 67
Alkohol, Alkoholisierung 4, 41, 42
Anderer Mensch 33
Anfallsleiden 5
Aussetzung der Strafe zur Bewährung 61 ff
Autobahn, Wenden verboten 19

Bahnübergang, Zuschnellfahren 16 f
Bedeutender Wert 34 ff
Beinaheunfall 30
Bewährung s Aussetzung

Dauerdelikt 51, 69

Eigenhändigkeit 54
Einmündung, Zuschnellfahren 16 f
Einwilligung 52
Einziehung 68
Entziehung der Fahrerlaubnis 68

Fahren trotz Fahrunsicherheit 3 ff
– unter Rauschmitteln 4
– geistiger oder körperlicher Mängel 5 f
Fahrerlaubnis, Entziehung 68
Fahrlässigkeit 6, 24, 45 f, 49 f
Fahrunsicherheit, s Fahren trotz ~
Fahrverbot 69
Fahrzeug 4
– selbst geführtes als Gefährdungsobjekt 34
Falsches Fahren
– bei Überholvorgängen 11 ff
– Fahren an Fußgängerüberwegen 15
Falschfahrt (AB) 20
Freiheitsstrafe, kurze 56 ff
Fremde Sache 34
Führen eines Fahrzeugs 4
Fußgängerüberweg s falsches Fahren

Gefahr
– abstrakte 2, 32
– konkrete 30 ff
– ursächlicher Zusammenhang 39 ff, 44
– für Leib oder Leben eines anderen 29, 33
– für bedeutende fremde Sachwerte 29, 34 ff
Gefährdungsvorsatz 48 ff
Geistige Mängel 5 f
Grob verkehrswidrig 23

Innerer Tatbestand 45 ff

Kausalität 39 ff
Körperlicher Mangel 5
Konkurrenzen 69, 70

Kraftfahrstraße 19
Kreuzung, Zuschnellfahren 16

Leib oder Leben s Gefahr
Liegenbleibendes Fahrzeug 21

Mängel, geistige oder körperliche 5 f
Medikamente 5, 47
Mitfahrer
– Gefährdung des ~ 32, 33
– Einwilligung 52

Nasciturus 33
Nebentäterschaft 54
Nichtbeachtung der Vorfahrt s Vorfahrt
Notrechte 52

Rauschmittel, s Alkohol
Rechtswidrigkeit 52
Rücksichtslos 24 ff
Rückwärtsfahren 19

Schuldfähigkeit 53
Stelle, s unübersichtliche ~
Strafe
–, Absehen von, s Absehen
–, Aussetzung, s Aussetzung
Strafzumessung 55 ff
Strafaussetzung s Aussetzung
Straßenverkehr 2

Täterschaft 54
Tatbeteiligter als Gefährdungsobjekt 33
Teilnahme 54

Überholen, falsches 11 ff
Übermüdung 6
Unübersichtliche Stelle 16

Verfahren 71
Verkehrswidrig s grob ~
Versuch 51
Verteidigung der Rechtsordnung 60, 63
Verwarnung mit Strafvorbehalt 66
Vorfahrt, Nichtbeachtung 8 ff
Vorsatz 46 ff
Vorstrafen 56

Wenden 19
Wert, bedeutender 34

Zivilrecht 72
Zurechnung 39 ff
Zusammenhang, ursächlicher 39 ff

Gefährdung des Straßenverkehrs **§ 315c StGB 6**

1. Allgemeines. § 315c regelt verkehrsinterne Fehlleistungen vorrangig des FzF (Ausnahme 1 I Nr 2g) grundsätzlich abschließend (BGHSt **23** 4, **28** 87, VRS **55** 185). Sind die Voraussetzungen nicht erfüllt, können Regelverstöße allenfalls nach allgemeinen Straftatbeständen (insb. §§ 222, 229, 240) sowie als OW geahndet werden. Eine Ausnahme bildet der verkehrsfeindliche Inneneingriff nach § 315b (im Einzelnen § 315b Rz 1). *Schutzgut* ist nach der Rspr und einem Teil der Lehre *das Universalinteresse an der Sicherheit des StrV* (zB BGHSt **23** 261; **27** 40; BGH NStZ **04** 625 [zu § 315b]), wohingegen Individualinteressen nur faktisch mitgeschützt sind (*Lackner*, Das konkrete Gefährdungsdelikt im VStrafrecht, 1967, LK-*König* § 315 Rz 3ff mwN). Nach aM sind Schutzgüter zugleich (wohl hM im Schrifttum, zB *Lackner/Kühl* Rz 1; *Fischer* Rz 2) oder gar ausschließlich (zB SK-*Horn/Wolters* Rz 2) Individualrechtsgüter (körperliche Unversehrtheit, Eigentum).

2. Im Straßenverkehr. Die Vorschrift verlangt (abw. § 315b, dort Rz 2) nicht ausdrücklich, 2 dass der Täter die Sicherheit des StrV beeinträchtigt. Es genügt, dass er *im öffentlichen StrV* (Rz 4) handelt bzw gebotenes Handeln unterlässt. Der Gesetzgeber geht ersichtlich davon aus, dass die in I beschriebenen Handlungen per se geeignet sind, abstrakte Verkehrsgefahren zu verursachen. Geeignete Gefährdungs*objekte* sind aber auch solche, die sich *außerhalb* des StrV befinden (Rz 29).

3. Fahrzeugführen in Fahrunsicherheit (I Nr 1). Über die rauschmittelbedingte Fahr- 3 unsicherheit hinaus (vgl. § 316) erfasst § 315c auch Taten in Fahrunsicherheit infolge sonstiger geistiger oder körperlicher Mängel. Ihnen hat der Gesetzgeber generalisierend betrachtet mindere Vorwerfbarkeit beigemessen, weswegen sie nur bei Gefahrerfolg strafbar sind. Systematisch stellt die rauschmittelbedingte Fahrunsicherheit einen Unterfall der in I Nr 1b bezeichneten dar und ist gegenüber jener speziell.

a) Fahren unter Alkohol oder sonstigen Rauschmitteln (I Nr 1a). *FzF im V*: § 316 4 Rz 3–6. *StrV*: § 1 StVO Rz 13 ff; § 315b Rz 3. *Begriff der Fahrunsicherheit*: § 316 Rz 7. *Alkoholbedingte* Fahrunsicherheit: § 316 Rz 9ff. Fahrunsicherheit aufgrund *anderer berauschender Mittel*: § 316 Rz 58 ff. Nicht zum Tatbestand gehört (anders als bei I Nr 2) grob verkehrswidriges und rücksichtsloses Handeln (BGH VRS **16** 132).

b) Fahrunsicherheit wegen (anderer) geistiger oder körperlicher Mängel. I Nr 1b 5 (dazu schon Rz 3) ergreift jeden Mangel körperlicher oder geistiger Art, der die Fahrsicherheit aufzuheben vermag (§ 2 StVG Rz 8ff, § 3 StVG Rz 5ff, § 2 FeV Rz 2ff; umfänglich LK-*König* Rz 48ff). Bei schweren Mängeln tritt generelle Fahrunsicherheit ein. Ein Beispiel ist die Erblindung (BGH NZV **08** 528 m Bspr. *König* NZV **08** 492). Für (generelle) Fahrunsicherheit genügt es, dass eine Erkrankung mit der Gefahr plötzlich eintretender Fahrunsicherheit verbunden ist (BGHSt **40** 341 = NZV **95** 157 [epileptisches Anfallsleiden]; zust *Foerster/Winckler* NStZ **95** 345). Ansonsten muss nach den Grundsätzen der „relativen" Fahrunsicherheit (§ 316 Rz 22ff, 64ff) jeweils geprüft werden, ob sich der Mangel iS der Fahrunsicherheit ausgewirkt hat. *Beispiele:* Fahren trotz fehlender Brille, trotz hohen Fiebers, starker Schmerzen, bei starkem Heuschnupfen (AG Gießen NJW **54** 612 m Anm *Booß*), unter Einwirkung fahrleistungsbeeinträchtigender (aber *nicht* berauschender, sonst Vorrang von Nr 1a) Medikamente (LK-*König* Rz 56ff) trotz hohen Alters (Ce v 7. 8. 07, 32 Ss 113/07, juris) oder trotz *Drogenabhängigkeit* (BGH NZV **08** 528 m Bspr. *König* NZV **08** 492). *Entzugserscheinungen* nach aktuellem Konsum sind hingegen der rauschmittelbedingten Fahrunsicherheit zuzuordnen (§ 316 Rz 66). Medikamente als Rauschmittel: § 316 Rz 60 ff.

Nr 1b erfasst auch das Fahren **trotz Übermüdung** (Bay NJW **03** 3499, Kö NZV **89** 357). 6 Übermüdung gehört zu den stärksten Gefahrquellen des StrV (§ 2 FeV Rz 5ff). Sie beeinträchtigt vor allem die Wahrnehmungs- und Reaktionsfähigkeit (Bay NJW **03** 349). Sie dürfte im Verkehrsalltag häufiger vorkommen als in der forensischen Praxis, was vor allem auf Nachweisprobleme zurückzuführen ist (*König* SVR **08** 121). Es sollte ein Sachverständiger hinzugezogen werden (vgl AG Aachen SVR **08** 145 [*Krumm*]). Übermüdung kann bei mangelnder Sorgfalt Fahrlässigkeit begründen (BGH DAR **54** 208, VRS **7** 181, Schl VM **55** 13, BGH DAR **55** 160, s auch BGH VRS **17** 21). In BGHSt **23** 156 ist der Erfahrungssatz anerkannt, dass ein Kf, bevor er am Steuer einschläft, stets deutliche Zeichen der Ermüdung (Übermüdung) an sich wahrnimmt oder zumindest wahrnehmen *kann* (also regelmäßig Fahrlässigkeit, s Bay NJW **03** 3499, LK-*König* Rz 62 sowie § 2 FeV Rz 6). Ein Erfahrungssatz des Inhalts, dass ein übermüdeter Fahrer darauf beruhende Fahrunsicherheit bewusst in Kauf nimmt (Vorsatz), besteht hingegen nicht (Bay DAR **91** 367 [*Bär*]).

7 **4. Die Verkehrsverstöße.** I Nr 2 stellt unter der Voraussetzung, dass der Fahrer grob verkehrswidrig und rücksichtslos (Rz 23, 24 ff) einen konkreten Gefahrerfolg herbeiführt (Rz 29 ff), nach der Unfallursachenforschung besonders gefahrträchtige Verstöße (sog. „Todsünden") unter Strafe. Der Katalog ist abschließend (Ha NJW **68** 1976).

8 **a) Nichtbeachtung der Vorfahrt** (Nr 2 a). Die hM versteht unter Vorfahrt außer derjenigen nach den § 8 („an Kreuzungen und Einmündungen") und § 18 III StVO auch „vorfahrtähnliche VLagen" (sog. *erweiterter Vorfahrtbegriff*; BGH VM **70** 9, KG DAR **04** 459, VRS **84** 444, **46** 192, Dü VRS **66** 354, Hb VM **61** 35, Ol VRS **42** 34, LK-*König* Rz 71). Entgegen einer Mindermeinung (hier bis 38. Aufl., *Demuth,* JurA **71** 386) betreibt sie hierdurch keine verbotene Analogie (LK-*König* Rz 71; zum strafrechtlichen Überholbegriff BVerfG NJW **95** 315 und Rz 11). Fahrverstöße gegen § 9 III S 1 (Vorrang des Entgegenkommenden gegenüber dem Abbiegenden; KG DAR **04** 459), § 10 S 1 (Vorrang des fließenden V beim An- und Einfahren; KG DAR **04** 459), § 6 S 1 (Verletzung des Vortritt des GegenV an Engstelle; KG VRS **46** 192) und das Z 208 (Ol VRS **42** 34) unterfallen deshalb dem Vorfahrtbegriff des § 315 c. Hingegen regelt § 11 StVO auch in strafrechtlicher Hinsicht keinen Fall der Vorfahrt (Ha VRS **28** 127). Das Gleiche gilt für den Vorrang des Fußgängers („*Vorfahrt*") nach § 9 III S 3, § 26 StVO (Ha VRS **91** 117, Dü VRS **66** 354, KG VRS **84** 444). Desgleichen fällt das verbotene Befahren einer EinbahnStr gegenüber dem Entgegenkommenden nicht unter Nr 2 a (KG DAR **04** 459).

9 **aa) Nr 2 a betrifft nur den Wartepflichtigen,** nicht den Vorfahrtberechtigten. Bei der engen Verzahnung der Pflichten der Vorfahrtbeteiligten (§§ 8, 18 III StVO) darf aber das Verhalten des Wartepflichtigen niemals isoliert betrachtet werden. Die Feststellung, er habe rücksichtslos und grob verkehrswidrig (Rz 22 ff) die Vorfahrt verletzt, lässt sich idR nicht ohne Prüfung der Fahrweise des Berechtigten treffen (LK-*König* Rz 75). Hierzu nötigt auch Nr 2 d, der sich besonders an den Vorfahrtberechtigten wendet.

10 **bb) Die Vorfahrt verletzt** (über die Fälle in Rz 8 hinaus), wer Farbzeichen nicht befolgt und dadurch den Vorrang des QuerV beeinträchtigt (Bay VRS **16** 44, Kar VRS **107** 292, Fra NZV **94** 365, Dü NZV **96** 245, Jn NZV **95** 237 [Vorsatz nur bei Kenntnis oder Inkaufnahme konkreter Beeinträchtigung]), die Z 205 oder 206 nicht beachtet, auch wenn sie alleine stehen, oder wer von der Standspur der AB trotz nahe aufgerückten Nachfolgers auf den Überholstreifen fährt (§ 18 III StVO; BGHSt **13** 129, NJW **59** 1447, Ha VRS **28** 127, *Demuth* JurA **71** 386). Fahren auf der linken Fahrbahn und Nichtausweichen nach rechts ist keine vorfahrtähnliche VLage (BGH VM **70** 9). Wer vom mittleren Fahrstreifen ohne Anzeige auf den rechten wechselt, um von dort aus in eine Parkbucht einzufahren und dabei vom überraschten Hintermann auf dem rechten Fahrstreifen angefahren wird, hat dessen Vorfahrt nicht verletzt (Stu VM **72** 36).

11 **b) Falsch überholt oder sonst bei Überholvorgängen falsch fährt** (Nr 2 b). Falsch Überholen ist jedes regelwidrige Überholen, sofern der Regelverstoß den Vorgang gefährlicher macht (Dü VM **77** 88 [Überfahren von Fahrstreifenbegrenzungen und von Sperrflächen], LG Bonn VRS **79** 17). Erfasst werden vor allem Verstöße gegen § 5 bei allen Beteiligten (Dü VM **75** 3, Kar NJW **72** 962), zB Rechtsüberholen entgegen § 5 I, Überholen entgegen Überholverbot, falsches Aus- oder Einscheren (Rz 12), unerlaubtes Beschleunigen, Ausscheren unter Nichtbeachtung des rückwärtigen V, Hineinzwängen in zu enge Lücke, Beschleunigen und Verringern des Abstands, um Überholen zu verhindern oder zu erzwingen, zu geringer seitlicher Abstand, zu weites Linksfahren des zu Überholenden. Umfasst werden Verstöße *beim Überholen*, dh solche, die mit dem Überholen in innerem Zusammenhang stehen (Ha DAR **63** 277, Dü VRS **62** 44, VM **77** 88, *Lackner/Kühl* Rz 14, *Jagow/Burmann/Heß* Rz 22 a), wobei der Begriff des Überholens weiter ist als in § 5 StVO. Verfassungsrechtlich ist dies nicht zu beanstanden (BVerfG NJW **95** 315 [„Überholen" auf dem Seitenstreifen], Dü VRS **107** 109, eingehend LK-*König* Rz 78). Umfänglich zu den verschiedenen Varianten und zur Kasuistik LK-*König* Rz 79 ff.

12 **aa) Falsches Überholen** ist jeder verkehrswidrige Überholvorgang, auch gefährdendes Rechtsüberholen und zu knappes oder Linksvorsetzen (Schneiden; BGH VRS **18** 36, Bay NJW **88** 273, Ha ZfS **06** 110, Dü NZV **88** 149). Falsch überholt, wer sich als Linksabbieger nach Rechtsüberholen eines anderen Linksabbiegers so kurz vor diesem einordnet, dass er notbremsen muss (Dü VM **78** 61), wer sich so vor den Überholenden setzt oder seinen Weg kreuzt, dass er ihn gefährdet (BGH VRS **18** 36, 40, Kö DAR **58** 21 [Schneiden eines Radf beim Rechtsabbiegen], aM Dü NZV **89** 317, Hb VM **61** 35, Ha DAR **63** 277), wer besonders auf der AB die Sorgfalt gegenüber dem nachfolgenden schnelleren V verletzt (Ha VRS **21** 280, Dü VM **62** 57, Ko NZV **89** 241), nach ganz hM auch, wer auf der AB bei hoher Geschwindigkeit

den Vorausfahrenden durch dichtes Aufschließen unter gleichzeitigem Betätigen des linken Fahrtrichtungsanzeigers oder der Lichthupe oder Blenden von hinten bewusst verunsichert, um ihn beiseite zu drängen (Kar NJW **72** 962, Kö VRS **44** 16, Fra VM **79** 28, Dü VRS **66** 355, Bay NJW **88** 273, *Haubrich* NJW **89** 1198) etwa um ihn zu „disziplinieren" (Dü NZV **89** 441). Jedoch ist zw, ob diese Interpretation mit dem Gesetz in Einklang steht. Denn der Überholvorgang ist noch nicht eingeleitet; Falschfahren bei Überholvorgängen dürfte hier näher liegen (Dü VRS **62** 44, LK-*König* Rz 92, 93). Rechtsüberholen auf der AB ist regelmäßig falsches Überholen (Dü VM **57** 72, NZV **88** 149), ausgenommen in erlaubter Form bei KolonnenV (§ 5 StVO Rz 64). Falsch überholt, wer vor einer sichtbehindernden Kuppe oder an sonst unübersichtlichen Stellen unter Mitbenutzung der linken Fahrbahnseite überholt (Ol DAR **58** 222), wer sich links oder rechts neben eine vor einem Hindernis vorübergehend haltende oder zum Überholen ansetzende Kolonne setzt, um sich in eine Lücke einzuschieben (Ha DAR **56** 108, Kö VRS **9** 362).

Falschfahren bei Überholvorgängen ist jede Regelwidrigkeit eines FzF, die in einem in- 13 neren Zusammenhang zu einem Überholen steht (Dü VRS **62** 44, LG Bonn VRS **79** 17), der aber nicht stets allein schon dadurch gegeben ist, dass die Regelwidrigkeit während eines Überholvorgangs geschieht (Dü NZV **89** 441, Bay DAR **93** 269). Nach Kar NJW **72** 964, Dü VRS **62** 44, NZV **89** 441 setzt ein solcher innerer Zusammenhang nicht voraus, dass die Regelwidrigkeit vom Überholenden oder Überholten ausgeht (dichtes Auffahren auf Überholenden; insoweit einschr Bay DAR **93** 269). Beim Überholtwerden fährt falsch, wer, anstatt in dem kanalisierten Fahrstreifen zu bleiben, kurz vor einem Hintermann über eine geschlossene Nagelreihe hinweg nach rechts in dessen Fahrstreifen überwechselt und ihn zum Notbremsen zwingt (Stu VRS **41** 427), wer durch jeweiliges Beschleunigen oder Herabsetzen seiner Geschwindigkeit den nach gleichzeitigem Anfahren an einer LichtZAnlage links neben ihm Fahrenden hindert, sich rechts einzuordnen (Dü VRS **58** 28).

bb) Kein falsches Fahren beim Überholen ist bloße Geschwindigkeitsüberschreitung; 14 nicht bloßes Hinterherfahren mit zu geringem Abstand, der Überholen durch andere erschwert, auch nicht bei Lkw (§ 4 II), anders aber bei zu dichtem Auffahren auf Überholenden (Rz 12). Weicht ein ABBenutzer einem rechts stehenden Fz in einer Weise aus, die den Nachfolgenden gefährdet, so liegt darin kein falsches Überholen (Ha VRS **28** 127). Zu Fehlleistungen nach beendigtem Überholen Rz 44.

c) Falschfahren an Fußgängerüberwegen. Nr 2c betrifft nur Verstöße gegen § 26 StVO 15 (Zebrastreifen, ohne LZA; Ha VRS **91** 117), dies jedoch nicht, wenn sie durch eine in Betrieb befindliche LZA gesichert sind; denn die Geltung des Zebrastreifens wird durch § 37 I, II Nr 2 StVO suspendiert (§ 26 StVO Rz 12 mwN, Dü VRS **66** 135, Stu NJW **69** 889, Ha VkBl **69** 179, *Mächtel* NJW **66** 641, **aM** Ko VM **76** 12, zw. BGH NZV **08** 528 m Bspr. *König* NZV **08** 492). Nr 2c gilt auch nicht bei Verstößen gegen § 9 III S 3 (Fußgängervorrang). Halten auf oder 5 m vor Fußgängerüberwegen ist nicht tatbestandsmäßig, weil kein falsches Fahren (*Demuth* JurA **71** 392). Gefährdung eines ein Fahrrad mitführenden Fußgängers fällt auch dann unter Nr 2c, wenn dieser *nach* Erreichen des Fußgängerüberwegs mit dem Rad über die Fahrbahn rollt (Stu DAR **88** 101), anders bei Annäherung an den Zebrastreifen und Überqueren desselben *als Radf (*§ 26 StVO Rz 8). Mitschuld des Fußgängers ist strafmildernd zu berücksichtigen (KG VRS **36** 202).

d) Zuschnellfahren an unübersichtlichen Stellen usw. Der Begriff der **unübersichtli-** 16 **chen Stelle** steht in der StVO nicht mehr und muss daher aus sich heraus verstanden werden. In erster Linie weist er auf örtliche Umstände hin („Stelle"), jedoch können auch Beleuchtungs- und Witterungsverhältnisse örtlich aus an sich übersichtlichen Stellen vorübergehend unübersichtliche machen, sodass auch sie zu berücksichtigen sind (Bay NZV **88** 110 [Nebel], ähnlich *Demuth* JurA **71** 393). Hingegen würde es zu weit gehen, auch Sichtbehinderungen aufgrund der Vereisung (Verschmutzung) der Scheibe des TäterFz heranzuziehen (LK-*König* Rz 109). Das Urteil muss die Merkmale, aus denen sich die Unübersichtlichkeit ergibt, im Einzelnen schildern (Dü VRS **79** 370, Ha DAR **69** 275). Augenblickliche Erschwerung des Überblicks durch andere Fz macht die Fahrbahn unübersichtlich. Vorbeifahren an haltender Straba ist kein Überholen, aber uU zu schnelles Fahren an unübersichtlicher Stelle (BGH VRS **17** 43). **Kreuzungen bzw Einmündungen**: § 8 StVO. Erfasst werden der Wartepflichtige sowie der Vorfahrtsberechtigte, der an Kreuzungen und Einmündungen zu schnell fährt und deshalb nicht rechtzeitig anhalten kann. Auf gekennzeichneten Vorfahrtsstraßen darf idR auch an Kreuzungen bzw Einmündungen angemessen schnell gefahren werden (§ 8 StVO). Geschützt sind auch Fußgänger auf Überwegen an Kreuzungen (KG VRS **37** 445). **Bahnübergang:** § 19 StVO **„Zu schnell" fährt**, wer infolge seiner Fahrgeschwindigkeit nicht verkehrsgerecht reagieren kann (§ 3 StVO; BGH VRS **48** 28, Bay VRS **61** 212, BVerfG DAR **99** 309).

17 Erforderlich ist **ein Gefahrenzusammenhang**. Es müssen sich die gerade aus der unübersichtlichen Stelle, Einmündung usw herrührenden (abstrakten) Gefahren im Gefahrerfolg realisieren. Daran fehlt es, wenn die Unübersichtlichkeit usw hinweggedacht werden kann, ohne dass die Gefährdung entfiele; dass der Gefahrerfolg nur *gelegentlich* des zu schnellen Fahrens eintritt, genügt nicht (BGH NStZ **07** 222, Ha DAR **57** 215, Bay VRS **64** 371, AG Rudolstadt VRS **111** 49, LK-*König* Rz 113). Zu schnelles Fahren mit Gefährdung *vor* der Kreuzung erfüllt den Tatbestand nicht (Bay DAR **56** 19). Anders, wenn die bei Annäherung zu hohe Geschwindigkeit dazu führt, dass den Pflichten *in* der Kreuzung oder Einmündung selbst nicht genügt werden kann (Bay VRS **61** 212).

18 **e) An unübersichtlichen Stellen nicht die rechte Seite der Fahrbahn einhält** (Nr 2 e). *Unübersichtliche Stelle*: Rz 16. Nr 2 e will vor allem den GegenV gegen das Schneiden unübersichtlicher Kurven schützen (Kö VRS **48** 205, Bay VRS **64** 123). Nichteinhaltung des Rechtsfahrgebots (§ 2 II StVO) genügt nicht; Wegen der aus der Vorschrift ins Auge gefassten Beeinträchtigung des GegenV muss die rechte Fahrbahn zumindest teilweise verlassen werden (BGH VRS **44** 422, *Demuth* JurA **71** 395). Fahren entgegen der Fahrtrichtung verletzt Nr 2 d nicht (*Demuth* JurA **71** 395), wohl aber Nr 2 f. Nicht erfasst ist ferner das ständige Linksfahren auf AB oder anderen Str mit gleichgerichteten Fahrbahnen (*Demuth* JurA **71** 395).

19 **f) Wenden, Rückwärts- oder entgegen der Fahrtrichtung Fahren** (Nr 2 f). *AB, Kraftfahrstr*: § 18 StVO Rz 14 ff, § 42 V StVO, VZ 331. *Wenden*: § 9 StVO Rz 50, § 18 StVO Rz 21. Es genügt Ansetzen zum Querstellen oder Schrägstellen auf der Überholspur, Queren des Grünstreifens oder eines Überwegs über diesen bis zum Einordnen auf der Gegenfahrbahn. Gegenläufiges Befahren einer AB oder Kraftfahrstraße nach Benutzen einer Ausfahrt statt einer Einfahrt oder nach Erreichen der Gegenfahrbahn über eine ununterbrochene weiße Linie ist weder Wenden noch Rückwärtsfahren (Stu VRS **58** 203, Kö VRS **60** 211, Ce VM **83** 87, zust *Janiszewski* NStZ **83** 547). Wer mit seinem Fz in eine Position entgegen der Fahrtrichtung gelangt ist und dies durch Wenden korrigiert, muss nicht rücksichtslos handeln (Ol DAR **02** 89, Dü NZV **95** 115). *Rückwärtsfahren*: § 9 StVO Rz 51, § 18 StVO Rz 21, 22. Gangeinlegung ist nicht erforderlich; es genügt Abrollenlassen nach hinten (LK-*König* Rz 119, str). Hingegen ist *ungewolltes* Rückwärtsrollen nicht tatbestandsrelevant (§ 9 StVO Rz 51). Versuchsbeginn mit Gangeinlegung oder Lösen der Handbremse (LK-*König* Rz 119).

20 **Fahren entgegen der Fahrtrichtung** wurde durch G v 7. 7. 86 (BGBl I 977) eingefügt.

Begr (BTDrucks 10/2652 S 35): *Da das Fahren entgegen der Fahrtrichtung nicht als „Rückwärtsfahren" anzusehen ist und auch nicht stets ein „Wenden" voraussetzt (zB bei falschem Einfahren), ist eine strafrechtliche Verfolgung derartiger Kraftfahrer, die diese gefährliche Fahrweise – wie oben erwähnt – mitunter kilometerlang beibehalten und dadurch andere in hohem Maße gefährden, nach § 315c Abs. 1 Nr. 2 Buchstabe f nicht möglich (vgl. OLG Stuttgart VRS 52, 33; 58, 203). Das gilt selbst dann, wenn der Falschfahrt ein Wenden vorausgegangen, der Wendevorgang selbst aber längst abgeschlossen ist, wenn es später zur Gefährdung anderer kommt (OLG Celle, VM 1983 Nr. 105). Ob eine strafrechtliche Verfolgung dieses Verhaltens als ein gefährlicher Eingriff in den StrV nach § 315b I Nr 2 oder 3 möglich ist, hängt von der jeweiligen Fallgestaltung ab und wird unterschiedlich beurteilt (vgl. OLG Stuttgart aaO).*

Zur AB-Falschfahrt s auch § 18 StVO Rz 22 a. Fahren auf dem Seitenstreifen erfüllt Nr 2 f („Standspur"; BGH NJW **03** 1613). Versuchsbeginn wie Rz 19. Bei irrtümlicher Benutzung der falschen Fahrbahn infolge augenblicklicher Unaufmerksamkeit oder Fehlbeurteilung der Verkehrsführung (Witterung, Baustelle usw) wird Bestrafung nach § 315c allerdings zumeist mangels *rücksichtslosen* Handelns ausscheiden (Ol DAR **02** 89), ebenso, wenn ein in falsche Fahrtrichtung geratenes Fz auf diese Weise schnellstmöglich entfernt werden kann (Kö NZV **95** 159). Zur Anwendbarkeit des § 315b dort Rz 21.

21 **g) Nichtkenntlichmachung haltender, liegengebliebener Fz** (Nr 2 g). *Halten*: § 12 StVO. *Liegenbleiben*: § 15 StVO Rz 2. *Beleuchten*: § 17 StVO. Zur Auslegung im Strafrecht im Einzelnen LK-*König* Rz 124 f. Deliktsnatur: unechtes Unterlassungsdelikt. Handlungspflichtig ist vorrangig der FzF, aber auch der im Wagen mitfahrende Halter (§ 15 StVO Rz 10). Unterlassen der Kenntlichmachung eines haltenden oder liegengebliebenen Fz ist nicht tatbestandsmäßig, wenn es längere Zeit in Anspruch nimmt als das Entfernen des Fz (Kö NZV **95** 159). Wird in den Fällen Nr 2 g das Fz in verkehrsfeindlicher Absicht ungesichert aufgestellt oder stehengelas-

Gefährdung des Straßenverkehrs § 315c StGB **6**

sen, so liegt darin Hindernisbereiten (§ 315b); dem dürfte nur theoretische Bedeutung zukommen (LK-*König* Rz 121).

5. Grob verkehrswidrig und rücksichtslos muss der Täter in den Fällen von I Nr 2 han- 22 deln. Die Stellung der Merkmale im Deliktsaufbau ist str. Richtig dürfte es sein, die grobe Verkehrswidrigkeit als sog. „gesamttatbewertendes Merkmal" zum Unrechtstatbestand zu rechnen (*Lackner/Kühl* § 15 Rz 16). Rücksichtslosigkeit gehört nach der (freilich uneinheitlichen) Rspr hingegen zur Schuldfrage (BGH VRS **23** 289, Kö VRS **88** 433). Vorzugswürdig ist demgegenüber auch hier die Einstufung als Tatbestandsmerkmal (LK-*König* Rz 138). Im Ergebnis wirkt sich der Meinungsstreit kaum aus. Beide Merkmale *müssen nebeneinander vorliegen* (BGH VRS **16** 132, Ha NZV **06** 388, LK-*König* Rz 132). Das Merkmal rücksichtslos betont dabei mehr die subjektive, das Merkmal grob verkehrswidrig mehr die objektive Seite (Dü DAR **57** 189, Kö DAR **92** 469). Der Tatrichter hat die Umstände, aus denen sich grobe Verkehrswidrigkeit und Rücksichtslosigkeit ergeben, in den Urteilsgründen nachvollziehbar darzulegen (zB Kö VRS **84** 293, 294; Ol DAR **02** 89), wobei formelhafte Ausführungen nicht genügen (Ko NStZ **03** 617). Zur Bestandskritik LK-*König* Rz 139. Zum Vorsatzbezug Rz 47.

a) Grob verkehrswidrig ist ein nach Sachlage („objektiv", Rz 22) besonders gefährliches 23 Abweichen vom pflichtgemäßen Verhalten (Kar VRS **107** 292, **45** 40 [Einbiegen auf Fußgängerüberweg mit quietschenden Reifen], Dü NZV **88** 149, **96** 245 [Rotlichtverstoß], Kö DAR **92** 469). Grob verkehrswidrig (und rücksichtslos) *überholt*, wer auf der AB zwischen dem berechtigt links überholenden Vordermann und einer rechts fahrenden Kolonne mit knappem Zwischenraum (1,5 m) hindurchfährt (Bra VRS **32** 372), wer einen Linksabbieger überholt, der seine Absicht rechtzeitig angezeigt, sich zur Mitte eingeordnet und mit dem Abbiegen begonnen hat (BGH DAR **89** 247), wer trotz GegenV Teile einer Kolonne überholt und sich dann in eine zu geringe Lücke rettet (Stu VRS **46** 36, Ko VRS **46** 37), wer in Rechtskurve ohne Sicht auf den GegenV gleichsam „blind" unter Benutzung der Gegenfahrbahn überholt (Ko NZV **93** 318), wer bei äußerst schlechter Sicht (dunkel, vereiste Scheiben, Fußgängergefährdung) ohne ausreichenden Überblick überholt (Bay VRS **35** 280), wer mit hoher Geschwindigkeit kurz hinter einem Langsamfahrenden in die AB einbiegt und dort kurz vor einem Schnellfahrenden alsbald auf die Überholspur hinüberwechselt (Kö VRS **25** 201), wer gleich zweimal trotz dicht aufgerückten Verkehrs auf dem AB-Überholfahrstreifen auf diesen mit geringer Geschwindigkeit ausschert (Ko NZV **89** 241), wer ohne Rücksicht auf den GegenV so schnell in eine scharfe, unübersichtliche Rechtskurve einfährt, dass er schleudert (BGH VersR **64** 1105), wer ohne ausreichende Sicht überholt und schneidet (Ko VRS **47** 31), wer unübersichtliche Linkskurve schneidet (Ko VRS **46** 344, Bay VRS **64** 123), wer Überholen kurz vor unübersichtlicher Kurve fortsetzt (Ko VRS **49** 40), wer als Lkw-Fahrer in unüberblickbarer Kurve unter Mitbenutzung der Gegenfahrbahn überholt (Ko VRS **52** 39). Auch Überschreiten zulässiger Höchstgeschwindigkeit von 70 km/h um (nur) 25 km/h kann bei I Nr 2 d grob verkehrswidrig sein (BVerfG DAR **99** 309). Umfängliche Nw aus der Rspr unter Zuordnung zu den verschiedenen Tatvarianten bei LK-*König* Rz 135 ff.

b) Rücksichtslos handelt, wer sich entweder eigensüchtig über bekannte Pflichten hin- 24 wegsetzt oder sich aus Gleichgültigkeit auf seine Fahrerpflichten nicht besinnt und unbekümmert um mögliche Folgen darauf losfährt (BGH VRS **50** 342, NZV **95** 80, Bay VRS **64** 123, Ha NZV **06** 388, Ol DAR **02** 89, Ko NZV **93** 318, Dü NZV **96** 245, Kö DAR **92** 469). Das Merkmal will nur „extrem verwerfliche Verfehlungen", „besonders schwere Verstöße gegen die VGesinnung", geradezu „unverständliche Nachlässigkeit" treffen (Dü VM **77** 88, VRS **79** 370), nicht nur durchschnittliches Fehlverhalten. Es ist daher ein strenger Maßstab anzulegen (Dü VRS **98** 350, Kö VRS **38** 288). Rücksichtslosigkeit ist mehr als grobe Nachlässigkeit, nämlich idR Leichtsinn und (oder) Gleichgültigkeit (gesteigerte Nichtrücksichtnahme, Rechtsblindheit; Stu VRS **41** 274, Kar VRS **107** 292). Erforderlich ist ein Verhalten, das über den in jedem Verstoß liegenden Mangel an Rücksicht weit hinausgeht (Stu VRS **41** 274). **Auch fahrlässige Tat kann rücksichtslos sein** (BGHSt **5** 392, Stu MDR **67** 852, Kö VRS **33** 283, VM **72** 35, Ko VRS **71** 278, LG Kar NJW **05** 915, *Mollenkott* BA **85** 298), namentlich in Form von Bedenkenlosigkeit gegen die eigene Fahrweise (Rz 25; Bay VRS **64** 123, DAR **93** 269, Ko VRS **71** 278). Der Tatrichter muss feststellen, ob der Täter bewusst oder unbewusst fahrlässig gehandelt hat (Ol VRS **18** 444). Liegt hinsichtlich eines Tatbestandsmerkmals Fahrlässigkeit vor, kommt nur Bestrafung nach III in Betracht (BGH VRS **30** 340).

Einer RsprFormel entspricht es, dass Rücksichtslosigkeit als subjektives Merkmal schlechthin 25 **nicht aus dem äußeren Hergang allein** gefolgert werden könne (BGH VRS **50** 342, Kar

VRS **45** 40, KG NStZ-RR **08** 257, Stu DAR **71** 248, aM *Spöhr/Karst* NZV **93** 257, NJW **93** 3308). Jedoch ist das äußere Tatgeschehen erster und (namentlich bei einem schweigenden oder lügenden) Angekl. oftmals einziger Anknüpfungspunkt; es ist kein überzeugender Grund ersichtlich, warum man es nicht maßgebend heranziehen können sollte (LK-*König* Rz 141, i. Erg. auch *Spöhr/Karst* NZV **93** 257, NJW **93** 3308).

26 **Die Beweggründe (Motive)** für das Verhalten sind nur bezogen *auf die konkrete VSituation* beachtlich, die unmittelbar zu dem Verhalten geführt hat (Dü NJW **89** 2763), nicht auch in Bezug auf das mit dem Verhalten verfolgte Fernziel (Bay VRS **18** 293, Stu VM **80** 18, LK-*König* Rz 147, insoweit abw Kö VM **72** 35). Die Annahme rücksichtslosen Handelns scheitert daher nicht allein daran, dass ein Arzt den Verstoß begeht, um rasch Hilfe bringen zu können (Stu Justiz **63** 37).

27 **Beispiele:** S auch Rz 23. Rücksichtslos ist gefährdendes Überholen, nur um schneller zum Essen zu kommen (Bay VM **68** 33), Überholen eines Lkw vor einer nur 70 m einsehbaren Rechtskurve, um nicht länger hinter dem langsamen Fz herfahren zu müssen (Ko VRS **64** 125), Schneiden unübersichtlicher Linkskurve (Ko VRS **46** 344, Bay VRS **64** 123), Heranfahren mit „40" an benutzten Überweg (Dü VM **74** 37), Überholen auf der AB unter Missbrauch von Raststättengelände (Fra VRS **46** 191), verbotswidriges Rechtsüberholen bei Fahrt ins nahe Krankenhaus mit Ehefrau, deren Wehen eingesetzt haben (KG VRS **40** 268), „Ausbremsen" aus Verärgerung oder zur Disziplinierung (AG Rudolstadt VRS **112** 35). Kradf, die auf belebter, unübersichtlicher BundesStr um die Wette fahren (BGH DAR **60** 68), Rechtsüberholen und Schneiden aus Ärger (Kö VRS **35** 436), bedrängende Fahrweise (Aufschließen auf weniger als 1 m auf 100 m bei 70 km/h; Dü VM **70** 36), Wegdrängen des auf der AB-Überholspur Vorausfahrenden durch erhebliche Unterschreitung des erforderlichen Abstands bei über 180 km/h (LG Kar NJW **05** 915), gefährdendes Überholen einer Kolonne trotz Gegenverkehrs, um hinter einem ortskundigen Lotsen zu bleiben (Kö VM **72** 35), gefährdendes Schnellfahren im Kreuzungsbereich, um sich einer PolKontrolle zu entziehen (BGH NZV **95** 80). Das Fahren entgegen der Fahrtrichtung trägt die Rücksichtslosigkeit idR „auf der Stirn" (s aber Kö NZV **95** 159; Ol DAR **02** 89 sowie [zw] Dü NZV **95** 115). Dementsprechend ist das bewusste Befahren der Überholspur einer BundesStr in entgegengesetzter Richtung zur Abkürzung der Fahrzeit rücksichtslos; fehlende Ortskenntnisse sowie etwaige Kopfschmerzen und Fieber entlasten nicht (*König/Seitz* DAR **08** 361, 362 f; abw. Ko v. 25. 6. 07, 1 Ss 107/07, juris). Zum rücksichtslosen Befahrens eines betretenen Fußgängerüberwegs Kö VRS **59** 123.

28 **Bloß vorübergehende Gedankenlosigkeit** reicht nicht aus (Dü VRS **98** 350, Stu DAR **76** 23). Denn gelegentliche Gedankenlosigkeit kommt im V aus vielfältigen Gründen ohne gesteigerten Vorwurf vor (abw Stu GA **68** 346, Zw VRS **33** 201). Gleichfalls keine Rücksichtslosigkeit bei bloß schuldhaftem Versagen (Bra VRS **30** 286, Dü NZV **96** 245 [Übersehen des Rotlichts], bloßem Verkennen der VLage (BGH VRS **13** 28, Stu DAR **76** 23, Bra VRS **30** 286, Dü NZV **95** 115), bloßer Unaufmerksamkeit (Stu DAR **76** 23, Kö DAR **92** 469), bei lediglich unzulänglicher Sorgfalt des Wartepflichtigen (Bay DAR **55** 44), bei Übersehen eines VZ in Angetrunkenheit (BGH VRS **16** 132), Schleudern wegen unrichtiger Beurteilung der Straßenverhältnisse (Ha DAR **69** 275, VRS **38** 50). Rücksichtnahme auf einen anderen VT kann der Annahme von Rücksichtslosigkeit gegenüber einem Dritten entgegenstehen (Stu VRS **45** 437). Rücksichtslos handelt nicht, wer aus Unaufmerksamkeit handelt oder in falscher Einschätzung der Situation (Ha NZV **06** 388). Keine Rücksichtslosigkeit auch bei hochgradiger Erregung (BGH NJW **62** 2165, Zw VRS **61** 434, Kö NZV **95** 160), bei grobfahrlässiger falscher Reaktion auf überraschende technische Mängel am Kfz (Überholen anstatt Auskuppeln und Bremsen; Dü VM **72** 29) oder bei Fehlverhalten in Bestürzung oder Schreck (Bra VRS **30** 286).

Lit: *Schweling,* Der Begriff „rücksichtslos" im VRecht, ZStW **72** 464. *Koch,* Das Tatbestandsmerkmal „rücksichtslos", DAR **70** 322, *Peters,* Zum Merkmal „rücksichtslos" im Tatbestand der StrVGefährdung, DAR **80** 45. *Mollenkott,* Fahrlässige Rücksichtslosigkeit bei § 315 c StGB und EdF, BA **85** 298. *Spöhr/Karst,* Zum Begriff der Rücksichtslosigkeit im Tatbestand des § 315 c StGB, NZV **93** 254.

29 **6. Gefahr für Menschen oder fremde Sachwerte.** Die Fehlleistungen nach I werden dadurch zur Straftat, dass sich aus ihnen eine konkrete Gefahr (Rz 30 ff) für Leib oder Leben eines anderen (Rz 33) oder für fremde Sachen von bedeutendem Wert ergibt (Rz 34 ff). Eine Gemeingefahr wie nach dem altem Recht ist nicht erforderlich (zB BGH NJW **89** 1227). Demgemäß müssen die beeinträchtigten Belange des Gefährdeten nicht die Allgemeinheit repräsentieren. Die „Gefährdungsobjekte" müssen sich auch nicht im Verkehrsraum befinden; erforderlich ist jedoch, dass sich *das Fehlverhalten* im öffentlichen Verkehrsraum abspielt; unter

Gefährdung des Straßenverkehrs § 315c StGB 6

dieser Voraussetzung ist zB die Gefährdung des im Straßengraben befindlichen Arbeiters oder des auf dem Feld pflügenden Bauers tatbestandsrelevant (BGH VRS **11** 61, Dü VM **58** 80, Kar NJW **60** 546, Ha VM **66** 21; LK-*König* Rz 3f).

a) Eine konkrete Gefahr besteht, wenn nicht mehr beeinflussbare Kräfte so unmittelbar 30 einzuwirken drohen, dass der Schadenseintritt wahrscheinlicher ist als dessen Ausbleiben (BGHSt **18** 271, Bay NZV **88** 70, Dü NJW **89** 2763) und mehr oder weniger nur noch vom Zufall abhängt (BGH NZV **96** 37, **97** 276, NJW **85** 1036, Bay DAR **96** 152, Ha ZfS **06** 49, Dü NZV **94** 37, Kö NZV **02** 278). Seit BGH NJW **95** 3131 (3132) **ist stets ein „Beinahe-Unfall" erforderlich**, also ein Geschehen, bei dem ein unbeteiligter Beobachter zu der Einschätzung gelangt ist, „das noch einmal gut gegangen sei" (ausführlich LK-*König* § 315 Rz 53ff). Bei Schadenseintritt muss denknotwendig eine konkrete Gefahr vorausgegangen sein. Auch ohne Schadenseintritt kann aber Gefahr gedroht haben (BGH VRS **45** 38, DAR **85** 63, Fra NJW **75** 840).

aa) Die Anforderungen an die Feststellung der konkreten Gefahr dürfen nicht über- 31 spannt werden (BGH NJW **95** 3131, *Tepperwien* Nehm-F S. 427, 436). Hiermit nicht vereinbar ist es, wenn eine „hochgradige Existenzkrise" mit nahezu mathematischen Feststellungen etwa zu Geschwindigkeiten und Entfernungen verlangt wird (Fra NZV **94** 365, abw. aber Dü NJW **93** 3212, Ha ZfS **06** 49, NZV **91** 158, Ko DAR **00** 371). Die Verwendung wertender Begriffe (zB Erforderlichkeit einer „Vollbremsung") ohne exakte Geschwindigkeits- und Entfernungsangaben genügt (BGH NJW **95** 3131, LK-*König* Rz 66). Genauso wenig kann es darauf ankommen, ob der Schadenseintritt durch „im Bereich einer verkehrsüblichen Reaktion" liegendes Verhalten abgewendet werden konnte (so aber zB Dü NJW **93** 3212, Ha ZfS **06** 49). Dass die Reaktion „verkehrsüblich" ist (zB Bremsen), lässt den Gefahreintritt (Beinaheunfall) nicht entfallen (LK-*König* Rz 66). Gleichfalls ist Unerklärbarkeit der Ursache für das Ausbleiben eines Schadens nicht Voraussetzung; eine nach allgemeiner Erfahrung ungewöhnlich günstige Entwicklung des Geschehens schließt die Annahme der Gefahr also nicht aus (*Berz* NZV **89** 411, **aM** Schl JZ **89** 1019). Umfangreiche Kasuistik zur konkreten Gefahr bei LK-*König* § 315b Rz 64ff, § 315c Rz 154ff. Zur Beweisführung: *Heinrich* SVR **08** 165, 169f.

bb) Eine abstrakte Gefahrenlage genügt seit Abstellen auf den „Beinaheunfall" nicht 32 mehr. Rspr vor der Grundsatzentscheidung des BGH (Rz 30), die für §§ 315b, 315c oftmals (hohe) abstrakte Gefahren genügen ließ, ist überholt. Das gilt vor allem für die mit einer Trunkenheitsfahrt verbundene *Gefährdung des Mitfahrers* (s auch Rz 33), dies auch dann, wenn sich die Trunkenheit des FzF zB durch *folgenloses* Abkommen von der Fahrbahn oder durch *folgenloses* Schlangenlinienfahren indiziell nach außen hin gezeigt hat, und auch bei hoher BAK. Seine frühere gegenteilige Rspr (BGH NJW **85** 1036 [abl *Janiszewski* NStZ **85** 257, *Geppert* NStZ **85** 264, *Hentschel* JR **85** 434], BGH NZV **89** 31 [abl *Janiszewski* NStZ **89** 258, *Werle* JR **90** 74, *Becker* NStZ **90** 125]) hat der BGH aufgegeben (BGH NJW **95** 3131; ebenso schon Bay NZV **88** 70 [zust *Janiszewski* NStZ **88** 544], NZV **89** 479 [zust *Berz* NStZ **90** 237], NZV **94** 283m Anm *Schmid* BA **94** 332, NZV **91** 358; zum Ganzen LK-*König* Rz 152, 153, *Jähnke* DRiZ **91** 425). Eine Ausnahme hat BGH NJW **95** 3131 für den (wohl eher theoretischen, LK-*König* Rz 152, ebenso *Tepperwien* Nehm-F S. 427, 436) Fall so hochgradiger Alkoholisierung gemacht, dass der FzF zu kontrollierten Fahrmanövern überhaupt nicht mehr imstande ist; der BGH hat dabei den Vergleich zum Fahren ohne intakte Bremsen gezogen. Im Hinblick darauf, dass er in der Folgeentscheidung NJW **96** 329 (330) aber gerade die hohe abstrakte Gefahr eines Fahrens ohne intakte Bremsen nicht mehr ausreichen ließ (§ 315b Rz 23) und nicht ersichtlich ist, warum eine trotz ihrer hohen abstrakten Gefahr *folgenlose* Trunkenheitsfahrt anders behandelt werden sollte, dürfte auch der genannte Ausnahmefall nicht mehr tatbestandsrelevant sein (LK-*König* Rz 152, aM etwa *Fischer* Rz 15a). Entsprechendes gilt für höchstgefährliches Verhalten iS des I Nr 2, etwa die nicht nur ganz vorübergehende Unterschreitung eines Abstands, der der in 0,8s durchfahrenen Strecke entspricht (*Jähnke* DRiZ **91** 425, *Löhle* NZV **94** 305). Die nahe liegende Befürchtung, dass der Vorausfahrende verunsichert werden und sich in diesem Zustand zu kopflosen und unfallträchtigen Reaktionen veranlasst sehen könnte, vermag daran nichts zu ändern (Beispielsfall LG Kar NJW **05** 915). Hier wie auch in den höchstgefährlichen Fällen der „Geisterfahrt" läuft das Abstellen auf den Beinahe-Unfall – wenig zufriedenstellend – faktisch darauf hinaus, dass der Gefahrerfolg mit dem Unglücksfall zusammenfällt (LK-*König* Rz 157).

b) Leib oder Leben eines anderen Menschen. Erforderlich ist eine erhebliche Leibes- 33 gefahr; die Gefahr bagatellarischer Beeinträchtigungen der körperlichen Unversehrtheit genügt nicht (LK-*König* § 315 Rz 70). Sie kann sich gegen beliebige (auch bestimmt ausgewählte) Personen richten, die sich nicht im öffentlichen VRaum befinden müssen (Rz 29). In den Schutzbereich einbezogen ist grundsätzlich auch der Mitfahrer (BGHSt **6** 232, **13** 474, BGH NJW **95** 3131, NZV **95** 80; zur Frage der Rechtfertigung Rz 52, zur Gefährdung des Mitfahrers bei Trunkenheitsfahrt Rz 32). Jedoch macht die ganz hM eine **Ausnahme für tatbeteiligte Personen** (Anstifter und Gehilfen). Die Frage wirkt sich vor allem bei § 315b aus und ist deshalb dort (Rz 23) erörtert. Der nasciturus ist kein Mensch iS der Vorschrift, weswegen die pränatale Schädigung der Leibesfrucht § 315c nicht erfüllt (LK-*König* § 315 Rz 71). Zum Leichnam Rz 34.

34   **c) Bedeutende fremde Sachwerte.** *Fremd* ist nach Zivilrecht zu beurteilen und bedeutet, dass die Sache nicht Alleineigentum des Täters und nicht herrenlos sein darf. Wegen Herrenlosigkeit ist die Gefährdung des Leichnams nicht tatbestandsrelevant (Ce NJW **60** 2017; LK-*König* § 315 Rz 81), ebenso etwa des Grundwassers (AG Schwäbisch-Hall NStZ **02** 152). In Betracht kommen im Prinzip alle fremden Sachgüter einschließlich der vom Täter beförderten Ladung (KG VRS **12** 356, Ce VRS **13** 139, Ha NJW **57** 968). Die ganz hM macht jedoch **eine Ausnahme für das vom Täter geführte Fz**, ua deswegen, weil es als notwendiges Tatmittel nicht zugleich Gefährdungsobjekt sein könne (BGHSt **11** 148, **27** 40 = NJW **77** 1109, NZV **98** 211, NStZ **92** 233, **99** 350, DAR **95** 190, **00** 222, Bay VRS **34** 78, Dü NZV **94** 324). Das soll selbst dann gelten, wenn der Täter das Fz gestohlen (BGHSt **11** 148) oder geraubt hat (BGH NStZ **99** 350). Das Ergebnis mag praxisgerecht sein, ist aber nicht überzeugend begründbar (LK-*König* Rz 163 ff, *Hartung* NJW **66** 15, **67** 909). Der Grundsatz dürfte jedoch mittlerweile fast schon zum Gewohnheitsrecht erstarkt sein (LK-*König* Rz 168).

35   Der Sachwert **muss bedeutend sein.** Zu bemessen ist er nach ganz hM *nach rein wirtschaftlichen Maßstäben* (Bay NJW **98** 1966; *Fischer* Rz 16), wobei es (natürlich) auf die Wertberechnung zurzeit des Eintritts des Gefahrerfolgs ankommt (vgl BGH DAR **08** 274, NStZ-RR **08** 289). Auf das Affektionsinteresse des Eigentümers oder den funktionalen Wert der Sache kommt es nicht an (LK-*König* § 315 Rz 83). Nicht jedes Kfz, das nicht nahezu schrottreif ist, verkörpert also schon einen bedeutenden Wert (Stu NJW **76** 1904, KG DAR **59** 269, VRS **12** 356, Ce VRS **6** 381, aM Kar NJW **61** 133, DAR **62** 302). Mehrere Sachwerte (Schäden) sind zu addieren (Kar NJW **61** 133).

36   Über den Gesetzeswortlaut hinaus muss dem bedeutenden Sachwert **auch bedeutender Schaden gedroht haben** (BGH DAR **08** 272, NStZ-RR **08** 289, LK-*König* § 315 Rz 82), wobei die Wertverhältnisse zurzeit des Eintritts des Gefahrerfolgs den Ausschlag geben (Rz 35). Unbedeutende Gefährdung eines bedeutenden Sachwerts genügt also nicht (BGH DAR **08** 272, NStZ-RR **08** 289, Bay NJW **98** 1966, Br VRS **62** 275, Ko VRS **52** 350, DAR **73** 48, *Rengier, Spendel*-F S. 562). Ist bedeutender Sachschaden eingetreten, so ist aber auch bedeutende Gefahr vorausgegangen. Ein Schaden braucht nicht entstanden zu sein (BGH NJW **85** 1036, NZV **95** 325). Es kommt auf den Schaden an, der nach den Umständen *gedroht* hat, nicht also auf den eingetretenen Schaden (Ha VRS **40** 191). Der Schaden kann geringer sein als die Gefahr (Ha VRS **39** 201, Sa DAR **60** 53). Die relevante Gefahr ist aber dann besonders zu begründen (Fahrweise, andere Umstände; Ko VRS **51** 284, Ha VRS **34** 445; LK-*König* § 315 Rz 88). Bei räumlich umfangreichen Sachen (längerer Zaun) ist zu prüfen, ob sie insgesamt oder nur teilweise gefährdet waren, danach richtet sich der gefährdete Wert (Ha DAR **73** 104, VRS **63** 51 [Leitplanke]). Ein Haus ist nicht als solches durch bloßen Putzschaden gefährdet (Zw VRS **32** 277).

37   Der Umfang des drohenden Schadens ist anhand der (drohenden) **Minderung des Verkehrswerts** zu bemessen (BGH DAR **08** 274, NStZ-RR **08** 289, Ce DAR **75** 248, Kö VRS **64** 114, Dü VM **77** 25). *Entgegen* BGH NStZ **99** 350 dürfte der Wiederherstellungsaufwand dabei nicht gänzlich irrelevant sein (LK-*König* § 315 Rz 91). Jedoch ist für die Bemessung des drohenden Schadens ausschlaggebend (und strikte Obergrenze) die Minderung des wirtschaftlichen Werts der Sache (Bay NJW **98** 1966). Würde etwa die Behebung eines Lackkratzers unterhalb der Stoßstange eines Lkw oder auch ein Lackschaden an einer Leitplanke eine aufwendige Teillackierung erforderlich machen, ist der objektive Wert aber nur unerheblich gemindert, so scheidet § 315 c aus (LK-*König* § 315 Rz 91).

38   **Für den Schwellenwert** (des drohenden Schadens und des Sachwerts, Rz 35, 36) sind anders als bei § 69 II Nr 4 (dort Rz 17) Posten wie Bergungs- und Abschleppgebühren irrelevant (LK-*König* Rz 90). Es erscheint daher schlüssig, dass der Wert im Rahmen des § 315c (und des § 315b) niedriger liegen muss. In Übereinstimmung mit der Rspr vor Einführung des Euro (Bay NJW **98** 1966 [bei 1400 DM verneint], Ko DAR **00** 371, Ha VRS **100** 26, Kö VRS **97** 349

[1900 DM genügen], anders noch [nicht unter 1200 DM], Dü NZV **94** 324, Bay DAR **91** 367 [jedenfalls bei 1200 DM]) sieht BGH NJW **03** 836 den Schwellenwert **bei 750 € als erreicht an** (ebenso BGH DAR **08** 274; NStZ-RR **08** 289; weitergehend vielfach die Lit; zB *Fischer* § 315 Rz 16: 1300 €, *Jagow/Burmann/Heß* Rz 7: 1200 €). Die staatsanwaltschaftliche Praxis sollte, was sie vielfach tut, im Anklageverhalten großzügig verfahren, auch um aufwendige Sachverständigengutachten sowie Schwierigkeiten in subjektiver Hinsicht zu vermeiden.

Lit: *Berz,* Zur konkreten Gefahr ..., NZV **89** 409. *Demuth,* Einfluß der neuen StVO auf § 315 c StGB, JurA **71** 383. *Ders.,* Zur Bedeutung der „konkreten Gefahr" ..., VOR **73** 436. *Hartung,* 2. Gesetz zur Sicherung des StrV, München 1965. *Ders.,* „Fremde Sachen von bedeutendem Wert" ..., NJW **67** 909. *Horn,* Konkrete Gefährdungsdelikte, Köln 1973. *Jähnke,* Fließende Grenzen zwischen abstrakter und konkreter Gefahr ..., DRiZ **90** 425. *Lackner,* Das konkrete Gefährdungsdelikt im VStrafrecht, Berlin 1967. *Puhm,* Strafbarkeit gem § 315 c StGB bei Gefährdung des Mitfahrers, 1990 (Diss. Passau). *Rengier,* Zum Gefährdungsmerkmal „(fremde) Sachen von bedeutendem Wert" ..., Spendel-F S 559. S auch die Nw bei § 240.

7. Kausalität, Zurechnung. Die Gefahr (Rz 29 ff) muss durch das Fehlverhalten verursacht sein („dadurch"). Darüber hinaus muss der Gefahrerfolg seinen Grund gerade in der Pflichtwidrigkeit haben, sich also als Realisierung der vom Fehlverhalten ausgelösten abstrakten Gefahr darstellen; ferner muss es der Zweck des Ge- oder Verbots sein, Erfolge der eingetretenen Art zu verhindern (hM, zB Bay NJW **69** 2026, Ha VRS **41** 40; LK-*König* Rz 171). **39**

a) In den Fällen des I Nr 1 muss sich gerade die Fahrunsicherheit auf den konkreten VVorgang ausgewirkt haben (BGH NJW **55** 1329, VRS **65** 359, DAR **86** 194, Bay NZV **94** 283, Ha NZV **02** 279, Ko VRS **73** 57, Kar VRS **58** 140). Die Frage, ob die konkrete Gefahr auch von *einem* nüchternen Fahrer gedroht hätte, ist nicht entscheidend (zumindest missverständlich BGH VRS **13** 204, Bay NZV **94** 289). Vielmehr kommt es darauf an, ob die Gefahr von *diesem Angekl.* ausgegangen wäre, auch wenn dessen Fahrsicherheit nicht beeinträchtigt gewesen wäre (Bay NJW **54** 730, Neust NJW **61** 2223, LK-*König* Rz 175 ff). Am Zusammenhang fehlt es, wenn der FzF sein Fz unbeeinflusst von seiner Fahrunsicherheit *gezielt als Schadenswerkzeug einsetzt* (BGH VRS **65** 359, NStZ-RR **04** 108, NZV **07** 371 [dann §§ 316 und § 315b]). **40**

Bei der Prüfung sind letztlich dieselben Maßstäbe anzulegen wie bei der Prüfung relativer Fahrunsicherheit (§ 316 Rz 22 ff, 64 ff). Das bedeutet zugleich, dass der Ursachenzusammenhang feststeht (und nicht nochmals geprüft werden muss), falls (relative) Fahrunsicherheit nach diesen Maßstäben bejaht wird. Die Problematik wird demnach gesondert *nur in den Konstellationen absoluter Fahrunsicherheit relevant* (LK-*König* Rz 176). Bei grobem Fahrversagen wird sich Kausalität in aller Regel aufdrängen (BGH VRS **49** 429). Sie entfällt dabei nicht schon deswegen, weil derselbe Fahrer auch nüchtern riskant oder leichtsinnig zu fahren pflegt (Ha JMBlNRW **66** 259, LK-*König* Rz 181). Hingegen kann der Zusammenhang zu verneinen sein, wenn der FzF trotz seiner Alkoholisierung *richtig und zielgerecht reagiert hat* (LK-*König* Rz 177). Das kann selbst bei einer BAK von 1,7‰ der Fall sein (KG VersR **72** 104 [dann § 316]). Umfängliches Material aus der Rspr bei LK-*König* Rz 177 ff. **41**

Wird der Eintritt des Gefahrerfolgs vom Schutzzweck des § 315 c erfasst, so kommt es *entgegen* Bay NZV **89** 359 (zust *Janiszewski* NStZ **89** 566, *Peters* NZV **90** 260) bei alkoholbedingt verkehrswidrigem Verhalten nicht darüber hinaus noch darauf an, ob er auch im Schutzbereich der verletzten Verkehrsregel liegt (LK-*König* Rz 182, *Deutscher* NZV **89** 360, *Hentschel* NJW **90** 1461). Anders als nach der hM im Rahmen der §§ 229, 222 StGB (dort 16) kommt es im Rahmen des § 315 c *nicht* darauf an, ob es auch bei einer der Trunkenheit des FzF entsprechend angepassten Geschwindigkeit zu dem Unfall (Gefahr) gekommen wäre; denn hier muss die Gefahr gerade aus der rauschmittelbedingten Fahrunsicherheit herrühren, während dort jedes verkehrswidrige Handeln ausreicht (Bay NZV **94** 283, s auch Stu DAR **74** 106, Ce NJW **69** 1184 [übermüdeter Fahrer fährt Baum um, der auf die Fahrbahn stürzt], Ha DAR **73** 247, Ce NJW **70** 1091 [gefährdendes Liegenbleiben nach alkoholbedingtem Unfall], LK-*König* Rz 174). **42**

b) Auch in den Fällen des I Nr 2 muss ein spezifischer Zusammenhang gegeben sein. Der Gefahreintritt lediglich bei Gelegenheit des Fehlverhaltens genügt nicht, so etwa beim zu schnellen Fahren an Straßenkreuzungen, -einmündungen und Bahnübergängen (BGH NStZ **07** 222, s Rz 17). Auch bei Geschwindigkeitsüberschreitungen und der Verkürzung des vorgeschriebenen Sicherheitsabstands kommt es darauf an, ob hierdurch gerade die mit dem Überholvorgang verbundene abstrakte Gefahr erhöht wird (Rz 13). **43**

c) Nach st Rspr konkretisiert sich die typische (abstrakte) Gefahr des in I pönalisierten Verhaltens nur dann, wenn die Gefahr noch während oder **jedenfalls in unmittelbarem zeit-** **44**

lichem und räumlichem Zusammenhang mit dem Fahrvorgang eintritt; demgegenüber scheidet § 315c aus, wenn sich die Gefahr realisiert, *nachdem* der Fahrvorgang endgültig zum Stillstand gekommen ist (Ce NJW **69** 1184; NJW **70** 1091, LK-*König* Rz 184). Daran fehlt es zB beim Liegenbleiben eines Fz nach einem Schleudervorgang auf der AB und nachfolgendem Unfall (Ha DAR **73** 247). Hingegen ist der Zusammenhang gegeben, wenn sich der auffahrende Kf beim Schleudervorgang bereits in der Gefahrenzone befunden hat (Ce NJW **70** 1091).

45   **8. Subjektiver Tatbestand.** § 315c verlangt in I hinsichtlich aller Tatumstände zumindest bedingten (BGH VRS **50** 342, Ko VRS **71** 278) Vorsatz. III enthält bei niedrigerer Strafdrohung eine Vorsatz-Fahrlässigkeits- (III Nr 1) sowie eine Fahrlässigkeits-Fahrlässigkeitskombination (III Nr 2).

46   **a) In den Fällen des I Nr 1** ist Vorsatz hinsichtlich FzFührens im V und der Fahrunsicherheit erforderlich. Zum Vorsatz bei rauschmittelbedingter Fahrunsicherheit (I Nr 1a): § 316 Rz 74 ff. Wie dort wird Vorsatz auch beim (sonstigen) geistigen oder körperlichen Mangel nur selten gegeben bzw nachweisbar sein. Kein Anlass für durchgreifende Bedenken des FzF gegen seine Faheignung ist zB allein hohes Alter (Bay DAR **96** 152). Bei medikamentenbedingten Defekten kann allein aus der Existenz von Warnhinweisen des Beipackzettels nicht auf Vorsatz geschlossen werden. Das gilt schon deshalb, weil dort oftmals nur auf die Möglichkeit von Beeinträchtigungen hingewiesen wird (§ 316 Rz 80). Zu Vorsatz und Fahrlässigkeit bei Übermüdung Rz 6.

47   **b) In den Fällen des I Nr 2** muss sich der Vorsatz zunächst auf die in den jeweiligen Tatbeständen enthaltenen Merkmale regelwidrigen Verhaltens beziehen. Für Vorsatz hinsichtlich der wertenden Merkmale „*grob verkehrswidrig und rücksichtslos*" (Rz 22 ff) genügt idR Tatsachenkenntnis, die solche Wertung rechtfertigt (Bay DAR **69** 51, VRS **64** 123, LK-*König* Rz 149). Werden Verkehrswidrigkeit und Rücksichtslosigkeit aus der Gefährlichkeit der Tat abgeleitet, so muss der Täter die Gefährlichkeit in seinen Vorsatz aufgenommen haben (Dü VRS **98** 350, Kö DAR **92** 469). Die Wertung als grob verkehrswidrig und rücksichtslos muss der Täter hingegen nicht für sich nachvollziehen; tut er es nicht, so allenfalls § 17 StGB (Bay VRS **64** 123, LK-*König* Rz 149). Die Absicht der „VErziehung" schließt Vorsatz nicht aus (Kö VRS **45** 436).

48   **c)** Bei Taten nach I ist außerdem **Vorsatz in Bezug auf die konkrete Gefahr** erforderlich (BGH NZV **95** 495, **98** 211). Der Täter muss die Umstände kennen, die den Gefahrerfolg (Beinaheunfall, Rz 30 f) als naheliegende Möglichkeit erscheinen lassen und diese Gefahrenlage zumindest billigend in Kauf nehmen (BGH DAR **86** 194, NZV **96** 458, Ha DAR **72** 334, Schl BA **92** 78, KG VRS **80** 448). Gefährdungsvorsatz ist dabei nicht mit Verletzungsvorsatz gleichzusetzen (KG VM **56** 28, Kö NJW **60** 1213). Billigen kann der Täter auch etwas ihm an sich Unerwünschtes (§ 315b Rz 27). Der Umstand, dass er sich zugleich selbst gefährdet, schließt vorsätzliche Gefährdung anderer demnach nicht aus (BGH DAR **55** 282). Der Tatrichter sollte Fremdgefährdungsvorsatz dann aber näher begründen (Bay NJW **55** 1448, Kö NZV **92** 80, LK-*König* Rz 193). Bei Sachgefährdung muss der Täter auch die Umstände in seinen Vorsatz aufgenommen haben, die die bedeutende Gefahr für einen bedeutenden fremden Sachwert (Rz 34 ff) ergeben (vgl Ha VRS **44** 100). Umfasst sein muss auch die Ursächlichkeit des Fehlverhaltens für die Gefahr (Bay VRS **64** 368, KG VRS **80** 448).

49   **d) III Nr 1** lässt hinsichtlich des Gefahrerfolgs Fahrlässigkeit ausreichen. Es handelt sich um eine Vorsatztat (§ 11 II; BGH VRS **57** 271, NZV **89** 31, **91** 117, DAR **97** 177). Damit ist (theoretisch) Teilnahme möglich (Rz 54). Zum Versuch Rz 51.

50   **e) III Nr 2** betrifft durchgehend fahrlässiges Handeln. Zur Fahrlässigkeit bei rauschmittelbedingter Fahrunsicherheit § 316 Rz 81 ff. Zur Frage des Fahrlässigkeitsvorwurfs bei plötzlicher als lebensbedrohlich empfundener Verschlechterung des körperlichen Befindens während der Fahrt Bay NZV **90** 399 (i. Erg. verneint). Zu den Erfordernissen der Feststellung subjektiver Sorgfaltswidrigkeit §§ 222, 229 Rz 28. (Bewusst) fahrlässiges Verhalten und Rücksichtslosigkeit schließen sich nicht aus (Rz 24).

Lit: *Baumann,* Fahrlässigkeitsprobleme bei VUnfällen, Kriminologische Gegenwartsfragen Heft 4, Stuttgart 1960. *Krey/Schneider,* Die eigentliche Vorsatz-Fahrlässigkeits-Kombination nach geltendem und künftigem Recht, NJW **70** 640. *Lienen,* Das Zusammentreffen von Vorsatz und Fahrlässigkeit bei VDelikten, DAR **60** 223. *Weigelt,* Fahrlässigkeitsprobleme bei VUnfällen, DAR **61** 220.

51   **9. Vollendung tritt ein** mit dem Gefahrerfolg, **Beendigung** mit der Beseitigung der Gefahr; demgemäß ist § 315c kein Dauerdelikt (LK-*König* Rz 196; s auch unten Rz 69). **Versuch**

Gefährdung des Straßenverkehrs § 315c StGB **6**

ist nur bei I Nr 1 strafbar. Ein Versuch der Gefährdung durch Fahren in alkoholbedingter Fahrunsicherheit ist dabei schwer vorstellbar (LK-*König* Rz 197). Denn dazu gehört die Vorstellung konkreter Gefährdung durch einen bestimmten VVorgang, außerdem Vorsatz hinsichtlich der konkreten Gefahr, der bei einer allgemeinen Vorstellung, es könne bei der Fahrt etwas passieren, nicht gegeben ist (Dü VRS **35** 29). In den Fällen des III Nr 1 (Rz 49) ist Versuch ausgeschlossen (Dü VRS **35** 29).

10. Rechtswidrigkeit. Nach hM rechtfertigt **Einwilligung des Mitfahrers** nicht, weil 52 § 315c I (vor allem) das Universalinteresse an der Sicherheit des StrV schützt, hinsichtlich dessen der Mitfahrer nicht dispositionsbefugt ist (Rz 1; BGHSt **6** 232, **23** 261, NZV **92** 370, **95** 80, Ko BA **02** 483, Kar NJW **67** 2321, *Lackner/Kühl* Rz 32, *Fischer* Rz 17, umfänglich LK-*König* Rz 161, § 315b Rz 73, 74, aM Hb NJW **69** 336; *Sch/Sch/C/Sternberg-Lieben* Rz 43). Auch Rechtfertigung bzw Tatbestandsausschluss unter dem Aspekt der eigenverantwortlichen Selbstgefährdung bzw der einverständlichen Fremdgefährdung ist abzulehnen (LK-*König* § 315b Rz 73). Einwilligung bzw bewusste Inkaufnahme von Eigengefährdung wird aber regelmäßig strafmildernd wirken. Stu Justiz **63** 37 verneint **Notstand** für einen Arzt auf der Fahrt zum schwerkranken Patienten (s aber erg. § 316 Rz 87). Als **weitere Rechtfertigungsgründe** können amtliche Befugnisse (VRegelung, VKontrolle) und Festnahmerechte in Betracht kommen. Auch Inanspruchnahme von Sonderrechten (§ 35 StVO) kann Verhaltensweisen rechtfertigen, die äußerlich VVerstößen entsprechen, berechtigt aber nicht zu Rücksichtslosigkeit (LK-*König* Rz 200, 148).

11. Zu Fragen der **Schuldfähigkeit** § 316 Rz 88 ff. 53

12. Täterschaft, Teilnahme. Täter kann nur sein, wer als FzF (Ausnahme I Nr 2g) am V 54 teilnimmt (BGH NZV **95** 364). Insofern ist § 315c *eigenhändiges* Delikt, weswegen mittelbare Täterschaft und uneigenhändige Mittäterschaft sowie uneigenhändige Nebentäterschaft nicht in Betracht kommen (näher § 316 Rz 2, 96). Arbeitsteiliges FzFühren ist aber möglich (im Einzelnen § 316 Rz 5). Teilnahme, auch an Taten nach III Nr 1 (Rz 49) ist nach allgemeinen Regeln möglich (BGHSt **18** 6, Ce DAR **57** 297, LK-*König* Rz 206).

13. Strafzumessung (s auch § 316 Rz 101 ff). Kurze Freiheitsstrafe unter 6 Monaten ist die 55 Ausnahme. Sie darf (innerhalb und außerhalb des Verkehrsstrafrechts) nur bei *Unerlässlichkeit* verhängt werden (§ 47 StGB; BGHSt **24** 40 = NJW **71** 439, KG StV **04** 383, Kö NJW **01** 3491, Dü NZV **97** 46). Reicht (evt hohe) Geldstrafe zur Einwirkung auf den Täter aus, uU mit EdF, und trifft der Gesichtspunkt der Verteidigung der Rechtsordnung (wie meist) nicht zu (Rz 60, 63), so muss auf Geldstrafe erkannt werden (Ce NJW **70** 872, Bay DAR **92** 363), uU auch noch bei erheblicher Tatschwere (1,2‰ BAK, lebhafter Verkehr, 3 beschädigte Pkw; Kö VRS **38** 108) oder bei einschlägiger Vorstrafe (Rz 56). Auch bei Alkoholdelikten im StrV ist Geldstrafe die Regel (Bay DAR **92** 184, Dü NZV **97** 46, Ko VRS **40** 97). Es ist im Einzelnen zu begründen, warum kurze Freiheitsstrafe trotz des Vorrangs der Geldstrafe angezeigt ist (Kö NJW **01** 3491, Bra VRS **38** 37). Allein der Sühnegesichtspunkt rechtfertigt kurze Freiheitsstrafe nicht (BGH VRS **38** 334), auch nicht der allgemeine Hinweis auf Zunahme der VTrunkenheit (Ha DAR **70** 328, näher Rz 60). Zur Zulässigkeit und Bedeutung von *Strafzumessungsempfehlungen* bei Trunkenheitsdelikten im V § 316 Rz 101. Zur *verminderten Schuldfähigkeit* § 316 Rz 88 ff.

Nur bei besonderen Umständen (§ 47 I) ist Freiheitsstrafe unter 6 Monaten zulässig. Sie 56 können entweder liegen a) im Tatgesamtbild (Art und Gewicht der Rechtsgutverletzung, Tatausführung, verschuldete Tatfolgen, Grad der Pflichtwidrigkeit, Tatintensität, Motive) oder b) in Merkmalen der Täterpersönlichkeit, die das Einwirken mit Strafverhängung unabweisbar machen (Bay VRS **76** 130, Kö NJW **01** 3491). Formelhafte Begründungen genügen nicht (Ha BA **07** 41). In der Praxis kommt die Vorschrift nahezu ausschließlich bei Wiederholungstätern zur Anwendung. Auch wiederholte Trunkenheitsfahrt ist zwar nicht stets ein besonderer Umstand, wird aber häufig Freiheitsstrafe unerlässlich machen (Bay DAR **77** 202, Kar DAR **70** 132, Fra NJW **70** 956, Dü NZV **97** 46, Ko VRS **40** 9, **51** 428). Bei einem Täter, der binnen drei Jahren dreimal wegen Fahrens mit hoher BAK bestraft worden ist, zuletzt mit Freiheitsstrafe, und wieder, mit 2,25‰ BAK fahrend, Unfälle verursacht, ist Freiheitsstrafe unerlässlich (Ko VRS **40** 96). Schwerwiegende Schuld oder besondere Gefährlichkeit des Tatverhaltens (Kö DAR **71** 300), Trinken in Fahrbereitschaft, 1,65‰ BAK beim Fahren und späteres Fahren ohne FE können kurze Freiheitsstrafe rechtfertigen (Ko VRS **51** 429), ebenso Fahren im Vollrausch und fahrlässige Tötung eines Fußgängers, den nur geringe Mitschuld trifft (Ko VRS **52** 179).

IdR werden hier aber Freiheitsstrafe von über 6 Monaten zu verhängen sein. Fehlende Reuezeichen und Nichterscheinen bei Hinterbliebenen sind keine Strafhöhungsgründe (BGH VRS **40** 418).

57 Das Maß der **herbeigeführten Gefahr** kann strafhöhend wirken (Ko VRS **55** 278). Desgleichen darf erschwerend berücksichtigt werden, dass die Tat zur **Schädigung anderer** geführt hat (BGH VRS **21** 45). Je schwerer die Unfallfolgen und je größer der Alkoholmissbrauch des Täters war, umso genauer ist bei Geldstrafe darzulegen, warum härtere Strafe unnötig ist (Stu VRS **41** 413). Nicht gerechtfertigt ist es, Fahrten im **Zustand der Übermüdung** generell in einem milderen Licht zu sehen als Trunkenheitsfahrten (Bay NJW **03** 3499). Die Behauptung des Angekl., er sei anders gefahren, als ihm vorgeworfen werde, darf nicht als **Uneinsichtigkeit** strafschärfend berücksichtigt werden (Ha VRS **8** 137, Kö GA **58** 251). Bei fahrlässigen VDelikten kommt der Vorwurf der Uneinsichtigkeit nur nach strengem Maßstab in Betracht (Ko VRS **37** 205). Berücksichtigung des Sachverhalts früherer Bußgeld- oder Strafverfahrens (Tilgung): § 29 StVG.

58 Etwaige **fremde Mitschuld** ist zu erörtern (BGH VRS **18** 206, NZV **89** 400, Dr DAR **99** 36, Schl DAR **62** 157). Lässt sich erhebliche Mitschuld nicht ausschließen, so ist das zugunsten zu berücksichtigen (BGH VRS **25** 113, Kar NJW **65** 361), ebenso ein mit verursachter, nicht schuldhaft gesetzter Umstand (Ce DAR **58** 273). Mitschuld des Verletzten ist auch bei Trunkenheitsfahrt strafmildernd (BGH DAR **56** 78, Ko BA **02** 483), zB, dass das von hinten angefahrene Moped rückwärtig nicht beleuchtet war (BGH VRS **17** 196), ebenso, dass sich der getötete Beifahrer nach gemeinsamer Zeche in Kenntnis des Risikos zur Mitfahrt entschlossen hat (BGH NZV **89** 400, Ko BA **02** 483). Rspr, wonach die **soziale Stellung des Angeklagten,** zB der Beruf Kriminalkommissar, auch beim strafzumessen berücksichtigt werden dürfen, wenn sie in keinem inneren Zusammenhang mit der Straftat steht, ist überholt (LK-*König* § 316 Rz 241, anders noch zB Bra NJW **60** 1073, VRS **19** 299, s auch § 316 Rz 43). Auch dass der Täter erfahrener Kf, BerufsKf, KfzMeister, Inhaber einer Reparaturwerkstätte, KfzSchlosser usw ist, darf ihn nicht benachteiligen (KG DAR **55** 19, Stu DAR **56** 227, Hb VM **61** 78). Verkehrssonderpflichten dieser Personen bestehen, anders als bei Straba-, Omnibus- und Taxifahrern im Rahmen ihrer Berufsausübung, nicht. Dass sich der Täter bei der Trunkenheitsfahrt auf dem Weg zu seiner Arbeitsstelle befand, begründet alleine keinen inneren, das Maß der Pflichtwidrigkeit erhöhenden Umstand (Ha BA **07** 38). Unerheblich ist bei Trunkenheitsfahrt das Geschlecht des Fahrers (BGH NJW **62** 1828).

59 Bewusst fahrlässig herbeigeführte Gefahr wirkt erschwerend (BGH VRS **22** 273). Nach Ol NJW **68** 1293 soll **Nachtrunk** hinsichtlich der VStraftat (§§ 222, 315c StGB) schärfend berücksichtigt werden dürfen, wenn er in Kenntnis einer dadurch bewirkten Erschwerung der Unfallfeststellungen erfolgte (**aM** mit Recht Bay DAR **74** 176 [keine Prozessförderungspflicht des Angekl.]). Weitere Rspr zur Strafzumessung bei § 316 StGB.

60 **Die Verteidigung der Rechtsordnung** wird die Verhängung einer kurzen Freiheitsstrafe nur selten gebieten. Ist der Gedanke einschlägig, so werden in aller Regel Freiheitsstrafen von über sechs Monaten zu verhängen sein. Das Merkmal wird in der Praxis vor allem bei der Strafaussetzung zur Bewährung von Freiheitsstrafe zwischen 6 Monaten und 2 Jahren relevant, und ist deswegen dort erörtert (Rz 63). Eine außergewöhnliche, den Bundesdurchschnitt erheblich übersteigende Zunahme von Trunkenheitsdelikten in einem bestimmten Gerichtsbezirk kann uU eine kurze Freiheitsstrafe rechtfertigen (Bay DAR **74** 176 [*Rüth*], Fra NJW **71** 666, Ha DAR **70** 328, KG VRS **44** 94, *Martin* BA **70** 13), muss aber durch den Tatrichter festgestellt werden (vgl BGH StV **05** 387; s auch § 316 Rz 103).

61 **Strafaussetzung zur Bewährung** (§ 56). Die §§ 47, 56 drängen die kurze, zu vollstreckende Freiheitsstrafe zurück. **Grundsätze: a) Freiheitsstrafe unter 6 Monaten,** nach § 47 ohnehin nur in den dort genannten Ausnahmefällen zulässig, ist bei günstiger Prognose zwingend zur Bewährung auszusetzen (§ 56 I, III), also auch, wo ihre Verhängung zur Einwirkung auf den Täter oder zur Verteidigung der Rechtsordnung (Rz 55, 56, 63) geboten ist. Nichtaussetzung ist auch unter diesen Gesichtspunkten bei günstiger Prognose nicht zulässig (§ 56 I, Gegenschluss aus § 56 III). **b) Freiheitsstrafe von 6 Monaten bis zu 1 Jahr** ist bei günstiger Prognose auszusetzen (§ 56 I), es sei denn, die Verteidigung der Rechtsordnung (Rz 63ff) gebiete Vollstreckung, dann ist Aussetzung unzulässig (§ 56 III). Keine Deliktsgruppe ist von der Aussetzung grundsätzlich ausgeschlossen (BGHSt **22** 196, NZV **89** 400, Ro BA **05** 253, Stu NZV **91** 80, Kar DAR **93** 397). **c) Bei Freiheitsstrafe von mehr als 1 Jahr bis zu 2 Jahren** ist Aussetzung erlaubt bei günstiger Prognose, wenn außerdem nach der Gesamtwürdigung von Tat und Persönlichkeit des Verurteilten (s oben) besondere Umstände vorliegen (§ 56 II). Hierzu reichen

Gefährdung des Straßenverkehrs § 315c StGB **6**

schon Milderungsgründe aus, die in ihrer Zusammenschau im Vergleich zu durchschnittlichen Milderungsgründen von besonderem Gewicht sind (BGH NZV **89** 400, NStZ **87** 21, DAR **87** 199, **88** 226, 227 (zu § 21 II aF JGG), Bay DAR **90** 364, Ha NZV **93** 317, s auch Rz 63). Auch Verletzungen des Täters mit schweren Dauerschäden kommen dabei in Betracht (Bay VRS **65** 279). Bei schwersten Folgen für einen unbeteiligten VT werden besondere Umstände iS von § 56 II häufig zu verneinen sein (BGH NStZ **91** 331, **94** 336 m Anm *Horn* BA **95** 62 [i. Erg. Strafaussetzung aber nicht beanstandet).

Jeder Fall ist **individuell zu prüfen** (Ro BA **05** 253, Stu NZV **91** 80, Kö VRS **30** 337), auch **62** hinsichtlich der Prognose, ohne Vergleich mit gedachten Tätertypen (Br DAR **60** 49). Die Prognose darf (im Strafenbereich von mehr als 1 bis zu 2 Jahren) nicht mit der Erwägung übergangen werden, es lägen ohnehin keine besonderen Umstände vor (Ha BA **07** 41). Für die Annahme günstiger Prognose reicht es aus, dass die Wahrscheinlichkeit künftigen straffreien Verhaltens diejenige erneuten Straffälligwerdens übersteigt (BGH NStZ **97** 594). Ernstliche Bemühung unter vorteilhaft geänderten Lebensumständen kann günstige Prognose trotz erheblicher Vorstrafe rechtfertigen (Fra NJW **77** 2175). Schwere Folgen für den Täter und dessen Angehörige können, auch wenn sie kein Absehen von Strafe zulassen (Rz 67), für Strafaussetzung sprechen (Kö VRS **44** 264). **Zur Berücksichtigung von Vorstrafen:** § 316 Rz 108, 110.

Die Versagung der Strafaussetzung kann trotz günstiger Prognose **wegen Verteidigung der** **63** **Rechtsordnung** angezeigt sein. Sie kommt in Betracht, wenn die Strafaussetzung im Hinblick auf schwerwiegende Besonderheiten des Einzelfalls für das allgemeine Rechtsempfinden unverständlich erscheinen müsste und dadurch das Vertrauen der Bevölkerung in die Unverbrüchlichkeit der Rechtsordnung erschüttert werden könnte (zB BGH StV **98** 260, NStZ **01** 319, StV **99** 645). Bei Trunkenheitsdelikten im StrV namentlich mit tödlichem Ausgang, aber auch bei in Übermüdung begangenen Taten (Rz 65), liegt die Vollstreckung der Strafe unter diesem Aspekt vielfach näher als deren Aussetzung (Grundsatzentscheidung in BGHSt **24** 65; s auch BGH NJW **90** 193, Ha NZV **93** 317, Ko VRS **75** 37). Jedoch verbietet sich nach stRspr eine schematische Beurteilung dahingehend, dass in einschlägigen Fällen die Strafaussetzung *schlechthin* zu versagen sei; von ausschlaggebender Bedeutung ist eine sorgfältige Gewichtung der Umstände des Einzelfalls (BGHSt **24** 64; BGH NStZ **94** 336, Bay VRS **69** 283, NJW **03** 3498; Kar NZV **04** 156). Dies erschließt sich aus dem Umstand, dass auch das Merkmal der Verteidigung der Rechtsordnung nicht abgehoben vom Fall angegangen werden darf. Maßgebend ist nämlich, dass *eine mit den Einzelheiten des Falls vertraute* Rechtsgemeinschaft die Strafaussetzung als unverständliches Zurückweichen des Rechts gegenüber dem Unrecht aufnehmen müsste (Bay NJW **03** 3498). Ist Freiheitsstrafe von über 1 Jahr zu verhängen, so darf die Vollstreckung der Freiheitsstrafe nach § 56 II S 1 nur ausgesetzt werden, wenn besondere Umstände vorliegen. Ist der Fall so geartet, dass trotz den Angeklagten beträchtlich belastender Umstände (zB Trunkenheitsfahrt mit tödlichen Folgen) die Verteidigung der Rechtsordnung die Vollstreckung der Strafe nicht gebietet, so werden auch besondere Umstände vorliegen (s auch Rz 61). Das „Ausweichen" des Gerichts auf ein Strafmaß von genau 1 Jahr Freiheitsstrafe, um sich die Begründung der „besonderen Umstände" iS von § 56 II S 1 zu sparen (so womöglich LG Kar NJW **05** 915), ist auch deswegen nicht verständlich und schon im Grundsatz verfehlt (hierzu auch Bay NJW **03** 3499).

Einzelfälle: Bei einer Trunkenheitsfahrt mit tödlichen Folgen wird die Vollstreckung der **64** Strafe vielfach näher liegen als deren Aussetzung (Rz 63). Jedoch ist es zu berücksichtigen, wenn der Täter lediglich eine vergleichsweise geringe BAK aufgewiesen hat (konkret: 0,59‰), nicht in Fahrbereitschaft getrunken hat, wegen seines Alters besonders strafempfindlich ist und sich wegen der Tat in psychotherapeutische Behandlung begeben musste (Bay NJW **03** 3498), wenn seit der Tat ein langer Zeitraum vergangen ist (im konkreten Fall 4½ Jahre), in dem sich der Täter straffrei geführt hat (Bay VRS **69** 283; s auch Kar NZV **04** 156: 3½ Jahre), wenn der getötete Beifahrer in Kenntnis der Alkoholisierung des Täters mitgefahren ist, der Täter selbst unter den Folgen der Tat erheblich leidet und der Unfall nicht auf das alleinige Verschulden des FzF zurückzuführen ist (BGH NJW **90** 193), wenn wegen Nichtanlegens des Sicherheitsgurts durch den getöteten Beifahrer ein beträchtliches Mitverschulden des Opfers anzunehmen ist (Dr DAR **99** 36), wenn der FzF nicht in Fahrbereitschaft getrunken hat, unter den Folgen seiner Tat stark leidet, wegen Verlusts der FE auch die Arbeitsstelle verloren und sich (wenngleich vergeblich) um Kontakt mit überlebenden Opfern bemüht hat (Kar NStZ-RR **96** 198) oder wenn die FzF ihren ehemaligen Lebensgefährten getötet hat (Rechtsgedanke des § 60, Rz 67), weswegen sie sich mehrfach in psychiatrische Behandlung begeben musste und auch einen Selbstmordversuch unternommen hat (LG Verden NZV **98** 219).

65 Die vorstehenden Grundsätze gelten bei **Fahrten trotz Übermüdung** entsprechend; es existiert kein Grundsatz, dass solche Taten in einem milderen Licht zu beurteilen sind als Trunkenheitsfahrten (Bay NJW **03** 3499). **Auch den Fällen des I Nr 2** kann die Verteidigung der Rechtsordnung die Vollstreckung der Strafe gebieten (Kar NZV **04** 156, ZfS **08** 349). Jedoch müssen Besonderheiten auch hier berücksichtigt werden und können zur Strafaussetzung führen. Die falsche Einschätzung einer Verkehrssituation oder eine bloße Überschätzung der eigenen Fähigkeiten im Umgang mit dem Kfz ist noch nicht als rowdyhaftes, aggressives Verhalten zu werten, das nach Vollstreckung der Strafe drängt; auch ist es zu würdigen, wenn der Täter nach Kreditaufnahme einen hohen Geldbetrag an die Hinterbliebenen bezahlt und wenn das Verfahren bereits 3½ Jahre gedauert hat (Kar NZV **04** 156). Anders jedoch bei einer verkehrsfeindlichen und aus eigennützigen Beweggründen geprägten Motivation (Kar NZV **08** 467). Zu berücksichtigen sein kann, wenn der Täter unter den Folgen seiner Tat stark leidet und aufgrund der Tat und der Berichterstattung darüber schwer wiegende berufliche und persönliche Nachteile erlitten hat (LG Kar NJW **05** 915).

66 **14. Verwarnung mit Strafvorbehalt (§ 59 ff).** Die Verwarnung, bei der es sich um keine Strafe, sondern um eine Sanktion eigener Art handelt, kommt auch nach der Neufassung der sog. „Würdigkeitsklausel" (§ 59 I S 1 Nr 2) im Jahre 2006 nur ausnahmsweise zur Anwendung (vgl Dü wistra **07** 235, Ha NStZ-RR **07** 170, je zu § 266a StGB; nach der Rspr zu § 59 aF war für sie idR kein Raum bei durchschnittlichen Verkehrsverstößen, derentwegen ein zu Strafe Verurteilter keine unverhältnismäßig großen sozialen Nachteile zu befürchten hat, Bay MDR **76** 333, NJW **76** 301, Stu NZV **94** 205). Zwar lässt sich den Gesetzesmaterialien nicht entnehmen, für welche Fälle die erweiterte Verwarnung eigentlich gedacht ist (mit Recht krit BR in BTDrucks 16/3038 S. 72 ff). Beabsichtigt war jedoch ein nur „moderater Ausbau" (BTDrucks 16/3038 S. 59). Mit dieser Intention wäre es nicht vereinbar, wenn die Verwarnung bei Trunkenheitsdelikten oder gefährlichen Fahrten nach I Nr 2 in breitem Umfang an die Stelle der Geldstrafe treten würde, zumal neben der Verwarnung weder EdF (§ 59 III S 2) noch FV möglich ist (§ 44 Rz 3), weswegen bei einer anderen Interpretation das strafrechtliche Instrumentarium gegen gefährliche VStraftaten empfindlich geschwächt würde. Das kann nicht gewollt sein. In besonderem Maße gilt dies, wenn man berücksichtigt, dass die Sanktionsvorschriften im VerkehrsOWRecht voraussichtlich ab 1. 1. 09 verschärft werden (§ 24 StVG Rz 43), um die Abschreckungswirkung gegen gefährliche OW zu verstärken. Eine Schwächung des strafrechtlichen Schutzes träte damit in diametralen Gegensatz. Bei **Trunkenheitsfahrten** werden „besondere Umstände" allenfalls in den extremen Ausnahmekonstellationen in Betracht kommen, in denen trotz § 69 II von EdF (hierzu § 69 Rz 16, 19f) *und* trotz § 44 Abs I S 2 von FV (hierzu § 44 Rz 8) abgesehen werden kann. In Fällen, in denen der Tatrichter EdF für gerechtfertigt hält, wird es zugleich an der nach § 59 I S 1 Nr 1 erforderlichen günstigen Sozialprognose fehlen. Denn anders als in den Fällen einer EdF neben zur Bewährung ausgesetzter Freiheitsstrafe (hierzu § 69 Rz 11, eingehend BGH NJW **61** 683) kann die EdF ihre heilsame Wirkung mangels Anordnung neben einer Verschonung vor Strafe nicht entfalten. Das Vorstehende gilt im Grundsatz entsprechend für **gefährliche Fahrten nach I Nr 2,** mit Ausnahme vielleicht der Fälle unbewusster Fahrlässigkeit (hierzu § 69 Rz 18) und Hinzutreten weiterer mildernder Umstände von Gewicht. Einfache Strafmilderungsgründe und das bloße Fehlen von Strafschärfungsgründen werden hingegen auch nach neuer Rechtslage keine „besonderen Umstände" iS von § 59 I Nr 2 darstellen, vgl (zu § 59 alt) Nü NJW **07** 526.

67 **15. Absehen von Strafe** (§ 60 StGB) kann bei Trunkenheit nur nach strengen Gesichtspunkten in Betracht kommen, ausgeschlossen ist es jedoch nicht schon dadurch, dass auch Dritte verletzt oder getötet worden sind (Kar NJW **74** 1006, Ce NJW **71** 575, Fra NJW **71** 767, VRS **40** 257, Dü VRS **42** 273). Offensichtlich verfehlt muss Strafe nicht sein, wenn außer dem schwer verletzten Täter auch ihm nahe stehende Personen erheblich verletzt worden sind (Ha VRS **41** 350). Kein Absehen von Strafe schon deshalb, weil der Täter über den Unfall heftig erschrocken und sein Kfz beschädigt worden ist (Bay NJW **71** 766), oder nur wegen eigener Gehirnerschütterung und eigenen Totalschadens (Ko VRS **44** 415). Der Tod eines nahen Angehörigen kann bei besonders unvernünftigem, gefährlichem Täterverhalten gegen Absehen sprechen (Kö NJW **71** 2036, VRS **41** 415). Durchschnittlicher eigener gesundheitlicher und wirtschaftlicher Schaden bei erheblichem Fremdschaden rechtfertigen Absehen nicht (Fra NJW **72** 456). Wird bei einem vom Täter verschuldeten Unfall auf einer Trunkenheitsfahrt dessen Ehefrau getötet und ein Mitfahrer verletzt und muss der Täter nunmehr vier Kinder groß ziehen, so ist eine Anwendung des § 60 StGB denkbar (Kar NJW **74** 1006).

Gefährdung des Straßenverkehrs **§ 315c StGB 6**

Bei ausreichenden Feststellungen kann auch das Revisionsgericht von Strafe absehen (Bay NJW **72** 696).

16. Entziehung der Fahrerlaubnis: § 69. **Fahrverbot** hilfsweise: § 44. IdR keine **Einziehung des Fz**: § 316 Rz 114. Ausnahmsweise kommt sie in Betracht, wenn der Täter auch hinsichtlich der Gefahr vorsätzlich gehandelt hat (Ha BA **74** 282). **68**

17. Konkurrenzen. Innertatbestandliche Konkurrenzfragen Nr 1a ist gegenüber Nr 1b lex specialis (BGH VM **71** 81). *Einheitliche Tat* des § 315c (nicht TE) beim Zusammentreffen mehrerer Begehungsformen des I, die dieselbe Gefahr begründen (Ha VRS **41** 40, Bay VRS **59** 336, **73** 379, s auch BGH NZV **08** 528). Ist dabei I Nr 1a fahrlässig, I Nr 2 aber vorsätzlich begangen, so ist wegen vorsätzlicher Tat zu verurteilen (Bay VRS **73** 379). *Gefährdung mehrerer Personen gleichzeitig* durch dasselbe Verhalten verwirklicht den Tatbestand gleichfalls nur einmal (BGH NZV **89** 31 m zust Anm *Werle* JR **90** 76, Bay NJW **84** 68, VRS **59** 336; VRS **73** 379; LK-*König* Rz 208). Werden auf einer Trunkenheitsfahrt *mehrere Gefahrfälle* herbeigeführt, so soll der Tatbestand des I Nr 1a nach BGH NZV **89** 31 ebenfalls nur einmal verwirklicht sein (zust *Sch/Sch/C/Sternberg-Lieben* Rz 53; *Geppert* NStZ **89** 320: „dauerdeliktsähnlich"). Diese Rspr ist durchgreifenden Bedenken ausgesetzt; § 315c ist Erfolgs-, nicht Dauerdelikt (Rz 51), weswegen TM gegeben ist (LK-*König* Rz 209, *Lackner/Kühl* Rz 35, *Werle* JR **90** 77, *Seier* NZV **90** 130). Nur *eine* Tat bei mehreren Gefährdungen auf einer Fluchtfahrt (BGH NZV **01** 265; str.; zur PolFlucht § 24 StVG Rz 58). **69**

Verhältnis zu anderen Delikten. *§ 316* ist gegenüber 315c I Nr 1a subsidiär (§ 316 I letzter Hs; BGH NJW **83** 1744, Dü VRS **94** 265). Das gilt auch, wenn der Täter nach dem Unfall, *ohne § 142 zu erfüllen*, weiterfährt; dann geht die weitere Trunkenheitsfahrt mangels neuen Tatentschlusses in § 315c auf (BGH NJW **73** 355, Bay NJW **73** 1657, VRS **41** 26, Ha VRS **48** 266, aM Ha VRS **42** 21). Weiterfahrt nach Trunkenheitsunfall, um nach einigen 100 m besser wenden zu können, und Rückkehr bildet keine selbstständige Trunkenheitsfahrt (Bay VRS **45** 275). Jedoch Zäsur, wenn das Sichentfernen auf einem neu und anders motivierten Entschluss beruht; dann § 315c in TM mit neuer Trunkenheitsfahrt nach § 316 (BGH VRS **48** 191, **44** 269; LK-*König* Rz 211). Sichentfernen nach Gefahreintritt (§ 315c I Nr 1a, III) steht zu dieser in TM (§ 142 Rz 72); verfahrensrechtlich bilden beide jedoch dieselbe Tat (§ 142 Rz 74). TM zwischen falschem Überholen (I Nr 2b) und nachfolgender Unfallflucht (Sa NJW **74** 375). TE *mit § 315b* ist nur ausnahmsweise möglich (§ 315b Rz 32). *Nötigung* in TE mit gefährdendem Überholen durch „Drängeln" auf der AB-Überholspur bei hoher Fahrgeschwindigkeit mit Versuch des Sich-links-Vorbeidrängens an Vorausfahrenden (Kö VRS **44** 16; s auch § 240 Rz 34). TE mit § 240 auch bei „Ausbremsen" nach Überholvorgang (AG Rudolstadt VRS **112** 35). Soweit nur in § 315c Verstöße gegen die StVO mit Strafe bedroht werden, geht § 315c vor (§ 21 OWiG), wenn Strafe verhängt wird. Kommt nur entweder Gefährdung des StrV oder Gestatten des Fahrens ohne FE in Betracht, so ist im Wege der Wahlfeststellung wg. Trunkenheit im V (§ 316 StGB) oder § 21 I Nr 2 StVG zu verurteilen (Ha NJW **82** 192 m Anm *Schulz* NJW **83** 265). **70**

18. Verfahren. Zu den Feststellungen betreffend die Umstände der Fahrt: § 316 Rz 101. Wird bei nahe liegender Gefährdung nur nach § 316 verurteilt, so ist im Urteil darzulegen, warum keine Gefährdung vorgelegen hat (Ko VRS **51** 105). Bei Übergang von Vorsatz zur Fahrlässigkeit und umgekehrt ist zu belehren (§ 265 StPO; BGH VRS **49** 184, Ko VRS **63** 50). Anklage wegen fahrlässigem § 315c durch Fahren unter Alkoholeinfluss betrifft außer dem gefährdenden Vorgang auch alle anderen mit der Gefährdung zusammenhängenden VWidrigkeiten; werden sie im Urteil nicht behandelt, ist der Eröffnungsbeschluss nicht erschöpft (Bay VRS **29** 110). Ist bei Anklage aus § 315c nur *verjährte OW* nachweisbar, so ist freizusprechen (Ha DAR **55** 307, Bra DAR **57** 158, aM Bay DAR **57** 297, Kö VRS **15** 366). *Verletzter* (§ 61 Nr 2 StPO) ist bei Gefährdungsstraftaten der, den der Täter gefährdet hat (BGHSt **10** 372). Teilanfechtung: § 69a. Bei Verurteilung nach § 315c I Nr 1a und tatmehrheitlich dazu §§ 316, 142 StGB ist *Rechtsmittelbeschränkung* auf Verurteilung wegen der Unfallflucht in TM mit Trunkenheit im V unzulässig (§ 142 Rz 74). Leugnet der Verurteilte nur schuldhaft herbeigeführten Unfall, so kann er die Berufung auf die Verurteilung nach § 315c I Nr 1a beschränken und diejenige nach § 142 ausnehmen (Ha VRS **43** 17). **71**

19. Zivilrecht. Bei Vorliegen der Vorsatz-Fahrlässigkeitskombination (Rz 49) sind die Schadensersatzverbindlichkeiten des Täters von der Restschuldbefreiung nach §§ 287 ff InsO nicht ausgenommen (BGH NJW **07** 2854). **72**

6 StGB §§ 315d, 316 Auszug aus dem StGB

Schienenbahnen im Straßenverkehr

315d Soweit Schienenbahnen am Straßenverkehr teilnehmen, sind nur die Vorschriften zum Schutz des Straßenverkehrs (§§ 315b und 315c) anzuwenden.

1 **1. Schienenbahnen im Straßenverkehr.** § 315d nimmt die Schienenbahnen, soweit sie am StrV teilnehmen, aus dem Anwendungsbereich der §§ 315, 315a heraus und weist sie den §§ 315b und c zu. Die Zuweisung hängt nicht „formell" davon ab, ob die Bahn auf besonderem Bahnkörper fährt, sondern „materiell" davon, ob und inwieweit sie „am Straßenverkehr teilnimmt". Begründung des Zweiten VerkSichG:

2 *„Die Neuregelung beruht auf dem Gedanken, dass für alle Teilnehmer am Straßenverkehr einheitlich dieselbe Rechtsordnung gelten muss … Für die Zuordnung einer Schienenbahn zu den Vorschriften über den Schutz des Straßenverkehrs kommt es deshalb ausschließlich darauf an, ob sie am Straßenverkehr teilnimmt. Das mag im Allgemeinen nicht zutreffen, wenn sie auf besonderem Bahnkörper verkehrt. Immer ist das jedoch nicht der Fall …*

3 *In Grenzfällen wird es nicht immer leicht sein, zu klären, ob eine bestimmte, gegen die Bahn gerichtete Handlung den Straßenverkehr oder eine andere Verkehrsart gefährdet hat. Diese Schwierigkeit ergibt sich daraus, dass ebenso wie im geltenden Recht eine und dieselbe Bahn teils nach §§ 315, 315a und teils nach den §§ 315b, 315c Strafschutz genießen kann, weil sie nur auf Teilstrecken am Straßenverkehr teilnimmt. Dieses Ergebnis, das mancherlei Rechtsfragen, namentlich im Hinblick auf Taten mit sich bringt, die außerhalb des Streckenkörpers, etwa im Depot der Bahn, begangen werden, muss hingenommen werden; denn es ist bei den gegebenen Verhältnissen ausgeschlossen, den Charakter sämtlicher Eisen- und Straßenbahnen für die von ihnen befahrenen Strecken einheitlich zu bestimmen …*

4 Soweit die Bahn (Eisenbahn, Straba) ausschließlich auf unabhängigem Bahnkörper (vgl. § 16 VII 1 BOStrab) mit durch Warnkreuze (Z 201) oder Schranken gesicherten Übergängen über Straßen des allgemeinen V verläuft, ist sie durch die §§ 315, 315a geschützt. Das gilt auch für die Straba, die auf besonderem Bahnkörper verkehrt (§ 55 III, § 20 VII, § 16 VI 1 BOStrab). Am StrV nimmt die Bahn teil, wo die Schienen baulich unabgegrenzt in der Fahrbahn liegen und an ungeschützten Kreuzungen. Für die Straba, die auf straßenbündigen (mit Gleisen in Straßenfahrbahnen oder Gehwegflächen eingebetteten) Bahnkörpern verkehrt, ist dies in § 55 III, § 20 V, § 16 V BOStrab ausdrücklich geregelt. Bei der Teilnahme am StrV hat die Schienenbahn die allgemeinen VRegeln zu beachten und ihr Fahrverhalten dem allgemeinen StrV anzupassen (Stu VM **72** 93). Insoweit gelten die §§ 315b, 315c. Es kommt dann weder auf die gewerberechtliche Einordnung als Eisen- oder Straßenbahn an, noch auf den überwiegenden Streckenverlauf. Vielmehr ist bei gemischtem Streckenverlauf maßgebend, wo die Tat begangen worden ist, beim Auseinanderfallen von Tat, Gefährdung und Schadenseintritt der Ort der Handlung (BGHSt **15** 15, LK-*König* Rz 8, aM BGHSt **11** 162, **13** 68, Kö VRS **15** 53 [Ort des Gefahreintritts]). Bewirkt ein gefährdender Eingriff im Bahndepot Gefahr während der gesamten Fahrt auf gemischter Strecke, so wird in aller Regel nur § 315 anwendbar sein, TE der §§ 315b, 315c nur in Ausnahmefällen (LK-*König* Rz 16, aM *Cramer* JZ **69** 412 [maßgebend sei, ob die Gefährdung ihren Grund in einer typischen Gefahr des Bahnbetriebs oder des StrV habe; doch widerspricht das dem G, das auf allgemeine VTeilnahme abstellt, LK-*König* Rz 15).

Trunkenheit im Verkehr

316 (1) **Wer im Verkehr (§§ 315 bis 315d) ein Fahrzeug führt, obwohl er infolge des Genusses alkoholischer Getränke oder anderer berauschender Mittel nicht in der Lage ist, das Fahrzeug sicher zu führen, wird mit Freiheitsstrafe bis zu einem Jahr oder mit Geldstrafe bestraft, wenn die Tat nicht in § 315a oder § 315c mit Strafe bedroht ist.**

(2) **Nach Absatz 1 wird auch bestraft, wer die Tat fahrlässig begeht.**

Übersicht

Abbauwerte 38, 40 ff, 47, 51, 88
Abschleppen 4
Absehen von Strafe 113
Absolute Fahrunsicherheit, -untüchtigkeit s Fahrunsicherheit
actio libera in causa 92, 95
Alkoholisches Getränk 61

Alkoholgenuss s Genuss
Alkoholnachweis
– im Blut s Blutalkoholanalyse
– im Atem s Atemalkoholanalyse
Anflutung (Resorption) 10, 11, 13, 38f, 41, 44, 47, 50f, 76, 77, 107
Anschleppen 4

Trunkenheit im Verkehr

Appetitzügler 62, 67
Atemalkoholanalyse 52 ff
Atemmessgeräte 52
Atemtest 25, 52 ff
Ausfallerscheinungen 26 ff, 65 ff
– vor der Fahrt 28
– während der Fahrt 27 f
– nach der Fahrt 28
– nach Drogen-, Medikamentenkonsum 65 ff
– zur Beurteilung der Schuldfähigkeit 91
Aussetzung der Strafe s Strafaussetzung

Bahnverkehr 2, 20
Barbiturate 62
Begleitalkohol-Gutachten 44
Beifahrer 5, 19
(Andere) Berauschende Mittel
– Begriff 8, 57
– Drogen, illegale 58 ff
– Medikamente 60 ff
Benzodiazepine 62 f
Beurteilung, „klinische" s klinischer Befund
Bewährung s Strafaussetzung
Blutalkoholanalyse 32 ff
Blutalkoholgrenzwerte s Grenzwerte

Cannabis 58, 62 f, 65 f, 84
CIF-Wert 63, 65

Dauerstraftat 98
Doppelblutentnahme 44
Drehnachnystagmus 71
Drogen, illegale 58 ff

Ecstasy 59, 67
Einziehung des Fz 114
Entschuldigungsgründe 87
Entziehung der Fahrerlaubnis 112
Entzugserscheinungen 66
„Ernüchterungsmittel" 11, 42

Fahrerlaubnis s Entziehung
Fahrlässigkeit 81 ff
– Heimliche Zuführung 83
– Illegale Drogen 84
– Krankheit 82
– Medikamenteneinnahme 82, 85
– Restalkohol 81
Fahrlehrer, -schüler als FzF 5
Fahrrad s Radfahrer
Fahrradtandem 5, 18
Fahrunsicherheit, -untüchtigkeit
– absolute 12 ff, 63
–, relative 22 ff, 64 ff
– alkoholbedingte 9 ff
– drogenbedingte 58 f
– medikamentenbedingte 60 ff
– Beweis 12, 22 ff
Fahrverhalten s Ausfallerscheinungen
Fahrzeug 2
Fahrzeugführen 3 ff
–, arbeitsteiliges 5
–, Kraftwagen 4, 13
–, Kraftrad 4, 17
–, andere Fahrzeuge 6, 18
Festnahmerecht 115
Feststellungen im Urteil 101
Fortbewegungsmittel, besondere 6

§ 316 StGB **6**

Freiheitsstrafe, kurze 102 f
Führen eines Fahrzeugs im Verkehr 2 ff
Fußgänger 116

Genuss 8
Geständnis der Fahrunsicherheit 31
Grenzwerte
– im Atem 52, 53
– im Blut 4, 13 ff
– bei Drogen, Medikamenten 63

Harnalkoholkonzentration 56
– Bedeutung bei Nachtrunk 44
Haschisch s Cannabis
Heroin 59, 63, 67

Innerer Tatbestand s Tatbestand

Klinischer Befund 70 ff
Kokain 59, 63
Konkurrenzen 98, 99
Krankheit 22, 42, 82, 89
Kraftradfahrer s Fahrzeugführer

Luftverkehr 2, 20

Medikamente 60 ff
Methadon 59, 62
Mopedfahrer, Mofa 17

Nachtrunk 43 f
Nebentäterschaft 96
Nothilfe 87

Opiate s Heroin

Polizeiflucht 99
Promillekiller s Ernüchterungsmittel
Psychodiagnostische Kriterien 88, 91
Pupillenreaktion 65, 67 f, 71 f

Radfahrer 5, 18
Rauschmittel s berauschende Mittel
Rauschtat 93
Rechtfertigungsgründe 87
Relative Fahrunsicherheit s Fahrunsicherheit
Resorption s Anflutung
Resorptionsdefizit 43, 50
Restalkohol 11, 76, 81
Rombergtest 73
Rückrechnung 38 ff
Rückwirkung (von Änderungen der Rspr) 16

Sanktionen 101 ff
Schiffsverkehr 2, 20
Schuldfähigkeit 88 ff
Schuldspruch 74, 101
Selbsteinschätzung des Täters 31
selbstverschuldete Trunkenheit 105
Sicherheitszuschlag 13, 14, 15, 18, 36, 51
Sozius 5
Standardabweichung 13, 14, 35
Strafaussetzung zur Bewährung 109 ff
Strafrahmenverschiebung 105
Strafzumessung 101 ff
Sturztrunk 13, 28, 47, 81

Tandem s Fahrradtandem
Tatbestand, subjektiver 74 ff s auch Vorsatz, Fahrlässigkeit

König 1611

6 StGB § 316 Auszug aus dem StGB

Täterschaft, Teilnahme 2, 96
Trinkmenge
– Bedeutung bei der Vorsatzfeststellung 76
– Berechnung der BAK aus ~ 48 ff
Trunkenheit, selbstverschuldete 105

Unterlassen, Tatbegehung durch 3, 95
Urteil, notwendige Feststellungen im – 101

Verhaltensbeurteilung 69 ff
Verteidigung der Rechtsordnung 103, 109
Verwarnung mit Strafvorbehalt 113
Verwechslung der Blutprobe 46
Vollendung, Versuch 86
Vollrausch 93

Vorsatz
– Begriff, Bezugspunkt 74, 75
– bei illegalen Drogen, Medikamenten 80
– Indizienbeweis (Kriterien) 76 ff
Vorstrafen 108, 110
Vorverlegte Verantwortlichkeit s actio libera in causa
Vorwerfbarkeit s Schuldfähigkeit

Wahlfeststellung 100
Widmark
– Formel 49
– Methode bei der Blutalkoholanalyse 33

Zivilrecht 117 ff
Zusammentreffen s Konkurrenzen

1   **1. Allgemeines.** § 316 normiert ein abstraktes Gefährdungsdelikt. Wegen seiner allgemeinen Gefährlichkeit wird das Führen von Fz unter Rauschmitteleinwirkung ohne Rücksicht darauf mit Strafe bedroht, ob sich die Gefahr in einem bestimmten VVorgang konkretisiert (Bay NZV **92** 453). Bei Eintritt konkreter Gefahr gilt § 315c I Nr 1 a (vgl. § 316 I letzter HS). Schutzgut ist nach ganz hM das Universalinteresse an der Sicherheit des öffentlichen StrV sowie des Bahn-, Schiffs- und LuftV (LK-*König* Rz 3). § 316 hat in der Praxis trotz abnehmender Verurteiltenzahlen nach wie vor große Bedeutung (2006: 71.669 Verurteilungen). Zu Reformfragen LK-*König* Rz 15 ff, *Riemenschneider,* Fahrunsicherheit … m Bspr *König* NZV **01** 69, *Schneble* BA **83** 177, *Strate* BA **83** 188, *Janiszewski* DAR **88** 253, *Müller, Heifer* VGT **81** 81, 116, *Hentschel* DAR **81** 79 m Entgegnung *Schneble* BA **81** 197.

2   **2. FzFühren im Verkehr.** *Zum Fz:* § 23 StVO Rz 11 (besondere Fortbewegungsmittel unten Rz 6). § 316 erfasst *alle* VArten einschließlich des Eisenbahn-, Schiffs- und LuftV. Wie aus dem Klammerzusatz („§§ 315 bis 315d") hervorgeht, ist der Begriff des Verkehrs so einbezogen wie er in den genannten Vorschriften gebraucht wird. Soweit der *StrV* betroffen ist, ist daher nur der *öffentliche* Verkehr (§ 1 StVO Rz 13 ff) gemeint. Bei den *anderen VArten* (vor allem Bahn-, SchiffsV) sind hingegen wie in den §§ 315, 315a auch nichtöffentliche Verkehrsräume einbezogen (LK-*König* Rz 4).

3   **Ein Fz führt,** wer es selbst (*eigenhändig*) unter eigener Allein- oder Mitverantwortung in Bewegung setzt, um es unter Handhabung essentieller technischer Vorrichtungen während der Fahrbewegung ganz oder wenigstens zT durch den Verkehrsraum zu leiten (BGH NJW **62** 2069, **90** 1245, NZV **89** 32, **95** 364, StraFo **07** 475). Die früher hM hatte den Begriff des „Führens" auf vorbereitende und dem Bewegungsvorgang nachfolgende Handlungen erstreckt. Danach genügte zB das Einführen des Zündschlüssels, das Lösen der Handbremse oder die Betätigung der Gangschaltung (BGH NJW **55** 1040, **64** 1911). In BGHSt **35** 390 = NJW **89** 723 hat der BGH diesen Standpunkt mit Recht aufgegeben (krit *Hentschel* JR **90** 32). Nach nunmehr ganz hM setzt FzFühren stets voraus, **dass das Fz in Bewegung gesetzt ist,** dass also „die Räder rollen" (vgl BGH NJW **89** 723, Dü NZV **92** 197, Bay NZV **89** 242, Kar NZV **92** 493). Wer den Motor anlässt, um alsbald wegzufahren, oder wer vergeblich versucht, das stecken gebliebene Fz frei zu bekommen, führt danach kein Fz (Kar NZV **92** 493, Brn DAR **06** 219). Entsprechendes gilt für Vorgänge nach Abschluss der Bewegung, insb. die mangelnde Sicherung nach Abstellen des Fz (Kar NStZ-RR **06** 281, LK-*König* § 315c Rz 13; abw. noch BGHSt **19** 371). Führen setzt stets **willentliches Handeln** voraus; kein Führen daher, wenn das Fz ungewollt ins Rollen gerät (Bay DAR **70** 331, **80** 266, Fra NZV **90** 277, Dü NZV **92** 197). Beschränkt sich FzF anschließend aber nicht darauf, das Fz sofort zum Halten zu bringen, so führt er es (LK-*König* § 315c Rz 34). Zum Führen *eines Pferdefuhrwerks* gehören Führung der Zügel und Peitsche, Betätigung der Bremse und die typischen Lenkzurufe; teilen sich zwei Personen in die Verrichtungen, so können beide Führer sein (Ha VRS **19** 367; s Rz 5). FzFühren *durch Unterlassen* kommt wegen des Charakters des § 316 als eigenhändiges Delikt nur in extremen Ausnahmekonstellationen in Betracht (Rz 95).

4   Für die Anwendbarkeit der §§ 315c, 316 muss kein *Kfz* geführt werden; Führen eines *Fz* genügt. Allerdings gilt der „Kf-Grenzwert" von 1,1‰ (Rz 12) grds. nur für das Kfz-Führen *unter Motorkraft.* Anerkannt ist jedoch, dass dieser Grenzwert auch ohne aktuell wirkende Motorkraft anzuwenden sein kann, wenn der FzF denselben psychophysischen Anforderungen ausgesetzt ist wie beim Fahren unter Motorkraft (grundlegend BGHSt **36** 341). Die Einzelheiten sind nicht abschließend geklärt (umfänglich LK-*König* § 315c Rz 10ff; § 316 Rz 69, 70, *König* JA **03** 131).

Trunkenheit im Verkehr § 316 StGB **6**

Nach hM gilt der „Kf-Grenzwert" jedenfalls für den Lenker eines abgeschleppten Kraftwagens; dass dabei *rechtlich* kein Kfz geführt wird, ist ebenso irrelevant wie die gefahrenen Geschwindigkeiten und die Länge der bewältigten Strecke (BGHSt **36** 341 m Anm *Hentschel* JR **91** 113, Ce NZV **89** 317, Fra NJW **85** 2961, Bay NJW **84** 878 m zust Anm *Janiszewski* NStZ **84** 113, aM noch KG VRS **67** 154). Ebenso liegt es beim Lenken eines angeschleppten Kraftwagens, nach hM deswegen, weil hierdurch der Motor in Gang gesetzt werden soll (s.u.). Kf-Grenzwert auch für den Lenker eines Kraftwagens, der über eine Gefällstrecke abrollt oder unter der Einwirkung vormaliger Motorkraft ausrollt (BGH NJW **60** 1211, Ce DAR **77** 219, Bay NJW **59** 111, VRS **67** 373, Kar DAR **83** 365). Jedenfalls Führen eines *Fz* beim Lenken eines angeschobenen Kraftwagens, der durch den erhaltenen Schwung einige Meter selbstständig weiterrollt (Ko VRS **49** 366; Ce DAR **77** 219). **Die wohl hM** macht die Anwendung des *„Kf-Grenzwert"* in solchen Fällen aber davon abhängig, ob durch den Vorgang *der Motor in Kraft gesetzt werden soll*; andernfalls soll nur Führen eines *Fz* vorliegen (Kf-Grenzwert gilt also nicht; Bay VRS **75** 127, Ol MDR **75** 421, Kar DAR **83** 365, Ha DAR **57** 367, **60** 55, 150, LK-*König* § 315 c Rz 17). Das ist wenig überzeugend. Maßgebend muss sein, ob der Vorgang ebenso gefährlich ist wie das KfzF unter Motorkraft (vgl. BGHSt **36** 341). Das ist *generell* anzunehmen namentlich bei angeschlepptem oder angeschobenem Kraftwagen, der anschließend selbstständig weiterrollt (LK-*König* § 315 c Rz 18, 19 a. 26). Im Fall des Lenkens eines angeschobenen Kraftwagens gilt der „Kf-Grenzwert" aber solange nicht, wie das Fz nicht *selbstständig* rollt, und zwar *entgegen hM* auch dann nicht, wenn das Anschieben der Ingangsetzung der Motorkraft dient (AG Winsen/Luhe NJW **85** 692; LK-*König* § 315 c Rz 17, 25). Schieben eines Mofas unter Einsatz des laufenden Motors ist Führen (Bay VRS **66** 202; Dü VRS **50** 426), aber nicht iS eines Beweisgrenzwerts (nur Nachweisbereich relativer Fahrunsicherheit; Bay VRS **66** 202, aM wohl Dü VRS **50** 426). Wer den Motor anlässt, ohne fahren zu wollen, führt *kein Kfz*, wenn er nach Anlassen des Motors das Krad mit den Füßen aus einer Parklücke bewegt, um es dann einer anderen Person zu überlassen (Bay DAR **88** 244); jedoch dürfte (wohl entgegen Bay aaO) Führen eines *Fz* gegeben sein (LK-*König* § 315 c Rz 29). Wer auf dem Sattel sitzend ohne Einsatz der Motorkraft ein Mofa durch Abstoßen mit den Füßen fortbewegt, führt es *nicht als Kfz*; es gilt der Radfahrer-Grenzwert (Dü VRS **62** 193). Einen Bewegungsvorgang vorausgesetzt (Rz 2) führt ein Fz, wer beim Besteigen eines Fahrrads mit beiden Füßen den Bodenkontakt gelöst hat (vgl. LG Fra VM **86** 7). Schieben ausschließlich mit eigener Körperkraft, ohne dass das Fz in Eigenbewegung gesetzt wird, ist kein Führen (Ol MDR **75** 421, Dü VRS **50** 426; LK-*König* § 315 c Rz 27).

Arbeitsteiliges Führen ist möglich, wenn sich mehrere Personen essentielle Funktionen **5** zum Steuern des Fz teilen. Arbeitsteiliges Führen, wenn jemand vorübergehend das Lenkrad, ein anderer Kupplungs-, Brems- und Gashebel sowie die Schaltung bedient (BGHSt **13** 226 = NJW **59** 1883). Kurzes Eingreifen in die Lenkung, um gegen den Fahrerwillen eine bestimmte Fahrtrichtung zu verhindern, oder zum Zweck einer vermeintlich notwendigen Korrektur, ist kein Führen (Ha NJW **69** 1976, Kö NJW **71** 670), anders bei nicht nur ganz kurzer Übernahme der Lenkung, um das Fz zu einem anderen als vom Fahrer gewünschten Ort zu lenken (Kö DAR **82** 30). Teilen sich zwei Personen in die FzBedienung, so sind beide Führer (Ha VM **69** 20, VRS **37** 281, BGHSt **36** 341). Nicht unter eigener Verantwortung lenkt ein Kfz, wer ohne die Kupplung zu bedienen lediglich die Gangschaltung betätigt (KG VM **57** 26). Ein **Führen allein durch Worte** (Anleitung) genügt wegen des *eigenhändigen* Charakters des FzF (Rz 3) nicht. In solchen Fällen wird allenfalls der *Fahrzeuglenker*, nicht aber, wie es das Gesetz verlangt, *das Fz* durch den „Hintermann" „geführt". Das liegt auf der Hand bei der Motorradausbildung, bei der der Fahrlehrer den Fahrschüler ohne jegliche Möglichkeit „tätlichen" Eingreifens über Funk dirigiert. FzF ist aber auch der die Fahrt vom Beifahrersitz aus anleitende **Fahrlehrer** nur, wenn er „händisch" in die Steuerung des Fz eingreift; allein die Möglichkeit jederzeitigen Eingriffs macht ihn noch nicht zum FzF, denn das Merkmal ist nur eigenhändig zu erfüllen (LK-*König* § 315 c Rz 42, 201 ff, *König* DAR **03** 448, jedenfalls für weit fortgeschrittenen Fahrschüler zust Dr NJW **06** 1013 m. Anm *König* DAR **06** 161, *Joerden* BA **06** 316, ebenso *Joerden* BA **03** 104, **aM** BGH (Z) VRS **52** 408, AG Cottbus DAR **03** 476, Sch/Sch/C/*Sternberg-Lieben* Rz 23, LK-*Geppert* § 69 Rz 29, *Janiszewski* Rz 329, *Blum/Weber* NZV **07** 228, *Ternig* VD **07** 14 [je wenig präzis], uU auch Kar VRS **64** 153, 157). Zudem können für den nicht steuernden (betrunkenen) Beifahrer (Fahrlehrer) nicht die Beweisgrenzwerte der „absoluten" Fahrunsicherheit gelten; medizinisch-naturwissenschaftliche Erkenntnisse zur Beurteilung der Fahrsicherheit eines durch ein nüchternes „Medium" „steuernden" „FzF" existieren nicht (*König* DAR **03** 448, hierzu auch BGH NJW **60** 924, aM AG Cottbus DAR **03** 476). Trotz § 2 XV S 2 StVG ist der das Fz allein steuernde Fahrschüler FzF; greift der Fahrlehrer nicht nur kurzfristig in die FzFührung ein, sind beide FzF (LK-*König* § 315c Rz 42). Angetrunkener Fahrschüler in Kfz mit doppelten Bedienungsvorrichtungen: Ha VRS **23** 153. Ebenfalls nicht FzF ist der Beifahrer **beim begleiteten Fahren ab 17** (*Tolksdorf* Nehm-F S. 437). Bei **Fahrradtandems** sind beide FzF (LK-*König* § 315c Rz 38). Hingegen ist mangels Betätigung essentieller FzEinrichtungen weder der **Soziusfahrer** auf einem Krad noch der **Beiwagenfahrer** FzF iS der Vorschrift (LK-*König* § 315c Rz 40); zur VUnfähigkeit Rz 116.

Lit: *König*, Fahrlehrer und Trunkenheitsfahrt, DAR **03** 448; ders. Promillearithmetik im Verkehrsstraf- und Ordnungswidrigkeitenrecht, JA **03** 131; *Joerden*, Der Fahrzeugführer hinter dem Fahrzeugführer – eine akzeptable Rechtsfigur?, BA **03** 104.

6   **Besondere Fortbewegungsmittel (§ 24 I StVO)** sind im Grundsatz keine Fz iS des § 316 StGB; der Tatbestand ist insoweit teleologisch zu reduzieren (LK-*König* § 315c Rz 8). Hingegen sind Krankenfahrstühle (§ 24 II StVO) Fz und, soweit motorisiert, Kfz (Bay NZV **00** 509; AG Löbau NJW **08** 530; zum Grenzwert Rz 17). *Inline-Skates* können trotz der anderweitigen Einstufung im StVR (§ 24 StVO Rz 8, 10) wegen der mit ihnen erreichbaren Spitzengeschwindigkeiten (*Vieweg* NZV **98** 3) als Fz iS v § 316 eingestuft werden (str., LK-*König* § 315c Rz 8a). Täter nach § 316 kann nur der Führer eines Fz (Rz 2; § 23 StVO Rz 11f) sein, nicht also, wer nur einen Bagger-Schwenkarm dreht (Bay DAR **67** 142). Fußgänger (Rz 115), Reiter, Viehtreiber, Skiläufer, Führer von Handwagen, Kinderwagen, Schiebkarren oder Handschlitten (auch wenn darauf gefahren wird) sind durch § 316 nicht betroffen. Sie fallen unter die §§ 2 FeV, 24 StVG, ggf auch § 1 StVO, § 24 StVG.

3. Im Zustand der Fahrunsicherheit

7   **a) Begriff der Fahrunsicherheit.** *Fahrunsicherheit ist gegeben*, wenn der FzF in seiner Gesamtleistungsfähigkeit, besonders infolge Enthemmung sowie geistig-seelischer und körperlicher Leistungsausfälle so weit beeinträchtigt ist, dass er nicht mehr fähig ist, sein Fz eine längere Strecke, und zwar auch bei plötzlichem Auftreten schwieriger Verkehrslagen, *sicher zu steuern* (BGHSt **44** 219 = NZV **99** 48, BGHSt **21** 157, **13** 83, Bay DAR **89** 427). Eingeschränkte Fahrsicherheit genügt zur Strafbarkeit („sicher zu führen"). Deswegen ist der nach wie vor vielfach verwendete Begriff „Fahruntüchtigkeit" irreführend; richtig ist, wie BGH NZV **08** 528 (m Bspr *König* NZV **08** 492) nunmehr ausdrücklich anerkennt, „*Fahrunsicherheit*" (LK-*König* § 315c Rz 44 mwN).

8   **b) Gerade durch „Genuss" berauschender Mittel** muss die Fahrunsicherheit bewirkt sein. Mitursächlichkeit genügt (LK-*König* Rz 12, 179). „Genuss" hat nach ganz hM *nur die Bedeutung körperlicher Aufnahme*; dass der Täter einen Rausch oder andere euphorische, lustbetonte Empfindungen hervorrufen will, ist nicht erforderlich (Bay NZV **90** 317, LK-*König* Rz 13, *Burmann* DAR **87** 137, *Janiszewski* BA **87** 246f, aM noch Kar NJW **79** 611). Andere berauschende Mittel als Alkohol sind solche, deren Wirkungen denen des Alkohols vergleichbar sind und die die intellektuellen und motorischen Fähigkeiten und das Hemmungsvermögen beeinträchtigen (BGH VRS **53** 356, Bay NZV **90** 317, Dü DAR **99** 81, *Salger* DRiZ **93** 314, *Maatz/Mille* DRiZ **93** 16), also solche, *die zentralwirksame Wirkstoffe enthalten und eine dem Alkohol vergleichbare Wirkung (Psychose) auszulösen vermögen* (LK-*König* Rz 140f). Dazu gehören grds. alle Stoffe und Zubereitungen gem § 1 BtMG nebst Anlagen zum BtMG (BGH VRS **53** 356; Rz 58f), aber auch (sonstige) rauschmittelhaltige Medikamente (Rz 60ff).

9   **4. Die alkoholbedingte Fahrunsicherheit** war Leitbild des historischen Gesetzgebers und hat nach wie vor die bei weitem größte forensische Relevanz (LK-*König* Rz 14). Aufgrund der Erkenntnisse der Alkoholforschung (Rz 10f) unterscheidet die Rspr zwischen den Nachweisbereichen der „absoluten" und „relativen" Fahrunsicherheit. Bei Erreichen des relevanten Grenzwerts, also bei „absoluter" Fahrunsicherheit steht unwiderleglich fest, dass der FzF nicht mehr in der Lage ist, sein Fz mit der notwendigen Sicherheit im Verkehr zu führen (Rz 12ff). Wird der Grenzwert hingegen nicht erreicht, kann er nicht oder nicht in ordnungsgemäßer Weise nachgewiesen werden oder existiert mangels hinreichender verkehrsmedizinischer Erkenntnisse für die konkrete Art des FzFührens in der jeweiligen Verkehrsart kein absoluter Grenzwert, so bedarf die Feststellung der Fahrunsicherheit stets zusätzlicher Beweisanzeichen („relative" Fahrunsicherheit; hierzu Rz 22ff).

10 **a) Wirkungen des Alkohols.** Ob Fahrunsicherheit iS von § 316 gegeben ist, hängt sowohl vom Ausmaß der alkoholbedingten Leistungsminderung des FzF und der Beeinträchtigung sei-

ner Gesamtpersönlichkeit ab als auch von der Steigerung der von ihm dadurch für andere ausgehenden Gefahren (BGHSt **36** 341 = NJW **90** 1245, BGAG S 49, 2. BGAG S 63 [*Heifer*]). Alkohol, grobe Vergiftung ausgenommen, steigert zunächst die motorischen Antriebe, das Leistungs- und Selbstgefühl (Selbstüberschätzung), mindert aber die Selbstkritik und schwächt das Verantwortungsgefühl für VVorgänge. Er macht gleichgültig, unbekümmert, hastig und unruhig, verführt zum Wagnis. Sinnesphysiologisch bewirkt er Ausfälle und Täuschungen bei Aufmerksamkeit und Auffassung, der Anpassung, Koordination und Geschicklichkeit, beim Sehvermögen und dem Gleichgewichtssinn, der zugleich zentrale Funktionsstörungen anzeigt. Er verhindert eine „präzise, situationsgerechte Raum-Zeit-Lageorientierung" (*Heifer* BA **91** 128), verkürzt die Reaktionszeit bei ganz geringer Menge und verlängert sie iÜ, verzögert die Reaktion also und macht sie abrupt und ungenau. In Überraschungssituationen führt er zu verwirrtem Versagen, er stört die für den Kf unentbehrlichen, durch Erfahrung eingeübten Automatismen (**E** 84, 85) und täuscht über die Fahrgeschwindigkeit. Alkoholeinfluss stört das Fliehkraftempfinden (Kurvenfahren!, *Lockemann/Püschel* BA **97** 254). Je nach Persönlichkeitsstruktur potenzieren sich diese Ausfälle mehr oder weniger zur Störung der gesamten psychischen Führungsfunktion, bezogen auf die jeweilige VLage (BGA-G, *Elbel* und *Gerchow* S 166, 174). Alkohol führt zur Verringerung der Dämmerungssehschärfe, erhöhter Blendempfindlichkeit, Verzögerung der Hellanpassung, Störung des räumlichen Sehens, Gesichtsfeldeinengung („Tunnelblick"), Kontrastverwischung, Farbsinnschädigung und bewirkt zahlreiche weitere Beeinträchtigungen (*Gerchow* k + v **69** 56, *Gilg ua* BA **84** 235, *Heifer* BA **91** 125 ff, *Strohbeck-Kühner/ Thieme* BA **98** 183). Die Gefahrschwelle liegt spätestens bei 0,3–0,4‰ BAK (*Heifer* BA **76** 66, BA **86** 364, *Krüger* ZVS **92** 10; zu amerikanischen Studien, nach denen bereits ein BAK von 0,1‰ riskant ist, § 24c StVG Rz 1). Schon bei geringer BAK können Störungen der Aufmerksamkeit, des Raumsehens und Reaktionsverzögerung beginnen (KG VRS **48** 204, *Heifer* BA **91** 138), bei 0,5‰ BAK auch verschwommenes Sehen (statistische Werte, BGH VRS **34** 356; *Gerchow* BA **76** 341. *Heifer* 2. BGA-G, Anl. 1). Die klinisch messbare Rauschwirkung nimmt individuell im Durchschnitt rascher zu und ab als die BAK. Zwischen beiden besteht keine gleichmäßige Entsprechung, weil die Alkoholanflutung (Resorption) auf das unangepasste Gehirn trifft und die Ausfallwirkung nach Anpassung etwas zurückgeht.

In der Aufnahmephase können die Ausfälle bei 0,4‰ BAK denen bei 0,8‰ im Abbau entsprechen (KG VRS **34** 284). Nach bisheriger Erkenntnis liegt die Höchstbeeinträchtigung früher als der Gipfel der BAK (Rz 13; *Heifer* k + v **72** 70). Der Beurteilungsmaßstab muss daher in der Anflutungsphase strenger sein als nach vollzogener Anpassung (BGA-G 182f). Gleiche Alkoholmengen pflegen nachts größere Leistungsminderungen als tagsüber auszulösen (*Grüner* BA **70** 337). Bei leerem Magen erreicht der Alkohol binnen weniger Min das Gehirn (BGH VM **60** 50). Die **Anflutungs- bzw Resorptionszeit** ist bei geselligem Trinken idR auch nach Genuss großer Alkoholmengen mit dem Trinkende erreicht (*Zink/Reinhardt* BA **81** 383, NJW **82** 2108) und beträgt sonst bis zu 90 Min (Hb VRS **45** 43, *Heifer* BA **76** 305), in seltenen Extremfällen bis 120 Min oder mehr (BGH NJW **74** 246, BGA-G S 60, *Elbel* BA **74** 139). Bei **abklingender Alkoholwirkung** besteht toxisch bedingte Ermüdbarkeit, die die Reaktionsfähigkeit beeinträchtigt („Kater", KG VM **55** 47, Stu VM **56** 39, Ce VRS **7** 463, *Bonte/Vlock* BA **78** 35, *Törnos/Laurell* BA **91** 24). Im Fahrversuch wurden in den ersten 3 Stunden nach vollständiger Alkoholelimination deutliche Beeinträchtigungen der Leistungsfähigkeit gegenüber normalen körperlichen Bedingungen beobachtet (*Laurell/Törnos* BA **83** 489). Zum **Restalkohol** Rz 81. **Ernüchterungsmittel**, die den Abbau beschleunigen und die Giftwirkung beseitigen oder abschwächen, sind bisher nicht bekannt (*Joó* arzt + auto **81** H 8 S 2, *Kleiber ua* BA **85** 432 [„Neukamm"], *Gerling/Pribilla* BA **86** 400 [Eleutherokokkus, „Gallexier"], *Schmidt ua*, BA **95** 241 [„Party Plus"], *Tatschner ua* BA **98** 19 [Fructosegetränk „ProFit"], *Schmidt ua* BA **99** 73 [„Stopal"], *Mußhoff ua* BA **07** 78 [„Break Down"]). Kaffee entgiftet nicht. Betarezeptorenblocker beschleunigen die Alkoholelimination nicht (*Dittmann ua* BA **85** 364, *Grüner ua* BA **86** 28. *Schneble* BA **88** 18). Bei der Berechnung der Tatzeit-BAK gelten deshalb keine Besonderheiten (Rz 42).

b) „Absolute" Fahrunsicherheit. Einem zentralen Ergebnis der psychologischen, statistischen und experimentellen Alkoholforschung (grundlegend 1. u. 2. BGA-G) entspricht es, dass jeder Mensch ab einer bestimmten Alkoholmenge im Körper derart starke Leistungsminderungen und Persönlichkeitsveränderungen aufweist, dass er den Anforderungen des Verkehrs nicht mehr gewachsen ist. Der Begriff der „absoluten" Fahrunsicherheit knüpft an diesen Erkenntnisstand an (BGHSt **21** 157, 160). Die Ergebnisse der BGA-G beruhen dabei auf Kollektivbeobachtungen und hohen statistischen Annäherungswerten, jedoch auch auf experimenteller Forschung. Sie sind durch eine Vielzahl von Studien im In- und Ausland bestätigt worden (LK-*König* Rz 16c) und münden in den allgemeinen, den Tatrichter bindenden Erfahrungssatz ein, wonach (was für die richterliche Überzeugungsbildung ausreicht) mit an Sicherheit grenzender Wahrscheinlichkeit feststeht, dass der Betreffende fahrunsicher ist, sofern der jeweilige Alkoholisierungsgrad erreicht wird (LK-*König* Rz 59). Es handelt sich dabei nicht um eine medizinisch-naturwissenschaftliche Aussage, sondern um eine Beweisregel als Ergebnis einer juristischen Bewertung der medizinisch-naturwissenschaftlichen Erkenntnisse (vgl. *Maatz* BA **02** 21, 25).

13 **aa) Absolute Fahrunsicherheit von Kf besteht** bei so viel Alkohol im Blut oder Körper, dass die ordnungsgemäße (Rz 32 ff) BAK-Untersuchung den Beweisgrenzwert (Mittelwert) von **mindestens 1,1‰ ergibt** (BGHSt **37** 89 = NJW **90** 2393, BGHSt **44** 219 = NZV **99** 48, Bay NZV **96** 75). Der Beweisgrenzwert (Rz 9, 12) von 1,1‰ setzt sich zusammen aus einem **Grundwert von 1,0‰** und einem **Sicherheitszuschlag von 0,1‰** zum Ausgleich möglicher Messfehler (Streuung, Standardabweichung, s. Rz 35 sowie LK-*König* Rz 60). Absolut fahrunsicher ist *jeder* Kf (krit *Haffke* JuS **72** 448, *Scheffler/Halecker* BA **04** 425, *Naucke* Bockelmann-F S 707), der aufgrund des vor der Fahrt genossenen Alkohols **zur Tatzeit oder später** nach Abschluss der Resorption 1,1‰ erreicht (BVerfG NJW **95** 125, BGH NJW **76** 1802, Kö VRS **49** 422, Ha NJW **74** 1433). Die Rspr berücksichtigt beim Abstellen auf die Alkoholmenge im Körper die wissenschaftlich gesicherte Erkenntnis über erhöhte Anflutungswirkung (Rz 11) und würdigt § 24a I StVG, wo ebenfalls die in den Magen-Darmkanal und das Blut aufgenommene Alkoholmenge genügt (BGHSt **25** 246). Irrelevant ist deshalb, ob der Grenzwert nach gleichmäßigem Trinken oder nach „Sturztrunk" schon zur Tatzeit erreicht wird (BGH NJW **74** 246 m. Anm. *Händel,* VRS **46** 131). Zur Grenzwertproblematik bei anderen Fz und in den anderen Verkehrsarten Rz 18 ff.

14 **bb) Der Grenzwert von 1,1‰** gilt seit 1990 (BGHSt **37** 89 = NJW **90** 2393 m Anm *Berz* NZV **90** 359, *Janiszewski* NStZ **90** 493, *Heifer* NZV **90** 374, *Mutius* BA **90** 375). Gegenüber dem früheren Grenzwert von 1,3‰ hat BGHSt **37** 89 den Grundwert (von 1,1‰ auf 1,0‰) und den Sicherheitszuschlag (von 0,2‰ auf 0,1‰) abgesenkt. Hinsichtlich *des Grundwerts* fühlt sich der BGH nicht an die auf einer Bewertung statistischer Daten beruhende Aussage des 1. BGA-G 1966 (S 50) gebunden, wonach absolute Fahrunsicherheit bei BAK *zwischen* 1,0‰ und 1,1‰ eintrete. Im praktischen Versuch (Kfz, Fahrsimulator) gewonnene Erkenntnisse (*Strasser* BA **72** 112, *Gerlach* BA **72** 239, *Heppner* BA **73** 166, *Lewrenz ua* BA **74** 104) hätten den Grundwert von 1,0‰ erhärtet; die seit 1966 erhöhten Anforderungen an den Kf (Verkehrsdichte, höhere Geschwindigkeit) kämen hinzu (BGHSt **37** 89, *Salger* NZV **90** 1, krit *Janiszewski* NStZ **90** 494). Der abgesenkte Grundwert wird durch neuere Untersuchungen bestätigt. So stellen *Schuster ua* (BA **91** 287, 298) eine durchschnittliche Leistungsminderung im 1,1‰-Fahrversuch bei Tageslicht um 55% gegenüber der Nüchternleistung fest, bei Dunkelheit sogar eine Einbuße von 70% gegenüber der Tagesnüchternleistung. *Den früheren Sicherheitszuschlag* von 0,2‰ (dreifacher Wert des mittleren Messfehlers von 0,05‰ gem BGA-G S 49, aufgerundet) hält der BGH im Ergebnis eines Ringversuchs für zu hoch und setzt ihn im Anschluss an das BGA-G 1989 (NZV **90** 104) auf 0,1‰ fest (krit *Heifer/Brzezinka* NJW **90** 134, *Heifer* BA **91** 121, *Grüner/Bilzer* BA **90** 181, 222), sofern sich das Institut erfolgreich an Ringversuchen beteiligt, was Voraussetzung für die Verwertbarkeit der Analyse ist (BGHSt **37** 89; **45** 140, Nr 3.6 V VwV Feststellung). Entwicklung der Rspr: LK-*König* Rz 59 ff.

15 **Anpassungen an neue wissenschaftliche Erkenntnisse** und verbesserte Methoden sind auch für die Zukunft nicht völlig auszuschließen. Durch § 24a StVG ist die Rspr im Grundsatz nicht gehindert, absolute Fahrunsicherheit bei einer BAK festzustellen, die näher beim Gefahrengrenzwert nach § 24a I StVG liegt (s aber *Maatz* BA **01** 45, *Mutius* BA **90** 375, *Hüting/Konzak* NZV **92** 136). Denn der Gesetzgeber ging bei der Schaffung des § 24a StVG nicht davon aus, dass im Bereich zwischen (damals) 0,8 und 1,3‰ nur ow Verhalten in Betracht kommen sollte. Ihm war bekannt, dass Fahrunsicherheit schon bei geringer BAK vorliegen kann (Rz 23). Sehr viel Spielraum, namentlich auch beim Sicherheitszuschlag, dürfte jedoch kaum mehr bestehen.

16 **cc)** Nach hM liegt in der Anwendung eines herabgesetzten Grenzwerts auf **vor der Änderung begangene Taten („Alttaten")** kein Verstoß gegen das Rückwirkungsverbot (§§ 1, 2 I StGB, Art 103 II GG; s BVerfG NZV **90** 481, BGH VRS **32** 229, **34** 212, Bay NZV **90** 400 (abl *Ranft* JuS **92** 468), DAR **92** 366, Dü VRS **79** 423, Br VRS **63** 124, Kö VRS **49** 422, LK-*König* Rz 64, *Tröndle, Dreher*-F 117 ff; *Maatz* BA **01** 46, *Salger* NZV **90** 4, *Weidemann* DAR **84** 310; aM Dü NJW **73** 1054, *Naucke* NJW **68** 2321, *Hüting/Konzak* NZV **91** 255). Die Pro-

millegrenze für Fahrunsicherheit ist kein Tatbestandsmerkmal, auch keine „Quasi-Norm" (BVerfG NJW **95** 125), sondern eine Beweisregel (Rz 9, 12). Auch wer vor der Änderung fahrunsicher gefahren ist, hat sich strafbar gemacht; nur war der Nachweis nicht möglich (*Haffke* BA **72** 35 f). Zu Irrtumsfragen Fra NJW **69** 1634, Kar NJW **67** 2167, LK-*König* Rz 65, *Tröndle*, *Dreher*-F 122, *Eckert* NJW **68** 1390, *Haffke* BA **72** 32. Zur Fahrlässigkeit Br VRS **63** 124 (zw, *Hentschel* NJW **83** 1649), LG Krefeld NJW **83** 2099 (abl *Hentschel* NJW **84** 350, *Weidemann* DAR **84** 310).

dd) Geltung für alle Kfz. Der Beweisgrenzwert von 1,1‰ für absolute Fahrunsicherheit gilt grds. für alle Kfz (BGHSt **37** 89 = NJW **90** 2393), also auch für Kradfahrer (BGH NJW **69** 1578). Auch Mofafahrer (FmH mit bauartbedingter Geschwindigkeit bis 25 km/h) sind ab 1,1‰ absolut fahrunsicher (BGHSt **30** 251 = NJW **82** 588, Kö VRS **60** 373 [zum früheren Grenzwert von 1,3‰], s auch *Schewe ua* BA **80** 298). Leichtmofas sind Kfz; demgemäß gilt der Beweisgrenzwert von 1,1‰, sofern sie auch *als Kfz* geführt werden (Rz 4, LK-*König* Rz 67, *Janiszewski* NStZ **90** 273, aM LG Ol DAR **90** 72 [1,7‰]). Ebenso liegt es für Mopedf (Bay NJW **73** 566, Ha NJW **76** 1161, Ko DAR **72** 50). Zur Geltung des Grenzwerts bei Bewegungsvorgängen *ohne Einsatz der Motorkraft* Rz 4. Unzulässig als Kfz betriebene Fortbewegungsmittel wie zB ein Fahrrad, das durch einen auf den Rücken des Fahrers geschnallten Gleitschirmpropellermotor fortbewegt wird (vgl. Ol NZV **99** 390), motorisierte Rollbretter oder „Tretroller", unterliegen gleichfalls dem Grenzwert von 1,1‰. *Motorisierte Krankenfahrstühle* sind Kfz (Rz 6). Nach AG Löbau NJW **08** 530 gilt wegen der Besonderheiten (geringe Geschwindigkeit, abruptes Anhalten möglich) trotzdem nur der Radfahrer-Grenzwert (Rz 18), was vertretbar erscheint.

ee) Radfahrer waren nach früherer Rspr mit 1,7‰ absolut fahrunsicher (BGH NJW **86** 2650, **87** 1826, Dü NZV **91** 477). Experimentelle Untersuchungen von *Schewe ua* BA **80** 298, **84** 97, auf denen diese Rspr beruht, hatten ergeben, dass die durchschnittliche Leistungseinbuße bei Radf mit 1,3‰ BAK 81,8% und bei 1,5‰ BAK 96,5% gegenüber der Nüchternleistung beträgt. Der Beweisgrenzwert für absolute Fahrunsicherheit von Radf setzte sich aus einem Grundwert von 1,5‰ und einem Sicherheitszuschlag von 0,2‰ zusammen. Im Hinblick auf die Herabsetzung des Sicherheitszuschlags auf 0,1‰ (Rz 14), geht die ganz hM von einem **Beweisgrenzwert von 1,6‰** aus (Bay BA **93** 254, Ha NZV **92** 198, Ce NJW **92** 2169, Zw NZV **92** 372, Kar NZV **97** 486, LK-*König* Rz 71, *Fischer* Rz 27). Für die Herabsetzung des Grundwerts fehlen demgegenüber gesicherte wissenschaftliche Erkenntnisse (Bay NZV **92** 290, Ce NJW **92** 2169, Kar NZV **97** 486, aM LG Verden NZV **92** 292). Bei Fahrradtandems sind beide FzF (Rz 5). Demgemäß gilt der Grenzwert für beide.

ff) Für Fahrer anderer nicht motorisierter Fz gibt es keine ausreichenden wissenschaftlichen Grundlagen für einen „absoluten" Beweisgrenzwert (BGA-G S 51, 52). Es gelten die Grundsätze der „relativen Fahrunsicherheit" (Rz 22 ff), zB für einen Kutscher (AG Kö NJW **89** 921). Soweit man Inline-Skates als Fz einstuft (Rz 6), wird es allerdings gerechtfertigt sein, den „Radfahrer-Grenzwert" von 1,6‰ anzuwenden (LK-*König* Rz 72). **Beifahrer** auf Krad, Moped (Mofa) oder Roller sind keine FzF (Rz 5). Lenker eines abgeschleppten Kfz usw.: Rz 4.

gg) Ein absoluter Grenzwert **für den Bahnverkehr** ist bislang höchstrichterlich nicht anerkannt (s auch Bay NZV **93** 239). Bei einem Vergleich mit dem StrV sprechen jedoch durchgreifende Gründe für die Anwendung des Kf-Grenzwerts (LK-*König* § 315 a Rz 15, aM AG Regensburg NStZ-RR **05** 266). Das Gleiche gilt, wie auch neuere Untersuchungen bestätigen (*Kaatsch* u. a. BA **06** 192, s auch BTDrucks 15/5514, BRDrucks 724/05), für die **Führer „gewichtiger" Schiffe** (LK-*König* § 315 a Rz 16 ff, Brn NStZ-RR **02** 222, LG Hb VRS **110** 415, AG Rostock NZV **96** 124 m Anm *Reichart*, s auch Schifffahrtsobergericht Berlin VRS **72** 111: bei Sportmotorboot jedenfalls bei 2,5‰, Kar VRS **100** 348 bei Sportmotorboot jedenfalls bei 1,3‰, Kö BA **90** 380 bei Binnenschiff jedenfalls bei 1,7‰, *Geppert* BA **87** 262, *Seifert* NZV **97** 147). Jedenfalls kein geringerer als der Kf-Grenzwert darf im Luftverkehr gelten (LK-*König* § 315 a Rz 19; für 0,0‰ *S/S-C/Sternberg-Lieben* § 315 a Rz 2).

hh) Die Grenzwerte absoluter Fahrunsicherheit **gelten „absolut", sind also strikt zu beachten**. Liegt die BAK *über* dem jeweiligen Grenzwert, so ist der FzF, was keinen verfassungsrechtlichen Bedenken begegnet (BVerfG NJW **95** 125), unwiderlegbar („absolut") fahrunsicher (BGHSt **31** 42, 44). Für den Gegenbeweis der Fahrsicherheit, etwa durch nachträgliche Fahrproben oder sonstige Alkoholbelastungsversuche, ist daher kein Raum (st Rspr, zB BGHSt **10** 265, LK-*König* Rz 77 mwN, dort auch zu theoretisch denkbaren, extremen Ausnahmen). Der Grenzwert gilt dementsprechend auch „beim Vorhandensein günstigster äußerer und innerer Bedingungen, also bei bester Alkoholverträglichkeit, bei besten psychischen und psychosensorischen Voraussetzungen, bei bester Fahrpraxis, bei besten Straßenverhältnissen und bei günstigster

Koordination von Straße und Fahrzeug" (BGHSt **31** 42, 43). Ist der maßgebende Grenzwert andererseits *nicht* erreicht, so darf nicht wegen besonders schwieriger Verkehrsverhältnisse (zB Nacht, Nebel, Glatteis oder Großstadtverkehr) und/oder erschwerender Umstände in der Konstitution oder Disposition des Täters (ua Ermüdung, besondere Erregungszustände, psychische sowie physische Erkrankungen) gleichwohl von absoluter Fahrunsicherheit ausgegangen werden (BGHSt **31** 42, 43f; BGH VRS **33** 119, NJW **90** 2393, Bay NJW **68** 1200). In BGHSt **44** 219 wird einer Einzelfallkorrektur bei Vorhandensein solcher Erschwernisse („sozusagen absolute Fahrunsicherheit") nochmals eine ausdrückliche Absage erteilt. Zur Geltung des „Kf-Grenzwerts" in Konstellationen, in denen **aktuell die Motorkraft nicht wirkt** Rz 4.

    Lit: *Götz,* Sind die Straftatbestände der §§ 316 und 315c I Nr 1 StGB verfassungsgemäß?, ZRP **95** 246. *Grüner/Bilzer,* Zur Senkung des Grenzwertes der absoluten Fahruntüchtigkeit wegen verbesserter Meßqualität bei der forensischen Blutalkoholbestimmung, BA **90** 175. *Dieselben,* Vergleichende Betrachtung der Gutachten des Bundesgesundheitsamtes „Zur Frage Alkohol bei Verkehrsstraftaten" (1966) und „Zum Sicherheitszuschlag auf die Blutalkoholbestimmung" (1989), BA **90** 222. *Haffke,* Promille-Grenze und Rückwirkungsverbot, BA **72** 32. *Heifer/Brzezinka,* BAK von 1,1‰ ..., NZV **90** 134. *Hentschel,* Die sog absolute Fahruntüchtigkeit ..., NZV **91** 329. *Hüting/Konzak,* Die Senkung des Grenzwertes der absoluten Fahrunsicherheit und das Rückwirkungsverbot ..., NZV **91** 255. *Krüger,* Absolute Fahruntüchtigkeit bei 1,0 Promille ..., BA **90** 182. *Maatz,* Normative Aspekte zum Begriff der Grenzwerte und der Fahruntüchtigkeit, BA **01** 40. *Naucke,* Rückwirkende Senkung der Promillegrenze und Rückwirkungsverbot ..., NJW **68** 2321. *Schuster ua,* Pkw-Fahrversuche zur Frage der alkoholbedingten Fahrunsicherheit bei Blutalkoholfahrten, BA **91** 287. *Tröndle,* Rückwirkungsverbot bei Rechtsprechungswandel?, Dreher-F 117. *Weidemann,* Unkenntnis geänderter Rspr als Entschuldigungsgrund?, DAR **84** 310. *Werny,* Übergangsphase bei der Einführung einer 1,1‰-Grenze?, NZV **90** 137.

22   c) **„Relative" Fahrunsicherheit** ist kein Zustand minderer Leistungsbeeinträchtigung, als er bei „absoluter" (Rz 9, 12) gegeben wäre, sondern beschreibt *eine Beweislage* (BGHSt **31** 42 = NJW **82** 2612, Bay NZV **93** 239, **97** 127, *Maatz* BA **01** 43). Während im Bereich „absoluter" Fahrunsicherheit, also bei Erreichen des Grenzwerts, die Fahrunsicherheit *ausschließlich aufgrund der BAK* festgestellt wird, kann im Bereich „relativer" Fahrunsicherheit erst *die Gesamtheit der nach Lage des Falles vorhandenen Indizien* die Annahme der Fahrunsicherheit begründen (LK-*König* Rz 90). Wichtigster Gradmesser ist der Alkoholisierungsgrad des FzF. Sein Ausmaß bestimmt zugleich die Anforderungen an die Signifikanz der zusätzlichen Indizien: Je höher der Alkoholspiegel ist, desto weniger ausgeprägt müssen diese sein, wie auch umgekehrt die zusätzlichen Indizien um so aussagekräftiger sein müssen, je niedriger der Alkoholspiegel ist (Rz 24). Unter den *zusätzlichen* Beweisanzeichen unterscheidet BGHSt **31** 42 (44f) zwischen **(a)** dem (nicht notwendig gerade die Fahrweise betreffenden) Leistungsverhalten des FzF *(Ausfallerscheinungen,* Rz 26ff), **(b)** *inneren Umständen* des FzF (zB Krankheit, Ermüdung; Rz 29) und **(c)** *äußeren Umständen* der Fahrt (zB Straßen-, Witterungsverhältnisse; Rz 30), wobei die Indizien zu (b) und (c) „ausfallen" können, wohingegen die Feststellung von *Ausfallerscheinungen (a) grundsätzlich* (BGH aaO S. 45) bzw *stets* (BGHSt **44** 219) unverzichtbar ist (LK-*König* Rz 97). Die Beurteilung relativer Fahrunsicherheit *ist Tatfrage* und nur auf Rechtsfehler kontrollierbar (Dü VM **77** 28, 29, Kö NZV **95** 454, VRS **100** 123). Zur ordnungsgemäßen Feststellung aufgrund von Zeugenaussagen sowie der Einlassung des Beschuldigten Rz 31.

23   aa) Nach überwiegender Meinung **keine relative Fahrunsicherheit unter 0,3‰ BAK** (Sa ZfS **99** 356, Schl VM **70** 23, Kö NZV **89** 357, LG Hb DAR **03** 575, *Maatz* BA **02** 28, offen gelassen v Ko DAR **00** 371, s auch Bay NStZ **91** 269, Ha BA **04** 357, Sa NStZ-RR **00** 12). Indessen kann die BAK von 0,3‰ schon deswegen nicht als „absoluter" Grenzwert angesehen werden, weil keine verkehrsmedizinischen Erkenntnisse vorhanden sind, wonach Fahrunsicherheit bei einer BAK von 0,29‰ nicht eintreten *kann*. Die Befunde zur schädlichen Wirkung niedriger BAK (Rz 10) sprechen vielmehr eindeutig gegen eine solche Annahme; die Problematik etwaiger Sicherheitszuschläge kommt hinzu (zum Ganzen LK-*König* Rz 93, i.Erg. auch *Dencker* AG-VerkRecht-F S 376, sowie, freilich unter Anführung größtenteils nicht einschlägiger Judikate, *Janker* NZV **01** 197; s auch dens. FS *Himmelreich* S 53). Die Streitfrage dürfte mehr theoretischer Natur sein, weil alkoholbedingte Fahrunsicherheit bei derart geringer BAK zumeist nicht wird *bewiesen* werden können. Zur Frage der **Untergrenze bei illegalen Drogen**: Rz 66.

24   bb) **Wichtigstes Indiz** im Rahmen des zu führenden Beweises ist der Alkoholisierungsgrad (Rz 22). *Je niedriger die BAK* zur Tatzeit, umso gewichtigere Beweisanzeichen sind erforderlich, *je höher die BAK,* desto weniger zusätzliche Indizien (BGHSt **31** 42; **44** 219; Bay DAR **93** 372; st. Rspr). Bei schweren und groben Fahrfehlern kann es unerheblich sein, ob 1,1 oder 0,9‰

BAK messbar waren (Ko VRS **50** 355). Auch bei *Wirkungsverstärkungen* im Fall der Mischintoxikation von Alkohol und illegalen Drogen bzw rauschmittelhaltigen Medikamenten reichen für sich genommen nicht „schlagkräftige" zusätzliche Indizien (Ausfallerscheinungen) aus (Dü BA **99** 140, Nau NZV **06** 98 [Z], LK-*König* Rz 132). Nach Jn BA **07** 182 sollen aber selbst eine BAK im Grenzbereich (dort 1,05‰) und ein positiver THC-Wirkstoffbefund (Wert nicht mitgeteilt) nicht für die Annahme von Fahrunsicherheit hinreichen, was zw ist (LK-*König* Rz 137).

Für die Annahme alkoholbedingter Fahrunsicherheit muss zunächst feststehen, dass der FzF **25** **überhaupt alkoholisiert ist**. Insoweit herangezogen werden können außer dem Ergebnis einer Blutprobe namentlich die Ergebnisse eines Atemtests oder auch die HAK (zu beidem Rz 52 ff, 56). Nach st Rspr ist die Annahme von Fahrunsicherheit aber auch ohne zuverlässig festgestellte Alkoholkonzentration möglich, sofern hinreichend schlagkräftige Indizien (zB Lallen, Torkeln, wirres Reden) vorhanden sind (Ko VRS **54** 282, **67** 256, Ha NZV **05** 654, VRS **59** 40, Dü BA **80** 231, ZfS **82** 188, NZV **90** 198, **92** 81, Kö VRS **61** 365, NZV **89** 357, Stu DAR **04** 409; LG Bln BA **08** 266, LK-*König* Rz 96 f). Soweit in der Rspr formuliert wird, den Indizien müsse eine *außergewöhnliche, überdurchschnittliche Überzeugungskraft* innewohnen (zB Ko VRS **54** 282, Dü NZV **90** 198) dürfte damit nicht gemeint sein, dass die allgemeinen Grundsätze der richterlichen Beweiswürdigung außer Kraft gesetzt sind (aM Zw DAR **99** 278, LG Bln BA **08** 266, *Fischer* Rz 38). Vielmehr ist die Aussage dem Umstand geschuldet, dass mit der Alkoholkonzentration das wichtigste Indiz für die Annahme („relativer") Fahrunsicherheit ausfällt und dass dieses Defizit durch besonders aussagekräftige Indizien ausgeglichen werden muss. Dies dürfte nicht bestreitbar sein (abw aber wohl LG Bln BA **08** 266).

cc) **Ausfallerscheinungen.** Nach st Rspr muss zur Feststellung relativer Fahrunsicherheit **26** **stets** eine alkoholbedingte Ausfallerscheinung (vor, während oder nach der Fahrt) festgestellt sein (Rz 22; s. auch Bay DAR **93** 372, Sa VRS **102** 120, Kö NZV **90** 439, Dü DAR **99** 81). Ausfallerscheinungen im Fahrverhalten stehen im Vordergrund. Zum Nachweis („relativer") Fahrunsicherheit genügt dabei nicht jedes verkehrswidrige Verhalten; es muss nach der Rspr vielmehr feststehen, dass dem Angekl., *wäre er nüchtern gewesen, dieser Fehler nicht unterlaufen wäre* (BVerfG VM **95** 73, BGH DAR **68** 123 (bei *Martin*), Bay DAR **90** 186, **91** 368, **93** 372, NZV **88** 110, Ha BA **04** 357, Kö NZV **95** 454, VRS **89** 446, **100** 123, Dü DAR **80** 190). So formuliert kann der Tatrichter die Aufgabe freilich schon deswegen nicht bewältigen, weil die Situation zur Tatzeit nicht wiederholbar ist. Richtig dürfte es sein, dass zunächst geprüft wird, ob sich die konkrete(n) Fehlleistung(en) nach den Ergebnissen der Alkoholforschung (Rz 10 f) „zwanglos" durch die Alkoholwirkung erklären lässt (lassen), um sodann zu fragen, ob konkrete Anhaltspunkte eine andere Erklärung nahe legen; fehlen nach Lage des Falls Ansätze für eine andere Erklärung, so sind die verbleibenden Zweifel bloß theoretischer Natur und stehen als solche der Verurteilung nicht entgegen (LK-*König* Rz 100 im Anschluss an *Forster/Joachim* Blutalkohol und Straftat S. 169). Mathematische, jede Möglichkeit des Gegenteils ausschließende Gewissheit verlangt der Indizienbeweis nicht (st Rspr, ua BGH VRS **24** 207, 210; **49** 429; s auch *Mayer* BA **65/66** 280, *Peters* MDR **91** 488 f; zum Ganzen LK-*König* Rz 99 ff). Zur Klärung der Frage kann das Gericht einen medizinischen Sachverständigen heranziehen (Ko VRS **71** 195; s auch *Schmidt ua* BA **04** 1).

Nicht jeder Fahrfehler rechtfertigt die Annahme relativer Fahrunsicherheit (Ko VRS **52** **27** 350, Dü DAR **80** 190, Kö VRS **89** 446). Als *nachzuweisende* Anzeichen kommen nach der Rspr (umfängliche Nw: LK-*König* Rz 90 ff) in Betracht: Sorglose, offenbar leichtsinnige Fahrweise (BGH VRS **33** 119, BGHSt **31** 42, Kö NZV **95** 454, VRS **100** 123, Dü DAR **99** 81), verbotswidriges Überqueren der durchgezogenen Linie (Dü VM **77** 28), schnelles Fahren mit gesenktem Kopf (BGH VRS **27** 192), gehäufte Fahrfehler, selbst wenn jeder Fehler für sich allein keine ausreichende Indizbedeutung hätte (Dü VM **77** 29, *Schmidt ua* BA **04** 8). Auch bewusste Verstöße können Indizbedeutung haben (Dü VM **77** 28, NZV **97** 184, Ce DAR **84** 121 [aggressives, nötigendes Fahrverhalten], Kö NZV **95** 454). Geordnet erscheinendes Fahrverhalten schließt auf Fahrunsicherheit hinweisendes Verhalten in späterer konkreter Lage nicht aus (BGHSt **13** 90, VRS **55** 186, Dü VM **77** 28). **Flucht** vor der Pol (zB nach positivem Alcotest) kann auch andere Ursachen haben als die Kenntnis der eigenen Fahrunsicherheit (Angst vor Überführung nach § 24 a StVG, Ha BA **78** 376) und wird ohne weitere Anhaltspunkte für sich allein die Annahme relativer Fahrunsicherheit idR nicht rechtfertigen (*Hentschel* Trunkenheit 202, *Peters* MDR **91** 491, s aber Ko VRS **45** 118, Ha BA **80** 225, Dü BA **80** 231). Anders aber bei Hinzukommen deutlich unsicherer, waghalsiger und fehlerhafter Fahrweise (Ko VRS **45** 118). Durch der Rspr des BGH (NStZ **95** 88, NZV **95** 80, DAR **95** 166, NZV **00** 419, **08** 528) werden tendenziell sämtliche Fehlleistungen während einer Fluchtfahrt auf das Fluchtmotiv zurückgeführt. Es erscheint jedoch wenig überzeugend, den Alkoholisierungsgrad des FzF solchermaßen quasi auszublenden (LK-*König* Rz 112). Dass bewusste Geschwindigkeitsüberschreitung aus Furcht vor PolKontrolle nicht alkoholbedingt *sein muss* (BGH NStZ **95** 88, NZV **95** 80, DAR **95** 166, Sa VRS **72** 377, Kö NZV **95** 454, Jn VRS **111** 187, s aber Dü NZV **97** 184, LG Gießen NZV **00** 385), bleibt davon unberührt. **Überschreiten der zulässigen Höchstgeschwindigkeit** allein muss nicht auf alkoholbedingter Beeinträchtigung beruhen (BGH NZV **02** 559, **95** 80, KG VRS **113** 52 [auch nicht iVm Imponiergehabe und Nichtsetzen des Blinkers], LG Br BA **05** 258), kann aber, wenn es auf alkoholbedingter Unbekümmertheit beruht, die Annahme von Fahrunsicherheit rechtfertigen (Kö VRS **100** 123). **Rotlichtverstoß** bei 0,7‰ rechtfertigt für sich allein nicht die Annahme relativer Fahrunsicherheit (LG Berlin ZfS **05** 621). Kein Eingreifen des Revisionsgerichts, wenn das LG bei 0,7‰ BAK Durchfahren bei Gelb, überhöhte Geschwindigkeit, Nichtbeachtung von Rot und eines Haltegebots für nicht alkoholindiziell erklärt (Bay DAR **71** 161). Fahren mit Standlicht statt mit gebotenem Abblendlicht muss nicht alkoholbedingt sein (LG Potsdam NZV **05** 597). Langsames Fahren (35–40 km/h) kann anstatt auf Fahrunsicherheit auch auf besondere Vorsicht schließen lassen (Ha VRS **49** 364).

28   Körperliche Ausfallerscheinungen **vor, während oder nach der Fahrt** können herangezogen werden (Bay BA **02** 392, Fra NStZ-RR **02** 17, Dü DAR **99** 81, LG Sa BA **04** 472), etwa rauschbedingt unbesonnenes, unbeherrschtes, kritikloses Verhalten gegenüber der Pol (Dü DAR **99** 81, Kö VRS **100** 123), die glaubhafte Einlassung, als Angetrunkener noch einen Schlusssturztrunk genommen zu haben, obwohl dessen gesteigerte Wirkung auch Laien geläufig ist (BGH NJW **71** 302, 1997, Kö VRS **38** 439). Auch bei BAK unter 0,8‰ kann ein Sturztrunk ein ausreichendes Anzeichen sein (Ha NJW **73** 1423). Zur **Verhaltensbeurteilung und zum klinischen Befund** Rz 69 ff.

29   **dd) Innere Umstände.** *Allein* mit erschwerenden Umständen in der Person oder Disposition des FzF in Verbindung mit dem Alkoholisierungsgrad kann die Annahme der Fahrunsicherheit nach der Rspr nicht begründet werden (Rz 22, 26). Jedoch kann namentlich eine *festgestellte* (Bay DAR **03** 428) **Übermüdung** neben anderen Indizien herangezogen werden; denn unumstritten werden die nachteiligen Wirkungen des Alkohols durch Hinzutreten starker Müdigkeit verstärkt bzw potenziert (vgl. BGH VRS **14** 282; BGHSt **13** 83, 90; LK-*König* Rz 129). Bloßer Urteilshinweis auf Ermüdung nach langem Tagewerk reicht aber nicht (Hb DAR **68** 344, Kö NZV **89** 357, s aber Dü VM **77** 26). Auch **Erkrankung** kann ein zusätzliches Indiz ausmachen (zB Bay NJW **68** 1200; LK-*König* Rz 128), allerdings nicht allein (Zw VRS **105** 125, Dü DAR **99** 81). Zusammentreffen der Wirkung von Alkohol und Medikamenten: Rz 24, 60 ff, *Metter* BA **76** 241. Zum Ganzen sowie zum inneren Umstand der Drogen- bzw. Medikamentenintoxikation LK-*König* Rz 128 ff.

30   **ee)** Mit ungünstigen **äußeren Bedingungen** sind namentlich schlechte Witterungsbedingungen (Nebel, Regen, Schneefall, Sturm usw), Straßenverhältnisse (Regen-, Schnee-, Eisglätte; kurvenreiche Straße usw), hohe Verkehrsdichte sowie das Fahren bei Dunkelheit gemeint (BGH VRS **6** 203, 206; BGHSt **31** 42). Ferner sind erschwerende Umstände zu nennen, die mit dem Fz zusammenhängen, wie etwa das Fahren mit einem überladenen (BGH VRS **21** 54) oder technisch mangelhaften Fz (OLG Köln BA **73** 135, 136). All dies kann stützend herangezogen werden (LK-*König* Rz 138). Dass der alkoholisierte Kf trotz ungünstigster Witterungsverhältnisse überhaupt gefahren ist, reicht *für sich allein* zur Feststellung relativer Fahrunsicherheit aber idR nicht (Bay DAR **89** 427 m zust Anm. *Loos* JR **90** 438).

31   **ff)** Ausfallerscheinungen werden idR durch **Zeugenaussagen** festzustellen sein. Hinreichende Aussagekraft kommt den Bekundungen von Zeugen dabei nur zu, wenn *diese objektivierbare Belegtatsachen* vermitteln. Demgegenüber gibt allein die nicht näher substantiierte Einschätzung eines Zeugen (auch eines PolB), der FzF sei (stark) betrunken gewesen, für die richterliche Überzeugungsbildung wenig her (Dü BA **82** 378), wie auch umgekehrt die Bekundung der Auskunftsperson ohne wesentlichen Belang ist, der Fahrer habe einen nüchternen Eindruck gemacht (BGH VRS **4** 549; **8** 199; zum Ganzen LK-*König* Rz 119). Die **Einlassung des Angekl.** kann zur richterlichen Überzeugungsbildung ebenfalls nur unter der Prämisse der Vermittlung objektiver Belegtatsachen herangezogen werden (LK-*König* Rz 120). Nicht zur richterlichen Überzeugung festgestellte, sondern nur nicht widerlegte Einlassungen dürfen dabei nicht zugrunde gelegt werden (Ha VRS **40** 362). Mit der *Selbsteinschätzung des Angekl.* zu seinem Zustand verfährt die Rspr sehr restriktiv. Nach Kö DAR **89** 352 ersetzt die Angabe des FzF, es habe sich um einen „betrunkenen Auffahrunfall" gehandelt, die Feststellung der Fahrunsicherheit nicht, ebenso nach Zw BA **90** 70 nicht das pauschale Einräumen alkoholbedingter Fahr-

unsicherheit. Nach BGH NZV **95** 80 vermag die (konkretere) Bekundung des Beschuldigten, eine Geschwindigkeitsüberschreitung sei „ausschließlich auf seine Alkoholisierung" zurückzuführen, andere Beweisanzeichen nicht einmal zu ergänzen (krit LK-*König* Rz 120).

Lit: *Biechteler/Enhuber/Meidl,* Vergleichende Betrachtungen der Fahrfehler nüchterner und alkoholisierter PKW-Fahrer, DAR **66** 203. *Boetzinger,* Fahrfehler als Indiz für Fahrunsicherheit?, MDR **89** 511. *Dencker,* Die „0,3-Promille-Grenze", AG-VerkRecht-F S 371. *Groth,* Vorsätzliche Ordnungswidrigkeiten als Indizien für die alkoholbedingte Fahruntüchtigkeit?, NJW **86** 759. *Haffner ua,* Alkoholtypische VUnfälle als zusätzliche Beweisanzeichen für relative Fahruntüchtigkeit, NZV **95** 301. *Heifer,* BAK und -wirkung: verkehrsmedizinische Charakterisierung und verkehrsrechtliche Relevanz von Alkoholgrenzwerten im StrV, BA **91** 121. *Janker,* Relative Fahrunsicherheit bei einer BAK von weniger als 0,3‰?, NZV **01** 197. *Mayer,* Zum Beweis der Fahruntüchtigkeit bei Blutalkoholgehalten unter dem Grenzwert, BA **65/66** 277. *Möhl,* Beweis der „relativen" Fahruntüchtigkeit, DAR **71** 4. *Peters,* Der Nachweis der „relativen" Fahruntüchtigkeit durch regelwidriges Fahrverhalten, MDR **91** 487.

5. Verfahren der Blutalkoholanalyse. Wichtigstes Beweisanzeichen für das Vorliegen **32** alkoholbedingter Fahrunsicherheit ist die BAK (Rz 9, 12; zur AAK Rz 52 ff; zur HAK Rz 56). Sie wird in aller Regel durch eine Blutprobenanalyse ermittelt. Die gesetzliche Grundlage der Untersuchung bietet § 81a StPO (s dort). Im sozialversicherungsrechtlichen Entschädigungsverfahren lässt § 63 III SGB VII ausdrücklich die Entnahme von Leichenblut zu. Soll die BAK im Nachweisbereich der „absoluten" Fahrunsicherheit unmittelbar zur Verurteilung herangezogen werden (Rz 12), so muss das Verfahren den durch das BGA-G 1966 entwickelten und später fortentwickelten (s auch BAK-Richtlinien-Kommission BA **07** 273) Richtlinien genügen, die in die im Wesentlichen bundesweit geltenden VwV zur Feststellung von Alkohol-, Medikamenten- und Drogeneinfluss bei Straftaten und OW (abgedruckt bei LK-*König* Rz 255) Eingang gefunden haben. Demgegenüber kann ein bei der BAK-Untersuchung unterlaufenes Verfahrensdefizit im Nachweisbereich „relativer" Fahrunsicherheit (Rz 20 ff) durch andere Indizien ausgeglichen werden (Rz 25, 36).

a) Die Blutuntersuchung muss nach **zwei unterschiedlichen Untersuchungsmethoden** **33** erfolgen (Bay NZV **96** 75, Dü VRS **94** 352 m Anm *Heifer* BA **98** 159). Erforderlich sind entweder drei Untersuchungen nach Widmark und zwei nach ADH (BGH NZV **02** 559, NJW **67** 116, Bay VRS **62** 461) oder vier Analysen bei Mitverwendung eines Gaschromatographen (GC) mit automatischer Probeneingabe (BGH VRS **54** 452, NZV **02** 559 (ZS), Bay VRS **62** 461, Dü NZV **97** 445, Kar NJW **77** 1111, Stu NJW **81** 2525). In der Praxis hat die Alkoholbestimmung unter Anwendung des überlegenen GC-Verfahrens iVm der ADH-Methode das Verfahren unter Erhebung von fünf Einzelanalysen nach den beiden anderen Methoden in den Hintergrund gedrängt (*Krauland/Schmidt* BA-Festschrift S 93). Die Methoden der BAK-Ermittlung (GC, ADH, Widmark) entsprechen anerkannten wissenschaftlichen Erkenntnissen und sind durch bloße Laienbeobachtungen nicht widerlegbar (BGH VRS **8** 199; zur Widerlegbarkeit des Gutachtens durch andere Beweismittel: Rz 46). Es handelt sich um sog „standardisierte" Untersuchungsmethoden iS der Rspr des BGH (§ 3 StVO Rz 56 b; BGHSt **39** 291). Der Gaschromatograph unterliegt nicht der Eichpflicht (Dü NZV **95** 365, Schl BA **96** 54, LG Gießen DAR **95** 209).

b) Maßgebend ist nicht etwa („in dubio pro reo") der niedrigste der gemessenen Einzelwerte, **34** sondern das **arithmetische Mittel** (Bay NJW **76** 1802, Dü NZV **97** 445, Stu NJW **81** 2525, LK-*König* Rz 23, *Sch/Sch/C/Sternberg-Lieben* Rz 17, aM Neust DAR **59** 137). In die Berechnung des Mittelwertes dürfen *nur zwei der ersten beiden Stellen hinter dem Komma* der Analyseneinzelwerte einbezogen werden; die 3. Dezimale bleibt unberücksichtigt (Bay DAR **01** 370; 465, Kö NZV **01** 137, Ha NZV **00** 340). **Aufrundung** des Analysenmittelwerts auf 1,1‰ ist unzulässig (BGHSt **28** 1, Ha VRS **56** 147, Bay VRS **53** 53 [zum Aussagewert der 3. Dezimale iÜ aber *Sachs/Zink* BA **91** 321]). Auch dürfen einzelne Analysenwerte nicht aufgerundet werden, wenn erst ihre Addition 1,1‰ ergeben würde (Ha VRS **52** 138, NJW **75** 2251, **76** 2309, *Lundt* BA **76** 158, *Krauland/Schmidt* BA-Festschrift S 96, aM wohl *Staak/Berghaus* NJW **81** 2502). Ermittlung der BAK aus mehr als 5 Einzelanalysen ist unschädlich (Ha VM **76** 8, Dü BA **80** 174, VRS **67** 35). Maßgebend ist auch in solchen Fällen der Mittelwert (Dü VRS **57** 445).

c) Die Differenz zwischen dem höchsten und dem niedrigsten Analysenwert (*Variations-* **35** *breite,* Streubreite, s *Grüner* BA **91** 362f) darf nicht mehr als 10% des Probenmittelwertes, bei Mittelwerten unter 1,0‰ nicht mehr als 0,1‰ betragen (BGHSt **45** 140, Bay NZV **96** 464, Ha BA **85** 484, Dü NZV **97** 445, BGA-G S 25, LK-*König* Rz 24). Auf die *Standardabweichung,* bezogen auf die vier oder fünf Analysen-Einzelwerte kommt es dagegen idR nicht an

(BGHSt **45** 140, Bay NZV **96** 75, *Beier* NZV **96** 373). Denn diese statistische Größe beschreibt die Präzision einer größeren Messreihe, während die Messpräzision eines Labors aus einer Stichprobe von nur vier bis fünf Einzelwerten nicht ermittelt werden kann (BGHSt **45** 140, Bay NZV **96** 75 m Anm *Heifer/Brzezinka* BA **96** 106, LG Göttingen NRpfl **91** 276, *Sammler ua* BA **92** 205, einschr. *Schoknecht* NZV **96** 218, aM LG Hb NZV **94** 45, LG Mü I NZV **96** 378). Liegen nur drei von vier Ergebnissen innerhalb der zulässigen Variationsbreite, darf ohne Sachverständigen nicht der aus den übrigen drei Werten errechnete Mittelwert zugrunde gelegt werden (Bay DAR **80** 266). Die Untersuchung ist unverwertbar, wenn der höchste Analysenwert vom niedrigsten erheblich abweicht (Bay VRS **50** 351, Br VRS **49** 105, Hb VRS **49** 137). Die gaschromatographische BAK-Bestimmung ersetzt nicht die Notwendigkeit der Errechnung des arithmetischen Mittelwerts (Hb NJW **76** 1161, Dü NZV **97** 445).

36 d) Erfüllt die Blutuntersuchung **die erforderlichen Anforderungen nicht** (zu wenige Einzelanalysen, nur eine Untersuchungsmethode), so darf sie *nach allgemeiner Ansicht* jedenfalls nicht uneingeschränkt (genau mit dem berechneten Wert) zur Feststellung „absoluter" Fahrunsicherheit herangezogen werden; gleichfalls Einigkeit besteht anderseits, dass sie nicht schlechthin unverwertbar ist, also als Indiz für die Annahme von („relativer") Fahrunsicherheit herangezogen werden darf (LK-*König* Rz 89 a mwN). Darüber hinausgehend können die Einzelanalyse(n) und ein uU daraus gebildeter Mittelwert nach einem Teil der Rspr und des Schrifttums in freier Beweiswürdigung die alleinige Grundlage für die Annahme („absoluter") Fahrunsicherheit bilden; der höheren Fehlerbreite könne durch einen großzügigen Sicherheitszuschlag Rechnung getragen werden (Ha BA **81** 261, VRS **41** 41, ZfS **95** 308 (zu § 2 AUB), Hb DAR **68** 334; LG Mönchengladbach MDR **85** 428, AG Langen NZV **88** 233, hier bis zu 39. Aufl.; zur Berechnung des Zuschlags *Zink* BA **86** 145, *Grüner/Ludwig* BA **90** 316). Jedoch sollten die aus guten Gründen geschaffenen Richtlinien nicht durch eine Vielzahl von Einzelausnahmen aufgeweicht werden, die die Gefahr einer Benachteiligung des Beschuldigten in sich bergen (LK-*König* Rz 89 e). **Mit der Gegenansicht** (BGH NZV **02** 559 [zu § 61 VVG alt]; eine nach ADH, m Anm *Heinemann* BA **03** 373 und *Halm* SVR **04** 113; Bay VRS **62** 461 [zwei nach ADH] m zust Anm *Krauland* BA **83** 76; Stu VRS **66** 450 [zwei im GC-Verfahren]) ist anzunehmen, dass die fehlerhaft ermittelten Werte *nicht* zur Feststellung einer *bestimmten* BAK und damit jedenfalls grundsätzlich auch *nicht* zur Feststellung absoluter Fahrunsicherheit herangezogen werden dürfen. („Absolute") Fahrunsicherheit kann in solchen Fällen allenfalls bei für sich genommen nicht streuenden Einzelwerten angenommen werden, die weit über dem Grenzwert liegen (LK-*König* Rz 89 e).

37 e) **Mitteilung der Analysen-Einzelwerte** im Urteil ist idR *nicht* erforderlich (BGH NJW **79** 609, **93** 486, Schl NJW **68** 1209, Dü NJW **78** 1207, aM *Strate* BA **78** 405). Gegenteilige ältere Rspr (für BAK in Grenzwertnähe Kö VRS **57** 23, BA **76** 238, Kar NJW **77** 1111, Dü VRS **56** 292) ist überholt. Auch die regelmäßige Mitteilung der Einzelwerte *durch die Untersuchungsstelle* an das Gericht ist, obwohl sie sich empfiehlt (BGH NJW **79** 609), nicht notwendig. Vielmehr genügt idR die Angabe des Mittelwerts (BGH NJW **67** 119, **79** 609, Schl NJW **78** 1209, Dü NJW **78** 1207, LK-*König* Rz 27, aM noch Br BA **75** 329 abl *Gerchow*, *Strate* BA **78** 405). Bei Ablehnung eines Beweisantrags auf Feststellung der Einzelwerte kann jedoch ein Verfahrensfehler vorliegen (Kar NJW **77** 1111, Br VRS **49** 105, Dü NJW **78** 1207, Schl NJW **78** 1209). Soweit *das Untersuchungsinstitut* nach BGHSt **37** 89 die Einzelwerte angeben sollte, ist dies spätestens durch BGHSt **45** 140 überholt (LK-*König* Rz 26).

38 **6. Ermittlung des Tatzeitwerts nach Blutalkoholanalyse.** Maßgebend für die strafrechtliche Beurteilung ist idR der Tatzeitwert. Dieser muss aus der BAK einer später entnommenen Blutprobe ermittelt werden, wobei der Entnahmewert wegen eines mittlerweile erfolgten Alkoholabbaus uU niedriger liegt als der (maßgebende) Tatzeitwert. Ggf. muss der Tatzeitwert *durch Rückrechnung* ermittelt werden. Rückrechnung ist idR Hochrechnung (Addition des Abbauwerts auf den Entnahmewert). Nur bei während ansteigender BAK entnommener Blutprobe ist sie „Hinunterrechnung". Im strengen Sinn setzt sie abgeschlossene Alkoholaufnahme im Tatzeitpunkt voraus (2. BGA-G 17, *Grüner* JR **92** 118.) Hochrechnung vom Blutentnahmewert auf den Tatzeitwert erfordert daher *Kenntnis des Anflutungsendes* (Rz 11; BGH NJW **74** 246, DAR **07** 272, Bay NZV **95** 117, DAR **01** 80, Dü VRS **73** 470, *Salger* DRiZ **89** 174). Bestimmung des Invasionsendes setzt idR folgende Angaben voraus: Trinkzeit und -ende, Trinkmenge, Getränkeart, etwaige Nahrungsaufnahme vor, während und nach dem Trinken, Tatzeit (Unfallzeit), Zeitpunkt der Blutentnahme, Körpergewicht, Konstitutionstyp (2. BGA-G 23; Kö VRS **65** 426). Die Resorptionsphase ist 2 Std nach Trinkende mit hohem Sicherheits-

grad abgeschlossen (*Zink* ua BA **75** 100). Bei geselligem Trinken wird der Gipfel der Alkoholkurve idR auch nach Genuss großer Alkoholmengen jedoch schon mit Trinkende erreicht sein (Rz 11).

a) IdR Zweistündige Karenzzeit. Gleichwohl darf bei normalem Trinkverlauf (0,5–0,8 g **39** Alkohol je kg Körpergewicht stündlich) für die **ersten beiden Stunden nach Trinkende** grundsätzlich nicht hochgerechnet (= „addiert") werden (BGH NJW **74** 246, DAR **07** 272, Bay DAR **01** 80, Kö VRS **66** 352, Ha NZV **02** 279, Zw VRS **87** 435, LK-*König* Rz 30f), und zwar unabhängig von der Menge des genossenen Alkohols (Bay NZV **95** 117), es sei denn, aus einem Sachverständigengutachten ergebe sich ein früheres Resorptionsende. Andererseits dürfte es nicht zu beanstanden sein, bei feststehendem Trinkende ca. 3 Stunden vor Fahrtantritt kein (weiteres) rückrechnungsfreies Intervall anzusetzen (AG Aachen BA **08** 203). Die Rückrechnung setzt keine Beendigung der Anflutung im Fahrzeitpunkt voraus (aM Hb VRS **41** 191).

b) Zurückzurechnen ist mit dem **für den Angekl. jeweils günstigsten Abbauwert.** Das **40** ist bei Prüfung *alkoholbedingter Fahrunsicherheit nach Blutprobenanalyse* (zur Widmark-Formel Rz 49) der *niedrigste* Wert (BGH NJW **74** 246, Bay NJW **74** 1432, Kö VRS **71** 140). Der Abbauwert beträgt stündlich einheitlich 0,1‰ (zu einer „minutengenauen" Rückrechnung AG Aachen BA **08** 203). Ein *individueller Abbauwert,* bezogen auf die Person des Täters und den konkreten Fall, ist nach derzeitigem medizinischen Erkenntnisstand nicht nachweisbar (BGH NJW **91** 2356 m Anm *Grüner* JR **92** 117, DAR **86** 297, VRS **72** 359, Jn DAR **97** 324; *Gerchow* BA **83** 541, **85** 78, 155). Obwohl eine gestaffelte Rückrechnung naturwissenschaftlich richtiger wäre (BGA-G 54, *Elbel* BA **74** 139, *Köhler/Schleyer* BA **75** 52, *Schwerd* BA **74** 140), legt die Rspr einen gleich bleibenden Abbauwert von 0,1‰/h zugrunde (*statistisch gesicherter Mindestwert,* zB BGH NJW **74** 246, NStZ **85** 452, **92** 32, BGHSt **37** 231, BGH DAR **07** 272, LK-*König* Rz 32). Diese Abbausätze beschweren nicht, weil der tatsächliche Abbauwert von 0,1‰ über mehrere Stunden gerechnet höher ist (BGA-G S 54, *Elbel* BA **74** 140, BGH VRS **34** 212, Br VRS **48** 372). Wenn die Fahrt *nach der Blutentnahme* stattfand, ist hingegen zugunsten des Angekl. in Bezug auf Fahrunsicherheit mit dem *höchstmöglichen* stündlichen Abbauwert zu rechnen (Ko DAR **00** 371).

Bei Rückrechnung **zwecks Prüfung der Schuldfähigkeit** nach Blutprobenanalyse (zur **41** Widmark-Formel Rz 49) ist der *höchstmögliche* Abbauwert einzusetzen (BGHSt **37** 231 = NJW **91** 852, 2356 m Anm *Grüner* JR **92** 117, Kar NJW **04** 3356, Zw DAR **99** 132, Ce NZV **92** 247). Es ist mit 0,2‰ zurückzurechnen zuzüglich eines einmaligen Korrekturzuschlags von 0,2‰ (BGHSt **37** 231, NStZ **95** 539, **00** 214, Bay NZV **05** 494, Ko DAR **00** 371, Kö DAR **97** 499, *Zink/Reinhardt* BA **76** 327, **84** 438), und zwar nicht nur bei Rückrechnung über mehr als zwei Stunden (insoweit noch einschr BGH VRS **71** 363, DAR **86** 191, Dü BA **88** 343), sondern von der ersten Stunde an; die Karenzzeit von zwei Stunden (Rz 39) gilt hier also nicht (BGHSt **37** 231, NZV **91** 117, Bay DAR **89** 231, Ko DAR **00** 371, krit *Gerchow* ua BA **85** 96 im Hinblick auf den während der Resorptionsphase stärkeren Grad der Ausfallerscheinungen). Der sich daraus ergebende Wert darf nicht allein im Hinblick auf den deutlich niedrigeren Wert eines Atemalkohol-Tests in Frage gestellt werden (BGH NStZ **95** 539). Die Rückrechnung mit dem Abbauwert von 0,2‰ über mehrere Stunden hinweg führt zu unrealistischen, weit vom wahrscheinlichen Tatzeitwert entfernt liegenden Werten (BGHSt **35** 308, **36** 286). Sie führt außerdem zu einem krassen Auseinanderklaffen von Maximal- und Minimalwert (BGHSt **36** 286). Nach BGHSt **35** 308 und BGHSt **36** 286 (je 1. StrSen) verliert die errechnete BAK in solchen Fällen an indizieller Bedeutung. Nach BGHSt **37** 231 (4. StrSen]) ist hingegen zumindest bei Rückrechnungszeiten unter zehn Stunden eine Relativierung der Indizwirkung im Hinblick auf den Zweifelssatz nicht zulässig.

c) Höhere Abbauwerte als die in Rz 41 genannten (praktisch relevant, weil den Angekl. **42** dort begünstigend, für die Beurteilung der Schuldfähigkeit und hinsichtlich des Beweises der Fahrunsicherheit bei Berechnung aus der Trinkmenge, sowie für die Nachtrunk-BAK (Rz 41, 43 ff, 51) werden für Alkoholiker bzw besonders Alkoholgewöhnte diskutiert (vgl. *Haffner* ua BA **92** 53; *Schröter* ua BA **95** 344). In der Rspr sind sie jedoch bislang nicht anerkannt (s allerdings BGH NStZ **97** 591, 592 [zu §§ 20, 21; obiter dictum], LK-*König* Rz 41). Auch ansonsten werden Abweichungen nicht vorgenommen, so nicht für Leberfunktionsstörungen, weil sie den Alkoholstoffwechsel kaum beeinflussen (BGH DAR **85** 197; Dü DAR **81** 29). Das Gleiche gilt für Diabetes (vgl. Ha VRS **58** 443), den Eintritt von Blutverlust oder bei schweren Hirnschäden (LK-*König* Rz 42 mwN). Gegengifte oder sog. „Promille-Killer" und Kaffee bleiben ebenfalls ohne relevanten Einfluss (Rz 11).

43 **d) Nachtrunk** führt zu Abzug vom ermittelten BAK-Wert (Kö NZV **04** 537, VRS **66** 352, **67** 459), weil nach der Tat aufgenommener Alkohol zur Tatzeit nicht gewirkt haben kann. Berechnet wird die durch Nachtrunk aufgebaute BAK nach der Widmark-Formel (Rz 48 ff). Dabei sind jeweils die dem Angekl. günstigsten Werte einzusetzen (bei der Ermittlung der *Fahrsicherheit*: niedrigstmöglicher Reduktionsfaktor, niedrigstmögliches Körpergewicht zur Tatzeit, Resorptionsdefizit 10%; umgekehrt bei der *Ermittlung der Schuldfähigkeit*: höchstmöglicher Reduktionsfaktor, höchstmögliches Körpergewicht, Resorptionsdefizit 30%; hierzu BGH StV **94** 406; NStZ-RR **97** 35, 36). Zur rechnerischen Methode beim Abzug der durch den Nachtrunk erreichten BAK *Verhoff ua* BA **05** 85.

44 Nachtrunkbehauptungen erweisen sich nicht selten als Schutzeinwände, die sich durch sachgerechte polizeiliche Ermittlungen widerlegen lassen (LK-*König* Rz 84). Angaben über Art und Menge nach der Tat genossener alkoholischer Getränke lassen sich oft durch Untersuchung der Blutprobe auf **Begleitalkohole**, die in den verschiedenen Getränken unterschiedlich enthalten sind, als möglich bestätigen oder als unmöglich widerlegen *(Aderjan ua* NZV **07** 167, *Iffland ua* BA **82** 246, *Bonte ua* NJW **82** 2109, *Bonte ua* BA **83** 313). Die gaschromatographische Begleitstoffanalyse ist wissenschaftlich genügend gesichert und zuverlässig (Ce DAR **84** 121, Kar NZV **97** 128). Die **2. Blutprobe**, die nach den im Wesentlichen bundesweit geltenden VwV im Abstand von ca 30 Min entnommen werden soll, wenn mit Nachtrunkbehauptungen zu rechnen ist, wird in der Rechtsmedizin überwiegend kritisch beurteilt (*Iffland* BA **03** 403, *Jachau ua* BA **03** 411, zusf. LK-*König* Rz 85). Sie könne nur in seltenen Fällen hilfreich sein *(Grüner ua* BA **80** 26, *Zink/Reinhardt* BA **81** 377, *Iffland ua* BA **82** 245, *Reinhardt/Zink* NJW **82** 2108, *Bär* BA **86** 304 [20–30 Min]), nur, wenn sie in die Hauptresorptionsphase falle *(Iffland* NZV **96** 129) und nur bei großen Nachtrunkmengen in kurzer Trinkzeit bei nicht wesentlich über 1,5‰ liegenden BAK-Werten *(Hoppe/Haffner* NZV **98** 267). Nach *Aderjan ua* NZV **07** 167 kann sie für die Begleitstoffanalyse wertvoll sein, wobei eine Wartezeit von 60 Minuten empfohlen wird. Ein höherer Beweiswert als der Doppelblutentnahme wird einer (freiwillig abgegebenen) **Harnprobe** beigemessen: Liegen die durch den angeblichen Nachtrunk erreichten Alkoholkonzentrationen der von der Niere an die Blase abgegebenen Primärharne stets unter der HAK der asservierten Harnprobe, so erweist sich die Nachtrunkbehauptung als falsch *(Iffland* BA **99** 99).

45 **e) Verfahrensrecht.** Die Feststellung einer bestimmten BAK nach Blutalkoholanalyse darf nur auf das *ordnungsgemäß* in die Hauptverhandlung eingeführte BAK-Gutachten gestützt werden (Bay NZV **02** 578, Ko VRS **45** 292). Gutachten über die BAK-Bestimmung einschließlich Rückrechnung und ärztliche Blutprobenentnahme-Berichte können durch die Vernehmung des Sachverständigen oder durch Verlesung (§ 256 I Nr 3, 4 StPO) eingeführt werden (Bay NZV **02** 578, Ce NStZ **87** 271, Dü NZV **90** 42). Bei Zweifeln im Hinblick auf mögliche Blutprobenvertauschung reicht Verlesung nicht aus, sondern ist Vernehmung des Gutachters erforderlich (Ha VRS **37** 290, s auch Rz 46). Erstattung des BAK-Gutachtens durch Sachverständigen, der nicht selbst die Blutuntersuchung durchgeführt hat (zB anderen Mitarbeiter des Untersuchungsinstituts) ist zulässig (BGH NJW **67** 299, Kö NJW **64** 2218, KG VRS **29** 124, Ko VRS **39** 202, aM Ce NJW **64** 462). Lässt das verlesbare Gutachten Zweifel, so muss der Gutachter vernommen werden. Auch wenn er die Blutprobe im behördlichen Auftrag als privater Arzt entnommen hat, steht dem Blutentnahme-Arzt **kein Zeugnisverweigerungsrecht** (§ 53 I Nr 3 StPO) zu, weil es an dem das Zeugnisverweigerungsrecht begründenden besonderen Vertrauensverhältnis zwischen Arzt und Patient fehlt (Kohlhaas DAR **68** 74, einschr *Hiendl* NJW **58** 2100).

46 **Widerlegbar** ist das BAK-Gutachten uU durch andere Beweismittel. Zur nötigen Begutachtung bei angeblich unbemerkt beigebrachtem Alkohol beim Zechen Hb VM **78** 63. Gutachten sind uU durch andere Beweismittel widerlegbar, auch durch Zeugenaussagen; es kommt darauf an, welchem Beweismittel größeres Gewicht zukommt (Bay NJW **67** 312, BSG NZV **90** 45, hierzu krit *Schneble* BA **89** 359, *Hentschel*, Trunkenheit, Rz 134). Bei unvereinbarem Widerspruch zwischen BAK und verlässlichen Zeugenaussagen muss möglichen Verwechslungen oder Analysefehlern nachgegangen werden (Ha VRS **25** 348), die Untersuchungspersonen müssen dann uU vernommen werden (BGH VRS **25** 426, DAR **64** 22). Jedoch dürfen Fehler auch nicht zugunsten des Angekl. ohne Zeugenvernehmung unterstellt werden (Ha VRS **11** 306, Bra VRS **11** 222, Br DAR **56** 253 [angebliche Verwechslung der Blutprobe]). Beantragt der Angekl., *Zeugen für nur geringen Alkoholgenuss* zu hören, so darf dies nicht deshalb abgelehnt werden, weil das Gutachten höheren Alkoholgenuss nachweise (Ha VRS **7** 373, s auch Bay NJW **67** 312). Wegen der Fehlerbreite von 0,05‰ BAK der einzelnen Analysen (Rz 14) muss der Unterschied der BAK zweier **nacheinander entnommener Blutproben** der Veränderung des Blutalkoholspiegels während dieser Zeit nicht entsprechen (Bay NJW **76** 382, Kar NZV **97** 128). Hat eine in geringen zeitlichen Abstand durchgeführte **Atemalkoholmessung** eine erheblich geringere alkoholische Beeinflussung ergeben, so kann Klärung durch Sachverständigengutachten geboten sein (Kar DAR **03** 235, s auch § 24a StVG Rz 18). Der Hilfsantrag, ein **Identitätsgutachten** zum Beweis einzuholen, der Angekl. könne zur fraglichen Zeit keinesfalls mehr als 0,6‰ BAK gehabt haben (also Verwechslung), darf nicht mit der Begründung zurückgewiesen werden, dass diese Behauptung durch eine neue Blutprobe nicht bewiesen werden könne (BGH VRS **27** 452). Auch ohne Anhaltspunkte für Verwechslung darf der Antrag auf Einholung eines Identitätsgutachtens nicht als Beweisermittlungsantrag oder unter Hinweis auf das Gutachten zur Höhe der BAK nach § 244 IV 2 StPO abgelehnt werden (Kö NZV **91** 397, Bay VRS **61** 40). Zur Ablehnung wegen Verschleppungsabsicht *Haubrich* NJW **81** 2507. Im Hinblick auf die Sicherheitsvorkehrungen der Untersuchungsinstitute gegen Verwechslung wird Nichtübereinstimmung des untersuchten Bluts jedoch nur äußerst selten in Frage kommen (*Püschel ua* BA **94** 315). Der Beweisantrag auf Zeugenvernehmung zur behaupteten Blutprobenverwechslung kann bei völlig aus der Luft gegriffenen Behauptungen als Beweisermittlungsantrag anzusehen sein (Kö VRS **73** 203, **93** 440). Zu theoretisch denkbaren Verfälschungen bei einer Abnahme von Urin mittels eines Katheters Ko NZV **08** 367. Nachträgliche Alkoholbelastungsprobe widerlegt die Blutprobe nicht (Ol VRS **46** 198). **Trinkversuche** sind wegen Nichtwiederholbarkeit zumindest eines Teils der Umstände der Tatzeit nutzlos (Rz 21; BGHSt **10** 265). Der Angekl. darf sie ohne Nachteile ablehnen (BGH VRS **29** 203).

f) **Das Urteil** muss die *wesentlichen Anknüpfungstatsachen des Gutachtens* enthalten (Zeit der 47 Blutentnahme, BAK zu dieser Zeit, Trinkende, Anflutungsende, Anflutung vor dem Unfall, Art und Weise der Rückrechnung (BGH VRS **31** 107, NStZ **86** 114, Ko DAR **74** 134, Zw NZV **97** 239, Fra VRS **51** 120, Dü VRS **64** 208, Kö VRS **66** 352). Angaben zu Trinkende, Resorptionsabschluss und Abbauwert sind aber entbehrlich, soweit unter Ausklammerung der ersten zwei Stunden mit 0,1‰ zurückgerechnet wurde (Kö VRS **65** 367, 440). Geringere Anforderungen auch bei einfach gelagertem Fall, bei dem die BAK-Bestimmung keine besonderen Probleme aufwirft (Ha NJW **72** 1526, Hb VRS **28** 196, BA **75** 275, Kö NJW **82** 2613). Abweichung von den BGH-Rückrechnungsrichtwerten (Rz 40 ff) ist nachprüfbar zu begründen (Bay DAR **01** 80, Kö VRS **65** 217, Dü VRS **73** 470). In schwierigen Fällen (zB Nach- oder Sturztrunk, nicht abgeschlossene Resorption) ist zur Rückrechnung **Hinzuziehung eines Sachverständigen** erforderlich (Ko VRS **49** 374, **55** 130, Hb VRS **45** 43, Stu NJW **81** 2525, LK-*König* Rz 35). Mit Rückrechnungsgutachten muss sich das Urteil nachprüfbar auseinandersetzen (Ha DAR **71** 274); mangels eigener Kenntnisse des Tatrichters muss es die Anknüpfungstatsachen des Gutachtens mitteilen (BGHSt **34** 29, Ko DAR **00** 371, Zw VRS **87** 435). In *einfach gelagerten Fällen* kann das Gericht die Rückrechnung jedoch auch selbst vornehmen (BGH VRS **21** 54, **65** 128, Ko VRS **55** 131, BA **73** 279, *Jessnitzer* BA **78** 315).

Lit: *Aderjan/Schmitt/Schulz* Überprüfung von Trinkangaben und Nachtrunkbehauptungen durch Analyse von Begleitstoffen alkoholischer Getränke in Blutproben, NZV **07** 167. *Bär,* Zur Auswertung von Doppelblutentnahmen mit kurzen Entnahmeintervallen, BA **86** 304. *Beier,* Über die „Standardabweichung" im Gutachten 1989 ... zur Blutalkoholbestimmung, NZV **96** 343. *Bonte ua,* Begleitstoffspiegel im Blut ..., BA **83** 313. *Englert,* Totale, prolongierte Situationsernüchterung bei sehr hoher BAK, BASt **16** S 373. *Grüner,* Zur Qualitätssicherung der Blutalkoholbestimmung, BA **91** 360. *Grüner/Ludwig,* Zur forensischen Verwertbarkeit der Analysenergebnisse von weniger als fünf (vier) Blutalkoholbestimmungen aus einer Blutprobe, BA **90** 316. *Grüner ua,* Die Bedeutung der Doppelblutentnahmen ..., BA **80** 26. *Haffke,* Mittelwert der BAK und Grundsatz „in dubio pro reo", NJW **71** 1874. *Heifer/Wehner,* Zur Frage des Ethanol-„Resorptionsdefizits", BA **88** 299. *Hoppe/Haffner,* Doppelblutentnahme und Alkoholanflutungsgeschwindigkeit in der Bewertung von Nachtrunkbehauptungen, NZV **98** 265. *Iffland,* Zweite Blutentnahme bei behauptetem oder möglichem Nachtrunk nicht erforderlich, BA **03** 403. *Jachau ua,* Beweiswert der zweiten Blutalkoholprobe ..., BA **03** 411. *Klug/Hopfenmüller,* Zur Berechnung der BAK aus dem Harnalkoholgehalt ..., Schmidt-F 1983, S 229. *Klug ua,* Über den Beweiswert einer zweiten Blutalkoholbestimmung in länger gelagerten Blutproben, BA **70** 119, **73** 24. *Krauland/Schmidt,* Zum Beweiswert der Blutalkoholbestimmungen, BA-Festschrift 1982, S 91. *Lundt/Jahn,* Alkohol bei VStraftaten (1. BGA-G). *Ders,* Alkohol und StrV (2. BGA-G). *Sammler ua,* Zur Präzisionskontrolle der Blutalkoholbestimmung, BA **92** 205. *Schoknecht,* Gutachten des BGA zum Sicherheitszuschlag auf die Blutalkoholbestimmung, NZV **90** 104. *Ders,* Beurteilungen von Blutalkoholbestimmungen nach dem ADH- und GC-Verfahren, NZV **96** 217. *Schwerd/Hillermeier,* Veränderungen des Alkoholgehalts in Blutproben zwischen Entnahme und Untersuchung, BA **79** 453. *Verhoff ua,* ... Berechnung der Mindest-BAK beim Nachtrunk, BA **05** 85. *Zink,* Zur Blutalkoholbestimmung mit weniger als fünf Einzelanalysen, BA **86** 144. *Zink/Blauth,* Zur Frage der Beeinflussung der Alkoholkonzentration im Cubitalvenenblut durch die Blutentnahmetechnik, BA **82** 75. *Zink/Reinhardt,* Der

Beweiswert von Doppelblutentnahmen, BA **81** 377. *Dieselben,* Die forensische Beurteilung von Nachtrunkbehauptungen, NJW **82** 2108.

48 **7. Ermittlung des Tatzeitwerts anhand der Trinkmenge.** Die BAK zur Tatzeit kann (annähernd) auch dann berechnet werden, wenn eine Blutprobe nicht vorliegt. Es handelt sich dabei nicht um eine Rückrechnung (vom Zeitpunkt der Blutentnahme zurück zur Tatzeit; Rz 38), sondern um eine Hinrechnung (vom Trinkbeginn hin zur Tatzeit; zum Ganzen LK-*König* Rz 37 ff). Die Methode ist schon ihrer Art nach bei weitem unsicherer als die Blutprobenanalyse. Darüber hinaus wird sie maßgebend von den Angaben des Angekl. zu Art und Menge des aufgenommenen Alkohols bestimmt. Letztlich handelt es sich um Schätzungen auf zumeist höchst ungesicherter Tatsachengrundlage.

49 a) Zunächst muss **die (theoretische) BAK errechnet werden,** die aufgebaut würde, wenn sich der aufgenommene Alkohol sogleich bei Trinkbeginn vollständig im gesamten Körper verteilt hätte (*Salger* DRiZ **89** 174). Hierzu wird die „Widmark-Formel" herangezogen. Danach ist die konsumierte Menge Alkohol (in g; Trinktabellen etwa bei *Jagow/Burmann/Heß* Rz 39) durch das mit dem Reduktionsfaktor multiplizierte Körpergewicht (in kg) zu dividieren. Mit dem Reduktionsfaktor wird dem Umstand Rechnung getragen, dass der Alkohol nicht gleichmäßig vom Körper aufgenommen wird (zB nehmen Knochen und Fett weniger Alkohol auf). Der Reduktionsfaktor beträgt bei Männern durchschnittlich 0,7, bei Frauen 0,6. Der individuelle Reduktionsfaktor kann aber höher oder niedriger liegen. Je höher er liegt, desto niedriger ist die aufgebaute BAK. Bei der Feststellung der BAK *für die Frage der Fahrunsicherheit* ist demnach der höchstmögliche Faktor zugleich der für den Beschuldigten günstigste, bei der *Beurteilung der Schuldfähigkeit* liegt es umgekehrt. Der jeweils günstigste Wert ist nach dem Zweifelssatz zugrunde zu legen, sofern der Sachverständige den „wirklichen" (individuellen) Faktor nicht ermitteln kann. Das Urteil muss erkennen lassen, dass nicht mit Durchschnittswerten, sondern mit den denkbar günstigsten Werten gerechnet worden ist (Bay VRS **58** 391 [Nachtrunk]; Kö DAR **89** 352).

50 b) Nach st Rspr ist von der „theoretischen" BAK (Rz 49) das **Resorptionsdefizit zu subtrahieren.** Damit wird berücksichtigt, dass bei Vergleichen der durch Blutprobenanalyse ermittelten Alkoholbelastung mit der aufgenommenen Alkoholmenge eine Fehlbilanz in dem Sinn beobachtet worden ist, dass die Trinkmenge zu einer niedrigeren BAK führte als sie eigentlich hätte sein müssen. Diese Fehlbilanz ist bei forcierter Nahrungsaufnahme und verzögerter Resorption besonders stark (*Heifer/Wehner* BA **88** 299, 308) und ist zB beim Trinken von Bier größer als beim Trinken von Schnaps (*Forster/Joachim* Blutalkohol und Straftat S. 64). Die Fehlbilanz beträgt nach derzeitigem Erkenntnisstand zwischen 10% und 30% des konsumierten Alkohols (*Salger* DRiZ **89** 177). Bei der Ermittlung *der Fahrunsicherheit* ist der höchste Wert (30%) abzuziehen, bei der *der Schuldfähigkeit* sowie bei der Berechnung *der Nachtrunk-BAK* mit 10% der niedrigste (BGH DAR **88** 221, **99** 194 Nr 5, NJW **89** 1043, NStZ **91** 126, **92** 32, BGHSt **36** 286, **37** 231, Kö NZV **89** 357).

51 c) Schließlich ist **der Abbauwert in Abzug zu bringen.** Zugunsten des Beschuldigten wird bei der *Ermittlung der Fahrunsicherheit* angenommen, dass dieser den Alkohol mit Trinkbeginn auch sofort wieder abbaut (eliminiert). Eine „berechnungsfreie Karenzzeit" für die Dauer der Resorption des Alkohols gibt es hier – anders als bei der BAK-Berechnung anhand einer Blutprobe (Rz 39) – also nicht (vgl. Kö VRS **77** 215). Ein individueller Abbauwert kann nach derzeitigem Stand nachträglich nicht festgestellt werden (Rz 40). Es ist deshalb unter erneuter Anwendung des Zweifelssatzes zugunsten des Beschuldigten der höchstmögliche Abbauwert zugrunde zu legen. Er beträgt nach der neueren Rspr des BGH je Stunde 0,2‰; hinzugerechnet wird ein einmaliger Sicherheitszuschlag von 0,2‰ (zum Ganzen LK-*Schöch* § 20 Rz 109). Hingegen ist zur *Beurteilung der Schuldfähigkeit* ein Abbauwert von 0,1‰ zugrunde zu legen (BGH NStZ **91** 126, DAR **99** 194 Nr 5 *Salger* DRiZ **89** 175 f). Zum Einfluss von **Alkoholismus,** sonstigen **Krankheiten** oder **Gegengiften** auf den Alkoholabbau s Rz 11, 42.

Lit: *Gerchow ua,* Die Berechnung der maximalen BAK und ihr Beweiswert für die Beurteilung der Schuldfähigkeit, BA **85** 77. *Heifer,* Untersuchungen zur Rückrechnung der BAK nach „normalem Trinkverlauf", BA **76** 305. *Jessnitzer,* Eigene Sachkunde des Richters bei der Rückrechnung, BA **78** 315. *Köhler/Schleyer,* Über die Treffsicherheit von Rückrechnungen auf Blutalkohol-Tatzeitwerte, BA **75** 52. *Martin,* „Richter und Rückrechnung?", BA **70** 89. *Mayr,* Die „Rückrechnung" in der Rspr des BGH, DAR **74** 64. *Naeve,* Untersuchungen unter lebensnahen Bedingungen über den Verlauf der Blutalkoholkurve ..., BA **73**

366. *Salger,* Zur korrekten Berechnung der Tatzeit-BAK, DRiZ **89** 174. *Schewe,* Zur beweisrechtlichen Relevanz berechneter maximaler Blutalkoholwerte für die Beurteilung der Schuldfähigkeit, BA-Festschrift 1982, S 171. *Zink/Reinhardt,* Über die Ermittlung der Tatzeit-BAK bei noch nicht abgeschlossener Resorption, BA **72** 353. *Dieselben,* Zur Dauer der Resorptionsphase, BA **75** 100. *Dieselben,* Die Berechnung der Tatzeit-BAK zur Beurteilung der Schuldfähigkeit, BA **76** 327.

8. Atemalkoholanalyse. Allgemeines und Schrifttum zur AAK und deren Feststellung **52** § 24a StVG Rz 16 ff. Für das Strafverfahren entspricht es soweit ersichtlich allg. M., dass mit Alcotest-Röhrchen (BGA-G 1955 S 33; BGH bei *Martin* DAR **72** 120; Kö VRS **52** 367, Zw NJW **89** 2765), mit Atemvortestgeräten (Alcotest 7410; AlcoQuant; Kö VRS **67** 246; Stu DAR **04** 409, OVG Mgd BA **03** 390) und mit ungeeichten, aber auch mit einem Messverfahren basierenden Atemtestgeräten (zB Alcomat, Alcotest 7110; vgl. BGH NStZ **95** 539; Kar NStZ **93** 554 [je zur Schuldfähigkeit]) nicht der Nachweis „absoluter" Fahrunsicherheit geführt werden kann (zum Ganzen LK-*König* Rz 46–49). Allerdings können die mit den genannten Geräten gewonnenen Befunde neben anderen Beweisanzeichen als Indizien im Nachweisbereich *relativer Fahrunsicherheit* herangezogen werden (Rz 25, Stu DAR **04** 409; LK-*König* aaO), wobei den digitalen Atemtestgeräten naturgemäß höherer Beweiswert zukommt als dem Alcoteströhrchen. Erst recht gilt das für die Ergebnisse einer „beweissicheren" Atemalkoholanalyse (insoweit wohl auch Nau ZfS **01** 135; NStZ-RR **01** 105). Für die **„beweissichere" Atemalkoholanalyse** besteht ferner Einigkeit, dass „absolute Fahrunsicherheit" derzeit *nicht* aus dem Erreichen des nach BGA-G „Atemalkohol" einer BAK von 1,1‰ entsprechenden AAK-Werts von 0,55 mg/l hergeleitet werden kann. Denn AAK-Werte sind *nicht in BAK-Werte konvertierbar* (§ 24a Rz 16; BGH NJW **01** 1952, Nau ZfS **01** 135 BGA-G „Atemalkohol" S 32 f, 1; LK-*König* § 316 Rz 50, 56a), auf die die Beweisregel der absoluten Fahrunsicherheit bezogen ist. Andererseits erscheint nicht zweifelhaft, dass sich der Tatrichter grundsätzlich auch anhand einer Atemprobe vom Vorliegen einer dem Grenzwert von 1,1‰ entsprechenden Alkoholisierung die erforderliche richterlichen Überzeugung verschaffen kann (*Maatz* BA **02** 28). Dafür muss der (ordnungsgemäß gemessene) AAK-Wert dem relevanten BAK-Grenzwert mit *an Sicherheit grenzender Wahrscheinlichkeit* zumindest entsprechen. Das wurde von der obergerichtlichen Rspr jedenfalls bisher **noch nicht angenommen** (Nau ZfS **01** 135 [0,82 mg/l], NStZ-RR **01** 105 [0,94 mg/l] m. zust Anm. *Scheffler* BA **01** 192, LG Dessau DAR **00** 538 [0,94 mg/l], AG Magdeburg ZfS **00** 361, AG Klötze DAR **00** 178; aM *Schoknecht* BA **00** 165).

Zumindest die durch die Rspr an den Tag gelegte Rigorosität vermag freilich nicht zu überzeugen. Nach den Ergebnissen zweier groß angelegter Feldstudien sind die Entsprechungen gem. BAG-G „Atemalkohol" auch im „strafrechtlichen" Konzentrationsbereich ebenso bestätigt worden wie die regelmäßige Bevorzugung des eine Atemprobe abgebenden Probanden (*Slemeyer ua* NZV **01** 281; *Schoknecht* BA **02** 308 [je 1166 Messwertpaare AAK/BAK]; *Slemeyer/Schoknecht* Länderstudie 2006 BA **08** 49 [2636 Datensätze]). Unverständlich erscheint ungeachtet dessen, wenn Nau NStZ-RR **01** 105 sogar eine AAK von 0,94 mg/l (was einer BAK von 1,9‰ nahe kommt) nicht ausreichen lässt, obwohl der rechtsmedizinische Sachverständige mit einer Wahrscheinlichkeit von 99,63% festzustellen vermochte, dass der Wert mindestens einer BAK von 1,1‰ entspricht (krit. auch *Maatz* BA **02** 21, Fn. 42). **53**

Teils sehr strikt gegen die Heranziehung von AAK-Werten zur Feststellung absoluter Fahrsicherheit ein Teil des juristischen (*Hentschel* BA **02** Supplement 2, S 18, *Scheffler* ebd. S. 37, *Hillmann* ebd. S. 32) sowie nahezu das gesamte rechtsmedizinische Schrifttum (vgl Gemeinsame Stellungnahme in BA **08** 249; *Eisenmenger* BA **02** Supplement 2, S 29; *Krause ua* BA **02** 5, gegen sie *Schoknecht ua* BA **02** 252 mit wenig überzeugender Erwiderung *Krause ua* BA **02** 257; zur rechtsmedizinischen Kritik erg. § 24a Rz 17). Geltend gemacht wird ua, dass anerkannte Erfahrungswerte sowohl über die stochastische Abhängigkeit des Gefährlichkeitsgrads alkoholbeeinflusster FzF von der Höhe der *AAK* als auch auf Grund experimenteller Untersuchungen im Fahrversuch fehlen (*Wilske* DAR **00** 19, s auch *Maatz* BA **01** 47, **02** 24). Freilich beruht das BAG-G 1966 wesentlich auf der Grand Rapids Study, die auf einer Umrechnung von AAK-Werten in BAK-Werte basiert und im BGA-G „zur Begründung der Grenze der sog. absoluten Fahruntüchtigkeit berücksichtigt" worden ist (vgl. BA **74**, Suppl 1, S. 3). Die Innenministerkonferenz hat sich erneut für die Verankerung der Atemalkoholanalyse im Strafverfahren ausgesprochen (BA **08** 47), was entgegen dortigen Ausführungen aber nicht über eine Änderung der einschlägigen VwV möglich wäre, sondern nur durch Normierung von „strafrechtlichen" AAK- und BAK-Werten, die beträchtliche gesetzgeberische Probleme aufwerfen würde (LK-*König* Rz 15b, 15c). Die Justizministerkonferenz hat widersprochen (BA **08** 251). **54**

6 StGB § 316

55 Bei **Rückrechnung der AAK** ist der von der BAK-Kurve abw Verlauf der AAK-Kurve (exponentieller Verlauf) zu berücksichtigen (*Bilzer/Hatz* BA **98** 322). Sie ist nach derzeitigem Stand wohl nicht zuverlässig möglich, weil die Erfahrungen anhand des Blutalkohols gewonnen wurden (Gesellschaft für Rechtsmedizin ua BA **08** 249).

> Lit: *Bönke, Heifer, Maatz, Hentschel, Slemeyer, Hillmann, Scheffler*, Atemalkoholanalyse bei Verkehrsstraftaten?, BA **02** Supplement 2, S 7–37 (Symposium 2002). *Krause u a*, Thesen zu den naturwissenschaftlichen Grundlagen eines strafrechtsrelevanten Atemalkoholgrenzwertes, BA **02** 2 (Entgegnung *Schoknecht ua* BA **02** 252 und Erwiderung *Krause ua* BA **02** 257). *Maatz*, Atemalkoholmessung – Forensische Verwertbarkeit und Konsequenzen aus der AAK-Entscheidung des BGH, BA **02** 21. *Schoknecht*, Qualitätsvergleich von Atem- und Blutalkoholbestimmungen im Ordnungswidrigkeiten- und Strafrechtsbereich, BA **02** 8. *Slemeyer/Arnold/Klutzny/Brackemeyer* Blut- und Atemalkohol-Konzentration im Vergleich …, NZV **01** 281, *Slemeyer/Schoknecht* Beweiswert der Atemalkohol-Analyse im strafrechtlich relevanten Konzentrationsbereich – Länderstudie 2006 –, BA **08** 49.

56 **9. Die Harnalkoholkonzentration** lässt einen hinreichend sicheren Rückschluss auf eine bestimmte BAK wohl nicht zu (BGA-G 1955 S. 30 f; LK-*König* Rz 58 mwN, abw., „unter günstigen Umständen", *Klug/Hopfenmüller*, Schmidt-F 1983, S. 229). In der Praxis spielt die HAK als alleiniges Beweismittel für den Nachweis „absoluter" Fahrunsicherheit keine Rolle. Als Beweisanzeichen im Nachweisbereich „relativer" Fahrunsicherheit darf sie herangezogen werden. Letzteres gilt auch für einen etwaigen **Alkoholgehalt im Speichel** (hierzu LK-*König* Rz 59 mwN). Zur HAK bei der Überprüfung von Nachtrunkbehauptungen Rz 44.

57 **10. Andere berauschende Mittel** sind solche, *die zentralwirksame Wirkstoffe enthalten und eine dem Alkohol vergleichbare Wirkung (Psychose) auszulösen vermögen* (näher Rz 8). Umfasst sind illegale Drogen und rauschmittelhaltige Medikamente.

58 **a)** Übersicht über die wichtigsten **illegalen Drogen** und deren Wirkung: LK-*König* Rz 144 ff, *Berr/Krause/Sachs* Rz 22 ff. Unter den illegalen Drogen steht **Cannabis** epidemiologisch im Vordergrund. Es ist berauschendes Mittel (Kö NZV **90** 439, Bay NZV **94** 285, Dü NZV **94** 326), verschlechtert das Fahrverhalten erheblich (Bay DAR **90** 366, *Berr/Krause/Sachs* Rz 26 ff, *Drasch ua* BA **06** 441) und kann zur Fahrunsicherheit führen (BVerfG NJW **02** 2379, **02** 2381). Cannabis verlängert und stört die Reaktionen, die Lenkautomatismen und verändert die Umweltwahrnehmungen ungünstig (vgl. RegE zu § 24a StVG; abgedruckt dort Rz 4; *Daldrup ua* BA **87** 144, *Wirth/Swoboda* ZfS **04** 57), kann zur Beeinträchtigung der intellektuellen und motorischen Fähigkeiten (*Kannheiser* NZV **00** 62) sowie der Aufnahmefähigkeit der Sinnesorgane führen, etwa mit der Folge von Fehleinschätzungen von Geschwindigkeiten und Entfernungen, zur Verschlechterung der Hell-Dunkel-Anpassung der Augen, aber auch zu Sorglosigkeit, Übersteigerung des Leistungsgefühls und Verkennung von Gefahrsituationen (vgl. § 24a StVG Rz 4). Der Forschungsstand namentlich über die Dosis-Wirkungsbeziehungen ist nicht konsolidiert, was vor allem darauf zurückzuführen ist, dass experimentellen Studien Grenzen gesetzt und die Auswirkungen von einer Vielzahl von Faktoren abhängig sind. Teils wird angenommen, dass sich die Leistungsminderung mit steigender Dosis verstärkt (*Berghaus* BA **02** 325; *Möller ua* BA **06** 361) und sich die deutlichste Leistungsminderung bei Inhalation in der ersten Stunde nach Rauchbeginn zeige (*Berghaus* BA **02** 326). Andere Studien sprechen dafür, dass leistungsrelevante Ausfälle vor allem in der Spätphase bei bereits niedrigen THC-Konzentrationen eintreten (*Drasch ua* BA **06** 441; *Eisenmenger* NZV **06** 21; *Berr/Krause/Sachs* Rz 517). Eine wesentliche Rolle dabei die der Umstand, ob es sich bei dem Betreffenden um einen Gelegenheits- oder Dauerkonsumenten handelt (*Daldrup* BA **08** Heft Nr 4 Supplement S. 2, *Kauert* aaO S. 16). Aus der Vielzahl der Studien wird man aber jedenfalls das Fazit ziehen können, dass die von manchen propagierte Behauptung von der Ungefährlichkeit von Cannabis unrichtig ist (*Berr/Krause/Sachs* Rz 35) und dass die Wirkungen einschließlich der Wirkungsdauer für den FzF nicht absehbar sind, was dieser in Rechnung zu stellen hat. Zur Aufnahme von THC durch legal erhältliche Hanfprodukte *Below ua* BA **05** 442 und durch Passivrauchen *Berr/Krause/Sachs* Rz 587 ff; *Wehner ua* BA **06** 349; s auch VGH Ma NZV **05** 214.

59 **Opiate** (namentlich Heroin) erzeugen einen Rauschzustand höchster Euphorie mit Gleichgültigkeit gegenüber Außenreizen, Verblassen der Sinneswahrnehmungen, Konzentrationsschwäche, Verlängerung der Reaktionszeit, Benommenheit, Pupillenverengung, die auch in der Dunkelheit bestehen bleibt (§ 24a StVG Rz 4). Nach ca. 10 Stunden tritt ferner das Entzugssyndrom auf (näher Rz 66; LK-*König* Rz 158, 165). Der **Kokainrausch** ist gekennzeichnet durch Euphorie, eingeschränkte Kritikfähigkeit, erhöhte Risikobereitschaft, Enthemmung, Halluzinationen und Wahnvorstellungen (§ 24a StVG Rz 4). Zu den Auswirkungen von **„Ecstasy"**

BGHSt **42** 255 (263 ff), *Berr/Krause/Sachs* Rz 38 ff, 47 ff, 54. Verbreitet anzutreffen und jedenfalls in Überdosierung und mit Beigebrauch konsumiert die Fahrsicherheit aufhebend ist das Substitutionsmittel **Methadon** (LK-*König* Rz 145 a mwN). Zur Entwicklung der Unfallzahlen nach Fahrten unter dem Einfluss illegaler Drogen Bundesregierung in BTDrucks 16/2264 S. 2 f.

b) Tatbestandsrelevant sind im Zusammenwirken mit Alkohol und illegalen Drogen oder für **60** sich allein auch **Rauschmittel enthaltende Medikamente**. Trotz Bedenken der medizinischen Wissenschaft, inwieweit fahrsicherheitsrelevante Medikamente in „berauschende" und „nicht berauschende" unterschieden werden können (*Schewe* BA **81** 265), gilt die Begriffsdefinition des berauschenden Mittels (Rz 8, 57) auch für sie (*Janiszewski* NStZ **81** 471).

aa) In flüssiger Form aufgenommene **alkoholhaltige Medikamente** dürften nach dem **61** Wortsinn des „Getränks" als „trinkbare Flüssigkeit" dem Merkmal des „alkoholischen Getränks" und damit der *alkoholbedingten Fahrunsicherheit* zuzuordnen sein (LK-*König* Rz 167 mwN, aM aber BReg in BTDrucks 16/5047 S. 9, hierzu § 24 c StVG Rz 8). Jedenfalls (auch bei Darreichung in sonstiger Form) liegt unzweifelhaft ein berauschendes Mittel vor. Relevante BAK-Werte werden durch Aufnahme solcher Medikamente (zum Alkoholgehalt von Hustenmitteln BA **74** 54) idR aber nicht aufgebaut (LK-*König* Rz 219), weswegen es zumeist um Mischintoxikationen gehen wird. Mitwirkung von Medikamenten beseitigt dabei ursächlichen Zusammenhang zwischen Alkoholgenuss und Rausch nicht, weswegen alkoholbedingte Fahrunsicherheit gegeben ist (Ha BA **78** 454). Bei nur 0,16‰ BAK ist die Annahme eines Alkohol- bzw Medikamentenrausches aber besonders zu begründen (Kö BA **77** 124). Das Zusammenwirken von Alkohol und Medikamenten kann durch Verstärkung der Alkoholwirkung, durch Bewirken von Alkoholunverträglichkeit oder durch Verzögerung des Alkoholabbaus gekennzeichnet sein und kann auch dann eine wesentliche Rolle spielen, wenn der Alkoholgenuss viele Stunden nach Medikamenteneinnahme erfolgt (LK-*König* Rz 134).

bb) Beispiele für Medikamente mit (anderen) Rauschmittelwirkstoffen (umfäng- **62** lich LK-*König* Rz 167 ff, *Berr/Krause/Sachs* Rz 102 ff) sind vor allem Hypnotika/Sedativa aus der Wirkstoffgruppe der *Benzodiazepine* bzw. (heute weniger relevant) der *Barbiturate*, jedoch auch opioidhaltige starke Analgetika (zB Dolantin, Fortral, Tilidin, Tramal, Valoron, hierzu *Berr/Krause/Sachs* Rz 133). Nach einer Vielzahl epidemiologischer Studien ist vor allem der Konsum von Benzodiazepinen durch FzF von einer erheblichen, an die Verbreitung von Cannabis heranreichender Relevanz, wobei verbreitet Mischkonsum mit anderen Rauschmitteln (v.a. Opiaten) gegeben ist; auch das Substitutionsmittel *Methadon* wird häufig missbraucht (s die Nw bei LK-*König* Rz 145 a, 170). Aus der Rspr: das Schlafmittel Mandrax (Dü VM **78** 84), Dolviran (Ko VRS **59** 199), Valium (und Alkohol, Ha BA **70** 82, VRS **42** 281), Phanodorm (KG VRS **19** 111), Captagon (LG Kö BA **81** 472), Bromazepamhaltige Mittel (zB Normoc, Lexotanil, Ce VM **86** 29, Bay NZV **90** 317, LG Kö BA **85** 473), Appetitzügler „Antiadipositum X 112 T" [Wirkstoff Norpseudoephedrin] (LG Freiburg BA **07** 183). Zum Zusammenwirken mit Alkohol und illegalen Drogen: LK-*König* Rz 134, 147. Eine Medikamentenklausel entsprechend § 24a II StVG (dort Rz 22) existiert im Rahmen des § 316 nicht; demgemäß schließt ärztliche Verordnung eine Strafbarkeit nach § 316 nicht aus (LK-*König* Rz 166).

c) Keine „absolute" Fahrunsicherheit. Nach derzeitigem Wissensstand lassen sich für **63** illegale Drogen und Medikamente keine Beweisgrenzwerte für absolute Fahrunsicherheit begründen (BGHSt **44** 219 = NJW **99** 226 [Heroin, Kokain], zust *Berz* NStZ **99** 407, abl *Schreiber* NJW **99** 1770; BGH NZV **00** 419, NStZ **01** 245 [Benzodiazepine], Bay NZV **97** 127, Dü DAR **99** 81 [Amphetamin] mit Anm *Hentschel* JR **99** 476, Fra NZV **92** 289 [Heroin], NStZ-RR **02** 17, Ha BA **04** 264, Kö NZV **90** 439, zust *Trunk* NZV **91** 258, Mü NZV **06** 275, Zw VRS **106** 288, LK-*König* Rz 148, 175, *Pluisch* NZV **99** 5, *Friedel/Becker* VGT **99** 97, *Maatz* BA **04** H 2, Supplement 1 S 9, **aM** AG Moers BA **04** 276 [über 30 ng/ml THC und „CIF-Wert" (= Cannabis Influence Factor) von über 10, konkret: 30], AG Greifswald BA **07** 43 [CIF von 10 entspreche 1,1‰], AG Mü BA **93** 251 [abl *Maatz* BA **95** 103]; uU LG Freiburg BA **07** 183, 186 [Zusammenwirken aufputschenden Appetitzüglers mit Kaffee, Cola, s Rz 67], *Salger* DAR **94** 437 f [bei sog „harten" Drogen Nullwert sowie bei Haschisch mit mindestens 0,3‰ BAK], *Nehm* DAR **93** 378, *Daldrup* BA **94** 394). Das gilt auch für Entzugserscheinungen (Rz 66; BGH NZV **08** 528, *König* NZV **08** 492). Zum CIF-Wert *Berr/Krause/Sachs* Rz 193 ff. Zu Drogengrenzwerten, teils auch de lege ferenda, *Daldrup, Eisenmenger, Kauert, Mattern, Bönke, Maatz*, jeweils BA **08** Nr 4 Supplement.

6 StGB § 316

64 d) Bei illegalen Drogen und rauschmittelhaltigen Medikamenten können die Grundsätze zur **(relativen) Fahrunsicherheit** (Rz 22 ff) entsprechend herangezogen werden. Voraussetzung für die Annahme der Fahrunsicherheit sind deshalb weitere Beweisanzeichen, wobei wie dort Fahrfehlern die größte Bedeutung zukommt. Jedoch können auch sonstige Ausfallerscheinungen im Leistungsverhalten des FzF für die Annahme von Fahrunsicherheit ausreichen (Bay NZV **97** 127, Zw VRS **106** 288, *Haase/Sachs* DAR **06** 61). Die Rspr erscheint nicht konsolidiert. Namentlich ist es zumindest missverständlich, wenn gelegentlich formuliert wird, bei der Pupillenweitstellung und weiteren Ausfällen handele „es sich lediglich um Beeinträchtigungen, die auf die Wirkung des Haschisch auf das zentrale Nervensystem zurückzuführen … und als typische Anzeichen für Haschischgenuss anzusehen" seien, weswegen sich aus ihnen nichts für die Beurteilung der Fahrsicherheit ableiten lasse (zB Dü NJW **94** 2428, 2429). Denn selbstverständlich sind es gerade die drogentypischen Störungen, die im Rahmen des Indizienbeweises heranzuziehen sind; jedoch muss Fahrunsicherheit konkret festgestellt sein (LK-*König* Rz 162, zust *Maatz* BA **06** 451, 458). Zu den relevanten Kriterien *Haase/Sachs* DAR **06** 61; NZV **08** 221.

65 aa) Wie bei der BAK (Rz 22, 24) sind nach der Rspr an das Ausmaß der erforderlichen zusätzlichen Beweisanzeichen umso geringere Anforderungen zu stellen, je höher die festgestellte Wirkstoffkonzentration ist (BGH NJW **99** 226). Jedoch ist im Hinblick auf Befunde, wonach bei Cannabiskonsum besonders die Spätphase mit niedrigen THC-Konzentrationen zu gravierenden Leistungsausfällen führt (Rz 58), Vorsicht geboten. Der CIF-Wert (dazu Rz 63) kann nach Jn StraFo **07** 300 indizielle Bedeutung im Rahmen der Beurteilung „relativer" Fahrunsicherheit entfalten. Pupillenerweiterung oder -verengung können *für sich allein* neben der festgestellten drogenbedingten Wirkstoffkonzentration die Annahme von Fahrunsicherheit nicht rechtfertigen, sondern nur konkrete darauf beruhende Sehbeeinträchtigungen (BGHSt **44** 219 = NZV **99** 48 m Bspr *Schreiber* NJW **99** 1770, s auch Rz 67 f, *Maatz* BA **04** H 2, Supplement 1 S 10, *Athing* BA **02** 99). Zw NZV **05** 164 lässt verzögerte Pupillenreaktion wegen daraus resultierender, konkret festgestellter Blendempfindlichkeit bei hoher Wirkstoffkonzentration als zusätzliches Beweisanzeichen für Fahrunsicherheit ausreichen (zust *König/Seitz* DAR **06** 121, s auch *Scheffler/Halecker* BA **04** 429 f).

66 bb) Es existiert **keine wissenschaftlich abgesicherte Untergrenze**, unterhalb derer relative Fahrunsicherheit nicht in Betracht käme. Dies gilt schon deswegen, weil die Dosis-Wirkungsbeziehungen weitgehend unerforscht sind und für die Vielzahl der existenten Drogen wohl auch unerforschbar bleiben (Rz 63). Demgemäß ist die Annahme von Fahrunsicherheit nicht ausgeschlossen, wenn der Wirkstoffbefund bei den von § 24 a II StVG betroffenen Drogen unterhalb der analytischen Grenzwerte (dazu § 24 a StVG Rz 21, 21 a) liegt (vgl. LG Mü I BA **06** 43) oder kein Wirkstoffbefund mehr nachweisbar ist (LK-*König* Rz 156 ff). ZB bei Cannabis werden gerade für die Spätphase gravierende Leistungsausfälle festgestellt (Rz 58). Mangels eines Erfahrungssatzes, dass (relative) Fahrunsicherheit bei einer THC-Konzentration von 2 ng/ml nicht eintreten könne, muss der sachverständig beratene Tatrichter einem diesbezüglichen Beweisantrag zu einer vereinzelten Lehrmeinung nicht nachgehen (Mü NZV **06** 275). **Entzugserscheinungen** sind jedenfalls dann der *rauschmittelbedingten* Fahrunsicherheit zuzurechnen, wenn die durch den aktuellen Drogenkonsum ausgelöste Rauschwirkung und das Entzugssyndrom, wie namentlich nach Heroinkonsum, untrennbar ineinander übergehen (LK-*König* § 316 Rz 158, *König* NZV **08** 492; zust Sch/Sch/C/*Sternberg-Lieben* Rz 6; **aM** [nur nach § 315 c I Nr. 2 b strafbar; Problem aber nicht erörtert] BGH NZV **08** 528 m Bspr. *König* NZV **08** 492). Hingegen sind die körperlichen und geistigen Verfallserscheinungen der **Drogenabhängigkeit** nur § 315 c I Nr. 2 b zuzurechnen (§ 315 c Rz 5; LK-*König* Rz 165; insoweit auch BGH NZV **08** 528).

67 cc) **Fahrunsicherheit wurde bislang angenommen** bei verbotswidrigem Wenden iVm nach der Tat festgestellten Auffälligkeiten (Bay NJW **97** 1381 [Haschisch]) sowie bei nicht anders als durch Drogeneinfluss erklärbaren abrupten Lenkbewegungen (AG Mü BA **93** 251 [Haschisch]). *Ohne Auffälligkeiten im Fahrverhalten*: bei erheblichen Ausfallerscheinungen im Nachtatverhalten (BGH v. 18. 1. 94, 4 StR 650/93 [wohl Haschisch, Heroin und Codein], Mü NZV **06** 275, Bay BA **02** 392 [Ecstasy, hoher Wirkstoffgehalt]; Bay BA **02** 394, LG Mü I BA **06** 43, LG Sa BA **04** 472 [Konsum von 3 bis 4 Joints Haschisch, 2 Tabletten Ecstasy, BAK 0,05‰]). Fahrunsicherheit ist ferner angenommen worden nach überdosierter Einnahme eines Appetitzüglers (Antiadipositum X 112 T) iVm Koffein sowie deutlichen Ausfallerscheinungen beim Fahren (Schlangenlinien, unmotiviertes Abbremsen) und Auffälligkeiten im Nachtatverhalten (LG Freiburg BA **07** 183; das allerdings fälschlich von „absoluter" Fahrunsicherheit spricht, Rz 63). Weitere Nw LK-*König* Rz 164.

Trunkenheit im Verkehr **§ 316 StGB 6**

Fahrunsicherheit wurde bislang abgelehnt bei Apathie, Müdigkeit, Schläfrigkeit und verwaschener Aussprache, weil im konkreten Fall nicht typische Auswirkung der aufgenommenen Substanzen (LG Stu NZV **96** 379, 380), Pupillenweitstellung (Mydriasis; Dü NJW **93** 2390; Fra NStZ-RR **02** 17), auch iVm schnellem Start, Geschwindigkeitsverstoß, schweißnasser Haut und nicht spezifizierten Stimmungsschwankungen (KG v. 20. 2. 02, (3) 1 Ss 32/02, juris [THC 1,8 ng/ml]), mit „verzögertem Aufnahmevermögen", „schleppender" Sprache (Dü NJW **94** 2428), Unruhe (Ha BA **04** 264 [BAK 0,25‰, Amphetamin 114 ng/g]), Unsicherheiten bei Finger-Finger-Probe (LG Krefeld NZV **93** 166), Pupillenengstellung allein (Miosis; BGHSt **44** 219, dazu Rz 65), Sehstörungen auch nicht iVm Lidflattern, verlangsamtem Denkablauf, stumpfer Stimmung, verwaschener Sprache beim klinischen Befund (Sa BA **04** 72 [0,087 mg/l Morphin, 0,024 mg/l Benzoylecgonin, Codein, Methylecgonin]; abl *Heinke* BA **04** 241), „Pupillenveränderung", auch nicht iVm Unkonzentriertheit, Gleichgewichtsstörungen (Ko BA **06** 231), Sprunghaftigkeit im Denkablauf, übersteigertem Bewegungsdrang und Umtriebigkeit bei niedrigem THC-Wirkstoffnachweis (0,95 ng/ml) und unauffälligem klinischen Befund (Zw NStZ-RR **04** 149), mit „sehr schläfrigem" Verhalten, zögerlichen Reaktionen und Äußerung von Selbstmordabsichten, Stimmungsschwankungen „von Minute zu Minute zwischen aggressiv, aufgedreht lustig und weinerlich depressiv" (Zw DAR **03** 431; hiergegen zutr. Anm *Rittner* BA **03** 323), einer „auf Schätzungen beruhende Pupillenstarre" bei „sehr niedrigem" THC-Befund (17,3 ng/ml!) iVm Geschwindigkeitsverstoß (LG Bre BA **05** 258). Weitere Nw LK-*König* Rz 164a.

Lit: *Berr/Krause/Sachs,* Drogen im StrVRecht, (2007). *Drasch ua,* Absolute Fahruntüchtigkeit unter der Wirkung von Cannabis…, BA **03** 269. *Gerchow,* „Andere berauschende Mittel" im Verkehrsstrafrecht, BA **87** 233. *Janiszewski,* Andere berauschende Mittel, BA **87** 243. *Joó,* Einfluß von Alkohol und Medikamenten auf die VSicherheit, arzt + auto **81** H 8 S 2. *Kemper,* Psychopharmaka im StrV, DAR **86** 391. *Krüger,* Alkohol: Konsum, Wirkungen, Gefahren für die VSicherheit, ZVS **92** 10. *Lockemann/Püschel,* Veränderungen straßenverkehrsrelevanter vestibulärer Reaktionen bei 0,4 Promille, BA **97** 241. *Maatz,* Arzneimittel und VSicherheit, BA **99** 145. *Ders,* Grenzwerte bei Drogen oder Alternativen, BA **04** H 2, Supplement 1 S 9. *Ders,* Fahruntüchtigkeit nach Drogenkonsum, BA **06** 451. *Maatz/Mille,* Drogen und Sicherheit des StrV, DRiZ **93** 15. *Mettke,* Drogen im Straßenverkehr (2000). *Dies,* Die strafrechtliche Ahndung von Drogenfahrten …, NZV **00** 199. *Möller,* Drogenerkennung im Straßenverkehr, BASt-Bericht M 96 (1998); *Müller ua* Cannabis im Straßenverkehr, BASt-Bericht M 182 (2006). *Nehm,* Abkehr von der Suche nach Drogengrenzwerten, DAR **93** 375. *Salger, …* Einnahme von Psychopharmaka – ihr Einfluß auf die Fahrtüchtigkeit und Schuldfähigkeit DAR **86** 383. *Ders,* Drogeneinnahme und Fahrtüchtigkeit, DAR **94** 433. *Salger/Maatz,* Zur Fahruntüchtigkeit infolge der Einnahme von Rauschdrogen, NZV **93** 329. *Scheffler/ Halecker,* Die Problematik der Beweiswürdigung bei drogenbedingter Fahrunsicherheit i. S. d. § 316 StGB, BA **04** 422. S auch die NW in Rz 63 aE. Älteres Schrifttum s 39. Aufl.

11. Verhaltensbeurteilung. Neben dem ermittelten Maß der Intoxikation mit Rauschmitteln gibt es medizinisch nur schwer erfassbare weitere Beurteilungsfaktoren. Zu den relevanten Beweisanzeichen im Nachweisbereich „relativer" Fahrunsicherheit s zunächst Rz 22 ff.

a) Der sog klinische Befund des die Blutprobe entnehmenden Arztes ist nach der Rspr von eher geringem Wert (Sa VRS **102** 120). Er hängt weitgehend von der Übung des Arztes ab (*Heifer* BA **63/64** 256). Nach *Rasch* BA **69** 129 wird die Befunderhebung überwiegend durch die persönlichen Maßstäbe des Untersuchers bestimmt. *Penttilä ua* BA **71** 99 stellten fest, dass ein Arzt 80% der von ihm untersuchten Personen als zum Teil sogar stark unter Alkoholeinfluss stehend beurteilt hat, bei denen die Blutuntersuchung nur 0,00 bis 0,15‰ ergab (hierzu LK-*König* Rz 121). Nach Hb MDR **74** 772 ist die klinische Trunkenheitsbeurteilung wegen „absoluter Subjektivität" unbrauchbar. Man wird indessen den klinischen Befund mit der gebotenen Vorsicht und Zurückhaltung mitberücksichtigen dürfen (Sa VRS **102** 120, Ha BA **80** 171, 172, VRS **37** 35), wenn sorgfältig geprüft wurde, ob die Tests von einem geübten Arzt durchgeführt wurden, um welche Art von Tests es sich handelte und wie sie vorgenommen wurden. Bei möglicher Fahrunsicherheit nach Drogenkonsum kommt dem klinischen Befund derzeit eine nicht geringe Relevanz zu (Rz 65, 67 f). Der Arzt ist ggf. als Zeuge zu vernehmen (Ha BA **80** 171, 172). Negativer klinischer Befund ist kein Argument für Fehlen alkoholischer Beeinflussung (Ha NJW **69** 570, Ba **63/64** 236, *Schmidt ua* BA **04** 7 [Scheinernüchternheit]). Selbst erhebliche Unterschiede zwischen dem Ergebnis der Blutuntersuchung und klinischem Befund führen nicht zum Erfordernis besonderer Überprüfung des ermittelten BAK-Werts (Ha NJW **69** 570). Bei **extremen** Diskrepanzen muss allerdings der Möglichkeit eines Fehlers nachgegangen werden (Ha NJW **69** 570).

b) Verlängerter **Drehnachnystagmus** rechtfertigt allein nicht die Feststellung von Fahrunsicherheit (Kö NJW **67** 310, VRS **65** 440, Zw VRS **66** 204 m Anm *Heifer* BA **84** 535). Soweit ein sog „grobschlägiger" Drehnachnystagmus als zusätzliches Indiz in Frage kommt, ist Vergleich mit dem Nüchternbefund erforderlich (Ha VRS **33** 442, BA **80** 172, Kö VRS **65** 440, Zw VRS **66** 204, ZfS **90** 33, Ko NZV **93** 444). Aber auch wenn unter Verwendung eines Elektronystagmographen ein über den individuellen Nüchternwert liegender grobschlägiger, regelmäßiger und frequenter Nystagmus ermittelt wurde (*Heifer* BA **91** 124), folgt daraus allein nicht Fahrunsicherheit, weil insoweit wissenschaftlich abgesicherte Erfahrungssätze fehlen (Kö NJW **67** 310, aM LG Bonn NJW **68** 208). Zu berücksichtigen ist vor allem, dass ein auffällig verlängerter Drehnachnystagmus auch andere Ursachen als alkoholbedingte Schädigung haben kann (*Heifer* BA **84** 535, s auch BGA-G S 167). In der Rspr ist ein solcher Befund deswegen soweit ersichtlich auch nicht als aussagekräftiges Indiz für die Annahme von Fahrunsicherheit anerkannt worden (LK-*König* Rz 125, 126).

72 c) **Ausfallerscheinungen bei der Pupillenreaktion** allgemein (Drehnachnystagmus Rz 71) können im Einzelfall als ein Indiz für die richterliche Überzeugungsbildung verwertet werden (Ha VRS **53** 117, 118, LK-*König* Rz 127), dies allerdings unter der Prämisse, dass die Befunde ordnungsgemäß erhoben sind (LK-*König* Rz 127). Zur Bedeutung der Pupillenreaktion bei drogenbedingter Fahrunsicherheit Rz 65, 67 f.

73 d) **Der sog Romberg-Test** (Stehen mit geschlossenen Augen und parallel gestellten Füßen) wird weithin nicht als geeignetes Beweisanzeichen für (relative) Fahrunsicherheit angesehen (Sa VRS **102** 120, Kö DAR **67** 27, Ha VRS **33** 440). Allerdings können grobe Ausfallerscheinungen Indizwert entfalten (vgl Ha VRS **53** 117 und hierzu LK-*König* Rz 122, 123). Zu weiteren Bewegungs- und Konzentrationstests (Finger-Finger-, Finger-Nasentest usw.) LK-*König* Rz 123. Zu deren Bedeutung im Rahmen drogenbedingter Fahrunsicherheit *Haase/Sachs* DAR **06** 61.

Lit: *Gilg ua*, Alkoholbedingte Wahrnehmungsstörungen im peripheren Gesichtsfeld, BA **84** 235. *Heifer ua*, Experimentelle und statistische Untersuchungen über den alkoholbedingten postrotatorischen Fixationsnystagmus, BA **65/66** 537. *Heifer*, Untersuchungen über den Alkoholeinfluß auf die optokinetische Erregbarkeit im Fahrversuch, BA **71** 385. *Ders*, Alkoholbedingte akute Störungen der psychophysischen Leistungsverfügbarkeit und ihre verkehrsmedizinische Relevanz, BA **86** 364. *Ders*, Blutalkoholkonzentration und -wirkung, verkehrsmedizinische Charakteristika und verkehrsrechtliche Relevanz von Alkoholgrenzwerten im StrV, BA **91** 121. *Klinkhammer/Stürmann*, Die Verwertbarkeit des Drehnachnystagmus zum Nachweis der Fahruntüchtigkeit, DAR **68** 43. *Koch*, Der klinische Befund des Blutprobearztes in der Hauptverhandlung, NJW **66** 1154. *Penttilä ua*, Die klinischen Befunde der Trunkenheitsuntersuchung ..., BA **71** 99. *Rasch*, Wert und Verwertbarkeit der sog klinischen Trunkenheitsuntersuchung, BA **69** 129. *Richter/Hobi*, Der Einfluß niedriger Alkoholmengen auf Psychomotorik und Aufmerksamkeit, BA **79** 384. *Strohbeck-Kühner*, Alkoholinduzierte Aufmerksamkeitsstörungen ..., BA **98** 434.

74 **12. Subjektiver Tatbestand.** § 316 bedroht bei einheitlichem Strafrahmen vorsätzliches und fahrlässiges Handeln mit Strafe (vgl. I, II). Es handelt sich um eine bewusste gesetzgeberische Entscheidung, die auf der Erkenntnis beruht, dass bei der Tat häufig Vorsatz und Fahrlässigkeit kaum unterscheidbar ineinander übergehen (vgl. LK-*König* Rz 181). Vorsatz und Fahrlässigkeit müssen sich nach allg. Regeln auf sämtliche Tatumstände beziehen. Jedoch setzt der Begriff *des FzFührens* willentliches Handeln voraus, weswegen fahrlässiges Führen (zB versehentliches Inbewegungsetzen des Fz) bereits begrifflich ausgeschlossen ist (Rz 3; zu Irrtumsfragen LK-*König* Rz 183). Neben dem Merkmal „im Verkehr" muss namentlich der **normative Begriff der Fahrunsicherheit** vom Vorstellungsbild des Täters umfasst sein. Die Praxis verfährt in der Annahme des Vorsatzes *sehr restriktiv* (Rz 23 ff), was nicht selten Gegenstand von Kritik ist (*Salger* DRiZ **93** 313, *Nehm, Salger*-F S 126, *Tolksdorf* VGT **95** 79). Jedoch liegt die spezifische Problematik darin, dass gerade die Wirkungen der Drogenintoxikation, die die Fahrsicherheit aufheben (Enthemmung, Selbstüberschätzung, Wagnisbereitschaft etc.) auch den Vorsatz in Frage zu stellen vermögen. Niemand kann den Grad seiner Trunkenheit exakt beurteilen (*Heifer* k + v **72** 73). Denn Auswahl, Beachtung und Verarbeitung der Informationsdaten funktionieren nicht mehr (*Gerchow* BA **69** 405: ab 0,8‰ BAK). Nicht nur in Anbetracht der diesen Befund herausstellenden und stützenden rechtsmedizinischen Erkenntnisse (instruktiv *Eisenmenger, Salger*-F S 623) erscheint der teils erhobene Vorwurf, die amtsgerichtliche Praxis weiche in stiller Übereinkunft mit dem Angekl. (und seinem Verteidiger) im Bestreben nach sachfremder Verfahrensbeschleunigung auf Kosten der Rechtsschutzversicherungen (die bei Verurteilung wegen Vorsatzes nach § 2 S 2 Nr i)aa) S 2 ARB 2000/2008 einen, uU allerdings nicht umfassenden, *Schneider* ZfS **08** 249, Erstattungsanspruch haben) auf Fahrlässigkeit aus (so *Fischer* Rz 43), jedenfalls überzogen (näher LK-*König* Rz 181). Trotz des einheitlichen Strafrahmens **muss die Schuldform im Tenor angegeben werden** (BGH VRS **65** 359, Sa NJW **74** 1391).

Trunkenheit im Verkehr § 316 StGB 6

a) Vorsatz in Bezug auf Fahrunsicherheit, falls der Täter eine so gravierende Beeinträch- 75
tigung seiner Gesamtleistungsfähigkeit zumindest für möglich hält und bei der Fahrt billigend in
Kauf nimmt, dass er den im Verkehr zu stellenden Anforderungen nicht mehr genügt (LK-*König*
Rz 186; i. Erg. ebenso die Rspr, zB Ko NZV **01** 357, Kö DAR **97** 499, Fra NJW **96** 1358). Er
muss bei Fahrtantritt oder während der Fahrt gefasst sein (Bay DAR **91** 368, Ko NZV **01** 357,
Dr NZV **95** 236). *Das Bewusstsein, nicht mehr fahren zu dürfen,* begründet noch nicht Vorsatz
bezüglich Fahrunsicherheit (Bay DAR **84** 242, LK-*König* Rz 187, abw Ranft *Forensia* **86** 66,
Nehm, Salger-F S 123). Denn verboten ist nach § 24a I, II StVG bereits KfzFühren ab 0,5‰
bzw unter der Wirkung von Drogen, ohne dass damit auch im Bewusstsein des Täters bereits
Fahrunsicherheit verbunden sein müsste. Soweit nicht ein Geständnis vorliegt (zB Dü VM **74**
60), muss anhand des äußeren Geschehens (*Indizienbeweis*) geprüft werden, ob Vorsatz gegeben
ist (LK-*König* Rz 190 ff). Rechtfertigen konkrete Tatsachen die Annahme von Vorsatz, so besteht
für den Tatrichter ohne konkreten Anlass keine Notwendigkeit für nachprüfbare Ausführungen
zur geistigen Beschaffenheit des Täters (Intelligenz, Kritikfähigkeit) (Ce VM **81** 53, Kö DAR **87**
126, Fra NJW **96** 1358, LK-*König* Rz 201, *Salger* DRiZ **93** 312, abw. Ha NZV **98** 334).

aa) Höhe der BAK/Trinkmenge. Bei höherer BAK liegt Vorsatz nahe (zB Bay ZfS **93** 76
174, Ko NZV **01** 357, Kö DAR **97** 499, Dü NZV **94** 324 m Anm *Schneble* BA **94** 264). Jedoch *existiert kein Erfahrungssatz,* dass ein FzF ab einer bestimmten BAK mit Fahrunsicherheit
zumindest rechnet (BGH VRS **65** 359, Bay ZfS **93** 174, Sa BA **01** 458, Ce NZV **98** 123, Kar
NZV **99** 301, Dü NZV **94** 324, aM AG Rheine NStZ-RR **97** 87, AG Coesfeld BA **98** 319
[aufgehoben durch Ha NZV **98** 471], krit Anm *Schmid* BA **94** 262). Nach rechtsmedizinischen
Erkenntnissen (*Zink ua* BA **83** 503, *Teyssen* BA **84** 175, 628, *Seidl ua* BA **96** 23, *Stephan*
JbVerkR **98** 133) verliert nämlich graduell das kritische Bewusstsein und damit das wesentliche
Kriterium der Vorwerfbarkeit, wer mehr als nur geringste Mengen Alkohol in sich hat (Bay
ZfS **93** 174, Sa BA **01** 458, Ha BA **05** 384, Kö DAR **97** 499, Ce NZV **98** 123, Zw ZfS **01** 334,
Jn DAR **97** 324, LK-*König* Rz 184 ff, aM Dü NZV **94** 367, *Salger* DRiZ **93** 312, *Nehm, Salger*-
F S 118). Der Vorschlag, statt auf subjektive Wahrnehmung der alkoholischen Auswirkungen in
erster Linie auf die Kenntnis der *genossenen Alkoholmenge* abzustellen (zB *Krüger* DAR **84** 50,
Nehm, Salger-F S 126, s auch *Salger* DRiZ **93** 313, *Tolksdorf* VGT **95** 82), führt nicht weiter,
weil – wie Trinkversuche gezeigt haben – die genossene Alkoholmenge häufig falsch eingeschätzt wird (*Zink ua* BA **83** 505, *Eisenmenger, Salger*-F S 627, abw *Salger* DRiZ **93** 313, *Nehm,
Salger*-F S 126, *Tolksdorf* VGT **95** 79, krit auch *Schneble* BA **84** 281), namentlich bei unkontrolliertem Trinkgeschehen (BGH NZV **91** 117, Kö DAR **97** 499, Ce NZV **92** 247, Kar NZV **91**
239, KG VRS **80** 448). Daher weder regelmäßiges Vorliegen von Vorsatz bei BAK zwischen 1,4
und 1,9‰ in der Anflutungsphase (so *Schneble* BA **84** 291, 293) noch „Faustregel" für Vorsatz ab
2‰ (so *Haubrich* DAR **82** 285, ähnlich *Krüger* DAR **84** 52 sowie Dü NZV **94** 367 [bei 2,32‰
idR Vorsatz]) noch Vorsatzannahme, soweit keine den indiziellen Beweiswert der BAK mindernden Umstände ersichtlich sind (aM Ko VRS **104** 300, NZV **08** 304). In Fällen von **Restalkohol** (Fahrtantritt mehrere Stunden nach Trinkende) ist zu berücksichtigen, dass der Täter oft
trotz noch immer hoher BAK sich subjektiv bereits erholt fühlen kann (Ko NZV **08** 304,
Reinhardt/Zink BA **72** 129). Die Annahme von Vorsatz bedarf auch bei mehr als 1,7‰ einer
besonderen Begründung (Zw ZfS **84** 61, zust *Reinhardt* BA **84** 274). Jedoch liegt in solchen
Fällen regelmäßig Fahrlässigkeit vor (Rz 81 ff).

bb) Geschehen vor der Fahrt. Fahrtantritt in der Anflutungsphase, in der die Alkoholwir- 77
kung deutlich spürbar ist, genügt ohne Feststellung von Ausfallerscheinungen nicht (LK-*König*
Rz 198). Gewichtige, vom FzF wahrgenommene Ausfallerscheinungen vor Fahrtantritt können
auf Vorsatz schließen lassen (vgl. Kar VRS **81** 24), nicht aber längerer „Ausnüchterungsspaziergang" (BGH NZV **91** 117; aM *Nehm Salger*-FS 115) oder die Äußerung von später zerstreuten
Bedenken über die Fahrfähigkeit (Ha BA **00** 117). Hat sich der Täter über ausdrückliche Warnhinweise hinweggesetzt, so kann dies bedingten Vorsatz begründen (Zw ZfS **01** 334, *Salger*
DRiZ **93** 313), ebenso das Weiterfahren nach Anhaltung durch die Pol und Sicherstellung des
FS (*Hentschel* DAR **93** 449). Vorsatz wird bei nicht lange zurückliegender, in etwa vergleichbarer
einschlägiger Vorstrafe leichter nachweisbar sein als beim Ersttäter (Bay DAR **82** 251, Ha
VRS **107** 431, BA **05** 384, Sa BA **01** 458, DAR **08** 402, Kar NZV **91** 239, Ce NZV **98** 123,
Krüger DAR **84** 52, *Salger* DRiZ **93** 313), wobei völlige Identität nicht notwendig ist (zw. deshalb Ha BA **04** 538).

cc) Geschehen während der Fahrt. Ausfallerscheinungen während der Fahrt können Vor- 78
satzannahme begründen (LK-*König* Rz 203). Sie müssen dem FzF jedoch wahrnehmbar sein,
wofür kein Erfahrungssatz existiert (Kar VRS **81** 24), zB nicht für Schlangenlinienfahren (Kar

aaO, Ha NZV **98** 291). Wer nach Unfall infolge hoher BAK weiterfährt, wird aber vorsätzlich handeln (Bay NJW **84** 878, Ko VRS **71** 195, Zw ZfS **90** 33), desgleichen bei Geradeausfahren in einer Kurve (abw. Ha NZV **99** 92) oder unerklärlichem Abkommen von der Fahrbahn (abw Ha BA **01** 461). Allein aus dem Versuch, die polizeilichen Feststellungen der BAK zu verhindern, folgt noch kein Tatvorsatz; denn der FzF kann auch befürchtet haben, den Grenzwert nach § 24a StVG überschritten zu haben (Rz 75; Bay DAR **85** 242, Sa BA **01** 458, Ha ZfS **00** 363, LK-*König* Rz 204, *Teyssen* BA **84** 181, einschr Zw ZfS **94** 465, aM LG Potsdam BA **04** 540 m Anm *Scheffler*, *Krüger* DAR **84** 52, *Salger* DRiZ **93** 313, *Nehm*, *Salger*-F S 123, 126), auch nicht aus besonders vorsichtiger Fahrweise (Kö DAR **87** 157, *Hentschel* DAR **93** 452, aM *Salger* DRiZ **93** 313). Anders aber, falls sich FzF während „wilder" Fluchtfahrt Anhalteaufforderungen seiner Mitfahrer mit dem Hinweis widersetzt, dass andernfalls „sein FS weg" sei (Ha VersR **08** 65, 66 [zu § 2 AUB]).

79 **dd)** Wenig aussagekräftig ist **das Nachtatverhalten.** Denn dem FzF muss jeweils nachgewiesen werden, dass für ihn wahrnehmbar (Rz 78) Ausfallerscheinungen schon während der Fahrt vorhanden waren (LK-*König* Rz 205). Allerdings soll hohe BAK (2,31‰) nach Ko NZV **01** 357 die Annahme bedingten Vorsatzes rechtfertigen, wenn sich der Angekl. unter gleichzeitigem Hinweis auf die Folgenlosigkeit der Alkoholfahrt nicht ausdrücklich darauf beruft, sich noch fahrsicher gefühlt zu haben (sehr zw.).

80 **ee) Illegale Drogen, Medikamente.** Wie bei der alkoholbedingten Fahrunsicherheit wird es auch bei der Fahrunsicherheit wegen **illegaler Drogen** vor allem darauf ankommen, dem Täter wahrnehmbare Ausfallerscheinungen vor und während der Tat möglichst genau festzustellen; auch aus einer einschlägigen Vorverurteilung können ggf. Schlüsse abgeleitet werden (Rz 77). Eine „Regel-Annahme" zumindest bedingten Vorsatzes ist nicht gerechtfertigt, da die Erkenntnis- und Kritikfähigkeit in gleicher Weise geschwächt sein wird wie bei Alkohol (LK-*König* Rz 207 f; aM *Harbort* NZV **96** 432). Entsprechendes gilt für **rauschmittelhaltige Medikamente.** Aus dem Beipackzettel ergibt sich nichts anderes, weil hier idR nur auf *die Möglichkeit* der Fahrunsicherheit hingewiesen wird, sofern überhaupt nachweisbar ist, dass der Täter den Warnhinweis gelesen hat (LK-*König* Rz 208). Jedoch ist von Vorsatz auszugehen, wenn der Täter in Kenntnis des Beipackzettels die vielfache Dosis eines Appetitzüglers aufnimmt, um die ihm bekannte aufputschende Wirkung Mittels zu erreichen, und zusätzlich große Mengen Kaffee oder Liter Cola konsumiert (LG Freiburg BA **07** 183). Anders kann es auch zu beurteilen sein, wenn strikt formulierte Warnungen des behandelnden Arztes festgestellt sind.

81 **b) Fahrlässigkeit.** Nach st Rspr und ganz hM ist Fahrlässigkeit *regelmäßig gegeben*, sofern der Täter infolge *bewusster* (zur unbewussten Rz 83) Aufnahme von Alkohol in relevanter Menge objektiv fahrunsicher geworden ist (BGH DAR **52** 43, Ha NJW **74** 2058, VRS **69** 221, Ko DAR **73** 106, Kö BA **78** 302, Hb VM **66** 61, LK-*König* Rz 210 mwN, krit *Riemenschneider* S 187 ff, *Zink ua* BA **83** 503, 510 f). Jeder FzF muss nämlich vor und während der Fahrt sorgfältig und gewissenhaft unter Berücksichtigung aller ihm bekannten Umstände seine Fahrsicherheit prüfen, und die Fahrt beim geringsten Zweifel unterlassen, erst recht, wenn ihm die genaue Trinkmenge unbekannt ist (Bay VRS **66** 280, *Salger* DRiZ **93** 312). Jeder weiß, dass bereits relativ niedrige Alkoholmengen die allgemeine Leistungsfähigkeit erheblich beeinträchtigen oder beseitigen können. Tritt er die Fahrt trotz objektiv gegebener Fahrunsicherheit an, so liegt ein sog. Übernahmeverschulden vor, das Fahrlässigkeit begründet (LK-*König* Rz 210). Das gilt auch bei BAK unter 0,5‰ (Bay VRS **66** 280 [noch zum Gefahrengrenzwert von 0,8‰]) und erst recht nach Sturztrunk kurz vor Fahrtantritt, auch wenn dessen Auswirkungen noch nicht spürbar waren (*Hentschel* DAR **83** 261, s aber Dü VRS **64** 436 [Schlusstrunk mit heimlich hinzu geschüttetem Schnaps] mit abl Anm *Grüner* BA **84** 279). Wer erst am Vortag erheblich gezecht hat, hat auch die Gefahr des **Restalkohols** zu bedenken: Der „Kater" ist allgemeine Trinkerfahrung, seine Berücksichtigung also keine Überforderung. Restalkohol entlastet den FzF demgemäß idR nicht (Hb VRS **54** 438, Ha DAR **70** 192; KG VRS **33** 265; Ko VRS **45** 450, 452; Zw VRS **66** 136, LK-*König* Rz 221).

82 Die Einnahme nennenswerter Mengen **alkoholhaltiger Hausmittel** wie Melissengeist oder Baldrian-Tinktur wird idR nicht vom Vorwurf fahrlässigen Handelns entlasten, weil der Alkoholgehalt spürbar ist (Ha BA **70** 153, **79** 501) und vernunftwidriger Genuss erheblicher Mengen einer tropfenweise einzunehmenden Baldrian-Tinktur ohne vorherige Unterrichtung über die Zusammensetzung idR vorwerfbar ist (aM Ce BA **81** 176 mit abl Anm *Recktenwald*). Etwaige Alkoholabbauverzögerungen infolge dem Täter bekannter **Krankheit** sind von diesem zu berücksichtigen und entlasten daher nicht (Dü DAR **81** 29, *Rettenmaier* DMW **68** 2090). Ist die

Fahrunsicherheit auf das Zusammenwirken von Alkohol und Krankheit zurückzuführen, so kann den Kf insoweit eine erhöhte Sorgfaltspflicht treffen, so zB einen Diabetiker (Kö BA **72** 139, Dü DAR **81** 29). Auch etwaige Verstärkung der Alkoholwirkung durch ungünstige körperliche Disposition muss der FzF bedenken (Bay NJW **69** 1583 [niedriger Blutdruck]; s auch § 24a StVG Rz, 25, 26).

Erklärt der Angeklagte, man habe ihm **heimlich Alkohol zugeführt,** so ist sorgfältig zu **83** prüfen, ob es sich (wie häufig) um Schutzbehauptungen handelt (Ha VRS **52** 446, **56** 112, Ol DAR **83** 90, *Schneble* BA **78** 460, LK-*König* Rz 214, s auch BGH NJW **86** 2384) und ob er nicht im Hinblick auf die Umstände und seine Gesellschaft womöglich mit der Beimischung von Spirituosen rechnen musste (Ol DAR **83** 90, Dü VRS **66** 148). Einflößen von Melissengeist während einer Ohnmacht ist kaum möglich (Ha BA **70** 153). Der konzentrierte Alkoholgeschmack von Melissengeist wird regelmäßig vernehmbar sein (Ha BA **79** 501, **70** 153. Zur geschmacklichen Wahrnehmbarkeit von Spirituosen in anderen Getränken *Kernbichler/Röpke* BA **79** 399. IÜ entspricht es der Lebenserfahrung, dass die Alkoholwirkung spürbar ist (Bay DAR **77** 204, Ha VRS **52** 446, Hb VM **66** 61, Kö BA **78** 302, *Reinhardt/Zink* BA **72** 129, *Naeve* ua BA **74** 145). Bei höherer BAK kann ein Kf die Alkoholwirkung daher auch erkennen, wenn ihm unbemerkt Alkohol zugeführt worden ist (Bay DAR **77** 204, Kö BA **78** 302, **79** 229, Ha NJW **74** 2058, **75** 660, VRS **52** 446, DAR **73** 23, aM Sa NJW **63** 1685, krit *Teige/Niermeyer* BA **76** 415). Der Fahrlässigkeitsvorwurf wird durch die Einlassung der *BAK-Beeinflussung durch Einatmen* von gasförmigen Stoffen idR nicht ausgeschlossen. Durch die Atemluft kann Alkohol allenfalls bis zu 0,1‰, höchstens 0,2‰ BAK (unter nahezu unerträglichen Bedingungen) aufgenommen werden (Ha NJW **78** 1210, *Pohl/Schmidle* BA **73** 100 [höchstens 0,055‰ bei um das 20- bis 50fache erhöhter maximaler Arbeitsplatzkonzentration]). Auch Inhalation von Dämpfen anderer Lösungsmittel führt nicht zu forensisch relevanter BAK-Beeinflussung (*Pohl/Schmidle* BA **73** 100, *Groth/Freund* BA **91** 16). Desgleichen beeinflusst das Einatmen von Benzindampf oder Auspuffgasen die BAK nicht (Tierversuch, *Gaisbauer* NJW **68** 1850 [Lit]), auch nicht Jodlösung und Cardiazolinjektion (LSG Essen NJW **58** 766).

Auch wer **unter dem Einfluss von illegalen Drogen** im Zustand objektiv gegebener **84** Fahrunsicherheit ein Fahrzeug führt, handelt grundsätzlich fahrlässig (LK-*König* Rz 225). Der FzF muss ergänzend die Unberechenbarkeit von Rauschdrogen sowie die teils lange Wirkungsdauer in Rechnung stellen (zur Erkennbarkeit bei länger zurückliegendem Konsum § 24a StVG Rz 25b). Der Fahrlässigkeitsvorwurf ist dabei auch dann nicht ausgeschlossen, wenn sich der Täter darauf beruft, namentlich den Wirkstoff von Cannabis *durch Passivrauchen* aufgenommen zu haben (vgl. VGH Ma NZV **05** 214; *Berr/Krause/Sachs* Rz 587ff, 593).

Jeder Kf, erst recht ein Arzt, Ol DAR **63** 304, muss bei **Pharmaka die Gebrauchsanwei-** **85** **sung beachten** (Bra DAR **64** 170, Kö VRS **32** 349, Ha VM **69** 18, LG Freiburg DAR **07** 183, *Schöch* DAR **96** 455), auch bei Einnahme nur *einer* Beruhigungstablette (LG Kö BA **85** 473, LK-*König* Rz 208 mwN). Hat er keine, muss er sich erkundigen (Fra VM **76** 14, Kö DAR **67** 195, Ha VRS **42** 281), erst recht über Alkoholverträglichkeit (Fra DAR **70** 162 [Valium]). Wer **unbekannte Tabletten** blindlings einnimmt und danach noch Alkohol trinkt, muss mit Rauschwirkung rechnen (Hb BA **75** 211). Verstößt der FzF gegen seine Sorgfaltspflichten, wird idR Fahrlässigkeit gegeben sein (LK-*König* Rz 225b). Bei für Laien unspezifischen Behandlungen (Injektionen) wird der Arzt hierüber belehren müssen (LG Konstanz NJW **72** 2223).

Lit: *Artkämper,* Das Phänomen vorsätzlicher Trunkenheitsfahrten, BA **00** 308. *Blank,* Vorsatz oder Fahrlässigkeit bei Trunkenheitsfahrten, BA **97** 116. *Haubrich,* Zum Nachweis der vorsätzlichen Trunkenheitsfahrt, DAR **82** 285. *Hentschel,* Die Feststellung von Vorsatz in bezug auf Fahrunsicherheit …, DAR **93** 449. *Koch,* Nachweis der subjektiven Tatseite bei relativer Fahruntüchtigkeit, DAR **74** 37. *Krüger,* Zur Frage des Vorsatzes bei Trunkenheitsdelikten, DAR **84** 41. *Lackner,* Alkoholdelikt und Vorsatz, k+v **69** 397. *Reinhardt/Zink,* Veränderungen des subjektiven Empfindens durch Alkohol, BA **72** 129. *Salger,* Zum Vorsatz der Trunkenheitsfahrt, DRiZ **93** 311. *Schmid,* Zum Vorsatz bei der Trunkenheitsfahrt, BA **99** 262. *Schneble,* Verschulden bei Trunkenheitsdelikten …, BA **84** 281. *Seidl* ua, Die Selbsteinschätzung der Höhe der BAK bei akuter Alkoholisierung, BA **96** 23. *Stephan,* Kriterien von Vorsatz und Schuldfähigkeit, JbVerkR **98** 121. *Teige/Niermeyer,* Zur Frage der „kritischen Selbstüberprüfung" alkoholisierter VT, BA **76** 415. *Teyssen,* Vorsatz oder Fahrlässigkeit bei Trunkenheitsfahrten mit höheren Promillewerten …, BA **84** 175. *Tolksdorf,* Vorsatz und Fahrlässigkeit bei Trunkenheits- und Drogenfahrt, VGT **95** 79. *Zink* ua, Vorsatz oder Fahrlässigkeit bei Trunkenheit im Verkehr …, BA **83** 503.

13. Vollendung, Versuch. Die Tat ist mit dem Anfang der Ausführungshandlung (Beginn **86** der Fortbewegung, Rz 3) zugleich auch vollendet. Es handelt es sich um eine Dauerstraftat die erst beendet ist, wenn der Täter mit dem Weiterfahren endgültig aufhört oder wenn die leistungsbeeinträchtigenden Wirkungen des Rauschmittels so weit abgeklungen sind, dass keine Fahrunsicherheit mehr besteht (Bay DAR **80** 279); relevant wird die Frage im Rahmen der Konkurrenzen (Rz 98 ff). Der Versuch der „Trunkenheitsfahrt" ist nicht pönalisiert (näher LK-*König* Rz 228).

87 **14. Rechtfertigungs- und Entschuldigungsgründe: E** 112 ff, 151 ff. Vermeintliche ärztliche Nothilfe als Rechtfertigungsgrund: Dü VM **67** 38. Bei erheblicher BAK des Arztes rechtfertigt Beistandsabsicht keine Trunkenheitsfahrt (Ko MDR **72** 885). Nimmt ein fahrunfähiger Arzt irrig Notfall an, so kann ihm nicht angelastet werden, dass er seine Fähigkeit zu sachlichen Erwägungen selber herabgesetzt habe (Ha VRS **20** 232, Ol VRS **29** 265). Versuch des Angetrunkenen, eine Entführung oder vermeintliche Entführung zu verhindern (Ce NJW **69** 1775, 2156 m Anm *Horn*). Kein Rechtfertigungsgrund, wenn die Gefahr auf andere Weise (Anruf bei Pol) hätte beseitigt werden können (Ha VRS **36** 27). Deswegen kein Rechtfertigungs- oder Entschuldigungsgrund bei Fahrt ins Krankenhaus wegen Harnverhalts (Ko NZV **08** 367). Unfallverletzung des Freundes rechtfertigt nicht Trunkenheitsfahrt, wenn Anforderung eines Krankenwagens möglich ist (Ko VRS **73** 287). Rechtfertigender Notstand uU bei Fahrt eines Angehörigen der freiwilligen Feuerwehr (Ce VRS **63** 449).

88 **15. Schuldfähigkeit** (§§ 20, 21 StGB, **E** 151 a) hängt außer von der BAK von einem Bündel objektiver und subjektiver Umstände ab. Ein medizinisch-statistischer Erfahrungssatz des Inhalts, dass ab einer bestimmten BAK stets bzw regelmäßig von Schuldunfähigkeit oder verminderter Schuldfähigkeit auszugehen ist, existiert nicht (grundlegend BGHSt **43** 66 = NJW **97** 2460 m Anm *Loos* JR **97** 514, BGH NStZ **05** 329, NZV **00** 46, Bay NZV **99** 482), wie auch umgekehrt kein Erfahrungssatz existiert, wonach aufgehobene oder verminderte Schuldfähigkeit bei BAK-Werten unterhalb bestimmter Grenzen regelmäßig nicht in Betracht kommt (BGH NStZ-RR **97** 36). Denn die Wirkung des Alkohols ist individuell sehr unterschiedlich (BGH NStZ **02** 532). Im Anschluss an die hiergegen gerichtete Kritik (zB *Gerchow* BA **85** 156, *Rengier/Forster* BA **87** 161, *Schewe* BA-Festschrift S 171, JR **87** 179, BA **91** 264, *Pluisch* NZV **96** 98, *Kröber* NStZ **96** 569) hat der BGH in BGHSt **43** 66 die seit BGHSt **37** 231 = NJW **91** 852 früher von ihm vertretene „Promille-Rspr" (verminderte Schuldfähigkeit idR ab 2,0‰, Schuldunfähigkeit idR ab 3,0‰, bei Kapitaldelikten 2,2‰ bzw 3,3‰) aufgegeben (zur Entwicklung *Schöch* GA **06** 371). Seither **entscheidet eine Gesamtwürdigung**, innerhalb derer neben der BAK als grundsätzlich weiterhin wichtigstem Indiz psychodiagnostische Kriterien (vor allem Leistungsverhalten vor, während und nach der Tat, Rz 91) umfassend heranzuziehen sind (BGHSt **43** 66, BGH NStZ **02** 532, **05** 90; 329, *Maatz/Wahl* BGH-F S 533 ff). Maßgebende Bedeutung kommt auch der Alkoholgewöhnung des Täters zu (BGH NStZ **05** 339, *Fischer* § 20 Rz 23 a). Das Indiz der BAK verliert insbesondere an Bedeutung bei Rückrechnung über viele Stunden mit dem höchstmöglichen Abbauwert zugunsten des Angekl. und bei Errechnung der *höchstmöglichen* BAK unter Zugrundelegung aller jeweils günstigsten Faktoren (Rz 41; BGHSt **35** 308 = NJW **89** 779, DAR **89** 246, BGHSt **36** 286 = NJW **90** 778, *Schewe* JR **87** 179, *Kröber* NStZ **96** 569, *Maatz/Wahl* BGH-F S 549). Noch mehr gilt dies bei BAK-Berechnung aus der Trinkmenge bei langer Trinkzeit (Rz 48). In solchen Fällen kommt der BAK gegenüber aussagekräftigen psycho-diagnostischen Kriterien (s o) geringeres Gewicht zu (BGH NStZ **02** 532, BGHSt **35** 308, BGH NJW **90** 778 m zust Anm *Heifer/Pluisch* BA **90** 436, NJW **98** 3427, NStZ **00** 136, NZV **00** 46, *Grüner* JR **92** 118, *Foth, Salger*-F S 31, *Maatz* NStZ **01** 5, *Heifer* BA **99** 139, abw noch zB BGH NJW **89** 1043, NStZ **91** 126, s auch *Salger* DRiZ **89** 176, *Detter* BA **99** 12, dazu *v Gerlach* BA **90** 311 ff). Andererseits sollte die gemessene BAK vor allem in den Fällen weiterhin entscheidend ins Gewicht fallen, in denen die Blutentnahme zeitnah erfolgt bzw der Täter alkoholungewöhnt ist; die neuere Rspr scheint dem nicht immer zu entsprechen (krit *Schöch* GA **06** 371 mwN). Auch nach Aufgabe der „Promille-Rspr" bleibt es dabei, dass **verminderte Schuldfähigkeit ab etwa 2,0‰ BAK, Schuldunfähigkeit ab ca. 3,0‰ zu erörtern ist** (BGH NJW **97** 2460, NStZ-RR **97** 162, Bay NZV **05** 494, Sa BA **01** 458, Dü DAR **00** 281, Zw ZfS **00** 511, Mü NZV **08** 529, Nau DAR **99** 228, Ha DAR **99** 466, Kar NZV **99** 301). Zur **Rückrechnung** im Rahmen der Beurteilung der Schuldfähigkeit: Rz 41, 49 ff.

89 **a) Verminderte Schuldfähigkeit** ist jedenfalls bei Werten ab 2,0‰ zu erörtern, kann aber auch bei geringeren Werten gegeben sein (Rz 88), bei nur 1,2‰ BAK jedoch kaum (BGH VRS **50** 358), bei Werten ab 1,5‰ und gravierenden Ausfallerscheinungen ist sie denkbar (Ha BA **07** 40 [1,7‰]), ebenso bei sonstigen besonderen Umständen wie Trinkungewohntheit,

Krankheit, Mischintoxikation mit illegalen Drogen oder mit Medikamenten (BGH NStZ **90** 384, KG BA **69** 80) sowie bei Jugendlichen und Heranwachsenden (BGH DAR **84** 193 Nr 5, NStZ **97** 384, NStZ-RR **97** 162). Maßgebend ist die Gesamtwürdigung (Rz 88, s auch BGH NStZ **05** 329 [2,92‰], **00** 193 [2,0‰], NJW **98** 3427). Fehlende Erörterung im Urteil ist kein sachlich-rechtlicher Mangel, wenn besondere Umstände der Annahme erheblich verminderter Schuldfähigkeit entgegenstehen (Trinkgewöhnung, unauffälliges Verhalten, Hb VRS **61** 341).

b) Ausschluss der Schuldfähigkeit kann im Ausnahmefall (Rz 88) schon bei Überschreiten von 2,5‰ *zu prüfen* sein (Bay NJW **03** 2397 [2,64‰], NZV **05** 494, Kö VRS **98** 140, Ko VRS **75** 40, s auch BGH DAR **71** 116, Dü VRS **63** 345, BA **88** 343, Ko VRS **66** 133, **74** 273, Jn DAR **97** 324; weitergehend wohl Kö VRS **98** 140: ab 2,5‰ in jedem Fall zu erörtern), so beim Einschlafen an der Unfallstelle mit 2,87‰ (Ko DAR **73** 137) oder bei knapp 2,5‰ und erheblichen Ausfallerscheinungen (Ko VRS **74** 29 [AB-Falschfahrer], Kar VRS **80** 440). Unter besonderen Umständen (Besinnungslosigkeit, Vergiftungsanzeichen, Zusammenwirken von Alkohol und Medikamenten) kann Schuldunfähigkeit schon bei BAK deutlich unter 3,0‰ vorkommen (BGH VRS **30** 277, NJW **69** 1581, Dü NJW **66** 1877, Ce NJW **68** 1938 Kö BA **75** 278, VRS **65** 21, VRS **98** 140, Ko VRS **75** 40, Dü NZV **94** 324), ist dann aber zu begründen (BGH DAR **60** 66, Ha VRS **39** 345, 414), und zwar nicht nur durch Übernahme eines Gutachtens (Ol VRS **23** 47, Ha NJW **67** 690, Kö NJW **67** 691). Auseinandersetzung mit § 20 *jedenfalls bei 3‰* (Rz 88; BGH DAR **88** 219, Bay NZV **99** 482, Nau ZfS **00** 124, Dü ZfS **98** 33, Ko VRS **79** 13, Ha BA **08** 262). Jedoch keine allgemeine Erfahrung, bei über 3‰ BAK sei jeder schuldunfähig (BGH BA **03** 236, **97** 450, NStZ **91** 126). Will der Tatrichter bei BAK von 3‰ oder darüber Schuldunfähigkeit aber verneinen, so ist Hinzuziehung eines medizinischen Sachverständigen angebracht (BGH DAR **84** 188 Nr 5, NStZ **89** 119, Ko VRS **70** 14, **79** 13).

c) Psychodiagnostische Kriterien. Dem Leistungsverhalten vor, während und nach der Tat kommt bei der Beurteilung hohe Bedeutung zu (Rz 88). Planvolles und situationsgerechtes Verhalten über eine längere Zeit hinweg und aufrecht erhaltene Feinmotorik bei schwierig zu bewältigenden Aufgaben werden für aufrecht erhaltene Steuerungsfähigkeit sprechen (*Fischer* § 20 Rz 24 mwN). Gleiches gilt für präzise Erinnerung an das Tatgeschehen, wohingegen Erinnerungslücken nach der Rspr des BGH wenig Aussagekraft zukommt (BGHSt **43** 66; *Maatz* NStZ **01** 7, krit. *Fischer* § 20 Rz 24 a). Zielstrebigkeit vor allem bei einfachen Tätigkeiten und „eingeschliffenen" Verhaltensmustern (Autofahren!) sind von geringerem Indizwert (BGHSt **43** 66; NStZ **97** 592, Kö VRS **65** 21, Ko VRS **79** 13, Schl BA **92** 78). Gerade bei Alkoholikern zeigt sich oft eine durch Übung erworbene Kompensationsfähigkeit im Bereich grobmotorischer Auffälligkeiten (BGH NStZ **07** 696 [Autofahrt nach Polen]).

d) Nach Auffassung des 4. StrSen des BGH ist das Rechtsinstitut der **vorverlegten Verantwortlichkeit (alic)** jedenfalls auf die Verkehrsstraftaten nicht anwendbar, die das *Führen* eines Fz voraussetzen, also auch für §§ 315c, 316 (BGHSt **42** 235 = NZV **96** 500 [unter Aufgabe der früheren Rspr, zB BGH NJW **62** 1830, NStZ **95** 282, Bay NZV **93** 239]; s auch Jn DAR **97** 324, Ce NZV **98** 123, Ha NZV **98** 334). Weder die sog „Tatbestandslösung" (bereits das Sichbetrinken gehört zur Tatbestandshandlung) noch die Annahme eines Sonderfalls der mittelbaren Täterschaft rechtfertigen alic; denn Fz-Führen setze einen Bewegungsvorgang voraus (hierzu Rz 3), der beim Sichbetrinken noch nicht begonnen habe. Das „Ausnahmemodell" (Vorverlagerung des Schuldvorwurfs abw von § 20 auf das Sichberauschen) lehnt der 4. StrSen wegen Unvereinbarkeit mit Art 103 II GG grundsätzlich ab (dagegen *Streng* JZ **00** 23 f). Krit. zur neuen Rspr des 4. StrSen ua *Hirsch* NStZ **97** 230, *Spendel* JR **97** 133. In der Praxis bereitet sie im Hinblick auf § 323a (Rz 93) jedoch keine unüberwindlichen Probleme. Die alic wird auch im Rahmen der **Erfolgsdelikte nach §§ 222, 229** kaum mehr benötigt. Denn der Fahrlässigkeitsvorwurf wird durch die Rspr an Handlungen im Vorfeld angeknüpft (§§ 222, 229 Rz 6, 6a, 12).

e) Der Tatbestand des Vollrausches (§ 323a StGB) ist hier nicht im Detail zu kommentieren ist. Alkoholische Getränke Rz 9, 61; andere berauschende Mittel Rz 57 ff. Sichversetzen in den Rausch erfordert keine lustbetonten Empfindungen (zum „Genuss" im Rahmen des § 316 Rz 8). Der Begriff des Rausches ist sehr umstritten (s etwa Sch/Sch/C/*Sternberg-Lieben* § 323a Rz 7 ff). Zutreffend dürfte es sein, den Rausch als eine durch zentral wirksame Mittel zumindest mitverursachte (vgl BGHSt **22** 8, **26** 363, VRS **53** 356, Zw VRS **54** 113) Intoxikationspsychose zu beschreiben (ähnl. *Forster/Rengier* NJW **86** 2869). Er muss zumindest fahrlässig herbeigeführt werden. Kein § 323a daher, wenn alkoholbedingte verminderte Schuldfähigkeit erst durch ein *nicht zu vertretendes* äußeres Ereignis zur Schuldunfähigkeit führt (BGH MDR **76**

58, VRS **50** 45, DAR **81** 187). Wer Alkohol- und Medikamenteneinnahme kombiniert, muss jedoch mit einer zur Schuldunfähigkeit führenden Steigerung der Alkoholwirkung rechnen (Hb JZ **82** 160).

94 **Hinsichtlich des Schweregrads des Rauschzustands** ist weithin anerkannt, dass jedenfalls das sichere Erreichen des Zustands verminderter Schuldfähigkeit genügt (BGH VRS **56** 447, Bay NJW **78** 957, Kar NJW **04** 3356, Kö DAR **01** 229, Zw NZV **93** 488, *Forster/Rengier* NJW **86** 2869, *Dencker* NJW **80** 2159). Ob ein Rausch auch bei nicht ausschließbarer voller Schuldfähigkeit vorliegen kann, hat der BGH (NJW **83** 2889 m Anm *Schewe* BA **83** 526) offen gelassen. Die Frage dürfte zu bejahen sein (*Fischer* § 323a Rz 11 mwN). Die Rauschtat muss mit natürlichem Vorsatz begangen werden. Sie ist nach hM objektive Bedingung der Strafbarkeit und muss nicht vorhersehbar sein (BGHSt NZV **96** 500, NJW **03** 2395, *Fischer* § 323a Rz 18, str). Im Hinblick darauf können Vorkehrungen („Zurüstungen"), die der Täter in nüchternem Zustand gegen eine spätere FzBenutzung getroffen hat, die sich aber als unzureichend erwiesen haben, nur im Strafmaß berücksichtigt werden (Bra NJW **66** 679, Hb JZ **82** 160, *Horn* JR **82** 347).

95 Zwischen einer in alic begangenen Tat und einer anschließenden Tat nach § 323a besteht TE (BGHSt **17** 333 = NJW **62** 1830). Zwischen der als alic verwirklichten Tat und § 323a, bezogen auf dieselbe Tat als Rauschtat, ist nur ausnahmsweise TE möglich, wenn der Täter *fahrlässig* nicht bedacht hat, dass er nach Verlust der Schuldfähigkeit mit natürlichem *Vorsatz* eine schwerwiegende Straftat begehen würde (BGH VRS **52** 354, Zw VRS **81** 282). Bei erwiesener vorverlegter Verantwortlichkeit (soweit bei VStraftaten noch anwendbar, Rz 92) tritt § 323a zurück (Hb VRS **12** 40). Scheiden sowohl Vollrausch als auch actio libera in causa aus (extremer Ausnahmefall), weil der Täter infolge völliger Alkoholabhängigkeit nicht verantwortlich ist, so kommt Tatbegehung *durch Unterlassen* in Betracht, wenn ihm vorzuwerfen ist, dass er in Phasen der Nüchternheit keine Vorkehrungen gegen die FzBenutzung getroffen hat (Bay VRS **56** 185, str, s LK-*König* Rz 9).

96 **16. Täterschaft, Teilnahme.** Täter kann nur der Führer eines Fz (Rz 2) sein. Demgegenüber sind mittelbare Täterschaft, uneigenhändige Mittäterschaft und uneigenhändige Nebentäterschaft ausgeschlossen (ausführlich LK-*König* § 315c Rz 201 ff). Andere, auch der Halter, können nur Anstifter oder Gehilfen sein. Für eine Teilnahme (Anstiftung, Beihilfe) Dritter an einer Tat nach § 316 müssen der Teilnehmer und der FzF in Bezug auf die Fahrunsicherheit zumindest bedingten Vorsatz aufweisen; fahrlässige Teilnahme am vorsätzlichen Delikt oder (vorsätzliche) Teilnahme am fahrlässigen Delikt ist nicht strafbar (§§ 26, 27 StGB). Jedenfalls der Nachweis wird kaum je geführt werden können (s aber Ko NJW **88** 152), auch nicht beim begleiteten Fahren ab 17 (*Tolksdorf* Nehm-F S. 441 f). Denkbar ist noch Beteiligung iS v § 14 OWiG zumindest an einer Tat nach § 24a StVG, sofern beim Täter und Teilnehmer Vorsatz in Richtung auf eine „Drogenfahrt" in diesem Sinne gegeben (und nachweisbar) ist (LK-*König* Rz 232).

97 Möglich ist aber eine **strafbare Beteiligung an den Erfolgsdelikten nach §§ 222, 229**, namentlich durch Überlassung des Fz an einen Betrunkenen (s dort Rz 8, 8a); zur Haftung des Gastwirts, Gastgebers, Zeckkumpans bei Nichthinderung einer Trunkenheitsfahrt §§ 222, 229 Rz 3a. Kommt es nicht zu Verletzungen, so kann eine **bußgeldrechtliche Verantwortlichkeit** bestehen, so für den Halter, der sein Fz fahrlässig einem verkehrsunsicheren Fahrer überlässt (§ 31 II StVZO, s dort). Bei durch den Fahrunsicheren ausgelösten Gefährdungen Haftung des Nicht-Halters, der Verfügungsmacht über ein Fz hat und einem erkennbar Fahrunsicheren die Führung überlässt (§ 1 StVO, Hb NJW **64** 2027). Verletzung des § 2 FeV, wenn er infolge Alkoholbeeinflussung (2,1‰) die Fahrunsicherheit des Fahrers nicht erkennt und ihm die Führung nicht untersagen kann (Hb VRS **27** 156, Ol VRS **26** 354). Gleichfalls kann eine Haftung für OW des trunkenen Fahrers auf der Fahrt eintreten (BGHSt **14** 24, NJW **60** 924, Bra VRS **17** 227, Hb VM **61** 38).

98 **17. Konkurrenzen. Wahlfeststellung.** Fahrlässige Trunkenheitsfahrt (§ 316 II) tritt gegenüber § 315c I Nr. 1a, III StGB zurück (§ 315c Rz 70) und ist gegenüber dieser Vorschrift wie auch gegenüber § 142 minderschwer, so dass sie mehrere Akte gegen § 315c I Nr. 1a, III nicht zur Handlungseinheit zusammenfasst (BGH NJW **70** 257). Die **Dauerstraftat** der Trunkenheit im V beginnt mit dem Antritt der Fahrt im Zustand der Fahrunsicherheit und endet regelmäßig erst nach deren endgültiger Beendigung oder nach Wiedererlangen der Fahrsicherheit während der Fahrt (BGH NJW **67** 942, **73** 335, **83** 1744, VRS **48** 354, **49** 185, Bay VRS **56** 195). Sie endet idR auch mit dem neuen und anders motivierten Beginn einer Unfallflucht (BGH VRS **44** 269, *Seier* NZV **90** 129). Änderung der Fahrtrichtung, um PolKontrolle zu entgehen,

lässt keine neue Trunkenheitsfahrt beginnen (BGH VRS **48** 354, **49** 185, BGH NJW **83** 1744, abw Ko VRS **47** 340 [aufgegebener Parkentschluss]). Sachlich-rechtlich *eine* Dauerstraftat nach § 316, sofern die Fahrt bei aufrecht erhaltener Fahrabsicht verkehrsbedingt oder aus anderen Gründen (auch unter Verlassen des Fz, zB Tanken, Gaststättenbesuch) nicht ganz langfristig unterbrochen wird (Bay NStZ **87** 114; AG Lüdinghausen NZV **07** 485, *Seier* NZV **90** 131), nicht aber bei neuem Entschluss nach Blutentnahme (Ha NZV **08** 532). Eine Trunkenheitsfahrt, die sich nach 1$^{1}/_{2}$ Stunden Unterbrechung fortsetzt, kann dieselbe Tat iS des § 264 StPO sein (Ce DAR **66** 137, abw Kö VRS **75** 336 [zu § 24a StVG]). *Eine* Tat, falls der Angekl. nach fahrlässiger Tatbegehung die Fahrt fortsetzt, nachdem er Kenntnis von seiner Fahrunsicherheit erlangt hat (Bay VRS **59** 195). Bei Wiedererlangung der Schuldfähigkeit während einer im Zustand der Schuldunfähigkeit angetretenen mehrstündigen Trunkenheitsfahrt kommt TE zwischen § 323a und § 316 in Frage (BGH VRS **62** 192). Gegenüber zugleich begangenen OW geht § 316 vor (§ 21 OWiG).

Zwischen Trunkenheitsfahrt nach § 316 oder 315c I Nr 1a und nachfolgendem **unerlaub-** **99** **ten Entfernen vom Unfallort** (§ 142 I) besteht TM (§ 142 Rz 72), ebenso bei Weiterfahrt trotz Kenntniserlangung von zunächst nicht bemerktem Unfall: weiteres tatmehrheitlich zur vorausgegangenen Trunkenheitsfahrt begangenes Vergehen nach § 316 in TE mit § 142 II (Bay VRS **61** 351), und zwar auch dann, wenn § 142, etwa wegen Feststellungsverzichts des Geschädigten nicht erfüllt ist (Bay aaO, Kar NStZ-RR **06** 281). Zwischen § 142 I und dem dadurch gleichzeitig verwirklichten Vergehen nach § 316 oder § 315c besteht TE (Ha VRS **53** 125). TE mit *§ 177 und § 237 StGB* ist möglich (Klammerwirkung des § 237 StGB, BGH VRS **60** 292, **66** 443). Wer, nach Unfall fahrunsicher, noch einige 100 m weiterfährt, um gefahrlos wenden zu können und dann zurückfährt, begeht keine weitere selbstständige Trunkenheitsfahrt (Bay NJW **73** 1657). Trunkenheitsfahrt nach Vollendung, aber vor Beendigung *eines Diebstahls* steht zu diesem in TE (Bay NJW **83** 406). TE mit Diebstahl des Kfz, wenn die Wegnahme durch das Wegfahren erfolgt (BGH DAR **07** 37). Wer fahrunsicher ein Kfz geführt hat, aber behauptet, ein anderer habe es geführt, ist *nicht wegen Vortäuschens einer Straftat* (§ 145 d) strafbar (BGHSt **19** 305, VRS **27** 194, Fra NJW **75** 1895, Ha NJW **64** 734, Ce NJW **64** 733), ebenso wenig eine nüchtern gebliebene Person, die wahrheitswidrig behauptet, das Fz statt des alkoholbedingt fahrunsicheren Täters geführt zu haben (Zw NZV **91** 238). Wer *bewusst in Schlangenlinien* fährt, um Trunkenheitsfahrt vorzutäuschen, verletzt nach Kö VRS **54** 196 § 145d StGB, obgleich solches Verhalten auch anders deutbar ist. Wollen Streifenbeamte bei Trunkenheitsverdacht eine Blutprobe veranlassen, so ist Widerstand Verstoß *gegen § 113* StGB (Fra NJW **74** 572). TE mit §§ 315b, 113: BGH VRS **49** 177. Wer den verfolgenden PolWagen anzufahren droht, so dass dieser ausweichen muss, leistet gewaltsamen Widerstand (Fra VRS **42** 270). Gezieltes Zufahren auf kontrollierenden Beamten nach Alcotest, um Weiterfahrt zu erzwingen, ist schwerer Fall des Widerstands (§ 113: II, Ko DAR **73** 219), uU Nötigung (KG VRS **45** 35); zu § 315b dort Rz 10. Die durch einen alkoholbedingt fahrunsicheren Kf auf der Flucht vor der Pol verwirklichten Straftatbestände (zB §§ 315b, 315c, 142 StGB) bilden idR mit § 316 StGB eine Handlungseinheit (**Polizeiflucht**), § 24 StVG Rz 58. Zu **BtM-Besitz** und VTeilnahme unter Drogeneinfluss § 24a StVG Rz 29.

Wahlfeststellung zwischen vorsätzlichem § 316 und Anstiftung dazu ist möglich (Dü **100** NJW **76** 579). Wahlweise Verurteilung nach § 316 und einer OW ist ausgeschlossen (§ 21 OWiG). Nach Anklage wegen § 316 ist das in der Hauptverhandlung stattdessen festgestellte Gestatten des Fahrens ohne FE verfahrensrechtlich dieselbe Tat iS von § 264 StPO (Bay VRS **65** 208). Zwischen § 316 und Gestatten des Fahrens ohne FE (§ 21 I Nr 2 StVG) ist Wahlfeststellung möglich; kommt bei einem dieser Delikte Vorsatz, bei den anderen nur Fahrlässigkeit in Betracht, ist wegen § 316 II StGB oder nach § 21 I Nr 2, II Nr 1 StVG zu verurteilen (Ha NJW **82** 192 m Anm *Schulz* NJW **83** 265, aM AG St Wendel DAR **80** 58 [Wahlfeststellung zwischen fahrlässigem § 316 und vorsätzlichem Gestatten des Fahrens ohne FE zulässig]). Lässt sich bei fahrlässiger Körperverletzung oder Tötung durch Alkoholeinfluss nicht feststellen, ob der Angekl. entweder selbst das Fz fahrunsicher geführt oder aber dieses als Halter einer erkennbar fahrunsicheren anderen Person überlassen hat, ist Verurteilung nach §§ 229 bzw 222 auf Grund alternativer Sachverhaltsfeststellung zulässig (Kar NJW **80** 1859, aM Ko NJW **65** 1926 mit abl Anm. *Möhl*).

18. Urteilsfeststellungen, Sanktionen. Die Gesamtumstände der Fahrt (privater oder be- **101** ruflicher Anlass, Länge, Ort der Fahrt usw) **sind im Urteil festzustellen** und zu würdigen, andernfalls auch eine Beschränkung der Berufung auf den Rechtsfolgenausspruch unzulässig ist

(Bay NZV **92** 453; **97** 244, Kö StV **01** 355; Brn BA **08** 314). Der Schuldspruch muss ausweisen, ob wegen vorsätzlicher oder fahrlässiger Tat verurteilt wurde (Rz 74). Für die **Strafzumessung** gelten die allgemeinen Regeln (s auch § 315 c Rz 55 ff). Die Wirkungen einer *gleichzeitig angeordneten EdF* sind (eingeschränkt) zu berücksichtigen; zwar folgt die Maßregel eigenen Regeln; soweit aber spezialpräventive Wirkungen, die von der Strafe ausgehen sollen, durch EdF erreicht werden, ist dem bei der Strafzumessung Rechnung zu tragen (Dr NZV **01** 439, Zw MDR **70** 434, Fra NJW **71** 669, *Koch* DAR **73** 14). Generalprävention ist als Strafzumessungsgesichtspunkt in der Rspr grundsätzlich anerkannt (zB BGH StV **05** 387, NStZ **92** 275), jedoch stets nur im Rahmen des Schuldangemessenen (Dü JMBlNRW **01** 241). Erhöhung der Strafe zur Abschreckung anderer jedoch nur, wenn gemeinschaftsgefährliche Zunahme der betreffenden Deliktsart *festgestellt ist* (BGH StV **05** 387, Rz 103, § 315 c Rz 60). Schematische Strafzumessung ist auch bei Trunkenheitsfahrten mit § 46 StGB unvereinbar (Hb NJW **63** 2387, Ha VRS **38** 178). Dies gilt auch für die *ohne Berücksichtigung des jeweiligen Falls erfolgende* schematische Anwendung von *Strafzumessungsempfehlungen* und richterlichen Absprachen. Erfahrungsaustausch zwischen Richtern und Versuche, bei einem Massendelikt wie § 316 in Regelfällen nach Möglichkeit zu Gleichbehandlung im Strafen zu gelangen, sind indessen hilfreich und nützlich (*Janiszewski* 397, *Tröndle* BA **71** 73, *Middendorff* BA **71** 26, *Kulemeier* S 245; abl *Jagusch* NJW **70** 401, 1865, *Leonhard* DAR **79** 89).

102   a) **Kurze Freiheitsstrafe** ist nur ausnahmsweise zulässig; wird auf Freiheitsstrafe erkannt, muss nach § 47 StGB begründet werden, warum Geldstrafe nicht ausreicht (§ 315 c Rz 55 ff). Die Masse der kurzen Freiheitsstrafen betrifft Wiederholungstäter. Wer als mehrfacher Wiederholungstäter in Fahrbereitschaft trinkt und dann abermals fährt, verwirkt idR Vollstreckungsstrafe (Ko VRS **54** 31). Nicht jeder Rückfall macht aber Freiheitsstrafe nötig (Dü VM **71** 58, NZV **71** 46, Fra DAR **72** 49, Kö VRS **39** 418, Ha JMBlNRW **70** 265), auch nicht nach mehreren einschlägigen Vorstrafen (Bay DAR **92** 184 [Tat mit Ausnahmecharakter, letzte einschlägige Verurteilung vor mehr als 7 Jahren]).

103   **Zur Verteidigung der Rechtsordnung** sind kurze Freiheitsstrafen zulässig (§ 315 c Rz 60, Stu VRS **39** 417, Ha VRS **39** 479). Die Notwendigkeit der Verteidigung der Rechtsordnung muss nachprüfbar begründet werden (Ha VRS **39** 480, Ko VRS **40** 9). Bewiesener Anstieg der Trunkenheitsfahrten im Gerichtsbezirk nötigt nicht zu dem Schluss, nur kurze, unausgesetzte Freiheitsstrafe könne die Rechtsordnung ausreichend verteidigen (Fra NJW **71** 666), kann sie aber uU rechtfertigen (Fra VRS **42** 182, s auch § 315 c Rz 60).

104   b) **Strafmildernd** kann langsames Trinken mit entsprechend niedriger BAK wirken (Hb VM **69** 29) oder Mitschuld dessen, der erkennbar angetrunkenen, übermüdeten Fahrer um Mitnahme gebeten hat (BGH VRS **21** 54) oder der als Mitfahrer vorher zum Trinken ermuntert hatte (BGH DAR **64** 22), uU unbewusst fahrlässige Trunkenheitsfahrt (Kar DAR **68** 220), die Tatsache, dass die gefahrene Strecke nur wenige Meter betrug (Kö VRS **100** 68, Kar VRS **81** 19, *Artkämper* BA **00** 317), aber nicht Folgenlosigkeit schlechthin (Neust DAR **57** 236, Ha VRS **15** 45), nicht **verminderte Schuldfähigkeit** wegen Trinkens trotz Schädelverletzung, wenn der Fahrer seine Alkoholintoleranz hätte kennen müssen (BGH VRS **16** 186, s auch BGH VRS **30** 277 [Magenkranker]).

105   c) **Selbstverschuldete Trunkenheit.** Nach vormals überwiegender Ansicht keine allgemeine Regel, dass Strafrahmenverschiebung nach §§ 21, 49 StGB bei selbstverschuldeter Trunkenheit nur in Ausnahmefällen in Frage käme (BGH NStZ-RR **03** 136, BA **05** 48, Bay DAR **00** 532, Kar NZV **99** 301, LK-*König* Rz 243). Hingegen verstärkt sich in der neueren, freilich uneinheitlichen Rspr des BGH die Tendenz in Richtung auf einen Grundsatz, dass die Strafrahmenverschiebung bei selbstverschuldeter Trunkenheit **idR zu versagen ist** (BGH NJW **03** 2394 (zust *Foth* NStZ **03** 597, abl *Neumann* StV **03** 527, *Streng* NJW **03** 2963, *Frister* JZ **03** 1019, *Rau* JR **04** 401, krit *Scheffler* BA **03** 449), NStZ **05** 151, NZV **06** 431, abl BGHSt **49** 239 = NStZ **04** 678, zum Ganzen *Schöch* GA **06** 371). Für § 316 StGB ist die Streitfrage *praktisch* (nicht aber rechtlich, s Ha BA **06** 487) von eher untergeordneter Bedeutung, weil es keinen großen Unterschied macht, ob man die verminderte Schuldfähigkeit innerhalb des nicht verschobenen Strafrahmens von 1 Jahr Freiheitsstrafe würdigt oder ob man von 9 Monaten Höchstmaß ausgeht, wobei der Schuldminderung im bereits gemilderten Strafrahmen dann ein geringeres Gewicht zukommt. **Keine Strafrahmenverschiebung** jedenfalls idR, wenn der Täter die Alkoholisierung zu verantworten *und* sich die Gefahr, eine Straftat zu begehen, vorwerfbar erhöht hat (BGH NStZ **04** 678), zB, wenn die spätere Benutzung des Fz schon bei Trinkbeginn für den Täter vorhersehbar war (BGH NStZ **04** 678 (680), DAR **87** 199, VRS **69**

118, Nau DAR **99** 228, Jn VM **95** 88, LK-*König* Rz 243), ebenso, wenn der Täter seine Neigung zu Straftaten unter Alkoholeinfluss kannte (BGH NStZ-RR **03** 136, Ko VRS **104** 300). Hingegen kann die Alkoholaufnahme einem Alkoholkranken oftmals nicht vorgeworfen werden (BGH BA **06** 482). Kommt ein Umstand erschwerend und zugleich mildernd in Betracht, so darf er nicht nur einseitig verwertet werden (BGH VRS **56** 189). Wer sich über eine Warnung vor gleichzeitigem Alkoholgenuss im Beipackzettel eines Medikaments hinwegsetzt, kann beschränkte Schuldfähigkeit zu vertreten haben (Ha VRS **47** 257).

d) Straferhöhend kann vorsätzliche Tatbegehung ins Gewicht fallen (Sa NJW **74** 1391, Schl **106** BA **81** 370). Das Ausmaß der von der Fahrt ausgehenden abstrakten Gefahr im Hinblick auf die konkreten Gegebenheiten der Fahrt und den Grad der Fahrunsicherheit kann erschwerend berücksichtigt werden, soweit diese Umstände über die Merkmale des Tatbestands hinausgehen (Bay NZV **92** 453); andernfalls Verstoß gegen § 46 III. Erschwerend wirkt eine hohe BAK, weil entscheidend für den Grad der Gefahr und das Ausmaß der Schuld (Ha NJW **67** 1332, VM **66** 83, Zw DAR **70** 106, aM *Middendorff* BA **78** 107), uU auch Trinken in Fahrbereitschaft, etwa bei „Zechtour" (Ko VRS **51** 428, BA **78** 62, *Koch* NJW **70** 842), Taxifahren in Angetrunkenheit (Ol NJW **64** 1333, VRS **27** 204). Die durch einen Straftatbestand wie zB § 229 StGB gem § 21 I OWiG verdrängte OW des § 24 a StVG kann strafschärfend berücksichtigt werden (*Janiszewski* 427, s auch BGH NJW **54** 810, Ha NJW **73** 1891, Br NJW **54** 1213). Nach Stu DAR **57** 243 Tatzunahme im Gerichtsbezirk, die nachprüfbar darzulegen ist (Rz 101). Zur straferhöhenden Verwertung eines Nachtrunks § 315 c Rz 59.

Nicht straferhöhend darf berücksichtigt werden ein früherer Freispruch vom Vorwurf des **107** § 316, weil dies gegen Art 6 II MRK verstieße und die Verbotenheit der Trunkenheitsfahrt ohnehin jeder kennt (aM Ha DAR **60** 145), nicht das auch in Durchschnittsfällen regelmäßig vorhandene Bewusstsein, noch fahren zu müssen (BGH NJW **68** 1787; s aber Rz 42), nicht Fahren in der Anflutungsphase für sich allein (Bay DAR **65** 53), nicht Umstände, die die Fahrt lediglich als Durchschnittsfall kennzeichnen (Hb k + v **69** 245), nicht „fehlende Mitschuld" des Verletzten (BGH VRS **23** 438), nicht der Beruf als Rechtsanwalt oder Notar (Ha DAR **59** 324, Bay DAR **81** 243), nicht Arzteigenschaft ganz allgemein, auch nicht die daraus resultierende bessere Kenntnis der Alkoholwirkungen (*Hanack* NJW **72** 2228, **aM** Fra NJW **72** 1524), auch keine Strafverschärfung für Trunkenheitsfahrt eines Arztes auf dem Weg zur Praxis (Ha BA **07** 38). Zur Bedeutung der beruflichen Stellung näher § 315 c Rz 58.

e) Vorstrafen, auch auf anderen Gebieten, können herangezogen werden, soweit sie den **108** Täter als VT beleuchten (KG VRS **30** 200). Die Verwertbarkeit muss begründet werden (Ko VRS **54** 192, Zw VRS **38** 40). Auch Eintragungen im VZR müssen ordnungsgemäß festgestellt sein (vgl Nü NZV **07** 640). Tilgungsreife oder getilgte Verurteilungen und der ihnen zugrunde liegende Sachverhalt dürfen, ausgenommen bei Prüfung einer EdF, unter den Voraussetzungen des § 52 II BZRG weder vorgehalten noch nachteilig verwertet werden, ebenso wenig andere Behörden- oder PolAkten (§ 29 StVG).

Lit: *Dünnebier,* Die Strafzumessung bei Trunkenheitsdelikten im StrV …, JR **70** 241. *von Gerkan,* Prominentenstrafrecht bei VDelikten?, MDR **63** 269. *Granicky,* Die Strafzumessung bei alkoholbedingten VStraftaten …, BA **69** 449. *Jagusch,* Strafzumessungsempfehlungen von Richtern im Bereich der StrVgefährdung?, NJW **70** 401. *Derselbe,* Gegen Strafzumessungskartelle im StrVrecht, NJW **70** 1865. *Janiszewski,* Strafzumessungspraxis der Gerichte bei Alkoholdelikten im StrV, BA **68** 27, **69** 177. *Krüger,* Die Ahndung der Alkoholdelinquenz im StrV …, BA **69** 352. *Kruse,* Sind Strafzumessungsempfehlungen zulässig?, BA **71** 15. *Martin,* Geldstrafe oder Freiheitsstrafe bei Trunkenheit am Steuer?, BA **70** 13. *Middendorff,* Die Diskussion über die Strafzumessung, BA **65/66** 75. *Ders.,* Strafzumessung in Vergangenheit und Zukunft, BA **71** 26. *Neumann,* Erfolgshaftung bei „selbstverschuldeter" Trunkenheit?, StV **03** 527. *Schröder,* Zur Verteidigung der Rechtsordnung, JZ **71** 241. *Schultz,* Zum Strafmaß bei Trunkenheitsdelikten im StV, BA **77** 307. *Seib,* Gleichmäßigkeit des Strafens …, BA **71** 18. *Tröndle,* Die Strafzumessung bei Trunkenheit im StrV, BA **65/66** 457. *Derselbe,* Das Problem der Strafzumessungsempfehlungen, BA **71** 73.

19. Strafaussetzung zur Bewährung. Grundsätzlich hierzu: § 315 c Rz 61 ff. Freiheits- **109** strafen unter 6 Monaten (bei § 316 die Regel) sind bei günstiger Prognose *zwingend* auszusetzen. Freiheitsstrafe von 6 Monaten bis zu 1 Jahr ist bei günstiger Prognose auszusetzen, es sei denn, die Verteidigung der Rechtsordnung gebiete Vollstreckung (§ 56 III). Zum Begriff der Verteidigung der Rechtsordnung § 315 c Rz 63. Vollstreckung einer Freiheitsstrafe von 6 Monaten bis zu 1 Jahr ist zur Verteidigung der Rechtsordnung nur geboten, wenn Aussetzung wegen der Besonderheit des Falls einer *mit den Umständen des konkreten Falls vertrauten* Rechtsgemeinschaft schlechthin unverständlich erscheinen müsste und das Vertrauen in die Rechtsordnung dadurch erschüttert werden könnte (hierzu § 315 c Rz 63 f).

110 **a) Einschlägige Vorstrafen** sind für die Prognose von wesentlicher Bedeutung, schließen die Aussetzung aber nicht schlechthin aus (Bay DAR **70** 263, **73** 207, Ko VRS **70** 145, Kar VRS **38** 331, Fra NJW **77** 2175). Je nach Anzahl, Abstand der Vorstrafen sowie den Umständen der früheren und der abzuurteilenden Tat kann aber zur Begründung einer positiven Prognose eine eingehende Begr geboten sein (Ko VRS **70** 145, BA **77** 60, Stu VRS **39** 420, Bay DAR **71** 205). Günstige Prognose allein für die Dauer der Bewährungsfrist genügt nicht (Bay VRS **62** 37). In besonderen Fällen kann sogar bei einer einzigen Vorstrafe zur Begr von Aussetzung eingehende Darlegung der Erwägungen erforderlich sein, die eine günstige Prognose stützen (Ko VRS **56** 145). Hat der Täter *schon eine Freiheitsstrafe wegen Trunkenheit im V verbüßt*, so werden nur ganz besondere Gründe eine günstige Prognose rechtfertigen können (Stu DAR **71** 270, aM Fra NJW **70** 956: weil der spezialpräventive Erfolg nicht erzielt worden sei, bedürfe dann Nichtaussetzung einer besonders sorgfältigen Begr!). Einschlägige Straftat *innerhalb einschlägiger Bewährungszeit* deutet auf schlechte Prognose hin und wird nur unter besonderen Umständen nochmalige Aussetzung erlauben (Bay DAR **70** 263, **71** 205, Ko VRS **104** 300, Ha DAR **72** 245, Sa VRS **49** 351). Jedoch schließt Tatbegehung innerhalb der Bewährungszeit erneute Aussetzung nicht *strikt* aus (BGH NStZ-RR **97** 68, Kö MDR **70** 1026). Denkbar ist sie bei nun gewonnener Krankheitseinsicht und Absolvierung einer Therapie mit Abstinenz. Dies gilt jedoch dann nicht, wenn der Angekl. schon bei der früheren Verurteilung einsichtig und abstinent gewesen war, aber dann gleichwohl rückfällig geworden ist (Mü DAR **08** 533). Die Möglichkeit erschwerter Bewährungsauflagen ist in Betracht zu ziehen (*Horstkotte* JZ **70** 127). Schließlich ist bei der Prognose die Wirkung der *gleichzeitig verhängten EdF* zu berücksichtigen, die die Freiheitsstrafe von ihrer sichernden Funktion in gewissem Umfang zu entlasten vermag (Rz 101). Zur Aussetzung bei schweren Unfallfolgen § 315c Rz 63 f.

111 **b)** Bewusst fahrlässige Trunkenheitsfahrten innerhalb der Bewährungszeit rechtfertigen **Bewährungswiderruf** (Ko VRS **54** 192, **52** 24, BA **81** 111, Ko VRS **71** 180), auch als Rauschtat (§ 323 a) begangene Trunkenheitsfahrt (Ko BA **81** 111). Wurde wegen der innerhalb der Bewährungszeit begangenen Tat erneut Aussetzung bewilligt, so kann die frühere Strafaussetzung widerrufen werden, wenn die günstige Prognose des späteren Urteils nicht nachvollziehbar ist (Dü NZV **98** 163).

112 **20. Entziehung der Fahrerlaubnis.** Nach § 69 II StGB ist bei Vergehen nach § 316 idR auf EdF zu erkennen. Vorläufige EdF: § 111 a StPO. Bei Nichtentziehung der FE idR FV (§ 44 StGB). Versagung oder EdF durch die VB bei festgestellter Trunkenheit im Verkehr: §§ 2, 3 StVG.

113 **21. Zur Verwarnung mit Strafvorbehalt und zum Absehen von Strafe** § 315 c Rz 66, 67.

114 **22. IdR keine Einziehung des Fz** (§ 74), weil das Fz nicht Tatmittel, sondern Beziehungsgegenstand ist und eine spezielle Vorschrift wie § 21 III StVG fehlt (Ha BA **74** 282, LG Gera VRS **99** 365, *Geppert* DAR **88** 14).

115 **23. Sonstiges.** Der Laie wird auf Grund äußerer Anzeichen nur in seltenen Ausnahmefällen beurteilen können, ob alkoholbedingte Fahrunsicherheit vorliegt. Ein **Festnahmerecht** gem § 127 I StPO wird daher nur bei offenkundigen, schweren alkoholtypischen Ausfallerscheinungen gegeben sein (BGH GA **74** 177, Zw NJW **81** 2016 mit abl Anm *Händel* BA **81** 369). Einem fahrunsicheren Kf den **Zündschlüssel abzunehmen**, ist durch Notstand gerechtfertigt; hiergegen ist Notwehr nicht zulässig (Ko NJW **63** 1991). Vorsätzliches Vertauschen der Blutprobe im Untersuchungsverfahren ist **Strafvereitelung** und uU Ausstellen eines unrichtigen ärztlichen Zeugnisses, möglicherweise auch nach § 133 I StGB strafbar (Ol VRS **8** 204). Strafvereitelung, wenn der Verteidiger der Pol den Zugriff auf einen alkoholbeeinflussten Kf und die Blutprobe erschwert (Ha DAR **60** 19).

116 **Fußgänger** können allenfalls nach den §§ 2 FeV, 24 StVG belangt werden. Grenzwerte existieren nicht (KG VRS **20** 44, Ha VkBl **62** 684, Kö JMBlNRW **64** 202, Sa VRS **21** 69, Dü VM **62** 60, Ol VRS **106** 438; s aber Stu VRS **25** 462: bei Tag zwischen 2 und 2,5‰, bei Nacht zwischen 1,7 und 2‰ BAK). Keine VUntüchtigkeit jedenfalls bei 1,84‰ BAK (Dü VersR **72** 793), aber auch nicht ohne Weiteres bei 3,28‰ (Bay DAR **82** 246 [*Rüth*]). Allgemeines Müdigkeits- und Schweregefühl ist kein ausreichender Beweis für VUnfähigkeit; auch verkehrswidriges Verhalten lässt Schluss auf VUnfähigkeit nur zu, wenn es sich als Folge des Alkoholgenusses ausweist (Sa VRS **21** 69). Kein Beweisanzeichen alkoholbedingter VUnsicherheit, wenn ein Fußgänger, der mit 2,25‰

BAK bei Dunkelheit, Regen und GegenV innerorts 70 bis 80 cm vom Straßenrand auf einer bürgersteiglosen 5,85 m breiten Bundesstraße geht, vor einem von hinten kommenden Pkw nicht an den äußeren Straßenrand ausweicht (Bay VRS **28** 65). Zum Nachweis des inneren Tatbestands bei verkehrsuntüchtigem Fußgänger Ha JMBlNRW **64** 189. Für den **Beifahrer** auf Krad, Moped (Mofa) oder Roller (s auch Rz 5) gelten die Grenzen für alkoholbedingte Fahrunsicherheit weder unmittelbar noch sinngemäß (Ha VRS **22** 479). Dennoch wurde vereinzelt absolute VUnsicherheit bei Soziusfahrern mit hoher BAK bejaht (Ha DAR **63** 218 [2,0‰]).

24. Zivilrecht. Wegen der zivilrechtlichen Folgen von Trunkenheit s die §§ 7 ff StVG. IdR wird ein solcher Fahrer nach den §§ 823 ff BGB haften. Bei absoluter Fahrunsicherheit, für die auch im Haftungs- und Versicherungsrecht der Grenzwert von 1,1‰ gilt (BGH NZV **02** 559, **92** 27, Dü VersR **04** 1406, Ko VRS **103** 174, Kar NZV **02** 227, BSG NZV **93** 267), spricht der **Anschein** für die Ursächlichkeit der Fahrunsicherheit für den Unfall (BGH VersR **86** 141, NZV **92** 27, Nau VersR **05** 1233, Sa ZfS **04** 323, Brn ZfS **04** 518, Dü VersR **04** 1406, Kö ZfS **00** 111, Ha DAR **00** 568, NZV **92** 318 [Radf], Kar NZV **92** 322), vorausgesetzt, dieser hat sich unter Umständen zugetragen, die einem nüchternen FzF keine Schwierigkeiten bereitet hätten (BGH NZV **95** 145, Dü NJW-RR **01** 101, Kö ZfS **00** 111, Ha VersR **87** 788, Ba VersR **87** 909, Zw VRS **88** 109). Kein Anschein gegen einen von zwei unter Alkoholeinfluss stehenden Unfallbeteiligten bei ungeklärtem Unfallhergang (Schl NZV **91** 233). Der Anschein ist widerlegt, wenn der Unfall durch andere Ursachen verursacht wird (zB Glatteis, Fra NJW-RR **97** 91) oder wenn auch im Idealfahrer den Unfall nicht hätte verhindern können (AG Landstuhl ZfS **07** 681 m Anm *Diehl*). Bei BAK unterhalb des Beweisgrenzwerts darf ohne alkoholbedingte Ausfallerscheinungen nicht mittels Anscheinsbeweises auf Fahrunsicherheit geschlossen werden (BGH NZV **88** 17, Sa ZfS **04** 323, KG NZV **96** 200, Kö VersR **89** 139, Kar VersR **91** 181, Ha NZV **94** 112). Jedoch eignet sich der Anscheinsbeweis dann zum Nachweis der (relativen) Fahrunsicherheit, wenn sich der Unfall unter Umständen ereignet hat, die ein nüchterner Fahrer hätte meistern können (Dü VersR **04** 1406, Kö VRS **102** 424, Sa VRS **106** 170, BA **04** 533, Kar ZfS **93** 160, Ha VersR **82** 385, Ce NRpfl **90** 228, aM Mü NJW-RR **87** 476, wonach nur grobes Versagen den Schluss auf Fahrunsicherheit rechtfertige). Ist „relative" Fahrunsicherheit festgestellt, so kann der Anscheinsbeweis auch zum Nachweis ihrer Ursächlichkeit für den Unfall herangezogen werden (Dü VersR **04** 1406, Kar ZfS **93** 160, Kö VersR **83** 50, Ha NZV **03** 92, Fra NVersZ **02** 129). Der vom Fahrer verschiedene Halter haftet für Schäden, die der trunkene Fahrer verursacht, mindestens nach § 7 StVG. Wer als Geschäftsführer ohne Auftrag den betrunkenen Halter in dessen Kfz heimfährt, obwohl er 1,5‰ BAK hat, handelt nicht unbedingt grob fahrlässig (§ 680 BGB; BGH NJW **72** 475). **Haftung gegenüber Insassen** des vom trunkenen Fahrer gelenkten Fz, Gefälligkeitsfahrt, Haftungsverzicht, Handeln auf eigene Gefahr: §§ 8a, 16 StVG. Mitschuld des Verletzten: § 9 StVG, § 16 StVG Rz 11. Die Schuld des Fahrunfähigen (1,43‰ BAK) wird idR erheblich größer sein als diejenige des Mitfahrers, der die Alkoholisierung kennt (KG VM **79** 24). Zur Ersatzpflicht der Mitfahrer, die angetrunkenem Fahrer zu einem Kfz verhelfen, Ol VRS **34** 241. Haftung des fahrunsicheren Arbeitnehmers für Verlust von Prämienvorteilen des Arbeitgebers: BAG NJW **82** 846. EdF wegen einer Trunkenheitsfahrt als Kündigungsgrund bei Berufsfahrern: LAG Ha Betr **78** 750, *Zepf* VD **82** 183.

Versicherungsrecht. Hinsichtlich der Anwendbarkeit des VVG 08 müssen die Übergangsfristen nach Art 1 EGVVG beachtet werden: Das VVG 08 gilt nach Art 1 I EGVVG ab 1. 1. 08 uneingeschränkt für ab dem 1. 1. 08 geschlossene Verträge (*Neuverträge*). Bei *Altverträgen* gilt das bisherige Recht nach Art 1 II EGVVG noch bis 31. 12. 08 uneingeschränkt; es gilt über den 1. 1. 09 hinaus für alle Versicherungsfälle, die bis einschließlich 31. 12. 08 eingetreten sind (*Hera* VGT **08** 154). **Gefahrerhöhung** führt zu Kündigungsrecht des VU (§ 24 VVG alt, § 24 VVG 08), nach § 25 I VVG alt bei verschuldeter Gefahrerhöhung grundsätzlich zur Leistungsfreiheit, nach § 26 I 1 VVG 08 bei vorsätzlicher Gefahrerhöhung zu Leistungsfreiheit, bei grob fahrlässiger zu Quotierung (§ 26 I 2 VVG 08). Neigung zu Trunkenheitsfahrten oder anderen ungewöhnlich leichtfertigen Verhaltensweisen bewirkt Gefahrerhöhung (Dü DAR **63** 383, VersR **64** 179, Nü VersR **65** 175). Hingegen genügt einmalige oder gelegentliche Trunkenheitsfahrt ohne besondere Neigung in der Haftpflichtversicherung nicht (BGH NJW **52** 1291, VersR **71** 808, DAR **72** 105, Dü NZV **04** 594, Ha VersR **67** 748, Nü VersR **65** 175, Schl VersR **60** 593, Fra NJW **70** 2096, KG NJW **64** 1328, alle zu §§ 23 ff VVG aF), gleichfalls nicht in der Kaskoversicherung (Dü VersR **05** 348). Bei Vereinbarung im Versicherungsvertrag (vgl. D.2.1 AKB 08) kann FzFühren in rauschmittelbedingter Fahrunsicherheit in den Grenzen des § 5 III KfzPflVV in der **Haftpflichtversicherung** zur Leistungsfreiheit des VU **wegen Oblie-**

117

118

genheitsverletzung führen (Sa NVersZ **02** 124, Ha ZfS **03** 408, Nü NJW-RR **01** 97). Nach § 6 I 3 VVG alt bestand Kündigungspflicht des VU (Kö VersR **04** 1596). Die Kündigungspflicht wurde nicht in § 28 VVG 08 übernommen. Überträgt man die im Rahmen des Strafrechts entwickelten Grundsätze (Rz 74 ff, 80) auf das Versicherungsrecht, wird der nach § 28 II 1 VVG 08 für Leistungsfreiheit erforderliche Vorsatz (s o), kaum je nachgewiesen werden können (*Schirmer* DAR **08** 319, weitergehend wohl *Nugel* NZV **08** 11). Grobe Fahrlässigkeit, die idR vorliegen wird, führt nach § 28 II 2 VVG 08 zur Quotierung. Jedoch ist der VN in der Haftpflichtversicherung durch § 5 III KfzPflVV ausreichend geschützt, was gegen die Anwendbarkeit des § 28 II 2 VVG 08 spricht; folgt man dem, so kann der VU innerhalb der dortigen Grenzen in vollem Umfang Regress nehmen (*Nugel* NZV **08** 11; *Mergen* NZV **07** 385; aM AK IV 46. VGT VGT **08** 10; *Schirmer* DAR **08** 319). Zur andernfalls vorzunehmenden Quotierung fehlen wie im Rahmen des § 81 II VVG 08 (Rz 119) noch anerkannte Maßstäbe. Denkbar ist, ohne Hinzukommen von Besonderheiten bei Fahrunsicherheit von „mittlerer" grober Fahrlässigkeit auszugehen und eine Quote von 50% anzunehmen und ansonsten an den Grad der BAK anzuknüpfen (so *Felsch* r + s **07** 485). Grundsätzlich möglich ist der Kausalitätsgegenbeweis (§ 28 III 1 VVG 08). Er wird jedoch meist nicht geführt werden können. Kausalitätsprobleme, wie sie im Rahmen des § 315 c auftreten (dort Rz 39 ff), werden wohl wegen der den VN treffenden Beweislast meist nicht praktisch werden. Die Voraussetzungen des § 2 b Nr 1 e AKB (D.2.1 AKB 08) sind bei absoluter Fahrunsicherheit stets erfüllt (Kö NVersZ **00** 534), ebenso bei relativer (Ha ZfS **03** 408), nicht dagegen bei BAK unter 1,1‰ ohne Hinzutreten weiterer Beweisanzeichen für Fahrunsicherheit (Jn NJW-RR **03** 320). Obliegenheitsverletzung sowohl durch Trunkenheit als auch Unfallflucht führt zur Verdopplung der versicherungsrechtlichen Sanktion (BGH NJW **06** 147, Brn ZfS **04** 518 m Anm *Rixecker*, Dü VersR **04** 1406, Schl NZV **03** 184, Kö ZfS **03** 23 m Anm *Rixecker*, Sa VersR **04** 1131, Ha NJW-RR **00** 172, krit *Wessels* NVersZ **00** 262; LG Gießen VersR **01** 1273, zust *Littbarski* BA **01** 473, *Knappmann* NVersZ **00** 558, abw Nü NJW-RR **01** 97). Obliegenheitsverletzung durch Verschleierung der BAK in der Haftpflicht- und FzVersicherung: § 142 Rz 76. Verletzt der **angestellte Fahrer** das Verbot, unter Alkoholeinwirkung zu fahren, handelt er grobfahrlässig und setzt sich dem Rückgriff des Versicherers aus (§ 110 SGB VII, § 640 RVO aF; BAG VRS **21** 395). Grobe Fahrlässigkeit iS von § 640 RVO aF bei FzFühren im Zustand absoluter Fahrunsicherheit mit wesentlichem Überschreiten der zulässigen Geschwindigkeit (Nü VM **93** 14 [1,3‰]). Voraussehbare wachsende Trinkenthemmung schützt nicht vor dem Vorwurf grober Fahrlässigkeit (§ 640 RVO aF; BGH NJW **74** 1377). Zu den Voraussetzungen grober Fahrlässigkeit (§ 640 RVO aF) bei VUnfall im Ausland (subjektives Element; BGH VersR **78** 541). Zur Leichenblutentnahme im Sozialversicherungsrecht Rz 32.

119 In der **Kaskoversicherung** entfällt nach § 61 VVG alt die Haftung des VU, wenn der Unfall durch die Fahrunsicherheit *grobfahrlässig* herbeigeführt wurde („Alles-oder-nichts-Prinzip"; Ko VRS **103** 174, dazu *Lang* NZV **90** 172). Das VVG 08 hat das „Alles-oder-nichts-Prinzip" aufgegeben. Nach § 81 I VVG 08 entfällt das Haftung des VU nur noch dann, wenn der Unfall *vorsätzlich* herbeigeführt wurde. Diesen Nachweis wird das VU nicht erbringen können. Der Schwerpunkt wird daher weiterhin bei der vom VU zu beweisenden *groben Fahrlässigkeit* liegen. Sie führt nach § 81 II VVG 08 **zur Quotierung**, deren Einzelheiten durch die Rspr noch zu klären sein werden. Denkbar ist ein Anknüpfen an den Grad der Fahrunsicherheit (eingehend *Felsch* r + s **07** 485, für Leistungsfreiheit ab 1,1‰ *Rixecker* ZfS **07** 15, *Schirmer* DAR **08** 319, *Lang* VGT **08** 167 bzw ab Fahrunsicherheit AK IV 46. VGT VGT **08** 9 unter Nr 5). Für den **Nachweis** der Fahrunsicherheit gilt auch im Versicherungsrecht der Beweisgrenzwert von 1,1‰ (Rz 117). Absolute Fahrunsicherheit ist vom VU zu beweisen, Nachtrunkbehauptung von ihm ggf zu widerlegen (Ha VersR **81** 924). Zum Nachweis der Fahrunsicherheit und deren Ursächlichkeit für den zum Unfall führenden Fahrfehler können die *Grundsätze des Anscheinsbeweises* herangezogen werden (Rz 117). Hingegen ist nach hM der *Nachweis grober Fahrlässigkeit* auch in Fällen „absoluter" Fahrunsicherheit mittels Anscheinsbeweises unzulässig (**E** 157 a). Grundsätzlich wird indessen die Würdigung aller Umstände ergeben, dass einen Kf, der infolge Fahrunsicherheit einen Unfall verursacht hat, insoweit der Vorwurf grober Fahrlässigkeit trifft (BGH NZV **89** 228, Ha NZV **01** 172, Dü NJW-RR **01** 101 [Restalkohol], Kö ZfS **00** 111, Ko DAR **02** 217, Kar NZV **92** 321), idR selbst dann, wenn er den Fahrtentschluss im Zustand alkoholbedingten erheblich eingeschränkten Einsichts- und Hemmungsvermögens (BGH NZV **89** 228) oder der Schuldunfähigkeit (Ha NZV **01** 172, Nü VersR **82** 460) gefasst hat. Kommt im Hinblick auf die unter 1,1 ‰ liegende BAK „nur" relative Fahrunsicherheit in Betracht, so ist der Vorwurf grober Fahrlässigkeit gerechtfertigt, wenn der Kf erkennbare Anzeichen für seine

Fahrunsicherheit bewusst missachtet (Kö VersR **83** 294, ZfS **99** 199, KG NZV **96** 200, Mü VersR **84** 270, Ha VersR **90** 43, NZV **94** 112, ZfS **94** 132) oder wenn sich ihm im Hinblick auf die genossene Alkoholmenge nach den gegebenen Umständen die Erkenntnis der Fahrunsicherheit aufdrängen musste (Stu VersR **83** 743; aM Ko DAR **02** 217, Brn BA **03** 374: schon dann, wenn ein alkoholtypischer Fahrfehler festgestellt ist; noch weitergehend Sa ZfS **04** 323: schon bei BAK in Höhe des Gefahrengrenzwerts nach § 24a StVG). Grob fahrlässiges Verhalten des Kaskoversicherten, wenn er sich fahrunfähig macht, obwohl er weiß, noch fahren zu müssen (Zw VersR **77** 246, Stu VersR **82** 743), wenn er nach erheblichem Alkoholgenuss (1,0–1,1‰) und Einnahme einer Schlaftablette infolge Fehleinschätzung der vertretbaren Geschwindigkeit oder Verwechslung von Gas- und Bremspedal aus der Kurve getragen wird (Kö VersR **83** 50) oder mit 1,03‰ BAK auf ein vor ihm anhaltendes Fz auffährt (Kar ZfS **93** 127), wenn er mit 0,98‰ bei oder nach Durchfahren einer Kurve von der Fahrbahn abkommt (Brn BA **01** 194 m Anm *Littbarski*), mit 0,65‰ in Linkskurve aus der Fahrbahn gerät (Kar NZV **02** 227), ebenso bei Schleudern auf Glatteis in zu schnell durchfahrener Kurve und BAK knapp unterhalb des Beweisgrenzwerts (Stu ZfS **90** 61). *Keine grobe Fahrlässigkeit*, wenn der VN Vorkehrungen getroffen hatte, die seine Erwartung rechtfertigen durften, er werde nicht fahren (Ha NZV **92** 153). Zur Verpflichtung zur Blutprobe in der FzVers ohne Schädigung Dritter: § 142 Rz 76.

Bei absoluter Fahrunsicherheit liegt immer wesentliche Beeinträchtigung der Aufnahme- und **120** Reaktionsfähigkeit vor (Bewusstseinsstörung iS des § 2 I Nr 1 AUB oder ähnlich lautender Bestimmungen; zum Begriff: BGH EBE **00** 263, Ha NZV **03** 92), die bei Unfallursächlichkeit die Haftung des VU ausschließt (BGH BA **72** 348, NJW **76** 801, NZV **88** 17, Jn BA **06** 70, Nau NJW **05** 3505, Sa ZfS **02** 32, Fra ZfS **99** 529, Schl DAR **94** 30, Zw ZfS **94** 218, Kö VersR **96** 178, KG ZfS **98** 343, Ha NZV **03** 92, **98** 161 [Radf]). Für behaupteten Nachtrunk ist der VN beweispflichtig (KG ZfS **98** 343, Nü VersR **84** 436, Ol VersR **84** 482). BAK unterhalb des Beweisgrenzwerts führt zu Bewusstseinsstörung iS der AUB, wenn zur festgestellten BAK weitere Umstände (zB erhebliche Ausfallerscheinungen) hinzutreten, die die Annahme von Fahrunsicherheit rechtfertigen (BGH VersR **86** 141, **87** 1826 [Radf], NZV **88** 17, NJW-RR **88** 1376, Nau NJW **05** 3505, Ko ZfS **02** 31, Fra ZfS **99** 529, Zw ZfS **94** 218, Nü ZfS **96** 463, Hb NJW-RR **98** 1108, Ha ZfS **93** 313 [Einschlafen am Steuer als Alkoholfolge], Kö VersR **96** 178; verneint von Dü ZfS **03** 561 bei 0,84‰ und *nicht* alkoholbedingtem Einschlafen; „natürliche" Müdigkeit). **Bei Drogenkonsum** ist mangels Beweisgrenzwerts für absolute Fahrunsicherheit (Rz 63) stets das Hinzutreten derartiger Umstände erforderlich (Nau NJW **05** 3505). Ohne solche Umstände reicht auch eine nur knapp unter dem Beweisgrenzwert liegende BAK allein nicht zur Feststellung von Bewusstseinsstörung aus (Fra VersR **85** 941). Eine BAK unter 0,8‰ reicht trotz Fahrfehlers zur Annahme einer Bewusstseinsstörung nicht aus (BGH NJW-RR **88** 1376). Keine Verwertung einer (statt aus der Oberschenkelvene, s *Hentschel,* Trunkenheit Rz 55) aus dem Herzen entnommenen Blutprobe ohne Heranziehung eines Sachverständigen (BGH NJW **02** 3112). Der **Anschein** spricht für die Ursächlichkeit der alkoholbedingten Bewusstseinsstörung für den Unfall in Fällen absoluter Fahrunsicherheit (BGH VersR **85** 779, **86** 141, **87** 1826 [Radf], NZV **88** 17, Jn BA **06** 70, Sa ZfS **02** 32, Ha ZfS **97** 264, Stu VersR **89** 1037), ebenso bei („relativer") Fahrunsicherheit und Hinzutreten alkoholbedingter Ausfallerscheinungen (BGH NZV **88** 17, Fra VersR **85** 759, Mü BA **88** 407, Zw ZfS **94** 218). Ein versicherter Arbeitsunfall iS der **gesetzlichen Unfallversicherung** (§ 550 RVO aF, § 8 SGB VII) scheidet aus, wenn *erwiesene* alkoholbedingte Fahrunsicherheit gegenüber den unternehmensbedingten Umständen als allein wesentliche Unfallursache anzusehen ist (BSG VersR **79** 179).

Räuberischer Angriff auf Kraftfahrer

316a (1) **Wer zur Begehung eines Raubes (§§ 249 oder 250), eines räuberischen Diebstahls (§ 252) oder einer räuberischen Erpressung (§ 255) einen Angriff auf Leib oder Leben oder die Entschlußfreiheit des Führers eines Kraftfahrzeugs oder eines Mitfahrers verübt und dabei die besonderen Verhältnisse des Straßenverkehrs ausnutzt, wird mit Freiheitsstrafe nicht unter fünf Jahren bestraft.**

(2) **In minder schweren Fällen ist die Strafe Freiheitsstrafe von einem Jahr bis zu zehn Jahren.**

(3) **Verursacht der Täter durch die Tat wenigstens leichtfertig den Tod eines anderen Menschen, so ist die Strafe lebenslange Freiheitsstrafe oder Freiheitsstrafe nicht unter zehn Jahren.**

6 StGB § 316a

1 **Begr** zur Neufassung durch das 6. StRG v 26. 1. 98 (BTDrucks 13/8587 S 51): *Während der Tatbestand des § 316c Abs. 1 und 3 unverändert übernommen werden soll, strebt der Entwurf für § 316a Abs. 1 nach dem Vorbild des § 348 E 1962 an, nicht schon das Unternehmen des Angriffs, sondern erst dessen Verübung unter Strafe zu stellen. Dadurch wird die im geltenden Recht vorgesehene Gleichstellung von Versuch und Vollendung (§ 11 Abs. 1 Nr. 6) aufgegeben. Sie ist im Bereich des vorliegenden Tatbestandes kriminalpolitisch wenig sinnvoll. Einerseits bleibt der Versuch hier im Allgemeinen ebenso wie bei der überwiegenden Mehrzahl aller Delikte nach Unrechts- und Schuldgehalt hinter der vollendeten Tat zurück; andererseits wird durch das Merkmal des „Angriffs" die Strafbarkeit schon weit in den Bereich der Vorbereitungshandlungen des Raubes, des Diebstahls und der Erpressung vorverlegt, so dass die volle Strafe für den Versuch unter Umständen auch Taten trifft, bei denen die Mindestfreiheitsstrafe von fünf Jahren unangemessen ist. Die Abstufung der Strafdrohungen nach Versuch und Vollendung des Angriffs entspricht deshalb einem sachlichen Bedürfnis. Die Einschränkung hat außerdem den Vorteil, dass sie die Rücktrittsvorschrift des § 316a Abs. 2 überflüssig macht. Da der Versuch nach der allgemeinen Regelung des § 23 strafbar sein soll, gelten auch die Vorschriften des § 24 über den Rücktritt unmittelbar.*

Der Strafrahmen für minder schwere Fälle wird in § 316a wie auch in § 316c auf Freiheitsstrafe von einem Jahr bis zu zehn Jahren festgelegt (§ 316a Abs. 2, § 316c Abs. 2 E). Der Strafrahmen für besonders schwere Fälle mit absoluter Androhung der lebenslangen Freiheitsstrafe in § 316a Abs. 1 Satz 2 wird durch einen Qualifikationstatbestand ersetzt, der für die leichtfertige Verursachung des Todes lebenslange Freiheitsstrafe oder Freiheitsstrafe nicht unter zehn Jahren vorsieht. Die Vorschriften über Tätige Reue in § 316c Abs. 4 werden in § 320 E eingestellt.

2 **1. Die Vorschrift schützt** neben den Indivualrechtsgütern des Tatopfers zumindest gleichrangig *die Sicherheit des StrV* (vgl BGHSt **49** 8 = NJW **04** 786, **08** 451; str). Einen **Angriff verübt**, wer zur Begehung eines der in I genannten Tatbestände in feindseliger Absicht auf eines dieser Rechtsgüter einwirkt. Eine bloße Täuschungshandlung reicht hierzu nicht aus (BGH NJW **04** 786; zust *Krüger* NZV **04** 166, *Herzog* JR **04** 258, *Sander* NStZ-RR **04** 171; BGH NStZ-RR **04** 171). Vielmehr ist wenigstens eine gegen die Entschlussfreiheit des Opfers gerichtete **nötigende Handlung** erforderlich, aber auch ausreichend (BGH NJW **04** 786, *Fischer* Rz 6, aM *Sch/Sch/C/Sternberg-Lieben* Rz 4, LK-*Sowada* Rz 39). Dabei genügt es, dass das Opfer den objektiven Nötigungscharakter erkennt, auch wenn ihm die feindliche Absicht nicht bewusst wird (BGH NStZ-RR **04** 171). Erkennt der Fahrer oder Mitfahrer den objektiven Nötigungscharakter einer seine Bewegungsfreiheit einschränkenden Handlung nicht, so ist noch kein Angriff verübt (BGH NStZ-RR **04** 171 [unbemerkte Verriegelung der FzTüren]). Wer einen Taxifahrer gegen dessen Willen unter Hinweis auf dessen Beförderungspflicht zu einer bestimmten Fahrt veranlasst, übt einen psychischen Zwang aus, der bereits als Angriff auf die Entschlussfreiheit zu werten sein kann (BGH NJW **04** 786). Dagegen reicht die Angabe des Fahrtziels oder der Fahrtantritt, verbunden mit der Absicht der räuberischen Tat, ohne Einsatz von Nötigungsmitteln nicht aus (BGH NJW **04** 786, NStZ-RR **04** 171). Nicht erforderlich ist, dass der Angriff schon unmittelbar gegen Eigentum oder Vermögen des Opfers gerichtet ist (BGH NJW **04** 786, DAR **04** 354). **„Verübt" ist er erst**, wenn die eigentliche Angriffshandlung (iS eines fortgeschrittenen Handlungsstadiums) ausgeführt wird (*Fischer* Rz 7, LK-*Sowada* Rz 12, *Ingelfinger* JR **00** 227; str), etwa wenn der Täter den FzF zur Weiterfahrt zwingt (BGH NJW **04** 786), zB durch Ziehen einer Waffe (BGH NStZ **03** 35, s auch *Wolters* JR **02** 166). Ist im Zeitpunkt des Angriffs eine der in I S 1 genannten Taten mit zeitlicher und örtlicher Beziehung zum StrV geplant (Rz 5), so ist die **Tat vollendet** (BGH DAR **04** 354, NStZ **89** 119), auch wenn das (zu diesem Zeitpunkt jedenfalls geplante) Raubdelikt erst später, evt auch *außerhalb des Fz* vollendet werden soll.

3 **2. Die Tat muss sich gegen KfzFührer oder Mitfahrer** (Beifahrer, Fahrgast, zum Mitfahren Genötigter) richten. Der Begriff des Kfz entspricht § 1 II StVG (dort Rz 2ff, BGH NJW **93** 2629). KfzF iS von I S 1 kann daher auch ein Mofaf sein (BGH NJW **93** 2629 [zust *Geppert* Jura **95** 312, krit *Große* NStZ **93** 525], LK-*Sowada* Rz 17). Der Fahrer kann Täter, ein Mitfahrer Opfer sein (BGH VRS **55** 262). § 316a schützt KfzF und Mitfahrer gegen die besonderen von Dritten ausgehenden Gefahren bei der Benutzung eines Kfz (*Spiegel* DAR **77** 141, *Hentschel* JR **86** 428). Nicht unter den Tatbestand fallen also solche Fälle des Raubs, bei denen sich die Täter eines Kfz nur bedienen, etwa bei Kassenraub, bei Geschäftsberaubungen und bei Menschenraub, oder wenn das Opfer von der geöffneten Tür des TäterFz neben seinem eigenen Fz vorsätzlich niedergeworfen wird (BGH MDR **76** 988).

3a Das Opfer muss **bei Verübung des Angriffs** Führer oder Mitfahrer eines Kfz sein. Dass diese Eigenschaft im Zeitpunkt des Tatentschlusses vorliegt, reicht nicht (*Fischer* Rz 3, *Roßmüller*/

Räuberischer Angriff auf Kraftfahrer § 316a StGB **6**

Rohrer NZV **95** 254). Jedoch ist *nicht* erforderlich, dass das Tatopfer bereits *bei Beginn* des Angriffs KfzF ist; es genügt wenn es bis zur Beendigung des Angriffs zum Opfer wird (BGH NJW **08** 451; Bspr *Sowada* HRRS **08** 136, *Krüger* NZV **08** 234, *Dehne-Niemann* NStZ **08** 319). Zu dieser Konstellation s erg. Rz 7. Der Begriff des FzF ist im Hinblick auf den Schutzzweck des § 316a weiter auszulegen als im Rahmen der §§ 315c, 316 (dort Rz 3; überzogene Kritik bei *Steinberg* NZV **07** 545). **FzF iS von I ist** zunächst, wer das in Bewegung befindliche Fz lenkt, wer beginnt, es in Bewegung zu setzen aber auch, wer als FzLenker zwar anhält, aber noch mit Betriebs- und Verkehrsvorgängen befasst ist (BGH NJW **04** 786, **05** 2564). Bei einem *verkehrsbedingten* Halt ist Letzteres in aller Regel zu bejahen, weil der Lenker eines Kfz in solcher Situation seine Aufmerksamkeit weiter auch auf das Verkehrsgeschehen richten muss, und zwar *unabhängig davon,* ob er den Motor weiterlaufen lässt oder kurzfristig ausstellt (BGH NJW **04** 786 [zust *Krüger* NZV **04** 166, *Herzog* JR **04** 258, *Sander* NStZ-RR **04** 171, krit *Sternberg-Lieben/Sternberg-Lieben* JZ **04** 636, *Duttge/Nolden* JuS **05** 193], NStZ-RR **04** 171, NJW **04** 1965, *Roßmüller/Rohrer* NZV **95** 254; BGH NJW **04** 786, 1965, **05** 2564, NStZ-RR **04** 171, DAR **04** 354). Umfasst ist zB das Anhalten bei laufendem Motor eines Fz mit Automatikgetriebe, dessen Weiterrollen durch Betätigen der Fußbremse verhindert wird (BGH DAR **04** 246), das Warten bei Rot, an Warnlichtanlage oder geschlossener Schranke (§ 12 StVO Rz 19; BGH NJW **04** 786, NJW **05** 2564, DAR **04** 247), Abwarten des GegenV beim Abbiegen oder im FzStau (BGH NJW **04** 786), auch vor Zufahrten zu Parkhäusern, Tankstellen uÄ, vor geschlossener Grenzabfertigungsanlage oder am Ende einer dort wartenden FzSchlange (§ 12 StVO Rz 19). Bei vorübergehendem Halt aus *nicht verkehrsbedingten* Gründen kann die Führereigenschaft nur fortbestehen, solange der Fahrer noch **durch Betriebs- und Verkehrsvorgänge in Anspruch genommen** ist (BGH NJW **05** 2564). So bleibt zB zunächst Führer, wer wegen wirklicher oder vermeintlicher Betriebsstörung anhalten muss (BGH NStZ **04** 269) oder liegenbleibt, desgleichen der schon auf das Kassieren konzentrierte TaxiF, *sofern der Motor noch läuft* (BGH NJW **05** 2564, NStZ **03** 35). **Mitfahrer** iS von I ist ein FzInsasse immer nur, solange das Fz in dem hier definierten Sinne *geführt* wird und solange er sich im Fz befindet (BGH NStZ-RR **04** 171). Wird die Führereigenschaft (Mitfahrereigenschaft) bejaht, so ist **stets in einem zweiten Schritt zu prüfen**, ob der Täter dabei die besonderen Verhältnisse des StV ausgenutzt hat (hierzu Rz 5).

Die vorstehenden Grundsätze liegen der Rspr des BGH seit BGHSt **49** 8 = NJW **04** 786 **3b** zugrunde. Frühere Rspr kann daher nur noch mit Vorsicht herangezogen werden. **Nicht (mehr) Gegenstand eines Angriffs** nach § 316a kann sein, wer sich in einem Fz befindet, das anders als unter den o. g. Umständen (insbes. Anhalten aus nicht verkehrsbedingten Gründen und unter Abstellen des Motors) zur Ruhe gekommen ist (BGH NJW **04** 786, **05** 2564, NStZ-RR **04** 171), erst recht nicht, wer das Fz verlassen hat (BGH NJW **04** 786; zust *Sternberg-Lieben/Sternberg-Lieben* JZ **04** 633; NStZ-RR **04** 171, *Roth-Stielow* NJW **69** 303, *Roßmüller/Rohrer* NZV **95** 262, *Günther* JZ **87** 369; anders zB noch BGH NJW NZV **97** 236, BGHSt **5** 280 = NJW **54** 521). Wer den FzF, zB Taxifahrer, (anders als durch einen Angriff iS des unter Rz 2 Gesagten) veranlasst, an abgelegenen Ort zu fahren und ihn dort nach dem Anhalten überfällt, erfüllt seit BGH NJW **04** 786 (fortgeführt in NStZ-RR **04** 171, NJW **04** 1965, **05** 2564, NZV **06** 431) den Tatbestand des § 316a nicht (abw noch BGH VRS **7** 125, NJW **54** 1169, **01** 764), ebenso wenig, wer sich als Anhalter mitnehmen lässt und vorübergehendes Halten ausnutzt, um sich durch Waffendrohung in den Besitz des Kfz zu setzen (abw noch BGH DAR **76** 86), oder wer das Opfer an einen verkehrsarmen Ort lockt, es dort erwartet und im Fz angreift (*Roßmüller/Rohrer* NZV **95** 254; abw noch BGH NStZ **94** 340). Die „Vereinzelungs-Rspr" ist aufgegeben (BGH NJW **04** 786).

3. Täter nach § 316a kann nur sein, wer eine der in I genannten Delikte *als Täter,* nicht als **4** Gehilfe begehen will (BGH NJW **72** 694), so der FzF, der Raub an einem Mitfahrer begeht (BGH VRS **55** 262, NJW **71** 765) oder sich am Angriff eines Mitfahrers auf Leib, Leben oder Entschlussfreiheit eines anderen Mitfahrers beteiligt (BGHSt **13** 27, NJW **59** 1140), auch wenn er den Raubentschluss erst während der Fahrt fasst (BGHSt **15** 322, MDR **74** 679, VRS **20** 289, NJW **71** 765), und der Mitfahrer (Fahrgast; BGH DAR **04** 354, NJW **57** 431).

4. Die besonderen Verhältnisse des Straßenverkehrs muss der Täter ausnutzen. Der **5** Prüfung des Merkmals vorgelagert ist die Frage, ob das Opfer im Zeitpunkt des Angriffs FzF oder Mitfahrer war (Rz 3ff). Fehlt es daran, so scheidet § 316a bereits deshalb aus. Auch zum Merkmal der Ausnutzung der Verhältnisse des StrV liegt der Rspr des BGH seit der Grundsatzentscheidung in BGHSt **49** 8 = NJW **04** 786 *ein engerer Maßstab* zugrunde als dies vormals der

König 1647

Fall war. Der Täter muss die *spezifischen* Bedingungen des StrV ausgenützt haben. Das ist der Fall wenn der FzF im Zeitpunkt des Angriffs noch in einer Weise mit der Beherrschung seines Kfz und/oder mit der Bewältigung von Verkehrsvorgängen beschäftigt ist, dass er gerade deshalb leichter zum Angriffsobjekt eines Überfalls werden kann (BGH NJW **04** 786, **05** 2264, **08** 451). *In subjektiver Hinsicht* ist dabei nicht zu verlangen, dass der Täter eine solche Erleichterung seines Angriffs zur ursächlichen Bedingung seines Handelns macht; vielmehr genügt es, dass er sich in tatsächlicher Hinsicht der die Abwehrmöglichkeiten des Tatopfers einschränkenden besonderen Verhältnisse des StrV bewusst ist (BGH NJW **05** 2264, **08** 451; LK-*Sowada* Rz 43).

6 **Im fließenden V** ist spezifische Ausnutzung in aller Regel gegeben; denn die typische Gefahrenlage besteht vor allem während des Fahrens (BGH StV **02** 362, NStZ **03** 35, DAR **04** 354, NStZ-RR **02** 108). Die Gefahr begründenden Umstände liegen namentlich darin, dass der Fahrer, durch den V in Anspruch genommen, an Gegenwehr und Flucht gehindert ist (BGH NJW **05** 2564, **92** 989, VRS **77** 224, NStZ **94** 340 m Anm *Hauf* NStZ **96** 40), oder der angegriffene Mitfahrer keine Möglichkeit hat, sich dem Angriff zu entziehen (BGH DAR **04** 354). In solchen Fällen bedarf das Merkmal auch keiner besonderen Begründung durch den Tatrichter (BGH NJW **05** 2564). Entsprechendes gilt, wenn das Kfz während der Fahrt *verkehrsbedingt* und mit laufendem Motor hält, der Fahrer darauf wartet, seine Fahrt sogleich nach Veränderung der Verkehrssituation fortsetzen zu können, und sich das Fz mithin trotz des vorübergehenden Halts weiterhin im fließenden V befindet, zB bei einem Halt an einer Rotlicht zeigenden Ampel (BGH NJW **04** 786, **05** 2264, weitere Bsp. unter Rz 3 a).

7 Hingegen müssen bei einem vorübergehendem **Halt aus nicht verkehrsbedingten Gründen** weitere verkehrsspezifische Umstände vorliegen (und vom Tatrichter im Einzelnen festgestellt werden), aus denen sich ergibt, dass das Opfer zum Zeitpunkt des Angriffs als KfzF noch in einer Weise mit der Beherrschung des Fz und/oder mit der Bewältigung von Verkehrsvorgängen beschäftigt war, dass es gerade deshalb leichter Opfer des räuberischen Angriffs wurde, und der Täter dies für seine Tat ausnutzte; dass der Motor noch läuft (dazu Rz 3a) genügt dafür alleine *nicht* (BGH NJW **04** 786). Auch in Fällen, in denen ein vollendeter (aber noch nicht beendeter, Rz 3) Angriff auf das Tatopfer **bereits außerhalb des Fz oder jedenfalls vor Fahrtantritt** stattgefunden hat, bedarf das Merkmal nach BGH NJW **08** 451 sorgfältiger Prüfung und ist nur ausnahmsweise zu bejahen; erforderlich sei, dass sich die eingeschränkten Abwehrmöglichkeiten noch tatfördernd ausgewirkt hätten (Opfer wird als „Noch-Nicht-Kf" angegriffen und unmittelbar zum Fahren gezwungen); hingegen fehle es daran bei bloßer Aufrechterhaltung einer schon zuvor geschaffenen Nötigungslage, weil das Fz im letzteren Fall nur noch Beförderungszwecken diene (Opfer wird noch in seiner Wohnung überfallen und unter Vorhalt einer Waffe zur Fahrt zum Geldautomaten gezwungen [Bsp. nach BGH NJW **08** 451]). Freilich wird bei einer solchen Anschauung die zumindest gleiche Gefährdung der VSicherheit in den Hintergrund gedrängt (*Sowada* HRRS **08** 136).

8 **Gegeben sein kann das Merkmal,** wenn der Angriff unmittelbar im Zusammenhang mit dem Anhaltevorgang verübt wird (BGH v 2. 12. 2003, 4 StR 471/03), wenn sich das Fz nach dem Anhalten mit laufendem Motor während der heftigen Gegenwehr des FzF plötzlich in Bewegung setzt (BGH v 4. 12. 2003, 4 StR 498/03), wenn der FzF das Automatikgetriebe auf Dauerbetrieb belässt und mit dem Fuß auf der Bremse bleibt, um das Weiterrollen des Fz zu verhindern (BGHR StGB § 316a I StrV 17) oder wenn der FzF nach einem Blick in den Rückspiegel, um zu prüfen, ob an dieser Stelle ein Anhalten gefahrlos möglich ist, sein Fz mit laufendem Motor auf einer schmalen Kreisstraße ohne Randstreifen anhält, um einen Anhalter aussteigen zu lassen (BGH v 17. 2. 2005, 4 StR 537/04), wenn der Täter das Opfer unter Drohungen zwingt, das Fz zu starten und durch den V zu lenken (BGH NJW **08** 451).

9 **Nicht gegeben ist das Merkmal** bei einem *nicht* verkehrsbedingten Halt mit laufendem Motor außerhalb der allgemeinen Fahrbahn (zB Parkbucht, Einfahrt) ohne eingelegten Gang bei angezogener Handbremse, wenn der KfzF, wie der Taxifahrer beim Kassieren des Fahrpreises seine Aufmerksamkeit nicht in erster Linie auf das Führen des Fz, sondern auf andere Tätigkeiten richtet (BGH NJW **05** 2564) oder wenn der Täter sein Tatopfer bereits in dessen Wohnung überfallen hat und es später unter Vorhalt einer Waffe zur Fahrt zu einem Geldautomaten zwingt, um dort vom Konto des Opfers Geld abzuheben (BGH NJW **08** 451). Frühere Rspr, wonach es nicht entscheidend war, ob das Fz zZ der Tat noch als „in Betrieb" iS des § 7 StVG anzusehen ist (BGHSt **5** 280 = NJW **54** 521, BGHSt **33** 378 = NJW **86** 1623 m Anm *Hentschel* JR **86** 428), ist überholt. Desgleichen kommt es nicht mehr auf den früher (zB BGHSt **33** 378 = NJW **86** 1623, NZV **97** 236) verlangten engen räumlichen und zeitlichen Zusammenhang zwischen Überfall und vorausgegangener Benutzung des Kfz im StrV, wNw 38. Aufl.

Räuberischer Angriff auf Kraftfahrer　　　　　　　　　　　　§ 316a StGB **6**

(Weitere) Typische Begehungsformen: Bereiten von Hindernissen auf der Fahrbahn **10** (BGHSt **39** 249 = NJW **93** 2629), Aufreißen eines Grabens, Aufstellen von schweren Hindernissen, Spannen von Drahtseilen über die Fahrbahn, Verschmieren der Fahrbahn mit Öl, Streuen von Nägeln oder Glasscherben, Schießen in die Reifen, Blenden des Kf, nach den Grundsätzen seit BGH NJW **04** 786 aber nicht (mehr) das Vortäuschen von Baustellen, von Umleitungen, eines Unfalls oder einer Panne (abw *Sternberg-Lieben/Sternberg-Lieben* JZ **04** 636). Auch der Führer kann die Tat begehen, etwa indem er einen Mitfahrer verschleppt und beraubt (BGH VRS **55** 262) oder wenn er mit Hilfe eines zunächst verborgenen Komplizen Fahrgäste ausraubt (BGHSt **18** 170 = NJW **63** 452).

5. Innerer Tatbestand. Zum inneren Tatbestand gehört die Absicht, den FzF oder einen **11** Mitfahrer zu berauben oder räuberisch zu erpressen, wenn gewaltlose Wegnahme nicht gelingen sollte (BGH NStZ **97** 236, NJW **70** 1381), ihnen also mit Gewalt gegen die Person oder durch Drohung mit gegenwärtiger Gefahr für Leib oder Leben fremde bewegliche Sachen in Zueignungsabsicht wegzunehmen oder sie durch dieselben Mittel zu schädigender Vermögensverfügung oder einer dem gleichkommenden Duldung oder Unterlassung zu nötigen (§§ 249–252, 255). Die Absicht, unterwegs weitere Straftaten zu begehen, genügt nicht. Die Absicht kann dahin gehen, sich in den Besitz des Kfz zu setzen. Die dem zur Fahrt genötigten FzHalter entstehenden Vermögensnachteile infolge Treibstoffkosten uä rechtfertigen regelmäßig nicht die Annahme einer darauf gerichteten Bereicherungsabsicht (BGH DAR **81** 186, LK-*Sowada* Rz 45). Entscheidend ist der Plan des Täters im Zeitpunkt des Angriffs, wobei aber konkrete Vorstellungen über die näheren Umstände der beabsichtigten Raubtat nicht erforderlich sind (BGH NStZ **97** 236). Zu den subjektiven Erfordernissen betreffend die Ausnutzung der besonderen Verhältnisse des StrV Rz 5. Zum Verbotsirrtum BGH VRS **65** 127.

6. Versuch. Durch das 6. StRG wurde die Ausgestaltung der Vorschrift als Unternehmens- **12** tatbestand (§ 11 I Nr 6 StGB) aufgegeben. Vollendung nur, wenn der Angriff „verübt" (Rz 2) ist. Es gelten die allgemeinen Regeln; die Einzelheiten sind sehr str, s *Fischer* Rz 8, 13. Wer mit Angriffsvorsatz und der für § 316a erforderlichen räuberischen Absicht in dem Kfz Platz nimmt, setzt entgegen der zu § 316a aF ergangenen Rspr (zB BGH NJW **71** 765, BGHSt **33** 378 = NJW **86** 1623) idR noch nicht unmittelbar zur Verwirklichung des Angriffs an (§ 22), *Sch/Sch/C/Sternberg-Lieben*) Rz 9, wohl aber, wer die Waffe zieht, den FzF zum Anhalten an einsamem Parkplatz auffordert usw., *Fischer* Rz 8. Versuch, wenn der Täter das Hindernis auf der Fahrbahn bereitet, das Drahtseil in der Erwartung des bald nahenden Fz zu spannen beginnt, auch wenn dann kein Kfz kommt, BGH GA **65** 150, aM *Roßmüller/Rohrer* NZV **95** 259. Das Heranschaffen des Materials zum Tatort ist hingegen Vorbereitungshandlung. Zum Rücktritt Rz 9.

7. Rücktritt. Die frühere Rücktrittsvorschrift (Abs 2 alt) erübrigt sich nach der Neufassung **13** durch das 6. StRG. Es gilt § 24. Vollendung tritt mit Verübung des Angriffs (Rz 2) ein, nicht erst mit Begehung des beabsichtigten Raubs usw. Rücktritt von der Straftat des § 316a ist nach diesem Zeitpunkt nicht mehr möglich, LK-*Sowada* Rz 48 f, *Fischer* Rz 17, abw *Ingelfinger* JR **00** 231. Bei Rücktritt vom Versuch des Raubs usw nach bereits vollendetem Angriff kommt minder schwerer Fall (Abs 2) in Betracht, *Fischer* Rz 17.

8. Teilnahme. Wer die Tat dadurch fördert, dass er die Fahrt fortsetzt, obwohl er den in sei- **14** nem Fz stattfindenden Angriff eines Mitfahrers auf einen anderen Mitfahrer bemerkt, macht sich der Beihilfe schuldig, BGH DAR **81** 226. Teilnahme ist nach allgemeinen Regeln bis zur Beendigung der Tat möglich (BGH NStZ **07** 35), also nicht mehr, falls der (die) Haupttäter bereits mit der Beutesicherung befasst ist (BGH aaO).

9. Die Strafdrohung kennzeichnet die Schwere des Verbrechens. Die hohe Mindeststrafe ist **15** mit GG und MRK vereinbar (BGH NJW **71** 2034). Ein **minder schwerer Fall** (II) liegt nicht schon darin, dass einzelne Umstände für den Täter sprechen, oder darin, dass sich der räuberische Angriff „nur" gegen die Entschlussfreiheit des Opfers richtet, LK-*Sowada* Rz 52; er setzt nach allgemeinen Regeln voraus, dass alle äußeren und inneren Tatumstände das Tatgewicht so vermindern, dass der regelmäßige Strafrahmen zu hart erschiene, BGH VRS **45** 363, s auch Rz 9. Wenigstens **leichtfertig verursachter Tod** eines Menschen führt zu erhöhter Strafe (III). Leichtfertigkeit kennzeichnet einen besonders hohen Grad von Fahrlässigkeit (*Fischer* § 15 Rz 20). **Einziehung des Fz** gem § 74 ist möglich, wenn der Täter sein eigenes Fz zur Begehung verwendet (BGH NJW **55** 1327).

16   **10. Konkurrenzen.** TE mit vollendetem Raub oder vollendeter räuberischer Erpressung (BGH NJW **74** 2098, NStZ **99** 350). Versuchter Raub und versuchte räuberische Erpressung treten zurück (BGH NJW **74** 2098, *Sch/Sch/C/Sternberg-Lieben* Rz 15, zw im Hinblick auf die Neufassung durch das 6. StrRG, *Fischer* Rz 20). Tateinheitliches Zusammentreffen mit Tötungsdelikt oder gefährlicher Körperverletzung wird häufig sein. TE mit (versuchter) Vergewaltigung (§ 177) liegt vor, wenn nach der Vorstellung des Täters dieselbe Nötigungshandlung sowohl der Beischlaferzwingung als auch den räuberischen Zielen dienen soll (BGH VRS **60** 102). Auch TE mit § 315 b kommt in Betracht (BGHSt **39** 249 = NJW **93** 2629).

Lit: *Duttge/Nolden,* Die rechtsgutsorientierte Interpretation des § 316 a StGB, JuS **05** 193; *Geppert,* Räuberischer Angriff auf Kf, Jura **95** 310. *Günther,* Der „Versuch" des räuberischen Angriffs auf Kf, JZ **87** 16. *Derselbe,* Der räuberische Angriff auf „Fußgänger" – ein Fall des § 316 a StGB?, JZ **87** 369. *Ingelfinger,* Zur tatbestandlichen Reichweite der Neuregelung des räuberischen Angriffs auf Kf ..., JR **00** 225. *Krüger,* „Neues" vom räuberischen Angriff auf Kf, NZV **04** 161. *Roßmüller/Rohrer,* Der räuberische Angriff auf Kf, NZV **95** 253. *Roth-Stielow,* Die gesetzwidrige Ausweitung des § 316 a StGB, NJW **69** 303.

7. Strafprozessordnung (StPO)

In der Fassung der Bekanntmachung vom 7. April 1987 (BGBl. I 1074, 1319),
zuletzt geändert durch Gesetz vom 8. Juli 2008 (BGBl. I 1212)

(Auszug)

Vorbemerkung: Eine vollständige Kommentierung aller das Straßenverkehrsrecht berührenden Vorschriften der StPO überschritte den Arbeitsbereich des Werks. Insoweit wird auf die Spezialliteratur verwiesen.

[Körperliche Untersuchung des Beschuldigten]

81 a (1) ¹Eine körperliche Untersuchung des Beschuldigten darf zur Feststellung von Tatsachen angeordnet werden, die für das Verfahren von Bedeutung sind. ²Zu diesem Zweck sind Entnahmen von Blutproben und andere körperliche Eingriffe, die von einem Arzt nach den Regeln der ärztlichen Kunst zu Untersuchungszwecken vorgenommen werden, ohne Einwilligung des Beschuldigten zulässig, wenn kein Nachteil für seine Gesundheit zu befürchten ist.

(2) Die Anordnung steht dem Richter, bei Gefährdung des Untersuchungserfolges durch Verzögerung auch der Staatsanwaltschaft und ihren Ermittlungspersonen (§ 152 des Gerichtsverfassungsgesetzes) zu.

(3) Dem Beschuldigten entnommene Blutproben oder sonstige Körperzellen dürfen nur für Zwecke des der Entnahme zugrundeliegenden oder eines anderen anhängigen Strafverfahrens verwendet werden; sie sind unverzüglich zu vernichten, sobald sie hierfür nicht mehr erforderlich sind.

1. Körperliche Untersuchung des Beschuldigten. Die Vorschrift dient der Untersuchung 1 und späteren Begutachtung der körperlichen Beschaffenheit und des Verhaltens des Beschuldigten in seelisch-körperlicher Beziehung, also etwaigen Blutalkoholgehalts, seines Verhaltens nach Verdacht auf Alkoholisierung, nach einem funktionsbeeinträchtigenden Anfall, nach Einnahme von Drogen oder Medikamenten, stets bezogen auf einen bestimmten Schuldvorwurf. Voraussetzung sind Unerlässlichkeit, Verhältnismäßigkeit (**E** 2) in Bezug auf Schwere und Bedeutung des Tatvorwurfs sowie hinreichender Verdacht (BVerfGE **17** 117), dessen Stärke der Schwere der Maßnahme entsprechen muss (*Meyer-Goßner* Rz 18). Unter diesen Voraussetzungen steht Art 2 II GG nicht entgegen, zB nicht bei Entnahme einer Blutprobe durch den Arzt (BVerfGE **16** 200, Schl VRS **30** 344, Br NJW **66** 743, Ol VRS **31** 179), auch nicht bei einem Bundestagsabgeordneten (Br NJW **66** 743). Blutentnahmen sind auch bei alkoholisierten Fußgängern möglich. Stehen sie in Verdacht einer Straftat, versteht sich dies von selbst; jedoch kann die Maßnahme auch bei gewichtigen OW erfolgen, was etwa dann zutreffen kann, wenn das Verhalten des Fußgängers zu erheblicher Gefährdung oder Verletzung von Sachgütern geführt hat (abw. *Nimitz* DAR **08** 429). Verfassungsrechtliche Bedenken wegen der Möglichkeit der Atemalkoholanalyse (*Arbab-Zadeh* NJW **84** 2615) sind wegen der nicht gegebenen Konvertierbarkeit von AAK-Werten in BAK-Werte (§ 316 StGB Rz 52) und der Notwendigkeit eines Mitwirkens des Betroffenen beim Atemtest nicht gerechtfertigt. Bei OW ist Blutprobe zulässig (§ 46 IV OWiG).

Lit: *Blank,* Verpflichtung des Arztes zur Blutentnahme nach § 81 a StPO?, BA **92** 81. *Dahs/Wimmer,* Unzulässige Untersuchungsmethoden bei Alkoholverdacht, NJW **60** 2217. *Geerds,* Über …Entnahme von Blutproben bei Verdacht der Trunkenheit am Steuer, GA **59** 321. *Geppert,* Die Stellung des medizinischen Sachverständigen im VStrafprozeß, DAR **80** 315. *Gerchow,* Unzumutbarkeit der Blutentnahme, BA **76** 392. *Händel,* Unzumutbarkeit der Blutprobenentnahme, BA **76** 389. *Derselbe,* Verweigerung von Blutentnahmen durch Ärzte, BA **77** 193. *Jessnitzer,* Zur zivilrechtlichen Haftung bei fehlerhaften Maßnahmen nach §§ 81 a, 81 c StPO …, BA **83** 301. *Kaiser,* Zwangsmaßnahmen der Pol gem § 81 a StPO, NJW **64** 580. *Kleinknecht,* Die Anwendung unmittelbaren Zwangs bei der Blutentnahme …, NJW **64** 2181. *Kohlhaas,* Zur zwangsweisen Blutentnahme durch Ärzte und Nichtärzte …, DAR **73** 10. *Maase,* Die Verletzung der Belehrungspflicht nach §§ 163 a Abs 4, 136 Abs 1 StPO gelegentlich der Blutentnahme …, DAR **66** 44. *Messmer,* Besteht eine Belehrungspflicht des Arztes bei Befragungen und Testungen gelegentlich der Blutentnahme?, DAR **66** 153. *Nau,* Beschlagnahme des FS und Blutentnahme bei Abgeordneten, NJW **58** 1668. *Naucke,* Festnahmerecht aus § 81 a StPO?, SchlHA **63** 183. *Eb. Schmidt,* Ärztliche Mitwirkung bei Untersuchungen

7 StPO § 81a   Auszug aus der StPO

und Eingriffen nach StPO §§ 81a und 81c, MDR **70** 461. *Schöneborn,* Verwertungsverbot bei nichtärztlicher Blutentnahme?, MDR **71** 713. *Waldschmidt,* Zwangsweise Verbringung ... NJW **79** 1920.

2   **2. Beschuldigter** ist der, gegen den hinreichender Tatverdacht (§ 152 II StPO) besteht. Ein Ermittlungsverfahren muss noch nicht eingeleitet sein; es kann mit der Anordnung nach § 81a eingeleitet werden (*Meyer-Goßner* Rz 2). Beschuldigter ist auch der Angeschuldigte bzw. Angeklagte. Beim begleiteten Fahren mit einer alkoholisierten Begleitperson ist nicht die Begleitperson Adressat der Bußgeldvorschrift, sondern der jugendliche FzF; Blutentnahmen bei der Begleitperson sind daher allenfalls über § 81c StPO möglich und wegen der geringfügigen Einstufung durch den VOGeber wohl idR unzulässig (*Tolksdorf Nehm*-F S 444, s § 48a FeV Rz 14).

3   **3. Die Einwilligung** des Beschuldigten macht die Anordnung entbehrlich (BGH NJW **64** 1177), setzt jedoch Belehrung über den Eingriff und seine Auswirkungen voraus. Auch über sein Weigerungsrecht ist der Beschuldigte zu belehren (BGH aaO; KK StPO-*Senge* Rz 3).

4   **4. Körperliche Untersuchung. Eingriff.** Gemeint ist Körperbeobachtung hinsichtlich bestimmter, in der Anordnung (Rz 5) zu bezeichnender Tatsachen, Prüfung seiner Funktion und seines Zustands. Körperliche Eingriffe sind grundsätzlich Sache des Arztes und auch durch diesen nur zulässig, wenn sie individuell, nicht nur allgemein, keinen gesundheitlichen Nachteil befürchten lassen. Das Maßgebot (Rz 1) ist zu beachten (Kö NStZ **86** 234), auch schon bei Auswahl des Arztes (Bay NJW **64** 459). Gegen Ärzte, die die Blutentnahme im Einzelfall verweigern, gibt es keinen polizeilichen Zwang (*Händel* BA **77** 193). **Blutproben** dürfen ohne Einwilligung des Beschuldigten (Rz 3) nur unter unmittelbarer ärztlicher Aufsicht und Verantwortung entnommen werden (Rz 6; Kö VRS **30** 62, Bay NJW **65** 1088, MDR **65** 315). Erforderlich ist entweder die Approbation oder die Erlaubnis zur vorübergehenden Ausübung des ärztlichen Berufs (§ 2 II–IV BÄO). Nichtärzte dürfen ohne Einwilligung des Beschuldigten körperliche Eingriffe nicht vornehmen; jedoch dürfen ausgebildete Mediziner ohne Approbation und ohne Erlaubnis iS von § 2 BÄO eine Blutprobe ohne Einwilligung des Beschuldigten unter Aufsicht eines hauptamtlich tätigen Arztes entnehmen (BGH NJW **71** 1097, Bay NJW **65** 1088, **66** 415, Ha NJW **70** 1986, Kö NJW **66** 416). Zur Spritzenphobie bei Blutentnahme Ko NJW **76** 379, *Händel* BA **76** 389, *Gerchow* BA **76** 392. Mitwirkung an Befragungen, Trinkversuchen und Tests im Rahmen des klinischen Befunds (§ 316 Rz 70 ff) einschließlich Untersuchung des Drehnachnystagmus (*Klinkhammer/Stürmann* DAR **68** 43) sind nur auf freiwilliger Basis durchführbar; denn der Beschuldigte hat nur eine Duldungspflicht. Über die Freiwilligkeit muss nicht belehrt werden (Ha NJW **68** 1202, *Meyer-Goßner* Rz 12). Atemtest darf nicht erzwungen werden (BGH VRS **39** 184, Schl VRS **30** 344, Bay NJW **63** 772, *Geppert, Spendel*-F 659). Seine vorherige Durchführung im Einverständnis oder auch auf Verlangen des Beschuldigten ist für die Rechtmäßigkeit der Blutentnahme nicht erforderlich (Kö NStZ **86** 234). Zur Unzulässigkeit eines molekulargenetischen Tests im Bußgeldverfahren zwecks Ermittlung, ob eine nicht vorschriftsgemäß beschriftete Blutprobe vom Betroffenen stammt, LG Osnabrück NZV **07** 536.

5   **5. Anordnung** ist bei fehlender Einwilligung (Rz 3) erforderlich (Schl NJW **64** 2215). Bezweckt sie einen Eingriff, hat sie sich an einen approbierten Arzt zu richten (Rz 4). Die angeordnete Maßnahme ist genau zu bezeichnen (Bay NJW **64** 459). Zuständig ist während der Ermittlungen der örtlich zuständige Amtsrichter, bei Gefährdung des Untersuchungszwecks durch Verzögerung (Alkoholabbau) auch der StA oder eine Ermittlungsperson der StA (§ 152 GVG; Hb MDR **65** 152, Kö NJW **66** 417, Br NJW **66** 743), niemals ein anderer PolB (Dü NJW **91** 580). Außerhalb evidenter Dringlichkeit muss die Gefährdung des Untersuchungserfolgs nach BVerfG NJW **07** 1345 mit einzelfallbezogenen Tatsachen begründet und in den Ermittlungsakten dokumentiert werden. Wegen drohenden Alkohol- bzw Wirkstoffabbaus wird Gefahr im Verzug in Verfahren wegen § 315c I Nr 1a, § 316 StGB in aller Regel vorliegen (LG Hb NZV **08** 213 m Anm *Laschewski*; diff. Hb StraFo **08** 158; *Laschewski* BA **08** 323; LG Itzehoe NStZ-RR **08** 249; aM Stu NStZ **08** 238 [obiter dictum] m.abl. Anm. *Götz*; LG Bln BA **08** 266. Dass bis zur Entscheidung des Richters kein Festhalterecht bestünde (dazu unten), kommt hinzu (*Götz* NStZ **08** 239). BVerfG NJW **07** 1345 (m Anm *Laschewski* NZV **07** 582), das einen nicht vergleichbaren Sachverhalt betrifft (Blutanalyse zur Feststellung, ob Drogenkonsum) steht der regelmäßigen Annahme von Gefahr im Verzug deshalb nicht entgegen (LG Hb NZV **08** 213, *Götz* NStZ **08** 239, *Laschewski* NZV **08** 215, BA **08** 323; aM Stu NStZ **08** 238 [obiter dictum]; LG Bln BA **08** 266 m Anm *Miller* DAR **08** 535). Dass zwingend die StA eingeschaltet werden muss, ist dem Gesetz nicht zu entnehmen und auch nicht aus übergeordneten Grundsätzen ableitbar, weswegen die Anordnung des PolB genügt (**aM** BVerfG NJW **07** 1345,

Vorläufige Entziehung der Fahrerlaubnis § 111a StPO 7

Laschewski NZV **08** 215). Anordnungen des *erkennenden* Gerichts, die ihrem Gewicht nach nicht einem der in § 305 S 2 StPO bezeichneten gleichkommen, sind nicht beschwerdefähig (Ko NStZ **94** 355, Ha MDR **75** 1040 [Blutprobe], Jn StV **07** 24, *Meyer-Goßner* Rz 30, str). Der Beschuldigte muss die mit der zwangsweisen Durchführung notwendig verbundene **Freiheitsbeschränkung** in der Form einer Festnahme dulden (Ko VRS **54** 357, Fra MDR **79** 694, Bay DAR **84** 155), gleichfalls sein Verbringen zur PolWache oder zum Entnahmearzt (Kö NJW **66** 419, VRS **71** 183, Br NJW **66** 743, Hb VRS **28** 196, *Meyer-Goßner* Rz 29; aM zB *Naucke* SchlHA **63** 183, *Geerds* SchlHA **64** 57, s auch *Peters* BA **63**/**64** 241). Bei Verdacht nach § 316 StGB und Gefahr im Verzug (§ 105 StPO) dürfen Ermittlungspersonen der StA die Wohnung des Verdächtigen betreten, um ihn ggf zwangsweise zur Blutprobe mitzunehmen, was allerdings besonderer Anordnung bedarf (Kö VRS **48** 24, Stu Justiz **71** 29, Dü VRS **41** 429).

6. Gesetzwidrige Blutentnahme macht den Untersuchungsbefund *grundsätzlich nicht unverwertbar* (BGH NJW **71** 1097, Bay NJW **66** 415, Ha DAR **69** 276, Ce NJW **69** 567, Stu NJW **60** 2257, Kö NJW **66** 416, Ol NJW **55** 683, Dü VRS **39** 211, Zw VRS **86** 64, *Meyer-Goßner* Rz 32, *Rogall* NStZ **88** 392), vor allem nicht die Verfehlung der Anordnungskompetenz (*Meyer-Goßner* Rz 32), etwa bei unzutreffender Annahme von Gefahr im Verzug (Hb StraFo **08** 158, Stu NStZ **08** 238; Kar NStZ **05** 399, LG Itzehoe NStZ-RR **08** 249, *Meyer-Goßner* Rz 32) und gewiss nicht die Verletzung einer Dokumentationspflicht (Rz 5; LG Itzehoe NStZ-RR **08** 249). Bei „Unterlaufen" der richterlichen Anordnungskompetenz durch regelmäßige Anordnung der Blutentnahme wegen Gefahr im Verzug bei Trunkenheitsfahrten liegt nach Hb StraFo **08** 158 ein Beweisverwertungsverbot regelmäßig fern (ähnl. LG Itzehoe NStZ-RR **08** 249, abw. wohl Stu NStZ **08** 238; s auch BVerfG NJW **07** 1345); jedenfalls gelte die sog. „Widerspruchslösung", wonach der (verteidigte) Angekl. der Verwertung rechtzeitig (in erster Instanz) widersprechen muss (hierzu *Meyer-Goßner* § 136 Rz 20, 25). Von Verfassungs wegen muss fehlende Anordnungskompetenz nicht zu einem Verwertungsverbot führen (BVerfG v 28. 7. 08, 2 BvR 784/08). Blutentnahme durch Nichtärzte (Rz 4) führt nicht zur Unverwertbarkeit (BGH NJW **71** 1097, Bay NJW **66** 415, *Meyer-Goßner* Rz 32, hM), auch nicht Verstoß gegen Verhältnismäßigkeit (*Meyer-Goßner* Rz 32). Die unter Anwendung von Gewalt durch einen Nichtarzt entnommene Blutprobe ist verwertbar, wenn die Zwang ausübenden PolB diesen für einen Arzt hielten (BGH NJW **71** 1097, Dü VersR **39** 211, Ha NJW **65** 1089, s auch *Meyer-Goßner* Rz 32f, *Jessnitzer* MDR **70** 797, *Händel* BA **72** 237, aM Ha NJW **65** 2019, DAR **64** 221, *Kohlhaas* DAR **56** 204 [stets unverwertbar]).

Verwertungsverbot, falls das staatliche Interesse an der Strafverfolgung gegenüber schutzwürdigen Interessen des Beschuldigten zurücktreten muss. Dies ist in Fällen besonders krasser Verletzung der Rechte des Beschuldigten der Fall (Dü VRS **39** 211, Ha NJW **70** 528, 1986, *Rogall* NStZ **88** 392), zB bei Durchführung ohne Einwilligung und ohne Anordnung (*Meyer-Goßner* Rz 32), bei Täuschung des Beschuldigten über die Arzteigenschaft des Blut-Entnehmenden (Ha NJW **65** 1089, *Händel* BA **72** 237, *Jessnitzer* MDR **70** 798) oder wenn der PolB unerlaubten Zwang angewendet hat (Bay BA **71** 67). Zur *bewusst* fehlerhaften Annahme von Gefahr im Verzug: Rz 6. Kenntnis der fehlenden Arzteigenschaft durch den Gewalt androhenden PolB führt schon bei *Androhung von Gewalt* zur Unverwertbarkeit (Bay BA **71** 67). Zur Frage der Verwertbarkeit des ohne Belehrung gewonnenen ärztlichen Befunds *Geppert* DAR **80** 319. Zur Verwertbarkeit einer nach irrtümlicher rechtswidriger Festnahme im Ausland erfolgten Blutprobe Kö VRS **60** 201.

Die aus einer **zu Behandlungszwecken** erfolgten Blutentnahme ermittelte BAK unterliegt keinem Beweisverwertungsverbot (Fra NStZ-RR **99** 246, Zw VRS **86** 64, Ce NZV **89** 485; abl *Mayer* JZ **89** 908). Zur zivilrechtlichen Haftung bei Schäden infolge fehlerhafter Zwangs-Blutentnahme *Jessnitzer* BA **83** 301.

[Vorläufige Entziehung der Fahrerlaubnis]

111a (1) ¹Sind dringende Gründe für die Annahme vorhanden, daß die Fahrerlaubnis entzogen werden wird (§ 69 des Strafgesetzbuches), so kann der Richter dem Beschuldigten durch Beschluß die Fahrerlaubnis vorläufig entziehen. ²Von der vorläufigen Entziehung können bestimmte Arten von Kraftfahrzeugen ausgenommen werden, wenn besondere Umstände die Annahme rechtfertigen, daß der Zweck der Maßnahme dadurch nicht gefährdet wird.

(2) **Die vorläufige Entziehung der Fahrerlaubnis ist aufzuheben, wenn ihr Grund weggefallen ist oder wenn das Gericht im Urteil die Fahrerlaubnis nicht entzieht.**

(3) ¹Die vorläufige Entziehung der Fahrerlaubnis wirkt zugleich als Anordnung oder Bestätigung der Beschlagnahme des von einer deutschen Behörde ausgestellten Führerscheins. ²Dies gilt auch, wenn der Führerschein von einer Behörde eines Mitgliedstaates der Europäischen Union oder eines anderen Vertragsstaates des Abkommens über den Europäischen Wirtschaftsraum ausgestellt worden ist, sofern der Inhaber seinen ordentlichen Wohnsitz im Inland hat.

(4) Ist ein Führerschein beschlagnahmt, weil er nach § 69 Abs. 3 Satz 2 des Strafgesetzbuches eingezogen werden kann, und bedarf es einer richterlichen Entscheidung über die Beschlagnahme, so tritt an deren Stelle die Entscheidung über die vorläufige Entziehung der Fahrerlaubnis.

(5) ¹Ein Führerschein, der in Verwahrung genommen, sichergestellt oder beschlagnahmt ist, weil er nach § 69 Abs. 3 Satz 2 des Strafgesetzbuches eingezogen werden kann, ist dem Beschuldigten zurückzugeben, wenn der Richter die vorläufige Entziehung der Fahrerlaubnis wegen Fehlens der in Absatz 1 bezeichneten Voraussetzungen ablehnt, wenn er sie aufhebt oder wenn das Gericht im Urteil die Fahrerlaubnis nicht entzieht. ²Wird jedoch im Urteil ein Fahrverbot nach § 44 des Strafgesetzbuches verhängt, so kann die Rückgabe des Führerscheins aufgeschoben werden, wenn der Beschuldigte nicht widerspricht.

(6) ¹In anderen als in Absatz 3 Satz 2 genannten ausländischen Führerscheinen ist die vorläufige Entziehung der Fahrerlaubnis zu vermerken. ²Bis zur Eintragung dieses Vermerkes kann der Führerschein beschlagnahmt werden (§ 94 Abs. 3, § 98).

Übersicht

Anfechtbarkeit 7
Anhörung 7
Anordnung der Entziehung der Fahrerlaubnis 6, 7
–, Aufhebung 9, 10
Ausländischer Führerschein 2, 13, 15

Berufungsgericht, vorläufige EdF durch – 6, 7
Beschlagnahme des Führerscheins 2, 13 ff
Bindungswirkung (§ 111 a II) 6 a

Dringende Gründe 3–5

Entschädigung bei rechtswidriger EdF 11, 12
Entziehung der Fahrerlaubnis, vorläufige
–, Voraussetzungen 3–5
–, Entscheidung 7, 8
–, Aufhebung 9, 10
–, Zuständigkeit 6

Fahrerlaubnis
–, vorläufige Entziehung, Voraussetzungen 3, 4
Form der Entscheidung 7
Freiwillige FS-Herausgabe 2, 5
Führerschein, Beschlagnahme 13–15

Maßnahmen nach § 94 StPO 2, 13, 14
Mitteilung zum Verkehrszentralregister 16

Rechtliches Gehör 7
Revision, Aufhebung der EdF 9

Teilentziehung 5 a

Verhältnismäßigkeit 1, 5 a
Vorläufige Entziehung der Fahrerlaubnis
–, Voraussetzungen 3–5a
Verkehrszentralregister, Mitteilung an 16

Zuständigkeit 6

1 **1. Vorläufige Entziehung der Fahrerlaubnis.** Begr: 21. Aufl. Begr zur Änderung durch G v 24. 4. 98: BRDrucks 821/96 S 97. Die vorläufige EdF schützt als Präventivmaßnahme die Allgemeinheit vor weiteren VStraftaten (BVerfG NZV 05 379, 537). Verfassungsrechtliche Bedenken sind unbegründet (BVerfG NStZ 82 78, DAR 98 466, 00 565, LR-*Schäfer* Rz 3, aM *Seebode* ZRP 69 25, s auch *Loos* JR 90 438). Der Grundsatz der Verhältnismäßigkeit **zwingt zu besonderer Verfahrensbeschleunigung** nach vorläufiger EdF (BVerfG NZV 05 379, 537, DAR 00 565; im Einzelnen Rz 9).

Lit: *Dahs,* Unzulässige Einbehaltung des FS durch die Pol, NJW 68 632. *Cierniak,* Beschwerde gegen die vorläufige EdF und Revision, NZV 99 324, *Engel,* Vorläufige Maßnahmen gegen Täter von VDelikten, die nicht im Besitz einer gültigen FE sind, DAR 84 108. *Hentschel,* Die vorläufige EdF, DAR 80 168. *Derselbe,* Beschwerde gegen die vorläufige EdF ..., DAR 75 265. *Derselbe,* Fortbestand der vorläufigen FEEntziehung trotz „Ablaufs" der FSSperre in der Revisionsinstanz?, MDR 78 185. *Derselbe,* Vorläufige EdF – eine Übersicht ..., DAR 88 89. *Derselbe,* Fahrerlaubnisentziehung und Sperrfrist in der Rechtsmittelinstanz, DAR 88 330. *Kaiser,* Ablauf der Sperrfrist nach § 42n Abs 5 Satz 2 StGB vor Rechtskraft des Urteils ..., NJW 73 493. *Michel,* Vorläufige EdF trotz Sicherstellung des FS?, DAR 97 393. *Mollenkott,* Relative Fahruntüchtigkeit, vorläufige EdF und der Grundsatz „in dubio pro reo", DAR 78 68. *Schmid,* Zur Kollision der sog „111 a-Beschwerde" mit Berufung und Revision, BA 96 357. Ältere Lit. s 39. Aufl.

2 **2. Verhältnis zwischen vorläufiger EdF und Maßnahmen nach § 94 StPO.** § 111 a stellt vorläufige EdF und amtliche Verwahrung des FS in der Wirkung gleich. Die Möglichkeit der Sicherstellung des FS oder der vorläufigen EdF durch richterlichen Beschluss stehen nebeneinander (BTDrucks IV/651 S 30). Wird gegen die Sicherstellung kein Widerspruch erhoben,

Vorläufige Entziehung der Fahrerlaubnis § 111a StPO 7

so bedarf es nicht der richterlichen Bestätigung durch Beschluss nach § 111 a (Rz 5). Durch das 2. VerkSichG wurde eine einheitliche Beurteilung der Anordnung der vorläufigen EdF und der Anordnung oder Aufrechterhaltung der FSBeschlagnahme erreicht, indem § 111a III bestimmt, dass die vorläufige EdF zugleich als Anordnung oder Bestätigung der Beschlagnahme wirkt. Eines ausdrücklichen Ausspruchs über die Beschlagnahme bedarf es daher bei EdF nicht (LG Gera NStZ-RR **96** 235). Umgekehrt entfällt durch die Ablehnung einer EdF oder deren Aufhebung die rechtliche Grundlage für die Beschlagnahme (BTDrucks IV/651 S 30). Zur FSBeschlagnahme Rz 13 f. Ausländische FS dürfen unter den gleichen Voraussetzungen beschlagnahmt werden wie deutsche. III S 2 stellt insoweit EU/EWR-FS von Inhabern mit „ordentlichem Wohnsitz" (§ 2 StVG Rz 3) im Inland deutschen FS gleich; VI S 2 gestattet ausdrücklich die Beschlagnahme bis zur Eintragung eines Vermerks (Rz 15).

3. Dringende Gründe. Die vorläufige EdF setzt nach § 111 a I dringende Gründe dafür 3 voraus, dass die FE endgültig entzogen werden wird (Mü DAR **77** 49). Die sachlich-rechtlichen Voraussetzungen des § 69 StGB müssen auch bei der vorläufigen EdF erfüllt sein. Gegen den Inhaber der FE muss außerdem in tatsächlicher Hinsicht dringender Verdacht einer Straftat der in § 69 StGB beschriebenen Art bestehen (im Einzelnen dort).

Dringend müssen die Gründe sein. Es genügt nicht hinreichender Verdacht; erforderlich ist 4 wie bei § 112 StPO ein hoher Grad von Wahrscheinlichkeit (BVerfG VM **95** 73, LG Zw BA **02** 287). Das wird besonders in den Regelfällen des § 69 II StGB keiner besonderen Begründung bedürfen. Eine Entscheidung über vorläufige Entziehung wird i Ü idR erst möglich sein, wenn der Sachverhalt genügend aufgeklärt ist.

Einzelheiten. Ob es einer Anordnung nach § 111a bedarf, ist wie bei § 69 StGB anhand des 5 Tatverdachts und der Persönlichkeit des Beschuldigten zu beurteilen. In den Regelfällen des § 69 II StGB (vor allem Trunkenheitsfahrten) setzt Absehen von der Maßnahme die Darlegung voraus, warum die Regel nicht zutrifft. Vorläufige EdF ist entbehrlich, wenn die Sicherung gegen weitere VGefährdung anderweit gewährleistet ist, zB solange der Beschuldigte in Untersuchungshaft genommen ist oder seinen FS freiwillig abgibt (Rz 2; AG Saalfeld VRS **107** 189, LR-*Schäfer* Rz 69, LK-*Geppert* § 69 Rz 130, *Michel* DAR **97** 393). Ist der Beschuldigte nach der vorgeworfenen Tat schon viele km unfallfrei gefahren, so könnte das zwar gegen Gefährdung sprechen. Zu berücksichtigen ist aber die auch bei Unauffälligkeit von ungeeigneten Kf ausgehende latente Gefahr (§ 3 StVG Rz 3), ferner die hohe Dunkelziffer bei VStraftaten (*Kunkel*, Biographische Daten und Rückfallprognose bei Trunkenheitstätern im StrV, 1977, S 122, 152, *Hilse* VGT **92** 310f, *Iffland* DAR **96** 301). Daher steht **längere unbeanstandete VTeilnahme** mit Kfz in den Regelfällen des § 69 II StGB der vorläufigen EdF nicht entgegen (BVerfG NZV **05** 379, DAR **00** 565, Ko VRS **68** 118, Kar VRS **68** 360, Dü DAR **96** 413, LR-*Schäfer* 23, LK-*Geppert* § 69 Rz 129), zumal tatsächliches Wohlverhalten durch den Druck des Strafverfahrens beeinflusst sein wird (Dü DAR **96** 413, LR-*Schäfer* Rz 14). Dies verkennt die zT abw tatrichterliche Rspr (zB LG Lüneburg ZfS **04** 38, LG Kiel StV **03** 325, LG Tübingen ZfS **98** 484, LG Hagen NZV **94** 334, LG Ravensburg ZfS **95** 95, AG Homburg ZfS **91** 214 [zust *Janiszewski* 752 d], AG Bernkastel-Kues BA **06** 158, das entgegen der Sicherungsfunktion des § 111a darauf abstellt, ob das vorhergehende Unterbleiben der Anordnung auf ein Verschulden des Betroffenen oder der StA zurückzuführen ist; ebenso LG Sa ZfS **07** 470). Entsprechendes hat grundsätzlich auch in anderen Fällen charakterlicher Ungeeignetheit zu gelten (Mü NJW **92** 2776 [mehrere Jahre zurückliegender Versicherungsbetrug nach manipuliertem Unfall], Ha VRS **102** 56). Der gebotene Schutz der Allgemeinheit vor ungeeigneten Kf kann nicht deswegen ganz unterbleiben, weil ein möglichst früher Zeitpunkt für die EdF versäumt wurde (Dü VD **02** 267, BVerfG NZV **05** 379, *Meyer-Goßner* Rz 3, *Janiszewski* NStZ **91** 578, *Hentschel* NJW **90** 1463). Wspr daher LG Hagen NZV **94** 334, das EdF trotz ausdrücklicher Annahme der Ungeeignetheit ablehnt (s auch VGH Mü BA **04** 561, 563 zur vergleichbaren Frage der Anordnung sofortiger Vollziehbarkeit verzögerter verwaltungsbehördlicher EdF). Immer ist zu berücksichtigen, dass vorläufige wie endgültige EdF keinen Straf-, sondern Sicherungscharakter haben. Hat der Beschuldigte keine FE, so hat das Gericht mangels gesetzlicher Grundlage nicht darüber zu entscheiden, ob es bis zum Abschluss des Strafverfahrens Bedenken gegen die Erteilung einer FE durch die VB hat (Ha VRS **51** 43). Der die vorläufige EdF anordnende Beschluss unterbricht die **Verfolgungsverjährung** (§ 78c I Nr 4 StGB, *Fischer* § 78c Rz 14), nicht aber der ablehnende (Ha DAR **55** 222).

Teilentziehung ist aus Gründen der Verhältnismäßigkeit (**E** 2) in I S 2 vorgesehen. Einziger 5a Maßstab ist der Zweck der VSicherung. Nur soweit Teilentziehung ihm genügt, darf sie ange-

König 1655

ordnet werden. Nach der Rspr gelten strenge Voraussetzungen (LK-*Geppert* § 69 Rz 131). Damit nicht vereinbar ist es, I S 2 unter Anwendung des Zweifelssatzes „großzügig" zu handhaben (so *Krumm* NZV **06** 234). Denn bei der Beschränkung handelt es sich um eine Prognoseentscheidung, für die der Zweifelssatz uneingeschränkt nur hinsichtlich der Anknüpfungstatsachen, grundsätzlich aber nicht für die Prognose selbst gilt (§ 69 Rz 11); ferner ergibt sich vor allem in den Fällen nach § 69 II StGB zumindest mittelbar sehr wohl ein Regel-Ausnahme-Verhältnis in Richtung auf uneingeschränkte Anordnung. Von der vorläufigen Maßnahme ausgenommen werden können nach geltendem Recht nur bestimmte Kfz-Arten, örtliche und zeitliche Beschränkungen sind nicht möglich (§ 69a StGB Rz 6). Bei Teilentziehung ist dem Betroffenen von der StrVB ein entsprechend beschränkter FS auszustellen (BMV VkBl **66** 48), der nach Wegfall der vorläufigen EdF wieder einzuziehen ist (LR-*Schäfer* Rz 32). Bis zur Rechtskraft des die FE entziehenden Urteils hat er darauf einen Anspruch (VG Mainz NJW **86** 3158). Das gilt freilich nicht für Lkw oder Busse (§ 9 FeV Rz 2, 4; § 69a Rz 6a; aM hier bis 39. Aufl).

6   **4. Zuständig** ist der Richter des jeweiligen Verfahrensabschnitts. Im vorbereitenden Verfahren ist, auf Antrag der StA (LG Gera NStZ-RR **96** 235), das AG zuständig (AG Siegen NJW **55** 274), und zwar, wenn der FS sichergestellt ist, das Gericht, in dessen Bezirk die Sicherstellung erfolgt ist (§ 98 II 3 StPO; LG Bra DAR **75** 132, LG Zw NZV **94** 293, LR-*Schäfer* Rz 45), andernfalls das Gericht des Orts, wo sich der FS befindet (§ 162 StPO; LG Zw NZV **94** 293, AG Gemünden DAR **78** 25, LR-*Schäfer* Rz 45, aM LG Mü II NJW **63** 1216 [Gericht des Tatorts und des Wohnorts], LG Bochum VRS **78** 355 [auch Gericht des Tatorts]). Nach Ablehnung der vorläufigen EdF ist erneute Antragstellung bei anderem AG nur bei Sachstandsänderung zulässig (LG Mosbach VRS **92** 249, LG Cottbus BA **08** 202). *Nach Anklageerhebung* ist das Gericht zuständig, bei dem die Sache anhängig ist, *in der Berufungsinstanz* das Berufungsgericht (Dü NZV **92** 202), *in der Revisionsinstanz* idR auch für die Aufhebung der letzte Tatrichter (Ce NJW **77** 160, Stu Justiz **69** 256, Nau BA **00** 378, Zw VRS **69** 293, Ko NZV **08** 367), es sei denn, das Revisionsgericht beseitigt die im Urteil angeordnete Entziehung endgültig (Bay NZV **93** 239, Nau DAR **99** 420) oder verfährt analog § 126 III StPO (KK-*Nack* Rz 12, *Meyer-Goßner* Rz 14; aM [im Wesentlichen uneingeschränkte Zuständigkeit des Revisionsgerichts] Ko MDR **86** 871, Zw NZV **89** 442, *Hentschel* Trunkenheit Rz 842, LK-*Geppert* § 69 Rz 157, *Janiszewski* DAR **89** 139).

6a **Bindungswirkung.** Hat das AG im Urteil **keine** Maßregel angeordnet, so darf das Berufungsgericht vor Abschluss des Berufungsverfahrens bei unverändertem Sachstand wegen § 111a II Alt. 2 keine (erneute) vorläufige EdF anordnen (BVerfG NJW **95** 124, Stu VRS **101** 40, Ha BA **01** 124, Kar NJW **60** 1247, Kö NJW **64** 1287, Ko VRS **55** 45, *Schmid* BA **96** 360, *Kulemeier* S 128). Entsprechendes gilt für das AG bei Einspruch gegen einen Strafbefehl, in dem die Maßregel nicht angeordnet ist (LG Stu StV **86** 427, KK-*Nack* Rz 8). Wurde im angefochtenen Urteil die Maßregel des § 69 StGB **hingegen verhängt**, ein Beschluss nach § 111a aber *nicht* erlassen, kann dieser durch das Berufungsgericht ergehen; denn dann sind dringende Gründe vorhanden, ohne dass § 111a II Alt. 2 entgegensteht (Fra NJW **81** 1680, Ko VRS **65** 448, **71** 39, Kar VRS **68** 361, Hb ZfS **07** 409, LK-*Geppert* § 69 StGB Rz 154, aM Kar VRS **59** 432). Das Berufungsgericht trifft die Entscheidung nach § 111a in eigener Verantwortung. Es ist *insoweit* nicht an die Beurteilung des AG (Absehen von § 111a) gebunden, sodass sie die FE auch ohne Sachstandsänderung vorläufig entziehen kann (Fra NJW **81** 1680, Ko VRS **65** 448, **71** 39, Kar VRS **68** 361). Jedoch legt es wegen der im Erkenntnisverfahren bestehenden überlegenen Möglichkeiten das Urteil erster Instanz in Bezug auf die dringenden Gründe (die Eignungsfrage) zugrunde, es sei denn, jenes ist offensichtlich fehlerhaft oder es liegen neue Tatsachen vor (Hb ZfS **07** 409). Ebenso liegt es, wenn das Berufungsgericht nach Vorlage der Akten einen Antrag auf Aufhebung einer vorläufigen EdF ablehnt (hierzu Rz 8). Wenn das Berufungsgericht unter Aufhebung des angefochtenen Urteils **im Berufungsurteil** EdF anordnet, ist nach ganz hM die vorläufige EdF zulässig (Hb MDR **73** 602, Zw NJW **81** 775, Ko VRS **67** 254, Kar VRS **68** 360). Da die vorläufige EdF bis zur Rechtskraft des Urteils möglich ist, darf das Berufungsgericht, *wenn es die FE entzogen hat*, den in der Hauptverhandlung unterbliebenen Beschluss nach § 111a auch bei unverändertem Sachstand nachholen (LK-*Geppert* § 69 Rz 153, KK-*Nack* Rz 8; **aM** Ol NZV **92** 124).

7   **5. Entscheidung.** Die Entscheidung ergeht durch Beschluss. Nach § 33 III StPO ist dem Beschuldigten zuvor **rechtliches Gehör** zu gewähren (LG Mainz NJW **68** 414, *Meyer-Goßner* Rz 6, *Kulemeier* S 129). Der Zweck der Anordnung wird dadurch nicht gefährdet (§ 33 IV StPO), weil eine Überraschung des Beschuldigten nicht erforderlich ist (*Meyer-Goßner* Rz 6;

H.-J. *Koch* DAR **68** 178, aM LR-*Schäfer* Rz 54). Die Anhörung muss aber nicht durch das Gericht erfolgen (H.-J. *Koch* DAR **68** 178 [Pol], einschr insoweit LR-*Schäfer* Rz 58). Anhörungsfehler können im Beschwerdeverfahren geheilt werden (Hb ZfS **07** 409). Der Beschuldigte verliert die FE mit der Zustellung oder Bekanntgabe (BGH NJW **62** 2104, DAR **63** 20, VersR **62** 1053, KG VRS **42** 210, Stu VRS **79** 303, Kö NZV **91** 360). Bloße Information durch Dritte genügt nicht (Ha VRS **57** 125, Stu VRS **79** 303). Wird der Beschluss nicht in der Hauptverhandlung verkündet, so empfiehlt sich Zustellung; jedoch genügt auch formlose Mitteilung, diese bedarf aber stets der Schriftform (Ha VRS **57** 125, LG Hildesheim NRpfl **88** 251). Der Beschluss ist, weil mit der Beschwerde anfechtbar, zu begründen (§ 34 StPO; hierzu Rz 4). Die dringenden Verdachtsgründe für die strafbare Handlung und die Annahme, dass es endgültig zur EdF kommen werde, sind anzugeben.

6. Anfechtbarkeit. Gegen den Beschluss (auch des erkennenden Richters, § 305 S 2) ist die Beschwerde (§ 304) zulässig. Weitere Beschwerde findet nicht statt (§ 310 II). Daran ändert auch nichts, wenn das Beschwerdegericht den Sachverhalt weiter aufklärt und das Ergebnis der Sachaufklärung in der Beschwerdeentscheidung berücksichtigt (Neust MDR **60** 604, LR-*Schäfer* Rz 88). Hat das Berufungsgericht auf Beschwerde der StA dem Angekl., ohne ihn und den Verteidiger zu hören, die FE vorläufig entzogen, so ist trotz des Verstoßes gegen den Grundsatz des rechtlichen Gehörs keine weitere Beschwerde zulässig; das Beschwerdegericht hat aber von Amts wegen oder auf Antrag gemäß § 311 a StPO zu verfahren. Hatte das LG den angefochtenen Beschluss des AG bestätigt, weil es irrig angenommen hatte, der Beschuldigte habe Beschwerde eingelegt, so ist gegen diesen Beschluss Beschwerde allerdings zulässig (Sa VRS **27** 453). Das Beschwerdegericht entscheidet über die Notwendigkeit vorläufiger EdF auf Grund Freibeweises und eigener Prognose ohne Bindung an erstrichterliche Sperrfrist (Mü DAR **77** 49). Ist sowohl Berufung gegen das Urteil als auch Beschwerde gegen die vorläufige EdF eingelegt, so entscheidet das LG nur solange als Beschwerdegericht, als ihm die Akte noch nicht gem § 321 S 2 StPO vorgelegt war, andernfalls als das mit der Hauptsache befasste Gericht; dann Umdeutung der Beschwerde in Antrag auf Aufhebung der Maßnahme und Anfechtbarkeit des LG-Beschlusses (Stu DAR **02** 279, VRS **101** 40, Dü NZV **92** 202, VRS **99** 203, Ha VRS **49** 111, LG Zw NZV **92** 499, *Meyer-Goßner* Rz 19, aM Stu NZV **90** 122). Entsprechendes gilt, wenn zwar gegen den Beschluss des AG im Ermittlungsverfahren Beschwerde eingelegt, inzwischen jedoch Anklage vor dem LG erhoben war (Dü VRS **72** 370). Lehnt das Berufungsgericht den (ggf. umgedeuteten, s o) Antrag auf Aufhebung der vorläufigen EdF ab, so besteht (wie in den Fällen einer *erstmaligen* vorläufigen EdF nach erstinstanzlicher EdF (Rz 6 a) *vor Erlass des Berufungsurteils* ein eingeschränkter Prüfungsmaßstab: Wegen der überlegenen Mittel der Aufklärung in der Hauptverhandlung, darf die Eignung des Angekl. nur bei neuen Tatsachen (Stu VRS **101** 41, Schl SchlHA **08** 231 [D/D], *Meyer-Goßner* Rz 19) und auch bei offensichtlichen Rechtsfehlern (Rz 6 a) anders gewürdigt werden als im erstinstanzlichen Urteil. Dieser Maßstab gilt dann auch im Beschwerdeverfahren (Schl SchlHA **08** 231 [D/D]; probl Jn BA **07** 182, das nach Aktenlage eine eigene Beweiswürdigung vornimmt).

Während des Revisionsverfahrens ist die Beschwerde gegen eine durch das Tatgericht angeordnete vorläufige EdF nach einem (starken) Teil der obergerichtlichen Rspr *unzulässig*; der Fortbestand der vorläufigen Maßnahme hänge dann ausschließlich von revisionsrechtlichen Gesichtspunkten ab und müsse, auch zur Vermeidung widersprüchlicher Entscheidungen, im Rahmen der Revision beurteilt werden (Dü NZV **91** 165, **95** 459, Ha MDR **96** 954, Brn VRS **91** 181, Kö VRS **105** 343, **93** 348, NZV **08** 367, Kar DAR **99** 86, *Cierniak* NZV **99** 324). Im Hinblick darauf, dass § 304 StPO keine Einschränkung enthält und die vorläufige EdF andernfalls nicht einmal auf Ermessensfehler überprüfbar wäre (s insbesondere auch BVerfG NStZ-RR **02** 377), dürfte *mit der Gegenansicht* von der Zulässigkeit der Beschwerde, aber namentlich zur Vermeidung widersprüchlicher Sachentscheidungen von einem eingeschränkten Prüfungsmaßstab des Beschwerdegerichts auszugehen sein (KG VRS **100** 443, ZfS **06** 528, Kar DAR **04** 408 Schl NZV **95** 238 [abl *Schwarzer*], Fra NStZ-RR **96** 205, Ko NZV **97** 369, **08** 47, *Schmid* BA **96** 357). Prüfungsgegenstand ist zunächst der durch das Tatgericht gepflogene Ermessensgebrauch (Kar DAR **04** 408). Zu verwerfen ist die Beschwerde, wenn die Revision mit hoher Wahrscheinlichkeit erfolglos bleiben wird, wobei eine abweichende Würdigung der tatrichterlichen Feststellungen ausgeschlossen ist (KG ZfS **06** 528). Aufzuheben ist die Maßnahme, wenn die im Urteil getroffene EdF an offensichtlichen, nicht behebbaren Rechtsfehlern leidet (vgl Ko NZV **08** 47). Kommt hingegen in Betracht, dass nach etwaiger Aufhebung und Zurückverweisung durch das Revisionsgericht erneut EdF angeordnet wird, so kann die Beschwerde zu verwerfen sein.

9 **7. Aufhebung der Maßnahme** (II). Da die EdF Sicherungsmaßnahme ist, darf sie nur aufrechterhalten werden, solange die dringenden Gründe fortbestehen (Mü DAR **77** 49, Br VRS **31** 454). Bestimmte Prüfungsfristen sieht § 111a anders als § 121 (dazu Ha NStZ-RR **07** 351) und § 126 II 2 nicht vor. Das Gericht hat die Frage aber in jedem Verfahrensstadium im Auge zu behalten (Kar VM **75** 68), wobei zunehmende Verfahrenslänge verstärkt zur Prüfung möglichen Wegfalls des Eignungsmangels zwingt (BVerfG NZV **05** 537). Dauert das (Berufungs-) Verfahren so lange, dass der Maßregelzweck bereits durch die vorläufige Entziehung erreicht und daher ein Fortbestehen des Eignungsmangels nicht anzunehmen ist, muss diese aufgehoben werden (Dü NZV **01** 354, VRS **98** 190, Mü DAR **75** 132, **77** 49, LR-*Schäfer* Rz 37, *Janiszewski* DAR **89** 137). Problematisch sind deshalb Erwägungen, wonach der „bloße Zeitablauf" unberücksichtigt zu bleiben habe und bei Berufungseinlegung stets mit längerer Dauer zu rechnen sei (zB Dü VRS **79** 23, NZV **99** 389, ähnl. Fra DAR **92** 187, krit *Janiszewski* NStZ **92** 584). Bestehen andererseits die dringenden Gründe für EdF fort, so erfordert der Schutz der Allgemeinheit die Aufrechterhaltung der vorläufigen Maßnahme auch bei längerer Verfahrensdauer (Rz 1; Ha NStZ-RR **07** 351, Ko NZV **08** 47 [1 Jahr], LG Marburg ZfS **05** 621, abw LG Zw NZV **00** 54, VRS **99** 266, LG Fra StV **03** 69). Bei einer zugunsten des Angekl. eingelegten **Berufung** ist dabei der durch das Erstgericht festgestellte Eignungsmangel nicht stets in dem Zeitpunkt als beseitigt anzusehen, in dem im Fall der Rechtskraft des Urteils die Sperre abgelaufen wäre (Mü DAR **75** 132, **77** 49, Ko VRS **67** 256, Dü NZV **88** 194). Auch bei einer zugunsten des Angekl. eingelegten **Revision** ist die vorläufige EdF nach hM nicht allein deswegen aufzuheben, weil die im angefochtenen Urteil festgesetzte Sperrfrist verstrichen ist; denn der Ablauf der Sperrfrist verleiht dem Angekl. keinen Rechtsanspruch auf Neuerteilung (zB Nau BA **00** 378, Kar DAR **77** 948, Schl DAR **77** 193, Mü MDR **71** 1042, KG VRS **53** 278, Hb DAR **81** 27, Stu VRS **63** 363, Dü DAR **83** 62, VRS **98** 190, Ko VRS **71** 40, *Fischer* § 69a Rz 39, *Meyer-Goßner* Rz 12, aM zB Fra DAR **89** 311, Br DAR **73** 332, ZfS **81** 188, LK-*Geppert* § 69 Rz 145, hier bis 38. Aufl mwN, *Janiszewski* 757). Nach Kar DAR **03** 235 ergibt sich bei BAK ab 1,6‰ aus § 69 II Nr 2 StGB iVm § 13 Nr 2c FeV (Gutachtenbeibringung vor Neuerteilung) fortdauernde Indizwirkung; allerdings rechtfertigen im Verwaltungsrecht bereits Bedenken gegen die Eignung die Anordnung der Gutachtenbeibringung, während § 111a dringende Gründe für Ungeeignetheit voraussetzt. Bei **groben Pflichtverletzungen** und erheblichen von der Justiz nicht zu vertretenden Verzögerungen ist die Anordnung nach einem Teil der Rspr aufzuheben (Kö NZV **91** 243, Kar NZV **05** 212, Nü StV **06** 685, Ha NStZ-RR **07** 351), nach Hb ZfS **07** 409 auch dann, wenn das Verfahren wegen der Abwesenheit eines Zeugen auf unbestimmte Zeit nicht durchgeführt werden kann. An einen **Aufhebungsantrag der StA** ist das Gericht auch vor Anklageerhebung nicht gebunden (AG Münster MDR **72** 166, LK-*Geppert* § 69 Rz 140, *D. Meyer* DAR **86** 47, aM LR-*Schäfer* Rz 49, *Wittschier* NJW **85** 1324).

10 Dass die vorläufige Maßregel aufzuheben ist, **wenn das Gericht im Urteil von Entziehung absieht** (BVerfG NJW **95** 124), entspricht § 123 StPO. Die Wirkung tritt also in diesem Fall nicht erst mit Rechtskraft des Urteils ein. Die Aufhebung hat die Wirkung, dass die FE anders als bei endgültiger Entziehung wiederauflebt; es bedarf keiner Neuerteilung. Keiner Aufhebung der vorläufigen Anordnung bedarf es, wenn das Gericht nach § 69 StGB die FE entzieht; dann geht mit der Rechtskraft des die Entziehung aussprechenden Urteils die vorläufige Maßnahme in die endgültige über.

11 **8. Entschädigung** für vorläufige EdF kommt nach Maßgabe des StrEG in Betracht. Zu ersetzen sind nur *konkrete, adäquate Vermögensnachteile* infolge der vorläufigen EdF (BGH VersR **75** 763), nachgewiesene Mehraufwendungen oder sonstige wirtschaftliche Nachteile (BGH NJW **75** 347, 2341, VersR **75** 257, Schl VersR **99** 200), also zB nicht bloße Beeinträchtigung der KfzNutzungsmöglichkeit (Dü VersR **73** 1148). Auch das Unvermögen, wegen FS-Beschlagnahme kein Kfz führen zu dürfen, bewirkt als solches keinen Vermögensschaden (BGHZ **65** 170). Entschädigungspflicht besteht auch bei freiwilliger FS-Herausgabe, um zwangsweise Sicherstellung zu vermeiden (Ha NJW **72** 1477). Die Sicherstellung eines von mehreren im Besitz des Beschuldigten befindlichen FS löst grundsätzlich die Entschädigungspflicht aus, weil die ihm verbliebenen nicht zur Teilnahme am KfzV berechtigten (§ 21 StVG Rz 22). Hierzu zählt auch ein noch gültiger internationaler FS (LK-*Geppert* § 69 Rz 187, *Hentschel* NZV **92** 500, aM AG Ka NZV **92** 499). Der geschäftsführende Alleingesellschafter einer GmbH kann den der GmbH durch die vorläufige EdF entstandenen Schaden geltend machen (BGH VersR **91** 678, Fra NStZ-RR **02** 230, Nü NStZ-RR **03** 62). Keine Entschädigung steht nach rechtsirriger vorläufiger EdF zu, wenn der Betroffene gar keine FE besessen hat (Zw VRS **54** 203). Der Entschädigungsanspruch umfasst den Ersatz gesetzlicher *Anwaltsgebühren und -auslagen* zwecks Beseitigung entschädigungspflichtiger Maßnahmen, soweit keine Erstattung nach StPO vorgesehen (BGHZ **65,** 170, NJW **75** 2341, **77** 957).

Grob fahrlässig iS des § 5 II StrEG (Entschädigungsausschluss) verhält sich, wer in ungewöhnlichem Maß die Sorgfalt außer Acht lässt, mit der ein Verständiger in gleicher Lage Strafverfolgungsmaßnahmen vermeiden würde (Bay NZV **94** 285, Sa VRS **102** 124, Dü NZV **94** 490, VRS **81** 399, Stu VM **76** 36, Zw VRS **69** 287). Dies ist (ex ante) danach zu beurteilen, wie sich der Sachverhalt bei Verhängung bzw Aufrechterhaltung der Maßnahme darstellte (Fra BA **02** 388, Bra VRS **42** 50, Dü NZV **89** 204, VRS **81** 399), weswegen Entschädigungsausschluss auch anzunehmen sein kann, wenn die FSMaßnahme auf einem nach inzwischen geänderter Rspr nicht mehr als strafbar erachteten Verhalten beruht (Fra NZV **90** 277 [Motor-Anlassen durch alkoholbedingt Fahrunsicheren], *Meyer-Goßner* § 5 StrEG Rz 10, aM Dü NZV **89** 204, LK-*Geppert* § 69 Rz 195, *Hentschel* JR **90** 33). Allgemein wird zu gelten haben, dass das Verschulden umso höher zu veranschlagen ist, je höher der Grad der Intoxikation aufgrund der aufgenommenen Rauschmittelmenge ist. Bei der Würdigung kann nicht unberücksichtigt bleiben, dass der Kf ab einer BAK von 0,5‰ bzw bei einem positiven Wirkstoffnachweis relevanter illegaler Drogen so (potentiell) gefährlich handelt, dass § 24a StVG das Führen von Kfz im StrV bei Sanktionsdrohung strikt untersagt. In **Alkoholfällen** wird man deshalb in grundsätzlicher Übereinstimmung mit der überwiegenden Rspr und Lit zur früheren Promillegrenze von 0,8‰ (Bay NZV **90** 37, LG Krefeld DAR **75** 25, **79** 337, LG Göttingen DAR **76** 166, LG Dü DAR **91** 272, *D. Meyer* DAR **92** 235, BA **80** 276, LK-*Geppert* § 69 Rz 200, *Schneble* BA **77** 267, *Legat* VGT **86** 308) jedenfalls bei Erreichen einer BAK von 0,5‰ (§ 24a I StVG) per se einen groben Pflichtverstoß anzunehmen haben (*Meyer-Goßner* § 5 StrEG Rz 10). Jedoch muss die FSMaßnahme dem objektiven Verhalten der Beschuldigten entsprechen (Bay NZV **90** 37), was nicht der Fall ist, wenn diese zB bei einer gemessenen AAK (zumal einer beweissicheren, s § 24a StVG Rz 16, 17) im Bereich von 0,6‰ BAK ohne sonstige Auffälligkeiten angeordnet wird (*Sandherr* DAR **07** 420, 424, s auch AG Cottbus DAR **00** 88 m Anm *Scheffler* BA **00** 384). Es müssen deshalb aus der Sicht der Strafjustiz (ex ante, s. o.) zu der positiven AAK äußere Umstände hinzukommen, die den Verdacht einer Straftat ergeben, wobei diese Umstände in Übereinstimmung mit den Grundsätzen zur „relativen" Fahrunsicherheit (§ 316 StGB Rz 22, 24) umso schwächer sein können, je höher die AAK ausfällt; bei Werten knapp unter der Grenze absoluter Fahrunsicherheit (BAK 1,1‰) ist die FSBeschlagnahme ohne Weiteres gerechtfertigt, weil deren Verfehlen reiner Zufall ist (*Sandherr* DAR **07** 420). Entschädigungsausschluss ist bei hinreichend schlagkräftigen Indizien entgegen einigen verfehlten Judikaten (Ha NJW **75** 790, Zw VRS **53** 284, Kö DAR **76** 81, nach LG Fra DAR **75** 306, LG Dü DAR **78** 166 sogar bei auf Fahrunsicherheit hindeutender Fahrweise [alle zum früheren Wert von 0,8‰]) auch bei BAK-Werten unter dem Gefahrengrenzwert des § 24a I StVG möglich (*Hentschel* JR **99** 479, *Sandherr* DAR **07** 420). Grobe Fahrlässigkeit bei erheblichem Trinken gleich nach dem Unfall und verweigerten Angaben (Stu DAR **72** 166), bei Alkoholaufnahme nach der Fahrt, obwohl mit polizeilichen Ermittlungen zu rechnen ist (Ha VRS **58** 69), bei ursprünglicher Selbstbelastung in wesentlichen Punkten, für die Zeit überwiegender Selbstverursachung (KG VRS **44** 122, Kar MDR **77** 1041, Zw VRS **69** 376), bei Verschweigen wesentlicher entlastender Umstände trotz Einlassung (Kar VRS **94** 268). Verschweigen eines Nachtrunks als grobe Nachlässigkeit: Fra NJW **78** 1017 (hierzu auch *Sandherr* DAR **07** 424). Wer vor Fahrtantritt illegale Drogen konsumiert, sodass in der Blutprobe ein positiver Wirkstoffbefund festgestellt wird, verursacht die vorläufige FSMaßnahme nach der Rspr grob fahrlässig (BGHR StrEG § 5 II S 1 Fahrlässigkeit, grobe 7, Bay NZV **94** 285 m Anm *Daldrup* BA **94** 494, Dü NZV **94** 490, Zw BA **03** 321, Sa VRS **102** 124). In Übereinstimmung mit den Grundsätzen zum Alkohol (s o) müssen jedoch zumindest schwache auf Fahrunsicherheit hindeutende äußere Umstände hinzukommen. Muss trotz FzFührens im öffentlichen StrV in fahrunsicherem Zustand **aus Rechtsgründen Freispruch** erfolgen, weil weder § 316 noch § 323a festgestellt werden kann, so scheidet dennoch Entschädigung wegen grob fahrlässiger Verursachung der vorläufigen FS-Maßnahme aus (Kar NJW **04** 3356). Nach überwiegender Ansicht bei grobfahrlässiger Verursachung der FSMaßnahme auch keine Entschädigung, wenn das Rechtsmittelgericht entgegen dem Erstrichter EdF unter Freisprechung oder Verurteilung nur wegen OW schon für den Zeitpunkt der ersten Hauptverhandlung verneint, ohne dass sich der Erstrichter grob geirrt hätte (Bay NZV **90** 37, krit *Loos* JR **90** 438, Ha VRS **52** 435, NJW **72** 1477, Ko VRS **50** 303, Stu VRS **50** 376,

7 StPO § 111a

LK-*Geppert* § 69 Rz 197, aM Ce VRS **45** 375, *Sieg* MDR **75** 515). Zum Ganzen *Sandherr* DAR **07** 420.

13 **9. Sicherstellung oder Beschlagnahme des Führerscheins** (III bis VI). Die Beschlagnahme von FS ist seit dem 2. VerkSichG 1963 (BTDrucks IV/651 S 30) unter denselben Voraussetzungen wie die vorläufige EdF zulässig. Nach III wirkt vorläufige Entziehung zugleich als Anordnung oder Bestätigung der Beschlagnahme aller von einer deutschen Behörde erteilten FS, auch eines Internationalen FS (*Hentschel* NZV **92** 500) sowie eines von einem EU- oder EWR-Staat ausgestellten FS, wenn der Inhaber seinen ordentlichen Wohnsitz im Inland hat. Die StA und ihre Ermittlungspersonen dürfen den FS außer in den Fällen des § 94 StPO auch bei **Gefahr weiterer Trunkenheitsfahrt** oder schwerwiegender VVerstöße beschlagnahmen (BGH NJW **69** 1308, Kar Justiz **69** 255, Ha VRS **36** 66, LG Münster NJW **74** 1008, LR-*Schäfer* 67, *Trupp* NZV **04** 391, aM *Hruschka* NJW **69** 1310, *Ehlers* MDR **69** 1023), und zwar, wenn der Beschuldigte ihn nicht mitführt, auch in dessen Wohnung (*Meyer-Goßner* Rz 15, *Gramse* NZV **02** 346). Zur FSBeschlagnahme auf der Grundlage polizeilicher Gefahrenabwehr LR-*Schäfer* Rz 72, *Trupp* NZV **04** 139 m Erwiderung *Meyer-Goßner* NZV **04** 565).

14 Der auf Grund einer nach § 94 StPO getroffenen Maßnahme in amtlicher Verwahrung befindliche FS ist unter denselben Voraussetzungen zurückzugeben, unter denen die vorläufige EdF aufzuheben ist (V; Rz 9). War der FS (ohne Beschluss nach § 111a) nur beschlagnahmt, so kann das Revisionsgericht bei zugunsten des Angeklagten eingelegter Revision die Beschlagnahme aufheben, wenn bei Rechtskraft die Sperre inzwischen abgelaufen wäre (Kö VM **80** 29). Mit der **Rückgabe des FS** lebt auch in diesem Fall die Befugnis zum Führen von Kfz wieder auf. Eine Sondervorschrift enthält V S 2 für den Fall, dass im Urteil nach § 44 StGB **auf ein Fahrverbot erkannt** wird. Widerspricht der Beschuldigte nicht, so kann die FSRückgabe aufgeschoben werden. Andernfalls müsste er sogleich nach Eintritt der Rechtskraft erneut in Verwahrung genommen werden (*Warda* MDR **65** 1). Bei Aufschub der Rückgabe entsteht dem Beschuldigten kein Nachteil, weil die Zeit der weiteren FSEinbehaltung bis zur Rechtskraft des das FV aussprechenden Urteils gem § 450 II StPO voll auf die FVFrist anzurechnen ist. Eines Einverständnisses des Verurteilten bedarf es dagegen nicht, wenn das Urteil sofort rechtskräftig wird; dann gilt nicht V S 2, sondern § 44 II S 2 StGB, wonach bei rechtskräftigem FV der FS amtlich zu verwahren ist.

15 **10. Bei ausländischen Führerscheinen** ist zu unterscheiden: a) *FS aus EU- oder EWR-Staaten* unterliegen (wie deutsche FS nach § 69 III S 2) der Einziehung gem § 69b II S 1, wenn der Inhaber seinen ordentlichen Wohnsitz im Inland hat. Deshalb wirkt bei ihnen die vorläufige EdF zugleich als Anordnung oder Bestätigung der Beschlagnahme (III S 2). b) *In allen anderen Fällen* hat die Beschlagnahme nur die in VI mit § 69b I 2 StGB geregelte beschränkte Wirkung, weil ausländische FS nicht der Einziehung gem § 69 III StGB unterliegen. Die vorläufige EdF ist im ausländischen FS einzutragen und ggf wieder zu löschen. Der FS darf sofort bis zur Eintragung der vorläufigen EdF beschlagnahmt werden. Er ist alsdann zurückzugeben (§ 69b StGB). Lässt die Beschaffenheit des FS einen Vermerk auf diesem nicht zu (zB Plastikkarte), so ist der Vermerk auf einem besonderen Papier anzubringen und dieses mit dem FS zu verbinden (zB Lochung, gesiegelte Schnur; s § 56 II S 4 StVollstrO); ist auch dies nicht möglich, kommt auch Beschlagnahme für die Dauer der vorläufigen Maßnahme entsprechend VI S 2 in Frage (LG Ravensburg DAR **91** 272 [abl *J. Meyer* MDR **92** 442], AG Homburg ZfS **95** 352 m abl Anm *Bode*; krit LR-*Schäfer* Rz 83). Wer nur einen ausländischen FS hat, der nicht (mehr) zum Kfz-Führen im Inland berechtigt, zB, weil er die Voraussetzungen des § 29 FeV nicht (mehr) erfüllt, besitzt keine im Inland gültige FE, so dass vorläufige (wie „endgültige") EdF ausscheiden (nur isolierte Sperre nach § 69a I 3 StGB: § 69b StGB Rz 2; abw LG Aachen NZV **02** 332). Str, ob gleichwohl Eintragung eines Vermerks (§ 69b II StGB) möglich ist (§ 69b StGB Rz 5).

16 **11. Mitteilung zum Verkehrszentralregister:** § 28 III Nr 2 StVG.

8. Verordnung über die Erteilung einer Verwarnung, Regelsätze für Geldbußen und die Anordnung eines Fahrverbots wegen Ordnungswidrigkeiten im Straßenverkehr (Bußgeldkatalog-Verordnung – BKatV)

Vom 13. November 2001 (BGBl. I S. 3033)
FNA 9231-1-12
Zuletzt geändert durch VO vom 18. Juli 2008 (BGBl. I S. 1338)

Vorbemerkung zur BKatV

Nach den Planungen der BReg soll am 1. 1. 09 das Vierte Gesetz zur Änderung des StVG in Kraft treten. Sein Kernstück ist die Verdoppelung des Höchstmaßes der Geldbuße in § 24 StVG auf 2 000 €; ferner soll das Höchstmaß für OW nach § 24a StVG auf 3 000 € angehoben werden (BTDrucks 16/10175; s hierzu auch § 24 StVG Rz 43). Einen Monat nach In-Kraft-Treten des Gesetzes soll die **Novellierung der BKatV** in Kraft treten, mit der die Regelsätze für besonders gefährliche Verkehrsverstöße angehoben werden, die die Hauptursache für schwere Unfälle sind.

Betroffen sind namentlich Geschwindigkeitsverstöße, Vorfahrtverletzungen einschließlich Rotlichtverstößen, Verstöße beim Abbiegen, falsche Straßenbenutzung, Abstandsverstöße, Fahren unter Rauschmitteleinfluss sowie konkrete Gefährdungen anderer VT, desgleichen Verfehlungen, die idR mit materiellen Vorteilen verbunden sind, wie Fahren mit verkehrsunsicheren Kfz, Überladungen und Verstöße gegen das Sonntagsfahrverbot. **Neu ist Abschnitt II des BKat.** In diesen werden Bußgeldregelsätze für Verstöße aufgenommen, bei denen eine fahrlässige Begehung nach allgemeiner Lebenserfahrung ausscheidet. Bislang konnten diese Verfehlungen nicht in den BKat aufgenommen werden, weil dieser von fahrlässiger Begehung ausgegangen ist (§ 1 II BKatV; hierzu § 24 StVG Rz 64). Beispiele sind das Umfahren geschlossener Bahnschranken, die Benutzung von Radarwarngeräten sowie eines Mobil- oder Autotelefons während der Fahrt, Teilnahme und Durchführung von Kraftfahrzeugrennen.

Bei Redaktionsschluss ist noch nicht sicher absehbar, ob die Rechtsänderungen wie geplant in Kraft treten können. Die Beratungen im Bundestag sind noch nicht abgeschlossen. Jedoch ist ein jedenfalls **zeitnahes In-Kraft-Treten nach Erscheinen dieser Auflage sehr wahrscheinlich.** Im Hinblick darauf sind die Änderungen der BKatV und des BKat in der Fassung des Entwurfs der BReg (BRDrucks 645/08) unter Übernahme der Maßgaben des Bundesrats (BRDrucks 645/08 [Beschluss]) im Folgenden **im Kursivdruck eingearbeitet.**

§ 1 Bußgeldkatalog

(1) ¹Bei Ordnungswidrigkeiten nach den §§ 24, 24a und 24c des Straßenverkehrsgesetzes, die in der Anlage zu dieser Verordnung (Bußgeldkatalog – BKat) aufgeführt sind, ist eine Geldbuße nach den dort bestimmten Beträgen festzusetzen. ²Bei Ordnungswidrigkeiten nach § 24 des Straßenverkehrsgesetzes, bei denen im Bußgeldkatalog ein Regelsatz bis zu 35 Euro bestimmt ist, ist ein entsprechendes Verwarnungsgeld zu erheben.

(2) Die im Bußgeldkatalog bestimmten Beträge sind Regelsätze, die von fahrlässiger Begehung und gewöhnlichen Tatumständen ausgehen.

*(2) [Fassung von Abs. 2 ab **Anfang 2009:**] ¹Die im Bußgeldkatalog bestimmten Beträge sind Regelsätze. ²Sie gehen in Abschnitt I des Bußgeldkataloges von fahrlässiger Begehung und gewöhnlichen Tatumständen und in Abschnitt II des Bußgeldkataloges von vorsätzlicher Begehung und gewöhnlichen Tatumständen aus.*

§ 2 Verwarnung

(1) Die Verwarnung muss mit einem Hinweis auf die Verkehrszuwiderhandlung verbunden sein.

(2) Bei unbedeutenden Ordnungswidrigkeiten nach § 24 des Straßenverkehrsgesetzes kommt eine Verwarnung ohne Verwarnungsgeld in Betracht.

(3) Das Verwarnungsgeld wird in Höhe von 5, 10, 15, 20, 25, 30 und 35 Euro erhoben.

(4) Bei Fußgängern soll das Verwarnungsgeld in der Regel 5 Euro, bei Radfahrern 10 Euro betragen, sofern der Bußgeldkatalog nichts anderes bestimmt.

(5) Ist im Bußgeldkatalog ein Regelsatz für das Verwarnungsgeld von mehr als 20 Euro vorgesehen, so kann er bei offenkundig außergewöhnlich schlechten wirtschaftlichen Verhältnissen des Betroffenen bis auf 20 Euro ermäßigt werden.

(6) Werden durch dieselbe Handlung mehrere geringfügige Ordnungswidrigkeiten begangen, für die eine Verwarnung mit Verwarnungsgeld in Betracht kommt, so wird nur ein Verwarnungsgeld, und zwar das höchste der in Betracht kommenden, erhoben.

(7) Hat der Betroffene durch mehrere Handlungen geringfügige Ordnungswidrigkeiten begangen oder gegen dieselbe Vorschrift mehrfach verstoßen, so sind die einzelnen Verstöße getrennt zu verwarnen.

(8) In den Fällen der Absätze 6 und 7 ist jedoch zu prüfen, ob die Handlung oder die Handlungen insgesamt noch geringfügig sind.

§ 3 Bußgeldregelsätze

(1) Etwaige Eintragungen des Betroffenen im Verkehrszentralregister sind im Bußgeldkatalog nicht berücksichtigt, soweit nicht in den Nummern 152.1, 241.1, 241.2, 242.1 und 242.2 des Bußgeldkatalogs etwas anderes bestimmt ist.

(2) Wird ein Tatbestand der Nummer 119, der Nummer 198.1 in Verbindung mit der Tabelle 3 des Anhangs oder der Nummern 212, 214.1, 214.2 oder 223 des Bußgeldkatalogs, für den ein Regelsatz von mehr als 35 Euro vorgesehen ist, vom Halter eines Kraftfahrzeugs verwirklicht, so ist derjenige Regelsatz anzuwenden, der in diesen Fällen für das Anordnen oder Zulassen der Inbetriebnahme eines Kraftfahrzeugs durch den Halter vorgesehen ist.

(3) Die Regelsätze, die einen Betrag von mehr als 35 Euro vorsehen, erhöhen sich bei Vorliegen einer Gefährdung oder Sachbeschädigung nach der Tabelle 4 des Anhangs, soweit diese Merkmale oder eines dieser Merkmale nicht bereits im Tatbestand des Bußgeldkatalogs enthalten sind.

(4) ¹Wird von dem Führer eines kennzeichnungspflichtigen Kraftfahrzeugs mit gefährlichen Gütern oder eines Kraftomnibusses mit Fahrgästen ein Tatbestand

1. der Nummern 8.1, 8.2, 15, 19, 19.1, 19.1.1., 21, 21.1, 212, 214.1, 214.2, 223 oder
2. der Nummern 12.5 oder 12.6, jeweils in Verbindung mit der Tabelle 2 des Anhangs, oder
3. der Nummern 198.1 oder 198.2, jeweils in Verbindung mit der Tabelle 3 des Anhangs,

des Bußgeldkatalogs verwirklicht, so erhöht sich der dort genannte Regelsatz, sofern dieser einen Betrag von mehr als 35 Euro vorsieht, auch in den Fällen des Absatzes 3, jeweils um die Hälfte, höchstens jedoch auf 475 Euro. [Fassung von Satz 1 ab **Anfang 2009:**] *¹Wird von dem Führer eines kennzeichnungspflichtigen Kraftfahrzeugs mit gefährlichen Gütern oder eines Kraftomnibusses mit Fahrgästen ein Tatbestand*

1. *der Nummern 8.1, 8.2, 15, 19, 19.1, 19.1.1, 19.1.2, 21, 21.1, 21.2, 212, 214.1, 214.2, 223 oder*
2. *der Nummern 12.5 oder 12.6, jeweils in Verbindung mit der Tabelle 2 des Anhangs, oder*
3. *der Nummern 198.1 oder 198.2, jeweils in Verbindung mit der Tabelle 3 des Anhangs,*

des Bußgeldkatalogs verwirklicht, so erhöht sich der dort genannte Regelsatz, sofern dieser einen Betrag von mehr als 35 Euro vorsieht, auch in den Fällen des Absatzes 3, jeweils um die Hälfte.

²Der nach Satz 1 erhöhte Regelsatz ist auch anzuwenden, wenn der Halter die Inbetriebnahme eines kennzeichnungspflichtigen Kraftfahrzeugs mit gefährlichen Gütern oder eines Kraftomnibusses mit Fahrgästen in den Fällen

§ 5 Inkrafttreten, Außerkrafttreten   **BKatV 8**

1. der Nummern 189.1.1, 189.1.2, 189.2.1, 189.2.2, 189.3.1, 189.3.2, 213 oder
2. der Nummern 199.1, 199.2, jeweils in Verbindung mit der Tabelle 3 des Anhangs, oder 224 des Bußgeldkatalogs anordnet oder zulässt.
[Einfügung von Abs. 4a ab **Anfang 2009:**]

(4a) ¹Wird ein Tatbestand des Abschnitts I des Bußgeldkataloges vorsätzlich verwirklicht, für den ein Regelsatz von mehr als 35 Euro vorgesehen ist, so ist der dort genannte Regelsatz zu verdoppeln, auch in den Fällen, in denen eine Erhöhung nach den Absätzen 2, 3 oder 4 vorgenommen worden ist. ²Der ermittelte Betrag wird auf den nächsten vollen Euro-Betrag abgerundet.

(5) ¹Werden durch eine Handlung mehrere Tatbestände des Bußgeldkatalogs verwirklicht, die jeweils einen Bußgeldregelsatz von mehr als 35 Euro vorsehen, so ist nur ein Regelsatz, bei unterschiedlichen Regelsätzen der höchste, anzuwenden. ²Dieser kann angemessen erhöht werden. , höchstens jedoch auf 475 Euro [letzter Halbsatz aufgehoben ab **Anfang 2009**].

(6) ¹Bei Ordnungswidrigkeiten nach § 24 des Straßenverkehrsgesetzes, die von nicht motorisierten Verkehrsteilnehmern begangen werden, ist, sofern der Bußgeldregelsatz mehr als 35 Euro beträgt und der Bußgeldkatalog nicht besondere Tatbestände für diese Verkehrsteilnehmer enthält, der Regelsatz um die Hälfte zu ermäßigen. ²Beträgt der nach Satz 1 ermäßigte Regelsatz weniger als 40 Euro, so soll eine Geldbuße nur festgesetzt werden, wenn eine Verwarnung mit Verwarnungsgeld nicht erteilt werden kann.

§ 4 Regelfahrverbot

(1) ¹Bei Ordnungswidrigkeiten nach § 24 des Straßenverkehrsgesetzes kommt die Anordnung eines Fahrverbots (§ 25 Abs. 1 Satz 1 des Straßenverkehrsgesetzes) wegen grober Verletzung der Pflichten eines Kraftfahrzeugführers in der Regel in Betracht, wenn ein Tatbestand
1. der Nummern 9.1 bis 9.3, der Nummern 11.1 bis 11.3, jeweils in Verbindung mit der Tabelle 1 des Anhangs,
2. der Nummern 12.5.3, 12.5.4 oder 12.5.5 der Tabelle 2 des Anhangs, soweit die Geschwindigkeit mehr als 100 km/h beträgt, oder der Nummern 12.6.3, 12.6.4 oder 12.6.5 der Tabelle 2 des Anhangs,
3. der Nummern 19.1.1, 21.1, 83.3 oder 89a.2 oder
4. der Nummern 132.1, 132.2, 132.2.1 oder 152.1

[Fassung der Nrn. 3, 4 ab **Anfang 2009:**]

3. der Nummern 19.1.1, 19.1.2, 21.1, 21.2, 83.3, 89a.2, 132.1, 132.2, 132.3, 132.3.1, 132.3.2, 152.1 oder

4. der Nummern 244 oder 248

des Bußgeldkatalogs verwirklicht wird. ²Wird in diesen Fällen ein Fahrverbot angeordnet, so ist in der Regel die dort bestimmte Dauer festzusetzen.

(2) ¹Wird ein Fahrverbot wegen beharrlicher Verletzung der Pflichten eines Kraftfahrzeugführers zum ersten Mal angeordnet, so ist seine Dauer in der Regel auf einen Monat festzusetzen. ²Ein Fahrverbot kommt in der Regel in Betracht, wenn gegen den Führer eines Kraftfahrzeugs wegen einer Geschwindigkeitsüberschreitung von mindestens 26 km/h bereits eine Geldbuße rechtskräftig festgesetzt worden ist und er innerhalb eines Jahres seit Rechtskraft der Entscheidung eine weitere Geschwindigkeitsüberschreitung von mindestens 26 km/h begeht.

(3) Bei Ordnungswidrigkeiten nach § 24a des Straßenverkehrsgesetzes ist ein Fahrverbot (§ 25 Abs. 1 Satz 2 des Straßenverkehrsgesetzes) in der Regel mit der in den Nummern 241, 241.1, 241.2, 242, 242.1 und 242.2 des Bußgeldkatalogs vorgesehenen Dauer anzuordnen.

(4) Wird von der Anordnung eines Fahrverbots ausnahmsweise abgesehen, so soll das für den betreffenden Tatbestand als Regelsatz vorgesehene Bußgeld angemessen erhöht werden.

§ 5 Inkrafttreten, Außerkrafttreten

¹Diese Verordnung tritt am 1. Januar 2002 in Kraft. ²Gleichzeitig tritt die Bußgeldkatalog-Verordnung vom 4. Juli 1989 (BGBl. I S. 1305, 1447), zuletzt geändert durch Artikel 6 des Gesetzes vom 19. März 2001 (BGBl. I S. 386), außer Kraft.

Anlage
(zu § 1 Abs. 1)

Bußgeldkatalog

Abschnitt I: Fahrlässig begangene Ordnungswidrigkeiten[*]

Lfd. Nr.	Tatbestand	StVO	Regelsatz in Euro (€), Fahrverbot in Monaten
	A. Zuwiderhandlungen gegen § 24 StVG		
	a) Straßenverkehrs-Ordnung		
	Grundregeln		
1	Durch Außer-Acht-Lassen der im Verkehr erforderlichen Sorgfalt	§ 1 Abs. 2 § 49 Abs. 1 Nr. 1	
1.1	einen anderen mehr als nach den Umständen unvermeidbar belästigt		10 €
1.2	einen anderen mehr als nach den Umständen unvermeidbar behindert		20 €
1.3	einen anderen gefährdet		30 €
1.4	einen anderen geschädigt, soweit im Folgenden nichts anderes bestimmt ist		35 €
1.5*	*Beim Fahren in eine oder aus einer Parklücke stehendes Fahrzeug beschädigt*	*§ 1 Abs. 2* *§ 49 Abs. 1 Nr. 4*	*30 €*
	Straßenbenutzung durch Fahrzeuge		
2	Vorschriftswidrig Gehweg, Seitenstreifen (außer auf Autobahnen oder Kraftfahrstraßen), Verkehrsinsel oder Grünanlage benutzt	§ 2 Abs. 1 § 49 Abs. 1 Nr. 2	5 €
2.1	– mit Behinderung	§ 2 Abs. 1 § 1 Abs. 2 § 49 Abs. 1 Nr. 1, 2	10 €
2.2	– mit Gefährdung		20 €
3	Gegen das Rechtsfahrgebot verstoßen durch Nichtbenutzen		
3.1	der rechten Fahrbahnseite	§ 2 Abs. 2 § 49 Abs. 1 Nr. 2	10 €
3.1.1	– mit Behinderung	§ 2 Abs. 2 § 1 Abs. 2 § 49 Abs. 1 Nr. 1, 2	20 €
3.2	des rechten Fahrstreifens (außer auf Autobahnen oder Kraftfahrstraßen) und dadurch einen anderen behindert	§ 2 Abs. 2 § 1 Abs. 2 § 49 Abs. 1 Nr. 1, 2	20 €
3.3	der rechten Fahrbahn bei zwei getrennten Fahrbahnen	§ 2 Abs. 2 § 49 Abs. 1 Nr. 2	25 €
3.3.1	– mit Gefährdung	§ 2 Abs. 2 § 1 Abs. 2 § 49 Abs. 1 Nr. 1, 2	35 €
3.4	eines markierten Schutzstreifens als Radfahrer	§ 2 Abs. 2 § 49 Abs. 1 Nr. 2	10 €
3.4.1	– mit Behinderung	§ 2 Abs. 2 § 1 Abs. 2 § 49 Abs. 1 Nr. 1, 2	15 €
3.4.2	– mit Gefährdung		20 €
3.4.3	– mit Sachbeschädigung		25 €

[*] Überschrift zu Abschnitt I und neue Nr. 1.5 eingefügt durch voraussichtliche Änderung ab Anfang 2009, vgl. Vorbemerkung auf S. 1661.

BußgeldkatalogVO BKatV 8

Lfd. Nr.	Tatbestand	StVO	Regelsatz in Euro (€), Fahrverbot in Monaten
4	Gegen das Rechtsfahrgebot verstoßen	§ 2 Abs. 2 § 1 Abs. 2 § 49 Abs. 1 Nr. 1, 2	
4.1	bei Gegenverkehr, beim Überholtwerden, an Kuppen, in Kurven oder bei Unübersichtlichkeit und dadurch einen anderen gefährdet		40 €/80 €*
4.2	auf Autobahnen oder Kraftfahrstraßen und dadurch einen anderen behindert		40 €/80 €*
5	Schienenbahn nicht durchfahren lassen	§ 2 Abs. 3 § 49 Abs. 1 Nr. 2	5 €
5 a	Ausrüstung eines Kraftfahrzeugs nicht an die Wetterverhältnisse angepasst	§ 2 Abs. 3 a Satz 1 § 49 Abs. 1 Nr. 2	20 €
5 a.1	– mit Behinderung	§ 2 Abs. 3 a Satz 1 § 1 Abs. 2 § 49 Abs. 1 Nr. 1, 2	40 €
6	Als Führer eines kennzeichnungspflichtigen Kraftfahrzeugs mit gefährlichen Gütern bei Sichtweite unter 50 m durch Nebel, Schneefall oder Regen oder bei Schneeglätte oder Glatteis sich nicht so verhalten, dass die Gefährdung eines anderen ausgeschlossen war, insbesondere, obwohl nötig, nicht den nächsten geeigneten Platz zum Parken aufgesucht.	§ 2 Abs. 3 a Satz 3 § 49 Abs. 1 Nr. 2	75 €/140 €*
7	Als Radfahrer oder Mofafahrer		
7.1	Radweg (Zeichen 237, 240, 241) nicht benutzt oder in nicht zugelassener Richtung befahren	§ 2 Abs. 4 Satz 2 § 41 Abs. 2 Nr. 5 Satz 6 Buchstabe b § 49 Abs. 1 Nr. 2, Abs. 3 Nr. 4	15 €
7.1.1	– mit Behinderung	§ 2 Abs. 4 Satz 2 § 1 Abs. 2 § 41 Abs. 2 Nr. 5 Satz 6 Buchstabe b § 49 Abs. 1 Nr. 1, 2 Abs. 3 Nr. 4	20 €
7.1.2	– mit Gefährdung		25 €
7.1.3	– mit Sachbeschädigung		30 €
7.2	Fahrbahn, Radweg oder Seitenstreifen nicht vorschriftsmäßig benutzt	§ 2 Abs. 4 Satz 1, 4, 5 § 49 Abs. 1 Nr. 2	10 €
7.2.1	– mit Behinderung	§ 2 Abs. 4 Satz 1, 4, 5 § 1 Abs. 2 § 49 Abs. 1 Nr. 1, 2	15 €
7.2.2	– mit Gefährdung		20 €
7.2.3	– mit Sachbeschädigung		25 €
	Geschwindigkeit		
8	Mit nicht angepasster Geschwindigkeit gefahren		
8.1	trotz angekündigter Gefahrenstelle, bei Unübersichtlichkeit, an Straßenkreuzungen, Straßeneinmündungen, Bahnübergängen oder bei schlechten Sicht- oder Wetterverhältnissen (z. B. Nebel, Glatteis)	§ 3 Abs. 1 Satz 1, 2, 4, 5 § 19 Abs. 1 Satz 2 § 49 Abs. 1 Nr. 3, 19 Buchstabe a	50 €/100 €*

* Voraussichtliche Änderung ab Anfang 2009 in Kursivsatz, vgl. Vorbemerkung auf S. 1661.

Lfd. Nr.	Tatbestand	StVO	Regelsatz in Euro (€), Fahrverbot in Monaten
8.2	in anderen als in Nummer 8.1 genannten Fällen mit Sachbeschädigung	§ 3 Abs. 1 Satz 1, 2, 4, 5 § 1 Abs. 2 § 49 Abs. 1 Nr. 1, 3	35 €
9	Festgesetzte Höchstgeschwindigkeit bei Sichtweite unter 50 m durch Nebel, Schneefall oder Regen überschritten	§ 3 Abs. 1 Satz 3 § 49 Abs. 1 Nr. 3	50 €/80 €*
9.1	um mehr als 20 km/h mit einem Kraftfahrzeug der in § 3 Abs. 3 Nr. 2 Buchstaben a oder b StVO genannten Art		Tabelle 1 Buchstabe a
9.2	um mehr als 15 km/h mit kennzeichnungspflichtigen Kraftfahrzeugen der in Nummer 9.1 genannten Art mit gefährlichen Gütern oder Kraftomnibussen mit Fahrgästen		Tabelle 1 Buchstabe b
9.3	um mehr als 25 km/h innerorts oder 30 km/h außerorts mit anderen als den in Nummer 9.1 oder 9.2 genannten Kraftfahrzeugen		Tabelle 1 Buchstabe c
10	Als Fahrzeugführer ein Kind, einen Hilfsbedürftigen oder älteren Menschen gefährdet, insbesondere durch nicht ausreichend verminderte Geschwindigkeit, mangelnde Bremsbereitschaft oder unzureichenden Seitenabstand beim Vorbeifahren oder Überholen	§ 3 Abs. 2a § 49 Abs. 1 Nr. 3	60 €/80 €*
11	Zulässige Höchstgeschwindigkeit überschritten mit	§ 3 Abs. 3 Satz 1, Abs. 4 § 49 Abs. 1 Nr. 3 § 18 Abs. 5 Satz 2 § 49 Abs. 1 Nr. 18 § 20 Abs. 2 Satz 1, Abs. 4 Satz 1, 2 § 49 Abs. 1 Nr. 19 Buchstabe b § 41 Abs. 2 Nr. 5 Satz 6 Buchstabe e, Satz 7 Nr. 2 Satz 1 (Zeichen 239 oder 242 mit Zusatzschild, das den Fahrzeugverkehr zulässt) § 49 Abs. 3 Nr. 4 § 41 Abs. 2 Nr. 7 (Zeichen 274 oder 274.1, 274.2) § 49 Abs. 3 Nr. 4 § 42 Abs. 4a Nr. 2 (Zeichen 325) § 49 Abs. 3 Nr. 5	
11.1	Kraftfahrzeugen der in § 3 Abs. 3 Nr. 2 Buchstaben a oder b StVO genannten Art		Tabelle 1 Buchstabe a
11.2	kennzeichnungspflichtigen Kraftfahrzeugen der in Nr. 11.1 genannten Art mit gefährlichen Gütern oder Kraftomnibussen mit Fahrgästen		Tabelle 1 Buchstabe b
11.3	anderen als den in Nr. 11.1 oder 11.2 genannten Kraftfahrzeugen		Tabelle 1 Buchstabe c
	Abstand		
12	Erforderlichen Abstand von einem vorausfahrenden Fahrzeug nicht eingehalten	§ 4 Abs. 1 Satz 1 § 49 Abs. 1 Nr. 4	
12.1	bei einer Geschwindigkeit bis 80 km/h		25 €

* Voraussichtliche Änderung ab Anfang 2009 in Kursivsatz, vgl. Vorbemerkung auf S. 1661.

Lfd. Nr.	Tatbestand	StVO	Regelsatz in Euro (€), Fahrverbot in Monaten
12.2	– mit Gefährdung	§ 4 Abs. 1 Satz 1 § 1 Abs. 2 § 49 Abs. 1 Nr. 1, 4	30 €
12.3	– mit Sachbeschädigung		35 €
12.4	bei einer Geschwindigkeit von mehr als 80 km/h, sofern der Abstand in Metern nicht weniger als ein Viertel des Tachowertes betrug	§ 4 Abs. 1 Satz 1 § 49 Abs. 1 Nr. 4	35 €
12.5	bei einer Geschwindigkeit von mehr als 80 km/h, sofern der Abstand in Metern weniger als ein Viertel des Tachowertes betrug		Tabelle 2 Buchstabe a
12.6	bei einer Geschwindigkeit von mehr als 130 km/h, sofern der Abstand in Metern weniger als ein Viertel des Tachowertes betrug		Tabelle 2 Buchstabe b
13	Als Vorausfahrender ohne zwingenden Grund stark gebremst		
13.1	– mit Gefährdung	§ 4 Abs. 1 Satz 2 § 1 Abs. 2 § 49 Abs. 1 Nr. 1, 4	20 €
13.2	– mit Sachbeschädigung		30 €
14	Den zum Einscheren erforderlichen Abstand von dem vorausfahrenden Fahrzeug außerhalb geschlossener Ortschaften nicht eingehalten	§ 4 Abs. 2 Satz 1 § 49 Abs. 1 Nr. 4	25 €
15	Mit Lastkraftwagen (zulässiges Gesamtgewicht über 3,5 t) oder Kraftomnibus bei einer Geschwindigkeit von mehr als 50 km/h auf einer Autobahn Mindestabstand von 50 m von einem vorausfahrenden Fahrzeug nicht eingehalten	§ 4 Abs. 3 § 49 Abs. 1 Nr. 4	50 €/*80 €**
	Überholen		
16	Innerhalb geschlossener Ortschaften rechts überholt	§ 5 Abs. 1 § 49 Abs. 1 Nr. 5	30 €
16.1	– mit Sachbeschädigung	§ 5 Abs. 1 § 1 Abs. 2 § 49 Abs. 1 Nr. 1, 5	35 €
17	Außerhalb geschlossener Ortschaften rechts überholt	§ 5 Abs. 1 § 49 Abs. 1 Nr. 5	50 €/*100 €**
18	Mit nicht wesentlich höherer Geschwindigkeit als der zu Überholende überholt	§ 5 Abs. 2 Satz 2 § 49 Abs. 1 Nr. 5	40 €/*80 €**
19	Überholt, obwohl nicht übersehen werden konnte, dass während des ganzen Überholvorgangs jede Behinderung des Gegenverkehrs ausgeschlossen war, oder bei unklarer Verkehrslage	§ 5 Abs. 2 Satz 1, Abs. 3 Nr. 1 § 49 Abs. 1 Nr. 5	50 €
19.1	und dabei Verkehrszeichen (Zeichen 276, 277) nicht beachtet oder Fahrstreifenbegrenzung (Zeichen 295, 296) überquert oder überfahren oder der durch Pfeile vorgeschriebenen Fahrtrichtung (Zeichen 297) nicht gefolgt	§ 5 Abs. 2 Satz 1, Abs. 3 Nr. 2 § 49 Abs. 1 Nr. 5	75 €
19.1.1	mit Gefährdung oder Sachbeschädigung	§ 5 Abs. 2 Satz 1, Abs. 3 Nr. 2 § 1 Abs. 2 § 49 Abs. 1 Nr. 1, 5	125 € **Fahrverbot** **1 Monat**

* Voraussichtliche Änderung ab Anfang 2009 in Kursivsatz, vgl. Vorbemerkung auf S. 1661.

Lfd. Nr.	Tatbestand	StVO	Regelsatz in Euro (€), Fahrverbot in Monaten
19*	Überholt, obwohl nicht übersehen werden konnte, dass während des ganzen Überholvorgangs jede Behinderung des Gegenverkehrs ausgeschlossen war, oder bei unklarer Verkehrslage	§ 5 Abs. 2 Satz 1, Abs. 3 Nr. 1 § 49 Abs. 1 Nr. 5	100 €
19.1*	und dabei Verkehrszeichen (Zeichen 276, 277) nicht beachtet oder Fahrstreifenbegrenzung (Zeichen 295, 296) überquert oder überfahren oder der durch Pfeile vorgeschriebenen Fahrtrichtung (Zeichen 297) nicht gefolgt	§ 5 Abs. 2 Satz 1, Abs. 3 Nr. 2 § 49 Abs. 1 Nr. 5	150 €
19.1.1*	mit Gefährdung	§ 5 Abs. 2 Satz 1, Abs. 3 Nr. 2 § 1 Abs. 2 § 49 Abs. 1 Nr. 1, 5	250 € **Fahrverbot 1 Monat**
19.1.2*	mit Sachbeschädigung	§ 5 Abs. 2 Satz 1, Abs. 3 Nr. 2 § 1 Abs. 2 § 49 Abs. 1 Nr. 1, 5	300 € **Fahrverbot 1 Monat**
20	Überholt unter Nichtbeachten von Verkehrszeichen (Zeichen 276, 277)	§ 5 Abs. 3 Nr. 2 § 49 Abs. 1 Nr. 5	40 €/70 €**
21	Mit einem Kraftfahrzeug mit einem zulässigen Gesamtgewicht über 7,5 t überholt, obwohl die Sichtweite durch Nebel, Schneefall oder Regen weniger als 50 m betrug	§ 5 Abs. 3 a § 49 Abs. 1 Nr. 5	75 €
21.1	mit Gefährdung oder Sachbeschädigung	§ 5 Abs. 3 a § 1 Abs. 2 § 49 Abs. 1 Nr. 1, 5	125 € **Fahrverbot 1 Monat**
21*	Mit einem Kraftfahrzeug mit einem zulässigen Gesamtgewicht über 7,5 t überholt, obwohl die Sichtweite durch Nebel, Schneefall oder Regen wenigen als 50 m betrug	§ 5 Abs. 3 a § 49 Abs. 1 Nr. 5	120 €
21.1*	mit Gefährdung	§ 5 Abs. 3 a § 1 Abs. 2 § 49 Abs. 1 Nr. 1, 5	200 € **Fahrverbot 1 Monat**
21.2*	mit Sachbeschädigung	§ 5 Abs. 3 a § 1 Abs. 2 § 49 Abs. 1 Nr. 1, 5	240 € **Fahrverbot 1 Monat**
22	Zum Überholen ausgeschert und dadurch nachfolgenden Verkehr gefährdet	§ 5 Abs. 4 Satz 1 § 49 Abs. 1 Nr. 5	40 €/80 €**
23	Beim Überholen ausreichenden Seitenabstand zu einem anderen Verkehrsteilnehmer nicht eingehalten	§ 5 Abs. 4 Satz 2 § 49 Abs. 1 Nr. 5	30 €
23.1	– mit Sachbeschädigung	§ 5 Abs. 4 Satz 2 § 1 Abs. 2 § 49 Abs. 1 Nr. 1, 5	35 €
24	Nach dem Überholen nicht sobald wie möglich wieder nach rechts eingeordnet	§ 5 Abs. 4 Satz 3 § 49 Abs. 1 Nr. 5	10 €
25	Nach dem Überholen beim Einordnen einen Überholten behindert	§ 5 Abs. 4 Satz 4 § 49 Abs. 1 Nr. 5	20 €
26	Beim Überholtwerden Geschwindigkeit erhöht	§ 5 Abs. 6 Satz 1 § 49 Abs. 1 Nr. 5	30 €
27	Als Führer eines langsameren Fahrzeugs Geschwindigkeit nicht ermäßigt oder nicht gewartet, um mehreren unmittelbar folgenden Fahrzeugen das Überholen zu ermöglichen	§ 5 Abs. 6 Satz 2 § 49 Abs. 1 Nr. 5	10 €

* Voraussichtliche Neufassung der Nrn. 19–19.1.2 und 21–21.2 ab Anfang 2009 in Kursivsatz, vgl. Vorbemerkung auf S. 1661.
** Voraussichtliche Änderung ab Anfang 2009 in Kursivsatz, vgl. Vorbemerkung auf S. 1661.

Lfd. Nr.	Tatbestand	StVO	Regelsatz in Euro (€), Fahrverbot in Monaten
28	Vorschriftswidrig links überholt, obwohl der Fahrer des vorausfahrenden Fahrzeuges die Absicht, nach links abzubiegen, angekündigt und sich eingeordnet hatte	§ 5 Abs. 7 Satz 1 § 49 Abs. 1 Nr. 5	25 €
28.1	– mit Sachbeschädigung	§ 5 Abs. 7 Satz 1 § 1 Abs. 2 § 49 Abs. 1 Nr. 1, 5	30 €
29	**Fahrtrichtungsanzeiger** Fahrtrichtungsanzeiger nicht wie vorgeschrieben benutzt	§ 5 Abs. 4a § 49 Abs. 1 Nr. 5 § 6 Satz 2 § 49 Abs. 1 Nr. 6 § 7 Abs. 5 Satz 2 § 49 Abs. 1 Nr. 7 § 9 Abs. 1 Satz 1 § 49 Abs. 1 Nr. 9 § 10 Satz 2 § 49 Abs. 1 Nr. 10 § 42 Abs. 2 (Zusatzschild zum Zeichen 306) § 49 Abs. 3 Nr. 5	10 €
30	**Vorbeifahren** An einem haltenden Fahrzeug, einer Absperrung oder einem sonstigen Hindernis auf der Fahrbahn links vorbeigefahren, ohne ein entgegenkommendes Fahrzeug durchfahren zu lassen	§ 6 Satz 1 § 49 Abs. 1 Nr. 6	20 €
30.1	– mit Gefährdung	§ 6 Abs. 1 § 1 Abs. 2 § 49 Abs. 1 Nr. 1, 6	30 €
30.2	– mit Sachbeschädigung		35 €
31	**Benutzung von Fahrstreifen durch Kraftfahrzeuge** Fahrstreifen gewechselt und dadurch einen anderen gefährdet	§ 7 Abs. 5 Satz 1 § 49 Abs. 1 Nr. 7	30 €
31.1	– mit Sachbeschädigung	§ 7 Abs. 5 Satz 1 § 1 Abs. 2 § 49 Abs. 1 Nr. 1, 7	35 €
32	**Vorfahrt** Als Wartepflichtiger an eine bevorrechtigte Straße nicht mit mäßiger Geschwindigkeit herangefahren	§ 8 Abs. 2 Satz 1 § 49 Abs. 1 Nr. 8	10 €
33	Vorfahrt nicht beachtet und dadurch einen Vorfahrtberechtigten wesentlich behindert	§ 8 Abs. 2 Satz 2 § 49 Abs. 1 Nr. 8	25 €
34	Vorfahrt nicht beachtet und dadurch einen Vorfahrtberechtigten gefährdet	§ 8 Abs. 2 Satz 2 § 49 Abs. 1 Nr. 8	50 €/*100 €**
35	**Abbiegen, Wenden, Rückwärtsfahren** Abgebogen, ohne sich ordnungsgemäß oder rechtzeitig eingeordnet oder ohne vor dem Einordnen oder Abbiegen auf den nachfolgenden Verkehr geachtet zu haben	§ 9 Abs. 1 Satz 2, 4 § 49 Abs. 1 Nr. 9	10 €

* Voraussichtliche Änderung ab Anfang 2009 in Kursivsatz, vgl. Vorbemerkung auf S. 1661.

Lfd. Nr.	Tatbestand	StVO	Regelsatz in Euro (€), Fahrverbot in Monaten
35.1	– mit Gefährdung	§ 9 Abs. 1 Satz 2, 4 § 1 Abs. 2 § 49 Abs. 1 Nr. 1, 9	30 €
35.2	– mit Sachbeschädigung		35 €
36	Als Linksabbieger auf längs verlegten Schienen eingeordnet und dadurch ein Schienenfahrzeug behindert	§ 9 Abs. 1 Satz 3 § 49 Abs. 1 Nr. 9	5 €
37	Als auf der Fahrbahn abbiegender Radfahrer bei ausreichendem Raum nicht an der rechten Seite des in gleicher Richtung abbiegenden Fahrzeugs geblieben	§ 9 Abs. 2 Satz 1 § 49 Abs. 1 Nr. 9	10 €
37.1	– mit Behinderung	§ 9 Abs. 2 Satz 1 § 1 Abs. 2 § 49 Abs. 1 Nr. 1, 9	15 €
37.2	– mit Gefährdung		20 €
37.3	– mit Sachbeschädigung		25 €
38	Als nach links abbiegender Radfahrer nicht abgestiegen, obwohl es die Verkehrslage erforderte, oder Radverkehrsführungen nicht gefolgt	§ 9 Abs. 2 Satz 4, 5 § 49 Abs. 1 Nr. 9	10 €
38.1	– mit Behinderung	§ 9 Abs. 2 Satz 4, 5 § 1 Abs. 2 § 49 Abs. 1 Nr. 1, 9	15 €
38.2	– mit Gefährdung		20 €
38.3	– mit Sachbeschädigung		25 €
39	Abgebogen, ohne Fahrzeug durchfahren zu lassen	§ 9 Abs. 3 Satz 1, 2, Abs. 4 Satz 1 § 49 Abs. 1 Nr. 9	10 €
40	Abgebogen, ohne Fahrzeug durchfahren zu lassen, und dadurch einen anderen gefährdet	§ 9 Abs. 3 Satz 1, 2, Abs. 4 Satz 1 § 1 Abs. 2 § 49 Abs. 1 Nr. 1, 9	40 €/*70 €**
41	Beim Abbiegen auf einen Fußgänger keine besondere Rücksicht genommen und ihn dadurch gefährdet	§ 9 Abs. 3 Satz 3 § 1 Abs. 2 § 49 Abs. 1 Nr. 1, 9	40 €/*70 €**
42	Beim Linksabbiegen nicht voreinander abgebogen	§ 9 Abs. 4 Satz 2 § 49 Abs. 1 Nr. 9	10 €
43	Beim Linksabbiegen nicht voreinander abgebogen und dadurch einen anderen gefährdet	§ 9 Abs. 4 Satz 2 § 1 Abs. 2 § 49 Abs. 1 Nr. 1, 9	40 €/*70 €**
44	Beim Abbiegen in ein Grundstück, beim Wenden oder Rückwärtsfahren einen anderen Verkehrsteilnehmer gefährdet	§ 9 Abs. 5 § 49 Abs. 1 Nr. 9	50 €/*80 €**
	Kreisverkehr		
45	Innerhalb des Kreisverkehrs auf der Fahrbahn		
45.1	Gehalten	§ 9a Abs. 1 Satz 3 § 49 Abs. 1 Nr. 9a	10 €
45.1.1	– mit Behinderung	§ 9a Abs. 1 Satz 3 § 1 Abs. 2 § 49 Abs. 1 Nr. 1, 9a	15 €
45.2	Geparkt	§ 9a Abs. 1 Satz 3 § 49 Abs. 1 Nr. 9a	15 €

* Voraussichtliche Änderung ab Anfang 2009 in Kursivsatz, vgl. Vorbemerkung auf S. 1661.

Lfd. Nr.	Tatbestand	StVO	Regelsatz in Euro (€), Fahrverbot in Monaten
45.2.1	– mit Behinderung	§ 9a Abs. 1 Satz 3 § 1 Abs. 2 § 49 Abs. 1 Nr. 1, 9a	25 €
46	Als Berechtigter beim Überfahren der Mittelinsel im Kreisverkehr einen anderen gefährdet	§ 9a Abs. 2 Satz 2 Halbsatz 2 § 49 Abs. 1 Nr. 9a	35 €
	Einfahren und Anfahren		
47	Aus einem Grundstück, einem Fußgängerbereich (Zeichen 242, 243), einem verkehrsberuhigten Bereich (Zeichen 325, 326) auf die Straße oder von einem anderen Straßenteil oder über einen abgesenkten Bordstein hinweg auf die Fahrbahn eingefahren oder vom Fahrbahnrand angefahren und dadurch einen anderen gefährdet	§ 10 Satz 1 § 49 Abs. 1 Nr. 10	30 €
47.1	– mit Sachbeschädigung	§ 10 Satz 1 § 1 Abs. 2 § 49 Abs. 1 Nr. 1, 10	35 €
48*	*Beim Fahren in eine oder aus einer Parklücke stehendes Fahrzeug beschädigt*	*§ 10 Satz 1 § 1 Abs. 2 § 49 Abs. 1 Nr. 1, 10*	*20 €*
	Besondere Verkehrslagen		
49	Trotz stockenden Verkehrs in eine Kreuzung oder Einmündung eingefahren und dadurch einen anderen behindert	§ 11 Abs. 1 Satz 1 § 1 Abs. 2 § 49 Abs. 1 Nr. 1, 11	20 €
50	Bei stockendem Verkehr auf einer Autobahn oder Außerortsstraße für die Durchfahrt von Polizei- oder Hilfsfahrzeugen eine vorschriftsmäßige Gasse nicht gebildet	§ 11 Abs. 2 § 49 Abs. 1 Nr. 11	20 €
	Halten und Parken		
51	Unzulässig gehalten		
51.1	in den in § 12 Abs. 1 genannten Fällen	§ 12 Abs. 1 § 49 Abs. 1 Nr. 12	10 €
51.1.1	– mit Behinderung	§ 12 Abs. 1 § 49 Abs. 1 Nr. 1, 12	15 €
51.2	in „zweiter Reihe"	§ 12 Abs. 4 Satz 1, 2, Halbsatz 2 § 49 Abs. 1 Nr. 12	15 €
51.2.1	– mit Behinderung	§ 12 Abs. 4 Satz 1, 2 Halbsatz 2 § 1 Abs. 2 § 49 Abs. 1 Nr. 1, 12	20 €
51a	An einer engen oder unübersichtlichen Straßenseite oder im Bereich einer scharfen Kurve geparkt (§ 12 Abs. 2 StVO)	§ 12 Abs. 1 Nr. 1, 2 § 49 Abs. 1 Nr. 12	15 €
51a.1	– mit Behinderung	§ 12 Abs. 1 Nr. 1, 2 § 1 Abs. 2 § 49 Abs. 1 Nr. 1, 12	25 €
51a.2	länger als 1 Stunde	§ 12 Abs. 1 Nr. 1, 2 § 49 Abs. 1 Nr. 12	25 €

* Nr. 48 wird gestrichen durch die voraussichtliche Änderung der BKatV ab Anfang 2009, vgl. Vorbemerkung auf S. 1661.

Lfd. Nr.	Tatbestand	StVO	Regelsatz in Euro (€), Fahrverbot in Monaten
51 a.2.1	– mit Behinderung	§ 12 Abs. 1 Nr. 1, 2 § 1 Abs. 2 § 49 Abs. 1 Nr. 1, 12	35 €
51 a.3	wenn ein Rettungsfahrzeug im Einsatz behindert worden ist	§ 12 Abs. 1 Nr. 1, 2 § 1 Abs. 2 § 49 Abs. 1 Nr. 1, 12	40 €
52	Unzulässig geparkt (§ 12 Abs. 2 StVO) in den Fällen, in denen § 12 Abs. 1 Nr. 3 bis 7, 9 StVO das Halten verbietet, oder auf Geh- und Radwegen	§ 12 Abs. 1 Nr. 3 bis 7, 9 Abs. 3 Nr. 8 Buchstabe c, Abs. 4a § 49 Abs. 1 Nr. 12 § 41 Abs. 2 Nr. 5 Satz 6 Buchstabe a, Satz 2 (Zeichen 237) § 49 Abs. 3 Nr. 4 § 42 Abs. 4 (Zeichen 315) § 49 Abs. 3 Nr. 5	15 €
52.1	– mit Behinderung	§ 12 Abs. 1 Nr. 3 bis 7, 9 Abs. 3 Nr. 8 Buchstabe c, Abs. 4a § 1 Abs. 2 § 49 Abs. 1 Nr. 1, 12 § 41 Abs. 2 Nr. 5 Satz 6 Buchstabe a, Satz 2 (Zeichen 237) § 1 Abs. 2 § 49 Abs. 1, Nr. 1, Abs. 3 Nr. 4 § 42 Abs. 4 (Zeichen 315) § 1 Abs. 2 § 49 Abs. 1 Nr. 1, Abs. 3 Nr. 5	25 €
52.2	länger als 1 Stunde	§ 12 Abs. 1 Nr. 3 bis 7, 9 Abs. 3 Nr. 8 Buchstabe c, Abs. 4a § 49 Abs. 1 Nr. 12 § 41 Abs. 2 Nr. 5 Satz 6 Buchstabe a, Satz 2 (Zeichen 237) § 49 Abs. 3 Nr. 4 § 42 Abs. 4 (Zeichen 315) § 49 Abs. 3 Nr. 5	25 €
52.2.1	– mit Behinderung	§ 12 Abs. 1 Nr. 3 bis 7, 9 Abs. 3 Nr. 8 Buchstabe c, Abs. 4a § 1 Abs. 2 § 49 Abs. 1 Nr. 1, 12 § 41 Abs. 2 Nr. 5 Satz 6 Buchstabe a, Satz 2 (Zeichen 237) § 1 Abs. 2 § 49 Abs. 1 Nr. 1, Abs. 3 Nr. 4 § 42 Abs. 4 (Zeichen 315) § 1 Abs. 2 § 49 Abs. 1 Nr. 1, Abs. 3 Nr. 5	35 €
53	Vor oder in amtlich gekennzeichneten Feuerwehrzufahrten geparkt (§ 12 Abs. 2 StVO)	§ 12 Abs. 1 Nr. 8 § 49 Abs. 1 Nr. 12	35 €

Lfd. Nr.	Tatbestand	StVO	Regelsatz in Euro (€), Fahrverbot in Monaten
53.1	und dadurch ein Rettungsfahrzeug im Einsatz behindert	§ 12 Abs. 1 Nr. 8 § 1 Abs. 2 § 49 Abs. 1 Nr. 12	50 €
54	Unzulässig geparkt (§ 12 Abs. 2) in den in § 12 Abs. 3 Nr. 1 bis 7, 8 Buchstaben a, b oder d oder Nr. 9 genannten Fällen	§ 12 Abs. 3 Nr. 1 bis 7, 8 Buchstaben a, b, d, Nr. 9 § 49 Abs. 1 Nr. 12	10 €
54.1	– mit Behinderung	§ 12 Abs. 3 Nr. 1 bis 7, 8 Buchstaben a, b, d, Nr. 9 § 1 Abs. 2 § 49 Abs. 1 Nr. 1, 12	15 €
54.2	länger als 3 Stunden	§ 12 Abs. 3 Nr. 1 bis 7, 8 Buchstaben a, b, d, Nr. 9 § 49 Abs. 1 Nr. 12	20 €
54.2.1	– mit Behinderung	§ 12 Abs. 3 Nr. 1 bis 7, 8 Buchstaben a, b, d, Nr. 9 § 1 Abs. 2 § 49 Abs. 1 Nr. 1, 12	30 €
55	Unberechtigt auf Schwerbehinderten-Parkplatz geparkt (§ 12 Abs. 2 StVO)	§ 12 Abs. 3 Nr. 8 Buchstabe c (Zeichen 315 mit Zusatzschild), Buchstabe e (Zeichen 314 mit Zusatzschild) § 49 Abs. 1 Nr. 12	35 €
56	In einem nach § 12 Abs. 3 a Satz 1 StVO geschützten Bereich während nicht zugelassener Zeiten mit einem Kraftfahrzeug über 7,5 t zulässiges Gesamtgewicht oder einem Kraftfahrzeuganhänger über 2 t zulässiges Gesamtgewicht regelmäßig geparkt (§ 12 Abs. 2 StVO)	§ 12 Abs. 3 a Satz 1 § 49 Abs. 1 Nr. 12	30 €
57	Mit Kraftfahrzeuganhänger ohne Zugfahrzeug länger als zwei Wochen geparkt (§ 12 Abs. 2 StVO)	§ 12 Abs. 3 b Satz 1 § 49 Abs. 1 Nr. 12	20 €
58	In „zweiter Reihe" geparkt (§ 12 Abs. 2 StVO)	§ 12 Abs. 4 Satz 1, 2 Halbsatz 2 § 49 Abs. 1 Nr. 12	20 €
58.1	– mit Behinderung	§ 12 Abs. 4 Satz 1, 2 Halbsatz 2 § 1 Abs. 2 § 49 Abs. 1 Nr. 1, 12	25 €
58.2	länger als 15 Minuten	§ 12 Abs. 4 Satz 1, 2 Halbsatz 2 § 49 Abs. 1 Nr. 12	30 €
58.2.1	– mit Behinderung	§ 12 Abs. 4 Satz 1, 2 Halbsatz 2 § 1 Abs. 2 § 49 Abs. 1 Nr. 1, 12	35 €
59	Im Fahrraum von Schienenfahrzeugen gehalten	§ 12 Abs. 4 Satz 5 § 49 Abs. 1 Nr. 12	20 €
59.1	– mit Behinderung	§ 12 Abs. 4 Satz 5 § 1 Abs. 2 § 49 Abs. 1 Nr. 1, 12	30 €
60	Im Fahrraum von Schienenfahrzeugen geparkt (§ 12 Abs. 2 StVO)	§ 12 Abs. 4 Satz 5 § 49 Abs. 1 Nr. 12	25 €
60.1	– mit Behinderung	§ 12 Abs. 4 Satz 5 § 1 Abs. 2 § 49 Abs. 1 Nr. 1, 12	35 €

Lfd. Nr.	Tatbestand	StVO	Regelsatz in Euro (€), Fahrverbot in Monaten
61	Vorrang des Berechtigten beim Einparken in eine Parklücke nicht beachtet	§ 12 Abs. 5 § 49 Abs. 1 Nr. 12	10 €
62	Nicht platzsparend gehalten oder geparkt (§ 12 Abs. 2 StVO)	§ 12 Abs. 6 § 49 Abs. 1 Nr. 12	10 €
	Einrichtungen zur Überwachung der Parkzeit		
63	An einer abgelaufenen Parkuhr, ohne vorgeschriebene Parkscheibe, ohne Parkschein oder unter Überschreiten der erlaubten Höchstparkdauer geparkt (§ 12 Abs. 2 StVO)	§ 13 Abs. 1, 2 § 49 Abs. 1 Nr. 13	5 €
63.1	bis zu 30 Minuten		5 €
63.2	bis zu 1 Stunde		10 €
63.3	bis zu 2 Stunden		15 €
63.4	bis zu 3 Stunden		20 €
63.5	länger als 3 Stunden		25 €
	Sorgfaltspflichten beim Ein- und Aussteigen		
64	Beim Ein- oder Aussteigen einen anderen Verkehrsteilnehmer gefährdet	§ 14 Abs. 1 § 49 Abs. 1 Nr. 14	10 €
64.1	– mit Sachbeschädigung	§ 14 Abs. 1 § 1 Abs. 2 § 49 Abs. 1 Nr. 1, 14	25 €
65	Fahrzeug verlassen, ohne die nötigen Maßnahmen getroffen zu haben, um Unfälle oder Verkehrsstörungen zu vermeiden	§ 14 Abs. 2 Satz 1 § 49 Abs. 1 Nr. 14	15 €
65.1	– mit Sachbeschädigung	§ 14 Abs. 2 Satz 2 § 1 Abs. 2 § 49 Abs. 1 Nr. 1, 14	25 €
	Liegenbleiben von Fahrzeugen		
66	Liegen gebliebenes mehrspuriges Fahrzeug nicht oder nicht wie vorgeschrieben abgesichert, beleuchtet oder kenntlich gemacht und dadurch einen anderen gefährdet	§ 15, auch i. V.m. § 17 Abs. 4 Satz 1, 3 § 1 Abs. 2 § 49 Abs. 1 Nr. 1, 15	40 €
	Abschleppen von Fahrzeugen		
67	Beim Abschleppen eines auf der Autobahn liegen gebliebenen Fahrzeugs die Autobahn nicht bei der nächsten Ausfahrt verlassen oder mit einem außerhalb der Autobahn liegengebliebenen Fahrzeug in die Autobahn eingefahren	§ 15 a Abs. 1, 2 § 49 Abs. 1 Nr. 15 a	20 €
68	Während des Abschleppens Warnblinklicht nicht eingeschaltet	§ 15 a Abs. 3 § 49 Abs. 1 Nr. 15 a	5 €
69	Kraftrad abgeschleppt	§ 15 a Abs. 4 § 49 Abs. 1 Nr. 15 a	10 €
	Warnzeichen		
70	Missbräuchlich Schall- oder Leuchtzeichen gegeben und dadurch einen anderen belästigt oder Schallzeichen gegeben, die aus einer Folge verschieden hoher Töne bestehen	§ 16 Abs. 1, 3 § 1 Abs. 2 § 49 Abs. 1 Nr. 1, 16	10 €

Lfd. Nr.	Tatbestand	StVO	Regelsatz in Euro (€), Fahrverbot in Monaten
71	Als Führer eines Omnibusses des Linienverkehrs oder eines gekennzeichneten Schulbusses Warnblinklicht bei Annäherung an eine Haltestelle oder für die Dauer des Ein- und Aussteigens der Fahrgäste entgegen der straßenverkehrsbehördlichen Anordnung nicht eingeschaltet	§ 16 Abs. 2 Satz 1 § 49 Abs. 1 Nr. 16	10 €
72	Warnblinklicht missbräuchlich eingeschaltet	§ 16 Abs. 2 Satz 2 § 49 Abs. 1 Nr. 16	5 €
	Beleuchtung		
73	Vorgeschriebene Beleuchtungseinrichtungen nicht oder nicht vorschriftsmäßig benutzt, obwohl die Sichtverhältnisse es erforderten, oder nicht rechtzeitig abgeblendet oder Beleuchtungseinrichtungen in verdecktem oder beschmutztem Zustand benutzt	§ 17 Abs. 1, 2 Satz 3, Abs. 3 Satz 2, 5, Abs. 6 § 49 Abs. 1 Nr. 17	10 €
73.1	– mit Gefährdung	§ 17 Abs. 1, 2 Satz 3, Abs. 3 Satz 2, 5, Abs. 6 § 1 Abs. 2 § 49 Abs. 1 Nr. 1, 17	15 €
73.2	– mit Sachbeschädigung		35 €
74	Nur mit Standlicht oder auf einer Straße mit durchgehender, ausreichender Beleuchtung mit Fernlicht gefahren oder mit einem Kraftrad am Tage nicht mit Abblendlicht gefahren	§ 17 Abs. 2 Satz 1, 2, Abs. 2a § 49 Abs. 7.1 Nr. 17	10 €
74.1	– mit Gefährdung	§ 17 Abs. 2 Satz 1, 2, Abs. 2a § 1 Abs. 2 § 49 Abs. 1 Nr. 1, 17	15 €
74.2	– mit Sachbeschädigung		35 €
75	Bei erheblicher Sichtbehinderung durch Nebel, Schneefall oder Regen innerhalb geschlossener Ortschaften am Tage nicht mit Abblendlicht gefahren	§ 17 Abs. 3 Satz 1 § 49 Abs. 1 Nr. 17	25 €
75.1	– mit Sachbeschädigung	§ 17 Abs. 3 Satz 1 § 1 Abs. 2 § 49 Abs. 1 Nr. 1, 17	35 €
76	Bei erheblicher Sichtbehinderung durch Nebel, Schneefall oder Regen außerhalb geschlossener Ortschaften am Tage nicht mit Abblendlicht gefahren	§ 17 Abs. 3 Satz 1 § 49 Abs. 1 Nr. 17	40 €
77	Haltendes mehrspuriges Fahrzeug nicht oder nicht wie vorgeschrieben beleuchtet oder kenntlich gemacht	§ 17 Abs. 4 Satz 1, 3 § 49 Abs. 1 Nr. 17	20 €
77.1	– mit Sachbeschädigung	§ 17 Abs. 4 Satz 1, 3 § 1 Abs. 2 § 49 Abs. 1 Nr. 1, 17	35 €
	Autobahnen und Kraftfahrstraßen		
78	Autobahn oder Kraftfahrstraße mit einem Fahrzeug benutzt, dessen durch die Bauart bestimmte Höchstgeschwindigkeit weniger als 60 km/h betrug oder dessen zulässige Höchstabmessungen zusammen mit der Ladung überschritten waren, soweit die Gesamthöhe nicht mehr als 4,20 m betrug	§ 18 Abs. 1 § 49 Abs. 1 Nr. 18	20 €

Lfd. Nr.	Tatbestand	StVO	Regelsatz in Euro (€), Fahrverbot in Monaten
79	Autobahn oder Kraftfahrstraße mit einem Fahrzeug benutzt, dessen Höhe zusammen mit der Ladung mehr als 4,20 m betrug	§ 18 Abs. 1 Satz 2 § 49 Abs. 1 Nr. 18	40 €/70 €*
80	An dafür nicht vorgesehener Stelle eingefahren	§ 18 Abs. 2 § 49 Abs. 1 Nr. 18	25 €
81	An dafür nicht vorgesehener Stelle eingefahren und dadurch einen anderen gefährdet	§ 18 Abs. 2 § 1 Abs. 2 § 49 Abs. 1 Nr. 1, 18	50 €/75 €*
82	Beim Einfahren Vorfahrt auf der durchgehenden Fahrbahn nicht beachtet	§ 18 Abs. 3 § 49 Abs. 1 Nr. 18	50 €/75 €*
83	Gewendet, rückwärts oder entgegen der Fahrtrichtung gefahren	§ 18 Abs. 7 § 2 Abs. 1 § 49 Abs. 1 Nr. 2, 18	50 €
83.1	in einer Ein- oder Ausfahrt		50 €/75 €*
83.2	auf der Nebenfahrbahn oder dem Seitenstreifen		100 €/*130 €**
83.3	auf der durchgehenden Fahrbahn		150 €/*200 €** **Fahrverbot 1 Monat**
84	Auf einer Autobahn oder Kraftfahrstraße gehalten	§ 18 Abs. 8 § 49 Abs. 1 Nr. 18	30 €
85	Auf einer Autobahn oder Kraftfahrstraße geparkt (§ 12 Abs. 2 StVO)	§ 18 Abs. 8 § 49 Abs. 1 Nr. 18	40 €/70 €*
86	Als Fußgänger Autobahn betreten oder Kraftfahrstraße an dafür nicht vorgesehener Stelle betreten	§ 18 Abs. 9 § 49 Abs. 1 Nr. 18	10 €
87	An dafür nicht vorgesehener Stelle ausgefahren	§ 18 Abs. 10 § 49 Abs. 1 Nr. 18	25 €
88	Seitenstreifen zum Zweck des schnelleren Vorwärtskommens benutzt	§ 2 Abs. 1 § 49 Abs. 1 Nr. 2	50 €/75 €*
	Bahnübergänge		
89	Mit einem Fahrzeug den Vorrang eines Schienenfahrzeugs nicht beachtet	§ 19 Abs. 1 Satz 1 § 49 Abs. 1 Nr. 19 Buchstabe a	50 €/80 €*
89 a	Bahnübergang unter Verstoß gegen die Wartepflicht nach § 19 Abs. 2 StVO überquert		
89 a.1	in den Fällen des § 19 Abs. 2 Satz 1 Nr. 1 StVO	§ 19 Abs. 2 Satz 1 Nr. 1 § 49 Abs. 1 Nr. 19 Buchstabe a	50 €/80 €*
89 a.2	in den Fällen des § 19 Abs. 2 Satz 1 Nr. 2 bis 4 StVO (außer bei geschlossener Schranke)	§ 19 Abs. 2 Satz 1 Nr. 2, 3, 4 § 49 Abs. 1 Nr. 19 Buchstabe a	150 €/*240 €** **Fahrverbot 1 Monat**
90	Vor einem Bahnübergang Wartepflichten verletzt	§ 19 Abs. 2 bis 6 § 49 Abs. 1 Nr. 19 Buchstabe a	10 €
	Öffentliche Verkehrsmittel und Schulbusse		
91	Nicht mit Schrittgeschwindigkeit gefahren (soweit nicht von Nummer 11 erfasst) an einer Haltestelle haltendem Omnibus des Linienverkehrs, haltender Straßenbahn oder haltendem gekennzeichneten Schulbus mit ein- oder aussteigenden Fahrgästen bei Vorbeifahrt rechts	§ 20 Abs. 2 Satz 1 § 49 Abs. 1 Nr. 19 Buchstabe b	15 €

* Voraussichtliche Änderung ab Anfang 2009 in Kursivsatz, vgl. Vorbemerkung auf S. 1661.

Lfd. Nr.	Tatbestand	StVO	Regelsatz in Euro (€), Fahrverbot in Monaten
92	An an einer Haltestelle (Zeichen 224) haltendem Omnibus des Linienverkehrs, haltender Straßenbahn oder haltendem gekennzeichneten Schulbus mit ein- oder aussteigenden Fahrgästen bei Vorbeifahrt rechts Schrittgeschwindigkeit oder ausreichenden Abstand nicht eingehalten oder, obwohl nötig, nicht angehalten und dadurch einen Fahrgast		
92.1	behindert	§ 20 Abs. 2 Satz 2, 3 § 49 Abs. 1 Nr. 19 Buchstabe b	40 €, soweit sich nicht aus Nr. 11 ein höherer Regelsatz ergibt
92.2	gefährdet	§ 20 Abs. 2 Satz 1, 3 § 49 Abs. 1 Nr. 19 Buchstabe b	50 €, soweit sich nicht aus Nr. 11, auch i. V. m. Tabelle 4, ein höherer Regelsatz ergibt
93	Omnibus des Linienverkehrs oder gekennzeichneten Schulbus mit eingeschaltetem Warnblinklicht bei Annäherung an eine Haltestelle überholt	§ 20 Abs. 3 § 49 Abs. 1 Nr. 19 Buchstabe b	40 €
94	Nicht mit Schrittgeschwindigkeit gefahren (soweit nicht von Nummer 11 erfasst) an an einer Haltestelle haltendem Omnibus des Linienverkehrs oder gekennzeichnetem Schulbus mit eingeschaltetem Warnblinklicht	§ 20 Abs. 4 Satz 1, 2 § 49 Abs. 1 Nr. 19 Buchstabe b	15 €
95	An an einer Haltestelle (Zeichen 224) haltendem Omnibus des Linienverkehrs oder gekennzeichnetem Schulbus mit eingeschaltetem Warnblinklicht bei Vorbeifahrt Schrittgeschwindigkeit oder ausreichenden Abstand nicht eingehalten oder, obwohl nötig, nicht angehalten und dadurch einen Fahrgast		
95.1	behindert	§ 20 Abs. 4 Satz 3, 4 § 49 Abs. 1 Nr. 19 Buchstabe b	40 €, soweit sich nicht aus Nr. 11 ein höherer Regelsatz ergibt
95.2	gefährdet	§ 20 Abs. 4 Satz 1, 4 § 20 Abs. 4 Satz 2 § 1 Abs. 2 § 49 Abs. 1 Nr. 1, 19 Buchstabe b	50 €, soweit sich nicht aus Nr. 11, auch i. V. m. Tabelle 4, ein höherer Regelsatz ergibt
96	Einem Omnibus des Linienverkehrs oder einem Schulbus das Abfahren von einer gekennzeichneten Haltestelle nicht ermöglicht	§ 20 Abs. 5 § 49 Abs. 1 Nr. 19 Buchstabe b	5 €
96.1	– mit Gefährdung	§ 20 Abs. 5 § 1 Abs. 2 § 49 Abs. 1 Nr. 1, 19 Buchstabe b	20 €
96.2	– mit Sachbeschädigung		30 €
	Personenbeförderung, Sicherungspflichten		
97	Gegen eine Vorschrift über die Mitnahme von Personen auf oder in Fahrzeugen verstoßen	§ 21 Abs. 1, 2, 3 § 49 Abs. 1 Nr. 20	5 €

8 BKatV BußgeldkatalogVO

Lfd. Nr.	Tatbestand	StVO	Regelsatz in Euro (€), Fahrverbot in Monaten
98	Als Kfz-Führer oder als anderer Verantwortlicher bei der Beförderung eines Kindes nicht für die vorschriftsmäßige Sicherung gesorgt (außer in KOM über 3,5 t zulässige Gesamtmasse)	§ 21 Abs. 1a, Satz 1 § 21a Abs. 1 Satz 1 § 49 Abs. 1 Nr. 20, 20a	
98.1	bei einem Kind		30 €
98.2	bei mehreren Kindern		35 €
99	Als Kfz-Führer Kind ohne jede Sicherung befördert oder als anderer Verantwortlicher nicht für eine Sicherung eines Kindes in einem Kfz gesorgt (außer in KOM über 3,5 t zulässige Gesamtmasse) oder als Führer eines Kraftrades Kind befördert, obwohl es keinen Schutzhelm trug	§ 21 Abs. 1a Satz 1 § 21a Abs. 1 Satz 1, Abs. 2 § 49 Abs. 1 Nr. 20, 20a	
99.1	bei einem Kind		40 €
99.2	bei mehreren Kindern		50 €
100	Vorgeschriebenen Sicherheitsgurt während der Fahrt nicht angelegt	§ 21a Abs. 1 Satz 1 § 49 Abs. 1 Nr. 20a	30 €
101	Während der Fahrt keinen geeigneten Schutzhelm getragen	§ 21a Abs. 2 Satz 1 § 49 Abs. 1 Nr. 20a	15 €
	Ladung		
102	Ladung oder Ladeeinrichtung nicht verkehrssicher verstaut oder gegen Herabfallen nicht besonders gesichert		
102.1	bei Lastkraftwagen oder Kraftomnibussen	§ 22 Abs. 1 § 49 Abs. 1 Nr. 21	50 €
102.1.1	– mit Gefährdung	§ 22 Abs. 1 § 1 Abs. 2 § 49 Abs. 1 Nr. 1, 21	75 €
102.2	bei anderen als in Nummer 102.1 genannten Kraftfahrzeugen	§ 22 Abs. 1 § 49 Abs. 1 Nr. 21	35 €
102.2.1	– mit Gefährdung	§ 22 Abs. 1 § 1 Abs. 2 § 49 Abs. 1 Nr. 1, 21	50 €
103	Ladung oder Ladeeinrichtung gegen vermeidbaren Lärm nicht besonders gesichert	§ 22 Abs. 1 § 49 Abs. 1 Nr. 21	10 €
104	Fahrzeug geführt, dessen Höhe zusammen mit der Ladung mehr als 4,20 m betrug	§ 22 Abs. 2 Satz 1 § 49 Abs. 1 Nr. 21	40 €
105	Fahrzeug geführt, das zusammen mit der Ladung eine der höchstzulässigen Abmessungen überschritt, soweit die Gesamthöhe nicht mehr als 4,20 m betrug, oder dessen Ladung unzulässig über das Fahrzeug hinausragte	§ 22 Abs. 2, 3, 4 Satz 1, 2, Abs. 5 Satz 2 § 49 Abs. 1 Nr. 21	20 €
106	Vorgeschriebene Sicherungsmittel nicht oder nicht ordnungsgemäß angebracht	§ 22 Abs. 4 Satz 3 bis 5, Abs. 5 Satz 1 § 49 Abs. 1 Nr. 21	25 €
	Sonstige Pflichten des Fahrzeugführers		
107	Als Fahrzeugführer nicht dafür gesorgt, dass		
107.1	seine Sicht oder sein Gehör durch die Besetzung, Tiere, die Ladung, ein Gerät oder den Zustand des Fahrzeugs nicht beeinträchtigt war	§ 23 Abs. 1 Satz 1 § 49 Abs. 1 Nr. 22	10 €
107.2	das Fahrzeug, der Zug, die Ladung oder die Besetzung vorschriftsmäßig war oder die Verkehrssicherheit des Fahrzeugs durch die Ladung oder die Besetzung nicht litt	§ 23 Abs. 1 Satz 2 § 49 Abs. 1 Nr. 22	25 €

Lfd. Nr.	Tatbestand	StVO	Regelsatz in Euro (€), Fahrverbot in Monaten
107.3	das vorgeschriebene Kennzeichen stets gut lesbar war	§ 23 Abs. 1 Satz 3 § 49 Abs. 1 Nr. 22	5 €
107.4	an einem Kraftfahrzeug, an dessen Anhänger oder an einem Fahrrad die vorgeschriebene Beleuchtungseinrichtung auch am Tage vorhanden oder betriebsbereit war	§ 23 Abs. 1 Satz 4 § 49 Abs. 1 Nr. 22	10 €
107.4.1	– mit Gefährdung	§ 23 Abs. 1 Satz 4 § 1 Abs. 2 § 49 Abs. 1 Nr. 1, 22	20 €
107.4.2	– mit Sachbeschädigung		25 €
108	Als Fahrzeugführer nicht dafür gesorgt, dass das Fahrzeug, der Zug, die Ladung oder die Besetzung vorschriftsmäßig war, wenn dadurch die Verkehrssicherheit wesentlich beeinträchtigt war oder die Verkehrssicherheit des Fahrzeugs durch die Ladung oder die Besetzung wesentlich litt	§ 23 Abs. 1 Satz 2 § 49 Abs. 1 Nr. 22	50 €/80 €**
109a*	*Als Kfz-Führer ein technisches Gerät betrieben oder betriebsbereit mitgeführt, das dafür bestimmt ist, Verkehrsüberwachungsmaßnahmen anzuzeigen oder zu stören*	*§ 23 Abs. 1b* *§ 49 Abs. 1 Nr. 22*	75 €
110	Fahrzeug oder Zug nicht auf dem kürzesten Weg aus dem Verkehr gezogen, obwohl unterwegs die Verkehrssicherheit wesentlich beeinträchtigende Mängel aufgetreten waren, die nicht alsbald beseitigt werden konnten	§ 23 Abs. 2 Halbsatz 1 § 49 Abs. 1 Nr. 22	10 €
	Fußgänger		
111	Trotz vorhandenen Gehwegs oder Seitenstreifens auf der Fahrbahn oder außerhalb geschlossener Ortschaften nicht am linken Fahrbahnrand gegangen	§ 25 Abs. 1 Satz 2, 3 Halbsatz 2 § 49 Abs. 1 Nr. 24 Buchstabe a	5 €
112	Fahrbahn ohne Beachtung des Fahrzeugverkehrs oder nicht zügig auf dem kürzesten Weg quer zur Fahrtrichtung oder an nicht vorgesehener Stelle überschritten	§ 25 Abs. 3 Satz 1 § 49 Abs. 1 Nr. 24 Buchstabe a	
112.1	– mit Gefährdung	§ 25 Abs. 3 Satz 1 § 1 Abs. 2 § 49 Abs. 1 Nr. 1, 24 Buchstabe a	5 €
112.2	– mit Sachbeschädigung		10 €
	Fußgängerüberweg		
113	An einem Fußgängerüberweg, den ein Bevorrechtigter erkennbar benutzen wollte, das Überqueren der Fahrbahn nicht ermöglicht oder nicht mit mäßiger Geschwindigkeit herangefahren oder an einem Fußgängerüberweg überholt	§ 26 Abs. 1, 3 § 49 Abs. 1 Nr. 24 Buchstabe b	50 €/80 €**
114	Bei stockendem Verkehr auf einen Fußgängerüberweg gefahren	§ 26 Abs. 2 § 49 Abs. 1 Nr. 24 Buchstabe b	5 €

---

* Nr. 109a wird gestrichen durch die voraussichtliche Änderung der BKatV ab Anfang 2009, vgl. Vorbemerkung auf S. 1661.
** Voraussichtliche Änderung ab Anfang 2009 in Kursivsatz, vgl. Vorbemerkung auf S. 1661.

Lfd. Nr.	Tatbestand	StVO	Regelsatz in Euro (€), Fahrverbot in Monaten
	Übermäßige Straßenbenutzung		
115	Als Veranstalter erlaubnispflichtige Veranstaltung ohne Erlaubnis durchgeführt	§ 29 Abs. 2 Satz 1 § 49 Abs. 2 Nr. 6	40 €
116	Ohne Erlaubnis Fahrzeug oder Zug geführt, dessen Maße oder Gewichte die gesetzlich allgemein zugelassenen Grenzen tatsächlich überschritten oder dessen Bauart dem Führer kein ausreichendes Sichtfeld ließ	§ 29 Abs. 3 § 49 Abs. 2 Nr. 7	40 €
	Umweltschutz		
117	Bei Benutzung eines Fahrzeugs unnötigen Lärm oder vermeidbare Abgasbelästigungen verursacht	§ 30 Abs. 1 Satz 1, 2 § 49 Abs. 1 Nr. 25	10 €
118	Innerhalb einer geschlossenen Ortschaft unnütz hin- und hergefahren und dadurch einen anderen belästigt	§ 30 Abs. 1 Satz 3 § 49 Abs. 1 Nr. 25	20 €
	Sonntagsfahrverbot		
119	Verbotswidrig an einem Sonntag oder Feiertag gefahren	§ 30 Abs. 3 Satz 1 § 49 Abs. 1 Nr. 25	40 €/*75 €**
120	Als Halter das verbotswidrige Fahren an einem Sonntag oder Feiertag angeordnet oder zugelassen	§ 30 Abs. 3 Satz 1 § 49 Abs. 1 Nr. 25	200 €/*380 €**
	Verkehrshindernisse		
121	Straße beschmutzt oder benetzt, obwohl dadurch der Verkehr gefährdet oder erschwert werden konnte	§ 32 Abs. 1 Satz 1 § 49 Abs. 1 Nr. 27	10 €
122	Verkehrswidrigen Zustand nicht oder nicht rechtzeitig beseitigt oder nicht ausreichend kenntlich gemacht	§ 32 Abs. 1 Satz 2 § 49 Abs. 1 Nr. 27	10 €
123	Gegenstand auf eine Straße gebracht oder dort liegen gelassen, obwohl dadurch der Verkehr gefährdet oder erschwert werden konnte	§ 32 Abs. 1 Satz 1 § 49 Abs. 1 Nr. 27	40 €
124	Gefährliches Gerät nicht wirksam verkleidet	§ 32 Abs. 2 § 49 Abs. 1 Nr. 27	5 €
	Unfall		
125	Als Unfallbeteiligter den Verkehr nicht gesichert oder bei geringfügigem Schaden nicht unverzüglich beiseite gefahren	§ 34 Abs. 1 Nr. 2 § 49 Abs. 1 Nr. 29	30 €
125.1	– mit Sachbeschädigung	§ 34 Abs. 1 Nr. 2 § 1 Abs. 2 § 49 Abs. 1 Nr. 1, 29	35 €
126	Unfallspuren beseitigt, bevor die notwendigen Feststellungen getroffen worden waren	§ 34 Abs. 3 § 49 Abs. 1 Nr. 29	30 €
	Warnkleidung		
127	Bei Arbeiten außerhalb von Gehwegen oder Absperrungen auffällige Warnkleidung nicht getragen	§ 35 Abs. 6 Satz 4 § 49 Abs. 4 Nr. 1 a	5 €
	Zeichen und Weisungen der Polizeibeamten		
128	Weisung eines Polizeibeamten nicht befolgt	§ 36 Abs. 1 Satz 1, Abs. 3, Abs. 5 Satz 4 § 49 Abs. 3 Nr. 1	20 €

* Voraussichtliche Änderung ab Anfang 2009 in Kursivsatz, vgl. Vorbemerkung auf S. 1661.

Lfd. Nr.	Tatbestand	StVO	Regelsatz in Euro (€), Fahrverbot in Monaten
129	Zeichen oder Haltgebot eines Polizeibeamten nicht befolgt	§ 36 Abs. 1 Satz 1, Abs. 2, Abs. 4, Abs. 5 Satz 4 § 49 Abs. 3 Nr. 1	50 €
	Wechsellichtzeichen, Dauerlichtzeichen und Grünpfeil		
130	Als Fußgänger rotes Wechsellichtzeichen nicht befolgt oder den Weg beim Überschreiten der Fahrbahn beim Wechsel von Grün auf Rot nicht zügig fortgesetzt	§ 37 Abs. 2 Nr. 1 Satz 7, Nr. 2, 5 Satz 3 § 49 Abs. 3 Nr. 2	5 €
130.1	– mit Gefährdung	§ 37 Abs. 2 Nr. 1 Satz 7, Nr. 2, 5 Satz 3 § 1 Abs. 2 § 49 Abs. 1 Nr. 1, Abs. 3 Nr. 2	5 €
130.2	– mit Sachbeschädigung		10 €
131	Beim Rechtsabbiegen mit Grünpfeil		
131.1	aus einem anderen als dem rechten Fahrstreifen abgebogen	§ 37 Abs. 2 Nr. 1 Satz 9 § 49 Abs. 3 Nr. 2	15 €
131.2	den Fahrzeugverkehr der freigegebenen Verkehrsrichtungen, ausgenommen den Fahrradverkehr auf Radwegfurten, behindert	§ 37 Abs. 2 Nr. 1 Satz 10 § 49 Abs. 3 Nr. 2	35 €
132	Als Fahrzeugführer in anderen als den Fällen des Rechtsabbiegens mit Grünpfeil rotes Wechsellichtzeichen oder rotes Dauerlichtzeichen nicht befolgt	§ 37 Abs. 2 Nr. 1 Satz 7, 11, Nr. 2, Abs. 3 Satz 1, 2 § 49 Abs. 3 Nr. 2	50 €
132.1	mit Gefährdung oder Sachbeschädigung	§ 37 Abs. 2 Nr. 1 Satz 7, 11, Nr. 2, Abs. 3 Satz 1, 2 § 1 Abs. 2 § 49 Abs. 1 Nr. 1, Abs. 3 Nr. 2	125 € **Fahrverbot 1 Monat**
132.2	bei schon länger als 1 Sekunde andauernder Rotphase eines Wechsellichtzeichens	§ 37 Abs. 2 Nr. 1 Satz 7, 11, Nr. 2 § 49 Abs. 3 Nr. 2	125 € **Fahrverbot 1 Monat**
132.2.1	mit Gefährdung oder Sachbeschädigung	§ 37 Abs. 2 Nr. 1 Satz 7, 11, Nr. 2 § 1 Abs. 2 § 49 Abs. 1 Nr. 1, Abs. 3 Nr. 2	200 € **Fahrverbot 1 Monat**
*132**	*Als Fahrzeugführer in anderen als den Fällen des Rechtsabbiegens mit Grünpfeil rotes Wechsellichtzeichen oder rotes Dauerlichtzeichen nicht befolgt*	*§ 37 Abs. 2 Nr. 1 Satz 7, 11, Nr. 2, Abs. 3 Satz 1, 2 § 49 Abs. 3 Nr. 2*	*90 €*
*132.1**	*mit Gefährdung*	*§ 37 Abs. 2 Nr. 1 Satz 7, 11, Nr. 2, Abs. 3 Satz 1, 2 § 1 Abs. 2 § 49 Abs. 1 Nr. 1, Abs. 3 Nr. 2*	*200 €* ***Fahrverbot 1 Monat***
*132.2**	*mit Sachbeschädigung*	*§ 37 Abs. 2 Nr. 1 Satz 7, 11, Nr. 2, Abs. 3 Satz 1, 2*	*240 €* ***Fahrverbot 1 Monat***

---

* Voraussichtliche Neufassung der Nrn. 132–132.2 ab Anfang 2009 in Kursivsatz, vgl. Vorbemerkung auf S. 1661.

Lfd. Nr.	Tatbestand	StVO	Regelsatz in Euro (€), Fahrverbot in Monaten
132.3*	bei schon länger als 1 Sekunde andauernder Rotphase eines Wechsellichtzeichens	§ 1 Abs. 2 § 49 Abs. 1 Nr. 1, Abs. 3 Nr. 2 § 37 Abs. 2 Nr. 1 Satz 7, 11, Nr. 2, § 49 Abs. 3 Nr. 2	200 € **Fahrverbot** **1 Monat**
132.3.1*	mit Gefährdung	§ 37 Abs. 2 Nr. 1 Satz 7, 11, Nr. 2, § 1 Abs. 2 § 49 Abs. 1 Nr. 1, Abs. 3 Nr. 2	320 € **Fahrverbot** **1 Monat**
132.3.2*	mit Sachbeschädigung	§ 37 Abs. 2 Nr. 1 Satz 7, 11, Nr. 2, § 1 Abs. 2 § 49 Abs. 1 Nr. 1, Abs. 3 Nr. 2	360 € **Fahrverbot** **1 Monat**
133	Beim Rechtsabbiegen mit Grünpfeil		
133.1	vor dem Rechtsabbiegen mit Grünpfeil nicht angehalten	§ 37 Abs. 2 Nr. 1 Satz 7 § 49 Abs. 3 Nr. 2	50 €/70 €**
133.2	den Fahrzeugverkehr der freigegebenen Verkehrsrichtungen, ausgenommen den Fahrradverkehr auf Radwegfurten, gefährdet	§ 37 Abs. 2 Nr. 1 Satz 10 § 49 Abs. 3 Nr. 2	60 €/100 €**
133.3	den Fußgängerverkehr oder den Fahrradverkehr auf Radwegfurten der freigegebenen Verkehrsrichtungen	§ 37 Abs. 2 Nr. 1 Satz 10 § 49 Abs. 3 Nr. 2	
133.3.1	behindert		60 €/100 €**
133.3.2	gefährdet		75 €/150 €**
	Blaues und gelbes Blinklicht		
134	Blaues Blinklicht zusammen mit dem Einsatzhorn oder allein oder gelbes Blinklicht missbräuchlich verwendet	§ 38 Abs. 1 Satz 1, Abs. 2, Abs. 3 Satz 3 § 49 Abs. 3 Nr. 3	20 €
135	Einem Einsatzfahrzeug, das blaues Blinklicht zusammen mit dem Einsatzhorn verwendet hatte, nicht sofort freie Bahn geschaffen	§ 38 Abs. 1 Satz 2 § 49 Abs. 3 Nr. 3	20 €
	Vorschriftzeichen		
136	Unbedingtes Haltgebot (Zeichen 206) nicht befolgt	§ 41 Abs. 2 Nr. 1 Buchstabe b § 49 Abs. 3 Nr. 4	10 €
137	Bei verengter Fahrbahn (Zeichen 208) dem Gegenverkehr Vorrang nicht gewährt	§ 41 Abs. 2 Nr. 1 Buchstabe § 49 Abs. 3 Nr. 4	5 €
137.1	– mit Gefährdung	§ 41 Abs. 2 Nr. 1 Buchstabe c § 1 Abs. 2 § 49 Abs. 1 Nr. 1, Abs. 3 Nr. 4	10 €
137.2	– mit Sachbeschädigung		20 €
138	Die durch Vorschriftzeichen (Zeichen 09, 211, 214, 222) vorgeschriebene Fahrtrichtung oder Vorbeifahrt nicht befolgt	§ 41 Abs. 2 Nr. 2, 3 § 49 Abs. 3 Nr. 4	10 €

* Voraussichtliche Neufassung der Nrn. 132.3–132.3.2 ab Anfang 2009 in Kursivsatz, vgl. Vorbemerkung auf S. 1661.
** Voraussichtliche Änderung ab Anfang 2009 in Kursivsatz, vgl. Vorbemerkung auf S. 1661.

Lfd. Nr.	Tatbestand	StVO	Regelsatz in Euro (€), Fahrverbot in Monaten
138.1	– mit Gefährdung	§ 41 Abs. 2 Nr. 2, 3 § 1 Abs. 2 § 49 Abs. 1 Nr. 1, Abs. 3 Nr. 4	15 €
138.2	– mit Sachbeschädigung		25 €
	Die durch Zeichen 220 (Einbahnstraße) vorgeschriebene Fahrtrichtung nicht befolgt	§ 41 Abs. 2 Nr. 2 § 49 Abs. 3 Nr. 4	
139	Die durch Zeichen 215 (Kreisverkehr) oder Zeichen 220 (Einbahnstraße) vorgeschriebene Fahrtrichtung nicht befolgt	§ 41 Abs. 2 Nr. 2 § 49 Abs. 3 Nr. 4	
139.1	als Kfz-Führer		20 €
139.2	als Radfahrer		15 €
139.2.1	– mit Behinderung	§ 41 Abs. 2 Nr. 2 § 1 Abs. 2 § 49 Abs. 1 Nr. 1, Abs. 3 Nr. 4	20 €
139.2.2	– mit Gefährdung		25 €
139.2.3	– mit Sachbeschädigung		30 €
140	Als anderer Verkehrsteilnehmer vorschriftswidrig Radweg (Zeichen 237) oder einen sonstigen Sonderweg (Zeichen 238, 239, 240, 241) benutzt oder als anderer Fahrzeugführer Fahrradstraße (Zeichen 244) vorschriftswidrig benutzt	§ 41 Abs. 2 Nr. 5 Satz 6 Buchstabe a Satz 2, Nr. 5 Satz 8 Nr. 1 § 49 Abs. 3 Nr. 4	10 €
141	Fußgängerbereich (Zeichen 239, 242, 243) benutzt oder ein Verkehrsverbot (Zeichen 250, 251, 253 bis 255, 260) nicht beachtet	§ 41 Abs. 2 Nr. 5 Satz 6 Buchstabe a Satz 2, Nr. 5 Satz 7 Nr. 1 Satz 2 Nr. 6 § 49 Abs. 3 Nr. 4	
141.1	mit Kraftfahrzeugen der in § 3 Abs. 3 Nr. 2 Buchstabe a oder b StVO genannten Art		20 €
141.2	mit anderen Kraftfahrzeugen		15 €
141.3	als Radfahrer		10 €
141.3.1	– mit Behinderung	§ 41 Abs. 2 Nr. 5 Satz 6 Buchstabe a Satz 2, Nr. 5 Satz 7 Nr. 1 Satz 2, Nr. 6 § 1 Abs. 2 § 49 Abs. 1 Nr. 1, Abs. 3 Nr. 4	15 €
141.3.2	– mit Gefährdung		20 €
141.3.3	– mit Sachbeschädigung		25 €
142	Als Kfz-Führer Verkehrsverbot (Zeichen 262 bis 266) oder Verbot der Einfahrt (Zeichen 267) nicht beachtet	§ 41 Abs. 2 Nr. 6 § 49 Abs. 3 Nr. 4	20 €
143	Als Radfahrer Verbot der Einfahrt (Zeichen 267) nicht beachtet	§ 41 Abs. 2 Nr. 6 § 49 Abs. 3 Nr. 4	15 €
143.1	– mit Behinderung	§ 41 Abs. 2 Nr. 6 § 1 Abs. 2 § 49 Abs. 1 Nr. 1, Abs. 3 Nr. 4	20 €
143.2	– mit Gefährdung		25 €
143.3	– mit Sachbeschädigung		30 €
144	In einem Fußgängerbereich, der durch Zeichen 239, 242, 243 oder 250 gesperrt war, geparkt (§ 12 Abs. 2 StVO)	§ 41 Abs. 2 Nr. 5 Satz 6 Buchstabe a Satz 2, Nr. 5 Satz 7, Nr. 1 Satz 2, Nr. 6 § 49 Abs. 3 Nr. 4	30 €

Lfd. Nr.	Tatbestand	StVO	Regelsatz in Euro (€), Fahrverbot in Monaten
144.1	– mit Behinderung	§ 41 Abs. 2 Nr. 5 Satz 6 Buchstabe a Satz 2, Nr. 5 Satz 7, Nr. 1 Satz 2, Nr. 6 § 1 Abs. 2 § 49 Abs. 1 Nr. 1, Abs. 3 Nr. 4	35 €
144.2	länger als 3 Stunden		35 €
145	Als Radfahrer oder Führer eines motorisierten Zweiradfahrzeugs auf einem gemeinsamen Rad- und Gehweg auf einen Fußgänger nicht Rücksicht genommen	§ 41 Abs. 2 Nr. 5 Satz 6 Buchstabe c § 49 Abs. 3 Nr. 4	10 €
145.1	– mit Behinderung	§ 41 Abs. 2 Nr. 5 Satz 6 Buchstabe c § 1 Abs. 2 § 49 Abs. 1 Nr. 1, Abs. 3 Nr. 4	15 €
145.2	– mit Gefährdung		20 €
145.3	– mit Sachbeschädigung		25 €
146	Bei zugelassenem Fahrzeugverkehr in einem Fußgängerbereich (Zeichen 239, 242, 243) nicht mit Schrittgeschwindigkeit gefahren (soweit nicht von Nummer 11 erfasst)	§ 41 Abs. 2 Nr. 5 Satz 6 Buchstabe e, Nr. 5 Satz 7 Nr. 2 Satz 1 § 49 Abs. 3 Nr. 4	15 €
147	Als Nichtberechtigter Sonderfahrstreifen für Omnibusse des Linienverkehrs (Zeichen 245) oder für Taxen (Zeichen 245 mit Zusatzschild) benutzt	§ 41 Abs. 2 Nr. 5 Satz 11 § 49 Abs. 3 Nr. 4	15 €
147.1	– mit Behinderung	§ 41 Abs. 2 Nr. 5 Satz 11 § 1 Abs. 2 § 49 Abs. 1 Nr. 1, Abs. 3 Nr. 4	35 €
148	Wendeverbot (Zeichen 272) nicht beachtet	§ 41 Abs. 2 Nr. 6 § 49 Abs. 3 Nr. 4	20 €
149	Vorgeschriebenen Mindestabstand (Zeichen 73) zu einem vorausfahrenden Fahrzeug unterschritten	§ 41 Abs. 2 Nr. 6 § 49 Abs. 3 Nr. 4	25 €
150	Unbedingtes Haltgebot (Zeichen 206) nicht befolgt oder trotz Rotlicht nicht an der Haltelinie (Zeichen 294) gehalten und dadurch einen anderen gefährdet	§ 41 Abs. 2 Nr. 1 Buchstabe b, Abs. 3 Nr. 2 § 1 Abs. 2 § 49 Abs. 1 Nr. 1, Abs. 3 Nr. 4	50 €
151	Als Fahrzeugführer in einem Fußgängerbereich (Zeichen 239, 242, 243) einen Fußgänger gefährdet		
151.1	bei zugelassenem Fahrzeugverkehr (Zeichen 239, 242 mit Zusatzschild)	§ 41 Abs. 2 Nr. 5 Satz 7 Nr. 2 Satz 2 § 49 Abs. 3 Nr. 4	40 €
151.2	bei nicht zugelassenem Fahrzeugverkehr	§ 41 Abs. 2 Nr. 5 Satz 6 Buchstabe a Satz 2, Satz 7 Nr. 1 Satz 2 § 1 Abs. 2 § 49 Abs. 1 Nr. 1, Abs. 3 Nr. 4	50 €
152	Eine für kennzeichnungspflichtige Kraftfahrzeuge mit gefährlichen Gütern (Zeichen 261) oder für Kraftfahrzeuge mit	§ 41 Abs. 2 Nr. 6 § 49 Abs. 3 Nr. 4	100 €

Lfd. Nr.	Tatbestand	StVO	Regelsatz in Euro (€), Fahrverbot in Monaten
152.1	wassergefährdender Ladung (Zeichen 269) gesperrte Straße befahren bei Eintragung von bereits einer Entscheidung wegen Verstoßes gegen Zeichen 261 oder 269		250 € **Fahrverbot 1 Monat**
153	Kraftfahrzeug trotz Verkehrsverbots bei Smog oder zur Verminderung schädlicher Luftverunreinigungen (Zeichen 270) geführt	§ 41 Abs. 2 Nr. 6 § 49 Abs. 3 Nr. 4	40 €
153*	*Mit einem Kraftfahrzeug trotz Verkehrsverbotes zur Verminderung schädlicher Luftverunreinigungen (Zeichen 270.1, 270.2) am Verkehr teilgenommen*	*§ 41 Abs. 2 Nr. 6* *§ 49 Abs. 3 Nr. 4*	40 €
154	An der Haltlinie (Zeichen 294) nicht gehalten	§ 41 Abs. 3 Nr. 2 § 49 Abs. 3 Nr. 4	10 €
155	Fahrstreifenbegrenzung (Zeichen 295, 296) überquert oder überfahren oder durch Pfeile vorgeschriebene Fahrtrichtung (Zeichen 297) nicht gefolgt oder Sperrfläche (Zeichen 298) benutzt (außer Parken)	§ 41 Abs. 3 Nr. 3 Buchstabe a Satz 3, Nr. 4 Satz 2 Buchstabe a, Nr. 5 Satz 3, Nr. 6 § 49 Abs. 3 Nr. 4	10 €
155.1	– mit Sachbeschädigung	§ 41 Abs. 3 Nr. 3 Buchstabe a Satz 3, Nr. 4 Satz 2 Buchstabe a, Nr. 5 Satz 3, Nr. 6 § 1 Abs. 2 § 49 Abs. 1 Nr. 1 Abs. 3 Nr. 4	35 €
155.2	und dabei überholt	§ 41 Abs. 3 Nr. 3 Buchstabe a Satz 3, Nr. 4 Satz 2 Buchstabe a, Nr. 5 Satz 3, Nr. 6 § 49 Abs. 3 Nr. 4	30 €
155.3	und dabei nach links abgebogen oder gewendet	§ 41 Abs. 3 Nr. 3 Buchstabe a Satz 3, Nr. 4 Satz 2 Buchstabe a, Nr. 5 Satz 3, Nr. 6 § 49 Abs. 3 Nr. 4	30 €
155.3.1	– mit Gefährdung	§ 41 Abs. 3 Nr. 3 Buchstabe a Satz 3, Nr. 4 Satz 2 Buchstabe a, Nr. 5 Satz 3, Nr. 6 § 1 Abs. 2 § 49 Abs. 1 Nr. 1 Abs. 3 Nr. 4	35 €
156	Sperrfläche (Zeichen 298) zum Parken benutzt	§ 41 Abs. 3 Nr. 6 § 49 Abs. 3 Nr. 4	25 €
157	**Richtzeichen** Als Fahrzeugführer in einem verkehrsberuhigten Bereich (Zeichen 325, 326)		
157.1	Schrittgeschwindigkeit nicht eingehalten (soweit nicht von Nummer 11 erfasst)	§ 42 Abs. 4a Nr. 2 § 49 Abs. 3 Nr. 5	15 €
157.2	Fußgänger behindert	§ 42 Abs. 4a Nr. 3 § 49 Abs. 3 Nr. 5	15 €
158	Als Fahrzeugführer in einem verkehrsberuhigten Bereich (Zeichen 325, 326) einen Fußgänger gefährdet	§ 42 Abs. 4a Nr. 3 § 49 Abs. 3 Nr. 5	40 €

* Voraussichtliche Änderung ab Anfang 2009 in Kursivsatz, vgl. Vorbemerkung auf S. 1661.

Lfd. Nr.	Tatbestand	StVO	Regelsatz in Euro (€), Fahrverbot in Monaten
159	In einem verkehrsberuhigten Bereich (Zeichen 325, 326) außerhalb der zum Parken gekennzeichneten Flächen geparkt (§ 12 Abs. 2 StVO)	§ 42 Abs. 4a Nr. 5 § 49 Abs. 3 Nr. 5	10 €
159.1	– mit Behinderung	§ 42 Abs. 4a Nr. 5 § 1 Abs. 2 § 49 Abs. 1 Nr. 1, Abs. 3 Nr. 5	15 €
159.2	länger als 3 Stunden		20 €
159.2.1	– mit Behinderung	§ 42 Abs. 4a Nr. 5 § 1 Abs. 2 § 49 Abs. 1 Nr. 1, Abs. 3 Nr. 5	30 €
159a	In einem Tunnel (Zeichen 327) Abblendlicht nicht benutzt	§ 42 Abs. 4b Satz 2 § 49 Abs. 3 Nr. 5	10 €
159a.1	– mit Gefährdung	§ 42 Abs. 4b Satz 2 § 1 Abs. 2 § 49 Abs. 1 Nr. 1, Abs. 3 Nr. 5	15 €
159a.2	– mit Sachbeschädigung	§ 42 Abs. 4b Satz 2 § 1 Abs. 2 § 49 Abs. 1 Nr. 1, Abs. 3 Nr. 5	35 €
159b	In einem Tunnel (Zeichen 327) gewendet	§ 42 Abs. 4b Satz 3 § 49 Abs. 3 Nr. 5	40 €
159c	In einer Nothalte- und Pannenbucht (Zeichen 328) unberechtigt	§ 42 Abs. 4c § 49 Abs. 3 Nr. 5	
159c.1	– gehalten		20 €
159c.2	– geparkt		25 €
160	Auf dem linken von mehreren nach Zeichen 340 markierten Fahrstreifen auf einer Fahrbahn für beide Richtungen überholt	§ 42 Abs. 6 Satz 1 Nr. 1, Satz 3 Buchstabe b Satz 1 § 49 Abs. 3 Nr. 5	30 €
161	Als Führer eines Lkw mit einem zulässigen Gesamtgewicht von mehr als 3,5 t oder eines Zuges von mehr als 7 m Länge den linken von mindestens 3 in einer Richtung verlaufenden Fahrstreifen außerhalb einer geschlossenen Ortschaft vorschriftswidrig benutzt	§ 42 Abs. 6 Satz 1 Nr. 1 Satz 3 Buchstabe d Satz 3 § 49 Abs. 3 Nr. 5	15 €
161.1	– mit Behinderung	§ 42 Abs. 6 Satz 1 Nr. 1 Satz 3 Buchstabe d Satz 3 § 1 Abs. 2 § 49 Abs. 1 Nr. 1, Abs. 3 Nr. 5	20 €
162	Auf dem linken von mehreren nach Zeichen 340 markierten Fahrstreifen auf einer Fahrbahn für beide Richtungen überholt und dadurch einen anderen gefährdet	§ 42 Abs. 6 Satz 1 Nr. 1 Satz 3 Buchstabe b Satz 1, Buchstabe c § 1 Abs. 2 § 49 Abs. 1 Nr. 1, Abs. 3 Nr. 5	40 €
	Verkehrseinrichtungen		
163	Durch Absperrgerät abgesperrte Straßenfläche befahren	§ 43 Abs. 3 Nr. 2 § 49 Abs. 3 Nr. 6	5 €

Lfd. Nr.	Tatbestand	StVO	Regelsatz in Euro (€), Fahrverbot in Monaten
	Andere verkehrsrechtliche Anordnungen		
164	Einer den Verkehr verbietenden oder beschränkenden Anordnung, die öffentlich bekannt gemacht wurde, zuwidergehandelt	§ 45 Abs. 4 Halbsatz 2 § 49 Abs. 3 Nr. 7	40 €
165	Mit Arbeiten begonnen, ohne zuvor Anordnungen eingeholt zu haben, diese Anordnungen nicht befolgt oder Lichtzeichenanlagen nicht bedient	§ 45 Abs. 6 § 49 Abs. 4 Nr. 3	75 €
	Ausnahmegenehmigung und Erlaubnis		
166	Vollziehbare Auflage einer Ausnahmegenehmigung oder Erlaubnis nicht befolgt	§ 46 Abs. 3 Satz 1 § 49 Abs. 4 Nr. 4	40 €
167	Genehmigungs- oder Erlaubnisbescheid nicht mitgeführt *oder auf Verlangen nicht ausgehändigt**	§ 46 Abs. 3 Satz 3 § 49 Abs. 4 Nr. 5	10 €

Lfd. Nr.	Tatbestand	FeV	Regelsatz in Euro (€), Fahrverbot in Monaten
	b) Fahrerlaubnis-Verordnung **Mitführen und Aushändigen von Führerscheinen und Bescheinigungen**		
168	Führerschein oder Bescheinigung [Ergänzung ab Anfang 2009: oder die Übersetzung des ausländischen Führerscheins] nicht mitgeführt *oder auf Verlangen nicht ausgehändigt**	§ 75 Nr. 4 i. V. m. den dort genannten Vorschriften	10 €
168a	Führerscheinverlust nicht unverzüglich angezeigt und sich kein Ersatzdokument ausstellen lassen	§ 75 Nr. 4	10 €
	Einschränkung der Fahrerlaubnis		
169	Einer vollziehbaren Auflage nicht nachgekommen	§ 10 Abs. 2 Satz 4 § 23 Abs. 2 Satz 1 § 28 Abs. 1 Satz 2 § 46 Abs. 2 § 74 Abs. 3 § 75 Nr. 9, 14, 15	25 €
	Ablieferung und Vorlage des Führerscheins		
170	Einer Pflicht zur Ablieferung oder zur Vorlage eines Führerscheins nicht oder nicht rechtzeitig nachgekommen	§ 75 Nr. 10 i. V. m. den dort genannten Vorschriften	25 €
	Fahrerlaubnis zur Fahrgastbeförderung		
171	Ohne erforderliche Fahrerlaubnis zur Fahrgastbeförderung einen oder mehrere Fahrgäste in einem in § 48 Abs. 1 FeV genannten Fahrzeug befördert	§ 48 Abs. 1 § 75 Nr. 12	75 €

* Die kursiv gesetzten Worte in Nr. 167 und 168 werden gestrichen durch die voraussichtliche Änderung ab Anfang 2009.

Lfd. Nr.	Tatbestand	FeV	Regelsatz in Euro (€), Fahrverbot in Monaten
172	Als Halter die Fahrgastbeförderung in einem in § 48 Abs. 1 FeV genannten Fahrzeug angeordnet oder zugelassen, obwohl der Fahrzeugführer die erforderliche Fahrerlaubnis zur Fahrgastbeförderung nicht besaß	§ 48 Abs. 8 § 75 Nr. 12	75 €
	Ortskenntnisse bei Fahrgastbeförderung		
173	Als Halter die Fahrgastbeförderung in einem in § 48 Abs. 1 i. V. m. § 48 Abs. 4 Nr. 7 FeV genannten Fahrzeug angeordnet oder zugelassen, obwohl der Fahrzeugführer die erforderlichen Ortskenntnisse nicht nachgewiesen hat	§ 48 Abs. 8 § 75 Nr. 12	35 €

Lfd. Nr.	Tatbestand	FZV	Regelsatz in Euro (€), Fahrverbot in Monaten
	c) Fahrzeug-Zulassungsverordnung **Mitführen und Aushändigen von Fahrzeugpapieren**		
174	Die Zulassungsbescheinigung Teil I oder sonstige Bescheinigung nicht mitgeführt *oder auf Verlangen nicht ausgehändigt**	§ 4 Abs. 5 Satz 1 § 11 Abs. 5 § 26 Abs. 1 Satz 6 § 48 Nr. 5	10 €
	Zulassung		
175	Kraftfahrzeug oder Kraftfahrzeuganhänger ohne die erforderliche EG-Typgenehmigung, Betriebserlaubnis, Zulassung oder außerhalb des auf dem Saisonkennzeichen angegebenen Betriebszeitraums oder nach dem auf dem Kurzzeitkennzeichen oder nach dem auf dem Ausfuhrkennzeichen angegebenen Ablaufdatum auf einer öffentlichen Straße in Betrieb gesetzt	§ 3 Abs. 1 Satz 1 § 4 Abs. 1 § 9 Abs. 3 Satz 5 § 16 Abs. 2 Satz 7 § 19 Abs. 1 Nr. 4 Satz 3 § 48 Nr. 1	50 €
176	Das vorgeschriebene Kennzeichen an einem von der Zulassungspflicht ausgenommenen Fahrzeug nicht geführt	§ 4 Abs. 2 Satz 1, Abs. 3 Satz 1, 2 § 48 Nr. 3	40 €
177	Fahrzeug außerhalb des auf dem Saisonkennzeichen angegebenen Betriebszeitraums auf einer öffentlichen Straße abgestellt	§ 9 Abs. 3 Satz 5 § 48 Nr. 9	40 €
	Betriebsverbot und -beschränkungen		
178*	*Einem Verbot, ein Fahrzeug in Betrieb zu setzen, zuwidergehandelt oder Beschränkung nicht beachtet**	§ 5 Abs. 1 § 48 Nr. 7	50 €
178 a	Betriebsverbot wegen Verstoßes gegen Mitteilungspflichten oder die Pflichten beim Erwerb des Fahrzeugs nicht beachtet	§ 13 Abs. 1 Satz 5, Abs. 4 Satz 4 § 48 Nr. 7	40 €
179	Ein Fahrzeug in Betrieb gesetzt, dessen Kennzeichen nicht wie vorgeschrieben ausgestaltet oder angebracht ist; ausgenommen ist das Fehlen des vorgeschriebenen Kennzeichens	§ 10 Abs. 12, i. V. m. § 10 Abs. 1, 2 Satz 2 und 3 Halbsatz 1, Abs. 6 Satz 1 bis 3, Abs. 7, 8 Halbsatz 1, Abs. 9 Satz 1 Halbsatz 1, auch i. V. m. § 16 Abs. 5	10 €

* Die kursiv gesetzten Worte in Nr. 174 sowie die Nr. 178 werden gestrichen durch die voraussichtliche Änderung ab Anfang 2009.

Lfd. Nr.	Tatbestand	FZV	Regelsatz in Euro (€), Fahrverbot in Monaten
		Satz 3 § 17 Abs. 2 Satz 4 § 19 Abs. 1 Nr. 3 Satz 5 § 48 Nr. 1	
179 a	Fahrzeug in Betrieb genommen, obwohl das vorgeschriebene Kennzeichen fehlt	§ 10 Abs. 12 i. V. m. § 10 Abs. 5 Satz 1 § 48 Nr. 1	40 €
179 b	Fahrzeug in Betrieb genommen, dessen Kennzeichen mit Glas, Folien oder ähnlichen Abdeckungen versehen ist	§ 10 Abs. 12 i. V. m. § 10 Abs. 2 Satz 1 § 48 Nr. 1	50 €
	Mitteilungs-, Anzeige- und Vorlagepflichten, Zurückziehen aus dem Verkehr, Verwertungsnachweis		
180	Gegen die Mitteilungspflicht bei Änderung der tatsächlichen Verhältnisse, Wohnsitz- oder Sitzänderung des Halters, Standortverlegung des Fahrzeugs, Veräußerung oder gegen die Anzeigepflicht bei Außerbetriebsetzung oder gegen die Pflicht, das Kennzeichen zur Entstempelung vorzulegen, verstoßen	§ 13 Abs. 1 Satz 1 bis 4, Abs. 3 Satz 1, 3, § 14 Abs. 1 Satz 1 § 48 Nr. 11 bis 14	15 €
180 a	Verwertungsnachweis nicht vorgelegt	§ 15 Abs. 1 Satz 1 § 48 Nr. 13	15 €
	Prüfungs-, Probe-, Überführungsfahrten		
181	Gegen die Pflicht zur Eintragung in Fahrzeugscheine oder Fahrzeugscheinhefte verstoßen oder das rote Kennzeichen oder das Fahrzeugscheinheft nicht zurückgegeben	§ 16 Abs. 2 Satz 2, Abs. 3 Satz 3, 7 § 48 Nr. 15, 18	10 €
182	Kurzzeitkennzeichen an nicht nur einem Fahrzeug verwendet	§ 16 Abs. 2 Satz 6 § 48 Nr. 16	50 €
183	Gegen die Pflicht zum Fertigen, Aufbewahren oder Aushändigen von Aufzeichnungen über Prüfungs-, Probe- oder Überführungsfahrten verstoßen	§ 16 Abs. 3 Satz 5, 6 § 48 Nr. 6, 17	25 €
	Versicherungskennzeichen		
184	Fahrzeug in Betrieb genommen, dessen Versicherungskennzeichen nicht wie vorgeschrieben ausgestaltet ist	§ 27 Abs. 7 § 48 Nr. 1	10 €
	Ausländische Kraftfahrzeuge		
185	Zulassungsbescheinigung oder die Übersetzung des ausländischen Zulassungsscheins nicht mitgeführt oder nicht ausgehändigt	§ 20 Abs. 4 § 48 Nr. 5	10 €
185 a	An einem ausländischen Kraftfahrzeug oder ausländischen Kraftfahrzeuganhänger das heimische Kennzeichen oder das Unterscheidungszeichen unter Verstoß gegen eine Vorschrift über deren Anbringung geführt	§ 21 Abs. 1 Satz 1 Halbsatz 2, Abs. 2 Satz 1 Halbsatz 2 § 48 Nr. 19	10 €
185 b	An einem ausländischen Kraftfahrzeug oder ausländischen Kraftfahrzeuganhänger das vorgeschriebene heimische Kennzeichen nicht geführt	§ 21 Abs. 1 Satz 1 Halbsatz 1 § 48 Nr. 19	40 €
185 c	An einem ausländischen Kraftfahrzeug oder ausländischen Kraftfahrzeuganhänger das Unterscheidungszeichen nicht geführt	§ 21 Abs. 2 Satz 1 Halbsatz 1 § 48 Nr. 19	15 €

8 BKatV BußgeldkatalogVO

Lfd. Nr.	Tatbestand	StVZO	Regelsatz in Euro (€), Fahrverbot in Monaten
	d) Straßenverkehrs-Zulassungs-Ordnung **Untersuchung der Kraftfahrzeuge und Anhänger**		
186	Als Halter Fahrzeug zur Hauptuntersuchung oder zur Sicherheitsprüfung nicht vorgeführt	§ 29 Abs. 1 Satz 1 i. V. m. Nr. 2.1, 2.2, 2.6, 2.7 Satz 2, 3; Nr. 3.1.1, 3.1.2, 3.2.2 der Anlage VIII § 69a Abs. 2 Nr. 14	
186.1	bei Fahrzeugen, die nach Nummer 2.1 der Anlage VIII zu § 29 StVZO in bestimmten Zeitabständen einer Sicherheitsprüfung zu unterziehen sind, wenn der Vorführtermin überschritten worden ist um		
186.1.1	bis zu 2 Monate		15 €
186.1.2	mehr als 2 bis zu 4 Monate		25 €
186.1.3	mehr als 4 bis zu 8 Monate		40 €
186.1.4	mehr als 8 Monate		75 €
186.2	bei anderen als in Nummer 186.1 genannten Fahrzeugen, wenn der Vorführtermin überschritten worden ist um		
186.2.1	mehr als 2 bis zu 4 Monate		15 €
186.2.2	mehr als 4 bis zu 8 Monate		25 €
186.2.3	mehr als 8 Monate		40 €
187	Fahrzeug zur Nachprüfung der Mängelbeseitigung nicht rechtzeitig vorgeführt	§ 29 Abs. 1 Satz 1 i. V. m. Nr. 3.1.4.3 Satz 2 Halbsatz 2, der Anlage VIII § 69a Abs. 2 Nr. 18	15 €
187a	Betriebsverbot oder -beschränkung wegen Fehlens einer gültigen Prüfplakette oder Prüfmarke in Verbindung mit einem SP-Schild nicht beachtet	§ 29 Abs. 7 Satz 5 § 69a Abs. 2 Nr. 15	40 €
	Vorstehende Außenkanten		
188	Kraftfahrzeug oder Fahrzeugkombination in Betrieb genommen, obwohl Teile, die den Verkehr mehr als unvermeidbar gefährdeten, an dessen Umriss hervorragten	§ 30c Abs. 1 § 69a Abs. 3 Nr. 1a	20 €
	Verantwortung für den Betrieb der Fahrzeuge		
189	Als Halter die Inbetriebnahme eines Kraftfahrzeugs oder Zuges angeordnet oder zugelassen, obwohl	§ 31 Abs. 2 § 69a Abs. 5 Nr. 3	
189.1	der Führer zur selbstständigen Leitung nicht geeignet war		
189.1.1	bei Lastkraftwagen oder Kraftomnibussen		100 €/*180 €* *
189.1.2	bei anderen als in Nummer 189.1.1 genannten Kraftfahrzeugen		50 €/*90 €* *
189.2	das Fahrzeug oder der Zug nicht vorschriftsmäßig war und dadurch die Verkehrssicherheit wesentlich beeinträchtigt war,	§ 31 Abs. 2 § 69a Abs. 5 Nr. 3	

* Voraussichtliche Änderung ab Anfang 2009 in Kursivsatz, vgl. Vorbemerkung auf S. 1661.

Lfd. Nr.	Tatbestand	StVZO	Regelsatz in Euro (€), Fahrverbot in Monaten
	insbesondere unter Verstoß gegen eine Vorschrift über Lenkeinrichtungen, Bremsen, Einrichtungen zur Verbindung von Fahrzeugen	§ 31 Abs. 2, jeweils i. V. mit § 38, § 41 Abs. 1 bis 12, 15 bis 17, § 43 Abs. 1 Satz 1 bis 3, Abs. 4 Satz 1, 3 § 69a Abs. 5 Nr. 3	
189.2.1	bei Lastkraftwagen oder Kraftomnibussen		150 €/*270 €**
189.2.2	bei anderen als in Nummer 189.2.1 genannten Kraftfahrzeugen		75 €/*135 €**
189.3	die Verkehrssicherheit des Fahrzeugs oder des Zuges durch die Ladung oder die Besetzung wesentlich litt	§ 31 Abs. 2 § 69a Abs. 5 Nr. 3	
189.3.1	bei Lastkraftwagen oder Kraftomnibussen		150 €/*270 €**
189.3.2	bei anderen als in Nummer 189.3.1 genannten Kraftfahrzeugen		75 €/*135 €**
	Führung eines Fahrtenbuches		
190	Fahrtenbuch nicht ordnungsgemäß geführt, auf Verlangen nicht ausgehändigt oder nicht für die vorgeschriebene Dauer aufbewahrt	§ 31a Abs. 2, 3 § 69a Abs. 5 Nr. 4, 4a	50 €
	Überprüfung mitzuführender Gegenstände		
191	Mitzuführende Gegenstände auf Verlangen nicht vorgezeigt oder zur Prüfung nicht ausgehändigt	§ 31b § 69a Abs. 5 Nr. 4b	5 €
	Abmessungen von Fahrzeugen und Fahrzeugkombinationen		
192	Kraftfahrzeug, Anhänger oder Fahrzeugkombination in Betrieb genommen, obwohl die höchstzulässige Breite, Höhe oder Länge überschritten war	§ 32 Abs. 1 bis 4, 9 § 69a Abs. 3 Nr. 2	50 €
193	Als Halter die Inbetriebnahme eines Kraftfahrzeugs, Anhängers oder einer Fahrzeugkombination angeordnet oder zugelassen, obwohl die höchstzulässige Breite, Höhe oder Länge überschritten war	§ 31 Abs. 2 i. V. m. § 32 Abs. 1 bis 4, 9 § 69a Abs. 5 Nr. 3	75 €
	Unterfahrschutz		
194	Kraftfahrzeug, Anhänger oder Fahrzeug mit austauschbarem Ladungsträger ohne vorgeschriebenen Unterfahrschutz in Betrieb genommen	§ 32b Abs. 1, 2, 4 § 69a Abs. 3 Nr. 3a	25 €
	Kurvenlaufeigenschaften		
195	Kraftfahrzeug oder Fahrzeugkombination in Betrieb genommen, obwohl die vorgeschriebenen Kurvenlaufeigenschaften nicht eingehalten waren	§ 32d Abs. 1, 2 Satz 1 § 69a Abs. 3 Nr. 3c	50 €
196	Als Halter die Inbetriebnahme eines Kraftfahrzeugs oder einer Fahrzeugkombination angeordnet oder zugelassen, obwohl die vorgeschriebenen Kurvenlaufeigenschaften nicht eingehalten waren	§ 31 Abs. 2 i. V. m. § 32d Abs. 1, 2 Satz 1 § 69a Abs. 5 Nr. 3	75 €

* Voraussichtliche Änderung ab Anfang 2009 in Kursivsatz, vgl. Vorbemerkung auf S. 1661.

8 BKatV BußgeldkatalogVO

Lfd. Nr.	Tatbestand	StVZO	Regelsatz in Euro (€), Fahrverbot in Monaten
197	**Schleppen von Fahrzeugen** Fahrzeug unter Verstoß gegen eine Vorschrift über das Schleppen von Fahrzeugen in Betrieb genommen	§ 33 Abs. 1 Satz 1, Abs. 2 Nr. 1, 6 § 69a Abs. 3 Nr. 3	25 €
198	**Achslast, Gesamtgewicht, Anhängelast hinter Kraftfahrzeugen** Kraftfahrzeug, Anhänger oder Fahrzeugkombination in Betrieb genommen, obwohl die zulässige Achslast, das zulässige Gesamtgewicht oder die zulässige Anhängelast hinter einem Kraftfahrzeug überschritten war	§ 34 Abs. 3 Satz 3, Abs. 8 § 31d Abs. 1 § 42 Abs. 1, 2 Satz 2 § 69a Abs. 3 Nr. 4	
198.1	bei Kraftfahrzeugen mit einem zulässigen Gesamtgewicht über 7,5 t oder Kraftfahrzeugen mit Anhängern, deren zulässiges Gesamtgewicht 2 t übersteigt		Tabelle 3 Buchstabe a
198.2	bei anderen Kraftfahrzeugen bis 7,5 t zulässiges Gesamtgewicht		Tabelle 3 Buchstabe b
199	Als Halter die Inbetriebnahme eines Kraftfahrzeugs, eines Anhängers oder einer Fahrzeugkombination angeordnet oder zugelassen, obwohl die zulässige Achslast, das zulässige Gesamtgewicht oder die zulässige Anhängelast hinter einem Kraftfahrzeug überschritten war	§ 31 Abs. 2 i. V. m. § 34 Abs. 3 Satz 3, Abs. 8 § 42 Abs. 1, 2 Satz 2 § 31d Abs. 1 § 69a Abs. 5 Nr. 3	
199.1	bei Kraftfahrzeugen mit einem zulässigen Gesamtgewicht über 7,5 t oder Kraftfahrzeugen mit Anhängern, deren zulässiges Gesamtgewicht 2 t übersteigt		Tabelle 3 Buchstabe a
199.2	bei anderen Kraftfahrzeugen bis 7,5 t zulässiges Gesamtgewicht		Tabelle 3 Buchstabe b
200*	*Gegen die Pflicht zur Feststellung der zugelassenen Achslasten oder Gesamtgewichte oder gegen Vorschriften über das Um- oder Entladen bei Überlastung verstoßen*	*§ 31c Satz 1, 4 Halbsatz 2* *§ 69a Abs. 5 Nr. 4c*	*50 €*
201	**Besetzung von Kraftomnibussen** Kraftomnibus in Betrieb genommen und dabei mehr Personen oder Gepäck befördert, als im Fahrzeugschein Plätze eingetragen waren und die im Fahrzeug angeschriebenen Zahlen der Sitzplätze, Stehplätze und Stellplätze für Rollstühle sowie die Angaben für die Höchstmasse des Gepäcks ausgewiesen haben [ab **Anfang 2009:**] *Kraftomnibus in Betrieb genommen und dabei mehr Personen oder Gepäck befördert als in der Zulassungsbescheinigung Teil I Sitz- und Stehplätze eingetragen sind und die Summe der im Fahrzeug angeschriebenen Fahrgastplätze sowie die Angaben für die Höchstmasse des Gepäcks ausweisen***	§ 34 Abs. 1 § 69a Abs. 3 Nr. 5	50 €
202	Als Halter die Inbetriebnahme eines Kraftomnibusses angeordnet oder zugelassen, obwohl mehr Personen befördert wurden als *im Fahrzeugschein* [ab **Anfang 2009:** *in der Zulassungsbescheinigung Teil I***] Plätze ausgewiesen waren	§ 31 Abs. 2 i. V. m. § 34a Abs. 1 § 69a Abs. 5 Nr. 3	75 €

* Die Nr. 200 wird gestrichen durch die voraussichtliche Änderung ab Anfang 2009.
** Neufassung durch die voraussichtliche Änderung ab Anfang 2009.

Lfd. Nr.	Tatbestand	StVZO	Regelsatz in Euro (€), Fahrverbot in Monaten
	Kindersitze		
203	Kraftfahrzeug in Betrieb genommen unter Verstoß gegen		
203.1	das Verbot der Anbringung von nach hinten gerichteten Kinderrückhalteeinrichtungen auf Beifahrerplätzen mit Airbag	§ 35a Abs. 8 Satz 1 § 69a Abs. 3 Nr. 7	25 €
203.2	die Pflicht zur Anbringung des Warnhinweises zur Verwendung von Kinderrückhalteeinrichtungen auf Beifahrerplätzen mit Airbag	§ 35a Abs. 8 Satz 2, 4 § 69a Abs. 3 Nr. 7	5 €
	Feuerlöscher in Kraftomnibussen		
204	Kraftomnibus unter Verstoß gegen eine Vorschrift über mitzuführende Feuerlöscher in Betrieb genommen	§ 35g Abs. 1, 2 § 69a Abs. 3 Nr. 7c	15 €
205	Als Halter die Inbetriebnahme eines Kraftomnibusses unter Verstoß gegen eine Vorschrift über mitzuführende Feuerlöscher angeordnet oder zugelassen	§ 31 Abs. 2 i. V. m. § 35g Abs. 1, 2 § 69a Abs. 5 Nr. 3	20 €
	Erste-Hilfe-Material in Kraftfahrzeugen		
206	Unter Verstoß gegen eine Vorschrift über mitzuführendes Erste-Hilfe-Material		
206.1	einen Kraftomnibus	§ 35h Abs. 1, 2 § 69a Abs. 3 Nr. 7c	15 €
206.2	ein anderes Kraftfahrzeug in Betrieb genommen	§ 35h Abs. 3 § 69a Abs. 3 Nr. 7c	5 €
207	Als Halter die Inbetriebnahme unter Verstoß gegen eine Vorschrift über mitzuführendes Erste-Hilfe-Material		
207.1	eines Kraftomnibusses	§ 31 Abs. 2 i. V. m. § 35h Abs. 1, 2 § 69a Abs. 5 Nr. 3	25 €
207.2	eines anderen Kraftfahrzeugs angeordnet oder zugelassen	§ 31 Abs. 2 i. V. m. § 35h Abs. 3 § 69a Abs. 5 Nr. 3	10 €
	Bereifung und Laufflächen		
208	Kraftfahrzeug oder Anhänger, die unzulässig mit Diagonal- und mit Radialreifen ausgerüstet waren, in Betrieb genommen	§ 36 Abs. 2a Satz 1, 2 § 69a Abs. 3 Nr. 8	15 €
209	Als Halter die Inbetriebnahme eines Kraftfahrzeugs oder Anhängers, die unzulässig mit Diagonal- und mit Radialreifen ausgerüstet waren, angeordnet oder zugelassen	§ 31 Abs. 2 i. V. m. § 36 Abs. 2a Satz 1, 2 § 69a Abs. 5 Nr. 3	30 €
210	Mofa in Betrieb genommen, dessen Reifen keine ausreichenden Profilrillen oder Einschnitte oder keine ausreichende Profil- oder Einschnitttiefe besaß	§ 36 Abs. 2 Satz 5 § 31d Abs. 4 Satz 1 § 69a Abs. 3 Nr. 1c, 8	25 €
211	Als Halter die Inbetriebnahme eines Mofas angeordnet oder zugelassen, dessen Reifen keine ausreichenden Profilrillen oder Einschnitte oder keine ausreichende Profil- oder Einschnitttiefe besaß	§ 31 Abs. 2 i. V. m. § 36 Abs. 2 Satz 5 § 31d Abs. 4 Satz 1 § 69a Abs. 5 Nr. 3	35 €
212	Kraftfahrzeug (außer Mofa) oder Anhänger in Betrieb genommen, dessen Reifen keine ausreichenden Profilrillen oder Einschnitte oder keine ausreichende Profil- oder Einschnitttiefe besaß	§ 36 Abs. 2 Satz 3 bis 5 § 31d Abs. 4 Satz 1 § 69a Abs. 3 Nr. 1c, 8	50 €

Lfd. Nr.	Tatbestand	StVZO	Regelsatz in Euro (€), Fahrverbot in Monaten
213	Als Halter die Inbetriebnahme eines Kraftfahrzeugs (außer Mofa) oder Anhängers angeordnet oder zugelassen, dessen Reifen keine ausreichenden Profilrillen oder Einschnitte oder keine ausreichende Profil- oder Einschnitttiefe besaß	§ 31 Abs. 2 i. V. m. § 36 Abs. 2 Satz 3 bis 5 § 31d Abs. 4 Satz 1 § 69a Abs. 5 Nr. 3	75 €
	Sonstige Pflichten für den verkehrssicheren Zustand des Fahrzeugs		
214	Kraftfahrzeug in Betrieb genommen, das sich in einem Zustand befand, der die Verkehrssicherheit wesentlich beeinträchtigt, insbesondere unter Verstoß gegen eine Vorschrift über Lenkeinrichtungen, Bremsen, Einrichtungen zur Verbindung von Fahrzeugen	§ 30 Abs. 1 § 69a Abs. 3 Nr. 1 § 38, § 41 Abs. 1 bis 12, 15 Satz 1, 3, 4, Abs. 16, 17 § 43 Abs. 1 Satz 1 bis 3, Abs. 4 Satz 1, 3, § 69a Abs. 3 Nr. 3, 9, 13	
214.1	bei Lastkraftwagen oder Kraftomnibussen		100 €/*180 €**
214.2	bei anderen als in Nummer 214.1 genannten Kraftfahrzeugen		50 €/*90 €**
	Mitführen von Anhängern hinter Kraftrad oder Personenkraftwagen		
215	Kraftrad oder Personenkraftwagen unter Verstoß gegen eine Vorschrift über das Mitführen von Anhängern in Betrieb genommen	§ 42 Abs. 2 Satz 1 § 69a Abs. 3 Nr. 3	25 €
	Einrichtungen zur Verbindung von Fahrzeugen		
216	Abschleppstange oder Abschleppseil nicht ausreichend erkennbar gemacht	§ 43 Abs. 3 Satz 2 § 69a Abs. 3 Nr. 3	5 €
	Stützlast		
217	Kraftfahrzeug mit einem einachsigen Anhänger in Betrieb genommen, dessen zulässige Stützlast um mehr als 50% über- oder unterschritten wurde	§ 44 Abs. 3 Satz 1 § 69a Abs. 3 Nr. 3	40 €
	Abgasuntersuchung		
218	Als Halter die Frist für die Abgasuntersuchung überschritten von mehr als	§ 47a Abs. 1 Satz 1 i. V. m. Nr. 1.2.1.1 Buchstabe b und Nr. 2 der Anlage VIII, Abs. 7 i. V. m. Nr. 2.6 Satz 1 und 2 sowie Nr. 2.7 Satz 2 und 3 der Anlage VIII § 69a Abs. 5 Nr. 5a	
218.1	2 bis zu 8 Monaten		15 €
218.2	8 Monate		40 €
	Geräuschentwicklung und Schalldämpferanlage		
219	Kraftfahrzeug, dessen Schalldämpferanlage defekt war, in Betrieb genommen	§ 49 Abs. 1 § 69a Abs. 3 Nr. 17	20 €
220	Weisung, den Schallpegel im Nahfeld feststellen zu lassen, nicht befolgt	§ 49 Abs. 4 Satz 1 § 69a Abs. 5 Nr. 5c	10 €

* Voraussichtliche Änderung ab Anfang 2009 in Kursivsatz, vgl. Vorbemerkung auf S. 1661.

Lfd. Nr.	Tatbestand	StVZO	Regelsatz in Euro (€), Fahrverbot in Monaten
	Lichttechnische Einrichtungen		
221	Kraftfahrzeug oder Anhänger in Betrieb genommen		
221.1	unter Verstoß gegen eine allgemeine Vorschrift über lichttechnische Einrichtungen	§ 49a Abs. 1 bis 4, 5 Satz 1, Abs. 6, 8, 9 Satz 2, Abs. 9a, 10 Satz 1 § 69a Abs. 3 Nr. 18	5 €
221.2	unter Verstoß gegen das Verbot zum Anbringen anderer als vorgeschriebener oder für zulässig erklärter lichttechnischer Einrichtungen	§ 49a Abs. 1 Satz 1 § 69a Abs. 3 Nr. 18	20 €
222	Kraftfahrzeug oder Anhänger in Betrieb genommen unter Verstoß gegen eine Vorschrift über		
222.1	Scheinwerfer für Fern- oder Abblendlicht	§ 50 Abs. 1, 2 Satz 1, 6 Halbsatz 2, Satz 7, Abs. 3 Satz 1, 2, Abs. 5, 6 Satz 1, 3, 4, 6, Abs. 6a Satz 2 bis 5, Abs. 9 § 69a Abs. 3 Nr. 18a	15 €
222.2	Begrenzungsleuchten oder vordere Richtstrahler	§ 51 Abs. 1 Satz 1, 4 bis 6, Abs. 2 Satz 1, 4, Abs. 3 § 69a Abs. 3 Nr. 18b	15 €
222.3	seitliche Kenntlichmachung oder Umrissleuchten	§ 51a Abs. 1 Satz 1 bis 7, Abs. 3 Satz 1, Abs. 4 Satz 2, Abs. 6 Satz 1, Abs. 7 Satz 1, 3 § 51b Abs. 2 Satz 1, 3, Abs. 5, 6 § 69a Abs. 3 Nr. 18c	15 €
222.4	zusätzliche Scheinwerfer oder Leuchten	§ 52 Abs. 1 Satz 2 bis 5, Abs. 2 Satz 2, 3, Abs. 5 Satz 2, Abs. 7 Satz 2, 4, Abs. 9 Satz 2 § 69a Abs. 3 Nr. 18e	15 €
222.5	Schluss-, Nebelschluss-, Bremsleuchten oder Rückstrahler	§ 53 Abs. 1 Satz 1, 3 bis 5, 7, Abs. 2 Satz 1, 2, 4 bis 6, Abs. 4 Satz 1 bis 4, 6, Abs. 5 Satz 1 bis 3, Abs. 6 Satz 2, Abs. 8, 9 Satz 1 § 53d Abs. 2, 3 § 69a Abs. 3 Nr. 18g, 19c	15 €
222.6	Warndreieck, Warnleuchte oder Warnblinkanlage	§ 53a Abs. 1, 2 Satz 1, Abs. 3 Satz 2, Abs. 4, 5 § 69a Abs. 3 Nr. 19	15 €
222.7	Ausrüstung oder Kenntlichmachung von Anbaugeräten oder Hubladebühnen	§ 53b Abs. 1 Satz 1 bis 3, 4 Halbsatz 2, Abs. 2 Satz 1 bis 3, 4 Halbsatz 2, Abs. 3 Satz 1, Abs. 4, 5 § 69a Abs. 3 Nr. 19a	15 €
	Arztschild		
222a	Bescheinigung zur Berechtigung der Führung des Schildes „Arzt Notfalleinsatz" nicht mitgeführt	§ 52 Abs. 6 Satz 3 § 69a Abs. 5 Nr. 5e	10 €

Lfd. Nr.	Tatbestand	StVZO	Regelsatz in Euro (€), Fahrverbot in Monaten
	Geschwindigkeitsbegrenzer		
223	Kraftfahrzeug in Betrieb genommen, das nicht mit dem vorgeschriebenen Geschwindigkeitsbegrenzer ausgerüstet war, oder den Geschwindigkeitsbegrenzer auf unzulässige Geschwindigkeit eingestellt oder nicht benutzt, auch wenn es sich um ein ausländisches Kfz handelt	§ 57 c Abs. 2, 5 § 31 d Abs. 3 § 69 a Abs. 3 Nr. 1 c, 25 b	100 €
224	Als Halter die Inbetriebnahme eines Kraftfahrzeuges angeordnet oder zugelassen, das nicht mit dem vorgeschriebenen Geschwindigkeitsbegrenzer ausgerüstet war oder dessen Geschwindigkeitsbegrenzer auf eine unzulässige Geschwindigkeit eingestellt war oder nicht benutzt wurde	§ 31 Abs. 2 i. V. m. § 57 c Abs. 2, 5 § 31 d Abs. 3 § 69 a Abs. 5 Nr. 3	150 €
225	Als Halter den Geschwindigkeitsbegrenzer in den vorgeschriebenen Fällen nicht prüfen lassen, wenn seit fällig gewordener Prüfung		
225.1	nicht mehr als ein Monat	§ 57 d Abs. 2 Satz 1 § 69 a Abs. 5 Nr. 6 d	25 €
225.2	mehr als ein Monat vergangen ist	§ 57 d Abs. 2 Satz 1 § 69 a Abs. 5 Nr. 6 d	40 €
226	Bescheinigung über die Prüfung des Geschwindigkeitsbegrenzers nicht mitgeführt oder auf Verlangen nicht ausgehändigt	§ 57 d Abs. 2 Satz 3 § 69 a Abs. 5 Nr. 6 e	10 €
227, 228	(aufgehoben)		
	Einrichtungen an Fahrrädern		
229	Fahrrad unter Verstoß gegen eine Vorschrift über die Einrichtungen für Schallzeichen in Betrieb genommen	§ 64 a § 69 a Abs. 4 Nr. 4	10 €
230	Fahrrad oder Fahrrad mit Beiwagen unter Verstoß gegen eine Vorschrift über Schlussleuchten oder Rückstrahler in Betrieb genommen	§ 67 Abs. 4 Satz 1, 3 § 69 a Abs. 4 Nr. 8	10 €
	Ausnahmen		
231	Urkunde über eine Ausnahmegenehmigung nicht mitgeführt *oder auf Verlangen nicht ausgehändigt**	§ 70 Abs. 3 a Satz 1 § 69 a Abs. 5 Nr. 7	10 €
	Auflagen bei Ausnahmegenehmigungen		
232	Als Fahrzeugführer, ohne Halter zu sein, einer vollziehbaren Auflage einer Ausnahmegenehmigung nicht nachgekommen	§ 71 § 69 a Abs. 5 Nr. 8	15 €
233	Als Halter einer vollziehbaren Auflage einer Ausnahmegenehmigung nicht nachgekommen	§ 71 § 69 a Abs. 5 Nr. 8	50 €
234–238	(aufgehoben)		

---

* Die kursiv gesetzten Worte werden gestrichen durch die voraussichtliche Änderung ab Anfang 2009.

BußgeldkatalogVO   BKatV **8**

Lfd. Nr.	Tatbestand	Ferienreise-VO	Regelsatz in Euro (€), Fahrverbot in Monaten
	f) Ferienreise-Verordnung		
239	Kraftfahrzeug trotz eines Verkehrsverbots innerhalb der Verbotszeiten länger als 15 Minuten geführt	§ 1 § 5 Nr. 1	40 €
240	Als Halter das Führen eines Kraftfahrzeugs trotz eines Verkehrsverbots innerhalb der Verbotszeiten länger als 15 Minuten zugelassen	§ 1 § 5 Nr. 1	100 €

Lfd. Nr.	Tatbestand	StVG	Regelsatz in Euro (€), Fahrverbot in Monaten
	B. Zuwiderhandlungen gegen § 24 a, *§ 24 c*[*] StVG **0,5-Promille-Grenze**		
241	Kraftfahrzeug geführt mit einer Atemalkoholkonzentration von 0,25 mg/l oder mehr oder mit einer Blutalkoholkonzentration von 0,5 Promille oder mehr oder mit einer Alkoholmenge im Körper, die zu einer solchen Atem- oder Blutalkoholkonzentration führt	§ 24 a Abs. 1	250 €/*500 €*^{**} **Fahrverbot** **1 Monat**
241.1	bei Eintragung von bereits einer Entscheidung nach § 24 a StVG, § 316 oder § 315 c Abs. 1 Nr. 1 Buchstabe a StGB im Verkehrszentralregister		500 €/*1000 €*^{**} **Fahrverbot** **3 Monate**
241.2	bei Eintragung von bereits mehreren Entscheidungen nach § 24 a StVG, § 316 oder § 315 c Abs. 1 Nr. 1 Buchstabe a StGB im Verkehrszentralregister		750 €/*1500 €*^{**} **Fahrverbot** **3 Monate**
	Berauschende Mittel		
242	Kraftfahrzeug unter der Wirkung eines in der Anlage zu § 24 a Abs. 2 StVG genannten berauschenden Mittels geführt	§ 24 a Abs. 2 Satz 1 i.V. m. Abs. 3	250 €/*500 €*^{**} **Fahrverbot** **1 Monat**
242.1	bei Eintragung von bereits einer Entscheidung nach § 24 a StVG, § 316 oder § 315 c Abs. 1 Nr. 1 Buchstabe a StGB im Verkehrszentralregister		500 €/*1000 €*^{**} **Fahrverbot** **3 Monate**
242.2	bei Eintragung von bereits mehreren Entscheidungen nach § 24 a StVG, § 316 oder § 315 c Abs. 1 Nr. 1 Buchstabe a StGB im Verkehrszentralregister		750 €/*1500 €*^{**} **Fahrverbot** **3 Monate**
	Alkoholverbot für Fahranfänger		
243	in der Probezeit nach § 2 a StVG oder vor Vollendung des 21. Lebensjahres als Führer eines Kraftfahrzeugs alkoholische Getränke zu sich genommen oder die Fahrt unter der Wirkung eines solchen Getränks angetreten	§ 24 c Abs. 1, 2	125 €/*250 €*^{**}

---

* Einfügung durch die Änderung ab Anfang 2009, vgl. Vorbemerkung auf S. 1661.
** Voraussichtliche Änderung ab Anfang 2009 in Kursivsatz, vgl. Vorbemerkung auf S. 1661.

8 BKatV — BußgeldkatalogVO

*Abschnitt II: Vorsätzlich begangene Ordnungswidrigkeiten**

Lfd. Nr.	Tatbestand	StVO	Regelsatz in Euro (€), Fahrverbot in Monaten
	C. Zuwiderhandlungen gegen § 24 StVG		
	c) Straßenverkehrs-Ordnung		
	Bahnübergänge		
244	Als Führer eines Kraftfahrzeuges Bahnübergang trotz geschlossener Schranke oder Halbschranke überquert	§ 19 Abs. 2 Satz 1 Nr. 3 § 49 Abs. 1 Nr. 19 Buchstabe a	700 € **Fahrverbot** **3 Monate**
245	Als Fußgänger, Radfahrer oder anderer nicht motorisierter Verkehrsteilnehmer Bahnübergang trotz geschlossener Schranke oder Halbschranke überquert	§ 19 Abs. 2 Satz 1 Nr. 3 § 49 Abs. 1 Nr. 19 Buchstabe a	350 €
	Sonstige Pflichten des Fahrzeugführers		
246	Mobil- oder Autotelefon verbotswidrig benutzt	§ 23 Abs. 1a § 49 Abs. 1 Nr. 22	
246.1	als Fahrzeugführer		40 €
246.2	als Radfahrer		25 €
247	Als Führer eines Kraftfahrzeuges verbotswidrig ein technisches Gerät zur Feststellung von Verkehrsüberwachungsmaßnahmen betrieben oder betriebsbereit mitgeführt	§ 23 Abs. 1b § 49 Abs. 1 Nr. 22	75 €
	Kraftfahrzeugrennen		
248	Als Führer eines Kraftfahrzeuges an einem Kraftfahrzeugrennen teilgenommen	§ 29 Abs. 1 § 49 Abs. 2 Nr. 5	400 € **Fahrverbot** **1 Monat**
249	Als Veranstalter ein Kraftfahrzeugrennen ohne Erlaubnis durchgeführt	§ 29 Abs. 2 Satz 1 § 49 Abs. 2 Nr. 6	500 €
	Genehmigungs- oder Erlaubnisbescheid		
250	Genehmigungs- oder Erlaubnisbescheid auf Verlangen nicht ausgehändigt	§ 46 Abs. 3 Satz 3 § 49 Abs. 4 Nr. 5	10 €

Lfd. Nr.	Tatbestand	FeV	Regelsatz in Euro (€), Fahrverbot in Monaten
	b) Fahrerlaubnis-Verordnung		
	Aushändigen von Führerscheinen und Bescheinigungen		
251	Führerschein, Bescheinigung oder die Übersetzung des ausländischen Führerscheins auf Verlangen nicht ausgehändigt	§ 4 Abs. 2 Satz 2, 3 § 5 Abs. 4 Satz 2, 3 § 48 Abs. 3 Satz 2 § 74 Abs. 4 Satz 2 § 75 Nr. 4	10 €

---

* Abschnitt II (Nrn. 244 bis 256) neu eingefügt durch die voraussichtliche Änderung ab Anfang 2009, vgl. Vorbemerkung auf S. 1661.

Lfd. Nr.	Tatbestand	FZV	Regelsatz in Euro (€), Fahrverbot in Monaten
	c) Fahrzeug-Zulassungsverordnung *Aushändigen von Fahrzeugpapieren*		
252	Die Zulassungsbescheinigung Teil I oder sonstige Bescheinigung auf Verlangen nicht ausgehändigt	§ 4 Abs. 5 Satz 1 § 11 Abs. 5 § 26 Abs. 1 Satz 6 § 48 Nr. 5	10 €
	Betriebsverbot und Beschränkungen		
253	Einem Verbot, ein Fahrzeug in Betrieb zu setzen, zuwidergehandelt oder Beschränkung nicht beachtet	§ 5 Abs. 1 § 48 Nr. 7	50 €

Lfd. Nr.	Tatbestand	StVZO	Regelsatz in Euro (€), Fahrverbot in Monaten
	d) Straßenverkehrs-Zulassungs-Ordnung *Achslast, Gesamtgewicht, Anhängelast hinter Kraftfahrzeugen*		
254	Gegen die Pflicht zur Feststellung der zugelassenen Achslasten oder Gesamtgewichte oder gegen Vorschriften über das Um- oder Entladen bei Überlastung verstoßen	§ 31c Satz 1, 4 Halbsatz 2 § 69a Abs. 5 Nr. 4c	50 €
	Ausnahmen		
255	Urkunde über eine Ausnahmegenehmigung auf Verlangen nicht ausgehändigt	§ 70 Abs. 3a Satz 1 § 69a Abs. 5 Nr. 7	10 €

8 BKatV BußgeldkatalogVO

Anhang
(zu Nr. 11 der Anlage)

Tabelle 1
Geschwindigkeitsüberschreitungen

a) Kraftfahrzeuge der in § 3 Abs. 3 Nr. 2 Buchstabe a oder b StVO genannten Art

Lfd. Nr.	Überschreitung in km/h	Regelsatz in Euro bei Begehung	
		innerhalb	außerhalb
		geschlossener Ortschaften (außer bei Überschreitung für mehr als 5 Minuten Dauer oder in mehr als zwei Fällen nach Fahrtantritt)	
11.1.1	bis 10	20	15
11.1.2	11–15	30	25

Die nachfolgenden Regelsätze und Fahrverbote gelten auch für die Überschreitung der festgesetzten Höchstgeschwindigkeit bei Sichtweite unter 50 m durch Nebel, Schneefall oder Regen nach Nummer 9.1 der Anlage.

Lfd. Nr.	Überschreitung in km/h	Regelsatz in Euro bei Begehung		Fahrverbot in Monaten bei Begehung	
		innerhalb	außerhalb	innerhalb	außerhalb
		geschlossener Ortschaften		geschlossener Ortschaften	
11.1.3	bis 15 für mehr als 5 Minuten Dauer oder in mehr als zwei Fällen nach Fahrtantritt	50/*80**	40/*70**	–	–
11.1.4	16–20	50/*80**	40/*70**	–	–
11.1.5	21–25	60/*95**	50/*80**	–	–
11.1.6	26–30	90/*140**	60/*95**	1 Monat	–
11.1.7	31–40	125/*200**	100/*160**	1 Monat	1 Monat
11.1.8	41–50	175/*280**	150/*240**	2 Monate	1 Monat
11.1.9	51–60	300/*480**	275/*440**	3 Monate	2 Monate
11.1.10	über 60	425/*680**	375/*600**	3 Monate	3 Monate

b) kennzeichnungspflichtige Kraftfahrzeuge der in Buchstabe a genannten Art mit gefährlichen Gütern oder Kraftomnibusse mit Fahrgästen

Lfd. Nr.	Überschreitung in km/h	Regelsatz in Euro bei Begehung	
		innerhalb	außerhalb
		geschlossener Ortschaften (außer bei Überschreitung für mehr als 5 Minuten Dauer oder in mehr als zwei Fällen nach Fahrtantritt)	
11.2.1	bis 10	35	30
11.2.2	11–15	40	35

Die nachfolgenden Regelsätze und Fahrverbote gelten auch für die Überschreitung der festgesetzten Höchstgeschwindigkeit bei Sichtweite unter 50 m durch Nebel, Schneefall oder Regen nach Nummer 9.2 der Anlage.

---

* Voraussichtliche Änderung ab Anfang 2009 in Kursivsatz, vgl. Vorbemerkung auf S. 1661.

Lfd. Nr.	Überschreitung in km/h	Regelsatz in Euro bei Begehung		Fahrverbot in Monaten bei Begehung	
		innerhalb	außerhalb	innerhalb	außerhalb
		geschlossener Ortschaften		geschlossener Ortschaften	
11.2.3	bis 15 für mehr als 5 Minuten Dauer oder in mehr als zwei Fällen nach Fahrtantritt	100/*160**	75/*120**	–	–
11.2.4	16–20	100/*160**	75/*120**	–	–
11.2.5	21–25	125/*200**	100/*160**	1 Monat	–
11.2.6	26–30	175/*280**	150/*240**	1 Monat	1 Monat
11.2.7	31–40	225/*360**	200/*320**	2 Monate	1 Monat
11.2.8	41–50	300/*480**	250/*400**	3 Monate	2 Monate
11.2.9	51–60	375/*600**	350/*560**	3 Monate	3 Monate
11.2.10	über 60	475/*760**	425/*680**	3 Monate	3 Monate

c) andere als die in Buchstaben a oder b genannten Kraftfahrzeuge

Lfd. Nr.	Überschreitung in km/h	Regelsatz in Euro bei Begehung	
		innerhalb	außerhalb
		geschlossener Ortschaften	
1	bis 10	15	10
11.3.2	11–15	25	20
11.3.3	16–20	35	30

Die nachfolgenden Regelsätze und Fahrverbote gelten auch für die Überschreitung der festgesetzten Höchstgeschwindigkeit bei Sichtweite unter 50 m durch Nebel, Schneefall oder Regen nach Nummer 9.3 der Anlage.

Lfd. Nr.	Überschreitung in km/h	Regelsatz in Euro bei Begehung		Fahrverbot in Monaten bei Begehung	
		innerhalb	außerhalb	innerhalb	außerhalb
		geschlossener Ortschaften		geschlossener Ortschaften	
11.3.4	21–25	50/*80**	40/*70**	–	–
11.3.5	26–30	60/*100**	50/*80**	–	–
11.3.6	31–40	100/*160**	75/*120**	1 Monat	–
11.3.7	41–50	125/*200**	100/*160**	1 Monat	1 Monat
11.3.8	51–60	175/*280**	150/*240**	2 Monate	1 Monat
11.3.9	61–70	300/*480**	275/*440**	3 Monate	2 Monate
11.3.10	über 70	425/*680**	375/*600**	3 Monate	3 Monate

* Voraussichtliche Änderung ab Anfang 2009 in Kursivsatz, vgl. Vorbemerkung auf S. 1661.

Anhang
(zu Nr. 12 der Anlage)

Tabelle 2
Nichteinhalten des Abstandes von einem vorausfahrenden Fahrzeug

Lfd. Nr.		Regelsatz in Euro	Fahrverbot
12.5	Der Abstand von einem vorausfahrenden Fahrzeug betrug in Metern a) bei einer Geschwindigkeit von mehr als 80 km/h		
12.5.1	weniger als $5/10$ des halben Tachowertes	40/*75**	
12.5.2	weniger als $4/10$ des halben Tachowertes	60/*100**	
12.5.3	weniger als $3/10$ des halben Tachowertes	100/*160**	**Fahrverbot** **1 Monat** soweit die Geschwindigkeit mehr als 100 km/h beträgt
12.5.4	weniger als $2/10$ des halben Tachowertes	150/*240**	**Fahrverbot** **2 Monate** soweit die Geschwindigkeit mehr als 100 km/h beträgt
12.5.5	weniger als $1/10$ des halben Tachowertes	200/*320**	**Fahrverbot** **3 Monate** soweit die Geschwindigkeit mehr als 100 km/h beträgt
12.6	b) bei einer Geschwindigkeit von mehr als 130 km/h		
12.6.1	weniger als $5/10$ des halben Tachowertes	60/*100**	
12.6.2	weniger als $4/10$ des halben Tachowertes	100/*180**	
12.6.3	weniger als $3/10$ des halben Tachowertes	150/*240**	**Fahrverbot** **1 Monat**
12.6.4	weniger als $2/10$ des halben Tachowertes	200/*320**	**Fahrverbot** **2 Monate**
12.6.5	weniger als $1/10$ des halben Tachowertes	250/*400**	**Fahrverbot** **3 Monate**

* Voraussichtliche Änderung ab Anfang 2009 in Kursivsatz, vgl. Vorbemerkung auf S. 1661.

Anhang
(zu Nrn. 198 und 199 der Anlage)

Tabelle 3
Überschreiten der zulässigen Achslast oder des zulässigen Gesamtgewichts von Kraftfahrzeugen, Anhängern, Fahrzeugkombinationen sowie der Anhängelast hinter Kraftfahrzeugen

a) bei Kraftfahrzeugen mit einem zulässigen Gesamtgewicht über 7,5 t sowie Kraftfahrzeugen mit Anhängern, deren zulässiges Gesamtgewicht 2 t übersteigt

Lfd. Nr.	Überschreitung in v. H.	Regelsatz in Euro
198.1	für Inbetriebnahme	
198.1.1	2 bis 5	30
198.1.2	mehr als 5	50/*80**
198.1.3	mehr als 10	60/*110**
198.1.4	mehr als 15	75/*140**
198.1.5	mehr als 20	100/*190**
198.1.6	mehr als 25	150/*285**
198.1.7	mehr als 30	200/*380**
199.1	für Anordnen oder Zulassen der Inbetriebnahme	
199.1.1	2 bis 5	35
199.1.2	mehr als 5	75/*140**
199.1.3	mehr als 10	125/*235**
199.1.4	mehr als 15	150/*285**
199.1.5	mehr als 20	200/*380**
199.1.6	mehr als 25	225/*425**

b) bei anderen Kraftfahrzeugen bis 7,5 t für Inbetriebnahme, Anordnen oder Zulassen der Inbetriebnahme

Lfd. Nr.		Überschreitung in v. H.	Regelsatz in Euro
198.2.1 199.2.1	oder	mehr als 5 bis 10	10
198.2.2 199.2.2	oder	mehr als 10 bis 15	30
198.2.3 199.2.3	oder	mehr als 15 bis 20	35
198.2.4 199.2.4	oder	mehr als 20	50/*95**
198.2.5 199.2.5	oder	mehr als 25	75/*140**
198.2.6 199.2.6	oder	mehr als 30	125/*235**

* Voraussichtliche Änderung ab Anfang 2009 in Kursivsatz, vgl. Vorbemerkung auf S. 1661.

Anhang
(zu § 3 Abs. 3)

Tabelle 4
Erhöhung der Regelsätze bei Hinzutreten einer Gefährdung oder Sachbeschädigung

Die im Bußgeldkatalog bestimmten Regelsätze, die einen Betrag von mehr als 35 Euro vorsehen, erhöhen sich beim Hinzutreten einer Gefährdung oder Sachbeschädigung, soweit diese Merkmale nicht bereits im Grundtatbestand enthalten sind, wie folgt:

Bei einem Regelsatz für den Grundtatbestand von Euro	mit Gefährdung auf Euro	mit Sachbeschädigung auf Euro
40	50	60
50	60	75
60	75	90
75	100	125
90	110	135
100	125	150
125	150	175
150	175	225
175	200	275
200	225	325
225	250	375
250	275	425
275	300	475
300	325	475
325	350	475
350	400	475
375 bis 450	475	475

Enthält der Grundtatbestand bereits eine Gefährdung, führt Sachbeschädigung zu folgender Erhöhung:

Bei einem Regelsatz für den Grundtatbestand von Euro	mit Sachbeschädigung auf Euro
40	50
50	60
60	75
75	100

Tabelle 4*
Erhöhung der Regelsätze bei Hinzutreten einer Gefährdung oder Sachbeschädigung

Die im Bußgeldkatalog bestimmten Regelsätze, die einen Betrag von mehr als 35 Euro vorsehen, erhöhen sich beim Hinzutreten einer Gefährdung oder Sachbeschädigung, soweit diese Merkmale nicht bereits im Grundtatbestand enthalten sind, wie folgt:

Bei einem Regelsatz für den Grundtatbestand von Euro	*mit Gefährdung auf Euro*	*mit Sachbeschädigung auf Euro*
40	*50*	*60*
50	*60*	*75*
60	*75*	*90*
70	*85*	*105*
75	*90*	*110*
80	*100*	*120*

---

* Neufassung der Tabelle 4 durch die voraussichtliche Änderung ab 2009 in Kursivsatz, vgl. Vorbemerkung auf S. 1661.

Bei einem Regelsatz für den Grundtatbestand von Euro	mit Gefährdung auf Euro	mit Sachbeschädigung auf Euro
90	110	135
95	115	140
100	120	145
110	135	165
120	145	175
130	160	195
135	165	200
140	170	205
150	180	220
160	195	235
165	200	240
180	220	265
190	230	280
200	240	290
210	255	310
235	285	345
240	290	350
250	300	360
270	325	390
280	340	410
285	345	415
290	350	420
320	385	465
350	420	505
360	435	525
380	460	555
400	480	580
405	490	590
425	510	615
440	530	640
480	580	600
500	600	720
560	675	810
570	685	825
600	720	865
635	765	920
680	820	985
700	840	1000
760	915	1000

Enthält der Grundtatbestand bereits eine Gefährdung, führt Sachbeschädigung zu folgender Erhöhung:

Bei einem Regelsatz für den Grundtatbestand von Euro	mit Sachbeschädigung auf Euro
40	50
50	60
60	75
70	85
75	90
80	100
100	120
150	180

9. Verordnung über Ausnahmen von straßenverkehrsrechtlichen Vorschriften (Leichtmofa-Ausnahmeverordnung)

Vom 26. März 1993 (BGBl. I S. 394), geändert am 18. 8. 1998 (BGBl. I 2214)

§ 1 ¹Mofas, die den in der Anlage aufgeführten Merkmalen entsprechen (Leichtmofas), dürfen abweichend von § 50 Abs. 6a und § 53 der Straßenverkehrs-Zulassungs-Ordnung lichttechnische Einrichtungen haben, wie sie für Fahrräder nach § 67 der Straßenverkehrs-Zulassungs-Ordnung vorgeschrieben sind. ²Dies gilt nur, wenn die in der Anlage Nummer 1.7 genannten Auflagen erfüllt sind.

§ 2 Abweichend von § 21a Abs. 2 der Straßenverkehrs-Ordnung brauchen die Führer der Leichtmofas während der Fahrt keinen Schutzhelm zu tragen.

§ 3 Diese Verordnung tritt mit Wirkung vom 28. Februar 1993 in Kraft.

Anlage

Merkmale der Leichtmofas

1 Fahrrad-Merkmale

1.1 Leergewicht:	nicht mehr als 30 kg
1.2 Felgendurchmesser für Vorder- und Hinterrad:	mindestens 559 mm (entspricht 26 Zoll), aber nicht mehr als 640 mm (entspricht 28 Zoll)
1.3 Reifenbreite:	nicht mehr als 47 mm (entspricht 1,75 Zoll)
1.4 Länge der Tretkurbel:	mehr als 169 mm
1.5 Fahrweg im größten Gang je Kurbelumdrehung:	mehr als 4,4 m
1.6 Abstand Oberkante Sitzrohrmuffe bis Mitte Tretlagerachse:	mehr als 530 mm
1.7 Lichttechnische Einrichtungen:	müssen in amtlich genehmigter Bauart ausgeführt sein; folgende Auflagen müssen erfüllt sein: a) Ein Antrieb der Lichtmaschine, der auch nur eine kurzzeitige Unterbrechung der Stromerzeugung nicht erwarten lässt. b) Eine Schaltung, die selbsttätig bei geringer Geschwindigkeit von Lichtmaschinen- auf Batteriebetrieb umschaltet (Standbeleuchtung). c) Ein Großflächen-Rückstrahler, der mit dem Buchstaben „Z" gekennzeichnet ist. d) Ein Scheinwerfer, der der Nummer 23 Abs. 5 Ziffer 2 der Technischen Anforderungen an Fahrzeugteile bei der Bauartprüfung nach § 22a StVZO (VkBl. 1983 S. 617) entspricht.
1.8 Abweichungen von den Merkmalen 1.2 bis 1.6:	andere Werte sind zugelassen, wenn diese die Benutzung des Leichtmofas als Fahrrad (Pedalantrieb) auf ebener Strecke von mindestens 10 km Länge in einer Zeit von höchstens 30 Minuten bei einer höchsten Leistungsabgabe zwischen 80 und 100 Watt sicherstellen.

9 LeichtmofaAusnVO — Leichtmofa-Ausnahmeverordnung

2 Mofa-Merkmale

2.1 Hubraum:	nicht mehr als 30 cm³
2.2 Leistung:	nicht mehr als 0,5 kW
2.3 Durch die Bauart bestimmte Höchstgeschwindigkeit:	nicht mehr als 20 km/h
2.4 Bremsen:	es gilt § 41 StVZO
2.5 Übersetzung zwischen Kurbelwelle und Antriebsrad:	keine Änderungsmöglichkeit
2.6 Leistungscharakteristik:	derart ausgelegt, dass oberhalb einer Geschwindigkeit, die nicht mehr als 24 km/h betragen darf, keine Überschussleistung zum Antrieb des Fahrzeugs abgegeben werden kann.
2.7 maximaler Geräuschpegel bei Vorbeifahrt in 7,5 m Entfernung mit Höchstgeschwindigkeit:	65 dB (A)

1   **Begr** zur inhaltlich identischen VO v 26. 2. 87 (VkBl **87** 231): *Die Industrie hat in jüngster Zeit Fahrzeuge entwickelt, die einerseits die Merkmale eines Mofas, andererseits diejenigen eines Fahrrades tragen. Bei abgeschaltetem Antrieb ist es möglich, die Fahrzeuge wie Fahrräder zu benutzen. Ihre technische Konzeption lässt es zu, sie trotz des zusätzlichen Motoren- und Tankgewichtes ohne merklich höheren Kraftaufwand mit Muskelkraft zu bewegen. Gleichwohl handelt es sich um motorisierte Zweiräder, deren bestimmungsgemäße Verwendung darin bestehen kann, dass sie durch ihren Motor fortbewegt werden. Deshalb sind – auch wenn die Fahrzeuge durch Muskelkraft gefahren werden – stets die für Mofas geltenden Vorschriften einzuhalten. Der Bundesminister für Verkehr hält es aber für vertretbar, für diese Fahrzeuge, die nach den Vorschriften der Straßenverkehrs-Zulassungs-Ordnung als Mofa einzustufen sind, Abweichungen von bestimmten straßenverkehrsrechtlichen Vorschriften zuzulassen …*

…

Zur Klarstellung wird bemerkt, dass das Leichtmofa und sein Führer nur von den ausdrücklich in dieser Ausnahmeverordnung aufgeführten straßenverkehrsrechtlichen Vorschriften abweichen dürfen. Alle übrigen Vorschriften der Straßenverkehrs-Zulassungs-Ordnung und der Straßenverkehrs-Ordnung gelten uneingeschränkt; insbesondere gilt dies für

- *das Erfordernis einer Mofa-Prüfbescheinigung nach § 4a Abs. 1 StVZO für alle Personen, die ab dem 1. April 1965 geboren sind*
- *das Mindestalter des Fahrzeugführers (Vollendung des 15. Lebensjahres, § 7 Abs. 1 Nr. 5 StVZO)*
- *die Erteilung der Betriebserlaubnis nach § 18 Abs. 3 StVZO*
- *das Versicherungskennzeichen nach § 29e Abs. 1 Nr. 2 StVZO*
- *die Radwegbenutzungspflicht nach § 2 Abs. 4 Satz 4 und Zeichen 237 StVO*
- *das Verbot, Radwege zu benutzen, die durch das Zusatzschild „keine Mofas" zum Zeichen 237 gekennzeichnet sind.*

…

2   **Begr** zur Neufassung v 26. 3. 93 (VkBl **93** 319): *Die Verordnung über Ausnahmen von straßenverkehrsrechtlichen Vorschriften (Leichtmofa-Ausnahmeverordnung) vom 26. März 1993 (BGBl. I S. 394) ist neu verkündet worden. Diese Verordnung berücksichtigt die Vorschriften der Leichtmofa-Ausnahmeverordnung vom 26. Februar 1987 (BGBl. I S. 755, 1069) und die Erste Verordnung zur Änderung der Leichtmofa-Ausnahmeverordnung vom 16. Juni 1989 (BGBl. I S. 1112). Es gelten daher grundsätzlich die Begründungen zu den genannten Verordnungen, die im Verkehrsblatt 1987 S. 232 und 1989 S. 434 bekannt gemacht worden sind.*

In der Neufassung ist die Berlin-Klausel entfallen und das Datum für das Außerkrafttreten der Verordnung (28. Februar 1993) gestrichen worden.

3   **Lit:** *Jagow,* Das Leichtmofa, VD **87** 49.

10. Bundes-Immissionsschutzgesetz

In der Fassung der Bekanntmachung v 26. 9. 2002 (BGBl. I S. 3830),
zuletzt geändert durch G v 23. 10. 2007 (BGBl. I S. 2470)

(Auszug)

§ 40 Verkehrsbeschränkungen

(1) ¹Die zuständige Straßenverkehrsbehörde beschränkt oder verbietet den Kraftfahrzeugverkehr nach Maßgabe der straßenverkehrsrechtlichen Vorschriften, soweit ein Luftreinhalte- oder Aktionsplan nach § 47 Abs. 1 oder 2 dies vorsehen. ²Die Straßenverkehrsbehörde kann im Einvernehmen mit der für den Immissionsschutz zuständigen Behörde Ausnahmen von Verboten oder Beschränkungen des Kraftfahrzeugverkehrs zulassen, wenn unaufschiebbare und überwiegende Gründe des Wohls der Allgemeinheit dies erfordern.

(2) ¹Die zuständige Straßenverkehrsbehörde kann den Kraftfahrzeugverkehr nach Maßgabe der straßenverkehrsrechtlichen Vorschriften auf bestimmten Straßen oder in bestimmten Gebieten verbieten oder beschränken, wenn der Kraftfahrzeugverkehr zur Überschreitung von in Rechtsverordnungen nach § 48a Abs. 1a festgelegten Immissionswerten beiträgt und soweit die für den Immissionsschutz zuständige Behörde dies im Hinblick auf die örtlichen Verhältnisse für geboten hält, um schädliche Umwelteinwirkungen durch Luftverunreinigungen zu vermindern oder deren Entstehen zu vermeiden. ²Hierbei sind die Verkehrsbedürfnisse und die städtebaulichen Belange zu berücksichtigen. ³§ 47 Abs. 6 Satz 1 bleibt unberührt.

(3) ¹Die Bundesregierung wird ermächtigt, nach Anhörung der beteiligten Kreise (§ 51) durch Rechtsverordnung mit Zustimmung des Bundesrates zu regeln, dass Kraftfahrzeuge mit geringem Beitrag zur Schadstoffbelastung von Verkehrsverboten ganz oder teilweise ausgenommen sind oder ausgenommen werden können, sowie die hierfür maßgebenden Kriterien und die amtliche Kennzeichnung der Kraftfahrzeuge festzulegen. ²Die Verordnung kann auch regeln, dass bestimmte Fahrten oder Personen ausgenommen sind oder ausgenommen werden können, wenn das Wohl der Allgemeinheit oder unaufschiebbare und überwiegende Interessen des Einzelnen dies erfordern.

§ 45 Verbesserung der Luftqualität

(1) ¹Die zuständigen Behörden ergreifen die erforderlichen Maßnahmen, um die Einhaltung der durch eine Rechtsverordnung nach § 48a festgelegten Immissionswerte sicherzustellen. ²Hierzu gehören insbesondere Pläne nach § 47.

(2) Die Maßnahmen nach Absatz 1

a) müssen einem integrierten Ansatz zum Schutz von Luft, Wasser und Boden Rechnung tragen;
b) dürfen nicht gegen die Vorschriften zum Schutz von Gesundheit und Sicherheit der Arbeitnehmer am Arbeitsplatz verstoßen;
c) dürfen keine erheblichen Beeinträchtigungen der Umwelt in anderen Mitgliedstaaten verursachen.

§ 46a Unterrichtung der Öffentlichkeit

¹Die Öffentlichkeit ist nach Maßgabe der Rechtsverordnungen nach § 48a Abs. 1 über die Luftqualität zu informieren. ²Überschreitungen von in Rechtsverordnungen nach § 48a Abs. 1 als Immissionswerte festgelegten Alarmschwellen sind der Öffentlichkeit von der zuständigen Behörde unverzüglich durch Rundfunk, Fernsehen, Presse oder auf andere Weise bekannt zu geben.

§ 47 Luftreinhaltepläne, Aktionspläne, Landesverordnungen

(1) Werden die durch eine Rechtsverordnung nach § 48a Abs. 1 festgelegten Immissionsgrenzwerte einschließlich festgelegter Toleranzmargen überschritten, hat die zuständige Behörde einen Luftreinhalteplan aufzustellen, welcher die erforderlichen Maßnahmen zur dauerhaften Verminderung von Luftverunreinigungen festlegt und den Anforderungen der Rechtsverordnung entspricht.

(2) ¹Besteht die Gefahr, dass die durch eine Rechtsverordnung nach § 48a Abs. 1 festgelegten Immissionsgrenzwerte oder Alarmschwellen überschritten werden, hat die zuständige Behörde einen Aktionsplan aufzustellen, der festlegt, welche Maßnahmen kurzfristig zu ergreifen sind. ²Die im Aktionsplan festgelegten Maßnahmen müssen geeignet sein, die Gefahr der Überschreitung der Werte zu verringern oder den Zeitraum, während dessen die Werte überschritten werden, zu verkürzen. ³Aktionspläne können Teil eines Luftreinhalteplans nach Absatz 1 sein.

(3) ¹Liegen Anhaltspunkte dafür vor, dass die durch eine Rechtsverordnung nach § 48a Abs. 1a festgelegten Immissionswerte nicht eingehalten werden, oder sind in einem Untersuchungsgebiet im Sinne des § 44 Abs. 2 sonstige schädliche Umwelteinwirkungen zu erwarten, kann die zuständige Behörde einen Luftreinhalteplan aufstellen. ²Bei der Aufstellung dieser Pläne sind die Ziele der Raumordnung zu beachten; die Grundsätze und sonstigen Erfordernisse der Raumordnung sind zu berücksichtigen.

(4) ¹Die Maßnahmen sind entsprechend des Verursacheranteils unter Beachtung des Grundsatzes der Verhältnismäßigkeit gegen alle Emittenten zu richten, die zum Überschreiten der Immissionswerte oder in einem Untersuchungsgebiet im Sinne des § 44 Abs. 2 zu sonstigen schädlichen Umwelteinwirkungen beitragen. ²Werden in Plänen nach Absatz 1 oder 2 Maßnahmen im Straßenverkehr erforderlich, sind diese im Einvernehmen mit den zuständigen Straßenbau- und Straßenverkehrsbehörden festzulegen. ³Werden Immissionswerte hinsichtlich mehrerer Schadstoffe überschritten, ist ein alle Schadstoffe erfassender Plan aufzustellen. ⁴Werden Immissionswerte durch Emissionen überschritten, die außerhalb des Plangebiets verursacht werden, hat in den Fällen der Absätze 1 und 2 auch die dort zuständige Behörde einen Plan aufzustellen.

(5) ¹Die nach den Absätzen 1 bis 4 aufzustellenden Pläne müssen den Anforderungen des § 45 Abs. 2 entsprechen. ²Die Öffentlichkeit ist bei ihrer Aufstellung zu beteiligen. ³Die Pläne müssen für die Öffentlichkeit zugänglich sein. ⁴Die Beteiligung der Öffentlichkeit bei der Aufstellung von Luftreinhalteplänen nach Absatz 1 richtet sich nach Absatz 5a.

(5a) ¹Bei der Aufstellung oder Änderung von Luftreinhalteplänen nach Absatz 1 ist die Öffentlichkeit durch die zuständige Behörde zu beteiligen. ²Die Aufstellung oder Änderung eines Luftreinhalteplanes sowie Informationen über das Beteiligungsverfahren sind in einem amtlichen Veröffentlichungsblatt und auf andere geeignete Weise öffentlich bekannt zu machen. ³Der Entwurf des neuen oder geänderten Luftreinhalteplanes ist einen Monat zur Einsicht auszulegen; bis zwei Wochen nach Ablauf der Auslegungsfrist kann gegenüber der zuständigen Behörde schriftlich Stellung genommen werden; der Zeitpunkt des Fristablaufs ist bei der Bekanntmachung nach Satz 2 mitzuteilen. ⁴Fristgemäß eingegangene Stellungnahmen werden von der zuständigen Behörde bei der Entscheidung über die Annahme des Plans angemessen berücksichtigt. ⁵Der aufgestellte Plan ist von der zuständigen Behörde in einem amtlichen Veröffentlichungsblatt und auf andere geeignete Weise öffentlich bekannt zu machen. ⁶In der öffentlichen Bekanntmachung sind das überplante Gebiet und eine Übersicht über die wesentlichen Maßnahmen darzustellen. ⁷Eine Ausfertigung des Plans, einschließlich einer Darstellung des Ablaufs des Beteiligungsverfahrens und der Gründe und Erwägungen, auf denen die getroffene Entscheidung beruht, wird zwei Wochen zur Einsicht ausgelegt. ⁸Dieser Absatz findet keine Anwendung, wenn es sich bei dem Luftreinhalteplan nach Absatz 1 um einen Plan handelt, für den nach dem Gesetz über die Umweltverträglichkeitsprüfung eine Strategische Umweltprüfung durchzuführen ist.

(6) ¹Die Maßnahmen, die Pläne nach den Absätzen 1 bis 4 festlegen, sind durch Anordnungen oder sonstige Entscheidungen der zuständigen Träger öffentlicher Verwaltung nach diesem Gesetz oder nach anderen Rechtsvorschriften durchzusetzen. ²Sind in den Plänen planungsrechtliche Festlegungen vorgesehen, haben die zuständigen Planungsträger dies bei ihren Planungen zu berücksichtigen.

(7) ¹Die Landesregierungen oder die von ihnen bestimmten Stellen werden ermächtigt, bei der Gefahr, dass Immissionsgrenzwerte überschritten werden, die eine Rechtsverordnung nach § 48a Abs. 1 festlegt, durch Rechtsverordnung vorzuschreiben, dass in näher zu bestimmenden Gebieten bestimmte

1. ortsveränderliche Anlagen nicht betrieben werden dürfen,
2. ortsfeste Anlagen nicht errichtet werden dürfen,
3. ortsveränderliche oder ortsfeste Anlagen nur zu bestimmten Zeiten betrieben werden dürfen oder erhöhten betriebstechnischen Anforderungen genügen müssen,
4. Brennstoffe in Anlagen nicht oder nur beschränkt verwendet werden dürfen,

soweit die Anlagen oder Brennstoffe geeignet sind, zur Überschreitung der Immissionswerte beizutragen. ²Absatz 4 Satz 1 und § 49 Abs. 3 gelten entsprechend.

Anm: Die frühere „Ozonregelung" in §§ 40a bis 40e und § 62a BImSchG ist gem § 74 S 3 BImSchG am 31. 12. 1999 außer Kraft getreten. Zur Frage eines Anspruchs auf Erstellung eines Luftreinhalte- oder Aktionsplans (§§ 40 I S 1, 47) und auf Verkehrsbeschränkungen zur Verminderung der Feinstaubbelastung s § 45 StVO Rz 29. Sehen Luftreinhalte- oder Aktionspläne nach § 47 I bzw II BImSchG verkehrsbeschränkende Maßnahmen vor, sind Kfz der Klassen M (Pkw und Busse) und N (Lkw) mit geringem Beitrag zur Schadstoffbelastung von Verkehrsbeschränkungen und -verboten nach § 40 I BImSchG nach Maßgabe der 35. BImSchV (Kennz-VO, s Buchteil **11**) ausgenommen, s dazu § 47 StVZO Rz 7a, 7b.

11. Fünfunddreißigste Verordnung zur Durchführung des Bundes-Immissionsschutzgesetzes (Verordnung zur Kennzeichnung der Kraftfahrzeuge mit geringem Beitrag zur Schadstoffbelastung – 35. BImSchV)

Vom 10. Oktober 2006 (BGBl. I S. 2218),
geändert durch VO vom 5. Dezember 2007 (BGBl. I S. 2793)

§ 1 Anwendungsbereich

(1) ¹Diese Verordnung regelt Ausnahmen von Verkehrsverboten nach § 40 Abs. 1 des Bundes-Immissionsschutzgesetzes und die Zuordnung von Kraftfahrzeugen zu Schadstoffgruppen und bestimmt Anforderungen, welche bei einer Kennzeichnung von Fahrzeugen zu erfüllen sind. ²Die Verordnung gilt für Kraftfahrzeuge der Klassen M und N gemäß Anhang II A Nr. 1 und Nr. 2 der Richtlinie 70/156/EWG des Rates vom 6. Februar 1970 zur Angleichung der Rechtsvorschriften der Mitgliedstaaten über die Betriebserlaubnis für Kraftfahrzeuge und Kraftfahrzeuganhänger (ABl. EG Nr. L 42 S. 1), die zuletzt durch die Richtlinie 2005/64/EG des Europäischen Parlaments und des Rates vom 26. Oktober 2005 (ABl. EU Nr. L 310 S. 10) geändert worden ist.

(2) Die zuständige Behörde, in unaufschiebbaren Fällen auch die Polizei, kann den Verkehr mit von Verkehrsverboten im Sinne des § 40 Abs. 1 des Bundes-Immissionsschutzgesetzes betroffenen Fahrzeugen von und zu bestimmten Einrichtungen zulassen, soweit dies im öffentlichen Interesse liegt, insbesondere wenn dies zur Versorgung der Bevölkerung mit lebensnotwendigen Gütern und Dienstleistungen notwendig ist, oder überwiegende und unaufschiebbare Interessen Einzelner dies erfordern, insbesondere wenn Fertigungs- und Produktionsprozesse auf andere Weise nicht aufrechterhalten werden können.

§ 2 Zuordnung von Kraftfahrzeugen zu Schadstoffgruppen

(1) Kraftfahrzeuge, die mit einer Plakette nach Anhang 1 gekennzeichnet sind, sind von einem Verkehrsverbot im Sinne des § 40 Abs. 1 des Bundes-Immissionsschutzgesetzes befreit, soweit ein darauf bezogenes Verkehrszeichen dies vorsieht.

(2) ¹Kraftfahrzeuge werden unter Berücksichtigung ihrer Schadstoffemissionen den Schadstoffgruppen 1 bis 4 zugeordnet. ²Die Zuordnung der Kraftfahrzeuge zu den Schadstoffgruppen im Einzelnen ergibt sich aus Anhang 2.

(3) Kraftfahrzeuge, die in Anhang 3 aufgeführt sind, sind von Verkehrsverboten nach § 40 Abs. 1 des Bundes-Immissionsschutzgesetzes auch dann ausgenommen, wenn sie nicht gemäß Absatz 1 mit einer Plakette gekennzeichnet sind.

§ 3 Kennzeichnung

(1) ¹Zur Kennzeichnung der Kraftfahrzeuge nach den Schadstoffgruppen 2 bis 4 sind nicht wiederverwendbare lichtechte und fälschungserschwerende Plaketten nach dem Muster des Anhangs 1 zu verwenden. ²Die Kennzeichnung der Schadstoffgruppe erfolgt durch die auf der Plakette angegebene Nummer der Schadstoffgruppe und entsprechende Farbgestaltung. ³Die Farbe der Plakette ist für Kraftfahrzeuge der Schadstoffgruppe 2 rot, für Fahrzeuge der Schadstoffgruppe 3 gelb und für Kraftfahrzeuge der Schadstoffgruppe 4 grün.

(2) ¹In die Plakette ist von der zuständigen Ausgabestelle im dafür vorgesehenen Schriftfeld mit lichtechtem Stift das Kennzeichen des jeweiligen Fahrzeuges einzutragen. ²Zur Kennzeichnung eines Kraftfahrzeuges ist die Plakette deutlich sichtbar auf der Innenseite der Windschutzscheibe anzubringen. ³Die Plakette muss so beschaffen und angebracht sein, dass sie sich beim Ablösen von der Windschutzscheibe selbst zerstört.

§ 4 Ausgabe der Plaketten

¹Ausgabestellen für die Plaketten sind die Zulassungsbehörden oder die nach Landesrecht sonst zuständigen Stellen sowie die nach § 47 a Abs. 2 der Straßenverkehrs-Zulassungs-Ordnung für die Durchführung von Abgasuntersuchungen anerkannten Stellen. ²Dies gilt auch für Kraftfahrzeuge im Sinne des § 1 der Verordnung über internationalen Kraftfahrzeugverkehr in der im Bundesgesetzblatt Teil III, Gliederungsnummer 9232-4, veröffentlichten bereinigten Fassung, die zuletzt durch Artikel 10 der Verordnung vom 25. April 2006 (BGBl. I S. 988) geändert worden ist.

§ 5 Nachweis der Schadstoffgruppe für im Inland zugelassene Fahrzeuge

(1) Die Zuordnung eines Kraftfahrzeuges zu einer Schadstoffgruppe wird nachgewiesen

1. durch die in der Zulassungsbescheinigung Teil I, im Kraftfahrzeugschein und im Kraftfahrzeugbrief eingetragene emissionsbezogene Schlüsselnummer,
2. für Kraftfahrzeuge, die unter die Regelungen des Autobahnmautgesetzes für schwere Nutzfahrzeuge in der Fassung der Bekanntmachung vom 2. Dezember 2004 (BGBl. I S. 3122) fallen, durch Nachweise nach den §§ 8 und 9 der LKW-Maut-Verordnung vom 24. Juni 2003 (BGBl. I S. 1003).

(2) Das Bundesministerium für Verkehr, Bau und Stadtentwicklung gibt die Zuordnung der in den Fahrzeugpapieren eingetragenen Emissionsschlüsselnummern zu den einzelnen Schadstoffgruppen im Verkehrsblatt bekannt.

§ 6 Nachweis der Schadstoffgruppe für im Ausland zugelassene Fahrzeuge

(1) Bei Fahrzeugen, die im Ausland zugelassen sind und die unter die Regelungen des Autobahnmautgesetzes für schwere Nutzfahrzeuge in der Fassung der Bekanntmachung vom 2. Dezember 2004 (BGBl. I S. 3122) fallen, kann die Zuordnung zu einer Schadstoffgruppe durch Nachweise nach den §§ 8 und 9 der LKW-Maut-Verordnung vom 24. Juni 2003 (BGBl. I S. 1003) nachgewiesen werden.

(2) Bei Fahrzeugen, die im Ausland zugelassen sind, wird vermutet, dass sie nach Maßgabe der Absätze 3 und 4 zu den dort aufgeführten Schadstoffgruppen gehören, wenn für diese Fahrzeuge kein Nachweis über die Einhaltung der Anforderungen nach

1. der Richtlinie 70/220/EWG des Rates vom 20. März 1970 über die Angleichung der Rechtsvorschriften der Mitgliedstaaten über Maßnahmen gegen die Verunreinigung der Luft durch Emissionen von Kraftfahrzeugen (ABl. EG Nr. L 76 S. 1) in ihrer jeweils geltenden Fassung oder
2. der Richtlinie 88/77/EWG des Rates zur Angleichung der Rechtsvorschriften der Mitgliedstaaten über Maßnahmen gegen die Emission gasförmiger Schadstoffe und luftverunreinigender Partikel aus Selbstzündungsmotoren zum Antrieb von Fahrzeugen und die Emission gasförmiger Schadstoffe aus mit Erdgas oder Flüssiggas betriebenen Fremdzündungsmotoren zum Antrieb von Fahrzeugen (ABl. EG Nr. L 36 S. 33) in der jeweils geltenden Fassung vorgelegt werden kann.

(3) Kraftfahrzeuge mit Selbstzündungsmotor der Klassen M und N gehören:

1. zur Schadstoffgruppe 1,
   wenn sie nicht unter die Schadstoffgruppen 2 bis 4 fallen,
2. zur Schadstoffgruppe 2,
   a) wenn sie in den Anwendungsbereich der Richtlinie 70/220/EWG fallen, bei erstmaliger Zulassung nach dem 31. Dezember 1996 und vor dem 1. Januar 2001,
   b) wenn sie in den Anwendungsbereich der Richtlinie 88/77/EWG fallen, bei erstmaliger Zulassung nach dem 30. September 1996 und vor dem 1. Oktober 2001,
   c) wenn sie nach dem 1. Januar 1993 erstmalig zugelassen worden sind und die im Anhang 2 Abs. 1 Nr. 2 Buchstabe g und h genannten Anforderungen erfüllen oder ihnen gleichwertig sind und dies durch einen Beleg nachgewiesen wird,
3. zur Schadstoffgruppe 3,
   a) wenn sie in den Anwendungsbereich der Richtlinie 70/220/EWG fallen, bei erstmaliger Zulassung nach dem 31. Dezember 2000 und vor dem 1. Januar 2006,

b) wenn sie in den Anwendungsbereich der Richtlinie 88/77/EWG fallen, bei erstmaliger Zulassung nach dem 30. September 2001 und vor dem 1. Oktober 2006,

c) wenn sie nach dem 1. Oktober 1996 erstmalig zugelassen worden sind und die im Anhang 2 Abs. 1 Nr. 3 Buchstabe j bis l genannten Anforderungen erfüllen oder ihnen gleichwertig sind und dies durch einen Beleg nachgewiesen wird,

4. zur Schadstoffgruppe 4,

    a) wenn sie in den Anwendungsbereich der Richtlinie 70/220/EWG fallen, bei erstmaliger Zulassung nach dem 31. Dezember 2005,

    b) wenn sie in den Anwendungsbereich der Richtlinie 88/77/EWG fallen, bei erstmaliger Zulassung nach dem 30. September 2006,

    c) wenn sie in den Anwendungsbereich der Richtlinie 70/220/EWG fallen, die Anforderungen der Richtlinie 98/69/EG oder der Richtlinie 1999/102/EG oder der Richtlinie 2001/1/EG oder der Richtlinie 2001/100/EG oder der Richtlinie 2002/80/EG oder der Richtlinie 2003/76/EG erfüllen und nachweisen können (z. B. durch Herstellerbescheinigung), dass sie über den unter B (2005) der Tabelle im Abschnitt 5.3.1.4 des Anhangs I der Richtlinie vorgeschriebenen Partikelgrenzwert hinaus den Partikelgrenzwert von 5,0 mg/km nicht überschreiten,

    d) wenn sie nach dem 1. Oktober 2000 erstmalig zugelassen worden sind und die im Anhang 2 Abs. 1 Nr. 4 Buchstabe q und r genannten Anforderungen erfüllen oder ihnen gleichwertig sind und dies durch einen Beleg nachgewiesen wird,

    e) wenn sie in den Anwendungsbereich der Richtlinie 70/220/EWG oder der Richtlinie 2005/55/EG des Europäischen Parlaments und des Rates vom 28. September 2005 zur Angleichung der Rechtsvorschriften der Mitgliedstaaten über Maßnahmen gegen die Emission gasförmiger Schadstoffe und luftverunreinigender Partikel aus Selbstzündungsmotoren zum Antrieb von Fahrzeugen und die Emission gasförmiger Schadstoffe aus mit Flüssiggas oder Erdgas betriebenen Fremdzündungsmotoren zum Antrieb von Fahrzeugen (ABl. EU Nr. L 275 S. 1) in der jeweils zuletzt geänderten, im Amtsblatt der Europäischen Union veröffentlichten Fassung fallen.

(4) Kraftfahrzeuge mit Fremdzündungsmotor der Klassen M und N gehören der Schadstoffgruppe 4 an, wenn sie

1. in den Anwendungsbereich der Richtlinie 70/220/EWG fallen, bei erstmaliger Zulassung nach dem 31. Dezember 1992,

2. in den Anwendungsbereich der Richtlinie 88/77/EWG in der Fassung der Richtlinie 1999/96/EG des Europäischen Parlaments und des Rates vom 13. Dezember 1999 zur Angleichung der Rechtsvorschriften der Mitgliedstaaten über Maßnahmen gegen die Emission gasförmiger Schadstoffe und luftverunreinigender Partikel aus Selbstzündungsmotoren zum Antrieb von Fahrzeugen und die Emission gasförmiger Schadstoffe aus mit Erdgas oder Flüssiggas betriebenen Fremdzündungsmotoren zum Antrieb von Fahrzeugen und zur Änderung der Richtlinie 88/77/EWG des Rates (ABl. EG 2000 Nr. L 44 S. 1) fallen, den Vorschriften der Richtlinie entsprechen und bei den Emissionen der gasförmigen Schadstoffe und luftverunreinigenden Partikel die unter A (2000) oder B 1 (2005) oder B 2 (2008) oder unter C (EEV) der Tabellen 1 und 2 im Abschnitt 6.2.1 des Anhangs I der Richtlinie vorgeschriebenen Grenzwerte nicht überschreiten und die Einhaltung der Grenzwerte durch einen Beleg nachweisen oder

3. in den Anwendungsbereich der Richtlinie 88/77/EWG in der Fassung der Richtlinie 2001/27/EG des Europäischen Parlaments und des Rates vom 10. April 2001 zur Anpassung der Richtlinie 88/77/EWG des Rates zur Angleichung der Rechtsvorschriften der Mitgliedstaaten über Maßnahmen gegen die Emission gasförmiger Schadstoffe und luftverunreinigender Partikel aus Selbstzündungsmotoren zum Antrieb von Fahrzeugen und die Emission gasförmiger Schadstoffe aus mit Erdgas oder Flüssiggas betriebenen Fremdzündungsmotoren zum Antrieb von Fahrzeugen an den technischen Fortschritt (ABl. EG Nr. L 107 S. 10) fallen, den Vorschriften der Richtlinie entsprechen und bei den Emissionen der gasförmigen Schadstoffe und luftverunreinigenden Partikel die unter A (2000) oder B 1 (2005) oder B 2 (2008) oder unter C (EEV) der Tabellen 1 und 2 im Abschnitt 6.2.1 des Anhangs I der Richtlinie 1999/96/EG des Europäischen Parlaments und des Rates vom 13. Dezember 1999 (ABl. EG 2000 Nr. L 44 S. 1) vorgeschriebenen Grenzwerte nicht überschreiten und die Einhaltung der Grenzwerte durch einen Beleg nachgewiesen wird.

(5) Kraftfahrzeuge mit Fremdzündungsmotor der Klassen M und N gehören der Schadstoffgruppe 4 an, wenn

1. durch einen Beleg nachgewiesen wird, dass das Fahrzeug über eine Emissionsminderung verfügt, die den Anforderungen der Anlage XXIII der Straßenverkehrs-Zulassungs-Ordnung in der Fassung der Bekanntmachung vom 28. September 1988 (BGBl. I S. 1793), zuletzt geändert durch die Verordnung vom 24. Mai 2007 (BGBl. I S. 893), entspricht oder ihr gleichwertig ist oder
2. durch einen Beleg nachgewiesen wird, dass das Fahrzeug durch Nachrüstung mit einem Abgasreinigungssystem über eine Emissionsminderung verfügt, die den Bestimmungen der 52. Ausnahmeverordnung zur StVZO vom 13. August 1996 (BGBl. I S. 1319), geändert durch Artikel 1 der Verordnung vom 18. Februar 1998 (BGBl. I S. 390), entspricht oder ihr gleichwertig ist oder
3. sie in den Anwendungsbereich der Richtlinie 70/220/EWG oder der Richtlinie 2005/55/EG in der jeweils zuletzt geänderten, im Amtsblatt der Europäischen Union veröffentlichten Fassung fallen.

Anhang 1
(zu § 2 Abs. 1 und § 3 Abs. 1)

Plakettenmuster

	Schadstoffgruppe 2	Schadstoffgruppe 3	Schadstoffgruppe 4
Plaketten-Durchmesser: 80 mm, schwarz umrandet, Strichdicke der Umrandung 1,5 mm Ziffer der Schadstoffgruppe: Höhe 35 mm Schriftfeld: 60 × 20 mm Schrift: schwarz RAL 9005, mit lichtechtem Stift	2 S - UM 43	3 S - UM 43	4 S - UM 43
Plakettenfarbe:	verkehrsrot RAL 3020, lichtecht	verkehrsgelb RAL 1023, lichtecht	verkehrsgrün RAL 6024, lichtecht
Schriftfeld:	reinweiß RAL 9010, schwarz umrandet	reinweiß RAL 9010, schwarz umrandet	reinweiß RAL 9010, schwarz umrandet

Die Ziffer der Schadstoffgruppe ist nach dem Schriftmuster der Anlage V Seite 3 der Straßenverkehrs-Zulassungs-Ordnung darzustellen.

Die Farbtöne des Untergrundes, des Randes und der Beschriftung sind dem Farbregister RAL 840-HR, herausgegeben vom RAL Deutsches Institut für Gütesicherung und Kennzeichnung e. V., Siegburger Str. 39, 53757 St. Augustin, zu entnehmen.

Anhang 2
(zu § 2 Abs. 2)

Zuordnung der Kraftfahrzeuge zu den Schadstoffgruppen

(1) Kraftfahrzeuge mit Selbstzündungsmotor der Klassen M und N werden unter Berücksichtigung ihrer Schadstoffemissionen den Schadstoffgruppen 1 bis 4 wie folgt zugeordnet:

Schadstoffgruppe 1
Kraftfahrzeuge, die

1. nicht unter die Schadstoffgruppen 2 bis 4 fallen.

2. Schadstoffgruppe 2
Kraftfahrzeuge, die

a) in den Anwendungsbereich der Richtlinie 70/220/EWG in der Fassung der Richtlinie 94/12/EG des Europäischen Parlaments und des Rates vom 23. März 1994 (ABl. EG Nr. L 100 S. 42) fallen und den Vorschriften der Richtlinie entsprechen und bei den Emissionen der gasförmigen Schadstoffe und luftverunreinigenden Partikel die für die Klasse M mit einer zulässigen Gesamtmasse von nicht mehr als 2500 kg vorgeschriebenen Grenzwerte der Tabelle im Abschnitt 5.3.1.4 des Anhangs I der Richtlinie nicht überschreiten oder

b) in den Anwendungsbereich der Richtlinie 70/220/EWG in der Fassung der Richtlinie 96/44/EG des Europäischen Parlaments und des Rates vom 1. Juli 1996 (ABl. EG Nr. L 210 S. 25) fallen und den Vorschriften der Richtlinie entsprechen und bei den Emissionen der gasförmigen Schadstoffe und luftverunreinigenden Partikel die für die Klasse M mit einer zulässigen Gesamtmasse von nicht mehr als 2500 kg vorgeschriebenen Grenzwerte der Tabelle im Abschnitt 5.3.1.4 des Anhangs I der Richtlinie nicht überschreiten oder

c) die in den Anwendungsbereich der Richtlinie 70/220/EWG in der Fassung der Richtlinie 96/69/EG des Europäischen Parlaments und des Rates vom 8. Oktober 1996 (ABl. EG Nr. L 282 S. 64) fallen, den Vorschriften der Richtlinie entsprechen und bei den Emissionen der gasförmigen Schadstoffe und luftverunreinigenden Partikel die vorgeschriebenen Grenzwerte der Tabelle im Abschnitt 5.3.1.4 des Anhangs I der Richtlinie nicht überschreiten oder

d) in den Anwendungsbereich der Richtlinie 70/220/EWG in der Fassung der Richtlinie 98/77/EG der Kommission vom 2. Oktober 1998 (ABl. EG Nr. L 286 S. 34) fallen, den Vorschriften der Richtlinie entsprechen und bei den Emissionen der gasförmigen Schadstoffe und luftverunreinigenden Partikel die vorgeschriebenen Grenzwerte der Tabelle im Abschnitt 5.3.1.4 des Anhangs I der Richtlinie nicht überschreiten oder

e) in den Anwendungsbereich der Richtlinie 88/77/EWG des Rates zur Angleichung der Rechtsvorschriften der Mitgliedstaaten über Maßnahmen gegen die Emission gasförmiger Schadstoffe und luftverunreinigender Partikel aus Selbstzündungsmotoren zum Antrieb von Fahrzeugen und die Emission gasförmiger Schadstoffe aus mit Erdgas oder Flüssiggas betriebenen Fremdzündungsmotoren zum Antrieb von Fahrzeugen (ABl. EG Nr. L 36 S. 33) in der Fassung der Richtlinie 91/542/EWG des Rates vom 1. Oktober 1991 (ABl. EG Nr. L 295 S. 1) fallen, den Vorschriften der Richtlinie entsprechen und bei den Emissionen der gasförmigen Schadstoffe und luftverunreinigenden Partikel die in Zeile B der Tabelle im Abschnitt 8.3.1.1 des Anhangs I der Richtlinie genannten Grenzwerte nicht überschreiten oder

f) in den Anwendungsbereich der Richtlinie 96/1/EG des Europäischen Parlaments und des Rates vom 22. Januar 1996 zur Änderung der Richtlinie 88/77/EWG zur Angleichung der Rechtsvorschriften der Mitgliedstaaten über Maßnahmen gegen die Emission gasförmiger Schadstoffe und luftverunreinigender Partikel aus Dieselmotoren zum Antrieb von Fahrzeugen (ABl. EG Nr. L 40 S. 1) fallen, den Vorschriften der Richtlinie entsprechen und bei den Emissionen der gasförmigen Schadstoffe und luftverunreinigenden Partikel die in Zeile B der Tabelle im Abschnitt 6.2.1 des Anhangs I der Richtlinie genannten Grenzwerte nicht überschreiten oder

g) die durch die Ausrüstung mit einem Partikelminderungssystem die Anforderungen der Nummern 2.1.1 und 2.1.2 der Anlage XXVI der Straßenverkehrs-Zulassungs-Ordnung in der Fassung der Bekanntmachung vom 28. September 1988 (BGBl. I S. 1793), zuletzt geändert durch die Verordnung vom 24. Mai 2007 (BGBl. I S. 893), einhalten oder

h) die durch Ausrüstung mit einem Partikelminderungssystem die Anforderungen der Nummern 3.4.1 und 3.4.2 der Anlage XIV der Straßenverkehrs-Zulassungs-Ordnung in der Fassung der Bekanntmachung vom 28. September 1988 (BGBl. I S. 1793), zuletzt geändert durch die Verordnung vom 24. Mai 2007 (BGBl. I S. 893), einhalten.

3. Schadstoffgruppe 3

Kraftfahrzeuge, die

a) in den Anwendungsbereich der Richtlinie 70/220/EWG in der Fassung der Richtlinie 98/69/EG des Europäischen Parlaments und des Rates vom 13. Oktober 1998 (ABl. EG Nr. L 350 S. 1) fallen, den Vorschriften der Richtlinie entsprechen und die vorgeschriebenen Grenzwerte unter A (2000) der Tabelle im Abschnitt 5.3.1.4 des Anhangs I der Richtlinie nicht überschreiten oder

b) in den Anwendungsbereich der Richtlinie 70/220/EWG in der Fassung der Richtlinie 1999/102/EG der Kommission vom 15. Dezember 1999 (ABl. EG Nr. L 334 S. 43) fallen, den Vorschriften der Richtlinie entsprechen und bei den Emissionen der gasförmigen Schadstoffe und luftverunreinigenden Partikel die unter A (2000) der Tabelle im Abschnitt 5.3.1.4 des Anhangs I der Richtlinie vorgeschriebenen Grenzwerte nicht überschreiten oder

c) in den Anwendungsbereich der Richtlinie 70/220/EWG in der Fassung der Richtlinie 2001/1/EG des Europäischen Parlaments und des Rates vom 22. Januar 2001 (ABl. EG Nr. L 35 S. 34) fallen, den Vorschriften der Richtlinie entsprechen und bei den Emissionen der gasförmigen Schadstoffe und luftverunreinigenden Partikel die unter A (2000) der Tabelle im Abschnitt 5.3.1.4 des Anhangs I der Richtlinie vorgeschriebenen Grenzwerte nicht überschreiten oder

d) in den Anwendungsbereich der Richtlinie 70/220/EWG in der Fassung der Richtlinie 2001/100/EG des Europäischen Parlaments und des Rates vom 7. Dezember 2001 (ABl. EG Nr. L 16 S. 32) fallen, den Vorschriften der Richtlinie entsprechen und bei den Emissionen der gasförmigen Schadstoffe und luftverunreinigenden Partikel die unter A (2000) der Tabelle im Abschnitt 5.3.1.4 des Anhangs I der Richtlinie vorgeschriebenen Grenzwerte nicht überschreiten oder

e) in den Anwendungsbereich der Richtlinie 70/220/EWG in der Fassung der Richtlinie 2002/80/EG der Kommission vom 3. Oktober 2002 (ABl. EG Nr. L 291 S. 20) fallen, den Vorschriften der Richtlinie entsprechen und bei den Emissionen der gasförmigen Schadstoffe und luftverunreinigenden Partikel die unter A (2000) der Tabelle im Abschnitt 5.3.1.4 des Anhangs I der Richtlinie vorgeschriebenen Grenzwerte nicht überschreiten oder

f) in den Anwendungsbereich der Richtlinie 70/220/EWG in der Fassung der Richtlinie 2003/76/EG der Kommission vom 11. August 2003 (ABl. EU Nr. L 206 S. 29) fallen, den Vorschriften der Richtlinie entsprechen und bei den Emissionen der gasförmigen Schadstoffe und luftverunreinigenden Partikel die unter A (2000) der Tabelle im Abschnitt 5.3.1.4 des Anhangs I der Richtlinie vorgeschriebenen Grenzwerte nicht überschreiten oder

g) in den Anwendungsbereich der Richtlinie 88/77/EWG in der Fassung der Richtlinie 1999/96/EG des Europäischen Parlaments und des Rates vom 13. Dezember 1999 (ABl. EG Nr. L 44 S. 1) fallen, den Vorschriften der Richtlinie entsprechen und bei den Emissionen der gasförmigen Schadstoffe und luftverunreinigenden Partikel die unter A (2000) der Tabellen 1 und 2 im Abschnitt 6.2.1 des Anhangs I der Richtlinie vorgeschriebenen Grenzwerte nicht überschreiten oder

h) in den Anwendungsbereich der Richtlinie 88/77/EWG in der Fassung der Richtlinie 2001/27/EG des Europäischen Parlaments und des Rates vom 10. April 2001 (ABl. EG Nr. L 107 S. 10) fallen, den Vorschriften der Richtlinie entsprechen und bei den Emissionen der gasförmigen Schadstoffe und luftverunreinigenden Partikel die unter A (2000) der

35. BImSchV

Tabellen 1 und 2 im Abschnitt 6.2.1 des Anhangs I der Richtlinie vorgeschriebenen Grenzwerte nicht überschreiten oder

i) die durch die Ausrüstung mit einem Partikelminderungssystem die Anforderungen der Stufe PM 1 der Anlage XXVI der Straßenverkehrs-Zulassungs-Ordnung in der Fassung der Bekanntmachung vom 28. September 1998 (BGBl. I S. 1793), die zuletzt durch Artikel 2 der Verordnung vom 25. April 2006 (BGBl. I S. 988) geändert worden ist, einhalten, ausgenommen Fahrzeuge der Klasse M mit einer zulässigen Gesamtmasse von mehr als 2500 kg oder

j) die durch Ausrüstung mit einem Partikelminderungssystem die Anforderungen der Nummer 2.1.2 der Anlage XXVI der Straßenverkehrs-Zulassungs-Ordnung in der Fassung der Bekanntmachung vom 28. September 1988 (BGBl. I S. 1793), zuletzt geändert durch die Verordnung vom 24. Mai 2007 (BGBl. I S. 893), einhalten, ausgenommen Fahrzeuge der Klasse M mit nicht mehr als sechs Sitzplätzen einschließlich des Fahrersitzes oder mit einer Höchstmasse von nicht mehr als 2500 Kilogramm oder

k) die durch Ausrüstung mit einem Partikelminderungssystem die Anforderungen der Nummer 2 der Nummer 3.4.2 der Anlage XIV der Straßenverkehrs-Zulassungs-Ordnung in der Fassung der Bekanntmachung vom 28. September 1988 (BGBl. I S. 1793), zuletzt geändert durch die Verordnung vom 24. Mai 2007 (BGBl. I S. 893), einhalten, ausgenommen Fahrzeuge der Klasse N1, mit einer Bezugsmasse von nicht mehr als 1250 Kilogramm (Gruppe I) oder

l) die durch Ausrüstung mit einem Partikelminderungssystem die Anforderungen der Nummer 3.4.3 der Anlage XIV der Straßenverkehrs-Zulassungs-Ordnung in der Fassung der Bekanntmachung vom 28. September 1988 (BGBl. I S. 1793), zuletzt geändert durch die Verordnung vom 24. Mai 2007 (BGBl. I S. 893), einhalten.

4. Schadstoffgruppe 4

Kraftfahrzeuge, die

a) in den Anwendungsbereich der Richtlinie 70/220/EWG in der Fassung der Richtlinie 98/69/EG des Europäischen Parlaments und des Rates vom 13. Oktober 1998 (ABl. EG Nr. L 350 S. 1) fallen, den Vorschriften der Richtlinie entsprechen und bei den Emissionen der gasförmigen Schadstoffe und luftverunreinigenden Partikel die unter B (2005) der Tabelle im Abschnitt 5.3.1.4 des Anhangs I der Richtlinie vorgeschriebenen Grenzwerte nicht überschreiten oder

b) in den Anwendungsbereich der Richtlinie 70/220/EWG in der Fassung der Richtlinie 1999/102/EG der Kommission vom 15. Dezember 1999 (ABl. EG Nr. L 334 S. 43) fallen, den Vorschriften der Richtlinie entsprechen und bei den Emissionen der gasförmigen Schadstoffe und luftverunreinigenden Partikel die unter B (2005) der Tabelle im Abschnitt 5.3.1.4 des Anhangs I der Richtlinie vorgeschriebenen Grenzwerte nicht überschreiten oder

c) in den Anwendungsbereich der Richtlinie 70/220/EWG in der Fassung der Richtlinie 2001/1/EG des Europäischen Parlaments und des Rates vom 22. Januar 2001 (ABl. EG Nr. L 35 S. 34) fallen, den Vorschriften der Richtlinie entsprechen und bei den Emissionen der gasförmigen Schadstoffe und luftverunreinigenden Partikel die unter B (2005) der Tabelle im Abschnitt 5.3.1.4 des Anhangs I der Richtlinie vorgeschriebenen Grenzwerte nicht überschreiten oder

d) in den Anwendungsbereich der Richtlinie 70/220/EWG in der Fassung der Richtlinie 2001/100/EG des Europäischen Parlaments und des Rates vom 7. Dezember 2001 (ABl. EG Nr. L 16 S. 32) fallen, den Vorschriften der Richtlinie entsprechen und bei den Emissionen der gasförmigen Schadstoffe und luftverunreinigenden Partikel die unter B (2005) der Tabelle im Abschnitt 5.3.1.4 des Anhangs I der Richtlinie vorgeschriebenen Grenzwerte nicht überschreiten oder

e) in den Anwendungsbereich der Richtlinie 70/220/EWG in der Fassung der Richtlinie 2002/80/EG der Kommission vom 3. Oktober 2002 (ABl. EG Nr. L 291 S. 20) fallen, den Vorschriften der Richtlinie entsprechen und bei den Emissionen der gasförmigen Schadstoffe und luftverunreinigenden Partikel die unter B (2005) der Tabelle im Abschnitt 5.3.1.4 des Anhangs I der Richtlinie vorgeschriebenen Grenzwerte nicht überschreiten oder

f) in den Anwendungsbereich der Richtlinie 70/220/EWG in der Fassung der Richtlinie 2003/76/EG der Kommission vom 11. August 2003 (ABl. EU Nr. L 206 S. 29) fallen, den Vorschriften der Richtlinie entsprechen und bei den Emissionen der gasförmigen Schadstoffe und luftverunreini-genden Partikel die unter B (2005) der Tabelle im Abschnitt 5.3.1.4 des Anhangs I der Richtlinie vorgeschriebenen Grenzwerte nicht überschreiten oder

g) in den Anwendungsbereich der Richtlinie 88/77/EWG in der Fassung der Richtlinie 1999/96/EG des Europäischen Parlaments und des Rates vom 13. Dezember 1999 (ABl. EG Nr. L 44 S. 1) fallen, den Vorschriften der Richtlinie entsprechen und bei den Emissionen der gasförmigen Schadstoffe und luftverunreinigenden Partikel die unter B 1 (2005) der Tabellen 1 und 2 im Abschnitt 6.2.1 des Anhangs I der Richtlinie vorgeschriebenen Grenzwerte nicht überschreiten oder

h) in den Anwendungsbereich der Richtlinie 88/77/EWG in der Fassung der Richtlinie 1999/96/EG des Europäischen Parlaments und des Rates vom 13. Dezember 1999 (ABl. EG Nr. L 44 S. 1) fallen, den Vorschriften der Richtlinie entsprechen und bei den Emissionen der gasförmigen Schadstoffe und luftverunreinigenden Partikel die unter B 2 (2008) der Tabellen 1 und 2 im Abschnitt 6.2.1 des Anhangs I der Richtlinie vorgeschriebenen Grenzwerte nicht überschreiten oder

i) in den Anwendungsbereich der Richtlinie 88/77/EWG in der Fassung der Richtlinie 1999/96/EG des Europäischen Parlaments und des Rates vom 13. Dezember 1999 (ABl. EG Nr. L 44 S. 1) fallen, den Vorschriften der Richtlinie entsprechen und bei den Emissionen der gasförmigen Schadstoffe und luftverunreinigenden Partikel die unter C (EEV) der Tabellen 1 und 2 im Abschnitt 6.2.1 des Anhangs I der Richtlinie vorgeschriebenen Grenzwerte nicht überschreiten oder

j) in den Anwendungsbereich der Richtlinie 88/77/EWG in der Fassung der Richtlinie 2001/27/EG des Europäischen Parlaments und des Rates vom 10. April 2001 (ABl. EG Nr. L 107 S. 10) fallen, den Vorschriften der Richtlinie entsprechen und bei den Emissionen der gasförmigen Schadstoffe und luftverunreinigenden Partikel die unter B 1 (2005) der Tabellen 1 und 2 im Abschnitt 6.2.1 des Anhangs I der Richtlinie vorgeschriebenen Grenzwerte nicht überschreiten oder

k) in den Anwendungsbereich der Richtlinie 88/77/EWG in der Fassung der Richtlinie 2001/27/EG der Kommission vom 10. April 2001 (ABl. EG Nr. L 107 S. 10) fallen, den Vorschriften der Richtlinie entsprechen und bei den Emissionen der gasförmigen Schadstoffe und luftverunreinigenden Partikel die unter B 2 (2008) der Tabellen 1 und 2 im Abschnitt 6.2.1 des Anhangs I der Richtlinie vorgeschriebenen Grenzwerte nicht überschreiten oder

l) in den Anwendungsbereich der Richtlinie 88/77/EWG in der Fassung der Richtlinie 2001/27/EG der Kommission vom 10. April 2001 (ABl. EG Nr. L 107 S. 10) fallen, den Vorschriften der Richtlinie entsprechen und bei den Emissionen der gasförmigen Schadstoffe und luftverunreinigenden Partikel die unter C (EEV) der Tabellen 1 und 2 im Abschnitt 6.2.1 des Anhangs I der Richtlinie vorgeschriebenen Grenzwerte nicht überschreiten oder

m) die durch die Ausrüstung mit einem Partikelminderungssystem die Anforderungen der Stufe PM 2 oder PM 3 der Anlage XXVI der Straßenverkehrs-Zulassungs-Ordnung in der Fassung der Bekanntmachung vom 28. September 1998 (BGBl. I S. 1793), die zuletzt durch Artikel 2 der Verordnung vom 25. April 2006 (BGBl. I S. 988) geändert worden ist, einhalten oder

n) Fahrzeuge der Klasse M mit einer zulässigen Gesamtmasse von mehr als 2500 kg, die durch Ausrüstung mit einem Partikelminderungssystem die Anforderungen der Stufe PM 1 der Anlage XXVI der Straßenverkehrs-Zulassungs-Ordnung in der Fassung der Bekanntmachung vom 28. September 1998 (BGBl. I S. 1793), die zuletzt durch Artikel 2 der Verordnung vom 25. April 2006 (BGBl. I S. 988) geändert worden ist, einhalten oder

o) die die Anforderungen der Stufe PM 5 der Anlage XXVI der Straßenverkehrs-Zulassungs-Ordnung in der Fassung der Bekanntmachung vom 28. September 1998 (BGBl. I S. 1793), die zuletzt durch Artikel 2 der Verordnung vom 25. April 2006 (BGBl. I S. 988) geändert worden ist, einhalten oder

p) die durch die Ausrüstung mit einem Partikelminderungssystem die Anforderungen der Stufe PM 4 der Anlage XXVI der Straßenverkehrs-Zulassungs-Ordnung in der Fassung der Bekanntmachung vom 28. September 1998 (BGBl. I S. 1793), die zuletzt durch Artikel 2 der Verordnung vom 25. April 2006 (BGBl. I S. 988) geändert worden ist, einhalten oder

q) die durch Ausrüstung mit einem Partikelminderungssystem die Anforderungen der Nummer 2 der Nummer 3.4.3 der Anlage XIV der Straßenverkehrs-Zulassungs-Ordnung in der Fassung der Bekanntmachung vom 28. September 1998 (BGBl. I S. 1793), zuletzt geändert durch die Verordnung vom 24. Mai 2007 (BGBl. I S. 893), einhalten, ausgenommen Fahrzeuge der Klasse N1, mit einer Bezugsmasse von nicht mehr als 1250 Kilogramm (Gruppe I) oder

r) die durch Ausrüstung mit einem Partikelminderungssystem die Anforderungen der Nummer 3.4.4, Nummer 3.4.5 oder Nummer 3.4.6 der Anlage XIV der Straßenverkehrs-Zulassungs-Ordnung in der Fassung der Bekanntmachung vom 28. September 1988 (BGBl. I S. 1793), zuletzt geändert durch die Verordnung vom 24. Mai 2007 (BGBl. I S. 893), einhalten oder

s) in den Anwendungsbereich der Richtlinie 70/220/EWG oder der Richtlinie 2005/55/EG in der jeweils zuletzt geänderten, im Amtsblatt der Europäischen Union veröffentlichten Fassung fallen.

(2) Kraftfahrzeuge mit Fremdzündungsmotor der Klassen M und N nach Anhang II A Nr. 1 und Nr. 2 der Richtlinie 70/156/EWG des Rates werden den Schadstoffgruppen 1 und 4 wie folgt zugeordnet:

1. Schadstoffgruppe 1
Kraftfahrzeuge, die nicht unter die Schadstoffgruppe 4 fallen,

2. Schadstoffgruppe 4
Kraftfahrzeuge, die

   a) in den Anwendungsbereich der Richtlinie 70/220/EWG in der Fassung der Richtlinie 91/441/EWG des Rates vom 26. Juni 1991 (ABl. EG Nr. L 242 S. 1) fallen – ausgenommen die Fahrzeuge, die die Übergangsbestimmungen des Anhangs I Nr. 8.1 oder 8.3 in Anspruch nehmen –, den Vorschriften der Richtlinie entsprechen oder

   b) in den Anwendungsbereich der Richtlinie 70/220/EWG in der Fassung der Richtlinie 93/59/EWG des Rates vom 28. Juni 1993 (ABl. EG Nr. L 186 S. 21) fallen, den Vorschriften der Richtlinie entsprechen und die im Anhang I im Abschnitt 5.3.1 der Richtlinie genannte Prüfung Typ I (Prüfung der durchschnittlichen Auspuffemissionen nach einem Kaltstart) nachweisen oder

   c) in den Anwendungsbereich der Richtlinie 70/220/EWG in der Fassung der Richtlinie 94/12/EG des Europäischen Parlaments und des Rates vom 23. März 1994 (ABl. EG Nr. L 100 S. 42) fallen, den Vorschriften der Richtlinie entsprechen und die vorgeschriebenen Grenzwerte der Tabelle im Abschnitt 5.3.1.4 des Anhangs I der Richtlinie nicht überschreiten oder

   d) in den Anwendungsbereich der Richtlinie 70/220/EWG in der Fassung der Richtlinie 96/69/EG des Europäischen Parlaments und des Rates vom 8. Oktober 1996 (ABl. EG Nr. L 282 S. 64) fallen, den Vorschriften der Richtlinie entsprechen und die vorgeschriebenen Grenzwerte der Tabelle im Abschnitt 5.3.1.4 des Anhangs I der Richtlinie nicht überschreiten oder

   e) in den Anwendungsbereich der Richtlinie 70/220/EWG in der Fassung der Richtlinie 98/77/EG der Kommission vom 2. Oktober 1998 (ABl. EG Nr. L 286 S. 34) fallen, den Vorschriften der Richtlinie entsprechen und die vorgeschriebenen Grenzwerte der Tabelle im Abschnitt 5.3.1.4 des Anhangs I der Richtlinie nicht überschreiten oder

   f) in den Anwendungsbereich der Richtlinie 70/220/EWG in der Fassung der Richtlinie 98/69/EG des Europäischen Parlaments und des Rates vom 13. Oktober 1998 (ABl. EG Nr. L 350 S. 1) fallen, den Vorschriften der Richtlinie entsprechen und die vorgeschriebenen Grenzwerte der Tabelle im Abschnitt 5.3.1.4 des Anhangs I der Richtlinie nicht überschreiten oder

   g) in den Anwendungsbereich der Richtlinie 70/220/EWG in der Fassung der Richtlinie 1999/102/EG der Kommission vom 15. Dezember 1999 (ABl. EG Nr. L 334 S. 43) fal-

11 KennzVO 35. BIMSchV

len, den Vorschriften der Richtlinie entsprechen und die vorgeschriebenen Grenzwerte der Tabelle im Abschnitt 5.3.1.4 des Anhangs I der Richtlinie nicht überschreiten oder

h) in den Anwendungsbereich der Richtlinie 70/220/EWG in der Fassung der Richtlinie 2001/1/EG des Europäischen Parlaments und des Rates vom 22. Januar 2001 (ABl. EG Nr. L 35 S. 34) fallen, den Vorschriften der Richtlinie entsprechen und die vorgeschriebenen Grenzwerte der Tabelle im Abschnitt 5.3.1.4 des Anhangs I der Richtlinie nicht überschreiten oder

i) in den Anwendungsbereich der Richtlinie 70/220/EWG in der Fassung der Richtlinie 2001/100/EG des Europäischen Parlaments und des Rates vom 7. Dezember 2001 (ABl. EG Nr. L 16 S. 32) fallen, den Vorschriften der Richtlinie entsprechen und die vorgeschriebenen Grenzwerte der Tabelle im Abschnitt 5.3.1.4 des Anhangs I der Richtlinie nicht überschreiten oder

j) in den Anwendungsbereich der Richtlinie 70/220/EWG in der Fassung der Richtlinie 2002/80/EG der Kommission vom 3. Oktober 2002 (ABl. EG Nr. L 291 S. 20) fallen, den Vorschriften der Richtlinie entsprechen und die vorgeschriebenen Grenzwerte der Tabelle im Abschnitt 5.3.1.4 des Anhangs I der Richtlinie nicht überschreiten oder

k) in den Anwendungsbereich der Richtlinie 70/220/EWG in der Fassung der Richtlinie 2003/76/EG der Kommission vom 11. August 2003 (ABl. EU Nr. L 206 S. 29) fallen, den Vorschriften der Richtlinie entsprechen und die vorgeschriebenen Grenzwerte der Tabelle im Abschnitt 5.3.1.4 des Anhangs I der Richtlinie nicht überschreiten oder

l) in den Anwendungsbereich der Richtlinie 88/77/EWG in der Fassung der Richtlinie 1999/96/EG des Europäischen Parlaments und des Rates vom 13. Dezember 1999 (ABl. EG 2000 Nr. L 44 S. 1) fallen, den Vorschriften der Richtlinie entsprechen und bei den Emissionen der gasförmigen Schadstoffe und luftverunreinigenden Partikel die unter A (2000) oder B 1 (2005) oder B 2 (2008) oder unter C (EEV) der Tabellen 1 und 2 im Abschnitt 6.2.1 des Anhangs I der Richtlinie vorgeschriebenen Grenzwerte nicht überschreiten oder

m) in den Anwendungsbereich der Richtlinie 88/77/EWG in der Fassung der Richtlinie 2001/27/EG des Europäischen Parlaments und des Rates vom 10. April 2001 (ABl. EG Nr. L 107 S. 10) fallen, den Vorschriften der Richtlinie entsprechen und bei den Emissionen der gasförmigen Schadstoffe und luftverunreinigenden Partikel die unter A (2000) oder B 1 (2005) oder B 2 (2008) oder unter C (EEV) der Tabellen 1 und 2 im Abschnitt 6.2.1 des Anhangs I der Richtlinie 1999/96/EG des Europäischen Parlaments und des Rates vom 13. Dezember 1999 (ABl. EG 2000 Nr. L 44 S. 1) vorgeschriebenen Grenzwerte nicht überschreiten oder

n) die Anforderungen der Anlage XXIII der Straßenverkehrs-Zulassungs-Ordnung in der Fassung der Bekanntmachung vom 28. September 1988 (BGBl. I S. 1793), zuletzt geändert durch die Verordnung vom 24. Mai 2007 (BGBl. I S. 893), einhalten oder

o) nach den Bestimmungen der 52. Ausnahmeverordnung zur StVZO vom 13. August 1996 (BGBl. I S. 1319), zuletzt geändert durch Artikel 1 der Verordnung vom 18. Februar 1998 (BGBl. I S. 390), nachgerüstet wurden oder

p) in den Anwendungsbereich der Richtlinie 70/220/EWG oder der Richtlinie 2005/55/EG in der jeweils zuletzt geänderten, im Amtsblatt der Europäischen Union veröffentlichten Fassung fallen.

(3) Kraftfahrzeuge mit Antrieb ohne Verbrennungsmotor (z. B. Elektromotor, Brennstoffzellenfahrzeuge) werden der Schadstoffgruppe 4 zugeordnet.

Anhang 3
(zu § 2 Abs. 3)

Ausnahmen von der Kennzeichnungspflicht nach § 2 Abs. 1

Folgende Kraftfahrzeuge sind von Verkehrsverboten nach § 40 Abs. 1 des Bundes-Immissionsschutzgesetzes auch dann ausgenommen, wenn sie nicht gemäß § 2 Abs. 1 mit einer Plakette gekennzeichnet sind:

1. mobile Maschinen und Geräte,
2. Arbeitsmaschinen,
3. land- und forstwirtschaftliche Zugmaschinen,
4. zwei- und dreirädrige Kraftfahrzeuge,
5. Krankenwagen, Arztwagen mit entsprechender Kennzeichnung „Arzt Notfalleinsatz" (gemäß § 52 Abs. 6 der Straßenverkehrs-Zulassungs-Ordnung),
6. Kraftfahrzeuge, mit denen Personen fahren oder gefahren werden, die außer gewöhnlich gehbehindert, hilflos oder blind sind und dies durch die nach § 3 Abs. 1 Nr. 1 bis 3 der Schwerbehindertenausweisverordnung im Schwerbehindertenausweis eingetragenen Merkzeichen „aG", „H" oder „Bl" nachweisen,
7. Fahrzeuge, für die Sonderrechte nach § 35 der Straßenverkehrs-Ordnung in Anspruch genommen werden können,
8. Fahrzeuge nichtdeutscher Truppen von Nichtvertragsstaaten des Nordatlantikpaktes, die sich im Rahmen der militärischen Zusammenarbeit in Deutschland aufhalten, soweit sie für Fahrten aus dringenden militärischen Gründen genutzt werden,
9. zivile Kraftfahrzeuge, die im Auftrag der Bundeswehr genutzt werden, soweit es sich um unaufschiebbare Fahrten zur Erfüllung hoheitlicher Aufgaben der Bundeswehr handelt,
10. Oldtimer (gemäß § 2 Nr. 22 der Fahrzeug-Zulassungsverordnung), die ein Kennzeichen nach § 9 Abs. 1 oder § 17 der Fahrzeug-Zulassungsverordnung führen, sowie Fahrzeuge, die in einem anderen Mitgliedstaat der Europäischen Union, einer anderen Vertragspartei des Abkommens über den Europäischen Wirtschaftsraum oder der Türkei zugelassen sind, wenn sie gleichwertige Anforderungen erfüllen.

Anm: Zur 35. BImSchV (KennzVO) s § 41 StVO Rz 248g, § 45 StVO Rz 29, § 47 StVZO Rz 1c, 6a, 7a, 7b und § 48 StVZO Rz 4.

Lit: s § 47 StVZO Rz 7b.

Sachverzeichnis

E = Einleitung, **1** = StVG, **2** = StVO, **3** = FeV, **3.1** = FreiwFortbV, **4** = FZV,
5 = StVZO, **6** = StGB, **7** = StPO, **8** = BKatV,
9 = LeichtmofaAusnahmeVO, **10** = BImSchG, **11** = KennzVO

fette Zahlen bedeuten Gesetze, magere Zahlen Paragraphen, kleine Zahlen Randziffern,
römische Zahlen Absätze, Z bedeutet Verkehrszeichen

AAK 1 24 a$^{16\,\text{ff}}$, **6** 316$^{52\,\text{ff}}$
Abbiegen 2 7^{16}, 9^{16}, bei Lichtzeichen **2** 9^{40}, 37^{45}, paarweises **2** 5^{67}, (weitere Unterstichworte: § 9 StVO Übersicht vor Rz 16)
Abblenden, Geschwindigkeit bei – **2** 3$^{32-35}$, Pflicht z – **2** 17$^{11,\,11\,a,\,22-25}$, 19^{34}, des Überholen **2** 5^{61}, s auch Blendung
Abblendlicht 2 17$^{4,\,20,\,24}$, AB **2** 18^{19}, Reichweite **2** 17^{24}, **5** 50^{15}, am Tage **2** 17$^{18\,a}$
Abblendpflicht 2 17$^{11,\,11\,a,\,22-25}$
Abfall, Fahrzeug als **4** 14^{7}, 15
Abfindung in Kapital **1** 13
Abgase 5 47, 47 c, 72
Abgasmessung 1 5 b, **5** 47 b
Abgasreinigung 5 47
Abgasuntersuchung 5 47 a
Abgasverhalten, Verschlechterung **5** 19$^{6,\,9}$
Abgesenkter Bordstein 2 8$^{32,\,35}$, 9^{45}, 10$^{6\,a}$, 12$^{57\,a}$
Abhängigkeit von Drogen **3** 14^{12}
Abknickende Vorfahrt 2 2^{35}, 8^{43}, 9$^{16,\,19,\,39}$, 42 zu Z 306^{10}
Abkommen über StrMarkierungen **2** 39^{39}
Ablenkung von den Fahraufgaben **2** 3^{67}, 23^{14}
Ablieferung bei Entziehung der FE zur Fahrgastbeförderung **3** 48^{18}, **6** 44$^{11,\,13-15}$, 69, 69 b, des Führerscheins **1** 3^{3}, **3** 47^{3}
Abmeldung (Außerbetriebsetzung) **4** 14
Abmessung von Fz und Zügen **5** 32, 34, ungewöhnlich große **2** 29
Abrollen 2 14$^{11,\,12,\,16}$, **5** 41^{21}, **6** 316^{4}
Abschleppachse 4 1^{6}
Abschleppen, AB-Benutzungsverbot **2** 15 a, von Kfzen **1** 7^{8}, **2** 12$^{64,\,65}$, 13^{5}, 15 a, 38^{5}, **3** 6^{25}, **4** 1^{6}, vor 23$^{1,\,7}$, **5** 33$^{3,\,6-8}$, 43, 53, 72, **6** 316^{4}
Abschleppkosten 1 12^{28}, **2** 12$^{64,\,66}$
Abschleppöse 5 43^{3}
Abschleppseil 5 22 a, 43
Abschleppstange 5 22 a, 33, 43
Abschleppwagen 1 7^{8}, **5** 53
Abschüssige Straße 2 3$^{20\,f}$
Absehen von Strafe **6** 315 c^{67}, 316^{116}
Absperrgeräte 2 43
Absperrung 2 6^{3}, 25^{51}, 32^{14}
Absperrvorrichtung an Kraftstoffleitungen **5** 46
Abspringen von öffentl Verkehrsmitteln **2** 20^{13}
Abstand beim Abschleppen **5** 43, beim Ausweichen **2** 6^{10}, Fahrgeschwindigkeit **2** 3^{29}, zu Fußgängern **2** 25^{18}, gefährdender **2** 5$^{56-58}$, seitlicher **2** 5$^{13\,a,\,54-58}$, 20^{9}, beim Überholen **2** 4$^{6,\,14}$, 5$^{52,\,54-58}$, auf voller AB **2** 3^{29}, Vorbeifahren **2** 2^{9}, 41, (weitere Unterstichworte: § 4 StVO Übersicht vor Rz 5)
Abstandsleuchte 5 53 c
Abstandsmarkierer 5 67

Absteigen, Vorrichtungen **5** 35 d
Abstellen und Gemeingebrauch **2** 12$^{42\,a}$, des Motors **2** 30$^{6,\,13}$, s Parken
Abstellvorrichtung bei Krad **5** 30^{3}
Abstempelung des Kennzeichens **4** 10$^{9-10}$
Abstinenz 1 2$^{17\,j}$
Abteilungen 2 27
Abweichen von Verkehrsregeln **E** 122, 123, 124, **2** 1$^{5-10}$, 2$^{43-45}$, s sinnvolle Beachtung
Abzeichen für Körperbehinderte **3** 2
Abziehen des Zündschlüssels **2** 14$^{14-16}$
Abzweigender Fahrstreifen, Rechtsüberholen **2** 7^{15}
Achsen 3 6^{15}, **5** 34
Achslast 5 34, 59, 63, 72
Achtungszeichen bei Verkehrsregelung **2** 36^{23}, 37
Ackerschmutz 2 32^{7}
actio libera in causa 6 151 b, **6** 316$^{92,\,95}$
Adaptation (Hell/Dunkel) **E** 132, **2** 3^{33}
Adäquate Verursachung E 104 ff, **1** 7^{10}
Ähnlicher, ebenso gefährlicher Eingriff 6 315 b$^{14-21}$
Airbag 5 35 a$^{7,\,8}$
Akkreditierung 3 72
Akkumulatorfahrzeug 5 41
Alarmanlage 5 38 b
Alkohol, Abbau (Absorption) **6** 316^{11}, Anflutung (Resorption) **6** 316$^{10\,f}$, Fahren unter -wirkung **1** 24 a, **6** 315 c, 316, Fahrerlaubnis **1** 2$^{16\,\text{ff}}$, 3^{9}, **3** 13, **6** 69, Nachweis s Blutalkoholanalyse, strafrechtliche Haftung Dritter **6** 222, 229$^{3\,a}$, 316^{96}, Teilnahme am Verkehr **1** 24 a, **2** 25^{24}, **3** 2^{4}, **6** 69, Versicherungsschutz **6** 316$^{117\,\text{ff}}$, Wirkungen **6** 316$^{10,\,11}$
Alkoholabhängigkeit 1 2$^{16\,a}$, **3** 13^{16}
Alkoholbedingte Fahrunsicherheit s Fahrunsicherheit
Alkoholisches Getränk 1 24 c^{8}, **6** 316^{61}
Alkoholismusmarker 3 13^{16}
Alkoholmissbrauch 1 2$^{16\,b}$, **3** 13$^{18\,\text{ff}}$
Allgemeine Betriebserlaubnis für Typen **5** 20
allgemeine Kennzeichen 4 8^{2}
Allgemeine Verwaltungsvorschriften (Vwv) E 4 a
Alliierte E 18, 19, 22, 29, **4** 46^{7}, Geltung dt Rechts **1** 16, **2** 35^{7}, Haftpflicht für Verkehrsunfälle **1** 16^{22}, Pflicht-Vers **4** vor 23^{17}, s Nato-Streitkräfte
Allradbremse 5 41, 72
Alter, hohes **1** 2^{9}, 3^{6}, **3** 11^{11}, Mindest- für Fahrerlaubnis s Mindestalter und Fahrerlaubnis
Ältere, Rücksicht auf – **2** 3$^{29\,a}$
Altersabbau 1 2^{9}
Ampel 2 37
Amtlich anerkannte Begutachtungsstelle 3 11$^{12,\,13}$
Amtlich anerkannter Sachverständiger s Sachverständiger oder Prüfer

Sachverzeichnis

fette Zahlen = Gesetze, magere Zahlen = §§

Amtliche Anerkennung 3 65 ff, Ärztliche Gutachter 3 65, Begutachtungsstelle für Fahreignung 3 66, Kurse zur Wiederherstellung der Kraftfahreignung 3 70, Sehteststelle 3 67, Sofortmaßnahmen am Unfallort, erste Hilfe 3 68, Stellen zur Durchführung der Fahrerlaubnisprüfung 3 69, verkehrspsychologische Beratung 3 71
Amtliche Kennzeichen s Kennzeichen, amtliche
Amtsabmeldung nichtversteuerter Kfze 4 14^{10}
Amtsarzt 3 11^{11}
Amtshaftung 1 3^6, 16$^{17-21}$, 2 7^{63}, 45$^{51-68}$, 4 25^{10}
Amtspflicht 1 16^{18}
Analogie E 60–62
Anamnese 3 11^{18}
Anbaugeräte 2 22^{25}, 4 3^9, 5 30^3, 49 a, 53 b
Anbieten von Waren auf der Straße 2 33
Anbringen der Fahrtrichtungsanzeiger 5 54, der amtl Kennzeichen 1 22, 4 10$^{15-17}$, der Verkehrszeichen 1 5 b, 2 39^6, 13 ff, 31–33, 35, 41$^{2-9}$, 246, 45$^{11, 20, 43, 44}$
Andere, Rücksicht auf 2 1^{32}, 2^{45}
Änderung der bauartbedingten Höchstgeschwindigkeit 5 30 a, der Kennzeichen 4 13^{10}, von Verkehrszeichen E 42, 2 39^{38}, 41$^{4, 249}$, am zugelassenen Kfz 4 13, 5 19$^{6-9}$
Andreaskreuz, Bahnübergang 2 19$^{10, 11, 13}$, 41 Z 201$^{1, 10-22}$, Parkverbot 2 12^{50}
Anerkannte Stellen für Eignungsprüfung 1 2^{24}
Anfahren 2 1^{36}, 4^8, 10^7, bei Grün 2 5^{62}, 37, (weitere Unterstichworte: § 10 StVO Übersicht vor Rz 4)
Anfahrspiegel 5 56
Anfallsleiden 3 11^{11}, 6 315 c^5
Anfechtungsklage 2 41$^{247, 250}$
Anforderungen an das Gutachten 3 11$^{17 f}$
Angefallene, Mehrwertsteuer 1 12^4
Angepasstes Verhalten E 122–124, 2 1$^{5-10}$, 2$^{43-45}$, 11
Angestellte, Haftung des KfzHalters 1 8$^{3, 4}$, 16$^{12-15}$
Angetrunkenheit, Mitnehmen von Angetrunkenen 2 23$^{22, 23}$, s Alkohol
Angriffsnotstand E 116
Anhalten 2 12$^{16, 19}$, auf der AB 2 18$^{23-25}$, Anzeige 2 12^{20}, bei Gelb 2 37^{48}, vor dem Haltgebotsschild 2 41 Z 306, vor der herabgehenden Schranke 2 19^{19}, in der Kreuzung 2 8^{62}, 11, plötzliches 2 4$^{1-3, 11}$, bei Unfall 2 34, zur Verkehrskontrolle 2 36$^{15, 16, 24}$, vor Wegerechtsfahrzeugen 2 35, s Halten
Anhalteweg, individueller 2 3$^{14 ff, 58}$
Anhängelast hinter Kfzen 5 42, 72
Anhänger, Achslast, Gesamtgewicht 5 34, Anbringung der Kennzeichen 4 10^{15}, als Arbeitsmaschine 4 3^{21}, außerdt hinter dt Kfz 4 20^{13}, 21^2, vor 23^{10}, Begriff 1 1^7, 4, 15^4, 2 4^5, Bereifung 5 36, Bremse 5 8, 10, Bremsen 5 41, bremslose 5 41, Fabrikschilder, Fabriknummern des Fahrgestells 5 59, Fahrerlaubnisklasse 3 6^{18}, Gefährdungshaftung 1 7^2, Geschwindigkeitsschilder 5 58, Kennzeichnungspflicht 4 3^{17}, Lastverteilung 5 42, Mitführen von Anhängern 1 6^5, 5 32, 32 a, 61 a, Parken 2 12$^{42a, 60a, 60aa}$, Personenbeförderung auf Ladefläche 2 21$^{10-12}$, Rückstrahler 5 51, 53, Schluss- und Bremsleuchten, Stützeinrichtung 5 44, seitl Begrenzungsleuchten 5 51, Überwachung 5 29, Zahl 5 32 a, Zugvorrichtung 5 43, s Zug
Anhängerbrief s Fahrzeugbrief
Anhängerdeichsel 5 43, 72
Anhängerkupplung 5 19, 43
Anhängerschein s Fahrzeugschein
Anhängerverzeichnis 4 11$^{7, 8}$, 5 22
Anknüpfungstatsachen des Gutachtens 3 11^{18}

Ankündigung des Abbiegens 2 9$^{4, 17-21, 46}$, des An- und Einfahrens 2 10^{16}, 18^{18}, des Fahrstreifenwechsels 2 7$^{16, 17}$, des Haltens 2 12^{20}, vor Hindernissen 2 6^7, des Überholens 2 5$^{6/7, 9-11, 46-51}$
Anlagen, Beschädigen, Zerstören 6 315 b^4
Anlieger 1 5 b, 2 41$^{247, 248}$, 45^{58}
Anordnung eines Gutachtens 3 46^{15}
Anordnungen durch Farbzeichen 2 37, der VB 3 3, im Verkehr 2 36, Verkehrsbeschränkungen 2 45, durch Verkehrszeichen 2 39–42, Wirksamwerden 2 45
Anrechnung der Beschlagnahme des Führerscheins 6 69, der vorl EdF u der Beschlagnahme auf Sperrfrist 6 69 a, vorl EdF auf Fahrverbot 1 25^{27}, 6 44, von Vorteilen 1 11^3, 12^{38}
Anschein, amtlicher Kennzeichnung 1 22
Anscheinsbeweis E 157 a, 1 7$^{48-51}$, 2 7^4, 3^{66}, 4^{18}, 5^{74}, 7^{17}, 8^{68}, 9$^{44, 50, 55}$, 10^{11}, 17^{38}, 18^{30}, 19^{35}, 21 a^9, 25$^{54, 55}$, 6 248 b^{17}, 316$^{117, 119 f}$
Anschleppen 1 21^{11}, 5 33^8, 6 316^4
Anschlussüberholen 2 5^{31}
Anspruch auf Fahrerlaubnis 1 2^{31}, 3^{32}
Antiblockiersystem s Automatischer Blockierverhinderer
Antrag auf Erteilung der Fahrerlaubnis 3 21^4, auf Zulassung von Kfzen 4 6
Antragstellung 1 2^{29}, 3 21^4
Anwohner s Bewohner
Anzeige der FahrtrichtÄnd s Ankündigung, des Versicherers 4 25
Anzeigepflicht des Halters und Eigentümers eines Kfz 4 13, des Verletzten 1 15
Aquaplaning s Wasserglätte
Äquivalenzlehre E 97 ff
Arbeiten auf der Fahrbahn 2 45, s Arbeitsstellen
Arbeitnehmer, Ersatzanspruch 1 7^{61}, Parkplatz 2 12^{57}
Arbeitsfahrzeug 2 2^{43}
Arbeitsgeräte, Bereifung 5 36, Bremsen 5 65, land- und forstwirtschaftliche 5 32, 72, rückwärtige Beleuchtung 5 53, 72, Zulassungspflicht 4 3^{11}
Arbeitskräfte, Beförderung 2 21$^{5, 10-12}$
Arbeitsmaschine 2 17^{36}, 3 4, 6$^{10, 21}$, 4 2^{20}, 3^{11}, 5 36, Ausnahmen für bestimmte – und bestimmt andere Fahrzeugarten 5 32, 34, 35, 35 b, 35 e, 36, 36 a, 43, 44, 47, 49 a, 50, 53, 56, 70
Arbeitsscheinwerfer 5 52
Arbeitsstellen, Absperrung u Kennzeichnung 2 45, gelbes Blinklicht 2 38
Arbeitsunfall 1 7^{61}, 8 a^3, 16^7
Armbinde, Körperbehinderte 3 2
Arten- und Biotopschutz 2 45 I a, 45^{33}
Arteriosklerose 2 10^2
Arzt, Parkerleichterung 2 46, 47, Schweigepflicht u Melderecht 1 3^6
Arztfahrzeug, Kennzeichnung 5 52
Arztfahrzeuge, Kennzeichnung 4 8^9
Ärztliches Gutachten 1 2^{21}, 3 11$^{10, 11}$, 13^{16}, 14$^{11 ff, 17}$
ASU-Plakette s Prüfplakette
Asymmetrisches Abblendlicht 5 50
Atemalkoholanalyse 1 24 a$^{16 ff}$, 6 316$^{52 ff}$
Atlantikpakt 1 16^{22}, 2 35
Aufbauseminar 1 2 a$^{12, 13, 15, 19-22}$, 3^{31}, 4$^{19, 31, 33, 44-48, 57, 65}$, 6, 6 69$^{19, 23}$, 69 a^{14}, besonderes 1 4$^{32, 44, 53}$, Dienstfahrerlaubnis 3 39, Fahrerlaubnis auf Probe 1 2 a$^{12 ff}$, 2 b, 3 35, 36, Punktsystem 3 41, 42, Teilnahmebescheinigung 3 37, 43
Aufbauten, Typschein 5 20, 22

hochgestellte kleine Zahlen = Randziffern **Sachverzeichnis**

Aufbietung, verlorener Fahrzeugbriefe/Zulassungsbescheinigungen Teil II **4** 12[11]
Aufblenden, Ankündigung des Überholens **2** 5[59, 60], als Warnzeichen **2** 16[6]
Aufenthaltsort (Zulassung) **4** 46[3]
Auffahren 2 3[66], **4**[5, 7, 11, 16–18]
Aufheben von Gegenständen während der Fahrt **2** 3[67]
Aufklärungsmaßnahmen der FEB **1** 2[21], **3** 11[10], 46[4]
Aufklärungspflicht des VersNehmers **6** 142[76 ff]
Auflagen bei Ausnahmegenehmigung **5** 71, Fahrerlaubnis **1** 2[21], 21[12–14], **3** 11[10], 46[4], Nichtbeachtung persönlicher Auflagen **1** 21[12, 14], **3** 23[9], Wiedererteilung der entzogenen Fahrerlaubnis **1** 3[13, 31–34]
Auflaufbremse 5 22a, 41
Aufliegelast 5 24, 34
Aufopferung 1 16
Aufschließen zum Vorausfahrenden **2** 4
Aufschwimmen von Kfzen s Wasserglätte
Aufsetztank 5 30
Aufsichtspflicht der Eltern **1** 9[11], **2** 2[29, 29a, 66], 25[32a], des Fahrlehrers **1** 2[45], zur Verhinderung unbefugter FzBenutzung **1** 7[55], **2** 14[18, 19]
Aufspringen auf öffentl Verkehrsmittel **2** 20[13]
Aufsteigen, Vorrichtungen **5** 35 d
Aufstellen beim Parken **2** 12[58, 60], von Verkehrszeichen **2** 45
Aufwendung, unverhältnismäßige **1** 12[12, 19 f]
Augenoptiker 3 67
Ausbiegen vor Abbiegen **2** 9[27]
Ausbildung 1 2[5], in erster Hilfe **3** 19, 68
Ausbildungsbescheinigung 1 2[27], **3** 16[5], 17[5]
Ausfahren aus Autobahn **2** 18[28]
Ausfertigung des Führerscheins 3 25
Ausfuhrfahrzeug, Zulassungsbescheinigung Teil I **4** 19[13]
Ausfuhrkennzeichen 1 22[1], **4** 19[8 ff], vor 23[14]
Ausgestaltung, Kennzeichen **4** 10[4–8], Versicherungskennzeichen **4** 27[2]
Ausgleichsanspruch, Verjährung **1** 17
Ausgleichspflicht mehrerer Haftpflichtiger untereinander **1** 17, 18[6]
Aushändigen der besonderen Betriebserlaubnis oder Bauartgenehmigung **5** 19, des Führerscheins **3** 4, der Fzpapiere **4** 11[6], 12[9], an zust Personen z Prüfung der Ausnahmegenehmigung **2** 46
Aushändigung des Führerscheins durch die FEB **3** 22[10]
Auskunft aus dem VZR **1** 30, **3** 22[7], aus dem Zentralen Fahrerlaubnisregister **3** 22[9]
Auskunftpflicht über KfzHalter **1** 39, aus VerkZReg **1** 30
Auskunftsstelle (Kfz-Versicherer) **4** vor 23[8]
Ausland, Allgemeine Betriebserlaubnis f im – hergestellte Kfze **5** 20, VerkZuwiderhandlungen von Deutschen **E** 25, 26, **1** 24[10], VerkZuwiderhdlg im Ausland **E** 25, 32, **1** 24[10 ff]
Ausländer im Inland **E** 28, 33/34
Ausländische, Entziehung der Fahrerlaubnis und Fahrverbot **6** 44[18], 69 b, Führer von Kfzen, Pflichten im Verkehr **2** 23[9]
Ausländische Fahrerlaubnis 1 2[38], 21[2a], **3** 28, 29, 29a, 30[7], 31, 46[13], Anerkennung **3** 28, Entziehung **1** 3[1], **3** 29a, 46[13], Geltung im Inland **E** 27, **1** 2a[3], **3** 29, Umschreibung **3** 30, 31
Ausländische Kennzeichen 4 21[2]
Ausländische Kraftfahrzeuge, Abmessungen **5** 31 d, Geschwindigkeitsbegrenzer **5** 31 d, Gewichte **5** 31 d,

Profiltiefe der Reifen **5** 31 d, Schadensfälle **E** 25, **1** 7[2a], **5** vor 23[10–13], Sicherheitsgurte **5** 31 d, technische Kontrolle **5** 29[20], Zulassung z Verkehr im Inland **4** 20, 21, 22
Ausländische Streitkräfte E 27, 29, **1** 16[22], **3** 29[8], **4** 20[21], vor 23[17], **5** vor 16[2], s auch Alliierte, Nato-Streitkräfte
Ausländischer Führerschein 1 5, **6** 69 b, **7** 111 a[15]
Ausländisches Kraftfahrzeug, Geräuscharm **5** 31 e
Auslegung E 57 ff, der VerkRegeln, sinnvolle **E** 122–124, **2** 1[5–10], 2[43–45], s „sinnvolle Beachtung"
Ausnahmegenehmigung 2 29, 46, **5** 70
Ausnahmen, Auflagen bei der Bewilligung **5** 71, vom Fahrerlaubniszwang **1** 2[35], vom Fahrverbot **1** 25[1c], **6** 44[10, 11], von der FeV **3** 74, von der FZV **4** 47, Nachweis über Ausnahmegenehmigungen im Verkehr **5** 70, von der StVO **2** 46, von der StVZO **5** 70, von der Zulassungspflicht **1** 1, **4** 1[2], 3[8]
Ausnahmeverordnung zur FZV (FZVAusnVO), 1. FZVAusnVO **4** 10[2a, 18]
Ausnahmeverordnung zur StVZO (StVZAusnV), 6. StVZAusnV **4** 3[2, 18], **5** 33[2], 49 a[2], 50[11], 15. StVZAusnV **5** 29[19, 21], 23. StVZAusnV **5** 53[2a], 53 a[1], 25. StVZAusnV **5** 19[1], 35. StVZAusnV **5** 32[1a, 2], 36 a[2], 39. StVZAusnV **5** 32[1b, 7], 57 a[1, 10], 40. StVZAusnV **5** 53, [2b, 5], 42. StVZAusnV **5** 19[1b, 14], 43. StVZAusnV **5** 53[2c, 5], 44. StVZAusnV **5** 32[1c], 47. StVZAusnV **5** 49[1a, 3], 49. StVZAusnV **4** 17[4, 5], 50[2], 52. StVZAusnV **5** 47[1d, 6], 53. StVZAusnV **5** 34[14], 54. StVZAusnV **5** 19[10], 22[1c, 4]
Auspuff 5 47, 47 c
Auspuffgeräusch 5 49, s Belästigung
Ausrüstung 1 6[6], **5** 22a, der Fahrräder **5** 67, der Fze **5** 30, 31, 64, Verantwortlichkeit **2** 23[15–19]
Ausscheren 2 5[42–45], 6
Ausschluss der Haftung bei Haftungsverzicht **1** 16, des Halters bei Schwarzfahrt **1** 7[52–59], Handeln auf eigene Gefahr **1** 16, kein – gegenüb Fahrzeuginsassen **1** 8 a, 16, bei langsam beweglichen Kfzen **1** 8[1, 2], bei unabwendb Ereignis **1** 17[2–29]
Ausschlussfrist für Unfallanzeige **1** 15
Außenkanten von Pkw **5** 30 c
Außenspiegel 2 23[12], **5** 56
Außerbetriebsetzen von Kfzen **4** 5[9], 14, 25[7], 29
Außerdeutscher KfzFührer 3 29
Außerorts, Beleuchtung **2** 17[31], Einscherabstand von LastFzen **2** 4[12–14], Fahrgeschwindigkeit **2** 3[54f], Linksgehpflicht **2** 25[1–3, 15–17], Überholankündigung **2** 5[59], Vorfahrt **2** 8[41], Warnzeichen **2** 16[7], Werbung **2** 33
Äußerste rechte Seite der Fahrbahn **2** 2[9, 35–42], 25[1–3, 14, 17, 19]
Äußerste Sorgfalt s Sorgfalt
Aussteigen, Fahrgäste öffentl Verkehrsmittel **2** 20[9, 13, 14–16], Halten zum **2** 12[30, 31], an Haltestellen **2** 20[:3], nach links und rechts **2** 14[5–7, 9], an Parkuhr **2** 13[9], Sorgfalt **2** 14[9]
Austauschbare Ladungsträger 2 22[14], **5** 42[4]
Austauschmotor 5 19
Auswechselbarkeit verschleißgefährdeter Fahrzeugteile **5** 30
Ausweichen 2 2[25], 3[30], 4[5], 6[9, 10]
Ausweis, kontrollierender Beamter **2** 46, des verwarnenden Beamten **1** 26 a[38, 51], s auch Aushändigen
Ausweispflicht 3 4[11]
Autobahn 2 18, Ausfahren **2** 18[12, 28], 42 VZ 330/334[36–50], Einfahren **2** 2[44], 5[43], 18[3, 16], Fahrgeschwindigkeit **2** 3[27], 18[19], Fußgängerverbot **2** 18[11, 27],

1727

Sachverzeichnis

fette Zahlen = Gesetze, magere Zahlen = §§

25$^{20,\ 21}$, Kriechspur **2** 2^{63}, 18^{17}, Randstreifen („Standspur") **2** 18^{14b}, Rechtsfahren **2** 2^{40}, Rechtsüberholen **2** 5^{64}, 18^{20}, Richtgeschwindigkeit **2** 3$^{55,\ 55a}$, Spurwechsel **2** 7$^{16ff,\ 20}$, 18^{20}, Vorfahrt des durchgehenden Verkehrs **2** 8$^{65/66}$, 18$^{4-9,\ 17}$

Autofalle 6 316a
Autohof 2 42$^{130b,\ 133a}$
automatische Kraftübertragung 3 17^{9f}
Automatischer Blockierverhinderer 2 3^{58}, **5** 41^8, 41b
Automatismus E 84, 85
Autorennen 2 29
Autoschütter s Arbeitsmaschine
Autostraßenraub 6 316a
Autotelefon 2 23$^{30-33}$

Babysitterkosten 1 11^5
Bagger 2 29, 32, s auch Arbeitsmaschine
Bahn, Ausgleichspflicht **1** 17, Betriebsgefahr **1** 17^{39ff}, Verkehrssicherungspflicht **2** 19^{29}, Vorrang **2** 2$^{64,\ 65}$, 19$^{1,\ 8,\ 9}$
Bahnpolizei 1 26^2, 26a^{51}, **2** 36^{19}
Bahnübergang 2 19, Betriebsgefahr der Bahn **1** 17^{39ff}, Haltverbot **2** 12^{27}, Überholen **2** 19^{15}, (weitere Unterstichworte: § 19 StVO Übersicht vor Rz 8)
Bahnwärter 2 19$^{21,\ 30,\ 31}$, Verschulden erhöht Betriebsgefahr **1** 17
Baken z Sicherung von Bahnübergängen **2** 19, 40 Z 153–162$^{77-83}$
Ballon-Begleitfahrt 2 29
Bankett 2 2^{25}, Befahren **2** 3^{23}, als Fußgängerweg **2** 25^{13}, Halten **2** 12^{38}, Parken **2** 12^{58}, als Radfahrweg **2** 2$^{16,\ 68}$, Verkehrssicherung **2** 45^{53}
Barbiturate 6 316^{62}
Barfuß Fahren 2 23^9
Bauarbeiten 2 45
Bauart der Fahrzeuge **5** 22a, 30, der Kraftfahrz **5** 30
bauartbedingte Höchstgeschwindigkeit 4 1^3
Bauartgenehmigung f Fahrzeugteile **4** 2^6, **5** 19, 22a, 72, FahrzeugteileVO **5** 22a, Vorschriften über – **1** 23
Baubude, fahrbare **4** 3^{20}
Baujahr, Fabrikschild **5** 59
Baum, Ersatzpflicht **1** 12^{51}, als Verkehrsgefahr **2** 45^{53}
Baumaschine 2 29
Baustellen 2 40 Z 123^{50}, Sicherung **2** 43^9, 45$^{45-48}$
Bauunternehmer 2 45$^{45,\ 47,\ 48}$
Bauvorschriften f Fahrräder **5** 67, f Kfze **5** 30, f andere Straßenfahrzeuge **5** 63
Bauweise, geschlossene **2** 3^{50}, 42 Z 310, straßenschonende **5** 30
Beaufsichtigung des Fahrschülers **1** 2^{45}, des Kindes **2** 25$^{28,\ 32a}$
Bedarfsumleitung 2 42 Z 460, 466
Bedenken gegen die Eignung oder Befähigung 1 2^{20}, **3** 46^5
Bedeutende Sachwerte 6 315b^{24}, 315c^{34ff}
Bedienung des Fahrzeugs, Fehler **E** 143, **2** 1^{26}, Pflichten des Fahrers **2** 23
Bedienungsfehler E 143
Bedingte Eignung 1 2^{18}, 6, **3** 23, 46^3
Bedingungen bei Genehmigungen **2** 46, Verwendung eines Tieres im öffentl Verk **2** 46, s Auflagen
Bedürfnisse, Vermehrung **1** 10^4, 11^{18}
Beeinträchtigung der Erkennbarkeit des amtl Kennzeichens **1** 22^5
Beendigung des Versicherungsschutzes **4** 25, 29
Beerdigungskosten 1 10^5

Befähigung, fehlende **3** 46^5, zum Führen von Kfzen **1** 2^5, 3^2, **3** 16ff, 46^5
Befehl E 127a, 154
Befestigung der VZ **2** 39$^{13,\ 31,\ 32}$
Befolgungspflicht gegenüber VerkZeichen und Weisungen **2** 36
Beförderung, entgeltliche, Haftung **1** 8a^3, auf Fahrrädern **2** 21, Haftung für Sachschäden **1** 8^9, mit Kfzen **2** 21, von Personen **1** 8a, von Personen, auf dem Platz neben dem Führer **2** 23^{22}, von Vieh **2** 28, s Fahrgastbeförderung
Beförderungsmittel, Zerstören, Beschädigen **6** 315b^4
Beförderungsvertrag, Haltereigenschaft **1** 7^{15}
Befristete Fahrerlaubnis s Fahrerlaubnis, befristete
Begegnen s Ausweichen, Gegenverkehr
Begleitetes Fahren 1 6e, 21^3, **3** 48a, 48b, Begleitpersonen **3** 48a$^{8-10}$, Blutentnahme **7** 81a^2, Evaluation **3** 48b, und FreiwFortbV **3** 48a^{11}, Haftung **1** 6e^9, Mindestalter **3** 10^{11}, 48a^6, Probezeit **3** 48a^7, Prüfungsbescheinigung **1** 6e^{10}, **3** 48a^7, Widerruf der FE **1** 6e^{11}, **3** 48a^{12}
Begrenzungsleuchte 2 17^{20}, Bauart und Anbringung **5** 51, Bauartgenehmigung **5** 22a, 51
Begutachtung der Eignung 1 2, 3
Begutachtungsstelle für Fahreignung 1 2^{22}, **3** 11$^{12,\ 13}$, 66, amtliche Anerkennung **3** 66
Behinderte 5 30d^9, 34a^{3a}
Behindern anderer VerkTeiln **2** 1$^{40,\ 41}$, **5** 3, 25–27, 29, 8^{57}, 25$^{46,\ 47}$, **5** 30^5, des Fahrers **2** 23^{22}, s Hindernis
Behörden, kein -privileg bei Parkverbot **2** 45^{28}, Zuständigkeit f StrVerk **2** 44, 45, **5** 68
Behördenkartei, örtliche **1** 29^{17}
Behördenkennzeichen 4 8^7
Beifahrer Eingriffe des – in die FzFührung **6** 315b^{16}, als Einweiser **E** 146, als FzF **6** 316$^{5,\ 19}$, Halteeinrichtung **5** 61, Mitnehmen von –n **2** 21, 23^{22}, Sitz **5** 35a, Verantwortlichkeit **1** 9^{23}, **2** 23^{11}, als VerkTeilnehmer **2** 1$^{17,\ 18}$, Zeichengeben **2** 9^{19}
Beisichführen s Mitführen
Beißkorb 2 28
Beiträge zur Rentenversicherung **1** 11^{11a}
Beiwagen, Bauartgenehmigung, BE bei nachträglichem Anbau **5** 30^3, Begrenzungsleuchte **5** 51, an Fahrrädern **5** 67, Schlussleuchte **5** 53
Beladen 2 22, Dauer **2** 12$^{32-34}$, Halten zum – **2** 12$^{30,\ 32-34}$, an Parkuhr **2** 13^9, s Ladung
Belästigung 2 1$^{42-44}$, 30$^{13,\ 14}$, **5** 30^5, 49
Belastung, Über- **5** 34, von Vollgummireifen **5** 36^{15}, zulässige **5** 34
Belastungsabhängigkeit 5 50, 72
Beleuchtung 2 17, von Fahrbahnhindernissen **2** 32, lichttechnische Einrichtungen **2** 17^{15}, **5** 33, 49a, Tiere **2** 28, Verbände **2** 27, (weitere Unterstichworte: § 17 StVO Übersicht vor Rz 13)
Beleuchtungseinrichtungen 2 17^{15}, 23$^{23,\ 27}$, 33, Verdecken, Verschmutzen **2** 17$^{10,\ 19}$, **5** 66a, 67
Beleuchtungspflicht 2 15^5, 17
Benachrichtigung der Polizei von EdF **1** 3^{14}
Benetzung der Straße **2** 32
Benutzung der Fahrbahn **2** 2^{24}, von Fußgängerüberwegen **2** 25, öffentl Straßen s Verkehrsteilnehmer, übermäßige – öffentl Straßen **2** 29, unbefugte **2** 14$^{1-3,\ 13-19}$
Benzodiazepine 6 316^{62f}
Berauschende Mittel s Medikamente, Rauschgift, Alkohol
Bereifung 5 36, 63

hochgestellte kleine Zahlen = Randziffern   **Sachverzeichnis**

Bergkuppe 2 2³⁷
Berlin E 7, 19, 29, **2** 35⁷
Berufsausbildung, verzögerte 1 11¹²
Berufskonsul 4 vor 23¹³
Berufskraftfahrer, Erteilung der Fahrerlaubnis **3** 10²
Berufskraftfahrer-Qualifikation 3 6²²ᵃ
Beschädigen von Verkehrsanlagen 6 315 b⁴, vorsätzliches – von Fahrzeugen und fremden Sachen 6 142²⁶
Beschaffenheit der Fahrzeuge 1 6⁹, 5 30, Fehler in der – d Fahrzeuge nicht unabwendbar 1 17³⁰, der Verkehrszeichen 2 39 ff
Beschäftigter beim KfzBetrieb 1 7⁴⁶, 8³, ⁴
Beschäftigungsort 3 48
Bescheinigung über Vorschriftsmäßigkeit des Fahrzeugs 4 4⁷, s Fahrzeugbrief, Fahrzeugschein, Typ-, Führerschein
Beschlagnahme des Fahrzeugs 4 3³⁰, 5⁶, des Führerscheins 1 3³⁵⁻³⁷, Gleichstellung mit vorl EdF 1 21²², 6 69, 7 111 a¹², ¹⁴
Beschleunigungsstreifen 2 2²⁵ᵃ, 5²⁰, 8³⁴ᵇ, 18¹⁷, Haltverbot 2 12²⁵, 42 Z 340
Beschleunigungsverbot beim Eingeholten 2 5⁶²
Beschmutzen anderer Verkehrsteilnehmer 2 1³⁴, ³⁶, ⁴⁰, ⁴², der Fahrbahn 2 32⁷
Beschränkt Geschäftsfähige als Kfzhalter 1 7²²
Beschränkte Fahrerlaubnis s Beschränkung der FE
Beschränkungen der Fahrerlaubnis 1 2¹⁸, 3³¹⁻³⁴, 21⁴, 3 23³ ff, 46, der Fahrgeschwindigkeit 2 3, des Fahrverbots 1 25, 6 44, der Gefährdungshaftung 1 7³⁰ᶠ, 8, 8a, 17²² ᶠᶠ, auf Höchstbeträge 1 12, 12a, 12b, der Sperre 6 69²⁴, 69 a⁵⁻⁷, d Verkehrs 2 45, der Zulassung 5 17
Beschriftung d Fahrzeuge 4 4⁶, 5 64 b
Beseitigen des amtl Kennzeichens 1 22⁵, von Verkehrsanlagen 6 315 b⁴
Beseitigungspflicht bei VerkGefahr 2 32¹⁰
Besetzung, Fahrzeug 2 23²², 5 31¹⁴, Kraftomnibus 5 34 a, 72
Besitz von Drogen 1 2¹⁷ⁱ, 3 14¹⁵, ¹⁷
Besitzer, Name am Fahrz 5 64 b, als Verletzter iS des § 9 StVG 1 9³
Besondere Fortbewegungsmittel 2 24, 5 16
Besondere Verhältnisse des Straßenverkehrs, Ausnutzung 6 316 a⁵, ⁶
Besondere Verkehrslagen E 123, 2 11
Besonnenheit 2 1²⁷, ²⁸
Bespanntes Fuhrwerk, Stehenlassen 2 14¹²
Bespannung 5 64
Bespritzen 2 1³⁴, 25⁴⁰, der Fahrbahn 2 32⁷
Bestimmtheitsgebot E 78
Bestürzung E 83 ff, 2 1²⁹, ³⁰
Betäubungsmittel s Drogen
Beteiligung E 94, 96, bei Ordnungswidrigkeit 1 24²⁰, an VerkUnfall 2 34, 6 142
Betrieb, Beschränkung, Untersagung 4 5⁶, 5 17, beim Betrieb des Kfz Beschäftigter 1 7⁴⁶, 8³, ⁴, bei dem – eines Kfzs 1 7⁴⁻¹³, von Fahrzeugen 5 30, land- und forstwirtschaftlicher 4 3¹⁸, in – setzen von Kfzen 1 1⁹, Ursächlichkeit 1 7¹⁰, ¹³
Betriebs- oder arbeitsmedizinisches Gutachten 3 48¹³
Betriebsarten von Kfzen 1 1³, 3 6
Betriebsausgaben, Haltereigenschaft 1 7¹⁴
Betriebserlaubnis, Einzelfahrz 5 21, Erlöschen 5 19, Erneuerung 5 19, Erteilung durch Aushändigen des Kfz-Scheins 4 11³, Erteilung, Wirksamkeit 5 19, Fahrzteile 5 22, Importfahrzeuge 5 20, neue 5 19, Typen 5 20, Voraussetzung für die Zulassung 4 6⁸, 11³, bei wechselnder Verwendungsart 5 19, zulassungsfreie Fze 4 4², s Bauartgenehmigung, Einzelgenehmigung, Typgenehmigung
Betriebsgefahr 1 7⁴⁻¹³, 17, Ausgleichung 1 9, der Eisenbahn 1 17³⁹ ᶠᶠ, erhöhte 1 17¹⁹, der Straßenbahn 1 17⁴³, Zurücktreten 1 17
Betriebssicherheit, Ladung 2 22, Prüfung vor Fahrtbeginn 2 23¹⁶, Verantwortlichkeit 2 23¹⁵⁻¹⁹, ²⁴⁻²⁹, 5 31
betriebsunfähige Fahrzeuge, Abschleppen 5 33⁶ ᶠᶠ
Betriebsunternehmer als Halter 1 7¹⁴, ²²
Betriebsuntersagung 4 5⁶, 5 17
Betriebsvorschriften 5 30 ff
Betrunkene, Mitnehmen eines –n Fahrgasts 2 23²², Rücksicht auf – 2 25²³, ²⁴, s Alkohol
Bewachung von Kfzen 2 14¹⁻³, ¹³, ¹⁵, ¹⁷, auf Parkplätzen 2 12⁵⁷
Bewährung, Strafaussetzung 6 315 c⁶¹ ᶠᶠ, 316¹⁰⁹ ᶠᶠ
Beweis der BAK s Blutalkoholanalyse, des ersten Anscheins E 157a, 1 7⁴⁸⁻⁵¹, Fahrgeschwindigkeit 2 3⁵⁷⁻⁶⁴, der Fahrunsicherheit s Fahrunsicherheit, der Ordnungswidrigkeit 1 24⁷⁶ ᶠ
Beweisgrenzwert 6 316¹²
Beweislast bei Ausgleich unter Haftpflichtigen 1 17, für fehlendes Verschulden des Kfzführers 1 18⁴, für Haftungsausschluss 1 7⁴⁸ ᶠᶠ, für Mitschuld des Verletzten 1 9, bei Schwarzfahrt 1 7⁵², für Unfall und Schaden 1 7⁴⁸⁻⁵¹, ⁶⁰, s Beweis
Beweissicherung 2 34, 6 142
Bewohner, Parksonderrechte 2 41 Z 286, 42 Z 314, 45 I b, 45³⁶, 315
Bewusstlosigkeit E 86
BImSchG 5 47⁷ᵃ, **10**
35. BImSchV 5 47⁷ᵃ, **11**
Bindung an Entscheidung des Gerichts bei Entz der Fahrerlaubnis 1 3¹⁸⁻³⁰, gerichtliche an Bußgeldkataloge 1 24⁶⁴
Blankettgesetz E 79
Blaubasaltpflaster 2 3¹⁸
Blaues Blinklicht 2 38, 5 52
Blendung an Bahnübergang 2 19³⁴, Blinkzeichen 2 16, Fahrgeschwindigkeit 2 3³², ³⁶, ³⁷, kein Überholen 2 5³⁴, von rückwärts 2 17²³, durch Sonnenlicht 2 3³⁶, 37⁶⁴
Blendwirkung bei Abblendlicht 5 50
Blindheit 3 2
Blindsekunde 2 3³², ³⁶ ᶠ
Blinken 2 9, Ankündigung d Überholens 2 5⁶/⁷, ⁹⁻¹¹, ⁴⁶⁻⁵¹, als Warnzeichen 2 16
Blinkfrequenz 5 54
Blinkleuchte 5 22 a, 53 b, 54, 72
Blinklicht an Baustelle 2 38, blaues – als Kennleuchte 2 38, 5 52, 72, gelbes 2 38, Kennleuchten für gelbes Blinklicht 2 38, 5 52, 72, rotes 5 54
Blutalkohol 1 24 a, 6 315 c, 316
Blutalkoholanalyse 6 316³² ᶠᶠ
Blutgrenzwerte (Alkohol) 6 316¹³ ᶠᶠ
Blutprobe 6 316⁴⁵, ⁴⁶, 7 81 a⁶
BMX-Rad 2 24⁶, 5 67⁷
Bö 2 3⁴⁰
Bodengreifer 5 37
Bodenwelle 2 2³⁷
Bogen bei Linksabbiegen 2 9⁵, ³⁰
Bordsteinabsenkung, Parkverbot 2 12⁵⁷ᵃ
Bracke 5 64

1729

Sachverzeichnis

fette Zahlen = Gesetze, magere Zahlen = §§

Brauchtumsveranstaltung 2 17[19], 21[11], 3 6[9], 4 3[3, 8], 5 32[7], 34[14], 49 a[4]
Breite der Fahrzeuge 2 18[15], 5 32, 63, der Ladung 2 18[15], 22[18]
Breitstrahler 5 52
Bremsanlage 5 41
Bremsansprechzeit 2 1[30], 3[44]
Bremseinrichtungen an Kfzen 5 41, an Nichtkraftfahrz 5 65
Bremsen 2 3[44], erhöhte Betriebsgefahr 1 17, Fahrgeschwindigkeit 2 3[19–21], grundloses 2 4[1–3, 11], hydraulische 5 41, ordnungsmäßiger Zustand 2 23[17 f, 25 f], 5 29, 41, 65, 72, Prüfung 5 41, auf schlüpfrigem Grund 2 3[19–21], Sonderuntersuchung 5 29, Verzögerung 2 3[43, 44], 5 41
Bremsleuchten 2 4[5, 10], 12[20], Anbringung 5 53, 72, Bauart 5 53, Bauartgenehmigungspflicht 5 22 a
Bremsspur 2 3[58]
Bremsversuch 2 4[11], 23[17, 25]
Bremsvorwarnsysteme 5 53[2 b, 5]
Bremsweg 2 3[44]
Bremszeichen des Vordermannes 2 4[5, 10]
Brennstoffzelle 5 41 a[3]
Brille 1 2[8]
Brücken, kein Tritthalten, keine Marschmusik 2 27, militärische Tragfähigkeitsschilder 2 39[39], als öffentl Wege 2 40 Z 128
Bundeseinheitlicher Tatbestandkatalog 1 28[20]
Bundes-Immissionsschutzgesetz 10
Bundesminister für Verkehr, Ermächtigung zu AusfVOen z StVG 1 6, 6 b–d, Genehmigung von Ausnahmen von StVO und StVZO 2 46, 5 68, 70
Bundespolizei 2 35
Bundesrecht E 1, 46, 47
Bundesstraße, Nummernschild 2 42 Z 401, Verkehrsbeschränkungen 2 45, Verkehrssicherungspflicht 2 45[51–68]
Bundeswehr, Abgasuntersuchung 5 47 a, BWFahrzeuge 4 11[4], 5 19[5, 13], 20, 5, 21, Fahrerlaubnis 3 26[6], 27[5], Sonderrecht 2 35
Bürgerliches Gesetzbuch 1 9[18–24], 13, 16, Verjährung 1 14, Verschulden nach §§ 823 ff 1 16, 17
Bürgermeister, nicht Halter der Kfze der Gemeinde 1 7[34], als StrVB 2 44
Bürgersteig s Gehweg
Bus s Kraftomnibus
Bußgeld 1 vor 21[1 ff], 23, 24[38 ff, 60 ff], 24 a[27], 25[29]
Bußgeldkatalog 1 24[41, 60 ff], 24 a[27], 25[19 ff], 22, 26 a, 28 a, 8
Bußgeldverfahren 1 24[71 ff]
Busspur 2 37[56], 41[248 Z 245]

Cannabis 1 2[17 c ff], 24 a[4], 2[0 f], 3 14[14, 17], 18 f[], 23, 25, 6 316[58, 62 f, 65 f, 84]
Cannabis-Influence-Factor (CIF) 1 2[17 g], 6 316[63, 65]
CC-Zeichen, CD-Zeichen 4 10[22]
Charaktermangel 1 2[12, 13], 3, 3 46[2]
Charaktertest 1 2[13, 16]
CoC-Papier 4 2[10], 7[2]
Container 2 32[15]

Dachlawine 2 45[53]
Damenreitsitz 2 21[13]
Dämmerung 2 17[2, 16]
Dampf, Belästigung 5 30
Danksagungen, Kosten bei Tötung 1 10[5]
Daten, Speicherung durch die FEB 1 2[25]

Datenbestätigung 4 2[11], 5 20[5]
Datenschutz 1 2[25], 3 11[14]
Datenübermittlung an die FEB 1 2[25], aus dem VZR 1 30
Dauerbremse 5 41
Dauererlaubnis 2 29, 46, 47
Dauerlicht, markierte Fahrstreifen 2 37[36 ff, 59], rotes 2 12[37]
Dauerparken 2 12[42, 42 a, 61]
DDR, Fahrerlaubnisse der ehemaligen E 27, 3 4[9], 6[27], 25[6], 6 69[26], 69 b[4], Länder der ehemaligen s Neue Bundesländer
Deckungszusage, vorläufige 4 23[6]
"Defensives" Fahren 2 1[25]
Deichsel als Ausrüstung 5 64
Deichsellast 5 44
Deliktshaftung 1 16[4]
Deutliches, Warnzeichen 2 16[12], Zeichengeben 2 5[6/7, 9–11, 46–51], 6, 9[4, 17–21], 10[16]
Diabetes 1 2[10]
Dieb als Halter 1 7[17]
Diebstahl an Betriebsstoff 6 248 b, Halter 1 7[17], von und aus Kfzen 6 248 b, Verhältnis zum unbefugten Gebrauch 6 248 b
Dienstfahrerlaubnis 1 2[30], 3 26, 27, Aufbauseminar 3 39, Probezeit 3 33, Umschreibung 3 26[8], 27[4]
Dienststempel auf Kennzeichen 4 10[9–10], s Entstempelung
Dienstunfall 1 7[61]
Dienstvertrag, Halter 1 7[25]
Dieselqualm 5 30
Differenzgeschwindigkeit 2 5[32]
digitales Kontrollgerät 5 57 a[3–6, 12–14, 17], 57 b
DIN-Normen E 5, 5 35 h[3], 73
Diplomat 4 10[22], vor 23[13]
Diplomatenfahrzeuge, Kennzeichen 4 8[7]
Direktanspruch gegen Haftpflichtversicherer 1 14, 4 vor 23[7]
Doppelachse 2 21[9]
Doppelbedienungseinrichtungen an Ausbildungsfzen 1 2[42]
Doppelblutentnahme 6 316[44]
Drehnachystagmus 6 316[71]
Dreieckzeichen, Vorfahrt gewähren 2 41 Z 205
Dritte, keine Gefährdungshaftung gegenüber dem bei dem Betrieb Beschäftigten 1 8, Haftung für bei dem Betrieb des Kfz Beschäftigte 1 7[46]
Drogen 1 2[17 ff], 24 a, 3 14, Verkehrsteilnahme 1 2[17 ff], 24 a[19 ff], 6 316[58 ff]
Drohung 6 240[5]
Droschken s Taxi
Druckbehälter 5 41 a
Druckgasanlagen 5 41 a
Druckgeräte 5 41 a[3]
Druckluftbremse 5 41, 72
Dungstreuer 4 3[24]
Dunkelheit 2 17[2, 16], Bahnübergang 2 19[33], Beleuchtung erforderlich 2 17[13, 16], 5 49 a ff, 53 a–c, Beleuchtung von Baustellen 2 45[45 f], besondere Vorsicht 2 25, Leuchtzeichen 2 16[6], Tiertransport 2 28, Verbände 2 27
Durchfahrvorrang auf der AB 2 18[4–9, 17], der Bahn 2 2[12, 13, 64, 65], des Gegenverkehrs 2 6[5], des Längsverkehrs 2 9[39–43, 49]
Durchgangsverkehr 2 30, 31[8], Sperrung 2 41[248], Sperrung für schwere Nutzfahrzeuge 2 41[86 e, 248 Z 253], 45[28 a]

hochgestellte kleine Zahlen = Randziffern **Sachverzeichnis**

Durchgehen von Pferden **1** 17, **2** 28
D-Zeichen 4 10^{20}

ECE-Regelungen 5 19^{10}, 21 a
EG 1 6
EG-Kontrollgerät s Kontrollgerät
EG-Richtlinie E 15, **5** 19, 21 a
EG-Typgenehmigung 4 2^{6-7}, 3^7, 4^2, 6^8, 12^7, **5** 19
Ehefrau, Anspruch der verletzten – **1** 11^{15}, entgangene Dienste der getöteten – **1** 10^{14}, Ersatzansprüche der – des Getöteten **1** 10^{11-13}, als Kfzhalterin **1** 7^{19}
Ehemann, Ansprüche der Witwe **1** 10^{11-13}, Halter **1** 7^{19}, nicht Halter des Kfzs seiner Frau **1** 7^{19}
Eigenbeleuchtung 2 17^{32}
Eigenkosten, Anrechnung **1** 12^{38}
Eigenschaften, Fahrzeug, Ladung **2** $3^{43,\ 44}$
Eigentümer, Berechtigter **6** 248 b, Frist z Behebung v Mängeln **4** 5^5, **5** 17^4, Meldepflichten **4** 13, 25^5, Zulassung von Kfz **4** 6^3, 12^5
Eigentumsvorbehalt, Halter **1** 7^{23}, an Kfzen **4** 6^3, 12^{15}, 13^7
Eigentumswechsel, Fzbrief/Zulassungsbescheinigung Teil II **4** 12^{15}, Meldepflicht **4** 13^{12-13}
Eigenüberwacher 5 29^{24}
Eigenverantwortliche Selbstgefährdung 6 222, $229^{22\,f}$
Eignung, Bedenken **1** 2^{20}, **3** 11^9, 18^4, 20^3, 22, bedingte **1** 2^{18}, **3** 23, 46^3, Ermittlungen der FEB **3** 22^6, zum Führen von Kfzen **1** 27^n, **3** 11^6
Eignungsmängel 1 2^{8ff}, **3** 46^2, charakterliche **1** 2^{12ff}, **3** 46^2, geistige **1** 2^{11}, **3** 46^2, körperliche **1** 2^{8ff}, **3** 46^2
Eignungsprüfung 3 11^6, 20, bei Neuerteilung der FE **3** 20
Eignungszweifel s Eignung
Einachsige Fahrzeuge 4 3^{12}, **5** 41, 50, 53
Einäugige, Eignung z Führen von Kfzen **1** 2^8
Einbahnstraße, Beschilderung **2** 41 Z $220^{59-63,\ 205}$, 42 Z $353^{69,\ 70}$, desgl v Schienenfahrz **2** 5^{70}, Fußgängerverkehr **2** 25^{49}, Linksabbiegen **2** 9^{35}, Parken **2** $12^{58\,b}$, Rechtsfahren **2** 2^{32}, Überholen **2** 5^{70}, unechte **2** 41 Z $220^{61,\ 248}$
Einbauschild 5 57 b
Einbiegen s Abbiegen
Einfahren 2 10, Autobahn **2** 2^{44}, 5^{43}, $18^{16,\ 17}$, (weitere Unterstichworte: § 10 StVO Übersicht vor Rz 4)
Einfahrt, Verbot **2** 41 Z 267
Einfüllstutzen 5 45
Eingangs- und Wiederholungsuntersuchungen von FEBewerbern **3** 11^{27}
Eingeholter, Pflichten **2** $5^{12,\ 61-63}$
Eingeschränktes Haltverbot 2 12^{30-34}
Eingriff, gefährlicher **6** 315 b
Einheitstäter bei OW **E** 93
Einmündung 2 8^2, 11^{ff}, $34,\ 35$, Parkverbot **2** 12^{45}, Verk-Gefährdung durch zu schnelles Fahren **6** 315 c^{16f}, Wegegabel **2** $8^{34,\ 34a}$
Einordnen vor dem Abbiegen **2** $9^{6,\ 7-10,\ 24,\ 27,\ 31,\ 32,\ 36,\ 38,\ 47}$, auf Gleisen **2** 9^{36}, nach Überholen **2** $5^{8,\ 52,\ 53}$
Einrichtung, lichttechnische s Beleuchtungseinrichtungen, zur Verbindung von Fzen **5** 22 a
Einsatzhorn 2 38, **5** 22 a, 55, 72
Einscherabstand, außerorts (LastFze) **2** $4^{4a,\ 12-14}$
Einscheren nach Überholen **2** $5^{8,\ 52,\ 53}$
Einschränkung, von Fahrzeugen **4** 5^6, der Zulassung von Personen zum Verkehr **3** 3

Einsteigen, Halten zum **2** $12^{30,\ 31}$, in öffentl Verkehrsmittel **2** $20^{13,\ 14-16}$, an Parkuhr **2** 13^9, Rücksicht auf Fahrgäste **2** $20^{5\,ff}$, Sorgfalt **2** $14^{1,\ 5,\ 9}$
Eintragung, Tilgung **1** 29, im VerkZReg **1** 28
Einverständliche Fremdgefährdung 6 222, $229^{22,\ 24}$
Einweiser E 146, **2** 8^{58}, 10^{13}
Einwilligung in Verletzung **E** 126, **1** 16^9, in Verletzung, Gefährdung **E** 125, **2** $1^{32\,a}$, **6** 315 c^{52}
Einzelachse 5 34
Einzelachslast 5 34
Einzelgenehmigung 4 2^9, **5** 22 a
Einzeln gehen **2** $25^{14,\ 15,\ 19}$, Radfahren **2** 2^{70}
Einziehung des Fluchtfahrzeugs **6** 142^{70}, des Führerscheins **6** 69, des Kfzs bei Vergehen gegen § 21 StVG **1** 21^{24}, keine bei § 24 StVG **1** 24^{66}, bei § 142 StGB **6** 142^{70}, bei § 315 b StGB **6** 315 b^{33}, keine bei § 315 c StGB **6** 315 c^{68}, keine bei § 316 StGB **6** 316^{114}
Eisenbahn, Ausgleich bei Zusammenstoß mit Kfz **1** 17, Betriebsgefahr **1** 17, des nichtöffentl Verkehrs **2** 19, Vorrecht **2** 19, Warnlichter **2** 19, s Bahnübergang, Bundesbahn, Schienenfahrzeug, Straßenbahn
Eisenreifen 4 3^{25}, **5** 36, Bremsen **5** 41
Eisglätte 2 2^{43}, $3^{20\,f}$
Elastische Bereifung 5 36
Elektrisch, –e Einrichtungen für – betriebene Kfze **5** 62, –e Fahrradbeleuchtung **5** 67, –e Glühlampen **5** 22 a, 50, –e Kfze, Bremsen **5** 41
Elektrofahrrad 5 16^2
Elektrokarren 4 1^4, Sondervorschriften **5** 36, 41, 56, 60, 72
Elektromotor als Betriebsart **1** 1^3
Elektronisches Parkraummanagement 2 $13^{7a,\ 12a}$
Elektroskooter 3 4^5, 6^9, **4** 1^4, **5** 16^2
Eltern, Ansprüche bei Tötung von Kindern **1** 10^{17}, Ansprüche der Kinder bei Tötung **1** 10^{14-16}, elterliche Gewalt **1** 7^{20}
Emissionsklassen 5 48
Empfangsberechtigter (Zulassung) **4** 6^5, 46^3
Energiesparende Fahrweise 3 16^6
Engstelle, Ausweichen **2** $6^{9,\ 10}$, Haltverbot **2** $12^{22,\ 23}$, 40 Z 120, 42 Z 308, Hindernis **2** 3^{26}, Reißverschlussgrundsatz **2** 7
Entfernung des Führers vom Fahrzeug **2** $14^{10\,ff}$, von Verkehrshindernissen **2** 32^{10}, von VZ **2** $41^{4,\ 249}$
Entfernungstafel 2 42 Z 453
Entfrostungsanlage 5 40
Entgeltliche Beförderung 1 8 a
Entgiftung und Entwöhnung **1** 2^{17j}
Entladen 2 $12^{30,\ 32-34}$, Nebenverrichtungen **2** $12^{33,\ 34}$, an Parkuhren **2** 13^9
Entlastungsbeweis des Kfzführers **1** 18^4, bei Schwarzfahrt **1** 7^{52-59}, bei unabwendb Ereignis **1** 17^{22-29}
Entleiher als Berechtigter **6** 248 b, als Halter **1** 7^{16}
Entriegelungseinrichtung 5 35 a
Entschädigung f Anbringung von Verkzeichen u. -einrichtungen **1** 5 b, bei ungerechtfertigter Entziehung der FE **7** 111 a^{11}, s Schadenersatz
Entschädigungsfonds für Opfer von Kfzunfällen **4** vor 23^9
Entschuldigungsgründe E 151 ff
Entstempelung des Kennzeichens **4** 10^{11}, 14^4
Entziehung der Fahrerlaubnis **1** 3, $21^{6,\ 7}$, **3** 29 a, 46, **6** 69–69 b, 315 b^{33}, 315 c^{68}, 316^{112}, **7** 111 a, der FE zur Fahrgastbeförderung **3** 48^{17}, Mitteilung zum VerkZReg **1** 28, der Zulassung, von Personen zum Verkehr **3** 3

1731

Sachverzeichnis

fette Zahlen = Gesetze, magere Zahlen = §§

Epileptische Anfälle 1 2[10], 3 2[2]
Erdgas 5 41 a[4–5]
Ereignis, unabwendbares 1 17[22–27], 2 8[71], 9[55]
Ergänzung v Zulassungsbescheinigungen Teil II 4 12[12]
Erhebliche Verstöße gegen Strafgesetze 3 11[8], 46[2]
Erholungsuchende, Verkehrsbeschränkungen 1 6[12/13], 2 45
Erkennbarkeit, Beeinträchtigung der Erkennbarkeit von Kennzeichen 1 22, der Kennzeichen 4 10[5 ff], von Leuchten, Rückstrahlern 2 17[19], der VZ 2 39[32–34, 36], von Zeichen u Weisungen 2 36[11, 14 a, 17]
Erkennungsnummer der Kennzeichen 4 8[6, 8]
Erklärung über Nichtbesitz einer FE 1 2[4, 29]
Erlaubnis E 128, 2 29, 30, 35, 44, 46, z Ausbildung v Kfzführern 1 2[42], 6, zum Führen von Fahrzeugen 3 4, z Mitführen v Personen auf Lkw 2 21[10–12]
Erlöschen der BE 5 19, der Fahrerlaubnis 6 69
Ermächtigung des BMV zu AusfVOen E 4, 1 6, 6 b–d, gesetzliche 1 6, zur Verwarnung 1 26 a[45–51]
Ermittlungen über die Eignung v Bewerbern um Fahrerlaubnis 1 2[19], 3 22[6]
Ermöglichen der Schwarzfahrt 1 7[53–55]
Ermüdung 1 9[23], 3 2[4–7], s übermüdeter KfzF
Ernüchterungsmittel 6 316[11, 42]
Erprobungs- u Forschungszwecke 1 6[22 e]
Erprobungsfahrzeuge 5 19, 22 a
Ersatz für Zulassungsbescheinigungen Teil II 4 12[12]
Ersatzbeschaffung s Ersatzfahrzeug
Ersatzfahrzeug 1 12[4 ff]
Ersatzführerschein 3 25[9]
Ersatzpflicht des Fahrers 1 18, des Halters 1 7[26–29], als Voraussetzung der Ausgleichspflicht 1 17
Ersatzrad 5 36 a
Ersatzreifen, leichte Auswechselbarkeit 5 30[11], Mitführen 5 36
Ersatzteile, Prüfzeichen 5 22 a
Erschwerung des Verkehrs 2 32, 33
Ersparte Eigenkosten 1 12[38]
Erste Hilfe 1 2[27], 3 19, 68, Material in Kfzen 5 35 h
Erstzulassung, Datum 4 3[29]
Erteilung der Fahrerlaubnis, Antrag 3 21, Verfahren 3 21
Erweiterung der Fahrerlaubnis 3 21[5], 25[7]
Erwerben von Fahrzeugteilen ohne Prüfzeichen 1 6 I Nr 2 e, 5 22 a
Erwerber des Fz, Meldepflicht 4 13[13]
Erwerbsfähigkeit, Minderung 1 11[9 ff]
Erwiesene Ungeeignetheit 3 46[2]
Erziehungsberechtigter, Ersatzpflicht bei Mitschuld 1 9[11]
Erzwingungshaft 1 24[78]
EU/EWR-Fahrerlaubnis 1 2[38], 2 a[3, 5], 21[2 a], 3 21[5], 28, 29, 30, 47[4], Anerkennung 3 28, Antrag auf Erweiterung 3 21[5], Entziehung 3 47[4], Probezeit 1 2 a[3, 5], Umschreibung 3 30
3. EU-Führerschein-Richtlinie 3 vor 1[ff], 28[12 a]
EU-Führerschein-Richtlinien 3 vor 1
EU-Rahmenbeschluss E 15, 1 24[14]
Euro-Kennzeichen 4 10[4, 20], 21[3]
Europäische Gemeinschaften 5 21 a, 21 b
Europastraße 2 42 Z 410
EU-Truppenstatut E 25, 29, 1 7[3], 16[22], 21[2], 3 29[8], 5 vor 16
Evaluation 3 70
EWG-Recht E 26
EWG-VO, 3821/85 5 19[3], 57 a, 57 b

Exportfahrzeug, Brief/Zulassungsbescheinigung Teil II 4 19[13]
Exportfahrzeuge 4 19
Exterritoriale E 28, 4 vor 23[13]
Extrablätter 2 33

Fabrikschild 5 59, 59 a, 72
Fachminister, Sondervorschr für Fahren im öffentl Dienst 5 68
Fahranfänger Alkoholverbot 1 24 c
Fahrausbildung s Ausbildung
Fahrausweis, ausländischer s ausländischer Führerschein
Fahrbahn, Begriff 2 2[2, 17, 17 a, 24–27], behinderter Überblick 2 3[12–17], Beleuchtung 5 50, 67, Benutzungspflicht 2 2[4–7, 24, 26, 27], breite 2 8[62], Einbahnstraße 2 2[32], Fahrbahnmitte 2 9[32], Fußgänger 2 25[4, 9, 10, 22 ff, 41, 42], gewölbte 2 2[43], mehrere 2 2[17–17 b, 27], Parken 2 12[4, 58], Radfahrer 2 2[66, 67], rechte 2 2[26], schlechte 2 2[43], schmale 2 3[16, 17], Schonung 5 36, Sommerweg 2 2[30], Überholen 2 5[28, 54], verengte 2 6, 7, VZ u Schriftzeichen auf der Fahrbahn 2 42[64–66]
Fahrbahnbegrenzung 2 41 Z 295[175–181, 232–240]
Fahrbahnhindernis 2 2[43], 3[25], 7, 32
Fahrbahnmarkierung 2 41
Fahrbahnrand 2 40[4], Anfahren 2 10[7], Fußgänger 2 25[1–3, 14, 17, 19], Halten 2 12[38], Radfahrer 2 2[69], Sicherheitsabstand 2 2[41]
Fahrbahnschwellen 2 32[8], 45[37, 53]
Fahrbahnverengung 2 6, 7
Fahren trotz Fahrunsicherheit 6 315 c, 316, ohne FE oder trotz Fahrverbots 1 21, mit Licht am Tag 5 49 a[8], auf Sicht 2 3[12–15, 17, 8[55], auf halbe Sicht 2 3[16], trotz amtl Verwahrung des FS 1 21
Fahrer, angestellter 1 7[56–59], 16, s Führer
Fahrerlaubnis beim Abschleppen 3 6[25], Antrag auf Erteilung 3 21[4], Auflage 1 21[3], 3 23, 46, ausländische 1 2[38], 3 28 ff, befristete 1 2[34], 3 6[10, 13, 14, 16, 27], 23[2], 24[2], 26[7], 29[13], Berechtigung im Inland 3 28, 29, beschränkte 1 3[10], 21[3, 4], Beschränkung auf einzelne Fahrzeugarten 1 21[4], 3 6[24], Beschränkung auf Fze mit automatischer Kraftübertragung 3 17[10], 30[8], Besitzstände 3 6[26], 27[5], Bundeswehr 3 26[7], DDR, ehemalige E 25, 3 4[9], 6[27], Entziehung der s Entziehung, Erlaubnis- u Ausweispflicht 3 4, Erstreckung auf Fze anderer Klassen 3 6[22], Erteilung 1 2[34], 3 22, Erweiterung 3 25[7], eines EU- oder EWR-Staates, keine 1 2[4], aus EU-/EWR-Staaten s EU-/EWR-Fahrerlaubnis, Fahren ohne 1 21, Fahrgastbeförderung 1 2, 3[1], 3 48, zur Fahrgastbeförderung 3 48, Fortgeltung älterer Fahrerlaubnisse 3 6[26], Fristen, Bedingungen 1 3[13], Geltung im Ausland 1 2[33], Geltungsbereich 1 2[33], 3 29, Geltungsdauer 3 23, 28[16], 48[16], Klassen 3 6, Mindestalter 1 2[4], 3 10, 28[15], 29[11], Mitteilung der Versagung zum VerkZReg 1 28, im öffentlichen Dienst 1 3[19], s Dienstfahrerlaubnis, ordentlicher Wohnsitz 1 2[3], 3 7, Rechtsanspruch 1 2[31], Spätaussiedler 3 31[14], Umstellung auf neue Klasse 3 6[10], zu Unrecht erteilte 1 3[40], Verfahren bei Erteilung 3 21, Verlängerung 3 24, 48[16], Verzicht 1 3[39], Vorbesitz 3 8, 9, Wiedererteilung 1 2 a[23], 3[31–31], 3 20, Wirksamwerden 1 2[34], s auch Entziehung
Fahrerlaubnis auf Probe 1 2[34], 2 a bis 2 c, 3[13, 31, 33], 3 32, Aufbauseminar 1 2 a[12], 3 35, 36, Probezeit 1 2 a[5 ff], Zuwiderhandlungen 1 2 a[8 f, 16], 3 34
Fahrerlaubnisklassen 3 6[12 ff]

hochgestellte kleine Zahlen = Randziffern   **Sachverzeichnis**

Fahrerlaubnisprüfung 3 15ff, 69, Nichtbestehen 3 18, 22¹⁴, praktische 3 17, theoretische 3 16, 46⁷ᶠᶠ
Fahrerlaubnisregister 1 48ff, 3 49ff
Fahrerpflichten 2 1⁵, 3⁴¹, 23
Fahrerüberwachung durch Halter 1 16¹²⁻¹⁵
Fahrerwechsel, Verantwortlichkeit 2 23¹¹
Fahrfähigkeit E 130–132, 141, 2 3⁴¹, 23⁹, 5 31¹⁰
Fahrgast, Ausgleichspflicht des als – verletzten Halters 1 17, Gefährdungshaftung bei geschäftsmäßiger Beförderung 1 8 a³, bei nicht geschäftsmäßiger Beförderung 1 16, Haftungsausschluss durch Handeln auf eigene Gefahr 1 16⁹, Haftungsverzicht 1 16², ⁹, Mitnehmen auf Platz neben d Führer 2 23²², Verhalten 2 20, 23²², Verkteilnehmer? 2 1¹⁸
Fahrgastbeförderung 1 2²⁸, 2 23²², 3 48, gegen Entgelt 1 8 a³, Fahrerlaubnis 1 3, 3 48, auf Ladefläche von Lkw 2 21, Verletzung von Fahrgästen 1 16⁵
Fahrgemeinschaft 1 8 a³, ⁴, 16², ⁷, ⁹
Fahrgeräusch, Belästigung 2 1⁴²⁻⁴⁴, 30⁶, ¹³, ¹⁴, 5 30, unvermeidbares 5 49
Fahrgeschwindigkeit 2 3, auf der AB 2 3²⁷, 18¹⁹, bei Abblendlicht 2 17¹¹ᵃ, ²⁶, vor Bahnübergang 2 19¹⁵, bei Beleuchtung 2 17²⁶ᶠᶠ, des Eingeholten 2 5⁶¹⁻⁶³, vor Fußgängerüberwegen 2 26¹⁶, Geschwindigkeitsbeschränkungen 2 3, 45, an Haltestellen 2 20⁶, und Rechtsfahren 2 2⁴¹, ⁴², beim Überholen 2 5³², ⁶², des Vorfahrtberechtigten 2 8⁴⁸, ⁵⁶, (weitere Unterstichworte: § 3 StVO Übersicht vor Rz 12)
Fahrgestell, Hersteller 5 59
Fahrgestellnummer s Fahrzeug-Indentifizierungsnummer
Fahrlässige Körperverletzung, Tötung 6 222, 229, Trunkenheitsfahrt 6 315 c, 316, Vergehen gegen § 21 StVG 1 21, Verkgefährdung 6 315 c, VerkOW E 133, 135, 1 24²⁴
Fahrlässigkeit E 135
Fahrlehrer 1 2⁴¹ᶠᶠ, Fahrzeugführen 6 316⁵, Sorgfaltspflicht 1 2⁴⁵, Verantwortlichkeit bei der Fahrprüfung 1 2⁴⁴, Verantwortlichkeit bei Übungsfahrt 1 2⁴³, Verantwortlichkeit gegenüber den Verkehrsteilnehmern 1 2⁴², s Ausbildung
Fahrlehrerschein 1 2⁴²
Fahrlinie des Eingeholten 2 5⁶¹, Vorfahrt 2 8²⁷, Warten in 2 12³⁹
Fahrprüfung 1 2⁵, ⁴⁴, 3 17
Fahrradanhänger 2 21¹¹
Fahrräder 2 2⁶⁶, Ausrüstung 5 64 a, 65, 67, Führen 2 23³⁷, 24, auf Gehwegen 2 25⁴⁶⁻⁴⁸, keine Personenmitnahme 2 21¹⁴, unbefugter Gebrauch 6 248 b, unbeleuchtet 2 17¹³, ¹⁴
Fahrräder mit Hilfsmotor 1 2⁶, 7², 2 23³⁷, 3 4, 4 2¹⁴, vor 23¹⁵, 26², 5 38 a, 50, 61 a, 72, 6 69³
Fahrradparkplatz 2 45²⁸ ᵇ
Fahrradrennen 2 29
Fahrrad-Schlussleuchte 5 67
Fahrradstraße 2 41⁸⁶ᵃ, 248 Z 244
Fahrradtaxi 2 21¹⁴
Fahrschüler 1 2², Verantwortlichkeit 1 2⁴³, s Ausbildung, Fahrlehrer
Fahrschulunterricht 1 2, 3, 3 5, 16⁵
Fahrschulwagen, Kennzeichnung 4 8⁹, 10²¹
Fahrsicherheit 2 23
Fahrstreifen 2 7, 41⁵, ¹⁷⁵⁻¹⁸⁹, Abbiegen 2 9²⁷, ³³, AB-Kriechspur 2 2⁶³, Beibehalten 2 7, drei für beide Richtungen 2 7, 42 Z 340, drei für eine Richtung 2 7, 42 Z 340, eigene Bus-Fahrstreifen 2 37³³, ⁵⁶, 41 Z 245, Fahrbahnverengung 2 6³, ⁴, 7, Kolonnen nebeneinander 2 7, 37, 42 Z 340, Lichtzeichen 2 37³², ³³, ³⁶, ³⁷, ⁵⁵, ⁵⁶, ⁵⁹, markierte 2 7, 37³³, ⁵⁵, Nebeneinanderfahren bei Lichtzeichen 2 7, 37³⁶ᶠᶠ, Überholen 2 7, Verkehrsdichte 2 7, vier für beide Richtungen 2 7, 42 Z 340, Wechsel 2 7, 18²⁰, Wegfall 2 7, zusätzlicher in VorfahrtStr einmündender 2 7¹⁷, 8²⁷, ⁶⁴
Fahrstreifenbegrenzung 2 12³⁵, ⁵⁴, 41 IV, 41 Z 295, 296¹⁷⁵⁻¹⁸², ²³²⁻²⁴⁰, Viehtreiber 2 28
Fahrstreifenwechsel 2 7, 18²⁰
Fahrtenbuch 5 31 a
Fahrtrichtungsanzeige 2 5, 9, 10, im Kreisverkehr 2 9 a¹²
Fahrtrichtungsanzeiger 5 54, 72, Bauartgenehmigungspflicht 5 22 a
Fahrtschreiber 5 22 a, 57 a, 57 b
Fahrtüchtigkeit 1 2, 2 3⁴¹, ⁴², 23⁹, 3 2⁴⁻⁷, 5 31¹⁰
Fahrunsicherheit, Fahruntüchtigkeit 1 2, 3, 24 a, 3 2, 3, 6 315 c, 316, ²²ᶠᶠ, ⁶³, ⁶⁴ᶠᶠ 7 111 a, absolute 6 316¹²ᶠᶠ, alkoholbedingte 6 316⁹ᶠᶠ, Beweis 6 316¹², drogenbedingte 6 316⁵⁸ᶠ, medikamentenbedingte 6 316⁶⁰ᶠᶠ, relative 6 316²²ᶠᶠ
Fahrverbot, außerdeutsche Kfzführer 1 25³², 6 44, Fahren trotz –s 1 21⁹, 6 44, 69, an Feiertagen 2 30, Inhaber ausländischer Fahrerlaubnis 3 29¹³, Verbotsfrist 1 25²⁷, ³¹, 6 44¹², Verfahrensfragen 1 25¹⁷⁻³³, 6 44, Verhältnis zur EdF 1 24 a, 25¹¹⁻¹⁵, 6 44
Fahrweise, energiesparende 1 2
Fahrzeug, Abmessungen 2 18¹⁵, 5 32, Abschleppen 4 1⁶, 5 33, ausländ Fertigung 5 22 a³⁴, außer Kfz 5 63, Begriff 2 23¹⁴, 4 2⁵, Beleuchtung 2 17⁷, ⁸, ³⁰⁻⁸⁵, Beschaffenheit, Ausrüstung, Kennzeichnung, Prüfung 1 6⁹, Beschaffenheit, Fehler 1 17³⁰, Eigenschaften 2 3⁴³, Eigentümerwechsel 4 13¹²ᶠᶠ, gewerblich genutztes 4 3¹², land- und forstwirtschaftliches 4 3¹², langsame 3 4⁸, Liegenbleiben 2 15¹⁻⁵, 17³⁴, nicht vertrautes 2 3⁴¹, Sichtbehinderung durch 2 3²⁹, 12³⁷ᵃ, Standortwechsel 4 13¹¹, überschweres 5 41, ungewöhnlich große 2 29, Verantwortung f Betrieb 2 23⁹, Verkehrssicherheit 2 23¹⁵⁻¹⁹, ²⁴⁻²⁹, Verlassen 2 14¹⁰⁻¹⁹, Vorschriftsmäßigkeit s Verkehrssicherheit, Zerstören, Beschädigen, Beseitigen von –n 6 315 b⁴, Zulassung 4 3, s Fahrrad, Fuhrwerk, Kraftfahrzeug, Fortbewegungsmittel
Fahrzeug- und Aufbauarten (Systematisierung) 4 12⁸
Fahrzeugart, Änderung 5 19⁶, ⁷
Fahrzeugbau, Sicherheit 1 6⁶
Fahrzeugbeschaffenheit 1 17³⁰, Fahrweise 2 3⁴³
Fahrzeugbrief 1 5, (Zulassungsbescheinigung Teil II) 4 12
Fahrzeugdaten 1 34, 4 6⁶
Fahrzeugführen, Fahrzeugführer s Führen, Führer
Fahrzeuggebrauch, unbefugter 6 248 b
Fahrzeug-Indentifizierungsnummer 5 59, 72
Fahrzeugklassen s Klassen der Kfze
Fahrzeugkombination, zulässiges Gesamtgewicht 5 34
Fahrzeugregister 1 31ff, 4 vor 30, 30 ff
Fahrzeugschein 1 5, 5 29, für Kurzzeitkennzeichen 4 16⁴, (Zulassungsbescheinigung Teil I) 4 11
Fahrzeugscheinheft 4 16¹², 17⁴, ⁹
Fahrzeugschlange 2 7
Fahrzeugteile, Anbringung 5 30, Bauartgenehmigung 4 2⁶, 5 22 a, 72, Betriebserlaubnis 5 19, 22, Feilbieten 1 6 I Nr 2 e, 23, Prüfungsrichtlinien 5 22 a, Veränderung 5 19, Vertrieb ungenemigter 1 23, VO 5 22 a

1733

Sachverzeichnis

fette Zahlen = Gesetze, magere Zahlen = §§

Fahrzeug-Zulassungsverordnung **4**
Fälligkeitsdatierung **5** 29^{27}
Falsches Überholen als Verkehrsgefährdung **6** 315 c$^{11\,ff}$
Falschfahrt **2** 18$^{22\,a}$, **6** 315 b^{21}, 315 c^{20}
Farbenuntüchtigkeit **1** 2^8
Farbfolge der Lichtzeichen **2** 37$^{32,\,42,\,54}$
Farbfolien **5** 40
Fehler in der Beschaffenheit v Kfzen, kein unabwendbares Ereignis **1** 17^{30}
Fehlreaktion **E** 144
Feiertag, Fahrverbot für Lkw **2** 30
Feilbieten v Fahrzeugteilen ohne Prüfzeichen **1** 6 I Nr 2 e, 23, **5** 22 a, Ordnungswidrigkeit **1** 24, Strafbarkeit **1** 23
Feinstaub Ausnahmen von Verkehrsbeschränkungen **5** 47$^{6\,a,\,7\,a-7\,b}$, 48^4, Verkehrsbeschränkungen **2** 45^{29}
Feinstaubverordnung s Kennzeichnungsverordnung
Feldweg, Vorfahrt **2** 8^{36}, Vorrang der Schienenfahrzeuge **2** 19^{11}
FerienreiseVO **1** 6^{14}, **2** 18$^{15\,a}$
Fernlicht **2** 17$^{20,\,21}$, Lichtstärke **5** 50
Fernzulassung **4** 3^4, 19^7, 20$^{19\,f}$
Fertigung, ausländische **5** 22 a, reihenweise **5** 20
Festnahme **1** 24^{74}, **6** 315 c^{52}, 316^{115}
Feststellbremse **5** 41, 72
Feststellungen, Duldungspflicht **2** 34, **6** 142, nachträgliche **2** 34, **6** 142
Feuerlösch-Anhänger **4** 3^{23}
Feuerlöscher in Omnibussen **5** 35 g
Feuerwehr, PrivatFze **5** 52, Rettungswege **E** 46, **2** 12$^{37,\,52,\,65,\,67}$, Wegerecht **2** 35, **5** 70, s Polizei
Feuerwehreinsätze (-übungen) **4** 3^3
FeuerwehrFze **5** 19$^{1,\,5}$
Fiktive, Mehrwertsteuer **1** 12$^{48\,f}$, Reparaturkosten **1** 12$^{8,\,24}$
Filmaufnahme **2** 29
Finanzielle Mittel, Fehlen für Begutachtung **3** 11^{23}
Finanzierungskosten **1** 12^{32}
Finanzvertrag **1** 16
Firma am Fahrzeug **5** 64 b
Flagge an DienstFz **4** 10^{21}
Flexibilität **E** 122, **2** 1^6, 11
„Fliegender Start" **2** 37$^{45,\,48\,a,\,49}$
Flugblattverteilung **2** 33
Flurföderzeuge **3** 4^8, 6^9
Flüssiggas **5** 41 a, 46^2
Folien auf Scheiben **5** 22 a, 40^2
Förderband **2** 22
Forderungsübergang, gesetzlicher auf SVTr **1** 11^{15}, 12$^{3\,a}$, 14^3
Forschungszwecke, VBeschränkungen **1** 6, **2** 45 I
Forstweg **2** 1$^{14-16}$
Forstwirtschaft **2** 22^{19}, **4** 3^{12}, **5** 19, 32, 36, 36 a, 41, 49 a, 53, 54, 65, 66
Fortbewegungsmittel, besondere **2** 24, **5** 16
Fortkommensschaden **1** 11$^{11\,ff}$
Foto als Beweismittel **1** 24^{76}, s Lichtbild
Frankreich, Gegenseitigkeitsvereinbarung **5** 22 a
Freie Gasse für Hilfsfahrzeuge **2** 11^{10}
Freie Rechtsfindung **E** 63
Freifahrtzeichen **5**
Freihalten der Zebrastreifen **2** 26^{19}
Freihändiges Fahren **2** 23$^{14,\,37}$
Freiheitsstrafe, kurze **6** 315 c$^{56\,ff}$, 316$^{102\,f}$
Freispruch, Entz d Fahrerlaubnis **6** 69
Fremdgefährdung s einverständliche –

Frist, Behebung von Mängeln **4** 5^5, **5** 17, Fahrverbot **1** 25$^{5,\,6,\,8-10,\,27,\,30,\,31}$, für Gutachtenbeibringung **1** 2^{23}, für nächste Hauptuntersuchung **5** 29, Tilgung **1** 29, f Wiedererteilung d Fahrerlaubnis **1** 3$^{31-34}$, s Sperrfrist
Frontschutzsystem **5** 22 a$^{1\,c}$, 30 c^5
Frostaufbruch **2** 45^{53}
Führen von Fz **6** 316$^{3\,ff}$, von Fz, arbeitsteiliges **6** 316^5, von Kfz **1** 21^{10}, **2** 23^{11}, **6** 315 c^4, 316$^{3\,ff}$, von Kfz ohne Fahrerlaubnis oder trotz Fahrverbots **1** 21, Mitteilung zum VerkZReg **1** 28, von Tieren **2** 28, **3** 3, Untersagung des –s von Fahrzeugen **3** 3, trotz amtl verwahrtem Führerschein **1** 21^{22}
Führer, Beleuchtungspflicht **2** 17$^{13,\,34}$, Erlaubnis- und Ausweispflicht **1** 2, Gefährdungshaftung **1** 7, von Kfz **1** 24 c^7, **6** 316 a^3, Mindestalter **1** 6, **3** 10, Mitschuld **1** 9, Schluss aus Haltereigenschaft **E** 96 a, Sorgfaltspflichten **1** 7, **5** 30, Übermüdung **3** 2$^{4-7}$, Verantwortlichkeit **2** 23, Verantwortlichkeit für Fahrzeug, Zug, Gespann, Ladung, Besetzung **2** 23^9, Verschuldenshaftung **1** 18, s Führen; (weitere Unterstichworte: § 23 StVO Übersicht vor Rz 10)
Führerhaus, Gestaltung und Ausrüstung **5** 22 a, 30, Heizung und Belüftung **5** 35 c
Führerschein **1** 2$^{22,\,37}$, **3** 4$^{9,\,10}$, Ablieferung nach Entz d Fahrerlaubnis **1** 3^{35}, **3** 47^3, 48^{18}, **6** 69^{26}, Ausfertigung **3** 25, Aushändigung durch die FEB **3** 22^{10}, ausländischer s ausländischer Führerschein, als Ausweis **1** 2^{37}, Beschlagnahme, Sicherstellung, Verwahrung **1** 21^{22}, **6** 69^{16}, **7** 111 a^{13}, internationaler **1** 5, **3** 25 a, 25 b, 29^{12}, Lichtbild **3** 23 a, 4 a, ohne nochmalige Prüfung **1** 2^6, Pflicht zur Vorlage oder Ablieferung **1** 5, USAREUR-Führerschein **1** 21^2, Verlust **1** 5, **3** 25^9
Führerscheinklausel **1** 2^{47}, 21^{27}, **3** 4^{14}
Führerscheintourismus **1** 21$^{2\,a}$, **3** vor 1^3, 28$^{11\,f}$
Führersitz **5** 35 a, Mitnehmen v Personen oder Gegenständen **2** 23^{22}
Fuhrunternehmer **5** 31
Fuhrwerk **2** 14^{12}, Ausrüstung und Bespannung **5** 64, Bauvorschriften **5** 63, Beleuchtung **2** 17$^{13,\,38}$, **5** 66 a, Bremsen **5** 65, Halten, Parken **2** 12^{38}, Kennzeichnung **5** 64 b, Lenker **2** 23^{29}, Schallzeichen **5** 64 a, Zeichengeben **2** 9^{18}
Funkentstörung **5** 55 a
Funkstoppverfahren **2** 3^{60}
Fußbremse, Anzeige des Haltens **2** 12^{20}, Betriebs- an Zugmaschinen **5** 41, Betriebsbremse **5** 41
Fußgänger **2** 25, Alkohol **6** 316^{116}, vor Bahnübergang **2** 19^{25}, Beachtung des Fahrverkehrs **2** 2^{24}, 25$^{14-19,\,22\,ff}$, $^{33-37}$, mit Fahrzeugen abbiegende Fußgänger **2** 8^{25}, 25$^{3,\,50}$, mit Fahrzeugen oder sperrigen Gegenständen **2** 24, 25$^{3,\,46-48}$, kein Beschmutzen der Fußgänger **2** 1^{34}, 25^{40}, bei Lichtzeichen **2** 25$^{4,\,44}$, 37$^{34,\,45\,b,\,58}$, Mitschuld **1** 9, ständige Aufmerksamkeit **2** 1^{10}, „Überholen" **2** 5$^{55,\,56}$, Verbot der AB und Kraftfahrstraßen **2** 18^{27}, 25$^{20,\,21}$, Wartepflicht der Abbieger **2** 9^{43}, Wartepflicht der Fußgänger mit Fahrzeugen **2** 8^{25}, (weitere Unterstichworte: § 25 StVO Übersicht vor Rz 12)
Fußgängerbereich **1** 6, **2** 2$^{29\,c}$, 10$^{6\,a}$, 12^{55}, 41$^{84\,c}$, 45$^{28\,b}$, Z 242/243^{248}
Fußgängerüberweg **2** 26, 40 Z 134, 41 Z 293, 42 Z 350, Begehungsweise **2** 26$^{11,\,13,\,14}$, Benutzung bei dichterem Verkehr **2** 25^4, 45, Benutzungsabsicht **2** 26$^{13,\,14}$, Fahrgeschwindigkeit **2** 26^{16}, Fußgängervorrang **2** 26$^{8,\,9,\,13,\,14}$, Gefahren **2** 26^{20}, Gefährlichkeit **2** 26^9, Haltverbot **2** 12^{26}, 26^{18}, Lichtzeichen

hochgestellte kleine Zahlen = Randziffern **Sachverzeichnis**

2 26^{12}, Markierung 2 26$^{10, 21}$, Mitschuld 2 26^{21}, Straßenbahn 2 26^{15}, Überholverbot 2 26$^{1, 20}$, unrichtiges Fahren 2 40 Z 134, 41 Z 293^{170}, 42 Z 350$^{67, 68}$, 6 315 c^{15}, verdeckendes Halten und Parken 2 12^{26}, 26^{18}, Vertrauensgrundsatz 2 26^{14}, Wartepflicht 2 26$^{17, 19}$
Fußgängerzone s Fußgängerbereich
Fußstütze an zweirädrigen Kfzen 5 61
Fußweg 2 19^{11}, s Gehweg

Gabelstapler 2 30^{10}, 4 2^{1}, 3^{11}
Gabelung 2 8$^{34, 34 a}$, 9^{16}
Gang, Einschalten bei Verlassen des Fahrzeugs 2 14^{11}, geräuschvolles Schalten 2 30
Garant E 89, 90
Gasanlagen 5 41 a
Gasanlagenprüfung 5 41 a$^{4, 7, 8}$, wiederkehrende 5 29$^{25 a}$, 41 a$^{5, 6, 8}$
Gasentladungslampe 5 50
Gassystemeinbauprüfung 5 41 a$^{4, 7, 8}$
Gastwirt, Trunkenheitsfahrt eines Gastes 6 316^{96}
Gastwirtschaft, Parkplatz 2 1^{14}
Gebietsgrundsatz bei OWen E 32, Strafrecht E 30
Geblendeter Fahrzeugführer s Blendung
Gebrauch f eigene Rechnung 1 7^{14}, des Kfz (§ 10 AKB) 1 7^{8a}, – missbräuchlich gekennzeichneter Kfze oder Anhänger 1 22^{7}, – nicht zugelassener Kfze 4 3$^{27-28}$, unbefugter – von Kfzen und Fahrrädern 1 7^{17}, 6 248b, – von Kfzen ohne Fahrerlaubnis oder trotz Fahrverbots 1 21, 6 44, s Schwarzfahrt
Gebrauchswert 1 12^{15}
Gebühren für Maßnahmen im StrVerk 1 6 a
Gebührenzahlung (Zulassung) 1 6 a^{11}, 4 3^{7}, 6^{11}
Gefahr abstrakte 6 315 b$^{2, 22 f}$, 315 c$^{2, 32}$, für fremde Sachen von bedeutendem Wert 6 315 b^{24}, 315 c$^{29, 34 ff}$, gefährliche Lage (Warnzeichen) 2 16$^{9-11}$, Handeln auf eigene Gefahr 1 16$^{9 ff}$, konkrete 6 315 b^{23}, 315 c$^{30 ff}$, für Leib oder Leben 6 315 b^{24}, 315 c$^{29, 32}$, Reaktion auf unverschuldete Gefahr E 86, 1 24^{18}, 2 1$^{27-30}$, verkehrsspezifische 6 315 b^{26}, in Verzug 2 35, 44
Gefährdung anderer 2 1$^{35-39}$, 2^{45}, 32, 5 30, 30 c, durch Änderung am Fahrzeug 5 19$^{6, 8}$, Warnzeichen 2 16, s Verkehrsgefährdung
Gefährdungshaftung, Ausschluss 1 8, 17$^{22-29}$, des Fahrzeugführers 1 18, Grenzen 1 10^{1}, des Halters E 66, 1 7, Höchstbeträge 1 12$^{1-3 a}$, 12 a, 12 b, für Insassen 1 8 a, 16
Gefahrenlehre 1 2
Gefahrerhöhung, versicherungsrechtliche 2 23^{40}, 5 19^{17}, 31 16 f, 36$^{10 f}$, 6 316^{118}
Gefährliche Eingriffe in den Verkehr 6 315 b
Gefährliche Geräte 2 32
Gefährliche Güter 1 12 a, 2 2^{72}, 41 Z 261
Gefahrstelle 2 40$^{3, 9-11, 87, 88}$
Gefahrzeichen 2 39, 40
Gefälligkeitsfahrt 1 16^{9}
Gefällstrecke, Fahrgeschwindigkeit 2 3$^{20 f, 23}$, Warnung 2 40 Z 108$^{24, 26-29, 91}$
Gegenseitigkeitsvereinbarung, Deutschland/Italien 5 22 a, Deutschl/Frankr 5 22 a
Gegenstand der Begutachtung des FEBewerbers 3 11^{14}
Gegenstände, Beförderung überschwerer 2 29, mitzuführende 5 31 b, verkehrsbehindernde 2 32, verkehrshindernder – durch Fußgänger 2 25$^{46-48}$

Gegenverkehr beim Abbiegen 2 9$^{37, 39-42}$, Durchfahrvorrang 2 6^{5}, 9$^{37, 39-42}$, 40 Z 125$^{52-54}$, Rücksicht auf – 2 2^{36}, Sichtbehinderung 2 3^{29}, Überholverbot 2 5$^{3, 25-27, 29}$
Gehen am Fahrbahnrand 2 25$^{1-3, 14, 17, 19}$, Gehwegbenutzung 2 25^{12}, Gehweise 2 25$^{1-3, 14-19}$, Linksgehpflicht 2 25$^{1, 15-17}$
Gehör des Fahrers, Beeinträchtigung 2 23^{12}
Gehörlose 1 2^{8}
Gehweg 2 2$^{4-7, 29}$, Fahren über 2 2^{29}, 35, Fußgänger 2 25^{12}, Halten 2 12^{41}, durch radf Kinder 2 2, Mitbenutzung z Parken 2 12^{55}, versenkter 2 8^{35}
Gehwegreinigung 2 35, 45
Geistige Mängel 1 2^{11}, 3^{7}, 3 23^{4}, 46^{2}, bedingte Zulassung z Verkehr 3 2^{2}, Fahrunsicherheit durch – 6 315 c$^{5 f}$
Gelähmtsein, Zulassung z Verkehr 3 2
Geländer 2 43
Gelbe Markierungen 2 41 IV
Gelbe Pedalstrahler 5 67
Gelbes Blinklicht 2 38, 5 52
Gelbes Licht 2 37$^{23, 29, 32, 34, 48, 49}$
Gelbpfeil 2 37 III, 37$^{29, 34, 52}$
Gelb-Rot als Farbfolge an Bahnübergängen 2 37^{54}
Geldbuße 1 23, 24, 25$^{13, 29}$, 10
Geldrente 1 11^{19}, 13
gelegentlicher Cannabiskonsum 1 2$^{17 e ff}$, 3 14$^{18 ff}$
Gelenkfahrzeug 5 32
Geltung des StrVR, örtliche E 23 ff, zeitliche E 35 ff
Geltungsbereich, Ordnungswidrigkeit E 32, 1 24$^{10-14}$, der Streckenverbote 2 41$^{248 Z 274}$, der StVO E 6, 23, 2 53, der StVZO E 9, 10
Geltungsdauer der Fahrerlaubnis 3 23, 28^{16}, der FE zur Fahrgastbeförderung 3 48^{16}
Gemeiner Wert 1 12^{14}
Gemeingebrauch an öffentl Verkehrsflächen E 50, 2 12$^{42 a}$, 33
Genehmigung 5 21 a, zur Personenbeförderung auf Lkw 2 21
Gepäckanhänger hinter Kraftomnibus 5 32 a
Geradeausverkehr 2 2$^{64, 65}$, 9$^{39-43, 49}$
Geräte, gefährliche 2 32
Geräusch, Belästigung 2 1$^{42-44}$, 30, 5 30, der Kfze 5 49, Messung 5 49
Geräuscharme Kfze 5 31 e, 49
Geräuschverhalten, Verschlechterung 5 19$^{6, 9}$
Gerichtliche Entscheidung, Bindung der VerwBeh 1 3$^{15-30}$, 6 69^{27}, 69 a$^{1, 19}$
Gerichtsstand für Schadenersatzansprüche aus StVG 1 20
Geringfügige, Zuwiderhandlung bei OW 1 24$^{38 ff, -5, 48 a}$, 26 a$^{9, 12-17, 18, 22}$
Geruch, Belästigung 2 1$^{42-44}$, 5 30
Gesamtgewicht 5 34, Fabrikschild 5 59, bei SattelKfz 5 34, der StraßenFze 5 34, ungewöhnlich großes 2 29
Gesamtschuldnerische Haftung 1 17
Gesamtvorsatz E 134
Geschäftsbesorgung ohne Auftrag 1 16
Geschäftsfähigkeit, Halter 1 7^{22}
Geschäftsmäßige, Personenbeförderung, Gefährdungshaftung 1 8 a
Geschlossene Ortschaft, Gehseite der Fußgänger 2 25$^{1-3, 15-17}$, Höchstgeschwindigkeit 2 3^{50}, Sport 2 31
Geschlossene Verbände 2 27
Geschwindigkeitsbegrenzer 5 57 c, 57 d, vorsätzliche Funktionsbeeinträchtigung 1 22 b

1735

Sachverzeichnis

fette Zahlen = Gesetze, magere Zahlen = §§

Geschwindigkeitsbeschränkte Zone 2 3[45], 41[248] Z 274.1/274.2, 41 Z 274.1/274.2, 45[37]
Geschwindigkeitsbeschränkung 2 3[45, 46, 49–54 a], Anordnung für einzelne Straßen 2 45, eisenbereifte Fahrzeuge 5 36, Gleiskettenfahrzeug 5 36
Geschwindigkeitsmesser 5 57, 72
Geschwindigkeitsprüfung 2 29
Geschwindigkeitsschätzung 2 3[63]
Geschwindigkeitsschild 5 41, 58
Geschwindigkeitsüberschreitung des Vorfahrtberechtigten 2 8[69a]
Geschwindigkeitsunterschied 2 5[32]
Gesellschaft als KfzHalter 1 7[22]
Gesetzesmaterialien s bei den Einzelvorschriften
Gesetzlicher Vertreter, Verschulden 1 9[11, 12]
Gesichtsfeld 1 2[8]
Gespann 2 23[15], 5 64, 64 b, Zusammenstoß zwischen Kfz und Pferdefuhrwerk, Ausgleichspflicht 1 17, s auch Kombination
Geständnis Fahrunsicherheit 6 316[31], Geschwindigkeitsüberschreitung 2 3[57]
Gesundheitsbeschädigung, Schadensersatz 1 11
Gesundheitsfragebogen 1 2[19], 3 22[6]
Gewässerschutz 2 42 Z 354, 45[30]
Gewerbsmäßiges Feilbieten, ungeprüfter Fahrzeugteile 1 23, 5 22[a]
Gewicht s Achslast, Gesamt-, Höchst-, Leergewicht
Gewichtsbeschränkung 2 41 Z 262, 263
Gewohnheitsrecht E 20, 21, keine Änderung der Vorfahrt 2 8[25]
Glätte 2 40 Z 113, 114, Abweichung v Rechtsfahrgebot 2 2[43], Bremsen 2 3[19], Fahrgeschwindigkeit 2 3[17–21], kein unabwendbares Ereignis 1 17[28], Überholen 2 5[55], s Wasserglätte
Glatteis s Eisglätte
Gleise, Betreten 2 25[11, 52], Einordnen auf 2 9[36], Freilassen 2 2[64, 65], 12[37d], 19[28], Halten, wenn rechts – verlegt sind 2 12[38], Kfzbegriff: nicht an – gebunden 1 1, 3 4, 6 248 b, Stockung 2 37[50]
Gleiskettenfahrzeug, Achslast, Gesamtgewicht 5 34 b, Bremsen 5 41, Geschwindigkeitsbeschränkung 5 36, Haftungsumfang 1 12 b, Laufflächen 5 36
Gleitschutzvorrichtungen 5 37, Bauartgenehmigung 5 22[a]
Glieder, künstliche 3 2
Glocken 5 64 a
Glühlampen 5 22 a, 49 a, 67, 72
Grabbepflanzung, Grabstein s Beerdigungskosten
Grenzmarkierung für Haltverbote 2 12[36a], 41 Z 299, für Parkverbot 2 12[56], 41 Z 299[195, 196, 244]
Grenzschutz s Bundes-
Grenzversicherungsschein, rosa 4 vor 23[11]
Grenzwert, analytischer bei illegalen Drogen 1 24 a[21ff], 6 316[66], Atemalkohol 1 24 a[16ff], 6 316[53], Blutalkohol 1 24 a[11ff], 6 316[4, 13ff]
Grenzzollbeamte s Grenzaufsichtsbeamte
Grob verkehrswidrig 6 315 c[23]
Größe der VZ 2 39[9, 31], 41[5, 246, 247]
Großraumtransport 2 29, örtliche Zuständigkeit z Genehmigung 2 47
Großtier 2 28
Grund, triftiger 2 3[47, 48], zwingender 2 4
Grundgesetz E 2
Grundrechte E 2, 2 21 a
Grundregel für Beschaffenheit der Fahrzeuge 5 30, für Verhalten im StrVerk 2 1[5–10], für Zulassung von Personen zum Verk 3 1

Grundstück, Abbiegen in 2 9[3, 44–49], Einfahren aus 2 10[5, 6, 11]
Grundstückbesitzer, Anbringung von Verkeinrichtungen 1 5 b, 2 33
Grundstückein- und -ausfahrten, Parkverbot 2 12[47]
Grüne Versicherungskarte 4 vor 23[11, 12]
Grüne Welle 2 4[7], Anfahren 2 5[62]
Grüner Pfeil als Farbzeichen 2 37[29ff, 47], als nicht leuchtendes Pfeilschild s Grünpfeil
Grüner Senkrechtpfeil 2 37[36ff, 59]
Grünes Licht als Farbzeichen 2 37[23, 25, 28, 45–47]
Grünpfeil 2 37[30, 53f]
Gummibereifung 5 36
GUS-Truppen s Sowjetische Truppen
Gutachten 1 2[21ff], ärztliches 1 2[21], 3 11[10, 11], 13[16], 14[11ff, 17], einer Begutachtungsstelle für Fahreignung 1 2[22], betriebs- oder arbeitsmedizinisches 3 48[13], für die Einstufung als Oldtimer 5 23, Frist für Beibringung 1 2[23], Gegenstand der Begutachtung 3 11[14], medizinisch-psychologisches 1 2[22], 3 11[12], 13[17ff], 14[18ff], Nachvollziehbarkeit des Gutachtens 3 11[18], Nichtbeibringung 1 2[23], 3 11[22], 46[11], eines Sachverständigen oder Prüfers 1 2[22], s auch Sachverständiger oder Prüfer, Sachverständiger 4 5[10], 5 17, Weigerung des FEbewerbers 1 2[23], 3 11[22], 46[11]

Hafengebiet 2 19[1, 12]
Haftpflicht, Ausschluss oder Beschränkung der – für Verschulden 1 16, auf Grund sonstigen Rechts 1 16, stationierte Truppen 1 16[22], s Gefährdungshaftung
Haftpflichtschadenausgleich 4 vor 23[2]
Haftpflichtversicherung 4 23, Ablauf 4 25, 29, Anzeige des Versicherers 4 25, 29, Fahren mit unvers Fahrzeug 4 25, Kleinkrafträder und FmH 4 26, Maßnahmen bei Fehlen des Versicherungsschutzes 4 25, 29, Nachweis 4 3[7], 23, bei Rennen 2 29, (weitere Unterstichworte: vor § 23 FZV Übersicht)
Haftung der Bahn 2 19[35–38], auf Grund sonstigen Bundesrechts 1 16, deliktische E 67, 1 16, für Insassen 1 8 a, 16, des Kraftfahrzeugführers 1 18, für Personenschaden 1 10, 11, 16, für Sachschäden 1 12[4ff], der StatStreitkräfte 1 16[22], vertraglicher Ausschluss 1 16, der Wartepflichtigen 2 8[68f]
Haftungsausschluss 1 7[61]
Haftungseinheit 1 9[18/19]
Haftungsprivileg nach §§ 104 ff SGB VII 1 7[61], 16[3]
Haftungsumfang 1 7, 8 a, 10–12 b, 16[16], 18
Haftungsverzicht 1 16[2, 9]
HAK s Harnalkoholkonzentration
Halbe Sicht, Fahren auf 2 3[16]
Halogen-Scheinwerfer 5 22 a
Halt! Vorfahrt gewähren! 2 41 Z 206[36–41, 202, 203]
Halten 2 12, auf und vor Fußgängerüberwegen 2 12[26], 26[18], vor Rot 2 37[50], Verkehrssicherung auf AB 2 18[24], (weitere Unterstichworte: § 12 StVO Übersicht oder Rz 19)
Haltende Fahrzeuge, Beleuchtung 2 17[7, 8, 30–36], Verengung 2 6[3], Warneinrichtungen 5 53 a
Haltepunkt des Wartepflichtigen 2 8[56], 41 Z 294[172–174]
Halter, Ausgleichspflicht 1 17, Beförderungsvertrag 1 7[15], Behördenfahrzeug 1 7[24], Berechtigter bei unbefugtem Gebrauch seines Fahrzeugs 6 248 b, Fahrtenbuch 5 31 a, von Fahrzeugen 1 7[14–25], Fahrzeugmieter 1 7[16], Gebrauch nicht zugelassenen Fahrzeugs 4 3[28], Gefährdungshaftung 1 7, 8, Haftung bei

hochgestellte kleine Zahlen = Randziffern **Sachverzeichnis**

Schwarzfahrt **1** 7[53–59], **2** 14[20], Haftung bei Übermüdung des Fahrers **3** 2[4–7], Haftung für Beschäftigten **1** 7[46], Haftung für unbefugte Benutzung **1** 7[55], 21[12], **2** 14[19], Kostentragungspflicht **1** 25 a, Leasing **1** 7[16 a], Leihe **1** 7[16], mehrere **1** 7[21], Mietvertrag **1** 7[16], Mitschuld bei Unfallflucht **E** 90, **6** 142[29, 54], Mitverantwortlichkeit für Beladung **5** 34, Schluss auf Fahrereigenschaft **E** 96 a, Sorgfaltspflicht **5** 31, Strafrechtliche Haftung **6** 222, 229[8 f], Überladung **5** 34, Überwachung des Fahrers **1** 16[12–15], 21[12], **5** 31, unbefugter Fahrer **5** 17, Verantwortlichkeit f Führung u Zustand des Fahrzeugs **5** 17, 31, Vergehen geg § 21 StVG **1** 21[12–14], Verletzung der Halterpflichten, Entziehung d Fahrerlaubnis **1** 3, s Tier-
Halterdaten 1 34, **4** 6[5]
Halterung auf Ersatzrädern **5** 36 a
Haltestellen, Ein- u Aussteigen **2** 20[13–16], Fahrgeschwindigkeit **2** 20, Parkverbot **2** 12[48], Vorbeifahren **2** 20, -zeichen **2** 41 Z 224, 226[72, 209]
Haltestelleninsel 2 20[8]
Haltestellenschild, Parkverbot **2** 12[48]
Haltezeiten, Parkuhr **2** 13[1, 4, 8]
Haltgebot 2 34, 41
Haltlinie 2 41 Z 294[172–174, 230/231]
Haltverbot 2 12[21 ff], 41 Z 283[153–160, 225], auf der AB **2** 18[23–25], eingeschränktes **2** 12[30, 34], 41 Z 286[159–165, 225–227], an Fußgänger-überwegen **2** 12[26], Gleisbereich **2** 19[28], Haltverbotsstrecke **2** 12[28, 29, 44], im Kreisverkehr **2** 9 a[13], zugleich Parkverbot **2** 12[44], s Halten
Haltzeichen 2 36[13, 22], 37
Handbremse 2 14[11], **5** 41
Handeln auf eigene Gefahr 1 16[9 ff]
Handfahrzeuge 2 17[36], 24
Handlampe, Omnibus **5** 54 b
Händler, Betriebserlaubnis f i Ausland hergestellte Kfze **5** 20, rote Kennzeichen **4** 16, 28
Handlung, Begriff **E** 83 ff, strafbedrohte **6** 69
Handwagen 2 24, keine Bremse **5** 65, auf Gehwegen **2** 25[46–48]
Handy s Mobiltelefon
Handzeichen, Verzicht durch **E** 146
Haptische, Information **2** 1[30]
Harmlosigkeitsgrenze 1 11[6]
Harnalkoholkonzentration 6 316[56]
Haschisch s Cannabis
Häufung von VZ **2** 39[20, 21, 23, 36]
Hauptuntersuchung der Kfze und Anhänger **5** 29
Haushaltsführungsschaden 1 10[14, 15], 11[15]
Haustier 2 28, Haftung des Tierhalters, Ausgleichspflicht **1** 17[32–36]
Hecktragesysteme, Beleuchtung **5** 49 a[6]
Heilquelle 2 45
Heilungskosten 1 10[3], 11[4 ff]
Heimatort des Kfzs **4** 6[4, 6]
Heizeinrichtungen, Prüfung **5** 22 a
Heizgeräte 5 22 a
Heizöltransport 5 30
Heizung 5 22 a, 72, geschlossene Führerhäuser **5** 35 c, 72
Helgoland 2 50
Hemmschuh 5 65
Hemmung, Verjährung **1** 14
Herabfallen vom Gegenstand **2** 3[67]
Herabfallende Ladung 2 22[13], 32
Herausragende, Teile **5** 30 c
Heroin s Opiate
Hersteller, bauartgenehmigungspflichtige Fahrzeugteile **5** 22 a, des Kfzs **4** 16, **5** 20, 21, 59

Hilfe, erste s Erste Hilfe
Hilfeleistung, Ansprüche des Hilfeleistenden **E** 110, **1** 7[13], 16[3], unterlassene **1** 2[27], **2** 34
Hilfsbedürftige 2 3[29 a]
Hilfsfahrzeuge 2 11[10]
Hilfsmotor, Fahrrad mit **4** 2[14], **5** 38 a, 50, 53, 54, 61 a
Hilfsperson (Einweiser) **E** 146, **2** 10[13], keine Gefährdungshaftung d Halters **1** 8, Verschulden von – des Verletzten **1** 9[24]
Hilfszügel 2 28
Hin- u Herfahren als Belästigung **2** 30
Hinausragen der Ladung **2** 22[20–22, 24]
Hindernis, Bereiten von -n **6** 315 b[7–13], auf Fahrbahn **2** 3[25], 6[1–4, 8], 15, Verkehrs- **2** 32, s Autofalle, Behinderung
Hineintasten des Wartepflichtigen **2** 8[58]
Hinterherfahren, Geschwindigkeitsmessung **2** 3[62]
Hirnverletzung 1 2[10]
„Hochjagen" des Motors **2** 30
Höchstbetrag, Beschränkung der Gefährdungshaftung **1** 12[1–3 a], 12 a, 12 b, bei Verwarnung **1** 26 a
Höchstgeschwindigkeit 2 3[38, 45, 46, 49–54 a], eisenbereifte Fahrzeuge **5** 36, Gleiskettenfahrz **5** 36, Überholen **2** 3[45], 5[32]
Höchstgeschwindigkeitsschild 5 36[3], 58
Höhe der Fahrzeuge **2** 18[15], 22[18, 19], **5** 32, 63
„Hoheitliche", Aufgaben **2** 35
Höhere Gewalt 1 7[30 ff]
Hohes Alter 3 11[11]
Holzrückewagen 4 3[24]
Hörvermögen, Fähigkeit, sich sicher im Verkehr zu bewegen **1** 2[8]
Hubladebühne 5 53 b
Hubraum 3 6[23], **5** 30 b, Klassen d Fahrerlaubnis **3** 6
Hubstapler 4 2[21]
Hund 2 23[20], 28[10]
Hupe, Hupverbot **2** 16, als Schallzeichen **5** 55, Warnzeichen **2** 5[9–11, 59, 60], 16
HWS-Schleudertrauma 1 11[6]

Identifizierung des Fahrzeugs **4** 6[10], 19[14]
Identitätsnachweis, Auskunft aus dem VZR **3** 64, Fahrerlaubnisprüfung **3** 16[5 a], 17[5 a], 21[12]
Immissionsschutz 1 6, **2** 41 Z 270, 45 I, s Smog
Importfahrzeug 4 7[2], Betriebserlaubnis **5** 20
Inbetriebnahme, Inbetriebsetzung s Betrieb, Gebrauch
Industriegebiet 2 19
Ingebrauchnahme, unbefugte – von Kfzen u Fahrrädern **6** 248 b
Inkrafttreten E 35 ff, der StVO **2** 53, der StVZO **5** 72
Inlandsverkehr E 23
Inline-Skates 2 4[8, 10], 25[12, 15], 45[53]
Innenbeleuchtung für Kraftomnibusse **5** 54 a
Innenspiegel 2 23[12], **5** 56
Innenverhältnis der unfallbeteiligten Halter, Ausgleichspflicht **1** 17
Innerbetriebliche Vorschriften E 48
Innerorts 2 3[50 ff, 5 49], 8[41], 17[32, 33], 18[19], 25[12–14], 42 Z 301
Insassenhaftung 1 8 a, 16
Instandsetzung 1 12[4]
Integritätsinteresse 1 12[19 f]
International, -er Führerschein **1** 21[22], **3** 25 a, 25 b, **7** 111 a[11, 13], Regelungen, allgemein **E** 15, 16, **5** 21 a, über StrMarkierungen **2** 39[39], Vereinbarung über Prüfzeichen **5** 21 a, Zulassung, Prüfung der HPflVers **4** vor 23[14]

1737

Sachverzeichnis

fette Zahlen = Gesetze, magere Zahlen = §§

IntVO 1 2^{38}, **3** 29, 29a
Irrtum E 155–157, bei OW **1** 24^{26-36}
Italien, Gegenseitigkeit **5** 22a

Jagdaufseher 2 35^3
Jugendgruppe 2 27
Jugendliche 2 31, Entziehung der FE **6** 69, Fahrerlaubnis für Klassen 4 **3** 6, 10
Juristische Person als Halter **1** 7^{22}, örtliche Zuständigkeit der StVBehörden **2** 47, **5** 68

Kapitalabfindung 1 13
Kapitalbeträge, Höchstbeträge bei Gefährdungshaftung **1** 12^{1-3a}
Kartei, örtliche **1** 29^8
Karteiführung, Auskunft **1** 35ff, über Kfze und Anhänger **1** 31ff
Katalysator-Fahrzeug s Schadstoffarme Kraftfahrzeuge
Katastrophe 2 35, Vorrecht der Feuerwehr **2** 35
Katastrophenschutz 2 35
Katze 2 28
Kausalität E 97ff, 147
Kehrmaschine 2 35
Kennleuchten, blaues Blinklicht **2** 38, **5** 22a, 52, 72, gelbes Blinklicht **2** 38, **5** 22a, 52, 72, der Wegerechtsfahrzeuge **2** 38, **5** 52
Kenntlichmachen, seitliches **5** 51a, von Verbänden **2** 27, verkhinderender Gegenstände **2** 32^{11}, von Vorfahrtstraßen **2** 41
Kenntnis, Verjährungsbeginn **1** 14^{2-4}, der Verkehrsvorschriften **E** 142, 156, 157, **1** $24^{23\,\text{ff}}$, der VZ **2** 39^{37}
Kennzeichen 1 6, 6b–d, Abstempelung **4** 10^{9-10}, amtliche **1** 1, 22, **4** 8^2, 10^9, Anhänger **1** 21^2, Ausgestaltung und Anbringung **4** $10^{4\,\text{ff},\,15\,\text{ff}}$, Beeinträchtigung der Erkennbarkeit **1** 22^5, befristete **4** $9^{6\,\text{ff}}$, 13^6, 25^{10}, **5** $29^{21,\,27}$, Beleuchtung **4** 10^{18}, **5** 22a, Beseitigen **1** 22^5, Erkennbarkeit **2** 23^{24}, **4** $10^{5\,\text{f}}$, grüne **4** 9^5, Herstellung und Vertrieb **1** 6b, hintere **4** 10^{17}, Kennzeichenmissbrauch **1** 22, Kleinkrafträder und FmH **4** 26, reflektierende **4** 10^5, Rote, -pflicht für Kfze **4** 16, selbstfahrende Arbeitsmaschinen, einachsige Zugmaschinen **4** 4^3, selbstleuchtende **4** 10^{18}, Standort- oder Eigentümerwechsel **4** 13, Umklappen **4** 10^{16}, Verdecken **2** 23^{24}, **4** 10^6, für versicherungsfreie Fze **4** 26, Versicherungskennzeichen **4** 26, 27, Vorprodukte **1** 6
„Kennzeichenanzeige" **E** 96a, **1** 25a
Kennzeichenmissbrauch 1 22, **4** 16^{23}
Kennzeichensystem 4 8^6
Kennzeichnung von Arbeitsstellen **2** $45^{22,\,45-48}$, Bahnübergänge **2** 19, eigenmächtige von Kfzen **1** 22^4, Fahrbahnhindernis **2** 32, der Fahrzeuge **1** 6, Fahrzeugteile **5** 22a, gefährliche Stellen **2** 40, gesperrte Straßen und Umleitungen **2** 45, Laternen **2** 42 Z 394, Nichtkraftfahrzeuge **5** 64b, schadstoffarme Kfz **5** 47^{7a}, seitliche **2** 17, Straßenreinigung, Müllabfuhr **2** 35 VI
Kennzeichnungsverordnung 5 $47^{7a,\,7b}$, 11
Ketten 5 65, Absperrung **2** 43, Glieder **5** 37
Kettenfahrzeuge 5 34b, 36
Kickboard 2 24^6, 16^2
Kilometerzähler 1 22b, **5** 57
Kinder, Anscheinsbeweis gegen Kf bei Unfall mit -n **2** 25^{55}, desgl von Eltern bei Tötung von -n **1** 10^{17}, Ersatzansprüche bei Tötung der Eltern **1** 10^{14-16}, auf Fahrrädern **2** 21^{14}, Gefahrzeichen **2** 3^{29a}, 40 Z 136^{64},

65, Haftung **1** 7^{22}, 9^{12}, Mitnahme in Kfzen **2** 21, auf Mofas und Krafträdern **5** 35a, Rücksicht auf **2** $25^{26\,\text{ff}}$, $25^{26\,\text{ff}}$, 30, spielende **2** $25^{26\,\text{ff},\,30}$, 31, Verschulden des ges Vertreters **1** 9^{11}
Kinderdreirad mit Elektroantrieb **1** 1^2, **2** 24^6
Kinderfahrrad 2 2^{66}, 24
Kindergruppe 2 27
Kinderhalteeinrichtungen 2 21^{9a}, **5** 35a
Kinderschlitten 2 24, **5** 16
Kinderspiele 2 41 Z $250^{88,\,90}$
Kinderwagen 2 24, **5** 16
Klassen, EG-FzKlassen **5** 20^5, der Kfze **3** 6, Schul- **2** 27
Kleidung, Bespritzen **2** 1^{34}, 25^{40}
Kleinbahn, Ausgleichspflicht mit Halter **1** 17
Kleinfahrzeug 2 24, Parkuhr **2** 13^8, unbeleuchtetes **2** 17^{35}
Kleinkraftrad 2 23^{37}, **3** $6^{9,\,19}$, **4** 2^{14}, 3^{14}, 26, **5** 38a, 50, 53–57, 61, 61a, 72, Kennzeichen **4** 10^4
Klingel (an Fahrrädern) **5** 64a
Klinischer Befund (BAK) **6** $316^{70\,\text{ff}}$
Koaxialkabelverfahren 2 3^{61}
Kohlendioxidemission 5 47d
Kohlenmonoxyd 5 47
Kolonnen, Abstand **2** 4^9, Lücke **2** 5^{34}, $8^{47,\,58}$, 9^{41}, mehrstreifiger Verk, Verengung **2** 7, Nebeneinanderfahren **2** 7, Sichtbehinderung **2** 3^{29}, Überholen **1** 17^{13}, **2** 3^{29}, $5^{26,\,34,\,40,\,41}$, $8^{47,\,69}$, $9^{41,\,55}$, $10^{9,\,11}$, 11^6, $18^{17,\,20}$, 25^{38}, Verbände **2** 27, Vorfahrt **2** $8^{47,\,54a,\,58}$
Kolonnenspringen 6 240^{24f}, $315\,c^{23}$
Kombination (Kfz mit Anhänger, Geschwindigkeit) **2** $18^{13,\,19}$
Konkrete, Schadenberechnung **1** 12^6
Konkurrierende Bundesgesetzgebung E 1
Konsulat, ausländisches **4** 10^{22}, vor 23^{13}
Kontrolle 2 36, des angestellten Fahrers **1** 16, **5** 31, technische – von NutzFzen **5** 29^{20}
Kontrollgerät 5 57a, 57b
Konturmarkierung 5 53^3
Kopfhörer 2 23^{12}
Kopflosigkeit 2 $1^{27,\,28}$
Körperliche Mängel 1 $2^{8\,\text{ff}}$, **3** 23^4, 46^2, bedingte Zulassung z Verkehr **1** $2^{8,\,9}$, **3** 3^2, Fahrunsicherheit wegen – **6** $315\,c^5$
Körperliche Untersuchung bei OW **1** 26^6, bei Straftatverdacht **7** 81a
Körperverletzung 1 8a, 11, 16, **2** 4^{16}, 21^{16}, fahrlässige **6** 222, 229
Körperzustand des Fahrers **2** $3^{41,\,42}$, 23^9, **3** 2^7, **5** $31^{9,\,10}$
Korrosion, Kraftstoffbehälter **5** 45
Kosten der Betriebserlaubnisprüfung **5** 20, im StrVerk **1** 6a, **2** 46^{23}, von Verkehrszeichen und -einrichtungen **1** 5b
Kostentragungspflicht des Halters **1** 25a
Kotflügel 5 36a
Kraftdroschke s Taxi
Kraftfahrer s Führer
Kraftfahrstraße 2 18, 25^{21}, 42 Z 331, $336^{41,\,49,\,51,\,52}$
Kraftfahrt-Bundesamt, Bauartgenehmigung v Fahrzeugteilen **5** 22a, Mitteilungen **1** 28, Typprüfung **5** 20, verlorene Fahrzeugbriefe/Zulassungsbescheinigungen Teil II **4** 12^{10}, Zentrales Fahrzeugregister **1** 31, Zuständigkeit **5** 68
Kraftfahrzeug, Anhänger **4** 2^4, **5** 32a, ausländisches **1** 7^{2a}, **4** 20, Bauvorschriften **5** 32–62, Begriff **1** $1^{2\,\text{ff}}$, **4** 1^3, 2^3, Betrieb **1** 7^{2a}, eigenmächtige Kennzeich-

hochgestellte kleine Zahlen = Randziffern **Sachverzeichnis**

nung **1** 22⁴, Führen **1** 21¹⁰, s Führen, Führer, internationaler –verkehr **4** 18 ff, langsam bewegliche **1** 8, Schadenverursachung **1** 17, Überwachung **5** 29, unbefugter Gebrauch **6** 248 b, Verlassen (Sicherung) **2** 14¹⁻³, ¹³⁻¹⁹, Zulassung von Kfzen **4** 3, **5** 16, Zwangshaftpflichtversicherung **4** 23, 26

Kraftfahrzeugart, Beschränkung der Fahrerlaubnis **3** 23⁵

Kraftfahrzeugbrief s Fahrzeugbrief

Kraftfahrzeugführer 1 2², Sorgfaltspflicht **1** 2, **2** 23, s Führer

Kraftfahrzeugschein s Fahrzeugschein

Kraftfahrzeugsteuer 4 3⁷, Abmeldung **4** 13¹⁶

Kraftfahrzeugwerkstatt, Zuteilung roter Kennzeichen **4** 16

Kraftomnibus 3 6⁹, **5** 30 d, Abfahren **2** 20¹², **5** 29, Ausweichen **2** 6¹⁰, Begegnen in enger Fahrbahn **2** 6¹⁰, Besetzung **5** 34 a, 72, Ein- und Aussteigen **2** 20¹³, Einrichtungen zur sicheren Führung **5** 35 b, Fahrerlaubnisklasse **3** 6¹⁷, Fahrtschreiber **5** 57 a, Feuerlöscher **5** 35 g, Gefährdungshaftung gegenüber Fahrgästen **1** 8 a, Gepäckanhänger **5** 32 a, Geschwindigkeitsschilder **5** 58³, haltender Omnibus **2** 20⁹, Höchstgeschwindigkeit **2** 3, 18¹⁹, Innenbeleuchtung **5** 54 a, Kraftstoffbehälter **5** 45, Kraftstoffleitungen **5** 46, Motorleistung **5** 35, Notausstieg **5** 35 f, Sitze **5** 35 a, 35 i, 72, Türen **5** 35 e, 72, Verbandkästen **5** 35 h, Vorrichtungen zum Auf- und Absteigen **5** 35 d, windsichere Handlampe **5** 54 b, s Fahrgastbeförderung

Kraftrad, Abbiegen, Zeichengeben **2** 9¹⁹, Abblendlicht am Tage **2** 17¹⁸ᵃ, Abgasuntersuchung **5** 29²⁵ᵃ, 47 a¹ᵃ, Alkohol **6** 316⁶, ¹⁷, Anhängelast **5** 42, Anhänger **5** 32, Bremsen **5** 49, keine Bremsleuchten **5** 53, Fahrer **2** 23³⁷, Fahrerlaubnis **3** 6⁹, Fahrtrichtungsanzeiger **5** 54, Geräuschuntersuchung **5** 29²⁵ᵃ, kein vorderes Kennzeichen im Inland **4** 10¹⁵, 21², Mitnahme von Personen **2** 21, 23²², Rückspiegel **5** 56, Scheinwerfer **5** 50, Schieben **2** 24, Schlussleuchte **5** 53, Sichern **2** 14¹⁵, Sitze **5** 35 a, s Fahrrad mit Hilfsmotor, Klein-, Kraftfahrzeug

Kraftstoffbehälter 5 45, 72

Kraftstoffleitung 5 46

Kraftstoffmangel s Treibstoffmangel

Kran, selbstfahrender **5** 32

Krankenfahrstuhl 2 24, 26, **3** 4, 5, 10³, **4** 2¹⁶, 3¹⁵, 4⁴, ⁶, 26², **5** 53, Führen unter Alkohol **6** 316⁶, ¹⁷, Kennzeichen **4** 10⁴

Krankenkraftwagen 2 38, **5** 52, 72

Krankheit als Eignungsmangel **1** 2¹⁰, **3** 11⁷, Einfluss auf Verkehrstüchtigkeit **1** 2¹⁰, ¹¹, 3⁶, **3** 2, Gegenstand des Ersatzanspruchs **1** 10³, ⁴, 11

Kranwagen 2 29

Kreisverkehr 2 2³², 9 a, **4**1 Z 215⁵⁸, Abbiegen **2** 9¹⁹, Haltverbot **2** 9 a¹³, Vorfahrt **2** 8³⁷, 9 a¹¹

Kreuzung 2 8², ¹¹, ¹¹ᵃ, ³², ³³, Abbiegen **2** 9¹⁶, freimachen bei Verkehrsregelung **2** 36, 37⁴⁹, höhengleiche **2** 19 von Bahnstrecken **2** 19, mäßige Geschwindigkeit an Vorfahrtstraße **2** 8⁴/⁵, ⁵⁶, Parkverbot **2** 12⁴⁵, schnelles Fahren **6** 315 c¹⁶, Stockung **2** 11, Überschreiten der Fahrbahn **2** 25⁴³, Vorfahrt **2** 8², ¹¹, ¹², ³², ³³, ohne vorfahrtregelnde Zeichen **2** 8²⁵, ²⁶, mit vorfahrtregelnden Zeichen **2** 8¹¹ ᶠᶠ, ³⁹⁻⁴⁵

Kreuzungsfläche bei Vorfahrt **2** 8²⁸

Kriechspur 2 2, 5²⁰, AB **2** 2⁶³, 18¹⁴ᵃ, ¹⁷, ²⁰, 41 Z 209²⁴⁸, Z 296²⁴⁸

Kuhfänger s Frontschutzsystem

Kühlfahrzeuge 2 18¹⁵, 22¹⁸, **5** 32

Kulturelle Veranstaltung 2 45³³

Kummetgeschirr 5 64

Kuppe 2 2³⁶, ³⁷

Kupplung 2 23²⁶, automatische **5** 43, Befestigung von Abschleppgeräten **5** 43, Einrichtungen zum Verbinden von Fahrzeugen **5** 43, Reißen der Anhängerkein unabwendbares Ereignis **1** 17³⁰

Kupplungspedal 3 17⁹ ᶠ

Kurbahn 5 32 a

Kurort, Verkehrsbeschränkung **2** 45

Kurse zur Wiederherstellung der Eignung 3 11²⁵, 70, 72³

Kurve 2 40 Z 103, 105¹⁵⁻²³, ⁹⁰, äußerste rechte Seite **2** 2³⁸, Fahrgeschwindigkeit **2** 3²⁶, Haltverbot **2** 12²⁴, Überholverbot **2** 5²⁶

Kurvenläufigkeit 5 32 d

Kurvenschneiden 2 2⁷³

Kurzschlusshandlung E 86

Kurzsichtigkeit 1 2⁸, s Sehvermögen

Kurzzeitkennzeichen 4 16³⁻⁶, ¹⁵ ᶠᶠ, **5** 29

Kutscher 2 28

Kutschwagen 5 64 b

Ladefläche, Beförderung v Personen **2** 21⁴, ¹⁰⁻¹², 46²⁴

Ladegatter 5 32

Ladegeschäft 2 12³⁰, ³²⁻³⁴, 13¹, ⁹, s Beladen, Entladen

Lademaße 2 22

Ladestraße der Bahn **2** 1¹⁴

Ladung 2 22¹⁴, 23¹⁵, ²⁰, Beleuchtung seitlich herausragender – **2** 22²⁴, **5** 51, Breite **2** 18¹⁵, 22¹⁸, Eigenschaften **2** 3⁴³, Herausragen **2** 22²⁰⁻²², ²⁴, Länge und Höhe **2** 18¹⁵, 22²³, Verantwortlichkeit f Verkehrssicherheit **2** 23¹⁵, ²⁰, Verstauen **2** 22¹⁰, ¹², ¹³, 23²⁰, **5** 31¹², ¹³

Lampen s Leuchten

Land- oder forstwirtschaftliche Zugmaschine 3 6⁹, ²⁰, ²¹

Landesrecht, kein – mehr auf dem Gebiet des Straßenverkehrsrechts **E** 46, 47, **2** 1³

Landfahrzeug 1 1², **6** 248 b

Landmaschine 5 32

Landschaftssäuberungsaktionen 4 3³

Landstraße, Verkehrssicherungspflicht **2** 45⁵¹⁻⁶⁸

Landwirtschaftliche Betriebe 4 3¹⁸, **5** 32, 36, 41, 50, 53, 65, 66

Landwirtschaftliche Erzeugnisse, Höhe und Breite der Ladung **2** 22¹⁹

Landwirtschaftliche Fahrzeuge 2 18¹⁵, 21, 22, 32, 41 III Nr 3, 41 Z 250, **5** 47 a

Langbäume 5 22 a

Länge der Fahrzeuge und Züge **2** 22²³, **5** 32, 63

Langholzfuhren 5 30, Länge der Beladung, Sicherung nach hinten **2** 22

Langmaterialzug 5 32, s auch Arbeitsmaschine

Langsam auf der AB **2** 18¹⁴, Ausnahmen von Zulassungspflicht **4** 1³, äußerste rechte Seite **2** 2⁹, ³⁵, ⁴⁰, ⁴², fahrende Fahrzeuge **2** 1⁴⁰, Fahrgeschwindigkeit **2** 3⁴⁷, ⁴⁸, keine Gefährdungshaftung **1** 8, Überholenlassen **2** 5¹², ¹³

Längsseiten, Kenntlichmachen **5** 51 a

Lappen, roter **5** 43

Lärm der Ladung **2** 22¹⁵, durch Lautsprecher **2** 33, Messung, Kosten **1** 5 b, des Motors **2** 3⁶³, 30, Schutz **2** 30, 33

Sachverzeichnis

fette Zahlen = Gesetze, magere Zahlen = §§

Lärmarme Kfze s Geräuscharme Kfze
LASER-Messung 2 3^{61}
Lastendreirad 3 6^{19}, 17^{10}
Lastfahrzeug, Rückspiegel nötig **5** 66, Sicherung **5** 53a, Sorgfaltspflicht des –führers **2** 23
Lastkraftwagen, Beförderung von Personen auf Ladefläche **2** 21^{10}, Begriff **2** 21^{10}, 30^{10}, Fahrerlaubnis **3** 6, Höchstgeschwindigkeit **2** 3, Motorleistung **5** 35, Sonntagsfahrverbot **2** 30, Überholverbot bei geringem Geschwindigkeitsunterschied **2** 5^{32}, Warnleuchten **5** 53a
Lastzug vor Bahnübergang **2** $19^{4–6, 26, 28}$, Betriebssicherheit **2** $23^{15–19, 24–29}$, **5** 31, langsamer **2** 8^{62}, Motorleistung **5** 35, Zugvorrichtungen **5** 43, s Anhängelast
Laternen, Beleuchtung von Fuhrwerken **5** 66a, Sicherung abgestellter Fahrzeuge **2** 15, $17^{30–36}$, Sicherung von Baustellen **2** $45^{45\,f}$, Treiben und Führen von Tieren **2** 28, Verbände **2** 27
Laternengarage 2 12^{42}, **42** Z 394
Laufenlassen des Motors, unnützes **2** 30
Laufflächen von Gleiskettenfahrz **5** 36
Laufrollendruck 5 34b
Läutesignale der Lokomotive **2** 19, Schlitten und Fahrräder **5** 64a
Lautsprecher 2 33
Lautstärke, Auspuff- und Fahrgeräusch **5** 49, von Schallzeichen **2** 16, **5** 55, s Auspuff, Schalldämpfer
Leasing, Halter **1** $7^{16\,a}$, Schadenersatz **1** 9^{17}, 12^{10}
Leergewicht 5 42
Lehnen 5 35a
Leichenzug 2 27
Leichtkraftfahrzeug 4 2^{15}, 3^{16}, 26^{2}
Leichtkraftrad 3 $6^{9, 19}$, **4** 2^{13}, 3^{13}
Leichtmofa 1 21^{10}, 24^{10}, **2** 2^{67}, $17^{18\,a}$, $21\,a^{2}$, **3** 4^{6}, **4** 2^{14}, **5** 50^{14}, 53^{12}, **6** 316^{17}, 9
Leihvertrag, Halter **1** 7^{16}
Leistungen, Anbieten **2** 33
Leistungsabfall, plötzlicher **E** 132
Leistungstiefstand, körperlicher **3** 2^{4}
Leistungsverweigerung des Versicherers **6** 142^{76}
Leitbake 2 43
Leiteinrichtungen 2 43
Leitern 2 32
Leitkegel 2 43
Leitlinie 2 42 Z $340^{53–58, 181}$
Leitpfosten 2 43
Leitplanke als Verkehrsgefahr **2** 45^{53}
Lenkbarkeit 5 38
Lenkhilfe 5 38
Lenkschloss gegen unbefugte Benutzung **2** $14^{14, 15}$, **5** 38a
Lenkstange 2 21
Lenkung der Kfze **5** 38
Lenkvorrichtungen an Kfzen **5** 38, an Nichtkraftfahrz **5** 64
Lesbarkeit der Kennzeichen **2** 23^{24}
Leuchten an anderen Fahrzeugen **5** 66a, als Arbeitsscheinwerfer **5** 52, an Kfzen **5** 49a, s Laternen, Sicherungs-
Leuchtenträger 5 49a, 60, an Anhängern **5** 53
Leuchtstoffe 5 49a
Leuchtweiteregler 5 50^{18}
Leuchtzeichen, Ankündigung des Überholens **2** 16^{7}, als Warnzeichen **2** 16^{6}
Licht am Tag **5** $49\,a^{8}$

Lichtbild im Führerschein **3** $21^{4–10, 13}$, im Internationalen Führerschein **3** $25\,a^{6}$, in der Prüfungsbescheinigung (bF 17) **3** $48\,a^{7}$
Lichthupe 2 $5^{9–11, 59, 60}$, 16, Betätigung als Nötigung **6** $240^{12–15, 33}$
Lichtmaschine 5 22a, 72
Lichtquellen, Beleuchtung durch **2** $17^{30–32}$
Lichtschrankenmessung 2 3^{61}
Lichttechnische Einrichtungen s Beleuchtungseinrichtungen
Lichtwechsel (Farbwechsel) **2** 37
Lichtzeichen 2 37, Abbiegen **2** 9^{40}, 37^{45}, Anlage **2** 40 Z 131^{62}, Bahn- und Bus-Lichtzeichen (eigene Fahrstreifen) **2** $37^{8, 33, 56}$, 41 Z 245, Fußgänger **2** $25^{4, 44}$, Störung **2** 8^{44}, $37^{50, 62}$, Vorfahrt **2** 8^{44}, zur Warnung vor PolKontrollen **2** 16^{18}, 36^{27}, (weitere Unterstichworte: § 37 StVO Übersicht vor Rz 37a)
Liebhaberwert 1 12^{16}
Lieferverkehr 2 $12^{32, 33}$, $39^{31\,a}$
Liegengebliebenes Kfz 2 12^{19}, $15^{1–5}$, 17^{34}, 32^{8}, **5** 53a, Nichtsichern als Straftat **6** $315\,c^{21}$
Linienbus 2 2^{64}, haltender **2** 20^{9}, Vorrang **2** 20^{12}
Linienverkehr 3 48^{7}
Links ausweichen 2 6, $25^{15–17}$
Links überholen 2 $5^{16, 24}$
Linksabbieger, Einordnen **2** $9^{6, 31, 32}$, Pflichten **2** $9^{5, 6, 29}$, Rechtsüberholen **2** $5^{67, 68}$, Vorfahrt **2** 8^{63}
Linksbogen beim Abbiegen **2** $9^{5, 30}$
Linksgehen, außerorts **2** $25^{1, 15–17}$, unzumutbares **2** $25^{1–3, 16}$
Lkw-Fahrerlaubnis 3 28^{16}, Eignung **3** 11^{27}
„Lückenrechtsprechung" 2 $5^{40, 41}$
Luftdruck 2 $23^{25\,f, 29}$
Luftraum über der Fahrbahn **2** 45^{53}
Luftreifen 5 34, 36
Lüftung, geschlossener Führerhäuser **5** 35c, 72

Magnetschwebebahn 1 1^{4}, **4** 2^{3}
Mähdrescher 5 32
Mähgerät, Haftung für Schäden durch – **1** $7^{8, 10}$, 17^{25}, **2** 45^{53}
Mähmesser, ungeschützt **2** 32^{13}
Mängel, –beseitigung **5** 29, – der Reifen **5** 36, des Fahrzeugs während der Fahrt **2** $23^{24–29}$, geistige –, körperliche – **6** 222, 229^{ff}, $315\,c^{5}$, geistige –, körperliche –, sittliche **1** 2, **3** 2, geringere **2** 23^{33}, verborgene **2** $23^{17, 21}$
Mängelbericht 5 17^{4}
Mängelbeseitigung, Frist zur – als Verfahrenshindernis **5** $69\,a^{9}$
Markierungen 2 12^{57}, 37, 39, 41 III, 42 VI
Märkte, Ausnahmen vom Werbeverbot **2** 33
Marktgelände als öffentl Verkehrsfläche **2** 1^{16}
Marschierende Abteilung, Marschkolonne, Marschmusik 2 27
Martinshorn für Wegerechtsfahrzeuge **2** 35, **5** 55
Maschinenkraft, Begriffsmerkmal des Kfz **1** 1^{3}, **6** 248b
Maß der Verursachung, Ausgleichspflicht **1** 17
Maße der Fahrzeuge **2** 22, der Ladung **2** 22, der VZ **1** $39^{9, 27, 31, 32}$, **5** 32
Maßeinheiten 5 Anm vor 16
Massenauffahrunfall 2 $4^{17, 18}$
Massenverkehrsmittel, Fahrgeschwindigkeit **2** 3^{31}
Maßgebot s Verhältnismäßigkeit
Mäßige Geschwindigkeit an Bahnübergängen **2** 19
Maßnahmen im StrVerkehr 1 6a

hochgestellte kleine Zahlen = Randziffern **Sachverzeichnis**

Maßregel der Besserung und Sicherung E 45, **6** 69–69 b
Matrixzeichen 2 39
Maulkorb 2 28
„Maut-Ausweichverkehr" 2 41[86e, 248 Z 253], 45[28a]
Medikamente 1 24 a[22], **3** 2[4], **6** 315 c[5, 47], 316[60ff]
Medizinisch-psychologisches Gutachten 1 2[22], **3** 11[12], 13[17ff], 14[18ff], 46[15], 48[13]
Mehrachsige Anhänger, Bremsen **5** 41
Mehrere Fahrbahnen 2 2[17–17b, 26, 27], 7
Mehrere Fahrstreifen, Überholen **2** 5[64–66], 7
Mehrere Haftpflichtige, Ausgleich **1** 17
Mehrere Halter 1 7[21]
Mehrere Kraftfahrzeuge, Schadenausgleichspflicht der Halter **1** 17
Mehrfachschäden 1 12[3a]
Mehrfachtäter-Punktsystem s Punktsystem
Mehrklanghupe 2 16[4, 14]
Mehrspurverkehr, Nebeneinanderfahren **2** 7, 37 IV, 41 III Nr 5, 42 VI Nr 1 d, Überholen **2** 5[64–66]
Mehrwertsteuer 1 12[48f]
Mehrzweckstreifen s Seitenstreifen
Meldepflicht 4 13
Menschengruppe 2 25[25ff]
Messfahrzeuge der Regulierungsbehörde für Telekommunikation **2** 35[15]
Messung, Achslast **5** 34
Methadon 1 2[17k]
Methoden der BAK-Bestimmung **6** 316[32ff]
Mieter als Halter **1** 7[16]
Mietfahrzeug 1 12[33ff], 39
MilitärFze, Zulassung **4** 46[6–7], **5** 19[5], 30[4]
Militärische Tragfähigkeitsschilder 2 39[39]
Militärverkehr 2 17[18b], 35, 44
Minderjährige als Halter **1** 7[22], s Jugendliche, Kinder
Minderwert, merkantiler **1** 12[11, 25, 26]
Mindestalter bei ausländischer Fahrerlaubnis **3** 29[11], bei EU/EWR-Fahrerlaubnis **3** 28[15], für Fahrerlaubnis **3** 10, 29[11], der Kfzführer **3** 10
Mindestgeschwindigkeit, mögliche auf AB **2** 18[15], 41 Z 275
Mindesthöhe der Kfzhaftpflichtversicherung **4** vor 23[6]
Minimotorräder 4 2[12]
Mischbereifung 5 19, 36[5, 11]
Missbrauch von amtl Kennz **1** 22, der Vorfahrt **2** 8[47], von Wegstreckenzählern **1** 22 b
Missbräuchliche Benutzung von Kfzen und Fahrrädern **6** 248 b, s Schwarzfahrt
Mitbenutzen des Gehwegs durch bis zu achtjährige Radf **2** 2, zum Halten **2** 12[41], Parken **2** 12[55]
Mitführen der Bescheinigung über das Versicherungskennzeichen **4** 26[3], der besonderen BE oder Bauartgenehmigung **5** 19[10, 16], der Fahrzeugpapiere **4** 11[8], des Führerscheins **3** 4[11], des Nachweises der Betriebserlaubnis **4** 4[7], der Prüfbescheinigung für Abgasuntersuchung **5** 47 a[5, 11], der Prüfbescheinigung für FmH **3** 5
Mitnehmen von Personen **2** 21
Mitschuld E 148, **1** 7[47], von Fußgängern **1** 9[13–15], von Kraftf **1** 9[17], bei Mitfahrt mit Betrunkenem **1** 9[21], 16[11], bei OW **1** 24[49], von Radf **1** 9[16], des Verletzten **1** 9[5, 23], 11[7], 16[11]
Mitteilung an VerkZReg **1** 28
Mittellinie 2 2[34ff], 9[6, 31, 32]
Mittelstreifen 2 3[26], kein Überqueren auf AB **2** 18[21], Lichtzeichen **2** 37[45], Vorfahrt **2** 8[62f]
Mitverantwortlichkeit des Fahrschülers **1** 2[43]

Mitverursachung E 97 ff, Ausgleichspflicht **1** 17, durch Schuld beschränkte **1** 9[11, 12]
Mitwirkendes Verschulden bei Geldbuße **1** 24[23, 49], des Halters bei Schwarzfahrt **1** 7[53–55], des Verletzten **1** 7[47], 9[5–23]
Mitzuführende Gegenstände 5 19, 31b, 35 g, 35 h, 41, 53 a, 54 b
Möbelwagen, eisenbereifte **4** 3[25]
Mobile Maschinen und Geräte 5 47[4]
Mobiltelefon 2 23[30–33]
Mofa 1 2[6], **3** 4, 6[9], **4** 2[14], 4[4], vor 23[15], **5** 38 a, 50, 53, 54, 55, 57, 61 a, 72
Moped 2 14[15]
Motoränderung, nachträgliche **5** 19
Motorgeräusch 2 1[43], 3[63], 30, s Fahrgeräusch, Scheuen von Tieren
Motorleistung bei Omnibussen, Lkw und Zügen **5** 35, 72
Müdigkeit s übermüdeter Kfzführer
Muldenkipper s Arbeitsmaschine
Müllabfuhr, Warnanstrich **2** 35
Müllfahrzeug, Anfahren **2** 10[8, 10], „Betrieb" **1** 7[8], haltendes, Vorrang gem § 10 StVO **2** 10[8], Sichtbehinderung für Vorfahrtberechtigten **2** 8[51], Sonderrechte **5** 35[13], Vorbeifahren an – **2** 1[36], 2[41], 3[25], 35[13]
M+S-Reifen 5 36

Nachfahren s Hinterherfahren
Nachhaftungsfrist 4 25[2]
Nachschulung s Aufbauseminar
Nachstellvorrichtung an Bremsen **5** 41
Nacht, Nachtdunkel 2 17[16], Beleuchtung der Fahrzeuge **2** 17, Tiertransport **2** 28, Veranstaltungen **2** 30, Verbände **2** 27
Nachtblendschutz 5 50
Nachträgliche Abkürzung der Sperrfrist **6** 69 a[14, 15]
Nachtruhe 1 6[12/13], **2** 44, 45[13, 33]
Nachtrunk 6 142[76], 316[43f]
Nachtsehfähigkeit 1 2[8]
Nachvollziehbarkeit des Gutachtens 3 11[18]
Nachweis der Abgasuntersuchung **5** 47 a[5], der Fahrunsicherheit s Fahrunsicherheit, der HaftpflVers **4** 3[7], 23
Nachzügler 2 37[45]
Nagelreihe s Markierungsknopfreihe
Namensschild 5 64 b
Nasciturus 1 10[10], **6** 315 c[33]
Nässe, Fahrgeschwindigkeit **2** 3[17–19, 21]
nationale Typgenehmigung 4 2[8]
Nationalitätszeichen 4 10[20], 21[3]
Nato-Streitkräfte E 18, 29, **2** 35, Fahrerlaubnis **3** 29[8], Fahrerlaubnisentziehung **6** 69 b[2], Geltung dt Verkehrsvorschriften **1** 16[22], Haftung **1** 16, Militärverkehr **2** 35, 44[7], Truppenstatut E 18, **1** 16, **2** 35, Verfolgbarkeit bei OW **1** 24[79], VersPfl **4** vor 23[17], Zulassung von Fz **4** 20[21], 46[7]
Natürliche Handlungseinheit 1 58
Nebel, Abblendlicht **2** 17[5, 27–29], Abstand **2** 4[10], Fahrgeschwindigkeit **2** 3[38], Gefährliche Güter **2** 2[72], Rechtsfahren **2** 2[44], Straßensperrung **2** 45[28b], Überholen **2** 5[34, 38a]
Nebelscheinwerfer 2 17[28], **5** 22 a, 49 a[5], 52, 72
Nebelschlussleuchte 2 17[29], **5** 22 a, 53 d
Nebel-Vorsatzfilter 5 22 a
Nebeneinanderfahren auf Fahrstreifen s Fahrstreifen, Radfahrer **2** 2[70]
Nebenstrafe, Fahrverbot **6** 44

Sachverzeichnis

fette Zahlen = Gesetze, magere Zahlen = §§

Nebentäterschaft, keine fahrl – bei Straßenverkgefährdung **6** 315 c[54], bei Trunkenheit im Verkehr **6** 316[96]
Nebenverrichtungen beim Be- und Entladen **2** 12[33, 34]
Neu für alt 1 12[27]
Neue Bundesländer E 25, 29, 31, **2** 12[68], 37[65], 39[31, 41], 40[104], 41[251], 42[183], 45[54], 49[4], 53[3], **3** 4[4, 9], 6[27], 25[10]
Neuerteilung der Fahrerlaubnis s Wiedererteilung
Neupreis 1 12[11]
Neurose, Tendenzneurose **1** 11[7]
Nichtbeachtung der Fahrbahn **2** 3[67]
Nichtbestehen der Prüfung 3 18, 22[14]
Nichtigkeit von VZ **2** 41[247]
Notausstieg 5 35 f, 72
Notfall, Arzt E 118, s Notstand
Notfallarzt 5 52[6]
Nötigung 6 240, durch Blockieren der Fahrbahn **6** 240[3, 19, 23 f], durch Bremsvorgänge **6** 240[21 f, 24, 26], durch „Drängeln" **6** 240[10 ff], durch Kolonnenspringen **6** 240[24 f], durch Parklückenfälle **6** 240[27–31], durch Schneiden **6** 240[24], durch Verhindern des Überholens **6** 240[16–20], durch Versperren von Einfahrten etc. **6** 240[32], durch Zufahren auf Person, Fahrzeug **2** 5[27 f]
Notstand E 117, 118, 152, **1** 21[21], **2** 3[56]
Notwehr E 113, 114
Nummernschild der Bundesstraße **2** 42 Z 410
Nutzlast 5 42[5]
Nützlichkeit von VerkVorgängen **2** 30
Nutzungsentschädigung 1 12[40–46]

Obergutachter 1 2[24 a], **3** 11[17, 18]
Oberste Landesbehörde 3 73[4]
Obliegenheitsverletzung, versicherungsrechtliche **6** 142[76–78]
Obus 1 7[2], **2** 20[4]
Obushaltestelle 2 20
Öffentliche Kraftverkehrsbetriebe und -unternehmungen, Gefährdungshaftung für Fahrgäste **1** 8 a, Sorgfaltspflicht **1** 17
Öffentliche Straßen 1 1[8], **2** 1[2, 13–16], **3** 1
Öffentliche Urkunde, Fahrzeugschein **4** 11[5], Kennzeichen **4** 10[10]
Öffentliche Verkehrsmittel, Gefährdungshaftung **1** 7, 8 a, Rücksicht auf Schienenfahrzeuge **2** 9[36], Überholen **2** 5[69, 70], Verhalten der Fahrgäste **2** 20[6, 7, 8, 13–16], Verhalten der Fahrzeugführer an Haltestellen **2** 20[5–9], Vorrecht bei verengter Fahrbahn **2** 6[10], Vorsicht an Haltestellen **2** 20[10], s Straßenbahn
Öffentlicher Dienst 2 35, Erwerb der allg Fahrerlaubnis **3** 27, Fahrerlaubnis **1** 16, **3** 26, Halter **1** 7[24]
Öffentlicher Linienbusverkehr s Haltestellen
Öffentlicher Verkehr 1 1[8], **2** 1[2, 13–16], **3** 1, nicht öffentlicher **2** 1[16]
Öffnen der Schranken **2** 19[31, 32], der Wagentür **2** 14[6, 7]
Oldtimer, Begriff **4** 2[25–26], 9[2], 17[2], **5** 23[3], Gutachten **5** 23[3], HU **5** 23[4], -kennzeichen **4** 9[2–4], -kennzeichen (rote) **4** 17, -veranstaltung **4** 2[26], 17[3]
Ölspur 1 7[34], **2** 3[24], 32
Omnibus 2 20[4, 12], Fahrstreifen **2** 37[33, 56], Personenbeförderung **1** 8 a, 16, **2** 23[22], **5** 34 a, s Kraftomnibus
Omnibusanhänger 5 32 a
Omnibusfahrerlaubnis, Eignung **3** 11[6, 27]
On-Board-Diagnosesystem 5 29[16, 20, 27], 47[1 a 1, 2]
Opportunitätsgrundsatz bei OW E 72, **1** 24[67], 26 a[5, 12–17, 18, 22], **2** 1[7, 11]
Ordentlicher Wohnsitz 1 2[3], **3** 7, ausländische Fahrerlaubnis **3** 29[9], EU/EWR-Fahrerlaubnis **3** 28[4]

Ordnung, Sicherheit auf öffentl Wegen **2** 45, des Verkehrs **2** 35, 45
Ordnungswidrigkeit E 12, 68 ff, **1** 24, **2** 49, **5** 69 a, Fahrverbot **1** 24 a, 25, Gesetzesmaterialien zur VerkOW **1** 24, räuml Geltung **1** 24, sachl u zeitl Geltung E 39–44, der StVZO **5** 69 a, Verjährung **1** 26, Verwarnungsverfahren **1** 26 a, zuständ Verw-Beh **1** 26
Organisationen, internationale **4** 8[7]
Örtliche Behördenkarteien 1 29[8]
Örtliche Geltung E 23 ff
Örtliche Verhältnisse, Beleuchtung **2** 17[18]
Örtliches Fahrerlaubnisregister 1 48 ff, **3** 57 f
Örtliches Fahrzeugregister 1 31, 33
Ortsbehörde, Abzeichen für Verkehrsschwache **3** 2, Zuständigkeit **5** 68
Ortschaft 2 42 Z 310, 311, keine VerkBeschränkungen für ganze – **2** 45
Ortscheit 5 64
Ortsdurchfahrt, Verkehrssicherungspflicht **2** 45
Ortskenntnisse 3 48[11]
Ortstafel 1 6[16], **2** 42 Z 310, 311[17–26, 181], Beginn und Ende der geschlossenen Ortschaft **2** 3[50–53]
Ozon E 47, **2** 45[29, 31], **10**

Paarweises Abbiegen 2 5[67], 9[27, 35]
Pächter als Kfzhalter **1** 7[16]
Parken 2 12, keine Parkausnahmen für Behörden **2** 45[28], Parkverbote **2** 12[44 ff], 26[18], (weitere Unterstichworte: § 12 StVO Übersicht vor Rz 19)
Parkflächenmarkierung 2 41 vor Z 299[191–194, 243]
Parkgebühr 1 6 a, **2** 13
Parkhaus 2 1[14]
Parkleitlinie 2 12[58 c], 13[8], 41 III Nr 7
Parkleuchte 2 17[32], **5** 22 a, 51 c
Parklücke, Vortritt **2** 12[59]
Parkmarkierung 2 12[57]
Parkplatz 2 1[13–16], 12[57], 42 VZ 314[27–30, 181], gebührenpflichtiger **1** 6, **2** 45 I b, Sorgfaltspflichten **2** 8[31 a], Vorfahrt **2** 8[31 a]
Parkraumbewirtschaftung, elektronische 2 13[12 a]
Parkscheibe 2 13[1, 7, 11, 12], 41 Z 291[168, 229]
Parkscheinautomat 2 13, 43 I
Parkstreifen 2 12[58]
Parkuhr 2 13[8, 10], Übermaßverbot E 6, **2** 13[10]
Parkverbote 2 12[44 ff], 41 Z 299, keine Behördenausnahmen **2** 45[28], für Gewerbefze **1** 6, **2** 12 III a, Grenzmarkierung **2** 12[56], Strecke **2** 12[44]
Parkvorrechte 1 6, **2** 12, 41, 42 IV, 45 I b, 47 II
Park-Warntafel 2 17[30, 32], **3** 4 IV, **5** 22 a, 51 c, 53 b
Parkzeit 2 13[1, 8], 41[156, 157], elektronische Überwachung **2** 13[7 a, 12 a]
partikelreduzierte Fz 5 47[6 a], 48[4]
Pedalrückstrahler 5 22 a, 53, 67
Pendelwinker 5 54, 72
Personalien, Angabe in den Fahrzeugpapieren **4** 6[5], des Halters **4** 6[5]
Personenbeförderung 2 21, 23[22], **5** 35 i, gegen Entgelt **1** 8 a, nicht geschäftsmäßige **1** 16, Vermerk in der Zulassungsbescheinigung Teil I **4** 13[9]
Personenkraftwagen 5 72, Anhängelast **5** 42, Außenkanten **5** 30 c, Fahrtschreiber **5** 57 a, Höchstgeschwindigkeiten **2** 3
Personenschaden 1 9, 10, 11
Personenschlitten 5 64 b
Pfeile, Haltverbot **2** 12[36], als Lichtzeichen **2** 37[29 ff, 47, 51, 52, 59], als Markierung **2** 41 Z 297[183–189, 241]

hochgestellte kleine Zahlen = Randziffern

Sachverzeichnis

Pferd 1 17, 2 3³⁰, 28
Pferdefuhrwerk s Fuhrwerk
Pferdehalter 1 17, 2 28
Pflichten des Führers 2 23⁹, 5 31
Pflichtenkollision E 119, 153
Pflichtversicherung 4 23 ff, s Haftpflichtversicherung
Phantasiezeichen 2 39⁷,³¹,³², 41²⁴⁶ᶠ
Pharmazeutische Mittel s Medikamente
Physikalisch-Technische Bundesanstalt 5 22 a
Plakette 4 10⁹⁻¹⁰, 5 29
Planiermaschinen s Arbeitsmaschine
Police-Pilot-System 2 3⁶²ᵃ
Polizei, Datenübermittlung durch die – 1 2²⁵, Gefahr im Verzug 2 44⁶, Verkehrsregelung 2 44, Wegerechtsfahrzeuge 2 35, 5 52, Zeichen, Weisungen 2 36
Polizeiflucht E 150 a, 6 142⁷², 315 b¹⁷⁻¹⁹,³⁰,³², 316⁹⁹
PolizeiFz, Zulassung 4 46⁶, 5 68¹⁴
Post 2 35, Ausnahmegenehmigung 2 12²⁹,⁴⁰, 35¹⁵, Haftung aus Personenbeförderung 1 16¹⁷
Praktische Prüfung 3 17, Bewertung 3 17⁷, Gegenstand 3 17⁶, Mindestdauer 3 17⁶, Vorbereitung 3 17⁵
Prämienvorteil, entgangener 1 12²⁹,³⁰
Private Hinweiszeichen auf Grundstückseinfahrten 2 33¹²
Privatgrundstück, öfftl Verker 2 1¹³⁻¹⁶, VZ außerhalb öffentl Verkehrs 2 33
Probefahrt 4 2²⁷, 16², 17³, 28², 5 19, 22 a, Halter 1 7¹⁸, -kennzeichen s Kurzzeitkennzeichen, Rote Kennzeichen
Probezeit 1 2a⁵, Alkoholverbot 1 24 c⁶, Ausnahmen 3 32, Dienstfahrerlaubnis 3 33, Zuwiderhandlungen 3 34
Produkthaftung 5 22⁶, 30¹²
Profile der Reifen 5 36, bei ausländischen Fz 5 31 d
Promillekiller s Ernüchterungsmittel
Propaganda 2 33
Prothesenträger 3 2
ProViDa 2 3⁶²ᵃ
Prozession 2 27
Prüfbescheinigung für Abgasuntersuchung 5 47 a⁵, für Mofa – 25 3 5
Prüfbücher 5 29
Prüfer für den Kfzverkehr 5 29, s Sachverständige
Prüfmarke 5 29
Prüforte 3 17⁶
Prüfplakette für Abgasuntersuchung 5 47 a⁶,⁷,¹¹, für Kfze und Anhänger 5 29
Prüfprotokoll 5 29²³,³⁹
Prüfstelle für Teile 5 22 a, für Typprüfung 5 20
Prüfung 1 2⁵, der Betriebssicherheit vor der Fahrt 2 23¹⁷, der Bremsanlagen 5 29, Fahr- 1 2, der Kfze 1 6⁶, 5 29, praktische 3 17, theoretische 3 16, 46⁷ᶠᶠ, Verfahren nach der – 3 16⁷, 17⁸, Wiedererteilung der Fahrerlaubnis ohne nochmalige – 1 2, s auch Fahrerlaubnisprüfung
Prüfungsfahrten der Sachverständigen 4 2²⁸
Prüfungsfahrzeug mit automatischer Kraftübertragung 3 17⁹ᶠ
Prüfungsfragebögen, Ausweitung 3 16⁷, 46⁹
Prüfungsrichtlinie 1 2⁵, 3 15¹, 16⁶, 17⁶
Prüfungsverfahren 3 17
Prüfzeichen für Fahrzeugteile 5 21 a, 22 a, 72, Feilbieten usw nicht mit – versehener Teile 1 23, 5 22 a
Prümer Vertrag 1 37, 4 42
Psychologischer Test 3 11¹⁴
Psychopath 1 2¹²

Psychopharmaka 6 316⁶⁰ᶠᶠ
Punktbewertung 1 4²⁰⁻²³, 3 40³
Punkte, Löschung 1 4²⁶⁻²⁷, 38
Punkteabzug, Bonus-System 1 4⁴⁴⁻⁴⁸, 3 45
Punktereduzierung im Widerspruchsverfahren 1 4⁴¹
Punktestand, Änderung nach Erlass einer Maßnahme 1 4⁴¹
Punkteübernahme durch Dritte 1 4⁷⁰
Punktstrahler 5 22 a, 52
Punktsystem 1 4¹⁶, 3 40ff, Aufbauseminar 3 41, 42, Maßnahmen der FEB 3 40, Punktbewertung 3 40³, Punkteabzug 3 45
Pupillenreaktion 6 316⁶⁵, ⁶⁷ᶠ, ⁷¹ᶠ

Quad 2 21 a², 3 6¹⁵, 4 2¹⁵, 3¹⁶, 4⁵, 5 35 a⁷, 35 h³, 53 a³
„Qualifizierter" Rotlichtverstoß 1 25¹⁴, 2 37⁶¹
Qualm 2 1³⁶,⁴⁰, 5 30
Querrinne 2 40 Z 112, 45⁵³
Querverkehr, Fußgänger 2 25²²ᶠᶠ, Überholen 2 5³⁴, Vorfahrt 2 8⁴⁷
Quotenvorrecht 1 10¹², 11¹⁷, 12³ᵃ

Radabdeckung 5 36 a
Radachse 5 34
Radar, Radarwarngerät 2 3⁵⁹, 23⁵⁻⁷, ³⁴⁻³⁶
Radarfoto 1 24⁷⁶
Raddruck s Achslast
Räder 5 36, 63
Radfahrer 2 2⁶⁶, 23³⁷, Abbiegen 2 9¹³ ᶠᶠ, ¹⁹, ²¹, ²⁸, ³⁸, ⁴², BAK-Grenzwert 6 316¹⁸, Begegnen in verengter Fahrbahn 2 6⁹, Einordnen zwischen Fahrzeugen und rechtem Fahrbahnrand 2 5⁶⁵, 9²⁸, einzeln hintereinander 2 2⁷⁰, Fahrbahnrand 2 2⁶⁹, Fahrgeschwindigkeit 2 3¹², Fahrweise 2 2¹⁵, ⁷⁰, ⁷¹, Freihändigfahren 2 23³⁷, Lichtzeichen 2 37¹², ³⁴, ³⁵, ⁵⁸, 40 Z 138⁶⁷, Mitschuld 1 9¹⁶, Rechtsfahrgebot 2 2⁶⁶⁻⁷¹, Rechtsüberholen durch – 2 5⁶⁵, 9²⁸, Seitenabstand 2 5¹³ᵃ, ⁵⁴⁻⁵⁸, Seitenstreifen 2 2¹⁶, ⁶⁸, Überholen von –n 2 5³⁴, ⁴⁰, ⁵⁴⁻⁵⁶, ⁷⁴, Veranstaltung 2 29, Verhalten gegenüber jugendlichen –n 2 5³⁴, ⁴⁰, Verkehrsdisziplin 2 2²⁹, 23³⁷, Zeichengeben 2 9¹⁹⁻²¹
Radfahrstreifen 2 2²⁰
Radio 2 23¹²
Radlast 5 34
Radlaufglocke 5 64 a
Radrennen 2 29
Radschlupf 2 3⁵⁷
Radverkehrsführung 2 9¹³ ᶠᶠ, ³⁸
Radweg 2 2⁶⁶, ⁶⁷, 19¹¹, Benutzung 2 2, Benutzungspflicht 2 2⁶⁷, 27, Kennzeichnung 2 2⁶⁶, ⁶⁷
Rahmen (Kfz) 5 59
Rahmenbeschluss s EU-Rahmenbeschluss
Rallye 2 29
Randstreifen s Bankett
Rationierung der VerkTeilnahme, keine 2 30¹⁴, 45²⁸
Raub, räuberische Erpressung 6 316 a
Rauch, Sichtbehinderung 2 3³⁹, 5³⁴
Rauchen beim Fahren 2 3⁶⁷, 23¹⁴
Räum- und Streupflicht 2 45⁵⁶⁻⁶⁸
Räumliche Geltung der VerkOW 1 24¹⁰⁻¹³
Rauschgift s Drogen, Fahrunsicherheit
Rauschtat 6 316⁹³
Reaktion auf unverschuldete Gefahr E 86, 1 24¹⁹, 2 1³⁰, ⁴⁶
Reaktionszeit E 86, 2 1³⁰, 3⁴⁴
Rechtfertigungsgründe E 112 ff

1743

Sachverzeichnis

fette Zahlen = Gesetze, magere Zahlen = §§

Rechthaberei **2** 1[5]
Rechts, Rechtsverkehr **2** 2, Vorfahrt **2** 8[38]
Rechtsabbieger, Einordnen **2** 9[27], in Fahrstreifen **2** 9[27], Vorfahrt **2** 8[64], Vortritt **2** 9[37, 39–42]
Rechtsänderung **E** 40–42
Rechtsanspruch auf Fahrerlaubnis **1** 2[31]
Rechtsausweichen **2** 2, 6[9]
Rechtsbeziehungen zwischen FEB, Betroffenem und Gutachter **3** 11[19]
Rechtsfahren **2** 2, Ausnahmen **2** 7, 37, 42 Z 340, des Überholten **2** 5[61], weit rechts fahren **2** 2[9, 35–42]
Rechtsgehen **2** 25
Rechtsheranfahren gegenüber Wegerechtsfahrzeugen **2** 35
Rechtslenkung, zulässig **5** 38
Rechtsquellen **E** 1
Rechtstreue **1** 24[53]
Rechtsüberholen **2** 5[13, 64–69], 7
Rechtsvereinheitlichung **E** 17
Rechtsverlust, Rechtsverwirkung **1** 15
Rechtsverordnungen, Befugnis des BVerkMin **1** 6[23, 24], 6a, 6b, 6c
Rechtswidrige Absicht bei Kennzeichenmissbrauch **1** 22[6, 8]
Rechtswidrigkeit **E** 112 ff
Rechtzeitiges, Abblenden **2** 17[11, 11 a, 22–25], Ausweichen **2** 6[9, 10], Verlangsamen **2** 3[17 ff], Warnen **2** 16[12], Zeichengeben **2** 5[6/7, 9–11, 46–51], 6[7], 9[4, 17–21], 10[16]
Reflexbewegung **E** 86, 131, **1** 24[25]
Regelkenntnis **E** 142
regelmäßiger Cannabiskonsum **1** 2[17 d]
Regelung durch Polbeamte oder Farbzeichen **2** 36, 37
Regen, Abblendlicht **2** 17[5, 27–29], Gefährliche Güter **2** 2[72], Höchstgeschwindigkeit **2** 3[38], Überholen **2** 5[38 a]
Registerauskünfte **1** 2[19, 26]
Registrierung **1** 2[39]
Regulierungsbehörde für Telekommunikation **2** 35[15]
Reichsversicherungsordnung, Haftungsausschluss nach § 636 RVO **1** 7[61], 16[3, 17], Hilfeleistung bei Unglücksfall **1** 16[3], Rückgriff gem § 640 bei Trunkenheit **6** 316[118], Wegeunfall **1** 16[7]
Reifen **2** 23[18 f, 29], **5** 36, bei ausländischen Fz **5** 31 d
Reißverschlussverfahren bei Verengung **2** 7
Reiter **E** 46, **2** 2[24], 28, 41[248] Z 250
Reitweg **E** 46, **2** 2[28], 41 Z 238
Reklame, Reklamefahrt **4** 2[27], Reklamefahrt, Reklameparken **2** 33, Verbot an Verkehrszeichen **2** 33, verkehrsbehindernde **1** 6[17], **2** 33
Relative Fahrunsicherheit s Fahrunsicherheit
Rennen, Rennveranstaltung **1** 16[2], **2** 29, Rennfahrer **2** 29
Rennpferd **2** 28
Rennrad **5** 67
Rente **1** 13
Rentenhysterie **1** 11[7]
Reparaturkosten **1** 12[21]
Reservereifen **5** 36
Reservierung des Kennzeichens **4** 14[6]
Resorption **6** 316[10 f]
Resorptionsdefizit **6** 316[43, 50]
Restalkohol **1** 24 a[25 f], **6** 316[81]
Restparkzeit **2** 13[1, 8]
Restwert **1** 12[8, 19]
Retroreflektierende Streifen **5** 22 a
Rettungsdienstfahrzeug **2** 35
Reue, tätige **6** 142[61], 315 b[31]

Richtgeschwindigkeit **2** 3[55 ff], 42 Z 380[90, 91, 181]
Richtlinien s EG-Richtlinien
Richtungsänderung, Anzeige s Ankündigung
Richtungspfeil **2** 12[36], 41 Z 297
Richtzeichen **2** 39, 42
Risiko, erlaubtes **E** 121
Risikozuschlag **1** 12[5, 10, 14]
Rodeln **2** 31, 41 Z 250
Rodelschlitten **2** 24, **5** 16
Rollbrett **2** 24, 31
Roller **2** 24, 31, **5** 16
Rollschuhlaufen **2** 31
Rollstuhl s Krankenfahrstuhl
Rollstuhlfahrer **5** 30 d[9 f], 34 a[1 a, 3 a]
Rombergscher Test **6** 316[73]
Rote Fahne als Warnzeichen **2** 19, **5** 43
Rote Kennzeichen für Prüfungs-, Probe- und Überführungsfahrten **4** 16, 28, **5** 29, Rundfunkgebührenpflicht **4** 16[7]
Rote Schrägbalken **2** 37[36 ff]
Rote Versicherungskennzeichen **4** 28
Rotes Dauerlicht **2** 12[37]
Rotes Kreuz, Hilfsposten **2** 42 Z 358
Rotes Licht **2** 37[28, 29, 50], vor Fahrbahnhindernissen **2** 32, an Fahrrädern **5** 67, Schluss- oder Bremsleuchten **5** 53
Rotkreuzleuchte **5** 52
Rotpfeil **2** 37[29, 51]
Rückenlehne **5** 35 a, 72
Rückfahrscheinwerfer **5** 22 a, 72
Rückfall, Mindestmaß der Sperrfrist **6** 69 a[8]
Rückgriff **1** 12[3 a]
Rückhaltesystem **2** 21[9 a], 21 a, **5** 35 a, 72
Rückrechnung **6** 316[38 ff]
Rückschaupflicht des Abbiegers **2** 9[7–10, 24–26, 48], beim An- und Einfahren **2** 10[7, 10 f, 15], vor dem Ein- u Aussteigen **2** 14[6], vor Fahrstreifenwechsel **2** 7[17, 20], vor Hindernissen **2** 6[6], av Kindern **2** 5[42–45], des Überholen **2** 5[61], zweite Rückschau **2** 9[7–10, 25, 26, 48]
Rücksicht beim Abbiegen **2** 9[43], 11, auf Anfahrende **2** 10[9], auf den Fahrverkehr **2** 25[14–19, 22 f, 33–37], auf Fußgänger **2** 25[38–40], auf Kinder **2** 25[26 ff], auf Verkehrsteilnehmer **2** 1[5, 34 ff]
Rücksichtslos **6** 315 c[24 ff]
Rückspiegel **2** 5[43], 14[6], an anderen Fahrzeugen **5** 66, an Kfz **5** 56
Rückstrahlende Kennzeichen **4** 10[5], Mittel **5** 49 a
Rückstrahler **2** 17, 22, 23[27], 24, **5** 22 a, 51, 53, 53 b, 66 a, 67, 72
Rückwärtige Sicherung **5** 53[9]
Rückwärtsfahren auf der AB **2** 18[21, 22], Abbiegen **2** 9[16, 51], Anfahren **2** 9[51], 10[7], Einfahren **2** 9[51], 10[11, 13], Sichtbehinderung **2** 3[29], Sorgfalt **2** 9[11, 51–53], Strafrecht **6** 315 c[19]
Rückwärtsgang **5** 39, 72
Rückwirkung **E** 36, 37, **6** 316[16]
Rundumlicht **5** 52

Sachbeschädigung, Begrenzung der Gefährdungshaftung **1** 8, 12[1–3 a], Gefährdungshaftung **1** 7, 9, 12, mitwirkendes Verschulden **1** 9
Sachschaden, Haftung **1** 8 a, 12, 16
Sachverständige für den Kfzverk **4** 5[10], **5** 17, 19, 20, 21, 22, 23, 29, s auch Sachverständiger oder Prüfer
Sachverständiger oder Prüfer **3** 11[10, 16], 16[5], 22[12], **4** 2[28], **5** 17, 19, 22, 22 a[21], 23, 29[21, 22], 47[1 d], 47 a
Sachwehr **E** 115

hochgestellte kleine Zahlen = Randziffern **Sachverzeichnis**

Sackgasse 2 12$^{58\,b}$, 42 Z 357^{78}
Saisonkennzeichen 4 9$^{6-8}$, 13^6, 16^2, 25^{10}, 5 29$^{21,\,27}$, 47 a^7
Sandfahrzeuge 2 22^{16}
Sanktion E 65 ff
Sattelanhänger, Begriff 1 1, 4 2^{22}, Gesamtlänge 5 32, Personenbeförderung auf Ladefläche 2 21, Stützeinrichtung 5 44
SattelKfz 3 6$^{12,\,18}$, 5 32, 34, 35, Anhänger 3 6$^{12,\,18}$, 5 32 a, Feiertagsfahrverbot 2 30, 5 32, Motorleistung 5 35, s auch Arbeitsmaschine
Sattelschlepper, Ausnahme v Gummibereifung 5 36, kein weiterer Anhänger 5 32 a
Schachtdeckel, Parkverbot 2 12^{51}
Schaden bei Gefährdungshaftung 1 7, 10–13, bei Unfallflucht 6 142$^{27,\,28}$
Schadensausgleich 1 12^2, 17
Schadensermittlung 1 12$^{6,\,10}$
Schadensersatz, Art 1 11, Ausgleich unter mehreren Haftpflichtigen 1 17, Begrenzung der Gefährdungshaftung wegen Tötung 1 10, des Führers 1 18, aus anderen Gründen 1 16, Haftung des Halters 1 7, auf Höchstbeträge 1 12, 12 a, 12 b, wegen Körperverletzung 1 11, s Sachbeschädigung, Schaden
Schadensminderungspflicht 1 9, 10, 11, 12$^{8-9,\,12}$
Schadensverteilung 1 17, 2 8$^{69\,f}$
Schadensverursachung, Maß der Verursachung 1 17, durch mehrere Kfz 1 17
Schädigung anderer 2 1^{34}, 5 30
Schadstoffarme Kraftfahrzeuge 5 47$^{6,\,7}$, 47 a$^{2,\,8}$
Schalldämpfer, Auspuffgeräusch 5 49
Schallpegelmesser 5 49
Schallzeichen, Bauart 5 22 a, 55, 64 a, als Warnzeichen 2 16$^{6,\,7}$
Schätzung der Fahrgeschwindigkeit 2 3^{63}
Schaublatt 5 57 a
Schaufellader 5 32, s auch Arbeitsmaschine
Schaustellerwagen 4 3^{19}, 5 36
Scheiben 5 22 a, 40
Scheibenwischer 2 2$^{72\,c}$, 5 40, 72
Scheinwerfer, allgemeine Grundsätze 5 49 a, Bauartgenehmigungspflicht 5 22 a, Beleuchtung der Fahrbahn 2 17, 5 50, Einstellung 5 50, Fahrzeuge 5 32$^{32-35,\,37}$, an Fahrrädern mit Hilfsmotor u Kleinkrafträdern 5 50, 72, Halogen- 5 50, Kenn- 5 52, Schaltung 5 50, Schutzgitter 5 50, versenkbare 5 50, Verstellbarkeit 5 50, zusätzliche 5 52
Scheuen von Tieren 1 17, 2 28
Schieben 1 18^2, 21^{10}, 24 a^{10}, 2 1^{17}, 15^6, 17^{19}, 23$^{11,\,37}$
Schiebkarren 2 24
Schienen s Gleise
Schienenfahrzeuge, Ausweichen und Überholen 2 5$^{69,\,70}$, besondere Lichtzeichen 2 37$^{33,\,56}$, im Straßenverkehr 6 315 d, Vorrang 2 2$^{12,\,13,\,64,\,65}$, 9$^{36,\,49}$, 19$^{8,\,9}$, 41 Z 205
Schienenglätte 2 3^{23}
Schienenreiniger 2 35, Warnkleidung 2 35
Schienenverkehr, Gefährdung 6 315 d
Schilder 2 39^{37}, Fabrik- 5 59, Geschwindigkeits- 5 58, s Verkehrszeichen
Schlafstörungen 1 2^{10}
Schlagloch 2 3^{18}, 45^{53}
Schlamm 2 32
Schlangenbildung 2 7
Schlangenlinie, Fahren 2 2^{42}, 5^{53}, 6 316$^{67,\,78}$
Schlechtarbeit der Werkstatt 1 12^{22}
Schlechterstellung 6 44^{21}, 69^{28}, 69 a^{18}

Schleppen von Fahrzeugen 5 33, 43, s auch Abschleppen
Schleudern 1 17^{30}, 2 3$^{18-21,\,66}$, 40 Z 114$^{33-38,\,93}$
Schlitten 2 31, Bremsen 5 65, Motor- 1 1, Schallzeichen 5 64 a
Schlüpfrigkeit, Fahrweise 2 3$^{18\,ff}$, 32^7
Schlussleuchten, Art und Anbringung 5 53, 66 a, 67, Ausfall während der Fahrt 2 27, Bauartgenehmigung 5 22 a, für Omnibusse und Omnibusanhänger 5 53
Schmale Fahrbahn, Fahren auf halbe Sicht 2 3^{16}, Rechtsfahren 2 2^{35}
Schmalspurbahn, Ausgleich bei Zusammenstoß 1 17
Schmerzensgeld, Anspruch bei Gefährdungshaftung 1 11^8
Schmutz auf Fahrbahn 2 32^7, spritzender 2 1^{33}
Schmutzfänger 5 36 a
Schneefall, Abblendlicht 2 17$^{5,\,27-29}$, Gefährliche Güter 2 2^{72}, Sichtbehinderung 2 2^{72}, 3^{38}, 5$^{38\,a}$, 17$^{5,\,27-29}$
Schneeglätte, Fahrweise 2 3$^{20\,f}$, s auch Wetterverhältnisse
Schneeketten, Höchstgeschwindigkeit 2 3 IV, 41 Z 268$^{106,\,107,\,217,\,248}$, 5 37
SchneeräumFz s Straßenwinterdienst
„**Schneiden**" bei Überholvorgängen 6 315 c^{12}, als Nötigung s Nötigung, des Überholten 2 5$^{8,\,52}$
Schnellverkehr auf AB 2 18
Schrägbalken, rote 2 37$^{36\,ff}$
Schrägparken 2 12$^{58\,a,\,58\,d}$
Schranken 2 19$^{18,\,19,\,21,\,23,\,31,\,32}$, 40 Z 150, 151$^{75,\,75,\,81-83}$, als VerkEinrichtung 2 43
Schrankenwärter 2 19$^{22,\,31}$
Schreckhaftigkeit 1 2^{10}
Schreckreaktion E 86, 2 1^{29}
Schreckwirkung 2 1^{29}, auf Angehörige des Verletzten 1 11^6
Schreckzeit 2 1^{29}
Schriftzeichen auf Fahrbahn 2 42$^{64-66}$
Schrittgeschwindigkeit beim Fahren 2 20, 41 Z 239, 42 Z 325
Schubkarre 2 24
Schuhwerk Fahren ohne geeignetes 2 23^9
Schulbus 2 16, 20$^{4,\,9,\,12}$, 5 54
Schuld bei Ordnungswidrigkeit 1 24$^{23-25,\,49,\,50}$
Schuldanerkenntnis 1 7^{50}
Schuldfähigkeit 6 316$^{88\,ff}$
Schuldhaftes Ermöglichen einer Schwarzfahrt 1 7$^{53-55}$
Schuldmaßstab E 129 ff, 1 7, 16^7, 18
Schuldunfähiger, Mitverursachung 1 9$^{11,\,12}$
Schuldunfähigkeit E 151 a, 6 316$^{88\,ff}$
Schule, Hinweisschild 2 40 Z 136, Verhalten des Kraftfahrers 2 25^{29}
Schüler 1 2^{40}
Schüler und Studenten aus EU/EWR-Staaten 3 7$^{6\,ff}$, 28^5
Schülerbeförderung 5 30 d^{11}, 56$^{4\,a}$
Schülerlotse s Verkehrshelfer
Schulklasse im Straßenverkehr 2 27
Schüttgut 2 22
Schutz der Erholungsuchenden und Nachtruhe 1 6$^{12/13}$, der VerkZeichen 2 33
Schutz des Verkehrs 2 45
Schutzbereich der VerkRegelungen E 24, 107
Schutzgesetz E 6, 107, 1 1^{14}, 2^{46}, 16^6, 2 1^{44}, 32^{14}, 5 34 a, 41^1
Schutzgitter vor Scheinwerfer 5 50

1745

Sachverzeichnis

fette Zahlen = Gesetze, magere Zahlen = §§

Schutzhelm **1** 9^{17}, **2** 21a, **4** 2^{14}, **5** 22a, **9,** bei Radfahrern **2** 21 a^8
Schutzinseln der Straba **2** 20
Schutzstreifen für Radfahrer 2 2^{69}, $42^{55, 181}$ Z 340
Schutzzweck E 100, 104, 107, **2** 1^{47}
Schwarzfahrt, Gefährdungshaftung **1** 7^{52-59}, **2** 14^{20}, Strafbarkeit **6** 248 b
Schwarzpfeil auf Gelb **2** 37^{52}, auf Rot **2** 37^{51}
Schweigen im Verfahren E 96 a, **5** 31 a^6
Schwerbehinderte, Parkerleichterung **2** $12^{60 b}$, 46, 47
Schwere Nutzfahrzeuge, Sperrung für Durchgangsverkehr **2** $41^{86 c, 248}$ Z 253, $45^{28 a}$
Schwerhörigkeit 1 2^8
Schwertransport 2 29, 30, Genehmigung **2** 47
Segway Human Transporter 2 46^{23}, **5** 16^4
Sehtest 1 6^{22}, **3** 12^2, 67
Sehteststelle 3 67
Sehvermögen, Sehschärfe, Sehmängel E 130, 132, **1** 2^8, **2** 3^{37}, **3** 12
Seitenabstand an haltendem Bus **2** 20^9, an Haltestellen **2** 20^9, von Kfz bei Fußgängern **2** 25^{12}, beim Überholen **2** 5^{54-58}, beim Vorbeifahren **2** 6^9, 14^8
Seitensichtspiegel 5 56
Seitenstreifen 2 $2^{16 c, 23, 25, 68}$, $5^{19 a}$, 12^{38}, $41^{71, 154, 181, 239, 248}$, Anordnung des Befahrens **2** 41 Z $223.1^{71, 248}$
Seitenwind 2 3^{40}, 40 Z $117^{42, 43}$
Seitliche Begrenzung, Kenntlichmachen **2** 17, 22, 27, **5** 51 a, 51 b
Seitliche Beleuchtung 2 17^{14}, **5** 51 a, 51 b
Seitliche Schutzvorrichtungen 4 $13^{4, 6}$, **5** $19^{1 b}$, 32 c
Selbstaufopferung 1 16
Selbstfahrende Arbeitsmaschine 3 6^9, **4** 2^{20}, 3^{11}, Abgasuntersuchung **5** 47 a^2
selbstfahrende Kräne s Arbeitsmaschine
Selbstfahrer-Mietfahrzeug 4 13^9, 23^2, HU-Fristen **5** 29^{22}
Selbstgefährdung 1 16^9, s eigenverantwortliche –
Selbstleuchtende Kennzeichen 4 $10^{2 a, 18}$
Selbstreparatur 1 12^{23}
Selbstständige Sperrfrist 6 69 a^1
selbstverschuldete Trunkenheit 6 316^{105}
Sense 2 32
Serienkraftfahrzeug 5 20
Sichentfernen nach Unfall **6** 142
Sicherheit, öffentliche **1** 6, **2** 45 I, Sonderrechte **2** 35, des Straßenverkehrs **6** 315 b$^{2, 22}$, Verkehrsbeschränkungen **2** 45
Sicherheitsabstand nach rechts **2** $2^{41, 42}$, nach vorn **2** $4^{1, 2, 5 ff}$, beim Überholen **2** $5^{52, 54-58}$
Sicherheitsglas 5 22 a, 40, 72
Sicherheitsgurt 2 21 a, **5** 35 a, 72, Bauartgenehmigung **5** 22 a
Sicherheitsleistung des Ausländers **1** 24^{75}, 26^6, bei Geldrente **1** 13
Sicherheitsprüfung 5 29^{25}
Sichern des Fz beim Verlassen **2** 14^{10-19}
Sicherstellung des Fahrzeugs nach erheblichem Verkehrsverstoß **1** 24^{66}, des Führerscheins (Gleichstellung mit vorl EdF) **1** $21^{22, 26}$, **7** 111 a$^{13, 14}$, nicht vorschriftsmäßiger Fahrzeuge **2** 23^{16}
Sicherung beförderter Personen **2** 21, des Kfz bei Liegenbleiben **2** 15, 18^{24}, **5** 53 a, der Kfze gegen unbefugte Benutzung **1** 7^{53-55}, **2** $14^{1-3, 13-19}$, **5** 38 a
Sicherungsübereignung 4 12^{15}, Halter **1** 7^{23}
Sichtbarkeit der VZ **2** $39^{14, 16, 19, 32-34, 36}$

Sichtbarkeitsgrundsatz bei VZ **2** $41^{228, 247}$, Z $242/243^{248}$, Z 270^{248}, Z 290, 292^{248}, Z 325, 326^{248}
Sichtbehinderung durch andere **2** 3^{29}, Dunkelheit **2** 17^{16}, Fahrgeschwindigkeit **2** $3^{14 ff, 32 f}$, durch Fahrzeugbauweise **2** 29, Nebel, Schneefall **2** 17^{27}, durch Scheibenplaketten **5** 35 b, Vortritt bei Verengung **2** 6^8, durch Wetterverhältnisse **2** $3^{38 ff, 72 ff}$
Sichtfahrgebot 3 $12^{12-15, 17}$, 8^{55}
Sichtfeld 2 23^{12}, **5** 35 b
Sichtgrundsatz 3 $12^{12-15, 17-40}$
Sichtmöglichkeit, AB **2** 18^{19}, Beleuchtung **2** 17, Platz des Fahrzeugführers **2** 23^{12}, **5** 35 b
Sichtweite unter 50 m **2** 2^{72}, 3^{38}, $5^{38 a}$, Fahrgeschwindigkeit **2** $3^{12-17, 32 f}$, 17^{26}, halbe **2** 3^{16}, Sichtbehinderung durch andere **2** 3^{29}, widrige Umstände **2** 3^{17-40}
Sielengeschirr 5 64
Signale der Eisenbahn **1** 17, **2** 19, s Warnlichter
Sinnbilder, schwarze **2** 38^6, in VZ **2** 39
Sinnesleistung, Grenzen E 130
Sinnvolle, Beachtung der Verkehrsregeln E 122–124, **1** 26^{23}, **2** 1^{6-10}, 2^{43-45}, 8^{45}, 4^7, 9^{30}, 11, 16^{10}, $25^{14, 16, 43}$, 36^{21}, $37^{44, 45}$
Sirene als Schallzeichen verboten **5** 55
„**Sittliche" Mängel 1** $2^{12, 13}$, 3^8
Sitz, besonderer **2** $21^{3, 7}$
Sitze f Fahrzeugführer und Beifahrer **5** 35 a, für Kinder **5** 35 a
Sitzgelegenheiten, Sitzplätze bei Beförderung v Personen auf Ladeflächen **2** 21, für Kinder auf Fahrrädern oder Krad **3** 4, **5** 35 a, in Omnibussen **5** 35 a
Sitzkarre 4 2^{24}, **5** 54
Skate Board 2 $24^{8, 10}$, 31^6
Skier 2 24, 31
Skilaufen, innerorts **2** 31
Smog 2 $45^{8 b}$
Sofortmaßnahmen am Unfallort 3 19, 68
SOLVIT E 15
Sonderfahrstreifen 1 6, **2** 9 III, für Linienbusse (Taxen) **2** 37, $41^{86 b, 86 c}$
Sondernutzung E 51, **2** $12^{42 a}$, 29
Sonderrechte E 52, 127 a, **2** 35, 38, Befreiung vom Gefährdungsverbot **2** $35^{4, 8}$
Sonderwege 2 $2^{24, 28}$, 41 Z $237–241^{80-86 c, 210-212}$
Sonnenlicht, Blendung **2** 3^{36}
Sonntag, Ausnahmen **2** 47, Fahrverbot f Lkw **2** 30
Sorgfalt, äußerste E 150, **2** 2^{72}, **3** II a, **5** $3^{3, 4, 25, 26, 42}$, 7, $9^{11, 52, 53}$, 10^2, 2^{10-16}, $14^{1, 9}$, 20^{10}
Sorgfaltspflicht des Abbiegers **2** 9^{17}, des Fahrlehrers **1** 2^{45}, des Halters **1** 16, **2** 14^{19}, des Rennveranstalters **2** 29, im Verkehr **1** 1, **5** 3^{3-11}, $5^{25, 26, 40-60}$, 7, $8^{6-8, 57}$, $9^{17 ff}$, 10^{10-16}, 11, $14^{1, 9}$, 18^{20}, 20^{10}, 23, $25^{22 ff}$, $26^{13, 20}$, des Vorausfahrenden **2** $41^{1-3, 11}$
Sorgfaltspflichten im Rahmen fahrlässiger Körperverletzung, Tötung **6** 222, 229$^{4-10, 27 f}$
Sozialadäquanz E 81, 120, 136
Soziale Stellung bei Geldbuße **1** 24^{57}
Spannungsfall 2 35
Spätaussiedler, Anerkennung der FE **3** 31^{14}
Spazierfahrten 2 30
Sperrfläche 2 41 Z $298^{190, 242, 248}$, auf AB **2** $18^{18 a}$
Sperrfrist, Abkürzung **6** 69 a$^{14, 15}$, Anrechnung der vorl EdF **6** 69 a^{10}, Ausnahmen von der – **6** 69 a$^{5-7}$, desgl der Zeit der Verwahrung des Führerscheins **6** 69 a^{10}, selbstständige Anordnung **6** 69 a^1, Verlänge-

1746

hochgestellte kleine Zahlen = Randziffern   **Sachverzeichnis**

rung bei Rückfall **6** 69a^8, f Wiedererteilung der Fahrerlaubnis **1** 2^{32}, **4**^{56}, **6** 69a
Sperrhölzer als Bremsvorrichtungen **5** 65
Sperrschranke 2 43
Sperrwirkung der gerichtl Entz d Fahrerlaubnis **1** 3$^{15\,ff}$, **6** 69a^1, s Sperrfrist
Spezialanhänger 4 3^{22}
Spiegel, Höhe der unteren –kante der Scheinwerfer **5** 50, Rück– **5** 56, 66, in Scheinwerfern **5** 50, Weitwinkel– **5** 56
Spiegelmessverfahren 2 3^{60}
Spiel, Spielstraße 2 25$^{26\,ff}$, 30, 31, 41 Z 250
Spielfahrräder 2 2$^{29,\,29a}$
Spielplatz 2 31
Spikes 5 36
Spindelbremse 5 65
Splitthaufen 2 45^{53}
Sport 2 31
Sportanhänger 4 3^{22}
Sportgeräte, Spezialanhänger **4** 3^{22}
Sprengwagen, Warnanstrich **2** 35
SP-Schild 5 29
Spurfahren s Fahrstreifen
Spurhalteleuchte 5 22a, 51
Spurhaltung 5 32 d
Städtebauliche Entwicklung 1 6
Stadtverkehr, Abstand **2** 4$^{2,\,7–9}$
Ständer an zweirädrigen Kfzen **5** 61
Standlicht 2 17$^{4,\,20}$, **5** 51
Standort des Kfz **4** 3^7, 6$^{4,\,6}$, Wechsel **4** 13^{11}
Standspur 2 5$^{20,\,24}$, 18$^{14b,\,20}$
Stapler 3 6^9, **4** 2^{21}, 3^{11}
Starrdeichselanhänger 5 34^6
Stationierungstruppen E 29, EU-Truppenstatut, Haftung **1** 16^{22}, s Alliierte, Nato-Streitkräfte
Stehenlassen, unbeleuchteter Fze **2** 17^{35}
Steigung 2 40$^{26–29,\,91}$
Steinschlag 2 40 Z 115$^{39,\,41}$
Stempelplakette 4 10$^{9–10}$
Sternfahrt 2 29
Steuerung, Versagen kein unabwendbares Ereignis **1** 17^{30}, s Lenkung
Stillgelegtes Kraftfahrzeug, vorübergehend **1** 34, **4** 14^3
Stillschweigender Haftungsausschluss 1 16
Stillstand des Kfzs als Betrieb **1** 7$^{4–13}$
Stockung 2 11, auf AB und Außerortsstraßen **2** 11^{10}, auf Gleisen **2** 19^{28}
Stoppstraße 2 8$^{60,\,61}$, 41 Z 206
Stoppuhrmessung 2 3^{60}
Stoßstange 5 30
Strafantrag bei unbefugtem Kfzgebrauch **6** 248 b
Strafaussetzung zur Bewährung s Bewährung
Strafbare Handlungen, Ungeeignetheit **1** 2^{13}, 3^8
Strafbefehl, Begründung, warum keine EdF, auch im – **6** 69^{27}, EdF durch – **6** 69^9
Strafbestimmung 1 2^{48}
Straftaten, erhebliche oder wiederholte 1 2$^{12\,ff}$, **3** 11^8, 46^2
Strafverfahren, Überleitung in OWVerfahren **1** 24^9, Vorrang **1** 3$^{15\,ff}$
Strafvorschriften des StGB **6**, des StVG **1** Vorb vor 21, 21 ff
Strafzumessung 6 142, 315 c$^{55\,ff}$, 316$^{101\,ff}$
Straße, öffentl **1** 1, **2** 1, **3** 1, Verkehrsbeschränkungen **2** 45, verkehrsgefährdende Gegenstände **2** 32
Straße frei, Zeichen bei VerkRegelung **2** 36, 37

Straßenbahn, Ausgleichspflicht **1** 17, Betriebsgefahr **1** 17, Fahrgeschwindigkeit **2** 3$^{15,\,31}$, fällt nicht unter den Begriff des Kfz **1** 1^4, Gefährdung **6** 315 d, Rücksicht auf – **2** 2$^{12,\,13,\,64,\,65}$, Überholen **2** 5$^{69,\,70}$, keine Vorfahrt **2** 8, Vorrang **2** 9^{36}, 41$^{248\,Z\,205}$, an Zebrastreifen **2** 26^{15}, Zeichengeben **2** 9^{17}, s Öffentliche Verkehrsmittel
Straßenbaubehörde 1 5 b, **2** 45, Großraum- und Schwertransporte **2** 29, Träger der Verksicherungspflicht **2** 45^{55}, Zuständigkeit für VerkZeichen **2** 45
Straßenbaulast 1 5 b, **2** 45, **5** 30
Straßenbeleuchtung und Beleuchtung der Fze **2** 17^{35}
Straßenbenutzung, übermäßige **2** 35
Straßendienst 2 30, 35, 38, **5** 50, 53 b^2
Straßenhandel 2 33
Straßenkehrer, Warnkleidung **2** 35
Straßenkörper 2 45
Straßennamensschilder 2 42 Z 437$^{120,\,121}$
Straßenrecht E 49
Straßenreinigung, Warnfarben für Fahrzeuge und Personen **2** 35$^{2a,\,13,\,14,\,22}$
Straßenrückbau 2 45^{37a}
Straßenschmutz 2 1^{34}, 25^{40}
Straßensperrung bei Bauarbeit **2** 45, aus Gründen der Sicherheit oder Leichtigkeit des Verkehrs **2** 45
Straßenteile, Einfahren **2** 10^6
Straßentrichter 2 9^{30}
Straßenunterhaltung und -reinigung 2 2^{43}, 35$^{13,\,14}$, Warnanstrich, Warnkleidung **2** 35$^{24,\,25}$, s Straßenwinterdienst
Straßenverkehr, öffentlicher **1** 1^8, **2** 1$^{2,\,13–16}$, **6** 315 b^3, s Verkehrsgefährdung
Straßenverkehrsbehörden, Bewilligung von Ausnahmen **2** 46, der Länder **2** 44^4, 45, s Verwaltungsbehörden, Zulassungsbehörden
Straßenverkehrsgefährdung 6 315 c
Straßenverkehrsgesetz E 3, 1
Straßenverkehrsordnung E 6, 2, Geltungsbereich **2** 53
Straßenverkehrszulassungsordnung E 9, 5
Straßenwalze 1 1, 3 6, **5** 34, 36
Straßenwartung 2 35
Straßenwinterdienst, Sondervorschriften für Fahrzeuge **2** 35, **5** 32, 50, 52, 53
Streckenverbote 2 41 Z 274 ff$^{110–152\,a,\,219–224,\,248\,Z\,274}$
Streifen, horizontal umlaufende rote **5** 52
Streifenwagen 2 35$^{8,\,23}$
Streitkräfte, stationierte s Alliierte, Nato-Streitkräfte, ausländische Streitkräfte
Streugerät 2 38
Streupflicht 2 45$^{56–68}$
Stufenführerschein 3 6^{13}
Sturm 2 3^{40}
Sturztrunk 6 316$^{13,\,28,\,47,\,81}$
Stützeinrichtung an Anhängern **5** 44
Stützlast 5 44, 72
Subsidiarität der Amtshaftung **1** 16^{20}, der OW **1** 24^{68}
Suchscheinwerfer 2 17^{37}, **5** 52
Systematisierung von Kfz und Anhängern 4 11^4, 12^8
Systemdaten 5 29^{23}

Tachometer 5 57, 72, defekter **2** 3^{56}, s auch Wegstreckenzähler
Tachometervergleichung 2 3$^{57,\,62}$
Tafeln zur Kennzeichnung langsamer, schwerer und langer Kfze **5** 53, s Kennzeichen, Verkehrszeichen

1747

Sachverzeichnis

fette Zahlen = Gesetze, magere Zahlen = §§

Tagesschläfrigkeit 1 2^{10}
Tageszulassung 4 10^9
Tagfahrleuchten 5 49 a^8
Tangentiales Abbiegen 2 $9^{5,\ 30}$
Tank s Kraftstoffbehälter
Tankbehälter 5 30
Tankstelle, fliegende **4** 3^{11}, Zufahrt **2** 1^{14}
Tankwagen 5 30, 34
Tarnleuchte, Bauartgenehmigung **5** 22 a, 53 c
Tatbestand E 77 ff, der OW **1** $24^{15,\ 16}$
Tatbestandsirrtum bei der OW **1** 24, bei Unfallflucht **6** 142^{62}
Tatbestandskatalog, Bundeseinheitlicher **1** 24^{64}, 28^{20}
Tatbestandskataloge die Gerichte nicht bindende **1** $24^{60,\ 64,\ 65}$, 26 $a^{3,\ 22,\ 35}$, landesinterne **1** 26
Tateinheit bei OW **1** 24^{58}, 26 a^{27}
Täter E 91 ff
Tätige Reue bei Eingriff in den StrV **6** 315 b^{31}, bei unerlaubtem Entfernen vom Unfallort **6** 142^{69}, s Rücktritt
Tatmehrheit bei OW **1** 24^{59}, 26 a^{28}
Tatzeit E 39 ff
Tauben 2 28
Taubheit s Hörvermögen
Taxenstand 2 41 Z 229^{77-79}, Haltverbot **2** 12 $^{37\,c}$
Taxi, Haftung gegenüber Beförderten **1** 8 a
Taxischild 4 8^9, **5** 49 a
Technische, Betriebserlaubnis und Bauartgenehmigung f Fahrzeugteile **5** 22, Geräte zur Anzeige von Überwachungsmaßnahmen **2** $23^{5-7,\ 34-36}$, Hilfsmittel für Verkehrsschwache **3** 2, Kontrolle von NutzFzen **5** 29^{20}
Technische Prüfstelle 3 22^{11}, **5** 29^{22}
Technischer Überwachungs-Verein 5 29
Teilanfechtung 6 69 a^{16}
Teile, Bauartgenehmigung **5** 22, 22 a, Betriebserlaubnis **5** 19, 20, 22 a, Ein- oder Anbau **5** 19^{10}, Fahrzeugteile VO **5** 22 a, Verbot, bauartgenehmigungspflichtige Fahrzeug– feilzuhalten **1** 23, 24, **5** 22 a
Teilegutachten 5 19^{10}
Teilnahme E 91 ff, Ordnungswidrigkeit **1** 24^{20}, am Verkehr **2** $1^{17,\ 18}$, **3** 1
Teilnahmebescheinigung, Aufbauseminar **3** 37, 43
Telefonieren 2 23^{30-33}
Tendenzneurose 1 11^7
THC 1 $2^{17\,f,\ 17\,g}$
THC-COOH 1 $2^{17\,d,\ 17\,f}$
Theoretische Prüfung 3 16, 467^{ff}, Bewertung **3** 16^7, 467^{ff}, Gegenstand **3** 16^6, Vorbereitung **3** 16^5
Tieflader 2 29
Tier 2 28, 40 Z $140^{69,\ 70}$, Ausgleichspflicht **1** 17, Beunruhigung durch Warnzeichen **2** 16^{13}, als Hindernis **2** $3^{28,\ 30}$, Scheuen von Kfzen **1** 17, **2** 28, Transportanhänger **4** 3^{22}, Treiben und Führen **2** 28, Verbot, – vom Fahrrad aus zu führen **2** 28, Verletzung von – **1** 12^{51}
Tierhalter, Haftung **2** 28, 32^{14}, Schadenausgleich mit Kfzhalter **1** 17
Tierschutzgesetz 2 28
Tilgung der Eintragungen im VerkZReg **1** $4^{20,\ 38}$, 29
Tod 1 10^2
Toleranzfrist bei Regeländerung **E** 142, 156
Totalschaden 1 $12^{10\,ff,\ 18\,ff}$
Toter Gang des Lenkrades **5** 38
Toter Winkel 2 5^{43}, 9^{24}, **5** 56, nach vorn **2** 23^{12}
Tötung fahrlässige **6** 222, 229, Schadenersatz nach StVG **1** 7, 10, 12^3

Touristik-Bahn 5 32 a
Touristischer Hinweis 1 5 b^2, **2** 42 Z 386, 45 III a, 51
Tragbare Blinkleuchten 5 31 b, 53 b
Tragfähigkeit des Fahrzeugs **5** 34
Traktor, Fahrerlaubnis **3** 6, Sichern **2** 14^{16}
Transportgeräusch, vermeidbares **2** 22^{15}
Transrapid s Magnetschwebebahn
Traueranzeige, Trauerkleidung, Trauermahlzeit 1 10^5
Trecker 2 14^{16}
Treiben von Vieh **2** 28
Treibstoffmangel, unterwegs **2** 15^6, 18^{25}, 23^{28}, **5** $30^{2\,a,\ 14}$
Trennscheibe 5 40
Trennwand 5 40
Triftiger Grund zum Langsamfahren **2** $3^{47,\ 48}$
Trinken, gemeinsames **1** 16
Tritt halten, Brücken **2** 27
Trocknungsanlagen für Scheiben **5** 40
Trunkenheit 1 2^{16}, **3** 13, 36, als Grund zur EdF **1** 3^9, **6** 69^{19-21}, selbstschuldete s selbstverschuldete, im Verkehr **6** 316, Verkgefährdung **6** 315 c, Versagung der Fahrerlaubnis **1** 2^{16}, **3** 13, s Alkohol
Trunksucht 1 2, 3
Truppenstatut E 18, s Natostreitkräfte, EU-Truppenstatut
Tür, Anforderungen **5** 35 e, 72, Öffnen **2** $14^{1,\ 6,\ 7,\ 9}$, Verschließen **2** 14^{14}
Türbänder 5 35 e, 72
Türgriff 5 30 c
Turmdrehkran 5 32, 49 a, s auch Arbeitsmaschine
Türöffnen, Sorgfalt **2** $14^{1,\ 6,\ 7,\ 9}$
Türschloss 5 35 e
Türsicherungsleuchte 5 52
Türzuschlagen, lautes **2** 30
Typenfahrzeug, Betriebserlaubnis **5** 20
Typprüfung 5 20
Typzeichen s Prüfzeichen

Überblick, Anfahren ohne **2** 10^7, Fahrgeschwindigkeit **2** $3^{12-15,\ 17}$, beim Überholen **2** $5^{3,\ 4,\ 25,\ 26,\ 28,\ 34}$
Überdruck in Kraftstoffbehältern **5** 45
Überführungsfahrt 4 2^{29}, 16^2, 28^2, s Kurzzeitkennzeichen, Rote Kennzeichen
Überführungskennzeichen, ausländische **4** 16^{20}
Übergangsbestimmungen zur StVO **2** 53, zur StVZO **5** 72
Übergesetzlicher Notstand s Notstand
Übergewicht 1 24, **5** 34
Überholen 2 5, auf der AB **2** 18^{20}, Fahrstreifenfahren **2** 5^{64-66}, 7, Fußgängerüberweg **2** $26^{1,\ 20}$, mehrere Fahrstreifen **2** 5^{28}, 7^{10}, Pflichten des Überholenden **2** $5^{40,\ 41}$, Schall- u Leuchtzeichen **2** 5 ^{17}, Sicherheitsabstand **2** 4^6, $5^{52,\ 54-58}$, Verbot bei Sichtweite unter 50 m **2** $5^{38\,a}$, Warnzeichen **2** $5^{9-11,\ 59,\ 60}$, 16^7, (weitere Unterstichworte: § 5 StVO Übersicht vor Rz 16)
Überholer, Pflichten **2** $5^{12,\ 61-63}$
Überholtwerden, Rechtsfahren **2** 2^{36}
Überholverbot 2 $5^{4,\ 33-36,\ 37}$, 41 Z 276 ff, Beginn und Ende **2** 5^{36-38}, 41 Z 276, 277, an Fußgängerüberwegen **2** 26^{20}, Linien- und Schulbusse mit Warnblinklicht **2** 20, unsachgemäßes Langsamfahren **2** 3^{47}, durch Verkehrszeichen angeordnetes **2** 5^{36-38}
Überholvorgang, falsches, als Straftat **6** 315 $c^{11\,ff}$, falsches Fahren **6** 315 $c^{11\,ff}$
Überladen 1 24, **2** 23^{20}, **5** 31, 34
Überleitung auf OW **1** $24^{8,\ 9}$

hochgestellte kleine Zahlen = Randziffern

Sachverzeichnis

Überleitungstafel 2 42 Z 500
Überliegefrist 1 29[11]
Übermäßige Straßenbenutzung 2 29, 35, 44
Übermittlung von Daten aus dem VZR 1 30
Übermüdeter Kraftfahrzeugführer 1 9[23], 3 2[4–7], 6 315 c[6]
Überschreiten der Fahrbahn 2 25[4, 9, 10, 22 ff, 34, 37, 41, 42–45], von Gleisen 2 25[11, 52]
Übersehbare Strecke, Fahrgeschwindigkeit 2 3[14–16]
Übersetzung des ausländischen Führerscheins 3 25 a[4], 29[12], der ausländischen Zulassungsbescheinigung 4 20[15, 16, 22]
Übersicht, Behinderung 2 3[24, 26]
Überstaatliches Recht E 15
Überwachung des Fahrers durch den Halter 1 21[12], der Kfze und Anhänger 5 29
Überwachungspflicht 2 23, 5 31
Überweg s Fußgängerüberweg
Überwiegende Verursachung, Ausgleich 1 17
Übungsfahrten d Bewerber um Fahrerl 1 2[40 ff, 46]
Umbau, Betriebserlaubnis 5 19, von Kfzen, Brief 5 21
Umfang der Untersuchung des Fahrerlaubnisbewerbers 3 11[15]
Umherfahren, Zweck 2 1[43], 30
Umkehren in verengter Fahrbahn 2 6[8]
Umkehrstreifen 2 37[37, 59]
Umklappen der Kennzeichen 4 10[16]
Umleitung des Autobahnverkehrs 2 42 Z 460, Kennzeichnung 2 42 Z 454, 455, Verkehrszeichen 2 42 Z 454 ff, zumutbare 2 45[29]
Ummeldung 4 13[10]
Umriss der Kfze und Anhänger 5 30 c, der Nichtkfze 5 63
Umrissleuchten 5 22 a, 51 b
Umsatzsteuer s Mehrwertsteuer
Umschau beim An- und Einfahren 2 10[15], beim Ein- und Aussteigen 2 14[6]
Umschreibung ausländischer Fahrerlaubnisse 3 30, 31, der Dienstfahrerlaubnis 3 26[8], 27[4]
Umstände, besondere – gestatten, v Rechtsfahrgebot abzuweichen 2 2[43–45], Fahrgeschwindigkeit 2 3[17–40], mehr als nach den -n unvermeidbar 2 1[40–42]
Umstellung auf neue Fahrerlaubnisklasse 3 6[10]
Umweg als Schwarzfahrt 1 7[52], s Umleitung
Umzug 2 27
Unabwendbares Ereignis 1 17[22–27], 2 8[71], 9[55]
Unaufmerksamkeit, Vertrauensgrundsatz 2 25[23, 24]
Unbefugter Gebrauch, Halter 1 7[17], v Kfzen und Fahrrädern 6 248 b, Sicherung von Kfz 7 53[–55], 2 14[1–3, 13–19], s Schwarzfahrt
Unbekannter Schädiger 4 vor 23[9]
Unberechtigter Fahrer (§ 2 b AKB) 1 21[27], (§ 10 AKB) 1 7[59]
Unbeschrankter Bahnübergang 2 19[16]
Unbrauchbarmachen des FzBriefs 4 12[12]
Unebenheit, Fahrbahn 2 2[43], 3[18, 23], 40 Z 112[30–32], 92, 45[53]
Uneinsichtigkeit 1 24[56]
Unerfahrene, Fahrgeschwindigkeit E 141 a, 2 3[29]
Unfall 2 5[34], 34, 35, Bekämpfung 2 44[3, 6], –flucht 6 142, Schadenersatz bei –neurose 1 11[7], verabredeter 1 7
Unfallersatztarif, Ersatzfähigkeit 1 12[35 a, 35 b]
Unfallflucht 2 34, 6 69[17], 142
Unfallhelfer 1 12[32]
Unfallhilfe 1 2[27], 2 34
Unfallhilfswagen 2 35

Unfall-Kollisionsdiagramm 2 44[3]
Unfallneurose 1 11[7]
Unfallort 6 142
Unfallschock 6 142[61]
Unfallschreiber 5 57 a[21]
Unfallspuren 2 34, 6 142
Unfallstatistik E 159, 2 44[3]
Unfallsteckkarte 2 44[3]
Unfallstelle, blaues Blinklicht 2 38, gelbes Blinklicht 2 38
Unfallverletzter, Versorgung 1 2
Ungeeignetheit, erwiesene 3 46[2], zum Führen von Fahrzeugen und Tieren 3 3, zum Führen von Kfzen 1 2[7–171], 3 3[8], 3 11[7], 6 69–69 b, 7 111 a, wegen strafb Handlungen 1 2[13], 3[8]
Unglücksfall 2 35, 6 142[24], 315 b[30]
Unklare Verkehrslage 2 5[34], 8[47]
Unklare Verkehrszeichen 2 39[14, 16, 20, 32–34]
„Unnützes" Hin- und Herfahren E 6, 78, 2 30[14]
Unrat auf der Fahrbahn 2 32[7, 10]
Unsichtiges Wetter 2 17[3, 17]
Unterbrechung, Verbände und Umzüge 2 27
Unterfahrschutz 5 32 b, 72
Unterhalt bei Tötung 1 10[6 ff]
Unterkunftsräume, fahrbare 5 36
Unterlassen E 87 ff, 2 1[46]
Unterlassene Hilfeleistung 1 2[27]
Unterlegkeil 2 14[11], 5 41[21], 72
Unternehmer als Kfzhalter 1 7[22]
Untersagung des Betriebs eines Fahrzeugs 4 5[6], 5 17, der Führung v Fahrzeugen und Tieren 3 3, der Verwendung v Reit- und Zugtieren 2 28
Untersuchung, ärztliche 3 3, 12, körperliche bei OW 1 26[6], medizinisch-psychologische 3 3, periodische v Kfz und Anhängern 5 29, bei Straftatverdacht 7 81 a
Untersuchungsumfang 1 2[22], 3 11[15]
Unterwegs auftretende Mängel 2 23[24–29], 5 31
Untypische Verkehrslage E 122, 123, 124, 2 11
Unübersichtliche Stelle 2 3[38, 39], 3[24–26], 5[4, 34], 12[22–24], strafbare Fehlleistungen an – 6 315 c[16]
Unvorhersehbares Ereignis 2 1[27–30]
Unvorschriftsmäßigkeit (Fahrzeuge) 4 5[2]
Urkunde, Bescheinigung des Herstellers im Fz- oder Anhängerbrief 5 20, Fabrikschild 5 59, Fahrgestellnummer 5 59, Führerschein 3 4, Prüfzeichen 5 22 a, Zulassungsbescheinigung Teil I 4 11[5]
Urkundenfälschung, Verfälschung der Angaben im Fz- oder Anhängerbrief 5 20, Verhältnis der Kennzeichendelikte z – 1 22
Urlaub, entgangener 1 11[2], 16[5]
Ursachenzusammenhang E 97 ff, 147, 2 3[65, 66], 17[33], 18[30], Beteiligter am Unfall 6 142, des Kfz-Betriebs mit dem Schaden 1 7[9–13], bei Verkehrsgefährdung 6 315 c[39 ff], zwischen Verschulden und Ermöglichen der Schwarzfahrt 1 7[53–55], verunglückender Verfolger 2 35, 6 142[78]

Vater als Halter 1 7[20], Tötung des –s, Unterhaltsansprüche der Kinder 1 10[15–16]
VDE-Bestimmungen 5 73
Velotaxi s Fahrradtaxi
Veränderung am Fahrzeug 5 19, von Kennzeichen, Strafbarkeit 1 22
Verankerungen für Sicherheitsgurte 5 35 a, 72
Veranstaltungen 2 33, Erlaubnis 2 29, 44, Haftpflichtversicherung 2 29, mit Kraftfahrzeugen 2 30

1749

Sachverzeichnis

fette Zahlen = Gesetze, magere Zahlen = §§

Verantwortlichkeit E 129 ff, für Betriebssicherheit, Halter **5** 31, Fahrer **2** 23⁹, des Fahrlehrers **1** 2⁴⁵, bei Fahrprüfung **1** 2⁴⁴, bei OW **1** 24²³ ff, für Vorsorge **3** 2, vorverlegte E 151 b, s vorverlegte
Veräußerer 4 13¹³
Veräußern v Fzteilen ohne Prüfzeichen **5** 22 a, Strafbarkeit **1** 23, **5** 22 a
Verbände, Radfahrer **2** 27, Vorrecht **2** 27, 35
Verbandkasten 1 6⁶, **5** 35 h
Verbandsführer 2 27
Verbindung, Bauartgenehmigung **5** 22 a, von Fahrzeugen **5** 22 a, 43, 72
Verbotsfrist, Fahrverbot **6** 44¹² ff
Verbotsirrtum bei OW E 142, 157, **1** 24³⁴, ³⁵, bei Unfallflucht **6** 142⁶³
Verbotsstrecke 2 12²⁸, ²⁹, ⁴⁴
Verbrennungsmaschine 1 1
Verbringen von Kfzen ins Ausland **4** 19
Verbringungskosten 1 12²⁴
Verbundglas 5 40
Verdecken der Beleuchtungseinrichtungen **2** 17¹⁰, ¹⁹, **5** 49 a, 67, von Kennzeichen **2** 23²⁴, **4** 10⁶, 27²
Verdeckendes Parken 2 12, Halten **2** 12³⁷ ᵃ
Verdienstausfall 1 11¹¹, 12³¹
Vereinbarter Haftungsverzicht 1 16
„Vereinsamtes", Z 205, 206 **2** 8⁴⁵, 9³⁹
Vereisung, Schleudern als nicht unabwendbares Ereignis **1** 17²⁸, Schneeglätte, der Fahrbahn **2** 3, 32, der Windschutzscheibe **2** 23¹², s Glätte
Verengung, dauernde **2** 6¹, ³, ⁸, 7, 40 Z 120⁴⁴⁻⁴⁹, 41 Z 208, 42 Z 308, der Fahrbahn, beiderseitige **2** 6⁵
Verfahrenshindernis ist Verwarnung **1** 26 a²⁹, ³², ⁻³⁴
Verfolgung eines Kfz-Führers, Schäden bei – E 109, **1** 7¹³, 16⁵, **2** 23⁵, **6** 142⁷⁸
Verfügungsgewalt als Kennzeichen der Haltereigenschaft **1** 7¹⁴
Verhaltensautomatismus E 84, 85, **2** 1⁸⁻¹⁰
Verhältnismäßigkeit (Übermaßverbot), Grundsatz E 2, 55, **1** 3¹⁰, 6², **2** 13¹⁰, 35, 38⁸, 44⁶, 45²⁶ ff, **5** 31 a⁸, **6** 69²²
Verhandlungen über Schadensersatz hemmen Verjährung **1** 14
Verjährung 1 14, 21, 22, 24⁶⁹, 26, der Ansprüche aus Gefährdungshaftung **1** 14, der Ausgleichsansprüche **1** 17
Verkaufsangebot am Fahrzeug **2** 1⁴¹
Verkehr, öffentl Straßen– **2** 1², ¹³⁻¹⁶, **3** 1, –beschränkungen **2** 45, Sicherheit und Ordnung **2** 45²⁸, ³¹
Verkehrsampel 2 37
Verkehrsart 1 1, **2** 2²⁸⁻³², **3** 1, nur für eine – best Wege **2** 2²⁸⁻³², 41 Z 237–241, 42 Z 330, 331
Verkehrsbedeutung bei Feldwegen **2** 8³⁶, der Straßen ohne Einfluss auf Vorfahrt **2** 8³⁵
Verkehrsbeeinträchtigung, unvermeidbare **2** 12³⁴, 33
Verkehrsbehörden, zuständige **2** 44, **5** 68
Verkehrsberuhigter Bereich 1 6, **2** 42 IV a, 45²⁹, ³⁵, Z 325, 326³³⁻³⁵, Ausfahren **2** 10
Verkehrsberuhigter Geschäftsbereich 2 45³⁸
Verkehrsbeschränkung durch StrVerkbehörde **1** 6, **2** 45²⁶ ff, Voraussetzungen **2** 45
Verkehrsdichte 2 7
Verkehrseinrichtungen 2 33, 39, 43, Beschaffungs- und Unterhaltungspflicht **1** 5 b, **2** 45
Verkehrsfluss 2 3⁴⁷, ⁴⁸
Verkehrsfreiheit, Fahrzeuge **5** 16, Personen **3** 1
Verkehrsgefährdende Teile von Kfzen **5** 30 c

Verkehrsgefährdung und § 1 StVO **2** 1³⁴⁻³⁹, **6** 69¹⁸, strafbare **6** 315 c
Verkehrshelfer 2 36¹⁷, ²¹, ²⁶, 42 Z 356⁷⁷, ¹⁶⁴⁻¹⁷⁹
Verkehrshindernis 2 6, 32
Verkehrsinsel 2 12⁵⁸ ᵇ, 20⁶, ⁸, 25
Verkehrskontrolle 2 36¹⁵, ¹⁶, ²⁴
Verkehrslage, besondere **2** 1⁵ ff, 11, Fahrgeschwindigkeit **2** 3²⁹, ³¹, unklare **2** 5⁴, ³⁴, ³⁵, untypische **2** 11
Verkehrsordnungswidrigkeit 1 24
Verkehrspolizeibeamte 2 36
Verkehrspsychologische Beratung 1 2 a¹³, ¹⁶, 4³⁴, ⁴⁴⁻⁴⁸, ⁵⁵, **3** 38, 45, 71
Verkehrsrechtliche Vorschriften, Verstöße **1** 2¹³
Verkehrsregeln s sinnvolle
Verkehrsregelung 2 36, 37
Verkehrsrichtiges Verhalten als Rechtfertigungsgrund E 122
Verkehrsschau 2 45²⁰
Verkehrsschild 2 39³⁷, 41²⁴⁶
Verkehrsschwache, eingeschränkte Zulassung **3** 2, 3, Rücksicht **2** 1⁵
Verkehrssicherheit, Beeinträchtigung **6** 315 b², ²², Verantwortlichkeit des Grundeigentümers **2** 45⁵¹, Verantwortlichkeit f Fahrzeug, Zugkraft und Ladung **2** 23¹⁵⁻¹⁹, ²⁴⁻²⁹, **5** 31, Verkehrsbeschränkung mit Rücksicht auf die – **2** 45
Verkehrssicherungspflicht 2 34, Anlieger **2** 45⁵¹⁻⁶⁸, der Bahn **1** 29²⁹, Straßenkörper **2** 45⁵¹, Träger **2** 45⁵⁵
Verkehrsspiegel 2 39³¹, 45⁵³
Verkehrsstockung 2 11, 18²⁶
Verkehrstechnische, Auffassung (Betrieb) **1** 7⁵
Verkehrsteilnehmer 2 1¹⁷, ¹⁸, **3** 1
Verkehrsüberwachung 1 26²
Verkehrsüblicher Betrieb der Fahrzeuge **5** 30
Verkehrsübung E 22
Verkehrsumleitung 2 45
Verkehrsunfall E 159, **2** 34, **6** 142
Verkehrsunfallflucht 6 142
Verkehrsunfallstatistik E 159
Verkehrsunfallursachen E 160
Verkehrsunsichere 3 2
Verkehrsunterricht 2 48, Verhältnis zum Aufbauseminar **1** 4⁵², Verhältnis zum Punktsystem **1** 4¹⁹
Verkehrsverbote 2 41 Z 250 ff⁸⁷⁻¹⁰⁹ ᶜ, ²¹³⁻²¹⁸ ᶜ, 45²⁶ ff, bedingte **3** 2
Verkehrsverwaltung E 53
Verkehrsvorschriften, Kenntnis E 142, 156, 157, des StVG **1** 1, Verstöße, Ungeeignetheit **1** 3⁸
Verkehrswidrig, grob verkehrswidrig, Verhalten und Vertrauensgrundsatz **2** 1²²
Verkehrszählung, Anhalten **2** 36²⁴, Kosten **1** 5 b
Verkehrszeichen 2 39 ff, Abbildungen **2** 40–42, Duldungspflicht Dritter **1** 5 b, Ersetzung und Ergänzung **2** 45, auf Fahrzeugen **2** 39³⁵, fehlerhafte **2** 8⁴⁵, Gefahrzeichen **2** 40, auf Grundstücken ohne öffentl Verkehr **7** 33, Haltverbot **2** 12²⁸⁻³⁴, Kosten **1** 5 b, Parkverbot **2** 12⁴⁶, ⁵², ⁵⁴, Pflicht, sich Kenntnis der – zu verschaffen E 157, Pflicht z Beschaffung, Anbringung, Unterhaltung **1** 5 b, **2** 45, Pflicht z Kennzeichnung v Arbeitsstellen **2** 45, der Polizeibeamten **2** 36, Rechtsnatur **2** 41²⁴⁷, Richtzeichen **2** 42, Schutz der – **2** 33¹², Sperrzeichen und Kennzeichengerät **2** 43, Verwechslungsfähigkeit **2** 33, Vorschriftzeichen **2** 41, Warten vor **2** 12¹⁹, Zusicherung **2** 41²⁴⁷, Zuständigkeit f Anordnung, – aufzustellen **2** 45, (weitere Unterstichworte: § 39 StVO Übersicht vor Rz 31)

hochgestellte kleine Zahlen = Randziffern

Sachverzeichnis

Verkehrszentralregister 1 28, 29, 30, **3** 59ff, Auskunft **3** 22[7], 64, Identitätsnachweis **3** 64, Inhalt der Eintragungen **3** 59, Privatauskunft **1** 30[6], Tilgung **3** 63
Verkehrszulassung 3 3
Verkehrszuwiderhandlung im Ausland **E** 32, **1** 24[11/12, 13, 14]
Verkündung von RVOen **E** 5
Verladerampe 4 3[25]
Verladestraße der BB **2** 1[14]
Verlängerung der Fahrerlaubnis **3** 24, der FE zur Fahrgastbeförderung **3** 48[16]
Verlangsamen des Eingeholten **2** 5[12, 62, 63]
Verlassen des Fahrzeugs 2 14[1–4, 10 ff], Sichern **2** 14[1–4, 10–19]
Verleiher als Halter **1** 7[16]
Verletzter, Anzeigepflicht **1** 15, Ausgleichspflicht der Halter untereinander **1** 17, Einwilligung **6** 222, 229[25], 315 c[52], Insasse des verunglückten Kfzs **1** 8 a, 16, Mitschuld **1** 7[47], 9[3–23], Schadensminderungspflicht **1** 11[16, 17]
Verletzung, Höchstbeträge **1** 12[3]
Verlust des Führerscheins **1** 5, **3** 25[9], des FzBriefs **1** 5, **4** 12[10–11], des FzScheins **1** 5, **4** 11[6]
Vermehrung der Bedürfnisse **1** 11, 13
Vermeidbarkeit (räumliche, zeitliche) **2** 3[44]
Vermerk im ausländischen Führerschein **3** 46[14], **6** 69 b[4, 5]
Vermieter als Halter **1** 7[16]
Vermutetes, Verschulden, Haftung des Kfzführers **1** 18[1, 4]
Vermutung der Ungeeignetheit z Führen von Kfzen **6** 69[15 ff]
Vernichtung von Unterlagen und Daten 1 2[22, 26]
Verordnung über internat KfzVerk, s IntVO
Verrichtungsgehilfe 1 16[12]
Verriegelungseinrichtung 5 35 a
Versagen der Vorrichtungen des Kfz kein unabwendbares Ereignis **1** 17[30]
Versagung der Fahrerlaubnis **1** 2, 6, Mitteilung der – z VerkZReg **1** 28
Versammlungsgesetz 2 33[6]
Verschlechterungsverbot 1 24[72], **6** 44[21], 69[28], 69 a[18]
Verschleiß von FzTeilen **5** 19
Verschließen, Verlassen des Kfz **2** 14[14]
Verschluss, Parkverbot **2** 12[51]
Verschmutzung von Beleuchtungseinrichtungen **2** 17[10, 19], 23[27], **5** 49 a, 67, der Fahrbahn **2** 32, des Kennzeichens **4** 10[6]
Verschulden, Haftung **1** 16, Haftung des KfzHalters für Hilfspersonen **1** 7[46], Haftungsbeschränkung **1** 16, Mit– des Verletzten **1** 9, vermutetes – des Kfzführers **1** 18[1, 4]
Versicherer, Anzeige bei Fehlen des Versschutzes **4** 25[2–4], 29, Direktklage des Geschädigten gegen den – des Schädigers **4** vor 23[7], Verzeichnis **4** vor 23[5]
Versicherung an Eides Statt 1 5, **3** 25[10]
Versicherungsbestätigung 4 3[7], 14[8], 23
Versicherungsfonds für Verkehrsopfer **4** vor 23[9]
Versicherungskarte, internationale **4** vor 23[11]
Versicherungskennzeichen, Kleinkrafträder und Mopeds **4** 26, 27, 28, 29
Versicherungsnachweis 4 3[7], 23
Versicherungspflicht 4 14[8], vor 23, 26
Versicherungsrecht, Arbeits- und Dienstunfall (§§ 104 ff SGB VII) **1** 7[61], berechtigter Fahrer (§ 2 b, § 10 AKB) **1** 7[59], 21[27], Bewusstseinsstörung gem

AUB **6** 316[120], Einbruchdiebstahlversicherung **6** 248 b[17], Einschlafen am Steuer **3** 2[7], Führerscheinklausel (§ 2 b Nr 1 c AKB) **1** 2[47], 21[27], **3** 4[14], Gebrauch eines Fahrzeugs (§ 10 Nr 1 AKB) **1** 7[8 a], Gefahrerhöhung (§ 23 VVG) **2** 23[40], **3** 2[7], **5** 31[16], 36[1(, 11], 41[8, 10], **6** 316[119], grobe Fahrlässigkeit (§ 61 VVG alt, § 81 II VVG 08) **2** 3[67], Hemmung der Verjährung (§ 3 Nr 3 S 3 PflVG) **1** 14[1, 5], Kaskoversicherung **6** 248 b[17], 316[119], KfzHaftpflichtversicherung **4** vor 23, Obliegenheitsverletzung **6** 142[76–78], (§ 640 RVO) **6** 316[118], Repräsentant des VN **5** 31[15], Übermüdung **3** 2[7], Verjährung bei Forderungsübergang (§ 116 SGB X) **1** 14[3], vorläufige Deckungszusage **4** 23[6]
Versicherungsschutz, Fehlen **4** 25, 29
Versicherungsvertrag, vorzeitige Beendigung **4** 25, 29
Verständigung bei Stockung **2** 11[4, 7], bei Verengung **2** 6[8]
Verstauen der Ladung **2** 22[12, 13, 16, 17], 23[15, 20]
Verstöße gegen verkehrsrechtliche Vorschriften oder Strafgesetze **1** 2[13], **3** 11[8], 46[2]
Versuch der OW **1** 24[37]
Verteidigung der Rechtsordnung **6** 315 c[60, 63], 316[105, 109]
Verteidigungsfall 2 35
Verteilung des Schadens 1 9, 16, 17
Vertragliche Verpflichtung, kein Ausgleich nach § 17 StVG **1** 17
Vertragshaftung 1 16[2]
Vertrauensgrundsatz E 136, **2** 1[20–24], 11[7], 40[101], Beleuchtung **2** 17[14], bezüglich der zulässigen Höchstgeschwindigkeit **2** 3[52], beim Ein-, Aus- und Anfahren **2** 10[8, 9], im Rahmen fahrlässiger Körperverletzung und Tötung **6** 222, 229[7], an Fußgängerüberwegen **2** 26[14], gegenüber Fußgängern **2** 25[14, 18, 19, 33, 34, 36–39], gegenüber Radfahrern **2** 27[1], Rechtsfahren **2** 2[34], beim Türöffnen **2** 14[8], verkehrswidriges Verhalten **2** 1[20–24], Vorfahrt **2** 8[49–5-], Warnzeichen **2** 16[8]
Vertreter, gesetzlicher, Verschulden **1** 9[11]
Verursachung, adäquate **1** 7[10], Maß **1** 17, s Ursachenzusammenhang
Verwahrung des Führerscheins s Beschlagnahme, Sicherstellung
Verwaltungsakt, Verwarnung **1** 26 a[35]
Verwaltungsbehörde, zuständige bei OW **1** 26, Zuständigkeit nach FeV **3** 73, Zuständigkeit nach StVZO **5** 68, s Straßenverkehrsbehörde, Zulassungsbehörde
Verwaltungsbezirke, Unterscheidungszeichen **4** 8[6]
Verwaltungshandeln E 55, 56
Verwandte, Haftungsverzicht **1** 16
Verwarnung E 73, **1** 4[31, 33, 65], 24[73], 26 a, ohne Verwarnungsgeld **1** 26 a[20, 22 f]
Verwarnung mit Strafvorbehalt 6 315 c[66]
Verwarnungsgeldkatalog 10
Verwechslung mit Verkehrszeichen **2** 33[12]
Verweisungsprivileg 1 16[20]
Verwendung von Fahrzeugteilen **1** 6 I Nr 2 e, **5** 22 a
Verwirkung der Ansprüche aus Gefährdungshaftung **1** 15
Verzeichnis der Versicherer **4** vor 23[5], s Karteiführung
Verzicht auf die Fahrerlaubnis **1** 3[39], 4[27, 57], auf Vorfahrt **2** 8[31], auf Vorrang durch Handzeichen **E** 146, auf Zulassungsfreiheit **4** 3[26]

1751

Sachverzeichnis

fette Zahlen = Gesetze, magere Zahlen = §§

Verzögerung bei Bremsen **5** 41
Verzögerungsstreifen 2 2^{25a}, 5^{20}, 12^{25}, 18^{20}
Videofilm als Beweismittel **1** 24^{76}
Viehtransport 2 22^{17}, **5** 30
Viehtreiben 2 28, Straßenschmutz **2** 32, 40^{101}, Transport in Kfzen **2** 22
Vierradbremse 5 41, 42
Vollgummireifen 5 36
Volltrunkenheit 6 69^{21}
Vorankündigungspfeil 2 41$^{185-189}$
Vorausfahrender, Sorgfaltspflicht **2** 4$^{1-3, 11}$
Voraussehbarkeit E 137, 139
Voraussetzungen für die Erteilung der Fahrerlaubnis **1** 2^3
Vorbeifahren an Fahrbahnhindernis **2** 6, an Fahrzeugen **2** 6^{58}, 14^8, an haltendem Bus **2** 20^9, an haltender Straba **2** 20$^{5, 7, 9, 10}$, an parkenden Fahrzeugen **2** 5$^{54-58}$, Rückschaupflicht **2** 6^6, Zeichengeben **2** 6^7
Vorbesitz einer Fahrerlaubnis **3** 8, 9
Vorbestrafung als Grund f Versagen oder Entziehung der Fahrerlaubnis **1** 2$^{12, 13}$, 3^8
Vordruck für Fz- und Anhängerbriefe **5** 20^5, 21^5, für Zulassungsbescheinigungen Teil II **4** 12$^{3, 8, 10}$
Vorfahrt 2 8, auf der AB **2** 18$^{4-9, 17}$, AB und Kraftfahrstraßen **2** 8$^{65/66}$, 18$^{4-9, 17}$, abknickende Vorfahrt **2** 8^{43}, 42$^{10, 12}$, – kraft VZ **2** 8$^{11ff, 39-45}$, 41, 42, Kreisverkehr **2** 9a^{11}, Nichtbeachtung **6** 315 c^{8ff}, Verkehrszeichen **2** 41 Z 205, 206, 42 Z 301, 306, Vorfahrt gewähren **2** 41 Z 205$^{23-35, 201}$, Vorfahrtstraße **2** 8$^{39-43}$, 42 Z 301, 42 Z 306/307$^{9-14, 181}$, 306/307, Warten bei Stockung **2** 11, s Vorrang; (weitere Unterstichworte: § 8 StVO Übersicht vor Rz)
Vorfahrtberechtigter 2 8$^{11ff, 25, 26, 39-45}$, Fahrgeschwindigkeit **2** 8^{48}, Zuschnellfahren **2** 8^{69a}
Vorfahrtbereich 2 8^{28}
Vorfahrtstraße 2 8$^{39-43}$, 42 Z 306
Vorfahrtzeichen, vereinzeltes **2** 8^{45}
Vorführung, Kontrolle der Vorschriftsmäßigkeit **4** 5^{10}, **5** 17, zur periodischen Überprüfung **5** 29
Vorführwagen 4 2^{27}
Vorgeschriebene Fahrtrichtung 2 41 Z 209 bis 214$^{47-58, 204}$
Vorgeschriebene Mindestgeschwindigkeit 2 41 Z 275$^{125-132, 219, 221}$
Vorgeschriebene Vorbeifahrt 2 41 Z 222$^{64-70, 206-208}$
Vorläufige Entziehung der Fahrerlaubnis 1 3$^{36, 37}$, **7** 111 a, s Entziehung, Fahrerlaubnis, Sicherstellung, Fahrverbot
Vorläufige Festnahme 1 24^{74}
Vorrang, abfahrender Linienbus **2** 20^{12}, Aufzüge und Verbände **2** 27, entgegenkommender Rechtsabbieger **2** 9^{37}, fließenden Verkehrs **2** 10^8, 18$^{4, 17}$, Gegenverkehr **2** 41 Z 208, 42 Z 308$^{15, 16}$, Geradeausverkehr **2** 9$^{39-42, 43, 49}$, kein Vorrang bei Stockung **2** 11, **2** 37$^{15, 39}$, öffentlicher Dienste **2** 35, an Parklücke **2** 12^{59}, der Schienenfahrzeuge **2** 9$^{36, 39, 49}$, 19$^{8, 9}$, des Strafverfahrens **1** 3$^{15, 16}$, beim Überholen **2** 5$^{27-31}$, Überwege **2** 26$^{8, 13}$, bei Verengung **2** 6, der Verkehrszeichen vor VerkRegeln **2** 39, Vorfahrt **2** 42 Z 301, VZ und Weisungen der Polizei **2** 36$^{2-9, 20}$, 37
Vorsatz E 133, 134, Gesamtvorsatz **E** 134, bei OW **1** 24^{24}, bei Unfallflucht **6** 142^{57ff}
Vorschriftsmäßiger Zustand des Fahrzeugs **2** 23$^{15-19}$, **4** 5^2, 22^2, **5** 16 f, 31
Vorschriftzeichen 2 39, 41, (Unterstichworte: § 41 StVO Übersicht vor Rz 246)

Vorsorgemaßnahmen, Verkehrsschwache **3** 2^{10}
Vorstellungspflicht nach Unfall **2** 34, **6** 142
Vorstrafe und Fahrerlaubnis **1** 2^{12ff}, 3^8, bei OW **1** 24^{55}
Vorteilsanrechnung 1 11^3, 12^{27}
Vorübergehende, Standortverlegung **4** 13^{11}
Vorübergehender Aufenthalt, außerdeutscher Kfze in Deutschland **4** 20
Vorverlegte, Verantwortlichkeit **E** 151 b, **6** 316$^{92, 95}$
Vorwegweiser 2 42 Z 438, 439
Vorzeigepflicht des FS **3** 4
Vorzeitige Aufhebung der Sperre 6 69 a$^{14, 15}$

Wagentür, Öffnen **2** 14$^{1, 6, 7, 9}$
Wägung 5 31 c
Wahlweise Feststellung von OW **1** 24^{76}, bei § 315 c StGB **6** 315 c^{70}, bei § 316 StGB **6** 316^{100}
Waldweg 2 1^{14}, 8^{36}, 19^{11}, s Feldweg
Wappen an Kfzen **4** 10^{21}
Ware, anbieten **2** 33
Warenhausparkplatz 2 1^{14}
Warnanstrich 5 49 a, 52, für Kfze der Straßenreinigung, –unterhaltung und Müllabfuhr **2** 35
Warnbake 2 43
Warnblinklicht 2 15$^{1-3}$, 15 a, 16$^{3, 5, 15}$, 18, 20, 38, **5** 53 a, 72
Warndreieck 2 15^4, **5** 22 a, 53 a
Warndruckanzeiger 5 41, 72
Warneinrichtung 2 38, **5** 55, Bauartgenehmigung **5** 22 a, 72, zur Sicherung haltender Fahrzeuge **5** 53 a, mit Tonfolge **5** 22 a, 55
Warnkleidung 2 35
Warnkreuz an Bahnübergang **2** 19, 41 Z 201
Warnleuchte 5 53 a, 72, blaues Blinklicht **2** 38, gelbes Blinklicht **2** 38
Warnlicht an Bahnübergang **2** 19^{24}
Warnlinie 2 42 VI Nr 1
Warnposten 2 2^{45}, 8^{58}, 10^{13}
Warnschild 5 49 a
Warntafel bei Beförderung gefährl Güter **2** 22, an Fz bei Dunkelheit **2** 17$^{18b, 30, 32}$, 43 IV
Warnung vor Polizeikontrollen **2** 1$^{40, 42}$, 3^{59}, 16^{18}, 36^{27}
Warnzeichen bei Gefahr **2** 16$^{8-11, 12, 13}$, vor Überholen **2** 5$^{9-11, 59, 60}$, 16^7
Wartegebote 2 41
Wartelinie 2 42 Z 341$^{59-63}$
Warten, verkehrsbedingtes **2** 12$^{16, 19, 39}$
Wartepflicht, Anhaltepunkt **2** 8^{56}, vor Bahnübergang **2** 19$^{4-6, 25, 26, 28}$, trotz Grün **2** 37^{45a}, vor Haltestellen **2** 20^{11}, bei Verengung **2** 6^5, nach Verkehrsunfall **2** 34, **6** 142, an Zebrastreifen **2** 26^{17}, zwecks Überholenlassens **2** 5$^{12, 63}$, s Wartelinie
Wartepflichtige, Haftung **2** 8$^{68-72}$, bei Vorfahrt **2** 8$^{4-8, 48, 52-64}$
Wartezeit nach Unfall **2** 34, **6** 142
Wartung, regelmäßige **5** 31
Wasserfahrzeuge 1 1, **6** 248 b
Wassergefährdende Stoffe 2 41 Z 269$^{108, 109, 218}$
Wasserglätte 2 3^{18}, **5** 36
Wasserschutzgebiet 1 6^{20}, **2** 42 Z 354$^{71-73}$, 45^{30}
Wasserstoff 5 41 a^3
Wasserversorgung, Ölverseuchung **2** 45
Watt 5 51
Wechsellichtzeichen 2 37$^{16ff, 40-43}$
Wegerechtsfahrzeug 2 35, 38, **5** 52, 55
Wegeunfall 1 7^{61}
Wegfahrsperre 5 38 a
Wegfall eines Fahrstreifens **2** 7

hochgestellte kleine Zahlen = Randziffern **Sachverzeichnis**

Wegstreckenzähler, Bauart, Genauigkeit **5** 57, 72, Verfälschung der Messung **1** 22 b
Wegweiser 1 6, **2** 42 Z 438–466
Weide 1 17$^{34\,f}$, **2** 28
Weigerung, Gutachten beizubringen **1** 2^{23}, **3** 11^{22}, 46^{11}
Weisungen d Polizeibeamten **2** 36$^{1-9,\ 18-20}$
Wenden 2 9$^{11,\ 50,\ 52}$, auf Autobahn und Kraftahrstraßen verboten **2** 18^{21}, **6** 315 c^{19}
Werbung 2 33
Werkstatt (Kfz) **1** 12$^{21,\ 22}$, **2** 14^{14}
Werkstättenbesitzer bei periodischer Überprüfung der Kfze **5** 29
Werkstattfehler 1 12^{22}
Wertersatz 1 12$^{4\,ff}$
Wertminderung 1 12$^{14,\ 25,\ 26}$
Wetter E 132, unsichtiges **2** 17$^{3,\ 17}$
Wetterverhältnisse, Anpassung an die **2** 2$^{72-72\,c}$
Wettfahrten s Rennen
Widerrechtlichkeit bei § 248 b StGB **6** 248 b, rechtswidrige Absicht Merkmal der Kennzeichendelikte **1** 22
Widerruf der Betriebserlaubnis **5** 20, Erlöschen **5** 19
Wiederbeschaffungspreis 1 12$^{5,\ 10,\ 14}$
Wiedererlangung der Kraftfahreignung **1** 2$^{17\,j}$
Wiedererteilung der Fahrerlaubnis **1** 2 a^{23}, 3$^{31-34}$, 4$^{56-57}$, **3** 14^{24}, 20, **6** 69^{25}, 69 a^{19}
Wiederherstellung der Kraftfahreignung **3** 11^{25}, 70, 72
Wiederholungskennzeichen 4 10^{19}
Wiederzulassung von Kfzen und Anhängern **4** 14$^{8-9}$
Wiesenweg 2 8^{36}
Wildwechsel 2 3$^{28,\ 30}$, 40 Z 142$^{71,\ 72,\ 102}$, 45^{53}
Wind, Fahrgeschwindigkeit **2** 3^{40}
Windschutzscheibe 5 40, Farbfolien **5** 22 a
Windsichere Handlampe 5 54 b
Winker s Fahrtrichtungsanzeiger
Winterdienst 3 67$^{\,c}$, s Straßendienst
Winterreifen 5 36
„**Winterreifenpflicht"** s Wetterverhältnisse
Wintersport 2 31, 40^{5}
Wirtschaftswerbung 2 33
Witterung 2 3$^{38\,ff}$, Beleuchtung **2** 17, Fahrgeschwindigkeit **2** 3$^{32,\ 33,\ 38,\ 40}$, s Nebel, Regen, Schneefall, Wetterverhältnisse
Witwe, Unterhaltsanspruch **1** 10$^{11-13}$
Witwer 1 10^{14}
Wohnanhänger 1 12^{42}, **2** 12$^{42\,a,\ 60\,aa}$, **3** 9$^{31\,a}$, **4** 3^{19}
Wohnbevölkerung, Schutz **1** 6, **2** 30, 45 I, 45 I b
Wohngebiet 2 45^{29}
Wohnmobil 1 12$^{34,\ 42}$, **2** 3^{54}, 7^{9}, 12$^{42\,a}$, 18$^{13\,b,\ 19}$, 19^{26}, 21$^{9\,a}$, 30^{10}, 39$^{31\,a}$, 41$^{248\,Z\ 277}$, 295, **5** 19^{13}, 35 a^{7}, 40^{5}, 42^{2}, 47$^{6,\ 7}$, 57 a^{2}
Wohnort, Angabe auf Namensschild **5** 64 b, örtl Zuständigkeit der StrVerkbehörde **2** 47, der Verwaltungsbehörde **1** 3^{12}, **5** 68
Wohnsitz, ordentlicher **1** 2^{3}, **3** 7, Verlegung ins Ausland **3** 24^{14}
Wohnsitzverlegung ins Ausland **3** 24^{14}
Wohnwagen 2 21^{9}, **4** 3^{19}, **5** 49 a
Wunschkennzeichen 4 8^{6}

Zahl der Personen, die befördert werden dürfen **2** 21, Teilnehmer an Rennveranstaltungen **2** 29, der zulässigen Anhänger **5** 32 a
Zahlungserleichterung bei Geldbuße **1** 24^{78}, bei Verwarnungsgeld **1** 26 a^{31}

Zebrastreifen s Fußgängerüberweg
Zechen, gemeinsames **1** 16
Zeichen der Polizeibeamten **2** 36$^{1,\ 18,\ 19}$, des Schrankenwärters **2** 19^{22}, s Ankündigung, rechtzeitig
Zeigerampel 2 37^{53}
Zeitgesetz E 43
Zeitliche Geltung E III
Zeitliche Vermeidbarkeit E 101
Zeitungshandel 2 33
Zeitverlust 1 12^{31}
Zeitwert 1 12^{14}
Zentralachsanhänger 5 34^{6}
Zentrales Fahrerlaubnisregister 1 48 ff, **3** 22^{9}, 49 ff
Zentrales Fahrzeugregister 1 31, 33, **4** 12^{6}, 30 ff
Zentralruf der Autoversicherer 1 39^{2}, **4** vor 23^{8}
Zerstören von Anlagen usw. **6** 315 b^{4}, als Begehungsform der Autofalle **6** 316 a
Zeugnisse, ärztliche **1** 2, 3
Zollbeamte, Zolldienst, Zollgrenzbezirk, Zollstellen, Zollstraße 2 42 Z 392, **5** 52
Zollsiegel 5 32
Zonen-Geschwindigkeitsbeschränkung 2 41^{248} Z 274.1/274.2, 45$^{37\,ff}$
Zonenhaltverbot 2 41 Z 290$^{166,\ 167,\ 169,\ 228}$
Zubringer z Autobahn **2** 18^{16}
Zufahrtsweg, privater **2** 1^{14}
Zug 2 23^{11}, **5** 31, 33, für Großraum- und Schwertransporte **5** 32, Länge **5** 32, Langmaterial- **5** 32, 35, 49 a, Zahl der Anhänger **5** 32 a, s auch Arbeitsmaschine
Zuggabel 5 43, 72
Zügiges, Überqueren **2** 25$^{4,\ 22,\ 41,\ 42}$, 26^{11}
Zugkraft, Verkehrssicherheit **2** 23
Zugmaschine 3 6$^{9,\ 20}$, **4** 2^{17}, Anhänger **5** 32 a, Begriff **2** 30, **4** 2^{17}, Beifahrersitz **2** 21^{8}, **5** 35 a, Bereifung **5** 36, Bremsleuchten **5** 53, Fahrtrichtungsanzeiger **5** 54, Fahrtschreiber **5** 57 a, Scheinwerfer **5** 50, zulassungsfreie **4** 3^{12}
Zugöse 5 43, 72
Zugtier, Anspannung **5** 64, Sicherung bei Abstellen bespannten Fuhrwerks **2** 14^{12}, Sicherung des Verk gegen ungeeignete – **2** 28
Zugvorrichtung 5 43, 72
Zukünftiger Schaden 1 13
Zulässiges Gesamtgewicht s Gesamtgewicht
Zulassung unter Auflagen **3** 3^{10}, eingeschränkte **3** 2, 3, erneute **4** 14$^{8-9}$, erstmalige **4** 3, von Fahrzeugen **4** 3 ff, z Führen von Kfzen **3** 4 ff, nach Gebührenzahlung **1** 6 a^{11}, öffentl Verkehr **3** 1, 2, 3, von Personen **1** 6, vereinfachte **4** 16, s auch Einschränkung, Entziehung
Zulassungsbehörde 1 1^{13}, **4** 1^{2}, 5^{4}, 6^{4}, 8^{4}, 46$^{2-5}$, **5** 21
Zulassungsbescheinigung Teil I 4 11, s Fahrzeugschein
Zulassungsbescheinigung Teil II 4 12, s Fahrzeugbrief
Zulassungsfreiheit 1 1^{10}, **5** 16, Betriebserlaubnispflicht **4** 4^{2}, Kennzeichenpflicht **4** 4^{3}, Kennzeichnungspflicht **4** 4^{6}, Versicherungskennzeichenpflicht **4** 4^{4}, Verzicht **4** 3^{26}, s Verkehrsfreiheit
Zulassungspflicht 1 1$^{10,\ 11}$, **4** 3^{1}, Ausnahmen **1** 1, **4** 3^{8}
Zulassungsschein 1 5, Kraftfahrzeugschein, internationaler **4** 18, 19^{13}, s Anhängerschein
Zulassungsstelle s Zulassungsbehörde
Zulassungsverfahren 4 3
Zuliefererhaftung 5 30
Zumessung der Geldbuße **1** 23, 24$^{38\,ff}$

1753

Sachverzeichnis

fette Zahlen = Gesetze, magere Zahlen = §§

Zündanlage, Funkentstörung **5** 30, 55a
Zündschlüssel, Abziehen **2** 14[14–16]
Zurechnungsfähigkeit s Schuldfähigkeit
Zurechnungsunfähigkeit s Schuldunfähigkeit
Zurechnungszusammenhang E 101, 104, 107, 110, **1** 7[10, 11], 17[28], bei fahrlässiger Körperverletzung, Tötung **6** 222, 229[14–23], bei Gefährdung des StV **6** 315 c[39 ff]
Zurückziehung aus dem Verkehr **4** 14
Zusammenbau von Kfz, Brief **5** 21
Zusammenstoß, Ausgleichspfl zwischen Kfzen **1** 17, zwischen Kfz und Eisenbahn **1** 17, als Verkehrsunfall **6** 142
Zusätzliche Scheinwerfer 5 52
Zusatzschild 2 39[31a]
Zuschlagen von Türen **2** 30
Zuschnellfahren des Vorfahrtberechtigten **2** 8[69a]
Zustand, verkehrswidriger **2** 32, **5** 31
Zuständige Behörde 1 2[36], **3** 73, **4** 46
Zuständige Personen, Pflicht sich –n gegenüber auszuweisen **3** 4[11], 5[4], 48[15, 20], 74[2], **4** 4[7], 11[8], 16[12]
Zuständigkeit der Gerichte f Klagen aus StVG **1** 20, örtliche **E** 54, **2** 47, der StVerkBehörden **E** 53, **2** 44, der Verwaltungsbehörden **5** 68, f vorl Entz d Fahrerlaubnis **7** 111 a[6, 13], der Zulassungsbehörden nach StVZO **1** 1, **5** 68
Zuteilung der Kennzeichen **1** 1[10], **4** 8
Zuverlässigkeit, persönliche **3** 48[12], rote Kennzeichen **4** 16[10], rote Oldtimerkennzeichen **4** 17[4]
Zuverlässigkeitsfahrt 2 29
Zuwiderhandlung, geringfügige bei OW **1** 24[38 ff, 45]
Zwang E 86
Zweiachsige Anhänger 5 34, 41
Zweiklanghupe 5 55
Zweikreisbremsanlage 5 41, 72
Zweileitungsbremsanlage 5 41, 72
Zweite „Reihe", Halten **2** 12[40], Parken **2** 12[60]
Zweite Rückschau 2 9[7–10, 25, 26, 48]
Zweithandzuschlag 1 12[14]
Zweitüberholen 2 5[30], 18[20]
Zwischenraum, Lastfahrzeuge **2** 4[4a, 12–14], Verbände **2** 27, s Abstand
Zwischenstaatliche Abkommen E 16, **1** 6
Zwischenstaatlicher KfzVerkehr 4 20
Zwischenuntersuchung der Omnibusse, Lkw und Zugmaschinen **5** 29